U0714523

二十四史（附《清史稿》）

（第九卷）

中州古籍出版社

辽　史

元・脱脱等撰

辽史目录

辽 史

卷一　　本纪第一

太祖上

太祖大圣大明神烈天皇帝，姓耶律氏，讳亿，字阿保机，小字啜里只，契丹迭剌部霞濑益石烈乡耶律弥里人，德祖皇帝长子，母曰宣简皇后萧氏，唐咸通十三年生。初，母梦日堕怀中，有娠。及生，室有神光异香，体如三岁儿，即能匍匐。祖母简献皇后异之，鞠为己子。常匿于别幕，涂其面，不令他人见。三月能行；晬而能言，知未然事。自谓左右若有神人翼卫。虽龆龀，言必及世务，时伯父当国，疑辄咨焉。既长，身长九尺，丰上锐下，目光射人，关弓三百斤。为挞马狘沙里。时小黄室韦不附，太祖以计降之。伐越兀及乌古、六奚、比沙狘诸部，克之。国人号阿主沙里。

唐天复元年，岁辛酉，痕德堇可汗立，以太祖为本部夷离堇，专征讨，连破室韦、于厥及奚帅辖剌哥，俘获甚众。冬十月，授大迭烈府夷离堇。明年秋七月，以兵四十万伐河东代北，攻下九郡，获生口九万五千，驼、马、牛、羊不可胜纪。九月，城龙化州于潢河之南，始建开教寺。明年春，伐女直，下之，获其户三百。九月，复攻下河东怀远等军。冬十月，引军略至蓟北，俘获以还。先是德祖俘奚七千户，徙饶乐之清河。至是创为奚迭剌部，分十三县。遂拜太祖于越、总知军国事。明年岁甲子，三月，广龙化州之东城。九月，讨黑车子室韦，唐卢龙军节度使刘仁恭发兵数万，遣养子赵霸来拒。霸至武州，太祖谍知之，伏劲兵桃山下。遣室韦人牟里诈称其酋长所遣，约霸兵会平原。既至，四面伏发，擒霸，歼其众，乘胜大破室韦。明年七月，复讨黑车子室韦。唐河东节度使李克用遣通事康令德乞盟。冬十月，太祖以骑兵七万会克用于云州，宴酣，克用借兵以报刘仁恭木瓜涧之役，太祖许之。易袍马，约为兄弟。及进兵击仁恭，拔数州，尽徙其民以归。明年二月，复击刘仁恭。还，袭山北奚，破之。汴州朱全忠遣人浮海奉书币、衣带、珍玩来聘。十一月，遣偏师讨奚、霫诸部及东北女直之未附者，悉破降之。十二月，痕德堇可汗殂，群臣奉遗命请立太祖。曷鲁等劝进，太祖三让，从之。

元年春正月庚寅，命有司设坛于如迂王集会埚，燔柴告天，即皇帝位。尊母萧氏为皇太后，立皇后萧氏。北宰相萧辖剌、南宰相耶律欧里思率群臣上尊号曰天皇帝，后曰地皇后。庚子，诏皇族承遥辇氏九帐为第十帐。二月戊午，以从弟迭栗底为迭烈府夷离堇。是月，征黑车子室韦，降其八部。夏四月丁未朔，唐梁王朱全忠废其主，寻弑之，自立为帝，国号梁，遣使来告。刘仁恭子守光囚其父，自称幽州卢龙军节度使。秋七月乙酉，其兄平州刺史守奇率其众数千人来降，命置之平卢城。冬十月乙巳，讨黑车子室韦，破之。

二年春正月癸酉朔，御正殿，受百官及诸国使朝。辛巳，始置惕隐，典族属，以皇弟撒剌为之。河东李克用卒，子存勖袭，遣使吊慰。夏五月癸酉，诏撒剌讨乌丸、黑车子室韦。秋八月壬子，幽州进合欢瓜。冬十月己亥朔，建明王楼。筑长城于镇东海口。遣轻兵取吐浑叛入室韦者。

三年春正月，幸辽东。二月丁酉朔，梁遣郎公远来聘。三月，沧州节度使刘守文为弟守光所攻，遣人来乞兵讨之。命皇弟舍利素、夷离堇萧敌鲁以兵会守文于北淖口。进至横海军近淀，一鼓破之，守光溃去。因名北淖口为会盟口。夏四月乙卯，诏左仆射韩知古建碑龙化州大广寺以纪功德。五月甲申，置羊城于炭山之北以通市易。冬十月己巳，遣鹰军讨黑车子室韦，破之。西北嗢娘改部族进挽车人。

四年秋七月戊子朔，以后兄萧敌鲁为北府宰相。后族为相自此始。冬十月，乌马山奚库支及查剌底、锄勃德等叛，讨平之。

五年春正月丙戌朔，日有食之。丙申，上亲征西部奚。奚阻险，叛服不常，数招谕弗听。是役所向辄下，遂分兵讨东部奚，亦平之。于是尽有奚、霫之地。东际海，南暨白檀，西逾松漠，北抵潢水，凡五部，咸入版籍。三月，次滦河，刻石纪功。复略地蓟州。夏四月壬申，遣人使梁。五月，皇弟剌葛、迭剌、寅底石、安端谋反。安端妻粘睦姑知之，以告，得实。上不忍加诛，乃与诸弟登山刑牲，告天地为誓而赦其罪。出剌葛为迭剌部夷离堇，封粘睦姑为晋国夫人。秋七月壬午朔，斜离底及诸蕃使来贡。八月甲子，刘守光僭号幽州，称燕。冬十月戊午，置铁冶。十一月壬午，遣人使梁。

六年春正月，以化葛为惕隐。二月戊午，亲征刘守光。三月，至自幽州。夏四月，梁郢王友珪弑父自立。秋七月丙午，亲征术不姑，降之，俘获以数万计，命弟剌葛分兵攻平州。八月壬辰，上次恩德山。皇子李胡生。冬十月戊寅，剌葛破平州，还，复与迭剌、寅底石、安端等反。甲申，遣人使梁致祭。壬辰，还次北阿鲁山，闻诸弟以兵阻道，引军南趋十七泺。是日燔柴。翼日，次七渡河，诸弟各遣人谢罪。上犹矜怜，许以自新。是岁，以兵讨两冶，以所获僧崇文等五十人归西楼，建天雄寺以居之，以示天助雄武。

七年春正月甲辰朔，以用兵免朝。晋王李存勗拔幽州，擒刘守光。甲寅，王师次赤水城，弟剌葛等乞降。上素服，乘赭白马，以将军耶律乐姑、辖剌仅阿钵为御，解兵器、肃侍卫以受之，因加慰谕。剌葛等引退，上复数遣使抚慰。二月甲戌朔，梁均王友贞讨杀其兄友珪，嗣立。三月癸丑，次芦水，弟迭剌哥图为奚王，与安端拥千余骑而至，绐称入觐。上怒曰："尔曹始谋逆乱，朕特恕之，使改过自新，尚尔反覆，将不利于朕！"遂拘之，以所部分隶诸军。而剌葛引其众至乙室堇淀，具天子旗鼓，将自立，皇太后阴遣人谕令避去。会弭姑乃、怀里阳言车驾且至，其众惊溃，掠居民北走，上以兵追之，剌葛遣其党寅底石引兵径趋行宫，焚其辎重、庐帐，纵兵大杀。皇后急遣蜀古鲁救之，仅得天子旗鼓而已。其党神速姑复劫西楼，焚明王楼。上至土河，秣马休兵，若不为意。诸将请急追之，上曰："俟其远遁，人各怀土，怀土既切，其心必离，我军乘之，破之必矣！"尽以先所获资畜分赐将士，留夷离毕直里姑总政务。夏四月戊寅，北追剌葛。己卯，次弥里，问诸弟面木叶山射鬼箭厌禳，乃执叛人解里向彼，亦以其法厌之。至达里淀，选轻骑追及培只河，尽获其党辎重、生口。先遣室韦及吐浑酋长拔剌、迪里姑等五人分兵伏其前路，命北宰相迪里古为先锋进击之。剌葛率兵逆战，迪里古以轻兵薄之。其弟遏古只临阵，射数十人毙，众莫敢前。相拒至晡，众乃溃。追至柴河，遂自焚其车乘庐帐而去。前遇拔剌、迪里姑等伏发，合击，遂大败之。剌葛奔溃，遗其所夺神帐於路，上见而拜奠之。所获生口尽纵归本土。其党库古只、磨朵皆面缚请罪。师次札堵河，大雨暴涨。五月癸丑，遣北宰相迪辇率骁骑先渡。甲寅，奏擒剌葛、涅里衮阿钵于榆河，前北宰相萧实鲁、寅底石自刭不殊。遂以黑白羊祭天地。壬戌，剌葛、涅里衮阿钵诣行在，以稿索自缚，牵羊望拜。上还至大岭。时大军久出，辎重不相属，士卒煮马驹、采野菜以为食，孳畜道毙者十七八，物价十倍，器服资货委弃于楚里河，狼藉数百里，因更剌葛名暴里。丙寅，至库里，以青牛白马祭天地。以生口六百、马二千三百分赐大小鹘军。六月辛巳，至榆岭，以辖赖县人扫古非法残民，磔之。甲申，上登都庵山。抚其先奇首可汗遗迹，徘徊顾瞻而兴叹焉。闻狱官涅离擅造大校，人不堪其苦，有至死者，命诛之。壬辰，次狼河，获逆党雅里、弥里，生埋之铜河南轨下。放所俘还，多为于骨里所掠。上怒，引轻骑驰击。复遣骁将分道追袭，尽获其众并掠者。庚子，次阿敦泺，以养子涅里思附诸弟叛，以鬼箭射杀之。其余党六千，各以轻重论刑。于厥掠生口者三十馀人，亦俾赎其罪，放归本部。至石岭西，诏收回军乏食所弃兵仗，召北府兵验而还之。以夷离堇涅里衮附诸弟为叛，不忍显戮，命自投崖而死。秋八月己卯，幸龙眉宫，轘逆党二十九人，以其妻女赐有功将校，所掠珍宝、孳畜还主；亡其本物者，命责偿其家；不能偿者，赐以其部曲。九月壬戌，上发自西楼。冬十月庚午，驻赤崖。戊寅，和州回鹘来贡。癸未，乙室府人迪里古、迷骨离部人特里以从逆诛。诏群臣分决滞讼，以韩知古录其事，只里姑掌捕亡。十一月，祠木叶山。还次昭乌山，省风俗，见高年，议朝政，定吉凶仪。十二月戊子，燔柴于莲花泺。

八年春正月甲辰，以曷鲁为迭剌部夷离堇，忽烈为惕隐。于骨里部人特离敏执逆党怖胡、亚里只等十七人来献，上亲鞫之。辞多连宗室及有胁从者，乃杖杀首恶怖胡，余并原释。于越率懒之子化哥屡蓄奸谋，上每优容之，而反覆不悛，召父老群臣正其罪，并其子戮之，分其财以给卫士。有司所鞫逆党三百余人，狱既具，上以人命至重，死不复生，赐宴一日，随其平生之好，使为之。酒酣，或歌、或舞、或戏射、角觝，各极其意。明日，乃以轻重论刑。首恶剌葛，其次迭剌哥，上犹弟之，不忍置法，杖而释之。以寅底石、安端性本庸弱，为剌葛所使，皆释其罪。前于越赫底里子解里、剌葛妻辖剌已实预逆谋，命皆绞杀之。寅底石妻涅离胁从，安端妻粘睦姑尝有忠告，并免。因谓左右曰："诸弟性虽敏黠，而蓄奸稔恶。尝自矜有出人之智，安忍凶狠，溪壑可塞而贪黩无厌。求人之失，虽小而可恕，谓重如泰山；身行不义，虽入大恶，谓轻于鸿毛。昵比群小，谋及妇人，同恶相济，以危国祚。虽欲不败，其可得乎？北宰相实鲁妻余卢覩姑于国至亲，一旦负朕，从于叛逆，未置之法而病死，此天诛也。解里自幼与朕常同寝食，眷遇之厚，冠于宗属，亦与其父背大恩而从不轨，兹可恕乎！"秋七月丙申朔，有司上诸帐族与谋逆者三百馀人罪状，皆弃市。上叹曰："致人于死，岂朕所欲。若止负朕躬，尚可容贷。此曹恣行不道，残害忠良，涂炭生民，剽掠财产。民间昔有万马，今皆徒步，有国以来所未尝有，实不得已而诛之。"冬十月甲子朔，建开皇殿于明王楼基。

九年春正月，乌古部叛，讨平之。夏六月，幽州军校齐行本举其族及其部曲男女三千人请降，诏授检校尚书、左仆射，赐名兀欲，给其廪食。数日亡去，幽帅周德威纳之。及诏索之，德威语不逊，乃议南征。冬十月戊申，钓鱼于鸭渌江。新罗遣使贡方物，高丽遣使进宝剑，吴越王钱镠遣滕彦休来贡。是岁，君基太一神数见，诏图其像。

神册元年春二月丙戌朔，上在龙化州，迭烈部夷离堇耶律曷鲁等率百僚请上尊号，三表乃允。丙申，群臣及诸属国筑坛州东，上尊号曰大圣大明天皇帝，后曰应天大明地皇后。大赦，建元神册。初，斸地为坛，得金铃，因名其地曰金铃冈，坛侧满林曰册圣林。三月丙辰，以迭烈部夷离堇曷鲁为阿庐朵里于越，百僚进秩、颁赉有差，赐酺三日。立子倍为皇太子。夏四月乙酉朔，晋幽州节度使卢国用来降，以为幽州兵马留后。甲辰，梁遣郎公远来贺。六月庚寅，吴越王遣滕彦休来贡。秋七月壬申，亲征突厥、吐浑、党项、小蕃、沙陀诸部，皆平之。俘其酋长及其户万五千六百，铠甲、兵仗、器服九十余万，宝货、驼马、牛羊不可胜算。八月，拔朔州，擒节度使李嗣本。勒石纪功于青冢南。冬十月癸未朔，乘胜而东。十一月，攻蔚、新、武、妫、儒五州，斩首万四千七百余级。自代北至河曲逾阴山，尽有其地。遂改武州为归化州，妫州为可汗州，置西南面招讨司，选有功者领之。其围蔚州，敌楼无故自坏，众军大噪乘之，不逾时而破。时梁及吴越二使皆在焉，诏引环城观之，因赐滕彦休名曰述吕。十二月，收山北八军。

二年春二月，晋新州裨将卢文进杀节度使李存矩来降。进攻其城，刺史安金全遁，以文进部将刘殷为刺史。三月辛亥，攻幽州，节度使周德威以幽、并、镇、定、魏五州之兵拒于居庸关之西，合战于新州东，大破之，斩首三万余级。杀李嗣恩之子武八。以后弟阿骨只为统军，实鲁为先锋，东出关略燕、赵，不遇敌而还。己未，于骨里叛，命室鲁以兵讨之。夏四年壬午，围幽州，不克。六月乙巳，望城中有气如烟火状，上曰："未可攻也。"以大暑霖潦，班师。留曷鲁、卢国用守之。剌葛与其子赛保里叛入幽州。秋八月，李存勗遣李嗣源等救幽州，曷鲁等以兵少而还。

三年春正月丙申，以皇弟安端为大内惕隐，命攻云州及西南诸部。二月，达旦国来聘。癸亥，城皇都，以礼部尚书康默记充版筑使。梁遣使来聘。晋、吴越、渤海、高丽、回鹘、阻卜、党项及幽、镇、定、魏、潞等州各遣使来贡。夏四月乙巳，皇弟迭烈哥谋叛，事觉，知有罪当诛，预为营圹，而诸戚请免。上素恶其弟寅底石妻涅里衮，乃曰："涅里衮能代其死，则从。"涅里衮自缢圹中，并以奴女古、叛人曷鲁只生瘗其中。遂赦迭烈哥。五月乙亥，诏建孔子庙、佛寺、道观。秋七月乙酉，于越曷鲁薨，上震悼久之，辍朝三日，赠赙有加。冬十二月庚子朔，幸辽阳故城。辛丑，北府宰相萧敌鲁薨。戊午，以于越曷鲁弟污里轸为迭烈部夷离堇，萧阿古只为北府宰相。甲子，皇孙隈欲生。

卷二　　本纪第二

太　祖　下

四年春正月丙申，射虎东山。二月丙寅，修辽阳故城，以汉民、渤海户实之，改为东平郡，置防御使。夏五月庚辰，至自东平郡。秋八月丁酉，谒孔子庙，命皇后、皇太子分谒寺观。九月，征乌古部，道闻皇太后不豫，一日驰六百里还，侍太后，病间，复还军中。冬十月丙午，次乌古部，天大风雪，兵不能进，上祷于天，俄顷而霁。命皇太子将先锋军进击，破之，俘获生口万四千二百，牛马、车乘、庐帐、器物二十余万。自是举部来附。

五年春正月乙丑，始制契丹大字。夏五月丙寅，吴越王复遣滕彦休贡犀角、珊瑚，授官以遣。庚辰，有龙见于拽剌山阳水上，上射获之，藏其骨内府。闰六月丁卯，以皇弟苏为惕隐，康默记为夷离毕。秋八月己未朔，党项诸部叛。辛未，上亲征。九月己丑朔，梁遣郎公远来聘。壬寅，大字成，诏颁行之。皇太子率迭剌部夷离堇污里轸等略地云内、天德。冬十月辛未，攻天德。癸酉，节度使宋瑶降，赐弓矢、鞍马、旗鼓，更其军曰应天。甲戌，班师。宋瑶复叛。丙子，拔其城，擒宋瑶，俘其家属，徙其民于阴山南。十二月己未，师还。

六年春正月丙午，以皇弟苏为南府宰相，迭里为惕隐。南府宰相，自诸弟搆乱，府之名族多罹其祸，故其位久虚，以锄得部辖得里、只里古摄之。府中数请择任宗室，上以旧制不可辄变；请不已，乃告于宗庙而后授之。宗室为南府宰相自此始。夏五月丙戌朔，诏定法律，正班爵。丙申，诏画前代直臣像为《招谏图》，及诏长吏四孟月询民利病。六月乙卯朔，日有食之。冬十月癸丑朔，晋新州防御使王郁以所部山北兵马内附。丙子，上率大军入居庸关。十一月癸卯，下古北口。丁未，分兵略檀、顺、安远、三河、良乡、望都、潞、满城、遂城等十余城，俘其民徙内地。十二月癸丑，王郁率其众来朝，上呼郁为子，赏赉甚厚，而徙其众于潢水之南。庚申，皇太子率王郁略地定州，康默记攻长芦。唐义武军节度使王处直养子都囚其父，自称留后。癸亥，围涿州，有白兔缘垒而上，是日破其郛。癸酉，刺史李嗣弼以城降。乙亥，存勖至定州，王都迎谒马前。存勗引兵趋望都，遇我军秃馁五千骑，围之，存勗力战数四，不解。李嗣昭领三百骑来救，我军少却，存勗乃得出，大战，我军不利，引归。存勖至幽州，遣二百骑蹑我军后，我军反击，悉擒之。己卯，还次檀州，幽人来袭，击走之，擒其裨将。诏徙檀、顺民于东平、沈州。

天赞元年春二月庚申，复徇幽、蓟地。癸酉，诏改元，赦军前殊死以下。夏四月甲寅，攻蓟州。戊午，拔之，擒刺史胡琼，以卢国用、涅鲁古典军民事。壬戌，大飨军士。癸亥，李存勗围镇州，张文礼求援，命郎君迭烈、将军康末怛往击，败之，杀其将李嗣昭。辛未，攻石城县，拔之。五月丁未，张文礼卒，其子处瑾遣人奉表来谢。六月，遣鹰军击西南诸部，以所获赐贫民。冬十月甲子，以萧霞的为北府宰相。分迭剌部为二院：斜涅赤为北院夷离堇，绾思为南院夷离堇。诏分北大浓兀为二部，立两节度使以统之。十一月壬寅，命皇子尧骨为天下兵马大元帅，略地蓟北。

二年春正月丙申，大元帅尧骨克平州，获刺史赵思温、裨将张崇。二月，如平州。甲子，以平州为卢龙军，置节度使。三月戊寅，军于箭笴山，讨叛奚胡损，获之，射以鬼箭。诛其党三百人，沉之狗河。置奚堕瑰部，以勃鲁恩权总其事。夏四月己酉，梁遣使来聘，吴越王遣使来贡。癸丑，命尧骨攻幽州，迭剌部夷离堇觌烈徇山西地。庚申，尧骨军幽州东，节度使符存审遣人出战，败之，擒其将裴信父子。闰月庚辰，尧骨抵镇州。壬午，拔曲阳。丙戌，下北平。是月，晋王李存勖即皇帝位，国号唐。五月戊午，尧骨师还。癸亥，大飨军士，赏赉有差。六月辛丑，波斯国来贡。秋七月，前北府宰相萧阿古只及王郁徇地燕、赵。冬十月辛未朔，日有食之。己卯，唐兵灭梁。

三年春正月，遣兵略地燕南。夏五月丙午，以惕隐迭里为南院夷离堇。是月，徙蓟州民实辽州地。渤海杀其刺史张秀实而掠其民。六月乙酉，召皇后、皇太子、大元帅及二宰相、诸部头等诏曰："上天降监，惠及烝民。圣主明王，万载一遇。朕既上承天命，下统群生，每有征行，皆奉天意。是以机谋在己，取舍如神，国令既行，人情大附，舛讹归正，遐迩无愆。可谓大含溟海，安纳泰山矣！自我国之经营，为群方之父母。宪章斯在，胤嗣何忧？升降有期，去来在我。良筹圣会，自有契于天人；众国群王，岂可化其凡骨？三年之后，岁在丙戌，时值初秋，必有归处。然未终两事，岂负亲诚？日月非遥，戒严是速。"闻诏者皆惊惧，莫识其意。是日，大举征吐浑、党项、阻卜等部。诏皇太子监国，大元帅尧骨从行。秋七月辛亥，曷刺等击素昆那山东部族，破之。八月乙酉，至乌孤山，以鹅祭天。甲午，次古单于国，登阿里典压得斯山，以麃鹿祭。九月丙申朔，次古回鹘城，勒石纪功。庚子，拜日于蹛林。丙午，遣骑攻阻卜。南府宰相苏、南院夷离堇迭里略地西南。乙卯，苏等献俘。丁巳，凿金河水，取乌山石，辇致潢河、木叶山，以示山川朝海宗岳之意。癸亥，大食国来贡。甲子，诏砻辟遏可汗故碑，以契丹、突厥、汉字纪其功。是月，破胡母思山诸蕃部，次业得思山，以赤牛青马祭天地。回鹘霸里遣使来贡。冬十月丙寅朔，猎寓乐山，获野兽数千，以充军食。丁卯，军于霸离思山。遣兵逾流沙，拔浮图城，尽取西鄙诸部。十一月乙未朔，获甘州回鹘都督毕离遏，因遣使谕其主乌母主可汗。射虎于乌刺邪里山，抵霸室山。六百余里且行且猎，日有鲜食，军士皆给。

四年春正月壬寅，以捷报皇后、皇太子。二月丙寅，大元帅尧骨略党项。丁卯，皇后遣康末怛问起居，进御服、酒膳。乙亥，萧阿古只略燕、赵还，进牙旗兵仗。辛卯，尧骨献党项俘。三月丙申，飨军于水精山。夏四月甲子，南攻小蕃，下之。皇后、皇太子迎谒于札里河。癸酉，回鹘乌母主可汗遣使贡谢。五月甲寅，清暑室韦北陉。秋九月癸巳，至自西征。冬十月丁卯，唐以灭梁来告，即遣使报聘。庚辰，日本国来贡。辛巳，高丽国来贡。十一月丁酉，幸安国寺，饭僧，赦京师囚，纵五坊鹰鹘。己酉，新罗国来贡。十二月乙亥，诏曰："所谓两事，一事已毕，惟渤海世仇未雪，岂宜安驻！"乃举兵亲征渤海大諲譔。皇后、皇太子、大元帅尧骨皆从。闰月壬辰，祠木叶山。壬寅，以青牛白马祭天地于乌山。己酉，次撒葛山，射鬼箭。丁巳，次商岭，夜围扶余府。

天显元年春正月己未，白气贯日。庚申，拔扶余城，诛其守将。丙寅，命惕隐安端、前北府宰相萧阿古只等将万骑为先锋，遇諲譔老相兵，破之。皇太子、大元帅尧骨、南府宰相苏、北院夷离堇斜涅赤、南院夷离堇迭里是夜围忽汗城。己巳，諲譔请降。庚午，驻军于忽汗城南。辛未，諲譔素服，稿索牵羊，率僚属三百余人出降。上优礼而释之。甲戌，诏谕渤海郡县。丙子，遣近侍康末怛等十三人入城索兵器，为逻卒所害。丁丑，諲譔复叛，攻其城，破之。驾幸城中，諲譔请罪马前。诏以兵卫諲譔及族属以出。祭告天地，复还军中。二月庚寅，安边、鄚颉、南海、定理等府及诸道节度、刺史来朝，慰劳遣之，以所获器币诸物赐将士。壬辰，以青牛白马祭天地。大赦，改元天显。以平渤海遣使报唐。甲午，复幸忽汗城，阅府库物，赐从臣有差。以奚部长勃鲁恩、王郁自回鹘、新罗、吐蕃、党项、室韦、沙陀、乌古等从征有功，优加赏赉。丙午，改渤海国为东丹，忽汗城为天福。册皇太子倍为人皇王以主之。以皇弟迭刺为左大相，渤海老相为右大相，渤海司徒大素贤为左次相，耶律羽之为右次相。赦其国内殊死以下。丁未，高丽、濊貊、铁骊、靺鞨来贡。三月戊午，遣夷离毕康默记、左仆射韩延徽攻长岭府。甲子，祭天。丁卯，幸人皇王宫。己巳，安边、鄚颉、定理三府叛，遣安端讨之。丁丑，三府平。壬午，安端献俘，诛安边府叛帅二人。癸未，宴东丹国僚佐，颁赐有差。甲申，幸天福城。乙酉，班师，以大諲譔举族行。夏四月丁亥朔，次伞子山。辛卯，人皇王率东丹国僚属辞。是月，唐养子李嗣源反，郭存谦弑其主存勗，嗣源遂即位。五月辛酉，南海、定理二府复叛，大元帅尧骨讨之。六月丁酉，二府平。丙午，次慎州，唐遣姚坤以国哀来告。秋七月丙辰，铁州刺史卫钧反。乙丑，尧骨攻拔铁州。庚午，东丹国左大相迭刺卒。辛未，卫送大諲譔于皇都西，筑城以居之。赐諲譔名曰乌鲁古，妻曰阿里只。卢龙行军司马张崇叛，奔唐。甲戌，次扶余府，上不豫。是夕，大星陨于幄前。辛巳平旦，子城上见黄龙缭绕，可长一里，光耀夺目，入于行宫。有紫黑气蔽天，逾日乃散。是日，上崩，年五十五。天赞三年上所谓"丙戌秋初，必有归处"，至是乃验。壬午，皇后称制，权决军国事。

八月辛卯，康默记等攻下长岭府。甲午，皇后奉梓宫西还。壬寅，尧骨讨平诸州，奔赴行在。乙巳，人皇王倍继至。九月壬戌，南府宰相苏薨。丁卯，梓宫至皇都，权殡于子城西北。己巳，上谥升天皇帝，庙号太祖。冬十月，卢龙军节度使卢国用叛，奔于唐。十一月丙寅，杀南院夷离堇耶律迭里、郎君耶律匹鲁等。二年八月丁酉，葬太祖皇帝于祖陵，置祖州天城军节度使以奉陵寝。统和二十六年七月，进谥大圣大明天皇帝。重熙二十一年九月，加谥大圣大明神烈天皇帝。太祖所崩行宫在扶余城西南两河之间，后建升天殿于此，而以扶余为黄龙府云。

赞曰：辽之先，出自炎帝，世为审吉国，其可知者盖自奇首云。奇首生都菴山，徙潢河之滨。传至雅里，始立制度，置官属，刻木为契，穴地为牢，让阻午而不肯自立。雅里生毗牒。毗牒生颏领。颏领生耨里思，大度寡欲，令不严而人化，是为肃祖。肃祖生萨剌德，尝与黄室韦挑战，矢贯数札，是为懿祖。懿祖生匀德实，始教民稼穑，善畜牧，国以殷富，是为玄祖。玄祖生撒剌的，仁民爱物，始置铁冶，教民鼓铸，是为德祖，即太祖之父也，世为契丹遥辇氏之离堇，执其政柄。德祖之弟述澜，北征于厥、室韦，南略易、定、奚、霫，始兴板筑，置城邑，教民种桑麻，习织组，已有广土众民之志。而太祖受可汗之禅，遂建国。东征西讨，如折枯拉朽。东自海，西至于流沙，北绝大漠，信威万里，历年二百，岂一日之故哉！周公诛管、蔡，人未有能非之者。剌葛、安端之乱，太祖既贷其死而复用之，非人君之度乎？旧史扶余之变，亦异矣夫！

卷三 本纪第三

太宗上

太宗孝武惠文皇帝，讳德光，字德谨，小字尧骨。太祖第二子，母淳钦皇后萧氏。唐天复二年生，神光异常，猎者获白鹿、白鹰，人以为瑞。及长，貌严重而性宽仁，军国之务多所取决。天赞元年，授天下兵马大元帅，寻诏统六军南徇地。明年，下平州，获赵思温、张崇。回破箭笴山胡逊奚，诸部悉降。复以兵掠镇、定，所至皆坚壁不敢战。师次幽州，符存审拒于州南，纵兵邀击，大破之，擒裨将裴信等数十人。及从太祖破于厥里诸部，定河壖党项，下山西诸镇，取回鹘单于城，东平渤海，破达卢古部，东西万里，所向皆有功。

天显元年七月，太祖崩，皇后摄军国事。明年秋，治祖陵毕。冬十一月壬戌，人皇王倍率群臣请于后曰："皇子大元帅勋望，中外攸属，宜承大统。"后从之，是日即皇帝位。癸亥，谒太祖庙。丙寅，行柴册礼。戊辰，还都。壬申，御宣政殿，群臣上尊号曰嗣圣皇帝。大赦。有司请改元，不许。十二月庚辰，尊皇太后为太皇太后，皇后为应天皇太后，立妃萧氏为皇后。礼毕，阅近侍班局。辛巳，诸道将帅辞归镇。己丑，祀天地。庚寅，遣使谕诸国。辛卯，阅群牧于近郊。戊戌，女直遣使来贡。壬寅，谒太祖庙。甲辰，阅旗鼓、客省诸局官属。丁未，诏选遥辇氏九帐子弟可任官者。

三年春正月己酉，阅北克兵籍。庚戌，阅南克兵籍。丁巳，阅皮室、拽剌、墨离三军。己未，黄龙府罗涅河女直、达卢古来贡。庚午，以王郁为兴国军节度使，守中书令。二月，幸长泺。己亥，惕隐涅里衮进白狼。辛丑，达卢古来贡。三月乙卯，东蒐。癸亥，猎羖䍽山。乙丑，猎松山。唐义武军节度使王都遣人以定州来归。唐主出师讨之，使来乞援，命奚秃里铁剌往救之。四月戊寅，东巡。己卯，祭麃鹿神。丁亥，于猎所纵公私取羽毛革木之材。甲午，取箭材赤山。丙申，猎三山。铁剌败唐将王晏球于定州。唐兵大集，铁剌请益师。辛丑，命惕隐涅里衮、都统查剌赴之。五月丙午，建天膳堂。猎索剌山。戊申，至自猎。丁卯，命林牙突吕不讨乌古部。己巳，女直来贡。六月己卯，行瑟瑟礼。秋七月丁未，突吕不献讨乌古捷。壬子，王都奏唐兵破定州，铁剌死之，涅里衮、查剌等数十人被执。上以出师非时，甚悔之，厚赐战殁将校之家。庚午，有事于太祖庙。八月丙子，突厥来贡。庚辰，诏建《应天皇太后诞圣碑》于仪坤州。九月己卯，突吕不遣人献讨乌古俘。癸未，诏分赐群臣。己丑，幸人皇王倍第。庚寅，遣人使唐。辛卯，再幸人皇王第。癸巳，有司请以上生日为天授节，皇太后生日为永宁节。冬十月癸卯朔，以永宁节，上率群臣上寿于延和宫。己酉，谒太祖庙。唐遣使遗玉笛。甲子，天授节，上御五鸾殿受群臣及诸国使贺。十一月丙子，鼻骨德来贡。辛丑，自将伐唐。十二月癸卯，祭天地。庚戌，闻唐主复遣使来聘，上问左右，皆曰："唐数遣使来，实畏威也，未可轻举，观衅而动可也。"上然之。甲寅，次杏埚，唐使至，遂班师。时人皇王在皇都，诏遣耶律羽之迁东丹民以实东平。其民或亡入新罗、女直，因诏困乏不能迁者，许上国富民给赡而隶属之。升东平郡为南京。

四年春正月壬申朔，宴群臣及诸国使，观俳优角觝戏。己卯，如瓜埚。二月庚戌，阅遥辇氏户籍。三月甲午，望祀群神。夏四月辛亥，至自瓜埚。壬子，谒太祖庙。癸丑，谒太祖行宫。甲寅，幸天城军，谒祖陵。辛酉，人皇王倍来朝，癸亥，录囚。五月癸酉，谒二仪殿，宴群臣。女直来贡。戊子，射柳于太祖行宫。癸巳，行瑟瑟礼。六月丙午，突吕不献乌古俘。戊申，分赐将士。己酉，西巡。己未，选轻骑数千猎近山。癸亥，驻跸凉陉。秋七月庚辰，观市，曲赦系囚。甲午，祠太祖而东。八月辛丑，至自凉陉，谒太祖庙。癸卯，幸人皇王第。己酉，谒太祖庙。九月庚午，如南京。戊寅，祠木叶山。己卯，行再生礼。癸巳，至南京。冬十月壬寅，幸人皇王第，宴群臣。甲辰，幸诸营，阅军籍。庚戌，以云中郡县未下，大阅六军。甲子，诏皇弟李胡帅师趣云中讨郡县之未附者。十一月丙寅朔，以出师告天地。丁卯，饯皇弟李胡于西郊。壬申，命大内惕隐告出师于太祖行宫。甲申，观渔三叉口。十二月戊申，女直来贡。戊午，至自南京。

五年春正月庚午，皇弟李胡拔寰州捷至。甲午，朝皇太后。二月己亥，诏修南京。癸卯，李胡还自云中，朝于行在。丙午，以先所俘渤海户赐李胡。丙辰，上与人皇王朝皇太后。太后以皆工书，命书于前以观之。辛酉，召群臣议军国事。三月丙寅，朝皇太后。丁卯，皇弟李胡请赦宗室舍利郎君以罪系狱者，诏从之。己巳，幸皇叔安端第。辛未，人皇王献白纻。乙亥，册皇弟李胡为寿昌皇太弟，兼天下兵马大元帅。壬午，以龙化州节度使刘居言同中书门下平章事。乙酉，宴人皇王僚属便殿。庚寅，驾发南京。夏四月乙未，诏人皇王先赴祖陵谒太祖庙。丙辰，会祖陵。人皇王归国。五月戊辰，诏修褭潭离宫。乙酉，谒太祖庙。六月己亥，射柳于行在。乙卯，如沿柳湖。丁巳，拜太祖御容于明殿。己未，敌烈德来贡。秋七月壬申，乌古来贡。戊子，荐时果于太祖庙。八月丁酉，以大圣皇帝、皇后宴寝之所号日月宫，因建《日月碑》。丙午，如九层台。九月己卯，诏舍利普宁抚慰人皇王。庚辰，诏置人皇王仪卫。丁亥，至自九层台，谒太祖庙。冬十月戊戌，遣使赐人皇王胙。癸卯，建《太祖圣功碑》于如迂正集会埚。甲辰，人皇王进玉笛。十一月戊寅，东丹奏人皇王浮海适唐。

六年春正月甲子，西南边将以慕化辖戛斯国人来。乙丑，敌烈德来贡。丁卯，如南京。三月辛未，召大臣议军国事。丁亥，人皇王倍妃萧氏率其国僚属来见。夏四月己酉，唐遣使来聘。是月置中台省于南京。五月乙丑，祠木叶山。乙亥，至自南京。壬午，谒太祖陵。闰月庚寅，射柳于近郊。六月壬申，如凉陉。壬午，乌古来贡。秋七月丁亥，女直来贡。己酉，命将校以兵南略。壬子，荐时果于太祖庙。东幸。八月庚申，皇子述律生，告太祖庙。辛巳，鼻骨德来贡。九月甲午，诏修京城。冬十月丁丑，铁骊来贡。十一月乙酉，唐遣使来聘。十二月甲寅朔，祭太祖庙。丙辰，遣人以诏赐唐卢龙军节度使赵德钧。

七年春正月壬辰，征西将军课里遣拽剌铎括奏军事。己亥，唐遣使来聘。癸卯，遣人使唐。戊申，祠木叶山。二月壬申，拽剌迪德使吴越还，吴越王遣使从，献宝器。复遣使持币往报之。三月己丑，林牙迪离毕指斥乘舆，囚之。丁未，遣使诸国。戊申，上率群臣朝于皇太后。夏四月甲戌，唐遣使来聘，致人皇王倍书。己卯，女直来贡。五月壬午朔，幸祖州，谒太祖陵。六月戊辰，御制《太祖建国碑》。戊寅，乌古、敌烈德来贡。庚辰，观角觝戏。秋七月辛巳朔，赐中外官吏物有差。癸未，赐高年布帛。丙戌，召群臣耆老议政。壬辰，唐遣使遗红牙笙。癸巳，使复至，惧报定州之役也。壬寅，唐卢龙军节度使赵德钧遣人进时果。丁未，荐新于太祖庙。八月壬戌，捕鹅于沿柳湖，风雨暴至，舟覆，溺死者六十余人，命存恤其家，识以为戒。戊辰，林牙迪离毕逸囚，复获而鞫之，知其事本诬构，释之。九月庚子，阻卜来贡。冬十月乙卯，唐遣使来聘。己巳，遣使云中。十一月丁亥，遣使存问获里国。丁未，阻卜贡海东青鹘三十连。十二月辛亥，以叛人泥离衮家口分赐群臣。丁巳，西狩，驻跸平地松林。

八年春正月戊子，女直来贡。庚子，命皇太弟李胡、左威卫上将军撒割率兵伐党项。癸卯，上亲饯之。二月辛亥，吐谷浑、阻卜来贡。乙卯，克实鲁使唐还，以附献物分赐群臣。三月辛卯，皇太弟讨党项胜还，宴劳之。丙申，唐遣使请罢征党项兵，上以战捷及党项已听命报之。夏四月戊午，党项来贡。五月己丑，猎独牛山，惕隐迪辇所乘内厩骝马毙，因赐名其山曰骝山。戊戌，如沿柳湖。六月甲寅，阻卜来贡。甲子，回鹘阿萨兰来贡。秋七月戊寅，行纳后礼。癸未，皇子提离古生。丁亥，铁骊、女直、阻卜来贡。冬十月乙巳，阻卜来贡。丙午，至自沿柳湖。辛亥，唐遣使来聘。己未，遣拔剌使唐。辛未，乌古吐鲁没来贡。十一月辛丑，太皇太后崩，遣使告哀于唐及人皇王倍。是月，唐主嗣源殂，子从厚立。十二月丁卯，党项来贡。

九年春正月癸酉，渔于土河。丙申，党项贡驼、鹿。己亥，南京进白獐。闰月戊午，唐遣使告哀，即日遣使吊祭。壬戌，东幸。女直来贡。二月壬申，祠木叶山。戊寅，葬太皇太后于德陵。前二日，发丧于菆涂殿，上具衰服以送。后追谥宣简皇后，诏建碑于陵。三月癸卯，女直来贡。夏四月，唐李从珂弑其主自立。人皇王倍自唐上书请讨。五月甲辰，如沿柳湖。癸丑，女直来贡，大星昼陨。六月己巳朔，鼻骨德来贡。辛未，唐李从厚谢吊祭所遣使初至阙。秋八月壬午，自将南伐。乙酉，拽剌解里手接飞雁，上异之，因以祭天地。九月庚子，西南星陨如雨。乙卯，次云州。丁巳，拔河阴。冬十月丁亥，略地灵丘，父老进牛酒犒师。十一月辛丑，围武州之阳城。壬寅，阳城降。癸卯，洼只城降，括所俘丁壮籍于军。十二月壬辰，皇子阿钵撒葛里生，皇后不豫。是月驻跸百湖之西南。

十年春正月戊申，皇后崩于行在。二月戊寅，百僚请加追谥，不许。辛巳，宰相涅里衮谋南奔，事觉，执之。三月戊午，党项来贡。夏四月，吐谷浑酋长退欲德率众内附。丙戌，皇太后父族及母前夫之族二帐并为国舅，以萧缅思为尚父领之。己丑，录囚。五月甲午朔，始制服行后丧。丙午，葬于奉陵。上自制文，谥曰彰德皇后。癸丑，以舍利王庭鹗为龙化州节度使。六月乙丑，吐浑来贡。辛未，幸品不里淀。秋七月乙卯，猎南赤山。冬十一月丙午，幸弘福寺。为皇后饭僧，见观音画像，乃大圣皇帝、应天皇后及人皇王所施，顾左右曰："昔与父母兄弟聚观于此，岁时未几，今我独来！"悲叹不已。乃自制文题于壁，以极追感之意。读者悲之。十二月庚辰，如金瓶泺，遣拽剌化哥、窟鲁里、阿鲁扫姑等捉生敌境。

十一年春正月，钓鱼于土河。庚申，如潢河。三月庚寅朔，女直来贡。夏四月庚申，谒祖陵。戊辰，还都，谒太祖庙。辛未，燕民之复业者陈汴州事宜。癸酉，女直诸部来贡。癸未，赐回鹘使衣有差。五月戊戌，清暑沿柳湖。六月戊午朔，鼻骨德来贡。乙酉，吐谷浑来贡。秋七月辛卯，乌古来贡。壬辰，蒲割䩮公主率三河乌古来朝。丙申，唐河东节度使石敬瑭为其主所讨，遣赵莹因西南路招讨卢不姑求救，上白太后曰："李从珂弑君自立，神人共怒，宜行天讨。"时赵德钧亦遣使至，河东复遣桑维翰来告急，遂许兴师。八月己未，遣萧辖里报河东师期。丙寅，吐谷浑来贡。庚午，自将以援敬瑭。九月癸巳，有飞鸷自坠而死，南府夷离堇曷鲁恩得之以献。卜之，吉。上曰："此从珂自灭之兆也！"丁酉，入雁门。戊戌，次忻州，祀天地。己亥，次太原。庚子，遣使谕敬瑭曰："朕兴师远来，当即与卿破贼！"会唐将高行周、符彦卿以兵来拒，遂勒兵陈于太原。及战，佯为之却。唐将张敬达、杨光远又阵于西，未成列，以兵薄之。而行周、彦卿为伏兵所断，首尾不相救。敬达、光远大败，弃仗如山，斩首数万级。敬达走保晋安寨，夷离堇的鲁与战，死之。敬瑭率官属来见，上执手抚慰之。癸卯，围晋安。甲辰，以的鲁子徒离骨嗣为夷离堇，仍以父字为名，以旌其忠。南宰相鹘离底、奚监军寅你已、将军陪阿临阵退懦，上召切责之。冬十月甲子，封敬瑭为晋王，幸其府。敬瑭与妻李率其亲属捧觞上寿。初围晋安，分遣精兵守其要害，以绝援兵之路。而李从珂遣赵延寿以兵二万屯团柏谷，范延广以兵二万屯辽州，幽州赵德钧以所部兵万余由上党趋延寿军，合势进击，知此有备，皆逗留不进。从珂遂将精骑三万出次河阳，亲督诸军。然知其不救，但日酣饮悲歌而已。丁卯，召敬瑭至行在所，赐坐，上从容语之曰："吾三千里举兵而来，一战而胜，殆天意也，观汝雄伟弘大，宜受兹南土，世为我藩辅。"遂命有司设坛晋阳，备礼册命。十一月丁酉，册敬瑭为大晋皇帝。自戊戌至戊申，候骑两奏南有兵至，复奏西有兵至。命惕隐迪辇洼拒之。唐将张敬达在围八十余日，内外隔绝，军储殆尽，至濯马粪、屑木以饲马，马饥至自相啖其骙尾，死则以充食。光远等劝敬达出降，敬达曰："吾有死而已。尔欲降，宁斩吾首以降。"闰月甲子，杨光远、安审琦杀敬达以降。上闻敬达至死不变，谓左右曰："凡为人臣，当如此也！"命以礼葬。所降军士及马五千匹以赐晋帝。丙寅，祀天地以告成功。庚午，仆射萧酷古只奏赵德钧等诸援兵将遁，诏夜发兵追击。德钧等军皆投戈弃甲，自相蹂践，挤于川谷者不可胜纪。仍命皇太子驰轻骑据险要，追及步兵万余，悉降之。辛未，兵度团柏谷，以酒肴祀天地。俄追及德钧父子，乃率众降。次潞州，召诸将议，皆请班师，从之。命南宰相解领、鹘离底、奚监军寅你已、将军陪阿先还。壬申，惕隐涅、林牙迪离毕来献俘。晋帝辞归，上与宴饮。酒酣，执手约为父子。以白貂裘一、厩马二十、战马千二百饯之。命迪离毕将五千骑送入洛。临别，谓之曰："朕留此，候乱定乃还耳。"辛巳，晋帝至河阳，李从珂穷蹙，召人皇王倍同死，不从，遣人杀之，乃举族自焚。诏收其士卒战殁者瘗之汾水上，以为京观。晋命桑维翰为文，纪上功德。十二月乙酉朔，遣近侍挞鲁存问晋帝。丙戌，以晋安所获分赐将校。戊子，遣使驰奏皇太后，及报诸道师还。庚寅，发太原。辛卯，闻晋帝入洛，遣郎君解里德抚问。壬辰，次细河，阅降将赵德钧父子兵马。戊戌，次雁门，以沙太保所部兵分隶诸将。庚戌，幸应州。癸丑，唐大同、彰国、振武三节度使迎见，留之不遣。

十二年春正月丙辰，次堆子口。唐大同军节度判官吴峦闭城拒命，遣崔廷勋围其城。庚申，上亲征，至城下谕之，峦降。辛酉，射鬼箭于云州北。壬戌，祀天地。癸亥，遣国舅安端发奚西部民各还本土。丙寅，皇太后遣侍卫实鲁趣行，是夕，率轻骑先进。丁丑，皇子述律迎谒于滦河，告功太祖行宫。戊寅，朝于皇太后，进珍玩为寿。二月丁亥，以军前所获俘叛入幽州者皆斩之。壬寅，诏诸部休养士卒。癸卯，晋遣唐所掠郎君剌哥、文班吏萧觯里还朝。三月庚申，晋遣使来贡。丁卯，晋天雄军节度使范延广潜遣人请内附，不纳。己巳，遣郎君的烈古、梅里迭烈使晋。壬午，晋使及诸国使来见。夏四月甲申，地震。幸平地松林，观潢水源。五月甲寅，幸频跸淀。壬申，震开皇殿。六月甲申，晋遣户部尚书聂延祚等请上尊号，及归雁门以北与幽、蓟之地，仍岁贡帛三十万匹，诏不许。庚戌，侍中烈率言，范延广叛晋，引兵南向。秋七月辛亥朔，诏诸部治兵甲。癸丑，幸怀州，谒奉陵。甲子，晋遣使来告范延广反。庚午，遣耶律衮古里使晋议军事。八月癸未，晋遣使复请上尊号，不许。庚寅，晋及太原刘知远、南唐李昪各遣使来贡。庚子，晋遣使以都汴及范延广降来告。九月壬子，鼻骨德来贡。庚申，遣直里古使晋及南唐。癸亥，术不姑、女直来贡。辛未，遣使高丽、铁骊。癸酉，回鹘来贡。冬十月庚辰朔，皇太后永宁节，晋及回鹘、燉煌诸国皆遣使来贺。壬午，诏回鹘使胡离只、阿剌保，问其风俗。丁亥，诸国使还，就遣蒲里骨皮室胡末里使其国。十一月己未，遣使求医于晋。丁卯，铁骊来贡。十二月甲申，东幸，祀木叶山。己丑，医来。

卷四　本纪第四

太　宗　下

会同元年春正月戊申朔，晋及诸国遣使来贺。晋使且言已命和凝撰《圣德神功碑》。戊辰，遣人使晋。二月壬午，室韦进白麃。戊子，铁骊来贡。丁酉，猎松山。戊戌，幸辽河东。丙申，上思人皇王，遣惕隐率宗室以下祭其行宫。丁未，诏增晋使所经供亿户。三月壬戌，将东幸，三克言农务方兴，请减辎重，促还朝，从之。丙寅，女直来贡。癸酉，东幸。夏四月戊寅朔，如南京。甲申，女直来贡。乙酉，幸温泉。己丑，还宫，朝于皇太后。丁酉，女直贡弓矢。己亥，西南边大详稳耶律鲁不古奏党项捷。五月甲寅，晋复遣使请上尊号，从之。六月丙子朔，吐谷浑及女直来贡。辛卯，南唐来贡。癸巳，诏建日月四时堂，图写古帝王事于两庑。秋七月癸亥，遣使赐晋马。丁卯，遣鹘离底使晋，梅里了古使南唐。戊辰，遣中台省右相耶律述兰、迭烈哥使晋，临海军节度使赵思温副之，册晋帝为英武明义皇帝。八月戊子，女直来贡。庚子，吐谷浑、乌孙、靺鞨皆来贡。九月庚戌，黑车子室韦贡名马。边臣奏晋遣守司空冯道、左散骑常侍韦勋来上皇太后尊号，左仆射刘昫、右谏议大夫卢重上皇帝尊号，遂遣监军寅你已充接伴。壬子，诏群臣及高年，凡授大臣爵秩，皆赐锦袍、金带、白马、金饰鞍勒，著于令。冬十月甲戌朔，遣郎君迪里姑等抚问晋使。壬寅，晋遣使来谢册礼。是日，复有使进独峰驼及名马。十一月甲辰朔，命南北宰相及夷离堇就馆赐晋使冯道以下宴。丙午，上御开皇殿，召见晋使。壬子，皇太后御开皇殿，冯道、韦勋册上尊号曰广德至仁昭烈崇简应天皇太后。甲子，行再生柴册礼。丙寅，皇帝御宣政殿，刘昫、卢重册上尊号曰睿文神武法天启运明德章信至道广敬昭孝嗣圣皇帝。大赦，改元会同。是月，晋复遣赵莹奉表来贺，以幽、蓟、瀛、莫、涿、檀、顺、妫、儒、新、武、云、应、朔、寰、蔚十六州并图籍来献。于是诏以皇都为上京，府曰临潢。升幽州为南京，南京为东京。改新州为奉圣州，武州为归化州。升北、南二院及乙室夷离堇为王，以主簿为令，令为刺史，刺史为节度使，二部梯里已为司徒，达剌干为副使，麻都不为县令，县达剌干为马步。置宣徽、阁门使、控鹤、客省、御史大夫、中丞、侍御、判官、文班牙署、诸宫院世烛，马群、遥辇世烛，南北府、国舅帐郎君官为敞史，诸部宰相、节度使帐为司空，二室韦闼林为仆射，鹰坊、监冶等局官长为详稳。十二月戊戌，遣同括、阿钵等使晋，制加晋冯道守太傅，刘昫守太保，余官各有差。

二年春正月乙巳，以受晋册，遣使报南唐、高丽。丁未，御开皇殿，宴晋使冯道以下，赐物有差。戊申，晋遣金吾卫大将军马从斌、考功郎中刘知新来贡珍币，命分赐群臣。丙辰，晋遣使谢免沿边四州钱币。二月戊寅，宴诸王及节度使来贺受册礼者，仍命皇太子、惕隐迪辇饯之。癸巳，谒太祖庙，赐在京吏民物，及内外群臣官赏有差。丁酉，加兼侍中、左金吾卫上将军王郜检校太尉。三月，畋于袤潭之侧。戊申，女直来贡。丁巳，封皇子述律为寿安王，罨撒葛为太平王。己巳，大赉百姓。夏四月乙亥，幸木叶山。癸巳，东京路奏狼食人。五月乙巳，禁南京鬻牝羊出境。思奴古多里等坐盗官物，籍其家。南唐遣使来贡。丁未，以所贡物赐群臣。戊申，回鹘单于使人乞授官，诏第加刺史、县令。六月丁丑，雨雪。是夏，驻跸频跸淀。秋七月戊申，晋遣使进犀带。庚戌，吐谷浑来贡。乙卯，敞史阿钵坐奉使失职，命笞之。闰月癸未，乙室大王坐赋调不均，以木剑背挞而释之；并罢南、北府民上供，及宰相、节度诸赋役非旧制者。乙酉，遣的烈赐晋乌古良马。己丑，以南王府二刺史贪蠹，各杖一百，仍系虞候帐，备射鬼箭；选群臣为民所爱者代之。八月乙丑，晋遣使贡岁币，奏输戊、亥二岁金币于燕京。九月甲戌，阻卜阿离底来贡。己卯，遣使使晋。冬十月丁未，上以乌古部水草肥美，诏北、南院徙三石烈户居之。十一月丁亥，铁骊、燉煌并遣使来贡。十二月庚子，钓鱼于土河。甲子，回鹘使者傔人有以刃相击者，诏付其使处之。

三年春正月戊子，吴越王遣使来贡。庚寅，人皇王妃来朝。回鹘使乞观诸国使朝见礼，从之。壬辰，遣陪谒、阿钵使晋至生辰礼。晋以并、镇、忻、代之吐谷浑来归。二月己亥，奚王劳骨宁率六节度使朝贡。庚子，乌古遣使献伏鹿国俘，赐其部夷离堇旗鼓以旌其功。壬寅，女直来贡。辛亥，墨离鹘末里使回鹘阿萨兰还，赐对衣劳之。乙卯，鸭渌江女直遣使来觐。三月戊辰，遣使使晋，报幸南京。己巳，如南京。辛未，命惕隐耶律涅离骨德率万骑先驱。壬申，次石岭，以奚王劳骨宁监军寅你已朝谒不时，切责之。丙子，鲁不姑上党项俘获数。癸未，猎水门，获白鹿。庚寅，诏扈从扰民者从军律。甲午，幸蓟州。乙未，晋及南唐各遣使来觐。夏四月庚子，至燕，备法驾，入自拱辰门，御元和殿，行入阁礼。壬寅，遣人使晋。乙巳，幸留守赵延寿别墅。丙午，晋遣宣徽使杨端、王眺等来问起居。壬子，御便殿，宴晋及诸国使。丙辰，晋遣使进茶药。壬戌，御昭庆殿，宴南京群臣。癸亥，晋遣使贺端午，以所进节物赐群臣。乙丑，南唐进白龟。五月庚午，以端午宴群臣及诸国使，命回鹘、燉煌二使作本俗舞，俾诸使观之。庚辰，晋遣使进弓矢。甲申，遣皇子天德及检校司徒邸用和使晋。戊子，阅骑兵于南郊。六月乙未朔，东京宰相耶律羽之言渤海相大素贤不法，诏僚佐部民举有才德者代之。丙申，阅步卒于南郊。庚子，晋及辖刺骨只遣使来见。壬寅，驾发燕京，命中书令萧僧隐部诸道军于长坐营。癸丑，次奉圣州。甲寅，劳军士。秋七月己巳，猎猾底烈山。癸酉，朝于皇太后。丙子，从皇太后视人皇王妃疾。戊寅，人皇王妃萧氏薨。己卯，以安重荣据镇州叛晋，诏征南将军柳严边备。丙戌，徙人皇王行宫于其妃薨所。辛卯，晋遣使请行南郊礼，许之。八月己亥，诏东丹吏民为其王倍妃萧氏服。庚子，阻卜来贡。壬寅，遣使南唐。乙巳，阻卜、黑车子室韦、赁烈等国来贡。南唐遣使求青毡帐，赐之。戊申，以安端私城为白川州。辛亥，鼻骨德使乞赐爵，以其国相授之。甲寅，阻卜来贡。乙卯，置白川州官属。丙辰，诏以于谐里河、胪朐河之近地，给赐南院欧堇突吕、乙斯勃、北院温纳何剌三石烈人为农田。九月庚午，侍中崔穷古言："晋主闻陛下数游猎，意请节之。"上曰："朕之畋猎，非徒从乐，所以练习武事也。"乃诏谕之。壬午，边将奏破吐谷浑，擒其长；诏止诛其首恶及其丁壮，余并释之。丙戌，晋遣使贡名马。戊子，女直及吴越王遣使来贡。冬十月辛丑，遣克郎使吴越，略姑使南唐。庚申，晋遣使贡布，及请亲祠南岳，从之。十一月己巳，南唐遣使奉蜡丸书言晋密事。丁丑，诏有司教民播种纺绩。除姊亡妹续之法。十二月壬辰朔，率百僚谒太祖行宫。甲午，燔柴，礼毕，祠于神帐。丙申，遣使使晋。丙辰，诏契丹人授汉官者从汉仪，听与汉人婚姻。丁巳，诏燕京皇城西南堞建凉殿。是冬，驻跸于伞淀。

四年春正月壬戌，以乙室、品卑、突轨三部鳏寡不能自存者，官为之配。丙子，南唐遣使来贡。庚辰，涅剌、乌隗部献党项俘获数。己丑，诏定征党项功。二月丙申，皇太子获白獐。甲辰，晋遣使进香药。丙子，铁骊来贡。丁巳，诏有司编《始祖奇首可汗事迹》。己未，晋遣杨彦询来贡。且言镇州安重荣跋扈状，遂留不遣。是月，晋镇州安重荣执辽使者拽剌。三月，特授回鹘使阔里于越，并赐旌旗、弓剑、衣马，余赐有差。癸酉，晋以许祀南郊，遣使来谢，进黄金十镒。夏四月己卯，晋遣使进樱桃。五月庚辰，吐谷浑夷离堇苏等叛入晋。遣牒蜡往谕晋及太原守臣。六月辛卯，振武军节度副使赵崇逐其节度使耶律画里，以朔州叛，附晋。丙午，命宣徽使袅古只赴朔州，以兵围其城，有晋使至，请开壁，即勿听，驿送阙下。秋七月癸亥，南唐遣使奉蜡丸书。丙寅，袅古只奏请遣使至朔令降，守者犹坚壁弗纳。且言晋有贡物。命即以所贡物赐攻城将校。己巳，有司奏神纛车有蜂巢成蜜，史占之，吉。壬申，晋遣使进水晶砚。八月癸巳，南唐奉蜡丸书。庚子，晋遣使进犀弓、竹矢。吴越王遣使奉蜡丸书。九月壬申，有星孛于晋分。丁丑，幸归化州。冬十月辛丑，有司奏燕、蓟大熟。癸卯，吴越王遣使来贡。十一月丙寅，晋以讨安重荣来告。庚午，吐谷浑请降，遣使抚谕。阻卜来贡，以其物赐左右。丙子，鸭渌江女直来贡。壬午，以永宁、天授二节及正旦、重午、冬至、腊并受贺，著令。十二月戊子，晋遣使来告山南节度使安从进反。诏以便宜讨之。庚寅，南唐遣使奉蜡丸书。戊戌，晋遣王升鸾来贡。戊申，晋以败安重荣来告，遂遣杨彦询归。辛亥，晋遣使乞罢戍兵，诏惕隐朔古班师。甲寅，攻拔朔州，遣控鹤指挥使谐里劳军。时袅古只战殁城下，上怒，命诛城中丁壮，仍以叛民上户三十为袅古只部曲。

五年春正月丙辰朔，上在归化州，御行殿受群臣朝。以诸道贡物进太后及赐宗室百僚。戊午，诏求直言，北王府郎君耶律海思应诏，召对称旨，特授宣徽使。诏政事令僧隐等以契丹户分屯南边。戊辰，晋函安重荣首来献。上数欲亲讨重荣，至是乃止。癸酉，遣使使晋。是月，晋以朔州平，遣使来贺，遂遣客省使耶律化哥使晋并致生辰礼。二月壬辰，上将南幸，以诸路有未平者，召太子及群臣议，皆曰："今襄、镇、朔三州虽已平，然吐谷浑为安重荣所诱，犹未归命，宜发兵讨之，以警诸部。”上曰：“正与朕合。”遂诏以明王隈恩代于越信恩为西南路招讨使以讨之，且谕明王宜先练习边事，而后之官。甲午，如南京。遣使使晋索吐谷浑叛者。乙未，鼻骨德来贡。三月乙卯朔，晋遣齐州防御使宋晖业、翰林茶酒使张言来问起居。闰月，驻跸阳门。夏四月甲寅朔，铁骊来贡，以其物分赐群臣。丙子，晋遣使进射柳鞍马。五月五日戊子，禁屠宰。六月癸丑朔，晋齐王重贵遣使来贡。丁巳，徒覩古、素撒来贡。乙丑，晋主敬瑭殂，子重贵立。戊辰，晋遣使告哀，辍朝七日。庚午，遣使往晋吊祭。丁丑，闻皇太后不豫，上驰入侍，汤药必亲尝。仍告太祖庙，幸菩萨堂，饭僧五万人。七月乃愈。秋七月庚寅，晋遣金吾卫大将军梁言、判四方馆事朱崇节来谢，书称“孙”，不称“臣”，遣客省使乔荣让之。景延广答曰：“先帝则圣朝所立，今主则我国自册。为邻为孙则可，奉表称臣则不可。”荣还，具奏之，上始有南伐之意。辛卯，阻卜、鼻骨德、乌古来贡。将军阔德里、蒲骨等率降将辖德至阙，并献所获。丁未，晋遣使以祖母哀来告。八月辛酉，女直、阻卜、乌古各贡方物。甲子，晋复襄州。戊辰，诏河东节度使刘知远送叛臣乌古指挥使由燕京赴阙。癸酉，遣天城军节度使萧拜石吊祭于晋。九月壬辰，遣使贺晋帝嗣位。冬十月己巳，征诸道兵。遣将军密骨德伐党项。十一月乙未，武定军奏松生枣。十二月癸亥，晋遣使来谢。是冬，驻跸赤城。

六年春二月乙卯，晋遣使进先帝遗物。辛酉，晋遣使请居汴，从之。三月己卯朔，吴越王遣使来贡。甲申，梅里喘引来归。戊子，南唐遣使奉蜡丸书。丁未，晋至汴，遣使来谢。夏四月戊申朔，日有食之。五月己亥，遣使如晋致生辰礼。六月丁未朔，铁骊来贡。己未，奚锄骨里部进白麝。辛酉，莫州进白鹊。晋遣使贡金。秋八月丁未朔，晋复贡金。己未，如奉圣州。晋遣其子延煦来朝。冬十一月辛卯，上京留守耶律迪辇得晋谍，知有二心。甲辰，铁骊来贡。十二月丁未，如南京，议伐晋。命赵延寿、赵延昭、安端、解里等由沧、恒、易、定分道而进，大军继之。是岁，杨彦昭请移镇奈涿及新镇，从之。

七年春正月甲戌朔，赵延寿、延昭率前锋五万骑次任丘。丙子，安端入雁门，围忻、代。己卯，赵延寿围贝州，其军校邵珂开南门纳辽兵，太守吴峦投井死。己丑，次元城，授延寿魏、博等州节度使，封魏王，率所部屯南乐。丙申，遣兵攻黎阳，晋张彦泽来拒。辛丑，晋遣使来修旧好，诏割河北诸州，及遣桑维翰、景延广来议。二月甲辰朔，攻博州，刺史周儒以城降。晋平卢军节度使杨光远密道辽师自马家口济河。晋将景延广命石斌守麻家口，白再荣守马家口。未几，周儒引辽军麻答营于河东，攻郓州北津，以应光远。晋遣李守贞、皇甫遇、梁汉璋、薛怀让将兵万人，缘河水陆俱进。辽军围晋别将于戚城，晋主自将救之，辽师解去。守贞等至马家口，麻答遣步卒万人筑营垒，骑兵万人守于外，余兵屯河西。渡未已，晋兵薄之，辽军不利。三月癸酉朔，赵延寿言：“晋诸军沿河置栅，皆畏怯不敢战。若率大兵直抵澶渊，据其桥梁，晋必可取。”是日，晋兵驻澶渊，其前军高行周在戚城。乃命延寿、延昭以数万骑出行周右，上以精兵出其左。战至暮，上复以劲骑突其中军，晋军不能战。会有谍者言晋军东面数少，沿河城栅不固，乃急击其东偏，众皆奔溃。纵兵追及，遂大败之。壬午，留赵延昭守贝州，徙所俘户于内地。夏四月癸丑，还次南京。辛未，如凉陉。五月癸酉，耶律拔里得奏破德州，擒刺史尹居璠及将吏二十七人。六月甲辰，黑车子室韦来贡。乙巳，纴没里、要里等国来贡。秋七月己卯，晋杨光远遣人奉蜡丸书。辛卯，晋遣张晖奉表乞和，留晖不遣。八月辛酉，回鹘遣使请婚，不许。是月，晋镇州兵来袭飞狐，大同军节度使耶律孔阿战败之。九月庚午朔，北幸。冬十月丁未，鼻骨德来贡。壬戌，天授节，诸国进贺，惟晋不至。十一月壬申，诏征诸道兵，以闰月朔会温榆河北。十二月癸卯，南伐。甲子，次古北口。闰月己巳朔，阅诸道兵于温榆河。己卯，围恒州，下其九县。

八年春正月庚子，分兵攻邢、洺、磁三州，杀掠殆尽。入邺都境。张从恩、马全节、安审琦兵悉陈于相州安阳水之南。皇甫遇与濮州刺史慕容彦超将兵千骑来觇辽军。至邺都，遇辽军数万，且战且却，至榆林店。辽军继至，遇与彦超力战百余合，遇马毙，步战，审琦引骑兵逾水以救，辽军乃还。二月，围魏，晋将杜重威率兵来救。戊子，晋将折从阮陷胜州。三月戊戌，师拔祁州，杀其刺史沈斌。庚戌，杜重威、李守贞攻泰州。戊子，赵延寿率前锋薄泰城。己未，重威、守贞引兵南遁，追至阳城，大败之。复以步卒为方阵来拒，与战二十余合。壬戌，复搏战十余里。癸亥，围晋兵于白团卫村。晋兵下鹿角为营。是夕大风。至曙，命铁鹞军下马，拔其鹿角，奋短兵入击。顺风纵火扬尘，以助其势。晋军大呼曰：“都招讨何不用兵，令士卒徒死！”诸将皆奋出战。张彦泽、药元福、皇甫遇出兵大战，诸将继至，辽军却数百步。风益甚，昼晦如夜。符彦卿以万骑横击辽军，率步卒并进，辽军不利。上乘奚车退十余里，晋追兵急，获一橐驼乘之乃归。晋兵退保定州。夏四月甲申，还次南京，杖战不力者各数百。庚寅，宴将士于元和殿。癸巳，如凉陉。六月戊辰，回鹘来贡。辛未，吐谷浑、鼻骨德皆来贡。辛巳，黑车子室韦来贡。丁亥，赵延寿奏晋兵袭高阳，戍将击走之。秋七月乙卯，猎平地松林。晋遣孟守中奉表请和，仍以前事答之。八月己巳，诏侍卫萧素撒阅群牧于北陉。九月壬寅，次赤山，宴从臣，问军国要务，对曰：“军国之务，爱民为本。民富则兵足，兵足则国强。”上以为然。辛酉，还上京。冬十月辛未，祠木叶山。十一月戊戌，女直、铁骊来贡。十二月癸亥朔，朝谒太祖行宫。乙丑，云州节度使耶律孔阿获晋谍者。戊辰，腊，赐诸国贡使衣马。

九年春正月庚子，回鹘来贡。丁未，女直来贡。二月戊辰，鼻骨德奏军籍。三月乙亥，吐谷浑遣军校恤烈献生口千户，授恤烈检校司空。夏四月辛酉朔，吐谷浑白可久来附。是月，如凉陉。五月庚戌，晋易州戍将孙方简请内附。六月戊子，谒祖陵，更阁神殿为长思。秋七月辛亥，诏征诸道兵，敢伤禾稼者，以军法论。癸丑，女直来贡。乙卯，以阻卜酋长曷剌为本部夷离堇。八月丙寅，乌古来贡。是月，自将南伐。九月壬辰，阅诸道兵于渔阳西枣林淀。是月，赵延寿与晋张彦泽战于定州，败之。冬十一月戊子朔，进围镇州。丙申，先遣候骑报晋兵至，遣精兵断河桥，晋兵退保武强。南院大王迪辇、将军高模翰分兵由瀛州间道以进，杜重威遣贝州节度使梁汉璋率众来拒。与战，大败之，杀梁汉璋。杜重威、张彦泽引兵据中渡桥，赵延寿以步卒前击，高彦温以骑兵乘之，追奔逐北，僵尸数万，斩其将王清，宋彦筠堕水死。重威等退保中渡寨。义武军节度使李殷以城降，遂进兵，夹滹沱而营。去中渡寨三里，分兵围之。夜则列骑环守，昼则出兵抄掠。复命大内惕隐耶律朔骨里及赵延寿分兵围守。自将骑卒夜渡河出其后，攻下栾城，降骑卒数千。分遣将士据其要害。下令军中预备军食，三日不得举烟火，但获晋人，即黥而纵之。诸馈运见者皆弃而走。于是晋兵内外隔绝，食尽势穷。十二月丙寅，杜重威、李守贞、张彦泽等率所部二十万众来降。上拥数万骑，临大阜，立马以受之。授重威守太傅、邺都留守，守贞天平军节度使，余各领旧职。分降卒之半付重威，半以隶赵延寿。命御史大夫解里、监军傅桂儿、张彦泽持诏入汴，谕晋帝母李氏，以安其意，且召桑维翰、景延广先来。留骑兵千人守魏，自率大军而南。壬申，解里等至汴，晋帝重贵素服拜命，與母李氏奉表请罪。初，重贵绝和好，维翰数谏止之，不从，至是彦泽杀维翰，绐言自经死。诏收葬之，复其田园第宅，仍厚恤其家。甲戌，彦泽迁重贵及其母若妻于开封府署，以控鹤指挥使李荣督兵卫之。壬午，次赤冈。重贵举族出封丘门，稿索牵羊以待。上不忍临视，命改馆封禅寺。晋百官缟衣纱帽，俯伏待罪。上曰："其主负恩，其臣何罪。"命领职如故，即授安叔千金吾卫上将军。叔千出班独立，上曰："汝邢州之请，朕所不忘。"乃加镇国军节度使，盖在邢尝密请内附也。将军康祥执景延广来献，诏以牙筹数其罪，凡八，絷送都，道自杀。

大同元年春正月丁亥朔，备法驾入汴，御崇元殿受百官贺。戊子，以枢密副使刘敏权知开封府，杀秦继旻、李彦绅及郑州防御使杨承勋，以其弟承信为平卢军节度使，袭父爵。初，杨光远在青州求内附，其子承勋不听，杀其判官丘涛及弟承祚等自归于晋，故诛之。己丑，以张彦泽擅徙重贵开封，杀桑维翰，纵兵大掠，不道，斩于市。晋人脔食之。辛卯，降重贵为崇禄大夫、检校太尉，封负义侯。癸巳，以张砺为平章事，晋李崧为枢密使，冯道为太傅，和凝为翰林学士，赵莹为太子太保，刘昫守太保，冯玉为太子少保。癸卯，遣赵莹、冯玉、李彦韬将三百骑送负义侯及其母李氏、太妃安氏、妻冯氏、弟重睿、子延煦、延宝等于黄龙府安置。仍以其宫女五十人、内宦三人、东西班五十人、医官一人、控鹤四人、庖丁七人、茶酒司三人、仪鸾三人、健卒十人从之。二月丁巳朔，建国号大辽，大赦，改元大同。升镇州为中京。以赵延寿为大丞相兼政事令、枢密使、中京留守，中外官僚将士爵赏有差。辛未，河东节度使北平王刘知远自立为帝，国号汉。诏以耿崇美为昭义军节度使，高唐英为昭德军节度使，崔廷勋为河阳军节度使，分据要地。三月丙戌朔，以萧翰为宣武军节度使，赐将吏爵赏有差。壬寅，晋诸司僚吏、嫔御、宦寺、方技、百工、图籍、历象、石经、铜人、明堂刻漏、太常乐谱、诸宫县、卤簿、法物及铠仗，悉送上京。磁州帅梁晖以相州降汉，己酉，命高唐英讨之。夏四月丙辰朔，发自汴州，以冯道、李崧、和凝、李澣、徐台符、张砺等从行。次赤冈，夜有声如雷，起于御幄，大星复陨于旗鼓前。乙丑，济黎阳渡，顾谓侍臣曰："朕此行有三失：纵兵掠刍粟，一也；括民私财，二也；不遽遣诸节度还镇，三也。"皇太弟遣使问军前事，上报曰："初以兵二十万降杜重威、张彦泽，下镇州。及入汴，视其官属具员者省之，当其才者任之。司属虽存，官吏废堕，犹雏飞之后，徒有空巢。久经离乱，一至于此。所在盗贼屯结，土功不息，馈饷非时，民不堪命。河东尚未归命，西路酋帅亦相党附，夙夜以思，制之之术，惟推心庶僚、和协军情、抚绥百姓三者而已。今所归顺凡七十六处，得户一百九万百一十八。非汴州炎热，水土难居，止得一年，太平可指掌而致。且改镇州为中京，以备巡幸。欲伐河东，姑俟别图。其概如此。"戊辰，次高邑，不豫。丁丑，崩于栾城，年四十六。是岁九月壬子朔，葬于凤山，陵曰怀陵，庙号太宗。统和二十六年七月，上尊谥孝武皇帝。重熙二十一年九月，增谥孝武惠文皇帝。

赞曰：太宗甫定多方，远近向化。建国号，备典章，至于厘庶政，阅名实，录囚徒，教耕织，配鳏寡。求直言之士，得郎君海思即擢宣徽。嘉唐张敬达忠于其君，卒以礼葬。辍游豫而纳三克之请，悯士卒而下休养之令。亲征晋国，重贵面缚。斯可谓威德兼弘，英略间见者矣。入汴之后，无几微之骄，有"三失"之训。《传》称郑伯之善处胜，《书》进《秦誓》之能悔过，太宗盖兼有之，其卓矣乎！

卷五　本纪第五

世宗

世宗孝和庄宪皇帝，讳阮，小字兀欲。让国皇帝长子，母柔贞皇后萧氏。帝仪观丰伟，内宽外严，善骑射，乐施予，人望归之。太宗爱之如子。会同九年，从伐晋。大同元年二月，封永康王。

夏四月丁丑，太宗崩于栾城。戊寅，梓宫次镇阳，即皇帝位于柩前。甲申，次定州，命天德、朔古、解里等护梓宫先赴上京。太后闻帝即位，遣太弟李胡率兵拒之。六月甲寅朔，次南京，五院夷离堇安端、详稳刘哥遣人驰报，请为前锋；至泰德泉，遇李胡军，战败之。上遣郎君勤德等谕两军谕解。秋闰七月，次潢河，太后、李胡整兵拒于横渡，相持数日。用屋质之谋，各罢兵趋上京。既而闻太后、李胡复有异谋，迁于祖州；诛司徒划设及楚补里。八月壬午朔，尊母萧氏为皇太后，以太后族剌只撒古鲁为国舅帐，立详稳以总焉。以崇德宫户分赐翼戴功臣，及北院大王洼、南院大王吼各五十，安抟、楚补各百。的鲁、铁剌子孙先以非罪籍没者归之。癸未，始置北院枢密使，以安抟为之。九月壬子朔，葬嗣圣皇帝于怀陵。丁卯，行柴册礼，群臣上尊号曰天授皇帝。大赦,改大同元年为天禄元年。追谥皇考曰让国皇帝。以安端主东丹国,封明王,察割为泰宁王,刘哥为惕隐,高勋为南院枢密使。

二年春正月,天德、萧翰、刘哥、盆都等谋反。诛天德,杖萧翰,迁刘哥于边,罚盆都使辖戛斯国。汉主刘知远殂,子承祐立。夏四月庚辰朔,南唐遣李朗、王祚来慰且贺,兼奉蜡丸书,议攻汉。秋七月壬申,皇子贤生。冬十月壬午,南京留守魏王赵延寿薨,以中台省右相牒蜡为南京留守,封燕王。十一月,驻跸彰武南。

三年春正月,萧翰及公主阿不里谋反,翰伏诛,阿不里瘐死狱中。庚申,肆赦。内外官各进一阶。夏六月戊寅,以敞史耶律胡离轸为北院大王。己卯,惕隐颓昱封漆水郡王。秋九月辛丑朔,召群臣议南伐。冬十月,遣诸将率兵攻下贝州高老镇,徇地邺都、南宫、堂阳,杀深州刺史史万山,俘获甚众。

四年春二月辛未,泰宁王察割来朝,留侍。是月,建政事省。三月戊戌朔,南唐遣赵延嗣、张福等来贺南征捷。秋九月乙丑朔,如山西。冬十月,自将南伐,攻下安平、内丘、束鹿等城,大获而还。是岁,册皇后萧氏。

五年春正月癸亥朔,如百泉湖。汉郭威弑其主自立,国号周,遣朱宪来告。即遣使致良马。汉刘崇自立于太原。二月,周遣姚汉英、华昭胤来,以书辞抗礼,留汉英等。夏五月壬戌朔,太子太傅赵莹薨,辍朝一日,命归葬于汴。诏州县录事参军、主簿,委政事省铨注。六月辛卯朔,刘崇为周所攻,遣使称侄,乞援,且求封册。即遣燕王牒蜡、枢密使高勋册为大汉神武皇帝。南唐遣蒋洪来,乞举兵应援。是夏,清暑百泉岭。九月庚申朔,自将南伐。壬戌,次归化州祥古山。癸亥,祭让国皇帝于行宫。群臣皆醉,察割反,帝遇弑,年三十四。应历元年,葬于显州西山,陵曰显陵。二年,谥孝和皇帝,庙号世宗。统和二十六年七月,加谥孝和庄宪皇帝。

赞曰:世宗,中才之主也,入继大统,曾未三年,纳唐丸书,即议南伐,即乏持重,宜乖周防,盖有致祸之道矣。然而孝友宽慈,亦有君人之度焉。未及师还,变起沉湎,岂不可哀也哉!

卷六　本纪第六

穆宗上

穆宗孝安敬正皇帝,讳璟,小字述律。太宗皇帝长子,母曰靖安皇后萧氏。会同二年,封寿安王。

天禄五年秋九月癸亥,世宗遇害。逆臣察割等伏诛。丁卯,即皇帝位,群臣上尊号曰天顺皇帝,改元应历。戊辰,如南京。是月,遣刘承训告哀于汉。冬十一月,汉、周、南唐各遣使来吊。乙亥,诏朝会依嗣圣皇帝故事,用汉礼。十二月甲辰,汉遣使献弓矢、鞍马。壬子,铁骊、鼻骨德皆来贡。

二年春正月戊午朔,南唐遣使奉蜡丸书,及进犀兕甲万属。壬戌,太尉忽古质谋逆,伏诛。二月癸卯,女直来贡。三月癸亥,南唐遣使奉蜡丸书。丁卯,复遣使来贡。甲申,以耶律挞烈为南院大王。夏四月丙戌朔,日有食之。己亥,铁骊进鹰鹘。五月丙辰朔,视朝。壬午,南唐遣使来贡。六月壬辰,国舅政事令萧眉古得、宣政殿学士李澣等谋南奔,事觉,诏暴其罪。乙未,祭天地。壬寅,汉为周所侵,遣使求援,命中台省右相高模翰赴之。丁未,命乳媪之兄曷鲁世为阿速石烈夷离堇。秋七月乙亥,政事令娄国、林牙敌烈、侍中神都、郎君海里等谋乱就执。八月己丑,眉古得、娄国等伏诛,杖李澣而释之。九月甲寅朔,云州进嘉禾四茎,二穗。戊午,诏以先平察割日,用白黑羊、玄酒祭天,岁以为常。壬戌,猎炭山。祭天。庚辰,敌烈部来贡。冬十月甲申朔,汉遣使进葡萄酒。甲午,司徒老古等献白雉。戊申,回鹘及辖戛斯皆遣使来贡。十一月癸丑朔,视朝。己巳,地震。己卯,日南至,始用旧制行拜日礼。朔州民进黑兔。十二月癸未朔,高模翰及汉兵围晋州。辛卯,以生日,饭僧,释系囚。甲辰,猎于近郊。祀天地。辛亥,明王安端薨。

三年春闰正月壬午朔,汉以高模翰却周军,遣使来谢。二月辛亥朔,诏用嗣圣皇帝旧玺。甲子,太保敌烈修易州城,镇州以兵来挑战,却之。三月庚辰朔,南唐遣使来贡,因附书于汉,诏达之。庚寅,如应州击鞠。丁酉,汉遣使进球衣及马。庚子,观渔于神德湖。夏四月庚申,铁骊来贡。五月壬寅,汉遣使言石晋树先帝《圣德神功碑》为周人所毁,请再刻,许之。六月丁卯,应天皇太后崩。秋七月,不视朝。八月壬子,以生日,释囚。己未,汉遣使求援。三河乌古、吐蕃、吐谷浑、鼻骨德皆遣使来贡。九月庚子,汉遣使贡药。冬十月己酉,命太师唐骨德治大行皇太后园陵。李胡子宛、郎君嵇干、敌烈谋反,事觉,辞逮太平王罨撒葛、林牙华割、郎君新罗等,皆执之。十一月辛丑,谥皇太后曰贞烈,葬祖陵。汉遣使来会。是冬,驻跸奉圣州。以南京水,诏免今岁租。

四年春正月戊寅,回鹘来贡。己丑,华割、嵇干等伏诛,宛及罨撒葛皆释之。是月,周主威殂,养子晋王柴荣嗣立。二月丙午朔,周攻汉,命政事令耶律敌禄援之。丙辰,汉遣使进茶药。幸南京。夏五月乙亥,忻、代二州叛汉,遣南院大王挞烈助敌禄讨之。丁酉,挞烈败周将符彦卿于忻口。六月癸亥,挞烈献所获。秋七月乙酉,汉民有为辽军误掠者,遣使来请,诏悉归之。九月丙申,汉为周人所侵,遣使来告。冬十一月,彰国军节度使萧敌烈,太保许从赟奏忻、代二州捷。十二月辛酉朔,谒祖陵。庚午,汉遣使来贡。是冬,驻跸杏埚。

五年春正月辛未朔,鼻骨德来贡。二月庚子朔,日有食之。庚申,汉遣使请上尊号,不许。壬戌,如衮潭。夏四月己酉,周侵汉,汉遣使求援。癸丑,命郎君萧海璃世为北府宰相。秋九月庚辰,汉主有疾,遣使来告。冬十月壬申,女直来贡。丁亥,谒太宗庙。庚寅,南唐遣使来贡。十一月乙未朔，汉主崇殂，子承钧遣使来告，且求嗣立；遣使吊祭，遂封册之。十二月乙丑朔，谒太祖庙。辛巳，汉遣使来议军事。

六年夏五月丁酉，谒怀陵。六月甲子，汉遣使来议军事。秋七月，不视朝。九月戊午，谒祖陵。冬十一月壬寅，鼻骨德来贡。十二月己未朔，谒太祖庙。

七年春正月庚子，鼻骨德来贡。二月辛酉，南唐遣使奉蜡丸书。辛未，驻跸潢河。夏四月戊午朔，还上京。初，女巫肖古上延年药方，当用男子胆和之。不数年，杀人甚多。至是，觉其妄。辛巳，射杀之。五月辛卯，汉遣使来贡。六月丙辰朔，周遣使来聘。南唐遣使来贡。八月己未，周遣使来聘。是秋，不听政。冬十月庚申，猎于七鹰山。十二月丁巳，诏大臣曰："有罪者，法当刑。朕或肆怒，滥及无辜，卿等切谏，无或面从。"辛巳，还上京。

八年春二月乙丑，驻跸潢河。夏四月甲寅，南京留守萧思温攻下沿边州县，遣人劳之。五月，周陷束城县。六月辛未，萧思温请益兵，乞驾幸燕。秋七月，猎于拽剌山。迄于九月，射鹿诸山，不视朝。冬十一月辛酉，汉遣使来告周复来侵。乙丑，使再至。十二月庚辰，又至。

九年春正月戊辰，驻跸潢河。夏四月丙戌，周来侵。戊戌，以南京留守萧思温为兵马都总管击之。是月，周拔益津、瓦桥、淤口三关。五月乙巳朔，陷瀛、莫二州。癸亥，如南京。辛未，周兵退。六月乙亥朔，视朝。戊寅，复容城县。庚申，西幸，如怀州。是月，周主荣殂，子宗训立。秋七月，发南京军戍范阳。冬十二月戊寅，还上京。庚辰，王子敌烈、前宣徽使海思及萧达干等谋反，事觉，鞫之。辛巳，祀天地、祖考，告逆党事败。丙申，召群臣议时政。

十年春正月，周殿前都点检赵匡胤废周自立，建国号宋。夏五月乙巳，谒怀陵。壬子，汉以潞州归附来告。丙寅，至自怀陵。六月庚申，汉以宋兵围石州来告，遣大同军节度使阿剌率四部往援，诏萧思温以三部兵助之。秋七月己亥朔，宋兵陷石州，潞州复叛，汉使来告。辛酉，政事令耶律寿远、太保楚阿不等谋反，伏诛。以酒脯祠天地于黑山。八月，如秋山，幸怀州。庚午，以镇茵石狻猊击杀近侍古哥。冬十月丙子，李胡子喜隐谋反，辞连李胡，下狱死。十一月，海思狱中上书，陈便宜。

十一年春二月丙寅，释喜隐。辛亥，司徒乌里只子迭剌哥诬告其父谋反，复诈乘传及杀行人，以其父请，杖而释之。三月丙辰，萧思温奏老人星见，乞行赦宥。闰月甲子朔，如潢河。夏四月癸巳朔，日有食之。是月，射鹿，不视朝。五月乙亥，司天王白、李正等进历。六月甲午，赦。冬十一月，岁星犯月。

十二年春正月甲戌，夜观灯。二月己丑朔，以御史大夫萧护思为北院枢密使，赐对衣、鞍马。夏五月庚午，以旱，命左右以水相沃，顷之，果雨。六月甲午，祠木叶山及潢河。秋，如黑山、赤山射鹿。

十三年春正月，自丁巳，昼夜酣饮者九日。丙寅，宋欲城益津关，命南京留守高勋、统军使崔廷勋以兵扰之。癸酉，杀兽人海里。二月庚寅，汉遣使来告，欲巡边徼，乞张声援。壬辰，如潢河。癸巳，观群臣射，赐物有差。乙巳，老人星见。三月癸丑朔，杀鹿人弥里吉，枭其首以示掌鹿者。夏四月壬寅，猎于潢河。五月壬戌，视斡朗改国所进花鹿生麛。六月癸未，近侍伤獐，杖杀之。甲申，杀獐人霞马。壬辰，诏诸路录囚。秋七月辛亥朔，汉以宋侵来告。乙丑，荐时羞于庙。八月甲申，以生日，纵五坊鹰鹘。戊戌，幸近山，呼鹿射之，旬有七日而后返。九月庚戌朔，以青牛白马祭天地。饮于野次，终夕乃罢。辛亥，以酒脯祭天地，复终夜酣饮。冬十月丙申，汉以宋侵来告。十一月庚午，猎，饮于虞人之家，凡四日。十二月戊子，射野鹿，赐虞人物有差。庚寅，杀彘人曷主。

卷七　本纪第七

穆宗下

十四年春正月戊寅朔，奉安神纛。戊戌，汉以宋将来袭，驰告。二月壬子，诏西南面招讨使挞烈进兵援汉。癸亥，如潢河。戊辰，支解鹿人没答、海里等七人于野，封土识其地。己巳，如老林东泺。壬申，汉以败宋兵石州来告。夏四月丁巳，汉以击退宋军，遣使来谢。是月，黄龙府甘露降。五月，射舐碱鹿于白鹰山，至于浃旬。六月丙午朔，猎于玉山，竟月忘返。秋七月壬辰，以酒脯祀黑山。八月乙巳，如硙子岭，呼鹿射之，获鹿四，赐虞人女瓌等物有差。丁未，还宫。戊申，以生日值天赦，不受贺，曲赦京师囚。乙卯，录囚。九月，黄室韦叛。冬十月丙午，近侍乌古者进石错，赐白金二百五十两。丙辰，以掌鹿矧思代斡里为闸撒狘，赐金带、金盏，银二百两。所隶死罪以下得专之。十一月壬午，日南至，宴饮达旦。自是昼寝夜饮。杀近侍小六于禁中。十二月丙午，以黑兔祭神。乌古叛，掠民财畜。详稳僧隐与战，败绩，僧隐及乙实等死之。

十五年春正月乙卯，以枢密使雅里斯为行军都统，虎军详稳楚思为行军都监，益以突吕不部军三百，合诸部兵讨之。乌古夷离堇子勃勒底独不叛，诏褒之。是月，老人星见。二月壬寅朔，日有食之。上东幸。甲寅，以获鸭，除鹰坊刺面、腰斩之刑，复其徭役。是月，乌古杀其长窣离底，余众降，复叛。三月癸酉，近侍东儿进匕箸不时，手刃刺之。丁丑，大黄室韦酋长寅尼吉叛。癸未，五坊人四十户叛入乌古。癸巳，虞人沙剌迭侦鹅失期，加炮烙、铁梳之刑而死。夏四月乙巳，小黄室韦叛，雅里斯、楚思等击之，为室韦所败，遣使诘之。乙卯，以秃里代雅里斯为都统，以女古为监军，率轻骑进讨，仍令挞马寻吉里持诏招谕。五月壬申，寻吉里奏，谕之不从。雅里斯以挞凛、苏二群牧兵追至柴河，与战不利。甲申，库古只奏室韦长寅尼吉亡入敌烈。六月辛亥，俞鲁古献良马，赐银二千两。以近侍忽剌比马至先以闻，赐银千两。是月，敌烈来降。秋七月甲戌，雅里斯奏乌古至河德泺，遣夷离堇画里、夷离毕常思击之。丁丑，乌古掠上京北榆林峪居民，遣林牙萧干讨之。庚辰，雅里斯等与乌古战，不利。冬十月丁未，常思与乌古战，败之。十二月甲辰，以近侍喜哥私归，杀其妻。丁未，杀近侍随鲁。驻跸黑山平淀。

十六年春正月丁卯朔，被酒，不受贺。甲申，微行市中，赐酒家银绢。乙酉，杀近侍白海及家仆衫福、押剌葛、枢密使门吏老古、挞马失鲁。三月己巳，东幸。庚午获鸭，甲申获鹅，皆饮达旦。五月甲申，以岁旱，泛舟于池祷雨；不雨，舍舟立水中而祷，俄顷乃雨。六月丙申，以白海死非其罪，赐其家银绢。秋七月壬午，谕有司：凡行幸之所，必高立标识，令民勿犯，违以死论。八月丁酉，汉遣使贡金器、铠甲。闰月乙丑，观野鹿入驯鹿群，立马饮至晡。九月庚子，以重九宴饮，夜以继日，至壬子乃罢。己未，杀狼人裒里。冬十月庚辰，汉主有母丧，遣使赙吊。十二月甲子，幸酒人拔剌哥家，复幸殿前都点检耶律夷腊葛第，宴饮连日。赐金盂、细锦及孕马百匹，左右授官者甚众。戊辰，汉遣使来贡。是冬，驻跸黑山平淀。

十七年春正月庚寅朔，林牙萧干、郎君耶律贤适讨乌古还，帝执其手，赐卮酒，授贤适右皮室详稳。雅里斯、楚思、霞里三人赐醨酒以辱之。乙卯，夷离毕骨欲献乌古俘。二月甲子，高勋奏宋将城益津关，请以偏师扰之，上从之。夏四月戊辰，杀鹰人敌鲁。丙子，射柳祈雨，复以水沃群臣。五月辛卯，杀鹿人札葛。壬辰，北府宰相萧海璙薨，辍朝，罢重五宴。六月己未，支解雉人寿哥、念古，杀鹿人四十四人。是夏，驻跸裒潭。秋八月辛酉，生日，以政事令阿不底病亟，不受贺。九月自丙戌朔，猎于黑山、赤山，至于月终。冬十月乙丑，杀酒人粹你。十一月辛卯，杀近侍廷寿。壬辰，杀豕人阿不札、曷鲁、术里者、涅里括。庚子，司天台奏月当食不亏，上以为祥，欢饮达旦。壬寅，杀鹿人唐果、直哥、撒剌。十二月辛未，手杀饔人海里，复脔之。是冬，驻跸黑河平淀。

十八年春正月乙酉朔，宴于宫中，不受贺。己亥，观灯于市。以银百两市酒，命群臣亦市酒，纵饮三夕。二月乙卯，幸五坊使霞实里家，宴饮达旦。三月甲申朔，如潢河。乙酉，获驾鹅，祭天地。造大酒器，刻为鹿文，名曰"鹿瓬"，贮酒以祭天。庚戌，杀鹘人胡特鲁、近侍化葛及监囚海里，仍剉海里之尸。夏四月癸丑朔，杀彘人抄里只。己巳，诏左右从班有材器干局者，不次擢用；老耄者，增俸以休于家。五月丁亥，重五，以被酒，不受贺。壬辰，获鹅于述古水，野饮终夜。丁酉，与政事令萧排押、南京留守高勋、太师昭古、刘承训等酣饮，连日夜。己亥，杀鹿人颇德、臈哥、陶瑰、札不哥、苏古涅、雏保、弥古特、敌答等。六月丙辰，杀彘人屯奴。己未，为殿前都点检夷腊葛置神帐，曲赦京畿囚。甲戌，挞烈于雕窠中得牝犬来进。是夏，清暑裒潭。秋七月辛丑，汉主承钧殂，子继元立，来告，遣使吊祭。九月戊子，杀详稳八剌、拽剌痕笃等四人。己丑，登小山祭天地。戊戌，知宋欲袭河东，谕西南面都统、南院大王挞烈豫为之备。己亥，猎熊，以唤鹿人铺姑并掖庭户赐夷腊葛。甲辰，以夷腊葛兼政事令，仍以黑山东抹真之地数十里赐之，以女瓌为近侍，女直详稳戛陌为本部夷离堇。是秋，猎于西京诸山。冬十月辛亥朔，宋围太原，诏挞烈为兵马总管，发诸道兵救之。十一月癸卯，冬至，被酒，不受贺。十二月丁丑，杀酒人搭烈葛。是冬，驻跸黑山东川。

十九年春正月己卯朔，宴宫中，不受贺。己丑，立春，被酒，命殿前都点检夷腊葛代行击土牛礼。甲午，与群臣为叶格戏。戊戌，醉中骤加左右官。乙巳，诏太尉化哥曰："朕醉中处事有乖，无得曲从。酒解，可覆奏。"自立春饮至月终，不听政。二月甲寅，汉刘继元嗣立，遣使乞封册。辛酉，遣韩知范册为皇帝。癸亥，杀前导末及益剌，剉其尸，弃之。甲子，汉遣使进白麃。己巳，如怀州，猎获熊，欢饮方醉，驰还行宫。是夜，近侍小哥、盥人花哥、庖人辛古等六人反，帝遇弑，年三十九，庙号穆宗。后附葬怀陵。重熙二十一年，谥曰孝安敬正皇帝。

赞曰：穆宗在位十八年，知女巫妖妄见诛，谕臣下滥刑切谏，非不明也。而荒耽于酒，畋猎无厌。偵鹅失期，加炮烙铁梳之刑；获鸭甚欢，除鹰坊刺面之令。赏罚无章，朝政不视，而嗜杀不已。变起肘腋，宜哉！

卷八　　本纪第八

景宗上

景宗孝成康靖皇帝，讳贤，字贤宁，小字明扆。世宗皇帝第二子，母曰怀节皇后萧氏。察割之乱，帝甫四岁。穆宗即位，养永兴宫。即长，穆宗酗酒怠政。帝一日与韩匡嗣语及时事，耶律贤适止之。帝悟，不复言。

应历十九年春二月戊辰，入见，穆宗曰："吾儿已成人，可付以政。"己巳，穆宗遇弑，帝率飞龙使女里、侍中萧思温、南院枢密使高勋率甲骑千人驰赴。黎明，至行在，哭之恸。群臣劝进，遂即皇帝位于柩前。百官上尊号曰天赞皇帝，大赦，改元保宁。以殿前都点检耶律夷腊、右皮室详稳萧乌里只宿卫不严，斩之。三月丙戌，入上京，以萧思温为北院枢密使。太平王罨撒葛亡入沙沱。己丑，夷离毕粘木衮以阴附罨撒葛伏诛。癸巳，罨撒葛入朝。甲午，以北院枢密使萧思温兼北府宰相。己亥，南院枢密使高勋封秦王。夏四月戊申朔，进封太平王罨撒葛为齐王，改封赵王喜隐为宋王，封隆先为平王，稍为吴王，道隐为蜀王，必摄为越王，敌烈为冀王，宛为卫王。五月戊寅，立贵妃萧氏为皇后。丙申朔，射柳祈雨。有司请以帝生日为天清节，从之。壬寅，汉遣李匡弼、刘继文、李元素等来贺。冬十月，东幸裒潭。十一月甲辰朔，行柴册礼，祠木叶山，驻跸鹤谷。乙巳，萧思温封魏王，北院大王屋质加于越。

二年春正月丁未，如潢河。夏四月，幸东京，致奠于让国皇帝及世宗庙。五月癸丑，西幸。乙卯，次盘道岭，盗杀北院枢密使萧思温。六月，还上京。秋七月，以右皮室详稳贤适为北院枢密使。九月辛丑，得国舅萧海只及海里杀萧思温状，皆伏诛，流其弟神睹于黄龙府。冬十二月庚午，汉遣使来贡。

三年春正月甲寅，右夷离毕奚底遣人献敌烈俘，诏赐有功将士。庚申，置登闻鼓院。辛酉，南京统军使魏国公韩匡美封邺王。二月癸酉，东幸。壬午，遣铎遏使阿萨兰回鹘。己丑，以青牛白马祭天地。三月丁未，以飞龙使女里为契丹行宫都部署。夏四月丁卯，世宗妃啜里及蒲哥厌魅，赐死。己卯，祠木叶山，行再生礼。丙戌，至自东幸。戊子，萧神覩伏诛。六月丙子，汉遣使问起居。自是继月而至。丁丑，回鹘遣使来贡。秋七月辛丑，以北院枢密使贤适为西北路招讨使。八月甲戌，如秋山。辛卯，祭皇兄吼墓，追册为皇太子，谥庄圣。九月乙巳，赐傅父侍中达里迭、太保楚补、太保婆儿、保母回室、押雅等户口、牛羊有差。又以潜邸给使者为挞马部，置官掌之。壬子，幸归化州。甲寅，如南京。冬十月己巳，以黑白羊祀神。癸未，汉遣使来贡。丙戌，鼻骨德、吐谷浑来贡。十一月庚子，胪朐河于越延尼里等率户四百五十来附，乞隶宫籍。诏留其户，分隶敦睦、积庆、永兴三宫，优赐遣之。十二月癸酉，以青牛白马祭天地。己丑，皇子隆绪生。是冬，驻跸金川。

四年春二月癸亥，汉以皇子生，遣使来贺。闰月戊申，齐王罨撒葛薨。三月庚申朔，追册为皇太叔。夏四月庚寅朔，追封萧思温为楚国王。是夏，驻跸冰井。秋七月，如云州。丁丑，鼻骨德来贡。冬十月丁亥朔，如南京。十二月甲午，诏内外官上封事。

五年春正月甲子，惕隐休哥伐党项，破之，以俘获之数来上。汉遣使来贡。庚午，御五凤楼观灯。二月丁亥，近侍实鲁里误触神纛，法论死，杖释之。壬辰，越王必摄献党项俘获之数。戊申，以青牛白马祭天地。辛亥，幸新城。三月乙卯朔，复幸新城。追封皇后祖胡母里为韩王，赠伯胡鲁古兼政事令，尼古只兼侍中。夏四月丙申，白气昼见。五月癸亥，于越屋质薨，辍朝三日。辛未，女直侵边，杀都监达里迭、拽剌斡里鲁，驱掠边民牛马。己卯，阿萨兰回鹘来贡。六月庚寅，女直宰相及夷离堇来朝。丙申，汉遣人以宋事来告。秋七月庚辰，以保大军节度使耶律斜里底为中台省左相。是月，驻跸燕子城。九月壬子，鼻骨德部长曷鲁挞览来贡。冬十月丁酉，如南京。十一月辛亥朔，始获应历逆党近侍小哥、花哥、辛古等，诛之。十二月戊戌，汉将改元，遣使禀命。是月，如归化州。

六年春正月癸未，幸南京。三月，宋遣使请和，以涿州刺史耶律昌术加侍中与宋议和。夏四月，宋王喜隐坐谋反废。秋七月丁未朔，闷门使酌古加检校太尉兼御史大夫，男海里以告喜隐事，遥授陇州防御使。庚申，猎于平地松林。冬十月乙亥朔，还上京。十二月戊子，以沙门昭敏为三京诸道僧尼都总管，加兼侍中。

七年春正月甲戌朔，宋遣使来贺。壬寅，望祠木叶山。二月癸亥，汉雁门节度使刘继文来朝，贡方物。丙寅，以青牛白马祭天地。三月壬午，耶律速撒等献党项俘，分赐群臣。夏四月，遣郎君矧思使宋。己酉，祠木叶山。辛亥，射柳祈雨。如频跸淀清暑。五月丙戌，祭神姑。秋七月，黄龙府卫将燕颇杀都监张琚以叛，遣敞史耶律曷里必讨之。九月，败燕颇于治河，遣其弟安抟追之。燕颇走保兀惹城，安抟乃还，以余党千余户城通州。是秋，至自频跸淀。冬十月，钓鱼土河。

八年春正月癸酉，宋遣使来聘。二月壬寅，谕史馆学士，书皇后言亦称"朕"暨"予"，著为定式。三月辛未，遣五使廉问四方鳏寡孤独及贫乏失职者，振之。夏六月，以西南面招讨使耶律斜轸为北院大王。秋七月丙寅朔，宁王只没妻安只伏诛，只没、高勋等除名。辛未，宋遣使来贺天清节。八月癸卯，汉遣使言天清节设无遮会，饭僧祝釐。丁未，如秋山。乙酉，汉以宋事来告。是月，女直侵贵德州东境。九月己巳，谒怀陵。辛未，东京统军使察邻、详稳涸奏女直袭归州五寨，剽掠而去。乙亥，鼻骨德来贡。壬午，汉为宋人所侵，遣使求援，命南府宰相耶律沙、冀王敌烈赴之。戊子，汉以宋师压境，遣驸马都尉卢俊来告。冬十月辛丑，汉以辽师退宋军来谢。十一月丙子，宋主匡胤殂，其弟炅自立，遣使来告。辛卯，遣郎君王六、挞马涅木古等使宋吊慰。十二月壬寅，遣萧只古、马哲贺宋即位。丁未，汉以宋军复至、掠其军储来告，且乞赐粮为助。戊午，诏南京复礼部贡院。是月，辖戛斯国遣使来贡。

卷九　本纪第九

景宗下

九年春正月丙寅，女直遣使来贡。

二月庚子，宋遣使致其先帝遗物。甲寅，以青牛白马祭天地。

三月癸亥，耶律沙、敌烈献援汉之役所获宋俘。戊辰，诏以粟二十万斛助汉。

夏五月庚午，汉遣使来谢，且以宋事来告。己丑，女直二十一人来请宰相、夷离堇之职，以次授之。

六月丙辰，以宋王喜隐为西南面招讨使。

秋七月庚申朔，回鹘遣使来贡。甲子，宋遣使来聘。壬申，汉以宋侵来告。丙子，遣使助汉战马。

八月，汉遣使进葡萄酒。冬十月甲子，耶律沙以党项降酋可丑、买友来见，赐诏抚谕。丁卯，以可丑为司徒，买友为太保，各赐物遣之。壬申，女直遣使来贡。乙酉，汉复遣使以宋事来告。十一月丁亥朔，司天奏日当食不亏。戊戌，吐谷浑叛入太原者四百余户，索而还之。癸卯，祠木叶山。乙巳，遣太保迭烈割等使宋。乙卯，汉复遣使以宋事来告。十二月戊辰，猎于近郊，以所获祭天。

十年春正月癸丑，如长泺。二月庚午，阿萨兰回鹘来贡。三月庚寅，祭显陵。夏四月丁卯，西幸。己巳，女直遣使来贡。五月癸卯，赐女里死，遣人诛高勋等。六月己未，驻跸沿柳湖。秋七月庚戌，享太祖庙。九月癸未朔，平王隆先子陈哥谋害其父，车裂以徇。是冬，驻跸金川。

乾亨元年春正月乙酉，遣挞马长寿使宋，问兴师伐刘继元之故。丙申，长寿还，言"河东朔命，所当问罪。若北朝不援，和约如旧；不然则战。”二月丁卯，汉以宋兵压境，遣使乞援。诏南府宰相耶律沙为都统、冀王敌烈为监军赴之；又命南院大王斜轸以所部从，枢密副使抹只督之。三月辛巳，速撒遣人以别部化哥等降，纳之。丙戌，汉遣使谢抚谕军民，诏北院大王奚底、乙室王撒合等以兵戍燕。己丑，汉复告宋兵入境，诏左千牛卫大将军韩倖、大同军节度使耶律善补以本路兵南援。辛卯，女直遣使来贡。丁酉，耶律沙等与宋战于白马岭，不利。冀王敌烈及突吕不部节度使都敏、黄皮室详稳唐筈皆死之，士卒死伤甚众。夏四月辛亥，汉以行军事宜来奏，卢俊自代州驰状告急。辛酉，敌烈来贡。五月己卯朔，宋兵至河东，汉与战，不利，刘继文、卢俊来奔。六月，刘继元降宋，汉亡。甲子，封刘继文为彭城郡王，卢俊同政事门下平章事 。宋主来侵。丁卯，北院大王奚底、统军使萧讨古、乙室王撒合击之。战于沙河，失利。己巳，宋主围南京。丁丑，诏谕耶律沙及奚底、讨古等军中事宜。秋七月癸未，沙等及宋兵战于高梁河，少却；休哥、斜轸横击，大败之。宋主仅以身免，至涿州，窃乘驴车遁去。甲申，击宋余军，所杀甚众，获兵仗、器甲、符印、粮馈、货币不可胜计。辛丑，耶律沙遣人上俘获，以权知南京留守事韩德让、权南京马步军都指挥使耶律学古、知三司事刘弘皆能安人心，捍城池，并赐诏褒奖。八月壬子，阻卜惕隐曷鲁、夷离堇阿里覩等来朝。乙丑，耶律沙等献俘。丙寅，以白马之役责沙、抹只，复以走宋主功释之；奚底遇敌而退，以剑背击之；撒合虽却，部伍不乱，宥之；冀王敌烈麾下先遁者斩之，都监以下杖之。壬申，宴沙、抹只等将校，赐物有差。九月己卯，燕王韩匡嗣为都统，南府宰相耶律沙为监军，惕隐休哥、南院大王斜轸、权奚王抹只等各率所部兵南伐；仍命大同军节度使善补领山西兵分道以进。冬十月乙丑，韩匡嗣与宋兵战于满城，败绩。辛未，太保矧思与宋兵战于火山，败之。乙亥，诏数韩匡嗣五罪，赦之。十一月戊寅，宴赏休哥及有功将校。乙未，南院枢密使兼政事令郭袭上书谏畋猎，嘉纳之。辛丑，冬至，赦，改元乾亨。十二月乙卯，燕王韩匡嗣遥授晋昌军节度使，降封秦王。壬戌，蜀王道隐南京留守，徙封荆王。是冬，驻跸南京。

二年春正月丙子朔，封皇子隆绪为梁王，隆庆为恒王。丁亥，以惕隐休哥为北院大王，前枢密使贤适封西平郡王。二月戊辰，如清河。三月丁亥，西南面招讨副使耶律王六、太尉化哥遣人献党项俘。闰月庚午，有鸨飞止御帐，获以祭天。夏四月庚辰，祈雨。戊子，清暑燕子城。五月，雷火乾陵松。六月己亥，喜隐复谋反，囚于祖州。秋七月戊午，王六等献党项俘。八月戊戌，东幸。冬十月辛未朔，命巫者祠天地及兵神。辛巳，将南伐，祭旗鼓。癸未，次南京。丁亥，获敌人，射鬼箭。庚寅，次固安，以青牛白马祭天地。己亥，围瓦桥关。十一月庚子朔，宋兵夜袭营，突吕不部节度使萧干及四捷军详稳耶律痕德战却之。壬寅，休哥败宋兵于瓦桥东，守将张师引兵出战，休哥奋击，败之。戊申，宋兵阵于水南，休哥涉水击破之，追至莫州，杀伤甚众。己酉，宋兵复来，击之殆尽。丙辰，班师。乙丑，还次南京。十二月庚午朔，休哥拜于越。大飨军士。

三年春二月丙子，东幸。己丑，复幸南京。三月乙卯，皇子韩八卒。辛酉，葬潢、土二河之间，置永州。以秦王韩匡嗣为西南面招讨使。夏五月丙午，上京汉军乱，劫立喜隐不克，伪立其子留礼寿，上京留守除室擒之。秋七月甲子，留礼寿伏诛。冬十月，如蒲瑰坡。十一月辛亥，加除室同政事门下平章事。是月，以南院枢密使郭袭为武定军节度使。十二月，以辽兴军节度使韩德让为南院枢密使。

四年春正月己亥，如华林、天柱。三月乙未，清明，与诸王大臣较射，宴饮。夏四月，自将南伐。至满城，战不利，守太尉奚瓦里中流矢死。统军使善补为伏兵所围，枢密使斜轸救免，诏以失备杖之。五月，班师。清暑燕子城。秋七月壬辰，遣使赐喜隐死。八月，如西京。九月庚子，幸云州。甲辰，猎于祥古山，帝不豫。壬子，次焦山，崩于行在。年三十五，在位十三年。遗诏梁王隆绪嗣位，军国大事听皇后命。统和元年正月壬戌，上尊谥孝成皇帝，庙号景宗。重熙二十一年，加谥孝成康靖皇帝。

赞曰：辽兴六十余年，神册、会同之间，日不暇给；天禄、应历之君，不令其终；保宁而来，人人望治。以景宗之资，任人不疑，信赏必罚，若可与有为也。而竭国之力以助河东，破军杀将，无救灭亡。虽一取偿于宋，得不偿失。知匡嗣之罪，数而不罚；善郭袭之谏，纳而不用；沙门昭敏以左道乱德，宠以侍中。不亦惑乎！

卷十　本纪第十

圣宗一

圣宗文武大孝宣皇帝，讳隆绪，小字文殊奴。景宗皇帝长子，母曰睿智皇后萧氏。帝幼喜书翰，十岁能诗。既长，精射法，晓音律，好绘画。乾亨二年，封梁王。

四年秋九月壬子，景宗崩。癸丑，即皇帝位于柩前，时年十二。皇后奉遗诏摄政，诏谕诸道。冬十月己未朔，帝始临朝。辛酉，群臣上尊号曰昭圣皇帝，尊皇后为皇太后，大赦。以南院大王勃古哲总领山西诸州事，北院大王、于越休哥为南面行军都统，奚王和朔奴副之，同政事门下平章事萧道宁领本部军驻南京。乙丑，如显州。十一月甲午，置乾州。十二月戊午朔，耶律速撒讨阻卜。辛酉，南京留守荆王道隐奏宋遣使献犀带请和，诏以无书却之。甲子，挞剌干乃万十醉言宫掖事，法当死，杖而释之。辛未，西南面招讨使秦王韩匡嗣薨。癸酉，奉大行皇帝梓宫于菆涂殿。庚辰，省置中台省官。

统和元年春正月戊午朔，以大行在殡，不受朝。乙丑，奉遗诏，召先帝庶兄质睦于菆涂殿前，复封宁王。加宰相室昉、宣徽使普领等恩。丙寅，荆王道隐有疾，诏遣使存问。是日，皇太后幸其邸视疾。戊辰，以乌隈乌骨里部节度使耶律章瓦同政事门下平章事。甲戌，荆王道隐薨，辍朝三日，追封晋王，遣使抚慰其家。丙子，以于越休哥为南京留守，仍赐南面行营总管印绶，总边事。渤海挞马解里以受先帝厚恩，乞殉葬，诏不许，赐物以旌之。戊寅，遣使赐于越休哥及奚王筹宁、统军使颇德等汤药。命悬笃持送休哥下车榜，以谕燕民。辛巳，速撒献阻卜俘。壬午，涿州刺史安吉奏宋筑城河北，诏留守于越休哥挠之，勿令就功。赵妃及公主胡骨典、奚王筹宁、宰相安宁、北大王普奴宁、惕隐屈烈、吴王稍、宁王只没与横帐、国舅、契丹、汉官等并进助山陵费。癸未，齐国公主率内外命妇进物如之。甲申，西南面招讨使韩德威奏党项十五部侵边，以兵击破之。乙酉，以速撒破阻卜，下诏褒美；仍谕与大汉讨党项诸部。丁亥，枢密使兼政事令室昉以年老请解兼职，诏不允。二月戊子朔，禁所在官吏军民不得无故聚众私语及冒禁夜行，违者坐之。己丑，南京奏，闻宋多聚粮边境及宋主将如台山，诏休哥严为之备。甲午，葬景宗皇帝于乾陵，以近幸朗、掌饮伶人挞鲁为殉。上与皇太后因为书附上大行。丙申，皇太后诣陵置奠，命绘近臣于御容殿，赐山陵工人物有差。庚子，以先帝遗物赐皇族及近臣。辛丑，南京统军使耶律善补奏宋边七十余村来附，诏抚存之。乙巳，以御容殿为玉殿，酒谷为圣谷。速撒奏讨党项捷，遣使慰劳。戊申，以惕隐化哥为北院大王，解领为南府宰相。辛亥，幸圣山，遂谒三陵。甲寅，以皇女长寿公主下嫁国舅宰相萧婆项之子吴留。三月戊午，天德军节度使颓剌父子战殁，以其弟涅离袭爵。己未，次独山。遣使赏西南面有功将士。辛酉，以大父帐太尉耶律曷鲁宁为惕隐。甲子，驻跸辽河之平淀。辛巳，以国舅、同平章事萧道宁为辽兴军节度使，仍赐号忠亮佐理功臣。壬午，以青牛白马祭天地。夏四月丙戌朔，幸东京。以枢密副使耶律末只兼侍中，为东京留守。庚寅，谒太祖庙。癸巳，诏赐物命妇寡居者。丙申，南幸。辛丑，谒三陵，以东京所进物分赐陵寝官吏。复诏赐西南路招讨使大汉剑，不用命者得专杀。壬寅，致享于凝神殿。癸卯，谒乾陵。乙巳，遣人以酒脯祭平章耶律河阳墓。庚戌，幸夫人乌骨里第，谒太祖御容，礼毕，幸公主胡古典第饮，赐与甚厚。壬子，大臣以太后预政，宜有尊号，请下有司详定册礼。诏枢密院谕沿边节将，至行礼日，止遣子弟奉表称贺，恐失边备。枢密请诏北府司徒颇德译南京所进律文，从之。遂如徽州。以耶律庆朗为信州节度使。五月丙辰朔，国舅、政事门下平章事萧道宁以皇太后庆寿，请归父母家行礼，而齐国公主及命妇、群臣各进物。设宴，赐国舅帐耆年物有差。壬戌，西南路招讨请益兵讨西突厥诸部，诏北王府耶律蒲奴宁以敌毕、迭烈二部兵赴之。癸亥，以于越休哥在南院过用吏人，诏南大王毋相循袭。庚午，耶律善补招亡入宋者，得千余户归国，诏令抚慰。辛未，次永州，祭王子药师奴墓。乙亥，诏近臣议皇太后上尊号册礼，枢密使韩德度以后汉太后临朝故事草定上之。丙子，以青牛白马祭天地。戊寅，幸木叶山。西南路招讨使大汉奏，近遣拽剌跋剌哥谕党项诸部，来者甚众，下诏褒美。六月乙酉朔，诏有司，册皇太后日，给三品以上法服，三品以下用大射柳之服。西南路招讨使奏党项酋长执夷离堇子隈引等乞内附，诏抚纳之，仍察其诚伪，谨边备。丙戌，还上京。己丑，有司奏，同政事门下平章事、驸马都尉卢俊与公主不协，诏离之，遂出俊为兴国军节度使。辛卯，有事于太庙。甲午，上率群臣上皇太后尊号曰承天皇太后，群臣上皇帝尊号曰天辅皇帝，大赦，改元统和。丁未，覃恩中外，文武官各进爵一级。以枢密副使耶律斜轸守司徒。秋七月甲寅朔，皇太后听政。乙卯，上亲录囚。王子司徒娄国坐称疾不赴山陵，笞二十。辛酉，行再生礼。癸酉，临潢尹衰衮进饮馔。上与诸王分朋击鞠。丙子，韩德威遣详稳辖马上破党项俘获数，并送夷离堇之子来献。辛巳，赏西南面有功将士。八月戊子，上西巡。己丑，谒祖陵。辛卯，皇太后祭楚国王萧思温墓。癸巳，上与皇太后谒怀陵，遂幸怀州。甲午，上与斜轸于太后前易弓矢鞍马，约以为友。己亥，猎赤山，遣使荐熊肪、鹿脯于乾陵之凝神殿。以政事令孙桢无子，诏国舅小翁帐郎君桃隈为之后。乙巳，诏于越休哥提点元城。壬子，韩德威表请伐党项之复叛者，诏许之；仍发别部兵数千以助之。九月癸丑朔，以东京、平州旱、蝗，诏振之。乙卯，谒永兴、长宁、敦睦三宫。丙辰，南京留守奏，秋霖害稼，请权停关征，以通山西籴易，从之。庚申，谒宣简皇帝庙。辛酉，幸祖州，谒祖陵。壬戌，还上京。辛未，有司请以帝生日为千龄节，从之。皇太后言故于越屋只有傅导功，宜录其子孙；遂命其子泮泱为林牙。丙子，如老翁川。冬十月癸未朔，司天奏老人星见。戊子，以公主淑哥下嫁国舅详稳照姑。癸巳，速撒奏敌烈部及叛蕃来降，悉复故地。乙未，以燕京留守于越休哥言，每岁诸节度使贡献，如契丹官例，止进鞍马，从之。丁酉，以吴王稍为上京留守，行临潢尹事。上将征高丽，亲阅东京留守耶律末只所总兵马。丙午，命宣徽使兼侍中蒲领、林牙肯德等将兵东讨，赐旗鼓及银符。十一月壬子朔，观渔挞马泺。癸丑，应州奏，获宋谍者，言宋除道五台山，将入灵丘界。诏谍者及居停人并磔于市。庚辰，上与皇太后祭乾陵，下诏谕三京左右相、左右平章事、副留守判官、诸道节度使判官、诸军事判官、录事参军等，当执公方，毋得阿顺。诸县令佐如遇州官及朝使非理征求，毋或畏徇。恒加采听，以为殿最。民间有父母在，别籍异居者，听邻里觉察，坐之。有孝于父母，三世同居者，旌其门闾。十二月壬午朔，谒凝神殿，遣使分祭诸陵，赐守殿官属酒。是日，幸显州。丁亥，以显州岁贡绫锦分赐左右。甲午，东幸。乙亥，皇太后观渔于玉盆湾。辛丑，观渔于浚渊。甲辰，敕诸刑辟已结正决遣而有冤者，听诣台诉。是夕，然万鱼灯于双溪。戊申，千龄节，祭日月，礼毕，百僚称贺。

二年春正月甲子，如长泺。二月癸巳，国舅帐彰德军节度使萧闼览来朝。甲午，赐将军耶律敌不春衣、束带。丙申，东路行军、宣徽使耶律蒲宁奏讨女直捷，遣使执手奖谕。庚子，朝皇太后，太后因从观猎于饶乐川。乙巳，五国乌隈于厥节度使耶律隗洼以所辖诸部难治，乞赐诏给剑，便宜行事，从之。丙午，上与诸王大臣较射。丁未，韩德威以征党项回，遂袭河东，献所俘，赐诏褒美。三月乙卯，划离部请今后详稳止从本部选授为宜，上曰："诸部官惟在得人，岂得定以所部为限。"不允。赠故同平章事赵延煦兼侍中。夏四月丁亥，宣徽使、同平章事耶律普宁、都监萧勤德献征女直捷，授普宁兼政事令，勤德神武卫大将军，各赐金器诸物。庚寅，皇太后临决滞狱。辛卯，祭风伯。壬辰，以宣徽南院使刘承规为承德军节度使，崇德宫都部署、保义军节度使张德筠为宣徽北院使。五月乙卯，祠木叶山。丁丑，驻跸沿柳湖。六月己卯朔，皇太后决狱，至月终。秋七月癸丑，皇太后行再生礼。八月辛卯，东京留守兼侍中耶律末只奏，女直术不直、赛里等八族乞举众内附，诏纳之。九月戊申朔，驻跸土河。辛未，以景宗忌日，诏诸道京镇遣官行香饭僧。冬十月丁丑朔，以归化州刺史耶律普宁为彰德军节度使，右武卫大将军韩倬为彰国军节度使兼侍卫亲军兵马都指挥使。十一月壬子，以枢密直学士、给事中郑嘏为儒州刺史。是月，速撒等讨阻卜，杀其酋长挞剌干。十二月辛丑，以翰林学士承旨马得臣为宣政殿学士，耶律颇德南京统军使，耶律瑶升大内惕隐，大仁靖东京中台省右平章事。

三年春正月丙午朔，如长泺。丁巳，以翰林学士邢抱朴为尚书、礼部侍郎、知制诰，左拾遗知制诰刘景、吏部郎中知制诰牛藏用并政事舍人。二月丙子朔，以牛藏用知枢密直学士。三月乙巳朔，枢密奏契丹诸役户多困乏，请以富户代之。上因阅诸部籍，涅剌、乌隈二部户少而役重，并量免之。夏四月乙亥朔，祠木叶山。壬午，以凤州刺史赵匡符为保静军节度使。癸未，以左监门卫大将军王庭勗为奉先军节度使，彰武军节度使韩德凝为崇义军节度使。五月壬子，还上京。癸酉，以国舅萧道宁同平章事、知沈州军州事。六月甲戌朔，如柏坡。皇太后亲决滞狱。乙亥，以归义军节度使王希严为兴国军节度使。秋七月甲辰朔，诏诸道缮甲兵，以备东征高丽。甲寅，东幸。甲子，遣郎君班衮赐秦王韩匡嗣葬物。丙寅，驻跸土河。以暴涨，命造船桥，明日乘步辇出听政。老人星见。丁卯，遣使阅东京诸军兵器及东征道路。以平章事萧道宁为昭德军节度使，武定军节度使、守司空兼政事令郭袭为天平军节度使，大同军节度使、守太子太师兼政事令刘延构为义成军节度使，赠尚父秦王韩匡嗣尚书令。八月癸酉朔，以辽泽沮洳，罢征高丽。命枢密使耶律斜轸为都统，驸马都尉萧恳德为监军，以兵讨女直。丁丑，次藁城。庚寅，至显州，谒凝神殿。辛巳，幸乾州，观新宫。癸未，谒乾陵。甲申，命南、北面臣僚分巡山陵林木，及令乾、显二州上所部里社之数。丙戌，北皮室详稳进勇敢士七人。戊子，故南院大王谐领已里婉妻萧氏奏夫死不能葬，诏有司助之。庚辰，东征都统所奏路尚陷泞，未可进讨，诏俟泽涸深入。癸巳，皇太后谒显陵。庚子，谒乾陵。辛丑，西幸。闰九月癸酉，命邢抱朴勾检显陵。丙子，行次海上。庚辰，重九，骆驼山登高，赐群臣菊花酒。辛巳，诏谕东征将帅，乘水涸进讨。丙申，女直宰相术不里来贡。戊戌，驻跸东古山。己亥，速撒奏术不姑诸部至近淀，夷离堇易鲁姑请行俘掠，上曰："诸部于国无恶，何故俘掠，徒生事耳。"不允。冬十一月甲戌，诏吴王稍领秦王韩匡嗣葬祭事。丁丑，诏以东北路兵马监军妻婆底里存抚边民。戊寅，赐公主胡骨典葬夫金帛、工匠。辛卯，以韩德让兼政事令。癸巳，禁行在市易布帛不中尺度者。丙申，东征女直，都统萧闼览、菩萨奴以行军所经地里、物产来上。

卷十一　　本纪第十一

圣宗二

四年春正月甲戌，观渔土河。林牙耶律谋鲁姑、彰德军节度使萧闼览上东征俘获，赐诏奖谕。丙子，枢密使耶律斜轸、林牙勤德等上讨女直所获生口十余万、马二十余万及诸物。己卯，朝皇太后。决滞讼。壬午，枢密使斜轸、林牙勤德、谋鲁姑、节度使闼览、统军使室罗、侍中抹只、奚王府监军迪烈与安吉等克女直还军，遣近侍泥里吉诏旌其功，仍执手抚谕，赐酒果劳之。甲午，幸长泺。二月壬寅，以四番都统军李继忠为检校司徒、上柱国。癸卯，西夏李继迁叛宋来降，以为定难军节度使、银夏绥宥等州观察处置等使、特进检校太师、都督夏州诸军事。西番酋帅瓦泥乞移为保大军节度使、鄜坊等州观察处置等使。甲寅，耶律斜轸、萧闼览、谋鲁姑等族帅来朝，行饮至之礼，赏赉有差。丙寅，行次袅里井。三月甲戌，于越休哥奏宋遣曹彬、崔彦进、米信由雄州道，田重进飞狐道，潘美、杨继业雁门道来侵，岐沟、涿州、固安、新城皆陷。诏宣徽使蒲领驰赴燕南，与休哥议军事；分遣使者征诸部兵益休哥以击之；复遣东京留守耶律抹只以大军继进，赐剑专杀。乙亥，以亲征告陵庙、山川。丙子，统军使耶律颇德败宋军于固安，休哥绝其粮饷，擒将吏，获马牛、器仗甚众。庚辰，寰州刺史赵彦章以城叛，附于宋。辛巳，宋兵入涿州。顺义军节度副使赵希赞以朔州叛，附于宋。时上与皇太后驻兵驼罗口，诏趣东征兵马以为应援。壬午，诏林牙勤德以兵守平州之海岸以备宋。仍报平州节度使迪里姑，若勤德未至，遣人趣行；马乏则括民马；铠甲阙，则取于显州之甲坊。癸未，辽军与宋田重进战于飞狐，不利，冀州防御使大鹏翼、康州刺史马赟、马军指挥使何万通陷焉。丁亥，以北院枢密使耶律斜轸为山西兵马都统，以北院宣徽使蒲领为南征都统，以副于越休哥。彰国军节度使艾正、观察判官宋雄以应州叛，附于宋。庚寅，遣飞龙使亚剌、文班吏亚达哥阅马以给先发诸军，诏驸马都尉萧继远领之。辛卯，武定军马步军都指挥使、郢州防御使吕行德、副都指挥使张继从、马军都指挥使刘知进等以飞狐叛，附于宋。癸巳，赐林牙谋鲁姑旗鼓四、剑一，率禁军之骁锐者南助休哥。丙申，步军都指挥使穆超以灵丘叛，附于宋。诏遣使赐枢密使斜轸密旨及彰国军节度使杓窊印以趣征讨。夏四月己亥朔，次南京北郊。庚子，惕隐瑶升、西南面招讨使韩德威以捷报。辛丑，宋潘美陷云州。壬寅，遣抹只、谋鲁姑、勤德等领偏师以助休哥，仍赐旗鼓、杓窊印抚谕将校。癸卯，休哥复以捷报，上以酒脯祭天地。率群臣贺于皇太后。诏勤德还军。丙午，颇德上所获铠仗数。戊申，监军、宣徽使蒲领奏敌军引退，而奚王筹宁、北大王蒲奴宁、统军使颇德等以兵追蹑，皆胜之。遣敞史勤德持诏褒美，及诏侍中抹只统诸军赴行在所。频不部节度使和卢覩、黄皮室详稳解里等各上所获兵甲。又诏两部突骑赴蔚州，以助阅览。横帐郎君老君奴率诸郎君巡徼居庸之北。将军化哥统平州兵马，横帐郎君奴哥为黄皮室都监，郎君谒里为北府都监，各以步兵赴蔚州以助斜轸。庚戌，以斜轸为诸路兵马都统，阅览兵马副部署，迪子都监，以代善补、韩德威。癸丑，以艾正、赵希赞及应州、朔州节度副使奚军小校隘离辖、渤海小校贯海等叛入于宋，籍其家属，分赐有功将校。宋将曹彬、米信北渡拒马河，与于越休哥对垒，挑战，南北列营长六七里。时上次涿州东五十里。甲寅，诏于越休哥、奚王筹宁、宣徽使蒲领、南北二王等严备水道，无使敌兵得潜至涿州。乙卯，休哥等败宋军，献所获器甲、货财，赐诏褒美。蔚州左右都押衙李存璋、许彦钦等杀节度使萧啜里，执监城使、铜州节度使耿绍忠，以城叛，附于宋。丙辰，复涿州，告天地。戊午，上次沙姑河之北淀，召林牙勤德议军事。诸将校各以所俘获来上。奚王筹宁、南、北二王率所部将校来朝。以近侍粘米里所进自落鸨祭天地。己未，休哥、蒲领来朝，诏三司给军前夏衣布。庚申，上朝皇太后。辛酉，大军次固安。壬戌，围固安城，统军使颇德先登，城遂破，大纵俘获。居民先被俘者，命以官物赎之。甲子，赏攻城将士有差。五月庚午，辽师与曹彬、米信战于歧沟关，大败之，追至拒马河，溺死者不可胜纪；余众奔高阳，又为辽师冲击，死者数万，弃戈甲若丘陵。挽漕数万人匿歧沟空城中，围之。壬申，以皇太后生辰，纵还。癸酉，班师，还次新城。休哥、蒲领奏宋兵奔逃者皆杀之。甲戌，以军捷，遣使分谕诸路京镇。丁丑，诏诸将校，谕功行赏，无有不实。己卯，次固安南，以青牛白马祭天地。庚辰，以所俘宋人射鬼箭。诏遣详稳排亚率弘义宫兵及南、北皮室、郎君、拽剌四军赴应、朔二州界，与惕隐瑶昇、招讨韩德威等同御宋兵在山西之未退者。辛巳，以瑶昇军赴山西。壬午，还次南京。癸未，休哥、筹宁、蒲姑宁进俘获。斜轸遣判官蒲姑奏复蔚州，斩首二万余级，乘胜攻下灵丘、飞狐，赐蒲姑酒及银器。丙戌，御元和殿，大宴从军将校，封休哥为宋国王，加蒲领、筹宁、蒲奴宁及诸有功将校爵赏有差。丁亥，发南京，诏休哥备器甲，储粟，待秋大举南征。戊子，斜轸奏：宋军复围蔚州，击破之。诏以兵授瑶昇、韩德威等。壬辰，以宋兵至平州，瑶昇、韩德威不尽追杀，降诏诘责。仍谕，据城未降者，必尽掩杀，无使遁逃。癸巳，以军前降卒分赐扈从。乙未，赏颇德诸将校士卒。六月戊戌朔，诏韩德威赴阙，加统军使颇德检校太师。甲辰，诏南京留守休哥遣炮手西助斜轸。乙巳，以夷离毕侄里古部送辎重行宫，暑行日五十里，人马疲乏，遣使让之。丁未，度居庸关。壬子，南京留守奏百姓岁输三司盐铁钱，折绢不如直，诏增之。甲寅，斜轸奏复寰州。乙卯，皇太妃、诸王、公主迎上岭表，设御幄道傍，置景宗御容，率从臣进酒，陈俘获于前，遂大宴。戊午，幸凉陉。以所俘分赐皇族及乳母。己未，闻所遣宣谕回鹘、核列哿国度里、亚里等为术不姑邀留，诏速撒赐木不姑货币，谕以朝廷来远之意，使者由是乃得行。癸亥，以节度使韩毗哥、翰林学士邢抱朴等充云州宣谕招抚使。丙寅，以太尉王八所俘生口分赐赵妃及于越迪辇乙里婉。秋七月丙子，枢密使斜轸遣侍御涅里底、干勤哥奏复朔州，擒宋将杨继业，及上所获将校印绶、诰敕，赐涅里底等酒及银器。辛巳，以捷告天地。以宋归命者二百四十人分赐从臣。又以杀敌多，诏上京开龙寺建佛事一月，饭僧万人。辛卯，斜轸奏：大军至蔚州，营于州左。得谍报，敌兵且至，乃设伏以待。敌至，纵兵逆击，追奔逐北，至飞狐口。遂乘胜鼓行而西，入寰州，杀守城吏卒千余人。宋将杨继业初以骁勇自负，号杨无敌，北据云、朔数州。至是，引兵南出朔州三十里，至狼牙村，恶其名，不进；左右固请，乃行。遇斜轸，伏四起，中流矢，堕马被擒。疮发不食，三日死。遂函其首以献。诏详稳辖麦室传其首于越休哥，以示诸军，仍以朔州之捷宣谕南京、平州将吏。自是宋守云、应诸州者，闻继业死，皆弃城遁。八月丁酉朔，置先离阅览官六员，领于骨里、女直、迪烈于等诸部人之隶官籍者。以北王蒲奴宁为山后五州都管。乙巳，韩德让奏宋兵所掠州郡，其逃民禾稼，宜募人收获，以其半给收者，从之。乙卯，斜轸还自军，献俘。己未，用室昉、韩德让言，复山西今年租赋。诏第山西诸将校功过而赏罚之。乙室帐宰相安宁以功过相当，追告身一通；谛居部节度使佛奴笞五十。惕隐瑶昇、拽剌欻烈、朔州节度使慎思、应州节度使骨只、云州节度使化哥、军校李元迪、蔚州节度使佛留、都监崔其、刘继琛，皆以闻敌逃遁夺官；欻烈仍配隶本贯；领国舅军王六笞五十。壬戌，以斜轸所部将校前破女直，后有宋捷，第功加赏。癸亥，加斜轸守太保。九月丙寅朔，皇太妃以上纳后，进衣物、驼马，以助会亲颁赐。甲戌，次黑河，以重九登高于高水南阜，祭天。赐从臣命妇菊花酒。丁丑，次河阳北。戊寅，内外命妇进会亲礼物。辛巳，纳皇后萧氏。丙戌，次儒州，以大军将南征，诏遣皮室详稳乞的、郎君拽剌先赴本军缮甲兵。己丑，召北大王蒲奴宁赴行在所。甲午，皇太后行再生礼。冬十月丙申朔，党项、阻卜遣使来贡。丁酉，皇太后复行再生礼，为帝祭神祈福。己亥，以乙室王帐郎君吴留为御史大夫。政事令室昉奏山西四州自宋兵后，人民转徙，盗贼充斥，乞下有司禁止。命新州节度使蒲打里选人分道巡检。北大王帐郎君曷葛只里言本府王蒲奴宁十七罪，诏横帐太保核国底鞫之。蒲奴宁伏其罪十一，笞二十释之。曷葛只里亦伏诬告六事，命详酌罪之。知事勤德连坐，杖一百，免官。甲辰，出居庸关。乙巳，诏诸京镇相次军行，诸细务权停理问。庚戌，分遣拽剌沿边侦候。辛亥，命皇族庐帐驻东京延芳淀。壬子，诏以敕榜付于越休哥，以南征谕拒马河南六州。乙卯，幸南京。戊午，以南院大王留宁言，复南院部民今年租赋。壬戌，以银鼠、青鼠及诸物赐京官、僧道、耆老。甲子，上与大臣分朋击鞠。十一月丙寅朔，党项来贡。庚午，以政事令韩德让守司徒。壬申，以古北、松亭、榆关征税不法，致阻商旅，遣使鞫之。女直请以兵从征，许之。癸酉，御正殿，大劳南征将校。丙子，南伐，次狭底堝，皇太后亲阅辎重兵甲。丁丑，以休哥为先锋都统。戊寅，日南至，上率从臣祭酒景宗御容。辛巳，诏以北大王蒲奴宁居奉圣州，山西五州公事，并听与节度使蒲打里共裁决之。癸未，祭日月，为驸马都尉勤德祈福。乙酉，置诸部监，勒所部各守营伍，毋相错杂。丙戌，遣谍鲁姑、萧继远沿边巡徼。以所获宋卒射鬼箭。丁亥，以青牛白马祭天地。辛卯，次白佛塔川，获自落驯狐，以为吉征，祭天地。诏驸马都尉萧继远、林牙谋鲁姑、太尉林八等固守封疆，毋漏间谍。军中无故不得驰马，及纵诸军残南境桑果。壬辰，至唐兴县。时宋军屯滹沱桥北，选将乱射之，桥不能守，进焚其桥。癸巳，涉沙河，休哥来议事。北皮室详稳排亚献所获宋谍二人，上赐衣物，令还招谕泰州。楮特部节度使卢补古、都监耶律昐与宋战于泰州，不利。甲午，祭麃鹿神。以卢补古临阵遁逃，夺告身一通；其判官、都监各杖之。郎君拽剌双骨里遇宋先锋于望都，擒其士卒九人，获甲马十一，赐酒及银器。乙未，以卢补古等罪诏谕诸军。以御盏郎君化哥权楮特部节度使，横帐郎君佛留为都监，代卢补古。权领国舅军桃畏请置二校领散卒，诏以郎君世音、颇德等充。命彰德军节度使萧闼览、将军迪子略地东路。诏休哥、排亚等议军事。十二月己亥，休哥败宋军于望都，遣人献俘。壬寅，营于滹沱北，诏休哥以骑兵绝宋兵，毋令入邢州；命太师王六谨侦候。癸卯，小校曷主遇宋辎重，引兵杀获甚众，并焚其刍粟。甲辰，诏南大王与休哥合势进讨，宰相安宁领迪离部及三克军殿。上率大军与宋将刘廷让、李敬源战于莫州，败之。乙巳，擒宋将贺令图、杨重进等；国舅详稳挞烈哥、宫使萧打里死之。丙午，诏休哥以下入内殿，赐酒劳之。丁未，筑京观。复以南京禁军击杨团城，守将以城降。诏禁侵掠。己酉，营神榆村，诏上杨团城粟麦、兵甲之数。辛亥，以黑白二牲祭天地。癸丑，拔冯母镇，大纵俘掠。丙辰，邢州降。丁巳，拔深州，以不即降，诛守将以下，纵兵大掠。李继迁引五百骑款塞，愿婚大国，永作藩辅。诏以王子帐节度使耶律襄之女汀封义成公主下嫁，赐马三千匹。

卷十二　　本纪第十二

圣　宗　三

五年春正月乙丑，破束城县，纵兵大掠。丁卯，次文安，遣人谕降，不听，遂击破之。尽杀其丁壮，俘其老幼。戊寅，上还南京。己卯，御元和殿，大赉将士。壬辰，如华林、天柱。二月甲午朔，至自天柱。三月癸亥朔，幸长春宫，赏花钓鱼，以牡丹遍赐近臣，欢宴累日。丁丑，以谛居部下拽剌解里侦候有功，命入御盏郎君班袛候。夏四月癸巳朔，幸南京。丁酉，上率百僚册上皇太后尊号曰睿德神略应运启化承天皇太后；礼毕，群臣上皇帝尊号曰至德广孝昭圣天辅皇帝。戊戌，诏有司条上勋旧，等第加恩。癸丑，清暑冰井。六月壬辰朔，召大臣决庶政。丙申，以耶律苏为遥郡刺史。秋七月戊辰，涅剌部节度使撒葛里有惠政，民请留，从之。是月，猎平地松林。九月丙戌，幸南京。是冬止焉。

六年春正月庚申，如华林、天柱。二月丁未，奚王筹宁杀无罪人李浩，所司议贵，请贷其罪，令出钱赡浩家，从之。甲寅，大同军节度使、同平章政事刘京致仕。三月己未，休哥奏宋事宜，上亲览之。丙寅，以司天赵宗德、齐泰、王守平、邵祺、阎梅从征四载，言天象数有征，赐物有差。癸未，李继迁遣使来贡。夏四月乙未，幸南京。丁酉，胡里室横突韩德让堕马，皇太后怒，杀之。戊戌，幸宋国王休哥第。五月癸亥，南府宰相耶律沙薨。闰月丙戌朔，奉圣州言太祖所建金铃阁坏，乞加修缮。诏以南征，恐重劳百姓，待军还治之。壬寅，阿萨兰回鹘来贡。甲寅，乌隈于厥部以岁贡貂鼠、青鼠皮非土产，皆于他处贸易以献，乞改贡。诏自今止进牛马。六月癸亥，党项太保阿剌恍来朝，贡方物。乙丑，谕诸道兵马备南征攻城器具。乙酉，夷离堇阿鲁勃送沙州节度使曹恭顺还，授于越。秋七月丙戌，观市。己亥，遣南面招讨使韩德威讨河、湟诸蕃违命者。赐休哥、排亚部诸军战马。己酉，驻跸于洛河。壬子，加韩德威开府仪同三司兼政事令、门下平章事，东京留守兼侍中、漆水郡王耶律抹只为大同军节度使。癸丑，排亚请增置涿州驿传。八月丙辰，以青牛白马祭天地。戊午，休哥与排亚、袅里曷捉生，将至易州，遇宋兵，杀其指挥使而还。庚申，幸黎园温汤。癸亥，以将伐宋，遣使祭木叶山。丁丑，濒海女直遣使速鲁里来朝。西北路管押详稳速撒哥以伐折立、助里二部，上所俘获。东路林牙萧勤德及统军石老以击败女直兵，献俘。大同军节度使耶律抹只奏今岁霜旱乏食，乞增价折粟，以利贫民。诏从之。滨海女直遣厮鲁里来修土贡。九月丙申，化哥与术不姑春古里来贡。休哥遣详稳意德里献所获宋谍者。丁酉，皇太后幸韩德让帐，厚加赏赉，命从臣分朋双陆以尽欢。戊戌，幸南京。己亥，有事于太宗皇帝庙。以唐元德为奉陵军节度使。癸卯，祭旗鼓南伐。庚戌，次涿州，射帛书谕城中降，不听。冬十月乙卯，纵兵四面攻之。城破乃降，因抚谕其众。驸马萧勤德，太师闼览皆中流矢。勤德载帝车中以归。闻宋军退，遣斜轸、排亚等追击，大败之。戊午，攻沙堆驿，破之。己巳，以黑白羊祭天地。庚午，以宋降军分置七指挥，号归圣军。壬申，行军参谋、宣政殿学士马得臣言谕降宋军，恐终不为用，请并放还。诏不允。丙子，筹宁奏破狼山捷。辛巳，复奏败宋兵于益津关。癸未，进军长城口，宋定州守将李兴以兵来拒，休哥击败之，追奔五六里。十一月甲申朔，上以将攻长城口，诏诸军备攻具。庚寅，驻长城口，督大军四面进攻。士溃围，委城遁，斜轸招之，不降；上与韩德让邀击之，杀获殆尽，获者分隶燕军。辛卯，攻满城，围之。甲午，拔其城，军士开北门遁，上使谕 其将领，乃率众降。戊戌，攻下祁州，纵兵大掠。己亥，拔新乐。庚子，破小狼山砦。丁未，宋军千人出益津关，国舅郎君桃委、详稳十哥击走之，杀副将一人。己酉，休哥献黄皮室详稳徇地莫州所获马二十匹，士卒二十人。命赐降者衣带，使隶燕京。辛亥，西路又送降卒二百余人，给寒者袭衣。以马得臣权宣徽院事。十二月甲寅朔，赐皮室详稳乞得、秃骨里战马。横帐郎君达打里劫掠，命杖之。丙辰，畋于沙河。休哥献奚详稳耶鲁所获宋谍。丁巳，遣北宰相萧继远等往觇安平。侍卫马军司奏攻祁州、新乐，都头刘赞等三十人有功，乞加恩赏。是月，大军驻宋境。是岁，诏开贡举，放高举一人及第。

七年春正月癸未朔，班师。戊子，宋鸡壁砦守将郭荣率众来降，诏屯南京。庚寅，次长城口。三卒出营劫掠，笞以徇众，以所获物分赐左右。壬辰，李继迁与兄继捧有怨，乞与通好，上知其非诚，不许。癸巳，谕诸军趣易州。己亥，禁部从伐民桑梓。癸卯，攻易州，宋兵出遂城来援，遣铁林军击之，擒其指挥使五人。甲辰，大军齐进，破易州，降刺史刘墀，守陴士卒南遁，上帅师邀之，无敢出者。即以马质为刺史，赵质为兵马都监。迁易州军民于燕京。以东京骑将夏贞显之子仙寿先登，授高州刺史。乙巳，幸易州，御五花楼，抚谕士庶。丙午，以青牛白马祭天地。诏谕三京诸道。戊申，次涞水，谒景宗皇帝庙。诏遣涿州刺史耶律守雄护送易州降人八百，还隶本贯。己酉，次歧沟，射鬼箭。辛亥，还次南京，六军解严。二月壬子朔，上御元和殿受百官贺。诏鸡壁砦民二百户徙居檀、顺、蓟三州。甲寅，回鹘、于阗、师子等国来贡。乙卯，大飨军士，爵赏有差。枢密使韩德让封楚国王，驸马都尉萧宁远同政事门下平章事。是日，幸长春宫。甲子，诏南征所俘有亲属分隶诸帐者，给官钱赎之，使相从。乙丑，赏南征女直军，使东还。丙寅，禁举人匿名飞书，谤讪朝廷。癸酉，吐蕃、党项来贺。甲戌，云州租赋请止输本道，从之。丙子，以女直活骨德为本部相。分遣巫觋祭名山大川。丁丑，皇子佛宝奴生。戊寅，阿萨兰、于阗、辖烈并遣使来贡。三月壬午朔，遣使祭木叶山。禁刍牧伤禾稼。宋进士十七人挈家来归，命有司考其中第者，补国学官，余授县主簿、尉。李继迁遣使来贡。丁亥，诏知易州赵质收战亡士卒骸骨，筑京观。戊子，赐于越宋国王红珠筋线，命入内神帐行再生礼，皇太后赐物甚厚。以鸡壁砦民成廷朗等八户隶飞狐。己丑，诏免云州逋赋。乙室王贯宁击鞠，为所部郎君高四纵马突死，诏讯高四罪。丙申，诏开奇峰路通易州市。戊戌，以王子帐耶律襄之女封义成公主，下嫁李继迁。是春，驻跸延芳淀。夏四月甲寅，还京。乙卯，国舅太师萧闼览为子排亚请尚皇女延寿公主，许之。丙辰，谒太宗皇帝庙。以御史大夫乌骨领乙室大王。己未，幸延寿寺饭僧。甲子，谏议大夫马得臣以上好击球，上疏切谏："臣伏见陛下听朝之暇，以击球为乐。臣思此事有三不宜：上下分朋，君臣争胜，君得臣夺，君输臣喜，一不宜也；往来交错，前后遮约，争心竞起，礼容全废，若贪月杖，误拂天衣，臣既失仪，君又难责，二不宜也；轻万乘之贵，逐广场之娱，地虽平，至为坚确，马虽良，亦有惊蹶，或因奔击，失其控御，圣体宁无亏损？太后岂不惊惧？三不宜也。臣望陛下念继承之重，止危险之戏。"疏奏，大嘉纳之。丁卯，吐浑还金、回鹘安进、吐蕃独朵等自宋来归，皆赐衣带。皇太后谒奇首可汗庙。丙子，以舍利军耶律沓为常衮。己卯，驻跸儒州龙泉。五月庚辰朔，遣宣徽使蒲领等率兵分道备宋。以遥辇副使控骨离为舍利拽剌详稳。辛巳，祭风伯于儒州白马村。休哥引军至满城，招降卒七百余人，遣使来献，诏隶东京。辛卯，猎桑乾河。壬辰，燕京奏宋兵至边，时暑未敢与战，且驻易州，俟彼动则进击，退则班师。从之。六月庚戌朔，以太师柘母迎合，挞之二十。辛酉，诏燕乐、密云二县荒地许民耕种，免赋役十年。甲戌，宣政殿学士马得臣卒，诏赠太子少保，赐钱十万，粟百石。乙亥，诏出诸畜赐边部贫民。是月，休哥、排亚破宋兵于泰州。秋七月乙酉，御含凉殿视朝。丙戌，以中丞耶律斀麦哥权夷离毕，横帐郎君耶律延寿为御史大夫。癸巳，遣兵南征。甲午，以迪离毕、涅剌、乌濊三部各四人益东北路夫人婆里德，仍给印绶。丁酉，劳南征将士。是日，帝与皇太后谒景宗皇帝庙。八月庚午，放进士高正等二人及第。冬十月，禁置网捕兔。十一月甲申，于阗张文宝进内丹书。十二月甲寅，钓鱼于沈子泺。癸亥，猎于好草岭。

卷十三　本纪第十三

圣　宗　四

八年春正月辛巳，如台湖。庚寅，诏决滞狱。庚子，如沈子泺。二月丁未朔，于阗、回鹘各遣使来贡。壬申，女直遣使来贡。三月丁丑，李继迁遣使来贡。庚辰，太白、荧惑斗，凡十有五次。乙酉，城杏埚，以宋俘实之。辛丑，置宜州。夏四月丙午朔，严州刺史李寿英有惠政，民请留，从之。庚戌，女直遣使来贡。庚午，以岁旱，诸部艰食，振之。五月戊子，以宋降卒分隶诸军。庚寅，女直宰相阿海来贡，封顺化王。丙申，清暑胡土白山。诏括民田。六月丙午，以北面林牙磨鲁古为北院大王。阿萨兰回鹘于越、达剌干各遣使来贡。甲寅，月掩天驷第一星。丙辰，女直遣使来贡。秋七月庚辰，改南京熊军为神军。诏东京路诸宫分提辖司，分置定霸、保和、宣化三县，白川州置洪理，仪坤州置广义，辽西州置长庆，乾州置安德各一县。省遂、妫、松、饶、宁、海、瑞、玉、铁里、奉德等十州，及玉田、辽丰、松山、弘远、怀清、云龙、平泽、平山等八县，以其民分隶他郡。八月乙卯，以黑白羊祭天地。九月乙亥，北女直四部请内附。壬辰，李继迁献宋俘。冬十月丙午，以大败宋军，复遣使来告。己酉，阻卜等遣使来贡。是月，驻跸大王川。十一月庚寅，以吐谷浑民饥，振之。丁酉，太白昼见。十二月癸卯，李继迁下宋麟、鄜等州，遣使来告。女直遣使来贡。庚戌，遣使封李继迁为夏国王。癸丑，回鹘来贡。是岁，放郑云从等二人及第。

九年春正月甲戌，女直遣使来贡。丙子，诏禁私度僧尼。庚辰，如台湖。乙酉，枢密使、监修国史室昉等进《实录》，赐物有差。戊子，选宋降卒五百置为宣力军。辛卯，诏免三京诸道租赋，仍罢括田。二月丙午，夏国遣使告伐宋捷。丁未，以涿州刺史耶律王六为惕隐。甲子，建威寇、振化、来远三城，屯戍卒。闰月辛未朔，日有食之。壬申，遣翰林承旨邢抱朴、三司使李嗣、给事中刘京、政事舍人张干、南京副留守吴浩分决诸道滞狱。三月庚子朔，振室韦、乌古诸部。戊申，复遣库部员外郎马守琪、仓部员外郎祁正、虞部员外郎崔祐，蓟北县令崔简等分决诸道滞狱。甲子，幸南京。夏四月甲戌，回鹘来贡。乙亥，夏国王李继迁遣杜白来谢封册。丙戌，清暑炭山。五月己未，以秦王韩匡嗣私城为全州。六月丁亥，突厥来贡。是月，南京霖雨伤稼。秋七月癸卯，通括户口。乙巳，诏诸道举才行、察贪酷、抚高年、禁奢僭，有殁于王事者官其子孙。己未，夏国以复绥、银二州，遣使来告。八月癸酉，铜州嘉禾生，东京甘露降。戊寅，女直进唤鹿人。壬午，东京进三足乌。九月庚子，鼻骨德来贡。己酉，驻跸庙城。南京地震。冬十月丁卯，阿萨兰回鹘来贡。壬申，夏国王李继迁遣使来上宋所授敕命。丁丑，定难军节度使李继捧来附，授推忠效顺启圣定难功臣、开府仪同三司、检校太师兼侍中，封西平王。十一月己亥，以青牛白马祭天地。十二月，夏国王李继迁潜附于宋，遣招讨使韩德威持诏谕之。是年，放进士石用中一人及第。

十年春正月丁酉，禁丧葬礼杀马，及藏甲胄、金银、器玩。丙午，如台湖。二月乙丑朔，日有食之。韩德威奏李继迁称故不出，至灵州俘掠以还。壬申，兀惹来贡。壬午，免云州租赋。庚寅，夏国以韩德威俘掠，遣使来奏，赐诏安慰。辛卯，给复云州流民。三月甲辰，铁骊来贡。丙辰，如炭山。夏四月乙丑，以台湖为望幸里。庚寅，命群臣较射。五月癸巳，朔州流民给复三年。七月辛酉，铁骊来贡。八月癸亥，观稼，仍遣使分阅苗稼。九月癸卯，幸五台山金河寺饭僧。冬十月壬申，夏国王遣使来贡。戊寅，铁骊来贡。十一月壬辰，回鹘来贡。十二月庚辰，猎儒州东川。拜天。是月，以东京留守萧恒德等伐高丽。

十一年春正月壬寅，回鹘来贡。丙午，出内帑钱赐南京统军司军。高丽王治遣朴良柔奉表请罪，诏取女直鸭渌江东数百里地赐之。二月癸亥，霸州民妻王氏以妖惑众，伏诛。夏四月，幸炭山清暑。六月，大雨。秋七月己丑，桑乾、羊河溢居庸关西，害禾稼殆尽，奉圣、南京居民庐舍多垫溺者。八月，如秋山。冬十月甲申朔，驻跸蒲瑰坂。是年，放进士王熙载等二人及第。

十二年春正月癸丑朔，漷阴镇水，漂溺三十余村，诏疏旧渠。甲寅，以同政事门下平章事耶律硕老为惕隐。诏复行在五十里内租。乙卯，幸延芳淀。戊午，蠲宜州赋调。庚申，郎君耶律鼻舍等谋叛，伏诛。壬戌，以南院大王耶律景为上京留守，封漆水郡王。霸州民李在宥年百三十有三，赐束帛、锦袍、银带，月给羊酒，仍复其家。二月甲申，免南京被水户租赋。己丑，高丽来贡。甲午，免诸部岁输羊及关征。庚子，回鹘来贡。三月丁巳，高丽遣使请所俘人畜，诏赎还。戊午，幸南京。丙寅，遣使抚谕高丽。己巳，涿州木连理。壬申，如长春宫观牡丹。是月，复置南京统军都监。夏四月辛卯，幸南京。壬辰，枢密直学士刘恕为南院枢密副使。戊戌，以景宗石像成，幸延寿寺饭僧。五月甲寅，诏北皮室军老不任事者免役。戊午，如炭山清暑。庚辰，武定军节度使韩德冲秩满，其民请留，从之。六月辛巳朔，诏州县长吏有才能无过者，减一资考任之。癸未，可汗州刺史贾俊进新历。庚子，录囚。甲辰，诏龙、凤两军老疾者代之。是月，太白、岁星相犯。秋七月辛亥朔，日有食之。甲寅，遣使视诸道禾稼。辛酉，南院枢密使室昉为中京留守，加尚父。丙寅，女直遣使来贡。戊辰，观获。庚午，诏契丹人犯十恶者依汉律。己卯，以翰林承旨邢抱朴参知政事。八月庚辰朔，诏皇太妃领西北路乌古等部兵及永兴宫分军，抚定西边；以萧挞凛督其军事。乙酉，宋遣使求和，不许。戊子，以国舅帐克萧徒骨为夷离毕。乙未，下诏戒谕中外官吏。丁酉，录囚，杂犯死罪以下释之。九月壬子，室韦、党项、吐谷浑等来贡。辛酉，宋复遣使求和，不许。壬戌，行拜奥礼。癸酉，阻卜等来贡。冬十月乙酉，猎可汗州之西山。乙巳，诏定均税法。丁未，大理寺置少卿及正。十一月戊申朔，行再生礼。铁骊来贡。诏诸部所俘宋人有官吏儒生抱器能者，诸道军有勇健者，具以名闻。庚戌，诏郡邑贡明经、茂材异等。甲寅，诏南京决滞狱。己未，官宋俘卫德升等六人。十二月戊寅朔，日有食之。诏并奚王府奥理、堕隗、梅只三部为一，其二克各分为部，以足六部之数。甲申，赐南京统军司贫户耕牛。戊子，高丽进妓乐，却之。庚寅，禁游食民。癸巳，女直以宋人浮海赂本国及兀惹叛来告。丁未，幸南京。是年，放进士吕德懋等二人及第。

十三年春正月壬子，幸延芳淀。甲寅，置广灵县。丁巳，增泰州、遂城等县赋。庚申，诏诸道劝农。癸亥，长宁军节度使萧解里秩满，民请留，从之。庚午，如长春宫。二月丁丑朔，女直遣使来贡。甲辰，高丽遣李周桢来贡。三月癸丑，夏国遣使来贡。戊辰，武清县百余人入宋境剽掠，命诛之，还其所获人畜财物。夏四月己卯，参知政事邢抱朴以母忧去官，起复。丙戌，诏诸道民户应历以来胁从为部曲者，仍籍州县。甲午，如炭山清暑。五月壬子，高丽进鹰。乙亥，北、南、乙室三府请括富民马以备军需，不许，给以官马。六月丙子朔，启圣军节度使刘继琛秩满，民请留，从之。丁丑，诏减前岁括田租赋。甲申，以宣徽使阿没里私城为丰州。丙戌，诏许昌平、怀柔等县诸人请业荒地。秋七月乙巳朔，女直遣使来贡。丁巳，兀惹乌昭度、渤海燕颇等侵铁骊，遣奚王和朔奴等讨之。壬戌，诏蔚、朔等州龙卫、威胜军更戍。八月丙子，夏国遣使进马。壬辰，诏修山泽祠宇、先哲庙貌，以时祀之。九月戊午，以南京太学生员浸多，特赐水硙庄一区。丁卯，奉安景宗及皇太后石像于延芳淀。冬十月乙亥，置义仓。辛巳，回鹘来贡。甲申，高丽遣李知白来贡。戊子，兀惹归款，诏谕之。庚子，鼻骨德来贡。十一月乙巳，阿萨兰回鹘遣使来贡。辛酉，遣使册王治为高丽国王。戊辰，高丽遣童子十人来学本国语。十二月己卯，铁骊遣使来贡鹰、马。辛巳，夏国以败宋人遣使来告。是年，放进士王用极等二人。

十四年春正月己酉，渔于潞河。丁巳，蠲三京及诸州税赋。丙寅，夏国遣使来贡。庚午，以宣徽使阿没里家奴阎贵为丰州刺史。二月庚寅，回鹘遣使来贡。三月壬寅，高丽王治表乞为婚，许以东京留守、驸马萧恒德女嫁之。庚戌，高丽复遣童子十人来学本国语。甲寅，韩德威奏讨党项捷。甲子，诏安集朔州流民。夏四月甲戌，东边诸纠各置都监。庚寅，如炭山清暑。己亥，凿大安山，取刘守光所藏钱。是月，奚王和朔奴、东京留守萧恒德等五人以讨兀惹不克，削官。改诸部令稳为节度使。五月癸卯，诏参知政事邢抱朴决南京滞狱。庚戌，朔州威胜军一百七人叛入宋。六月辛未，如炭山清暑。铁骊来贡。乙酉，回鹘来贡。己丑，高丽遣使来问起居。后至无时。秋七月戊午，回鹘等来贡。闰月丁丑，五院部进穴地所得金马。冬十月丙辰，命刘遂教南京神武军士剑法，赐袍带锦币。戊午，乌昭度乞内附。十一月甲戌，诏诸军官毋非时畋猎妨农。乙酉，奉安景宗及太后石像于乾州。是月，回鹘阿萨兰遣使为子求婚，不许。十二月甲寅，以南京道新定税法太重，减之。甲子，挞凛诱叛酋阿鲁敦等六十人斩之，封兰陵郡王。幸南京。是年，放进士张俭等三人。

十五年春正月庚午，幸延芳淀。丙子，以河西党项叛，诏韩德威讨之。庚辰，诏诸道劝民种树。癸未，兀惹长武周来降。戊子，女直遣使来贡。己丑，诏南京决滞囚。乙未，免流民税。二月丙申朔，如长春宫。戊戌，劝品部富民出钱以赡贫民。庚子，徙梁门、遂城、泰州、北平民于内地。丙午，夏国遣使来贡。甲寅，问安皇太后。丙辰，韩德威奏破党项捷。丁巳，诏品部旷地令民耕种。三月乙丑朔，党项来贡。戊辰，募民耕滦州荒地，免其租赋十年。己巳，夏国破宋兵，遣使来告。己卯，封夏国王李继迁为西平王。壬午，通括宫分人户，免南京逋税及义仓粟。甲申，河西党项乞内附。庚寅，兀惹乌昭度以地远，乞岁时免进鹰、马、貂皮，诏以生辰、正旦贡如旧，余免。癸巳，宋主炅殂，子恒嗣位。甲午，皇太妃献西边捷。夏四月乙未朔，罢奚五部岁贡麞。戊戌，录囚。壬寅，发义仓粟振南京诸县民。丙午，广德军节度使韩德凝有善政，秩满，其民请留，从之。己酉，幸南京。丁巳，致奠于太宗皇帝庙。己未，如炭山清暑。五月甲子朔，日有食之。己巳，诏平州决滞狱。是月，敌烈八部杀详稳以叛，萧挞凛追击，获部族之半。六月丙申，铁骊来贡。壬子，夏国遣使来谢封册。秋七月戊辰，党项来贡。辛未，禁吐谷浑别部鬻马于宋。丙子，高丽遣韩彦敬奉币吊越国公主之丧。辛卯，诏南京疾决狱讼。八月丁酉，猎于平地松林，皇太后诫曰："前圣有言：欲不可纵。吾儿为天下主，驰骋田猎，万一有衔橛之变，适遗予忧。其深戒之！"九月丙寅，罢东边戍卒。庚午，幸饶州，致奠太祖庙。戊子，萧挞凛奏讨阻卜捷。冬十月壬辰朔，驻跸驼山，罢奚王诸部贡物。乙未，赐宿卫时服。丁酉，禁诸山寺毋滥度僧尼。戊戌，驰东京道鱼泺之禁。戊申，以上京狱讼繁冗，诘其主者。辛酉，录囚。十一月壬戌朔，录囚，丙戌，幸显州。戊子，谒显陵。庚寅，谒乾陵。是月，高丽王治薨，侄诵遣王同颖来告。十二月乙巳，钓鱼土河。己酉，驻跸驼山。壬子，夏国遣使来贡。甲寅，遣使祭高丽王治，诏其侄权知国事。丙辰，录囚。是年，放进士陈鼎等二人。

卷十四　本纪第十四

圣　宗　五

十六年春正月乙丑，如长泺。二月庚子，夏国遣使来贡。丙午，以监门卫上将军耶律喜罗为中台省左相。三月甲子，女直遣使来贡。乙亥，鼻骨德酋长来贡。夏四月癸卯，振崇德宫所隶州县民之被水者。丁未，罢民输官俸，给自内帑。己酉，祈雨。乙卯，如木叶山。五月甲子，祭白马神。丁卯，祠木叶山，告来岁南伐。庚辰，铁骊来贡。乙酉，还上京。妇人年逾九十者赐物。六月戊子朔，致奠于祖、怀二陵。是月，清暑炭山。秋七月丁巳朔，录囚，听政。八月丁亥朔，东幸。九月丁巳朔，驻跸得胜口。冬十一月，遣使册高丽国王诵。十二月丙戌朔，宋国王休哥薨，辍朝五日。进封皇弟恒王隆庆为梁国王、南京留守，郑王隆祐为吴国王。是年，放进士杨又玄等二人。

十七年春正月乙卯朔，如长春宫。夏四月，如炭山清暑。六月，兀惹乌昭庆来。秋七月，以伐宋诏谕诸道。九月庚辰朔，幸南京。乙亥，南伐。癸卯，射鬼箭。北院枢密使魏王耶律斜轸薨。以韩德让兼知北院枢密使事。冬十月癸酉，攻遂城，不克。遣萧继远攻狼山镇石砦，破之。次瀛州，与宋军战，擒其将康昭裔、宋顺，获兵仗、器甲无算。进攻乐寿县，拔之。次遂城，敌众临水以拒，纵骑兵突之，杀戮殆尽。是年，放进士初锡等四人及第。

十八年春正月，还次南京，赏有功将士，罚不用命者。诏诸军各还本道。二月，幸延芳淀。夏四月己未，驻跸于清泉淀。五月丁酉，清暑炭山。六月，阻卜叛酋鹘碾之弟铁剌不率部众来附，鹘碾无所归，遂降，诏诛之。秋七月，驻跸于汤泉。九月乙亥朔，驻跸黑河。冬十一月甲戌朔，授西平王李继迁子德昭朔方军节度使。十二月，回鹘来贡。是年，放进士南承保等三人及第。

十九年春正月辛巳，以祗候郎君班详稳观音为奚六部大王。甲申，回鹘进梵僧名医。三月乙亥，夏国遣李文贵来贡。乙酉，西南面招讨司奏党项捷。壬辰，皇后萧氏以罪降为贵妃。赐大丞相韩德让名德昌。夏四月乙巳，幸吴国王隆祐第视疾。丙午，问安皇太后。五月癸酉，清暑炭山。丙戌，册萧氏为齐天皇后。庚寅，以千拽剌详稳耶律王奴为乙室大王。辛卯，以青牛白马祭天地。六月乙巳，以所俘宋将康昭裔为昭顺军节度使。戊午，夏国奏下宋恒、环、庆等三州，赐诏褒之。秋七月丙戌，以东京统军使耶律奴瓜为南府宰相。八月庚戌，达卢骨部来贡。九月己巳朔，问安皇太后。戊子，驻跸昌平。庚寅，西南面招讨司奏讨吐谷浑捷。辛卯，幸南京。冬十月己亥，南伐。壬寅，次盐沟。徙封吴国王隆祐为楚国王，留守京师。丁未，梁国王隆庆统先锋军以进。辛亥，射鬼箭。壬子，以青牛白马祭天地。甲寅，辽军与宋兵战于遂城，败之。庚申，以黑白羊祭天地。丙寅，次满城，以泥淖班师。十一月庚午，射鬼箭。丙子，宋兵出淤口、益津关来侵，侦候谋注、虞人招古击败之。己卯，观渔儒门泺。闰月己酉，鼻骨德来贡。己未，减关市税。十二月庚辰，免南京、平州租税。

二十年春正月庚子，如延芳淀。癸丑，东方五色虹见。诏安抚西南面向化诸部。甲寅，夏国遣使贡马、驼。辛酉，女直宰相夷离底来贡。二月丁丑，女直遣其子来朝。高丽遣使贺伐宋捷。三月甲寅，遣北府宰相萧继远等南伐。壬戌，驻跸鸳鸯泺。夏四月丙寅朔，文班太保达里底败宋兵于梁门。甲戌，南京统军使萧挞凛破宋军于泰州。乙酉，南征将校献俘，赐爵赏有差。戊子，铁骊遣使来贡。五月乙卯，幸炭山清暑。六月，夏国遣刘仁勗来告下灵州。秋七月甲午朔，日有食之。丁酉，以邢抱朴为南院枢密使。辛丑，高丽遣使来贡本国地里图。九月癸巳朔，谒显陵，告南伐捷。冬十月癸亥朔，至自显陵。十二月，奚王府五帐六节度献七金山土河川地，赐金币。是岁，南京、平州麦秀两岐。放进士邢祥等六人及第。

二十一年春正月，如鸳鸯泺。三月壬辰，诏修日历官毋书细事。甲午，朝皇太后。戊午，铁骊来贡。夏四月乙丑，女直遣使来贡。戊辰，兀惹、渤海、奥里米、越里笃、越里吉等五部遣使来贡。是月，耶律奴瓜、萧挞凛获宋将王继忠于望都。五月庚寅朔，清暑炭山。丁巳，西平王李继迁薨，其子德昭遣使来告。六月己卯，赠继迁尚书令，遣西上阁门使丁振吊慰。辛巳，党项来贡。乙酉，阻卜铁剌里率诸部来降。是月，修可敦城。秋七月庚戌，阻卜、乌古来贡。甲寅，以奚王府监军耶律室鲁为南院大王。八月乙酉，阻卜铁剌里来朝。丙戌，朝皇太后。九月己亥，夏国李德昭遣使来谢吊赠。癸丑，幸女河汤泉，改其名曰松林。冬十月丁巳朔，驻跸七渡河。戊辰，以楚国王隆祐为西南面招讨使。十一月壬辰，故于越耶律休哥之子道士奴、高九等谋叛，伏诛。丙申，通括南院部民。十二月癸未，罢三京诸道贡。

二十二年春正月丁亥，如鸳鸯泺。二月乙卯朔，女直遣使来贡。丙寅，南院枢密使邢抱朴薨，辍朝三日。三月己丑，罢番部贺千龄节及冬至、重五贡。乙未，西夏李德昭遣使上继迁遗物。夏四月丁卯，朝皇太后。五月，清暑炭山。六月戊午，以可敦城为镇州，军曰建安。秋七月甲申，遣使封夏国李德昭为西平王。丁亥，兀惹、蒲奴里、剖阿里、越里笃、奥里米等部来贡。八月丙辰，党项来贡。庚申，阻卜酋铁剌里来朝。戊辰，铁剌里求婚，不许。丙子，驻跸犬牙山。九月己丑，以南伐谕高丽。丙午，幸南京。女直遣使献所获乌昭庆妻子。丁未，致祭于太宗皇帝庙。以北院大王磨鲁古、太尉老君奴监北、南王府兵。庚戌，命楚国王隆祐留守京师。闰月己未，南伐。癸亥，次固安。以所获谍者射鬼箭。甲子，以青牛白马祭天地。丙寅，辽师与宋兵战于唐兴，大破之。丁卯，萧挞凛与宋军战于遂城，败之。庚午，军于望都。冬十月乙酉，以黑白羊祭天地。丙戌，攻瀛州，不克。甲午，下祁州，赉降兵以酒脯。祭天地。己酉，西平王李德昭遣使谢封册。十一月癸亥，马军都指挥使耶律课里遇宋兵于洺州，击退之。甲子，东京留守萧排押获宋魏府官吏田逢吉、郭守荣、常显、刘绰等以献。丁卯，南院大王善补奏宋遣人遗王继忠弓矢，密请求和。诏继忠与使会，许和。庚午，攻破德清军。壬申，次澶渊。萧挞凛中伏弩死。乙亥，攻破通利军。丁丑，宋遣崇仪副使曹利用请和，即遣飞龙使韩杞持书报聘。十二月庚辰朔，日有食之，既。癸未，宋复遣曹利用来，以无还地之意，遣监门卫大将军姚柬之持书往报。戊子，宋遣李继昌请和，以太后为叔母，愿岁输银十万两，绢二十万匹。许之，即遣阁门使丁振持书报聘。己丑，诏诸军解严。是月，班师。皇太后赐大丞相齐王韩德昌姓耶律，徙王晋。是年，放进士李可封等三人。

二十三年春正月戊午，还次南京。庚申，大飨将卒，爵赏有差。二月丙戌，复置榷场于振武军。丁巳，夏国遣使告下宋青城。辛酉，朝皇太后。以惕隐化哥为南院大王，行军都监老君奴为惕隐。乙丑，振党项部。丁卯，回鹘来贡。丁丑，改易州飞狐招安使为安抚使。夏四月丙戌，女直及阿萨兰回鹘各遣使来贡。乙未，铁骊来贡。己亥，党项来侵。五月戊申朔，宋遣孙仅等来贺皇太后生辰。乙卯，以金帛赐阵亡将士家。丙寅，高丽以与宋和，遣使来贺。六月壬辰，清暑炭山。甲午，阻卜酋铁剌里遣使贺与宋和。己亥，达旦国九部遣使来聘。秋七月癸丑，问安皇太后。戊午，党项来贡。辛酉，以青牛白马祭天地。壬戌，乌古来贡。丁卯，女直遣使来贡。阿萨兰回鹘遣使来请先留使者，皆遣之。九月甲戌，遣太尉阿里、太傅杨六贺宋主生辰。冬十月丙子朔，鼻骨德来贡。戊子，朝皇太后。甲午，驻跸七渡河。癸卯，宋岁币始至，后为常。十一月戊申，上遣太保合住、颁给使韩椅，太后遣太师盆奴、政事舍人高正使宋贺正旦。辛亥，观渔桑乾河。丁巳，诏大丞相耶律德昌出宫籍，属于横帐。十二月丙申，宋遣周渐等来贺千龄节。丁酉，复遣张若谷等来贺正旦。

二十四年春正月，如鸳鸯泺。夏五月壬寅朔，幸炭山清暑。幽皇太妃胡辇于怀州，囚夫人夷懒于南京，余党皆生瘗之。秋七月辛丑朔，南幸。八月丙戌，改南京宫宣教门为元和，外三门为南端，左掖门为万春，右掖门为千秋。是月，沙州燉煌王曹寿遣使进大食国马及美玉，以对衣、银器等物赐之。九月，幸南京。冬十月庚午朔，帝率群臣上皇太后尊号曰睿德神略应运启化承天皇太后，群臣上皇帝尊号曰至德广孝昭圣天辅皇帝。大赦。是年，放进士杨佶等二十三人及第。

二十五年春正月，建中京。二月，如鸳鸯泺。夏四月，清暑炭山。六月，赐皇太妃胡辇死于幽所。秋七月壬申，西平王李德昭母薨，遣使吊祭。甲戌，遣使起复。九月，西北路招讨使萧图玉讨阻卜，破之。冬十月丙申，驻跸中京。十二月乙酉，振饶州饥民。

二十六年春二月，如长泺。夏四月辛卯朔，祠木叶山。五月庚申朔，还上京。丙寅，高丽进龙须草席。己巳，遣使贺中京成。庚午，致祭祖、怀二陵。辛未，驻跸怀州。秋七月，增太祖、太宗、让国皇帝、世宗谥，仍谥皇太弟李胡曰钦顺皇帝。冬十月戊子朔，幸中京。十二月，萧图玉奏讨甘州回鹘，降其王耶剌里，抚慰而还。是年，放进士史克忠等一十三人。

二十七年春正月，钓鱼土河。猎于瑞鹿原。夏四月丙戌朔，驻跸中京，营建宫室。庚戌，废霸州处置司。秋七月甲寅朔，霖雨，潢、土、斡剌、阴凉四河皆溢，漂没民舍。八月甲申，北幸。冬十一月壬子朔，行柴册礼。十二月乙酉，南幸。皇太后不豫。戊子，肆赦。辛卯，皇太后崩于行宫。壬辰，遣使报哀于宋、夏、高丽。戊申，如中京。己酉，诏免贺千龄节。是岁，御前引试刘二宜等三人。

卷十五　本纪第十五

圣　宗　六

二十八年春正月辛亥朔，不受贺。甲寅，如乾陵。癸酉，奉安大行皇太后梓宫于乾州菆涂殿。二月丙戌，宋遣王随、王儒等来吊祭。己亥，高丽遣魏守愚等来祭。是月，遣左龙虎卫上将军萧合卓馈大行皇太后遗物于宋，仍遣临海军节度使萧虚列、左领军卫上将军张崇济谢宋吊祭。三月癸卯，上大行皇太后谥为圣神宣献皇后。是月，宋、高丽遣使来会葬。夏四月甲子，葬太后于乾陵。赐大丞相耶律德昌名曰隆运。庚午，赐宅及陪葬地。五月己卯朔，如中京。辛卯，清暑七金山。乙巳，西北路招讨使萧图玉奏伐甘州回鹘，破萧州，尽俘其民。诏修土隗口故城以实之。丙午，高丽西京留守康肇弑其主诵，擅立诵从兄询，诏诸道缮甲兵，以备东征。秋八月戊申，振平州饥民。辛亥，幸中京。丙寅，谒显、乾二陵。丁卯，自将伐高丽，遣使报宋。以皇弟楚国王隆祐留守京师，北府宰相、驸马都尉萧排押为都统，北面林牙僧奴为都监。九月乙酉，遣使册西平王李德昭为夏国王。辛卯，遣枢密直学士高正、引进使韩杞宣问高丽王询。冬十月丙午朔，女直进良马万匹，乞从征高丽，许之。王询遣使奉表乞罢师，不许。十一月乙酉，大军渡鸭渌江，康肇拒战，败之，退保铜州。丙戌，肇复出，右皮室详稳耶律敌鲁擒肇及副将李立，追杀数十里，获所弃粮饷、铠仗。戊子，铜、霍、贵、宁等州皆降。排押至奴古达岭，遇敌兵，战败之。辛卯，王询遣使上表请朝，许之。禁军士俘掠。以政事舍人马保佑为开京留守，安州团练使王八为副留守。遣太子太师乙凛将骑兵一千，送保佑等赴京。壬辰，守将卓思正杀辽使者韩喜孙等十人，领兵出拒，保佑等还。遣乙凛领兵击之，思正遂奔西京。围之五日不克。驻跸城西。高丽礼部郎中渤海陀失来降。庚子，遣排押、盆奴等攻开京，遇高丽兵，败之。王询弃城遁去，遂焚开京，至清江，还。

二十九年春正月乙亥朔，班师，所降诸城复叛。至贵州南峻岭谷，大雨连日，马驼皆疲，甲仗多遗弃，霁乃得渡。己丑，次鸭渌江。庚寅，皇后及皇弟楚国王隆祐迎于来远城。壬辰，诏罢诸军。己亥，次东京。二月己酉，谒乾、显二陵。戊午，所俘高丽人分置诸陵庙，余赐内戚、大臣。三月己卯，大丞相晋国王耶律隆运薨。庚辰，皇弟楚国王隆祐权知北院枢密使事，枢密直学士高正为北院枢密副使。庚寅，南京、平州水，振之。己亥，以北院大王耶律室鲁为北院枢密使，封韩王，北院郎君耶律世良为北院大王，前三司使刘慎行参知政事兼知南院枢密使事。夏四月，清暑老古埚。五月甲戌朔，诏已奏之事送所司附《日历》。又诏帐族有罪，黥墨依诸部人例。乙未，以刘慎行为南院枢密使，南府宰相邢抱质知南院枢密使事。六月庚戌，升蔚州、利州为观察使。乙卯，韩王耶律室鲁薨。丙辰，以南院大王化哥为北院枢密使。丁巳，诏西北路招讨使、驸马都尉萧图玉安抚西鄙。置阻卜诸部节度使。是秋，猎于平地松林。冬十月庚子朔，驻跸广平淀。甲寅，赠大丞相晋国王耶律隆运尚书令，谥文忠。十一月庚午朔，幸显州。十二月庚子朔，复如广平淀。癸丑，以知南院枢密使事邢抱质年老，诏乘小车入朝。是月，置归、宁二州。是年，御试，放高承颜等二人及第。

开泰元年春正月己巳朔，宋遣赵湘、符成翰来贺。癸未，长白山三十部女直酋长来贡，乞授爵秩。甲申，驻跸王子院。丙戌，望祠木叶山。丁亥，女直太保蒲捻等来朝。戊子，猎于买曷鲁林。庚寅，祠木叶山。辛卯，曷苏馆大王曷里喜来朝。二月壬子，驻跸瑞鹿原。三月甲戌，以蔚州为观察，不隶武定军。乙亥，如苇泺。丁丑，诏封皇女八人为郡主。乙酉，诏卜日行拜山、大射柳之礼，命北宰相、驸马、兰陵郡王萧宁，枢密使、司空邢抱质督有司具仪物。丁亥，皇弟楚国王隆祐徙封齐国王，留守东京。夏四月庚子，高丽遣蔡忠顺来，乞称臣如旧，诏王询亲朝。壬寅，夏国遣使进良马。己酉，祀风伯。辛酉，以前孟父房敞稳萧佛奴为左夷离毕。五月戊辰朔，还上京。诏裴玄感、邢祥知礼部贡举，放进士史简等十九人及第。以驸马萧绍宗为郑州防御使。乙亥，以邢抱质为大同军节度使。六月，驻跸上京。秋七月丙子，以耶律遂贞为辽兴军节度使，遂正北院宣徽使，张昭莹南院宣徽使，耶律受益上京副留守，寇卿彰德军节度使。命耶律释身奴、李操充贺宋生辰国信使副，萧涅衮、齐泰贺宋正旦使副。进士康文昭、张素臣、郎玄达坐论知贡举裴玄感、邢祥私曲，秘书省正字李万上书，辞涉怨讪，皆杖而徙之，万役陷河冶。八月丙申朔，铁骊那沙等送兀惹百余户至宾州，赐丝绢。是日，那沙乞赐佛像、儒书，诏赐《护国仁王佛像》一，《易》、《诗》、《书》、《春秋》、《礼记》各一部。己未，高丽王询遣田拱之奉表称病不能朝，诏复取六州地。是月，齐国王隆祐薨，辍朝五日。冬十月辛亥，如中京。闰月丁卯，赠隆祐守太师，谥仁孝。十一月甲午朔，文武百官加上尊号曰弘文宣武尊道至德崇仁广孝聪睿昭圣神赞天辅皇帝。大赦，改元开泰。改幽都府为析津府，蓟北县为析津县，幽都县为宛平县，覃恩中外。己亥，赐夏国使、东头供奉官曹文斌、吕文贵、窦珪祐、守荣、武元正等爵有差。癸卯，前辽州录事张庭美六世同居，仪坤州刘兴胤四世同居，各给复三年。甲辰，西北招讨使萧图玉奏七部太师阿里底因其部民之怨，杀本部节度使霸暗并屠其家以叛，阻卜执阿里底以献，而沿边诸部皆叛。十二月丙寅，奉迁南京诸帝石像于中京观德殿，景宗及宣献皇后于上京五鸾殿。壬申，振奉圣州饥民。庚辰，赐皇弟秦晋国王隆庆铁券。癸未，刘晨言殿中高可垣、中京留守推官李可举治狱明允，诏超迁之。甲申，诏诸道水灾饥民质男女者，起来年正月，日计佣钱十文，价折佣尽，遣还其家。归州言其居民本新罗所迁，未习文字，请设学以教之，诏允所请。贵德、龙化、仪坤、双、辽、同、祖七州，至是有诏始征商。己丑，诏诸镇建宣敕楼。

二年春正月癸巳朔，以裴玄感为翰林承旨，邢祥给事中，石用中翰林学士，吕德推枢密直学士，张俭政事舍人，邢抱质加开府仪同三司、守司空兼侍中，王继忠中京留守、检校太师，户部侍郎刘泾加工部尚书，驸马萧绍宗加检校太师，耶律控温加政事令，封幽王。丁未，如瑞鹿原。北院枢密使耶律化哥封豳王。以马氏为丽仪，耿氏淑仪，尚寝白氏昭仪，尚服李氏顺仪，尚功艾氏芳仪，尚书孙氏和仪。己未，录囚。乌古、敌烈叛，右皮室详稳延寿率兵讨之。是月，达旦国兵围镇州，州军坚守，寻引去。二月丙子，诏以麦务川为象雷县，女河川为神水县，罗家军为闾山县，山子川为富庶县，习家砦为龙山县，阿览峪为劝农县，松山川为松山县，金甸子为金原县。壬午，遣北院枢密副使高正按察诸道狱。三月壬辰朔，化哥以西北路略平，留兵戍镇州，赴行在。夏四月甲子，拜日。诏从上京请，以韩斌所括赡国、挞鲁河、奉、豪等州户二万五千四百有奇，置长霸、兴仁、保和等十县。丙子，如缅山。五月辛卯朔，复命化哥等西讨。六月辛酉朔，遣中丞耶律资忠使高丽，取六州旧地。秋七月壬辰，乌古、敌烈皆复故疆。乙未，西南招讨使、政事令斜轸奏党项诸部叛者皆遁黄河北模赧山，其不叛者曷党、乌迷两部因据其地，今复西迁，诘之则曰逐水草，不早图之，后恐为患。又闻前后叛者多投西夏，西夏不纳。诏遣使再问西迁之意，若归故地，则可就加抚谕。使不报，上怒，欲伐之。遂诏李德昭："今党项叛，我欲西伐，尔当东击，毋失掎角之势。"仍命诸军各市肥马。丁酉，以惕隐耶律涤洌为南府宰相，太尉五哥为惕隐。癸卯，钓鱼曲沟。戊申，诏以敦睦宫子钱振贫民。己酉，化哥等破阻卜酋长乌八之众。丁卯，封皇子宗训大内惕隐。八月壬戌，遣引进使李延弘赐夏国王李德昭及义成公主车马。己丑，耶律资忠使高丽还。冬十月己未朔，畋鹿井之北。命耶律阿营等使宋贺生辰。辛酉，驻跸长泺。丙寅，详稳张马留献女直人知高丽事者。上问之，曰："臣三年前为高丽所虏，为郎官，故知之。自开京东马行七日，有大砦，广如开京，旁州所贡珍异，皆积于此。胜、罗等州之南，亦有二大砦，所积如之。若大军行由前路，取曷苏馆女直北，直渡鸭渌江，并大河而上，至郭州与大路会，高丽可取而有也。"上纳之。十一月甲午，录囚。癸丑，枢密使豳王化哥以西征有罪，削其官封，出为大同军节度使。十二月甲子，以北院大王耶律世良为北院枢密使，封岐王。以宰臣刘晟监修国史，牛璘为彰国军节度使，萧孝穆为西北路招讨使。放进士鲜于茂昭等六人及第。

三年春正月己丑，录囚。阻卜酋长乌八来朝，封为王。乙未，如浑河。丁酉，女直及铁骊各遣使来贡。是夕，彗星见西方。丙午，畋潢河滨。壬子，帝及皇后猎瑞鹿原。二月戊午，诏增枢密使以下月俸。甲子，遣上京副留守耶律资忠复使高丽取六州旧地。三月庚子，遣耶律世良城招州。戊申，南京、奉圣、平、蔚、云、应、朔等州置转运使。夏四月戊午，诏南京管内毋淹刑狱，以妨农务。癸亥，乌古叛。乙亥，沙州回鹘曹顺遣使来贡。丙子，以西北路招讨都监萧孝穆为北府宰相。五月乙酉朔，清暑缅山。六月乙亥，合拔里、乙室二国舅为一帐，以乙室夷离毕萧敌烈为详稳以总之。甲申，封皇侄胡都古为广平郡王。是夏，诏国舅详稳萧敌烈、东京留守耶律团石等讨高丽，造浮梁于鸭渌江，城保、宣义、定远等州。秋七月乙酉朔，如平地松林。壬辰，诏政事省、枢密院，酒间授官释罪，毋即奉行，明日覆奏。八月甲寅朔，幸沙岭。九月丁酉，八部敌烈杀其详稳稍瓦，皆叛，诏南府宰相耶律吾剌葛招抚之。辛亥，释敌烈数人，令招谕其众。壬子，耶律世良遣使献敌烈俘。冬十月甲寅朔，幸中京。丙子，以旗鼓拽剌详稳题里姑为奚六部大王。放进士张用行等三十一人及第出身。

四年春正月乙酉，如瑞鹿原。丙戌，诏耶律世良再伐迪烈得。戊子，命详稳拔姑猪水瑞鹿原，以备春蒐。丁酉，猎马兰淀。壬寅，东征。东京留守善宁、平章涅里衮奏，已总大军及女直诸部兵分道进讨，遂遣使赍密诏军前。二月壬子朔，如萨堤泺。于阗国来贡。夏四月癸丑，以林牙建福为北院大王。甲寅，萧敌烈等伐高丽还。丙辰，曷苏馆部请括女直王殊只你户旧无籍者，会其丁入赋役，从之。枢密使贯宁奏大破八部迪烈得，诏侍御撒剌奖谕，代行执手之礼。丙寅，耶律世良等上破阻卜俘获数。戊辰，驻跸沿柳湖。己巳，女直遣使来贡。壬申，耶律世良讨乌古，破之。甲戌，遣使赏有功将校。世良讨迪烈得至清泥埚。时于厥既平，朝廷议内徙其众，于厥安土重迁，遂叛。世良惩创，既破迪烈得，辄歼其丁壮。勒兵渡曷剌河，进击余党，斥候不谨，其将勃括聚兵稠林中，击辽军不备。辽军小却，结阵河曲。勃括是夜来袭。翌日，辽后军至，勃括诱于厥之众皆遁，世良追之，军至险厄。勃括方阻险少休，辽军侦知其所，世良不亟掩之，勃括轻骑遁去。获其辎重及所诱于厥之众，并迁迪烈得所获辖麦里部民，城胪朐河上以居之。是月，萧杨哥尚南平郡主。五月辛巳，命北府宰相刘晟为都统，枢密使耶律世良为副，殿前都点检萧屈烈为都监以伐高丽。晟先携家置边郡，致缓师期，追还之。以世良、屈烈总兵进讨。以耶律德政为辽兴军节度使，萧年骨烈天成军节度使。李仲举卒，诏赙恤其家。六月庚戌，上拜日如礼。以麻都骨世勋，易衣马为好。以上京留守耶律八哥为北院枢密副使。秋七月，上又拜日，遂幸秋山。自八月射鹿至于九月，复自癸丑至于辛酉，连猎于有柏、碎石、太保、响应、松山诸山。丁卯，与夷离毕、兵部尚书萧荣宁定为交契，以重君臣之好。丙子，以旗鼓拽剌详稳题里姑为六部奚王。冬十月，驻跸挞剌割泺。十一月庚申，诏汰东京僧，及命上京、中京泊诸宫选精兵五万五千人以备东征。十二月，南巡海徼。还，幸显州。

五年春正月丁未，北幸。庚戌，耶律世良、萧屈烈与高丽战于郭州西，破之，斩首数万级，尽获其辎重。乙卯，师次南海军，耶律世良薨于军。癸酉，驻跸雪林。二月己卯，阻卜长来朝。辛巳，如萨堤泺。庚寅，以前东京统军使耶律韩留为右夷离毕。戊戌，皇子宗真生。三月乙卯，鼻骨德长撒保特、赛剌等来贡。辛酉，诸道狱空，诏进阶赐物。丙寅，以前北院大王耶律敬温为阿扎割只。辛未，党项魁可来降。夏四月乙亥，振招州民。戊寅，以左夷离毕萧合卓为北院枢密使，曷鲁宁为副使。庚辰，清暑孤树淀。五月甲子，尚书萧姬隐坐出使后期，削其官。丁卯，以耿元吉为户部使。六月，以政事舍人吴克昌按察霸州刑狱。丁丑，回鹘献孔雀。秋七月甲辰，猎于赤山。八月丙子，幸怀州，有事于诸陵。戊寅，还上京。九月癸卯，皇弟南京留守秦晋国王隆庆来朝，上亲出迎劳至实德山，因同猎于松山。乙丑，驻跸杏埚。冬十月甲午，封秦晋国王隆庆长子查割中山郡王，次子遂哥乐安郡王。十一月辛丑朔，以参知政事马保忠同知枢密院事、监修国史。丁巳，以北面林牙萧隗洼为国舅详稳。十二月乙酉，秦晋国王隆庆还，至北安薨，讣闻，上为哀恸，辍朝七日。丁酉，宋遣张逊、王承德来贺千龄节。是岁，放进士孙杰等四十八人及第。

六年春正月癸卯，如锥子河。二月甲戌，以公主赛哥杀无罪婢，驸马萧图玉不能齐家，降公主为县主，削图玉同平章事。丁丑，诏国舅帐详稳萧隗洼将本部兵东征高丽，其国舅司事以都监摄之。庚辰，以南面林牙涅合为南院大王。三月乙巳，如显州，葬秦晋国王隆庆。有事于显、乾二陵。追册隆庆为太弟。夏四月辛卯，封隆庆少子谢家奴为长沙郡王，以枢密使漆水郡王耶律制心权知诸行宫都部署事。壬辰，禁命妇再醮。丙申，如凉陉。五月戊戌朔，命枢密使萧合卓为都统，汉人行宫都部署王继忠为副，殿前都点检萧屈烈为都监，以伐高丽。翌日，赐合卓剑，俾得专杀。丙午，录囚。己酉，设四帐都详稳。甲寅，以南京统军使萧惠为右夷离毕。乙卯，祠木叶山、潢河。乙丑，驻跸九层台。六月戊辰朔，德妃萧氏赐死，葬兔儿山西。后数日，大风起冢上，昼暝，大雷电而雨不止者逾月。是月，南京诸县蝗。秋七月辛亥，如秋山。遣礼部尚书刘京、翰林学士吴叔达、知制诰仇正己、起居舍人程翥、吏部员外郎南承颜、礼部员外郎王景运分路按察刑狱。辛酉，以西南路招讨请，置宁仁县于胜州。九月庚子，还上京，以皇子属思生，大赦。丁未，以驸马萧琏、节度使化哥、知制诰仇正己、杨佶充贺宋生辰正旦使副。乙卯，萧合卓等攻高丽兴化军不克，还师。冬十月丁卯，南京路饥，挽云、应、朔、弘等州粟振之。辛未，猎铧子河。庚寅，驻跸达离山。十一月乙卯，建州节度使石匡弼卒。十二月丁卯，上轻骑还上京。戊子，宋遣李行简、张信来贺千龄节。翌日，宋冯元、张纶来贺正旦。

卷十六　本纪第十六

圣宗七

七年春正月甲辰，如达离山。二月乙丑朔，拜日，如浑河。三月辛丑，命东北越里笃、剖阿里、奥里米、蒲奴里、铁骊等五部岁贡貂皮六万五千，马三百。丙午，乌古部节度使萧普达讨叛命敌烈，灭之。夏四月，拜日。丙寅，振川、饶二州饥。辛未，振中京贫乏。癸酉，禁匿名书。壬辰，以三司使吕德懋为枢密副使。闰月壬子，以萧进忠为彰武军节度使兼五州制置。戊午，吐蕃王并里尊奏，凡朝贡，乞假道夏国，从之。五月丙寅，皇子宗真封梁王，宗元永清军节度使，宗简右卫大将军，宗愿左骁卫大将军，宗伟右卫大将军，皇侄宗范昭义军节度使，宗熙镇国军节度使，宗亮绛州节度使，宗弼濮州观察使，宗奕曹州防御使，宗显、宗肃皆防御使。以张俭守司徒兼政事令。六月丙申，品打鲁瑰部节度使勃鲁里至鼻洒河，遇微雨，忽天地晦冥，大风飘四十三人飞旋空中，良久乃堕数里外。勃鲁里幸获免。一酒壶在地乃不移。八月丙午，行大射柳之礼。庚申，以耶律留宁、吴守达使宋贺生辰，萧高九、马贻谋使宋贺正旦。加平章萧弘义开府仪同三司、尚父兼政事令。秋七月甲子，诏翰林待诏陈升写《南征得胜图》于上京五鸾殿。丁卯，蒲奴里部来贡。九月庚申朔，蒲昵国使奏本国与乌里国封壤相接，数侵掠不宁，赐诏谕之。戊辰，诏内外官，因事受赇，事觉而称子孙仆从者，禁之。庚午，录囚。括马给东征军。是月，驻跸土河川。冬十月，名中京新建二殿曰延庆，曰永安。壬寅，以顺义军节度使石用中为汉人行宫都部署。丙辰，诏以东平郡王萧排押为都统，殿前都点检萧虚列为副统，东京留守耶律八哥为都监伐高丽。仍谕高丽守吏，能率众自归者，厚赏；坚壁相拒者，追悔无及。十一月壬戌，以吕德懋知吏部尚书，杨又玄知详覆院，刘晟为霸州节度使，北府宰相刘慎行为彰武军节度使。庚辰，禁服用明金、缕金、贴金。戊子，幸中京。十二月丁酉，宋遣吕夷简、曹玮来贺千龄节。是月，萧排押等与高丽战于茶、陀二河，辽军失利，天云、右皮室二军没溺者众，遥辇帐详稳阿果达、客省使酌古、渤海详稳高清明、天云军详稳海里等皆死之。放进士张克恭等三十七人及第。

八年春正月，宋遣陈尧佐、张群来贺。壬戌，铁骊来贡。建景宗庙于中京。封沙州节度使曹顺为燉煌郡王。二月丁未，以前南院枢密使韩制心为中京留守，汉人行宫都部署王继忠南院枢密使。丙辰，祭风伯。三月己未，以契丹弘义宫使赫石为兴圣宫都部署，前遥恩拈部节度使控骨里积庆宫都部署，左祗候郎君耶律罕四捷军都监。乙亥，东平王萧韩宁、东京留守耶律八哥、国舅平章事萧排押、林牙要只等讨高丽还，坐失律，数其罪而释之。己卯，诏加征高丽有功渤海将校官。壬午，阅飞龙院马。癸未，回跋部太师踏剌葛来贡。丙戌，置东京渤海承奉官都知押班。夏四月戊子朔，如缅山。五月壬申，以驸马萧克忠为长宁军节度使。乙亥，迁宁州渤海户于辽、土二河之间。己卯，曷苏馆惕隐阿不葛、宰相赛剌来贡。六月戊子，录征高丽战殁将校子弟。己丑，以左夷离毕萧解里为西南面招讨使，御史大夫萧要只为夷离毕。乙亥，惕隐耶律合葛为南府宰相，南面林牙耶律韩留为惕隐。癸卯，弛大摆山猿岭采木之禁。乙巳，以南皮室军校等讨高丽有功，赐金帛有差。秋七月己未，征高丽战殁诸将，诏益封其妻。庚申，以东北路详稳耶律独迭为北院大王。辛酉，肴里、涅哥二奚军征高丽有功，皆赐金帛。癸亥，诏阻卜依旧岁贡马千七百，驼四百四十，貂鼠皮万、青鼠皮二万五千。戊辰，观稼。己巳，回跋部太保麻门来贡。庚午，观市，曲赦市中系囚。命解宁、马翼充贺宋生辰使副。八月庚寅，遣郎君曷不吕等率诸部兵会大军讨高丽。九月己巳，以石用中参知政事。宋遣崔遵度、王应昌来贺千龄节。壬申，录囚。甲戌，复录囚。庚辰，曷苏馆惕隐阿不割来贡。壬午，驻跸土河川。冬十月乙酉，诏诸道，事无巨细，已断者，每三月一次条奏。戊子，遣耶律继崇、郑玄瑕贺宋正旦。癸巳，诏横帐三房不得与卑小帐族为婚；凡嫁娶，必奏而后行。癸卯，以前北院大王建福为阿扎割只。甲辰，改东路耗里太保城为咸州，建节以领之。十一月甲寅，置云州宣德县。十二月辛卯，驻跸中京。乙巳，以广平郡王宗业为中京留守、大定尹，韩制心为惕隐。辛亥，高丽王询遣使乞贡方物，诏纳之。

九年春正月，宋遣刘平、张元普来贺。二月，如鸳鸯泺。五月庚午，耶律资忠使高丽还，王询表请称藩纳贡，归所留王人只剌里。只剌里在高丽六年，忠节不屈，以为林牙。辛未，遣使释王询罪，并允其请。癸酉，以耶律宗教检校太傅，宗诲启圣军节度使，刘晟太子太傅，仍赐保节功臣。秋七月庚戌朔，日有食之，诏以近臣代拜救日。甲寅，遣使赐沙州回鹘燉煌郡王曹顺衣物。以查剌、耿元吉、韩九、宋璋为来年贺宋生辰正旦使副。九月戊午，以驸马萧绍宗平章事。丁卯，文武百僚奉表上尊号，不许；表三上，乃从之。乙亥，沙州回鹘燉煌郡王曹顺遣使来贡。括诸道汉民马赐东征军。以夷离毕延宁为兵马副都部署，总兵东征。是月，驻跸金瓶泺。宋遣宋绶、骆继伦贺千龄节。冬十月戊寅朔，以涅里为奚王都监，突迭里为北王府舍利军详稳。郎君老使沙州还，诏释宿累。国家旧使远国，多用犯徒罪而有才略者，使还，即除其罪。戊子，西南招讨奏党项部有宋犀族输贡不时，常有他意，宜以时遣使督之。诏曰："边鄙小族，岁有常贡。边臣骄纵，征敛无度，彼怀惧不能自达耳。第遣清慎官将，示以恩信，无或侵渔，自然效顺。"复奏谛居、迭烈德部言节度使韩留有惠政，今当代，请留。上命进其治状。辛丑，如中京。壬寅，大食国遣使进象及方物，为子册割请婚。十一月丁巳，以漆水郡王韩制心为南京留守、析津尹、兵马都总管。己未，以夷离毕萧孝顺为南面诸行宫都部署，加左仆射。十二月丁亥，禁僧燃身炼指。戊子，诏中京建太祖庙，制度、祭器皆从古制。乙巳，诏来年冬行大册礼。放进士张仲举等四十五人。

太平元年春正月丁丑朔，宋使鲁宗道、成吉来贺。如浑河。二月乙卯，幸钹河。壬戌，猎高柳林。三月戊戌，皇子勃已只生。庚子，驸马都尉萧绍业建私城，赐名睦州，军曰长庆。是月，大食国王复遣使请婚，封王子班郎君胡思里女可老为公主，嫁之。夏四月戊申，东京留守奏，女直三十部酋长请各以其子诣阙祗候。诏与其父俱来受约。乙卯，录囚。丁卯，置来州。是月，清暑缅山。秋七月甲戌朔，赐从猎女直人秋衣。乙亥，遣骨里取石晋所上玉玺于中京。阻卜来贡。辛巳，如沙岭。是月，猎潢河。九月，幸中京。冬十月丁未，敌烈酋长颇白来贡马、驼。戊申，录囚。壬子，宋使李懿、王仲宾来贺千龄节，及苏惟甫、周鼎贺来岁元正，即遣萧善、程翥报聘。党项长曷鲁来贡。己未，以萨敏解里为都点检，高六副点检，耶律罗汉奴左皮室详稳，嗓姑右皮室详稳，聊了西北路金吾，耶律僧隐御史大夫，求哥驸马都尉，萧春、骨里并大将军。庚申，幸通天观，观鱼龙曼衍之戏。翌日，再幸。还，升玉辂，自内三门入万寿殿，奠酒七庙御容，因宴宗室。十一月癸未，上御昭庆殿，文武百僚奉册上尊号曰睿文英武遵道至德崇仁广孝功成治定昭圣神赞天辅皇帝，大赦，改元太平，中外官进级有差。宋遣使来聘，夏、高丽遣使来贡。甲申，册皇子梁王宗真为皇太子。

二年春正月，如纳水钓鱼。二月辛丑朔，驻跸鱼儿泺。三月甲戌，如长春州。丁丑，宋使薛贻廓来告宋主恒殂，子祯嗣位。遣都点检耶律僧隐等充宋祭奠使副，林牙萧日新、观察冯延休充宋后吊慰使副。戊寅，遣金吾耶律谐领、引进姚居信充宋主吊慰使副。戊子，为宋主饭三京僧。是月，地震，云、应二州屋摧地陷，嵬白山裂数百步，泉涌成流。夏四月，如缅山清暑。五月乙亥，参知政事石用中薨。庚辰，铁骊遣使献兀惹十六户。六月己未，宋遣使薛由等来馈其先帝遗物。秋七月乙卯，以耶律信宁为奉陵军节度使，高丽国参知政事王同显静海军节度使，耶律遂忠长宁军节度使，耿延毅昭德军节度使，高守贞河西军节度使。九月癸巳，遣尚书僧隐、韩格贺宋主即位。冬十月壬寅，遣堂后官张克恭充贺夏国王李德昭生日使，耶律扫古、韩王充贺宋太后生日使副，耶律仙宁、史克忠充贺宋正旦使副。是月，驻跸胡鲁古思淀。癸卯，赐宰臣吕德懋、参知政事吴叔达、枢密副使杨又玄、右丞相马保忠钱物有差。辛亥，至上京，曲赦畿内囚。十一月丙戌，宋遣使来谢。十二月辛丑，高丽王询薨，其子钦遣使来报，即命使册钦为高丽国王。甲寅，宋遣刘烨、郭志言来贺千龄节。是年，放进士张渐等四十七人。

三年春正月丙寅朔，如纳水钓鱼。以僧隐为平章事。乙亥，以萧台德为南王府都监，林牙耶律信宁西北路招讨都监。辛巳，赐越国公主私城之名曰懿州，军曰庆懿。二月丙申，以丁振为武信军节度使，改封兰陵郡王。戊申，以东平郡王萧排押为西南面都招讨，进封豳王。夏四月，以耶律守宁为都点检。五月，清暑缅山。六月戊申，以南院宣徽使刘泾参知政事，萧孝惠为副点检，萧孝恭东京统军兼沿边巡检使。戊午，以萧琏为左夷离毕，萧琳为详稳。秋七月戊寅，以南府宰相耶律合葛为上京留守，封漆水郡王。丙戌，以皇后生辰为顺天节。丁亥，赐缅山名曰永安。是月，猎赤山。闰九月壬辰朔，以萧柏达、韩绍雍充贺宋正旦使副，唐骨德、程昭文贺宋生辰使副。冬十月庚辰，宋遣薛奎、郭盛来贺顺天节，王臻、慕容惟素贺千龄节。东征军奏："统帅谐领、常衮课奴率师自毛母国岭入，林牙高九、裨将大匡逸等率师鼓山岭入。闰月末至挞离河，不遇敌而还。以是月会于弘怕只岭，驼、马死者甚众。"驻跸辽河。十一月辛卯朔，以皇侄宗范为归德军节度使，北府宰相萧孝穆南京留守，封燕王，南京留守韩制心南院大王、兵马都总管，仇正燕京转运使。十二月壬戌，以宗范为平章事，封三韩郡王，仇道衡中京副留守，冯延休顺州刺史，郎玄化西山转运使，赵其枢密直学士。丁卯，以萧永为太子太师。己卯，封皇子重元秦国王。

四年春正月庚寅朔，宋遣张传、张士禹、程琳、丁保衡来贺。如鸭子河。二月己未朔，猎挞鲁河。诏改鸭子河曰混同江，挞鲁河曰长春河。三月戊子朔，千龄节，诏赐诸宫分耆老食。夏四月癸酉，以右丞相马保忠之子世弘使岭表，至平地松林，为盗所杀，特赠昭信军节度使。五月，清暑永安山。六月己未，南院大王韩制心薨。戊辰，以郑弘节为兵部郎中，刘慎行顺义军节度使。辛未，以燕王萧孝穆子顺为千牛卫将军。甲戌，以中山郡王查哥为保静军节度使，乐安郡王遂哥广德军节度使，萧解里彰德军节度使。庚辰，以辽兴军节度使周王胡都古为临海军节度使，漆水郡王敌烈南院大王。秋七月，如秋山。八月丙辰朔，以韩绍芳为枢密直学士，驸马萧匹敌都点检。九月，以驸马萧绍宗为武定军节度使，耶律宗福安国军节度使。冬十月，驻跸辽河。宋遣蔡齐、李用和来贺千龄节。十一月，追封南院大王韩制心为陈王。十二月，以萧从政为归义军节度使，康筠监门卫，充贺宋正旦使副。是年，放进士李炯等四十七人。

卷十七　　本纪第十七

圣宗八

五年春正月乙酉，如混同江。二月戊午，禁天下服用明金及金线绮；国亲当服者，奏而后用。是月，如鱼儿泺。三月壬辰，以左丞相张俭为武定军节度使、同政事门下平章事，郑弘节临潢少尹，刘慎行辽兴军节度使，武定军节度使萧匹敌契丹行宫都部署，枢密副使杨又玄吏部尚书、参知政事兼枢密使。是月，如长春河鱼儿泺，其水一夕有声如雷，越沙冈四十里，别为一陂。夏五月，清暑永安山。以萧从顺为太子太师，吴叔达翰林学士，道士冯若谷加太子中允，耶律晨武定军节度使，张俭彰信军节度使，吕士宗礼部员外郎，李可举顺义军节度使。秋七月，猎平地松林。九月，驻跸南京。己亥，以萧迪烈、李绍琪充贺宋太后生辰使副，耶律守宁、刘四端充贺宋主生辰使副。冬十月辛未，宋太后遣冯元宗、史方来贺顺天节。十一月庚子，幸内果园宴，京民聚观。求进士得七十二人，命赋诗，第其工拙，以张昱等一十四人为太子校书郎，韩栾等五十八人为崇文馆校书郎。辛丑，以左祗候郎君详稳萧罗罗为右夷离毕。十二月丁巳，以汉人行宫都部署萧孝先为上京留守，皇侄长沙郡王谢家奴匡义军节度使，耶律仁举兴国军节度使。甲子，萧守宁为点检侍卫亲军马步军。乙丑，北院枢密使萧合卓薨。戊辰，以北府宰相萧普古为北院枢密使。己巳，遣萧谐、李琪充贺宋正旦使副。庚午，以参知政事刘京为顺义军节度使。乙亥，宋使李维、张纶来贺千龄节。是岁，燕民以年谷丰熟，车驾临幸，争以土物来献。上礼高年，惠鳏寡，赐酺饮。至夕，六街灯火如昼，士庶嬉游，上亦微行观之。丁丑，禁工匠不得销毁金银器。

六年春正月己卯朔，宋遣徐奭、裴继起、张若谷、崔准来贺。庚辰，如鸳鸯泺。二月己酉，以迷离己同知枢密院，黄翩为兵马都部署，达骨只副之，赫石为都监，引军城混同江、疏木河之间。黄龙府请建堡障三、烽台十，诏以农隙筑之。东京留守八哥奏黄翩领兵入女直界徇地，俘获人、马、牛、豕，不可胜计，得降户二百七十，诏奖谕之。戊午，以耶律野为副点检，以国舅帐萧柳氏、徒鲁骨领西北路十二班军、奚王府舍利军。己巳，南京水，遣使振之。庚午，诏党项别部塌西设契丹节度使治之。三月戊寅朔，以大同军节度使张俭入为南院枢密使、左丞相兼政事令，参知政事吴叔达责授将作少监，出为东州刺史。是月，阻卜来侵，西北路招讨使萧惠破之。夏四月丁未朔，以武定军节度使耶律洪古为惕隐。戊申，蒲卢毛朵部多兀惹户，诏索之。丙寅，如永安山。五月辛卯，以东京统军使萧慥古为契丹行宫都部署。癸卯，遣西北路招讨使萧惠将兵伐甘州回鹘。六月辛丑，诏凡官畜并印其左以识之。秋七月戊申，猎黑岭。八月，萧惠攻甘州不克，师还。自是阻卜诸部皆叛，辽军与战，皆为所败，监军涅里姑、国舅帐太保曷不吕死之。诏遣惕隐耶律洪古、林牙化哥等将兵讨之。九月，驻跸辽河浒。冬十月丙子，曷苏馆诸部长来朝。庚辰，遣使问夏国五月与宋交战之故。辛巳，以前院大王直鲁衮为乌古敌烈都详稳。庚寅，以萧孝顺、萧绍宗兼侍中，驸马萧绍业平章政事，前南院大王胡睹堇同知上京留守，安哥通化州节度使。十一月乙丑，宋遣韩翼、田承说来贺顺天节。戊辰，西北路招讨司小校扫姑诉招讨萧惠三罪，诏都监奥骨祯按之。十二月庚辰，曷苏馆部乞建旗鼓，许之。辛巳，诏北南诸部廉察州县及石烈、弥里之官，不治者罢之。诏大小职官有贪暴残民者，立罢之，终身不录；其不廉直，虽处重任，即代之；能清勤自持者，在卑位亦当荐拔；其内族受赂，事发，与常人所犯同科。戊戌，遣杜防、萧蕴充贺宋生辰使副。庚子，驻跸辽河。

七年春正月壬寅朔，宋遣张保维、孙继业、孔道辅、马崇至来贺。如混同江。辛亥，以女直白缕为惕隐，蒲马为岩母部太师。甲寅，蒲卢毛朵部遣使来贡。夏四月乙未，猎黑岭。五月，清暑永安山。西南路招讨司奏阴山中产金银，请置冶，从之。复遣使循辽河源求产金银之矿。六月，禁诸屯田不得擅货官粟。癸巳，诏萧惠再讨阻卜。秋七月己亥朔，诏更定法令。庚子，诏谕驸马萧钼不、公主粘米衮："尔于后有父母之尊，后或临幸，祇谒先祖，祇拜空帐，失致敬之礼，今后可设像拜谒。"乙巳，诏辇路所经，旁三十步内不得耕种者，不在诉讼之限。九月，驻跸辽河。冬十月丁卯朔，诏诸帐院庶孽，并从其母论贵贱。十一月，宋遣石中立、石贻孙来贺千龄节，王博文、王双贺顺天节。辛亥，以杨又玄、邢祥知贡举。己未，匡义军节度使中山郡王查葛、保宁军节度使长沙郡王谢家奴、广德军节度使乐安郡王遂哥奏，各将之官，乞选伴读书史，从之。癸亥，以三韩王钦为启圣军节度使，杨佶刑部侍郎。甲子，以左千牛卫上将军耶律古昱为北院大王。十二月丁卯朔，遣耶律遂英、王永锡充贺宋太后生辰，萧速撒、马保永充贺正旦使副。癸酉，以金吾萧高六为奚舍利军详稳。

八年春正月乙亥，如混同江。庚申，党项侵边，破之。甲子，诏州县长吏劝农。二月戊子，燕京留守萧孝穆乞于拒马河接宋境上置戍长巡察，诏从之。三月，驻跸长春河。夏五月，清暑永安山。六月，以韩宁、刘湘充贺宋太后生辰使副，吴克荷充贺夏国王李德昭生辰使。癸巳，权北院大王耶律郑留奏，今岁十一月皇太子纳妃，诸族备会亲之帐。诏以豪盛者三十户给其费。秋七月丁酉，以遥辇帐郎君陈哥为西北路巡检，与萧谐领同管二招讨地。以南院大王耶律敌烈为上京留守。戊戌，猎平地松林。九月壬辰朔，以渤海宰相罗汉权东京统军使。壬子，幸中京。北敌烈部节度使耶律延寿请视诸部，赐旗鼓，诏从之。癸丑，阻卜别部长胡懒来降。乙卯，阻卜长春古来降。冬十月，宋遣唐肃、葛怀愍来贺顺天节。枢密使、魏王耶律斜轸孙妇阿聒指斥乘舆，其孙骨欲为之隐，事觉，乃并坐之，仍籍其家。诏燕城将士，若敌至，总管备城之东南，统军守其西北，马步军备其野战，统军副使缮壁垒，课士卒，各练其事。十一月丙申，皇太子纳妃萧氏。以耶律求翰为北院大王。十二月辛酉朔，以遥辇太尉谢佛留为天云军详稳。壬申，以前北院大王耶律留宁为双州节度使，康筠崇德宫都部署，谢十永兴宫都部署，旅坟宜州节度使，□菴辽州节度使，耶律野同知中京留守，**耶律曷鲁突媿为大将军**。丁丑，诏庶孽虽已为良，不得预世选。丁亥，宋遣寇瑊、康德来贺千龄节，朱谏、曹英、张逸、刘永钊贺来岁两宫正旦。诏两国舅及南、北王府乃国之贵族，贱庶不得任本部官。是岁，放进士张宥等五十七人。

九年春正月，至自中京。二月戊辰，遣使赐高丽王钦物。如斡凛河。夏五月，清暑永安山。六月戊子朔，以长沙郡王谢家奴为广德军节度使，乐安郡王遂哥匡义军节度使，中山郡王查葛保定军节度使，进封潞王，豫章王贴不长宁军节度使。以耶律思忠、耶律荷、耶律高、遥辇谢佛留、陈邈、韩绍一、韩知白、张震充贺宋两宫生辰及来岁正旦使副。秋七月戊午朔，如黑岭。八月己丑，东京舍利军详稳大延琳囚留守、驸马都尉萧孝先及南阳公主，杀户部使韩绍勋、副使王嘉、四捷军都指挥使萧颇得，延琳遂僭位，号其国为兴辽，年为天庆。初，东辽之地，自神册来附，未有榷酤盐曲之法，关市之征亦甚宽弛。冯延休、韩绍勋相继以燕地平山之法绳之，民不堪命。燕又仍岁大饥，户部副使王嘉复献计造船，使其民谙海事者，漕粟以振燕民。水路艰险，多至覆没，虽言不信，鞭楚搒掠，民怨思乱。故延琳乘之，首杀绍勋、嘉，以快其众。延琳先事与副留守王道平谋，道平夜弃其家，逾城走，与延琳所遣召黄龙府黄翩者，俱至行在告变。上即征诸道兵，以时进讨。时国舅详稳萧匹敌治近延琳，先率本管及家兵据其要害，绝其西渡之计。渤海太保夏行美亦旧主兵，戍保州，延琳密驰书，使图统帅耶律蒲古。行美乃以实告，蒲古得书，遂杀渤海兵八百人，而断其东路。延琳知黄龙、保州皆不附，遂分兵西取沈州，其节度使萧王六初至，其副张杰声言欲降，故不急攻。及知其诈，而已有备，攻之不克而还。时南、北女直皆从延琳，高丽亦稽其贡。及诸道兵次第皆至，延琳婴城固守。冬十月丙戌朔，以南京留守燕王萧孝穆为都统，国舅详稳萧匹敌为副统，奚六部大王萧蒲奴为都监以讨之。十一月乙卯朔，如显陵。丙寅，以沈州节度副使张杰为节度使，其皇城进士张人纪、赵睦等二十二人入朝。试以诗赋，皆赐第，超授保州戍将夏行美平章事。壬申，以驸马刘四端权知宣徽南院事。十二月丁未，宋遣仇永、韩永锡来贺千龄节。命耶律育、吴克荷、萧可观、赵利用充贺宋生辰使副，耶律元吉、崔闰、萧昭古、窦振充来岁贺宋正旦使副。

十年春正月乙卯朔，宋遣王夷简、窦处约、张易、张士宜来贺。二月，幸龙化州。三月甲寅朔，详稳萧匹敌至自辽东，言都统萧孝穆去城四面各五里许，筑城堡以围之。驸马延宁与其妹穴地遁去，惟公主崔八在后，为守陴者觉而止。夏四月，如乾陵。以耶律行平为广平军节度使，夏行美为忠顺军节度使，李延弘知易州，萧从顺加太子太师。五月戊申，清暑柏坡。秋七月壬午，诏来岁行贡举法。八月丙午，东京贼将杨详世密送款，夜开南门纳辽军。擒延琳，渤海平。冬十月，驻跸长宁淀。十一月辛亥，南京留守燕王萧孝穆以东征将士凯还，戎服见上，上大加宴劳。翌日，以孝穆为东平王、东京留守，国舅详稳、驸马都尉萧匹敌封兰陵郡王，奚王蒲奴加侍中；以权燕京留守兼侍中萧惠为燕京统军使，前统军委窊大将军、节度使，宰相兼枢密使马保忠权知燕京留守，奚王府都监萧阿古轸东京统军使。诏渤海旧族有勋劳材力者叙用，余分居来、隰、迁、润等州。十二月乙巳，宋遣梅询、王令杰来贺千龄节。漆水郡王耶律敌烈加尚父，乌古部节度使萧普达为乙室部大王，尚书左仆射萧琳为临海军节度使。

十一年春正月己酉朔，如混同江。二月，如长春河。三月，上不豫。夏五月，大雨水，诸河横流，皆失故道。六月丁丑朔，驻跸大福河之北。己卯，帝崩于行宫，年六十一，在位四十九年。景福元年闰十月壬申，上尊谥曰文武大孝宣皇帝，庙号圣宗。

赞曰：圣宗幼冲嗣位，政出慈闱。及宋人二道来攻，亲御甲胄，一举而复燕、云，破信、彬，再举而蹦河、朔，不亦伟欤！既而侈心一启，佳兵不祥，东有茶、陀之败，西有甘州之丧，此狃于常胜之过也。然其践阼四十九年，理冤滞，举才行，察贪残，抑奢僭，录死事之子孙，振诸部之贫乏，责迎合不忠之罪，却高丽女乐之归。辽之诸帝，在位长久，令名无穷，其唯圣宗乎！

卷十八　　本纪第十八

兴宗一

兴宗神圣孝章皇帝，讳宗真，字夷不堇，小字只骨。圣宗长子，母曰钦哀皇后萧氏。上始生，齐天皇后取养之。幼而聪明，长而魁伟，龙颜日角，豁达大度。善骑射，好儒术，通音律。三岁封梁王。太平元年册为皇太子。十年六月，判北南院枢密使事。

十一年夏六月己卯，圣宗崩，即皇帝位于柩前。壬午，尊母元妃萧氏为皇太后。甲申，遣使告哀于宋及夏、高丽。是年，御宣政殿放进士刘贞等五十七人。辛卯，大赦，改元景福。乙未，奉大行皇帝梓宫，殡于永安山太平殿。辛丑，皇太后赐驸马萧钽不里、萧匹敌死，围场都太师女直著骨里、右祗候郎君详稳萧延留等七人皆弃市，籍其家，迁齐天皇后于上京。秋七月丙午朔，皇太后率皇族大临于太平殿。高丽遣使吊慰。上召晋王萧普古等饮博，夜分乃罢。丁未，击鞠。戊申，以耶律韩八为左夷离毕，特末里为左祗候郎君详稳，横帐郎君乐古权右祗候郎君祥稳。己酉，以耶律郑留为于厥迪烈都详稳，高八为右皮室详稳。庚戌，振蓟州饥民。癸丑，诏写大行皇帝御容。甲寅，录囚。以观察姚居信为上将军。建庆州于庆陵之南，徙民实之，充奉陵邑。乙卯，以比岁丰稔，罢给东京统军司粮。丁巳，上谒大行皇帝御容，哀恸久之。因诏写北府宰相萧孝先、南府宰相萧孝穆像于御容殿。以萧阿姑轸为东京留守。丁卯，谒太平殿，焚先帝所御弓矢。幸晋王普古第视疾。辛未，录囚。壬申，上谒神主帐，时奥隈萧氏始入宫，亦命拜之。八月壬午，迁大行皇帝梓宫于菆涂殿。九月戊申，躬视庆陵。庚戌，问安于皇太后。辛亥，宋遣王随、曹仪致祭，王鬷、许怀信、梅询、张纶来慰两宫，范讽、孙继业贺即位，孔道辅、魏昭文贺皇太后册礼。戊午，焚弧矢、鞍勒于菆涂殿。庚申，夏国遣使来慰。庚午，以宋使吊祭，丧服临菆涂殿。甲戌，遣御史中丞耶律翥、司农卿张确、详稳耶律励、四方馆使高维翰谢宋吊慰。冬十月戊寅，宰臣吕德懋薨。癸未，杀钽不里党弥勒奴、观音奴等。丙戌，遣工部尚书高德顺、崇禄卿李可封致先帝遗物于宋；以右领军卫上将军耶律逊、少府监马惮充皇太后谢宋使；右监门卫上将军耶律元载、引进使魏永充皇帝谢宋使。丁酉，夏国遣使来赙。戊戌，以萧革、赵为果、耶律郁、马保业充来岁贺宋正旦使副。闰月辛亥，谒菆涂殿，阅玄宫阏器。有司请以生辰为永寿节，皇太后生辰为应圣节，从之。辛酉，阅新造铠甲。丁卯，振黄龙府饥民。十一月壬辰，上率百僚奠于菆涂殿。出大行皇帝服御、玩好焚之，纵五坊鹰鹘。甲午，葬文武大孝宣皇帝于庆陵。乙未，祭天地。问安皇太后。丙申，谒庆陵，以遗物赐群臣，名其山曰庆云，殿曰望仙。十二月癸丑，至自庆陵。皇太后听政，帝不亲庶务，群臣表请，不从。是岁，以兴平公主下嫁夏国王李德昭子元昊，以元昊为夏国公、驸马都尉。

重熙元年春正月壬申朔，皇太后御正殿，受帝与群臣朝。宋遣任布、王遵范、陈琰、王克善来贺。乙亥，宋遣郑向、郭遵范来贺永寿节。丁丑，如雪林。二月，大蒐。三月壬申朔，尚父、漆水郡王敌烈复为惕隐。是春，皇太后诬齐天皇后以罪，遣人即上京行弑。后请具浴以就死，许之。有顷，后崩。夏四月乙巳，清暑别辇斗。秋七月，猎平地松林。以萧达溥、王英秀、萧麓、张素羽充来岁贺宋正旦生辰使。八月丙午，驻跸剌河源。皇子洪基生。冬十月己酉，幸中京。十一月己卯，帝率群臣上皇太后尊号曰法天应运仁德章圣皇太后；群臣上皇帝尊号曰文武仁圣昭孝皇帝。大赦，改元重熙。癸未，宋遣刘随、王德本来贺应圣节。以杨佶为翰林承旨。丙戌，夏国遣使来贺。辛卯，五国酋长来贡。夏国王李德昭薨，册其子夏国公元昊为夏国王。十二月庚戌，宋遣胥偃、王从益、崔暨、张怀志来贺来岁正旦；又遣杨日严、王克纂来贺永寿节。以北大王耶律求翰同平章事。是年，放进士刘师贞等五十七人。

二年春正月庚辰，东幸。乙酉，夏国遣使来贡。壬辰，女直详稳台押率所部来贡。宋遣曹琮来告母后刘氏哀，章得象、安继昌来馈母后遗物。即遣兴圣宫使耶律寿宁、给事中知制诰李奎充祭奠使；天德军节度使耶律卿宁、大理卿和道亨、河西军节度使耶律嵩、引进使马世卿充两宫吊慰使。秋七月甲子朔，以耶律寔、高升、耶律迪、王惟允充两宫贺宋生辰使副，以耶律师古、刘五常充贺宋来岁正旦使副。八月丁酉，幸温泉宫。乙卯，遣使阅诸路禾稼。冬十一月甲申，宋遣刘宝、符忠、李昭述、张茂实等来谢慰奠。十二月乙未，宋遣丁度、王继凝来贺应圣节。乙酉，禁夏国使沿路私市金、铁。甲寅，宋遣章频、李懿、王冲睦、张纬、李纮、李继一来贺永寿节及来岁正旦。庚申，以北府宰相萧孝先为枢密使。

三年春正月丁卯，宋使章频卒，诏有司赙赠，命近侍护丧以归。辛卯，如春水。二月壬辰朔，以北院枢密使萧普古为东京留守。戊申，耶律大师奴有侍禨禚恩，诏入属籍。夏四月甲寅，振耶迷只部。五月庚申朔，清暑沿柳湖。是月，皇太后还政于上，躬守庆陵。六月己亥，以萧普古为南院枢密使。秋七月戊子朔，上始亲政，以耶律庶徵、刘六符、耶律睦、薄可久充贺宋来岁正旦使副。壬辰，如秋山。冬十月己未，驻跸中会川。十二月，宋遣段少连、杜仁赞来贺来岁正旦，杨偕、李守忠来贺永寿节。

四年春正月庚寅，如耶迷只里。三月乙酉朔，立皇后萧氏。夏四月甲寅朔，如凉陉。五月庚子，清暑散水源。六月癸丑朔，皇子宝信奴生。以耶律信、吕士宗、萧衮、郭揆充贺宋生辰及来岁正旦使副。秋七月壬午朔，猎于黑岭。九月乙酉，驻跸长宁淀。冬十月，如王子城。十一月壬午，改南京总管府为元帅府。乙酉，行柴册礼于白岭，大赦。加尚父耶律信宁、政事令耶律求翰耆宿赞翊功臣。十二月癸丑，诏诸军炮、弩、弓、剑手以时阅习。庚申，宋遣郑戬、柴贻范、杨日华、张士禹来贺永寿节及正旦。

五年春正月甲申，如鱼儿泺。枢密使萧延宁请改国舅乙室小功帐敞史为将军，从之。夏四月庚申，以潞王查葛为南府宰相，崇德宫使耶律马六为惕隐。甲子，幸后弟萧无曲第，曲水泛觞赋诗。丁卯，颁新定条制。己巳，上与大臣分朋击鞠。五月甲午，南幸。丁未，如胡土白山清暑。庚申，幸北院大王高十行帐拜奥，赐银绢。壬戌，诏修南京宫阙府署。秋七月辛丑，录囚。耶律把八诬其弟韩哥谋杀己，有司奏当反坐。临刑，其弟泣诉："臣惟一兄，乞贷其死。"上悯而从之。九月癸巳，猎黄花山，获熊三十六，赏猎人有差。冬十月丁未，幸南京。辛亥，曲赦析津府境内囚。壬子，御元和殿，以《日射三十六熊赋》、《幸燕诗》试进士于廷；赐冯立、赵徽四十九人进士第。以冯立为右补阙，赵徽以下皆为太子中舍，赐绯衣、银鱼，遂大宴。御试进士自此始。宋遣宋郊、王世文来贺永寿节。甲子，宰臣张俭等请幸礼部贡院，欢饮至暮而罢，赐物有差。以耶律祥、张素民、耶律甫、王泽充贺宋生辰正旦使副。

六年春正月丁丑，西幸。三月戊寅，以秦王萧孝穆为北院枢密使，徙封吴王；晋王萧孝先为南京留守。夏四月，猎野狐岭。闰月，猎龙门县西山。五月己酉，清暑炭山。以耶律韩八为北院大王，萧把哥左夷离毕，王子郎君详稳鼻姑得林牙，签北面事耶律涅哥同签点检司。甲寅，录囚。以南大王耶律信宁故匿重囚及侍婢赃污，命挞以剑脊而夺其官；都监坐阿附及侍婢罪，皆论死，诏贷之。丙辰，以耶律信宁为西南路招讨使。庚申，出飞龙厩马，赐皇太弟重元及北、南面侍臣有差。癸亥，以上京留守耶律胡覩衮为南大王，平章事萧查剌宁上京留守，侍中管宁行宫都部署，耶律蒲奴宁乌古迪烈得都详稳。甲子，以上京留守耶律洪古为北院大王。六月壬申朔，以善宁为殿前都点检，护卫太保耶律合住兼长宁宫使，萧阿剌里、耶律乌鲁斡、耶律和尚、萧韩家奴、萧特里、萧求翰为各宫都部署。上酒酣赋诗，吴国王萧孝穆、北宰相萧撒八等皆属和，夜中乃罢。已卯，祀天地。癸未，赐南院大王耶律胡覩衮命，上亲为制诰词，并赐诗以宠之。丙申，以北院大王侯哂为南京统军使。秋七月辛丑朔，以北、南枢密院狱空，赏赉有差。壬寅，以皇太弟重元生子，赐诗及宝玩器物，曲赦死罪以下。癸卯，如秋山。八月己卯，北枢密院言越棘部民苦其酋帅坤长不法，多流亡；诏罢越棘等五国酋帅，以契丹节度使一员领之。冬十月癸酉，驻跸石宝冈。十一月己亥朔，阻卜酋长来贡。辛亥，以契丹行宫都部署萧惠为南院枢密使。壬子，以管宁为南院枢密使，萧扫古诸行宫都部署，耶律褭里知南面行宫副部署，萧阿剌里左祗候郎君详稳，耶律曷主右祗候郎君详稳。庚申，幸晋国公主行帐视疾。封皇子洪基为梁王。十二月，以杨佶为忠顺军节度使。遣耶律斡、秦鉴、耶律德、崔继芳贺宋生辰及正旦。

七年春正月戊戌朔，宋遣高若讷、夏元正、谢绛、张茂实来贺正旦及永寿节。辛丑，如混同江。二月庚午，如春州。乙亥，驻跸东川。丁丑，高丽遣使来贡。壬午，幸五坊阅鹰鹘。乙酉，遣使庆州问安皇太后。三月戊戌朔，幸皇太弟重元行帐。壬寅，如蒲河淀。辛亥，夏国遣使来贡。甲寅，录囚。夏四月己巳，以兴平公主薨，遣北院承旨耶律庶成持诏问夏国王李元昊，公主生与元昊不睦，没，诘其故。己卯，猎白马埚。甲申，射兔新淀井。乙未，猎金山，遣杨家进鹿尾茸于大安宫。六月乙亥，御清凉殿试进士，赐邢彭年以下五十五人第。秋七月甲辰，录囚。乙巳，阻卜酋长屯秃古斯来朝。戊申，如黑岭。九月丁未，驻跸平淀。冬十月甲子朔，渡辽河。丙寅，驻跸白马淀。壬申，录囚。十一月癸巳朔，以耶律元方、张泥、韩至德、萧傅充贺宋生辰正旦使副。辛丑，问安皇太后，进珍玩。庚申，录囚。十二月，召善击鞠者数十人于东京，令与近臣角胜，上临观之。己巳，以皇太弟重元判北南院枢密使事，北府宰相撒八宁再任兼知东京留守事，耶律应稳南府宰相，查割折大内惕隐，乙室已帐萧翰乾州节度使，刘六符参知政事，王子帐冠哥王子郎君详稳，鉏窨大王平州节度使，宰臣张克恭守司空，宰臣韩绍芳加侍中，惕隐耶律马六北院宣徽使，傅父耶律喜孙南府宰相。癸未，宋遣王举正、张士禹来贺永寿节。甲申，命日进酒于大安宫，致荐庆陵。丁亥，录囚，非故杀者减科。南面侍御壮骨里诈取女直贡物，罪死；上以有吏能，黥而流之。

八年春正月壬辰朔，宋遣韩琦、王从益来贺。丙申，如混同江观渔。戊戌，振品部。庚戌，叉鱼于率没里河。丁巳，禁朔州鬻羊于宋。二月丙子，驻跸长春河。夏六月乙丑，诏括户口。秋七月丁巳，谒庆陵，致奠于望仙殿；迎皇太后至显州，谒园陵，还京。冬十月，驻跸东京。十一月甲午，诏有言北院处事失平，击钟及邀驾告者，悉以奏闻。戊戌，朝皇太后，召僧论佛法。戊申，皇太后行再生礼，大赦。己酉，城长春。闰十二月壬辰，视吴国王萧孝穆疾。宋遣庞籍、杜赞来贺永寿节。

九年春正月丙辰朔，上进酒于皇太后宫，御正殿。宋遣王拱辰、彭再思来贺。庚申，如鸭子河。二月，驻跸鱼儿泺。三月辛未，以应圣节，大赦。五月乙卯朔，清暑永安山。六月，射柳祈雨。秋七月癸酉，宋遣郭祯以伐夏来报，遣枢密使杜防报聘。丁丑，如秋山。冬十月癸未朔，驻跸中会川。十一月甲子，女直侵边，发黄龙府铁骊军拒之。宋遣苏伸、向传范来贺应圣节。十二月庚寅，以北大王府布猥帐郎君自言先世与国联姻，许置敞史，命本帐萧胡覩为之。辛卯，以所得女直户置肃州。以萧迪、刘三嘏、耶律元方、王惟吉、耶律庶忠、孙文昭、萧绍筠、秦德昌充贺宋生辰及来岁正旦使副。诏诸犯法者，不得为官吏。诸职官非婚祭，不得沉酗废事。有治民安边之略者，悉具以闻。

卷十九　　本纪第十九

兴　宗　二

十年春正月辛亥朔，宋遣梁适、张从一、富弼、赵日宣来贺。甲子，复遣吴育、冯戴来贺永寿节。二月庚辰朔，诏蒲卢毛朵部归曷苏馆户之没入者使复业。甲申，北枢密院言，南、北二王府及诸部节度侍卫祗候郎君，皆出族帐，既免与民戍边，其祗候事，请亦得以部曲代行。诏从其请。夏四月，诏罢修鸭渌江浮梁及汉兵屯戍之役。又以东京留守萧撒八言，驰东京击鞠之禁。六月戊寅朔，以萧宁、耶律坦、崔禹称、马世良、耶律仁先、刘六符充贺宋生辰使副；耶律庶成、赵成、耶律烈、张旦充来岁贺宋正旦使副。秋七月壬戌，诏诸职官私取官物者，以正盗论。诸敢以先朝已断事相告言者，罪之。诸帐郎君等于禁地射鹿，决三百，不征偿；小将军决二百以下；及百姓犯者，罪同郎君论。八月丙戌，以医者邓延贞治详稳萧留宁疾验，赠其父母官以奖之。九月辛亥，朝皇太后。国舅留宁薨。庚申，皇太后射获熊，上进酒为寿。癸亥，上猎马孟山，草木蒙密，恐猎者误射伤人，命耶律迪姑各书姓名于矢以志之。丙寅，夏国献宋俘。以石硬砦太保郭三避虎不射，免官。冬十月丙戌，诏东京留守萧孝忠察官吏有廉干清强者，具以名闻。庚寅，以女直太师台押为曷苏馆都大王。辛卯，以皇子胡卢斡里生，北宰相、驸马撒八宁迎上至其第宴饮，上命卫士与汉人角觝为乐。壬辰，复饮皇太后殿，以皇子生，肆赦。夕，复引公主、驸马及内族大臣入寝殿剧饮。甲午，幸中京。庚子，以驸马都尉萧忽列为国舅详稳。十一月丙辰，回鹘遣使来贡。十二月丙子朔，宋遣刘沆、王整来贺应圣节。乙未，置挞术不姑酋长。以胡挞剌为平章事。上闻宋设关河，治壕堑，恐为边患，与南、北枢密吴国王萧孝穆、赵国王萧贯宁谋取宋旧割关南十县地，遂遣萧英、刘六符使宋。庚寅，宋遣张沔、侯宗亮、薛申、侍其浚、施昌言、潘永照来贺永寿节及来岁正旦。以宣政殿学士杨佶为吏部尚书、判顺义军节度使事。丁酉，议伐宋，诏谕诸道。

十一年春正月戊申，奉迎皇太后于内殿。庚戌，遣南院宣徽使萧特末、翰林学士刘六符使宋，取晋阳及瓦桥以南十县地；且问兴师伐夏及沿边疏浚水泽，增益兵戍之故。二月壬寅，如鸳鸯泺。夏四月甲戌朔，颁南征赏罚令。六月乙亥，宋遣富弼、张茂实奉书来聘，以书答之。壬午，御含凉殿，放进士王寔等六十四人。禁毡、银鬻入宋。秋七月壬寅朔，诏盗易官马者减死论。外路官勤瘁正直者，考满代；不治事者即易之。八月丙申，宋复遣富弼、张茂实奉书来聘，乞增岁币银绢，以书答之。九月壬寅，遣北院枢密副使耶律仁先、汉人行宫副部署刘六符使宋约和。是时，富弼为上言，大意谓辽与宋和，坐获岁币，则利在国家，臣下无与；与宋交兵，则利在臣下，害在国家。上感其言，和好始定。闰月癸未，耶律仁先遣人报，宋岁增银、绢十万两、匹，文书称“贡”，送至白沟；帝喜，宴群臣于昭庆殿。是日，振恤三父族之贫者。辛卯，仁先、刘六符还，进宋国誓书。冬十一月丁亥，群臣加上尊号曰聪文圣武英略神功睿哲仁孝皇帝，册皇后萧氏曰贞懿宣慈崇圣皇后。太赦。梁王洪基进封燕国王。十二月癸卯，朝皇太后。甲辰，封皇太弟重元子涅鲁古为安定郡王。己酉，以宣献皇后忌日，上与皇太后素服，饭僧于延寿、悯忠、三学三寺。辛亥，诏蠲预备伐宋诸部租税一年。壬子，以吐浑、党项多鬻马夏国，诏谨边防。己未，宋遣贺正旦及永寿节使居邸，帝微服往观。丁卯，禁丧葬杀牛马及藏珍宝。

十二年春正月辛未，遣同知析津府事耶律敌烈、枢密院都承旨王惟吉谕夏国与宋和。壬申，以吴国王萧孝穆为南院枢密使，北府宰相萧孝忠北院枢密使，封楚王，韩国王萧惠北府宰相、同知元帅府事，韩八南院大王，耶律侯哂东京留守，北院枢密副使耶律仁先同知东京留守事，北面林牙萧革北院枢密副使。甲戌，如武清寨苇淀。二月壬寅，禁关南汉民弓矢。己酉，夏国以加上尊号，遣使来贺。甲寅，耶律敌烈等使夏国还，奏元昊罢兵，即遣使报宋。三月辛卯，幸南京。壬辰，高丽国以加上尊号，遣使来贺。夏四月己亥，置回跋部详稳、都监。庚子，夏国遣使进马、驼。五月辛卯，斡鲁、蒲卢毛朵部二使来贡失期，宥而遣还。乙未，诏复定礼制。是月，幸山西。六月丙午，诏世选宰相、节度使族属及身为节度使之家，许葬用银器；仍禁杀牲以祭。庚戌，诏汉人宫分户绝，恒产以亲族继之。辛亥，阻卜大王屯秃古斯弟太尉撒葛里来朝。丙辰，回鹘遣使来贡。甲子，以南院枢密使吴国王萧孝穆为北院枢密使，徙封齐国王。秋七月丙寅朔，北院枢密使萧孝忠薨，特释系囚。庚寅，夏国遣使上表，请伐宋，不从。八月丙申，谒庆陵。辛丑，燕国王洪基加尚书令，知北南院枢密使事，进封燕赵国王。戊午，以前西北路招讨使萧塔烈葛为右夷离毕。庚申，于越耶律洪古薨。甲子，阻卜来贡。九月壬申，朝皇太后，谒望仙殿。壬午，谒怀陵。冬十月丁酉，驻跸中会川。己亥，北院枢密使萧孝穆薨，追赠大丞相、晋国王。庚子，诏诸路上重囚，遣官详谳。辛亥，参知政事韩绍芳为广德军节度使，三司使刘六符长宁军节度使。壬子，以夏人侵党项，遣延昌宫使高家奴让之。甲子，北府宰相萧惠为北院枢密使，豳王遂哥为惕隐，惕隐敌鲁古封漆水郡王、西北路招讨使，枢密副使萧阿剌同知北院宣徽事。出飞龙厩马，分赐群臣。十一月丁丑，追封楚王萧孝忠为楚国王。丁亥，以上京岁俭，复其民租税。癸巳，朝皇太后。十二月戊申，改政事省为中书省。

十三年春正月甲子朔，朝皇太后。戊辰，如混同江。辛未，猎兀鲁馆冈。二月庚戌，如鱼儿泺。丙辰，以参知政事杜防为南府宰相。三月丁亥，高丽遣使来贡。以宣政殿学士杨佶参知政事。是月，置契丹警巡院。夏四月己酉，遣东京留守耶律侯哂、知黄龙府事耶律欧里斯将兵攻蒲卢毛朵部。甲寅，南院大王耶律高十奏党项等部叛附夏国。丙辰，西南面招讨都监罗汉奴、详稳斡鲁母等奏，山西部族节度使屈烈以五部叛入西夏，乞南、北府兵援送实威塞州户。诏富者遣行，余留屯田天德军。五月壬戌朔，罗汉奴奏所发部兵与党项战不利，招讨使萧普达、四捷军详稳张佛奴殁于阵。李元昊来援叛党。戊辰，诏征诸道兵会西南边以讨元昊。六月甲午，阻卜酋长乌八遣其子执元昊所遣求援使窊邑改来，乞以兵助战，从之。驻跸永安山。以将伐夏，遣延昌宫使耶律高家奴告宋。丙申，诏前南院大王耶律谷欲、翰林都林牙耶律庶成等编集国朝上世以来事迹。丙午，高丽遣使来贡。丁未，录囚。秋七月辛酉，香河县民李宜儿以左道惑众，伏诛。庚午，行再生礼。庚辰，夏国遣使来朝。八月乙未，以夏使对不以情，羁之。丁巳，夏国复遣使来，询以事宜，又不以实对，笞之。九月戊辰，宋以亲征夏国，遣余靖致赆礼。壬申，会大军于九十九泉，以皇太弟重元、北院枢密使韩国王萧惠将先锋兵西征。冬十月庚寅，祭天地。丙申，获党项侦人，射鬼箭。丁酉，李元昊上表谢罪。己亥，元昊遣使来奏，欲收叛党以献，从之。辛亥，元昊遣使来进方物，诏北院枢密副使萧革迓之。壬子，军于河曲。革言元昊亲率党项三部来，诏革诘其纳叛背盟，元昊伏罪，赐酒，许以自新，遣之。召群臣议，皆以大军既集，宜加讨伐。癸丑，督数路兵掩袭，杀数千人，驸马都尉萧胡覩为夏人所执。丁巳，元昊遣使以先被执者来归，诏所留夏使亦还其国。十一月辛酉，赐有功将校有差。甲子，班师。丁卯，改云州为西京。辛巳，朝皇太后。十二月己丑，幸西京。戊戌，以北院枢密副使耶律敌烈为右夷离毕。己亥，高丽遣使来贡。戊申，萧胡覩自夏来归。

十四年春正月庚申，以侍中萧虚烈为南院统军使，封辽西郡王。庚午，如鸳鸯泺。壬午，以金吾卫大将军敌鲁古为乙室大王。甲申，夏国遣使进鹘。以常侍斡古得战殁，命其子习罗为帅。二月庚子，朝皇太后。驻跸撒剌泺。三月己卯，宋以伐夏师还，遣使来贺。四月辛亥，高丽遣使来贡。闰五月癸丑，清暑永安山。六月丁卯，谒庆陵。己卯，阻卜大王屯秃古斯率诸酋长来朝。庚辰，夏国遣使来贡。辛巳，以西南面招讨使萧普达战殁，赠同中书门下平章事。秋七月戊申，驻跸中会川。冬十月甲子，望祀木叶山。十一月壬午朔，回鹘阿萨兰遣使来贡。甲辰，以同知北院宣徽事萧阿剌为北府宰相。十二月癸丑，观汉军习炮射击刺。癸亥，决滞狱。

十五年春正月乙酉，如混同江。禁契丹以奴婢鬻与汉人。二月乙卯，如长春河。丙寅，蒲卢毛朵界曷懒河户来附，诏抚之。三月甲申，朝皇太后。乙酉，以应圣节，减死罪，释徒以下。辛卯，朝皇太后。丁酉，高丽遣使来贡。诏诸道岁具狱讼以闻。夏四月辛亥朔，禁五京吏民击鞠。戊午，罢遥辇帐戍军。壬戌，以北女直详稳萧高六为奚六部大王。甲子，清暑永安山。甲戌，蒲卢毛朵曷懒河百八十户来附。六月癸丑，以西京留守耶律马六为汉人行宫都部署，参知政事杨佶出为武定军节度使。戊辰，御清凉殿，放进士王棠等六十八人。甲戌，西北路招讨使耶律敌鲁古坐赃免官。秋七月乙酉，豳王遂哥薨。戊子，观获。乙未，以北院宣徽使旅坟为左夷离毕，前南府宰相耶律喜孙东北路详稳。丙申，籍诸路军。丁酉，如秋山。辛丑，禁扈从践民田。丁未，以女直部长遮母率众来附，加太师。八月癸丑，高丽王钦薨，遣使来告。九月甲辰，禁以罝网捕狐兔。冬十月己酉，驻跸中会川。十一月丁亥，以南院枢密使萧孝友为北府宰相，契丹行宫都部署耶律仁先南院大王，北府宰相萧革同知北院枢密使事，知夷离毕事耶律信先汉人行宫都部署，左夷离毕旅坟惕隐，汉人行宫都部署耶律敌烈左夷离毕。己亥，渤海部以契丹户例通括军马。乙巳，振南京贫民。十二月壬申，曲赦徒以下罪。是日为圣宗在时生辰。

卷二十　本纪第二十

兴　宗　三

十六年春正月己卯，如混同江。二月庚申，如鱼儿泺。辛酉，禁群臣遇宴乐奏请私事。诏世选之官，从各部耆旧择材能者用之。三月丁亥，如黑水泺。癸巳，遣使审决双州囚。壬寅，大雪。夏四月乙巳朔，皇太后不豫，上驰往视疾。丙午，皇太后愈，复如黑水泺。丁卯，肆赦。六月戊申，清暑永安山。丁巳，阻卜大王屯秃古斯来朝，献方物。戊午，诏士庶言事。秋七月辛卯，幸庆州。自是月至于九月，日射猎于楚不沟霞列、系轮、石塔诸山。冬十月辛亥，幸中京，谒祖庙。丙辰，定公主行妇礼于舅姑仪。庚午，铁骊仙门来朝，以始入贡，加右监门卫大将军。十一月戊寅，祠木叶山。己丑，幸中京，朝皇太后。壬辰，禁漏泄宫中事。十二月辛丑朔，女直遣使来贡。辛亥，谒太祖庙，观《太宗收晋图》。癸丑，问安皇太后。乙卯，以太后愈，杂犯死罪减一等论，徒以下免。庚申，南府宰相杜防、韩绍荣奏事有误，各以大杖决之。出防为武定军节度使。壬戌，高丽遣使来贡。

十七年春正月丁亥，如春水。闰月癸丑，射虎于候里吉。二月辛巳，振瑶稳、嘲稳部。是月，诏士庶言国家利便，不得及已事；奴婢所见，许白其主，不得自陈。夏国王李元昊薨，其子谅祚遣使来告，即遣永兴宫使耶律褭里、右护卫太保耶律兴老、将作少监王全慰奠。三月癸卯，以同知南京留守事萧塔烈葛为左夷离毕，知右夷离毕事唐古为右夷离毕。丙午，夏国李谅祚遣使上其父元昊遗物。丁卯，铁不得国使来，乞以本部军助攻夏国，不许。夏四月辛未，武定军节度使杜防复为南府宰相。丙子，高丽遣使来贡。甲申，蒲卢毛朵部大王蒲辇以造舟人来献。六月庚辰，阻卜献马、驼二万。辛卯，长白山太师柴葛、回跋部太师撒剌都来贡方物。秋七月丁未，于越摩梅欲之子不葛一及婆离八部夷离菫虎骷等内附。甲寅，录囚，减杂犯死罪。八月丙戌，复南京贫户租税。戊子，以殿前都点检耶律义先为行军都部署，忠顺军节度使夏行美副部署，东北面详稳耶律术者为监军，伐蒲奴里酋陶得里。冬十月甲申，南院大王耶律韩八薨。甲午，驻跸独卢金。十一月乙未朔，遣使括马。丁巳，赐皇太弟重元金券。封皇子和鲁斡为越王，阿琏许王，忠顺军节度使谢家奴陈王，西京留守贴不汉王，惕隐旅坟辽西郡王，行宫都部署别古得柳城郡王，奉陵军节度使侯古饶乐郡王，安定郡王涅鲁古进封楚王。

十八年春正月甲午朔，日有食之。戊戌，留夏国贺正使不遣。己亥，遣北院枢密副使萧惟信以伐夏告宋。辛丑，录囚。丙午，如鸳鸯泺。丙辰，猎霸特山。耶律义先奏蒲奴里捷。二月庚辰，幸燕赵国王洪基帐视疾。乙酉，耶律义先等执陶得里以献。三月乙巳，高昌国遣使来贡。壬子，以洪基疾愈，赦杂犯死罪以下。丁巳，乌古遣使送款。夏四月癸酉，以南府宰相耶律高十为南京统军使。五月甲辰，五国酋长各率其部来附。庚戌，回跋部长兀迭台扎等来朝。戊午，五国节度使耶律仙童以降乌古叛人，授左监门卫上将军。六月壬戌朔，以韩国王萧惠为河南道行军都统，赵王萧孝友、汉王贴不副之。乙丑，录囚。丙寅，行十二神纛礼。己巳，宋以辽师伐夏，遣钱逸致赆礼。庚辰，阻卜来贡马、驼、珍玩。辛巳，夏国使来贡，留之不遣。丁亥，行再生礼。秋七月戊戌，亲征。八月辛酉朔，渡河。夏人遁，乃还。九月丁未，萧惠等为夏人所败。冬十月，北道行军都统耶律敌鲁古率阻卜诸军至贺兰山，获李元昊妻及其官僚家属，遇夏人三千来战，殪之；乌古敌烈部都详稳萧慈氏奴、南克耶律斡里死焉。十二月戊寅，庆陵林木火。己卯，录囚。有弟从兄为强盗者，兄弟俱无子，特原其弟。

十九年春正月庚寅，僧惠鉴加检校太尉。庚子，耶律敌鲁古复封漆水郡王，诸将校及阻卜等部酋长各进爵有差。赠萧慈氏奴同中书门下平章事。辛丑，遣使问罪于夏国。壬寅，如鱼儿泺。二月丁亥，夏将洼普、猥货、乙灵纪等来攻金肃城，南面林牙耶律高家奴等破之。洼普被创遁去，杀猥货、乙灵纪。三月戊戌，殿前都点检萧迭里得与夏战于三角川，败之。癸卯，命西南招讨使萧蒲奴、北院大王宜新、林牙萧撒抹等帅师伐夏，以行宫都部署别古得监战。甲辰，遣同知北院枢密使萧革按军边城，以为声援。己酉，驻跸息鸡淀。丙辰，幸殿前都点检萧迭里得、驸马都尉萧胡覩帐视疾。夏四月丙寅，如鱼儿泺。壬申，蒲卢毛朵部惕隐信笃来贡。甲申，高丽遣使来贡。五月己丑，如凉陉。癸巳，萧蒲奴等入夏境，不与敌遇，纵军俘掠而还。丁酉，夏国洼普来降。己亥，远夷拔思母部遣使来贡。六月丙辰朔，置倒塌岭都监。丙寅，谒庆陵。庚午，幸庆州，谒大安殿。壬申，诏医卜、屠贩、奴隶及倍父母或犯事逃亡者，不得举进士。回跋、曷苏馆、蒲卢毛朵部各遣使贡马。甲戌，宋遣使来贺伐夏捷，高丽使俱至。辛巳，御金銮殿试进士。秋七月壬辰，驻跸括里蒲碗。癸巳，以燕赵国王洪基领北南枢密院。乙未，阻卜长豁得剌弟斡得来朝，加太尉遣之。戊戌，录囚。戊申，以左夷离毕萧唐古为北院枢密副使。壬子，猎候里吉。八月丁卯，阻卜酋长喘只葛拔里斯来朝。九月壬寅，夏人侵边，敌鲁古遣六院军将海里击败之。冬十月庚午，还上京。辛未，夏国王李谅祚母遣使乞依旧称藩。使还，诏谕别遣信臣诣阙，当徐思之。壬申，释临潢府役徒。甲戌，如中会川。十一月甲午，阻卜酋长豁得剌遣使来贡。庚戌，录囚。壬子，出南府宰相韩知白为武定军节度使，枢密副使杨绩长宁军节度使，翰林学士王纲泽州刺史，张宥徽州刺史，知制诰周白海北州刺史。闰月乙卯，以汉王贴不为中京留守。辛未，以同知北院枢密使事萧革为南院枢密使，南院大王耶律仁先知北院枢密使事，封宋王。十二月丁亥，北府宰相、赵王萧孝友出为东京留守，东京留守萧塔列葛为北府宰相，南院枢密使、潞王查葛为南院大王。庚戌，韩国王萧惠徙封魏王，致仕。壬子，夏国李谅祚遣使上表，乞依旧臣属。

二十年春正月戊戌，驻跸混同江。二月甲申，遣前北院都监萧友括等使夏国，索党项叛户。己丑，如苍耳泺。甲辰，吐蕃遣使来贡。三月壬子朔，幸黑水。夏五月癸丑，萧友括等使夏还，李谅祚母表乞如党项权进马、驼、牛、羊等物。己巳，夏国遣使求唐隆镇及乞罢所建城邑，以诏答之。六月丙戌，诏以所获李元昊妻及前后所俘夏人，安置苏州。以伐夏所获物遣使遗宋。秋七月，如秋山。九月，诏更定条制。驻跸中会川。冬十月己卯朔，括诸道军籍。十一月庚申，以惕隐都监萧谟鲁为左夷离毕。甲子，命东京留守司总领户部、内省事。丁卯，罢中丞记录职官过犯，令承旨总之。十二月乙酉，以皇太后行再生礼，肆赦。

二十一年春正月辛亥，如混同江。二月，如鱼儿泺。夏四月癸未，以国舅详稳萧阿剌为西北路招讨使，封西平郡王。六月丙子，驻跸永安山。秋七月甲辰朔，召北府宰相萧塔烈葛、南府宰相汉王贴不、南院枢密使萧革、知北院枢密使事仁先等，赐坐，论古今治道。戊申，祀天地。己酉，诏北、南枢密院，日再奏事。壬子，追尊太祖之祖为简献皇帝，庙号玄祖，祖妣为简献皇后；太祖之考为宣简皇帝，庙号德祖，妣为宣简皇后。追封太祖伯父夷离堇岩木为蜀国王，于越释鲁为隋国王。以燕赵国王洪基为天下兵马大元帅、知惕隐事，赐诏谕之。癸亥，近侍小底卢宝伪学御画，免死，配役终身。甲子，如秋山。戊辰，谒庆陵。以南院枢密使萧革为北院枢密使，封吴王。辛未，如庆州。壬申，追封太祖弟寅底石为许国王。八月戊子，太尉乌者薨，诏配享圣宗庙。九月乙卯，平州进白兔。己未，谒怀陵。庚申，追上嗣圣皇帝、天顺皇帝尊谥，及更谥彰德皇后曰靖安。癸亥，谥齐天皇后曰仁德皇后。甲子，谒祖陵。增太祖谥大圣大明神烈天皇帝，更谥贞烈皇后曰淳钦，恭顺皇帝曰章肃，后萧氏谥曰和敬。冬十月戊寅，驻跸中会川。丁亥，夏国李谅祚遣使乞弛边备，即遣萧友括奉诏谕之。戊子，幸显、懿二州。甲午，辽兴军节度使萧虚烈封郑王，南院大王、潞王查葛为南院枢密使，进封越国王。戊戌，射虎于南撒葛柏。辛丑，谒乾陵。十一月壬寅朔，增谥文献皇帝为文献钦义皇帝，及谥二后曰端顺，曰柔贞。复更谥世宗孝烈皇后为怀节。丁未，增孝成皇帝谥曰孝成康靖皇帝，更谥圣神宣献皇后为睿智。甲子，次中会川。回鹘阿萨兰遣使贡名马、文豹。丙寅，录囚。十二月戊戌，以北府宰相塔烈葛为南京统军使，郑王虚烈北府宰相，契丹行宫都部署耶律义先惕隐。释役徒限年者。

二十二年春正月乙巳，如混同江。二月丙子，回鹘阿萨兰为邻国所侵，遣使求援。庚辰，如春水。三月癸亥，李谅祚以赐诏许降，遣使来谢。丙寅，如黑水泺。夏四月戊子。猎鹤淀。五月壬寅，诏内地州县植果。六月壬申，驻跸胡吕山。癸未，高丽遣使来贡。秋七月己酉，阻卜大王屯秃古斯率诸部长献马、驼。庚申，如黑岭。闰月庚午，乌古来贡。癸巳，长春州置钱帛司。九月壬辰，夏国李谅祚遣使进降表。甲午，遣南面林牙高家奴等奉诏抚谕。冬十月丙申朔，日有食之。十一月辛卯，诏诸职事官以礼受代及以罪去者置籍，岁申枢密院。十二月丙申朔，诏回鹘部副使以契丹人充。庚子，应圣节，曲赦徒以下罪。壬子，诏大臣曰："朕与宋主约为兄弟，欢好岁久，欲见其绘像，可谕来使。"

二十三年春正月己巳，如混同江。癸酉，猎双子淀。戊子，夏国遣使贡方物。壬辰，如春水。甲午，猎盘直坡。三月丁亥，幸皇太弟重元帐。夏四月癸卯，高丽遣使来贡。癸丑，猎合只忽里。五月己巳，李谅祚乞进马、驼，诏岁贡之。庚寅，驻跸永安山。壬辰，夏国遣使来贡。六月丙申，如庆州。己亥，谒庆陵。壬寅，高丽王徽请官其子，诏加检校太尉。辛亥，吐蕃遣使来贡。秋七月己巳，夏国李谅祚遣使来求婚。甲戌，如秋山。己卯，诏八房族巾帻。九月庚寅，猎，遇三虎，纵犬获之。冬十月丁酉，驻跸中京。戊戌，幸新建秘书监。辛丑，有事于祖庙。癸丑，以开泰寺铸银佛像，曲赦在京囚。丙辰，李谅祚遣使进誓表。十一月乙丑，阻卜部长来贡。壬申，帝率群臣上皇太后尊号曰仁慈圣善钦孝广德安静贞纯懿和宽厚崇觉仪天皇太后，大赦。内外官进级有差。癸未，录囚。甲申，群臣上皇帝尊号曰钦天奉道佑世兴历武定文成圣神仁孝皇帝，册皇后萧氏曰贞懿慈和文惠孝敬广爱崇圣皇后。十二月丙申，如中会川。

二十四年春正月癸亥，如混同江。戊辰，朝皇太后。辛巳，宋遣使来贺，馈驯象。二月己丑朔，召宋使钓鱼、赋诗。癸巳，如长春河。甲寅，夏国遣使来贺。三月癸亥，皇太弟重元生子，曲赦行在及长春、镇北二州徒以下罪。夏五月，驻跸南崖。秋七月壬午，如秋山。次南崖之北峪，不豫。八月丁亥，疾大渐，召燕赵国王洪基，谕以治国之要。戊子，大赦，纵五坊鹰鹘，焚钓鱼之具。己丑，帝崩于行宫，年四十。遗诏燕赵国王洪基嗣位。清宁元年十月庚子，上尊谥为神圣孝章皇帝，庙号兴宗。

赞曰：兴宗即位年十有六矣，不能先尊母后而尊其母，以致临朝专政，贼杀不辜，又不能以礼几谏，使齐天死于弑逆，有亏王者之孝，惜哉！若夫大行在殡，饮酒博鞠，叠见简书。及其谒遗像而哀恸，受宋吊而衰绖，所为若出二人。何为其然欤？至于感富弼之言而申南宋之好，许谅祚之盟而罢西夏之兵，边鄙不耸，政治内修，亲策进士，大修条制，下至士庶，得陈便宜，则求治之志切矣。于时左右大臣，曾不闻一贤之进，一事之谏，欲庶几古帝王之风，其可得乎？虽然，圣宗而下，可谓贤君矣。

卷二十一　本纪第二十一

道宗一

道宗孝文皇帝，讳洪基，字涅邻，小字查剌。兴宗皇帝长子，母曰仁懿皇后萧氏。六岁封梁王。重熙十一年进封燕国，总领中丞司事。明年，总北南院枢密使事，加尚书令，进封燕赵国王。二十一年为天下兵马大元帅，知惕隐事，预朝政。帝性沉静、严毅，每朝，兴宗为之敛容。

二十四年秋八月己丑，兴宗崩，即皇帝位于柩前，哀恸不听政。辛卯，百僚上表固请，许之。诏曰："朕以菲德，托居士民之上，第恐智识有不及，群下有未信；赋敛妄兴，赏罚不中；上恩不能及下，下情不能达上。凡尔士庶，直言无讳。可则择用，否则不以为愆。卿等其体朕意。"壬辰，以皇太弟重元为皇太叔，免汉拜，不名。癸巳，遣使报哀于宋及夏、高丽。甲午，遣重元安抚南京军民。戊戌，以遗诏，命西北路招讨使西平郡王萧阿剌为北府宰相，仍权知南院枢密使事，北府宰相萧虚烈为武定军节度使。辛丑，改元清宁，大赦。九月戊午，诏常所幸围场外毋禁。庚申，诏除护卫士，余不得佩刃入宫；非勋戚后及夷离堇、副使、承应诸职事人不得冠巾。壬戌，诏夷离堇及副使之族并民如贱，不得服驼尼、水獭裘，刀柄、兔鹘、鞍勒、珮子不许用犀玉、骨突犀；惟大将军不禁。乙丑，赐内外臣僚爵赏有差。庚午，尊皇太后为太皇太后。辛未，遣左夷离毕萧谟鲁、翰林学士韩运以先帝遗物遗宋。癸酉，遣使以即位报宋。丙子，尊皇后为皇太后，宴菆涂殿。以上京留守宿国王陈留为南京留守。壬午，遣使赐高丽、夏国先帝遗物。冬十月丁亥，有司请以帝生日为天安节，从之。以吴王仁先同知南京留守事，陈王涂孛特为南府宰相，进封吴王。壬寅，以顺义军节度使十神奴为南院大王。十一月甲子，葬兴宗皇帝于庆陵。宋及高丽遣使来会。名其山曰永兴。丙寅，以南院大王侯古为中京留守，北府宰相西平郡王萧阿剌进封韩王。壬申，次怀州。有事于太宗、穆宗庙。甲戌，谒祖陵。戊寅，冬至，有事于太祖、景宗、兴宗庙，不受群臣贺。十二月丙戌，诏左夷离毕曰："朕以眇冲，获嗣大位，夙夜忧惧，恐弗克任。欲闻直言，以匡其失。今已数月，未见所以副朕委任股肱耳目之意。其令内外百官，比秩满，各言一事。仍转谕所部，无贵贱老幼，皆得直言无讳。"戊子，应圣节，上太皇太后寿，宴群臣、命妇，册妃萧氏为皇后。进封皇弟越王和鲁斡为鲁国王，许王阿琏为陈国王，楚王涅鲁古徙封吴王。辛卯，诏部署院，事有机密即奏，其投谤讪书，辄受及读者并弃市。癸巳，皇族十公悖母，伏诛。甲午，以枢密副使姚景行为参知政事，翰林学士吴湛为枢密副使，参知政事、同知枢密院事韩绍文为上京留守。丙申，宋遣欧阳修等来贺即位。戊戌，诏设学养士，颁《五经》传疏，置博士、助教各一员。癸卯，以知涿州杨绩参知政事兼同知枢密院事。庚戌，以圣宗在时生辰，赦上京囚。是年，御清凉殿放进士张孝杰等四十四人。

二年春正月丙辰，诏州郡官及僚属决囚，如诸部族例。己巳，诏二女古部与世预宰相、节度使之选者免皮室军。是月，幸鱼儿泺。二月乙酉，以左夷离毕萧谟鲁知西南面招讨都监事。乙巳，以兴宗在时生辰，宴群臣，命各赋诗。三月丁巳，应圣节，曲赦百里内囚。己卯，御制《放鹰赋》赐群臣，谕任臣之意。闰月己亥，始行东京所铸钱。乙巳，南京狱空，进留守以下官。夏四月甲子，诏曰："方夏，长养鸟兽孳育之时，不得纵火于郊。"五月戊戌，谒庆陵。甲辰，有事于兴宗庙。六月丁巳，诏宰相举才能之士，戊午，命有司籍军补边戍。辛酉，阻卜酋长来朝，贡方物。丁卯，高丽遣使来贡。辛未，罢史官预闻朝议，俾问宰相而后书。乙亥，中京蝗蝻为灾。丙子，诏强盗得实者，听诸路决之。丁丑，南院枢密使赵国王查葛为上京留守，同知南京留守事吴王仁先为南院枢密使。乙酉，遣使分道平赋税，缮戎器，劝农桑，禁盗贼。八月辛未，如秋山。九月庚子，幸中京，祭圣宗、兴宗于会安殿。冬十月丙子，如中会川。十一月戊戌，知左夷离毕事耶律划里为夷离毕，北院大王耶律仙童知黄龙府事。甲辰，文武百僚上尊号曰天祐皇帝，后曰懿德皇后。大赦。乙巳，以皇太叔重元为天下兵马大元帅，徙封赵国王查葛为魏国王、鲁国王和鲁斡为宋国王、陈国王阿琏为秦国王，吴王涅鲁古进封楚国王，百官进迁有差。十二月戊申朔，以韩王萧阿剌为北院枢密使，东京留守宿国王陈留北府宰相，宋国王和鲁斡上京留守，秦国王阿琏知中丞司事。甲寅，上皇太后尊号曰慈懿仁和文惠孝敬广爱宗天皇太后。

三年春正月庚辰，如鸭子河。丙戌，置倒塌岭节度使。乙未，五国部长来贡方物。二月己未，如大鱼泺。三月辛巳，以楚国王涅鲁古为武定军节度使。夏四月丙辰，清暑永安山。五月己亥，如庆陵，献酎于金殿、同天殿。六月辛未，以魏国王查葛为惕隐，同知枢密院事萧唐古南府宰相，魏国王贴不东京留守。秋七月甲申，南京地震，赦其境内。乙酉，如秋山。八月辛亥，帝以《君臣同志华夷同风诗》进皇太后。九月庚子，幸中会川。冬十月己酉，谒祖陵。庚申，谒让国皇帝及世宗庙。辛酉，奠酎于玉殿。十一月丙子，以左夷离毕萧谟鲁为契丹行宫都部署。庚子，高丽遣使来贡。十二月庚戌，禁职官于部内假贷贸易。戊辰，太皇太后不豫，曲赦行在五百里内囚。己巳，太皇太后崩。

四年春正月壬申朔，遣使报哀于宋、夏。如鸭子河钓鱼。癸酉，宋遣使奉宋主绘像来。丁亥，知易州事耶律颇得秩满，部民乞留，许之。二月丙午，诏夷离毕：诸路鞫死罪，狱虽具，仍令别州县覆按，无冤，然后决之；称冤者，即具奏。庚戌，如鱼儿泺。三月戊寅，募天德、镇武、东胜等处勇捷者，籍为军。甲午，肆赦。夏四月甲辰，谒庆陵。丁卯，宋遣使吊祭。五月庚午朔，上大行太皇太后尊谥曰钦哀皇后。癸酉，葬庆陵。夏国、高丽遣使来会。乙酉，如永安山清暑。六月乙丑，以北院枢密使郑王萧革为南院枢密使，徙封楚王，南院枢密使吴王仁先为北院枢密使。秋七月辛巳，制诸掌内藏库官盗两贯以上者，许奴婢告。壬午，猎于黑岭。冬十月戊戌朔，以同知东京留守事侯古为南院大王，保安军节度使奚底为奚六部大王。十一月癸酉，行再生及柴册礼，宴群臣于八方陂。庚辰，御清风殿受大册礼。大赦。以吴王仁先为南京兵马副元帅，徙封隋王。壬午，谒太祖及诸帝宫。丙戌，祠木叶山。禁造玉器。十二月辛丑，弛驼尼、水獭裘之禁。乙巳，许士庶畜鹰。辛亥，南院枢密使楚王萧革复为北院枢密使。闰月己巳，赐皇太叔重元金券。是岁，皇子浚生。

五年春，如春州。夏六月甲子朔，驻跸纳葛泺。己丑，以南院枢密使萧阿速为北府宰相，枢密副使耶律乙辛南院枢密使，惕隐查葛辽兴军节度使，鲁王谢家奴武定军节度使，东京留守吴王贴不西京留守。秋七月丁酉，以乌古敌烈详稳萧谟鲁为左夷离毕。冬十月壬子朔，幸南京，祭兴宗于嘉宁殿。十一月，禁猎。十二月壬戌，以北院林牙奚马六为右夷离毕，参知政事吴湛以弟洵冒入仕籍，削爵为民。是年，上御百福殿，放进士梁援等百一十五人。

六年春，如鸳鸯泺。夏五月戊子朔，监修国史耶律白请编次御制诗赋，仍命白为序。己酉，驻跸纳葛泺。六月戊午朔，以东北路女直详稳高家奴为惕隐。壬戌，遣使录囚。丙寅，中京置国子监，命以时祭先圣先师。癸未，以隋王仁先为北院大王，赐御制诰。冬十月甲子，驻跸藕丝淀。

七年春三月庚戌，如春州。以耶律乙辛知北院枢密使事。夏四月辛未，禁吏民畜海东青鹘。五月丙戌，清暑永安山。丙午，谒庆陵。辛亥，杀东京留守陈王萧阿剌。六月壬子朔，日有食之。甲子，以萧谟鲁为顺义军节度使。丁卯，幸弘义、永兴、崇德三宫致祭。射柳，赐宴，赏赉有差。戊辰，行再生礼，复命群臣分朋射柳。丁丑，以楚国王涅鲁古知南院枢密使事。秋九月丁丑，驻跸藕丝淀。冬十二月壬午，以知黄龙府事耶律阿里只为南院大王。

卷二十二　　本纪第二十二

道　宗　二

八年春正月癸丑，如鸭子河。二月，驻跸纳葛泺。三月戊申朔，楚王萧革致仕，进封郑国王。夏五月，吾独婉惕隐屯秃葛等乞岁贡马、驼，许之。六月丙子朔，驻跸拖古烈。辛丑，以右夷离毕奚马六为奚六部大王。是月，御清凉殿放进士王鼎等九十三人。秋七月甲子，射熊于外室剌。冬十月甲戌朔，驻跸独卢金。十二月庚辰，以知北院枢密使事萧图古辞为北院枢密使。癸未，幸西京。戊子，以皇太后行再生礼，曲赦西京囚。

九年春正月辛亥，幸鸳鸯泺。辛未，禁民鬻铜。三月辛未，宋主祯殂，以侄曙为子嗣位。夏五月丙午，以隋王仁先为南院枢密使，徙封许王。是月，清暑罨里狘。秋七月丙辰，如太子山。戊午，皇太叔重元与其子楚国王涅鲁古及陈国王陈六、同知北院枢密使事萧胡靓、卫王贴不、林牙涅剌溥古、统军使萧迭里得、驸马都尉参及弟术者、图骨、旗鼓拽剌详稳耶律郭九、文班太保奚叔、内藏提点乌骨、护卫左太保敌不古、按答、副宫使韩家奴、宝神奴等凡四百人，诱胁弩手军犯行宫。时南院枢密使许王仁先、知北枢密院事赵王耶律乙辛、南府宰相萧唐古、北院宣徽使萧韩家奴、北院枢密副使萧惟信、敦睦宫使耶律良等率宿卫士卒数千人御之。涅鲁古跃马突出，将战，为近侍详稳渤海阿厮、护卫苏射杀之。己未，族逆党家。庚申，重元亡入大漠，自杀。辛酉，诏谕诸道。壬戌，以仁先为北院枢密使，进封宋王，加尚父，耶律乙辛南院枢密使，萧韩家奴殿前都点检，封荆王。萧惟信、耶律冯家奴并加太子太傅。宿卫官萧乙辛、回鹘海邻、褭里、耶律挞不也、阿厮、宫分人急里哥、霞抹、乙辛、只鲁并加上将军。诸护卫及士卒、庖夫、弩手、伞子等三百余人，各授官有差。耶律良密告重元变，命籍横帐夷离堇房，为汉人行宫都部署。癸亥，贴不诉为重元等所胁，诏削爵为民，流镇州。戊辰，以黑白羊祭天。八月庚午朔，遣使安抚南京吏民。癸酉，以永兴宫使耶律塔不也有定乱功，为同知点检司事。冬十月戊辰朔，幸兴王寺。庚午，以六院部太保耶律合术知南院大王事。是月，驻跸藕丝淀。十一月辛丑，以南院宣徽使萧九哥为北府宰相。己未，追封故富春郡王耶律义先为许王。是岁，封皇子浚为梁王。

十年春正月己亥，北幸。二月，禁南京民决水种粳稻。秋七月壬申，诏决诸路囚。辛巳，禁僧尼私诣行在，妄述祸福取财物。九月壬寅，幸怀州，谒太宗、穆宗庙。冬十月壬辰朔，驻跸中京。戊午，禁民私刊印文字。十一月甲子，定吏民衣服之制。辛未，禁六斋日屠杀。丁丑，诏求乾文阁所阙经籍，命儒臣校雠。庚辰，以彰国军节度使韩谢十为惕隐。诏南京不得私造御用彩缎，私货铁，及非时饮酒。命南京三司，每岁春秋以官钱飨将士。十二月癸巳，以北院大王萧兀古匿为契丹行宫都部署。是岁，南京、西京大熟。

咸雍元年春正月辛酉朔，文武百僚加上尊号曰圣文神武全功大略广智总仁睿孝天祐皇帝。改元，大赦。册梁王浚为皇太子，内外官赐级有差。甲子，如鱼儿泺。庚寅，诏诸遇正旦、重午、冬至，别表贺东宫。三月丁亥，以知兴中府事杨绩知枢密院事。夏四月辛卯，以知枢密院事张嗣复疾，改知兴中府事。庚子，清暑拖古烈。五月辛巳，夏国遣使来贡。秋七月丙子，以皇太后射获熊，赏赉百官有差。八月丙申，客星犯天庙，诏诸路备盗贼，严火禁。九月乙亥，驻跸藕丝淀。丁丑，左夷离毕慥古为孟父敞稳。冬十月丁亥朔，幸医巫闾山。己亥，皇太后射获虎，大宴群臣，令各赋诗。十一月壬戌，有星如斗，逆行，隐隐有声。十二月甲午，以辽王仁先为南京留守，徙封晋王。辛亥，以南京留守萧惟信为左夷离毕。壬子，荧惑与月并行，自旦至午。

二年春正月丁巳，如鸭子河。宋贺正使王严卒，以礼送还。癸未，幸山榆淀。二月甲午，诏武定军节度使姚景行，问以治道，拜南院枢密使。三月辛巳，以东北路详稳耶律韩福奴为北院大王。壬午，彗星见于西方。夏四月，霖雨。五月乙亥，驻跸拖古烈。辛巳，以户部使刘诜为枢密副使。六月丙戌，回鹘来贡。甲辰，阻卜来贡。秋七月癸丑朔，以西北路招讨使萧术者为北府宰相，左夷离毕萧惟信南院枢密使，同知南院枢密使事耶律白惕隐。丙辰，南院枢密使姚景行致仕。庚申，录囚。辛酉，景行复前职。丁卯，如藕丝淀。以岁旱，遣使振山后贫民。九月壬子朔，日有食之。以参知政事韩孚为枢密副使。冬十二月壬午，以知枢密院事杨绩为南院枢密使，枢密副使刘诜参知政事。戊子，僧守志加守司徒。丁酉，以西京留守合术为南院大王。辛丑，以萧术者为武定军节度使。是年，御永安殿放进士张臻等百一人。

三年春正月辛亥，如鸭子河。甲子，御安流殿钓鱼。三月癸亥，宋主曙殂，子顼嗣位，遣使告哀；即遣右护卫太保萧挞不也、翰林学士陈觉等吊祭。闰月丁亥，扈驾军营火，赐钱、粟及马有差。辛卯，驻跸春州北淀。乙巳，以萧兀古匿为北府宰相。夏五月壬辰，驻跸纳葛泺。壬寅，赐随驾官诸工人马。六月戊申，有司奏新城县民杨从谋反，伪署官吏。上曰："小人无知，此儿戏尔。"独流其首恶，余释之。庚戌，宋遣使馈其先帝遗物。辛亥，宋以即位，遣陈襄来报，即遣知黄龙府事萧图古辞、中书舍人马铉往贺。壬戌，南府宰相韩王萧唐古致仕。壬申，以广德军节度使耶律蕊奴为南府宰相，度支使赵徽参知政事。秋七月辛丑，荧惑昼见，凡三十五日。九月戊戌，诏给诸路囚粮。癸卯，幸南京。冬十一月壬辰，夏国遣使进回鹘僧、金佛、《梵觉经》。十二月丁未，以参知政事刘诜为枢密副使，东北路详稳高八南院大王，枢密直学士张孝杰参知政事。己酉，以张孝杰同知枢密院事。丁巳，行再生礼，赦死罪以下。是月，夏国王李谅祚薨。是岁，南京旱、蝗。

四年春正月甲戌朔，日有食之。丙子，如鸳鸯泺。辛巳，改易州兵马使为安抚使。丁亥，猎炭山。辛卯，遣使振西京饥民。二月甲辰朔，诏元帅府募军。壬子，夏国王李谅祚子秉常遣使告哀。癸丑，颁行《御制华严经赞》。丁卯，北行。三月丙子，遣使夏国吊祭。甲申，振应州饥民。乙酉，诏南京除军行地，余皆得种稻。庚寅，振朔州饥民。乙未，夏国李秉常遣使献其父谅祚遗物。夏四月戊午，阿萨兰回鹘遣使来贡。五月丙戌，驻跸拖古烈。六月壬子，西北路雨谷，方三十里。丙寅，以北院林牙耶律赵三为北院大王，右夷离毕萧素飒中京留守。秋七月壬申，置乌古敌烈部都统军司。丙子，猎黑岭。是月，南京霖雨，地震。九月己亥，驻跸藕丝淀。冬十月辛亥，曲赦南京徒罪以下囚。永清、武清、安次、固安、新城、归义、容城诸县水，复一岁租。戊辰，册李秉常为夏国王。十二月辛亥，夏国遣使来贡。

五年春正月，阻卜叛，以晋王仁先为西北路招讨使，领禁军讨之。夏六月己亥，驻跸拖古烈。丙午，吐蕃遣使来贡。壬戌，以南院枢密使萧惟信知北院枢密使事。秋七月乙丑朔，日有食之。戊辰，夏国遣使来谢封册。癸未，诏禁皇族恃势侵渔细民。八月，谒庆陵。九月戊辰，仁先遣人奏阻卜捷。冬十月己亥，驻跸藕丝淀。十一月丁卯，诏四方馆副使止以契丹人充。丁丑，五国剖阿里部叛，命萧素飒讨之。闰月戊申，夏国王李秉常遣使乞赐印绶。己未，僧志福加守司徒。十二月甲子，行皇太子再生礼，减诸路徒以下罪一等。乙丑，诏百官廷议国政。甲戌，五国来降。仍献方物。

六年春正月甲午，如千鹅泺。二月丙寅，阻卜来朝，贡方物。夏四月癸未，西北路招讨司以所降阻卜酋长至行在。五月甲辰，清暑拖古烈。甲寅，设贤良科，诏应是科者，先以所业十万言进。六月辛巳，阻卜来朝。乙酉，以惕隐耶律白为中京留守。是月，御永安殿放进士赵廷睦等百三十八人。秋七月辛亥，猎于合鲁聂特。八月丙子，耶律白薨，追封辽西郡王。九月庚戌，幸藕丝淀。甲寅，以马希白诗才敏妙，十吏书不能给，召试之。冬十月丁卯，五国部长来朝。壬申，西北路招讨司擒阻卜酋长来献。十一月乙卯，禁鬻生熟铁于回鹘、阻卜等界。十二月戊午，加圆释、法钧二僧并守司空。己未，以坤宁节，赦死罪以下。辛酉，禁汉人捕猎。

七年春正月戊子，如鸭子河。二月乙丑，女直进马。丙寅，以南院枢密使姚景行知兴中府事。三月己酉，以讨五国功，加知黄龙府事蒲延、怀化军节度使高元纪、易州观察使高正并千牛卫上将军，五国节度使萧陶苏斡、宁江州防御使大荣并静江军节度使。幸黑水。夏四月癸酉，如纳葛泺。乙亥，禁布帛短狭不中尺度者。六月己卯，吐蕃来贡。癸未，南院大王高八致仕。秋七月甲申朔，以东北路详稳合里只为南院大王，西南面招讨使拾得奴为奚六部大王。己丑，遣使按问五京囚。庚子，如藕丝淀。八月辛巳，置佛骨于招仙浮图，罢猎，禁屠杀。冬十月己卯，如医巫闾山。壬戌，以南府宰相耶律蕊奴为南京统军使。戊辰，谒乾陵。庚辰，诏百官廷议军国事。十一月戊子，免南京流民租。己丑，振饶州饥民。丙午，高丽遣使来贡。十二月壬子，以契丹行宫都部署耶律胡覩知北院枢密使事，知北院枢密使事萧惟信为南府宰相，兼契丹行宫都部署。丁巳，汉人行宫都部署李仲禧、北院宣徽使刘霦、枢密副使王观、都承旨杨兴工各赐国姓。戊寅，回鹘来贡。是岁，春州斗粟六钱。

卷二十三　　本纪第二十三

道宗三

八年春正月癸未，乌古敌烈部详稳耶律巢等奏克北边捷。以战多杀人，饭僧南京、中京。甲申，如鱼儿泺。壬寅，昏雾连日。二月丙辰，北、南枢密院言无事可陈。壬戌，以讨北部功，乌古敌烈部详稳耶律巢知北院大王事，都监萧阿鲁带乌古敌烈部详稳，加左监门卫上将军。戊辰，岁饥，免武安州租税，振恩、蔚、顺、惠等州民。三月癸卯，有司奏春、泰、宁江三州三千余人愿为僧尼，受具足戒，许之。夏四月壬子，振义、饶二州民。丁巳，驻跸塔里舍。己卯，清暑拖古烈。五月壬午，晋王仁先薨。六月甲寅，振易州贫民。己未，振中京。甲子，振兴中府。甲戌，封北府宰相杨绩为赵王，枢密副使耶律观参知政事兼知南院枢密使事。丁丑，高丽遣使来贡。秋七月己卯，庆州靳文高八世同居，诏赐爵。丙申，振饶州饥民。丁酉，幸黑岭。丁未，以御书《华严经五颂》出示群臣。闰月辛未，射熊于羖羊山。八月庚辰，混同郡王侯古薨，遣使致祭。九月甲子，驻跸藕丝淀。冬十月己丑，参知政事耶律观矫制营私第，降为庶人。癸巳，回鹘来贡。十一庚戌，免祖州税。丙辰，大雪，许民樵采禁地。丁卯，赐延昌宫贫户钱。十二月戊辰，汉人行宫都部署耶律仲禧封韩国公，枢密副使、参知政事赵徽出为武定军节度使，枢密副使柴德滋参知政事，汉人行宫副部署耶律大悲奴升都部署，同知南院枢密使事萧韩家奴知左夷离毕事。丁丑，以坤宁节，大赦。庚寅，赐高丽佛经一藏。

九年春正月丁未，如双泺。夏四月壬辰，如旺国崖。秋七月甲辰，猎大熊山。戊申，乌古敌烈统军言，八石烈敌烈人杀其节度使以叛。己酉，诏隗乌古部军分道击之。丙寅，南京奏归义、涞水两县蝗飞入宋境，余为蜂所食。八月丙申，以耶律仲禧为南院枢密使。九月癸卯，驻跸独卢金。冬十月，幸阴山，遂如西京。十一月戊午，诏行幸之地免租一年。甲子，南院大王合理只致仕。十二月辛未，以知北院枢密使事耶律宜新为中京留守，南院宣徽使耶律撒剌为南院大王。壬辰，高丽、夏国并遣使来贡。

十年春正月乙卯，如鸳鸯泺。二月癸未，蠲平州复业民租赋。戊子，阻卜来贡。三月甲子，如拖古烈。以耶律巢为北院大王。夏四月，旱。辛未，以奚人达鲁三世同居，赐官旌之。五月丙寅，录囚。六月戊辰，亲出题试进士。壬申，诏臣庶言得失。丙子，御永安殿，策贤良。秋七月丙辰，如秋山。癸亥，谒庆陵。九月庚戌，幸东京，谒二仪、五鸾殿。癸亥，祠木叶山。冬十月丁卯，驻跸藕丝淀。丁丑，诏有司颁行《史记》、《汉书》。十一月戊午，高丽遣使来贡。十二月辛巳，改明年为大康，大赦。

大康元年春正月乙未，如混同江。壬寅，振云州饥。二月丁卯，祥州火，遣使恤灾。乙酉，驻跸大鱼泺。丁亥，以获鹅，加鹰坊使耶律杨六为工部尚书。三月乙巳，命皇太子写佛书。夏四月丙子，振平州饥。己酉，如犊山。闰月丙午，振平、滦二州饥。庚戌，皇孙延禧生。五月甲子，赐妃之亲及东宫僚属爵有差。六月癸巳，以兴圣宫使奚谢家奴知奚六部大王事。戊戌，知三司使事韩操以钱谷增羡，授三司使。癸卯，遣使按问诸路囚。以惕隐大悲奴为始平军节度使，参知政事柴德滋武定军节度使。乙卯，吐蕃来贡。丙辰，诏皇太子总领朝政，仍戒谕之。以武定军节度使赵徽为南府宰相，枢密副使杨遵勗参知政事。秋七月辛酉朔，猎平地松林。丙寅，振南京贫民。八月庚寅朔，日有食之。九月乙亥，驻跸藕丝淀。己卯，以南京饥，免租税一年，仍出钱粟振之。冬十月，西北路酋长遐搭、雏搭、双古等来降。十一月辛酉，皇后被诬，赐死；杀伶人赵惟一、高长命，并籍其家属。十二月己丑朔，以南京统军使耶律蘖奴为惕隐，汉人行宫都部署耶律霂枢密副使，同知东京留守事萧铎剌夷离毕。庚寅，赐张孝杰国姓。壬辰，以西京留守萧燕六为左夷离毕。

二年春正月己未，如春水。庚辰，驻跸双泺。二月戊子，振黄龙府饥。癸丑，南京路饥，免租税一年。三月辛酉，皇太后崩。壬戌，遣殿前副点检耶律辖古报哀于宋。癸亥，遣使报哀于高丽、夏国。丁卯，大赦。戊寅，以皇太后遗物遣使遗宋、夏。夏六月乙酉朔，上大行皇太后尊谥曰仁懿皇后。戊子，宋及高丽、夏国各遣使吊祭。甲午，葬仁懿皇后于庆陵。己亥，驻跸拖古烈。壬寅，出北院枢密魏王耶律乙辛为中京留守。丁未，册皇后萧氏，封其父祗候郎君鳖里剌为赵王，叔西北路招讨使余里也辽西郡王，兄汉人行宫都部署、驸马都慰霞抹柳城郡王，参知政事杨遵勗知南院枢密使事，北院枢密副使萧速撒知北院枢密使事，汉人行宫副部署刘诜参知政事。己酉，南府宰相赵徽致仕。秋七月戊辰，如秋山。癸酉，柳城郡王霞抹薨。八月庚寅，猎，遇麛失其母，悯之，不射。九月戊午，以南京蝗，免明年租税。己卯，驻跸藕丝淀。冬十月戊戌，召中京留守魏王耶律乙辛复为北院枢密使。十一月甲戌，上欲观《起居注》，修注郎不攧及忽突堇等不进，各杖二百，罢之，流林牙萧岩寿于乌隗部。是月，南京地震，民舍多坏。十二月己丑，以左夷离毕萧挞不也为南京统军使。

三年春正月癸丑，如混同江。乙卯，省诸道春贡金帛，及停周岁所输尚方银。二月壬午朔，东北路统军使萧韩家奴加尚父，封吴王。甲申，诏北院枢密使魏王耶律乙辛同母兄大奴、同母弟阿思世预北、南院枢密之选，其异母诸弟世预夷离堇之选。己丑，如鱼儿泺。辛卯，中京饥，罢巡幸。夏四月乙酉，泛舟黑龙江。五月丙辰，玉田、安次蝝伤稼。癸亥，日中有黑子。己巳，驻跸犊山。乙亥，北院枢密使耶律乙辛奏，右护卫太保查剌等告知北院枢密使事萧速撒等八人谋立皇太子，上以无状，不治，出速撒等三人补外，护卫撒拨等六人各鞭百余，徙于边。丙子，以西北路招讨使辽西郡王萧余里也为北府宰相，兼知契丹行宫都部署事。戊寅，诏告谋逆事者，重加官赏。六月己卯朔，耶律乙辛令牌印郎君萧讹都斡诬首尝预速撒等谋，籍其姓名以告。即命乙辛及耶律仲禧、萧余里也、耶律孝杰、杨遵勗、燕哥、抄只、萧十三等鞫治，杖皇太子，囚之宫中。辛巳，杀宿直官敌里剌等三人。壬午，杀宣徽使挞不也等二人。癸未，杀始平军节度使撒剌等十人，又遣使杀上京留守速撒，及已徙护卫撒拨等六人。乙酉，杀耶律挞不也及其弟陈留。丙戌，废皇太子为庶人，囚之上京。己丑，回鹘来贡。杀东京留守同知耶律回里不。辛卯，杀速撒等诸子，籍其家。戊申，遣使按五京诸道狱。秋七月辛亥，护卫太保查剌加镇国大将军，预突吕不部节度使之选，室韦查剌及萧宝神奴、谋鲁古并加左卫大将军，牌印郎君讹都斡尚皇女赵国公主，授驸马都尉、始平军节度使，祗候郎君耶律挞不也及萧图古辞并加监门卫上将军。壬子，知北院枢密副使萧韩家奴为汉人行宫都部署。乙丑，如秋山。丁丑，谒庆陵。八月庚寅，汉人行宫都部署萧韩家奴薨。辛丑，谒庆陵。九月癸亥，玉田贡嘉禾。壬申，修乾陵庙。冬十月辛丑，驻跸藕丝淀。十一月，北院枢密使耶律乙辛遣其私人盗杀庶人濬于上京。闰十二月戊午，以北府宰相辽西郡王萧余里也知北院枢密使事，左夷离毕耶律燕哥为契丹行宫都部署。丙寅，预行正旦礼。是岁，南京大熟。

四年春正月庚辰，如春水。甲午，振东京饥。二月乙丑，驻跸扫获野。戊辰，以东路统军使耶律王九为惕隐。夏四月辛亥，高丽遣使乞赐鸭渌江以东地，不许。五月丙戌，驻跸散水原。六月甲寅，阻卜诸酋长进良马。秋七月甲戌，诸路奏饭僧尼三十六万。八月癸卯，诏有司决滞狱。九月乙未，驻跸藕丝淀。庚子，五国部长来贡。冬十月癸卯，以参知政事刘伸为保静军节度使。十一月丁亥，禁士庶服用锦绮、日月、山龙之文。己丑，回鹘遣使来贡。庚寅，南院枢密使耶律仲禧为广德军节度使。辛卯，锦州民张宝四世同居，命诸子三班院祗候。十二月丁卯，以北院枢密副使耶律霂知北院枢密使事。

卷二十四　本纪第二十四

道　宗　四

五年春正月壬申，如混同江。癸酉，赐宰相耶律孝杰名仁杰。乙亥，如山榆淀。三月辛未，以宰相仁杰获头鹅，加侍中。壬辰，以北院枢密使魏王耶律乙辛知南院大王事，加于越，知北院枢密使事耶律霂为北院枢密使，北院枢密副使耶律特里底知北院枢密使事，左夷离毕耶律世迁同知北院枢密使事。夏四月己未，如纳葛泺。五月丁亥，谒庆陵。以契丹行宫都部署耶律燕哥为南府宰相，北面林牙耶律永宁为夷离毕，同知南院枢密使事萧挞不也及殿前副点检、驸马都尉萧酬斡并封兰陵郡王。六月辛亥，阻卜来贡。丁巳，以北府宰相、辽西郡王萧余里也为西北路招讨使。己未，遣使录囚。是月，放进士刘瓘等百一十三人。秋七月己卯，猎夹山。八月庚申，命有司撰《太宗神功碑》，立于南京。九月己卯，诏诸路毋禁僧徒开坛。壬午，禁扈从扰民。冬十月戊戌，夏国遣使来贡。己亥，驻跸独卢金。壬子，诏惟皇子仍一字王，余并削降。丁巳，振平州贫民。己未，以赵王杨绩为辽西郡王，魏王耶律乙辛降封混同郡王，吴王萧韩家奴兰陵郡王，致仕。十一月丁丑，召沙门守道开坛于内殿。癸未，复南京流民差役三年，被火之家免租税一年。十二月丙午，彗星犯尾。乙卯，幸西京。戊午，行再生礼，赦杂犯死罪以下。

六年春正月癸酉，如鸳鸯泺。辛卯，耶律乙辛出知兴中府事。三月庚寅，封皇孙延禧为梁王，忠顺军节度使耶律颇德南院大王，耶律仲禧南院枢密使，户部使陈毅参知政事。夏四月乙卯，猎炭山。五月壬申，免平州复业民租赋一年。庚寅，以旱，祷雨，命左右以水相沃，俄而雨降。六月戊戌，驻跸纳葛泺。戊申，以度支使王绩参知政事。庚戌，女直遣使来贡。秋七月戊辰，观市。癸未，为皇孙梁王延禧设旗鼓拽剌六人卫护之。甲申，猎沙岭。九月壬寅，祠木叶山。己酉，驻跸藕丝淀。冬十月己未朔，省同知广德军节度使事，命奉先军节度使兼巡警乾、显二州。丁卯，耶律仁杰出为武定军节度使。庚午，参知政事刘诜致仕。癸酉，以陈毅为汉人行宫都部署，王绩同知枢密院事。辛巳，回鹘遣使来贡。十一月己丑朔，日有食之。癸卯，召群臣议政。十二月甲子，以耶律特里底为孟父敞稳。乙丑，以萧挞不也为北府宰相，耶律世迁知北院枢密使事，耶律慎思同知北院枢密使事。庚午，免西京流民租赋一年。甲戌，减民赋。丁亥，豫行正旦礼。戊子，如混同江。

七年春正月戊申，五国部长来贡。甲寅，女直贡良马。二月甲子，如鱼儿泺。夏五月壬子，驻跸岭西。癸丑，有司奏永清、武清、固安三县蝗。甲寅，以萧挞不也兼殿前都点检，萧酬斡为汉人行宫都部署兼知枢密院事。六月甲子，诏月祭观德殿，岁寒食，诸帝在时生辰及忌日，诣景宗御容殿致奠。丙寅，阻卜余古赧来贡。丁卯，以翰林学士王言敷参知政事，封北院宣徽使石笃漆水郡王。秋七月戊子，如秋山。丙申，谒庆陵。八月丁卯，射鹿赤山，加围场使涅葛为静江军节度使。九月戊子，次怀州，命皇后谒怀陵。辛卯，次祖州，命皇后谒祖陵。乙巳，驻跸藕丝淀。冬十月戊辰，以惕隐王九为南院大王，夷离毕奚抄只为彰国军节度使。十一月乙酉，诏岁出官钱，振诸宫分及边戍贫户。丁亥，幸驸马都尉萧酬斡第，方饮，宰相梁颖谏曰："天子不可饮人臣家。"上即还宫。己亥，高丽遣使来贡。辛亥，除绢帛尺度狭短之令。十二月丁卯，武定军节度使耶律仁杰以罪削爵为民。辛未，知兴中府事耶律乙辛以罪囚于来州。

八年春正月甲申，如混同江。丁酉，铁骊、五国诸长各贡方物。二月戊午，如山榆淀。辛酉，诏北、南院官，凡给驿者，必先奏闻。贡新及奏狱讼，方许驰驿，余并禁之。己巳，夏国获宋将张天一，遣使来献。壬申，以耶律颇德为南府宰相兼知北院枢密使，燕哥为惕隐，萧挞不也兼知契丹行宫都部署事。三月庚戌，黄龙府女直部长术乃率部民内附，予官，赐印绶。是月，诏行秬黍所定升斗。夏四月壬戌，以耶律世迁为上京留守。六月辛亥朔，驻跸纳葛泺。丙辰，夏国遣使来贡。丁巳，以耶律颇德为北院枢密使，耶律巢哥南府宰相，刘筠南院枢密使，萧挞不也兼知北院枢密使事，王绩汉人行宫都部署，萧酬斡国舅详稳。乙丑，阻卜长来贡。丙子，以耶律慎思知右夷离毕事。秋七月甲午，如秋山。南京霖雨，沙河溢永清、归义、新城、安次、武清、香河六县，伤稼。九月庚寅，谒庆陵。丁未，驻跸藕丝淀。大风雪，牛马多死，赐扈从官以下衣马有差。冬十月乙卯，诏化哥傅导梁王延禧，加金吾卫大将军。丙子，谒乾陵。十一月壬午，以乙室大王萧何葛为南院宣徽使。权知奚六部大王事图赶为本部大王。十二月癸丑，乌古敌烈统军使耶律马五为北院大王。庚申，降皇后为惠妃，出居乾陵。

九年春正月辛巳，如春水。夏四月丙午朔，大雪，平地丈余，马死者十六七。五月，如黑岭。六月己未，驻跸散水原。甲子，以耶律阿思为契丹行宫都部署，耶律慎思北院枢密副使。庚午，诏诸路检括脱户，罪至死者，原之。闰月丁丑，以汉人行宫副部署可汗奴为南院大王。戊寅，追谥庶人浚为昭怀太子。丁亥，阻卜来贡。己丑，以知兴中府事邢熙年为汉人行宫都部署，汉人行宫都部署王绩为南院枢密副使。秋七月乙巳，猎马尾山。丁巳，谒庆陵。癸亥，禁外官部内贷钱取息及使者馆于民家。八月，高丽王徽薨。九月癸卯朔，日有食之。己酉，射熊于白石山，加围场使涅葛左金吾卫大将军。己巳，以高丽王徽子三韩国公勋权知国事。辛未，五国部长来贡。壬申，召北、南枢密院官议政事。冬十月丁丑，谒观德殿。己卯，南院枢密使刘筠薨。壬辰，混同郡王耶律乙辛谋亡入宋，伏诛。十一月丙午，进封梁王延禧为燕国王，大赦。以南院宣徽使萧何葛为南府宰相，三司使王经参知政事兼知枢密事。甲寅，诏僧善知雠校高丽所进佛经，颁行之。己未，定诸令史、译史迁叙等级。十二月丁亥，以邢熙年知南院枢密使事。辛卯，以王言敷为汉人行宫都部署。高丽三韩国公王勋薨。是年，御前放进士李君裕等五十一人。

十年春正月辛丑朔，如春水。丙午，复建南京奉福寺浮图。戊辰，如山榆淀。二月庚午朔，萌古国遣使来聘。三月戊申，远萌古国遣使来聘。丁巳，命知制诰王师儒、牌印郎君耶律固傅导燕国王延禧。夏四月丁丑，女直贡良马。五月壬戌，驻跸散水原。乙丑，阻卜来贡。丙寅，降国舅详稳班位在敞稳之下。六月壬辰，禁毁铜钱为器。秋七月甲辰，如黑岭。九月癸亥，驻跸藕丝淀。冬十二月乙未，改庆州大安军曰兴平。是月，改明年为大安，赦杂犯死罪以下。

大安元年春正月丁酉，如混同江。癸卯，王绩知南院枢密使事，邢熙年为中京留守。戊申，以枢密直学士杜公谓参知政事。庚戌，五国酋长来贡良马。二月辛未，如山榆淀。夏四月乙酉，宋主顼殂，子煦嗣位，使来告哀。辛卯，西幸。六月戊辰，驻跸拖古烈。壬申，以王绩为南府宰相，萧挞不也兼知南院枢密使事。丁丑，遣使吊祭于宋。戊寅，宋遣王真、甄佑等馈其先帝遗物。秋七月乙巳，遣使贺宋主即位。戊午，猎于赤山。八月丁卯，幸庆州。戊辰，谒庆陵。冬十月癸亥，驻跸好草淀。戊辰，夏国王李秉常遣使报其母梁氏哀。甲申，以萧挞不也为南院枢密使。十一月乙未，诏"比者，外官因誉进秩，久而不调，民被其害。今后皆以资给迁转。"丁酉，以南女直详稳萧袍里为北府宰相。辛亥，史臣进太祖以下七帝《实录》。丙辰，遣使册三韩国公王勋弟运为高丽国王。己未，诏僧尼无故不得赴阙。十二月甲戌，宋遣蔡卞来谢吊祭。

二年春正月辛卯，如混同江。己酉，五国诸部长来贡。癸丑，召权翰林学士赵孝严、知制诰王师儒等讲《五经》

大义。二月癸酉，驻跸山榆淀。是月，太白犯岁星。三月乙酉，女直贡良马。夏四月戊戌，北幸。癸丑，遣使加统军使萧讹都斡太子太保，裨将老古金吾卫大将军，萧雅哥静江军节度使，耶律燕奴右监门卫大将军，仍赐赉诸军士。五月丁巳朔，以牧马蕃息多至百万，赏群牧官，以次进阶。乙亥，驻跸纳葛泺。戊寅，宰相梁颖出知兴中府事。是月，放进士张毂等二十六人。六月丁亥朔，以左夷离毕耶律坦为惕隐，知枢密院事耶律斡特剌兼知左夷离毕事。丙申，阻卜来朝。癸卯，遣使按诸路狱。甲辰，以同知南京留守事耶律那也知右夷离毕事。乙巳，阻卜酋长余古赧及爱的来朝，诏燕国王延禧相结为友。戊申，以契丹行宫都部署耶律阿思兼知北院大王事。壬子，高墩以下、县令、录事兄弟及子，悉许叙用。秋七月丁巳，惠妃母燕国夫人削古以厌魅梁王事觉，伏诛，子兰陵郡王萧酬斡除名，置边郡，仍隶兴圣宫。戊午，猎沙岭。甲子，赐兴圣、积庆二宫贫民钱。乙酉，出粟振辽州贫民。八月戊子，以雪罢猎。九月庚午，还上京。壬申，发粟振上京、中京贫民。丙子，谒二仪、五鸾二殿。己卯，出太祖、太宗所御铠仗示燕国王延禧，谕以创业征伐之难。辛巳，召南府宰相议国政。冬十月乙酉朔，以枢密副使窦景庸知枢密院事。丙戌，五国部长来贡。丁亥，以夏国王李秉常薨，遣使诏其子乾顺知国事。十一月甲戌，为燕国王延禧行再生礼，曲赦上京囚。戊寅，高丽遣使谢封册。癸未，出粟振乾、显、成、懿四州贫民。十二月辛卯，以兰陵郡王萧挞不也为南院枢密使。己亥，夏国王李乾顺遣使上其父遗物。

卷二十五　　本纪第二十五

道　宗　五

三年春正月乙卯，如鱼儿泺。甲戌，出钱粟振南京贫民，仍复其租赋。己卯，大雪。二月丙戌，发粟振中京饥。甲辰，以民多流散，除安泊逃户征偿法。三月乙卯，高丽遣使来贡。己未，免锦州贫民租一年。甲戌，免上京贫民租如锦州。庚辰，女直贡良马。夏四月戊子，赐中京贫民帛，及免诸路贡输之半。丙申，赐隈乌古部贫民帛。庚子，如凉陉。甲辰，南府宰相王绩薨。乙巳，诏出户部司粟，振诸路流民及义州之饥。五月庚申，海云寺进济民钱千万。秋七月丙辰，猎黑岭。丁巳，出杂帛赐兴圣宫贫民。庚午，大雨，罢猎。丁丑，秦越国王阿琏薨。九月乙亥，驻跸匣鲁金。冬十月庚辰，以参知政事王经为三司使。壬辰，罢节度使已下官进珍玩。癸卯，追封秦越国王阿琏为秦魏国王。十一月甲寅，以惕隐耶律坦同知南京留守事，辽兴军节度使耶律王九为南府宰相。十二月己卯朔，以枢密直学士吕嗣立参知政事。

四年春正月庚戌，如混同江。甲寅，太白昼见。甲子，五国部长来贡。庚午，免上京逋逃及贫户税赋。甲戌，以上京、南京饥，许良人自鬻。丁丑，曲赦西京役徒。二月己丑，如鱼儿泺。甲午，曲赦春州役徒，终身者皆五岁免。己亥，如春州。赦泰州役徒。三月己丑，免高丽岁贡。己巳，振上京及平、锦、来三州饥。夏四月己卯，振苏、吉、复、渌、铁五州贫民，并免其租税。甲申，振庆州贫民。乙酉，减诸路常贡服御物。丁酉，立入粟补官法。癸卯，西幸。召枢密直学士耶律俨讲《尚书·洪范》。五月辛亥，命燕国王延禧写《尚书·五子之歌》。乙卯，振祖州贫民。丁巳，诏免役徒，终身者五岁免之。己未，振春州贫民。丙寅，禁挟私引水犯田。六月庚辰，驻跸散水原。丁亥，命燕国王延禧知中丞司事，以同知南院枢密使事耶律聂里知右夷离毕，知右夷离毕事耶律那也同知南院枢密使事。庚寅，北院枢密使耶律颇德致仕。秋七月戊申，曲赦奉圣州役徒。丙辰，遣使册李乾顺为夏国王。庚申，如秋山。己巳，禁钱出境。八月庚辰，有司奏宛平、永清蝗为飞鸟所食。庚寅，谒庆陵。冬十一月丁丑，猎辽水之滨。己卯，驻跸藕丝淀。癸未，免百姓所贷官粟。己丑，知北院枢密使事耶律阿思封漆水郡王。癸巳，以乙室大王耶律敌烈知西北路招讨使事，权知西北路招讨使事萧朽哥知乙室大王事。壬寅，诏诸部长官亲鞫狱讼。十一月庚申，兴中府民张化法以父兄犯盗当死，请代，皆免。十二月戊寅，南府宰相耶律王九致仕。癸未，以孟父敞稳耶律慎思为中京留守。闰十二月癸卯朔，预行正旦礼。丙午，如混同江。

五年春正月癸未，如鱼儿泺。甲午，高丽遣使来贡。三月癸酉，诏析津、大定二府精选举人以闻，仍诏谕学者，当穷经明道。夏四月甲辰，以知奚六部大王事涅葛为本部大王。壬子，猎北山。甲子，霖雨，罢猎。五月丁亥，驻跸赤勒岭。己丑，以阻卜磨古斯为诸部长。癸巳，回鹘遣使贡良马。己亥，以同知南院枢密使事耶律那也知右夷离毕事，左祗候郎君班详稳耶律涅里知北院大王事。六月甲寅，夏国遣使来谢封册。壬戌，以参知政事王言敷为枢密副使，前枢密副使贾士勋参知政事，兼同知枢密院事。秋七月庚午，猎沙岭。九月辛卯，遣使遗宋鹿脯。壬辰，驻跸藕丝淀。冬十月乙巳，以新定法令太烦，复行旧法。庚申，以辽兴军节度使何葛为乙室大王。十一月丁卯朔，燕国王延禧生子，大赦，妃之族属进爵有差。

六年春正月，如混同江。二月辛丑，驻跸双山。三月辛未，女直遣使来贡。夏四月丁酉，东北路统军司设掌法官。庚子，以同知南院枢密使事耶律吐朵知左夷离毕事。五月壬辰，驻跸散水原。六月甲辰，遣使决五京囚。秋七月丙子，如黑岭。冬十月丁酉，驻跸藕丝淀。十一月壬戌，高丽遣使来贡。己巳，以南府宰相窦景庸为武定军节度使。是年，放进士文充等七十二人。

七年春正月壬戌，如混同江。二月己亥，驻跸鱼儿泺。壬寅，诏给渭州贫民耕牛、布绢。三月丙辰，驻跸黑龙江。夏四月丙辰，以汉人行宫副部署耶律谷欲知乙室大王事。五月己未朔，日有食之。六月甲午，驻跸赤勒岭。己亥，倒塌岭人进古鼎，有文曰："万岁永为宝用。"辛丑，回鹘遣使贡方物。癸卯，以权知东京留守萧陶隗为契丹行宫都部署。丁未，端拱殿门灾。秋七月戊午朔，回鹘遣使来贡异物，不纳，厚赐遣之。八月庚寅，以霖雨，罢猎。壬寅，幸庆州，谒庆陵。九月丙申，还上京。己亥，日本国遣郑元、郑心及僧应范等二十八人来贡。冬十月辛巳，命燕国王延禧为天下兵马大元帅，总北南院枢密使事。十一月庚子，如藕丝淀。甲子，望祀木叶山。

八年春正月乙酉，如山榆淀。乙未，阻卜诸长来降。三月己亥，驻跸挞里舍淀。丁未，曲赦中京、蔚州役徒。夏四月乙卯，阻卜长来贡。丁丑，猎西山。惕德酋长胡里只来附。五月甲辰，驻跸赤勒岭。六月乙丑，夏国为宋侵，遣使乞援。秋七月丁亥，猎沙岭。九月乙巳，驻跸藕丝淀。丁未，日本国遣使来贡。冬十月庚戌朔，遣使遗宋鹿脯。丙辰，振西北路饥。辛酉，阻卜磨古斯杀金吾吐古斯以叛，遣奚六部秃里耶律郭三发诸蕃部兵讨之。壬申，南府宰相王经薨。戊寅，以左夷离毕耶律涅里为彰圣军节度使。十一月戊子，以枢密副使王是敦兼知枢密院事，权参知政事韩资让参知政事，汉人行宫都部署奚回离保知奚六部大王事。丁酉，以通州潦水害稼，遣使振之。戊申，北院大王合鲁薨。是年，放进士冠尊文等五十三人。

九年春正月庚辰，如混同江。二月，磨古斯来侵。三月，西北路招讨使耶律阿鲁扫古追磨古斯还，都监萧张九遇贼，与战不利。二室韦、拽剌、北王府、特满群牧、宫分等军多陷没。夏四月乙卯，兴中府甘露降，遣使祠佛饭僧。癸酉，猎西山。六月丁未朔，驻跸散水原。庚申，以辽兴军节度使荣哥为南院大王，知左夷离毕事耶律吐朵为左夷离毕。秋七月辛卯，如黑岭。壬寅，遣使赐高丽羊。九月癸卯，振西北路贫民。冬十月庚戌，有司奏磨古斯诣西北路招讨使耶律挞不也伪降，既而乘虚来袭，挞不也死之。阻卜乌古札叛，达里底、拔思母并寇倒塌岭。壬子，遣使籍诸路兵。癸丑，以南院大王特末同知南京留守事，命郑家奴率兵往援倒塌岭。甲寅，驻跸藕丝淀，以左夷离毕耶律秃朵、围场都管撒八并为西北路行军都监。乙卯，诏以马三千给乌古部。丙辰，有司奏阻卜长辖底掠西路群牧。丁巳，振西北路贫民。己未，燕国王延禧生子，肆赦，妃之族属并进级。壬戌，以枢密直学士赵廷睦参知政事兼同知南院枢密使事。癸亥，乌古敌烈统军使萧朽哥奏讨阻卜等部捷。甲子，宋遣使告其母后曹氏哀，即遣使吊祭。己巳，诏广积贮，以备水旱。十一月辛巳，特抹等奏讨阻卜捷。十二月丙辰，宋遣使以母后遗留物来馈。

十年春正月，如春水。癸未，惕德来贡。戊子，乌古扎等来降，达里底、拔思母二部来侵，四捷军都监特抹死之。二月甲辰，以破阻卜，赏有功者。丙午，西南面招讨司奏讨拔思母捷。癸丑，排雅、仆里、同葛、虎骨、仆果等来降。达里底来侵。三月壬申朔，日有食之。山北路副部署萧阿鲁带奏讨达里底捷。夏四月壬寅朔，惕德萌得斯、老古得等各率所部来附，诏复旧地。甲辰，驻跸春州北平淀。丙午，乌古部节度使耶律陈家奴奏讨茶扎剌捷。庚戌，以知北院枢密使事耶律斡特剌为都统，夷离毕耶律秃朵为副统，龙虎卫上将军耶律胡吕都监，讨磨古斯，遣积庆宫使萧纥里监战。辛亥，朽哥奏颇里八部来侵。击破之。己巳，除玉田、密云流民租赋一年。闰月庚子，赐西北路贫民钱。达里底、拔思母二部来降。五月甲辰，驻跸赤勒岭。甲寅，括马。戊午，西北路招讨司奏敌烈等部来侵，统军司出兵与战，不利，招讨司以兵击破之，敦睦宫太师耶律爰奴及其子死之。辛酉，以知国舅详稳事萧阿烈同领西北路行军事。六月辛未，宋遣使来谢吊祭。乙酉，乌古敌烈统军使朽哥有罪，除名。丙戌，和烈葛等部来聘。癸巳，惕德来贡。己亥，禁边民与蕃部为婚。是夏，高丽国王运薨，子昱遣使来告，即遣使赙赠。秋七月庚子朔，猎赤山。是月，阻卜等寇倒塌岭，尽掠西路群牧马去，东北路统军使耶律石柳以兵追及，尽获所掠而还。九月己未，以南院大王特末为南院枢密使。甲子，敌烈诸酋来降，释其罪。是月，斡特剌破磨古斯。冬十月丙子，驻跸藕丝淀。壬午，山北路副部署萧阿鲁带以讨达里底功，加左金吾卫上将军。癸巳，西北路统军司获阻卜长拍撒葛、蒲鲁等来献。十一月乙巳，惕德铜刮、阻卜的烈等来降。达里底及拔思母等复来侵，山北副部署阿鲁带击败之。十二月癸酉，三河县民孙宾及其妻皆百岁，复其家。甲戌，以参知政事赵廷睦兼同知枢密院事，枢密副使王师儒参知政事兼同知枢密院事。己卯，诏录西北路有功将士及战殁者，赠官。乙酉，诏改明年元，减杂犯死罪以下，仍除贫民租赋。戊子，西北路统军司奏讨磨古斯捷。

卷二十六　本纪第二十六

道宗六

寿隆元年春正月己亥，如混同江。庚戌，西南面招讨司奏拔思母来侵，萧阿鲁带等击破之。乙卯，振奉圣州贫民。二月戊辰，赐左、右二皮室贫民钱。癸酉，高丽遣使来贡。乙亥，驻跸鱼儿泺。三月丙午，赐东北路贫民绢。夏四月丁卯，斡特剌奏讨耶覩刮捷。乙亥，女直遣使来贡。庚寅，录西北路有功将士。五月乙未朔，左夷离毕耶律吐朵为惕隐，南京宣徽使耶律特末为北院大王。癸卯，赠阵亡者官。丁巳，驻跸特礼岭。六月己巳，以知奚六部大王事回里不为本部大王，权参知政事赵孝严为汉人行宫都部署，围场都管撒八以讨阻卜功，加镇国大将军。癸巳，阻卜长秃里底及图木葛来贡。秋七月庚子，阻卜长猛达斯等来贡。癸卯，猎沙岭。癸丑，颇里八部来附，进方物。甲寅，斡特剌奏磨古斯捷。九月甲寅，祠木叶山。丙辰，诏西京炮人、弩人教西北路汉军。冬十月甲子，驻跸藕丝淀。甲戌，以北面林牙耶律大悲奴为右夷离毕。癸未，以参知政事王师儒为枢密副使，汉人行宫都部署赵孝严参知政事。壬辰，录讨阻卜有功将士。十一月丙申，女直遣使进马。己亥，以都统斡特剌为西北路招讨使，封漆水郡王。甲辰，夏国进贝多叶佛经。庚申，高丽王昱疾，命其叔颙权知国事。十二月癸亥朔，以知北院枢密使事耶律阿思为北院枢密使。是年，放进士陈衡甫等百三十人。

二年春正月甲午，如春水。癸卯，西南面招讨司讨拔思母，破之。乙卯，驻跸瑟尼思。辛酉，市牛给乌古、敌烈、隈乌古部贫民。二月癸亥，振达麻里别古部。夏四月己卯，振西北边军。六月辛酉，驻跸撒里乃。秋七月甲午，阻卜来贡。丙午，猎赤山。八月乙丑，颇里八部进马。九月丙午，徙乌古敌烈部于乌纳水，以扼北边之冲。冬十月戊辰，驻跸藕丝淀。庚辰，高丽遣使来贡。十二月己未，斡特剌讨梅里急，破之。壬戌，南府宰相耶律铎鲁斡致仕。癸亥，萧挞不也为北府宰相，耶律大悲奴殿前都点检。乙亥，夏国献宋俘。

三年春正月丁亥，如春水。壬寅，乌古部节度使耶律陈家奴以功加尚书右仆射。癸卯，驻跸双山。二月丙辰朔，南京水，遣使振之。闰月丙午，阻卜长猛撒葛、粘八葛长秃骨撒、梅里急长忽鲁八等请复旧地，贡方物，从之。三月辛酉，燕国王延禧生子。癸亥，赐名挞鲁。妃之父长哥迁左监门卫上将军，仍赐官属钱。是春，高丽王昱薨。夏四月，南府宰相赵廷睦出知兴中府事，参知政事牛温舒兼同知枢密院事。五月癸亥，斡特剌讨阻卜，破之。己巳，驻跸撒里乃。六月甲申，诏罢诸路驰驲贡新。丙戌，诏每冬驻跸之所，宰相以下构宅，毋役其民。辛丑，夏人来告宋城要地，遣使之宋，谕与夏和。庚戌，以契丹行宫都部署耶律吾也为南院大王。秋七月壬子朔，猎黑岭。八月己亥，蒲卢毛朵部长率其民来归。乙巳，彗星见西方。九月壬申，驻跸藕丝淀。丁丑，以武定军节度使梁援为汉人行宫都部署。戊寅，斡特剌奏讨梅里急捷。己卯，五国部长来贡。冬十月庚戌，以西北路招讨使斡特剌为南府宰相。十一月乙卯，蒲卢毛朵部来贡。戊午，以安车召医巫闾山僧志达。己未，以中京留守韩资让知枢密院事，同知南院枢密使事萧药师奴知右夷离毕。丁丑，西北路统军司奏讨梅里急捷。

四年春正月壬子，如鱼儿泺。己巳，徙阻卜等贫民于山前。辛未，宋遣使来馈锦绮。三月庚午，幸春州。丙子，有司奏黄河清。夏四月辛丑，以雨，罢猎。五月癸酉，那也奏北边捷。甲戌，驻跸撒里乃。六月戊寅朔，夏国为宋所攻，遣使求援。丁亥，以辽兴军节度使涅里为惕隐，前知惕隐事耶律郭三为南京统军使。甲午，以参知政事牛温舒兼知中京留守事。秋七月戊午，如黑岭。冬十月乙亥朔，驻跸藕丝淀。己卯，以南府宰相斡特剌兼契丹行宫都部署，以傅导燕国王延禧。十一月乙巳朔，知右夷离毕事萧药师奴、枢密直学士耶律俨使宋，讽与夏和。辛酉，夏复遣使求援。十二月壬辰，为燕国王延禧行再生礼，曲赦三百里内囚。

五年春正月乙巳，如鱼儿泺。己酉，诏夏国王李乾顺伐拔思母等部。夏五月壬戌，药师奴等使宋回，奏宋罢兵。癸亥，谒乾陵。戊辰，以南府宰相斡特剌兼西北路招讨使，禁军都统。己巳，驻跸沿柳湖。六月甲申，以奚六部大王回离保为契丹行宫都部署，知右夷离毕事萧药师奴南面林牙，兼知契丹行宫都部署事。乙未，五国部长来朝。戊戌，阻卜来贡。己亥，以兴圣宫使耶律郝家奴为右夷离毕。秋七月壬寅朔，惕德长秃的等来贡。辛亥，如大牢古山。闰九月丙子，驻跸独卢金。冬十月己亥朔，高丽王颙遣使乞封册。丁巳，斡特剌奏讨耶睹刮捷。丙寅，以同知南京留守事萧得里底知北院枢密使事。丁卯，宋遣郭知章、曹平来聘。戊辰，振辽州饥，仍免租赋一年。十一月甲戌，振南、北二纟乙。乙酉，夏国以宋罢兵，遣使来谢。十二月甲子，以参知政事赵孝严为汉人行宫都部署，汉人行宫都部署梁援为辽兴军节度使。

六年春正月癸酉，南院大王耶律吾也薨。壬午，以太师致仕秃开起为奚六部大王。丁亥，如春水。辛卯，斡特剌执磨古斯来献。丙申，诏问民疾苦。二月丁未，以乌古部节度使陈家奴为南院大王。己酉，磔磨古斯于市。癸丑，出绢赐五院贫民。辛酉，宋遣使告宋主煦殂，弟佶嗣位，即日遣使吊祭。三月甲申，驰朔州山林之禁。夏四月丁酉朔，日有食之。癸卯，如炭山。五月壬午，乌古部讨茶扎剌，破之。乙酉，汉人行宫都部署赵孝严薨。丙戌，驻跸纳葛泺。辛卯，宋遣使馈先帝遗物。乙未，以东京留守何鲁扫古为惕隐，南院宣徽使萧常哥为汉人行宫都部署。六月庚子，遣使贺宋主。辛丑，以有司案牍书宋帝“嗣位”为“登宝位”，诏夺宰相郑颛以下官，出颛知兴中府事，韩资让为崇义军节度使，御史中丞韩君义为广顺军节度使。癸丑，阻卜长来贡。戊午，遣使决五京滞狱。己未，以辽兴军节度使梁援为枢密副使。秋七月庚午，如沙岭。壬申，耶睹刮诸部寇西北路。八月，斡特剌以兵击败之，使来献捷。九月癸未，望祠木叶山。戊子，驻跸藕丝淀。冬十月壬寅，以枢密副使王师儒监修国史。癸卯，五国诸部长来贡。甲寅，以平州饥，复其租赋一年。十一月壬申，以天德军民田世荣三世同居，诏官之，令一子三班院祗候。丙子，诏医巫闾山僧志达设坛于内殿。戊子，夏国王李乾顺遣使请尚公主。十二月乙未，女直遣使来贡。己亥，以知右夷离毕事郝家奴为北面林牙。辛亥，诏燕国王延禧拟注大将军以下官。庚申，铁骊来贡。宋遣使来谢。帝不豫。是岁，封高丽王颙长子俣为三韩国公。放进士康秉俭等八十七人。

七年春正月壬戌朔，力疾御清风殿受百官及诸国使贺。是夜，白气如练，自天而绛。黑云起于西北，疾飞有声。北有青赤黑白气，相杂而落。癸亥，如混同江。甲戌，上崩于行宫，年七十。遗诏燕国王延禧嗣位。六月庚子，上尊谥仁圣大孝文皇帝，庙号道宗。

赞曰：道宗初即位，求直言，访治道，劝农兴学，救灾恤患，粲然可观。及夫谤讪之令既行，告讦之赏日重。群邪并兴，谗巧竞进。贼及骨肉，皇基浸危。众正沦胥，诸部反侧，甲兵之用，无宁岁矣。一岁而饭僧三十六万，一日而祝发三千。徒勤小惠，蔑计大本，尚足与论治哉？

卷二十七　　本纪第二十七

天祚皇帝一

天祚皇帝，讳延禧，字延宁，小字阿果。道宗之孙，父顺宗大孝顺圣皇帝，母贞顺皇后萧氏。大康元年生。六岁封梁王，加守太尉，兼中书令。后三年，进封燕国王。大安七年，总北南院枢密使事，加尚书令，为天下兵马大元帅。

寿隆七年正月甲戌，道宗崩，奉遗诏即皇帝位于柩前。群臣上尊号曰天祚皇帝。二月壬辰朔，改元乾统，大赦。诏为耶律乙辛所诬陷者，复其官爵，籍没者出之，流放者还之。乙未，遣使告哀于宋及西夏、高丽。乙巳，以北府宰相萧兀纳为辽兴军节度使，加守太傅。三月丁卯，诏有司以张孝杰家属分赐群臣。甲戌，召僧法颐放戒于内庭。夏四月，旱。六月庚寅朔，如庆州。甲午，宋遣王潜等来吊祭。丙申，高丽、夏国各遣使慰奠。戊戌，以南府宰相斡特剌兼南院枢密使。庚子，追谥懿德皇后为宣懿皇后。壬寅，以宋魏国王和鲁斡为天下兵马大元帅。乙巳，以北平郡王淳进封郑王。丁未，北院枢密使耶律阿思加于越。辛亥，葬仁圣大孝文皇帝、宣懿皇后于庆陵。秋七月癸亥，阻卜、铁骊来贡。八月甲寅，谒庆陵。九月壬申，谒怀陵。乙亥，驻跸藕丝淀。冬十月壬辰，谒乾陵。甲辰，上皇考昭怀太子谥曰大孝顺圣皇帝，庙号顺宗，皇妣曰贞顺皇后。十二月戊子，以枢密副使张琳知枢密院事，翰林学士张奉珪参知政事兼同知枢密院事。癸巳，宋遣黄实来贺即位。丁酉，高丽、夏国并遣使来贺。乙巳，诏先朝已行事，不得陈告。初，以杨割为生女直部节度使，其俗呼为太师。是岁杨割死，传于兄之子乌雅束，束死，其弟阿骨打袭。

二年春正月，如鸭子河。二月辛卯，如春州。三月，大寒，冰复合。夏四月辛亥，诏诛乙辛党，徙其子孙于边；发乙辛、得里特之墓，剖棺，戮尸；以其家属分赐被杀之家。五月乙丑，斡特剌献耶覩刮等部捷。六月壬辰，以雨罢猎，驻跸散水原。丙午，夏国王李乾顺复遣使请尚公主。丁未，南院大王陈家奴致仕。壬子，李乾顺为宋所攻，遣李造福、田若水求援。闰月庚申，策贤良。壬申，降惠妃为庶人。秋七月，猎黑岭，以霖雨，给猎人马。阻卜来侵，斡特剌等战败之。冬十月乙卯，萧海里叛，劫乾州武库器甲。命北面林牙郝家奴捕之。萧海里亡入陪术水阿典部。丙寅，以南府宰相耶律斡特剌为北院枢密使，参知政事牛温舒知南院枢密使事。十一月乙未，郝家奴以不获萧海里，免官。壬寅，以上京留守耶律慎思为北院枢密副使。有司请以帝生日为天兴节。

三年春正月辛巳朔，如混同江。女直函萧海里首，遣使来献。戊申，如春州。二月庚午，以武清县大水，弛其陂泽之禁。夏五月戊子，以猎人多亡，严立科禁。乙巳，清暑赤勒岭。丙午，谒庆陵。六月辛酉，夏国王李乾顺复遣使请尚公主。秋七月，中京雨雹，伤稼。冬十月甲辰，如中京。己未，吐蕃遣使来贡。庚申，夏国复遣使求援。己巳，有事于观德殿。十一月丙申，文武百官加上尊号曰惠文智武圣孝天祚皇帝，大赦，以宋魏国王和鲁斡为皇太叔，梁王挞鲁进封燕国王，郑王淳为东京留守，进封越国王，百官各进一阶。丁酉，以惕隐耶律何鲁扫古为南院大王。戊戌，以受尊号，告庙。乙巳，谒太祖庙，追尊太祖之高祖曰昭烈皇帝，庙号肃祖，妣曰昭烈皇后；曾祖曰庄敬皇帝，庙号懿祖，妣曰庄敬皇后。召监修国史耶律俨纂太祖诸帝《实录》。十二月戊申，如藕丝淀。是年，放进士马恭回等百三人。

四年春正月戊子，幸鱼儿泺。壬寅，猎木岭。癸卯，燕国王挞鲁薨。二月丁丑，鼻骨德遣使来贡。夏六月甲辰，驻跸旺国崖。甲寅，夏国遣李造福、田若水求援。癸亥，吐蕃遣使来贡。秋七月，南京蝗。庚辰，猎南山。癸未，以西北路招讨使萧得里底、北院枢密副使耶律慎思并知北院枢密使事。辛卯，以同知南院枢密使事萧敌里为西北路招讨使。冬十月己酉，凤凰见于漷阴。己未，幸南京。十一月乙亥，御迎月楼，赐贫民钱。十二月辛丑，以张琳为南府宰相。

五年春正月乙亥，夏国遣李造福等来求援，且乞伐宋。庚寅，以辽兴军节度使萧常哥为北府宰相。丁酉，遣枢密直学士高端礼等讽宋罢伐夏兵。二月癸卯，微行，视民疾苦。丙午，幸鸳鸯泺。三月壬申，以族女南仙封成安公主，下嫁夏国王李乾顺。夏四月甲申，射虎炭山。五月癸卯，清暑南崖。壬子，宋遣曾孝广、王戬报聘。六月甲戌，夏国遣使来谢，及贡方物。己丑，幸候里吉。秋七月，谒庆陵。九月辛亥，驻跸藕丝淀。乙卯，谒乾陵。冬十一月戊戌，禁商贾之家应进士举。丙辰，高丽三韩国公王颙薨，子俣遣使来告。十二月己巳，夏国复遣李造福、田若水求援。癸酉，宋遣林洙来议与夏约和。

六年春正月辛丑，遣知北院枢密使事萧得里底、知南院枢密使事牛温舒使宋，讽归所侵夏地。夏五月，清暑散水原。六月辛巳，夏国遣李造福等来谢。秋七月癸巳，阻卜来贡。甲午，如黑岭。庚子，猎鹿角山。冬十月乙亥，宋与夏通好，遣刘正符、曹穆来告。庚辰，以皇太叔、南京留守和鲁斡兼惕隐，东京留守、越国王淳为南府宰相。十一月乙未，以谢家奴为南院大王，马奴为奚六部大王。丙申，行柴册礼。戊戌，大赦。以和鲁斡为义和仁圣皇太叔，越国王淳进封魏国王，封皇子敖卢斡为晋王，习泥烈为饶乐郡王。己亥，谒太祖庙。甲辰，祠木叶山。十二月己巳，封耶律俨为漆水郡王，余官进爵有差。

七年春正月，钓鱼于鸭子河。二月，驻跸大鱼泺。夏六月，次散水原。秋七月，如黑岭。冬十月，谒乾陵，猎医巫闾山。是年，放进士李石等百人。

八年春正月，如春州。夏四月丙申，封高丽王俣为三韩国公，赠其父颙为高丽国王。五月，清暑散水原。六月壬辰，西北路招讨使萧敌里率诸蕃来朝。丙申，射柳祈雨。

壬寅，夏国王李乾顺以成安公主生子，遣使来告。丁未，如黑岭。秋七月戊辰，以雨罢猎。冬十二月己卯，高丽遣使来谢。

九年春正月丙午朔，如鸭子河。二月，如春州。三月戊午，夏国以宋不归地，遣使来告。夏四月壬午，五国部来贡。六月乙亥，清暑特礼岭。秋七月，陨霜，伤稼。甲寅，猎于候里吉。八月丁酉，雪，罢猎。冬十月癸酉，望祠木叶山。丁丑，诏免今年租税。十二月甲申，高丽遣使来贡。是年，放进士刘桢等九十人。

十年春正月辛丑，预行立春礼。如鸭子河。二月庚午朔，驻跸大鱼泺。夏四月丙子，五国部长来贡。丙戌，预行再生礼。癸巳，猎于北山。六月甲戌，清暑玉丘。癸未，夏国遣李造福等来贡。甲午，阻卜来贡。秋七月辛丑，谒庆陵。闰月辛亥，谒怀陵。己未，谒祖陵。壬戌，皇太叔和鲁斡薨。九月甲戌，免重九节礼。冬十月，驻跸藕丝淀。十二月己酉，改明年元。是岁，大饥。

天庆元年春正月，钓鱼于鸭子河。二月，如春州。三月乙亥，五国部长来贡。夏五月，清暑散水原。秋七月，猎。冬十月，驻跸藕丝淀。

二年春正月己未朔，如鸭子河。丁丑，五国部长来贡。二月丁酉，如春州，幸混同江钓鱼，界外生女直酋长在千里内者，以故事皆来朝。适遇“头鱼宴”，酒半酣，上临轩，命诸酋次第起舞；独阿骨打辞以不能。谕之再三，终不从。他日，上密谓枢密使萧奉先曰：“前日之燕，阿骨打意气雄豪，顾视不常，可托以边事诛之。否则，必贻后患。”奉先曰：“粗人不知礼义，无大过而杀之，恐伤向化之心。假有异志，又何能为？”其弟吴乞买、粘罕、胡舍等尝从猎，能呼鹿、刺虎、搏熊。上喜，辄加官爵。夏六月庚寅，清暑南崖。甲午，和州回鹘来贡。戊戌，成安公主来朝。甲辰，阻卜来贡。秋七月乙丑，猎南山。九月己未，射获熊，燕群臣，上亲御琵琶。初，阿骨打混同江宴归，疑上知其异志，遂称兵，先并旁近部族。女直赵三、阿鹘产拒之，阿骨打虏其家属。二人走诉咸城，详稳司送北枢密院，枢密使萧奉先作常事以闻上，仍送咸州诘责，欲使自新。后数召，阿骨打竟称疾不至。冬十月辛卯，高丽三韩国公王俁之母死，来告，即遣使致祭，起复。是月，驻跸奉圣州。十一月乙卯，幸南京。丁卯，谒太祖庙。是年，放进士韩昉等七十七人。

三年春正月丙寅，赐南京贫民钱。丁卯，如大鱼泺。甲戌，禁僧尼破戒。丙子，猎狗牙山，大寒，猎人多死。三月，籍诸道户，徙大牢古山围场地居民于别土。阿骨打一日率五百骑突至咸州，吏民大惊。翌日，赴详稳司，与赵三等面折庭下。阿骨打不屈，送所司问状。一夕遁去。遣人诉于上，谓详稳司欲见杀，故不敢留。自是召不复至。夏闰四月，李弘以左道聚众为乱，支解，分示五京。六月乙卯，斡朗改国遣使来贡良犬。丙辰，夏国遣使来贡。秋七月，幸秋山。九月，驻跸藕丝淀。十一月甲午，以三司使虞融知南院枢密使事，西南面招讨使萧乐古为南府宰相。十二月庚戌，高丽遣使来谢致祭。癸丑，回鹘遣使来贡。甲寅，以枢密直学士马人望参知政事。丙辰，知枢密院事耶律俨薨。癸亥，高丽遣使来谢起复。

四年春正月，如春州。初，女直起兵，以纥石烈部人阿疏不从，遣其部撒改讨之。阿疏弟狄故保来告，诏谕使勿讨，不听，阿疏来奔。至是女直遣使来索，不发。夏五月，清暑散水原。秋七月，女直复遣使取阿疏，不发，乃遣侍御阿息保问境上多建城堡之故。女直以慢语答曰：“若还阿疏，朝贡如故；不然，城未能已。”遂发浑河北诸军，益东北路统军司。阿骨打乃与侄粘罕、胡舍等谋，以银术割、移烈、娄室、阇母等为帅，集女直诸部兵，擒辽障鹰官。及攻宁江州，东北路统军司以闻。时上在庆州射鹿，闻之略不介意，遣海州刺史高仙寿统渤海军应援。萧挞不也遇女直，战于宁江东，败绩。冬十月壬寅朔，以守司空萧嗣先为东北路都统，静江军节度使萧挞不也为副，发契丹奚军三千人，中京禁兵及土豪二千人，别选诸路武勇二千余人，以虞候崔公义为都押官，控鹤指挥邢颖为副，引军屯出河店。两军对垒，女直军潜渡混同江，掩击辽众。萧嗣先军溃，崔公义、邢颖、耶律佛留、萧葛十等死之，其获免者十有七人。萧奉先惧其弟嗣先获罪，辄奏东征溃军所至劫掠，若不肆赦，恐聚为患。上从之，嗣先但免官而已。诸军相谓曰：“战则有死而无功，退则有生而无罪。”故士无斗志，望风奔溃。十一月壬辰，都统萧敌里等营于斡邻泺东，又为女直所袭，士卒死者甚众。甲午，萧敌里亦坐免官。辛丑，以西北路招讨使耶律斡里朵为行军都统，副点检萧乙薛、同知南院枢密使事耶律章奴副之。十二月，咸、宾、祥三州及铁骊、兀惹皆叛入女直。乙薛往援宾州，南军诸将实娄、特烈等往援咸州，并为女直所败。

卷二十八　　本纪第二十八

天祚皇帝二

五年春正月，下诏亲征，遣僧家奴持书约和，斥阿骨打名。阿骨打遣赛剌复书，若归叛人阿疏，迁黄龙府于别地，然后议之。都统耶律斡里朵等与女直兵战于达鲁古城，败绩。二月，饶州渤海古欲等反，自称大王。三月，以萧谢佛留等讨之。遣耶律张家奴等六人赍书使女直，斥其主名，冀以速降。夏四月癸丑，以萧谢佛留等为渤海古欲所败，以南面副部署萧陶苏斡为都统，赴之。五月，陶苏斡及古欲战，败绩。张家奴等以阿骨打书来，复遣之往。六月己亥朔，清暑特礼岭。壬子，张家奴等还，阿骨打复书，亦斥名谕之使降。癸丑，以亲征谕诸道。丙辰，陶苏斡招获古欲等。癸亥，以惕隐耶律末里为北院大王。是月，遣萧辞剌使女直，以书辞不屈见留。秋七月辛未，宋遣使致助军银绢。丙子，猎于岭东。是月，都统斡里朵等与女直战于白马泺，败绩。八月甲子，罢猎，趋军中。以斡里朵等军败，免官。丙寅，以围场使阿不为中军都统，耶律张家奴为都监，率番、汉兵十万；萧奉先充御营都统，诸行营都部署耶律章奴为副，以精兵二万为先锋。余分五部为正军，贵族子弟千人为硬军，扈从百司为护卫军，北出骆驼口；以都点检萧胡覩姑为都统，枢密直学士柴谊为副，将汉步骑三万，南出宁江州。自长春州分道而进，发数月粮，期必灭女直。九月丁卯朔，女直军陷黄龙府。己巳，知北院枢密使萧得里底出为西南面招讨使。辞剌还，女直复遣赛剌以书来报：若归我叛人阿疏等，即当班师。上亲征。粘罕、兀术等以书来上，阳为卑哀之辞，实欲求战。书上，上怒，下诏有“女直作过，大军翦除”之语。女直主聚众，剺面仰天恸哭曰：“始与汝等起兵，盖苦契丹残忍，欲自立国。今主上亲征，奈何？非人死战，莫能当也。不若杀我一族，汝等迎降，转祸为福。”诸军皆曰：“事已至此，惟命是从。”乙巳，耶律章奴反，奔上京，谋迎立魏国王淳。上遣驸马萧昱领兵诣广平淀护后妃，行宫小底乙信持书驰报魏国王。时章奴先遣王妃亲弟萧谛里以所谋说魏国王。王曰：“此非细事，主上自有诸王当立，北、南面大臣不来，而汝言及此，何也？”密令左右拘之。有顷，乙信等赍御札至，备言章奴等欲废立事。魏国王立斩萧谛里等首以献，单骑间道诣广平淀待罪。上遇之如初。章奴知魏国王不听，率麾下掠庆、饶、怀、祖等州，结渤海群盗，众至数万，趋广平淀犯行宫。顺国女直阿鹘产以三百骑一战而胜，擒其贵族二百余人，并斩首以徇。其妻子配役绣院，或散诸近侍为婢，余得脱者皆奔女直。章奴诈为使者，欲奔女直，为逻者所获，缚送行在，腰斩于市，剖其心以献祖庙，支解以徇五路。冬十一月，遣驸马萧特末、林牙萧察剌等将骑兵五万、步卒四十万、亲军七十万至驼门。十二月乙巳，耶律张家奴叛。戊申，亲战于护步答冈，败绩，尽亡其辎重。己未，锦州刺史耶律术者叛应张家奴。庚申，北面林牙耶律马哥讨张家奴。癸亥，以北院宣徽使萧韩家奴知北院枢密使事，南院宣徽使萧特末为汉人行宫都部署。

六年春正月丙寅朔，东京夜有恶少年十余人，乘酒执刃，逾垣入留守府，问留守萧保先所在：“今军变，请为备。”萧保先出，刺杀之。户部使大公鼎闻乱，即摄留守事，与副留守高清明集奚、汉兵千人，尽捕其众，斩之，抚定其民。东京故渤海地，太祖力战二十余年乃得之。而萧保先严酷，渤海苦之，故有是变。其裨将渤海高永昌僭号，称隆基元年。遣萧乙薛、高兴顺招之，不从。闰月己亥，遣萧韩家奴、张琳讨之。戊午，贵德州守将耶律余覩以广州渤海叛附永昌，我师击败之。二月戊辰，侍御司徒挞不也等讨张家奴，战于祖州，败绩。乙酉，遣汉人行宫都部署萧特末率诸将讨张家奴。戊子，张家奴诱饶州渤海及中京贼侯槩等万余人，攻陷高州。三月，东面行军副统酬斡等擒侯概于川州。夏四月戊辰，亲征张家奴。癸酉，败之。甲戌，诛叛党，饶州渤海平。丙子，赏平贼将士有差；而萧韩家奴、张琳等复为贼所败。五月，清暑散水原。女直军攻下沈州，复陷东京，擒高永昌。东京州县族人痕孛、铎剌、吴十、挞不也、道剌、酬斡等十三人皆降女直。六月乙丑，籍诸路兵，有杂畜十头以上者皆从军。庚辰，魏国王淳进封秦晋国王，为都元帅；上京留守萧挞不也为契丹行宫都部署兼副元帅。丁亥，知北院枢密使事萧韩家奴为上京留守。秋七月，猎秋山。春州渤海二千余户叛，东北路统军使勒兵追及，尽俘以还。八月，乌古部叛，遣中丞耶律挞不也等招之。九月丙午，谒怀陵。冬十月丁卯，以张琳军败，夺官。庚辰，乌古部来降。十一月，东面行军副统马哥等攻曷苏馆，败绩。十二月乙亥，封庶人萧氏为太皇太妃。辛巳，削副统耶律马哥官。

七年春正月甲寅，减厩马粟，分给诸局。是月，女直军攻春州，东北面诸军不战自溃，女古、皮室四部及渤海人皆降，复下泰州。二月，涞水县贼董庞儿聚众万余，西京留守萧乙薛、南京统军都监查剌与战于易水，破之。三月，庞儿党复聚，乙薛复击破之于奉圣州。夏五月庚寅，东北面行军诸将涅里、合鲁、涅哥、虚古等弃市。乙巳，诸围场隙地，纵百姓樵采。六月辛巳，以同知枢密院事余里也为北院大王。秋七月癸卯，猎秋山。八月丙寅，猎狘斯那里山，命都元帅秦晋王赴沿边，会四路兵马防秋。九月，上自燕至阴凉河，置怨军八营：募自宜州者曰前宜、后宜，自锦州者曰前锦、后锦，自乾自显者曰乾曰显，又有乾显大营、岩州营，凡二万八千余人，屯卫州蒺藜山。丁酉，猎辋子山。冬十月乙卯朔，至中京。十二月丙寅，都元帅秦晋国王淳遇女直军，战于蒺藜山，败绩。女直复拔显州旁近州郡。庚午，下诏自责。癸酉，遣夷离毕查剌与大公鼎诸路募兵。丁丑，以西京留守萧乙薛为北府宰相，东北路行军都统奚霞末知奚六部大王事。是岁，女直阿骨打用铁州杨朴策，即皇帝位，建元天辅，国号金。杨朴又言，自古英雄开国或受禅，必先求大国封册，遂遣使议和，以求封册。

八年春正月，幸鸳鸯泺。丁亥，遣耶律奴哥等使金议和。庚寅，保安军节度使张崇以双州二百户降金。东路诸州盗贼蜂起，掠民自随以充食。二月，耶律奴哥还自金，金主复书曰：“能以兄事朕，岁贡方物，归我上、中京、兴中府三路州县；以亲王、公主、驸马、大臣子孙为质；还我行人及元给信符，并宋、夏、高丽往复书诏、表牒，则可以如约。”三月甲午，复遣奴哥使金。夏四月辛酉，以西南面招讨使萧得里底为北院枢密使。五月壬午朔，奴哥以书来，约不逾此月见报。戊戌，复遣奴哥使金，要以酌中之议。是月，至纳葛泺。贼安生儿、张高儿聚众二十万，耶律马哥等斩生儿于龙化州，高儿亡入懿州，与霍六哥相合。金主遣胡突衮与奴哥持书，报如前约。六月丁卯，遣奴哥等赍宋、夏、高丽书诏、表牒至金。霍六哥陷海北州，趣义州，军帅回离保等击败之。通、祺、双、辽四州之民八百余户降于金。秋七月，猎秋山。金复遣胡突衮来，免取质子及上京、兴中府所属州郡，裁减岁币之数，“如能以兄事朕，册用汉仪，可以如约。”八月庚午，遣奴哥、突迭使金，议册礼。九月，突迭见留，遣奴哥还，谓之曰：“言如不从，勿复遣使。”闰月丙寅，遣奴哥复使金，而萧宝、讹里等十五人各率户降于金。冬十月，奴哥、突迭持金书来。龙化州张应古等四人率众降金。十一月，副元帅萧挞不也薨。十二月甲申，议定册礼，遣奴哥使金。宁昌军节度使刘宏以懿州户三千降金。时山前诸路大饥，乾、显、宜、锦、兴中等路，斗粟直数缣，民削榆皮食之，既而人相食。是年，放进士王翚等三百人。

九年春正月，金遣乌林答赞谟持书来迎册。二月，至鸳鸯泺。贼张撒八诱中京射粮军，僭号，南面军帅余覩擒撒八。三月丁未朔，遣知右夷离毕事萧习泥烈等册金主为东怀国皇帝。己酉，乌林答赞谟、奴哥等先以书报。夏五月，阻卜补疏只等叛，执招讨使耶律斡里朵，都监萧斜里得死之。秋七月，猎南山。金复遣乌林答赞谟来，责册文无"兄事"之语，不言"大金"而云"东怀"，乃小邦怀其德之义；及册文有"渠材"二字，语涉轻侮；若"遥芬多戬"等语，皆非善意，殊乖体式。如依前书所定，然后可从。杨询卿、罗子韦率众降金。八月，以赵王习泥烈为西京留守。九月，至西京。复遣习泥烈、杨立忠先持册稿使金。冬十月甲戌朔，耶律陈图奴等二十余人谋反，伏诛。是月，遣使送乌林答赞谟持书以还。

十年春二月，幸鸳鸯泺。金复遣乌林答赞谟持书及册文副本以来，仍责乞兵于高丽。三月己酉，民有群马者，十取其一，给东路军。庚申，以金人所定"大圣"二字，与先世称号同，复遣习泥烈往议。金主怒，遂绝之。夏四月，猎胡土白山，闻金师再举，耶律白斯不等选精兵三千以济辽师。五月，金主亲攻上京，克外郛，留守挞不也率众出降。六月乙酉，以北府宰相萧乙薛为上京留守、知盐铁内省两司、东北统军司事。秋，猎沙岭。冬，复至西京。

卷二十九　本纪第二十九

天祚皇帝三

保大元年春正月丁酉朔，改元，肆赦。初，金人兴兵，郡县所失几半。上有四子：长赵王，母赵昭容；次晋王，母文妃；次秦王、许王，皆元妃生。国人知晋王之贤，深所属望。元妃之兄枢密使萧奉先恐秦王不得立，潜图之。文妃姊妹三人：长适耶律挞曷里，次文妃，次适余覩。一日，其姊若妹俱会军前，奉先讽人诬驸马萧昱及余覩等谋立晋王，事觉，昱、挞曷里等伏诛，文妃亦赐死；独晋王未忍加罪。余覩在军中，闻之大惧，即率千余骑叛入金。上遣知奚王府事萧遐买、北府宰相萧德恭、太常衮耶律谛里姑、归州观察使萧和尚奴、四军太师萧干将所部兵追之，及诸闾山县。诸将议曰："主上信萧奉先言，奉先视吾辈蔑如也。余覩乃宗室豪俊，常不肯为奉先下。若擒余覩，他日吾党皆余覩也！不若纵之。"还，即绐曰："追袭不及。"奉先既见余覩之亡，恐后日诸校亦叛，遂劝骤加爵赏，以结众心。以萧遐买为奚王，萧德恭试中书门下平章事兼判上京留守事，耶律谛里姑为龙虎卫上将军，萧和尚奴金吾卫上将军，萧干镇国大将军。二月，幸鸳鸯泺。夏五月，至曷里狘。秋七月，猎炭山。九月，至南京。冬十一月癸亥，以西京留守赵王习泥烈为惕隐。

二年春正月乙亥，金克中京，进下泽州。上出居庸关，至鸳鸯泺。闻余覩引金人娄室孛堇奄至，萧奉先曰："余覩乃王子班之苗裔，此来欲立甥晋王耳。若为社稷计，不惜一子，明其罪诛之，可不战而余覩自回矣。"上遂赐晋王死，素服三日，耶律撒八等皆伏诛。王素有人望，诸军闻其死，无不流涕，由是人心解体。余覩引金人逼行宫，上率卫兵五千余骑幸云中，遗传国玺于桑乾河。二月庚寅朔，日有食之，既。甲午，知北院大王事耶律马哥、汉人行宫都部署萧特末并为都统，太和宫使耶律补得副之，将兵屯鸳鸯泺。己亥，金师败奚王霞末于北安州，遂降其城。三月辛酉，上闻金师将出岭西，遂趋白水泺。乙丑，群牧使谟鲁斡降金。丙寅，上至女古底仓。闻金兵将近，计不知所出，乘轻骑入夹山，方悟奉先之不忠。怒曰："汝父子误 我至此，今欲诛汝，何益于事！恐军心忿怨，尔曹避敌苟安，祸必及我，其勿从行。"奉先下马，哭拜而去。行未数里，左右执其父子，缚送金兵。金人斩其长子昂，以奉先及其次子昱械送金主。道遇辽军，夺以归国，遂并赐死。逐枢密使萧得里底。召挞不也典禁卫。丁卯，以北院枢密副使萧僧孝奴知北院枢密使事，同知北院枢密使事萧查剌为左夷离毕。戊辰，同知殿前点检事耶律高八率卫士降金。己巳，侦人萧和尚、牌印郎君耶律哂斯为金师所获。癸酉，以诸局百工多亡，凡扈从不限吏民，皆官之。初，诏留宰相张琳、李处温与秦晋国王淳守燕。处温闻上入夹山，数日命令不通，即与弟处能、子奭，外假怨军，内结都统萧干，谋立淳。遂与诸大臣耶律大石、左企弓、虞仲文、曹勇义、康公弼集蕃汉百官、诸军及父老数万人诣淳府。处温邀张琳至，白其事。琳曰："摄政则可。"处温曰："天意人心已定，请立班耳。"处温等请淳受礼，淳方出，李奭持赭袍被之，令百官拜舞山呼。淳惊骇，再三辞，不获已而从之。以处温守太尉，左企弓守司徒，曹勇义知枢密院事，虞仲文参知政事，张琳守太师，李处能直枢密院，李奭为少府少监、提举翰林医官，李爽、陈秘十余人曾与大计，并赐进士及第，授官有差。萧干为北枢密使，驸马都尉萧旦知枢密院事。改怨军为常胜军。于是肆赦，自称天锡皇帝，改元建福，降封天祚为湘阴王。遂据有燕、云、平及上京、辽西六路。天祚所有，沙漠已北，西南、西北路两都招讨府、诸蕃部族而已。夏四月辛卯，西南面招讨使耶律佛顶降金，云内、宁边、东胜等州皆降。阿疏为金兵所擒。金已取西京，沙漠以南部族皆降。上遂遁于讹莎烈。时北部谟葛失赆马、驼、食羊。五月甲戌，都统马哥收集散亡，会于沤里谨。丙子，以马哥知北院枢密使事，兼都统。六月，淳寝疾，闻上传檄天德、云内、朔、武、应、蔚等州。合诸蕃精兵五万骑，约以八月入燕；并遣人问劳，索衣裘、茗药。淳甚惊，命南、北面大臣议。而李处温、萧干等有迎秦拒湘之说，集蕃汉百官议之。从其议者，东立；惟南面行营都部署耶律宁西立。处温等问故，宁曰："天祚果能以诸蕃兵大举夺燕，则是天数未尽，岂能拒之？否则，秦、湘，父子也，拒则皆拒。自古安有迎子而拒其父者？"处温等相顾微笑，以宁扇乱军心，欲杀之。淳欷枕长叹曰："彼忠臣也，焉可杀？天祚果来，吾有死耳，复何面目相见耶！"已而淳死，众乃议立其妻萧氏为皇太后，主军国事。奉遗命，迎立天祚次子秦王定为帝。太后遂称制，改元德兴。处温父子惧祸，南通童贯，欲挟萧太后纳土于宋，北通于金，欲为内应，外以援立大功自陈。萧太后骂曰："误秦晋国王者，皆汝父子！"悉数其过数十，赐死，脔其子奭而磔之；籍其家，得钱七万缗，金玉宝器称是，为宰相数月之间所取也。谟葛失以兵来援，为金人败于洪灰水，擒其子陀古及其属阿敌音。夏国援兵至，亦为金所败。秋七月丁巳朔，敌烈部皮室叛，乌古部节度使耶律棠古讨平之，加太子太保。乙丑，上京毛八十率二千户降金。辛未，夏国遣曹价来问起居。八月戊戌，亲遇金军，战于石辇驿，败绩，都统萧特末及其侄撒古被执。辛丑，会军于欢挞新查剌，金兵追之急，弃辎重以遁。九月，敌烈部叛，都统马哥克之。冬十月，金兵攻蔚州，降。十一月乙丑，闻金兵至奉圣州，遂率卫兵屯于落昆髓。秦晋王淳妻萧德妃五表于金，求立秦王，不许，以劲兵守居庸。及金兵临关，厓石自崩，戍卒多压死，不战而溃。德妃出古北口，趋天德军。十二月，知金主抚定南京，上遂由扫里关出居四部族详稳之家。

三年春正月丁巳，奚王回离保僭号，称天复元年，命都统马哥讨之。甲子，初，张瑴为辽兴军节度副使，民推瑴领州事。秦晋王淳既死，萧德妃遣时立爱知平州。瑴知辽必亡，练兵畜马，籍丁壮为备。立爱至，瑴弗纳。金帅粘罕入燕，首问平州事于故参知政事康公弼。公弼曰："瑴狂妄寡谋，虽有乡兵，彼何能为？示之不疑，图之未晚。"金人招时立爱赴军前，加瑴临海军节度使，仍知平州。既而又欲以精兵三千先下平州，擒张瑴。公弼曰："若加兵，是趣之叛也。"公弼请自往觇之。瑴谓公弼曰："辽之八路，七路已降；独平州未解甲者，防萧干耳。"厚赂公弼而还。公弼复粘罕曰："彼无足虑。"金人遂改平州为南京，加瑴试中书门下平章事，判留守事。庚辰，宜、锦、乾、显、成、川、豪、懿等州相继皆降。上京卢彦伦叛，杀契丹人。二月乙酉朔，兴中府降金。来州归德军节度使田颢、权隰州刺史杜师回、权迁州刺史高永昌、权润州刺史张成，皆籍所管户降金。丙戌，诛萧德妃，降淳为庶人，尽释其党。癸巳，兴中、宜州复城守。三月，驻跸于云内州南。夏四月甲申朔，以知北院枢密使事萧僧孝奴为诸道大都督。丙申，金兵至居庸关，擒耶律大石。戊戌，金兵围辎重于青冢，硬寨太保特母哥窃梁王雅里以遁，秦王、许王、诸妃、公主、从臣皆陷没。庚子，梁宋大长公主特里亡归。壬寅，金遣人来招。癸卯，答言请和。丙午，金兵送族属辎重东行，乃遣兵邀战于白水泺，赵王习泥烈、萧道宁皆被执。上遣牌印郎君谋卢瓦送兔纽金印伪降，遂西遁云内。驸马都尉乳奴诣金降。已酉，金复以书来招，答其书。壬子，金帅书来，不许请和。是月，特母哥挈雅里至，上怒不能尽救诸子，诘之。五月乙卯，夏国王李乾顺遣使请临其国。庚申，军将耶律敌烈等夜劫梁王雅里奔西北部，立以为帝，改元神历。辛酉，渡河，止于金肃军北。回离保为众所杀。六月，遣使册李乾顺为夏国皇帝。秋九月，耶律大石自金来归。冬十月，复渡河东还，居突吕不部。梁王雅里殁，耶律术烈继之。十一月，术烈为众所杀。

四年春正月，上趋都统马哥军。金人来攻，弃营北遁，马哥被执。谟葛失来迎，赆马、驼、羊，又率部人防卫。时侍从乏粮数日，以衣易羊。至乌古敌烈部，以都点检萧乙薛知北院枢密使事，封谟葛失为神于越王。特母哥降金。二月，耶律遥设等十人谋叛，伏诛。夏五月，金人既克燕，驱燕之大家东徙，以燕空城及涿、易、檀、顺、景、蓟州与宋以塞盟。左企弓、康公弼、曹勇义、虞仲文皆东迁。燕民流离道路，不胜其苦，入平州，言于留守张瑴曰："宰相左企弓不谋守燕，使吾民流离，无所安集。公今临巨镇，握强兵，尽忠于辽，必能使我复归乡土，人心亦惟公是望。"瑴遂召诸将领议。皆曰："闻天祚兵势复振，出没漠南。公若仗义勤王，奉迎天祚，以图中兴，先责左企弓等叛降之罪而诛之，尽归燕民，使复其业，而以平州归宋，则宋无不接纳，平州遂为蕃镇矣。即后日金人加兵，内用平山之军，外得宋为之援，又何惧焉！"瑴曰："此大事也，不可草草。翰林学士李石智而多谋，可召与议。"石至，其言与之合。乃遣张谦率五百余骑，传留守令，召宰相左企弓、曹勇义、枢密使虞仲文、参知政事康公弼至滦河西岸，遣议事官赵秘校往数十罪，曰："天祚播迁夹山，不即奉迎，一也；劝皇叔秦晋王僭号，二也；诋讦君父，降封湘阴，三也；天祚遣知阁王有庆来议事而杀之，四也；檄书始至，有迎秦拒湘之议，五也；不谋守燕而降，六也；不顾大义，臣事于金，七也；根括燕财，取悦于金，八也；使燕人迁徙失业，九也；教金人发兵先下平州，十也。尔有十罪，所不容诛。"左企弓等无以对，皆缢杀之。仍称保大三年，画天祚象，朝夕谒，事必告而后行，称辽官秩。六月，榜谕燕人复业，恒产为常胜军所占者，悉还之。燕民既得归，大悦。翰林学士李石更名安弼，偕故三司使高党往燕山，说宋王安中曰："平州带甲万余，瑴有文武材，可用为屏翰；不然，将为肘腋之患。"安中深然之，令安弼与党诣宋。宋主诏帅臣王安中、詹度厚加安抚，与免三年常赋。瑴闻之，自谓得计。秋七月，金人屯来州，阇母闻平州附宋，以二千骑问罪，先入营州。瑴以精兵万骑击败之。宋建平州为泰宁军，以瑴为节度使，以安弼、党为徽猷阁待制，令宣抚司出银绢数万犒赏。瑴喜，远迎。金人谍知，举兵来袭，瑴不得归，奔燕。金人克三州，始来索瑴，王安中讳之。索急，斩一人貌类者去。金人曰，非瑴也，以兵来取。安中不得已，杀瑴，函其首送金。天祚既得林牙耶律大石兵归，又得阴山室韦谟葛失兵，自谓得天助，再谋出兵，复收燕、云。大石林牙力谏曰："自金人初陷长春、辽阳，则车驾不幸广平淀，而都中京；及陷上京，则都燕山；及陷中京，则幸云中；自云中而播迁夹山。向以全师不谋战备，使举国汉地皆为金有。国势至此，而方求战，非计也。当养兵待时而动，不可轻举。"不从。大石遂杀乙薛及坡里括，置北、南面官属，自立为王，率所部西去。上遂率诸军出夹山，下渔阳岭，取天德、东胜、宁边、云内等州。南下武州，遇金人，战于奄遏下水，复溃，直趋山阴。八月，国舅详稳萧挞不也、笔砚祗候察剌降金。是月，金主阿骨打死。九月，建州降金。冬十月，纳突吕不部人讹哥之妻谙葛，以讹哥为本部节度使。昭古牙率众降金。金攻兴中府，降之。十一月，从行者举兵乱，北护卫太保术者、舍利详稳牙不里等击败之。十二月，置二总管府。

卷三十　本纪第三十

天祚皇帝四

五年春正月辛巳，党项小斛禄遣人请临其地。戊子，趋天德，过沙漠，金兵忽至。上徒步出走，近侍进珠帽，却之，乘张仁贵马得脱，至天德。己丑，遇雪，无御寒具，术者以貂裘帽进；途次绝粮，术者进麨与枣；欲憩，术者即跪坐，倚而假寐。术者辈惟啮冰雪以济饥。过天德。至夜，将宿民家，绐曰侦骑，其家知之，乃叩马首，跪而大恸，潜宿其家。居数日，嘉其忠，遥授以节度使，遂趋党项。以小斛禄为西南面招讨使，总知军事，仍赐其子及诸校爵赏有差。二月，至应州新城东六十里，为金人完颜娄室等所获。八月癸卯，至金。丙午，降封海滨王。以疾终，年五十有四，在位二十四年。金皇统元年二月，改封豫王。五年，葬于广宁府闾阳县乾陵傍。

耶律淳者，世号为北辽。淳小字涅里，兴宗第四孙，南京留守、宋魏王和鲁斡之子。清宁初，太后鞠育之。既长，笃好文学。昭怀太子得罪，上欲以淳为嗣。上怒耶律白斯不，知与淳善，出淳为彰圣等军节度使。天祚即位，进王郑。乾统二年，加越王。六年，拜南府宰相。首议制两府礼仪。上喜，徙王魏。其父和鲁斡薨，即以淳袭父守南京。冬夏入朝，宠冠诸王。天庆五年，东征，都监章奴济鸭子河，与淳子阿撒等三百余人亡归，先遣敌里等以废立之谋报淳，淳斩敌里首以献，进封秦晋国王，拜都元帅，赐金券，免汉拜礼，不名。许自择将士，乃募燕、云精兵。东至锦州，队长武朝彦作乱，劫淳。淳匿而免，收朝彦诛之。会金兵至，聚兵战于阿里轸斗，败绩，收亡卒数千人拒之。淳入朝，释其罪，诏南京刻石纪功。保大二年，天祚入夹山，奚王回离保、林牙耶律大石等引唐灵武故事，议欲立淳。淳不从，官属劝进曰："主上蒙尘，中原扰攘，若不立王，百姓何归？宜熟计之。"遂即位。百官上号天锡皇帝，改保大二年为建福元年，大赦。放进士李宝信等一十九人，遥降天祚为湘阴王。以燕、云、平、上京、中京、辽西六路，淳主之；沙漠以北、南北路两都招讨府、诸蕃部族等，仍隶天祚。自此辽国分矣。封其妻普贤女为德妃，以回离保知北院枢密使事，军旅之事悉委大石。又遣使报宋，免岁币，结好。宋人发兵问罪，击败之。寻遣使奉表于金，乞为附庸。事未决，淳病死，年六十。百官伪谥曰孝章皇帝，庙号宣宗，葬燕西香山永安陵。遗命遥立秦王定以存社稷，德妃为皇太后，称制，改建福为德兴元年，放进士李球等百八人。时宋兵来攻，战败之，由是人心大悦，兵势日振。宰相李纯等潜纳宋兵，居民内应，抱关者被杀甚众。翌日，攻内东门，卫兵力战，宋军大溃，逾城而走，死者相藉。五表于金，求立秦王，不从。而金兵大至，德妃奔天德军，见天祚。天祚怒，诛德妃，降淳庶人，除其属籍。

耶律雅里者，天祚皇帝第二子也，字撒鸾。七岁，欲立为皇太子，别置禁卫，封梁王。保大三年，金师围青冢寨，雅里在军中。太保特母哥挟之出走，间道行至阴山。闻天祚失利趋云内，雅里驰赴。时扈从者千余人，多于天祚。天祚虑特母哥生变，欲诛之。责以不能全救诸王，将讯之。仗剑召雅里问曰："特母哥教汝何为？"雅里对曰："无他言。"乃释之。天祚渡河奔夏，队帅耶律敌列等劫雅里北走。至沙岭，见蛇横道而过，识者以为不祥。后三日，群僚共立雅里为主。雅里遂即位，改元神历，命士庶上便宜。雅里性宽大，恶诛杀。获亡者，笞之而已。有自归者，即官之。因谓左右曰："欲附来归，不附则去，何须威逼耶？"每取唐《贞观政要》及林牙资忠所作《治国诗》，令侍从读之。乌古部节度使纠哲、迭烈部统军挞不也、都监突里不等各率其众来附。自是诸部继至。而雅里日渐荒怠，好击鞠。特母哥切谏，乃不复出。以耶律敌烈为枢密使，特母哥副之。敌列劾西北路招讨使萧纠里荧惑众心，志有不臣，与其子麻涅并诛之。以遥设为招讨使，与诸部战，数败，杖免官。从行有疲困者，辄振给之。直长保德谏曰："今国家空虚，赐赉若此，将何以相给耶？"雅里怒曰："昔畋于福山，卿诬猎官，今复有此言。若无诸部，我将何取？"不纳。初，令群牧运盐泺仓粟，而民盗之，议籍以偿。雅里乃自为直：每粟一车，偿一羊，三车一牛，五车一马，八车一驼。左右曰："今一羊易粟二斗且不可得，乃偿一车！"雅里曰："民有则我有。若令尽偿，民何堪？"后猎查剌山，一日而射黄羊四十，狼二十一，因致疾，卒，年三十。

耶律大石者，世号为西辽。大石字重德，太祖八代孙也。通辽、汉字，善骑射，登天庆五年进士第，擢翰林应奉，寻升承旨。辽以翰林为林牙，故称大石林牙。历泰、祥二州刺史，辽兴军节度使。保大二年，金兵日逼，天祚播越，与诸大臣立秦晋王淳为帝。淳死，立其妻萧德妃为太后，以守燕。及金兵至，萧德妃归天祚。天祚怒诛德妃而责大石曰："我在，汝何敢立淳？"对曰："陛下以全国之势，不能一拒敌，弃国远遁，使黎民涂炭。即立十淳，皆太祖子孙，岂不胜乞命于他人耶？"上无以答，赐酒食，赦其罪。大石不自安，遂杀萧乙薛、坡里括，自立为王，率铁骑二百宵遁。北行三日，过黑水，见白达达详稳床古儿。床古儿献马四百，驼二十，羊若干。西至可敦城，驻北庭都护府，会威武、崇德、会蕃、新、大林、紫河、驼等七州及大黄室韦、敌剌、王纪剌、茶赤剌、也喜、鼻古德、尼剌、达剌乖、达密里、密儿纪、合主、乌古里、阻卜、普速完、唐古、忽母思、奚的、纠而毕十八部王众，谕曰："我祖宗艰难创业，历世九主，历年二百。金以臣属，逼我国家，残我黎庶，屠翦我州邑，使我天祚皇帝蒙尘于外，日夜痛心疾首。我今仗义而西，欲借力诸蕃，翦我仇敌，复我疆宇，惟尔众亦有轸我国家，忧我社稷，思共救君父，济生民于难者乎？”遂得精兵万余，置官吏，立排甲，具器仗。明年二月甲午，以青牛白马祭天地、祖宗，整旅而西。先遣书回鹘王毕勒哥曰：“昔我太祖皇帝北征，过卜古罕城，即遣使至甘州，诏尔祖乌母主曰：‘汝思故国耶，朕即为汝复之；汝不能返耶，朕则有之。在朕，犹在尔也。’尔祖即表谢，以为迁国于此，十有余世，军民皆安土重迁，不能复返矣。是与尔国非一日之好也。今我将西至大食，假道尔国，其勿致疑。”毕勒哥得书，即迎至邸，大宴三日。临行，献马六百，驼百，羊三千，愿质子孙为附庸，送至境外。所过，敌者胜之，降者安之。兵行万里，归者数国，获驼、马、牛、羊、财物，不可胜计。军势日盛，锐气日倍。至寻思干，西域诸国举兵十万，号忽儿珊，来拒战。两军相望二里许。谕将士曰：“彼军虽多而无谋，攻之，则首尾不救，我师必胜。”遣六院司大王萧斡里剌、招讨副使耶律松山等将兵二千五百攻其右；枢密副使萧剌阿不、招讨使耶律术薛等将兵二千五百攻其左；自以众攻其中。三军俱进，忽儿珊大败，僵尸数十里。驻军寻思干凡九十日，回回国王来降，贡方物。又西至起儿漫，文武百官册立大石为帝，以甲辰岁二月五日即位，年三十八，号葛儿罕。复上汉尊号曰天祐皇帝，改元延庆。追谥祖父为嗣元皇帝，祖母为宣义皇后，册元妃萧氏为昭德皇后。因谓百官曰：“朕与卿等行三万里，跋涉沙漠，夙夜艰勤。赖祖宗之福，卿等之力，冒登大位。尔祖尔父宜加恤典，共享尊荣。”自萧斡里剌等四十九人祖父，封爵有差。延庆三年，班师东归，马行二十日，得善地，遂建都城，号虎思斡耳朵，改延庆为康国元年。三月，以六院司大王萧斡里剌为兵马都元帅，敌剌部前同知枢密院事萧查剌阿不副之，茶赤剌部秃鲁耶律燕山为都部署，护卫耶律铁哥为都监，率七万骑东征。以青牛白马祭天，树旗以誓于众曰：“我大辽自太祖、太宗艰难而成帝业，其后嗣君耽乐无厌，不恤国政，盗贼蜂起，天下土崩。朕率尔众，远至朔漠，期复大业，以光中兴。此非朕与尔世居之地。”申命元帅斡里剌曰：“今汝其往，信赏必罚，与士卒同甘苦，择善水草以立营，量敌而进，毋自取祸败也。”行万余里无所得，牛马多死，勒兵而还。大石曰：“皇天弗顺，数也！”康国十年殁，在位二十年，庙号德宗。

子夷列年幼，遗命皇后权国。后名塔不烟，号感天皇后，称制，改元咸清，在位七年，子夷列即位，改元绍兴。籍民十八岁以上，得八万四千五百户。在位十三年殁，庙号仁宗。

子幼，遗诏以妹普速完权国，称制，改元崇福，号承天太后。后与驸马萧朵鲁不弟朴古只沙里通，出驸马为东平王，罗织杀之。驸马父斡里剌以兵围其宫，射杀普速完及朴古只沙里。普速完在位十四年。

仁宗次子直鲁古即位，改元天禧，在位三十四年。时秋出猎，乃蛮王屈出律以伏兵八千擒之，而据其位。遂袭辽衣冠，尊直鲁古为太上皇，皇后为皇太后，朝夕问起居，以侍终焉。直鲁古死，辽绝。

耶律淳在天祚之世，历王大国，受赐金券，赞拜不名。一时恩遇，无与为比。当天祚播越，以都元帅留守南京，独不可奋大义以激燕民及诸大臣，兴勤王之师，东拒金而迎天祚乎？乃自取之，是篡也。况忍王天祚哉？大石既帝淳而王天祚矣，复归天祚。天祚责以大义，乃自立为王而去之。幸藉祖宗余威遗智，建号万里之外。虽寡母弱子，更继迭承，几九十年，亦可谓难矣。然淳与雅里、大石之立，皆在天祚之世。有君而复君之，其可乎哉？诸葛武侯为献帝发丧，而后立先主为帝者，不可同年语矣。故著以为戒云。

赞曰：辽起朔野，兵甲之盛，鼓行寰外，席卷河朔，树晋植汉，何其壮欤？太祖、太宗乘百战之势，辑新造之邦，英谋睿略，可谓远矣。虽以世宗中才，穆宗残暴，连遘弑逆，而神器不摇。盖由祖宗威令犹足以震叠其国人也。圣宗以来，内修政治，外拓疆宇。既而申固邻好，四境乂安。维持二百余年之基，有自来矣。降臻天祚，既丁末运，又觖人望，崇信奸回，自椓国本，群下离心。金兵一集，内难先作，废立之谋，叛亡之迹，相继蜂起。驯致土崩瓦解，不可复支，良可哀也！耶律与萧，世为甥舅，义同休戚。奉先挟私灭公，首祸构难，一至于斯。天祚穷蹙，始悟奉先误己，不几晚乎！淳、雅里所谓名不正，言不顺，事不成者也。大石苟延，彼善于此，亦几何哉？

卷三十一　志第一

营卫志上

上古之世，草衣木食，巢居穴处，熙熙于于，不求不争。爰自炎帝政衰，蚩尤作乱，始制干戈，以毒天下。轩辕氏作，戮之涿鹿之阿。处则象吻于宫，行则悬旄于纛，以为天下万世戒。于是师兵营卫，不得不设矣。冀州以南，历洪水之变，夏后始制城郭。其人土著而居绥服之中，外奋武卫，内揆文教，守在四边。营卫之设，以备非常而已。并、营以北，劲风多寒，随阳迁徙，岁无宁居，旷土万里，寇贼奸宄乘隙而作。营卫之设，以为常然。其势然也。有辽始大，设制尤密。居有宫卫，谓之斡鲁朵；出有行营，谓之捺钵；分镇边圉，谓之部族。有事则以攻战为务，闲暇则以畋渔为生。无日不营，无在不卫。立国规模，莫重于此。作《营卫志》。

宫卫

辽国之法：天子践位，置宫卫，分州县，析部族，设官府，籍户口，备兵马。崩则扈从后妃宫帐，以奉陵寝。有调发，则丁壮从戎事，老弱居守。太祖曰弘义宫，应天皇后曰长宁宫，太宗曰永兴宫，世宗曰积庆宫，穆宗曰延昌宫，景宗曰彰愍宫，承天太后曰崇德宫，圣宗曰兴圣宫，兴宗曰延庆宫，道宗曰太和宫，天祚曰永昌宫。又孝文皇太弟有敦睦宫，丞相耶律隆运有文忠王府。凡州三十八，县十，提辖司四十一，石烈二十三，瓦里七十四，抹里九十八，得里二，闸撒十九。为正户八万，蕃汉转户十二万三千，共二十万三千户。

算斡鲁朵，太祖置。国语心腹曰“算”，宫曰“斡鲁朵”。是为弘义宫。以心腹之卫置，益以渤海俘，锦州户。其斡鲁朵在临潢府，陵寝在祖州东南二十里。正户八千，蕃汉转户七千，出骑军六千。

州五：锦、祖、严、祺、银。

县一：富义。

提辖司四：南京、西京、奉圣州、平州。

石烈二：曰须，曰速鲁。

瓦里四：曰合不，曰挞撒，曰慢押，曰虎池。

抹里四：曰膻，曰预墩，曰鹘突，曰纠里阐。

得里二：曰述垒北。曰述垒南。

国阿辇斡鲁朵，太宗置。收国曰“国阿辇”。是为永兴宫，初名孤稳斡鲁朵。以太祖平渤海俘户，东京、怀州提辖司及云州怀仁县、泽州滦河县等户置。其斡鲁朵在游古河侧，陵寝在怀州南三十里。正户三千，番汉转户七千，出骑军五千。

州四：怀、黔、开、来。

县二：保和、滦河。

提辖司四：南京、西京、奉圣州、平州。

石烈一：北女古。

瓦里四：曰抹，曰母，曰合李只，曰述垒。

抹里十三：曰述垒轸，曰大隔蔑，曰小隔蔑，曰母，曰归化不术，曰唐括，曰吐谷，曰百尔瓜忒，曰合鲁不只，曰移马不只，曰膻，曰清滞，曰速稳。

闸撒七：曰伯德部，曰守狘，曰穴骨只，曰合不频尼，曰虎里狘，曰耶里只挟室，曰僧隐令公。

耶鲁碗斡鲁朵，世宗置。兴盛曰“耶鲁碗”。是为积庆宫。以文献皇帝卫从及太祖俘户，及云州提辖司，并高、宜等州户置。其斡鲁朵在土河东，陵寝在长宁宫北。正户五千，蕃汉转户八千，出骑军八千。

州三：康、显、宜。

县一：山东。

提辖司四。

石烈一：兮腊。

瓦里八：曰达撒，曰合不，曰吸烈，曰逼里，曰潭马，曰槊不，曰耶里直，曰耶鲁兀也。

抹里十：曰纥斯直，曰蛮葛，曰厥里，曰潭马忒，曰出懒，曰速忽鲁碗，曰牒里得，曰阎马，曰迭里特，曰女古。

蒲速碗斡鲁朵，应天皇太后置。兴隆曰“蒲速碗”。是为长宁宫。以辽州及海滨县等户置。其斡鲁朵在高州，陵寝在龙化州东一百里。世宗分属让国皇帝宫院。正户七千，蕃汉转户六千，出骑军五千。

州四：辽、仪坤、辽西、显。

县三：奉先、归义、定霸。

提辖司四。

石烈一：北女古。

瓦里六：曰潭马，曰合不，曰达撒，曰慢押，曰耶里只，曰浑只。

抹里十三：曰浑得移邻稍瓦只，曰合四卑腊因铁里卑稍只，曰夺罗果只，曰拿葛只，曰合里只，曰婆浑昆母温，曰阿鲁埃得本，曰东斯里门，曰西斯里门，曰东镬里，曰西镬里，曰牒得只，曰灭母邻母。

夺里本斡鲁朵，穆宗置。是为延昌宫。讨平曰“夺里本”。以国阿辇斡鲁朵户及阻卜俘户，中京提辖司、南京制置司、咸、信、韩等州户置。其斡鲁朵在纠雅里山南，陵寝在京南。

正户一千，蕃汉转户三千，出骑军二千。

州二：遂、韩。

提辖司三：中京、南京、平州。

石烈一：曰须。

瓦里四：曰抹骨古等，曰兀没，曰潭马，曰合里直。

抹里四：曰抹骨登兀没灭，曰土木直移邻，曰息州决里，曰莫瑰夺石。

监母斡鲁朵，景宗置。是为彰愍宫。遗留曰“监母”。以章肃皇帝侍卫及武安州户置。其斡鲁朵在合鲁河，陵寝在祖州南。正户八千，蕃汉转户一万，出骑军一万。

州四：永、龙化、降圣、同。

县二：行唐、阜俗。

提辖司四。

石烈二：曰监母，曰南女古。

瓦里七：曰潭马，曰奚烈，曰埃合里直，曰蛮雅葛，曰特末，曰乌也，曰灭合里直。

抹里十一：曰尼母曷烈因稍瓦直，曰察改因麻得不，曰移失邻斡直，曰辛古不直，曰撒改真，曰牙葛直，曰虎狘阿里邻，曰泼昆，曰潭马，曰闸腊，曰楚兀真果邻。

孤稳斡鲁朵，承天太后置。是为崇德宫。玉曰“孤稳”。以乾、显、双三州户置。其斡鲁朵在土河东，陵祔景宗皇帝。正户六千，蕃汉转户一万，出骑军一万。

州四：乾、川、双、贵德。

县一：潞上京。

提辖司三：南京、西京、奉圣州。

石烈三：曰镬里，曰滂，曰迭里特女古。

瓦里七：曰达撒，曰耶里，曰合不，曰歇不，曰合里直，曰慢押，曰耶里直。

抹里十一：曰阿里斯直述垒，曰预笃温稍瓦直，曰潭马，曰赁预笃温一腊，曰牙葛直，曰牒得直，曰虎温，曰孤温，曰撒里僧，曰阿里葛斯过邻，曰铁里乖稳镬里。

闸撒五：曰合不直迷里几频你，曰牒耳葛太保果直，曰爪里阿本果直，曰僧隐令公果直，曰老昆令公果直。

女古斡鲁朵，圣宗置。是为兴圣宫。金曰“女古”。以国阿辇、耶鲁碗、蒲速碗三斡鲁朵户置。其斡鲁朵在女混活直，陵寝在庆州南安。正户一万，蕃汉转户二万，出骑军五千。

州五：庆、隰、乌上京、乌东京、霸。

提辖司四。

石烈四：曰毫兀真女姑，曰拿兀真女室，曰女特里特，曰女古滂。

瓦里六：曰女古，曰蒲速碗，曰鹘笃，曰乙抵，曰蓊，曰埃也。

抹里九：曰乙辛不只，曰铁乖温，曰埃合里只，曰嘲瑰，曰合鲁山血古只，曰夺忒排登血古只，曰劳骨，曰虚沙，曰土邻。

闸撒五：曰达邻频你，曰和里懒你，曰爪阿不厥真，曰粘独里僧，曰袍达夫人厥只。

窝笃碗斡鲁朵，兴宗置。是为延庆宫。孳息曰“窝笃碗”。以诸斡鲁朵及饶州户置。其斡鲁朵在高州西，陵寝在上京庆州。正户七千，蕃汉转户一万，出骑军一万。

州三：饶、长春、泰。

提辖司四。

石烈二：曰窝笃碗、曰鹘笃骨。

瓦里六：曰窝笃碗，曰厮把，曰厮阿，曰纥里，曰得里，曰欧烈。

抹里六；曰欧里本，曰燕厮，曰缅四，曰乙僧，曰北得里，曰南得里。

阿思斡鲁朵，道宗置。是为太和宫。宽大曰“阿思”。以诸斡鲁朵御前承应人及兴中府户置。其斡鲁朵在好水泺，陵寝在上京庆州。正户一万，蕃汉转户二万，出骑军一万五千。

石烈二：曰阿厮，曰耶鲁。

瓦里八：曰阿厮，曰耶鲁，曰得里，曰纥里，曰撒不，曰鹘笃，曰蒲速斡，曰曷烈。

抹里七：曰恩州得里，曰斡奢得里，曰欧里本，曰特满，曰查剌土邻，曰纥里，曰阿里厮迷里。

阿鲁碗斡鲁朵，天祚皇帝置。是为永昌宫。辅祐曰“阿鲁碗”。以诸斡鲁朵御前承应人，春、宣州户置。正户八千，蕃汉转户一万，出骑军一万。

石烈二：曰阿鲁碗，曰榆鲁碗。

瓦里八：曰阿鲁斡，曰合里也，曰鹘突，曰敌剌，曰谋鲁斡，曰纥里，曰夺里剌，曰特末也。

抹里八；曰蒲速碗，曰移辇，曰斡笃碗，曰特满，曰谋鲁碗，曰移典，曰悦，曰勃得本。

孝文皇太弟敦睦宫，谓之赤寔得本斡鲁朵。孝曰“赤寔得本”。文献皇帝承应人及渤海俘，建、沈、岩三州户置。陵寝在祖州西南三十里。正户三千，蕃汉转户五千，出骑军五千。

州三：建、沈、岩。

提辖司一：南京。

石烈二：曰嘲，曰与敦。

瓦里六：曰乙辛，曰得里，曰奚烈直，曰大潭马，曰小潭马，曰与墩。

抹里二：潭马抹乖，曰柳实。

闸撒二：曰聂里频你，曰打里频你。

大丞相晋国王耶律隆运，本韩氏，名德让。以功赐国姓，出宫籍，隶横帐季父房。赠尚书令，谥文忠。无子，以皇族魏王贴不子耶鲁为嗣，早卒；天祚皇帝又以皇子敖鲁斡继之。官给葬具，建庙乾陵侧。拟诸宫例，建文忠王府。正户五千，蕃汉转户八千，出骑军一万。

州一。

提辖司六：上京、中京、南京、西京、奉圣州、平州。

著帐郎君

著帐郎君：初，遥辇痕董可汗以蒲古只等三族害于越释鲁，籍没家属入瓦里。淳钦皇后宥之，以为著帐郎君。世宗悉免。后族、戚、世官犯罪者没人。

著帐户

著帐户：本诸斡鲁朵析出，及诸罪没入者。凡承应小底、司藏、鹰坊、汤药、尚饮、盥漱、尚馐、尚衣、裁造等役，及宫中、亲王祗从，伶官之属，皆充之。

凡诸宫卫人丁四十万八千，骑军十万一千。著帐释宥、没入，随时增损，无常额。

卷三十二　　志第二

营卫志中

行　营

《周官》土圭之法：日东，景夕多风；日北，景长多寒。天地之间，风气异宜，人生其间，各适其便。王者因三才而节制之。长城以南，多雨多暑，其人耕稼以食，桑麻以衣，宫室以居，城郭以治。大漠之间，多寒多风，畜牧畋渔以食，皮毛以衣，转徙随时，车马为家。此天时地利所以限南北也。辽国尽有大漠，浸包长城之境，因宜为治。秋冬违寒，春夏避暑，随水草就畋渔，岁以为常。四时各有行在之所，谓之“捺钵”。

春捺钵：曰鸭子河泺。皇帝正月上旬起牙帐，约六十日方至。天鹅未至，卓帐冰上，凿冰取鱼，冰泮，乃纵鹰鹘捕鹅雁。晨出暮归，从事弋猎。鸭子河泺东西二十里，南北三十里，在长春州东北三十五里，四面皆沙埚，多榆柳杏林。皇帝每至，侍御皆服墨绿色衣，各备连鎚一柄，鹰食一器，刺鹅锥一枚，于泺周围相去各五七步排立。皇帝冠巾，衣时服，系玉束带，于上风望之。有鹅之处举旗，探骑驰报，远泊鸣鼓。鹅惊腾起，左右围骑皆举帜麾之。五坊擎进海东青鹘，拜授皇帝放之。鹘擒鹅坠，势力不加，排立近者，举锥刺鹅，取脑以饲鹘。救鹘人例赏银绢。皇帝得头鹅，荐庙，群臣各献酒果，举乐。更相酬酢，致贺语，皆插鹅毛于首以为乐。赐从人酒，遍散其毛。弋猎网钓，春尽乃还。

夏捺钵：无常所，多在吐儿山。道宗每岁先幸黑山，拜圣宗、兴宗陵，赏金莲，乃幸子河避暑。吐儿山在黑山东北三百里，近馒头山。黑山在庆州北十三里，上有池，池中有金莲。子河在吐儿山东北三百里。怀州西山有清凉殿，亦为行幸避暑之所。四月中旬起牙帐，卜吉地为纳凉所，五月末旬、六月上旬至。居五旬。与北、南臣僚议国事，暇日游猎。七月中旬乃去。

秋捺钵：曰伏虎林。七月中旬，自纳凉处起牙帐，入山射鹿及虎。林在永州西北五十里。尝有虎据林，伤害居民畜牧。景宗领数骑猎焉，虎伏草际，战栗不敢仰视，上舍之，因号伏虎林。每岁车驾至，皇族而下分布泺水侧。伺夜将半，鹿饮盐水，令猎人吹角效鹿鸣，即集而射之。谓之"舐碱鹿"，又名"呼鹿。"

冬捺钵：曰广平淀。在永州东南三十里，本名白马淀。东西二十余里，南北十余里。地甚坦夷，四望皆沙碛，木多榆柳。其地饶沙，冬月稍暖，牙帐多于此坐冬，与北、南大臣会议国事，时出校猎讲武，兼受南宋及诸国礼贡。皇帝牙帐以枪为硬寨，用毛绳连系。每枪下黑毡伞一，以庇卫士风雪。枪外小毡帐一层，每帐五人，各执兵杖为禁围。南有省方殿，殿北约二里曰寿宁殿，皆木柱竹榱，以毡为盖，彩绘韬柱，锦为壁衣，加绯绣额。又以黄布绣龙为地障、窗、槅皆以毡为之，傅以黄油绢。基高尺余，两厢廊庑亦以毡盖，无门户。省方殿北有鹿皮帐，帐次北有八方公用殿。寿宁殿北有长春帐，卫以硬寨。宫用契丹兵四千人，每日轮番千人祗直。禁围外卓枪为寨，夜则拔枪移卓御寝帐。周围拒马，外设铺，传铃宿卫。

每岁四时，周而复始。

皇帝四时巡守，契丹大小内外臣僚并应役次人，及汉人宣徽院所管百司皆从。汉人枢密院、中书省唯摘宰相一员，枢密院都副承旨二员，令史十人，中书令史一人，御史台、大理寺选摘一人扈从。每岁正月上旬，车驾启行。宰相以下，还于中京居守，行遣汉人一切公事。除拜官僚，止行堂帖权差，俟会议行在所，取旨、出给诰敕。文官县令、录事以下更不奏闻，听中书铨选；武官须奏闻。五月，纳凉行在所，南、北臣僚会议。十月，坐冬行在所，亦如之。

部族上

部落曰部，氏族曰族。契丹故俗，分地而居，合族而处。有族而部者，五院、六院之类是也；有部而族者，奚王、室韦之类是也；有部而不族者，特里特勉、稍瓦、曷术之类是也；有族而不部者，遥辇九帐、皇族三父房是也。

奇首八部为高丽、蠕蠕所侵，仅以万口附于元魏。生聚未几，北齐见侵，掠男女十万余口。继为突厥所逼。寄处高丽，不过万家。部落离散，非复古八部矣。别部有臣附突厥者，内附于隋者，依纥臣水而居。部落渐众，分为十部，有地辽西五百余里。唐世大贺氏仍为八部，而松漠、玄州别出，亦十部也。遥辇氏承万荣、可突于散败之余，更为八部；然遥辇、迭剌别出，又十部也。阻午可汗析为二十部，契丹始大。至于辽太祖，析九帐、三房之族，更列二十部。圣宗之世，分置十有六，增置十有八，并旧为五十四部；内有拔里、乙室已国舅族，外有附庸十部，盛矣！

其氏族可知者，略具《皇族》、《外戚》二表。余五院、六院、乙室部止见益古、撒里本、涅剌、乌古部止见撒里卜、涅勒，突吕不、突举部止见塔古里、航斡，皆兄弟也。奚王府部时瑟、哲里，则臣主也。品部有拿女，楮特部有洼。其余世系名字，皆漫无所考矣。

旧《志》曰："契丹之初，草居野次，靡有定所。至涅里始制部族，各有分地。太祖之兴，以迭剌部强炽，析为五院、六院。奚六部以下，多因俘降而置。胜兵甲者即著军籍，分隶诸路详稳、统军、招讨司。番居内地者，岁时田牧平莽间。边防纠户，生生之资，仰给畜牧，绩毛饮湩，以为衣食。各安旧风，狃习劳事，不见纷华异物而迁。故家给人足，戎备整完。卒之虎视四方，强朝弱附，东逾蟠木，西越流沙，莫不率服。部族实为之爪牙云。

古八部：悉万丹部。何大何部。伏弗郁部。羽陵部。日连部。匹絜部。黎部。吐六于部。

契丹之先，曰奇首可汗，生八子。其后族属渐盛，分为八部，居松漠之间。今永州木叶山有契丹始祖庙，奇首可汗、可敦并八子像在焉。潢河之西，土河之北，奇首可汗故壤也。

隋契丹十部：元魏末，莫弗贺勿于畏高丽、蠕蠕侵逼，率车三千乘、众万口内附，乃去奇首可汗故壤，居白狼水东。北齐文宣帝自平州三道来侵，虏男女十余万口，分置诸州。又为突厥所逼，以万家寄处高丽境内。隋开皇四年，诸莫弗贺悉众款塞，听居白狼故地。又别部寄处高丽者曰出伏等，率众内附，诏置独奚那颉之北。又别部臣附突厥者四千余户来降，诏给粮遣还，固辞不去，部落渐众，徙逐水草，依纥臣水而居。在辽西正北二百里，其地东西亘五百里，南北三百里。分为十部，逸其名。

唐大贺氏八部：达稽部，峭落州。纥便部，弹汗州。独活部，无逢州。芬问部，羽陵州。突便部，日连州。芮奚部，徒河州。坠斤部，万丹州。伏部，州二：匹黎、赤山。

唐太宗置玄州，以契丹大帅据曲为刺史。又置松漠都督府，以窟哥为都督，分八部，并玄州为十州。则十部在其中矣。

遥辇氏八部：旦利皆部。乙室活部。实活部。纳尾部。频没部。纳会鸡部。集解部。奚嗢部。

当唐开元、天宝间，大贺氏即微，辽始祖涅里立迪辇祖里为阻午可汗。时契丹因万荣之败，部落凋散，即故有族众分为八部。涅里所统迭剌部自为别部，不与其列。并遥辇、迭剌亦十部也。

遥辇阻午可汗二十部：耶律七部。审密五部。八部。

涅里相午阻可汗，分三耶律为七，二审密为五，并前八部为二十部。三耶律：一曰大贺，二曰遥辇，三曰世里，即皇族也。二审密：一曰乙室已，二曰拔里，即国舅也。其分部皆未详；可知者曰迭剌，曰乙室，曰品，曰楮特，曰乌隗，曰突吕不，曰捏剌，曰突举，又有右大部、左大部，凡十，逸其二。大贺、遥辇析为六，而世里合为一，兹所以迭剌部终遥辇之世，强不可制云。

卷三十三　　志第三

营卫志下

部族下

辽起松漠，经营抚纳，竟有唐、晋帝王之器，典章文物施及潢海之区，作史者尚可以故俗语耶？旧史有《部族志》，历代之所无也。古者，巡守于方岳，五服之君各述其职，辽之部族实似之。故以部族置宫卫、行营之后云。

辽内四部族：

遥辇帐九族。

横帐三父房族。

国舅帐拔里、乙室已族。

国舅别部。

太祖二十部，二国舅升帐分，止十八部。

五院部。其先曰益古，凡六营。阻午可汗时，与弟撒里本领之，曰迭剌部。传至太祖，以夷离堇即位。天赞元年，以强大难制，析五石烈为五院，六爪为六院，各置夷离堇。会同元年，更夷离堇为大王。部隶北府，以镇南境。大王及都监春夏居五院部之侧，秋冬居羊门甸。石烈四：大蔑孤石烈。小蔑孤石烈。瓯昆石烈。太宗会同二年，以乌古之地水草丰美，命居之。三年，益以海勒水之地为农田。乙习本石烈。会同二年，命以乌古之地。

六院部。隶北府，以镇南境。其大王及都监春夏居泰德泉之北，秋冬居独卢金。石烈四：辖懒石烈。阿速石烈。斡纳拨石烈。斡纳阿速石烈。会同二年，命居乌古。三年，益以海勒水地。

乙室部。其先曰撒里本，阻午可汗之世，与其兄益古分营而领之，曰乙室部。会同二年，更夷离堇为大王。隶南府，其大王及都监镇驻西南之境，司徒居鸳鸯泊，闸撒狘居车轴山。石烈二：阿里答石烈。欲主石烈。

品部。其先曰拿女手，阻午可汗以其营为部。太祖更诸部夷离堇为令稳。统和中，又改节度使。隶北府，属西北路招讨司，司徒居太子坟。凡戍军隶节度使，留后户隶司徒。石烈二：北哲里只石烈。南辖懒石烈。

楮特部。其先曰洼，阻午可汗以其营为部。隶南府，节度使属西北路招讨司，司徒居柏坡山及悱山之侧。石烈二：北石烈。南石烈。

乌隗部。其先曰撒里卜，与其兄涅勒同营，阻午可汗析为二：撒里卜为乌隗部，涅勒为涅剌部。俱隶北府，乌隗部节度使属东北路招讨司，司徒居徐母山、郝里河之侧。石烈二：北石烈。南石烈。

涅剌部。其先曰涅勒，阻午可汗分其营为部。节度使属西南路招讨司，居黑山北，司徒居郝里河侧。石烈二：北塌里石烈。南寮里石烈。

突吕不部。其先曰塔古里，领三营。阻午可汗命分其一与弟航斡为突举部；塔古里得其二，更为突吕不部。隶北府，节度使属西北路招讨司，司徒居长春州西。石烈二：北托不石烈。南须石烈。

突举部。其先曰航斡，阻午可汗分营置部。隶南府，戍于隗乌古部，司徒居冗泉侧。石烈二：北石烈。南石烈。

奚王府六部五帐分。其先曰时瑟，事东遥里十帐部主哲里。后逐哲里，自立为奚王。卒，弟吐勒斯立。遥辇鲜质可汗讨之，俘其拒敌者七百户，摭其降者。以时瑟邻睦之故，止俘部曲之半，余悉留焉。奚势由是衰矣。初为五部：曰遥里，曰伯德，曰奥里，曰梅只，曰楚里。太祖尽降之，号五部奚。天赞二年，有东扒里厮胡损者，恃险坚壁于箭笴山以拒命，揶揄曰："大军何能为，我当饮堕瑰门下矣！"太祖灭之，以奚府给役户，并括诸部隐丁，收合流散，置堕瑰部，因堕瑰门之语为名，遂号六部奚。命勃鲁恩主之，仍号奚王。太宗即位，置宰相、常衮各二员。圣宗合奥里、梅只、堕瑰三部为一；特置二克部以足六部之数。奚王和朔奴讨兀惹，败绩，籍六部隶北府。

突吕不室韦部。本名大、小二黄室韦户。太祖为达马狘沙里，以计降之，乃置为二部。隶北府，节度使属东北路统军司，戍泰州东北。

涅剌拿古部。与突吕不室韦部同。节度使戍泰州东。

迭剌迭达部。本鲜质可汗所俘奚七百户，太祖即位，以为十四石烈，置为部。隶南府，节度使属西南路招讨司，戍黑山北，部民居庆州南。

乙室奥隗部。神册六年，太祖以所俘奚户置。隶南府，节度使属东北路兵马司。

楮特奥隗部。太祖以奚户置。隶南府，节度使属东京都部署司。

品达鲁虢部。太祖以所俘达鲁虢部置。隶南府，节度使属西南路招讨司，戍黑山北。

乌古涅剌部。亦曰涅离部。太祖取于骨里户六千，神册六年，析为乌古涅剌及图鲁二部。俱隶北府，节度使属西南路招讨司。

图鲁部。节度使属东北路统军司。

已上太祖以遥辇氏旧部族分置者凡十部，增置者八。

圣宗三十四部：

撒里葛部。奚有三营：曰撒里葛，曰窈爪，曰耨碗爪。太祖伐奚，乞降，愿为著帐子弟。籍于宫分，皆设夷离堇。圣宗各置为部，改设节度使，皆隶南府，以备畋猎之役。居泽州东。

窈爪部。与撒里葛部同。居潭州南。

耨碗爪部。节度使属东京都部署司。

讹仆括部。与撒里葛三部同。居望云县东。

特里特勉部。初于八部各析二十户以戍奚，侦候落马河及速鲁河侧，置二十详稳。圣宗以户口蕃息，置为部，设节度使。隶南府，戍倒塌岭，居橐驼冈。

稍瓦部。初，取诸宫及横帐大族奴隶置稍瓦石烈，"稍瓦"，鹰坊也，居辽水东，掌罗捕飞鸟。圣宗以户口蕃息置部。节度使属东京都部署司。

曷术部。初，取诸宫及横帐大族奴隶置曷术石烈，“曷术”，铁也，以冶于海滨柳湿河、三黜古斯、手山。圣宗以户口蕃息置部。属东京都部署司。

遥里部。居潭、利二州间。石烈三：撒里必石烈。北石烈。贴鲁石烈。

伯德部。松山、平州之间，太师、太保居中京西。石烈六：啜勒石烈。速古石烈。腆你石烈。迭里石烈。旭特石烈。悦里石烈。

楚里部。居潭州北。

奥里部。统和十二年，以与梅只，堕瑰三部民籍数寡，合为一部。并上三部，本属奚王府，圣宗分置。

南克部。

北克部。统和十二年，以奚府二克分置二部。

隗衍突厥部。圣宗析四辟沙、四颇惫户置，以镇东北女直之境。开泰九年，节度使奏请置石烈。隶北府，属黄龙府都部署司。

奥衍突厥部。与隗衍突厥同。

涅剌越兀部。以涅剌室韦户置。隶北府，节度使属西南面招讨司，戍黑山北。

奥衍女直部。圣宗以女直户置。隶北府，节度使属西北路招讨司，戍镇州境。自此至河西部，皆俘获诸国之民，初隶诸宫，户口蕃息置部。讫于五国，皆有节度使。

乙典女直部。圣宗以女直户置。隶南府，居高州北。

斡突碗乌古部。圣宗以乌古户置。隶南府，节度使属西南面招讨司，戍黑山北。

迭鲁敌烈部。圣宗以敌烈户置。隶北府，节度使属乌古敌烈统军司。

室韦部。圣宗以室韦户置。隶北府，节度使属西北路招讨司。

术哲达鲁虢部。圣宗以达鲁虢户置。隶北府，节度使属东北路统军司，戍境内，居境外。

梅古悉部。圣宗以唐古户置。隶北府，节度使属西南面招讨司。

颉的部。圣宗以唐古户置。隶北府，节度使属西南面招讨司。

北敌烈部。圣宗以敌烈户置。戍隗乌古部。

匿讫唐古部。圣宗置。隶北府，节度使属西南面招讨司。

北唐古部。圣宗以唐古户置。隶北府，节度使属黄龙府都部署司，戍府南。

南唐古部。圣宗置。隶北府。

鹘剌唐古部。与南唐古同。节度使属西南面招讨司。

河西部。圣宗置。隶北府，节度使属东北路统军司。

薛特部。开泰四年，以回鹘户置。隶北府，居慈仁县北。

伯斯鼻骨德部。本鼻骨德户。初隶诸宫，圣宗以户口蕃息置部。隶北府，节度使属东北路统军司，戍境内，居境外。

达马鼻骨德部。圣宗以鼻骨德户置。隶南府，节度使属东北路统军司。

五国部。剖阿里国、盆奴里国、奥里米国、越里笃国、越里吉国，圣宗时来附，命居本土，以镇东北境，属黄龙府都部署司。重熙六年，以越里吉国人尚海等诉酋帅浑尚贪污，罢五国酋帅，设节度使以领之。

已上圣宗以旧部族置者十六，增置十八。

辽国外十部：乌古部。敌烈八部。隗古部。回跋部。嵓母部。吾秃婉部。迭刺葛部。回鹘部。长白山部。蒲卢毛朵部。

右十部不能成国，附庸于辽，时叛时服，各有职贡，犹唐人之有羁縻州也。

卷三十四 志第四

兵卫志上

轩辕氏合符东海，邑于涿鹿之阿，迁徙往来无常处，以兵为营卫。飞狐以北，无虑以东，西暨流沙，四战之地，圣人犹不免于兵卫，地势然耳。辽国左都辽海，右邑涿鹿，兵力莫强焉。其在隋世，依纥臣水而居，分为十部。兵多者三千，少者千余。顺寒暑，逐水草畜牧。侵伐则十部相与议，兴兵致役，合契而后动。猎则部得自行。至唐，大贺氏胜兵四万三千人，分为八部。大贺氏中衰，仅存五部。有耶律雅里者，分五部为八，立二府以总之，析三耶律氏为七，二审密氏为五，凡二十部。刻木为契，政令大行。逊不有国，乃立遥辇氏代大贺氏，兵力益振，即太祖六世祖也。及太祖会李克用于云中，以兵三十万，盛矣。遥辇耶澜可汗十年，岁在辛酉，太祖授钺专征，破室韦、于厥、奚三国，俘获庐帐，不可胜纪。十月，授大迭烈府夷离堇，明赏罚，缮甲兵，休息民庶，滋蕃群牧，务在戢兵。十一年，总兵四十万伐代北，克郡县九，俘九万五千口。十二年，德祖讨奚，俘七千户。十五年，遥辇可汗卒，遗命逊位于太祖。太祖即位五年，讨西奚、东奚，悉平之，尽有奚、霫之众。六年春，亲征幽州，东西旌旗相望，亘数百里。所经郡县，望风皆下，俘获甚众，振旅而还。秋，亲征背阴国，俘获数万计。神册元年，亲征突厥、吐浑、党项、小蕃、沙陀诸部，俘户一万五千六百；攻振武，乘胜而东，攻蔚、新、武、妫、儒五州，俘获不可胜纪，斩不从命者万四千七百级。尽有代北、河曲、阴山之众，遂取山北八军。四年，亲征于骨里国，俘获一万四千二百口。五年，征党项，俘获二千六百口；攻天德军，拔十有二栅，徙其民。六年，出居庸关，分兵掠檀、顺等州，安远军、三河、良乡、望都、潞、满城、遂城等县，俘其民徙内地；皇太子略定州，俘获甚众。天赞元年，以户口滋繁，纠辖疏远，分北大浓兀为二部，立两节度以统之。三年，西征党项等国，俘获不可胜纪。四年，又亲征渤海。天显元年，灭渤海国，地方五千里，兵数十万，五京、十五府、六十二州，尽有其众，契丹益大。会同初，太宗灭唐立晋，晋献燕、代十六州，民众兵强，莫之能御矣。

兵制

辽国兵制，凡民年十五以上，五十以下，隶兵籍。每正军一名，马三匹，打草谷、守营铺家丁各一人。人铁甲九事，马鞯辔，马甲皮铁，视其力；弓四，箭四百，长短枪、䥊𨬍、斧钺、小旗、鎚锥、火刀石、马盂、炒一斗、炒袋、搭毡伞各一，縻马绳二百尺，皆自备。人马不给粮草，日遣打草谷骑四出抄掠以供之。铸金鱼符，调发军马。其捉马及传令有银牌二百。军所舍，有远探栏子马，以夜听人马之声。

凡举兵，帝率蕃汉文武臣僚，以青牛白马祭告天地、日神，惟不拜月，分命近臣告太祖以下诸陵及木叶山神，乃诏诸道征兵。惟南、北、奚王，东京渤海兵马，燕京统军兵马，虽奉诏，未敢发兵，必以闻。上遣大将持金鱼符，合，然后行。始闻诏，攒户丁，推户力，核籍齐众以待。自十将以上，次第点集军马、器仗。符至，兵马本司自领，使者不得与。唯再共点军马讫，又以上闻。量兵马多少，再命使充军主，与本司互相监督。又请引五方旗鼓，然后皇帝亲点将校。又选勋戚大臣，充行营兵马都统、副都统、都监各一人。又选诸军兵马尤精锐者三万人为护驾军，又选骁勇三千人为先锋军，又选剽悍百人之上为远探栏子军，以上各有将领。又于诸军每部，量众寡，抽十人或五人，合为一队，别立将领，以备勾取兵马，腾递公事。

其南伐点兵，多在幽州北千里鸳鸯泊。及行，并取居庸关、曹王峪、白马口、古北口、安达马口、松亭关、榆关等路。将至平州、幽州境，又遣使分道催发，不得久驻，恐践禾稼。出兵不过九月，还师不过十二月。在路不得见僧尼、丧服之人。

皇帝亲征，留亲王一人在幽州，权知军国大事。既入南界，分为三路，广信军、雄州、霸州各一。驾必由中道，兵马都统、护驾等军皆从。各路军马遇县镇，即时攻击。若大州军，必先料其虚实、可攻次第而后进兵。沿途民居，园囿、桑柘，必夷伐焚荡。至宋北京，三路兵皆会，以议攻取。及退亦然。三路军马前后左右有先锋。远探栏子马各十数人，在先锋前后二十余里，全副衣甲，夜中每行十里或五里少驻，下马侧听无有人马之声。有则擒之；力不可敌，飞报先锋，齐力攻击。如有大军，走报主帅。敌中虚实，动必知之。军行当道州城，防守坚固，不可攻击，引兵过之。恐敌人出城邀阻，乃围射鼓噪，诈为攻击。敌方闭城固守，前路无阻，引兵进，分兵抄截，使随处州城隔绝不通，孤立无援。所过大小州城，至夜，恐城中出兵突击，及与邻州计会军马，甲夜，每城以骑兵百人去城门左右百余步，被甲执兵，立马以待。兵出，力不能加，驰还勾集众兵与战。左右官道、斜径、山路、河津，夜中并遣兵巡守。其打草谷家丁，各衣甲持兵，旋团为队，必先斫伐园林，然后驱掠老幼，运土木填壕堑；攻城之际，必使先登，矢石檑木并下，止伤老幼。又于本国州县起汉人乡兵万人，随军专伐园林，填道路。御寨及诸营垒，唯用桑柘梨栗。军退，纵火焚之。敌军既阵，料其阵势小大，山川形势，往回道路，救援捷径，漕运所出，各有以制之。然后于阵四面，列骑为队，每队五、七百人，十队为一道，十道当一面。各有主帅。最先一队走马大噪，冲突敌阵。得利，则诸队齐进；若未利，引退，第二队继之。退者，息马饮水炒。诸道皆然。更退迭进，敌阵不动，亦不力战。历二三日，待其困惫，又令打草谷家丁马施双帚，因风疾驰，扬尘敌阵，更互往来。中既饥疲，目不相睹，可以取胜。若阵南获胜，阵北失利，主将在中，无以知之，则以本国四方山川为号，声以相闻，得相救应。

若帝不亲征，重臣统兵不下十五万众，三路往还，北京会兵，进以九月，退以十二月，行事次第皆如之。若春以正月，秋以九月，不命都统，止遣骑兵六万，不许深入，不攻城池，不伐林木；但于界外三百里内，耗荡生聚，不令种养而已。

军入南界，步骑军帐不循阡陌。三道将领各一人，率拦子马各万骑，支散游弈百十里外，更迭觇逻。及暮，以吹角为号，众即顿舍，环绕御帐，自近及远，折木稍屈，为弓子铺，不设枪营堑栅之备。

每军行，鼓三伐，不问昼夜，大众齐发。未遇大敌，不乘战马；俟近敌师，乘新羁马，蹄有余力。成列不战，退则乘之。多伏兵断粮道，冒夜举火，上风曳柴。馈饷自赍，散而复聚。善战，能寒。此兵之所以强也。

卷三十五　　志第五

兵卫志中

御帐亲军

汉武帝多行幸之事，置期门、佽飞、羽林之目，天子始有亲军。唐太宗加亲、勋、翊、千牛之卫，布腹心之地，防卫密矣。辽太祖宗室盛强，分迭剌部为二，宫卫内虚，经营四方，未遑鸠集。皇后述律氏居守之际，摘蕃汉精锐为属珊军。太宗益选天下精甲，置诸爪牙为皮室军。合骑五十万，国威壮矣。

大帐皮室军。

太宗置，凡三十万骑。

属珊军。

地皇后属，二十万骑。

宫卫骑军

太祖以迭剌部受禅，分本部为五院、六院，统以皇族，而亲卫缺然。乃立斡鲁朵法，裂州县，割户丁，以强干弱支。诒谋嗣续，世建宫卫。入则居守，出则扈从，葬则因以守陵。有兵事，则五京、二州各提辖司传檄而集，不待调发州县、部族，十万骑军已立具矣。恩意亲洽，兵甲犀利，教练完习。简天下精锐，聚之腹心之中。怀旧者岁深，增新者世盛。此军制之良者也。

弘义宫：正丁一万六千，蕃汉转丁一万四千，骑军六千。

长宁宫：正丁一万四千，蕃汉转丁一万二千，骑军五千。

永兴宫：正丁六千，蕃汉转丁一万四千，骑军五千。

积庆宫：正丁一万，蕃汉转丁一万六千，骑军八千。

延昌宫：正丁二千，蕃汉转丁六千，骑军二千。

彰愍宫：正丁一万六千，蕃汉转丁二万，骑军一万。

崇德宫：正丁一万二千，蕃汉转丁二万，骑军一万。

兴圣宫：正丁二万，蕃汉转丁四万，骑军五千。

延庆宫：正丁一万四千，蕃汉转丁二万，骑军一万。

太和宫：正丁二万，蕃汉转丁四万，骑军一万五千。

永昌宫：正丁一万四千，蕃汉转丁二万，骑军一万。

敦睦宫：正丁六千，蕃汉转丁一万，骑军五千。

文忠王府：正丁一万，蕃汉转丁一万六千，骑兵一万。

十二宫一府，自上京至南京总要之地，各置提辖司。重地每宫皆置，内地一二而已。太和、永昌二宫宜与兴圣、延庆同，旧史不见提辖司，盖阙文也。

南京：弘义宫提辖司。长宁宫提辖司。永兴宫提辖司。积庆宫提辖司。延昌宫提辖司。彰愍宫提辖司。崇德宫提辖司。兴圣宫提辖司。延庆宫提辖司。敦睦宫提辖司。文忠王府提辖司。

西京：弘义宫提辖司。长宁宫提辖司。永兴宫提辖司。积庆宫提辖司。彰愍宫提辖司。崇德宫提辖司。延庆宫提辖司。文忠王府提辖司。

奉圣州：弘义宫提辖司。长宁宫提辖司。永兴宫提辖司。积庆宫提辖司。彰愍宫提辖司。崇德宫提辖司。兴圣宫提辖司。延庆宫提辖司。文忠王府提辖司。

平州：弘义宫提辖司。长宁宫提辖司。永兴宫提辖司。积庆宫提辖司。延昌宫提辖司。彰愍宫提辖司。兴圣宫提辖司。延庆宫提辖司。文忠王府提辖司。

中京：延昌宫提辖司。文忠王府提辖司。

上京：文忠王府提辖司。

凡诸宫卫，丁四十万八千，出骑军十万一千。

大首领部族军

辽亲王大臣，体国如家，征伐之祭，往往置私甲以从王事。大者千余骑，小者数百人，著籍皇府。国有戎政，量借三五千骑，常留余兵为部族根本。

太子军。伟王军。永康王军。于越王军。麻答军。五押军。

众部族军

众部族分隶南北府，守卫四边，各有司存，具如左。

北府凡二十八部。

侍从宫帐：奚王府部。

镇南境：五院部。六院部。

东北路招讨司：乌隗部。

东北路统军司：遥里部。伯德部。奥里部。南克部。北克部。图卢部。术者达鲁虢部。河西部。

西北路招讨司：突吕不部。奥衍女直部。室韦部。

西南路招讨司：涅剌部。乌古涅剌部。涅剌越兀部。梅古悉部。颉的部。匿讫唐古部。鹤剌唐古部。

黄龙府都部署司：隗衍突厥部。奥衍突厥部。北唐古部。五国部。

乌古敌烈统军司：迭鲁敌烈部。

戍隗乌石部：北敌烈部。

南府凡一十六部。

镇驻西南境：乙室部。

西南路招讨司：品部。迭剌迭达部。品达鲁虢部。乙典女直部。

西北路招讨司：楮特部。

东北路统军司：达马鼻古德部。

东北路女直兵马司：乙室奥隗部。

东京都部署司：楮特奥隗部。窈爪部。稍瓦部。曷术部。

戍倒塌岭：讹仆括部。

屯驻本境：撒里葛部。南唐古部。薛特部。

卷三十六　志第六

兵卫志下

五京乡丁

辽建五京：临潢，契丹故壤；辽阳，汉之辽东，为渤海故国；中京，汉辽西地，自唐以来契丹有之。三京丁籍可纪者二十二万六千一百，蕃汉转户为多。析津、大同，故汉地，籍丁八十万六千七百。契丹本户多隶宫帐、部族，其余蕃汉户丁分隶者，皆不与焉。

太祖建皇都于临潢府。太宗定晋，晋主石敬瑭来献十六城，乃定四京，改皇都为上京。有丁一十六万七千二百。

临潢府：临潢县丁七千。长泰县丁八千。保和县丁六千。定霸县丁六千。宣化县丁四千。潞县丁六千。易俗县丁一千五百。迁辽县丁一千五百。

祖州：长霸县丁四千。咸宁县丁二千。越王城丁二千。

怀州：扶余县丁三千。显理县丁二千。庆州玄宁县丁一万二千。泰州兴国县丁一千四百。长春州长春县丁四千。乌州爱民县丁二千。

永州：长宁县丁九千。义丰县丁三千。慈仁县丁八百。仪坤州广义县丁五千。龙化州龙化县丁二千。降圣州永安县丁一千五百。

饶州：长乐县丁八千。临河县丁二千。安民县丁二千。

头下：徽州丁二万。成州丁八千。懿州丁八千。渭州丁二千。原州丁一千。壕州丁一万二千。福州丁五百。横州丁四百。凤州丁一千。遂州丁一千。丰州丁一千。顺州丁二千。闾州丁二千。松山州丁一千。豫州丁一千。宁州丁六百。

东京，本渤海，以其地建南京辽阳府。统县六，辖军、府、州、城二十六，有丁四万一千四百。天显十三年，太宗改为东京。

辽阳府：辽阳县丁三千。仙乡县丁三千。鹤野县丁二千四百。析木县丁二千。紫蒙县丁二千。兴辽县丁二千。

开州开远县丁二千。盐州丁五百。穆州丁五百。贺州丁五百。定州定东县丁一千六百。保州来远县丁二千。辰州丁四千。卢州丁五百。铁州丁二千。兴州丁三百。汤州丁七百。崇州丁一千。海州丁三千。耀州丁一千二百。嫔州丁七百。渌州丁四千。恒州丁一千。丰州丁五百。正州丁七百。慕州丁三百。

南京析津府，统县十一，辖军、府、州、城九，有丁五十六万六千。

析津府：析津县丁四万。宛平县丁四万四千。昌平县丁一万四千。良乡县丁一万四千。潞县丁一万一千。安次县丁二万四千。武清县丁二万。永清县丁一万。香河县丁一万四千。玉河县丁二千。漷阴县丁一万。

顺州怀柔县丁一万。

檀州：密云县丁一万。行唐县丁六千。

涿州：范阳县丁二万。固安县丁一万。新城县丁二万。归义县丁八万。

易州：易县丁五万。涞水县丁五万四千。容城县丁一万。

蓟州：渔阳县丁八千。三河县丁六千。玉田县丁六千。

平州：卢龙县丁一万四千。安喜县丁一万。望都县丁六千。

滦州：义丰县丁八千。马城县丁六千。石城县丁六千。

营州广宁县丁六千。

景州遵化县丁六千。

西京大同府，统县七，辖军、府、州、城十七，有丁三十二万二千七百。

大同府：大同县丁二万。云中县丁二万。天成县丁一万。长青县丁八千。奉义县丁六千。怀仁县丁六千。怀安县丁六千。

弘州：永宁县丁二万。顺圣县丁六千。

德州宣德县丁六千。

丰州：富民县丁二千四百。振武县乡兵三百。

奉圣州：永兴县丁一万六千。矾山县丁六千。龙门县丁八千。望云县丁二千。

归化州文德县丁二万。

可汗州怀来县丁六千。

儒州缙山县丁一万。

蔚州：灵仙县丁四万。定安县丁二万。飞狐县丁一万。灵丘县丁六千。广陵县丁六千。

应州：金城县丁一万六千。浑源县丁一万。河阴县丁六千。

朔州：鄯阳县丁八千。宁远县丁四千。马邑县丁六千。金肃军防秋兵一千。

武州神武县丁一万。

河清军防秋兵一千。

圣宗统和二十三年，城七金山，建大定府，号中京。统县九，辖军、府、州、城二十三。草创未定，丁籍莫考，可见者一县：高州三韩县丁一万。

大约五京民丁可见者，一百一十万七千三百为乡兵。

属国军

辽属国可纪者五十有九，朝贡无常。有事则遣使征兵，或下诏专征；不从者讨之。助军众寡，各从其便，无常额。又有铁不得国者，兴宗重熙十七年乞以兵助攻夏国，诏不许。

吐谷浑。铁骊。鞢鞨。兀惹。黑车子室韦。西奚。东部奚。乌马山奚。斜离底。突厥。党项。小蕃。沙陀。阻卜。乌古。素昆那。胡母思山蕃。波斯。大食。甘州回鹘。新罗。乌孙。燉煌。赁烈。要里。回鹘。辖戛斯。吐蕃。黄室韦。小黄室韦。大黄室韦。阿萨兰回鹘。于阗。师子。北女直。河西党项。南京女直。沙州燉煌。曷苏馆。沙州回鹘。查只底。蒲卢毛朵。蒲奴里。大蕃。高昌。回拔。颇里。达里底。拔思母。敌烈。粘八葛。梅里急。耶覩刮。鼻骨德。和州回鹘。斡朗改。高丽。西夏。女直。

辽之为国，邻于梁、唐、晋、汉、周、宋。晋以恩故，始则父子一家，终则寇仇相攻；梁、唐、周隐然一敌国；宋惟太宗征北汉，辽不能救，余多败衄，纵得亦不偿失。良由石晋献土，中国失五关之固然也。高丽小邦，屡丧辽兵，非以险阻足恃故欤。西夏弹丸之地，南败宋，东抗辽。虽西北士马雄劲，元昊、谅祚智勇过人，能使党项、阻卜掣肘大国，盖亦襟山带河，有以助其势耳。虽然，宋久失地利，而旧《志》言兵，唯以敌宋为务。逾三关，聚议北京，犹不敢轻进。岂不以大河在前，三镇在后，临事好谋之审，不容不然欤。

二帐、十二宫一府、五京，有兵一百六十四万二千八百。宫丁、大首领、诸部族，中京、头下等州，属国之众，皆不与焉。不轻用之，所以长世。

边境戍兵

又得高丽《大辽事迹》，载东境戍兵，以备高丽、女直等国，见其守国规模，布置简要，举一可知三边矣。

东京至鸭渌西北峰为界：黄龙府正兵五千。咸州正兵一千。

东京沿女直界至鸭渌江：军堡凡七十，各守军二十人，计正兵一千四百。

来远城宣义军营八：太子营正兵三百。大营正兵六百。蒲州营正兵二百。新营正兵五百。加陀营正兵三百。王海城正兵三百。柳白营正兵四百。沃野营正兵一千。

神虎军城正兵一万。大康十年置。

右一府、一州、二城、七十堡、八营，计正兵二万二千。

卷三十七　志第七

地理志一

帝尧画天下为九州。舜以冀、青地大，分幽、并、营，为州十有二。幽州在渤、碣之间，并州北有代、朔，营州东暨辽海。其地负山带海，其民执干戈，奋武卫，风气刚劲，自古为用武之地。太祖以迭剌部之众代遥辇氏，起临潢，建皇都；东并渤海，得城邑之居百有三。太宗立晋，有幽、涿、檀、蓟、顺、营、平、蔚、朔、云、应、新、妫、儒、武、寰十六州，于是割古幽、并、营之境而跨有之。东朝高丽，西臣夏国，南子石晋而兄弟赵宋，吴越、南唐航海输贡。嘻，其盛矣！

辽国其先曰契丹，本鲜卑之地，居辽泽中；去榆关一千一百三十里，去幽州又七百一十四里。南控黄龙，北带潢水，冷陉屏右，辽河堑左。高原多榆柳，下湿饶蒲苇。当元魏时，有地数百里。至唐，大贺氏蚕食扶余、室韦、奚、靺鞨之区，地方二千余里。贞观三年，以其地置玄州。寻置松漠都督府，建八部为州，各置刺史：达稽部曰峭落州，纥便部曰弹汗州，独活部曰无逢州，芬阿部曰羽陵州，突便部曰日连州，芮奚部曰徒河州，坠斤部曰万丹州，伏部曰匹黎、赤山二州。以大贺氏窟哥为使持节十州军事。分州建官，盖昉于此。

迨于五代，辟地东西三千里。遥辇氏更八部曰旦利皆部、乙室活部、实活部、纳尾部、频没部、内会鸡部、集解部、奚嗢部，属县四十有一。每部设刺史，县置令。太宗以皇都为上京，升幽州为南京，改南京为东京，圣宗城中京，兴宗升云州为西京，于是五京备焉。又以征伐俘户建州襟要之地，多因旧居名之；加以私奴置投下州。总京五，府六，州、军、城百五十有六，县二百有九，部族五十有二，属国六十。东至于海，西至金山，暨于流沙，北至胪朐河，南至白沟，幅员万里。

上京道

上京临潢府，本汉辽东郡西安平之地。新莽曰北安平。太祖取天梯、蒙国、别鲁等三山之势于苇甸，射金龊箭以识之，谓之龙眉宫。神册三年城之，名曰皇都。天显十三年，更名上京，府曰临潢。

涞流河自西北南流，绕京三面，东入于曲江，其北东流为按出河。又有御河、沙河、黑河、潢河、鸭子河、他鲁河、狼河、苍耳河、辋子河、胪朐河、阴凉河、猪河、鸳鸯湖、兴国惠民湖、广济湖、盐泺、百狗泺、大神淀、马盂山、兔儿山、野鹊山、盐山、凿山、松山、平地松林、大斧山、列山、屈劣山、勒得山，唐所封大贺氏勒得王有墓存焉。

户三万六千五百，辖军、府、州、城二十五，统县十：

临潢县。太祖天赞初南攻燕、蓟，以所俘人户散居潢水之北，县临潢水，故以名。地宜种植。户三千五百。

长泰县。本渤海国长平县民，太祖伐大諲譔，先得是邑，迁其人于京西北，与汉民杂居。户四千。

定霸县。本扶余府强师县民，太祖下扶余，迁其人于京西，与汉人杂处，分地耕种。统和八年，以诸宫提辖司人户置。隶长宁宫。户二千。

保和县。本渤海国富利县民，太祖破龙州，尽徙富利县人散居京南。统和八年，以诸宫提辖司人户置。隶彰愍宫。户四千。

潞县。本幽州潞县民，天赞元年，太祖破蓟州，掠潞县民，布於京东，与渤海人杂处。隶崇德宫。户三千。

易俗县。本辽东渤海之民，太平九年，大延琳结构辽东夷叛，围守经年，乃降，尽迁于京北，置县居之。是年，又徙渤海叛人家属置焉。户一千。

迁辽县。本辽东诸县渤海人，大延琳叛，择其谋勇者置之左右。后以城降，戮之，徙其家属于京东北，故名。户一千。

渤海县。本东京人，因叛，徙置。

兴仁县。开泰二年置。

宣化县。本辽东神化县民，太祖破鸭渌府，尽徙其民居京之南。统和八年，以诸宫提辖司人户置。隶彰愍宫。户四千。

上京，太祖创业之地。负山抱海，天险足以为固。地沃宜耕植，水草便畜牧。金龊一箭，二百年之基，壮矣。天显元年，平渤海归，乃展郛郭，建宫室，名以天赞。起三大殿：曰开皇、安德、五鸾。中有历代帝王御容，每月朔望、节辰、忌日，在京文武百官并赴致祭。又于内城东南隅建天雄寺，奉安烈考宣简皇帝遗像。是岁太祖崩，应天皇后于义节寺断腕，置太祖陵。即寺建断腕楼，树碑焉。太宗援立晋，遣宰相冯道、刘昫等持节，具卤簿、法服至此，册上太宗及应天皇后尊号。太宗诏蕃部并依汉制，御开皇殿，辟承天门受礼，因改皇都为上京。

城高二丈，不设敌楼，幅员二十七里。门，东曰迎春，曰雁儿；南曰顺阳，曰南福；西曰金凤，曰西雁儿。其北谓之皇城，高三丈，有楼橹。门，东曰安东，南曰大顺，西曰乾德，北曰拱辰。中有大内。内南门曰承天，有楼阁；东门曰东华，西曰西华。此通内出入之所。正南街东，留守司衙，次盐铁门，次南门，龙寺街。南曰临潢府，其侧临潢县。县西南崇孝寺，承天皇后建。寺西长泰县，又西天长观。西南国子监，监北孔子庙，庙东节义寺。又西北安国寺，太宗所建。寺东齐天皇后故宅，宅东有元妃宅，即法天皇后所建也。其南贝圣尼寺，绫锦院、内省司、曲院，赡国、省司二仓，皆在大内西南，八作司与天雄寺对。南城谓之汉城，南当横街，各有楼对峙，下列井肆。东门之北潞县，又东南兴仁县。南门之东回鹘营，回鹘商贩留居上京，置营居之。西南同文驿，诸国信使居之。驿西南临潢驿，以待夏国使。驿西福先寺。寺西宣化县，西南定霸县，县西保和县。西门之北易俗县，县东迁辽县。

周广顺中，胡峤《记》曰：上京西楼，有邑屋市肆，交易无钱而用布。有绫锦诸工作、宦者、翰林、伎术、教坊、角骶、儒、僧尼、道士。中国人并、汾、幽、蓟为多。

宋大中祥符九年，薛映《记》曰：上京者，中京正北八十里至松山馆，七十里至崇信馆，九十里至广宁馆，五十里至姚家寨馆，五十里至咸宁馆，三十里度潢水石桥，旁有饶州，唐于契丹尝置饶乐州，今渤海人居之。五十里保和馆，度黑水河，七十里宣化馆，五十里长泰馆。馆西二十里有佛舍，民居，即祖州。又四十里至临潢府，自过崇信馆乃契丹旧境，其南奚地也。入西门，门曰金德，内有临潢馆，子城东门曰顺阳。北行至景福门，又至承天门，内有昭德、宣政二殿，与毡庐，皆东向。临潢西北二百余里号凉淀，在馒头山南，避暑之处。多丰草，掘地丈余即有坚冰。

祖州，天成军，上，节度。本辽右八部世没里地。太祖秋猎多于此，始置西楼。后因建城，号祖州。以高祖昭烈皇帝、曾祖庄敬皇帝、祖考简献皇帝、皇考宣简皇帝所生之地，故名。城高二丈，无敌棚，幅员九里。门，东曰望京，南曰大夏，西曰液山，北曰兴国。西北隅有内城。殿曰两明，奉安祖考御容；曰二仪，以白金铸太祖像；曰黑龙，曰清秘，各有太祖微时兵仗器物及服御皮毳之类，存之以示后嗣，使勿忘本。内南门曰兴圣，凡三门，上有楼阁，东西有角楼。东为州廨及诸宫廨舍，绫锦院，班院祗候蕃，汉、渤海三百人，供给内府取索。东南横街，四隅有楼对峙，下连市肆。东长霸县，西咸宁县。有祖山，山有太祖天皇帝庙，御靴尚存。又有龙门、黎谷、液山、液泉、白马、独石、天梯之山。水则南沙河、西液泉。太祖陵凿山为殿，曰明殿。殿南岭有膳堂，以备时祭。门曰黑龙。东偏有圣踪殿，立碑述太祖游猎之事。殿东有楼，立碑以纪太祖创业之功。皆在州西五里。天显中太宗建，隶弘义宫。统县二、城一：

长霸县。本龙州长平县民，迁于此。户二千。

咸宁县。本长宁县。破辽阳，迁其民置。户一千。

越王城。太祖伯父于越王述鲁西伐党项、吐浑，俘其民放牧于此，因建城。在州东南二十里。户一千。

怀州，奉陵军，上，节度。本唐归诚州。太宗行帐放牧于此。天赞中，从太祖破扶余城，下龙泉府，俘其人，筑寨居之。会同中，掠燕、蓟所俘亦置此。太宗崩，葬西山，曰怀陵。大同元年，世宗置州以奉焉。是年，有骑十余，猎于祖州西五十里大山中，见太宗乘白马，独追白狐，射之，一发而毙；忽不见，但获狐与矢。是日，太宗崩于栾城。后于其地建庙，又于州之凤凰门绘太宗驰骑贯狐之像。穆宗被害，葬怀陵侧，建凤凰殿以奉焉。有清凉殿，为行幸避暑之所。皆在州西二十里。隶永兴宫。统县二：

扶余县。本龙泉府。太祖迁渤海扶余县降户于此，世宗置县。户一千五百。

显理县。本显理府人，太祖伐渤海，俘其王大諲譔，迁民于此，世宗置县。户一千。

庆州，玄宁军，上，节度。本太保山黑河之地，岩谷险峻。穆宗建城，号黑河州，每岁来幸，射虎障鹰，军国之事多委大臣，后遇弑于此。以地苦寒，统和八年，州废。圣宗秋畋，爱其奇秀，建号庆州。辽国五代祖勃突，貌异常，有武略，力敌百人，众推为王。生于勃突山，因以名；没，葬山下。在州二百里。庆云山，本黑岭也。圣宗驻跸，爱羡曰："吾万岁后，当葬此"。兴宗遵遗命，建永庆陵。有望仙殿、御容殿。置蕃、汉守陵三千户，并隶大内都总管司。在州西二十里。有黑山、赤山、太保山、老翁岭、馒头山、兴国湖、辖失泺、黑河。景福元年复置，更隶兴圣宫。统县三：

玄德县。本黑山黑河之地。景福元年，括落帐人户，从便居之。户六千。

孝安县。

富义县。本义州，太宗迁渤海义州民于此。重熙元年降为义丰县，后更名。隶弘义宫。

泰州，德昌军、节度。本契丹二十部族放牧之地。因黑鼠族累犯通化州，民不能御，遂移东南六百里来，建城居之，以近本族。黑鼠穴居，肤黑，吻锐，类鼠，故以名。州隶延庆宫，兵事属东北统军司。统县二：

乐康县。倚郭。

兴国县。本山前之民，因罪配递至此，兴宗置县。户七百。

长春州，韶阳军，下，节度。本鸭子河春猎之地。兴宗重熙八年置。隶延庆宫，兵事隶东北统军司。统县一：

长春县。本混同江地。燕、蓟犯罪者流配于此。户二千。

乌州，静安军，刺史。本乌丸之地，东胡之种也。辽北大王拨剌占为牧，建城，后官收。隶兴圣宫。有辽河、夜河、乌丸川、乌丸山。统县一：

爱民县。拨剌王从军南征，俘汉民置于此。户一千。

永州，永昌军，观察。承天皇太后所建。太祖于此置南楼。乾亨三年，置州于皇子韩八墓侧。东潢河，南土河，二水合流，故号永州。冬月牙帐多驻此，谓之冬捺钵。有木叶山，上建契丹始祖庙，奇首可汗在南庙，可敦在北庙，绘塑二圣并八子神像。相传有神人乘白马，自马盂山浮土河而东，有天女驾青牛车由平地松林泛潢河而下。至木叶山，二水合流，相遇为配偶，生八子。其后族属渐盛，分为八部。每行军及春秋时祭，必用白马青牛，示不忘本云。兴王寺，有白衣观音像。太宗援石晋主中国，自潞州回，入幽州，幸大悲阁，指此像曰："我梦神人令送石郎为中国帝，即此也。"因移木叶山，建庙，春秋告赛，尊为家神。兴军必告之，乃合符传箭于诸部。又有高淀山、柳林淀，亦曰白马淀。隶彰愍宫。统县三：

长宁县。本显德府县名。太祖平渤海，迁其民于此。户四千五百。

义丰县。本铁利府义州。辽兵破之，迁其民于南楼之西北，仍名义州。重熙元年，废州，改今县。在州西北一百里。又尝改富义县，属泰州。始末不可具考，今两存之。户一千五百。

慈仁县。太宗以皇子只撒古亡，置慈州坟西。重熙元年，州废，改今县。户四百。

仪坤州，启圣军，节度。本契丹右大部地。应天皇后建州。回鹘糯思居之，至四世孙容我梅里，生应天皇后述律氏，适太祖。太祖开拓四方，平渤海，后有力焉。俘掠有伎艺者多归帐下，谓之属珊。以所生之地置州。州建启圣院，中为仪宁殿，太祖天皇帝、应天地皇后银像在焉。隶长宁宫。统县一：

广义县。本回鹘部牧地。应天皇后以四征所俘居之，因建州县。统和八年，以诸宫提辖司户置来远县，十三年并入。户二千五百。

龙化州，兴国军，下，节度。本汉北安平县地。契丹始祖奇首可汗居此，称龙庭。太祖于此建东楼。唐天复二年，太祖为迭烈部夷离堇，破代北，迁其民，建城居之。明年，伐女直，俘数百户实焉。天祐元年，增修东城，制度颇壮丽。十三年，太祖于城东金铃冈受尊号曰大圣大明天皇帝，建元神册。天显元年，崩于东楼。太宗升节度。隶彰愍宫，兵事属北路女直兵马司。刺史州一，未详。统县一：

龙化县。太祖东伐女直，南掠燕、蓟，所俘建城置邑。户一千。

降圣州，开国军，下，刺史。本大部落东楼之地。太祖春月行帐多驻此。应天皇后梦神人金冠素服，执兵仗，貌甚丰美，异兽十二随之。中有黑兔跃入后怀，因而有娠，遂生太宗。时黑云覆帐，火光照室，有声如雷，诸部异之。穆宗建州。四面各三十里，禁樵采放牧。先属延昌宫，后隶彰愍宫。统县一：

永安县。本龙原府庆州县名。太祖平渤海，破怀州之永安，迁其人置寨于此，建县。户八百。

饶州，匡义军，中，节度。本唐饶乐府地。贞观中置松漠府。太祖完葺故垒。有潢河、长水泺、没打河、青山、大福山、松山。隶延庆宫。统县三：

长乐县。本辽城县名。太祖伐渤海，迁其民，建县居之。户四千，内一千户纳铁。

临河县。本丰永县人，太宗分兵伐渤海，迁于潢水之曲。户一千。

安民县。太宗以渤海诸邑所俘杂置。户一千。

头下军州

头下军州，皆诸王、外戚、大臣及诸部从征俘掠，或置生口，各团集建州县以居之。横帐诸王、国舅、公主许创立州城，自余不得建城郭。朝廷赐州县额。其节度使朝廷命之，刺史以下皆以本主部曲充焉。官位九品之下及井邑商贾之家，征税各归头下；唯酒税课纳上京盐铁司。

徽州，宣德军，节度。景宗女秦晋大长公主所建。媵臣万户，在宜州之北二百里，因建州城。北至上京七百里。节度使以下，皆公主府署。户一万。

成州，长庆军，节度。圣宗女晋国长公主以上赐媵臣户置。在宜州北一百六十里，因建州城。北至上京七百四十里。户四千。

懿州，广顺军，节度。圣宗女燕国长公主以上赐媵臣户置。在显州东北二百里，因建州城。西北至上京八百里。户四千。

渭州，高阳军，节度。驸马都尉萧昌裔建。尚秦国王隆庆女韩国长公主，以所赐媵臣建州城。显州东北二百五十里。辽制，皇子嫡生者，其女与帝女同。户一千。

壕州。国舅宰相南征，俘掠汉民，居辽东西安平县故地。在显州东北二百二十里，西北至上京七百二十里。户六千。

原州。本辽东北安平县地。显州东北三百里。国舅金德俘掠汉民建城。西北至上京八百里。户五百。

福州。国舅萧宁建。南征俘掠汉民，居北安平县故地。在原州北二十里，西北至上京七百八十里。户三百。

横州。国舅萧克忠建。部下牧人居汉故辽阳县地，因置州城。在辽州西北九十里，西北至上京七百二十里。有横山。户二百。

凤州。稿离国故地，渤海之安宁郡境，南王府五帐分地。在韩州北二百里，西北至上京九百里。户四千。

遂州。本高州地，南王府五帐放牧于此。在檀州西二百里，西北至上京一千里。户五百。

丰州。本辽泽大部落，遥辇氏僧隐牧地。北至上京三百五十里。户五百。

顺州。本辽队县地。横帐南王府俘掠燕、蓟、顺州之民，建城居之。在显州东北一百二十里，西北至上京九百里。户一千。

闾州。罗古王牧地，近医巫闾山。在辽州西一百三十里，西北至上京九百五十里。户一千。

松山州。本辽泽大部落，横帐普古王牧地。有松山。北至上京一百七十里。户五百。

豫州。横帐陈王牧地。南至上京三百里。户五百。

宁州。本大贺氏勒得山，横帐管宁王放牧地。在豫州东八十里，西南至上京三百五十里。户三百。

边防城

辽国西北界防边城，因屯戍而立，务据形胜，不资丁赋。具列如左：

静州，观察。本泰州之金山。天庆六年升。

镇州，建安军，节度。本古可敦城。统和二十二年皇太妃奏置。选诸部族二万余骑充屯军，专捍御室韦、羽厥等国，凡有征讨，不得抽移。渤海、女直、汉人配流之家七百余户，分居镇、防、维三州。东南至上京三千余里。

维州，刺史。

防州，刺史。

河董城。本回鹘可敦城，语讹为河董城。久废，辽人完之以防边患。高州界女直常为盗，劫掠行旅，迁其族于此。东南至上京一千七百里。

静边城。本契丹二十部族水草地。北邻羽厥，每入为盗，建城，置兵千余骑防之。东南至上京一千五百里。

皮被河城。地控北边，置兵五百于此防托。皮被河出回纥北，东南经羽厥，入胪朐河，沿河董城北，东流合沱漉河，入于海。南至上京一千五百里。

招州，绥远军，刺史。开泰三年以女直户置。隶西北路招讨司。

塔懒主城。大康九年置。在胪朐河。

卷三十八　志第八

地理志二

东京道

东京辽阳府，本朝鲜之地。周武王释箕子囚，去之朝鲜，因以封之。作八条之教，尚礼义，富农桑，外户不闭，人不为盗。传四十余世。燕属真番、朝鲜，始置吏、筑障。秦属辽东外徼。汉初，燕人满王故空地。武帝元封三年，定朝鲜为真番、临屯、乐浪、玄菟四郡。后汉出入青、幽二州，辽东、玄菟二郡，沿革不常。汉末为公孙度所据，传子康；孙渊，自称燕王，建元绍汉，魏灭之。晋陷高丽，后归慕容垂；子宝，以勾丽王安为平州牧居之。元魏太武遣使至其所居平壤城，辽东京本此。唐高宗平高丽，于此置安东都护府；后为渤海大氏所有。大氏始保挹娄之东牟山。武后万岁通天中，为契丹尽忠所逼，有乞乞仲象者，度辽水自固，武后封为震国公。传子祚荣，建都邑，自称震王，并吞海北，地方五千里，兵数十万。中宗赐所都曰忽汗州，封渤海郡王。十有二世至彝震，僭号改元，拟建宫阙，有五京、十五府、六十二州，为辽东盛国。忽汗州即故平壤城也，号中京显德府。太祖建国，攻渤海，拔忽汗城，俘其王大諲譔，以为东丹王国，立太子图欲为人皇王以主之。神册四年，葺辽阳故城，以渤海、汉户建东平郡，为防御州。天显三年，迁东丹国民居之，升为南京。

城名天福，高三丈，有楼橹，幅员三十里。八门：东曰迎阳，东南曰韶阳，南曰龙原，西南曰显德，西曰大顺，西北曰大辽，北曰怀远，东北曰安远。宫城在东北隅，高三丈，具敌楼，南为三门，壮以楼观，四隅有角楼，相去各二里。宫墙北有让国皇帝御容殿。大内建二殿，不置宫嫔，唯以内省使副、判官守之。《大东丹国新建南京碑铭》，在宫门之南。外城谓之汉城，分南北市，中为看楼；晨集南市，夕集北市。街西有金德寺；大悲寺；驸马寺，铁幡竿在焉；赵头陀寺；留守衙；户部司；军巡院，归化营军千余人，河、朔亡命，皆籍于此。东至北乌鲁虎克四百里，南至海边铁山八百六十里，西至望平县海口三百六十里，北至挹娄县、范河二百七十里。东、西、南三面抱海。辽东出东北山口为范河，西南流为大口，入于海；东梁河自东山西流，与浑河合为小口，会辽河入于海，又名太子河，亦曰大梁水；浑河在东梁、范河之间；沙河出东南山西北流，径盖州入于海。有蒲河；清河；浿水，亦曰泥河，又曰蓒芋泺，水多蓒芋之草；驻跸山，唐太宗征高丽，驻跸其巅数日，勒石纪功焉，俗称手山，山巅平石之上有掌指之状，泉出其中，取之不竭。又有明王山、白石山——亦曰横山。天显十三年，改南京为东京，府曰辽阳。

户四万六百四。辖州、府、军、城八十七。统县九：

辽阳县。本渤海国金德县地。汉浿水县，高丽改为勾丽县，渤海为常乐县。户一千五百。

仙乡县。本汉辽队县，渤海为永丰县。《神仙传》云："仙人白仲理能炼神丹，点黄金，以救百姓。"户一千五百。

鹤野县。本汉居就县地，渤海为鸡山县。昔丁令威家此，去家千年，化鹤来归，集于华表柱，以味画表云："有鸟有鸟丁令威，去家千年今来归，城郭虽是人民非，何不学仙冢累累。"户一千二百。

析木县。本汉望平县地，渤海为花山县。户一千。

紫蒙县。本汉镂芳县地。后拂涅国置东平府，领蒙州紫蒙县。后徙辽城，并入黄岭县。渤海复为紫蒙县。户一千。

兴辽县。本汉平郭县地，渤海改为长宁县。唐元和中，渤海王大仁秀南定新罗，北略诸部，开置郡邑，遂定今名。户一千。

肃慎县。以渤海户置。

归仁县。

顺化县。

开州，镇国军，节度。本涉貊地，高丽为庆州，渤海为东京龙原府。有宫殿。都督庆、盐、穆、贺四州事。故县六：曰龙原、永安、乌山、壁谷、熊山、白杨，皆废。叠石为城，周围二十里。唐薛仁贵征高丽，与其大将温沙门战熊山，擒善射者于石城，即此。太祖平渤海，徙其民于大部落，城遂废。圣宗伐高丽还，周览城基，复加完葺。开泰三年，迁双、韩二州千余户实之，号开封府开远军，节度；更名镇国军。隶东京留守，兵事属东京统军司。统州三、县一：

开远县。本栅城地，高丽为龙原县，渤海因之，辽初废。圣宗东讨，复置以军额。民户一千。

盐州。本渤海龙河郡，故县四：海阳、接海、格州、龙河，皆废。户三百。隶开州。相去一百四十里。

穆州，保和军，刺史。本渤海会农郡，故县四：会农、水歧、顺化、美县，皆废。户三百。隶开州。东北至开州一百二十里。统县一：会农县。

贺州，刺史。本渤海吉理郡，故县四：洪贺、送诚、吉理、石山，皆废。户三百。隶开州。

定州，保宁军。高丽置州，故县一，曰定东。圣宗统和十三年升军，迁辽西民实之。隶东京留守司。统县一：

定东县。高丽所置，辽徙辽西民居之。户八百。

保州，宣义军，节度。高丽置州，故县一，曰来远。圣宗以高丽王询擅立，问罪不服，统和末，高丽降，开泰三年取其保、定二州，于此置榷场。隶东京统军司。统州、军二，县一：

来远县。初徙辽西诸县民实之，又徙奚、汉兵七百防戍焉。户一千。

宣州，定远军，刺史。开泰三年徙汉户置。隶名保州。

怀化军，下，刺史。开泰三年置。隶保州。

辰州，奉国军，节度。本高丽盖牟城。唐太宗会李世勣攻破盖牟城，即此。渤海改为盖州，又改辰州，以辰韩得名。井邑骈列，最为冲会。辽徙其民于祖州。初曰长平军。户二千。隶东京留守司。统县一：

建安县。

卢州，玄德军，刺史。本渤海杉卢郡，故县五：山阳、杉卢、汉阳、白岩、霜岩，皆废。户三百。在京东一百三十里。兵事属南女直汤河司。统县一：

熊岳县。西至海一十五里，傍海有熊岳山。

来远城。本熟女直地。统和中伐高丽，以燕军骁猛，置两指挥，建城防戍。兵事属东京统军司。

铁州，建武军，刺史。本汉安市县，高丽为安市城。唐太宗攻之不下，薛仁贵白衣登城，即此。渤海置州，故县四：位城、河端、苍山、龙珍，皆废。户一千。在京西南六十里。统县一：

汤池县。

兴州，中兴军，节度。本汉海冥县地。渤海置州，故县三：盛吉、蒜山、铁山，皆废。户二百。在京西北南三百里。

汤州。本汉襄平县地。渤海置州，故县五：灵峰、常丰、白石、均谷、嘉利，皆废。户五百。在京西北一百里。

崇州，隆安军，刺史。本汉长岑县地。渤海置州，故县三：崇山、沩水、绿城，皆废。户五百。在京东北一百五十里。统县一：

崇信县。

海州，南海军，节度。本沃沮国地。高丽为沙卑城，唐李世勣尝攻焉。渤海号南京南海府。叠石为城，幅员九里，都督沃、睛、椒三州。故县六：沃沮、鹫岩、龙山、滨海、昇平、灵泉，皆废。太平中，大延琳叛，南海城坚守，经岁不下，别部酋长皆被擒，乃降。因尽徙其人于上京，置迁辽县，移泽州民来实之。户一千五百。统州二、县一：

临溟县。

耀州，刺史。本渤海椒州，故县五，椒山，貂岭、澌泉、尖山、岩渊，皆废。户七百。隶海州。东北至海州二百里。统县一：

岩渊县。东界新罗，故平壤城在县西南。东北至海州一百二十里。

嫔州，柔远军，刺史。本渤海晴州，故县五：天晴、神阳、莲池、狼山、仙岩，皆废。户五百。隶海州。东南至海州一百二十里。

渌州，鸭渌军，节度。本高丽故国，渤海号西京鸭渌府。城高三丈，广轮二十里，都督神、桓、丰、正四州事。故县三：神鹿、神化、剑门，皆废。大延琳叛，迁余党于上京，置易俗县居之。在者户二千。隶东京留守司。统州四、县二：

弘闻县。

神乡县。

桓州。高丽中都城，故县三：桓都、神乡、淇水，皆废。高丽王于此创立宫阙，国人谓之新国。五世孙钊，晋康帝建元初为慕容皝所败，宫室焚荡。户七百。隶渌州。在西南二百里。

丰州。渤海置盘安郡，故县四：安丰、渤恪、隰壤、硖石，皆废。户三百。隶渌州。在东北二百一十里。

正州。本沸流王故地，国为公孙康所并，渤海置沸流郡。有沸流水。户五百。隶渌州。在西北三百八十里。统县一：

东那县。本汉东耐县地。在州西七十里。

慕州。本渤海安远府地，故县二：慕化、崇平，久废。户二百。隶渌州。在西北二百里。

显州，奉先军，上，节度。本渤海显德府地。世宗置，以奉显陵。显陵者，东丹人皇王墓也。人皇王性好读书，不喜射猎，购书数万卷，置医巫闾山绝顶，筑堂曰望海。山南去海一百三十里。大同元年，世宗亲护人皇王灵驾归自汴京。以人皇王爱医巫闾山水奇秀，因葬焉。山形掩抱六重，于其中作影殿，制度宏丽。州在山东南，迁东京三百余户以实之。应历元年，穆宗葬世宗于显陵西山，仍禁樵采。有十三山，有沙河。隶长宁、积庆二宫，兵事属东京都部署司。统州三、县三：

奉先县。本汉无虑县，即医巫闾，幽州镇山。世宗析辽东长乐县民以为陵户，隶长宁宫。

山东县。本汉望平县。穆宗割渤海永丰县民为陵户，隶积庆宫。

归义县。初置显州，渤海民自来助役，世宗嘉悯，因籍其人户置县，隶长宁宫。

嘉州，嘉平军，下，刺史。隶显州。

辽西州，阜成军，中，刺史。本汉辽西郡地，世宗置州，隶长宁宫，属显州。统县一：

长庆县。统和八年，以诸宫提辖司人户置。

康州，下，刺史。世宗迁渤海率宾府人户置，属显州。初隶长宁宫，后属积庆宫。统县一：

率宾县。本渤海率宾府地。

宗州，下，刺史。在辽东石熊山，耶律隆运以所俘汉民置。圣宗立为州，隶文忠王府。王薨，属提辖司。统县一：

熊山县。本渤海县地。

乾州，广德军，上，节度。本汉无虑县地，圣宗统和三年置，以奉景宗乾陵。有凝神殿。隶崇德宫，兵事属东京都部署司。统州一、县四：

奉陵县。本汉无虑县地。括诸落帐户，助营山陵。

延昌县。析延昌宫户置。

灵山县。本渤海灵峰县地。

司农县。本渤海麓郡县，并麓波、云川二县入焉。

海北州，广化军，中，刺史。世宗以所俘汉户置。地在闾山之西，南海之北。初隶宜州，后属乾州。统县一：

开义县。

贵德州，宁远军，下，节度。本汉襄平县地，汉公孙度所据。太宗时察割以所俘汉民置。后以弑逆诛，没入焉。圣宗建贵德军，后更名。有陀河、大宝山。隶崇德宫，兵事属东京都部署司。统县二：

贵德县。本汉襄平县，渤海为崇山县。

奉德县。本渤海缘城县地，尝置奉德州。

沈州，昭德军，中，节度。本挹娄国地。渤海建沈州，故县九，皆废。太宗置兴辽军，后更名。初隶永兴宫，后属敦睦宫，兵事隶东京都部署司。统州一、县二：

乐郊县。太祖俘蓟州三河民，建三河县，后更名。

灵源县。太祖俘蓟州吏民，建渔阳县，后更名。

岩州，白岩军，下，刺史。本渤海白岩城，太宗拨属沈州。初隶长宁宫。后属敦睦宫。统县一：

白岩县。渤海置。

集州，怀众军，下，刺史。古陴离郡地、汉属险渎县，高丽为霜岩县，渤海置州。统县一：

奉集县。渤海置。

广州，防御。汉属襄平县，高丽为当山县，渤海为铁利郡。太祖迁渤海人居之，建铁利州。统和八年省。开泰七年以汉户置。统县一：昌义县。

辽州，始平军，下，节度。本拂涅国城，渤海为东平府。唐太宗亲征高丽，李世勣拔辽城；高宗诏程振、苏定方讨高丽，至新城，大破之；皆此地也。太祖伐渤海，先破东平府，迁民实之。故东平府都督伊、蒙、陀、黑、北五州，共领县十八，皆废。太祖改为州，军曰东平，太宗更为始平军。有辽河、羊肠河、锥子河、蛇山、狼山、黑山、巾子山。隶长宁宫，兵事属北女直兵马司。统州一、县二：

辽滨县。

安定县。

祺州，佑圣军，下，刺史。本渤海蒙州地。太祖以檀州俘于此建檀州，后更名。隶弘义宫，兵事属北女直兵马司。统县一：

庆云县。太祖俘密云民，于此建密云县，后更名。

遂州，刺史。本渤海美州地，采访使耶律颇德以部下汉民置。穆宗时，颇德嗣绝，没入焉。隶延昌宫，统县一：

山河县。本渤海县，并黑川、麓川二县置。

通州，安远军，节度。本扶余国王城，渤海号扶余城。太祖改龙州，圣宗更今名。保宁七年，以黄龙府叛人燕颇余党千余户置，升节度。统县四：

通远县。本渤海扶余县，并布多县置。

安远县。本渤海显义县，并鹊川县置。

归仁县。本渤海强帅县，并新安县置。

渔谷县。本渤海县。

韩州，东平军，下，刺史。本稿离国旧治柳河县。高丽置鄚颉府，都督鄚、颉二州。渤海因之。今废。太宗置三河、榆河二州。圣宗并二州置。隶延昌宫，兵事属北女直兵马司。统县一：

柳河县。本渤海粤喜县地，并万安县置。

双州，保安军，下，节度。本挹娄故地。渤海置安定郡，久废。沤里僧王从太宗南征，以俘镇、定二州之民建城置州。察割弑逆诛，没入焉。故隶延昌宫，后属崇德宫，兵事隶北女直兵马司。统县一：

双城县。本渤海安夷县地。

银州，富国军，下，刺史。本渤海富州，太祖以银冶更名。隶弘义宫，兵事属北女直兵马司。统县三：

延津县。本渤海富寿县，境有延津故城，更名。

新兴县。本故越喜国地，渤海置银冶，尝置银州。

永平县。本渤海优富县地，太祖以俘户置。旧有永平寨。

同州，镇安军，下，节度。本汉襄平县地，渤海为东平寨。太祖置州，军曰镇东，后更名。隶彰愍宫，兵事属北女直兵马司。统州一，未详；县二：

东平县。本汉襄平县地。产铁，拨户三百采炼，随征赋输。

永昌县。本高丽永宁县地。

咸州，安东军，下，节度。本高丽铜山县地，渤海置铜山郡。地在汉侯城县北，渤海龙泉府南。地多山险，寇盗以为渊薮，乃招平、营等州客户数百，建城居之。初号郝里太保城，开泰八年置州。兵事属北女直兵马司。统县一：

咸平县。唐安东都护，天宝中治营、平二州间，即此。太祖灭渤海，复置安东军。开泰中置县。

信州，彰圣军，下，节度。本越喜故城，渤海置怀远府，今废。圣宗以地邻高丽，开泰初置州，以所俘汉民实之。兵事属黄龙府都部署司。统州三，未详；县二：

武昌县。本渤海怀福县地，析平州提辖司及豹山县一千户隶之。

定武县。本渤海豹山县地，析平州提辖司并乳水县人户置。初名定功县。

宾州，怀化军，节度。本渤海城。统和十七年，迁兀惹户，置刺史于鸭子、混同二水之间，后升。兵事隶黄龙府都部署司。

龙州，黄龙府。本渤海扶余府。太祖平渤海还，至此崩，有黄龙见，更名。保宁七年，军将燕颇叛，府废。开泰九年，迁城于东北，以宗州、檀州汉户一千复置。统州五、县三：

黄龙县。本渤海长平县，并富利、佐慕、肃慎置。

迁民县。本渤海永宁县，并丰水、扶罗置。

永平县。渤海置。

益州，观察。属黄龙府。统县一：

静远县。

安远州，怀义军，刺史。属黄龙府。

威州，武宁军，刺史。属黄龙府。

清州，建宁军，刺史。属黄龙府。

雍州，刺史。属黄龙府。

湖州，兴利军，刺史。渤海置。兵事隶东京统军司。统县一：

长庆县。

渤州，清化军，刺史。渤海置。兵事隶东京统军司。统县一：

贡珍县。渤海置。

郢州，彰圣军，刺史。渤海置。兵事隶北女直兵马司。统县一：

延庆县。

铜州，广利军，刺史。渤海置。兵事隶北兵马司。统县一：

析木县。本汉望平县地，渤海为花山县。初隶东京，后来属。

涑州，刺史。渤海置。兵事隶南兵马司。

率宾府，刺史。故率宾国地。

定理府，刺史。故挹娄国地。

铁利府，刺史。故铁利国地。

安定府。

长岭府。

镇海府，防御。兵事隶南女直汤河司。统县一：

平南县。

冀州，防御。圣宗建，升永安军。

东州。以渤海户置。

尚州。以渤海户置。

吉州，福昌军，刺史。

麓州，下，刺史。渤海置。

荆州，刺史。

懿州，宁昌军，节度。太平三年越国公主以媵臣户置。初曰庆懿军，更曰广顺军，隶上京。清宁七年宣懿皇后进入，改今名。统县二：

宁昌县。本平阳县。

顺安县。

媵州，昌永军，刺史。

顺化城，向义军，下，刺史。开泰三年以汉户置。兵事隶东京统军司。

宁州，观察。统和二十九年伐高丽，以渤海降户置。兵事隶东京统军司。统县一：

新安县。

衍州，安广军，防御。以汉户置。初刺史，后升军。兵事属东京统军司。统县一：

宜丰县。

连州，德昌军，刺史，以汉户置。兵事属东京统军司。统县一：

安民县。

归州，观察。太祖平渤海，以降户置，后废。统和二十九年伐高丽，以所俘渤海户复置。兵事属南女直汤河司。统县一：

归胜县。

苏州，安复军，节度。本高丽南苏，兴宗置州。兵事属南女直汤河司。统县二：

来苏县。

怀化县。

复州，怀德军，节度。兴宗置。兵事属南女直汤河司。统县二：

永宁县。

德胜县。

肃州，信陵军，刺史。重熙十年州民亡入女直，取之复置。兵事隶北女直兵马司。统县一：

清安县。

安州，刺史。兵事隶北女直兵马司。

荣州。

率州。

荷州。

源州。

渤海州。

宁江州，混同军，观察。清宁中置。初防御，后升。兵事属东北统军司。统县一：

混同县。

河州，德化军。置军器坊。

祥州，瑞圣军，节度。兴宗以铁骊户置。兵事隶黄龙府都部署司。统县一：

怀德县。

卷三十九　　志第九

地理志三

中京道

中京大定府，虞为营州，夏属冀州，周在幽州之分。秦郡天下，是为辽西。汉为新安平县。汉末步奚居之，幅员千里，多大山深谷，阻险足以自固。魏武北征，纵兵大战，降者二十余万，去之松漠。其后拓拔氏乘辽建牙于此，当饶乐河水之南，温渝河水之北。唐太宗伐高丽，驻跸于此。部帅苏支从征有功，奚长可度率众内附，为置饶乐都督府。咸通以后，契丹始大，奚族不敢复抗。太祖建国，举族臣属。圣宗尝过七金山土河之滨，南望云气，有郛郭楼阙之状，因议建都。择良工于燕、蓟，董役二岁，郛郭、宫掖、楼阁、府库、市肆、廊庑，拟神都之制。统和二十四年，五帐院进故奚王牙帐地。二十五年，城之，实以汉户，号曰中京，府曰大定。皇城中有祖庙，景宗、承天皇后御容殿。城池湫湿，多凿井泄之，人以为便。大同驿以待宋使，朝天馆待新罗使，来宾馆待夏使。有七金山、马盂山、双山、松山、土河。统州十、县九：

大定县。白霫故地。以诸国俘户居之。

长兴县。本汉宾从县。以诸部人居之。

富庶县。本汉新安平地，开泰二年析京民置。

劝农县。本汉宾从县地。开泰二年析京民置。

文定县。开泰二年析京民置。

升平县。开泰二年析京民置。

归化县。本汉柳城县地。

神水县。本汉徒河县地。开泰二年置。

金源县。本唐青山县境。开泰二年析京民置。

恩州，怀德军，下，刺史。本汉新安平县地。太宗建州。开泰中，以渤海户实之。初隶永兴宫，后属中京。统县一：

恩化县。开泰中渤海人户置。

惠州，惠和军，中，刺史。本唐归义州地。太祖俘汉民数百户兔麛山下，创城居之，置州。属中京，统县一：

惠和县。圣宗迁上京惠州民，括诸宫院落帐户置。

高州，观察。唐信州之地。万岁通天元年，以契丹室活部置。开泰中，圣宗伐高丽，以俘户置高州。有平顶山、滦河。属中京。统县一：

三韩县，辰韩为扶余，弁韩为新罗，马韩为高丽。开泰中，圣宗伐高丽，俘三国之遗人置县。户五千。

武安州，观察。唐沃州地。太祖俘民居木叶山下，因建城以迁之，号杏埚新城。复以辽西户益之，更曰新州。统和八年改今名。初刺史，后升。有黄柏岭、袅罗水、个没里水。属中京。统县一：

沃野县。

利州，中、观察。本中京阜俗县。统和二十六年置刺史州，开泰元年升。属中京。统县一：

阜俗县。唐末，契丹渐炽，役使奚人，迁居琵琶川。统和四年置县。初隶彰愍宫，更隶中京。后置州，仍属中京。

榆州，高平军，下，刺史。本汉临渝县地。后隶右北平骊城县。唐载初二年，析慎州置黎州，处靺鞨部落，后为奚人所据。太宗南征，横帐解里以所俘镇州民置州，开泰中没入。属中京。统县二：

和众县。本新黎县地。

永和县。本汉昌城县地。统和二十二年置。

泽州，广济军，下，刺史。本汉土垠县地。太祖俘蔚州民，立寨居之，采炼陷河银冶。隶中京留守司。开泰中置泽州。有松亭关、神山、九宫岭、石子岭、滦河、撒河。属中京。统县二：

神山县。神山在西南。

滦河县。本汉徐无县地。属永兴宫。

北安州，兴化军，上，刺史。本汉女祁县地，属上谷郡。晋为冯跋所据。唐为奚王府西省地。圣宗以汉户置北安州。属中京。统县一：

兴化县。本汉且居县地。

潭州，广润军，下，刺史。本中京之龙山县，开泰中置州，仍属中京。统县一：

龙山县。本汉交黎县地。开泰二年以刁家寨置。

松山州，胜安地，下，刺史。开泰中置。统和八年省，复置。属中京。统县一：

松山县。本汉文成县地。边松漠，商贾会冲。开泰二年置县。有松山川。

宋王曾《上契丹事》曰：出燕京北门，至望京馆。五十里至顺州。七十里至檀州，渐入山。五十里至金沟馆。将至馆，川原平旷，谓之金沟淀。自此入山，诘曲登陟，无复里堠，但以马行记日，约其里数。九十里至古北口，两傍峻崖，仅容车轨。又度德胜岭，盘道数层，俗名思乡岭，八十里至新馆。过雕窠岭、偏枪岭，四十里至卧如来馆。过乌滦河，东有滦州，又过摸斗岭，一名渡云岭，芹菜岭，七十里至柳河馆。松亭岭甚险峻，七十里至打造部落馆。东南行五十里至牛山馆。八十里至鹿儿峡馆。过虾蟆岭，九十里至铁浆馆。过石子岭，自此渐出山，七十里至富谷馆。八十里至通天馆，二十里至中京大定府。城垣卑小，方圆才四里许。门但重屋，无筑阇之制。南门曰朱夏，门内通步廊，多坊门。又有市楼四：曰天方、大衢、通阛、望阙。次至大同馆。其门正北曰阳德、阊阖。城内西南隅冈上有寺。城南有园圃，宴射之所。自过古北口，居人草庵板屋，耕种，但无桑柘；所种皆从垅上，虞吹沙所壅。山中长松郁然，深谷中时见畜牧牛马橐驼，多青羊黄豕。

成州，兴府军，节度。晋国长公主以媵户置，军曰长庆，隶上京。复改军名。统县一：

同昌县。

兴中府。本霸州彰武军，节度。古孤竹国。汉柳城县地。慕容皝以柳城之北，龙山之南，福德之地，乃筑龙城，构宫庙，改柳城为龙城县，遂迁都，号曰和龙宫。慕容垂复居焉，后为冯跋所灭。元魏取为辽西郡。隋平高保宁，置营州。炀帝废州置柳城郡。唐武德初改营州总管府，寻为都督府。万岁通天中，陷李万荣。神龙初，移府幽州。开元四年复治柳城。八年西徙渔阳。十年还柳城。后为奚所据。太祖平奚及俘燕民，将建城，命韩知方择其处。乃完葺柳城，号霸州彰武军，节度。统和中，制置建、霸、宜、锦、白川等五州。寻落制置，隶积庆宫。后属兴圣宫。重熙十年升兴中府。有大华山、小华山、香高山、麝香崖——天授皇帝刻石在焉，驻龙峪、神射泉、小灵河。统州二、县四：

兴中县。本汉柳城县地。太祖掠汉民居此，建霸城县。重熙中置府，更名。

营丘县。析霸城置。

象雷县。开泰二年以麦务川置。初隶中京。后属。

闾山县。本汉且虑县。开泰二年以罗家军置。隶中京，后属。

安德州，化平军，下，刺史。以霸州安德县置，来属。统县一：

安德县。统和八年析霸城东南龙山徒河境户置。初隶乾州，更属霸州，置州来属。

黔州，阜昌军，下，刺史。本汉辽西郡地。太祖平渤海，以所俘户居之，隶黑水河提辖司。安帝置州，析宜、霸二州汉户益之。初隶永兴宫，更隶中京，后置府，来属。统县一：

盛吉县。太祖平渤海，俘兴州盛吉县民来居，因置县。

宜州，崇义军，上，节度。本辽西累县地。东丹王每秋畋于此。兴宗以定州俘户建州。有坟山，松柏连亘百余里，禁樵采，凌河，累石为堤。隶积庆宫。统县二：

弘政县。世宗以定州俘户置。民工织纴，多技巧。

闻义县。世宗置。初隶海北州，后来属。

锦州，临海军，中，节度。本汉辽东无虑县。慕容皝置西乐县。太祖以汉俘建州。有大胡僧山、小胡僧山、大查牙山、小查牙山、淘河岛。隶弘义宫。统州一、县二：

永乐县。

安昌县。

岩州，保肃军，下，刺史。本汉海阳县地。太祖平渤海，迁汉户杂居兴州境，圣宗于此建城焉。隶弘义宫，来属。统县一：

兴城县。

川州，长宁军，中，节度。本唐青山州地。太祖弟明王安端置。会同三年，诏为白川州。安端子察割以大逆诛，没入，省曰川州。初隶崇德宫，统和中属文忠王府。统县三：

弘理县。统和八年以诸宫提辖司户置。

咸康县。

宜民县。统和中置。

建州，保静军，上，节度。唐武德中，置昌乐县。太祖完葺故垒，置州。汉乾祐元年，故石晋太后诣世宗，求于汉城侧耕垦自赡。许于建州南四十里给地五十顷，营构房室，创立宗庙。州在灵河之南，屡遭水害，圣宗迁于河北康崇州故城。初名武宁军，隶永兴宫，后属敦睦宫。统县二：

永霸县。

永康县。本唐昌黎县地。

来州，归德军，下，节度。圣宗以女直五部岁饥来归，置州居之。初刺史，后升。隶永兴宫。有三州山、六州山、五脂山。统州二、县一：

来宾县。本唐来远县地。

隰州，平海军，下，刺史。慕容皝置集宁县。圣宗括帐户迁信州，大雪不能进，建城于此，置焉。隶兴圣宫，来属。统县一：

海滨县。本汉县。濒海，地多碱卤，置盐场于此。

迁州，兴善军，下，刺史。本汉阳乐县地。圣宗平大延琳，迁归州民置，来属。有箭笴山。统县一：

迁民县。

润州，海阳军，下，刺史。圣宗平大延琳，迁宁州之民居此，置州。统县一：

海阳县。本汉阳乐县地，迁润州，本东京城内渤海民户，因叛移于此。

卷四十　志第十

地理志四

南京道

南京析津府，本古冀州之地。高阳氏谓之幽陵，陶唐曰幽都，有虞析为幽州。商并幽于冀。周分并为幽。《职方》，东北幽州，山镇医巫闾，泽薮貕养，川河、泲，浸菑、时。其利鱼、盐，其畜马、牛、豕，其谷黍、稷、稻。武王封太保奭于燕。秦以其地为渔阳、上谷、右北平、辽西、辽东五郡。汉为燕国，历封臧荼、卢绾、刘建、刘泽、刘旦，尝置涿郡广阳国。后汉为广平国广阳郡；或合于上谷，复置幽州。后周置燕及范阳郡，隋为幽州总管。唐置大都督府，改范阳节度使。安禄山、史思明、李怀仙、朱滔、刘怦、刘济相继割据。刘总归唐。至张仲武、张允仲，以正得民。刘仁恭父子僭争，遂入五代。自唐而晋，高祖以辽有援立之劳，割幽州等十六州以献。太宗升为南京，又曰燕京。

城方三十六里，崇三丈，衡广一丈五尺。敌楼、战橹具。八门：东曰安东、迎春，南曰开阳、丹凤，西曰显西、清晋，北曰通天、拱辰。大内在西南隅。皇城内有景宗、圣宗御容殿二，东曰宣和，南曰大内。内门曰宣教，改元和；外三门曰南端、左掖、右掖。左掖改万春，右掖改千秋。门有楼阁，球场在其南，东为永平馆。皇城西门曰显西，设而不开；北曰子北。西城巅有凉殿，东北隅有燕角楼。坊市、廨舍、寺观，盖不胜书。其外，有居庸、松亭、榆林之关。古北之口，桑乾河、高梁河、石子河、大安山、燕山——中有瑶屿。府曰幽都，军号卢龙，开泰元年落军额。

统州六、县十一：

析津县。本晋蓟县，改蓟北县，开泰元年更今名。以燕分野旅寅为析木之津，故名。户二万。

宛平县。本晋幽都县，开泰元年改今名。户二万二千。

昌平县。本汉军都县，后汉属广阳郡，晋属燕国，元魏置东燕州、平昌郡及昌平县。郡废，县隶幽州。在京北九十里。户七千。

良乡县。燕为中都县，汉改良乡县，旧属涿郡，北齐天保七年省入蓟县，武平六年复置。唐圣历元年改固节镇，神龙元年复为良乡县，刘守光徙治此。在南京六十里。户七千。

潞县。本汉旧县，属渔阳郡。唐武德二年置元州，贞观元年州废，复为县。有潞水。在京东六十里。户六千。

安次县。本汉旧县，属渔阳郡。唐武德四年徙置东南五十里石梁城，贞观八年又徙今县西五里常道城，开元二十三年又徙耿就桥行市南。在京南一百二十里。户一万二千。

永清县。本汉益昌县，隋置通泽县，唐置武隆县，改会昌，天宝初为永清县。在京南一百五十里。户五千。

武清县。前汉雍奴县，属渔阳郡。《水经注》，雍奴者，薮泽之名，四面有水曰雍，不流曰奴。唐天宝初改武清。在京东南一百五十里。户一万。

香河县。本武清孙村。辽于新仓置榷盐院，居民聚集，因分武清、三河、潞三县户置。在京东南一百二十里。户七千。

玉河县。本泉山地。刘仁恭于大安山创宫观，师炼丹羽化之术于方士王若讷，因割蓟县分置，以供给之。在京西四十里。户一千。

漷阴县。本汉泉山之霍村镇。辽每季春，弋猎于延芳淀，居民成邑，就城故漷阴镇，后改为县。在京东南九十里。延芳淀方数百里，春时鹅鹜所聚，夏秋多菱芡。国主春猎，卫士皆衣墨绿，各持连鎚、鹰食、刺鹅锥，列水次，相去五七步。上风击鼓，惊鹅稍离水面。国主亲放海东青鹘擒之。鹅坠，恐鹘力不胜，在列者以佩锥刺鹅，急取其脑饲鹘。得头鹅者，例赏银绢。国主、皇族、群臣各有分地。户五千。

宋王曾《上契丹事》曰："自雄州白沟驿渡河，四十里至新城县，古督亢亭之地。又七十里至涿州。北渡范水、刘李河，六十里至良乡县。渡卢沟河，六十里至幽州，号燕京。子城就罗郭西南为之。正南曰启夏门，内有元和殿，东门曰宣和。城中坊闬皆有楼。有闵忠寺，本唐太宗为征辽阵亡将士所造；又有开泰寺，魏王耶律汉宁造。皆遣朝使游观。南门外有于越王廨，为宴集之所。门外永平馆，旧名碣石馆，请和后易之。南即桑乾河。

顺州，归化军，中，刺史。秦上谷，汉范阳，北齐归德郡境。隋开皇中，粟末靺鞨与高丽战不胜，厥稽部长突地稽率八部胜兵数千人，自扶余城西北举落内附，置顺州以处之。唐武德初改燕州，会昌中改归顺州，唐末仍为顺州。有温渝河；白遂河；曹王山，曹操尝驻军于此；黍谷山，邹衍吹律之地，南有齐长城。城东北有华林、天柱二庄，辽建凉殿，春赏花，夏纳凉。初军曰归宁，后更名。统县一：

怀柔县。唐贞观六年置，治五柳城，改顺义县。开元四年置松漠府弹汗州。天宝元年改归化郡。乾元元年复今名。户五千。

檀州，武威军，下，刺史。本燕渔阳郡地，汉为白檀县。《魏书》：曹公历白檀，破乌丸于柳城。《续汉书》：白檀在右北平。元魏创密云郡，兼置安州。后周改为元州。隋开皇十八年割燕乐、密云二县置檀州。唐天宝元年改密云郡，乾元元年复为檀州。辽加今军号。有桑溪、鲍丘山、桃花山、螺山。统县二：

密云县。本汉白檀县，后汉以居厗奚。元魏置密云郡，领白檀、要阳、密云三县。高齐废郡及二县，来属。户五千。

行唐县。本定州行唐县。太祖掠定州，破行唐，尽驱其民，北至檀州，择旷土居之，凡置十寨，仍名行唐县。隶彰愍宫。户三千。

涿州，永泰军，上，刺史。汉高祖六年分燕置涿郡，魏文帝改范阳郡，晋为范阳国，元魏复为郡。隋开皇二年罢郡，属幽州，大业三年以幽州为涿郡，唐武德元年郡废，为涿县，七年改范阳县，大历四年置涿州。石晋以归太宗。有大房山、六聘山、涿水、楼桑河、横沟河、礼逊河、祁沟河。统县四：

范阳县。本汉涿县。唐武德中，改范阳县。有涿水、范水。户一万。

固安县。本汉方城县，先属广阳国。隋开皇九年，自易州涞水县移置，属幽州，取汉故安县名。唐武德四年属北义州，徙治章信堡。贞观二年义州废，移今治，复属幽州。在州东南九十里。户一万。

新城县。本汉新昌县。唐大历四年析固安县置，后省。后唐天成四年复析范阳县置，在州南六十里。户一万。

归义县。本汉易县地。齐并入鄚县。唐武德五年置北义州，州废，复置县来属。民居在巨马河南，侨治新城。户四千。

易州，高阳军，上，刺史。汉为易、故安二县地。隋置易州，隋末为上谷郡。唐武德四年复易州。天宝元年仍上谷郡。乾元元年又改易州。五代隶定州节度使。会同九年孙方简以其地来附。应历九年为周世宗所取，后属宋。统和七年攻克之，升高阳军。有易水、涞水、狼山、太宁山、白马山。统县三：

易县。本汉县，故城在今县东南六十里。齐天保七年省。隋开皇十六年，于故安城西北隅置县，即今县治也。户二万五千。

涞水县。本汉道县，今县北一里故道城是也。元魏移于故城南，即今县置。周大象二年省。隋开皇十八年改涞水县。在州东四十里。有涞水。户二万七千。

容城县。本汉县，先属涿郡，故城在雄州西南。唐武德五年属北义州。贞观元年还本属。圣历二年改全忠县。天宝元年复名容城县。在州东八十里。户民皆居巨马河南，侨治涿州新城县。户五千。

蓟州，尚武军，上，刺史。秦渔阳、右北平二郡地。隋开皇中徙治玄州总管府，炀帝改渔阳郡。唐武德元年废入幽州，开元十八年分立蓟州。统县三：

渔阳县。本汉县，属渔阳郡。晋省，复置。元魏省。唐属幽州，开元十八年置蓟州。有鲍丘水。户四千。

三河县。本汉临朐县地，唐开元四年析潞州置。户三千。

玉田县。本春秋无终子国。汉置无终县，属右北平郡。元魏属渔阳郡治，省，唐武德二年复置。贞观初省，乾封中复置。万岁通天元年更名玉田，属营州。开元四年还属幽州。八年属营州。十一年又属幽州。十八年来属。《搜神记》："雍伯，洛阳人，性孝，父母没，葬无终山。山高八十里，上无水，雍伯置饮。人有就饮者，与石一斗，种生玉，因名玉田。"户三千。

景州，清安军，下，刺史。本蓟州遵化县，重熙中置。户三千。遵化县，本唐平州买马监，为县来属。

平州，辽兴军，上，节度。商为孤竹国，春秋山戎国。秦为辽西、右北平二郡地，汉因之。汉末，公孙度据有，传子康、孙渊，入魏。隋开皇中改平州，大业初复为郡。唐武德初改州，天宝元年仍北平郡。后唐复为平州。太祖天赞二年取之，以定州俘户错置其地。统州二、县三：

卢龙县。本肥如国。春秋晋灭肥，肥子奔燕，受封于此。汉、晋属辽西郡。元魏为郡治，兼立平州。北齐属北平郡。隋开皇中，省肥如，入新昌。十八年，改新昌曰卢龙。唐为平州，后因之。户七千。

安喜县。本汉令支县地，久废。太祖以定州安喜县俘户置。在州东北六十里。户五千。

望都县。本汉海阳县，久废。太祖以定州望都县俘户置。有海阳山。县在州南三十里，户三千。

滦州，永安军，中，刺史。本古黄洛城。滦河环绕，在卢龙山南。齐桓公伐山戎，见山神俞鬼，即此。秦为右北平。汉为石城县，后名海阳县。汉末为公孙度所有。晋以后属辽西。石晋割地，在平州之境。太祖以俘户置。滦州负山带河，为朔汉形胜之地。有扶苏泉，甚甘美，秦太子扶苏北筑长城尝驻此；临榆山，峰峦崛起，高千余仞，下临渝河。统县三：

义丰县。本黄洛故城。黄洛水北出卢龙山，南流入于濡水。汉属辽西郡，久废。唐季入契丹，世宗置县。户四千。

马城县。本卢龙县地。唐开元二十八年析置县，以通水运。东北有千金冶，东有茂乡镇。辽割隶滦州。在州西南四十里。户三千。

石城县。汉置，属右北平郡，久废。唐贞观中于此置临渝县，万岁通天元年改石城县，在滦州南三十里，唐仪凤石刻在焉。今县又在其南五十里，辽徙置以就盐官。户三千。

营州，邻海军，下，刺史。本商孤竹国。秦属辽西郡。汉为昌黎郡。前燕慕容皝徙都于此。元魏立营州，领昌黎、建德、辽东、乐浪、冀阳、营丘六郡。后周为高宝宁所据。隋开皇置州，大业改辽西郡。唐武德元年改营州，万岁通天元年始入契丹。圣历二年侨治渔阳。开元五年还治柳城。天宝元年改曰柳城郡。后唐复为营州。太祖以居定州俘户。统县一：

广宁县。汉柳城县，属辽西郡。东北与奚、契丹接境。万岁通天元年，入契丹李万荣。神龙元年移幽州界。开元四年复旧地。辽改今名。户三千。

卷四十一　　志第十一

地理志五

西京道

西京大同府，陶唐冀州之域。虞分并州。夏复属冀州。周《职方》，正北曰并州。战国属赵，武灵王始置云中郡。秦属代王国，后为平城县。魏属新兴郡。晋仍属雁门。刘琨表封猗卢为代王，都平城。元魏道武于此遂建都邑。孝文帝改为司州牧，置代尹，迁都洛邑，改万年，又置恒州。高齐文宣帝废州为恒安镇，今谓之东城，寻复恒州。周复恒安镇，改朔州。隋仍为镇。唐武德四年置北恒州，七年废。贞观十四年移云中定襄县于此。永淳元年默啜为民患，移民朔州。开元十八年，置云州。天宝元年，改云中郡。乾元元年曰云州。乾符三年，大同军节度使李国昌子克用为云中守捉使，杀防御使，据州以闻。僖宗赦克用，以国昌为大同军防御使，不受命。广明元年，李琢攻国昌，国昌兵败，与克用奔北地。黄巢入京师，诏发代北军，寻赦国昌，使讨贼。克用率三万五千骑而南，收京师功第一，国昌封陇西郡王。国昌卒，克用取云州。既而所向失利，乃卑词厚礼，与太祖会于云州之东城，谋大举兵攻梁，不果。克用子存勗灭梁，是为唐庄宗。同光三年，复以云州为大同军节度使。晋高祖代唐，以契丹有援立功，割山前、代北地为赂，大同来属，因建西京。敌楼、棚橹具。广袤二十里。门，东曰迎春，南曰朝阳，西曰定西，北曰拱极。元魏宫垣占城之北面，双阙尚在。辽既建都，用为重地，非亲王不得主之。清宁八年建华岩寺，奉安诸帝石像、铜像。又有天王寺、留守司衙，南曰西省。北门之东曰大同府，北门之西曰大同驿。初为大同军节度，重熙十三年升为西京，府曰大同。统州二、县七：

大同县。本大同川地。重熙十七年西夏犯边，析云中县置。户一万。

云中县。赵置。沿革与京府同。户一万。

天成县。本极塞之地。魏道武帝置广牧县，唐武德五年置定襄县，辽析云中置。在京北一百八十里。户五千。

长青县。本白登台地。冒顿单于纵精骑三十余万围汉高帝于白登七日，即此。辽始置县。有青陂。梁元帝《横吹曲》云“朝跋青陂，暮上白登。”在京东北一百一十里。户四千。

奉义县。本汉陶林县地。后唐武皇与太祖会此。辽析云中置。户三千。

怀仁县。本汉沙南县。元魏葛荣乱，县废。隋开皇二年移云内于此。大业二年置大利县，属云州，改属定襄郡。隋末陷突厥。李克用败赫连铎，驻兵于此。辽改怀仁。在京南六十里。户三千。

怀安县。本汉夷舆县地。历魏至隋，为突厥所据，唐克颉利，县遂废为怀荒镇。高勋镇燕，奏分归化州文德县置。初隶奉圣州，后来属。在州西北二百八十里。户三千。

弘州，博宁军，下，刺史。东魏静帝置北灵丘县。唐初地陷突厥，开元中置横野军安边县，天宝乱废，后为襄阴村。统和中，以寰州近边，为宋将潘美所破，废之，乃于此置弘州，初军曰永宁。有桑乾河、白道泉、白登山，亦曰火烧山，有火井。统县二：

永宁县。户一万。

顺圣县。本魏安塞军，五代兵废。高勋镇幽州，奏景宗分永兴县置。初隶奉圣州。在州西北二百八十里。户三千。

德州，下，刺史。唐会昌中以西德店置德州。开泰八年以汉户复置。有步落泉、金河山、野狐岭、白道坂。县一：

宣德县。本汉桐过县地，属云中郡，后隶定襄郡，汉末废。高齐置紫阿镇。唐会昌中置县。户三千。

丰州，天德军，节度使。秦为上郡北境，汉属五原郡。地碛卤，少田畴。自晋永嘉之乱，属赫连勃勃。后周置永丰镇。隋开皇中升永丰县，改丰州。大业七年为五原郡。义宁元年太守张逊奏改归顺郡。唐武德元年为丰州总管府。六年省，迁民于白马县，遂废。贞观四年分灵州境，置丰州都督府，领蕃户。天宝初改九原郡。乾元元年复丰州，后入回鹘。会昌中克之，后唐改天德军。太祖神册五年攻下，更名应天军，复为州。有大盐泺、九十九泉、没越泺、古碛口、青冢——即王昭君墓，兵事属西南面招讨司。统县二：

富民县。本汉临戎县，辽改今名。户一千二百。

振武县。本汉定襄郡盛乐县。背负阴山，前带黄河。元魏尝都盛乐，即此。唐武德四年克突厥，建云中都督府。麟德三年改单于大都督府。圣历元年又改北都督。开元七年割隶东受降城。八年置振武军节度使。会昌五年为安北都护府。后唐庄宗以兄嗣本为振武节度使。太祖神册元年，伐吐浑还，攻之，尽俘其民以东，唯存乡兵三百人防戍。后更为县。

云内州，开远军，下，节度。本中受降城地。辽初置代北云朔招讨司，改云内州。清宁初升。有威塞军、古可敦城、大同川、天安军、永济栅、安乐戍、拂云堆。兵事属西南面招讨司。统县二：

柔服县。

宁人县。

天德军，本中受降城。唐开元中废横塞军，置天安军于大同川。乾元中改天德军，移永济栅，今治是也。太祖平党项，遂破天德，尽掠吏民以东。后置招讨司，渐成井邑，乃以国族为天德军节度使。有黄河、黑山峪、卢城、威塞军、秦长城、唐长城；又有牟那山，钳耳觜城在其北。

宁边州，镇西军，下，刺史。本唐隆镇，辽置。兵事属西南面招讨司。

奉圣州，武定军，上，节度。本唐新州。后唐置团练使，总山后八军，庄宗以弟存矩为之。军乱，杀存矩于祁州，拥大将卢文进亡归。太祖克新州，庄宗遣李嗣源复取之。同光二年升威塞军。石晋高祖割献，太宗改升。有两河会、温泉、龙门山、涿鹿山。东南至南京三百里，西北至西京四百四十里。兵事属西京都部署司。统州三、县四：

永兴县。本汉涿鹿县地。黄帝与蚩尤战于此。户八千。

矾山县。本汉军都县。山出白绿矾，故名。有矾山、桑乾河。在州南六十里。户三千。

龙门县。有龙门山，石壁对峙，高数百尺，望之若门。徼外诸河及沙漠潦水，皆于此趣海。雨则俄顷水逾十仞，晴则清浅可涉，实塞北控扼之冲要也。在州东北二百八十里，户四千。

望云县。本望云川地。景宗于此建潜邸，因而成井肆。穆宗崩，景宗入绍国统，号御庄。后置望云县，直隶彰愍宫，附庸于此。在州东北二百六十里。户一千。

归化州，雄武军，上，刺史。本汉下洛县。元魏改文德县。唐升武州，僖宗改毅州。后唐太祖复武州，明宗又为毅州，潞王仍为武州。晋高祖割献于辽，改今名。有桑乾河；会河川；爰阳川；炭山，又谓之陉头。有凉殿，承天皇后纳凉于此，山东北三十里有新凉殿，景宗纳凉于此，唯松棚数陉而已；断云岭，极高峻，故名。州西北至西京四百五十里，统县一：

文德县。本汉女祁县地。元魏置，户一万。

可汗州，清平军，下，刺史。本汉潘县，元魏废。北齐置北燕郡，改怀戎县。隋废郡，属涿郡。唐武德中复置北燕州，县仍旧。贞观八年改妫州。五代时，奚王去诸以数千帐徙妫州，自别为西奚，号可汗州；太祖因之。有妫泉在城中，相传舜嫔二女于此。又有温泉、版泉、磨笄山、鸡鸣山、乔山、历山。统县一：

怀来县。本怀戎县，太祖改。户三千。

儒州，缙阳军，中，刺史。唐置。后唐同光二年隶新州。太宗改奉圣州，仍属。有南溪河、沽河、宋王峪、桃峪口。统县一：

缙山县。本汉广宁县地。唐天宝中割妫川县置。户五千。

蔚州，忠顺军，上，节度。周《职方》，并州川曰沤夷，在州境飞狐县。赵襄子灭代；武灵王置代郡；项羽徙赵歇为代王；歇还赵，立陈余王代；汉韩信斩余，复置代郡；文帝初封代；皆此地。周宣帝始置蔚州，隋开皇中废。唐武德四年复置。至德二年改兴唐县。乾元元年仍旧。大中后，朱邪执宜为刺史，有功，赐姓名李国昌。子克用乞为留后，僖宗不许。广明初，攻败国昌，代北无备，太祖来攻，克之，俘掠居民而去。石晋献地，升忠顺军，后更武安军。统和四年入宋，寻复之，降刺史，隶奉圣州，升观察，复忠顺军节度。兵事属西京都部署司。统县五：

灵仙县。唐置兴唐县，梁改隆化县，后唐同光初复置，晋改今名。户二万。

定安县。本汉东安阳县地，久废。后唐太祖伐刘仁恭，次蔚州，晨雾晦冥，占，不利深入，会雷电大作，燕军解去，即此。辽置定安县。西北至州六十里。户一万。

飞狐县。后周大象二年置广昌县于五龙城，即此。隋仁寿元年改名飞狐。相传有狐于紫荆岭食五粒松子，成飞仙，故云。西北至州一百四十里。户五千。

灵丘县。汉置。后汉省。东魏复置，属灵丘郡。隋开皇中罢郡来属。大业初改隶代州。唐武德六年仍旧。东北至州一百八十里。户三千。

广陵县。本汉延陵县。隋唐为镇州。后唐同光初分兴唐县置。石晋割属辽。东南至州四十里。户三千。

应州，彰国军，上，节度。唐武德中置金城县，后改应州。后唐明宗，州人也。天成元年升彰国军节度，兴唐军、寰州隶焉。辽因之。北龙首山，南雁门。兵事属西京都部署司。统县三：

金城县。本汉阴馆县地，汉末废为阴馆城。隋大业末陷突厥。唐始置金城县，辽因之。户八千。

浑源县。唐置。有浑源川。在州东南一百五十里。户五千。

河阴县。本汉阴馆县地。初隶朔州，清宁中来属。户三千。

朔州，顺义军，下，节度。本汉马邑县地。元魏孝文帝始置朔州，在今州北三百八十里定襄故城。葛荣乱，废。高齐天保六年复置，在今州南四十七里新城。八年徙马邑，即今城。武成帝置北道行台。周武帝置朔州总管府。

隋大业三年改马邑郡。唐武德四年复朔州。辽升顺义军节度。兵事属西京都部署司。统州一、县三：

鄯阳县。本汉定襄县地。建安中置新兴郡。元魏置桑乾郡。高齐置招远县，郡仍旧。隋开皇三年罢郡，隶朔州。大业元年初名鄯阳县，辽因之。户四千。

宁远县。齐天保六年，于朔州西置招远县。唐乾元元年改今名，辽因之。有宁远镇。东至朔州八十里。户二千。

马邑县。汉置属雁门郡。唐开元五年，析鄯阳县东三十里置大同军，倚郭置马邑县。南至朔州四十里。户三千。

武州，宣威军，下，刺史。赵惠王置武川塞。魏置神武县。唐末置武州，后唐改毅州。重熙九年复武州，号宣威军。统县一：

神武县。魏置。晋改新城。后唐太祖生神武川之新城，即此。初隶朔州，后置州，并宁远为一县来属。户五千。

东胜州，武兴军，下，刺史。隋开皇七年置胜州。大业五年改榆林郡。唐贞观五年于南河地置决胜州，故谓此为东胜州。天宝七年又为榆林郡。乾元元年复为胜州。太祖神册元年破振武军，胜州之民皆趋河东，州废。晋割代北来献，复置。兵事属西南面招讨司。统县二：

榆林县。

河滨县。

金肃州。重熙十二年伐西夏置。割燕民三百户，防秋军一千实之。属西南而招讨司。

河清军。西夏归辽，开直路以趋上京。重熙十二年建城，号河清军。徙民五百户，防秋兵一千人实之。属西南面招讨司。

卷四十二　志第十二

历象志上

辽以幽、营立国，礼乐制度规模日完，授历颁朔二百余年。今奉诏修辽史，体与宋、金似，其《大明》历不可少也。历书法禁不可得，求《大明》历元，得祖冲之法于外史。冲之之法，辽历之所从出也欤？国朝亦尝因之。以冲之法算，而至于辽更历之年，以起元数，是盖辽《大明历》。辽历因是固可补，然弗之补，史贵阙文也。外史纪其法，司天存其职，《辽史》志是足矣。作《历象志》。

历

大同元年，太宗皇帝自晋汴京收百司僚属伎术历象，迁于中京，辽始有历。先是，梁、唐仍用唐景福《崇玄历》。晋天福四年，司天监马重绩奏上《乙未元历》，号《调元历》，太宗所收于汴是也。穆宗应历十一年，司天王白、李正等进历，盖《乙未元历》也。圣宗统和十二年，可汗州刺史贾俊进新历，则《大明历》是也。高丽所志《大辽古今录》称统和十二年始颁正朔改历，验矣。《大明历》本宋祖冲之法，具见沈约《宋书》。具如左。

宋武帝大明六年，祖冲之上《甲子元历》法，未及施用，因名《大明历》。

上元甲子至宋大明七年癸卯，五万一千九百三十九年算外。

元法：五十九万二千三百六十五。

纪法：三万九千四百九十一。

章岁：三百九十一。

章月：四千八百三十六。

章闰：一百四十四。

闰法：十二。

月法：十一万六千三百二十一。

日法：三千九百三十九。

余数：二十万七千四十四。

岁余：九千五百八十九。

没分：三百六十万五千九百五十一。

没法：五万一千七百六十一。

周天：一千四百四十二万四千六百六十四。

虚分：万四百四十九。

行分法：二十三。

小分法：一千七百一十七。

通周：七十二万六千八百一十。

会周：七十一万七千七百七十七。

通法：二万六千三百七十七。

差率：三十九。

推朔术：

置入上元年数算外，以章月乘之，满章岁为积月，不尽为闰余。闰余二百四十七以上，其年有闰。以月法乘积月，满日法为积日，不尽为小余。六旬去积日，不尽为大余。大余命以甲子，算外，所求年天正十一月朔也。小余千八百四十九以上，其月大。

求次月：

加大余二十九，小余二千九十。小余满日法从大余，大余满六旬去之，命如前，次月朔也。

求弦望：

加朔大余七，小余千五百七，小分一。小分满四从小余，小余满日法从大余，命如前，上弦日也。又加得望，又加得下弦，又加得后月朔也。

推闰术：

以闰余减章岁，余满闰法得一月，命以天正，算外，闰所在也。闰有进退，以无中气为正。

推二十四气：

置入上元年数算外，以余数乘之，满纪法为积日，不尽为小余。六旬去积日，不尽为大余。大余命以甲子，算外，天正十一月冬至日也。

求次气：

加大余十五，小余八千六百二十六，小分五。小分满六从小余，小余满纪法从大余，命如前，次气日也。

求土王用事：

加冬至大余二十七，小余万五千五百二十八，季冬土用事日也。又加大余九十一，小余万二千二百七十，次土用事日也。

推没术：

以九十乘冬至小余，以减没分，满没法为日，不尽为日余，命日以冬至，算外，没日也。

求次没：

加日六十九，日余三万四千四百四十二，余满没法从日，次没日也。日余尽为灭。

推日所在度术：

以纪法乘朔积日为度实，周天去之，余满纪法为积度，不尽为度余。命以虚一，次宿除之，算外，天正十一月朔夜半日所在度也。

求次月：

大月加度三十，小月加度二十九，入虚去度分。

求行分：

以小分法除度余，所得为行分，不尽为小分，小分满法从行分，行分满法从度。

求次日：

加一度。入虚去行分六，小分百四十七。

推月所在度术：

以朔小余乘百二十四为度余，又以朔小余乘八百六十为微分，微分满月法从度余，度余满纪法为度。以减朔夜半日所在，则月所在度。

求次月：

大月加度三十五，度余三万一千八百三十四，微分七万七千九百六十七，小月加度二十二，度余万七千二百六十一，微分六万三千七百三十六，入虚去度也。

迟疾历：

月行度	损益率
盈缩积分	**差法**
一日　十四行分十三	益七十
盈初	五千三百四
二日　十四十一	益六十五
盈百八十四万二千三百一十六	五千二百七十
三日　十四八	益五十七
盈三百五十五万七百六	五千二百一十九
四日　十四四	益四十七
盈五百五万八千三百八	五千一百五十一
五日　十三二十一	益三十四
盈六百二十九万七千八百五十七	五千六十六
六日　十三十七	益二十二
盈七百二十万二千六百九十一	四千九百八十一
七日　十三十一	益六
盈七百七十七万二千七百一十一	四千八百七十九
八日　十三五	损九
盈七百九十四万九百五十二	四千七百七十七
九日　十二二十二	损二十四
盈七百七十万七千四百一十五	四千六百七十五
十日　十二十六	损三十九
盈七百七万二千一百	四千五百七十三
十一日　十二十一	损五十二
盈六百三万五千七	四千四百八十八
十二日　十二八	损六十
盈四百六十六万三千一百	四千四百三十七
十三日　十二六	损六十五
盈三百九万三百三	四千四百三
十四日　十二四	损七十
盈百三十八万三千五百八十	四千三百六十九
十五日　十二五	益六十七
缩四十五万七千六十九	四千三百八十六
十六日　十二七	益六十二
缩二百二十三万七百五十五	四千四百二十
十七日　十二十	益五十五
缩三百八十七万五十四	四千四百七十一
十八日　十二十四	益四十四
缩五百三十一万九千三百八十五	四千五百二十九
十九日　十二十九	益三十二
缩六百四十八万四百四	四千六百二十四
二十日　十三	益十九
缩七百三十一万六千六百八	
二十一日　十三七	益四
缩七百八十一万七千九百九十六	四千八百一十一
二十二日　十二十二	损十一
缩七百九十一万七千六百七	四千九百一十三
二十三日　十三十九	损三十七
缩七百六十一万五千四百四十	五千一十五
二十四日　十四一	损三十九
缩六百九十万一千四百九十五	五千一百
二十五日　十四十六	损五十二
缩五百八十七万一千七百三十五	五千一百八十五
二十六日　十四十	损六十二
缩四百四十九万九千一百五十九	五千二百五十三
二十七日　十四十二	损六十七
缩二百八十五万七千七百三十二	五千二百八十七
二十八日　十四十	损七十四
缩百八万二千三百七十九	五千三百三十一

推入迟疾历术：

以通法乘朔积日为通实，通周去之，余满通法为日，不尽为日余。命日算外，天正十一月朔夜半入历日也。

求次月：

大月加二日，小月加一日，日余皆万一千七百四十六。历满二十七日，日余万四千六百三十一，则去之。

求次日：加一日。

求日所在定度：以夜半入历日余乘损益率，以损益盈缩积分，如差率而一，所得满纪法为度，不尽为度余，以盈加缩减平行度及余为定度。益之或满法，损之或不足，以纪法进退。求度行分如上法。求次日，如所入迟疾加之。虚去分，如上法。

阴阳历：

	损益率	兼数
一日	益十六	初
二日	益十五	十六
三日	益十四	三十一
四日	益十二	四十五
五日	益九	五十七
六日	益五	六十六
七日	益一	七十一
八日	损二	七十二
九日	损六	七十
十日	损十	六十四
十一日	损十三	五十四
十二日	损十五	四十一
十三日	损十六	二十六
十四日	损十六	十

推入阴阳历术：置通实以会周去之，不满交数三十五万八千八百八十八半为朔入阳历分，各去之，为朔入阴历分，各满通法得一日，不尽为日余。命日算外，天正十一月朔夜半入历日也。

求次月：大月加二日，小月加一日，日余皆二万七百七十九。历满十三日，日余万五千九百八十七半，则去之。阳竟入阴，阴竟入阳。

求次日：加一日。

求朔望差：以二千二十九乘朔小余，满三百三为日余，不尽倍之为小分，则朔差数也。加一十四日，日余二万一百八十六，小分百二十五。小分满六百六从日余，日余满通法为日，即望差数也。又加之，后月朔也。

求合朔月食：置朔望夜半入阴阳历及余，有半者去之，置小分三百三，以差数加之。小分满六百六从日余，日余满通法从日，日满一历去之。命日算外，则朔望加时入历也。朔望加时入历一日，日余四千一百九十八，小分四百二十八以下，十二日，日余万一千七百八十八，小分四百八十一以上，朔则交会，望则月食。

求合朔月食定大小余：令差数日余加夜半入迟疾历余，日余满通法从日，则朔望加时入历也。以入历余乘损益率，以损益盈缩积分，如差法而一，以盈减缩加本朔望小余为定小余。益之或满法，损之或不足，以日法进退日。

求合朔月食加时：以十二乘定小余，满日法得一辰，命以子，算外，加时所在辰也。有余者四之，满日法得一为少，二为半，三为太。又有余者三之，满日法得一为强，以强并少为少强，并半为半强，并太为太强。得二者为少弱，以并少为半弱，并半为太弱，并太为一辰弱，以前辰名之。

求月去日道度：置入阴阳历余乘损益率，如通法而一，以损益兼数为定。定数十二而一为度。不尽四而一，为少、半、太。又不尽者三而一，一为强，二为少弱，则月去日道数也。阳历在表，阴历在里。

测景漏刻中星数：

二十四气	日中景 昏中星度	昼漏刻 明中星度	夜漏刻
冬至	一丈三尺 八十二行分二十一	四十五 二百八十三行分八	五十五
小寒	一丈二尺四寸三分 八十四	四十五六 二百八十二六	五十四四
大寒	一丈一尺二寸 八十六一	四十六七 二百八十六	五十三二
立春	九尺八寸 八十九三	四十八四 二百七十七三	五十一六
雨水	八尺一寸七分 九十三	五十五 二百七十三七	四十九五
惊蛰	六尺六寸七分 九十一	五十二九 二百六十八二十	四十七一
春分	五尺三寸七分 百二三	五十五五 二百六十四三	四十四五
清明	四尺二寸五分 百六二十一	五十八一 二百五十九八	四十一九
谷雨	二尺二寸六分 百一十一三	六十四 二百五十四四	三十九六
立夏	二尺五寸三分 百一十四十八	六十二四 二百五十一七	三十七六
小满	一尺九寸九分 百一十七十二	六十三九 二百四十八十七	二十六一
芒种	一尺六寸九分 百一十九四	六十四八 二百四十七二	二十五二
夏至	一尺五寸 百一十九十二	六十五 二百四十六十七	三十五

小暑	一尺六寸九分	六十四八分	三十五一
	百一十九四	二百四十七一	
大暑	一尺九寸九分	六十三九	三十六一
	百一十七十二	二百四十八十七	
立秋	二尺五寸三分	六十二四	三十七六
	百一十四十八	二百五十一十一	
处暑	三尺二寸六分	六十四	三十九六
	百一十一二	二百五十四四	
白露	四尺二寸五分	五十八一	四十一九
	百六二十一	二百五十九八	
秋分	五尺三寸七分	五十五五	四十四五
	百二三	二百六十四三	
寒露	六尺六寸七分	五十二九	四十七一
	九十七九	二百六十八二十	
霜降	八尺一寸七分	五十五	四十九五
	九十三	二百七十三七	
立冬	九尺八寸	四十八四	五十一六
	八十九三	二百七十七三	
小雪	一丈一尺二寸	四十六七	五十三三
	八十六一	二百八十六	
大雪	一丈二尺四寸三分	四十五六	五十四四
	八十四	二百八十二六	

求昏明中星：

各以度数如夜半日所在，则中星度。

推五星术：木率：千五百七十五万三千八十二。火率：三千八十万四千一百九十六。土率：千四百九十三万三百五十四。金率：二千三百六万一十四。水率：四百五十七万六千二百四。

推五星术：置度实各以率去之，余以减率，其余，如纪法而一，为入岁日，不尽为日余，命以天正朔，算外，星合日。

求星合度：以入岁日及余从天正朔日积度及余，满纪法从度，满三百六十余度分则去之，命以虚一，算外，星合所在度也。

求星见日：以术伏日及余加星合日及余，余满纪法从日，命如前，见日也。

求星见度：以术伏度及余加星合度及余，余满纪法从度，入虚去度分，命如前，星见度也。

行五星法：以小分法除度余，所得为行分，不尽为小分，及日加所行分，满法从度，留者因前，逆则减之、伏不尽度。从行入虚，去行分六，小分百四十七，逆往出虚，则加之。

木星：初与日合，伏，十六日，日余万七千八百三十二，行二度，度余三万七千五百四，晨见东方。从，日行四分，百一十二日行十九度十一分。留，二十八日。逆，日行三分，八十六日退十一度五分。又留二十八日。从，日行四分，百一十二日，夕伏西方，日度余如初。一终三百九十八日，日余三万五千六百六十四，行三十三度，度余二万五千二百一十五。

火星：初与日合，伏，七十二日，日余六百八，行五十五度，度余二万八千八百六十五，晨见东方。从，疾，日行十七分，九十二日行六十八度。小迟，日行十四分，九十二日行五十六度。大迟，日行九分，九十二日行三十六度。留，十日。逆，日行六分，六十四日退十六度十六分。又留，十日。从，迟，日行九分，九十二日。小疾，日行十四分，九十二日。大疾，日行十七分，九十二日。夕伏西方，日度余如初。一终七百八十日，日余千二百一十六，行四百一十四度，度余三万二百五十八，除一周，定行四十九度，度余万九千八百九。

土星：初与日合，伏，十七日，日余千三百七十八，行一度，度余万九千三百三十三，晨见东方，行顺，日行二分，八十四日行七度七分。留，三十三日。行逆，日行一分，百一十日退四度十八分。又留，三十三日。从，日行二分，八十四日，夕伏西方，日度余如初。一终三百七十八日，日余二千七百五十六，行十二度，度余三万一千七百九十八。

金星：初与日合，伏，三十九日，日余三万八千一百二十六，行四十九度，度余三万八千一百二十六，夕见西方。从，疾，日行一度五分，九十二日行百十二度。小迟，日行一度四分，九十二日行百八度。大迟，日行十七分，四十五日行三十三度六分。留，九日。迟，日行十六分，九日退六度六分，夕伏西方。伏五日，退五度，而与日合。又五日退五度，而晨见东方，逆，日行十六分，九日，留，九日。从，迟，日行十七分，四十五日。小疾，日行一度四分，九十二日。大疾，日行一度五分，九十二日。晨伏东方，日度余如初。一终五百八十三日，日余三万六千七百六十一，行星如之。除一周，定行二百十八度，度余二万六千三百一十三。合二百九十一日，日余三万八千一百二十六，行星亦如之。

水星：初与日合，伏，十四日，日余三万七千一百一十五，行三十度，度余三万七千一百一十五，夕见西方。从，疾，日行一度六分，二十三日行二十九度。迟，日行二十分，八日行六度二十二分。留，二日。迟，日行十一分，二日退二十二分，夕伏西方。伏八日，退八度，而与日合。又八日退八度，晨见东方。逆，日行十一分，二日。留，二日。从，迟，日行二十分，八日。疾，日行一度六分，二十三日。晨伏东方，日度余如初。一终百一十五日，日余三万四千七百三十九，行星如之。一合五十七日，日余三万七千一百一十五，行星亦如之。

上元之岁，岁在甲子，天正甲子朔夜半冬至，日月五星聚于虚度之初，阴阳迟疾并自此始。

梁武帝天监三年，冲之子暅上疏，论何承天历乖谬不可用。九年正月，诏用祖冲之所造《甲子元历》颁朔。陈氏因梁，亦用祖冲之历。至辽，圣宗以贾俊所进新历，因宋《大明》旧号行之。金曰《重修大明历》。传至皇元亦曰《重修大明历》。及改《授时历》，别立司天监存肄之，每岁甲子冬至重修其法。书在太史院，禁莫得闻。

卷四十三　　志第十三

历象志中

闰考

月度不足，是生朔虚；天行有余，是为气盈。盈虚相悬，岁月乃牉，积牉而差，寒暑互易，百谷不成，庶政不明。圣人验以斗柄，准以岁星，爰立闰法，信治百官。是故闰正而月正，月正而岁正。岁月即正，颁令考绩，无有不时。国史正岁年以叙事，莫重于此。辽始征历梁、唐。入晋之后，奄有帝制，《乙未》、《大明》，历法再变。穆宗应历六年，周用显德《钦天历》；十年，宋用建隆《应天历》。景宗乾亨四年，宋用《乾元历》。圣宗统和十九年，宋用《仪天历》；太平元年，宋用《崇天历》。道宗清宁十年，宋用《明天历》；大康元年，宋用《奉元历》；大安七年，宋用《观天历》。天祚皇帝乾统六年，宋用《纪元历》。五代历三变，宋凡八变，辽终始再变。历法不齐，故定朔置闰，时有不同，览者惑焉。作《闰考》。

年	正	二	三	四	五	六	七	八	九	十	十一	十二
首缺五闰太祖神册五年						闰耶律俨陈大任						
天赞二年				梁闰								
缺一闰太宗天显三年								闰俨				
六年					闰俨唐							
九年	闰俨大任唐											
十一年											闰俨大任唐	
会同二年					闰俨大任晋							
缺一闰七年												闰俨大任
大同元年							闰俨大任高丽十年七月					
缺再闰穆宗应历三年												
五年									闰俨大任			
八年							闰俨大任					
十一年			闰俨大任宋									
十三年												宋闰
十六年								闰俨大任宋				
十九年					宋闰							
景宗保宁四年		闰俨大任宋										
六年										宋闰		
九年							宋闰					

乾亨二年			闰伾大任宋									
四年												宋闰
圣宗统和三年									宋闰			
六年					闰伾大任							
九年		闰伾大任宋高丽										
十一年										宋闰高丽		
十四年							闰大任宋					
十七年			宋闰									
十九年											闰伾大任	宋闰异
二十二年									闰大任宋			
二十五年					宋闰							
二十八年		宋闰										
开泰元年										宋闰		
四年						宋闰						
七年				宋闰								
九年		闰伾										宋闰异
太平三年									闰伾宋			
六年					宋闰							
九年		宋闰										
十一年										闰伾大任宋高丽		

兴宗重熙三年						宋闰						
六年				闰伾宋								
八年												闰伾宋高丽
十一年									闰伾宋			
十四年					闰伾宋							
十七年	闰伾宋高丽											
十九年											闰伾宋高丽	
二十二年							闰伾宋					
道宗清宁二年			闰伾宋									
四年												闰伾宋
七年								宋闰				
十年					宋闰							
咸雍三年			宋闰									
五年											闰大任宋	
八年							闰伾宋					
大康元年				闰伾大任宋								
三年宋闰来年正月，异。												闰伾

六年									宋闰			
九年						闰俨大任宋						
大安四年												闰俨大任宋高丽
七年								宋闰				
十年				闰大任宋								
寿昌三年		宋闰										
五年									闰俨大任宋			
天祚乾统二年						闰俨大任宋						
五年		宋闰										
七年										宋闰		
十年							闰俨大任	宋闰异				
天庆三年				闰俨大任宋								
六年	闰俨大任宋											
八年									闰俨大任宋			
保大元年					宋闰							
四年			闰俨大任宋									

卷四十四　　志第十四

历象志下

朔考

古者太史掌正岁年以叙事，国史以事系日，以日、月、时系年。时月不正，则叙事不一。故二史合为一官，颁历授时，必大一统。辽、汉、周、宋，俱行夏时，各自为历。国史闰朔，颇有异同。辽初用《乙未元历》，本何承天《元嘉历》法，后用《大明历》，本祖冲之《甲子元历》法。承天日食晦朏，一章必七闰；冲之日食必朔，或四年一闰。用《乙未历》，汉、周多同；用《大明历》，则间与宋异。国史叙事，甲子不殊，闰朔多异，以此故也。耶律俨《纪》以《大明》法追正《乙未》月朔，又与陈大任《纪》时或抵牾。稽古君子，往往惑之。

用《五代职方考》志契丹州军例，作《朔考》。法殊曰“异”；传讹曰“误”；辽史不书国，俨、大任偏见并见各名；他史以国冠朔。并见注于后。

年	孟月朔	仲月朔	季月朔
太祖元年			
	丁未耶律俨	梁丁丑	
二年			梁壬申
	乙亥俨		
三年		丁酉	

四年	梁壬辰		
	戊子俨		
五年	戊戌俨		
		梁甲申	
	壬午俨		梁辛巳
六年	丙戌俨		
七年	甲辰俨	甲戌俨	甲辰俨
	癸酉俨	壬寅俨	壬申俨 梁庚寅，误。
	辛丑俨	庚午俨	庚子俨
	己巳俨		戊辰俨
八年	戊戌俨		
	丁卯俨		
	丙申俨		
	甲子俨		
九年	壬辰俨		
			庚寅俨
	庚申俨		
	戊子俨		
神册元年	丙辰俨	戊戌俨	乙卯俨
	乙酉俨		甲申俨
	甲寅俨	癸未俨	
	癸未俨	壬子俨	壬戌俨

二年	辛亥俨	庚辰俨	庚戌俨
	己卯俨		戊寅俨
	戊申俨	戊寅俨	
	丁丑俨		
三年	乙亥俨	甲辰俨	甲戌
	癸卯俨	癸酉俨	
	壬申俨		
	辛丑俨		庚子
四年	庚午俨	乙亥俨	
	戊戌俨	丁卯俨	
	丙寅俨	乙未俨	
	乙未俨		
五年 闰六月庚申俨 大任	甲子俨		癸亥俨 误，当作癸巳。梁
	癸巳俨	壬戌俨 误，当作壬辰。	辛亥俨 误，当作辛酉。
	庚寅俨	己未俨 梁乙未，误。	己丑俨 大任
	己未俨	戊午俨 误，当作戊子。	
六年	戊子俨	戊午俨	丁亥俨 误，当作丁巳。
	丁卯俨 误，当作丁亥。	丙戌俨误，当作丙辰。大任	己卯俨 大任
	甲申俨		
	癸丑俨 大任	壬午俨	
天赞元年			

二年			
	辛未伾大任梁		庚午伾唐
三年		唐己巳	
			丙申伾
	丙寅伾	乙未伾	
四年			
	唐癸亥		
天显元年			
	丁亥伾大任		
		唐乙酉	
二年	唐癸丑	唐壬午	唐壬子
		己卯伾唐	
三年 闰八月癸卯伾	戊申伾	丁丑伾唐	丁未伾唐
	丙子伾	乙巳伾	甲戌伾
	甲辰伾	癸酉伾	癸酉伾
	壬寅伾大任癸卯，异。	壬申伾	壬寅伾

四年	壬申伾大任	辛丑伾唐	辛未伾
	庚子伾	乙巳伾唐	戊戌伾
	戊辰伾	丁丑伾	丁卯伾大任
	丙申伾	丙申伾	丙申伾
五年	丙寅伾	乙未伾	乙丑伾唐
	甲午伾	甲子伾	癸巳伾唐
	壬戌伾	壬辰伾	辛酉伾
	辛卯伾	庚申伾唐	庚寅伾
六年 闰五月戊子伾唐	庚申伾	己丑伾	己未伾
	己丑伾	戊午伾	丁巳伾
	丙戌伾	丙辰伾	乙酉伾
	乙卯伾	甲申伾唐	甲寅伾唐
七年	癸未伾	癸丑伾	癸未伾
	癸丑伾	壬午伾大任	壬子伾
	辛巳伾大任	庚戌伾	庚辰伾
	己酉伾	己卯伾	戊申伾
八年	戊寅伾	丁未伾	丁丑伾
	丁未伾	丙子伾	丙午伾
	乙亥伾		
	甲辰伾	癸酉伾	癸卯伾大任己巳，异。
九年 闰正月壬寅唐	壬申伾唐	辛未伾	辛丑伾
	庚午伾	庚子伾	庚午伾
	乙亥伾	己巳伾	戊戌伾
	戊辰伾	丁酉伾	丁卯伾

十年	丙申俨	丙寅俨	乙未俨
	乙丑俨	甲午俨大任	甲子俨
	癸巳俨		癸巳俨
	壬戌俨	壬辰俨	壬戌俨
十一年 闰十一月 丙辰 俨唐大任	辛卯俨	庚申俨	庚寅俨大任
	己未俨	己丑俨	
	丁亥俨	丁巳俨	丁亥俨
	丙辰俨	丙戌俨	乙酉俨
十二年	甲寅俨大任 乙卯。晋二日 乙卯，同。	甲申俨	甲寅俨
	癸未俨	壬子俨	壬午俨
	辛亥俨	辛巳俨	庚戌俨
	庚辰俨	庚戌俨	己卯俨
会同元年	戊申俨大任 己酉，异。晋 同。	戊寅俨	戊申俨
	戊寅俨大任	丁未俨	丙子俨大任
	丙午俨	乙亥俨	乙巳俨
	甲戌俨	甲辰俨	甲戌俨
二年 闰七月 俨大任晋	癸卯俨	癸酉俨	癸卯俨
	壬申俨晋	壬寅俨	辛未俨
	庚子俨	己亥俨	己巳俨
	戊戌俨	戊辰俨	丁酉俨
三年	丁卯俨	丁酉俨	丁卯俨
	丙申俨	丙寅俨	乙未俨
	甲子俨	甲午俨	癸亥俨
	癸巳俨	壬戌俨	壬辰俨

四年	辛酉俨	辛卯俨	辛酉俨
	庚寅俨	庚申俨	庚寅俨
	己未俨	戊子俨	戊午俨
	丁亥俨	丁巳俨	丙戌俨
五年 闰三月 甲申	丙辰俨	乙酉俨	乙卯俨
	甲寅俨大任 晋	甲申俨	癸丑俨大任
	癸未俨	壬子俨	壬午俨
	辛亥俨	辛巳俨	庚戌俨
六年	庚辰俨	己酉俨	己卯俨大任
	戊申俨	戊寅俨	丁未俨
	丁丑俨	丁未俨晋	丙子俨
	丙午俨	乙亥俨	乙巳俨
七年 闰十二月 己巳 俨晋大任	甲戌俨	甲辰俨大任	癸酉俨大任
	癸卯俨	壬申俨	辛丑俨
	辛未俨	辛丑俨	庚午俨晋
	庚子俨	庚午俨	己卯俨 误， 当作己亥。
八年	戊戌俨	戊辰俨	丁酉俨
	丙寅俨	丙申俨	乙丑俨
	乙未俨	甲子俨晋	甲午俨
	甲子俨	甲午俨	癸亥俨
九年	癸巳俨	壬戌俨 晋	壬辰俨
	辛酉俨大任	庚寅俨	庚申俨
	己丑俨	己未俨	戊子俨
	戊午俨	戊子俨大任	丁巳俨

大同元年 九月改天禄元年	丁亥俨大任	丁巳俨大任	丙戌俨大任
	丙辰俨大任		甲寅俨大任
		壬午俨大任	壬子俨大任
世宗天禄二年			
	庚辰俨大任		汉戊寅
	汉戊申		
三年	汉乙巳		
		汉癸酉	
		辛丑俨大任	
四年			戊戌俨大任
			乙丑俨大任
		汉甲子	
五年 九月改元应历	癸亥俨大任		
		壬戌俨大任	辛卯俨大任
	辛酉俨大任	丙辰俨 误，当作庚寅。	庚申俨大任
穆宗应历二年	戊午俨大任		周丁巳
	丙戌俨大任	丙辰俨大任	周乙酉
			甲寅俨大任
	甲申俨大任	癸丑俨大任	癸未俨大任
三年	壬午俨大任 周	辛亥俨大任	庚申俨大任
四年	周丙子	丙午俨大任	
五年 闰九月俨大任	辛未俨大任	庚子俨大任 周	
		乙未俨大任	乙丑俨大任
六年			
	己未俨大任		己未俨大任
七年			
	戊午俨大任		丙辰俨大任
八年 闰七月庚戌俨大任			周壬午
		周辛巳	
九年			
		乙巳俨大任 周	乙亥俨大任
		甲戌俨大任	
十年	宋辛丑	宋辛未	宋庚子
	宋庚午	宋己亥	宋己巳
	己亥俨 宋	戊辰俨大任 宋	宋戊戌
	宋丁亥	宋丁酉	宋丙寅

十一年 闰三月 甲子 宋大任	宋丙申	宋乙丑	宋乙未
	癸巳俨大任宋	宋癸亥	宋癸巳
	宋壬戌	宋壬辰	宋壬戌
	宋辛卯	宋辛酉	宋庚寅
十二年	宋庚申	己丑俨大任宋	宋戊午
	宋戊子	丁巳俨宋戊午，异。	宋丁亥
	宋丙辰	宋丙戌	宋丙辰
	宋乙酉	宋乙卯	宋乙酉
十三年 宋闰十二月己酉	宋甲寅	宋甲申	癸丑俨大任宋
	宋壬午	宋壬子	宋辛巳
	辛亥俨大任宋	宋庚辰	庚戌俨大任宋
	宋己卯	宋己酉	宋己卯
十四年	戊寅俨大任宋	宋戊申	宋丁丑
	宋丁未	宋丙子	丙午俨大任宋乙巳，异。
	宋甲戌	宋甲辰	宋甲戌
	宋癸卯	宋癸酉	宋癸卯
十五年	宋癸酉	壬寅俨大任宋	宋壬申
	宋辛丑	宋辛未	宋庚子
	宋己巳	宋戊戌	宋戊辰
	宋丁酉	宋丁卯	宋丁酉
十六年 闰八月 壬戌 宋大任	丁卯俨大任宋	宋丙申	宋丙寅
	宋丙申	宋乙丑	宋甲午
	宋甲子	宋癸巳	宋壬辰
	宋辛酉	宋辛卯	宋辛酉

十七年	庚寅俨大任宋	宋庚申	宋庚寅
	宋己未	宋己丑	宋戊午
	宋戊子	宋丁巳	丙戌大任宋
	宋丙辰	宋乙酉	宋乙卯
十八年	乙酉俨大任宋	宋甲寅	甲申俨大任宋乙酉，异。
	癸丑大任宋	宋癸未	宋癸丑
	宋壬午	宋壬子	宋辛巳
	辛亥俨大任宋庚戌，异。	宋庚辰	宋己酉
十九年 宋闰五月丁未	己卯俨大任宋	己酉俨大任宋戊申，异。	宋戊寅
	戊申俨大任宋	宋丁丑	丙子俨大任宋
	宋丙午	宋丙子	宋乙巳
	宋乙亥	甲辰俨大任宋	宋甲戌
景宗保宁二年	宋癸卯	宋壬申	宋壬寅
	宋辛未	宋辛丑	宋庚午
	宋庚子	宋庚午	宋己亥
	宋己巳	宋己亥	宋己巳
三年	宋戊戌	宋丁卯	宋丙申
	宋丙寅	宋乙未	宋乙丑
	宋甲午	甲子俨大任宋	宋甲午
	宋癸亥	宋癸巳	癸亥俨大任宋
四年 宋闰二月辛卯	宋壬辰	宋壬戌	庚申俨大任宋
	庚寅俨大任宋	宋己未	宋戊子
	宋戊午	宋戊子	宋丁巳
	丁亥俨大任宋	宋丁巳	宋丙戌

五年	宋丙辰	宋丙戌	乙卯俱大任宋
	宋甲申	宋癸丑	宋癸未
	宋壬子	宋壬午	宋壬子
	宋辛巳	辛亥俱大任宋	宋辛巳
六年 宋闰十月己巳	宋庚戌	宋庚辰	宋庚戌
	宋己卯	宋戊申	宋戊寅
	丁未俱大任宋	宋丙子	宋丙午
	乙亥俱大任宋	宋乙亥	宋甲辰
七年	甲戌俱大任宋	宋甲辰	宋癸酉
	宋癸卯	宋壬申	宋壬寅
	宋辛未	宋庚子	宋庚午
	宋己亥	宋己巳	宋己亥
八年	宋戊辰	宋戊戌	宋戊辰
	宋丁卯	宋丁酉	宋丙申
	宋乙未	宋乙丑	甲子俱大任宋
	宋癸亥	宋癸巳	宋癸亥
九年 宋闰七月庚寅	宋壬戌	宋壬辰	宋壬戌
	宋辛卯	宋辛酉	宋辛卯
	庚申俱宋	宋己未	宋己丑
	宋戊午	丁亥俱大任宋	宋丁巳
十年	宋丙戌	宋丙辰	宋乙酉
	宋乙卯	宋乙酉	宋甲寅
	宋甲申	癸丑俱大任宋	宋癸未
	癸丑俱大任宋	宋癸未	宋壬子

乾亨元年	宋辛巳	宋辛亥	宋庚辰
	宋己酉	己卯俱大任宋	宋己酉
	宋戊寅	宋戊申	宋丁丑
	宋丁未	宋丁丑	宋丙午
二年 宋闰三月甲辰	丙子俱大任宋	宋乙巳	宋甲戌
	宋甲戌	宋癸卯	宋癸酉
	宋癸卯	宋壬申	宋壬寅
	辛未俱大任宋	庚子俱大任宋	庚午俱大任宋
三年	宋庚子	宋己巳	
	宋戊辰	宋丁酉	
	宋丙申	宋乙丑	宋乙未
	宋乙丑	宋乙未	宋甲子
四年 宋闰十二月戊子	宋甲午		
	宋壬戌		
		宋庚申	宋己丑
	己未俱大任宋	宋己丑	戊午俱大任宋
五年 是岁改统和元年	戊午俱宋	戊子俱宋大任丁亥，异。	宋丁巳
	丙戌俱大任宋	丙辰俱宋	乙酉俱大任宋
	甲寅俱宋大任乙卯，异。	甲申俱大任	癸丑俱大任宋
	癸未俱大任	壬子俱宋大任	壬午俱大任宋

圣宗统和二年	壬子俨宋	壬午俨	辛亥俨宋大任庚戌，异。
	辛巳俨	庚戌俨	庚辰俨宋大任己卯，异。
	己酉俨	戊寅俨	戊申俨大任宋
	丁丑俨宋戊寅，异。	丁未俨宋	
三年 宋闰九月壬申	丙午俨宋大任甲戌，异。	丙子俨宋乙亥，异。	乙巳俨宋
	乙亥俨宋大任甲戌，异。	乙巳俨宋甲辰，异。	甲戌俨宋大任癸酉，异。
	甲辰俨宋	癸酉俨大任宋	壬寅
	辛丑	辛未	庚子俨宋
四年	庚午俨宋	己亥俨宋庚子，异。	己巳俨大任宋
	己亥宋大任	戊辰俨宋	戊戌俨宋
	宋戊辰	丁酉俨宋大任丙申，异。	丙寅俨宋
	丙申俨大任宋	乙丑俨宋大任丙寅，异。	丁酉俨 误宋乙未，异。
五年	甲子俨宋	甲午俨宋	癸亥俨大任宋
	癸巳俨大任宋	壬戌俨宋癸亥，异。	壬辰俨宋
	壬戌	宋辛卯	宋辛酉
	宋庚寅	宋庚申	宋庚寅
六年 闰五月丙戌宋大任	己未俨宋	戊子俨宋己丑，异。	戊午俨宋
	丁亥	丁巳俨宋丙辰，异。	丙辰俨宋
	乙酉	乙卯	乙酉俨宋
	宋甲寅	甲申俨宋	甲寅俨宋
七年	癸未俨大任宋	壬子俨宋	壬午俨大任宋
	辛亥俨宋	庚辰大任宋	庚戌
	宋己卯	宋己酉	宋己卯
	宋己酉	宋戊寅	宋戊申
八年	宋戊寅	丁未俨宋	宋丙子
	丙午俨宋	宋乙亥	宋甲辰
	宋甲戌	宋癸卯	宋癸酉
	宋癸卯	宋壬申	宋壬寅
九年 闰二月辛未俨宋	宋壬申	宋辛丑	庚子俨宋
	宋庚午	宋己亥	宋己巳
	宋戊戌	宋丁卯	宋丁酉
	宋丙寅	宋丙申	宋丙寅
十年	宋丙申	乙丑俨宋	宋乙未
	宋甲子	甲午俨	宋癸亥
	宋壬辰	宋壬戌	宋壬辰
	庚申俨 误宋辛酉	宋辛卯	宋庚申

十一年 宋闰十月甲申	宋庚寅	宋己未	宋己丑
	宋己未	宋戊子	宋戊午
	宋丁亥	宋丙辰	宋丙戌
	甲申俨　误宋乙卯	宋甲寅	宋甲申
十二年	癸丑俨大任宋甲寅，异。	宋癸未	宋癸丑
	宋壬午	宋壬子	辛巳俨宋壬午，异。
	辛亥俨大任宋	庚辰俨大任宋	宋庚戌
	宋己卯	戊申俨大任宋	戊寅俨大任宋
十三年	宋戊申	丁丑俨大任宋	宋丁未
	宋丙子	宋丙午	丙子俨大任宋
	己巳俨大任宋	宋乙亥	宋甲辰
	宋甲戌	宋癸卯高丽	宋癸酉
十四年 闰七月己巳俨大任宋	宋壬寅	宋壬申	宋辛丑
	宋辛未	宋辛丑	宋庚午
	宋己亥	宋己亥	宋戊辰
	宋戊戌	宋丁卯	宋丁酉
十五年	宋丙寅	丙申俨大任宋	乙丑俨大任宋
	乙未俨大任宋	甲子俨大任宋	宋癸巳
	宋癸亥	宋癸巳	宋癸亥
	壬辰俨大任宋	壬戌俨大任宋	宋壬辰
十六年	宋辛酉	宋庚寅	宋庚申
	宋己丑	宋戊午	戊子俨大任宋
	丁巳俨大任宋	丁亥俨大任宋	丁巳俨大任宋
	宋丙戌	宋丙辰	丙戌俨大任宋
十七年 宋闰三月甲申	乙卯俨大任宋丙辰，异。	宋乙酉	宋甲寅
	宋癸丑	宋壬午	宋壬子
	宋辛丑	宋辛亥	庚辰俨宋大任
	宋庚戌	宋庚辰	宋庚戌
十八年	宋己卯	宋己酉	宋戊寅
	宋戊申	宋丁丑	宋丙午
	宋丙子	宋乙巳	乙亥俨大任宋
	宋甲辰	甲戌俨大任宋	宋甲辰
十九年 宋闰十二月戊辰	宋甲戌	宋癸卯	宋壬申
	宋壬寅	宋壬申	宋辛丑
	庚午俨大任宋	宋庚子	己巳俨大任宋
	宋己亥	宋戊辰	宋戊戌
二十年	宋丁酉	宋丁卯	宋丁酉
	丙寅俨大任宋	宋丙申	宋乙丑
	甲午俨大任宋	甲子俨大任宋	癸巳俨大任宋
	癸亥俨大任宋	宋壬辰	宋壬戌

二十一年	宋辛卯	宋辛酉	宋辛卯
	宋庚申	庚寅俨大任宋	宋己未
	宋己丑	宋戊午	宋戊子
	丁巳俨大任宋	丁亥俨大任宋	宋丙辰
二十二年 闰九月壬子俨宋大任	宋丙戌	乙卯俨大任宋	宋乙酉
	宋甲寅	宋甲申	宋甲寅
	宋癸未	宋癸丑	宋壬午
	宋辛巳	宋辛亥	庚辰俨大任宋
二十三年	宋庚戌	宋己卯	宋己酉
	宋戊寅	戊申俨大任宋	宋丁丑
	宋丁未	宋丁丑	宋丙午
	丙子俨大任宋	乙巳	宋乙亥
二十四年	宋甲辰	宋甲戌	宋癸卯
	宋壬申	壬寅俨大任宋	宋辛未
	辛丑俨大任宋	宋辛未	宋庚子
	庚午俨宋	宋庚子	宋己巳
二十五年 宋闰五月丙寅	宋己亥	宋戊辰	宋戊戌
	宋丁卯	宋丙申	宋乙未
	宋乙丑	宋甲午	宋甲子
	宋甲午	宋甲子	宋癸巳
二十六年	宋癸亥	宋壬辰	宋壬戌
	辛卯俨大任宋	庚申俨宋	宋庚寅
	宋己未	宋己丑	宋戊午
	戊子俨宋	宋戊午	宋丁亥
二十七年	宋丁巳	宋丁亥	宋丙辰
	丙戌俨大任宋	宋乙卯	宋甲申
	甲申俨宋误 大任甲寅	宋癸未	宋壬子
	宋壬午	壬子俨大任宋	宋辛巳
二十八年 宋闰二月辛亥	辛亥俨大任宋	宋辛巳	宋庚辰
	宋庚戌	己卯俨大任宋乙卯，误。	宋戊申
	宋戊寅	宋丁未	宋丙子
	丙午俨大任宋	宋丙子	宋乙巳
二十九年	乙亥俨大任宋	宋乙巳	宋甲戌
	宋甲辰	甲戌俨大任宋	宋癸卯
	宋壬申	宋壬寅	宋辛未
	宋庚子	庚午大任宋	宋庚子
开泰元年 宋闰十月己丑	宋己巳	宋己亥	宋戊辰
	宋戊戌	戊辰俨大任宋	宋丁酉
	宋丁卯	宋丙申	宋丙寅
	宋乙未	甲午大任宋	宋甲子
二年	宋癸巳	宋癸亥	壬辰俨大任宋
	壬戌	辛卯俨大任宋	辛酉俨大任宋
	辛卯	宋庚申	宋庚寅
	己未俨大任宋	宋己丑	宋戊午

三年	宋戊子	宋丁巳	宋丙戌
	宋丙辰	丙戌俨大任宋乙酉，异。	宋乙卯
	乙酉俨大任宋	甲寅俨大任宋	宋甲申
	甲寅俨大任宋	宋癸未	宋癸丑
四年 宋闰六月己卯	宋壬午	壬子俨大任宋	宋辛巳
	庚戌俨大任宋	宋庚辰	宋己酉
	宋戊申	宋戊寅	宋戊申
	宋戊寅	宋丁未	宋丁丑
五年	宋丙午	宋丙子	乙巳俨大任宋
	宋甲戌	宋甲辰	宋甲戌
	宋癸卯	宋壬申	宋壬寅
	宋壬申	宋辛丑	宋辛未
六年	宋辛丑	宋庚午	宋庚子
	宋己巳	戊戌俨大任宋	戊辰大任宋
	宋丁酉	宋丙寅	宋丙申
	宋丙寅	宋乙未	宋乙丑
七年 宋闰四月癸巳	宋乙未	乙丑俨大任宋	宋乙未
	宋甲子	宋壬戌	宋壬辰
	宋辛酉	宋庚寅	宋庚申
	宋庚寅	宋己未	宋己丑
八年	宋己未	宋己丑	宋戊午
	戊子俨大任宋	宋丁巳	宋丙戌
	宋丙辰	宋乙酉	宋甲寅
	宋甲申	宋癸丑	宋癸未

九年 闰二月壬子俨	宋癸丑	宋癸未	宋壬子以下宋朔同、月异。
	宋壬午俨三月。以下用此推之。	宋辛亥	宋辛巳
	庚戌俨大任宋	宋庚辰	宋己酉
	宋戊寅	宋戊申	宋丁丑宋闰丁未，异。
太平元年	宋丁丑	宋丙午	宋丙子
	宋丙午	宋乙亥	宋乙巳
	甲戌俨大任宋	宋甲辰	宋甲戌
	宋癸卯	壬申俨宋癸酉，异。	宋壬寅
二年	宋辛未	辛丑俨大任宋庚子，异。	宋庚午
	宋庚子	宋己巳	宋己亥
	宋戊辰	宋戊戌	宋戊辰
	宋丁酉	宋丁卯	宋丙申
三年 闰九月壬辰俨宋	宋丙寅高丽	宋乙未	宋甲子
	宋甲午	宋癸亥	宋癸巳
	宋壬戌	宋壬辰	宋壬戌
	宋辛酉	宋辛卯	宋庚申
四年	宋庚寅	宋己未	戊子俨宋
	宋戊午	宋丁亥	宋丁巳
	宋丙戌	宋丙辰	宋丙戌
	宋乙卯	宋乙酉	宋乙卯
五年	宋甲申	宋甲寅	宋癸未
	宋壬子	宋壬午	宋辛亥
	宋庚辰	宋庚戌	宋庚辰
	宋己酉	宋己卯	宋己酉

六年 闰五月丙午宋	宋己卯	宋戊申	宋戊寅
	丁未俨宋	宋丁丑	宋乙亥
	宋甲辰	宋甲戌	宋甲辰
	宋甲戌	宋癸卯	宋壬申
七年	宋壬寅	宋壬申	宋壬寅
	宋辛未	宋庚子	宋庚午
	宋己亥	宋戊辰	宋戊戌
	宋丁卯	宋丁酉	宋丁卯
八年	宋丁酉	宋丙寅	宋丙申
	宋丙寅	宋乙未	宋甲子
	宋甲午	宋癸亥	宋壬辰
	宋壬戌	宋辛卯	宋辛酉
九年 闰七月庚寅宋	宋辛卯	宋庚申	宋庚申
	宋己丑	宋己未	宋戊子
	戊午俨大任宋	丁卯俨 误宋丁亥	宋丙辰
	丙戌俨大任宋	乙卯俨大任宋	宋乙酉
十年	宋乙卯	宋甲申	宋甲寅
	宋癸未	宋癸丑	宋癸未
	宋壬子	宋壬午	宋辛亥
	宋辛巳	宋庚戌	宋己卯
十一年 闰十月乙巳俨宋	宋己酉	宋戊寅	宋戊申
	宋丁丑	宋丁未	丁丑俨大任宋
	宋丙午	宋庚子误，当作丙子。	宋丙午
	宋乙亥	宋甲戌	宋癸卯

兴宗重熙元年	宋壬申	宋壬寅	壬申俨宋
	宋辛丑	宋辛未	宋庚子
	宋庚午	宋庚子	宋己巳
	宋己亥	宋己巳	宋戊戌
二年	宋戊辰	宋丁酉	宋丙寅
	宋丙申	宋乙丑	宋甲午
	宋甲子	宋甲午	宋癸亥
	宋癸巳	宋癸亥	宋癸巳
三年 闰六月戊午宋	宋壬戌	壬辰俨宋	宋辛酉
	宋庚寅	庚申俨宋	宋己丑
	戊子俨宋	宋戊午	宋丁亥
	宋丁巳	宋丁亥	宋丁巳
四年	宋丙戌	宋丙辰	乙酉俨宋
	甲寅俨宋	宋甲申	癸酉俨 误宋癸丑
	壬午俨宋	宋壬子	宋辛巳
	宋辛亥	宋辛巳	宋辛亥
五年	宋庚辰	宋庚戌	宋庚辰
	宋己酉	宋戊寅	宋戊申
	宋丁丑	丙午俨宋	丙子
	宋乙巳	宋乙亥	宋乙巳
六年 闰四月癸酉宋	宋甲戌	宋甲辰	宋甲戌
	宋甲辰	宋壬寅	宋壬申
	辛丑俨宋	宋庚午	宋庚子
	宋己巳	宋己亥	己亥俨 误宋戊辰

七年	宋戊戌	宋戊辰	戊戌
	宋丁卯	宋丁酉	宋丙寅
	宋丙申	宋乙丑	宋甲午
	甲子俨宋	宋癸巳	宋癸亥
八年 闰十二月丁亥宋	宋壬辰	宋壬戌	宋壬辰
	宋辛酉	宋辛卯	宋庚申
	宋庚寅	宋庚申	宋己丑
	宋己未	宋戊子	宋丁巳
九年	丙辰俨宋	宋丙戌	宋乙卯
	宋乙酉	乙卯俨宋甲寅，异。	宋甲申
	宋甲寅	宋癸未	宋癸丑
	癸未俨宋	宋壬子	宋壬午
十年	宋辛亥	庚辰俨宋	宋庚戌
	宋己卯	宋己酉	宋戊寅
	宋戊申	宋丁丑	宋丁未
	宋丁丑	宋丁未	宋丙子
十一年 闰九月辛未宋	宋丙午	宋乙亥	甲辰俨宋
	甲戌俨宋	宋癸卯	宋癸酉
	壬寅俨宋	宋壬申	宋辛丑
	宋辛丑	宋庚午	宋庚子
十二年	宋庚午	宋己亥	宋戊辰
	宋戊戌	宋丁卯	宋丙申
	丙寅俨宋	乙未俨宋高丽	壬申误宋乙丑
	宋乙未	宋乙丑	宋甲午

十三年	甲子俨宋	宋甲午	宋癸亥
	宋壬辰	壬戌俨宋	宋辛卯
	宋辛酉	宋庚寅	宋己未
	宋己丑	宋戊午	宋戊子
十四年 闰五月丙戌宋	宋戊午	宋戊子	宋丁巳
	宋丁亥	宋丙辰	宋乙卯
	甲申俨宋	宋甲寅	宋癸未
	宋癸丑	壬午俨宋	宋壬子
十五年	宋壬午	宋壬子	宋辛巳
	辛亥俨宋	宋庚辰	宋庚戌
	宋己卯	宋戊申	宋戊寅
	宋丁未	宋丁丑	宋丙午
十六年	宋丙子	宋丙午	宋乙亥
	乙巳俨宋	宋乙亥	宋甲辰
	宋甲戌	宋癸卯	宋壬申
	宋壬寅	宋辛未	辛丑俨宋
十七年 闰正月庚子宋	宋庚午	宋己巳	宋己亥
	宋己巳	宋戊戌	宋戊辰
	宋丁酉	宋丁卯	宋丙申
	宋丙寅	乙未俨宋	宋乙丑
十八年	甲午俨宋高丽	宋甲子	宋癸巳
	宋癸亥	宋壬辰	宋壬戌
	宋壬辰	宋辛酉	宋辛卯
	宋庚申	宋庚寅	宋庚申

十九年 闰十一月 甲寅宋	宋己丑	宋戊午	宋戊子
	宋丁巳	宋丁亥	丙辰伊宋
	丙戌	宋乙卯	宋乙酉
	宋乙卯	宋甲申	宋甲申
二十年	宋癸丑	宋壬午	壬子伊宋
	宋辛巳	宋庚戌	宋庚辰
	宋己酉	宋己卯	宋己酉
	己卯伊宋	宋戊申	宋戊寅
二十一年	宋戊申	宋丁丑	宋丙午
	宋丙子	宋乙巳	宋甲戌
	甲辰伊宋	癸酉伊宋	宋癸卯
	宋癸酉	宋壬寅	宋壬申
二十二年 闰七月 戊辰	宋壬寅	宋壬申	宋辛丑
	宋庚午	宋庚子	宋己巳
	宋戊戌	宋丁酉	宋丁卯
	丙申伊宋	宋丙寅	丙申伊宋
二十三年	宋丙寅	宋乙未	宋乙丑
	宋甲午	宋甲子	宋癸巳
	宋壬戌	宋壬辰	宋辛酉
	宋辛卯	宋庚申	宋庚寅
二十四年	宋庚申	宋己丑	宋己未高丽
	宋己丑	宋戊午	宋戊子
	宋丁巳	宋丙戌	宋丙辰
	宋乙酉	宋乙卯	宋甲申
道宗清宁 二年 宋闰三月 癸未	宋甲寅	宋癸未	宋癸丑
	宋壬子	宋壬午	宋辛亥
	宋辛巳	宋庚戌	宋庚辰
	宋己酉	宋己卯	戊申伊宋
三年	宋戊寅高丽	宋丁未	宋丁丑
	宋丙午	宋丙子	宋丙午
	宋乙亥	宋乙巳	宋甲戌
	宋甲辰	宋癸酉	宋癸卯
四年 宋闰十二月丁卯	壬申伊宋	宋壬寅	宋辛未
	宋辛丑	庚午伊宋	宋庚子
	宋己巳	宋己亥	宋己巳
	戊戌伊宋	宋戊辰	宋丁酉
五年	宋丙申	宋丙寅	宋乙未
	甲子伊宋乙丑，异。	宋甲午	宋癸亥
	宋癸巳	宋癸亥	宋癸巳
	壬子误宋壬戌	宋壬辰	宋壬戌
六年	宋辛卯	宋庚申	宋庚寅
	宋己未	戊子伊宋	戊午伊宋
	宋丁亥	宋丁巳	宋丁亥
	宋丙辰	宋丙戌	宋丙辰
七年 闰八月 辛巳 宋	宋乙酉	宋乙卯	宋甲申
	宋甲寅	宋癸未	壬午伊 误宋壬子
	宋壬午	宋辛亥	宋庚戌
	宋庚辰	宋庚戌	宋庚辰
八年	宋己酉	宋己卯	戊申伊宋
	宋戊寅	宋丁未	甲子伊 误宋丙子
	宋丙午	宋乙亥	宋乙巳
	甲戌伊宋	宋甲辰	宋甲戌

九年	宋癸卯	宋癸酉	宋癸卯
	宋壬申	宋壬寅	宋辛未
	宋庚子	庚午俨宋	宋己亥
	戊辰俨宋	宋戊戌	宋戊辰
十年 闰五月丙寅宋	宋丁酉	宋丁卯	宋丁酉
	宋丁卯	宋丙申	宋乙未
	宋甲子	宋甲午	宋癸亥
	壬辰俨宋癸巳，异。	宋壬戌	宋壬辰
咸雍元年	辛酉俨大任宋高丽	宋辛卯	宋辛酉
	宋庚寅	宋庚申	宋己丑
	宋己未	宋戊子	宋戊午
	丁亥俨大任宋	宋丁巳	宋丙戌
二年	宋丙辰	宋乙酉	宋乙卯
	宋甲申	宋甲寅	宋甲申
	癸丑俨大任宋	宋癸未	壬子俨大任宋
	宋壬午	宋辛亥	宋辛巳
三年 闰二月己卯宋	宋庚戌	宋庚辰	宋己酉
	宋戊申	宋戊寅	宋丁未
	宋丁丑	宋丁未	宋丙子
	宋丙午	宋乙亥	宋乙巳
四年	甲戌俨大任宋	甲辰俨大任宋	宋癸酉
	宋壬寅	宋壬申	宋辛丑
	宋辛未	宋辛丑	宋庚午
	宋庚子	宋庚午	宋己亥

五年 闰十一月甲午宋	宋己巳	宋戊戌	宋戊辰
	宋丁酉	宋丙寅	宋丙申
	乙丑俨大任宋	宋乙未	宋甲子
	宋甲午	宋甲子	宋癸亥
六年	宋癸巳	宋癸亥	宋壬辰
	宋辛酉	宋庚寅	宋庚申
	宋己丑	宋戊午	宋戊子
	宋戊午	宋戊子	宋丁巳
七年	宋丁亥	宋丁巳	宋丙戌
	宋丙辰	宋乙酉	宋甲寅
	甲申俨大任宋	宋癸丑	宋壬午
	宋壬子	宋壬午	宋辛亥
八年 闰七月戊申宋	宋辛巳	宋辛亥	宋辛巳
	宋庚戌	宋庚辰	宋己酉
	宋戊寅	宋丁丑	宋丙午
	宋丙子	宋丙午	宋乙亥
九年	宋乙巳	宋乙亥	宋甲辰
	宋甲戌	宋癸卯	宋癸酉
	宋壬寅	宋壬申	宋辛丑
	宋庚午	宋庚子	宋庚午
十年	宋己亥	宋己巳	宋戊戌
	宋戊辰	宋戊戌	宋丁卯
	宋丁酉	宋丙寅	宋丙申
	宋乙丑	宋乙未	宋甲子
大康元年 闰四月壬辰宋	宋甲午	宋癸亥	宋癸巳
	宋壬戌	宋辛酉	宋辛卯
	辛酉宋	庚寅俨大任宋	宋庚申
	宋己丑	宋己未	宋己丑

二年	宋戊午	宋丁亥	宋丙辰
	宋丙戌	宋丙辰	乙酉俨大任宋
	宋乙卯	宋甲申	宋甲寅
	宋甲申	宋癸丑	宋癸未
三年	宋壬子	壬午俨大任宋	宋辛亥
	宋庚辰	宋庚戌	己卯
	宋己酉	宋戊寅	宋戊申
	宋戊寅	宋戊申	宋丁丑
四年 闰五月丙子宋	宋丁未	宋丙午	宋乙亥
	宋甲辰	宋甲戌	宋癸卯
	宋癸酉	宋壬寅	宋壬申
	宋壬寅	宋辛未	宋辛丑
五年	宋辛未	宋庚子	宋庚午
	宋己亥	宋戊辰	宋戊戌
	宋丁卯	宋丙申	宋丙寅
	宋丙申	宋乙丑	宋乙未
六年 闰九月庚寅宋	宋乙丑	宋乙未	宋甲子
	宋甲午	癸亥大任	宋壬辰
	宋壬戌	宋辛卯	宋庚申
	己未俨大任宋	己丑俨大任宋	宋己未
七年	宋己丑	宋戊午	宋戊子
	宋戊午	宋丁亥	宋丙辰
	宋丙戌	宋乙卯	宋甲申
	宋甲寅	宋癸未	宋癸丑
八年	宋癸未	宋癸丑	宋壬午
	宋壬子	宋辛巳	辛亥俨大任宋
	宋庚辰	宋庚戌	宋己卯
	宋戊申	宋戊寅	宋丁未
九年 闰六月乙亥宋	宋丁丑	宋丁未	宋丙子
	丙午俨大任宋	宋丙子	宋乙巳
	宋甲辰	宋甲戌	癸卯俨大任
	宋癸酉	宋壬寅	宋辛未
十年	辛丑俨大任宋高丽	庚午俨宋	宋庚子
	宋庚午	宋己亥	宋己巳
	宋戊戌	宋戊辰	宋戊戌
	宋丁卯	宋丁酉	宋丙寅
大安元年 缺一闰	宋丙申	宋乙丑	宋甲午
	宋甲子	宋癸已	宋癸亥
	宋癸巳	宋壬戌	宋壬辰
	宋壬戌	辛卯高丽宋	辛酉
二年	宋庚寅	庚申	宋戊午
	宋戊子	丁巳俨大任宋	丁亥俨大任丙午，误。宋
	宋丙辰	宋丙戌	宋丙辰
	己酉俨误宋乙酉	宋庚午误，当作乙卯。	宋乙酉
三年	宋甲寅	宋甲申	宋癸丑
	宋壬午	宋壬子	宋辛巳
	宋庚戌	宋庚辰	宋庚戌
	宋己卯	宋己酉	宋己卯
四年 闰十二月癸卯宋	宋己酉	宋戊寅	宋戊申
	宋丁丑	宋丙午	宋丙子
	宋乙巳	宋甲戌	宋甲辰
	宋癸酉	宋癸卯	癸卯俨误大任宋癸酉

五年	宋壬申	宋壬寅	宋壬申
	宋辛丑	宋庚午	宋庚子
	宋己巳	宋戊戌	宋戊辰
	宋丁酉	丁卯俨大任宋	宋丁酉
六年	宋丁卯	宋丙申	宋丙寅
	宋丙申	宋乙丑	宋甲午
	宋甲子	宋癸巳	宋壬戌
	宋壬辰	宋辛酉	宋辛卯
七年	宋辛酉	宋庚寅	宋庚申
	宋庚寅	己未俨大任宋	宋己丑
闰八月丁巳宋	戊午俨大任宋	宋戊子	宋丙戌
	宋丙辰	宋乙酉	宋乙卯
八年	宋甲申	宋甲寅	宋甲申
	宋癸丑	宋癸未	宋癸丑
	宋壬午	宋壬子	宋辛巳
	庚戌俨大任宋	宋庚辰	宋己酉
九年	宋己卯	宋戊申	宋戊寅
	宋丁未	宋丁丑	丁未俨大任宋
	宋丙子	宋丙午	宋丙子
	宋乙巳	宋乙亥	宋甲辰
十年	宋癸酉	宋癸卯	壬申俨宋
	壬寅俨大任宋	宋辛丑	宋庚午
闰四月辛未宋	庚子大任宋	宋庚午	宋己亥
	宋己巳	宋己亥	宋戊辰

寿隆元年	戊戌俨大任宋	宋丁卯	宋丙申
	宋丙寅	乙未俨大任宋	宋乙丑
	宋甲午	宋甲子	宋癸巳
	宋癸亥	宋癸巳	宋癸亥
二年	宋壬辰	宋壬戌	宋辛卯
	宋庚申	宋庚寅	宋己未
	宋戊子	宋戊午	宋丁亥
	宋丁巳	宋丁亥	宋丁巳
三年	宋丙戌	丙辰俨大任宋	宋乙卯
闰二月丙戌宋	宋甲申	宋甲寅	宋癸未
	壬子大任	宋壬午	宋辛亥
	宋辛巳	宋辛亥	宋辛巳
四年	宋庚戌	宋庚辰	宋庚戌
	宋己卯	宋戊申	戊寅俨大任宋
	宋丁未	宋丙子	宋丙午
	乙亥俨大任宋	乙巳俨大任宋	宋乙亥
五年	宋甲辰	宋甲戌	宋甲辰
	宋癸酉	宋癸卯	宋壬申
闰九月庚午宋	壬寅俨大任宋	宋辛未	宋庚子
	己亥俨大任宋	己巳俨	宋戊戌
六年	宋戊辰	宋戊戌	宋戊辰
	丁酉俨大任宋	宋丁卯	宋丙申
	宋丙寅	宋乙未	宋甲子
	宋甲午	宋癸亥	宋癸巳

	壬戌俨大任宋	壬辰俨大任宋	宋壬戌
七年	宋辛卯	宋辛酉	宋庚寅
	宋庚申	宋庚寅	宋己未
	宋戊子	宋戊午	宋丁亥
天祚乾统二年 闰六月甲寅宋	宋丁巳	宋丙戌	宋丙辰
	宋乙酉	宋乙卯	宋乙酉
	宋甲申	宋癸丑	宋癸未
	宋壬子	宋壬午	宋辛亥
三年	宋辛巳	宋庚戌	宋庚辰
	宋己酉	宋己卯	宋戊申
	宋戊寅	宋丁未	宋丁丑
	宋丁未	宋丁丑	宋丙午
四年	宋丙子	宋乙巳	宋甲戌
	宋甲辰	宋癸酉	宋壬寅
	宋壬申	宋壬寅	宋辛未
	宋辛丑	宋辛未	宋庚子
五年 闰二月己巳宋	宋庚午	宋庚子	宋戊戌
	宋戊辰	宋丁酉	宋丙寅
	宋丙申	宋乙丑	宋乙未
	宋乙丑	宋乙未	宋甲子
六年	宋甲午	宋甲子	宋癸巳
	宋壬戌	宋壬辰	宋辛酉
	宋庚寅	宋庚申	宋己丑
	宋己未	宋戊子	宋戊午
七年 闰十月癸未宋	宋戊子	宋戊午	宋丁亥
	宋丁巳	宋丙戌	宋丙辰
	宋乙酉	宋甲寅	宋甲申
	宋癸丑	宋壬子	宋壬午

八年	宋壬子	宋壬午	宋辛亥高丽
	宋辛巳	宋庚戌	宋庚辰
	宋己酉	宋戊寅	宋戊申
	宋丁丑	宋丁未	宋丙子
九年	丙午大任宋	宋丙子	宋乙巳
	宋乙亥	宋乙巳	宋甲戌
	宋甲辰	宋癸酉	宋壬寅
	宋壬申	宋辛丑	宋辛未
十年 闰八月丁酉宋	宋庚子	宋庚午	宋己亥
	宋己巳	宋己亥	宋戊辰
	宋戊戌	宋丁卯	宋丙寅
	宋丙申	宋乙丑	宋乙未
天庆元年	宋甲子	宋甲午	宋癸亥
	宋癸巳	宋壬戌	宋壬辰
	宋壬戌	宋辛卯	宋辛酉
	宋庚寅	宋庚申	宋己丑
二年	己未俨大任宋	宋戊子	宋戊午
	丁亥俨大任宋	宋丁巳	宋丙戌
	宋丙辰	宋乙酉	宋乙卯
	宋乙酉	宋甲寅	宋甲申
三年 闰四月辛亥宋	宋甲寅	宋癸未	宋壬子
	宋壬午	宋庚辰	宋庚戌
	宋己卯	宋己酉	宋己卯
	宋戊申	宋戊寅	宋戊申
四年	宋戊寅	宋丁未	宋丙子
	宋丙午	宋乙亥	宋甲辰
	宋甲戌	宋癸卯	宋癸酉
	壬寅俨大任宋	宋壬申	宋壬寅

五年	宋壬申	宋辛丑	宋辛未
	宋庚子	宋庚午	己亥伊大任宋
	宋戊辰	宋戊戌	丁卯伊大任宋
	宋丁酉	宋丙寅	宋丙申
六年 闰正月丙申宋	宋丙寅	宋乙丑	宋乙未
	宋甲子	宋甲午	宋癸亥
	宋壬辰	宋壬戌	宋辛卯
	宋辛酉	宋庚寅	宋庚申
七年	宋庚寅	宋己未	宋己丑
	宋己未	宋戊子	宋戊午
	宋丁亥	宋丙辰	宋丙戌
	乙卯伊大任宋	宋乙酉	宋甲寅
八年 闰五月庚戌宋	宋甲申	宋癸丑	宋癸未
	宋癸丑	壬午伊宋	宋壬子
	宋辛巳	宋辛亥	宋庚辰
	宋己卯	宋己酉	宋戊寅
九年	宋戊申	宋丁丑	丁未伊大任宋
	宋丙子	宋丙午	宋丙子
	宋乙巳	宋乙亥	宋甲辰
	甲戌大任宋	宋癸卯	宋癸酉
十年	宋壬寅	宋壬申	宋辛丑
	宋辛未	宋庚子	宋庚午
	宋己亥	宋己巳	宋己亥
	宋戊辰	宋戊戌	宋丁卯
保大元年闰五月甲子宋	丁酉伊大任宋	宋丙寅	宋丙申
	宋乙丑	宋甲午	宋癸巳
	宋癸亥	宋癸巳	宋壬戌
	宋壬辰	宋壬戌	宋辛卯
二年	宋辛酉	庚寅伊大任宋	宋庚申
	宋己丑	宋戊午	宋戊子
	丁巳伊大任宋	宋丁亥	宋丁巳
	宋丙戌	宋丙辰	宋丙戌
三年	宋乙卯	乙酉伊宋	宋甲寅
	甲申伊大任宋	癸丑大任宋	宋壬午
	宋壬子	宋辛巳	宋辛亥
	宋庚辰	宋庚戌	宋庚辰
四年 闰三月戊寅宋	宋庚戌	宋己卯	宋己酉
	宋戊申	宋丁丑	宋丙午
	宋丙子	宋乙巳	宋甲戌
	宋甲辰	宋甲戌	宋甲辰
五年	宋癸酉	宋癸卯	宋癸酉
	宋壬寅	宋壬申	宋辛丑
	宋庚午	宋庚子	宋己巳
	宋戊戌	宋戊辰	宋戊戌

宋元丰元年十二月，诏司天监考辽及高丽、日本国历与《奉元历》同异。辽己未岁气朔与《宣明历》合，日本戊午岁与辽历相近，高丽戊午年朔与《奉元历》合，气有不同。戊午，辽大康四年；己未，五年也。当辽、宋之世，二国司天固相参考矣。

高丽所进《大辽事迹》，载诸王册文，颇见月朔，因附入。

象

孟子有言："天之高也，星辰之远也，苟求其故，千岁之日至可坐而致。"甚哉！圣人之用心，可谓广大精微，至矣尽矣。

日有晷景，月有明魄，斗有建除，星有昏旦。观天之变而制器以候之，八尺之表，六尺之简，百刻之漏，日月星辰示诸掌上。运行即察，度分即审，于是像天圜以显运行，置地柜以验出入，浑象是作。天道之常，寻尺之中可以俯窥，陶唐之象是矣。设三俨以明度分，管一衡以正辰极，浑俨是作。天文之变，六合之表可以仰观，有虞之玑是矣。体莫固于金，用莫利于水。范金走水，不出户而知天道，此圣人之所以为圣也。

历代仪象表漏，各具于志。太宗大同元年，得晋历象、刻漏、浑象。后唐清泰二年已称损折不可施用，其至中京者概可知矣。古之炼铜，黑黄白青之气尽，然后用之，故可施于久远。唐沙门一行铸浑天仪，时称精妙，未几铜铁渐涩，不能自转，置不复用。金质不精，水性不行，况移之冱寒之地乎？

刻漏

晋天福三年造。《周官》挈壶氏，悬壶必爨之以火。地虽冱寒，盖可施也。

官星

古者官星万余名。遭秦焚灭图籍，世秘不传。汉收散亡，得甘德、石申、巫咸三家图经。经纬合千余官，仅存什一。分为三垣、四宫、二十八宿，枢以二极，建以北斗，纬以五星，日月代明，贵而太一，贱逮屎糠。占决之用，亦云备矣。司马迁《天官书》既以具录，后世保章守候，无出三家官星之外者。天象昭垂，历代不易，而汉、晋、隋、唐之书累志天文，近于衍矣。且天象机祥，律格有禁，书于胜国之史，诖误学者，不宜书。其日食、星变、风云、震雪之祥，具载《帝纪》，不复书。

卷四十五　　志第十五

百官志一

官生于职，职沿于事，而名加之。后世沿名，不究其实。吏部，一太宰也，为大司徒，为尚书，为中书，为门下；兵部一司马也，为大司马，为太尉，为枢密使。沿古官名，分今之职事以配之，于是先王统理天下之法，如治丝而棼，名实淆矣。契丹旧俗，事简职专，官制朴实，不以名乱之，其兴也勃焉。太祖神册六年，诏正班爵。至于太宗，兼制中国，官分南、北，以国制治契丹，以汉制待汉人。国制简朴，汉制则沿名之风固存也。辽国官制，分北、南院，北面治宫帐、部族、属国之政，南面治汉人州县、租赋、军马之事。因俗而治，得其宜矣。

初，太祖分迭剌夷离堇为北、南二大王，谓之北、南院。宰相、枢密、宣徽、林牙，下至郎君、护卫，皆分北、南，其实所治皆北面之事。语辽官制者可不辨。凡辽朝官，北枢密视兵部、南枢密视吏部，北、南二王视户部，夷离毕视刑部，宣徽视工部，敌烈麻都视礼部，北、南府宰相总之。惕隐治宗族，林牙修文告，于越坐而论议以象公师。朝廷之上。事简职专，此辽所以兴也。

北　面　上

北面朝官

契丹北枢密院。掌兵机、武铨、群牧之政，凡契丹军马皆属焉。以其牙帐居大内帐殿之北，故名北院。元好问所谓“北衙不理民”是也。

北院枢密使

知北院枢密使事

知枢密院事

北院枢密副使

知北院枢密副使事

同知北院枢密使事

签书北枢密院事

北院都承旨

北院副承旨

北院林牙

知北院贴黄

给事北院知圣旨头子事

掌北院头子

北枢密院敞史

北院郎君

北枢密院通事

北院掾史

北枢密院中丞司

北南枢密院点检中丞司事

总知中丞司事

北院左中丞

北院右中丞

同知中丞司事

北院侍御

契丹南枢密院。掌文铨、部族、丁赋之政，凡契丹人民皆属焉。以其牙帐居大内之南，故名南院。元好问所谓“南衙不主兵”是也。

南院枢密使

知南院枢密使事

知南院枢密事

南院枢密副使

知南院枢密副使事

同知南院枢密使事

签书南枢密院事

南院都承旨

南院副承旨

南院林牙

知南院贴黄

给事南院知圣旨头子事

掌南院头子

南枢密院敞史

南院郎君
南枢密院通事
南院掾史
南枢密院中丞司
北南枢密院点检中丞司事
总知中丞司事
南院左中丞
南院右中丞
同知中丞司事
南院侍御
北宰相府。掌佐理军国之大政，皇族四帐世预其选。
北府左宰相
北府右宰相
总知军国事
知国事
南宰相府。掌佐理军国之大政，国舅五帐世预其选。
南府左宰相
南府右宰相
总知军国事
知国事
北大王院。分掌部族军民之政。
北院大王。初名迭剌部夷离堇，太祖分北、南院，太宗会同元年改夷离堇为大王。
知北院大王事
北院太师
北院太保
北院司徒
北院司空
北院郎君
北院都统军司。掌北院从军之政令。
北院统军使
北院副统军使
北院统军都监
北院详稳司。掌北院部族军马之政令。
北院详稳
北院都监
北院将军
北院小将军
北院都部署司。掌北院部族军民之事。
北院都部署
北院副部署
南大王院。分掌部族军民之政。
南院大王
知南院大王事
南院太师
南院太保。天庆八年，省南院太保。
南院司徒
南院司空
南院郎君
南院都统军司。掌南院从军之政令。
南院统军使
南院副统军使
南院统军都监
南院详稳司。掌南院部族军马之政令。
南院详稳
南院都监
南院将军
南院小将军
南院都部署司。掌南院部族军民之事。
南院都部署
南院副部署
宣徽北院。太宗会同元年置，掌北院御前祗应之事。
北院宣徽使
知北院宣徽事
北院宣徽副使
同知北院宣徽事
宣徽南院。会同元年置，掌南院御前祗应之事。
南院宣徽使
知南院宣徽事
南院宣徽副使
同知南院宣徽事
大于越府。无职掌，班百僚之上，非有大功德者不授，辽国尊官，犹南面之有三公。太祖以遥辇氏于越受禅。终辽之世，以于越得重名者三人：耶律曷鲁、屋质、仁先，谓之三于越。
大于越
大惕隐司。太祖置，掌皇族之政教。兴宗重熙二十一年，耶律义先拜惕隐，戒族人曰："国家三父房最为贵族，凡天下风化之所自出，不孝不义，虽小不可为。"其妻晋国长公主之女，每见中表，必具礼服。义先以身率先，国族化之。辽国设官之实，于此可见。太祖有国，首设此官，其后百官择人，必先宗姓。
惕隐。亦曰梯里已。
知惕隐司事
惕隐都监
夷离毕院。掌刑狱。
夷离毕
左夷离毕
右夷离毕
知左夷离毕事
知右夷离毕事
敞史
选底。掌狱。
大林牙院。掌文翰之事。
北面都林牙
北面林牙承旨
北面林牙
左林牙
右林牙
敌烈麻都司。掌礼仪。
敌烈麻都
总知朝廷礼仪

总礼仪事

文班司。所掌未详。

文班太保

文班林牙

文班牙署

文班吏

阿札割只。所掌未详。遥辇故官，后并枢密院。

阿札割只

北面御帐官

三皇，圣人也，当淳朴之世，重门击柝，犹严于待暴客。辽之先世，未有城郭、沟池、宫室之固，毡车为营，硬寨为宫，御帐之官不得不谨。出于贵戚为侍卫，著帐为近侍，北南部族为护卫，武臣为宿卫，亲军为禁卫，百官番宿为宿直。奉宸以司供御，三班以肃会朝，硬寨以严晨夜。法制可谓严密矣。考其凡如左。

侍卫司。掌御帐亲卫之事。

侍卫太师

侍卫太保

侍卫司徒

侍卫司空

侍卫

近侍局

近侍直长

近侍

近侍小底

近侍详稳司

近侍详稳

近侍都监

近侍将军

近侍小将军

北护卫府。掌北院护卫之事。皇太后宫有左右护卫。

北护卫太师

北护卫太保

北护卫司徒

总领左右护卫司

总领左右护卫

左护卫司

左护卫太保

左护卫

右护卫司

右护卫太保

右护卫

南护卫府。掌南院护卫之事。

南护卫太师

南护卫太保

南护卫司徒

总领左右护卫司

总领左右护卫

左护卫司

左护卫太保

左护卫

右护卫司

右护卫太保

右护卫

奉宸司。掌供奉宸御之事。

官名未详

奉宸

三班院。掌左、右、寄班之事。

左班都知

右班都知

寄班都知

三班院祗候

宿卫司。专掌宿卫之事

总宿卫事。亦曰典宿卫事

总知宿卫事

同掌宿卫事

宿卫官

禁卫局

总禁卫事

禁卫长

宿直司。掌轮直官员宿直之事。皇太后宫有宿直官。

宿直详稳

宿直都监

宿直将军

宿直小将军

宿直官

宿直护卫。

硬寨司。掌禁围枪寨、下铺、传铃之事。

硬寨太保

皇太子惕隐司。掌皇太子宫帐之事。

皇太子惕隐

北面著帐官

古者刑人不在君侧。叛逆家属没为著帐，执事禁卫，可为寒心。此辽世所以多变起肘掖欤！

著帐郎君院。遥辇痕德堇可汗以蒲古只等三族害于越室鲁，家属没入瓦里。应天皇太后知国政，析出之，以为著帐郎君、娘子，每加矜恤。世宗悉免之。其后内族、外戚及世官之家犯罪者，皆没入瓦里。人户益众，因复故名。皇太后、皇太妃帐，皆有著帐诸局。

著帐郎君节度使

著帐郎君司徒

祗候郎君班详稳司

祗候郎君班详稳

祗候郎君直长

祗候郎君闸撒狘

祗候郎君

祗候郎君拽剌

左祗候郎君班详稳司

左祗候郎君班详稳

左祗候郎君直长

左祗候郎君闸撒狘
左祗候郎君
左祗候郎君拽剌
右祗候郎君班详稳司
右祗候郎君班详稳
右祗候郎君直长
右祗候郎君闸撒狘
右祗候郎君
右祗候郎君拽剌
笔砚局
笔砚祗候郎君
笔砚吏
牌印局
牌印郎君
裀褥局
裀褥郎君
灯烛局
灯烛郎君
床幔局
床幔郎君
殿幄局
殿幄郎君
车舆局
车舆郎君
御盏局
御盏郎君
本班局
本班郎君
皇太后祗应司
领皇太后诸局事
知皇太后宫诸司事
皇太妃祗应司
皇后祗应司
近位祗应司
皇太子祗应司
亲王祗应司
著帐户司。本诸斡鲁朵户析出，及诸色人犯罪没入。凡御帐、皇太后、皇太妃、皇后、皇太子、近位、亲王祗从、伶官，皆充其役。
著帐节度使
著帐殿中
承应小底局
笔砚小底
寝殿小底
佛殿小底
司藏小底
习马小底
鹰坊小底
汤药小底
尚饮小底
盥漱小底
尚膳小底
尚衣小底
裁造小底

北面皇族帐官

肃祖长子洽昚之族在五院司；叔子葛剌、季子洽礼及懿祖仲子帖剌、季子褭古直之族皆在六院司。此五房者，谓之二院皇族。玄祖伯子麻鲁无后，次子岩木之后曰孟父房；叔子释鲁曰仲父房；季子为德祖，德祖之元子是为太祖天皇帝，谓之横帐；次曰剌葛，曰迭剌，曰寅底石，曰安端，曰苏，皆曰季父房。此一帐三房，谓之四帐皇族。二院治之以北、南二王，四帐治之以大内惕隐，皆统于大惕隐司

大内惕隐司。掌皇族四帐之政教。
大内惕隐
知大内惕隐事
大内惕隐都监
大横帐常衮司。掌太祖皇帝后九帐皇族之事。
横帐常衮。亦曰横帐敞稳。
横帐太师
横帐太保
横帐司空
横帐郎君
横帐知事
孟父族帐常衮司。掌蜀国王岩木房族之事。
仲父族帐常衮司。掌隋国王释鲁房族之事。
季父族帐常衮司。掌德祖皇帝三房族之事。
四帐都详稳司。掌四帐军马之事。
都详稳
都监
将军。本名敞史。
小将军
横帐详稳司
孟父帐详稳司
仲父帐详稳司
季父帐详稳司
舍利司。掌皇族之军政。
舍利详稳
舍利都监
舍利将军
舍利小将军
舍利
梅里
亲王国。官制未详。
王府近侍
王府祗候
大东丹国中台省。太祖天显元年置，乾亨四年圣宗省。
左大相
右大相
左次相
右次相

王子院。掌王子各帐之事。

王子太师

王子太保

王子司徒

王子司空

王子班郎君

驸马都尉府。掌公主帐宅之事。

驸马都尉

北面诸帐官

辽太祖有帝王之度者三：代遥辇氏，尊九帐于御营之上，一也；灭渤海国，存其族帐，亚于遥辇，二也；并奚王之众，抚其帐部，拟于国族，三也。有英雄之智者三：任国舅以耦皇族，崇乙室以抗奚王，列二院以制遥辇是已。观北面诸帐官，可以见之矣。遥辇九帐大常衮司。掌遥辇洼可汗、阻午可汗、胡剌可汗、苏可汗、鲜质可汗、昭古可汗、耶澜可汗、巴剌可汗、痕德堇可汗九世宫分之事。太祖受位于遥辇，以九帐居皇族一帐之上，设常衮司以奉之，有司不与焉。凡辽十二宫、五京，皆太祖以来征讨所得，非受之于遥辇也。其待先世之厚，蔑以加矣。辽俗东向而尚左，御帐东向，遥辇九帐南向，皇族三父帐北向。东西为经，南北为纬，故谓御营为横帐云。

大常衮。亦曰敞稳。

遥辇太师

遥辇太保

遥辇太尉

遥辇司徒

遥辇司空

遥辇侍中。一作世烛。太宗会同元年置。

敞史

知事

遥辇帐节度使司

节度使

节度副使

遥辇纠详稳司

遥辇纠详稳

遥辇纠都监

遥辇纠将军

遥辇纠小将军

遥辇克。官名未详。

大国舅司。掌国舅乙室已、拔里二帐之事。太宗天显十年，合皇太后二帐为国舅司；圣宗开泰三年，又并乙室已、拔里二司为一帐。

乙室已国舅大翁帐常衮。一作敞稳。

乙室已国舅小翁帐常衮

拔里国舅大父帐常衮

拔里国舅少父帐常衮

国舅太师

国舅太保

国舅太尉

国舅司徒

国舅司空

敞史。太宗会同元年，改郎君为敞史。

知事

国舅乙室已大翁帐详稳司

国舅详稳

国舅都监

国舅本族将军

国舅本族小将军。兴宗重熙五年，枢密院奏，国舅乙室已小翁帐敞史，准大横帐及国舅二父帐，改为将军。

国舅乙室已小翁帐详稳司

国舅拔里大父帐详稳司

国舅拔里少父帐详稳司

国舅夷离毕司

国舅夷离毕

国舅左夷离毕

国舅右夷离毕

敞史

国舅帐克

国舅别部。世宗置。

官制未详。

国舅别部敞史。圣宗太平八年，见国舅别部敞史萧塔葛。

渤海帐司。官制未详。

渤海宰相

渤海太保

渤海挞马

渤海近侍详稳司

奚王府

乙室王府。并见部族官。

北面宫官

辽建诸宫斡鲁朵，部族、蕃户，统以北面宫官。具如左。

诸行宫都部署院。总契丹汉人诸行宫之事。

诸行宫都部署

知行宫诸部署司事

诸行宫副部署

诸行宫判官

契丹行宫都部署司。总行在行军诸斡鲁朵之政令。

契丹行宫都部署

知契丹行宫都部署事

契丹行宫副部署

契丹行宫判官

行宫诸部署司。掌行在诸宫之政令。

行宫都部署

行宫副部署

行宫部署判官

十二宫职名总目：

某宫

某宫使

某宫副使

某宫太师

某宫太保

某宫侍中。太宗会同元年置，亦曰世烛。

某宫都部署司。掌本宫契丹军民之事。

某宫都部署

某宫副部署

某宫判官

某宫提辖司。官制未详。

某宫马群司

侍中

敞史

某石烈。石烈，县也。

夷离堇。本名弥里马特本，改辛衮，会同元年升。

麻普。本名达剌干，会同元年改。

牙书。会同元年置。

某瓦里。内族、外戚、世官犯罪，没入瓦里。

抹鹘

某抹里

闸撒狘

某得里，官名未详。

太祖弘义宫

太宗永兴宫

世宗积庆宫

应天皇太后长宁宫

穆宗延昌宫

景宗彰愍宫

承天皇太后崇德宫

圣宗兴圣宫

兴宗延庆宫

道宗太和宫

天祚永昌宫

孝文皇太弟敦睦宫

文忠王府

已上十二宫一府，部署、提辖、石烈、瓦里、抹里、得里等，并见《营卫志》。

押行宫辎重夷离毕司。掌诸宫巡幸扈从辎重之事。

夷离毕

敞史

卷四十六　志第十六

百官志二　北面下

北面部族官

部族，详见《营卫志》。设官之制具如左。

部族职名总目：

大部族

某部大王。本名夷离堇。

某部左宰相

某部右宰相

某部太师

某部太保

某部太尉

某部司徒。本名惕隐。

某部节度使司

某部节度使

某部节度副使

某部节度判官

某部族详稳司

某部族详稳

某部族都监

某部族将军

某部族小将军

某石烈

某石烈夷离堇

某石烈麻普。亦曰马步，本名石烈达剌干。

某石烈牙书

某弥里。弥里，乡也。

辛衮。本曰马特本。

小部族

某部族司徒府

某部族司徒

某部族司空

某部族节度使司

某部族详稳司

某石烈

令稳

麻普

牙书

某弥里

辛衮

五院部。有知五院事，在朝曰北大王院。

六院部。有知六院事，在朝曰南大王院。

乙室部。在朝曰乙室王府。有乙室府迪骨里节度使司。

奚六部。在朝曰奚王府。有二常衮，有二宰相，又有吐里太尉，有奚六部汉军详稳，有奚拽剌详稳，有先离挞览官。

已上四大王府，为大部族。

品部

楮特部

乌隗部

突吕不部

突举部

涅剌部

遥里部

伯德部

堕瑰部

楚里部
奥里部
南克部
北克部
突吕不室韦部
涅剌拏古部
迭剌迭达部
乙室奥隗部
楮特奥隗部
品达鲁虢部
乌古涅剌部
图鲁部
撒里葛部
窈爪部
耨碗爪部
讹仆括部
特里特勉部
稍瓦部
曷术部
隗衍突厥部
奥衍突厥部
涅剌越兀部
奥衍女直部
乙典女直部
斡突碗乌古部
迭鲁敌烈部
大黄室韦部
小黄室韦部。二黄室韦闼林，改为仆射。
术哲达鲁虢部
梅古悉部
颉的部
匿讫唐古部
北唐古部
南唐古部
鹤剌唐古部
河西部
北敌烈部
薛特部
伯斯鼻骨部
达马鼻骨部
五国部

已上四十九节度，为小部族。

北面坊场局冶牧厩等官

辽始祖涅里究心农工之事，太祖尤拳拳焉，畜牧畋渔固俗尚也。坊场牧厩，设官如左。

诸坊职名总目：

某坊使
某坊副使
某坊详稳司
某坊详稳
某坊都监
鹰坊
铁坊
五坊。未详。
八坊。内有军器坊，余未详。

已上坊官。

围场

围场都太师
围场都管
围场使
围场副使
已上场官

局官职名总目：

某局使
某局副使

客省局
器物局
太医局
医兽局。有四局都林牙。

已上局官。

五冶。未详。

太师
已上冶官。

群牧职名总目：

某路群牧使司
某群太保
某群侍中
某群敞史
总典群牧使司
总典群牧部籍使
群牧都林牙
某群牧司
群牧使
群牧副使
西路群牧使司
倒塌岭西路群牧使司
浑河北马群司
漠南马群司
漠北滑水马群司
牛群司

已上群牧官。

尚厩

尚厩使
尚厩副使

飞龙院

飞龙使
飞龙副使

总领内外厩马司

总领内外厩马

已上诸厩官。

监鸟兽详稳司职名总目：

监某鸟兽详稳
监某鸟兽都监
监某鸟
监某兽
监鹿详稳司
监雉
已上监养鸟兽官。

北面军官

辽宫帐、部族、京州、属国，各自为军，体统相承，分数秩然。雄长二百馀年，凡以此也。考其可知者如左。

天下兵马大元帅府。太子、亲王总军政。
天下兵马大元帅
副元帅
大元帅府。大臣总军马之政。
大元帅
副元帅
都元帅府。大将总军马之事。
兵马都元帅
副元帅
同知元帅府事
便宜从事府。亦曰便宜行事。
便宜从事
大详稳司
大详稳
都监
将军
小将军
军校
队帅
东都省。分掌军马之政。
东都省太师
西都省。分掌军马之政。
西都省太师
大将军府。各统所治军之政令。
大将军
上将军
将军
小将军
护军司
护军司徒
卫军司
卫军司徒
诸路兵马统署司
诸路兵马都统署
诸路兵马副统署
左皮室详稳司
右皮室详稳司
北皮室详稳司
南皮室详稳司。太宗选天下精甲三十万为皮室军。初，太祖以行营为宫，选诸部豪健千余人，置为腹心部，耶律老古以功为右皮室详稳。则皮室军自太祖时已有，即腹心部是也。太宗增多至三十万耳。
黄皮室军详稳司。黄皮室，属国名。
属珊军详稳司。应天皇太后置，军二十万。选蕃汉精兵，珍美如珊瑚，故名。
舍利军详稳司。统皇族之从军者，横帐、三父房属焉。
北王府舍利军详稳司。五院皇族属焉。
南王府舍利军详稳司。六院皇族属焉。
禁军都详稳司。掌禁卫诸军之事。
各部族舍利司。掌各部族子弟之军政。
郎君军详稳司。掌著帐郎君之军事。
拽剌军详稳司。走卒谓之拽剌。
旗鼓拽剌详稳司。掌旗鼓之事。
千拽剌详稳司
猛拽剌详稳司
墨离军详稳司
炮手军详稳司。掌飞炮之事。
弩手军详稳司。掌强弩之事。
铁林军详稳司
大鹰军详稳司
鹰军详稳司
鹘军详稳司。大、小鹘军，即二室韦军号。
凤军详稳司
龙军详稳司
飞龙军详稳司
虎军详稳司
熊军详稳司
左铁鹞子军详稳司
右铁鹞子军详稳司
龙卫军详稳司
威胜军详稳司
天云军详稳司
特满军详稳司
敌烈军详稳司
敌烈皮室详稳司
肴里奚军详稳司
涅哥奚军详稳司
渤海军详稳司
女古烈详稳司
奚王南克军详稳司。诸帐并有克官为长，余同详稳司。
奚王北克军详稳司
国舅帐克军
三克军
频必克军
九克军。
十二行纠军。诸纠并有司徒，余同详稳司。
各宫分纠军
遥辇纠军
各部族纠军
群牧二纠军。
怨军八营都详稳司。天祚天庆六年，命秦晋王淳募辽东饥民，得二万余人，谓之怨军。及淳僭位，改号常胜军。
前宜营。八营皆以所募州名为号
后宜营
前锦营
后锦营
乾营
显营
乾显大营
岩州营

北面边防官

辽境东接高丽，南与梁、唐、晋、汉、周、宋六代为劲敌，北邻阻卜、术不姑，大国以十数；西制西夏、党项、吐浑、回鹘等，强国以百数。居四战之区，虎踞其间，莫敢与撄，制之有术故尔。观于边防之官，太祖、太宗之雄图见矣。

诸军都虞候司
　　都虞候
奚王府。见《部族官》。
大惕隐司。见《帐官》。
大国舅司
大常衮司
五院司。见《部族官》。
六院司
沓温司。未详。
　　已上上京路诸司，控制诸奚。
诸部署职名总目：
　　某兵马都部署
　　某兵马副部署
　　某兵马都监
　　某都部署判官
诸指挥使职名总目：
　　某军都指挥使
　　某军副指挥使
　　某军都监
诸统军使职名总目：
　　有都统军使、副使、都监等官。
东京兵马都部署司
契丹、奚、汉、渤海四军都指挥使司
　　契丹奚军都指挥使司
　　奚军都指挥使司
　　汉军都指挥使司
　　渤海军都指挥使司
东京都统军使司
东京都详稳司
保州都统军司
汤河详稳司。亦曰南女直汤河司。
杓窊司。未详。
金吾营。属南面。
铜州北兵马指挥使司
涞州南兵马指挥使司
　　已上辽阳路诸司，控扼高丽。

黄龙府兵马都部署司。一作都监署司。
黄龙府铁骊军详稳司
咸州兵马详稳司。有知咸州路兵马事、同知咸州路兵马事、咸州纠将。
东北路都统军使司。有掌法官，道宗大安六年置。
　　已上长春路诸司，控制东北诸国。

南京都元帅府。本南京兵马都总管府，兴宗重熙四年改。有都元帅、大元帅。
南京兵马都总管府。属南面。有兵马都总管，有总领南面边事，有总领南面军务，有总领南面戍兵等官。
南京马步军都指挥使司。属南面。
侍卫控鹤都指挥使司。属南面。
燕京禁军详稳司
南京都统军司。又名燕京统军司。圣宗统和十二年复置南京统军都监。
牛栏都统领司
　　都统领
　　副统领
距马河戍长司。圣宗开泰七年，沿距马河宋界东西七百余里。特置戍长一员巡察。
　　戍长
监军寨统领司
石门统领司
南皮室军详稳司
北皮室军详稳司
猛拽剌详稳司
管押平州甲马司
　　管押平州甲马
　　已上南京诸司，并隶元帅府，备御宋国。

西南面安抚使司
　　西南面安抚使
西南面都招讨司。太祖神册元年置。亦曰西南路招讨司。
　　西南面招讨使
西南边大详稳司
西南路详稳司
西南面五押招讨司
　　五押招讨大将军
西南路巡察司。又有西南巡边官。
　　西南路巡察将军
西南面巡检司
　　西南面巡检
　　西南面同巡检
西南面拽剌详稳司
山北路都部署司。又有知山北道边境事官。
金肃军都部署司
南王府。见《北面朝官》。
北王府

乙室王府
山金司。一作山阴司。置在金山之北。
　　已上西京诸司，控制西夏。

西北路招讨使司。有知西路招讨事，有监军。
西北路管押详稳司
西北路总领司。有总领西北路军事官。
领西北路十二班军使司
契丹军详稳司
吐浑军详稳司
述律军详稳司
禁军详稳司
奚王府舍利军详稳司
大室韦军详稳司
小室韦军详稳司
北王府军详稳司
特满军详稳司
群牧军详稳司
宫分军详稳司
西北路金吾军。属南面。
西北路兵马都部署司
西北路阻卜都部署司
西北路统军司
西北路戍长司
西北路禁军都统司
西北部镇抚司。兼掌西北诸部军民。有镇抚西北部事官。
西北路巡检司
黑水河提辖司。在中京黔州置。
　　已上西北路诸司，控制诸国。

东北路兵马详稳司。亦曰东北面详稳司。
东北路监军马司。有东北路监军马使，有管押东北路军马事官。
东北路女直详稳司
北女直兵马司。在东京辽州置。
　　已上东北路诸司。

东路兵马都总管府。有东路兵马都总管，有同知东路兵马事官。
东路都统军使司
遥里等十军都详稳司
　遥里军诸详稳司。未详。
九水诸夷安抚使
　　已上东路诸司。

西南面节制司。有节制西南诸军事。
西南面都统军司
　　已上西南边诸司。

山西兵马都统军司
西路招讨使司
西边大详稳司
四蕃都军所。圣宗统和四年置，授李继冲。
夏州管内蕃落使。圣宗统和四年置，授李继迁。
倒塌岭节度使司
倒塌岭统军司
塌西节度使司
塌母城节度使司
　　已上西路诸司。

北面行军官

辽行军官，枢密、都统、部署之司，上下相维，先锋、两翼严重，中军于远探侦候为尤谨，临阵委重于监战。司存有常，秩然整暇，所以为制胜之道也。

行枢密院。有左、右林牙，有参谋。
行军都统所。有监军，有行军诸部都监，有监战。
　行军都统
　行军副都统
　行军都监
行军都押司。有都押官、副押官。
行军都部署司
先锋使司
先锋都统所
左翼军都统所
右翼军都统所
中军都统所
御营都统所
远探军。有小校，有拽剌。
候骑。有侦候，有候人，有拽剌。

东征行枢密院
东征都统所。亦曰东面行军都统所，又曰东路行军都统所。
东征统军司
东征先锋使司
西征统军司
南征都统所。亦曰南面行军都统所。
南征统军司
南面行营总管府
南面行营都部署司
河南道行军都统所
北道行军都统所
东北面行军都统所
西北面行军都统所
西南面行军都统所

北面属国官

辽制，属国、属部官，大者拟王封，小者准部使。命其酋长与契丹人区别而用，恩威兼制，得柔远之道。考其可知者具如左。

属国职名总目：

某国大王

某国于越

某国左相

某国右相

某国惕隐。亦曰司徒。

某国太师

某国太师

某国司空。本名闼林。

某国某部节度使司

某国某部节度使

某国某部节度副使

某国详稳司

某国详稳

某国都监

某国将军

某国小将军

大部职名：

并同属国

诸部职名：

并同部族

女直国顺化王府。景宗保宁九年，女直国来请宰相、夷离堇之职，以次授者二十一人。圣宗统和八年，封女直阿海为顺化王，亦作阿改。天祚天庆二年有顺国女直阿鹘产大王。

北女直国大王府

南女直国大王府

曷苏馆路女直国大王府。亦曰合苏衮部女直王，又曰合素女直王，又曰苏馆都大王。圣宗太平六年，曷苏馆诸部许建旗鼓。

长白山女直国大王府。圣宗统和三十年，长白山三十部女直乞授爵秩。

鸭渌江女直大王府

濒海女直国大王府

阻卜国大王府

阻卜扎剌部节度使司

阻卜诸部节度使司。圣宗统和二十九年置。

阻卜别部节度使司

西阻卜国大王府

北阻卜国大王府

西北阻卜国大王府

乞粟河国大王府

城屈里国大王府

术不姑国大王府。亦曰述不姑。又有直不姑。

阿萨兰回鹘大王府。亦曰阿思懒王府。

回鹘国单于府。兴宗重熙二十二年，诏回鹘部副使以契丹人充。

沙州回鹘燉煌郡王府

甘州回鹘大王府

高昌国大王府

党项国大王府

西夏国西平王府

高丽国王府

新罗国王府

日本国王府

吐谷浑国王府

吐浑国王府

辖戛斯国王府

室韦国王府

黑车子室韦国王府

铁骊国王府

靺鞨国王府

沙陀国王府

涉貊国王府

突厥国王府

西突厥国王府

斡朗改国王府

迪烈德国王府。亦曰敌烈，亦曰迭烈德。

于厥国王府

越离觐国王府。亦曰斡离都。

阿里国王府

袜里国王府

朱灰国王府

乌孙国王府

于阗国王府

狮子国王府

大食国王府

西蕃国王府

大蕃国王府

小蕃国王府

吐蕃国王府

阿撒里国王府

波剌国王府

惕德国王府

仙门国王府

铁不得国王府

鼻国德国王府

辖剌国只国王府

赁烈国王府

获里国王府

怕里国王府

噪温国王府

阿钵颇得国王府

阿钵押国王府

纥没里国王府

要里国王府

徒觏古国王府。亦曰徒鲁古。

素撒国王府

夷都衮国王府

婆都鲁国王府

霸斯黑国王府

达离谏国王府
达卢古国王府
三河国王府。
核列哿国王府。
述律子国王府
殊保国王府
蒲泥国王府
乌里国王府

已上诸国。

蒲卢毛朵部大王府
回跋部大王府
嵓母部大王府
黄龙府女直部大王府。道宗大康八年，赐官及印。
吾秃婉部大王府
乌限于厥部大王府
婆离八部大王府
于厥里部族大王府。太宗会同三年，赐旗鼓。

已上大部

生女直部
直不姑部
狐山部
拔思母部
荼扎剌部
粘八葛部
耶覩刮部
耶迷只部
挞术不姑部
渤海部
西北渤海部
达里得部。亦曰达离底。
乌古部
限乌古部
三河乌古部
乌限乌骨里部
敌烈部
迪离毕部
涅剌部
乌涉部。已上三部，隶夫人婆底里东北路管押司。
鉏德部
谛居部。亦曰谛举部。
涅剌奥隗部
八石烈敌烈部
迭剌葛部
兀惹部。亦曰乌惹部。
党项部
隗衍党项部
山南党项部
北大浓兀部
南大浓兀部
九石烈部
嗢娘改部
鼻骨德部
退欲德部
涅古部
遥思拈部
划离部。圣宗统和元年，划离部请今后详稳于当部人内选授，不许。
四部族部
四蕃部
三国部
素昆那山东部
胡母思山部
卢不姑部
照姑部
白可久部
俞鲁古部
七火室韦部
黄皮室韦部
瑶稳部
嘲稳部
二女古部
蔑思乃部
麻达里别古部
梅里急部
斡鲁部
榆里底乃部
率类部
五部蕃部
蒲奴里部
闸古胡里扒部。

已上诸部。

卷四十七　　志第十七上

百官志三　南面上

契丹国自唐太宗置都督、刺史，武后加以王封，玄宗置经略使，始有唐官爵矣。其后习闻河北蕃镇受唐官名，于是太师、太保、司徒、司空施于部族。太祖因之。大同元年，世宗始置北院枢密使。明年，世宗以高勋为南院枢密。则枢密之设，盖自太宗入汴始矣。天禄四年，建政事省。于是南面官僚可得而书。其始，汉人枢密院兼尚书省，吏、兵、刑有承旨，户、工有主事，中书省兼礼部，别有户部使司。以营州之地加幽、冀之半，用是适足矣。中叶弥文，耶律杨六为太傅，知有三师矣。忽古质为太尉，知有三公矣。斡古得为常侍，刘泾为礼部尚书，知有门下、尚书省矣。库部、虞部、仓部员外出使，则知备郎官列宿之员。室昉监修，则知国史有院。程翥舍人，则知起居有注。邢抱朴承旨，王言敷学士，则知有翰林内制。张干政事舍人，则知有中书外制。大理、司农有卿，国子、少府有监，九卿、列监见矣。金吾、千牛有大将，十六列卫见矣。太子上有师保，下有府率，东宫备官也。节度、观察、防御、团练、刺史，咸在方州，如唐制也。凡唐官可考见者，列具于篇；无征者不书。

南面朝宫

辽有北面朝官矣，既得燕、代十有六州，乃用唐制，复设南面三省、六部、台、院、寺、监、诸卫、东宫之官。诚有志帝王之盛制，亦以招徕中国之人也。

三师府，本名三公，汉以丞相、太尉、御史大夫为三公，故称三师。

太师。穆宗应历三年见太师唐骨德。

太傅。太宗会同元年命冯道守太傅。

太保。会同元年刘昫守太保。

少师。《耶律资忠传》见少师萧把哥。

少傅

少保

掌印。耶律乙辛，重熙中掌太保印。

三公府。先汉丞相、太尉、御史大夫，后汉更名大司徒、大司马、大司空，唐太尉、司徒、司空，又名三司。

太尉。太宗天显十一年见太尉赵思温。

司徒。世宗天禄元年见司徒划设。

司空。圣宗统和三十年见司空邢抱质。

汉人枢密院。本兵部之职，在周为大司马，汉为太尉。唐季宦官用事，内置枢密院，后改用士人。晋天福中废，开运元年复置。太祖初有汉儿司，韩知古总知汉儿司事。太宗入汴，因晋置枢密院，掌汉人兵马之政，初兼尚书省。

枢密使。太宗大同元年见枢密使李崧。

知枢密使事

知枢密院事

枢密副使。杨遵勗，咸雍中为枢密副使。

同知枢密院事。圣宗太平六年见同知枢密院事耶律迷离已。

知枢密院副使事。杨皙，兴宗重熙十二年知枢密院副使事。

枢密直学士。圣宗统和二年见枢密直学士郭椴。

枢密都承旨。圣宗开泰九年见枢密都承旨韩绍芳。

枢密副承旨。杨遵勗，重熙中为枢密副承旨。

吏房承旨

兵刑房承旨

户房主事

厅房即工部主事

中书省。初名政事省。太祖置官，世宗天禄四年建政事省，兴宗重熙十三年改中书省。

中书令。韩延徽，太祖时为政事令；韩知古，天显初为中书令；会同五年又见政事令赵延寿。

大丞相。太宗大同元年见大丞相赵延寿。

左丞相。圣宗太平四年见左丞相张俭。

右丞相。圣宗开泰元年见右丞相马保忠。

知中书省事。萧孝友，兴宗重熙十年知中书省事。

中书侍郎。韩资让，寿隆初为中书侍郎。

同中书门下平章事。太祖加王郁同政事门下平章事，太宗大同元年见平章事张砺。

参知政事。圣宗统和十二年见参知政事邢抱朴。

堂后官。太平二年见堂后官张克恭。

主事。

守当官。并见耶律俨《建官制度》。

令史。耶律俨，道宗咸雍三年为中书省令史。

中书舍人院。

中书舍人。室昉，景宗保宁间为政事舍人；道宗咸雍三年见中书舍人马铉。

右谏院。

右谏议大夫。圣宗统和七年见谏议大夫马得臣。

右补阙

右拾遗。刘景，穆宗应历初为右拾遗。

门下省

侍中。赵思忠，太宗会同中为侍中。

常侍。兴宗重熙十四年见常侍斡古得。

散骑常侍。马人望，天祚乾统中为左散骑常侍。

给事中。圣宗统和二年见给事中郭椴。

门下侍郎。杨皙，清宁初为门下侍郎。

起居舍人院

起居舍人。圣宗开泰五年见起居舍人程翥。

知起居注。耶律敌烈，重熙末知起居注。

起居郎。杜防，开泰中为起居郎。

左谏院

左谏议大夫。

左补阙。

左拾遗。统和三年见左拾遗刘景。

通事舍人院

通事舍人。统和七年见通事舍人李琬。

符宝司

符宝郎。耶律玦，重熙初为符宝郎。

东上阁门司。太宗会同元年置。

东上阁门使。《韩延徽传》见东上阁门使郑延丰。

东上阁门副使

西上阁门司

西上阁门使。统和二十一年见西上阁门使丁振。

西上阁门副使

东头承奉班

东头承奉官。韩德让，景宗时为东头承奉官。

西头承奉班

西头承奉官

通进司

左通进

右通进。耶律瑶质，景宗时为右通进。

登闻鼓院

登闻鼓使

匦院

知匦院使。太平三年见知匦院事杜防。

诰院

诰院给事。耶律铎斡，重熙末为诰院给事。

尚书省。太祖尝置左右尚书。

尚书令。萧思温，景宗保宁初为尚书令。

左仆射。太祖初，康默记为左尚书，三年，见左仆射韩知古。

右仆射。太宗会同元年，见右仆射烈束。

左丞。武白为尚书左丞。

右丞

左司郎中

右司郎中

左司员外郎

右司员外郎

六部职名总目：

某部

某部尚书。圣宗开泰元年见吏部尚书刘绩。

某部侍郎。王观，兴宗重熙中为兵部侍郎；李澣，穆宗朝累迁工部侍郎。

某部郎中。刘辉，道宗大安末为礼部郎中。

某部员外郎。开泰五年见礼部员外郎王景运。

某部郎中。圣宗统和九年见虞部郎中崔祐。诸曹郎官未详。

御史台。太宗会同元年置。

御史大夫。会同九年见御史大夫耶律解里。

御史中丞

侍御。重熙七年见南面侍御壮骨里。

殿中司。

殿中。圣宗开泰元年见殿中高可恒。

殿中丞

尚舍局。见《辽朝杂礼》。

奉御

尚乘局奉御

尚辇局奉御

尚食局奉御

尚衣局奉御。

翰林院。掌天子文翰之事。

翰林都林牙。兴宗重熙十三年见翰林都林牙耶律庶成。

南面林牙。耶律磨鲁古，圣宗统和初为南面林牙。

翰林学士承旨。《赵延寿传》见翰林学士承旨张砺。

翰林学士。太宗大同元年见和凝为瀚林学士。

翰林祭酒。韩德崇，景宗保宁初为翰林祭酒。

知制诰。室昉，太宗入汴，诏知制诰。

翰林画院

翰林画待诏。圣宗开泰七年见翰林画待诏陈升。

翰林医官。天祚保大二年见提举翰林医官李奭。

国史院。

监修国史。圣宗统和九年见监修国史室昉。

史馆学士。景宗保宁八年见史馆学士。

史馆修撰。刘辉，大安末为史馆修撰。

修国史。耶律玦，重熙初修国史。

宣政殿

宣政殿学士。穆宗应历元年见宣政殿学士李澣。

观书殿

观书殿学士。王鼎，寿隆初为观书殿学士。

昭文馆

昭文馆直学士。杨遵勗子晦为昭文馆直学士。

崇文馆

崇文馆大学士。韩延徽，太祖时为崇文馆大学士。

乾文阁

乾文阁学士。王观，道宗咸雍五年为乾文阁学士。

宣徽院。太宗会同元年置。

宣徽使

知宣徽院事。马得臣，统和初知宣徽院事。

宣徽副使

同知宣徽使事

同知宣徽院事

内省

内省使。圣宗太平九年初见内省使。

内省副使

内藏库

内藏库提点。道宗清宁元年见内藏库提点耶律乌骨。

内侍省

黄门令

内谒者

内侍省押班

内侍左厢押班

内侍右厢押班

契丹、汉儿、渤海内侍都知

左承宣使

右承宣使

内库

都提点内库

尚衣库

尚衣库使

汤药局

都提点、勾当汤药

内侍省官，并见《王继恩》、《赵安仁传》。

客省。太宗会同元年置。

都客省。兴宗重熙十年见都客省回鹘重哥。

客省使。会同五年见客省使耶律化哥。

左客省使。萧护思，应历初为左客省使。

右客省使

客省副使

四方馆。

四方馆使。高勋，太宗入汴为四方馆使。

四方馆副使。道宗咸雍五年，诏四方馆副使止以契丹人充。

引进司

引进使。圣宗统和二十八年见引进使韩杞。

点签司。

同签点签司事。兴宗重熙六年见同签点签司事耶律圆宁。

礼信司

勾当礼信司。兴宗重熙七年见勾当礼信司骨欲。

礼宾使司

礼宾使。大公鼎曾祖忠为礼宾使。

寺官职名总目：

某卿。兴宗景福元年见崇禄卿李可封。

某少卿。耶律俨子处贞为太常少卿。

某丞

某主簿

太常寺。有博士、赞引、太祝、奉礼郎、协律郎。

诸署职名总目：

某署令。

某署丞。

太乐署。

鼓吹署。

法物库。《辽朝杂礼》有法物库所掌图籍。

法物库使

法物库副使

崇禄寺。本光禄寺，避太宗讳改。

卫尉寺

宗正寺。职在大惕隐司。

太仆寺。有乘黄署。

大理寺。有提点大理寺，有大理正，圣宗统和十二年置。

鸿胪寺

司农寺

诸监职名总目：

某太监。兴宗景福元年见少府监马惮。

某少监。兴宗重熙十七年见将作少监王企。

某监丞

某监主簿

秘书监。有秘书郎，秘书郎正字。

著作局

著作郎

著作佐郎。杨皙，圣宗太平十一年为著作佐郎。

校书郎。杨佶，统和中为校书郎。

正字。开泰元年见正字李万。

司天监。有太史令，有司历，灵台郎，挈壶正，五官正，丞，主簿，五官灵台郎，保章正，司历、监候，挈壶正，司辰，刻漏博士，典钟，典鼓。

国子监。上京国子监，太祖置。

祭酒

司业

监丞

主簿

国子学

博士。武白为上京国子博士。

助教

太府监

少府监

将作监

都水监

已上文官。

诸卫职名总目：

各卫

大将军。圣宗开泰七年见皇子宗简右卫大将军。

上将军。王继忠，统和二十二年加左武卫上将军。

将军。圣宗太平四年见千牛卫将军萧顺。

折冲都尉

果毅都尉

亲卫

勋卫

翊卫

左右卫

左右骁卫

左右武卫

左右威卫

左右领军卫

左右金吾卫

左右监门卫

左右千牛卫

左右羽林军

左右龙虎军

左右神武军

左右神策军

左右神威军

已上武官。

东宫三师府。凡东宫官多见《辽朝杂礼》。

太子太师。太宗大同元年见太子太师李崧。

太子太傅。世宗天禄五年见太子太傅赵莹。

太子太保。大同元年见太子太保赵莹。

太子少师。圣宗太平十一年见太子少师萧从顺。

太子少傅。耶律合里，重熙中为太子少傅。

太子少保。大同元年见太子少保冯玉。

太子宾客院

太子宾客

太子詹事院

太子詹事

少詹事

詹事丞

詹事主簿

太子司直司

太子司直

左春坊

太子左庶子

太子中允。圣宗太平五年见太子中允冯若谷。

太子司议郎

太子左谕德

太子左赞善大夫

文学馆

崇文馆学士

崇文馆直学士

太子校书郎。圣宗太平五年见太子校书郎韩滦。

司经局

太子洗马。刘辉，大安末为太子洗马。

太子文学

太子校书郎。圣宗太平五年见太子校书郎张昱。

太子正字

典设局

典设郎

宫门局

宫门郎

右春坊

太子右庶子

太子中舍人

太子舍人

太子右谕德

右赞善大夫

太子通事舍人

太子家令寺

太子家令

丞

主簿

太子率更寺

太子率更令

丞

主簿

太子仆寺

太子仆

丞

主簿

太子率府职名总目：

某率。兴宗重熙十四年见率府率习罗。

太子左右卫率府

太子左右司御率府

太子左右清道率府

太子左右监门率府

太子左右内率府

已上东宫官。

王傅府

王傅。萧惟信，重熙十五年为燕赵王傅。

亲王内史府

内史。道宗大康三年见内使吴家奴。

长史

参军

诸王文学馆

诸王教授。姚景行，重熙中为燕赵国王教授。

诸王伴读。圣宗太平八年，长沙郡王宗允等奏选诸王伴读。

已上诸王府官。

南面宫官

汉儿行宫都部署院。亦曰南面行宫都部署司。圣宗开泰九年改左仆射。

汉儿行宫都部署。开泰七年见汉儿行宫都部署石用中。

汉儿行宫副部署。兴宗重熙十五年见汉儿行宫副部署耶律敌烈。

知南面诸行宫副部署。重熙十年见知南面诸行宫副部署耶律褭里。

同知汉儿行宫都部署事。道宗大康三年见同知汉儿行宫都部署事萧挞不也。

同签部署司事。耶律俨，大康中为同签部署司事。

都部署判官。耶律俨，咸雍中为都部署判官。

十二宫南面行宫都部署司职名总目：

某宫汉人行宫都部署

某宫南面副都部署

某宫同知汉人都部署

弘义宫

永兴宫

积庆宫

长宁宫

延昌宫

彰愍宫

崇德宫

兴圣宫

延庆宫

太和宫

永昌宫

敦睦宫

卷四十八　　　　志第十七下

百官志四　南面下

南面京官

辽有五京。上京为皇都，凡朝官、京官皆有之；余四京随宜设官，为制不一。大抵西京多边防官，南京、中京多财赋官。五京并置者，列陈之；特置者，分列于后。

三京宰相府职名总目：

左相

右相

左平章政事

右平章政事

东京宰相府。圣宗统和元年，诏三京左右相、左右平章事。

中京宰相府

南京宰相府

诸京内省客省职名总目：

某京某省使

某京某省副使。耶律蒲奴，开泰末为上京内客省副使。

上京内省司

东京内省司。《地理志》，东京大内不置宫嫔，唯以内省使、副、判官守之。

五京诸使职名总目：

某京某使。王棠，重熙中为上京盐铁使。

知某京某使事。张孝杰，清宁间知户部使事。

某京某副使。刘伸，重熙中为三司副使。

同知某京某使事。道宗大康三年见挞不也同知度支使事。

某京某判官。圣宗太平九年见户部使判官。

上京盐铁使司

东京户部使司

中京度支使司

南京三司使司

南京转运使司。亦曰燕京转运使司。

西京计司

五京留守司兼府尹职名总目：

某京留守行某府尹事。圣宗统和元年见上京留守、行临潢尹事吴王稍。

某京副留守。天祚天庆六年见东京副留守高清臣。

知某京留守事。萧惠，开泰二年知东京留守事。

某府少尹。圣宗太平四年见临潢少尹郑弘节。

同知某京留守事。太平八年见中京同知耶律野。

同签某京留守事。萧滴洌，太平六年同签南京留守事。

某京留守判官。室昉，天禄中为南京留守判官。

某京留守推官。圣宗开泰元年见中京留守推官李可举。

上京留守司

东京留守司

中京留守司。太宗大同元年命赵延寿为中京留守，治镇州。圣宗统和十二年命室昉为中京留守，治大定府。

南京留守司。太宗天显三年升东平郡为南京，治辽阳。十三年以幽州为南京，治析津。圣宗开泰元年改幽都府为析津府。

西京留守司

五京都总管府职名总目：

某京都总管、知某府事。

同知某府事。圣宗太平五年见同知中京事萧尧衮。

上京都总管府

东京都总管府

中京都总管府

南京都总管府

西京都总管府

五京都虞候司职名总目：

都虞候

上京都虞候司

东京都虞候司

南京都虞候司

西京都虞候司

中京都虞候司

五京警巡院职名总目：

某京警巡使

某京警巡副使

上京警巡院

东京警巡院

中京警巡院

南京警巡院

西京警巡院

五京处置使司职名总目：

某京处置使

上京处置司

东京处置司

中京处置司

西京处置司

南京处置司

五京学职名总目：道宗清宁五年，诏设学养士，颁经及传疏，置博士、助教各一员。

博士

助教。

上京学。上京别有国子监，见朝官。

东京学

中京学。中京别有国子监，与朝官同。

南京学。亦曰南京太学，太宗置。圣宗统和十三年，赐水硙庄一区。

西京学

已上五京官。

上京城隍使司。亦曰上京皇城使。

上京城隍使。韩德让，景宗时为上京城隍使。

东京渤海承奉官。圣宗开泰八年耶律八哥奏，渤海承奉班宜设官以统之，因置。

渤海承奉都知押班

辽阳大都督府。太宗会同二年置。

辽阳大都督。会同二年，都督曷鲁泊等关防辽阳东都。

东京安抚使司

东京安抚使

东京军巡院。《地理志》，东京有归化营军千余人，籍河朔亡命于此，置军巡院。

东京军巡使

中京文思院

中京文思使。马人望父佺为中京文思使。

中京路按问使司

中京路按问使。耶律和尚，重熙二十四年为中京路按问使。

中京巡逻使司

中京巡逻使。耶律古昱，开泰间为中京巡逻使。

中京大内都部署司

中京大内都部署。圣宗开泰元年见中京大内都部署。

中京大内副部署

南京宣徽院

南京宣徽使。道宗寿隆元年见宣徽使耶律特末。

知南京宣徽院使事

知南京宣徽院事

南京宣徽副使

同知南京宣徽院事

南京处置使司。圣宗开泰元年见秦王隆庆为燕京管内处置使。

燕京管内处置使

南京侍卫亲军马步军都指挥使司

南京侍卫亲军马步军都指挥使。萧讨古，乾亨初为南京侍卫亲军都指挥使。

南京马步副指挥使

南京侍卫亲军马军都指挥使司

南京马军都指挥使

南京马军副指挥使

南京侍卫亲军步军都指挥使司

南京步军都指挥使

南京步军副指挥使

南京栗园司

典南京栗园

云州宣谕招抚使司

云州管内宣谕招抚使二员。统和四年见韩毗哥、邢抱朴为云州管内宣谕招抚使。

南面大蕃府官

黄龙府

知黄龙府事。兴宗重熙十三年见知黄龙府事耶律瓯里斯。

同知黄龙府事

黄龙府判官

黄龙府侍卫亲军马步军都指挥使

黄龙府侍卫亲军都指挥使

黄龙府侍卫亲军副指挥使

黄龙府侍卫马军都指挥使

黄龙府侍卫步军都指挥使

黄龙府侍卫马军副指挥使

黄龙府侍卫步军副指挥使

黄龙府学

博士

助教

兴中府

知兴中府事。咸雍元年见知兴中府事杨绩。

同知兴中府事

兴中府判官

兴中府学

博士

助教

南面方州官

辽东、西，燕、秦、汉、唐已置郡县，设官职矣。高丽、渤海因之。至辽，五京列峙，包括燕、代，悉为畿甸。二百余年，城郭相望，田野益辟。冠以节度，承以观察、防御、团练等使，分以刺史、县令，大略采用唐制。其间宗室、外戚、大臣之家筑城赐额，谓之“头下州军”；唯节度使朝廷命之，后往往皆归王府。不能州者谓之军，不能县者谓之城，不能城者谓之堡。其设官则未详云。

节度使职名总目：

某州某军节度使

某州某军节度副使

同知节度使事。耶律玦，重熙中同知辽兴军节度使事。

行军司马

军事判官

掌书记。刘伸，重熙五年为彰武军节度使掌书记。

衙官

某马步军都指挥使司

都指挥使

副指挥使

某马军指挥使司

指挥使

副指挥使

某步军指挥使司

指挥使

副指挥使

上京道：

怀州奉陵军节度使司

庆州玄宁军节度使司

泰州德昌军节度使司
长春州韶阳军节度使司
仪坤州启圣军节度使司
龙化州兴国军节度使司
饶州匡义军节度使司
徽州宣德军节度使司
成州长庆军节度使司
懿州广顺军节度使司
渭州高阳军节度使司
镇州建安军节度使司
东京道：
开州镇国军节度使司
保州宣义军节度使司
辰州奉国军节度使司
兴州中兴军节度使司
海州南海军节度使司
渌州鸭渌军节度使司
显州奉先军节度使司
乾州广德军节度使司
贵德州宁远军节度使司
沈州昭德军节度使司
辽州始平军节度使司
通州安远军节度使司
双州保安军节度使司
同州镇安军节度使司
咸州安东军节度使司
信州彰圣军节度使司
宾州怀化军节度使司
懿州宁昌军节度使司
苏州安复军节度使司
复州怀德军节度使司
祥州瑞圣军节度使司
中京道：
成州兴府军节度使司
兴中府彰武军节度使司
宜州崇义军节度使司
锦州临海军节度使司
川州长宁军节度使司
建州保静军节度使司
来州归德军节度使司
南京道：
幽州卢龙军节度使司
平州辽兴军节度使司
西京道：
云中大同军节度使司
云内州开远军节度使司
奉圣州武定军节度使司
蔚州忠顺军节度使司
应州彰国军节度使司
朔州顺义军节度使
观察使职名总目：
某州军观察使
某州军观察副使
某州军观察判官。王鼎，清宁五年为易州观察判官。
州学
博士
助教。
中京道：
高州观察使司
武安州观察使司
利州观察使司
东京道：
益州观察使司
宁州观察使司
归州观察使司
宁江州混同军观察使司
上京道：
永州永昌军观察使司
静州观察使司
团练使司职名总目：
某州团练使
某州团练副使
某州团练判官
州学
博士
助教
东京道：
安州团练使
防御使司职名总目：
某州防御使
某州防御副使
某州防御判官
州学
博士
助教
东京道：
广州防御使司
镇海府防御使司
冀州防御使司
衍州安广防御使司
州刺史职名总目：
某州刺史。
某州同知州事。耶律独攧，重熙中同知金肃军事。
某州录事参军。世宗天禄五年，诏州录事参军委政事省差注。
州学
博士
助教
上京道五州：乌、降圣、维、防、招。
东京道三十七州：穆、贺、卢、铁、崇、耀、嫔、辽西、康、宗、海北、岩、集、祺、遂、韩、银、安远、威、清、雍、湖、渤、郢、铜、涑、率宾、定理、铁利、吉、麓、荆、胜、顺化、连、肃、乌。

中京道十三州：恩、惠、榆、泽、北安、潭、松山、安德、黔、严、隰、迁、润。

南京道八州：顺、檀、涿、易、蓟、景、滦、营。

西京道八州：弘、德、宁边、归化、可汗、儒、武、东胜。

县职名总目：

某县令

某县丞

某县主簿。世宗天禄五年，诏县主簿委政事省差注。

某县尉

县学。大公鼎为良乡县尹，建孔子庙。

博士

助教

五京诸州属县，见《地理志》。县有驿递、马牛、旗鼓、乡正、厅隶、仓司等役。有破产不能给者，良民患之。马人望设法，使民出钱免役，官自募人，仓司给使以公使充，人以为便。

南面分司官

平理庶狱，采摭民隐，汉、唐以来，贤主以为恤民之令典。官不常设，有诏，则选材望官为之。

分决诸道滞狱使。圣宗统和九年，命邢抱朴等五员，又命马守瑛等三员，分决诸道滞狱。

按察诸道刑狱使。开泰五年遣刘泾等分路按察刑狱。

采访使。太宗会同三年命于骨邻为采访使。

南面财赋官

辽国以畜牧、田渔为稼穑，财赋之官，初甚简易。自涅里教耕织，而后盐铁诸利日以滋殖，既得燕、代，益富饶矣。

诸钱帛司职名总目：

某州钱帛都点检。大公鼎为长春州钱帛都提点。

长春路钱帛司。兴宗重熙二十二年置。

辽西路钱帛司

平州路钱帛司

转运司职名总目：

某转运使

某转运副使

同知某转运使

某转运判官

山西路都转运使司。杨皙，兴宗重熙二十年为山西转运使。

奉圣州转运使司。圣宗开泰三年置。

蔚州转运使司

应州转运使司

朔州转运使司

保州转运使司。已上并开泰三年置。

西山转运使。圣宗太平三年见西山转运使郎玄化。

南面军官

《传》曰："虽楚有材，晋寔用之。"辽自太祖以来，攻掠五代、宋境，得其人，则就用之，东、北二鄙，以农以工，有事则从军政。计之善者也。

点检司职名总目：

某都点检。穆宗应历十六年见殿前都点检耶律夷剌葛。

某副点检。圣宗太平六年见副点检耶律野。

同知某都点检。道宗清宁九年见同知点检司事耶律挞不也。

点检司

殿前都点检司

点检侍卫亲军马步司

诸指挥使司职名总目：

某军都指挥使。圣宗统和二年见侍卫亲军都指挥使韩倬。

某军副指挥使

某军都监

某军都指挥使司

某军副指挥使司

并同前。

侍卫亲军马步军都指挥使司

侍卫亲军马军都指挥使司

侍卫亲军步军都指挥使司

侍卫控鹤兵马都指挥使司

侍卫汉军兵马都指挥使司

四军兵马都指挥使司

归圣军兵马都指挥使司。圣宗统和五年，以宋降军置七指挥署，左右厢，凡四十二员。七年，隶总管府。

归圣军左厢兵马都指挥使司

归圣军右厢兵马都指挥使司

第一左厢兵马都指挥使司

第一右厢兵马都指挥使司

第二左厢兵马都指挥使司

第二右厢兵马都指挥使司

第三左厢兵马都指挥使司

第三右厢兵马都指挥使司

第四左厢兵马都指挥使司

第四右厢兵马都指挥使司

第五左厢兵马都指挥使司

第五右厢兵马都指挥使司

第六左厢兵马都指挥使司

第六右厢兵马都指挥使司

第七左厢兵马都指挥使司

第七右厢兵马都指挥使司

宣力军都指挥使司

四捷军都指挥使司

天圣军都指挥使司

汉军都指挥使司

诸军都团练使职名总目：

某军都团练使。赵思温，太祖神册二年为汉军都团练使。

某军都团练副使

某军团练判官
汉军都团练使司
诸军兵马都总管府职名总目：
某兵马都总管。圣宗太平四年见兵马都总管。
某兵马副总管
同知某兵马事
某兵马判官
兵马都总管府
归圣军兵马都总管府

南面边防官

三皇、五帝宽柔之化，泽及汉、唐。好生恶杀，习与性成。虽五代极乱，习于战斗者才几人耳。宋以文胜，然辽之边防犹重于南面，直以其地大民众故耳。卒之亲仁善邻，桴鼓不鸣几二百年。此辽之所以为美也欤。

易州飞狐招安使司。圣宗统和二十三年改安抚使司。
易州飞狐兵马司。道宗咸雍四年改易州安抚司。
易州飞狐招抚司
西南面招安使司。耶律合住，景宗保宁初为西南面招安使。
巡检使司。耶律合住，景宗保宁中为巡检使。
五州都总管府。耶律速撒，穆宗应历初为义、霸、祥、顺、圣五州都总管。
山后五州都管司。圣宗统和四年见蒲奴宁为山后五州都管。
五州制置使司。圣宗开泰九年见霸、建、宜、泉、锦五州制置使。
三州处置使司。韩德枢，太宗时为平、滦、营三州处置使。
霸州处置使。统和二十七年废。

卷四十九　　志第十八

礼　志　一

理自天设，情由人生。以理制情，而礼乐之用行焉。林豺梁獭，是生郊禘；洼尊燔黍，是生燕飨；蒉桴瓦棺，是生丧葬；俪皮缁布，是生婚冠。皇造帝秩，三王弥文。一文一质，盖本于忠。变通革弊，与时宜之，唯圣人为能通其意。执理者胶瑟聚讼，不适人情；徇情者稊稗绵蕝，不中天理。秦、汉而降，君子无取焉。辽本朝鲜故壤，箕子八条之教，流风遗俗，盖有存者。自其上世，缘情制宜，隐然有尚质之风。遥辇胡剌可汗制祭山仪，苏可汗制瑟瑟仪，阻午可汗制柴册、再生仪。其情朴，其用俭。敬天恤灾，施惠本孝，出于悃忱，殆有得于胶瑟聚讼之表者。太古之上，椎轮五礼，何以异兹。太宗克晋，稍用汉礼。今国史院有金陈大任《辽礼仪志》，皆其国俗之故，又有《辽朝杂礼》，汉仪为多。别得宣文阁所藏耶律俨《志》，视大任为加详。存其略，著于篇。

吉　仪

祭山仪：设天神、地祇位于木叶山，东乡；中立君树，前植群树，以像朝班；又偶植二树，以为神门。皇帝、皇后至，夷离毕具礼仪。牲用赭白马、玄牛、赤白羊，皆牡。仆臣曰旗鼓拽剌，杀牲，体割，悬之君树。太巫以酒酹牲。礼官曰敌烈麻都，奏“仪办”。皇帝服金文金冠，白绫袍，绛带，悬鱼，三山绛垂，饰犀玉刀错，络缝乌靴。皇后御绛帓，络缝红袍，悬玉佩，双结帕，络缝乌靴。皇帝、皇后御鞍马。群臣在南，命妇在北，服从各部旗帜之色以从。皇帝、皇后至君树前下马，升南坛御榻坐。群臣、命妇分班，以次入就位；合班，拜讫，复位。皇帝皇后诣天神、地祇位，致奠；阁门使读祝讫，复位坐。北府宰相及惕隐以次致奠于君树，遍及群树。乐作。群臣、命妇退。皇帝率孟父、仲父、季父之族，三匝神门树；余族七匝。皇帝、皇后再拜，在位者皆再拜。上香，再拜如初。皇帝、皇后升坛，御龙文方茵坐。再声警，诣祭东所，群臣、命妇从，班列如初。巫衣白衣，惕隐以素巾拜而冠之。巫三致辞。每致辞，皇帝、皇后一拜，在位者皆一拜。皇帝、皇后各举酒二爵，肉二器，再奠。大臣、命妇右持酒，左持肉各一器，少后立，一奠。命惕隐东向掷之。皇帝、皇后六拜，在位者皆六拜。皇帝、皇后复位，坐。命中丞奉茶果、饼饵各二器，奠于天神、地祇位。执事郎君二十人持福酒、胙肉，诣皇帝、皇后前。太巫奠酹讫，皇帝、皇后再拜，在位者皆再拜。皇帝、皇后一拜，饮福，受胙，复位，坐。在位者以次饮。皇帝、皇后率群臣复班位，再拜。声跸，一拜。退。

太宗幸幽州大悲阁，迁白衣观音像，建庙木叶山，尊为家神。于拜山仪过树之后，增“诣菩萨堂仪”一节，然后拜神，非胡剌可汗之故也。兴宗先有事于菩萨堂及木叶山辽河神，然后行拜山仪，冠服、节文多所变更，后因以为常。神主树木，悬牲告办，班位奠祝，致嘏饮福，往往暗合于礼。天理人情，放诸四海而准，信矣夫。兴宗更制，不能正以经术，无以大过于昔，故不载。

瑟瑟仪：若旱，择吉日行瑟瑟仪以祈雨。前期，置百柱天棚。及期，皇帝致奠于先帝御容，乃射柳。皇帝再射，亲王、宰执以次各一射。中柳者质志柳者冠服，不中者以冠服质之。不胜者进饮于胜者，然后各归其冠服。又翼日，植柳天棚之东南，巫以酒醴、黍稗荐植柳，祝之。皇帝、皇后祭东方毕，子弟射柳。皇族、国舅、群臣与礼者，赐物有差。既三日雨，则赐敌烈麻都马四匹、衣四袭；否则以水沃之。

道宗清宁元年，皇帝射柳讫，诣风师坛，再拜。

柴册仪：择吉日。前期，置柴册殿及坛。坛之制，厚积薪，以木为三级坛，置其上。席百尺毡，龙文方茵。又置再生母后搜索之室。皇帝入再生室，行再生仪毕，八部之叟前导后扈，左右扶翼皇帝册殿之东北隅。拜日毕，乘马，选外戚之老者御。皇帝疾驰，仆，御者、从者以毡覆之。皇帝诣高阜地，大臣、诸部帅列仪仗，遥望以拜。皇帝遣使敕曰：“先帝升遐，有伯叔父兄在，当选贤者。冲人不德，何以为谋?”群臣对曰：“臣等以先帝厚恩，陛下明德，咸愿尽心，敢有他图。”皇帝令曰：“必从汝等所愿，我将信明赏罚。尔有功，陟而任之；尔有罪，黜而弃之。若听朕命，则当谟之。”佥曰：“唯帝命是从。”皇帝于所识之地，封土石以志之。遂行。拜先帝御容，宴飨群臣。翼日，皇帝出册殿，护卫太保扶翼升坛。奉七庙神主置龙文方茵。北、南府宰相率群臣圜立，各举毡边，赞祝讫，枢密使奉玉宝、玉册入。有司读册讫，枢密使称尊号以进，群臣三称“万岁”，皆拜。宰相、北南院大王、诸部帅进赭、白羊各一群。皇帝更衣，拜诸帝御容。遂宴群臣，赐赉各有差。

拜日仪：皇帝升露台，设褥，向日再拜，上香。门使通，阁使或副、应拜臣僚殿左右阶陪位，再拜。皇帝升坐。奏榜讫，北班起居毕，时相已下通名再拜，不出班，奏“圣躬万福”，又再拜，各祗候。宣徽已下横班同。诸司、閤门、北面先奏事；余同。教坊与臣僚同。

告庙仪：至日，臣僚昧爽朝服，诣太祖庙。次引臣僚，合班，先见御容，再拜毕，引班首左上，至褥位，再拜。赞上香，揖栏内上香毕，复褥位，再拜。各祗候立定。左右举告庙祝版，于御容前跪捧。中书舍人俯跪，读讫，俯兴，退。引班首左下，复位，又再拜。分引上殿，次第进酒三。分班引出。

谒庙仪：至日昧爽，南北臣僚各具朝服，赴庙。车驾至，臣僚于门外依位序立，望驾鞠躬。班首不出班，奏“圣躬万福”。舍人赞各祗候毕，皇帝降车，分引南北臣僚左右入，至丹墀褥位。合班定，皇帝升露台褥位。宣徽赞皇帝再拜，殿上下臣僚陪位皆再拜。上香毕，退，复位，再拜。分引臣僚左右上殿位立，进御容酒依常礼。若即退，再拜。舍人赞“好去”，引退。礼毕。

告庙、谒庙，皆曰拜容。以先帝、先后生辰及忌辰行礼，自太宗始也。其后正旦、皇帝生辰、诸节辰皆行之。若忌辰及车驾行幸，亦尝遣使行礼。凡瑟瑟、柴册、再生、纳后则亲行之。凡柴册、亲征则告；幸诸京则谒。四时有荐新。

孟冬朔拜陵仪：有司设酒馔于山陵。皇帝、皇后驾至，敌烈麻都奏“仪办”。閤门使赞皇帝、皇后诣位四拜讫，巫赞祝燔胙及时服，酹酒荐牲。大臣、命妇以次燔胙，四拜。皇帝、皇后率群臣、命妇，循诸陵各三匝。还宫。翼日，群臣入谢。

爇节仪：皇帝即位，凡征伐叛国俘掠人民，或臣下进献人口，或犯罪没官户，皇帝亲览闲田，建州县以居之，设官治其事。及帝崩，所置人户、府库、钱粟，穹庐中置小毡殿，帝及后妃皆铸金像纳焉。节辰、忌日、朔望，皆致祭于穹庐之前。又筑土为台，高丈余，置大盘于上，祭酒食撒于其中，焚之，国俗谓之爇节。

岁除仪：初夕，敕使及夷离毕率执事郎君至殿前，以盐及羊膏置炉中燎之。巫及大巫以次赞祝火神讫，閤门使赞皇帝面火再拜。

初，皇帝皆亲拜，至道宗始命夷离毕拜之。

卷五十　　志第十九

礼志二　凶仪

丧葬仪：圣宗崩，兴宗哭临于菆涂殿。大行之夕四鼓终，皇帝率群臣入，柩前三致奠，奉柩出殿之西北门，就辒辌车，藉以素裀。巫者祓除之。诘旦，发引，至祭所，凡五致奠。太巫祈禳。皇族、外戚、大臣、诸京官以次致祭。乃以衣、弓矢、鞍勒、图画、马驼、仪卫等物皆燔之。至山陵，葬毕，上哀册。皇帝御幄，命改火，面火致奠，三拜。又东向，再拜天地讫，乘马，率送葬者过神门之木乃下，东向又再拜。翼日诘旦，率群臣、命妇诣山陵，行初奠之礼。升御容殿，受遗赐。又翼日，再奠如初。兴宗崩，道宗亲择地以葬。道宗崩，菆涂于游仙殿，有司奉丧服。天祚皇帝问礼于总知翰林院事耶律固，始服斩衰；皇族、外戚、使相、矮墩官及郎君服如之；余官及承应人皆白枲衣巾以入，哭临。惕隐、三父房、南府宰相、遥辇常衮、九奚首郎君、夷离毕、国舅详稳、十闸撒郎君、南院大王、郎君，各以次荐奠，进鞍马、衣袭、犀玉带等物，表列其数。读讫，焚表。诸国所赙器服，亲王、诸京留守奠祭、进赙物亦如之。先帝小敛前一日，皇帝丧服上香，奠酒，哭临。其夜，北院枢密使、契丹行宫都部署入，小敛。翼日，遣北院枢密副使、林牙，以所赗器服，置之幽宫。灵柩升车，亲王推之，至食羖之次。盖辽国旧俗，于此刑羖羊以祭。皇族、外戚、诸京州官以次致祭。至葬所，灵柩降车。就举，皇帝免丧服，步引至长福冈。是夕，皇帝入陵寝，授遗物于皇族、外戚及诸大臣，乃出。命以先帝寝幄，过于陵前神门之木。帝不亲往，遣近侍冠服赴之。初奠，皇帝、皇后率皇族、外戚、使相、节度使、夫人以上命妇皆拜祭，循陵三匝而降。再奠，如初。辞陵而还。

上谥册仪：先一日，于菆涂殿西廊设御幄并臣僚幕次。太乐令展宫悬于殿庭，协律郎设举麾位。至日，北、南面臣僚朝服，昧爽赴菆涂殿。先置册、宝案于西廊下。閤使引皇帝至御幄，服宽衣皂带。臣僚班齐，分班引入，向殿合班立定。引册案上殿至褥位，宝案次之，设于西阶。閤使引皇帝自西阶升殿。初行，乐作；至位立，乐止。宣徽使揖皇帝鞠躬再拜，陪位者皆再拜。翰林使执台盏以进，皇帝再拜。引至神座前，跪，奠三，乐作；进奠讫，复位，乐止。又再拜，陪位者皆再拜。引皇帝于神座前。北面立。捧册函者去盖，进前跪。册案退，置殿西壁下。引读册者进前，俯伏跪，自通全衔臣读谥册。读讫，俯伏兴，复位。捧册函者置于案上，捧宝函者进前跪，读宝官通衔跪读讫，引皇帝至褥位再拜，陪位者皆再拜。礼毕，引皇帝归御幄。初行，乐作；至御幄，乐止。引臣僚分班出。若皇太后奠酒，依常仪。

忌辰仪：先一日，奏忌辰榜子，预写名纸。大纸一幅，用阴面后第三行书“文武百僚宰臣某以下谨诣西上閤门进名奉慰”。至日，应拜大小臣僚并皂衣、皂鞓带，四鼓至时，于幕次前，在京于僧寺，班齐，依位望阙叙立。直日舍人跪右，执名纸在前，班首以下皆再拜。引退。名纸于宣徽使面付内侍奏闻。

宋使祭奠吊慰仪：太皇太后至菆涂殿，服丧服。太后于北间南面垂廉坐，皇帝于南间北面坐。宋使至幕次，宣赐素服、皂带。更衣讫，引南北臣僚入班，立定。可矮墩以下，并上殿依位立。先引祭奠使副捧祭文南洞门入，殿上下臣僚并举哀，至丹墀立定。西上閤门使自南阶下，受祭文，上殿启封，置于香案，哭止。祭奠礼物列殿前。引使副南阶上殿，至褥位立，揖，再拜。引大使近前上香，退，再拜。大使近前跪，捧台盏，进奠酒三，教坊奏乐，退，再拜，揖中书二舍人跪捧祭文，引大使近前俯伏跪，读讫，举哀。引使副下殿立定，哭止。礼物担床出毕，引使副近南，面北立。勾吊慰使副南洞门入。四使同见大行皇帝灵，再拜。引出，归幕次。皇太后别殿坐，服丧服。先引北南面臣僚并于殿上下依位立，吊慰使副捧书匣右入，当殿立。閤门使右下殿受书匣，上殿奏“封全”。开读讫，引使副南阶上殿，传达吊慰讫，退，下殿立。引礼物担床过毕，引使副近南，北面立。勾祭奠使副入。四使同见。鞠躬，再拜。不出班，奏“圣躬万福”，再拜。出班，谢面天颜，又再拜，立定。宣徽传圣旨抚问，就位谢，再拜。引出，归幕次。皇帝御南殿，服丧服。使副入见，如见皇太后仪，加谢远接、抚问、汤药，再拜。次宣赐使副并从人，祭奠使副别赐读祭文例物。即日就馆赐宴。高丽、夏国奉吊、进赙等使礼，略如之。道宗崩，天祚皇帝问礼于耶律固。宋国遣使吊及致祭、归赗，皇帝丧服，御游仙之北别殿。使入门，皇帝哭。使者诣柩前上香，读祭文讫，又哭。有司读遗诏，恸哭。使者出，少顷，复入，陈赙赗于柩前，皇帝入临哭。退，更衣，御游仙殿南之幄殿。使者入见且辞，敕有司赐宴于馆。

宋使告哀仪：皇帝素冠服，臣僚皂袍、皂鞓带。宋使奉书右入。丹墀内立。西上閤门使右阶下殿，受书匣；上殿，栏内鞠躬，奏“封全”。开封，于殿西案授宰相读讫，皇帝举哀。舍人引使者右阶上，栏内俯跪，附奏起居讫，俯兴，立。皇帝宣问“南朝皇帝圣躬万福”，使者跪奏“来时皇帝圣躬万福”，起，退。舍人引使者右阶下殿，于丹墀西，面东鞠躬。通事舍人通使者名某祗候见，再拜。不出班，奏“圣躬万福”，再拜。出班，谢面天颜，再拜。又出班，谢远接、抚问、汤药，再拜。赞祗候，引出，就幕次，宣赐衣物。引从人入，通名拜，奏“圣躬万福”，出就幕，赐衣，如使者之仪。又引使者入，面殿鞠躬，赞谢恩。再赞“有敕赐宴”，再拜。赞祗候，出就幕次宴。引从人谢恩，拜敕赐宴，皆如初。宴毕，归馆。

宋使进遗留礼物仪：百官昧爽朝服，殿前班立。宋遗留使、告登位使副入内门，馆伴副使引谢登位使就幕次坐。馆伴大使与遗留使副奉书入，至西上閤门外毡位立。閤使受书匣，置殿西阶下案。引进使引遗留物于西上閤门入，即于廊下横门出。皇帝升殿坐。宣徽使押殿前班起居毕，引宰臣押文武班起居，引中书令西阶上殿，奏宋使见榜子。契丹臣僚起居，控鹤官起居。遗留使副西上閤门入，面殿立。舍人引使副西阶上殿，附奏起居讫，引西阶下殿，于丹墀东，西面鞠躬，通名奏“圣躬万福”，如告哀使之仪。谢面天颜，谢远接、抚问、汤药。引遗留使从人见亦如之。次引告登位使副奉书匣，于东上閤门入，面殿立。閤使东阶下殿，受书匣。中书令读讫，舍人引使副东阶上殿，附奏起居。引下殿，南面立。告登位礼物入，即于廊下横门出。退，西面鞠躬，附奏起居，谢面天颜、远接等，皆如遗留使之仪。宣赐遗留、登位两使副并从人衣物，如告哀使。应坐臣僚皆上殿就位立，分引两使副等于两廊立。皇帝问使副“冲涉不易”，丹墀内五拜。各引上殿祗候位立。大臣进酒，皇帝饮酒。契丹通，汉人赞，殿上臣僚皆拜，称“万岁”。赞各就坐，行酒肴、茶膳、馒头毕，从人出水饭毕，臣僚皆起。契丹通，汉人赞，皆再拜，称“万岁”。各祗候。独引宋使副下殿谢，五拜。引出。控鹤官门外祗候，报閤门无事，供奉官卷班出。

高丽、夏国告终仪：先期，于行宫左右下御帐，设使客幕次于东南。至日，北面臣僚各常服，其余臣僚并朝服，入朝。使者至幕次，有司以嗣子表状先呈枢密院，准备奏呈。先引北面臣僚并矮墩已上近御帐，相对立，其余臣僚依班位序立。引告终人使右入，至丹墀，面殿立。引右上，立；揖少前，拜，跪奏讫，宣问。若嗣子已立，恭身受圣旨。奏讫，复位。嗣子未立。不宣问，引右下丹墀，面北鞠躬。通班毕，引面殿再拜。不出班，奏“圣躬万福”，再拜。出班，谢面天颜，复位，再拜。出班，谢远接，复位，再拜。赞祗候，退就幕次。再入，依前面北鞠躬，通辞，再拜；叙恋阙，再拜。赞“好去”。礼毕。

卷五十一　　志第二十

礼志三　军仪

皇帝亲征仪：常以秋冬，应敌制变或无时。将出师，必先告庙。乃立三神主祭之：曰先帝，曰道路，曰军旅。刑青牛白马以祭天地。其祭，常依独树；无独树，即所舍而行之。或皇帝服介胄，祭诸先帝宫庙，乃阅兵。将行，牝牡麃各一为祓祭。将临敌，结马尾，祈拜天地而后入。下城克敌，祭天地，牲以白黑羊。班师，以所获牡马、牛各一祭天地。出师以死囚，还师以一谍者，植柱缚其上，于所向之方乱射之，矢集如猬，谓之“射鬼箭”。

腊仪：腊，十二月辰日。前期一日，诏司猎官选猎地。其日，皇帝、皇后焚香拜日毕，设围，命猎夫张左右翼。司猎官奏成列，皇帝、皇后升轝，敌烈麻都以酒二尊盘飧奉进，北南院大王以下进马及衣。皇帝降舆，祭东毕，乘马入围中。皇太子、亲王率群官进酒，分两翼而行。皇帝始获兔，群臣进酒上寿，各赐以酒。至中食之次，亲王、大臣各进所获。及酒讫，赐群臣饮，还宫。应历元年冬，汉遣使来贺，自是遂以为常仪。统和中，罢之。

出军仪：制见《兵志》。

礼志四 宾仪

常朝起居仪：昧爽，臣僚朝服入朝，各依幕次。内侍奏“班齐”。先引京官班于三门外，当直舍人放起居，再拜，各祇候。次依两府以下文武官，于丹墀内面殿立，竖班诸司并供奉官，于东西道外相向立定。当直閤使副赞放起居，再拜，各祇候。退还幕次，公服。帝升殿坐，两府并京官丹墀内声喏，各祇候。教坊司同北班起居毕，奏事。

燕京嘉宁殿，西京同文殿。朝服，幞头、袍笏；公服，紫衫、帽。

正座仪：皇帝升殿坐，警声绝。契丹、汉人殿前班毕，各依位侍立。次教坊班毕，卷退。京官班入拜毕，揖于右横街西，依位班立。次武班入拜毕，依位立。文班入拜毕，依位立。北班入，起居毕，于左横街东，序班立。次两府班入，鞠躬，通宰臣某官已下起居，拜毕，引上殿奏事。

已上六班起居，并七拜。内有不带节度使，班首止通名，亦七拜。卷班，与常朝同。直院有旨入文班。留守司、三司、统军司、制置司谓之京官；都部署司、宫使、副宫使，都承以下令史，北面主事以下随驾诸司为武官；馆、阁、大理寺，堂后以下，御史台、随驾闲员、令史、司天台、翰林、医官院为文官。

天庆二年冬，教坊并服袍。

臣僚接见仪：皇帝御座，奏见榜子毕，臣僚左入，鞠躬。通文武百僚宰臣某官以下祇候见。引面殿鞠躬，起居，凡七拜。引班首出班，谢面无颜，复位。舞蹈，五拜，鞠躬。宣答问制，再拜。宣讫，谢宣谕，五拜。各祇候毕，可矮墩以上引近前，问“圣躬万福”。传宣问“跋涉不易”，鞠躬。引班舍人赞各祇候毕，引右上，准备宣问。其余臣僚并于右侍立。

宣答云：“卿等久居乡邑，来奉乘舆。时属霜寒——或云炎蒸，谅多劳止。卿各平安好。想宜知悉。”

问圣体仪：皇帝行幸，车驾至捺钵，坐御帐。臣僚公服，问“圣躬万福。”赞再拜，各祇候。奏事。宣徽以下常服，教坊与臣僚同。

保大元年夏，特旨通名再拜，不称宰臣。

车驾还京仪：前期一日，宣徽以下横班，诸司、閤门并公服，于宿帐祇候。至日诘旦，皇帝乘玉辂，閤门宣谕军民讫，导驾。时相以下进至内门，閤副勘箭毕，通事舍人鞠躬，奏“臣宜放仗”。礼毕。

勘箭仪：皇帝乘玉辂至内门。北南臣僚于辂前对班立。勘箭官执雌箭，门中立。东上閤门使诣车前，执雄箭在车左立，勾勘箭官进。勘箭官揖进，至车约五步，面车立。閤使言“受箭行勘”。勘箭官拜跪，受箭；举手勘讫，鞠躬，奏“内外勘同”。閤使言“准敕行勘”。勘箭官平立，退至门中旧位立，当胸执箭，赞“军将门仗官近前”。门仗官应声开门，举声两边齐出，并列左右，立。勘箭官举右手赞“呈箭”，次赞“内出唤仗御箭一只，准敕付左金吾仗行勘。”赞“合不合”，应“合、合、合”；赞“同不同”，应“同、同、同”。讫。勘箭官再进，依位立，鞠躬，自通全衔臣某对御勘箭同，退门中立。赞“其箭谨付閤门使进入”。事毕，其箭授閤使，转付宣徽。

宋使见皇太后仪：宋使贺生辰、正旦。至日，臣僚昧爽入朝，使者至幕次。臣僚班齐，皇太后御殿坐。宣徽使押殿前班起居毕；卷班。次契丹臣僚班起居毕，引应坐臣僚上殿，就位立；其余臣僚不应坐者，退于东面侍立。汉人臣僚东洞门入，面西鞠躬。舍人鞠躬，通某以下起居，凡七拜毕；赞各祇候。引应坐臣僚上殿，就位立。中书令、大王西阶上殿，奏宋使并从人榜子讫，就位立。其余臣僚不应坐者，退于西面侍立。次引宋使副六人于东洞门入，丹墀内面殿齐立。閤使自东阶下，受书匣，使人捧书匣者皆跪，閤使搢笏立，受书匣。自东阶上殿，栏内鞠躬，奏“封全”讫，授枢密开封。宰臣对皇太后读讫，引使副六人东阶上殿，栏内立。使者揖生辰节大使少前，使者俯伏跪，附起居讫，起，复位立。次引贺皇太后正旦大使，附起居，如前仪。皇太后问“南朝皇帝圣躬万福”，舍人揖生辰大使并皇太后正旦大使少前，皆跪，唯生辰大使奏“来时圣躬万福”，皆俯伏，兴。引东阶下殿，丹墀内面殿齐立。引进使引礼物于西洞门入，殿前置担床。控鹤官起居，四拜，担床于东便门出毕，揖使副退于东方，西面，皆鞠躬。舍人鞠躬，通南朝国信使某官某以下祇候见，舞蹈，五拜毕；不出班，奏“圣躬万福”，再拜；揖班首出班，谢面天颜讫，复位，舞蹈，五拜毕，赞各上殿祇候，引各使副西阶上殿就位。勾从人两洞门入，面殿鞠躬，通名，赞拜，起居，四拜毕，赞各祇候，分班引两洞门出。若宣问使副“跋涉不易”，引西阶下殿，丹墀内舞蹈，五拜毕，赞各上殿祇候，引西阶上殿，就位立。契丹舍人、汉人閤使齐赞拜，应坐臣僚并使副皆拜，称“万岁”。赞各就坐，行汤、行茶。供过人出殿门，揖臣僚并使副起，鞠躬。契丹舍人、汉人閤使齐赞，皆拜，称“万岁”。赞各祇候。先引宋使副西阶下殿，西洞门出，次揖臣僚出毕，报閤门无事。皇太后起。

宋使见皇帝仪：宋使贺生辰、正旦。至日，臣僚昧爽入朝，使者至幕次。奏“班齐”，声警，皇帝升殿坐。宣徽使押殿前班起居毕，卷班出。契丹臣僚班起居毕，引应坐臣僚上殿，就位立；其余臣僚不应坐者，并退于北面侍立。次引汉人臣僚北洞门入，面殿鞠躬。舍人鞠躬，通某官某以下起居，皆七拜毕，引应坐臣僚上殿，就位立。引首相南阶上殿，奏宋使并从人榜子，就位立。臣僚并退于南面侍立。教坊入，起居毕，引南使副北洞门入，丹墀内面殿立。閤使北阶下殿，受书匣，使人捧书匣者跪，閤使搢笏立，受于北阶。上殿，栏内鞠躬，奏“封全”讫，授枢密开封。宰相对皇帝读讫，舍人引使副北阶上殿，栏内立。揖生辰大使少前，俯伏跪，附起居。俯伏兴，复位立。大使俯伏跪，奏讫，俯伏兴，退；引北阶下殿，揖使副北方，南面鞠躬。舍人鞠躬，通南朝国信使某官某以下祇候见，起居，七拜毕；揖班首出班，谢面天颜，舞蹈，五拜毕；出班，谢远接、御筵、抚问、汤药，舞蹈，五拜毕，赞各祇候。引出，归幕次。閤使传宣赐对衣、金带。勾从人以下入见。舍人赞班首姓名以下，再拜；不出班，奏“圣躬万福”，赞再拜，称“万岁”。赞各祇候。引出。舍人传宣赐衣。使副并从人服赐衣毕，舍人引使副入，丹墀内面殿鞠躬。舍人赞谢恩，拜，舞蹈，五拜毕，赞上殿祗候。引使副南阶上殿，就位立。勾从人入，赞谢恩，拜，称“万岁”。赞“有敕赐宴”，再拜，称“万岁”。赞各祗候。承受官引北廊下立。御床入，大臣进酒，皇帝饮酒。契丹舍人、汉人閤使齐赞拜，应坐并侍立臣僚皆拜，称“万岁”。赞各祗候。卒饮，赞拜，应坐臣僚皆拜，称“万岁”。赞各就坐行酒，亲王、使相、使副共乐曲。若宣令饮尽，并起立饮讫。放盏，就位谢。赞拜，并随拜，称“万岁”。赞各就坐。次行方茵地坐臣僚等官酒。若宣令饮尽，赞谢如初。殿上酒一行毕，赞廊下从人拜，称“万岁”，赞各就坐。若传宣令饮尽，并拜，称“万岁”。赞各就坐。殿上酒三行，行茶、行淆、行膳。酒五行，候曲终，揖廊下从人起，赞拜，称“万岁”。赞各祗候，引出。曲破，臣僚并使副并起，鞠躬。赞拜，应坐臣僚并使副皆拜，称“万岁”。赞各祗候。引使副南阶下殿，丹墀内舞蹈，五拜毕，赞各祗候。引出。次引众臣僚下殿出毕，报閤门无事。皇帝起，声跸。

曲宴宋使仪：昧爽，臣僚入朝，宋使至幕次。皇帝升殿，殿前、教坊、契丹文武班，皆如初见之仪。宋使副缀翰林学士班，东洞门入，面西鞠躬。舍人鞠躬，通文武百僚臣某以下起居，七拜。谢宣召赴宴，致词讫，舞蹈，五拜毕，赞各上殿祗候。舍人引大臣、使相、臣僚、使副及方茵朵殿应坐臣僚并于西阶上殿，就位立；其余不应坐臣僚并于西洞门出。勾从人入，起居，谢赐宴，两廊立，如初见之仪。二人监盏，教坊再拜，赞各上殿祗候。入御床，大臣进酒。舍人、閤使赞拜、行酒，皆如初见之仪。次行方茵朵殿臣僚酒，传宣饮尽，如常仪。殿上酒一行毕，两廊从人行酒如初。殿上行饼茶毕，教坊致语，揖臣僚、使副并廊下从人皆起立，候口号绝，揖臣僚等皆鞠躬。赞拜，殿上应坐并侍立臣僚皆拜，称“万岁”。赞各就坐。次赞廊下从人拜，亦如之。歇宴，揖臣僚起立，御床出，皇帝起，入閤。引臣僚东西阶下殿，还幕次内赐花。承受官引从人出，赐花，亦如之。簪花毕，引从人复两廊位立。次引臣僚、使副两洞门入，复殿上位立。皇帝出閤复坐。御床入，揖应坐臣僚、使副及侍立臣僚鞠躬。赞拜，称“万岁”，赞各就坐。赞两廊从人，亦如之。行单茶，行酒，行膳，行果。殿上酒九行，使相乐曲。声绝，揖两廊从人起，赞拜，称“万岁”，赞“各好去”，承受引出。曲破，殿上臣僚、使副皆起立，赞拜，称“万岁”。赞各祗候。引臣僚使副东西阶下殿。契丹班谢宴出，汉人并使副班谢宴，舞蹈，五拜毕，赞“各好去”。引出毕，报閤门无事。皇帝起。

贺生辰正旦宋使朝辞太后仪：臣僚、使副班齐，如曲宴仪。皇太后升殿坐，殿前契丹文武起居、上殿毕。宰臣奏宋使副、从人朝辞榜子毕，就位立。舍人引使副北洞门入，面南鞠躬。舍人鞠躬。通南朝国信使某官某以下祗候辞，再拜；不出班，奏“圣躬万福”，再拜；出班，恋阙，致词讫，又再拜。赞各上殿祗候。舍人引南阶上殿，就位立。引从人，赞姓名，再拜；奏“圣躬万福”，再拜，称“万岁”。赞“各好去”，引出。殿上揖应坐臣僚并使副就位鞠躬。赞拜，称“万岁”。赞各就坐。行汤、行茶毕，揖臣僚并南使起立，与应坐臣僚鞠躬。赞拜，称“万岁”。赞各祗候，立。引使副六人于栏内拜跪，受书匣毕，直起立，揖少前，鞠躬，受传答语讫，退。于北阶下殿，丹墀内面殿鞠躬。舍人赞“各好去”，引出。臣僚出。

贺生辰正旦宋使朝辞皇帝仪：臣僚入朝如常仪，宋使至幕次。于外赐从人衣物。皇帝升殿，宣徽、契丹文武班起居、上殿，如曲宴仪。中书令奏宋使副并从人朝辞榜子毕，臣僚并于南面侍立。教坊起居毕，舍人引使副六人北洞门入，丹墀北方，面南鞠躬。舍人鞠躬。通南朝国信使某官某以下祗候辞，再拜，起居，恋阙，如辞皇太后仪。赞各祗候，平身立。揖使副鞠躬。宣徽赞“有敕”，使副再拜，鞠躬，平身立。宣徽使赞“各赐卿对衣、金带、匹段、弓箭、鞍马等，想宜知悉”，使副平身立。揖大使三人少前，俯伏跪，搢笏，閤门使授别录赐物。过毕，俯起，复位立。揖副使三人受赐，亦如之。赞谢恩，舞蹈，五拜。赞上殿祗候，舍人引使副南阶上殿，就位立。引从人，赞谢恩，再拜；起居，再拜；赞赐宴，再拜；皆称“万岁”。赞各祗候，承受引两廊立。御床入，皇帝饮酒，舍人、閤使赞臣僚、使副拜，称“万岁”，皆如曲宴。应坐臣僚拜，称“万岁”。就坐、行酒、乐曲、方茵、两廊皆如之；行淆、行茶、行膳亦如之。行馒头毕，从人起，如登位使之仪。曲破，臣僚、使副皆起立，拜，称“万岁”，如辞太后之仪。使副下殿，舞蹈，五拜。赞各上殿祗候，引北阶上殿，栏内立。揖生辰、正旦大使二人少前，齐跪，受书毕，起立，揖磬折受起居毕，退。引北阶下殿，丹墀内并鞠躬。舍人赞“各好去”，引南洞门出。次引殿上臣僚南北洞门出毕，报閤门无事。

高丽使入见仪：臣僚常服，起居，应上殿臣僚殿上序立。閤门奏榜子，引高丽使副面殿立。引上露台拜跪，附奏起居讫，拜，起立。閤门传宣“王询安否”，使副皆跪，大使奏“臣等来时询安”。引下殿，面殿立。进奉物入，列置殿前。控鹤官起居毕，引进使鞠躬，通高丽国王询进奉。宣徽使殿上赞进奉赴库，马出，担床出毕，引使副退，面西鞠躬。舍人鞠躬，通高丽国谢恩进奉使某官某以下祗候见，舞蹈，五拜。不出班，奏“圣躬万福”，再拜。出班，谢面天颜，五拜。出班，谢远接、汤药，五拜，赞各祗候。使副私献入，列置殿前。控鹤官起居，引进使鞠躬，通高丽国谢恩进奉某官某以下进奉。宣徽使殿上赞如初。引使副西阶上殿序立。皇帝不入御床，臣僚伴酒。契丹舍人通，汉人閤使赞，再拜，称“万岁”，各就坐。酒三行，肴膳二味。若宣令饮尽，就位拜，称“万岁”，赞各就坐。肴膳不赞，起，再拜，称“万岁”。引下殿，舞蹈，五拜。赞各祗候。引出，于幕次内别差使臣伴宴。起，宣赐衣物讫，遥谢，五拜毕，归馆。

曲宴高丽使仪：臣僚入朝，班齐，皇帝升殿。宣徽、教坊、控鹤、文武班起居，皆如常仪；谢宣宴，如宋使仪。赞各上殿祗候。契丹臣僚谢宣宴。勾高丽使入，面南鞠躬。舍人鞠躬，通高丽国谢恩进奉使某官某以下起居，谢宣宴，共十二拜。赞各上殿祗候，臣僚、使副就位立。大臣进酒，契丹舍人通，汉人閤使赞，上殿臣僚皆拜。赞各祗候，进酒。大臣复位立，赞应坐臣僚拜，赞各就坐行酒。若宣令饮尽，赞再拜，赞各就坐。教坊致语，臣僚皆起立。口号绝，赞再拜，赞各就坐。凡拜，皆称“万岁”。曲破，臣僚起，下殿。契丹臣僚谢宴，中书令以下谢宴毕，引使副谢，七拜。赞“各好去”，控鹤官门外祗候，报閤门无事。供奉官卷班出。来日问圣体。

高丽使朝辞仪：臣僚起居、上殿如常仪。閤门奏高丽使朝辞榜子，起居、恋阙，如宋使之仪。赞各上殿祗候。引西阶上殿立。契丹舍人赞拜，称“万岁”。赞各就坐，中书令以下伴酒三行，肴膳二味，皆如初见之仪。既谢，赞“有敕宴”，五拜。赞“各好去”，引出，于幕次内别差使臣伴宴。毕，赐衣物，跪受，遥谢，五拜。归馆。

西夏国进奉使朝见仪：臣僚常朝毕，引使者左入，至丹墀，面殿立。引使者上露台立。揖少前，拜跪，附奏起居讫，俯兴，复位。閤使宣问“某安否”，鞠躬听旨，跪奏“某安”。俯伏兴退，复位。引左下，至丹墀，面殿立。礼物右入左出，毕，閤使鞠躬，通某国进奉使姓名候见，共一十七拜。赞祗候，平立。有私献，过毕，揖使者鞠躬，赞“进奉收讫”。赞祗候，引左上殿，就位立。臣僚、使者齐声喏。酒三行，引使左下，至丹墀谢宴，五拜。毕，赞“有敕宴”，五拜。祗候，引右出。礼毕。于外赐宴，客省伴宴，仍赐衣物。

西夏使朝辞仪：常朝毕，引使者左入，通某国某使祗候辞，再拜。不出班，起居，再拜。出班，恋阙、致词，复再拜。赐衣物，谢恩如常仪。若赐宴，五拜。毕，赞“好去”，引右出。

卷五十二　志第二十一

礼志五　嘉仪上

皇帝受册仪：前期一日，尚舍奉御设幄于正殿北墉下，南面设御坐；奉礼郎设官僚、客使幕次于东西朝堂；太乐令设宫悬于殿庭，举麾位在殿第二重西阶上，东向；乘黄令陈车辂；尚辇奉御陈舆辇；尚舍奉御设解剑席于东西阶。设文官六品已上位横街南，东方西向；武官五品已上位横街南，西方东向。皆北上重行，每等异位。将士各勒所部六军仗屯诸门。金吾仗、黄麾仗陈于殿庭。至日，押册官引册自西便门入，置册案西阶上。通事舍人引侍从班入，就位。侍中东阶下，解剑履，上殿，栏外俯伏跪，奏“中严”；下殿，剑履，复位立。閤使西阶上殿，栏外跪请木契；面殿鞠躬，奏“奉敕唤仗。”殿中监、少监、殿中丞等押金吾四色仗入，位臣僚后。协律郎入，就举麾位。符宝郎诣閤奉迎。通事舍人引文官四品至六品、武官三品至五品，就门外位。皇帝御辇至宣德门。宣徽使押内诸司班起居，引皇帝至閤，服衮冕。侍中东阶下，解剑履，上殿，版奏外办。太常博士引太常卿，太常卿引帝。内诸司出。协律郎举麾，太乐令令撞黄钟之钟，左五钟皆应，工人鼓柷，乐作；皇帝即御坐，宣徽使赞扇合，乐止；赞帘卷，扇开。符宝郎奉宝进，左右金吾报平安。通事舍人引文官三品、武官二品已上入门，乐作；就相向位毕，乐止。通事舍人引侍从班、南班文官三品、武官二品已上合班，北向。东班西上，西班东上，起居，七拜。分班，各复位。通事舍人引押册官押册自西阶下，至丹墀，当殿置香案册案。置册讫，乐作；就位，乐止。捧册官近后，东西相对立。舍人引侍从班并南班合班，北向如初。赞再拜，在位者皆再拜；舞蹈，五拜。分班，各复位如初。捧册官就西阶下解剑席，解剑履，捧册西阶上殿，乐作；置册御坐前，东西立，北向。捧册官西墉下立，北上，乐止。读册官出班，当殿立，赞再拜，三呼“万岁”，就西阶下解剑席，解剑履，西阶上殿，栏内立，当御坐前。侍中取册，捧册官捧册匣至读册官前跪，相对捧册。读册官俯伏跪；读讫，俯伏兴。捧册官跪左膝，以册授侍中。侍中受册，以册授执事者，降自西阶，剑履讫，复当殿位。赞再拜，三呼“万岁”，复分班位。舍人引侍从班、南班合班，北向如初。赞拜，在位者皆拜；舞蹈、鞠躬如初。通事舍人引班首西阶下，解剑履。上殿，乐作；就栏内位，乐止。俯伏跪，通全衔臣某等致词称贺讫，俯伏兴。降西阶下，带剑，纳舄，乐作；复位，乐止。赞拜，在位者皆再拜，舞蹈，五拜，鞠躬。侍中临轩西向，称“有制”，皆再拜。侍中宣答讫，赞皆再拜，舞蹈，五拜，分班各复位。三品已上出，乐作；出门毕，乐止。侍中当御坐俯伏跪，通全衔奏“礼毕”，俯伏兴。退，东阶下殿，带剑，纳履，复位。宣徽使赞扇合，下帘。太常博士、太常卿引皇帝起，乐作；至閤，乐止。舍人引文官四品、武官三品以下出门外，分班立；次引侍从班出，次兵部、吏部出，次金吾出，次起居郎、舍人出，次殿中监、少监押金吾细仗出，仍位臣僚后。次东西上閤门使于丹墀内鞠躬，奏衙内无事，卷班出。閤门使丹墀内鞠躬，揖“奉敕放仗”。出，门外文武班中间立，唤承受官。承受官声喏，至閤使后，鞠躬，揖。閤使鞠躬，称“奉敕放仗”。承受声喏，鞠躬，揖，平身立，引声“奉敕放仗”。声绝，趋退。文武合班，再拜。舍人一员摄词令官，殿前鞠躬，揖，称“奉敕放黄麾仗”，出。放金吾仗亦如之。翼日，文武官僚入问圣躬。

太平元年，行此仪，大略遵唐、晋旧仪。又有《上契丹册仪》，以阻午可汗柴册礼合唐礼杂就之。又有《上汉册仪》，与此仪大同小异，加以《上宝仪》。

册皇太后仪：前期，陈设于元和殿如皇帝受册之仪。至日，皇帝御弘政殿。册入，侍从班入，门外金吾列仗，文武分班。侍中解剑，奏“中严”。宣徽使请木契、唤仗皆如之。乐工入，閤使门外文武班中间立，唤承受官。声喏，趋至閤使后立。閤使鞠躬，揖，称“奉敕唤仗”。承受官鞠躬，声喏，揖，引声“奉敕唤仗”。文武合班，再拜。殿中监押仗入，文武班入，亦如之。宣徽使押内诸司供奉官天桥班候。皇太后御紫宸殿，乘平头辇，童子、女童队乐引。至金銮门，閤使奏内诸司起居讫，赞引驾，自下先行至元和殿。皇太后入西北隅閤内更衣。侍中解剑，上殿奏外办。宣徽受版入奏。侍中降，复位。协律郎举麾，乐作。太乐令、太常卿导引皇太后升坐。宣徽使扇合，帘卷，扇开，乐止。符宝郎奉宝置皇太后坐右。左右金吾大将军对揖，鞠躬，奏“军国内外平安”。东上閤门副使引丞相东门入，西上閤门副使引亲王西门入，通事舍人引文武班入，如仪，乐作；至位，乐止。文武班趋进，相向再拜，退复位。东西上閤门使、宣徽使自弘政殿引皇帝御肩舆至西便门下。引入门，乐作；至殿前位，乐止。宣徽使赞皇帝拜，问皇太后“圣躬万福”，拜。皇帝御西閤坐，合班起居如仪。北府宰相押册，中书、枢密令史八人舁册，东西上閤门使引册，宣徽使引皇帝送册，乐作；至殿前置册位，乐止。宣徽使赞皇帝再拜，称“万岁”，群臣陪位，揖。翰林学士四人、大将军四人舁册。皇帝捧册行，三举武，授册。舁之西阶上殿，乐作。置太后坐前，乐止。皇帝册西面东立。舍人引丞相当殿再拜，三呼“万岁”，解剑，西阶上殿，乐作；至读册位，乐止。俯伏跪读册讫，俯伏三呼“万岁”，复班位。宣徽使引皇帝下殿，乐作；至殿前位，乐止。皇帝拜，舞蹈，拜讫，引皇帝西阶上殿。至皇太后坐前位，俯跪；致词讫，俯伏兴。引西阶下，至殿前位，拜，舞蹈，拜，鞠躬。侍中临轩，宣太后答称“有制”，皇帝再拜。宣讫，引皇帝上殿，乐作；至西閤，乐止。丞相、亲王、侍从文武合班，赞拜，舞蹈，三呼“万岁”如仪。丞相上贺，侍中宣答如仪。丞相以下出，举乐；出门，乐止。侍中奏“礼毕”，宣徽索扇，扇合，下帘。皇太后起，举乐；入閤，乐止。文武官出门外分班侍从。兵部、吏部起居，金吾仗出，如仪。閤使奏“放仗”，皆如皇帝受册之仪。

册皇后仪：至日，北南臣僚、内外命妇诣端拱殿幕次。皇后至閤，侍中奏“中严”，引命妇班入，就东西相向位立。皇帝临轩，命使发册。使副押册至端拱殿门外幕次。侍中奏外办。所司承旨索扇，扇上，举麾，乐作；皇后出閤升坐，扇开，帘卷，偃麾，乐止。引命妇合班面殿起居，八拜。皇后降坐，乐作；至殿下褥位，乐止。引册入，置皇后褥位前。侍中传宣，皇后四拜，命妇陪位皆拜。引读册官至皇后褥位前，俯伏跪读讫，皇后四拜，陪位者皆拜。引皇后升殿，使臣引册，置皇后坐前册案，退，西向侍立。命妇当殿称贺，四拜。引班首东阶上殿，致词讫，东阶下殿，复位，四拜。侍中奏宣答称“有教旨”，四拜。宣答讫，四拜。班首上殿进酒，皇后赐押册使副等酒讫，侍中奏“礼毕”。承旨索扇，乐作，皇后起；入閤，乐止。分引命妇等东西门出。

册皇太子仪：前期一日，设幄坐于宣庆殿，设文武官幕次于朝堂，并殿庭板位，太乐令陈宫县，皆如皇帝受册仪。守宫设皇太子次于朝堂北，西向；乘黄令陈金辂朝堂门外，西向；皇太子仪仗、笳箫、鼓吹等陈宣庆门外；典仪设皇太子板位于殿横街南，近东北向；设文武官五品以上位于乐县东西；余官如常仪。至日，门下侍郎奉册，中书侍郎奉宝绶，各置于案。令史二人绛服，对举案立。宝案在横街北西向，册案在北。门下侍郎、中书侍郎并立案后。侍中板奏“中严”。皇太子远游冠，绛纱袍，乘珪出。太子舍人引入，就板位北面殿立。东宫官三师以下皆从，立皇太子东南，西向。太子入门，乐作；至位，乐止。典仪赞皇太子再拜，在位者皆再拜。中书令立太子东北，西向，门下侍郎引册案，中书侍郎取册，进授中书令，退复位。传宣官称“有制”，皇太子再拜。传宣讫，再拜。中书令跪读册讫，俯伏兴。皇太子再拜，受册，退授左庶子。中书侍郎取宝，进授中书令。皇太子进受宝，退授左庶子。中书令以下退，复位。舁案者以案退。典仪赞再拜，皇太子拜，在位者皆再拜。太子舍人引皇太子退，乐作；出门，乐止。侍中奏“礼毕”。皇太子升金辂，左庶子以下夹侍，仪仗、鼓吹等并列宣庆门外，三师、三少诸宫臣于金辂前后导从，鸣铙而行，还东宫，宫庭先设仗卫如式，至宫门，铙止。皇太子降金辂，舍人引入就位坐，文武宫臣序班称贺。礼毕。

册王妃公主仪：至日，押册使副并读册等官押册东便门入，持节前导至殿。册案置横街北少东。引使副等面殿立而鞠躬。侍中临轩称“有制”，皆再拜，鞠躬。宣制讫，舞蹈，五拜，引册于宣庆门出。使副等押领仪仗、册案，赴各私第厅前，向阙陈列。设传宣受册拜褥，册案置褥左，去幕盖。使副案右序立。受册者就位立，传宣称“有制”，再拜。宣制毕，舁册人举册匣于褥前跪捧，引读册者与受册者皆俯伏跪，读讫，皆俯伏兴。受册者谢恩，国王五拜，王妃、公主四拜。若册礼同日，先上皇太后册宝，次临轩同制，遣使册皇后、诸王妃主，次册皇太子。

皇帝纳后之仪：择吉日。至日，后族毕集。诘旦，后出私舍，坐于堂。皇帝遣使及媒者，以牲酒饔饩至门。执事者以告，使及媒者入谒，再拜，平身立。少顷，拜，进酒于皇后，次及后之父母、宗族、兄弟。酒遍，再拜。纳币，致词，再拜讫，后族皆坐。惕隐夫人四拜，请就车。后辞父母、伯叔父母、兄，各四拜；宗族长者，皆再拜。皇后升车，父母饮后酒，致戒词，遍及使者、媒者、送者。发轫，伯叔父母、兄饮后酒如初。教坊遮道赞祝，后命赐以物。后族追拜，进酒，遂行。将至宫门，宰相传敕，赐皇后酒，遍及送者。既至，惕隐率皇族奉迎，再拜。皇后车至便殿东南七十步止，惕隐夫人请降车。负银罂，捧縢，履黄道行。后一人张羔裘若袭之，前一妇人捧镜却行。置鞍于道，后过其上，乃诣神主室三拜，南北向各一拜，酹酒。向谒者一拜。起居讫，再拜。次诣舅姑御容拜，奠酒。选皇族诸妇宜子孙者，再拜之，授以罂、縢。又诣诸帝御容拜，奠酒。神赐袭衣、珠玉、珮饰，拜受服之。后姊若妹、陪拜者各赐物。皇族迎者、后族送者遍赐酒，皆相偶饮讫，后坐别殿，送后者退食于次。媒者传旨命送后者列于殿北。俟皇帝即御坐，选皇族尊者一人当奥坐，主婚礼。命执事者往来致辞于后族，引后族之长率送后者升，当御坐，皆再拜；又一拜，少进，附奏送后之词；退复位，再拜。后族之长及送后者向当奥者三拜，南北向各一拜，向谒者一拜。后族之长跪问“圣躬万福”，再拜；复奏送后之词，又再拜。当奥者与媒者行酒三周，命送后者再拜，皆坐，终宴。翼日，皇帝晨兴，诣先帝御容拜，奠酒讫，复御殿，宴后族及群臣，皇族、后族偶饮如初，百戏、角抵、戏马较胜以为乐。又翼日，皇帝御殿，赐后族及赆送后者，各有差。受赐者再拜，进酒，再拜。皇帝御别殿，有司进皇后服饰之籍。酒五行，送后者辞讫，皇族献后族礼物；后族以礼物谢当奥者。礼毕。

公主下嫁仪：选公主诸父一人为婚主，凡当奥者、媒者致词之仪，自纳币至礼成，大略如纳后仪。择吉日，诘旦，媒者趣尚主之家诣宫。俟皇帝、皇后御便殿，率其族入见。进酒讫，命皇族与尚主之族相偶饮。翼日，尚主之家以公主及婿率其族入见，致宴于皇帝、皇后。献赆送者礼物讫，朝辞。赐公主青幰车二，螭头、盖部皆饰以银，驾驼；送终车一，车楼纯锦，银螭，悬铎，后垂大毡，驾牛，载羊一，谓之祭羊，拟送终之具，至覆尸仪物咸在。赐其婿朝服、四时袭衣、鞍马，凡所须无不备。选皇族一人，送至其家。

亲王女封公主者婚仪：仿此，以亲疏为差降。

卷五十三　志第二十二

礼志六　嘉仪下

皇太后生辰朝贺仪：至日，臣僚入朝，国使至幕，班齐，如常仪。皇太后升殿坐，皇帝东面侧坐。契丹舍人殿上通名，契丹、汉人臣僚，宋使副缀翰林学士班，东西两洞门入，合班称贺，班首上殿祝寿，分班引出，皆如正旦之仪。教坊起居，七拜，契丹、汉人臣僚入，进酒，皆如正旦之仪，唯宣答称“圣旨”。皇帝降御座，进奉皇太后生辰礼物。过毕，皇帝殿上再拜，殿下臣僚皆再拜。皇帝升御座。引臣僚分班出，引中书令、北大王西阶上殿，奏契丹臣僚进奉。次汉人臣僚并诸道进奉。控鹤官置担床，起居，四拜毕；引进使鞠躬，通文武百僚某官某以下、高丽、夏国、诸道进奉。宣徽使殿上赞进奉各付所司，控鹤官声喏。担床过毕，契丹、汉人臣僚以次谢，五拜。赞各祗候，引出。教坊、诸道进奉使谢如之。契丹臣僚谢宣宴，引上殿就位立，汉人臣僚并宋使副东洞门入，面西谢宣宴，如正旦仪。赞各上殿祗候，臣僚、使副上殿就位立，亦如之。监盏、教坊上殿，从人入东廊立，皆如之。御床入，皇帝初进酒，臣僚就位陪拜。皇太后饮酒，殿上应坐、侍立臣僚皆拜，称“万岁”。赞各祗候，立。皇太后卒饮，手赐皇帝酒。皇帝跪，卒饮，退就褥位，再拜，臣僚皆陪拜。若皇帝亲赐使相、臣僚、宋使副酒，皆立饮。皇帝升坐，赞应坐臣僚并使副皆拜，称“万岁”。赞各就坐。行方裀朵殿臣僚酒，如正旦仪。一进酒，两廊从人拜，称“万岁”，各就坐。亲王进酒，如正旦仪。若皇太后手赐亲王酒，跪饮讫，退露台上，五拜。赞祗候。殿上三进酒，行饼茶讫，教坊跪，致语，揖臣僚、使副、廊下从人皆立。口号绝，赞拜亦如之。行茶、行淆膳，皆如之。大馔入，行粥碗。殿上七进酒，使相、臣僚乐曲终，揖廊下从人起，拜，称“万岁”。“各好去”，承受官引两门出。曲破，揖臣僚、使副起，鞠躬。赞拜，皆拜，称“万岁”。赞各祗候，引臣僚、使副下殿。契丹臣僚谢宴毕，出。汉人臣僚、使副舞蹈，五拜毕，赞“各好去”。出洞门毕，报阁门无事，皇太后、皇帝起。

应圣节，宋遣使来贺生辰、正旦，始制此仪，故详见《宾仪》。

凡五拜：拜，兴。再拜，兴。跪，搢笏，三舞蹈，三叩头，出笏，就拜，兴。拜，兴。再拜，兴。其就拜，亦曰俯伏兴。

《宾仪》，臣僚皆曰坐，于此仪曰高裀，与方裀别。

皇帝生辰朝贺仪：臣僚、国使班齐，皇帝升殿坐。臣僚、使副入，合班称贺，合班出，皆如皇太后生辰仪。中书令、北大王奏诸道进奉表目。教坊起居，七拜。臣僚东西门入，合班再拜。赞进酒，班首上殿进酒。宣徽使宣答，群臣谢宣谕，分班。奏乐，皇帝卒饮，合班。班首下殿，分班出。皆如正旦之仪。进奉皆如皇太后生辰仪。皇帝诣皇太后殿，近上皇族、外戚、大臣并从，奉迎太后即皇帝殿坐。皇太后御小辇，皇帝辇侧步从，臣僚分行序引，宣徽使、诸司、阁门攒队前引。教坊动乐，控鹤起居，四拜。引驾臣僚并于山楼南方立候。皇太后入阁，揖使副并臣僚入幕次。皇太后升殿坐，皇帝东方侧坐。引契丹、汉人臣僚、使副两洞门入，合班，起居，舞蹈，五拜。赞各祗候，面殿立。皇帝降御坐，殿上立，进皇太后生辰物。过毕，皇帝殿上再拜，殿上下臣僚皆拜。皇帝升御座，引臣僚分班出。契丹臣僚入，谢宣宴。汉人臣僚、使副入，通名谢宣宴，上殿就位。不应坐臣僚出，从人入，皆如仪。御床入，皇帝初进皇太后酒，皇太后赐皇帝酒，皆如皇太后生辰仪。赞各就坐，行酒。宣饮尽，就位谢如仪。殿上一进酒毕，从人入就位如仪。亲王进酒，行饼茶，教坊致语如仪。行茶、行肴膳如仪。七进酒，使相乐曲终，从人起。曲破，臣僚、使副起。余皆如正旦之仪。

皇后生辰仪：臣僚昧爽朝。皇帝、皇后大帐前拜日，契丹、汉人臣僚陪拜。皇帝升殿坐，皇后再拜，臣僚殿下合班陪拜。皇帝赐皇后生辰礼物，皇后殿上谢，再拜，臣僚皆拜。契丹舍人通名，契丹、汉人臣僚以次入贺。盏入，舍人赞，舞蹈，五拜，起居不表“圣躬万福”。赞再拜。班首上殿拜跪，自通全衔祝寿讫，引下殿，复位，鞠躬。赞舞蹈，五拜。赞各祗候。引宰臣一员上殿，奏百僚诸道进表目。教坊起居，七拜，不贺。控鹤官起居，四拜。诸道押衙附奏起居，赐宴，共八拜。契丹、汉人合班，进寿酒，舞蹈，五拜。引大臣一员上殿，栏外褥位搢笏，执台盏进酒，皇帝、皇后受盏。退，复褥位。授台出笏，栏内拜跪，自通全衔祝寿“臣等谨进千万岁寿酒”讫，引下殿，复位，舞蹈，五拜，鞠躬。宣徽使奏宣答如仪，引上殿，搢笏执台。皇帝、皇后饮，殿下臣僚分班，教坊奏乐，皆拜，称“万岁”。卒饮，皇帝、皇后授盏。引下殿，舞蹈，五拜。赞各祗候，引出。臣僚进奉如仪，宣宴如仪。教坊、监盏、臣僚上殿祗候如仪。皇后进皇帝酒，殿上赞拜，侍臣僚皆拜。皇帝受盏，皆拜。皇后坐，契丹舍人、汉人阁使殿上赞拜，皆拜，称“万岁”。赞各就位。大臣进皇帝、皇后酒，行酒如仪。酒三行，行淆，行膳。又进皇帝、皇后酒。酒再行，大馔入，行粥。教坊致语，臣僚皆起立。口号绝，赞拜，称“万岁”，引下殿谢宴，引出，皆如常仪。

进士接见仪：其日，举人从时相至御帐侧，通名榜子与时相榜子同奏讫，时相朝见如常仪。毕，揖进士第一名以下丹墀内面殿鞠躬，通名，四拜。赞各祗候，皆退。若有进文字者，不退，奉卷平立。閤门奏受，跪左膝授讫，直起退。礼毕。

进士赐等甲敕仪：臣僚起居毕，读卷官奏讫，于左方依等甲唱姓名序立，閤门交收敕牒。閤使奏引至丹墀，依等甲序立。閤使称“有敕”，再拜，鞠躬。舍人宣敕“各依等甲赐卿敕牒一道，想宜知悉”，揖拜。各跪左膝，受敕讫，鞠躬，皆再拜。各祗候，分引左右相向侍立。候奏事毕，引两阶上殿，就位，齐声喏，赐坐。酒三行，起，声喏如初。退揖出。礼毕。牌印郎君行酒，閤使劝饮。

进士赐章服仪：皇帝御殿，臣僚公服引进士入，东方面西，再拜，揖就丹墀位，面殿鞠躬。閤使称“有敕”，再拜，鞠躬。舍人宣敕“各依等甲赐卿敕牒一道，兼赐章服，想宜知悉”，揖再拜。跪受敕讫，再拜。退，引至章服所，更衣讫，揖复丹墀位，鞠躬。赞谢恩，舞蹈，五拜。各祗候，殿东亭内序立。声喏，坐。赐宴，簪花。宣閤使一员、閤门三人或二人劝饮终日。礼毕。

宰相中谢仪：皇帝常服升殿坐，诸班起居如常仪。应坐臣僚上殿，其余臣僚殿下东西侍立，皆如宋使初见之仪。引中谢官左入，至丹墀面西立。舍人当殿鞠躬，通新受具官姓名祗候中谢。宣徽殿上索通班舍人就赞礼位，赞某官至。宣徽赞通班舍人二人对立，揖中谢官鞠躬。赞就拜位，舍人二人引面殿鞠躬。赞拜，中谢官舞蹈，五拜，不出班，奏“圣躬万福”。赞再拜。揖出班跪，叙官，致词讫，俯伏兴，复位。赞拜，舞蹈，五拜。又出班，中谢致词如初仪，共十有七拜。赞祗候，引右阶上殿，就位。揖应坐臣僚声喏坐。供奉官行酒，传宣饮尽。臣僚搢笏，执盏起，位后立饮；置盏，出笏。赞拜，臣僚皆再拜。赞各坐，搢笏，执盏，授供奉官盏。酒三行，揖应坐臣僚声喏立。引中谢官右阶下殿，至丹墀，面殿鞠躬。赞拜，舞蹈，五拜，引右出。臣僚皆出。丞相、枢密使同，余官不升殿，赐酒，不带节度使不通班，止通名，七拜。众谢，班首一人出班中谢。

拜表仪：其日，先于东上閤门陈设毡位，分引南北臣僚、诸国使副于毡位合班。通事舍人二人舁表案，置班首前，揖鞠躬，再拜，平身。中书舍人立案侧，班首跪，搢笏，兴，捧表，跪左膝，以表授中书舍人。出笏，就拜，兴，再拜。中书舍人复置表案上。通事舍人舁表案于东上閤门入，卷班，分引出。礼毕。

元日，皇帝不御坐行此仪，余应上表有故皆仿此。

贺生皇子仪：其日，奉先帝御容，设正殿，皇帝御八角殿升坐。声警毕，北南宣徽使殿阶上左右立，北南臣僚金冠盛服，合班入。班首二人捧表立，读表官先于左阶上侧立。二宣徽使东西阶下殿受表，捧表者跪左膝授讫，就拜，兴，再拜。各祗候。二宣徽使俱左阶上授读表官，读讫，揖臣僚鞠躬。引北面班首左阶上殿，栏内称贺讫，引左阶下殿，复位，舞蹈，五拜。礼毕。

贺祥瑞仪：声警，北南臣僚金冠盛服，合班立。班首二人各奉表贺，北南宣徽使左阶下殿受表，上殿授读表大臣。读讫，揖殿下臣僚鞠躬，五拜毕，鞠躬。引班首二人左阶上殿，栏内拜跪称贺，致词讫，引左阶下殿，复位，五拜毕，鞠躬。宣答、听制讫，再拜，鞠躬。谢宣谕，五拜毕，各祗候，分班侍立。礼毕，两府奏事如常。

乾统六年，木叶山瑞云见，始行此仪。天庆元年，天雨谷，谢宣谕后，赵王进酒，教坊动乐，臣僚酒一行。礼毕，奏事。

贺平难仪：皇帝、皇后升殿坐，北南臣僚并命妇合班，五拜。揖班首二人出班，俯跪，搢笏，执表，舁案近前。閤使受表，置案上，皆再拜。通事舍人二人舁案，左阶上殿，置露台上。读表官受，入读表。对御读讫，臣僚殿下五拜，鞠躬。引班首二人左右阶上殿，栏内并立。先引北面班首少前，跪致词讫，退复褥位。次引南面班首亦如之。毕，分引左右阶下殿，复位，五拜，鞠躬。宣徽称“有敕”，再拜，宣答“内难已平，与公等内外同庆。”谢宣谕，五拜。卷班。臣僚从皇帝，命妇从皇后，诣皇太后殿，见先帝御容，陪位，皆再拜。皇太后正坐，称贺，共十拜，并引上殿，赐宴如仪。

平难之仪，道宗清宁九年，太叔重元谋逆，仁懿太后亲率卫士与逆党战。事平，因制此仪。

正旦朝贺仪：臣僚并诸国使昧爽入朝，奏“班齐”。皇帝升殿坐，契丹舍人殿上通讫，引契丹臣僚东洞门入，引汉人臣僚并诸国使西洞门入。合班，舞蹈，五拜，鞠躬，平身。引亲王东阶上殿，栏内褥位俯伏跪，自通全衔臣某等祝寿讫，伏兴，退，引东阶下殿，复位，舞蹈，五拜毕，鞠躬。宣徽使殿上鞠躬，奏“臣宣答”，称“有敕”，班首以下听制讫，再拜，鞠躬。宣徽传宣云：“履新之庆，与公等同之。”舍人赞谢宣谕，拜，舞蹈，五拜。赞各祗候，分班引出，引班首西阶上殿，奏表目讫，教坊起居，贺，十二拜，毕，赞各祗候。引契丹、汉人臣僚并诸国使东西洞门入，合班，再拜。赞进酒，引亲王东阶上殿，就栏内褥位，搢笏，执台盏，进酒讫，退，复褥位。置台，出笏，少前俯跪，自通全衔臣某等谨进千万岁寿酒。俯伏兴，退，复褥位，与殿下臣僚皆再拜，鞠躬。俟宣徽使殿上鞠躬，奏“臣宣答”，称“有敕”，亲王以下再拜如初仪。传宣云：“饮公等寿酒，与公等内外同庆。”舍人赞谢宣谕如初。赞各祗候。亲王搢笏，执台，殿下臣僚分班。皇帝饮酒，教坊奏乐，殿上下臣僚皆拜，称“万岁”。赞各祗候。乐止，教坊再拜。皇帝卒饮，亲王进受盏，复褥位，置台盏，出笏。揖臣僚合班，引亲王东阶下殿，复位，鞠躬，再拜。赞各祗候，分班引出。皇帝起，诣皇太后殿，臣僚并诸国使皆从。皇太后升殿，皇帝东方侧坐。引契丹、汉人臣僚并诸国使两洞门入，合班称贺，进酒，皆如皇帝之仪。毕，引出。教坊入，起居，进酒亦如之。皇太后宣答称“圣旨”。契丹班谢宣宴，上殿就位立。汉人臣僚并诸国使东洞门入，丹墀东方，面西鞠躬，舍人鞠躬，通文武百僚宰臣某已下谢宣宴，再拜；出班致词讫，退复位，舞蹈，五拜。赞各上殿祗候，引宰臣以下并诸国使副，方裀朵殿臣僚，西阶上殿就位立。不应坐臣僚并于西洞门出。二人监盏，教坊再拜。赞各上阶，下殿谢宴，如皇太后生辰仪。

冬至朝贺仪：臣僚班齐，如正旦仪。皇帝、皇后拜日，臣僚陪位再拜。皇帝、皇后升殿坐，契丹舍人通，臣僚入，合班，亲王祝寿，宣答，皆如正旦之仪。谢讫，舞蹈，五拜，鞠躬。出班奏“圣躬万福”；复位，再拜，鞠躬。班首出班，俯伏跪，祝寿讫，伏兴，舞蹈，五拜，鞠躬。赞各祗候。分班，不出，合班，御床入，再拜，鞠躬。赞进酒。臣僚平身。引亲王左阶上殿，就栏内褥位，搢笏，执台盏，进酒。皇帝、皇后受盏讫，退就褥位，置台，出笏，俯伏跪。少前，自通全衔臣某等谨进千万岁寿酒。俯伏兴，退，复褥位，再拜，鞠躬。殿下臣僚皆再拜，鞠躬。宣答如正旦仪。亲王搢笏，执台，分班。皇帝、皇后饮酒，奏乐；殿上下臣僚皆拜，称“万岁寿”，乐止。教坊再拜，臣僚合班。亲王进受盏，至褥位，置台盏，出笏，引左阶下殿。御床出。亲王复丹墀位，再拜，鞠躬。赞祗候。分班引出。班首右阶上殿奏表目进奉。诸道进奉，教坊进奉过讫，赞进奉收。班首舞蹈，五拜，鞠躬。赞各祗候。班首出，臣僚复入，合班谢，舞蹈，五拜，鞠躬。赞各祗候。分班引出。声警，皇帝、皇后起，赴北殿。皇太后于御容殿，与皇帝、皇后率臣僚再拜。皇太后上香，皆再拜。赞各祗候。可矮墩以上上殿。皇太后三进御容酒，陪位皆拜。皇太后升殿坐。皇帝就露台上褥位，亲王押北南臣僚班丹墀内立。皇帝再拜，臣僚皆拜，鞠躬。皇帝栏内跪，祝皇太后寿讫，复位，再拜。凡拜，皆称“万岁”。赞各祗候。臣僚不出，皇帝、皇后侧座，亲王进酒，臣僚陪拜，皇太后宣答，皆如正旦之仪。臣僚分班，不出，班首右阶上殿奏表目，合班谢宣宴，上殿就位如仪。御床入。皇帝进皇太后酒如初，各就座行酒，宣饮尽，如皇太后生辰之仪。皇后进酒，如皇帝之仪。三进酒，行茶，教坊致语，行肴膳，大馔，七进酒。曲破，臣僚起，御床出，谢宴，皆如皇太后生辰仪。

立春仪：皇帝出就内殿，拜先帝御容，北南臣僚丹墀内合班，再拜。可矮墩以上入殿，赐坐。帝进御容酒，陪位并侍立皆再拜。一进酒，臣僚下殿，左右相向立。皇帝戴幡胜，等第赐幡胜。臣僚簪毕，皇帝于土牛前上香，三奠酒，不拜。教坊动乐，侍仪使跪进彩杖。皇帝鞭土牛，可矮墩以上北南臣僚丹墀内合班，跪左膝，受彩杖，直起，再拜。赞各祗候。司辰报春至，鞭土牛三匝。矮墩鞭止，引节度使以上上殿，撒谷豆，击土牛。撒谷豆，许众夺之。臣僚依位坐，酒两行，春盘入。酒三行毕，行茶。皆起。礼毕。

重午仪：至日，臣僚昧爽赴御帐，皇帝系长寿彩缕升车坐，引北南臣僚合班，如丹墀之仪。所司各赐寿缕，揖臣僚跪受，再拜。引退，从驾至膳所，酒三行。若赐宴，临时听敕。

重九仪：北南臣僚旦赴御帐，从驾至围场，赐茶。皇帝就坐，引臣僚御前班立，所司各赐菊花酒，跪受，再拜。酒三行，揖起。

藏阄仪：至日，北南臣僚常服入朝，皇帝御天祥殿，臣僚依位赐坐。契丹南面，汉人北面，分朋行阄，或五或七筹。赐膳，入食毕，皆起。顷之，复坐行阄如初。晚赐茶，三筹或五筹，罢教坊承应。若帝得阄，臣僚进酒讫，以次赐酒。

大康十年十二月二十二日，始行是仪。是日不御朝。

岁时杂仪：

正旦，国俗以糯饭和白羊髓为饼，丸之若拳，每帐赐四十九枚。戊夜，各于帐内窗中掷丸于外。数偶，动乐，饮宴。数奇，令巫十有二人鸣铃，执箭，绕帐歌呼，帐内爆盐垆中，烧地拍鼠，谓之惊鬼，居七日乃出。国语谓正旦为“乃捏咿唲”。“乃”，正也；捏咿唲，旦也。

立春，妇人进春书，刻青缯为帜，像龙御之；或为蟾蜍，书帜曰“宜春”。

人日，凡正月之日，一鸡、二狗、三豕、四羊、五马、六牛，七日为人。其占，晴为祥，阴为灾。俗煎饼食于庭中，谓之“薰天”。

二月一日为中和节，国舅族萧氏设宴，以延国族耶律氏，岁以为常。国语是日为“怦里䂭”，“怦里”，请也；“䂭”，时也。怦，读若狎；䂭，读若颇。

二月八日为悉达太子生辰，京府及诸州雕木为像，仪仗百戏导从，循城为乐。悉达太子者，西域净梵王子，姓瞿昙氏，名释迦牟尼。以其觉性，称之曰“佛”。

三月三日为上巳，国俗，刻木为兔，分朋走马射之。先中者胜，负朋下马列跪进酒，胜朋马上饮之。国语谓是日为“陶里桦”。“陶里”，兔也；“桦”射也。

五月重五日，午时，采艾叶和绵著衣，七事以奉天子，北南臣僚各赐三事，君臣宴乐，渤海膳夫进艾糕。以五彩丝为索缠臂，谓之“合欢结”。又以彩丝宛转为人形簪之，谓之“长命缕”。国语谓是日为“讨赛咿唲”。“讨”五；“赛咿唲”，月也。

夏至之日，俗谓之“朝节”。妇人进彩扇，以粉脂囊相赠遗。

六月十有八日，国俗，耶律氏设宴，以延国舅族萧氏，亦谓之“怦里䂭”

七月十三日，夜，天子于宫西三十里卓帐宿焉。前期，备酒馔。翼日，诸军部落从者皆动蕃乐，饮宴至暮，乃归行宫，谓之“迎节”。十五日中元，动汉乐，大宴。十六日昧爽，复往西方，随行诸军部落大噪三，谓之“送节”。国语谓之“赛咿唲奢”。“奢”，好也。

八月八日，国俗，屠白犬，于寝帐前七步瘗之，露其喙。后七日中秋，移寝帐于其上。国语谓之“捏褐耐”。“捏褐”，犬也；“耐”，首也。

九月重九日，天子率群臣部族射虎，少者为负，罚重九宴。射毕，择高地卓帐，赐蕃、汉臣僚饮菊花酒。兔肝为臡，鹿舌为酱，又研茱萸酒，洒门户以桧禳。国语谓是日为“必里迟离”，九月九日也。

岁十月，五京进纸造小衣甲、枪刀、器械万副。十五日，天子与群臣望祭木叶山，用国字书状，并焚之。国语谓之“戴辣”。“戴”，烧也；“辣”，甲也。

冬至日，国俗，屠白羊、白马、白雁，各取血和酒，天子望拜黑山。黑山在境北，俗谓国人魂魄，其神司之，犹中国之岱宗云。每岁是日，五京进纸造人马万余事，祭山而焚之。俗甚严畏，非祭不敢近山。

腊辰日：天子率北南臣僚并戎服，戊夜坐朝，作乐饮酒，等第赐甲仗、羊马。国语谓是日为“炒伍侕尀”。“炒伍侕”，战也。

再生仪：凡十有二岁，皇帝本命前一年季冬之月，择吉日。前期，禁门北除地置再生室、母后室、先帝神主舆。在再生室东南，倒植三岐木。其日，以童子及产医妪置室中，一妇人执酒，一叟持矢箙，立于室外。有司请神主降舆，致奠。奠讫，皇帝出寝殿，诣再生室。群臣奉迎，再拜。皇帝入室。释服、跣。以童子从，三过岐木之下。每过，产医妪致词，拂拭帝躬。童子过岐木七，皇帝卧木侧，叟击箙曰：“生男矣。”太巫幪皇帝首，兴，群臣称贺，再拜。产医妪受酒于执酒妇以进，太巫奉襁褓、彩结等物赞祝之。预选七叟，各立御名系于彩，皆跪进。皇帝选嘉名受之，赐物。再拜，退。群臣皆进襁褓、彩结等物。皇帝拜先帝诸御容，遂宴群臣。

> 善哉，阻午可汗之垂训后嗣也。孺子无不慕其亲者，嗜欲深而爱浅，妻子具而孝衰。人人皆然，而况天子乎！再生之仪，岁一周星，使天子一行是礼，以起其孝心。夫体之也真，则其思之也切，孺子之慕，将有油然发于中心者，感发之妙，非言语文字之所能及。善哉，阻午可汗之垂训后嗣也。始之以三过岐木，母氏劬劳能无念乎！终之以拜先帝御容，敬承宗庙宜何如哉！《诗》曰：“无念尔祖，聿修厥德”。

卷五十四　　志二十三

乐　志

辽有国乐，有雅乐，有大乐，有散乐，有铙歌、横吹乐。旧史称圣宗、兴宗咸通音律，声气、歌辞、舞节，徵诸太常、仪凤、教坊不可得。按《纪》、《志》、《辽朝杂礼》，参考史籍，定其可知者，以补一代之阙文。

呜呼！《咸》、《韶》、《夏》、《武》之乐，声亡书逸，河间作《记》，史迁因以为《书》，寥乎希哉，辽之乐，观此足矣。

国　乐

辽有国乐，犹先王之风；其诸国乐，犹诸候之风。故志其略。

正月朔日朝贺，用宫悬雅乐。元会，用大乐；曲破后，用散乐；角觝终之。是夜，皇帝燕饮，用国乐。

七月十三日，皇帝出行宫三十里卓帐。十四日设宴，应从诸军随各部落动乐。十五日中元，大宴，用汉乐。

春飞放杏埚，皇帝射获头鹅，荐庙燕饮，乐工数十人执小乐器侑酒。

诸国乐

太宗会同三年，晋宣徽使杨端、王朓等及诸国使朝见，皇帝御便殿赐宴。端、朓起进酒，作歌舞，上为举觞极欢。

会同三年端午日，百僚及诸国使称贺，如式燕饮，命回鹘、燉煌二使作本国舞。

天祚天庆二年，驾幸混同江，头鱼酒筵，半酣，上命诸酋长次第歌舞为乐。女直阿骨打端立直视，辞以不能。上谓萧奉先曰：“阿骨打意气雄豪，顾视不常，可托以边事诛之。不然，恐贻后患。”奉先奏：“阿骨打无大过，杀之伤向化之意。蕞尔小国，又何能为。”

雅　乐

自汉以后，相承雅乐，有古《颂》焉，有古《大雅》焉。辽阙郊庙礼，无颂乐。大同元年，太宗自汴将还，得晋太常乐谱、宫悬、乐架，委所司先赴中京。

圣宗太平元年，尊号册礼：设宫悬于殿庭，举麾位在殿第三重西阶之上，协律郎各人就举麾位，太常博士引太常卿，太常卿引皇帝。将仗动，协律郎举麾，太乐令令撞黄钟之钟，左右钟皆应。工人举柷，乐作；皇帝即御坐，扇合，乐止。王公入门，乐作；至位，乐止。通事舍人引押册大臣，初动，乐作；置册殿前香案讫，就位，乐止。舁册官奉册，初动，乐作；升殿，置册御坐前，就西墉北上位，乐止。大臣上殿，乐作；至殿栏内位，乐止。大臣降殿阶，乐作；复位，乐止。王公三品以上出，乐作；太常博士引太常卿，太常卿引皇帝降御坐入阁，乐止。

兴宗重熙九年，上契丹册，皇帝出，奏《隆安》之乐。

圣宗统和元年，册承天皇太后，设宫悬、簨簴，太乐工、协律郎入。太后仪卫动，举麾，《太和》乐作；太乐令、太常卿导引升御坐，帘卷，乐止。文武三品以上入，《舒和》乐作；至位，乐止。皇帝入门，《雍和》乐作；至殿前位，乐止。宰相押册，皇帝随册，乐作；至殿前置册于案，乐止。翰林学士、大将军舁册，乐作；置御坐前，乐止。丞相上殿，乐作；至读册位，乐止。皇帝下殿，乐作；至位，乐止。太后宣答讫，乐作；皇帝至西阁，乐止。亲王、丞相上殿，乐作；退班出，乐止。下帘，乐作；皇太后入内，乐止。

册皇太子仪：太子初入门，《贞安》之乐作。

册礼乐工次第：四隅各置建鼓一虡，乐工各一人；宫悬每面九虡，每虡乐工一人；乐虡近北置柷、敔各一，乐工各一人；乐虡内坐部乐工，左右各一百二人；乐虡西南武舞六十四人，执小旗二人；乐虡东南文舞六十四人，执小旗二人；协律郎二人；太乐令一人。

唐《十二和》乐，辽初用之，《豫和》祀天神，《顺和》祭地祇，《永和》享宗庙，《肃和》登歌奠玉帛，《雍和》入俎接神，《寿和》酌献饮神，《太和》节升降，《舒和》节出入，《昭和》举酒，《休和》以饭，《正和》皇后受册以行，《承和》太子以行。

辽《十二安》乐：初，梁改唐《十二和》乐为《九庆》乐，后唐建唐宗庙，仍用《十二和》乐，晋改为《十二同》乐。《辽杂礼》“天子出入，奏《隆安》；太子行，奏《贞安》”，则是辽尝改乐名矣。余十《安》乐名缺。

辽雅乐歌辞，文阙不具；八音器数，大抵因唐之旧。

八音：

金　镈、钟
石　球、磬
丝　琴、瑟
竹　籥、箫、篪
匏　笙、竽
土　埙
革　鼓、鼗
木　柷、敔

十二律用周黍尺九寸管，空径三分为本。道宗大康中，诏行秬黍所定升斗，尝定律矣。其法大抵用古律焉。

大　乐

自汉以来，因秦、楚之声置乐府。至隋高祖诏求知音者，郑译得西域苏祗婆七旦之声，求合七音八十四调之说，由是雅俗之乐，皆此声矣。用之朝廷，别于雅乐者，谓之大乐。晋高祖使冯道、刘昫册应天太后、太宗皇帝，其声器、工官与法驾，同归于辽。

圣宗统和元年，册承天皇太后，童子弟子队乐引太后辇至金銮门。

天祚皇帝天庆元年上寿仪：皇帝出东阁，鸣鞭，乐作；帘卷，扇开，乐止。太尉执台，分班，太乐令举麾，乐作；皇帝饮酒讫，乐止。应坐臣僚东西外殿，太乐令引堂上，乐升。大臣执台，太乐令奏举觞，登歌，乐作；饮讫，乐止。行臣僚酒遍，太乐令奏巡周，举麾，乐作；饮讫，乐止。太常卿进御食，太乐令奏食遍，乐作；《文舞》入，三变，引出，乐止。次进酒，行臣僚酒，举觞，巡周，乐作；饮讫，乐止。次进食，食遍，乐作；《武舞》入，三变，引出，乐止。扇合，帘下，鸣鞭，乐作；皇帝入西阁，乐止。

大乐器：本唐太宗《七德》、《九功》之乐。武后毁唐宗庙，《七德》、《九功》乐舞遂亡，自后宗庙用隋《文》、《武》二舞。朝廷用高宗《景云》乐代之，元会，第一奏《景云》乐舞。杜佑《通典》已称诸乐并亡。唯《景云》乐舞仅存。唐末、五代板荡之余，在者希矣。辽国大乐，晋代所传。《杂礼》虽见坐部乐工左右各一百二人，盖亦以《景云》遗工充坐部；其坐、立部乐，自唐已亡，可考者唯《景云》四部乐舞而已。

玉磬
方响
搊筝
筑
卧箜篌
大箜篌
小箜篌
大琵琶
小琵琶
大五弦
小五弦
吹叶
大笙
小笙
觱篥
箫
铜钹
长笛
尺八笛
短笛
以上皆一人。
毛员鼓
连鼗鼓
贝
以上皆二人，余每器工一人。
歌二人。
舞二十人，分四部：
《景云》舞八人
《庆云》乐舞四人
《破阵》乐舞四人
《承天》乐舞四人

大乐调：雅乐有七音，大乐亦有七声，谓之七旦：一曰娑陀力，平声；二曰鸡识，长声；三曰沙识，质直声；四曰沙侯加滥，应声；五曰沙腊，应和声；六曰般赡，五声；七曰俟利箑，斛牛声。自隋以来，乐府取其声，四旦二十八调为大乐。

娑陀力旦：
正宫
高宫
中吕宫
道调宫
南吕宫
仙吕宫
黄钟宫
鸡识旦：
越调
大食调
高大食调
双调
小食调
歇指调
林钟商调
沙识旦：
大食角
高大食角
双角
小食角
歇指角
林钟角
越角
般涉旦：
中吕调
正平调
高平调
仙吕调
黄钟调

般涉调

高般涉调

右四旦二十八调，不用黍律，以琵琶弦叶之。皆从浊至清，迭更其声，下益浊，上益清。七七四十九调，余二十一调失其传。盖出《九部》乐之《龟兹部》云。

大乐声：各调之中，度曲协音，其声凡十，曰：五、凡、工、尺、上、一、四、六、勾、合，近十二雅律，于律吕各阙其一，犹雅音之不及商也。

散乐

殷人作靡靡之乐，其声往而不反，流为郑、卫之声。秦、汉之间，秦、楚声作，郑、卫浸亡。汉武帝以李延年典乐府，稍用西凉之声。今之散乐，俳优、歌舞杂进，往往汉乐府之遗声。晋天福三年，遣刘昫以伶官来归，辽有散乐，盖由此矣。

辽册皇后仪：呈百戏、角觝、戏马以为乐。

皇帝生辰乐次：

酒一行　觱篥起，歌。

酒二行　歌，手伎入。

酒三行　琵琶独弹。

　　饼、茶、致语。

　　食人，杂剧进。

酒四行　阙。

酒五行　笙独吹，鼓笛进。

酒六行　筝独弹，筑球。

酒七行　歌曲破，角觝。

曲宴宋国使乐次：

酒一行　觱篥起，歌。

酒二行　歌。

酒三行　歌，手伎入。

酒四行　琵琶独弹。

　　饼、茶、致语。

　　食入，杂剧进。

酒五行　阙。

酒六行　笙独吹，合《法曲》。

酒七行　筝独弹。

酒八行　歌，击架乐。

酒九行　歌，角觝。

散乐，以三音该三才之义，四声调四时之气，应十二管之数。截竹为四窍之笛，以叶音声，而被之弦歌。三音：天音扬，地音抑，人音中，皆有声无文。四时：春声曰平，夏声曰上，秋声曰去，冬声曰入。

散乐器：觱篥、箫、笛、笙、琵琶、五弦、箜篌、筝、方响、杖鼓、第二鼓、第三鼓、腰鼓、大鼓、鞚、拍板。

杂戏：自齐景公用倡优侏儒，至汉武帝设鱼龙曼延之戏，后汉有绳舞、自刳之伎，杜佑以为多幻术，皆出西域。哇俚不经，故不具述。

鼓吹乐

鼓吹乐，一曰短箫铙歌乐，自汉有之，谓之军乐。《辽杂礼》，朝会设熊罴十二案，法驾有前后部鼓吹，百官卤簿皆有鼓吹乐。

前部：

鼓吹令二人

㭎鼓十二

金钲十二

大鼓百二十

长鸣百二十

铙十二

鼓十二

歌二十四

管二十四

箫二十四

笳二十四

后部：

鼓吹丞二人

大角百二十

羽葆十二

鼓十二

管二十四

箫二十四

铙十二

鼓十二

箫二十四

笳二十四

右前后鼓吹，行则导驾奏之，朝会则列仗，设而不奏。

横吹乐

横吹亦军乐，与鼓吹分部而同用，皆属鼓吹令。

前部：

大横吹百二十

节鼓二

笛二十四

觱篥二十四

笳二十四

桃皮觱篥二十四

㭎鼓十二

金钲十二

小鼓百二十

中鸣百二十

羽葆十二

鼓十二

管二十四

箫二十四

笳二十四

后部：

小横吹百二十四

笛二十四

箫二十四

觱篥二十四

桃皮觱篥二十四

百官鼓吹、横吹乐，自四品以上，各有增损，见《仪卫志》。自周衰，先王之乐浸以亡缺，《周南》变为《秦风》。始皇有天下，郑、卫、秦、燕、赵、楚之声迭进，而雅声亡矣。汉、唐之盛，文事多西音，是为大乐、散乐；武事皆北音，是为鼓吹、横吹乐。雅乐在者，其器雅，其音亦西云。

卷五十五　志第二十四

仪卫志一

辽太祖奋自朔方，太宗继志述事，以成其业。于是举渤海，立敬瑭，破重贵，尽致周、秦、两汉、隋、唐文物之遗余而居有之。路车法物以隆等威，金符玉玺以布号令。是以传至九主二百余年，岂独以兵革之利，士马之强哉！文谓之仪，武谓之卫，足以成一代之规模矣。考辽所有舆服、符玺、仪仗，作《仪卫志》。

舆　服

自黄帝而降，舆服之制，其来远矣。禹乘四载作小车，商人得桑根之瑞为大辂，周人加金玉，象饰益备。秦取六国仪物，而分别其用，先王之制，置而弗御。至汉中叶，锐意稽古，然礼文之事，名存实亡，盖得十一于千百焉。唐之车辂因周、隋遗法，损益可知。而祭服皆青，朝服皆绛，常服用宇文制，以紫、绯、绿、碧分品秩。五代颇以常服代朝服。辽国自太宗入晋之后，皇帝与南班汉官用汉服；太后与北班契丹臣僚用国服，其汉服即五代晋之遗制也。考之载籍之可征者，著《舆服篇》，冠诸《仪卫》之首。

国　舆

契丹故俗，便于鞍马。随水草迁徙，则有毡车，任载有大车，妇人乘马，亦有小车，贵富者加之华饰。禁制疏阔，贵适用而已。帝后加隆，势固然也。辑其可知著于篇。

大舆，《柴册再生仪》载神主见之。

舆，《腊仪》见皇帝、皇后升舆、降舆。

总纛车，驾以御驼。《祭山仪》见皇太后升总纛车。

车，《纳后仪》见皇后就车。

青幰车，二螭头、盖部皆饰以银，驾用驼，公主下嫁以赐之。古者王姬下嫁，车服不系其夫，下王后一等。此其遗意欤。

送终车，车楼纯饰以锦，螭头以银，下县铎，后垂大毡，驾以牛。上载羊一，谓之祭羊，以拟送终之用。亦赐公主。

椅，《册皇太后仪》，皇帝乘椅，自便殿辇至西便门。

鞍马，《祭山仪》，皇帝乘马，侍皇太后行。《腊仪》，皇帝降舆，祭东毕，乘马入猎围。《瑟瑟仪》，俱乘马东行，群臣在南，命妇在北。

汉　舆

太宗皇帝会同元年，晋使冯道、刘昫等备车辂法物，上皇帝、皇太后尊号册礼。自此天子车服昉见于辽。太平中行汉册礼，乘黄令陈车辂，尚辇奉御陈舆辇。盛唐辇辂，尽在辽廷矣。

五辂：《周官》典辂有五辂。秦亡之后，汉创制。

玉辂，祀天、祭地、享宗庙、朝贺、纳后用之。青质，玉饰，黄屋，左纛。十二銮在衡，二铃在轼。龙辀左建旂，十二斿，皆画升龙，长曳地。驾苍龙，金鋄，镂锡，鞶缨十二就。辽国《勘箭仪》，皇帝乘玉辂至内门。圣宗开泰十年，上升玉辂自内三门入万寿殿，进七庙御容酒。

金辂，飨射、祀还、饮至用之。赤质，金饰，余如玉辂，色从其质。驾赤骝。

象辂，行道用之。黄质，象饰，余如金辂。驾黄骝。

革辂，巡狩、武事用之。白质，革鞔。驾白翰。

木辂，田猎用之。黑质，漆饰。驾黑骆。

车：制小于辂，小事乘之。

耕根车，耕籍用之。青质，盖三重，余如玉辂。

安车，一名进贤车，临幸用之。金饰，重舆，曲壁，八銮在衡，紫油纁朱里幰，朱丝络网。驾赤骝，朱鞶缨。

四望车，一名明远车，拜陵、临吊则用之。金饰，青油纁，朱里通幰。驾牛，余同安车。

凉车，赤质，省方、罢猎用之。赤质，金涂，银装。五彩龙凤织，藤油壁，绯条，莲座。驾以橐驼。

辇：用人挽，本宫中所乘。唐高宗始制七辇。《周官》巾车有辇，以人组挽之。太平册礼，皇帝御辇。

大凤辇，赤质，顶有金凤，壁画云气金翅。前有轼，下有构栏。络带皆绣云凤，银梯。主辇八十人。

大芳辇。

仙游辇。

小辇，《永寿节仪》，皇太后乘小辇。

芳亭辇，黑质，幕屋绯栏，皆绣云凤。朱绿夹窗，花板红网，两帘四竿，银饰梯。主辇百二十人。

大玉辇。

小玉辇。

逍遥辇，常用之。棕屋，赤质，金涂，银装，红条。辇官十二人，春夏绯衫，秋冬素锦服。

平头辇，常行用之。制如逍遥，无屋。册承天皇太后仪，皇太后乘平头辇。

步辇，圣宗统和三年，驻跸土河，乘步辇听政。

羊车，古辇车。赤质，两壁龟文、凤翅，绯幰，络带、门帘皆绣瑞羊，画轮。驾以牛，隋易果下马。童子十八人，服绣，瑞羊挽之。

舆：以人肩之，天子用韝络臂绾。

腰舆，前后长竿各二，金银螭头，绯绣凤裥，上施锦褥，别设小床。奉舆十六人。

小舆，赤质，青顶，曲柄，绯绣络带。制如凤辇而小，上有御座。奉舆二十四人。

皇太子车辂：

金辂，从祀享、正冬大朝、纳妃用之。《册皇太子仪》，乘黄令陈金辂，皇太子升、降金辂。

轺车，五日常朝、享宫臣、出入行道用之。金饰，紫幰朱里。驾一马。

四望车，吊临用之。金饰，紫油纁通幰。驾一马。

卷五十六 志第二十五

仪卫志二

国服

上古之人，网罟禽兽，食肉衣皮，以俪鹿韦掩前后，谓之韠。然后夏葛冬裘之制兴焉。周公陈王业，《七月》之诗，至于一日于貉，三月条桑，八月载绩，公私之用由是出矣。契丹转居荐草之间，去邃古之风犹未远也。太祖仲父述澜，以遥辇氏于越之官，占居潢河沃壤，始置城邑，为树艺、桑麻、组织之教，有辽王业之隆，其亦肇迹于此乎！太祖帝北方，太宗制中国，紫银之鼠，罗绮之篚，麇载而至。纤丽罽毳，被土绸木。于是定衣冠之制，北班国制，南班汉制，各从其便焉。详国服以著厥始云。

祭服：辽国以祭山为大礼，服饰尤盛。

大祀，皇帝服金文金冠，白绫袍，红带，悬鱼，三山红垂。饰犀玉刀错，络缝乌靴。

小祀，皇帝硬帽，红克丝龟文袍。皇后戴红帕，服络缝红袍，悬玉佩，双同心帕，络缝乌靴。

臣僚、命妇服饰，各从本部旗帜之色。

朝服：太祖丙寅岁即皇帝位，朝服衷甲，以备非常。其后行瑟瑟礼、大射柳，即此服。圣宗统和元年册承天皇太后，给三品以上用汉法服，三品以下用大射柳之服。

皇帝服实里薛衮冠，络缝红袍，垂饰犀玉带错，络缝靴，谓之国服衮冕。太宗更以锦袍、金带。

臣僚戴毡冠，金花为饰，或加珠玉翠毛，额后垂金花，织成夹带，中贮发一总。或纱冠，制如乌纱帽，无檐，不掇双耳。额前缀金花，上结紫带，末缀珠。服紫窄袍、系鞊韈带，以黄红色条裹革为之，用金玉、水晶、靛石缀饰，谓之“盘紫”。太宗更以锦袍、金带。会同元年，群臣高年有爵秩者，皆赐之。

公服：谓之“展裹”，著紫。兴宗重熙二十二年，诏八房族巾帻。道宗清宁元年，诏非勋戚之后及夷离堇副使并承应有职事人，不带巾。

皇帝紫皂幅巾，紫窄袍，玉束带，或衣红袄；臣僚亦幅巾，紫衣。

常服：

《宰相中谢仪》，帝常服。《高丽使入见仪》，臣僚便衣，谓之“盘裹”。绿花窄袍，中单多红绿色。贵者披貂裘，以紫黑色为贵，青次之。又有银鼠，尤洁白。贱者貂毛、羊、鼠、沙狐裘。

田猎服：

皇帝幅巾，擐甲戎装，以貂鼠或鹅项、鸭头为扞腰。蕃汉诸司使以上并戎装，衣皆左衽，黑绿色。

吊服：太祖叛弟剌哥等降，素服受之。

素服，乘赭白马。

汉服

黄帝始制冕冠章服，后王以祀以祭以享。夏收、殷冔、周弁以朝，冠端以居，所以别尊卑、辨仪物也。厥后唐以冕冠、青衣为祭服，通天、绛袍为朝服，平巾帻、袍襕为常服。大同元年正月朔，太宗皇帝入晋，备法驾，受文武百官贺于汴京崇元殿，自是日以为常。是年北归，唐、晋文物，辽则用之。左右采订，摭其常用者存诸篇。

祭服：终辽之世，郊丘不建，大裘冕服不书。

衮冕，祭祀宗庙、遣上将出征、饮至、践阼、加元服、纳后若元日受朝则服之。金饰，垂白珠十二旒，以组为缨，色如其绶，黈纩充耳，玉簪导。玄衣、纁裳十二章：八章在衣，日、月、星、龙、华虫、火、山、宗彝；四章在裳，藻、粉米、黼、黻。衣褾领，为升龙织成文，各为六等。龙、山以下，每章一行，行十二，白纱中单，黼领，青褾 襈裾，黼革带、大带，剑佩绶，舄加金饰。《元日朝会仪》，皇帝服衮冕。

朝服：乾亨五年，圣宗册承天太后，给三品以上法服。《杂礼》，册承天太后仪，侍中就席，解剑脱履。重熙五年尊号册礼，皇帝服龙衮，北南臣僚并朝服，盖辽制。会同中，太后、北面臣僚国服；皇帝、南面臣僚汉服。乾亨以后，大礼虽北面三品以上亦用汉服；重熙以后，大礼并汉服矣。常朝仍遵会同之制。

皇帝通天冠，诸祭还及冬至、朔日受朝、临轩拜王公、元会、冬会服之。冠加金博山，附蝉十二，首施珠翠。黑介帻，发缨翠緌，玉若犀簪导。绛纱袍，白纱中单，褾领，朱 襈裾，白裙襦，绛蔽膝，白假带方心曲领。其革带佩剑绶，袜舄。若未加元服，则双童髻，空顶，黑介帻，双玉导，加宝饰。《元日上寿仪》，皇帝服通天冠，绛纱袍。

皇太子远游冠，谒庙还宫、元日、冬至朔日入朝服之。三梁冠，加金附蝉九，首施珠翠。黑介帻，发缨翠緌，犀簪导。绛纱袍，白纱中单，皂领褾，襈裾，白裙襦，白假带方心曲领，绛纱蔽膝。其革带剑佩绶，袜舄与上同，后改用白袜、黑舄。未冠，则双童髻，空顶，黑介帻，双玉导，加宝饰。《册皇太子仪》，皇太子冠远游，服绛纱袍。

亲王远游冠，陪祭、朝飨、拜表、大事服之。冠三梁，加金附蝉。黑介帻，青緌导。绛纱单衣，白纱中单，皂领，襈裾，白裙襦。革带钩䚢，假带曲领方心，绛纱蔽膝，袜舄，剑佩绶二品以上同。

诸王远游冠，三梁，黑介帻，青緌。

三品以上进贤冠，三梁，宝饰。

五品以上进贤冠，二梁，金饰。

九品以上进贤冠，一梁，无饰。

七品以上去剑佩绶。

八品以下同公服。

公服：《勘箭仪》，阁使公服，系履。辽国常用公服矣。

皇帝翼善冠，朔视朝用之。柘黄袍，九环带，白练裙襦，六合靴。

皇太子远游冠，五日常朝、元日、冬至受朝服。绛纱单衣，白裙襦，革带，金钩鰈，假带方心，纷鞶囊，白袜，乌皮履。

一品以下、五品以上。冠帻缨，簪导，谒见东宫及余公事服之。绛纱单衣，白裙襦，带钩鰈，假带方心，袜履，纷鞶囊。

六品以下，冠帻缨，簪导，去纷般囊，余并同。

常服：辽国谓之"穿执"。起居礼臣僚穿执。言穿靴、执笏也。

皇帝柘黄袍衫，折上头巾，九环带，六合靴，起自宇文氏。唐太宗贞观已后，非元日、冬至受朝及大祭祀，皆常服而已。

皇太子进德冠，九琪，金饰，绛纱单衣，白裙襦，白袜，乌皮履。

五品以上，幞头，亦曰折上巾，紫袍，牙笏，金玉带。文官佩手巾、算袋、刀子、砺石、金鱼袋；武官鞊鞢七事：佩刀、刀子、磨石、契苾真、哕厥、针筒、火石袋。乌皮六合靴。

六品以下，幞头，绯衣，木笏，银带，银鱼袋佩，靴同。

八品九品，幞头，绿袍，鍮石带，靴同。

卷五十七　　志第二十六

仪卫志三　符印

遥辇氏之世，受印于回鹘。至耶澜可汗请印于唐，武宗始赐"奉国契丹印"。太祖神册元年，梁幽州刺史来归，诏赐印绶。是时，太祖受位遥辇十年矣。会同九年，太宗伐晋，末帝表上传国宝一、金印三，天子符瑞于是归辽。

传国宝，秦始皇作，用蓝玉，螭纽，六面，其正面文"受命于天，既寿永昌"，鱼鸟篆，子婴以上汉高祖。王莽篡汉，平皇后投玺殿阶，螭角微玷。献帝失之，孙坚得于井中，传至孙权，以归于魏。魏文帝隶刻肩际曰"大魏受汉传国之宝"。唐更名"受命宝"。晋亡归辽。自三国以来，僭伪诸国往往模拟私制，历代府库所藏不一，莫辨真伪。圣宗开泰十年，驰驿取石晋所上玉玺于中京。兴宗重熙七年，以《有传国宝者为正统赋》试进士。天祚保大二年，遗传国玺于桑乾河。

玉印，太宗破晋北归，得于汴宫，藏随驾库。穆宗应历二年，诏用太宗旧宝。

御前宝，金铸，文曰"御前之宝"，以印臣僚宣命。

诏书宝，文曰"书诏之宝"，凡书诏批答用之。

契丹宝，受契丹册仪，符宝郎捧宝置御坐东。

金印三，晋帝所上，其文未详。

皇太后宝，制未详。天显二年，应天皇太后称制，群臣上玺绶。册承天皇太后仪，符宝郎奉宝置皇太后坐右。

皇后印，文曰"皇后教印"。

皇太子宝，未详其制。重熙九年册皇太子仪，中书令授皇太子宝。

印

吏部印，文曰"吏部之印"，银铸，以印文官制诰。

兵部印，文曰"兵部之印"，银铸，以印军职制诰。

契丹枢密院、契丹诸行军部署、汉人枢密院、中书省、汉人诸宫都部署印，并银铸。文不过六字以上，以银朱为色。

南北王以下内外百司印，并铜铸，以黄丹为色，诸税务以赤石为色。

杓窊印，杓窊，鸷鸟之总名，以为印纽，取疾速之义。行军诏赐将帅用之。道宗赐耶律仁先鹰纽印，即此。

符　契

自大贺氏八部用兵，则合契而动，不过刻木为牉合。太祖受命，易以金鱼。

金鱼符七枚，黄金铸，长六寸，各有字号，每鱼左右判合之。有事，以左半先授守将，使者执右半，大小、长短、字号合同，然后发兵。事讫，归于内府。

银牌二百面，长尺，刻以国字，文曰"宜速"，又曰"敕走马牌"。国有重事，皇帝以牌亲授使者，手札给驿马若干。驿马阙，取它马代。法，昼夜驰七百里，其次五百里。所至天子亲临，须索更易，无敢违者。使回，皇帝亲受之，手封牌印郎君收掌。

木契，正面为阳，背面为阴，阁门唤仗则用之。朝贺之礼，宣徽使请阳面木契下殿，至于殿门，以契授西上阁门使云："授契行勘。"勘契官声喏，跪受契，举手勘契同，俯、兴，鞠躬，奏"内外勘契同"。阁门使云："准敕勘契，行勘。"勘契官执阴面木契声喏，平身立，少退近后，引声云"军将门仗官"，齐声喏。勘契官云："内出唤仗木契一只，准敕付左右金吾仗行勘。"勘契官云"合不合"，门仗官云"合"，凡再。勘契官云"同不同"，门仗官云"同"，亦再。勘契官近前鞠躬，奏："勘官左金吾引驾仗、勾画都知某官某，对御勘同。"平身，少退近后，右手举契云："其契谨付阁门使进入。"阁门使引声喏，门仗官下声喏。勘契官跪以契授，阁门使上殿纳契，宣徽使受契。阁门使下殿，奉敕唤仗。

木箭，内箭为雄，外箭为雌，皇帝行幸则用之。还宫，勘箭官执雌箭，东上阁门使执雄箭，如勘契之仪，详具《礼仪志》。

卷五十八　　志第二十七

仪卫志四　仪仗

帝王处则重门击柝，出则以师兵为营卫，劳人动众，岂得已哉。天下大患生于大欲，不得不远虑深防耳。智英勇杰、魁臣雄藩于是乎在，寓武备于文物之中，此仪仗所由设也。金吾、黄麾六军之仗，辽受之晋，晋受之后唐，后唐受之梁、唐，其来也有自。耶律俨、陈大任旧《志》有未备者，兼考之《辽朝杂礼》云。

国　仗

王通氏言，舜岁遍四岳，民不告劳，营卫省、征求寡耳。辽太祖匹马一麾，斥地万里，经营四方，未尝宁居，所至乐从，用此道也。太宗兼制中国，秦皇、汉武之仪文日至，后嗣因之。旄头豹尾，驰驱五京之间，终岁勤动，辙迹相寻。民劳财匮，此之故欤。辽自大贺氏摩会受唐鼓纛之赐，是为国仗。其制甚简，太宗伐唐、晋以前，所用皆是物也。著于篇首，以见艰难创业之主，岂必厚卫其身云。

十二神纛

十二旗

十二鼓

曲柄华盖

直柄华盖

遥辇末主遗制，迎十二神纛、天子旗鼓置太祖帐前。诸弟剌哥等叛，匀德实纵火焚行宫，皇后命曷古鲁救之，止得天子旗鼓。太宗即位，置旗鼓、神纛于殿前。圣宗以轻车仪卫拜帝山。

渤　海　仗

天显四年，太宗幸辽阳府，人皇王备乘舆羽卫以迎。乾亨五年，圣宗东巡，东京留守具仪卫迎车驾。此故渤海仪卫也。

汉　仗

大贺失活入朝于唐，娑固兄弟继之，尚主封王，饫观上国。开元东封，邵固扈从，又览太平之盛。自是朝贡岁至于唐。辽始祖涅里立遥辇氏，世为国相，目见耳闻，歆企帝王之容辉有年矣。遥辇致鼓纛于太祖帐前，曾何足以副其雄心霸气之所睥睨哉！厥后交梁聘唐，不惮劳勤。至于太宗，立晋以要册礼，入汴而收法物，然后累世之所愿欲者，一举而得之。太原擅命，力非不敌，席卷法物，先致中京，蹝弃山河，不少顾虑，志可知矣。于是秦、汉以来帝王文物尽入于辽；周、宋按图更制，乃非故物。辽之所重，此其大端，故特著焉。

太宗会同元年，晋使冯道备车辂法物，上皇太后册礼；刘昫、卢重备礼，上皇帝尊号。

三年，上在蓟州观《导驾仪卫图》，遂备法驾幸燕，御元和殿，行入阁礼。

六年，备法驾幸燕，迎导御元和殿。

大同元年正月朔，备法驾至汴，上御崇元殿，受文武百僚朝贺。自是日以为常。二月朔，上御崇元殿，备礼受朝贺。三月，将幸中京镇阳，诏收卤簿法物，委所司押领先往。未几镇阳入汉，卤簿法物随世宗归于上京。四月，皇太弟李胡遣使问军事，上报曰，朝会起居如礼。是月，太宗崩，世宗即位，卤簿法物备而不御。

穆宗应历元年，诏朝会依嗣圣皇帝故事，用汉礼。

景宗乾亨五年二月，神柩升辒辌车，具卤簿仪卫。六月，圣宗至上京，留守具法驾迎导。

圣宗统和元年，车驾还上京，迎导仪卫如式。

三年，驾幸上京，留守具仪卫奉迎。

四年，燕京留守具仪卫导驾入京，上御元和殿，百僚朝贺。

是后，仪卫常事，史不复书。

卤簿仪仗人数马匹

步行擎执二千四百一十二人，坐马擎执二百七十五人，坐马乐人二百七十三人，步行教坊人七十一人，御马牵拢官五十二人，御马二十六匹，官僚马牵拢官六十六人，坐马挂甲人五百九十八人，步行挂甲人百六十人，金甲二人，神舆十二人，长寿仙一人，诸职官等三百五人，内侍一人，引稍押衙二人，赤县令一人，府牧一人，府吏二人，少尹一人，司录一人，功曹一人，太常少卿一人，太常丞一人，太常博士一人，司徒一人，太仆卿一人，鸿胪卿一人，大理卿一人，御史大夫一人，侍御史二人，殿中侍御史二人，监察御史一人，兵部尚书一人，兵部侍郎一人，兵部郎中一人，兵部员外郎一人，符宝郎一人，左右诸卫将军三十五人，左右诸折冲二十一人，左右诸果毅二十八人，尚乘奉御二人，排仗承直二人，左右夹骑二人，都头六人，主帅一十四人（教坊司差），押纛二人，左右金吾四人，虞候佽飞一十六人，鼓吹令二人，漏刻生二人，押当官一人，司天监一人，令史一人，司辰一人，统军六人，千牛备身二人，左右亲勋二人，左右郎将四人，左右拾遗二人，左右补阙二人，起居舍人一人，左右谏议大夫二人，给事中书舍人二人，左右散骑常侍二人，门下侍郎二人，中书侍郎二人，鸣鞭二人（内侍内差），侍中一人，中书令一人，监门校尉二人，排列官二人，武卫队正一人，随驾诸司供奉官三十人，三班供奉官六十人，通事舍人四人，御史中丞二人，乘黄丞二人，都尉一人，太仆卿一人，步行太卜令一人。职官乘马三百四匹，进马四匹，驾车马二十八匹。人之数凡四千二百三十有九，马之数凡千五百二十。

得诸本朝太常卿徐世隆家藏《辽朝杂礼》者如是。至于仪注之详，不敢傅会云。

卷五十九　志第二十八

食货志上

契丹旧俗，其富以马，其强以兵。纵马于野，弛兵于民。有事而战，彍骑介夫，卯命辰集。马逐水草，人仰湩酪，挽强射生，以给日用，糗粮刍茭，道在是矣。以是制胜，所向无前。及其有国，内建宗庙朝廷，外置郡县牧守，制度日增，经费日广，上下相师，服御浸盛，而食货之用斯为急矣。于是五京及长春、辽西、平州置盐铁、转运、度支、钱帛诸司，以掌出纳。其制数差等虽不可悉，而大要散见旧史。若农谷、租赋、盐铁、贸易、坑冶、泉币、群牧，逐类采摭，缉而为篇，以存一代食货之略。

初，皇祖匀德实为大迭烈府夷离堇，喜稼穑，善畜牧，相地利以教民耕。仲父述澜为于越，饬国人树桑麻，习组织。太祖平诸弟之乱，弭兵轻赋，专意于农。尝以户口滋繁，糺辖疏远，分北大浓兀为二部，程以树艺，诸部效之。太宗会同初，将东猎，三克奏减辎重，疾趋北山取物，以备国用，无害农务。寻诏有司劝农桑，教纺绩。以乌古之地水草丰美，命瓯昆石烈居之，益以海勒水之善地为农田。三年，诏以谐里河、胪朐河近地，赐南院欧堇突吕、乙斯勃、北院温纳河剌三石烈人，以事耕种。八年，驻跸赤山，宴从臣，问军国要务。左右对曰："军国之务，爱民为本。民富则兵足，兵足则国强。"上深然之。是年，诏征诸道兵，仍戒敢有伤禾稼者以军法论。应历间，云州进嘉禾，时谓重农所召。保宁七年，汉有宋兵，使来乞粮，诏赐粟二十万斛助之。非经费有余，其能若是？圣宗乾亨五年诏曰："五稼不登，开帑藏而代民税；螟蝗为灾，罢徭役以恤饥贫。"统和三年，帝尝过藁城，见乙室奥隗部下妇人迪辇等黍过熟未获，遣人助刈。太师韩德让言，兵后逋民弃业，禾稼栖亩，募人获之，以半给获者。政事令室昉亦言，山西诸州给军兴，民力凋敝，田谷多躏于边兵，请复今年租。六年，霜旱，灾民饥，诏三司，旧以税钱折粟，估价不实，其增以利民。又徙吉避寨居民三百户于檀、顺、蓟三州，择沃壤，给牛、种谷。十三年，诏诸道置义仓。岁秋，社民随所获，户出粟庤仓，社司籍其目。岁俭，发以振民。十五年，诏免南京旧欠义仓粟，仍禁诸军官非时畋牧妨农。开泰元年，诏曰："朕惟百姓徭役烦重，则多给工价；年谷不登，发仓以贷；田园芜废者，给牛种以助之。"太平初幸燕，燕民以年丰进土产珍异。上礼高年，惠鳏寡，赐酺连日。九年，燕地饥，户部副使王嘉请造船，募习海漕者，移辽东粟饷燕，议者称道险不便而寝。兴宗即位，遣使阅诸道禾稼。是年，通括户口，诏曰："朕于早岁，习知稼穑。力办者广务耕耘，罕闻输纳；家食者全亏种植，多至流亡。宜通检括，普遂均平。"禁诸职官不得擅造酒糜谷；有婚祭者，有司给文字始听。

道宗初年，西北雨谷三十里，春州斗粟六钱。时西蕃多叛，上欲为守御计，命耶律唐古督耕稼以给西军。唐古率众田胪朐河侧，岁登上熟。移屯镇州，凡十四稔，积粟数十万斛，每斗不过数钱。以马人望前为南京度支判官，公私兼裕，检括户口，用法平恕，乃迁中京度支使。视事半岁，积粟十五万斛，擢左散骑常侍。辽之农谷至是为盛。而东京如咸、信、蓟、复、辰、海、同、银、乌、遂、春、泰等五十余城内，沿边诸州，各有和籴仓，依祖宗法，出陈易新，许民自愿假贷，收息二分。所在无虑二三十万硕，虽累兵兴，未尝用乏。迨天庆间，金兵大入，尽为所有。会天祚播迁，耶律敌烈等逼立梁王雅里，令群牧人户运盐泺仓粟。人户侵耗，议籍其产以偿。雅里自定其直：粟一车一羊，三车一牛，五车一马，八车一驼。从者曰："今一羊易粟二斗，尚不可得，此直太轻。"雅里曰："民有则我有。若令尽偿，众何以堪？"事虽无及，然使天未绝辽，斯言亦足以收人心矣。

夫赋税之制，自太祖任韩延徽，始制国用。太宗籍五京户丁以定赋税，户丁之数无所于考。圣宗乾亨间，以上京"云为户"訾具实饶，善避徭役，遗害贫民，遂勒各户，凡子钱到本，悉送归官，与民均差。统和中，耶律昭言，西北之众，每岁农时，一夫侦候，一夫治公田，二夫给糺官之役。当时沿边各置屯田戍兵，易田积谷以给军饷。故太平七年诏，诸屯田在官斛粟不得擅贷，在屯者力耕公田，不输税赋，此公田制也。余民应募，或治闲田，或治私田，则计亩出粟以赋公上。统和十五年，募民耕滦河旷地，十年始租，此在官闲田制也。又诏山前后未纳税户，并于密云、燕乐两县，占田置业入税，此私田制也。各部大臣从上征伐，俘掠人户，自置郛郭，为头下军州。凡市井之赋，各归头下，惟酒税赴纳上京，此分头下军州赋为二等也。先是，辽东新附地不榷酤，而盐曲之禁亦弛。冯延休、韩绍勋相继商利，欲与燕地平山例加绳约，其民病之，遂起大延琳之乱。连年诏复其租，民始安靖。南京岁纳三司盐铁钱折绢，大同岁纳三司税钱折粟。开远军故事，民岁输税，斗粟折五钱，耶律抹只守郡，表请折六钱，亦皆利民善政也。

卷六十　志第二十九

食货志下

征商之法，则自太祖置羊城于炭山北，起榷务以通诸道市易。太宗得燕，置南京，城北有市，百物山偫，命有司治其征；余四京及它州县货产懋迁之地，置亦如之。东平郡城中置看楼，分南、北市，禺中交易市北，午漏下交易市南。雄州、高昌、渤海亦立互市，以通南宋、西北诸部、高丽之货，故女直以金、帛、布、蜜、蜡诸药材及铁离、靺鞨、于厥等部以蛤珠、青鼠、貂鼠、胶鱼之皮、牛羊驼马、毳罽等物，来易于辽者，道路襁属。圣宗统和初，燕京留守司言，民艰食，请弛居庸关税，以通山西籴易。又令有司谕诸行宫，布帛短狭不中尺度者，不鬻于市。明年，诏以南、北府市场人少，宜率当部车百乘赴集。开奇峰路以通易州贸易。二十三年，振武军及保州并置榷场。时北院大王耶律室鲁以俸羊多阙，部人贫乏，请以羸老之羊及皮毛易南中之绢，上下为便。至天祚之乱，赋敛既重，交易法坏，财日匮而民日困矣。

盐策之法，则自太祖以所得汉民数多，即八部中分古汉城别为一部治之。城在炭山南，有盐池之利，即后魏滑盐县也，八部皆取食之。及征幽、蓟还，次于鹤刺泺，命取盐给军。自后泺中盐益多，上下足用。会同初，太宗有大造于晋，晋献十六州地，而瀛、莫在焉，始得河间煮海之利，置榷盐院于香河县，于是燕、云迤北暂食沧盐。一时产盐之地如渤海、镇城、海阳、丰州、阳洛城、广济湖等处，五京计司各以其地领之。其煎取之制，岁出之额，不可得而详矣。

坑冶，则自太祖始并室韦，其地产铜、铁、金、银，其人善作铜、铁器。又有曷术部者多铁；"曷术"，国语铁也。部置三冶：曰柳湿河，曰三黜古斯，曰手山。神册初，平渤海，得广州，本渤海铁利府，改曰铁利州，地亦多铁。东平县本汉襄平县故地，产铁矿，置采炼者三百户，随赋供纳。以诸坑冶多在国东，故东京置户部司，长春州置钱帛司。太祖征幽、蓟，师还，次山麓，得银、铁矿，命置冶。圣宗太平间，于潢河北阴山及辽河之源，各得金、银矿，兴冶采炼。自此以讫天祚，国家皆赖其利。

鼓铸之法，先代撒剌的为夷离堇，以土产多铜，始造钱币。太祖其子，袭而用之，遂致富强，以开帝业。太宗置五冶太师，以总四方钱铁。石敬瑭又献沿边所积钱，以备军实。景宗以旧钱不足于用，始铸乾亨新钱，钱用流布。圣宗凿大安山，取刘守光所藏钱，散诸五计司，兼铸太平钱，新旧互用。由是国家之钱，演迤域中。所以统和出内藏钱，赐南京诸军司。开泰中诏诸道，贫乏百姓，有典质男女，计佣价日以十文；折尽，还父母。每岁春秋，以官钱宴飨将士，钱不胜多，故东京所铸至清宁中始用。是时，诏禁诸路不得货铜铁，以防私铸，又禁铜铁卖入回鹘，法益严矣。道宗之世，钱有四等：曰咸雍，曰大康，曰大安，曰寿隆，皆因改元易名。其肉好、铢数亦无所考。第诏杨遵勗征户部司逋户旧钱，得四十余万缗，拜枢密直学士；刘伸为户部使，岁入羡余钱三十万缗，擢南院枢密使；其以灾沴，出钱以振贫乏及诸宫分边戍人户。是时，虽未有贯朽不可较之积，亦可谓富矣。至其末年，经费浩穰，鼓铸仍旧，国用不给。虽以海云佛寺千万之助，受而不拒，寻禁民钱不得出境。天祚之世，更铸乾统、天庆二等新钱，而上下穷困，府库无余积。

始太祖为迭烈府夷离堇也，惩遥辇氏单弱，于是抚诸部，明赏罚，不妄征讨，因民之利而利之，群牧蕃息，上下给足。及即位，伐河东，下代北郡县，获牛、羊、驼、马十余万。枢密使耶律斜轸讨女直，复获马二十余万，分牧水草便地，数岁所增不胜算。当时，括富人马，不加多，赐大、小鹘军万余匹，不加少，盖畜牧有法然也。咸雍五年，萧陶隗为马群太保，上书犹言群牧名存实亡，上下相欺，宜括实数以为定籍。厥后东丹国岁贡千匹，女直万匹，直不古等国万匹，阻卜及吾独婉、惕德各二万匹，西夏、室韦各三百匹，越里笃、剖阿里、奥里米、蒲奴里、铁骊等诸部三百匹；仍禁朔州路羊马入宋，吐浑、党项马鬻于夏。以故群牧滋繁，数至百有余万，诸司牧官以次进阶。自太祖及兴宗垂二百年，群牧之盛如一日。天祚初年，马犹有数万群，每群不下千匹。祖宗旧制，常选南征马数万疋，牧于雄、霸、清、沧间，以备燕、云缓急；复选数万，给四时游畋；余则分地以牧。法至善也。至末年，累与金战，番汉战马损十六七，虽增价数倍，竟无所买，乃冒法买官马从军。诸群牧私卖日多，畋猎亦不足用，遂为金所败。弃众播迁，以讫于亡。松漠以北旧马，皆为大石林牙所有。

辽之食货其可见者如是耳。至于邻国岁币，诸属国岁贡土宜，虽累朝军国经费多所仰给，然非本国所出，况名数已见《本纪》，兹不复载。

夫冀北宜马，海滨宜盐，无以议为。辽地半沙碛，三时多寒，春秋耕获及其时，黍稌高下因其地，盖不得与中土同矣。然而辽自初年，农谷充羡，振饥恤难，用不少靳，旁及邻国，沛然有余，果何道而致其利欤？此无他，劝课得人，规措有法故也。世之论钱币者，恒患其重滞之难致，鼓铸之弗给也，于是楮币权宜之法兴焉。西北之通舟楫，比之东南，十才一二。辽之方盛，货泉流衍，国用以殷，给戍赏征，赐与亿万，未闻有所谓楮币也，又何道而致其便欤？此无他，旧储新铸，并听民用故也。孟子曰："周于利者，凶年不能杀。"人力苟至，一夫犹足以胜时灾，况为国乎。以是知善谋国者，有道以制天时、地利之宜，无往而不遂其志。食莫大于谷，货莫大于钱，特志二者，以表辽初用事之臣，亦善裕其国者矣。

卷六十一　志第三十

刑法志上

刑也者，始於兵而终于礼者也。鸿荒之代，生民有兵，如蜂有螫，自卫而已。蚩尤惟始作乱，斯民鸱义，奸宄并作，刑之用岂能已乎？帝尧清问下民，乃命三后恤功于民，伯夷降典，折民惟刑，故曰刑也者，始于兵而终于礼者也。先王顺天地四时以建六卿。秋，刑官也，象时之成物焉。秋传气于夏，变色于春，推可知也。辽以用武立国，禁暴戢奸，莫先于刑。国初制法，有出于五服、三就之外者，兵之势方张，礼之用未遑也。及阻午可汗知宗室雅里之贤，命为夷离堇以掌刑辟，岂非士师之官，非贤者不可为乎？太祖、太宗经理疆土，擐甲之士岁无宁居，威克厥爱，理势然也。子孙相继，其法互有轻重；中间能审权宜，终之以礼者，惟景、圣二宗为优耳。

然其制刑之凡有四：曰死，曰流，曰徒，曰杖。死刑有绞、斩、凌迟之属，又有籍没之法。流刑量罪轻重，置之边城部族之地，远则投诸境外，又远则罚使绝域。徒刑一曰终身，二曰五年，三曰一年半；终身者决五百，其次递减百；又有黥刺之法。仗刑自五十至三百，凡杖五十以上者，以沙袋决之；又有木剑、大棒、铁骨朵之法。木剑、大棒之数三，自十五至三十；铁骨朵之数，或五、或七。有重罪者，将决以沙袋，先于脽骨之上及四周击之。拷讯之具，有粗、细杖及鞭、烙法。粗杖之数二十；细杖之数三，自三十至于六十。鞭、烙之数，凡烙三十者鞭三百，烙五十者鞭五百。被告诸事应伏而不服者，以此讯之。品官公事误犯，民年七十以上、十五以下犯罪者，听以赎论。赎铜之数，杖一百者，输钱千。亦有八议、八纵之法。籍没之法，始自太祖为挞马狘沙里时，奉痕德堇可汗命，按于越释鲁遇害事，以其首恶家属没入瓦里。及淳钦皇后时析出，以为著帐郎君，至世宗诏免之。其后内外戚属及世官之家，犯反逆等罪，复没入焉；余人则没为著帐户；其没入宫分、分赐臣下者亦有之。木剑、大棒者，太宗时制。木剑面平背隆，大臣犯重罪，欲宽宥则击之。沙袋者，穆宗时制，其制用熟皮合缝之，长六寸，广二寸，柄一尺许。徒刑之数详于重熙制，杖刑以下之数详于咸雍制；其余非常用而无定式者，不可殚纪。

太祖初年，庶事草创，犯罪者量轻重决之。其后治诸弟逆党，权宜立法。亲王从逆，不磬诸甸人，或投高崖杀之；淫乱不轨者，五车轘杀之；逆父母者视此；讪詈犯上者，以熟铁锥摏其口杀之。从坐者，量罪轻重杖决。杖有二：大者重钱五百，小者三百。又为枭磔、生瘗、射鬼箭、炮掷、支解之刑。归于重法，闲民使不为变耳。岁癸酉，下诏曰："朕自北征以来，四方狱讼，积滞颇多。今休战息民，群臣其副朕意，详决之，无或冤枉。"乃命北府宰相萧敌鲁等分道疏决。有辽钦恤之意，昉见于此。神册六年，克定诸夷，上谓侍臣曰："凡国家庶务，巨细各殊，若宪度不明，则何以为治，群下亦何由知禁。"乃诏大臣定治契丹及诸夷之法，汉人则断以《律令》，仍置钟院以达民冤。

至太宗时，治渤海人一依汉法，余无改焉。会同四年，皇族舍利郎君谋毒通事解里等，已中者二人，命重杖之，及其妻流于厥拔离弭河，族造药者。世宗天禄二年，天德、萧翰、刘哥及其弟盆都等谋反，天德伏诛，杖翰，流刘哥，遣盆都使辖戛斯国。夫四人之罪均而刑异，辽之世，同罪异论者盖多。穆宗应历十二年，国舅帐郎君萧延之奴海里强陵拽剌秃里年未及之女，以法无文，加之宫刑，仍付秃里以为奴。因著为令。十六年，谕有司："自先朝行幸顿次，必高立标识以禁行者。比闻楚古辈，故低置其标深草中，利人误入，因之取财。自今有复然者，以死论。"然帝嗜酒及猎，不恤政事，五坊、掌兽、近侍、奉膳、掌酒人等，以獐鹿、野豕、鹘雉之属亡失伤毙，及私归逃亡，在告逾期，召不时至，或以奏对少不如意，或以饮食细故，或因犯者迁怒无辜，辄加炮烙铁梳之刑。甚者至于无算。或以手刃刺之，斩击射燎，断手足，烂肩股，折腰胫，划口碎齿，弃尸于野。且命筑封于其地，死者至百有余人。京师置百尺牢以处系囚。盖其即位未久，惑女巫肖古之言，取人胆合延年药，故杀人颇众。后悟其诈，以鸣镝丛射、骑践杀之。及海里之死，为长夜之饮，五坊、掌兽人等及左右给事诛戮者，相继不绝。虽尝悔其因怒滥刑，谕大臣切谏；在廷畏懦，鲜能匡救，虽谏又不能听。当其将杀寿哥、念古，殿前都点检耶律夷腊葛谏曰："寿哥等毙所掌雉，畏罪而亡，法不应死。"帝怒，斩寿哥等，支解之。命有司尽取鹿人之在系者凡六十五人，斩所犯重者四十四人，余悉痛杖之。中有欲置死者，赖王子必摄等谏得免。已而怒颇德饲鹿不时，致伤而毙，遂杀之。季年，暴虐益甚，尝谓太尉化葛曰："朕醉中有处决不当者，醒当覆奏。"徒能言之，竟无悛意，故及于难。虽云虐止亵御，上不及大臣，下不及百姓，然刑法之制，岂人主快情纵意之具邪。景宗在潜，已鉴其失。及即位，以宿卫失职，斩殿前都点检耶律夷腊葛。赵王喜隐自囚所擅去械锁，求见自辩，语之曰："枉直未分，焉有出狱自辩之理？"命复絷之。既而躬录囚徒，尽召而释之。保宁三年，以穆宗废钟院，穷民有冤者无所诉，故诏复之，仍命铸钟，纪诏其上，道所以废置之意。吴王稍为奴所告，有司请鞫，帝曰："朕知其诬，若按问，恐余人效之。"命斩以徇。五年，近侍实鲁里误触神纛，法应死，杖而释之。庶几宽猛相济。然缓于讨贼，应历逆党至是始获而诛焉，议者以此少之。

圣宗冲年嗣位，睿智皇后称制，留心听断，尝劝帝宜宽法律。帝壮，益习国事，锐意于治。当时更定法令凡十数事，多合人心，其用刑又能详慎。先是，契丹及汉人相殴致死，其法轻重不均，至是一等科之。统和十二年，诏契丹人犯十恶，亦断以《律》。旧法，死囚尸市三日，至是一宿即听收瘗。二十四年，诏主非犯谋反大逆及流死罪者，其奴婢无得告首；若奴婢犯罪至死，听送有司，其主无得擅杀。二十九年，以旧法，宰相、节度世选之家子孙犯罪，徒杖如齐民，惟免黥面，诏自今但犯罪当黥，即准法同科。开泰八年，以窃盗赃满十贯，为首者处死，其法太重，故增至二十五贯，其首处死，从者决流。尝敕诸处刑狱有冤，不能申雪者，听诣御史台陈诉，委官覆问。往时大理寺狱讼，凡关覆奏者，以翰林学士、给事中、政事舍人详决；至是始置少卿及正主之。犹虑其未尽，而亲为录囚。数遣使诣诸道审决冤滞，如邢抱朴之属，所至，人自以为无冤。五院部民有自坏铠甲者，其长佛奴杖杀之，上怒其用法太峻，诏夺官。吏以故不敢酷。挞剌干乃方十因醉言宫掖事，法当死，特贳其罪。五院部民偶遗火。延及木叶山兆域，亦当死，杖而释之，因著为法。至于敌八哥始窃蓟州王令谦家财，及觉，以刃刺令谦，幸不死。有司拟以盗论，止加杖罪。又那母古犯窃盗者十有三次，皆以情不可恕，论弃市。因诏自今三犯窃盗者，黥额、徒三年；四则黥面、徒五年；至于五则处死。若是者，重轻适宜，足以示训。近侍刘哥、乌古斯尝从齐王妻而逃，以赦，后会千龄节出首，乃诏诸近侍、护卫集视而腰斩之。于是国无幸民，纲纪修举，吏多奉职，人重犯法。故统和中，南京及易、平二州以狱空闻。至开泰五年，诸道皆狱空，有刑措之风焉。

故事，枢密使非国家重务，未尝亲决，凡狱讼惟夷离毕主之。及萧合卓、萧朴相继为枢密使，专尚吏才，始自听讼。时人转相效习，以狡智相高，风俗自此衰矣。故太平六年下诏曰："朕以国家有契丹、汉人，故以南、北二院分治之，盖欲去贪枉，除烦扰也；若贵贱异法，则怨必生。夫小民犯罪，必不能动有司以达于朝，惟内族、外戚多恃恩行贿，以图苟免，如是则法废矣。自今贵戚以事被告，不以事之大小，并令所在官司按问，具申北、南院覆问得实以闻；其不按辄申，及受请托为奏言者，以本犯人罪罪之。”七年，诏中外大臣曰：“《制条》中有遗阙及轻重失中者，其条上之，议增改焉。”

卷六十二　　志第三十一

刑法志下

兴宗即位，钦哀皇后始得志，昆弟专权。冯家奴等希钦哀意，诬萧浞卜等谋反，连及嫡后仁德皇后。浞卜等十人与仁德姻援坐罪者四十余辈，皆被大辟，仍籍其家。幽仁德于上京，既而遣人弑之。迫殒非命，中外切愤。钦哀后谋废立，迁于庆州。及奉迎以归，颇复预事，其酷虐不得逞矣。然兴宗好名，喜变更，又溺浮屠法，务行小惠，数降赦宥，释死囚甚众。

重熙元年，诏职事官公罪听赎，私罪各从本法；子弟及家人受赇，不知情者，止坐犯人。先是，南京三司销钱作器皿三斤，持钱出南京十贯，及盗遗火家物五贯者处死；至是，铜逾三斤，持钱及所盗物二十贯以上处死。二年，有司奏：“元年诏曰，犯重罪徒终身者，加以捶楚，而又黥面。是犯一罪而具三刑，宜免黥。其职事官及宰相、节度使世选之家子孙，犯奸罪至徒者，未审黥否？”上谕曰：“犯罪而悔过自新者，亦有可用之人，一黥其面，终身为辱，朕甚悯焉。”后犯终身徒者，止刺颈。奴婢犯逃，若盗其主物，主无得擅黥其面，刺臂及颈者听。犯窃盗者，初刺右臂，再刺左，三刺颈之后，四刺左，至于五则处死。五年，《新定条制》成，诏有司凡朝日执之，仍颁行诸道。盖纂修太祖以来法令，参以古制。其刑有死、流、杖及三等之徒，而五凡、五百四十七条。

时有群牧人窃易官印以马与人者，法当死，帝曰：“一马杀二人，不亦甚乎？”减死论。又有兄弟犯强盗当死，以弟从兄，且俱无子，特原其弟。至于枉法受赇，诈敕走递，伪学御书，盗外国贡物者，例皆免死。郡王贴不家奴弥里吉告其主言涉怨望，鞫之无验，当反坐，以钦哀皇后里言，竟不加罪，亦不断付其主，仅籍没焉。宁远军节度使萧白强掠乌古敌烈都详稳敌鲁之女为妻，亦以后言免死，杖而夺其官。梅里狗丹使酒杀人而逃，会永寿节出首，特赦其罪。皇妹秦国公主生日，帝幸其第，伶人张隋，本宋所遣汋者，大臣觉之以闻。召诘，款伏，乃遽释之。后诏诸职官私取官物者，以正盗论。诸帐郎君等于禁地射鹿，决杖三百，不征偿；小将军决二百已下；至百姓犯者决三百。圣宗之风替矣。

道宗清宁元年，诏诸宫都部署曰：“凡有机密事，即可面奏；余所诉事，以法施行。有投诽讪之书，其受及读者皆弃市。”二年，命诸郡长吏如诸部例，与僚属同决罪囚，无致枉死狱中。下诏曰：“先时诸路死刑皆待决于朝，故狱讼留滞；自今凡强盗得实者，听即决之。”四年，复诏左夷离毕曰：“比诏外路死刑，听所在官司即决。然恐未能悉其情，或有枉者。自今虽已款伏，仍令附近官司覆问。无冤然后决之，有冤者即具以闻。”咸雍元年，诏狱囚无家者，给以粮。六年，帝以契丹、汉人风俗不同，国法不可异施，于是命惕隐苏、枢密使乙辛等更定《条制》。凡合于《律令》者，具载之；其不合者，别存之。时校定官即重熙旧制，更窃盗赃二十五贯处死一条，增至五十贯处死；又删其重复者二条，为五百四十五条；取《律》一百七十三条，又创增七十一条，凡七百八十九条，增重编者至千余条。皆分类列。以大康间所定，复以《律》及《条例》参校，续增三十六条。其后因事续校，至大安三年止，又增六十七条。条约既繁，典者不能遍习，愚民莫知所避，犯法者众，吏得因缘为奸。故五年诏曰：“法者所以示民信，而致国治。简易如天地，不忒如四时，使民可避而不可犯。比命有司纂修刑法，然不能明体朕意，多作条目，以罔民于罪，朕甚不取。自今复用旧法，余悉除之。”然自大康元年，北院枢密使耶律乙辛等用事。宫婢单登等诬告宣懿皇后，乙辛以闻，即诏乙辛劾状，因实其事。上怒，族伶人赵惟一，斩高长命，皆籍其家，仍赐皇后自尽。三年，乙辛又与其党谋构昭怀太子，阴令右护卫太保耶律查剌，告知枢密院事萧速撒等八人谋立皇太子。诏按无状，出速撒、达不也外补，流护卫撒拨等六人。诏告首谋逆者，重加官赏；否则悉行诛戮。乙辛教牌印郎君萧讹都斡自首“臣尝预速撒等谋”，因籍姓名以告。帝信之，以乙辛等鞫按，至杖皇太子，囚之宫中别室，杀挞不也、撒剌等三十五人，又杀速撒等诸子；其幼稚及妇女、奴婢、家产，皆籍没之，或分赐群臣。燕哥等诈为太子爰书以闻，上大怒，废太子，徙上京，乙辛寻遣人弑于囚所。帝犹不寤，朝廷上下，无复纪律。天祚乾统元年，凡大康三年预乙辛所害者悉复官爵，籍没者出之，流放者还乡里。至二年，始废乙辛等墓，剖棺戮尸，诛其子孙，余党子孙减死，徙边，其家属奴婢皆分赐被害之家。如耶律挞不也、萧达鲁古等，党人之尤凶狡者，皆以赂免。至于覆军失城者，第免官而已。行军将军耶律涅里三人有禁地射鹿之罪，皆弃市。其职官诸局人有过者，镌降决断之外，悉从军。赏罚无章，怨讟日起；剧盗相挺，叛亡接踵。天祚大恐，益务绳以严酷，由是投崖、炮掷、钉割、脔杀之刑复兴焉。或有分户五京，甚者至取其心以献祖庙。虽由天祚救患无策，流为残忍，亦由祖宗有以启之也。

辽之先代，用法尚严。使其子孙皆有君人之量，知所自择，犹非祖宗贻谋之道；不幸一有昏暴者，少引以藉口，何所不至。然辽之季世，与其先代用刑同，而兴亡异者何欤？盖创业之君，施之于法未定之前，民犹未敢测也；亡国之主，施之于法既定之后，民复何所赖焉。此其所为异也。传曰：“新国轻典。”岂独权事宜而已乎？天祚末年，游畋无度，颇有倦勤意。诸子惟文妃所生敖卢斡最贤。萧奉先乃元妃兄，深忌之。会文妃之女兄适耶律挞曷里，女弟适耶律余睹，奉先乃诬告余睹等谋立晋王，尊天祚为太上皇。遂戮挞曷里及其妻，赐文妃自尽。敖卢斡以不与谋得免。及天祚西狩奉圣州，又以耶律撒八等欲劫立敖卢斡，遂诛撒八，尽其党与。敖卢斡以有人望，即日赐死。当时从行百官、诸局承应人及军士闻者，皆流涕。盖自兴宗时，遽起大狱，仁德皇后戕于幽所，辽政始衰。道宗杀宣懿皇后，迁昭怀太子，太子寻被害。天祚知其父之冤，而己亦几殆，至是又自杀其子敖卢斡。《传》曰："于所厚者薄，无所不薄矣。"辽二百余年，骨肉屡相残灭。天祚荒暴尤甚，遂至于亡。噫！

卷六十三至卷七十从略。

卷七十一　列传　第一

后　妃

肃祖昭烈皇后萧氏　懿祖庄敬皇后萧氏　玄祖简献皇后萧氏

德祖宣简皇后萧氏　太祖淳钦皇后述律氏　太宗靖安皇后萧氏

世宗怀节皇后萧氏　世宗妃甄氏　穆宗皇后萧氏

景宗睿智皇后萧氏　圣宗仁德皇后萧氏　圣宗钦哀皇后萧氏

兴宗仁懿皇后萧氏　兴宗贵妃萧氏　道宗宣懿皇后萧氏

道宗惠妃萧氏　天祚皇后萧氏　天祚德妃萧氏

天祚文妃萧氏　天祚元妃萧氏

《书》始嫔虞，《诗》兴《关雎》。国史记载，往往自家而国，以立天下之本。然尊卑之分，不可易也。司马迁列吕后于《纪》；班固因之，而传元后于外戚之后；范晔登后妃于《帝纪》。天子纪年以叙事谓之《纪》，后曷为而纪之？自晋史列诸后以首《传》，隋、唐以来，莫之能易也。辽因突厥，称皇后曰"可敦"，国语谓之"脦俚蹇"，尊称曰"耨斡麽"，盖以配后土而母之云。太祖称帝，尊祖母曰太皇太后，母曰皇太后，嫔曰皇后。等以徽称，加以美号，质于隋、唐，文于故俗。后族唯乙室、拔里氏，而世任其国事。太祖慕汉高皇帝，故耶律兼称刘氏；以乙室、拔里比萧相国，遂为萧氏。耶律俨、陈大任《辽史·后妃传》，大同小异，酌取其当著于篇。

肃祖昭烈皇后萧氏，小字卓真。归肃祖，生四子，见《皇子表》。乾统三年，追尊昭烈皇后。

懿祖庄敬皇后萧氏，小字牙里辛。肃祖尝过其家曰："同姓可结交，异姓可结婚。"知为萧氏，为懿祖聘焉。生男女七人。乾统三年，追尊庄敬皇后。

玄祖简献皇后萧氏，小字月里朵。玄祖为狠德所害，后嫠居，恐不免，命四子往依邻家耶律台押，乃获安。太祖生，后以骨相异常，惧有阴图害者，鞠之别帐。重熙二十一年，追尊简献皇后。

德祖宣简皇后萧氏，小字岩母斤。遥辇氏宰相剔剌之女。男、女六人，太祖长子也。天显八年崩，祔德陵。重熙二十一年，追尊宣简皇后。

太祖淳钦皇后述律氏，讳平，小字月理朵。其先回鹘人糯思，生魏宁舍利，魏宁生慎思梅里，慎思生婆姑梅里，婆姑娶匀德恝王女，生后于契丹右大部。婆姑名月碗，仕遥辇氏为阿扎割只。后简重果断，有雄略。尝至辽、土二河之会，有女子乘青牛车，仓卒避路，忽不见。未几，童谣曰："青牛妪，曾避路。"盖谚谓地祇为青牛妪云。太祖即位，群臣上尊号曰地皇后。神册元年，大册，加号应天大明地皇后。行兵御众，后尝与谋。太祖尝渡碛击党项，黄头、臭泊二室韦乘虚袭之；后知，勒兵以待，奋击，大破之，名震诸夷。时晋王李存勗欲结援，以叔母事后。幽州刘守光遣韩延徽求援，不拜，太祖怒，留之，使牧马。后曰："守节不屈，贤者也，宜礼用之。"太祖乃召延徽与语，大悦，以为谋主。吴主李昪献猛火油，以水沃之愈炽。太祖选三万骑以攻幽州。后曰："岂有试油而攻人国者？"指帐前树曰："无皮可以生乎？"太祖曰："不可。"后曰："幽州之有土有民，亦犹是耳。吾以三千骑掠其四野，不过数年，困而归我矣，何必为此？万一不胜，为中国笑，吾部落不亦解体乎！"其平渤海，后与有谋。

太祖崩，后称制，摄军国事。及葬，欲以身殉，亲戚百官力谏，因断右腕纳于柩。太宗即位，尊为皇太后。会同初，上尊号曰广德至仁昭烈崇简应天皇太后。初，太祖尝谓太宗必兴我家，后欲令皇太子倍避之，太祖册倍为东丹王。太祖崩，太宗立，东丹王避之唐。太后常属意于少子李胡。太宗崩，世宗即位于镇阳，太后怒，遣李胡以兵逆击。李胡败，太后亲率师遇于潢河之横渡。赖耶律屋质谏，罢兵。迁太后于祖州。应历三年崩，年七十五，祔祖陵，谥曰贞烈。重熙二十一年，更今谥。

太宗靖安皇后萧氏，小字温，淳钦皇后弟室鲁之女。帝为大元帅，纳为妃，生穆宗。及即位，立为皇后。性聪慧洁素，尤被宠顾，虽军旅、田猎必与。天显十年崩，谥彰德，葬奉陵。重熙二十一年，更今谥。

世宗怀节皇后萧氏，小字撒葛只，淳钦皇后弟阿古只之女。帝为永康王，纳之，生景宗。天禄末，立为皇后。明年秋，生萌古公主。在蓐，察割作乱，弑太后及帝。后乘步辇，直诣察割，请毕收殓。明日遇害。谥曰孝烈皇后。重熙二十一年，更今谥。

世宗妃甄氏，后唐宫人，有姿色。帝从太宗南征得之，宠遇甚厚，生宁王只没。及即位，立为皇后。严明端重，风神闲雅。内治有法，莫干以私。刘知远、郭威称帝，世宗承强盛之资，奄奄岁时。后与参帷幄，密赞大谋，不果用。察割作乱，遇害。景宗立，葬二后于医巫闾山，建庙陵寝侧。

穆宗皇后萧氏，父知璠，内供奉翰林承旨。后生，有云气馥郁久之。幼有仪则。帝居藩，纳为妃。及正位中宫，性柔婉，不能规正。无子。

景宗睿智皇后萧氏，讳绰，小字燕燕，北府宰相思温女。早慧。思温尝观诸女扫地，惟后洁除，喜曰："此女必能成家！"帝即位，选为贵妃。寻册为皇后，生圣宗。景宗崩，尊为皇太后，摄国政。后泣曰："母寡子弱，族属雄强，边防未靖，奈何？"耶律斜轸、韩德让进曰："信任臣等，何虑之有！"于是，后与斜轸、德让参决大政，委于越休哥以南边事。统和元年，上尊号曰承天皇太后。二十四年，加上尊号曰睿德神略应运启化承天皇太后。二十七年崩，谥曰圣神宣献皇后。重熙二十一年，更今谥。后明达治道，闻善必从，故群臣咸竭其忠。习知军政，澶渊之役，亲御戎军，指麾三军，赏罚信明，将士用命。圣宗称辽盛主，后教训为多。

圣宗仁德皇后萧氏，小字菩萨哥，睿智皇后弟隗因之女。年十二，美而才，选入掖庭。统和十九年，册为齐天皇后。尝以草莛为殿式，密付有司，令造清风、天祥、八方三殿。既成，益宠异。所乘车置龙首鸱尾，饰以黄金。又造九龙辂、诸子车，以白金为浮图，各有巧思。夏秋从行山谷间，花木如绣，车服相错，人望之以为神仙。生皇子二，皆早卒。开泰五年，宫人耨斤生兴宗，后养为子。帝大渐，耨斤詈后曰："老物宠亦有既耶！"左右扶后出。帝崩，耨斤自立为皇太后，是为钦哀皇后。护卫冯家奴、喜孙等希旨，诬告北府宰相萧浞卜、国舅萧匹敌谋逆。诏令鞫治，连及后。兴宗闻之曰："皇后侍先帝四十年，抚育眇躬，当为太后；今不果，反罪之，可乎？"钦哀曰："此人若在，恐为后患。"帝曰："皇后无子而老，虽在，无能为也。"钦哀不从，迁后于上京。车驾春蒐，钦哀虑帝怀鞠育恩，驰遣人加害。使至，后曰："我实无辜，天下共知。卿待我浴，而后就死，可乎？"使者退。比反，后已崩，年五十。是日，若有见后于木叶山阴者，乘青盖车，卫从甚严。追尊仁德皇后。与钦哀并祔庆陵。

圣宗钦哀皇后萧氏，小字耨斤，淳钦皇后弟阿古只五世孙。黝面，狠视。母尝梦金柱擎天，诸子欲上不能；后后至，与仆从皆升，异之。久之，入宫。尝拂承天太后榻，获金鸡，吞之，肤色光泽胜常。太后惊异曰："是必有奇子！"已而生兴宗。仁德皇后无子，取而养之如己出。后以兴宗侍仁德皇后谨，不悦。圣宗崩，令冯家奴等诬仁德皇后与萧浞卜、萧匹敌等谋乱，徙上京，害之。自立为皇太后，摄政，以生辰为应圣节。重熙元年，尊为仁慈圣善钦孝广德安靖贞纯宽厚崇觉仪天皇太后。三年，后阴召诸弟议，欲立少子重元。重元以所谋白帝，帝收太后符玺，迁于庆州七括宫。六年秋，帝悔之，亲驭奉迎，侍养益孝谨。后常不怿。帝崩，殊无戚容。见崇圣皇后悲泣如礼，谓曰："汝年尚幼，何哀痛如是！"清宁初，尊为太皇太后。崩，谥曰钦哀皇后。后初摄政，追封曾祖为兰陵郡王，父为齐国王，诸弟皆王之，虽汉五侯无以过。

兴宗仁懿皇后萧氏，小字挞里，钦哀皇后弟孝穆之长女。性宽容，姿貌端丽。帝即位，入宫，生道宗。重熙四年，立为皇后。二十三年，号贞懿慈和文惠孝敬广爱崇圣皇后。道宗即位，尊为皇太后。清宁二年，上尊号曰慈懿仁和文惠孝敬广爱宗天皇太后。九年秋，敦睦宫使耶律良以重元与其子涅鲁古反状密告太后，乃言于帝。帝疑之，太后曰："此社稷大事，宜早为计。"帝始戒严。及战，太后亲督卫士，破逆党。大康二年崩，谥仁懿皇后。仁慈淑谨，中外感德。凡正旦、生辰诸国贡币，悉赐贫瘠。尝梦重元曰："臣骨在太子山北，不胜寒凓。"寤，即命屋之，慈悯类此。

兴宗贵妃萧氏，小字三嬦，驸马都尉匹里之女。选入东宫。帝即位，立为皇后。重熙初，以罪降贵妃。

道宗宣懿皇后萧氏，小字观音，钦哀皇后弟枢密使惠之女。姿容冠绝，工诗，善谈论。自制歌词，尤善琵琶。重熙中，帝王燕赵，纳为妃。清宁初，立为懿德皇后。皇太叔重元妻，以艳冶自矜，后见之，戒曰："为贵家妇，何必如此！"后生太子浚，有专房宠。好音乐，伶官赵惟一得侍左右。大康初，宫婢单登、教坊朱顶鹤诬后与惟一私，枢密使耶律乙辛以闻。诏乙辛与张孝杰劾状，因而实之。族诛惟一，赐后自尽，归其尸于家。乾统初，追谥宣懿皇后，合葬庆陵。

道宗惠妃萧氏，小字坦思，驸马都尉霞抹之妹。大康二年，乙辛誉之，选入掖庭，立为皇后。居数岁，未见皇嗣。后妹斡特懒先嫁乙辛子绥也，后以宜子言于帝，离婚，纳宫中。八年，皇孙延禧封梁王，降为惠妃，徙乾陵；斡特懒还其家。顷之，其母燕国夫人厌魅梁王，伏诛。贬妃为庶人，幽于宜州，诸弟没入兴圣宫。天庆六年，召还，封太皇太妃。后二年，奔黑顶山，卒，葬太子山。

天祚皇后萧氏，小字夺里懒，宰相继先五世孙。大安三年入宫。明年，封燕国王妃。乾统初，册为皇后。性闲淑，有仪则。兄弟奉先、保先等缘后宠柄任。女直乱，从天祚西狩，以疾崩。

天祚德妃萧氏，小字师姑，北府宰相常哥之女。寿隆二年入宫，封燕国妃，生子挞鲁。乾统三年，改德妃，以柴册礼，封挞鲁为燕国王，加妃号赞翼。王薨，以哀戚卒。

天祚文妃萧氏，小字瑟瑟，国舅大父房之女。乾统初，帝幸耶律挞葛第，见而悦之，匿宫中数月。皇太叔和鲁斡劝帝以礼选纳，三年冬，立为文妃。生蜀国公主、晋王敖卢斡，尤被宠幸。以柴册，加号承翼。善歌诗。女直乱作，日见侵迫。帝畋游不恤，忠臣多被疏斥。妃作歌讽谏，其词曰："勿嗟塞上兮暗红尘，勿伤多难兮畏夷人。不如塞奸邪之路兮，选取贤臣。直须卧薪尝胆兮，激壮士之捐身；可以朝清漠北兮，夕枕燕、云。"又歌曰："丞相来朝兮剑佩鸣，千官侧目兮寂无声。养成外患兮嗟何及，祸尽忠臣兮罚不明。亲戚并居兮藩屏位，私门潜畜兮爪牙兵。可怜往代兮秦天子，犹向宫中兮望太平！"天祚见而衔之。播迁以来，郡县所失几半，上颇有倦勤之意。诸皇子敖卢斡最贤，素有人望。元后兄萧奉先深忌之，诬南军都统余睹谋立晋王，以妃与闻，赐死。

天祚元妃萧氏，小字贵哥，燕国妃之妹。年十七，册为元妃。性沉静。尝昼寝，近侍盗貂裀，妃觉而不言，宫掖称其宽厚。从天祚西狩，以疾薨。

论曰：辽以鞍马为家，后妃往往长于射御，军旅田猎，未尝不从。如应天之奋击室韦，承天之御戎澶渊，仁懿之亲破重元，古所未有，亦其俗也。靖安无毁无誉；齐天巧思，乃奢侈之渐；宣懿度曲知音，岂致诬蔑之阶乎？文妃能歌诗讽谏，而谓谋私其子，非矣。若简宪之艰危保孤，怀节之从容就义，虽烈丈夫何以过之。钦哀狠桀，贼杀嫡后，而兴宗不能防闲其母，惜哉！

卷七十二　　列传第二

宗　室

义宗倍子平王隆先　晋王道隐　**章肃皇帝李胡**子宋王喜隐　**顺宗濬**　**晋王敖卢斡**

义宗，名倍，小字图欲，太祖长子，母淳钦皇后萧氏。幼聪敏好学，外宽内挚。神册元年春，立为皇太子。时太祖问侍臣曰："受命之君，当事天敬神。有大功德者，朕欲祀之，何先？"皆以佛对。太祖曰："佛非中国教。"倍曰："孔子大圣，万世所尊，宜先。"太祖大悦，即建孔子庙，诏皇太子春秋释奠。

尝从征乌古、党项，为先锋都统，及经略燕地。太祖西征，留倍守京师，因陈取渤海计。天显元年，从征渤海。拔扶余城，上欲括户口，倍谏曰："今始得地而料民，民必不安。若乘破竹之势，径造忽汗城，克之必矣。"太祖从之。倍与大元帅德光为前锋，夜围忽汗城，大諲譔穷蹙，请降。寻复叛，太祖破之。改其国曰东丹，名其城曰天福，以倍为人皇王主之。仍赐天子冠服，建元甘露，称制，置左右大次四相及百官，一用汉法。岁贡布十五万端，马千匹。上谕曰："此地濒海，非可久居，留汝抚治，以见朕爱民之心。"驾将还，倍作歌以献。陛辞，太祖曰："得汝治东土，吾复何忧。"倍号泣而出。遂如仪坤州。

未几，诸部多叛，大元帅讨平之。太祖讣至，倍即日奔赴山陵。倍知皇太后意欲立德光，乃谓公卿曰："大元帅功德及人神，中外攸属，宜主社稷。"乃与群臣请于太后而让位焉。于是大元帅即皇帝位，是为太宗。太宗既立，见疑，以东平为南京，徙倍居之，尽迁其民。又置卫士阴伺动静。倍既归国，命王继远撰《建南京碑》，起书楼于西宫，作《乐田园诗》。唐明宗闻之，遣人跨海持书密召倍。倍因畋海上。使再至，倍谓左右曰："我以天下让主上，今反见疑；不如适他国，以成吴太伯之名。"立木海上，刻诗曰："小山压大山，大山全无力。羞见故乡人，从此投外国。"携高美人，载书浮海而去。

唐以天子仪卫迎倍，倍坐船殿，众官陪列上寿。至汴，见明宗。明宗以庄宗后夏氏妻之，赐姓东丹，名之曰慕华。改瑞州为怀化军，拜怀化军节度使、瑞慎等州观察使。复赐姓李，名赞华。移镇滑州，遥领虔州节度使。倍虽在异国，常思其亲，问安之使不绝。后明宗养子从珂弑其君自立，倍密报太宗曰："从珂弑君，盍讨之。"及太宗立石敬瑭为晋主，加兵于洛。从珂欲自焚，召倍与俱，倍不从，遣壮士李彦绅害之，时年三十八。有一僧为收瘗之。敬瑭入洛，丧服临哭，以王礼权厝。后太宗改葬于医巫闾山，谥曰文武元皇王。世宗即位，谥让国皇帝，陵曰显陵。统和中，更谥文献。重熙二十年，增谥文献钦义皇帝，庙号义宗，及谥二后曰端顺，曰柔贞。

倍初市书至万卷，藏于医巫闾绝顶之望海堂。通阴阳，知音律，精医药、砭焫之术。工辽、汉文章，尝译《阴符经》。善画本国人物，如《射骑》、《猎雪骑》、《千鹿图》，皆入宋秘府。然性刻急好杀，婢妾微过，常加刲灼。夏氏惧而求削发为尼。五子：长世宗，次娄国、稍、隆先、道隐，各有传。

平王隆先，字团隐，母大氏。景宗即位，始封平王。未几，兼政事令，留守东京。薄赋税，省刑狱，恤鳏寡，数荐贤能之士。后与统军耶律室鲁同讨高丽有功，还薨，葬医巫闾山之道隐谷。平王为人聪明，博学能诗，有《阆苑集》行于世。保宁之季，其子陈哥与渤海官属谋杀其父，举兵作乱，上命镮裂于市。

晋王道隐，字留隐，母高氏。道隐生于唐，人皇王遭李从珂之害，时年尚幼，洛阳僧匿而养之，因名道隐。太宗灭唐，还京，诏赐外罗山地居焉。性沉静，有文武才，时人称之。景宗即位，封蜀王，为上京留守。乾亨元年，迁守南京，号令严肃，民获安业。居数年，徙封荆王。统和初，病薨，追封晋王。

论曰：自古新造之国，一传而太子让，岂易得哉？辽之义宗，可谓盛矣！然让而见疑，岂不兆于建元称制之际乎？斯则一时君臣昧于礼制之过也。束书浮海，寄迹他国，思亲不忘，问安不绝，其心甚有足谅者焉。观其始慕泰伯之贤而为远适之谋，终疾陈恒之恶而有请讨之举，志趣之卓，盖已见于早岁先祀孔子之言欤。善不令终，天道难诘，得非性卞嗜杀之所致也？虽然，终辽之代，贤圣继统，皆其子孙。至德之报，昭然在兹矣。

章肃皇帝，小字李胡，一名洪古，字奚隐，太祖第三子，母淳钦皇后萧氏。少勇悍多力，而性残酷，小怒辄黥人面，或投水火中。太祖尝观诸子寝，李胡缩项卧内，曰：“是必在诸子下。”又尝大寒，命三子采薪。太宗不择而取，最先至；人皇王取其乾者束而归，后至；李胡取少而弃多，既至，袖手而立。太祖曰：“长巧而次成，少不及矣。”而母笃爱李胡。

天显五年，遣徇地代北，攻寰州，多俘而还，遂立为皇太弟，兼天下兵马大元帅。太宗亲征，常留守京师。世宗即位镇阳，太后怒，遣李胡将兵击之。至泰德泉，为安端、留哥所败。太后与世宗隔潢河而阵，各言举兵意。耶律屋质入谏太后曰：“主上已立，宜许之。”时李胡在侧，作色曰：“我在，兀欲安得立？”屋质曰：“奈公酷暴失人心何！”太后顾李胡曰：“昔我与太祖爱汝异于诸子，谚云：‘偏怜之子不保业，难得之妇不主家。’我非不欲立汝，汝自不能矣。”及会议，世宗使解剑而言。和约既定，趋上京。会有告李胡与太后谋废立者，徙李胡祖州，禁其出入。穆宗时，其子喜隐谋反，辞逮李胡，囚之，死狱中，年五十，葬玉峰山西谷。统和中，追谥钦顺皇帝。重熙二十一年，更谥章肃，后曰和敬。二子：宋王喜隐、卫王宛。

喜隐，字完德，雄伟善骑射，封赵王。应历中，谋反，事觉，上临问有状，以亲释之。未几，复反，下狱。景宗即位，闻有赦，自去其械而朝。上怒曰：“汝罪人，何得擅离禁所！”诏诛守者，复置于狱。及改元保宁，乃宥之，妻以皇后之姊，复爵，王宋。喜隐轻僄无恒，小得志即骄。上尝召，不时至，怒而鞭之，由是愤怨谋乱。贬而复召，适见上与刘继元书，辞意卑逊，谏曰：“本朝于汉为祖，书旨如此，恐亏国体。”帝寻改之。授西南面招讨使，命之河东索吐蕃户，稍见进用。复诱群小谋叛，上命械其手足，筑圜土，囚祖州。宋降卒二百余人欲劫立喜隐，以城坚不得入，立其子留礼寿，上京留守除室擒之。留礼寿伏诛，赐喜隐死。

论曰：李胡残酷骄盈，太祖知其不才而不能教，太后不知其恶而溺爱之。初以屋质之言定立世宗，而复谋废立。子孙继以逆诛，并及其身，可哀也已。夫自太祖之世，剌葛、安端首倡祸乱，太祖既不之诛，又复用之，固为有君人之量，然惟太祖之才足以驾驭，庶乎其可也。李胡而下，宗王反侧，无代无之，辽之内难，与国始终。厥后嗣君，虽严法以绳之，卒不可止。乌乎，创业垂统之主，所以贻厥孙谋者，可不审欤！

顺宗，名濬，小字耶鲁斡，道宗长子，母宣懿皇后萧氏。幼而能言，好学知书。道宗尝曰：“此子聪慧，殆天授欤！”六岁，封梁王。明年，从上猎，矢连发三中。上顾左右曰：“朕祖宗以来，骑射绝人，威震天下。是儿虽幼，不坠其风。”后遇十鹿，射获其九。帝喜，设宴。八岁，立为皇太子。大康元年，兼领北南枢密院事。

及母后被害，太子有忧色。耶律乙辛为北院枢密使，常不自安。会护卫萧忽古谋害乙辛，事觉，下狱。副点检萧十三谓乙辛曰：“臣民心属太子，公非阀阅，一日若立，吾辈措身何地！”乃与同知北院宣徽事萧特里特谋构陷太子，阴令右护卫太保耶律查剌诬告都宫使耶律撒剌、知院萧速撒、护卫萧忽古谋废立。诏按无迹，不治。乙辛复令牌印郎君萧讹都斡等言：“查剌前告非妄，臣实与谋，欲杀耶律乙辛等，然后立太子。臣若不言，恐事发连坐。”帝信之，幽太子于别室，以耶律燕哥鞫按。太子具陈枉状曰：“吾为储副，尚何所求。公当为我辨之。”燕哥乃乙辛之党，易其言为款伏。上大怒，废太子为庶人。将出，曰：“我何罪至是！”十三叱登车，遣卫士阖其扉。徙于上京，囚圜堵中。乙辛寻遣达鲁古、撒八往害之，太子年方二十，上京留守萧挞得绐以疾薨闻。上哀之，命有司葬龙门山。欲召其妃，乙辛阴遣人杀之。帝后知其冤，悔恨无及，谥曰昭怀太子，以天子礼改葬玉峰山。乾统初，追尊大孝顺圣皇帝，庙号顺宗，妃萧氏贞顺皇后。一子，延禧，即天祚皇帝。

论曰：道宗知太子之贤，而不能辨乙辛之诈，竟绝父子之亲，为万世惜。乙辛知为一身之计，不知有君臣之义，岂复知有太子乎！奸邪之臣乱人家国如此，可不戒哉！可不戒哉！

晋王，小字敖卢斡，天祚皇帝长子，母曰文妃萧氏。甫髫龀，驰马善射。出为大丞相耶律隆运后，封晋王。性乐道人善，而矜人不能。时宫中见读书者辄斥，敖卢斡尝入寝殿，见小底茶剌阅书，因取观。会诸王至，阴袖而归之，曰：“勿令他人见也。”一时号称长者。及长，积有人望，内外归心。保大元年，南军都统耶律余睹与其母文妃密谋立之，事觉，余睹降金，文妃伏诛，敖卢斡实不与谋免。二年，耶律撒八等复谋立，不克。上知敖卢斡得人心，不忍加诛，令缢杀之。或劝之亡，敖卢斡曰：“安忍为蕞尔之躯，而失臣子之大节！”遂就死。闻者伤之。

论曰：天祚不君，臣下谋立其子，适以杀之。敖卢斡重君父之命，不亡而死，申生其恭矣乎！

卷七十三　　列传第三

耶律曷鲁　萧敌鲁阿古只　**耶律斜涅赤**老古　颇德
耶律欲稳　耶律海里

耶律曷鲁，字控温，一字洪隐，迭剌部人。祖匣马葛，简宪皇帝兄。父偶思，遥辇时为本部夷离堇，曷鲁其长子也。性质厚。在髫鬌，与太祖游，从父释鲁奇之曰：“兴我家者，必二儿也。”太祖既长，相与易裘马为好，然曷鲁事太祖弥谨。会滑哥弑其父释鲁，太祖顾曷鲁曰：“滑哥弑父，料我必不能容，将反噬我。今彼归罪台哂为解，我姑与之。是贼吾不忘也！”自是，曷鲁常佩刀从太祖，以备不虞。居久之，曷鲁父偶思病，召曷鲁曰：“阿保机神略天授，汝率诸弟赤心事之。”已而太祖来问疾，偶思执其手曰：“尔命世奇才。吾儿曷鲁者，他日可委以事，吾已谕之矣。”既而以诸子属之。

太祖为挞马狘沙里，参预部族事，曷鲁领数骑召小黄室韦来附。太祖素有大志，而知曷鲁贤，军国事非曷鲁议不行。会讨越兀与乌古部，曷鲁为前锋，战有功。及太祖为迭剌部夷离堇，讨奚部，其长术里逼险而垒，攻莫能下，命曷鲁持一笴往谕之。既入，为所执。乃说奚曰："契丹与奚言语相通，实一国也。我夷离堇于奚岂有輘轹之心哉？汉人杀我祖奚首，夷离堇怨次骨，日夜思报汉人。顾力单弱，使我求援于奚，传矢以示信耳。夷离堇受命于天，抚下以德，故能有此众也。今奚杀我，违天背德，不祥莫大焉。且兵连祸结，当自此始，岂尔国之利乎！"术里感其言，乃降。太祖为于越，秉国政，欲命曷鲁为迭剌部夷离堇。辞曰："贼在君侧，未敢远去。"太祖讨黑车子室韦，幽州刘仁恭遣养子赵霸率众来救。曷鲁伏兵桃山，俟霸众过半而要之；与太祖合击，斩获甚众，遂降室韦。太祖会李克用于云州，时曷鲁侍，克用顾而壮之曰："伟男子为谁？"太祖曰："吾族曷鲁也。"

会遥辇痕德堇可汗殁，群臣奉遗命请立太祖。太祖辞曰："昔吾祖夷离堇雅里尝以不当立而辞，今若等复为是言，何欤？"曷鲁进曰："曩吾祖之辞，遗命弗及，符瑞未见，第为国人所推戴耳。今先君言犹在耳，天人所与，若合符契。天不可逆，人不可拂，而君命不可违也。"太祖曰："遗命固然，汝焉知天道？"曷鲁曰："闻于越之生也，神光属天，异香盈幄，梦受神诲，龙锡金佩。天道无私，必应有德。我国削弱，齮龁于邻部日久，以故生圣人以兴起之。可汗知天意，故有是命。且遥辇九营棋布，非无可立者；小大臣民属心于越，天也。昔者于越伯父释鲁尝曰：'吾犹蛇，儿犹龙也。'天时人事，几不可失。"太祖犹未许。是夜，独召曷鲁责曰："众以遗命迫我。汝不明吾心，而亦俯随耶？"曷鲁曰："在昔夷离堇雅里虽推戴者众，辞之而立阻午为可汗。相传十余世，君臣之分乱，纪纲之统隳。委质他国，若缀斿然。羽檄蜂午，民疲奔命。兴王之运，实在今日。应天顺人，以答顾命，不可失也。"太祖乃许。明日，即皇帝位，命曷鲁总军国事。时制度未讲，国用未充，扈从未备；而诸弟剌葛等往往觊非望。太祖宫行营始置腹心部，选诸部豪健二千余充之，以曷鲁及萧敌鲁总焉。已而诸弟之乱作，太祖命曷鲁总领军事，讨平之，以功为迭剌部夷离堇。时民更兵焚剽，日以抚敝，曷鲁抚辑有方，畜牧益滋，民用富庶。乃讨乌古部，破之。自是震慑，不敢复叛。乃请制朝仪、建元，率百官上尊号。太祖既备礼受册，拜曷鲁为阿鲁敦于越。"阿鲁敦"者，辽言盛名也。

后太祖伐西南诸夷，数为前锋。神册二年，从逼幽州，与唐节度使周德威拒战可汗州西，败其军，遂围幽州，未下。太祖以时暑班师，留曷鲁与卢国用守之。俄而救兵继至，曷鲁等以军少无援，退。

三年七月，皇都既成，燕群臣以落之。曷鲁是日得疾薨，年四十七。既葬，赐名其阡宴答，山曰于越峪，诏立石纪功。清宁间，命立祠上京。

初，曷鲁病革，太祖临视，问所欲言。曷鲁曰："陛下圣德宽仁，群生咸遂，帝业隆兴。臣既蒙宠遇，虽瞑目无憾。惟析迭剌部议未决，愿亟行之。"及薨，太祖流涕曰："斯人若登三五载，吾谋蔑不济矣！"后太祖二十一功臣，各有所拟，以曷鲁为心云。子惕剌、撒剌，俱不仕。

论曰：曷鲁以肺腑之亲，任帷幄之寄，言如蓍龟，谋成战胜，可谓算无遗策矣。其君臣相得之诚，庶吴汉之于光武欤？夫信其所可信，智也，太祖有焉。故曰：惟圣知圣，惟贤知贤，斯近之矣。

萧敌鲁，字敌辇，其母为德祖女弟，而淳钦皇后又其女兄也。五世祖曰胡母里，遥辇氏时尝使唐，唐留之幽州。一夕，折关遁归国，由是世为决狱官。敌鲁性宽厚，膂力绝人，习军旅事。太祖潜藩，日侍左右，凡征讨必与行阵。既即位，敌鲁与弟阿古只、耶律释鲁、耶律曷鲁偕总宿卫。拜敌鲁北府宰相，世其官。太祖征奚及讨刘守光，敌鲁略地海滨，杀获甚众。顷之，剌葛等作乱，溃而北走。敌鲁率轻骑追之，兼昼夜行。至榆河，败其党，获剌葛以献。太祖嘉之，锡赉甚渥。后讨西南夷，功居诸将先。神册三年十二月卒。敌鲁有胆略，闻敌所在即驰赴，亲冒矢石，前后战未尝少衄，必胜乃止。以故在太祖功臣列，喻以手云。弟阿古只。

阿古只，字撒本。少卓越，自放不羁。长骁勇善射，临敌敢前。每射甲楯辄洞贯。太祖为于越时，以材勇充任使。既即位，与敌鲁总腹心部。剌葛之乱也，淳钦皇后军黑山，阻险自固。太祖方经略奚地，命阿古只统百骑往卫之。逆党迭里特、耶律滑哥素惮其勇略，相戒曰："是不可犯也！"剌葛既北走，与敌鲁追擒于榆河。神册初元，讨西南夷有功；徇山西诸郡县，又下之，败周德威军。三年，以功拜北府宰相，世其职。天赞初，与王郁略地燕、赵，破磁窑镇。太祖西征，悉诿以南面边事。攻渤海，破扶余城，独将骑兵五百，败老相军三万。渤海既平，改东丹国。顷之，已降郡县复叛，盗贼蜂起。阿古只与康默记讨之，所向披靡。会贼游骑七千自鸭渌府来援，势张甚。阿古只帅麾下精锐，直犯其锋，一战克之，斩馘三千余，遂进军破回跋城。以病卒。功臣中喻阿古只为耳云。子安团，官至右皮室详稳。

耶律斜涅赤，字撒剌，六院部舍利褭古直之族。始字铎碗，早隶太祖幕下，尝有疾，赐樽酒饮而愈，辽言酒樽曰"撒剌"，故诏易字焉。太祖即位，掌腹心部。天赞初，分迭剌部为北、南院，斜涅赤为北院夷离堇。帝西征至流沙，威声大振，诸夷溃散，乃命斜涅赤抚集之。及讨渤海，破扶余城，斜涅赤从太子大元帅率众夜围忽汗城，大諲譔降。已而复叛，命诸将分地攻之。诘旦，斜涅赤感励士伍，鼓噪登陴，敌震慑，莫敢御，遂破之。天显中卒，年七十，居佐命功臣之一。侄老古、颇德。

老古，字撒懒，其母淳钦皇后姊也。老古幼养宫掖，既长，沉毅有勇略，隶太祖帐下。既即位，屡有战功。剌葛之乱也，欲乘我不备为掩袭计，绐降。太祖将纳之，命老古、耶律欲稳严号令，勒士卒，控警以防其变。逆党知有备，惧而遁。以功授右皮室详稳，典宿卫。太祖侵燕、赵，遇唐兵云碧店，老古恃勇轻敌，直犯其锋。战久之，被数创，归营而卒。太祖深悼惜之，佐命功臣其一也。

颇德，字兀古邻。弱冠事太祖。天显初，为左皮室详稳，典宿卫，迁南院夷离堇，治有声。石敬瑭破张敬达军于太原北，时颇德勒兵为援，敬达遁。敬瑭追至晋安寨围之，颇德领轻骑袭潞州，塞其饷道。唐诸将惧，杀敬达以降。会同初，改迭剌部夷离堇为大王，即拜颇德，既而加采访使。旧制，肃祖以下宗室称院，德祖宗室号三父房，称横帐，百官子弟及籍没人称著帐。耶律斜的言，横帐班列，不可与北、南院并。太宗诏在廷议，皆曰然，乃诏横帐班列居上。颇德奏曰："臣伏见官制，北、南院大王品在惕隐上。今横帐始图爵位之高，愿与北、南院参任；兹又耻与同列。夫横帐与诸族皆臣也，班列奚以异？"帝乃谕百官曰："朕所不知，卿等不宜面从。"诏仍旧制。其强直不挠如此。颇德状貌秀伟，初太祖见之曰："是子风骨异常儿，必为国器。"后果然。卒年四十九。

耶律欲稳，字辖剌干，突吕不部人。祖台押，遥辇时为北边拽剌。简献皇后与诸子之罹难也，尝倚之以免。太祖思其功不忘，又多欲稳严重，有济世志，乃命典司近部，以遏诸族窥觊之想。欲稳既见器重，益感奋思报。太祖始置宫分以自卫，欲稳率门客首附宫籍。帝益嘉其忠，诏以台押配享庙廷。及平剌葛等乱，以功迁奚迭剌部夷离堇。从征渤海有功。天显初卒。后诸帝以太祖之与欲稳也为故，往往取其子孙为友。宫分中称"八房"，皆其后也。弟霞里，终奚六部秃里。

耶律海里，字涅剌昆，遥辇昭古可汗之裔。太祖传位，海里与有力焉。初受命，属籍比局萌觊觎，而遥辇故族尤觖望。海里多先帝知人之明，而素服太祖威德，独归心焉。以故太祖托为耳目，数从征讨。既清内乱，始置遥辇敞稳，命海里领之。天显初，征渤海，海里将遥辇纠破忽汗城。师般，卒。

卷七十四　　列传第四

耶律敌剌　萧痕笃　康默记延寿　**韩延徽**
德枢　绍勋　绍芳　资让**韩知古**匡嗣　德源　德凝

耶律敌剌，字合鲁隐，遥辇鲜质可汗之子。太祖践阼，与敞稳海里同心辅政。太祖知其忠实，命掌礼仪，且诿以军事。后以平内乱功，代辖里为奚六部吐里，卒。敌剌善骑射，颇好礼文。

萧痕笃，字兀里轸，迭剌部人。其先相遥辇氏。痕笃少慷慨，以才能自任。早隶太祖帐下，数从征讨。既践阼，除北府宰相。痕笃事亲孝，为政尚宽简。

康默记，本名照。少为蓟州衙校，太祖侵蓟州得之，爱其材，隶麾下。一切番、汉相涉事，属默记折衷之，悉合上意。时诸部新附，文法未备，默记推析律意，论决重轻，不差毫厘。罹禁网者，人人自以为不冤。顷之，拜左尚书。神册三年，始建都，默记董役，人咸劝趋，百日而讫事。五年，为皇都夷离毕。会太祖出师居庸关，命默记将汉军进逼长芦水寨，俘馘甚众。天赞四年，亲征渤海，默记与韩知古从。后大諲譔叛，命诸将攻之。默记分薄东门，率骁勇先登。既拔，与韩延徽下长岭府。军还，已下城邑多叛，默记与阿古只平之。既破回跋城，归营太祖山陵毕，卒。佐命功臣其一也。

孙延寿，字胤昌，少倜傥，谓其所亲："大丈夫为将，当效节边垂，马革裹尸。"景宗特授千牛卫大将军。宋人攻南京，诸将既成列，延寿独奋击阵前，敌遂大溃。以功遥授保大军节度使。乾亨三年卒。

韩延徽，字藏明，幽州安次人。父梦殷，累官蓟、儒、顺三州刺史。延徽少英，燕帅刘仁恭奇之，召为幽都府文学、平州录事参军，同冯道祗候院，授幽州观察度支使。后守光为帅，延徽来聘，太祖怒其不屈，留之。述律后谏曰："彼秉节弗挠，贤者也，奈何困辱之？"太祖召与语，合上意，立命参军事。攻党项、室韦，服诸部落，延徽之筹居多。乃请树城郭，分市里，以居汉人之降者。又为定配偶，教垦艺，以生养之。以故逃亡者少。

居久之，慨然怀其乡里，赋诗见意，遂亡归唐。已而与他将王缄有隙，惧及难，乃省亲幽州，匿故人王德明舍。德明问所适，延徽曰："吾将复走契丹。"德明不以为然。延徽笑曰："彼失我，如失左右手，其见我必喜。"既至，太祖问故。延徽曰："忘亲非孝，弃君非忠。臣虽挺身逃，臣心在陛下。臣是以复来。"上大悦，赐名曰匣列。"匣列"，辽言复来也。即命为守政事令、崇文馆大学士，中外事悉令参决。

天赞四年，从征渤海，大諲譔乞降。既而复叛，与诸将破其城，以功拜左仆射。又与康默记攻长岭府，拔之。师还，太祖崩，哀动左右。太宗朝，封鲁国公，仍为政事令。使晋还，改南京三司使。世宗朝，迁南府宰相，建政事省，设张理具，称尽力吏。天禄五年六月，河东使请行册礼，帝诏延徽定其制，延徽奏一遵太宗册晋帝礼，从之。应历中，致仕。子德枢镇东平，诏许每岁东归省。九年卒，年七十八。上闻震悼，赠尚书令，葬幽州之鲁郭，世为崇文令公。

初，延徽南奔，太祖梦白鹤自帐中出；比还，复入帐中。诘旦，谓侍臣曰："延徽至矣。"已而果然。太祖初元，庶事草创，凡营都邑，建宫殿，正君臣，定名分，法度井井，延徽力也。为佐命功臣之一。子德枢。

德枢年甫十五，太宗见之，谓延徽曰："是儿卿家之福，朕国之宝，真英物也！"未冠，守左羽林大将军，迁特进太尉。时汉人降与转徙者，多寓东平。丁岁灾，饥馑疾厉。德枢请往抚字之，授辽兴军节度使。下车整纷剔蠹，恩煦信孚，劝农桑，兴教化，期月民获苏息。入为南院宣徽使，遥授天平军节度使，平、滦、营三州管内观察处置等使，门下平章事。已而加开府仪同三司、行侍中，封赵国公。保宁元年卒。孙绍勋、绍芳。

绍勋，仕至东京户部使。会大延琳叛，被执，辞不屈，贼以锯解之，愤骂至死。

绍芳，重熙间参知政事，加兼侍中。时廷议征李元昊，力谏不听，出为广德军节度使。闻败，呕血卒。

孙资让，寿隆初拜中书侍郎、平章事。会宋徽宗嗣位，遣使来报，有司按籍，有“登宝位”文，坐是出为崇义军节度使。改镇辽兴，卒。

韩知古，蓟州玉田人，善谋有识量。太祖平蓟时，知古六岁，为淳钦皇后兄欲稳所得。后来媵，知古从焉，未得省见。久之，负其有，怏怏不得志，挺身逃庸保，以供资用。其子匡嗣得亲近太祖，因间言。太祖召见与语，贤之，命参谋议。神册初，遥授彰武军节度使。久之，信任益笃，总知汉儿司事，兼主诸国礼仪。时仪法疏阔，知古援据故典，参酌国俗，与汉仪杂就之，使国人易知而行。顷之，拜左仆射，与康默记将汉军征渤海有功，迁中书令。天显中卒，为佐命功臣之一。子匡嗣。

匡嗣以善医，直长乐宫，皇后视之犹子。应历十年，为太祖庙详稳。后宋王喜隐谋叛，辞引匡嗣，上置不问。初，景宗在藩邸，善匡嗣。即位，拜上京留守。顷之，王燕，改南京留守。保宁末，以留守摄枢密使。时耶律虎古使宋还，言宋人必取河东，合先事以为备。匡嗣诋之曰：“宁有是！”已而宋人果取太原，乘胜逼燕。匡嗣与南府宰相沙、惕隐休哥侵宋，军于满城。方阵，宋人请降。匡嗣欲纳之，休哥曰：“彼军气甚锐，疑诱我也。可整顿士卒以御。”匡嗣不听。俄而宋军鼓噪薄我，众蹙践，尘起涨天。匡嗣仓卒谕诸将，无当其锋。众既奔，遇伏兵扼要路，匡嗣弃旗鼓遁，其众走易州山，独休哥收所弃兵械，全军还。帝怒匡嗣，数之曰：“尔违众谋，深入敌境，尔罪一也；号令不肃，行伍不整，尔罪二也；弃我师旅，挺身鼠窜，尔罪三也；侦候失机，守御弗备，尔罪四也；捐弃旗鼓，损威辱国，尔罪五也。”促令诛之。皇后引诸内戚徐为开解，上重违其请。良久，威稍霁，乃杖而免之。既而遥授晋昌军节度使。乾亨三年，改西南面招讨使，卒。睿智皇后闻之，遣使临吊，赙赠甚厚，后追赠尚书令。五子：德源，德让——后赐名隆运，德威，德崇，德凝。德源、德凝附传，余各有传。

德源，性愚而贪，早侍景宗邸。及即位，列近侍。保宁间，官崇义、兴国二军节度使，加检校太师。以贿名，德让贻书谏之，终不悛。以故论者少之。后加同政事门下平章事，遥摄保宁军节度使。乾亨初卒。

德凝，廉逊谦谨。保宁中，迁护军司徒。开泰中，累迁护卫太保、都宫使、崇义军节度使。移镇广德，秩满，部民请留，从之。改西南面招讨使，党项隆益答叛，平之。迁大同军节度使，卒于官。

子郭三，终天德军节度使。孙高家奴，终南院宣徽使；高十，终辽兴军节度使。

卷七十五　列传第五

耶律觌烈羽之　**耶律铎臻**古　突吕不
王郁　**耶律图鲁窘**

耶律觌烈，字兀里轸，六院部蒲古只夷离堇之后。父偶思，亦为夷离堇。初，太祖为于越时，觌烈以谨愿宽恕见器使。既即位，兄曷鲁典宿卫，以故觌烈入侍帷幄，与闻政事。神册三年，曷鲁薨，命觌烈为迭剌部夷离堇，属以南方事。会讨党项，皇太子为先锋，觌烈副之。军至天德、云内，分道并进。觌烈率偏师渡河力战，斩获甚众。天赞初，析迭剌部为北、南院，置夷离堇。时大元帅率师由古北口略燕地，觌烈徇山西，所至城堡皆下，太祖嘉其功，锡赉甚厚。从伐渤海，拔扶余城，留觌烈与寅底石守之。天显二年，留守南京。十年卒，年五十六。弟羽之。

羽之，小字兀里，字寅底哂。幼豪爽不群，长嗜学，通诸部语。太祖经营之初，多预军谋。天显元年，渤海平，立皇太子为东丹王，以羽之为中台省右次相。时人心未安，左大相迭剌不逾月薨，羽之莅事勤恪，威信并行。太宗即位，上表曰：“我大圣天皇始有东土，择贤辅以抚斯民，不以臣愚而任之。国家利害，敢不以闻。渤海昔畏南朝，阻险自卫，居忽汗城。今去上京辽邈，既不为用，又不罢戍，果何为哉？先帝因彼离心，乘衅而动，故不战而克。天授人与，彼一时也。遗种浸以蕃息，今居远境，恐为后患。梁水之地乃其故乡，地衍土沃，有木铁盐鱼之利。乘其微弱，徙还其民，万世长策也。彼得故乡，又获木铁盐鱼之饶，必安居乐业。然后选徒以翼吾左，突厥、党项、室韦夹辅吾右，可以坐制南邦，混一天下，成圣祖未集之功，贻后世无疆之福。”表奏，帝嘉纳之。是岁，诏徙东丹国民于梁水，时称其善。人皇王奔唐，羽之镇抚国人，一切如故。以功加守太傅，迁中台省左相。会同初，以册礼赴阙，加特进。表奏左次相渤海苏贪墨不法事，卒。子和里，终东京留守。

耶律铎臻，字敌辇，六院部人。祖蒲古只，遥辇氏时再为本部夷离堇。耶律狼德等既害玄祖，暴横益肆。蒲古只以计诱其党，悉诛夷之。铎臻幼有志节，太祖为于越，常居左右。后即位，梁人遣使求辕轴材，太祖难之。铎臻曰：“梁名求材，实觇吾轻重。宜答曰：‘材之所生，必深山穷谷，有神司之，须白鼻赤驴祷祠，然后可伐。’如此，则其语自塞矣。”已而果然。天赞三年，将伐渤海，铎臻谏曰：“陛下先事渤海，则西夏必蹑吾后。请先西讨，庶无后顾忧。”太祖从之。及淳钦皇后称制，恶铎臻，囚之，誓曰：“铁锁朽，当释汝！”既而召之，使者欲去锁，铎臻辞曰：“铁未朽，可释乎？”后闻，嘉叹，趣召释之。天显二年卒。弟古、突吕不。

古，字涅剌昆，初名霞马葛。太祖为于越，尝从略地山右。会李克用于云州，古侍，克用异之曰："是儿骨相非常，不宜使在左右。"以故太祖颇忌之。时方西讨，诸弟乱作，闻变，太祖问古与否，曰无。喜曰："吾无患矣！"趣召古议。古陈殄灭之策，后皆如言，以故锡赉甚厚。神册末，南伐，以古佐右皮室详稳老古，与唐兵战于云碧店，老古中流矢，伤甚，太祖疑古阴害之。古知上意，跪曰："陛下疑臣耻居老古麾下耶？及今老古在，请遣使问之。"太祖使问老古，对曰："臣于古无可疑者。"上意乃释。老古卒，遂以古为右皮室详稳。既卒，太祖谓左右曰："古死，犹长松自倒，非吾伐之也。"

突吕不，字铎衮，幼聪敏嗜学。事太祖见器重。及制契丹大字，突吕不赞成为多。未几，为文班林牙，领国子博士、知制诰。明年，受诏撰决狱法。太祖略燕，诏与皇太子及王郁攻定州。师还至顺州，幽州马步军指挥使王千率众来袭，突吕不射其马踬，擒之。天赞二年，皇子尧骨为大元帅，突吕不为副，既克平州，进军燕、赵，攻下曲阳、北平。至易州，易人来拒，逾濠而阵。李景章出降，言城中人无斗志。大元帅将修攻具，突吕不谏曰："我师远来，人马疲惫，势不可久留。"乃止。军还，大元帅以其谋闻，太祖大悦，赐赉优渥。车驾西征，突吕不与大元帅为先锋，伐党项有功，太祖犒师水精山。大元帅东归，突吕不留屯西南部，复讨党项，多获而还。太祖东伐，大諲譔降而复叛，攻之，突吕不先登。渤海平，承诏铭太祖功德于永兴殿壁。班师，已下州郡往往复叛，突吕不从大元帅攻破之。淳钦皇后称制，有飞语中伤者，后怒，突吕不惧而亡。太宗知其无罪，召还。天显三年，讨乌古部，俘获甚众。伐唐，以突吕不为左翼，攻唐军霞沙寨，降之。十一年，送晋主石敬瑭入洛。及大册，突吕不总礼仪事，加特进检校太尉。会同五年卒。

王郁，京兆万年人，唐义武军节度使处直之孽子。伯父处存镇义武，卒，三军推其子郜袭，处直为都知兵马使。光化三年，梁王朱全忠攻定州，郜遣处直拒于沙河。兵败，入城逐郜，郜奔太原。乱兵推处直为留后，遣人请事梁王。梁与晋王克用绝好，表处直为义武军节度使。初郜之亡也，郁从之。晋王克用妻以女，用为新州防御使。处直料晋必讨张文礼，镇亡，则定不独存，益自疑。阴使郁北导契丹入塞以牵晋兵，且许为嗣。郁自奔晋，常恐失父心，得使，大喜。神册六年，奉表送款，举室来降，太祖以为养子。未几，郁兄都囚父，自为留后，帝遣郁从皇太子讨之。至定州，都坚壁不出，掠居民而还。明年，从皇太子攻镇州，遇唐兵于定州，破之。天赞二年秋，郁及阿古只略地燕、赵，攻下磁窑务。从太祖平渤海，战有功，加同政事门下平章事，改崇义军节度使。太祖崩，郁与妻会葬，其妻泣诉于淳钦皇后，求归乡国，许之。郁奏曰："臣本唐主之婿，主已被弑，此行夫妻岂能相保？愿常侍太后。"后喜曰："汉人中，惟王郎最忠孝。"以太祖尝与李克用约为兄弟故也。寻加政事令。还宜州，卒。

耶律图鲁窘，字阿鲁隐，肃祖子洽昚之孙，勇而有谋略。太宗立晋之役，其父敌鲁古为五院夷离堇，殁于兵，帝即以其职授图鲁窘。会同元年，改北院大王，尝屏左右与议大事，占对合上意。从讨石重贵，杜重威拥十万余众拒滹沱桥，力战数日，不得进。帝曰："两军争渡，人马疲矣，计安出？"诸将请缓师，为后图，帝然之。图鲁窘厉色进曰："臣愚窃以为陛下乐于安逸，则谨守四境可也；既欲扩大疆宇，出师远攻，讵能无廑圣虑。若中路而止，适为贼利，则必陷南京，夷属邑。若此，则争战未已，吾民无奠枕之期矣。且彼步我骑，何虑不克！况汉人足力弱而行缓，如选轻锐骑先绝其饷道，则事蔑不济矣。"帝喜曰："国强则其人贤，海巨则其鱼大。"于是塞其饷道，数出师以牵挠其势，重威果降如言。以功获赐甚厚。明年春，卒军中。

论曰：神册初元，将相大臣拔起风尘之中，翼扶王运，以任职取名者，固一时之材；亦由太祖推诚御下，不任独断，用能总揽群策而为之用欤！其投天隙而列功庸，至有心腹、耳目、手足之喻，岂偶然哉！讨党项，走敌鲁，平剌葛，定渤海，功亦伟矣。若默记治狱不冤，颇德持论不挠，延徽立经陈纪，绍勋秉节而死，图鲁窘料敌制胜，岂器博者无近用，道长者其功远欤？称为佐命固宜。

卷七十六　列传第六

耶律解里　耶律拔里得　耶律朔古　耶律鲁不古　赵延寿　高模翰　赵思温　耶律沤里思　张砺

耶律解里，字涉单，突吕不部人，世为小吏。解里早隶太宗麾下，擢为军校。天显间，唐攻定州，既陷，解里为唐兵所获；晋高祖立，始归国。太宗贳其罪，拜御史大夫。会同九年伐晋，师次滹沱河，夺中渡桥，降其将杜重威。上命解里与降将张彦泽率骑兵三千疾趋河南，所至无敢当其锋。既入汴，解里等迁晋主重贵于开封府。彦泽恣杀掠，乱宫掖，解里不能禁，百姓骚然，莫不怨愤。车驾至京，数彦泽罪，斩于市，汴人大悦；解里亦被诘责，寻释之。天禄间，加守太子太傅。应历初，置本部令稳，解里世其职，卒。

耶律拔里得，字孩邻，太祖弟剌葛之子。太宗即位，以亲爱见任。会同七年，讨石重贵，拔里得进围德州，下之，擒刺史师居璠等二十七人。九年，再举兵，次滹沱河，降杜重威，战功居多。太宗入汴，以功授安国军节度使，总领河北道事。师还，州郡往往叛，以应刘知远，拔里得不能守而归。世宗即位，迁中京留守，卒。

耶律朔古，字弥骨顶，横帐孟父之后。幼为太祖所养。既冠，为右皮室详稳。从伐渤海，战有功。天显七年，授三河乌古部都详稳。平易近民，民安之，以故久其任。会同间，为惕隐。时晋主石重贵渝盟，帝亲征，晋将杜重威拥众拒滹沱。月余，帝由他渡济。朔古与赵延寿据中渡桥，重威兵却，遂降。是岁，入汴。世宗即位，朔古奉太宗丧归上京，佐皇太后出师，坐是免官，卒。

耶律鲁不古，字信宁，太祖从侄也。初，太祖制契丹国字，鲁不古以赞成功，授林牙、监修国史。后率偏师，为西南边大详稳，从伐党项有功。会河东节度使石敬瑭为其主所讨，遣人求援，鲁不古导送于朝，如其请。帝亲率师往援，鲁不古从击唐将张敬达于太原北，败之。会同初，从讨党项，俘获最诸将，师还。天禄中，拜于越。六年，为北院大王。终年五十五。

赵延寿，本姓刘，恒山人。父邧，令蓨。梁开平初，沧州节度使刘守文陷蓨，其稗将赵德钧获延寿，养以为子。少美容貌，好书史。唐明宗先以女妻之，及即位，封其女为兴平公主，拜延寿驸马都尉、枢密使。明宗子从荣恃权跋扈，内外莫不震慑，延寿求补外避之，出为宣武军节度使。清泰初，加鲁国公，复为枢密使，镇许州。石敬瑭发兵太原，唐遣张敬达往讨。会敬达败保晋安寨，延寿与德钧往救，闻晋安已破，走团柏峪。太宗追及，延寿与其父俱降。明年，德钧卒，以延寿为幽州节度使，封燕王；及改幽州为南京，迁留守，总山南事。天显末，以延寿妻在晋，诏取之以归。自是益自激昂图报。会同初，帝幸其第，加政事令。六年冬，晋人背盟，帝亲征，延寿为先锋，下贝州，授魏、博等州节度使，封魏王。败晋军于南乐，获其将赛项羽。军元城，晋将李守贞、高行周率兵来逆，破之。至顿丘，会大霖雨，帝欲班师，延寿谏曰："晋军屯河滨，不敢出战，若径入澶州，夺其桥，则晋不足平。"上然之。适晋军先归澶州，高行周至析城，延寿将轻兵逆战；上亲督骑士突其阵，敌遂溃。师还，留延寿徇贝、冀、深三州。八年，再伐晋，晋主遣延寿族人赵行实以书来招。时晋人坚壁不出，延寿绐曰："我陷虏久，宁忘父母之邦。若以军逆，我即归。"晋人以为然，遣杜重威率兵迎之。延寿至滹沱河，据中渡桥，与晋军力战，手杀其将王清，两军相拒。太宗潜由他渡济，留延寿与耶律朔古据桥，敌不能夺，屡败之，杜重威扫厥众降。上喜，赐延寿龙凤赭袍，且曰："汉兵皆尔所有，尔宜亲往抚慰。"延寿至营，杜重威、李守贞迎谒马首。

后太宗克汴，延寿因李崧求为皇太子，上曰："吾于魏王虽割肌肉亦不惜，但皇太子须天子之子得为，魏王岂得为也?"盖上尝许灭晋后，以中原帝延寿，以故摧坚破敌，延寿常以身先，至是以崧达意。上命迁延寿秩，翰林学士承旨张砺进拟中京留守、大丞相、录尚书事、都督中外诸军事；上涂"录尚书事、都督中外诸军事"。世宗即位，以翊戴功，授枢密使。天禄二年薨。

高模翰，一名松，渤海人。有膂力，善骑射，好谈兵。初，太祖平渤海，模翰避地高丽，王妻以女。因罪亡归。坐使酒杀人下狱，太祖知其才，贳之。天显十一年七月，唐遣张敬达、杨光远帅师五十万攻太原，势锐甚。石敬瑭遣人求救，太宗许之。九月，征兵出雁门，模翰与敬达军接战，败之，太原围解。敬瑭夜出谒帝，约为父子。帝召模翰等赐以酒馔，亲飨士卒，士气益振。翌日，复战，又败之。敬达鼠窜晋安寨，模翰献俘于帝。会敬瑭自立为晋帝，光远斩敬达以降，诸州悉下。上谕模翰曰："朕自起兵，百余战，卿功第一，虽古名将无以加。"乃授上将军。会同元年，册礼告成，宴百官及诸国使于二仪殿。帝指模翰曰："此国之勇将，朕统一天下，斯人之力也。"群臣皆称万岁。及晋叛盟，出师南伐。模翰为统军副使，与僧遏前驱，拔赤城，破德、贝诸寨。是冬，兼总左右铁鹞子军，下关南城邑数十。三月，敕虎官杨覃赴乾宁军，为沧州节度使田武名所围，模翰与赵延寿聚议往救。俄有光自模翰目中出，萦绕旗矛，焰焰如流星久之。模翰喜曰："此天赞之祥!"遂进兵，杀获甚众。以功加侍中。略地盐山，破饶安，晋人震怖，不敢接战。加太傅。晋以魏府节度使杜重威领兵三十万来拒，模翰谓左右曰："军法在正不在多。以多陵少，不义必败。其晋之谓乎!"诘旦，以麾下三百人逆战，杀其先锋梁汉璋，余兵败走。手诏褒美，比汉之李陵。顷之，杜重威等复至滹沱河，帝召模翰问计。上善其言曰："诸将莫及此。"乃令模翰守中渡桥。及战，复败之，上曰："朕凭高观两军之势，顾卿英锐无敌，如鹰逐雉兔。当图形麟阁，爵贻后裔。"已而杜重威等降。车驾入汴，加特进检校太师，封悊郡开国公，赐玺书、剑器。为汴州巡检使，平汜水诸山土贼，迁镇中京。天禄二年，加开府仪同三司，赐对衣、鞍勒、名马。应历初，召为中台省右相。至东京，父老欢迎曰："公起戎行，致身富贵，为乡里荣，相如、买臣辈不足过也。"九年正月，迁左相，卒。

赵思温，字文美，卢龙人。少果锐，膂力兼人，隶燕帅刘仁恭幕。李存勖问罪于燕，思温统偏师拒之。流矢中目，裂裳渍血，战犹不已。为存勖将周德威所擒，存勖壮而释其缚。久之，日见信用。与梁战于莘县，以骁勇闻，授平州刺史，兼平、营、蓟三州都指挥使。神册二年，太祖遣大将经略燕地，思温来降。及伐渤海，以思温为汉军都团练使，力战，拔扶余城。身被数创，太祖亲为调药。太宗即位，以功擢检校太保、保静军节度使。天显十一年，唐兵攻太原，石敬瑭遣使求救，上命思温自岚、宪间出兵援之。既罢兵，改南京留守、卢龙军节度使、管内观察处置等使、开府仪同三司，兼侍中，赐协谋静乱翊圣功臣，寻改临海军节度使。会同初，从耶律牒蜡使晋行册礼，还，加检校太师。二年，有星陨于庭，卒。上遣使赙祭，赠太师、魏国公。子延照、延靖，官至使相。

耶律沤里思，六院夷离堇蒲古只之后。负勇略，每战被重铠，挥铁槊，所向披靡。会同间，伐晋，上至河而猎，适海东青鹘搏雉，晋人隔水以鸽引去。上顾左右曰："谁为我得此人?"沤里思请内厩马，济河擒之，并杀救者数人还。上大悦，优加赏赉。既而晋将杜重威逆于望都，据水勒战。沤里思介马突阵，余军继之。被围，众言阵薄处可出，沤里思曰："恐彼有他备。"竟引兵冲坚而出；回视众所指，皆大堑也。其料敌多此类。是年，总领敌烈皮室军，坐私免部曲，夺官，卒。

张砺，磁州人，初仕唐为掌书记，迁翰林学士。会石敬瑭起兵，唐主以砺为招讨判官，从赵德钧援张敬达于河东。及敬达败，砺入契丹。后太宗见砺刚直，有文彩，擢翰林学士。砺临事必尽言，无所避，上益重之。未几，谋亡归，为追骑所获。上责曰："汝何故亡？"砺对曰："臣不习北方土俗、饮食、居处，意常郁郁，以是亡耳。"上顾通事高彦英曰："朕尝戒汝善遇此人，何乃使失所而亡？砺去，可再得耶？"遂杖彦英而谢砺。会同初，升翰林承旨，兼吏部尚书，从太宗伐晋。入汴，诸将萧翰、耶律郎五、麻答辈肆杀掠，砺奏曰："今大辽始得中国，宜以中国人治之，不可专用国人及左右近习。苟政令乖失，则人心不服，虽得之亦将失之。"上不听。改右仆射，兼门下侍郎、平章事。顷之，车驾北还，至栾城崩。时砺在恒州，萧翰与麻答以兵围其第。砺方卧病，出见之。翰数之曰："汝何故于先帝言国人不可为节度使？我以国舅之亲，有征伐功，先帝留我守汴，以为宣武军节度使，汝独以为不可。又谮我与解里好掠人财物子女。今必杀汝！"趣令锁之。砺抗声曰："此国家大体，安危所系，吾实言之。欲杀即杀，奚以锁为？"麻答以砺大臣，不可专杀，乃救止之。是夕，砺恚愤卒。

论曰：初，晋因辽之兵而得天下，故兼臣礼而父事之，割地以为寿，输帛以为贡。未久也，而会同之师次滹沱矣。岂群帅贪功黩武而致然欤？抑所谓信不由衷也哉？模翰以功名自终，可谓良将。若延寿之勋虽著，至于觊觎储位，谬矣，利令智昏，固无足议。若乃成末衅以亏俊功，如解里者，何讥焉！

卷七十七　列传第七

耶律屋质　耶律吼何鲁不　**耶律安抟**
耶律洼　耶律颓昱　耶律挞烈

耶律屋质，字敌辇，系出孟父房。姿简静，有器识，重然诺。遇事造次，处之从容，人莫能测。博学，知天文。会同间，为惕隐。太宗崩，诸大臣立世宗，太后闻之，怒甚，遣皇子李胡以兵逆击，遇安端、刘哥等于泰德泉，败归。李胡尽执世宗臣僚家属，谓守者曰："我战不克，先殪此曹！"人皆恟恟相谓曰："若果战，则是父子兄弟相夷矣！"军次潢河横渡，隔岸相拒。时屋质从太后，世宗以屋质善筹，欲行间，乃设事奉书，以试太后。太后得书，以示屋质。屋质读竟，言曰："太后佐太祖定天下，故臣愿竭死力。若太后见疑，臣虽欲尽忠，得乎？为今之计，莫若以言和解，事必有成；否即宜速战，以决胜负。然人心一摇，国祸不浅，惟太后裁察。"太后曰："我若疑卿，安肯以书示汝？"屋质对曰："李胡、永康王皆太祖子孙，神器非移他族，何不可之有？太后宜思长策，与永康王和议。"太后曰："谁可遣者？"对曰："太后不疑臣，臣请往。万一永康王见听，庙社之福。"太后乃遣屋质授书于帝。帝遣宣徽使耶律海思复书，辞多不逊。屋质谏曰："书意如此，国家之忧未艾也。能释怨以安社稷，则臣以为莫若和好。"帝曰："彼众乌合，安能敌我？"屋质曰："即不敌，奈骨肉何！况未知孰胜？借曰幸胜，诸臣之族执于李胡者无噍类矣。以此计之，惟和为善。"左右闻者失色。帝良久，问曰："若何而和？"屋质对曰："与太后相见，各纾忿恚，和之不难；不然，决战非晚。"帝然之，遂遣海思诣太后约和。往返数日，议乃定。始相见，怨言交让，殊无和意。太后谓屋质曰："汝当为我画之。"屋质进曰："太后与大王若能释怨，臣乃敢进说。"太后曰："汝第言之。"屋质借谒者筹执之，谓太后曰："昔人皇王在，何故立嗣圣？"太后曰："立嗣圣者，太祖遗旨。"又曰："大王何故擅立，不禀尊亲？"帝曰："人皇王当立而不立，所以去之。"屋质正色曰："人皇王舍父母之国而奔唐，子道当如是耶？大王见太后，不少逊谢，惟怨是寻。太后牵于偏爱，托先帝遗命，妄授神器。如此何敢望和，当速交战！"掷筹而退。太后泣曰："向太祖遭诸弟乱，天下荼毒，疮痍未复，庸可再乎！"乃索筹一。帝曰："父不为而子为，又谁咎也！"亦取筹而执。左右感激，大恸。太后复谓屋质曰："议既定，神器竟谁归？"屋质曰："太后若授永康王，顺天合人，复何疑？"李胡厉声曰："我在，兀欲安得立！"屋质曰："礼有世嫡，不传诸弟。昔嗣圣之立，尚以为非，况公暴戾残忍，人多怨讟。万口一辞，愿立永康王，不可夺也。"太后顾李胡曰："汝亦闻此言乎？汝实自为之！"乃许立永康。帝谓屋质曰："汝与朕属尤近，何反助太后？"屋质对曰："臣以社稷至重，不可轻付，故如是耳。"上喜其忠。

天禄二年，耶律天德、萧翰谋反下狱，惕隐刘哥及其弟盆都结天德等为乱。耶律石剌潜告屋质，屋质遽引入见，白其事。刘哥等不服，事遂寝。未几，刘哥邀驾观樗蒲，捧觞上寿，袖刃而进。帝觉，命执之，亲诘其事。刘哥自誓，帝复不问。屋质奏曰："当使刘哥与石剌对状，不可辄恕。"帝曰："卿为朕鞫之。"屋质率剑士往讯之，天德等伏罪，诛天德，杖翰，迁刘哥，以盆都使辖戛斯国。三年，表列泰宁王察割阴谋事，上不听。五年，为右皮室详稳。秋，上祭让国皇帝于行宫，与群臣皆醉，察割弑帝。屋质闻有言"衣紫者不可失"，乃易衣而出，亟遣人召诸王，及喻禁卫长皮室等同力讨贼。时寿安王归帐，屋质遣弟冲迎之。王至，尚犹豫。屋质曰："大王嗣圣子，贼若得之，必不容。群臣将谁事，社稷将谁赖？万一落贼手，悔将何及？"王始悟。诸将闻屋质出，相继而至。迟明整兵，出贼不意，围之，遂诛察割。乱既平，穆宗即位，谓屋质曰："朕之性命，实出卿手。"命知国事，以逆党财产尽赐之，屋质固辞。应历五年，为北院大王，总山西事。

保宁初，宋围太原，以屋质率兵往援，至白马岭，遣劲卒夜出间道，疾驰驻太原西，鸣鼓举火。宋兵以为大军至，惧而宵遁。以功加于越。四年，汉刘继元遣使来贡，致币于屋质，屋质以闻，帝命受之。五年五月薨，年五十七。帝痛悼，辍朝三日。后道宗诏上京立祠祭享，树碑以纪其功云。

耶律吼，字曷鲁，六院部夷离堇蒲古只之后。端悫好施，不事生产。太宗特加倚任。会同六年，为南院大王，莅事清简，人不敢以年少易之。时晋主石重贵表不称臣，辞多踞慢，吼言晋罪不可不伐。及帝亲征，以所部兵从。既入汴，诸将皆取内帑珍异，吼独取马铠，帝嘉之。及帝崩于栾城，无遗诏，军中忧惧不知所为。吼诣北院大王耶律洼议曰："天位不可一日旷。若请于太后，则必属李胡。李胡暴戾残忍，讵能子民。必欲厌人望。则当立永康王。"洼然之。会耶律安抟来，意与吼合，遂定议立永康王，是为世宗。顷之，以功加采访使，赐以宝货。吼辞曰："臣位已高，敢复求富！臣从弟的球诸子坐事籍没，陛下哀而出之，则臣受赐多矣。"上曰："吼舍重赏，以族人为请，其贤远甚。"许之，仍赐宫户五十。时有取当世名流作《七贤传》者，吼与其一。天禄三年卒，年三十九。子何鲁不。

何鲁不，字斜宁，尝与耶律屋质平察割乱。穆宗以其父吼首议立世宗，故不显用。晚年为本族敞史。及景宗即位，以平察割功，授昭德军节度使，为北院大王。时黄龙府军将燕颇杀守臣以叛，何鲁不讨之，破于鸭渌江。坐不亲追击，以至失贼，杖之。乾亨间卒。

耶律安抟，曾祖岩木，玄祖之长子；祖楚不鲁，为本部夷离堇。父迭里，幼多疾，时太祖为挞马狨沙里，常加抚育。神册六年，为惕隐，从太祖将龙军讨阻卜、党项有功。天赞三年，为南院夷离堇，征渤海，攻忽汗城，俘斩甚众。太祖崩，淳钦皇后称制，欲以大元帅嗣位。迭里建言，帝位宜先嫡长；今东丹王赴朝，当立。由是忤旨。以党附东丹王，诏下狱，讯鞫，加以炮烙。不伏，杀之，籍其家。

安抟自幼若成人，居父丧，哀毁过礼，见者伤之。太宗屡加慰谕，尝曰："此儿必为令器。"既长，寡言笑，重然诺，动遵绳矩，事母至孝。以父死非罪，未葬，不预宴乐。世宗在藩邸，尤加怜恤，安抟密自结纳。太宗伐晋还，至栾城崩，诸将欲立世宗，以李胡及寿安王在朝，犹豫未决。时安抟直宿卫，世宗密召问计。安抟曰："大王聪安宽恕，人皇王之嫡长；先帝虽有寿安，天下属意多在大王。今若不断，后悔无及。"会有自京师来者，安抟诈以李胡死传报军中，皆以为信。于是安抟诣北、南二大王计之。北院大王洼闻而遽起曰："吾二人方议此事。先帝尝欲以永康王为储贰，今日之事有我辈在，孰敢不从！但恐不白太后而立，为国家启衅。"安抟对曰："大王既知先帝欲以永康王为储副，况永康王贤明，人心乐附。今天下甫定，稍缓则大事去矣。若白太后，必立李胡。且李胡残暴，行路共知，果嗣位，如社稷何？"南院大王吼曰："此言是也。吾计决矣！"乃整军，召诸将奉世宗即位于太宗柩前。帝立，以安抟为腹心，总知宿卫。是岁，约和于潢河横渡。太后问安抟曰："吾与汝有何隙？"安抟以父死为对，太后默然。及置北院枢密使，上命安抟为之，赐奴婢百口，宠任无比，事皆取决焉。然性太宽，事循苟简，豪猾纵恣不能制。天禄末，察割兵犯御幄，又不能讨，由是中外短之。穆宗即位，以立世宗之故，不复委用。应历三年，或诬安抟与齐王罨撒葛谋乱，系狱死。侄撒给，左皮室详稳。

耶律洼，字敌辇，隋国王释鲁孙，南院夷离堇绾思子。少有器识，人以公辅期之。太祖时，虽未官，常任以事。太宗即位，为惕隐。天显末，帝援河东，洼为先锋，败张敬达军于太原北。会同中，迁北院大王。及伐晋，复为先锋，与梁汉璋战于瀛州，败之。太宗崩于栾城，南方州郡多叛，士马困乏，军中不知所为。洼与耶律吼定策立世宗，乃令诸将曰："大行上宾，神器无主，永康王人皇王之嫡长，天人所属，当立；有不从者，以军法从事。"诸将皆曰："诺。"世宗即位，赐宫户五十，拜于越。卒，年五十四。

耶律颓昱，字团宁，孟父楚国王之后。父末掇，尝为夷离堇。颓昱性端直。会同中，领九石烈部，政济宽猛。世宗即位，为惕隐。天禄三年，兼政事令，封漆水郡王。及穆宗立，以匡赞功，尝许以本部大王。后将葬世宗，颓昱恳言于帝曰："臣蒙先帝厚恩，未能报；幸及大葬，臣请陪位。"帝由是不悦，寝其议。薨。

耶律挞烈，字涅鲁衮，六院部郎君褭古直之后。沉厚多智，有任重才。年四十未仕。会同间，为边部令稳。应历初，升南院大王，均赋役，劝耕稼，部人化之，户口丰殖。时周人侵汉，以挞烈都统西南道军援之。周已下太原数城，汉人不敢战。及闻挞烈兵至，周主遣郭从义、尚钧等率精骑拒于忻口。挞烈击败之，获其将史彦超，周军遁归，复所陷城邑，汉主诣挞烈谢。及汉主殂，宋师来伐，上命挞烈为行军都统，发诸道兵救之。既出雁门，宋谍知而退。保宁元年，加兼政事令，致政。乾亨初，召之。上见须发皓然，精力犹健，问以政事，厚礼之。以疾薨，年七十九。

挞烈凡用兵，赏罚信明，得士卒心。河东单弱，不为周、宋所并者，挞烈有力焉。在治所不修边幅，百姓无称，年谷屡稔。时耶律屋质居北院，挞烈居南院，俱有政迹，朝议以为"富民大王"云。

赞曰：立嗣以嫡，礼也。太宗崩，非安抟、吼、洼谋而克断，策立世宗，非屋质直而能谏，杜太后之私，折李胡之暴，以成横渡之约，则乱将谁定？四臣者，庶几《春秋》首止之功哉。

卷七十八 列传第八

耶律夷腊葛 萧海璃 萧护思 萧思温 萧继先

耶律夷腊葛，字苏散，本宫分人检校太师合鲁之子。应历初，以父任入侍。数岁，始为殿前都点检。时上新即位，疑诸王有异志，引夷腊葛为布衣交，一切机密事必与之谋，迁寄班都知，赐宫户。时上酗酒，数以细故杀人。有监雉者因伤雉而亡，获之欲诛，夷腊葛谏曰："是罪不应死。"帝竟杀之，以尸付夷腊葛曰："收汝故人!"夷腊葛终不为止。复有监鹿详稳亡一鹿，下狱当死，夷腊葛又谏曰："人命至重，岂可为一兽杀之?"良久，得免。辽法，麑歧角者，惟天子得射。会秋猎，善为鹿鸣者呼一麑至，命夷腊葛射，应弦而踣。上大悦，赐金、银各百两，名马百匹，及黑山东抹真之地。后穆宗被弑，坐守卫不严，被诛。

萧海瓈，字寅的哂，其先遥辇氏时为本部夷离堇；父塔列，天显间为本部令稳。海瓈貌魁伟，膂力过人。天禄间，娶明王安端女蔼因翁主。应历初，察割乱，蔼因连坐，继娶嘲瑰翁主。上以近戚，嘉其勤笃，命预北府宰相选。顷之，总知军国事。时诸王多坐反逆，海瓈为人廉谨，达政体，每被命按狱，多得其情，人无冤者，由是知名。汉主刘承钧每遣使入贡，必别致币物，诏许受之。年五十卒，帝愍悼，辍朝二日。

萧护思，字延宁，世为北院吏，累迁御史中丞，总典群牧部籍。应历初，迁左客省使。未几，拜御史大夫。时诸王多坐事系狱，上以护思有才干，诏穷治，称旨，改北院枢密使，仍命世预宰相选。护思辞曰："臣子孙贤否未知，得一客省使足矣。"从之。上晚岁酗酒，用刑多滥，护思居要地，龊龊自保，未尝一言匡救，议者以是少之。年五十七卒。

萧思温，小字寅古，宰相敌鲁之族弟忽没里之子。通书史。太宗时为奚秃里太尉，尚燕国公主，为群牧都林牙。思温在军中，握躐修边幅，僚佐皆言非将帅才。寻为南京留守。初，周人攻扬州，上遣思温蹑其后，惮暑不敢进，拔缘边数城而还。后周师来侵，围冯母镇，势甚张。思温请益兵，帝报曰："敌来，则与统军司并兵拒之；敌去，则务农作，勿劳士马。"会敌入束城，我军退渡滹沱而屯。思温勒兵徐行，周军数日不动。思温与诸将议曰："敌众而锐，战不利则有后患。不如顿兵以老其师，蹑而击之，可以必胜。"诸将从之。遂与统军司兵会，饰他说请济师。周人引退，思温亦还。已而，周主复北侵，与其将傅元卿、李崇进等分道并进，围瀛州，陷益津、瓦桥、淤口三关，垂迫固安。思温不知计所出，但云车驾旦夕至；麾下士奋跃请战，不从。已而，陷易、瀛、莫等州，京畿人皆震骇，往往遁入西山。思温以边防失利，恐朝廷罪己，表请亲征。会周主荣以病归，思温退至益津，伪言不知所在。遇步卒二千余人来拒，败之。是年，闻周丧，燕民始安，乃班师。

时穆宗湎酒嗜杀，思温以密戚预政，无所匡辅，士论不与。十九年，春蒐，上射熊而中，思温与夷离毕牙里斯等进酒上寿，帝醉还宫。是夜，为庖人斯奴古等所弑。思温与南院枢密使高勋、飞龙使女里等立景宗。保宁初，为北院枢密使，兼北府宰相，仍命世预其选。上册思温女为后，加尚书令，封魏王。从帝猎闾山，为贼所害。

萧继先，字杨隐，小字留只哥。幼颖悟，叔思温命为子，睿智皇后尤爱之。乾亨初，尚齐国公主，拜驸马都尉。统和四年，宋人来侵，继先率逻骑逆境上，多所俘获，上嘉之，拜北府宰相。自是出师，继先必将本府兵先从。拔狼山石垒，从破宋军应州。上南征取通利军，战称捷力。及亲征高丽，以继先年老，留守上京。卒，年五十八。继先虽处富贵，尚俭素，所至以善治称，故将兵攻战，未尝失利，名重戚里。

论曰：呜呼！人君之过，莫大于杀无辜。汤之伐桀也，数其罪曰"并告无辜于上下神祇"；武王之伐纣也，数其罪曰"无辜吁天"；尧之伐苗民也，吕侯追数其罪曰"杀戮无辜"。迹是言之，夷腊葛之谏，凛凛庶几古君子之风矣。虽然，善谏者不谏于已然，盖必先得于心术之微，如察脉者，先其病而治之，则易为功。穆宗沈湎失德，盖其资富强之势以自肆久矣。使群臣于造次动作之际，此谏彼诤，提而警之，以防其甚，则亦讵至是哉。于以知护思、思温处位优重，耽禄取容，真鄙夫矣！若海瓈之折狱，继先之善治，可谓任职臣欤！

卷七十九 列传第九

室昉 耶律贤适 女里 郭袭 耶律阿没里

室昉，字梦奇，南京人。幼谨厚笃学，不出外户者二十年，虽里人莫识。其精如此。会同初，登进士第，为卢龙巡捕官。太宗入汴受册礼，诏昉知制诰，总礼仪事。天禄中，为南京留守判官。应历间，累迁翰林学士，出入禁闼十余年。保宁间，兼政事舍人，数延问古今治乱得失，奏对称旨。上多昉有理剧才，改南京副留守，决讼平允，人皆便之。迁工部尚书，寻改枢密副使，参知政事。顷之，拜枢密使，兼北府宰相，加同政事门下平章事。乾亨初，监修国史。统和元年，告老，不许。进《尚书无逸篇》以谏，太后闻而嘉奖。二年秋，诏修诸岭路，昉发民夫二十万，一日毕功。是时，昉与韩德让、耶律斜轸相友善，同心辅政，整析蠹弊，知无不言，务在息民薄赋，以故法度修明，朝无异议。八年，复请致政。诏入朝免拜，赐几杖，太后遣閤门使李从训持诏劳问，令常居南京，封郑国公。初，晋国公主建佛寺于南京，上许赐额。昉奏曰："诏书悉罢无名寺院。今以主请赐额，不惟违前诏，恐此风愈炽。"上从之。表进所撰《实录》二十卷，手诏褒之，加政事令，赐帛六百匹。九年，荐韩德让自代，不从。上以昉年老苦寒，赐貂皮衾褥，许乘辇入朝。病剧，遣翰林学士张干就第授中京留守，加尚父。卒，年七十五。上嗟悼，辍朝二日，赠尚书令。遗言戒厚葬。恐人誉过情，自志其墓。

耶律贤适，字阿古真，于越鲁不古之子。嗜学有大志，滑稽玩世，人莫之知。惟于越屋质器之，尝谓人曰："是人当国，天下幸甚。"应历中，朝臣多以言获谴，贤适乐于静退，游猎自娱，与亲朋言不及时事。会讨乌古还，擢右皮室详稳。景宗在藩邸，常与韩匡嗣、女里等游，言或刺讥，贤适劝以宜早疏绝，由是穆宗终不见疑，贤适之力也。景宗立，以功加检校太保，寻遥授宁江军节度使，赐推忠协力功臣。时帝初践阼，多疑诸王或萌非望，阴以贤适为腹心，加特进同中书门下平章事。保宁二年秋，拜北院枢密使，兼侍中，赐保节功臣。三年，为西北路兵马都部署。贤适忠介肤敏，推诚待人，虽燕息不忘政务。以故百司首职，罔敢偷惰，累年滞狱悉决之。大丞相高勋、契丹行宫都部署女里席宠放恣，及帝姨母、保母势薰灼，一时纳赂请谒，门若贾区。贤适患之，言于帝，不报；以病解职，又不允，令铸手印行事。乾亨初，疾笃，得请。明年，封西平郡王，薨，年五十三。子观音，大同军节度使。

女里，字涅烈衮，逸其氏族，补积庆宫人。应历初，为习马小底，以母忧去。一日至雅伯山，见一巨人，惶惧走。巨人止之曰："勿惧，我地祇也。葬尔母于斯，当速诣阙，必贵。"女里从之，累迁马群侍中。时景宗在藩邸，以女里出自本宫，待遇殊厚，女里亦倾心结纳。及穆宗遇弑，女里奔赴景宗。是夜，集禁兵五百以卫。既即位，以翼戴功，加政事令、契丹行宫都部署，赏赉甚渥，寻加守太尉。北汉主刘继元闻女里为上信任，遇其生日必致礼。

女里素贪，同列萧阿不底亦好贿，二人相善。人有毡裘为枲耳子所著者，或戏曰："若遇女里、阿不底，必尽取之！"传以为笑。其贪猥如此。保宁末，坐私藏甲五百属，有司方按诘，女里袖中又得杀枢密使萧思温贼书，赐死。

女里善识马，尝行郊野，见数马迹，指其一曰："此奇骏也。"以己马易之，果然。

郭袭，不知何郡人。性端介，识治体。久淹外调。景宗即位，召见，对称旨，知可任以事，拜南院枢密使，寻加兼政事令。以帝数游猎，袭上书谏曰："昔唐高祖好猎，苏世长言不满十旬未足为乐，高祖即日罢，史称其美。伏念圣祖创业艰难，修德布政，宵旰不懈。穆宗逞无厌之欲，不恤国事，天下愁怨。陛下继统，海内翕然望中兴之治。十余年间，征伐未已，而寇贼未弭；年谷虽登，而疮痍未复。正宜戒惧修省，以怀永图。侧闻恣意游猎，甚于往日。万一有衔橛之变，搏噬之虞，悔将何及？况南有强敌伺隙而动，闻之得无生心乎？伏望陛下节从禽酣饮之乐，为生灵社稷计，则有无疆之休。"上览而称善，赐协赞功臣，拜武定军节度使，卒。

耶律阿没里，字蒲邻，遥辇嘲古可汗之四世孙。幼聪敏。保宁中，为南院宣徽使。统和初，皇太后称制，与耶律斜轸参预国论，为都统。以征高丽功，迁北院宣徽使，加政事令。四年春，宋将曹彬、米信等侵燕，上亲征，阿没里为都监，屡破敌军。十二年，行在多盗，阿没里立禁捕法，盗始息。先是，叛逆之家，兄弟不知情者亦连坐。阿没里谏曰："夫兄弟虽曰同胞，赋性各异，一行逆谋，虽不与知，辄坐以法，是刑及无罪也。自今，虽同居兄弟，不知情者免连坐。"太后嘉纳，著为令。致仕，卒。

阿没里性好聚敛，每从征所掠人口，聚而建城，请为丰州，就以家奴阎贵为刺史，时议鄙之。子贤哥，左夷离毕。

论曰：景宗之世，人望中兴，岂其勤心庶绩而然，盖承穆宗酷虐之余，为善易见；亦由群臣多贤，左右弼谐之力也。室昉进《无逸》之篇，郭袭陈谏猎之疏，阿没里请免同气之坐，所谓仁人之言，其利溥哉。贤适忠介，亦近世之名臣。女里贪猥，后人所当取鉴者也。

卷八十　列传第十

张俭　邢抱朴　马得臣　萧朴　耶律八哥

张俭，宛平人，性端悫，不事外饰。统和十四年，举进士第一，调云州幕官。故事，车驾经行，长吏当有所献。圣宗猎云中，节度使进曰："臣境无他产，惟幕僚张俭，一代之宝，愿以为献。"先是，上梦四人侍侧，赐食人二口，至闻俭名，始悟。召见，容止朴野；访及世务，占奏三十余事。由此顾遇特异，践历清华，号称明干。开泰中，累迁同知枢密院事。太平五年，出为武定军节度使，移镇大同。六年，入为南院枢密使。帝方眷倚，参知政事吴叔达与俭不相能，帝怒，出叔达为康州刺史，拜俭左丞相，封韩王。帝不豫，受遗诏辅立太子，是为兴宗，赐贞亮弘靖保义守节耆德功臣，拜太师、中书令，加尚父，徙王陈。

重熙五年，帝幸礼部贡院及亲试进士，皆俭发之。进见不名，赐诗褒美。俭衣唯绸帛，食不重味，月俸有余，赒给亲旧。方冬，奏事便殿，帝见衣袍弊恶，密令近侍以火夹穿孔记之，屡见不易。帝问其故，俭对曰："臣服此袍已三十年。"时尚奢靡，故以此微讽喻之。上怜其清贫，令恣取内府物，俭奉诏持布三端而出，益见奖重。俭弟五人，上欲俱赐进士第，固辞。有司获盗八人，既戮之，乃获正贼。家人诉冤，俭三乞申理。上勃然曰：“卿欲朕偿命耶！”俭曰：“八家老稚无告，少加存恤，使得收葬，足慰存没矣。”乃从之。俭在相位二十余年，裨益为多。致政归第，会宋书辞不如礼，上将亲征。幸俭第，尚食先往具馔，却之；进葵羹干饭，帝食之美。徐问以策，俭极陈利害，且曰：“第遣一使问之，何必远劳车驾？”上悦而止。复即其第赐宴，器玩悉与之。二十二年薨，年九十一，敕葬宛平县。

邢抱朴，应州人，刑部郎中简之子也。抱朴性颖悟，好学博古。保宁初，为政事舍人、知制诰，累迁翰林学士，加礼部侍郎。统和四年，山西州县被兵，命抱朴镇抚之，民始安，加户部尚书。迁翰林学士承旨，与室昉同修《实录》。决南京滞狱还，优诏褒美。十年，拜参知政事。以枢密使韩德让荐，按察诸道守令能否而黜陟之，大协人望。寻以母忧去官，诏起视事。表乞终制，不从；宰相密谕上意，乃视事。人以孝称。及耶律休哥留守南京，又多滞狱，复诏抱朴平决之，人无冤者。改南院枢密使，卒，赠侍中。初，抱朴与弟抱质受经于母陈氏，皆以儒术显，抱质亦官至侍中，时人荣之。

马得臣，南京人，好学博古，善属文，尤长于诗。保宁间，累迁政事舍人、翰林学士，常预朝议，以正直称。乾亨初，宋师屡犯边，命为南京副留守，复拜翰林学士承旨。圣宗即位，皇太后称制，兼侍读学士。上阅唐高祖、太宗、玄宗三《纪》，得臣乃录其行事可法者进之。及扈从伐宋，进言降不可杀，亡不可追，二三其德者别议。诏从之。俄兼谏议大夫，知宣徽院事。时上击鞠无度，上书谏曰：

臣窃观房玄龄、杜如晦，隋季书生，向不遇太宗，安能为一代名相？臣虽不才，陛下在东宫，幸列侍从，今又得侍圣读，未有裨补圣明。陛下尝问臣以贞观、开元之事，臣请略陈之。臣闻唐太宗侍太上皇宴罢，则挽辇至内殿；玄宗与兄弟欢饮，尽家人礼。陛下嗣祖考之祚，躬侍太后，可谓至孝。臣更望定省之余，睦六亲，加爱敬，则陛下亲亲之道，比隆二帝矣。臣又闻二帝耽玩经史，数引公卿讲学，至于日昃。故当时天下翕然向风，以隆文治。今陛下游心典籍，分解章句，臣愿研究经理，深造而笃行之，二帝之治不难致矣。臣又闻太宗射豕，唐俭谏之；玄宗臂鹰，韩休言之；二帝莫不乐从。今陛下以球马为乐，愚臣思之，有不宜者三，故不避斧钺言之：窃以君臣同戏，不免分争，君得臣愧，彼负此喜，一不宜。跃马挥杖，纵横驰骛，不顾上下之分，争先取胜，失人臣礼，二不宜。轻万乘之尊，图一时之乐，万一有衔勒之失，其如社稷、太后何？三不宜。傥陛下不以臣言为迂，少赐省览，天下之福，群臣之愿也。

书奏，帝嘉叹良久。未几卒，赠太子太保，诏有司给葬。

萧朴，字延宁，国舅少父房之族。父劳古，以善属文，为圣宗诗友。朴幼如老成人。及长，博学多智。开泰初，补牌印郎君，为南院承旨，权知转运事，寻改南面林牙。帝问以政，朴具陈百姓疾苦，国用丰耗，帝悦曰：“吾得人矣！”擢左夷离毕。时萧合卓为枢密使，朴知部署院事，以酒废事，出为兴国军节度使，俄召为南面林牙。太平三年，守太子太傅。明年，拜北府宰相，迁北院枢密使。时太平日久，帝留心翰墨，始画谱牒以别嫡庶，由是争讼纷起。朴有吏才，能知人主意，敷奏称旨，朝议多取决之。封兰陵郡王，进王恒，加中书令。及大延琳叛，诏安抚东京，以便宜从事。兴宗即位，皇太后称制，国事一委弟孝先。方仁德皇后以冯家奴所诬被害，朴屡言其冤，不报。每念至此，为之呕血。重熙初，改王韩，拜东京留守。及迁太后于庆州，朴徙王楚，升南院枢密使。四年，王魏。薨，年五十，赠齐王。子铎剌，国舅详稳。

耶律八哥，字乌古邻，五院部人。幼聪慧，书一览辄成诵。统和中，以世业为本部吏。未几，升闸撒狘，寻转枢密院侍御。会宋将曹彬、米信侵燕，八哥以扈从有功，擢上京留守。开泰四年，召为北院枢密副使。顷之，留守东京。七年，上命东平王萧排押帅师伐高丽，八哥为都监，至开京，大掠而还。济茶、陀二河，高丽追兵至。诸将皆欲使敌渡两河击之，独八哥以为不可，曰：“敌若渡两河，必殊死战，乃危道也；不若击于两河之间。”排押从之，战，败绩。明年，还东京，奏渤海承奉官宜有以统领之，上从其言，置都知押班。后以茶、陀之败，削使相，降西北路都监，卒。

论曰：张俭名符帝梦，遂结主知，服弊袍不易，志敦薄俗，功著两朝，世称贤相，非过也。邢抱朴甄别守令，大惬人望，两决滞狱，民无冤滥。马得臣引盛唐之治以谏其君，萧朴痛皇后之诬，至于呕血。四人者，皆以明经致位，忠荩若此，宜矣。圣宗得人，于斯为盛。

卷八十一　列传第十一

耶律室鲁欧里斯　**王继忠**
萧孝忠　**陈昭衮**　**萧合卓**

耶律室鲁，字乙辛隐，六院部人。魁岸，美容仪。圣宗同年生，帝爱之。甫冠，补祗候郎君。未几，为宿直官。及出师伐宋，为队帅，从南府宰相耶律奴瓜、统军使萧挞览略地赵、魏，有功，加检校太师，为北院大王。攻拔通利军。宋和议成，特进门下平章事，赐推诚竭节保义功臣。以本部俸羊多阙，部人空乏，请以羸老之羊及皮毛，岁易南中绢，彼此利之。拜北院枢密使，封韩王。自韩德让知北院，职多废旷，室鲁拜命之日，朝野相庆。从上猎松林，至沙岭卒，年四十四，赠守司徒、政事令。二子：十神奴、欧里斯。十神奴，南院大王。

欧里思，字留隐，少有大志。未冠，补祗候郎君。开泰初，为本部司徒。秩满闲居，征为郎君班详稳。迁右皮室详稳，将本部兵，从东平王萧排押伐高丽，至茶、陀二河，战不利。欧里斯独全军还，帝嘉赏。终西南面招讨使。

王继忠，不知何郡人。仕宋为郓州刺史、殿前都虞候。统和二十一年，宋遣继忠屯定之望都，以轻骑觇我军，遇南府宰相耶律奴瓜等，获之。太后知其贤，授户部使，以康默记族女女之。继忠亦自激昂，事必尽力。宋以继忠先朝旧臣，每遣使，必有附赐，圣宗许受之。二十二年，宋使来聘，遗继忠弧矢、鞭策及求和札子，有曰："自临大位，爱养黎元。岂欲穷兵，惟思息战。每敕边事，严谕守臣。至于北界人民，不令小有侵扰，众所具悉，尔亦备知。向以知雄州何承矩已布此恳，自后杳无所闻。汝可密言，如许通和，即当别使往请。"诏继忠与宋使相见，仍许讲和。以继忠家无奴隶，赐宫户三十，加左武卫上将军，摄中京留守。开泰五年，为汉人行宫都部署，封琅邪郡王。六年，进楚王，赐国姓。上尝燕饮，议以萧合卓为北院枢密使，继忠曰："合卓虽有刀笔才，暗于大体。萧敌烈才行兼备，可任。"上不纳，竟用合卓。及遣合卓伐高丽，继忠为行军副部署，攻兴化镇，月余不下。师还，上谓明于知人，拜枢密使。太平三年致仕，卒。子怀玉，仕至防御使。

萧孝忠，字撒板，小字图古斯，志慷慨。开泰中，补祗候郎君，尚越国公主，拜驸马都尉，累迁殿前都点检。太平中，擢北府宰相。重熙七年，为东京留守。时禁渤海人击球，孝忠言："东京最为重镇，无从禽之地，若非球马，何以习武?且天子以四海为家，何分彼此?宜弛其禁。"从之。十二年，入朝，封楚王，拜北院枢密使。国制，以契丹、汉人分北、南院枢密治之，孝忠奏曰："一国二枢密，风俗所以不同。若并为一，天下幸甚。"事未及行，薨。追封楚国王。帝素服哭临，赦死囚数人，为孝忠荐福。葬日，亲临，赐宫户守冢。子阿速，终南院枢密使。

陈昭衮，小字王九，云州人。工译鞮，勇而善射。统和中，补祗候郎君，为奚拽剌详稳，累迁敦睦宫太保，兼掌围场事。开泰五年秋，大猎，帝射虎，以马驰太速，矢不及发。虎怒，奋势将犯跸。左右辟易，昭衮舍马，捉虎两耳骑之。虎骇，且逸。上命卫士追射，昭衮大呼止之。虎虽轶山，昭衮终不堕地。伺便，拔佩刀杀之。辇至上前，慰劳良久。即日设燕，悉以席上金银器赐之，特加节钺，迁围场都太师，赐国姓，命张俭、吕德懋赋以美之。迁归义军节度使，同知上京留守，历西南面招讨都监，卒。

萧合卓，字合鲁隐，突吕不部人。始为本部吏。统和初，以谨恪，补南院侍郎。十八年，北院枢密使韩德让举合卓为中丞，以太后遗物使宋。还，迁北院枢密副使。开泰三年，为左夷离毕。合卓久居近职，明习典故，善占对。以是尤被宠渥，升北院枢密使。时议以为无完行，不可大用；南院枢密使王继忠侍宴，又讥其短。帝颇不悦。六年，遣合卓伐高丽，还，时求进者多附之；然其服食、仆马不加于旧。帝知其廉，以族属女妻其子，诏许亲友馈献，豪贵奔趋于门。太平五年，有疾，帝欲临视，合卓辞曰："臣无状，猥蒙重任。今形容毁瘁，恐陛下见而动心。"帝从之。会北府宰相萧朴问疾，合卓执其手曰："吾死，君必为枢密使，慎勿举胜己者。"朴出而鄙之。是日卒。子乌古，终本部节度使。

论曰：统和诸臣，名昭王室者多矣。室鲁拜枢密使，朝野相庆，必有得民心者。继忠既不能死国，虽通南北之和，有知人之鉴，奚足尚哉！孝忠、昭衮，皆有可称者。合卓临终，教萧朴毋举胜己者任枢密，其误国之罪大矣！

卷八十二　　列传第十二

耶律隆运德威　涤鲁　制心　**耶律勃古哲**
萧阳阿　**武白**　**萧常哥**　**耶律虎古**磨鲁古

耶律隆运，本姓韩，名德让，西南面招讨使匡嗣之子也。统和十九年，赐名德昌；二十二年，赐姓耶律；二十八年，复赐名隆运。重厚有智略，明治体，喜建功立事。侍景宗，以谨饬闻，加东头承奉官，补枢密院通事，转上京皇城使，遥授彰德军节度使，代其父匡嗣为上京留守，权知京事，甚有声。寻复代父守南京，时人荣之。宋兵取河东，侵燕，五院纠详稳奚底、统军萧讨古等败归，宋兵围城，招胁甚急，人怀二心。隆运登城，日夜守御。援军至，围解。及战高梁河，宋兵败走，隆运邀击，又破之。以功拜辽兴军节度使，征为南院枢密使。

景宗疾大渐，与耶律斜轸俱受顾命，立梁王为帝，皇后为皇太后，称制。隆运总宿卫事，太后益宠任之。统和元年，加开府仪同三司，兼政事令。四年，宋遣曹彬、米信将十万众来侵，隆运从太后出师败之，加守司空，封楚国公。师还，与北府宰相室昉共执国政。上言山西四州数被兵，加以岁饥，宜轻税赋以来流民，从之。六年，太后观击鞠，胡里室突隆运坠马，命立斩之。诏率师伐宋，围沙堆，敌乘夜来袭，隆运严军以待，败走之，封楚王。九年，复言燕人挟奸，苟免赋役，贵族因为囊橐，可遣北院宣徽使赵智戒谕，从之。

十一年，丁母忧，诏强起之。明年，室昉致政，以隆运代为北府宰相，仍领枢密使，监修国史，赐兴化功臣。十二年六月，奏三京诸鞫狱官吏，多因请托，曲加宽贷，或妄行搒掠，乞行禁止。上可其奏。又表请任贤去邪，太后喜曰："进贤辅政，真大臣之职。"优加赐赉。服阕，加守太保、兼政事令。会北院枢密使耶律斜轸薨，诏隆运兼之。久之，拜大丞相，进王齐，总二枢府事。以南京、平州岁不登，奏免百姓农器钱，及请平诸郡商贾价，并从之。

二十二年，从太后南征，及河，许宋成而还。徙王晋，赐姓，出宫籍，隶横帐季父房后，乃改赐今名，位亲王上，赐田宅及陪葬地。从伐高丽还，得末疾，帝与后临视医药。薨，年七十一。赠尚书令，谥文忠，官给葬具，建庙乾陵侧。无子。清宁三年，以魏王贴不子耶鲁为嗣。天祚立，以皇子敖卢斡继之。弟德威，侄制心。

德威，性刚介，善驰射。保宁初，历上京皇城使，儒州防御使，改北院宣徽使。乾亨末，丁父丧，强起复职，权西南招讨使。统和初，党项寇边，一战却之。赐剑许便宜行事，领突吕不、迭剌二纠军。以讨平稍古葛功，真授招讨使。夏州李继迁叛宋内附，德威请纳之。既得继迁，诸夷皆从，玺书褒奖。与惕隐耶律善补败宋将杨继业，加开府仪同三司、政事门下平章事。未几，以山西城邑多陷，夺兵柄。李继迁受赂，潜怀二心，奉诏率兵往谕，继迁托以西征不出，德威至灵州俘掠而还。年五十五卒，赠兼侍中。子雱金，终彰国军节度使。二孙：谢十、涤鲁。谢十终惕隐。

涤鲁，字遵宁。幼养宫中，授小将军。重熙初，历北院宣徽使、右林牙、副点检，拜惕隐，改西北路招讨使，封漆水郡王，请减军籍三千二百八十人。后以私取回鹘使者獭毛裘，及私取阻卜贡物，事觉，决大杖，削爵免官。俄起为北院宣徽使。十九年，改乌古敌烈部都详稳，寻为东北路详稳，封混同郡王。清宁初，徙王邓，擢拜南府宰相。以年老乞骸骨，更王汉。大康中薨，年八十。

涤鲁神情秀彻，圣宗子视之，兴宗待以兄礼，虽贵愈谦。初为都点检，扈从猎黑岭，获熊。上因乐饮，谓涤鲁曰："汝有求乎？"对曰："臣富贵逾分，不敢他望。惟臣叔先朝优遇，身殁之后，不肖子坐罪籍没，四时之荐享，诸孙中得赦一人以主祭，臣愿毕矣。"诏免籍，复其产。子燕五，官至南京步军都指挥使。

制心，小字可汗奴。父德崇，善医，视人形色，辄决其病，累官至武定军节度使。制心善调鹰隼。统和中，为归化州刺史。开泰中，拜上京留守，进汉人行宫都部署，封漆水郡王。以皇后外弟，恩遇日隆。枢密副使萧合卓用事，制心奏合卓寡识度，无行检，上默然。每内宴欢洽，辄避之。皇后不悦曰："汝不乐耶？"制心对曰："宠贵鲜能长保，以是为忧耳！"太平中，历中京留守、惕隐、南京留守，徙王燕，迁南院大王。或劝制心奉佛，对曰："吾不知佛法，惟心无私，则近之矣。"一日，沐浴更衣而卧，家人闻丝竹之声，怪而入视，则已逝矣。年五十三。赠政事令，追封陈王。

守上京时，酒禁方严，有捕获私酝者，一饮而尽，笑而不诘。卒之日，部民若哀父母。

耶律勃古哲，字蒲奴隐，六院夷离堇蒲古只之后。勇悍，善治生。保宁中，为天德军节度使，历南京侍卫马步军都指挥使。以讨平党项羌阿理撒米、仆里鳖米，迁南院大王。圣宗即位，太后称制，会群臣议军国事，勃古哲上疏陈便宜数事，称旨，即日兼领山西路诸州事。统和四年，宋将曹彬等侵燕，勃古哲击之甚力，赐输忠保节致主功臣，总知山西五州。会有告勃古哲曲法虐民者，按之有状，以大杖决之。八年，为南京统军使，卒。子爻里，官至详稳。

萧阳阿，字稍隐。端毅简严，识辽、汉字，通天文、相法。父卒，自五蕃部亲挽丧车至奚王岭，人称其孝。年十九，为本班郎君。历铁林、铁鹞、大鹰三军详稳。乾统元年，由乌古敌烈部屯田太保为易州刺史。幸臣刘彦良尝以事至州，怙宠恣横，为阳阿所沮。彦良归，妄加毁訾，寻遣人代阳阿。州民千余诣阙请留，即日授武安州观察使。历乌古涅里、顺义、彰信等军节度使，权知东北路统军使事。闻耶律狼不、铎鲁斡等叛，独引麾下三十余人追捕之，身被二创，生擒十余人，送之行在。坐不获首恶，免官。未几，权南京留守，卒。

武白，不知何郡人。为宋国子博士，差知相州，至通利军，为我军所俘。诏授上京国子博士。改临潢县令，迁广德军节度副使。先是，有讼宰相刘慎行与子妇姚氏私者，有司出其罪。圣宗诏白鞫之，白正其事。使高丽还，权中京留守。时慎行诸子皆处权要，以白断百姓分籍事不直，坐左迁。未几，迁尚书左丞，知枢密事，拜辽兴军节度使。致仕，卒。

萧常哥，字胡独堇，国舅之族。祖约直，同政事门下平章事；父实老，累官节度使。常哥魁伟寡言。年三十余，始为袛候郎君。历本族将军、松山州刺史。寿隆二年，以女为燕王妃，拜永兴宫使。及妃生子，为南院宣徽使，寻改汉人行宫都部署。乾统初，加太子太师，为国舅详稳。二年，改辽兴军节度使，召为北府宰相，以柴册礼，加兼侍中。天庆元年，致仕，卒，谥曰钦肃。

耶律虎古，字海邻，六院夷离堇觌烈之孙。少颖悟，重然诺。保宁初，补御盏郎君。十年，使宋还，以宋取河东之意闻于上。燕王韩匡嗣曰："何以知之？"虎古曰："诸僭号之国，宋皆并收，惟河东未下。今宋讲武习战，意必在汉。"匡嗣力沮，乃止。明年，宋果伐汉。帝以虎古能料事，器之，乃曰："吾与匡嗣虑不及此。"授涿州刺史。统和初，皇太后称制，召赴京师。与韩德让以事相忤，德让怒，取护卫所执戎仗击其脑，卒。子磨鲁古。

磨鲁古，字遥隐，有智识，善射。统和初，拜南面林牙。四年，宋侵燕，太后亲征。磨鲁古为前锋，手中流矢，拔而复进。太后既至，磨鲁古以创不能战，与北府宰相萧继先巡逻境上。累迁北院大王。六年，伐宋，为先锋，与耶律奴瓜破其将李忠吉于定州。以疾卒于军。

论曰：德让在统和间，位兼将相，其克敌制胜，进贤辅国，功业茂矣。至赐姓名，王齐、晋，抑有宠于太后而致然欤？宗族如德威平党项，涤鲁完宗祀，制心不苟合，家声益振，岂无所自哉！若勃古之忠，阳阿之孝，武白之直，亦彬彬乎一代之良臣矣。

卷八十三　　列传第十三

耶律休哥马哥　耶律斜轸　耶律奚低　耶律学古乌不吕

耶律休哥，字逊宁。祖释鲁，隋国王。父绾思，南院夷离堇。休哥少有公辅器。初乌古、室韦二部叛，休哥从北府宰相萧干讨之。应历末，为惕隐。乾亨元年，宋侵燕，北院大王奚底、统军使萧讨古等败绩，南京被围。帝命休哥代奚底，将五院军往救。遇大敌于高梁河，与耶律斜轸分左右翼，击败之。追杀三十余里，斩首万余级，休哥被三创。明旦，宋主遁去，休哥以创不能骑，轻车追至涿州，不及而还。是年冬，上命韩匡嗣、耶律沙伐宋，以报围城之役。休哥率本部兵从匡嗣等战于满城。翌日将复战，宋人请降，匡嗣信之。休哥曰："彼众整而锐，必不肯屈，乃诱我耳。宜严兵以待。"匡嗣不听。休哥引兵凭高而视。须臾南兵大至，鼓噪疾驰。匡嗣仓卒不知所为，士卒弃旗鼓而走，遂败绩。休哥整兵进击，敌乃却。诏总南面戍兵，为北院大王。明年，车驾亲征，围瓦桥关。宋兵来救，守将张师突围出。帝亲督战，休哥斩师，余众退走入城。宋阵于水南。将战，帝以休哥马介独黄，虑为敌所识，乃赐玄甲、白马易之。休哥率精骑渡水，击败之，追至莫州。横尸满道，靫矢俱罄，生获数将以献。帝悦，赐御马、金盂，劳之曰："尔勇过于名，若人人如卿，何忧不克？"师还，拜于越。

圣宗即位，太后称制，令休哥总南面军务，以便宜从事。休哥均戍兵，立更休法，劝农桑，修武备，边境大治。统和四年，宋复来侵，其将范密、杨继业出云州；曹彬、米信出雄、易，取歧沟、涿州，陷固安，置屯。时北南院、奚部兵未至，休哥力寡，不敢出战。夜以轻骑出两军间，杀其单弱以胁余众；昼则以精锐张其势，使彼劳于防御，以疲其力。又设伏林莽，绝其粮道。曹彬等以粮运不继，退保白沟。月余，复至。休哥以轻兵薄之，伺彼蓐食，击其离伍单出者，且战且却。由是南军自救不暇，结方阵，堑地两边而行。军渴乏井，漉淖而饮，凡四日始达于涿。闻太后军至，彬等冒雨而遁。太后益以锐卒，追及之。彼力穷，环粮车自卫，休哥围之。至夜，彬、信以数骑亡去，余众悉溃。追至易州东，闻宋师尚有数万，濒沙河而爨，促兵往击之。宋师望尘奔窜，堕岸相蹂死者过半，沙河为之不流。太后旋旆，休哥收宋尸为京观。封宋国王。又上言，可乘宋弱，略地至河为界。书奏，不纳。及太后南征，休哥为先锋，败宋兵于望都。时宋将刘廷让以数万骑并海而出，约与李敬源合兵，声言取燕。休哥闻之，先以兵扼其要地。会太后军至，接战，杀敬源，廷让走瀛州。七年，宋遣刘廷让等乘暑潦来攻易州，诸将惮之；独休哥率锐卒逆击于沙河之北，杀伤数万，获辎重不可计，献于朝。太后嘉其功，诏免拜、不名。自是宋不敢北向。时宋人欲止儿啼，乃曰："于越至矣！"

休哥以燕民疲弊，省赋役，恤孤寡，戒戍兵无犯宋境，虽马牛逸于北者悉还之。远近向化，边鄙以安。十六年，薨。是夕，雨木冰。圣宗诏立祠南京。

休哥智略宏远，料敌如神。每战胜，让功诸将，故士卒乐为之用。身更百战，未尝杀一无辜。二子：高八，官至节度使；高十，终于越。孙马哥。

马哥，字讹特懒。兴宗时，以散职入见，上问："卿奉佛乎？"对曰："臣每旦诵太祖、太宗及先臣遗训，未暇奉佛。"帝悦。清宁中，迁唐古部节度使。咸雍中，累迁匡义军节度使。大康初，致仕，卒。

耶律斜轸，字韩隐，于越曷鲁之孙。性明敏，不事生产。保宁元年，枢密使萧思温荐斜轸有经国才，上曰："朕知之，第佚荡，岂可羁屈？"对曰："外虽佚荡，中未可量。"乃召问以时政，占对剀切，帝器重之。妻以皇后之侄，命节制西南面诸军，仍援河东。改南院大王。乾亨初，宋再攻河东，从耶律沙至白马岭遇敌，沙等战不利；斜轸赴之，令麾下万矢齐发，敌气褫而退。是年秋，宋下河东，乘胜袭燕，北院大王耶律奚底与萧讨古逆战，败绩，退屯清河北。斜轸取奚底等青帜军于得胜口以诱敌，敌果争赴。斜轸出其后，奋击败之。及高梁之战，与耶律休哥分左右翼夹击，大败宋军。

统和初，皇太后称制，益见委任，为北院枢密使。会宋将曹彬、米信出雄、易，杨继业出代州。太后亲帅师救燕，以斜轸为山西路兵马都统。继业陷山西诸郡，各以兵守，自屯代州。斜轸至定安，遇贺令图军，击破之，追至五台，斩首数万级。明日，至蔚州，敌不敢出，斜轸书帛射城上，谕以招慰意。阴闻宋军来救，令都监耶律题子夜伏兵险厄，俟敌至而发。城守者见救至，突出。斜轸击其背，二军俱溃，追至飞狐，斩首二万余级，遂取蔚州。贺令图、潘美复以兵来，斜轸逆于飞狐，击败之。宋军在浑源、应州者，皆弃城走。斜轸闻继业出兵，令萧挞凛伏兵于路。明旦，继业兵至，斜轸拥众为战势。继业麾帜而前，斜轸佯退。伏兵发，斜轸进攻，继业败走，至狼牙村，众军皆溃。继业为流矢所中，被擒。斜轸责曰："汝与我国角胜三十余年，今日何面目相见！"继业但称死罪而已。初，继业在宋以骁勇闻，人号杨无敌，首建梗边之策。至狼牙村，心恶之，欲避不可得。既擒，三日死。斜轸归阙，以功加守太保。从太后南伐，卒于军。太后亲为哀临，仍给葬具。庶子狗儿，官至小将军。

耶律奚低，孟父楚国王之后。便弓马，勇于攻战。景宗时，多任以军事。统和四年，为右皮室详稳。时宋将杨继业陷山西郡县，奚低从枢密使斜轸讨之。凡战必以身先，矢无虚发。继业败于朔州之南，匿深林中。奚低望袍影而射，继业堕马。先是，军令须生擒继业，奚低以故不能为功。后太后南伐，屡有战绩。以病卒。

耶律学古，字乙辛隐，于越洼之庶孙。颖悟好学，工译鞮及诗。保宁中，补御盏郎君。乾亨元年，宋既下河东，乘胜侵燕，学古受诏往援。始至京，宋败耶律奚底、萧讨古等，势益张，围城三周，穴地而进，城中民怀二心。学古以计安反侧，随宜备御，昼夜不少懈。适有敌三百余人夜登城，学古战却之。会援军至，围遂解。学古开门列阵，四面鸣鼓，居民大呼，声震天地。旋有高梁之捷。以功遥授保静军节度使，为南京马步军都指挥使。二年，伐宋，乞将汉军，从之，改彰国军节度使。时南境未静，民思休息，学古禁寇掠以安之。会宋将潘美率兵分道来侵，学古以军少，虚张旗帜，杂丁黄为疑兵。是夜，适独虎峪举烽火，遣人侦视，见敌俘掠村野，击之，悉获所掠物，擒其将领。自是学古与潘美各守边约，无相侵轶，民获安业。以功为惕隐，卒。弟乌不吕。

乌不吕，字留隐。严重，有膂力，善属文。统和中伐宋，屡任以军事。尝与爻直不相能，因曰："尔奴才，何所知?"爻直讼于北院枢密使韩德让。德让怒，问曰："尔安得此奴耶?"乌不吕对曰："三父异籍时亦易得。"德让笑而释之。后从萧恒德伐蒲卢毛朵部，以功为东路统军都监。及德让为大丞相，荐其材可任统军使，太后曰："乌不吕尝不逊于卿，何善而荐?"德让奏曰："臣忝相位，于臣犹不屈，况于其余。以此知可用。若任使之，必能镇抚诸蕃。"太后从之，加金紫崇禄大夫、检校太尉。而弟国留以罪亡，乌不吕及其母俱下吏。恐祸及母，阴使人召国留，绐曰："太后知事之诬，汝第来勿畏。"国留至，送有司，坐诛。其后，退归田里，以疾卒。

论曰：宋乘下太原之锐，以师围燕，继遣曹彬、杨继业等分道来伐。是两役也，辽亦岌岌乎殆哉！休哥奋击于高梁，敌兵奔溃；斜轸擒继业于朔州，旋复故地。宋自是不复深入，社稷固而边境宁，虽配古名将，无愧矣。然非学古之在南京安其反侧，则二将之功，盖亦难致。故曰，国以人重，信哉！

卷八十四　列传第十四

耶律沙　耶律抹只　萧干讨古　**耶律善补　耶律海里**

耶律沙，字安隐。其先尝相遥辇氏。应历间，累官南府宰相。景宗即位，总领南面边事。保宁间，宋攻河东，沙将兵救之，有功，加守太保。乾亨初，宋复北侵，沙将兵由间道至白马岭，阻大涧遇敌。沙与诸将欲待后军至而战，冀王敌烈、监军耶律抹只等以为急击之便，沙不能夺。敌烈等以先锋渡涧，未半，为宋人所击，兵溃。敌烈及其子蛙哥、沙之子德里、令稳都敏、详稳唐筈等五将俱没。会北院大王耶律斜轸兵至，万矢俱发，敌军始退。沙将趋太原，会汉驸马都尉卢俊来奔，言太原已陷，遂勒兵还。宋乘锐侵燕，沙与战于高梁河，稍却；遇耶律休哥及斜轸等邀击，败宋军。宋主宵遁，至涿州，微服乘驴车，间道而走。上以功释前过。是年，复从韩匡嗣伐宋，败绩，帝欲诛之，以皇后营救得免。睿智皇后称制，召赐几杖，以优其老。复从伐宋，败刘廷让、李敬源之军，赐赉优渥。统和六年卒。

耶律抹只，字留隐，仲父隋国王之后。初以皇族入侍。景宗即位，为林牙，以干给称。保宁间，迁枢密副使。乾亨元年春，宋攻河东，南府宰相耶律沙为都统，将兵往援，抹只临其军。及白马岭之败，仅以身免。宋乘锐攻燕，将奚兵翊休哥击败之。上以功释前过。是年冬，从都统韩匡嗣伐宋，战于满城，为宋将所绐，诸军奔溃；独抹只部伍不乱，徐整旗鼓而归。玺书褒谕，改南海军节度使。乾亨二年，拜枢密副使。统和初，为东京留守。宋将曹彬、米信等侵边，抹只引兵至南京，先缮守御备。及车驾临幸，抹只与耶律休哥逆战于涿之东，克之，迁开远军节度使。故事，州民岁输税，斗粟折钱五，抹只表请折钱六，部民便之。统和末卒。

萧干，小字项烈，字婆典，北府宰相敌鲁之子。性质直。初，察割之乱，其党胡古只与干善，使人召之。干曰："吾岂能从逆臣！"缚其人送寿安王。贼平，上嘉其忠，拜群牧都林牙。复以伐乌古功，迁北府宰相，改突吕不部节度使。乾亨初，宋伐河东，乘胜侵燕，诏干拒之，战于高梁河。耶律沙退走，干与耶律休哥等并力战败之，上手敕慰劳。自是每征伐必参决军事。加政事令。二年，宋兵围瓦桥，夜袭我营，干及耶律匀骨战却之。时皇后以父呼干。及后为皇太后称制，干数条奏便宜，多见听用。统和四年卒。侄讨古。

讨古，字括宁，性忠简。应历初，始入侍。会冀王敌烈、宣徽使海思谋反，讨古与耶律阿列密告于上，上嘉其忠，诏尚朴谨公主。保宁末，为南京统军使。乾亨初，宋侵燕，讨古与北院大王奚底拒之，不克，军溃。讨古等不敢复战，退屯清河。帝闻其败，遣使责之曰："卿等不严侦候，用兵无法，遇敌即败，奚以将为！"讨古惧。顷之，援兵至，讨古奋力以败宋军。上释其罪，降为南京侍卫亲军都指挥使。四年卒。

耶律善补，字瑶升，孟父楚国王之后。纯谨有才智。景宗即位，授千牛卫大将军，迁大同军节度使。及伐宋，韩匡嗣与耶律沙将兵由东路进，善补以南京统军使由西路进。善补闻匡嗣失利，敛兵还。乾亨末，与宋军战于满城，为伏兵所围，斜轸救之获免。以失备，大杖决之。统和初，为惕隐。会宋来侵，善补为都元帅逆之，不敢战，故岭西州郡多陷，罢惕隐。以其叔安端有匡辅世宗功，上愍之，征善补为南府宰相，迁南院大王。会再举伐宋，欲攻魏府，召众集议。将士以魏城无备，皆言可攻。善补曰："攻固易，然城大叵量，若克其城，士卒贪俘掠，势必不可遏。且傍多巨镇，各出援兵，内有重敌，何以当之?"上乃止。善补性懦，守静。凡征讨，惮攻战，急还，以故战多不利。年七十四卒。

耶律海里，字留隐，令稳拔里得之长子。察割之乱，其母的鲁与焉。遣人召海里，海里拒之。乱平，的鲁以子故获免。海里俭素，不喜声利，以射猎自娱。虽居闲，人敬之若贵官然。保宁初，拜彰国军节度使，迁惕隐。秩满，称疾不仕。久之，复为南院大王。及曹彬、米信等来侵，海里有却敌功，赐资忠保义匡国功臣。帝屡亲征，海里在南院十余年，镇以宽静，户口增给，时议重之。封漆水郡王，迁上京留守，薨。诏以家贫，给葬具。

论曰：当高梁、朔州之捷，偏裨之将如沙与抹只，既因休哥、斜轸类见其功，所谓失之东隅，收之桑榆。若萧干、海里拒察割之招，讨古告海思之变，则不止有战功而已。其视善补畏懦，岂不优哉！

卷八十五　列传第十五

萧挞凛　萧观音奴　耶律题子　耶律谐理　耶律奴瓜　萧柳　高勋　奚和朔奴　萧塔列葛　耶律撒合

萧挞凛，字驼宁，思温之再从侄。父术鲁列，善相马，应历间为马群侍中。挞凛幼敦厚，有才略，通天文。保宁初，为宿直官，累任鷍剧。统和四年，宋杨继业率兵由代州来侵，攻陷城邑。挞凛以诸军副部署，从枢密使耶律斜轸败之，擒继业于朔州。六年秋，改南院都监，从驾南征，攻沙堆，力战被创，太后尝亲临视。明年，加右监门卫上将军、检校太师，遥授彰德军节度使。十一年，与东京留守萧恒德伐高丽，破之。高丽称臣奉贡。十二年，夏人梗边，皇太妃受命总乌古及永兴宫分军讨之，挞凛为阻卜都详稳。凡军中号令，太妃并委挞凛。师还，以功加兼侍中，封兰陵郡王。十五年，敌烈部人杀详稳而叛，遁于西北荒，挞凛将轻骑逐之，因讨阻卜之未服者，诸蕃岁贡方物充于国，自后往来若一家焉。上赐诗嘉奖，仍命林牙耶律昭作赋，以述其功。挞凛以诸部叛服不常，上表乞建三城以绝边患，从之。俄召为南京统军使。二十年，复伐宋，擒其将王先知，破其军于遂城，下祁州，上手诏奖谕。进至澶渊，宋主军于城隍间，未接战，挞凛按视地形，取宋之羊观、盐堆、凫雁，中伏弩卒。明日，辖车至，太后哭之恸，辍朝五日。子慥古，南京统军使。

萧观音奴，字耶宁，奚王搭纥之孙。统和十二年，为右祗候郎君班详稳，迁奚六部大王。先是，俸秩外，给獐鹿百数，皆取于民，观音奴奏罢之。及伐宋，与萧挞凛为先锋，降祁州，下德清军，上加优赏。同知南院事，卒。

耶律题子，字胜隐，北府宰相兀里之孙。善射，工画。保宁间，为御盏郎君。九年，奉使于汉，具言两国通好长久之计，其主继元深加礼重。统和二年，将兵与西边详稳耶律速撒讨陀罗斤，大破之。四年，宋将杨继业陷山西城邑，题子从北院枢密使耶律斜轸击之，败贺令图于定安，授西南面招讨都监。宋兵守蔚州急，召外援，题子闻之，夜伏兵道傍。黎明，宋兵果来，过未半而击之；城中军出，斜轸复邀之。两军俱溃，奔飞狐，地隘不得进，杀伤甚众。贺令图复集败卒来袭蔚州，题子逆战，破之，应州守将自遁。进围寰州，冒矢石登城，宋军大溃。当斜轸擒继业于朔州，题子功居多。是年冬，复与萧挞凛由东路击宋，俘获甚众。后闻宋兵屯易州，率兵逆之，至易境而卒。

初，题子破令图，宋将有因伤而仆，题子绘其状以示宋人，咸嗟神妙。

耶律谐理，字乌古邻，突举部人。统和四年，宋将杨继业来攻山西，谐理从耶律斜轸击之，常居先锋，侦候有功。是岁，伐宋，宋人拒于滹沱河，谐理率精骑便道先济，获其将康保威，以功诏世预节度使选。太平元年，稍迁本部节度使。六年，从萧惠攻甘州，不克。会阻卜攻围三克军，谐理与都监耶律涅鲁古往救，至可敦城西南，遇敌，不能阵，中流矢卒。

耶律奴瓜，字延宁，太祖异母弟南府宰相苏之孙。有膂力，善调鹰隼。统和四年，宋杨继业来侵，奴瓜为黄皮室纠都监，击败之，尽复所陷城邑。军还，加诸卫小将军。及伐宋，有功，迁黄皮室详稳。六年，再举，将先锋军，败宋游兵于定州，为东京统军使，加金紫崇禄大夫。从奚王和朔奴伐兀惹，以战失利，削金紫崇禄阶。十九年，拜南府宰相。二十一年，复伐宋，擒其将王继忠于望都，俘杀甚众，以功加同政事门下平章事。二十六年，为辽兴军节度使，寻复为南府宰相。开泰初，加尚父，卒。

萧柳，字徒门，淳钦皇后弟阿古只五世孙。幼养于伯父排押之家，多知，能文，膂力绝人。统和中，叔父恒德临终，荐其才，诏入侍卫。十七年，南伐，宋将范庭召列方阵而待。时皇弟隆庆为先锋，问诸将佐谁敢当者，柳曰："若得骏马，则愿为之先。"隆庆授以甲骑。柳揽辔，谓诸将曰："阵若动，诸君急攻。"遂驰而前，敌少却。隆庆席势攻之，南军遂乱。柳中流矢，裹创而战，众皆披靡。时排押留守东京，奏柳为四军兵马都指挥使。明年，为北女直详稳，政济宽猛，部民畏爱。迁东路统军使。秩满，百姓愿留复任，许之。从伐高丽，遇大蛇当路，前驱者请避；柳曰："壮士安惧此！"拔剑断蛇。师还，致仕。

柳好滑稽，虽君臣燕饮，诙谐无所忌，时人比之俳优。临终，谓人曰："吾少有致君志，不能直遂，故以谐进。冀万有一补，俳优名何避！"顷之，被寝衣而坐，呼曰："吾去矣！"言讫而逝。耶律观音奴集柳所著诗千篇，目曰《岁寒集》。

高勋，字鼎臣，晋北平王信韬之子。性通敏。仕晋为阁门使。会同九年，与杜重威来降。太宗入汴，授四方馆使。好结权贵，能服勤大臣，多推誉之。天禄间，为枢密使，总汉军事。五年，刘崇遣使来求封册，诏勋册崇为大汉神武皇帝。应历初，封赵王，出为上京留守，寻移南京。会宋欲城益津，勋上书请假巡徼以扰之，帝然其奏，宋遂不果城。十七年，宋略地益津关，勋击败之，知南院枢密事。景宗即位，以定策功，进王秦。保宁中，以南京郊内多隙地，请疏畦种稻，帝欲从之。林邪耶律昆宣言于朝曰："高勋此奏，必有异志。果令种稻，引水为畦，设以京叛，官军何自而入？"帝疑之，不纳。寻迁南院枢密使。以毒药馈驸马都尉萧啜里，事觉，流铜州。寻又谋害尚书令萧思温，诏狱诛之，没其产，皆赐思温家。

奚和朔奴，字筹宁，奚可汗之裔。保宁中，为奚六部长。统和初，皇太后称制，以耶律休哥领南边事，和朔奴为南面行军副部署。四年，宋曹彬、米信等来侵，和朔奴与休哥破宋兵于燕南，手诏褒美。军还，怙权挝无罪人李浩至死，上以其功释之。六年冬，南征，将本部军由别道进击敌军于狼山，俘获甚众。八年，上表曰："臣窃见太宗之时，奚六部二宰相、二常衮，诰命大常衮班在酋长左右，副常衮总知酋长五房族属，二宰相匡辅酋长，建明善事。今宰相职如故，二常衮别无所掌，乞依旧制。"从之。十三年秋，迁都部署，伐兀惹。驻于铁骊，秣马数月，进至兀惹城。利其俘掠，请降不许，令急攻之。城中大恐，皆殊死战。和朔奴知不能克，从副部署萧恒德议，掠地东南，循高丽北界而还。以地远粮绝，士马死伤，诏降封爵，卒。子乌也，郎君班详稳。

萧塔列葛，字雄隐，五院部人。八世祖只鲁，遥辇氏时尝为虞人。唐安禄山来攻，只鲁战于黑山之阳，败之。以功为北府宰相，世预其选。塔列葛仕开泰间，累迁西南面招讨使。重熙十一年，使西夏，谕伐宋事，约元昊出别道以会。十二年，改右夷离毕、同知南京留守，转左夷离毕，俄授东京留守，以世选为北府宰相，卒。

耶律撒合，字率懒，乙室部人，南府宰相欧礼斯子。天禄间始仕。应历中，拜乙室大王，兼知兵马事。乾亨初，宋来侵，诏以本部兵守南京，与北院大王奚底、统军萧讨古等逆战，奚底等败走，独撒合全军还。上谕之曰："拒敌当如此。卿勉之，无忧不富贵。"加守太保。统和间卒。

论曰：辽在统和间，数举兵伐宋，诸将如耶律谐理、奴瓜、萧柳等俱有降城擒将之功。最后，以萧挞凛为统军，直抵澶渊。将与宋战，挞凛中弩，我兵失倚，和议始定。或者天厌其乱，使南北之民休息者耶！

卷八十六　　列传第十六

耶律合住　刘景　刘六符　耶律褭履　牛温舒
杜防　萧和尚特末　**耶律合里只　耶律颇的**

耶律合住，字粘衮，太祖弟迭剌之孙。幼不好弄，临事明敏，善谈论。初以近族入侍，每从征伐有功。保宁初，加右龙虎卫上将军。以宋师屡梗南边，拜涿州刺史，西南兵马都监、招安、巡检等使，赐推忠奉国功臣。合住久任边防，虽有克获功，然务镇静，不妄生事以邀近功。邻壤敬畏，属部乂安。宋数遣人结欢，冀达和意，合住表闻其事，帝许议和。安边怀敌，多有力焉。拜左金吾卫上将军。秩满，遥摄镇国军节度使，卒。

合住智而有文，晓畅戎政。镇范阳时，尝领数骑径诣雄州北门，与郡将立马陈两国利害，及周师侵边本末。辞气慷慨，左右壮之。自是，边境数年无事。识者以谓合住一言，贤于数十万兵。

刘景，字可大，河间人。四世祖怦，即朱滔之甥，唐右仆射、卢龙军节度使。父守敬，南京副留守。景资端厚，好学能文。燕王赵延寿辟为幽都府文学。应历初，迁右拾遗、知制诰，为翰林学士。九年，周人侵燕，留守萧思温上急变，帝欲俟秋出师，景谏曰："河北三关已陷于敌，今复侵燕，安可坐视！"上不听。会父忧去。未几，起复旧职。一日，召草赦；既成，留数月不出。景奏曰："唐制，赦书日行五百里，今稽期弗发，非也。"上亦不报。景宗即位，以景忠实，擢礼部侍郎，迁尚书、宣政殿学士。上方欲倚用，乃书其笏曰："刘景可为宰相。"顷之，为南京副留守。时留守韩匡嗣因扈从北上，景与其子德让共理京事。俄召为户部使，历武定、开远二军节度使。统和六年致仕，加兼侍中。卒，年六十七。赠太子太师。子慎行，孙一德、二玄、三嘏、四端、五常、六符，皆具六符传。

刘六符，父慎行，由膳部员外郎累迁至北府宰相、监修国史。时上多即宴饮行诛赏，慎行谏曰："以喜怒加威福，恐未当。"帝悟，谕政府"自今宴饮有刑赏事，翌日禀行"。为都统，伐高丽，以失军期下吏，议贵乃免，出为彰武军节度使。赐保节功臣。子六人：一德、二玄、三嘏、四端、五常、六符。德早世。玄终上京留守。常历三司使、武定军节度使。嘏、端、符皆第进士。嘏、端俱尚主，为驸马都尉。三嘏献圣宗《一矢毙双鹿赋》，上嘉其赡丽。与公主不谐，奔宋；归，杀之。四端以卫尉少卿使宋贺生辰，方宴，大张女乐，竟席不顾，人惮其严。还，拜枢密直学士。

六符有志操，能文。重熙初，迁政事舍人，擢翰林学士。十一年，与宣徽使萧特末使宋索十县地；还，为汉人行宫副部署。会宋遣使增岁币以易十县，复与耶律仁先使宋，定"进贡"名，宋难之。六符曰："本朝兵强将勇，海内共知，人人愿从事于宋。若恣其俘获以饱所欲，与'进贡'字孰多？况大兵驻燕，万一南进，何以御之！顾小节，忘大患，悔将何及！"宋乃从之，岁币称"贡"。六符还，加同中书门下平章事。及宋币至，命六符为三司使以受之。六符与参知政事杜防有隙，防以六符尝受宋赂，白其事，出为长宁军节度使，俄召为三司使。道宗即位，将行大册礼，北院枢密使萧革曰："行大礼备仪物，必择广地，莫若黄川。"六符曰："不然。礼仪国之大体，帝王之乐不奏于野。今中京四方之极，朝觐各得其所，宜中京行之。"

上从其议。寻以疾卒。

耶律褭履，字海邻，六院夷离堇蒲古只之后。风神爽秀，工于画。重熙间，累迁同知点检司事。驸马都尉萧胡睹为夏人所执，奉诏索之，三返以归，转永兴宫使、右祗祗候郎君班详稳。褭履将娶秦晋长公主孙，其母与公主婢有隙，谓褭履曰："能去婢，乃许尔婚。"褭履以计杀之，婚成。事觉，有司以大辟论。褭履善画，写圣宗真以献，得减，坐长流边戍。复以写真，召拜同知南院宣徽事。使宋贺正，写宋主容以归。清宁间，复使宋。宋主赐宴，瓶花隔面，未得其真。陛辞，仅一视，及境，以像示饯者，骇其神妙。闻重元乱，不即勤王。贼平入贺，帝责让之。宴酣，顾褭履曰："重元事成，卿必得为上客！"褭履大惭。咸雍中，加太子太师，卒。

牛温舒，范阳人。刚正，尚节义，有远器。咸雍中，擢进士第，滞小官。大安初，累迁户部使，转给事中、知三司使事。国、民兼足，上以为能，加户部侍郎，改三司使。寿隆中，拜参知政事，兼同知枢密院事，摄中京留守。部民诣阙请真拜，从之。召为三司使。乾统初，复参知政事，知南院枢密使事。五年，夏为宋所攻，来请和解。温舒与萧得里底使宋。方大燕，优人为道士装，索土泥药炉。优曰："土少不能和。"温舒遽起，以手藉土怀之。宋主问其故，温舒对曰："臣奉天子威命来和，若不从，则当卷土收去。"宋人大惊，遂许夏和。还，加中书令，卒。

杜防，涿州归义县人。开泰五年，擢进士甲科，累迁起居郎、知制诰，人以为有宰相器。太平中，迁政事舍人，拜枢密副使。重熙九年，夏人侵宋。宋遣郭稹来告，请与夏和，上命防使夏解之。如约罢兵，各归侵地，拜参知政事。韩绍芳、刘六符忌之，防待以诚。十二年，绍芳等罢，愈见信任。十三年，拜南府宰相。十五年，防生子，帝幸其第，赐名王门奴。以进奏有误，出为武定军节度使。十七年，复召为南府宰相。二十一年秋，祭仁德皇后，诏儒臣赋诗，防为冠，赐金带。道宗谅阴，为大行皇帝山陵使。清宁二年，上谕防曰："朕以卿年老嗜酒，不欲烦以剧务。朝廷之事，总纲而已。"顷之，拜右丞相，加尚父，卒。上叹悼不已，赙赠加等，官给葬具，赠中书令，谥曰元肃。子公谓，终南府宰相。

萧和尚，字洪宁，国舅大父房之后。忠直，多智略。开泰初，补御盏郎君，寻为内史、太医等局都林牙。使宋贺正，将宴，典仪者告，班节度使下。和尚曰："班次如此，是不以大国之使相礼。且以锦服为贶，如待蕃部。若果如是，吾不预宴。"宋臣不能对，赐以紫服，位视执政，使礼始定。八年秋，为唐古部节度使，卒。弟特末。

特末，字何宁。为人机辨任气。太平中，累迁安东军节度使，有能称。十一年，召为左祗候郎君班详稳。未几，迁左夷离毕。重熙十年，累迁北院宣徽使。明年，与刘六符使宋，索十县故地，宋请增银、绢十万两、匹以易之。归，称旨，加同政事门下平章事。诏城西南浑底甸。还，复为北院宣徽使，卒。

耶律合里只，字特满，六院夷离堇蒲古只之后。重熙中，累迁西南面招讨都监。充宋国生辰使，馆于白沟驿。宋宴劳，优者嘲萧惠河西之败。合里只曰："胜负兵家常事。我嗣圣皇帝俘石重贵，至今兴中有石家寨。惠之一败，何足较哉？"宋人惭服。帝闻之曰："优令失辞，何可伤两国交好！"鞭二百，免官。清宁初，起为怀化军节度使。七年，入为北院大王，封豳国公。历辽兴军节度使、东北路详稳，加兼侍中。致仕，卒。

合里只明达勤恪，怀柔有道。置诸宾馆及西边营田，皆自合里只发之。

耶律颇的，字撒版，季父房奴瓜之孙。孤介寡合。重熙初，补牌印郎君。清宁初，稍迁知易州。去官，部民请留，许之。咸雍八年，改彰国军节度使。上猎大牢古山，颇的谒于行宫。帝问边事，对曰："自应州南境至天池，皆我耕牧之地。清宁间，边将不谨，为宋所侵，烽堠内移，似非所宜。"道宗然之。拜北面林牙。后遣人使宋，得其侵地，命颇的往定疆界。还，拜南院宣徽使。大康四年，迁忠顺军节度使，寻为南院大王，改同知南京留守事，召拜南府宰相，赐贞良功臣，封吴国公，为北院枢密使。廉谨奉公，知无不为。大安中致仕，卒。子霞抹，北院枢密副使。

论曰：耶律合住安边讲好，养兵息民，其虑深远矣。六符启衅邀功，岂国家之利哉？牛、杜、颇的、合里只辈衔命出使，幸不辱命。褭里杀人婢以求婚，身负罪衅，画其主容，以冀免死，亦可丑也。

卷八十七　　列传第十七

萧孝穆撒八　孝先　孝友　**萧蒲奴**
耶律蒲古　**夏行美**

萧孝穆，小字胡独堇，淳钦皇后弟阿古只五世孙。父陶瑰，为国舅详稳。孝穆廉谨有礼法。统和二十八年，累迁西北路招讨都监。开泰元年，遥授建雄军节度使，加检校太保。是年术烈等变，孝穆击走之。冬，进军可敦城。阻卜结五群牧长查剌、阿睹等，谋中外相应，孝穆悉诛之，乃严备御以待，余党遂溃。以功迁九水诸部安抚使。寻拜北府宰相，赐忠穆熙霸功臣，检校太师，同政事门下平章事。八年，还京师。太平二年，知枢密院事，充汉人行宫都部署。三年，封燕王、南京留守、兵马都总管。九年，大延琳以东京叛，孝穆为都统讨之，战于蒲水。中军稍却，副部署萧匹敌、都监萧蒲奴以两翼夹击，贼溃，追败之于手山北。延琳走入城，深沟自卫。孝穆围之，筑重城，起楼橹，使内外不相通，城中撤屋以爨。其将杨详世等擒延琳以降，辽东悉平。改东京留守，赐佐国功臣。为政务宽简，抚纳流徙，其民安之。

兴宗即位，徙王秦，寻复为南京留守。重熙六年，进封吴国王，拜北院枢密使。八年，表请籍天下户口以均徭役，又陈诸部及舍利军利害。从之。由是政赋稍平，众悦。九年，徙王楚。时天下无事，户口蕃息，上富于春秋，每言及周取十县，慨然有南伐之志。群臣多顺旨。孝穆谏曰："昔太祖南伐，终以无功。嗣圣皇帝仆唐立晋，后以重贵叛，长驱入汴；銮驭始旋，反来侵轶。自后连兵二十余年，仅得和好，蒸民乐业，南北相通。今国家比之曩日，虽曰富强，然勋臣、宿将往往物故。且宋人无罪，陛下不宜弃先帝盟约。"时上意已决，书奏不报。以年老乞骸骨，不许。十二年，复为北院枢密使，更王齐，薨。追赠大丞相、晋国王，谥曰贞。

孝穆虽椒房亲，位高益畏。太后有赐，辄辞不受。妻子无骄色。与人交，始终如一。所荐拔皆忠直士。尝语人曰："枢密选贤而用，何事不济？若自亲烦碎，则大事凝滞矣。"自萧合卓以吏才进，其后转效，不知大体。叹曰："不能移风易俗，偷安爵位，臣子之道若是乎。"时称为"国宝臣"，目所著文曰《宝老集》。二子阿剌、撒八，弟孝先、孝忠、孝友，各有《传》。

撒八，字周隐。七岁，以戚属加左右千牛卫大将军。重熙初，补祗候郎君。性廉介，风姿爽郎，善球马、驰射。帝每燕饮，喜谐谑。撒八虽承宠顾，常以礼自持，时人称之。以柴册礼恩，加检校太傅、永兴宫使，总领左右护卫，同知点检司事。尚魏国公主，拜驸马都尉，为北院宣徽使，仍总知朝廷礼仪。重熙末，出为西北路招讨使、武宁郡王。居官以治称。清宁初薨，年三十九，追封齐王。

孝先，字延宁，小字海里。统和十八年，补祗候郎君。尚南阳公主，拜驸马都尉。开泰五年，为国舅详稳。将兵城东鄙。还，为南京统军使。太平三年，为汉人行宫都部署，寻加太子太傅。五年，迁上京留守。以母老求侍，复为国舅详稳。改东京留守。会大延琳反，被围数月，穴地而出。延琳平，留守上京。十一年，帝不豫，钦哀召孝先总禁卫事。兴宗谅阴，钦哀弑仁德皇后，孝先与萧浞卜、萧匹敌等谋居多。及钦哀摄政，遥授天平军节度使，加守司徒，兼政事令。重熙初，封楚王，为北院枢密使。孝先以椒房亲，为太后所重。在枢府，好恶自恣，权倾人主，朝多侧目。三年，太后与孝先谋废立事，帝知之，勒卫兵出宫，召孝先至，谕以废太后意。孝先震慑不能对。迁太后于庆州。孝先恒郁郁不乐。四年，徙王晋。后为南京留守，卒，谥忠肃。

孝友，字挞不衍，小字陈留。开泰初，以戚属为小将军。太平元年，以大册，加左武卫大将军、检校太保，赐名孝友。重熙元年，累迁西北路招讨使，封兰陵郡王。八年，进王陈。先是，萧惠为招讨使，专以威制西羌，诸夷多叛。孝友下车，厚加绥抚，每入贡，辄增其赐物，羌人以安。久之，浸成姑息，诸夷桀骜之风遂炽，议者讥其过中。十年，加政事令，赐效节宣庸定远功臣，更王吴。后以葬兄孝穆、孝忠，还京师，拜南院枢密使，加赐翊圣协穆保义功臣，进王赵，拜中书令。丁母忧，起复北府宰相，出知东京留守。会伐夏，孝友与枢密使萧惠失利河南，帝欲诛之，太后救免。复为东京留守，徙王燕，改上京留守，更王秦。清宁初，加尚父。顷之，复留守东京。明年，复为北府宰相。帝亲制诰词以褒宠之。以柴册恩，遥授洛京留守，益赐纯德功臣，致仕，进封丰国王。坐子胡靓首与重元乱，伏诛，年七十三。胡靓在《逆臣传》。

萧蒲奴，字留隐，奚王楚不宁之后。幼孤贫，佣于医家牧牛。伤人稼，数遭笞辱。医者尝见蒲奴熟寐，有蛇绕身，异之。教以读书，聪敏嗜学。不数年，涉猎经史，习骑射。既冠，意气豪迈。开泰间，选充护卫，稍进用。俄坐罪黥流乌古部。久之，召还，累任剧，迁奚六部大王，治有声。太平九年，大延琳据东京叛，蒲奴为都监，将右翼军，遇贼战蒲水。中军少却，蒲奴与左翼军夹攻之。先据高丽、女直要冲，使不得求援，又败贼于手山。延琳走入城。蒲奴不介马而驰，追杀余贼。已而大军围东京，蒲奴讨诸叛邑，平吼山贼，延琳坚守不敢出。既被擒，蒲奴以功加兼侍中。重熙六年，改北阻卜副部署，再授奚六部大王。十五年，为西南面招讨使，西征夏国。蒲奴以兵二千据河桥，聚巨舰数十艘，仍作大钩，人莫测。战之日，布舟于河，绵亘三十余里。遣人伺上流，有浮物辄取之。大军既失利，蒲奴未知，适有大木顺流而下，势将坏浮梁，断归路，操舟者争钩致之，桥得不坏。明年，复西征，悬兵深入，大掠而还，复为奚六部大王。致仕，卒。

耶律蒲古，字提隐，太祖弟苏之四世孙。以武勇称。统和初，为涿州刺史，从伐高丽有功。开泰末，为上京内客省副使。太平二年，城鸭渌江，蒲古守之，在镇有治绩。五年，改广德军节度使，寻迁东京统军使。莅政严肃，诸部慑服。九年，大延琳叛，以书结保州。夏行美执其人送蒲古，蒲古入据保州，延琳气沮。以功拜惕隐。十一年，为子铁骊所弑。

夏行美，渤海人。太平九年，大延琳叛，时行美总渤海军于保州。延琳使人说欲与俱叛，行美执送统军耶律蒲古，又诱贼党百人杀之。延琳谋沮，乃婴城自守，数月而破。以功加同政事门下平章事，锡赉甚厚。明年，擢忠顺军节度使。重熙十七年，迁副部署，从点检耶律义先讨蒲奴里，获其酋陶得里以归。致仕，卒。上思其功，遣使祭于家。

论曰：不有君子，其能国乎？方其擒延琳，定辽东，一时诸将之功伟矣。宜其抚剑抵掌，贾余勇以威天下也。萧孝穆之谏南侵，其意防何其弘远欤，是岂瞋目语难者所能知哉！至论移风俗为治之本，亲烦碎为失大臣体，又何其深切著明也。为"国宝臣"，宜矣。孝先预弑仁德之谋，犹依城社以逃熏灌，为国巨蠹，虽功何议焉。

卷八十八　列传第十八

萧敌烈拔剌　**耶律盆奴**　**萧排押**恒德　匹敌
耶律资忠　**耶律瑶质**　**耶律弘古**　**高正**
耶律的琭　**大康乂**

萧敌烈，字涅鲁衮，宰相挞烈四世孙。识度弘远，为乡里推重。始为牛群敞史。帝闻其贤，召入侍，迁国舅详稳。统和二十八年，帝谓群臣曰："高丽康肇弑其君诵，立诵族兄询而相之，大逆也。宜发兵问其罪。"群臣皆曰可。敌烈谏曰："国家连年征讨，士卒抏敝。况陛下在谅阴；年谷不登，创痍未复。岛夷小国，城垒完固，胜不为武；万一失利，恐贻后悔。不如遣一介之使，往问其故。彼若伏罪则已；不然，俟服除岁丰，举兵未晚。"时令已下，言虽不行，识者韪之。明年，同知左夷离毕事。改右夷离毕。开泰初，率兵巡西边。时夷离堇部下闸撒狘扑里、失室、勃葛率部民遁，敌烈追擒之，令复业，迁国舅详稳。从枢密使耶律世良伐高丽。还，加同政事门下平章事，拜上京留守。敌烈为人宽厚，达政体，廷臣皆谓有王佐才。汉人行宫都部署王继忠荐其材可为枢密使，帝疑其党而止。为中京留守，卒。族子忽古，有传。弟拔剌。

拔剌，字别勒隐。多智，善骑射。开泰间，以兄为右夷离毕，始补郎君，累迁奚六部秃里太尉。太平末，大延琳叛，拔剌将北、南院兵往讨，遇于蒲水，南院兵少却。至手山，复与贼遇。拔剌乃易两院旗帜，鼓勇力战，破之。上闻，以手诏褒奖，赐内厩马。重熙中，迁四捷军详稳，谢事归乡里。数岁，起为昭德军节度使，寻改国舅详稳，卒。

耶律盆奴，字胡独堇，惕隐涅鲁古之孙。景宗时，为乌古部详稳，政尚严急，民苦之。有司以闻，诏曰："盆奴任方面寄，以细故究问，恐损威望。"寻迁马群太保。统和十六年，隐实燕军之不任事者，汰之。二十八年，驾征高丽，盆奴为先锋。至铜州，高丽将康肇分兵为三以抗我军：一营于州西，据三水之会，肇居其中；一营近州之山；一附城而营。盆奴率耶律弘古击破三水营，擒肇，李玄蕴等军望风溃。会大军至，斩三万余级，追至开京，破敌于西岭。高丽王询闻边城不守，遁去。

盆奴入开京，焚其王宫，乃抚慰其民人。上嘉其功，迁北院大王，薨。

萧排押，字韩隐，国舅少父房之后。多智略，能骑射。统和初，为左皮室详稳，讨阻卜有功。四年，破宋将曹彬、米信兵于望都。凡军事有疑，每预参决。寻总永兴宫分纠及舍利、拽剌、二皮室等军，与枢密使耶律斜轸收复山西所陷城邑。是冬，攻宋，隶先锋，围满城，率所部先登，拔之，改南京统军使。尚卫国公主，拜驸马都尉，加同政事门下平章事。十三年，历北、南院宣徽使。条上时政得失及赋役法，上嘉纳焉。十五年，加政事令，迁东京留守。二十二年，复攻宋，将渤海军，下德清军。后萧挞凛卒，专任南面事。宋和议成，为北府宰相。圣宗征高丽，将兵由北道进，至开京西岭，破敌兵，斩数千级。高丽王询惧，奔平州。排押入开京，大掠而还。帝嘉之，封兰陵郡王。开泰二年，以宰相知西南面招讨使。五年，进王东平。排押为政宽裕而善断，诸部畏爱，民以殷富，时议多之。七年，再伐高丽，至开京，敌奔溃，纵兵俘掠而还。渡茶、陀二河，敌夹射，排押委甲仗走，坐是免官。太平三年，复王豳，薨。弟恒德。

恒德，字逊宁。有胆略而善谋。统和元年，尚越国公主，拜驸马都尉，迁南面林牙。从宣徽使耶律阿没里征高丽还，改北面林牙。会宋将曹彬、米信侵燕，耶律休哥与恒德议军事，多见信用，为东京留守。六年，上攻宋，围沙堆，恒德独当一面。城上矢石如雨，恒德意气自若，督将士夺其陴。城陷，中流矢，太后亲临视，赐药。攻长城口，复先登，太后益多其功。时高丽未附，恒德受诏，率兵拔其边城。王治惧，上表请降。十二年八月，赐启圣竭力功臣。从都部署和朔奴讨兀惹，未战，兀惹请降。恒德利其俘获，不许。兀惹死战，城不能拔。和朔奴议欲引退，恒德曰："以彼倔强，吾奉诏来讨，无功而还，诸部谓我何！若深入多获，犹胜徒返。"和朔奴不得已，进击东南诸部，至高丽北鄙。比还，道远粮绝，士马死伤者众，坐是削功臣号。十四年，为行军都部署，伐蒲卢毛朵部。还，公主疾，太后遣宫人贤释侍之，恒德私焉。公主恚而薨，太后怒，赐死。后追封兰陵郡王。子匹敌。

匹敌，字苏隐，一名昌裔。生未月，父母俱死，育于禁掖。既长，尚秦晋王公主，拜驸马都尉，为殿前副点检。统和八年，改北面林牙。太平四年，迁殿前都点检，出为国舅详稳。九年，渤海大延琳叛，劫掠邻部，与南京留守萧孝穆往讨。孝穆欲全城降，乃筑重城围之，数月，城中人阴来纳款，遂擒延琳，东京平，以功封兰陵郡王。十一年，圣宗不豫。先是，钦哀与仁德皇后有隙，以匹敌尝为后所爱，忌之。时护卫冯家奴上变，诬后弟浞卜与匹敌谋逆，以皇后摄政，徐议当立者。公主窃闻其谋，谓匹敌曰："尔将无罪被戮。与其死，何若奔女直国以全其生！"匹敌曰："朝廷讵肯以飞语害忠良？宁死弗适他国。"及钦哀摄政，杀之。

耶律资忠，字沃衍，小字札剌，系出仲父房。兄国留善属文，圣宗重之。时妻弟之妻阿古与奴通，将奔女直国，国留追及奴，杀之，阿古自经。阿古母有宠于太后，事闻，太后怒，将杀之。帝度不能救，遣人诀别，问以后事。国留谢曰："陛下悯臣无辜，恩漏九泉，死且不朽！"既死，人多冤之。在狱著《兔赋》、《寤寐歌》，为世所称。

资忠博学，工辞章，年四十未仕。圣宗知其贤，召补宿卫。数问以古今治乱，资忠对无隐。开泰中，授中丞，眷遇日隆。初，高丽内属，取女直六部地以赐。至是，贡献不时至，诏资忠往问故。高丽无归地意。由是权贵数短于上，出为上京副留守。三年，再使高丽，留弗遣。资忠每怀君亲，辄有著述，号《西亭集》。帝与群臣宴，时一记忆曰："资忠亦有此乐乎？"九年，高丽上表谢罪，始送资忠还。帝郊迎，同载以归，命大臣宴劳，留禁中数日。谓曰："朕将屈卿为枢密，何如？"资忠对曰："臣不才，不敢奉诏。"乃以为林牙，知惕隐事。初，资忠在高丽也，弟昭为著帐郎君，坐罪没家产。至是，乃复横帐，且还旧产，诏以外戚女妻之。是时，枢密使萧合卓、少师萧把哥有宠，资忠不肯俯附，诋之。帝怒，夺官。数岁，出知来远城事，历保安、昭德二军节度使。圣宗崩，表请会葬。既至，伏梓宫大恸曰："臣幸遇圣明，横被构谮，不获尽犬马报。"气绝而苏，兴宗命医治疾。久之，言国舅侍中无忧国心，陛下不当复用唐景福旧号，于是用事者恶之，遣归镇，卒。弟昭，有传。

耶律瑶质，字拔里堇，积庆宫人。父侯古，室韦部节度使。瑶质笃学廉介，有经世志。统和十年，累迁至积庆宫使。圣宗尝谕瑶质曰："闻卿正直，是以进用。国有利害，尔言宜无所隐。"由是所陈多见嘉纳。上征高丽，破康肇军于铜州，瑶质之力为多。王询乞降，群臣议皆谓宜纳。瑶质曰："王询始一战而败，遽求纳款，此诈耳；纳之恐堕其奸计。待其势穷力屈，纳之未晚。"已而询果遁，清野无所获。其众阻险而垒，攻之不下，瑶质以计降之。擢拜四蕃部详稳。时招讨使耶律颇的为总管，瑶质耻居其下，上表曰："臣先朝旧臣，今既垂老，乞还新命，觊得常侍左右。"帝曰："朕不使汝久处是任。"且命无隶招讨，得专奏事到部。戢暴怀善，政绩显著。卒于官。

耶律弘古，字盆讷隐，遥辇鲜质可汗之后。统和初，尝以军事任为拽剌详稳，寻徙南京统军使。十三年，徇地南鄙，克敌于四岳桥，斩首百余级。攻宋，以战功迁东京留守，封楚国公。后伐高丽，副先锋耶律盆奴，擒康肇于铜州。三十年，西北部叛，从南府宰相耶律奴瓜讨之。及典禁军，号令整肃，诸部多降。寻迁侍中，卒。

高正，不知何郡人。统和初，举进士第，累迁枢密直学士。上将伐高丽，遣正先往谕意。及还，迁右仆射。时高丽王询表请入觐，上许之，遣正率骑兵千人迓之。馆于路，为高丽将卓思正所围。正以势不可敌，与麾下壮士突围出，士卒死伤者众。上悔轻发，释其罪。明年，迁工部侍郎，为北院枢密副使。开泰五年卒。

耶律的琭，字耶宁，仲父房之后。习兵事，为左皮室详稳。统和二十八年，伐高丽，的琭率本部军与盆奴等擒康肇、李玄蕴于铜州。帝壮之曰："以卿英才，为国戮力，真吾家千里驹也！"乃赐御马及细铠。明年，为北院大王，出为乌古敌烈部都详稳。年七十二卒。

大康乂，渤海人。开泰间，累官南府宰相，出知黄龙府，善绥抚，东部怀服。榆里底乃部长伯阴与榆烈比来附，送于朝。且言蒲卢毛朵界多渤海人，乞取之。诏从其请。康乂领兵至大石河驼准城，掠数百户以归。未几卒。

论曰：高句骊弑其君诵而立询，辽兴问罪之师，宜其箪食壶浆以迎，除舍以待；而乃乘险旅拒，俾智者竭其谋，勇者穷其力。虽得其要领，而颛颛独居一海之中自若也。岂服人者以德而不以力欤？况乎残毁其宫室，系累其民人，所谓以燕伐燕也欤？呜呼！朱崖之弃，捐之之力也，敌烈之谏有焉。

卷八十九　　列传第十九

耶律庶成庶箴　蒲鲁　杨晳
耶律韩留　杨佶　耶律和尚

耶律庶成，字喜隐，小字陈六，季父房之后。父吴九，检校太师。庶成幼好学，书过目不忘。善辽、汉文字，于诗尤工。重熙初，补牌印郎君，累迁枢密直学士。与萧韩家奴各进《四时逸乐赋》，帝嗟赏。初，契丹医人鲜知切脉审药，上命庶成译方脉书行之，自是人皆通习，虽诸部族亦知医事。时入禁中，参决疑议。偕林牙萧韩家奴等撰《实录》及《礼书》。与枢密副使萧德修定法令，上诏庶成曰："方今法令轻重不伦。法令者，为政所先，人命所系，不可不慎。卿其审度轻重，从宜修定。"庶成参酌古今，刊正讹谬，成书以进。帝览而善之。庶成方进用，为妻胡笃所诬，以罪夺官，绌为"庶耶律"。使吐蕃凡十二年，清宁间始归。帝知其诬，诏复本族，仍迁所夺官，卒。

庶成尝为林牙，梦善卜者胡吕古卜曰："官止林牙，因妻得罪。"及置于理，法当离婚。胡笃适有娠，至期不产而死。剖视之，其子以手抱心，识者谓诬夫之报。有诗文行于世。弟庶箴。

庶箴，字陈甫，善属文。重熙中，为本族将军。咸雍元年，同知东京留守事，俄徙乌衍突厥部节度使。九年，知蓟州事。明年，迁都林牙。上表乞广本国姓氏曰："我朝创业以来，法制修明；惟姓氏止分为二，耶律与萧而已。始太祖制契丹大字，取诸部乡里之名，续作一篇，著于卷末。臣请推广之，使诸部各立姓氏，庶男女婚媾有合典礼。"帝以旧制不可遽厘，不听。大康二年，出耶律乙辛为中京留守，庶箴与耶律孟简表贺。顷之，乙辛复为枢密使，专权恣虐。庶箴私见乙辛泣曰："前抗表，非庶箴之愿也。"乙辛信其言，乃得自安。闻者鄙之。八年，致仕，卒。子蒲鲁。

蒲鲁，字乃展。幼聪悟好学，甫七岁，能诵契丹大字。习汉文，未十年，博通经籍。重熙中，举进士第。主文以国制无契丹试进士之条，闻于上，以庶箴擅令子就科目，鞭之二百。寻命蒲鲁为牌印郎君。应诏赋诗，立成以进。帝嘉赏，顾左右曰："文才如此，必不能武事。"蒲鲁奏曰："臣自蒙义方，兼习骑射，在流辈中亦可周旋。"帝未之信。会从猎，三矢中三兔，帝奇之，转通进。是时，父庶箴尝寄《戒谕诗》，蒲鲁答以赋，众称其典雅。宠遇渐隆。清宁初卒。

杨皙，字昌时，安次人。幼通《五经》大义。圣宗闻其颖悟，诏试诗，授秘书省校书郎。太平十一年，擢进士乙科，为著作佐郎。重熙十二年，累迁枢密都承旨，权度支使。登对称旨，进枢密副使。历长宁军节度使，山西路转运使，知兴中府。清宁初，入知南院枢密使，与姚景行同总朝政。请行柴册礼。封赵国公。以足疾，复知兴中府。咸雍初，徙封齐，召赐同德功臣、尚书左仆射，兼中书令，拜枢密使，改封晋，给宰相、枢密使两厅傔从，封赵王。屡请归政，益赐保节功臣，致仕。大康五年，例改辽西郡王，薨。

耶律韩留，字速宁，仲父隋国王之后。有明识，笃行义，举止严重，工为诗。统和间，召摄御院通进。开泰三年，稍迁乌古敌烈部都监，俄知详稳事。敌烈部叛，将宫分军，从枢密使耶律世良讨平之，加千牛卫大将军。重熙元年，累迁至同知上京留守，改奚六部秃里太尉。性不苟合，为枢密使萧解里所忌。上欲召用韩留，解里言目病不能视，议前寝。四年，召为北面林牙。帝曰："朕早欲用卿，闻有疾，故待之至今。"韩留对曰："臣昔有目疾，才数月耳；然亦不至于昏。第臣驽拙，不能事权贵，是以不获早睹天颜。非陛下圣察，则愚臣岂有今日耶！"诏进《述怀诗》，上嘉叹。方将大用，卒。

杨佶，字正叔，南京人。幼颖悟异常，读书自能成句，识者奇之。弱冠，声名籍甚。统和二十四年，举进士第一，历校书郎、大理正。开泰六年，转仪曹郎，典掌书命，加谏议大夫。出知易州，治尚清简，征发期会必信。入为大理少卿。累迁翰林学士，文章号得体。八年，燕地饥疫，民多流殍，以佶同知南京留守事，发仓廪，振乏绝，贫民鬻子者计佣而出之。宋遣梅询贺千龄节，诏佶迎送，多唱酬，询每见称赏。复为翰林学士。重熙元年，升翰林学士承旨。丁母忧，起复工部尚书。历忠顺军节度使，朔、武等州观察、处置使，天德军节度使，加特进检校太师、同中书门下平章事，复拜参知政事，兼知南院枢密使。十五年，出为武定军节度使。境内亢旱，苗稼将槁。视事之夕，雨泽沾足。百姓歌曰："何以苏我？上天降雨。谁其抚我？杨公为主。"滦阳水失故道，岁为民害，乃以己俸创长桥，人不病涉。及被召，郡民攀辕泣送。上御清凉殿宴劳之，即日除吏部尚书，兼门下侍郎、同中书门下平章事。上曰："卿今日何减吕望之遇文王！"佶对曰："吕望比臣遭际有十年之晚。"上悦。其居相位，以进贤为己任，事总大纲，责成百司，人人乐为之用。三请致政，许之，月给钱粟傔隶，四时遣使存问。卒。有《登瀛集》行于世。

耶律和尚，字特抹，系出季父房。善滑稽。重熙初，补祗候郎君。时帝笃于亲亲，凡三父之后，皆序父兄行第，于和尚尤狎爱。然每侍宴饮，虽诙谐，未尝有一言之过，由是上益重之。历积庆、永兴宫使，累迁至同知南院宣徽使事、南面林牙。十六年，出为怀化军节度使，俄召为御史大夫。二十三年，因大册，加天平军节度使、检校太师，徙中京路按问使，卒。

和尚雅有美行，数以财恤亲友，人皆爱重。然嗜酒不事事，以故不获柄用。或以为言，答曰："吾非不知，顾人生如风灯石火，不饮将何为？"晚年沈湎尤甚，人称为"酒仙"云。

论曰：庶成定法令，治民者不容高下其手。庶箴虽尝表请广姓氏，以秩典礼；其随势俯仰，则有愧于其子蒲鲁矣。杨皙为上宠遇，迭封王爵，而功业不少概见。然得爱民治国之要，其杨佶哉！

卷九十　　列传第二十

萧阿剌　耶律义先信先　**萧陶隗**
萧塔剌葛　耶律敌禄

萧阿剌，字阿里懒，北院枢密使孝穆之子也。幼养宫中，兴宗尤爱之。重熙六年，为弘义宫使。累迁同知北院枢密使，加同中书门下平章事，出为东京留守。二十一年，拜西北路招讨使，封西平郡王。寻尚秦晋国王公主，拜驸马都尉。清宁元年，遗诏拜北府宰相，兼南院枢密使，进王韩。明年，改北院枢密使，徙王陈，与萧革同掌国政。革谄谀不法，阿剌争之不得，告归。上由此恶之，除东京留守。会行瑟瑟礼，入朝陈时政得失。革以事中伤，帝怒，缢杀之。皇太后营救不及，大恸曰："阿剌何罪而遽见杀？"帝乃优加赙赠，葬乾陵之赤山。

阿剌性忠果，晓世务，有经济才。议者以谓阿剌若在，无重元、乙辛之乱。

耶律义先，于越仁先之弟也。美风姿，举止严重。重熙初，补祗候郎君班详稳。十三年，车驾西征，为十二行纠都监，战功最，改南院宣徽使。时萧革同知枢密院事，席宠擅权，义先疾之。因侍宴，言于帝曰："革狡佞喜乱，一朝大用，必误国家！"言甚激切，不纳。它日侍宴，上命群臣博，负者罚一巨觥。义先当与革对，怃然曰："臣纵不能进贤退不肖，安能与国贼博哉！"帝止之曰："卿醉矣！"义先厉声诟不已。上大怒，赖皇后救，得解。翌日，上谓革曰："义先无礼，当黜之。"革对曰："义先天性忠直，今以酒失而出，谁敢言人之过？"上谓革忠直，益加信任。义先郁郁不自得，然议事未尝少沮。又于上前博，义先祝曰："向言人过，冒犯天威。今日一掷，可表愚款。"俄得堂印。上愕然。十六年，为殿前都点检，讨蒲奴里，多所招降，获其酋长陶得里以归，手诏褒奖，以功改南京统军使，封武昌郡王。奏请统军司钱营息，以赡贫民。未期，军器完整，民得休息。二十一年，拜惕隐，进王富春，薨，年四十二。

义先常戒其族人曰："国中三父房，皆帝之昆弟，不孝不义尤不可为。"其接下无贵贱贤否，皆与均礼。其妻晋国长公主之女，每遇中表亲，非礼服不见，故内外多化之。清宁间，追赠许王。弟信先。

信先，兴宗以其父瑰引为刺血友，幼养于宫。善骑射。重熙十四年为左护卫太保，同知殿前点检司事。十八年，兼右祗候郎君班详稳。上问所欲，信先曰："先臣瑰引与陛下分如同气，然不及王封。傥使蒙恩地下，臣愿毕矣。"上曰："此朕遗忘之过。"追封燕王。是年，从萧惠伐夏，败于河南，例被责。清宁初，为南面林牙，卒。

萧陶隗，字乌古邻，宰相辖特六世孙。刚直，有威重。咸雍初，任马群太保。素知群牧名存实亡，悉阅旧籍，除其羸病，录其实数，牧人畏服。陶隗上书曰："群牧以少为多，以无为有。上下相蒙，积弊成风。不若括见真数，著为定籍，公私两济。"从之。畜产岁以蕃息。大康中，累迁契丹行宫都部署。上尝谓群臣曰："北枢密院军国重任，久阙其人，耶律阿思、萧斡特剌二人孰愈？"群臣各誉所长，陶隗独默然。上问："卿何不言？"陶隗曰："斡特剌懦而败事；阿思有才而贪，将为祸基。不得已而用，败事犹胜基祸。"上曰："陶隗虽魏征不能过，但恨吾不及太宗尔！"然竟以阿思为枢密使。由是阿思衔之。九年，西圉不宁，阿思奏曰："边隅事大，可择重臣镇抚。"上曰："陶隗何如？"阿思曰："诚如圣旨。"遂拜西南面招讨使。阿思阴与萧阿忽带诬奏贼掠漠南牧马及居民畜产，陶隗不急追捕，罪当死，诏免官。久之，起为塌母城节度使。未行，疽发背卒。

陶隗负气，怒则须髯辄张。每有大议，必毅然决之。虽上有难色，未尝遽已。见权贵无少屈，竟为阿思所陷，时人惜之。二子，曰图木、辖式。阿思死，始获进用。

萧塔剌葛，字陶哂，六院部人。素刚直。太祖时，坐叔祖台哂谋杀于越释鲁，没入弘义宫。世宗即位，以舅氏故，出其籍，补国舅别部敞史。或言泰宁王察割有无君心。塔剌葛曰："彼纵忍行不义，人孰肯从！"他日侍宴，酒酣，塔剌葛捉察割耳，强饮之曰："上固知汝傲狠，然以国属，曲加矜悯，使汝在左右，且度汝才何能为。若长恶不悛，徒自取赤族之祸！"察割不能答，强笑曰："何戏之虐也！"天禄末，塔剌葛为北府宰相，及察割作乱，塔剌葛醉詈曰："吾悔不杀此逆贼！"寻为察割所害。

耶律敌禄，字阳隐，孟父楚国王之后。性质直，多膂力。察割作乱，敌禄闻之，入见寿安王，慷慨言曰："愿得精兵数百，破贼党。"王嘉其忠。穆宗即位，为北院宣徽使。上以飞狐道狭，诏敌禄广之。明年，将兵援河东，至太原，与汉王会于高平，击周军，败之，仍降其众。忻、代二州叛，将兵讨之。会耶律挞烈至，败周师于忻口。师还，卒。

论曰：忠臣惟知有国，而不知有身，故恶恶不避其患。阿剌以谄谀不法折萧革，陶隗以用必基祸言阿思，塔剌葛以忍行不义徒自取赤族之罪责察割，其心可谓忠矣。言一出而祸辄随之。吁，邪正既不辨，国焉得无乱哉！

卷九十一　　列传第二十一

耶律韩八　耶律唐古　萧术哲药师奴
耶律玦　耶律仆里笃

耶律韩八，字嘲隐，倜傥有大志，北院详稳古之五世孙。太平中，游京师，寓行宫侧，惟囊衣匹马而已。帝微服出猎，见而问之曰："汝为何人？"韩八初不识，漫应曰："我北院部人韩八，来觅官耳。"帝与语，知有长才，阴识之。会北院奏南京疑狱久不决，帝召韩八驰驿审录，举朝皆惊。韩八量情处理，人无冤者。上嘉之。籍群牧马，阙其二，同事者考寻不已；韩八略不加诘，即先驰奏，帝益信任。景福元年，为左夷离毕，徙北面林牙，眷遇优异。重熙六年，改北院大王，政务宽仁，复为左夷离毕。十二年，再为北院大王。入朝，帝从容谓曰："卿守边任重，当实府库、振贫乏以报朕。"既受诏，愈竭忠谨，知无不言，便益为多。卒，年五十五。上闻，悼惜。死之日，箧无旧蓄，椸无新衣，遣使吊祭，给葬具。

韩八平居不屑细务，喜愠不形。尝失所乘马，家僮以同色者代之，数月不觉。

耶律唐古，字敌隐，于越屋质之庶子。廉谨，善属文。统和二十四年，述屋质安民治盗之法以进，补小将军，迁西南面巡检，历豪州刺史、唐古部详稳。严立科条，禁奸民鬻马于宋、夏界。因陈弭私贩安边境之要。太后嘉之，诏边郡遵行，著为令。朝议欲广西南封域，黑山之西，绵亘数千里，唐古言："戍垒太远，卒有警急，赴援不及，非良策也。"从之。西番来侵，诏议守御计，命唐古劝督耕稼以给西军，田于胪朐河侧，是岁大熟。明年，移屯镇州，凡十四稔，积粟数十万斛，斗米数钱。重熙间，改隗衍党项部节度使。先是，筑可敦城以镇西域。诸部纵民畜牧，反招寇掠。重熙四年，上疏曰："自建可敦城已来，西蕃数为边患，每烦远戍。岁月既久，国力耗竭。不若复守故疆，省罢戍役。"不报。是年，致仕。乞勒其父屋质功于石，帝命耶律庶成制文，勒石上京崇孝寺。卒，年七十八。

萧术哲，字石鲁隐，孝穆弟高九之子。以戚属加监门卫上将军。重熙十三年，将卫兵讨李元昊有功，迁兴圣宫使。蒲奴里部长陶得里叛，术哲为统军都监，从都统耶律义先击之，擒陶得里。术哲与义先不协，诬义先罪，免官。稍迁西南面招讨都监，坐事下狱，以太后言，杖而释之。清宁初，为国舅详稳、西北路招讨使，私取官粟三百斛，及代，留畜产，令主者鬻之以偿。后族弟胡睹到部发其事，帝怒，决以大杖，免官。寻起为昭德军节度使，征为北院宣徽使。九年，上以术哲先为招讨，威行诸部，复为西北路招讨使。训士卒，增器械，省追呼，严号令。人不敢犯，边境晏然。十年，入朝，封柳城郡王。咸雍二年，拜北府宰相，为北院枢密使耶律乙辛所忌，诬术哲与护卫萧忽古等谋害乙辛。诏狱无状，罢相，出镇顺义军。卒，追王晋、宋、梁三国。侄药师奴。

药师奴，幼颖悟，谨礼法，补祗候郎君。大康中，为兴圣宫使，累迁同知殿前点检司事。上嘉其宿卫严肃，迁右夷离毕。夏王李乾顺为宋所攻，求解，帝命药师奴持节使宋，请罢兵通好，宋从之。拜南面林牙，改汉人行宫副部署。乾统初，出为安东军节度使，卒。

耶律玦，字吾展，遥辇鲜质可汗之后。重熙初，召修国史，补符宝郎，累迁知北院副部署事。入见太后，后顾左右曰："先皇谓玦必为伟人，果然。"除枢密副使，出为西南面招讨都监，历同签南京留守事、南面林牙。皇弟秦国王为辽兴军节度使，以玦同知使事，多所匡正。十年，复为枢密副使。咸雍初，兼北院副部署。及秦国王为西京留守，请玦为佐，从之。岁中狱空者三，召为孟父房敞稳。玦不喜货殖，帝知其贫，赐宫户十。尝谓宰相曰："契丹忠正无如玦者，汉人则刘伸而已。然熟察之，玦优于伸。"先是，西北诸部久不能平，上遣玦问状，执弛慢者痛绳之。以酒疾卒。

耶律仆里笃，字燕隐，六院林牙突吕不也四世孙。开泰间，为本班郎君。有捕盗功，枢密使萧朴荐之，迁率府率。太平中，同知南院宣徽事，累迁彰圣军节度使。重熙十六年，知兴中府，以狱空闻。十八年，伐夏，摄西南面招讨使。十九年，夏人侵金肃军，败之，斩首万余级，加右武卫上将军。时近边群牧数被寇掠，迁倒塌岭都监以治之，桴鼓不鸣。二十年，知金肃军事。宰相赵惟节总领边城桥道刍粟，请贰，帝命仆里笃副之，以称职闻。清宁初，历长宁、匡义二军节度使，致仕。咸雍间卒。子阿固质，终倒塌岭都监。

论曰：韩八因帝微行，才始见售，及任以事，落落知大体，不负上之知矣。唐古、术哲经略西北边，劝农积粟，训练士卒，敌人不敢犯。玦以忠直见称于上，仆里笃以干敏为宰相佐，在镇俱以狱空闻。之数人者，岂特甲胄之士，抑亦李牧、程不识之亚欤。

卷九十二　　列传第二十二

萧夺剌　萧普达　耶律侯哂　耶律古昱
耶律独攧　萧韩家　萧乌野

萧夺剌，字挼懒，遥辇洼可汗宫人。祖涅鲁古，北院枢密副使。父撒抹，字胡独堇，重熙初补祗候郎君，累迁北面林牙。十九年，从耶律宜新、萧蒲奴伐夏，至萧惠败绩之地，获侦候者，知人烟聚落，多国人陷没而不能还者，尽俘以归。拜大父敞稳，知山北道边境事。清宁初，历西南面、西北路招讨使，加同中书门下平章事，卒。

夺剌体貌丰伟，骑射绝人。由祗候郎君升汉人行宫副部署。后为乌古敌烈统军使，克敌有功，加龙虎卫上将军，授西北路招讨使。因陈北边利害，请以本路诸部与倒塌岭统军司连兵屯戍。再表，不纳。改东北路统军使。乾统元年，以久练边事，复为西北路招讨使。北阻卜耶睹刮率邻部来侵，夺剌逆击，追奔数十里。二年，乘耶睹刮无备，以轻骑袭之，获马万五千匹，牛羊称是。先是，有诏方面无事，招讨、副统军、都监内一员入觐。是时同僚皆阙，夺剌以军事付幕吏而朝，坐是免官。改西京留守，复为东北路统军使。卒于官。

萧普达，字弹隐。统和初，为南院承旨。开泰六年，出为乌古部节度使。七年，敌烈部叛，讨平之，徙乌古敌烈部都监。遣敌烈骑卒取北阻卜名马以献，赐诏褒奖。重熙初，改乌古敌烈部都详稳，讨诸蕃有功。普达深练边事，能以悦使人。有所俘获，悉散麾下，由是大得众心。历西南面招讨使。党项叛入西夏，普达讨之，中流矢，殁于阵。帝闻，惜之，赙赠加厚。

耶律侯哂，字秃宁，北院夷离堇蒲古只之后。祖查只，北院大王。父忽古，黄皮室详稳。侯哂初为西南巡边官，以廉洁称，累迁南京统军使，寻为北院大王。重熙十一年，党项部人多叛入西夏，侯哂受诏，巡西边沿河要地，多建城堡以镇之，徙东京留守。十三年，与知府萧欧里斯讨蒲卢毛朵部有功，加兼侍中。致仕，卒。

耶律古昱，字磨鲁堇，北院林牙突吕不四世孙。有膂力，工驰射。开泰间，为乌古敌烈部都监。会部人叛，从枢密使耶律世良讨平之，以功诏镇抚西北部。教以种树、畜牧，不数年，民多富实。中京盗起，命古昱为巡逻使，悉擒之。上亲征渤海，将黄皮室军，有破敌功，累迁御史中丞，寻授开远军节度使，徙镇归德。重熙二十一年，改天成军节度使，卒于官，年七十，赠同中书门下平章事。二子：宜新，兀没。

宜新，重熙间从萧惠讨西夏。惠败绩，宜新一军独全，拜北院大王。

兀没，大康三年为汉人行宫副部署。乙辛诬害太子，词连兀没，帝释之。是秋，乙辛复奏与萧杨九私议宫壸事，被害。乾统间，赠同中书门下平章事。

耶律独攧，字胡独堇，太师古昱之子。重熙初，为左护卫，将禁兵从伐夏有功，授十二行纠司徒。再举伐夏，独攧括山西诸郡马。还，迁拽剌详稳。西南未平，命独攧同知金肃军事。夏人来侵，击败之，进涅剌奥隗部节度使。清宁元年，召为皇太后左护卫太保。四年，改宁远军节度使。东路饥，奏振之。历五国、乌古部、辽兴军三镇节度使，四捷军详稳。大康元年卒，追赠同中书门下平章事。子阿思，有传。

萧韩家，国舅之族。性端简，谨愿，动循礼法。清宁中，为护卫太保。大康二年，迁知北院枢密副使。三年，经画西南边天池旧堑，立堡砦，正疆界，刻石而还，为汉人行宫都部署。是年秋猎，堕马卒。

萧乌野，字草隐，其先出兴圣宫分，观察使塔里直之孙也。性孝悌，尚礼法，雅为乡党所称。重熙中，补护卫，兴宗见其勤恪，迁护卫太保。清宁九年，佐耶律仁先平重元乱，以功加团练使。时敌烈部数为邻部侵扰，民多困弊，命乌野为敌烈部节度使，恤困穷，省徭役，不数月，部人以安。寻以母老，归养于家。母亡，尤极哀毁。服阕，历官兴圣、延庆二宫使，卒。论曰：乌古敌烈，大部也，夺剌为统军，克敌有功；普达居详稳，悦以使人。西北，重镇也，侯哂巡边以廉称；古昱镇抚而民富；独攧驻金肃而夏人不敢东猎。噫！部人内附，方面以宁，虽朝廷处置得宜，而诸将之力抑亦何可少哉！

卷九十三　　列传第二十三

萧惠慈氏奴　**萧迂鲁**铎卢斡
萧图玉　**耶律铎轸**

萧惠，字伯仁，小字脱古思，淳钦皇后弟阿古只五世孙。初以中宫亲，为国舅详稳。从伯父排押征高丽，至奴古达北岭，高丽阻险以拒，惠力战，破之。及攻开京，以军律整肃闻，授契丹行宫都部署。开泰二年，改南京统军使。未几，为右夷离毕，加同中书门下平章事。朝议以辽东重地，非勋戚不能镇抚，乃命惠知东京留守事。改西北路招讨使，封魏国公。太平六年，讨回鹘阿萨兰部，征兵诸路，独阻卜酋长直剌后期，立斩以徇。进至甘州，攻围三日，不克而还。时直剌之子聚兵来袭，阻卜酋长乌八密以告，惠未之信。会西阻卜叛，袭三克军，都监涅鲁古、突举部节度使谐理、阿不吕等将兵三千来救，遇敌于可敦城西南。谐理、阿不吕战殁，士卒溃散。惠仓卒列阵，敌出不意攻我营。众请乘时奋击，惠以我军疲敝，未可用，弗听。乌八请以夜斫营，惠又不许。阻卜归，惠乃设伏兵击之。前锋始交，敌败走。惠为招讨累年，屡遭侵掠，士马疲困。七年，左迁南京侍卫亲军马步军都指挥使，寻迁南京统军使。

兴宗即位，知兴中府，历顺义军节度使、东京留守、西南面招讨使，加开府仪同三司、检校太师，兼侍中，封郑王，赐推诚协谋竭节功臣。重熙六年，复为契丹行宫都部署，加守太师，徙王赵。拜南院枢密使，更王齐。是时帝欲一天下，谋取三关，集群臣议。惠曰："两国强弱，圣虑所悉。宋人西征有年，师老民疲，陛下亲率六军临之，其胜必矣。"萧孝穆曰："我先朝与宋和好，无罪伐之，其曲在我；况胜败未可逆料。愿陛下熟察。"帝从惠言，乃遣使索宋十城，会诸军于燕。惠与太弟帅师压宋境，宋人重失十城，增岁币请和。惠以首事功，进王韩。十二年，兼北府宰相，同知元帅府事，又为北枢密使。

十三年，夏国李元昊诱山南党项诸部，帝亲征。元昊惧，请降。惠曰："元昊忘奕世恩，萌奸计，车驾亲临，不尽归所掠。天诱其衷，使彼来迎。天与不图，后悔何及？"帝从之。诘旦，进军。夏人列拒马于河西，蔽盾以立，惠击败之。元昊走，惠麾先锋及右翼邀之。夏人千余溃围出，我师逆击。大风忽起，飞沙眯目，军乱，夏人乘之，蹂践而死者不可胜计。诏班师。十七年，尚帝姊秦晋国长公主，拜驸马都尉。明年，帝复征夏国。惠自河南进，战舰粮船绵亘数百里。既入敌境，侦候不远，铠甲载于车，军士不得乘马。诸将咸请备不虞，惠曰："谅祚必自迎车驾，何暇及我？无故设备，徒自弊耳。"数日，我军未营。候者报夏师至，惠方诘妄言罪，谅祚军从阪而下。惠与麾下不及甲而走。追者射惠，几不免，军士死伤尤众。师还，以惠子慈氏奴殁于阵，诏释其罪。

十九年，请老，诏赐肩舆入朝，策杖上殿。辞章再上，乃许之，封魏国王。诏冬夏赴行在，参决疑议。既归，遣赐汤药及他锡赉不绝。每生日，辄赐诗以示尊宠。清宁二年薨，年七十四，遗命家人薄葬。讣闻，辍朝三日。

惠性宽厚，自奉俭薄。兴宗使惠恣取珍物，惠曰："臣以戚属据要地，禄足养廉，奴婢千余，不为阙乏。陛下犹有所赐，贫于臣者何以待之。"帝以为然。故为将，虽数败衄，不之罪也。

弟虚列，武定军节度使。二子：慈氏奴，兀古匿。兀古匿终北府宰相。慈氏奴字宁隐。太平初，以戚属补祗候郎君。上爱其勤慎，升闸撒狘，加右监门卫上将军。西边有警，授西北路招讨都监，领保大军节度使。政济恩威，诸部悦附。入为殿前副点检，历乌古敌烈部详稳。征李谅祚，为统军都监，与西北路招讨使敌鲁古率蕃部诸军由北路趋凉州，获谅祚亲属。夏人扼险以拒，慈氏奴中流矢卒，年五十一，赠中书门下平章事。

萧迂鲁，字胡突堇，五院部人。父约质，历官节度使。迂鲁重熙间为牌印郎君。清宁九年，国家既平重元之乱，其党郭九等亡，诏迂鲁追捕，获之，迁护卫太保。咸雍元年，使宋议边事，称旨，知殿前副点检事。五年，阻卜叛，为行军都监，击败之，俘获甚众。初军出，止给五月粮，过期粮乏，士卒往往叛归。迂鲁坐失计，免官，降戍西北部。未行，会北部兵起，迂鲁将乌古敌烈兵击败之，每战以身先，由是释前罪，命总知乌古敌烈部。九年，敌烈叛，都监耶律独迭以兵少不战，屯胪朐河。敌烈合边人掠居民，迂鲁率精骑四百力战，败之，尽获其辎重。继闻酋长合术三千余骑掠附近部落，纵兵蹑其后，连战二日，斩数千级，尽得被掠人畜而还。值敌烈党五百余骑劫捕鹰户，逆击走之，俘斩甚众，自是敌烈势沮。时敌烈方为边患，而阻卜相继寇掠，边人以故疲弊。朝廷以地远，不能时益援军，而使疆圉帖然者，皆迂鲁力也。帝嘉其功，拜左皮室详稳。会宋求天池之地，诏迂鲁兼统两皮室军屯太牢古山以备之。大康初，阻卜叛，迁西北招讨都监，从都统耶律赵三征讨有功，改南京统军都监、黄皮室详稳。未几，迁东北路统军都监，卒。弟铎卢斡。

铎卢斡，字撒板。幼警悟异常儿。三岁失母，哭尽哀，见者伤之。及长，魁伟沉毅，好学，善属文，有才干。年三十始仕，为朝野推重，给事北院知圣旨事。大康二年，乙辛再入枢府，铎卢斡素与萧岩寿善，诬以罪，谪戍西北部。坐皇太子事，特恩减死，仍锢终身。在戍十余年，太子事稍直，始得归乡里，屏居谢人事。一日临流，闻雉鸣，三复孔子"时哉"语，作古诗三章见志。当时名士称其高情雅韵，不减古人。寿隆六年卒，年六十一。乾统初，赠彰义军节度使。

萧图玉，字兀衍，北府宰相海璃之子。统和初，皇太后称制，以戚属入侍。寻为乌古部都监。讨速母缕等部有功，迁乌古部节度使。十九年，总领西北路军事。后以本路兵伐甘州，降其酋长牙懒。既而牙懒复叛，命讨之，克肃州，尽迁其民于土隗口故城。师还，诏尚金乡公主，拜驸马都尉，加同政事令门下平章事。上言曰："阻卜今已服化，宜各分部，治以节度使。"上从之。自后，节度使往往非材，部民怨而思叛。开泰元年十一月，石烈太师阿里底杀其节度使，西奔窝鲁朵城，盖古所谓龙庭单于城也。已而阻卜复叛，围图玉于可敦城，势甚张。图玉使诸军齐射却之，屯于窝鲁朵城。明年，北院枢密使耶律化哥引兵来救，图玉遣人诱诸部皆降。帝以图玉始虽失计，后得人心，释之，仍领诸部。请益军，诏让之曰："叛者既服，兵安用益？且前日之役，死伤甚众，若从汝谋，边事何时而息？"遂止。会公主坐杀家婢，降封郡主，图玉罢使相。寻起为乌古敌烈部详稳。以老代，还卒。子双古，南京统军使。孙讹笃斡，尚三韩郡王合鲁之女骨浴公主，终乌古敌烈部统军使，以善战名于世。

耶律铎轸，字敌辇，积庆宫人。仕统和间。性疏简，不顾小节，人初以是短之。后侵宋，分总羸师以从。及战，取绯帛被介胄以自标显，驰突出入敌阵，格杀甚众。太后望见喜，召谓之曰："卿戮力如此，何患不济！"厚赏之。由是多以军事属任。俄授东北详稳。开泰二年，进讨阻卜，克之。重熙间，历东北路统军使、天德军节度使。十七年，城西边，命铎轸相地及造战舰，因成楼船百三十艘。上置兵，下立马，规制坚壮，称旨。及西征，诏铎轸率兵由别道进，会于河滨。敌兵阻河而阵，帝御战舰绝河击之，大捷而归，亲赐卮酒。仍问所欲，铎轸对曰："臣幸被圣恩，得效驽力，万死不能报国，又将何求！"帝愈重之，手书铎轸衣裾曰："勤国忠君，举世无双。"卒于官，年七十。子低烈，历观察、节度使。

论曰：初，辽之谋复三关也，萧惠赞伐宋之举，而宋人增币请和。狃于一胜，移师西夏，而勇智俱废，败溃随之。岂非贪小利、迷远图而然。况所得不偿所亡，利果安在哉？同时诸将抚绥边圉，若迂鲁忠勤不伐，铎鲁斡高情雅韵，铎轸虽廉不逮萧惠，而无邀功启衅之罪，亦庶乎君子之风矣。

卷九十四　　列传第二十四

耶律化哥　耶律斡腊　耶律速撒　萧阿鲁带
耶律那也　耶律何鲁扫古　耶律世良

耶律化哥，字弘隐，孟父楚国王之后。善骑射。乾亨初，为北院林牙。统和四年，南侵宋，化哥擒谍者，知敌由海路来袭，即先据平州要地。事平，拜上京留守，迁北院大王。十六年，复侵宋，为先锋，破敌于遂城，以功迁南院大王，寻改北院枢密使。开泰元年，伐阻卜，阻卜弃辎重遁走，俘获甚多。帝嘉之，封豳王。后边吏奏，自化哥还阙，粮乏马弱，势不可守，上复遣化哥经略西境。化哥与边将深入，闻蕃部逆命居翼只水，化哥徐以兵进。敌望风奔溃，获羊马及辎重。路由白拔烈，遇阿萨兰回鹘，掠之。都监裹里继至，谓化哥曰："君误矣！此部实效顺者。"化哥悉还所俘。诸蕃由此不附。上使按之，削王爵。以侍中遥领大同军节度使，卒。

耶律斡腊，字斯宁，奚迭剌部人。趫捷有力，善骑射。保宁初，补护卫。车驾猎颉山，适豪猪伏丛莽，帝射中，猪突出。御者托满舍辔而避，厩人鹘骨翼之，斡腊复射而毙。帝嘉赏。及猎赤山，适奔鹿奋角突前，路隘不容避，垂犯跸。斡腊以身当之，鹿触而颠。帝谓曰："朕因猎，两濒于危，赖卿以免，始见尔心。"迁护卫太保。从枢密使耶律斜轸破宋将杨继业军于山西。统和十三年秋，为行军都监，从都部署奚王和朔奴伐兀惹乌昭度，数月至其城。昭度请降。和朔奴利其俘掠，令四面急攻。昭度率众死守，随方捍御。依埤堄虚构战棚，诱我军登陴，俄撤枝柱，登者尽覆。和朔奴知不能下，欲退。萧恒德谓师久无功，何以藉口，若深入大掠，犹胜空返。斡腊曰："深入，恐所得不偿所损。"恒德不从，略地东南，循高丽北鄙还。道远粮绝，人马多死。诏夺诸将官，惟斡腊以前议得免。寻加同政事门下平章事，为东京留守。开泰中卒。

耶律速撒，字阿敏，性忠直简毅，练武事。应历初，为侍从，累迁突吕不部节度使。历霸、济、祥、顺、圣五州都总管，俄为敦睦宫太师。保宁三年，改九部都详稳。四年，伐党项，屡立战功，手诏劳之。统和初，皇太后称制，西边甫定，速撒务安集诸蕃，利害辄具以闻，太后益信任之。凡临戎，与士卒同甘苦，所获均赐将校。赏顺讨逆，威信大振。在边二十年卒。

萧阿鲁带，字乙辛隐，乌隗部人。父女古，仕至纠详稳。阿鲁带少习骑射，晓兵法。清宁间始仕，累迁本部司徒，改乌古敌烈统军都监。大安七年，迁山北副部署。九年，达理得、拔思母二部来侵，率兵击却之。达理得复劫牛羊去，阿鲁带引兵追及，尽获所掠，斩渠帅数人。是冬，达理得等以三百余人梗边，复战却之，斩首二百余级，加金吾卫上将军，封兰陵县公。寿隆元年，第功，加同中书门下平章事，进爵郡公，改西北路招讨使。乾统三年，坐留宋俘当遣还者为奴，免官。后被征，以老疾致仕，卒。

耶律那也，字移斯辇，夷离堇蒲古只之后。父斡，尝为北克，从伐夏战殁。季父赵三，始为宿直官，累迁至北面林牙。咸雍四年，拜北院大王，改西南面招讨使。大康中，西北诸部扰边，议欲往讨，帝以为非赵三不可，遂拜西北路招讨使，兼行军都统，平之，以功复为北院大王。那也敦厚才敏。上以其父斡死王事，九岁加诸卫小将军，为题里司徒，寻召为宿直官。大康三年，为遥辇克。大安九年，为倒塌岭节度使。明年冬，以北阻卜长磨古斯叛，与招讨都监耶律胡吕率精骑二千往讨，破之。那也荐胡吕为汉人行宫副部署。寿隆元年，复讨达理得、拔思母等有功，赐诏褒美，改乌古敌烈部统军使，边境以宁。部民乞留，诏许再任。乾统六年，拜中京留守，改北院大王，薨。

那也为人廉介，长于理民，每有斗讼，亲核曲直，不尚威严，常曰："凡治人，本欲分别是非，何事迫胁以立名。"胡所至以惠化称。

耶律何鲁扫古，字乌古邻，孟父房之后。重熙末，补祗候郎君。清宁初，加安州团练使。大康中，历怀德军节度使、奚六部秃里太尉。诏与枢密官措画东北边事，改左护卫太保。侍上，言多率易，察无他肠，以故上优贷之。大安八年，知西北路招讨使事。时边部耶睹刮等来侵，何鲁扫古诱北阻卜酋豪磨古斯攻之，俘获甚众，以功加左仆射。复讨耶覩刮等，误击磨古斯，北阻卜由是叛命。遣都监张九讨之，不克，二室韦与六院部、特满群牧、宫分等军俱陷于敌。何鲁扫古不以实闻，坐是削官，决以大杖。寿隆间，累迁惕隐，兼侍中，赐保节功臣。道宗崩，与宰相耶律俨总山陵事。乾统中，致仕，卒。

耶律世良，小字斡，六院部人。才敏给，练达国朝典故及世谱。上书与族弟敌烈争嫡庶，帝始识之。时北院枢密使韩德让病，帝问："孰可代卿？"德让曰："世良可。"北院大王耶律室鲁复问北院之选，德让曰："无出世良。"统和末，为北院大王。开泰初，因大册礼，加检校太尉、同政事门下平章事。时边部拒命，诏北院枢密使耶律化哥将兵，以世良为都监，往御之。明年，化哥还，将罢兵，世良上书曰："化哥以为无事而还，不思师老粮乏，敌人已去，焉能久守？若益兵，可克也。"帝即命化哥益兵，与世良追之。至安真河，大破而还。自是，边境以宁。以功王岐，拜北院枢密使。三年，命选马驼于乌古部。会敌烈部人夷剌杀其酋长稍瓦而叛，邻部皆应，攻陷巨母古城。世良率兵压境，遣人招之，降数部，各复故地。四年，伐高丽，为副部署。都统刘慎行逗留失期，执还京师，世良独进兵。明年，至北都护府，破追兵于郭州。以暴疾卒。

论曰：大之怀小也以德，制之也以威。德不足怀，威不足制，而欲服人也难矣。化哥利俘获，而诸蕃不附，何鲁扫古误击磨古斯，而阻卜叛命，是皆喜于一旦之功，而不图后日之患，庸何议焉。若斡腊之戒深入，速撒之务安集，亦铁中之铮铮者邪？

卷九十五　　列传第二十五

耶律弘古　耶律马六　萧滴洌　耶律适禄　耶律陈家奴　耶律特麽　耶律仙童　萧素飒　耶律大悲奴

耶律弘古，字胡笃堇，枢密使化哥之弟。统和间，累迁顺义军节度使，入为北面林牙。太平元年，加同政事门下平章事，出为彰国军节度使，兼山北道兵马都部署，徙武定军节度使。六年，拜惕隐。讨阻卜有功。圣宗尝刺臂血与弘古盟为友，礼遇尤异，拜南府宰相，改上京留守。重熙六年，迁南院大王，御制诰辞以宠之。十二年，加于越。帝闵其劳，复授武定军节度使，卒。讣闻，上哭曰："惜哉善人！"丧至，亲临奠焉。

耶律马六，字扬隐，孟父楚国王之后。性宽和，善谐谑，亲朋会遇，一坐尽倾。恬于荣利。与耶律弘古为刺血友，弘古为惕隐，荐补宿直官。重熙初，迁旗鼓拽剌详稳。为人畏慎容物，或有面相陵折者，恬然若弗闻，不臧否世务。以故上益亲狎。三年，迁崇德宫使，为惕隐，御制诰辞以褒之。拜北院宣徽使，宠遇过宰辅，帝常以兄呼之。改辽兴军节度使，卒，年七十。子奴古达，终南京宣徽使。

萧滴洌，字图宁，遥辇鲜质可汗宫人。重熙初，遥摄镇国军节度使。六年，奉诏使宋，伤足而跛，不告遂行，帝怒。及还，决以大杖，降同签南京留守事。遥授静江军节度使，历群牧都林牙，累迁右夷离毕。以才干见任使。会车驾西征，元昊乞降，帝以前后反覆，遣滴洌往觇诚否。因为元昊陈述祸福，听命乃还。拜北院枢密副使，出为中京留守。十九年，改西京留守，卒。

耶律适禄，字撒懒。清宁初，为本班郎君，稍迁宿直官。乾统中，从伐阻卜有功，加奉宸。历护卫太保，改弘义宫副使。时上京枭贼赵钟哥跋扈自肆，适禄擒之，加泰州观察使，为达鲁虢部节度使。天庆中，知兴中府，加金吾卫上将军。为盗所杀。

耶律陈家奴，字绵辛，懿祖弟葛剌之八世孙。重熙中，补牌印郎君。坐直日不至，降本班。会帝猎，陈家奴逐鹿围内，鞭之二百。时耶律仁先荐陈家奴健捷比海东青鹘，授御盏郎君。历鹰坊、尚厩、四方馆副使，改徒鲁古皮室详稳。会太后生辰，进诗献驯鹿，太后嘉奖，赐珠二琲，杂彩二百段。兄撒钵卒，陈家奴闻讣，不告而去。帝怒，鞭之。清宁初，累迁右夷离毕。适帝与燕国王射鹿俱中，王时年九岁，帝悦，陈家奴应制进诗。帝喜，解衣以赐。后皇太子废，帝疑陈家奴党附，罢之。时西北诸部寇边，以陈家奴为乌古部节度使行军都监，赐甲一属、马二匹，讨诸部，擒其酋送于朝。侦候者见马踪，意寇至，陈家奴遣报元帅，耶律爱奴视之曰："此野马也！"将出猎，贼至，爱奴战殁。有司诘按，陈家奴不伏，诏释之。由是感激，每事竭力。后诸部复来侵，陈家奴率兵三往，皆克，边境遂宁。以老告归，不从。道宗崩，为山陵使，致仕。年八十卒。

耶律特麽，季父房之后。重熙间，为北克，累迁六部秃里太尉。大安四年，为倒塌岭节度使。顷之，为禁军都监。是冬，讨磨古斯，斩首二千余级。十年，复讨之。既捷，授南院宣徽使。寿隆元年，为北院大王。四年，知黄龙府事，薨。

耶律仙童，仲父房之后。重熙初，为宿直官，累迁惕隐、都监。以宽厚称。蒲奴里叛，仙童为五国节度使，率师讨之，擒其帅陶得里。又击乌隗叛，降其众，改彰国军节度使，拜北院大王。清宁二年，知黄龙府事，迁侍卫亲军马步军都指挥，历忠顺、武定二军节度使。致仕，封蒋国公。咸雍初，徙封许国，卒。

萧素飒，字特免，五院部人。重熙间始仕，累迁北院承旨，彰愍宫使。清宁初，历左皮室详稳、右夷离毕。咸雍五年，剖阿里部叛，素飒讨降之，率其酋长来朝。帝嘉其功，徙北院林牙，改南院副部署，卒。子谋鲁斡，字回琏，初补夷离毕郎君，迁文班太保。大康中，改南京统军使，为右夷离毕。与枢密使耶律阿思论事不合，见忌，出为马群太保。北部来侵，谋鲁斡破之，以功迁同知乌古敌烈统军，仍许便宜行事。后以谗毁，降领西北路戍军，复为马群太保，卒。

耶律大悲奴，字休坚，王子班聂里古之后。大康中，历永兴延昌宫使、右皮室详稳。会阻卜叛，奉诏招降之。寿隆二年，拜殿前都点检。乾统初，历上京留守、惕隐，复为都点检，改西南面招讨使。请老，不许。天庆中，留守上京，领北南枢密院点检中丞诸司等事。以彰国军节度使致仕，卒。大悲奴举止驯雅，好礼仪，为时人所称。

论曰：辽自神册而降，席富强之势，内修法度，外事征伐，一时将帅震扬威灵，风行电扫。讨西夏，征党项，破阻卜，平敌烈。诸部震慑，闻鼙鼓而胆落股弁，斯可谓雄武之国矣。其战胜攻取，必有奇谋秘计神变莫测者，将前史所载，未足以发之邪？抑天之所授，众莫与争而能然邪？虽然，兵者凶器，可戢而不可玩；争者末节，可遏而不可召。此黄石公所谓柔能制刚，弱能制强也。又况乎仁者之无敌哉！辽之君臣智足守此，金人果能乘其敝而蹑其后乎？是以于耶律弘古辈诸将，不能无慨然也。

卷九十六　　列传第二十六

耶律仁先挞不也　**耶律良**　**萧韩家奴**
萧德　**萧惟信**　**萧乐音奴**　**耶律敌烈**
姚景行　**耶律阿思**

耶律仁先，字纠邻，小字查剌，孟父房之后。父瑰引，南府宰相，封燕王。仁先魁伟爽秀，有智略。重熙三年，补护卫。帝与论政，才之。仁先以不世遇，言无所隐。授宿直将军，累迁殿前副点检，改鹤剌唐古部节度使，俄召为北面林牙。十一年，升北院枢密副使。时宋请增岁币银绢以偿十县地产，仁先与刘六符使宋，仍议书"贡"。宋难之。仁先曰："曩者石晋报德本朝，割地以献，周人攘而取之，是非利害，灼然可见。"宋无辞以对。乃定议增银、绢十万两、匹，仍称"贡"。既还，同知南京留守事。十三年，伐夏，留仁先镇边。未几，召为契丹行宫都部署，奏复王子班郎君及诸宫杂役。十六年，迁北院大王，奏今两院户口殷庶，乞免他部助役，从之。十八年，再举伐夏，仁先与皇太弟重元为前锋。萧惠失利于河南，帝犹欲进兵，仁先力谏，乃止。后知北院枢密使，迁东京留守。女直恃险，侵掠不止，仁先乞开山通道以控制之，边民安业。封吴王。清宁初，为南院枢密使。以耶律化哥谮，出为南京兵马副元帅，守太尉，更王隋。六年，复为北院大王，民欢迎数百里，如见父兄。时北、南院枢密官涅鲁古、萧胡睹等忌之，请以仁先为西北路招讨使。耶律乙辛奏曰："仁先旧臣，德冠一时，不宜补外。"复拜南院枢密使，更王许。

九年七月，上猎太子山，耶律良奏重元谋逆，帝召仁先语之。仁先曰："此曹凶狠，臣固疑之久矣。"帝趣仁先捕之。仁先出，且曰："陛下宜谨为之备！"未及介马，重元犯帷宫。帝欲幸北、南院，仁先曰："陛下若舍扈从而行，贼必蹑其后；且南、北大王心未可知。"仁先子挞不也曰："圣意岂可违乎？"仁先怒，击其首。帝悟，悉委仁先以讨贼事。乃环车为营，拆行马，作兵仗，率官属近侍三十余骑阵柢枑外。及交战，贼众多降。涅鲁古中矢堕马，擒之，重元被伤而退。仁先以五院部萧塔剌所居最近，亟召之，分遣人集诸军。黎明，重元率奚人二千犯行宫，萧塔剌兵适至。仁先料贼势不能久，俟其气沮攻之。乃背营而阵，乘便奋击，贼众奔溃，追杀二十余里，重元与数骑遁去。帝执仁先手曰："平乱皆卿之功也。"加尚父，进封宋王，为北院枢密使，亲制文以褒之，诏画《滦河战图》以旌其功。

咸雍元年，加于越，改封辽王，与耶律乙辛共知北院枢密事。乙辛恃宠不法，仁先抑之，由是见忌，出为南京留守，改王晋。恤孤惸，禁奸慝，宋闻风震服。议者以为自于越休哥之后，惟仁先一人而已。阻卜塔里干叛命，仁先为西北路招讨使，赐鹰纽印及剑。上谕曰："卿去朝廷远，每俟奏行，恐失机会，可便宜从事。"仁先严斥候，扼敌冲，怀柔服从，庶事整饬。塔里干复来寇，仁先逆击，追杀八十余里。大军继至，又败之。别部把里斯、秃没等来救，见其屡挫，不敢战而降。北边遂安。八年卒，年六十，遗命家人薄葬。弟义先、信先，俱有传。子挞不也。

挞不也，字胡独堇。清宁二年，补祗候郎君，累迁永兴宫使。以平重元之乱，遥授忠正军节度使，赐定乱功臣，同知殿前点检司事。历高阳、临海二军节度使、左皮室详稳。大康六年，授西北路招讨使，率诸部酋长入朝，加兼侍中。自萧敌禄为招讨之后，朝廷务姑息，多择柔愿者用之，诸部渐至跋扈。挞不也含容尤甚，边防益废，寻改西南面招讨使。阻卜酋长磨古斯来侵，西北路招讨使何鲁扫古战不利，诏挞不也代之。磨古斯之为酋长，由挞不也所荐，至是遣人诱致之。磨古斯绐降，挞不也逆于镇州西南沙碛间，禁士卒无得妄动。敌至，裨将耶律绾斯、徐烈见其势锐，不及战而走，遂被害，年五十八。赠兼侍中，谥曰贞悯。

挞不也少谨愿，后为族嫠妇所惑，出其妻，终以无子。人以此讥之。

耶律良，字习撚，小字苏，著帐郎君之后。生于乾州，读书医巫闾山。学既博，将入南山肄业，友人止之曰："尔无仆御，驱驰千里，纵闻见过人，年亦垂暮。今若即仕，已有余地。"良曰："穷通，命也，非尔所知。"不听，留数年而归。重熙中，补寝殿小底，寻为燕赵国王近侍。以家贫，诏乘厩马。迁修起居注。会猎秋山，良进《秋游赋》，上嘉之。清宁中，上幸鸭子河，作《捕鱼赋》。由是宠遇稍隆，迁知制诰，兼知部署司事。奏请编御制诗文，目曰《清宁集》；上命良诗为《庆会集》，亲制其序。顷之，为敦睦宫使，兼权知皇太后宫诸局事。良闻重元与子涅鲁古谋乱，以帝笃于亲爱，不敢遽奏，密言于皇太后。太后托疾，召帝白其事。帝谓良曰："汝欲间我骨肉耶？"良奏曰："臣若妄言，甘伏斧锧。陛下不早备，恐堕贼计。如召涅鲁古不来，可卜其事。"帝从其言。使者及门，涅鲁古意欲害之，羁于帐下。使者以佩刀断帟而出，驰至行宫，以状闻。帝始信。乱平，以功迁汉人行宫都部署。咸雍初，同知南院枢密使事，为惕隐，出知中京留守事。未几卒，帝嗟悼，遣重臣赙祭，给葬具，追封辽西郡王，谥曰忠成。

萧韩家奴，字括宁，奚长渤鲁恩之后。性孝友。太平中，补祗候郎君，累迁敦睦宫使。伐夏，为左翼都监，迁北面林牙。俄为南院副部署，赐玉带，改奚六部大王，治有声。清宁初，封韩国公，历南京统军使、北院宣徽使，封兰陵郡王。九年，上猎太子山，闻重元乱，驰诣行在。帝仓卒欲避于北、南大王院，与耶律仁先执辔固谏，乃止。明旦，重元复诱奚猎夫来。韩家奴独出谕之曰："汝曹去顺效逆，徒取族灭。何若悔过，转祸为福！"猎夫投仗首服。以功迁殿前都点检，封荆王，赐资忠保义奉国竭贞平乱功臣。咸雍二年，迁西南面招讨使。大康初，徙王吴，赐白海东青鹘。皇太子为乙辛诬构，幽于上京。韩家奴上书力言其冤，不报。四年，复为西南面招讨使。例削一字王爵，改王兰陵，薨。子杨九，终右祗候郎君班详稳，赠同中书门下平章事。

萧德，字特末隐，楮特部人。性和易，笃学好礼法。太平中，领牌印、直宿，累迁北院枢密副使，敷奏详明，多称上旨。诏与林牙耶律庶成修《律令》，改契丹行宫都部署，赐宫户十有五。清宁元年，迁同知北院枢密使，封鲁国公。上以德为先朝眷遇，拜南府宰相。五年，转南京统军使。九年，复为南府宰相。重元之乱，推锋力战，斩涅鲁古首以献，论功封汉王。咸雍初，以告老归，优诏不许。久之，加尚父，致仕。卒，年七十二。

萧惟信，字耶宁，楮特部人。五世祖霞赖，南府宰相。曾祖乌古，中书令。祖阿古只，知平州。父高八，多智数，博览古今。开泰初，为北院承旨，稍迁右夷离毕，以干敏称，拜南府宰相。累迁倒塌岭节度使，知兴中府，复为右夷离毕。陵青诱众作乱，事觉，高八按之，止诛首恶，余并释之。归奏，称旨。

惟信资沉毅，笃志于学，能辨论。重熙初始仕，累迁左中丞。十五年，徙燕赵国王傅，帝谕之曰："燕赵左右多面谀，不闻忠言，浸以成性。汝当以道规诲，使知君父之义。有不可处王邸者，以名闻。"惟信辅导以礼。十七年，迁北院枢密副使，坐事免官。寻复职，兼北面林牙。清宁九年，重元作乱，犯滦河行宫，惟信从耶律仁先破之，赐竭忠定乱功臣。历南京留守、左右夷离毕，复为北院枢密副使。大康中，以老乞骸骨，不听。枢密使耶律乙辛谮废太子，中外知其冤，无敢言者，惟信数廷争，不得复。告老，加守司徒，卒。

萧乐音奴，字婆丹，奚六部敞稳突吕不六世孙。父拔剌，三岁居父母丧，毁瘠过甚，养于家奴奚列阿不。重熙初，兴宗猎奚山，过拔剌所居，奚列阿不言于近臣，拔剌得见上。年甫十岁，气象如成人。帝悦之，锡赉甚厚。既长，有远志，不乐仕进，隐于奚王岭之插合谷。上以其名家，又有时誉，就拜舍利军详稳。乐音奴貌伟言辨，通辽、汉文字，善骑射击鞠，所交皆一时名士。年四十，始为护卫。平重元之乱，以功迁护卫太保，改本部南克，俄为旗鼓拽剌详稳。监障海东青鹘，获白花者十三，赐榾柮犀并玉吐鹘。拜五蕃部节度使，卒。子阳阿，有传。

耶律敌烈，字撒懒，采访使吼五世孙。宽厚，好学，工文词。重熙末，补牌印郎君，兼知起居注。清宁元年，稍迁同知永州事，禁盗有功，改北面林牙承旨。九年，重元作乱，敌烈赴援，力战平之，遥授临海军节度使。十年，徙武安州观察使。咸雍五年，累迁长宁宫使。捡括户部司乾州钱帛逋负，立出纳经画法，公私便之。大康四年，为南院大王。秩满，部民请留，同知南京留守事。有疾，上命乘传赴阙，遣太医视之。迁上京留守。大安中，改塌母城节度使。以疾致仕，加兼侍中，赐一品俸。八年卒。

姚景行，始名景禧。祖汉英，本周将，应历初来聘，用敌国礼，帝怒，留之，隶汉人宫分。及景行既贵，始出籍，贯兴中县。景行博学。重熙五年，擢进士乙科，为将作监，改燕赵国王教授。不数年，至翰林学士，枢密副使，参知政事。性敦厚廉直，人望归之。道宗即位，多被顾问，为北府宰相。九年秋，告归，道闻重元乱，收集行旅得三百余骑勤王。比至，贼已平。帝嘉其忠，赐以逆人财产。咸雍元年，出为武定军节度使。明年，驿召拜南院枢密使。上从容问治道，引入内殿，出御书及太子书示之，赐什器车仗。帝有意伐宋，召景行问曰："宋人好生边事，如何？"对曰："自圣宗皇帝以威德怀远，宋修职贡，迨今几六十年。若以细故用兵，恐违先帝成约。"上然其言而止。

致仕，不逾月复旧职。丁家艰，起复，兼中书令。上问古今儒士优劣，占对称旨，知兴中府，改朔方军节度使。大康初，徙镇辽兴。以上京多滞狱，命为留守，不数月，以狱空闻。累乞致政，不从。复请，许之，加守太师。卒，遣使吊祭，追封柳城郡王，谥文宪。寿隆五年，诏为立祠。

耶律阿思，字撒班。清宁初，补祗候郎君。以善射，掌猎事，进渤海近侍详稳。重元之乱，与护卫苏射杀涅鲁古，赐号靖乱功臣，徙契丹行宫都部署。大安初，为北院大王，封漆水郡王。寿隆元年，为北院枢密使，监修国史。道宗崩，受顾命，加于越。录乙辛党人，罪重者当籍其家，阿思受赂，多所宽贯。萧合鲁尝言当修边备，阿思力沮其事，或讥其以金卖国。后以风疾失音，致仕，加尚父，封赵王。薨，年八十，追封齐国王。

论曰：滦河之变，重元拥兵行幄，微仁先等，道宗其危乎！当其止幸北、南院，召塔剌兵以靖大难，功宜居首。良以反谋白太后，韩家奴以逆顺降奚人，德与阿思杀涅鲁古，皆有讨贼之力焉。仁先齐名休哥，勋德兼备，此其一节欤！

卷九十七　列传第二十七

耶律斡特剌　孩里　窦景庸　耶律引吉
杨绩　赵徽　王观　耶律喜孙

耶律斡特剌，字乙辛隐，许国王寅底石六世孙。少不喜官禄，年四十一，始补本班郎君。时枢密使耶律乙辛擅权，谗害忠良，斡特剌恐祸及，深自抑畏。大康中，为宿直官，历左、右护卫太保。大安元年，升燕王傅，徙左夷离毕。四年，改北院枢密副使。帝赐诗褒之，迁知北院枢密使事，赐翼圣佐义功臣。北阻卜酋长磨古斯叛，斡特剌率兵进讨。会天大雪，败磨古斯四别部，斩首千余级，拜西北路招讨使，封漆水郡王，加赐宣力守正功臣。寻拜南府宰相。复讨闸古胡里扒部，破之，召为契丹行宫都部署。先是，北、南府有讼，各州府得就按之；比岁，非奉枢密檄，不得鞫问，以故讼者稽留。斡特剌奏请如旧，从之。寿隆五年，复为西北路招讨使，讨耶覩刮部，俘斩甚众，获马、驼、牛、羊各数万。明年，擒磨古斯，加守太保，赐奉国匡化功臣。乾统初，乞致仕，不许，止罢招讨。复兼南院枢密使，封混同郡王。迁北院枢密使，加守太师，赐推诚赞治功臣。致仕，薨，谥曰敬肃。

孩里，字胡辇，回鹘人。其先在太祖时来贡，愿留，因任用之。孩里，重熙间历近侍长。清宁九年，讨重元之乱有功，加金吾卫上将军，赐平乱功臣。累迁殿前都点检，以宿卫严肃称。大康初，加守太子太保。二年，加同中书门下平章事。三年，改同知南院宣徽使事。会耶律乙辛出守中京，孩里入贺；及议复召，陈其不可。后乙辛再入枢府，出孩里为广利军节度使。及皇太子被诬，孩里当连坐，有诏勿问。大安初，历品达鲁虢部节度使。寿隆五年，有疾，自言吾数已尽，却医药，卒，年七十七。孩里素信浮图。清宁初，从上猎，堕马，愦而复苏。言始见二人引至一城，宫室宏敞，有衣绛袍人坐殿上，左右列侍，导孩里升阶。持牍者示之曰："本取大腹骨欲，误执汝。"牍上书"官至使相，寿七十七"。须臾还，挤之大壑而寤。道宗闻之，命书其事。后皆验。

窦景庸，中京人，中书令振之子。聪敏好学。清宁中，第进士，授秘书省校书郎，累迁少府少监。咸雍六年，授枢密直学士，寻知汉人行宫副部署事。大安初，迁南院枢密副使，监修国史，知枢密院事，赐同德功臣，封陈国公。有疾，表请致仕；不从，加太子太保，授武定军节度使。审决冤滞，轻重得宜，以狱空闻。七年，拜中京留守。九年薨，谥曰肃宪。子瑜，三司副使。

耶律引吉，字阿括，品部人。父双古，镇西边二十余年，治尚严肃，不殖货利，时多称之。引吉寅畏好义。以荫补官，累迁东京副留守、北枢密院侍御。时萧革、萧图古辞等以佞见任，鬻爵纳贿；引吉以直道处其间，无所阿唯。改客省使。时朝廷遣使括三京隐户不得，以引吉代之，得数千余户。时昭怀太子知北南院事，选引吉为辅导。枢密使乙辛将倾太子，恶引吉在侧，奏出之，为群牧林牙。大康元年，乙辛请赐牧地，引吉奏曰："今牧地褊狭，畜不蕃息，岂可分赐臣下。"帝乃止。乙辛由是益嫉之，除怀德军节度使，徙漠北滑水马群太保，卒。

杨绩，良乡人。太平十一年进士及第，累迁南院枢密副使。与杜防、韩知白等擅给进士堂帖，降长宁军节度使，徙知涿州。清宁初，拜参知政事，兼同知枢密院事，为南府宰相。九年，闻重元乱，与姚景行勤王，上嘉之。十年，知兴中府。咸雍初，入知枢密院事。二年，乞致仕，不许，拜南院枢密使。帝以绩旧臣，特诏燕见，论古今治乱，人臣邪正。帝曰："方今群臣忠直，耶律玦、刘伸而已；然伸不及玦之刚介。"绩拜贺曰："何代无贤，世乱则独善其身，主圣则兼济天下。陛下铢分邪正，升黜分明，天下幸甚。"累表告归，不许，封赵王。大康中，以例改王辽西。致仕，加守太保，薨。子贵忠，知兴中府。

赵徽，南京人。重熙五年，擢甲科，累迁大理正。清宁二年，铜州人妄毁三教，徽按鞫之，以状闻，称旨。历烦剧，有能名。累迁翰林学士承旨。咸雍初，为度支使。三年，拜参知政事。出为武定军节度使，及代，军民请留。后同知枢密院事，兼南府宰相、门下侍郎、平章事。致仕，卒。追赠中书令，谥文宪。

王观，南京人。博学有才辩。重熙七年，中进士乙科。兴宗崩，充夏国报哀使；还，除给事中。咸雍初，迁翰林学士。五年，兼乾文阁学士。七年，改南院枢密副使，赐国姓，参知政事，兼知南院枢密事。坐矫制修私第，削爵为民，卒。

耶律喜孙，字盈隐，永兴宫分人。兴宗在青宫，尝居左右辅导。圣宗大渐，喜孙与冯家奴告仁德皇后同宰相萧浞卜等谋逆事。及钦哀为皇太后称制，喜孙尤见宠任。重熙中，其子涅哥为近侍，坐事伏诛。帝以喜孙有翼戴功，且悼其子罪死，欲世其官，喜孙无所出之部，因见马印文有品部号，使隶其部，拜南府宰相。寻出为东北路详稳，卒。

论曰：孩里、引吉之为臣也，当乙辛擅权、萧革贪黩之日，虽与同官，而能以正自处，不少阿唯，其过人远矣！传曰："岁寒知松柏之后凋。"二子有焉。若斡特剌之战功，窦景庸之谳狱，杨绩之忠告，亦贤矣夫。

卷九十八　　列传第二十八

萧兀纳　耶律俨　刘伸　耶律胡吕

萧兀纳，一名挞不也，字特免，六院部人。其先尝为西南面拽剌。兀纳魁伟简重，善骑射。清宁初，兄图独以事入见，帝问族人可用者，图独以兀纳对，补祗候郎君。迁近侍敞史，护卫太保。大康初，为北院宣徽使。时乙辛已害太子，因言宋魏国王和鲁斡之子淳可为储嗣。群臣莫敢言，唯兀纳及夷离毕萧陶隗谏曰："舍嫡不立，是以国与人也。"帝犹豫不决。五年，帝出猎，乙辛请留皇孙，帝欲从之。兀纳奏曰："窃闻车驾出游，将留皇孙，苟保护非人，恐有他变。果留，臣请侍左右。"帝乃悟，命皇孙从行。由此，始疑乙辛。顷之，同知南院枢密使事，出乙辛、淳等。帝嘉其忠，封兰陵郡王，人谓近于古社稷臣。授殿前都点检。上谓王师儒、耶律固等曰："兀纳忠纯，虽狄仁杰辅唐，屋质立穆宗，无以过也。卿等宜达燕王知之。"自是，令兀纳辅导燕王，益见优宠。大安初，诏尚越国公主，兀纳固辞。改南院枢密使，奏请掾史宜以岁月迁叙，从之。寿隆元年，拜北府宰相。

初，天祚在潜邸，兀纳数以直言忤旨。及嗣位，出为辽兴军节度使，守太傅。以佛殿小底王华诬兀纳借内府犀角，诏鞫之。兀纳奏曰："臣在先朝，诏许日取帑钱十万为私费，臣未尝妄取一钱，肯借犀角乎！"天祚愈怒，夺太傅官，降宁边州刺史，寻改临海军节度使。兀纳上书曰："自萧海里亡入女直，彼有轻朝廷心，宜益兵以备不虞。"不报。天庆元年，知黄龙府事，改东北路统军使，复上书曰："臣治与女直接境，观其所为，其志非小。宜先其未发，举兵图之。"章数上，皆不听。及金兵来侵，战于宁江州，其孙移敌蹇死之，兀纳退走入城。留官属守御，自以三百骑渡混同江而西，城遂陷。后与萧敌里拒金兵于长泺，以军败免官。五年，天祚亲征，兀纳殿，复败绩。后数日乃与百官入见，授上京留守。六年，耶律章奴叛，来攻京城，兀纳发府库以赉士卒，谕以逆顺，完城池，以死拒战。章奴无所得而去。以功授副元帅，寻为契丹都宫使。天祚以兀纳先朝重臣，有定策勋，每延问以政，兀纳对甚切。上虽优容，终不能用。以疾卒，年七十。

耶律俨，字若思，析津人。本姓李氏。父仲禧，重熙中始仕。清宁初，同知南院宣徽使事。四年，城鸭子、混同二水间，拜北院宣徽使。咸雍初，坐误奏事，出为榆州刺史。俄诏复旧职，迁汉人行宫都部署。六年，赐国姓，封韩国公，改南院枢密使。时枢臣乙辛等诬陷皇太子，诏仲禧偕乙辛鞫之，蔓引无辜，未尝雪正。乙辛荐仲禧可任，拜广德军节度使，复为南院枢密使，卒，谥钦惠。

俨仪观秀整，好学，有诗名，登咸雍进士第。守著作佐郎，补中书省令史，以勤敏称。大康初，历都部署判官、将作少监。后两府奏事，论群臣优劣，唯称俨才俊。改少府少监，知大理正，赐紫。六年，迁大理少卿，奏谳详平。明年，升大理卿。丁父忧，夺服，同签部署司事。大安初，为景州刺史。绳胥徒，禁豪猾，抚老恤贫，未数月，善政流播，郡人刻石颂德。二年，改御史中丞，诏按上京滞狱，多所平反。同知宣徽院事，提点大理寺。六年冬，改山西路都转运使。刮剔垢弊，奏定课额，益州县俸给，事皆施行。寿隆初，授枢密直学士。以母忧去官，寻召复旧职。宋攻夏，李乾顺遣使求和解，帝命俨如宋平之，拜参知政事。六年，驾幸鸳鸯泺，召至内殿，访以政事。

帝晚年倦勤，用人不能自择，令各掷骰子，以采胜者官之。俨尝得胜采，上曰："上相之征也！"迁知枢密院事，赐经邦佐运功臣，封越国公。修《皇朝实录》七十卷。帝大渐，俨与北院枢密使阿思同受顾命。乾统三年，徙封秦国。六年，封漆水郡王。天庆中，以疾，命乘小车入朝。疾甚，遣太医视之。薨，赠尚父，谥曰忠懿。

俨素廉洁，一芥不取于人。经籍一览成诵。又善伺人主意。妻邢氏有美色，常出入禁中，俨教之曰："慎勿失上意。"由是权宠益固。三子：处贞，太常少卿；处廉，同知中京留守事；处能，少府少监。

刘伸，字济时，宛平人。少颖悟，长以辞翰闻。重熙五年，登进士第，历彰武军节度使掌书记、大理正。因奏狱，上适与近臣语，不顾，伸进曰："臣闻自古帝王必重民命，愿陛下省臣之奏。"上大惊异，擢枢密都承旨，权中京副留守。诏徙富民以实春、泰二州，伸以为不可，奏罢之。迁大理少卿，人以不冤。升大理卿，改西京副留守。以父忧，终制，为三司副使，加谏议大夫，提点大理寺。以伸明法而恕，案冤狱全活者众，徙南京副留守。俄改崇义军节度使，政务简静，民用不扰，致乌、鹊同巢之异，优诏褒之。改户部使，岁入羡余钱三十万缗，拜南院枢密副使。

道宗尝谓大臣曰："今之忠直，耶律玦、刘伸而已！"宰相杨绩贺其得人。拜参知政事。上谕之曰："卿勿惮宰相。"时北院枢密使乙辛势焰方炽，伸奏曰："臣于乙辛尚不畏，何宰相之畏！"乙辛衔之，相与排诋，出为保静军节度使。上终欲大用，加守太子太保，迁上京留守。乙辛以事徙镇雄武，复以崇义军节度使致仕。适燕、蓟民饥，伸与致政赵徽、韩造日济以糜粥，所活不胜算。大安二年卒，上震悼，赙赠加等。

耶律胡吕，字苏撒，弘义宫分人。其先欲稳，佐太祖有功，为迭烈部夷离堇。父杨五，左监门卫大将军。胡吕性谦谨，于人无适莫。重熙末，补寝殿小底。以善职，屡更华要，迁千牛卫大将军。大安中，北阻卜酋磨鲁斯叛，为招讨都监，与耶律那也率精骑二千讨平之，以功为汉人行宫副部署，兼知太和宫事。致仕，加同中书门下平章事，卒。

论曰：兀纳当道宗昏惑之会，拥佑皇孙，使乙辛奸计不获复逞，而辽祚以续，比之屋质立穆宗，非溢美也。俨以俊才莅政，所至有能誉；纂述辽史，具一代治乱，亦云勤矣，但其固宠，不能以礼正家，惜哉。刘伸三为大理，民无冤抑；一登户部，上下兼裕，至与耶律玦并称忠直，不亦宜乎！

卷九十九　列传第二十九

萧岩寿　耶律撒剌　萧速撒　耶律挞不也
萧挞不也　萧忽古　耶律石柳

萧岩寿，乙室部人。性刚直，尚气。仕重熙末。道宗即位，皇太后屡称其贤，由是进用。上出猎较，岩寿典其事，未尝高下于心，帝益重之。历文班太保、同知枢密院事。咸雍四年，从耶律仁先伐阻卜，破之，有诏留屯，亡归者众，由是镌两官。十年，讨敌烈部有功，为其部节度使。大康元年，同知南院宣徽使事，迁北面林牙。密奏乙辛以皇太子知国政，心不自安，与张孝杰数相过从，恐有阴谋，动摇太子。上悟，出乙辛为中京留守。会乙辛生日，上遣近臣耶律白斯本赐物为寿，乙辛因私属白上："臣见奸人在朝，陛下孤危。身虽在外，窃用寒心。"白斯本还，以闻。上遣人赐乙辛车，谕曰："无虑弗用，行将召矣。"由是反疑岩寿，出为顺义军节度使。乙辛复入为枢密使，流岩寿于乌隗路，终身拘作。岩寿虽窜逐，恒以社稷为忧，时人为之语曰："以狼牧羊，何能久长！"三年，乙辛诬岩寿与谋废立事，执还杀之，年四十九。

乾统间，赠同中书门下平章事，绘像宜福殿。岩寿廉直，面折廷诤，多与乙辛忤，故及于难。

耶律撒剌，字董隐，南院大王磨鲁古之孙。性忠直沉厚。清宁初，累迁西南面招讨使，以治称。咸雍九年，改北院大王。未几，为契丹行宫都部署。大康二年，耶律乙辛为中京留守，诏百官廷议，欲复召之，群臣无敢正言。撒剌独奏曰："萧岩寿言乙辛有罪，不可为枢臣，故陛下出之；今复召，恐天下生疑。"进谏者三，不纳，左右为之震悚。乙辛复为枢密使，见撒剌让曰："与君无憾，何独异议？"撒剌曰："此社稷计，何憾之有！"乙辛诬撒剌与速撒同谋废立，诏按无迹，出为始平军节度使。及萧讹都斡诬首，竟遣使杀之。乾统间，追封漆水郡王，绘像宜福殿，仍追赠三子官爵。

萧速撒，字秃鲁堇，突吕不部人。性沉毅。重熙间，累迁右护卫太保。蒲奴里叛，从耶律义先往讨，执首乱陶得里以归。清宁中，历北面林牙、彰国军节度使，入为北院枢密副使。咸雍十年，经略西南边，撤宋堡障，戍以皮室军，上嘉之。大康二年，知北院枢密使事。耶律乙辛权宠方盛，附丽者多至通显；速撒未尝造门。乙辛衔之，诬构速撒首谋废立；按之无验，出为上京留守。乙辛复令萧讹都斡以前事诬告，上怒，不复加讯，遣使杀之。时方盛暑，尸诸原野，容色不变，乌鹊不敢近。乾统间，追封兰陵郡王，绘像宜福殿。

耶律挞不也，字撒班，系出季父房。父高家。仕至林牙，重熙间破夏人于金肃军有功，优加赏赉。挞不也，清宁中补牌印郎君，累迁永兴宫使。九年，平重元之乱，以功知点检司事，赐平乱功臣，为怀德军节度使。咸雍五年，迁遥辇克。大康三年，授北院宣徽使。耶律乙辛谋害太子，挞不也知其奸，欲杀乙辛及萧特里得、萧十三等。乙辛知之，令其党诬构挞不也与废立事，杀之。乾统间，追封漆水郡王，绘像宜福殿。

萧挞不也，字斡里端，国舅郡王高九之孙。性刚直。咸雍中，补祗候郎君。大康元年，为彰愍宫使，尚赵国公主，拜驸马都尉。三年，改同知汉人行宫都部署。与北院宣徽使耶律挞不也善，乙辛嫉之，令人诬告谋废立事。不胜搒掠，诬伏。上引问，昏聩不能自陈，遂见杀。乾统间，追封兰陵郡王，绘像宜福殿。

萧忽古，字阿斯怜，性忠直，趫捷有力。甫冠，补禁军。咸雍初，从招讨使耶律赵三讨番部之违命者。及请降，来介有能跃驼峰而上者，以儇捷相诧。赵三问左右谁能此，忽古被重铠而出，手不及峰，一跃而上，使者大骇。赵三以女妻之。帝闻，召为护卫。时北院枢密使耶律乙辛以狡佞得幸，肆行凶暴。忽古伏于桥下，伺其过，欲杀之。俄以暴雨坏桥，不果。后又欲杀于猎所，为亲友所沮。大康三年，复欲杀乙辛及萧得里特等，乙辛知而械系之。考劾不服，流于边。及太子废徙于上京，召忽古至，杀之。乾统初，追赠龙虎卫上将军。

耶律石柳，字酬宛，六院部人。祖独攧，南院大王。父安十，统军副使。石柳性刚直，有经世志。始为牌印郎君。大康初，为夷离毕郎君。时枢密使耶律乙辛诬杀皇后，谋废太子，斥忠贤，进奸党，石柳恶其所为，乙辛觉之。太子既废，以石柳附太子，流镇州。天祚即位，召为御史中丞。时方治乙辛党，有司不以为意。石柳上书曰：

> 臣前为奸臣所陷，斥窜边郡。幸蒙召用，不敢隐默。恩赏明则贤者劝，刑罚当则奸人消。二者既举，天下不劳而治。臣见耶律乙辛身出寒微，位居枢要，窃权肆恶，不胜名状。蔽先帝之明，诬陷顺圣，构害忠谠，败国罔上，自古所无。赖庙社之休，陛下获纂成业，积年之冤，一旦洗雪。正陛下英断，克成孝道之秋。如萧得里特实乙辛之党，耶律合鲁亦不为早辨，赖陛下之明，遂正其事。臣见陛下多疑，故有司顾望，不切推问。乙辛在先帝朝，权宠无比。先帝若以顺考为实，则乙辛为功臣，陛下岂得立耶？先帝黜逐嬖后，诏陛下在左右，是亦悔前非也。陛下讵可忘父仇不报，宽逆党不诛。今灵骨未获，而求之不切。传曰，圣人之德，无加于孝。昔唐德宗因乱失母，思慕悲伤，孝道益著。周公诛飞廉、恶来，天下大悦。今逆党未除，大冤不报，上无以慰顺考之灵，下无以释天下之愤。怨气上结，水旱为沴。臣愿陛下下明诏，求顺考之瘗所，尽收逆党以正邦宪，快四方忠义之心，昭国家赏罚之用，然后致治之道可得而举矣。谨别录顺圣升遐及乙辛等事，昧死以闻。

书奏不报，闻者莫不叹惋。乾统中，遥授静江军节度使，卒。子马哥，同中书门下平章事。

论曰：《易》言“履霜，坚冰至”，谨始也。使道宗能从岩寿、撒剌之谏，后何得而诬，太子何得而废哉？速撒、挞不也以忠言见杀，国欲无乱，得乎？石柳之书，亦幸出于乙辛即败之后，获行其说。有国家者，可不知人哉！

卷一百　　列传第三十

耶律棠古　萧得里底　萧酬斡　耶律章奴　耶律术者

耶律棠古，字蒲速宛，六院郎君葛剌之后。大康中，补本班郎君，累迁至大将军。性坦率，好别白黑，人有不善，必尽言无隐，时号“强棠古”。在朝数论宰相得失，由是久不得调，后出为西北戍长。乾统三年，萧得里底为西北路招讨使，以后族慢侮僚吏。棠古不屈，乃罢之。棠古讼之朝，不省。天庆初，乌古敌烈叛，召拜乌古部节度使。至部，谕降之。遂出私财及发富民积，以振其困乏，部民大悦，加镇国上将军。会萧得里底以都统率兵与金人战败绩，棠古请以军法论。且曰：“臣虽老，愿为国破敌。”不纳。保大元年，乞致仕。明年，天祚出奔，棠古谒于倒塌岭，为上流涕，上慰止之，复拜乌古部节度使。及至部，敌烈以五千人来攻，棠古率家奴击破之，加太子太傅。年七十二卒。

萧得里底，字纥邻，晋王孝先之孙。父撒钵，历官使相。得里底短而偻，外谨内倨。大康中，补祗候郎君，稍迁兴圣宫副使，兼同知中丞司事。大安中，燕王妃生子，得里底以妃叔故，历宁远军节度使、长宁宫使。寿隆二年，监讨达里得、拔思母二部，多俘而还，改同知南京留守事。乾统元年，为北面林牙、同知北院枢密事，受诏与北院枢密使耶律阿思治乙辛余党。阿思纳贿，多出其罪；得里底不能制，亦附会之。四年，知北院枢密事。夏王李乾顺为宋所攻，遣使请和解，诏得里底与南院枢密使牛温舒使宋平之。宋既许，得里底受书之日，乃曰：“始奉命取要约归，不见书辞，岂敢徒还。”遂对宋主发函而读。既还，朝议为是。天庆三年，加守司徒，封兰陵郡王。

女直初起，廷臣多欲乘其未备，举兵往讨；得里底独沮之，以至败衄。天祚以得里底不合人望，出为西南面招讨使。八年，召为北院枢密使，宠任弥笃。是时，诸路大乱，飞章告急者络绎而至，得里底不即上闻，有功者亦无甄别。由是将校怨怒，人无斗志。保大二年，金兵至岭东。会耶律撒八、习骑撒跋等谋立晋王敖卢斡事泄，上召得里底议曰：“反者必以此儿为名，若不除去，何以获安。”得里底唯唯，竟无一言申理。王既死，人心益离。金兵逾岭，天祚率卫兵西遁。元妃萧氏，得里底之侄，谓得里底曰：“尔任国政，致君至此，何以生为！”得里底但谢罪，不能对。明日，天祚怒，逐得里底与其子麽撒。

得里底既去，为耶律高山奴执送金兵。得里底伺守者怠，脱身亡归，复为耶律九斤所得，送之耶律淳。时淳已僭号，得里底自知不免，诡曰：“吾不能事僭窃之君！”不食数日，卒。子麽撒，为金兵所杀。

萧酬斡，字讹里本，国舅少父房之后。祖阿剌，终采访使。父别里剌，以后父封赵王。酬斡貌雄伟，性和易。年十四，尚越国公主，拜驸马都尉，为祗候郎君班详稳。年十八，封兰陵郡王。时帝欲立皇孙为嗣，恐无以解天下疑，出酬斡为国舅详稳，降皇后为惠妃，迁于乾州。初酬斡母入朝，擅取驿马，至是觉，夺其封号；复与妹鲁姐为巫蛊，伏诛。诏酬斡与公主离婚，籍兴圣宫，流乌古敌烈部。天庆中，以妹复尊为太皇太妃，召酬斡为南女直详稳，迁征东副统军。时广州渤海作乱，乃与驸马都尉萧韩家奴袭其不备，平之，复败敌将侯概于川州。是岁，东京叛，遇敌来击，师溃；独酬斡率麾下数人力战，殁于阵，追赠龙虎卫上将军。

耶律章奴，字特末衍，季父房之后。父查剌，养高不仕。章奴明敏善谈论。大安中，补牌印郎君。乾统元年，累迁右中丞，兼领牌印宿直事。六年，以直宿不谨，降知内客省事。天庆四年，授东北路统军副使。五年，改同知咸州路兵马事。及天祚亲征女直，萧胡笃为先锋都统，章奴为都监。大军渡鸭子河，章奴与魏国王淳妻兄萧敌里及其甥萧延留等谋立淳，诱将卒三百余人亡归。既而天祚为女直所败，章奴乃遣敌里、延留以废立事驰报淳。淳犹豫未决。会行宫使者乙信持天祚御札至，备言章奴叛命，淳对使者号哭，即斩敌里、延留首以献天祚。章奴见淳不从，诱草寇数百攻掠上京，取府库财物。至祖州，率僚属告太祖庙云："我大辽基业，由太祖百战而成。今天下土崩，窃见兴宗皇帝孙魏国王淳道德隆厚，能理世安民，臣等欲立以主社稷。会淳适好草甸，大事未遂。迩来天祚惟耽乐是从，不恤万机；强敌肆侮，师徒败绩。加以盗贼蜂起，邦国危于累卵。臣等忝预族属，世蒙恩渥，上欲安九庙之灵，下欲救万民之命，乃有此举。实出至诚，冀累圣垂佑。"西至庆州，复祀诸庙，仍述所以举兵之意，移檄州县、诸陵官僚，士卒稍稍属心。时饶州渤海及侯概等相继来应，众至数万，趋广平淀。其党耶律女古等暴横不法，劫掠妇女财畜。章奴度不能制，内怀悔恨；又攻上京不克，北走降虏。顺国女直阿鹘产率兵追败之，杀其将耶律弥里直，擒贵族二百余人，其妻子配役绣院，或散诸近侍为婢；余得脱者皆遁去。章奴诈为使者，欲奔女直，为逻者所获，缚送行在，伏诛。

耶律术者，字能典，于越蒲古只之后，魁伟雄辨。乾统初，补祗候郎君。六年，因柴册，加观察使。天庆五年，受诏监都统耶律斡里朵战。及败，左迁银州刺史，徙咸州纠将。尝与耶律章奴谋立魏国王淳。及闻章奴自鸭子河亡去，即引麾下数人往会之。道为游兵所执，送行在所。上问曰："予何负卿而反？"术者对曰："臣诚无憾。但以天下大乱，已非辽有，小人满朝，贤臣窜斥，诚不忍见天皇帝艰难之业一旦土崩。臣所以痛入骨髓而有此举，非为身计。"后数日，复问，术者厉声数上过恶，陈社稷危亡之本，遂杀之。

论曰：辽末同事之臣，其善恶何相远也！棠古骨鲠不屈权要，两镇乌古，恩威并著。酬斡平乱渤海，又以讨叛力战而死，忠可尚矣。得里底纵女直而不讨，寝变告而不闻，其蔽主聪明，为国阶乱，莫斯之甚也。章奴、术者乘时多艰，潜谋废立，将求宠幸，以犯大逆，其得免于天下之戮哉！

卷一百一　　列传第三十一

萧陶苏斡　耶律阿息保　萧乙薛　萧胡笃

萧陶苏斡，字乙辛隐，突吕不部人。四世祖因吉，发长五尺，时呼为"长发因吉"。祖里拔，奥隗部节度使。陶苏斡谨愿，不妄交。伯父留哥坐事免官，闻重元乱，挈家赴行在。时陶苏斡虽幼，已如成人，补笔砚小底。累迁祗候郎君，转枢密院侍御。咸雍五年，迁崇德宫使。会有诉北南院听讼不直者，事下，陶苏斡悉改正之，为耶律阿思所忌。帝欲召用，辄为所沮。八年，历漠北滑水马群太保，数年不调，尝曰："用才未尽，不若闲。"乾统中，迁漠南马群太保，以大风伤草，马多死，鞭之三百，免官。九年，徙天齐殿宿卫。明年，谷价翔踊，宿卫士多不给，陶苏斡出私廪赒之，召同知南院枢密使事。

天庆四年，为汉人行宫副部署。时金兵初起，攻陷宁江州。天祚召群臣议，陶苏斡曰："女直国虽小，其人勇而善射。自执我叛人萧海里，势益张。我兵久不练，若遇强敌，稍有不利，诸部离心，不可制矣。为今之计，莫若大发诸道兵，以威压之，庶可服也。"北院枢密使萧得里底曰："如陶苏斡之谋，徒示弱耳。但发滑水以北兵，足以拒之。"遂不用其计。数月间，边兵屡北，人益不安。饶州渤海结构头下城以叛，有步骑三万余，招之不下。陶苏斡帅兵往讨，擒其渠魁，斩首数千级，得所掠物，悉还其主。及耶律章奴叛，陶苏斡与留守耶律大悲奴为守御。章奴既平，陶苏斡请曰："今边兵懈弛，若清暑岭西，则汉人啸聚，民心益摇。臣愚以为宜罢此行。"不纳，乃命陶苏斡控扼东路，招集散卒。后以太子太傅致仕，卒。

耶律阿息保，字特里典，五院部人。祖胡劣，太祖时徙居西北部，世为招讨司吏。阿息保慷慨有大志，年十六，以才干补内史。天庆初，转枢密院侍御。金人起兵城境上，遣阿息保问之，金人曰："若归阿疏，敢不听命。"阿息保具以闻。金兵陷宁江州，边兵屡败，遣阿息保与耶律章奴等赍书而东，冀以胁降。阿息保曰："臣前使，依诏开谕，略无所屈。将还，谓臣曰：'若所请不遂，无相见。'今臣请独往。"不听。将行，别萧得里底曰："不肖适异国，必无生还，愿公善辅国家。"既至，阿息保见执。久乃遁归。

及天祚败绩，迁都巡捕使。六年，从阿疏讨耶律章奴，加领军卫大将军。阿疏将兵而东，阿息保送至军，乃还。天祚怒其专，鞭之三百。寻为奚六部秃里太尉。后阿疏反，阿息保以偏师进击，临阵坠马，被擒。因阿疏有旧得免。时阿疏颇好杀，阿息保谓曰："欲举大事，何以杀为！"由是全活者众。会阿疏败，乃还。以战失利，囚中京数岁。保大二年，金兵至中京，始出狱。寻为敌烈皮室详稳。是时，魏王淳僭号，屡遣人以书来招。阿息保封书以献，因谏曰："东兵甚锐，未可轻敌。"及石辇铎之败，天祚奔窜，召阿息保，不时至，疑有贰心，并怒为淳所招，杀之。

初，阿息保知国将亡，前后谏甚切。及死以非罪，人尤惜之。

萧乙薛，字特免，国舅少父房子后。性谨愿。寿隆间，累任剧官。天庆初，知国舅详稳事，迁殿前副点检。金兵起，为行军副都统。以战失利，罢职。六年，出为武定军节度使，迁西京留守。明年，讨剧贼董庞儿，战易水西，大破之。以功为北府宰相，加左仆射，兼东北路都统。十年，金兵陷上京，诏兼上京留守、东北路统军使。为政宽猛得宜，民之穷困者，辄加振恤，众咸爱之。保大二年，金兵大至，乙薛军溃，左迁西南面招讨使。以部民流散，不赴。及天祚播迁，给侍从不阙，拜殿前都点检。凡金兵所过，诸营败卒复聚上京，遣乙薛为上京留守以安抚之。明年，卢彦伦以城叛，乙薛被执数月，以居官无过，得释。后为耶律大石所杀。

萧胡笃，字合术隐。其先撒葛只，太祖时愿隶宫分，遂为太和宫分人。曾祖敌鲁，明医。人有疾，观其形色即知病所在。统和中，宰相韩德让贵宠，敌鲁希旨，言德让宜赐国姓，籍横帐，由是世预太医选。子孙因之入官者众。

胡笃为人便佞，与物无忤。清宁初，补近侍。大安元年，为彰愍宫太师。寿隆二年，转永兴宫太师。天庆初，累迁至殿前副点检。五年，从天祚东征，为先锋都统，临事犹豫，凡队伍皆以围场名号之。进至刺离水，与金兵战，败，大军亦却。及讨耶律章奴，以籍私奴为军，迁知北院枢密使事，卒。

胡笃长于骑射，见天祚好游畋，每言从禽之乐，以逢其意。天祚悦而从之。国政隳废，自此始云。

论曰：甚矣，承平日久，上下狃于故常之可畏也！天庆之间，女直方炽，惟陶苏斡明于料敌，善于忠谏；惜乎天祚痼蔽，不见信用。阿息保不死阿疏之难，乙薛甘忍卢彦伦之执，大节已失矣，他有所长，亦奚足取。胡笃以游畋逢迎天祚而隳国政，可胜罪哉！

卷一百二　　列传第三十二

萧奉先　李处温　张琳　耶律余覩

萧奉先，天祚元妃之兄也。外宽内忌。因元妃为上眷倚，累官枢密使，封兰陵郡王。天庆二年，上幸混同江钩鱼。故事，生女直酋长在千里内者皆朝行在。适头鱼宴，上使诸酋次第歌舞为乐，至阿骨打，但端立直视，辞以不能。再三旨谕，不从。上密谓奉先曰："阿骨打跋扈若此！可托以边事诛之。"奉先曰："彼粗人，不知礼义，且无大过，杀之伤向化心。设有异志，蕞尔小国，亦何能为！"上乃止。四年，阿骨打起兵犯宁江州，东北路统军使萧挞不也战失利。上命奉先弟嗣先为都统，将番、汉兵往讨，屯出河店。女直乃潜渡混同江，乘我师未备来袭。嗣先败绩，军将往往遁去。奉先惧弟被诛，乃奏"东征溃军逃罪，所至劫掠，若不肆赦，将啸聚为患"。从之。嗣先诣阙待罪，止免官而已。由是士无斗志，遇敌辄溃，郡县所失日多。

初，奉先诬耶律余覩结驸马萧昱谋立其甥晋王，事觉，杀昱。余覩在军中闻之惧，奔女直。保大二年，余覩为女直监军，引兵奄至，上忧甚。奉先曰："余覩乃王子班之苗裔，此来实无亡辽心，欲立晋王耳。若以社稷计，不惜一子，诛之，可不战而退。"遂赐晋王死。中外莫不流涕，人心益解体。

当女直之兵未至也，奉先逢迎天祚，言："女直虽能攻我上京，终不能远离巢穴。"而一旦越三千里直捣云中，计无所出，惟请播迁夹山。天祚方悟，顾谓奉先曰："汝父子误我至此，杀之何益！汝去，毋从我行。恐军心忿怒，祸必及我。"奉先父子恸哭而去，为左右执送女直兵。女直兵斩其长子昂，送奉先及次子昱于其国主。道遇我兵，夺归，天祚并赐死。

李处温，析津人。伯父俨，大康初为将作少监，累官参知政事，封漆水郡王，雅与北枢密使萧奉先友旧。执政十余年，善逢迎取媚，天祚又宠任之。俨卒，奉先荐处温为相。处温因奉先有援己力，倾心阿附，以固权位，而贪污尤甚，凡所接引，类多小人。保大初，金人陷中京，诸将莫能支。天祚惧，奔夹山，兵势日迫。处温与族弟处能、子奭，外假怨军声援，结都统萧干谋立魏国王淳，召番、汉官属诣魏王府劝进。魏国王将出，奭乃持赭袍衣之，令百官拜舞称贺。魏王固辞不得，遂称天锡皇帝。以处温守太尉，处能直枢密院，奭为少府少监，左企弓以下及亲旧与其事者，赐官有差。会魏国王病，自知不起，密授处温番汉马步军都元帅，意将属以后事。及病亟，萧干等矫诏南面宰执入议，独处温称疾不至，阴聚勇士为备，给云奉密旨防他变。魏国王卒，萧干拥契丹兵，宣言当立王妃萧氏为太后，权主军国事，众无敢异者。干以后命，召处温至，时方多难，未欲即诛，但追毁元帅劄子。处能惧及祸，落发为僧。寻有永清人傅遵说随郭药师入燕，被擒，具言处温尝遗易州富民赵履仁书达宋将童贯，欲挟萧后纳土归宋。后执处温问之，处温曰："臣父子于宣宗有定策功，宜世蒙宥容，可使因谗获罪？"后曰："向使魏国王如周公，则终享亲贤之名于后世。误王者皆汝父子，何功之有！"并数其前罪恶。处温无以对，乃赐死，奭亦伏诛。

张琳，沈州人。幼有大志。寿隆末，为秘书中允。天祚即位，累迁户部使。顷之，擢南府宰相。初，天祚之败于女直也，意谓萧奉先不知兵，乃召琳付以东征事。琳以旧制，凡军国大计，汉人不与，辞之。上不允，琳奏曰："前日之败，失于轻举。若用汉兵二十万分道进讨，无不克者。"上许其半，仍诏中京、上京、长春、辽西四路计户产出军。时有起至二百军者，生业荡散，民甚苦之。四路军甫集，寻复遁去。及中京陷，天祚幸云中，留琳与李处温佐魏国王淳守南京。处温父子召琳，欲立淳为帝，琳曰："王虽帝胄，初无上命；摄政则可，即真则不可。"处温曰："今日之事，天人所与，岂可易也！"琳虽有难色，亦勉从之。淳既称帝，诸将咸居权要，琳独守太师，十日一朝，平章军国大事。阳以元老尊之，实则不使与政。琳由是郁悒而卒。

耶律余覩，一名余都姑，国族之近者也。慷慨尚气义。保大初，历官副都统。其妻天祚文妃之妹；文妃生晋王，最贤，国人皆属望。时萧奉先之妹亦为天祚元妃，生秦王。奉先恐秦王不得立，深忌余覩，将潜图之。适耶律挞葛里之妻会余覩之妻于军中，奉先讽人诬余睹结驸马萧昱、挞葛里，谋立晋王，尊天祚为太上皇。事觉，杀昱及挞葛里妻，赐文妃死。余覩在军中闻之，惧不能自明被诛，即引兵千余，并骨肉军帐叛归女直。会大霖雨，道途留阻。天祚遣知奚王府萧遐买、北宰相萧德恭、大常衮耶律谛里姑、归州观察使萧和尚奴、四军太师萧干追捕甚急。至闾山，及之。诸将议曰："萧奉先恃宠，蔑害官兵。余覩乃宗室雄才，素不肯为其下。若擒之，则他日吾辈皆余覩矣。不如纵之。"还，给云追袭不及。

余覩既入女直，为其国前锋，引娄室孛堇兵攻陷州郡，不测而至。天祚闻之大惊，知不能敌，率卫兵入夹山。余覩在女直为监军，久不调，意不自安，乃假游猎，遁西夏。夏人问："汝来有兵几何?"余覩以二三百对，夏人不纳，卒。

论曰：辽之亡也，虽孽降自天，亦柄国之臣有以误之也。当天庆而后，政归后族。奉先沮天祚防微之计，陷晋王非罪之诛，夹山之祸已见于此矣。处温副魏王以僭号，结宋将以卖国，迹其奸佞，如出一轨。呜呼！天祚之所倚毗者若此，国欲不亡，得乎？张琳娓娓守位，余覩反覆自困，则又何足议哉！

卷一百三　　列传第三十三

文 学 上

萧韩家奴　李澣

辽起松漠，太祖以兵经略方内，礼文之事固所未遑。及太宗入汴，取晋图书、礼器而北，然后制度渐以修举。至景、圣间，则科目聿兴，士有由下僚擢升侍从，骎骎崇儒之美。但其风气刚劲，三面邻敌，岁时以蒐狝为务，而典章文物视古犹阙。然二百年之业，非数君子为之综理，则后世恶所考述哉？作《文学传》。

萧韩家奴，字休坚，涅剌部人，中书令安抟之孙。少好学，弱冠入南山读书，博览经史，通辽、汉文字。统和十四年始仕。家有一牛，不任驱策，其奴得善价鬻之。韩家奴曰："利己误人，非吾所欲。"乃归直取牛。二十八年，为右通进，典南京栗园。重熙初，同知三司使事。四年，迁天成军节度使，徙彰愍宫使。帝与语，才之，命为诗友。尝从容问曰："卿居外有异闻乎？"韩家奴对曰："臣惟知炒栗：小者熟，则大者必生；大者熟，则小者必焦。使大小均熟，始为尽美。不知其他。"盖尝掌栗园，故托栗以讽谏。帝大笑。诏作《四时逸乐赋》，帝称善。

时诏天下言治道之要，制问："徭役不加于旧，征伐亦不常有，年谷既登，帑廪既实，而民重困，岂为吏者慢、为民者惰欤？今之徭役何者最重？何者尤苦？何所蠲省则为便益？补役之法何可以复？盗贼之何害可以止？"韩家奴对曰：

臣伏见比年以来，高丽未宾，阻卜犹强，战守之备，诚不容已。乃者，选富民防边，自备粮糗。道路修阻，动淹岁月；比至屯所，费已过半；只牛单毂，鲜有还者。其无丁之家，倍直佣僦，人惮其劳，半途亡窜，故戍卒之食多不能给。求假于人，则十倍其息，至有鬻子割田，不能偿者。或逋役不归，在军物故，则复补以少壮。其鸭渌江之东，戍役大率如此。况渤海、女直、高丽合从连衡，不时征讨。富者从军，贫者侦候。加之水旱，菽粟不登，民以日困。盖势使之然也。

方今最重之役，无过西戍。如无西戍，虽遇凶年，困弊不至于此。若能徙西戍稍近，则往来不劳，民无深患。议者谓徙之非便：一则损威名，二则召侵侮，三则弃耕牧之地。臣谓不然。阻卜诸部，自来有之。曩时北至胪朐河，南至边境，人多散居，无所统壹，惟往来抄掠。及太祖西征，至于流沙，阻卜望风悉降，西域诸国皆愿入贡。因迁种落，内置三部，以益吾国，不营城邑，不置戍兵，阻卜累世不敢为寇。统和间，王太妃出师西域，拓土既远，降附亦众。自后一部或叛，邻部讨之，使同力相制，正得驭远人之道。及城可敦，开境数千里，西北之民，徭役日增，生业日殚。警急既不能救，叛服亦复不恒。空有广地之名，而无得地之实。若贪土不已，渐至虚耗，其患有不胜言者。况边情不可深信，亦不可顿绝。得不为益，舍不为损。国家大敌，惟在南方。今虽连和，难保他日。若南方有变，屯戍辽邈，卒难赴援。我进则敌退，我还则敌来，不可不虑也。方今太平已久，正可恩结诸部，释罪而归地，内徙戍兵以增堡障，外明约束以正疆界。每部各置酋长，岁修职贡。叛则讨之，服则抚之。诸部既安，必不生衅。如是，则臣虽不能保其久而无变，知其必不深入侵掠也。或云，弃地则损威，殊不知殚费竭财，以贪无用之地，使彼小部抗衡大国，万一有败，损威岂浅？或又云，沃壤不可遽弃。臣以为土虽沃，民不能久居，一旦敌来，则不免内徙，岂可指为吾土而惜之？

夫帑廪虽随部而有，此特周急部民一偏之惠，不能均济天下。如欲均济天下，则当知民困之由，而窒其隙。节盘游，简驿传，薄赋敛，戒奢侈。期以数年，则困者可苏，贫者可富矣。盖民者国之本，兵者国之卫。兵不调则旷军役，调之则损国本。且诸部皆有补役之法。昔补役始行，居者、行者类皆富实，故累世从戍，易为更代。近岁边虞数起，民多匮乏，既不任役事，随补随缺。苟无上户，则中户当之。旷日弥年，其穷益甚，所以取代为艰也。非惟补役如此，在边戍兵亦然。譬如一抔之土，岂能填寻丈之壑！欲为长久之便，莫若使远戍疲兵还于故乡，薄其徭役，使人人给足，则补役之道可以复故也。

臣又闻，自昔有国家者，不能无盗。比年以来，群黎凋弊，利于剽窃，良民往往化为凶暴。甚者杀人无忌，至有亡命山泽，基乱首祸。所谓民以困穷，皆为盗贼者，诚如圣虑。今欲芟夷本根，愿陛下轻徭省役，使民务农。衣食既足，安习教化，而重犯法，则民趋礼义，刑罚罕用矣。臣闻唐太宗问群臣治盗之方，皆曰："严刑峻法。"太宗笑曰："寇盗所以滋者，由赋敛无度，民不聊生。今朕内省嗜欲，外罢游幸，使海内安静，则寇盗自止。"由此观之，寇盗多寡，皆由衣食丰俭，徭役重轻耳。

今宜徙可敦城于近地，与西南副都部署乌古敌烈、隗乌古等部声援相接。罢黑岭二军，并开、保州，皆隶东京；益东北戍军及南京总管兵。增修壁垒，候尉相望，缮完楼橹，浚治城隍，以为边防。此方今之急务也，愿陛下裁之。

擢翰林都林牙，兼修国史。仍诏谕之曰："文章之职，国之光华，非才不用。以卿文学，为时大儒，是用授卿以翰林之职。朕之起居，悉以实录。"自是日见亲信，每入侍，赐坐。遇胜日，帝与饮酒赋诗，以相酬酢，君臣相得无比。韩家奴知无不言，虽谐谑不忘规讽。

十三年春，上疏曰："臣闻先世遥辇可汗洼之后，国祚中绝；自夷离堇雅里立阻午，大位始定。然上世俗朴，未有尊称。臣以为三皇礼文未备，正与遥辇氏同。后世之君以礼乐治天下，而崇本追远之义兴焉。近者唐高祖创立先庙，尊四世为帝。昔我太祖代遥辇即位，乃制文字，修礼法，建天皇帝名号，制宫室以示威服，兴利除害，混一海内。厥后累圣相承，自夷离堇湖烈以下，大号未加，天皇帝之考夷离堇的鲁犹以名呼。臣以为宜依唐典，追崇四祖为皇帝，则陛下弘业有光，坠典复举矣。"疏奏，帝纳之，始行追册玄、德二祖之礼。

韩家奴每见帝猎，未尝不谏。会有司奏猎秋山，熊虎伤死数十人，韩家奴书于册。帝见，命去之。韩家奴既出，复书。他日，帝见之曰："史笔当如是。"帝问韩家奴："我国家创业以来，孰为贤主？"韩家奴以穆宗对。帝怪之曰："穆宗嗜酒，喜怒不常，视人犹草芥，卿何谓贤？"韩家奴对曰："穆宗虽暴虐，省徭轻赋，人乐其生。终穆之世，无罪被戮，未有过今日秋山伤死者。臣故以穆宗为贤。"帝默然。

诏与耶律庶成录遥辇可汗至重熙以来事迹，集为二十卷，进之。十五年，复诏曰："古之治天下者，明礼义，正法度。我朝之兴，世有明德，虽中外向化，然礼书未作，无以示后世。卿可与庶成酌古准今，制为礼典。事或有疑，与北、南院同议。"韩家奴既被诏，博考经籍，自天子达于庶人，情文制度可行于世，不缪于古者，撰成三卷，进之。又诏译诸书，韩家奴欲帝知古今成败，译《通历》、《贞观政要》、《五代史》。时帝以其老，不任朝谒，拜归德军节度使。以善治闻。帝遣使问劳，韩家奴表谢。召修国史，卒，年七十二。有《六义集》十二卷行于世。

李澣，初仕晋，为中书舍人。晋亡归辽，当太宗崩、世宗立，恟恟不定，澣与高勋等十余人羁留南京。久之，从归上京，授翰林学士。穆宗即位，累迁工部侍郎。时澣兄涛在汴为翰林学士，密遣人召澣。澣得书，托求医南京，易服夜出，欲遁归汴。至涿，为徼巡者所得，送之南京，下吏。澣伺狱吏熟寝，以衣带自经；不死，防之愈严。械赴上京，自投潢河中流，为铁索牵挈，又不死。及抵上京，帝欲杀之。时高勋已为枢密使，救止之。屡言于上曰："澣本非负恩，以母年八十，急于省觐致罪。且澣富于文学，方今少有伦比，若留掌词命，可以增光国体。"帝怒稍解，仍令禁锢于奉国寺，凡六年，艰苦万状。会上欲建《太宗功德碑》，高勋奏曰："非李澣无可秉笔者。"诏从之。文成以进，上悦，释囚。寻加礼部尚书，宣政殿学士，卒。

论曰：统和、重熙之间，务修文治，而韩家奴对策，落落累数百言，概可施诸行事，亦辽之晁、贾哉。李澣虽以词章见称，而其进退不足论矣。

卷一百四　　列传第三十四

文学下

王鼎　耶律昭　刘辉　耶律孟简　耶律谷欲

王鼎，字虚中，涿州人。幼好学，居太宁山数年，博通经史。时马唐俊有文名燕、蓟间，适上巳，与同志祓禊水滨，酌酒赋诗。鼎偶造席，唐俊见鼎朴野，置下坐。欲以诗困之，先出所作索赋，鼎援笔立成。唐俊惊其敏妙，因与定交。清宁五年，擢进士第。调易州观察判官，改涞水县令，累迁翰林学士。当代典章多出其手。上书言治道十事，帝以鼎达政体，事多咨访。鼎正直不阿，人有过，必面诋之。寿隆初，升观书殿学士。一日宴主第，醉与客忤，怨上不知己，坐是下吏。状闻，上大怒，杖黥夺官，流镇州。居数岁，有赦，鼎独不免。会守臣召鼎为贺表，因以诗贻使者，有"谁知天雨露，独不到孤寒"之句。上闻而怜之，即召还，复其职。乾统六年卒。

鼎宰县时，憩于庭，俄有暴风举卧榻空中。鼎无惧色，但觉枕榻俱高，乃曰："吾中朝端士，邪无干正，可徐置之。"须臾，榻复故处，风遂止。

耶律昭，字述宁，博学，善属文。统和中，坐兄国留事，流西北部。会萧挞凛为西北路招讨使，爱之，奏免其役，礼致门下。欲召用，以疾辞。挞凛问曰："今军旅甫罢，三边宴然，惟阻卜伺隙而动。讨之，则路远难至；纵之，则边民被掠；增戍兵，则馈饷不给；欲苟一时之安，不能终保无变。计将安出？"昭以书答曰：

窃闻治得其要，则仇敌为一家；失其术，则部曲为行路。夫西北诸部，每当农时，一夫为侦候，一夫治公田，二夫给纠官之役，大率四丁无一室处。刍牧之事，仰给妻孥。一遭寇掠，贫穷立至。春夏赈恤，吏多杂以糠秕，重以掊克，不过数月，又复告困。且畜牧者，富国之本。有司防其隐没，聚之一所，不得各就水草便地。兼以逋亡戍卒，随时补调，不习风土，故日瘠月损，驯至耗竭。为今之计，莫若振穷薄赋，给以牛种，使遂耕获。置游兵以防盗掠，颁俘获以助伏腊，散畜牧以就便地。期以数年，富强可望。然后练简精兵，以备行伍，何守之不固，何动而不克哉？然必去其难制者，则余种自畏。若舍大而谋小，避强而攻弱，非徒虚费财力，亦不足以威服其心。此二者，利害之机，不可不察。昭闻古之名将，安边立功，在德不在众。故谢玄以八千破苻坚百万，休哥以五队败曹彬十万。良由恩结士心，得其死力也。阁下膺非常之遇，专方面之寄，宜远师古人，以就勋业。上观乾象，下尽人谋；察地形之险易，料敌势之虚实。虑无遗策，利施后世矣。

挞凛然之。开泰中，猎于拔里堵山，为羯羊所触，卒。

刘辉，好学善属文，疏简有远略。大康五年，第进士。大安末，为太子洗马，上书言："西边诸番为患，士卒远戍，中国之民疲于飞挽，非长久之策。为今之务，莫若城于盐泺，实以汉户，使耕田聚粮，以为西北之费。"言虽不行，识者韪之。寿隆二年，复上书曰："宋欧阳修编《五代史》，附我朝于四夷，妄加贬訾。且宋人赖我朝宽大，许通和好，得尽兄弟之礼。今反令臣下妄意作史，恬不经意。臣请以赵氏初起事迹，详附国史。"上嘉其言，迁礼部郎中。诏以贤良对策，辉言多中时病。擢史馆修撰，卒。

耶律孟简，字复易，于越屋质之五世孙。父刘家奴，官至节度使。孟简性颖悟。六岁，父晨出猎，俾赋《晓天星月诗》，孟简应声而成，父大奇之。既长，善属文。大康初，枢密使耶律乙辛以奸险窃柄，出为中京留守，孟简与耶律庶箴表贺。未几，乙辛复旧职，衔之，谪巡磁窑关。时虽以谗见逐，不形辞色。遇林泉胜地，终日忘归。明年，流保州。及闻皇太子被害，不胜哀痛，以诗伤之，作《放怀诗》二十首。自序云："禽兽有哀乐之声，蝼蚁有动静之形。在物犹然，况于人乎？然贤达哀乐，不在穷通、祸福之间。《易》曰：'乐天知命，故不忧。'是以颜渊箪瓢自得，此知命而乐者也。予虽流放，以道自安，又何疑耶？"大康中，始得归乡里。诣阙上表曰："本朝之兴，几二百年，宜有国史以垂后世。"乃编耶律曷鲁、屋质、休哥三人行事以进。上命置局编修。孟简谓余官曰："史笔天下之大信，一言当否，百世从之。苟无明识，好恶徇情，则祸不测。故左氏、司马迁、班固、范晔俱罹殃祸，可不慎欤！"乾统中，迁六院部太保。处事不拘文法，时多笑其迂。孟简闻之曰："上古之时，无簿书法令，而天下治。盖簿书法令，适足以滋奸幸，非圣人致治之本。"改高州观察使，修学校，招生徒。迁昭德军节度使。以中京饥，诏与学士刘嗣昌减价粜粟。事未毕，卒。

耶律谷欲，字休坚，六院部人。父阿古只，官至节度使。谷欲冲澹有礼法，工文章。统和中，为本部太保。开泰中，稍迁塌母城节度使。鞫霸州疑狱，称旨，授启圣军节度使。太平中，复为本部太保。谢病归，俄擢南院大王。叹风俗日颓，请老，不许。兴宗命为诗友，数问治要，多所匡建。奉诏与林牙耶律庶成、萧韩家奴编辽国上世事迹及诸帝《实录》，未成而卒，年九十。

论曰：孔子言："诵《诗》三百，授之以政，不达。虽多，亦奚以为？"王鼎忠直达政，刘辉侍青宫，建言国计，昭陈边防利害，皆洞达闿敏。孟简疾乙辛奸邪，黜而不怨。孰谓文学之士，无益于治哉！

卷一百五　　列传第三十五

能　吏

大公鼎　萧文　马人望　耶律铎鲁斡　杨遵勗　王棠

汉以玺书赐二千石，唐疏刺史、县令于屏，以示奖率，故二史有《循吏》、《良吏》之传。辽自太祖创业，太宗抚有燕、蓟，任贤使能之道亦略备矣。然惟朝廷参置国官，吏州县者多遵唐制。历世既久，选举益严。时又分遣重臣巡行境内，察贤否而进退之。是以治民、理财、决狱、弭盗，各有其人。考其德政，虽未足以与诸循、良之列，抑亦可谓能吏矣。作《能吏传》。

大公鼎，渤海人，先世籍辽阳率宾县。统和间，徙辽东豪右以实中京，因家于大定。曾祖忠，礼宾使。父信，兴中主簿。公鼎幼庄愿，长而好学。咸雍十年，登进士第，调沈州观察判官。时辽东雨水伤稼，北枢密院大发濒河丁壮以完堤防。有司承令峻急，公鼎独曰："边障甫宁，大兴役事，非利国便农之道。"乃疏奏其事。朝廷从之，罢役，水亦不为灾。濒河千里，人莫不悦。改良乡令，省徭役，务农桑，建孔子庙学，部民服化。累迁兴国军节度副使。时有隶鹰坊者，以罗毕为名，扰害田里。岁久，民不堪。公鼎言于上，即命禁戢。会公鼎造朝，大臣谕上嘉纳之意，公鼎曰："一郡获安，诚为大幸；他郡如此者众，愿均其赐于天下。"从之。徙长春州钱帛都提点。车驾如春水，贵主例为假贷，公鼎曰："岂可辍官用，徇人情？"拒之。颇闻怨詈语，曰："此吾职，不敢废也。"俄拜大理卿，多所平反。天祚即位，历长宁军节度使、南京副留守，改东京户部使。时盗杀留守萧保先，始利其财，因而倡乱。民亦互生猜忌，家自为斗。公鼎单骑行郡，陈以祸福，众皆投兵而拜曰："是不欺我，敢弗听命。"安辑如故。拜中京留守，赐贞亮功臣，乘传赴官。时盗贼充斥，有遇公鼎于路者，即叩马乞自新。公鼎给以符约，俾还业，闻者接踵而至。不旬日，境内清肃。天祚闻之，加赐保节功臣。时人心反侧，公鼎虑生变，请布恩惠以安之，为之肆赦。公鼎累表乞归，不许。会奴贼张撒八率无赖啸聚，公鼎欲击而势有不能。叹曰："吾欲谢事久矣，为世故所牵，不幸至此，岂命也夫！"因忧愤成疾。保大元年卒，年七十九。

子昌龄，左承制；昌嗣，洺州刺史；昌朝，镇宁军节度。

萧文，字国华，外戚之贤者也。父直善，安州防御使。文笃志力学，喜愠不形。大康初，掌秦越国王中丞司事，以才干称。寻知北面贴黄。王邦彦子争荫，数岁不能定，有司以闻。上命文诘之，立决。车驾将还宫，承诏阅习仪卫，虽执事林林，指顾如一。迁同知奉国军节度使，历国舅都监。寿隆末，知易州，兼西南面安抚使。高阳土沃民富，吏其邑者，每黩于货，民甚苦之。文始至，悉去旧弊，务农桑，崇礼教，民皆化之。时大旱，百九忧甚，文祷之辄雨。属县又蝗，议捕除之，文曰："蝗，天灾，捕之何益!"但反躬自责，蝗尽飞去；遗者亦不食苗，散在草莽，为乌鹊所食。会霪雨不止，文复随祷而霁。是岁，大熟。朝廷以文可大用，迁唐古部节度使，高阳勒石颂之。后不知所终。

马人望，字俨叔，高祖胤卿，为石晋青州刺史，太宗兵至，坚守不降。城破被执，太宗义而释之，徙其族于医巫闾山，因家焉。曾祖廷煦，南京留守。祖渊，中京副留守。父诠，中京文思使。人望颖悟。幼孤，长以才学称。咸雍中，第进士，为松山县令。岁运泽州官炭，独役松山，人望请于中京留守萧吐浑均役他邑。吐浑怒，下吏，系几百日；复引诘之，人望不屈，萧喜曰："君为民如此，后必大用。"以事闻于朝，悉从所请。徙知涿州新城县。县与宋接境，驿道所从出。人望治不扰，吏民畏爱。近臣有聘宋还者，帝问以外事，多荐之，擢中京度支司盐铁判官。转南京三司度支判官，公私兼裕。迁警巡使。京城狱讼填委，人望处决，无一冤者。曾检括户口，未两旬而毕。同知留守萧保先怪而问之，人望曰："民产若括之无遗，他日必长厚敛之弊，大率十得六七足矣。"保先谢曰："公虑远，吾不及也。"

先是，枢密使乙辛窃弄威柄，卒害太子。及天祚嗣位，将报父仇，选人望与萧报恩究其事。人望平心以处，所活甚众。改上京副留守。会剧贼赵钟哥犯阙，劫宫女、御物，人望率众捕之。右臂中矢，炷以艾，力疾驰逐，贼弃所掠而遁。人望令关津讥察行旅，悉获其盗。寻擢枢密都承旨。

宰相耶律俨恶人望与己异，迁南京诸宫提辖制置。岁中，为保静军节度使。有二吏凶暴，民畏如虎。人望假以辞色，阴令发其事，黥配之。是岁诸处饥乏，惟人望所治粒食不阙，路不鸣桴。遥授彰义军节度使。迁中京度支使，始至，府廪皆空；视事半岁，积粟十五万斛，钱二十万缗。徙左散骑常侍，累迁枢密直学士。未几，拜参知政事，判南京三司使事。时钱粟出纳之弊，惟燕为甚。人望以缣帛为通历，凡库物出入，皆使别籍，名曰"临库"。奸人黠吏莫得轩轾，乃以年老扬言道路。朝论不察，改南院宣徽使，以示优老。逾年，天祚手书"宣马宣徽"四字诏之。既至，谕曰："以卿为老，误听也。"遂拜南院枢密使。人不敢干以私，用人必公议所当与者。如曹勇义、虞仲文尝为奸人所挤，人望推荐，皆为名臣。当时民所甚患者，驿递、马牛、旗鼓、乡正、厅隶、仓司之役，至破产不能给。人望使民出钱，官自募役，时以为便。久之请老，以守司徒、兼侍中致仕。卒，谥曰文献。

人望有操守，喜怒不形，未尝附丽求进。初除执政，家人贺之。人望愀然曰："得勿喜，失勿忧。抗之甚高，挤之必酷。"其畏慎如此。

耶律铎鲁斡，字乙辛隐，季父房之后。廉约重义。重熙末，给事诰院。咸雍中，累迁同知南京留守事。被召，以部民恳留，乃赐诏褒奖。大康初，改西南面招讨使，为北面林牙，迁左夷离毕。大安五年，拜南府宰相。寿隆初，致仕，卒。

铎鲁斡所至有声，吏民畏爱。及退居乡里，子普古为乌古部节度使，遣人来迎。既至，见积委甚富。谓普古曰："辞亲入仕，当以裕国安民为事。枉道欺君，以苟货利，非吾志也。"命驾而归。普古后为盗所杀。

杨遵勗，字益诚，涿州范阳人。重熙十九年登进士第，调儒州军事判官，累迁枢密院副承旨。咸雍三年，为宋国贺正使；还，迁都承旨。天下之事，丛于枢府，簿书填委。遵勗一目五行俱下，剖决如流，敷奏详敏。上嘉之。奉诏征户部逋钱，得四十余万缗，拜枢密直学士，改枢密副使。大康初，参知政事，徙知枢密院事，兼门下侍郎、平章事，拜南府宰相。耶律乙辛诬皇太子，诏遵勗与燕哥按其事，遵勗不敢正言，时议短之。寻拜北府宰相。大安中暴卒，年五十六。赠守司空，谥康懿。子晦，终昭文馆直学士。

王棠，涿州新城人。博古，善属文。重熙十五年擢进士。乡贡、礼部、廷试对皆第一。累迁上京盐铁使。或诬以贿，无状，释之。迁东京户部使。大康二年，辽东饥，民多死，请赈恤，从之。三年，入为枢密副使，拜南府宰相。大安末，卒。

棠练达朝政，临事不怠，在政府修明法度，有声。

论曰：孟子谓"民为贵，社稷次之"，司牧者当如何以尽心。公鼎奏罢完堤役以息民，拒公主假贷以守法，单骑行郡，化盗为良，庶几召、杜之美。文知易州，雨旸应祷，蝗不为灾。人望为民不避囚系，判度支，公私兼裕，亦卓乎未易及已。铎鲁斡吏畏民爱，杨遵勗决事如流，真能吏哉!

卷一百六　　　列传第三十六

卓　行

萧札剌　耶律官奴　萧蒲离不

辽之共国任事，耶律、萧二族而已。二族之中，有退然自足，不淫于富贵，不讪于声利，可以振颓风，激薄俗，亦足嘉尚者，得三人焉。作《卓行传》。

萧札剌，字虚辇，北府宰相排押之弟。性介特，不事生业。保宁间，以戚属进，累迁宁远军节度使。秩满里居，澹泊自适。统和末，召为南京马步军都指挥使。以疾求退，不听，迁夷离毕。又以疾辞，许之。遂入颉山，杜门不出。上嘉其志，不复征，札剌自是家于颉山。亲友或过之，终日言不及世务。凡宴游相邀，亦不拒。一岁山居过半，与世俗不偶。耶律资忠重之，目曰颉山老人。卒。

耶律官奴，字奚隐，林牙斡鲁之孙。沉厚多学，详于本朝世系。嗜酒好佚。初，征为宿直将军。重熙九年，以疾去官。上以官奴属尊，欲成其志，乃许自择一路节度使。官奴辞曰："臣愚钝，不任官使。"加归义军节度使，辄请致政。官奴与欧里部人萧哇友善，哇谓官奴曰："仕不能致主泽民，成大功烈，何屑屑为也！吾与若居林下，以枕簟自随，觞咏自乐，虽不官，无慊焉。"官奴然之。时称"二逸"。乾统间，官奴卒。

萧蒲离不，字桵懒，魏国王惠之四世孙。父母蚤丧，鞠于祖父兀古匿。性孝悌。年十三，兀古匿卒，自以早失怙恃，复遭祖丧，哀毁逾礼，族里嘉叹。尝谓人曰："我于亲不得终养，今谁为训者？苟不自勉，何以报鞠育恩！"自是力学，于文艺无不精。乾统间，以兀古匿之故召之，不应。常与亲识游猎山水，奉养无长物仆隶，欣欣如也。或曰："公胡不念以嗣先世功名？"答曰："自度不足以继先业，年逾强仕，安能益主庇民！"累征，皆以疾辞。晚年，谢绝人事，卜居抹古山，屏远荤茹，潜心佛书，延有道者谈论弥日。人问所得何如，但曰："有深乐！惟觉六凿不相攘，余无知者。"一日，易服，无疾而逝。

论曰：隐，固未易为也，而亦未可轻以与人。若札剌谢职不谈时务，官奴两辞节镇，蒲离不召而不赴，虽未足谓之隐；然在当时能知内外之分，甘于肥遯，不犹愈于求富贵利达而为妻妾羞者哉？故称卓行可也。

卷一百七　列传第三十七

列　女

邢简妻陈氏　耶律氏常哥　耶律奴妻萧氏
耶律术者妻萧氏　耶律中妻萧氏

男女居室，人之大伦。与其得烈女，不若得贤女。天下而有烈女之名，非幸也。《诗》赞卫共姜，《春秋》褒宋伯姬，盖不得已，所以重人伦之变也。辽据北方，风化视中土为疏。终辽之世，得贤女二，烈女三，以见人心之天理有不与世道存亡者。

邢简妻陈氏，营州人。父陉，五代时累官司徒。陈氏甫笄，涉通经义，凡览诗赋，辄能诵，尤好吟咏，时以女秀才名之。年二十，归于简。孝舅姑，闺门和睦，亲党推重。有六子，陈氏亲教以经。后二子抱朴、抱质皆以贤，位宰相。统和十二年卒。睿智皇后闻之，嗟悼，赠鲁国夫人，刻石以表其行。及迁祔，遣使以祭。论者谓贞静柔顺，妇道母仪始终无慊云。

耶律氏，太师适鲁之妹，小字常哥。幼爽秀，有成人风。及长，操行修洁，自誓不嫁。能诗文，不苟作。读《通历》，见前人得失，历能品藻。咸雍间，作文以述时政。其略曰："君以民为体，民以君为心。人主当任忠贤，人臣当去比周；则政化平，阴阳顺。欲怀远，则崇恩尚德；欲强国，则轻徭薄赋。四端五典为治教之本，六府三事实生民之命。淫侈可以为戒，勤俭可以为师。错枉则人不敢诈，显忠则人不敢欺。勿泥空门，崇饰土木；勿事边鄙，妄费金帛。满当思溢，安必虑危。刑罚当罪，则民劝善。不宝远物，则贤者至。建万世磐石之业，制诸部强横之心。欲率下，则先正身；欲治远，则始朝廷。"上称善。时枢密使耶律乙辛爱其才，屡求诗，常哥遗以回文。乙辛知其讽己，衔之。大康三年，皇太子坐事，乙辛诬以罪，按无迹，获免。会兄适鲁谪镇州，常哥与俱，常布衣疏食。人问曰："何自苦如此？"对曰："皇储无罪遭废，我辈岂可美食安寝。"及太子被害，不胜哀痛。年七十，卒于家。

耶律奴妻萧氏，小字意辛，国舅驸马都尉陶苏斡之女。母胡独公主。意辛美姿容，年二十，始适奴。事亲睦族，以孝谨闻。尝与娣姒会，争言厌魅以取夫宠；意辛曰："厌魅不若礼法。"众问其故，意辛曰："修己以洁，奉长以敬，事夫以柔，抚下以宽，毋使君子见其轻易，此之为礼法，自然取重于夫。以厌魅获宠，独不愧于心乎！"闻者大惭。初，奴与枢密使乙辛有隙。及皇太子废，被诬夺爵，没入兴圣宫，流乌古部。上以意辛公主之女，欲使绝婚。意辛辞曰："陛下以妾葭莩之亲，使免流窜，实天地之恩。然夫妇之义，生死以之。妾自笄年从奴，一旦临难，顿尔乖离，背纲常之道，于禽兽何异？幸陛下哀怜，与奴俱行，妾即死无恨！"帝感其言，从之。意辛久在贬所，亲执役事，虽劳无难色。事夫礼敬，有加于旧。寿隆中，上书乞子孙为著帐郎君。帝嘉其节，召举家还。子国隐，乾统间始仕。保大中，意辛在临潢，谓诸子曰："吾度卢彦伦必叛，汝辈速避，我当死之。"贼至，遇害。

耶律术者妻萧氏，小字讹里本，国舅孛堇之女。性端悫，有容色，自幼与他女异。年十八归术者。谨裕贞婉，娣姒推尊之。及居术者丧，极哀毁。既葬，谓所亲曰："夫妇之道，如阴阳表里。无阳则阴不能立，无表则里无所附。妾今不幸失所天，且生必有死，理之自然。术者早岁登朝，有才不寿。天祸妾身，罹此酷罚，复何依恃。傥死者可见，则从；不可见，则当与俱。"侍婢慰勉，竟无回意，自刃而卒。

耶律中妻萧氏，小字挼兰，韩国王惠之四世孙。聪慧谨愿。年二十归于中，事夫敬顺，亲戚咸誉其德。中尝谓曰："汝可粗知书，以前贞淑为鉴。"遂发心诵习，多涉古今。天庆中，为贼所执，潜置刃于履，誓曰："人欲污我者，即死之。"至夜，贼遁而免。久之，帝召中为五院都监，中谓妻曰："吾本无宦情，今不能免。我当以死报国，汝能从我乎？"挼兰对曰："谨奉教。"及金兵徇地岭西，尽徙其民，中守节死。挼兰悲戚不形于外，人怪之。俄跃马突出，至中死所自杀。

论曰：陈氏以经教二子，并为贤相，耶律氏自洁不嫁，居闺阃之内而不忘忠其君，非贤而能之乎！三萧氏之节，虽烈丈夫有不能者矣。

卷一百八　列传第三十八

方　技

直鲁古　王白　魏璘　耶律敌鲁　耶律乙不哥

孔子称"小道必有可观"，医卜是已。医以济夭札，卜以决犹豫，皆有补于国，有惠于民。前史录而不遗，故传。

直鲁古，吐谷浑人。初，太祖破吐谷浑，一骑士弃橐，反射不中而去。及追兵开橐视之，中得一婴儿，即直鲁古也。因所俘者问其故，乃知射橐者婴之父也。世善医，虽马上视疾，亦知标本。意不欲子为人所得，欲杀之耳。由是进于太祖，淳钦皇后收养之。长亦能医，专事针灸。太宗时，以太医给侍。尝撰《脉诀》、《针灸书》，行于世。年九十卒。

王白，冀州人，明天文，善卜筮，晋司天少监，太宗入汴得之。应历十九年，王子只没以事下狱，其母求卜，白曰："此人当王，未能杀也，毋过忧。"景宗即位，释其罪，封宁王，竟如其言。凡决祸福多此类。保宁中，历彰武、兴国二军节度使。撰《百中歌》行于世。

魏璘，不知何郡人，以卜名世，太宗得于汴。天禄元年，上命驰马较迟疾，以为胜负。问王白及璘孰胜？白奏曰："赤者胜。"璘曰："臣所见，骢马当胜。"既驰，竟如璘言。上异而问之，白曰："今日火王，故知赤者胜。"璘曰："不然，火虽王，而上有烟。以烟察之，青者必胜。"上嘉之。五年，察割谋逆，私卜于璘。璘始卜，谓曰："大王之数，得一日矣，宜慎之！"及乱，果败。应历中，周兵犯燕，上以胜败问璘。璘曰："周姓柴也，燕分火也。柴入火，必焚。"其言果验。璘尝为太平王罨撒葛卜僭立事，上闻之，免死，流乌古部。一日，节度使召璘，适有献双鲤者，戏曰："君卜此鱼何时得食？"璘良久答曰："公与仆不出今日，有不测祸，奚暇食鱼？"亟命烹之。未及食，寇至，俱遇害。

耶律敌鲁，字撒不碗。其先本五院之族，始置宫分，隶焉。敌鲁精于医，察形色即知病原。虽不诊候，有十全功。统和初，为大丞相韩德让所荐，官至节度使。初，枢密使耶律斜轸妻有沉疴，易数医不能治。敌鲁视之曰："心有蓄热，非药石所及，当以意疗。因其聩，聒之使狂，用泄其毒则可。"于是令大击钲鼓于前。翌日果狂，叫呼怒骂，力极而止，遂愈。治法多此类，人莫能测。年八十卒。

耶律乙不哥，字习撚，六院郎君褭古直之后。幼好学，尤长于卜筮，不乐仕进。尝为人择葬地曰："后三日，有牛乘人逐牛过者，即启土。"至期，果一人负乳犊，引牸牛而过。其人曰："所谓'牛乘人'者，此也。"遂启土。既葬，吉凶尽如其言。又为失鹰者占曰："鹰在汝家东北三十里泺西榆上。"往求之，果得。当时占候无不验。

论曰：方技，术者也。苟精其业而不畔于道，君子必取焉。直鲁古、王白、耶律敌鲁无大得失，录之宜矣。魏璘为察割卜谋逆，为罨撒葛卜僭立，罪在不赀；虽有寸长，亦奚足取哉。存而弗削，为来者戒。

卷一百九　列传第三十九

伶　官

罗衣轻

伶，官之微者也。《五代史》列镜新磨于《传》，是必有所取矣。辽之伶官当时固多，然能因诙谐示谏，以消未形之乱，惟罗衣轻耳。孔子曰："君子不以人废言。"是宜传。

罗衣轻，不知其乡里。滑稽通变，一时谐谑，多所规讽。兴宗败于李元昊也，单骑突出，几不得脱。先是，元昊获辽人，辄劓其鼻，有奔北者惟恐追及。故罗衣轻止之曰："且观鼻在否？"上怒，以毳索系帐后，将杀之。太子笑曰："打诨底不是黄幡绰！"罗衣轻应声曰："行兵底亦不是唐太宗！"上闻而释之。上尝与太弟重元狎昵，宴酣，许以千秋万岁后传位。重元喜甚，骄纵不法。又因双陆，赌以居民城邑。帝屡不竞，前后已偿数城。重元既恃梁孝王之宠，又多郑叔段之过，朝臣无敢言者，道路以目。一日复博，罗衣轻指其局曰："双陆休痴，和你都输去也！"帝始悟，不复戏。清宁间，以疾卒。

宦　官

王继恩　赵安仁

《周礼》，寺人掌中门之禁。至巷伯诗列于《雅》，勃貂功著于晋，虽忠于所事，而非其职矣。汉、唐中世，窃权蠹政，有不忍言者，是皆宠遇之过。辽宦者二人，其贤不肖皆可为后世鉴，故传焉。

王继恩，棣州人。睿智皇后南征，继恩被俘。初，皇后以公私所获十岁已下儿容貌可观者近百人，载赴凉陉，并使阉为竖，继恩在焉。聪慧，通书及辽语。擢内谒者、内侍左厢押班。圣宗亲政，累迁尚衣库使、左承宣、监门卫大将军、灵州观察使、内库都提点。继恩好清谈，不喜权利，每得赐赉，市书至万卷，载以自随，诵读不倦。每宋使来聘，继恩多充宣赐使。后不知所终。

赵安仁，字小喜，深州乐寿人，自幼被俘。统和中，为黄门令、秦晋国王府祗候。王薨，授内侍省押班、御院通进。开泰八年，与李胜哥谋奔南土，为游兵所擒。初，仁德皇后与钦哀有隙，钦哀密令安仁伺皇后动静，无不知者。仁德皇后威权既重，安仁惧祸，复谋亡归。仁德欲诛之，钦哀以言营救。圣宗曰："小喜言父母兄弟俱在南朝，每一念，神魂陨越。今为思亲，冒死而亡，亦孝子用心，实可怜悯。"赦之。重熙初，钦哀摄政，欲废帝，立少子重元。帝与安仁谋迁太后庆州守陵，授安仁左承宣、监门卫大将军，充契丹汉人渤海内侍都知，兼都提点。会上思太后，亲驭奉迎，太后责曰："汝负万死，我尝营救。不望汝报，何为离间我母子耶！"安仁无答。后不知所终。

论曰：名器所以砺天下，非贤而有功则不可授，况宦者乎。继恩为内谒者，安仁为黄门令，似矣；何至溺于私爱，而授以观察使、大将军耶？《易》曰："负且乘，致寇至。"此安仁所以不克有终，继恩幸而免欤？

卷一百十　列传第四十

奸臣上

耶律乙辛　张孝杰　耶律燕哥　萧十三

《春秋》褒贬，善恶并书，示劝惩也。故迁、固传佞幸、酷吏，欧阳修则并奸臣录之，将俾为君者知所鉴，为臣者知所戒。此天地圣贤之心，国家安危之机，治乱之原也。辽自耶律乙辛而下，奸臣十人，其败国皆足以为戒，故列于《传》。

耶律乙辛，字胡睹衮，五院部人。父迭剌，家贫，服用不给，部人号"穷迭剌"。初，乙辛母方娠，夜梦手搏羖羊，拔其角尾。既寤占之，术者曰："此吉兆也。羊去角尾为王字，汝后有子当王。"及乙辛生，适在路，无水以浴，回车破辙，忽见涌泉。迭剌自以得子，欲酒以庆，闻酒香，于草棘间得二榼，因祭东焉。乙辛幼慧黠。尝牧羊至日昃，迭剌视之，乙辛熟寝。迭剌触之觉，乙辛怒曰："何遽惊我！适梦人手执日月以食我，我已食月，啖日方半而觉，惜不尽食之。"迭剌自是不令牧羊。

及长，美风仪，外和内狡。重熙中，为文班吏，掌太保印，陪从入宫。皇后见乙辛详雅如素宦，令补笔砚吏；帝亦爱之，累迁护卫太保。道宗即位，以乙辛先朝任使，赐汉人户四十，同知点检司事，常召决疑议，升北院同知，历枢密副使。清宁五年，为南院枢密使，改知北院，封赵王。九年，耶律仁先为南院枢密使，时驸马都尉萧胡睹与重元党，恶仁先在朝，奏曰："仁先可任西北路招讨使。"帝将从之。乙辛奏曰："臣新参国政，未知治体。仁先乃先帝旧臣，不可遽离朝廷。"帝然之。重元乱平，拜北院枢密使，进王魏，赐匡时翊圣竭忠平乱功臣。咸雍五年，加守太师。诏四方有军旅，许以便宜从事，势震中外，门下馈赂不绝。凡阿顺者蒙荐擢，忠直者被斥窜。

大康元年，皇太子始预朝政，法度修明。乙辛不得逞，谋以事诬皇后。后既死，乙辛不自安，又欲害太子。乘间入奏曰："帝与后如天地并位，中宫岂可旷？"盛称其党驸马都尉萧霞抹之妹美而贤。上信之，纳于宫，寻册为皇后。时护卫萧忽古知乙辛奸状，伏桥下，欲杀之。俄暴雨坏桥，谋不遂。林牙萧岩寿密奏曰："乙辛自皇太子预政，内怀疑惧，又与宰相张孝杰相附会。恐有异图，不可使居要地。"出为中京留守。乙辛泣谓人曰："乙辛无过，因谗见出。"其党萧霞抹辈以其言闻于上。上悔之。无何，出萧岩寿为顺义军节度使，诏近臣议召乙辛事。北面官属无敢言者，耶律撒剌曰："初以萧岩寿奏，出乙辛，若所言不当，宜坐以罪，若当，则不可复召。"累谏不从。乃复召为北院枢密使。

时皇太子以母后之故，忧见颜色。乙辛党欣跃相庆，谗谤沸腾，忠良之士斥逐殆尽。乙辛因萧十三之言，夜召萧得里特谋构太子，令护卫太保耶律查剌诬告耶律撒剌等同谋立皇太子。诏按无迹而罢。又令牌印郎君萧讹都斡诣上诬首："耶律查剌前告耶律撒剌等事皆实，臣亦与其谋。本欲杀乙辛等而立太子。臣等若不言，恐事白连坐。"诏使鞫劾，乙辛迫令具伏。上怒，命诛撒剌及速撒等。乙辛恐帝疑，引数人庭诘，各令荷重校，绳系其颈，不能出气，人人不堪其酷，惟求速死。反奏曰："别无异辞。"时方暑，尸不得瘗，以至地臭。乃囚皇太子于上京，监卫者皆其党。寻遣萧达鲁古、撒把害太子。乙辛党大喜，聚饮数日。上京留守萧挞得以卒闻。上哀悼，欲召其妻，乙辛阴遣人杀之，以灭其口。

五年正月，上将出猎，乙辛奏留皇孙，上欲从之。同知点检萧兀纳谏曰："陛下若从乙辛留皇孙，皇孙尚幼，左右无人，愿留臣保护，以防不测。"遂与皇孙俱行。由是上始疑乙辛，颇知其奸。会北幸，将次黑山之平淀，上适见扈从官属多随乙辛后，恶之，出乙辛知南院大王事。及例削一字王爵，改王混同，意稍自安。及赴阙入谢，帝即日遣还，改知兴中府事。七年冬，坐以禁物鬻入外国，下有司议，法当死。乙辛党耶律燕哥独奏当入八议，得减死论，击以铁骨朵，幽于来州。后谋奔宋及私藏兵甲事觉，缢杀之。乾统二年，发冢，戮其尸。

张孝杰，建州永霸县人。家贫，好学。重熙二十四年，擢进士第一。清宁间，累迁枢密直学士。咸雍初，坐误奏事，出为惠州刺史。俄召复旧职，兼知户部司事。三年，参知政事，同知枢密院事，加工部侍郎。八年，封陈国公。上以孝杰勤干，数问以事，为北府宰相。汉人贵幸无比。大康元年，赐国姓。明年秋猎，帝一日射鹿三十，燕从官。酒酣，命赋《云上于天诗》，诏孝杰坐御榻旁。上诵《黍离》诗："知我者谓我心忧，不知我者谓我何求。"孝杰奏曰："今天下太平，陛下何忧？富有四海，陛下何求？"帝大悦。三年，群臣侍燕，上曰："先帝用仁先、化葛，以贤智也。朕有孝杰、乙辛，不在仁先、化葛下，诚为得人。"欢饮至夜，乃罢。

是年夏，乙辛谮皇太子，孝杰同力相济。及乙辛受诏按皇太子党人，诬害忠良，孝杰之谋居多。乙辛荐孝杰忠于社稷，帝谓孝杰可比狄仁杰，赐名仁杰，乃许放海东青鹘。六年，既出乙辛，上亦悟孝杰奸佞，寻出为武定军节度使。坐私贩广济湖盐及擅改诏旨，削爵，贬安肃州，数年乃归。大安中，死于乡。乾统初，剖棺戮尸，以族产分赐臣下。

孝杰久在相位，贪货无厌，时与亲戚会饮，尝曰："无百万两黄金，不足为宰相家。"初，孝杰及第，诣佛寺，忽迅风吹孝杰幞头，与浮图齐，坠地而碎。有老僧曰："此人必骤贵，然亦不得其死。"竟如其言。

耶律燕哥，字善宁，季父房之后。四世祖铎稳，太祖异母弟。父曰豁里斯，官至太师。燕哥狡佞而敏。清宁间，为左护卫太保。大康初，转北面林牙。初耶律乙辛自中京留守复为枢密使，以燕哥为耳目，凡闻见必以告。乙辛爱而荐之，帝亦以为贤，拜左夷离毕。及皇太子被诬，帝遣燕哥往讯之，太子谓燕哥曰："帝惟我一子，今为储嗣，复何求，敢为此事！公与我为昆弟行，当念无辜，达意于帝。"祷之甚恳。萧十三闻之，谓燕哥曰："宜以太子言，易为伏状。"燕哥颔之，尽如所教以奏。及太子被逐，乙辛杀害忠良，多燕哥之谋，为契丹行宫都部署。五年夏，拜南府宰相，迁惕隐。大安三年，为西京留守，致仕。寿隆初，以疾卒。

萧十三，蔑古乃部人。父铎鲁斡，历官节度使。十三辨黠，善揣摩人意。清宁间，以年劳迁护卫太保。大康初，耶律乙辛复入枢府，益横恣。时十三出入乙辛家，以朝臣不附者辄使出之，十三由宿卫迁殿前副点检。三年夏，护卫萧忽古等谋杀乙辛，事觉下狱。十三谓乙辛曰："今太子犹在，臣民属心。大王素无根柢之助，复有诬皇后之怨。若太子立，王置身何地？宜熟计之。"乙辛曰："吾忧此久矣！"是夜，召萧得里特谋所以构太子事。十三计既行，寻迁殿前都点检，兼同知枢密院事。复令萧讹都斡等诬首耶律查剌前告耶律撒剌等事皆实，诏究其事，太子不服。别遣夷离毕耶律燕哥问太子，太子具陈所以见诬之状。十三闻之，谓燕哥曰："如此奏，则大事去矣，当易其辞为伏款。"燕哥入，如十三言奏之。上大怒，废太子。太子将出，曰："我何罪至是！"十三叱令登车，遣卫卒阖车门。是年，迁北院枢密副使，复陈阴害太子计，乙辛从之。及乙辛出知南院大王事，亦出十三为保州统军使，卒。乾统间，剖棺戮尸。二子：的里得、念经，皆伏诛。

卷一百十一　　列传第四十一

奸　臣　下

萧余里也　耶律合鲁　萧得里特　萧讹都斡
萧达鲁古　耶律塔不也　萧图古辞

萧余里也，字讹都碗，国舅阿剌次子。便佞滑稽，善女工。重熙间，以外戚进。清宁初，补祗候郎君，尚郑国公主，拜驸马都尉，累迁南面林牙。以父阿剌为萧革所谮，出余里也为奉先军节度使。十年冬，召为北面林牙。咸雍中，会有告余里也与族人术哲谋害耶律乙辛，按无状，出为宁远军节度使。自后余里也揣乙辛意，倾心事之，荐为国舅详稳。大康初，封辽西郡王。时乙辛擅恣，凡不附己者出之，乃引余里也为北府宰相，兼知契丹行宫都部署事。及乙辛谋构皇太子，余里也多助成之，遂知北院枢密事，赐推诚协赞功臣。以女侄妻乙辛子绥也，恃势横肆，至有无君之语，朝野侧目。帝出乙辛知南院大王事，坐与乙辛党，以天平军节度使归第。寻拜西北路招讨使。以母忧去官，卒。

耶律合鲁，字胡都堇，六院舍利褭古直之后。柔佞，喜苟合。仕清宁初。时乙辛引用群小，合鲁附之，遂见委任，俄擢南面林牙。乙辛谮皇太子，杀忠直，合鲁多预其谋。弟吾也亦党乙辛，时号"二贼"。乙辛荐为北院大王，卒。吾也亦至南院大王。

萧得里特，遥辇洼可汗宫分人。善阿意顺色。清宁初，乙辛用事，甚见引用，累迁北面林牙、同知北院宣徽使事。及皇太子废，遣得里特监送上京。得里特促其行，不令下车，起居饮食数加陵侮，至则筑圜堵囚之。大康中，迁西南招讨使，历顺义军节度使，转国舅详稳。寿隆五年，坐怨望，以老免死，阖门籍兴圣宫，贬西北统军司，卒。二子：得末、讹里，乾统间以父与乙辛谋，伏诛。

萧讹都斡，国舅少父房之后。咸雍中，补牌印郎君。大康三年，枢密使乙辛阴怀逆谋，乃令护卫太保耶律查剌诬告耶律撒剌等废立事。诏按无状，皆补外。顷之，讹都斡希乙辛意，欲实其事，与耶律塔不也等入阙，诬首："耶律撒剌等谋害乙辛，欲立皇太子事，臣亦预谋。今不自言，恐事泄连坐。"帝果怒，徙皇太子于上京。讹都斡尚皇女赵国公主，为驸马都尉。后与乙辛议不合，衔之，复以车服僭拟人主，被诛。讹都斡临刑，语人曰："前告耶律撒剌事，皆乙辛教我。恐事彰，杀我以灭口耳！"

萧达鲁古，遥辇嘲古可汗宫分人。性奸险。清宁间，乙辛为枢密使，窃权用事，阴怀逆谋。达鲁古比附之，遂见奖拔，稍迁至旗鼓拽剌详稳。乙辛欲害太子，以达鲁古凶果可使，遣与近侍直长撒把诣上京，同留守萧挞得夜引力士至囚室，给以有赦，召太子出，杀之，函其首以归，诈云疾薨。以达鲁古为国舅详稳。达鲁古恐杀太子事白，出入常佩刀，有急召，即欲自杀。乾统间，诏枢密使耶律阿思大索乙辛党人，达鲁古以赂获免。后以疾卒。

耶律塔不也，仲父房之后。以善击鞠，幸于上，凡驰骋，鞠不离杖。咸雍初，补祗候郎君。与耶律乙辛善，故内外畏之。及太子被谮，按无迹，塔不也附乙辛，欲实其诬，与讹都斡等密奏："太子谋乱事本实，臣不首，恐事觉连坐。"帝信之，废太子。改延庆宫副使。寿隆元年，为行宫都部署。天祚嗣位，以塔不也党乙辛，出为特免部节度使。及枢密使耶律阿思大索乙辛旧党，塔不也以赂获免。徙敌烈部节度使，复为敦睦宫使。天庆元年，出为西北路招讨使。以疾卒。

萧图古辞，字何宁，楮特部人。仕重熙中，以能称，累迁左中丞。清宁初，历北面林牙，改北院枢密副使。辨敏，善伺颜色，应对合上意。皇太后尝曰："有大事，非耶律化哥、萧图古辞不能决。"眷遇日隆。知北院枢密使事。六年，出知黄龙府。八年，拜南府宰相。顷之，为北院枢密使，诏许便宜从事。为人奸佞有余，好聚敛，专愎，变更法度。为枢密数月，所荐引多为重元党与，由是免为庶人。后没入兴圣宫，卒。

论曰：舜流共工，孔子诛少正卯，治奸之法严矣。后世不是之察，反以为忠而信任之，不至于流毒宗社而未已。道宗之于乙辛是也。当其留仁先，讨重元，若真为国计者；不知包藏祸心，待时而发耳。一旦专权，又得孝杰、燕哥、十三为之腹心，故肆恶而无忌惮。始诬皇后，又杀太子及其妃，其祸之酷，良可悲哉。呜呼！君子所亲，莫皇后、太子若也。奸臣杀之而不知，群臣言之而不悟。一时忠谠，废戮几尽。虽黑山亲见官属之盛，仅削一字王号，至私藏甲兵，然后诛之。吁！乙辛之罪，固非一死可谢天下，抑亦道宗不明无断，有以养成之也。如萧余里也辈，忘君党恶，以饕富贵，虽幸而死诸牖下，其得免于遗臭之辱哉！

卷一百十二　列传第四十二

逆臣上

耶律辖底迭里特　**耶律察割**　**耶律娄国**
耶律重元涅鲁古　**耶律滑哥**

《易》曰："天尊地卑，乾坤定矣；卑高以陈，贵贱位矣。"贵贱位而后君臣之分定，君臣之分定而后天地和，天地和而后万化成。五帝三王之治，用此道也。三代而降，臣弑其君者有之，子弑其父者有之。孔子作《春秋》以寓王法，诛死者于前，惧生者于后，其虑深远矣。欧阳修作《唐书》，创《逆臣传》，盖亦《春秋》之意也。辽叛逆之臣二十有二，迹其事则又有甚焉者，然岂一朝一夕之故哉。列于《传》，所以公天下之贬，以示夫戒云。

辖底，字涅烈衮，肃祖孙夷离堇怗剌之子。幼黠而辩，时险佞者多附之。遥辇痕德堇可汗时，异母兄罨古只为迭剌部夷离堇。故事，为夷离堇者，得行再生礼。罨古只方就帐易服，辖底遂取红袍、貂蝉冠，乘白马而出。乃令党人大呼曰："夷离堇出矣！"众皆罗拜，因行柴册礼，自立为夷离堇。与于越耶律释鲁同知国政。及释鲁遇害，辖底惧人图己，挈其二子迭里特、朔刮奔渤海，伪为失明。后因球马之会，与二子夺良马奔归国。益为奸恶，常以巧辞获免。太祖将即位，让辖底，辖底曰："皇帝圣人，由天所命，臣岂敢当！"太祖命为于越。及自将伐西南诸部，辖底诱剌葛等乱，不从者杀之。车驾还至赤水城，辖底惧，与剌葛俱北走，至榆河为追兵所获。太祖问曰："朕初即位，尝以国让，叔父辞之；今反欲立吾弟，何也？"辖底对曰："始臣不知天子之贵，及陛下即位，卫从甚严，与凡庶不同。臣尝奏事心动，始有窥觎之意。度陛下英武，必不可取；诸弟懦弱，得则易图也。事若成，岂容诸弟乎。"太祖谓诸弟曰："汝辈乃从斯人之言耶！"迭剌曰："谋大事者，须用如此人；事成亦必去之。"辖底不复对。囚数月，缢杀之。

将刑，太祖谓曰："叔父罪当死，朕不敢赦。事有便国者，宜悉言之。"辖底曰："迭剌部人众势强，故多为乱，宜分为二，以弱其势。"子迭里特。

迭里特，字海邻。有膂力，善驰射，马蹶不仆。尤神于医，视人疾，若隔纱睹物，莫不悉见。太祖在潜，已加眷遇，及即位，拜迭剌部夷离堇。太祖尝思鹿醢解酲，以山林所有，问能取者。迭里特曰："臣能得之。"乘内厩马逐鹿，射其一。欲复射，马跌而毙。迭里特跃而前，弓犹不弛，复获其一。帝欢甚曰："吾弟万人敌！"会帝患心痛，召迭里特视之。迭里特曰："膏肓有瘀血如弹丸，然药不能及，必针而后愈。"帝从之。呕出瘀血，痛止。帝以其亲，每加赐赉；然知其为人，未尝任以职。后从剌葛乱，与其父辖底俱缢杀之。

察割，字欧辛，明王安端之子。善骑射。貌恭而心狡，人以为懦。太祖曰："此凶顽，非懦也。"其父安端尝使奏事，太祖谓近侍曰："此子目若风驼，面有反相。朕若独居，无令入门。"世宗即位于镇阳，安端闻之，欲持两端。察割曰："太弟忌刻，若果立，岂容我辈！永康王宽厚，且与刘哥相善，宜往与计。"安端即与刘哥谋归世宗。及和议成，以功封泰宁王。

会安端为西南面大详稳，察割佯为父恶，阴遣人白于帝，即召之。既至上前，泣诉不胜哀，帝悯之，使领女石烈军。出入禁中，数被恩遇。帝每出猎，察割托手疾，不操弓矢，但执炼锤驰走。屡以家之细事闻于上，上以为诚。察割以诸族属杂处，不克以逞，渐徙庐帐迫于行宫。右皮室详稳耶律屋质察其奸邪，表列其状。帝不信，以表示察割。察割称屋质疾己，哽咽流涕。帝曰："朕固知无此，何至泣耶！"察割时出怨言，屋质曰："汝虽无是心，因我过疑汝，勿为非义可也。"他日屋质又请于帝，帝曰："察割舍父事我，可保无他。"屋质曰："察割于父既不孝，于君安能忠！"帝不纳。

天禄五年七月，帝幸太液谷，留饮三日，察割谋乱不果。帝伐周，至详古山，太后与帝祭文献皇帝于行宫，群臣皆醉。察割归见寿安王，邀与语，王弗从。察割以谋告耶律盆都，盆都从之。是夕，同率兵入弑太后及帝，因僭位号。百官不从者，执其家避。至夜，阅内府物，见码瑙碗，曰："此希世宝，今为我有！"诧于其妻。妻曰："寿安王、屋质在，吾属无噍类，此物何益！"察割曰："寿安年幼，屋质不过引数奴，诘旦来朝，固不足忧。"其党矧斯报寿安、屋质以兵围于外，察割寻遣人弑皇后于柩前，仓惶出阵。寿安遣人谕曰："汝等既行弑逆，复将若何？"有夷离堇划者委兵归寿安王，余众望之，徐徐而往。察割知其不济，乃系群官家属，执弓矢胁曰："无过杀此曹尔！"叱令速出。时林牙耶律敌猎亦在系中，进曰："不有所废，寿安王何以兴？籍此为辞，犹可以免。"察割曰："诚如公言，谁当使者？"敌猎请与罨撒葛同往说之，察割从其计。寿安王复令敌猎诱察割，脔杀之。诸子皆伏诛。

娄国，字勉辛，文献皇帝之子。天禄五年，遥授武定军节度使。及察割作乱，穆宗与屋质从林牙敌猎计，诱而出之，娄国手刃察割。改南京留守。穆宗沉湎，不恤政事，娄国有觊觎之心，诱敌猎及群不逞谋逆。事觉，按问不服。帝曰："朕为寿安王时，卿数以此事说我，今日岂有虚乎？"娄国不能对。及余党尽服，遂缢于可汗州西谷，诏有司择绝后之地以葬。

重元，小字孛吉只，圣宗次子。材勇绝人，眉目秀朗，寡言笑，人望而畏。太平三年，封秦国王。圣宗崩，钦哀皇后称制，密谋立重元。重元以所谋白于上，上益重之，封为皇太弟。历北院枢密使、南京留守、知元帅府事。重元处戎职，未尝离辇下。先是契丹人犯法，例须汉人禁勘，受枉者多。重元奏请五京各置契丹警巡使，诏从之，赐以金券誓书。道宗即位，册为皇太叔，免拜不名，为天下兵马大元帅，复赐金券、四顶帽、二色袍，尊宠所未有。清宁九年，车驾猎滦水，以其子涅鲁古素谋，与同党陈国王陈六、知北院枢密事萧胡睹等凡四百余人，诱胁弩手军阵于帷宫外。将战，其党多悔过效顺，各自奔溃。重元既知失计，北走大漠，叹曰："涅鲁古使我至此！"遂自杀。

先是重元将举兵，帐前雨赤如血，识者谓败亡之兆。子涅鲁古。

涅鲁古，小字耶鲁绾。性阴狠。兴宗一见，谓曰："此子目有反相。"重熙十一年，封安定郡王。十七年，进王楚，为惕隐。清宁三年，出为武定军节度使。七年，知南院枢密使事，说其父重元诈病，俟车驾临问，因行弑逆。九年秋猎，帝用耶律良之计，遣人急召涅鲁古。涅鲁古以事泄，遽拥兵犯行宫。南院枢密使许王仁先等率宿卫士讨之。涅鲁古跃马突出，为近侍详稳渤海阿厮、护卫苏射杀之。

滑哥，字斯懒，隋国王释鲁之子。性阴险。初烝其父妾，惧事彰，与克萧台哂等共害其父，归咎台哂，滑哥获免。太祖即位，务广恩施，虽知滑哥凶逆，姑示含忍，授以惕隐。六年，滑哥预诸弟之乱。事平，群臣议其罪，皆谓滑哥不可释，于是与其子痕只俱凌迟而死，敕军士恣取其产。帝曰："滑哥不畏上天，反君弑父，其恶不可言。诸弟作乱，皆此人教之也。"

卷一百十三　列传第四十三

逆　臣　中

萧翰　耶律牒蜡　耶律朗　耶律刘哥　盆都　耶律海思　耶律敌猎　萧革

萧翰，一名敌烈，字寒真，宰相敌鲁之子。天赞初，唐兵围镇州，节度使张文礼遣使告急。翰受诏与康末怛往救，克之，杀其将李嗣昭，拔石城。会同初，领汉军侍卫。八年，伐晋，败晋将杜重威，追至望都。翰奏曰："可令军下马而射。"帝从其言，军士步进。敌人持短兵猝至，我军失利。帝悔之曰："此吾用言之过至此！"及从驾入汴，为宣武军节度使。会帝崩栾城，世宗即位。翰闻之，委事于李从敏，径趋行在。是年秋，世宗与皇太后相拒于潢河横渡，和议未定。太后问翰曰："汝何怨而叛？"对曰："臣母无罪，太后杀之，以此不能无憾。"初耶律屋质以附太后被囚，翰闻而快之，即因所谓曰："汝尝言我辈不及，今在狴犴，何也？"对曰："第愿公不至如此！"翰默然。天禄二年，尚帝妹阿不里。后与天德谋反，下狱。复结惕隐刘哥及其弟盆都乱，耶律石剌告屋质，屋质遽入奏之，翰等不伏。帝不欲发其事，屋质固诤以为不可，乃诏屋质鞫按。翰伏辜，帝竟释之。复与公主以书结明王安端反，屋质得其书以奏，翰伏诛。

牒蜡，字述兰，六院夷离堇蒲古只之后。天显中，为中台省右相。会同元年，与赵思温持节册晋帝。及我师伐晋，至滹沱河，降晋将杜重威，牒蜡功居多。大同元年，平相州之叛，斩首数万级。世宗即位，遣使驰报，仍命牒蜡执偏将术者以来。其使误入术者营，术者得诏，反诱牒蜡，执送太后。牒蜡亡归世宗。和约既成，封燕王，为南京留守。天禄五年，察割弑逆，牒蜡方醉，其妻扶入察割之幕，因从之。明旦，寿安王讨乱，凡胁从者皆弃兵降；牒蜡不降，陵迟而死。妻子皆诛。

朗，字欧新，季父房罨古只之孙。性轻佻，多力，人呼为"虎斯"。天显间以材勇进，每战辄克，由是得名。会同九年，太宗入汴，命知澶渊，控扼河渡。天禄元年，燕、赵已南皆应刘知远，朗与汴守萧翰弃城归阙。先是，朗祖罨古只为其弟辖底诈取夷离堇，自是族中无任六院职事者；世宗不悉其事，以朗为六院大王。及察割作乱，遣人报朗曰："事成矣！"朗遣详稳萧胡里以所部军往，命曰："当持两端，助其胜者。"穆宗即位，伏诛，籍其家属。

刘哥，字明隐，太祖弟寅底石之子。幼骄狠，好陵侮人，长益凶狡。太宗恶之，使守边徼，累迁西南边大详稳。会同十年，叔父安端从帝伐晋，以病先归，与刘哥邻居。世宗立于军中，安端议所往，刘哥首建附世宗之策，以本部兵助之。时太后命皇太弟李胡率兵而南，刘哥、安端遇于泰德泉。既接战，安端坠马。王子天德驰至，欲以枪刺之。刘哥以身卫安端，射天德，贯甲不及肤。安端得马复战，太弟兵败。刘哥与安端朝于行在。及和议成，太后问刘哥曰："汝何怨而叛？"对曰："臣父无罪，太后杀之，以此怨耳。"事平，以功为惕隐。天禄中，与其弟盆都、王子天德、侍卫萧翰谋反，耶律石剌发其事，刘哥以饰辞免。后请帝博，欲因进酒弑逆，帝觉之，不果，被囚。一日，召刘哥，锁项以博。帝问："汝实反耶？"刘哥誓曰："臣若有反心，必生千顶疽死！"遂贳之。耶律屋质固诤，以为罪在不赦。上命屋质按之，具服。诏免死，流乌古部，果以千顶疽死。弟盆都。

盆都，残忍多力，肤若蛇皮。天禄初，以族属为皮室详稳。二年，与兄刘哥谋反，免死，使于辖戛斯国。既还，复预察割之乱，陵迟而死。

异母弟二人：化葛里、奚蹇。应历初，无职任，以族子，甚见优礼。三年，或告化葛里、奚蹇与卫王宛谋逆，下狱，饰辞获免。四年春，复谋反，伏诛。

海思，字铎衮，隋国王释鲁之庶子。机警口辩。会同五年，诏求直言。时海思年十八，衣羊裘，乘牛诣阙。有司问曰："汝何故来？"对曰："应诏言事。苟不以贫稚见遗，亦可备直言之选。"有司以闻。会帝将出猎，使谓曰："俟吾还则见之。"海思曰："臣以陛下急于求贤，是以来耳；今反缓于猎，请从此归。"帝闻，即召见赐坐，问以治道。命明王安端与耶律颇德试之，数日，安端等奏曰："海思之材，臣等所不及。"帝召海思问曰："与汝言者何如人也？"对曰："安端言无收检，若空车走峻坂；颇德如着靴行旷野射鸨。"帝大笑。擢宣徽使，屡任以事。帝知其贫，以金器赐之，海思即散于亲友。后从帝伐晋有功。世宗即位于军中，皇太后以兵逆于潢河横渡。太后遣耶律屋质责世宗自立。屋质至帝前，谕旨不屈；世宗遣海思对，亦不逊，且命之曰："汝见屋质勿惧！"海思见太后还，不称旨。既和，领太后诸局事。穆宗即位，与冀王敌烈谋反，死狱中。

敌猎，字乌辇，六院夷离堇术不鲁之子。少多诈。世宗即位，为群牧都林牙。察割谋乱，官僚多被囚系。及寿安王与耶律屋质率兵来讨，诸党以次引去。察割度事不成，即诣囚所，持弓矢胁曰："悉杀此曹！"敌猎进曰："杀何益于事？窃料屋质将立寿安王，故为此举，且寿安未必知。若遣人藉此为辞，庶可免。"察割曰："如公言。谁可使者？"敌猎曰："大王若不疑，敌猎请与罨撒葛同往说之。"察割遣之。寿安王用敌猎计，诱杀察割，凡被胁之人无一被害者，皆敌猎之力。乱既平，帝嘉赏，然未显用。敌猎失望，居常怏怏，结群不逞，阴怀不轨。应历三年，与其党谋立娄国，事觉，陵迟死。

萧革，小字滑哥，字胡突堇，国舅房林牙和尚之子。警悟多智数。太平初，累迁官职。游近习间，以谀悦相比昵，为流辈所称，由是名达于上。重熙初，拜北面林牙。十二年，为北院枢密副使。帝尝与近臣宴，谓革曰："朕知卿才，故自拔擢，卿宜勉力！"革曰："臣不才，误蒙圣知，无以报万一；惟竭愚忠，安敢怠？"明年，拜北府宰相。十五年，改同知北院枢密事。革怙宠专权，同僚具位而已。时夷离毕耶律义先知革奸佞，因侍燕，言革所短，用之将败事。帝不听。一日，上令义先对革巡掷，义先酒酣曰："臣备位大臣，纵不能进忠去佞，安能与贼博乎！"革衔之，佯言曰："公相谑，不既甚乎！"义先诟詈不已。帝怒，皇后解之曰："义先酒狂，醒可治也。"翌日，上诏革谓曰："义先无礼，可痛绳之。"革曰："义先之才，岂逃圣鉴！然天下皆知忠直。今以酒过为罪，恐咈人望。"帝以革犯而不校，眷遇益厚。其矫情媚上多此类。拜南院枢密使，诏班诸王上，封吴王。改知北院，进王郑，兼中书令。帝大渐，诏革曰："大位不可一日旷，朕若弗瘳，宜即令燕赵国王嗣位。"清宁元年，复为南院枢密使，更王楚。复徙北院，与国舅萧阿剌同掌朝政。革多私挠，阿剌每裁正之，由是有隙，出阿剌为东京留守。会南郊，阿剌以例赴阙，帝访群臣以时务，阿剌陈利病，言甚激切。革伺帝意不悦，因谮曰："阿剌恃宠，有慢上心，非臣子礼。"帝大怒，缢阿剌于殿下。后上知革奸计，宠遇渐衰。八年，致仕，封郑国王。九年秋，革以其子为重元婿，革预其谋，陵迟杀之。

卷一百十四　　列传第四十四

逆 臣 下

萧胡覩　萧迭里得　古迭　耶律撒剌竹　奚回离保　萧特烈

萧胡覩，字乙辛。口吃，视斜，发卷，伯父孝穆见之曰："是儿状貌，族中未尝有。"及壮，魁梧桀傲，好扬人恶。重熙中，为祗候郎君。俄迁兴圣宫使，尚秦国长公主，授驸马都尉。以不谐离婚，复尚齐国公主，为北面林牙。清宁中，历北、南院枢密副使，代族兄术哲为西北路招讨使。时萧革与萧阿剌俱为枢密使，不协，革以术哲为阿剌所爱，嫉之。术哲受代赴阙，先尝借官粟，留直而去。胡覩希革意，发其事，术哲因得罪。胡覩又欲要权，岁时献遗珍玩、畜产于革，二人相爱过于兄弟。胡覩族弟敌烈为北克，荐国舅详稳萧胡笃于胡覩，胡覩见其辨给壮勇，倾心交结。每遇休沐，言论终日，人皆怪之。会胡覩同知北院枢密事，奏胡笃及敌烈可用，帝以敌烈为旗鼓拽剌详稳，胡笃为宿直官。及革构陷其兄阿剌，胡笃阴为之助，时人丑之。

耶律乙辛知北院枢密事，胡覩位在乙辛下，意怏怏不平。初，胡覩尝与重元子涅鲁古谋逆，欲其速发。会车驾猎太子山，遂与涅鲁古胁弩手军犯行宫。既战，涅鲁古中流矢而毙，众皆逃散。时同党耶律撒剌竹适在围场，闻乱，率猎夫来援。其党谓胡覩等曰："我军甚众，乘其无备，中夜决战，事冀有成；若至明日，其谁从我？"胡睹曰："仓卒中，黑白不辨。若内外军相应，则吾事去矣。黎明而发，何迟之有！"重元听胡覩之计，令四面巡警待旦。是夜，同党立重元僭位号，胡覩自为枢密使。明日战败，胡覩被创，单骑遁走，至十七泺，投水死。五子，同日诛之。

萧迭里得，字胡覩堇，国舅少父房之后。父双古，尚钿匿公主，仕至国舅详稳。迭里得幼警敏不羁，好射猎。太平中，以外戚补祗候郎君，历延昌宫使、殿前副点检。重熙十三年伐夏，迭里得将偏师首入敌境，多所俘掠，迁都点检，改乌古敌烈部都详稳。十八年，再举西伐，迭里得奏："军马器械之事，务在选将，夏人岂为难制。但严设斥堠，不用掩袭计，何虑不胜？"帝曰："卿其速行，无后军期。"既而迭里得失利还，复为都点检。十九年，夏人来侵金肃军，上遣迭里得率轻兵督战，至河南三角川，斩候者八人，擒观察使，以功命知汉人行宫都部署事，出为西南面招讨使。族弟黄八家奴告其主私议宫掖事，迭里得寝之。事觉，决大杖，削爵为民。清宁中，上以所坐事非迭里得所犯，起为南京统军使。至是，从重元子涅鲁古等乱，败走被擒，伏诛。

古迭，本宫分人，不知姓氏。好戏狎，不喜绳检。膂力过人，善击鞠。重熙初，为护卫，历宿直官。十三年，西征，以古迭为先锋。夏人伏兵掩之，古迭力战，麾下士多殁，乃单骑突出。遇夏王李元昊来围，势甚急。古迭驰射，应弦辄仆；跃马直击中坚，夏兵不能当，晡乃还营。改兴圣宫太保。清宁九年，从重元、涅鲁古乱，与扈从兵战，败而遁，追擒之，陵迟而死。

撒剌竹，孟父房涤冽之孙。性凶暴。清宁中，累迁宣徽使，改殿前都点检，首与重元谋乱。会帝猎滦河，重元恐事泄，与扈从军仓卒而战。其子涅鲁古既死，同党溃散。撒剌竹适在畋所，闻乱，劫猎夫以援。既至，知涅鲁古已死，大悔恨之，谓曰："我辈惟有死战，胡为若儿戏，自取殒灭？今行宫无备，乘夜劫之，大事可济。若俟明旦，彼将有备，安知我众不携贰。一失机会，悔将无及。"重元、萧胡覩等曰："今夕但可四面围之，勿令外军得入，彼何能备！"不从。迟明，投仗而走，撒剌竹战死。

奚回离保，一名翰，字挼懒，奚王忒邻之后。善骑射，趫捷而勇，与其兄鳖里剌齐名。大安中，车驾幸中京，补护卫，稍迁铁鹞军详稳。天庆间，徙北女直详稳，兼知咸州路兵马事，改东京统军。既而诸蕃入寇，悉破之，迁奚六部大王，兼总知东路兵马事。保大二年，金兵至，天祚播迁，回离保率吏民立秦晋国王淳为帝。淳伪署回离保知北院枢密事，兼诸军都统，屡败宋兵。淳死，其妻普贤女摄事。是年，金兵由居庸关入，回离保知北院，即箭笴山自立，号奚国皇帝，改元天复，设奚、汉、渤海三枢密院，改东、西节度使为二王，分司建官。时奚人巴辄、韩家奴等引兵击附近契丹部落，劫掠人畜，群情大骇。会回离保为郭药师所败，一军离心，其党耶律阿古哲与其甥乙室八斤等杀之，伪立凡八月。

萧特烈，字讹都碗，遥辇洼可汗宫分人。乾统中，入宿卫，出为顺义军节度使。天庆四年，同知咸州路兵马事。五年，以兵败夺节度使。保大元年，迁隗古部节度使。及天祚在山西集群牧兵，特烈为副统军。闻金兵将至，特烈谕士卒以君臣之义，死战于石辇铎。金兵不战，特烈伺间欲攻之。天祚喜甚，召嫔御诸子登高同观，将诧之。金兵望日月旗，知天祚在其下，以劲兵直趋奋击，无敢当者，天祚遁走。特烈所至，招集散亡，寻为中军都统，复败于梯已山。天祚决意渡河奔夏，从臣切谏不听，人情惶惧不知所为。特烈阴谓耶律兀直曰："事势如此，亿兆离心，正我辈效节之秋。不早为计，奈社稷何！"遂共劫梁王雅里，奔西北诸部，伪立为帝，特烈自为枢密使。雅里卒，欲择可立者。会耶律兀直言术烈才德纯备，兼兴宗之孙，众皆曰可，遂僭立焉，特烈伪职如故。未三旬，与术烈俱为乱兵所杀。

论曰：辽之秉国钧，握兵柄，节制诸部帐，非宗室外戚不使，岂不以为帝王久长万世之计哉。及夫肆叛逆，致乱亡，皆是人也。有国家者，可不深戒矣乎！

卷一百十五　　列传第四十五

二国外纪

高　丽

高丽自有国以来，传次久近，人民土田，历代各有其志，然高丽与辽相为终始二百余年。自太祖皇帝神册间，高丽遣使进宝剑。天赞三年，来贡。太宗天显二年，来贡。会同二年，受晋上尊号册，遣使往报。圣宗统和三年秋七月，诏诸道各完戎器，以备东征高丽。八月，以辽泽沮洳，罢师。十年，以东京留守萧恒德伐高丽。十一年，王治遣朴良柔奉表请罪，诏取女直国鸭渌江东数百里地赐之。十二年，入贡。三月，王治遣使请所俘生口，诏续还之，仍遣使抚谕。十二月，王治进妓乐，诏却之。十三年，治遣李周桢来贡，又进鹰。十月，遣李知白奉贡。十一月，遣使册治为王。遣童子十人来学本国语。十四年，王治表乞为婚姻，以东京留守驸马萧恒德女下嫁之。六月，遣使来问起居。自是，至者无时。

十五年，韩彦敬来纳聘币，吊驸马萧恒德妻越国公主薨。十一月，治薨，其侄诵遣王同颖来告。十二月，遣使致祭，诏其侄诵权知国事。十六年，遣使册诵为王。二十年，诵遣使贺伐宋之捷。七月，来贡本国《地里图》。二十二年，以南伐事诏谕之。二十三年，高丽闻与宋和，遣使来贺。二十六年，进龙须草席，及贺中京城。二十七年，承天皇太后崩，遣使报以国哀。二十八年，诵遣魏守愚等来祭。三月，使来会葬。

五月，高丽西京留守康肇弑其主诵，擅立诵从兄询。八月，圣宗自将伐高丽，报宋，遣引进使韩杞宣问询。询奉表乞罢师，不许。十一月，大军渡鸭渌江，康肇拒战于铜州，败之。肇复出，右皮室详稳耶律敌鲁擒肇等，追奔数十里，获所弃粮饷、铠仗，铜、霍、贵、宁等州皆降。询上表请朝，许之，禁军士俘掠。以政事舍人马保祐为开京留守，安州团练使王八为副留守。太子太师乙凛将骑兵一千，送保祐等赴京。守将卓思正杀我使者韩喜孙等十人，领兵出拒，保祐等复还。乙凛领兵击之，思正遂奔西京。围之五日，不克，驻跸于城西佛寺。高丽礼部郎中渤海陀失来降。遣排押、盆奴攻开京，遇敌于京西，败之。询弃城遁走，遂焚开京，至清江而还。二十九年正月，班师，所降诸城复叛。至贵州南岭谷，大雨连日，霁乃得渡，马驼皆疲乏，甲仗多遗弃。次鸭渌江，以所俘人分置诸陵庙，余赐内戚、大臣。

开泰元年，询遣蔡忠顺来乞称臣如旧，诏询亲朝。八月，遣田拱之奉表，称病不能朝。诏复取六州之地。二年，耶律资忠使高丽取地，未几还。三年，资忠复使，如前索地。五月，诏国舅详稳萧敌烈、东京留守耶律团石等造浮梁于鸭渌江，城保、宣义、定远等州。四年，命北府宰相刘慎行为都统，枢密使耶律世良为副，殿前都点检萧虚烈为都监。慎行挈家边上，致缓师期，追还之；以世良、虚烈总兵伐高丽。五年，世良等与高丽战于郭州西，破之。六年，枢密使萧合卓为都统，汉人行宫都部署王继忠为副，殿前都点检萧虚烈为都监进讨。萧合卓攻兴化军不克，师还。七年，诏东平郡王萧排押为都统，萧虚烈为副统，东京留守耶律八哥为都监，复伐高丽。十二月，萧排押与战于茶、陀二河之间，我军不利，天云、右皮室二军没溺者众，天云军详稳海里、遥辇帐详稳阿果达、客省使酌古、渤海详稳高清明等皆没于阵。八年，诏数排押讨高丽罪，释之。加有功将校，益封战没将校之妻，录其子弟。以南皮室军校有功，赐衣物银绢有差，出金帛赐肴里、涅哥二奚军。八月，遣郎君曷不吕等率诸部兵，会大军同讨高丽。询遣使来乞贡方物。九年，资忠还，以询降表进，释询罪。

太平元年，询薨，遣使来报嗣位，即遣使册王钦为王。九年，赐钦物。十一年，圣宗崩，遣使告哀。七月，使来慰奠。兴宗重熙七年，来贡。十二年三月，以加上尊号，来贺。十三年，遣使来贡。十四年三月，又来贡。十五年，入贡。八月，王钦薨，遣使来告。十六年，来贡。明年，又来贡。十九年，复贡。六月，遣使来贺伐夏之捷。二十二年，入贡。二十三年四月，王徽请官其子，诏加检校太尉。兴宗崩，道宗即位，清宁元年八月，遣使报国哀，以先帝遗留物赐之。十一月，使来会葬。二年、三年，皆来贡。四年春，遣使报太皇太后哀。五月，使来会葬。咸雍七年、八年，来贡。十二月，以佛经一藏赐徽。九年、十年，来贡。大康二年三月，皇太后崩，遣使报哀。六月，使来吊祭。四年，王徽乞赐鸭渌江以东地，不许。九年八月，王徽薨，以徽子三韩国公勋权知国事。十二月，勋薨。大安元年，册勋子运为国王。二年，遣使来谢封册。三年，来贡。四年三月，免岁贡。五年、六年，连贡。九年，赐王运羊。十年，运薨，子昱遣使来告，即赙赠。寿隆元年，来贡。十一月，王昱病，命其子颙权知国事。二年，来贡。三年三月，王昱薨。五年，王颙乞封册。六年，封颙为三韩国公。七年，道宗崩，天祚即位，改为乾统元年，报道宗哀，使来慰奠。十二月，遣使来贺。五年，三韩国公颙薨，子俁遣使来告。八年，封俁为三韩国公，赠其父颙为国王。十二月，遣使来谢。九年，来贡。天庆二年，王俁母薨，来告，遣使致祭，起复。三年，遣使来谢致祭，又来谢起复。十年，乞兵于高丽以御金，而金人责之。至是辽国亡矣。

西　夏

西夏，本魏拓跋氏后，其地则赫连国也。远祖思恭，唐季受赐姓曰李，涉五代至宋，世有其地。至李继迁始大，据夏、银、绥、宥、静五州，缘境七镇，其东西二十五驿，南北十余驿。子德明，晓佛书，通法律，尝观《太一金鉴诀》、《野战歌》，制番书十二卷，又制字若符篆。

其俗，衣白窄衫，毡冠，冠后垂红结绶。自号嵬名，设官分文武。其冠用金缕贴，间起云，银纸帖，绯衣，金涂银带，佩蹀躞、解锥、短刀、弓矢，穿靴，秃发，耳重环，紫旋襕六袭。出入乘马，张青盖，以二旗前引，从者百余骑。民庶衣青绿。革乐之五音为一音，裁礼之九拜为三拜。凡出兵先卜，有四：一炙勃焦，以艾灼羊胛骨；二擗算，擗竹于地以求数，若揲蓍然；三咒羊，其夜牵羊，焚香祷之，又焚谷火于野，次晨屠羊，肠胃通则吉，羊心有血则败；四矢击弦，听其声，知胜负及敌至之期。病者不用医药，召巫者送鬼，西夏语以巫为“厮”也；或迁他室，谓之“闪病”。喜报仇，有丧则不伐人，负甲叶于背识之。仇解，用鸡猪犬血和酒，贮于髑髅中饮之，乃誓曰：“若复报仇，谷麦不收，男女秃癞，六畜死，蛇入帐。”有力小不能复仇者，集壮妇，享以牛羊酒食，趋仇家纵火，焚其庐舍。俗曰敌女兵不祥，辄避去。诉于官，官择舌辩气直之人为和断，官听其屈直。杀人者，纳命价钱百二十千。

土产大麦、荜豆、青稞、床子、古子蔓、碱地蓬实、苁蓉苗、小芜荑、席鸡草子、地黄叶、登厢草、沙葱、野韭、拒灰条、白蒿、碱地松实。

民年十五为丁。有二丁者，取一为正军。负担杂使一人为抄，四丁为两抄。余人得射它丁，皆习战斗。正军马驼各一，每家自置一帐。团练使上，帐、弓、矢各一，马五百匹，橐驼一，旗鼓五，枪、剑、棍棓、炒袋、雨毡、浑脱、锹、䦆、箭牌、铁笊篱各一；刺史以下，人各一驼，箭三百，毛幕一；余兵三人共一幕。有炮手二百人，号“泼喜”。勇健者号“撞令郎”。赍粮不过一旬。昼则举烟、扬尘，夜则爝火为候。若获人马，射之，号曰杀鬼招魂。或射草缚人。出军用单日，避晦日。多立虚寨，设伏兵。衣重甲，乘善马，以铁骑为前锋，用钩索绞联，虽死马上不落。其民俗勇悍，衣冠、骑乘、土产品物、子姓传国，亦略知其大概耳。

初，西夏臣宋有年，赐姓曰赵；迨辽圣宗统和四年，继迁叛宋，始来附辽，授特进检校太师、都督夏州诸军事，遂复姓李。十月，遣使来贡。六年，入贡。七年，来贡，以王子帐耶律襄之女封义成公主，下嫁继迁。八年正月，来谢。三月，又来贡。九月，继迁遣使献宋俘。十月，以败宋军来告。十二月，下宋麟、鄜等州，来告，遣使封继迁为夏国王。九年二月，遣使告伐宋之捷。四月，遣李知白来谢封册。七月，复绥、银二州，来告。十月，继迁以宋所授敕命，遣使来上。是月，定难军节度使李继捧来附，授开府仪同三司、检校太师，兼侍中，封西平王，仍赐推忠效顺启圣定难功臣。十二月，继迁潜附于宋，遣韩德威持诏谕之。十年二月，韩德威还，奏继迁托故不出，至灵州俘掠以还。西夏遣使来奏德威俘掠，赐诏抚谕。十月，来贡。十二年，入贡。十三年，败宋师，遣使来告。十四年，又来贡。十五年三月，以破宋兵来告，封继迁为西平王。六月，遣使来谢封册。十六年，来贡。十八年，授继迁子德明朔方军节度使。十九年，遣李文冀来贡。六月，奏下宋恒、环、庆三州，赐诏褒美。二十年，遣使来进马、驼。六月，遣刘仁勖来告下灵州。二十一年，继迁薨，其子德昭遣使来告。六月，赠继迁尚书令，遣西上阁门使丁振吊慰。八月，德昭遣使来谢吊赠。二十二年三月，德昭遣使上继迁遗留物。七月，封德昭为西平王。十月，遣使来谢封册。二十三年，下宋青城，来告。二十五年，德昭母薨，遣使吊祭，起复。二十七年，承天皇太后崩，遣使报哀于夏。二十八年，遣使册德昭为夏国王。开泰元年，德昭遣使进良马。二年，遣引进使李延弘赐夏国王李德昭及义成公主车马。太平元年，来贡。十一年，圣宗崩，报哀于夏，德昭遣使来进赙币。

兴宗即位，以兴平公主下嫁李元昊，以元昊为驸马都尉。重熙元年，夏国遣使来贺。李德昭薨，册其子夏国公元昊为王。二年，来贡。十二月，禁夏国使沿路私市金铁。七年，来贡。李元昊与兴平公主不谐，公主薨，遣北院承旨耶律庶成持诏问之。九年，宋遣郭祯以伐夏来报。十年，夏国献所俘宋将及生口。十一年，遣使问宋兴师伐夏之由。十二月，禁吐浑鬻马于夏，沿边筑障塞以防之。十二年正月，遣同知析津府事耶律敌烈、枢密都承旨王惟吉谕夏国与宋和。二月，元昊以加上尊号，遣使来贺。耶律敌烈等使夏国还，奏元昊罢兵，遣使报宋。四月，夏国遣使进马、驼。七月，元昊上表请伐宋，不从。十月，夏人侵党项，遣延昌宫使高家奴让之。十三年四月，党项及山西部族节度使屈烈以五部叛入西夏，诏征诸道兵讨之。六月，阻卜酋长乌八遣其子执元昊所遣求援使窊邑改来。八月，夏使对不以情，羁之。使复来，询事宜不实对，笞之。十月，元昊上表谢罪，欲收集叛党以献，从之；进方物，命北院枢密副使萧革迓之。元昊亲率党项三部来降，诘其纳叛背盟，元昊伏罪。初，夏人执萧胡覩，至是，请以被执者来归。诏所留夏使亦还其国。十二月，胡覩来归，又遣使来贡。

十七年，元昊薨，其子谅祚遣使来告，上其父遗留物。铁不得国乞以本部军助攻夏国，不许。十八年，复议伐夏，留其贺正使不遣，遣北院枢密副使萧惟信以伐夏告宋。六月，夏国遣使来贡，留之。七月，亲征。八月，渡河，夏人遁。九月，萧惠为夏人所败。十月，招讨使耶律敌古率阻卜军至贺兰山，获元昊妻及其官属。遇其军三千来拒，殪之；详稳萧慈氏奴、南克耶律斡里殁于阵。十九年正月，遣使问罪于夏。夏将洼普等攻金肃城，耶律高家奴等破之，洼普被创遁去，杀猥货乙灵纪。三月，殿前都点检萧迭里得与夏军战于三角川，败之。招讨使萧蒲奴、北院大王宜新等帅师伐夏，都部署别古得为监战。五月，萧蒲奴等入夏境，不遇敌，纵军俘掠而还。夏国洼普来降。十月，李谅祚母遣使乞依旧称臣。十二月，谅祚上表如母训。二十年二月，遣使索党项叛户。五月，萧爻括使夏回，进谅祚母表，乞代党项权进马驼牛羊等物；又求唐隆镇，仍乞罢所建城邑。以诏答之。六月，获元昊妻，及俘到夏人置于苏州。二十一年十月，谅祚遣使乞弛边备，遣爻括赍诏谕之。二十二年七月，谅祚进降表，遣林牙高家奴赍诏抚谕。二十三年正月，贡方物。五月，乞进马、驼，诏岁贡之。七月，谅祚遣使求婚。十月，进誓表。二十四年，兴宗崩，遣使报哀于夏。

道宗即位，清宁元年，遣使来贺。九月，以先帝遗物赐夏。四年四月，遣使会葬。九年正月，禁民鬻铜于夏。咸雍元年五月，来贡。三年十一月，遣使进回鹘僧、金佛、

《梵觉经》。十二月，谅祚薨。四年二月，谅祚子秉常遣使报哀，即遣使吊祭。秉常上其父遗物。十月，册秉常为夏国王。十二月，来贡。五年七月，遣使来谢封册，闰十一月，秉常乞赐印绶。九年，遣使来贡。大康二年正月，仁懿皇后崩，遣使报哀于夏，以皇太后遗物赐之。遣使来吊祭。五年，来贡。八年二月，遣使以所获宋将张天益来献。大安元年十月，秉常遣使报其母哀。二年十月，秉常薨，遣使诏其子乾顺知国事。十二月，李乾顺遣使上其父秉常遗物。四年七月，册乾顺为夏国王。五年六月，遣使来谢封册。八年六月，夏为宋所侵，遣使乞援。寿隆三年六月，以宋人置壁垒于要地，遣使来告。四年六月，求援。十一月，遣枢密直学士耶律俨使宋，讽与夏和。夏复遣使来求援。五年正月，诏乾顺伐拔思母等部。十一月，夏以宋人罢兵，遣使来谢。六年十一月，遣使请尚公主。七年，道宗崩，遣使告哀于夏。遣使来慰奠。

天祚即位，乾统元年，夏遣使来贺。二年，复请尚公主。又以为宋所侵，遣李造福、田若水来求援。三年，复遣使请尚公主。十月，使复来求援。四年、五年，李造福等至，乞援。以族女南仙封成安公主下嫁乾顺。六年正月，遣牛温舒使宋，令归所侵夏地。六月，遣李造福来谢。八年，乾顺以成安公主生子，遣使来告。九年，以宋不归地来告。十年，遣李造福等来贡。天庆三年六月，来贡。保大二年，天祚播迁，乾顺率兵来援，为金师所败，乾顺请临其国。六月，遣使册乾顺为夏国皇帝，而天祚被执归金矣。

论曰：高丽、西夏之事辽，虽尝请婚下嫁，乌足以得其固志哉？三韩接壤，反覆易知；凉州负远，纳叛侵疆。乘隙辄动；贡使方往，事衅随生。兴师问罪，屡烦亲征，取胜固多，败亦贻悔。昔吴赵咨对魏之言曰："大国有征伐之兵，小国有备御之固。"岂其然乎！先王柔远，以德而不以力，尚矣。辽亡，求援二国，虽能出师，岂金敌哉！

卷一百十六

国　语　解

史自迁、固，以迄《晋》、《唐》，其为书雄深浩博，读者未能尽晓。于是裴骃、颜师古、李贤、何超、董冲诸儒，训诂注释，然后制度、名物、方言、奇字，可以一览而周知。其有助于后学多矣。辽之初兴，与奚、室韦密迩，土俗言语大概近俚。至太祖、太宗，奄有朔方，其治虽参用汉法，而先世奇首、遥辇之制尚多存者。子孙相继，亦遵守而不易。故史之所载，官制、宫卫、部族、地理，率以国语为之称号。不有注释以辨之，则世何从而知，后何从而考哉。今即本史参互研究，撰次《辽国语解》以附其后，庶几读者无龃龉之患云。

帝　纪

《太祖纪》

耶律氏、萧氏：《本纪》首书太祖姓耶律氏，继书皇后萧氏，则有国之初，已分二姓矣。有谓始兴之地曰世里，译者以世里为耶律，故国族皆以耶律为姓。有谓述律皇后兄子名萧翰者，为宣武军节度使，其妹复为皇后，故后族皆以萧为姓。其说与《纪》不合，故陈大任不取。又有言以汉字书者曰耶律、萧，以契丹字书者曰移剌、石抹，则亦无可考矣。

霞濑益石烈：乡名。诸宫下皆有石烈，设官治之。

弥里：乡之小者。

挞马狘沙里：挞马，人从也。沙里，郎君也。管率众人之官。后有止称挞马者。

大迭烈府：即迭剌部之府也。初，阻午可汗与其弟撒里本领之，及太祖以部夷离堇即位，因强大难制，析为二院。烈、剌音相近。

夷离堇：统军马大官。会同初，改为大王

集会埚（下窝、陀二音）：地名。

阿主沙里：阿主，父祖称。

惕隐：典族属官。即宗正职也。

奚、霫（下音习）：国名。中京地也。

黑车子：国也。以善制车帐得名。契丹之先，尝遣人往学之。

于越：贵官，无所职。其位居北、南大王上，非有大功德者不授。

鹰军：鹰，鸷鸟，以之名军，取捷速之义。后记龙军、虎军、铁鹞军者，仿此。

嗢娘改（上音丸）：地名。

西楼：辽有四楼：在上京者曰西楼；木叶山曰南楼；龙化州曰东楼；唐州曰北楼。岁时游猎，常在四楼间。

阿点夷离的：阿点，贵称。夷离的，大臣夫人之称。

纠辖：纠，军名。辖者，管束之义。

夷离毕：即参知政事，后置夷离毕院以掌刑政。宋刁约使辽有诗云"押宴夷离毕"，知其为执政官也。

射鬼箭：凡帝亲征，服介胄，祭诸先帝，出则取死囚一人，置所向之方，乱矢射之，名射鬼箭，以袚不祥。及班师，则射所俘。后因为刑法之用。

暴里：恶人名也。

大、小鹘军：二室韦军号也。

神纛：从者所执。以旄牛尾为之，缨枪属也。

龙眉宫：太祖取天梯、蒙国、别鲁三山之势于苇淀，射金龊箭以识之，名龙眉宫。神册三年，筑都城于其地，临潢府是也。龊，测角切，箭名。

嵎里：室韦部名。

君基太一神：福神名。其神所临之国，君能建极，孚于上下，则治化升平，民享多福。

挞林：官名。后二室韦部改为仆射，又名司空。

舍利：契丹豪民要裹头巾者，纳牛驼十头，马百匹，乃给官名曰舍利。后遂为诸帐官。以郎君系之。

阿庐朵里（一名阿鲁敦）：贵显名。辽于越官兼此者，惟曷鲁耳。

选底：主狱官。

常衮：官名。掌遥辇部族户籍等事；奚六部常衮掌奚之族属。

諲譔：渤海国主名。

克释鲁：克，官名。释鲁，人名。后克朗、克台哂仿此。

乌鲁古、阿里只：太祖及述律后受諲譔降时所乘二马名也，因赐諲譔夫妇以为名。

《太宗纪》

箭笴山（笴音簳）：胡损奚所居。

柴册：礼名。积薪为坛，受群臣玉册。礼毕，燔柴，祀天。阻午可汗制也。

遥辇氏九帐：遥辇九可汗宫分。

北克、南克：掌军官名，犹汉南北军之职。

祭麃鹿神：辽俗好射麃鹿，每出猎，必祭其神，以祈多获。

林牙：掌文翰官，时称为学士。其群牧所设，止管簿书。

瑟瑟礼：祈雨射柳之仪，遥辇苏可汗制。

再生礼：国俗，每十二年一次，行始生之礼，名曰再生。惟帝与太后、太子及夷离堇得行之。又名覆诞。

神速姑：宗室人名，能知蛇语。

薄割顸（下乃顶切）：公主名也。

三克：统军官，犹云三帅也。

详稳：诸官府监治长官。

梯里已：诸部下官也，后升司徒。

达剌干：县官也，后升副使。

麻都不：县官之佐也，后升为令。

马步：未详何官，以达剌干升为之。

牙署：官名。疑即牙书，石烈官也。

世烛：遥辇帐侍中之官。

敞史：官府之佐吏也。

思奴古：官与敞史相近。

徒覩古：边徼外小国。

《世宗》、《穆宗纪》

䵣林（上音带）：地名，即松林故地。

闸撒狘：抹里司官，亦掌宫卫之禁者。

挞马：扈从之官。

浓兀：部分名。

叶格戏：宋钱僖公家有叶子揭格之戏。

《景宗》、《圣宗纪》

飞龙使：掌马官，亦为导骑。

横帐：德祖族属号三父房，称横帐，宗室之尤贵者。

著帐：凡世官之家及诸色人，因事籍没者为著帐户，官有著帐郎君。

杓窊印：杓窊，鸷鸟总称，以为印纽，取疾速之义。凡调发军马则用之，与金鱼符、银牌略同。

国舅帐克：官制有大国舅帐，此则本帐下掌兵之官。

拜奥礼：凡纳后，即族中选尊者一人当奥而坐，以主其礼，谓之奥姑。送后者拜而致敬，故云拜奥礼。

拜山礼：祀木叶山之仪。

敞稳：诸帐下官。亦作常衮，盖字音相近也。

万役陷河冶：地名。本汉土垠县，有银矿。太祖募民立寨以专采炼，故名陷河冶。

合苏衮：女直别部名，又作曷苏馆。

执手礼：将帅有克敌功，上亲执手慰劳；若将在军，则遣人代行执手礼。优遇之意。

阿札割只：官名。位在枢密使下，盖墩官也。

四捷军：辽以宋降者分立二部：一曰四捷军，一曰归圣军。

山金司：以阴山产金，置冶采炼，故以名司；后改统军司。

《兴宗纪》

别辇斗：地名。

虎䨲（下北潘切）：婆离八部人名。

解洗礼：解装前祓，饮至之义。

独卢金：地名。六院官属秋冬居之。

行十二神纛礼：神纛解见前。凡大祭祀、大朝会，以十二纛列诸御前。

南撒葛柏：地名。

合只忽里：地名。

拖古烈：地名。

曷里狘：地名。

《道宗纪》

塔里舍：地名。

撒里乃：地名。

三班院祗候：左、右班并寄班为三班。祗候，官名。

高墩：辽《排班图》，有高墩、矮墩、方墩之列。自大丞相至阿札割只，皆墩官也。

《天祚纪》

候里吉：地名。

头鱼宴：上岁时钓鱼，得头鱼，辄置酒张宴，与头鹅宴同。

讹莎烈：地名。

沤里谨：地名。

㯐挞新查剌：地名。

射粮军：射，请也。

女古底：地名。

落昆髓：地名。

阿里轸斗：地名。

忽儿珊：西域大军将名。

起儿漫：地名。

虎思斡鲁朵：思亦作斯，有力称。斡鲁朵，宫帐名。

葛儿罕：漠北君王称。

志

《礼志》

祭东：国俗，凡祭皆东向，故曰祭东。

敌烈麻都：掌礼官。

旗鼓拽剌：拽剌，官名。军制有拽剌司；此则掌旗鼓者也。

爇节：岁时杂礼名。

九奚首：奚首，营帐名。

食羖之次：大行殡出，群臣以羖羊祭于路，名曰食羖之次。

祆祭（上于琰切）：凡出征，以牝牡麃各一祭之曰祆，诅敌也。

勘箭：车驾远归，阎门使持雄箭，勘箭官持雌箭，比较相合，而后入宫。

檐床：一人肩任曰檐，两人以手共舁曰床。

攒队：士卒攒簇，各为队伍。

方裀、朵殿：凡御宴，官卑，地坐殿中方墩之上；其不应升殿，则赐坐左右朵殿。

地拍：田鼠名。正旦日，上于窗间掷米团，得只数为不利，则烧地拍鼠以禳之。

迺捏咿唲：正月朔旦也。

俳里尀：俳读作狎，尀读作颇。二月一日也。六月十八日宴国舅族，亦曰俳里尀。

陶里桦：上巳日，射兔之节名。

讨赛咿唲：重午日也。

赛伊唲奢：日辰之好也。

捏褐耐：犬首也。

必里迟离：重九日也。

戴辣：烧甲也。

炒伍侕尀：战名也。

卓帐：卓，立也。帐，毡庐也。

《百官志》

石烈辛衮：石烈官之长。

令稳：官名。

弥里马特本：官名，后升辛衮。

麻普：即麻都不，县官之副也，初名达剌干。

知圣旨头子事：掌诰命奏事官。

提辖司：诸宫典兵官。

皮室：军制，有南、北、左、右皮室及黄皮室，皆掌精兵。

厅房：即工部。

梅里：贵戚官名。述律皇后族有慎思梅里、婆姑梅里，未详何职。

抹鹘：瓦里司之官。

先离挞览：奚、渤海等国官名，疑即挞林字讹。

《营卫志》

象吻：黄帝治宫室，陶蚩尤象置栋上，名曰蚩吻。

瓦里：官府名，宫帐、部族皆设之。凡宗室、外戚、大臣犯罪者，家属没入于此。

抹里：官府名。闸撒狘亦抹里官之一。

算斡鲁朵：算，腹心拽剌也。斡鲁朵，宫也。已下国阿辇至监母，皆斡鲁朵名；其注语，则始置之义也。

国阿辇：收国也。

夺里本：讨平也。

耶鲁碗：兴旺也。

蒲速碗：义与耶鲁碗同。

女古：金也。

孤稳：玉也。

窝笃碗：孳息也。

阿斯：宽大也。

阿鲁碗：辅佑也。

得失得本：孝也。

监母：遗留也。

《地理志》

属珊：应天皇后从太祖征讨，所俘人户有技艺者置之帐下，名属珊，盖比珊瑚之宝。

永州：其地居潢河、土河二水之间，故名永州，盖以字从二、从水也。

鄚颉（上慕各切，下胡结切）：渤海郡府名。

且虑（皆平声）兴中府县名。

貕养（上音奚）：幽州泽薮名，见《周职方》。

菑、时：幽州浸名，出同上。

堕瑰：门名，辽有堕瑰部。

野旅寅：野谓星野，旅谓躔次；寅者，辰舍。东北之位，燕分析津之所也。

《仪卫志》

金爨（下祖丛切）：马首饰也。

果下马：马名。谓果树下可乘行者，言其小也。

实里薛衮：祭服之冠，行拜山礼则服之。

鞊韘带（上他协切，下徒协切）：武官束带也。

扞腰：即拄腰，以鹅项、鸭头为之。

胡木鍪：胄名。

鞮马（上音诞）：马不施鞍辔曰鞮。

白毦（音饵）：以白鹭羽为网，又罽也。

《兵卫志》

捉马：拘刷马也。

栏子军：居先锋前二十余里，侦候敌人动静。

弓子铺：辽军马顿舍，不设营堑，折木稍为弓，以为团集之所。又诸国使来，道旁签置木稍弓，以充栏楯。

《食货志》

云为户：义即营运，字之讹。

《刑法志》

钟院：有冤者击钟，以达于上，犹怨鼓云。

楚古：官名。掌北面讯囚者。

表

《皇子表》

五石烈：即五院。非是分院为五，以五石烈为一院也。

六爪：爪，百数也。辽有六百家奚，后为六院，义与五院同。二院，即迭剌部析之为二者是也。

裂麑皮：麑，牡鹿。力能分牡鹿皮。

《世表》

莫弗纥：诸部酋长称，又云莫弗贺。

蠕蠕（而宣切）：国名。

俟斤：突厥官名。

《游幸表》

舔碱鹿：鹿性嗜碱，洒碱于地以诱鹿，射之。

女瓌：虞人名。

可敦：突厥皇后之称。

忒里蹇：辽皇后之称。

耨斡麽：麽，亦作改。耨斡，后土称。麽，母称。

乙室、拔里：国舅帐二族名。

《诸功臣传》

龙锡金佩：太祖从兄铎骨札以本帐下蛇鸣，命知蛇语者神速姑解之，知蛇谓穴傍树中有金，往取之，果得金，以为带，名“龙锡金”。

撒剌：酒樽名。

遥辇纠：遥辇帐下军也。其书永兴宫分纠、十二行纠、黄皮室纠者，仿此。

吐里：官名。与奚六部秃里同。吐、秃字讹。

寝殿小底：官名。辽制多小底官，余不注。

杂丁黄：礼，男幼为黄，四岁为小，十六为中，二十一为丁。军中杂幼弱，以疑敌也。

遥辇克：遥辇帐下掌兵官。

柢枑：宫卫门外行马也。

榾柮犀：千岁蛇角，又为笃讷犀。

珠二琲（下蒲昧切）：珠五百枚为琲。

题里司徒：题里，官府名。

庢中（上陟栗切）：地名。

堂印：博之采名。

临库：以帛为通历，具一库之物，尽数籍之，曰临库。

堂帖：辽制，宰相凡除拜，行头子堂帖权差，俟再取旨，出给告敕。故官有知头子事。见《阴山杂录》。

夷离堇画者：画者人名，为夷离堇官。

虎斯：有力称。《纪》言“虎思”，义同。

附　录

修三史诏

圣旨：至正三年三月十四日，笃怜帖木儿怯薛第三日，咸宁殿裹有时分，速古儿赤江家奴、云都赤蛮子、殿中俺都剌哈蛮、给事中孛罗帖木儿等有来，脱脱右丞相、也先帖木儿平章、铁睦尔达世平章、太平右丞、长仙参议、孛里不花郎中、老老员外郎、孛里不花都事等奏：辽、金、宋三国史书不曾纂修来，历代行来的事迹合纂修成书有俺商量来。如今选人将这三国行来的事迹交纂修成史，不交迟滞。但凡合举行事理，俺定拟了呵。怎生奏呵，奉圣旨那般者。

三月二十八日，别儿怯不花怯薛第二日，咸宁殿里有时分，速古儿赤不颜帖木儿、云都赤蛮子、殿中俺都剌哈蛮、给事中孛罗帖木儿等有来，脱脱右丞相、也先帖木儿平章、铁睦尔达世平章、太平右丞、吴参政、买术丁参议、长仙参议、韩参议、别里不花郎中、王郎中、老老员外郎、孔员外郎、观音奴都事、孛里不花都事、杜都事、直省舍人仓赤也先、蒙古必阇赤锁住、都马等奏：昨前辽、金、宋三国行来的事迹，选人交纂修成史书者么道奏了来。这三国为圣朝所取制度、典章、汉乱、兴亡之由，恐因岁久散失，合遴选文臣，分史置局，纂修成书，以见祖宗盛德得天下辽、金、宋三国之由，垂鉴后世，做一代盛典。交翰林国史院分局纂修，职专其事。集贤、秘书、崇文并内外诸衙门里，著文学博雅、才德修洁，堪充的人每斟酌区用。纂修其间，予夺议论，不无公私偏正，必须交总裁官质正是非，裁决可否。遴选位望老成，长于史才，为众所推服的人交做总裁官。这三国实录、野史、传记、碑文、行实，多散在四方，交行省及各处正官提调，多方购求，许诸人呈献，量给价直，咨达省部，送付史馆，以备采择。合用纸札、笔墨，一切供需物色，于江西、湖广、江浙、河南省所辖各学院并贡士庄钱粮，除祭祀、廪膳、科举、修理存留外，都交起解将来，以备史馆用度。如今省里脱脱右丞相监修国史做都总裁。交铁睦尔达世平章、太平右丞、张中丞、欧阳学士、吕侍御、揭学士做总裁官。提调官，省里交也先帖木儿平章、吴参政，枢密院里塔失帖木儿同知、姚副枢，台里狗儿侍御、张治书、买术丁参议、长仙参议、韩参议、右司王郎中、左司王郎中、老老员外郎、孔员外郎、观音奴都事、杜都事，六部各委正官并首领官提调。其余修史的凡例、合行事理，交总裁官、修史官集议举行呵。怎生奏呵，奉圣旨那般者。

进辽史表

开府仪同三司、上柱国、录军国重事、中书右丞相、监修国史、领经筵事臣脱脱言：窃惟天文莫验于玑衡，人文莫证于简策。人主监天象之休咎，则必察乎玑衡之精；监人事之得失，则必考乎简策之信。是以二者所掌，俱有太史之称。然天道幽而难知，人情显而易见。动静者吉凶之兆，敬怠者兴亡之机。史臣虽述前代之设施，大意有助人君之鉴戒。

辽自唐季，基于朔方。造邦本席于干戈，致治能资于黼黻。敬天尊祖，而出入必祭；亲仁善邻，而和战以宜。南府治民，北府治兵。春狩省耕，秋狩省敛。吏课每严于刍牧，岁饥屡赐乎田租。至若观市赦罪，则吻合六典之规；临轩策士，则恪遵三岁之制。享国二百一十九载，政刑日举，品式备具，盖有足尚者焉。迨夫子孙失御，上下离心。骄盈盛而衅隙生，谗贼兴而根本蹙。变强为弱，易于反掌。吁！可畏哉！

天祚自绝，大石苟延。国既丘墟，史亦芜茀。耶律俨语多避忌，陈大任辞乏精详。《五代史》系之终篇，宋旧史埒诸载记。予夺各徇其主，传闻况失其真。我世祖皇帝一视同仁，深加愍恻。尝敕词臣撰次三史，首及于辽。六十余年，岁月因循，造物有待。

臣脱脱诚惶诚恐顿首，钦惟皇帝陛下，如尧稽古，而简宽容众；若舜好问，而浚哲冠伦。讲经兼诵乎祖谟，访治旁求乎往牒。兹修史事，断自宸衷。睿旨下而征聘行，朝士贺而遗逸起。于是命臣脱脱以中书右丞相领都总裁，中书平章政事臣铁睦尔达世、中书右丞今平章政事臣贺惟一、御史中丞今翰林学士承旨臣张起岩、翰林学士臣欧阳玄、侍御史今集贤侍讲学士兼国子祭酒臣吕思诚、翰林侍讲学士臣揭傒斯奉命为总裁官。中书遴选儒臣宗文太监今兵部尚书臣廉惠山海牙、翰林直学士臣王沂、秘书著作佐郎臣徐昺、国史院编修官臣陈绎曾分撰《辽史》。起至正三年四月，迄四年三月。发故府之椟藏，集遐方之匭献，搜罗剔抉，删润研劘。纪志表传，备成一代之书；臧否是非，不迷千载之实。臣脱脱叨承隆寄，幸睹成功。载宣日月之光华，愿效涓埃之补报。我朝之论议归正，气之直则辞之昌；辽国之君臣有知，善者喜而恶者惧。所撰本纪三十卷、志三十二卷、表八卷、列传四十六卷，各著论赞，具存体裁，随表以闻。上尘天览，下情无任惭惧战汗屏营之至。臣脱脱诚惶诚惧顿首顿首谨言。

至正四年三月　日，开府仪同三司、上柱国、录军国重事、中书右丞相、监修国史、领经筵事臣脱脱上表。

三史凡例

一、帝纪：

三国各史书法，准《史记》、《西汉书》、《新唐书》。各国称号等事，准《南、北史》。

一、志：

各史所载，取其重者作志。

一、表：

表与志同。

一、列传：

后妃，宗室，外戚，群臣，杂传。

人臣有大功者，虽父子各传。余以类相从，或数人共一传。

三国所书事有与本朝相关涉者，当禀。金、宋死节之臣，皆合立传，不须避忌。其余该载不尽，从总裁官与修史官临文详议。

一、疑事传疑，信事传信，准《春秋》。

修史官员

都总裁：

开府仪同三司、上柱国、录军国重事、中书右丞相、监修国史、领经筵事臣脱脱。

总裁官：

光禄大夫、中书平章政事、知经筵事、提调都水监臣铁睦尔达世。

荣禄大夫、中书平章政事、知经筵事臣贺惟一。

翰林学士承旨、荣禄大夫、知制诰兼修国史臣张起岩。

翰林学士、资善大夫、知制诰、同修国史臣欧阳玄。

集贤侍讲学士、通奉大夫兼国子祭酒臣吕思诚。

翰林侍讲学士、中奉大夫、知制诰、同修国史、同知经筵事臣揭傒斯。

纂修官：

正议大夫、兵部尚书臣廉惠山海牙。

翰林直学士、朝请大夫、知制诰、同修国史兼经筵官臣王沂。

文林郎、秘书监著作佐郎臣徐昺。

将仕佐郎、翰林、国史院编修官臣陈绎曾。

提调官：

资德大夫、中书右丞臣伯彦。

荣禄大夫、中书左丞臣姚庸。

奉议大夫、参议中书省事臣长仙。

通议大夫、参议中书省事臣吕彬。

朝散大夫、中书右司郎中臣悟良哈台。

嘉议大夫、中书左司郎中臣赵守礼。

亚中大夫、中书左司员外郎臣偰哲笃。

亚中大夫、中书省左司员外郎臣何执礼。

儒林郎、右司都事臣观音奴。

奉议大夫、左司都事臣乌古孙良桢。

嘉议大夫、礼部尚书臣王守诚。

中宪大夫、工部尚书臣丁元。

奉议大夫、礼部侍郎臣老老。

嘉议大夫、礼部侍郎臣杜秉彝。

金 史

元・脱脱等撰

金史目录

附录

金史

卷一　本纪第一

世纪

金之先，出靺鞨氏。靺鞨本号勿吉。勿吉，古肃慎地也。元魏时，勿吉有七部：曰粟末部、曰伯咄部、曰安车骨部、曰拂涅部、曰号室部、曰黑水部、曰白山部。隋称靺鞨，而七部并同。唐初，有黑水靺鞨、粟末靺鞨，其五部无闻。粟末靺鞨始附高丽，姓大氏。李绩破高丽，粟末靺鞨保东牟山。后为渤海，称王，传十余世。有文字、礼乐、官府、制度。有五京、十五府、六十二州。黑水靺鞨居肃慎地，东濒海，南接高丽，亦附于高丽。尝以兵十五万众助高丽拒唐太宗，败于安市。开元中，来朝，置黑水府，以部长为都督、刺史，置长史监之。赐都督姓李氏，名献诚，领黑水经略使。其后渤海盛强，黑水役属之，朝贡遂绝。五代时，契丹尽取渤海地，而黑水靺鞨附属于契丹。其在南者籍契丹，号熟女直；其在北者不在契丹籍，号生女直。生女直地有混同江、长白山，混同江亦号黑龙江，所谓"白山黑水"是也。

金之始祖讳函普，初从高丽来，年已六十余矣。兄阿古迺好佛，留高丽不肯从，曰："后世子孙必有能相聚者，吾不能去也。"独与弟保活里俱。始祖居完颜部仆斡水之涯，保活里居耶懒。其后胡十门以曷苏馆归太祖，自言其祖兄弟三人相别而去，盖自谓阿古乃之后。石土门、迪古乃，保活里之裔也。及太祖败辽兵于境上，获耶律谢十，乃使梁福、斡答剌招谕渤海人曰："女直、渤海本同一家。"盖其初皆勿吉之七部也。始祖至完颜部，居久之，其部人尝杀它族之人，由是两族交恶，哄斗不能解。完颜部人谓始祖曰："若能为部人解此怨，使两族不相杀，部有贤女，年六十而未嫁，当以相配，仍为同部。"始祖曰："诺。"乃自往谕之曰："杀一人而斗不解，损伤益多。曷若止诛首乱者一人，部内以物纳偿汝，可以无斗，而且获利焉。"怨家从之。乃为约曰："凡有杀伤人者，征其家人口一、马十偶、牸牛十、黄金六两，与所杀伤之家，即两解，不得私斗。"曰："谨如约。"女直之俗，杀人偿马牛三十，自此始。既备偿如约，部众信服之，谢以青牛一，并许归六十之妇。始祖乃以青牛为聘礼而纳之，并得其赀产。后生二男，长曰乌鲁，次曰斡鲁，一女曰注思板，遂为完颜部人。天会十四年，追谥景元皇帝，庙号始祖。皇统四年，号其藏曰光陵。五年，增谥始祖懿宪景元皇帝。

子德帝，讳乌鲁。天会十四年，追谥德皇帝。皇统四年，号其藏曰熙陵。五年，增谥渊穆玄德皇帝。

子安帝，讳跋海。天会十四年，追谥安皇帝。皇统四年，号其藏建陵。五年，增谥和靖庆安皇帝。

子献祖，讳绥可。黑水旧俗无室庐，负山水坎地，梁木其上，覆以土，夏则出随水草以居，冬则入处其中，迁徙不常。献祖乃徙居海古水，耕垦树艺，始筑室，有栋宇之制，人呼其地为纳葛里。纳葛里者，汉语居室也。自此遂定居于安出虎水之侧矣。天会十四年，追谥定昭皇帝，庙号献祖。皇统四年，号其藏曰辉陵。五年，增谥献祖纯烈定昭皇帝。

子昭祖，讳石鲁，刚毅质直。生女直无书契，无约束，不可检制。昭祖欲稍立条教，诸父、部人皆不悦，欲坑杀之。已被执，叔父谢里忽知部众将杀昭祖，曰："吾兄子，贤人也，必能承家，安辑部众，此辈奈何辄欲坑杀之！"亟往，弯弓注矢射于众中，劫执者皆散走，昭祖乃得免。昭祖稍以条教为治，部落寖强。辽以惕隐官之。诸部犹以旧俗，不肯用条教。昭祖耀武至于青岭、白山，顺者抚之，不从者讨伐之，入于苏滨、耶懒之地，所至克捷，还经仆燕水。仆燕，汉语恶疮也。昭祖恶其地名，虽已困惫，不肯止。行至姑里甸，得疾。迨夜，寝于村舍。有盗至，遂中夜启行，至逼剌纪村止焉。是夕，卒。载柩而行，遇贼于路，夺柩去。部众追贼与战，复得柩。加古部人蒲虎复来袭之，垂及，蒲虎问诸路人曰："石鲁柩去此几何？"其人曰："远矣，追之不及也。"蒲虎遂止。于是乃得归葬焉。生女直之俗，至昭祖时稍用条教，民颇听从，尚未有文字，无官府，不知岁月晦朔，是以年寿修短莫得而考焉。天会十五年，追谥成襄皇帝，庙号昭祖。皇统四年，藏号安陵。五年，增谥昭祖武惠成襄皇帝。

子景祖，讳乌古迺。辽太平元年辛酉岁生。自始祖至此，已六世矣。景祖稍役属诸部，自白山、耶悔、统门、耶懒、土骨论之属，以至五国之长，皆听命。是时，辽之边民有逃而归者。及辽以兵徙铁勒、乌惹之民，铁勒、乌惹多不肯徙，亦逃而来归。辽使曷鲁林牙将兵来索逋逃之民。景祖恐辽兵深入，尽得山川道路险易，或将图之，乃以计止之曰："兵若深入，诸部必惊扰，变生不测，逋户亦不可得，非计也。"曷鲁以为然，遂止其军，与曷鲁自行索之。是时，邻部虽稍从，孩懒水乌林答部石显尚拒阻不服。攻之，不克。景祖以计告于辽主，辽主遣使责让石显。石显乃遣其子婆诸刊入朝，辽主厚赐遣还。其后石显与婆诸刊入见辽主于春蒐。辽主乃留石显于边地，而遣婆诸刊还所部。景祖之谋也。既而五国蒲聂部节度使拔乙门畔辽，鹰路不通。辽人将讨之，先遣同斡来谕旨。景祖曰："可以计取。若用兵，彼将走保险阻，非岁月可平也。"辽人从之。盖景祖终畏辽兵之入其境也，故自以为功。于是景祖阳与拔乙门为好，而以妻子为质，袭而擒之，献於辽主。辽主召见于寝殿，燕赐加等，以为生女直部族节度使。辽人呼节度使为太师，金人称"都太师"者自此始。辽主将刻印与之，景祖不肯系辽籍，辞曰："请俟他日。"辽主终欲与之，遣使来。景祖诡使部人扬言曰："主公若受印系籍，部人必杀之！"用是以拒之，辽使乃还。既为节度使，有官属，纪纲渐立矣。生女直旧无铁，邻国有以甲胄来鬻者，倾赀厚贾以与贸易，亦令昆弟族人皆售之。得铁既多，因之以修弓矢，备器械，兵势稍振，前后愿附者众。斡泯水蒲察部、泰神忒保水完颜部、统门水温迪痕部、神隐水完颜部，皆相继来附。

景祖为人宽恕，能容物，平生不见喜愠。推财与人，分食解衣，无所吝惜。人或忤之，亦不念。先时，有畔去者，遣人谕诱之。畔者曰："汝主，活罗也。活罗，吾能获之，吾岂能为活罗屈哉！"活罗，汉语慈乌也。北方有之，状如大鸡，善啄物，见马牛橐驼脊间有疮，啄其脊间食之，马牛辄死，若饥不得食，虽砂石亦食之。景祖嗜酒好色，饮啖过人，时人呼曰活罗，故彼以此讪之，亦不以介意。其后讪者力屈来降，厚赐遣还。曷懒水有率众降者，录其岁月姓名，即遣去，俾复其故。人以此益信服之。辽咸雍八年，五国没拈部谢野勃堇畔辽，鹰路不通。景祖伐之，谢野来御。景祖被重铠，率众力战。谢野兵败，走拔里迈泺。时方十月，冰忽解，谢野不能军，众皆溃去，乃旋师。道中遇逋亡，要遮险阻，昼夜拒战，比至部已惫。即往见辽边将达鲁骨，自陈败谢野功。行次来流水，未见达鲁骨，疾作而复，卒于家，年五十四。天会十四年，追谥惠桓皇帝，庙号景祖。皇统四年，藏号定陵。五年，增谥景祖英烈惠桓皇帝。

第二子袭节度使，是为世祖，讳劾里钵。生女直之俗，生子年长即异居。景祖九子，元配唐括氏生劾者，次世祖，次劾孙，次肃宗，次穆宗。及当异居，景祖曰："劾者柔和，可治家务。劾里钵有器量智识，何事不成。劾孙亦柔善人耳。"乃命劾者与世祖同居，劾孙与肃宗同居。景祖卒，世祖继之。世祖卒，肃宗继之。肃宗卒，穆宗继之。穆宗复传世祖之子，至于太祖，竟登大位焉。

世祖，辽重熙八年己卯岁生。辽咸雍十年，袭节度使。景祖异母弟跋黑有异志，世祖虑其为变，加意事之，不使将兵，但为部长。跋黑遂诱桓赧、散达、乌春、窝谋罕为乱，及间诸部使贰于世祖。世祖犹欲抚慰之，语在跋黑、桓赧等传中。世祖尝买加古部锻工乌不屯被甲九十，乌春欲托此以为兵端，世祖还其甲，语在《乌春传》。部中有流言曰："欲生则附于跋黑，欲死则附于劾里钵、颇剌淑。"世祖闻之，疑焉。无以察之，乃佯为具装，欲有所往者，阴遣人扬言曰："寇至！"部众闻者莫知虚实，有保于跋黑之室者，有保于世祖之室者，世祖乃尽得兄弟部属向背彼此之情矣。

间数年，乌春来攻，世祖拒之。时十月已半，大雨累昼夜，冰澌覆地，乌春不能进。既而悔曰："此天也！"乃引兵去。乌春舍于阿里矮村滓不乃家，而以兵围其弟胜昆于胡不村。兵退，胜昆执其兄滓不乃，而请莅杀于世祖，且请免其孥戮。从之。桓赧、散达亦举兵，遣肃宗拒之。当是时，乌春兵在北，桓赧兵在南，其势甚盛。戒之曰："可和则与之和，否则决战！"肃宗兵败。会乌春以久雨解去，世祖乃以偏师涉舍很水，经贴割水，覆桓赧、散达之家。明日，大雾晦冥，失道，至婆多吐水乃觉。即还至舍很、贴割之间，升高阜望之，见六骑来，大呼，驰击之。世祖射一人毙，生获五人，问之，乃知卜灰、撒骨出使助桓赧、散达者也。世祖至桓赧、散达所居，焚荡其室家。杀百许人，旧将主保亦死之。比世祖还，与肃宗会，肃宗兵又败矣。世祖让肃宗失利之状。遣人议和，桓赧、散达曰："以尔盈歌之大赤马、辞不失之紫骝马与我，我则和。"二马皆女直名马，不许。

桓赧、散达大会诸部来攻，过裴满部，以其附于世祖也，纵火焚之。蒲察部沙秖勃堇、胡补答勃堇使阿喜来告难，世祖使之诡从以自全，曰："战则以旗鼓自别。"世祖往御桓赧之众，将行，有报者曰："跋黑食于爱妾之父家，肉张咽死矣！"乃遣肃宗求援于辽，遂率众出。使辞不失取海姑兄弟兵，已而乃知海姑兄弟贰於桓赧矣。欲并取其众，径至海姑。侦者报曰："敌已至。"将战，世祖戒辞不失曰："汝先阵于脱豁改原，待吾三扬旗，三鸣鼓，即弃旗决战。死生惟在今日，命不足惜！"使裴满胡喜牵大紫骝马以为贰马，驰至阵。时桓赧、散达盛强，世祖军吏未战而惧，皆植立无人色。世祖阳阳如平常，亦无责让之言，但令士卒解甲少憩，以水沃面，调麨水饮之。有顷，训励之，军势复振。乃避众独引穆宗，执其手密与之言曰："今日之事，若胜则已，万一有不胜，吾必无生。汝今介马遥观，勿预战事。若我死，汝勿收吾骨，勿顾恋亲戚，亟驰马奔告汝兄颇剌淑，于辽系籍受印，乞师以报此仇！"语毕，袒袖，不被甲，以缊袍垂襕护前后心，韔弓提剑，三扬旗，三鸣鼓，弃旗搏战，身为军锋，突入敌阵，众从之。辞不失从后奋击，大败之。乘胜逐之，自阿不弯至于北隘甸，死者如仆麻，破多吐水水为之赤，弃车甲马牛军实尽获之。世祖曰："今日之捷，非天不能及此，亦可以知足矣。虽纵之去，败军之气，没世不振。"乃引军还。世祖视其战地，驰突成大路，阔且三十陇。手杀九人，自相重积，人皆异之。桓赧、散达自此不能复聚，未几，各以其属来降，辽大安七年也。

初，桓赧兄弟之变，不术鲁部卜灰、蒲察部撒骨出助之。至是，招之，不肯和。卜灰之党石鲁遂杀卜灰来降。撒骨出追蹑亡者，道傍人潜射之，中口而死。自是旧部悉归。景祖时，斡勒部人杯乃来属，及是，有他志。会其家失火，因以纵火诬欢部，世祖征偿如约。杯乃不自安，遂结乌春、窝谋罕举兵。使肃宗与战，败之，获杯乃，世祖献之于辽。腊醅、麻产侵掠野居女直，略来流水牧马。世祖击之，中四创，久之疾愈。腊醅等复略穆宗牧马，交结诸部。世祖复伐之，腊醅等绐降，乃旋。腊醅得姑里甸兵百十有七人，据暮稜水守险，石显子婆诸刊亦在其中。世祖围而克之，尽获姑里甸兵。麻产遁去。遂擒腊醅及婆诸刊，皆献之辽。既已，复请之，辽人与之，并以前后所献罪人归之。欢都大破乌春等于斜堆，故石、拔石皆就擒。世祖自将与欢都合兵岭东，诸军皆至。是时，乌春已前死，窝谋罕请于辽，愿和解。既与和，复来袭，乃进军围之。窝谋罕弃城遁去。破其城，尽俘获之，以功差次分赐诸军。城始破，议渠长生杀，众皆长跪，辽使者在坐。忽一人佩长刀突前咫尺，谓世祖曰："勿杀我！"辽使及左右皆走匿。世祖色不少动，执其人之手，语之曰："吾不杀汝也。"于是罚左右匿者，曰："汝等何敢失次耶？"罚既已，乃徐使执突前者杀之。其胆勇镇物如此。

师还，寝疾，遂笃。元娶拏懒氏哭不止，世祖曰："汝勿哭，汝惟后我一岁耳。"肃宗请后事，曰："汝惟后我三年。"肃宗出，谓人曰："吾兄至此，亦不与我好言。"乃叩地而哭。俄呼穆宗谓曰："乌雅束柔善，若办集契丹事，阿骨打能之。"辽大安八年五月十五日卒。袭位十九年，年五十四。明年，拏懒氏卒。又明年，肃宗卒。肃宗病笃，叹曰："我兄真多智哉！"世祖天性严重，有智识，一见必识，暂闻不忘。凝寒不缩栗，动止不回顾。每战未尝被甲，先以梦兆候其胜负。尝乘醉骑驴入室中，明日见驴足迹，问而知之，自是不复饮酒。袭位之初，内外溃叛，缔交为寇。世祖乃因败为功，变弱为强。既破桓赧、散达、乌春、窝谋罕，基业自此大矣。天会十五年，追谥圣肃皇帝，庙号世祖。皇统四年，号其藏曰永陵。五年，增谥世祖神武圣肃皇帝。

母弟颇剌淑袭节度使，景祖第四子也，是为肃宗。辽重熙十一年壬午岁生。在父兄时号国相。国相之称不知始何时。初，雅达为国相。雅达者，桓赧、散达之父也。景祖以币马求之于雅达，而命肃宗为之。肃宗自幼机敏善辩。当其兄时，身居国相，尽心匡辅。是时，叔父跋黑有异志，及桓赧、散达、乌春、窝谋罕、石显父子、腊醅、麻产作难，用兵之际，肃宗屡当一面。尤能知辽人国政人情。凡有辽事，一切委之肃宗专心焉。凡白事于辽官，皆令远跪陈辞，译者传致之，往往为译者错乱。肃宗欲得自前委曲言之，故先不以实告译者。译者惑之，不得已，引之前，使自言。乃以草木瓦石为筹，枚数其事而陈之。官吏听者皆愕然，问其故，则为卑辞以对曰："鄙陋无文，故如此。"官吏以为实然，不复疑之，是以所诉无不如意。

桓赧、散达之战，部人赛罕死之，其弟活罗阴怀忿怨。一日，忽以剑脊置肃宗项上曰："吾兄为汝辈死矣！刭汝以偿，则如之何？"久之，因其兄柩至，遂怒而攻习不出，习不出走避之。攻肃宗于家，矢注次室之裙，著于门扉。复攻欢都，欢都衷甲拒于室中，既不能入，持其门旗而去，往附杯乃。杯乃诱乌春兵度岭，世祖与遇于苏素海甸。世祖曰："予昔有异梦，今不可亲战。若左军中有力战者，则大功成矣！"命肃宗及斜列、辞不失与之战。肃宗下马，名呼世祖，复自呼其名而言曰："若天助我当为众部长，则今日之事神祇监之。"语毕再拜。遂炷火束缊。顷之，大风自后起，火益炽。是时八月，并青草皆焚之，烟焰涨天。我军随烟冲击，大败之。遂获杯乃，囚而献诸辽。并获活罗，肃宗释其罪，左右任使之，后竟得其力焉。

大安八年，自国相袭位。是时，麻产尚据直屋铠水，缮完营堡，诱纳亡命。招之，不听，遣康宗伐之。太祖别军取麻产家属，锜釜无遗。既获麻产，杀之，献馘于辽。陶温水民来附。二年癸酉，遣太祖以偏师伐泥庞古部帅水抹离海村跋黑、播立开，平之，自是寇贼皆息。三年八月，肃宗卒。天会十五年，追谥穆宪皇帝。皇统四年，藏号泰陵。五年，增谥肃宗明睿穆宪皇帝。

母弟穆宗，讳盈歌，字乌鲁完，景祖第五子也。南人称扬割太师，又曰扬割追谥孝平皇帝，号穆宗，又曰扬割号仁祖。金代无号仁祖者，穆宗讳盈歌，谥孝平，"盈"近"扬"，"歌"近"割"，南北音讹。辽人呼节度使为太师，自景祖至太祖皆有是称。凡《丛言》、《松漠记》、张棣《金志》等书皆无足取。穆宗，辽重熙二十二年癸巳岁生。肃宗时擒麻产，辽命穆宗为详稳。大安十年甲戌，袭节度使，年四十二。以兄劾者子撒改为国相。

三年丙子，唐括部跋葛勃堇与温都部人跋忒有旧，跋葛以事往，跋忒杀跋葛。使太祖率师伐跋忒，跋忒亡去，追及，杀之星显水，纥石烈部阿疏、毛睹禄阻兵为难，穆宗自将伐阿疏，撒改以偏师攻钝恩城，拔之。阿疏初闻来伐，乃自诉于辽。遂留劾者守阿疏城，穆宗乃还。会陶温水、徒笼古水纥石烈部阿阁版及石鲁阻五国鹰路，执杀辽捕鹰使者。辽诏穆宗讨之，阿阁版等据险立栅。方大寒，乃募善射者操劲弓利矢攻之。数日，入其城，出辽使存者数人，俾之归。统门、浑蠢水之交乌古论部留可、诈都与苏滨水乌古论敌库德，起兵于米里迷石罕城，纳根涅之子钝恩亦亡去，于是两党作难。八月，撒改为都统，辞不失、阿里合懑、斡带副之，以伐留可、诈都、坞塔等。谩都诃、石土门伐敌库德。撒改欲先平边地城堡，或欲先取留可，莫能决，乃命太祖往。钝恩将援留可，乘谩都诃兵未集而攻之。石土门军既与谩都诃会，迎击钝恩，大败之，降米里迷石罕城，获钝恩、敌库德，释弗杀。太祖度盆搦岭，与撒改会，攻破留可城，留可已先往辽矣，尽杀其城中渠长。还围坞塔城，坞塔先已亡在外，城降于军。诈都亦降于蒲家奴，于是抚宁诸路如旧时。太师因致穆宗，教统门、浑蠢、耶悔、星显四路及岭东诸部自今勿复称都部长。命胜管、丑阿等抚定乙离骨岭注阿门水之西诸部居民，又命斡带及偏裨悉平二涅囊虎、二蠢出等路寇盗而还。

七年庚辰，劾者尚守阿疏城，毛睹禄来降。阿疏犹在辽，辽使使来罢兵。未到，穆宗使乌林答石鲁往佐劾者，戒之曰："辽使来罢兵，但换我军衣服旗帜与阿疏城中无辨，勿令辽使知之。"因戒劾者曰："辽使可以计却，勿听其言遽罢兵也。"辽使果来罢兵，穆宗使蒲察部胡鲁勃堇、邈逊孛堇与俱至阿疏城。劾者见辽使，诡谓胡鲁、邈逊曰："我部族自相攻击，干汝等何事？谁识汝之太师？"乃援创刺杀胡鲁、邈逊所乘马。辽使惊骇遽走，不敢回顾，径归。居数日，破其城。狄故保还自辽。在城中，执而杀之。阿疏复诉于辽。辽遣奚节度使乙烈来。穆宗至来流水兴和村，见乙烈。问阿疏城事，命穆宗曰："凡攻城所获，存者复与之，不存者备偿。"且征马数百匹。穆宗与僚佐谋曰："若偿阿疏，则诸部不复可号令任使也。"乃令主限、秃答两水之民阳为阻绝鹰路，复使鳖故德部节度使言于辽曰："欲开鹰路，非生女直节度使不可。"辽不知其为穆宗谋也，信之，命穆宗讨阻绝鹰路者，而阿疏城事遂止。穆宗声言平鹰路，畋于土温水而归。是岁，留可来降。八年辛巳，辽使使持赐物来赏平鹰路之有功者。

九年壬午，使蒲家奴以辽赐，给主限、秃答之民，且修鹰路而归。冬，萧海里叛，入于系案女直阿典部，遣其族人斡达剌来结和，曰："愿与太师为友，同往伐辽。"穆宗执斡达剌。会辽命穆宗捕讨海里，穆宗送斡达剌于辽，募军得甲千余。女直甲兵之数，始见于此，盖未尝满千也。军次混同水，萧海里再使人来，复执之。既而与海里遇。海里遥问曰："我使者安在？"对曰："与后人偕来。"海里不信。是时，辽追海里兵数千人，攻之不能克。穆宗谓辽将曰："退尔军，我当独取海里。"辽将许之。太祖策马突战，流矢中海里首，海里堕马下，执而杀之，大破其军。使阿离合懑献馘于辽。金人自此知辽兵之易与也。是役也，康宗最先登，于是以先登并有功者为前行，次以诸军护俘获归所部。穆宗朝辽主于渔所，大被嘉赏，授以使相，锡予加等。

十年癸未二月，穆宗还。辽使使授从破海里者官赏。高丽始来通好。十月二十九日，穆宗卒，年五十有一。初，诸部各有信牌，穆宗用太祖议，擅置牌号者置于法，自是号令乃一，民听不疑矣。自景祖以来，两世四主，志业相因，卒定离析，一切治以本部法令，东南至于乙离骨、曷懒、耶懒、土骨论，东北至于五国、主限、秃答，金盖盛于此。天会十五年，追谥孝平皇帝，庙号穆宗。皇统四年，号其藏曰献陵。五年，增谥章顺孝平皇帝。

兄子康宗，讳乌雅束，字毛路完，世祖长子也。辽清宁七年辛丑岁生。乾统三年癸未，袭节度使，年四十三。穆宗末年，阿疏使达纪诱扇边民，曷懒甸人执送之。穆宗使石适欢抚纳曷懒甸，未行，穆宗卒，至是遣焉。先是，高丽通好，既而颇有隙，高丽使来请议事，使者至高丽，拒而不纳。五水之民附于高丽，执团练使十四人。语在《高丽传》中。二年甲申，高丽再来伐，石适欢再破之。高丽复请和，前所执团练十四人皆遣归，石适欢抚定边民而还。苏滨水民不听命，使斡带至活罗海川，召诸官僚告谕之。含国部苏滨水居斡豁勃堇不至。斡准部、职德部既至，复亡去。坞塔遇二部于马纪岭，执之而来，遂伐斡豁，克之。斡带进至北琴海，攻拔泓忒城，乃还。四年丙戌，高丽遣黑欢方石来贺袭位，遣杯鲁报之。高丽约还诸亡在彼者，乃使阿聒、胜昆往受之。高丽背约，杀二使，筑九城于曷懒甸，以兵数万来攻。斡赛败之。斡鲁亦筑九城，与高丽九城相对。高丽复来攻，斡赛复败之。高丽约以还逋逃之人，退九城之军。复所侵故地。九月，乃罢兵。七年己丑，岁不登，减盗贼征偿，振贫乏者。十一年癸巳，康宗卒，年五十三。天会十五年，追谥恭简皇帝。皇统四年，号其藏曰乔陵。五年，增谥康宗献敏恭简皇帝。

赞曰：金之厥初，兄弟三人，亦微矣。熙宗追帝祖宗，定著始祖、景祖、世祖庙，世世不祧。始祖娶六十之妇而生二男一女，岂非天耶？景祖不受辽籍辽印，取雅达国相以与其子。世祖既破桓赧、散达，辽政日衰，而以太祖属之穆宗，其思虑岂不深远矣夫！

卷二　本纪第二

太祖

太祖应乾兴运昭德定功仁明庄孝大圣武元皇帝，讳旻，本讳阿骨打，世祖第二子也。母曰翼简皇后拏懒氏。辽道宗时有五色云气屡出东方，大若二千斛囷仓之状，司天孔致和窃谓人曰："其下当生异人，建非常之事。天以象告，非人力所能为也。"咸雍四年戊申，七月一日，太祖生。幼时与群儿戏，力兼数辈，举止端重，世祖尤爱之。世祖与腊碚、麻产战于野鹊水，世祖被四创，疾困，坐太祖于膝，循其发而抚之，曰："此儿长大，吾复何忧？"十岁，好弓矢。甫成童，即善射。一日，辽使坐府中，顾见太祖手持弓矢，使射群鸟，连三发皆中。辽使矍然曰："奇男子也！"太祖尝宴纥石烈部活离罕家，散步门外，南望高阜，使众射之，皆不能至。太祖一发过之，度所至逾三百二十步。宗室谩都诃最善射远，其不及者犹百步也。天德三年，立射碑以识焉。

世祖伐卜灰，太祖因辞不失请从行，世祖不许而心异之。乌春既死，窝谋罕请和。既请和，复来攻，遂围其城。太祖年二十三，被短甲，免胄，不介马，行围号令诸军。城中望而识之。壮士太峪乘骏马持枪出城，驰刺太祖。太祖不及备，舅氏活腊胡驰出其间，击太峪，枪折，刺中其马，太峪仅得免。尝与沙忽带出营杀略，不令世祖知之。且还，敌以重兵追之。独行隘巷中，失道，追者益急。值高岸与人等，马一跃而过，追者乃还。世祖寝疾，太祖以事如辽统军司。将行，世祖戒之曰："汝速了此事，五月未半而归，则我犹及见汝也。"太祖往见曷鲁骚古统军，既毕事，前世祖没一日还至家。世祖见太祖来，所请事皆如志，喜甚，执太祖手，抱其颈而抚之，谓穆宗曰："乌雅束柔善，惟此子足了契丹事。"穆宗亦雅重太祖，出入必俱。太祖远出而归，穆宗必亲迓之。

世祖已擒腊醅，麻产尚据直屋铠水。肃宗使太祖先取麻产家属，康宗至直屋铠水围之。太祖会军，亲获麻产，献馘于辽。辽命太祖为详稳，仍命穆宗、辞不失、欢都皆为详稳. 久之。以偏师伐泥庞古部跋黑、播立开等，乃以达涂阿为乡导，沿帅水夜行袭之，卤其妻子。初，温都部跋忒杀唐括部跋葛，穆宗命太祖伐之。太祖入辞，谓穆宗曰："昨夕见赤祥，此行必克敌。"遂行。是岁大雪，寒甚。与乌古论部兵沿土温水过末邻乡，追及跋忒于阿斯温山北泺之间，杀之。军还，穆宗亲迓太祖于霭建村。

撒改以都统伐留可，谩都诃合石土门伐敌库德。撒改与将佐议，或欲先平边地部落城堡，或欲径攻留可城，议不能决，愿得太祖至军中。穆宗使太祖往，曰："事必有可疑。军之未发者止有甲士七十，尽以畀汝。"谩都诃在米里迷石罕城下，石土门未到，土人欲执谩都诃以与敌，使来告急，遇太祖于斜堆甸。太祖曰："国兵尽在此矣。使敌先得志于谩都诃，后虽种诛之，何益也。"乃分甲士四十与之。太祖以三十人诣撒改军。道遇人曰："敌已据盆搦岭南路矣。"众欲由沙偏岭往，太祖曰："汝等畏敌耶？"既度盆搦岭，不见敌，已而闻敌乃守沙偏岭以拒我。及至撒改军，夜急攻之，迟明破其众。是时，留可、坞塔皆在辽。既破留可，还攻坞塔城，城中人以城降。初，太祖过盆搦岭，经坞塔城下，从骑有后者，坞塔城人攻而夺之釜。太祖驻马呼谓之曰："毋取我炊食器。"其人谩言曰："公能来此，何忧不得食。"太祖以鞭指之曰："吾破留可，即于汝乎取之。"至是，其人持釜而前曰："奴辈谁敢毁详稳之器也。"遣蒲家奴招诈都，诈都乃降，释之。穆宗将伐萧海里，募兵得千余人。女直兵未尝满千，至是，太祖勇气自倍，曰："有此甲兵，何事不可图也！"海里来战，与辽兵合，因止辽人，自为战。勃海留守以甲赠太祖，太祖亦不受。穆宗问何为不受？曰："被彼甲而战，战胜则是因彼成功也。"穆宗末年，令诸部不得擅置信牌驰驿讯事，号令自此始一，皆自太祖启之。

康宗七年，岁不登，民多流莩，强者转而为盗。欢都等欲重其法，为盗者皆杀之。太祖曰："以财杀人，不可！财者，人所致也。"遂减盗贼征偿法为征三倍。民间多逋负，卖妻子不能偿，康宗与官属会议，太祖在外庭以帛系杖端，麾其众，令曰："今贫者不能自活，卖妻子以偿债。骨肉之爱，人心所同。自今三年勿征，过三年徐图之。"众皆听令，闻者感泣，自是远近归心焉。岁癸巳十月，康宗梦逐狼，屡发不能中，太祖前射中之。旦日，以所梦问僚佐，众曰："吉。兄不能得而弟得之之兆也。"是月，康宗即世，太祖袭位为都勃极烈。辽使阿息保来，曰："何以不告丧？"太祖曰："有丧不能吊，而乃以为罪乎？"他日，阿息保复来，径骑至康宗殡所，阅赗马，欲取之。太祖怒，将杀之，宗雄谏而止。既而辽命久不至。辽主好畋猎、淫酗，怠于政事，四方奏事，往往不见省。纥石烈阿疏既奔辽，穆宗取其城及其部众，不能归。遂与族弟银术可、辞里罕阴结南江居人浑都仆速，欲与俱亡入高丽。事觉，太祖使夹古撒喝捕之，而银术可、辞里罕先为辽戍所获，浑都仆速已亡去，撒喝取其妻子而还。

二年甲午六月，太祖至江西，辽使使来致袭节度之命。初，辽每岁遣使市名鹰海东青于海上，道出境内，使者贪纵，征索无艺，公私厌苦之。康宗尝以不遣阿疏为言，稍拒其使者。太祖嗣节度，亦遣蒲家奴往索阿疏，故常以此二者为言，终至于灭辽然后已。至是，复遣宗室习古乃、完颜银术可往索阿疏。习古乃等还，具言辽主骄肆废弛之状。于是召官僚耆旧，以伐辽告之，使备冲要，建城堡，修戎器，以听后命。辽统军司闻之，使节度使捏哥来问状，曰："汝等有异志乎？修战具，饬守备，将以谁御？"太祖答之曰："设险自守，又何问哉！"辽复遣阿息保来诘之。太祖谓之曰："我小国也，事大国不敢废礼。大国德泽不施，而逋逃是主，以此字小，能无望乎？若以阿疏与我，请事朝贡。苟不获已，岂能束手受制也。"阿息保还，辽人始为备，命统军萧挞不野调诸军于宁江州。太祖闻之，使仆聒剌复索阿疏，实观其形势。仆聒剌还言："辽兵多，不知其数。"太祖曰："彼初调兵，岂能遽集如此。"复遣胡沙保往，还言："惟四院统军司与宁江州军及渤海八百人耳。"太祖曰："果如吾言。"谓诸将佐曰："辽人知我将举兵，集诸路军备我，我必先发制之，无为人制。"众皆曰："善。"乃入见宣靖皇后，告以伐辽事。后曰："汝嗣父兄立邦家，见可则行。吾老矣，无贻我忧，汝必不至是也。"太祖感泣，奉觞为寿。即奉后率诸将出门，举觞东向，以辽人荒肆，不归阿疏，并已用兵之意，祷于皇天后土。酹毕，后命太祖正坐，与僚属会酒，号令诸部。使婆卢火征移懒路迪古乃兵，斡鲁古、阿鲁抚谕斡忽、急赛两路系辽籍女直，实不迭往完睹路执辽障鹰官达鲁古部副使辞列、宁江州渤海大家奴。于是达鲁古部实里馆来告曰："闻举兵伐辽，我部谁从？"太祖曰："吾兵虽少，旧国也，与汝邻境，固当从我。若畏辽人，自往就之。"

九月，太祖进军宁江州，次寥晦城。婆卢火征兵后期，杖之，复遣督军。诸路兵皆会于来流水，得二千五百人。致辽之罪，申告于天地曰："世事辽国，恪修职贡，定乌春、窝谋罕之乱，破萧海里之众，有功不省，而侵侮是加。罪人阿疏，屡请不遣。今将问罪于辽，天地其鉴佑之。"遂命诸将传梃而誓曰："汝等同心尽力，有功者，奴婢部曲为良，庶人官之，先有官者叙进，轻重视功。苟违誓言，身死梃下，家属无赦。"师次唐括带斡甲之地，诸军禳射，介而立，有光如烈火，起于人足及戈矛之上，人以为兵祥。明日，次扎只水，光见如初。将至辽界，先使宗斡督士卒夷堑。既度，遇渤海军攻我左翼七谋克，众少却，敌兵直犯中军。斜也出战，哲垤先驱。太祖曰："战不可易也。"遣宗斡止之。宗斡驰出斜也前，控止哲垤马，斜也遂与俱还。敌人从之，耶律谢十坠马，辽人前救。太祖射救者毙。并射谢十中之。有骑突前，又射之，彻扎洞胸。谢十拔箭走，追射之，中其背，饮矢之半，偾而死，获所乘马。宗幹与数骑陷辽军中，太祖救之，免胄战。或自傍射之，矢拂于颡。太祖顾见射者，一矢而毙。谓将士曰："尽敌而止。"众从之，勇气自倍。敌大奔，相蹂践死者十七八。撒改在别路，不及会战，使人以战胜告之，而以谢十马赐之。撒改使其子宗翰、完颜希尹来贺，且称帝，因劝进。太祖曰："一战而胜，遂称大号，何示人浅也。"进军宁江州，诸军填堑攻城。宁江人自东门出，温迪痕、阿徒罕邀击，尽殪之。十月朔，克其城，获防御使大药师奴，阴纵之，使招谕辽人。铁骊部来送款。次来流城，以俘获赐将士。召渤海梁福、斡答剌使之伪亡去，招谕其乡人曰："女直、渤海本同一家，我兴师伐罪，不滥及无辜也。"使完颜娄室招谕系辽籍女直。师还，谒宣靖皇后，以所获颁宗室耆老，以实里馆赀产给将士。初命诸路以三百户为谋克，十谋克为猛安。酬斡等抚定谗谋水女直。鳖古酋长胡苏鲁以城降。

十一月，辽都统萧纥里、副都统挞不野将步骑十万会于鸭子河北。太祖自将击之。未至鸭子河，既夜，太祖方就枕，若有扶其首者三，寤而起，曰："神明警我也！"即鸣鼓举燧而行。黎明及河，辽兵方坏凌道，选壮士十辈击走之。大军继进，遂登岸。甲士三千七百，至者才三之一。俄与敌遇于出河店，会大风起，尘埃蔽天，乘风势击之，辽兵溃。逐至斡论泺，杀获首虏及车马甲兵珍玩不可胜计，遍赐官属将士，燕犒弥日。辽人尝言女直兵若满万则不可敌，至是始满万云。斡鲁古败辽兵，斩其节度使挞不野。仆虺等攻宾州，拔之。兀惹雏鹘室来降。辽将赤狗儿战于宾州，仆虺、浑黜败之。铁骊王回离保以所部降。吾睹补、蒲察复败赤狗儿、萧乙薛军于祥州东。斡忽、急塞两路降。斡鲁古败辽军于咸州西，斩统军实娄于阵。完颜娄室克咸州。是月，吴乞买、撒改、辞不失率官属诸将劝进，愿以新岁元日恭上尊号，太祖不许。阿离合懑、蒲家奴、宗翰等进曰："今大功已建，若不称号，无以系天下心。"太祖曰："吾将思之。"

收国元年正月壬申朔，群臣奉上尊号。是日，即皇帝位。上曰："辽以宾铁为号，取其坚也。宾铁虽坚，终亦变坏，惟金不变不坏。金之色白，完颜部色尚白。"于是国号大金，改元收国。丙子，上自将攻黄龙府，进临益州。州人走保黄龙，取其余民以归。辽遣都统耶律讹里朵、左副统萧乙薛、右副统耶律张奴、都监萧谢佛留，骑二十万、步卒七万戍边。留娄室、银术可守黄龙，上率兵趋达鲁古城，次宁江州西。辽使僧家奴来议和，国书斥上名，且使为属国。庚子，进师，有火光正圆，自空而坠。上曰："此祥征，殆天助也！"酹白水而拜，将士莫不喜跃，进逼达鲁古城。上登高望辽兵若连云灌木状，顾谓左右曰："辽兵心贰而情怯。虽多不足畏！"遂趋高阜为阵。宗雄以右翼先驰辽左军，左军却。左翼出其阵后，辽右军皆力战。娄室、银术可冲其中坚。凡九陷阵，皆力战而出。宗翰请以中军助之。上使宗幹往为疑兵。宗雄已得利，击辽右军，辽兵遂败。乘胜追蹑，至其营，会日已暮，围之。黎明，辽军溃围出，逐北至阿娄冈。辽步卒尽殪，得其耕具数千以给诸军。是役也，辽人本欲屯田，且战且守，故并其耕具获之。二月，师还。三月辛未朔，猎于寥晦城。四月，辽耶律张奴以国书来。上以书辞慢侮，留其五人，独遣张奴回报，书亦如之。五月庚午朔，避暑于近郊。甲戌，拜天射柳。故事，五月五日、七月十五日、九月九日拜天射柳，岁以为常。六月己亥朔，辽耶律张奴复以国书来，犹斥上名。上亦斥辽主名以复之，且谕之使降。七月戊辰，以弟吴乞买为谙班勃极烈，国相撒改为国论勃极烈。辞不失为阿买勃极烈，弟斜也为国论昊勃极烈，甲戌，辽使辞剌以书来，留之不遣。九百奚营来降。

八月戊戌，上亲征黄龙府。次混同江，无舟，上使一人道前，乘赭白马径涉，曰："视吾鞭所指而行。"诸军随之，水及马腹。后使舟人测其渡处，深不得其底。熙宗天眷二年，以黄龙府为济州，军曰利涉，盖以太祖涉济故也。九月，克黄龙府，遣辞剌还，遂班师。至江，径渡如前。丁丑，至自黄龙府。己卯，黄龙见空中。癸巳，以国论勃极烈撒改为国论忽鲁勃极烈，阿离合懑为国论乙室勃极烈。十一月，辽主闻取黄龙府，大惧，自将七十万至驼门。驸马萧特末、林牙萧查剌等将骑五万、步四十万至斡邻泺。上自将御之。十二月己亥，行次爻剌，会诸将议。皆曰："辽兵号七十万，其锋未易当。吾军远来。人马疲乏，宜驻于此，深沟高垒以待。"上从之。遣迪古乃、银术可镇达鲁古。丁未，上以骑兵亲候辽军，获督饷者，知辽主以张奴叛，西还二日矣。是日，上还至熟结泺，有光见于矛端。戊申，诸将曰："今辽主既还，可乘怠追击之。"上曰"敌来不迎战，去而追之，欲以此为勇邪?"众皆悚愧，愿自效。上复曰："诚欲追敌，约赍以往，无事馎馈。若破敌，何求不得。"众皆奋跃，追及辽主于护步荅冈。是役也，兵止二万。上曰："彼众我寡，兵不可分。视其中军最坚，辽主必在焉。败其中军，可以得志。"使右翼先战。兵数交，左翼合而攻之。辽兵大溃，我师驰之，横出其中。辽师败绩，死者相属百余里。获舆辇帟幄兵械军资，他宝物马牛不可胜计。是战，斜也援矛杀数十人，阿离本被围，温迪罕迪忽迭以四谋克兵出之，完颜蒙刮身被数创，力战不已，功皆论最。萧特末等焚营遁去，遂班师。来谷撒喝取开州，婆卢火下特邻城，辞里罕降。

二年正月戊子，诏曰："自破辽兵，四方来降者众，宜加优恤。自今契丹、奚、汉、渤海、系辽籍女直、室韦、达鲁古、兀惹、铁骊诸部官民，已降或为军所俘获，逃遁而还者，勿以为罪。其酋长仍官之，且使从宜居处。"闰月，高永昌据东京，使挞不野来求援。高丽遣使来贺捷，且求保州。诏许自取之。二月己巳，诏曰："比以岁凶，庶民艰食，多依附豪族，因为奴隶，及有犯法，征偿莫办，折身为奴者，或私约立限，以人对赎，过期则为奴者，并听以两人赎一为良。若元约以一人赎者，即从元约。"四月乙丑，以斡鲁统内外诸军，与蒲察、迪古乃会咸州路都统斡鲁古讨高永昌。胡沙补等被害。五月，斡鲁等败永昌，挞不野擒永昌以献，戮之于军。东京州县及南路系辽女直皆降。诏除辽法，省税赋，置猛安谋克一如本朝之制。以斡鲁为南路都统、迭勃极烈。阿徒罕破辽兵六万于照散城。九月己亥，上猎近郊。乙巳，南路都统斡鲁来见于婆卢买水。始制金牌。十二月庚申朔，谙班勃极烈吴乞买及群臣上尊号曰大圣皇帝，改明年为天辅元年。

天辅元年正月，开州叛，加古撒喝等讨平之。国论昊勃极烈斜也以兵一万取泰州。四月，辽秦晋国王耶律捏里来伐，迪古乃、娄室、婆卢火将兵二万，会咸州路都统斡鲁古击之。五月丁巳，诏自收宁江州已后同姓为婚者，杖而离之。七月戊申，以完颜斡论知东京事。八月癸亥，高丽遣使来请保州。十二月甲子，斡鲁古等败耶律捏里兵于蒺藜山，拔显州，乾、懿、豪、徽、成、川、惠等州皆降。是月，宋使登州防御使马政以国书来，其略曰："日出之分，实生圣人。窃闻征辽，屡破勍敌。若克辽之后，五代时陷入契丹汉地，愿畀下邑。"

二年正月庚寅，辽双州节度使张崇降。使散睹如宋报聘，书曰："所请之地，今当与宋夹攻，得者有之。"二月癸丑朔，辽使耶律奴哥等来议和。辛酉，孛堇迪古乃、娄室来见。上以辽主近在中京，而敢辄来，皆杖之。勃里保、双古等言，咸州都统斡鲁古知辽主在中京而不进讨，刍粮丰足而不以实闻，攻显州时所获生口财畜多自取。三月癸未朔，命阇哥代为都统而鞫治之，斡鲁古坐降谋克。壬辰，辽使耶律奴哥以国书来。庚子，以娄室言黄龙府地僻且远，宜重戍守，乃命合诸路谋克，以娄室为万户镇之。四月辛巳，辽使以国书来。五月丙申，命胡突衮如辽。六月甲寅，诏有司禁民凌虐典雇良人，及倍取赎直者。甲戌，辽通、祺、双、辽等州八百余户来归，命分置诸部，择膏腴之地处之。七月癸未，诏曰："匹里水路完颜术里古、渤海大家奴等六谋克贫乏之民，昔尝给以官粮，置之渔猎之地。今历日已久，不知登耗，可具其数以闻。"胡突衮还自辽，耶律奴哥复以国书来。丙申，胡突衮如辽。辽户二百来归，处之泰州。诏遣阿里骨、李家奴、特里底招谕未降者。仍诏达鲁古部勃堇辞列："凡降附新民，善为存抚。来者各令从便安居，给以官粮，毋辄动扰。"八月，胡突衮还自辽，耶律奴哥、突迭复以国书来。九月戊子，诏曰："国书诏令，宜选善属文者为之。其令所在访求博学雄才之士，敦遣赴阙。"闰月庚戌朔，以降将霍石、韩庆和为千户。九百奚部萧宝、乙辛，北部讹里野，汉人王六儿、王伯龙，契丹特末、高从佑等，各率众来降。辽耶律奴哥以国书来。十月癸未，以龙化州降者张应古、刘仲良为千户。乙未，咸州都统司言，汉人李孝功、渤海二哥率众来降。命各以所部为千户。十二月甲辰，遣孛堇术孛以定辽地谕高丽。耶律奴哥以国书来。辽懿州节度使刘宏以户三千并执辽候人来降，以为千户。川州寇二万已降复叛，纥石烈照里击破之。

三年正月甲寅，东京人为质者永吉等五人结众叛。事觉，诛其首恶，余皆杖百，没入在行家属资产之半。诏知东京事斡论，继有犯者并如之。丙辰，诏鳖古孛堇酬斡曰："胡鲁古、迭八合二部来送款，若等先时不无交恶，自今毋相侵扰。"三月，耶律奴哥以国书来。四月丙子朔，日有食之。五月壬戌，诏咸州路都统司曰："兵兴以前，曷苏馆、回怕里与系辽籍、不系辽籍女直户民，有犯罪流窜边境或亡入于辽者，本皆吾民，远在异境，朕甚悯之。今即议和，当行理索。可明谕诸路千户、谋克，遍与询访其官称、名氏、地里，具录以上。"六月辛卯，辽遣太傅习泥烈等奉册玺来，上摘册文不合者数事复之。散睹还自宋。宋使马政及其子宏来聘。散睹受宋团练使，上怒，杖而夺之。宋使还，复遣孛堇辞列、曷鲁等如宋。七月辛亥，辽人杨询卿、罗子韦各率众来降，命各以所部为谋克。八月己丑，颁女直字。九月，以辽册礼使失期，诏诸路军过江屯驻。十一月，习泥烈等复以国书来。曷懒甸长城，高丽增筑三尺。诏胡剌古、习显慎固营垒。

四年二月，辞列、曷鲁还自宋。宋使赵良嗣、王晖来议燕京、西京地。三月甲辰，上谓群臣曰："辽人屡败，遣使求成，惟饰虚辞，以为缓师之计，当议进讨。其令咸州路统军司治军旅、修器械，具数以闻。"辛酉，诏咸州路都统司曰："朕以辽国和议无成，将以四月二十五日进师。"令斜葛留兵一千镇守，阇母以余兵来会于浑河。辽习泥烈以国书来。四月乙未，上自将伐辽。以辽使习泥烈、宋使赵良嗣等从行。五月甲辰，次浑河西，使宗雄先趋上京，遣降者马乙持诏谕城中。壬子，至上京，诏官民曰："辽主失道，上下同怨。朕兴兵以来，所过城邑负固不服者即攻拔之，降者抚恤之，汝等必闻之矣。今尔国和好之事，反覆见欺，朕不欲天下生灵久罹涂炭，遂决策进讨。比遣宗雄等相继招谕，尚不听从。今若攻之，则城破矣！重以吊伐之义，不欲残民，故开示明诏，谕以祸福，其审图之。"上京人恃御备储蓄为固守计。甲寅，亟命进攻。上谓习泥烈、赵良嗣等曰："汝可观吾用兵，以卜去就。"上亲临城，督将士诸军鼓噪而进。自旦及巳，阇母以麾下先登，克其外城，留守挞不野以城降。赵良嗣等奉觞为寿，皆称万岁。是日，赦上京官民。诏谕辽副统余睹。壬戌，次沃黑河。宗干率群臣谏曰："地远时暑，军马罢乏，若深入敌境，粮馈乏绝，恐有后艰。"上从之，乃班师，命分兵攻庆州。余睹袭阇母于辽河，完颜背荅、乌塔等战却之，完颜特虎死焉。七月癸卯，上至自伐辽。九月，烛隈水部实里古达等杀孛堇酬斡、仆忽得以叛。十月戊辰朔，日有食之。戊寅，命斡鲁分胡剌古、乌春之兵以讨实里古达。十一月，东京留守司乞本京官民质子增数番代，上不许，曰："诸质子已各受田庐，若复番代，则往来动摇，可并仍旧。"十二月，宋复使马政来请西京之地。

五年春正月，斡鲁败实里古达于合挞剌山，诛首恶四人，余悉抚定。二月，遣昱及宗雄分诸路猛安谋克之民万户屯泰州，以婆卢火统之，赐耕牛五十。四月乙丑朔，宗翰请伐辽，诏诸路预戒军事。五月，辽都统耶律余睹等诣咸州降。闰月辛巳，国论胡鲁勃极烈撒改薨。六月癸巳，余睹与其将吏来见。丙申，千户胡离荅坐擅署部人为蒲里衍，杖一百，罢之。庚子，诏谙版勃极烈吴乞买贰国政。以昊勃极烈斜也为忽鲁勃极烈，蒲家奴为昊勃极烈，宗翰为移赉勃极烈。七月庚辰，诏咸州都统司曰："自余睹来，灼见辽国事宜，已决议亲征，其治军以俟师期。"寻以连雨罢亲征。命昊勃极烈昱为都统，移赉勃极烈宗翰副之，帅师而西。十二月辛丑，以忽鲁勃极烈杲为内外诸军都统，以昱、宗翰、宗幹、宗望、宗盘等副之。甲辰，诏曰："辽政不纲，人神共弃。今欲中外一统，故命汝率大军以行讨伐。尔其慎重兵事，择用善谋，赏罚必行，粮饷必继，勿扰降服，勿纵俘掠，见可而进，无淹师期。事有从权，毋须申禀。"戊申，诏曰："若克中京，所得礼乐仪仗图书文籍，并先次津发赴阙。"

六年正月癸酉，都统杲克高、恩、回纥三城。乙亥，取中京，遂下泽州。二月庚寅朔，日有食之。己亥，宗翰等败辽奚王霞末于北安州，降。奚部西节度使讹里剌以本部降。壬寅，都统杲遣使来奏捷，并献所获货宝。诏曰："汝等提兵于外，克副所任，攻下城邑，抚安人民，朕甚嘉之。所言分遣将士招降山前诸部，计悉已抚定，续遣来报。山后若未可往，即营田牧马，俟及秋成，乃图大举。更当熟议，见可则行。如欲益兵，具数来上，不可恃一战之胜，辄有弛慢。新降附者当善抚存。宣谕将士，使知朕意。"宗翰驻北安，遣希尹等略地，获辽护卫耶律习泥烈，知辽主猎鸳鸯泺，以其子晋王贤而有人望，恶而杀之，众益离心。虽有西北、西南两路兵马，皆羸弱。遂遣耨碗温都等报都统杲进兵袭之。三月，都统杲出青岭，宗翰出瓢岭，追辽主于鸳鸯泺。辽主奔西京。宗翰复追至白水泺，不及，获其货宝。己巳，至西京。壬申，西京降。希尹追辽主于乙室部，不及。乙亥，西京复叛。是月，辽秦晋国王耶律捏里即位于燕。四月辛卯，复取西京。壬辰，遣徒单吴甲、高庆裔如宋。戊戌，都统杲自西京趋白水泺，昊勃极烈昱袭毗室部于铁吕川，为敌所败。还会察剌兵，追至黄水北，大破之。耶律坦招徕西南诸部，西至夏，其招讨使耶律佛顶降。金肃、西平二郡汉军四千余人叛去，耶律坦等袭取之。阇母、娄室招降天德、云内、宁边、东胜等州，获阿疏而还。是时，山西城邑诸部虽降，人心未固，辽主保阴山，耶律捏里在燕京，都统杲遣宗望入奏，请上临军。五月辛酉，宗望来奏捷，百官入贺，赐宴欢甚。先是，获辽枢密使得里底、节度使和尚、雅里斯、余里野等，都统杲使阿邻护送赴阙。得里底道亡，阿邻坐诛。耶律捏里遣使请罢兵。戊寅，使杨勉以书谕捏里，使之降。谋葛失遣其子菹泥刮失贡方物。六月戊子朔，上亲征辽，发自上京。谙班勃极烈吴乞买监国。辛亥，诏谕上京官民曰："朕顺天吊伐，已定三京，但以辽主未获，兵不能已。今者亲征，欲由上京路进，恐抚定新民，惊疑失业，已出自笃密吕。其先降后叛逃入险阻者，诏后出首，悉免其罪。若犹拒命，孥戮无赦。"是月，耶律捏里卒。斡鲁、娄室败夏人于野谷。七月甲子，诏诸将无得远迎，以废军务。乙丑，上京汉人毛八十率二千余户降，因命领之。丙寅，以斡荅剌招降者众，命领八千户，以忽薛副之。壬午，希尹以阿疏见，杖而释之。八月己丑，次鸳鸯泺。都统杲率官属来见。癸巳，上追辽主于大鱼泺。昱、宗望追及辽主于石辇铎，与战，败之，辽主遁。己亥，次居延北。辛丑，中京将完颜浑黜败契丹、奚、汉六万于高州，孛堇麻吉死之。得里得满部降。昱、宗望追辽主于乌里质铎，不及。九月庚申，次草泺。阇母平中京部族之先叛者，及招抚沿海郡县。节度使耶律慎思领诸部入内地。乙丑，诏六部奚曰："汝等既降复叛，扇诱众心，罪在不赦。尚以归附日浅，恐绥怀之道有所未孚，故复令招谕。若能速降，当释其罪，官皆仍旧。"归化州降。戊辰，次归化州。甲戌，宗雄薨。丁丑，奉圣州降。十月丙戌朔，次奉圣州。诏曰："朕屡敕将臣，安辑怀附，无或侵扰。然愚民无知，尚多逃匿山林，即欲加兵，深所不忍。今其逃散人民，罪无轻重，咸与矜免。有能率众归附者，授之世官。或奴婢先其主降，并释为良。其布告之，使谕朕意。"蔚州降。庚寅，余睹等遣蔚州降臣翟昭彦、徐兴、田庆来见。命昭彦、庆皆为刺史，兴为团练使。诏曰："比以幽、蓟一方招之不服，今欲帅师以往，故先安抚山西诸部。汝等既已怀服，宜加抚存。官民未附已前，罪无轻重及系官逋负，皆与释免，诸官各迁叙之。"丁酉，蔚州翟昭产、田庆杀知州事萧观宁等以叛。丙午，复降。十一月，诏谕燕京官民，王师所至，降者赦其罪，官皆仍旧。十二月，上伐燕京。宗望率兵七千先之，迪古乃出得胜口，银术哥出居庸关，娄室为左翼，婆卢火为右翼，取居庸关。丁亥，次妫州。戊子，次居庸关。庚寅，辽统军都监高六等来送款。上至燕京，入自南门，使银术哥、娄室阵于城上，乃次于城南。辽知枢密院左企弓、虞仲文，枢密使曹勇义，副使张彦忠，参知政事康公弼，佥书刘彦宗奉表降。辛卯，辽百官诣军门叩头请罪，诏一切释之。壬辰，上御德胜殿，群臣称贺。甲午，命左企弓等抚定燕京诸州县。诏西京官吏曰："乃者师至燕都，已皆抚定。唯萧妃与官属数人遁去，已发兵追袭，或至彼路，可执以来。"黄龙府叛，宗辅讨平之。

七年正月丁巳，辽奚王回离保僭称帝。甲子，辽平州节度使时立爱降。诏曲赦平州。又诏谙班勃极烈曰："比遣昂徙诸部民人于岭东，而昂悖戾，骚动烦扰，致多怨叛。其违命失众，当置重典。若或有疑，禁锢以待。"庚午，诏中京都统斡论曰："闻卿抚定人民，各安其业，朕甚嘉之。回离保聚徒逆命，汝宜计画，无使滋蔓。"壬申，诏招谕回离保。癸酉，以时立爱言招抚诸部。己卯，宋使来议燕京、西京地。庚辰，宜、锦、乾、显、成、川、豪、懿等州皆降。甲申，诏曰："诸州部族归附日浅，民心未宁。今农事将兴，可遣分谕典兵之官，无纵军士动扰人民，以废农业。"二月乙酉朔，命撒八诏谕兴中府，降之。辽来州节度使田颢、隰州刺史杜师回、迁州刺史高永福、润州刺史张成皆降。壬辰，诏谙版勃极烈曰："郡县今皆抚定，有逃散未降者，已释其罪，更宜招谕之。前后起迁户民，去乡未久，岂无怀土之心？可令所在有司，深加存恤，毋辄有骚动。衣食不足者，官赈贷之。"癸巳，诏曰："顷因兵事未息，诸路关津绝其往来。今天下一家，若仍禁之，非所以便民也。自今显、咸、东京等路往来，听从其便。其间被虏及鬻身者，并许自赎为良。"仍令驰驿布告。兴中、宜州复叛。宋使赵良嗣来，请加岁币以代燕税，及议画疆与遣使贺正旦生辰、置榷场交易，并计议西京等事。癸卯，银术哥、铎剌如宋。乙巳，诏都统杲曰："新附之民有材能者，可录用之。"戊申，诏平州官与宋使同分割所与燕京六州之地。癸丑，大赦。是月，改平州为南京，以张觉为留守。三月甲寅朔，将诛昂，以习不失谏，杖之七十，仍拘泰州。戊午，都统杲等言耶律麻哲告余睹、吴十、铎剌等谋叛，宜早图之。上召余睹等，从容谓之曰："朕得天下，皆我君臣同心同德以成大功，固非汝等之力。今闻汝等谋叛，若诚然耶，必须鞍马甲胄器械之属，当悉付汝，朕不食言。若再为我擒，无望免死。欲留事朕，无怀异志，吾不汝疑。"余睹等皆战栗不能对。命杖铎剌七十，余并释之。宋使卢益、赵良嗣、马宏以国书来。四月丁亥，遣斡鲁、宗望袭辽主于阴山。壬辰，复书于宋。师初入燕，辽兵复犯奉圣州，林牙大石壁龙门东二十五里。都统斡鲁闻之，遣照立、娄室、马和尚等率兵讨之，生获大石，悉降其众。癸巳，诏曰："自今军事若皆中覆，不无留滞。应此路事务申都统司，余皆取决枢密院。"契丹九斤取聚党兴中府作乱，擒之，九斤自杀。命习古乃、婆卢火监护长胜军，及燕京豪族工匠，由松亭关徙之内地。己亥，次儒州。斡鲁、宗望等袭辽权六院司喝离质于白水泺，获之。其宗属秦王、许王等十五人降。闻辽主留辎重青冢，以兵万人往应州，遣照里、背荅、宗望、娄室、银术哥等追袭之。宗望追及辽主，决战，大败之，获其子赵王习泥烈及传国玺。五月甲寅，南京留守张觉据城叛。丙寅，次野狐岭。己巳，次落藜泺。斡鲁等以赵王习泥烈、林牙大石、驸马乳奴等来献，并上所获国玺。宗隽以所俘辽主子秦王、许王、女奥野等来见。奚路都统挞懒攻速古、啜里、铁尼所部十三岩，皆平之。又遣奚马和尚攻下品、达鲁古并五院司诸部，执其节度乙列。回离保为其下所杀。辛巳，诏谕南京官民。六月壬午朔，次鸳鸯泺。是日，阇母败张觉于营州。丙申，上不豫，将还上京，命移赉勃极烈宗翰为都统，昊勃极烈昱、迭勃极烈斡鲁副之，驻兵云中，以备边。己酉，次斡独山驿，召谙班勃极烈吴乞买。七月辛酉，次牛山。宗翰还军中。八月辛巳朔，日有食之。乙未，次浑河北。谙班勃极烈吴乞买率宗室百官上谒。戊申，上崩于部堵泺西行宫，年五十六。九月癸丑，梓宫至上京。乙卯，葬宫城西南，建宁神殿。丙辰，谙班勃极烈即皇帝位。天会三年三月，上尊谥曰武元皇帝，庙号太祖，立原庙于西京。天会十三年二月辛酉，改葬和陵，立《开天启祚睿德神功之碑》于燕京城南尝所驻跸之地。皇统四年，改和陵曰睿陵。五年十月，增谥应乾兴运昭德定功睿神庄孝仁明大圣武元皇帝。贞元三年十一月，改葬于大房山，仍号睿陵。

赞曰：太祖英谟睿略，豁达大度，知人善任，人乐为用。世祖阴有取辽之志，是以兄弟相授，传及康宗，遂及太祖。临终以太祖属穆宗，其素志盖如是也。初定东京，即除去辽法，减省租税，用本国制度。辽主播越，宋纳岁币，以幽、蓟、武、朔等州与宋，而置南京于平州。宋人终不能守燕、代，卒之辽主见获，宋主被执。虽功成于天会间，而规摹运为宾自此始。金有天下百十有九年，太祖数年之间算无遗策，兵无留行，底定大业，传之子孙。呜呼，雄哉！

卷三　本纪第三

太　宗

太宗体元应运世德昭功哲惠仁圣文烈皇帝，讳晟，本讳吴乞买，世祖第四子，母曰翼简皇后拏懒氏，太祖母弟也。辽太康元年乙卯岁生。初为穆宗养子。收国元年七月，命为谙班勃极烈。太祖征伐，常居守。天辅五年，赐诏曰："汝惟朕之母弟，义均一体，是用汝贰我国政。凡军事违者，阅实其罪，从宜处之。其余事无大小，一依本朝旧制。"

天辅七年六月，太祖次鸳鸯泺，有疾。至斡独山驿，召赴行在。诏曰："今辽主尽丧其师，奔于夏国。辽官特列、遥设等劫其子雅里而立之，已留宗翰等措画。朕亲巡已久，功亦大就，所获州部，政须绥抚，是用还都。八月中旬，可至春州，汝率内戚迎我，若至豹子崖尤善。"八月乙未，会于浑河北。戊申，太祖崩。九月乙卯，葬太祖于宫城西。国论勃极烈杲、郓王昂、宗峻、宗干率宗亲百官请正帝位，不许，固请，亦不许。宗干率诸弟以赭袍被体，置玺怀中。丙辰，即皇帝位。己未，告祀天地。丙寅，大赦中外。改天辅七年为天会元年。癸酉，发春州粟，赈降人之徙于上京者。戊寅，诏诸猛安赋米，给户口在内地匮乏者。南路军帅阇母，败张觉于楼峰口。十月壬辰，诏以空名宣头百道给西南、西北两路都统宗翰，曰："今寄尔以方面，如当迁授必待奏请，恐致稽滞，其以便宜从事。"己亥，上京庆元寺僧献佛骨，却之。阇母及张觉战于兔耳山，阇母败绩。十一月壬子，命宗望问阇母罪，以其兵讨张觉。壬戌，复以空名宣头及银牌给上京路军帅实古迺、婆卢火等。癸亥，宗望以阇母军发广宁，下濒海诸郡县。诏谕南京，割武、朔二州入于宋。娄室破朔州西山，擒其帅赵公直。勃堇斡鲁别及勃剌速破走乙室白答于归化。己巳，徙迁、润、来、显四州之民于沈州。庚午，宗望及张觉战于南京东，大败之。张觉奔宋，城中人执其父及二子以献，戮之军中。壬申，张忠嗣、张敦固以南京降，遣使与张敦固入谕城中，复杀其使者以叛。己卯，诏女直人，先有附于辽，今复虏获者，悉从其所欲居而复之。其奴婢部曲，昔虽逃背，今能复归者，并听为民。十二月辛巳，蠲民间贷息。诏以咸州以南，苏、复州以北，年谷不登，其应输南京军粮免之。甲午，诏曰："此闻民间乏食，至有鬻其子者，其听以丁力等者赎之。"是日，以国论勃极烈杲为谙班勃极烈，宗干为国论勃极烈。遣勃堇李靖如宋告哀。

二年春正月庚戌朔，以谩都诃为阿舍勃极烈，参议国政。壬子，命赏宗望及将士克南京之功，赦阇母罪。甲寅，以空名宣头五十、银牌十给宗望。戊午，诏孛堇完颜阿实赉曰："先帝以同姓之人有自鬻及典质其身者，命官为赎。今闻尚有未复者，其悉阅赎之。"癸亥，以东京比岁不登，诏减田租、市租之半。甲戌，西南、西北两路都统宗翰、宗望请勿割山西郡县与宋，上曰："是违先帝之命也，其速与之。"夏国奉表称藩，以下寨以北，阴山以南、乙室耶剌部吐禄泺西之地与之。丙子，贻宋书，索俘虏叛亡。丁丑，始自京师至南京每五十里置驿。二月，诏有盗发辽诸陵者，罪死。庚寅，诏命给宗翰马七百匹、田种千石、米七千石，以赈新附之民。丁酉，命徙移懒路都勃堇完颜忠于苏濒水。乙巳，诏谕南京官僚，小大之事，必关白军帅，无得专达朝廷。丙午，宗翰乞济师，诏有司选精兵五千给之。丁未，命宗望，凡南京留守及诸阙员，可选勋贤有人望者就注拟之，具姓名官阶以闻。三月己酉朔，命宗望以宋岁币银绢分赐将士之有功者。庚戌，叛人活孛带降，诏释之。宗望请选良吏招抚迁、润、来、显之民保山寨者，从之。己未，宗望以南京反覆，凡攻取之计，乞与知枢密院事刘彦宗裁决之。刘公胄、王永福弃家逾城来降，以公胄为广宁尹，永福为奉先军节度使。辛未，夏国王李乾顺遣使上誓表。闰月戊寅朔，赐夏国誓诏。辛巳，命置驿上京、春、泰之间。己丑，乌虎里、迪烈底两部来降。丙午，既许割山西诸镇与宋，以宗翰言罢之。是月，斜野袭遥辇昭古牙，走之，获其妻孥群从及豪族。勃堇浑啜等破奚七岩而抚其民人。四月己酉，以宗翰经略西夏及破辽功，赐以十马，使自择其二，余以分诸帅。赈上京路、西北路降者及新徙岭东之人。戊午，以实古迺所筑上京新城名会平州。乙亥，诏赎上京路新迁宁江州户口卖身者六百余人。宋遣使来吊丧。以高术仆古等充遗留国信使，高兴辅、刘兴嗣等充告即位国信使，如宋。五月丁丑朔，上京军帅实古迺以所获印绶二十二及银牌来上。癸未，诏曰："新降之民，诉讼者众，今方农时，或失田业，可俟农隙听决。"丁亥，婆速路猛安仆卢古以赃罢，以谋克习泥烈代之。乙巳，曷懒路军帅完颜忽剌古等言："往者岁捕海狗、海东青、鸦、鹘于高丽之境，近以二舟往，彼乃以战舰十四要而击之，尽杀二舟之人，奋其兵杖。"上曰："以小故起战争，甚非所宜。今后非奉命，毋辄往。"阇母克南京，杀都统张敦固。七月壬午，皇子宗峻薨。丙戌，禁外方使介冗从多者。壬辰，鹘实答言："高丽纳吾叛亡，增其边备，必有异图。"诏曰："纳我叛亡而弗归，其曲在彼。凡有通问，毋违常式。或来侵略，整尔行列，与之从事。敢先犯彼，虽捷必罚。"乙未，以乌虎部及诸营叛，以昊勃极烈昱等讨平之。八月乙巳朔，以孛堇乌爪乃等为贺宋生辰使。丁巳，撒离改部猛安雏思以赃罢，以奚金家奴代之。六部都统挞懒击走昭古牙，杀其队将曷鲁燥、白撒曷等。又破降骆驼山、金源、兴中诸军，诏增给银牌十。十月甲辰朔，夏国遣使谢誓诏。戊午，天清节，宋、夏遣使来贺。甲子，诏发宁江州粟，赈泰州民被秋潦者。遥辇昭古牙率众来降。兴中府降。丙寅，诏有司运米五万石于广宁，以给南京、润州戍卒。命南路军帅阇母，以甲士千人益合苏馆路孛堇完颜阿实赉，以备高丽。戊辰，西南、西北两路权都统斡鲁言："辽详稳挞不野来奔，言耶律大石自称为王，置南北官属，有战马万匹。辽主从者不过四千户，有步骑万余，欲趋天德，驻余都谷。"诏曰："追袭辽主，必酌事宜。其讨大石，则俟报下。"十一月癸未，阇母下宜州，拔权丫山，杀节度使韩庆民。癸卯，诏以米五万石给挞懒、实古迺。十二月戊申，以孛堇高居庆等为贺宋正旦使。

三年正月癸酉朔，宋、夏遣使来贺。戊子，同知宣徽院事韩资正加尚书左仆射，为诸宫都部署。乙未，夏国遣使奠币及贺即位。宋遣使贺即位。二月壬戌，娄室获辽主于余睹谷，丁卯，以庞葛城地分授所徙乌虎里、迪烈底二部及契丹民。三月乙亥，阿舍勃极烈谩都诃薨。丙子，赈奚、契丹新附之民。辛巳，建乾元殿。斡鲁献传国宝，以谋葛失来附，请授印绶。是日，赐完颜娄室铁券。四月壬寅朔，诏以辽主赴京师。丁巳，南路军帅察剌以罪罢。五月己丑，萧八斤获辽玉宝来献。六月庚申，以获辽主，遣李用和等充告庆使如宋。七月壬申，禁内外官、宗室毋私役百姓。己卯，南京帅以锦州野蚕成茧，奉其丝绵来献，命赏其长吏。诏权势之家毋买贫民为奴。其胁买者一人偿十五人，诈买者一人偿二人，皆杖一百。甲申，诏南京括官豪牧马，以等第取之，分给诸军。以耶律固等为宋报谢使。八月癸卯，斡鲁以辽主至京师。甲辰，告于太祖庙。丙午，辽主延禧入见，降封海滨王。壬子，诏有司拣阅善射勇健之士以备宋。九月壬午，广宁府献嘉禾。癸巳，保州路都孛堇加古撒曷有罪伏诛，以孛堇徒单乌烈代之。十月甲辰，诏诸将伐宋。以谙班勃极烈杲兼领都元帅，移赉勃极烈宗翰兼左副元帅先锋，经略使完颜希尹为元帅右监军，左金吾上将军耶律余睹为元帅右都监，自西京入太原。六部路军帅挞懒为六部路都统，斜也副之，宗望为南京路都统，阇母副之，知枢密院事刘彦宗兼领汉军都统，自南京入燕山。诏建太祖庙于西京。召耶鲁赴京师教授女直字。戊申，有司言权南路军帅鹘实荅官吏贪纵，诏鞫之。壬子，天清节，宋、夏遣使来贺。丁巳，以阇母为南京路都统，埽喝副之，宗望为阇母、刘彦宗两军监战。壬戌，诏曰："今大有年，无储蓄则何以备饥馑，其令牛一具赋粟一石，每谋克为一廪贮之。"宋易州戍将韩民毅以军降，处之蔚州。十一月庚辰，以降封辽主为海滨王诏中外。辛卯，南路军帅司请禁契丹、奚、汉人挟兵器，诏勿禁。以张忠嗣权签南京中书枢密院事。十二月庚子，宗翰下朔州。甲辰，宗望诸军及宋郭药师、张企徽、刘舜仁战于白河。大破之。蒲苋败宋兵于古北口。丙午，郭药师降，燕山州县悉平。戊申，宗翰克代州。乙卯，中山降。丙辰，宗望破宋兵五千于真定。戊午，宗翰围太原。耶律余睹破宋河东、陕西援兵于汾河北。甲子，宗望克信德府。

四年春正月丁卯朔，始朝日。降臣郭药师、董才皆赐姓完颜氏。戊辰，宗弼取汤阴，大臭下浚州，迪古补取黎阳。己巳，诸军渡河。庚午，取滑州。宗望使吴孝民等入汴，问宋取首谋平山者童贯、谭稹、詹度及张觉等。宋太上皇帝出奔。癸酉，诸军围汴。甲戌，宋使李棁来谢罪，且请修好。宗望许宋修好，约质，割三镇地，增岁币，载书称伯侄。戊寅，宋以康王构、少宰张邦昌为质。辛巳，宋上誓书、地图，称侄大宋皇帝、伯大金皇帝。癸未，诸军解围。二月丁酉朔，夜，宋将姚平仲兵四十万来袭宗望营，败之。己亥，复进师围汴。宋使宇文虚中以书来，改以肃王枢为质，遣康王构归。师还。壬子，以滑、浚二州与宋。宗翰定威胜军，攻下隆德府。丁巳，次泽州。海滨王家奴诬其主欲亡去，诏诛其首恶，余并杖之。三月癸未，银术可围太原，宗翰还西京。四月癸卯，宗望使宗弼来奏捷。乙丑，耿守忠等大败宋兵于西都谷。五月辛未，宋种师中以兵出井陉。癸酉，完颜活女败之于杀熊岭，斩师中于阵。是日，拔离速败宋姚古军于隆州谷。六月丙申朔，高丽国王王楷奉表称藩。庚戌，宗望献所获三象。庚申，以宗望为右副元帅。七月丙寅，遣高伯淑等宣谕高丽。壬申，出金牌，命孛堇大臭以所领渤海军八猛安为万户。戊子，以铁勒部长夺离剌不从其兄夔里本叛，赐马十一、豕百、钱五百万。萧仲恭使宋还，以所持宋帝与耶律余睹蜡书自陈。八月庚子，诏左副元帅宗翰、右副元帅宗望伐宋。宋张灏率兵出汾州，拔离速击走之。刘臻以兵出寿阳，娄室破之。庚戌，宗翰发西京。辛亥，娄室等破宋张灏军于文水。癸丑，宗望发保州。是日，耶律铎破宋兵于雄州，那野等败宋兵于中山。甲寅，新城县进白乌。庚申，突拈取新乐。九月丙寅，宗翰克太原，执经略使张孝纯。鹘沙虎取平遥、灵石、孝义、介休诸县。己巳，复以南京为平州。辛未，宗望破宋种师闵于井陉，取天威军，克真定，杀其守李邈。十月，娄室克汾州，石州降。蒲察克平定军，辽州降。丁未，天清节，高丽、夏遣使来贺，中京进嘉禾。十一月甲子，宗翰自太原趋汴。丙寅，宗望自真定趋汴。戊辰，宗翰下威胜军。癸酉，撒剌荅破天井关。乙亥，宗翰克隆德府。活女渡盟津。西京、永安军、郑州皆降。庚辰，宗翰克泽州。宗望诸军渡河，临河、大名二县、德清军、开德府皆下。丙戌，克怀州。是日，宗望至汴。闰月壬辰朔，宋出兵拒战，宗望等击败之。癸巳，宗翰至汴。丙辰，克汴城。庚申，以高随充高丽生日使。辛酉，宋主桓出居青城。十二月癸亥，宋主桓降，是日，归于汴城。庚辰，诏曰："朕惟国家，四境虽远而兵革未息，田野虽广而畎亩未辟，百工略备而禄秩未均，方贡仅修而宾馆未赡。是皆出乎民力，苟不务本业而抑游手，欲上下皆足，其可得乎？其令所在长吏，敦劝农功。"

五年正月辛卯朔，高丽、夏遣使来贺。癸巳，宗翰、宗望使使以宋降表来上。乙未，知枢密院事刘彦宗上表，请复立赵氏，不听。丁巳，回鹘喝里可汗遣使入贡。二月丙寅，诏降宋二帝为庶人。三月丁酉，立宋太宰张邦昌为大楚皇帝。割地赐夏国。四月乙酉，克陕府，取虢州。丙戌，以六部路都统挞懒为元帅左监军，南京路都统阇母为元帅左都监。宗翰、宗望以宋二帝归。己丑，诏曰："合苏馆诸部与新附人民，其在降附之后同姓为婚者，离之。"五月庚寅朔，宋康王构即位于归德。宋杀张邦昌。娄室降解、绛、慈、隰、石、河中、岢岚，宁化、保德、火山诸城。挞懒徇地山东，下密州。迪虎下单州，广信军降。六月庚申，诏曰："自河之北，今既分画，重念其民或见城邑有被残者，不无疑惧，遂命坚守。若即讨伐，生灵可愍。其申谕以理，招辑安全之。傥执不移，自当致讨。若诸军敢利于俘掠辄肆荡毁者，底于罚。"庚辰，右副元帅宗望薨。汉国王宗杰继薨。七月甲午，赐宗翰券书，除反逆外，咸贳勿论。以石州戍将乌虎弃城丧师，杖之，削其官。八月戊寅，以宋捷，遣耶律居谨等充宣庆使使高丽。丙戌，以宗辅为右副元帅。诏曰："河北、河东郡县职员多阙，宜开贡举取士，以安新民。其南北进士，各以所业试之。"九月丁未，诏曰："内地诸路，每耕牛一具赋粟五斗，以备歉岁。"辛亥，赐元帅右监军完颜希尹、万户银术可券书，除赦所不原，余并勿论。阇母取河间，大败宋兵于莫州，雄州降。挞懒克祁州，永宁军、保州、顺安军皆降。冬十月丁卯，沙州回鹘活剌散可汗遣使入贡。辛未，天清节，高丽、夏遣使来贺。宋二帝自燕徙居于中京。十二月丙寅，右副元帅宗辅伐宋，徇地淄、青。乌林荅泰欲败宋将李成于淄州。赵州降。阿里刮徇地浚州，败敌兵，遂取滑州。乙亥，西南路都统斡鲁薨。己卯，赛里下汝州。

六年正月丙戌朔，高丽、夏遣使来贺。宗弼破宋郑宗孟军于青州。银术可取邓州。萨谋鲁入襄阳。拔离速入均州。马五取房州。癸巳，克青州。癸卯，阇母克潍州。丁未，迪古补败宋将赵子昉兵。撒离喝败宋于河上。甲寅，宋将马括兵次乐安，宗辅击败之，闻宋主在维扬，以农时还师。宗弼败宋兵于河上。二月乙卯朔，拔离速取唐州，癸亥，取蔡州。己巳，移剌古败宋将台宗隽等兵于大名。庚午，再破其军，获台宗隽及宋忠。甲戌，拔离速取陈州。癸未，克颍昌府。郑州叛入于宋，复取郑州。迁洛阳、襄阳、颍昌、汝、郑、均、房、唐、邓、陈、蔡之民于河北。宗翰复遣娄室攻下同、华、京兆、凤翔，擒宋经制使傅亮。阿邻破河中。斡鲁入冯翊。三月壬辰，命南路军帅实古迺，籍节度使完颜慎思所领诸部及未置猛安谋克户来上。己酉，挞懒下恩州。五月戊戌，移沙土古思以本部来附。六月己未，诏求祖宗遗事。挞懒遣兵徇下磁州、信德府。真定贼自称元帅、秦王，撒离喝讨平之。七月乙巳，宋主遣使奉表请和，诏进兵伐之。以宋二庶人赴上京。八月乙卯，娄室败宋兵于华州，讹特剌破敌于渭水，遂取下邽。丁丑，以宋二庶人素服见太祖庙，遂入见于乾元殿。封其父昏德公、子重昏侯。是日，告于太祖庙。以州郡职员名称及俸给因革诏中外。九月辛丑，绳果等败宋兵于蒲城，甲申，又破敌于同州。乙丑，取丹州。十月丙寅，天清节，高丽、夏遣使来贺。癸酉，知枢密院事刘彦宗薨。丁丑，蒲察、娄室败宋兵于临真。戊寅，徙昏德公、重昏侯于韩州。庚辰，宗翰、宗辅会于濮，伐宋。十一月庚寅，蒲察、娄室取延安府。壬辰，赈移懒路。乙未，取濮州，绥德军降。娄室再攻晋宁军，其守徐徽言固守，不能克。十二月丙辰，宗弼取开德府。丁卯，宗辅克大名府。鹘沙虎败宋兵于巩。

七年正月庚辰朔，高丽、夏遣使来贺。辛巳，吴国王阇母薨。甲午，以西京留守韩企先同中书门下平章事、知枢密院事。二月戊辰，宋麟府路安抚使折可求以麟、府、丰三州降。己巳，娄室、塞里、鹘沙虎等破晋宁军，其守徐徽言据子城拒战。庚午，率众溃围走，擒之。使之拜，不拜。临之以兵，不动。命降将折可求谕之降，指可求大骂，出不逊语，遂杀之。其统制孙昂及士卒皆不屈，尽杀之。甲戌，诏禁医巫闾山辽代山陵樵采。三月己卯朔，日中有黑子。壬寅，诏军兴以来，良人被略为驱者，听其父母夫妻子赎之。尚书左仆射高桢罢。四月，蒲察、娄室取鄜、坊二州。五月乙卯，拔离速等袭宋主于扬州。九月丙午朔，日有食之。庚午，宗弼败宋兵于睢阳。辛未，降其城。是月，曹州降。十月丙子朔，京兆府降。丁丑，巩州降。庚寅，天清节，高丽、夏遣使来贺。丁酉，阿里、当海、大臭破敌于寿春。己亥，安抚使马世元以城降。甲辰，庐州降。十一月庚戌，徙曷苏馆都统司治宁州。乙卯，高丽遣使来贡。丙辰，宗弼取和州。壬戌，宗弼渡江，败宋副元帅杜充军于江宁。丁卯，守臣陈邦光以城降。十二月丙戌，宗弼取湖州。丁亥，克杭州。阿里、蒲卢浑追宋主于明州。越州降。大臭败宋枢密使周望于秀州，又败宋兵于杭州东北。戊戌，阿里、蒲卢浑败宋兵于东关，遂济曹娥江。壬寅，败宋兵于高桥。宋主入于海。

八年正月甲辰朔，高丽、夏遣使来贺。丁巳，以同中书门下平章事韩企先为尚书左仆射兼侍中。己未，阿里、蒲卢浑克明州，执其守臣赵伯谔。庚申，诏曰"避役之民，以微直鬻身权贵之家者，悉出还本贯。"阿鲁补、斜里也下太平、顺昌及濠州。是月，宋副元帅杜充以其众降。二月乙亥，宗弼还自杭州。庚寅，取秀州。戊戌，取平江。汴京乱，三月丁卯，大迪里复取之。宗弼及宋韩世忠战于镇江，不利。四月丙申，复战于江宁，败之。诸军渡江。是日，阿鲁补战于拓皋，己亥，周企战于寿春，辛丑，娄室战于淳化，皆胜之。醴州降，遂克邠州。五月癸卯，禁私度僧尼及继父继母之男女无相嫁娶。戊申，诏曰："河北、河东签军，其家属流寓河南被俘掠为奴婢者，官为赎之，俾复其业。"六月壬申，诏遣辽统军使耶律曷礼质、节度使萧别离剌等十人，分治新附州镇。癸酉，诏以昏德公六女为宗妇。七月辛亥，诏给泰州都统婆卢火所部诸谋克甲胄各五十。先遣娄室经略陕西，所下城邑叛服不常，其监战阿卢补请益兵。帅府会诸将议曰："兵威非不足，绥怀之道有所未尽。诚得位望隆重、恩威兼济者以往，可指日而定。若以皇子右副元帅宗辅往，为宜。"以闻。诏曰："娄室往者所向辄克，今使专征陕西，淹延未定，岂倦于兵而自爱耶？关、陕重地，卿等其戮力焉。"丁卯，上如东京温汤。徙昏德公、重昏侯于鹘里改路。九月戊申，立刘豫为大齐皇帝，世修子礼，都大名府。辛酉，谙班勃极烈、都元帅杲薨。癸亥，宗辅等败宋张浚军于富平。耀州降。乙丑，凤翔府降。十月乙亥，上至自东京。齐帝刘豫遣使谢封册。甲申，天清节，齐、高丽、夏遣使来贺。以铁骊突离剌同中书门下平章事。诏辽、宋官上本国诰命，等第换授。十一月甲辰，宗辅下泾州。丁未，渭州降。败宋刘倪军于瓦亭。戊申，原州降。宋泾原路统制张中孚、知镇戎军李彦琦以众降。马五等击宋吴玠军于陇州。庚戌，以遥镇节度使乌克寿等为齐刘豫生日使。癸亥，宗辅以陕西事状闻，诏奖谕之。十二月丁丑，完颜娄室薨。乙酉，宗辅败宋刘维辅军。壬辰，熙州降。

九年正月己亥朔，齐、高丽、夏遣使来贺。戊申，命以徒门水以西，浑疃、星显、僝蠢三水以北闲田，给曷懒路诸谋克。辛亥，蒲察鹘拔鲁、完颜忒里讨张万敌于白马湖，陷于敌。癸丑，以同中书门下平章事时立爱为侍中，知枢密院张忠嗣为宣政殿大学士、知三司使事。宗弼、阿卢补抚定巩、洮、河、乐、西宁、兰、廓、积石等州。泾原、熙河两路皆平。四月己卯，诏"新徙戍边户，匮于衣食，有典质其亲属奴婢者，官为赎之。户计其口而有二三者，以官奴婢益之，使户为四口。又乏耕牛者，给以官牛，别委官劝督田作。戍户及边军资粮不继，籴粟于民而与赈恤。其续迁戍户在中路者，姑止之，即其地种艺，俟毕获而行，及来春农时，以至戍所。"五月丙午，分遣使者诸路劝农。六月壬辰，赐昏德公、重昏侯时服各两袭。八月辛巳，回鹘隈欲遣使来贡。九月己酉，和州回鹘执耶律大石之党撒八、迪里、突迭来献。十月戊寅，天清节，齐、高丽、夏遣使来贺。撒离喝攻下庆阳。慕洧以环州降。宗弼与宋吴玠战于和尚原，败绩。十一月己未，迁赵氏疏属于上京。以陕西地赐齐。

十年正月癸巳朔，齐、高丽、夏遣使来贺。己酉，齐表谢赐地。壬子，诏曰："昔辽人分士庶之族，赋役皆有等差，其悉均之。"二月庚午，赈上京路戍边猛安民。四月丁卯，诏："诸良人知情嫁奴者，听如故为妻，其不知而嫁者，去住悉从所欲。"移赉勃极烈、左副元帅宗翰朝京师。庚午，以太祖孙亶为谙班勃极烈，皇子宗磐为国论忽鲁勃极烈，国论勃极烈宗幹为国论左勃极烈，移赉勃极烈、左副元帅宗翰为国论右勃极烈兼都元帅，右副元帅宗辅为左副元帅。庚寅，闻鸭渌、混同江暴涨，命赈徙戍边户在混同江者。闰月辛卯，诏分遣鹘沙虎等十三人阅诸路丁壮，调赴军。七月甲午，赈泰州路戍边户。上如中京。九月，元帅右都监耶律余睹谋反，出奔。其党燕京统军使萧高六伏诛，蔚州节度使萧特谋葛自杀。十月壬寅，天清节，大赦。齐、高丽、夏遣使来贺。上如兴中府。齐使使来告母丧。十一月癸亥，以武良谟为齐吊祭使。癸未，撒离喝请取剑外十三州，从之。部族节度使土古厮捕斩余睹及其诸子，函其首来献。十二月庚子，撒离喝克金州。上至自兴中府。

十一年正月丁巳朔，齐、高丽、夏遣使来贺。丁卯，撒离喝败吴玠于饶峰关。戊辰，取洋州。甲戌，入兴元府。二月己亥，元帅府言："承诏赈军士，臣恐有司钱币将不继。请自元帅以下有禄者出钱助给之。"诏曰："官有府库而取于臣下，此何理耶？其悉从官给。"八月甲申，黄龙府置钱帛司。戊子，赵梣诬告其父昏德公谋反，梣及其婿刘文彦伏诛。戊戌，诏曰："比以军旅未定，尝命帅府自择人授官，今并从朝廷选注。"十月丙申，天清节，齐、高丽、夏遣使来贺。十一月丙寅，赈移懒路。宗弼克和尚原。十二月癸未，赈曷懒路。

十二年正月辛亥朔，齐、高丽、夏遣使来贺。甲子，初改定制度，诏中外。丙寅，如东京。二月丁酉，撒离喝败宋吴玠军于固镇。四月，至自东京。六月甲午，以阿卢补为元帅右都监。十月庚寅，天清节，齐、高丽、夏遣使来贺。

十三年正月丙午朔，日有食之。己巳，上崩于明德宫，年六十一。庚午，谙班勃极烈即皇帝位于柩前。三月庚辰，上尊谥曰文烈皇帝，庙号太宗。乙酉，葬和陵。皇统四年，改号恭陵。五年，增上尊谥曰体元应运世德昭功哲惠仁圣文烈皇帝。贞元三年十一月戊申，改葬于大房山，仍号恭陵。

赞曰：天辅草创，未遑礼乐之事。太宗以斜也、宗幹知国政，以宗翰、宗望总戎事。既灭辽举宋，即议礼制度，治历明时，缵以武功，述以文事，经国规摹，至是始定。在位十三年，宫室苑籞无所增益。末，听大臣计，传位熙宗，使太祖世嗣不失正绪，可谓行其所甚难矣！

卷四　本纪第四

熙　宗

熙宗弘基缵武庄靖孝成皇帝，讳亶，本讳合剌，太祖孙，景宣皇帝子。母蒲察氏。天辅三年己亥岁生。天会八年，谙班勃极烈杲薨，太宗意久未决。十年，左副元帅宗翰、右副元帅宗辅、左监军完颜希尹入朝，与宗幹议曰："谙班勃极烈虚位已久，今不早定，恐授非其人。合剌，先帝嫡孙，当立。"相与请于太宗者再三，乃从之。四月庚午，诏曰："尔为太祖之嫡孙，故命尔为谙班勃极烈，其无自谓冲幼，狎于童戏，惟敬厥德。"谙班勃极烈者，太宗尝居是官，及登大位，以命弟杲。杲薨，帝定议为储嗣，故以是命焉。

十三年正月己巳，太宗崩。庚午，即皇帝位。甲戌，诏中外。诏公私禁酒。癸酉，遣使告哀于齐、高丽、夏及报即位，仍诏齐自今称臣勿称子。二月乙巳，追谥太祖后唐括氏曰圣穆皇后，裴满氏曰光懿皇后。追册太祖妃仆散氏曰德妃，乌古论氏曰贤妃。辛酉，改葬太祖于和陵。三月己卯，齐、高丽使来吊祭。庚辰，谥大行皇帝曰文烈，庙号太宗。乙酉，葬太宗于和陵。甲午，以国论右勃极烈、都元帅宗翰为太保，领三省事，封晋国王。戊戌，诏诸国使赐宴。不举乐。四月戊午，齐、高丽遣使贺即位。丙寅，昏德公赵佶薨，遣使致祭及赙赠。是月，甘露降于熊岳县。五月甲申，左副元帅宗辅薨。九月壬申，追尊皇考丰王为景宣皇帝，庙号徽宗，皇妣蒲察氏为惠昭皇后。戊寅，尊太祖后纥石烈氏、太宗后唐括氏皆为太皇太后，诏中外。乙酉，改葬徽宗及惠昭后于兴陵。十一月，以尚书令宋国王宗磐为太师。乙亥，初颁历。己卯，以元帅左监军完颜希尹为尚书左丞相兼侍中，太子少保高庆裔为左丞，平阳尹萧庆为右丞。己丑，建天开殿于爻剌。十二月癸亥，始定齐、高丽、夏朝贺、赐宴、朝辞仪。以京西鹿囿赐农民。

十四年正月己巳朔，上朝太皇太后于两宫。齐、高丽、夏遣使来贺。癸酉，颁历于高丽。丁丑，太皇太后纥石烈氏崩。乙酉，万寿节，齐、高丽、夏遣使来贺。上本七月七日生，以同皇考忌日，改用正月十七日。二月癸卯，上尊谥曰钦宪皇后，葬睿陵。三月壬午，以太保宗翰、太师宗磐、太傅宗幹并领三省事。丁酉，高丽遣使来吊。八月丙辰，追尊九代祖以下曰皇帝、皇后，定始祖、景祖、世祖、太祖、太宗庙皆不祧。癸亥，诏齐国与本朝军民诉讼相关者，文移署年，止用天会。十月甲寅，以吴激为高丽王生日使，萧仲恭为齐刘豫回谢并生日正旦使。

十五年正月癸亥朔，上朝太皇太后于明德宫。齐、高丽、夏遣使来贺。初用《大明历》。己卯，万寿节，齐、高丽、夏遣使来贺。六月庚戌，尚书左丞高庆裔、转运使刘思有罪伏诛。七月辛巳，太保、领三省事、晋国王宗翰薨。丙戌夜，京师地震。封皇叔宗隽、宗固，叔祖晕皆为王。丁亥，汰兵兴滥爵。十月乙卯，以元帅左监军挞懒为左副元帅，封鲁国王。宗弼右副元帅，封沈王。知枢密院事兼侍中时立爱致仕。十一月丙午，废齐国，降封刘豫为蜀王，诏中外。置行台尚书省于汴。十二月戊辰，刘豫上表谢封爵。癸未，诏改明年为天眷元年。大赦。命韩昉、耶律绍文等编修国史。以勖为尚书左丞、同中书门下平章事。徙蜀王刘豫临潢府。

天眷元年正月戊子朔，上朝明德宫。高丽、夏遣使来贺。颁女直小字。封大 司空昱为王。甲辰，万寿节，高丽、夏遣使来贺。二月壬戌，上如爻剌春水。乙丑，幸天开殿。己巳，诏罢来流水、混同江护逻地，与民耕牧。三月庚寅，以禁苑隙地分给百姓。戊申，以韩昉为翰林学士。四月丁卯，命少府监卢彦伦营建宫室，止从俭素。壬午，朝享于天元殿。立裴满氏为贵妃。五月己亥，诏以经义、词赋两科取士。六月戊午，上至自天开殿。秋七月辛卯，左副元帅挞懒、东京留守宗隽来朝。丁酉，按出浒河溢，坏庐舍，民多溺死。壬寅，左丞相希尹罢。八月甲寅朔，颁行官制。癸亥，回鹘遣使朝贡。己卯，以河南地与宋。以右司侍郎张通古等使江南。以京师为上京，府曰会宁，旧上京为北京。九月甲申朔，以奭为会宁牧，封邓王。乙未，诏百官诰命，女直、契丹、汉人各用本字，渤海同汉人。丁酉，改燕京枢密院为行台尚书省。戊戌，上朝明德宫。甲辰，以奕为平章政事。己酉，省燕、中、西三京、平州东、西等路州县。辛亥，权行台左丞相张孝纯致仕。十月甲寅朔，以御前管勾契丹文字李德固为参知政事。丙寅，封叔宗强为纪王，宗敏邢王，太宗子斛鲁补等十三人为王。己巳，始禁亲王以下佩刀入宫。辛未，定封国制。癸酉，以东京留守宗隽为尚书左丞相兼侍中，封陈王。十一月丙辰，以康宗以上画像工毕，奠献于乾元殿。十二月癸亥，新宫成。甲戌，高丽遣使入贡。丁丑，立贵妃裴满氏为皇后。

二年正月壬午朔，高丽、夏遣使来贺。戊戌，万寿节，高丽、夏遣使来贺。以左丞相宗隽为太保、领三省事，进封兖国王。兴中尹完颜希尹复为尚书左丞相兼侍中。二月乙未，上如天开殿。三月丙辰，命百官详定仪制。四月甲戌，百官朝参，初用朝服。己卯，宋遣使谢河南地。五月戊子，太白昼见。乙巳，上至自天开殿。六月己酉朔，初御冠服。辛亥，吴十谋反，伏诛。己未，上从容谓侍臣曰："朕每阅《贞观政要》，见其君臣议论，大可规法。"翰林学士韩昉对曰："皆由太宗温颜访问，房、杜辈竭忠尽诚。其书虽简，足以为法。"上曰："太宗固一代贤君，明皇何如？"昉曰："唐自太宗以来，惟明皇、宪宗可数。明皇所谓有始而无终者。初以艰危得位，用姚崇、宋璟，惟正是行，故能成开元之治。末年怠于万机，委政李林甫，奸谀是用，以致天宝之乱。苟能慎终如始，则贞观之风不难追矣。"上称善。又曰："周成王何如主？"昉对曰："古之贤君。"上曰："成王虽贤，亦周公辅佐之力。后世疑周公杀其兄，以朕观之，为社稷大计，亦不当非也。"七月辛巳，宋国王宗磐、兖国王宗隽谋反，伏诛。丙戌，以右副元帅宗弼为都元帅，进封越国王。丁亥，以诛宗磐等诏中外。己丑，以左副元帅挞懒为行台左丞相，杜充为行台右丞相，萧宝、耶律晖行台平章政事。甲午，咸州详稳沂王晕坐与宗磐谋反，伏诛。辛丑，以太傅、领三省事宗幹为太师，领三省如故，进封梁宋国王。八月辛亥，行台左丞相挞懒、翼王鹘懒及活离胡土、挞懒子斡带、乌达补谋反，伏诛。丁丑，太白昼见。九月戊寅朔，降封太宗诸子。大司空昱罢。丙申，初居新宫。立太祖原庙于庆元宫，壬寅，宋遣王伦等乞归父丧及母韦氏等，拘伦不遣。以温都思忠诸路廉问。十月癸酉，夏国使来告丧。十二月，豫国公昱薨。

三年正月丁丑朔，高丽、夏遣使来贺。癸巳，万寿节，高丽、夏遣使来贺。以都元帅宗弼领行台尚书省事。四月乙巳朔，温都思忠廉问诸路，得廉吏杜遵晦以下百二十四人，各进一阶，贪吏张轸以下二十一人皆罢之。癸丑，蜀国公完颜银术哥薨。丁卯，上如燕京。五月丙子，诏元帅府复取河南、陕西地。己卯，诏册李仁孝为夏国王。命都元帅宗弼以兵自黎阳趋汴，右监军撒离合出河中趋陕西。是月，河南平。六月，陕西平。上次凉陉。大旱。使萧彦让、田瑴决西京囚。秋七月癸卯朔，日有食之。乙卯，宗弼遣使奏河南、陕西捷。丁卯，诏文武官五品以上致仕，给俸禄之半，职三品者仍给傔人。八月辛巳，招抚谕陕西五路。壬午，初定公主、郡县主及驸马官品。九月壬寅朔，宗弼来朝。戊申，上至燕京。己酉，亲飨太祖庙。庚申，宗弼还军中。夏国遣使谢赙赠。癸亥，杀左丞相完颜希尹、右丞萧庆及希尹子昭武大将军把搭、符宝郎漫带。戊辰，夏国遣使谢封册。十一月癸丑，以孔子四十九代孙璠袭封衍圣公。癸亥，以都点检萧仲恭为尚书右丞，前西京留守昂为平章政事。甲子，行台尚书右丞相杜充薨。十二月乙亥，都元帅宗弼上言宋将岳飞、张俊、韩世忠率众渡江，诏命击之。丁丑，地震。己亥，以元帅左监军阿离补为左副元帅，右监军撒离合为右副元帅。

皇统元年正月辛丑朔，高丽、夏遣使来贺。庚戌，群臣上尊号曰崇天体道钦明文武圣德皇帝。初御衮冕。癸丑，谢太庙。大赦。改元。丁巳，万寿节，高丽、夏遣使来贺。己未，初定命妇封号。夏国请置榷场，许之。己巳，封平章政事昂为漆水郡王。二月戊寅，诏诸致仕官职俱至三品者，俸禄人力各给其半。宗弼克庐州。乙酉，改封海滨王耶律延禧为豫王，昏德公赵佶为天水郡王，重昏侯赵桓为天水郡公。戊子，上亲祭孔子庙，北面再拜。退谓侍臣曰："朕幼年游佚，不知志学，岁月逾迈，深以为悔。孔子虽无位，其道可尊，使万世景仰。大凡为善，不可不勉。"自是颇读《尚书》、《论语》及《五代》、《辽史》诸书，或以夜继焉。三月己未，上宴群臣于瑶池殿，适宗弼遣使奏捷，侍臣多进诗称贺。帝览之曰："太平之世，当尚文物，自古致治，皆由是也。"四月丙子，以济南尹韩昉参知政事。辛巳，宗弼请伐江南，从之。五月己酉，太师、领三省事、梁宋国王宗幹薨。庚戌，上亲临。日官奏，戌、亥不宜哭泣。上曰："君臣之义，骨肉之亲，岂可避之。"遂哭之恸，命辍朝七日。六月甲戌，诏都元帅宗弼与宰执同入奏事。庚寅，行台平章政事耶律晖致仕。壬辰，有司请举乐，上以宗幹新丧不允。甲午，卫王宗强薨，上亲临、辍朝如宗幹丧。七月癸卯，以景宣皇帝忌辰，命尚食彻肉。丙午，以宗弼为尚书左丞相兼侍中、都元帅、领行台如故。己酉，宗弼还军中。辛亥，参知政事耶律让罢。九月戊申，上至自燕京。朝太皇太后于明德宫。诏赐鳏寡孤独不能自存者，人绢二匹、絮三斤。是秋，蝗。都元帅宗弼伐宋，渡淮。以书让宋，宋复书乞罢兵，宗弼以便宜画淮为界。十一月己酉，高丽国贺受尊号。稽古殿火。十二月癸巳，夏国贺受尊号。天水郡公赵桓乞本品俸，诏赒济之。左丞勖进先朝《实录》三卷，上焚香立受之。

二年正月乙未朔，高丽、夏遣使来贺。己亥，上猎于来流河。乙巳，命封高丽。丁未，上至自来流河。辛亥，万寿节，高丽、夏遣使来贺。壬子，衍圣公孔璠薨，子拯袭。二月丁卯，上如天开殿。甲戌，赈熙河路，戊子，皇子济安生。辛卯，宋使曹勋来许岁币银、绢二十五万两、匹，画淮为界，世世子孙，永守誓言。改封蜀王刘豫为曹王。壬辰，以皇子生，赦中外。三月辛丑，还自天开殿。大雪。丙午，以宗弼为太傅。丙辰，遣左宣徽使刘筈以衮冕圭册册宋康王为帝。归宋帝母韦氏及故妻邢氏、天水郡王并妻郑氏丧于江南。戊午，立子济安为皇太子。四月丙寅，以臣宋告中外。庚午，五云楼、重明等殿成。五月癸巳朔，不视朝。上自去年荒于酒，与近臣饮，或继以夜。宰相入谏，辄饮以酒，曰："知卿等意，今既饮矣，明日当戒。"因复饮。乙卯，赐宋誓诏。辛酉，宴群臣于五云楼，皆尽醉而罢。七月甲午，回鹘遣使来贡。北京、广宁府蝗。丁酉，赐宗弼金券。八月丁卯，诏归朱弁、张邵、洪皓于宋。辛未，复太宗子胡卢为王。赈陕西。九月壬辰，诏给天水郡王子、侄、婿，天水郡公子俸给。十一月甲寅，平章政事漆水郡王昂薨，追封郓王。十二月乙丑，高丽王遣使谢封册。庚午，宋遣使谢归三丧及母韦氏。壬申，上猎于核耶呆米路。癸未，还宫。甲申，皇太子济安薨。

三年正月己丑朔，以皇太子丧不御正殿，群臣诣便殿称贺。宋、高丽、夏使诣皇极殿遥贺。乙巳，万寿节，如正旦仪。三月辛卯，以尚书左丞勖为平章政事，殿前都点检宗宪为尚书左丞。丁酉，太皇太后唐括氏崩。己酉，封子道济为魏王。五月丁巳朔，京兆进瑞麦。癸亥，上致祭太皇太后。甲申，初立太庙、社稷。六月己酉，初置骁毅军。七月丙寅，上致祭太皇太后。庚辰，太原路进貙豸并瑞麦。八月辛卯，诏给天水郡王孙及天水郡公婿俸禄。丙申，老人星见。乙巳，谥太皇太后曰钦仁皇后。戊申，葬恭陵。十二月癸未朔，日有食之。

四年正月癸丑朔，宋、高丽、夏遣使来贺。甲寅，诏以去年宋币赐始祖以下宗室。己未，以宋使王伦为平州转运使，既受命，复辞，罪其反覆，诛之。乙丑，陕西进嘉禾十有二茎，茎皆七穗。己巳，万寿节，宋、高丽、夏遣使来贺。乙亥，上祭钦仁皇后，哭尽哀。二月癸未，上如东京。丙申，次百泊河春水。丁酉，回鹘遣使来贺，以粘合韩奴报之。五月辛亥朔，次薰风殿。六月辛巳朔，日有食之。七月庚午，建原庙于东京。八月癸未，杀魏王道济。九月乙酉，上如东京。壬子，畋于沙河，射虎获之。乙卯，遣使祭辽主陵。辛酉，诏薰风殿二十里内及巡幸所过五里内，并复一岁。癸酉，行台左丞相张孝纯薨。十月壬辰，立借贷饥民酬赏格。甲辰，以河朔诸郡地震，诏复百姓一年，其压死无人收葬者，官为敛藏之。陕西、蒲、解、汝、蔡等处因岁饥，流民典雇为奴婢者，官给绢赎为良，放还其乡。十一月己酉，上猎于海岛。十二月甲午，至东京。

五年正月丁未朔，宋、高丽、夏遣使来贺。癸亥，万寿节，宋、高丽、夏遣使来贺。二月乙未，次济州春水。三月戊辰，次天开殿。五月戊午，初用御制小字。壬寅，以平章政事勖谏，上为止酒，仍布告廷臣。六月乙亥朔，日有食之。八月戊戌，发天开殿。九月庚申，至自东京。十月辛卯，增谥太祖。闰月戊寅，大名府进牛生麟。壬辰，怀州进嘉禾。十二月戊申，增谥始祖以下十帝及太宗、徽宗。丁巳，赦。

六年正月辛未朔，宋、高丽、夏遣使来贺。壬申，封太祖诸孙为王。乙亥，畋于谋勒。甲申，还京师。丁亥，万寿节，宋、高丽、夏遣使来贺。庚寅，以边地赐夏国。壬辰，如春水。帝从禽，导骑误入大泽中，帝马陷，因步出，亦不罪导者。乙未，封假喝为王。二月丙寅，右丞相韩企先薨。三月壬申，以阿离补为行台右丞相。四月庚子朔，上至自春水。以同判大宗正事宗固为太保、右丞相兼中书令。戊午，行台右丞相阿离补薨。五月壬申，高丽王楷薨。辛卯，以左宣徽使刘筈为行台右丞相。六月乙巳，杀宇文虚中及高士谈。乙丑，遣使吊祭高丽，并起复嗣王晛。九月戊辰朔，以许王破汴，睿宗平陕西，郑王克辽及娄室、银术可皆有大功，并为立碑。戊寅，曹王刘豫薨。是岁，遣粘割韩奴招耶律大石，被害。

七年正月乙丑朔，宋、高丽、夏遣使来贺。辛巳，万寿节，宋、高丽、夏遣使来贺。癸未，以西京鹿囿为民田。丁亥，太白经天。三月戊寅，高丽遣使谢吊祭、起复。四月戊午，宴便殿。上醉酒，杀户部尚书宗礼。六月丁酉，杀横海军节度使田瑴、左司郎中奚毅、翰林待制邢具瞻及王植、高凤廷、王效、赵益兴、龚夷鉴等。七月己巳，太白经天，曲赦畿内。九月，太保、右丞相宗固薨。以都元帅宗弼为太师、领三省事，都元帅、行台尚书省事如故，平章政事勖为左丞相兼侍中，都点检宗贤为右丞相兼中书令，行台右丞相刘筈、右丞萧仲恭为平章政事，李德固为尚书右丞，秘书监萧肄为参知政事。十月壬子，平章行台尚书省事奚宝薨。十一月癸酉，以工部侍郎仆散太弯为御史大夫。乙亥，兵部尚书秉德进三角羊。己卯，诏减常膳羊豕五之二。癸未，以尚书左丞宗宪为行台平章政事，同判大宗正事亮为尚书左丞。十二月戊午，参知政事韩昉罢。兵部尚书秉德为参知政事。

八年正月庚申朔，宋、高丽、夏遣使来贺。丙子，万寿节，宋、高丽、夏遣使来贺。二月壬子，以哥鲁葛波古等为横赐高丽、夏国使。甲寅，以大理卿宗安等为高丽王晛封册使。乙卯，上如天开殿。四月戊子朔，日有食之。辛丑，遣参知政事秉德等廉察官吏。庚戌，至自天开殿。甲寅，《辽史》成。六月乙卯，平章政事萧仲恭为行台左丞相，左丞亮为平章政事，都点检唐括辩为尚书左丞。高丽遣使谢封册。七月乙亥，御史大夫仆散太弯罢，以侍卫亲军都指挥使阿鲁带为御史大夫。戊寅，以尚书左丞唐括辩奉职不谨，杖之。八月戊戌，宗弼进《太祖实录》，上焚香立受之。庚子，以尚书左丞相勖领行台尚书省事，右丞相宗贤为太保、尚书左丞相。丙午，以行台左丞相萧仲恭为尚书右丞相。闰月庚申，宰臣以西林多鹿，请上猎。上恐害稼，不允。丙寅，太庙成。九月丙申，尚书左丞唐括辩罢。以左宣徽使禀为尚书左丞。十月辛酉，太师、领三省事、都元帅、越国王宗弼薨。十一月壬辰，太白经天。乙未，左丞相宗贤、左丞禀等言，州郡长吏当并用本国人。上曰："四海之内，皆朕臣子，若分别待之，岂能致一。谚不云乎，'疑人勿使，使人勿疑'。自今本国及诸色人，量才通用之。"辛丑，以尚书左丞相宗贤为左副元帅，平章政事亮为尚书左丞相兼侍中，参知政事秉德为平章政事。庚戌，左副元帅宗贤复为太保，左丞相、左副元帅如故。十二月乙卯，以右丞相萧仲恭为太傅、领三省事，左丞相亮为尚书右丞相。乙亥，以左丞相宗贤为太师、领三省事兼都元帅。

九年正月甲申朔，宋、高丽、夏遣使来贺。戊戌，太师、领三省事、都元帅宗贤罢。领行台尚书省事勖为太师、领三省事，同判大宗正事充为尚书左丞相，右丞相亮兼都元帅。庚子，万寿节，宋、高丽、夏遣使来贺。壬寅，左丞相充薨。丙午，以右丞相亮为左丞相，判大宗正事宗本为尚书右丞相，左副元帅宗敏为都元帅，南京留守宗贤为左副元帅兼西京留守。己酉，宗贤复为太保、领三省事。二月甲寅，会宁牧唐括辩复为尚书左丞，尚书左丞禀为行台平章政事。三月癸未朔，日有食之。辛丑，以司空宗本为尚书右丞相兼中书令，左丞相亮为太保、领三省事。四月壬申夜，大风雨，雷电震坏寝殿鸱尾，有火入上寝，烧帏幔，帝趋别殿避之。丁丑，有龙斗于利州榆林河水上。大风坏民居、官舍，瓦木人畜皆飘扬十数里，死伤者数百人。五月戊子，以四月壬申、丁丑天变，肆赦。命翰林学士张钧草诏，参知政事萧肄摘其语以为诽谤，上怒，杀钧。是日，曲赦上京囚。庚寅，出太保、领三省事亮领行台尚书省事。戊申，武库署令耶律八斤妄称上言宿直将军萧荣与胙王元为党，诛之。六月己未，以都元帅宗敏为太保、领三省事兼左副元帅，左丞相宗贤兼都元帅。八月庚申，以刘筈为司空，行台右丞相如故。宰臣议徙辽阳、渤海之民于燕南，从之。侍从高寿星等当迁，诉於后，后以白上，上怒议者，杖平章政事秉德，杀左司郎中三合。九月丙申，以领行台尚书省事亮复为平章政事。戊戌，以右丞相宗本为太保、领三省事，左副元帅宗敏领行台尚书省事，平章政事秉德为尚书左丞相兼中书令，司空刘筈为平章政事。庚子，以御史大夫宗甫为参知政事。十月乙丑，杀北京留守胙王元及弟安武军节度使查剌、左卫将军特思。大赦。癸酉，以翰林学士京为御史大夫。十一月癸未，杀皇后裴满氏。召胙王妃撒卯入宫。戊子，杀故邓王子阿懒、达懒。癸巳，上猎于忽剌浑土温。遣使杀德妃乌古论氏及夹谷氏、张氏。十二月己酉朔，上至自猎所。丙辰，杀妃裴满氏于寝殿。而平章政事亮因群臣震恐，与所亲驸马唐括辩、寝殿小底大兴国、护卫十人长忽土、阿里出虎等谋为乱。丁巳，以忽土、阿里出虎当内直，命省令史李老僧语兴国。夜二鼓，兴国窃符，矫诏开宫门，召辩等。亮怀刀与其妹夫特厮随辩入至宫门，守者以辩驸马，不疑，内之。及殿门，卫士觉，抽刃劫之，莫敢动。忽土、阿亮出虎至帝前，帝求榻上常所置佩刀，不知已为兴国易置其处，忽土、阿里出虎遂进弑帝，亮复前手刃之，血溅满其面与衣。帝崩，时年三十一。左丞相秉德等遂奉亮坐，罗拜呼万岁，立以为帝。降帝为东昏王，葬于皇后裴满氏墓中。贞元三年，改葬于大房山蓼香甸，诸王同兆域。大定初，追谥武灵皇帝，庙号闵宗，陵曰思陵。别立庙。十九年，升祔于太庙，增谥弘基缵武庄靖孝成皇帝。二十七年，改庙号熙宗。二十八年，以思陵狭小，改葬于峨眉谷，仍号思陵。诏中外。

赞曰：熙宗之时，四方无事，敬礼宗室大臣，委以国政，其继体守文之治，有足观者。末年酗酒妄杀，人怀危惧。所谓前有谗而不见，后有贼而不知。驯致其祸，非一朝一夕故也。

卷五　本纪第五

海　陵

废帝海陵庶人亮，字元功，本讳迪古乃，辽王宗幹第二子也。母大氏。天辅六年壬寅岁生。天眷三年，年十八，以宗室子为奉国上将军，赴梁王宗弼军前任使，以为行军万户，迁骠骑上将军。皇统四年，加龙虎卫上将军，为中京留守，迁光禄大夫。为人僄急，多猜忌，残忍任数。初，熙宗以太祖嫡孙嗣位，亮意以为宗幹太祖长子，而己亦太祖孙，遂怀觊觎。在中京，专务立威，以厌伏小人。猛安萧裕倾险敢决，亮结纳之，每与论天下事。裕揣知其意，因劝海陵举大事，语在《裕传》。七年五月，召为同判大宗正事，加特进。十一月，拜尚书左丞，务揽持权柄，用其腹心为省台要职，引萧裕为兵部侍郎。一日因召对，语及太祖创业艰难，亮因呜咽流涕，熙宗以为忠。八年六月，拜平章政事。十一月，拜右丞相。九年正月，兼都元帅。熙宗使小底大兴国赐亮生日，悼后亦附赐礼物，熙宗不悦，杖兴国百，追其赐物，海陵由此不自安。三月，拜太保、领三省事，益邀求人誉，引用势望子孙，结其驩心。四月，学士张钧草诏忤旨死，熙宗问："谁使为之？"左丞相宗贤对曰："太保实然。"熙宗不悦，遂出为领行台尚书省事。过中京，与萧裕定约而去。至良乡，召还。海陵莫测所以召还之意，大恐。既至，复为平章政事，由是益危迫。

熙宗尝以事杖左丞唐括辩及右丞相秉德，辩乃与大理卿乌带谋废立，而乌带先此谋告海陵。他日，海陵与辩语及废立事，曰："若举大事，谁可立者？"辩曰："胙王常胜乎？"问其次，曰："邓王子阿懒。"亮曰："阿懒属疏，安得立？"辩曰："公岂有意邪？"海陵曰："果不得已，舍我其谁！"于是旦夕相与密谋。护卫将军特思疑之，以告悼后曰："辩等公余每窃窃聚语，窃疑之。"后以告熙宗。熙宗怒，召辩谓曰："尔与亮谋何事，将如我何？"杖之。亮因此忌常胜、阿懒，且恶特思。因河南兵士孙进自称皇弟按察大王，而熙宗之弟止有常胜、查剌，海陵乘此构常胜、查剌、阿懒、达懒。熙宗使特思鞫之，无状。海陵曰："特思鞫不以实。"遂俱杀之。护卫十人长仆散忽土旧受宗幹恩。徒单阿里出虎与海陵姻家。大兴国给事寝殿，时时乘夜从主者取符钥归家，以为常。兴国尝以李老僧属海陵，得为尚书省令史，故使老僧结兴国为内应，而兴国亦以被杖怨熙宗，遂与亮约。十二月丁巳，忽土、阿里出虎内直。是夜，兴国取符钥启门纳海陵、秉德、辩、乌带、徒单贞、李老僧等人至寝殿，遂弑熙宗。秉德等未有所属。忽土曰："始者议立平章，今复何疑。"乃奉海陵坐，皆拜，称万岁。诈以熙宗欲议立后，召大臣，遂杀曹国王宗敏，左丞相宗贤。是日，以秉德为左丞相兼侍中、左副元帅，辩为右丞相兼中书令，乌带为平章政事，忽土为左副点检，阿里出虎为右副点检，贞为左卫将军，兴国为广宁尹。于是自太师、领三省事勖以下二十人进爵增职各有差。己未，大赦。改皇统九年为天德元年。参知政事萧肄除名。镇南统军孛极为尚书左丞。赐左丞相秉德、右丞相辩、平章政事乌带、广宁尹兴国、点检忽土、阿里出虎、左卫将军贞、尚书省令史老僧、辩父刑部尚书阿里等钱绢马牛羊有差。甲子，誓太祖庙，召秉德、辩、乌带、忽土、阿里出虎、兴国六人赐誓券。丙寅，以燕京路都转运使刘麟为参知政事。癸酉，太傅、领三省事萧仲恭，尚书右丞禀罢。以行台尚书左丞温都思忠为右丞。乙亥，追谥皇考太师宪古弘道文昭武烈章孝睿明皇帝，庙号德宗，名其故居曰兴圣宫。宋、高丽、夏贺正旦使中道遣还。

二年正月辛巳，以同知中京留守事萧裕为秘书监。癸巳，尊嫡母徒单氏及母大氏皆为皇太后。名徒单氏宫曰永寿，大氏宫曰永宁。乙巳，以励官守、务农时、慎刑罚、扬侧陋、恤穷民、节财用、审才实七事诏中外。遣侍卫亲军步军都指挥使完颜思恭等以废立事报谕宋、高丽、夏国。以左丞相兼左副元帅秉德领行台尚书省事。二月戊申朔，封子元寿为崇王。庚戌，降前帝为东昏王。给天水郡公孙女二人月俸。甲子，以兵部尚书完颜元宜等充贺宋生日使。戊辰，群臣上尊号曰法天膺运睿武宣文大明圣孝皇帝，诏中外。永寿、永宁两太后父祖赠官有差。以右丞相唐括辩为左丞相，平章政事乌带为右丞相。三月丙戌，宋、高丽遣使贺即位。以弟兖为司徒兼都元帅。诏以天水郡王玉带归宋。四月戊午，杀太傅、领三省事宗本，尚书左丞相唐括辩，判大宗正府事宗美。遣使杀领行台尚书省事秉德，东京留守宗懿，北京留守卞及太宗子孙七十余人，周宋国王宗翰子孙三十余人，诸宗室五十余人。辛酉，以尚书省译史萧玉为礼部尚书，秘书监萧裕为尚书左丞，司徒衮领三省事、封王，都元帅如故，右丞相乌带为司空、左丞相兼侍中，平章政事刘筈为尚书右丞相兼中书令，左丞宗义，右丞温都思忠为平章政事，参知政事刘麟为尚书右丞，殿前左副点检仆散忽土为殿前都点检。五月戊子，以平章行台尚书省事、右副元帅大臭为行台尚书右丞相，元帅如故。壬辰，以左副元帅撒离喝为行台尚书左丞相，元帅如故。同判大宗正事宗安为御史大夫。六月丙午朔，高丽遣使贺即位。甲子，太庙初设四神门及四隅罘罳。七月己丑，司空、左丞相兼侍中乌带罢。以平章政事温都思忠为左丞相，尚书左丞萧裕为平章政事，右丞刘麟为左丞，侍卫亲军步军都指挥使完颜思恭为右丞。参知政事张浩丁忧，起复如故。戊戌，夏国遣使贺即位及受尊号。八月戊申，以司徒衮为太尉、领三省事，都元帅如故。以礼部尚书萧玉为参知政事。九月甲午，立惠妃徒单氏为皇后。十月癸卯，太师、领三省事勖致仕。辛未，杀太皇太妃萧氏及其子任王偎喝。使使杀行台左丞相、左副元帅撒离喝于汴，并杀平章政事宗义、前工部尚书谋里野、御史大夫宗安，皆夷其族。以魏王斡带之孙活里甲好修饰，亦族之。十一月癸未，尚书右丞相刘筈罢。以会宁牧徒单恭为平章政事。尚书左丞刘麟、右丞完颜思恭罢。以参知政事张浩为尚书右丞。乙酉，以行台尚书左丞张通古为尚书左丞。丙戌，白虹贯日。丁亥，以太后旨称令旨。戊子，以十二事戒约官吏。己丑，命庶官许求次室二人，百姓亦许置妾。十二月癸卯朔，诏去群臣所上尊号。丙午，初定袭封衍圣公俸格。命外官去所属百里外者不许参谒，百里内者往还不得过三日。癸丑，立太祖射碑于纥石烈部中，上及皇后致奠于碑下。甲寅，野人来献异香，却之。乙卯，有司奏庆云见，上曰："朕何德以当此。自今瑞应毋得上闻，若有妖异，当以谕朕，使自警焉。"己未，罢行台尚书省。改都元帅府为枢密院。诏改定继绝法。以右副元帅大臭为尚书右丞相兼中书令，参知行台尚书省事张中孚为参知政事，都元帅兖为枢密使，太尉、领三省事如故，元帅左监军昂为枢密副使，刑部尚书赵资福为御史大夫。

三年正月癸酉朔，宋、夏、高丽遣使来贺。乙亥，参知政事萧玉丁忧，起复如故。癸未，立春，观击土牛。丁亥，初造灯山于宫中。戊子，生辰，宋、高丽、夏遣使来贺。甲午，初置国子监。谓御史大夫赵资福曰："汝等多徇私情，未闻有所弹劾，朕甚不取。自今百官有不法者，必当举劾，无惮权贵。"乙未，上出猎，宰相以下辞于近郊。上驻马戒之曰："朕不惜高爵厚禄以任汝等，比闻事多留滞，岂汝等苟图自安不以民事为念耶?自今朕将察其勤惰，以为赏罚，其各勉之。"丁酉，白虹贯日。二月丁巳，还宫。三月庚寅，以翰林学士刘长言等为宋生日使。壬辰，诏广燕城，建宫室。己亥，谓侍臣曰："昨太子生日，皇后献朕一物，大是珍异，卿试观之。"即出诸绛囊中，乃田家稼穑图。"后意太子生深宫之中，不知民间稼穑之艰难，故以为献，朕甚贤之。"四月丙午，诏迁都燕京。辛酉，有司图上燕城宫室制度，营建阴阳五姓所宜。海陵曰："国家吉凶，在德不在地。使桀、纣居之，虽卜善地何益。使尧、舜居之，何用卜为。"丙寅，罢岁贡鹰隼。沂州男子吴真犯法，当死，有司以其母老疾无侍为请，命官与养济，著为令。闰月辛未朔，命尚书右丞张浩调选燕京，仍谕浩无私徇。丙子，命太官常膳惟进鱼肉，旧贡鹅鸭等悉罢之。丁丑，罢皇统间苑中所养禽兽。归德军节度使阿鲁补以撤官舍材木构私第，赐死。戊戌，诏朝官称疾不治事者，尚书省令监察御史与太医同诊视，无实者坐之。五月壬子，以戒敕宰相以下官，诏中外。戊辰，宰臣请益嫔御以广嗣续。上命徒单贞语宰臣，前所诛党人诸妇人中多朕中表亲，欲纳之宫中。平章政事萧裕不可，上不从。遂纳宗本子莎鲁啜，宗固子胡里剌、胡失打，秉德弟纠里等妻宫中。六月丙子，杀太府监完颜冯六。宋遣使祈请山陵，不许。九月庚戌，赐燕京役夫帛，人一匹。以东京路兵马都总管府判官萧子敏为高丽生日使，修起居注萧彭哥为夏国生日使。十月己巳，杀兰子山猛安萧拱。以右副点检不术鲁阿海等为宋正旦使。十一月癸亥，诏罢世袭万户官，前后赐姓人各复本姓。十二月戊辰，杖寿宁县主徐辇。癸酉，猎于近郊。乙酉，还宫。是岁，子崇王元寿薨。

四年正月丁酉朔，宋、高丽、夏遣使来贺。群臣请立皇太子，从之。戊戌，初定东宫官属。立捕盗赏格。癸卯，太白经天。壬子，生辰，宋、高丽、夏遣使来贺。癸亥，朝谒世祖、太祖、太宗、德宗陵。甲子，还宫。二月丁卯，立子光英为皇太子，庚午，诏中外。甲戌，如燕京。昭义军节度使萧仲宣家奴告其主怨谤。上曰："仲宣之侄迪辇阿不近以诽谤诛，故敢妄诉。"命杀告者。迪辇阿不者，萧拱也。戊子，次泰州。三月丙申朔，以刑部尚书田秀颖等为宋生日使。四月丙寅朔，有司请今岁河南、北选人并赴中京铨注，从之。壬辰，上自泰州如凉陉。五月丁酉，猎于立列只山。甲寅，赐猎士，人一羊。乙卯，次临潢府。丁巳，太白经天。六月甲子朔，驻绵山。戊寅，权楚底部猛安那野伏诛。七月癸卯，命崇义军节度使乌带之妻唐括定哥杀其夫而纳之。八月癸亥朔，猎于途你山。甲戌，以侍御史保鲁鞫事不实，杖之。丙子，次于铎瓦。九月甲午，次中京。丙午，尚书右丞相大臭罢。杀太府少监刘景。以都水使者完颜麻泼为高丽生日使，吏部郎中萧中立为夏国生日使。十月壬戌朔，使使奉迁太庙神主。御史大夫赵资福罢。甲申，以太子詹事张用直等为贺宋正旦使。杀太祖长公主兀鲁，杖罢其夫平章政事徒单恭，封其侍婢忽挞为国夫人。恭之兄定哥初尚兀鲁，定哥死，恭强纳焉，而不相能，又与侍婢忽挞不协。忽挞得幸于后，遂谮于上，故见杀，而并罢恭。十一月戊戌，以咸平尹李德固为平章政事。辛丑，买珠于乌古迪烈部及蒲与路，禁百姓私相贸易，仍调两路民夫，采珠一年。戊申，以前平章政事徒单恭为司徒。十二月甲子，斩妄人敲仙于中京市。辛未，以汴京路都转运使左瀛等为贺宋正旦使。庚寅，太尉、领三省事、枢密使充薨。

贞元年正月辛卯朔，上不视朝。诏有司受宋、高丽、夏、回纥贡献。丙午，生辰，宋、高丽、夏遣使来贺。以中京留守高桢为御史大夫。二月庚申，上自中京如燕京。三月辛亥，上至燕京，初备法驾，甲寅，亲选良家子百三十余人充后宫。乙卯，以迁都诏中外。改元贞元。改燕京为中都，府曰大兴，汴京为南京，中京为北京。丙辰，以司徒徒单恭为太保、领三省事，平章政事萧裕为右丞相兼中书令，右丞张浩、左丞张通古为平章政事，参知政事张中孚为左丞，萧玉为右丞，平章政事李德固为司空，左宣徽使刘萼为参知政事，枢密副使昂为枢密使，工部尚书仆散师恭为枢密副使。四月辛酉，以右宣徽使纥石烈撒合辇等为贺宋生日使。辛未，特封唐括定哥为贵妃。戊寅，皇太后大氏崩。五月辛卯，杀弟西京留守蒲家。西京兵马完颜谟卢瓦、编修官圆福奴、通进孛迭坐与蒲家善，并杀之。乙卯，以京城隙地赐朝官及卫士。六月乙丑，以安国军节度使耶律恕为参知政事。七月戊子朔，元赐朝官京城隙地，征钱有差。八月壬戌，司空李德固薨。禁中都路捕射獐兔。戊寅，赐营建宫室工匠及役夫帛。九月丁亥朔，以翰林待制谋良虎为夏国生日使，吏部郎中窊合山为高丽生日使。十月丁巳，猎于良乡。封料石冈神为灵应王。初，海陵尝过此祠，持杯珓祷曰："使吾有天命，当得吉卜。"投之，吉。又祷曰："果如所卜，他日当有报，否则毁尔祠宇。"投之，又吉，故封之。戊午，还宫。壬戌，有司言："太后园陵未毕，合停冬享及祫祭。"从之。丙子，命内外官闻大功以上丧，止给当日假，若父母丧，听给假三日，著为令。十一月丙戌朔，定州献嘉禾，诏自今不得复进。己丑，瑶池殿成。丙申，以户部尚书蔡松年等为贺宋正旦使。戊戌，左丞相耨碗温都思忠致仕。庚戌，以枢密使昂为左丞相，枢密副使仆散师恭为枢密使。十二月，太白经天。戊午，特赐贵妃唐括定哥家奴孙梅进士及第。壬戌，以签书枢密院事南撒为枢密副使。辛未，封所纳皇叔曹国王宗敏妃阿懒为昭妃。丙子，贵妃唐括定哥坐与旧奴奸，赐死。闰月乙酉朔，杀护卫特谟葛。癸巳，定社稷制度。太白经天。癸卯，以太保、领三省事徒单恭为太师、领三省事如故。命西京路统军挞懒、西北路招讨萧怀忠、临潢府总管马和尚、乌古迪烈司招讨斜野等北巡。

二年正月甲寅朔，上不豫，不视朝。赐宋、高丽、夏使就馆燕。庚申，太白经天。尚书右丞相萧裕与前真定尹萧冯家奴、前御史中丞萧招折、博州同知遥设等谋反，伏诛，诏中外。己巳，生辰，宋、高丽、夏遣使来贺。二月甲申朔，以平章政事张浩为尚书右丞相兼中书令。甲午，以尚书右丞萧玉为平章政事，前河南路统军使张晖为尚书右丞，西北路招讨使萧好胡为枢密副使。三月戊辰，夏遣使贺迁都。四月丙戌，幸大兴府及都转运使司。遣荐含桃于衍庆宫。五月癸丑朔，日有食之，避正殿，敕百官勿治事。己未，诏自今每月上七日不奏刑名，尚食进馔不进肉。丁卯，始置交钞库，设使副员。丁丑，太原尹徒单阿里出虎伏诛，复命其子术斯剌乘传焚其骨，掷水中。七月庚申，初设盐钞香茶文引印造库使副。丙子，参知政事耶律恕罢。八月丙午，以左丞相昂去衣杖其弟妇，命杖之。戊申，以御史大夫高桢为司空，御史大夫如故。九月己未，常武殿击鞠，令百姓纵观。辛酉，以吏部尚书萧赜为参知政事。癸亥，猎于近郊。丁卯，次顺州。太师、领三省事徒单恭薨。是夜，还宫。乙亥，复猎于近郊。十月庚辰朔，杀广宁尹韩王亨。庚寅，还宫。庚子，以左丞相致仕温都思忠起为太傅、领三省事。以刑部侍郎白彦恭等为贺宋正旦使。十一月戊辰，上命诸从姊妹皆分属诸妃，出入禁中，与为淫乱，卧内遍设地衣，裸逐为戏。是月，初置惠民局。高丽遣使谢赐生日。十二月乙酉，以太傅温都思忠为太师，领三省事如故，平章政事张通古为司徒，平章政事如故。

三年正月己酉朔，宋、高丽、夏遣使来贺。辛酉，以判东京留守大臭为太傅、领三省事。甲子，生辰，宋、高丽、夏遣使来贺。二月壬午，以左丞相昂为太尉、枢密使，右丞相张浩为左丞相兼侍中，枢密使仆散师恭为右丞相兼中书令。尚书左丞张中孚罢，右丞张晖为平章政事。参知政事刘萼为左丞，参知政事萧赜为右丞，吏部尚书蔡松年为参知政事。三月壬子，以左丞相张浩、平章政事张晖每见僧法宝必坐其下，失大臣体，各杖二十。僧法宝妄自尊大，杖二百。乙卯，命以大房山云峰寺为山陵，建行宫其麓。庚午，以左司郎中李通为贺宋生日使。夏四月丁丑朔，昏雾四塞，日无光，凡十有七日。五月丁未朔，日有食之。癸丑，南京大内火。乙卯，命判大宗正事京等如上京，奉迁太祖、太宗梓宫。丙寅，如大房山，营山陵。六月丙戌，登宝昌门观角抵，百姓纵观。乙未，命右丞相仆散师恭、大宗正丞胡拔鲁如上京，奉迁山陵及迎永寿宫皇太后。七月癸丑，太白昼见。辛酉，如大房山，杖提举营造官吏部尚书耶律安礼等。乙亥，还宫。八月壬午，如大房山。甲申，启土，赐役夫，人绢一匹。是日，还宫。甲午，遣平章政事萧玉迎祭祖宗梓宫于广宁。乙未，增置教坊人数。庚子，杖左宣徽使敬嗣晖、同知宣徽事乌居仁及尚食官。九月戊申，平章政事张晖迎祭梓宫于宗州。乙卯，上谓宰臣及左司官曰："朝廷之事，尤在慎密。昨授张中孚、赵庆袭官，除书未到，先已知之，皆汝等泄之也。敢复尔者，杀无赦。"己未，如大房山。庚申，还宫。丙寅，以殿前都点检纳合椿年为参知政事。丁卯，上亲迎梓宫及皇太后于沙流河，命左右持杖二束，跽太后前，曰："某不孝，久失温凊，愿痛笞之。"太后掖起之，曰："凡民有子克家，犹爱之，况我有子如此。"叱持杖者退。庚午，猎，亲射獐以荐梓宫。壬申，至自沙流河。十月丙子，皇太后至中都，居寿康宫。戊寅，权奉安太庙神主于延圣寺，致奠梓宫于东郊，举哀。己卯，梓宫至中都，以大安殿为丕承殿，安置。壬午，命省部诸司便服治事，不奏死刑一月。辛卯，告于丕承殿。乙未，如蕺宫，册谥永宁皇太后曰慈宪皇后。丁酉，大房山行宫成，名曰磐宁。戊戌，还宫。己亥，以翰林学士承旨耶律归一等为贺宋正旦使。十一月乙巳朔，梓宫发丕承殿。戊申，山陵礼成。甲寅，诏内外大小职官覃迁一重，贞元四年租税并与放免，军士久于屯戍不经替换者，人赐绢三匹、银三两。群臣称贺。丙辰，燕百官于泰和殿。丁卯，奉安神主于太庙。戊辰，群臣称贺。辛未，猎于近郊。十二月己丑，还宫。木冰。乙未，上朝太后于寿康宫。己亥，太傅、领三省事大臭薨，亲临哭之，命有司废务及禁乐三日。

正隆元年正月癸卯朔，宋、高丽、夏遣使来贺。己酉，群臣奉上尊号曰圣文神武皇帝。上自九月废朝，常数月不出，有急奏，召左右司郎中省于卧内。庚戌，始视朝。戊午，生辰，宋、高丽、夏遣使来贺。乙丑，观角抵戏。罢中书门下省。以太师、领三省事温都思忠为尚书令，太尉、枢密使昂为太保，右丞相仆散师恭为太尉、枢密使。左丞刘萼、右丞萧赜罢，参知政事蔡松年为尚书右丞。枢密副使萧怀忠罢，吏部尚书耶律安礼为枢密副使。平章政事萧玉为右丞相，平章政事张晖罢，不置平章政事官。二月癸酉朔，改元正隆，大赦。庚辰，御宣华门观迎佛，赐诸寺僧绢五百匹、彩五十段、银五百两。辛巳，改定内外诸司印记。乙未，司徒张通古致仕。庚子，谒山陵。辛丑，还都。三月壬寅朔，始定职事官朝参等格。仍罢兵卫。庚申，以左宣徽使敬嗣晖等为贺宋生日使。四月，太尉、枢密使仆散师恭以父忧，起复如故。五月辛亥，修容安氏阍女御为妖所凭，舞噪宫中，命杀之。是月，颁行正隆官制。六月庚辰，天水郡公赵桓薨。丙戌，以尚书右丞蔡松年为左丞，枢密副使耶律安礼为右丞，附马都尉乌古论当海为枢密副使。七月己酉，命太保昂如上京，奉迁始祖以下梓宫。八月丁丑，如大房山行视山陵。十月乙酉，葬始祖以下十帝于大房山。丁酉，还宫。闰月己亥朔，山陵礼成，群臣称贺。甲辰，回鹘使使寅术乌笼骨来贡。庚寅，杖右丞相萧玉、左丞蔡松年、右丞耶律安礼、御史中丞马讽等。十一月己巳朔，以右司郎中梁球等为贺宋正旦使。癸巳，禁二月八日迎佛。

二年正月戊辰朔，宋、高丽、夏遣使来贺。庚辰，太白昼见。癸未，生辰，宋、高丽、夏遣使来贺。庚寅，以工部侍郎韩锡同知宣徽院事，锡不谢，杖百二十，夺所授官。二月辛丑，初定太庙时享牲牢礼仪。癸卯，改定亲王以下封爵等第，命置局追取存亡告身，存者二品以上，死者一品，参酌削降。公私文书，但有王爵字者，皆立限毁抹，虽坟墓碑志并发而毁之。三月丙寅朔，高丽遣使贺受尊号。四月戊戌，追降景宣皇帝为丰王。以佥书宣徽院事张喆为横赐高丽使，宿直将军温敦斡喝为横赐夏国使。六月乙未，参知政事纳合椿年薨。以礼部尚书耶律守素等为贺宋生日使。八月癸卯，始置登闻院。甲寅，罢上京留守司。九月乙丑，以宿直将军仆散乌里黑为夏国生日使。戊子，罢护驾军，置龙翔虎步军。罢尚书省文资令史出为外官。是秋，中都、山东、河东蝗。十月壬寅，命会宁府毁旧宫殿、诸大族第宅及储庆寺，仍夷其址而耕种之。丁未，禁卖古器入他境。乙卯，初铸铜钱。十一月辛未，以侍卫亲军副指挥使高助不古等为贺宋正旦使。十二月己亥，以侍卫亲军都指挥使纥石烈良弼为参知政事。

三年正月壬戌朔，宋、高丽、夏遣使来贺。丙寅，子矧思阿不死，杀太医副使谢友正及其乳母等。丁丑，生辰，宋、高丽、夏遣使来贺。己卯，杖右谏议大夫杨伯雄。二月壬辰朔，都城及京兆初置钱监。甲午，遣使检视随路金银铜铁冶。三月辛酉朔，司天奏日食，候之不见。命自今遇日食，面奏，不须颁告。辛巳，以兵部尚书萧恭等为贺宋生日使。四月丙辰，枢密副使乌古论当海罢，以北京留守张晖为枢密副使。六月壬辰，蝗入京师。七月庚申，封子广阳为滕王。甲申，以右丞相萧玉为司徒，尚书左丞蔡松年为右丞相，右丞耶律安礼为左丞，参知政事纥石烈良弼为右丞，左宣徽使敬嗣晖、吏部尚书李通为参知政事。九月己未，太白经天。甲子，滕王广阳薨。庚午，以宿直将军阿鲁保为夏国生日使。丁丑，以教坊提点高存福为高丽生日使。辛巳，迁中都屯军二猛安于南京，遣吏部尚书李惇等分地安置。十月戊戌，诏尚书省："凡事理不当者，许诣登闻检院投状，院类奏览讫，付御史台理问。"十一月辛酉，以工部尚书苏保衡等为贺宋正旦使。癸亥，诏有司勤政安民。癸未，尚书左丞耶律安礼罢。参知政事李通以忧制，起复如故。诏左丞相张浩、参知政事敬嗣晖营建南京宫室。十二月乙卯，以枢密副使张晖为尚书左丞。归德尹致仕高召和式起为枢密副使。

四年正月丙辰朔，宋、高丽、夏遣使来贺。上朝太后于寿康宫。丁巳，御史大夫高桢薨。庚申，更定私相越境法，并论死。辛酉，罢凤翔、唐、邓、颍、蔡、巩、洮、胶西诸榷场，置场泗州。辛未，生辰，宋、高丽、夏遣使来贺。二月己丑，以左宣徽使许霖为御史大夫。丁未，修中都城。造战船于通州。诏谕宰臣以伐宋事。调诸路猛安谋克军年二十以上、五十以下者，皆籍之，虽亲老丁多亦不许留侍。三月丙辰朔，遣兵部尚书萧恭经画夏国边界。遣使分诣诸道总管府督造兵器。四月辛丑，命增山东路泉水、毕括两营兵士廪给。庚戌，诏诸路旧贮军器并致于中都。时方建宫室于南京，又中都与四方所造军器材用皆赋于民，箭翎一尺至千钱，村落间往往椎牛以供筋革，至于乌鹊狗彘无不被害者。辛亥，尚书左丞张晖、御史大夫许霖罢。以大兴尹徒单贞为枢密副使。以秘书监王可道等为贺宋生日使。八月，诏诸路调马，以户口为差，计五十六万余匹，富室有至六十匹者，仍令户自养饲以俟。己卯，尚书右丞相蔡松年薨。九月，以翰林待制完颜达纪为高丽生日使，宿直将军加古挞懒为夏国生日使。十月乙亥，猎于近郊，观造船于通州。赐尚书右丞纥石烈良弼、枢密副使徒单贞佩刀入宫。十一月甲辰，以翰林侍讲学士施宜生等为贺宋正旦使。十二月乙卯，宋遣使告母韦氏哀。甲子，太白昼见。乙丑，以左副点检大怀忠等为宋吊祭使。乙亥，太医使祁宰上疏谏伐宋，杀之。

五年正月庚辰朔，宋、高丽、夏遣使来贺。乙未，生辰，宋、高丽、夏遣使来贺。二月壬子，宋遣使献母后遗留物。丁卯，太白昼见。辛未，河东、陕西地震，镇戎、德顺军大风，坏庐舍，人多压死。甲戌，遣引进使高植、刑部郎中海狗分道监视所获盗贼，并凌迟处死，或锯灼去皮截手足。仍戒屯戍千户谋克等，后有获者，并处死，总管府官亦决罚。三月辛巳，东海县民张旺、徐元等反，遣都水监徐文、步军指挥使张弘信、同知大兴尹事李惟忠、宿直将军萧阿窊率舟师九百，浮海讨之，命之曰："朕意不在一邑，将试舟师耳。"庚子，以司徒判大宗正事萧玉为御史大夫，司徒如故，尚书右丞纥石烈良弼为左丞，横海军节度使致仕刘长言起为右丞。四月庚戌，昭妃蒲察阿里忽有罪赐死。甲寅，宿州防御使耶律翼使宋失体，杖二百，除名。甲戌，太白昼见。六月，徐文等破贼张旺、徐元，东海平。七月辛巳，诏东海县徐元、张旺诖误者，并释之。壬午，以张弘信被命讨贼，称疾逗遛莱州，与妓乐饮燕，杖之二百。癸卯，遣使签诸路汉军。八月丙午朔，日有食之。辛亥，命榷货务并印造钞引库起赴南京。己巳，枢密副使徒单贞罢，以太子少保徒单永年为枢密副使。辛未，谒山陵，见田间获者，问其丰耗，以衣赐之。九月己卯，还宫。十月庚午，遣护卫完颜普连等二十四人督捕山东、河东、河北、中都盗贼。籍诸路水手得三万人。十一月乙酉，以济南尹仆散乌者等为贺宋正旦使。尚书右丞刘长言罢。命亲军司以所掌付大兴府。置左右骁骑都副指挥使，隶点检司。步军都副指挥使，隶宣徽院。十二月癸丑，禁中都、河北、山东、河南、河东、京兆军民网捕禽兽及畜养雕隼者。戊辰，禁朝官饮酒，犯者死，三国人使燕饮者罪。

六年正月甲戌朔，宋、高丽、夏遣使来贺。丁丑，判大宗正徒单贞、益都尹京、安武军节度使爽、金吾卫上将军阿速饮酒，以近属故，杖贞七十，余皆杖百。壬午，上将如南京，以司徒、御史大夫萧玉为大兴尹，司徒如故。枢密副使徒单永年罢，以都点检纥石烈志宁为枢密副使。己丑，生辰，宋、高丽、夏遣使来贺。癸巳，命参知政事李通谕宋使徐度等曰："朕昔从梁王军，乐南京风土，常欲巡幸。今营缮将毕功，期以二月末先往河南。帝王巡守，自古有之。以淮右多隙地，欲校猎其间，从兵不逾万人。况朕祖宗陵庙在此，安能久于彼乎。汝等归告汝主，令有司宣谕朕意，使淮南之民无怀疑惧。"庚子，诏自中都至河南府所过州县调从猎骑士二千。辛丑，杀蒲察阿虎迭女义察。义察，庆宜公主出，幼鞠宫中，上屡欲纳之，太后不可。至是，以罪杀之。二月乙巳，杖卫王襄之妃及左宣徽使许霖。甲寅，以参知政事李通为尚书右丞。己未，禁扈从纵猎扰民。庚申，征诸道水手运战船。癸亥，发中都。丙寅，次安肃州。三月己卯，改河南北邙山为太平山，称旧名者以违制论。丁亥，将至获嘉，有男子上书言事，斩之，所言莫得闻。癸巳，次河南府，因出猎，幸汝州温汤，视行宫地。自中都至河南，所过麦皆为空。复禁扈从毋辄离次及游赏饮酒，犯者罪皆死，而莫有从者。诏内地诸猛安赴山后牧马，俟秋并发。弟衮之妻乌延氏有罪，赐死。乌延氏之弟南京兵马副都指挥使习泥烈亦以罪诛。四月丁未，诏百官先赴南京治事，尚书省、枢密院、大宗正府、劝农司、太府、少府皆从行，吏、户、兵、刑部，四方馆，都水监，大理司官各留一员。以签书枢密院事高景山等为贺宋生日使。戊申，诏汝州百五十里内州县，量遣商贾赴温汤置市。诏有司移问宋人，蔡、颖、寿诸州对境创置堡戍者。庚戌，发河南府。契丹不补自山驰下，伏道左，自陈破东海贼有功，为李惟忠所抑，立命斩之。丁卯，次温汤。诫扈从毋辄过汝水。上猎，奔鹿突之堕马，呕血数日。遣使征诸道兵。五月庚辰，太师、尚书令耨碗温都思忠薨。契丹诸部反，遣右卫将军萧秃剌等讨之。六月癸卯，命枢密使仆散师恭、西京留守萧怀忠将兵一万讨契丹诸部。上自汝州如南京。壬戌，次南京近郊，左丞相张浩率百官迎谒。是夜，大风，坏承天门鸱尾。癸亥，上备法驾入于南京。七月丁亥，以左丞相张浩为太傅、尚书令，司徒、大兴尹萧玉为尚书左丞相，吏部尚书白彦恭为枢密副使，枢密副使纥石烈志宁为开封尹，安武军节度使徒单贞为御史大夫。己丑，赐从驾、从行、从军及千户谋克钱帛。大括天下骡马。杀亡辽耶律氏、宋赵氏子男凡百三十余人。八月壬寅，单州贼杜奎据城叛，遣都点检耶律湛、右骁骑副都指挥使大磐讨之。以枢密副使白彦恭为北面兵马都统，开封尹纥石烈志宁副之，中都留守完颜毂英为西北面兵马都统，西北路招讨使唐括孛古的副之，讨契丹。癸丑，以谏伐宋弑皇太后徒单氏于宁德宫，仍命即宫中焚之，弃其骨水中，并杀其侍婢等十余人。癸亥，杀右卫将军萧秃剌、护卫十人长斡卢保，族枢密使仆散师恭、北京留守萧赜、西京留守萧怀忠，杖尚书令张浩、左丞相萧玉。以太常博士张崇为高丽生日使，萧谊忠为夏国生日使。甲子，封所幸太后侍婢高福娘为郧国夫人。九月庚午朔，以太保、判大宗正事昂为枢密使，太保如故。戊子，杀前寿州刺史毛良虎。庚寅，大名府贼王九据城叛，众至数万，所至盗贼峰起，大者连城邑，小者保山泽，或以十数骑张旗帜而行，官军莫敢近。上又恶闻盗贼事，言者辄罪之。

上自将三十二总管兵伐宋，进自寿春。以太保、枢密使昂为左领军大都督，尚书右丞李通副之，尚书左丞纥石烈良弼为右领军大都督，判大宗正乌延蒲卢浑副之，御史大夫徒单贞为左监军，同判大宗正事徒单永年为右监军，左宣徽使许霖为左都监，河南尹蒲察斡论为右都监，皆从。工部尚书苏保衡为浙东道水军都统制，益都尹郑家副之，由海道径趋临安。太原尹刘萼为汉南道行营兵马都统制，济南尹仆散乌者副之，进自蔡州。河中尹徒单合喜为西蜀道行营兵马都统制，平阳尹张中彦副之，由凤翔取散关，驻军以俟后命。武胜、武平、武捷三军为前锋。徒单贞别将兵二万入淮阴。甲午，上发南京，诏皇后及太子光英居守，尚书令张浩、左丞相萧玉、参知政事敬嗣晖留治省事。丙申，太白昼见。将士自军中亡归者相属于道。曷苏馆猛安福寿、东京谋克金住等始授甲于大名，即举部亡归，从者众至万余，皆公言于路曰："我辈今往东京，立新天子矣！"十月乙巳，阴迷失道，二鼓始达营所。丙午，庆云见。东京留守曹国公乌禄即位于辽阳，改元大定，大赦。数海陵过恶：弑皇太后徒单氏，弑太宗及宗翰、宗弼子孙及宗本诸王，毁上京宫室，杀辽豫王、宋天水郡王、郡公子孙等数十事。丁未，大军渡淮，将至庐州，获白鹿，以为武王白鱼之兆。汉南道刘萼取通化军、蒋州、信阳军。

徒单贞败宋将王权于盱眙，进取扬州。前锋军至段寨，宋戍兵皆遁去，败宋兵于蔚子桥，败宋兵于巢县，斩二百级，至和州。王权夜以兵千余来袭，射却之。翼日，雨。宋人夜焚其积聚遁去。诘旦追之，宋人逆战，猛安韩棠军却，遂失利。温都奥剌奔北，武捷军副总管阿散率猛安谋克力战，却之。王权退保南岸。癸亥，上次和州，阿散等进阶赏赉有差。西蜀道徒单合喜驻散关，宋人攻秦州腊家城、德顺州，克之。浙东道苏保衡与宋人战于海道，败绩，副统制郑家死之。十一月庚午，左司郎中兀不喝等闻赦，入白东京即位改元事，上拊髀叹曰："我本欲灭宋后改元大定，岂非天命乎？"出其书示之，即预志改元事也。以劝农使完颜元宜为浙西道兵马都统制，刑部尚书郭安国副之。上驻军江北。遣武平总管阿邻先渡江至南岸，失利。上还和州，遂进兵扬州。甲午，会舟师于瓜洲渡，期以明日渡江。乙未，浙西兵马都统制完颜元宜等军反，帝遇弑，崩，年四十。

海陵在位十余年，每饰情貌以御臣下。却尚食进鹅以示俭，及游猎顿次，不时需索，一鹅一鹑，民间或用数万售之，有以一牛易一鹑者。或以弊衾覆衣，以示近臣。或服补缀，令记注官见之。或取军士陈米饭与尚食同进，先食军士饭几尽。或见民车陷泥泽，令卫士下挽，俟车出然后行。与近臣燕语，辄引古昔贤君以自况。显责大臣，使进直言。使张仲轲辈为谏官，而祁宰竟以直谏死。比昵群小，官赏无度，左右有旷僚者，人或以名呼之，即授以显阶。常置黄金裀褥间，有喜之者，令自取之。而淫嬖不择骨肉，刑杀不问有罪。至营南京宫殿，运一木之费至二千万，牵一车之力至五百人。宫殿之饰，遍傅黄金而后间以五采，金屑飞空如落雪。一殿之费以亿万计，成而复毁，务极华丽。其南征造战舰江上，毁民庐舍以为材，煮死人膏以为油，殚民力如马牛，费财用如土苴，空国以图人国，遂至于败。都督府以其柩置之南京班荆馆。大定二年，降封为海陵郡王，谥曰炀。二月，世宗使小底娄室与南京官迁其柩于宁德宫。四月，葬于大房山鹿门谷诸王兆域中。二十年，熙宗既祔庙，有司奏曰："炀王之罪未正。准晋赵王伦废惠帝自立，惠帝反正，诛伦，废为庶人。炀帝罪恶过于伦，不当有王对，亦不当在诸王茔域。"乃诏降为海陵庶人，改葬于山陵西南四十里。

赞曰：海陵智足以拒谏，言足以饰非。欲为君则弑其君，欲伐国则弑其母，欲夺人之妻则使之杀其夫。三纲绝矣，何暇他论。至于屠灭宗族，剪刈忠良，妇姑姊妹尽入嫔御。方以三十二总管之兵图一天下，卒之戾气感召，身由恶终，使天下后世称无道主以海陵为首。可不戒哉！可不戒哉！

卷六　本纪第六

世宗上

世宗光天兴运文德武功圣明仁孝皇帝，讳雍，本讳乌禄，太祖孙，睿宗子也。母曰贞懿皇后李氏。天辅七年癸卯岁，生于上京。体貌奇伟，美须髯，长过其腹，胸间有七子如北斗形。性仁孝，沉静明达。善骑射，国人推为第一，每出猎，耆老皆随而观之。皇统间，以宗室子例授光禄大夫，封葛王，为兵部尚书。天德初，判会宁牧。明年，判大宗正事，改中京留守，俄改燕京，未几，为济南尹。贞元初，为西京留守，三年，改东京，进封赵王。正隆二年，例降封郑国公，进封卫国。三年，再任留守，徙封曹国。六年五月，居贞懿皇后丧。一日方寝，有红光照室，及黄龙见寝室上。又尝夜有大星流入留守第中。是岁，东梁水涨溢，暴至城下，水与城等，决女墙石罅中流入城，湍激如涌，城中人惶骇，上亲登城，举酒酹之，水退。

海陵南伐，天下骚动。是时，籍契丹部人丁壮为兵，部人不愿行，以告使者，使者燥合畏海陵不以告，部人遂反。至是，咸平府谋克括里攻陷韩州，据咸平，将犯东京。八月，起复东京留守。婆速路兵四百来会讨括里，复得城中子弟愿为兵者数百人。帝舅兴中少尹李石以病免，家居辽阳。戊午，发东京，以石主留务。贼觇者闻鼙鼓声震天，见旌旗蔽野，传言国公兵十万且至，贼众至沈州，遁去。会乌延查剌等败贼兵，还至常安县，海陵使婆速路总管完颜谋衍来讨贼，以兵属之。九月，至东京。副留守高存福，其女在海陵后宫，海陵使存福伺起居。适以造兵器余材造甲数十，存福宣言，留守何为造甲，密使人以白海陵，遂与推官李彦隆托为击球，谋不利。存福家人以其谋来告，平定知军李蒲速越亦言其事。海陵尝闻上有疾，即使近习来观动静，至是，又使谋良虎图淮北诸王，上知之，心常隐忧。及讨括里还至清河，遇故吏六斤乘传自南来，具言海陵杀其母，杀兄子檀奴、阿里白及枢密使仆散忽土等，又曰："且遣人来害宗室兄弟矣！"上闻之，益惧。及闻存福图己，事且有迹，李石劝上早图之。于是，以议备贼事，召官属会清安寺，彦隆先到，存福累召始来，并于座上执之。是月，复有云来自西，黄龙见云中。十月辛丑，南征万户完颜福寿、高忠建、卢万家奴等自山东率所领兵二万，完颜谋衍自常安率兵五千皆来附。谋衍即以臣礼上谒。乙巳，诸军入城，共击杀存福等。是夜，诸军被甲环卫皇城。丙午，庆云见，官属诸军劝进，固让良久，于是亲告于太祖庙，还御宣政殿，即皇帝位。以完颜谋衍为右副元帅，高忠建元帅左监军，完颜福寿右监军，卢万家奴显德军节度使。丁未，大赦，改元大定。下诏暴扬海陵罪恶数十事。己酉，犒将士，赐官赏各有差，仍给复三年。会宁、胡里改、速频等路南伐诸军，会尚书省，奏请以从军来者补诸局司承应人及官吏阙员。上曰："旧人南征者即还，何以处之。必不可阙者，量用新人可也。"辛亥，以利涉军节度使独吉义为参知政事。中都留守、西北面行营都统完颜毂英将兵三万驻归化，以为左副元帅。丁巳，出内府金银器物赡军，吏民出财物佐官用者甚众。壬戌，以前临潢尹晏为左丞相。癸亥，诏谕南京太傅、尚书令张浩。甲子，兴平军节度使张玄素上谒。尚书省奏："正隆军兴之余，进钱粟者宜量授以官。"从之。诏遣移剌札八招契丹诸部为乱者。以前肇州防御使神土懑为元帅右都监。十一月己巳朔，以左丞相晏兼都元帅。辛未，以户部尚书李石为参知政事。己卯，诏调民间马充军用，事毕还主，死者给价。阿琐、璋杀同知中都留守事沙离只，阿琐自称中都留守，璋自称同知留守事，使石家奴等来上表贺。辛巳，以如中都期日诏群臣。壬午，诏中都都转运使左渊曰："凡宫殿张设毋得增置，无役一夫以扰百姓，但谨围禁，严出入而已。"以尚书右司员外郎完颜兀古出为诏谕高丽使。癸未，遣权元帅左都监吾札忽、右都监神土懑、广宁尹仆散浑坦讨契丹诸部。甲申，追尊皇考豳王为皇帝，谥简肃，庙号睿宗，皇妣蒲察氏曰钦慈皇后，李氏曰贞懿皇后。群臣上尊号曰仁明圣孝皇帝。乙酉，追复东昏王帝号，谥武灵，庙号闵宗，诏中外。封子实鲁剌为许王，胡土瓦为楚王。戊子，辞谒太祖庙及贞懿皇后园陵。己丑，如中都。次小辽口。使中都留守宗宪先往。壬辰，次梁鱼务。枢密副使，北面行营都统白彦敬、南京留守北面行营副统纥石烈志宁以所统军数来上。安武军节度使爽来归。乙未，完颜元宜等弑海陵于扬州。丙申，次义州。丁酉，宋人破陕州，防御使折可直降，同知防御使事李柔立死之。十二月乙卯，次三河县，左副元帅完颜毂英来朝。丙辰，次通州，延安尹唐括德温来朝。丁巳，至中都。戊午，谒太祖庙。己未，御贞元殿，受群臣朝。庚申，以元帅左监军高忠建等为报谕宋国使。壬戌，诏军士自东京扈从至京师者复三年。同知河间尹高昌福上书陈便宜，上览之再三。诏内外大小职官陈便宜。丙寅，诏左副元帅完颜毂英规措南边及陕西等路事。

二年正月戊辰朔，日有食之。伐鼓用币，上彻乐减膳，不视朝。庚午，上谓宰相曰："进贤退不肖，宰相之职也。有才能高于己者，或惧其分权，往往不肯引置同列，朕甚不取。卿等毋以此为心。"以前翰林学士承旨致仕翟永固为尚书左丞，济南尹仆散忠义为右丞。都统斜哥、副统完颜布辉坐擅易置中都官吏，斜哥除名，布辉削两阶，罢之。辛未，御太和殿，宴百官，宗戚命妇赐赉有差。壬申，敕御史台检察六部文移，稽而不行，行而失当，皆举劾之。甲戌，除迎赛神佛禁令。乙亥，如大房山。丙子，献享山陵，礼毕，欲猎而还，左丞相晏等谏曰："边事未宁，不宜游幸。"戊寅，还宫。因谕晏等曰："朕常慕古之帝王，虚心受谏。卿等有言即言，毋缄默以自便。"辛巳，以兵部尚书可喜等谋反，伏诛，诏中外。是日，赐扈从猛安谋克甲士下至阿里喜有差。遣左副点检蒲察阿孛罕等赏赉河南将士。以前劝农使移剌元宜为御史大夫。诏前工部尚书苏保衡、太子少保高思廉振赐山东百姓粟帛，无妻者具姓名以闻。庚寅，行纳粟补官法。遣右副元帅完颜谋衍率师讨萧窝斡。壬辰，上谓宰执曰："朕即位未半年，可行之事甚多，近日全无敷奏。朕深居九重，正赖卿等赞襄，各思所长以闻，朕岂有倦怠。"癸巳，太白昼见。甲午，上谓宰执曰："卿等当参民间利害，及时事之可否，以时敷奏。不可公余辄从自便，优游而已。"命河北、山东、陕西等路征南步军并放还家。咸平、济州军二万入屯京师。丙申，以西南路招讨使完颜思敬、兵部尚书阿邻督北边将士。二月己亥，前翰林待制大颖以言盗贼忤海陵，杖而除名，起为秘书丞。补阙马钦以谄事海陵得幸，除名。庚子，诏前户部尚书梁銶、户部郎中耶律道安抚山东百姓。招谕盗贼或避贼及避徭役在他所者，并令归业，及时农种，无问罪名轻重，并与原免。壬寅，太傅、尚书令张浩来见。癸卯，以上初即位，遣辽阳主簿石抹移迭、东京麹院都监移剌葛补招契丹叛人，为白彦敬、纥石烈志宁所害，并赠镇国上将军，令其家各食五品俸，仍收录其子。甲辰，以张浩为太师，尚书令如故，御史大夫移剌元宜为平章政事。辛亥，定世袭猛安谋克迁授格。壬子，以太保、左领军大都督奔睹为都元帅，太保如故。癸丑，诏降萧玉、敬嗣晖、许霖等官，放归田里。甲寅，复用进士为尚书省令史。丙辰，嵩州刺史石抹术突剌等败宋兵于寿安县。丁巳，郑州防御使蒲察世杰取陕州。甲子，诏都元帅奔睹开府山东，经略边事。泽州刺史特末哥及其妻高福娘伏诛。闰月甲戌，上谓宰臣曰："比闻外议言，奏事甚难。朕于可行者未尝不从。自今敷奏勿有所隐，朕固乐闻之。"戊子，上谓宰臣曰："臣民上书者，多敕尚书省详阅，而不即具奏，天下将谓朕徒受其言而不行也。其亟条具以闻。"庚寅，诏平章政事移剌元宜泰州路规措边事。辛卯，太和、厚德殿火。乙未，尚书兵部侍郎温敦术突剌等与窝斡战，败于胜州。三月癸卯，参知政事独吉义罢。元帅左都监徒单合喜败宋将吴璘于德顺州。甲辰，追削李通官职。乙巳，免南京正隆丁夫贷役钱。辛亥，以廉平诫谕中外官吏。癸亥，诏河南、陕西、山东，昨因捕贼，良民被虏为贼者，厘正之。四月己巳，右副元帅完颜谋衍等败窝斡于长泺。辛未，降废帝亮为海陵郡王。乙亥，诏减御膳及宫中食物之半。夏国遣使来贺即位，及进方物，及贺万春节。右副元帅完颜谋衍复败窝斡于霿𩄼河。辛巳，宴夏使贞元殿。故事，外国使三节人从皆坐庑下赐食。上察其食不精腆，曰："何以服远人之心。"掌食官皆杖六十。癸未，夏使朝辞，乞互市，从之。己丑，以左丞相晏为太尉。壬辰，诏征契丹部将士曰："应契丹与大军未战而降者，不得杀伤，仍安抚之。后招诱来降者，除奴婢以已虏为定，其亲属使各还其家，仍官为赎之。"五月丁酉朔，以曷速馆节度使白彦敬为御史大夫。戊戌，遣元帅左监军高忠建会北征将帅讨契丹。己亥，以临海军节度使纥石烈志宁为元帅右监军。右副元帅完颜谋衍、元帅右监军完颜福寿坐逗遛，召还京师，皆罢之。壬寅，立楚王允迪为皇太子，诏中外。丁巳，押军万户裴满按剌、猛安移剌沙里剌败宋兵于华州。六月戊辰，命御史大夫白彦敬西北路市马。庚午，以尚书右丞仆散忠义为平章政事兼右副元帅，经略契丹。诏出内府金银给征契丹军用。戊寅，诏居庸关、古北口讥察契丹奸细，捕获者加官赏。己卯，诏守御古北口及石门关。庚辰，宋遣使贺即位。壬午，右副元帅仆散忠义与窝斡战于花道。戊子，以南京留守纥石烈良弼为尚书右丞。庚寅，右副元帅仆散忠义大败窝斡于袅岭西陷泉，获其弟袅。壬辰，以西南路招讨使完颜思敬为元帅右都监。七月丁酉，复取原州。丙午，宋主傅位于子昚。甲寅，诏谕契丹。丁巳，速频军士术里古等诬完颜谋衍子斜哥寄书其父谋反，并以其书上之。上览书曰："此诬也，止讯告者。"讯之，果诬也。术里古伏诛。庚申，太尉、尚书左丞相晏致仕。壬戌，诏发济州会宁府军在京师者，以五千人赴北京都统府。陕西都统璋败宋将吴璘于张义堡。八月乙丑朔，奚抹白谋克徐列等降。左监军高忠建破奚于栲栳山，及招降旁近奚六营，有不降者，攻破之。尽杀其男子，以其妇女童孺分给诸军。丁卯，永兴县进嘉禾。壬申，万户温迪罕阿鲁带与奚战于古北口，败焉，诏同判大宗正事完颜谋衍等御之。癸酉，上谓宰臣曰："百姓上书陈时政，其言犹有所补。卿等位居机要，略无献替，可乎？夫听断狱讼，簿书期会，何人不能？唐、虞之圣，犹务兼览博照，乃能成治。正隆专任独见，故取败亡。朕早夜孜孜，冀闻谠论，卿等宜体朕意。"诏："百司官吏，凡上书言事或为有司所抑，许进表以闻，朕将亲览，以观人材优劣。"夏国遣使贺尊号。丁丑，免齐国妃、韩王亨、枢密忽土、留守赜等家亲属在宫籍者。诏元帅右都监完颜思敬以所部军与大军会讨窝斡。乙酉，诏左谏议大夫石琚、监察御史冯仲伊廉察河北东路。丁亥，诏御史台曰："卿等所劾，惟诸局行移稽缓，及缓于赴局者耳，此细事也。自三公以下，官僚善恶邪正，当审察之。若止理细务而略其大者，将治卿等罪矣！"契丹老和尚降。辛卯，罢诸关征税。九月甲午朔，完颜谋衍擒奚猛安合住。元帅左都监徒单合喜大败宋将吴璘于德顺州。乙未，诏尚书右丞纥石烈良弼以便宜招抚奚、契丹之叛者。庚子，元帅右都监完颜思敬获契丹窝斡，余众悉平。以尚书左司员外郎完颜正臣为夏国生日使。壬寅，猎于近郊。乙巳，以移剌窝斡平，诏中外。庚戌，改葬睿宗皇帝。壬子，以元帅右都监完颜思敬为右副元帅。戊午，诏思敬经略南边。辛酉，奉迁睿宗皇帝梓宫于磐宁宫。癸亥，元帅左监军徒单合喜等败宋兵于德顺州。河南统军使宗尹复取汝州。十月丁卯，以左副元帅完颜彀英为平章政事。戊辰，如山陵，谒睿宗皇帝梓宫，哭尽哀。平章政事、右副元帅仆散忠义等还自军，上谒。丙戌，以仆散忠义为尚书右丞相、元帅左监军纥石烈志宁为左副元帅。戊子，葬睿宗皇帝于景陵，大赦。己丑，诏左副元帅纥石烈志宁经略南边。壬辰，华州防御使蒲察世杰、丹州刺史赤盏胡速鲁改败宋兵于德顺州。十一月癸巳朔，诏右丞相仆散忠义伐宋。丁酉，第职官，廉能、污滥、不职各为三等而黜陟之。十二月乙酉，遣尚书刑部侍郎刘仲渊等廉察宣谕东京、北京等路。

三年正月壬辰朔，高丽、夏遣使来贺。庚子，太白昼见。壬子，遣客省使乌居仁赏劳河南军士。癸丑，复取德顺州。二月甲子，诏太子少詹事杨伯雄等廉问山西路。庚午，上谓宰相曰："滦州饥民，流散逐食，甚可矜恤。移于山西，富民赡济，仍于道路计口给食。"壬申，诏抚谕陕西。庚辰，太保、都元帅奔睹薨。丙戌，赵景元等以乱言伏诛。庚寅，高丽、夏遣使来贺万春节。高丽遣使贺即位。东京僧法通以妖术乱众，都统府讨平之。三月丙申，中都以南八路蝗，诏尚书省遣官捕之。壬寅，诏户部侍郎魏子平等九人，分诣诸路猛安谋克，劝农及廉问。诏临潢汉民逐食于会宁府济、信等州。庚戌，诏免去年租税。四月辛酉朔，右副元帅完颜思敬罢。丁卯，平章政事完颜彀英、御史大夫白彦敬罢。以参知政事李石为御史大夫。丁丑，诏吏犯赃罪，虽会赦不叙。己卯，以引进使韩纲为横赐高丽使。乙酉，赈山西路猛安谋克贫民，给六十日粮。是月，取商、虢、环州，宋所侵一十六州至是皆复。五月辛卯朔，右丞相仆散忠义朝京师。乙未，以重五，幸广乐园射柳，命皇太子、亲王、百官皆射，胜者赐物有差。上复御常武殿，赐宴击球。自是岁以为常。丙申，宋人攻破灵璧、虹县。己亥，罢河南、山东、陕西统军司，置都统、副统。以太子詹事完颜守道从皇太子，上召谕守道曰："卿任执政，所责非轻，自今毋从行。"辛丑，以右丞相仆散忠义兼都元帅。癸卯，仆散忠义还军。河南路都统奚挞不也叛入于宋。丙午，宋人攻破宿州。辛亥，更定出征军逃亡法。尚书省请籍天德间被诛大臣诸奴隶及从窝斡乱者为军，上以四方甫定，民意稍苏，而复签军，非长策，不听。癸丑，诏谕契丹余党蒲速越等，如能自新，并释其罪。若执蒲速越父子以来者，仍官赏之。左副元帅纥石烈志宁复取宿州，河南副统孛术鲁定方死于阵。乙卯，以北京留守完颜思敬复为右副元帅。中都蝗。诏参知政事完颜守道按问大兴府捕蝗官。六月庚申朔，日有食之。以刑部尚书苏保衡为参知政事。丙子，诏曰："正隆之末，济州路逃回军士为中都官军所邀杀者，官为收葬。"己卯，观稼于近郊。甲申，太师、尚书令张浩罢。以宿直将军阿勒根和衍为横赐夏国使。七月庚戌，太白昼见。以太子太师宗宪为平章政事。以孔总为袭封衍圣公。八月丙寅，太白经天。庚午，诏曰："祖宗时有劳效未曾迁赏者，五品以上闻奏，六品以下及无职事者尚书省约量升除。"甲戌，诏参知政事完颜守道招抚契丹余党。戊寅，诏罢契丹猛安谋克，其户分隶女直猛安谋克。命诸官员年老者，许存马一二匹，余并括买入官。敕殿前都点检唐括德温："重九出猎，国朝旧俗。今扈从军二千，能无扰民？可严为约束，仍以钱万贯分赐之。"乙酉，如大房山。丁亥，荐享于睿陵。戊子，还宫。九月癸巳，以宿直将军仆散习尼列为夏国生日使。丁酉，秋猎。以重九，拜天于北郊。丙午，诏翰林待制刘仲诲等廉问车驾所经州县。乙卯，还宫。十月甲子，大享于太庙。丙寅，以许王府长史移剌天佛留为高丽生日使。癸酉，冬猎。十一月庚寅，太白昼见，经天。壬辰，还都。戊申，诏："求仕官辄入权要之门，追一官，仍降除。以请求有所馈献及受之者，具状奏裁。"庚戌，百官请上尊号，不允。诏："中都、平州及饥荒地并经契丹剽掠，有质卖妻子者，官为收赎。"壬子，尚书左丞翟永固罢。癸丑，罢贡金线段匹。甲寅，以尚书右丞纥石烈良弼为左丞，吏部尚书石琚为参知政事。十二月丁丑，腊，猎于近郊。以所获荐山陵，自是岁以为常。诏流民未复业，增限招诱。己卯，参知政事苏保衡至自军，辛巳，以为尚书右丞。

四年正月丁亥朔，高丽、夏遣使来贺。戊子，罢路府州元日及万春节贡献。上谓侍臣曰："秦王宗翰有功于国，何乃无嗣？"皆未知所对。上曰："朕尝闻宗翰在西京坑杀丐者千人，得非其报耶？"癸巳，百官复请上尊号，不允。丁酉，如安州春水。壬寅，至安州。大雪。诏扈从人舍民家者，人日支钱一百与其主。甲辰，元帅府言："宋遣审议官胡昉致尚书右仆射书，来议和好。以其言失信，拘昉军中，以书答之。"及以书进，上览之曰："宋之失信，行人何罪？当即遣还。边事令元帅府从宜措画。"乙巳，尚书省奏："徐州民曹圭讨贼江志，而子弼亦在贼中，并杀之。法当补二官，叙杂班。"上以所奏未当，进一官，正班用之。辛亥，获头鹅。遣使荐山陵，自是岁以为常。二月丁巳，免安州今年赋役，及保塞县御城边吴二村凡扈从人尝止其家者，亦复一年。辛酉，猎于高阳之北。庚午，还都。庚辰，以北京粟价踊贵，诏免今年课甲。三月丙戌朔，万春节，高丽、夏遣使来贺。诏免北京岁课段匹一年。庚子，京师地震。壬寅，百官复请上尊号，不允。四月丁巳，平章政事完颜元宜罢。甲戌，出宫女二十一人。五月，旱。癸卯，敕有司审冤狱，禁宫中音乐，放球场役夫。乙巳，诏礼部尚书王竞祷雨于北岳。己酉，命参知政事石琚等于北郊望祭祷雨。壬子，雨。窝斡余党蒲速越伏诛。六月甲寅朔，日有食之。壬戌，尚书左丞纥石烈良弼至自征南元帅府。甲子，以雨足，命有司祭谢岳镇海渎于北郊。己巳，幸东宫，视皇太子疾。庚午，初定祭五岳四渎礼。辛未，观稼于近郊。庚辰，诏谕元帅府曰："所请伐宋军万五千，今以骑三千，步四千赴之。"诏陕西元帅府议入蜀利害以闻。七月壬辰，故卫王襄妃及其子和尚以妖妄伏诛。庚子，以尚书左丞纥石烈良弼为平章政事。辛丑，大风雷雨，拔木。八月甲寅朔，诏征南元帅府曰："前所请收复旧疆，乞候秋凉进发，今已秋凉，复俟何时？"戊午，以参知政事完颜守道为尚书左丞，大兴尹唐括安礼为参知政事。壬申，上谓宰臣曰："卿每奏皆常事，凡治国安民及朝政不便于民者，未尝及也。如此，则宰相之任谁不能之？"己卯，如大房山。辛巳，致祭于山陵。九月癸未朔，还都。乙酉，上谓宰臣曰："形势之家，亲识诉讼，请属道达，官吏往往屈法徇情，宜一切禁止。"己丑，上谓宰臣曰："北京、懿州、临潢等路尝经契丹寇掠，平、蓟二州近复蝗旱，百姓艰食，父母兄弟不能相保，多冒鬻为奴，朕甚闵之。可速遣使阅实其数，出内库物赎之。"乙未，幸鹰房，主者以鹰隼置内省堂上，上怒曰："此宰相听事，岂置鹰隼处耶？"痛责其人，俾置他所。己亥，以宿直将军乌里雅为夏国生日使。辛亥，以太子少詹事乌古论三合为高丽生日使。十月癸丑朔，猎于密云县。丙寅，还都。己卯，命泰宁军节度使张弘信等二十四人分路通检诸路物力。十一月乙酉，征南都统徒单克宁败宋兵，取楚州。己丑，封子永功为郑王。辛卯，冬猎。乙未，诏进师伐宋。戊戌，次河间府。辛丑，尚书省火。甲辰，次清州。闰月壬子朔，还都。十二月丁亥，尚书省奏都统高景山取商州。己丑，腊，猎于近郊。辛卯，太白昼见，经天。是岁，大有年。断死罪十有七人。

五年正月辛亥朔，高丽、夏遣使来贺。乙卯，诏泰州、临潢接境设边堡七十，驻兵万三千。己未，宋通问使魏杞等以国书来。书不称"大"，称"侄宋皇帝"，称名，"再拜奉书于叔大金皇帝"。岁币二十万。辛未，诏中外。复命有司，旱、蝗、水溢之处，与免租赋。癸酉，命元帅府诸新旧军以六万人留戍，余并放还。以宋国岁币悉赏诸军。二月壬午，以左副都点检完颜仲等为宋报问使。壬寅，罢纳粟补官令。戊申，万春节，宋、高丽、夏遣使来贺。三月壬申，群臣奉上尊号曰应天兴祚仁德圣孝皇帝，诏中外。四月癸卯，西京留守寿王京谋反，狱成，特免死，杖之，除名，岚州安置。乙巳，右副元帅完颜思敬罢。丁未，右丞相、都元帅仆散忠义还自军。五月壬子，左副元帅纥石烈志宁以召入见。丁巳，以仆散忠义为尚书左丞相，纥石烈志宁为平章政事，还军。乙丑，以平章政事宗宪为尚书右丞相。癸酉，罢山东路都统府，以其军各隶总管府。六月甲辰，芝产大安殿柱。丙午，京师地震，雨毛。七月戊申朔，京师地复震。罢陕西都统府，复置统军司京兆，徙陕西元帅府河中。八月己卯，前宿州防御使乌林答剌撒以与宋李世辅交通，伏诛。癸巳，宋、夏遣使贺尊号。九月丁未朔，以吏部尚书高衎等为贺宋生日使。戊申，秋猎。庚戌，以宿直将军术虎蒲查为夏国生日使。甲戌，还都。十月丁丑朔，地震。辛巳，以大宗正丞璋为高丽生日使。乙未，冬猎。辛丑，还都。十一月丙午朔，上谓宰臣曰："朕在位日浅，未能遍识臣下贤否？全赖卿等尽公举荐。今六品以下殊乏人材，何以副朕求贤之意。"癸丑，幸东宫。戊午，以右副都点检乌古论粘没曷为贺宋正旦使。癸亥，立诸路通检地土等第税法。癸酉，大雾。昼晦。十二月己丑，猎于近郊。高丽遣使贺尊号。

六年正月丙午朔，宋、高丽、夏遣使来贺。庚午，敕有司："宫中张设毋以涂金为饰。"二月丁亥，尚书左丞相兼都元帅沂国公仆散忠义薨。壬寅，万春节，宋、高丽、夏遣使来贺。三月甲寅，上如西京。庚申，次归化州，西京留守唐括德温上谒。戊辰，至西京。庚午，朝谒太祖庙。壬申，击球，百姓纵观。四月甲戌朔，诏月朔禁屠宰。戊戌，以尚书右司郎中移剌道为横赐高丽使，宿直将军斜卯撒剌为横赐夏国使。辛丑，太白昼见。五月戊申，幸华严寺，观故辽诸帝铜像，诏主僧谨视之。壬子，诏云中大同县及警巡院给复一年。壬戌，诏将幸银山，诸扈从军士赐钱五万贯，有敢损苗稼者，并偿之。六月辛巳，太白昼见，经天。丙戌，发自西京。庚子，猎于银山。七月辛酉，次三叉口。八月辛未朔，次凉陉。庚辰，猎于望云之南山。九月辛丑朔，至自西京。丁未，以户部尚书魏子平为贺宋生日使。辛亥，以翰林待制移剌熙载为夏国生日使。泽州刺史刘德裕等以盗用官钱伏诛。壬子，太白昼见。癸丑，尚书右丞相宗宪薨。丙辰，太白昼见，经天。十月己卯，以尚书兵部侍郎移剌按答为高丽生日使。甲申，朝享于太庙。诏免雄、莫等州今年租。壬辰，太白昼见，经天。丁酉，如安肃州。冬猎。十一月丙午，还都。癸丑，以右副都点检乌古论元忠为贺宋正旦使。上谓宰臣曰："朝官当慎选其人，庶可激励其余，若不当，则启觊觎之心。卿等必知人才优劣，举实才用之。"庚申，太白昼见，经天。丁卯，参知政事石琚以母忧罢。十二月甲戌，诏有司，每月朔望及上七日毋奏刑名。戊子，太白昼见，经天。甲午，泰州民合住谋反，伏诛。丙申，以平章政事纥石烈良弼为尚书右丞相，纥石烈志宁为枢密使。

七年正月庚子朔，宋、高丽、夏遣使来贺。辛亥，石琚起复参知政事。壬子，上服衮冕，御大安殿，受尊号册宝礼。癸丑，大赦，庚申，以元帅左监军徒单合喜为枢密副使。二月庚寅，尚书右丞苏保衡薨。丙申，以参知政事石琚为尚书右丞。三月己亥朔，万春节，宋、高丽、夏遣使来贺。四月戊辰朔，日有食之。壬辰，以御史大夫李石为司徒，大夫如故。五月丙午，大兴府狱空，诏赐钱三百贯为宴乐之用，以劳之。甲寅，以北京留守耨碗温敦兀带为参知政事。六月癸酉，命地衣用龙文者罢之。七月戊申，禁服用金线，其织卖者，皆抵罪。丙辰，幸东宫。己未，幸东宫视皇太子疾。闰月丁卯，观稼于近郊。戊辰，许王永中进封越王，郑王永功封随王，永成封沈王。甲戌，诏遣秘书监移剌子敬经略北边。戊寅，幸东宫。己卯，庆云环日。壬午，观稼于近郊。戊子，观稼于北郊。八月辛亥，庆云环日。癸丑，尚书右丞相监修国史纥石烈良弼进《太宗实录》，上立受之。己未，如大房山。壬戌，致祭睿陵。九月乙丑朔，还宫。己巳，右三部检法官韩赞以捕蝗受赂，除名。诏吏人但犯赃罪，虽会赦，非特旨不叙。以劝农使蒲察莎鲁窝等为贺宋生日使。辛未，参知政事唐括安礼罢。乙亥，以宿直将军唐括鹘鲁为夏国生日使。庚辰，地震。辛巳，以都水监李卫国为高丽生日使。乙酉，秋猎。庚寅，次保州。诏修起居注王天祺察访所经过州县官。十月乙未朔，上谓侍臣曰："近闻朕所幸郡邑，会宴寝堂宇，后皆避之，此甚无谓，可宣谕，令仍旧居止。"戊申，还都。丁巳，上谓宰臣曰："海陵不辨人才优劣，惟徇己欲，多所升擢。朕即位以来，以此为戒，止取实才用之。近闻蠡州同知移剌延寿在官污滥，询其出身，乃正隆时鹰房子。如鹰房，厨人之类，可典城牧民耶？自今如此局分，不得授以临民职任。"以御史中丞孟浩为参知政事。是日，参知政事耨碗温敦兀带薨。辛酉，敕有司于东宫凉楼前增建殿位，孟浩谏曰："皇太子虽为储贰，宜示以俭德，不当与至尊宫室相侔。"乃罢之。十一月乙丑朔，上谓宰臣曰："闻县令多非其人，其令吏部察其善恶，明加黜陟。"辛未，以河间尹徒单克宁等为贺宋正旦使。壬申，太白昼见。丁丑，岁星昼见。丁亥，枢密副使徒单合喜罢。十二月戊戌，东京留守徒单合喜、北京留守完颜谋衍、肇州防御使蒲察通朝辞，赐通金带，谕之曰："卿虽有才，然用心多诈，朕左右须忠实人，故命卿补外。赐卿金带者，答卿服劳之久也！"又顾谓左宣徽使敬嗣晖曰："如卿不可谓无才，所欠者纯实耳！"甲辰，以北京留守完颜思敬为平章政事。是岁，断死囚二十人。

八年正月甲子朔，宋、高丽、夏遣使来贺。乙丑，上谓宰臣曰："朕治天下，方与卿等共之，事有不可，各当面陈，以辅朕之不逮，慎毋阿顺取容。卿等致位公相，正行道扬名之时，苟或偷安自便，虽为今日之幸，后世以为何如？"群臣皆称万岁。辛未，谓秘书监移剌子敬等曰："昔唐、虞之时，未有华饰，汉惟孝文务为纯俭。朕于宫室惟恐过度，其或兴修，即损宫人岁费以充之，今亦不复营建矣！如宴饮之事，近惟太子生日及岁元尝饮酒，往者亦止上元、中秋饮之，亦未尝至醉。至于佛法，尤所未信。梁武帝为同泰寺奴，辽道宗以民户赐寺僧，复加以三公之官，其惑深矣！"庚辰，行皇太子册礼。二月甲午朔，制子为改嫁母服丧三年。上谕左宣徽使敬嗣晖曰："凡为人臣，上欲要君之恩，下欲干民之誉，必亏忠节，卿宜戒之！"三月癸亥朔，万春节，宋、高丽、夏遣使来贺。己巳，命以职官子补令史。丁丑，命护卫亲军百户、五十户，非直日不得带刀入宫，己丑，太白昼见。四月丙午，诏曰："马者军旅所用，牛者农耕之资，杀牛有禁，马亦何殊，其令禁之。"戊申，击球常武殿，司天马贵中谏曰："陛下为天下主，系社稷之重，又春秋高，围猎击球危事也，宜悉罢之。"上曰："朕以示习武耳！"五月甲子，北望淀大震、风、雨雹，广十里，长六十里。诏户、工两部，自今宫中之饰，并勿用黄金。乙丑，上如凉陉。丁卯，岁星昼见。庚寅，改旺国崖曰静宁山，曷里浒东川曰金莲川。六月，河决李固渡，水入曹州。七月甲子，制盗群牧马者死，告者给钱三百贯。戊辰，上谓平章政事完颜思敬等曰："朕思得贤士，寤寐不忘。自今朝臣出外，即令体访外任职官廉能者，及草莱之士可以助治者，具姓名以闻。"甲戌，秋猎。己卯，次三叉口。上谕点检司曰："沿路禾稼甚佳，其扈从人少有蹂践，则当汝罪。"八月乙卯，至自凉陉。九月辛酉，上谕尚书右丞石琚、参政孟浩曰："闻蔚州采地蕈，役夫数百千人，朕所用几何？而扰动如此。自今差役凡称御前者，皆须禀奏，仍令附册。"癸亥，以右宣徽使移剌神独斡等为贺宋生日使。己巳，以引进使高希甫为夏国生日使。庚午，上幸东宫。癸酉，上谕宰臣曰："卿等举用人材，凡已所知识，必使他人举奏，朕甚不喜。如其果贤，何必以亲疏为避忌也。"以户部尚书魏子平为参知政事。辛巳，上谓御史大夫李石曰："台宪固在分别邪正，然内外百司岂谓无人？惟见卿等劾人之罪，不闻举善。自今宜令监察御史分路刺举善恶以闻。"上尝命左卫将军大磐访求良弓，而磐多自取，护卫娄室以告，上命点检司鞫磐。磐妹为宝林，磐属内侍僧儿言之宝林，宝林以闻，命杖僧儿百，出磐为陇州防御使。十月己丑朔，以戒谕官吏贪墨，诏中外。乙未，命涿州刺史兼提点山陵，每以朔望致祭，朔则用素，望则用肉，仍以明年正月为首。及命图画功臣於太祖庙，其未立碑者立之。以翰林待制靖为高丽生日使。上谓宰臣曰："海陵时，修起居注不任直臣，故所书多不实。可访求得实，详而录之。"参政孟浩进曰："良史直笔，君举必书，自古帝王不自观史，意正在此。"辛亥，诏罢复州岁贡鹿筋。十一月乙丑，幸东宫。以同签大宗正事辟合土等为贺宋正旦使。十二月戊子朔，遣武定军节度使移剌按等招谕阻轐。

九年正月戊午朔，宋、高丽、夏遣使来贺。辛酉，上与宣徽使敬嗣晖、秘书监移剌子敬论古今事，因曰："亡辽日屠食羊三百，亦岂能尽用，徒伤生耳！朕虽处至尊，每当食，常思贫民饥馁，犹在己也。彼身为恶而口祈福，何益之有？如海陵以张仲轲为谏议大夫，何以得闻忠言。朕与大臣论议一事，非正不言，卿等不以正对，岂人臣之道也！"庚午，诏诸州县和籴，毋得抑配百姓。戊寅，契丹外失剌等谋叛，伏诛。丙戌，制汉人、渤海兄弟之妻，服阕归宗，以礼续婚者，听。二月庚寅，制妄言边关兵马者，徒二年。丙申，诏改葬汉二燕王于城东。庚子，以中都等路水，免税，诏中外。又以曹、单二州被水尤甚，给复一年。甲寅，诏女直人与诸色人公事相关，只就女直理问。三月丁巳朔，万春节，宋、高丽、夏遣使来贺。丁卯，以尚书省定网捕走兽法，或至徒，上曰："以禽兽之故而抵民以徒，是重禽兽而轻民命也，岂朕意哉！自今有犯，可杖而释之。"诏御史中丞移剌道廉问山东、河南。辛未，禁民间称言"销金"，条理内旧有者，改作"明金"字。辛巳，以大名路诸猛安民户艰食，遣使发仓廪减价出之。四月己丑，谓宰臣曰："朕观在位之臣，初入仕时，竞求声誉以取爵位，亦既显达，即徇默苟容为自安计，朕甚不取。宜宣谕百官，使知朕意。"癸巳，遣翰林修撰蒲察兀虎、监察御史完颜鹘沙分诣河北西路、大名、河南、山东等路劝猛安谋克农。五月丙辰朔，以符宝郎徒单怀贞为横赐高丽使，宿直将军完颜赛也为横赐夏国使。戊辰，尚书省奏越王永中、隋王永功二府有所兴造，发役夫。上曰："朕见宫中竹有枯瘁者，欲令更植，恐劳人而止。二王府各有引从人力，又奴婢甚多，何得更役百姓。尔等但以例为请，海陵横役无度，可尽为例耶！自今在都浮役，久为例者仍旧，余并官给佣直，重者奏闻。"六月庚寅，冀州张和等反，伏诛。戊戌，以久旱，命宫中毋用扇。庚子，雨。七月乙卯朔，罢东北路采珠。壬申，观稼于近郊。八月甲申朔，有司奏日食，以雨不见，伐鼓用币如常礼。九月甲寅朔，以刑部尚书高德基等为贺宋生日使，宿直将军仆散守中为夏国生日使，提点司天台马贵中为高丽生日使。罢皇太子月料，岁给钱五万贯。上谓台臣曰："比闻朝官内有揽中官物以规贷利者，汝何不言？"皆对曰："不知。"上曰："朕尚知之，汝有不知者乎？朕若举行，汝将安用！"壬戌，秋猎。十月丁亥，还都。辛丑，以尚书右丞相纥石烈良弼为左丞相，枢密使纥石烈志宁为右丞相。诏宗庙之祭，以鹿代牛，著为令。丙午，大享于太庙。辛亥，以平章政事完颜思敬为枢密使。十一月己未，以尚书左丞完颜守道为平章政事，右丞石琚为左丞，参知政事孟浩为右丞。庚申，上幸东宫。辛酉，以京兆尹毅等为贺宋正旦使。壬戌，冬猎。丙子，还都。十二月丙戌，诏赈临潢、泰州、山东东路，河北东路诸猛安民。以东京留守徒单合喜为平章政事。丁酉，太白昼见。辛丑，猎于近郊。丙午，制职官犯公罪，在官已承伏者，虽去官犹论。

十年正月壬子朔，宋、高丽、夏遣使来贺。甲子，命宫中元宵无得张灯。甲戌，以司徒、御史大夫李石为太尉、尚书令。二月甲午，安化军节度使徒单子温、副使老君奴以赃罪，伏诛。戊申，上谓近臣曰："护卫以后皆是治民之官，其令教以读书。"三月壬子朔，万春节，宋、高丽、夏遣使来贺。丙辰，上因命护卫中善射者押赐宋使射弓宴，宋使中五十，押宴者才中其七，谓左右将军曰："护卫十年出为五品职官，每三日上直，役亦轻矣，岂徒令饱食安卧而已！弓矢不习，将焉用之？"戊午，以河南统军使宗叙为参知政事。庚午，上谓参政宗叙曰："卿昨为河南统军时，言黄河堤埽利害，甚合朕意。朕每念百姓差调，官吏互为奸弊，不早计料，临期星火率敛，所费倍蓰，为害非细。卿既参朝政，皆当革弊，择利行之。"又谕左丞石琚曰："女直人径居达要，不知闾阎疾苦。汝等自丞簿至是，民间何事不知，凡有利害，宜悉敷陈。"四月丁酉，制命妇犯奸，不用夫荫以子封者，不拘此法。五月乙卯，如柳河川。闰月庚辰，夏国任得敬胁其主李仁孝，使上表，请中分其国。上问宰臣李石，石等以为事系彼国，不如许之。上曰："彼劫于权臣耳！"诏不许，并却其贡物。七月壬午，秋猎。戊戌，放围场役夫。诏扈从粮食并从官给。乙巳，敕扈从人纵畜牧蹂践禾稼者，杖之，仍偿其直。八月己未，至自柳河川。壬申，遣参知政事宗叙北巡。九月庚辰，尚书左丞相纥石烈良弼丁忧，起复如故。壬午，以签书枢密院事移剌子敬为贺宋生日使。庚寅，以户部郎中夹谷阿里补为夏国生日使。十月己酉，以大宗正丞纠为高丽生日使。甲寅，如霸州，冬猎。乙丑，上谓大臣曰："比因巡猎，闻固安县令高昌裔不职，已令罢之。霸州司候成奉先奉职谨恪，可进一阶，除固安令。"辛未，上谓宰臣曰："朕凡论事有未能深究其利害者，卿等宜悉心论列，无为面从而退有后言。"十一月辛巳，制盗太庙物者与盗宫中物论同。甲申，上幸东宫。丁亥，以太子詹事蒲察蒲速越等为贺宋正旦使。癸巳，夏国以诛任得敬遣使来谢，诏慰谕之。十二月丙寅，上谓宰臣曰："比体中不佳，有妨朝事。今观所奏事，皆依条格，殊无一利国之事。若一朝行一事，岁计有余，则其利博矣！朕居深宫，岂能悉知外事？卿等尤当注意。"

十一年正月丙子朔，宋、夏遣使来贺。丁丑，封子永升为徐王，永蹈为滕王，永济为薛王。壬午，诏职官年七十以上致仕者，不拘官品，并给俸禄之半。丙申，命赈南京屯田猛安被水灾者。戊戌，尚书省奏汾阳军节度副使牛信昌生日受馈献，法当夺官。上曰："朝廷行事苟不自正，何以正天下。尚书省、枢密院生日节辰馈献不少，此而不问，小官馈献即加按劾，岂正天下之道？自今宰执枢密馈献亦宜罢去！"上谓宰臣曰："往岁清暑山西，近路禾稼甚广，殆无畜牧之地，因命五里外乃得耕垦。今闻民皆去之他所，甚可矜悯，其令依旧耕种。事有类此，卿等宜即告朕。"三月乙亥朔，万春节，宋、夏遣使来贺。辛巳，命有司以天水郡公旅榇依一品礼葬于巩洛之原。四月丁未，归德府民臧安儿谋反，伏诛。大理卿李昌图以廉问真定尹徒单贞、咸平尹石抹阿没剌受赃不法，既得罪状，不即黜罢，杖之四十。癸亥，参知政事魏子平罢。高丽国王晛弟晧，废其主自立，诈称让国，遣使以表来上。五月辛卯，诏遣吏部侍郎靖使高丽问故。癸巳，以南京留守移剌成为枢密副使。六月己酉，诏曰："诸路常贡数内，同州沙苑羊非急用，徒劳民尔，自今罢之。朕居深宫，劳民之事岂能尽知？似此当具以闻。"戊午，观稼于近郊。甲子，平章政事徒单合喜薨。七月甲申，参知政事宗叙薨。八月癸卯朔，太白昼见。诏朝臣曰："朕尝谕汝等，国家利便，治体遗阙，皆可直言。外路官民亦尝言事，汝等终无一语。凡政事所行，岂能皆当？自今直言得失，毋有所隐。"乙巳，上谓宰臣曰："随朝之官，自谓历一考则当得某职，两考则当得某职。第务因循，碌碌而已。自今以外路官与内除者，察其公勤则升用之，但苟简于事，不须任满，便以本品出之。赏罚不明，岂能劝勉。"庚戌，诏曰："应因窝斡被掠女直及诸色人未经刷放者，官为赎放。隐匿者，以违制论。其年幼不能称说住贯者，从便住坐。"上谓宰臣曰："五品以下阙员甚多，而难于得人。三品以上朕则知之，五品以下不能知也。卿等曾无一言见举者。欲画久安之计，兴百姓之利，而无良辅佐，所行皆寻常事耳，虽日日视朝，何益之有。卿等宜勉思之。"己巳，以尚书刑部侍郎乌林荅天锡等为贺宋生日使，近侍局使刘珫为夏国生日使。九月癸未，猎于横山。庚寅，还都。十月壬寅朔，以左宣徽使敬嗣晖为参知政事。甲寅，上谓宰臣曰："朕已行之事，卿等以为成命不可复更，但承顺而已，一无执奏。且卿等凡有奏，何尝不从。自今朕旨虽出，宜审而行，有未便者，即奏改之。或在下位有言尚书省所行未便，亦当从而改之，毋拒而不从。"丙寅，尚书左丞相纥石烈良弼进《睿宗实录》。戊辰，上谓宰臣曰："衍庆宫图画功臣，已命增为二十人。如丞相韩企先，自本朝兴国以来，宪章法度，多出其手。至于关决大政，但与大臣谋议，终不使外人知觉。汉人宰相，前后无比，若褒显之，亦足示劝，慎无遗之。"十一月丁丑，以西南路招讨使宗宁等为贺宋正旦使。戊寅，幸东宫。上谓皇太子曰："吾儿在储贰之位，朕为汝措天下，当无复有经营之事。汝惟无忘祖宗纯厚之风，以勤修道德为孝，明信赏罚为治而已。昔唐太宗谓其子高宗曰：'吾伐高丽不克终，汝可继之。'如此之事，朕不以遗汝。如辽之海滨王，以国人爱其子，嫉而杀之，此何理也。子为众爱，愈为美事，所为若此，安有不亡。唐太宗有道之君，而谓其子高宗曰：'尔于李勣无恩。今以事出之，我死，宜即授以仆射，彼必致死力矣。'君人者，焉用伪为。受恩于父，安有忘报于子者乎？朕御臣下，惟以诚实耳。"群臣皆称万岁。丙戌，朝享于太庙。丁亥，有事于圆丘，大赦。癸巳，群臣奉上尊号曰应天兴祚钦文广武仁德圣孝皇帝。乙未，诏中外。十二月癸卯，冬猎。乙卯，还宫。丙辰，参知政事敬嗣晖薨。辛酉，进封越王永中赵王，随王永功曹王，沈王永成豳王，徐王永升虞王，滕王永蹈徐王，薛王永济滕王。乙丑，赵王永中、曹王永功俱授猛安，仍命永功亲治事，以习为政。

卷七　本纪第七

世　宗　中

十二年正月庚午朔，宋、高丽、夏遣使来贺。戊寅，诏有司："凡陈言文字，皆国政利害，自今言有可行，以其本封送秘书监，当行者录副付所司。"丙申，以水旱，免中都、西京、南京、河北、河东、山东、陕西去年租税。二月壬寅，上召诸王府长史谕之曰："朕选汝等，正欲劝导诸王，使之为善。如诸王所为有所未善，当力陈之，尚或不从，则具某日行某事以奏。若阿意不言，朕惟汝罪。"丙午，尚书省奏，廉察到同知城阳军事山和尚等清强官，上曰："此辈暗察明访皆著政声，可第其政绩，各进官旌赏。其速议升除。"庚戌，上如顺州春水。癸丑，还都。丙辰，诏："自今官长不法，其僚佐不能纠正又不言上者，并坐之。"户部尚书高德基滥支朝官俸钱四十万贯，杖八十。三月己巳朔，万春节，宋、高丽、夏遣使来贺。乙亥，诏尚书省："赃污之官，已被廉问，若仍旧职，必复害民。其遣使诸道，即日罢之。"丁丑，诏遣宿直将军乌古论思列，册封王晧为高丽国王。庚寅，雨土。癸巳，以前西北路招讨使移剌道为参知政事。回纥遣使来贡。丁酉，北京曹贵等谋反，伏诛。四月，旱。癸卯，尚书右丞孟浩罢。丁巳，西北路纳合七斤等谋反，伏诛。癸亥，以久旱，命祷祠山川。诏宰臣曰："诸府少尹多阙员，当选进士虽资叙未至而有政声者，擢用之。"以宿直将军唐括阿忽里为横赐夏国使。乙丑，大名尹荆王文以赃罪夺王爵，降授德州防御使。回纥使使来贡。丙寅，尚书右丞相纥石烈志宁薨。丁卯，宋、高丽遣使贺尊号。阻轐来贡。五月癸酉，上如百花川。甲戌，命赈山东东路胡剌温猛安民饥。丁丑，次阻居。久旱而雨。戊寅，观稼。禁扈从蹂践民田。禁百官及承应人不得服纯黄油衣。癸未，谕宰臣曰："朕每次舍，凡秣马之具皆假于民间，多亡失不还其主。此弹压官不职，可择人代之。所过即令询问，但亡失民间什物，并偿其直。"乙酉，诏给西北路人户牛。六月甲寅，如金莲川。九月丙子，至自金莲川。辛巳，以右副都点检夹谷清臣等为贺宋生日使，右卫将军粘割斡特剌为夏国生日使。丁亥，太白昼见，在日前。鄜州李方等谋反，伏诛。十月，高丽国王王晧遣使谢封册。乙未，临奠故右丞相纥石烈志宁丧，志宁妻永安县主进铠甲、弓矢、鹰鹘、重彩。壬子，召皇太子及赵王永中上殿，上顾谓宰臣曰："京尝图逆，今不除之，恐为后患。"又曰："天下大器归于有德。海陵失道，朕乃得之。但务修德，余何足虑。"皇太子及永中皆曰："诚如圣训。"遂释之。丙辰，以德州防御使文赀产赐其兄之子咬住，且谕其母："文之罪，汝等皆当连坐。念宋王有大功于国，故置不问，仍以家产赐汝子。"十一月甲戌，上谓宰臣曰："宗室中有不任官事者，若不加恩泽，于亲亲之道，有所未弘。朕欲授以散官，量予廪禄，未知前代何如?”左丞石琚曰：“陶唐之亲九族，周家之内睦九族，见于《诗》、《书》，皆帝王美事也。”丙子，上以曹国公主家奴犯事，宛平令刘彦弼杖之，主乃折辱令，既深责公主，又以台臣徇势偷安，畏忌不敢言，夺俸一月。以陕西统军使璋为御史大夫。以户部尚书曹望之为贺宋正旦使。壬午，同州民屈立等谋反，伏诛。戊子，上屏侍臣，与宰臣议事，记注官亦退，上曰：“史官记人君善恶，朕之言动及与卿等所议，皆当与知。其于记录无或有隐，可以朕意谕之。”十二月乙未朔，以济南尹刘萼在定武军贪墨不道，命大理少卿张九思鞫之。丁酉，诏遣官及护卫二十人，分路选年二十以上四十以下有门地才行及善射者，充护卫，不得过百人。冀州王琼等谋反，伏诛。德州防御使文以谋反，伏诛。辛丑，出宫女二十余人。己酉，枢密副使移剌成罢。辛亥，禁审录官以宴饮废公务。诏金、银坑冶听民开采，毋得收税。癸丑，猎于近郊。以殿前都点检徒单克宁为枢密副使。己未，诏自今除名人子孙有在仕者并取奏裁。

十三年正月乙丑朔，宋、高丽、夏遣使来贺。癸酉，尚书省奏，南客车俊等因榷场贸易，误犯边界，罪当死。上曰：“本非故意，可免罪发还，毋令彼国知之，恐复治其罪。”诏有司严禁州县坊里为民害者。闰月壬子，诏太子詹事曰：“东宫官属尤当选用正人，如行检不修及不称职者，具以名闻。”辛酉，太白昼见。洛阳县贼聚众攻卢氏县，杀县令李庭才，亡入于宋。三月癸巳朔，万春节，宋、高丽、夏遣使来贺。乙卯，上谓宰臣曰：“会宁乃国家兴王之地，自海陵迁都永安，女直人寖忘旧风。朕时尝见女直风俗，迄今不忘。今之燕饮音乐，皆习汉风，盖以备礼也，非朕心所好。东宫不知女直风俗，第以朕故，犹尚存之。恐异时一变此风，非长久之计。甚欲一至会宁，使子孙得见旧俗，庶几习效之。”太子詹事刘仲海请增东宫牧人及张设，上曰：“东宫诸司局人自有常数，张设已具，尚何增益。太子生于富贵，易入于侈，惟当导以淳俭。朕自即位以来，服御器物，往往仍旧，卿以此意谕之。”四月己巳，定出继子所继财产不及本家者，以所继与本家财产通数均分制。以有司言，特授洺州孝子刘政太子掌饮丞。乙亥，上御睿思殿，命歌者歌女直词。顾谓皇太子及诸王曰：“朕思先朝所行之事，未尝暂忘，故时听此词，亦欲令汝辈知之。汝辈自幼惟习汉人风俗，不知女直纯实之风，至于文字语言，或不通晓，是忘本也。汝辈当体朕意，至于子孙，亦当遵朕教诫也。”辛巳，更定盗宗庙祭物法。五月壬辰朔，日有食之。戊戌，禁女直人毋得译为汉姓。壬寅，真定尹孟浩薨。甲辰，尚书省奏，邓州民范三殴杀人，当死，而亲老无侍。上曰：“在丑不争谓之孝，孝然后能养。斯人以一朝之忿忘其身，而有事亲之心乎?可论如法，其亲，官与养济。”六月，枢密使完颜思敬薨。七月庚子，复以会宁府为上京。庚戌，罢岁课雉尾。八月丁卯，以判大兴尹赵王永中为枢密使。诏赐诸猛安谋克廉能三等官赏。己卯，御史大夫璋罢。丙戌，以左副都点检襄等为贺宋生日使。丁亥，秋猎。九月辛卯朔，以宿直将军胡什赉为夏国生日使。辛亥，还都。大名府僧李智究等谋反，伏诛。十月乙丑，岁星昼见。丙子，以前南京留守唐括安礼为尚书右丞。十一月，以大兴尹璋为贺宋正旦使，引进使大涧为高丽生日使。上谓宰臣曰：“外路正五品职事多阙员，何也?”太尉李石对曰：“资考少有及者。”上曰：“苟有贤能，当不次用之。”壬子，吏部尚书梁肃请禁奴婢服罗绮。上曰：“近已禁其服明金。行之以渐可也。且教化之行，当自贵近始。朕宫中服御，常自节约，旧服明金者，已减太半矣!近民间风俗，比正隆时闻稍淳俭，卿等当更务从俭素，使民知所效也。”

十四年正月己丑朔，宋、高丽、夏遣使来贺。二月壬戌，以大兴尹璋使宋有罪，杖百五十，除名，仍以所受礼物入官。丙寅，以刑部尚书梁肃等为宋详问使。庚午，以太尉、尚书令李石为太保，致仕。戊寅，诏免去年被水旱百姓租税。三月戊子朔，万春节，宋、高丽、夏遣使来贺。甲午，上谓大臣曰：“海陵纯尚吏事，当时宰执止以案牍为功。卿等当思经济之术，不可狃于故常也。”又诏：“猛安谋克之民，今后不许杀生祈祭。若遇节辰及祭天日，许得饮会。自二月一日至八月终，并禁绝饮燕，亦不许赴会他所，恐妨农功。虽闲月亦不许痛饮，犯者抵罪。可遍谕之。”又命：“应卫士有不闲女直语者，并勒习学，仍自后不得汉语。”辛丑，太白、岁星昼见。甲辰，上更名雍，诏中外。丙辰，太白、岁星昼见，经天。四月乙丑，上谕宰臣曰：“闻愚民祈福，多建佛寺，虽已条禁，尚多犯者，宜申约束，无令徒费财用。”戊辰，有事于太庙，以皇太子摄行事。乙亥，以劝农副使完颜蒲涅为横赐高丽使。上御垂拱殿，顾谓皇太子及亲王曰：“人之行，莫大于孝弟，孝弟无不蒙天日之祐。汝等宜尽孝于父母，友于兄弟。自古兄弟之际，多因妻妾离间，以至相违。且妻者乃外属耳，可比兄弟之亲乎?若妻言是听，而兄弟相违，甚非理也。汝等当以朕言常铭于心。”戊子，以枢密副使徒单克宁兼大兴尹。五月丙戌朔，详问使梁肃等还自宋。甲午，如金莲川。六月乙未，太白昼见。八月丁巳，次糺里舌。日中，白龙见御帐东小港中，须臾，乘云雷而去。癸亥，猎于弥离补。己卯，太白昼见。九月丁亥，还都。乙未，以兵部尚书完颜让等为贺宋生日使，宿直将军崇肃为夏国生日使。癸卯，上退朝，谓侍臣曰：“朕自在潜邸及践阼以至于今，于亲属旧知未尝欺心有徇。近御史台奏，枢密使永中尝致书河南统军使完颜仲，托以卖马。朕知而不问。朕之欺心，此一事耳，夙夜思之，其如有疾。”己酉，宋遣使报聘。十月乙卯朔，诏图画功臣二十人衍庆宫圣武殿之左右庑。十一月甲申朔，日有食之。丙申，御史中丞刘仲诲等为贺宋正旦使。戊戌，召尚食局使，谕之曰：“太官之食，皆民脂膏。日者品味太多，不可遍举，徒为虚费。自今止进可口者数品而已。”戊申，以仪鸾局使曹士元为高丽生日使。十二月戊寅，以平章政事完颜守道为右丞相，枢密副使徒单克宁为平章政事。

十五年正月。（此下阙。）七月丙午，粘拔恩与所部康里孛古等内附。九月戊子，至自金莲川。辛卯，高丽西京留守赵位宠叛其君，请以慈悲岭以西，鸭渌江以东四十余城内附，不纳。丙申，幸新宫。闰月己酉朔，定应禁弓箭枪刀路分品官家奴客旅等许带弓箭制。上谓左丞相良弼曰："今之在官者，须职位称惬所望，然后始加勉力。其或稍不如意，则止以度日为务，是岂忠臣之道耶？"丁巳，又谓良弼曰："海陵时，领省秉德、左丞相言皆有能名，然为政不务远图，止以苛刻为事。言及可喜等在会宁时，一月之间，杖而杀之者二十人，罪皆不至于死，于理可乎？海陵为人如虎，此辈尚欲以术数要之，以至卖直取死，得为能乎？"己未，以归德尹完颜王祥等为贺宋生日使，符宝郎斜卯和尚为夏国生日使。辛酉，高丽国王奏告赵位宠伏诛，诏慰答之。诏亲王、百官傔人所服红紫改为黑紫。甲戌，诏年老之人毋注县令。年老而任以政，其佐亦择壮者参用。十月乙卯，冬猎。丁未，还都。十一月乙卯，上幸东宫。初，唐古部族节度使移剌毛得之子杀其妻而逃，上命捕之。至是，皇姑梁国公主请赦之。上谓宰臣曰："公主妇人，不识典法，罪尚可恕。毛得请托至此，岂可贷宥？"不许。戊午，以右宣征使靖等为贺宋正旦使。甲子，太白昼见。戊辰，以宿直将军阿典蒲鲁虎为高丽生日使。

十六年正月戊申朔，宋、高丽、夏遣使来贺。甲寅，诏免去年被水、旱路分租税。甲子，诏宗属未附玉牒者并与编次。丙寅，上与亲王、宰执、从官从容论古今兴废事，曰："经籍之兴，其来久矣，垂教后世，无不尽善。今之学者，既能诵之，必须行之。然知而不能行者多矣，苟不能行，诵之何益？女直旧风最为纯直，虽不知书，然其祭天地，敬亲戚，尊耆老，接宾客，信朋友，礼意款曲，皆出自然，其善与古书所载无异。汝辈当习学之，旧风不可忘也！"戊辰，宫中火。庚午，上按鹰高桥，见道侧醉人堕驴而卧，命左右扶而乘之，送至其家。辛未，皇姑邀上至私第，诸妃皆从，宴饮甚欢。公主每进酒，上立饮之。二月庚寅，皇子豳王妃徒单氏以奸，伏诛。己亥，平章政事徒单克宁罢，以女故。三月丙午朔，日有食之。是日，万春节，改用明日，宋、高丽、夏遣使来贺。戊申，雨豆于临潢之境。戊午，上御广仁殿，皇太子、亲王皆侍膳，上从容训之曰："大凡资用当务节省，如其有余，可周亲戚，勿妄费也。"因举所御服曰："此服已三年未尝更换，尚尔完好，汝等宜识之。"壬申，复置吾都碗部秃里。四月丙戌，诏京府设学养士，及定宗室、宰相子程试等第。戊子，制商贾舟车不得用马。以东京留守崇尹为枢密副使。壬寅，如金莲川。五月戊申，南京宫殿火。甲寅，太白昼见。庚申，遣使祷雨静宁山神，有顷而雨。六月，山东两路蝗。七月壬子，夏津县令移剌山住坐赃，伏诛。八月辛巳，次霹雳泺。九月乙巳，至自金莲川。己酉，谕左丞相纥石烈良弼曰："西边自来不备储蓄，其令所在和籴，以为缓急之备。"癸丑，以殿前都点检蒲察通等为贺宋生日使，宿直将军完颜觌古速为夏国生日使。谕左丞相良弼曰："海陵非理杀戮臣下，甚可哀悯。其孛论出等遗骸，仰逐处访求，官为收葬。"辛酉，以南京宫殿火，留守、转运两司皆抵罪。十月丙申，诏谕宰执曰："诸王小字未尝以女直语命之，今皆当更易，卿等择名以上。"十一月壬寅朔，参知政事王蔚罢。尚书省奏，河北东路胡剌温猛安所辖谋克孛术鲁舍厮，以谋克让其兄子蒲速列。上贤而从之，仍令议加舍厮恩赏。戊午，以同知宣徽院事刘琉等为贺宋正旦使。庚申，以吏部尚书张汝弼为参知政事。甲子，以粘割韩奴之子详古为尚辇局直长，娄室为武器直长。初，韩奴被旨招契丹大石，后不知所终，至是因粘拔恩部长撒里雅寅特斯等来，询知其死节之详，故录其后。遣兵部郎中移剌子元为高丽国生日使。十二月壬申朔，诏诸科人出身四十年方注县令，年岁太远，今后仕及三十二年，别无负犯赃染追夺，便与县令。丙子，诏诸流移人老病者，官与养济。上谕宰臣曰："凡已经奏断事有未当，卿等勿谓已行，不为奏闻改正。朕以万几之繁，岂无一失？卿等但言之，朕当更改，必无吝也！"庚寅，定榷场香茶罪赏法。

十七年正月壬寅朔，宋、高丽、夏遣使来贺。高丽并表谢不纳赵位宠。丙午，有司奏，高丽所进玉带乃石似玉者，上曰："小国无能辨识者，误以为玉耳！且人不易物，惟德其物，若复却之，岂礼体耶？"戊申，诏于衍庆宫圣武殿西建世祖神御殿，东建太宗、睿宗神御殿。诏西北路招讨司契丹民户，其尝叛乱者已行措置，其不与叛乱及放良奴隶可徙乌古里石垒部，令及春耕作。尚书省奏，吾都碗部体土胡鲁雅里密斯请入献，许之。庚戌，诏诸大臣家应请功臣号者，既不许其子孙自陈，吏部考功郎其详考其劳绩，当赐号者，即以闻。壬子，上谓宰臣曰："宗室中年高者，往往未有官称。其先皆有功于国，朕欲稍加以官，使有名位可称，如何？"对曰："亲亲报功，先王之令则。"丁巳，诏朝官嫁娶给假三日，不须申告。壬戌，诏宰臣："海陵时，大臣无辜被戮家属籍没者，并释为良。辽豫王、宋天水郡王被害子孙，各葬于广宁、河南旧茔。"其后复昭："天水郡王亲属于都北安葬外，咸平所寄骨殖，官为葬于本处。辽豫王亲属未入本茔者，亦迁祔之"。三月辛丑朔，宋、高丽、夏遣使来贺。辛亥，诏免河北、山东、陕西、河东、西京、辽东等十路去年被旱、蝗租税。赈东京、婆速、曷速馆三路。乙丑，尚书省奏，三路之粟，不能周给。上曰："朕尝语卿等，遇丰年即广籴以备凶歉。卿等皆言天下仓廪盈溢。今欲赈济，乃云不给。自古帝王皆以蓄积为国家长计，朕之积粟，岂欲独用之耶？今既不给，可于邻道取之以济。自今预备，当以为常。"四月甲戌，制世袭猛安谋克若出仕者，虽年未及六十，欲令子孙袭者，听。戊寅，谕宰臣曰："郡县之官虽以罪解，一二岁后，亦须再用。猛安谋克皆太祖创业之际于国勤劳有功之人，其世袭之官，不宜以小罪夺免。"戊子，以滕王府长史徒单乌者为横赐高丽使。五月，尚书省奏，定皇家祖免以上亲燕飨班次，并从唐制。癸卯，幸姚村淀，阅七品以下官及宗室子、诸局承应人射柳，赏有差。六月乙卯，谓宰臣曰："朕年老矣！恐因一时喜怒，处置有所不当，卿等即当执奏，毋为面从，成朕之失。"乙未，以英王爽之子思列为忠顺军节度副使。爽入谢，上曰："朕以卿疾故，特任卿子，所冀卿因喜而愈也。欲即加峻授，恐思列年幼，未闲政事。汝当训之，使有善可观，更当升擢。"七月壬子，尚书省奏，岁以羊三万赐西北路戍兵，上问如何运致，宰臣不能对。上曰："朕虽退朝，留心政务，不遑安宁。卿等勿谓细事非帝王所宜问，以卿等于国家之事未尝用心，故问之耳。"是月，大雨，河决。八月己巳，观稼于近郊。壬申，以监察御察御史体察东北路官吏，辄受讼牒，为不称职，笞之五十。庚辰，上谓宰臣曰："今之在官者，同僚所见，事虽当理，必以为非，意谓从之则恐人谓政非己出。如此者多，朕甚不取。今观大理寺所断，虽制有正条，理不能行者别具情见，朕惟取其所长。夫为人之理，他人之善者从之，则可谓善矣。"壬午，上谓宰臣曰："今在下僚岂无人材，但在上者不为汲引，恶其材胜己故耳。"丙戌，上谓御史中丞纥石烈邈曰："台臣纠察吏治之能否，务去其扰民，且冀其得贤也。今所至辄受讼牒，听其妄告，使为政者如何则可也。"九月丁酉朔，日有食之。辛丑，封子永德为薛王。以右副都点检完颜习尼烈等为贺宋生日使。癸卯，以兵部郎中石抹忽土为夏国生日使。戊申，秋猎。庚戌，岁星、荧惑、太白聚于尾。甲子，还都。十月己巳，夏国进百头帐，诏却之境上。癸酉，有司奏："衍庆宫所画功臣二十人，惟五人有谥，今考检余十五人功状，拟定谥号以进。"诏可，诏以羊十万付乌古里石垒部畜牧，其滋息以予贫民。丁丑，制诸猛安，父任别职，子须年二十五以上方许承袭。辛巳，上谓宰臣曰："今在位不闻荐贤，何也？昔狄仁杰起自下僚，力扶唐祚，使既危而安，延数百年之永。仁杰虽贤，非娄师德何以自荐乎？"癸未，更护送罪人逃亡制。上谓宰臣曰："近观上封章者，殊无大利害。且古之谏者既忠于国，亦以求名，今之谏者为利而已。如户部尚书曹望之、济南尹梁肃皆上书言事，盖觊觎执政耳，其于国政竟何所补。达官如此，况余人乎！昔海陵南伐，太医使祁宰极谏，至戮于市，此本朝以来一人而已。"丁亥，上命宰臣曰："监察御史田忠孺尝上书言事，今当升擢，以励其余。"十一月戊戌，以南京留守徒单克宁为平章政事。庚戌，上谓宰臣曰："朕常恐重敛以困吾民，自今诸路差科之烦细者，亦具以闻。"有司奏，夏国进御帐使因边臣恳求进入，乃许之。以尚书左丞石琚为平章政事。丙辰，以延安尹完颜蒲剌睹等为贺宋正旦使。十二月戊辰，以渤海旧俗男女婚娶多不以礼，必先攘窃以奔，诏禁绝之，犯者以奸论。以宿直将军仆散怀忠为高丽生日使。己巳，太白昼见。壬申，以尚书右丞唐括安礼为左丞，殿前都点检蒲察通为右丞。上谓宰执曰："朕今年已五十有五，若年逾六十，虽欲有为，而莫之能矣！宜及朕之康强，其女直人猛安谋克及国家政事之未完，与夫法令之未一者，宜皆修举之。凡所施行，朕不为怠。"

十八年正月丙申朔，宋、高丽、夏遣使来贺。壬寅，定杀异居周亲奴婢、同居卑幼，辄杀奴婢及妻无罪而辄殴杀者罪。庚戌，修起居注移剌杰上书言："每屏人议事，虽史官亦不与闻，无由纪录。"上以问平章政事石琚、左丞唐括安礼，对曰："古者，天子置史官于左右，言动必书，所以儆戒人君，庶几有所畏也。"庚申，免中都、河北、河东、山东、河南、陕西等路前年被灾租税。壬戌，如春水。二月丙寅朔，次管庄。丙子，次华港。己丑，还宫。三月己未朔，万春节，宋、高丽、夏遣使来贺。乙巳，命戍边女直人遇祭祀、婚嫁、节辰许自造酒。丁未，上谓宰执曰："县令之职最为亲民，当得贤材用之。迩来犯法者众，殊不闻有能者。比在春水，见石城、玉田两县令，皆年老，苟禄而已。畿甸尚尔，远县可知。"平章政事石琚对曰："良乡令焦旭、庆都令李伯达皆能吏，可任。"上曰："审如卿言，可擢用之。"己酉，禁民间无得创兴寺观。献州人殷小二等谋反，伏诛。四月己巳，上谓宰臣曰："朕巡幸所至，必令体访官吏臧否。向玉田知主簿石抹沓乃能吏也，可授本县令。"己丑，以太子左赞善阿不罕德甫为横赐夏国使。五月丙午，上如金莲川。六月庚午，尚书左丞相纥石烈良弼薨。闰月辛丑，命赈西南、西北两招讨司民，及乌古里石垒部转户饥。七月丙子，上谓宰臣曰："职官始犯赃罪，容有过误，至于再犯，是无改过之心。自今再犯不以赃数多寡，并除名。"八月乙巳，至自金莲川。丙辰，以尚书右丞相完颜守道为左丞相，平章政事石琚为右丞相。九月辛未，以大理卿张九思等为贺宋生日使，侍御史完颜蒲鲁虎为夏国生日使。癸酉，以尚书左丞唐括安礼为平章政事。乙亥，以右丞蒲察通为左丞，参知政事移剌道为右丞，刑部尚书粘割斡特剌为参知政事。十月庚寅朔，陕州防御使石抹靳家奴以罪除名。甲午，御史中丞刘仲诲、侍御史李瑜坐失纠察大长公主事，各削官一阶。十一月庚申朔，尚书省奏，拟同知永宁军节度使事阿可为刺史，上曰："阿可年幼，于事未练，授佐贰官可也。"平章政事唐括安礼奏曰："臣等以阿可宗室，故拟是职。"上曰："郡守系千里休戚，安可不择人而私其亲耶？若以亲亲之恩，赐与虽厚，无害于政。使之治郡而非其才，一境何赖焉。"壬申，以静难军节度使乌延查剌等为贺宋正旦使。丙子，尚书省奏，崇信县令石安节买车材于部民，三日不偿其直，当削官一阶，解职。上因言："凡在官者，但当取其贪污与清白之尤者数人黜陟之，则人自知惩劝矣。夫朝廷之政，太宽则人不知惧，太猛则小玷亦将不免于罪，惟当用中典耳。"戊寅，上责宰臣曰："近闻赵承元何故再任，卿等言，曹王尝遣人言其才能干敏，故再任之。官爵拟注，虽由卿辈，予夺之权，当出于朕。曹王之言尚从之，假皇太子有所谕，则其从可知矣。此事因卿言始知，其不知者知复几何？且卿等公受请属，可乎？"盖承元前为曹王府文学，与王邸婢奸，杖百五十除名，而复用也。丙戌，以吏部尚书乌古论元忠为御史大夫，以东上阁门使左光庆为高丽生日使。十二月庚戌，封孙吾都补温国公，麻达葛金源郡王，承庆道国公。壬子，群臣奉上"大金受命万世之宝。"

十九年正月庚申朔，宋、高丽、夏遣使来贺。丁卯，如春水。二月己酉，还宫。乙卯，免去年被水旱民田租税。三月己未朔，万春节，宋、高丽、夏遣使来贺。乙丑，尚书省奏，亏课院务官颜葵等六十八人，各合削官一阶。上曰："以承麽人主榷沽，此辽法也。法弊则当更张，唐、宋法有可行者则行之。"己巳，上与宰臣论史事，且曰："朕观前史多溢美。大抵史书载事贵实，不必浮辞谄谀也。"辛未，上谓宰臣曰："奸邪之臣，欲有规求，往往私其党与，不肯明言，托以他事，阳不与而阴为之力。朕观古之奸人，当国家建储之时，恐其聪明不利于己，往往风以阴事，破坏其议，惟择昏懦者立之，冀他日可弄权为功利也。如晋武欲立其弟，而奸臣沮之，竟立惠帝，以致丧乱，此明验也。”丁丑，上谓宰臣曰：“朕观前代人臣将谏于朝，与父母妻子决，示以必死。同列目睹其死，亦不顾身，又为之谏。此尽忠于国者，人所难能也。”己卯，制纠弹之官知有犯法而不举者，减犯人罪一等科之，关亲者许回避。上谓宰臣曰：“人多奉释老，意欲徼福。朕蚤年亦颇惑之，旋悟其非。且上天立君，使之治民，若盘乐怠忽，欲以侥幸祈福，难矣！果能爱养下民，上当天心，福必报之。”四月己丑朔，诏赈西南路招讨司所部民。己酉，以升祔闵宗，诏中外。丁巳，岁星昼见。五月戊寅，幸太宁宫。六月戊子朔，诏更定制条。七月辛未，有司奏拟赵王子石古乃人从，上不从，谓宰相曰：“儿辈尚幼，若奉承太过，使侈心滋大，卒难节抑，此不可长。诸儿每入侍，当其语笑娱乐之际，朕必渊默，莅之以严，庶其知朕教戒之意，使常畏慎而寡过也。”癸酉，密州民许通等谋反，伏诛。丙子，太白昼见。庚辰，至自太宁宫。八月壬辰，尚书右丞相石琚致仕。戊戌，以宋大观钱当五用。丙午，济南民刘溪忠谋反，伏诛。九月戊午，以左宣徽使蒲察鼎寿等为贺宋生日使，太子左卫率府率裴满胡剌为夏国生日使。癸亥，秋猎。癸未，还都。十月辛卯，西南路招讨使哲典以赃罪，伏诛。辛亥，制知情服内成亲者，虽自首仍依律坐之。十一月壬戌，改葬昭德皇后，大赦。以御史中丞移剌慥等为贺宋正旦使。戊辰，以西上閤门使卢拱为高丽生日使。壬申，上如河间冬猎。癸未，至自河间。

二十年正月甲寅朔，宋、高丽、夏遣使来贺。戊午，定试令史格。壬戌，命岁以钱五千贯造随朝百官节酒及冰、烛、药、炭，视品秩给之。己巳，如春水。丙子，幸石城县行宫。丁丑，以玉田县行宫之地偏林为御林，大淀泺为长春淀。二月丁未，还都。三月癸丑朔，万春节，宋、高丽、夏遣使来贺。己未，诏凡犯罪被问之官，虽遇赦，不得复职。乙丑，以新定猛安谋克，诏免中都、西京、河北、山东、河东、陕西路去年租税。辛巳，以平章政事徒单克宁为尚书右丞相，御史大夫乌古论元忠为平章政事。四月丁亥，定冒廕罪赏。己亥，制宗室及外戚并一品命妇，衣服听用明金。以西上閤门使郭喜国为横赐高丽使。太宁宫火。乙巳，上谓宰臣曰：“女直官多谓朕食用太俭，朕谓不然。夫一食多费，岂为美事。况朕年高，不欲屠宰物命。贵为天子，能自节约，亦不恶也。朕服御或旧，常使浣濯，至于破碎，方始更易。向时帐幕常用涂金为饰，今则不尔，但令足用，何必事纷华也。”庚戌，如金莲川。五月丙寅，京师地震，生黑白毛。七月，旱。八月壬午，秋猎。九月壬戌，至自金莲川。以太府监李佾等为贺宋生日使，少府少监赛补为夏国生日使。丙子，蒲速椀群牧老忽谋叛，伏诛。十月庚辰朔，更定铨注县令丞簿格。诏西北路招讨司每进马驼鹰鹘等，辄率敛部内，自今并罢之。壬午，上谓宰臣曰：“察问细微，非人君之体，朕亦知之。然以卿等殊不用心，故时或察问。如山后之地，皆为亲王、公主、权势之家所占，转租于民，皆由卿等之不察。卿等当尽心勤事，毋令朕之烦劳也。”诏徙遥落河、移马河两猛安于大名、东平等路安置。戊戌，上谓宰臣曰：“凡人在下位，欲冀升进，勉为公廉，贤不肖何以知之。及其通显，观其施为，方见本心。如招讨哲典，初任定州同知，继为都司，未尝少有私徇，所至皆有清名，及为招讨，不固守。人心险于山川，诚难知也。”壬寅，上谓宰臣曰：“近览《资治通鉴》，编次累代废兴，甚有鉴戒，司马光用心如此，古之良史无以加也。校书郎毛麾，朕屡问以事，善于应对，真该博老儒，可除太常职事，以备讨论。”甲辰，以殿前都点检襄为御史大夫。十一月丁巳，尚书右丞移剌道罢。乙丑，以真定尹徒单守素等为贺宋正旦使。癸酉，以御史大夫襄为尚书右丞。乙亥，上谕宰臣曰：“郡守选人，资考虽未及，廉能者则升用之，以励其余。”以太常少卿任倜为高丽生日使。十二月辛巳，上谓宰臣曰：“岐国用人，但一言合意便升用之，一言之失便责罚之。凡人言辞，一得一失，贤者不免。自古用人咸试以事，若止以奏对之间，安能知人贤否？朕之取人，众所与者用之，不以独见为是也。”己亥，河决卫州。辛丑，猎于近郊。癸卯，特授袭封衍圣公孔总兖州曲阜令，封爵如故。

卷八　本纪第八

世宗下

二十一年正月戊申朔，宋、高丽、夏遣使来贺。壬子，以夏国请，诏复绥德军榷场，仍许就馆市易。上闻山东、大名等路猛安谋克之民，骄纵奢侈，不事耕稼。诏遣阅实，计口授地，必令自耕，地有余而力不赡者，方许招人租佃，仍禁农时饮酒。丙辰，追贬海陵炀王亮为庶人，诏中外。甲子，如春水。丙子，次永清县。有移剌余里也者，契丹人也，隶虞王猛安，有一妻一妾。妻之子六，妾之子四。妻死，其六子庐墓下，更宿守之。妾之子皆曰：“是嫡母也，我辈独不当守坟墓乎？”于是，亦更宿焉，三岁如一。上因猎，过而闻之，赐钱五百贯，仍令县官积钱于市，以示县民，然后给之，以为孝子之劝。二月戊戌，太白昼见。庚子，还都。壬寅，以河南尹张景仁为御史大夫。乙巳，以元妃李氏之丧，致祭兴德宫，过市肆不闻乐声，谓宰臣曰：“岂以妃故禁之耶？细民日作而食，若禁之是废其生计也，其勿禁。朕前将诣兴德宫，有司请由蓟门，朕恐妨市民生业，特从他道。顾见街衢门肆，或有毁撤，障以帘箔，何必尔也。自今勿复毁撤。”三月丁未朔，万春节，宋、高丽、夏遣使来贺。上初闻蓟、平、滦等州民乏食，命有司发粟粜之，贫不能籴或贷之。有司以贷贫民恐不能偿，止贷有户籍者。上至长春宫，闻之，更遣人阅实，赈贷。以监察御史石抹元礼、郑达卿不纠举，各笞四十，前所遣官皆论罪。甲子，太白昼见。乙丑，诏山后冒占官地十顷以上者皆籍入官，均给贫民。辽州民朱忠等乱言，伏诛。上谓宰臣曰："近闻宗州节度使阿思懑行事多不法，通州刺史完颜守能既与招讨职事，犹不守廉。达官贵要多行非理，监察未尝兴劾。斡睹只群牧副使仆散那也取部人二球仗，至细事也，乃便劾奏。谓之称职，可乎？今监察职事修举者与迁擢，不称者，大则降罚，小则决责，仍不许去官。"闰月己卯，恩州民邹明等乱言，伏诛。辛卯，渔阳令夹谷移里罕、司候判官刘居渐以被命赈贷，止给富户，各削三官，通州刺史郭邦杰总其事，夺俸三月。乙未，上谓宰臣曰："朕观自古人君多进用谗谄，其间蒙蔽，为害非细，若汉明帝尚为此辈惑之。朕虽不及古之明君，然近习谗言，未尝入耳。至于宰辅之臣，亦未尝偏用一人私议也。"癸卯，以尚书左丞相完颜守道为太尉、尚书令，尚书左丞蒲察通为平章政事，右丞襄为左丞，参知政事张汝弼为右丞，彰德军节度使梁肃为参知政事。四月戊申，以右丞相徒单克宁为左丞相，平章政事唐括安礼为右丞相。增筑泰州、临潢府等路边堡及屋宇。庚戌，奉安昭祖以下三祖三宗御容于衍庆宫，行亲祀礼。上谕宰臣曰："朕之言行岂能无过？常欲人直谏而无肯言者。使其言果善，朕从而行之，又何难也。"戊辰，以滕王府长史把德固为横赐夏国使。壬申，幸寿安宫。五月戊子，西北路招讨使完颜守能以赃罪，杖二百，除名。七月丙戌，还都。丁酉，枢密使赵王永中罢。己亥，以左丞相徒单克宁为枢密使。辛丑，以太尉、尚书令完颜守道复为左丞相，太尉如故。八月乙丑，以右副都点检胡什赉等为贺宋生日使，吏部郎中奚胡失海为夏国生日使。

二十二年三月辛未朔，万春节，宋、高丽、夏遣使来贺，丁丑，命尚书省申敕西北路招讨司勒猛安谋克官督部人习武备。甲申，谕户部："今岁行幸山后，所须并不得取之民间，虽所用人夫，并以官钱和雇，违者杖八十，罢职。"癸巳，诏颁重修制条。以吏部尚书张汝霖为御史大夫。四月乙卯，行监临院务官食直法。以削明肃尊号，诏中外，从皇太子请也。甲子，上如金莲川。五月甲申，太白昼见。六月庚子朔，制立限放良之奴，限内娶良人为妻，所生男女即为良。丁巳，右丞相致仕石琚薨。七月辛巳，宰臣奏事，上颇违豫，宰臣请退。上曰："岂以朕之微爽于和，而倦临朝之大政耶？"使终其奏。甲午，秋猎。八月戊辰，太白经天。九月戊寅，至自金莲川。以左卫将军禅赤等为贺宋生日使，尚辇局使仆散曷速罕为夏国生日使。己丑，以同知东京留守司事裔在任专恣，失上下之分，谪授复州刺史。乙未，寿州刺史讹里也、同知查剌、军事判官孙绍先、榷场副使韩仲英等以受商赂纵禁物出界，皆处死。十月辛丑，徙河间宗室于平州。庚戌，袷享于太庙。十一月丙子，以吏部尚书孛术鲁阿鲁罕等为贺宋正旦使。东京留守徒单贞以与海陵逆谋，伏诛。妻永平县主，子慎思并赐死。甲申，以宿直将军仆散忠佐为高丽生日使。玉田县令移剌查坐赃，伏诛。戊子，冬猎。十二月庚子，还都。癸丑，猎近郊。辛酉，立强取诸部羊马法。

二十三年正月丁卯朔，宋、高丽、夏遣使来贺，庚午，诏有司但获强盗，迹状既明，赏随给之，勿得更待。丁丑，参知政事梁肃致仕。辛巳，广乐园灯山火。壬午，如春水，诏夹道三十里内被役之民与免今年租税，仍给佣直。甲午，大邦基伏诛。二月乙巳，还都。戊申，以尚书右丞张汝弼摄太尉，致祭于至圣文宣王庙。庚戌，以户部尚书张仲愈为参知政事。御史台进所察州县官罪，上览之曰："卿等所廉皆细碎事，又止录其恶而不举其善，审如是，其为官者不亦难乎？其并察善恶以闻。"三月丙寅朔，万春节，宋、高丽、夏遣使来贺。丙子，初制宣命之宝，金、玉各一。尚书右丞相乌古论元忠罢。潞州涉县人陈圆乱言，伏诛。乙酉，雨土。丙戌，诏戒谕中外百官。四月辛丑，更定奉使三国人从差遣格。祁州刺史大磐坐无罪掠死染工，妄认良人二十五口为奴，削官四阶，罢之。癸丑，地生白毛。以大理正纥石烈术列速为横赐高丽使，壬戌，幸寿安宫，刺有司为民祷雨。是夕，雨。五月庚午，县令大雏讹只等十人以不任职罢归。六十以上者进官两阶，六十以下者进官一阶，并给半俸。甲戌，命应部除官尝以罪罢而再叙者，遣使按其治迹，如有善状，方许授以县令，无治状者，不以任数多少，并不得授。丁亥，雷，雨雹，地生白毛。六月壬子，有司奏右司郎中段珪卒，上曰："是人甚明正，可用者也。如知登闻检院巨构，每事但委顺而已。燕人自古忠直者鲜，辽兵至则从辽，宋人至则从宋，本朝至则从本朝，其俗诡随，有自来矣！虽屡经迁变而未尝残破者，凡以此也。南人劲挺，敢言直谏者多，前有一人见杀，后复一人谏之，甚可尚也。"又曰："昨夕苦暑，朕通宵不寐，因念小民比屋卑隘，何以安处？"七月乙酉，平章政事移剌道，参知政事张仲愈皆罢。御史大夫张汝霖坐失纠举，降授棣州防御使。八月乙未，观稼于东郊。以女直字《孝经》千部付点检司分赐护卫亲军。癸卯，还都。乙巳，大名府猛安人马和尚谋叛，伏诛。括定猛安谋克户口田土牛具。以户部尚书程辉为参知政事。九月己巳，以同佥大宗正事方等为贺宋生日使，宿直将军完颜斜里虎为夏国生日使。译经所进所译《易》、《书》、《论语》、《孟子》、《老子》、《扬子》、《文中子》、《刘子》及《新唐书》。上谓宰臣曰："朕所以令译《五经》者，正欲女直人知仁义道德所在耳！"命颁行之。辛未，秋猎。十月癸巳，还都。庚戌，幸东宫，赐皇孙吾都补洗儿礼。己未，庆云见。辛酉，太白昼见。十一月壬戌朔，日有食之。丙寅，平章政事蒲察通罢。丁卯，岁星昼见。壬申，以枢密副使崇尹为平章政事。闰月甲午，上谓宰臣曰："帝王之政，固以宽慈为德，然如梁武帝专务宽慈，以至纲纪大坏。朕尝思之，赏罚不滥，即是宽政也，余复何为？"以尚书左丞襄为平章政事，右丞张汝弼为左丞，参知政事粘割斡特剌为右丞，礼部尚书张汝霖为参知政事。以西京留守婆卢火等为贺宋正旦使。制外任官尝为宰执者，凡吏牍上省部，依亲王例，免书名。戊午，岁星昼见。上谓宰臣曰："女直进士可依汉儿进士补省令史。夫儒者操行清洁，非礼不行。以吏出身者，自幼为吏，习其贪墨，至于为官，习性不能迁改。政道兴废，实由于此。"庚申，尚书省左司员外郎徐伟奏事，上谓宰臣曰："斯人纯而干，有司郎中郭邦杰直而颇躁。"十二月癸酉，上谓宰臣曰："海陵自以失道，恐上京宗室起而图之，故不问疏近，并徙之南。岂非以汉光武、宋康王之疏庶得继大统，故有是心。过虑若此，何其谬也。”乙酉，高丽以母丧来告。丁亥，以真定尹乌古论元忠复为尚书右丞相。

二十四年正月辛卯朔，宋、夏遣使来贺。徐州进芝草十有八茎，真定进嘉禾二本，六茎，异亩同颖。戊戌，如长春宫春水。二月壬申，还都。癸酉，上曰：“朕将往上京。念本朝风俗重端午节，比及端午到上京，则燕劳乡间宗室父老。”甲戌，制一品职事官庶孽子承廕，更不引见。丙戌，以东上閤门使完颜进儿等为高丽敕祭使，西上閤门使大仲尹为慰问使，虞王府长史永明为起复使，以器物局使亩为横赐夏国使。三月庚寅朔，万春节，宋、夏遣使来贺。甲午，以上将如上京，尚书省奏定“皇太子守国诸仪”。丙申，尚书省进“皇太子守国宝”，上召皇太子授之，且谕之曰：“上京祖宗兴王之地，欲与诸王一到，或留三二年，以汝守国。譬之农家种田，商人营财，但能不坠父业，即为克家子，况社稷任重，尤宜畏慎。常时观汝甚谨，今日能纾朕优，乃见中心孝也。”皇太子再三辞让，以不谙政务，乞备扈从。上曰：“政事无甚难，但用心公正，毋纳谗邪，久之自熟。”皇太子流涕，左右皆为之感动。皇太子乃受宝。丁酉，如山陵。己亥，还都。壬寅，如上京。皇太子允恭守国。癸卯，宰执以下奉辞于通州。上谓宰执曰：“卿辈皆故老，皇太子守国，宜悉心辅之，以副朕意。”又谓枢密使徒单克宁曰：“朕巡省之后，脱或有事，卿必亲之。毋忽细微，大难图也。”又顾六部官曰：“朕闻省部文字多以小不合而驳之，苟求自便，致累岁不能结绝，朕甚恶之。自今可行则行，可罢则罢，毋使在下有滞留之叹！”时诸王皆从，以赵王永中留辅太子。四月己未朔，太白昼见。咸平尹移剌道薨。庚申，次广宁府。丙寅，次东京。丁卯，朝谒孝宁宫。给复东京百里内夏秋税租一年。在城随关年七十者补一官。曲赦百里内犯徒二年以下罪。乙酉，观渔于混同江。五月己丑，至上京，居于光兴宫。庚寅，朝谒于庆元宫。戊戌，宴于皇武殿。上谓宗戚曰：“朕思故乡，积有日矣，今既至此，可极欢饮，君臣同之。”赐诸王妃、主，宰执百官命妇各有差。宗戚皆沾醉起舞，竟日乃罢。六月辛酉，幸按出虎水临漪亭。壬戌，阅马于绿野淀。七月乙未，上谓宰臣曰：“天子巡狩当举善罚恶。凡士民之孝弟姻睦者举而用之，其不顾廉耻无行之人则教戒之，不悛者则加惩罚。”丙午，猎于勃野淀。乙卯，上谓宰臣曰：“今时之人，有罪不问，既过之后则谓不知。有罪必责，则谓每事寻罪。风俗之薄如此。不以文德感化，不能复于古也。卿等以德辅佐，当使复还古风。”八月癸亥，以太府监 张大节等为贺宋生日使，侍御史遥里特末哥为夏国生日使。乙亥，诏免上京今年市税。九月甲辰，岁星昼见。十月丁卯，猎于近郊。十一月辛卯，还宫。甲午，诏以上京天寒地远，宋正旦、生日，高丽、夏国生日，并不须遣使，令有司报谕。丙午尚书省奏徙速频、胡里改三猛安二十四谋克以实上京。十二月丙辰，猎于近郊。己卯，还宫。

二十五年正月乙酉朔。丁亥，宴妃嫔、亲王、公主、文武从官于光德殿，宗室、宗妇及五品以上命妇，与坐者千七百余人，赏赉有差。二月癸酉，以东平尹乌古论思列怨望，杀之。丁丑，如春水。四月己未，至自春水。癸亥，幸皇武殿击球，许士民纵观。甲子，诏于速频、胡里改两路猛安下选三十谋克为三猛安，移置于率督畔窟之地，以实上京。壬申，曲赦会宁府仍放免今年租税，百姓年七十以上者补一官。甲戌，以会宁府官一人兼大宗正丞，以治宗室之政。上谓群臣曰：“上京风物朕自乐之，每奏还都，辄用感怆。祖宗旧邦，不忍舍去，万岁之后，当置朕于太祖之侧，卿等无忘朕言。”丁丑，宴宗室、宗妇于皇武殿，大功亲赐官三阶，小功二阶，缌麻一阶，年高属近者加宣武将军。及封宗女，赐银、绢各有差。曰：“朕寻常不饮酒，今日甚欲成醉，此乐亦不易得也！”宗室妇女及群臣故老以次起舞，进酒。上曰：“吾来数月，未有一人歌本曲者，吾为汝等歌之。”命宗室子弟叙坐殿下者皆坐殿上，听上自歌。其词道王业之艰难，及继述之不易，至“慨想祖宗，宛然如睹”，慷慨悲激，不能成声，歌毕泣下。右丞相元忠率群臣、宗戚捧觞上寿，皆称万岁。于是，诸夫人更歌本曲，如私家之会。既醉，上复续调，至一鼓乃罢。己卯，发上京。庚辰，宗室戚属奉辞。上曰：“朕久思故乡，甚欲留一二岁，京师天下根本，不能久于此也。太平岁久，国无征徭，汝等皆奢纵，往往贫乏，朕甚怜之。当务俭约，无忘祖先艰难。”因泣数行下，宗室戚属皆感泣而退。五月庚寅，平章政事襄、奉御平山等射怀孕兔。上怒杖平山三十，召襄诫饬之，遂下诏禁射兔。壬寅，次天平山好水川。癸卯，遣使临潢、泰州劝农。丙午，命尚书省奏事衣窄紫。六月甲寅，猎近山，见田垅不治，命笞田者。庚申，皇太子允恭薨。丙寅，尚书右丞相乌古论元忠罢。庚午，遣左宣徽使唐括鼎诣京师，致祭皇太子。戊寅，命皇太子妃及诸皇孙执丧。并用汉仪。七月戊申，发好水川。九月辛巳朔，次辖沙河，赐百岁老妪帛。甲申，次辽水，召见百二十岁女直老人，能道太祖开创事，上嘉叹，赐食，并赐帛。己酉，至自上京。是日，上临奠宣孝皇太子于熙春园。十月丙辰，尚书省奏亲军数多，宜稍减损，诏定额为三千。宰臣退，上谓左右曰：“宰相年老艰于久立，可置小榻廊下，使少休息。”甲子，禁上京等路大雪及含胎时采捕。上谓宰臣曰：“护卫年老出职而授临民，手字尚不能画，何以治民？人胸中明暗外不能知，精神昏耄已见于外，是强其所不能也。天子以兆民为子，不能家家而抚，在用人而已。知其不能而强授之，百姓其谓我何？”丁丑，命学士院、谏院、秘书监、司天台、著作局、閤门、通进、拱卫、直武器署等官，凡直宫中，午前许退。十一月庚辰朔，诏曰：“豺未祭兽，不许采捕。冬月，雪尺以上，不许用网及速撒海，恐尽兽类。”岁星昼见。壬午，太白昼见。甲午，以临潢尹仆散守中等为贺宋正旦使。丙申，夏国遣使问起居。戊戌，以曹王永功为御史大夫。壬寅，以礼部员外郎移剌履为高丽生日使。十二月戊午，以皇孙金源郡王麻达葛判大兴尹，进封原王。甲子，太白昼见，经天。丙寅，左相完颜守道、左丞张汝弼、右丞粘割斡特剌、参知政事张汝霖坐擅增东宫诸皇孙食料，各削官一阶。甲戌，制增留守、统军、总管、招讨、都转运、府尹、转运、节度使月俸。上谓宰臣曰："太尉守道论事止务从宽，犯罪罢职者多欲复用。若惩其首恶，后来知畏，罪而复用，何以示戒。"是日，命范铜为"礼信之宝"，凡赐外方礼物，给信袋则用之。丙子，上问宰臣曰："原王大兴行事如何？"右丞斡特剌对曰："闻都人皆称之。"上曰："朕令察于民间，咸言见事甚明，予夺皆不失当，曹、豳二王弗能及也。又闻有女直人诉事，以女直语问之，汉人诉事，汉语问之。大抵习本朝语为善，不习，则淳风将弃。"汝弼对曰："不忘本者，圣人之道也。"斡特剌曰："以西夏小邦，崇尚旧俗，独能保国数百年。"上曰："事当任实，一事有伪则丧百真，故凡事莫如真实也。"

二十六年正月庚辰朔，宋、高丽、夏遣使来贺。甲辰，如长春宫春水。二月癸酉，还都。乙亥，诏曰："每季求仕人，问以疑难，令剖决之。其才识可取者，仍访察政迹，如其言行相副，即加升用。"三月己卯朔，万春节，宋、高丽、夏遣使来贺。丁亥，以大理卿阙，上问谁可？右丞粘割斡特剌言，前使部尚书唐括贡可，乃授以是职。己丑，尚书省拟奏除授，上曰："卿等在省未尝荐士，止限资级，安能得人？古有布衣人相者，闻宋亦多用山东、河南流寓疏远之人，皆不拘于贵近也。以本朝境土之大，岂无其人，朕难遍知，卿又不举。自古岂有终身为相者，外官三品以上，必有可用之人，但无故得进耳。"左丞张汝弼曰："下位虽有才能，必试之乃见。"参政程辉曰："外官虽有声，一旦入朝，却不称任，亦在沙汰而已。"癸巳，香山寺成，幸其寺，赐名大永安，给田二千亩，栗七千株，钱二万贯。丁酉，以亲军完颜乞奴言，制猛安谋克皆先读女直字经史然后承袭。因曰："但令稍通古今，则不肯为非。尔一亲军粗人，乃能言此，审其有益，何惮而不从。"四月壬子，尚书省奏定院务监官亏兑陪纳法及横班格。因曰："朕常日御膳亦从减省，尝有一公主至，至无余膳可与，当直官皆目睹之。若欲丰腆，虽日用五十羊亦不难矣！然皆民之脂膏，不忍为也。监临官惟知利己，不知其利自何而来？朕尝历外任，稔知民间之事，想前代之君，虽享富贵，不知稼穑艰难者甚多，其失天下，皆由此也！辽主闻民间乏食，谓何不食干腊，盖幼失师保之训，及其即位，故不知民间疾苦也。随炀帝时，杨素专权行事，乃不慎委任之过也。与正人同处，所知必正道，所闻必正言，不可不慎也。今原王府官属，当选纯谨秉性正直者充，勿用有权术之人。"戊午，尚书左丞张汝弼罢。己未，幸寿安宫。壬戌，太尉、左丞相完颜守道致仕。以客省使李磐为横赐高丽使。尚书省奏北京转运使以赃除名。尚书省奏事，上曰："比有上书言，职官犯除名不可复用，朕谓此言极当。如军期急速，权可使用。今天下无事，复用此辈，何以戒将来。"又奏："年前以诸路水旱，于军民地土二十一万余顷内，拟免税四十九万余石。"从之。诏曰："今之税，考古行之，但遇灾伤，常加蠲免。"五月甲申，以司徒、枢密使徒单克宁为太尉、尚书左丞相，判大宗正事赵王永中复为枢密使，大兴尹原王麻达葛为尚书右丞相，赐名璟。参加政事程辉致仕。戊子，卢沟决于上阳村，湍流成河，遂因之。庚寅，御史大夫曹王永功罢，以豳王永成为御史大夫。戊戌，以尚书右丞粘割斡特剌为左丞，参知政事张汝霖为右丞。六月癸亥，尚书省奏速频、胡里改世袭谋克事，上曰："其人皆勇悍，昔世祖与之邻，苦战累年，仅能克复。其后乍服乍叛，至穆、康时，始服声教。近世亦尝分徙。朕欲稍迁其民上京，实国家长久之计。"己巳，上谓宰执曰："齐桓中庸主也，得一管仲，遂成霸业。朕夙夜以思，惟恐失人。朕既不知，卿等又不荐，必俟全才而后举，盖亦难矣！如举某人长于某事，朕亦量材用之。朕与卿等俱老矣！天下至大，岂得无人？荐举人材，当今急务也。"又言："人之有干能，固不易得，然不若德行之士最优也。"上谓右丞相原王曰："尔尝读《太祖实录》乎？太祖征麻产，袭之，至泥淖马不能进，太祖舍马而步，欢都射中麻产，遂擒之。创业之难如此，可不思乎。"甲戌，诏曰："凡陈言文字诣登闻检院送学士院闻奏，毋经省廷。"七月壬午，诏给内外职事官兼职俸钱。丙申，御史中丞马惠迪为参知政事。庚子，上闻同知中都路都转运使事赵曦瑞，其在职应钱谷利害文字多不题署，但思安身，降授积石州刺史。

闰月己未，还都。八月丁丑，上谓宰臣曰："亲军虽不识字，亦令依例出职，若涉赃贿，必痛绳之。"太尉左丞相克宁曰："依法则可。"上曰："朕于女直人未尝不知优恤。然涉于赃罪，虽朕子弟亦不能恕。太尉之意，欲姑息女直人耳！"戊寅，尚书省奏，河决，卫州坏。命户部侍郎王寂、都水少监王汝嘉徙卫州胙城县。丁亥，尚书省奏，遣吏部侍郎李晏等二十六人分路推排诸路物力，从之。己丑，以宿直将军李达可为夏国生日使。辛卯，以益都尹宗浩等为贺宋生日使。甲午，秋猎。庚子，次蓟州。辛丑，幸仙洞寺。壬寅，幸香林、净名二寺。九月甲辰朔，幸盘山上方寺，因遍历中盘、天香、感化诸寺。庚申，还都。丙寅，上谓宰臣曰："乌底改叛亡，已遣人讨之，可益以甲士，毁其船筏。"参知政事马惠迪曰："得其人不可用，有其地不可居，恐不足劳圣虑。"上曰："朕亦知此类无用，所以毁其船筏，欲不使再窥边境耳！"十月戊寅，定职官犯赃同职相纠察法。庚寅，上谓宰臣曰："西南、西北两路招讨司地隘，猛安人户无处围猎，不能闲习骑射。委各猛安谋克官依时教练，其弛慢过期及不亲监视，并决罚之。"甲午，诏增河防军数。戊戌，宁昌军节度使崇肃、行军都统忠道以讨乌底改不待克敌而还，崇肃杖七十，削官一阶，忠道杖八十，削官三阶。十一月甲辰朔，定闵宗陵庙荐享礼。上谓宰臣曰："女直人中材杰之士，朕少有识者，盖亦难得也。新进士如徒单镒、夹古阿里补、尼庞古鉴辈皆可用之材也。起身刀笔者，虽才力可用，其廉介之节，终不及进士。今五品以上阙员甚多，必资级相当，至老有不能得者，况欲至卿相乎？古来宰相率不过三五年而退，罕有三二十年者，卿等特不举人，甚非朕意。"上顾修起居注崇璧曰："斯人孱弱，付之以事，未必能办，以其谨厚长者，故置诸左右，欲诸官效其为人也。"辛亥，以刑部尚书移剌子元等为贺宋正旦使。戊午，以左警巡副使鹘沙通敏善断，擢殿中侍御史兼右三部司正。庚申，立右丞相原王璟为皇太孙。甲子，上谓宰臣曰："朕闻宋军自来教习不辍，今我军专务游惰，卿等勿谓天下既安而无豫防之心，一旦有警，军不可用，顾不败事耶？其令以时训练。"丙寅，上谓侍臣曰："唐太子承乾所为多非度，太宗纵而弗检，遂至于废，如早为禁止，当不至是。朕于圣经不能深解，至于史传，开卷辄有所益。每见善人不忘忠孝，检身廉洁，皆出天性。至于常人多喜为非，有天下者苟无以惩之，何由致治。孔子为政七日而诛少正卯，圣人尚尔，况余人乎？"戊辰，上谓宰臣曰："朕虽年老，闻善不厌。孔子云：'见善如不及，见不善如探汤。'大哉言乎！"右丞张汝弼对曰："知之非艰，行之惟艰。"以拱卫直副都指挥使韩景懋为高丽生日使。以近侍局直长尼庞古鉴纯直通敏，擢皇太孙侍丞。己巳，猎近郊。庚午，上谓宰臣曰："朕方前古明君，固不可及。至于不纳近臣谗言，不受戚里私谒，亦无愧矣！朕尝自思，岂能无过，所患过而不改，过而能改，庶几无咎。省朕之过，颇喜兴土木之工，自今不复作矣。"十二月甲申，上退朝，御香阁，左谏议大夫黄久约言递送荔支非是，上谕之曰："朕不知也，今令罢之。"丙戌，上谓宰臣曰："有司奉上，惟沽办事之名，不问利害如何。朕尝欲得新荔支，兵部遂于道路特设铺递。比因谏官黄久约言，朕方知之。夫为人无识，一旦临事，便至颠沛。宫中事无大小，朕常亲览者，以不得人故也，如使得人，宁复他虑。"丁亥，上谓宰臣曰："朕年来惟以省约为务，常膳止四五味，已厌饫之，比初即位十减七八。"宰臣曰："天子自有制，不同余人。"上曰："天子亦人耳，枉费安用。"丙申，上谓宰臣曰："比闻河水泛溢，民罹其害者赀产皆空。今复遣官于彼推排，何耶？"右丞张汝霖曰："今推排皆非被灾之处。"上曰："必邻道也。既邻水而居，岂无惊扰迁避者乎？计其赀产，岂有余哉！尚何推排为。"又曰："平时用人，宜尚平直。至于军职，当用权谋，使人不易测，可以集事。唐太宗自少年能用兵，其后虽居帝位，犹不能改，吮疮剪须，皆权谋也。"

二十七年正月癸卯朔，宋、高丽、夏遣使来贺。己酉，以襄城令赵沨为应奉翰林文字。沨入谢，上问宰臣曰："此党怀英所荐耶？"对曰："谏议黄久约亦尝荐之。"上曰："学士院比旧殊无人材，何也？"右丞张汝霖曰："人材须作养，若令久任练习，自可得人。"庚戌，如长春宫春水。二月乙亥，还都。己卯，改闵宗庙号曰熙宗。癸未，命曲阳县置钱监，赐名"利通"。乙酉，上谓宰执曰："朕自即位以来，言事者虽有狂妄，未尝罪之。卿等未尝肯尽言，何也？当言而不言，是相疑也。君臣无疑，则谓之嘉会。事有利害，可竭诚言之。朕见缄默不言之人，不欲观之矣。"丁亥，命沿河京、府、州、县长贰官，并带管勾河防事。己丑，谕宰执曰："近侍局官须选忠直练达之人用之。朕虽不听谗言，使佞人在侧，将恐渐渍听从之矣！"上谓宰执曰："朕闻宝坻尉蒙括末也清廉，其为政何如？"左丞斡特剌对曰："其部民亦称誉之，然不知所称何事？"上曰："凡为官但得清廉亦可矣，安得全才之人。可进官一阶，升为令。"又言："朕时或体中不佳，未尝不视朝。诸王、百官但有微疾，便不治事，自今宜戒之。"丙申，命罪人在禁有疾，听亲属入视。三月癸卯朔，万春节，宋、高丽、夏遣使来贺。辛亥，皇太孙受册，赦。乙卯，尚书省言："孟家山金口闸下视都城百四十余尺，恐暴水为害，请闭之。"从之。上谓大臣曰："十室之邑，必有忠信。今天下之广，人民之众，岂得无人？唐之颜真卿、段秀实皆节义之臣也，终不升用，亦当时大臣固蔽而不举也。卿等当不私亲故，而特举忠正之人，朕将用之。"又言："国初风俗淳俭，居家惟衣布衣，非大会宾客，未尝辄烹羊豕。朕尝念当时节俭之风，不欲妄费，凡宫中之官与赐之食者，皆有常数。四月丙戌，以刑部尚书宗浩为参知政事。丙申，上如金莲川。辛丑，京师地震。五月壬子，诏罢曷懒路所进海葱及太府监日进时果。曰："葱、果应用几何？徒劳人耳！惟上林诸果，三日一进。"庚午，以所进御膳味不调适，有旨问之。尚食局直长言："臣闻老母病剧，私心愦乱，如丧魂魄，以此有失尝视，臣罪万死！"上嘉其孝，即令还家侍疾，俟平愈乃来。六月戊寅，免中都、河北等路尝被河决水灾军民租税。庚辰太白昼见。七月丙午，太白昼见，经天。壬子，秋猎。八月丙戌，次双山子。九月己亥朔，还都。己酉，上谓宰臣曰："朕今岁春水所过州县，其小官多干事，盖朕前尝有赏擢，故皆勉力。以此见专任责罚，不如用赏之有激劝也。"以河中尹田彦皋等为贺宋生日使，武器署令斜卯阿土为夏国生日使。十月乙亥，宋前主构殂。庚辰，祫享于太庙。庚寅，上谓宰臣曰："朕观唐史，惟魏征善谏，所言皆国家大事，甚得谏臣之体。近时台谏惟指摘一二细碎事，姑以塞责，未尝有及国家大利害者，岂知而不言欤？无乃亦不知也。"宰臣无以对。十一月庚戌，以左副都点检崇安为贺宋正旦使。甲寅，诏："河水泛溢，农夫被灾者，与免差税一年。卫、怀、孟、郑四州塞河劳役，并免今年差税。庚申，平章政事崇尹致仕。甲子，上谓宰臣曰："卿等老矣，殊无可以自代者乎，必待朕知而后进乎？"顾右丞张汝霖曰："若右丞者亦石丞相所言也。平章政事襄及汝霖对曰："臣等苟有所知，岂敢不言，但无人耳！"上曰："春秋诸国分裂，土地褊小，皆称有贤。卿等不举而已。今朕自勉，庶几致治，他日子孙，谁与共治者乎？"宰臣皆有惭色。十二月庚午，以翰林待制赵可为高丽生日使。丁丑，猎于近郊，壬午，宋遣使告哀。甲申，上谕宰臣曰："人皆以奉道崇佛设斋读经为福，朕使百姓无冤，天下安乐，不胜于彼乎？尔等居辅相之任，诚能匡益国家，使百姓蒙利，不惟身享其报，亦将施及子孙矣！"左丞斡特剌曰："臣等敢不尽心，第才不逮，不能称职耳。"上曰："人亦安能每事尽善，但加勉励可也。"戊子，禁女直人不得改称汉姓、学南人衣装，犯者抵罪。

二十八年正月丁酉朔，宋、高丽、夏遣使来贺。癸卯，遣宣徽使蒲察克忠为宋吊祭使。甲辰，如春水。二月乙亥，还都。己丑，宋遣使献先帝遗留物。癸巳，宋使朝辞，以所献礼物中玉器五，玻璃器二十，及弓剑之属使还遗宋，曰："此皆尔国前主珍玩之物，所宜宝藏，以无忘追慕。今受之，义有不忍，归告尔主，使知朕意也。"三月丁酉朔，万春节，宋、高丽、夏遣使来贺。御庆和殿受群臣朝，复宴于神龙殿，诸王、公主以次捧觞上寿。上欢甚，以本国音自度曲。盖言临御久，春秋高，渺然思国家基绪之重，万世无穷之托。以戒皇太孙，当修身养德，善于持守，及命太尉、左丞相克宁尽忠辅导之意。于是，上自歌之，皇太孙及克宁和之。极欢而罢。戊申，命随朝六品、外路五品以上职事官，举进士已在仕、才可居翰苑者，试制诏等文字三道，取文理优赡者补充学士院职任。应赴部求仕人，老病昏昧者，勒令致仕，止给半俸，更不迁官。甲寅，幸寿安宫。四月癸酉，命增外任小官及繁难局分承应人俸。丁丑，以陕西路统军使孛术鲁阿鲁罕为参知政事。癸未，命建女直大学。五月丙午，制诸教授必以宿儒高才者充，给俸与丞簿等。戊申，宋使来谢吊祭。七月辛亥，尚书左丞粘割斡特剌罢。八月甲子朔，日有食之。辛未，还都。庚辰，上谓宰臣曰："近闻乌底改有不顺服之意，若遣使责问，彼或抵捍不逊，则边境之事有不可已者。朕尝思之，招徕远人，于国家殊无所益。彼来则听之，不来则勿强其来，此前世羁縻之长策也。"参知政事孛术鲁阿鲁罕罢。壬午，以山东路统军使完颜婆卢火为参知政事。甲申，上谓宰臣曰："用人之道，当自其壮年心力精强时用之，若拘以资格，则往往至于耄老，此不思之甚也。阿鲁罕使其早用，朝廷必得补助之力，惜其已衰老矣！凡有可用之材，汝等宜早思之。"九月甲午朔，以鹰坊使崇夔为夏国生日使。丙申，以安武军节度使王克温等为贺宋生日使。乙亥，秋猎。乙卯，还都。十月乙丑，京、府及节度州增置流泉务，凡二十八所。禁糠禅、瓢禅，其停止之家抵罪。乙酉，尚书省奏拟除授而拘以资格，上曰："日月资考所以待庸常之人，若才行过人，岂可拘以常例？国家事务皆须得人，汝等不能随才委使，所以事多不治。朕固不知用人之术，汝等但务循资守格，不思进用才能，岂以才能见用，将夺己之禄位乎？不然，是无知人之明也。群臣皆曰："臣等岂敢蔽贤，才识不逮耳。"上顾谓右丞张汝霖曰："前世忠言之臣何多，今日何少也？"汝霖对曰："世乱则忠言进，承平则忠言无所施。"上曰："何代无可言之事，但古人知无不言，今人不肯言耳！"汝霖不能对。十一月戊戌，以改葬熙陵，诏中外。上谓侍臣曰："凡修身者，喜怒不可太极，怒极则心劳，喜极则气散，得中甚难，是故节其喜怒，以思安身。今宫中一岁未尝责罚人也。"庚子，太白昼见。诏南京、大名府等处避水逃移不能复业者，官与津济钱，仍量地顷亩给以耕牛。甲辰，以河中尹田彦皋等为贺宋正旦使。戊申，上谓宰臣曰："制条以拘于旧律，间有难解之辞。夫法律历代损益而为之，彼智虑不及而有乖违本意者，若行删正，令众易晓，有何不可。宜修之，务令明白。"有司奏重修上京御容殿，上谓宰臣曰："宫殿制度，苟务华饰，必不坚固。今仁政殿辽时所建，全无华饰，但见它处岁岁修完，惟此殿如旧，以此见虚华无实者，不能经久也。今土木之工，灭裂尤甚，下则吏与工匠相结为奸，侵克工物，上则户工部官支钱度材，惟务苟办，至有工役才毕，随即欹漏者，奸弊苟且，劳民费财，莫甚于此。自今体究，重抵以罪。"庚戌，上谓宰臣曰："朕近读《汉书》，见光武所为，人有所难能者。更始既害其兄伯升，当乱离之际，不思报怨，事更始如平日，人不见戚容，岂非人所难能乎？此其度量盖将大有为者也，其他庸主岂可及哉。"右丞张汝霖曰："湖阳公主奴杀人，匿主车中，洛阳令董宣从车中曳奴下，杀之。主入奏，光武欲杀宣，及闻宣言，意遂解，使宣谢主，宣不奉诏。主以言激怒光武，光武但笑而已，更赐宣钱三十万。"上曰："光武闻直言而怒解，可谓贤主矣，令宣谢主，则非也。高祖英雄大度，驾驭豪杰，起自布衣，数年而成帝业，非光武所及，然及即帝位，犹有布衣粗豪之气，光武所不为也。"癸丑，幸太尉克宁第。十二月丙寅，以大理正移剌彦拱为高丽生日使。乙亥，上不豫。庚辰，赦天下。乙酉，诏皇太孙景摄政，居庆和殿东庑。丙戌，以太尉、左丞相徒单克宁为太尉兼尚书令，平章政事襄为尚书右丞相，右丞张汝霖为平章政事。参知政事完颜婆卢火罢，以户部尚书刘暐为参知政事。戊子，诏尚书令徒单克宁、右丞相襄、平章政事张汝霖宿于内殿。

二十九年正月壬辰朔，上大渐，不能视朝。诏遣宋、高丽、夏贺正旦使还。癸巳，上崩于福安殿，寿六十七。皇太孙即皇帝位。己亥，殡于大安殿。三月辛卯朔，上尊谥曰光天兴运文德武功圣明仁孝皇帝，庙号世宗。四月乙酉，葬兴陵。

赞曰：世宗之立，虽由劝进，然天命人心之所归，虽古圣贤之君，亦不能辞也。盖自太祖以来，海内用兵，宁岁无几。重以海陵无道，赋役繁兴，盗贼满野，兵甲并起，万姓盻盻，国内骚然，老无留养之丁，幼无顾复之爱，颠危愁困，待尽朝夕。世宗久典外郡，明祸乱之故，知吏治之得失。即位五载，而南北讲好，与民休息。于是躬节俭，崇孝弟，信赏罚，重农桑，慎守令之选，严廉察之责，却任得敬分国之请，拒赵位宠郡县之献，孳孳为治，夜以继日，可谓得为君之道矣！当此之时，群臣守职，上下相安，家给人足，仓廪有余，刑部岁断死罪，或十七人，或二十人，号称"小尧舜"，此其效验也。然举贤之急，求言之切，不绝于训辞，而群臣偷安苟禄，不能将顺其美，以底大顺，惜哉！

卷九　本纪第九

章宗　一

章宗宪天光运仁文义武神圣英孝皇帝，讳璟，小字麻达葛，显宗嫡子也。母白孝懿皇后徒单氏。大定八年，世宗幸金莲川，秋七月丙戌，次冰井，上生。翌日，世宗幸东宫，宴饮欢甚，语显宗曰："祖宗积庆而有今日，社稷之福也。"又谓司徒李石、枢密使纥石烈志宁等曰："朕子虽多，皇后止有太子一人。幸见嫡孙又生于麻达葛山，朕尝喜其地衍而气清，其以山名之。"群臣皆称万岁。十八年，封金源郡王。始习本朝语言小字，及汉字经书，以进士完颜匡、司经徐孝美等侍读。二十四年，世宗东巡，显宗守国，上奉表诣上京问安，仍请车驾还都，世宗嘉其意，赐敕书答谕。二十五年三月，万春节，复奉表朝贺。六月，显宗崩，世宗遣滕王府长史蘷、御院通进嗇来护视。十二月，进封原王，判大兴府事。入以国语谢，世宗喜，且为之感动，谓宰臣曰："朕尝命诸王习本朝语，惟原王语甚习，朕甚嘉之。"谕旨曰："朕固知汝年幼，服制中未可付以职，然政事亦须学，京辇之任，姑试尔才，其勉之。"二十六年四月，诏赐名璟。五月，拜尚书右丞相。世宗谓曰："宫中有《舆地图》，观之可以具知天下远近厄塞。"又谓宰臣曰："朕所以置原王于近辅者，欲令亲见朝廷议论，习知政事之体故也。"十一月，诏立为皇太孙，称谢於庆和殿。世宗谕之曰："尔年尚幼，以明德皇后嫡孙惟汝一人，试之以事，甚有可学之资。朕从正立汝为皇太孙，建立在朕，保守在汝，宜行正养德，勿近邪佞，事朕必尽忠孝，无失众望，则惟汝嘉。"二十七年三月，世宗御大安殿，授皇太孙册，赦中外。丁巳，谒谢太庙及山陵。始受百官笺贺。二十八年十二月乙亥，世宗不豫，诏摄政，听授五品以下官。丁亥，受"摄政之宝"。

二十九年春正月癸巳，世宗崩，即皇帝位于柩前。丙申，诏中外。赐丙外官覃恩两重，三品已上者一重，免今岁租税，并自来悬欠系官等钱，鳏寡孤独人绢一匹、米两石。己亥，迁大行皇帝梓宫于大安殿。癸卯，以皇太后命为令旨。甲辰，以大理卿王元德等报哀于宋、高丽、夏。乙卯，白虹贯日亘天。丁巳，参知政事宗浩罢。山东统军裔以私过都城不赴哭临，笞五十，降授彰化军节度使。戊午，名皇太后宫曰仁寿，设卫尉等官。二月辛酉朔，日有食之。癸亥，始听政。追尊皇考为皇帝，尊母为皇太后。甲子，命学士院进呈汉、唐便民事，及当今急务。乙丑，白虹亘天。敕登闻鼓院所以达冤枉，旧尝锁户，其令开之。戊辰，更仁寿宫名隆庆。诏宫籍监户旧系睿宗及大行皇帝、皇考之奴婢者，悉放为良。己巳，敕御史台，自今监察令本台辟举，任内不称职亦从奏罢。丁丑，增定百官俸。乙酉，诏有司稽考典故，许引用宋事。是月，宋主内禅，子惇嗣立。三月壬辰，朝于隆庆宫，是月凡五朝。己酉，诏以生辰为天寿节。癸丑，夏国遣使来吊。夏四月己巳，夏国遣使来祭。辛未，宋遣使来吊祭。乙酉，葬世宗光天兴运文德武功圣明仁孝皇帝于兴陵。戊子，朝于隆庆宫。五月庚寅朔，太白昼见。壬寅，宋主遣使来报嗣位。夏国遣使来贺即位。丙午，以祔庙礼成，大赦。丁未，地生白毛。庚戌，诏罢送宣钱，今后诸护卫考满赐官钱二千贯。壬子，敕收录功臣子孙，量材于局分承应。戊午，朝于隆庆宫。以东北路招讨使温迪罕速可等为贺宋主即位使。河溢曹州。闰月庚申朔，封兄珣为丰王，琮郓王，瓌瀛王，从彝沂王，弟从宪寿王，玠温王。辛酉，制诸饥民卖身已赎放为良，复与奴生男女，并听为良。丙寅，观稼于近郊。庚午，以枢密副使唐括贡为御史大夫。壬申，封乳母孙氏萧国夫人，姚氏莘国夫人。丙子，进封赵王永中汉王，曹王永功冀王，豳王永成吴王，虞王永升随王，徐王永蹈卫王，滕王永济潞王，薛王永德沈王。庚辰，宋遣使来贺即位。癸未，朝于隆庆宫。诏学士院，自今诰词并用四六。乙酉，诏诸有出身承应人，系将来受亲民之职，可命所属谕使为学。其护卫、符宝、奉御、奉职，侍直近密，当选有德行学问之人为之教授。六月己丑朔，有司言："律科举人止知读律，不知教化之原，必使通治《论语》、《孟子》，涵养器度。遇府、会试，委经义试官出题别试，与本科通定去留为宜。"从之。诏有司，请亲王到任各给钱二十万。辛卯，修起居注完颜乌者、同知登闻检院孙铎皆上书谏罢围猎，上纳其言。拾遗马升上《俭德箴》。乙未，初置提刑司，分按九路，并兼劝农采访事，屯田、镇防诸军皆属焉。丁酉，幸庆寿寺。作泸沟石桥。己亥，朝于隆庆宫。甲辰，罢送赦礼物钱，朝于隆庆宫。乙卯，高丽国王晧遣使来吊祭及会葬。敕有司移报宋、高丽、夏，天寿节于九月一日来贺。丁巳，命提刑官除后于便殿听旨，每十月使副内一员入见议事，如止一员则令判官入见，其判官所掌烦剧可升同随朝职任。秋七月辛酉，减民地税十之一，河东南、北路十之二，下田十之三。甲子，朝于隆庆宫。乙丑，敕近侍官授外任三品、四品、赐金带一，重币有差。丁卯，以太尉、尚书令东平郡王徒单克宁为太傅，改封金源郡王。辛未，高丽遣使来贺即位。甲戌，奉皇太后幸寿安宫。辛巳，诏京、府、节镇、防御州设学养士。初设经童科。御史大夫唐括贡罢。礼部尚书移剌履为参知政事。以刑部尚书完颜守贞等为贺宋生日使。八月戊子朔，奉皇太后幸寿安宫。辛卯，敕有司，京、府、州、镇设学校处，其长贰幕职内各以进士官提控其事，仍具入衔。壬辰，初定品官子孙试补令史格，及提刑司所掌三十二条。左司谏郭安民上疏论三事：曰崇节俭，去嗜欲，广学问。丁酉，如大房山。戊戌，谒奠诸陵。己亥，还都。庚子，朝于隆庆宫，是月凡三朝。壬寅，制提刑司设女直、契丹、汉儿知法各一人。甲辰，参知政事刘玮罢。丙辰，宋、高丽、夏遣使来贺天寿节。九月戊午朔，天寿节，以世宗丧，不受朝。庚申，诏增守山陵为二十丁，给地十顷。壬戌，诏罢告捕乱言人赏。甲子，制诸盗贼聚集至十人，或骑五人以上，所属移捕盗官捕之，仍递言省部，三十人以上闻奏，违者杖百。是日，朝于隆庆宫。是月凡四朝。丁卯，制强族大姓不得与所属官吏交往，违者有罪。戊辰，以隆庆宫卫尉把思忠为夏国生日使。庚午，以尚辇局使崇德为横赐高丽使。丙子，猎于近郊。戊寅，监察御史焦旭劾奏太傅克宁、右丞相襄不应请车驾田猎，上曰："此小事，不须治之。"乙酉，如大房山。冬十月丁亥朔，谒奠诸陵。己丑，还都。庚寅，朝于隆庆宫，是月凡四朝。辛卯，上顾谓宰臣曰："翰林阙人。"平章政事汝霖对曰："凤翔治中郝俣可。"汝霖谏止田猎，诏答曰："卿能每事如此，朕复何忧？然时异事殊，得中为当。"丙申，冬猎。己亥，次罗山。庚子，次玉田。辛丑，沁州、丹州进嘉禾。丁未，次宝坻。庚戌，中侍石抹阿古误带刀入禁门，罪应死，诏杖八十。癸丑，至自宝坻。十一月己未，朝于隆庆宫。辛酉，以右宣徽院使裴满余庆等为贺宋正旦使。癸亥，上谓宰臣曰："今之用人，太拘资历。循资之法，起于唐代，如此何以得人？”平章政事汝霖对曰：“不拘资格，所以待非常之材。”上曰：“崔祐甫为相，未逾年荐八百人，岂皆非常之材欤？”甲子，谕尚书省曰：“太傅年高，每趋朝而又赴省，恐不易。自今旬休外，四日一居休，庶得调摄。常事他相理问，惟大事白之可也。”戊辰，谕尚书省，自今五品以上官各举所知，岁限所举之数，如不举者坐以蔽贤之罪。仍依唐制，内五品以上官到任即举自代，并从提刑司采访之。己巳，初制转递文字法。壬申，朝于隆庆宫。乙亥，命参知政事移剌履提控刊修《辽史》。丁丑，以西上閤门使移剌郊为高丽生日使。御史台奏：“故事，台官不得与人相见。盖为亲王、宰执、形势之家，恐有私徇。然无以访知民间利病、官吏善恶。”诏自今许与四品以下官相见，三品以上如故。辛巳，诏有司，今后诸处或有饥馑，令总管、节度使或提刑司先行赈贷或赈济，然后言上。十二月丙戌朔，朝于隆庆宫，是月凡五朝。诏罢铸钱。丁亥，密州进白雉。壬辰，谕有司，女直人及百姓不得用网捕野物，及不得放群雕枉害物命，亦恐女直人废射也。戊戌，复置北京、辽东盐使司，仍罢西京、解盐巡捕使。以河东南、北路提刑司言，赈宁化、保德、岚州饥，其流移复业，给复一年。是日，禁宫中上直官及承应人毋得饮酒。乙巳，祭奠兴陵。壬子，谕台臣曰：“提刑司所举劾多小过，行则失大体，不行则恐有所沮，其以此意谕之。”甲寅，宋、高丽、夏遣使来贺正旦。是冬，无雪。

明昌元年春正月丙辰朔，改元。以世宗丧，不受朝贺。上朝于隆庆宫，是月凡四朝。丁巳，制诸王任外路者许游猎五日，过此禁之，仍令戒约人从，毋扰民。辛酉，谕尚书省：“宰执所以总持国家，不得受人馈遗。或遇生辰，受所献毋过万钱。若缌大功以上亲，及二品以上官，不禁。”壬戌，以知河中府事王蔚为尚书右丞，刑部尚书完颜守贞为参知政事。甲子，如大房山。乙丑，奠谒兴陵、裕陵。丙寅，还都。戊辰，制禁自披剃为僧道者。敕外路求世宗御书。辛未，如近畿春水。己卯，如春水。二月丁亥，太白昼见。丙申，遣谕诸王，凡出猎毋越本境。壬寅，谕有司，寒食给假五日，著于令。甲辰，至自春水。朝于隆庆宫，是月凡四朝。癸丑，地生白毛。甲寅，如大房山。三月乙卯朔，谒奠兴陵。丙辰，还都。朝于隆庆宫，是月凡六朝。己未，敕点检司，诸试护卫人须身形及格，若功臣子孙善射出众，虽不及格，亦令入见。癸亥，礼官言：“民或一产三男，内有才行可用者可令察举，量材叙用。其驱婢所生，旧制官给钱百贯，以资乳哺，尚书省请更给钱四十贯，赎以为良。”制可。丙寅，有司言：“旧制，朝官六品以下从人输庸者听，五品以上不许输庸，恐伤官体。其有官职俱至三品、年六十以上致仕者，人力给半，乞不分内外，愿令输庸者听。”从之。己巳，击球于西苑，百僚会观。癸酉，诏内外五品以上，岁举廉能官一员，不举者坐蔽贤罪。乙亥，初设应制及宏词科。丁丑，制内外官并诸局承应人，遇祖父母、父母忌日并给假一日。辛巳，诏修曲阜孔子庙学。壬午，如寿安宫。夏四月甲申朔，朝于隆庆宫，是月凡四朝。戊戌，如寿安宫。五月，不雨。乙卯，祈于北郊及太庙。朝于隆庆宫，是月凡三朝。丙辰，以鹰坊使移剌宁为横赐夏国使。戊午，拜天于西苑。射柳、击球，纵百姓观。壬戌，祈雨于社稷。甲子，制省元及四举终场人许该恩。己巳，复祈雨于太庙。庚午，置知登闻鼓院事一人。丙子，以祈雨，望祭岳镇海渎于北郊。戊寅，命内外官五品以上，任内举所知才能官一员以自代。壬午，以参政事移剌履为尚书右丞，御史中丞徒单镒为参知政事，尚书右丞相襄罢。六月己丑，制定亲王家人有犯，其长史府掾失觉察、故纵罪。壬辰，奉皇太后幸庆寿寺。甲辰，敕僧、道三年一试。秋七月己巳，以礼部尚书王翛等为贺宋生日使。庚午，朝于隆庆宫。丁丑，诏罢西北路蚆蟆山市场。八月癸未朔，禁指托亲王、公主奴隶占纲船、侵商旅及妄征钱债。乙酉，诏设常平仓。丁亥，至自寿安宫。戊子，朝于隆庆宫，是月凡三朝。己丑，以判大睦亲府事宗宁为平章政事。壬辰，幸玉泉山，即日还宫。癸巳，罢诸府镇流泉务。选才干之官为诸州刺史，皆召见谕戒之。戊戌，上谕宰臣曰：“何以使民弃末而务本，以广储蓄？”令集百官议。户部尚书邓俨等曰：“今风俗侈靡，宜定制度，辨上下，使服用居室，各有差等。抑昏丧过度之礼，禁追逐无名之费。用度有节，蓄积自广矣！”右丞履、参知政事守贞、镒曰：“凡人之情，见美则愿，若不节以制度，将见奢侈无极，费用过多，民之贫乏，殆由此致。方今承平之际，正宜讲究此事，为经久法。”上是履议。壬寅，敕麻吉以皇家袒免之亲，特收充尚书省祗候郎君，仍为永制。丁未，猎于近郊。巳酉，宋、高丽、夏遣使来贺天寿节。九月壬子朔，天寿节，以世宗丧，不受朝。丙辰，为廉能进擢北海县令张翱等十八人官。己未，以武卫军副都指挥使乌林荅谋甲为夏国生日使。庚申，朝于隆庆宫。壬戌，如秋山。冬十月丁亥，至自秋山。戊子，朝于隆庆宫。丙申，诏赐贵德州孝子翟巽、遂州节妇张氏各绢十匹、粟二十石。戊戌，以有司言，登闻鼓院同记注院，勿有所隶。制民庶聘财为三等，上百贯，次五十贯，次二十贯。丁未，猎于近郊。十一月乙卯，朝于隆庆宫。是月凡五朝。以惑众乱民，禁罢全真及五行毗卢。以佥书枢密院事把德固等为贺宋正旦使。丁巳，制诸职官让廕兄弟子侄者，从其所请。戊辰，召礼部尚书王翛、谏议大夫张暐诣殿门，谕之曰：“朝廷可行之事，汝谏官、礼官即当辩析。小民之言，有可采者朕尚从之，况卿等乎？自今所议毋但附合于尚书省。”辛未，以西上閤门使移剌挞不也为高丽生日使。丙子，冬猎。巳卯，次雄州。判真定府事吴王永成、判定武军节度使隋王永升来朝。十二月壬午，免猎地今年税。丁亥，次饶阳。己丑，平章政事张汝霖薨。丁酉，至自饶阳。甲辰，幸太傅徒单克宁第视疾。以克宁为太师、尚书令，封淄王，赐银千五百两，绢二千匹。乙巳，朝于隆庆宫。丙午，诏有司，正旦可先贺隆庆宫，然后进酒。丁未，宋、高丽、夏遣使来贺正旦。

二年春正月庚戌朔，以世宗丧，不受朝。癸丑，谕有司，夏国使可令馆内贸易一日。尚书省言，故事许贸易三日，从之。甲寅，始许宫中称圣主。乙卯，皇太后不豫，自是日往侍疾，丙夜乃还。辛酉，皇太后崩。丙寅，以左副都点检亩等报哀于宋、高丽、夏。庚午，太师、尚书令淄王徒单克宁薨。甲戌，百官表请听政，不许。戊寅，诏赐陀括里部羊三万口、重币五百端、绢二千匹，以振其乏。吴王永成、隋王永升以闻国丧奔赴失期，罚其俸一月，其长史笞五十。己卯，有司言，汉王永中以疾失期，上谕使回。二月壬午，百官复请听政，不许。壬辰，上始视朝。敕亲王及三品官之家，毋许僧尼道士出入。谕有司："进士程文但合格者即取之，毋限人数。"丙申，以枢密副使夹谷清臣为尚书左丞。戊戌，更定奴诱良人法。丙午，初设王傅府尉官。三月丁巳，夏国遣使来吊。癸亥，敕有司，国号犯汉、辽、唐、宋等名不得封臣下。有司议："以辽为恒，宋为汴，秦为镐，晋为并，汉为益，梁为邵，齐为彭，殷为谯，唐为绛，吴为鄂，蜀为夔，陈为宛，隋为泾，虞为泽。"制可，丁卯，夏国遣使来祭。乙亥，高丽遣使来吊祭。丁丑，宋遣使来吊祭。四月戊寅朔，尚书省言："齐民与屯田户往往不睦，若令递相婚姻，实国家长久安宁之计。"从之。乙酉，葬孝懿皇太后于裕陵。戊子，制诸部内灾伤，主司应言而不言及妄言者杖七十，检视不以实者罪如之，因而有伤人命者以违制论，致枉有征免者坐赃论，妄告者户长坐诈不以实罪，计赃重从诈匿不输法。庚寅，禁民庶不得服纯黄银褐色，妇人勿禁，著为永制。辛卯，上幸寿安宫，谏议大夫张暐等上疏请止其行，不允。癸巳，谕有司："自今女直字直译为汉字，国史院专写契丹字者罢之。"甲午，改封永中为并王，永功为鲁王，永成衮王，永升曹王，永蹈郑王，永济韩王，永德豳王。戊戌，增太学博士助教员。己亥，学士院新进唐杜甫、韩愈、刘禹锡、杜牧、贾岛、王建，宋王禹偁、欧阳修、王安石、苏轼、张耒、秦观等集二十六部。庚子，改寿安宫名万宁。壬寅，如万宁宫。诏袭封衍圣公孔元措视四品秩。五月庚戌，敕自今四日一奏事，仍免朝。戊辰，诏诸郡邑文宣王庙、风雨师、社稷神坛隳废者，复之。诏御史台令史并以终场举人充。六月戊子，平章政事宗宁薨。癸巳，禁称本朝人及本朝言语为"蕃"，违者杖之。丙午，尚书右丞移剌履薨。秋七月丁巳，以参知政事徒单镒为尚书右丞，御史中丞夹谷衡为参知政事。己未，观稼于近郊。己巳，禁职官元日、生辰受所属献遗，仍为永制。以同金大睦亲府事兖等为贺宋生日使。庚午，谕有司："自今外路公主应赴阙，其驸马都尉非奉旨，毋擅离职。"八月癸未，至自万宁宫。己亥，敕山东、河北阙食等处，许纳粟补官。谕有司："自今亲王所领，如有军处，令佐贰总押军事。"乙巳，宋、高丽、夏遣使来贺天寿节。九月丁未朔，天寿节，以皇太后丧，不受朝。甲寅，如大房山。乙卯，谒奠裕陵。丙辰，还都。丁巳，以西上閤门使白琬为夏国生日使。己未，定诈为制书未施行制。以尚书左丞夹谷清臣为平章政事，封芮国公，参知政事完颜守贞为尚书左丞，知大兴府事张万公为参知政事。庚申，如秋山。冬十月己丑，至自秋山。甲午，敕司狱毋得与府州司县官筵宴还往，违者罪之。禁以太一混元受箓私建庵室者。壬寅，以河北、山东旱，应杂犯及强盗已未发觉减死一等，释徒以下。十一月丙午朔，制诸女直人不得以姓氏译为汉字。甲寅，禁伶人不得以历代帝王为戏，及称万岁，犯者以不应为事重法科。丁巳，以豳王傅宗璧等为贺宋正旦使。戊午，夏人杀我边将阿鲁带。甲子，制投匿名书者，徒四年。丙寅，以近侍局副使完颜匡为高丽生日使。壬申，敕提刑司官自今每十五日一朝。十二月乙亥朔，敕三品致仕官所得傔从毋令输庸。己卯，定镇边守将致盗贼罪。甲申，猎于近郊。乙酉，诏罢契丹字。己丑，尚书右丞徒单镒罢。癸卯，宋、高丽、夏遣使来贺正旦。

三年春正月乙巳朔，以皇太后丧，不受朝。丙辰，以孝懿皇后小祥，尚书省请依明昌元年世宗忌辰例，诸王陪位，服惨紫，去金玉之饰，百官不视事，禁音乐屠宰，从之。壬戌，如春水。二月甲戌朔，敕猛安谋克许于冬月率所属户畋猎二次，每出不得过十日。壬辰，至自春水。丁酉，猎于近郊。辛丑，诏追复田瑴等官爵。闰月甲子，以山东路统军使乌林荅愿为御史大夫。三月乙亥，更定强盗征赃、品官及诸人亲获强盗官赏制。辛巳，初设左右卫副将军 。癸未，泸沟石桥成。幸熙春园。丁亥，如万宁宫。辛卯，诏赐棣州孝子刘瑜、锦州孝子刘庆祐绢、粟，旌其门闾，复其身。上因问宰臣曰："从来孝义之人曾官使者几何？"左丞守贞对曰："世宗时有刘政者尝官之，然若辈多淳质不及事。"上曰："岂必尽然。孝义之人素行已备，稍可用既当用之，后虽有希觊作伪者，然伪为孝义，犹不失为善。可检勘前后所申孝义之人，如有可用者，可具以闻。"癸巳，尚书省奏："言事者谓，释道之流不拜父母亲属，败坏风俗，莫此为甚。礼官言唐开元二年敕云：'闻道士、女冠、僧、尼不拜二亲，是为子而忘其生，傲亲而徇于末。自今以后并听拜父母，其有丧纪轻重及尊属礼数，一准常仪。'臣等以为宜依典故行之。"制可。左丞守贞言："上尝命臣问忻州陈毅上书所言事，其一极论守令之弊，臣面问所以救之之道，竟不能言。"上曰："方今政欲知其弊也。彼虽无救弊之术，但能言其弊，亦足嘉矣。如毅言及随处有司不能奉行条制，为人佣雇尚须出力，况食国家禄而乃如是，得无亏臣子之行乎？其令检会前后所降条理举行之。"是日，温王玠薨。丁酉，命有司祈雨，望祀岳镇海渎于北郊。四月壬寅朔，定宣圣庙春秋释奠，三献官以祭酒、司业、博士充，祝词称"皇帝谨遣"，及登歌改用太常乐工。其献官并执事与享者并法服，陪位学官公服，学生儒服。尚书省奏："提刑司察举涿州进士刘器博、博州进士张安行、河中府胡光谦，光谦年虽八十三，尚可任用。"敕刘器博、张安行特赐同进士出身，胡光谦召赴阙。甲辰，祈雨于社稷。丙午，罢天山北界外采铜。戊申，瀛王瓌薨。戊午，诏集百官议北边开壕事。诏赐云内孝子孟兴绢十匹、粟二十石，赐同州贞妇师氏谥曰"节"。丙寅，以旱灾，下诏责躬。丁卯，复以祈雨，望祀岳镇海渎山川于北郊。戊辰，敕亲王衣领用银褐紫绿。遣御史中丞吴鼎枢等审决中都冤狱，外路委提刑司处决。左丞守贞以旱，上表乞解职，不允。参知政事衡、万公皆入谢。上曰："前诏所谓罢不急之役、省无名之费、议冗官、决滞狱四事，其速行之。"五月壬申朔，以尚书礼部员外郎李术鲁子元为横赐高丽使。癸酉，罢北边开壕之役。甲戌，祈雨于社稷。是日，雨。戊寅，出宫女百八十三人。

尚书省奏："近以山东、河北之饥，已委宣差所至安抚赈济。"复遣右三部司正范文渊往视之。乙酉，以雨足，致祭社稷。戊子，百官贺雨足。尚书左丞完颜守贞罢。己丑，以雨足，望祀岳镇海渎。六月癸卯，宰臣请罢提刑司，上曰："诸路提刑司官止三十余员，犹患不得其人，州郡三百余处，其能尽得人乎？"弗许。甲寅，以久雨，命有司祈晴。丁巳，定提刑司条制。辛酉，诏定内外所司公事故作疑申呈罪罚格。乙丑，以知大名府事刘玮为尚书右丞。有司言："河州灾伤，民乏食，而租税有未输。"诏免之。谕户部："可预给百官冬季俸，令就仓以时直粜与贫民，秋成各以其赀籴之，其所得必多矣，而上下便之。其承应人不愿者，听。"秋七月戊寅，敕尚书省曰："饥民如至辽东，恐难遽得食，必有饥死者。其令散粮官问其所欲居止，给以文书，命随处官长计口分散，令富者出粟养之，限以两月，其粟充秋税之数。"己卯，祁州刺史顿长寿、安武军节度副使胡剌坐赈济不及四县，各杖五十。癸未，诏增北边军千二百人，分置诸堡。丁亥，胡光谦至阙，命学士院以杂文试之，称旨。上曰："朕欲亲问之。"辛卯，以殿前都点检仆散端等为贺宋生日使。己亥，上谓宰臣曰："闻诸王傅尉多苛细，举动拘防，亦非朕意。是职之设，本欲辅导诸王，使归之正，得其大体而已。"平章政事清臣曰："请以圣意遍行之。"曰："已谕之矣。"八月癸卯，敕诸职官老病不肯辞避，有司谕使休闲者，不在给俸之列，格前勿论。上以军民不和、吏员奸弊，诏四品以下、六品以上集议于尚书省，各述所见以闻。甲辰，集三品以下、六品以上官，问以朝政得失及民间利害，令各书所对。丁未，以有司奏宁海州文登县王震孝行，以尝业进士，并试其文，特赐同进士出身，仍注教授一等职任。辛亥，至自万宁宫。特赐胡光谦明昌二年进士第三甲及第，授将仕郎、太常寺奉礼郎。官制旧设是职，未尝除人，以光谦德行才能，故特授之。己未，以乌林荅愿为尚书左丞。辛酉，猎于近郊。乙丑，上谓宰臣曰："朕欲任官，令久于其事。若今日作礼官，明日司钱谷，虽间有异材，然事能悉办者鲜矣！"对曰："使中材之人久于其职，事既熟，终亦得力。"上问太常卿张暐："古有三恪，今何无之？"暐具典故以闻。丁亥，宋、高丽、夏遣使来贺天寿节。九月庚午朔，天寿节，以皇太后丧，不受朝。谕尚书省："去岁山东、河北被灾伤处所阁租税及借贷钱粟，若便征之，恐贫民未苏，俟丰收日以分数带征可也。"又谕宰臣曰："随路提刑司旧止察老病不任职及不堪亲民者，如得其实，即改除他路。若他路提刑司覆察得实，勿复注亲民之职。卿等其议行之。"甲戌，以郊社署令唐括合达为夏国生日使。己卯，如秋山。免围场经过人户今岁夏秋租税之半，曾当差役者复一年。冬十月壬寅，至自秋山。丙午，敕御史台，提刑司自今保申廉能官，勿复有乞升品语。壬子，有司奏增修曲阜宣圣庙毕，敕："党怀英撰碑文，朕将亲行释奠之礼，其检讨典故以闻。"甲寅，敕置常平仓处，并令州、府官以本职提举，县官兼管勾其事，以所籴多寡约量升降，以为永制。赐河南路提刑司所举逸民游总同进士出身，以年老不乐仕进，授登仕郎，给正八品半俸终身。戊午，谕尚书省访求博物多知之士。癸亥，遣谕诸王府傅尉曰："朕分命诸王出镇，盖欲政事之暇，安便优逸，有以自适耳。然虑其举措之间或违于理，所以分置傅尉，使劝导弥缝，不入于过失而已。若公余游宴不至过度，亦复何害。今闻尔等或用意太过，凡王门细碎之事无妨公道者，一一干与，赞助之道，岂当如是？宜各思职分，事举其中，无失礼体。仍就谕诸王，使知朕意。"丙寅，敕应保举官及试中书判者委官覆察，言行相副者量与升除，随朝及六品以上各随所长用之。己巳，猎于近郊。十一月庚午朔，尚书省奏："翰林侍讲学士党怀英举孔子四十八代孙端甫，年德俱高，该通古学。济南府举魏汝翼有文章德谊，苦学三十余年，已四举终场。蔚州举刘震亨学行俱优，尝充举首。益都府举王枢博学善书，事亲至孝。"敕魏汝翼特赐进士及第，刘震亨等同进士出身，并附王泽榜。孔端甫俟春暖召之。丙子，诏臣庶名犯古帝王而姓复同者禁之，周公、孔子之名亦令回避。戊寅，升相州为彰德府。以前右副都点检温敦忠等为贺宋正旦使。壬午，尚书省奏："知河南府事程嶧乞进封父祖。"权尚书礼部郎中党怀英言："凡宰执改除外任长官，其佐官以下相见礼仪皆与他长官不同，其子亦得试补省令史。其子且尔，父祖封赠理当不同，合举宰执一例封赠。"从之。甲申，改提刑司令史为书史。丙申，以有司言："河州定羌民张显孝友力田，焚券已责，又献粟千石以赈饥。棣州民荣楫赈米七百石、钱三百贯，冬月散柴薪三千束。皆别无希觊。"特各补两官，仍正班叙。十二月癸卯，以东上阁门使张汝猷为高丽生日使。辛亥，谕有司祈雪。癸丑，猎于近郊。丙辰，有赤气见于北方。丁巳，敕华州下邽县置武定镇仓，京兆栎阳县置粟邑镇仓，许州舞阳县置北舞渡仓，各设仓草都监一人，县官兼领之。乙丑，定到任告致仕格。丁卯，宋、高丽、夏遣使来贺正旦。

卷十　本纪第十

章宗二

四年春正月己巳朔，以皇太后丧，不受朝。辛未，以平章政事夹谷清臣为尚书右丞相，监修国史。丁丑，遣户部侍郎李献可等分路劝农事。癸未，尚书省奏大兴府推官苏德秀为礼部主事，上曰："朕既尝语卿，百官当使久于其职。彼方任理官，复改户曹，寻又除礼部，人才岂能兼之？若久于其职，但中材胜于新人，事既经练，亦必有济，后不可轻易改除。"上又言："凡称政有异迹者，谓其断事有轶才也。若止清廉，此乃本分，以贪污者多，故显其异耳。宰臣又言：'近言事者谓，方今孝弟廉耻道缺，乞正风俗。'此盖官吏不能奉宣教化使然。今之察举官吏者，多责近效，以干办为上，其有秉心宽厚，欲行德化者，辄谓之迂阔。故人人皆以教化为余事，此孝弟所以废也。若谕所司，官吏有能务行德化者，擢而用之，则教化可行，孝弟可兴矣。今之所察举，皆先才而后德。巧猾之徒，虽有脏污，一旦见用，犹为能吏，此廉耻所以丧也。若谕所司，察举官吏，必审真伪，使有才无行者不能觊觎，非道求进者加之纠劾，则奔兢之俗息，而廉耻可兴矣！”辛卯，赈河北诸路被水灾者。癸巳，谕点检司：“行宫外地及围猎之处悉与民耕，虽禁地，听民持农器出入。”丙申，东京路副使三胜进鹰，遣谕之曰：“汝职非轻。民间利害，官吏邪正，略不具闻，而乃以鹰进，此岂汝所职也！后毋复尔。”二月戊戌朔，如春水。始以春、秋二仲月上戊日祭社稷。癸丑，猎于姚村淀。癸亥，至自春水。丙寅，参知政事张万公罢。三月戊辰朔，诸部提刑司入见，各问以职事，仍诫谕曰：“朕特设提刑司，本欲安民，于今五年，效犹未著。盖多不识本职之体，而徒事细碎，以致州县例皆畏缩而不敢行事。乃者山东民艰于食，尝遣使赈济，盖卿等不职，故至于此。既往之失，其思悛改。”庚午，上将幸景明宫，御史中丞董师中等上书切谏，不报。壬申，章再上，补阙许安仁、拾遗路铎皆谏，乃止。制定民习角觝、枪棒罪。以工部尚书胥持国为参知政事。丙子，特赐有司孔端甫及第，授小学教授，寻以年老，命食主簿半俸致仕。甲申，幸香山永安寺及玉泉山。甲午，定配享功臣。敕自今御史台奏事，修起居注并令回避。夏四月丁酉朔，幸兴陵崇妃第。是日，始举乐。自己亥至癸卯，百官三表请上尊号，上曰：“祖宗古先有受尊号者，盖有其德，故有其名。比年五谷不登，百姓流离，正当戒惧修身之日，岂得虚受荣名耶？”不许，仍断来章。戊申，亲禘于太庙。庚戌，如万宁宫。辛亥，右丞相清臣率百官及耆艾等复请上尊号，学官刘玑亦率六学诸生赵楷等七百九十五人诣紫宸门请上尊号，如唐元和故事，不许。丁巳，赈河州饥。敕女直进士及第后，仍试以骑射，中选者升擢之。乙丑，减尚厩食谷马。五月丙寅朔，曹王永升及诸王请上尊号，不许。以尚厩局使石抹贞为横赐夏国使。己巳，上以群臣累上尊号不受，诏谕中外，徒罪以下递降一等，杖以下原之。甲戌，观稼于近郊。辛巳，谕左司：“遍谕诸路，令月具雨泽田禾分数以闻。”癸未，以久雨，禜。六月癸丑，赐有司所举德行才能之士安州崔秉仁、衮州翟驹、锦州齐文乙、大名孙可久、陈信仁、应州董斁并同进士出身。丙辰，以晴，致祭岳镇海渎。壬戌，尚书右丞相夹谷清臣进封戴国公，西京留守完颜守贞为平章政事，封萧国公。尚书右丞刘玮薨。秋七月辛巳，南京路提刑司自许州迁治南京。己丑，制三品以上官有故者，若亲、贤、勋、旧，尚书省即与闻奏，议加追赠。命以银改铸“礼信之宝”，仍涂以金。以同判大睦亲府事襄为枢密使。以御史中丞董师中等为贺宋生日使。八月己亥，枢密使襄帅百僚再请上尊号，不许。是日，岁星、太白昼见。庚子，大赦。甲辰，至自万宁宫。丁未，释奠孔子庙，北面再拜。辛亥，国史院进《世宗实录》，上服袍带，御仁政殿，降座，立受之。九月甲子朔，天寿节，御大安殿，受亲王百官及宋、高丽、夏使朝贺。戊辰，以参知政事夹谷衡为尚书右丞，户部尚书马琪为参知政事。敕尚书省：“大定二十九年以后士庶言事，或系国家或边关大利害已尝施行者，可特补一官，有益于官民，量给以赏。”以西上阁门使大磐为夏国生日使。庚午，如山陵，次奉先县。辛未，拜天于县西。壬申，致奠诸陵。癸酉，如秋山。十一月庚午，右丞相清臣、参知政事持国上表丐闲，优诏不许。戊寅，以翰林直学士完颜匡等为贺宋正旦使，命匡权易名弼，以避宋讳。壬午，木冰。丙戌，诏诸职官以赃污不职被罪、以廉能获升者，令随路、京、府、州、县列其姓名，揭之公署，以示劝惩。庚寅，夏国嗣子李纯佑遣使来讣告。十二月甲午朔，夏国李纯佑遣使奉故王仁孝遗表以进。谕大兴府于暖汤院日给米五石，以赡贫者。戊戌，定武军节度使郑王永蹈以谋反，伏诛。己亥，谕有司，以郑王财产分赐诸王，泽国公主财物分赐诸公主。甲辰，诸王府增置司马一人。以纥石烈理为高丽生日使，西上阁门使大磐等为夏国敕祭慰问使。庚戌，尚书省以科目近多得人，乞是举增取进士。上然之，诏有司：“会试毋限人数。”甲寅，册长白山之神为开天弘圣帝。丙辰，猎于近郊。是岁，大有年。邢、洺、深、冀及河北西路十六谋克之地，野蚕成茧。

五年春正月癸亥朔，宋、高丽、夏遣使来贺。乙丑，昭容李氏进位淑妃。己巳，初用唐、宋典礼，皇后忌辰皆废务。尚书省进区田法，诏相其地宜，务从民便。又言遣官劭农之扰，命提刑司禁止之。乙亥，以叶鲁、谷神始制女直字，诏加封赠，依仓颉立庙盩厔例，祠于上京纳里浑庄。岁时致祭，令其子孙拜奠，本路官一人及本千户春秋二祭。辛巳，前中都路都转运使王寂荐三举终场人蔡州文商经明行修，足备顾问。前河北西路转连使李扬言庆阳府进士李奖纯德博学，乡曲誉之。绛州李天祺、应州康晋侯屡赴廷试，皆有才德。上曰：“文商可令召之。李奖给主簿半俸终身，余赐同进士出身。”遣国子祭酒刘玑册李纯佑为夏国王。丁亥，幸城南别宫。二月丁酉，初定长吏劝课能否赏罚格。尚书省奏：“礼官言孝懿皇后祥除已久，宜易隆庆宫为东宫，慈训殿为承华殿。”从之。诏购求《崇文总目》内所阙书籍。戊戌，祭社稷，以宣献皇后忌辰，用熙宁祀仪，乐县而不作。甲辰，郓王琮薨。己酉，宰臣请罢北边屯驻军马，不允。癸丑，以齐河县民张涓、济阳县王琛、河州李锜急义好施，诏复之终身，仍著于令。命宣徽使移剌敏、户部主事赤盏实理哥相视北边营屯，经画长久之计。三月壬申，初定限钱禁。庚辰，初定日月风雨雷师常祀。戊子，置弘文院，译写经书。夏四月壬辰朔，幸北苑。庚子，诏各路所举德行才能之士，涿州时琦、云中刘挚、郑州李升、恩州傅砺、济南赵挚、兴中田扈方六人，并特赐同进士出身。以文商为国子教授，特迁登仕郎。己酉，诏自今筐椟床榻之饰毋以金玉。壬子，特赐翰林待制温迪罕迪翰林学士承旨、中奉大夫。乙卯，幸景明宫，董师中、贾守谦、路铎先后凡两上封事切谏，不报。五月庚午，次乌十撒八。戊子，桓、抚二州旱，遣使祷于缙山。六月壬辰，如冰井。己亥，出猎。登胡土白山。酹酒再拜。曹王永升以下进酒。丙午，拜天，曲赦西北路，己未，如查沙秋山。是月，宋前主昚殂。七月戊辰，猎于豁赤火，一发贯双鹿。是日，获鹿二百二十二，赐扈从官有差。辛巳，次鲁温合失不。是日，上亲射，获黄羊四百七十一。乙酉，次冰井。丙戌，以天寿节，宴枢光殿，凡从官及承应人遇覃恩迁秩者，并受宣敕于殿前。时久雨初霁，有龙曳尾于殿前云间。戊子，御膳羹中有发，上举视而弃之，戒左右毋宣言。八月辛亥，至自景明宫。壬子，河决阳武故堤，灌封丘而东。丁巳，赐从幸山后亲军银、绢有差。九月戊午朔，天寿节，宋、高丽、夏遣使来贺。壬戌，命增定捕盗官被杀赙钱及官赏格。甲子，都水监官王汝嘉等坐河决，各削官两阶，杖七十，罢之。乙丑，上御睿思殿，诸路提刑使入见。戊辰，初令民买扑随处金、银、铜冶。命参知政事马琪往视河决，仍许便宜从事。壬申，宋主遣使来告哀。戊寅，以知大兴府事尼庞古鉴等为宋国吊祭使。敕尚书省，集百官议备边事。壬午，特推恩东宫旧人司经王伯温等八人官有差。甲申，命上京等九路并诸抹及乣等处选军三万，俟来春调发，仍命诸路并北阻䪁以六年夏会兵临潢。冬十月庚寅，右丞相夹谷清臣等表请上尊号，不允。宋遣使献遗留物。壬寅，右丞相清臣复清上尊号，国子祭酒刘玑亦率六学诸生上表陈请，不允。遣户部员外郎何格赈河决被灾人户。庚戌，张汝弼妻高陀斡以谋逆，伏诛。壬子，尚书省奏，升提刑司所察廉官南皮县令史肃以下十有二人，而大兴主簿蒙括蛮都亦在选中，上知其人，曰："蛮都浇浮人也，升之可乎？与其任浇浮，孰若用淳厚。况蛮都常才，才智过人犹不当用，恐败风俗，况常才耶！其再察之。"闰月戊午朔，宋主遣使报即位。甲子，亲王、百官各奉表请上尊号，不允。丙寅，以代国公欢都等五人配享世祖庙廷。甲戌，以河东南、北提刑使王启等为贺宋主即位使。乙亥，猎于近郊。戊寅，上问辅臣："孔子庙诸处何如？"平章政事守贞曰："诸县见议建立。"上因曰："僧徒修饰宇像甚严，道流次之，惟儒者于孔子庙最为灭裂。"守贞曰："儒者不能长居学校，非若僧道久处寺观。"上曰："僧道以佛、老营利，故务在庄严阂侈，起人施利自多，所以为观美也。"庚辰，参知政事马琪自行省回，具奏河防利害，语载《琪傅》中。丙戌，以翰林待制奥屯忠孝权户部侍郎，太府少监温昉权工部侍郎，行户、工部事，修治河防。以引进使完颜衷为夏国生日使。十一月癸巳，诏罢紫荆岭所护围场。庚子，以右宣徽使移剌敏等为贺宋正旦使。癸丑，太白昼见。十二月辛酉，平章政事完颜守贞罢。以知大兴府事尼庞古鉴为参知政事，以户部郎中李敬义为赐高丽生日使。丁卯，免被黄河水灾今年秋税。辛巳，敕减修内司备营造军千人，都城所五百人。癸未，敕尚书省，自今献灵芝嘉禾者赏。

六年春正月丁亥朔，受宋、高丽、夏使朝贺。庚寅，太白昼见。辛卯，敕有司给天水郡公家属田宅。壬辰，如春水。庚戌，罢陕西括地。辛亥，谕胥持国，河上役夫聚居，恐生疾疫，可廪医护视之。乙卯，次御林。二月丁巳朔，敕有司："行宫侧及猎所有农者勿禁。"己未，始祭高禖。庚午，至自春水。丁丑，京师地震。大雨雹，昼晦，震应天门右鸱尾。癸未，宋遣使来报谢。三月丙戌朔，日有食之。甲午，以翰林直学士孛术鲁子元兼右司谏，监察御史田仲礼为左拾遣，翰林修撰仆散讹可兼右拾遗，谕之曰："国家设置谏官，非取虚名，盖责实效，庶几有所裨益。卿等皆朝廷选擢，置之谏职，如国家利害、官吏邪正，极言无隐。近路铎左迁，本以他罪，卿等勿以被责，遂畏缩不言，其悉心戮力，毋得缄默。"丙申，如万宁宫。戊戌，以北边粮运，括群牧所、三招讨司猛安谋克、随乣及迭剌、唐古部诸抹、西京、太原官民驼五千充之，惟民以驼载为业者勿括。以银五十万两、钱二十三万六千九百贯以备支给。银五万两、金盂二千八百两、金牌百两、银盂八千两、绢五万匹、杂彩千端、衣四百四十六袭以备赏劳。庚子，以郡举才行之士翟介然以下三人特赐进士及第，李贞固以下十五人同进士出身。夏四月癸亥，敕有司，以增修曲阜宣圣庙工毕，赐衍圣公以下三献法服及登歌乐一部，仍遣太常旧工往教孔氏子弟，以备祭礼。甲子，以尚书左丞乌林荅愿为平章政事，右丞夹谷衡为尚书左丞。丙子，幸玉泉山。戊寅，以修河防工毕，参知政事胥持国进官二阶，翰林待制奥屯忠孝以下三十六人各一阶，获嘉令王维翰以下五十六人各赐银币有差。庚辰，以尚书右丞相夹谷清臣为左丞相，监修国史，封密国公。枢密使襄为尚书右丞相，封任国公。参知政事胥持国为尚书右丞。壬午，赐宰臣手诏，以风俗不淳，官吏苟且，责之。五月丙戌，命减万宁宫陈设九十四所。辛卯，以出师，遣礼部尚书张暐告于庙社。乙未，判平阳府事镐王永中以罪赐死，并及二子，丁酉，诏中外。乙巳，诏诸路猛安谋克农隙讲武，本路提刑司察其惰者罚之。庚戌，命左丞相来谷清臣行省于临潢府。六月丙辰，右谏议大夫贾守谦、右拾遗仆散讹可坐镐王永中事奏对不实，削官二阶，罢之。御史中丞孙即康，右补阙蒙括胡剌、右拾遗田仲礼各罚金二十斤。丙寅，以枢密副使唐括贡为枢密使。以久雨，禜。庚辰，太白经天。辛巳，左丞相清臣遣使来献捷。七月丙申，幸曹王永升第。甲辰，始定文武官六贯石以上、承应人并及廕者、若在籍儒生章服制。八月己未，命衮州长官以曲阜新修庙告成于宣圣。癸亥，至自万宁宫。己巳，以温敦伯英言，命礼部令学官讲经。辛未，以吏部尚书吴鼎枢等贺宋生日使。壬申，行省都事独吉永中来报捷。乙亥，敕宫中承应人出职后三年内犯赃罪者，元举官连坐，不在去官之限，著为令。辛巳，木波进马。九月壬午朔，天寿节，宋、高丽、夏遣使来贺。甲申，册静宁山神为镇安公，忽土白山神为瑞圣公。丙戌，知河间府事移剌仲方为御史大夫。辛卯，如秋山。以尚书左司郎中粘割胡上为夏国生日使。冬十月丙辰，至自秋山。丁巳，以岁幸春水、秋山，五日一进起居表，自今可十日一进。乙亥，命尚书左丞夹谷衡行省于抚州，命选亲军、武卫军各五百人以从，仍给钱五千万。十一月戊子，左丞相夹谷清臣罢，右丞相襄代领行省事。丙申，以刑部尚书纥石烈贞等为贺宋正旦使。壬寅，初定猛安谋克镇边后放免者授官格。禁射粮军，应役但成队伍，不得持兵器及凡可以伤人者。甲辰，报败敌于望云。乙巳，以枢密使唐括贡、御史大夫移剌仲方、礼部尚书张暐等二十三人充计议官，凡军事则议之。戊申，初定县官增水田升除制。十二月乙卯，诏招抚北边军民。以知登闻检院贾益为高丽生日使，户部员外郎纳兰昉为横赐使。戊午，礼部尚书张暐等进《大金仪礼》。丁卯，应奉翰林文字赵秉文上书论奸欺。乙亥，诏加五镇四渎王爵。庚辰，上幸后园阅军器。是月，右丞相襄率驸马都尉仆散揆等进军大盐泺，分兵攻取诸营。

承安元年春正月辛巳朔，受宋、高丽、夏使朝贺。甲申，大盐泺群牧使移剌睹等为广吉剌部兵所败，死之。丁亥，国子学斋长张守愚上《平边议》三篇，特授本学教授，仍以其议付史馆。二月甲子，命有司祀高禖如新仪。丁卯，右丞相襄、左丞衡至自军前。己巳，复命还军。幸都南行宫春水。甲戌，至自行宫。是月，初造虎符发兵。三月丁酉，如万宁宫。不雨，遣官望祭岳镇海渎于北郊。癸卯，敕尚书省："刑狱虽已奏行，其间恐有疑枉，其再议以闻。人命至重，不可不慎也。"甲辰，遣参知政事尼庞古鉴祈雨于社稷。丁未，复遣使就祈于东岳。夏四月辛亥，命尚书右丞胥持国祈雨于太庙。壬子，遣使审决冤狱。京城禁伞扇。戊午，初行区种法，民十五以上、六十以下有土田者，丁种一亩。乙丑，命御史大夫移剌仲方祈雨于社稷。壬申，命参知政事马琪祈雨于太庙。甲戌，尚书省以赵承元言，请追上孝懿皇太后册宝，然后行谥册礼。礼官执奏尊皇太后已诏示中外，无追册礼，从之。戊寅，上以久不雨，命礼部尚书张暐祈于北岳。己卯，遣官望祭岳镇海渎于北郊。五月庚辰朔，观稼于近郊，因阅区田。乙酉，以久旱，徙市。庚寅，诏复市如常。壬辰，以尚药局副使粘割忠为横赐夏国使。乙未，参知政事尼庞古鉴薨。庚子，雨足。六月甲寅，上以百姓艰食，诏出仓粟十万石减价以粜之。乙丑，平晋县民利通家蚕自成绵段，长七尺一寸五分，阔四尺九寸，诏赐绢十匹。丁卯，敕自今长老、大师、大德不限年甲，长老、大师许度弟子三人，大德二人，戒僧年四十以上者度一人。其大定十五年附籍沙弥年六十以上并令受戒，仍不许度弟子。尼、道士、女冠亦如之。御史大夫移剌仲方罢。庚午，幸环秀亭观稼。癸酉，诏应禁军器路分，步弓手拟于射粮军内选之，马弓手拟于猛安谋克军户余丁内选之。其有为百姓害，从本州县断遣。无猛安户，于二百里内屯驻军余丁内取之，依步弓手月给二贯石。七月庚辰，御紫宸殿，受诸王、百官贺，赐诸王、宰执酒。敕有司："以酒万尊置通衢，赐民纵饮。"乙酉，敕今后高丽、夏使入见敷奏，令新设各国通事具公服与阁门使上殿监听。命有司收瘗西北路阵亡骸骨。八月己酉，猎于近郊。癸丑，幸玉泉山。甲子，以郊祀日期诏中外。戊辰，至自万宁宫。以陕西西路转运使董师中为御史大夫。癸酉，左丞衡丁父忧。九月丁丑朔，天寿节，宋、高丽、夏遣使来贺。幸天长观。辛巳，以右丞相襄为左丞相，监修国史，封常山郡王。壬午，赐襄酒百尊。太白昼见。癸未，都人进酒三千一百瓶，诏以赐北边军吏。以吏部尚书张嗣等为贺宋生日使。癸巳，左丞衡起复。丁酉，知大兴府卞、同知郭铸以擅逮问宰臣，各笞四十。辛丑，西南路招讨使仆散揆至自军。乙巳，以国子监丞乌古论达吉不为夏国生日使。冬十月丙午朔，诏选亲军八百人戍抚州。庚戌，命左丞相襄行省于北京，签书枢密院事完颜匡行院于抚州。丙辰，袷享于太庙。十一月戊子，参知政事马琪罢。庚寅，特满群牧契丹陀锁、德寿反，泰州军击败之。御史大夫董师中、北京留守裔并为参知政事。甲午，以陕西路统军使崇道等为贺宋正旦使。丁酉，朝享于太庙。戊戌，有事于南郊，大赦，改元。己亥，曹王永升率亲王、百官贺。癸卯，命有司祈雪，仍遣官祈于东岳。十二月丙午，枢密使唐括贡率百官请上尊号，不允。己酉，遣提点太医近侍局使李仁惠劳赐北边将士，授官者万一千人，授赏者几二万人，凡用银二十万两，绢五万匹、钱三十二万贯。庚戌，以同知登闻检院阿不罕德刚为高丽国生日使，壬子，枢密使唐括贡复率百官请上尊号，不允。

二年春正月乙亥朔，宋、高丽、夏遣使来贺。乙酉，敕职官犯赃私不得诉于同官。丁亥，如安州春水。丁酉，至自春水。辛丑，宋主以母后丧，遣使告哀。二月丁巳，敕自今职官犯赃，每削一官殿一年。是日，太白昼见，经天。是月，特命袭封衍圣公孔元措世袭兼曲阜令。三月己卯，亲王、百官复请上尊号，不允。壬午，命尚书户部侍郎温昉佩金符，行六部尚书于抚州。庚寅，幸西园阅军器。辛卯，始定保举德行才能格。癸巳，平章政事乌林荅愿罢。丁酉，枢密使唐括贡率百官请上尊号，不允。以参知政事裔代左丞相襄行省于北京。夏四月甲寅，如万宁宫。丙辰，命有司祈雨，望祭岳镇海渎于北郊。甲子，祈雨于社稷。尚书省奏："比岁北边调度颇多，请降僧道空名度牒紫褐师德号以助军储。"从之。癸酉，亲王宣敕始用女直字。五月甲戌朔，谕宰臣曰："比以军须，随路赋调。司县不度缓急，促期征敛，使民费及数倍，胥吏又乘之以侵暴。其令提刑司究察之。"丙子，集官吏于尚书省，诏谕之曰："今纪纲不立，官吏弛慢，迁延苟简，习以成弊。职官多以吉善求名，计得自安，国家何赖焉？至于徇情卖法，省部令史尤甚。尚书省其戒谕之。"丁丑，北京行省参知政事裔移驻临潢府。庚辰，升抚州为镇宁军。以雨足，报祭于社稷。甲申，望祭岳镇海渎于北郊。丁亥，左丞相襄诣临潢府。己丑，皇子生，庚寅，诏中外，降死罪，释徒以下。六月乙巳，命礼部尚书张暐报祀高禖。丙午，雨雹。戊申，以澄州刺史王遵古为翰林直学士，仍敕无与选述，入直则奏闻，或霖雨，免入直，以遵古年老，且尝侍讲读也。庚戌，诏罢瑶光殿工作。甲寅，置全州盘安军节度使，治安丰县。乙卯，封皇子为寿王。闰月甲午，出西横门观稼。秋七月壬寅朔，幸天长观，建普天大醮，禁屠宰七日，无奏刑，百司权停决罚。己未，命西上阁门使刘頍赐参知政事裔宴于行省。戊辰，天寿节，御紫宸殿受朝。八月庚辰，敕计议官所进奏帖，可直言利害，勿用浮辞。辛巳，以边事未宁，诏集六品以上官于尚书省，问攻守之计。应中外臣僚不以职位高下，或有方略材武，或长于调度，各举三五人以备选用，无有顾望不尽所怀，期五日封章以进。议者凡八十四人，言攻者五，守者四十六，且攻且守者三十三，召对睿思殿，论难久之。癸未，至自万宁宫。丙戌，以左丞相襄为左副元帅，参知政事董师中尚书左丞，左宣徽使簹尚书右丞，户部尚书杨伯通参知政事。尚书左丞夹谷衡罢。右丞胥持国致仕。庚寅，参知政事裔罢。枢密使唐括贡致仕。壬辰，以左副元帅襄为枢密使兼平章政事。九月辛丑朔，天寿节，宋、高丽、夏遣使来贺。壬寅，遣官分诣上京、东京、北京、咸平、临潢、西京等路招募汉军，不足则签补之。乙巳，以夏使朝辞，诏答许复保安、兰州榷场。丁未，以知归德府事完颜愈为贺宋生日使。癸丑，以上京留守粘割斡特剌为平章政事。辛酉，以枢密使兼平章政事襄，知大兴府事胥持国为枢密副使、权参知政事，行省于北京。乙丑，始置军器监，掌治戎器，班少府监下，设甲坊、利器二署隶焉。丁卯，分遣官于东、西、北京，河北等路，中都二节镇，买牛五万头。冬十月庚午朔，初设讲议所官十员，共议钱谷，以中都路转运使孙铎、户部侍郎高汝砺等为之。庚辰，尚书省奏，高丽国牒报，其王以老疾，令母弟晫权国事。壬午，尚书省行推排。丁亥，皇子寿王薨。壬辰，诏奖谕西南路招讨使仆散揆等有功将士。甲午，大雪，以米千石赐普济院，令为粥以食贫民。丙申，以礼部员外郎蒙括仁本为夏国生日使。十一月甲辰，冬至，有事于南郊。乙巳，以薪贵，敕围场地内无禁樵采。壬子，谕尚书省："猛安谋克既不隶提刑司，宜令监察御史察其臧否。"庚申，北京留守裔以行省失职，杖一百，除名。右谏议大夫纳兰昉杖九十，削官二阶，罢之。甲子，谕宰臣曰："朕居九重，民间难以遍知，宰相不见宾客，何以得知民间利害。"十二月己巳朔，敕御史台纠察谄佞趋走有实迹者。己卯，始铸"承安宝货"。癸未，遣户部侍郎上官瑜体究西京逃亡，劝率沿边军民耕种，户部郎中李敬义规措临潢等路农务。乙酉，谕宰臣："今后水潦旱蝗、盗贼窃发，命提刑司预为规画。"戊子，谕西南路将士。庚寅，豫王永成进马八十匹，赐诏奖谕，称皇叔豫王而不名。

卷十一　　本纪第十一

章宗三

三年春正月己亥朔，日有食之。辛丑，宋、夏遣使来贺。癸卯，谕有司："凡馆接伴并奉使者，毋以语言相胜，务存大体。奉使者亦必得其人乃可。"乙卯，诏罢讲议所。丙辰，如城南春水。丁巳，并上京、东京两路提刑司为一，提刑使、副兼安抚使、副，安抚专掌教习武事，毋令改其本俗。己未，以都南行宫名建春。甲子，至自春水。乙丑，宋主以祖母丧，遣使告哀。二月己巳朔，幸建春宫。辛巳，谕宰臣曰："自今内外官有阙，有才能可任者，虽资历未及，亦具以闻。虽亲故，毋有所避。"以武卫军都指挥使乌林荅天益等为宋吊祭使。甲申，至自建春宫。丙戌，斜出内附。辛卯，平章政事粘割斡特剌薨。三月戊戌，以礼部尚书张暐为御史大夫。壬寅，复榷醋。甲寅，如万宁宫。丁巳，敕随处盗贼，毋以强为窃，以多为少，以有为无。啸聚三十人以上奏闻，违者杖百。丙寅，高丽王王晧以弟晫权国事，遣使奉表来告。夏四月戊辰朔，谕有司："宰相遇雨，可循殿庑出入。"丙申，谕御史台曰："随朝大小官虽有才能，率多苟简，朕甚恶之，其察举以闻。提刑司所察廉能污滥官，皆当殿奏，余事可转以闻。"以侍御史孙俣为宣问高丽王王晧使。五月庚子，右宣徽使张汝方以漏泄廷议，削官两阶。壬寅，射柳、击球，纵百姓观。戊申，以客省使移剌郁为夏国生日使。甲子，参知政事杨伯通表乞致仕，不许。秋七月丙午，幸香山。己酉，如万宁宫。甲寅，还宫。八月辛未，猎于近郊。癸酉，猎于香山。戊寅，如万宁宫。庚辰，以护卫石和尚为押军万户，率亲军八百人、武卫军千六百人戍西北路。癸未，还宫。宋遣使来报谢。九月丙申朔，天寿节，宋、夏遣使来贺。以中都路都转运使孙铎等为贺宋生日使。乙巳，猎于近郊。庚戌，参知政事杨伯通再表乞致政，不许。戊午，木波进马。冬十月庚午，猎于近郊。癸未，行枢密院言斜出等请开榷场于辖里袅，从之。丁亥，定官民存留见钱之数，设回易务，更立行用钞法。十一月丁酉，枢密使兼平章政事襄至自军，癸卯，以为尚书左丞相，监修国史。丁未，以太常卿杨庭筠等为贺宋正旦使。戊申，诏奖谕枢密副使夹谷衡以下将士。辛亥，定属托法。定军前官吏赏格。以边事定，诏中外，减死罪，徒已下释之。赐左丞相襄以下将士金币有差。甲寅，冬猎。十二月甲子朔，猎于酸枣林。大风寒，罢猎，冻死者五百余人。己巳，还都。丙戌，尚书右丞瞀罢。高丽权国事王晫遣使奉表来告。

四年春正月癸巳朔，宋、夏遣使来贺。乙巳，尚书左董师中致仕。辛酉，监察御史姬端修以妄言下吏。尚书左丞相襄为司空，职如故。枢密副使夹谷衡为平章政事，封英国公。前知济南府事张万公起复为平章政事，封寿国公。杨伯通为尚书左丞。签枢密院事完颜匡为尚书右丞。二月乙丑，如建春宫春水。己巳，还宫。庚午，御宣华门，观迎佛。辛未，如建春宫。赦姬端修罪，令居家俟命。司空襄言，西南路招讨使仆散揆治边有功，召赴阙，以知兴中府事纥石烈子仁代之。壬申，谕有司："自三月一日为始，每旬三品至五品官各一人转对，六品亦以次对。台谏勿与，有应奏事，与转对官相见，无面对者上章亦听。"乙亥，还宫。戊寅，如建春宫。庚辰，上谕点检司曰："自蒲河至长河及细河以东，朕常所经行，官为和买其地，令百姓耕之，仍免其租税。"甲申，还宫。乙酉，以西南路招讨使仆散揆为参知政事。起姬端修为太学博士。如建春宫。戊子，还宫。三月丁酉，同判大睦亲府事宗浩为枢密使，封崇国公。己亥，如建春宫。遣使册王晫为高丽国王。户部尚书孙铎、郎中李仲略、国子祭酒赵忱始转对香阁。丁未，敕尚书："官员必须改除者议之，其月日浅者毋数改易。"乙卯，尚书省奏减亲军武卫军额及太学女直、汉儿生员，罢小学官及外路教授。诏学校仍旧，武卫军额再议，余报可。司空襄、右丞匡、参知政事揆请罢诸路提点刑狱，从之。戊午，雨雹。夏四月癸亥，改提刑司为按察使司。戊辰，如万宁宫。壬申，左丞杨伯通致仕。御史大夫张暐以奏事不实，追一官，侍御史路铎追两官，俱罢之。姬端修杖七十，赎。壬午，英王从宪进封瀛王。诏同州、许州节度使罢兼陕西、河南副统军。五月壬辰朔，以旱，下诏责躬，求直言，避正殿，减膳，审理冤狱，命奏事于泰和殿。戊戌，命有司望祭岳渎祷雨。己亥，应奉翰林文字陈载言四事：其一，边民苦于寇掠；其二，农民困于军须；其三，审决冤滞，一切从宽，苟纵有罪；其四，行省官员，例获厚赏，而沿边司县，曾不沾及，此亦干和气，致旱灾之所由也。上是之。壬寅，以兵部郎中完颜撒里合为夏国生日使。戊申，宰臣以京畿雨，率百官请御正殿，复常膳。不从。尚书省奏上更定给发虎符制，著于令。庚戌，谕宰臣曰："诸路旱，或关执政。今惟大兴、宛平两县不雨，得非其守令之过欤？"司空襄、平章政事万公、参知政事揆上表待罪。上以罪己答之，令各还职。诏颁铜杖式。壬子，祈雨于太庙。乙卯，更定军功赏格。戊午，司空襄以下再请御正殿，复常膳。不从。庚申，平章政事夹谷衡薨。以宿直将军徒单仲华为横赐夏国使。六月丁卯，雨。司空襄以下复表请御正殿，复常膳。从之。甲戌，以雨足，命有司报谢于太庙。丁丑，右补阙杨庭秀言："自转对官外，复令随朝八品以上、外路五品以上及出使外路有可言者，并许移检院以闻。则时政得失，民间利病，可周知矣。"从之。己卯，以雨足，报祭社稷。辛巳，遣官报祀岳渎。癸未，奉职丑和尚进《浮漏水称影仪简仪图》。命有司依式造之。丁亥，定宫中亲戚非公事传达语言、转递诸物及书简出入者罪。七月甲辰，更定尚药、仪鸾局学者格。辛亥，敕宣徽院官，天寿节凡致仕宰执悉召与宴。丙辰，以久雨，令大兴府祈晴。八月己巳，猎于近郊。壬申，猎于香山。甲戌，以皇嗣未立，命有司祈于太庙。丁丑，猎于近郊。庚辰，还宫。九月庚寅朔，天寿节，宋、高丽、夏遣使来贺。己亥，如蓟州秋山。己未，以知东平府事仆散琦等为贺宋生日使。冬十月丙寅，至自秋山。壬午，初定百官休假。甲申，初置审官院。十一月乙未，敕京、府、州、县设普济院，每岁十月至明年四月设粥，以食贫民。丙申，平章政事张万公表乞致政，不许。庚戌，命有司祈雪。甲寅，定护卫改充奉御格。以知济南府事范楫等为贺宋正旦使。十二月己未，除授文字初送审官院。辛酉，更定考试随朝检、知法条格。右补阙杨庭秀请类集太祖、太宗、世宗三朝圣训，以时观览。从之，仍诏增熙宗为四朝。癸未，更定科举法。增设国史院女直、汉人同修史各一人。定亲军及承应人退闲迁赏格。是月，淑妃李氏进封元妃。

五年春正月戊子朔，宋、高丽、夏遣使来贺。乙未，以尚书省言，会试取策论、词赋、经义不得过六百人，合格者不及其数，则阙之。丙申，如春水。庚子，命左右司五日一转奏事。辛丑，谕点检司："车驾所至，仍令百姓市易。"庚戌，定猛安谋克军前怠慢罢世袭制。二月辛未，至自春水。辛巳，有司奏："应奉翰林文字温迪罕天兴与其兄直学士思齐同僚学士院，定撰制诰文字，合无回避？"诏不须避，仍为定制。闰月癸卯，定进纳粟补官之家存留弓箭制。丁未，上与宰臣论置相曰："徒单镒，朕志先定。贾铉如何？"皆曰："知延安府事孙即康可。"平章政事万公亦曰："即康及第，先铉一榜。"上曰："至此安问榜次，特以贾才可用耳！"尚书省奏："右补阙杨庭秀言，乞令尚书省及第左右官一人，应入史事者编次日历，或一月，或一季，封送史院。"上是其言，仍令送著作局润色，付之。三月庚申，大睦亲府进重修《玉牒》。平章政事张万公乞致政，不许。壬戌，命有司祷雨。癸亥，雨。户部尚书孙铎、大理卿完颜撒剌、国子司业蒙括仁本召对便殿。丙寅，如万宁宫。戊辰，定妻亡服内婚娶听离制。亲王、宰执、百官再请上尊号。不许。庚午，以知大兴府事卞为御史大夫。丙子，尚书省奏："拟同知商州事蒲察西京为济南府判官。"上曰："宰相岂可止徇人情，要当重惜名爵。此人不堪，朕常记之，止与七品足矣！"庚辰，以上京留守徒单镒为平章政事，封济国公。辛巳，定本国婚聘礼制。改山东东路旧皇城猛安名曰合里哥阿邻。四月丙戌朔，文武百官再请上尊号。不许。丙午，尚书省进《律义》。五月乙卯朔，定猛安谋克斗殴杀人遇赦免死罢世袭制。以雨足，遣使报祭社稷。丁巳，定策论进士及承荫人试弓箭格。戊午，敕来日重五拜天，服公裳者拜礼仍旧，诸便服者并用女直拜。己□，敕诸路按察司，纠察亲民官以大杖棰人者。乙亥，亲王、文武百官、六学各上表请上尊号。不许。庚辰，地震。诏定进纳官有犯决断法。六月乙巳，遣有司祈晴，望祭岳渎。七月乙卯朔，以晴，遣官望祭岳镇海渎。癸亥，定居祖父母丧婚娶听离法。初置蒲思衍群牧。辛未，平章政事万公特赐告两月。甲戌，猎于近郊。八月壬辰，幸香山。乙未，至自香山。丁未，敕审官院奏事，其院官皆许升殿。戊申，更定镇防军犯徒配役法。九月甲寅朔，天寿节，宋、高丽遣使来贺。戊午，命枢密使宗浩、礼部尚书贾铉佩金符行省山东等路括地。己未，尚书省奏："西北路招讨使独吉思忠言，各路边堡墙隍，西自坦舌，东至胡烈公，几六百里，向以起筑匆遽，并无女墙副堤。近令修完，计工七十五万，止役戍军，未尝动民，今已毕功。"上赐诏奖谕。修《玉牒》成。定皇族收养异姓男为子者徒三年，姓同者减二等，立嫡违法者徒一年。癸亥，如蓟州秋山。冬十月庚寅，至自秋山。庚子，风霾。宋遣使来告哀。辛丑，集百官于尚书省，问："间者亢旱，近则久阴，岂政有错谬而致然欤？"各以所见对。以礼部郎中刘公宪为高丽生日使。丁未，猎于近郊。以宿直将军完颜观音奴为夏国生日使。十一月癸丑朔，日有食之。乙卯，以国史院编修官吕卿云为左补阙兼应奉翰林文字。审官院以资浅驳奏，上谕之曰："明昌间，卿云尝上书言宫掖事，辞甚切直，皆他人不能言者，卿辈盖不知也。臣下言事不令外人知，乃是谨密，正当显用，卿宜悉之。"以工部尚书乌古论谊等为宋吊祭使。初定品官过阙则下制。己巳，宋复遣使来告哀。辛未，以殿前右副点检纥石烈忠定为贺宋正旦使。十二月癸未朔，诏改明年为泰和元年。以河南路统军使充等为宋吊祭使。乙未，定管军官受所部财物辄放离役及令人代役法。辛丑，诏宫籍监户，百姓自愿以女为婚者听。癸卯，定造作不如法，三年内有损坏者罪有差。

泰和元年正月壬子朔，宋、高丽、夏遣使来贺。壬戌，宋遣使献先帝遗留物。己巳，以太府监孙复言："方今在仕者三万七千余员，而门荫补叙居三之二，诸司待阙，动至累年。盖以补荫猥多，流品混淆，本末相舛，至于进纳之人，既无劳绩，又非科第，而亦廕及子孙，无所分别，欲流之清，必澄其源。”乃更定廕叙法而颁行之。尚书省奏：“今杖式轻细，民不知畏，请用大杖。”诏不许过五分。庚午，如长春宫春水。辛未，上以方春，禁杀含胎兔，犯者罪之，告者赏之。甲戌，初命文武官官职俱至三品者许赠其祖。二月壬辰，去造土茶律。丁未，至自春水。三月乙丑，夏国遣使来谢。壬申，幸天长观。癸酉，如万宁宫。乙亥，宋遣使来报谢。丁丑，更定镇防千户谋克放老入除格。辛巳，敕官司、私文字避始祖以下庙讳小字，犯者论如律。夏四月甲辰，诏谕契丹人户，累经签军立功者，官赏恩例与女直人同，仍许养马、为吏。五月甲寅，击球于临武殿，令都民纵观。丙辰，枢密使宗浩罢。壬戌，幸玉泉山。戊寅，削尊长有罪卑幼追捕律。以直东上阁门刘頍为横赐高丽使。六月己卯，幸香山。乙酉，平章政事张万公表乞致仕。不许。辛卯，祈雨于北郊。己亥，用尚书省言，申明旧制，猛安谋克户每田四十亩，树桑一亩。毁树木者有禁，鬻地土者有刑。其田多污莱，人户阙乏，并坐所临长吏。按察司以时劝督，有故慢者量决罚之，仍减牛头税三之一。敕尚书省举行风俗奢僭之禁。乙巳，初许诸科征铺马、黄河夫、军须等钱，折纳银一半，愿纳钱钞者听。丁未，诏有司修莲花漏。七月辛酉，禁放良人不得应诸科举，子孙不在禁限。甲子，谕刑部官，凡上书人言及宰相者不得申省。乙丑，更定右选注县令丞簿格。己巳，初禁庙讳同音字。八月庚辰，初命户绝者田宅以三分之一付其女及女孙。戊子，特改授司空襄河间府路算注海世袭猛安。乙未，至自万宁宫。丙申，宋遣使来报谢。壬寅，制猛安谋克并隶按察司，监察御史止按部纠举，有罪则并坐监临之官。诏推排西、北京、辽东三路人户物力。九月戊申朔，天寿节，宋、高丽、夏遣使来贺。更定赡学养士法：生员，给民佃官田人六十亩，岁支粟三十石；国子生，人百八亩，岁给以所入，官为掌其数。以右宣徽使徒单怀忠等为贺宋生日使。甲寅，如秋山。丙子，至自秋山。冬十月乙酉，祫享于太庙。戊子，平章政事张万公乞致仕，不许。壬辰，御史台奏：“在制，按察司官比任终遣官考核，然后尚书省命官覆察之。今监察御史添设员多，宜分路巡行，每路女直、汉人各一人同往。”从之，仍敕分四路。丙申，御史大夫卞乞致仕，不许。戊戌，以武卫军都指挥使司判官纳合铉为高丽生日使。壬寅，敕有司：“购遗书宜尚其价，以广搜访。藏书之家有珍惜不愿送官者，官为誊写。毕复还之，仍量给其直之半。”甲辰，以刑部员外郎完颜纲为夏国生日使。十一月庚戌，司空襄以下文武百官复请上尊号。不许。辛亥，敕尚书省：“凡役众劳民之事，勿轻行之。”丁巳，谕工部曰：“比闻怀州有橙结实，官吏检视，已尝扰民，今复进柑，得无重扰民乎？其诫所司，遇有则进，无则已。”庚申，以殿前右卫将军纥石烈七斤等为贺宋正旦使。十二月辛巳，敕改原庙春秋祭祀称朝献。司空襄以下复请上尊号。诏不允，仍断来章。丁酉，司空襄等进《新定律令敕条格式》五十二卷。辛丑，诏颁行之。壬寅，猎于近郊。乙巳，初定廉能官升注格。

二年春正月丁未朔，宋、高丽、夏遣使来贺。乙卯，始朝献于衍庆宫。庚申，幸芳苑观灯。癸酉，归德军节度副使韩琛以强市民布帛，削一官，罢之。甲戌，如建春宫。二月戊戌，初置内侍寄禄官。乙巳，还宫。三月甲寅，初置宫苑司都、同监各一人。甲子，蔡王从彝母充等大师卒，诏有司定丧礼葬仪，事载《从彝传》。四月庚辰，幸升国长公主第问疾。己亥，定迁三品官格。复扑买河泺法。辛丑，谕御史台，诸诉事于台，当以实上闻，不得辄称察知。癸卯，如万宁宫。命有司祈雨。五月甲辰朔，日有食之。戊申，如泰和宫。辛亥，初荐新于太庙。壬戌，谕有司曰：“金井捺钵不过二三日留，朕之所止，一凉厦足矣。若加修治，徒费人力。其藩篱不急之处，用围幕可也。”甲子，更泰和宫曰庆宁，长乐川曰云龙。己巳，敕御史台，京师拜庙及巡幸所过州县，止令洒扫，不得以黄土覆道，违者纠之。六月辛卯，谕尚书省，诸路禾稼及雨多寡，令州郡以闻。七月辛亥，有司奏还宫日请用黄麾仗。不许。乙卯，朝献于衍庆宫。八月丙申，凤凰见于磁州武安县鼓山石圣台。丁酉，还宫。皇子生。九月壬寅朔，天寿节，宋、高丽、夏遣使来贺。甲寅，以拱卫直都指挥使完颜瑭等为贺宋生日使，且戒之曰：“两国和好久矣，不宜争细故，伤大体。”癸亥，以皇子生，亲谢南北郊。庚午，封皇子为葛王。冬十月戊寅，报谢于太庙及山陵。甲申，以凤凰见，诏中外。丙戌，猎近郊。壬辰，遣尚辇局副使李仲元为高丽国生日使。以宿直将军纥石烈毅为夏国生日使，瀛王府司马独吉温为横赐使。十一月甲辰，更定德运为土，腊用辰。以西京留守宗浩为枢密使。戊申，以更定德运，诏中外。庚申，初命外官三品到任进表称谢。甲子，幸玉虚观，遣使报谢于太清宫。十二月癸酉，以皇子晬日，放僧道戒牒三千。以武安军节度使徒单公弼等为贺宋正旦使。戊寅，冬猎。庚辰，报谢于高禖。丁酉，还都。闰月庚戌，司空襄薨。癸丑，初命监察御史非特旨不许举官。辛酉，遣使报谢于北岳。定人户物力随时推收法。丁卯，遣使报谢于长白山。冬，无雪。

三年春正月辛未朔，宋、高丽、夏遣使来贺。癸酉，遣官祈雪于北岳。丁丑，朝献于衍庆宫。己卯，以枢密使宗浩为尚书右丞相，右丞完颜匡为左丞，参知政事仆散揆为右丞，御史中丞孙即康、刑部尚书贾铉并为参知政事。庚辰，如建春宫。二月癸丑，还宫。甲子，定诸职官省亲拜墓给假例。三月壬申，平章政事张万公致仕。庚辰，如万宁宫。丁亥，定从人铜牌卖毁罪赏制。庚寅，定职官应迁三品格，刺史以上及随朝资历在刺史以上身故者，每半年一次敷奏。甲午，如玉泉山。丙申，以殿前都点检仆散端为御史大夫。四月乙巳，禘于太庙。敕点检司：“致仕官入宫，年高艰于步履者，并听策杖，仍令舍人护卫扶之。”丁巳，敕有司祈雨，仍颁土龙法。己未，命吏部侍郎李炳、国子司业蒙括仁本、知登闻检院乔宇等再详定《仪礼》。庚申，谕省司：“宫中所用物，如民间难得，勿强市之。”癸亥，尚书省奏，遣官分路覆实御史所察事。五月壬申，以重五，拜天，射柳，上三发三中。四品以上官侍宴鱼藻殿。以天气方暑，命兵士甲者释之。丙戌，以定律令、正土德、凤凰来、皇嗣建，大赦。辛卯，皇子葛王薨。壬辰，定擅增减宫门锁钥罪。丙申，作太极宫。六月己亥，太白昼见。壬寅，诏选聪明方正之士为修起居注。又诘点检司，诸亲军所设教授及授业人若干，其为教何法，通大义者几人，各具以闻。戊申，定职官追赠法，惟尝犯赃罪者不在追赠之列。壬戌，遣官行视中都田禾雨泽分数。七月壬申，朝献于衍庆宫。乙亥，定大臣薨百官奉慰礼。庚辰，猎于近郊。丁亥，上谕宰臣："凡奏事，朕欲徐思或如己者，若除授事，可俟三五日再奏，余并二十日奏之。"八月丙辰，还宫。庚申，命编修官左容充宫教，赐银、币。九月丙寅朔，天寿节，宋、高丽、夏遣使来贺。壬申，以刑部尚书承晖等为贺宋生日使。戊子，以万宁宫提举司隶工部。壬辰，诏定千户谋克受随处捕盗官公移，盗急，不即以众应之者罪有差。召右丞相宗浩还朝。冬十月戊戌，日将暮，赤如赭。己亥，大风。甲辰，申、酉间天大赤，夜将旦亦如之。壬子，右丞仆散揆至自北边，丙辰，召至香阁慰劳之。以尚食局使师孝为高丽生日使。庚申，尚书左丞完颜匡等进《世宗实录》。上降座，立受之。壬戌，以蓟州刺史完颜太平为夏国生日使。奉御完颜阿鲁带以使宋还，言宋权臣韩侂胄市马厉兵，将谋北侵。上怒，以为生事，笞之五十，出为彰德府判官。及淮平陷，乃擢为安国军节度副使。丁卯，谕尚书省："士庶陈言皆从所司以闻，自今可悉令诣阙，量与食直，仍给官舍居之。其言切直及系利害重者，并三日内奏闻。"十一月辛未，以签枢密院事独吉思忠等为贺宋正旦使。丁丑，冬猎，以获兔，荐山陵。甲午，诏监察等察事可二年一出。十二月庚子，谕宰臣曰："贺正宋使且至，可令监察随之，以为常。"壬寅，还都。己酉，赐天长观额为太极宫。辛亥，诏诸亲王、公主每岁寒食、十月朔听朝谒兴、裕二陵，忌辰亦如之。癸丑，诏遣监察御史分按诸路，所遣者女直人，即以汉人朝臣偕，所遣者汉人，即以女直朝臣偕。戊午，敕行宫名曰光春，其朝殿曰兰皋，寝殿曰辉宁。

卷十二　　本纪第十二

章　宗　四

四年春正月乙丑朔，宋、高丽、夏遣使来贺。丁卯，谕外方使人不得佩刀入宫。庚午，幸豫王永成第视疾。辛未，如光春宫春水。壬申，阴雾，木冰。丁丑，行尚书省奏，宋贺正使还至庆都卒。诏遣防御使女奚烈元往祭，致赙绢布各二百二十匹，仍命送伴使张云护丧以归。豫王永成薨。辛卯，高丽国王王晫没，嗣子韺遣使来告哀。二月乙未朔，还宫。丁酉，以山东、河北旱，诏祈雨东、北二岳。己亥，命购豫王永成遗文。庚戌，始祭三皇、五帝、四王。癸丑，诏刺史，州郡无宣圣庙学者并增修之。三月丁卯，日昏无光，大风毁宣阳门鸱尾。癸酉，命大兴府祈雨。戊寅，幸太极宫。诏定前代帝王合致祭者。尚书省奏："三皇、五帝、四王，已行三年一祭之礼。若夏太康，殷太甲、太戊、武丁，周成王、康王、宣王，汉高祖、文、景、武、宣、光武、明帝、章帝，唐高祖、文皇一十七君致祭为宜。"从之。乙酉，祈雨于北郊。丁亥，如万宁宫。壬辰，祈雨于社稷。辽阳府判官民斜卯刘家以上书论列朝臣，削官一阶，罢之。夏四月丙申，诏定县令以下考课法。己亥，祈雨于太庙。庚子，增定关防奸细格。丙午，定衣服制。以祈雨，望祀岳镇海渎于北郊。癸丑，祈雨于社稷。甲寅，以久旱，下诏责躬，求直言，避正殿，减膳撤乐，省御厩马，免旱灾州县徭役及今年夏税。遣使审系囚，理冤狱。乙卯，宰臣上表待罪。诏答曰："朕德有愆，上天示异。卿等各趋乃职，思副朕怀。"戊午，以西上阁门使张偁等为故高丽国王王晫敕祭使，东上阁门使石悫等为高丽国王王韺慰问起复横赐使。庚申，祈雨于太庙。壬戌，万宁宫端门灾。五月乙丑，祈雨于北郊。有司请雩，诏三祷岳渎社稷宗庙，不雨，乃行之。癸酉，平章政事徒单镒、尚书左丞完颜匡罢。甲戌，雨。乙亥，百官上表请御正殿，复常仪。乙酉，谢雨于宗庙。丁亥，报祀社稷。汰随朝冗官。定省令史关决公务，诡称已禀，擅退六部、大理寺法状及妄有所更易者罪。辛卯，报谢岳镇海渎。六月壬辰朔，罢兼官俸给。壬寅，复行吏目移转法。乙巳，始祭中溜。戊申，罢惠、川、高三州，秀岩、滦阳、徽川、咸宁、金安、利民六县，及北京宫苑使，诸群牧提举，居庸、紫荆、通会三关使，西北路镇防十三千户，诸路医学博士。壬子，司天台长行张冀进《天象传》。秋七月丁卯，定申报盗贼制。戊辰，朝献于衍庆宫。庚午，幸望京甸。壬申，如万宁宫。甲戌，罢限钱法。甲申，改葬镐王永中于威州。八月，大理丞姬端修、司直温敦按带论奏知大兴府事纥石烈执中，坐所言不当，各削一官，罢职。丁酉，以尚书右丞相宗浩为左丞相，右丞仆散揆为平章政事，参知政事孙即康为尚书右丞，御史大夫仆散端为左丞，吏部尚书独吉思忠为参知政事。庚子，诏完颜纲、乔宇、宋元吉等编类陈言文字，其言涉宫庭，若大臣、省台、六部，各以类从，凡二千卷。辛丑，以西京留守崇肃为御史大夫。癸卯，更定阁门祗候出职格。先是以天旱诏求直言。至是尚书省奏："河南府卢显达、汝州王大材所陈，言涉不逊，请以情理切害论其罪。"从之，仍遍谕中外。命诸路学校生徒少者罢教授，止以本州、府文资官提控之。丁未，以安州军事判官刘常言，诸按察司体访不实，辄加纠劾者，从故出入人罪论，仍勒停。若事涉私曲，各从本法。辛亥，还宫。乙卯，以知真定府事完颜昌等为贺宋生日使。丁巳，幸太极宫。弛围场远地禁，纵民耕捕樵采。减教坊长行五十人，渤海教坊长行三十人，文绣署女工五十人。出宫女百六十人。九月庚申朔，天寿节，宋、高丽、夏遣使来贺。丙寅，如蓟州秋山。壬申，定屯田户自种及租佃法。冬十月甲午，定私硂法。丙申，诏亲军三十五以下令习《孝经》、《论语》。癸卯，至自秋山。甲寅，以提点尚衣局完颜燮为夏国生日使。十一月丁卯，以殿前右副都点检乌林荅毅等为贺宋正旦使。癸酉，木冰，凡三日。丁丑，定收补承应人格。十二月己丑朔，新平等县蚜蚄虫生。己亥，左丞相宗浩等请上尊号。不许。辛丑，敕陕西、河南饥民所鬻男女，官为赎之。乙卯，百官再表乞受尊号。不许。

五年春正月己未朔，大雪。宋、高丽、夏遣使来贺。庚申，谒衍庆宫。乙丑，幸太极宫。丁卯，如光春宫春水。壬申，朝献于衍庆宫。乙亥，诏有司："自泰和三年郡县三经行幸、民尝供亿者，赐今年租税之半。"丁丑，次霸州。调山东、河北军夫改治漕渠。二月己丑朔，谕按察司："近制以镇静而知大体为称职，苛细而暗于大体为不称。由是各路按察以因循为事，莫思举刺，郡县以贪黩相尚，莫能畏戢。自今若纠察得实，民无冤滞，能使一路镇静者为称职。其或烦紊使民不得伸诉者，是为旷废。"癸巳，定鞫勘官受饮宴者罪。己亥，如建春宫。甲寅，制盗用及伪造都门契者罪，视宫城门减一等。三月庚申，还宫。癸亥，更定两税输限。乙丑，宋兵入秦川界。庚午，亲王、百官请上尊号，不许。甲戌，谕有司，进士名有犯孔子讳者避之，仍著为令。命给米诸寺，自十月十五日至次年正月十五日作糜以食贫民。戊寅，罢狱空钱。辛巳，宋兵入巩州来远镇。唐州得宋谍者，言韩侂胄屯兵鄂、岳，将谋北侵。四月戊子朔，如万宁宫。癸巳，命枢密院移文宋人，依誓约撤新兵，毋纵入境。壬子，定随路转运司及府官每季检视库物法。五月甲子，以平章政事仆散揆为河南宣抚使，籍诸道兵以备宋。癸酉，诏定辽东邑社人数。戊寅，更定检、知法勒留格。己卯，如庆宁宫。制司属丞凡遭父母丧止给卒哭假，为永制。甲申，宋人入涟水县。六月戊子，复涟水县。丁酉，制定本朝婚礼。更定鬻米面入外界法。己酉，制镇防军逃亡致边事失错、陷败户口者罪。甲寅，诏拜礼不依本朝者罚。召诸大臣问备宋之策，皆以设备养恶为言。上以南北和好四十余载，民不知兵，不忍先发。七月戊辰，如锦屏山。壬申，朝献于衍庆宫。乙亥，宣抚使揆奏定奸细罪赏法。丙子，定围场误射中人罪。壬午，招诸县盗贼多所迭注巡尉。八月辛卯，诏罢宣抚司。时宋殿帅郭倪、濠州守将田俊迈诱虹县民苏贵等为间，河南将臣亦屡纵谍，往往利俊迈之赂，反为游说。皆言宋之增戍，本虞他盗，及闻行台之建，益畏慑不敢去备。且兵皆白丁，自裹粮糒，穷蹙饥疫，死者十二三，由是中外信之。宣抚司以宋三省、枢密院及盱眙军牒来上，又皆镌点边臣为辞。宣抚使揆因请罢司，从之。揆又奏罢临洮、德顺、秦、巩新置弓箭手。闰月乙卯朔，罢典卫司。丙子，还宫。九月甲申朔，天寿节，宋、高丽、夏遣使来贺。戊子，西北方黑云间有赤气如火色，次及西南、正南、东南路方皆赤，有白气贯其中，至中夜，赤气满天，四更乃散。以河南路统军使纥石烈子仁等为贺宋生日使。戊戌，宋兵三百攻比阳寺庄，副巡检阿里根寺家奴死之。甲辰，宋人焚黄涧，虏巡检高颢。冬十月庚申，以刑部员外郎李元忠为高丽生日使。丁丑，宋人袭比阳。唐州军事判官撒睹死之。十一月乙酉，宋人入内乡，攻洛南之固县，商州司狱寿祖追至丹河，击败之。己丑，以太常卿赵之杰等为贺宋正旦使。癸巳，山东阙食，赐钱三万贯以赈之。乙未，初定武举格。丁酉，诏山东、陕西帅臣训练士卒，以备非常。仍以银十五万两分给边帅，募民侦伺。复遣武卫军副都指挥使完颜太平、殿前右卫副将军蒲察阿里赴边，伺其入，伏兵掩之。戊戌，大雪，免朝参。己亥，更定宫中局、署承应收补格。宋吴曦拥众兴元，欲窥关、陇，皇甫斌益募兵扰淮北，所掠即以与之，使自为战。

六年春正月癸未朔，宋、高丽、夏遣使来贺。丁亥，宋使陈克俊等朝辞。遣御史大夫孟铸就馆谕克俊等曰："大定初，世宗皇帝许宋世为侄国，朕遵守遗法，和好至今。岂意尔国屡有盗贼犯我边境，以此遣大臣宣抚河南军民。及得尔国有司公移，称已罢黜边臣，抽去兵卒，朕方以天下为度，不介小嫌，遂罢宣抚司。未几，盗贼甚于前日，比来群臣屡以尔国渝盟为言，朕惟和好岁久，委曲涵容。恐侄宋皇帝或未详知。若依前不息，臣下或复有云，朕虽兼爱生灵，事亦岂能终已。卿等归国，当以朕意具言之汝主。"辛卯，朝享于衍庆宫。丙申，宋兴元守将吴曦遣兵围抹熟龙堡，部将蒲鲜长安击走之，斩其将。辛丑，更定保伍法。癸卯，始以沿河县官兼管勾漕河事，州、府官兼提控。丁未，如春水。庚戌，宋人入撒牟谷。陕西统军判官完颜掴剌、巩州兵马钤辖完颜七斤约宋西和州守将会境上。俄伏发，为所袭，木波部长赵彦雄等七人死焉。掴剌马陷淖中，中流矢，七斤仅以身免。二月甲戌，御史中丞孟铸言："提刑改为按察司，又差官覆察，权削而望轻，非便。"参知政事贾铉曰："按察司既差监察体访，复遣官覆察之，诚为繁冗。请自今差监察时即遣官与俱，更不覆察。"从之。三月甲午，尚书省奏，商州刺史乌古论兖州请赙押军官与南兵战没者，又奏迁右振肃蒲察五斤官，皆从之。明昌初，五斤尝为奉御，出使山东，至河间，以百姓饥，辄移提刑司开仓赈之，还具以闻。上初甚悦。太傅徒单克宁言："陛下始亲大政，不宜假近侍人权，乞正专擅之罪。"诏杖之二十。克宁又以为言，乃罢之。后上思之，由泰州都军召为振肃。己亥，如万宁宫。甲辰，敕尚书省："祖父母、父母无人侍养，而子孙远游至经岁者，甚伤风化，虽旧有徒二年之罪，似涉太轻。其考前律，再议以闻。"己酉，宋人攻灵璧，南京按察使行部至县，匿民舍得免。四月丙辰，宋人围寿春。寿春告急于亳，同知防御使贤圣奴将步骑六百赴之，乃退。癸亥，尚书省奏："河南统军司言，统军使纥石烈子仁等遣严整、阎忠、周秀辈入襄阳。觇敌阴事。还言皇甫斌遣兵四万规取邓，以我叛人田元为乡导，三万人规取唐，以张真、张胜为乡导，俱授统领官，故不敢无备。乃聚郑、汝、阳翟之兵于昌武，以南京副留守兼兵马副都总管纥石烈毅统之，聚亳、陈、襄邑之兵于归德，以河南路副统军徒单铎统之，而自以所部兵驻汴。及拟山东东、西路军七千付统军纥石烈执中驻大名，河北东、西路军万七千屯河南，皆给以马，有老弱者易其人。"皆从之。甲子，宋人攻天水界，乙丑，入东柯谷，部将刘铎战败之。丙寅，诏平章政事仆散揆领行省于汴，许以便宜从事。升诸道统军司为兵马都统府，以山东东、西路统军使纥石烈执中为山东西路兵马都统使，定海军节度使、副都统军使完颜撒剌副之，陕西统军使充为陕西五路兵马都统使，通远军节度使胡沙、知临洮府事石抹仲温副之。河南皆听揆节制如故。尽征诸道籍兵。辛未，宋吴曦攻来远镇之兰家岭。丙子，招内外职官纳马各有数。丁丑，宋人入新息、内乡，又入泗州。戊寅，入褒信。己卯，入虹县。庚辰，入颍上。五月壬午，宋李爽围寿州，田俊迈入蕲县，秦诜攻蔡州。防御使完颜佛住败之。又入金城海口，杀长山尉，执二巡检以去。甲申，太白昼见。丙戌，以宋畔盟出师，告于天地太庙社稷。丁亥，亲告于衍庆宫。戊子，平章政事仆散揆兼左副元帅，陕西兵马都统使充为元帅右监军，知真定府事乌古论谊为元帅左都监。辛卯，以征南诏中外。赐唐州刺史吾古孙兀屯、总押邓州军马事完颜江山爵各二级，蔡州防御使完颜佛住爵一级，余赏赉有差。又以非严整上变，必为所误，授整嵩州巡检使，赐爵八级，钱二百万。上以宋兵方炽，东北新调之兵未集，河南之众不足支，命河北、大名、北京、天山之兵万五千屯真定、河间、清、献等以为应。壬辰，谕尚书省："今国家多故，凡言军国利害，五品以上官以次奏陈，朕将亲问之。六品以下则具帖子以进。"癸巳，山东路灾，赦死罪已下。以枢密副使完颜匡为右副元帅。宋田俊迈攻宿州，安国军节度副使纳兰邦烈等出兵击之。邦烈中流矢，宋郭倬、李汝翼以众继至，遂围宿州。壬寅，纳兰邦烈等击败之，俊迈退保于蕲。癸卯，执俊迈于蕲。甲辰，皇甫斌攻唐州，刺史吾古孙兀屯拒之。行省遣泌阳副巡检纳合军胜来援，遂击败之。庚戌，太白经天。六月辛亥朔，左丞仆散端以母忧罢。平章政事揆报蕲之捷，并送所获宋将田俊迈至阙。上降诏褒谕，赐纥石烈贞、纳兰邦烈、史扢搭等爵赏有差。宋将李爽以兵围寿州，刺史徒单羲拒守，逾月不能下。壬子，河南统军判官乞住及买哥等以兵来援，羲出兵应之，爽大败，同知军州事蒲烈古中流矢死。乙卯，初置急递铺，腰铃转递，日行三百里，非军期、河防不许起马。定军前差发受赃罪。除飞蝗入境虽不损苗稼亦坐罪法。丁巳，诏彰德府，宋韩侂胄祖琦坟毋得损坏，仍禁樵采。庚申，右翼都统完颜赛不败宋曹统制于溱水。辛酉，诏有司，有宋宗族所居，各具以闻。长官常加提控。壬戌，平章政事揆报寿州之捷。戊辰，诏升寿州为防御，免今年租税诸科名钱，释死罪以下。以徒单羲为防御使。赠蒲烈古昭勇大将军，赐钱三百贯，官其子图刺。擢乞住同知昌武军节度使事，买哥河南路统军判官。都统赛不、副统蒲鲜万奴各进爵一级，赐金币有差。辛未，木星昼见，至七月戊申，经天。乙亥，宋吴曦攻盐川，戍将完颜王喜败之。秋七月癸未，宋商荣复攻东海，县令完颜卞僧复败之。还，中伏矢死，赠海州刺史，以银五百两，绢百匹给其家，仍官其一子。甲申，朝献于衍庆宫。丁亥，敕翰林直学士陈大任妨本职专修《辽史》。甲午，宋统制戚春以舟师攻邳州，刺史完颜从正败之，春赴水死，斩其副夏统制。吴曦兵五万入秦州，陕西路都统副使承裕等败之。丙申，夏国王李纯佑废，侄安全立，遣使奉表来告。诏禁卖马入外境，但至界欲卖而为所捕即论死。八月庚戌，山东帅来报邳州之捷。辛亥，木星晨见。乙卯，以羌酋青宜可为叠州副都总管。己未，太白昼见。丙寅，左丞仆散端起复前职。诏设平南诸将军。辛未，宋程松袭取方山原，蒲察贞破走之。壬申，太白昼见，经天。甲戌，至自万宁宫。乙亥，赦唐、邓、颍、蔡、宿、泗六州，免来年租税三分之一。九月己卯朔，天寿节，高丽遣使来贺。辛巳，元帅右都监蒲察贞取和尚原，临洮蕃部遵宁献刍粟、战马以助军。乙酉，将五鼓，北方有赤白气数道，起于王良之下，行至北斗开阳、摇光之东。丙戌，幸香山。庚寅，敕行尚书省，有方略出众、武艺绝伦、才干办事、工巧过人者，其招选之。甲午，参知政事贾铉乞致政，不许。戊戌，尚书左丞仆散端行省于汴。己亥，尚书户部侍郎梁镗行六部尚书事于山东。辛丑，遣尚书左司郎中温迪罕思敬册李安全为夏国王。甲辰，宋吴曦将冯兴、杨雄、李珪等入秦州，陕西都统副使承裕等击破之，斩杨雄、李珪。冬十月戊申朔，平章政事仆散揆督诸道兵伐宋。庚戌，揆以行省兵三万出颍、寿，河南路统军使纥石烈子仁以兵三万出涡口，元帅匡以兵二万五千出唐、邓，左监军纥石烈执中以山东兵二万出清口，右监军充以关中兵一万出陈仓，右都监蒲察贞以岐、陇兵一万出成纪，蜀汉路安抚使完颜纲以汉、蕃步骑一万出临潭，临洮路兵马都总管石抹仲温以陇右步骑五千出盐川，陇州防御使完颜璘以本部兵五千出来远。甲子，猎于近郊。十一月戊寅朔，诏定诸州府物力差役式。壬午，完颜匡攻下枣阳。乙酉，诏屯田军户与所居民为婚姻者听。丁亥，仆散揆克安丰军，取霍丘县。纥石烈执中克淮阴，遂围楚州。己丑，尚书省奏，减朝官及承应人月俸折支钱。庚寅，完颜匡克光化军及神马坡。壬辰，仆散揆次卢江。宋督视江淮兵马事丘崈遣刘祐来乞和。纥石烈子仁克定远县。乙未，完颜匡取随州。丙申，纥石烈子仁克滁州。戊戌，诏诸路行用小钞。完颜匡围德安，别以兵徇下安陆、应城、云梦、孝感、汉川、荆山等县。庚子，日斜，有流星二，光芒如炬，几及一丈，起东北没东南。初定茶禁。完颜纲围祐州，降之。宋丘崈遣林拱持书乞和。辛丑，完颜匡攻襄阳，破其外城。仆散揆克含山，蒲察贞克天水，纥石烈子仁徇下来安、全椒二县。壬寅，完颜纲徇下荔川、闾川等城。癸卯，丘崈复遣宋显等以书币乞和。乙巳，完颜纲克宕昌。丙午，蒲察贞克西和州。十二月丁未朔，完颜匡克宜城，仆散揆攻和州，史扢搭中流矢死。壬子，完颜纲次大潭县，降之。蒲察贞克成州。癸丑，宋太尉、昭信军节度使、四川宣抚副使吴曦纳款于完颜纲。戊午，右监军充攻下大散关。己未，纥石烈子仁克真州，丘崈复遣陈璧等奉书乞和。辛酉，右监军充遣兀颜抄合以兵趣凤州，城溃入焉。完颜纲遣京兆录事张仔会吴曦于兴州之置口。曦具言所以归朝之意，仔请以告身为报，尽出以付之，仍献阶州。乙丑，初设都提控急递铺官。平章政事仆散揆班师。完颜纲以朝命，假太仓使马良显赍诏书、金印立吴曦为蜀王。戊辰，蒲察贞以西和、天水等捷来报。完颜匡进所掠女子百人。己巳，曦遣其果州团练使郭澄、提举仙人关使任辛奉表及蜀地图志、吴氏谱牒来上。壬申，诏完颜匡权尚书右丞，行省事、右副元帅如故。以纥石烈执中纵下虏掠，遣近臣杖其经历阿里不孙等，仍诏放还所掠。

七年春正月丁丑朔，高丽、夏遣使来贺。完颜匡进攻襄阳。戊寅，敕宰臣举材干官同议南征事。辛巳，诏御史大夫崇肃、同判大睦亲府事徒单怀忠、吏部尚书范楫、户部尚书高汝砺、礼部尚书张行简、知大兴府事温迪罕思齐等十有四人同对于庆和殿。壬午，诏百官及前十四人同对于广仁殿。甲申，朝献于衍庆宫。乙酉，赠故寿州死节军士魏全宣武将军、蒙城令，封其妻乡君，子俟年至十五收充八贯石正班局分承应，仍赐钱百万。初，李爽围寿州，刺史羲募人往斫敌营，全在选中，而为敌所执。敌令骂羲则免，全阳许，及至城下，反骂敌，遂杀之。至死骂不绝声，故有是恩。戊子，召完颜纲赴阙。庚寅，仆散揆还驻下蔡而病。丙申，以左丞相宗浩兼都元帅，行省于南京以代揆。己亥，有司奏更定茶禁。辛丑，完颜匡取谷城。二月丙辰，赦凤、成、西和、阶、山五州，丁巳，诏追复永中、永蹈王爵。宋知枢密院张岩遣方信孺以书诣平章政事揆、左丞端乞和。己未，猎于近郊。完颜匡克荆门军。癸亥，如建春宫。吴曦遣使奉三表来：谢封爵，陈誓言，贺全蜀内附。丙寅，还宫。戊辰，平章政事兼左副元帅仆散揆薨于军。癸酉，遣同知府事术虎高琪等册吴曦为蜀国王。判平阳府事卫王永济改武定军节度使，兼奉圣州管内观察使。是月，蜀国王吴曦为宋臣安丙所杀。三月戊子，幸太极宫。庚寅，诏抚谕陕西军士。壬辰，初定虫蝻生发地主及邻主首不申之罪。宋复攻破阶州。癸巳，复攻破西州。乙未，宣抚副使完颜纲至凤翔，诏撤五州之兵，分保要害，纲召诸军还。庚子，以完颜匡为左副元帅。壬寅，如万宁宫。甲辰，幸西园。夏四月壬子，遣宫籍副监杨序为横赐高丽王使。癸丑，宋人攻破散关，巩州钤辖兀颜阿失死之。丙辰，以纥石烈子仁为右副元帅。戊辰，诏元帅府分遣诸将游奕淮南诸州。癸酉，复下散关。五月己卯，幸東园射柳。己丑，幸玉泉山。丙申，宋知枢密院事张岩复遣方信孺以书至都元帅府，增岁币乞和。四川安抚使安丙遣西和州安抚使李孝义率步骑三万攻秦州，围皂角堡。术虎高琪以兵赴之，七战而解其围。是月，放宫女二十人。六月乙巳朔，诏朝官六品、外官五品以上，及亲王举通钱谷官一人。不举者罚，举不当者论如律。己酉，以山东盗，制同党能自杀捕出首官赏法。戊午，乌古论谊为元帅左监军，完颜撒剌为元帅左都监。乙丑，遣使捕蝗。秋七月庚辰，朝献于衍庆宫。壬午，诏民间交易、典质，一贯以上并用交钞，毋用钱。乙酉，敕尚书省："自今初受监察者令进利害帖子，以待召见。"甲午，左副元帅匡至自许州。乙未，诏核西夏人口，尽赎放还，敢有藏匿者以违制论。八月戊申，宋张岩复遣方信孺赍其主誓书稿来乞和。庚戌，割汝州襄城县于许州。戊辰，至自万宁宫。九月甲戌朔，天寿节，高丽、夏遣使来贺。左丞相兼都元帅宗浩薨于军。甲申，定西、北京，辽东盐司判官诸场管勾增亏升降格。以尚书左丞仆散端为平章政事，封申国公，左副元帅完颜匡为平章政事兼左副元帅，封定国公。丙戌，猎于近郊。壬辰，还宫。戊戌，更定受制忘误及误写制书事重加等罪。壬寅，敕女直人不得改为汉姓及学南人装束。冬十月甲辰，诏应廕之家，旁正廕足，其正廕者未出官而亡，许补廕一人。辛亥，以武库令术甲法心为高丽生日使。丙辰，猎于近郊。己巳，诏定随军迁赏格。辛未，陕西宣抚使徒单镒分遣副统把回海攻下苏岭关。是月，定南征将士功赏格。十一月癸酉，诏新定学令内削去薛居正《五代史》，止用欧阳修所撰。是日，都统押剌拔鹘岭关、新道口，副统回海取小湖关、敖仓，进至营口镇，遂取其城。丙子，宋韩侂胄遣左司郎中王柟以书来乞和，请称伯，复增岁币、犒军钱，诛苏师旦函首以献。丙戌，上闻陕州防御使纥石烈孛孙禁民粜，命尚书省罪之。壬辰，宋参知政事钱象祖以诛韩侂胄移书行省。甲午，猎于近郊。戊戌，参知政事贾铉罢。诏完颜匡檄宋，函侂胄首以赎淮南故地。十二月壬寅朔，《辽史》成。丙午，以符宝郎乌古论福龄为夏国生日使。戊午，诏策论进士免试弓箭、击球。庚申，以尚书右丞孙即康为左丞，参知政事独吉思忠为右丞，中都路都转运使孙铎为参知政事。

八年春正月辛未朔，高丽、夏遣使来贺。壬申，朝谒于衍庆宫。癸酉，收毁大钞，行小钞。以元帅左都监完颜撒剌为参知政事。乙亥，宋安丙遣兵袭鹘岭关，副统把回海、完颜掴剌击走之，斩其将景统领。丙子，左司郎中刘昂、通州刺史史肃、监察御史王宇、吏部主事曹元、吏部员外郎徒单永康、太仓使马良显、顺州刺史唐括直思白坐与蒲阴令大中私议朝政，皆杖之。癸未，如春水。丙戌，如光春宫。二月乙巳，宋参知政事钱象祖遣王柟来，以书上行省，复请川、陕关隘。甲寅，如建春宫。庚申，谕有司曰："方农作时，虽在禁地亦令耕种。"己巳，还宫。三月丁亥，幸瀛王第视疾。庚寅，以与宋和，谕尚书省。壬辰，宰臣上表谢罪。甲午，瀛王从宪薨。乙未，上亲临祭。夏四月癸卯，日晕三重，皆内黄外赤。戊申，禘于太庙。庚戌，如万宁宫。甲寅，以北边无事，敕尚书省："命东北路招讨司还治泰州，就兼节度使，其副招讨仍置于边。"诏谕有司："以苗稼方兴，宜速遣官分道巡行农事，以备虫蝻。"诏更定猛安谋克承袭程试格。宋钱象祖复遣王柟以书上行省。庚申，诏诸路按察司岁赐公用钱。闰月辛未，谕尚书省曰："翰林侍讲学士蒲察畏也言，使宋官当选人，其言甚当。彼通谢使虽未到阙，其报聘人当先议择。此乃更始，凡有礼数，皆在奉使。今既行之，遂为永例，不可不慎也。"甲戌，制诸州府司县造作，不得役诸色人匠。违者准私役之律，计佣以受所监临财物论。甲申，定承应人收补年甲格。甲午，雨雹。定保甲军杀获南军官赏。乙未，宋献韩侂胄等首于元帅府。五月丁未，御应天门，备黄麾立杖，亲王文武合班起居。中路兵马提控、平南抚军上将军纥石烈贞以宋贼臣韩侂胄、苏师旦首献，并奉元帅府露布以闻。悬其首并画像于市，以露布颁中外。丙辰，平章政事匡至自军。己未，更元帅府为枢密院。癸亥，诏移天寿节于十月十五日。丁卯，遣使分路捕蝗。六月癸酉，宋通谢使朝议大夫、试礼部尚书许奕，福州观察使、右武卫上将军吴衡等奉其主书入见。甲戌，谒谢于衍庆宫。癸未，以许宋平，诏中外。免河南、山东、陕西等六路今年夏税，河东、河北、大名等五路半之。丁亥，以元帅左都监乌古论谊为御史大夫。戊子，飞蝗入京畿。乙未，定服饰明金象金制。丁酉，以左副都点检完颜侃为宋谕成使，礼部侍郎乔宇副之。秋七月戊戌朔，太白昼见。庚子，诏更定蝗虫生发坐罪法。乙巳，朝献于衍庆宫。诏颁《捕蝗图》于中外。戊申，宋使朝辞，致答通谢书及誓书于宋主。八月壬申，更定辽东行使钞法。癸酉，如建春宫。己丑，以户部尚书高汝砺等为宋生日使。庚寅，如秋山。九月甲子，遣吏部尚书贾守谦等一十三人与各路按察司官推排民户物力。乙丑，至自秋山。冬十月辛未，以吏部郎中郭郛为高丽生日使。辛巳，宋、高丽、夏遣使来贺。夏国有兵，遣使来告。癸未，更定安泊强窃盗罪格。辛卯，以军民共誉为廉能官条附善最法。十一月丁酉朔，诏诸路按察使并兼转运使。初设三司使，掌判盐铁、度支、劝农事。以枢密使纥石烈子仁兼三司使。癸卯，诏戒谕尚书省曰："国家之治，在于纪纲。纪纲所先，赏罚必信。今乃上自省部之重，下逮司县之间，律度弗循，私怀自便。迁延旷岁，苟且成风，习此为恒，从何致理？朝廷者百官之本，京师者诸夏之仪。其勖自今，各惩已往，遵绳奉法，竭力赴功。无枉挠以循情，无依违而避势，壹归于正，用范乃民。"是日，御临武殿试护卫。丁未，敕谕临潢泰州路兵马都总管承裔等修边备。乙卯，上不豫。丙辰，崩于福安殿，年四十一。大安元年春正月，谥曰宪天光运仁文义武神圣英孝皇帝，庙号章宗。二月甲申，葬道陵。

赞曰：章宗在位二十年，承世宗治平日久，宇内小康，乃正礼乐，修刑法，定官制，典章文物粲然成一代治规。又数问群臣汉宣综核名实、唐代考课之法，盖欲跨辽、宋而比迹于汉、唐，亦可谓有志于治者矣！然婢宠擅朝，冢嗣未立，疏忌宗室而传授非人。向之所谓维持巩固于久远者，徒为文具，而不得为后世子孙一日之用，金源氏从此衰矣！昔扬雄氏有云："秦之有司负秦之法度，秦之法度负圣人之法度。"盖有以夫。

卷十三　　本纪第十三

卫绍王

卫绍王讳永济，小字兴胜，更讳允济，章宗时避显宗讳，诏改"允"为"永"。世宗第七子，母曰元妃李氏。卫王长身，美髯须，天资俭约，不好华饰，大定十一年，封薛王。是岁，进封滕王。十七年，授世袭猛安。二十五年，加开府义同三司。二十六年，为秘书监。明年，转刑部尚书。又明年，改殿前都点检。二十九年，世宗崩，章宗即位，进封潞王。起复，判安武军节度使。五月，至冀州，以到任表谢，赐诏优答。明昌二年，进封韩王。四年，改判兴平军。五年，改沁南军。承安二年，改封卫王。三年，改昭义军。泰和元年，改判彰德府事。五年，改判平阳府。初，章宗诛郑王永蹈、赵王永中，久，颇悔之。七年，下诏追复旧封，仍赐谥。而永蹈无后，乃以卫王子按陈为郑王后，赐卫王诏曰："朕念郑王自弃天常，以干国宪，藁瘗旷野，忽诸不祀。历岁既久，深用怆然。亲亲之情。有怀难置。已诏追复旧爵，改葬如仪。稽考古礼，以卿之子按陈为郑王后，谨其祭祀，卿其悉之。"已而改武定军节度使。八年十一月，自武定军入朝。是时，章宗已感嗽疾，卫王且辞行，而章宗意留之。章宗初年，雅爱诸王，置王傅府尉官以傅导德义。及永中、永蹈之诛，由是疏忌宗室，遂以王傅府尉检制王家，苛问严密，门户出入皆有籍。而卫王乃永蹈母弟，柔弱鲜智能，故章宗爱之。既无继嗣，而诸叔兄弟多在，章宗皆不肯立，惟欲立卫王，故于辞行留之。无何，章宗大渐，元妃李氏、黄门李新喜、平章政事完颜匡定策。章宗崩，匡等传遗诏，立卫王。卫王固让，乃承诏举哀，即皇帝位于柩前。明日，群臣朝见于大安殿。诏路府州县为大行皇帝服七日。

大安元年正月辛丑，飞星如火。起天市垣，有尾，迹若赤龙。壬戌，改元，大赦。立元妃徒单氏为皇后。二月乙丑朔，太白昼见，经天。壬辰，章宗内人范氏损其遗腹，以诏内外。初，章宗遗诏："内人有娠者两人，生男则立为储贰。"至是平章政事仆散端等奏："承御贾氏当以十一月免乳，今则已出三月。范氏产期合在正月，医称胎气有损，用药调治，脉息虽和，胎形已失。范氏愿削发为尼。"封皇子六人为王。三月甲辰，道陵礼成，大赦。诏曰："自今于朕名不连续，及昶、咏等字，不须别改。"以平章政事仆散端为右丞相。四月庚辰，杀章宗元妃李氏及承御贾氏。以平章政事完颜匡为尚书令。五月，高丽贺即位。试宏词科。七月，幸海王庄，临奠鲁国公主。八月，万秋节，宋遣使来贺。九月，如大房山，谒奠睿陵、裕陵、道陵。百官表请建储，不允。十月，岁星犯左执法。己卯，诏戒励风俗。十一月，平阳地震，有声如雷，自西北来。十二月，诏平阳地震，人户三人死者免租税一年，二人及伤者免一年，贫民死者给葬钱五千，伤者三千。尚书令申王完颜匡薨。右丞相仆散端为左丞相，进封兄郢王永功为谯王，御史大夫张行简为太保。

二年正月庚戌朔，日中有流星出，大如盆，其色碧，向西行，渐如车轮，尾长数丈，没于浊中，至地复起，光散如火。二月，客星入紫微垣，光散为赤龙。地大震，有声如雷。以礼部侍郎耿端义为参知政事。四月，校《大金仪礼》。北方有黑气，如大道，东西亘天。徐、邳州河清五百余里，以告宗庙社稷。五月，诏儒臣编《续资治通鉴》。六月，大旱。下诏罪已，振贫民阙食者。曲赦西京、太原两路杂犯，死罪减一等，徒以下免。丙寅，地震。七月，地震。八月，地震。乙丑，立子胙王从恪为皇太子。万秋节，宋遣使来贺。猎于近郊。夏人侵葭州。九月，地大震。乙未，诏求直言，招勇敢，抚流亡。庚子，遣使慰抚宣德行省军士。丙午，京师戒严。上日出巡抚，百官请视朝，不允。辛亥，宣德行省罢。癸丑，诏抚谕中都、西京、清、沧被兵民户。十一月，猎于近郊。中都大悲阁东渠内火自出，逾旬乃灭。阁南刹竿下石罅中火自出，人近之即灭，俄复出，如是者复旬日。中都火焮民居。十二月乙卯朔，日有食之。是岁大饥。禁百姓不得传说边事。

三年正月乙酉朔，宋、高丽、夏遣使来贺。荧惑入氐中。二月，荧惑犯房宿。有大风从北来，发屋折木，通玄门重关折，东华门重关折。闰月，荧惑犯键闭星。三月，大悲阁灾，延及民居。有黑气起北方，广长若大堤，内有三白气贯之，如龙虎状。括民间马，令职官出马有差。四月，我大元太祖法天启运圣武皇帝来征。遣西北路招讨使粘合合打乞和。平章政事独吉千家奴，参知政事胡沙行省事备边。西京留守纥石烈胡沙虎行枢密院事。参知事奥屯忠孝为尚书右丞。户部尚书梁瑭为参知政事。六月壬寅，更定军前赏罚格。八月，诏奖谕行省官，慰抚军士。千家奴、胡沙自抚州退军，驻于宣平。河南大名路军逃归，下诏招抚之。九月，千家奴、胡沙败绩于会河堡，居庸关失守。禁男子不得辄出中都城门。大元前军至中至都，中都戒严。参知政事梁瑭镇抚京城。十月，每夜初更正，东、西北天明如月初出，经月乃灭。荧惑犯垒壁阵。上京留守徒单镒遣同知乌古孙兀屯将兵二万卫中都。泰州刺史术虎高琪屯通玄门外。上巡抚诸军。罢宣德行省。十一月，杀河南陈言人郝赞。以上京留守徒单镒为右丞相。签中都在城军。纥石烈胡沙虎弃西京，走还京师，即以为右副元帅，权尚书左丞。是时，德兴府、弘州、昌平、怀来、缙山、丰润、密云、抚宁、集宁，东过平、滦，南至清、沧，由临潢过辽河，西南至忻、代，皆归大元。初，徒单镒请徙桓、昌、抚百姓入内地。上信梁瑭议，以责镒曰："是自蹙境土也。"及大元已定三州，上悔之。至是，镒复请置行省事于东京，备不虞。上不悦曰："无故遣大臣，动摇人心。"未几，东京不守，上乃大悔。右副元帅胡沙虎请兵二万屯宣德，诏与三千人屯妫川。平章政事千家奴、参知政事胡沙坐覆全军，千家奴除名，胡沙责授咸平路兵马总管。万户佩头屯古北口。十二月，签陕西两路汉军五千人赴中都。太保张行简、左丞相仆散端宿禁中议军事。左丞相仆散端罢。

崇庆元年正月己酉朔，改元，赦。宋、夏遣使来贺。右副元帅胡沙虎请退军屯南口，诏数其罪，免之。三月，大旱，遣使册李遵顼为夏国王。以御史大夫福兴为参知政事。参知政事孟铸为御史大夫。夏人犯葭州，延安路兵马总管完颜奴婢御之。五月，签陕西勇敢军二万人，射粮军一万人，赴中都。括陕西马。安武军节度使致仕贾铉起复参知政事。参知政事福典为尚书左丞。诏卖空名敕牒。河东、陕西大饥，斗米钱数千，流莩满野。以南京留守仆散端为河南、陕西安抚使，提控军马。七月，有风自东来，吹帛一段，高数十丈，飞动如龙形，坠于拱辰门。八月，万秋节，以兵事不设宴。十月，曲赦西京、辽东、北京。十一月，赈河东南路、南京路、陕西东路、山东西路、卫州旱灾。十二月，夏国王李遵顼谢封册。

至宁元年正月，赈河东陕西饥。二月，诏抚谕辽东。知大名府事乌古论谊谋不轨，伏诛。三月，太阴、太白与日并见，相去尺余。五月，改元。诏谕咸平路契丹部人之啸聚者。起胡沙虎复为右副元帅，领武卫军三千人屯通玄门外。陕西大旱。六月，夏人犯保安州，杀刺史，犯庆阳府，杀同知府事。以户部尚书胥鼎、刑部尚书王维翰为参知政事。八月，尚书左丞完颜元奴将兵备边。诏军官、军士赐赉有差。大雾，昼晦。治中福海别将兵屯城北。辛卯，胡沙虎矫诏以诛反者，招福海执而杀之，夺其兵。壬辰，自通玄门入，杀知大兴府徒单南平、刑部侍郎徒单没撚于广阳门西。福海男符宝鄯阳、都统石古乃率众拒战，死之。胡沙虎叩东华门，遣人呼守直亲军百户冬儿、五十户蒲察六斤，不应。许以世袭猛安三品官职，亦不应。都点检徒单渭河缒而出，护卫斜烈捪锁启门，胡沙虎以兵入宫，尽遂卫士，代以其党，自称监国都元帅。癸巳，逼上出宫。以素车载至故邸，以武卫军二百人锢守之。尚宫左夫人郑氏为内职，掌宝玺，闻难，端居玺所待变。胡沙虎遣黄门入收玺，郑曰："玺，天子所用，胡沙虎人臣，取将何为？"黄门曰："今天时大变，主上犹且不保，况玺乎？御侍当思自脱计。"郑厉声骂曰："若辈宫中近侍，恩遇尤隆，君难不以死报之，反为逆竖夺玺耶！我死可必，玺必不与。"遂瞑目不语。黄门出，胡沙虎卒取"宣命之宝"，伪除其党丑奴为德州防御使、乌古论夺剌顺天军节度使、提控宿直将军徒单金寿永定军节度使，及其余党凡数十人，皆迁官。遂使宦者李思中害上于邸。诱奉御和尚使作书急召其父左丞元奴议事，元奴以军来，并其子皆杀之。九月甲辰，宣宗即位。丁未，诣邸临奠，伏哭尽哀。敕以礼改葬。胡沙虎请废为庶人，诏百官议于朝堂，议者二百余人。太子少傅奥屯忠孝、侍读学士蒲察思忠请从废黜，户部尚书武都、拾遗田庭芳等三十人请降为王侯。太子太保张行简请用汉昌邑王、晋海西公故事，侍郎史完颜讹出等十人请降复王封。胡沙虎固执前议，宣宗不得已，乃降封东海郡侯。昭雪道陵元妃李氏、承御贾氏。十月辛亥，元帅右监军术虎高琪杀胡沙虎于其第。胡沙虎者，纥石烈执中也。宣宗乃下诏削其官爵。赠石古乃顺州刺史，鄯阳顺天军节度副使，凡从二人拒战者，千户赏钱五百贯，谋克三百贯，蒲辇散军二百贯，各迁官两阶，战没者赠赏付其家。冬儿加龙虎卫上将军，再迁宿直将军。蒲察六斤加定远大将军、武卫军钤辖。石古乃子尚幼，给俸八贯石，敕有司，俟其年十五以闻。贞祐四年，诏追复卫王谥曰绍。

赞曰：卫绍王政乱于内，兵败于外，其灭亡已有征矣。身弑国蹙，记注亡失，南迁后不复纪载。皇朝中统三年，翰林学士承旨王鹗有志论著，求大安、崇庆事不可得，采摭当时诏令，故金部令史窦祥年八十九，耳目聪明，能记忆旧事，从之得二十余条。司天提点张正之写灾异十六条，张承旨家手本载旧事五条，金礼部尚书杨云翼日录四十条，陈老日录三十条，藏在史馆。条件虽多，重复者三之二。惟所载李妃、完颜匡定策，独吉千家奴兵败，纥石烈执中作难，及日食、星变、地震、氛祲，不相背盭。今校其重出，删其繁杂。《章宗实录》详其前事，《宣宗实录》详其后事。又于金掌奏目女官大明居士王氏所纪，得资明夫人援玺一事，附著于篇，亦可以存其梗概云尔。

卷十四　本纪第十四

宣宗上

宣宗继天兴统述道勤仁英武圣孝皇帝讳珣，本名吾睹补，显宗长子，母曰昭华刘氏。

大定三年癸未岁生，世宗养于宫中。十八年，封温国公，加特进。二十六年，赐今名。二十九年，进封丰王，加开府仪同三司，累判兵、吏部，又判永定、彰德等军。承安元年，进封翼王。泰和五年，改赐名从嘉。八年，进封邢王，又封升王。所至著祥异。

至宁元年八月，卫绍王被弑，徒单铭等迎于彰德府。既至京，亲王、百官上表劝进。九月甲辰，既皇帝位于大安殿。以纥石烈胡沙虎为太师、尚书令兼都元帅，封泽王。乙巳，谕尚书省，事有规画者皆即规画，悉依世宗所行行之。丙午，以驸马雄名第赐胡沙虎。丁未，谕宰臣曰："朕即大位，群臣凡有所见，各直言勿隐。"临奠于卫绍王第。有司奏，旧礼当设坐哭。上命撤坐，伏哭尽哀。敕有司以礼改葬。戊申，御仁政殿视朝。赐胡沙虎坐，胡沙虎不辞。辛亥，封皇子守礼为遂王，守纯为濮王，皇女温国公主。夔王永升薨，上亲临奠。大元遣乙里只来。壬子，改元贞祐，大赦。恩赉中外臣民有差。丙辰，左谏议大夫张行信上章言崇节俭、广听纳、明赏罚三事。尚书右丞相徒单镒进左丞相，封广平郡王。庚申，泽王胡沙虎等议废故卫王为庶人，上曰："朕徐思之，以谕卿等。"壬戌，授胡沙虎中都路和鲁忽土世袭猛安。丙寅，诏谕六品以下官，有事可言者言之无隐。

闰月戊辰朔，拜日于仁政殿，自是每月吉为常。授尚书左丞相徒单镒中都路迭鲁猛安。庚午，上复旧名珣，诏所司，告天地庙社。前所更名二字，自今不须回避。辛未，诏追尊皇妣为皇太后。是日，皇妃皇子至自彰德府。遣使使宋。己卯，左谏议大夫张行信上疏请立皇太子。甲申，立子守忠为皇太子。丙戌，诏降故卫王为东海郡侯。甲午，减定监察御史为十二员。

冬十月丁酉朔，京师戒严。辛丑，大元乙里只来。乙巳，诏应迁加官赏，诸色人与本朝人一体。庚戌，敕有司，皇太子册礼俟边事息然后举行。辛亥，元帅右监军术虎高琪战于城北，凡两败绩而归，就以兵杀胡沙虎于其第，持其首诣阙待罪。赦之，仍授左副元帅。壬子，殿前都点检纥石烈特末也等补外。甲寅，张行信上封事，言正刑赏、择将帅，及鄯阳、石古乃之冤。大元兵下涿州。设京城镇抚弹压官。置招贤所。癸亥，放宫女百三十人。

十一月戊辰，夏人攻会州，徒单丑儿出兵击走之。庚午，将乞和于大元，诏百官议于尚书省。以横海军节度使承晖为尚书右丞，耿端义为参知政事。癸未，诏赠死事裴满福兴及鄯阳、石古乃官。大元兵徇观州，刺史高守约死之。又徇河间府、沧州。乙未，定亡失告身文凭格。

十二月丁酉朔，上御应天门，诏谕军士，仍出银以赐之。平章政事徒单公弼进尚书右丞相，尚书右丞承晖进都元帅兼平章政事，左副元帅术虎高琪进平章政事兼前职。

二年春正月丁卯朔，以边事未息，诏免朝贺。辛未，大元兵徇彰德府，知府事黄掴九住死之。宋人攻秦州，统军使石抹仲温击却之。癸未，有司奏，请权止今年禘享朝献原庙及皇太后册礼，从之。乙酉，征处士王浍，不至。大元兵徇益都府。命有司复议本朝德运。乙未，大元兵徇怀州，沁南军节度使宋扆死之。二月丙申朔。壬子，大元乙里只扎八来。丙辰，罢按察司。壬戌，大元乙里只复来。

三月辛未，遣承晖诣大元请和。丁丑，赦国内。癸未，京师大括粟。甲申，大元乙里只扎八来。诏百官议于尚书省。戊子，以濮王守纯为殿前都点检兼侍卫亲军都指挥使，权都元帅府事。庚寅，奉卫绍王公主归于大元太祖皇帝，是为公主皇后。辛卯，诏许诸人纳粟买官。京师戒严。壬辰，大元兵下岚州，镇西军节使乌古论仲温死之。夏四月乙未朔，以知大兴府事胥鼎为尚书右丞。戊戌，奉迁昭圣皇后柩于新寺。时山东、河北诸郡失守，惟真定、清、沃、大名、东平、徐、邳、海数城仅存而已，河东州县亦多残毁。兵退，命仆散安贞等为诸路宣抚使，安集遗黎。至是以大元允和议，大赦国内。癸卯，权厝昭圣皇后于新寺。甲辰，诏有司具阵亡人子孙以备录用。丁未，以都元帅承晖为右丞相。庚戌，左丞相、监修国史广平郡王徒单镒薨。乙卯，尚书省奏巡幸南京，诏从之。己未，葬卫绍王。

五月癸酉，承晖加金紫光禄大夫，封定国公。尚书左丞抹撚尽忠加崇进，封申国公。甲戌，霍王从彝薨。乙亥，辍朝。上决意南迁，诏告国内。太学生赵昉等上章极论利害，以大计已定，不能中止，皆慰谕而遣之。诣原庙奉辞。戊寅，将发，雨，不果行。以南京留守仆散端等尝请临幸，及行，先诏谕之。辛巳，诏迁卫绍、镐厉王家属于郑州。壬午，车驾发中都。是日雨，至甲申止。丙戌，次定兴。禁有司扈从践蹂民田。丁亥，次安肃州，元帅右监军完颜弼以兵迎见。癸巳，次中山府，敕扈从军所践禾稼，计直酬之。

六月甲午朔，以按察转运使高汝砺为参知政事。癸丑，次内丘县。大元乙里只来。戊午，次彰德府，曲赦其境内。庚申，次钜桥镇。是日，南京行宫宝镇阁灾。壬戌，次宜村。黄龙见西北。

秋七月，车驾至南京。诏立元妃温敦氏为皇后。

八月甲午，以立后，百官上表称贺。庚子，皇太子至自中都。丁未，夏人入边，命移文责之。甲寅，罢经略司。应奉翰林文字完颜素兰上书言事。

九月壬戌朔，日有食之。皇孙生。癸亥，山东路报莱州之捷。辛未，立监察御史升黜格。庚辰，诏训练军士。丁亥，谕宣徽院，正旦生辰不须进物。太白昼见于轸。戊子，禁军官围猎。

冬十月甲午，诏遣官市木波、西羌马。陕西军户战死者给粮赡其家。丁酉，大元兵徇顺州，劝农使王晦死之。

壬寅，左副元帅兼尚书左丞抹撚尽忠进平章政事。以御史中丞孛术鲁德裕为参知政事兼签枢密院事。曲赦中都路。乙卯，遣参知政事孛术鲁德裕行尚书省于大名府。丙辰，大元兵收成州。谕大名行省贬损用度。德州防御使完颜丑奴伏诛。

十一月丁卯，以御史大夫仆散端为尚书左丞相。曲赦山东路。辛未，诏赐卫绍王家属既禀。诏有司答夏国牒。丙子，许诸色人试武举。兰州译人程陈僧叛，西结夏人为援。辛巳，荧惑犯房宿钩钤星。癸未，曲赦辽东路。敕罢宣抚司辄拟官。

十二月戊戌，遣真定行元帅府事永锡等援中都。颁劝农诏。丁未，以和议既定，听民南渡。乙卯，登州刺史耿格伏诛，流其妻孥。大元兵徇懿州，节度使高闾山死之。

三年春正月辛酉朔，宋遣使来贺。壬戌，遣内侍谕永锡防边，毋以和议为辞。癸亥，曲宴群臣、宋使。定文武五品以上侍坐员，遂为常制。乙丑，诏宣抚阿海、总管合住讨贼刘二祖、张汝楫。戊辰，尚书省言："内外军人入粟补官者多，行伍浸虚。请俟平定，应监差者与三酬，门户有职事者升一等，其子弟应廕者罢之。"上可其奏。乙亥，夏人犯环州。北京军乱，杀宣抚使奥屯襄。丁丑，右副元帅蒲察七斤以其军降于大元。辛巳，皇太子疾。辍朝。乙酉，皇太子薨。

二月辛卯，环州刺史乌古论延寿及斜卯毛良虎等败夏人于州境，诏进官有差。大元乙里只来。壬辰，上临奠皇太子殡所。有司奏辰日不哭，上曰："父子至亲，何可拘忌！"命御史中丞李英、元帅左都监乌古论庆寿领兵护饷中都，付以空名宣敕，许视功迁叙，逗挠者治以军律。乙未，改宁边州隶岚州。丁酉，诏诸色人迁官并视女直人，有司妄生分别，以违制论，从户部郎中奥屯阿虎请也。辛丑，敕宰臣馈乙里只酒馔。壬寅，颁奖谕官吏军民诏，曲赦，招抚北京作乱者。丙午，尚书省以南迁后，吏部秋冬置选南京，春夏置选中都，赴调者不便，请并选于南京。从之。武清县巡检梁佐、柳口巡检李咬住以诛乣贼张晖、刘永昌等功进官有差，皆赐姓完颜。丁未，山东宣抚使仆散安贞遣提控仆散留家等破贼杨安儿步骑三万，歼其众，降伪头目三百余人、胁从民三万余户。戊申，减沿边州府官资考有差。壬子，立保城无虞及捕获奸叛迁赏格。乙卯，敕奏急事不拘假日。丁巳，日初出赤如血，欲没复然。戊午，大风，隆德殿鸱尾坏。

三月壬戌，诏河北州县官，令文武五品以上辟举，不听以它事差占，仍勒终任。有劳绩者但升遥领之职，应降罚者亦止本处居住。时河北残毁，吏治多苟且以求代易，故著是令。癸亥，诏百官各陈防边利害，封章以闻。丙寅，敕河东、河北、大名长贰官训练随处义兵，邻境有警，责其救援。降人自拔归国者迁职，仍列其姓名，以招谕来者。沿河州县官罢软不胜职任者汰去，令五品已上官公举，仍许今季到部人内先择能者量缓急易之。丁卯，安武军节度使张行信上书言急务四事。庚午，谕辽东宣抚使蒲鲜万奴选精锐屯沈州、广宁，以俟进止。壬申，长春节，宋遣使来贺。戊寅，谕尚书省，岁旱，议弛诸处碾硙，以其水溉民田。己卯，雨。自去冬不雨雪，至是始雨。劝农使李革言："河北州县官吏多求河南差占以避难，宜发元任领戍兵者。不可离则别注以往。"庚辰，御史台言："在京军官及委差官刍粮券例悉同征行，乞减其给。枢密院委差有俸人吏，非征行不必给。"皆从之。敕尚书省，入粟补官者毋括其户为军。有司议赏军功，毋有所沮格。壬午，山东宣抚司报大沫堌之捷，夹谷石里哥及没烈擒贼渠刘二祖等斩之，前后殪贼万计。西京军民变，遣官抚谕之。己丑，禁州县置刃于杖以决罪人。前年，京兆治中李友直私逃华州，结同知防御使冯朝、河州防御判官郝遵甫、平凉府同知致仕杨庭秀、水洛县主簿宿徽等团集州民，号"忠义扈驾都统府"，相挺为乱，杀其防御判官完颜八斤及城中女直人，以书约都统杨圭，为府兵所得。圭讳之，请自效，诱友直等执之，麾所招千余人纳仗，坑诸城下。时京师道路隔绝，安抚司以便宜族友直等，至是以状闻。乃赠八斤及被害官军十余人各一官，赙钱三百贯。

夏四月癸巳，河东宣抚使胥鼎言利害十三事。长胜军都统杨珪伏诛。丙申，河南路蝗，遣官分捕。上谕宰臣曰："朕在潜邸，闻捕蝗者止及道傍，使者不见处即不加意，当以此意戒之。"权参知政事德升言："旧制夏至后免朝，四日一奏事。"上曰："此在平时可耳。方今多故，勿谓朕劳，遂云当免，但使国事无废则善矣。"己亥，曲赦山东路。癸卯，籍赴选监当官为军。乙巳，罢都南行尚书六部。侯挚言九事。曲赦蒲察七斤胁从之党，募能杀获七斤者，以其官官之。丙午，以调度不给，凡随朝六品以下官及承应人，罢其从己人力输佣钱。经兵州、府其吏减半，司、县吏减三之一。其余除开封府、南京转运司外，例减三之一。有禄官吏被差不出本境者并罢给券，出境者以其半给之。修内司军夫亦减其半。丁未，故皇太子启蒨，赐谥曰庄献，戊申，权葬迎朔门外。诏自今策论词赋进士，第一甲第一人特迁奉直大夫，第二人以下，经义第一人并儒林郎，第二甲以下征事郎，同进士从仕郎，经童将仕郎。壬子，芮国公从厚薨。诏遣使同山西宣抚司选其民勇健者为军。谕有司，勿拒河北避兵之民，所至加存恤。用山东西路宣抚副使完颜弼言，招大沫堌渠贼孙邦佐、张汝楫以五品职，下诏湔洗其罪。乙卯，诏检核朝廷差遣官券历，无故稽留中道者罪之。丙辰，谕田琢留山西流民少壮者充军，老幼者令就食于邢、洺等州，欲趣河南者听。上议遣亲军六千余及所募二千七百人援中都，宰臣以为行宫单弱，亲军不可遣，遂止。

五月庚申，招抚山西军民，仍降诏谕之。是日，中都破，尚书右丞相兼都元帅定国公承晖死之。户部尚书任天宠、知大兴府事高霖皆及于难。壬戌，降空名宣敕、紫衣师德号度牒，以补军储。辛未，立皇孙铿为皇太孙。癸酉，刘炳上书言十事。辛巳，上谕宰臣："多事之秋，陈言者悉送省。恐卿等不暇，朕于宫中置局，命方正官数员择可取者付出施行，何如？"宰臣请如圣谕。诏削纳马补官恩例。戊子，谋代西夏，遣大臣镇抚京兆。

秋七月戊午朔，大元兵收济源县。己未，征弓箭于内外品官，三品以上三副，四品、五品二副，余以等级征之。

庚申，置陈、颍漕运提举官，以户部勾当官往来督察。有星如太白，色青白，有尾，出紫微垣北极傍，入贯索中。上闻河北讥察官有要求民财始听民渡河者，避兵民至或饿死、自溺，特命御史台体访之。又禁随朝职官夺民碾硙以自营利。诏河间孤城，移其军民就粟清州，括民间骡付诸军，与马参用。辛酉，议括官田及牧马地以赡河北军户之徙河南者，已为民佃者俟获毕日付之。群臣迭言其不便，遂寝。癸亥，诏河北郡县军须并减河南之半。定尚书所造诸符：枢密院鹿，宣抚司鱼，统军司虎。丙寅，遣参知政事高汝砺往河南，便宜措置粮储。制品官纳弓箭之令，丁忧致仕者免。甲戌，借平阳民租一年。诏职官更兵亡失告身，见任者保识即重给之，妄冒者从诈伪法。丙子，尚书省奏给皇太孙岁赐钱，上不从，曰："襁褓儿安所用之。"诏致仕官俸给比南征时减其半。丁丑，肃宗神主至自中都，奉安于明俊殿。戊寅，月入毕宿中，戊夜犯毕大星。己卯，明德皇后神主至自中都。裁损宫中岁给有差。甲申，诏尚书省，行六部太多，其令各路运司兼之。改交钞名"贞祐宝券"。

八月戊子朔，以陕西统军使完颜合打签枢密院事。己丑，制军府庶事枢密院官须与经历官裁决，经历议是而院官不从，许直以闻。癸巳，诏遣官体究京西路新迁军户。丙申，谕尚书省，职官犯罪。大者即施行之，小者籍之，事定始论其罪。谕枢密院，撒合辇所签军有具戒僧人，可罢遣之。己亥，诏武举官非见任及已从军者，随处调赴京师，别为一军，以备用。被荐未授官者，量才任之。庚子，上虑平阳城大，兵食不足，议弃之，宰臣持不可。赏前冀州教授粘割忒邻，集义兵，出方略，遏土寇，兵后摄州，复立州治，积刍粮，招徕民户至五万，特迁三官，升正五品职。置山东西路总管府于归德府及徐、亳二州。以太常卿侯挚为参知政事，行尚书省于河北东、西两路。太祖御容至自西京，奉安于启庆宫。甲辰，置行枢密院于徐州、归德府。诏诸职官不拘何从出身，其才可大用者尚书省具以闻。丙午，山东西路宣抚使完颜弼表："遥授同知东平府事张汝楫将谋复叛，密遣人招同知益都府事孙邦佐。邦佐斩其人，驰报弼，弼杀汝楫及其党万余。承制升邦佐德州防御使，余立功者赏有差。"上嘉弼功，加崇进，封密国公，诏奖谕之。丁未，诏近臣举良将，加孙邦佐昭毅大将军、泰定军节度使，仍官其子。戊申，东平、益都、太原、潞州置元帅府。大赦。己酉，监察御史许古献恢复中都之策。红袄贼掠成武，宣抚副使颜盏天泽讨走之，斩首数百级。进天泽一官，将校有功者命就迁赏。命侯挚招邢州贼程邦杰以官，不从则诱其党图之。减户部干办官四员及委差官有差。壬子，置行省于陕西。乙卯，增沿河阑籴之法，十取其八，以抑贩粟之币，仍严禁私渡。增步军万人戍京以西，四万人戍京以东。选陕西骑兵二千，增京畿之卫。谕陕西，坚守延安、临洮、环、庆、兰、会、保安、绥德、平凉、德顺、镇戎、泾原、鄜、坊、邠、宁、乾、耀等处要害。分渭南州郡步兵屯平凉，令宣抚使治邠州，副使治同州之澄城以统之。更以步骑守沿渭诸津。丙辰，元帅左监军兼知真定府事永锡坐援中都失律，削官爵，杖之八十。

九月丁巳朔，户部侍郎奥屯阿虎言："国家多故，职官往往不仕。乞限以两季，违者勿复任用。"上嫌其太重，命违限者止夺三官，降职三等，仍永不升注。辛酉，除名永锡特迁信武将军、息州刺史。甲子，谕宰臣，沿淮塘路以南地冒授民业，今为豪势据夺者，其令有司察之。丙寅，枢密院言："陕西、河东世袭蕃部巡检，昨与世袭猛安谋克例罢其俸。今边事方急，宜仍给之，庶获其用。又西边弓箭手有才武出众，获功未推赏者，令宣抚司核实以闻。"从之。丁卯，以秋稼未获，禁军官围猎。诏授隐士王浍太中大夫、右谏议大夫，充辽东宣抚司参谋官。戊辰，遥授武宁军节度副使徒单吾典告平章政事抹撚尽忠逆谋，诏有司鞫之。设潼关提控总领军马等官。辛未，置河北东路行总管府于原武、阳武、封丘、陈留、延津、通许、杞诸县，以治所徙军户。命司属令和尚等护治巩国公按辰第。上谓宰臣曰："按辰所为不慎，或至犯法。舍之则理所不容，治之则失亲亲之道，但当设官以防之耳。"按辰寻以不法，谪博州防御使。黜卫绍王母李氏光献皇后尊谥，神主在太庙，画像在启庆宫，并迁出之。陈州镇防军段仲连进羊三百，诏迁三官。命右丞汝砺诣陈州规画粮储。壬申，以苏门县为辉州。癸酉，朝谒世祖、太祖御容于启庆宫，行献享礼，始用乐。赐东永昌姓为温敦氏，包世显、包疙疸为乌古论氏，睹令孤为和速嘉氏，何定为必兰氏，马福德、马柏寿为夹谷氏，各迁一官。甲戌，朝谒太宗、熙宗、睿宗御容，行献享礼。诏开、滑、浚、济、曹、滕诸州置连珠寨，如卫州。乙亥，诏河北、山东等路及平凉、庆阳、临洮府，泾、邠、秦、巩、德顺诸州经兵，四品以下职事官并以二十月为满。募随处主帅及官军、义军将校，有能率众复取中都者封王，迁一品阶，授二品职。能战却敌、善诱降人、取附都州县者，予本处长官、散官，随职迁授，余州县递减二等。

红袄贼周元儿陷深、祁州，束鹿、安平、无极等县，真定帅府以计破之，斩元儿及杀其党五百余人。丁丑，诏司、县官能募民进粮五千石以上，减一资考，万石以上，迁一官，减二资考，二万石以上迁一官，升一等，注见阙。诸色人以功赐国姓者，能以千人败敌三千人，赐及缌麻以上亲，二千人以上，赐及大功以上亲，千人以上，赐止其家。庚辰，陕西宣抚司来上第五将城万户杨再兴击走夏人之捷。壬午，以空名宣敕付陕西宣抚司，凡夏人入寇，有能临阵立功者，五品以下并听迁授。乙酉，置大名府行总管府于柘城县，以治所徙军户。

冬十月丙戌朔，翰林侍读学士、权参知政事乌古论德升出为集庆军节度使兼亳州管内观察使。丁亥，尚书右丞汝砺言："河北军户之徙河南者，宜以系官闲田及牧马草地之可耕者赐之，使自耕以食，而罢其月粮。"上从其请。命右司谏冯开随处按视，人给三十亩。夏人入保安，都统完颜国家奴破之；攻延安，戍将又败之。是日，捷至。戊子，以御史中丞徒单思忠为参知政事。己丑，平章抹撚尽忠下狱既久，监察御史许古言："尽忠逮系有司，此必重罪，而莫知其由，甚骇众听。乞遣公正重臣鞫之。如得其实，明示罪目，以厌中外之心。"书上，不报。庚寅，遂诛尽忠。癸巳，罪状尽忠告中外。诏枢密副使仆散安贞行枢密院于徐州。戊戌，辽东宣抚司报败留哥之捷。甲辰，诏求广平郡王承晖之后，得其犹子历亭县丞永怀，以为器物直长。丙午，夏人陷临洮，陕西宣抚副使完颜胡失剌被执。庚戌，诏尚书左丞相仆散端兼都元帅，行尚书省于陕西。辛亥，蒙古纲奏："昨被旨权山东路宣抚副使，屯东平。行至徐北岸，北兵已逼徐，不可往。"诏枢密副使仆散安贞权于沿河任使之。壬子，以同、华旧屯陕西兵及河南所移步骑旧隶陕州宣抚司者，改隶陕西行省。召中奉大夫、袭封衍圣公孔元措为太常博士。上初用元措于朝，或言宣圣坟庙在曲阜，宜遣之奉祀。既而上念元措圣人之后，山东寇盗纵横，恐罹其害，是使之奉祀而反绝之也，故有是命。辽东贼蒲鲜万奴僭号，改元天泰。

十一月丙辰朔，河北行尚书省侯挚入见。诏河北西路宣抚副使田琢自浚徙其兵屯陕。戊午，枢密院进王世安取盱眙、楚州之策，遂以世安为招抚使，与泗州元帅府所遣人同往淮南计度其事。戊辰，夏人犯绥德之克戎寨，官军败之，犯绥平，又败之。赏有功将士及来告捷者。参知政事徒单思忠言："今陈言者多掇拾细故，乞不送省，止令近侍局度其可否发遣。"上曰："若尔，是塞言路。凡系国家者，岂得不由尚书省乎?"庚午，上与尚书右丞汝砺商略遣官括田赐军之利害，汝砺言不便者数端。乃诏有司罢其令，仍给军粮之半，其半给讵实之价。壬申，遣参知政事侯挚祭河神于宜村。甲戌，移剌塔不也以军万人破夏人数万于熟羊寨。丙子，诏市民间辂车羸疾牝马置群牧中，以图滋息。知临洮府陀满胡土门破夏人八万于城下。丁丑，监察御史陈规劾参知政事侯挚，上不允所言，而慰答之。庚辰，上谓宰臣曰："朕恐括地扰民，罢其令矣。官荒牧马地军户愿耕者听，已为民承种者勿夺。旧列点检左右将军、近侍局官、护卫、承应人秩满皆赐匹帛，虽所司为之制造，然不免赋取于民，近亦罢之，止给宝券。至于朕所服御，亦以官丝付太府监织之，自今勿复及民也。"大元兵徇彰德府，知府陀满斜烈死之。

十二月乙酉朔，徙朔州民分屯岚、石、隰、吉、绛、解等州。戊子，以军事免枢密院官朝拜。己丑，侯挚复行尚书省于河北。庚寅，太白昼见。壬辰，诏免元日朝贺。乙未，敕赠昭圣皇后三代官爵。太康县人刘全、时温、东平府民李宁谋反，伏诛。戊戌，陕西行元帅府乞益兵，以田琢之众隶之，仍奖谕以诏。壬寅，诏林州刺史惟宏与都提控从坦同经理边事，诸将功赏次第便宜行之。乙巳，大元兵徇大名府。癸丑，皇太孙薨，以殇，无祭享之制，戒勿劳民。谕宣徽院免元日亲王、公主进酒。甲寅，礼官奏，正旦宋遣使来贺，不宜辍朝。命举乐、服色如常仪。诏临洮路兵马都总管陀满胡土门进官三阶，再任。

四年春正月癸亥，监察御史田迥秀条陈五事。丙寅，红袄贼犯泰安、德、博等州，山东西路行元帅府败之。丁卯，谕御史台曰："今旦视朝，百官既拜之后，始闻开封府报衙声。四方多故之秋，弛慢如此，可乎？中丞福兴号素谨于官事者，当一诘之。"己巳，尚书右丞高汝砺进左丞。庚午，大元兵收曹州。辛未，参知政事侯挚进尚书右丞。壬申，太原元帅左监军乌古论德升招其民降北者，得四千三百余人。癸酉，诏赐故皇太孙谥曰冲怀。更定捕获伪造宝券者官赏。乙亥，以殿前都点检皇子遂王守礼为枢密使，枢密使濮王守纯为平章政事。己卯，立遂王守礼为皇太子。庚辰，诏免逃户租。壬午，言者请遣官劭农，至秋成，考其绩以甄赏。宰臣言："民恃农以生，初不待劝，但宽其力，勿夺其时而已。遣官不过督州县计顷亩、严期会而已。吏卒因为奸利，是乃妨农，何名为劝。"上是其言，不遣。

二月甲申朔，日有食之。上不视朝，诏皇太子控制枢密院事。大元兵围太原。乙酉，以信武将军、宣抚副使永锡签枢密院事，权尚书右丞。皇太子既总枢务，诏有司议典礼，以金铸"抚军之宝"授太子，启禀之际用之。平章政事高琪表乞致仕，不允。召枢密院官问所以备御之策。丁亥，以河东南路宣抚使胥鼎为枢密副使，权尚书左丞，行省于平阳。鼎方抗表求退，诏勉谕就职，因有是命。行省左丞相仆散端先亦告老，遣太医往镇护视其疾。戊子，宰臣以皇太子既立，服御仪物悉与已受册同，今边事未宁，请少缓册宝之礼，从之。戊戌，免亲王、公主长春节入贺致礼。己亥，大元兵攻下霍山诸隘。甲辰，命参知政事李革为修奉太庙使，礼部尚书张行信提控修奉社稷。权祔肃宗神主于世祖室，奉始祖以下神主于随室，祭器以瓦代铜，献官以公服行事，供张等物并从简约。庚戌，诏凡死节之臣籍其数，立庙致祭。壬子，任国公玮薨，辍朝。是月，同知观州军州事张开复河间府沧、献等州并属县十有三，表请赦旁郡胁从之臣。又请以宣抚司空名宣敕二百道付之，从权署补，仍以粮继其军食。诏枢密措画。

三月乙卯，以将修太庙，遣李革奏告祖宗神主于明俊殿。丁巳，曲赦中都、河北等路。议军户给地事。乙丑，延州刺史温撒可喜上疏言："皇太子宜选正人为师保。"丙寅，长春节，宋遣使来贺。己巳，以将修社稷，遣太子少保张行信预告。沧州经略副使张文破赵福，复恩州。丙子，曲赦辽东路。己卯，处士王浍以右谏议大夫复迁中奉大夫、翰林学士，仍赐诏褒谕。庚辰，复邢州捷至。

夏四月己丑，陕西行省来报秦州官军破妖贼赵用、刘高二之捷。遣官鞫单州防御使仆散倬之罪，罢其城单州之役。癸巳，张开奏复清州等十有一城，诏迁官两阶，赏将士有差。甲午，改赐皇太子名守绪。诏谕陕西路军民。丙申，河北行省侯挚言："北商贩粟渡河，官遮籴其什八，商遂不行，民饥益甚。请罢其令。"从之。河南、陕西蝗。丁酉，太白昼见于奎。己亥，夏人葩俄族都管汪三郎率其蕃户来归，以千羊进，诏纳之，优给其直。辛丑，侯挚言："红袄贼掠临沂、费县之境，官军败之。获其党讯之，知其渠贼郝定僭号署官，已陷滕、兖、单诸州，莱芜、新泰等十余县。"时道路不通，宰臣请谕挚为备。仍诏枢密院招捕。蔡、息行元帅府兵拔木陡关，斩首千级。甲辰，有司言，扶风、郿县有蟊伤麦。

五月癸丑朔，礼官言："太庙既成，行都礼虽简约，惟以亲行祔享为敬，请权不用卤簿仪仗及宫县乐舞。"从之。

山东行省上沂州之捷。甲寅，凤翔及华、汝等州蝗。辛酉，以尚书右丞侯挚行省事于东平。己巳，来远镇获夏谍者陈臣等，知夏人将图临洮、巩州，窥长安。命陕西行省严为之备。丙子，上将以七月行袷享礼，虑时雨有妨，诏改用十月。夏人修来羌城界河桥。元帅右都监完颜赛不遣兵焚之，俘馘甚多。戊寅，京兆、同、华、邓、裕、汝、亳、宿、泗等州蝗。

六月戊子，诏凡进奏帖及申尚书省、枢密院关应大事，私发视者绞，误者减二等，制书应密者如之。壬辰，辽西伪瀛王张致遣完颜南合、张顽僧上表来归。诏授致特进，行北京路元帅府事，兼本路宣抚使，南合同知北京兵马总管府，顽僧同知广宁府。丙申，木星昼见于奎，百有一日乃伏。癸卯，诏有司祈雨。丁未，河南大蝗伤稼，遣官分道捕之。罢河北诸路宣抚司，更置经略司。壬子，以旱，诏参知政事李革审决京师冤狱。秋七月癸丑朔，昭义军节度使必兰阿鲁带复威州及获鹿县。飞蝗过京师。甲寅，山东行省槛贼郝定等至京师，伏诛。乙卯，以旱蝗，诏中外。己未，敕减尚食数品及后宫岁给缣帛有差。辛酉，监察御史陈规上章条陈八事。闰月壬午朔，日有食之。辛卯，复深州。癸巳，翰林学士完颜孛迭进《中兴事迹》。甲午，命掌军官举奇才绝力之人，提控、都副统等官互举其属。颁举官赏罚格，许功过相除。品官及草泽人有才武者，举荐升降亦如之。庚子，诏河南、陕西镇防军应廕及纳粟补官者，当役如旧，俟事定乃听赴铨。

八月甲寅，太子少保兼礼部尚书张行信定袷享亲祀之仪以进。上嘉纳之。三原县僧广惠进僧道纳粟多寡与都副威仪及监寺等格，从其言鬻之。夏人入安塞堡，元帅左监军乌古论庆寿遣军败之。壬戌，赐张行信宝券二万贯、重币十端，旌其议礼之当。乙亥，诏谕中都民，命大名招抚使募人持诏以往。丙子，大元兵攻延安。己卯，夏人入结耶觜川，官军击走之。

九月辛巳朔，大元兵攻坊州。以签枢密院事永锡为御史大夫，领兵赴陕西，便宜从事。壬辰，大元兵攻代州。经略使奥屯丑和尚战没。以中卫尉完颜奴婢等充贺宋生日使。冬十月己未，亲王、百官奉迎祖宗神主于太庙。招射生猎户练习武艺知山径者分屯陕、虢要地。命元帅左监军必兰阿鲁带守潼关，遥授知归德府事完颜仲元军卢氏。大元兵攻潼关，西安军节度使泥庞古蒲鲁虎战没。辛酉，上亲行袷享礼。甲子，袷享礼成。赦。乙丑，诏谕河南官吏军民，以赏格募立功之士。命参知政事徒单思忠提控镇抚京师，移剌周剌阿不屯关、陕。丙寅，诏京师具防城器械，多凿坎阱，筑垣墙于隙地。徙卫绍及镐厉王家属于京师。丁卯，以奉安社稷，遣官预告。戊辰，命张行信摄太尉，奉安社稷，礼乐咸洌其数。诏吏、礼、兵、工四部尚书董防城之役。大元兵徇汝州。己巳，沿河唯存通报小舟，余皆焚之。庚午，诏宿粮州县屯兵，其签民为兵者就署队长，以自防遏。河东行省胥鼎，遣潞州元帅左监军必兰阿鲁带以军一万，孟州经略使徒单百家以军五千，由便道济河趣关、陕，自将平阳精兵援京师。命枢府督军应之。辛未，置官领招贤所事。命内外官采访有才识勇略能区画防城者具以闻，得实超任，仍赏举主。内负长才不为人所知者，听赴招贤所自陈。壬申，以龙虎卫上将军裴满羊哥知归德府事，行枢密院事。癸酉，诏罢遣有司所拘民间输税车牛以运军士衣粮者。甲戌，谕附京民尽徙其刍粮入城，官储并运之。丙子，行枢密院知河南府事完颜合打以征兵失应，坐诛。户部郎中魏琦以没王事，官其子。己卯，议禁京师麤谷，近侍以宝券方行，恐滞其用，不果。吏部令史韩希祖陈言，曾以战功致身者尽拘京师备用，从之。

十一月庚辰朔，增定守御官及军人迁赏格。辛巳，诏止附京农民自撤其庐舍。壬午，河东行省胥鼎入援京师，用其言以知平阳府王质权元帅左监军，同知完颜僧家奴权右监军，代镇河东。拜鼎为尚书左丞兼枢密副使，知归德府完颜伯嘉签枢密院事。以完颜合打伏诛，诏中外。乙酉，元帅右都监完颜赛不来献其提控石盏合喜、杨斡烈等大败夏人于定西之捷，命行省视其功赏之。大元兵至渑池，右副元帅蒲察阿里不孙军溃而逃，失其所佩虎符。丙戌，前临潢府推官权元帅右监军完颜合达率官军老幼自北归国，升镇南军节度使，进官三阶。诏出公帑绵绢付有司偿所括民服以衣军者。是夕，月晕木星，木在奎，月在壁。己丑，定毁防城器具法。辛卯，诏立功五品以上官赐馔御前，六品以下官赐馔近侍局。癸巳，上谕皇太子："京城提控官有以文资充者，彼岂知兵？其速易之。"甲午，放免诸职官傔从及诸司局射粮兵卒尝选充军者。戊戌，敕诸州县签籍军民，以备土寇。华州元帅府复潼关。庚子，罢在京防城民军。遣御史陈规等充河南宣差安抚捕盗官。河南路统军使纥石烈扫合以发兵后期，坐诛。甲辰，以尚书工部侍郎和尚等充贺宋正旦使。丙午，河南行枢密院从坦言，其族人道哥愿隶行伍以自效。上嘉其忠，许之。内族承立进所获马驼。上曰："此军士所得，即以予之可也，朕安用哉。"因遍谕诸道将帅，后勿复如是。

十二月辛亥，平章政事术虎高琪加崇进、尚书右丞相。参知政事李革罢。癸亥，大元兵攻平阳。丙寅，皇太子议伐西夏。大元兵徇大名府。壬申，大元兵进自代州神仙横城及平定承天镇诸隘，攻太原府。宣抚使乌古论礼遣人间道赍矾书至京师告急。诏发潞州元帅府，平阳、河中、绛、孟宣抚司兵援之。乙亥，高琪请修南京里城。上曰："民力已困，此役一兴，病滋甚矣。城虽完固，朕亦何能独安此乎？"

卷十五　本纪第十五

宣　宗　中

兴定元年春正月己卯朔，宋遣使来贺。癸未，宋使朝辞。上谓宰臣曰："闻息州南境有盗，此乃彼界饥民沿淮为乱耳。宋人何故攻我。"高琪请伐之，以广疆土。上曰："朕意不然，但能守祖宗所付足矣，安事外讨？"乙未，诏中都、西京、北京等路策论进士及武举人权试于南京、东平、婆速、上京等四路。丙申，东平行省言："调兵以来，吏卒因劳进爵多至五品，例获封赠，及民年七十并该覃恩。若人往自陈，公私俱费。请令本路为制诰敕，类赴朝廷，以求印署。使受命者量输诸物而给之。人力不劳，兵食少济。"从之。皇子平章政事濮王守纯授世袭东平府路三屯猛安。尚书左丞胥鼎进平章政事，封莘国公。癸卯，议减庶官冗员。乙巳，大元兵攻观州。

二月戊申朔，初用"贞祐通宝"，凡一贯当"贞祐宝券"千贯。己酉，命枢密院汰罢软军士。谕尚书者，用官马给驿传以纾民力。庚戌，皇后生辰，诏百官免贺，仍谕旨曰："时方多难，将来长春节亦免贺礼。"辛亥，以崇进、元帅右都监完颜赛不签枢密院事。癸丑，罢招贤所。乙卯，皇孙生，宣徽请称贺，诏无用乐。己未，大元兵徇忻、代。诏定州、县官虽积阶至三品，坐乏军储者，听行部决遣。壬戌，尚书省以军储不继，请罢州府学生廪给。上曰："自古文武并用，向在中都，设学养士犹未尝废，况今日乎？其令仍旧给之。"丙子，议置庄献太子庙。

三月戊寅，敕事关刑名，当面议之，勿听转奏。以绛阳军节度使李革知平阳府，兼河东南路兵马都总管，权参知政事，行尚书省。壬午，定民间收溃军亡马之法，及以马送官酬直之格。乙酉，上宫中见蝗，遣官分道督捕，仍戒其勿以苛暴扰民。庚寅，长春节，宋遣使来贺。辛卯，诏罢平阳、河中元帅。乙未，先征山东兵接应苗道润共复中都，而石海据真定叛，虑为所梗，乃集粘割贞、郭文振、武仙所部精锐与东平军为掎角之势，图之。己亥，大元兵攻新城。庚子，攻霸州。甲辰，威州刺史武仙率兵斩石海及其党二百余人，降葛仲、赵林、张立等军，尽获海僭拟之物。寻进仙权知真定府事。

夏四月丁未朔，以宋岁币不至，命乌古论庆寿、完颜赛不等经略南边。戊申，孟州经略司万户宋子玉率所部叛，斩关而出，经略使从坦等追败之。庚戌，花帽军作乱于滕州，诏山东行省讨之。南阳五朵山盗发，众至千余人，节度副使移剌羊哥出讨，遇之方城，招之不从，乃进击之，杀其众殆尽。癸丑，以安化军节度使完颜宇权元帅左都监，行元帅府事，督经略使苗道润进复都城，且令和辑河间招抚使移剌铁哥等军。铁哥与道润不协，互言其有异志，故命重臣临镇之。戊午，单州雨雹伤稼，诏遣官劝谕农民改莳秋田，官给其种。平定州贼阎德用之党阎显杀德用，以其众降。己未，以权参知政事辽东路行省完颜阿里不孙为参知政事，行尚书省、元帅府于婆速路。以权辽东路宣抚使蒲察五斤权参知政事，行尚书省、元帅府于上京。庚申，李革请罢义军总领使副，以畀州县。尚书省以秋防在迩，改法非便，姑如旧制，州县各司察之。甲子，元帅守颜赛不破宋兵于信阳，使来奏捷。乙丑，济南、泰安、滕、兖等州贼并起，侯挚遣棣州防御使完颜霆讨平之，降其壮士二万人、老幼五万人。完颜赛不复奏败宋军于陇山等处，俘馘甚众。戊辰，太白昼见于井。辛未，权孟州经略使从坦递贼宋子玉至辉州境上，其党邢福杀子玉，以众来归。壬申，以万奴叛逆未殄，诏谕辽东诸将。完颜赛不军渡淮，破光州两关，获军实分给将士。

五月戊寅，陕西行省破夏人于大北岔，是日捷至。丁亥，民苑汝济上书陈利害，上以示宰臣曰："卑贱小人，犹能尽言如此，有可采者即行之。"己丑，贼宋子玉余党家属悉放归农。尚书右丞蒲察移剌都弃官擅赴京师，降知河南府事，行枢密院兼行六部事。壬辰，延州原武县雨雹伤稼，诏官贷民种改莳。癸巳，宋人攻颍州，焚掠而去。戊戌，行枢密院兵败宋人于泥河湾，又败之樊城县。山东行元帅府事蒙古纲擅械转运使李秉钧，法当决，秉钧返詈纲，应论赎，诏两释之。宋人取涟水县。癸卯，兰州水军千户李平等苦提控蒲察燕京贪暴，杀之。构夏人以叛，胁其徒张扆俱行，扆以计尽获之。陕西行省便宜迁扆官四阶，授同知兰州事，赏士卒有差，以其事上闻。甲辰，大元兵下沔城县，军官任福死之。丙午，定河北求仕官渡河之法，曾经总兵者白枢密院，余验据听渡。行枢密院事乌古论庆寿南伐还，奏不以实，诏鞫之。

六月己酉，苗道润表归国人李琛复以众叛，琛亦表道润异谋，诏山东行省察之。修潼关，遣中使持诏及暑药劳夫匠。权参知政事张行信进参知政事。庚戌，诏捕治辽东受伪署官家属，得按察使高礼妻子，皆戮之。壬子，制鄜、坊、丹州四品以下州县官视环、庆例，以二十月终更。甲寅，招抚使惟宏言彰德府守臣擅徙民山砦避兵，上曰："难保之城，守之何益，徒伤吾民耳。勿治。"乙卯，显宗忌日，谒奠于启庆宫。丙辰，诏枢密院遣经历官分谕行院，严兵利器以守冲要，仍禁饮宴，违以军律论。宋人合土寇攻东海境。戊午，以宋遣兵数犯境，及岁币不至，诏谕沿边罪宋。己未，诏凡上书人其言已采用者，上其姓名。辛酉，以进士朱盖、草泽人李维岳论议可取，诏给八贯石俸。乙丑，设潼关使、副，及三门、集津提举官。尚书左丞相兼都元帅仆散端薨，辍朝。置南京流泉务。辽东行省遣使来上正月中败契丹之捷。

秋七月丙子朔，日有食之。辛巳，宋人围泗州。壬午，围灵璧县。癸未，陕州振威军万户马宽逐其刺史李策，据城叛。遣使招之，乃降。已而复谋变，州吏擒戮之，夷其族。甲申，诏谕辽东诸路。乙酉，宋人袭破东海县。丙申，置提举仓场使、副。癸卯，太社坛产嘉禾，一茎十有五穗。甲辰，夏人犯黄鹤岔，官军败之。乙巳，初置集贤院知院事、同知院事等官。宋人及土寇攻海州，经略使击破其众。夏人围羊狼寨，帅府发诸镇兵击走之。

八月戊申，陕西行省报木波贼犯洮州败绩，遁去。木星昼见于昴，六十有七日乃伏。己酉，海州经略司表官军与宋人战石湫南，战涟水县，战中土桥，宋兵败绩。壬子，削御史大夫永锡官爵，有司论失律当斩，上以近族，特贳其死。癸丑，宋人攻确山县，为官军所败，诏谕国内军士，使知宋人渝盟之故，仍命大臣议其事。乙卯，集贤院谘议官朱盖上书陈御敌三策。壬戌，海州经略使阿不罕奴失剌败宋人于其境。提控李元与宋人战，屡捷，多所俘获。徙栏通渡经略司于黄陵冈。乙丑，制增定擒捕逃军赏格及居停人罪。丙寅，左司谏仆散毅夫乞更开封府号，赐美名，以尉氏县为刺郡，睢州为防御使，与郑、延二州左右前后辅京师。上曰："山陵在中都，朕岂乐久居此乎？"遂止。癸酉，太祖忌日，谒奠于启庆宫。甲戌，元帅左都监承裔遣其部将纳兰记僧等，合葩俄族都管尼庞古，以兵掩袭瓜黎余族诸蕃帐，屡破之，斩馘士卒，禽其首领，俘获人畜甚多，是日捷至。

九月丁丑，更定监察御史失察法。以元帅左监军必兰阿鲁带权参知政事，行省于益都。戊寅，夏人犯绥德之克戎寨，都统罗世晖逆击，却之。己卯，蔡州帅府侦宋人将窥息州，以轻兵诱其进，别以锐师邀击之，虏其将沈俊。壬午，以改元兴定，赦国内。甲申，罢规运所，设行六部。辛卯，大元兵徇隰州及汾西县，癸巳，攻沁州。辽东行省完颜阿里不孙为叛人伯德胡土所杀。月犯东井西扇北第二星。乙未，大元兵攻太原簸箕掌寨。丁酉，薄太原城，攻交城、清源。癸卯，立沿河冰墙鹿角。

冬十月丁未，以霖雨，诏宽农民输税之限。庚戌，以将有事于宋，诏帅臣整厉师徒。辛亥，遣官括市民马，红赏格以示劝。甲寅，命高汝砺、张行简同修《章宗实录》。息州帅府献破宋人于中渡之捷。乙卯，大元兵徇中山府及新乐县。丙辰，丹州进嘉禾，异亩同颖。辛酉，制定州府司县官失觉奸细罪。壬戌，右司谏兼侍御史许古上疏，请先遣使与宋议和。乙丑，大元兵下磁州。丙寅，定职官不求仕及规避不赴任法。高汝砺上疏言，和议先发于我，恐自示弱，非便。戊辰，上命许古草通宋议和牒，既进以示宰臣，宰臣以其言有祈哀之意，徒示微弱，无足取者，议遂寝。辛未，罢流泉务。大元兵收邹平、长山及淄州。壬申，改郇国号为管，避上嫌名。高汝砺表致仕，不允。

十一月壬午，从宜移剌买奴言："五朵山贼鱼张二等，若悉诛之，屡诏免罪，恐乖恩信。且其亲属沦落宋境，近在均州，或相构乱。乞贷其死，徙之归德、睢、陈、钧、许间为便。"诏许之。癸未，月晕木、火二星，木在胃，火在昴。丙戌，太白昼见，遣翰林侍讲学士杨云翼禜之。大元兵收山东滨、棣、博三州，己丑，下淄州。庚寅，下沂州。甲午，河西掬纳、籛纳等族千余户来归。丁酉，诏唐、邓、蔡州行元帅府举兵伐宋。戊戌，大元兵攻太原府。庚子，上谓宰臣曰："朕闻百姓流亡，逋赋皆配见户，人何以堪？又添征军须钱太多，亡者讵肯复业，其并议除之。"宰臣请命行部官阅实蠲贷，已代纳者给以恩例，或除他役，或减本户杂征四之一。上曰："朕于此事未尝去怀，其亟行之。"

十二月甲辰朔，大元兵攻潞州，都统马甫死之。戊申，即墨移风砦于大舶中得日本国太宰府民七十二人，因籴遇风，飘至中国。有司覆验无他，诏给以粮，俾还本国。庚戌，元帅左监军蒲察五斤进右副元帅，权参知政事，充辽东行省。是日，大元兵平益都府。辛亥，陕西行省胥鼎谏伐宋，不报。甲寅，海州经略使报提控韩璧败宋人于盐仓。己未，大元兵复攻沂州，官民弃城遁。辛酉，下密州，节度使完颜宇死之。壬戌，侯挚兼三司使。庚午，免逃户复业者差赋。

二年春正月乙亥，诏议赈恤。辛巳，敕南征将帅所至毋纵杀掠。壬午，宋人攻淮北，唐州元帅府击败之，获统领李雄韬、陈皋以归。癸未，近侍局副使讹可遣使报南师之捷。乙酉，陕西行省获归国人，言大元兵围夏王城，李遵顼命其子居守而出走西凉。诏谕诸帅府明斥候，严守备。戊子，唐、邓元帅完颜赛不报连破宋人之捷。宋人攻泗州，又战却之。

二月癸卯，宋人侵青口，行枢密院遣兵败之。甲辰，免中京、嵩、汝等州逋租。谕胥鼎，克宋散关，可保则保，不可保则焚毁而还。定奴婢救主法。丙午，讹可败宋人于防山。纥石烈桓端亦遣使来上光州、信阳之捷。庚戌，海州经略败宋兵于朐山，表请继其军储，督东平帅府发兵护送资粮以应之。许州长社县何冕等谋反，伏诛。辛亥，张行信出为彰化军节度使兼泾州管内观察使。壬子，御史以北兵退，请汰各处行枢密院、元帅府冗官。尚书以为非便，上从尚书言，仍旧制。完颜赛不报枣阳之捷。癸丑，完颜阿邻报皂郊堡之捷。丁巳，寿州行枢密院破宋人高柳桥水砦，夷其砦而还。壬戌，讹可遣兵拔宋栅棋盘岭，又破其众于裴家庄、寒山岭、龙门关等处，得粟二千余石。乙丑，谕枢密曰："中京商、虢诸州军人愿耕屯田，比括地授之。闻徐、宿军独不愿受，意谓予田必绝其廪给也。朕肯尔耶？其以朕意晓之。"丙寅，谕尚书省曰："闻中都纳粟官多为吏部缴驳，殊不思方阙乏时，利害为如何。又立功战阵人，必责保官，若辈皆义军白丁，岂识职官，苟文牒可信，即当与之。至若在都时，规运薪炭入城者，朕尝植恩授以官。此岂容伪，而间亦为所沮格。其悉谕之，勿复若是。"纥石烈牙吾塔破宋人盱眙军，上俘获之数。己巳，以侯挚行省河北，兼行三司安抚司事。

三月庚辰，尚书集文资官杂议进士之选，诏依泰和例行之。癸未，讹可败宋人于光化军。甲申，长春节。戊子，谕宰臣曰："旧制，廷试进士日晡后出宫。近欲复旧，恐能文而思迟者，不得尽其才，其令日没乃出。"以御史中丞把胡鲁为参知政事。陕西行六部尚书杨贞削五官，累杖一百七十，解职。讹可表言，官军自桐柏入宋境，所向多克捷。癸巳，宋人争皂郊堡，击官军，军溃，主将完颜阿邻战没。丙申，更定京城捕告强盗官赏制。辛丑，上京行省蒲察五斤表，左监军哥不霭诬坊州宣抚副使纥石烈按敦将叛而杀之。事下尚书省，宰臣以为按敦之死徐议恤典，哥不霭亦姑牢笼使之，上勉从其言。夏四月壬寅朔，蒲察五斤表，辽东便宜阿里不孙贷粮高丽不应，辄以兵掠其境。上命五斤遣人以诏往谕高丽，使知兴兵非上国意。乙巳，诏河南路行总管府节镇以上官，充宣差捕盗使，以防御刺史以上长贰官，及世袭猛安之才武者为之副，又命濮王府尉完颜毛良虎为宣差提控，以巡督之。是日，曲赦辽东等路。以户部尚书夹谷必兰为翰林学士承旨，权参知政事，行省于辽东。丁未，承裔败宋人于皂郊堡。庚戌，御史劾集贤院谘议官李维岳本中山府无极县进士赵孝选家奴，乞正其事。上曰："国家用人，奚择贵贱？"命以官银五十两赎放为良，任使仍旧。壬子，遣侍御史完颜素兰、近侍局副使讹可同赴辽东，察访叛贼万奴事体。行省侯挚督兵复密州。提控朱琛复高密县。癸丑，完颜素兰请宣谕高丽复开互市，从之。乙卯，特赐武举温迪罕缴住以下一百四十人及第。丁巳，陕西行省破宋鸡公山，取和州、成州，至河池县黑谷关，守者皆遁，前后获粮九万斛，钱数千万，军实不可胜计。戊午，红袄贼犯徐、邳，行枢密院兵大破之。己未，阿里不孙自潼关之败，失其所在，变姓名匿居柘城，为御史觉察，系其家属，将穷治之，乃遣子上书诣吏待罪。台臣力请诛之，以惩不忠。上卒赦其罪，谕以自效。癸亥，遣重臣审理京师冤狱。丁卯，河南诸郡蝗。临洮路报败宋人之捷。东平行省败黑旗贼，拔胶西县，渠贼李全来援，并破之。戊辰，河北行省败红袄贼，进至密州，降伪将校数十人，士卒七百人，悉复其业。

五月辛未朔，凤翔元帅完颜闾山破宋人步落埚、香炉堡诸屯。甲戌，招抚副使黄掴阿鲁荅袭破李全于莒州及日照县之南，三道击之，追奔四十里。丙子，夏人自葭州入鄜延，元帅承立遣兵败之马吉峰，是日捷至。诏遣官督捕河南诸路蝗。辛巳，策论词赋经义进士及武举人入见，赐告命章服。莱州民曲贵杀节度经略使内族转奴，自称元帅，构宋人据城叛。山东招抚司遣提控王庭玉、招抚副使黄掴阿鲁荅等讨平之，斩伪统制白珍及牙校数十人，生禽贵及伪节度使吕忠等十余人，诛之。乃命庭玉保莱，朱琛保密，阿鲁答保宁海，以安辑其民。丙戌，陕西行省言："四月中，巩州行元帅承裔遣提控乌古论长寿、纳兰记僧分道伐宋。长寿出盐川镇，记僧出铁城堡，皆克捷而还。"辛卯，寿州行枢密院南城军攻辛城镇，一军趣史河，与宋人战，胜之。壬辰，河北行省复黄县。乙未，第凤翔、秦、巩三道南征将士功，各迁其官。丙申，增随朝官及诸承应人俸。戊戌，陕西行省连报承裔等入宋境之捷。己亥，大元兵徇锦州，元帅刘仲亨死之。庚子，陕州群狼伤百余人，立赏募人捕杀。

六月甲辰，枢密院言："诸道表称大元集兵应州、飞狐，将分道南下，观其意不在河北，而在陕西。河东各路义士、土兵、蕃汉弓箭手，宜于农隙教阅，以备缓急。东平、单州冲要，豫徙其农民粮畜，置可守之城，修近城水砦，因以为固。潼谷远连商、虢，宜令两帅府选官按视阨塞。"又言："贾瑀等刺杀苗道润，乞治瑀等专杀之罪，余州郡各以正职授头目，使分治一方。"上谕之曰："道润之众亟收集之，瑀等是非未明，姑置勿问。诸头目各制一方，利害至重，更审处之。"石州贼冯天羽众数千，据临泉县为乱。帅府命将讨捕之，为贼所败，旁郡县将谋应之。州刺史纥石烈公顺赴以兵，天羽等数十人迎降，公顺杀之。余贼走保积翠山，遣将王九思攻之，不下。诏国史院编修官马季良持告敕金币往招之。比至，九思先破栅，杀贼二千人，余复走险。已而，其党安国用等诣季良降者五千余人，就署国用同知孟州防御使事，以次迁擢有差。分其众于绛、霍间。丁未，以参知政事把胡鲁权左副元帅，与平章政事胥鼎协力防秋。己酉，苗道润所部军请隶潞州元帅府，诏河北行省审处之。壬子，红袄贼犯沂州，官军败之，追至白里港，都提控齐信没于阵，诏有司议赠恤。丙辰，遣监察御史粘割梭失往河中、绛、解等郡，同守土官商度可保城池。丁巳，上以久旱，谕宰臣治京狱冤。因及京城小民，中纳石炭，既给其价，御史劾以过请官钱，并系之狱，有论至极刑者，欲悉从宽宥，何如？高琪对不然，遂止。壬戌，御史言户部员外郎臧伯升供亿息州，偶遇官军战胜，亦冒迁一官，乞论其罪。上曰："军前如此者，何止伯升，今遽见罪，余皆不安。且诘所从来，势连及帅府。多故之秋，岂为一官，遂忘大计？但令厘正之。"癸亥，遣高汝砺、徒单思忠祷雨。

秋七月庚午朔，日有食之。辛未，诏赏南伐将士有差。夏人犯龛谷，提控夹谷瑞及其副赵防击走之。甲戌，以旱灾，诏中外。己卯，遣官望祀岳镇海渎于北郊，享太庙，祭太社、太稷，祭九宫贵神于东郊，以祷雨。遣太子太保阿不罕德刚、礼部尚书杨云翼分道审理冤狱。癸未，大雨。太子、亲王、百官表请御正殿，复常膳。庚寅，择明干官提控铨选无违失者与升擢，令译史不任事者，验已历俸月放满，别选能者。甲午，夏人复犯龛谷，夹谷瑞大破之。用点检承玄言，遣官诣诸道选寄居守阙丁忧官及亲军入仕才堪总兵者，得一百六人，付枢密任使。八月庚子朔，河北行省以苗道润军隶涿州刺史李瘸驴，副以张甫、张柔。戊申，敕亲军百户以下授职待阙者给本俸，仍充役，俟当赴任遣之。己酉，诏河北行省完颜霆进军援山东招抚使田琢，自今将士立功听琢先赏以闻。大元遣木华里等帅步骑数万自太和岭徇河东。乙卯，大元兵收代州。辛酉，棣州提控纥石烈丑汉讨贼张聚，大破其众，复滨、棣二州。奸人李宜伏诛。复禁北归民渡河。戊辰，大元兵收隰州。

九月乙亥，下太原府，元帅左监军兼知枢府事乌古论德升死之。丙戌，谕皇太子曰："军务之速，动关机会，悉从中覆，则或稽缓。自今有当亟行者，先行后闻。"以户部尚书纳合蒲剌都为元帅右监军，行元帅府事于潞州。戊子，置秦关等处九守御使，命完颜蒲察等分戍诸阨。议迁海州，侯挚言不便，止。大元兵徇汾州，节度使兀颜讹出虎死之。庚寅，李全破密州，执招抚副使黄掴阿鲁荅、同知节度使夹谷寺家奴。辛卯，大元兵下孝义县。乙未，设随处行六部官，以京府节镇长官充尚书，次侍郎、郎中、员外郎；防刺长官侍郎，次郎中、员外郎、主事；勾当官听所属任使。州府官并充劝农事，防刺长官及京府节镇同知以下充副使。丙申，李全破寿光县。

冬十月甲辰，李全破邹平县，戊申，破临朐县。己酉，大元兵徇绛、潞。壬子，攻平阳，提控郭用死之。癸丑，下平阳，知府事、权参知政事、行尚书省李革及从坦死之。甲寅，权平定州刺史范铎以弃城伏诛。诏诸郡录囚官，凡坐军期者皆奏谳。山东路转运副使兼同知沂州防御使程戳及邳州副提控王汝霖等通宋人为变，伏诛。宋人攻涟水县，提控刘瑛败之。丁巳，大元兵攻泽州。戊午，尚书省言获奸细叛亡，率多僧道。诏沿边诸州，惟本处受度听依旧居止，来自河北、山东遣入内郡，讥其出入。己未，李全据安丘，提控王政屯昌乐侯王庭玉兵同进讨。宣差太府少监伯德玩擅率政兵攻全，为全所败，提控王显死焉。田琢上言乞正玩罪。癸亥，月犯轩辕左角之少民星。甲子，诏河东北路忻、代、宁化、东胜诸州并受岚州帅府节制。

十一月庚午，大赦。庚辰，御登贤门召致政旧臣赐食，访以时政得失。辛巳，以行元帅府纥石烈桓端权签枢密院事，行院于徐州，权右都监讹可行元帅府事于息州。甲申，诏河东南路隰、吉等州听绛州元帅府节制。大元兵收潞州，元帅右监军纳合蒲剌都、参议官修起居注王良臣死之。戊子，龛谷提控夹谷瑞败夏人于质孤堡。河北行省报海州之捷。壬辰，定经兵州县职官子孙非本贯理廕及过期不廕等格。丙申，大元兵下太原之韩村砦。定京师失火法。

十二月己亥朔，以御史中丞完颜伯嘉权参知政事、元帅左监军，行河中府尚书省元帅府，控制河东南、北路便宜从事。升绛州为晋安府，总管河东南路兵，降平阳为散府。辛丑，签枢密院事蒲察移剌都伏诛。壬寅，前山东西路转运使致仕移剌福僧上章言时事。癸卯，诏大理卿温迪罕达权同签枢密院事，行院于许州。甲辰，以诛移剌都，诏中外。乙巳，命徒单思忠祈雪，已而大雪。甲寅，以开封府治中吕子羽等使宋讲和。红袄贼攻彭城之胡材寨，徐州兵讨败之。乙卯，以礼部侍郎抹撚胡鲁剌为汾阳军节度使，权元帅右监军，与岚州元帅古里甲石伦完复河东。丁巳，籍濒河埽兵。癸亥，尚书省言："枢密掌天下兵，皇太子抚军，而诸道又设行院。其有功及失律者，须白院，启东宫，至于奏可，然后诛赏，有司但奉行而已。自今军中号令关赏罚者，皆明注诏旨、教令，毋容军司售其奸欺。"上从之。以枢密副使驸马都尉仆散安贞为左副元帅，权参知政事，行尚书省元帅府事，伐宋。甲子，上谕旨有司："京师丐食死于祁寒，朕甚悯之。给以后苑竹木，令居获燠所。"

三年春正月庚千，吕子羽至淮，宋人不纳而还。诏伐宋。丙子，税民种地亩，议行均输。戊寅，敕和市边城军需，无至配民。定镇戍征行军官减资历月日格。壬午，大雪。上闻东掖有撤瓦声，问左右，知为丁夫葺器物库庑舍，上恻然，谕主者曰："雪寒役人不休，可乎？姑止之。"丙戌，纥石烈牙吾塔上濠州香山村之捷。丁亥，谕宣徽，皇后生日免百官贺。壬辰，以大元兵已定太原，河北事势非复向日，集百官议备御长久之计。伐宋捷至，上谓侍臣曰："此事岂得已哉。近日遣使实欲讲和，彼既不从，安得不用兵也？"免单丁民户月输军需钱。甲午，有司请立价以买南征军士所获马，上恐失众心，因至败事，不听。乙未，敕尚书省，自今六部禀议常事，但可再送，不得趣召辨正。余应入法寺定断而再送，犹未当者具以闻，下吏治之。宰相执政以下皆不得召部寺官，部寺官亦不得诣省，犯者论违制。丁酉，邓州元帅府提控娄室有罪，减死削爵。

二月庚子，上与太子谋南征帅，不得其人，叹曰："天下之广，缓急无可使者，朕安得不忧？"纥石烈牙吾塔败宋人于滁。甲辰，胥鼎言："军中诛赏，近制须闻朝廷。赏由中出，示恩有归，可。部分失律，主将不得即治其罪，不可。"诏尚书枢密杂议。宰臣请城守野战将校有罪，从七品以下许便宜决罚，余悉奏裁。上曰："七品以下财令治之，将权太轻，或至误事。自今四品以下听决。"乙巳，攻宋光山县，俘其统制蔡从定等，光州以兵求援，复败之。丙午，上谓宰臣："江淮之人，号称选愞，然官军攻蔓菁蜗，其众困甚，胁之使降，无一肯从者。我家河朔州郡，一遇北警，往往出降，此何理也？"丁未，敕凡立功将士有丧者特起复迁授。戊申，拔宋小江寨，杀其统制王大蓬。己酉，取宋武休关。庚戌，元帅左都监承立，以绥德、保安之境，各获夏人统军司文移来上，其辞虽涉不逊，而皆有保境息民之言，诏尚书省议之。宰臣言："镇戎、灵平等镇近耗，夏人数犯疆埸。此文正缓我耳，宜严备御，以破奸计。"上然其言。又曰："顷近侍还自陕西，谓白撒已得凤州，如得武休关，将遂取蜀。朕意殊不然，假令得之，亦何可守？此举盖为宋人渝盟，初岂贪其土地耶？朕重惜生灵，惟和议早成为佳耳。"高汝砺乞致事，优诏不允。甲寅，诏陕西行省，从七品以下官许注拟，有罪许决罚，丁忧待阙随宜任使。军官徒以上罪及军事怠慢者，巡按御史治之。己未，行省安贞入宋境，破梁县等军，擒统制李申之。右副元帅完颜赛不、左都监牙吾塔，白石关、平山砦之捷俱至。

三月丁卯朔，陕西兵破宋虎头关，取兴元、洋州。捷至，上大悦。庚午，破宋人于七口仓。甲戌，高丽先请朝贡，因遣使抚谕之，使还，表言道路不通，俟平定后议通款。命行省姑示羁縻，勿绝其好。戊寅，蔡州行元帅府右都监完颜合达破宋人于梅林关，擒统制张时。己卯，长春节，免朝贺。提控奥屯吾里不败宋人于上津县，军还至濠州，宋人来拒，牙吾塔击走之。乙酉，河南路节镇以上立军器库，设使、副各一员，防刺郡设都监、同监各一员。完颜合达败宋人于马岭堡。丙戌，行省安贞破宋人于石堌山。己丑，追赐皇后父太尉汴国公彦昌姓温敦。庚寅，攻宋麻城县，拔之，获其令张倜等。辛卯，行省安贞破宋兵于涂山。壬辰，赛不败宋兵于老口镇，又败宋人于石鹘崖。甲午，录用罪废官副元帅蒲察阿里不孙、御史大夫永锡等七十人。诏太原等路，州县阙正授官，令民推其所爱为长，从行省量与职任。及运解盐人陕西，以济调度，命胥鼎兼领其事。闰三月丙申朔，申明居宰牛罪律。以雄、霸以东付权中都经略李瘸驴，易州以西付权中都西路经略靖安民治之。遥授金安军节度使完颜和尚、故行军副提控夹古吾典皆除名。庚子，皇子平章政事濮王守纯进封英王。壬寅，叛贼王公喜构宋人取沂州。甲辰，以沂国公主薨，辍朝。丙午，给空名宣敕及金银符，付岚州帅古里甲石伦，许便宜迁注，以招胁从。丁未，谕枢密院议晋安、东平、河中诸郡备兵之策。庚戌，行省左副元帅仆散安贞至自军前，入见于仁安殿。辛亥，少府少监粘割梭失言利害七事。甲寅，以南伐师还，罢南边州郡籍民为兵者。戊午，夏人破葭州之通秦砦，刺史纥石烈王家奴战没。壬戌，治书侍御史蒲鲁虎上书，请选太子师傅。甲子，胥鼎等各迁官，赏南伐之功。

夏四月丙寅朔，裕、宿等州置元帅府，选陕西步骑精锐六千人实京兆。戊辰，选精锐六万分屯平凉、泾、邠、乾、耀等州。庚午，以秦州主御使女奚烈古里间行元帅府于平凉。罢募民运解盐。筑京师里城，命侯挚董役，高琪总监之。甲戌，以知临洮府事石盏合喜为元帅左都监，行元帅府事于巩州。壬午，遣近侍四人巡视筑城丁夫，时其饮食，听其更休，督吏惨酷，悉禁止之。癸未，陕西黑风昼起，有声如雷，地大震。甲申，诏河北州县官止令土著推其所爱者充，朝廷已授者别议任使。乙酉，夏人据通秦寨，提控纳合买住击败之。己丑，林州都统霍成以疑贰诬杀降人，论罪当死，元帅惟良不欲以杀敌人诛边将，请宽其罚，仍请立护送降民赏格，以杜后患。上为之赦成，而命有司班赏格焉：护送十人以上至者迁一官，不及者每名赏钱二百缗，五十人以上两官，百人以上两官杂班任使。庚寅，以时暑，诏朝臣四日一奏事。高汝砺请备防秋之粮，宜及年丰于河南州郡验直立式，募民入粟。上与议定其法而行之。同提举榷货司王三锡请榷油，岁可入银数万两，高琪主之，众以为不便，遂止。辛卯，夏人犯通秦砦，元帅完颜合达出兵安塞堡以捣其巢。至隆州，夏人逆战，官军击之，众溃，进薄城，俄陷其西南隅，会日暮，还。壬辰，以同知平阳府事胡天作充便宜招抚使。

五月乙未朔，凤翔元帅府遣兵败宋人于黄牛等堡。壬子，太白昼见于参。

六月甲子朔，时暑，给修城夫病者药饵。遣谕元帅合达曰："以卿干局，故有唐、邓之委。或有侵轶，战退不宜远追，第固吾圉。"以骠骑上将军河南路统军使石盏女鲁欢为元帅右都监，行平凉元帅府事。诏付辽东等处行省金银符及空名宣敕，听便宜处置。壬申，制沿河戍兵逃亡罪并同征行军人例。诏御史中丞完颜伯嘉行枢密院于许州。甲戌，定防秋将校击球饮燕之罚。李全寇日照、博兴，纥石烈万奴败之；寇即墨，完颜僧寿又败之，复莱州。戊寅，诏陕西签军如河南例，曲赦河东南、北路。丁亥，命防御使徒单福定等帅所部义军，与沂州民老幼尽徙于邳。戊子，辽州总领提控唐括狗儿帅师复太原府。平凉等处地震，诏右司谏郭著抚谕其军民。

秋七月丁酉，籍邳、海等州义军及胁从归国而充军者，人给地三十亩，有力者五十亩，仍蠲差税，日支粮二升，号"决胜军"。戊戌，上进枢密臣僚谕之曰："里城久未毕功，尚书欲增调民，朕虑妨农。况粮储不继，将若之何，盍改图之。"枢臣言："是役之兴，实为大计，今功已过半，偶值霖潦，成功差迟。尚书议增丁夫，势必验口，不令妨业。比及防秋，当告成矣。"上曰："卿等善为计画，无贻朕忧。"庚子，以地震，曲赦陕西路。甲辰，置京东、西、南三路行三司。乙卯，曲赦山东西路。丁巳，遣徒单思忠以地震祭地祇于上清宫。

八月丙寅，补阙许古等削官解职。丁卯，木星犯舆鬼东南星。戊辰，遣礼部尚书杨云翼祭社稷，翰林侍读学士赵秉文祭后土于河中府。京西行三司李复亨言汝、邓冶铁，河南、北食盐之利。木星昼见于柳，百有九日乃灭。壬申，上敕台臣："朕处分尚书事，或至数日不奉行，及再问则巧饰次第以对。大臣容有遗忘，左右司玩弛，台臣当纠。今后复尔，并罪卿等。"乃定御史上下半月勾检省中制敕文字。大元兵下武州，军事判官郭秀死之。丁丑，缓在京差徭。中山治中王善杀权知府事李仲等以叛。大元兵下合河县，县令乔天翼等死之。乙酉，命枢密遣官简岭外诸军之武健者，养之彰德、邢、洺、卫、浚、怀、孟等城，弱者罢遣，戊子，敕侯挚谕三司行部官劝民种麦，无种粒者贷之。

九月甲午，诏单州经略使完颜仲元屯宿州，与右都监纥石烈德同行帅府事。丙申，唐州从宜夹谷天成败宋人于桐柏。丁酉，尚书省请申命侯挚广营积贮，上不许，曰："征敛已多，今更规画，不过复取于民耳。防秋稍缓，当量减戍兵，用度幸足，何至是耶。"甲辰，大元兵徇东胜州，节度使伯德窊哥死之。庚戌，命行省胥鼎领兵赴河中。壬子，真定招抚使武仙请给金银符赏有功，从之。沿河造战舰，付行院帅府。

冬十月癸亥朔，定保举县令能否升黜举主制。乙丑，用蒙古纲言，招集义军各置都统、副统等官，如贞祐三年制。平凉府先以地震被命醮祭，方行事，庆云见，以图来上。遣官覆验得实，是日，百官奉表称贺。丁卯，以完颜开权元帅左都监，郭文振权右都监，并行元帅府事，谋复太原。壬申，定赃吏计罪以银为则。癸酉，以庆云遣官告太庙。甲戌，以庆云诏国内。己卯，大元兵次单州境，诏诸路民应迁避兵而不欲者，亟遣人以利害晓之。癸未，里城毕工，百官称贺。宴宰臣便殿。迁右丞挚官一阶，赐右丞相琪、左丞汝砺、参知政事思忠金鼎各一，重币三。是役，上虑扰民，募人能致甓五十万者迁一官，百万仍升一等。平阳判官完颜阿剌、左厢讥察霍定和发宋蔡京故居，得二百万有奇，准格迁赏。甲申，宰臣请以里城之功建碑会朝门，从之。丁亥，大元兵屯绵上。壬辰，命有司葺闲舍，给薪米，以济贫民，期明年二月罢，俟时平则赡之以为常。

十一月癸巳朔，前岚州仓使张祐自夏国来归。以枢密副使仆散安贞、同签院事讹可行院事于河北。乙未，以官驴借朝士之无马者乘之，仍给刍豆。己亥，大元兵徇彰德府。辛丑，诏朝官七品、外路六品以上官，二岁举县令一人。户部令史苏唐催租封丘，期限迫促，民有生刈禾输租者。上闻之，遣吏按问，杖唐五十，县令高希隆减二等。尚书以希隆罚轻，上曰："使臣至外路，自非至刚者，孰能不从？其依前诏。"甲寅，徐州总领纳合六哥大破红袄贼于狄山。礼部郎中抹撚胡鲁剌上疏言时事。丁巳，右丞相高琪下狱。泰安军副使张天翼为贼张林所执以归宋，絷之楚州，至是逃归，授睢州刺史，超两官，进职一等。戊午，大元兵平晋安府，行元帅府事、工部尚书粘割贞死之。十二月，诛高琪。

卷十六　本纪第十六

宣宗下

四年春正月壬辰朔，诏免朝。丙申，金安军节度使行元帅府事古里甲古伦除名。丁酉，大元兵下好义堡，霍州刺史移剌阿里合等死之。诏赠官有差。庚戌，宋步骑十余万围邓州，闻援军至，夜焚营去，招抚副使术虎移剌荅追及之，夺其俘还。壬子，昼晦，有顷大雷电，雨以风。癸丑，户部侍郎张师鲁上书，请遣骑兵数千，及春，淮、蜀并进、以挠宋。丙辰，以武仙遥领中京留守，进官一阶。

三月辛丑，议迁睢州，治书侍御史蒲鲁虎奉诏相视京东城池，还言勿迁便，乃止。癸卯，长春节，诏免朝。乙巳，林州元帅惟良擒叛人单仲、李俊，诛之，降其党卢广。己酉，以吏部尚书李复亨参知政事，南京兵马使术甲赛也行怀、孟帅府事。辛亥，进平章政事高汝砺为尚书右丞相，监修国史，封寿国公。参知政事李复亨兼修国史。平章政事、陕西行尚书省胥鼎进封温国公，致仕。壬子，红袄贼于忙儿袭据海州，经略使完颜陈儿以兵击败忙儿，复取之。甲寅，木星犯鬼宿积尸气。

夏四月庚申朔，诏御史中丞完颜伯嘉提控防城事。癸亥，安武军节度使柴茂破红袄贼于枣强。祁州经略使段增顺破叛贼甄全于唐县。夏人犯边，元帅石盏合喜破之。乙丑，以彰德、卫、辉、滑、浚诸州隶河南路转运司。以河南路转运司为都转运，视中都，增置官吏。戊辰，禘于太庙。大元遣赵瑞以兵攻孟州。提控鲁德、王安复大名府。以参知政事把胡鲁权尚书右丞、左副元师，元帅左都监承立为右监军权参知政事，同行尚书省元帅府于京兆。庚辰，东平元帅府总领提控蒲察山儿破红袄贼于聊城。壬午，命六部检法以法状亲白部官，听其面议，大理寺如之。

五月壬辰，定二品至三品立功迁官格。癸巳，红袄贼寇乐陵、盐山，横海军节度使王福连击败之，张聚来寇，又败之。甲午，上击鞠于临武殿。丙申，以时暑，免常朝，四日一奏事。丁酉，谕工部暑月停工役。癸卯，大元兵徇陕州。丙辰，大元兵徇兖州，泰定军节度使兀颜畏可死之。

六月丙寅，遣人招张柔。丁卯，诏减监察御史四员。戊辰，山东民侨居者募壮士五百人，益东莒公燕宁军。月犯土星。己巳，太白昼见于张，百八十有四日乃伏。甲戌，制诸仓场库院巡护军，受提举仓场司及监支纳官弹压。京畿不雨，敕有司阅狱，杂犯死罪以下皆释之。丁丑，大元遣杨在攻下大名，又攻开州及东明、长垣等县。己卯，祈雨。庚辰，宋人方子忻来归，有司处之郑州。上曰："吾民奔宋者，彼例衣食之。彼来归者，不善视之，或复逃归，漏泄机事。"命增子忻廪给，有司优遇之。元帅右监军、权参知政事承立上封事。

秋七月辛卯，宋人及红袄贼犯河朔，诸郡皆降，独沧州经略使王福固守。会益都贼张林来攻，福乃叛降林，帅府请讨之。是日，雨。癸丑，林州行元帅府遣总领严禄等讨红袄贼于彰德府，生擒伪安抚使王九。诏参知政事李复亨为宣慰使，御史中丞完颜伯嘉副之，循行郡县劭农。以乌古论仲端等使大元。

八月戊午朔，严实、成江、王赟据济南，山东招抚高居实遣人招严实于青崖岩，获其款以闻。李全犯东平府，监军王庭玉败之，擒其伪安化军节度使张林。庚申，高阳公张甫请增兵守冀州。上谕枢密，颍州民渡淮为宋军者凡十村，可追索主者，惩一二以诫其余。庚午，敕掌兵官不听举县令。夏人陷会州，刺史乌古论世显降。甲戌，陕西行省报龛谷败夏人之捷。乙亥，上谕宰臣，河南水灾，唐、邓尤甚。其被灾州县，已除其租。余顺成之方，止责正供，和籴、杂征并免。仍自今岁九月始，停周岁桑皮故纸折输。流民佃荒田者如上优免。丙子，陕西行省与夏人议和。戊寅，定选补亲军法。己卯，罢葭州招抚司。壬午，陕西路行省承裔报定西州之捷。丙戌，以随路诸军户徙河南、京东、西、南路，各设检察使、副。恒山公武仙降大元。

九月戊子，诏遣官于河南、陕西选亲军。辛卯，进《章宗实录》。戊戌，大元木华里屯军真定。置总领元帅府于归德，以寿州、陈留两镇兵属之。庚子，夏人入定西州。壬寅，宋人屯皂郊堡，行军提控完颜益都击败之。大元遣塔忽等来。癸卯，夏人来侵。甲辰，滕州招捕提控夏义勇讨红袄贼，败之。乙巳，诏参知政事李复亨提控刍粮事。己酉，夏人陷西宁州，尚书省都事仆散奴失不坐诛，驸马都尉徒单寿春夺官一阶，杖六十。癸丑，更定安泊逃亡出征军人罪及捕获赏格。甲寅，宋人出秦州，及夏人来侵。丙辰，巩州行元帅府事石盏合喜报定西州之捷。

冬十月壬戌，大元遣蒙古塔忽、讹里剌等来。己卯，陕西东路行省报绥德州之捷。泗州元帅府言，红袄贼一月四入寇，掠人畜而去。庚辰，上击鞠于临武殿。辛巳，授红袄贼时青滕阳公、本处兵马总领、元帅兼宣抚。癸未，京西山寨各设守御使、副，令本路帅府总之。谕陕西行省图复会州。上击鞠于临武殿。十一月丁亥朔，免越王永功朔望朝参。易水公靖安民为其下所杀。戊子，黄陵冈经略使乌古论石虎等以战阵失律，伏诛。壬辰，木星昼见于翼，积六十有七日伏，夜又犯灵台北第一星。甲午，河南水，遣官劝课。更浮山县名忠孝。戊戌，诏复卫绍王王爵，仍加开府议同三司。壬寅，山东东路军户徙许州，命行东平总管府治之，判官一人分司临颍。乙巳，诏柴茂权元帅左都监，盖仁贵摄右都监，同行元帅府于真定。是月，大元木华里国王以兵围东平。十二月甲戌，祈雪。礼部郎中权左司谏抹撚胡鲁剌上封事。戊寅，诏军官许月击鞠者三次，以习武事。庚辰，猎，享于太庙。乙酉，镇南军节度使温迪罕思敬上书言钱币、税赋二事。

五年春正月丙戌朔，免朝。丁亥，世宗忌日，谒奠于启庆宫。戊子，括南京诸州逋户旧耕官田，给军户。壬辰，议御西夏及征南事。谕皇太子以东平御敌方略。甲午，谕枢密院，南伐事重，当详议其便。撰故卫王事迹，如海陵庶人例。丁酉，大元兵攻天井关。戊戌，宋人袭泗州西城，提控王禄死之。辛丑，太白昼见于牛，二百三十有二日伏。乙巳，诏诸道兵集蔡州，己酉，伐宋。庚戌，山东行省报东平之捷。二月丙辰朔，置招抚司于单州。曲赦东平府。庚申，下诏伐宋。以内族惟弼权同签枢密院事，行院于中京；斡勒合打权元帅府右都监，行元帅府于蔡、息；纳合降福权签枢密院事，行院于宿州；孛术鲁达阿权元帅右都监，完颜讹论副右都监，行元帅府于唐、邓。戊辰，罢怀州行元帅府，复置招抚司，与孟州经略司并受中京行枢密院节制。辛未，仆散安贞以兵出息州，破宋人于净居山寺，拔黄土关。癸酉，以旱灾，曲赦河南路。丙子，禁京城兵器。元帅纥石烈牙吾塔破宋兵，复泗州。进逼濠州，至涡口，乏粮而还西城。癸未，以旱灾，诏中外。三月丙戌朔，上御仁安殿，祈雨，仍望祭于北郊。庚寅，宋人围唐、邓，行元帅府事完颜讹论力战却之。前邓州千户孛术鲁毛良虎自拔归国，讹论便宜迁其官三阶，授同知唐州事，乞正授以示信，从之。乙未，罢河南路行三司。丙申，参知政事徒单思忠进尚书右丞、兼修国史，以太子詹事仆散毅夫为参知政事。谕宰臣曰："今奉御、奉职多不留心采访外事。闻章宗时近侍人秩满，以所采事定升降。今亦宜预为考核之法，以激劝之。"戊戌，长春节，免朝。己亥，夏因叛人窦赵儿之招，入据来羌城，孛术鲁合住以重赏诱胁从人为内应，督兵急攻城，拔之。省试经义进士，考官于常额外多放乔松等十余人。有司奏请驳放，上已允，寻复遣谕松等曰："汝等中选而复黜，不能无动于心。方今久旱，恐伤和气，今特恩放汝矣。"庚子，赐林州行元帅府经历官康琚进士及第。琚以武阶乞赴廷试，故有是命。丙午，以旱筑坛祀雷雨师。壬子，雨。四月己未，山东行省蒙古纲言："东莒公燕宁战败而死。宁所居天胜砦据险，宁亡，众无所归，变在朝夕。权署其提控孙邦佐为招抚使，黄掴兀也为总领，以抚其众。"遣使请命，敕有司议之。辛酉，祷雨于太庙。丙寅，仆散安贞破宋黄、蕲等州。壬申，俘宋宗室男女七十余口献于京师。癸酉，诏亲军中武举第而授职需次者，仍执旧役，廪给循常，阙至发遣。辛巳，监察御史刘从益以弹劾失当，夺官一阶，罢之。诏定进士中下甲及监官散阶至明威者举充县令法。五月甲申朔，日有食之。戊戌，宋人据楚丘，官军复之。庚子，纳兰记僧伏诛，告人赵锐升职四等。壬寅，陕西元帅完颜赛不遣使来献晋安、平阳之捷，方议其赏，御史乌古论胡鲁劾其纵将士卤掠，不副主上除乱救民之意，乞正其罪。上以赛不有功，诏勿问，赏议亦寝。癸卯，唐州守将讹论为元帅赛不犹子，与宋人战唐州境上，为宋人所败，死者七百余人，匿之而以捷闻。御史纳兰发其事。上以赛不故，亦不之罪，而以是意谕之。乃称纳兰敢言，录其功付有司，秩满考最。癸丑，东平内徙，命蒙古纲行省于邳州，王庭玉行帅府于黄陵埚。六月甲寅朔，尚书省奏驸马都尉安贞反状，上阅奏虑其不实，谓平章政事英王守纯曰："国家诛一大臣，必合天下后世公议。其令覆按之。"乙丑，遣使谕晋阳公郭文振、上党公完颜开各守疆土，同心济难，毋以细故启衅端，误国事。戊寅，仆散安贞坐谋反，并其三子皆伏诛。己卯，越王永功薨。庚辰，辍朝。壬午，上亲奠于殡所。秋七月己亥，义勇军叛，据砀山县。庚子，诏增给徐州、清口等处戍兵衣粮。己酉，砀山贼夜袭永城县，行军副总领高琬败之，命蒙古纲并力讨捕。辛亥，单州招抚刘琼乞移河南粮济其军，诏给之。八月壬子朔，罢黄陵埚招抚司。上谕尚书省，砀山叛军家属囚归德，旬余不给粮，恐伤其生。宰臣奏，已给之矣。又谕枢密，河北艰食，民欲南来者日益多，速令渡之，毋致殍死。癸亥，林、怀帅府邀击红袄贼于伏恩村，败之。甲子，诏南征溃军复归而能力战者，依出界立功格赏之。乙丑，宋人掠沈丘，杀县令。甲戌，命有司除逋户负租，毋征见户。九月甲申，以京东岁饥多盗，遣御史大夫纥石烈胡失门为宣慰使，往抚安之。更定监察御史违犯的决法。丁亥，诏州府及军官捕盗慢职，四品以下宣慰使决之，三品以上奏裁。戊子，增授隰州招抚使轩成官，改受陕西省节制。乙巳，崇进、驸马都尉定国公徒单公弼薨。庚戌，岁星犯左执法。右丞相高汝砺表乞致仕，诏温留之。冬十月癸丑，进汝砺官荣禄大夫。命仆散毅夫行尚书省于京东，督诸军刍粮。乙卯，太医侯济、张子英治皇孙疾，用药瞑眩，皇孙不能任，遂不疗，罪当死。上曰："济等所犯诚宜死，然在诸叔及弟兄之子，便应准法行之，以朕孙故杀人，所不忍也。"命杖七十，除名。尚书省言："司、县官贪暴不法，部民逃亡，既有决罚，他县停匿亦宜定罪。随处土民久困徭役，客户贩鬻坐获厚利，官无所敛，亦宜稍及客户，以宽土民。行院帅府幕职，虽无部众，亦尝赞画戎功，而推赏止进官一阶，宜听主将保奏，第功行赏。"上皆从其请。戊午，遣亲军讨河南群盗。辛酉，大元兵攻绥德州。壬戌，夏人复侵龛谷。甲子，敕监察所弹事，同列不可预闻，著为令。丁卯，夏人犯定西、积石之境。戊寅，分京畿戍卒万二千，河中民兵八千，以许州元帅纥石烈鹤寿将之，屯潼关西。十一月癸未，陕西东路行省报安塞堡败夏人之捷。甲申，谕太府减损食品。庚寅，募民兴南阳水田。壬辰，太子、亲王、百官表贺安塞堡之捷，却之。乙未，夏人攻龛谷。宋人攻蕲县。红袄贼掠宿州。辛丑，诏蠲徐、邳、宿、泗等州逋租，官民有能垦辟闲田，除来年科征。归德、亳、寿、颍停阁逋户租外，仍蠲三之一。逋户田庐有司募民承业，禁其毁损，以俟来复。蒲城县民李文秀等谋反，伏诛。壬寅，宋人焚颍州，执防御判官而去。是日，相国寺火。大元兵攻延安。十二月辛亥朔，以大元兵下潼关、京兆，诏省院议之。壬子，罢辟举县令法。丁巳，礼部侍郎乌古孙仲端、翰林待制安庭珍使北还，各迁一阶。庚申，罢河南义军。丁卯，诏罢新签民军，减枢密院掌兵官及京城戍兵，仍谕行院帅府，毋擅增设补签。辛未，罢行总管府及招讨统军检察等司。定宋人来归赏格及诈诱征防军人逃亡罪法。癸酉，元帅合达买住及其将士以延安功特赏赉之，仍下诏奖谕。闰月辛巳朔，大元兵徇鄜州，保大军节度使完颜六斤、权元帅左都监纥石烈鹤寿、右都监蒲察娄室、遥授金安军节度使女奚烈资禄皆死之。乙酉，提控术甲咬住破沈丘贼于陈瓦。丙戌，颁诏抚谕河南土寇。戊子，荧惑犯轩辕。己丑，孙璃及捕盗官吾古出招降泰和县贼二千人，诏斩其首恶，余皆释之。同知保静军节度使郭澍以征粮失期，诬杀平民，坐诛。辛卯，官军复葭州。癸巳，通远军节度使孛术鲁合住削官。甲午，月犯荧惑。丙申，红袄贼夜入蒙城县，县官失其符印，军民死者甚众，贼大掠而去。戊戌，镇星昼见于轸。己亥，发兵捕京东盗。太白昼见于室。壬寅，发上林署粟赈贫民。陈、亳等州，鹿邑、城父诸县，盗蜂起，趣枢府遣官讨之。捕盗军所过残民，遣御史一人按视。军所获牛，有司以官钱收赎。戊申，诏定招捕土寇官赏格。己酉，更造"兴定宝泉"，每一贯当"通宝"四百贯。

元光元年春正月庚戌朔，免朝。辛亥，世宗忌辰，谒奠于启庆宫。元帅惟弼破红袄贼于张骞店。壬子，遣官垦种京东、西、南三路水田。甲寅，禁非边关急速事无驰传，即滥乘者州县径白省部，四方馆从御史台，外路从分按御史治之。诏陕西西路行省徙京兆者，兵退还治平凉。坊州刺史把移失刺以弃城，伏诛。郑州防御使裴满羊哥、同知防御使古里甲石伦除名。平西节度使把古咬住夺官一阶。丁卯，诏抚谕京东百姓。二月壬午，诏徙中京、唐、邓、商、虢、许、陕等州屯军及诸军家属赴京兆、同、华就粮屯。乙酉，陕西西路行省请以厚赏募河西诸蕃部族寺僧，图复大通城，命行省枢密院筹之。癸巳，上谕宰臣，宋人以重兵攻平舆、褒信，我师力战却之，又侦知其事状之详。若俟帅府上功推赏，岂急于劝奖之道？其遣清望官，赍空名宣敕，核实给之。乙未，诏谕河南、陕西。大元兵屯葭州。壬寅，权定行省、枢府、元帅府辄杖左右司、经历司官罪法。甲辰，上念鄜延被兵，又延安受围，尝发民粟给军。诏除延安、鄜、坊、丹、葭、绥德税租，仍令有司偿其粟直，不足者许补官。戊申，恒州军变，万户呼延棫等千余人杀掠城中，焚庐舍而去。己酉，遣元帅左监军讹可行元帅府事，节制三路军马伐宋，同签枢密院事时全行院事，副之。三月辛酉，宋人掠确山县之刘村。丙寅，岁星犯太微左执法。戊辰，枢密院委差官贾天安上书言利害。壬申，尚书右丞徒单思忠以病马输官，冒取高价，御史劾之，有司以监主自盗论死，上顾惜大体，降授陈州防御使。癸酉，提控李师林败夏人于永木岭。郭文振表，近得俘者言，南北合兵将攻河南、陕西。诏枢密备御。夏四月辛巳，以金吾卫上将军、劝农使讹可签枢密院事。置大司农司，设大司农卿、少卿、丞，京东、西、南三路置行司，并兼采访事。壬午，大元兵攻陵川县。丁酉，林怀路行元帅府事惟良削官两阶，罢之。更定辟举县令之法，而复行之。戊戌，籍丁忧待阙、追殿等官，备防秋。丁未，行枢密院报淮南之捷。五月戊申朔，大元兵屯隰、吉、翼等州。壬戌，讹可、时全军大败。甲子，讹可以败绩当死，上面数而责之，勉其后效命，朘官两阶。丁卯，召致政胥鼎等赴省议利害。壬申，时全伏诛。六月戊寅朔，造舟运陕西粮，由大庆关渡抵湖城。癸未，大赦。陈州防御使吕子羽坐乏军兴，自尽。制诸监官及八品以下职事，丁忧、待阙、任满、遥授者，试补侍卫亲军。命各路司农司设捕盗方略。丁酉，红袄贼掠柳子镇，驱百姓及驿马而去，提控张瑀追击，夺所掠还。伪监军王二据黎阳县，提控王泉讨之，复其城。秋七月庚戌，大元将按察儿以其众屯晋安、冀州之境。丙辰，上党公完颜开复泽州。己未，归德行枢密院王庭玉报曹州破红袄贼之捷。庚申，定监当官选法。河北群盗犯封丘、开封界，令枢密院御捕。甲子，京东总帅纥石烈牙吾塔请自今行院帅府幕职，有过得自决之。不允。戊辰，红袄贼袭徐州之十八里砦，又袭古城、桃园，官军破之。乙亥，太白昼见经天，与日争光。八月丁丑，定西征将士官赏有差。己卯，彗星见西方。甲申，增定藏匿逃亡亲军罪及告捕赏格。积石州蕃族叛附于夏，巩州提控尼庞古三郎讨之，获羊千口，进尚膳，诏却之。以彗星见，改元，大赦。谕旨宰臣曰："赦书已颁，时刻之间，人命所系。其令将命者速往，计期而至。"以大司农把胡鲁为参知政事。癸巳，河间公移剌众家奴、高阳公张甫兵复河间府，是日，报捷者始达。上以道途梗塞，报者艰虞，命厚赏之。夏人入德顺。壬寅，祈雨。

九月丙午朔，以左右警巡使兼弹压。谕陕西行省备边。壬子，牙吾塔请以兵由寿州渡淮，捣宋人巢穴，不从。乙卯，议经略淮南。己巳，宋人掠遂平县之石砦店，复侵南阳，唐州提控夹谷九住败之。冬十月丁丑，夏人掠德顺之神林堡。壬午，宋张惠攻零子镇，为斡鲁朵所败，虏其裨将二人。河中府万户孙仲威执其安抚使阿不罕胡鲁剌据城叛，陕西行省遣将讨平之。癸未，复曹州。甲申，上猎于近郊，诏免百官送迎，且勿令治道，以劳百姓。庚寅，徙彰德招抚使杜先军于卫州。乙未，大元兵下荣州之胡壁堡及临晋。庚子，诏所司巡护避兵民资产。甲辰，以京兆官民避兵南山者多至百万，诏兼同知府事完颜霆等安抚其众。十一月丁未，大元兵徇同州，定国军节度使李复亨、同知定国军节度使讹可皆自尽。甲寅，京东总帅牙吾塔报临淮破宋兵之捷。戊辰，大元蒙古蒲花攻凤翔府。十二月乙亥朔，上谓皇太子曰："吾尝夜思天下事，必索烛以记，明而即行，汝亦当然。"以河中治中侯小叔权元帅右都监，便宜行事。乙酉，迁同知平阳府事史咏龙虎卫上将军，赐号"守节忠臣"，权行平阳公府事。丁亥，叠州总管青宜可卒，特命其子角袭职。诏谕近侍局官曰："奉御、奉职皆少年，不知书。朕忆曩时置说书人，日为讲论自古君臣父子之教，使知所以事上者，其复置。"己丑，兰州提控唐括昉败夏人于质孤堡。大元以大军攻凤翔。

二年春正月甲辰朔，诏免朝贺。乙巳，世宗忌日，谒奠于启庆宫。右丞相汝砺乞致政，上面谕使留。大元兵下河中府，权元帅右都监侯小叔复之。壬子，寿州防御使完颜乃剌夺官四阶。甲寅，上谕宰臣曰："向有人言便宜事，卿等屡奏乞作中旨行之。帝王从谏足矣，岂可掠人之美以为己出哉！"戊午，四方馆使李瘸驴以罪罢，宰臣请以散地羁縻之，上曰："此辈豪杰，正须诚待，若以术制，适使自疑。但不畀军政，外补何害？"授瘸驴恒州刺史。又谓："鬻爵恩例有丁忧官得起复者，是教人以不孝也，何为著此令哉？"丁卯，大元兵复下河中府。二月甲戌朔，皇后生辰，诏免贺礼。己卯，丞相汝砺朝会，免拜，设榻殿下，久立赐休。壬午，诏"军官犯罪，旧制更不可任用，今多故之秋，人才难得，朕欲除大罪外，徒刑追配有武艺善掌兵者，量才复用。其令尚书省议以闻"。丁亥，大赦。己亥，凤翔围解。石盏合喜加金紫光禄大夫，升左监军，特授大名府海谷忽申猛安，完颜仲元加光禄大夫，升右监军，特授河北东路洮委必剌猛安，各赐金鞶带有差。

三月甲辰朔，宋人袭汝阳。壬子，诫谕平章英王守纯崇饮。癸丑，以河中府推官籍阿外权元帅右都监，代领侯小叔军。甲寅，上谓宰臣："人有才堪任事，其心不正者，终不足贵。"丞相汝砺对曰："其心不正而济之以才，所谓虎而翼者也，虽古圣人亦未易知。"上以为然。丙辰，长春节，免朝。以户部尚书石盏畏忻为参知政事，兼修国史。辛酉，禁茶。壬戌，诏以凤翔战功及颁赏等级遍谕诸郡。甲子，以完颜伯嘉权参知政事，行尚书省于河中府。辛未，诏职官犯罪非死罪除名，遇赦幸免，有才干者中外并用。

夏四月癸酉朔，复霍州汾西县，诏给空名宣敕，迁赏将士之有功者。丙子，设京兆南山安抚司。丁丑，故凤翔万户完颜丑和以死节赠怀远大将军，授刺史职。其父恕除以功例赏外，迁两官，升职二等。己卯，遣官阅河南帅府见兵，籍闲官豪右亲丁及辽东、河北客户为军。庚子，募西山猎户为军。五月癸卯朔，始造“元光重宝”。丙午，复河中府及荣州，遣人持檄招前恒山公武仙。乙卯，权平阳公史咏复霍州及洪洞县。丁巳，始造“元光珍货”，同银行用。戊午，以檄招东平严实。己未，参知政事毅夫言：“胁从人号‘忠孝军’，而置沿淮者所为多不法，请防闲之。”上曰：“人心无常，顾驭之何如耳。驭之有术，远方犹且听命，况此辈乎！不然，虽左右亦难防闲。正在廓开大度而已。若是而不能致太平者，命也。”庚申，签河南路寄居官民充军。辛酉，徙晋阳公郭文振兵于孟州。甲子，徙权平阳公史咏兵于解州、河中府。六月乙亥，京东总帅牙吾塔报淮南之捷。丁亥，罢行省所置监察御史兼弹压之职。戊子，议遣人招李全、严实、张林。甲午，诏罢河中行省，置元帅府。辛丑，遥授静难军节度使颜盏虾蟆等以保凤翔功进官。秋七月壬寅朔，夏人犯积石州，羌界寺族多陷没，惟桑逋寺僧看逋、昭逋、厮没及答那寺僧奔鞠等拒而不从。诏赏诸僧钤辖正将等官，而给以廪禄。乙巳，遣兵守卫解州盐池。庚戌，以空名宣敕迁赏诸部降人。壬子，除市易用银及银与宝泉私相易之禁。癸丑，敕诸御史曰：“琐细事非人主所宜诘，然凡涉奸弊，靡不有关国政者。比闻朝官及承应人月给俸粮，多杂糠土，有司所收曷尝有是物哉。至于出纳斗斛，亦小大不一，此皆理所不容者，而台官初不问。事事须朕言之，安用汝曹也！”乙卯，丹凤门坏。丁巳，阴坡族之骨鞠门等叛归夏，元帅夹谷瑞发兵讨之，以捷闻。御史中丞师安石言制敌二事。戊午，宰臣方对次，有司奏前奉御温敦太平卒。上大骇曰：“朕屡欲授太平一职，每以事阻，今仅授之未数日而亡，岂非天耶！”因谓宰臣曰：“海陵时有护卫二人私语，一曰富贵在天，一曰由君所赐。海陵窃闻之，诏授言由君所赐者以五品职，意谓诚由己也，而其人以疾竟不及授。章宗秋猎，闻平章张万公薨，叹曰：‘朕回将拜万公丞相，而遂不起，命也。’”乙丑，诏籍陕西路侨居官民为军。八月辛未朔，邳州从宜经略使纳合六哥等率都统金山颜俊以沂州百余人，晨入省署，杀行尚书省蒙古纲，据州反。壬申，诏赏京兆路官军保全南山诸谷之功，以所全人数多寡为等第，千人以上官一阶，三千人以上两阶，五千人以上三阶，仍升职一等，能以力战护之者又增一阶，战没者就以赠之。甲戌，遣官持空名宣敕，谕以重赏招纳合六哥，拒命，即命牙吾塔合行院兵讨灭之。乙亥，火星入鬼宿中，掩积尸气。乙酉，诏能捕获反贼六哥者，除见定官外，仍与世袭谋克。丙戌，遣官分行蔡、息、陈、亳、唐、邓、裕诸州，洎司农司州县吏同议，凡民丁相聚立砦避兵，与各巡检军相依者，五十户以上置砦长一员，百户增副一员，仍先迁一官，能安民弭盗劝农者论功注授。九月庚子朔，日有食之。宋人入寿州，女奚烈蒲乃力战却之。壬寅，枢密院奏提控术甲蚪只罕破宋人之功。甲辰，宋人攻南阳。丙午，牙塔报桃园、淮阳之捷，并以纳合六哥结构李全之状来告。戊申，降人孙邦佐自李全军中归，遥授知东平府兼山东西路兵马都总管。官军与宋人力战于胡陂而却之，提控术虎春儿为所杀。癸丑，纳合六哥所署伪都统乌古论赛汉、夹谷留住等来归。己未，赠术虎春儿银青荣禄大夫。丙寅，扎也胡鲁等拔邳州南城。丁卯，权御史中丞师安石等劾英王守纯不实，付有司鞫治，寻诏免罪，而犹责谕之。冬十月癸酉，徙晋阳公郭文振等兵于卫州。乙亥，制行枢密院及元帅府，农隙之月分番巡徼校猎，月不过三次。丁丑，上猎于近郊。己卯，祫于太庙。壬午，火星犯灵台。乙酉，上猎于近郊。辛卯，诏石壕店、渑池、永宁县各屯兵千人。壬辰，滕州人时明谋反，伏诛。戊戌，唐、邓行元帅报淮南之捷。十一月己亥，红袄贼伪监军徐福等来降。诏进牙吾塔官一阶，赐金币有差。辛丑，总帅牙吾塔报邳州之捷，函叛人六哥首以献。开封县境有虎咥人，诏亲军百人射杀之，赏射获者银二十两，而以内府药赐伤者。丙午，邳州红袄贼三千来降，初拟置诸陈、许之间，上以为“若辈虽降，家属尚在河朔，余党必杀之，所得者寡而被害者众，亦复安忍？不若命使抚谕，加以官赏而遣之还。果忠于我，虽处河朔岂负我耶？且余众感恩，将有效顺者矣”。戊午，以上党公完颜开之请，谕开及郭文振、史咏、王遇、张道、卢芝等各与所邻帅府相视可耕土田，及濒河北岸之地，分界而种之，以给军饷。辛酉，巩州行元帅府报会州破夏人之捷。十二月己巳朔，徙沿淮巡检边军于内地。癸酉，以空名宣命金银符给完颜开赏功。辛巳，诏延安土人充司县官义军使者选人代之，量免其民差税。邳州民丁死战阵者各赠官一阶。归德、徐、邳、宿、泗、永、亳、颍、寿等州复业及新地民，免差税二年，见户一年，尝供给邳州者复免一年之半，睢州、陈留、杞县免三之一。

丁亥，上不豫，免朝。戊子，皇太子率百官及王妃、公主入问起居。己丑，复入问起居。庚寅，上崩于宁德殿，寿六十有一。上疾大渐，暮夜，近臣皆出，惟前朝资明夫人郑氏年老侍侧，上知其可托，诏之曰：“速召皇太子主后事。”言绝而崩。夫人秘之。是夜，皇后及贵妃庞氏问安寝阁。庞氏阴狡机慧，常以其子守纯年长不得立，心鞅鞅。夫人恐其为变，即绐之曰：“上方更衣，后妃可少休他室。”伺其入，遽钥之，急召大臣，传遗诏立皇太子，始启户出后妃，发丧。皇太子方入宫，英王守纯已先入，皇太子知之，分遣枢密院官及东宫亲卫军官移剌蒲阿集军三万余于东华门街。部署即定，命护卫四人监守纯于近侍局，乃即皇帝位于柩前。壬辰，宣遗诏。是日，诏赦中外。明年正月戊戌朔，改元正大，谥大行曰继天兴统述道勤仁英武圣孝皇帝，庙号宣宗。三月庚申，葬德陵。

赞曰：宣宗当金源末运，虽乏拨乱反正之材，而有励精图治之志。迹其勤政忧民，中兴之业盖可期也，然而卒无成功者何哉？良由性本猜忌，崇信暬御，奖用吏胥，苛刻成风，举措失当故也。执中元恶，此岂可相者乎，顾乃怀其援立之私，自除廉陛之分，悖礼甚矣。高琪之诛执中，虽云除恶，律以《春秋》之法，岂逃赵鞅晋阳之责？既不能罪而遂相之，失之又失者也。迁汴之后，北顾有道之朝日益隆盛，智识之士孰不先知？方且狃于余威，牵制群议，南开宋衅，西启夏侮，兵力既分，功不补患。曾未数年，昔也日辟国百里，今也日蹙国百里，其能济乎？再迁遂至失国，岂不重可叹哉！

卷十七　本纪第十七

哀宗上

哀宗讳守绪，初讳守礼，又讳宁甲速，宣宗第三子。母曰明惠皇后王氏，赐姓温敦氏，仁圣皇后之女兄也。承安三年八月二十三日生于翼邸，仁圣无子，养为己子。泰和中，授金紫光禄大夫。宣宗登极，进封遂王，授秘书监，改枢密使。贞祐初，庄献太子守忠薨，立皇孙铿为皇太孙，寻又薨。四年正月己卯，立守礼为皇太子，仍控制枢密院事，诏略曰："子以母贵，遂王守礼地邻冢嫡，庆集元妃，立为皇太子，其典礼有司条具以闻。"四月甲午，用太子少保张行信言，更赐名守绪。元光二年十二月庚寅，宣宗崩。辛卯，奉遗诏即皇帝位于柩前。壬辰，诏大赦，略曰："朕述先帝之遗意，有便于时欲行而未及者，悉奉而行之。国家已有定制，有司往往以情破法，使人罔遭刑宪，今后有本条而不遵者，以故入人罪罪之。草泽士庶，许令直言军国利害，虽涉讥讽无可采取者，并不坐罪。"

正大元年春正月戊戌朔，诏改元正大。庚子，上居庐，百官始奏事。秘书监、权吏部侍郎蒲察合住改恒州刺史，左司员外郎泥庞古华山同知桢州军州事，逐二奸臣，大夫士相贺。邠州节度使移剌术纳阿卜贡白兔，诏曰："得贤臣辅佐，年谷丰登，此上瑞也，焉事此为。令有司给道里费，从之本土。礼部其遍谕四方，使知朕意。"丁巳，诏朝臣议修复河中府。礼部尚书赵秉文、太常卿杨云翼等言，陕西民方疲敝，未堪力役。遂止。戊午，上始视朝。大司农、守汝州防御使李蹊为太常卿，权参知政事。平章政事荆王守纯罢，判睦亲府。参知政事仆散五斤罢，充大行山陵使。尊皇后温敦氏、元妃温敦氏皆为皇太后，号其宫一曰仁圣，一曰慈圣。百官入贺于隆德殿。是日，大风飘端门瓦。赤盏合喜权枢密副使。有男子服麻衣，望承天门且笑且哭。诘之，则曰："吾笑，笑将相无人；吾哭，哭金国将亡。"群臣请置重典，上持不可，曰："近诏草泽诸人直言，虽涉讥讪不坐。"法司唯以君门非笑哭之所，重杖而遣之。南阳民布陈谋反，伏诛。三月，荧惑犯左执法。戊申，奉安宣宗御容于孝严寺。辛亥，丞相高汝砺薨。癸丑，葬宣宗于德陵。甲寅，起复邠州节度使致仕张行信为尚书左丞。以延安帅臣完颜合达战御有功，授金虎符，权参知政事，行尚书省事于京兆，兼统河东两路。夏四月癸酉，宣宗祔庙，大赦中外。荧惑犯右执法。五月戊戌，平章政事把胡鲁薨。癸卯，枢密副使完颜赛不为平章政事，权参知政事石盏尉忻为尚书右丞，太常卿李蹊为翰林承旨，仍权参政。甲辰，赐策论进士学术论长河以下十余人及第，经义进士张介以下五人及第。戊申，赐词赋进士王鹗以下五十人及第。诏刑部，登闻检、鼓院，毋销闭防护，听有冤者陈诉。六月甲戌，宰执请击鞠，上以心丧不许，辛卯，立妃徒单氏为皇后。遣枢密判官移剌蒲阿率兵至光州，榜谕宋界军民更不南伐。秋七月己亥，诏谕百官各勤乃职。癸卯，补修大乐。九月，枢密判官移剌蒲阿复泽、潞，获马千匹。冬十月戊午，夏国遣使来修好。十二月乙巳，恒州刺史蒲察合住有罪，伏诛。甲寅，宣宗小祥，烧饭于德陵。改定辟举县令法，以六事课县令。京东、西、南，陕西设大司农司，兼采访公事，京师大司农总之。左丞张行信言："先帝诏国内，刑不上大夫，治以廉耻。丞相高琪所定职官犯罪的决百余条，乞改依旧制。"上不欲彰先帝之过，略施行之。

二年春正月甲申，有黄黑之祲。夏四月辛卯朔，恒山公武仙自真定府来奔。起复平章政事致仕莘国公胥鼎为平章政事，行省事于卫州，进封英国公。甲午，以京畿旱，遣使虑囚。钧、许州大雨雹。丁酉，宿、郑州雨伤麦。五月丁丑，以旱甚责己，避正殿，减常膳，赦罪。苏椿自大名来奔，诏置椿许州。秋七月，都水蒲察毛花辇杀人，免死除名。八月，巩州元帅田瑞反，行省军围之，其母弟十哥杀瑞出降，赦其罪，以为泾州节度使，世袭猛安。九月，夏国和议定，以兄事金，各用本国年号，遣使来聘，奉国书称弟。冬十月，以夏国修好，诏中外。新军政改总领为都尉。己酉，以诛田瑞诏中外。癸亥，遣礼部尚书奥敦良弼、大理卿裴满钦甫、侍御史乌古孙弘毅为夏国报成使，国书称兄。乙亥，面谕台谏完颜素兰、陈规曰："宋人轻犯边界，我以轻骑袭之，冀其惩创通好，以息吾民耳。夏人从来臣属我朝，今称弟以和，我尚不以为辱。果得和好，以安吾民，尚欲用兵乎。卿等宜悉朕意。"移剌蒲阿及宋人战于光州，获马数千，杀人千余而还。内族王家奴故杀鲜于主簿，权贵多救之者，上曰："英王朕兄，敢妄挞一人乎？朕为人主，敢以无罪害一人乎？国家衰弱之际，生灵有几何，而族子恃势杀一主簿，吾民无主矣。"特命斩之。诏有司为死节士十有三人立褒忠庙。禁宿、泗、青口巡边官兵，毋复擅杀过淮红袄军。诏赵秉文、杨云翼作《龟镜万年录》。

三年春正月丁巳朔，夏国遣使来贺。三月，陕西旱。平章政事胥鼎复请致仕，不许。诏尚书省议省减用度。夏四月辛卯，亲享于太庙。郕国夫人车经御路，过庙前，驭者乘马，二婢坐车中，俱不下，诏系狱杖之。辛丑，以旱，遣官祷于济渎。癸卯，祈于太庙。禁伞扇。河南大雨雹。己酉，遣使虑囚，遣使捕蝗。五月己未，大雨。宋兵掠寿州境。癸亥，永州桃园军失利，死者四百人。乙丑，大雨。壬申，诏谕陕州赵甫等，能以土地来归，当任使之。六月辛卯，京东大雨雹，蝗尽死。壬子，诏谕高丽及辽东行省葛不霭，讨反贼万奴，赦胁从者。秋七月庚午，平章政事英国公胥鼎薨。八月，移剌蒲阿复曲沃及晋安。辛卯，诏设益政院于内廷，以礼部尚书杨云翼等为益政院说书官，日二人直，备顾问。冬十月丁酉，夏使来报哀。十一月庚申，议与宋修好。戊辰，又议之。己巳，宋忠义军夏全自楚州来归，楚州王义深、张惠、范成进以城降，封四人为郡王。辛未，改楚州为平淮府，以夏全等来降，赦诸路从宋及淮、楚官吏军民，并其家属。甲戌，遣使夏国贺正旦。丙子，夏以兵事方殷来报，各停使聘。大元兵征西夏，平中兴府。召陕西行省及陕州总帅完颜讹可、灵宝总帅纥石烈牙吾塔赴汴议兵事。诏谕陕西两省，凡戎事三品以下官听以功过赏罚之，银二十五万两从其给赏。遣中奉大夫完颜履信等为吊祭夏国使。

四年春正月辛亥朔。壬戌，增筑中京城，浚汴城外濠。二月，蒲阿、牙吾塔复平阳，执知府李七斤，获马八千。三月，签劳效官充军，有怨言，不果用。以银赎平阳虏获男女，分赐官军者听自便。大元兵平德顺府，节度使爱申、摄府判马肩龙死之。大元兵复下平阳。己巳，征夏税二倍。夏五月丁丑，议乞和于大元。大元兵平临洮府，总管陀满胡土门死之。陕西行省进三策：上策自将出战，中策幸陕州，下策弃秦保潼关。不从。六月戊申朔，遣前御史大夫完颜合周为议和使。丙辰，地震。太白入井。赐词赋经义卢亚以下进士第。秋七月，大元兵自凤翔徇京兆。关中大震。工部尚书师安石为尚书右丞。壬辰，以中丞乌古孙卜吉、祭酒裴满阿虎带兼司农卿，签民军，劝率富民入保城聚，兼督秋税，令百姓知避迁之计。丁酉，赦陕西东、西两路，赐民今年租。八月庚戌，诏有司罢遣防备丁壮、修城民夫，军须差发应不急者权停。己巳，万年节，同知集贤院史公奕进《大定遗训》，待制吕造进《尚书要略》。是日，大风落左掖门鸱尾，坏丹凤门扉。陨霜，禾尽损。李全自益都复入楚州据之，遣总帅完颜讹可、元帅庆山奴守盱眙，与全战于龟山，败绩。冬十月辛酉，右拾遗李大节、右司谏陈规劾同判睦亲府事撒合辇奸赃，不报。壬戌，外台监察御史谏猎，上怒，以邀名卖直责之。诏赠德顺府死事爱申、马肩龙等官。以淮南王爵招李全。十一月乙未，未时，日上有二白虹贯之。丁酉，猎于近郊。十二月，真授李蹊参知政事。大元兵下商州。壬子，遣使安抚陕西，以牛千头赐贫民。

五年春正月丁丑，亲祭三庙。庚辰，遣知开封府事完颜麻斤出如大元吊慰。丙戌，议击盱眙。辛卯，以龟山之败，降元帅庆山奴为定国军节度使。二月乙巳朔，大寒，雷，雨雪，木之华者尽死。癸丑，诏有司以临洮总管陀满胡土门塑像入褒忠庙。书死节子孙于御屏，量材官使之。三月甲戌朔，群臣请依祖宗故事，枢密院听尚书省节制，不从。乙酉，监察御史乌古论不鲁剌劾近侍张文寿、张仁寿、李麟之受馈遗，曲赦其罪而出之。夏四月甲辰朔，以御史言三奸不已，凡四日不视朝。八日，议放还西夏人口。丙寅，右丞师安石薨。亲卫军王咬儿酗酒杀其孙，大理寺当以徒刑，特命斩之。五月癸巳，定国军节度使庆山奴以受赂，夺一官。六月壬戌，以旱，赦杂犯死罪已下。秋七月戊子，同判睦亲府事撒合辇出为中京留守，行枢密院事。八月乙卯，以旱，遣使祷于上清宫。甲子，参知政事白撒为尚书右丞，太常卿颜盏世鲁权参知政事。增筑归德行枢密院，拟工役数百万，诏遣权枢密院判官白华喻以农夫劳苦，减其工三之二。以节制不一，并卫州帅府于恒山公府，命白华往经画之。九月庚寅，雨足，始种麦。冬十一月辛巳，进《宣宗实录》。十二月庚子朔，日有食之。完颜麻斤出以奉使不职，免死除名。壬子，完颜奴申改侍讲学士，充国信使。以陕西大寒，赐军士柴炭银有差。京兆、凤翔府司竹监进竹，令分给之。

六年春二月丙辰，枢密院判官移剌蒲阿权枢密副使。耀州刺史李兴有战功，诏赐玉兔鹘带、金器。以丞相完颜赛不行尚书省事于关中，召平章政事完颜合达还朝。移剌蒲阿率忠孝军总领完颜陈和尚忠孝军一千骑驻邠州。遣白华驰谕蒲阿以用兵之意。诏枢密更给忠孝军马匹，以渐调发都尉司步卒及忠孝马军屯京西。以白华专备军须。三月乙亥，忠孝军总领陈和尚有战功，授定远大将军、平凉府判官，世袭谋克。夏五月，陇州防御使石抹冬儿进黄鹦鹉，诏曰："外方献珍禽异兽，违物性，损人力，令勿复进。"秋七月，罢陕西行省军中浮费。八月，移剌蒲阿再复泽、潞。九月，洮、河、兰、会元帅颜盏虾蟆进西马二匹，诏曰："卿武艺超绝，此马可充战用，朕乘岂能尽其力。既入进，即尚厩物也，今以赐卿，其悉朕意。"冬十月，移剌蒲阿东还，令陈和尚率陕西归顺马军屯钧、许。大元兵驻庆阳界。诏陕西行省遣使奉羊酒币帛乞缓师请和。十一月，遣使钧、许选试陕西归顺人，得军二千，以艺优者充忠孝军，次充合里合军。十二月，诏副枢蒲阿、总帅纥石烈牙吾塔、权签枢密院事完颜讹可救庆阳。罢附京猎地百里，听民耕稼。

七年春正月，副枢蒲阿、总帅牙吾塔、权签院事讹可解庆阳之围。以讹可屯邠州，蒲阿、牙吾塔还京兆。夏五月，诏释清口宋败军三千人，愿留者五百人，以屯许州，余悉纵遣之。赐经义词赋李瑭以下进士第。秋七月，以平章政事合达权枢密副使。八月，赐陕西死事之孤盐引及绢，仍量材任使。大元兵围武仙于旧卫州。冬十月，平章合达、副枢蒲阿引兵救卫州。卫州围解，上登承天门犒军，合达、蒲阿并世袭谋克。移剌蒲阿权参知政事，同合达行省事于阌乡，以备潼关。

八年春正月，大元兵围凤翔府。遣枢密院判官白华、右司郎中夹谷八里门谕阌乡行省进兵，合达、蒲阿以未见机会不行。复遣白华谕合达、蒲阿将兵出关以解凤翔之围，又不行。夏四月丁巳朔，赦。全免京西路军需钱一年。旱灾州县，差税从实减贷。大元兵平凤翔府。两行省弃京兆，迁居民于河南，留庆山奴守之。五月，李全妻杨妙真以全陷没于宋，构浮梁楚州北，欲复宋雠。遣合达、蒲阿屯桃源界滶河口，以备侵轶。宋八里庄人拒其主将，纳合达、蒲阿。诏改八里庄为镇淮府。秋七月，宋将焚浮梁。九月丙申，慈圣宫皇太后温敦氏崩，遗诰园陵制度务从俭约。大元兵驻河中府。庆山奴弃京兆东还。召合达、蒲阿赴汴，议引兵趋河中府，惧不敢行，还陕州，出师至冷水谷而归。大元兵攻河中府，合达、蒲阿遣元帅王敢率兵万人救之。冬十月，右丞相赛不致仕。十一月丁未，大元进兵峣峰关，由金州而东。省院议以逸待劳，未可与战。上谕之曰："南渡二十年，所在之民，破田宅，鬻妻子，竭肝脑以养军。今兵至不能逆战，止以自护，京城纵存，何以为国，天下其谓我何？朕思之熟矣，存与亡有天命，惟不负吾民可也。"乃诏诸将屯军襄、邓。十二月己未，葬明惠皇后。河中府破，权签枢密院事草火讹可死之，元帅板子讹可提败卒三千走阌乡。诏赦将佐以下，杖讹可二百以死。合达、蒲阿率诸军入邓州，杨沃衍、陈和尚、武仙皆引兵来会。出屯顺阳。戊辰，大元兵渡汉江而北，丙子，毕渡。合达、蒲阿将兵御于禹山之前。大元兵分道趋汴京，京师戒严。是夜二鼓，合达、蒲阿引军还邓州。大元兵蹑其后，尽获其辎重。

天兴元年，（是年本正大九年，正月改元开兴，四月又改元天兴。）春正月壬午朔，日有两珥。大元兵道唐州，元帅完颜两娄室与战襄城之汝坟，败绩。两娄室走汴京。遣完颜麻斤出等部民丁万人，决河水卫京城。癸未，置尚书省、枢密院于宫中，以便召问。起前元帅古里甲石伦权昌武军节度使，行元帅府事。合达、蒲阿引军自邓州赴汴京。乙酉，以点检夹谷撒合为总帅，将步骑三万巡河渡，权近侍局使徒单长乐监其军。起近京诸色军家属五十万口入京。丙戌，大元兵既定河中，由河清县白坡渡河。丁亥，长乐、撒合引兵至封丘而还。戊子，左司郎中斜卯爱实上书请斩长乐、撒合以肃军政，不从。都尉乌林荅胡土一军自潼关入援，至偃师，闻大元兵渡河，遂走登封少室山。壬辰，卫州节度使完颜斜捻阿不弃城走汴。甲午，修京城楼橹及守御备。大元兵薄郑州，与白坡兵合，屯军元帅马伯坚以城降，防御使乌林荅咬住死之。乙未，大元游骑至汴城。丁酉，大雪。大元兵及两省军战钧州之三峰山，两省军大溃，合达、陈和尚、杨沃衍走钧州，城破皆死之。枢密副使蒲阿就执，寻亦死。武仙走密县。自是，兵不复振，己亥，徐州行省完颜庆山奴引兵入援，义胜军校侯进、杜正、张兴率所部北降，庆山奴入睢州。庚子，御端门肆赦，改元开兴。辛丑，潼关守将李平以关降大元。壬寅，扶沟民钱大亨、李钧叛，杀县令王浩及其簿尉。庚戌，许州军变，杀元帅古里甲石伦、粘合仝周、苏椿等，以城降大元。二月壬子朔，庆山奴谋走归德，至阳驿店遇大元兵，徐帅完颜兀里力战而死，庆山奴被擒，使招京城，不从。睢州刺史张文寿弃城从庆山奴，皆死之。甲寅，大元兵徇临涣，摄县令张若愚死之。戊午，次卢氏。关、陕行省总帅两军及秦、蓝帅府军弃潼关而东，与之遇，天又大雪，未战而溃。行省徒单兀典、总帅纳合合闰败死，完颜重喜降，斩于马前。都尉郑倜杀都尉苗英亦降。秦、蓝总帅府经历商衡死之。大元兵下睢州。庚申，翰林待制冯延登使北来归。乙丑，大元兵攻归德。庚午，起复右丞相致仕赛不为左丞相。括京师民军二十万分隶诸帅，人月给粟一石有五斗。三月丁亥，大元军平中京，留守撒合辇投水死。甲午，命平章政事白撒宿上清宫，枢密副使合喜宿大佛寺，以备缓急。大元遣使自郑州来谕降，使者立出国书以授译史，译史以授宰相，宰相跪进，上起立受之，以付有司。书索翰林学士赵秉文、衍圣公孔元措等二十七家，及归顺人家属，蒲阿妻子，绣女、弓匠、鹰人又数十人。庚子，封荆王子讹可为曹王，议以为质。密国公璹以曹王幼，请代行，上慰遣之，不听其代。壬寅，尚书左丞李蹊送曹王出质，谏议大夫裴满阿虎带、太府监国世荣为请和使。户部侍郎杨慥权参知政事。分军防守四城。大元兵攻汴城，上出承天门抚西面将士。千户刘寿语不逊，诏释勿问。癸卯，上复出抚东面将士，亲傅战伤者药于南薰门下，仍赐卮酒。出内府金帛器皿以赏战士。乙巳，凤翔府炮军万户王阿驴、樊乔来归。己酉，造革车三千两，已而不用。置局养无家俘民。夏四月癸丑，兵士李新有功，擢四方馆使。元帅刘益叱其子战死。丁巳，遣户部侍郎杨居仁奉金帛诣大元兵乞和。戊午，又以珍异往谢许和。癸亥，明惠皇后陵被发，失柩所在，遣中官往视之，至是始得。以兵护宫女十人出迎朔门奉柩至城下，设御幄安置，是夜复葬之。戮郑倜妻子。甲子，御端门肆赦，改元天兴。诏内外官民能完复州郡者功赏有差。出金帛酒炙犒饫军士。减御膳，罢冗员，放宫女。上书不得称圣，改圣旨为制旨。释镐厉王、卫绍王二族禁锢，听自便。乙丑，百官初起居于隆德殿前。丙寅，以尚书省兼枢密院事。丁卯，放宫女，听以衣装自随，金珠留犒士卒。汴京解严，步军始出封丘门采薪蔬。己巳，建威都尉完颜兀论同大元使没忒入城。庚午，见使臣于隆德殿。放宫女如前。辛未，开郑门听百姓男子出入。甲戌，御承天门大飨将士，闻有声屈者乃还宫。乙亥，有诏止奏事。许州进樱桃。五月辛巳，迁民告出城者以万数，赛不、白撒不听。乙酉，以南阳郡王子思烈行尚书省于邓州，召援兵。丙戌，拜天于大庆殿，诏白撒致仕。放京城四面军，李辛不奉诏。丁亥，凿洧川漕渠，寻罢之。冯延登以奉使有劳，授礼部侍郎。戊子，裕州镇防军将领贺都喜率西军二千人入援，放迁民出京。辛卯，大寒如冬。密国公璹薨。汴京大疫，凡五十日，诸门出死者九十余万人，贫不能葬者不在是数。癸巳，杨春入据亳州，观察判官刘均死之。辛丑，上御香阁，面责宰相。乙巳，将相受保城爵赏。六月庚戌朔，诏百官举大将，众举刘益，不能用。癸丑，飞虎军二百人夺封丘门出奔。甲寅，以出师锢门禁。乙卯，白撒开渠于私第东。丙辰，阅官马，择瘠者杀以食。丁巳，封仙据徐州，徒单益都走宿州，推张兴行省事。庚申，塞京城四门，以便守御。壬戌，国安用入徐州，杀张兴，推封仙为元帅，以主州事。己巳，诏赠御侮中郎将完颜陈和尚镇南军节度使。立褒忠庙碑。权参知政事杨慥罢。辛未，复修汴城。以疫后，园户、僧道、医师、鬻棺者擅厚利，命有司倍征之，以助其用。甲戌，宿州镇防千户高腊哥、李宜杀节度使纥石烈阿虎父子，请行省徒单益都主帅事，益都不从，率其将吏西走，至谷熟遇大元军，死之。乙亥，左丞李蹊送曹王与其子仝俱还。丁丑，恒山公武仙杀士人李汾。七月庚辰朔，兵刃有火。辛巳，军士挝登闻鼓乞将刘益。癸未，尚书右丞颜盏世鲁罢。吏部尚书完颜奴申为参知政事。甲申，飞虎军士申福、蔡元擅杀北使唐庆等三十余人于馆，诏贳其罪，和议遂绝。乙酉，都人扬言欲杀白撒，密诏遣卫士护其家。丙戌，军士毁白撒别墅。斜捻阿不妄杀市人之过其门者以靖乱。

丁亥，拜天于承天门下，出内府及两宫物赐军士。戊子，下令招军。辛卯，签民为兵。巩昌民百二十人赴援。乙未，宿州帅众僧奴称国安用降，遣近侍直长因世英等持诏封安用为兖王，行京东等路尚书省事，赐姓完颜，改名用安。新军有挝登闻鼓者，杖杀之。乙巳，金、木、火、太阴会于轸、翼。丙午，参知政事完颜思烈、恒山公武仙、巩昌总帅完颜忽斜虎率诸将兵自汝州入援，以合喜为枢密使，将兵一万应之，命左丞李蹊劝谕出师，乃行。八月己酉朔，合喜屯杏花营，又益兵五千人，始进屯中牟故城。庚戌，发丁壮五千人运粮，饷合喜军。辛亥，完颜思烈遇大元兵于京水，遂溃，武仙退保留山，思烈走御寨，中京元帅左监军任守贞死之。合喜弃辎重奔至郑门，聚兵乃入。甲寅，免合喜为庶人，籍其家以赐军士。降监军长乐为符宝郎。丁巳，释奠孔子。戊午，括民间粟，己未，籍徒单兀典、完颜重喜、纳合合闰家赀。前仪封令魏璠上言，“巩昌帅完颜仲德沉毅有远谋，臣请奉命往召。”不报。戊辰，免府试。起复前大司农侯挚为平章政事，进封萧国公，行京东路尚书省事。己巳，挚帅兵行至封丘，将士将溃，挚止之，乃与众还汴。壬申，听无军家口戍京。甲戌，金木星交。乙亥，卖官，及许买进士第。丙子，诏罢括粟，复以进献取之。丁丑，京城民杨兴入赀，授延州刺史。戊寅，刘仲温入赀，授许州刺史。

卷十八　　本纪第十八

哀宗下

九月戊寅朔，诏减亲卫军。己丑，军士杀郑门守者出奔。壬辰，起上党公张开及临淄郡王王义深、广平郡王范成进为元帅。以前御史大夫完颜合周权参知政事。乙未，以榜召民卖放下年军需钱，上户田租如之。辛丑，夜大雷，工部尚书蒲乃速震死。闰月戊申朔，遣使以铁券一、虎符六、大信牌十、织金龙文御衣一、越王玉鱼带一、弓矢二赐兖王用安，其父母妻皆赠封之。又以世袭宣命十、郡王宣命十、玉兔鹘带十付用安，其同盟可赐者即赐之。辛亥，遣张开、温撒辛、刘益、高显率步军护陈留、通许粮道。罢贫民进献粮。戊午，招乡导。己未，有箭射入宫中，书奸臣姓名，两日而再得之。辛酉，再括京城粟，以御史大夫合周、点检徒单百家等主之。丙寅，括粟使者兵马都总领完颜九住以粟有蓬稗，杖杀孝妇于省门。十月，以前司农卿李涣飞语，诏左丞李蹊、户部侍郎杨慥系狱，将以军储失计坐罪。俄蹊、慥并除名，而止籍慥家赀。涣遂权户部尚书。寻赦残欠粮，其应以粮事系者皆释之。诏征诸道军，期以十二月一日入援。十一月丁未朔，赐贫民粥。平章政事侯挚致仕。左司郎中斜卯爱实以言事忤近侍，送有司，寻释之。己酉，卫州军校白昼取丰备仓米。壬子，京城人相食。癸丑，诏曹门、宋门放士民出就食。壬戌，召诸将相入议事。兖王用安率兵至徐州，元帅王德全闭城不纳。会刘安国与宿帅众僧奴引兵入援，至临涣，用安使人劫杀之，攻徐州久不能下，退保涟水。制使因世英以用安不赴援，还至宿州西，遇大元兵，死之。丙寅，河、解元帅权兴宝军节度使赵伟袭据陕州以叛，杀行省阿不罕奴十剌以下凡二十一人，诬阿不罕奴十剌等反状以闻。上知其冤，不能直其事，就授伟元帅左监军，兼西安军节度使，行总帅府事。伟寻亦归北。十二月丙子朔，以事势危急，遣近侍即白华问计，华对以纪季以酅入齐之义，遂以为右司郎中。甲申，诏议亲出。乙酉，再议于大庆殿，上欲以官奴、高显、刘益为元帅，不果。是日，除拜扈从及留守京城官。以右丞相、枢密使兼左副元帅赛不，平章政事、权枢密使兼右副元帅白撒，右副元帅兼枢密副使权参知政事讹出，兵部尚书权尚书左丞李蹊，元帅左监军行总帅府事徒单百家等率诸军扈从。参知政事兼枢密院副使完颜奴申，枢密副使兼知开封府权参知政事习捏阿不，里城四面都总领、户部尚书完颜珠颗，外城东面元帅把撒合，南面元帅术甲咬住，西面元帅崔立，北面元帅孛术鲁买奴等留守。除拜既定，以京城付之。擢魏璠为翰林修撰，如邓州招武仙入援。丁亥，上御端门，发府库及两府器皿宫人衣物赐将士。戊戌，官奴、阿里合谋立荆王不果，朝廷知其谋，置不问。庚子，上发南京，与太后、皇后、诸妃别，大恸。行次公主苑，太后遣中官持米肉遍犒军士。辛丑，至开阳门外，麾百官退。诏谕戍兵曰：“社稷宗庙在此，汝等壮士也，毋以不预进发之数，便谓无功，若保守无虞，将来功赏顾岂在战士下？”闻者皆洒泣。是日，巩昌元帅完颜忽斜虎至自金昌，为上言京西三百里之间无井灶，不可往，东行之议遂决，以为尚书右丞从行，遂次陈留。壬寅，次杞县。癸卯，次黄城。丞相完颜赛不之子按春有罪，伏诛。甲辰，次黄陵冈。乙巳，诸将请幸河朔，从之。

二年正月丙午朔，济河，北风大作，后军不克济。丁未，大元兵追击于南岸，元帅完颜猪儿、贺都喜死之，建威都尉完颜兀论出降。己酉，上哭祭战死士于河北岸，皆赠官，斩兀论出二弟以殉。赦河朔，招集兵粮，议取卫州。元帅蒲察官奴将忠孝军千人，东面元帅高显、果毅都尉粘哥咬住领军万人为前锋，至蒲城。庚戌，上次沤麻冈，平章政事白撒、元帅和速嘉兀底不继至。辛亥，白撒引兵攻卫州，不克。乙卯，闻大元兵自河南渡河，至卫之西南，遂退师，丁巳，战于白公庙，白撒败绩，弃军东遁。元帅刘益、上党公张开亦遁，并为民家所杀。益部曲王全降。戊午，上进次蒲城，复还魏楼村。李辛自汴京出奔，伏诛。己未，上以白撒谋，夜弃六军渡河，与副元帅、合里合六七人走归德。庚申，诸军始知上已往，遂溃。辛酉，司农大卿蒲察世达、元帅完颜忽土出归德西门，奉迎上入归德。赦在府囚。军民普覃一官，赐进士终场王辅以下十六人出身。遣奉御术甲塔失不、后弟徒单四喜往汴京奉迎两宫。白撒还自蒲城，聚兵于大桥，不敢入。壬戌，遣使召白撒至，数其罪，下之狱，仍籍其家财以赐将士，曰：“汝辈宜竭忠力，毋如斯人误国。”人予金一两。七日，白撤及其子忽土邻皆死狱中。右丞相赛不致仕。右丞完颜忽斜虎行省事于徐州。官奴再请率兵北渡，女鲁懽不可。遣归德知府行户部尚书蒲察世达、都转运使张俊民如陈、蔡取粮，以元帅李琦、王璧护之。戊辰，安平都尉、京城西面元帅崔立与其党韩铎、药安国等举兵为乱，杀参知政事完颜奴申、枢密副使完颜斜捻阿不，勒兵入见太后，传令召卫王子从恪为梁王，监国。即自为太师、军马都元帅、尚书令，寻自称左丞相、都元帅、尚书令、郑王。弟倚平章政事，侃殿前都点检，其党孛术鲁长哥御史中丞，韩铎副元帅兼知开封府，折希颜、药安国、张军奴、完颜合荅并元帅，师肃左右司郎中，贾良兵部郎中兼右司都事，又署工部尚书温迪罕二十、吏部侍郎刘仲周并为参知政事，宣徽使奥屯舜卿为尚书左丞，户部侍郎张正伦为尚书右丞，左右司都事张节为左右司郎中，尚书省掾元好问为左右司员外郎，都转运知事王天祺、怀州同知康琚并为左右司都事。开封判官李禹翼弃官去。户部主事郑著召不起。是日，右副点检温敦阿里，左右司员外郎聂天骥，御史大夫裴满阿虎带，谏议大夫、左右司郎中乌古孙奴申，左副点检完颜阿散，奉御忙哥，讲议蒲察琦并死之。遂送款大元军前。癸酉，大元将碎不觲进兵汴京。甲戌，立阅随驾官属军民子女于省署，及禁民间嫁娶，括京城财。两宫值变不果行，荅失不以其父咬住、四喜以其妻夺门而出，庚午至归德。上怒二人，皆斩于市。乙亥，遣右宣徽提点近侍局事移剌粘古如徐州，相地形，察仓库虚实。白华如邓州召兵。二月丙子朔。鱼山张瞰杀元帅完颜忽土，行省忽斜虎自率兵讨之，会从宜严禄诛瞰，乃还。括城中粮。知归德府事石盏女鲁懽为枢密副使、权参知政事。留元帅官奴忠孝军四百五十人，都尉马用军二百八十余人，发余军赴宿、徐、陈三州就粮。三月乙丑，石盏女鲁懽乞尽散卫兵出城就食。官奴私与国用安谋，邀上幸海州，不从。蔡帅乌石论镐以粮四百余斛至归德，表请临幸，上遣学士乌石论蒲鲜以幸蔡之意谕其州人。戊辰，官奴以忠孝军为乱，攻杀马用，遂杀尚书左丞李蹊、参知政事石盏女鲁懽、点检徒单长乐，从官右丞已下三百余人。上赦官奴，暴女鲁懽罪状，以官奴为枢密副使、权参知政事，左右司郎中张天纲为户部侍郎、权参知政事。辛卯，官奴真授参知政事，兼左副元帅。官奴以上居照碧堂，禁近诸臣无一人敢奏对者。上日悲泣言曰："自古无不亡之国、不死之主，但恨朕不知用人，致为此奴所囚耳。"遂与内局令宋珪等谋诛官奴。夏四月壬午，徐州行省完颜忽斜虎执王德全并其子诛之，及其党王琳、杨璞、斜卯延寿。召经历商瑀用之。鱼山从宜严禄叛归涟水。庚寅，陈州都尉李顺儿杀行省粘葛奴申及招抚使刘天起，送款于崔立。张俊民、李琦奔汴京。王璧还归德。癸巳，崔立以梁王从恪、荆王守纯及及诸宗室男女五百余人至青城，皆及于难。甲午，两宫北迁。甲辰，邓州节度使移剌瑗以其城叛，与白华俱亡入宋。六月己卯，官奴及其党阿里合、白进皆伏诛。上御双门，赦忠孝军，以安反侧。遂决策迁蔡，诏蔡、息、陈、颍各以兵来迓。中京留守、权参政乌林荅胡土弃城奔蔡。壬午，中京破，留守兼便宜总帅强伸死之。戊子，召徐州行省完颜忽斜虎赴行在所，以抹撚兀典代行省事，郭恩为总帅兼节度使。辛卯，上发归德，留元帅王璧守之。壬辰，次亳州。癸巳，以亳州节度使王进、同知节度使王宾征民丁运铁甲糗粮，留权参政张天纲董之，就迁有功将士。临淄郡王王义深据灵璧望口寨以叛，遣近侍直长女奚烈完出将徐、宿兵讨之，义深败走涟水，入宋。丙申，亳州镇防军崔复哥杀守臣王宾等，张天纲以便宜授复哥节度使，罢运铁甲糗粮，州人乃安。己亥，上入蔡州，诏尚书省为书召武仙会兵入援。徐州行省抹撚兀典赴蔡州。起复右丞相致仕赛不代行省事。七月癸卯朔，曲赦蔡州管内杂犯死罪以下。官吏军民普覃两官，经应办者更迁一官。弛门禁，通众货，蔡人便之。乙巳，以乌古论镐为御史大夫，总帅如故，张天纲为御史中丞，仍权参政，完颜药师为镇南军节度使，兼蔡州管内观察使。戊申，左右司郎中乌古论蒲鲜兼息州刺史，权元帅右都监，行帅府事。征行元帅权总帅娄室签枢密院事。己酉，选室女备宫中使令，已得数人，以右丞忽斜虎谏，留识文义者一人，余听自便。乙卯，遣魏璠征武仙兵。丁巳，护卫蒲鲜石鲁负祖宗御容至自汴，敕有司奉安于乾元寺。前御史中丞蒲察世达、西面元帅把撒合自汴来归。辛酉，武仙劫将士，谋取宋金州，至淅水众溃。行六部尚书卢芝、侍郎石玠谋归蔡州，仙追芝不及，遂杀玠。丁卯，定进马迁赏格，又定括马罪格，以签枢密院事权参政抹撚兀典领其事。遣使分诣诸道，选兵会于蔡。己巳，以蒲察世达为吏部侍郎，权行六部尚书。八月癸酉朔，以秦州元帅粘哥完展权参知政事，行省事于陕西。谕以蜡书，期九月中征兵与上会于饶丰关，欲出宋不意，以取兴元。甲戌，大元使王楫谕宋还，宋以军护其行，青山招抚卢进得逻吏言以闻，上为之惧。丁丑，上阅兵于见山亭。癸未，元帅楚琎复立寿州于蒙城，诏迁赏有差，州县官皆令真授。乙酉，大元召宋兵攻唐州，元帅右监军乌古论黑汉死于战，主帅蒲察某为部曲兵所食。城破，宋人求食人者尽戮之，余无所犯。宋人驻兵息州南。丙戌，诏权参政抹撚兀典、签枢密院事娄室行省、院于息州。丁亥，乌古论镐权参知政事，兀林荅胡土为殿前都点检。庚寅，初设四隅机察官。壬辰，息州行省抹撚兀典以兵袭宋人于中渡店，斩获甚众。乙未，万年节，州郡以表来贺二十余所。辛丑，设四隅和籴官及惠民司，以太医数人更直，病人官给以药，仍择年老进士二人为医药官。是月，假蔡州都军致仕内族阿虎带同佥大睦亲府事，使宋借粮，入辞，上谕之曰："宋人负朕深矣。朕自即位以来，戒饬边将无犯南界。边臣有自请征讨者，未尝不切责之。向得宋一州，随即付与。近淮阴来归，彼多以金币为赎，朕若受财，是货之也，付之全城，秋毫无犯。清口临阵生获数千人，悉以资粮遣之。今乘我疲敝，据我寿州，诱我邓州，又攻我唐州，彼为谋亦浅矣。大元灭国四十，以及西夏，夏亡及于我。我亡必乃于宋。唇亡齿寒，自然之理。若与我连和，所以为我者亦为彼也。卿其以此晓之。"至宋，宋不许。九月戊申，鲁山元帅元志率兵入援，赐以大信牌，升为总帅。庚戌，以重九拜天于节度使厅，群臣陪从成礼，上面谕之曰："国家自开创涵养汝等百有余年。汝等或以先世立功，或以劳效起身，被坚执锐，积有年矣。今当厄运，与朕同患，可谓忠矣。比闻北兵将至，正汝等立功报国之秋，纵死王事，不失为忠孝之鬼。往者汝等立功，常虑不为朝廷所知，今日临敌，朕亲见之矣，汝等勉之。”因赐卮酒。酒未竟，逻骑驰奏，敌兵数百突至城下。将士踊跃咸请一战，上许之。是日，分军防守四面及子城，以总帅孛术鲁娄室守东面，内族承麟副之；参知政事乌古论镐守南面，总帅元志副之；殿前都点检兀林荅胡土守西面，忠孝军元帅蔡八儿副之；忠孝军元帅、权殿前右副点检王山儿守北面，元帅纥石烈柏寿副之；遥授西安军节度使兼殿前右卫将军、行元帅府事女奚烈完出守东南，元帅左都监夹谷当哥副之；殿前右卫将军、权左副都点检内族斜烈守子城，都尉王爱实副之。辛亥，大元兵筑长垒围蔡城。己未，括蔡城粟。辛酉，禁公私酿酒。十月戊寅，更造“天兴宝会”。辛巳，纵饥民老稚羸疾者出城。癸未，徐州守臣郭恩杀逐官吏以叛，行省赛不死之。甲申，给饥民船，听采城壕菱芡水草以食。戊子，征诸道兵。辛卯，上阅射于子城，中者赏麦有差。丙申，殿前左副都点检温敦昌孙战殁。戊戌，赐义军战殁被创者麦。十一月辛丑朔，以右副都点检阿勒根移失剌为宣差镇抚都弹压，别设弹压四员副之，四隅机察亦隶焉。宋遣其将江海、孟珙帅兵万人，献粮三十万石助大元兵攻蔡。十二月甲戌，尽籍民丁防守，括妇人壮捷者假男子衣冠，运大石。上亲出抚军。丁丑，大元兵决练江，宋兵决柴潭入汝水。己卯，大元兵破外城，宿州副总帅高剌哥战殁。辛巳，以总帅孛术鲁娄室、殿前都点检兀林荅胡土皆权参政，都尉完颜承麟为东面元帅，权总帅。己丑，大元兵堕西城，上谓侍臣曰：“我为金紫十年，太子十年，人主十年，自知无大过恶，死无恨矣。所恨者祖宗传祚百年，至我而绝，与自古荒淫暴乱之君等为亡国，独此为介介耳。”又曰：“古无不亡之国，亡国之君往往为人囚絷，或为俘献，或辱于阶庭，闭之空谷。朕必不至于此。卿等观之，朕志决矣。”都尉王爱实战殁。炮军总帅王锐杀元帅夹谷当哥，率三十人降大元。庚寅，以御用器皿赏战士。甲午，上微服率兵夜出东城谋遁，及栅不果，战而还。乙未，杀尚厩马五十匹、官马一百五十匹犒将士。

三年正月壬寅，册柴潭神为护国灵应王。甲辰，以近侍分守四城。戊申，夜，上集百官，传位于东面元帅承麟，承麟固让。诏曰：“朕所以付卿者，岂得已哉？以肌体肥重，不便鞍马驰突。卿平日趫捷有将略，万一得免，祚胤不绝，此朕志也。”己酉，承麟即皇帝位。百官称贺。礼毕，亟出捍敌，而南面已立宋帜。俄顷，四面呼声震天地。南面守者弃门，大军入，与城中军巷战，城中军不能御。帝自缢于幽兰轩。末帝退保子城，闻帝崩，率群臣入哭，谥曰哀宗。哭奠未毕，城溃，诸禁近举火焚之。奉御绛山收哀宗骨瘗之汝水上。末帝为乱兵所害，金亡。

赞曰：金之初兴，天下莫强焉。太祖、太宗威制中国，大概欲效辽初故事，立楚立齐，委而去之，宋人不竞，遂失故物。熙宗、海陵济以虐政，中原觖望，金事几去。天厌南北之兵，挺生世宗，以仁易暴，休息斯民。是故金祚百有余年，由大定之政有以固结人心，乃克尔也。章宗志存润色，而秕政日多，诛求无艺，民力浸竭，明昌、承安盛极衰始。至于卫绍，纪纲大坏，亡征已见。宣宗南度，弃厥本根，外狃余威，连兵宋、夏，内致困惫，自速土崩。哀宗之世无足为者。皇元功德日盛，天人属心，日出爝息，理势必然。区区生聚，图存于亡，力尽乃毙，可哀也矣。虽然，在《礼》“国君死社稷”，哀宗无愧焉。

卷十九　本纪第十九

世纪补

景宣皇帝讳宗峻，本讳绳果，太祖第二子。母曰圣穆皇后唐括氏，太祖元妃。宗峻在诸子中最嫡。

天辅五年，忽鲁勃极烈杲都统诸军取中京，帝别领合扎猛安，受金牌，既克中京，遂与杲俱袭辽主于鸳鸯泺。辽主走阴山，耿守忠救西京，帝与宗翰等击走之。西京城南有浮图，敌先据之，下射，士卒多伤。帝曰：“先取是，则西京可下。”既而攻浮图，克下，遂下西京。太祖崩，帝与兄宗干率宗室群臣立太宗。天会二年薨。

熙宗即位，追上尊谥曰景宣皇帝，庙号徽宗。改葬兴陵。海陵弑立，降熙宗为东昏王，降帝为丰王。世宗复尊熙宗庙谥，尊帝为景宣皇帝。子合剌、常胜、查剌。合剌是为熙宗。

睿宗立德显仁启圣广运文武简肃皇帝讳宗尧，初讳宗辅，本讳讹里朵，大定上尊谥，追上今讳。魁伟尊严，人望而畏之。性宽恕，好施惠，尚诚实。太祖征伐四方，诸子皆总戎旅，帝常在帷幄。

天辅六年，太祖亲征，太宗居黄龙府，安福哥诱新降之民以叛，帝与乌古迺讨平之。南路军帅鹘实荅以赃败，帝往阅实之，咸称平允。

天会五年，宗望薨，帝为右副元帅，驻兵燕京。十一月，分遣诸将伐宋，帝发自河间，徇地淄、青。六年正月，宋马括兵二十万至乐安，帝率师击破之。闻宋主在扬州，时东作方兴，留大军夹河屯田而还，军山西。二月，移剌古破宋台宗隽、宋忠军五万于大名，明日再破之，获宗隽、忠而还。冀州人乘夜出兵袭照里营。照里击败之。宋主奉表请和，密书以诱契丹、汉人。诏伐宋。帝发自河北，降滑州，取开德府，攻大名府，克之，河北平。

初，伐宋，河北、河东诸将议不决，或欲先定河北、或欲先平陕西，太宗两用其策。而宗翰来会于濮，既平河北，遂取东平及徐州，尽得宋人江淮运致金币在徐州官库者，分给诸军，而刘豫遂以济南降。使拔离速等袭宋主于扬州，而宋主闻之，比拔离速至扬州，前夕已渡江矣。宋主乃贬去帝号，再以书来请存社稷，语在《宗翰传》中，既而宗弼追宋主，宋主渡江，入于杭州，复遁入海，宗弼乃还。

于是，娄室所下陕西城邑辄叛，宗翰等曰："前讨宋，故分西师合于东军，而陕西五路兵力雄劲，当并力攻取。今挞懒抚定江北，宗弼以精兵二万先往洛阳。以八月往陕西，或使宗弼遂将以行，或宗辅、宗干、希尹中以一人往。"上曰："娄室往者所向辄办，今专征陕西，岂倦于兵而自爱邪？卿等其戮力焉！"由是诏帝往。

是时，宋张浚兵取陕西，帝至洛水治兵，张浚骑兵六万，步卒十二万壁富平。帝至富平，娄室为左翼，宗弼为右翼，两军并进，自日中至于昏暮，凡六合战，破之。耀州、凤翔府皆来降。遂下泾、渭二州。败宋经略使刘倪军于瓦亭，原州降。撒离喝破德顺军静边寨，宋泾原路统制张中孚、知镇戎军李彦琦以城降。宋秦凤路都统制吴玠军于陇州境上，招讨都监马五击走之，降一县而还。帝进兵降甘泉等三堡，取保川城，破宋熙河路副总管军三万，获马千余，拔安西等二寨，熙州降。分遣左翼都统阿卢补、右翼都统宗弼招抚城邑之未下者，遂得巩、洮、河、乐、西宁、兰、廓、积石等州，定远、和政、甘峪、宁洮、安陇等城寨及镇堡蕃汉营部四十余，于是泾原、熙河两路皆平。撒离喝降庆阳府，慕洧以环州降。既定陕西五路，乃选骑兵六千，使撒离喝列屯冲要。于是班师，与宗翰俱朝京师，立熙宗为谙版勃极烈，帝为左副元帅。

十三年，行次妫州薨，年四十，陪葬睿陵，追封潞王，谥襄穆。皇统六年，进冀国王。正隆二年，追赠太师、上柱国，改封许王。世宗即位，追上尊谥立德显仁启圣广运文武简肃皇帝，庙号睿宗。二年，改葬于大房山，号景陵。

显宗体道弘仁英文睿德光孝皇帝，讳允恭，本讳胡土瓦，世宗第二子，母曰明德皇后乌林荅氏。皇统六年丙寅岁生。体貌雄伟，孝友谨厚。

大定元年十一月，世宗即位于东京。乙酉，封楚王，置官属。十二月，从至中都。

二年四月己卯，赐名允迪。五月壬寅，立为皇太子，世宗谓之曰："在礼贵嫡，所以立卿。卿友于兄弟，接百官以礼，勿以储位生骄慢。日勉学问，非有召命，不须侍食。"帝上表谢。专心学问，与诸儒臣讲议于承华殿。燕闲观书，乙夜忘倦，翼日辄以疑字付儒臣校证。九月庚子，诏东宫三师对皇太子称名，少师以降称臣。十一月庚子，生辰，百官贺于承华殿，世宗赐以袭衣良马，赐宴于仁政殿，皇族百官皆与。自后生辰，世宗或幸东宫，或宴内殿，岁以为常。十二月辛卯，奏曰："东宫贺礼，亲王及一品皇族皆北面拜伏，臣但答揖。伏望天慈听臣答拜，庶惇亲亲友爱之道。"世宗从之，以为定制。

世宗闻儒者郑松贤，松先为同知博州防御事致仕，起为左谕德，诏免朝参，令辅太子读书。松以友谕自处，帝尝顾松使取服带，松对曰："臣忝谕德，不敢奉命。"帝改容称善，自是益加礼遇。每出猎获鹿，辄分赐之。

四年九月，纳妃徒单氏，行亲迎礼。故事，大贺卤簿天子乘玉路，皇太子卤簿乘金路。六年，世宗行自西京还都，礼官不知皇太子自有卤簿金路，乃请太子就乘大驾缀路，行在天子之前。上疑其非礼，详阅旧典，礼官始觉其误。于是礼部郎中李邦直、员外郎李山削一阶，太常少卿武之才、太常丞张子羽、博士张檠削两阶。

顷之，礼官议受册谒谢太庙，服常朝服，乘马，世宗曰："此与外官礼上后谒诸神庙无异，海陵一时率意行之，何足为法？大册与三岁祫享当用古礼为是。孔子曰：'礼与其奢也宁俭。'不当轻易如此。"又曰："右丞苏保衡虽汉人不通经史，参政石琚通经史而不言，前日礼官既已削夺，犹不惧邪？其具前代典礼以闻，朕将择而处之。"久之，将授太子册宝，仪注备仪仗告太庙。上曰："朕受尊号谒谢，乃用故宋真宗故事，常朝服乘马。皇太子乃用备礼，前后不称，甚无谓也。"谓右丞相良弼、左丞守道曰："此卿等不用心所致。"良弼等谢曰："臣愚虑不及此。"上复曰："此文臣因循故也。"是年十月甲申，祫享于太庙，行亚献礼。

七年，帝有疾，诏左丞守道侍汤药，徙居琼林苑临芳殿调治。

八年正月甲戌，改赐名允恭。庚辰，受皇太子册宝，帝上表谢。

九年五月，世宗命避暑于草泺，隋王惟功从行，其应从行者皆给道路费。帝奏曰："远去阙廷，独就凉地，非臣子所安，愿罢行。"世宗曰："汝体羸弱，山后高凉，故命汝往。"丁丑，百官奉辞于都城之北，再拜，帝答拜。是月，百官承诏具笺问起居。六月，百官问起居如前。八月乙酉，至自草泺，百官迎谒于都城之北，如送仪。丙戌，入见，世宗曰："吾儿相别经夏，极甚思忆也。"九月，诏皇太子供膳勿月支，岁给五千万。

十年八月，帝在承华殿经筵，太子太保寿王爽启曰："殿下颇未熟本朝语，何不屏去左右汉官，皆用女直人。"帝曰："谕德、赞善及侍从官，曷敢辄去？"爽乃揖而退。帝曰："宫官四员谓之谕德、赞善，义可见矣，而反欲去之，无学故也。"有使者自山东还，帝问民间何所苦，使者曰："钱难最苦。官库钱满有露积者，而民间无钱，以此苦之。"帝曰："贮之空室，虽多奚为。"谓户部尚书张仲愈曰："天子富藏天下，何必独在府库也。"因奏曰："钱在府库，何异铜矿在野。乞流转，使公私俱利。"世宗嘉纳，诏有司议行之。

十年一月丁亥，有事于圆丘，帝行亚献礼。

十二年五月，世宗闻德州防御使胡剌谋叛，因曰："朕于亲亲之道未尝不笃，而辄敢如此。"帝徐奏曰："叔胡剌性荒纵，耽娱乐，而无子嗣，忽如此狂谋，望更阅实之。"十月己未，祫享于太庙，帝摄行祀事。

十三年十月，承诏与赵王惟中、曹王惟功猎于保州、定州。十一月甲午，还京师。

十四年四月乙亥，世宗御垂拱殿，帝及诸王侍侧。世宗论及兄弟妻子之际，世宗曰："妇言是听而兄弟相违，甚哉。"帝对曰："《思齐》之诗曰：'刑于寡妻，至于兄弟，以御于家邦。'臣等愚昧，愿相励而修之。"因引《常棣》华萼相承，脊令急难之义，为文见意，以诫兄弟焉。

十五年，世宗诏五品职事官谢见皇太子。

十七年五月甲辰，侍宴于常武殿，典食令涅合进粥，帝将食，有蜘蛛在粥碗中，涅合恐惧失措，帝从容曰："蜘蛛吐丝乘空，忽堕此中尔，岂汝罪哉。"十月己卯，袷享于太庙，摄行祀事。

十九年四月戊申，有事于太庙，摄行祀事。丁巳，詹事乌林答愿入谢，帝命取幞头腰带，官属请曰："此见宰相师傅之礼也。"帝曰："愿事陛下久，以此加敬耳。"皆曰："非臣等所及。"十一月，改葬明德皇后于坤厚陵，帝徒行挽灵车。遇大风雪，左右进雨具，帝却之。比至顿所，衣尽沾湿，观者无不下泪。海陵虽贬黜为庶人，宗干尚称明肃皇帝，议者以为未尽，帝具表奏论。世宗嘉纳之。于是宗干削去帝号，降封辽王。

二十四年，世宗将幸上京，诏帝守国，作"守国之宝"以授之。其遣使、祭享、五品以上官及事利害重者遣使驰奏，六品以下官、其余常事，并听裁决。每三日一次于集贤殿受尚书省启事。京朝官遇朔望具朝服问侯。车驾在路，每二十日一遣使问起居。已达上京，每三十日一问起居。世宗曰："今巡幸或能留一二年，以汝守国。譬之农家种田，商人营利，但能不坠父业。即为克家子也。"帝对曰："臣在东宫二十余年，过失甚多，陛下以明德皇后之故未尝见责。臣诚愚昧，不克负荷，乞备扈从。"世宗曰："凡人养子，皆望投老得力。朕留太尉、左右丞、参政辅汝，彼皆国家旧人，可与商议。且政事无难，但用心公正，无纳谗邪，一月之后，政事自熟。"帝流涕坚辞，左右为之感动。三月，世宗如上京，帝守国留中都。初，帝在东宫，或携中侍步于芳苑。中侍出入禁中，未尝限阻。此辈见帝守国，各为得意，帝知之，谓诸中侍曰："我向在东宫，不亲国政，日与汝辈语话。今即守国，汝等有召命然后得入。"五月，世宗至上京，赐敕书曰："朕以前月八日到辽阳，此月二日达上京，翌日祀庆元庙。省方观民，古之制也。汝守国任重，夏暑方炽，益当自爱，无贻朕忧。"帝谓徒单克宁曰："车驾巡幸，以国事见属。刑名最重，人之死生系焉。凡有可议，当尽至公。比主上还都，勿有废事。"自是，凡启禀刑名，帝自披阅，召都事委曲折正，移晷忘倦，或赐之食。近侍报瑶池位莲开，当设宴。帝曰："圣上东巡，命我守国，何敢宴游废事？采致数花足矣。"七月，遣子金源郡王麻达葛奉表问起居，请世宗还都。十一月壬寅，帝冬猎。辛亥，还都。

二十五年正月乙酉朔，免群臣贺礼。帝自守国，深怀谦抑，宫臣不庭拜，启事时不侍立，免朔望礼。京朝朔望日当具公服问候，并停免。至是，群臣当贺，亦不肯受。甲寅，帝如春水。二月庚申，还都。丁卯，遣子金源郡王麻达葛奉表贺万春节。四月，久不雨，帝亲祷，即日沾足。

六月甲寅，帝不豫。庚申，崩于承华殿。世宗自上京还，次天平山好水川，讣闻，为位临奠于行宫之南，大恸者久之。亲王、百官、皇族、命妇及侍卫皆会哭，世宗号泣还宫。比至中都，为位奠哭者凡七焉。世宗以豳王永成为中都留守，来护丧，遣滕王府长史再兴、御院通进阿里剌来保护金源郡王，遣左宣徽使唐括鼎来致祭，诏妃徒单氏及诸皇孙丧服并如汉制。帝王储位久，恩德在人者深，每日三时哭临，侍卫军士皆争入临，伏哭于承华殿下，声殷如雷。中都百姓市门巷端为位恸哭。七月壬午朔，赐谥宣孝太子。九月庚寅，殡于南园熙春殿。己酉，世宗至自上京，未入国门，先至熙春殿致奠，恸哭久之。比葬，亲临者六。帝事世宗，凡巡幸西京、凉陉，及上陵、祭庙，谒衍庆宫，田猎观稼，拜天射柳，未尝去左右。上有事于圆丘，及亲享于太庙，则行亚献礼，不亲祀则摄行祀事。国有大庆则率百官上表贺。正旦、万春节则总班上寿。冬十月庚戌朔，宰相以下朝见于庆和殿，太尉完颜守道上寿，世宗追悼凄怆者久之。十一月甲申，灵驾发引，世宗路祭于都城之西。庚寅，葬于大房山。世宗欲加帝号，以问群臣，翰林修撰赵可对曰："唐高宗追谥太子弘为孝敬皇帝。"左丞张汝弼曰："此盖出于武后。"遂止，乃建庙于衍庆宫后，祭用三献，乐用登歌。

二十六年，立子璟为皇太孙。二十九年，世宗崩。太孙即位，是为章宗。五月甲午，追谥体道弘仁英文睿德光孝皇帝，庙号显宗。丁酉，祔于太庙，陵曰裕陵。

帝天性仁厚，不忍刑杀。梁檀儿盗金银叶，怜其母老，李福兴盗段匹，值坤厚陵礼成，家令本把盗银器，值万春节，皆委曲全活之。亡失物者，责其偿而不加罪。闻四方饥馑，辄先奏，加赈赡。因田猎出巡，所过问民间疾苦。敬礼大臣，友爱兄弟。葬明德皇后于坤厚陵，诸妃皆祔，自磐宁宫发引，赵王惟中以其母辒车先发，令张黄盖者前行，帝呼执盖者不应，少府监张仅言欲奏其事，帝止之。尝作《重光座铭》，及刻座右铭于小玉碑，并刻其碑阴，皆深有理致。最善射而不殚物，尝奉诏拜陵，先猎，射一鹿获之，即命罢猎，曰："足奉祀事，焉用多杀？"好生盖其天性云。

赞曰：辽王杲取中京，宗翰、宗望皆从，景宣别领合扎猛安。合扎猛安者，太祖之猛安也。宗翰请立熙宗，宗干不敢违，太宗不能拒，其义正，其理直矣。旧史称睿宗宽恕好施惠，熙宗不终，海陵陨毙，自时厥后，得大位者皆其子孙，有以夫。显宗孝友惇睦，在东宫二十五年，不闻有过。承意开导，四方阴受其赐。天不假之年，惜哉！

卷二十　志第一

天　文

日薄食　辉珥　云气　月五星凌犯及星变

自伏羲仰观俯察，黄帝迎日推策，重黎序天地，尧历象日月星辰，舜齐七政，周武王访箕子，陈《洪范》，协五纪，而观天之道备矣。《易》曰："天垂象，见吉凶，圣人象之。"故孔子因鲁史作《春秋》，于日星风雨霜雹雷霆皆书变而不书常，所以明天道、验人事也。秦汉而下，治日患少，阴阳愆违，天象错迕，无代无之。金百有十九年，而日食四十二，星辰风雨霜雹雷霆之变，不知其几。金九主，莫贤于世宗，二十九年之间，犹日食者十有一，日珥虹贯者四五。然终金之世，庆云环日者三，皆见于世宗之世。

羲、和之后，汉有司马，唐有袁、李，皆世掌天官，故其说详。且六合为一，推步之术不见异同。金、宋角立，两国置历，法有差殊，而日官之选亦有精粗之异。今奉诏作《金史》，于志天文，各因其旧，特以《春秋》为准云。

日薄食　辉珥　云气

太祖天辅三年夏四月丙子朔，日食。四年冬十月戊辰朔，日食。六年春二月庚寅朔，日食。七年秋八月辛巳朔，日食。

太宗天会七年三月己卯朔，日中有黑子。九月丙午朔，日食。十三年正月丙午朔，日食。

熙宗天会十四年十一月丙寅，日中有黑子，斜角交行。

天眷三年七月癸卯朔，日食。

皇统三年十二月癸未朔，日食。四年六月辛巳朔，日食。五年六月乙亥朔，日食。八年四月戊子朔，日食。九年三月癸未朔，日食。

海陵庶人天德二年正月甲辰，日有晕珥，白虹贯之。十一月丙戌，白虹贯日。十二月乙卯，庆云见，状如鸾凤，五彩。三年正月丁酉，白虹贯日。

贞元二年五月癸丑朔，日食。三年四月丁丑朔，昏雾四塞，日无光，凡十有七日乃霁。五月丁未朔，日食。

正隆三年三月辛酉朔，司天奏日食，候之不见。海陵敕，自今日食皆面奏，不须颁告中外。五年八月丙午朔，日食。庚午，日中有黑子，状如人。六年二月甲辰朔，日有晕珥，戴背。十月丙午，庆云见。

世宗大定二年正月戊辰朔，日食，伐鼓用币，命寿王京代拜行礼。为制，凡遇日月亏食，禁酒、乐、屠宰一日。三年六月庚申朔，日食，上不视朝，命官代拜。有司不治务，过时乃罢。后为常。四年六月甲寅朔，日食。七年四月戊辰朔，日食，上避正殿、减膳，伐鼓应天门内，百官各于本司庭立，明复乃止。闰七月己卯午刻，庆云环日。八月辛亥午刻，庆云环日。九年八月甲申朔，有司奏日当食，以雨不见。为近奉安太社，乃伐鼓于社，用币于应天门内。十三年五月壬辰朔，日食。十四年十一月甲申朔，日食。十六年三月丙午朔，日食。十七年九月丁酉朔，日食。二十三年十月己未，庆云见于日侧。十一月壬戌朔，日食。二十八年八月甲子朔，日食。二十九年正月乙卯巳初，日有晕，左右有珥，上有背气两重，其色青赤而厚。复有白虹贯之亘天，其东有戟气长四尺余，五刻而散。丁巳巳初，日有两珥，上有背气两重，其色青赤而淡。顷之，背气于日上为冠，已而俱散。二月辛酉朔，日食。甲子辰刻，日上有重晕两珥，抱而复背，背而复抱，凡二三次。乙丑，日晕两珥，有负气承气，而白虹亘天，左右有戟气。

章宗明昌三年十二月丙辰，北方微有赤气。四年九月癸未，日上有抱气二，戴气一，俱相连。左右有珥，其色鲜明。六年三月丙戌朔，日食。

承安三年正月己亥朔，日食，阴云不见。五年十一月癸丑，日食。（《宋史》作六月乙酉朔。）

泰和二年五月甲辰朔，日食。三年十月戊戌，日将没，色赤如赭。甲辰，申酉间，天色赤，夜将旦复然。四年三月丁卯，日昏无光。五年九月戊子戌时，西北方黑云间有赤气如火，次及西南、正南、东南方皆赤，中有白气贯彻，乍隐乍见。既而为雨，随作风。至二更初，黑云间赤气复起于西北方，及正西、正东、东北，往来游曳，内有白气数道，时复出没。其赤气又满中天，约四更皆散。六年正月，北京申，龙山县西见有云结成车牛行帐之状，或如前后摧损之势，晡时乃散。二月壬子朔，日食。七月癸巳，申刻，日上有背气一，内赤外青，须臾散。九月乙酉，夜将曙，北方有赤白气数道，历王良下，徐行至北斗开阳、摇光之东而散。八年四月癸卯，巳刻，日晕二重，内黄外赤，移时而散。

卫绍王大安元年四月壬申，北方有黑气如大道，东西竟天，至五更散。十二月辛酉朔，日食。三年三月辛酉辰刻，北方有黑气如堤，内有白气三，似龙虎之状。十月己卯，东北、西北每至初更如月将出之状，明至夜半而灭，经月乃已。

宣宗贞祐元年十月丙午，夜有白气三，冲紫微而不贯。十一月丙申，白气东西竟天，移时散。二年九月壬戌朔，日食，大星皆见。三年正月壬戌，日有左右珥，上有冠气，移刻散。二月丁巳，日初出赤如血，将没复然。六月戊申，夜有黑气，广如大路，自东南至于西北，其长竟天。四年二月甲申朔，日食。闰七月壬午朔，日食。

兴定元年七月丙子朔，日食。二年七月庚午朔，日食。三年七月庚申，五色云见。十月乙丑，平凉府庆云见，遣官验实，以告太庙，诏国中。五年正月，山东行省蒙古纲奏庆云见，命图以进。四月丙子，日正午，有黄晕四匝，其色鲜明。五月甲申朔，日食。六月戊寅，日将出，有气如大道，经丑未，历虚危，东西不见首尾，移时没。十二月己巳，北方有白气，广三尺余，东西亘天。

元光元年十一月丁未，东北有赤云如火。二年五月辛未，日晕不匝而有背气。九月庚子朔，日食。

哀宗正大二年正月甲申，有黄黑祲。三年月三月庚午，省前有气微黄，自东北亘西南，其状如虹，中有白物十余，往来飞翔，又有光倏见如二星，移时方灭。四年十一月乙未，日上有虹，背而向外者二，约长丈余，两旁俱有白虹贯之。是年六月丙辰，有白气经天。或云太白入井。五年十二月庚子朔，日食。八年三月庚戌酉正，日忽白而失色，乍明乍暗，左右有气似日而无光，与日相凌，而日光四出摇荡至没。

天兴元年正月壬午朔，日有两珥。三年正月己酉，日大赤无光，京、索之间雨血十余里。是日，蔡城陷，金亡。

月五星凌犯及星变

太宗天会七年十一月甲寅，天旗明，河鼓直。十年闰四月丙申，荧惑入氐。八月辛亥，彗星出于文昌。十一年五月乙丑，月忽失行而南。顷之复故。七月己巳昏，有大星陨于东南，如散火。十二月丙戌，月食昴。

熙宗天会十三年十一月乙酉，月食，命有司用币以救，著为令。十四年正月辛巳，太白昼见，凡四十余日伏。壬辰，荧惑入月。三月丁酉夜，中星摇。九月癸未，有星大如缶，起西南，流于正西。十一月己巳，狼星摇。十五年正月戊辰，岁星犯积尸气。

天眷二年三月辛巳朔，岁星留逆在太微。五月戊子，太白昼见，八月丁丑，太白昼见；九月辛巳，犯轩辕左星；乙巳，犯左执法；十一月戊寅，入氐。三年七月壬戌，月犯毕。十二月壬午，月掩东井东辕南第一星。

皇统元年二月甲戌，月掩毕大星。二年十一月己酉，月犯轩辕大星。甲寅，月犯氐东北星。三年正月己丑，荧惑逆犯轩辕次北一星。二月乙丑，月犯毕大星。闰四月癸巳，月掩轩辕左角星。八月丙申，老人星见。九月丁丑，月犯轩辕大星。四年八月癸未，荧惑入舆鬼。五年四月丙申，彗星见于西北，长丈余，至五月壬戌始灭。六月甲辰，荧惑犯左执法。六年九月戊寅，荧惑犯西垣上将。己丑，月犯轩辕第二星。七年正月辛未，彗星出东方，长丈余，凡十五日灭。丁亥，太白经天。七月己巳，太白经天。庚辰，荧惑犯房第二星。十一月壬戌，岁星逆犯井东扇第二星。八年闰八月丙子，荧惑入太微垣。十月甲申，太白昼见；十一月壬辰，经天。十二月丙寅，太白昼见。九年二年癸亥，月掩轩辕第二星。七月甲辰，太白、辰星、岁星合于张。丁未，荧惑犯南斗第四星。八月壬子，又历南斗第三星。

海陵天德元年十二月甲子，土犯东井东星。二年正月乙酉，月犯昴；壬辰，犯木；乙未，犯角；二月丙寅，犯心大星。九月乙亥，太白昼见，至明年正月辛卯后不见。丁酉，月犯轩辕左角；十月乙丑，犯太微上将；十二月癸丑，犯昴。三年二月丙辰，月食。十月丁亥，月犯轩辕左角。四年正月癸卯，太白经天。二月乙亥，月掩鬼，犯镇星。五月己亥，太白经天；丁巳，又经天。六月癸巳，太白犯井东第二星。八月辛未，太白犯轩辕大星。十一月甲辰，荧惑犯钩钤。丙午，月犯井北第一星。十二月乙卯朔，太白经天。丙子，月食。闰月己亥，太白经天。

贞元元年正月辛丑，月犯井东第一星。四月戊寅，有星如杯，自氐入于天市，其光烛地。十二月乙卯，太白经天。庚午，月食。闰月乙酉，太白经天。二年正月庚申，太白经天。是夜，月掩昴；二月辛丑，犯心前星，三月辛巳，月食。七月癸丑，太白昼见，凡三十有三日伏。八月戊戌，荧惑入井，凡十一日而出。十一月甲子，月食。三年八月乙酉，月犯牛；九月辛亥，犯建星；十一月戊午，掩井钺星。

正隆二年正月庚辰，太白昼见，凡六十七日伏。三年正月丁亥，有流星如杯。长二丈余，其光烛地，出太微，没于梗河之北。二月乙卯，荧惑入鬼。辛巳，月食。甲午，月掩岁星；六月丁酉，犯氐。九月己未，太白经天，至明年正月二十一日不见。十二月戊申，月入氐。四年九月壬寅，月掩轩辕右角；十一月壬辰，入毕，犯大星。十二月，太白昼见，凡七日。五年正月，海陵问司天提点马贵中曰：“朕欲自将伐宋，天道如何?”贵中对曰：“去年十月甲戌，荧惑顺入太微，至屏星，留退西出。《占书》荧惑常以十月入太微庭，受制出伺无道之国。又去年十二月，太白昼见经天，占为兵丧，为不臣，为更主，又主有兵兵罢，无兵兵起。”甲午，月食。二月丁卯，太白昼见。四月甲戌，复见，凡百六十有九日乃伏。六年七月乙酉，月食。九月丙申，太白昼见。先是，海陵问司天马贵中曰：“近日天道何如?”贵中曰：“前年八月二十九日太白入太微右掖门，九月二日至端门，九日至左掖门出，并历左右执法。太微为天子南宫，太白兵将之象，其占：兵入天子之庭。”海陵曰：“今将征伐，而兵将出入太微，正其事也。”贵中又言：“当端门而出，其占为受制，历左右执法为受事，此当有出使者，或为兵，或为贼。”海陵曰：“兵兴之际，小贼固不能无也。”是岁，海陵南伐，遇弑。

世宗大定元年十月丙午，荧惑入太微垣，在上将东。丁巳，月犯井西扇北第二星。二年正月癸巳，太白昼见，闰二月戊寅，月掩轩辕大星；三月戊申，掩太微东藩南第一星；八月乙酉，犯井西扇北第二星；九月庚戌，犯毕距星。十月戊辰，有大星如太白，起室壁间，没于羽林军，尾迹长丈余。三年正月庚子，太白昼见，凡百有十日乃伏。五月辛丑，月入氐。七月庚戌，太白昼见，百二十有七日乃伏。八月丁未，月犯井距星。丙寅，太白昼见，经天。十月庚辰，月犯太微垣西上将星。十一月庚寅，太白昼见。经天。岁星入氐。凡二十四日伏。壬子，月入氐。四年正月戊子，荧惑、岁星同居氐。己丑，荧惑出氐。二月壬午，岁星退入氐，凡二十九日。九月丙午，月犯轩辕大星北次星。十一月丙申，月食，既。十二月辛卯，太白昼见经天。癸卯，月掩房北第一星。五年正月癸亥，月掩轩辕大星北次星；八月丁酉，犯井东扇第一星。十一月癸丑，荧惑入氐，凡二十一日。六年二月丙申，月犯南斗东南第二星；三月己未，入氐。四月辛丑，太白昼见，八十有八日伏。六月辛巳，太白昼见；经天。九月壬子，太白昼见，百有三日乃伏；丙辰，经天；十月壬辰，复昼见，经天。十一月辛亥，金入氐，凡七日。庚申，太白昼见，经天；十二月戊子，复见，经天。癸巳，月犯房北第二星。七年十月乙巳，火入氐，凡四日。十一月壬申，太白昼见，九十有一日伏。丁丑，岁星昼见，二日。八年正月癸未，月掩心大星；三月庚午，掩轩辕大星北一星。己丑，太白昼见，百五十有八日乃伏。五月丁卯，岁星昼见。八月甲午，太白犯轩辕大星。十月庚子，月掩荧惑；十一月庚午，犯昴。九年正月戊寅，月掩心后星；四月庚子，掩心前星；八月癸卯，掩昴；十二月丙戌，犯土。丁酉，太白昼见，十有六日伏。十年正月丙寅，月掩轩辕大星；七月庚子，犯五车东南星。八月戊申朔，木星掩荧惑，在参毕间。十一年二月壬戌，荧惑犯井东扇北第一星。八月癸卯，太白昼见。十二年五月辛巳，月犯心后星；八月癸卯，犯心大星。辛亥，荧惑掩井东扇北第二星。九月丁亥，太白昼见，在日前，九十有八日伏。十月己酉，荧惑掩鬼西北星。岁星昼见，在日后，四十有七日伏。十三年闰正月辛酉，太白昼见，四十有九日伏。二月己丑，荧惑犯鬼西北星；三月癸巳朔，入鬼；次日，犯积尸气。六月辛未，月犯心前星。十月乙丑，岁星昼见于日后，五十有三日伏。十四年三月辛丑，太白岁星昼见，十有八日伏；丙辰，二星经天，凡二日。六月己未，太白昼见，三十有九日；八月己卯，昼见，又百三十二日乃伏。庚辰，荧惑犯积尸气。十月丙寅，岁星昼见，六日。十五年十一月甲子，太白昼见，八十有六日伏。十二月乙丑，月掩井西扇北第一星。十六年三月庚申，月食。五月甲寅，太白昼见，五十有四日伏。庚午，月掩太白；七月丁未，犯角宿距星；甲子，掩毕宿距星。八月丙子，太白犯轩辕大星。九月丁巳，月食。十月丁丑，荧惑入太微。十一月甲寅，月掩毕距星。戊辰，荧惑犯太微上将。十二月己丑，月掩太微左执法。十七年春正月丙寅，荧惑犯太微西藩上相。九月庚戌，岁星、荧惑、太白聚于尾。十二月己巳，太白昼见，四十有四日伏。十八年七月庚辰，土星犯井东扇北第二星。九月己丑，荧惑犯左执法。十二月甲午，镇星掩井西扇北第一星，凡十日。十九年正月甲戌，月食，既。三月甲戌，荧惑犯氐距星。四月丁巳，岁星昼见，凡七日。七月丙子，太白昼见，四十有五日伏；八月癸卯，犯轩辕御女。辛亥，荧惑掩南斗杓第二星。九月壬申，月掩毕大星。十一月辛未，荧惑掩岁星。十二月丁亥，月犯岁星。二十年二月己丑，月掩毕大星；三月丙辰，掩毕西第二星。二十一年二月戊子，月犯镇星。戊戌，太白昼见。三月甲子，太白昼见。四月壬申，荧惑掩斗魁第二星，十有四日。六月甲戌，客星见于华盖，凡百五十有六日灭。七月乙亥朔，荧惑顺入斗魁中，五日。（以下史阙。）二十二年五月甲申，太白昼见，六十有四日伏。七月戊子，岁星昼见，二日。八月戊辰，太白昼见，百二十有八日，其经天者六十四日。十一月辛未，荧惑行氐中。乙亥，太白入氐。辛巳夜，月食，既。癸未，荧惑太白皆出氐中。十二月戊戌，荧惑犯钩钤。二十三年五月己卯，月食，既。九月甲申，岁星昼见，五十有五日伏。十月辛酉，太白昼见，百四十有九日乃伏。十一月丁卯，岁星昼见，三十有三日伏。闰十一月庚申，岁星昼见，九十日伏。二十四年四月己未朔，太白昼见，百四十有五日乃伏。甲申，月掩太白。九月庚子，岁星犯轩辕大星，甲辰昼见，凡五十二日伏。十月壬申，太白、辰星同度。二十五年三月乙酉，太白与月相犯，九月丁亥，月在斗魁中，犯西第五星。十一月庚辰朔，岁星昼见，在日后，凡七十四日。壬午，太白昼见，在日后，百十有一日乃伏。十二月己未，月犯荧惑。甲子，太白昼见经天。二十六年三月丙戌，荧惑入井。镇星犯太微东藩上相。壬辰，月食。四月丁丑，荧惑犯鬼西南星。七月丙申，月掩心前星。八月乙亥朔，日月五星会于轸。十二月乙未，月掩心前大星，又犯于后星。二十七年五月壬子，月犯心大星。六月庚辰，太白昼见，百七十有三日乃伏。癸巳，月掩昴；七月丙午，犯房南第一星。是日，太白昼见经天。十月己丑，太白入氐。十二月丁丑，月掩昴。二十八年正月己未，岁星留于房；甲子，守房北第一星。十一月丙申，镇星入氐。庚子，太白昼见，在日前，四十有九日伏。十二月壬申，月掩昴。二十九年正月丁酉，土星留氐中，三十有七日逆行，后七十九日出氐。五月庚寅朔，太白昼见，在日后。六月丙辰，月犯太白，月北星南，同在柳宿。十一月己未，荧惑守轩辕，至戊辰退行，其色稍怒。十二月辛丑，月食，既。

章宗明昌元年二月丁亥，太白昼见。六月丁酉，月食，既。十二月乙未，月食。二年六月壬辰，月食。十一月乙丑，金木二星见在日前，十三日方伏而顺行，危宿在羽林军上、垒壁阵下，光芒明大。十二月戊子，木金相犯，有光芒。三年三月戊戌，荧惑顺行犯太微西藩上将。四月丁巳，月食。己未，荧惑掩右执法，色怒而稍赤。四年正月丙子，月有晕，白虹贯其中。八月己亥，卯初三刻，岁星见，未正二刻，太白见，俱在午位。其夜岁星留胃十三度，守天廪。十月戊申，月食。五年十月癸卯，月食。十一月癸丑，太白昼见，在日前，三十有三日伏。六年正月庚寅，太白昼见，在日前，百有二日乃伏。六月庚辰，复昼见，在日后，百六十七日，唯是日经天。

承安元年四月，司天奏河津星象事，上谕宰相曰：“天道不测，当预防之。”八月壬戌，月食，九月壬午，太白昼见，在日前，百有七日乃伏。二年二月丁巳，太白昼见，在日后，百九十有五日乃伏；己未，经天。是夜，月食，既。三年正月甲寅，月食。七月庚戌，月食。五年五月庚午，月食，六月庚戌，月掩太白。

泰和元年十一月辛酉，月食。二年五月己未，月食。三年三月癸未，月食。六月戊戌，太白昼见，在日后，百有十日乃伏。四年九月乙亥，月食。五年三月壬申，月食。闰八月己巳，月食。六年五月甲申，太白昼见，在日前，七十有六日；庚戌，经天。六月辛未，岁星昼见，在日后；七月戊申，经天。八月癸卯，月晕围太白、荧惑二星。辛亥，岁星辰见，至夜五更，与东井距星相去七寸内。癸丑，夜半有流星如太白，其色赤，起于娄宿。己未卯正初刻，太白昼见，在日前。其夜五更，荧惑与舆鬼、积尸气相犯，在七寸内。庚申卯正初刻，太白昼见，在日后。其夜五更初，荧惑在舆鬼、积尸气中。壬申，太白昼见，经天，在日后。十月丙午，岁星犯东井距星。十一月壬午，太白入氐。七年正月丙戌初更，月有晕围岁、镇二星，在参毕间。辛卯，月食。三月癸丑，月掩轩辕大星。七月戊子，月食。九月己卯初更，月在南斗魁中。旦，岁星在舆鬼中。八年正月丙戌，月食。七月戊戌朔，太白昼见，在日后。八月壬戌，太白、岁星光芒相及，同在张一度。十一月庚子未刻，有流星如太白者二，光芒如炬，几一丈，起东北，没东南。

卫绍王大安元年正月辛丑，有飞星如火，起天市垣，尾迹如赤龙之状，移刻散。二月乙丑朔，太白昼见，经天。六月丁丑，月食。十月乙丑，月食荧惑。丙寅，岁星犯左执法。二年正月庚戌朔，日中有流星出，大如盆，其色碧，西行，渐如车轮，尾长数丈，没于浊中，至地复起，光散如火，移刻灭。二月，客星入紫微中，其光散如赤龙之状。三年正月乙酉，荧惑入氐中，凡十有一日乃出。二月，荧惑犯房；闰月，犯键闭星；十月癸巳，犯垒壁阵。

崇庆元年春三月，日正午，日、月、太白皆相去咫尺。

宣宗贞祐元年十一月丙子，荧惑入垒壁阵。二年二月庚戌，月食。八月丁未，月食。九月丁亥，太白昼见于轸。十一月庚辰，镇星犯太微东垣上相。辛巳，荧惑犯房、钩钤。三年七月庚申，有流星如太白，其色青白，有尾出紫微垣北极之旁，入贯索中。己卯，月入毕，至戊夜犯毕大星。八月辛丑，月食，既。十二月庚寅，太白昼见于危，八十有五日伏。四年正月乙卯夜，中天有流星大如十，色赤长丈余，坠于西南，其声如雷。二月己亥，月食。四月丁酉，太白昼见于奎，百九十有六日乃伏。六月丙申，岁星昼见于奎，百有一日乃伏。闰七月乙未，月食；辛丑，犯毕。十一月丙戌，月晕岁星，岁在奎，月在壁；己丑，犯毕大星；十二月戊午，复犯毕大星。

兴定元年正月乙酉，月犯毕左股第二星。四月戊辰，太白昼见于井，百六十有二日乃伏。八月戊申，岁星昼见于昴，六十有七日伏。九月癸巳，月犯东井西扇第二星。十月癸丑，夜有流星大如杯，尾长丈余，自轩辕起贯太微，没于角宿之上。十一月癸未，月晕岁星、荧惑二星，木在胃，火在昴。丙戌，太白昼见。十二月戊午，月食。二年六月乙卯，月食。八月壬戌，有流星大如杯，尾长丈余，其光烛地，起建星，没尾中。一云自东北至西北而坠，其光如塔状，先有声如风，后若雷者三，窗纸皆震。十月庚申，月犯轩辕左角之少民星。十二月壬子，月食，既。三年五月庚戌，月食，既。壬子，太白昼见于参，三十有六日经天，又百八十四日乃伏。七月壬寅初昏，在星自西南来，其光烛地，状如月而稍不圆，色青白，有小星千百环之，若迸火然，坠于东北，少顷有声如鼓。八月丁卯，岁星犯舆鬼东南星。己巳，岁星昼见于柳，百有九日乃伏。十一月乙巳，月食。癸丑，白虹二，夹月，寻复贯之。四年正月庚子，月犯东井。三月甲寅，岁星犯鬼、积尸气。五月甲辰，月食；六月戊辰，犯镇星。己巳，太白昼见于张，百八十有四日乃伏。十一月壬辰，岁星昼见于翼，六十有七日，夜又犯灵台北第一星。五年正月辛丑，太白昼见于牛，二百三十有二日乃伏。司天夹谷德玉等奏以为臣强之象，请致祭以禳之。宣宗曰："斗、牛吴分，盖宋境也。他国有灾，吾禳之可乎。"九月庚戌，岁星犯左执法。闰十二月戊子，荧惑犯轩辕。甲午，月犯荧惑。戊戌，镇星昼见于轸。己亥，太白昼见于室。六年正月辛酉，月犯荧惑；壬戌，犯轩辕。三月壬子，月食太白。癸亥，月食。丙寅，岁星犯太微左执法。七月乙亥，太白经天，与日争光。八月己卯，彗星出于亢宿、右摄提、周鼎之间，指大角，太史奏："除旧布新之象，宜改元修政以消天变。"于是改是年为元光元年。九月丁未，灭。壬申，月食岁星。

元光二年八月乙亥，荧惑入舆鬼，掩积尸气；十月壬午，犯灵台；十一月，又犯心大星。

哀宗正大元年正月丙午，月犯昴；三月癸丑，犯荧惑。是月，荧惑逆行犯左执法。四月癸酉，荧惑犯右执法。乙未，太白、辰星相犯。三年十一月丙辰，月掩荧惑。丁巳，荧惑犯岁星；庚申，犯垒壁阵。癸酉，五星并见于西南。十二月，荧惑入月。四年正月壬戌，荧惑犯太白。六月丙辰，太白入井。七月丁亥，荧惑犯斗从西第二星。五年五月乙酉，月掩心大星。七年十月己巳，月晕，至五更复有大连环贯之，络北斗，内有戟气。十二月庚寅，有星出天津下，大如镇星而色不明，初犯辇道，二日见于东北，在织女南；乙未，入天市垣，戌申方出；癸丑，历房北，复东南行，入积薪，凡二十五日而灭。

天兴元年七月乙巳，太白、岁星、荧惑、太阴俱会于轸、翼，司天武亢极言天变，上惟叹息，竟亦不之罪也。八月甲戌，太白、岁星交。闰九月己酉，彗星见东方，色白，长丈余，弯曲如象牙，出角、轸南行，至十二日长二丈，十六日月烛不见，二十七日五更复出东南，约长四丈余，至十月一日始灭，凡四十有八日。司天奏其咎在北，哀宗曰："我亦北人，今日之事，我当灭也，何乃不先不后，适丁此乎！"

卷二十一　　志第二

历　上

步气朔　步卦候　步日躔　步晷漏

昔者圣人因天道以授人时，厘百工以熙庶政，步推之法，其来尚矣。自汉太初迄于前宋，治历者奚啻七十余家，大概或百年或数十年，率一易焉。盖日月五星盈缩进退，与夫天运，至不齐也，人方制器以求之，以俾其齐，积寡至多，不能无爽故尔。

金有天下百余年，历惟一易。天会五年，司天杨级始造《大明历》，十五年春正月朔，始颁行之。其法，以三亿八千三百七十六万八千六百五十七为历元，五千二百三十为日法。然其所本，不能详究，或曰因宋《纪元历》而增损之也。正隆戊寅三月辛酉朔，司天言日当食，而不食。大定癸巳五月壬辰朔，日食，甲午十一月甲申朔，日食，加时皆先天。丁酉九月丁酉朔，食乃后天。由是占候渐差，乃命司天监赵知微重修《大明历》，十一年历成。时翰林应奉耶律履亦造《乙未历》。二十一年十一月望，太阴亏食，遂命尚书省委礼部员外郎任忠杰与司天历官验所食时刻分秒，比校知微、履及见行历之亲疏，以知微历为亲，遂用之。明昌初，司天又改进新历，礼部郎中张行简言："请俟他日月食，覆校无差，然后用之。"事遂寝。是以终金之世，惟用知微历，我朝初亦用之，后始改《授时历》焉。今其书存乎太史，采而录之，以为《历志》。

步气朔第一

演纪：上元甲子距今大定庚子，八千八百六十三万九千六百五十六年。

日法：五千二百三十分。

岁实：一百九十一万二百二十四分。

通余：二万七千四百二十四分。

朔实：一十五万四千四百四十五分。

通闰：五万六千八百八十四分。

岁策：三百六十五日，余一千二百七十四分。

朔策：二十九日，余二千七百七十五分。

气策：一十五日，余一千一百四十二分，六十秒。

望策：一十四日，余四千二分，四十五秒。

象策：七日，余二千一分，二十二秒半。

没限：四千八十七分，三十秒。

朔虚分：二千四百五十五分。

旬周：三十一万三千八百分。

纪法：六十。

秒母：九十。

求天正冬至

置上元甲子以来积年，岁实乘之，为通积分。满旬周去之，不尽以日法约之为日，不盈为余，命甲子算外，即所求天正冬至日大小余。

求次气

置天正冬至大小余，以气策累加之，秒盈秒母从分，分满日法从日，即得次气日及余秒。

求天正经朔

以朔实去通积分，不尽为闰余，以减通积分为朔积分。满旬周去之，不尽如日法而一为日，不盈为余，即所求天正经朔大小余也。

求弦望及次朔

置天正经朔大小余，以象策累加之，即各得弦、望及次朔经日及余秒也。

求没日

置有没之恒气小余，如没限以上，为有没之气。以秒母乘之，内其秒，用减四十七万七千五百五十六，余满六千八百五十六而一，所得并恒气大余，命为没日。

求灭日

置有灭之朔小余，（经朔小余不满朔虚分者。）六因之，如四百九十一而一，所得并经朔大余，命为灭日。

步卦候第二

候策：五，余三百八十，秒八十。

卦策：六，余四百五十七，秒六。

贞策：三，余二百二十八，秒四十八。

秒母：九十。

辰法：二千六百一十五。

半辰法：一千三百七半。

刻法：三百一十三，秒八十。

辰刻：八，一百四分，秒六十。

半辰刻：四，五十二分，秒三十。

秒母：一百。

求七十二候

置中气大小余，命之为初候，以候策累加之，即次候及末候也。

求六十四卦

置中气大小余，命之为公卦；以卦策累加之，得辟卦；又加之，得侯内卦。以贞策加之，得节气之初，为侯外卦；又以贞策加之，得大夫卦。又以卦策加之，为卿卦。

求土王用事

以贞策减四季中气大小余，即土王用事日也。

求发敛

置小余，以六因之，如辰法而一为辰。如不尽，以刻法除之为刻。命子正算外，即得加时所在辰刻及分。（如加半辰法，即命子刻初。）

求二十四气卦候

恒气	月中节 四正卦	初候 始卦	次候 中卦	末候 终卦
冬至	十一月中 坎初六	蚯蚓结 公中孚	麋角解 辟复	水泉动 侯屯内
小寒	十二月节 坎九二	雁北乡 侯屯外	鹊始巢 大夫谦	野鸡始雊 卿睽
大寒	十二月中 坎六三	鸡始乳 公升	鸷鸟厉疾 辟临	水泽腹坚 侯小过内
立春	正月节 坎六四	东风解冻 侯小过外	蛰虫始振 大夫蒙	鱼上冰 卿益
雨水	正月中 坎九五	獭祭鱼 公渐	鸿雁来 辟泰	草木萌动 侯需内
惊蛰	二月节 坎上六	桃始华 侯需外	仓庚鸣 大夫随	鹰化为鸠 卿晋
春分	二月中 震初九	玄鸟至 公解	雷乃发声 辟大壮	始电 侯豫内
清明	三月节 震六二	桐始华 侯豫外	田鼠化为鴽 大夫讼	虹始见 卿蛊
谷雨	三月中 震六三	萍始生 公革	鸣鸠拂其羽 辟夬	戴胜降于桑 侯旅内
立夏	四月节 震九四	蝼蝈鸣 侯旅外	蚯蚓出 大夫师	王瓜生 卿比
小满	四月中 震六五	苦菜秀 公小畜	靡草死 辟乾	小暑至 侯大有内
芒种	五月节 震上六	螳螂生 侯大有外	鵙始鸣 大夫家人	反舌无声 卿井
夏至	五月中 离初九	鹿角解 公咸	蜩始鸣 辟姤	半夏生 侯鼎内
小暑	六月节 离六二	温风至 侯鼎外	蟋蟀居壁 大夫丰	鹰乃学习 卿涣
大暑	六月中 离九三	腐草化为萤 公履	土润溽暑 辟遁	大雨时行 侯恒内
立秋	七月节 离九四	凉风至 侯恒外	白露降 大夫节	寒蝉鸣 卿同人
处暑	七月中 离六五	鹰乃祭鸟 公损	天地始肃 辟否	禾乃登 侯巽内
白露	八月节 离上九	鸿雁来 侯巽外	玄鸟归 大夫萃	韦鸟养羞 卿大畜

气	月卦	初候	次候	末候
秋分	八月中 兑初九	雷乃收声 分贲	蛰虫坯户 辟观	水始涸 侯归妹内
寒露	九月节 兑九二	鸿雁来宾	雀入大水 化为蛤	菊有黄花
		侯归妹外	大夫无妄	卿明夷
霜降	九月中 兑六三	豺乃祭兽 公困	草木黄落 辟剥	蛰虫咸俯 侯艮内
立冬	十月节 兑九四	水始冰	地始冻	野鸡入水 化为蜃
		侯艮外	大夫既济	卿噬嗑
小雪	十月中 兑九五	虹藏不见	天气上升 地气下降	闭塞而成冬
		公大过	辟坤	侯未济内
大雪	十一月节 兑上六	鹖鸟不鸣 侯未济外	虎始交 大夫蹇	荔挺出 卿颐

步日躔第三

周天分：一百九十一万二百九十三分，五百三十秒。

岁差：六十九，五百三十秒。秒母一万。

周天度：三百六十五度，二十五分，六十八秒。

象限：九十一，三十一分，九秒。

二十四气日积度及盈缩

恒气	日积度分 秒 日差	损益率 盈缩积	初末率
冬至	空	益七千五十九	初四百九十八 八十 六十五 末四百二十八 八十八 一十一
	四九十一 七十九	盈空	
小寒	一十五九十二 四十三	益五千九百二十	初四百二十五 八十九 七十二 末三百五十二 一十 四十一
	五一十八 九十九	益七千五十九	
大寒	三十一七十三 四十八	益四千七百一十八	初三百四十八 八十四 八十 末二百七十一 一十八 七十四
	五四十六 一十九	盈一万二千九百七十九	
立春	四十七四十二 五十一	益三千四百五十三	初二百六十七 六十二 八十六 末一百八十六 一十六 一十六
	五七十二 九十六	盈一万七千六百九十七	
雨水	六十二九十八 八十九	益二千一百二十六	初一百八十二 二十七 三十八 末九十七 一十二 三十二
	五九十八 八十七	盈二万一千一百五十	
惊蛰	七十八四十二 空	益七百三十九	初九十一 一十三 四十六 末五 九十八 四十
	五九十八 八十七	盈二万三千二百七十六	
春分	九十三七十一 二十四	损七百三十九	初五 九十八 四十 末九十一 一十三 四十六
	五九十八 八十七	盈二万四千一十五	
清明	一百八八十五 六十九	损二千一百二十六	初九十八 九十六 五十 末一百八十 四十三 二十
	五七十二 九十六	盈二万三千二百七十六	
谷雨	一百二十三 八十六 二十八	损三千四百五十三	初一百八十八 六 四十八 末二百六十五 七十二 五十四
	五四十六 一十九	盈二万一千一百五十	
立夏	一百三十八 七十三 六十	损四千七百一十八	初二百七十三 一十一 九十七 末三百四十六 九十一 四十三
	五一十八 九十九	盈一万七千六百九十七	
小满	一百五十三 四十八 二十七	损五千九百二十	初三百五十四 三 七十九 末四百二十三 九十六 三十二
	四九十一 七十九	盈一万二千九百七十九	
芒种	一百六十八 一十 九十二	损七千五十九	初四百二十八 八十八 一十一 末四百九十八 八十 六十五
	四九十一 七十九	盈七千五十九	
夏至	一百八十二 六十二 一十八	益七千五十九	初四百九十八 八十 六十五 末四百二十八 八十八 一十一
	四九十一 七十九	缩空	
小暑	一百九十七 一十三 四十三	益五千九百二十	初四百二十五 八十九 七十二 末三百五十二 一十 四十一

	五一十八 九十九	缩七千五十九	
大暑	二百一十一 七十六 八	益四千七百一十八	初三百四十八 八十四　八十 末二百七十一 一十八　七十四
	五四十六 一十九	缩一万二千九 百七十九	
立秋	二百二十六 五十 七十五	益三千四百五 十三	初二百六十七 六十二　八十六 末一百八十六 一十六　一十六
	五七十二 九十六	缩一万七千六 百九十七	
处暑	二百四十一 三十八 七	益二千一百二 十六	初一百八十二 二十七　三十八 末九十七　一十 二　三十二
	五九十八 八十七	缩二万一千一 百五十	
白露	二百五十六 三十八 六十六	益七百三十九	初九十一　一十 三　四十六 末五　九十八 四十
	五九十八 八十七	缩二万三千二 百七十六	
秋分	二百七十一 五十三 十二	损七百三十九	初五　九十八 四十 末九十一　一十 三　四十六
	五九十八 八十七	缩二万四千一 十五	
寒露	二百八十六 八十二 三十五	损二千一百二 十六	初九十八　九十 六　五十 末一百八十　四 十三　二十
	五七十二 九十六	缩二万三千二 百七十六	
霜降	三百二二十五 四十六	损三千四百五 十三	初一百八十八 六　四十八 末二百六十五 七十二　五十四
	五四十六 一十九	缩二万一千一 百五十	
立冬	三百一十七 八十一 八十四	损四千七百一 十八	初二百七十三 一十一　九十一 末三百四十六 九十一　四十三
	五一十八 九十九	缩一万七千六 百九十七	
小雪	三百三十三 五十 八十七	损五千九百二 十	初三百五十四 三　七十九 末四百二十三 九十六　三十二
	四九十一 七十九	缩一万二千九 百七十九	
大雪	三百四十九 三十一 九十二	损七千五十九	初四百二十八 八十八　一十一 末四百九十八 八十　六十五
	四九十一 七十九	缩七千五十九	

二十四气中积及朓朒

恒气	中积经分 约分 日差	损益率 朓朒积	初末率
冬至	空	益二百七十六	初一十九　四十 八　六十四 末一十六　七十 八　五十二
	一十九空	朒空	
小寒	十五日 一千一百四十 二　六十 二十一　八十 四	益二百三十二	初一十六　六十 八　七十四 末一十三　八十 一十九
	二十二十九	朒二百七十六	
大寒	三十二千二百 八十五　三十 四十三　六十 九	益一百八十五	初一十三　六十 九　一十一 末十　六十二 一十四
	二十一五十九	朒五百八	
立春	四十五三千四 百二十八 六十五　五十 四	益一百三十五	初十　四十六 七十 末七　二十七 四十五
	二十二四十五	朒六百九十三	
雨水	六十四千五百 七十　六十 八十七　三十 九	益八十三	初七　一十一 一十四 末三　七十九 六十三
	二十三三十二	朒八百二十八	
惊蛰	七十六四百八 十三　三十 九　二十四	益二十九	初三　五十六 三十一 末空　二十四 八十
	二十三三十二	朒九百一十一	
春分	九十一一千六 百二十六 三十一　九	损二十九	初空　二十四 八十 末三　五十六 三十一
	二十三三十二	朒九百四十	

清明	一百六二千七百六十八　六十 五十二　九十三	损八十三	初三　八十五七十六 末七　五　一
	二十二四十五	朒九百一十一	
谷雨	一百二十一三千九百一十一　三十 七十四　七十八	损一百三十五	初七　三十三五十九 末一十　四十一五十六
	二十一五十九	朒八百二十八	
立夏	一百三十六五千五十四 九十六　六十三	损一百八十五	初十　七十一三十六 末一十三　五十九　九十一
	二十二十九	朒六百九十三	
小满	一百五十二九百六十六　六十 一十八　四十八	损二百三十二	初一十三　八十九　四十 末十六　五十九五十二
	一十九空	朒五百八	
芒种	一百六十七二千一百九　三十 四十　三十三	损二百七十六	初十六　七十八五十二 末一十九　四十八　六十四
	一十九空	朒二百七十六	
夏至	一百八十二三千二百五十二 六十二　一十八	益二百七十六	初十九　四十八六十四 末一十六　七十八　五十二
	一十九空	朒空	
小暑	一百九十七四千三百九十四　六十 八十四　二	益二百三十二	初一十六　六十八　七十四 末一十三　八十一十九
	二十二十九	朒二百七十六	
大暑	二百一十三三百七　三十五　八十七	益一百八十五	初十三　六十九一十一 末十　六十二一十四
	二十一五十九	朒五百八	
立秋	二百二十八一千四百五十 二十七　七十二	益一百三十五	初十　四十六七十 末七　二十七四十五
	二十二四十五	朒六百九十三	
处暑	二百四十三二千五百九十二 六十　四十九五十七	益八十三	初七　一十一一十四 末三　七十九六十三
	二十三三十二	朒八百二十八	
白露	二百五十八三千七百三十五 三十　七十一四十二	益二十九	初三　五十六三十一 末空　二十四八十
	二十三三十二	朒九百一十一	
秋分	二百七十三四千八百七十八 九十三　二十七	损二十九	初空　二十四八十 末三　五十六三十一
	二十三三十二	朒九百四十	
寒露	二百八十九七百九十　六十 一十五　一十二	损八十三	初三　八十五七十六 末七　五　一
	二十二四十五	朒九百一十一	
霜降	三百四一千九百三十三　三十 三十六　九十六	损一百三十五	初七　三十三五十九 末十　四十　五十六
	二十一五十九	朒八百二十八	
立冬	三百一十九三千七十六 五十八　八十一	损一百八十五	初十　七十一三十六 末一十三　五十九　九十一
	二十二十九	朒六百九十三	
小雪	三百三十四四千三百一十八　六十 八十六　十六	损二百三十二	初十三　八十九四十 末十六　五十九五十二
	一十九空	朒五百八	
大雪	三百五十一百三十一　三十二 五十一	损二百七十六	初十六　七十八五十二 末一十九　四十八　六十四
	一十九空	朒二百七十六	

求每日盈缩朓朒

各置其气损益率，(求盈缩用盈缩之损益，求朓朒用朓朒之损益。)六因，如象限而一，为气中率。与后气中率相减，为合差。半合差加减其气中率，为初末泛率。(至后：加初，减末。分后：减初，加末。)又置合差，六因，如象限而一，为日差，半之，加减初末泛率，为初末定率。(至后：减初，加末。分后：加初，减末。)以日差累加减其气初末定率，为每日损益分。(至后减，分后加。)各以每日损益分加减气下盈缩、朓朒，为每日盈缩、朓朒(二分前一气无后率相减为合差者，皆用前气合差。)

求经朔弦望入气

置天正闰余，以日法除为日，不满为余，如气策以下，以减气策，为入大雪气。以上去之，余亦减气策，为入小雪气。即得天正经朔入气日及余也。以象策累加之，满气策去之，即得弦、望入次气日及余。因加，后朔入气日及余也。

求每日损益、盈缩、朓朒

以日差益加减损加减其气初损益率，为每日损益率。驯积损益其气盈缩、朓朒积，为每日盈缩、朓朒积。

求经朔弦望入气朓朒定数

各以所入恒气小余，以乘其日损益率，如日法而一，以所得损益其下朓朒积为定数。

赤道宿度

斗（二十五度）牛（七度少）女（十一度少）虚（九度少）秒（六十八）危（十五度半）室（十七度）壁（八度太）

右北方七宿九十四度　秒六十八

奎（十六度半）娄（十二度）胃（十五度）昴（十一度少）毕（十七度少）觜（半度）参（十度半）

右西方七宿八十三度

井（三十三度少）鬼（二度半）柳（十三度太）星（六度太）张（十七度少）翼（十八度太 轸（十七度）

右南方七宿一百九度（少）

角（十二度）亢（九度少）氐（一十六度）房（五度太）心（六度少）尾（十九度少）箕（十度半）

右东方七宿七十九度

求冬至赤道日度

置通积分，以周天分去之，余日法而一为度，不满退除为分秒。（以百为母。）命起赤道虚宿七度外去之，至不满宿，即所求年天正冬至加时日躔赤道宿度及分秒。

求春分夏至秋分赤道日度

置天正冬至加时赤道日度，累加象限，满赤道宿次去之，即各得春分、夏至、秋分加时日在宿度及分秒。

求四正赤道宿积度

置四正赤道宿全度，以四正赤道日度及分减之，余为距后度。以赤道宿度累加之，各得四正后赤道宿积度及分。

求赤道宿积度入初末限

视四正后赤道宿积度及分，在四十五度六十五分秒五十四半以下为入初限，以上者用减象限，余为入末限。

求二十宿黄道度

以四正后赤道宿入初末限度及分，减一百一度，余以初末限度及分乘之，进位，满百为分，分满百为度。至后以减、分后以加赤道宿积度，为其宿黄道积度。以前宿黄道积度减之（其四正之宿，先加象限，然后前宿减之。）为其宿黄道度及分。（其分就近约为太、半、少。）

黄道宿度

斗（二十三度）牛（七度）女（十一度）虚（九度少秒六十八）危（十六度）室（十八度少）壁（九度半）

右北方七宿九十四度（六十八秒）

奎（十七度太）娄（十二度太）胃（十五度半）昴（十一度）毕（十六度半）觜（半度）参（九度太）

右西方七宿八十三度太（一百七十七、七十五、六十八）

井（三十度半）鬼（二度半）柳（十三度少）星（六度太）张（十七度太）翼（二十度）轸（十八度半）

右南方七宿一百九度少（二百八十七、六十八）

角（十二度太）亢（九度太）氐（十六度少）房（五度太）心（六度）尾（十八度少）箕（九度半）

右东方七宿七十八度少（三百六十五、二十五、六十八）

前黄道宿度，依今历岁差所在算定。如上考往古，下验将来，当据岁差，每移一度，依术推变当时宿度，然后可步七曜，知其所在。

求天正冬至加时黄道日度

以冬至加时赤道日度及分秒，减一百一度，余以冬至赤道日度及分秒乘之，进位，满百为分，分满百为度。命曰黄赤道差。用减冬至加时赤道日度及分秒，即所求年天正冬至加时黄道日度及分秒。

求二十四气加时黄道日度

置所求年冬至日躔黄赤道差，以次年黄赤道差减之，余以所求气数乘之，二十四而一，所得以加其气中积及约分，又以其气初日盈缩数盈加缩减之，用加冬至加时黄道日度，依宿次去之，即各得其气加时黄道日躔宿度及分秒。（如其年冬至加时赤道宿度空分秒在岁差以下者，即加前宿全度，然后求黄赤道差，余依术算。）

求二十四气每日晨前夜半黄道日度

副置其气小余，以其气初日损益率乘之，（盈缩之损益。）万约之为分，应益者盈加缩减，应损者盈减缩加其副，日法除之为度，不满退除为分秒，以减其气加时黄道日度，即各得其气初日晨前夜半黄道日度。每日加一度，以百约每日损益率，（盈缩之损益。）应益者盈加缩减，应损者盈减缩加，为每日晨前夜半黄道日度及分秒。

求每日午中黄道日度

置一万分，以所入气日盈缩损益率，应益者盈加缩减，应损者盈减缩加，皆加减损益率，余半之，满百为分，不满为秒，以加其日晨前夜半黄道日度，即其日午中日躔黄道宿度及分秒。

求每日午中黄道积度

以二至加时黄道日度，距至所求日午中黄道日度，为入二至后黄道积度及分秒。

求每日午中黄道入初末限

视二至后黄道积度，在四十三度一十二分秒八十七以下为初限，以上用减象限，余为入末限。其积度满象限去之，为二分后黄道积度，在四十八度一十八分秒二十二以下为初限，以上用减象限，余为入末限。

求每日午中赤道日度

以所求日午中黄道积度，入至后初限，分后末限，度及分秒，进三位，加二十万二千五十少，开平方除之，所得减去四百四十九半，余在初限者，直以二至赤道日度加而命之。在末限者，以减象限，余以二分赤道日度加而命之。即每日午中赤道日度。以所求日午中黄道积度，入至后末限，分后初限，度及分秒，进三位，用减三十万三千五十少，开平方除之，所得，以减五百五十半，其在初限者，以所减之余，直以二分赤道日度加而命之。在末限者，以减象限，余以二至赤道日度加而命之。即每日午中赤道日度。

太阳黄道十二次入宫宿度

雨水，危十三度三十九分五十秒外，入卫分，陬訾之次，辰在亥。春分，奎二度三十五分八十五秒外，入鲁分，降娄之次，辰在戌。谷雨，胃四度二十四分三十三秒外，入赵分，大梁之次，辰在酉。小满，毕七度九十六分六秒外，入晋分，实沈之次，辰在申。夏至，井九度四十七分一十秒外，入秦分，鹑首之次，辰在未。大暑，柳四度九十五分一十六秒外，入周分，鹑火之次，辰在午。处暑，张十五度五十六分三十五秒外，入楚分，鹑尾之次，辰在巳。秋分，轸十度四十四分五秒外，入郑分，寿星之次，辰在辰。霜降，氐一度七十七分七十七秒外，入宋分，大火之次，辰在卯。小雪，尾三度九十七分九十二秒外，入燕分，析木之次，辰在寅。冬至，斗四度三十六分六十六秒外，入吴越分，星纪之次，辰在丑。大寒，女二度九十一分九十一秒外，入齐分，玄枵之次，辰在子。

求入宫时刻

各置入宫宿度及分秒，以其日晨前夜半日度减之，（相近一度之间者求之。）余以日法乘其分，其秒从于下，亦通乘之，为实；以其日太阳行分为法，实如法而一，所得，依发敛加时求之，即得其日太阳入宫时刻及分秒。

步晷漏第四

中限：一百八十二日，六十二分，一十八秒。

冬至初限，夏至末限：六十二日，二十分。

夏至初限，冬至末限：一百二十日，四十二分。

冬至地中晷影常数：一丈二尺八寸三分。

夏至地中晷影常数：一尺五寸六分。

周法：一千四百二十八。

内外法：一万八百九十六。

半法：二千六百一十五。

日法：四分之三：三千九百二十二半。

日法：四分之一：一千三百七半。

昏明分：一百三十分，七十五秒。

昏明刻：二刻，一百五十六分，九十秒。

刻法：三百一十三分，八十秒。

秒母：一百。

求午中入气中积

置所求日大余及半法，以所入之气大小余减之，为其日午中入气。以加其气中积，为其日午中中积。（小余以日法除为约分。）

求二至后午中入初末限

置午中中积及分，如中限以下，为冬至后。以上去中限，为夏至后。其二至后，如在初限以下，为初限。以上覆减中限，余为入末限也。

求午中晷影定数

视冬至后初限、夏至后末限，百通日，内分，自相乘，副置之。以一千四百五十除之，所得加五万三百八十，折半限分并之；除其副为分。分满十为寸，寸满十为尺，用减冬至地中晷影常数，为所求晷影定数。视夏至后初限、冬至后末限，百通日，内分，自相乘为上位。下置入限分，以二百二十五乘，百约之，加一十九万八千七十五为法。（夏至前后半限以上者，减去半限，列于上位。下位置半限。各百通日，内分，先相减，后相乘。以七千七百除之，所得以加其法）反除上位，为分，分满十为寸，寸满十为尺，用加夏至地中晷影常数，为所求晷影定数。

求四方所在晷影

各于其处测冬夏二至晷影，乃相减之余，为其处二至晷差。亦以地中二至晷数相减，为地中二至晷差。其所求日在冬至后初限、夏至后末限者，如在半限以下，倍之；半限以上，覆减半限，余亦倍之，并入限日，三因折半，以日为分，十为寸，以减地中二至晷差为法。置地中冬至晷影常数，以所求日地中晷影定数减之，余以其处二至晷差乘之为实。实如法而一，所得，以减其处冬至晷数，即得其处其日晷影定数。所求日在夏至后初限、冬至后末限者，如在半限以下，倍之；半限以上，覆减半限，余亦倍之，并入限日，三因四除，以日为分，十为寸，以加地中二至晷差为法。置所求日地中晷影定数，以地中夏至晷影常数减之，余以其处二至晷差乘之为实。实如法而一，所得，以加其处夏至晷数，即得其处其日晷影定数。

二十四气陟降及日出分

恒气	增损差 初末率	加减差 日出分	陟降率
冬至	增初九　二十六 末七　九十六 初空　五　五十 末一　二十六　四	减十 一千五百六十七 九十二	陟一十四 十
小寒	增初七　八十九 末六　五十九 初一　三十六 末二　三十七　三十 六	减十 一千五百五十七 五十二	陟二十八 七十三
大寒	增初六　五十二 末五　二十二 初二　四十三 末三　二十五　一十 八	减十 一千五百二十八 七十九	陟四十三 五十六
立春	增初五　一十八 末三　八十八 初三　二十九 末三　九十二　四十 二	减十 一千四百八十五 二十三	陟五十五 一十九
雨水	增初三　八十二 末二　五十二 初三　九十五　五十 末四　三十九　八十 八	减十 一千四百三十四	陟六十三 九十
惊蛰	增初二　四十八 末一　三十八	减十	陟六十九 一十八

	初四　四十四 末四　六十七　一十六	一千三百六十六一十四	
春分	损初一　三十六 末二　四十	加八	陟六十四六十九
	初四　三十七　末四　一十　六十八	一千二百九十六九十六	
清明	损初二　五十 末三　五十四	加八	陟五十九九
	初四　八　五十 末三　六十六　二十二	一千二百三十二二十七	
谷雨	损初三　六十五 末四　六十九	加八	陟五十八十四
	初三　六十二 末三　三　六十二	一千一百七十三一十八	
立夏	损初四　八十 末五　八十四	加八	陟三十九八十六
	初二　九十八　五十 末二　二十四　二	一千一百二十二三十四	
小满	损初五　九十八 末七　二	加八	陟二十六六
	初二　一十六 末一　二十五	一千八十二四十八	
芒种	损初七　一十九 末八　二十三	加八	陟九三十五
	初一　一十五 末空　七　六	一千五十六　四十二	
夏至	增初八　三十七 末七　三十三	减八	降九三十五
	初空　四　五十 末一　一十四　四十	一千四十七七	
小暑	增初七　二十 末六　一十六	减八	降二十六六
	初一　二十三 末二　一十六　五十二	一千五十六四十二	
大暑	增初六　空 末四　九十六	减八	降三十九八十六
	初二　二十二　五十 末二　九十九　二十二	一千八十二四十八	
立秋	增初四　八十 末三　七十六	减八	降五十八十四
	初三　三 末三　六十二　九十二	一千一百二十二三十四	
处暑	增初三　六十 末二　五十六	减八	降五十九九
	初三　六十五　五十 末四　八　六十二	一千一百七十三一十八	
白露	增初二　四十 末一　三十六	减八	降六十四六十九
	初四　一十　五十 末四　三十六　八十二	一千二百三十二二十七	
秋分	损初一　六十 末二　六十	加十	降六十九一十八
	初四　六十八 末四　四十四　九十	一千二百九十六九十六	
寒露	损初二　六十二 末三　九十二	加十	降六十三九十
	初四　四十二 末三　九十六　二十二	一千三百六十六一十四	
霜降	损初三　九十八 末五　二十八	加十	降五十五一十九
	初三　九十四 末三　二十九　一十八	一千四百三十四	
立冬	损初五　三十二 末六　六十二	加十	降四十三五十六
	初三　二十七 末二　四十三　四十二	一千四百八十五二十三	
小雪	损初六　六十六 末七　九十六	加十	降二十八七十三
	初二　三十九　五十 末一　三十七　一十六	一千五百二十八七十九	
大雪	损初八　二 末九　三十二	加十	降一十四十
	初一　二十八　五十 末空　七　一十二	一千五百五十七五十二	

二分前后陟降率

春分前三日太阳入赤道内，秋分后三日太阳出赤道外，故其陟降与他日不伦，今各别立数而用之。

惊蛰，十二日，陟四（六十七，一十六）此为末率，于此用毕。（其减差亦止于此。）十三日，陟四（四十一，六。）十四日，陟四（三十六，九十。）十五日，陟四（一）。

秋分，初日，降四（三十八。）一日，降四（三十九。）二日，降四（五十七。）三日，降四（六十八。）此为初率，始用之。（其加差亦始于此。）

求每日日出入晨昏半昼分

各以陟降初率，陟减降加其气初日日出分，为一日下日出分。以增损差，（仍加减加减差。）增损陟降率，驯积而加减之，即为每日日出分。覆减日法，余为日入分。以日出分减日入分而半之，为半昼分。以昏明分减日出分为晨分，加日入分为昏分。

求日出入辰刻

置日出入分，以六因之，满辰法而一，为辰数，不尽，刻法除之为刻数，不满为分，命子正算外，即得所求。

求昼夜刻

置日出分，十二乘之，刻法而一，为刻，不满为分，即为夜刻。覆减百刻，余为昼刻。

求更点率

置晨分，四因，退位为更率。二因更率，退位为点率。

求更点所在辰刻

置更点率，以所求更点数因之，又六因，内加昏明分，满辰法而一，为辰数。不尽，满刻法除之为刻数，不满为分，命其辰刻算外，即得所求。

求四方所在漏刻

各于所在下水漏，以定其处冬至或夏至夜刻，乃与五十刻相减，余为至差刻。置所求日黄道去赤道内外度及分，以至差刻乘之，进一位，如二百三十九而一，为刻，不尽以刻法乘之，退除为分，内减外加五十刻，即所求日夜刻，以减百刻，余为昼刻。其日出入辰刻及更点差率算等，并依术求之。）

求黄道内外度

置日出分，如日法四分之一以上，去之，余为外分。如日法四分之一以下，覆减之，余为内分。置内外分，千乘之，如内外法而一，为度，不满退除为分，即为黄道去赤道内外度。内减外加象限，即得内道去极度。

求距中度及更差度

置半法，以晨分减之，余为距中分，百乘之，如周法而一，为距中度。用减一百八十三度一十二分八十四秒，余四因退位，为每更差度。

求昏明五更中星

置距中度，以其日午中赤道日度加而命之，即昏中星所格宿次，因为初更中星。以更差度累加之，命赤道宿次去之，即得逐更及明中星。

卷二十二　　志第三

历　下

步月离　步交会　步五星　浑象

步月离第五

转终分：一十四万四千一百一十，秒六千六十六。

转终日：二十七日，余二千九百，秒六千六十六。

转中日：一十三日，余四千六十五，秒三千三十三。

朔差日：一，余五千一百四，秒三千九百三十四。

象策：七日，余二千一分，二十二秒半。

秒母：一万。

上弦：九十一度，三十一分，四十二秒。

望：一百八十二度，六十二分，八十四秒。

下弦：二百七十三度，九十四分，二十六秒。

月平行度：十三度，三十六分，八十七秒半。

分、秒母：一百。

七日：初数，四千六百四十八。末数，五百八十二。

十四日：初数，四千六十五。末数，一千一百六十五。

二十一日：初数，三千四百八十三。末数，一千七百四十七。

二十八日：初数，二千九百一。末数，二千三百二十九。

求经朔弦望入转

置天正朔积分，以转终分及秒去之，不尽，如日法而一，为日，不满为余秒，即天正十一月经朔入转日及余秒。以象策累加之，去命如前，即得弦、望经日加时入转日及余秒。径求次朔入转。以朔差加之。

转定分及积度朓朒率

一日	一千四百六十八	初度	疾初
	益五百一十三	朓初	
二日	一千四百五十七	一十四度六十八	疾一度三十一
	益四百六十九	朓五百一十三	
三日	一千四百四十二	二十九度二十五	疾二度五十一
	益四百一十一	朓九百八十二	
四日	一千四百二十二	四十三度六十七	疾三度五十六
	益三百三十二	朓一千三百九十三	
五日	一千三百九十九	五十七度八十九	疾四度四十一
	益二百四十三	朓一千七百二十五	
六日	一千三百七十三	七十一度八十八	疾五度三
	益一百四十一	朓一千九百六十八	
七日	一千三百四十七	八十五度六十一	疾五度三十九
	初益四十三 末损四	朓二千一百九	
八日	一千三百二十一	九十九度八	疾五度四十九
	损六十三	朓二千一百四十八	
九日	一千二百九十五	一百十二度二十九	疾五度三十三
	损一百六十四	朓二千八十五	
十日	一千一百七十一	一百二十五度二十四	疾四度九十一
	损二百五十八	朓一千九百二十一	
十一日	一千二百四十七	一百三十七度九十五	疾四度二十五
	损三百五十二	朓一千六百六十三	

十二日	一千二百二十八	一百五十度四十二	疾三度三十五
	损四百二十七	朓一千三百一十一	
十三日	一千二百一十四	一百六十二度七十	疾二度二十六
	损四百八十一	朓八百八十四	
十四日	一千二百四	一百七十四度八十四	疾一度三
	初损四百〇三 末益一百一十七	朓四百三	
十五日	一千二百八	一百八十六度八十八	迟空三十
	益五百〇五	朒一百一十七	
十六日	一千二百一十九	一百九十八度九十六	迟一度五十九
	益四百六十二	朒六百二十二	
十七日	一千二百三十六	二百一十一度十五	迟二度七十七
	益三百九十五	朒一千八十四	
十八日	一千二百五十八	二百二十三度五十一	迟三度七十八
	益三百〇九	朒一千四百七十九	
十九日	一千二百八十一	二百三十六度九	迟四度五十七
	益二百一十九	朒一千七百八十八	
二十日	一千三百七	二百四十八度九十	迟五度十三
	益一百一十七	朒二千〇七	
二十一日	一千三百三十三	二百六十一度九十七	迟五度四十三
	初益二十七 末损一十一	朒二千一百二十四	
二十二日	一千三百五十九	二百七十五度三十	迟五度四十七
	损八十六	朒二千一百四十	
二十三日	一千三百八十四	二百八十八度八十九	迟五度二十五
	损一百八十四	朒二千五十四	
二十四日	一千四百八	三百二度七十三	迟四度七十八
	损二百七十八	朒一千八百七十	
二十五日	一千四百三十一	三百一十六度八十一	迟四度七
	损三百六十八	朒一千五百九十二	
二十六日	一千四百四十九	三百三十一度十二	迟三度十三
	损四百三十八	朒一千二百二十四	
二十七日	一千四百六十三	三百四十五度六十一	迟二度一
	损四百九十三	朒七百八十六	
二十八日	一千四百七十二	三百六十度二十四	迟空七十五
	损二百九十三	朒二百九十三	

求朔弦望入转朓朒定数

置入转小余，以其日算外，损益率乘之，如日法而一，所得，以损益朓朒积为定数。其四七日下余，如初数以下，初率乘之，初数而一，以损益朓朒积为定数。如初数以上，初数减之，余乘末率，末数而一，用减初率，余加朓朒为定数。其十四日下余，如初数以上者，初数减之，余乘末率，末数而一，便为朓朒定数。

求朔弦望定日

置经朔、弦、望小余，朓减朒加入气入转朓朒定数，满与不足，进退大余，命甲子算外，各得定朔、弦、望日辰及余。定朔前干名与后干名同者，其月大；不同者，其月小。月内无中气者为闰。视定朔小余：秋分后，在日法四分之三以上者，进一日。春分后，定朔日出分与春分日出分相减之余，三约之，用减四分之三，定朔小余及此数以上者，亦进一日。或有交，亏初在日入前者，不进之。

定弦、望小余在日出分以下者，退一日。望或有交，亏初在日出前者，小余虽在日出后，亦退之。如十七日望者，又视定朔小余在四分之三以下之数，（春分后用减定之数。）与定望小余在日出分以上之数相较之；朔少望多者，望不退，而朔犹进之。望少朔多者，朔不进，而望犹退之。（日月之行，有盈有缩，迟疾加减之数，或有四大三小；若随常理，当察其时早晚，随所近而进退之，使不过三大二小。）

求定朔弦望中积

置定朔、弦、望大小余与经朔、弦、望大小余相减之余，以加减经朔、弦、望入气日余，（经朔、弦、望少即加之，多即减之。）即为定朔、弦、望入气。以加其气中积，即为定朔、弦、望中积。（其余以日法退除为分秒。）

求定朔弦望加时日度

置定朔、弦、望约余，以所入气日损益率乘，（盈缩损益。）万约之，以损益其下盈缩积，乃盈加缩减定朔弦望中积；又以冬至加时日躔黄道宿度加之，依宿次去之，即得定朔、弦、望加时日所在度及分秒。又置定朔、弦、望约余，副置之。以乘其日盈缩之损益率，万约之，应益者盈加缩减，应损者盈减缩加其副，满百为分，分满百为度，以加其日夜半日度，命之，各得其日加时日躔黄道宿次。（若先于历注定每日夜半日度，即为妙也。）

求定朔弦望加时月度

凡合朔加时日月同度，其定朔加时黄道日度，即为定朔加时黄道月度。弦、望各以弦、望度加定弦、望加时黄道日度，依宿次去之，即得定朔、弦、望加时黄道月度及分秒。

求夜半午中入转

置经朔入转，以经朔小余减之，为经朔夜半入转。又经朔小余与半法相减之余，以加减经朔加时入转，(经朔少，如半法加之；多，如半法减之。)为经朔午中入转。若定朔大余有进退者，亦加减转日，否则因经为定。每月累加一日，满转终日及余秒去命如前，各得每日夜半、午中入转。(求夜半，因定朔夜半入转累加之。求午中，因定朔午中入转累加之。求加时入转者，如求加时入气术。)

求加时及夜半月度

置其日入转算外转定分，以定朔、弦、望小余乘之，如日法而一，为加时转分。(分满百为度。)减定朔、弦、望加时月度，为夜半月度。以所得转定分累加之，即得每日夜半月度。(或朔至弦、望，或至后朔，皆可累加之。然近则差少，远则差多。置所求前后夜半相距月度为行度，计其相距入转积度，与行度相减，余以相距日数除为日差，行度多以日差加每日转定分，行度少以日差减每日转定分，然后用之可中。或欲速求，用此数，欲究其故，宜用后术。)

求晨昏月度

置其日晨分，乘其日算外转定分，日法而一，为晨转分。用减转定分，余为昏转分。又以朔、弦、望定小余、乘转定分，日法而一，为加时分。以减晨、昏转分，为前；不足，覆减之，为后。乃前加后减加时月度，即晨昏月所在宿度及分秒。

求朔弦望晨昏定程

各以其朔昏定月，减上弦昏定月，余为朔后昏定程。以上弦昏定月，减望昏定月，余为上弦后昏定程。以望晨定月，减下弦晨定月，余为望后晨定程。以下弦晨定月，减后朔晨定月，余为下弦后晨定程。

求每日转定度

累计每程相距日下转积度，与晨昏定程相减，余以相距日数除之，为日差，(定程多加之，定程少减之。)以加减每日转定分，为转定度。因朔、弦、望晨昏月，每日累加之，满宿次去之，为每日晨昏月度及分秒。(凡注历：朔日以后注昏月，望后一日注晨月。)古历有九道月度，其数虽繁，亦难削去，具其术如后。

求平交日辰

置交终日及余秒，以其月经朔加时入交泛日及余秒减之，为平交入其月经朔加时后日算及余秒。以加其月经朔大小余，其大余命甲子算外，即平交日辰及余秒。(求次交者，以交终日及余秒加之，大余满纪法去之，命如前，即次平交日辰及余秒。)

求平交入转朓朒定数

置平交小余，加其日夜半入转余，以乘其日损益率，日法而一，所得，以损益其下朓朒积，为定数。

求正交日辰

置平交小余，以平交入转朓朒定数，朓减朒加之，满与不足，进退日辰，即正交日辰及余秒。与定朔日辰相距，即所在月日。

求经朔加时中积

各以其月经朔加时入气日及余，加其气中积余，其日命为度，其余以日法退除为分秒，即其经朔加时中积度及分秒。

求正交加时黄道月度

置平交入经朔加时后算及余秒，以日法通日，内余，进二位，如三万九千一百二十一分而一为度，不满退除为分秒，以加其月经朔加时中积，然后以冬至加时黄道日度加而命之，即得其月正交加时月离黄道宿度及分秒。如求次交者，以交终度及分秒加而命之，即得所求。

求黄道宿积度

置正交时黄道宿全度，以正交加时月离黄道宿度及分秒减之，余为距后度及分秒，以黄道宿度累加之，即各得正交后黄道宿积度及分秒。

求黄道宿积度入初末限

置黄道宿积度及分秒，满交象度及分秒去之，如在半交象以下，为初限；以上者，以减交象度及分秒，余为入末限。(入交积度交象度并在交会术中。)

求月行九道宿度

凡月行所交：冬入阴历，夏入阳历，月行青道。(冬至夏至后，青道半交在春分之宿，当黄道东。立冬立夏后，青道半交在立春之宿，当黄道东南。至所冲之宿亦如之。)冬入阳历，夏入阴历，月行白道。(冬至夏至后，白道半交在秋分之宿，当黄道西。立冬立夏后，白道半交在立秋之宿，当黄道西北。至所冲之宿亦如之。)春入阳历，秋入阴历，月行朱道。(春分秋分后，朱道半交在夏至之宿，当黄道南。立春立秋后，朱道半交在立夏之宿，当黄道西南。至所冲之宿亦如之。)春入阴历，秋入阳历，月行黑道。(春分秋分后，黑道半交在冬至之宿，当黄道北。立春立秋后，黑道半交在立冬之宿，当黄道东北。至所冲之宿亦如之。)四序离为八节，至阴阳之所交，皆与黄道相会，故月行有九道。各以所入初末限度及分秒，减一百一度，余以所入初末限度及分乘之，半而退位为分，分满百为度，命为月道与黄道泛差。凡日以赤道内为阴，外为阳；月以黄道内为阴，外为阳。故月行正交，入夏至后宿度内为同名，入冬至后宿度内为异名。其在同名者，置月行与黄道泛差，九因八约之，为定差。半交后，正交前，以差减；正交后，半交前，以差加。(此加减出入六度，正，如黄赤道相交同名之差，若较之渐异，则随交所在，迁变不同也。)仍以正交度距秋分度数，乘定差，如象限而一，所得为月道与赤道定差。前加者为减，减者为加。其中异名者，置月行与黄道泛差，七因八约之，为定差。半交后，正交前，以差加；正交后，半交前，以差减。(此加减出入六度，异，如黄道赤道相交异名之差，较之渐同，则随交所在迁变不常。)仍以正交度距春分度数，乘定差，如象限而一，所得为月道与赤道定差。前加者为减，减者为加。各加减黄道宿积度，为九道宿积度。以前宿九道积度减之，为其宿九道度及分。(其分就近约为太半少。论春夏秋冬以四时日所在宿度为正。)

求正交加时月离九道宿度

以正交加时黄道日度及分，减一百一度，余以正交度及分乘之，半而退位为分，分满百为度，命为月道与黄道泛差。其在同名者，置月行与黄道泛差。九因八约之，为定差，以加；仍以正交度距秋分度数，乘定差，如象限而一，所得为月道与赤道定差，以减；其在异名者，置月行与黄道泛差，七因八约之，为定差，以减；仍以正交度距春分度数，乘定差，如象限而一，所得为月道与赤道定差，以加。置正交加时黄道月度及分，以二差加减之，即为正交加时月离九道宿度及分。

求定朔弦望加时月所在度

置定朔加时日躔黄道宿次，凡合朔加时，月行潜在日下，与太阳同度，是为加时月离宿次。各以弦、望度及分秒，加其所当弦、望加时月躔黄道宿度，满宿次去之，命如前，各得定朔、弦、望加时月所在黄道宿度及分秒。

求定朔弦望加时九道月度

各以定朔、弦、望加时月离黄道宿度及分秒，加前宿正交后黄道积度，为定朔、弦、望加时正交后黄道积度。如前求九道积度，以前宿九道积度减之，余为定朔、弦、望加时九道月离宿度及分秒。（其合朔加时，若非正交，则日在黄道，月在九道，所入宿度，虽多少不同，考其两极，若应绳准。故云：月行潜在日下，与太阳同度，即为加时九道月度。其求晨昏夜半月度，并依前术。）

步交会第六

交终分：一十四万二千三百一十九，秒九千三百六十八。

交终日：二十七日，余一千一百九分，秒九千三百六十八。

交中日：十三，余三千一百六十九，秒九千六百八十四。

交朔日：二，余一千六百六十五，秒六百三十二。

交望日：十四，余四千二，秒五千。

秒母：一万。

交终：三百六十三度，七十九分，三十六秒。

交中：一百八十一度，八十九分，六十八秒。

交象：九十度，九十四分，八十四秒。

半交象：四十五度，四十七分，四十二秒。

日蚀既前限：二千四百。定法：二百四十八。

日蚀既后限：三千一百。定法：三百二十。

月蚀限：五千一百。

月蚀既限：一千七百。定法：三百四十。

分秒母：一百。

求朔望入交

置天正朔积分，以交终分去之，不尽，如日法而一，为日，不满为余，即天正十一月经朔加时入交泛日及余秒。交朔加之，得次朔。交望加之，得次望。再加交望，亦得次朔。各为朔、望入交泛日及余秒

求定朔每日夜半入交

各置入交泛日及余秒，减去经朔、望小余，即为定朔、望夜半入交泛日及余秒。若定朔、望有进退者，亦进退交日，否则因经为定。大月加二日，小月加一日，余皆加四千一百二十秒六百三十二，即次朔夜半入交。累加一日，满交终日及余秒去之，即每日夜半入交泛日及余秒。

求定朔望加时入交

置经朔、望加时入交泛日及余秒，以入气入转朓朒定数，朓减朒加之，即定朔望加时入交泛日及余秒。

求定朔望加时入交积度及阴阳历

置定朔、望加时入交泛日，以日法通之，内余，进二位，如三万九千一百二十一而一为度，不满退除为分秒，即定朔、望加时月行入交积度。以定朔、望加时入转迟疾度，迟减疾加之，即月行入交定积度。如交中度以下，入阳历积度；以上，去之，余为入阴历积度。（每日夜半，准此求之。）

求月去黄道度

视月入阴阳历积度及分，如交象以下，为少象；以上，覆减交中，余为老象。置所入老少象度于上，列交象度于下，相减相乘，倍而退位为分，满百为度，用减所入老少象度及分，余又与交中度相减相乘，八因之，以百一十除为分，分满百为度，即得月去黄道度。

求朔望加时入交常日及定日

置朔望入交泛日，以入气朓朒定数，朓减朒加之，为入交常日。

又置入转朓朒定数，进一位，一百二十七而一，所得朓减朒加入交常日，为入交定日及余秒。

求入交阴阳历交前后分

视入交定日，如交中以下，为阳历；以上，去之，为阴历。如一日上下，（以日法通日为分。）为交后分。十三日上下，覆减交中，为交前分。

求日月蚀甚定余

置朔、望入气入转朓朒定数，同名相从，异名相消，以一千三百三十七乘之，定朔、望加时入转算外转定分除之，所得，以朓减朒加经朔、望小余，为泛余。

日蚀：视泛余如半法以下，为中前分；半法以上，去半法，为中后分。置中前后分，与半法相减相乘，倍之，万约为分，曰时差。中前，以时差减泛余为定余，覆减半法，余为午前分。中后，以时差加泛余为定余，减去半法，为午后分。

月食：视泛余在日入后、夜半前者，如日法四分之三以下，减去半法，为酉前分；四分之三以上，覆减日法，余为酉后分，又视泛余在夜半后、日出前者，如日法四分之一以下，为卯前分，四分之一以上，覆减半法，余为卯后分。其卯酉前后分，自相乘。四因，退位，万约为分，以加泛余，为定余。各置定余，以发敛加时法求之，即得日月所蚀之辰刻。

求日月食甚日行积度

置定朔、望食甚大小余，与经朔、望大小余相减之余，以加减经朔、望入气日小余，（经朔、望日少加多减。）即为食甚入气。以加其气中积，为食甚中积。又置食甚入气小余，以所入气日损益率（盈缩之损益）乘之，日法而一，以损益其日盈缩积；盈加缩减食甚中积，即为食甚日行积

度及分。

求气差

置日食甚日行积度及分，满中限去之，余在象限以下，为初限；以上，覆减中限，为末限，皆自相乘，进二位，如四百七十八而一，所得，用减一千七百四十四，余为气差恒数。以午前后分乘之，半昼分除之，所得，以减恒数为定数。（不及减，覆减之，为定数。应加者减之，减者加之。）春分后，阳历减，阴历加；秋分后，阳历加，阴历减。（春分前、秋分后各二日二千一百分为定气，于此加减之。）

求刻差

置日食甚日行积度及分，满中限去之，余与中限相减相乘，进二位，如四百七十八而一，所得，为刻差恒数。以午前后分乘之，日法四分之一除之，所得为定数。（若在恒数以上者，倍恒数，以所得之数减之为定数，依其加减。）冬至后，午前阳加阴减，午后阳减阴加。夏至后，午前阳减阴加，午后阳加阴减。

求日食去交前后定分

气刻二差定数，同名相从，异名相消，为食差。依其加减去交前后分，为去交前后定分。视其前后定分，如在阳历，即不食；如在阴历，即有食之。如交前阴历不及减，反减之，（反减食差。）为交后阳历；交后阴历不及减，反减之，为交前阳历；即不食。交前阳历不及减，反减之，为交后阴历；交后阳历，不及减，反减之，为交前阴历；即日有食之。

求日食分

视去交前后定分，如二千四百以下，为既前分，以二百四十八除为大分。二千四百以上，覆减五千五百，（不足减者不食。）为既后分，以三百二十除为大分。不尽，退除为秒，即得日食之分秒。

求月食分

视去交前后分，（不用气刻差者。）一千七百以下者，食既。以上，覆减五千一百，（不足减者不食。）余以三百四十除为大分，不尽，退除为秒，即为月食之分秒也。去交分在既限以下，覆减既限，亦以三百四十除，为既内之大分。

求日食定用分

置日食之大分，与三十五分相减相乘，又以二千四百五十乘之，如定朔入转算外转定分而一，所得，为定用分。减定余，为初亏分。加定余，为复圆分。各以发敛加时法求之，即得日食三限辰刻。

求月食定用分

置月食之大分，与三十五分相减相乘，又以二千一百乘之，如定望入转算外转定分而一，所得，为定用分。加减定余，为初亏、复圆分。各如发敛加时法求之，即得月食三限辰刻。

月食既者，以既内大分与十五相减相乘，又以四千二百乘之，如定望入转算外转定分而一，所得，为既内分。用减定用分，为既外分。置月食定余减定用分，为初亏。因加既外分，为食既。又加既内分，为食甚。（既定余分也。）再加既内分，为生光。复加既外分，为复圆。各以发敛加时法求之，既得月食五限辰刻。

求月食入更点

置食甚所入日晨分，倍之，五约为更法。又五约更法，为点法。乃置月食初末诸分，昏分以上减昏分，晨分以下加晨分。如不满更法为初更。不满点法为一点。依法以次求之，既各得更点之数。

求日食所起

食在既前，初起西南，甚于正南，复于东南；食在既后，初起西北，甚于正北，复于东北。其食八分以上，皆起正西，复于正东。（此据正午地而论之。）

求月食所起

月在阳历：初起东北，甚于正北，复于西北。月在阴历：初起东南，甚于正南，复于西南。其食八分以上，皆起正东，复于正西。（此亦据正午地而论之）

求日月出入带食所见分数

各以食甚小余，与日出入分相减，余为带食差，以乘所食之分，满定用分而一，（月食既者，以既内分减带食差，余乘所食分，如既外分而一。不及减者，为带食既出入。）以减所食分，即日月出入带食所见之分。（其食甚在昼，晨为渐进，昏为已退。食甚在夜，晨为已退，昏为渐进。）

求日月食甚宿次

置日月食甚日行积度，（望即更加半周天。）以天正冬至加时黄道日度，加而命之，依黄道宿次去之，即各得日月食甚宿度及分。

步五星第七

木星

周率：二百八万六千一百四十二，五十四秒。

历率：二千二百六十五万五百七。

历度法：六万二千一十四。

周日：三百九十八日，八十八分。

历度：三百六十五度，二十四分，八十二秒。

历中：一百八十二度，六十二分，四十一秒。

历策：一十五度，二十一分，八十七秒。

伏见：一十三度。

段目	段日 限度	平度 初行率
合伏	一十六日八十六分 二度九十三	三度八十六 二十三
晨顺疾	二十八日 四度六十四	六度一十一 二十二
晨次疾	二十八日 四度一十九	五度五十一 二十一
晨顺迟	二十八日 三度二十八	四度三十一 一十八
晨末迟	二十八日 一度四十五	一度九十一 一十二

晨留	二十四日	
晨退	四十六日五十八	四度八十八 一十八
	空度三十二 八十二	
夕退	四十六日五十八	四度八十八 一十八
	空度三十二 八十二	一十八
夕留	二十四日	
夕末迟	二十八日	一度九十一
	一度四十五	
夕顺迟	二十八日	四度三十一
	三度二十八	一十二
夕次疾	二十八日	五度五十一
	四度一十九	一十八
夕顺疾	二十八日	六度一十一
	四度六十四	二十一
夕伏	一十六日八十六	三度八十六
	二度九十三	二十二

策数	**损益率**	**盈积度**
	损益率	**缩积度**
一	益一百五十九	初
	益一百五十九	初
二	益一百四十二	一度五十九
	益一百四十二	一度五十九
三	益一百二十	三度一
	益一百二十	三度一
四	益九十三	四度二十一
	益九十三	四度二十一
五	益六十一	五度一十四
	益六十一	五度一十四
六	益二十四	五度七十五
	益二十四	五度七十五
七	损二十四	五度九十九
	损二十四	五度九十九
八	损六十一	五度七十五
	损六十一	五度七十五
九	损九十三	五度一十四
	损九十三	五度一十四
十	损一百二十	四度二十一
	损一百二十	四度二十一
十一	损一百四十二	三度一
	损一百四十二	三度一
十二	损一百五十九	一度五十九
	损一百五十九	一度五十九

火星

周率：四百七万九千四十一，秒九十七。

历率：三百五十九万二千七百五十八，秒三十二。

历度法：九千八百三十六半。

周日：七百七十九日，九十三分，一十六秒。

历度：三百六十五度，二十四分，七十六秒。

历中：一百八十二度，六十二分，三十八秒。

历策：一十五度，二十一分，八十六秒。

伏见：一十九度。

段目	**段日**	**平度**
	限度	**初行率**
合伏	六十七日	四十八度
	四十五度四十八	七十二
晨顺疾	六十三日	四十四度六十
	四十二度二十六	七十一
晨次疾	五十八日	四十度九
	三十七度九十九	七十
晨中疾	五十二日	三十四度六
	三十二度三十二	六十八
晨末疾	四十五日	二十六度三十二
	二十四度九十九	六十三
晨顺迟	三十七日	一十六度六十八
	一十五度八十	五十四
晨末迟	二十八日	五度七十五
	五度四十五	三十七
晨留	一十一日	
晨退	二十八日九十六 五十八	八度一十五 六十
	三度五 四十	
夕退	二十八日九十六 五十八	八度一十五 六十
	三度五 四十	四十一
夕留	一十一日	
夕末迟	二十八日	五度七十五
	五度四十五	
夕顺迟	三十七日	一十六度六十八
	一十五度八十	三十七
夕末疾	四十五日	二十六度三十二
	二十四度九十九	五十四
夕中疾	五十二日	三十四度六
	三十二度三十二	六十三
夕次疾	五十八日	四十度九
	三十七度九十九	六十八
夕顺疾	六十三日	四十四度六十
	四十二度二十六	七十
夕伏	六十七日	四十八度

	四十五度四十八	七十一

策数	损益率	盈积度
	损益率	缩积度
一	益一千一百六十	初
	益四百五十八	初
二	益八百	一十一度六十
	益四百五十三	四度五十八
三	益四百六十四	一十九度六十
	益四百三十三	九度一十一
四	益一百五十二	二十四度二十四
	益三百九十六	一十三度四十四
五	损五十七	二十五度七十六
	益三百四十一	一十七度四十
六	损一百七十二	二十五度一十九
	益二百六十六	二十度八十一
七	损二百六十六	二十三度四十七
	益一百七十二	二十三度四十七
八	损三百四十一	二十度八十一
	损五十七	二十五度一十九
九	损三百九十六	一十七度四十
	损一百五十二	二十五度七十六
十	损四百三十三	一十三度四十四
	损四百六十四	二十四度二十四
十一	损四百五十三	九度一十一
	损八百	一十九度六十
十二	损四百五十八	四度五十八
	损一千一百六十	十一度六十

土星

周率：一百九十七万七千四百一十二，秒四十六。

历率：五千六百二十二万三千二百一十九。

历度法：一十五万三千九百二十八。

周日：三百七十八日，九分，三秒。

历度：三百六十五度，二十五分，六十六秒。

历中：一百八十二度，六十二分，八十三秒。

历策：一十五度，二十一分，九十秒。

伏见：一十七度。

段目	段日	平度
	限度	初行率
合伏	十九日四十八	二度四十八
	一度五十六	一十三
晨顺疾	二十七日五十	三度二十二
	二度二	一十二
晨次疾	二十七日五十	二度六十四
	一度六十五	一十一
晨迟	二十七日五十	一度四十八
	空度九十一	八
晨留	三十六日	
晨退	五十一日六五十一半	三度三十九六十六半
	空度二十八三十三半	
夕退	五十一日六五十一半	三度三十九六十六半
	空度二十八三十三半	九七十五
夕留	三十六日	
夕迟	二十七日五十	一度四十八
	空度九十一	
夕次疾	二十七日五十	二度六十四
	一度六十五	八
夕顺疾	二十七日五十	三度二十二
	二度二	一十一
夕伏	十九日四十八	二度四十八
	一度五十六	一十二

策数	损益率	盈积度
	损益率	缩积度
一	益二百一十三	初
	益一百六十三	初
二	益一百九十七	二度一十三
	益一百四十九	一度六十三
三	益一百六十八	四度一十
	益一百二十八	三度一十二
四	益一百二十八	五度七十八
	益一百	四度四十
五	益八十一	七度六
	益六十五	五度四十
六	益三十三	七度八十七
	益二十三	六度五
七	损三十三	八度二十
	益二十三	六度二十八
八	损八十一	七度八十七
	损六十五	六度五
九	损一百二十八	七度六
	损一百	五度四十
十	损一百六十八	五度七十八
	损一百二十八	二十四度四十
十一	损一百九十七	四度一十
	损一百四十九	三度一十二
十二	损二百一十三	二度一十三
	损一百六十三	一度六十三

金星

周率：三百五万三千八百四，秒二十三。
历率：一百九十一万二百四十一，秒一十一。
历度法：五千二百三十。
周日：五百八十三日，九十分，一十四秒。
合日：二百九十一日，九十五分，七秒。
历度：三百六十五度，二十四分，六十八秒。
历中：一百八十二度，六十二分，三十四秒。
历策：一十五度，二十一分，八十六秒。
伏见：一十度半。

段目	段日	平度
	限度	初行率
合伏	三十九日二十五	四十九度七十五
	四十七度七十六	一百二十七
夕顺疾	四十七日七十五	六十度一十六五十
	五十七度七十六	一百二十六
夕次疾	四十七日七十五	五十九度三十九
	五十七度一	一百二十五
夕中疾	四十七日七十五	五十七度空
	五十四度七十二	一百二十三
夕末疾	三十九日二十五	四十二度二十九
	四十度六十	一百一十五
夕顺迟	二十九日二十五	二十四度七十二
	二十三度七十三	一百
夕末迟	一十八日二十五	六度九十三五十
	六度六十六	六十九
夕留	七日	
夕退	九日七十七	三度七十九九十三
	一度六十九七	
夕退伏	六日	四度五十
	二度二	六十八
合退伏	六日	四度五十
	二度二	八十二
晨退	九日七十七	三度七十九九十三
	一度六十九七	六十八
晨留	七日	
晨末迟	一十八日二十五	六度九十三五十
	六度六十六	
晨顺迟	二十九日二十五	二十四度七十二
	二十三度七十三	六十九
晨末疾	三十九日二十五	四十二度二十九
	四十度六十	一百
晨中疾	四十七日七十五	五十七度空
	五十四度七十二	一百一十五
晨次疾	四十七日七十五	五十九度三十九
	五十七度一	一百二十三
晨顺疾	四十七日七十五	六十度一十六五十
	五十七度七十六	一百二十五
晨伏	三十九日二十五	四十九度七十五
	四十七度七十六	一百二十六

策数	损益率	盈积度
	损益率	缩积度
一	益五十二	初
	益五十二	初
二	益四十八	空度五十二
	益四十八	空度五十二
三	益四十一半	一度空
	益四十一半	一度空
四	益三十二半	一度四十一半
	益三十二半	一度四十一半
五	益二十一	一度七十四
	益二十一	一度七十四
六	益七	一度九十五
	益七	一度九十五
七	损七	二度二
	损七	二度二
八	损二十一	一度九十五
	损二十一	一度九十五
九	损三十二半	一度七十四
	损三十二半	一度七十四
十	损四十一半	一度四十一半
	损四十一半	一度四十一半
十一	损四十八	一度空
	损四十八	一度空
十二	损五十二	空度五十二
	损五十二	空度五十二

水星
周率：六十万六千三十一，秒八十四。
历率：一百九十一万二百四十二，秒三十五。
历度法：五千二百三十。
周日：一百一十五日，八十七分，六十秒。
合日：五十七日，九十三分，八十秒。
历度：三百六十五度，二十四分，七十一秒。
历中：一百八十二度，六十二分，三十五秒半。
历策：一十五度，二十一分，八十六秒。
晨伏夕见：一十四度。
夕伏晨见：一十九度。

段目	段日	平度
	限度	初行率
合伏	一十五日	二十九度
	二十四度三十六	二百五
夕顺疾	一十五日	二十三度七十五
	一十九度九十五	一百八十一
夕顺迟	一十五日	一十三度二十五
	一十一度一十三	一百三十五
夕留	二日	
夕退伏	一十日九十三八十	八度六二十
	二度四十九八十	
合退伏	一十日九十三八十	八度六二十
	二度四十九八十	一百八
晨留	二日	
晨顺迟	一十五日	一十三度二十五
	一十一度一十三	
晨顺疾	一十五日	二十三度七十五
	一十九度九十五	一百三十五
晨伏	一十五日	二十九度
	二十四度三十六	一百八十一

策数	损益率	盈积度
	损益率	缩积度
一	益五十七	初
	益五十七	初
二	益五十三	空度五十七
	益五十三	空度五十七
三	益四十五	一度一十
	益四十五	一度一十
四	益三十五	一度五十五
	益三十五	一度五十五
五	益二十二	一度九十
	益二十二	一度九十
六	益八	二度一十二
	益八	二度一十二
七	损八	二度二十
	损八	二度二十
八	损二十二	二度一十二
	损二十二	二度一十二
九	损三十五	一度九十
	损三十五	一度九十
十	损四十五	一度五十五
	损四十五	一度五十五
十一	损五十三	一度一十
	损五十三	一度一十
十二	损五十七	空度五十七
	损五十七	空度五十七

求五星天正冬至后平合及诸段中积中星

置通积分，各以其星周率去之。不尽，为前合分。覆减周率，余为后合分。如日法而一，不满退除为分秒，即其星天正冬至后平合中积、中星。（命为日，曰中积。命为度，曰中星。）以段日累加中积，即为诸段中积。以平度累加中星，经退减之，即为诸段中星。

求五星平合及诸段入历

置前通积分，各加其星后合分，以历率去之，不尽，各以其星历度法除为度，不满退为分秒，即为其星平合入历度及分秒。以诸段限度累加之，即得诸段入历。

求五星平合及诸段盈缩差

各置其星其段入历度及分秒，如在历中以下，为在盈；以上，减去历中，余为在缩。以其星历策除之为策数，不尽为入策度及分，命策数算外，以其策数下损益率乘之，如历策而一为分，以损益其下盈缩积度，即为其星其段盈缩定差。

求五星平合及诸段定积

各置其星其段中积，以其盈缩定差盈加缩减之。即其段定积日及分。以加天正冬至大余及约分，满纪法六十去之，不尽，即为定日及加时分秒。不满命甲子算外，即得日辰。

求五星及诸段所在日月

各置其段定积日及分，以加天正闰日及分，满朔策及约分除之为月数，不尽，为入月已来日数及分。其月数命天正十一月算外，即得其段入月经朔日数及分，以日辰相距为所在定朔月日。

求五星平合及诸段加时定星

各置中星，以盈缩定差盈加缩减之，（金星倍之，水星三因之，然后加减。）即为五星诸段定星。以加天正冬至加时黄道日度，依宿命之，即其星其段加时所在宿度及分秒。

求五星诸段初日晨前夜半定星

各以其段初行率，乘其段定积日下加时分，百约之，乃顺减退加其日加时定星，即为其段初日晨前夜半定星所在宿度。

求诸段日率度率

各以其段日辰距后段日辰为日率。以其段夜半宿次与后段夜半宿次相减，余为度率。

求诸段平行分

各置其段度率及分秒，以其段日率除之，即其段平行度及分秒。

求诸段总差日差

以本段前后平行分相减，余为其段泛差。（假令求木星次疾泛差，乃以顺疾、顺迟平行分相减，余为次疾泛差。他皆仿此。）倍而退位为增减差，加减其段平行分，为初末日行分。（前多后少者，加为初，减为末。前少后多者，减为初，加为末。）倍增减差为总差，以日率减一除之，为日差。

求前后伏迟退段增减差

前伏者，置后段初日行分，加其日差之半，为末日行分。后伏者，置前段末日行分，加其日差之半，为初日行分。以减伏段平行分，余为增减差。前迟者，置前段末日行分，倍其日差减之，为初日行分。后迟者，置后段初日行分，倍其日差减之，为末日行分。以迟段平行分减之，余为增减差。（前后近留之迟段。）

木、火、土三星退行者，六因平行分，退一位，为增减差。

金星前后伏退，三因平行分，半而退位，为增减差。前退者，置后段初日行分，以其日差减之，为末日行分，后退者，置前段末日行分，以其日差减之，为初日行分。以本段平行分减，余为增减差。

水星，半平行分为增减差，皆以增减差加减平行分，为初末日行分。（前多后少，加初减末；前少后多，减初加末。）又倍增减差为总差，以日率减一除之，为日差。

求每日晨前夜半星行宿次

各置其段初日行分，以日差累损益之（后少则损之，后多则益之。）为每日行度及分秒。乃顺加退减之，满宿次去之，即得每日晨前夜半星行宿次。（视前段末日、后段初日行分相较之数，不过一二日差为妙。或多日差数倍，或颠倒不伦，当类会前后增减差稍损益之，使其有伦，然后用之。或前后平行俱多俱少，则平注之。或总差之秒，不盈一分，亦平注之。若有不伦而平注之得伦者，亦平注之。）

求五星平合及见伏入气

置定积，以气策及约分除之，为气数，不满为入气日及分秒，命天正冬至算外，即所求平合及伏见入气日及分秒。

求五星平合及见伏行差

各以其段初日星行分与其太阳行分相减，余为行差。若金在退行，水在退合者，相并为行差。如水星夕伏晨见者，直以太阳行分为行差。

求五星定合见伏泛积

木、火、土三星，各以平合晨疾夕伏定积，便为定合定见定伏泛积。金、水二星，置其段盈缩差，（水星倍之。）各以行差除之，为日，不满退除为分秒。若在平合夕见晨伏者，盈减缩加；如在退合夕伏晨见者，盈加缩减。皆以加减定积，为定合定见定伏泛积。

求五星定合定积定星

木、火、土三星，各以平合行差除其日太阳盈缩差，为距合差日。以太阳盈缩差减之，为距合差度。日在盈历，以差日差度减之。在缩，加之。加减其星定合泛积，为定合定积定星。

金、水二星顺合退合，各以平合退合行差除其日太阳盈缩差，为距合差日。顺加退减太阳盈缩差，为距合差度。顺在盈历，以差日差度加之；在缩，减之。退在盈历，以差日减之，差度加之；在缩，以差日加之，差度减之。皆以加减其星定合及再定合泛积，为定合再定合定积定星。以冬至大余及约分，加定积，满纪法去，命，即得定合日辰。以冬至加时黄道日度，加定星，满宿次去之，即得定合所在宿次。（其顺退所在盈缩，太阳盈缩也。）

求木火土三星定见伏定积日

各置其星定见伏泛积，晨加夕减象限日及分秒，（半中限为象限，）如中限以下，自相乘，以上，覆减岁周日及分秒，余亦自相乘，满七十五而一，所得，以其星伏见度乘之，十五除之，为差。其差如其段行差而一，为日，不满退除为分秒。见加伏减泛积为定积。加命如前，即得日辰也。

求金水二星定见伏定积日

各以伏见日行差，除其日太阳盈缩差，为日。若晨伏夕见，日在盈历，加之，在缩，减之。如夕伏晨见，日在盈历，减之，在缩，加之。加减其星泛积为常积。视常积，如中限以下，为冬至后，以上，去之，余为夏至后。其二至后，如象限以下，自相乘，以上，覆减中限，亦自相乘，各如法而一，为分。（冬至后晨，夏至后夕，以一十八为法。冬至后夕，夏至后晨，以七十五为法。）以伏见度乘之，十五除之，为差。差满行差而一，为日，不满退除为分秒。加减常积为定积。（冬至后晨见夕伏，加之；夕见晨伏，减之。夏至后晨见夕伏，减之；夕见晨伏，加之也。）加命如前，即得定见伏日辰。

其水星，夕疾，在大暑气初日至立冬气九日三十五分以下者，不见。晨留，在大寒气初日至立夏气九日三十五分以下者，春不晨见，秋不夕见者，亦旧有之矣。

浑象

古之言天者有三家：一曰盖天，二曰宣夜，三曰浑天。汉灵帝时，蔡邕于朔方上书，言“宣夜之学，绝无师法”；《周髀》术数具存，考验天状，多所违失；惟浑天为近，最得其情，近世太史候台铜仪是也。立八尺体圆而具天地之形，以正黄道赤道之表里，以行日月之度数，步五纬之迟速，察气候之推迁，精微深妙，百代所不可废者也。然传历久远，制造者众，测候占察，互有得失，张衡之制，谓之《灵宪》，史失其传。魏、晋以来，官有其器，而无本书，故前志亦阙。吴中常侍王蕃云：“浑天仪者，羲和之旧器，谓之机衡。”积代相传，沿革不一。宋太平兴国中，蜀人张思训首创其式，造之禁中，逾年而成，诏置文明殿东鼓楼下，曰“太平浑仪”。自思训死，玑衡断坏，无复知其法制者。景德中，历官韩显符依仿刘曜时、孔挺、晁崇之法，失之简略。景祐中，冬官正舒易简乃用唐梁令瓒、僧一行之法，颇为详备，亦失之于密而难为用。元祐时，尚书右丞苏颂与昭文馆校理沈括奉敕详定《浑仪法要》，遂奏举吏部勾当官韩公廉通《九章勾股法》，常以推考天度与张衡、王蕃、僧一行、梁令瓒、张思训法式，大纲可以寻究。若据算术考案象器，亦能成就，请置局差官制造。诏如所言。奏郑州原武主簿王沇之，太史局官周日严、于太古、张仲宣，同行监造。制度既成，诏置之集英殿，总谓之浑天仪。公廉将造仪时，先撰《九章勾股验测浑天书》一卷，贮之禁中，今失其传，故世无知者。

旧制浑仪，规天矩地，机隐于内，上布经躔，次具日月五星行度，以察其寒暑进退，如张衡浑天、开元水运铜浑仪者，是也。久而不合，乖于施用。公廉之制则为轮三重：一曰六合仪，纵置地浑中，即天经环也，与地浑相结，其体不动；二曰三辰仪，置六合仪内；三曰四游仪，置三辰仪内。植四龙柱于地浑之下，又置鳌云于六合仪下。四龙柱下设十字水趺，凿沟道通水以平高下。别设天常单环于六合仪内，又设黄道赤道二单环，皆置三辰仪内，东西相交，随天运转，以验列舍之行。又为四象环，附三辰仪，相结于天运环，黄赤道两交为直距二纵置于四游仪内。北属六合仪地浑之上，以正北极出地之度。南属六合仪地浑之下，以正南极入地之度。此浑仪之大形也。直距内夹置望筒一，于筒之半设关轴，附直距上，使运转低昂，筒常指日，日体常在筒窍中，天西行一周，日东移一度，仍以窥测四方星度，皆斟酌李淳风、孔挺、韩显符、舒易简之制也。三辰仪上设天运环，以水运之。水运之法始于汉张衡，成于唐梁令瓒及僧一行，复于太平兴国中张思训，公廉今又变正其制，设天运环，下以天柱关轴之类上动浑仪，此新制也。

旧制浑象，张衡所谓置密室中者，推步七曜之运，以度历象昏明之候，校二十四气，考昼夜刻漏，无出于浑象。《隋志》称梁秘府中有宋元嘉中所造者，以木为之，其圆如丸，遍体布二十八宿、三家星色、黄赤道、天河等，别为横规绕于外，上下半之，以象地也。开元中，诏僧一行与梁令瓒更造铜浑象，为圆天之象，上具列宿周天度数，注水激轮，令其自转，一日一夜天转一周，又别置日月五星循绕，络在天外，令得运行。每天西转一匝，日正东行一度，月行一十三度有奇，凡二十九转而日月会，三百六十五转而日行一匝。仍置木柜以为地平，令象半在地上，半在地下，又立二木偶人于地平之前，置钟鼓使木人自然撞击以报辰刻，命之曰《水运浑天俯视图》。既成，命置之武成殿。

宋太史局旧无浑象，太平兴国中，张思训准开元之法，而上以盖为紫宫，旁为周天度，而东西转之，出新意也。

公廉乃增损《隋志》制之，上列二十八宿周天度数，及紫微垣中外官星，以俯窥七政之运转，纳于六合仪天经地浑之内，同以木柜载之。其中贯以枢轴，南北出浑象外，南长北短，地浑在木柜面，横置之，以象地。天经与地浑相结，纵置之，半在地上，半隐地下，以象天。其枢轴北贯天经上杠中，末与杠平，出柜外三十五度稍弱，以象北极出地。南亦贯天经出下杠外，入柜内三十五度少弱，以象南极入地。就赤道为牙距，四百七十八牙以衔天轮，随机轮地毂正东西运转，昏明中星既应其度，分至节气亦验应而不差。

王蕃云："浑象之法，地当在天内，其势不便，故反观其形，地为外郭，于已解者无异，诡状殊体而合于理，可谓奇巧者也。"今地浑亦在浑象外，盖出于王蕃制也。其下则思训旧制，有枢轮关轴，激水运动，以直神摇铃扣钟击鼓，置时刻十二神司辰像于轮上，时初、正至，则执牌循环而出，报随刻数以定昼夜长短。至冬水凝，运转迟涩，则以水银代之。

今公廉所制，共置一台，台中有二隔，浑仪置其上，浑象置其中，激水运转，枢机轮轴隐于下。内设昼夜时刻机轮五重：第一重曰天轮，以拨浑象赤道牙距；第二重曰拨牙轮，上安牙距，随天柱中轮转动，以运上下四轮；第三重曰时刻钟鼓轮，上安时初、时正百刻拨牙，以扣钟击鼓摇铃；第四重曰日时初、正司辰轮，上安时初十二司辰、时正十二司辰；第五重曰报刻司辰轮，上安百刻司辰。以上五轮并贯于一轴，上以天束束之，下以铁杵臼承之，前以木阁五层蔽之，稍增异其旧制矣。五轮之北，又侧设枢轮，其轮以七十二辐为三十六洪，束以三辋，夹持受水三十六壶。毂中横贯铁枢轴一，南北出轴为地毂，运拨地轮。天柱中轮动，机轮动浑象，上动浑天仪。又枢轮左设天池、平水壶，平水壶受天池水，注入受水壶，以激枢轮。受水壶落入退水壶。由壶下北窍引水入升水下壶，以升水下轮运水入升水上壶，上壶内升水上轮及河车同转上下轮，运水入天河，天河复流入天地，每一昼一夜周而复始。此公廉所制浑仪、浑象二器而通三用，总而名之曰浑天仪。

金既取汴，皆辇致于燕，天轮赤道牙距拨轮悬象钟鼓司辰刻报天池水壶等器久皆弃毁，惟铜浑仪置之太史局候台。但自汴至燕相去一千余里，地势高下不同，望筒中取极星稍差，移下四度才得窥之。明昌六年秋八月，风雨大作，雷电震击，龙起浑仪鳌云水趺下，台忽中裂而摧，浑仪仆落台下，旋命有司营葺之，复置台上。贞祐南渡，以浑仪熔铸成物，不忍毁拆，若全体以运则艰于辇载，遂委而去。

兴定中，司天台官以台中不置浑仪及测候人数不足，言之于朝，宜铸仪象，多补生员，庶得尽占考之实。宣宗召礼部尚书杨云翼问之，云翼对曰："国家自来铜禁甚严，虽罄公私所有，恐不能给。今调度方殷，财用不足，实未可行。"他日，上又言之，于是止添测候之人数员，铸仪之议遂寝。

初，张行简为礼部尚书提点司天监时，尝制莲花、星丸二漏以进，章宗命置莲花漏于禁中，星丸漏遇车驾巡幸则用之。贞祐南渡，二漏皆迁于汴，汴亡废毁，无所稽其制矣。

卷二十三　　志第四

五　行

五行之精气，在天为五纬，在地为五材，在人为五常及五事。五纬志诸《天文》，历代皆然。其形质在地，性情在人，休咎各以其类，为感应于两间者，历代又有《五行志》焉。两汉以来，儒者若夏侯胜之徒，专以《洪范五行》为学，作史者多采其说，凡言某征之休咎，则以某事之得失系之，而配之以五行。谓其尽然，其弊不免于傅会；谓其不然，"肃，时雨若"、"蒙，恒风若"之类，箕子盖尝言之。金世未能一天下，天文灾祥犹有星野之说，五行休咎见于国内者不得他诿，乃汇其史氏所书，仍前史法，作《五行志》。至于五常五事之感应，则不必泥汉儒为例云。

初，金之兴，平定诸部，屡有祯异，故世祖每与敌战，尝以梦寐卜其胜负。乌春兵至苏束海甸，世祖曰："予夙昔有异梦，不可亲战，若左军有力战者当克。"既而与肃宗等击之，敌大败。

太祖之生也，常有五色云气若二千斛囷廪之状，屡见东方。辽司天孔致和曰："其下当生异人，建非常之事，天以象告，非人力所能为也。"

温都部跋忒畔，穆宗遣太祖讨之，入辞，奏曰："昨夕见赤祥，往必克。"遂与跋忒战，杀之。

穆宗攻阿疏日，辰巳间，忽暴雨昏曀，雷电环阿疏所居，是夕有巨火声如雷，坠阿疏城中，遂攻下之。

太祖尝往宁江，梦斡带之禾场焚，顷刻而尽。觉而大戚，即驰还，斡带已寝疾，翌日不起。

斡塞伐高丽，太祖卧而得梦，及起曰："今日捷音必至。"乃为具于球场以待。有二獐渡水而至，获之，太祖曰："此休征也。"言未既，捷书至，众大异之。

他日军宁江，驻高阜，撒改仰见太祖体如乔松，所乘马如冈阜之大，太祖亦视撒改人马异常，撒改因白所见，太祖喜曰："此吉兆也。"即举酒酹之曰："异日成功，当识此地。"师次唐括带斡甲之地，诸军介而立，有光起于人足及戈矛上，明日，至札只水，光复如初。

收国元年，上在宁江州，有光正圆，自空而坠。八月己卯，黄龙见空中。十二月丁未，上候辽军还至熟结泺，有光复见于矛端。

天辅六年三月，师攻西京，有火如斗，坠其城中。是月，城降而复叛，四月辛卯，取之。

太宗天会二年，曷懒移鹿古水霖雨害稼，且为蝗所食。秋，泰州潦，害稼。三年七月，锦州野蚕成茧。九月，广宁府进嘉禾。四年十月，中京进嘉禾。六年冬，移懒路饥。九年七月丙申，上御西楼听政，闻咸州所贡白鹊音忽异常，上起视之，见东楼外光明中有像巍然高五丈许，下有红云承之，若世所谓佛者，乃擎跽修虔，久之而没。十年冬，移懒、曷懒等路饥。

熙宗天会十三年五月，甘露降于卢州熊岳县。十五年七月辛巳，有司进四足雀。丙戌夜，京师地震。

天眷元年夏，有龙见于熙州野水，凡三日。初，于水面见一苍龙，良久而没。次日，见金龙一，爪承一婴儿，儿为龙所戏，略无惧色，三日如故。又见一人，乘白马，红袍玉带，如少年官状，马前有六蟾蜍，凡三时乃没，郡人竞往观之。七月丁酉，按出浒河溢，坏民庐舍。三年十二月丁丑，地震。

皇统元年秋，蝗。十一月己酉，稽古殿火。二年二月，熙河路饥。三月辛丑，大雪。秋，燕、西东二京、河东、河北、山东、汴、平州大熟。三年，陕西旱。五月丁巳，京兆府贡瑞麦。七月丙寅，太原进獬豸及瑞麦。四年正月乙丑，陕西进嘉禾，十有二茎，一本七颖。十月甲辰，地震。五年闰月戊寅，大名府进牛生麟。壬辰，怀州进嘉禾。七年十一月，完颜秉德进三角牛。九年四月壬申夜，大风雨，雷电震寝殿鸱尾坏。有火入帝寝，烧帷幔，上惧，徙别殿。丁丑，有龙斗于利州榆林河上。大风坏民居官舍十六七，木瓦人畜皆飘扬十余里，死伤者数百，同知州事石抹里压死。

海陵天德二年十二月，野人采石炭，获异香。

贞元三年五月癸丑，南京大内灾。三年十二月己丑，雨，木冰。

正隆二年六月壬辰，蝗飞入京师。秋，中都、山东、河东蝗。四年十一月庚寅，霜附木。五年二月辛未，河东、陕西地震。镇戎、德顺等军大风，坏庐舍，民多压死。海陵问司天马贵中等曰："何为地震？"贵中等曰："伏阳逼阴所致。"又问："震而大风，何也？"对曰："土失其性，则地以震。风为号令，人君严急则有烈风及物之灾。"六年六月壬戌，大风坏承天门鸱尾。

是岁，世宗居贞懿皇后忧，在辽阳，一日方寝，有红光照其室，及黄龙见于室上，又夜有大星流入其邸。八月，复有云气自西来，黄龙见其中，人皆见之。是时，临潢府闻空中有车马声，仰视见风云杳霭，神鬼兵甲蔽天，自北而南，仍有语促行者。未岁，海陵下诏南征。

世宗大定二年闰二月辛卯，神龙殿十六位焚，延及太和、厚德殿。三年三月丙申，中都以南八路蝗。四年三月庚子夜，京师地震。七年辛丑，大风雷雨，拔木。临潢府境禾黍穞生。岚州进白兔二。八月，永兴进嘉禾，异亩同颖。中都南八路蝗飞入京畿。十一月辛丑，尚书省火。是岁，有年。五年六月戊子，河南府进芝草十三本，得于芝田石上，荐之太庙。六月甲辰，大安殿楹产芝，其色如玉。丙午，京师地震，有声自西北来，殷殷如雷，地生白毛。七月戊申，又震。十一月癸酉，大雾，昼晦。七年九月庚辰，地震。八月五月甲子，北望淀大风，雨雹，广十里，长六十里。六月，河决李固渡，水入曹州。十年正月，邓州进芝草。十一年六月戊申，西南路招讨司苾里海水之地雨雹三十余里，小者如鸡卵，其一最大，广三尺，长丈余，四五日始消。十二年三月庚寅，雨土。四月，旱。十三年正月，尚书省奏："宛平张孝善有子曰合得，大定十二年三月旦以疾死，至暮复活，云是本良乡人王建子喜儿。而喜儿前三年已死，建验以家事，能具道之。此盖假尸还魂，拟付王建为子。"上曰："若是则奸幸小人竞生诈伪，渎乱人伦。"止付孝善。八月丁丑，策试进士于悯忠寺，夜半忽闻音乐声起东塔上，西达于宫。考官完颜蒲捏、李晏等以为文运始开，得贤之兆。十四年八月丁巳朔，次纠里舌，是午，白龙见于御帐之东小港中，既乘乘雷云而上，尾犹曳地，良久北去。十六年三月戊申，雨豆于临潢之境，其形上锐而赤，食之味颇苦。五月戊申，南京宫殿火。是岁，中都、河北、山东、陕西、河东、辽东等十路旱、蝗。十七年七月，大雨，滹沱、卢沟水溢，河决白沟。二十年四月己亥，太宁宫门火。五月丙寅，京师地震，生黑白毛。七月，旱。秋，河决卫州。二十二年五月，庆都蝗蝝生，散漫十余里。一夕大风，蝗皆不见。二十三年正月辛巳，广乐园灯山焚，延及熙春殿。三月乙酉，氛埃雨土。四月庚子亦如之。五月丁亥，雨雹，地生白毛。二十四年正月辛卯朔，徐州进芝十有八茎。真定进嘉禾二本，异亩同颖。二十六年正月庚辰，河南府进芝三本。秋，河决，坏卫州城。二十七年四月辛丑，京师地微震。

章宗大定二十九年五月丁未，地生白毛。五月，曹州河溢。十二月，密州进白鹈、白雉各一。河间府进嘉禾。是冬无雪。

明昌元年正月，怀州、河间等处进芝草、嘉禾。二月，地生白毛。六月庚子，都水进异卵。夏，旱。七月，淫雨伤稼。二年五月，桓、抚等州旱。秋，山东、河北旱，饥。三年秋，绥德蚜蚄虫生，旱。四年三月，御史中丞董师中奏："乃者太白昼见，京师地震，北方有赤气，迟明始散。天之示象，冀有以警悟圣主也。"上问："所言天象何从得之?"师中曰："前监察御史陈元升得之于一司天长行。"上曰："司天台官不奏固有罪，其以语人尤非。朕欲令自今司天有事而不奏者长行得言之，何如?"师中曰："善。"五月，霖雨，命有司祈晴。六月，河决卫州，魏、清、沧皆被害。是岁，河北、山东、南京、陕西诸路大稔。邢、洺、深、冀及河北西路十六谋克之地，野蚕成茧。十一月壬午，木冰。五年七月丙戌，天寿节，先阴雨连日，至是开霁，有龙曳尾于殿前云间。八月，河决阳武故堤，灌封丘而东。六年二月丁丑，京师地震，大雨雹，昼晦，大风，震应天门左鸱尾坏。六年八月，大雨震电，有龙起于浑仪鳌趺，台忽中裂而摧。仪仆于台下。

承安元年五月，自正月不雨，至是月雨。六月，平晋县民利通家蚕自成绵段，长七尺一寸五分，阔四尺九寸。二年，自正月至四月不雨。六月丙午，雨雹。四年三月戊午，雨雹。五月，旱。五年五月庚辰，地震。十月庚子，天久阴，是日云色黄而风霾。癸卯晨，阴霜附木，至日入亦如之。

泰和二年八月丙申，磁州武安县鼓山石圣台，有大鸟十集于台上，其羽五色烂然，文多赤黄，赭冠鸡项，尾阔而修，状若鲤鱼尾而长，高可逾人，九子差小侍傍，亦高四五尺。禽鸟万数形色各异，或飞或蹲，或步或立，皆成行列，首皆正向如朝拱然。初自东南来，势如连云，声如殷雷，林木震动，牧者惊惶，即驱牛击物以惊之，殊不为动。俄有大鸟如雕鹗者怒来搏击之，民益恐，奔告县官，皆以为凤凰也，命工图上之。留二日西北去。按视其处，粪迹数顷，其色各异。遗禽数千，累日不能去。所食皆巨鲤，大者丈余，鱼骨蔽地。章宗以其事告宗庙，诏中外。三年四月，旱。十月己亥，大风。四年正月壬申，阴雾，木冰。三月丁卯，大风，毁宣阳门鸱尾。四月，旱。壬戌，万宁宫端门灾。十一月丁卯，阴。木冰凡三日。五年夏，旱。八年闰四月甲午，雨雹。河南路蝗。六月戊子，飞蝗入京畿。八月乙酉，有虎至阳春门外，驾出射获之。时又有童谣云："易水流，汴水流，更年易过又休休。两家都好住，前后总成留。"至贞祐中，举国迁汴。

卫绍王大安元年，徐、邳界黄河清五百余里，几二年，以其事诏中外。临洮人杨珪上书曰："河性本浊，而今反清，是水失其性也。正犹天动地静，使当动者静，当静者动，则如之何，其为灾异明矣。且《传》曰：'黄河清，圣人生。'假使圣人生，恐不在今日。又曰'黄河清，诸侯为天子。'正当戒惧，以销灾变，而复夸示四方，臣所未喻。"宰相以为妖言，议诛之，虑绝言路，即诏大兴府锁还本管。十一月丙申，平阳地震，有声自西北来。戊戌夜，又震，自此时复震动，浮山县尤剧，城廨民居圮者十七八，死者凡二三千人。二年二月乙酉，地大震，有声殷殷然。六月、七月至九月晦。其震不一。十一月，京师民周修武宅前渠内火出，高二尺，焚其板桥。又旬日，大悲阁幡竿下石隙中火出，高二三尺，人近之即灭，凡十余日。自是都城连夜燔爇二三十处。是岁四月，山东、河北大旱，至六月，雨复不止，民间斗米至千余钱。三年二月乙亥夜，大风从西北来，发屋折木，吹清夷门关折。三月戊午，大悲阁灾，延烧万余家，火五日不绝。山东、河北、河东诸路大旱。是岁，有男子郝赞诣省言："上即位之后，天变屡见，火焚万家，风折门关，非小异也，宜退位让有德。"有司问："尔狂疾乎?"赞大言曰："我不狂疾，但为社稷计，宰相皆非其才。"每日省前大呼，凡半月。上怒，诛之隐处。

崇庆元年七月辛未未时，有风从东来，吹帛一段高数十丈，宛转如龙，坠于拱辰门内。是岁，河东、陕西、山东、南京诸路旱。二年二月，放进士榜，有狂僧公言："杀天子。"求之不知所在。是岁，河东、陕西大旱，京兆斗米至八千钱。

至宁元年，宣宗彰德故园竹开白花，如鹭鸶藤。紫云覆城上数日，俄而入继大统。七月，以河东、陕西诸处旱，遣工部尚书高朵剌祈雨于岳渎，至是雨足。时斗米有至钱万二千者。八月癸巳，卫绍王遇弑。是日，海水不潮，宝坻盐司惧其亏课，致祷无应。九月丙午，宣宗即位乃潮。初，卫王即位改元大安，四年改曰崇庆，即而又改曰至宁，有人谓曰："三元大崇至矣。"俄而有胡沙虎之变。

宣宗贞祐元年八月戊子夜，将曙，大雾苍黑，跬步无所见，至辰巳间始散。十二月乙卯，雨，木冰。时卫州有童谣曰："团栾冬，劈半年。寒食节，没人烟。"明年正月，元兵破卫，遂丘墟矣。二年六月，潮白河溢，漂古北口铁裹关门至老王谷。庚申，南京宝镇阁灾。壬戌，上次宜村，有黄龙见于西北。冬，黄河自陕州界至卫州八柳树，清十余日，纤鳞皆见。十二月己酉，雨，木冰。三年二月戊午，大风，隆德殿鸱尾坏。三月戊辰，大风，霾。四月，自去冬不雨，至于是月。五月，河南大蝗。六月，京城中夜妄相惊逐狼，月余方息。十月丙申昏，西北有雾气如积土，至二更乃散。四年正月己未旦，黑雾四塞，巳时乃散，是春，河朔人相食。五月，河南、陕西大蝗。凤翔、扶风、岐山、郿县蝵虫伤麦。七月，旱。癸丑，飞蝗过京师。

兴定元年三月，宫中有蝗。四月，单州雹伤稼。陈州商水县进瑞麦，一茎四穗。开封府进瑞麦，一茎三穗、二茎四穗。五月乙丑，河南大风，吹府门署以去。延州原武县雹伤稼。七月癸卯，大社坛产嘉禾，一茎十五穗。秋，霖雨。十月，邠州进白兔。丹州进嘉禾，异亩同颖。二年四月，河南诸郡蝗。五月，秦、陕狼害人。六月，旱。是岁，京师屡火，遣礼部尚书杨云翼禜之。三年春，吏部火。四月癸未，陕右黑风昼起，有声如雷，顷之地大震，平凉、镇戎、德顺尤甚，庐舍倾，压死者以万计，杂畜倍之。夏，旱。十二月壬申，雨，木冰。四年正月戊辰二更，天鸣有声。壬子，昼晦，有顷大雷风雨。四月丁丑，大风吹河南府署飞百余步，户案门钥开，文牍飘散，不知所在。六月，旱。七月，河南大水，唐、邓尤甚。十二月癸酉，火。是岁，华州渭南县民裴德宁家伐树，破其中有赤色"太"字，表里吻合。有司言与唐大历中成都瑞木有文"天下太平"者，其事颇同，盖太平之兆也。乞付史馆。五年三月，以久旱，诏中外，仍命有司祈祷。十一月壬寅，京师相国寺火。十二月丁丑，霜附木。先是，有童谣云："青山转，转山青。耽误尽，少年人。"盖言是时人皆为兵，转斗山谷，战伐不休，当至老也。

元光元年四月，京畿旱。十月，上猎近郊，获白兔，群臣以为瑞。明日，御便殿，置铃于项，将纵之，兔惊跃不已，忽毙几上。二年正月辛酉日午，有鹤千余翔于殿庭，移刻乃去。七月乙卯，丹凤门坏，压死者数人。十一月，开封有虎害人。是时屡有妖怪，二年之中，白日虎入郑门，吏部及宫中有狐狼，鬼夜哭于辇路，乌鹊夜惊，飞鸣蔽天。十二月，宣宗崩。

哀宗正大元年正月戊午，上初视朝，尊太后为仁圣宫皇太后，太元妃为慈圣宫皇太后。是日，大风飘端门瓦，昏霾不见日，黄气塞天，仁圣又梦乞丐万数踵其后，心恶之，占者曰："后为天下母，百姓贫窭，将谁诉焉?"遂敕京城设粥与冰药以应之，人以为壬辰、癸巳之兆。又有人衣麻衣，望承天门大笑者三，大哭者三，有司拘而问之，其人曰："我先笑者，笑许大天下将相无人。后哭者，哀祖宗家国破荡至此也。"有司以为妖言，处之重典。上曰："近诏草泽之士并许直言，虽涉讥讪亦不治罪，况此人言亦有理。止不应哭笑阙下耳。"乃杖之。二年正月甲申，有黄黑之祲。四月，旱。京畿大雨雹。三年春，大寒。三月乙丑，有火自吏部中出，大如斛，流行展转，人皆惊避，逾时而灭。四月，旱、蝗。六月，京东雨雹，蝗死。四年六月丙辰，地震。八月癸亥，大风吹左掖门鸱尾坠，丹凤门扉坏。是日，风、霜损禾皆尽。五年春，大寒。二月，雷而雪。木之华者皆败。四月，郑州大雨雹，桑柘皆枯。京畿旱。八月，御座上闻若有言者曰："不放舍则何?"索之不见。七年十二月，新卫州北三里许，有影在沙上，如旧卫州城状，寺塔宛然，数日乃灭。

天兴元年正月丁酉，大雪。二月癸丑，又雪。戊午，又雪。是时，钧州、阳邑、卢氏兵皆大败。五月，大寒如冬。七月庚辰，兵刃有火。闰八月己未，有箭射入宫中。九月辛丑夜，大雷，工部尚书蒲乃速震死。二年六月，上迁蔡，自发归德，连日暴雨，平地水数尺，军士漂没。及蔡始晴，复大旱数月。识者以为不祥。初，南京未破一二年间，市中有一僧不知所从来，持一布囊贮枣，日散与市人无穷，所在儿童百十从之。又有一人拾街中破瓦，复以石击碎之。人皆以为狂，不晓其理，后乃知之，其意盖欲使人早散，国家将瓦解矣。

卷二十四　志第五

地　理　上

上京路　咸平路　东京路
北京路　西京路　中都路

金之壤地封疆，东极吉里迷兀的改诸野人之境，北自蒲与路之北三千余里，火鲁火疃谋克地为边，右旋入泰州婆卢火所浚界壕而西，经临潢、金山，跨庆、桓、抚、昌、净州之北，出天山外，包东胜，接西夏，逾黄河，复西历葭州及米脂寨，出临洮府，会州、积石之外，与生羌地相错。复自积石诸山之南左折而东，逾洮州，越盐川堡，循渭至大散关北，并山入京兆，络商州，南以唐邓西南皆四十里，取淮之中流为界，而与宋为表里。

袭辽制，建五京，置十四总管府，是为十九路。其间散府九，节镇三十六，防御郡二十二，刺使郡七十三，军十有六，县六百三十二。后复尽升军为州，或升城堡寨镇为县，是以金之京府州凡百七十九，县加于旧五十一，城寨堡关百二十二，镇四百八十八。虽贞祐、兴定危亡之所废置，既归大元，或有因之者，故凡可考必尽著之，其所不载则阙之。

上京路，即海古之地，金之旧土也，国言"金"曰"按出虎"，以按出虎水源于此，故名金源，建国之号盖取诸此。国初称为内地，天眷元年号上京。海陵贞元元年迁都于燕，削上京之号，止称会宁府，称为国中者以违制论。大定十三年七月，后为上京。其山有长白、青岭、马纪岭、完都鲁，水有按出虎水、混同江、来流河、宋瓦江、鸭子河。府一，领节镇四，防御一，县六，镇一。旧有会平州，天会二年筑，契丹之周特城也，后废。(其宫室有乾元殿，天会三年建，天眷元年更名皇极殿。庆元宫，天会十三年建，殿曰辰居，门曰景晖，天眷二年安太祖以下御容，为原庙。朝殿，天眷元年建，殿曰敷德，门曰延光，寝殿曰宵衣，书殿曰稽古。又有明德宫、明德殿，熙宗尝享太宗御容于此，太后所居也。凉殿，皇统二年构，门曰延福，楼曰五云，殿曰重明。东庑南殿曰东华，次曰广仁。西庑南殿曰西清，次曰明义。重明后，东殿曰龙寿，西殿曰奎文。时令殿及其门曰奉元。有泰和殿，有武德殿，有薰风殿。其行宫有天开殿，爻剌春水之地也。有混同江行宫。太庙、社稷，皇统三年建，正隆二年毁。原庙，天眷元年以春亭名天元殿，安太祖、太宗、徽宗及诸后御容。春亭者，太祖所尝御之所也。天眷二年作原庙，皇统七年改原庙乾文殿曰世德，正隆二年毁。大定五年复建太祖庙。兴圣宫，德宗所居也，天德元年名之。兴德宫，后更名永祚宫，睿宗所居也。光兴宫，世宗所居也。正隆二年命吏部郎中萧彦良尽毁宫殿、宗庙、诸大族邸第及储庆寺，夷其趾，耕垦之。大定二十一年复修宫殿，建城隍庙。二十三年以甓束其城。有皇武殿，击球校射之所也。有云锦亭，有临漪亭，为笼鹰之所，在按出虎水侧。）

会宁府，下。初为会宁州，太宗以建都，升为府。天眷元年，置上京留守司，以留守带本府尹，兼本路兵马都总管。后置上京曷懒等路提刑司。户三万一千二百七十。（旧岁贡秦王鱼，大定十二年罢之，又贡猪二万，二十五年罢之。东至胡里改六百三十里，西至肇州五百五十里，北至蒲与路七百里，东南至恤品路一千六百里，至曷赖路一千八百里）县三：

会宁（倚，与府同时置。有长白山、青岭、马纪岭、勃野淀、绿野淀。有按出虎河，又书作阿术浒。有混同江、涞流河。有得胜陀，国言忽土皑葛蛮，太祖誓师之地也。）

曲江（初名镇东，大定七年置，十三年更今名。）

宜春（大定七年置。有鸭子河。）

肇州，下，防御使。旧出河店也。天会八年，以太祖兵胜辽，肇基王绩于此，遂建为州。天眷元年十月，置防御使，隶会宁府。海陵时，尝为济州支郡。承安三年，复以为太祖神武隆兴之地，升为节镇，军名武兴。五年，置漕运司，以提举兼州事。后废军。贞祐二年复升为武兴军节镇，置招讨司，以使兼州事。户五千三百七十五。县一：

始兴（倚，与州同时置。有鸭子河、黑龙江。）

隆州，下，利涉军节度使。古扶余之地，辽太祖时，有黄龙见，遂名黄龙府。天眷三年，改为济州，以太祖来攻城时大军径涉，不假舟楫之祥也，置利涉军。天德三年置上京路都转运司，四年，改为济州转运司。大定二十九年嫌与山东路济州同，更今名。贞祐初，升为隆安府，户一万一百八十。县一：

利涉（倚，与州同时置。有混同江、涞流河。）镇一（与县同时置，有混同馆。）

信州，下，彰信军刺史。本渤海怀远军，辽开泰七年建，取诸路汉民置。户七千三百五十九。县一：

武昌（本渤海怀福县地。）镇一（八十户。）

蒲与路，国初置万户，海陵例罢万户，乃改置节度使。承安三年，设节度副使。（南至上京六百七十里，东南至胡里改一千四百里，北至北边界火鲁火疃谋克三千里。）

合懒路，置总管府。贞元元年，改总管为尹，仍兼本路兵马都总管。承安三年，设兵马副总管。（旧贡海葱，大定二十七年罢之。有移鹿古水。西北至上京一千八百里，东南至高丽界五百里。）

恤品路，节度使。辽时，为率宾府，置刺史。本率宾故地，太宗天会二年，以耶懒路都孛堇所居地瘠，遂迁于此。以海陵例罢万户，置节度使，因名速频路节度使。世宗大定十一年，以耶懒、速频相去千里，既居速频，然不可忘本，遂命名石土门亲管猛安曰押懒猛安。承安三年，设节度副使。（西北至上京一千五百七十里，东北至胡里改一千一百，西南至合懒一千二百，北至边界斡可阿怜千户二千里。“耶懒”又书作“押懒”。）

曷苏馆路，置节度使。天会七年，徙治宁州，尝置都统司，明昌四年废。（有化成关，国言曰曷撒罕关。）

胡里改路，国初置万户，海陵例罢万户，乃改置节度使。承安三年，置节度副使。（西至上京六百三十里，北至边界合里宾忒千户一千五百里。）

乌古迪烈统军司，后升为招讨司，与蒲与路近。

咸平路，府一，领刺郡一，县十。

咸平府，下，总管府，安东军节度使，本高丽铜山县地，辽为咸州，国初为咸州路，置都统司。天德二年八月，升为咸平府，后为总管府。置辽东路转运司、东京咸平路提刑司。户五万六千四百四。县八：

平郭（倚，旧名咸平，大定七年更。）

铜山（辽同州镇安军，本汉襄平县，辽太祖时以东平寨置，因名东平，军曰镇东。章宗大定二十九年，以与东平重，故更。南有柴河，北有清河，西有辽河。

新兴（辽银州富国军，本渤海富州，熙宗皇统三年废州，更名来属。有范河，北有柴河，西有辽河。）

庆云（辽祺州祐圣军，本以所俘檀州密云民建檀州密云，后更名，有辽河。

清安（辽肃州信陵军，熙宗皇统三年降为县）

荣安（东有辽河。）

归仁（辽旧隶通州安远军，本渤海强师县，辽更名，金因之。北有细河。

玉山（章宗承安三年，以乌速集、平郭、林河之间相去六百余里之地置，贞祐二年四月升为节镇，军曰镇安。）

韩州，下，刺史。辽置东平军，本渤海鄚颉府。户一万五千四百一十二。（旧有营。）县二：

临津（倚，未详何年置。）

柳河（本渤海粤喜县地，辽以河为名。有狗河、柳河。）

东京路，府一，领节镇一，刺郡四，县十七，镇五。（皇统四年二月，立东京新宫，寝殿曰保宁，宴殿曰嘉惠，前后正门曰天华、曰乾贞。七月，建宗庙，有孝宁宫。七年，建御容殿。）

辽阳府，中。东京留守司。本渤海辽阳故城，辽完葺之，郡名东平。天显三年，升为南京，府曰辽阳。十三年，更为东京。太宗天会十年，改南京路平州军帅司为东南路都统司之时，尝治于此，以镇高丽。（后置兵马都部署司，天德二年，改为本路都总管府，后更置留守司。产白兔、师姑布、鼠毫、白鼠皮、人参、白附子。）户四万六百四。县四、镇一：

辽阳（倚。东梁河、国名兀鲁忽必剌，俗名太子河。）

鹤野　镇一（长宜，曷苏馆在其地。）

宜丰（辽旧衍州安广军，皇统三年废为县，有东梁河。）

石城（兴定三年九月，以县之灵岩寺为岩州，名其倚郭县曰东安，置行省。

澄州，南海军刺史，下。本辽海州，天德三年改州名。户一万一千九百三十五。县二。镇一：

临溟　镇一（新昌。）

析木（辽铜州广利军附郭析木县也，皇统三年废州来属。有沙河。）

沈州，昭德军刺史，中。本辽定理府地，辽太宗时置军曰兴辽，后为昭德军，置节度。明昌四年改为刺史，与通、贵德、澄三州皆隶东京。户三万六千八百九十二。县五：

乐郊（辽太祖俘三河之民建三河县于此，后改更今名。有浑河。）

章义（辽旧广州，皇统三年降为县来属。有辽河、东梁河、辽河大口。）

辽滨（辽旧辽州东平军，辽太宗改为始平军，皇统三年废为县。有辽河。）

挹楼（辽旧兴州兴中军常安县，辽尝置定理府刺史于此，本挹楼故地，大定二十九年章宗更名。有范河、清河，国名叩隈必剌。）

双城（辽双州保安军也，皇统三年降为县，章宗时废。）

贵德州，刺史，下。辽贵德州宁远军，国初废军，降为刺郡。户二万八百九十六。县二：

贵德（倚。有范河。）

奉集（辽集州怀远军奉集县，本渤海旧县。有浑河。）

盖州，奉国军节度使，下。本高丽盖葛牟城，辽辰州。明昌四年，罢曷苏馆，建辰州辽海军节度使。六年，以与"陈"同音，更取盖葛牟为名。户一万八千四百五十六。县四、镇二：

汤池（辽铁州建武军汤池县。）镇一（神乡。）

建安（辽县。）镇一（大宁。）

秀岩（本大宁镇，明昌四年升。泰和四年废为镇，贞祐四年复升置。）

熊岳（辽卢州玄德军熊岳县。辽属南女直汤河司。）

复州，下，刺史。辽怀还军节度，明昌四年降为刺史。（旧贡鹿筋，大定八年罢之。）户一万三千九百五十。县二、镇一：

永康（倚。旧名永宁，大定七年更。）

化成（辽苏州安复军，本高丽地，兴宗置。皇统三年降为县来属。贞祐四年五月升为金州，兴定二年升为防御。）镇一（归胜。）

来远州，下。旧来远城，本辽熟女直地，大定二十二年升为军，后升为州。

婆速府路，国初置统军司，天德二年置总管府，贞元元年与曷懒路总管并为尹，兼本路兵马都总管。（此路皆猛安户。）

北京路，府四，领节镇七，刺郡三，县四十二，镇七，寨一。

大定府，中，北京留守司，辽中京。统和二十五年建为中京，国初因称之。海陵贞元元年更为北京，置留守司、都转运司、警巡院。（产貂鼠、螺杯、茱萸梳、玳瑁鞍、酥乳饼、五味子。）户六万四千四十七。县十一、镇二：

大定（倚，辽县旧名。有土河、七金山、阴凉河。）镇一（恩化。）

长兴（有涂河。）

富庶（有心河。）镇一（文安。）

松山（辽松山州胜安军松山县，开泰中置，旧置刺史。太祖天辅七年置观察使。皇统三年废州来属。承安三年隶高州，泰和四年复。有阴凉河、落马河。）

神山（辽泽州神山县，辽太祖俘蔚州之民置。章宗承安二年尝置惠州，升孩儿馆为滦阳县，以隶之。泰和四年罢州及滦阳县。）

惠和（皇统三年以辽惠州惠和县置。）

金源（唐青山县，辽开泰二年置，以地有金甸为名。有骆驼山。）

和众（辽榆州和众县，皇统三年罢州来属。）

武平（辽筑城杏埚，初名新州，统和间更为武安州。皇统三年降为武安县来属，大定七年更名。承安三年隶高州，泰和四年复来属。）

静封（承安二年以胡设务置，隶全州，三年隶高州，泰和四年来属。）

三韩（辽伐高丽，迁马韩、辰韩、弁韩三国民为县，置高州。太祖天辅七年以高州置节度使，皇统三年废为县，承安三年复升为高州，置刺史，为全州支郡，分武平、松山、静封三县隶焉。泰和四年废。有落马河，涂河。）

利州，下，刺史。辽统和十六年置。户二万一千二百九十六。县二、镇一、寨一：

阜俗（辽统和四年置，金因之。）

龙山（辽故潭州广润军县故名，熙宗皇统三年废州来属。有榆河。）寨一（兰州。）镇一（漆河。）

义州，下，崇义军节度使。辽宜州，天德三年更州名。户三万二百三十三。县三、镇一：

弘政（有凌河。）

开义（辽海北州广化军县故名，熙宗皇统三年废州来属。）镇一（饶庆。）

同昌（辽成州兴府军县故名，国初隶川州，大定六年罢川州，隶懿州，承安二年复隶川州，泰和四年来属。）

锦州，下，临海军节度使。旧隶兴中府，后来属。户三万九千一百二十三。县三：

永乐（本慕容皝之西乐县地。）

安昌

神水（辽开泰二年置，皇统三年废为镇，大定二十九年复升为县。有土河。）

瑞州，下，归德军节度使。本来州，天德三年更为宗州，泰和六年以避睿宗讳，谓本唐瑞州地，故更今名。户一万九千九百五十三。县三、镇一：

瑞安（旧名来宾，唐来远县也。明昌六年更为宗安，泰和六年复更今名。

海阳（辽润州海阳军故县，皇统三年废州来属。）镇一（迁民。）

海滨（本慕容皝集宁县地，辽隰州海平军故县，皇统三年废州来属。）

广宁府，散，下，镇宁军节度使。本辽显州奉先军，汉望平县地，天辅七年升为府，因军名置节度。天会八年改军名镇宁。天德二年隶咸平，后废军隶东京。泰和元年七月来属。户四万三千一百六十一。县三、（旧有奉玄县，天会八年改为钟秀县。镇六、寨四。）镇二（欢城、辽西。）

广宁（旧名山东县，大定二十九年更名。有辽世宗显陵。）寨二（闾城、兔儿窝。）

望平（大定二十九年升梁渔务置。）镇二（梁渔务、山西店。）

闾阳（辽乾州广德军，以奉乾陵故名奉陵县。天会八年废州更名来属。有凌河。有辽景宗乾陵。）镇二（闾阳、衡家。）寨二（大斧山、北川。）

懿州，下，宁昌军节度使。辽尝更军名庆懿，又为广顺，复更今名。金因之，先隶咸平府，泰和末来属。户四万二千三百五十一。县二：（大定六年罢川州，以宜民、同昌二县来属。承安二年复以二县隶川州。泰和四年罢川州，以宜民隶兴中，同昌隶义州。）

顺安

灵山（本渤海灵峰县地。）

兴中府，散，下。本唐营州城，辽太祖迁汉民以实之，曰霸州彰武军，重熙十一年升为府，更今名，金因之。户四万九百二十七。县四、镇三：

兴中（本汉柳城地。南有凌河。）镇一（黔城。）

永德（辽安德州化平军安德县，世宗大定七年更今名。北有凌河。）镇一（阜安。）

兴城（辽严州保肃军县故名，皇统三年废州隶锦州。有桃花岛。）

宜民（辽川州长宁军，会同中尝名白川州，天禄五年去“白”字，国初因之，与同昌县皆隶焉。大定六年降为宜民县，隶懿州。承安二年复置川州，改徽川寨为徽川县，为懿州支郡。泰和四年罢州及徽川县来属。）镇一（咸康，辽县也，国初废为镇。）

建州，下，保靖军刺史。辽初名军曰武宁，后更，金因之。户一万一千四百三十九。县一：

永霸（本唐昌黎县地。）

全州，下，盘安军节度使。承安二年置，改胡设务为静封县，黑河铺为卢川县，拨北京三韩县烈虎等五猛安以隶焉。贞祐二年四月尝侨置于平州。户九千三百一十九。县一：

安丰（承安元年十月改丰州铺为安丰县，隶临潢府，二年置全州盘安军节度使治。有黄河、黑河。）

临潢府，下，总管府。地名西楼，辽为上京。国初因称之，天眷元年改为北京。天德二年改北京为临潢府路，以北京路都转运司为临潢府路转运司，天德三年罢。贞元元年以大定府为北京后，但置北京临潢路提刑司；大定后罢路，并入大定府路。贞祐二年四月尝侨置于平州。（有天平山、好水川，行宫地也，大定二十五年命名。有撒里乃地。熙宗皇统九年尝避暑于此。有陷泉，国言曰落孛鲁。有合袅追古思阿不漠合沙地。）户六万七千九百七。县五、堡三十七：（大定间二十四，后增。）

临潢（倚。有金粟河。）

长泰（有立列只山，其北千余里有龙驹河，国言曰喝必剌。有撒里葛睹地。）

卢川（承安二年以黑河铺升，隶全州，后复来属。有潢河。）

宁塞（泰和元年五月置。有滑河。）

长宁（辽永州永昌军县故名，太祖天辅七年尝置节度使，皇统三年废州来属。）

庆州，下，玄宁军刺史。境内有辽祖州，天会八年改为奉州，皇统三年废，辽太祖祖陵在焉。境内有辽怀州，旧置奉陵军，天会八年更为奉德军，皇统三年废，辽太宗、穆宗怀陵在焉。北山有辽圣宗、兴宗、道宗庆陵。城中有辽行宫，比他州为富庶，辽时刺此郡者非耶律、萧氏不与，辽国宝货多聚藏于此。（北至界二十里，南至卢川二百二十，西至桓州九百，东至临潢一百六十。）户二千七。县一：（旧有孝安县，天会八年改为庆民县，皇统三年废。）

朔平（有榷场务。）

兴州，宁朔军节度使。本辽北安州兴化军，皇统三年降军置兴化县，承安五年升为兴州，置节度，军名宁朔，改利民寨为利民县，拨梅坚河徒门必罕、宁江、速马剌三猛安隶焉。贞祐二年四月侨置于密云县。户一万五千九百七十。县二：（又有利民县，承安五年以利民寨升，泰和四年废。

兴化（倚。辽旧县，皇统三年降兴化军置，隶大定府，承安五千建兴州于县，为倚郭。旧有白檀镇。）

宜兴（本兴化县白檀镇，泰和三年升为县来属。）

泰州，德昌军节度使。辽时本契丹二十部族牧地，海陵正隆间，置德昌军，隶上京，大定二十五年罢之。承安三年复置于长春县，以旧泰州为金安县，隶焉。（北至边四百里，南至懿州八百里，东至肇州三百五十里。）户三千五百四。县一、（旧有金安县，承安三年置，寻废。）堡十九：

长春（辽长春州韶阳军，天德二年降为县，隶肇州，承安三年来属。有挞鲁古河、鸭子河。有别里不泉。）

边堡，大定二十一年三月，世宗以东北路招讨司十九堡在泰州之境，及临潢路旧设二十四堡障参差不齐，遣大理司直蒲察张家奴等往视其处置。于是东北自达里带石堡子至鹤五河地分，临潢路自鹤五河堡子至撒里乃，皆取直列置堡戍。评事移剌敏言：“东北及临潢所置，土脊樵绝，当令所徙之民姑逐水草以居，分遣丁壮营毕，开壕堑以备边。”上令无水草地官为建屋，及临潢路诸堡皆以放良人戍守。省议：“临潢路二十四堡，堡置户三十，共为七百二十，若营建毕，官给一岁之食。”上以年饥权寝，姑令开壕为备。四月，遣吏部郎中奚胡失海经画壕堑，旋为沙雪堙塞，不足为御。乃言：“可筑二百五十堡，堡日用工三百，计一月可毕，粮亦足备，可为边防久计，泰州九堡、临潢五堡之地斥卤，官可为屋外，自撒里乃以西十九堡，旧戍军舍少，可令大盐泺官木三万余，与直东堡近岭求木，每家官为构室一椽以处之。”

西京路，府二，领节镇七，刺郡八，县三十九，镇九。（大定五年建宫室，名其殿曰保安，其门南曰奉天，东曰宣仁，西曰阜成。天会三年建太祖原庙。）

大同府，中，西京留守司。晋云州大同军节度，辽重熙十三年，升为西京，府名大同，金因之。皇统元年，以燕京路隶尚书省，西京及山后诸部族隶元帅府。旧置兵马都部署司，天德二年，改置本路都总管府，后更置留守司。置转运司及中都西京路提刑司。（贡玛瑙环子、玛瑙数珠。产白驼、安息香、松明、松脂、黄连、百药煎、芥子煎、盐、捞盐、石绿、绿矾、铁、甘草、枸杞、碙玉砂、地蕈。）户九万八千四百四十四。县七、镇三：

大同（倚。辽析云中置，金因之。有牛皮关、武周山、方山、奚望山、盛乐城、御河、斗鸡台、平城外郭盐场、如浑水、桑乾河、纥真山。有辽帝后像。在华严寺。）镇一（奉义。）

云中（晋旧县名。）

宣宁（辽德州昭圣军宣德县，大定八年更名。有官山、弥陀山、石绿山、产碙玉砂。）镇一（窟龙城。）

怀安（晋故县名。）

天成（辽析云中置。）

白登（本名长清，大定七年更。有白登台、采掠山。）

怀仁（辽析云中置，贞祐二年五月升为云州。有黄花岭、锦屏山、清凉山、金龙山、早起城、日中城。）镇一（安七疃。）

丰州，下，天德军节度使。辽尝更军名应天，寻复，金因之。皇统九年升为天德总管府，置西南路招讨司，以天德尹兼领之。大定元年降为天德军节度使，兼丰州管内观察使，以元管部族直撒、军马公事，并隶西南路诏讨司（产不灰木、地蕈。）户二万二千六百八十三。县一、镇一：

富民（晋旧名。有黑山、神山。）镇一（振武。）

弘州，下，刺史。辽名军曰博宁，本襄阴村，统和中建。国初置保宁军，后废军。（产玛瑙。）户二万二千二。县二、镇二：

襄阴（倚。本名永宁，大定七年改。）

顺圣（本安塞军故地，辽应历中置，金因之。）镇二（阳门，贞祐二年七月升为县。大罗。）

净州，下，刺史。大定十八年以天山县升，为丰州支郡，刺史兼权讥察。（北至界八十里）户五千九百三十八。县一：

天山（旧为榷场，大定十八年置，为倚郭。）

桓州，下，威远军节度使。军兵隶西北路招讨司。明昌七年改置刺史。（北至旧界一里半。）户五百七十八。县一：（曷里浒东川，更名金莲川，世宗曰：“莲者连也，取其金枝玉叶相连之义。”景明宫，避暑宫也，在凉陉，有殿、扬武殿，皆大定二十年命名。有查沙，有白泺，国言曰勺赤勒。）

清塞（倚。明昌四年以罢录事司置。）

抚州，下，镇宁军节度使。辽秦国大长公主建为州，章宗昌三年复置刺史，为桓州支郡，治柔远。明昌四年置司候司。承安二年升为节镇，军名镇宁，拨西北路招讨司所管梅坚必剌、王敦必剌、拿怜术花速、宋葛斜忒浑四猛安以隶之。户一万一千三百八十。县四：（有旺国崖，大定八年五月更名静宁山。有麻达葛山，大定二十九年更名胡土白山。有冰井。）

柔远（倚。大定十年置于燕子城，隶宣德州，明昌三年来属，有燕子城，国言曰吉甫鲁湾城，北羊城，国言曰火唵榷场，查剌岭，沔山，大渔泺行宫有枢光殿。有双山，七里河，石井，虾蟆山，昂吉泺又名鸳鸯泺，得胜口旧名北望淀，大定二十年更。）

集宁（明昌三年以春市场置，北至界二百七十里。）

丰利（明昌四年以泥泺置。有盖里泊。）

威宁（承安二年以抚州新城镇置。）

德兴府，晋新州，辽奉圣州武定军节度，国初因之。大安元年升为府，名德兴。户八万八百六十八。县六、（有漫天埚，泰和二年更名拂云，平恶崖，更名垒翠岩。）镇一：

德兴（倚。旧名永兴县，大安元年更名。有涿鹿定、方水镇。有鸡鸣山。）

妫川（辽可汗州清平军，本晋妫州，会同元年辽太祖尝名可汗州，县旧曰怀戎，更名怀来，明昌六年更今名。西北有合河龟头馆石桥，明昌四年建。）

缙山（辽儒州缙阳军县故名，皇统元年废州来属，崇庆元年升为镇州。）镇一（永安）

望云（本望云川地，辽帝尝居，号曰御庄，后更为县，金因之。）

矾山（晋故县，国初隶弘州，明昌三年来属。）

龙门（晋县，国初隶弘州，后来属。明昌三年割隶宣德州。有庆宁宫，行宫也，泰和五年以提举兼龙门令。）

昌州，天辅七年降为建昌县，隶桓州。明昌七年以狗泺复置，隶抚州，后来属。户一千二百四十一。县一：

宝山（有狗泺，国言曰押恩尼要。其北五百余里有日月山，大定二十年更曰抹白山。国言涅里塞一山。）

宣德州，下，刺史。辽改晋武州为归化州雄武军，大定七年更为宣化州，八年复更为宣德。户三万二千一百四十七。县二：

宣德（旧文德县，大定二十九年更名。）

宣平（承安二年以大新镇置，以北边用兵尝驻此地也。）

朔州，中，顺义军节度使。贞祐三年七月，尝割朔州广武县隶代州。（产铁、荆三棱、枸杞。）户四万四千八百九十。县二：

鄯阳（晋故县。有桑乾河、大和岭、天池、雁门关、霸德山。）

马邑（晋故县，贞祐二年五月升为固州。有洪涛山、灅水——又曰桑乾河。）

武州，边，下，刺史。大定前仍置宣威军。户一万三千八百五十一。县一：

宁远（晋故县。黄河。）

应州，下，彰国军节度使。户三万二千九百七十七。县三：

金城（晋故县。有黄瓜堆、复宿山、桑乾河、浑河、峰川水、黄花城。）

山阴（本名河阴，大定七年以与郑州属县同，故更焉。贞祐二年五月升为忠州。有黄花岭、桑乾河。）

浑源（晋县，贞祐二年五月升为浑源州。产盐。）

蔚州，下，忠顺军节度使。辽尝更为武安军，寻复。（贡地蕈。）户五万六千六百七十四。县五：

灵仙（北有桑乾河、代王城、薄家村。）

广灵（亦作“陵”，辽统和三年析灵仙置。）

灵丘（晋县，贞祐二年四月升为成州，四年割为代州支郡。）

定安（晋县。有桑乾河。贞祐二年四月升为定安州。）

飞狐（晋县。）

云内州，下，开远军节度使。天会七年徙奚第一、第三部来戍。（产青镔铁。）户二万四千八百六十八。县二、镇一：

柔服（夹山在城北六十里。）镇一（宁仁，旧县也，大定后废为镇。）

云川（本曷董馆，后升为裕民县，皇统元年复废为曷董馆，大定二十九年复升，更为今名。）

宁边州，下，刺史。国初置镇西军，贞祐三年隶岚州，四年二月升为防御。户六千七十二。县一：

宁边（正隆三年置。）

东胜州，下，边，刺史。国初置武兴军，有古东胜城。户三千五百三十一。县一、镇一：

东胜　镇一（宁化。）

部族节度使：

乌昆神鲁部族节度使，军兵事属西北路招讨司，明昌三年罢节度使，以招讨司兼领。

乌古里部族节度使。

石垒部族节度使。

助鲁部族节度使。

孛特本部族节度使。

计鲁部族节度使。

唐古部族，承安三年改为部罗火扎石合节度使。

迪烈（又作迭剌。）女古部族，承安三年改为土鲁浑扎石合节度使。

详稳九处：

咩乣详稳，贞祐四年六月改为葛也阿邻猛安。

木典乣详稳，贞祐四年改为抗葛阿邻谋克。

骨典乣详稳，贞祐四年改为撒合辇必剌谋克。

唐古乣详稳。

耶剌都乣详稳。

移典乣详稳。

苏木典乣详稳，近北京。

胡都乣详稳。

霞马乣详稳。

群牧十二处：

斡独椀群牧，大定四年改为斡睹只群牧。

蒲速斡群牧。（本斡睹只地，大定七年分置。）

耶鲁椀群牧。

讹里都群牧。

乣斡群牧。

欧里本群牧。

乌展群牧。

特满群牧。

驼驼都群牧。

讹鲁都群牧。

忒恩群牧。（承安四年创置。）

蒲鲜群牧。（承安四年创置。）

中都路，辽会同元年为南京，开泰元年号燕京。海陵贞元元年定都，以燕乃列国之名，不当为京师号，遂改为中都。府一，领节镇三，刺郡九，县四十九。（天德三年，始图上燕城宫室制度，三月，命张浩等增广燕城。城门十三，东曰施仁、曰宣曜、曰阳春，南曰景风、曰丰宜、曰端礼，西曰丽泽、曰颢华、曰彰义，北曰会城、曰通玄、曰崇智、曰光泰。浩等取真定府潭园材木，营建宫室及凉位十六。应天门十一楹，左右有楼，门内有左、右翔龙门，及日华、月华门，前殿曰大安，左、右掖门，内殿东廊曰敷德门。大安殿之东北为东宫，正北列三门，中曰粹英，为寿康宫，母后所居也，西曰会通门，门北曰承明门，又北曰昭庆门。东曰集禧门，尚书省在其外，其东西门左、右嘉会门也，门有二楼，大安殿后门之后也。其北曰宣明门，则常朝后殿门也。北曰仁政门，傍为朵殿，朵殿上为两高楼，曰东、西上阁门，内有仁政殿，常朝之所也。宫城之前廊，东西各二百余间，分为三节，节为一门。将至宫城，东西转各有廊百许间，驰道两傍植柳，廊脊覆碧瓦，宫阙殿门则纯用碧瓦。应天门旧名通天门，大定五年更。七年改福寿殿曰寿安宫。明昌五年复以隆庆宫为东宫，慈训殿为承华殿，承华殿者，皇太子所居之东宫也。泰和殿，泰和二年更名庆宁殿。又有崇庆殿。鱼藻池、瑶池殿位，贞元元年建。有神龙殿，又有观会亭。又有安仁殿、隆德殿、临芳殿。皇统元年有元和殿。有常武殿，有广武殿。为击球、习射之所。京城北离宫有太宁宫，大定十九年建，后更为寿宁，又更为寿安，明昌二年更为万宁宫。琼林苑有横翠殿。宁德宫西园有瑶光台，又有琼华岛，又有瑶光楼。皇统元年有宣和门。正隆三年有宣华门，又有撒合门。

大兴府，上。晋幽州，辽会同元年升为南京，府曰幽都，仍号卢龙军，开泰元年更为永安析津府。天会七年析河北为东、西路时属河北东路，贞元元年更今名。户二十二万五千五百九十二。（大定四年十月，命都门外夹道重行植柳各百里。产金银铜铁。药产滑石、半夏、苍术、代赭石、白龙骨、薄荷、五味子、白牵牛。）县十、镇一：

大兴（倚。辽名析津，贞元二年更今名。有建春宫。）镇一（广阳。）

宛平（倚。本晋幽都县，辽开泰元提更今名。有玉泉山行宫。）

安次（晋旧名。）

漷阴（辽太平中，以漷阴村置。）

永清（晋旧名。）

宝坻（本新仓镇，大定十二年置，以香河县近民附之。承安三年置盈州，为大兴府支郡，以香河、武清隶焉。寻废州。）

香河（辽以武清县之孙村置。）

昌平（有居庸关，国名查剌合攀。）

武清（晋县。）

良乡（有料石冈、阎沟。）

通州，下，刺史。天德三年升潞县置，以三河隶焉。兴定二年五月升为防御。户三万五千九十九。县二：

潞（晋县名。有潞水。）

三河（晋县名。）

蓟州，中，刺史。辽置上武军。户六万九千一十五。（产栗。）县五、（旧又有永济县，大定二十七年以永济务置，未详何年废。又有黎豁县，废置皆未详。）镇二：

渔阳（倚。）

遵化（辽景州清安军。）镇一（石门。）

丰润（泰和间置。）

玉田（有行宫、偏林，大定二十年改为御林。）镇一（韩城。）

平峪（大定二十七年，以渔阳县大王镇升。）

易州，下，刺史。辽置高阳军。户四万一千五百七十七。县二：

易（有易水。）

涞水（有涞水。）

涿州，中，刺史。辽为永泰军。（贡罗。）户一十一万四千九百一十二。县五、镇一：

范阳（倚。晋县。有湖梁河。有刘李河。）镇一（政满。）

固安（晋县。）

新城

定兴（大定六年以范阳县黄村置，割涞水、易县近民属之。有巨马河。）

奉先（大定二十九年置万宁县以奉山陵，明昌二年更今名。有房山、龙泉河、盘宁宫。）

顺州，下，刺史。辽置归化军。户三万三千四百三十三。县二：

温阳（旧名怀柔，明昌六年更。有螺山、溆水、兔耳山。）

密云（辽檀州武威军。有古北口，国言曰留斡岭。）

平州，中，兴平军节度使。辽为辽兴军。天辅七年以燕西地与宋，遂以平州为南京，以钱帛司为三司，天会四年复为平州，尝置军帅司。天会十年徙军帅司治辽阳府，后置转运司。贞元元年以转运司并隶中都路。贞祐二年四月置东面经略司，八月罢。（贡樱桃、绫。）户四万一千七百四十八。县五、镇一：

卢龙（倚。）

抚宁（本新安镇，大定二十九年置。）

海山（本汉海阳故城，辽以所俘望都县民置，故名望都，大定七年更名。）

迁安（本汉令支县故城，辽以所俘安喜县民置，因名安喜，大定七年更今名。）镇一（建昌。）

昌黎（辽营州邻海军，以所俘定州民置广宁县。皇统二年降州来属，大定二十九年以与广宁府重，故更今名。）

滦州，中，刺史。本黄落故城，辽为永安军，天辅七年因置节度使。户六万九千八百六。县四、（有松亭关，国名斜烈只。）镇二：

义丰（倚。）

石城（有长春行宫。长春淀旧名大定淀，大定二十年更。）镇一（榛子。）

马城

乐亭　镇一（新桥。）

雄州，中。宋名易阳郡。天会七年置永定军节度使。隶河北东路，贞元二年来属。户二万四百一十一。县三：

归信（倚。有易水、巨马河。）

容城（泰和八年割隶安州，贞祐二年隶安肃州。有南易水、大泥淀、浑泥城。）

保定（宋保定军，后废为县。）

霸州，下，刺史。辽益津郡。隶河北东路，贞元二年来属。户四万一千二百七十六。县四：

益津（倚。大定二十九年创置，倚郭。）

文安

大城

信安（国初因宋为信安军，大定七年降为信安县，隶霸州。元光元年四月升为镇安府。所以重高阳公张甫也。）

保州，中，顺天军节度使。宋旧军事，天会七年置顺天军节度使，隶河北东路，贞元二年来属。海陵赐名清苑郡。户九万三千二十一。县二：

清苑（倚。宋名保塞，大定十六年更。有抱阳山、沉水、馈军河。）

满城（大定三十八年以清苑县塔院村置。）

安州，下，刺史。宋顺安军治高阳，天会七年升为安州，隶河北东路，后置高阳军。大定二十八年徙治葛城，因升葛城为县，用倚郭。泰和四年改混泥城为渥城县，来属，八年移州治于渥城，以葛城为属县。户三万五百三十二。县三：

渥城（倚。泰和四年置。）

葛城（大定二十八年置。）

高阳（泰和八年正月改隶莫州，四月复。有徐河、百济河。）

遂州，下，刺史。宋广信军，天会七年改为遂州，隶河北东路，贞元二年来隶，号龙山郡。泰和四年废为遂城县，隶保州，贞祐二年复置州。户一万一千一百七十四。县一：

遂城（倚。有光春宫行宫。有遂城山、易水、漕水、鲍河。）

安肃州，下，刺史。宋安肃军，天会七年升为徐州，军如旧，隶河北东路，贞元二年来属。天德三年改为安肃州，军名徐郡军。大定后降为刺郡，废军。户一万二千九百八十。县一：

安肃（按《金初州郡志》，雄、霸、保、安、遂、安肃六州皆隶广宁府。《太宗纪》载天会七年分河北为东、西路，则隶河北东路，岂以平州为南京之后，以六州隶广宁也？不然则郡志误。）

卷二十五　志第六

地理中

南京路　河北东路　河北西路　山东东路　山东西路

南京路，国初曰汴京，贞元元年更号南京。府三，领节镇三，防御八，刺史郡八，县一百五。（都城门十四，曰开阳，曰宣仁，曰安利，曰平化。曰通远，曰宜照，曰利川，曰崇德，曰迎秋，曰广泽，曰顺义，曰迎朔，曰顺常，曰广智。宫城门，南外门曰南薰，南薰北新城门曰丰宜，桥曰龙津桥，北门曰丹凤，其门三。丹凤北曰舟桥，桥少北曰文武楼，遵御路而北横街也。东曰太庙，西曰郊社，正北曰承天门，其门五，双阙前引，东曰登闻检院，西曰登闻鼓院。检院东曰左掖门，门南曰待漏院。鼓院西曰右掖门，门南曰都堂。直承天门北曰大庆门，门东曰日精门，又东曰左升平门。大庆门西曰月华门，又西曰右升平门。正殿曰大庆殿，前有龙墀，又南有丹墀，又南曰沙墀，东庑曰嘉福楼，西庑曰嘉瑞楼。大庆后曰德仪殿。殿东曰左升龙门，西曰右升龙门。正门曰隆德，内有隆德殿，有萧墙，有丹墀。隆德殿左曰东上阁门，右曰西上阁门，皆南向。鼓楼在东，钟楼在西。隆德之次曰仁安门、仁安殿，东则内侍局，又东曰近侍局，又东则严祗门，宫中则称曰撒合门，少南曰东楼，则授除楼也。西曰西楼。仁安之次曰纯和殿，正寝也。纯和西曰雪香亭，亭北则后妃位也，有楼，楼西曰琼香亭，亭西曰凉位，有楼，楼北少西曰玉清殿。纯和之次曰福宁殿，殿后曰苑门，内曰仁智殿，有二太湖石，左曰敷锡神运万岁峰，右曰玉京独秀太平岩，殿曰山庄，其西南曰翠微阁。苑门东曰仙韶院，院北曰翠峰，峰之洞曰大涤涌翠，东连长生殿，又东曰涌金殿，又东曰蓬莱殿。长生西曰浮玉殿，又西曰瀛洲殿。长生殿南曰阅武殿，又南曰内藏库。严祗门东曰尚食局，又东曰宣徽院，院北曰御药院，又北右藏库，东则左藏库。宣徽院东曰点检司，司北曰秘书监，又北曰学士院，又北曰谏院，又北曰武器署。点检司南曰仪鸾局，又南曰尚辇局。宣徽院南曰拱卫司，又南曰尚衣局。其南为繁禧门，又南曰安泰门，门与左升龙门相直。东则寿圣宫，两宫太后位也，本明俊殿，试进士之所。宫北曰徽音院，又北燕寿殿，殿垣后少西曰振肃卫司，东曰中卫尉司。仪鸾局东曰小东华门，更漏在焉。中卫尉司东曰祗肃门，少东南曰将军司。徽音、寿圣东曰太后苑，苑殿曰庆春，与燕寿殿并。小东华与正东华门对。东华门内正北尚厩局，其西北曰临武殿。左掖门北，尚食局南曰宫苑司。其西北尚酝局、汤药局。侍仪司少西曰府宝局、器物局，又西则撒合门也。嘉瑞楼西曰三庙，正殿曰德昌，东曰文昭，西曰光兴。德昌后，宣宗庙也。宫西门曰西华，与东华相直，北门曰安贞。）

开封府，上。留守司留守带本府尹，兼本路兵马都总管。天德二年罢行台尚书省，置转运司、提刑司。天德二年置统军司。（有药市四，榷场。产蜜蜡、香茶、心红、朱红、地龙、黄柏。）天德四年，户二十三万五千八百九十。泰和末，户百七十四万六千二百一十。县十五、镇十五：

开封（东附郭。有古通津、临蔡关、汴河。）镇一（延嘉。）

祥符（西附郭。有岳台、浚水、沙台、崇台、夷门山、蔡河、金水河、广济河、寒泉河。）镇三（陈桥、八角、郭桥。）

阳武（有沙池、黑阳山。黄河、汴河、白沟河。）

通许（宋名咸平，大定二十九年以与咸平府重，更。有牛首城、裘亭。）

泰康（有鲁沟、蔡河、涡河、）镇一（崔桥。）

中牟（有汴河、郑河、中牟台。）镇四（圃田、阳武、万胜、白沙镇。）

杞（宋雍丘县，杞国也，正隆后更今名。）镇一（圉城。）

鄢陵（有洧水、潩水、太丘城。）镇一（马栏桥。）

尉氏（有惠民河、长明沟。）镇二（朱家曲、宋楼。）

扶沟（有祁耶山、洧水、白亭。）镇二（建雄、义店。旧有赤仓镇。）

陈留（有皇柏山、狼丘、汴河。）

延津（贞祐三年七月升为延州。有土山、黄河。）

洧川（贞祐二年置惠民仓，兴定二年四月以尉氏县之宋楼镇升。）

长垣

封丘

睢州，下，刺史。宋拱州保庆军，国初犹称拱州，天德三年更。户四万六千三百六十。县三、镇一：

襄邑（古襄牛地。有汴河、睢水、涣水、承匡城。）镇一（重华。）

考城（宋隶东京，正隆前隶曹州，后来属。有葵丘、黄河、黄陵冈——元光二年改为通安堡。）

柘城（古株林，首止地在焉。有涣水、泡水、泓水。）

归德府，散，中，宣武军。故宋州，宋南京应天府河南郡归德军，国初置宣武军。户七万六千三百八十九。县六、镇四：

睢阳（宋名宋城，承安五年更名。有鹰鹭池、汴水、睢水、涣水。）镇一（葛驿。）

宁陵（大定二十二年徙于汴河堤南古城。有汴水、睢水、涣水。）

下邑（有汴水、黄水。）镇一（会亭。）

虞城（有孟诸薮。）

谷熟（有汴水、谷水。）镇二（营城、洛场。又有旧高辛镇。）

楚丘（国初隶曹州，海陵后来属，兴定元年以限河不便，改隶单州。有景山、京冈。）

单州，中，刺史。宋砀郡，贞祐四年二月升为防御，兴定五年二月置招抚司，以安集河北遗黎。户六万五千五百四十五。县四：

单父（有栖霞山、泡沟。）

成武（有堂沟。）

鱼台（有泗水，涓沟、五丈沟。）

砀山（兴定元年以限河不便，改隶归德府。有芒砀山、古汴渠、午沟。）

寿州，下，刺史。宋隶寿春府，贞元元年来属，泰和六年六月升为防御。户八千六百七十七。县二、镇一：

下蔡（有硖石山、颍水、淮水。）

蒙城（宋隶亳州，国初来属。有狼山、涡水。）镇一（蒙馆。）

陕州，下、防御。宋陕郡保平军节度，皇统二年降为防御，贞祐二年七月升为节镇。户四万一千一十。县四、镇七：

陕（倚。有辘山、岘头山、三崤山、底柱山、黄河、橐水。）镇一（石壕。）

灵宝（有夸父山、黄河、稠桑泽、古函谷关。）镇二（乾壕、关东。）

湖城（有荆山、铸鼎原、凤林泉、鼎湖。）镇二（三门、集津。）

阌乡（有太华山、黄河、玉涧水、潼关、太谷关。）镇二（张店、故镇。旧又有曹张镇，恐误。）

邓州，武胜军节度使。宋南阳郡，尝置榷场。户二万四千九百八十九。县三、镇六：

穰城（倚。有五垄山、覆釜山、湍水、朝水。）镇四（顺阳、新野、穰东、板桥。）

南阳（有豫山、百重山、丰山、梅溪水、白水、清泠水。）镇一（张村。）

内乡（有高前山、熊耳山、黄水、菊水、淅水、富水。）镇一（峡口。）

唐州，中，刺史。宋淮安郡，尝置榷场。户一万一千三十一。县四、镇四：

泌阳（倚。有泌水、醴水。）镇一（胡阳。）

比阳（大明湖、中阳山、比水。）镇一（羊栅。）

湖阳（贞祐元年废。）镇一（罗渠。）

桐柏（大定十年始置正官，兴定五年六月废。有桐柏山、淮水、柘河。）镇一（许封。大定二十八年命规措界壕于唐、邓间。）

裕州，本方城县，泰和八年正月升置，以方城县为倚郭，割汝州叶县、许州舞阳隶焉。户八千三百。县三、镇四：

方城（倚。有方城山、衡山、堵水。）镇一（青台。）

叶（本隶汝州，泰和八年来属。有方城山、石塘河、沣水。）镇一（临坟。）

舞阳（本隶许州，泰和八年来属。有伏牛山、马鞍山、舞水、汝水、潕水、潰水。）镇二（吴城、北舞。）

河南府，散、中。宋西京河南雒阳郡。初置德昌军，兴定元年八月升为中京，府曰金昌。户五万五千六百三十五。县九、（《正隆郡志》有寿安县，纪录皆无。）镇四：

洛阳（倚。有北邙山，正隆六年更名太平山，称旧名者以违制论。有伊、洛、瀍、涧、金水，铜驼街、金粟山，金谷。）镇一（龙门。）

渑池（有天坛山、广阳山、黄河、渑河。）

登封（有太室山、箕山、阳城山、少室山，宣宗置御寨其上。旧有颍阳镇，后废。）

孟津（贞祐三年七月升为陶州，十二月复为县。）镇一（长泉。旧有河清镇，后废。）

芝田（宋名永安，贞元元年更。有轘辕山、青龙山。）

新安（有阙门山、长石山、金水、谷水、陂水。）

偃师（有北邙山、缑氏山、半石山、景山、黄河、洛水。）镇一（缑氏。）

宜阳（有锦屏山、鹿蹄山、鵯鶋山、女几山、洛水，昌水，少水。）

巩（有侯山、九山、黄河、洛水。）镇一（洛口。）

嵩州，中，刺史。旧名顺州，天德三年更。户二万六千六百四十九。县四、镇四：

伊阳（宋隶河南府。有三涂山、陆浑山、鼓钟山，伊水、滍阳水。）镇一（鸣皋。旧有伊阙镇，后废。）

永宁（宋隶河南府，正隆六年以前寄治于府，后即镇为县。有三肴山、熊耳山、嶕峣山、天柱山、黄河、杜阳水。）镇一（府店。）

福昌（宋隶河南府。有女几山、金门山。）镇二（韩城、三乡。

长水（宋隶河南府。有坛山、松阳山、洛水、松阳水。）

汝州，上，刺史。宋临汝郡陆海军节度，国初为刺郡，贞祐三年八月升为防御。户三万五千二百五十四。县四、镇二：

梁（有霍阳山、崆峒山、紫逻山、汝水、广润河。正隆六年，敕环汝州百五十里内州县商贾，赴温汤置市。）

郏城（宋隶许州。有汝水、扈涧河。）镇一（黄道。）

鲁山（有尧山、潰水、鸦河。）

宝丰（有豢龙城。）镇一（汝南。）

许州，下，昌武军节度使。宋颍昌府许昌郡忠武军。户四万五千五百八十七。县五、镇七：

长社（倚。有潩水、颍水。）镇二（许田、椹涧。）

郾城（有长沙河、五沟水。）镇二（驼口、新寨。）

长葛（有小陉、洧水。）

临颍　镇二（合流、繁城。）

襄城（本隶汝州，泰和七年来属。）镇一（颍桥。）

钧州，中，刺史。旧阳翟县，伪齐升为颍顺军。大定二十二年升为州，仍名颍顺，二十四年更今名。户一万八千五百一十。县二、镇一：

阳翟（倚。有具茨山、三封山、荆山、颍水。）

新郑（宋隶郑州。有溱、洧、渠三水。）镇一（郭店。）

亳州，上，防御使。宋谯郡集庆军，隶扬州。贞祐三年升为节镇，军名集庆。户六万五百三十五。县六、镇五：（旧有福宁、马头二镇。）

谯（倚。有涡水、泡水。）镇一（双沟。）

鹿邑（有涡水、明水。）镇一（郸城。）

卫真（有洵水、沙水。）镇一（谷阳。）

城父（有涡水、淝水、父水。）

酂（有睢水、汴河、白龙潭。）镇一（酂阳。）

永城（兴定五年十二月升为永州，以下邑、砀山、酂县隶焉。有芒山、汴河。）镇一（保安。）

陈州，下，防御使。宋淮宁府淮阳郡镇安军。户二万六千一百四十五。县五、镇二：

宛丘（有蔡河、颍水、洧水。）

项城（有颍水、百尺堰。）

南顿 镇一（殄寇。）

商水（本溵水，宋避宣祖讳改。有商水、颍水。）

西华（有宜阳山、蔡河、颍水。）镇一（长平。）

蔡州，中，防御使。宋汝南郡淮康军，泰和八年升为节度，军曰镇南，尝置榷场。户三万六千九十三。县六、镇二：

汝阳（有溱水、澺水。）镇一（保城。）

遂平（有吴房山、吴城山、龙泉水、滦水。）

上蔡

西平（有九头山、滾水、邓艾陂。）

确山（有确山、汶水、溱水。）镇一（毛宗。）

平舆

息州，本新息县，泰和八年升为息州，以新息为倚郭，割真阳、褒信、新蔡隶焉，为蔡州支郡。户九千六百八十五。县四、镇一：

新息（倚。）镇一（王务。）

真阳（本隶蔡州，泰和八年来属。有淮水、汝水、石塘陂。）

褒信（本隶蔡州，泰和八年来属。有汝水、葛陂。）

新蔡（本隶蔡州，泰和八年来属。有汝水。）

郑州，中，防御，宋荥阳郡奉宁军节度。户四万五千六百五十七。县七、镇三：

管城（倚。贞祐四年更名故市。有圃田泽。）

荥阳（有鸿沟，京、索二水。）

密（有大騩山、溱水、洧水。）镇二（大騩、锁水。）

河阴

原武 镇一（陈桥。）

汜水（有虎牢关。）

荥泽（有广武涧。旧有许桥、贯谷二镇，在郑境。）

颍州，下，防御。宋顺昌府汝阴郡。尝置榷场，正隆四年罢榷场。户一万六千七百一十四。县四、镇十一：（旧有万善镇，后废。）

汝阴（倚。有颍水、淮水、淝水、汝水。）

颍上（元光二年十一月改隶寿州。有颍水、淮水。）镇十（永宁、漕口、王家市、栎头、永清、椒陂、正阳、江陂、界沟、斤沟。）

泰和（有颍水。）

沈丘（有武丘。）镇一（永安。）

宿州，中，防御。宋符离郡保静军节度，隶扬州。国初隶山东西路，大定六年来属。贞祐三年升为节镇，军曰保静。户五万五千五十八。县四、镇八：（旧有荆山镇。）

符离（倚。有诸阳山、汴河、睢水、陴湖。）镇三（曲沟、符离、黄团。）

临涣（有嵇山、汴河、肥水。）镇三（柳子、蕲泽、桐墟。）

灵璧（宋元祐元年置。）镇一（西固）

蕲（有涣水、涡水、蕲水。）镇一（静安。）

泗州，中，防御使。宋临淮郡。正隆四年正月罢凤翔府、唐、邓、颍、蔡、巩、洮等州并胶西县诸榷场，但置榷场于泗州。先隶山东西路，大定六年来属。户八千九十二。县四、镇六：

淮平（旧盱眙县，明昌六年以宋有盱眙军，故更。）

虹（有朱山、汴河、淮水、广济渠。）镇二（千仙、通海。）

临淮 镇四（安河、吴城、青阳、翟家湾。）

睢宁（兴定二年四月以宿迁县之古城置。又有淮滨，兴定二年四月以桃园置，元光二年四月废。）

边戍，皇统元年十月，都元帅宗弼与宋约，以淮水中流为界，西自邓州南四十里、西南四十里为界。泰和八年设沿淮巡检使，及朐山县完渎村创立巡路，置巡检。

河北东路。天会七年析河北为东、西路，各置本路兵马都总管。府一，领节镇二，防御一，刺郡五，县三十，镇三十五。

河间府，中，总管府，瀛海军。宋河间郡瀛海军。天会七年置总管府，正隆间升为次府，置瀛州瀛海军节度使兼总管，置转运司。后复置总管府，河北东西大名等路提刑司（产无缝绵、沧盐、蔺席、马蔺花、香附子、钱虾蟹、乾鱼。）户三万一千六百九十一。县二、镇三：

河间（倚。有滹沱河、君子馆。）镇三（东城、永宁、北林。）

肃宁

蠡州，下，刺史。宋永宁军，国初因之，天会七年升为宁州博野郡军，天德三年更为蠡州。户二万九千七百九十七。县一、镇一：

博野（倚。有沙河、唐河。）镇一（新桥。）

莫州，下，刺史。宋文安郡军防御，治任丘。贞祐二年五月降为鄚亭县。户二万二千九百三十三。县一、镇一：

任丘 镇一（长丰。）

献州，下，刺史。本乐寿县，天会七年升为寿州，天德三年更今名。户五万六百三十二。县二、镇十：

乐寿（倚。有徒骇河、房渊、汉献王陵。）

交河（大定七年以石家圈置。）镇十（景城、南大树、刘解、槐家、参军、贯河、北望、夹滩、策河、沙涡。）

冀州，上。宋信都郡，天会七年仍旧置安武军节度。户三千六百七十。县五、镇三：

信都（倚。有胡卢河、降水。）镇一（来远，后废。）

南宫（有降水枯渎。）镇三（唐阳、后增宁化、七公二镇。）

衡水（有长芦河、降水。）

武邑（有漳河、长芦河。）镇一（观津，后废。）

枣强　镇一（广川，后废。）

深州，上，刺史。宋饶阳郡防御，国初为刺郡。户五万六千三百四十。县五、镇一：

静安（倚。有衡漳水、大陆泽。）镇一（下博。）

束鹿（有衡漳水、滹沱河。）

武强（置河仓。有衡漳水、武强泉。）

饶阳（有滹沱河。）

安平（有沙水、滹沱河。）

清州，中。宋乾宁郡军，国初因置军，天会七年以守边置防御。户四万七千八百七十五。县三、镇一：

会川（本名乾宁，贞元元年更名。置河仓。）镇一（范桥。）

兴济（本隶沧州，大定六年来属。）

靖海（明昌四年以清州窝子口置。）

沧州，上，横海军节度。宋景城郡。贞元二年来属。户一十万四千七百七十四。县五、镇十一：

清池（置河仓。有浮阳水、徒骇河）镇五（长芦、新饶安、旧饶安、乾符、郭疃。旧有郭侨，后废。）

无棣（有老乌山、鬲津河。）镇一（分水。）

盐山（有盐山、浮水。）镇四（海丰、海润，后增利丰、扑头二镇。）

南皮（置河仓。有大、小台山、永济渠、洁河。）镇一（马明。）

乐陵（有鬲津河、笃马河、钩盘河、旧有会宁河、永利、东中三镇、后废。）

景州，上，刺史。宋永静军同下州，治东光。国初升为景州，贞元二年来属。大安间更为观州，避章庙讳也。户六万五千八百二十八。县六、镇四：

东光（倚。置河仓。有永济渠、漳河。）镇一（建桥。）

阜城（有衡水、漳水河。刘豫祖茔在县南十二里。）

将陵（置河仓。有永济渠、钩盘河。）

吴桥（有永济渠。）

蓨（宋隶冀州。有漳河、蓨市。）

宁津　镇三（西保安、广平、会津。）

河北西路。天会七年析为西路。府三，领节镇二，防御二，刺郡五，县六十一。

真定府，上，总管府，成德军。宋常山郡镇州成德军节度，正隆间依旧次府，置本路兵马都总管府、转运司。（产瓷器、铜、铁。有丹粉场、乌梨。药则有茴香、零陵香、御米壳、天南星、皂角、木瓜、芎、井泉石。）户一十三万七千一百三十七。县九、镇三：

真定（倚。有大茂山、滋水、滹沱水。）

藁城（有滋水、滹沱水。）

平山

栾城（有泜水、洨水。）

获鹿（兴定三年三月升为镇宁州，权河北西路，以经略使武仙驻焉。有革山、滹沱水。）

行唐（有玉女山、常山。）镇二（嘉祐、北镇。旧有行台、新年二镇，后废。）

阜平（明昌四年以北镇置。）

灵寿　镇一（慈谷。）

元氏（有封龙山、槐河。）

威州，下，刺史。天会七年以井陉县升，置陉山郡军，后为刺郡。户八千三百一十。县一：

井陉

沃州，上，刺史。宋徽宗升为庆源府赵郡庆源军，治平棘。天会七年改为赵州，天德三年更为沃州，盖取水沃火之义，军曰赵郡军。后废军。户三万八千一百八十五。县七、镇一：

平棘（倚。有洨水、槐水。）

临城（有敦舆山、彭山、泜水。）

高邑（有赞皇山、济水。）

赞皇

宁晋（有洨水、寝水。）镇一（奉城。）

柏乡

隆平

邢州，上，安国军节度。宋信德府钜鹿郡安国军节度，天会七年降为邢州，仍置安国军节度。（产玄精石。）户八万二百九十二。县八、镇四：

邢台（有石门山、百岩山、蓼水、涡水。）

唐山（有尧山、泜水。）

内丘（有干言山、内丘山、泜水、渚水。）

平乡　镇一（道武。）

任（有溹水、任水。）镇一（新店。）

沙河（有汤水、渴水。）镇一（綦村。）

南和（有任水、泜水。）

钜鹿（有大陆泽、漳河、落漠水。）镇一（团城。）

洺州，上，防御，广平郡。治永年。天会七年以守边置防御使。户七万三千七十。县九、镇四：

永年（有榆溪山、洺水、漳水。）镇一（西临洺。）

广平（本魏县，大定七年更。）

宗城

新安

成安

肥乡　镇一（新安。）

鸡泽（有洺水、漳水、沙河。）

曲周镇二（平恩、白家滩。）

洺水

彰德府，散，下。宋相州邺郡彰德军节度，治安阳。天会七年仍置彰德军节度，明昌三年升为府，以军为名。户七万七千二百七十六。县五、镇五：

安阳（倚。有韩陵山、龙山、洹水、防水。）镇三

（天禧、永和、丰乐。）

林虑（旧林虑镇，贞祐三年十月升为林州，置元帅府。兴定三年九月升为节镇，以安阳县水冶村为辅岩县隶焉。有隆虑山、洹水、漳水。）

汤阴（有牟山、羑水、荡水、通漕、羑里。）镇一（鹤壁。）

临漳（东山、漳水。）镇一（邺镇。）

辅岩（本水冶村，兴定三年置。）

磁州，中，刺史。宋滏阳郡，国初置滏阳郡军。户六万三千四百一十七。县三、镇八：

滏阳（有滏山、磁山、漳水、滏水。）镇四（台城、观城、昭德，后废二祖增临水镇。）

武安（有锡山、武安山）镇一（固镇。）

邯郸（有邯山、灵山、漳水、牛首山。）镇三（大赵、北阳、邑城。《士民须知》惟有邯山镇。）

中山府。宋府，天会七年降为定州博陵郡定武军节度使，后复为府。户八万三千四百九十。县七、镇二：

安喜（倚。有滱水、卢奴水、长星川。）

新乐（有派水、木刀沟。）

无极（有滹河。）

永平（贞祐二年四月升为完州。）

庆都（有尧山、都山、唐水。）

曲阳（剧。有常山、曲防水。）镇一（龙泉。）

唐（有孤山、唐山、滱水。）镇一（军城。）

祁州，中，刺史。宋蒲阴郡，国初置蒲阴郡军。户二万三千三百八十二。县三：

蒲阴

鼓城

深泽

浚州，中，防御。宋大邳郡通利军，又改平川军。天会七年以边境置防御使。皇统八年，嫌与宗峻音同。更为通州，天德三年复。户二万九千三百一十九。县二、镇二：

黎阳（有大伾山、枉人山。）

卫（有苏门山、鹿台、糟丘、酒池、枋头城。）镇二（卫桥、淇门。）

卫州，下，河平军节度。宋汲郡，天会七年因宋置防御使，明昌三年升为河平军节度，治汲县、以滑州为支郡。大定二十六年八月以避河患，徙于共城。二十八年复旧治。贞祐二年七月城宜村，三年五月徙治于宜村新城，以胙城为倚郭。正大八年以石甃其城。户九万一百一十二。县四、镇二

汲（有苍山、黄河。）

新乡

苏门（本共城，大定二十九年改为河平，避显宗讳也。明昌三年改为今名。贞祐三年九月升为辉州，兴定四年置山阳县隶焉。有白鹿山、天门山、淇水、百门陂。）镇一（早生。）

获嘉　镇一（大宁。）

胙城（本隶南京，海陵时割隶滑州，泰和七年复隶南京，八年以限河来属。贞祐五年五月为卫州倚郭。增置主薄。兴定四年以修武县重泉村置县，来隶。）

滑州，下，刺史。宋灵河郡武成军。本南京属郡，大定六年割隶大名府。户二万二千五百七十。县二、镇二：

白马　镇二（卫南、武城。）

内黄（本隶大名府，大定六年来属。）

山东东路，宋为京东东路，治益都。府二，领节镇二，防御二，刺郡七，县五十三，镇八十三。

益都府，上，总管府，宋镇海军，国初仍旧置军，置南青州节度使，后升为总管府，置转运司。大定八年置山东东西路统军司。（产石器、玉石、沙鱼皮、天南星、半夏、泽泻、紫草。）户一十一万八千七百一十八。县七、镇七：

益都

临朐（有朐山、几山、洱水、般水。）

穆陵（贞祐四年四月升临朐之穆陵置。）

寿光（有甘水、渑水。）镇一（广陵，有盐场。）

博兴（有济水、时水。）镇二（博昌、淳化）

临淄（有南郊山、牛山、天齐渊、康浪水。）

乐安 镇四（新镇、高家港、清河、王家。）

潍州，中，刺史。户三万九百八十九。县三、镇一：

北海（倚。有浮烟山、溉原山、溉水、汶水。）镇一（固底。）

昌邑（有霍侯山、潍水。）

昌乐（有方山、聚角山、丹水、朐水。）

滨州，中，刺史。宋军事。户一十一万八千五百八十九。县四、镇十：

渤海（有黄河。）镇五（丰国、宁海、滨海、蒲台、安平。）

利津（明昌三年十二月以永和镇升置。）

蒲台 镇二（安定、合波。）

沾化（本名招安，明昌六年更。）镇三（永丰、永阜、永科。）

沂州，上，防御。宋琅邪郡。户二万四千三十五。县二、镇三：

临沂（剧。）镇三（长任、向城、利城。）

费

密州，宋为密州高密郡安化军节度。户一万一千八十二。县四、镇七：

诸城（剧。有琅邪山、潍水、荆水、卢水。）镇三（普庆、信阳、草桥。）

安丘（有安丘山、刘山、汶、潍、浯水。）镇一（李文。）

高密（有疬阜山、密水、胶水。）

胶西　镇三（张仓、梁乡、陈村。）

海州，中，刺史。户三万六百九十一。县五、镇四：

朐山。

赣榆（本怀仁，大定七年更。）镇二（荻水、临洪。）

东海

涟水（本涟水军，皇统二年降为县来属。）镇二（太

平、金城。）

莒州，中，刺史。本城阳军，大定二十二年升为城阳州，二十四年更今名。户四万三千二百四十。县三、镇三：

莒

日照　镇一（涛洛）

沂水　镇一（沂安。旧有扶沟、洛镇二镇，后废。）

棣州，上，防御。宋安乐郡。户八万二千三百三。县三、镇九：

猒次　镇五（清河、归化、达多、永利、脂角。）

阳信（有黄河、钩盘河。）镇二（钦风、西界。）

商河（有黄河、马颊河、商河。）镇二（归仁、官口。）

济南府，散，上。宋齐州济南郡。初置兴德军节度使，后置尹，置山东东西路提刑司。户三十万八千四百六十九。县七、镇二十九：

历城　镇六（盘水、中宫、老僧口、上洛口、王舍人店、遥墙。）

临邑　镇三（新镇、安肃、新市。）

齐河　镇三（晏城、刘宏、新孙耿。）

章丘（有长白山、东陵山、百脉水、杨绪水。）镇四（普济、延安、临济、明水。）

禹城（有黄河、济河、淇河、湿水。）镇三（新安、仁水寨、黎济寨。）

长清（剧。有劘笄山、隔马山、黄河、清水。）镇六（赤庄、莒镇、李家庄、归德、丰济、阴河。）

济阳　镇四（回河、曲堤、旧孙耿、仁丰。）

淄州，中，刺史。宋淄川郡军。户一十二万八千六百二十二。县四、镇六：

淄川（倚。有黉山、夹谷山、商山、淄水。）镇三（金岭、张店、颜神店。）

长山（有长白山、栗水。）

邹平（有系河、济河。）镇三（淄乡、齐东、孙家岭。旧有啀店镇，后废。）

高苑（有济河。）

莱州，上，定海军节度。宋东莱郡。户八万六千六百七十五。县五、镇一：

掖（倚。有三山、夜居山、掖水。）

莱阳（有高丽山、七子山。）镇一（衡村。旧有海仓、西由、移风三镇。）

即墨（有牢山、不其山、天室山、沽水、曲里盐场。）

胶水

招远

登州，中，刺史。宋东牟郡。户五万五千九百一十三。县四、镇二：

蓬莱（有巨风盐场。）

福山　镇一（孙大川。）

黄（有莱山、蹲狗山。）镇一（马停。）

栖霞

宁海州，上，刺史。本宁海军，大定二十二年升为州。户六万一千九百三十三。县二、镇二：

牟平（有东牟山、之罘山、清阳水。）镇一（汤泉。）

文登（剧。有文登山、成山、昌阳山。）镇一（温水。）

山东西路，府一，领节镇二，防御二，刺郡五。

东平府，上，天平军节度。宋东平郡，旧郓州，后以府尹兼总管，置转运司。产天麻、全蝎、阿胶、薄荷、防风、丝、绵、绫、锦、绢。）户一十一万八千四十六。县六、镇十九：

须城（有梁山、济水、清河。）

东阿（有吾山、谷城山、黄河、阿井。）镇五（景德、木仁、关山、铜城、阳刘。）

阳谷（有黄河、碻磝津。）镇二（乐安、定水。）

汶上（本名中都，贞元元年更为汶阳，泰和八年更今名。有汶水，大野陂。镇一（柴城。）

寿张（大定七年河水坏城，迁于竹口镇，十九年复旧治）镇一（竹口。）

平阴（有郁葱山、鸱夷山。）镇九（但欢、安宁、宁乡、翔鸾、固留、滑口、广里、石横、滏空、傅家岸。）

济州，中，刺史。宋济阳郡。旧治钜野，天德二年徙治任城县，分钜野之民隶嘉祥、郓城、金乡三县。户四万四百八十四。县四、镇二：

任城（倚。有承注山、泗水、新河。）镇一（鲁桥。）

金乡（有桓沟。）镇一（昌邑。）

嘉祥（旧有合来、山口二镇，后废。）

郓城（大定六年五月徙治盘沟村以避河决。有马颊河、濮水。）

徐州，下，武宁军节度使。宋彭城郡，贞祐三年九月改隶河南路。户四万四千六百八十九。县三、镇五：

彭城（倚。有九里山、赭土山、泗水、猴水、沛泽。）镇三（吕梁、利国、卞唐。又有厥堌镇，元光二年升为永固县。）

萧（有绥舆山、丁公山、古汴渠。）镇二（白土、安民。旧有晋城、双沟二镇。）

丰（有泡水、大泽。）

邳州，中，刺史。宋淮阳军，贞祐三年九月改隶河南路。户二万七千二百三十二。县三：

下邳（有峄阳山，磬石山、艾山、沂水、泗水、沭水、睢水。）

兰陵（本承县，明昌六年更名。贞祐四年三月徙治土娄村。）

宿迁（元光二年四月废。有泗水、汜水。）

滕州，上，刺史。本宋滕阳军，大定二十二年升为滕阳州，二十四年更今名。贞祐三年九月为兖州支郡。户四万九千九。县三、镇一：

滕（旧名滕阳，大定二十四年更。有桃山、抱犊山、漷水。）

沛（有微山、泗水、泡水、漷水。）镇一（陶阳。）

邹（宋隶泰宁军。有峄山、凫山、泗水、漷水。）

博州，上，防御。宋博平郡。户八万八千四十六。县五、镇十一：

聊城（倚。有茌山、黄河、金沙水。）镇二（王馆、武水。）

堂邑　镇二（回河、侯固。）

博平（有漯河。）镇一（博平。）

茌平镇二（广平、兴利。）

高唐（有黄河、鸣犊沟。）镇四（固河、齐城、灵城、夹滩。）

兖州，中，泰定军节度使。宋袭庆府鲁郡。旧名泰宁军，大定十九年更。户五万九十九。县四：

嵫阳（本瑕丘。）

曲阜（宋名仙源。有防山、曲阜山，泗、洙、沂水。）

泗水（有陪尾山、尼丘山、泗水、洙水。）

宁阳（旧名龚县，大定二十九年以避显宗讳改。）

泰安州，上，刺史。本泰安军，大定二十二年升。户三万一千四百三十五。县三、镇二：

奉符（倚。有泰山，社首山、龟山、徂徕山、亭亭山。有汶水、梁水。）镇二（太平、静封。）

莱芜（有肃然山、安期山、嬴汶水、牟汶水。）

新泰

德州，上，防御。宋平原郡军。户一万五千五十三。县三、镇七：

安德（有鬲津河。）镇四（磁博、向化、盘河、德安。）

平原（有金河。）镇一（水务。）

德平　镇二（怀仁、孔家镇。）

曹州，中，刺史。宋兴仁府济阴郡彰信军。本隶南京，泰和八年来属。大定八年城为河所没，迁州治于古乘氏县。户一万二千六百七十七。县三、镇一：

济阴（倚。有曹南山、定濮冈、左山、祝丘、荷水、泛水、鲹城、郛城。）镇一（濮水。）

定陶（本宋广济军，熙宁间废为定陶县。城中有梁王台。有斠山、独孤山。）

东明（初隶南京，后避河患，徙河北冤句故地。后以故县为兰阳、仪封，有旧东明城。）

卷二十六　　志第七

地　理　下

大名府路　河东北路　河东南路　京兆府路　凤翔路　鄜延路　庆原路　临洮路

大名府路，宋北京魏郡。府一，领刺郡三，县二十，镇二十二。贞祐二年十月置行尚书省。

大名府，上，天雄军。旧为散府，先置统军司，天德二年罢，以其所辖民户分隶旁近总管府。正隆二年升为总管府，附近十二猛安皆隶焉，兼漕河事。（产皱縠、绢、梨肉、樱桃、煎木耳、硝。）户三十万八千五百一十一。县十、镇十三：（旧有柳林、侯固二镇。）

元城（有恒山、漕运御河、屯氏河。）镇二（安定、安贤。）

大名（倚。）镇一

魏县

冠氏（有贪山水、沙河。）镇四（普通、清水、博宁、桑桥。）

南乐　镇一（南乐。）

馆陶（有漕运御河。）镇一（馆陶。）

夏津（有屯氏河、润沟河。）镇一（孙生。）

朝城　镇一（韩张。）

清平（有新渠金堤。）镇一（清平。）

莘　镇一（马桥。）

恩州，中，刺史。宋清河郡军事，治清河，今治历亭。户九万九千一百一十九。县四、镇六：

历亭（倚。有永济渠，置河仓。）镇四（漳南、新安乐、旧安乐、王杲。）

武城（有永济渠、沙河。）镇一（武城。）

清河（有永济渠、漳渠。）

临清（有河仓。）镇一（曹仁。）

濮州，下，刺史。宋濮阳郡。户五万二千九百四十八。县二、镇三：

鄄城（倚。有旄丘、陶丘、金堤。）镇二（临濮、雷泽、皆旧县，贞元二年为镇。）

范　镇一（定安。）

开州，中，刺史。宋开德府澶渊郡镇宁军节度，降为澶州，皇统四年复更今名。户三万三千八百三十六。县四、镇一：

濮阳（倚。有卫阳山、鲋鰅山、黄河、淇河、瓠子口。）

清丰（有广阳山、黄河。）

观城（有泉源河。）镇一（武乡。）

长垣（本隶南京，泰和八年以限河不便。来属。）

河东北路。宋河东路，天会六年析河东为南、北路，各置兵马都总管。府一，领节镇三，刺郡九，县三十九，镇四十，堡十，寨八。

太原府，上，武勇军。宋太原郡河东军节度，国初依旧为次府，复名并州太原郡河东军总管府，置转运司。（有造墨场，炼银洞、玛瑙石。药产松脂、白胶香、五灵脂。大黄、白玉石。）户一十六万五千八百六十二。县十一、镇八：

阳曲（倚。有罕山、蒙山、汾水。）镇五（阳曲、百井、赤塘关、天门关、陵井驿。）

太谷（有太谷山、蒋水。）

平晋（贞祐四年七月废，兴定元年复置。有龙山、晋水。）镇二（晋宁、晋祠。）

清源（有清源水、汾水。）

徐沟（本清源县之徐沟镇，大定二十九年升。）

榆次（有麓台山、涂水。）

祁（有幘山、太谷水）镇一（团柏。）

文水（有隐泉山、汾水、文水。）

交城（有少杨山、狐突山、汾水。）

盂（兴定中升为州，听绛州元帅府节制，置刺史，寻复。有白马山、原仇山、滹沱水。）

寿阳（兴定二年九月尝割隶平定州，有方山、洞过水。）

晋州。（兴定四年正月以寿阳县西张寨置。）

忻州，下，刺史。旧定襄郡军。户三万二千三百四十一。县二、镇四：

秀容（有程侯山、云母山、忻水、滹沱水。）镇四（忻口、云内、徒合、石岭。）

定襄

平定州，中，刺史。本宋平定军，大定二年升为州。兴定二年为防御，十一月复降为刺郡。户一万八千二百九十六。县二、镇三：

平定（倚。有浮山、浮泺水。）镇二（承天、东百井。）

乐平（兴定四年正月升为皋州。有乐平山、清漳水。）镇一（净阳。）

汾州，上。宋西河郡军事，天会六年置汾阳军节度使，后又置河东、南、北路提刑司。户八万七千一百二十七。县五、镇二：

西河（有谒泉山、比干山、文水、汾水。）镇一（郭栅。）

孝义（有胜水。）

介休（有介山、汾水。）镇一（洪山。）

平遥（有鹿台山、汾水。）

灵石（贞祐三年割隶霍州，四年五月复来属。有静岩山、汾水。）

石州，上，刺史。旧昌化军。兴定五年复隶晋阳，从郭文振之请也。户三万六千五百二十八。县六、镇四：

离石（倚。有胡公山、离石水。）镇一（石窟。）

方山（贞祐四年徙治于积翠山。有方山、赤洪水。）

孟门（旧名定胡，明昌六年更。宋隶晋宁军。有黄河、宁乡水。）镇二（吴保、天泽。）

温泉（贞祐四年五月改隶汾州。有远望山、温泉。）

临泉（宋隶晋宁军。有黄河、临泉水。）镇一（克胡。）

宁乡（旧名平夷，明昌六年更。）

葭州，下，刺史。本晋宁军，贞元元年隶汾州，大定二十二年升为晋宁州，二十四年更今名。在黄河西，兴定二年五月以河东残破，改隶延安府。户八千八百六十四。寨八、堡九：（神泉寨、永祚堡、乌龙寨、康定堡、宁河寨、宁河堡、太和寨、神木寨、通津堡、弥川寨、护川堡、强川堡、清川堡、通秦寨、通秦堡、晋安堡、吴堡寨。已上皆在黄河西，临西夏界。）

代州，中。宋雁门郡防御，天会六年置震武军节度使。贞祐二年四月侨置西面经略司，八月罢。户五万七千六百九十。县五、镇十三：

雁门（倚。有夏屋山、雁门山、滹沱水。）镇三（雁门、西陉、胡谷。）

崞（有崞山、石鼓山、滹沱河、沙河。）镇一（楼板。）

五台（贞祐四年三月升为台州。有五台山、虑虒水。）镇二（兴善、石觜。）

广武（贞祐三年七月来属。）

繁畤（贞祐三年九月升为坚州。）镇七（茹越、大石、义兴、麻谷、瓶形、梅回、宝兴。）

隩州，下。本宋旧火山军，大定二十二年升为火山州，后更今名。兴定二年九月改隶岚州，四年以残破徙治于黄河滩许父寨。户七千五百九十二。县一、镇一：

河曲（贞元元年置。有火山、黄河。）镇一（郥镇。）

宁化州，下，刺史。本宁化军，大定二十二年升为州。户六千一百。县一、镇一：

宁化　镇一（窟谷。）

岚州，下，宋旧楼烦郡军事，天会六年置镇西节度使。户一万七千五百五十七。县三、镇四：

宜芳　镇一（飞鸢。）

合河　镇三（合河津、乳浪、盐院渡。）

楼烦

岢岚州，下，刺史。本宋岢岚军，大定二十二年为州，贞祐三年九月升为防御，四年正月升为节镇，五月复防御。户五千八百五十一。县一、堡一：

岚谷（有岢岚山、雪山、岢岚水。）堡一（寒光。）

保德州，下，刺史。本宋保德军，大定二十二年升为州，元光元年六月升为防御。户三千一百九十一。县一：

保德（大定十一年置。有大堡津、沙谷津。）

管州，下，刺史。本宋宪州静乐郡，天德三年更。兴定三年升为防御。户五千八百八十一。县一：

静乐

河东南路，府二，领节镇三，防御一，刺郡六，县六十八，镇二十九，关六。

平阳府，上。宋平阳郡建雄军节度。本晋州，初为次府，置建雄军节度使。天会六年升总管府。置转运司。兴定二年十二月以残破降为散府。（有书籍。产解盐、隰州绿、卷子布、龙门椒、紫团参、甘草、苍术。）户一十三万六千九百三十六。县十、镇一：

临汾（天会六年定临汾为次赤，余并次畿，置丞、簿、尉各一。有姑射山、平水、壶口山、汾水。）

襄陵（倚。有浮山、汾水、潏水。）镇一（故关。）

洪洞（有霍山、汾水。）

赵城（有姑射山、汾水、霍水。）

霍邑（贞祐三年七月升为霍州，以赵城、汾西、灵石隶焉。兴定元年七月升为节镇，军曰镇定。有霍山、汾水、彘水。）

汾西（有汾西山、汾水。）

岳阳（有乌岭山、通军水。）

浮山（旧名神山，大定七年更为浮山，兴定四年更名曰忠孝。）

和川

冀氏

隰州，上，刺史。宋大宁郡，团练。旧大宁郡军刺史，天会六年改为南隰州，以与北京隰州重也，天德三年去“南”字。户二万五千四百四十五。县六、关四：

隰川（倚。有石马山、石楼山。）

仵城（兴定五年正月升隰川之午城镇置。）

蒲（兴定五年正月升为蒲州，以大宁隶焉。有孤石山、横木岭。）

大宁（有孔山、黄河、日斤水。）关一（马门关。）

永和（有楼山、黄河、仙芝水。）关一（永和关。）

石楼（有石楼山、黄河、龙泉。）关二（永宁、上平关。）

吉州，下，刺史。宋置团练。旧名慈州，天德三年改为耿州，置文成郡军，明昌元年更名吉。户一万三千三百二十四。县二：

吉乡（有壶口山、孟门山、黄河、蒲水。）

乡宁

河中府，散，上。宋河东郡。旧置护国军节度使，天会六年降为蒲州，置防御使。天德元年升为河中府，仍旧护国军节度使。大定五年置陕西元帅府。户十万六千五百三十九。县七、镇四：

河东（倚。有中条山、五老山、黄河、妫水、汭水。）镇二（永乐、合河。）

荣河（贞祐三年升为荣州，以河津、万泉隶焉。有黄河、汾水。脽丘。）镇一（北郎。）

虞乡（有雷首山、中条山、坛道山。）

万泉　镇一（胡壁。）

临晋（有三疑山、黄河。）

河津

猗氏（有涑水。）

绛州，上。宋置绛郡防御。天会六年置绛阳军节度使。兴定二年十二月升为晋安府，总管河东南路兵马，三年三月置河东南路转运司。户一十三万一千五百一十。县七、镇五、关一：

正平（倚。剧。有定境山、汾水、浍水、鼓水。）镇一（泽掌。）

曲沃（剧。有绛山、绛水、汾水、浍水。）镇二（柴村、九王。）

稷山（有稷山、汾水。）

翼城（兴定四年七月升为翼州，以垣曲、绛县隶焉。元光二年升为节镇，军曰翼安。有浍高山、清野山、乌岭山。）

太平（有汾水。）

垣曲（有王屋山、清廉山、黄河、清水。）镇一（皋落。）关一（行台。）

绛（有太阴山、教山、绛水。）镇一（绘交。）

平水（兴定四年七月徙置汾河之西，从平阳公胡天作之请也。）

解州，上，刺史。宋庆成军防御，国初置解梁郡军，后废为刺郡。贞祐三年复升为节镇，军名宝昌。兴定四年徙治平陆县。户七万一千二百三十二。县六、镇四：

解（倚。有坛道山、盐池。）

平陆（有吴山、黄河。）镇一（张店。）

芮城（宋隶陕州。有中条山、黄河、龙泉。）

夏（有巫咸山、中条山、淡水。）镇一（曹张。）

安邑（有中条山、稷山、盐池、涑水。）

闻喜（有九龙山、汤山、涑水。）镇二（东镇、刘庄。）

泽州，上，刺史。宋高平郡。天会六年以与北京泽州同，加“南”字。天德三年复去“南”字。贞祐四年隶潞州昭义军，后又改隶孟州。元光二年升为节镇，军曰忠昌。户五万九千四百一十六。县六、镇二：

晋城（倚。有太行山、丹水、白水、天井关。）镇二（周村、巴公。旧又置星轺镇。）

端氏（有石门山、巨峻山。）

陵川（有太行山、九仙山。）

阳城（元光二年十一月升为勣州。有王屋山、濩泽。）

高平（有头颅山、米山、丹水。）

沁水（有鹿台山、沁水、马邑山。）

潞州，上。宋隆德府上党郡昭德军节度使。天会六年，节度使兼潞南辽沁观察处置使。户七万九千二百三十二。县八、镇四：

上党（倚。）镇一（八义。）

壶关（有抱犊山、紫团山、赤壤山。）

屯留（有盘秀山、绛水。）镇一（寺底。）

长子（有羊头山、发鸠山、尧水）镇一（横水。）

潞城（有三垂山、伏牛山、潞水、漳水。）

襄垣（有鹿台山、涅水、漳水。）镇一（褫亭。）

黎城（有白岩山、故壶口关。）

涉（贞祐三年七月升为崇州，以黎城县隶焉。四年八月以残破复为县。兴定五年九月复升为州。有崇山、涉水。）

辽州，中，刺史。宋本乐平郡刺史，天会六年以与东京辽州同，加“南”字，天德三年复去“南”字。户一万五千八百五十。县四、镇一、关一：

辽山（倚。有箕山、青谷水。）镇一（平城、旧县也、贞元间废为镇，属辽山县，及废旧芹泉镇。）关一（黄泽。）

榆社（有武乡水、石勒沤麻池。）

和顺（有九原山。）

仪城（旧为平城县，贞元二年废入辽山为镇，贞祐四年复升为县，更今名。）

沁州，中，刺史。锦山郡。宋威胜军，天会六年升为州。元光二年升为节镇，军曰义胜。户一万八千五十九。县四、镇一：

铜鞮（倚。有铜鞮山、石梯山、洹水、交水。）

武乡（有胡甲山、武乡水。）镇一（南关。）

沁源（元光二年十一月升为谷州。有霍山、沁水。）

绵上（有羊头山、沁水。）

怀州，上，宋河内郡防御，天会六年以与临潢府怀州同、加“南”字，仍旧置沁南军节度使，天德三年去“南”字。皇统三年闰四月置黄沁河堤都大管勾司。大定五年置行元帅府。兴定五年置招抚司。户八万六千七百五十六。县四、镇六：

河内（倚。有太行陉、太行山、黄河、沁水、溴水。）镇四（武德、柏乡、万善、清化。）

修武（有浊鹿城。）镇一（承恩。）

山阳（兴定四年以修武县重泉村为山阳县，隶辉州。）

武陟（有太行山、天门山、黄河、沁水。）镇一（宋郭。）

孟州，上。宋济源郡节度，天会六年降河阳府为孟州，置防御，守盟津。宣宗朝置经略司。户四万一千六百四十九。县四、镇二：

河阳（倚。有岭山、黄河、湛水、同水。）镇二（縠罗、沇河。）

王屋（有王屋山、天坛山、析城山、黄河。）

济源（有太行山、孔山、济水、溴水、沁水。）

温（有黄河、沛水。）

京兆府路，宋为永兴军路。皇统二年省并陕西六路为四，曰京兆，曰庆原，曰熙秦，曰鄜延。府一，领节镇一，防御一，刺郡四，县三十六、镇三十七。

京兆府，上。宋京兆郡永兴军节度使。皇统二年置总管府，天德二年置陕西路统军司、陕西东路转运司。（产白芷、麻黄、白蒺藜、茴香、细辛。）户九万八千一百七十七。县十二、镇十：（旧又有中桥、临泾二镇，后废。）

长安（倚。有终南山、龙首山、沣水、渭水、镐水。）镇一（子午。）

咸宁（倚。本万年，后更名。泰和四年废，寻复。）镇二（鸣犊、乾祐。）

兴平（有渭水、醴泉。）

泾阳

临潼（有骊山、渭水、戏水。）镇一（零口。）

蓝田（有蓝田山、蒉山、灞水。）

云阳 镇一（孟店。）

高陵（有泾水、渭水、白渠）镇二（毗沙、渭城。）

终南（宋清平军。）镇一（甘河。）

栎阳（有渭水、沮河、清泉陂。）镇一（粟邑。）

鄠（有终南山、牛首山、渼陂、渭水。）镇一（秦渡。）

咸阳

商州，下，刺史。宋上洛郡军事。贞祐四年升为防御，寻隶陕州，兴定二年正月复来属，元光二年五月改隶河南路。户三千九百九十九。县二、镇二：（旧又有西市、黄川、青云三镇，后废。）

上洛（有楚山、熊耳山、丹水、峣关。）镇二（商洛、丰阳，皆旧为县，贞元二年废为镇。）

洛南（有冢岭山、洛水。）

虢州，下，刺史。宋虢郡军事。贞祐二年割为陕州支郡，以备潼关。户一万二十二。县三、镇五：

虢略（有鹿蹄山、黄河。烛水。）镇三（靖远、玉城、朱阳。

卢氏（有朱阳山、熊耳山、洛水、鄢水。）镇二（社管，栾川旧为县，海陵贞元二年废为镇。）

朱阳（海陵时尝废，后复置。有地肺山。）

乾州，中，刺史。宋尝改为醴州，天德三年复。户二万六千八百五十六。县四、镇三：

奉天（有梁山、莫谷水、甘谷水。）镇一（薛禄。）

醴泉（有九嵕山、浪水。）镇一（甘北。）

武亭（本武功，大定二十九年以嫌显宗讳更。有敦物山、武功山、渭水。）镇一（长宁。）

好畤（有梁山、武亭河。）

同州，中，宋冯翊郡定国军节度，治冯翊。后改安国军节度使。（旧贡圜筋茧耳羊，大定十一年罢之。）户三万五千五百六十一。县六、镇九：

冯翊（倚。有洛水、渭水。）镇二（沙苑并监。）

朝邑（有黄河、渭水。）镇四（朝邑、新市、延祥、湾谷。）

白水（有五龙山、洛水、白水。）

郃阳（有非山、瀵水、黄河。）镇一（夏阳。）

澄城（有梁山、洛水。）

韩城（贞祐三年升为桢州，以郃阳县隶焉。）镇二（寺前、良辅。）

耀州，上，刺史。宋华原郡感德军节度，皇统二年降为军事，后为刺史州。户五万二百一十一。县四、镇二：

华原（有土门山、漆水、沮水。）

同官（有白马山、同官川。）镇一（黄堡。）

美原（有频阳山。）

三原（有尧门山、中白渠。）镇一（龙桥。）

华州，中。宋华阴郡镇潼军节度，治郑，国初因之，后置节度使，皇统二年降为防御使。贞祐三年八月升为节镇，军曰金安，以商州为支郡。户五万三千八百。县五、镇六：

郑（倚。有少华山、圣山、渭水、符禺水。）镇一（赤水。）

华阴（有太华山、松果山、黄河、渭水、潼关。）镇二（关西、敷水。）

下邽（有渭水、太白渠。）镇二（素化、新市。）

蒲城（有金粟山、洛水。）镇一（荆姚。）

渭南（有灵台山、渭水。）

凤翔路，宋秦凤路，治秦州。府二、领防御二，刺郡二，县三十三，城一，堡四，寨十四，镇十五。

凤翔府，中。宋扶风郡凤翔军节度。皇统二年升为府，军名天兴，大定十九年更军名为凤翔。大定二十七年升总管府。（产芎藭、独活、灯草、无心草、升麻、秦艽、骨碎补、羌活。）户六万二千三百三。县九、镇四：（旧有横水、驿店、崔模、麻务，长清五镇，后废。）

凤翔（倚。有杜阳山、吴岳、雍水。旧名天兴县，大定十九年更。）

宝鸡（有陈仓山、渭水、汧水、大散关。）镇一（武城。）

虢（有楚山、渭水。）镇一（阳平。）

郿（有太白山、渭水。）

盩厔（南至巡马道二十里。贞祐四年升为恒州，以郿县隶焉。有终南山、渭水、浴谷。）

扶风（国初作扶兴。有渭水、沣水。）镇一（岐阳。）

岐山（有岐山、终南山、渭水、姜水、汧水。）镇一（马迹。）

普润（有杜水、漆水、岐水。）

麟游（有五将山、黝土山。）

德顺州，上，刺史。宋德顺军，国初隶熙秦路，皇统二年升为州，大定二十七年来属。贞祐四年四月升为防御，十月升为节镇，军曰陇安。户三万五千四百四十九。县六、寨四、堡一：（旧有上接镇、通安寨、王家城、牧龙城、同家堡、后废。

陇干（倚。）

水洛（本中安堡城。）堡一（中安。）

威戎（本威戎堡城。）

隆德（本隆德寨。）

通边（本通边寨。）寨三（静边旧为县，得胜，宁安。）

治平（本治平寨。）寨一（怀远。）

平凉府，散，中。宋渭州陇西郡平凉军节度。旧为军，后置陕西西路转运司、陕西东、西路提刑司。大定二十六年来属。户三万一千三十三。县五、镇五、寨一：

平凉（倚。有笄头山、马屯山。）

潘原（有鸟鼠山、铜城山。）

崇信（有阁川水。）镇一（西赤城。）

华亭（有小陇山。）

化平（本名安化，大定七年更。）镇四（安化、安国、白岩河、耀武。）寨一（瓦亭。）

镇戎州，下，刺史。本镇戎军，大定二十二年为州，二十七年来属。户一万四百四十七。县二、堡三、寨八：

东山（本东山寨。）

三川（本三川寨。）堡三（彭阳、乾兴、开远。）寨八（天圣、飞泉、熙宁、灵平、通峡、荡羌、九羊、张义。）

秦州，下。宋天水郡雄武军节度，后置秦凤路。国初置节度，皇统二年置防御使，隶熙秦路，大定二十七年来属，元光二年四月升为节镇，军曰镇远，后罢，贞祐三年复置。户四万四百四十八。县八、城一、寨三、镇二：（旧有甘谷城、甘泉城、结藏城、定西寨、西顾堡，后废。）

成纪（倚。有龙马泉。）

冶坊

甘谷

清水（宋旧县。有中陇山、嶓冢山、清水。）

鸡川

陇城（有大陇山、瓦亭山。）寨一（陇城。）

西宁（贞祐四年十月升为西宁州，以甘谷、鸡川、治平三县隶焉。）

秦安 城一（伏羌。）寨二（三阳务、弓门。）镇二（静戎、床穰。）

陇州，下，宋汧阳郡，防御。海陵时隶熙秦路，大定二十七年来属。户一万六千四百四十二。县三、镇五：

汧阳（倚。有汧水、隃麋泽。）镇二（安化、新兴。）

汧源（有吴岳山、白环水。）镇三（吴山、定戎、陇西。）

陇安（泰和八年以陇安寨升。有秦岭山、渭水。）

鄜延路，府一，领节镇一，刺郡四，县十六，镇五，城二，堡四，寨十八，关二。

延安府，下。宋延安郡彰武军节度使，皇统二年置彰武军总管府。户八万八千九百九十四。县七、寨四、堡一、镇一。

肤施（倚。有五龙山、伏龙山、洛水、清水、濯巾水。）镇一（乐盘。）

延川（有濯巾水、黄河、吐延水。）寨一（永平。）

延长（有独战山、濯巾水。）

临真（有库利川。）

甘泉（有洛水。）

敷政（有三堆山、洛水。）

门山（有重复山、黄河、渭牙川水。）堡二（安定，置第六正将。安寨。）寨四（万安，兴定二年废。德安，置第五副将。招安。永平，有丹阳驿。）

丹州，中，刺史。宋咸宁郡军事，国初因之。户一万三千七十八。县一、镇一、关一：

宜川（有云岩山、孟门山、黄河、库利川。）镇一（云岩。）关一（乌仁。）

保安州，下，刺史。宋保安军，大定二十二年升为州。户七千三百四十。县一、寨三、镇二、堡一、城一：

保安（大定十二年以保安军置。）寨三（德靖、顺宁、平戎。）镇二（静边、永和。）堡一（园林。）城一（金汤。）

绥德州，下，刺史。唐绥州，宋绥德军，大定二十二年升为州。户一万二千七百二十。县一、寨十、城一、堡一、关一

清涧（本宋清涧城，大定二十二年升。）寨十（暖泉，义合，清边，临夏，白草，米脂置第二将，怀宁，镇边，绥平，克戎置第四将。）城一（嗣武。）堡一（开光。）关一（永宁。）

鄜州，下。宋洛交郡康定军节度，国初因之，置保大军节度使。户六万二千九百三十一。县四、镇一：

洛交（倚。有疏属山、洛水、华池水。）镇一（三川。）

直罗（有大盘山、罗川水。）

鄜城（有杨班湫。）

洛川（有洛川水、圃水。）

坊州，中，刺史。宋中部郡军事。户二万七百四十六。县二、镇一：

中部（有沮河、桥山、石堂山、洛水、蒲谷水。）

宜君（有沮水。）镇一（玉华。）

天会五年，元帅府宗翰、宗望奉诏伐宋，若克宋则割地以赐夏。及宋既克，乃分割楚、夏疆封，自麟府路洛阳沟距黄河西岸，西历暖泉堡，鄜延路米脂谷至累胜寨，环庆路威边寨逾九星原至委布谷口，泾原路威川寨略古萧关至北谷口，秦凤路通怀堡至古会州，自此距黄河，依见流分熙河路尽西边，以限楚、夏之封，或指定地名有悬邈者，相地势从便分画。

庆原路，旧作陕西西路。府一，领节镇二，刺郡三，县十八，镇二十三，城二，堡四，寨二十二，边将营八。

庆阳府，中。宋安化郡庆阳军节度。本庆州军事，国初改安国军，后置定安军节度使兼总管，皇统二年置总管府。户四万六千一百七十一。县三、城二、堡一、寨三、镇七：

安化（倚。有马岭山、延庆水。）

彭原（有彭池原、睦阳川。）镇二（董志、赤城。）

合水（有子午山。）镇五（金柜、怀安、业乐、五交、景山。）城二（白豹、大顺。）寨三（安疆、华池、柔远。）堡一（荔原。）

环州，上，刺史。宋军事，国初因之，大定间升为刺郡。户九千五百四。县一、堡三、寨六、镇三：

通远（倚。有威河、马岭坂、塔子平榷场。）堡三（木瓜、归德、兴平。旧有惠丁、射香、流井三堡，后废。）寨六（定边、平远、永和、洪德、乌伦、安边。）镇三（合道、马岭、木波。）

宁州，中，刺史。宋彭原郡兴宁军节度，国初因之，皇统二年降为军，仍加"西"字，天德二年去"西"字，为刺郡。户三万四千七百五十七。县四、镇五：

安定（本名定安，大定七年更。倚。有洛水、九陵水。）镇一（交城。）

定平　镇二（枣社、大昌。）

真宁（有子午山、罗川水。）镇二（要关、山河。）

襄乐（有延川水。）

邠州，中。宋新平郡静难军节度使，国初因之。户四万七千二百九十一。县五、镇三、寨一：

新平（倚。有泾水、潘水。）

淳化（有仲山、车箱坂。）

宜禄（有泾水、汭水。）镇一（亭口。）

永寿（宋隶醴州。有高泉山。）镇一（永寿。旧有邵寨镇，后割隶泾州。）寨一（常宁。）

三水（有石门山、泾水、罗川水。）镇一（清泉。）

原州，上，刺史。宋平凉郡军事，大定二十七年为泾州支郡，后复军事。户一万七千八百。县二、镇三、寨五：

临泾（倚。有阳晋水、朝那水。）

彭阳（有大湖河、蒲川河。）镇三（萧镇、柳泉、新城。）寨五（绥宁、平安、靖安、开边、西壕。）

泾州，中，彰化军节度使。本治泾川，元光二年徙治长武。户二万六千二百九十。县四、寨一、镇二：

泾川（本保定县，大定七年更。）寨一（官地。）

长武

良原

灵台　镇二（百里、邵寨。）

边将：

第二将营，在荔原堡西，白豹城南七十五里，户三千七百一十六。

次西第四将营，户一千二百三十二。

次西第三将营，户二千一百五。

次西第八将营，户一千二百二十二。

次西第七将营，户八百五十。

次西第九将营，户七百二十七。

次西第六将营，户九百八十九。

次西第五将营，户三百六十四。

皇统六年，以德威城、西安州、定边军等沿边地赐夏国，从所请也。正隆元年，命与夏国边界对立烽候，以防侵轶。

临洮路，皇统二年改熙州为临洮府，置熙秦路总管府，大定二十七年更今名。府一，领节镇一，防御一，刺郡四，县一十三，镇六，城六，堡十二，寨九，关二。

临洮府，中。宋旧熙州临洮郡镇洮军节度，后更为德顺军，皇统二年置总管府。（产甘草、庵蔺子、大黄。）户一万九千七百二十一。县三、镇一、城一、堡四：

狄道（有白石山、洮水、浩亹河。）镇一（庆平。）城一（景骨。）

当川　堡一（通谷。）

康乐　堡三（渭源，临洮，南川临宋界。）

积石州，下，刺史。本宋积石军溪哥城，大定二十二年为州，户五千一百八十五。县一、城三、堡三：

怀羌（西至生羌界八十里。）城三（循化，西至生羌界一百里。大通，临河、夏界。来羌，临夏边。）堡三（通津、临滩、来同。）

洮州，下。宋尝置团练。刺史。旧军事。临宋界，至西生羌界八十里。户一万一千三百三十七。堡二：（通祐，临宋界，无民户，置军守。铁城，临宋界，无民户，置军守。）

兰州，上，刺史。宋金城郡军事。户一万一千三百六十、县三、镇三、城二、堡三、关一：

定远（兼第十将，去质孤堡一十五里。）

龛谷（宋旧寨。）

阿干（宋旧寨。）城二（宁远、安羌。）堡三（东关、质孤，临夏边，兼第八将。西关，临黄河、夏边）镇三（原川、猪觜、纳米。）关一（京玉。）

巩州，下，节度。宋通远军，皇统二年升军事为通远军节度使。户三万六千三百一。县五、寨四、镇一：

陇西（宋旧县。）

通渭

定西（贞祐四年六月升为州，以通西、安西隶焉。）镇一（盐川。旧有赤觜镇，后废。）

通西

安西　寨四（熟羊，临宋界。来远，去宋界二十五里，旧为镇。永宁，去宋界三十里。南川。旧有平西、宁远二寨，及南三岔堡。）

会州，上，刺史。宋前旧名汝遮。户八千九百一十八。县一、（旧有会川城。）寨二、关一：

保川　寨二（平西、通安。）关一（会安，旧作会宁。）

河州，下，防御，宋安乡郡军事。至都四千七百一十里。皇统二年升军事为防御，贞祐四年十月升为节镇，军曰平西。户一万四千九百四十二。县二、城一、寨三、镇一：

枹罕（国初废，贞元二年复置。）

宁河　城一（安乡关。）寨三（南川、通会关、定羌城。）镇一（积庆。）

卷二十七　　志第八

河　渠

黄河　漕渠　卢沟河　滹沱河　漳河

黄河

金始克宋，两河悉畀刘豫。豫亡，河遂尽入金境。数十年间，或决或塞，迁徙无定。金人设官置属，以主其事。沿河上下凡二十五埽，六在河南，十九在河北，埽设散巡河官一员。雄武、荥泽、原武、阳武、延津五埽则兼汴河事，设黄汴都巡河官一员于河阴以莅之。怀州、孟津、孟州及城北之四埽则兼沁水事，设黄沁都巡河官一员于怀州以临之。崇福上下、卫南、淇上四埽属卫南都巡河官，则居新乡。武城、白马、书城、教城四埽属浚滑都巡河官，则处教城。曹甸都巡河官则总东明、西佳、孟华、凌城四埽。曹济都巡河官则司定陶、济北、寒山、金山四埽者也。故都巡河官凡六员。后又特设崇福上下埽都巡河官兼石桥使。凡巡河官，皆从都水监廉举，总统埽兵万二千人，岁用薪百一十一万三千余束，草百八十三万七百余束，桩杙之木不与，此备河之恒制也。

大定八年六月，河决李固渡，水溃曹州城，分流于单州之境。九年正月，朝廷遣都水监梁肃往视之。河南统军使宗室宗叙言："大河所以决溢者，以河道积淤，不能受水故也。今曹、单虽被其患，而两州本以水利为生，所害农田无几。今欲河复故道，不惟大费工役，又卒难成功。纵能塞之，他日霖潦，亦将溃决，则山东河患又非曹、单比也。又沿河数州之地，骤兴大役，人心动摇，恐宋人乘间构为边患。"而肃亦言："新河水六分，旧河水四分，今若塞新河，则二水复合为一。如遇涨溢，南决则害于南京，北决，则山东、河北皆被其害。不若李固南筑堤以防决溢为便。"尚书省以闻，上从之。十年三月，拜宗叙为参知政事，上谕之曰："卿昨为河南统军时，尝言黄河堤埽利害，甚合朕意。朕每念百姓凡有差调，吏互为奸，若不早计而迫期征敛，则民增十倍之费。然其所征之物，或委积经年，至腐朽不可复用，使吾民数十万之财，皆为弃物，此害非细。卿既参朝政，凡类此者皆当革其弊，择所利而行之。"十一年，河决王村，南京孟、卫州界多被其害。十二年正月，尚书省奏："检视官言，水东南行，其势甚大。可自河阴广武山循河而东，至原武、阳武、东明等县孟、卫等州增筑堤岸，日役夫万一千，期以六十日毕。"诏遣太府少监张九思、同知南京留守事纥石烈邈（小字阿补孙）监护工作。十三年三月，以尚书省请修孟津、荥泽、崇福埽堤以备水患，上乃命雄武以下八埽并以类从事。十七年秋七月，大雨，河决白沟。十二月，尚书省奏："修筑河堤，日役夫一万一千五百，以六十日毕工。"诏以十八年二月一日发六百里内军夫，并取职官人力之半，余听发民夫，以尚书工部郎中张大节、同知南京留守事高苏董役。先是，祥符县陈桥镇之东至陈留潘岗，黄河堤道四十余里以县官摄其事，南京有司言，乞专设埽官，十九年九月，乃设京埽巡河官一员。二十年，河决卫州及延津京东埽，弥漫至于归德府。检视官南京副留守石抹辉者言："河水因今秋霖潦暴涨，遂失故道，势益南行。"宰臣以闻。乃自卫州埽下接归德府南北两岸增筑堤以捍湍怒，计工一百七十九万六千余，日役夫二万四千余，期以七十日毕工。遂于归德府创设巡河官一员，埽兵二百人，且诏频役夫之地与免今年税赋。二十一年十月，以河移故道，命筑堤以备。

二十六年八月，河决卫州堤，坏其城。上命户部侍郎王寂、都水少监王汝嘉驰传措画备御。而寂视被灾之民不为拯救，乃专集众以网鱼取官物为事，民甚怨嫉。上闻而恶之。既而，河势泛滥及大名。上于是遣户部尚书刘玮往行工部事，从宜规画，黜寂为蔡州防御使。冬十月，上谓宰臣曰："朕闻亡宋河防一步置一人，可添设河防军数。"它日，又曰："比闻河水泛溢，民罹其害者，赀产皆空。今复遣官于被灾路分推排，何耶？"右丞张汝霖曰："今推排者皆非被灾之处。"上曰："虽然，必其邻道也。既邻水而居，岂无惊扰迁避者乎？计其赀产，岂有余哉！尚何推排为。"十一月，又谓宰臣曰："河未决卫州时尝有言者，既决之后，有司何故不令朕知。"命询其故。

二十七年春正月，尚书省言："郑州河阴县圣后庙，前代河水为患，屡祷有应，尝加封号庙额。今因祷祈，河遂安流，乞加褒赠。"上从其请，特加号曰昭应顺济圣后，庙曰灵德善利之庙。二月，以卫州新乡县令张虡、丞唐括唐古出、主簿温敦偎喝，以河水入城闭塞救护有功，皆迁赏有差。御史台言："自来沿河京、府、州、县官坐视管内河防缺壤，特不介意。若令沿河京、府、州、县长贰官皆于名衔管勾河防事，如任内规措有方能御大患，或守护不谨以致疏虞，临时闻奏，以议赏罚。"上从之，仍命每岁将泛之时，令工部官一员沿河检视。于是以南京府及所属延津、封丘、祥符、开封、陈留、胙城、杞县、长垣、归德府及所属宋城、宁陵、虞城，河南府及孟津，河中府及河东，怀州河内、武陟，同州朝邑，卫州汲、新乡、获嘉，徐州彭城、萧、丰，孟州河阳、温，郑州河阴、荥泽、原武、汜水，浚州卫，陕州阌乡、湖城、灵宝，曹州济阴，滑州白马，睢州襄邑，滕州沛，单州单父，解州平陆，开州濮阳，济州嘉祥、金乡、郓城，四府、十六州之长贰皆提举河防事，四十四县之令佐皆管勾河防事。初，卫州为河水所坏，乃命增筑苏门，迁其州治。至二十八年，水息，居民稍还，皆不乐迁。于是遣大理少卿康元弼按视之。元弼还奏："旧州民复业者甚众，且南使驿道馆舍所在，向以不为水备，以故被害。若但修其堤之薄缺者，可以无虞，比之迁治，所省数倍，不若从其民情，修治旧城为便。"乃不迁州，仍敕自今河防官司怠慢失备者，皆重抵以罪。

二十九年五月，河溢于曹州小堤之北。六月，上谕旨有司曰："比闻五月二十八日河溢，而所报文字如此稽滞。水事最急，功不可缓，稍缓时顷，则难固护矣。"十二月，工部言："营筑河堤，用工六百八万余，就用埽兵军夫外，有四百三十余万工当用民夫。"遂诏命去役所五百里州、府差顾，于不差夫之地均征顾钱，验物力科之。每工钱百五十文外，日支官钱五十文，米升半。仍命彰化军节度使内族裔、都水少监大龄寿提控五百人往来弹压。先是，河南路提刑司言："沿河居民多困乏逃移，盖以河防差役烦重故也。窃惟御水患者，不过堤埽，若土功从实计料，薪藁桩杙以时征敛，亦复何难。今春筑堤，都水监初料取土甚近，及其兴工乃远数倍，人夫惧不及程，贵价买土，一队之间多至千贯。又许州初科薪藁十八万余束，既而又配四万四千，是皆常岁必用之物，农隙均科则易输纳。自今堤埽兴工，乞令本监以实计度，量一岁所用物料，验数折税，或令和买，于冬月分为三限输纳为便。"诏尚书省详议以闻。

明昌元年春正月，尚书省奏："臣等以为，自今凡兴工役，先量负土远近，增筑高卑，定功立限，榜谕使人先知，无令增加力役。并河防所用物色，委都水监每岁于八月以前，先拘籍旧贮物外实阙之数，及次年春工多寡，移报转运司计置，于冬三月分限输纳。如水势不常，夏秋暴涨危急，则用相邻埽分防备之物，不足，则复于所近州县和买。然复虑人户道涂泥淖，艰于运纳，止依税内科折他物，更为增价，当官支付，违者并论如律，仍令所属提刑司正官一员驰驿监视体究，如此则役作有程，而河不失备。"制可之。四年十一月，尚书省奏："河平军节度使王汝嘉等言：'大河南岸旧有分流河口，如可疏导，足泄其势，及长堤以北恐亦有可以归纳排瀹之处，乞委官视之。济北埽以北宜创起月堤。'臣等以为宜从所言。其本监官皆以谙练河防故注以是职，当使从汝嘉等同往相视，庶免异议。如大河南北必不能开挑归纳，其月堤宜依所料兴修。"上从之。十二月，敕都水监官提控修筑黄河堤，及令大名府差正千户一员，部甲军二百人弹压勾当。

五年春正月，尚书省奏："都水监丞田栎同本监官讲议黄河利害，尝以状上言，前代每遇古堤南决，多经南、北清河分流，南清河北下有枯河数道，河水流其中者长至七八分，北清河乃济水故道，可容三二分而已。令河水趋北，啮长堤而流者十余处，而堤外率多积水，恐难依元料增修长堤与创筑月堤也。可于北岸墙村决河入梁山泺故道，依旧作南、北两清河分流。然北清河旧堤岁久不完，当立年限增筑大堤，而梁山故道多有屯田军户，亦宜迁徙。今拟先于南岸王村、宜村两处决堤导水，使长堤可以固护，姑宜仍旧，如不能疏导，即依上开决，分为四道，俟见水势随宜料理。"尚书省以栎等所言与明昌二年刘玮等所案视利害不同，及令陈言人冯德舆与栎面对，亦有不合者，送工部议。复言："若遽于墙村疏决，缘濒北清河州县二十余处，两岸连亘千有余里，其堤防素不修备，恐所屯军户亦卒难徙。今岁先于南岸延津县堤决堤泄水，其北岸长堤自白马以下，定陶以上，并宜加功筑护，庶可以遏将来之患。若定陶以东三埽弃堤则不必修，止决旧压河口，引导积水东南行，流堤北张彪、白塔两河间，碍水军户可使迁徙，及梁山泺故道分屯者，亦当预为安置。"宰臣奏曰："若遽从栎等所拟，恐既更张，利害非细。比召河平军节度使王汝嘉同计议，先差干济官两员行户工部事覆视之，同则就令计实用工物、量州县远近以调丁夫，其督趣春工官即充今岁守涨，及与本监官同议经久之利。"诏以知大名府事内族裔、尚书户部郎中李敬义充行户工部事，以参知政事胥持国都提控。又奏差德州防御使李献可、尚书户部郎中焦旭于山东当水所经州县筑护城堤，及北清河两岸旧有堤处别率丁夫修筑，亦就令讲究河防之计。

他日，上以宋阎士良所述《黄河利害》一帙，付参知政事马琪曰："此书所言亦有可用者，今以赐卿。"二月，上谕平章政事守贞曰："王汝嘉、田栎专管河防，此国家之重事也。朕比问其曾于南岸行视否？乃称：'未也。'又问水决能行南岸乎？又云：'不可知。'且水趋北久矣，自去岁便当经画，今不称职如是耶！可谕旨令往尽心固护，无致失备，及讲究所以经久之计。稍涉违慢，当并治罪。"三月，行省并行户工部及都水监官各言河防利害事。都水监元拟于南岸王村、宜村两处开导河势，缘北来水势去宜村堤稍缓，唯王村岸向上数里卧卷，可以开决作一河，且无所犯之城市村落。又拟于北岸墙村疏决，依旧分作两清河入梁山故道，北清河两岸素有小堤不完，后当筑大堤。尚书省谓："以黄河之水势，若于墙村决注，则山东州县膏腴之地及诸盐场必被沦溺。设使修筑坏堤，而又吞纳不尽，功役至重，虚困山东之民，非徒无益，而又害之也。况长堤已加固护，复于南岸疏决水势，已寝决河入梁山泺之议，水所经城邑已劝率作护城堤矣，先所修清河旧堤宜遣罢之。监丞田栎言定陶以东三埽弃堤不当修，止言：'决旧压河口以导渐水入堤北张彪、白塔两河之间，凡当水冲屯田户须令迁徙。'臣等所见，止当堤前作木岸以备之，其间居人未当迁徙，至夏秋水势泛溢，权令避之，水落则当各复业，此亦户工部之所言也。"上曰："地之相去如此其远，彼中利害，安得悉知？惟委行省尽心措画可也。"四月，以田栎言河防事，上谕旨参知政事持国曰："此事不惟责卿，要卿等同心规画，不劳朕心尔。如栎所言，筑堤用二十万工，岁役五十日，五年可毕，此役之大，古所未有。况其成否未可知，就使可成，恐难行也。迁徙军户四千则不为难，然其水特决，尚不知所归，傥有溃走，若何枝梧。如令南岸两处疏决，使其水趋南，或可分杀其势。然水之形势，朕不亲见，难为条画，虽卿亦然。丞相、左丞皆不熟此，可集百官详议以行。"百官咸谓："栎所言弃长堤，无起新堤，放河入梁山故道，使南北两清河分流，为省费息民长久之计。臣等以为黄河水势非常，变易无定，非人力可以斟酌，可以指使也。况梁山泺淤填已高，而北清河窄狭不能吞伏，兼所经州县农民庐井非一，使大河北入清河，山东必被其害。栎又言乞许都水监符下州府运司，专其用度，委其任责，一切同于军期，仍委执政提控。缘今监官已经添设，又于外监署司多以沿河州府长官兼领之，及令佐管勾河防，其或怠慢已有同军期断罪的决之法，凡栎所言无可用。”遂寝其议。八月，以河决阳武故堤，灌封丘而东，尚书省奏：“都水监、行部官有失固护。”诏命同知都转运使高旭、武卫军副都指挥使女奚列奕（小字韩家奴）同往规措。尚书省奏：“都水监官前来有犯，已经戒谕，使之常切固护。今王汝嘉等殊不加意，既见水势趋南，不预经画，承留守司累报，辄为迁延，以至害民。即是故违制旨，私罪当的决。”诏汝嘉等各削官两阶，杖七十罢职。

上谓宰臣曰：“李愈论河决事，谓宜遣大臣往，以慰人心，其言良是。向虑河北决，措画堤防，犹尝置行省，况今方横溃为害，而止差小官，恐失众望，自国家观之，虽山东之地重于河南，然民皆赤子，何彼此之间。”乃命参知政事马琪往，仍许便宜从事。上曰：“李愈不得为无罪，虽都水监官非提刑司统摄，若与留守司以便宜率民固护，或申闻省部，亦何不可使朕闻之。徒能张皇水势而无经画，及其已决，乃与王汝嘉一往视之而还，亦未尝有所施行。问王村河口开导之月，则对以四月终，其实六月也，月日尚不知，提刑司官当如是乎？”寻命户部员外郎何格赈济被浸之民。时行省参知政事胥持国、马琪言：“已至光禄村周视堤口。以其河水浸漫，堤岸陷溃，至十余里外乃能取土。而堤面窄狭，仅可数步，人力不可施，虽穷力可以暂成，终当复毁。而中道淤淀，地有高低，流不得泄，且水退，新滩亦难开凿。其孟华等四埽与孟阳堤道，沿汴河东岸，但可施功者，即悉力修护，将于农隙兴役，及冻毕工，则京城不至为害。”参知政事马琪言：“都水外监员数冗多，每事相倚，或复邀功，议论纷纭不一，隳废官事。拟罢都水监掾，设勾当官二员。又自昔选用都、散巡河官，止由监官辟举，皆诸司人，或有老疾，避仓库之繁，行贿请托，以致多不称职。拟升都巡河作从七品，于应入县令兼举人内选注外，散巡河依旧，亦于诸司及丞簿廉举人内选注，并取年六十以下有精力能干者。到任一年，委提刑司体察，若不称职，即日罢之。如守御有方，致河水安流，任满，从本监及提刑司保申，量与升除。凡河桥司使副亦拟同此选注。”继而胥持国亦以为言，乃从其请。闰十月，平章政事守贞曰：“马琪措画河防事，未见功役之数，加之积岁兴功，民力将困，今持国复病，请别遣有材干者往议之。”上曰：“堤防救护若能成功，则财力固不敢惜。第恐财殚力屈，成而复毁，如重困何？”宰臣对曰：“如尽力固护，纵为害亦轻，若恬然不顾，则为害滋甚。”上曰：“无乃因是致盗贼乎？”守贞曰：”宋以河决兴役，亦尝致盗贼，然多生于凶歉。今时平岁丰，少有差役，未必至此。且河防之役，理所当然，今之当役者犹为可耳。至于科征薪刍，不问有无，督输迫切则破产业以易之，恐民益困耳。”上曰：“役夫须近地差取，若远调之，民益艰苦，但使津济可也。然当俟马琪至而后议之。”庚辰，琪自行省还，入见，言：“孟阳河堤及汴堤已填筑补修，水不能犯汴城。自今河势趋北，来岁春首拟于中道疏决，以解南北两岸之危。凡计工八百七十余万，可于正月终兴工。臣乞前期再往河上监视。”上以所言付尚书省，而治检覆河堤并守涨官等罪有差。他日，尚书省奏事，上语及河防事，马琪奏言：“臣非敢不尽心，然恐智力有所不及。若别差官相度，傥有奇画，亦未可知。如适与臣策同，方来兴功，亦庶几稍宽朝廷忧顾。”上然之，命翰林待制奥屯忠孝权尚书户部侍郎、太府少监温昉权尚书工部侍郎，行户、工部事，修治河防，且谕之曰：“汝二人皆朕所素识，以故委任，冀副朕意。如有错失，亦不汝容。”

承安元年七月，敕自今沿河傍侧州、府、县官虽部除者皆勿令员阙。泰和二年九月，敕御史台官：“河防利害初不与卿等事，然台官无所不问，应体究者亦体究之。”五年二月，以崔守真言：“黄河危急，刍藁物料虽云折税，每年不下五六次，或名为和买，而未尝还其直。”敕委右三部司正郭澥、御史中丞孟铸讲究以闻。澥等言：“大名府、郑州等处自承安二年以来，所科刍藁未给价者，计钱二十一万九千余贯。”遂命以各处见钱差能干官同各州县清强官一一酬之，续令按察司体究。

宣宗贞祐三年十一月壬申，上遣参知政事侯挚祭河神于宜村。三年四月，单州刺史颜盏天泽言：“守御之道，当决大河使北流德、博、观、沧之境。今其故堤宛然犹在，工役不劳，水就下必无漂没之患。而难者若不以犯沧盐场损国利为说，必以浸没河北良田为解。臣尝闻河侧故老言，水势散漫，则浅不可以马涉，深不可以舟济，此守御之大计也。若日浸民田，则河徙之后，淤为沃壤，正宜耕垦，收倍于常，利孰大焉。若失此计，则河南一路兵食不足，而河北、山东之民皆瓦解矣！”诏命议之。四年三月，延州刺史温撒可喜言：“近世河离故道，自卫东南而流，由徐、邳入海，以此，河南之地为狭。臣窃见新乡县西河水可决使东北，其南有旧堤，水不能溢，行五十余里与清河合，则由浚州、大名、观州、清州、柳口入海，此河之故道也，皆有旧堤，补其缺罅足矣！如此则山东、大名等路，皆在河南，而河北诸郡亦得其半，退足以为御备之计，进足以壮恢复之基。”又言：“南岸居民，既已籍其河夫修筑河堰，营作戍屋，又使转输刍粮，赋役繁殷，倍于他所，夏秋租税，犹所未论，乞减其稍缓者，以宽民力。”事下尚书省，宰臣谓：“河流东南旧矣。一旦决之，恐故道不容，衍溢而出，分为数河，不复可收。水分则浅狭易渡，天寒辄冻，御备愈难，此甚不可！”诏但令量宜减南岸郡县居民之赋役。五年夏四月，敕枢密院，沿河要害之地，可垒石岸，仍置撒星桩、陷马堑以备敌。

漕渠

金都于燕，东去潞水五十里，故为闸以节高良河、白莲潭诸水，以通山东、河北之粟。凡诸路濒河之城，则置仓以贮傍郡之税，若恩州之临清、历亭，景州之将陵、东光，清州之兴济、会川，献州及深州之武强，是六州诸县皆置仓之地也。其通漕之水，旧黄河行滑州、大名、恩州、景州、沧州、会州之境，漳水东北为御河，则通苏门、获嘉、新乡、卫州、浚州、黎阳、卫县、彰德、磁州、洺州之馈，衡水则经深州会于滹沱，以来献州、清州之饷，皆合于信安海壖。溯流而至通州，由通州入闸，十余日而后至于京师。其它若霸州之巨马河，雄州之沙河，山东之北清河，皆其灌输之路也。然自通州而上，地峻而水不留，其势易浅，舟胶不行，故常从事陆挽，人颇艰之。世宗之世，言者请开卢沟金口以通漕运，役众数年，竟无成功，事见《卢沟河》。其后亦以闸河或通或塞，而但以车挽矣。其制，春运以冰消行，暑雨毕。秋运以八月行，冰凝毕。其纲将发也，乃合众，以所载之粟苴而封之，先以付所卸之地，视与所封样同则受。凡纲船以前期三日修治，日装一纲，装毕以三日启行。计道里分溯流、沿流为限，至所受之仓，以三日卸，又三日给收付。凡挽漕脚直，水运盐每石百里四十八文，米五十文一分二厘七毫，粟四十文一分三毫，钱则每贯一文七分二厘八毫。陆运佣直，米每石百里百一十二文一分五毫，粟五十七文六分八厘四毫，钱每贯三文九厘六毫。余物每百斤行百里，平路则春冬百三十一文五分，夏秋百五十七文八分，山路则春冬百四十九文，夏秋二百一文。凡使司院务纳课佣直，春冬九十文三分，夏秋百一十四文。诸民户射赁官船漕运者，其脚直以十分为率，初年克二分，二年克一分八厘，三年克一分七厘，四年克一分五厘，五年以上克一分。

初，世宗大定四年八月，以山东大熟，诏移其粟以实京师。十月，上出近郊，见运河湮塞，召问其故。主者云户部不为经画所致。上召户部侍郎曹望之，责曰："有河不加浚，使百姓陆运劳甚，罪在汝等。朕不欲即加罪，宜悉力使漕渠通也。"五年正月，尚书省奏，可调夫数万，上曰："方春不可劳民，令宫籍监户、东宫亲王人从、及五百内里军夫浚治。"二十一年，以八月京城储积不广，诏沿河恩献等六州粟百万余石运至通州，辇入京师。明昌三年四月，尚书省奏："辽东、北京路米粟素饶，宜航海以达山东。昨以按视东京近海之地，自大务清口并咸平铜善馆皆可置仓贮粟以通漕运，若山东、河北荒歉，即可运以相济。"制可。承安五年，边河仓州县，可令折纳菽二十万石，漕以入京，验品级养马于俸内带支，仍漕麦十万石，各支本色。乃命都水监丞田栎相视运粮河道。

泰和元年，尚书省以景州漕运司所管六河仓，岁税不下六万余石，其科州县近者不下二百里，官吏取贿延阻，人不胜苦，虽近官监之亦然。遂命监察御史一员往来纠察之。五年，上至霸州，以故漕河浅涩，敕尚书省发山东、河北、河东、中都、北京军夫六千，改凿之。犯屯田户地者，官对给之。民田则多酬其价。六年，尚书省以凡漕河所经之地，州县官以为无与于己，多致浅滞，使纲户以盘浅剥载为名，奸弊百出。于是遂定制，凡漕河所经之地，州府官衔内皆带"提控漕河事"，县官则带"管勾漕河事"，俾催检纲运，营护堤岸。为府三：大兴、大名、彰德。州十二：恩、景、沧、清、献、深、卫、浚、滑、磁、洺、通。县三十三：大名、元城、馆陶、夏津、武城、历亭、临清、吴桥、将陵、东光、南皮、清池、靖海、兴济、会川、交河、乐寿、武强、安阳、汤阴、临漳、成安、滏阳、内黄、黎阳、卫、苏门、获嘉、新乡、汲、潞、武清、香河、漷阴。十二月，通济河创设巡河官一员，与天津河同为一司，通管漕河闸岸，止名天津河巡河官，隶都水监。八年六月，通州刺史张行信言："船自通州入闸，凡十余日方至京师，而官支五日转脚之费。"遂增给之。

贞祐三年，既迁于汴，以陈、颍二州濒水，欲借民船以漕，不便。遂依观州漕运司设提举官，募船户而籍之，命户部勾当官往来巡督。四年，从右丞侯挚言，开沁水以便馈运。上又念京师转输之劳，命出尚厩牛及官车，以助其力。兴定四年十月，谕皇太子曰："中京运粮护送官，当择其人，万有一失，枢密官亦有罪矣！其船当用毛花辇所造两首尾者，仍张帜如渡军之状，勿令敌知为粮也。"陕西行省把胡鲁言："陕西岁运粮以助关东，民力浸困，若以舟自渭入河，顺流而下，可以纾民力。"遂命严其侦候，如有警，则皆维于南岸。时朝廷以邳、徐、宿、泗军储，京东县挽运者岁十余万石，民甚苦之。元光元年，遂于归德府置通济仓，设都监一员，以受东郡之粟。定国军节度使李复亨言："河南驻跸，兵不可阙，粮不厌多，比年，少有匮乏即仰给陕西，陕西地腴岁丰，十万石之助不难。但以车运之费先去其半，民何以堪？宜造大船二十，由大庆关渡入河，东抵湖城，往还不过数日，篙工不过百人，使舟皆容三百五十斛，则是百人以数日运七千斛矣！自夏抵秋可漕三千余万斛，且无稽滞之患。"上从之。时又于灵璧县潼郡镇设仓都监及监支纳，以方开长直沟，将由万安湖舟运入汴至泗，以贮粟也。

卢沟河

大定十年，议决卢沟以通京师漕运，上忻然曰："如此，则诸路之物可径达京师，利孰大焉！"命计之，当役千里内民夫，上命免被灾之地，以百官从人助役。已而，敕宰臣曰："山东岁饥。工役兴则妨农作，能无怨乎？开河本欲利民，而反取怨，不可！其姑罢之。"十一年十二月，省臣奏复开之，自金口疏导至京城北入壕，而东至通州之北，入潞水，计工可八十日。十二年三月，上令人覆按，还奏："止可五十日。"上召宰臣责曰："所余三十日徒妨农费工，卿等何为虑不及此。"及渠成，以地势高峻，水性浑浊。峻则奔流漩洄，啮岸善崩，浊则泥淖淤塞，积滓成浅，不能胜舟。其后，上谓宰臣曰："分卢沟为漕渠，竟未见功，若果能行，南路诸货皆至京师，而价贱矣。"平章政事驸马元忠曰："请求识河道者，按视其地。"竟不能行而罢。二十五年五月，卢沟决于上阳村。先是，决显通寨，诏发中都三百里内民夫塞之，至是复决，朝廷恐枉费工物，遂令且勿治。二十七年三月，宰臣以"孟家山金口闸下视都城，高一百四十余尺，止以射粮军守之，恐不足恃。傥遇暴涨，人或为奸，其害非细。若固塞之，则所灌稻田俱为陆地，种植禾麦亦非旷土。不然则更立重闸，仍于岸上置埽官廨署，及埽兵之室，庶几可以无虞也"。上是其言，遣使塞之。夏四月丙子，诏封卢沟水神为安平侯。二十八年五月，诏卢沟河使旅往来之津要，令建石桥。未行而世宗崩。章宗大定二十九年六月，复以涉者病河流湍急，诏命造舟，既而更命建石桥。明昌三年三月成，敕命名曰广利。有司谓车驾之所经行，使客商旅之要路，请官建东西廊，令人居之。上曰："何必然，民间自应为耳。"左丞守贞言："但恐为豪右所占，况罔利之人多止东岸，若官筑则东西两岸俱称，亦便于观望也。"遂从之。六月，卢沟堤决，诏速遏塞之，无令泛溢为害。右拾遗路铎上疏言："当从水势分流以行，不必补修玄同口以下、丁村以上旧堤。"上命宰臣议之，遂命工部尚书胥持国及路铎同检视其堤道。

滹沱河

大定八年六月，滹沱犯真定，命发河北西路及河间、太原、冀州民夫二万八千，缮完其堤岸。十年二月，滹沱河创设巡河官二员。十七年，滹沱决白马岗，有司以闻，诏遣使固塞，发真定五百里内民夫，以十八年二月一日兴役，命同知真定尹鹘沙虎、同知河北西路转运使徐伟监护。

漳河

大定二十年春正月，诏有司修护漳河闸，所须工物一切并从官给，毋令扰民。明昌二年六月，漳河及卢沟堤皆决，诏命速塞之。四年春正月癸未，有司言修漳河堤埽计三十八万余工，诏依卢沟河例，招被水阙食人充夫，官支钱米，不足则调碍水人户，依上支给。

卷二十八　　志第九

礼　一

郊

金人之入汴也，时宋承平日久，典章礼乐粲然备具。金人既悉收其图籍，载其车辂、法物、仪仗而北，时方事军旅，未遑讲也。既而，即会宁建宗社，庶事草创。皇统间，熙宗巡幸析津，始乘金辂，导仪卫，陈鼓吹，其观听赫然一新，而宗社朝会之礼亦次第举行矣。继以海陵狼顾，志欲并吞江南，乃命官修汴故宫，缮宗庙社稷，悉载宋故礼器以还。外行黩武，内而纵欲，其猷既失，奚敢议礼乐哉！世宗既兴，复收向所迁宋故礼器以旋，乃命官参校唐、宋故典沿革，开"详定所"以议礼，设"详校所"以审乐，统以宰相通学术者，于一事之宜适、一物之节文，既上闻而始汇次，至明昌初书成，凡四百余卷，名曰《金纂修杂录》。凡事物名数，支分派引，珠贯棋布，井然有序，炳然如丹。又图吉、凶二仪：卤簿十三节以备大葬，小卤簿九节以备郊庙。而命尚书左右司、春官、兵曹、太常寺各掌一本，其意至深远也。是时，宇内阜安，民物小康，而维持几百年者实此乎基。呜呼，礼之为国也信矣夫！而况《关睢》、《麟趾》之化，其流风遗思被于后世者，为何如也。宣宗南播，疆宇日蹙，旭日方升而爝火之燃，蔡流弗东而余烬灭矣！图籍散逸既莫可寻，而其宰相韩企先等之所论列，礼官张暐与其子行简所私著《自公纪》，亦亡其传。故书之存，仅《集礼》若干卷，其藏史馆者又残缺弗完，姑掇其郊社宗庙诸神祀、朝觐会同等仪而为书，若夫凶礼则略焉。盖自熙宗、海陵、卫绍王之继弑，虽曰"卤簿十三节以备大葬"，其行乎否耶？盖莫得而考也，故宣孝之丧礼存，亦不复纪。噫！告朔饩羊虽孔子所不去，而史之缺文则亦慎之。作《礼志》。

南北郊

金之郊祀，本于其俗有拜天之礼。其后，太宗即位，乃告祀天地，盖设位而祭也。天德以后，始有南北郊之制，大定，明昌其礼寖备。

南郊坛，在丰宜门外，当阙之巳地。圆坛三成，成十二陛，各按辰位。壝墙三匝，四面各三门。斋宫东北，厨库在南。坛、壝皆以赤土圬之。北郊方丘，在通玄门外，当阙之亥地。方坛三成，成为子午卯酉四正陛。方壝三周，四面亦三门。朝日坛曰大明，在施仁门外之东南，当阙之卯地，门壝之制皆同方丘。夕月坛曰夜明，在彰义门外之西北，当阙之酉地，掘地污之，为坛其中。常以冬至日合祀昊天上帝、皇地祇于圜丘，夏至日祭皇地祇于方丘，春分朝日于东郊，秋分夕月于西郊。

大定十一年始郊，命宰臣议配享之礼。左丞石琚奏曰："按《礼记》：'万物本乎天，人本乎祖，此所以祖配上帝也。'盖配之者，侑神作主也。自外至者无主不止，故推祖考配天，尊之也。两汉、魏、晋以来，皆配以一祖。至唐高宗，始以高祖、太宗崇配。垂拱初，又加以高宗，遂有三祖同配之礼。至宋，亦尝以三帝配，后礼院上议，以为对越天地，神无二主，由是止以太祖配。臣谓冬至亲郊宜从古礼。"上曰："唐、宋以私亲，不合古，不足为法。今止当以太祖配。"又谓宰臣曰："本国拜天之礼甚重。今汝等言依古制筑坛，亦宜。我国家绌辽、宋主、据天下之正，郊祀之礼岂可不行？"乃以八月诏曰："国莫大于祀，祀莫大于天，振古所行，旧章咸在。仰惟太祖之基命，诏我本朝之燕谋，奄有万邦，于今五纪。因时制作，虽增饰于国容，推本奉承，犹未遑于郊见。况天休滋至而年谷屡丰，敢不敷绎旷文、明昭大报。取阳升之至日，将亲享于圆坛，嘉与臣工，共图熙事。以今年十一月十七日有事于南郊，咨尔有司，各扬乃职，相予肆祀，罔或不钦。"乃于前一日，遍见祖宗，告以郊祀之事。其日，备法驾卤簿，躬诣郊坛行礼。

仪注

斋戒：用唐制。大祀，散斋四日，致斋三日。中祀，散斋二日，致斋一日。

天子亲祀，皆前期七日，摄太尉誓亚终献官、亲王、陪祀皇族于宫省。皇族十五以上，官虽不至七品者亦助祭受誓。又誓百官于尚书省。摄太尉南向。司徒北向，监祭御史在西，监礼博士居东，皆相向。太常卿、光禄卿在司徒后，重行北向。司天监、光禄丞、太庙令丞、大乐令丞、太官令丞、良酝令、廪牺令、郊社丞、司尊、太祝、奉礼郎、协律郎、诸执事官皆重行西上北向。礼直官以誓文授摄太尉，乃誓曰："维某年岁次某甲，某月，某日，某甲，皇帝有事于南郊，各扬其职。其或不恭，国有常刑。"礼直官赞曰："七品以下官皆退。"余皆再拜，退。誓于宫省之仪皆同。于是，皇帝散斋于别殿。前致斋一日，尚舍设御坐于大安殿，当中南向。设东西房于御坐之侧，设御幄于室内，施帘于楹下。享前三日，陈设小次。享前一日，设拜褥，及皇帝版位、皇帝饮福位，及黄道毡褥，自玉辂下至升舆所。及致斋之日，通事舍人引文武五品以上官，陪位如式。诸侍卫之官，各服其器服，并结佩，俱诣阁奉迎。上水二刻，侍中版奏“外办”。皇帝服衮冕，结佩，乘舆出，警跸、侍卫如常仪。皇帝即御座，东向坐。通事舍人承传，殿上下俱拜，讫，西面，赞“各祗候”。一刻顷，侍中跪奏：“臣某言，请降就斋。”俛伏，兴，还侍位。皇帝降座，入室，群官皆退。诸执事官皆宿于正寝，治事如故，不吊丧问疾，不判署刑杀文字，不决罚罪人，不与秽恶事。致斋日，惟祀事则行，余悉禁。已斋而阙者，通摄行事。

陈设：前祀五日，仪鸾、尚舍陈设斋宫。有司设扈从侍卫次于宫东西。又设陪祀亲王次宫东稍南，西向北上，宗室子孙位于其后。又设司徒亚终献行事执事官次于坛南外壝门之西，东向北上，重行异位。又设天名房，在坛南外壝门之东，西向。大礼使次于其后，皆西向。又设席大屋于坛外西北，驻车辂以备风雪。

祀前三日，尚舍设大次于东壝外门内道北，南向。又设小次于坛下卯陛之北，南向。有司设馔幔于东壝中门之北，南向。设兵卫，各服其器服，守卫壝门，每门二人。郊社令帅其属，扫除坛之上下及壝之内外。乃为燎位，在南中壝东门之东，坛之巳位。又为瘗坎，在中壝内戌位。祀前二日，太乐令帅其属，设登歌之乐于坛上稍南，北向。玉磬在午陛之西，金钟在午陛之东，柷一在钟前稍北，敔一在磬前稍北，东西相向，歌工次之，余工各位于县后。琴瑟在前，匏竹在后，于坛下第一等上，皆重行异位，北向。又设宫县乐南壝外门之外，八佾二舞表于乐前。又设《采茨》乐于应天门前。祀前一日，奉礼郎升设皇帝版位于坛上辰巳之间，北向。又设皇帝饮福位于其左稍却，北向。又帅礼直官设亚终献位于卯陛之东北，西向北上。司徒位于卯陛之东，道南西向。礼部尚书、太常卿、光禄卿、礼部侍郎位各次之，太常丞、光禄丞又次之。又设大礼使位于小次之左少却，西向。又设分献官、司天监、读册中书侍郎位于中壝门道北，西向。郊社令、廪牺令、太官令、良酝令位于其后。又设郊社丞、太祝、奉礼郎以下诸执事官位于其后，皆西向，重行异位。又设从祀文武群官一品至五品位于中壝门内道南，西向，皆重行立。又设助奠祝史斋郎位于东壝门外道北，西向。又设陪祀皇族于道南，西向。六品至九品从祀群官，又于其南，皆西向，重行异位，各依其品。又设监祭御史二员，一员在午陛之西南，一员在子陛之西北，皆东向。又设监礼博士二员，一员在午陛之东南，一员在子陛之东北，皆西向。又设太乐令位于乐簴之间稍东，西向。协律郎位于乐簴之西，东向。又设奉礼郎位于坛南稍东，西向。赞者次之。司尊位于酌尊所，俱北向。又设牲榜于外壝东门之外，西向。馔榜于其北稍西，南向。牲榜之东，牲位。太史、太祝各位于牲后，俱西向。又设礼部尚书、太常卿、光禄卿位于牲榜南稍北，西向。太常丞、光禄丞、太官令位于其后。监祭御史、监礼博士于礼部尚书位之西稍却，北向。廪牺令位在牲位西南，北向。又陈礼馔于榜之前案上。

未后三刻，陈馔之时，又设礼部尚书、太常卿、光禄卿位于案前稍东，北上，西向。太常丞、光禄丞、太官令位于其后，西向。又设监祭御史、监礼博士位于案前稍西，北上，东向。又设异宝嘉瑞位于宫县西北，太府少监位于宝后。诸州岁贡位于宫县东北，户部郎中位于其后。天子八宝位于宫县西南，符宝郎八员各于宝后。伐国毁宝位于宫县东南，少府少监位于其后。又设大乐令位于宫县之北稍东，协律郎二在大乐令南，东西相向。司天监，未后二刻，同郊社令升设昊天上帝、皇地祇神座于坛上北方南向，地祇位在东稍却，席皆以藁秸。太祖配位座于东方西向，席以蒲越。五方帝、日、月、神州地祇、天皇大帝、北极神座于坛上第一等，席皆藁秸，内官五十四座、五神、五官、岳镇海渎二十九座于坛上第二等，中官一百五十有八座、昆仑、山林川泽二十一座于坛上第三等，外官一百六座、丘陵坟衍原隰三十座于内壝之内，众星三百六十座在内壝之外，席皆以莞。神座版各设于座首。又设礼神玉。俟告洁毕，权彻去坛上及第一等神位，祀日丑前五刻重设。

奉礼郎同司尊及执事者设天、地、配位各左十有一笾，右十有一豆，俱为三行。登三在笾豆间。簠一簋一于登前，簠在左，簋在右。各于神座前藉以席。又设天、地位太尊各二、著尊各二、牺尊各二，山罍各二，坛上东南隅配位著尊二、牺尊二、象奠二，在天、地位酒尊之东，俱北向西上，皆有坫，加勺、幂，为酌尊所。又天、地位象尊各二、壶尊各二、山罍各四，在坛下午陛之南，北向西上。配位壶尊二、山罍四在酉陛之北，东向北上，皆有坫，设而不酌，亦左以明水，右以玄酒。

又设五方帝、日、月、神州地祇、天皇大帝、北极，第一等皆左八笾、右八豆，登在笾豆间，簠一簋一在登前，爵坫一在神座前。第二等内官五十四座，五神、五官、岳镇海渎二十九座，每座边二、豆二、簠一、簋二、俎一、爵坫一。第三等中官一百五十八座，昆仑、山林川泽二十一座，及内壝内外官一百六座，丘陵坟衍原隰三十座，内壝外众星三百六十座，每位笾二、豆二、簠一、簋一、俎一、爵一。又设第一等每位太尊二、著尊二、皆有坫加勺。第二等每陛山尊二，第三等每位蜃尊二，内壝内外每辰概尊二，皆加勺。自第二等已下皆用匏爵，先洗拭讫，置于尊所，其尊所皆在神位之左。凡祭器皆藉以席，笾豆各加巾盖。又设天、地及配位笾一、豆一、簠一、簋一、俎四、及毛血豆各一，并第一等神位每位俎二，于馔幔内。又设皇帝洗二于卯陛下，道北，南向。盥洗在东，爵洗在西。匜在东，巾在西。篚南肆，实玉爵坫。又设亚终献洗位在小次之东，南向。盥洗在东，爵洗在西，加勺。篚在西，南肆，加巾。又设第一等分献官盥洗爵洗位，及第二等分献官盥洗位，各于其辰陛道之左，罍在洗左，篚在洗右，俱内向，执罍篚者位于其后。

太府监、少府监祀前一日未后二刻，帅其属升坛陈玉币。昊天上帝以苍璧、苍币，皇地祇以黄琮、黄币，配位以苍币，黄帝以黄琮，青帝以青珪，赤帝以赤璋，大明以青珪璧，白帝以白琥，黑帝以玄璜，北极以青珪璧，天皇大帝以玄珪璧，神州地祇以玄色两珪有邸，皆置于匣。五帝之币各从其方色。凡币皆陈于篚。设讫，俟告洁讫权彻去，祀日重设。祀日丑前五刻，礼部设祝册神座之右，皆藉以案。太常卿明灯燎。户部郎中设诸州岁贡于宫县东北，金为前列，玉帛次之，余为从列，皆藉以席，立于岁贡之后，北向。太府监、少府监设异宝嘉瑞于宫县西，北上，瑞居前，中下次之，皆藉以席，立于宝后，北向。少府少监设伐国毁宝于宫县东南，皆藉以席，立于宝后，北向。符宝郎设八宝于宫县西南，各分立于宝南，皆北向。司天监、太府监、少府监、郊社令、奉礼郎升设昊天上帝、皇地祇、配位、及坛上第一等神座，又设玉币，各于其位。太祝取瘗玉加于币，以礼神之玉各置于神座前，乃退。光禄卿帅其属入实祭器。昊天上帝、皇地祇、配位每位笾三行，以右为上，形盐在前，鱼鳙糗饵次之，第二行榛实在前，乾桃乾薐乾枣次之，第三行乾菱在前，乾芡乾栗鹿脯次之。豆三行，以左为上，芹菹在前，笋菹葵菹次之，第二行韭菹在前，菁菹鱼醢兔醢次之，第三行豚胉在前，醓醢酏食鹿臡次之。簠黍，簋稷，㲃皆大羹。第一等坛上一十位，每位皆实笾三行，以右为上，形盐在前，鱼鳙次之，第二行乾薐在前，桃枣次之，第三行乾芡在前，榛实鹿脯次之。豆三行以左为上，芹菹在前，笋菹次之，第二行菁菹在前，韭菹鱼醢次之，第三行豚胉在前，醓醢鹿臡次之。簠黍，簋稷，㲃大羹，第二、第三等每位笾二，鹿脯、乾枣。豆二，鹿臡、菁菹。俎，羊一段。内壝内、内壝外每位笾鹿脯，豆鹿臡，俎羊一段。良酝令帅其属入实尊罍，昊天上帝、皇地祇大尊为上，实以泛齐；著尊次之，实以醴齐；牺尊次之，实以盎齐；象尊次之，实以醍齐，壶尊次之；实以沈齐，山罍为下，实以三酒。配位著尊为上，实以泛齐；牺尊次之，实以醴齐；象尊次之，实以盎齐；壶尊次之，实以醍齐；山罍为下，实以三酒。第一等每位大尊实以泛齐，著尊实以醴齐。第二等山尊实以醍齐。第三等及内壝内，蜃尊实以泛齐。内壝外及众星，概尊实以三酒。

省牲器：祀前一日午后八刻，去坛二百步禁止行人。未后二刻，郊社令丞帅其属扫除坛之上下，司尊、奉礼郎帅执事者以祭器入，设于位。司天监设神位，太府监、少府监陈玉币于篚。未后三刻，礼直官引廪牺令与诸太祝、祝史以牲就位。又礼直官赞者分引礼部尚书、太常卿、光禄卿、礼部侍郎、太常丞、监祭御史、监礼博士、廪牺令，太官令、太官丞诣内壝东门外省牲位。立定，乃引礼部尚书、侍郎、太常丞、及监祭御史、监礼博士升自卯阶，视濯涤，执事者皆举幂告洁，俱毕，降复位。礼直官稍前曰："告洁毕，请省牲。"礼部尚书侍郎及太常卿丞稍前，省牲讫，退，复位。次引光禄卿丞巡牲一匝，光禄卿退，光禄丞西向折身曰："备讫。"乃复位。次引廪牺令巡牲一匝，西向躬身曰："充。"又引诸祝史巡牲一匝，首一员西向躬身曰："腯。"毕，俱复位。礼直官稍前曰："请省馔。"乃引礼部尚书以下各就位，立定，省馔，讫，礼直官引礼部尚书侍郎、太常卿丞各还斋所，余官廪牺令与诸太祝祝史以次牵牲诣厨，授太官令丞。次引光禄卿丞、监祭、监礼诣厨，省鼎镬，视涤溉毕，乃还斋所。晡后一刻，太官令帅宰人以鸾刀割牲，祝史各取毛血实以豆，置于馔幔，遂烹牲，祝史乃取瘗血贮于盘。

奠玉币：祀日丑前五刻，亚终献司徒已下，应行事陪从群官，各服其服就次。司天监复设坛上及第一等神位。太府监、少府监陈玉币。太常卿、郊社令丞明烛燎。光禄卿丞实笾豆簠簋尊罍，俟监祭、监礼案视讫，彻去巾盖。大乐令帅工人布于宫县之内、文舞八佾立于县前表后，武舞八佾各为四佾立于宫县左右，引舞执纛等在前，又引登歌乐工由卯陛而升，各就其位。歌、击、弹者坐，吹者立。奉礼郎赞者先入就位，余礼直官、赞者分引分献官，监祭御史、监礼博士、诸执事及太祝、祝史、斋郎、助奠、执尊罍、举幂等官，入自中壝东门，当坛南重行西上、北向立定。奉礼郎赞："拜。"分献官以下皆再拜，讫，奉礼赞曰："各就位。"赞者、礼直官分引监祭御史、监礼博士，按视坛之上下，纠察不如仪者，退复位。礼直官引司徒入就位，西向立。礼直官引博士，博士引亚献，自东壝偏门人就位，西向立。又礼直官引终献，次于其位。

祀日未明一刻，通事舍人引侍中诣斋殿，跪奏："请中严。"俯伏，兴。又少顷，乃跪奏："外办。"俟尚辇进舆，乃跪奏称："具官臣某，请皇帝降座升舆"。皇帝至大次，乃跪奏称："具官臣某，请皇帝降舆。"皇帝入次，即位于大次外。质明，诣次前跪奏："请中严。"少顷，又奏："外办。"讫，太常卿乃当次前跪称："具官臣某，请皇帝行事。"俯伏，兴。凡跪奏，准此。皇帝出次，乃前导至中壝门，殿中监进大圭，太常卿奏："请执大圭。"入自正门，皇帝入小次位，西向立，太常卿乃与博士分左右立定，乃奏："有司谨具，请行事。"降神，六成，乐止。太常卿别一员，乃升烟瘗血，讫，乃奏："拜。"讫，俟侍中升坛，请诣盥洗位。至位，奏："请搢大圭、盥手。"讫，奏："请帨手。"皇帝帨手，讫，奏："请执大圭。"乃引至坛上，殿中监进镇圭，乃奏："请搢大圭、执镇圭。"皇帝执镇圭，诣昊天上帝神座前，奏："请跪，奠镇圭。"皇帝奠，讫，执大圭，俯伏，兴。侍中进玉币，乃奏："请搢大圭、跪奠玉币。"讫，乃奏："请执大圭。"俯伏，兴。少退，又奏："请再拜。"诣皇地祇及配位，奠镇圭玉币，并如仪。配位唯奏请奠镇圭及币。奠玉币毕，皇帝还版位，乃奏："请还小次、释大圭。"皇帝入小次，乃立于小次之南稍东，以俟。皇帝将奠配位之币也，赞者分引第一等分献官诣盥洗位，搢笏、盥手、帨手、执笏，各由其陛升，唯不由午陛。诣神前，搢笏、跪，太祝以玉币授之，奠讫，俯伏，兴。再拜，讫，各由本陛降，复位。初，分献将降也，礼直官引诸祝史、斋郎、应助奠者再拜，祝史各奉毛血之豆入，各由其陛升，诸太祝迎取于坛上，奠讫，退立于尊所。

进熟：奠玉币讫，降还小次。有司先陈牛鼎三、羊鼎三、豕鼎三、鱼鼎三，各在镬右。太官令丞帅进馔者诣厨，以匕升牛羊豕鱼，自镬各实于鼎。牛羊豕皆肩、臂、臑、肫、胳、正脊各一，长胁二，短胁二、代胁二、凡十一体。牛豕皆三十斤，羊十五斤，鱼十五头一十五斤，实讫，幂之。祝史二人以扃对举一鼎，牛鼎在前，羊豕次之，鱼又次之，有司执匕以从，各陈于每位馔幔位。从祀坛上第一等五方帝、大明、夜明、天皇大帝、神州地祇、北极，皆羊豕之体并同。光禄卿帅祝史、斋郎、太官令丞各以匕升牛羊豕鱼于俎，肩臂臑在上端，肫胳在下端，脊胁在中，鱼即横置，头在尊位，设去鼎幂。光禄卿丞同太官令丞实笾豆簠簋，笾实以粉餈，豆实以糁食，簠实稻，簋实粱。

俟皇帝还小次，乐止。礼直官引司徒出诣馔幔所，与荐笾豆簠簋俎斋郎，各奉天、地、配位之馔。司徒帅太官令以序入内壝正门，乐作，至坛下，俟。祝史进彻毛血豆，降自卯陛，以次出，讫，司徒与荐笾豆簠簋俎斋郎，奉昊天上帝、皇地祇之馔，升自午陛。太官令丞与荐笾豆簠簋俎齐郎，奉配位及第一等神位之馔，升自卯陛。各位太祝迎于坛陛之道间。于昊天上帝位，司徒搢笏北向跪奉，粉餈笾在糗饵之前，糁食豆在醓醢之前，簠左簋右，皆在登前，牛俎在豆前，羊豕鱼俎次之，以右为上。司徒俯伏，兴，奉馔者奉讫，皆出笏就位，一拜。司徒次诣皇地祇奉奠，并如上仪。配位亦同。司徒及奉天、地、配位馔者以次降。太官令帅奉第一等神位之馔，各于其位，并如前仪。俱毕，乐止。司徒、太官令以下皆就位，讫，侍中升自卯陛，立于昊天上帝酌尊所，以俟。太常卿乃当次前俯伏，跪奏："请皇帝诣盥洗位。"俯伏，兴。皇帝出次，殿中监进大圭，乃奏："请执大圭。"至盥洗位，奏："请搢大圭、盥手。"皇帝盥手，讫，奏："请帨手。"皇帝帨手，讫，奏："请执大圭。"乃诣爵洗位。至位，奏："请搢大圭、受爵"，又奏："请洗爵。"皇帝洗爵，讫，奏："请拭爵。"皇帝拭爵，讫，奏："请执大圭。"以爵授奉爵官。皇帝诣昊天上帝酌尊所，执爵，良酝令举幂，侍中跪酌太尊之泛齐，酌讫，皇帝以爵授侍中。皇帝乃诣昊天上帝神座前，侍中进爵，乃奏"请搢大圭，跪执爵三祭酒。"讫，奏："请奠爵。"奠爵讫，奏："请执大圭。"俯伏，兴。又奏："请少退。"立俟。中书侍郎读册文，讫，乃奏："请再拜。"诣皇地祇位及配位，并如上仪。献毕，皇帝还版位，乃奏"请还小次，释大圭。"皇帝入小次，太常卿立于小次东南。礼直官引博士，博士引亚献，诣盥洗位，搢笏、盥手、帨手、讫，诣爵洗位，搢笏、洗爵，拭爵，讫，以爵授执事者，执笏升自卯陛，诣昊天上帝酌尊所，西向立。执事者以爵授之，乃搢笏执爵。执尊者举幂，良酝令跪酌著尊之醴齐，酌讫，复以爵授执事者，执笏诣昊天上帝神座前。初，亚献至盥洗位，文舞退，武舞进，乐作。亚献诣昊天上帝神座前，搢笏跪，执事者以爵授之，乃执爵三祭酒，奠爵，执笏，俯伏，兴，少退，再拜。次诣皇地祇及配位，并如上仪。献毕，降复位。礼直官引博士，博士引终献，诣盥洗位，盥手，洗爵，升坛奠献，并如上仪。

初，终献将升坛，礼直官分引第一等分献官诣盥洗位，搢笏，盥手，帨手。执笏，各由其陛，唯不由午陛，诣神位酌尊所，执事者以爵授之，乃酌泛齐，讫，以爵授执事者，共诣神座前，搢笏跪，执事者以爵授之，乃执爵三祭酒，奠爵，执笏，俯伏，兴，少退，再拜，讫，各引还本位。初，第一等分献官将升，赞引引第二等、第三等、内壝内外众星位分献各诣盥洗位，搢笏、盥手、帨手、酌酒、奠拜，并同上仪。祝史、斋郎以次助奠，讫，各还本位。诸太祝各进彻笾、豆各一，少移故处，乐作。卒彻，乐止。初，终献礼毕，降复位，太常卿乃当次前俯伏，跪奏："请皇帝诣饮福位。"皇帝出次。殿中监进大圭。乃奏："请执爵，三祭酒。"又奏："请啐酒。"皇帝啐酒，讫，以爵授侍中，乃奏："请受胙。"侍中再以爵酒进，乃奏："请受爵饮福。"皇帝饮福，讫，奏："请执大圭。"俯伏，兴。又奏："请再拜。"讫，乃导还版位，西向立，俟送神乐止。乃奏："请诣望燎位。"至位，南向立，俟火半柴，乃跪奏："具官臣某言礼毕。"皇帝还大次，出中壝门外，奏："请释大圭。"皇帝入大次。初，终献礼毕，司徒、侍中、太祝各升自卯陛，太祝持胙俎进，减天、地、配位前胙肉加于俎，皆取前脚第二节，又以黍稷饭共置一笾，奉诣司徒侍中后，北向立。俟皇帝至饮福位，太常卿奏："请皇帝搢大圭啐酒。"讫，司徒乃进胙俎，皇帝受胙，讫，奉礼郎赞曰："赐胙。"赞者唱曰："再拜。"在位者皆再拜，送神，乐一成止。皇帝既入大次，更通天冠、绛纱袍，升舆，至斋宫，乘金辂。通事舍人引门下侍郎当辂前跪奏，称："具官臣某请车驾进发。"至侍臣上马所，乃跪奏："具官臣某请车驾少驻，敕侍臣上马。"侍中称："制可。"乃退，传制称："侍臣上马。"侍臣上马毕，乃跪奏，称："具官臣某请敕车右升。"千牛将军升讫，跪奏称："具官臣某请车驾进发。"车驾动，前中后三部鼓吹凡十二队齐作。应行礼陪从祀官先诣应天门奉迎，再拜。大乐令先诣应天门外，准备奏乐如仪。讫，择日称贺。

承安元年，将郊，礼官言："礼神之玉当用真玉，燔玉当用次玉。昔大定十一年，天、地之玉皆以次玉代之，臣等疑其未尽。礼贵有恒，不能继者不敢以献。若燔真玉，常祀用之恐有时或阙，反失礼制。若从近代之典及本朝仪礼，真玉礼神，次玉燔瘗，于礼为当。近代郊，自第二等升天皇大帝、北极于第一等，前八位旧各有礼玉燔玉，而此二位尚无之。按《周礼典瑞》云：'以圭璧祀日月星辰。'近代礼九宫贵神、大火星位，犹用《周礼》之说。其天皇大帝、北极二位，固宜用礼神之玉及燔玉也。"上命俱用真玉。省臣又奏："前时郊，天、地、配位各用一犊，五方帝、日、月、神州、天皇大帝、北极十位皆大祀，亦当用犊，当时止以羊代。第二等以下从祀神位则分割羊豕以献。窃意天、地之祀，笾豆尚多者以备阴阳之物，鼎俎尚少者以人之烹荐无可以称其德，则贵质而已。故天地日月星辰之位皆用一俎，前时第一等神位偏用二俎，似为不伦。今第一等神位亦当各用犊一，余位以羊豕分献，及朝享太庙则用犊十二。"上从之。

卷二十九　　志第十

礼　二

方丘仪　朝日夕月仪　高禖

方丘仪

斋戒：祭前三日质明，有司设三献以下行事官位于尚书省。初献南面，监祭御史位于西，东向，监礼博士位于东，西向，俱北上。司徒亚、终献位于南，北向。次光禄卿、太常卿，次第一等分献官、司天监，次第二等分献官、光禄丞、郊社令、大乐令、良酝令、廪牺令、司尊彝，次内壝内外分献官、太祝官、奉礼郎、协律郎、诸执事官，就位，立定。次礼直官引初献就位，初献读誓曰："今年五月几日夏至，祭皇地祇于方丘，所有摄官，各扬其职。其或不敬，国有常刑。"读毕，礼直官赞："七品以下官先退。"余官对拜，讫，退。散斋二日，宿于正寝，治理如故。斋禁并如郊祀。守壝门兵卫与大乐工人，俱清斋一宿。行礼官前期习仪于祠所。

陈设：祭前三日，所司设三献官以下行事执事官次于外壝东门之外，道南，北向，西上，随地之宜。又设馔幕于内壝东门之外，道北南向。祭前二日，所司设兵卫，各服其服，守卫壝门，每门二人。大乐令帅其属，设登歌之乐于坛上，如郊祀。郊社令帅其属，扫除坛之上下，为瘗坎在内壝外之壬地。祭前一日，司天监、郊社令各服其服，帅其属，升设皇地祇神座于坛上北方，南向，席以藁秸。又设配位神座于东方，西向，席以蒲越。又设神州地祇神座于坛之第一等东南方，席以藁秸。又设五神、五官、岳镇海渎二十九座于第二等阶之间，各依方位。又设昆仑、山大川泽二十一座于内壝之内，又设丘陵坟衍原隰三十座于内壝外，席皆以莞。

又设神位版，各于座首。子陛之西，水神玄冥、北岳、北镇、北海、北渎于坛之第二等，北山、北林、北川、北泽、于内壝内，北丘、北陵、北坟、北衍、北原、北隰于内壝外，皆各为一列，以东为上。卯陛之北，木神勾芒，东岳、长白山、东镇、东海、东渎于坛之第二等，东山、东林、东川、东泽于内壝内，东丘、东陵、东坟、东衍、东原、东隰于内壝外，皆各为一列，以南为上。午陛之东，神州地祇于坛之第一等，火神祝融，南岳、南镇、南海、南渎于坛之第二等，南山、南林、南川、南泽于内壝内，南丘、南陵、南坟、南衍、南原、南隰于内壝外，皆各为一列，以西为上。午陛之西，土神后土、中岳、中镇于坛之第二等，中山、中林、中川、中泽于内壝内，中丘、中陵、中坟、中衍、中原、中隰于内壝外，皆各为一列，以南为上。酉陛之南，金神蓐收、西岳、西镇、西海、西渎于坛之第二等，昆仑、西山、西林、西川、西泽于内壝内，西丘、西陵、西坟、西衍、西原、西隰于内壝外，皆各为一列，以北为上。其皇地祇、及配位、神州地祇之座，并礼神之玉，设讫，俟告洁毕权彻，祭日早重设。其第二等下神座，设定不收。

奉礼郎、礼直官又设三献官位于卯陛之东稍北，西向。司徒位于卯陛之东，道南，西向。太常卿、光禄卿位次之。第一等分献官、司天监位于其东，光禄丞、郊社令、太官令、廪牺令位又在其东，每等异位重行，俱西向北上。又设太祝、奉礼郎及诸执事位于内壝东门外道南，每等异位重行，俱西向北上。设监祭御史二位，一于坛下午陛之西南，一于子陛之西北，俱东向。设监礼博士二位，一于坛下午陛之东南，一于子陛之东北，俱西向。奉礼郎位於坛之东南，西向。协律郎位于乐簴西北，东向。大乐令位于乐簴之间，西向。司尊彝位于酌尊所，俱北向。设望瘗位坎之南，北向。又设牲榜位于内壝东门之外，西向。太祝、祝史各位于牲后，俱西向。设省馔位于牲西，太常卿、光禄卿、太官令位于牲北，南向，西上。监祭、监礼位在太常卿之西稍却，西上。廪牺令位于牲西南，北向。又陈礼馔于内壝东门之外，道北，南向。设省馔位于礼馔之南。太常卿、光禄卿、太官令位在东，西向，监祭、监礼位在西，东向，俱北上。设祝版于神位之右。

司尊及奉礼郎帅其属，设玉币篚于酌尊所，次及笾豆之位。正、配位各左有十一笾、右有十一豆，俱为三行。登三，在笾豆间。铏三，在登前。簠一、簋一，各在铏前。又设尊罍之位，皇地祇太尊二、著尊二、牺尊二、山罍二，在坛上东南隅。配位著尊二，牺尊二、象尊二、山罍二，在正位酒尊之东，俱北向西上，皆有坫，加勺、幂，为酌尊所。又设皇地祇位象尊二、壶尊二、山罍四，在坛下午陛之西，北向西上。配位牺尊二、壶尊二、山罍四，在酉陛之北，东向北上，皆有坫，加幂，设而不酌。神州地祇位左八笾、右八豆，登一在笾豆间，簠一、簋一在登前，爵坫一，在神座前。又设第二等诸神位每位笾二、豆二、簠一、簋一、俎一、爵坫一。内壝之内外诸神每位笾一、豆一、簠一、簋一、俎一、爵坫一。陈列皆与上同。又设神州地祇太尊二、著尊二，皆有坫。第二等诸神每方山尊二，内壝内每方蜃尊二，内壝外每方概尊二，皆加勺、幂。又设正、配位笾一、豆一、簠一、簋一、俎三、及毛血豆一、并神州地祇位俎一，各于馔幂内。又设二洗于坛下卯陛之东，北向，盥洗在东，爵洗在西，并有罍加勺。篚在洗西，南肆，实以巾。爵洗之篚实以匏爵，加坫。又设第一等分献官盥洗爵洗位，第二等以下分献官盥洗位，各于其方道之左，罍在洗左，篚在洗右，俱内向。执罍篚者各于其后。

祭日丑前五刻，司天监、郊社令帅其属，升设皇地祇及配位神座于坛上，设神州地祇座于第一等。又设玉币，皇地祇玉以黄琮，神州地祇玉以两圭有邸，皆置于匣。正、配位币并以黄色，神州地祇币以玄色，五神、五官、岳镇海渎之币各从其方色，皆陈于篚。太祝取瘗玉加于币，于礼神之玉各置于神座前。光禄卿帅其属，入实正、配位笾豆。笾三行以右为上，豆三行以左为上，其实并如郊祀。登实以大羹，铏实以和羹。又设从祭第一等神州地祇之馔。笾三行以右为上，豆三行以左为上，其实并如郊祀。登实以大羹，簠实以稷，簋实以黍。第二等每位，左二笾，栗在前，鹿脯次之。右二豆，菁菹在前，鹿臡次之。簠实以稷，簋实以黍。俎，一羊、一豕。内壝内外每位，左笾一，鹿脯。右豆一，鹿臡。簠稷，簋黍，俎以羊。良酝令帅其属，入实酒尊。皇地祇太尊为上，实以泛齐。著尊次之，实以醴齐。牺尊次之，实以盎齐。象尊次之，实以醍齐。壶尊次之，实以沈齐。山罍为下，实以三酒。配位，著尊为上，实以泛齐。牺尊次之，实以醴齐。象奠次之，实以盎齐。壶尊次之，实以醍齐，山罍为下，实以三酒。皆左实明水，右实玄酒，皆尚酝代。次实从祭第一等神州地祇酒尊，太尊为上，实以泛齐。著尊次之，实以醴齐。第二等，山尊实以醍齐。内壝内，蜃尊实以泛齐。内壝外，概尊实以三酒。以上尊皆左以明水，右以玄酒，皆尚酝代之。太常卿设烛于神座前。

省牲器：祭前一日午后八刻，去坛二百步禁止行者。未后二刻，郊社令帅其属，扫除坛之上下。司尊与奉礼郎，帅执事者以祭器入，设于位。郊社令陈玉币于篚。未后三刻，廪牺令与诸太祝、祝史，以牲就省位。礼直官、赞者分引太常卿，光禄卿、丞、监礼、祭，太官令等诣内壝东门外省牲位。其视涤濯、告洁、省牲馔，并同郊祀。俱毕，廪牺令、诸太祝、祝史以次牵牲诣厨，授太官令。次引光禄卿以下诣厨，省鼎镬，视涤溉，乃还斋所。晡后一刻，太官令帅宰人以鸾刀割牲，祝史各取毛血，实以豆，置于馔幔。遂烹牲，又祝史取瘗血贮于盘。

奠玉币：祭日丑前五刻，献官以下行事官，各服其服。有司设神位版，陈玉币，实笾豆簠簋奠罍，俟监祭、监礼按视坛之上下，乃彻去盖幂。大乐令帅工人，及奉礼郎、赞者先入。礼直官、赞者分引分献官以下，监祭、监礼、诸大祝、祝史、斋郎与执事者，入自南壝东门，当坛南，重行，北向，西上，立定。奉礼郎赞："拜。"献官以下皆再拜，讫，以次分引各就坛陛上下位。次引监祭、监礼按视坛之上下，讫，退复位。礼直官分引三献官以下行事官俱入就位。行礼官皆自南壝东门入。礼直官进立初献之左，白曰："有司谨具，请行事。"退复位。协律郎高举笏，执麾者举麾，俯伏，兴。工鼓柷，乐作《坤宁之曲》，八成，偃麾，戛敔，乐止。俟太常卿瘗血，讫，奉礼郎赞："拜。"在位者皆再拜。又赞："诸执事者各就位。"礼直官引诸执事各就其位俟。太祝跪取玉币于篚，立于尊所。诸位太祝亦各取玉币立于奠所。

礼直官引初献诣盥洗位，乐作《肃宁之曲》。至位，北向立，乐止。搢笏，盥手，帨手，执笏，诣坛，乐作《肃宁之曲》。凡初献升降，皆作《肃宁之曲》。升自卯阶，至坛，乐止。诣皇地祇神座前，北向立，乐作《静宁之曲》。搢笏，跪。太祝加玉于币，西向跪以授初献。初献受玉币奠讫，执笏，俯伏，兴，再拜，讫，乐止。次诣配位神座前，东向立，乐作《亿宁之曲》，奠币如上仪，乐止。降自卯陛，乐作，复位，乐止。初献将奠配位之币，赞者引第一等分献官诣盥洗位，搢笏，盥手，帨手，执笏，由卯陛诣神州地祇神座前，搢笏，跪。太祝以玉币授分献官，分献官受玉币，奠讫，执笏，俯伏，兴，再拜，讫，退。初，第一分献官将升，赞者引第二分献官诣盥洗位，盥手、帨手，执笏，各由其陛升，唯不由午陛，诣于首位神座前，奠币如上仪。余以次祝史、斋郎助奠讫，各引还位。初献奠币将毕，祝史奉毛血豆，各由午陛升，诸太祝迎于坛上，进奠于正、配位神座前，太祝与祝史俱退，立于尊所。

进熟：初献既升奠玉币。有司先陈牛鼎二、羊鼎二、豕鼎二于神厨，各在镬右。太官帅进馔者诣厨，以匕升牛、羊、豕，自镬实于各鼎。牛、羊、豕各肩、臂、臑、肫、胳、正脊一、横脊一、长胁一、短胁一、代胁一，皆二骨以并，幂之。祝史以扃各对举鼎，有司执匕以从，陈于馔幔内。从祀之俎实以羊，更陈于馔幔内。光禄卿实以笾豆簠簋。笾实以粉餈，豆实以糁食，簠实以稷，簋实以黍。实讫，去鼎之扃幂，匕加于鼎。太官令以匕升牛羊豕，载于俎，肩臂臑在上端，肫胳在下端，脊胁在中。俟初献还位，乐止。礼直官引司徒出诣馔所，同荐笾豆簠簋俎。斋郎各奉皇地祇配位之馔，升自卯陛，诸太祝各迎于坛上。司徒诣皇地祇神座前，搢笏，奉笾豆簠簋，次奉俎，北向跪奠，讫，执笏，俯伏，兴，设笾於糗饵之前，豆於醓醢之前，簠簋在登前，俎在笾前。次于卯陛奉配位之馔，东向跪奠于神座前，并如上仪。各降自卯陛，还位。太官令又同斋郎奉神州地祇之馔，升自卯陛，太祝迎于坛陛之道间，奠于神座前，在笾前，讫，乐止。太官令进馔者降自卯陛，还位。

礼直官引初献官诣盥洗位，乐作。至位，乐止。北向立，搢笏，盥手、帨手，执笏，诣爵洗位。至位，北向立，搢笏，洗爵，拭爵以授执事者。执笏，诣坛，乐作。升自卯陛，至坛上，乐止。诣皇地祇酌尊所，西向立。执事者以爵授初献。初献搢笏，执爵。司尊举幂，良酝令跪酌太尊之泛齐，酌讫，初献以爵授执事者，执笏，诣皇地祇神座前，北向立，搢笏，跪。执事者以爵授初献，初献执爵，三祭酒于茅苴，奠爵，（三献奠爵，皆执事者受以兴。）执笏，俯伏，兴，少退，跪，乐止。举祝官跪，对举祝版。读祝，太祝东向跪，读祝讫，俯伏，兴。举祝奠版于案，再拜，兴。次诣配位酌尊所，执事者以爵授初献，初献搢笏，执爵。司尊举幂，良酝令跪酌著尊之泛齐，乐作太簇宫《保宁之曲》。初献以爵授执事者，执笏，诣配位神座前，东向立，搢笏，跪。执事者以爵授初献，初献执爵，三奠酒于茅苴。奠爵，执笏，俯伏，兴。少退，跪，乐止。读祝，讫，乐作，就拜，兴，拜，兴。降自卯陛，读祝、举祝官俱从，乐作，复位，乐止。次引亚献诣盥洗位，北向立，搢笏，盥手，帨手。执笏，诣爵洗位，北向立，搢笏，洗爵，拭爵授执事者。执笏，升自卯陛，诣皇地祇酌尊所，西向立。执事者以爵授亚献。亚献搢笏执爵，司尊举幂，良酝令酌著尊之醴齐，酌讫，以爵授执事者，执笏，诣皇地祇神座前，北向立，搢笏、跪。执事以爵授亚献，亚献执爵，三祭酒于茅苴，奠爵，执笏，俯伏，兴，少退，再拜。次诣配位酌献如上仪，唯酌牺尊为异。乐止，降复位。次引终献诣盥洗位，盥手，帨手，洗爵，拭爵，以爵授执事者，升坛。正位，酌牺尊之盎齐，配位，酌象尊之醴齐，奠献并如亚献之仪。礼毕，降复位。

初，终献将升，赞者引第一等分献官诣盥洗位，搢笏，盥手，帨手，洗爵，拭爵，以爵授执事者。执笏，诣神州地祇酌尊所，搢笏，执事者以爵授献官。献官执爵，执事者酌太尊之泛齐，酌讫，以爵授执事者。进诣神座前，搢笏，跪，执事者以爵授献官，献官执爵，三祭酒于茅苴，奠爵，俯伏，兴，少退，跪，再拜，讫，还位。初，第一等分献官将升，赞者分引第二等分献官诣盥洗位，搢笏，盥手，帨手，执笏诣酌尊所，执事以爵授分献官，分献酌以授执事者，进诣首位神座前，奠献并如上仪。祝史、斋郎以次助奠，讫，各引还位。诸献俱毕，诸太祝进彻笾豆，笾豆各一，少移故处。乐作《丰宁之曲》，卒彻、乐止。奉礼官赞曰："赐胙。"众官再拜，乐作，一成，止。初，送神乐止，引初献官诣望瘗位，乐作太簇宫《肃宁之曲》，至位，南向立，乐止。初，在位官将拜，诸太祝、祝史各奉篚进诣神座前，玉币，从祭神州地祇以下，并以俎载牲体，并取黍稷饭爵酒，各由其陛降坛，北诣瘗坎，实于坎中，又以从祭之位礼币皆从瘗，礼直官曰："可瘗。"东西六行，置土半坎，礼直官赞："礼毕。"引初献出，礼官赞者各引祭官及监祭、监礼、太祝以下，俱复坛南，北向立定，奉礼郎赞曰："再拜。"监祭以下皆再拜，讫，奉礼以下及工人以次出。光禄卿以胙奉进，监祭、监礼展视。其祝版燔于斋坊。

朝日夕月仪

斋戒、陈设、省牲器、奠玉币、进熟，其节并如大祀之仪。朝日玉用青璧，夕月用白璧，币皆如玉之色。牲各用羊一、豕一。有司摄三献司徒行事。其亲行朝日，金初用本国礼，天会四年正月，始朝日于乾元殿，而后受贺。天眷二年，定朔望朝日仪。皇帝服靴袍，百官常服。有司设炉案、御褥位于所御殿前陛上，设百官褥位于殿门外，皆向日。宣徽使奏导皇帝至位，南向，再拜，上香，又再拜。阁门皆相应赞，殿门外臣僚陪拜如常仪。大定二年，以无典故罢。十五年，言事者谓今正旦并万春节，宜令有司定拜日之礼。有司援据汉、唐春分朝日，升烟奠玉如圜丘之仪。又按唐《开元礼》，南向设大明神位，天子北向，皆无南向拜日之制。今已奉敕以月朔拜日，宜遵古制，殿前东向拜。诏姑从南向。其日，先引臣僚于殿门外立，陪位立殿前班露台左右，皇帝于露台香案拜如上仪。十八年，上拜日于仁政殿，始行东向之礼。皇帝出殿，东向设位，宣徽赞："拜。"皇帝再拜，上香，讫，又再拜。臣僚并陪拜，依班次起居，如常仪。

高禖

明昌六年，章宗未有子，尚书省臣奏行高禖之祀，乃筑坛于景风门外东南端，当阙之卯辰地，与圜丘东西相望，坛如北郊之制。岁以春分日祀青帝、伏羲氏、女娲氏，凡三位，坛上南向，西上。姜嫄、简狄位于坛之第二层，东向，北上。前一日未三刻，布神位，省牲器，陈御弓矢弓韣于上下神位之右。其斋戒、奠玉币、进熟，皆如大祀仪。青帝币玉皆用青，余皆无玉。每位牲用羊一、豕一。有司摄三献司徒行事。礼毕，进胙，倍于他祀之肉。进胙官佩弓矢弓韣以进，上命后妃嫔御皆执弓矢东向而射，乃命以次饮福享胙。

卷三十　志第十一

礼　三

宗庙　禘祫　朝享　时享仪

金初无宗庙。天辅七年九月，太祖葬上京宫城之西南，建宁神殿于陵上，以时荐享。自是诸京皆立庙，惟在京师者则曰太庙。天会六年，以宋二帝见太祖庙者，是也。或因辽之故庙，安置御容，亦谓之庙。天眷三年，熙宗幸燕及受尊号，皆亲享恭谢，是也。皇统三年，初立太庙，八年，太庙成，则上京之庙也。贞元初，海陵迁燕，乃增广旧庙，奉迁祖宗神主于新都，三年十一月丁卯，奉安于太庙。正隆中，营建南京宫室，复立宗庙，南渡因之。其庙制，史不载，传志杂记或可概见，今附之。

汴京之庙，在宫南驰道之东。殿规，一屋四注，限其北为神室，其前为通廊。东西二十六楹，为间二十有五，每间为一室。庙端各虚一间为夹室，中二十三间为十一室。从西三间为一室，为始祖庙，祔德帝、安帝、献祖、昭祖、景祖祧主五，余皆两间为一室。（或曰："惟第二、第二室两间，余止一间为一室，总十有七间。"）世祖室祔肃宗，穆宗室祔康宗，余皆无祔。每室门一、牖一、门在左，牖在右，皆南向。石室之龛于各室之西壁，东向。其始祖之龛六，南向者五、东向者一，其二其三俱二龛，余皆一室一龛，总十八龛。祭日出主于北墉下，南向。禘祫则并出主，始祖东向，群主依昭穆南北相向，东西序列。室户外之通廊，殿阶二级，列陛三，前井亭二。外作重垣四缭，南东西皆有门。内垣之隅有楼，南门五阖，余皆三。中垣之外东北，册宝殿也，太常官一人季视其封缄，谓之点宝。内垣之南曰大次，东南为神庖。庙门翼两庑，各二十有五楹，为斋郎执事之次。西南垣外，则庙署也。神门列戟各二十有四，植以木锜。戟下以板为掌形，画二青龙，下垂五色带长五尺，享前一日则县戟上，祭毕藏之。

室次。大定十二年，议建闵宗别庙，礼官援晋惠、怀、唐中宗、后唐庄宗升祔故事，若依此典，武灵皇帝无嗣亦合升祔。然中宗之祔，始则为虚室，终增至九室。惠、怀之祔乃迁豫章、颍川二庙，庄宗之祔乃祧懿祖一室。今太庙之制，除祧庙外，为七世十一室，如当升祔武灵，既须别祧一庙。《荀子》曰："有天下者事七世。"若旁容兄弟，上毁祖考，则天子有不得事七世者矣。伏睹宗庙世次，自睿宗上至始祖，凡七世，别无可祧之庙。《晋史》云："庙以容主为限，无拘常数。"东晋与唐皆用此制，遂增至十一室。康帝承统，以兄弟为一室，故不迁远庙而祔成帝。

唐以敬、文、武三宗同为一代，于太庙东间增置两室，定为九代十一室。今太庙已满此数，如用不拘常数之说，增至十二室，可也。然庙制已定，复议增展，其事甚重，又与睿宗皇帝祏室昭穆亦恐更改。《春秋》之义不以亲亲害尊尊，《汉志》云："父子不并坐，而孙可从王父。"若武灵升祔，太庙增作十二室。依春秋尊尊之典，武灵当在十一室，禘祫合食。依孙从王父之典，当在太宗之下，而居昭位，又当称宗。然前升祔睿宗已在第十一室，累遇祫享，睿宗在穆位，与太宗昭位相对，若更改祏室及昭穆序，非有司所敢轻议，宜取圣裁。十九年四月，禘祔闵宗，遂增展太庙为十二室。二十九年，世宗将祔庙，有司言："太庙十二室，自始祖至熙宗虽系八世。然世宗与熙宗为兄弟，不相为后，用晋成帝故事，止系七世，若特升世宗、显宗即系九世。"于是五月遂祧献祖、昭祖，升祔世宗、明德皇后，显宗于庙。

贞祐二年，宣宗南迁，庙社诸祀并委中都，自抹撚尽忠弃城南奔，时谒之礼尽废。四年，礼官言："庙社国之大事，今主上驻跸陪京，列圣神主已迁于此，宜重修太庙社稷，以奉岁时之祭。按中都庙制，自始祖至章宗凡十二室，而今庙室止十一，若增建恐难卒成。况时方多故，礼宜从变，今拟权祔肃宗主世祖室，始祖以下诸神主于随室奉安。"主用栗，依唐制，皇统九年所定也。祏室，旁及上下皆石，门东向，以木为阖，髹以朱。室中有褥，奠主讫，帝主居左，覆以黄罗帕，后主居右，覆以红罗帕。

黼扆以纸，木为筐，两足如立屏状。覆以红罗三幅，绣金斧五十四，裹以红绢，覆于屏上，其半无文者垂于其后。置北墉下，南向，前设几筵以坐神主。五席，各长五尺五寸，阔二尺五寸。莞筵，粉纯。以蔺为席，缘以红罗，以白绣蕙文及云气之状，复以红绢裹之。每位二。缫席，画纯。以五色绒织青蒲为之，缘以红罗，画藻文及云气状，亦以红绢裹之。每位二，在莞上。次席，黼纯。以轻筠为之，亦曰桃枝席，缘以红绡，绣铁色斧，裹以红绢。每位二，在缫席上。虎席二，大者长同，惟阔增一尺。以虎皮为褥，有緅，以红罗绣金色斧缘之。又有小虎皮褥，制同三席。时暄则用桃枝次席，时寒则去桃枝加虎皮褥。夏、秋享，则用桃枝次席。二冬，则去桃枝加小虎皮褥于缫席上。腊冬，则又添大虎皮褥二于缫席上，迁小虎皮褥二在大褥之上。曲几三足，直几二足，各长尺五寸，以丹漆之。帝主前设曲几，后设直几。

禘祫

大定十一年，尚书省奏禘祫之仪曰："《礼纬》：'三年一祫，五年一禘。'唐开元中，太常议，禘祫之礼皆为殷祭，祫为合食祖庙，禘谓禘序尊卑。申先君逮下之慈，成群嗣奉亲之孝。自异常享，有时行之。祭不欲数，数则黩。不欲疏，疏则怠。是以王者法诸天道，以制祀典，烝尝象时，禘祫象闰。五岁再闰，天道大成，宗庙法之，再为殷祭。自周以后，并用此礼。自大定九年已行祫礼，若议禘祭，当于祫后十八月孟夏行礼。"诏以"三年冬祫、五年夏禘"为常礼。又言："海陵时，每岁止以二月、十月遣使两享，三年祫享。按唐礼四时各以孟月享于太庙，季冬又腊享，岁凡五享。若依海陵时岁止两享，非天子之礼，宜从典礼岁五享。"从之。享日并出神主前廊，序列昭穆。应图功臣配享庙廷，各配所事之庙，以位次为序。以太子为亚献，亲王为终献，或并用亲王。或以太尉为亚献，光禄卿为终献。其月则停时享。仪阙。

朝享仪

大定十一年十一月，郊祀前一日，朝享太庙。斋戒如亲郊。享前三日，太庙令帅其属，扫除庙之内外。点检司于庙之前约度，设兵卫旗帜。尚舍于南神门之西设馔幔十一，南向，以西为上。殿中监帅尚舍，陈设大次殿。又设小次于阼阶下，稍南，西向。又设皇帝拜褥位殿上，版位稍西。又设黄道褥于庙门之内外，自玉辂至升辇之所，又自大次至东神门。又设七祀位一于殿下横街之北，西街之西，东向，配享功臣位于殿下道东，横街之南，西向，北上。前二日，大乐令设宫县之乐于庭中，四方各设编钟三、编磬三。东方编钟起北，编磬间之，东向。西方编磬起北，编钟间之，西向。南方编磬起西，编钟间之，北方编钟起西，编磬间之，俱北向。设特磬、大钟、镈钟共十二，于编县之内，各依辰位。树路鼓、路鼗于北县之内，道之左右。晋鼓一，在其后稍南。植建鼓、鞞鼓、应鼓于四隅，建鼓在中，鼗鼓在左，应鼓在右，置柷敔于县内，柷一在道东，敔一在道西。立舞表于酂缀之间。设登歌之乐于殿上前楹间，金钟一在东，玉磬一在西，俱北向。柷一在金钟北稍西，一敔在玉磬北稍东。搏拊二，一在柷北，一在敔北，东西相向。琴瑟在前。其匏竹者立于阶间，重行北向。诸工人各位于县后。前一日，太庙令开室，奉礼郎帅其属，设神位于每室内北墉下。各设黼扆一、莞席一、缫席二、次席二、紫绫厚褥一、紫绫蒙褥一、曲几一、直几一。

又设皇帝版位于殿东间门内，西向。又设饮福位于东序，西向。又设亚终献位于殿下横街之北稍东，西向。助祭亲王宗室使相位在亚终献之后，助祭宗室位在横街之南，西向。奉瓒官、奉瓒盘官、进爵酒官、奉爵官等又在其南，奉匜槃巾篚官位于其后。七祀献官位在奉爵官之南，助奠读祝奉罍洗爵洗等官位于其后。司尊彝官位在七祀献官之南，亚终献司罍洗爵洗奉爵酒官等又在其南，并西向，北上。大礼使位于西阶之西稍南，与亚终献相对。太尉、司徒，助祭宰相位在大礼使之南，侍中、执政官又在其南，礼部尚书、太常卿、太仆卿、光禄卿、功臣献官在西，举册、光禄丞、太常博士又在其西，功臣助奠罍洗爵洗等官位于功臣献官之后。又设监祭御史位二于西阶下，俱东向，北上。奉礼郎、太庙令、太官令、太祝、宫闱令、祝史位于亚献终献奉爵酒官之南，荐笾豆簠簋官、荐俎斋郎又在太祝、奉礼郎之南。太庙丞、太官丞各位于令后。协律郎位二，一于殿上前楹间，一于宫县之西北，俱东向。大乐令于登歌乐县之北，大司乐于宫县之北，良酝令于酌尊所，俱北向。又设助祭文武群官位于横街之南，东向北上。又设光禄卿陈牲位于东神门外横街之东，西向，以南为上。设廪牺令位于牲西南，北向。诸太祝位于牲东，各当牲后，祝史各陪其后，俱西向。设礼部尚书省牲位于牲前稍北，又设御史位于礼部尚书之西，俱南向。礼部帅其属，设祝册案于室户外之右。司尊彝帅其属，设尊彝之位于室户之左，每位斝彝一、黄彝一、牺尊二、象尊二、著尊二、山罍二，各加勺、幂、坫为酌尊。又设瓒槃爵坫于篚，置于始祖尊彝所。又设壶尊二、太尊二、山罍四，各有坫、幂，在殿下阶间，北向西上，设而不酌。七祀功臣每位设壶尊二于座之左，皆加幂、坫于内，酌尊加勺，皆藉以席。奉礼郎设祭器，每位四簋在前，四簠次之，次以六登，次以六铏，笾豆为后。左十有二笾，右十有二豆，皆濯而陈之，藉以席。笾豆加以巾，盖于内。笾一、豆二、簠一、簋一、并俎四，设于每室馔幔内。又设御洗二于东阶之东。又设亚终献罍洗于东横街下东南，北向，罍在洗东，篚在洗西，南肆，实以巾。又设亚终献爵洗于罍洗之西，罍在洗东，篚在洗西，南肆，实以巾、爵并坫。执巾罍巾篚各位于其后。

享日丑前五刻，太常卿帅执事者，设烛于神位前及户外。光禄卿帅其属，入实笾豆。笾之实，鱼鳙、糗饵、粉餈、乾枣、形盐、鹿脯、榛实、乾穣、桃、菱、芡、栗，以序为次。豆之实，芹菹、笋菹、葵菹、菁菹、韭菹、酏食、鱼醢、兔醢、豚拍、鹿臡、醓醢、糁食，以序为次。又铏实以羹，加芼滑，登实以大羹，簠实以稻粱，簋实以黍稷，粱在稻前，稷在黍前。良酝令入实尊彝。斝彝、黄彝实以郁鬯，牺尊、象尊、著尊实以玄酒外，皆实以酒（用香药酒），各加坫、勺、幂。殿下之尊罍，壶尊、太尊、山罍，内除山罍上尊实以玄酒外，皆实以酒，加幂、坫。太庙令帅其属，设七祀功臣席褥于其次，每位各设莞席一、碧绡褥一，又各设版位于其座前，又笾豆簠簋各二、俎一。每位次各设壶尊二于神座之右，北向，玄酒在西。良酝令以法酒实尊如常，加勺、幂，置爵于尊下，加坫。光禄卿实馔。左二笾，栗在前，鹿脯次之。右二豆，菁菹在前，鹿臡次之。俎实以羊熟，簠簋实以黍稷。太庙令又设七祀燎柴，及开瘗坎于西神门外之北。太府监陈异宝、嘉瑞、伐国之宝，户部陈诸州岁贡，金为前列，玉帛次之，余为后，皆于宫县之北，东西相向，各藉以席。凡祀神之物，当时所无者则以时物代之。

省牲器：前一日未后，庙所禁行人。司尊彝、奉礼郎及执事者，升自西阶以俟。少顷，诸太祝与廪牺令，以牲就位。礼直官、赞者引礼部尚书、光禄卿丞诣省牲位，立定。礼直官引礼部尚书，赞引者引御史，入就西阶升，遍视涤濯。讫，执事者皆举幂曰："洁。"俱降，就省牲位，礼直官稍前曰："告洁毕，请省牲。"次引礼部尚书侍郎稍前，省牲讫，退复位。次引光禄卿丞出班，巡牲一匝。光禄丞西向曰："充。"曰："备。"廪牺令帅诸太祝巡牲一匝，西向躬身曰："腯。"礼直官稍前曰："省牲毕，请就省馔位。"引礼部尚书以下各就位，立定。御史省馔具毕，礼直官赞："省馔讫。"俱还斋所。光禄卿、丞及太祝、廪牺令以次牵牲诣厨，授太官令。礼直官引礼部尚书诣厨，省鼎镬，视濯溉，讫，还斋所。晡后一刻，太官令帅宰人，执鸾刀割牲，祝史各取毛血，每座共实一豆，遂烹牲。祝史洗肝于郁鬯，又取肝膋，每座共实一豆，俱还馔所。

銮驾出宫：前一日，有司设大驾卤簿于应天门外，尚辇进玉辂于应天门内，南向。其日质明，侍臣直卫及导驾官，于致斋殿前，左右分班立俟。通事舍人引侍中俯伏，跪，奏："请中严。"皇帝服通天冠、绛纱袍。少顷，侍中奏："外办。"皇帝出斋室，即御座，群官起居讫，尚辇进舆。侍中奏："请皇帝升舆。"皇帝乘舆，侍卫警跸如常仪。太仆卿先诣玉辂所，摄衣而升，正立执辔。导驾官前导，皇帝至应天门内玉辂所，侍中进当舆前，奏："请皇帝降舆升辂。"皇帝升辂。太仆卿立授绥，导驾官分左右步导，以里为上。门下侍郎进当辂前，奏："请车驾进发。"奏讫，俯伏，兴，退复位。侍卫仪物止于应天门内，车驾动，称："警跸。"至应天门，门下侍郎奏："请车驾少驻，敕侍臣上马。"侍中奉旨退，称曰："制可。"门下侍郎退，传制，称："侍臣上马。"赞者承传："敕侍臣上马。"导驾官分左右前导，门下侍郎奏："请车驾进发。"车驾动，称"警跸"，不鸣鼓吹。将至太庙，礼直官、赞者各引享官，通事舍人分引从享群官、宗室子孙，于庙门外，立班奉迎。驾至庙门，回辂南向，侍中于辂前奏称："侍中臣某言，请皇帝降辂，步入庙门。"皇帝降辂，导驾官前导，皇帝步入庙门，稍东。侍中奏："请皇帝升舆。"尚辇奉舆，侍卫如常仪。皇帝乘舆至大次，侍中奏："请皇帝降舆，入就大次。"皇帝入就次，帘降，伞扇侍卫如常仪。太常卿、太常博士各分立于大次左右。导驾官诣庙庭班位，立俟。

晨祼：享日丑前五刻，诸享官及助祭官，各服其服。太庙令、良酝令帅其属，入实尊罍。光禄卿、太官令、进馔者实笾豆簠簋，并彻去盖幂。奉礼郎、赞者先入，就位。赞者引御史、太庙令、太祝、宫闱令、祝史与执事官等，各自东偏门入，就位。未明二刻，礼直官引太常寺官属并太祝、宫闱令升殿，开始祖祏室。太祝、宫闱令捧出帝后神主，设于座。以次，逐室神主各设于内黼扆前，置定。赞者引御史、太庙令、宫闱令、太祝、祝史与太常官属，于当阶间，重行北向立。奉礼郎于殿上赞："奉神主。"讫，奉礼曰："再拜。"赞者承传，御史以下皆再拜，讫，各就位。大乐令帅工人二舞入。就位。礼直官赞者各引享官，通事舍人分引助祭文武群官宗室入就位。符宝郎奉宝，陈于宫县之北。皇帝入大次。

少顷，侍中奏："请中严。"皇帝服衮冕。侍中奏："外办。"太常卿俯伏，跪，奏称："太常卿臣某言，请皇帝行事。"俯伏，兴。帘卷，皇帝出次。太常卿、太常博士前导，伞扇侍卫如常仪，大礼使后从。至东神门外，殿中监跪进镇圭，太常卿奏："请执圭。"皇帝执镇圭。伞扇仗卫停于门外，近侍者从入。协律郎跪伏举麾，兴，工鼓柷，宫县《昌宁之乐》作。至阼阶下，偃麾，戛敔，乐止。升自阼阶，登歌乐作，左右侍从量人数升至版位，西向立，乐止。前导官分左右侍立。太常卿前奏："请再拜。"皇帝再拜。奉礼曰："众官再拜。"赞者承传，凡在位者皆再拜。奉礼又赞："诸执事者各就位。"礼直官、赞者分引执事者各就殿上下之位。太常卿奏："请皇帝诣罍洗位。"登歌乐作，至阼阶，乐止。降自阼阶，宫县乐作，至洗位，乐止。内侍跪取匜，兴，沃水。又内侍跪取槃，兴，承水。太常卿奏："请搢镇圭。"皇帝搢镇圭，盥手，讫，内侍跪取巾于篚，兴，以进。帨手，讫。奉瓒官以瓒跪进，皇帝受瓒，内侍奉匜，沃水，又内侍跪奉槃承水，洗瓒讫。内侍跪奉巾以进，皇帝拭瓒，讫，内侍奠槃匜，又奠巾于篚。奉瓒槃官以槃受瓒。太常卿奏："请执镇圭。"前导，皇帝升殿，宫县乐作，至阼阶下，乐止。皇帝升自阼阶，登歌乐作，太常卿前导，诣始祖位酌尊所，乐止。奉瓒槃官以瓒莅鬯，执尊者举幂，侍中跪酌郁鬯，讫，太常卿前导，入诣始祖室神位前，北向立。太常卿奏："请搢镇圭。"跪。奉瓒槃官西向跪，以瓒授奉瓒官，奉瓒西向以瓒跪进。太常卿奏："请执瓒以鬯祼地。"皇帝执瓒以鬯祼地，讫，以瓒授奉瓒槃官，太常卿奏："请执镇圭。"俯伏，兴，前导出户外。太常卿奏："请再拜。"皇帝再拜，太常卿前导诣次位，并如上仪。

祼毕。太常卿奏："请还版位。"登歌乐作，至版位西向立，乐止。太常卿奏："请还小次。"前导皇帝行，登歌乐作，降自阼阶，登歌乐止，宫县乐作。将至小次，太常卿奏："请释镇圭。"殿中监跪受镇圭。皇帝入小次，帘降，乐止。少顷，宫县奏《来宁之曲》，以黄锺为宫，大吕为角，大簇为徵，应锺为羽，作《仁丰道洽之舞》，九成止。黄钟三奏，大吕、太簇、应钟各再奏，送神通用《来宁之曲》。初，晨祼将毕，祝史各奉毛血及肝膋之豆，先于南神门外，斋郎奉炉炭萧蒿黍稷，各立于肝膋之后。皇帝既晨祼毕，至乐作六成，皆入自正门，升自太阶。诸太祝于阶上各迎毛血肝膋，进奠于神座前。祝史立于尊所，斋郎奉炉置于室户外之左，其萧蒿黍稷各置于炉炭下。斋郎降自西阶，诸太祝各取肝膟于炉，还尊所。

进熟：皇帝升祼，太官令帅进馔者，奉陈于南神门外诸馔幔内，以西为上。礼直官引司徒出诣馔所，与荐俎斋郎奉俎，并荐笾豆簠簋官奉笾豆簠簋，礼直官、太官令引以序入自正门，宫县《丰宁之乐》作。（彻豆通用。）至太阶，乐止。祝史俱进彻毛血之豆，降自西阶，以出。馔升，诸太祝迎于阶上，各设于神位前。先荐牛，次荐羊，次荐豕及鱼。礼直官引司徒以下，降自西阶，复位。诸太祝各取萧蒿黍稷擩于脂，燎于炉炭，讫，还尊所。赞者引举册官升自西阶，诣始祖位之右，进取祝册置在版位之西，置讫，于祝册案近南立。太常卿跪奏："请诣罍洗位。"帘卷，出次，宫县乐作。殿中监跪进镇圭，太常卿奏："请执镇圭。"前导，诣罍洗位，乐止。盥手，洗爵，并如晨祼之仪。盥洗讫，太常卿奏："请执镇圭。"前导，升殿，宫县乐作，至阼阶下，乐止。升自阼阶，登歌乐作。太常卿前导，诣始祖位尊彝所，登歌乐作，至尊彝所，登歌乐止，宫县奏《大元之乐》，文舞进。奉爵官以爵莅尊，执尊者举幂，侍中跪酌牺尊之泛齐，讫，太常卿前导，入诣始祖室神位前，北向立。太常卿奏："请搢镇圭。"跪。奉爵官以爵授进爵酒官。进爵酒官西向以爵跪进，太常卿奏："请执爵三祭酒。"三祭酒于茅苴，讫，以爵授进爵酒官，进爵酒官以爵授奉爵官。太常卿奏："请执镇圭。"兴。前导，出户外，太常卿奏："请少立。"乐止。举册官进举祝册，中书侍郎搢笏跪读祝，举祝官举册奠讫，先诣次位。太常卿奏："请再拜。"再拜讫，太常卿前导，诣次位行礼，并如上仪。酌献毕，太常卿前导还版位，登歌乐作，至位西向立定，乐止。太常卿奏："请还小次。"登歌乐作，降自阼阶，登歌乐止，宫县乐作。将至小次，太常卿奏："请释镇圭。"殿中监跪受镇圭。入小次，帘降，乐止，文舞退，武舞进，宫县奏《肃宁之乐》，作《功成治定之舞》，舞者立定，乐止。

皇帝酌献讫，将诣小次，礼直官引博士，博士引亚献，诣盥洗位，北向立，搢圭，盥手，帨手，执圭。诣爵洗位，北向立，搢圭，洗爵、拭爵以授执事者，执圭。升自西阶，诣始祖位尊彝所，西向立。宫县乐作。执事者以爵授亚献，亚献搢圭，执爵，执尊者举幂，太官令酌象尊之醴齐，讫，诣始祖神位前，搢圭，跪。执事者以爵授亚献，亚献执爵祭酒。三祭酒于茅苴，奠爵，执圭，俯伏，兴，少退，再拜，讫，博士前导，亚献诣次位行礼，并如上仪。礼毕，乐止。终献除本服执笏外，余如亚献之仪。七祀功臣献官行礼毕。太常卿跪奏："请诣饮福位。"帘卷，出次，宫县乐作。殿中监跪进镇圭，太常卿奏："请皇帝执镇圭。"前导，至阼阶下，乐止。升自阼阶，登歌乐作，将至饮福位，乐止。

初，皇帝既献讫，太祝分神位前三牲肉，各取前脚第二骨加于俎，又以笾取黍稷饭共置一笾，又酌上尊福酒合置一尊。又礼直官引司徒升自西阶，东行，立于阼阶上前楹间，北向。皇帝既至饮福位，西向立。登歌《福宁之乐》作。太祝酌福酒于爵，以奉侍中，侍中受爵捧以立，太常卿奏："请皇帝再拜。"讫，奏："请搢圭。"跪，侍中以爵北向跪以进，太常卿奏："请执爵。"三祭酒于沙池。又奏："请啐酒。"皇帝啐酒，讫，以爵授侍中。太常卿奏："请受胙。"太祝以黍稷饭笾授司徒，司徒跪奉进，皇帝受以授左右。太祝又以胙肉俎跪授司徒，司徒受俎讫跪进，皇帝受以授左右。礼直官引司徒退立，侍中再以爵酒跪进。太常卿奏："请皇帝受爵饮福。"饮福讫，侍中受虚爵以兴，以授太祝。太常卿奏："请执圭。"俯伏，兴。又奏："请皇帝再拜。"再拜讫，乐止。太常卿前导，皇帝还版位，登歌乐作，俟至位，乐止。太祝各进彻笾豆，登歌《丰宁之乐》作，卒彻，乐止。奉礼曰："赐胙行事，助祭官再拜。"赞者承传，在位官皆再拜，宫县《来宁之乐》作，一成止。太常卿奏："礼毕。"前导，降自阼阶，登歌乐止，宫县乐作，出门，宫县乐止，伞扇仗卫如常仪。太常卿奏："请释镇圭。"殿中监跪受镇圭，皇帝还大次。通事舍人、礼直官、赞者各引享官、宗室子孙及从享群官，以次出。及引导驾官东神门外大次前祗候，前导如来仪。赞者引御史已下俱复执事位，立定。奉礼曰："再拜。"皆再拜。赞者引工人、舞人以次出。大礼使帅诸礼官、太庙令、太祝、宫闱令，升纳神主如常仪。礼毕，礼直官引大礼使已下降自西阶，至横街，再拜而退。其祝册藏于匮。七祀功臣分奠，如祫享之仪。

时享

有司行事。前期，太常寺举申礼部，关学士院司天堂台，择日。以其日报太常寺。前七日，受誓戒于尚书省。

其日质明，礼直官设位版于都堂之下，依已定《誓戒图》，礼直官引三献官，并应行事执事官等，各就位，立定，赞："揖。"在位官皆对揖，讫，礼直官以誓文奉初献官，初献官搢笏，读誓文："某月，某日，孟春，荐享太庙，各扬其职。不恭其事，国有常刑。"读讫，执笏。七品以下官先退，余官对拜讫乃退。散斋四日，治事如故，宿于正寝，唯不吊丧、问疾、作乐、判署刑杀文字决罚罪人及预秽恶。致斋，三日于本司，唯享事得行，其余悉禁，一日于享所。已斋而阙者，通摄行事。前三日，兵部量设兵卫，列于庙之四门。前一日，禁断行人。仪鸾司设馔幔十一所于南神门外西，南向。又设七祀司命、户二位于横街之北，道西，东向。又设群官斋宿次于庙门之东西舍。前二日，大乐局设登歌之乐于殿上。太庙令帅其属，扫除庙殿门之内外，于室内铺设神位于北墉下，当户南向。设几于筵上，又设三献官拜褥位二。（一在室内，一在室外。）学士院定撰祝文讫，计会通进司请御署，降付礼部，置于祝案。祠祭局濯溉祭器与尊彝讫，铺设如仪。内太尊二、山罍二在室。牺尊五、象尊五、鸡彝一、鸟彝一在室户外之左，炉炭稍前。著尊二、牺尊二在殿上，象尊二、壶尊六在下。俱北向西上，加幂，皆设而不酌。并设献官罍洗位。礼部设祝案于室户外之右。礼直官设位版并省牲位，如式。前一日，诸太祝与廪牺令以牲就东神门外。司尊彝与礼直官及执事皆入，升自西阶，以俟。礼直官引太常卿，赞者引御史，自西阶升，遍视涤濯。执尊者举幂告洁，讫，引降就省牲位。廪牺令少前，曰："请省牲。"退复位。太常卿省牲，廪牺令及太祝巡牲告备，皆如郊社仪。既毕，太祝与廪牺令以次牵牲诣厨，授太官令。赞者引光禄卿诣厨，请省鼎镬，申视涤溉。赞者引御史诣厨，省馔具，讫，与太常卿等各还斋所。太官令帅宰人以鸾刀割牲，祝史各取毛血，每室共实一豆，又取肝膋共实一豆，置馔所，遂烹牲。光禄卿帅其属，入实祭器。良酝令人实尊彝。

享日质明，百官各服其品服。礼直官、赞者先引御史、博士、太庙令、太官令、诸太祝、祝史、司尊彝与执帨篚官等，入自南门，当阶间，北面西上，立定。奉礼曰："再拜。"赞者承传，皆再拜，讫，赞者引太祝与宫闱令，升自西阶，诣始祖室，开祏室，太祝捧出帝主，宫闱令捧出后主，置于座。（帝主在西，后主在东。）赞者引太祝与宫闱令，降自西阶，俱复位。奉礼曰："再拜。"赞者承传，在位官皆再拜，讫，俱各就执事位。大乐令帅工人入。礼直官、赞者分引三献官与百官，俱自南东偏门入，至庙庭横街上，三献官当中，北向西上，应行事执事官并百官，依品，重行立。奉礼曰："拜。"赞者承传，应北向在位官皆再拜。（其先拜者不拜。）拜讫，赞者引三献官诣庙殿东阶下西向位，其余行事执事官与百官，俱各就位。讫，礼直官诣初献官前，称："请行事。"协律郎跪，俯伏，兴，乐作。礼直官引初献诣盥洗位，北向立定，乐止。搢笏，盥手，帨手，执笏。诣爵洗位，北向立，搢笏，洗瓒，拭瓒，以瓒授执事者，执笏，升殿，乐作。至始祖室尊彝所，西向立，乐止。执事者以瓒奉初献官，初献官搢笏，执瓒。执尊者举幂，太官令酌郁鬯，讫，初献以瓒授执事者，执笏，诣始祖室神位前，乐作，北向立，搢笏，跪。执事者以瓒授初献官。初献官执瓒，以鬯祼地，讫，以瓒授执事者，执笏，俯伏，兴，出户外，北向，再拜，讫，乐止。每室行礼，并如上仪。礼直官引初献降复位。初献将升祼，祝史各奉毛血肝膋豆，及斋郎奉炉炭萧蒿黍稷篚，各于馔幔内以俟。初献晨祼讫，以次入正门，升自太阶。诸太祝皆迎毛血肝膋豆于阶上，俱入奠于神座前。斋郎所奉炉炭萧蒿篚，皆置于室户外之左，与祝史俱降自西阶以出。诸太祝取肝膋，洗于郁鬯，燔于炉炭，讫，还尊所。享日，有司设羊鼎十一、豕鼎十一于神厨，各在镬右，初献既升祼，光禄卿帅斋郎诣厨，以匕升羊于镬，实于一鼎，肩、臂、臑、肫、胳、正脊一、横脊一、长胁一、短胁一、代胁一，皆二骨以并。次升豕如羊，实于一鼎。每室羊豕各一鼎，皆设扃幂。斋郎对举，入镬，放馔幔前。斋郎抽扃，委于鼎右，除幂，光禄卿帅太官令，以匕升羊，载于一俎。肩臂臑在上端，肫胳在下端，脊胁在中。次升豕如羊，各载于一俎。每室羊豕各一俎。斋郎既以扃举鼎先退，置于神厨，讫，复还馔幔所。礼直官引司徒出诣馔幔前，立以俟。光禄卿帅其属，实笾以粉餈，实豆以糁食，实簠以粱，实簋以稷。俟初献祼毕，复位，祝史俱进彻毛血之豆，降自西阶以出。礼直官引司徒，帅荐笾豆簠簋官，奉俎斋郎，各奉笾豆簠簋羊豕俎，每室以序而进，立于南神门之外以俟，羊俎在前，豕俎次之，笾豆簠簋又次之。入自正门，乐作，升自太阶，诸太祝迎引于阶上，乐止。各设于神位前，讫，礼直官引司徒以下，降自西阶，乐作，复位，乐止。诸太祝各取萧蒿黍稷擩于脂，燔于炉炭，还尊所。

礼直官引初献诣罍洗位，乐作，至位，北向立，乐止。搢笏，盥手，帨手，执笏。诣爵洗位，北向立，搢笏，洗爵，拭爵，以爵授执事者，执笏，升殿，乐作，诣始祖室酌尊所，西向立，乐止。执事者以爵授初献。初献搢笏执爵，执事者举幂，太官令酌牺尊之泛齐，讫，次诣第二室酌尊所，如上仪。诣始祖神位前，乐作，北向立，搢笏跪，执事者以爵授初献，初献执爵，三祭酒于茅苴，奠爵，执笏，俯伏，兴，出室户外，北向立，乐止。赞者引太祝诣室户外，东向，搢笏，跪读祝文。读讫，执笏，兴。次诣第二室。次诣每室行礼，并如上仪。初献降阶，乐作，复位，乐止。礼直官次引亚献诣盥洗位，北向立，搢笏，盥手，帨手，执笏。诣爵洗位，北向立，搢笏，洗爵，拭爵以授执事官。执笏，升殿，诣始祖酌尊所，西向立，执事者以爵授亚献。亚献搢笏，执爵，执尊者举幂，太官令酌象尊之醴齐，讫，次诣第二室酌尊所，如上仪。诣始祖神位前，乐作，北向立，搢笏，跪，执事者以爵授亚献。亚献执爵，三祭酒于茅苴，尊爵，执笏，俯伏，兴，出户外，北向再拜，讫，乐止。次诣每室行礼，并如上仪。降阶，乐作，复位，乐止。礼直官次引终献诣盥洗、及升殿行礼，并如亚献之仪，降复位。次引太祝彻笾豆（少移故处），乐作，卒彻，乐止。俱复位。礼直官曰："赐胙。"赞者承传曰："赐胙，再拜。"在位者皆再拜。礼直官引太祝、宫闱令奉神主，太祝搢笏，纳帝主于匮，奉入祏室，执笏，退复位。次引宫闱令纳后主于匮，奉入祏室，并如上仪，退复位。礼直官、赞者引行事、执事官各就位，奉礼曰："再拜。"赞者承传，应在位官皆再拜。礼直官、赞者引百官次出，大乐令帅工人次出，太官令帅其属，彻礼馔，次引监祭御史诣殿监视卒彻，讫，还斋所。太庙令阖户以降。太常藏祝版于匮。光禄以胙奉进，监祭御史就位展视，光禄卿望阙再拜，乃退。其七祀，夏灶、中霤，秋门、厉，冬行，铺设祭器，入实酒馔，俟终献将升献，献官行礼，并读祝文。每岁四孟月并腊五享，并如上仪。

卷三十一　　志第十二

礼　四

奏告仪　皇帝恭谢仪　皇后恭谢仪
皇太子恭谢仪　荐新　功臣配享
陈设　宝玉　杂仪

奏告仪

皇帝即位、加元服、受尊号、纳后、册命、巡狩、征伐、封祀、请谥、营修庙寝，凡国有大事皆告。或一室，或遍告及原庙，并一献礼，用祝币。皇统以后，凡皇帝受尊号、册皇后太子、禘祫、升祔、奉安、奉迁等事皆告，郊祀则告配帝之室。大定十四年三月十七日，诏更御名，命左丞相良弼告天地，平章守道告太庙，左丞石琚告昭德皇后庙，礼部尚书张景仁告社稷，及遣官祭告五岳。前期二日，太庙令扫除庙内外，设告官以下次所。前一日，行事官赴祀所清斋。告日前三刻，礼直官引太庙令帅其属，入殿开室户，扫除铺筵，设几于北墉下，如时享仪。礼直官帅祀祭官陈币篚于室户之左，陈祝版于室户之右案上。及设香案祭器，皆藉以席，每位各左一笾实以鹿脯，右一豆实以鹿臡。牺尊一，置于坫，加勺、幂，在殿上室户之左，北向，实以酒，每位一瓶。设烛于神位前。又设盥爵洗位横街之南稍东。设告官褥位，于殿下东阶之南，西向，余官在其后稍南。又设望燎位于西神门外之北。告日未明，礼直官引太庙令、太祝、宫闱令入，当阶间北面西上立定。奉礼赞："再拜。"讫，升自西阶，太祝、宫闱令各入室，出神主设于座，如常仪。次引告官入，就位。礼直官稍前，赞："有司谨具，请行事。"又赞："再拜。"在位者拜，讫，礼直官引告官就盥洗位，盥手，讫，诣神位前，搢笏，跪，三上香。执事者以币授奉礼郎，西向授告官。告官受币，奠讫，执笏，俯伏，兴，退就户外位，再拜。诣次位行礼如上仪，讫，降复位。少顷，引告官再诣爵洗位，读祝、举祝官后从。至位，北向立，搢笏，洗拭爵，讫，授执事者。执笏升，诣酒尊所，西向立，执爵，执尊者举幂酌酒，告官以授执事者。诣神位前，北向，搢笏，跪，执爵三祭酒，执笏，俯伏，兴，退就户外位，北向立俟，读祝文，讫，再拜。诣次位行礼如上仪。讫，与读祝官皆复位。礼直官赞曰："再拜。"在位者皆再拜。次引告官以下诣望燎位，执事者取币帛祝版置于燎，礼直官曰："可燎。"半柴，礼直官赞："礼毕。"告官以下退。署令阖庙门，瘗祝于坎。贞元四年正月，上尊号。前三日，遣使奏告天地，于常武殿拜天台设褥位，昊天上帝居中，皇地祇居西少却，行一献礼。

大定七年正月十三日，上尊号。前三日，命皇子判大兴尹许王告天地，判宗正英王文告太庙。于自来拜天处设昊天上帝位，当中南向，皇地祇位次西少却，并用坐褥位牌及香酒脯臡等。祝版三，学士院撰告祝文，书写讫，进请御署，讫，以付礼部，移文宣徽院，并差控鹤官用案舁，覆以黄罗帕，随所差告官诣祀所。前一日，告官等就局所致斋一日。告日质明，宣徽院、太常寺铺设供具如仪。阁门舍人一员、太常博士一员引告官各服其服，以次就位。礼直官、舍人稍前，赞："有司谨具，请行事。"赞者曰："拜。"在位者皆再拜。礼直官先引执事官各就位。舍人博士次引告官诣盥洗、爵洗位，北向立，搢笏，盥手，帨手，洗爵，拭爵。执笏，诣酒尊所，搢笏，执爵，司尊者举幂酌酒，告官以爵授奉爵酒官，执笏诣昊天上帝，皇地祇神位前再拜，每位三上香，跪奠酒，讫，以爵授奉爵官，执笏，俯伏，兴。举祝官跪举，读讫，俯伏，兴。告官再拜。告毕。引告官以下降复位，再拜，讫，诣望燎位，燔祝版，再拜。半燎，告官已下皆退。

皇帝恭谢仪

大定七年正月，世宗受尊号，礼毕恭谢。前三日，太庙令帅其属，洒扫庙庭之内外及陈设。尚舍于庙南门之西，设馔幔一十一室。殿中监帅尚舍视大次殿，又设皇帝版位于始祖神位前北向，又设饮福位于版位西南少却，又设随室奠拜褥位于神座前。大乐令设登歌于殿上，宫县于殿下。又设皇太子位于阼阶东南，又设亲王位于其南稍东，宗室王使相位于其后。又设太尉、司徒以下行事官位于殿西阶之西，东向，每等异位。又设文武群官位于横阶之南，东、西向。又设御洗位于阼阶之东，又设太尉洗位于西阶下横阶之南。又设斋郎位于东班群官之后，又设盥洗等官、并奉礼、赞者、大司乐、协律郎、大乐令等位，各如祫享之仪。又设尊彝祭器等于殿之上下，如时享之仪。前一日，礼官御史帅其属，省牲、视濯涤，如常仪。

其日质明，礼官御史帅太庙官、太祝官、宫闱令出神主，如时享仪。有司列黄麾仗二千人于应天门外。尚辇进金辂于应天门内。午后三刻、宣徽院奏请皇帝赴斋宿殿，文武群官并斋宿于所司。谢日质明，俟诸卫各勒所部屯门列仗。导驾官分左右侍立于殿阶下，并朝服。通事舍人引侍中诣斋殿，俯伏，跪称："臣某言，请中严。"俯伏，兴。凡侍中奏请，准此。皇帝服通天冠、绛纱袍。少顷，侍中奏："外办。"皇帝出斋殿。即御座，群官起居讫，侍中奏："请升辇。"皇帝升辇以出，侍卫警跸如常仪。导驾官前导，至应天门，侍中奏："请降辇升辂。"皇帝升辂，门下侍郎俯伏，跪奏："请车驾进发。"俯伏，兴。凡门下侍郎奏请，准此。车驾动，警跸如常仪。至应天门外，门下侍郎奏：

"请车驾少驻，敕侍臣上马。"侍中前承旨，退称曰："制可。"门下侍郎退，传制称："侍臣上马。"通事舍人承传："敕侍臣上马。"导驾官分左右前导，门下侍郎奏："请车驾进发"。车驾动，称："警跸。"不鸣鼓吹。典赞仪引皇太子常服乘马至庙中幕次，更服远游冠、朱明衣，执圭。通事舍人文武群官(并朝服)于庙门外班迎。车驾至庙门，侍中于辂前奏："请降辂。"导驾官步入庙门稍东，侍中奏："请升辇。"皇帝升辇，伞扇侍卫如常仪。至大次，侍中奏："请降辇，入就大次。"皇帝入大次。

通事舍人分引文武群官由南神东西偏门入庙庭，东西相向立。礼直官引太尉以下行事官诣横街北向，再拜，讫，礼直官引太尉诣盥洗位，搢笏，盥手，帨手，执笏，诣爵洗位，北向立，搢笏，洗瓒，拭瓒，以瓒授执事者，执笏，由西阶升殿，诣始祖尊彝所，西向立。执事者以瓒奉太尉，太尉搢笏，执瓒酌鬯，诣神位前，以鬯祼地，讫，以虚瓒授执事者，执笏，俯伏，兴，出户外北向，再拜，讫。次诣随室并如上仪。礼毕，降自西阶，复位。礼直官引司徒出诣馔所，引荐俎斋郎奉俎、并荐笾豆簠簋官奉笾豆簠簋，及太官令，以序入自正门，宫县乐作，至大阶，乐止。诸太祝迎于阶上，各设于神座前。先荐牛，次荐羊，次荐豕，讫，礼直官引司徒已下降阶复位。典赞仪引皇太子，通事舍人引亲王，由南神东偏门入，诣褥位。礼直官引中书侍郎、举册官等升自西阶，诣始祖室前，东西立。通事舍人引侍中诣大次前，奏："请中严。"皇帝服衮冕。少顷，侍中奏："外办。"侍中诣庙庭本位立，皇帝将出大次，礼仪使与太常卿赞导。凡礼仪使与太常卿赞导，并博士前引，俯伏，跪称："臣某赞导皇帝行礼。"俯伏，兴。前导至东神门，撤伞扇，近侍者从入。殿中监跪进镇圭，礼仪使奏："请执圭。"皇帝执圭，宫县乐作。奏："请诣罍洗位。"至位，乐止。内侍跪取匜，兴，沃水。又内侍跪取槃，承水。时寒，预备温水。礼仪使奏："请搢镇圭。"皇帝搢镇圭，盥手。内侍跪取巾于篚，兴，进，皇帝帨手，讫，奉爵官以爵跪进，皇帝受爵，内侍捧匜沃水，又内侍跪捧槃承水，皇帝洗爵，讫，内侍跪奉巾以进，皇帝拭爵，讫，内侍奠槃匜，又奠巾于篚。奉爵官受爵。礼仪使奏："请执镇圭。"前导皇帝升殿，左右侍从量人数升，宫县乐作。皇帝至阼阶下，乐止。皇帝升自阼阶，登歌乐作。礼仪使前导，皇帝至版位，乐止。奏："请再拜。"奉礼郎赞："皇太子已下在位群官皆再拜。"赞者承传，皆再拜。礼仪使前导，皇帝诣始祖尊彝所，乐作，至尊所，乐止。奉爵官以爵莅尊，执尊者举幂，侍中跪酌牺尊之泛齐，讫，礼仪使导皇帝至版位，再拜，讫，礼仪使奏："请诣始祖神位前褥位。"登歌乐作。礼仪使奏："请搢圭。"跪，奉爵官以爵授奉爵酒官以进。礼仪使奏："请执爵。"皇帝执爵，三奠酒，讫，以虚爵授奉爵酒官。礼仪使奏："请执圭。"兴，乐止。奉爵酒官以爵授奉爵官。礼仪使奏："请诣随室。"并如上仪。礼直官先引司徒升自西阶，立于饮福位之侧，酌献将毕，奉胙，酌福酒。太祝从司徒立于其侧，酌献毕，侍中亦立于其侧。礼仪使奏："请皇帝诣版位。"北向立，登歌乐作，至位乐止。中书侍郎跪读册，讫，举册官奠，讫，礼仪使奏："请皇帝再拜。"拜讫，礼仪使奏："请诣饮福位。"登歌乐作。至位，太祝酌福酒于爵，时寒预备温酒，以奉侍中，侍中受爵奉以立，礼仪使奏："请搢圭。"跪，侍中以爵北向跪以进，礼仪使奏："请执爵。"三祭酒。礼仪使奏："请饮福。"饮福讫，以虚爵授侍中。礼仪使奏："请受胙。"司徒跪以黍稷饭笾进，皇帝受以授左右。司徒又跪以胙肉进，皇帝受以授左右。礼仪使奏："请执圭。"兴，再拜讫，乐止。礼仪使前导，皇帝还版位，登歌乐作，至位乐止。太祝各进彻笾豆，登歌乐作。卒彻，乐止。奉礼曰："赐胙。"赞："皇太子已下在位群官皆再拜。"赞者承传，皆再拜，宫县作，一成止。礼仪使奏："请皇帝再拜。"奉礼郎赞："皇太子已下在位官皆再拜。"拜讫，礼仪使奏："礼毕。"前导皇帝降阼阶，登歌乐作，至阶下乐止。宫县作，前导皇帝出东神门，乐止。伞扇侍卫如常仪。礼仪使奏："请释圭。"殿中监跪受镇圭。至大次，转仗卫于还途，如来仪。礼宫御史帅其属，纳神主，藏册如仪。少顷，通事舍人引侍中奏："请中严。"皇帝服通天冠、绛纱袍。少顷，侍中奏："外办。"俟尚辇进辇，侍中奏："请降座升辇。"皇帝升辇，伞扇侍卫如常仪。至南神门稍东，侍中奏："请降辇步出庙门。"皇帝步出庙门，至辂，侍中奏："请升辂。"皇帝升辂。门下侍郎奏："请车驾少驻，敕侍臣上马。"侍中前承旨，退称曰："制可。"门下侍郎退，传制称："侍臣上马。"通事舍人承传："敕侍臣上马。"车驾还内，鼓吹振作，至应天门外，百官班迎起居，宫县奏《采茨之曲》。入应天门内，侍中奏："请降辂乘辇。"皇帝降辂乘辇以入，伞扇侍卫警跸如常仪。皇帝入宫，至致斋殿，侍中奏："解严。"通事舍人承旨："敕群臣各还次，将士各还本所。"

皇后恭谢仪

皇后既受册，前一日，斋戒于别殿。内命妇应从入庙者俱斋戒一日。其日未明二刻，有司陈设仪仗于后车之左右，以次排列。外命妇先自太庙后门入，内命妇妃嫔已下俱诣殿庭，起居讫，宣徽使版奏："中严。"少顷，又奏："外办。"首饰袆衣，御肩舆，取便路至车所。内侍奏："请降舆升车。"既升车，奏："请进发。"车出元德东偏门，内命妇妃嫔已下自殿门外上车，由左掖门出，从至太庙门外，仪仗止於门外，回车南向。内侍奏："请降车升舆。"后降车升舆，就东神门外幄次，下帘。内命妇妃嫔已下降车，入就陪列位。内侍引外命妇诣幄次前，起居讫，并赴殿庭陪列位。少顷，宣徽使诣幄次，赞："行朝谒之礼。"帘卷，宣徽使前导，诣殿庭阶下西向褥位立。宣徽使赞："再拜。"内外命妇皆再拜。宣徽使前导，升东阶，诣始祖皇帝神位香案前褥位，宣徽使奏："请三上香。"又奏："再拜。"拜讫。宣徽使前导，次诣献祖已下十室，并如上仪。宣徽使奏："礼毕。"导归幄次。宣徽使奏："请解严。"内外命妇还幕次。少顷，转仗还内如来仪，外命妇退。内侍奏："请御舆。"出至车所，奏："请升车。"既升车，奏："请进发。"内命妇上车。至元德东偏门，内侍奏："请降车升舆。"后御舆，取便路还内，内命妇从入。册礼毕，百官上表称贺，并以笺贺中宫。

皇太子恭谢仪

其日质明，东宫应从官各服朝服，所司陈卤簿金辂于左掖门外。皇太子服远游冠、朱明衣，升舆以出，至金辂所，降舆升辂。左庶子已下夹侍。三师、三少乘马导从，余官亦皆乘马以从。东行，由太庙西阶转至庙，不鸣铙吹。至庙西偏门外降辂步进，由东偏门入幄次，改服衮冕。出次，执圭自南神东偏门入，宫官并太常寺官皆从。皇太子入诣殿庭东阶之东，西向立，典仪赞"再拜"讫，升自西阶，诣始祖神位前北向，再拜，讫，以次诣逐室行礼，并如上仪。讫，降自西阶，复西向位俟，典仪称："礼毕。"出东神北偏门，谒别庙如上仪。讫，归幄次，改服远游冠、朱明衣。出次，步至庙门外升辂，过庙门鸣铙而行。至左掖门外降辂，升舆以入。将士各还本所。后一日于东宫受群官贺，如元正受贺之仪。

荐新

天德二年，命有司议荐新礼，依典礼合用时物，令太常卿行礼。正月，鲔，明昌间用牛鱼，无则鲤代。二月，雁。三月，韭，以卵、以葑。四月，荐冰。五月，荀、蒲，羞以含桃。六月，彘肉、小麦仁。七月，尝雏鸡以黍，羞以瓜。八月，羞以芡、以菱、以栗。九月，尝粟与稷，羞以枣、以梨。十月，尝麻与稻，羞以兔。十一月，羞以麕。十二月，羞以鱼。从之。大定三年，有司言："每岁太庙五享，若复荐新，似涉繁数。拟遇时享之月，以所荐物附于笾豆荐之，以合古者'祭不欲数'之义。"制可。（牛鱼状似鲔，鲔之类也。）

功臣配享。

明昌五年闰十月丙寅，以仪同三司代国公欢都、银青光禄大夫冶诃、特进劾者、开府仪同三司盆纳、仪同三司拔达，配享世祖庙庭。天德二年二月，太庙袷享，有司拟上配享功臣，诏以撒改，辞不失、斜也杲、斡鲁。阿思魁忠东向，配太祖位。以粘哥宗翰、斡里不宗望、阇母。娄室、银术可西向，配太宗位。大定三年十月，袷享，又以斜也、斡鲁、撒改、习不失、阿思魁配享太祖，宗望、阇母、宗翰、娄室、银术哥配享太宗。其后，次序屡有更易。八年，上命图画功臣于太祖庙，有司第祖宗佐命之臣，勋绩之大小、官资之崇卑以次上闻。乃定左庑：开府金源郡王撒改、皇伯太师右副元帅宋王宗望、开府金源郡王斡鲁、皇伯太师梁王宗弼、开府金源郡王娄室、皇叔祖元帅左都监鲁王阇母、开府隋国公阿离合懑、仪同三司衮国公刘彦宗、右丞相齐国简懿公韩企先、特进宗人习失；右庑：太师秦王宗翰、皇叔祖辽王杲、开府金源郡王习不失、开府金源郡王完颜希尹、太傅楚王宗雄、开府前燕京留守金源郡王完颜银朮哥、开府金源郡王完颜忠、金源郡王完颜撒离喝、特进宗人斡鲁古、右丞相金源郡王纥石烈志宁。十六年，左庑迁梁王宗弼于斡鲁上。十八年，黜习失，而次蒲家奴于阿离合懑下。二十二年，增皇伯太师辽王斜也、撒改、宗干、宗翰、宗望，其下以次列。

至明昌四年，次序始定。东廊：皇叔祖辽智烈王斜也杲、皇伯太师辽忠烈王宗干斡本、皇伯太师右副元帅宋桓肃王讹鲁补宗望、开府仪同三司金源郡毅武王习不失、开府仪同三司金源郡贞宪王颜谷神希尹、太傅楚威敏王谋良虎宗雄、开府仪同三司燕京留守金源郡襄武王完颜银术可、开府仪同三司金源郡明毅王完颜忠阿思魁、金源郡庄襄王杲撒离喝、特进宗人斡里古庄翼，特进完颜习失威敬、太师尚书令淄忠烈王徒单克宁、太师尚书令南阳郡文康王张浩。西廊：开府仪同三司金源郡忠毅王撒改、太师秦桓忠王粘罕宗翰、皇伯太师梁忠烈王斡出宗弼、开府仪同三司金源郡刚烈王斡鲁、开府仪同三司金源郡庄义王完颜娄室、皇叔祖元帅左都监鲁庄明王阇母、开府仪同三司隋国刚宪公阿离合懑、开府仪同三司豫国襄毅公蒲家奴昱、开府仪同三司兖国英敏公刘彦宗、右丞相齐国简懿公韩企先、太保尚书令广平郡襄简王李石、开府仪同三司右丞相金源郡武定王纥石烈志宁、开府仪同三司左丞相沂国公仆散忠义、仪同三司左丞相崇国公纥石烈良弼、右丞相莘国公石琚、右丞相申国公唐括安礼、开府仪同三司平章政事徒单合喜、参知政事宗叙。每一朝为一列，著为令。

宝玉

凡天子大祀，则陈八宝及胜国宝于庭，所以示守也。金克辽、宋所得宝玉，及本朝所制，今并载焉。获于辽者，玉宝四、金宝二。玉宝："通天万岁之玺"一，"受天明命惟德乃昌"之宝一（皆方三寸），"嗣圣"宝一，御封不辨印文宝一。金宝："御前之宝"一，"书诏之宝"一，二宝金初用之。获于宋者，玉宝十五，金宝七、印一，金涂银宝五。玉宝：受命宝一，咸阳所得，三寸六分，文曰"受命于天，既寿永昌"，相传为秦玺，白玉盖，螭纽。传国宝一，螭纽。镇国宝一，二面并碧色，文曰"承天休，延万亿，永无极"。又受命宝一，文曰"受命于天，既寿永昌"。"天子之宝"一。"天子信宝"一。"天子行宝"一。"皇帝之宝"一。"皇帝信宝"一。"皇帝行宝"一。"皇帝恭膺天命之宝"二。皆四寸八分，螭纽。"御书之宝"二，一龙纽，一螭纽。"宣和御笔之宝"一，螭纽。金宝并印："天下同文之宝"一，龙纽。"御前之宝"二。"御书之宝"一。"宣和殿宝"一。"皇后之宝"一。"皇太子宝"一，龟纽。"皇太子妃"印一，龟纽。金涂银宝："皇帝钦崇国祀之宝"一，"天下合同之宝"一，"御前之宝"一，"御前锡赐之宝"一，"书诏之宝"一。外有宋内府图书印三十八。（"内府图书之印"一、"御书"三、"御笔"一、"御画"一、"御书玉宝"一、"天子万年"一、"天子万寿"一、"龟龙上珍"一、"河洛元瑞"二、"云汉之章"一、"奎璧之文"一、"华国之瑞"一、"大观中秘"一、"大观宝篆"一、"政和"一、"宜和"三、"宜和御览"一、"宣和中秘"一、"宣和殿制"一、"宣和大宝"一、"宣和书宝"二、"宣和画宝"一、"常乐未央"一、古文二、"封"四，共三十五面，并玉。"封"字一、"御画"一，二面并马瑙。"政和御笔"一，系水晶。）玄圭一，白玉圭一十九。

本朝所制。国初就用辽宝，皇统五年始铸金"御前之宝"一、"书诏之宝"一。大定十八年，得美玉，诏作"大金受命万世之宝"，其制径四寸八分，厚寸四分，盘龙纽高厚各四寸六分。二十三年，又铸“宣命之宝”，其径四寸二厘，厚一寸四分，纽高一寸九分，字深二分。敕有司议所当用，奏：“今所收八宝及皇统五年造‘御前之宝’，赐宋国书及常例奏目则用之，‘书诏之宝’，赐高丽、夏国诏并颁诏则用之。大定十八年造‘大金受命万世之宝’，奉敕再议。今所铸金宝宜以进呈为始，一品及王公妃用玉宝，二品以下用金‘宣命之宝’。”又有“礼信之宝”，用铜，岁赐三国礼物缄封用之，明昌间更以银。又有太皇太后、皇太后、皇后、皇太妃宝，又有皇太子及守国宝，皆用金。大定二十四年，皇太子宝，金铸龟纽，有司定其文曰“监国”，上命以“守”易“监”，比亲王印广长各加一分。

杂仪

大定三年八月，有司议：“袷享牺牲品物，按唐《开元礼》、宋《开宝礼》每室犊一、羊一、猪一，《五礼新仪》每室复加鱼十有五尾。天德、贞元例，与唐、宋同，有司行事则不用太牢，七祀功臣羊各二，酒共二百一十瓶。正隆减定，通用犊一，两室共用羊一豕一，酒百瓶，此于礼有阙。今七祀功臣牲酒请依天德制，宗庙每室则用宋制，加鱼。然每室一犊复恐太丰。”世宗乃命每祭共用一犊，羊豕如旧。又以九月五日袷享，当用鹿肉五十斤、獐肉三十五斤、兔十四头为䐑醢，以贞元、正隆时方禁猎，皆以羊代，此礼殊为未备，诏从古制。十年正月，诏宰臣曰：“古礼杀牛以祭，后世有更者否？其检讨典故以闻。”有司谓：“自周以来，下逮唐、宋，袷享无不用牛者。唐《开元礼》时享每室各用太牢一，至天宝六年始减牛数，太庙每享用一犊。宋《政和五礼新仪》时享太庙，亲祀用牛，有司行事则不用。宋开宝二年诏，昊天上帝、皇地祇用犊，馀大祀皆以羊豕代之。合二羊五豕足代一犊。今三年一袷乃为亲祠，其礼至重，每室一犊恐难省减。”遂命时享与祭社稷如旧，若亲祠宗庙则共用一犊，有司行事则不用。十二年十月，袷享，以摄官行事，诏共用三犊。二十二年十月，诏袷禘共用三犊，有司行事则以鹿代。昭德皇后庙大定十九年禘祭，不用犊。

大定二十九年，章宗即位，礼官言：“自大定二十七年十月袷享，至今年正月世宗升遐，故四月不行禘礼。按《公羊传》，闵公二年‘吉禘于庄公，言吉者未可以吉，谓未三年也’。注：‘谓禘袷从先君数，朝聘从今君数，三年丧毕，遇禘则禘，遇袷则袷。’故事，宜于辛亥岁为大祥，三月禫祭，逾月则吉，则四月一日为初吉，适当孟夏禘祭之时，可为亲祠。”诏从之。及期，以孝懿皇后崩而止。五月，礼官言：“世宗升祔已三年，尚未合食于祖宗，若来冬遂行袷礼，伏为皇帝见居心丧，丧中之吉《春秋》讥其速，恐冬袷未可行。然《周礼》王有哀惨则春官摄事，窃以世宗及孝懿皇后升祔以来，未曾躬谒，岂可令有司先摄事哉！况前代令摄事者止施于常祀，今乞依故事，三年丧毕，袷则袷，禘则禘，于明昌四年四月一日释心丧，行禘礼”。上从之。明昌三年十二月，尚书省奏：“明年亲禘，室当用犊一。钦怀皇后祔于明德之庙，按大定三年袷享，明德皇后室未尝用犊。”敕钦怀皇后亦用之。上因问拜数，右丞玮具对，上曰：“世宗圣寿高，故杀其数，并不立于位，今当从礼而已。”

大定六年，定晨祼行礼，自大次至板位先见神之礼，两拜。再至板位，又两拜。祼鬯毕，还板位，再两拜。还小次，酌献时，罍洗位盥讫，至板位，先两拜。酌献毕还板位，再两拜。止将始祖祝册于板位西南安置，读册讫，又两拜。还小次，又至饮福位，先两拜，饮毕两拜。凡十六拜。贞祐四年，命参知政事李革为修奉太庙使，七月吉日亲行祔享，有司以故事用皇帝时享仪，初至版位两拜，晨祼及酌献则每位三拜，饮福五拜，总七十九拜。今升祔则遍及祧庙五室，则为一百九拜也。明昌间尝减每位酌献奠爵后一拜，则为九十二拜而已。然大定六年，世宗尝令礼官通减为十六拜。又皇帝当散斋四日于别殿，致斋三日于大庆殿，今国事方殷，宜权散斋二日，致斋一日。上曰：“拜数从大定例，余准奏。”礼部尚书张行信言：“近奉诏从世宗十六拜之礼，臣与太常参定仪注，窃有疑焉。谨按唐、宋亲祠典礼，皆有通拜及随位拜礼。世宗大定三年亲行奉安之礼，亦通七拜，每室各五拜，合七十二拜。逮六年禘，始敕有司减为十六拜，仍存七十二拜之仪，其意亦可见矣。盖初年享礼以备，故后从权，更定通拜。今陛下初庙见奉安，而遽从此制，是于随室神位并无拜礼，此臣之所疑一也；大定间十有二室，姑从十六拜，犹可。今十有七室。而拜数反不及之，此臣之所疑二也；况六年所定仪注，惟于皇帝板位前读始祖一室祝册。夫祭有祝辞，本告神明，今诸祝册各书帝后尊谥，及高曾祖考世次不一，皇帝所自称亦自不同，而乃止读一册，余皆虚设，恐于礼未安，此臣之所疑三也。先王之礼顺时施宜，不可多寡，惟称而已。今近年礼官酌古今，别定四十四拜之礼。初见神二拜，晨祼通四拜，随室酌献读祝毕两拜，饮福四拜，似为得中。”上从之，乃定祔享如时享十二室之仪。又以祧庙五主始祖室不能容，止于室户外东西一列，以西为上。神主阙者以升祔前三日庙内敬造，以享日丑前题写毕，以次奉升。十月己未，亲王百官自明俊殿奉迎祖宗神主于太庙幄次。辛酉行礼，用四十四拜之仪，无宫县乐，牺牲从俭，十七室用犊三、羊豕九而已。以皇太子为亚献，濮王守纯为终献。皇帝权服靴袍，行礼日服衮冕，皇太子以下公服，无卤簿仪仗，礼毕乘马还宫。

卷三十二　志第十三

礼五

上尊谥

天会三年六月，谙班勃极烈杲等表请追册先大圣皇帝。十二月二十五日，奉玉册、玉宝，恭上尊谥曰大圣武元皇帝，庙号太祖。天会十三年三月七日，遣摄太尉皇叔祖大司空昱奉玉册、玉宝，上尊谥曰文烈皇帝，庙号太宗。九月，追谥皇考曰景宣皇帝，庙号徽宗。

十四年八月庚戌，文武百僚、太师宗磐等上议曰："国家肇造区夏，四征弗庭，太祖武元皇帝受命拨乱，光启大业。太宗文烈皇帝继志卒伐，奋张皇威。原其积德累功，所由来者远矣！且礼多为贵，固前籍之美谈；德厚流光，实本朝之先务。伏惟皇九代祖，廓君人之量，挺御世之姿。虞舜生沩，迁于负夏，太王避狄，邑此岐山，圣姥来归，天原肇发。皇八代祖、皇七代祖，承家袭庆，裕后垂芳，不求赫赫之名，终大振振之族。皇六代祖，徙居得吉，播种是勤，去暴露获栋宇之安，释负载兴车舆之利。皇五代祖孛堇，雄姿迈世，美略齐时。成百里日辟之功，戎车既饰；著五教在宽之训，人纪肇修。皇高祖太师，质自天成，德为民望，兼精骑射，往无不摧，始置官师，归者盖众。皇曾祖太师，威灵震远，机警绝人，雅善运筹，未尝衿甲，临敌愈奋，应变若神。皇曾叔祖太师，机独运心，公无私物，四方耸动，诸部归怀，德威两隆，风俗大定。皇伯祖太师，友于尽爱，国尔惟忠，谋必罔愆，举无不济。累代祖妣，妇道警戒，王业艰难，俱殚内助之劳，实著始基之渐。是宜采群臣之佥议，酌故事以遵行，款帝于郊，称天以诔。谨按谥法，布义行刚曰'景'，主义行德曰'元'，保民耆艾曰'明'，温柔圣善曰'懿'，请上皇九代祖尊谥曰景元皇帝，庙号始祖，妣曰明懿皇后。中和纯备曰'德'，道德纯一曰'思'，请上皇八代祖尊谥曰德皇帝，妣曰思皇后。好和不争曰'安'，好廉自克曰'节'，请上皇七代祖尊谥曰安皇帝，妣曰节皇后。安民治古曰'定'，明德有劳曰'昭'，尊贤让善曰'恭'，柔德好众曰'靖'，请上皇六代祖尊谥曰定昭皇帝，庙号献祖，妣曰恭靖皇后。爱民立政曰'成'，辟土有德曰'襄'，强毅执正曰'威'，慈仁和民曰'顺'，请上皇五代祖孛堇尊谥曰成襄皇帝，庙号昭祖，妣曰威顺皇后。爱民好与曰'惠'，辟土兼国曰'桓'，明德有劳曰'昭'，执心决断曰'肃'，请上皇高祖太师尊谥曰惠桓皇帝，庙号景祖，妣曰昭肃皇后。大而化之曰'圣'，刚德克就曰'肃'，思虑深远曰'翼'，一德不懈曰'简'，请上皇曾祖太师尊谥曰圣肃皇帝，庙号世祖，妣曰翼简皇后。中情见貌曰'穆'，博闻多能曰'宪'，柔德好众曰'静'，圣善周闻曰'宣'，请上皇曾叔祖太师尊谥曰穆宪皇帝，庙号肃宗，妣曰静宣皇后。慈爱忘劳曰'孝'，执事有制曰'平'，清白守节曰'贞'，爱民好与曰'惠'，请上皇曾叔祖太师尊谥曰孝平皇帝，庙号穆宗，妣曰贞惠皇后。爱民长悌曰'恭'，一德不懈曰'简'，夙夜共事曰'敬'，小心畏忌曰'僖'，请上皇伯祖太师尊谥曰恭简皇帝，庙号康宗、妣曰敬僖皇后。仍请以始祖景元皇帝、景祖惠桓皇帝、世祖圣肃皇帝、太祖武元皇帝、太宗文烈皇帝为永永不祧之庙。须庙室告成，涓日备物，奉上宝册，藏于天府，施之罔极。"丙辰，奉上九代祖妣尊谥庙号，是日百僚上表称贺。

皇统五年，增上太祖尊谥，礼官议："自古辨祀，以南北郊、太社、太稷、太庙为序。若太庙神主造毕，即合题尊谥，择日奉安，恐在郊社之前于礼未伦。候筑郊兆毕，择日奏告昊天上帝、皇地祇，次奉安社稷神主及奏告，其次恭造太庙神主，题号奉安入室，以此为序。元奉敕旨，候到上京行礼，不见元奏目内，有无指定候修建太庙奉安神主以后行礼，或只于庆元宫奉上谥号。若候奉安太庙神主礼毕，方奉上谥号册宝，即百官并合法服，兼于皇帝所御殿合立黄麾仗及殿中省细仗，太庙殿前亦合立黄麾仗，其册宝在路亦合量设仪仗。若太庙未奉安，只于庆元宫上册宝，即行事及立班官并用常服，及依例量用大小旗、甲骑、门仗官，供奉官引从册宝彩服。若奉安后发册，即御服通天冠、绛纱袍。若只就庆元宫，即幞头红袍。并庆元宫上册宝，即将来题太庙本室神主，便可用新谥。若于太庙先奉安神主，即先题旧谥。及至就本室上册宝，又须改题新谥。有两节不同。五月九日拟奏告于太庙，上册宝，窃虑法物乐舞难办，只于庆元宫上册宝。"从之。

十月三日，奉上尊谥册宝仪：前期，有司供张辰居殿神御床案。少府监、钩盾署设燎薪于殿庭西南，掘坎于其侧。仪鸾司设小次于辰居殿下东厢，又设册宝幄殿于景辉门外东仗舍。殿前司、宣徽院量差甲骑、大小旗鼓、门仗官、香舆，自制造册宝所迎奉册宝，奉安于幄殿，行事官、制造官皆骑马引从，门下中书侍郎在前，侍中中书令在后，大礼使又在其后，举舁奉册宝官、制造官分左右夹侍，以北为上，皆给人从锦帽衫带。是日未明，翰林使、大官令丞铺设香案酒果、供具牲体膳羞于神御前，仪鸾司设皇帝拜褥四：一在阼阶上，面西；一在香案南，面北；一在殿上东栏子内，面西；一在燎薪之东，面西。设黄道，自小次至阼阶褥位。质明，有司备常行仪仗，驾头扇筤，常朝官常服骑马执鞭前导，以北为上，造册宝官，排办管勾官常服，于庆元宫门外立班，迎驾再拜。皇帝自宫中服靴袍、御马，至景晖门外下马，步入小次。少顷，御史台催班，大礼使、行事官自幄殿奉册宝入正门，置于辰居殿西阶下。大礼使归押班位，阁门使奏："班齐。"太常卿奏："请皇帝行奉上册宝之礼。"宣徽使、太常卿分引前导，皇帝由黄道升阼阶上面西褥位立，赞："请再拜"，阁门使胪传，在位官皆再拜。乃引皇帝由殿上正门入殿，于香案前褥位再拜，上香，又再拜，退稍东于栏子内面西褥位立定。仪鸾司彻香案前拜褥，设册宝褥位于香案南，举册、舁册官取册匣于床，对捧由西阶升，中书侍郎分左右前导。奉册中书令、读册中书令并后从，候於褥位。置定，奉册中书令于褥位南再拜，退就殿阶上西南柱外，面东立。读册官、中书令稍前，再拜。舁册官取匣盖下，置于西阶下册床。举册官对举册，读册官中书令一拜起，跪，搢笏，读册文曰："孝孙嗣皇帝臣某，谨拜手稽首奉玉册玉宝，恭上尊谥曰应乾兴运昭德定功睿神庄孝仁明大圣武元皇帝。"读册毕，就拜，兴，又再拜，退立于奉册中书令之次。奉册官进，与中书侍郎率举册、舁册官奉册匣由西阶下，引从如上仪，复置于册床。置定，举宝官以宝盝进，至侍中读毕，由西阶下，复置于床，皆如册匣之仪。有司彻册宝褥位，复设香案南拜褥。宣徽使、太常卿导皇帝进就褥位，再拜，上香、茶、酒，乐作，三酹酒，乐止。太祝读祝文，讫，皇帝再拜，复归阼阶褥位，立定。大礼使升殿，于香案南宣徽使处授福酒台盏，行至皇帝阼阶褥位前，宣徽使赞："皇帝再拜饮福。"阁门胪传："赐胙，再拜。"应在位官皆再拜。大礼使跪，以酒盏进授皇帝，乐作，饮讫，又再拜。大礼使受酒盏，复以授宣徽使，讫，由西阶下，归押班位。太祝奉祝版，翰林使酌酒，太官令丞量取牲羞，自西阶下，置于燎薪之上。文武班皆回班向燎所立，礼官赞："请皇帝就望燎位。"宣徽使取酒盏台于翰林使，以进授皇帝。皇帝酹酒于燎薪之上，执事者举燎，半燎，瘗于坎。宣徽使赞："皇帝再拜。"阁门喝："百官皆再拜。"太常卿、宣徽使前导，皇帝归小次，即御座，帘降。太常卿俯伏，兴，跪奏："太常卿臣某言，礼毕。"百官皆卷班西出。大礼使以下奉册宝床，纳于庆元宫收掌去处。皇帝进膳于别殿，侍食官取旨，有司转仗由来路，皇帝便服还内，教坊作乐前导。次日，大礼使率百官称贺。

是岁闰十一月，增上祖宗尊谥，始祖景元皇帝曰懿宪景元皇帝，德皇帝曰渊穆玄德皇帝，安皇帝曰和靖庆安皇帝，献祖定昭皇帝曰纯烈定昭皇帝，昭祖成襄皇帝曰武惠成襄皇帝，景祖惠桓皇帝曰英烈惠桓皇帝，世祖圣肃皇帝曰神武圣肃皇帝，肃宗穆宪皇帝曰明睿穆宪皇帝，穆宗孝平皇帝曰章顺孝平皇帝，康宗恭简皇帝曰献敏恭简皇帝，太宗文烈皇帝曰体元应运世德昭功哲惠仁圣文烈皇帝，徽宗景宣皇帝曰允恭克让孝德玄功佑圣景宣皇帝，已上庙号如故。十二月一日，奏告如仪。

大定三年，增上睿宗尊谥。先是，元年十一月十六日，追册皇考曰简肃皇帝，庙号睿宗，皇妣蒲察氏钦慈皇后，皇妣李氏贞懿皇后。二年八月一日，有司奏："祖宗谥号或十六字，或十四字，或十二字，即今睿宗皇帝更合增上尊谥，于升祔前奉册宝。"制可。十七日，左平章元宜等奏请增上尊谥曰睿宗立德显仁启圣广运文武简肃皇帝。有司奏："睿宗皇帝未经升祔，合无于衍庆宫圣武殿设神御床案？"奉旨崇圣阁借设正位。又奏："皇帝亲授册宝，太尉行事。"制可。九月二十二日，奏告太庙。二十八日，大安殿置大乐，阅习。前一日，自衍庆宫奉迎册宝，于大安殿安置。

授册日未明三刻，有司各勒所部，整肃仪卫，群臣集于殿门，行事官各法服，陪位官公服。皇帝自宫中常服乘舆，侍卫如仪，赴大安殿后更衣幄次。御史台催班，通事舍人引太尉及群臣就位。侍中跪奏："中严。"少顷，又跪奏："外办。"皇帝服通天冠、绛纱袍出。太常卿跪奏称："太常卿臣某言，请皇帝行奉上册宝之礼。"奏讫，俯伏，兴。宣徽使分左右前导，皇帝步诣册宝幄次。将至幄次，登歌乐作，至幄次前北向，宣徽使赞："请皇帝再拜。"典仪赞："在位官再拜。"拜讫，奏："请皇帝搢圭。"三上香，讫，执圭。奏："请皇帝再拜。"典仪赞："在位官再拜。"讫，各分班东西序立。奏："请皇帝诣稍东褥位。"乐止。中书令、中书侍郎奉引册，侍中、门下侍郎奉引宝，行，登歌乐作。宣徽使赞导皇帝随册宝降自西阶，登歌乐止，宫县乐作，至大安殿下当中褥位。中书令、侍中奉册宝于皇帝褥位之西，乐止。宣徽使奏："请皇帝再拜。"典仪赞："在位官皆再拜。"拜讫，中书令搢笏，奉册匣，宫县乐作，至皇帝褥位前，俯伏，跪，奉置讫，执笏，俯伏，兴，退稍西立，东向。太常博士引太尉至褥位，北向立。宣徽使奏："请皇帝搢圭。"跪捧册匣授太尉，太尉搢笏，跪受讫，执笏，少东立，宣徽使奏："请执圭。"俯伏，兴。舁册官捧册匣，中书侍郎奉册匣置于册床，乐止。侍中搢笏，奉宝盝，宫县乐作，至皇帝褥位前，俯伏，跪，奉置讫，执笏，俯伏，兴，退稍西立，东向。太常博士引太尉至褥位，北向立。宣徽使奏："皇帝搢圭。"跪捧宝盝授太尉，太尉搢笏，跪，受讫，执笏，少东立。宣徽使奏："请执圭。"俯伏，兴。舁宝官捧宝盝，门下侍郎奉置于宝床，乐止。宣徽使奏："皇帝再拜。"典仪赞："在位官再拜。"皇帝南向立，宫县乐作。太常博士引太尉奉册宝出，主节者持节前导，册床在前，宝床次之，乐止。中书门下侍郎各导于册宝之前，太尉居其后，至大安门外，太尉以次跪奉册宝于玉辂中，中书侍郎于辂旁夹侍，所司迎卫如式。太尉奉册宝讫，步出通天门外，革车用本品卤簿，导从如仪，鼓吹不振作。俟册宝出大安门，太常卿跪奏称："太常卿臣某言，礼毕。"奏讫，俯伏，兴，前导皇帝升自东阶，登歌乐作，还大安殿后幄次，乐止。侍中跪奏："解严。"乘舆还内，侍卫如来仪。

十月一日，摄太尉特进平章政事兼太子太师定国公臣完颜宗宪率百官赴衍庆宫行礼。前一日，设册宝幄次于圣武殿门外，西向。其日质明，太常寺官率所属，于圣武殿设神御床案，宣徽院排备茶酒果、时馔、茶食、香花等，并如太祖皇帝忌辰供备之数。大乐署设登歌之乐于殿上前楹间稍南，北向。迎卫册宝至衍庆宫门外，中书门下侍郎各奉册宝降辂，各置于床。太尉至门外降车，率中书令以下导从，赴圣武殿门外幄次，奉安如式。其仪仗兵士并退。次引文武百官各服其服，以次就位。大乐令率工人就位，礼直官亦先就位。应执事者并先入殿庭北向立，礼直官赞："再拜。"讫，升殿。次引太尉就东阶下褥位西向立，礼直官赞："拜。"在位官俱再拜。礼直官曰："有司谨具，请行事。"礼直官赞："拜。"在位官俱再拜，讫，引太尉诣罍洗盥手，升殿，诣神座前，搢笏，跪，三上香，乐作，奠茶、奠酒，讫，执笏，俯伏，兴，乐止。太尉再拜，讫，还位少立。次引太尉出，率中书门下侍郎等，奉册宝床入自殿门，中书令侍中等并导从，登歌乐作，册宝床至殿庭，列于西阶之下，承以席褥，乐止。太尉以下各就面北褥位立定，礼直官赞："拜。"在位官俱再拜，讫，太尉率中书令侍郎奉册匣升殿，登歌乐作，至殿上，册匣置于食案之前，仍设褥位，乐止。次引太尉诣神位前，俯伏，跪，称："摄太尉臣某言，谨上加尊谥册，宝。"奏讫，俯伏，兴，稍西立。次引中书令立于册匣南，举册官举册，中书令俯伏，跪读册，讫，俯伏，兴。中书令奉册匣降自西阶，置于床，登歌乐作，置讫，乐止。次引侍中门下侍郎奉宝盝升殿，乐作，置于食案之前。仍设褥位，乐止。举宝官举宝盝，侍中俯伏，跪读宝，讫，俯伏，兴。侍中奉宝盝降自西阶，置于床，登歌乐作，置讫，乐止。太尉诣殿门外褥位，再拜，讫，太尉而下俱降阶，以次就位。礼直官赞："拜。"在位官皆再拜，讫，以次出。寺官、署官率拱卫直，舁册宝床置于册宝殿，各退。次日，百官称贺如常仪。

大定十九年，奉上孝成皇帝谥号。元年十一月十六日，诏曰："前君乃太祖之长孙，受太宗之遗命，嗣膺神器，十有五年。垂拱仰成，委任勋戚，废齐国以省徭赋，柔宋人而息兵戈，世格泰和，俗跻仁寿，混车书于南北，一尉候于东西。晚虽淫刑，几于恣意，冤施弟后，戮及良工，虐不及民，事犹可谏，过之至此，古或有焉。右丞相岐国王亮不务弼谐，反行篡弑，妄加黜废，抑损徽称。远近伤嗟，神人愤怒，天方悔祸，朕乃继兴，受天下之乐推，居域中之有大。将拨乱而反正，务在革非。期事亡以如存，聿思尽礼。宜上谥号曰闵宗武灵皇帝。"十八年，有司言："本朝祖宗尊谥或十八字，或十四字，或十二字，或四字。今拟增上闵宗尊谥曰弘基缵武庄靖孝成皇帝，仍加谥悼皇后曰悼平皇后。"又言："大定三年追尊睿宗皇帝礼仪，大安殿前立黄麾仗一千人，应天门外行仗二千人，皇帝服通天冠、绛纱袍，随册宝降自西阶，搢圭，跪，捧册宝授太尉。今拟大安殿行礼，及依唐、周典故，降阶捧册宝授太尉。所有冠冕仪仗拟依已行礼例。"上命仪仗人数约量减之，余略同前仪。明年四月十日，奉上册宝，升祔太庙。二十六年，敕再议闵宗庙号，礼官拟上"襄、威、敬、定、桓、烈、熙"七字，奉旨用"熙"字，乃以明年四月一日，遣官奏告太庙及闵宗本室，易新庙号。

大定二十九年四月乙丑，谥大行皇帝曰光天兴运文德武功圣明仁孝皇帝，庙号世宗。五月丙午，以祔庙礼成，大赦。大定二十九年五月甲午，上皇考尊谥曰体道弘仁英文睿德光孝皇帝，庙号显宗。大安元年二月丁卯，谥大行皇帝曰宪天光运仁文义武神圣英孝皇帝，庙号章宗。正大元年正月戊戌，谥大行皇帝曰继天兴统述道勤仁英武圣孝皇帝，庙号宣宗。

卷三十三　志第十四

礼　六

原庙　朝谒仪　朝拜仪　别庙

太宗天会二年，立大圣皇帝庙于西京。熙宗天眷二年九月，又以上京庆元宫为太祖皇帝原庙。皇统七年，有司奏："庆元宫门旧曰景晖，殿曰辰居，似非庙中之名，今宜改殿名曰世德。"是岁，东京御容殿成。世宗大定二年十二月，诏以"会宁府国家兴王之地，宜就庆元宫址建正殿九间，仍其旧号，以时荐享"。海陵天德四年，有司言："燕京兴建太庙，复立原庙。三代以前无原庙制，至汉惠帝始置庙于长安渭北，荐以时果，其后又置于丰、沛，不闻享荐之礼。今两都告享宜止于燕京所建原庙行事。"于是，名其宫曰衍庆，殿曰圣武，门曰崇圣。

大定二年，以睿宗御容奉迁衍庆宫。五年，会宁府太祖庙成，有司言宜以御容安置。先是，衍庆宫藏太祖御容十有二：法服一、立容一、戎衣一、佩弓矢一、坐容二、巾服一，旧在会宁府安置；半身容二，春衣容一、巾而衣红者二，旧在中都御容殿安置，今皆在此。诏以便服容一，遣官奉安，择日启行。前一日，夙兴，告庙，用酒馔，差奏告官一员，以所差使充，进请御署祝板。其日质明，有司设龙车于衍庆宫门外少西，东向。宰执率百官公服诣本宫殿下，班立，再拜。班首升殿，跪上香、奠酒，教坊乐作，少退，再拜。班首降阶复位，陪位官皆再拜。奉送使副率太祝捧御容匣出，宰执以下分左右前导，出衍庆宫门外，俟御容匣升车，百官上马后从，旗帜甲马锦衣人等分左右导，香舆扇等前行。至都门郊外，俟御容车少驻，导从官下马，车前立班，再拜。奉送使副侧侍不拜。班首诣香舆，跪上香，俯伏，兴，还班，再拜辞讫，退。使副遂行。每程到馆或廨舍内安驻。其道路仪卫，红罗伞一，龙车一，其制以青布为亭子状，安车上，驾以牛。又用驼五，旗鼓共五十，舁香舆一十人，导从六十人，执扇八人，兵士百人，护卫二十人以宗室猛安谋克子孙充。所过州县，官属公服出郭香果奉迎，再拜，班首上香奠酒，又再拜。送至郊外，再拜乃退。至会宁府，官属备香舆奉迎如上仪，乘马从至庙门外下马，分左右导引。使副率太祝四员，捧御容入庙，于中门外东壁幄次内奉置定，再拜，讫，退，择日奉安。至日质明，差去官与本府官及建庙官等并公服，诣幄次前排立，先再拜，跪上香，乐作，奠酒，讫，又再拜。太祝捧御容，众官前导引，至殿下排立。御容升殿奉安，讫，再拜，班首升殿，跪上香，读祝，奠酒，乐作，少退再拜，讫，班首降阶复位，同执事官再拜，讫，退。

十五年二月，有司言东京开觉寺藏睿宗皇帝皂衣展裹真容，敕迁本京祖庙奉祀，仍易袍色。明年四月，诏依奉安睿宗礼，奉安世祖御容于衍庆宫。前期，有司备香案、酒果、教坊乐。至日质明，亲王宰执率百官公服迎引至衍庆宫，凡用甲骑百人，伞二人，扇十二人、香舆八人、彩舆十六人、从者二十四人、执事官二人，弩手控鹤各五十人、赞者二人、礼直官二人，六品以下官三十员公服乘马前导。奉安讫，百官再拜，礼毕，退立宫门之外，迎驾朝谒。十六年正月，有司奏："奉敕议世祖皇帝御容当于何处安置。臣等参详衍庆宫即汉之原庙，每遇太祖皇帝忌辰，百官朝拜。今世祖皇帝择地修建殿位，庶可副严奉之意。"从之。乃敕于圣武殿东西兴建世祖、太宗、睿宗殿位。既而复欲择地建太宗殿于归仁馆，有司言："山陵太祖、太宗、睿宗共一兆域，太庙世祖、太祖、太宗、睿宗亦同堂异室。今于归仁馆兴建太宗殿位，似与山陵、太庙之制不同。"诏从前议，止于衍庆宫各建殿七间、阁五间、三门五间。乃定世祖殿曰广德、阁曰燕昌，太宗殿曰丕承、阁曰光昭，睿宗殿曰天兴、阁曰景福。

十九年五月六日，奏告。七日，奉安。执事礼官二人，每位香案一、祭器席一、拜褥二、盥洗一、大勺篚巾全。前一日，太庙令率其属扫除宫内外，又各设神座于殿上，又设亲王宰执以下百官拜位于殿庭。又设盥洗位于东阶下，执罍篚者位于其后。又于神位前各设北向拜褥位，并各设香案香炉匙合香酒花果器皿物等，依前来例。又于圣武殿上设香案炉匙合香等，又于殿下各设腰舆一、舁士一十六人、伞子各二人、执扇各十二人、导从弩手各三十人。前一日，清斋，亲王于本府，百官于其第。行礼官执事人等习仪，就祠所清斋。其日质明，礼官率太庙署官等诣崇圣阁奉世祖御容，每匣用内侍二人、太祝一员，礼官、署官前导，置于圣武殿神座。礼直官引亲王宰执百官公服于殿庭班立，七品以下班于殿门之外，赞者曰："拜。"在位官皆再拜。礼直官引班首诣罍洗，盥手讫，升殿，诣神座前跪上香，讫，少退，再拜。礼直官引班首降殿复位，赞者曰："拜。"在位官皆再拜，讫，礼直官导世祖御容升腰舆，仪卫依次序导从，至广德殿，百官后从，至庭下班位立。礼官率太庙署官就腰舆内捧御容，于殿上正面奉安讫，百官于阶下，六品已下官于殿门外，立班。赞者曰："再拜。"在位官皆再拜。礼直官引班首诣盥洗，盥手讫，升殿，执事官等从升，诣御容前，跪上香，奠酒，教坊乐作，少退再拜，讫，乐止。礼直官引班首降殿复位，赞者曰："拜。"在位官皆再拜。讫，礼官率太庙署官诣崇圣阁。太祝内侍捧太宗御容，礼官导太宗御容置于圣武殿，行礼毕，以次奉安于丕承殿，行礼并如上仪。次睿宗御容奉安于天兴殿，礼亦如之。俟奉安礼毕，百官退。

二十一年闰三月，奉旨昭祖、景祖奉安燕昌阁上，肃宗、穆宗、康宗奉安阁下，明肃皇帝奉安崇圣阁下。每位设黄罗幕一、黄罗明金柱衣二、紫罗地褥一、龙床一、踏床二、衣全，前期奏告。四月一日奉安，五日亲祀。是年五月，迁圣安寺睿宗皇帝御容于衍庆宫，皇太子亲王宰执奉迎安置。

朝谒仪

大定十六年四月十九日，奉安世祖御容，行朝谒之礼。皇帝前一日斋于内殿，皇太子斋于本宫，亲王斋于本府，百官斋于其第。太庙令率其属，于衍庆宫内外扫除，设亲王百官拜位于殿庭，又设皇太子拜褥于亲王百官位前。宣徽院率其属，于圣武门外之东设西向御幄，灵星门东设皇太子幄次。其日，有司列仗卫于应天门，俟奉安御容讫，有司于殿上并神御前设北向拜褥位，安置香炉香案并香酒器物等。皇太子比至车驾进发已前，公服乘马，本宫官属导从，至衍庆宫门西下马，步入幄次。亲王百官于衍庆宫门外西向立班。俟车驾将至，典赞仪引皇太子出幄次，于亲王百官班前奉迎。导驾官，五品六品七品职官内差四十员于应天门外道南立班以俟。皇帝服靴袍乘辇，从官伞扇侍卫如常仪。敕旨用大安辇、仪仗一千人。出应天门，阁门通喝："导驾官再拜。"讫，阁门传敕："道驾官上马。"分左右前导，至庙门外西偏下马。车驾至衍庆宫门外稍西降辇。左右宣徽使前导，皇帝步入御幄，帘降。阁门先引亲王、宰执、四品已上执事官，由东西偏门入，至殿庭分东西班相向立。典赞仪引皇太子入，立于褥位之西，东向。进香进酒等执事官并升阶，于殿上分东西向以次立。宣徽使跪奏："请皇帝行朝谒之礼。"帘卷，皇帝出幄。宣徽使前导，至殿上褥位，北向立。典赞仪引皇太子就褥位，阁门引亲王宰执四品已上职事官回班，并北向立。令中间歇空，不碍奏乐。五品以下圣武门外、八品以下宫门外陪拜。二宣徽使奏请，皇帝再拜，教坊乐作。皇太子已下群官皆再拜。请皇帝诣神御前褥位，北向立，又请皇帝再拜，皇太子已下群官皆再拜。请皇帝跪，三上香，三奠酒，俯伏，兴。又请皇帝再拜，皇太子已下群官皆再拜，讫，皇帝复位。又请皇帝再拜，皇太子已下群官皆再拜。宣徽使奏："礼毕。"已上拟八拜，宣徽院奏过，依旧例十二拜。典赞仪引皇太子复立于褥位之西，东向。阁门引亲王宰执以下群官，东西相向立。先引五品已下官出。宣徽使前导，皇帝还御幄，帘降。典赞仪引皇太子，阁门分引殿庭百官，以次出。宣徽使跪奏："请皇帝还宫。"帘卷，步出庙门外，升辇还宫，如来仪。十九年奉安礼同。

朝拜仪

初，太祖忌辰，皇帝至褥位立，再拜。稍东，西向，诣香案前，又再拜。上香讫，复位，又再拜。进食、奠茶、辞神皆再拜而退。大定二十一年五月十二日，睿宗忌辰，有司更定仪礼。前一日，宣徽院设御幄于天兴殿门外稍西。至日质明，皇太子亲王百官具公服于衍庆宫门外立班，奉迎。皇帝乘马至衍庆宫门外下马，二宣徽使前导，步入宫门稍东。皇帝乘辇，伞扇侍卫如常仪，至天兴殿门外稍西。皇帝降辇，入幄次，帘降，典赞仪引皇太子、阁门引亲王宰执四品已上官由偏门入，至于殿庭，左右分班立定，二宣徽使导皇帝由天兴门正门入，自东阶升殿，诣褥位立定。皇太子已下官合班，五品以下班于殿门外。宣徽使奏："请皇帝先再拜。请诣侍神位立。"俟有司置香案酒卓讫，请诣褥位，又再拜，三上香、奠酒，复位，再拜。已上，皇太子以下皆陪拜。再奏："请诣稍东侍神位立。"典赞仪引皇太子升殿赴褥位，先两拜，奠酒再两拜，降复褥位。次阁门引终献官赵王上殿行礼。宣徽使奏："请皇帝诣褥位。"再两拜。皇太子以下官皆再拜。礼毕，百官依前分班立。皇帝出殿门外，入幄次，帘降，更衣。次引皇太子以下官出宫门外立班。皇帝乘辇，至宫门稍东降辇，步出宫门外，上马还宫，导从侍卫如来仪。皇太子以下官，俟车驾行然后退。大定五年，奉旨："太祖忌辰，衍庆宫荐享止用素食，诸京凡御容所在皆同。又朔望皆行朝拜礼。"六年，有司奏："太祖皇帝忌辰，车驾亲奠，百官陪拜。今车驾巡幸，合以宰臣为班首，率百官诣衍庆宫行礼。"从之。十六年，奉旨："世祖、太宗忌辰，一体奉奠。"十八年八月，太祖忌辰，世祖、太宗同在一处致祭，有司言"历代无一圣忌辰列圣预祭之典。"拟议间，敕遣太子，一位行礼，并就祭功臣。二十六年，以内外祖庙不同，定拟："太庙每岁五享，山陵朔、望、忌辰及节辰祭奠并依前代典故外，衍庆宫自来车驾行幸，遇祖宗忌辰百官行礼，并诸京祖庙节辰、忌辰、朔、望拜奠，虽无典故参酌，恐合依旧，以尽崇奉之意。"从之。

别庙

大定二年，有司拟奏闵宗无嗣，合别立庙，有司以时祭享，不称宗，以武灵为庙号。又奏："唐立别庙，不必专在太庙垣内。今武灵皇帝既不称宗，又不与祫享，其庙拟于太庙东墉外隙地建立。”从之。十四年，庙成，以武灵后谥孝成，又谓之孝成庙。十五年三月戊申，奉安武灵皇帝及悼皇后。前期一日，奏告太庙十一室及昭德皇后庙，余如昭德过庙之仪。四月十七日，夏享太庙，同时行礼，命判宗正英王爽摄太尉，充初献官。兵部尚书让摄司徒，差大理卿天锡摄太常卿，充亚献。大兴少尹高居中摄光禄卿，充终献。自是，岁常五享。十七年十月，祫享太庙，“检讨唐礼，孝敬皇帝庙时享用庙舞、宫县、登歌，让皇帝庙至禘祫月一祭，只用登歌，其礼制损益不同。今武灵皇帝庙庭与太庙地步不同，难以容设宫县乐舞，并乐器亦是阙少，看详恐合依唐让皇帝祫享典故，乐用登歌，所有牲牢樽俎同太庙一室行礼。及契勘得自来祫享，遇亲祠每室一犊，摄官行礼共用三犊。今添武灵皇帝别庙行礼，合无依已奏定共用三犊，或增添牛数。”奏奉敕旨：“太庙、别庙共用三犊，武灵皇帝庙乐用登歌，差官奏告，并准奏”。大定十九年四月，升祔太庙，其旧庙遂毁。

昭德皇后庙。大定二年，有司援唐典，昭德皇后合立别庙，拟于太庙内垣东北起建，从之。三年十月七日，太庙祫享，升祔睿宗皇帝并昭德皇后，神主同时制造题写，奉诣殿庭，谒毕祔于祖姑钦仁皇后之左，享祀毕，奉主还本庙。十二月二十一日，腊享，礼官言：“唐礼，别庙荐享皆准太庙一室之仪，伏恐今庙享毕已过质明，请别差官摄祭。”制可。后以殿制小，又于太庙之东别建一位。十二年八月，庙成，正殿三间，东西各空半间，以两间为室，从西一间西壁上安置祏室。庙置一便门，与太庙相通。仍以旧殿为册宝殿，祏室奏毁。十三年六月二十一日，奏告太庙，祭告别庙。二十三日，奉安，用前祫享过庙仪。有司言当用卤簿，以庙相去不远，参酌拟用清道二人，次团扇二人，次职掌八人，次衙官二十六人为十三重，供奉官充。次腰舆，舆士一十六人，伞子二人，次团扇十四为七重，方扇四，次排列职掌六人，烛笼十对，辇官并锦袄盘裹。仍令皇太子率百官行礼。前一日，行事执事官就祠所清斋一宿，仍习仪。执事者视醴馔，太庙令帅其属扫除庙之内外。礼直官设皇太子西向位，执事官位皇太子后，近南，西向，各依品从立。监祭，殿西阶下东向立。及亲王百官位于庙庭，北向，西上，又设祝案于神位之右，设尊彝之位于左，各加勺、幂、坫。又设祭器，皆籍以席，左一笾实以鹿脯，右一豆实以鹿臡。又设盥洗、爵洗位于横街之南稍东。罍在洗东，加勺。篚在洗西，南肆，实以巾。执罍篚者位于其后。太庙令又设神位于室内北墉下，当户南向。设直几一、黼扆一、莞席一、缫席一、次席二、紫绫厚褥一、紫绫蒙褥一并幄帐等，诸物并如旧庙之仪。又设望燎位于西神门外之北，设燎柴于位之北，预掘瘗坎于燎所，所司陈仪卫于旧庙门之外。奉安日未明二刻，所司进方扇烛笼于旧庙殿门外，设腰舆一、伞一于殿阶之下，南向。质明，皇太子公服乘马，本宫官属导从，至庙门外下马，步入庙门，至幕。次引亲王百官常服由庙门入，于殿庭北向西上、重行立定。次引皇太子于百官前绝席位立，赞者曰：“再拜。”皆再拜。宫闱令升殿，捧昭德皇后神主置于座，赞者曰：“再拜。”皆再拜。次引内常侍北向俯伏，跪奏：“请昭德皇后神主奉安于新庙，降殿升舆。”奏讫，俯伏，兴。捧几内侍先捧几匮跪置于舆，又宫闱令接神主，内侍前引，跪置于舆上几后，覆以红罗帕。内常侍以下分左右前引，皇太子步自旧庙先从行，亲王次之，百官分左右后从，仪卫导从，至别庙殿下北向。内常侍于腰舆前俯伏，兴，跪奏：“请降舆升殿。”内侍捧几匮前，宫闱令捧接神主升殿，置于座。礼直官引皇太子以下亲王百官入殿庭，北向西上、重行立，皇太子在绝席立，礼直官赞曰：“再拜。”皆再拜。又赞曰：“行事官各就位。”礼直官引皇太子西向位立定。礼直官少前赞曰：“有司谨具，请行事。”即引皇太子就盥洗位，北向，搢笏，盥手，帨手，执笏。诣爵洗位，北向立，搢笏，洗爵，拭爵以授执事者。执笏，升，诣酒尊所，西向立，执事者以爵授皇太子，搢笏，执爵。执事者举幂酌酒，皇太子以爵授执事者，诣神位前北向，搢笏，跪。执事者以爵授皇太子，执爵三祭酒，反爵于坫，执笏，俯伏，兴，少立。次引太祝、举祝官诣读祝位东北向，举祝官跪举祝版，太祝跪读祝，讫，置祝于案，俯伏，兴。举祝官皆却立北向。赞者曰：“再拜。”皇太子就两拜，降阶复位。举祝、读祝官后从，复本位。礼直官曰：“再拜。”在位者皆再拜。宫闱令纳神主于室，赞者曰：“再拜。”皆再拜，礼毕，退。署令阖庙门，瘗祝于坎，仪物各还所司。十一年，郊祀前一日朝享，与太庙同日，用登歌乐，行三献礼，有司摄事。二十六年，敕别建昭德皇后影庙于太庙内。有司言：“宜建殿三间，南面一屋三门，垣周以甓，外垣置灵星门一，神厨及西房各三间。然礼无庙中别建影庙之例，今皇后庙西有隙地，广三十四步，袤五十四步，可以兴建。”制可。仍于正南别创正门，门以坤仪为名。仍留旧有便门，遇禘祫祔享由之。每岁五享并影庙行礼于正南门出入。又于庙外起斋廊房二十三间。

宣孝太子庙。大定二十五年七月，有司奏：“依唐典，故太子置庙，设官属奉祀。拟于法物库东建殿三间，南垣及外垣皆一屋三门，东西垣各一屋一门，门设九戟。斋房、神厨，度地之宜。”又奉旨：“太子庙既安神主，宜别建影殿。”有司定拟制度，于见建庙稍西中间，限以砖墉，内建影殿三间。南面一屋三门，垣周以甓，无阙角及东西门。外垣正南建三门一，左右翼廊二十间，神厨、斋室各二屋三间，是岁十月，庙成。十一日奉安神主，十四日奉迁画像。神主用栗，依唐制诸侯用一尺，刻谥于背。省部遣官于本庙西南隅面北设幄次，监视制造，于行礼前一日制造讫。其日晚，奉神主官奉承以箱，覆以帕，捧诣题神主幄中。次日丑前五刻，题神主官与典仪并礼官诣幄次前，题神主官诣罍洗位，盥手、帨手讫，奉神主官先以香汤奉沐，拭以罗巾。题神主官就褥位，题谥号于背云“宣孝太子神主”，墨书，用光漆模，讫，授奉神主官，承以箱，覆以梅红罗帕，藉以素罗帕，诣座置于匮，乃下帘帷，侍卫如式。俟典仪俯伏，跪请，备腰舆伞扇诣神位。导引侍卫皆减昭德庙仪。祭仪，有司言：“当随祖庙四时祭享。初献于皇孙皇族、亚献于皇族或五品以下差。乐用登歌，今量减用二十五人，其接神用无射宫，升降彻豆则歌夹钟。牲羊、豕各一、笾豆各八，簠簋各二，登铏各一，其余祭食亦量减之。”二十六年十一月一日，奏：“神主庙，牲牢乐县官给。影庙，皇孙奉祀。”

卷三十四　志第十五

礼　七

社稷　风雨雷师　岳镇海渎

贞元元年闰十二月，有司奏建社稷坛于上京。大定七年七月，又奏建坛于中都。社为制，其外四周为垣，南向开一神门，门三间。内又四周为垣，东西南北各开一神门，门三间，各列二十四戟。四隅连饰罘罳，无屋，于中稍南为坛位，令三方广阔，一级四陛。以五色土各饰其方，中央覆以黄土，其广五丈，高五尺。其主用白石，下广二尺，剡其上，形如钟，埋其半。坛南，栽栗以表之。近西为稷坛，如社坛之制而无石主。四壝门各五间，两塾三门，门列十二戟。壝有角楼，楼之面皆随方色饰之。馔幔四楹，在北壝门西，北向。神厨在西壝门外，南向。廨在南围墙内，东西向。有望祭堂三楹，在其北，雨则于是堂望拜。堂之南北各为屋二楹，三献及司徒致斋幕次也。堂下南北相向有斋舍二十楹。外门止一间，不施鸱尾。

祭用春秋二仲月上戊日，乐用登歌，遣官行事。太尉一，司徒一，已上奏差。亚献太常卿一，终献光禄卿一，省差。太常卿一，光禄卿一，郊社令一，学士院官一，请御署祝版。大乐令一，太官令二，监祭御史二，太常博士二，廪牺令一，奉礼郎一，协律郎二，司尊罍二，奉爵酒官一，太祝七，祝史四，盥洗官二，爵洗官二，执巾篚官四，斋郎四十八，赞者一，礼直官十，已上部差。守卫十二人，各衣其方色，其服官给。举瘗四，衣皂，军人内差，其衣自备。前三日质明，行事官受誓戒于尚书省、御史台，太常寺引众官就位，礼直官赞：“揖。”对揖，讫，太尉誓曰：“某月某日上戊，祭于太社，各扬尔职。不恭其事，国有常刑。”读讫，对拜，讫，退。凡与祭官散斋二日，致斋一日，已斋而阙者通摄行事，仍习礼于社宫。诸卫令率其属，各以其方器服守卫社宫门。大乐工人俱清斋一宿。前三日，陈设局设祭官公卿已下次于斋房之内。及设馔幔四于社宫西神门之外，门南，西向。前二日，郊社令率其属，扫除坛之上下。大乐令设乐于坛上。郊社令为瘗坎二于壬地，方深取足容物，南出陛。又设望瘗位于坎之北，南向。前一日，奉礼郎帅礼直官，设祭官公卿以下褥位于西神门之内道南，执事官于道北，每等异位，俱重行，东向，南上。设御史位二于坛下，一在太社东北，西向，一在太稷西北，东向，博士各在其北。设奉礼郎位于稷坛上西北，赞者一在北，东向。设协律郎位二于坛上东北隅，俱西向。设大乐令位于两坛之间，南向。设献官褥位于逐坛上神座前。设省牲位于西神门外。设牲榜于当门，黝牲二居前，又黝牲二少退（二牲皆用黝），北上。设廪牺令位于牲东北，南向。设诸太祝位于牲西，各当牲后，祝史陪其后，具东向。设太常卿省牲位于前近南，北向。又设御史位于太常卿之东，北向。太常卿帅其属，设酒樽之位。太樽二、著樽二、牺樽二、山罍二在坛上北隅，南向。象樽二、壶樽二、山罍二在坛下北陛之西，南向。后土氏象樽二、著樽二、山罍二在太社酒樽之西，俱东南上。设太稷、后稷酒樽于坛之上下，如太社、后土之仪。设洗位二于社坛西北，南向。罍在洗东，篚在洗西，北肆。司樽罍篚幂者，各位于其后。设玉帛之篚于坛上樽坫之所。设四座，各笾十、豆十、簠二、簋二、铏三、槃一、俎三、坫四，内笾一、豆一、簠一、簋一、俎三各设于馔幔内。光禄卿率其属，入实。笾之实，鱼鱐、乾枣、形盐、鹿脯、榛实、乾䕩、桃、菱、芡、栗，以序为次。豆之实，芹菹、笋菹、葵菹、菁菹、韭菹、鱼醢、兔醢、豚拍、鹿臡、醓醢以序为次。铏实以羹，加芼滑。簠实以稻、粱、簋实以黍、稷、粱在稻前，稷在黍前。太官令入实樽罍以酒，各一樽实以玄酒。

祭日未明五刻，郊社令升设太社太稷神座，各于坛上近南，北向。设后土氏神座于太社神座之左，后稷氏神座于太稷神座之左，俱东向。席皆以莞，加裀褥如币之色。神位版各于座首。前一日，诸卫之属禁断行人。郊社令与其属，以樽坫罍洗篚幂入设于位，司樽罍奉礼郎及执事者升自太社坛西陛以俟。其省牲器、视涤溉，并如郊庙仪。祭日未明十刻，太官令率宰人以鸾刀割牲，祝史以豆取毛血，各置于馔所，以盘取血置神座前，遂烹牲。未明三刻，诸祭官各服其服。郊社令、太官令入实玉币樽罍。太官令帅进馔者实诸笾豆簠簋。未明一刻，奉礼郎、赞者先入就位。礼直官引光禄卿、御史、博士、诸太祝、祝史、司樽罍篚幂者入自西门，当太社坛北，重行南向东上立定，奉礼曰：“再拜。”赞者承传，御史以下皆再拜，讫，司樽罍篚幂者皆就位。奉盘血祝史与太祝由西陛升坛，各于樽所立，祝史以俟瘗血，太祝以俟取玉币。大乐令帅工人入。礼直官各引祭官入，就位立定，奉礼曰：“众官再拜。”赞者曰：“在位者皆再拜。”其先拜者不拜。礼直官进太尉之左曰：“有司谨具，请行事。”退复位。礼直官引光禄卿就瘗血所，又引祝史奉盘血降自西陛，至瘗位，光禄卿瘗血，讫，复位。祝史以盘还馔幔，以俟奉毛血豆。奉礼曰：“众官再拜。”在位者皆再拜。诸太祝取玉币于篚，各立于尊所。礼直官引太尉诣盥洗位。协律郎跪，俯伏，举麾，乐作太簇宫《正宁之曲》。后盥洗同。至洗位南向立，乐止。搢笏，盥手、帨手讫，诣太社坛，乐作应钟宫《嘉宁之曲》。后升坛同。升自北陛，乐止，南向立。太祝以玉帛西向授太尉，太尉受玉帛。礼神之玉奠于神前，瘗玉加于币，配位不用玉。玉用两圭有邸。盛以匣。瘗玉以玉石为之。帛用黑缯，长一丈八尺。乐作太簇宫《嘉宁之曲》，太稷同。礼直官引太尉进，南向跪奠于太社座前，俯伏，兴。引太尉少退，诣褥位南向再拜。太祝以币授太尉，太尉受币，西向跪奠于后土神座前，俯伏，兴。礼直官引太尉少退，西向再拜，讫，乐止。礼直官引太尉降自北陛，诣太稷坛，盥洗、升奠玉币如太社后土之仪。祝史奉毛血入，各由其陛升，毛血豆系别置一豆。诸太祝迎取于坛上，俱进奠于神座前，祝史退立于樽所。太尉既升奠玉币，太官令出帅进馔者，奉馔陈于西门外。礼直官引司徒出诣馔所，司徒奉太社之俎。诸太祝既奠毛血，礼直官太官令引太社太稷之馔入自正门，配座之馔入自左闼。馔初入门，乐作太簇宫《正宁之曲》，馔至陛，乐止。祝史俱进彻毛血豆，降自西陛以出。太社太稷之馔升自北陛，配座之馔升自西陛，诸太祝迎引于坛上，各于神座前设讫，礼直官引司徒已下降自西陛，乐作，复位，乐止。诸太祝还樽所。礼直官引太尉诣罍洗位，乐作，至位，乐止。盥手、洗爵讫，礼直官引太尉诣太社坛，升自北陛，乐作，至太社酒樽所，乐止。执樽者举幂，执事者以爵授太尉，太尉执爵，太官令酌酒，讫，乐作太簇宫《阜宁之曲》。太稷同。太尉以爵授执事者。礼直官引太尉诣太社神座前，执事者以爵授太尉，南向跪奠爵，讫，以爵授执事者，俯伏，兴。太尉少退，乐止。读祝官与捧祝官进于神座前右，西向跪读祝，读讫，读祝官就一拜，各还樽所。太尉拜讫，诣配位酒樽所。执事者举幂，执事者以爵授太尉，太尉执爵，太官令酌酒，讫，乐作太簇宫《昭宁之曲》。太尉以爵授执事者。礼直官引太尉进后土神座前，执事者以爵授太尉，西向跪奠爵，讫，以爵授执事者，俯伏，兴。太尉少退，乐止。读祝如上仪。太尉再拜，讫，礼直官引太尉降自北陛，乐作，至罍洗位，乐止。盥手、洗爵讫，礼直官引太尉诣太稷坛，升自北陛，并如太社后土之仪，乐曲同。讫，礼直官引太尉还本位。

亚、终献，盥洗升献并如太尉之仪。礼直官引终献降复位，乐止。太祝各进彻豆，乐作应钟宫《娱宁之曲》，还樽所，乐止。彻者笾豆各一，少移于故处。奉礼曰："赐胙。"赞者曰："众官再拜。"在位者皆再拜。礼直官进太尉之右，请就望瘗位，御史博士从，南向立。于众官将拜之前，太祝执篚进于神座前取玉币，斋郎以俎载牲体、稷黍饭、爵酒（体谓牲之左髀），各由其陛降坛，以玉币馔物置于坎，讫，奉礼曰："可瘗。"坎东西各二人置土半坎，讫，礼直官进太尉之左曰："礼毕。"遂引太尉出，祭官以下以次出。礼直官引御史博士以下俱复执事位，立定。奉礼曰："再拜。"御史以下皆再拜，讫，出。工人以次出。祝版燔于斋坊。光禄卿以胙奉进，御史就位展视，光禄卿望阙再拜，乃退。其州郡祭享，一遵唐、宋旧仪。

风雨雷师

明昌五年，礼官言："国之大事，莫重于祭。王者奉神灵，祈福祐，皆为民也。我国家自祖庙禘祫五享外，惟社稷、岳镇海渎定为常祀，而天地日月风雨雷师其礼尚阙，宜诏有司讲定仪注以闻。"尚书省奏："天地日月，或亲祀或令有司摄事。若风雨雷师乃中祀，合令有司摄之。且又州县之所通祀者也，合先举行。"制可。乃为坛于景丰门外东南，阙之巽地，岁以立春后丑日，以祀风师。牲、币、进熟，如中祀仪。又为坛于端礼门外西南，阙之坤地，以立夏后申日以祀雨师，其仪如中祀，羊豕各一。是日，祭雷师于位下，礼同小祀，一献，羊一，无豕。其祝称："天子谨遣臣某"云。

岳镇海渎

大定四年，礼官言："岳镇海渎，当以五郊迎气日祭之。"诏依典礼以四立、土王日就本庙致祭，其在他界者遥祀。立春，祭东岳于泰安州、东镇于益都府、东海于莱州、东渎大淮于唐州。立夏，望祭南岳衡山、南镇会稽山于河南府，南海、南渎大江于莱州。季夏土王日，祭中岳于河南府、中镇霍山于平阳府。立秋，祭西岳华山于华州、西镇吴山于陇州，望祭西海、西渎于河中府。立冬，祭北岳恒山于定州、北镇医巫闾山于广宁府，望祭北海、北渎大济于孟州。其封爵并仍唐、宋之旧。明昌间，从沂山道士杨道全请，封沂山为东安王，吴山为成德王，霍山为应灵王，会稽山为永兴王，医巫闾山为广宁王，淮为长源王，江为会源王，河为显圣灵源王，济为清源王。

每岁遣使奉御署祝版奁芗，乘驲诣所在，率郡邑长贰官行事。礼用三献。读祝官一、捧祝官二、盥洗官二、爵洗官二、奉爵官一、司尊彝一、礼直官四，以州府司吏充。前三日，应行事执事官散斋二日，治事如故，宿于正寝，如常仪，前二日，有司设行事执事官次于庙门外。掌庙者扫除庙之内外。前一日，有司牵牲诣祠所，享官以下常服阅馔物，视牲充腯。享日丑前五刻，执事者设祝版于神位之右，置于坫，及以血豆设于馔所。次设祭器，皆藉以席，掌馔者实之。左十笾为三行，以右为上，实以乾藤、乾枣、形盐、鱼鳙、鹿脯、榛实、乾桃、菱、芡、栗。右十豆为三行，以左为上，实以芹菹、笋菹、韭菹、葵菹、菁菹、鱼醢、兔醢、豚拍、鹿臡、醓醢。左簠二，实以粱、稻。右簋二，实以稷、黍。俎二，实以牲体。次设牺樽二、象樽二，在堂上东南隅，北向西上。牺樽在前，实以法酒。牺樽，初献官酌。象樽，亚、终献酌。又设太樽一、山樽一，在神位前，设而不酌。有司设烛于神位前。洗二，在东阶之下，直东霤北向，罍在洗东，加勺。篚在洗西，南肆，实以巾。执罍篚者位于其后。又设揖位于庙门外，初献在西，东向，亚、终及祝在东，南向，北上。开瘗坎于庙内廷之壬地。享日丑前五刻，执事官各就次。掌馔者帅其属，实馔具毕。凡祭官各服其服，与执事官行止皆赞者引，点视陈设讫，退就次。引初献以下诣庙南门外揖位，立定，赞礼者赞："揖。"次引祝升堂就位立。次引初献诣盥洗位北向立，搢笏、盥手、帨手、执笏，诣爵洗位北向立，搢笏，洗爵，以爵授执事者，执笏，升堂，诣酌樽所西向立。执事者以爵授初献。初献搢笏执爵，执樽者举幂，执事者酌酒。初献以爵授执事者，执笏，诣神位前北向立，搢笏，跪，执事者以爵授初献。初献执爵三祭酒，奠爵讫，执笏，俯伏，兴，少立。次引祝诣神位前东向立。搢笏，跪，读祝，讫，执笏、兴、退复位。初献再拜，赞礼者引初献复位。次引亚献酌献，并如初献之仪，次引终献，并如亚献之仪。

赞者引初献官诣神位前北向立，执事者以爵酌清酒，进初献之右，初献跪，祭酒，啐酒，奠爵。执事者以俎进，减神座前胙肉前脚第二节，共置一俎上，以授初献，初献以授执事者。初献取爵，遂饮，卒爵，执事者进受爵，复于坫。初献兴，再拜，赞者引初献复位。赞者曰："再拜。"(已饮福、受胙者不拜。)亚献官以下皆再拜，拜讫，次引初献已下就望瘗位，以馔物置于坎，东西厢各二人，赞者曰："可瘗。"置土关坎，又曰："礼毕。"遂引初献官已下出。祝与执樽罍篚幂者俱复位立定，赞者曰："再拜。"再拜讫，遂出。祝版燔于斋所。

卷三十五　　志第十六

礼　八

宣圣庙　武成王庙　诸前代帝王
诸神杂祠　祈禜　拜天　本国拜仪

宣圣庙

皇统元年二月戊子，熙宗诣文宣王庙奠祭，北面再拜，顾儒臣曰："为善不可不勉。孔子虽无位，以其道可尊，使万世高仰如此。"大定十四年，国子监言："岁春秋仲月上丁日，释奠于文宣王，用本监官房钱六十贯，止造茶食等物，以大小楪排设，用留守司乐，以乐工为礼生，率仓场等官陪位，于古礼未合也。伏睹国家承平日久，典章文物当粲然备具，以光万世。况京师为首善之地，四方之所观仰，拟释奠器物、行礼次序，合行下详定。兼兖国公亲承圣教者也，邹国公力扶圣教者也，当于宣圣像左右列之。今孟子以燕服在后堂，宣圣像侧还虚一位，礼宜迁孟子像于宣圣右，与颜子相对，改塑冠冕，妆饰法服，一遵旧制。"

礼官参酌唐《开元礼》，定拟释奠仪数：文宣王、兖国公、邹国公每位笾豆各十、牺尊一、象尊一、簠簋各二、俎二、祝板各一，皆设案。七十二贤、二十一先儒，每位各笾一、豆一、爵一，两庑各设象尊二。总用笾、豆各一百二十三，簠簋各六，俎六，牺尊三，象尊七，爵九十四。其尊皆有坫。罍二，洗二，篚勺各二，幂六。正位并从祀藉尊、罍、俎、豆席，约用三十幅，尊席用苇，俎、豆席用莞。牲用羊、豕各三，酒二十瓶。礼行三献，以祭酒、司业、博士充。分献官二，读祝官一，太官令一，捧祝官二，罍洗官一，爵洗官一，巾篚官二，礼直官十一，学生以儒服陪位。乐用登歌，大乐令一员，本署官充，乐工三十九人。迎神，三奏姑洗宫《来宁之曲》，辞曰："上都隆化，庙堂作新。神之来格，威仪具陈。穆穆凝旒，巍然圣真。斯文伊始，群方所视。"初献盥洗，姑洗宫《静宁之曲》，辞曰："伟矣素王，风猷至粹。垂二千年，斯文不坠。涓辰维良，爰修祀事。沃盥于庭，严禋礼备。"升阶，南吕宫《肃宁之曲》，辞曰："巍乎圣师，道全德隆。修明五常，垂教无穷。增崇儒宫，逿追遗风。严祀申虔，登降有容。"奠币，姑洗宫《和宁之曲》，辞曰："天生圣人，贤于尧舜。仰之弥高，磨而不磷。新庙告成，宫墙数仞。遣使陈祠，斯文复振。"降阶，姑洗宫《安宁之曲》辞曰："禀灵尼丘，垂芳阙里。生民以来，孰如夫子。新祠岿然，四方所视。酹觞告成，祗循典礼。"兖国公酌献，姑洗宫《辑宁之曲》，辞曰："圣师之门，颜惟居上。其殆庶几，是宜配飨。桓圭衮衣，有严仪象。载之神祠，增光吾党。"邹国公酌献，姑洗宫《泰宁之曲》，辞曰："有周之衰，王纲既坠。是生真儒，宏才命世。言而为经，醇乎仁义。力扶圣功，同垂万祀。"亚、终献，姑洗宫《咸宁之曲》，辞曰："于昭圣能，与天立极。有承其流，皇仁帝德。岂伊立言，训经王国。焕我文明，典祀千亿。"送神，姑洗宫《来宁之曲》，辞曰："吉蠲为饎，孔惠孔时。正辞嘉言，神之格思。是飨是宜，神保聿归。惟时肇祀，太平极致。"

承安二年，春丁，章宗亲祀，以亲王摄亚、终献，皇族陪祀，文武群臣助奠。上亲为赞文，旧封公者升为国公，侯者为国侯，郕伯以下皆封侯。宣宗迁汴，建庙会朝门内，岁祀如仪，宣圣、颜、孟各羊一、豕一，余同小祀，共用羊八，无豕。其诸州释奠并遵唐仪。

武成王庙

泰和六年，诏建昭烈武成王庙于阙庭之右，丽泽门内。其制一遵唐旧，礼三献，官以四品官已下，仪同中祀，用二月上戊。七年，完颜匡等言："我朝创业功臣，礼宜配祀。"于是，以秦王宗翰同子房配武成王，而降管仲以下。又跻楚王宗雄、宗望、宗弼等侍武成王坐，韩信而下降立于庑。又黜王猛、慕容恪等二十余人，而增金臣辽王斜也等。其祭，武成王、宗翰、子房各羊一、豕一，余共用羊八，无豕。宣宗迁汴，于会朝门内阙庭之右营庙如制，春秋上戊之祭仍旧。

诸前代帝王

三年一祭，于仲春之月祭伏牺于陈州，神农于亳州，轩辕于坊州，少昊于兖州，颛顼于开州，高辛于归德府，陶唐于平阳府，虞舜、夏禹、成汤于河中府，周文王、武王于京兆府。泰和三年，尚书省奏："太常寺言：'《开元礼》祭帝喾、尧、舜、禹、汤、文、武、汉祖祝版请御署。《开宝礼》牺、轩、颛顼、帝喾、陶唐、女娲、成汤、文、武请御署，自汉高祖以下二十七帝不署。'平章政事镒、左丞匡、太常博士温迪罕天兴言：'方岳之神各有所主，有国所赖，请御署固宜。至于前古帝王，寥落杳茫，列于中祀亦已厚矣，不须御署。'参知政事即康及铉以为三皇、五帝、禹、汤、文、武皆垂世立教之君，唐、宋致祭皆御署，而今降祝版不署，恐于礼未尽。不若止从外路祭社稷及释奠文宣王例，不降祝版，而令学士院定撰祝文，颁各处为常制。"敕命依期降祝板，而不请署。

长白山

大定十二年，有司言："长白山在兴王之地，礼合尊崇，议封爵，建庙宇。"十二月，礼部、太常、学士院奏奉敕旨封兴国灵应王，即其山北地建庙宇。十五年三月，奏定封册仪物，冠九旒，服九章，玉圭、玉册、函、香、币、册、祝。遣使副各一员，诣会宁府。行礼官散斋二日，致斋一日。所司于庙中陈设如仪。庙门外设玉册、衮冕幄次，牙杖旗鼓从物等视一品仪。礼用三献，如祭岳镇。其册文云："皇帝若曰：自两仪剖判，山岳神秀各钟于其分野。国将兴者，天实作之。对越神休，必以祀事。故肇基王迹，有若岐阳。望秩山川，于稽虞《典》。厥惟长白，载我金德，仰止其高，实惟我旧邦之镇。混同流光，源所从出。秩秩幽幽，有相之道。列圣蕃衍炽昌，迄于太祖，神武征应，无敌于天下，爰作神主。肆予冲人，绍休圣绪，四海之内，名山大川，靡不咸秩。矧王业所因，瞻彼旱麓，可俭其礼？服章爵号非位于公侯之上，不足以称焉。今遣某官某，持节备物，册命兹山之神为兴国灵应王，仍敕有司岁时奉祀，于戏！庙食之享，亘万亿年。维金之祯，与山无极，岂不伟欤？"自是，每岁降香，命有司春秋二仲择日致祭。明昌四年十月，备衮冕、玉册、仪物，上御大安殿，用黄麾立仗八百人，行仗五百人，复册为开天弘圣帝。

大房山

大定二十一年，敕封山陵地大房山神为保陵公，冕八旒、服七章、圭、册、香、币，使副持节行礼，并如册长白山之仪。其册文云："皇帝若曰：古之建邦设都，必有名山大川以为形胜。我国既定鼎于燕，西顾郊圻，巍然大房，秀拔混厚，云雨之所出，万民之所瞻，祖宗陵寝于是焉依。仰惟岳镇古有秩序，皆载祀典，矧兹大房，礼可阙欤？其爵号服章俾列于侯伯之上，庶足以称。今遣某官某，备物册命神为保陵公。申敕有司，岁时奉祀。其封域之内，禁无得樵采弋猎。著为令。"是后，遣使山陵行礼毕，山陵官以一献礼致奠。

混同江

大定二十五年，有司言："昔太祖征辽，策马径渡，江神助顺，灵应昭著，宜修祠宇，加赐封爵。"乃封神为兴国应圣公，致祭如长白山仪，册礼如保陵公故事。其册文云："昔我太祖武元皇帝，受天明命，扫辽季荒茀，成师以出，至于大江，浩浩洪流，不舟而济，虽穆满渡江而鼋梁，光武济河而水冰，自今观之无足言矣！执徐之岁，四月孟夏，朕时迈旧邦，临江永叹，仰艺祖之开基，佳江神之效灵，至止上都，议所以尊崇之典。盖古者五岳视三公，四渎视诸侯，至有唐以来，遂享帝王之尊称，非直后世弥文，而崇德报功理亦有当然者。矧兹江源出于长白，经营帝乡，实相兴运，非锡以上公之号，则无以昭答神休。今遣某官某。持节备物册命神为兴国应圣公。申命有司，岁时奉祀。于戏！严庙貌，正封爵，礼亦至矣！惟神其衍灵长之德，用辅我国家弥亿年，神亦享庙食于无穷，岂不休哉！"

嘉荫侯

大定二十五年，敕封上京护国林神为护国嘉荫侯，毳冕七旒，服五章，圭同信圭，遣使诣庙，以三献礼祭告。其祝文曰："蔚彼长林，实壮于邑，广袤百里，惟神主之。庙貌有严，侯封是享，歆时蠲洁，相厥滋荣。"是后，遇月七日，上京幕官一员行香，著为令。

泸沟河神

大定十九年，有司言："泸沟河水势泛决啮民田，乞官为封册神号。"礼官以祀典所不载，难之。已而，特封安平侯，建庙。二十七年，奉旨，每岁委本县长官春秋致祭，如令。

昭应顺济圣后

大定十七年，都水监言："阳武上埽黄河神圣后庙，宜依唐仲春祭五龙祠故事。"二十七年春正月，尚书省言："郑州河阴县圣后庙，前代河水为患屡祷有应，尝加封号庙额。今因祷祈，河遂安流，乞加褒赠。"上从其请，特加号曰昭应顺济圣后。庙曰灵德善利之庙。每岁委本县长官春秋致祭，如令。

镇安公

旧名旺国崖，太祖伐辽尝驻跸于此。大定八年五月，更名静宁山，后建庙。明昌六年八月，以冕服玉册，册山神为镇安公。册文曰："皇帝若曰：古之名山，咸在祀典。轩皇之世，神灵所奉者七千。虞氏之时，望秩每及于五载。盖惟有益于国，是以必报其功。逮乎后王，申以徽册，至于岳镇之外，亦或封爵之加。故太白有神应之称，而终南有广惠之号。礼由义起，事与时偕，载籍所传，于今犹监。朕修和有夏，咸秩无文，眷兹静宁，秀峙朔野，缊泽布气，幽赞乎坤元，导风出云，协符乎乾造。一方之表，万物所瞻，南直都畿，北维障徼，连延广厚，宝藏攸兴，盘固高明，谽宫斯奠。昔有辽尝恃以富国，迄大定更为之锡名。洪惟世宗，功昭列圣，亦越显考，德利生民。爰即岁时，驾言临幸，兵革不试，远人辑宁。雨暘常调，品汇蕃庑，此上帝无疆之贶，亦英灵有相之符。比即舆情，载修故事。顾先皇帝驻跸之地，揖累世承平之风。迓续遗休，式甄神祐，肆象德以畀号，仍班台而阐仪。宇像一新，采章具举。今遣使某、副某，持节备物，册命神为镇安公，仍敕岁时奉祀。于戏！容典焜燿，精明感通，惟永亿年，翊我昌运。神其受职，岂不伟欤？"

瑞圣公

即麻达葛山也，章宗生于此。世宗爱此山势衍气清，故命章宗名之。后更名胡土白山，建庙。明昌四年八月，以冕服玉册，封山神为瑞圣公。建庙，命抚州有司，春秋二仲，择日致祭为常。其册文曰："皇帝若曰：国家之兴，命历攸属。天地元化，惟时合符。山川百神，无不受职。粹精荐瑞，明圣继生。著丕应于殊祯，启昌期於幽赞。哀对信犹之典，咸修望秩之文。嘉乃名山，奠兹胜地，下绵乾分，上直枢辉。盘析木之津，达中原之气。廓除氛祲，函毓泰和。仰惟光烈昭垂，徽音如在，即高明而清暑，克静寿以安仁。周庐安宁，厚泽浃洽。朕祗循祖武，顺讲时巡，感美号以兴怀，佩圣谟而介福。言念诞弥之初度，抑由翊卫之效灵。然犹祀秩无章，神居不屋，非所以尽报功崇德之义，副追始乐原之心。爰饰名称，载新祠宇。勒忱辞於贞琰，涓良日於元龟，彰服采以辨威，洁庪县而致祭。阐扬茂实，敷绎多仪。今遣使某、副某，持节备物，册命神为瑞圣公，仍敕有司岁时奉祀。于戏！尚其聪明，歆此诚意，孚休惟永，亦莫不宁。"

贞献郡王庙

明昌五年正月，陈言者谓："叶鲁、谷神二贤创制女直文字，乞各封赠名爵，建立祠庙。令女直、汉人诸生随拜孔子之后拜之。”有司谓：“叶鲁难以致祭，若金源郡贞献王谷神则既已配享太庙矣，亦难特立庙也。”有旨，令再议之。礼官言：“前代无创制文字入孔子庙故事，如於庙后或左右置祠，令诸儒就拜，亦无害也。”尚书省谓：“若如此，恐不副国家厚功臣之意。”遂诏令依苍颉立庙于盩厔例，官为立庙于上京纳里浑庄，委本路官一员与本千户春秋致祭，所用诸物从宜给之。

祈禜

大定四年五月，不雨。命礼部尚书王竞祈雨北岳，以定州长贰官充亚、终献。又卜日于都门北郊，望祀岳镇海渎，有司行事，礼用酒脯醢。后七日不雨，祈太社、太稷。又七日祈宗庙，不雨，仍从岳镇海渎如初祈。其设神座，实樽罍，如常仪。其樽罍用瓢齐，择甘瓠去柢以为尊。祝板惟五岳、宗庙、社稷御署，余则否。后十日不雨，乃徙市，禁屠杀，断伞扇，造土龙以祈。雨足则报祀，送龙水中。十七年夏六月，京畿久雨，遵祈雨仪，命诸寺观启道场祈祷。

拜天

金因辽旧俗，以重五、中元、重九日行拜天之礼。重五于鞠场，中元于内殿，重九于都城外。其制，刳木为盘，如舟状，赤为质，画云鹤文。为架高五六尺，置盘其上，荐食物其中，聚宗族拜之。若至尊则于常武殿筑台为拜天所。重五日质明，陈设毕，百官班俟于球场乐亭南。皇帝靴袍乘辇，宣徽使前导，自球场南门入，至拜天台，降辇至褥位。皇太子以下百官皆诣褥位，宣徽赞：“拜。”皇帝再拜。上香，又再拜。排食抛盏毕，又再拜。饮福酒，跪饮毕，又再拜。百官陪拜，引皇太子以下先出，皆如前导引。皇帝回辇至幄次，更衣，行射柳、击球之戏，亦辽俗也，金因尚之。凡重五日拜天礼毕，插柳、球场为两行，当射者以尊卑序，各以帕识其枝，去地约数寸，削其皮而白之。先以一人驰马前导，后驰马以无羽横镞箭射之，既断柳，又以手接而驰去者，为上。断而不能接去者，次之。或断其青处，及中而不能断，与不能中者，为负。每射，必伐鼓以助其气。已而击球，各乘所常习马，持鞠杖。杖长数尺，其端如偃月。分其众为两队，共争击一球。先于球场南立双桓，置板，下开一孔为门，而加网为囊，能夺得鞠击入网囊者为胜，或曰：“两端对立二门，互相排击，各以出门为胜。”球状小如拳，以轻韧木枵其中而朱之。皆所以习趫捷也。既毕赐宴，岁以为常。

本国拜仪

金之拜制，先袖手微俯身，稍复却，跪左膝，左右摇肘，若舞蹈状。凡跪，摇袖，下拂膝，上则至左右肩者，凡四。如此者四跪，复以手按右膝，单跪左膝而成礼。国言摇手而拜谓之“撒速”。承安五年五月，上谕旨有司曰：“女直、汉人拜数可以相从者，酌中议之。”礼官奏曰：“《周官》九拜，一曰稽首，拜中至重，臣拜君之礼也。乞自今，凡公服则用汉拜，若便服则各用本俗之拜。”主事陈松曰：“本朝拜礼，其来久矣，乃便服之拜也。可令公服则朝拜，便服则从本朝拜。”平章政事张万公谓拜礼各便所习，不须改也，司空完颜襄曰：“今诸人衽发皆从本朝之制，宜从本朝拜礼，松言是也。”上乃命公裳则朝拜，诸色人便服则皆用本朝拜。

卷三十六　　志第十七

礼　九

国初即位仪　受尊号仪　上寿仪
朝参常朝仪　肆赦仪　臣下拜诏仪

国初即位仪

收国元年春正月壬申朔，诸路官民耆老毕会，议创新仪，奉上即皇帝位。阿离合懑、宗翰乃陈耕具九，祝以辟土养民之意。复以良马九队，队九匹，别为色，并介胄弓矢矛剑奉上。国号大金，建元收国。天会元年九月六日，皇弟谙版孛极烈即皇帝位。己未，告祀天地。丙寅，大赦，改元。

受尊号仪

皇统元年正月二日，太师宗干率百僚上表，请上皇帝尊号，凡三请，诏允。七日，遣上京留守奭告天地社稷，析津尹宗强告太庙。十日，帝服衮冕御元和殿，宗干率百僚恭奉册礼。册文云云，“臣等谨奉玉册、玉宝，上尊号曰崇天体道钦明文武圣德皇帝”。是日，皇帝改服通天冠，宴二品以上官及高丽、夏国使。十二日，恭谢祖庙，还御宣和门，大赦，改元。

大定七年，恭上皇帝尊号。前三日，遣使奏告天地宗庙社稷。前二日，诸司停奏刑罚文字。百官习仪于大安殿庭。兵部帅其属，设黄麾仗于大安殿门之内外。宣徽院帅仪鸾司，于前一日设受册宝坛于大安殿中间，又设御榻于坛上，又设册宝幄次于大安殿门外，及设皇太子幕次于殿东廊，又设群官次于大安门外。大乐令与协律郎前一日设宫县于殿庭，又设登歌乐架于殿上，立舞表于殿下。符宝郎其日俟文武群官入，奉八宝置于御座左右，候上册宝讫，复舁宝还所司。其日质明，奉册太尉、奉宝司徒、读册中书令、读宝侍中以次应行事官，并集于尚书省，俟册宝兴，乘马奉迎。册宝至应天门，下马由正门步导入，至大安殿门外，置册宝于幄次。舁册宝床弩手人等分立于左右。文武群官并朝服入次。摄太常卿与大乐令帅工人入就位，协律郎各就举麾位。舁册宝案官由西偏门先入，置案于殿东西间褥位，置讫，各退于西阶册宝位后。捧册官，捧宝官、舁册匣官、舁宝盝官由西偏门先入，至殿西阶下册宝褥位之西，东向立，俟阁门报。

通事舍人引摄侍中版奏：“中严。”讫，典仪、赞者各就位。阁门官引文武百僚分左右入，于殿阶下砖道之东西，相向立。符宝郎奉八宝由西偏门分入，升置殿上东西间相向讫，分左右立于宝后。通事舍人引摄侍中版奏：

"外办。"扇合，服衮冕以出，曲直华盖、侍卫警跸如常仪。殿上鸣鞭，讫，殿下亦鸣鞭。初索扇，协律郎跪，俯伏，兴，举麾。工鼓柷，奏《乾宁之曲》。出自东房，即座，仪鸾使副添香，炉烟升，扇开，帘卷。协律郎偃麾，戛敔，乐止。太常博士、通事舍人自册宝幄次分引册，太常卿前导，吏部侍郎押册而行，奉册太尉、读册中书令、举册官于册后以次从之。次太常博士、通事舍人二员分引宝，礼部侍郎押宝而行，奉宝司徒、读宝侍中、举宝官于宝后以次从之。由正门入，宫县奏《归美扬功之曲》。太常卿于册床前导，至第一墀香案南，藉宝册褥位上少置。太常卿与举册宝官退于册宝稍西，东向立。应博士、舍人立于其后，舁册宝床弩手、伞子官等又于其后，皆东向。太尉、司徒、中书令、侍中皆于册后，面北以次立。吏部侍郎、礼部侍郎次立于其后。立定，乐止。阁门舍人分引东西两班群官合班，转北向立，中间少留班路。俟立定，太常博士、通事舍人四员分引太尉、司徒、中书令、侍中、吏部礼部侍郎以次各复本班，讫，博士、舍人退以俟。初引时，乐奏《归美扬功之曲》，至位立定，乐止。典仪曰："拜。"赞者承传，太尉以下应在位官皆舞蹈，五拜。班首出班起居讫，又赞："再拜。"如朝会常仪。

太常博士、通事舍人四员再引太尉、司徒、中书令、侍中、吏礼部侍郎复进至册宝所稍南，立定。舁册宝床弩手，伞子官并进前，举册宝床兴。太常博士、通事舍人二员分引册，太常卿前导，吏部侍郎押册而行，奉册太尉、读册中书令、举册官于册后以次从之。册初行，乐奏《肃宁之曲》。次通事舍人、太常博士又二员分引宝，礼部侍郎押宝而行，奉宝司徒、读宝侍中、举宝官于宝后以次从之，诣西阶下，至册宝褥位少置（册北，宝南），乐止。舁册宝床弩手、伞子官等退于后稍西，乐向立。

捧册官与舁册官并进前，取册匣升。太常博士、通事舍人分引册，太常卿侧身导册先升，奉册太尉、读册中书令、举册官、捧册官于册后以次从升。册初行，乐奏《肃宁之曲》。进至殿上，博士舍人分左右于前楹立以俟，读册中书令于栏子外前楹稍西立以俟，举册官、捧册官立于其后。奉册太尉从升，至褥位，搢笏，少前跪置讫，执笏，俯伏，兴、乐止，退于前楹稍西立以俟。太常博士立于后。太常卿少退东向立。舁册官立于其后，皆东向。捧册官先入，举册官次入，读册中书令又次入。捧册官四员皆搢笏双跪捧。举册官二员亦搢笏，两边单跪对举。中书令执笏进，跪称："中书令臣某读册。"读讫，俯伏，兴。中书令俟册兴，先退。通事舍人引，降自东阶，复本班。讫，太常卿降复宝床前，舁册官并进，与捧册官等取册匣兴，置于殿东间褥位案上，西向。捧举册官等降自东阶，还本班。舁册官亦退。太常博士引奉册太尉降自西阶，东向立以俟。次捧宝官与舁宝官俟读册中书令读讫出，并进前，取宝盝升。太常博士、通事舍人分引宝，太常卿侧身导宝，先升。奉宝司徒、读宝侍中、举宝官、捧宝官于宝后以次从升。宝初行，乐奏《肃宁之曲》，进至殿上，博士舍人俱退不升，并于前楹稍西立俟。读宝侍中于栏子外前楹间稍西立以俟。举宝官、捧宝官立于其后。奉宝司徒从升，至褥位，搢笏，少前跪置，讫，执笏，俯伏，兴，乐止。司徒退于前楹西，立以俟。太常卿少退，东向立。舁宝官立于其后，皆东向。捧宝官先入，举宝官次入，读宝侍中又次入。捧宝官四员皆搢笏双跪捧。举宝官二员亦搢笏两边单跪对举。侍中执笏进，跪称："侍中臣某读宝。"读讫，俯伏，兴。侍中俟宝兴先退，通事舍人引，降自西阶，复本班，讫，舁宝官进前，与捧宝举宝官等取宝盝兴，置于殿之西间褥位案上，东向。捧宝举宝官等与太常卿俱降自西阶，及吏部侍郎皆复本班。舁宝官亦退。太常博士引奉宝司徒次奉册太尉，东向立定。

博士舍人赞引太尉司徒进，诣第一墀香案南褥位立定，博士舍人稍退。典仪曰："拜。"赞者承传，在位官皆再拜，讫，博士舍人二员引太尉诣东阶升，宫县奏《纯诚享上之曲》，至阶，止。阁门使二员引太尉进至前，立定，乐止。阁门使揖赞太尉拜跪贺，殿下阁门揖百僚躬身，太尉称"文武百僚具官臣等言"，致贺词云云，俯伏，兴，退至阶上。博士舍人分引太尉降至东阶，初降，宫县作《肃宁之曲》，复香案南褥位立定，乐止。博士舍人少退。典仪曰："拜。"赞者承传，太尉、司徒及在位群官俱再拜舞蹈，三称"万岁"，又再拜。讫，通事舍人引摄侍中升自东阶，进诣前楹间，躬承旨，退临阶西向，称："有制。"典仪曰："拜。"赞者承传，太尉、司徒及在位群官俱再拜，躬身宣词云云，宣讫，通事舍人引侍中还位。典仪曰："拜。"赞者承传，阶上下应在位群官俱再拜舞蹈，三称"万岁"，又再拜。讫，博士舍人分引太尉、司徒就百僚位。初引，宫县作《肃宁之曲》，至位立定，乐止。阁门舍人分引应北面位群官，各分班东西相向立定。通事舍人引摄侍中升自东阶，当前楹间，跪奏："礼毕。"俯伏，兴，引降还位。扇合，帘降。协律郎俯伏，兴，举麾，工鼓柷，奏《乾宁之曲》。降座，入自东房，还后阁，进膳，侍卫警跸如仪。扇开，乐止。捧册官帅舁册床人，捧宝官帅舁宝床人，皆升殿取匣、盝，盖讫，置于床前。引进司官前导，通事舍人赞引，诣东上阁门上进。通事舍人分引文武百僚等以次出，归幕次，赐食，以俟上寿。上册宝礼毕，有司供办御床及与宴群官位，并如曲宴仪。

摄太常卿与大乐令帅工人入，并协律郎各就举麾位，俟舍人报。通事舍人引三师以下文武百僚亲王宗室等分左右入，至殿阶下稍南，东西相向立。通事舍人先引摄侍中版奏："中严。"少顷，又奏："外办。"扇合，鸣鞭。协律郎跪，俯伏，兴，工鼓柷，宫县奏《乾宁之曲》。服通天冠、绛纱袍，即座，帘卷。内侍赞："扇开。"殿上下鸣鞭，戛敔，乐止。仪使副等添香，炉烟升。通事舍人引班首以下合班，乐奏《肃宁之曲》，至北向位，重行立定，中间少留班路。通事舍人引摄侍中诣东阶升，至殿上少立。阁门舍人引礼部尚书出班前，北向俯伏，跪奏，称："礼部尚书臣某言，请允群臣上寿。"俯伏，兴，躬身。通事舍人引摄侍中少退。舍人赞："礼部尚书再拜。"讫，赞："祗候。"复本班。内侍局进御床入。次良酝令于殿下横阶南酧酒，讫，典仪曰："拜。"赞者承传，在位官皆再拜，随拜三称"万岁"，讫，平立。

太常博士、通事舍人分引摄上公由东阶升。初升，宫县奏《肃宁之曲》。殿上，舍人少退，二阁使揖上公进，至进酒褥位，乐止。宣徽使以爵授上公，上公搢笏，受爵。诣榻前跪进。受爵讫，上公执槃授宣徽使，讫，二阁使揖上公入栏子内，赞："拜。"跪。殿下，阁门揖百僚皆躬身。通事舍人揖摄侍中进，诣前楹间，躬承旨，退临阶西向称："有制。"典仪曰："拜。"赞者承传，上公及在位群官皆再拜，随拜三称"万岁"，讫，躬身宣曰："得公等寿酒，与公等内外同庆。"阁门舍人赞宣谕讫，上公与百僚皆舞蹈五拜，讫，阁门舍人引百僚分班东西序北向立。博士舍人再引上公自东阶升，宫县奏《肃宁之曲》，至进酒褥位，乐止。上公搢笏，宣徽使授上公槃，上公诣栏子内褥位，跪举酒，宫县奏《景命万年之曲》，饮讫，乐止。上公进受虚爵讫，复褥位，以爵授宣徽使，讫，二阁使揖上公退，内侍局舁御床出。博士舍人并进前分引，降自东阶，宫县作《肃宁之曲》。阁门舍人分引东西两班，随上公俱复北向位，立定，乐止。典仪曰："拜。"赞者承传，在位官皆再拜，三称"万岁"，讫，平立。殿上，通事舍人揖摄侍中进，诣前楹间，躬承旨，退临阶西向，阁门官先揖，百僚躬身，侍中称："有制。"典仪曰："拜。"赞者承传，在位官皆再拜，讫，躬身宣曰："延王公等升殿。"典仪曰："拜。"赞者承传，在位官皆再拜，讫，搢笏，舞蹈，又再拜，讫。太常博士、通事舍人引王公以下合赴宴群官，分左右升殿，不与宴群官分左右卷班出，宫县奏《肃宁之曲》。百僚至殿上坐后立，乐止。内侍局进御床入。依寻常宴会，再进第一爵酒，登歌奏《圣德昭明之曲》，饮讫，乐止。执事者行群官酒，宫县作《肃宁之曲》，文舞入，觞行一周，乐止。尚食局进食，执事者设群官食，宫县奏《保大定功之舞》，三成，止，出。又进第二爵酒，登歌奏《天赞尧龄之曲》，饮讫，乐止。执事者行群官酒，宫县作《肃宁之曲》，武舞入，觞行一周，乐止。尚食局进食，执事者设群官食，宫县奏《万国来同之舞》，三成，止，出。又进第三爵酒，登歌奏《庆云之曲》，饮讫，乐止。执事者行群官酒，宫县作《肃宁之曲》，觞行一周，乐止。尚食局进食，执事者设群官食，宫县奏《肃宁之曲》，食毕，乐止。阁门官分揖侍宴群官起，立于席后。通事舍人引摄侍中诣榻前，俯伏，兴，跪奏："侍中臣某言，礼毕。"俯伏，兴。阁门舍人分引群官俱降东西阶，内侍局舁御床出，宫县作《肃宁之曲》，至北向位立定，乐止。典仪曰："拜。"赞者承传，在位官皆再拜，讫，搢笏，舞蹈，又再拜，讫，再分班东西序立。扇合，帘降，殿上下鸣鞭。协律郎俯伏，跪，举麾，兴，工鼓柷，奏《乾宁之曲》。降座，入自东房，还后阁，侍卫如来仪。内侍赞："扇开。"戛敔，乐止。通事舍人引摄侍中版奏："解严。"所司承旨放仗，在位群官皆再拜以次出。

元日圣诞上寿仪

皇帝升御座，鸣鞭、报时毕，殿前班小起居，各复侍立位。舍人引皇太子并臣僚使客合班入，至丹墀，舞蹈五拜，平立。阁使奏诸道表目，皇太子以下皆再拜。引皇太子升殿褥位，搢笏，捧盏盘，进酒，皇帝受置于案。皇太子退复褥位，转盘与执事者，出笏，二阁使齐揖入栏子内，拜跪致词云："元正启祚，品物咸新，恭惟皇帝陛下与天同休。"若圣节则云："万春令节，谨上寿卮，伏愿皇帝陛下万岁万岁万万岁。"祝毕，拜，兴，复褥位，同殿下臣僚皆再拜。宣徽使称："有制。"在位皆再拜，宣答曰："履新上寿，与卿等内外同庆。"圣节则曰："得卿寿酒，与卿等内外同庆。"词毕，舞蹈五拜，齐立。皇太子搢笏，执盘，臣僚分班，教坊奏乐。皇帝举酒，殿上下侍立臣僚皆再拜。皇太子受虚盏，退立褥位，转盘与执事者，出笏，左下殿，乐止，合班，在位臣僚皆再拜。分引与宴官上殿，次引宋国人从至丹墀，再拜，不出班奏："圣躬万福。"再拜，喝："有敕赐酒食。"又再拜，各祗候，平立，引左廊立。次引高丽、夏人从，如上仪毕，分引左右廊立。御果床入，进酒。皇帝饮，则坐宴侍立臣皆再拜。进酒官接盏还位，坐宴官再拜，复坐。行酒，传宣，立饮，讫，再拜，坐。次从人再拜，坐。三盏，致语，揖臣使并从人立。诵口号毕，坐宴侍立官皆再拜，坐，次从人再拜，坐。食入，七盏，曲将终，揖从人立，再拜毕，引出。闻曲时，揖臣使起，再拜，下殿。果床出。至丹墀，合班谢宴，舞蹈五拜，各祗候，分引出。大定六年正月，上御大安殿，受皇太子以下百官及外国使贺，赐宴，文武五品以上侍坐者有定员，为常制。十七年，诏以皇族祖免以上亲，虽无官爵封邑，若与宴当有班次。礼官言："按唐典，皇家周亲视三品，大功亲、小功尊属视四品，小功亲、缌麻尊属视五品，缌麻祖免以上视六品。"上命以此制为班次。

朝参常朝仪

天眷二年五月，详定常朝及朔，望仪，准前代制，以朔日、六日、十一日、十五日、二十一日、二十六日为六参日。后又定制，以朔、望日为朝参，余日为常朝。凡朔、望朝参日，百官卯时至幕次，皇帝辰刻视朝，供御弩手、伞子直于殿门外，分两面排立。司辰入殿报时毕，皇帝御殿坐，鸣鞭。阁门报班齐。执擎仪物内侍分降殿阶两傍，面南立。宿卫官自都点检至左右亲卫，祗应官自宣徽阁门祗候，先两拜，班首少离位，奏："圣躬万福。"两拜。弩手、伞子先于殿门外东西向排立，俟奏"圣躬万福"时，即就位北面山呼声喏，起居毕，即相向对立。擎御伞直立左班内侍上。都点检以次升殿，副点检在少南，东西相向立。左右卫在殿下，东西相向立。阁门乃引亲王班，赞班首名以下再拜，讫，班首少离位，奏："圣躬万福。"归位再拜毕，先退。次引文武百僚班首以下应合朝参官，并府运六品以上官，皆左入，至丹墀之东，西向鞠躬毕，阁门通唱，复引至丹墀。阁门赞班首名以下起居，舞蹈五拜，又再拜，毕，领省宰执升殿奏事。殿中侍御史对立于左右卫将军之北少前，修起居东西对立于殿栏子内副阶下，余退，右出。初，帝就坐，置宝匣于殿阶上东南角。后定制，师傅起居毕，御案始东入，置定，捧案内侍东西分下，侍殿隅。直日主宝捧宝当殿叩栏奏："封全。"符宝郎及当监印郎中各一员，监当手分令史用印，讫，主宝吏封授主宝，俟奏事毕进封，讫，内侍彻案。若常朝，则亲王班退，引七品以上职事官，分左右班入丹墀，再拜，班首稍前起居毕，复位，再拜。宰执升殿，余官分班退。

大定二年五月，命台臣定朝参礼。五品以上官职趋朝朝服，入局治事则展皂。自来朝参，除殿前班外，若遇朔望，自七品以上职事官皆赴。其余朝日，五品以上职事官得赴，六品以下止于本司局治事。如左右司员外郎、侍御史、记注院等官职，虽不系五品，亦赴朝参。若拜诏，则但有职事并七品以上散官，皆赴。朝参，吏员、令译史、通事、检法各于本局待，官员朝退，赴局签押文字，不得于宫内署押。七品以下流外职，遇朝日亦不合入宫。如左右司都事有须合取奏事，乃听入宫。七品以上职事官，如遇使客朝辞见日，依朔望日，皆赴。若元日、圣节、拜诏、车驾出猎送迎、诣祖庙烧饭，但有职事并七品以上散官，皆赴。凡亲王宗室已命官者年十六以上，皆随班赴起居。大定五年，右谏议大夫移剌子敬言："猛安谋克不得与州镇官随班入见，非军民一体之意。"上是其言，责宣徽院令随班入见。凡班首遇朝参，有故不赴，以次押班。

凡五品以上及侍御史，尚书诸司郎中、太常丞、翰林修撰起居注、殿中侍御史、补阙、拾遗赴召，或假一月以上若除官出使之类，皆通班入见辞、谢，余官于殿门外见。谢班皆舞蹈七拜，辞班四拜，门见谢、辞并再拜。

肆赦仪

大定七年正月十一日，上尊册礼毕。十四月，应天门颁赦。十一年制同。前期，宣徽院使率其属，陈设应天门之内外，设御座于应天门上，又更衣御幄于大安殿门外稍东，西向。阁门使设捧制书箱案于御座之左。少府监设鸡竿于楼下之左，竿上置大盘，盘中置金鸡，鸡口衔绛幡，幡上金书"大赦天下"四字，卷而衔之。盘四面近边安四大铁镮，盘底四面近边悬四大朱索，以备四伎人攀缘。又设捧制书木鹤仙人一，以红绳贯之，引以辘轳，置于御前栏干上。又设承鹤画台于楼下正中，台以弩手四人对举。大乐署设宫县于楼下，又设鼓一于宫县之左稍北，东向。兵部立黄麾仗于门外。刑部、御史台、大兴府以囚徒集于左仗外。御史台、阁门司设文武百官位于楼下，东西相向。又设典仪位于门下稍东，西向。宣徽院设承受制书案于画台之前。又设皇太子侍立褥位于门下稍东，西向。又设皇太子致贺褥位于百官班前。又设协律郎位于楼上前楹稍东，西向。尚书省委所司设宣制书位于百官班之北稍东，西向。司天台设鸡唱生于东阙楼之上。尚衣局备皇帝常服，如常日视朝之服。尚辇设辇于更衣御幄之前。躬谢礼毕，皇帝乘金辂入应天门，至幄次前，侍中俯伏，跪奏："请降辂入幄。"俯伏，兴。皇帝降辂入幄，帘降。少顷，侍中奏："中严。"又少顷，俟典赞仪引皇太子就门下侍立位，通事舍人引群官就门下分班相向立，侍中奏："外办。"皇帝服常朝服，尚辇进辇，侍中奏："请升辇。"伞扇侍卫如常仪，由左翔龙门踏道升应天门，至御座东，侍中奏："请降辇升座。"宫县乐作。所司索扇（五十柄），扇合，皇帝临轩即御座，楼下鸣鞭，帘卷扇开，执御伞者张于轩前以障日，乐止。东上阁门使捧制书置于箱，阁门舍人二员从，以俟引绳降木鹤仙人。通事舍人引文武群官合班北向立，宫县乐作。凡分班、合班则乐作，立定即止。典仪曰："再拜。"在位官皆再拜，讫，分班相向立。侍中诣御座前承旨，退，稍前南向，宣曰："奉敕树金鸡。"通事舍人于门下稍前东向，宣曰："奉敕树金鸡。"退复位。

金鸡初立，大乐署击鼓，树讫鼓止。竿木伎人四人，缘绳争上竿，取鸡所衔绛幡，展示讫，三呼"万岁"。通事舍人引文武群官合班北向立。楼上乘鹤仙人捧制书，循绳而下至画台，阁使奉承置于案。阁门舍人四员举案，又二员对捧制书，阁使引至班前，西向称："有制。"典仪曰："拜。"在位官皆再拜，讫，以制书授尚书省长官，稍前搢笏，跪受，讫，以付右司官，右司官搢笏，跪受，讫，长官出笏，俯伏，兴，退复位。右司官捧制书诣宣制位，都事对捧，右司官宣读，至"咸赦除之"。所司帅狱吏引罪人诣班南，北向，躬称："脱枷。"讫，三呼"万岁"，以罪人过。右司官宣制讫，西向，以制书授刑部官。跪受讫，以制书加于笏上，退以付其属，归本班。典仪曰："拜。"在位官皆再拜，舞蹈，又再拜。典赞仪引皇太子至班前褥位立定，典仪曰："拜。"皇太子以下群官皆再拜。典赞仪引皇太子稍前，俯伏，跪致词，俯伏，兴。典仪曰："再拜。"皇太子以下群官皆再拜，搢笏，舞蹈，又再拜。侍中于御座前承旨，退临轩宣曰："有制。"典仪曰："再拜。"皇太子以下群官皆再拜。侍中宣答，宣讫归侍位，典仪曰："再拜。"皇太子已下群官皆再拜，搢笏，舞蹈，又再拜，讫，典赞仪引皇太子至门下褥位，通事舍人引群官分班相向立。侍中诣御座前，俯伏，跪奏："礼毕。"俯伏，兴，退复位。所司索扇，宫县乐作，扇合，帘降，皇帝降座，乐止。楼下鸣鞭，皇帝乘辇还内，伞扇侍卫如常仪。侍中奏："解严。"通事舍人承敕，群臣各还次，将士各还本所。

臣下拜赦诏仪

宣赦日，于应天门外设香案，及设香舆于案前，又于东侧设卓子，自皇太子宰臣以下序班定。阁门官于箱内捧赦书出门置于案。阁门官案东立，南向称："有敕。"赞皇太子宰臣百僚再拜，皇太子少前上香讫，复位，皆再拜。阁门官取赦书授尚书省都事，都事跪受，及尚书省令史二人齐捧，同升于卓子读，在位官皆跪听，读讫，赦书置于案，都事复位。皇太子宰臣百僚以下再拜，搢笏，舞蹈，执笏，俯伏，兴，再拜。拱卫直以下三称"万岁"，讫，退。其降诸书，礼亦准此，惟不称"万岁"。其外郡，尚书省差官送赦书到京府节镇，先遣人报，长官即率僚属吏从，备旗帜音乐彩舆香舆，诣五里外迎。见送赦书官，即于道侧下马，所差官亦下马，取赦书置彩舆中，长官诣香舆前上香，讫，所差官上马，在香舆后，长官以下皆上马后从，鸣钲鼓作乐导至公厅，从正门入，所差官下马。执事者先设案并望阙褥位于庭中，香舆置于案之前，又设所差官褥位在案之侧，又设卓子於案之东南。所差官取赦书置于案，彩舆退。所差官称："有敕。"长官以下皆再拜。长官少前上香，讫，退复位，又再拜。所差官取赦书授都目，都目跪受，及孔目官二员，三人齐捧赦书，同高几上宣读，在位官皆跪听。读讫，都目等复位。长官以下再拜，舞蹈，俯伏，兴，再拜。公吏以下三称"万岁"。礼毕。明日，长官率僚属，音乐送至郭外。

卷三十七　志第十八

礼　十

册皇后仪　册皇太后仪　册皇太子仪
皇太子正旦生日受贺仪　皇太子与百官相见仪

册皇后仪

天德二年十月九日，册妃徒单氏为皇后。前一日，仪鸾司设座勤政殿，南向。设群臣次于朝堂。大乐令展宫县于殿庭，设协律郎举麾位于乐县西北，东向。阁门设百官班位于庭，并如常朝之仪。又设典仪位于班位之东北，赞者二人在南少却，俱西向。设册使副位于殿门外之东，又设册使副受命位于百官班前。又设册宝幄次二于殿后东厢，俱南向。

其日，诸卫勒所部，略列黄麾细仗于庭。符宝郎奉八宝置于左右。吏部侍郎奉册，礼部侍郎奉宝匣，皆置于床，讫，出就门外班。大乐令、协律郎、乐工、典仪。赞者各入就位。群官等依时刻集朝堂，俱就次，各服朝服。侍中约刻板奏："请中严。"通事舍人引群官入，就庭东西相向立，以北为上。又引册使副立于东偏门，西向。门下侍郎引主节，奉节立于殿下东廊横街北。中书令、中书侍郎帅举捧册官，奉册床立于节南。侍中、门下侍郎帅举捧宝官，奉宝床立于册床之南，俱西面。侍中版奏："外办。"殿上索扇。协律郎举麾，宫县作。皇帝服通天冠、绛纱袍，出自东房，曲直华盖、警跸侍卫如常仪。即座，南向坐，帘卷，乐止。通事舍人引册使副入，宫县作。使副就受命位，侍中、中书令、门下侍郎、中书侍郎、举捧官依旧西面立，群臣合班，横行北面，如常朝之仪，立定。典仪曰："再拜。"赞者承传，班首已下群官在位者皆再拜。班首问起居，又再拜。阁门官引摄侍中出班承制，降诣使副东北，西向称："有制。"使副稍前，鞠躬再拜，摄侍中宣制曰："命公等持节授后册宝。"宣制讫，又俱再拜，侍中还班。门下侍郎引主节诣册使所，主节以节授门下侍郎，门下侍郎执节西向授太尉，太尉受付主节，主节立于使副之左右。门下侍郎退还班位。中书侍郎引册床，门下侍郎引宝床，立于册使东北，西向，以次授与太尉，太尉皆捧受。册床置于北，宝床置于南。侍中、中书令、礼仪使、举捧册宝官及舁床者，退于东西砖道之左右，相向立。门下侍郎、中书侍退还班位。典仪曰："再拜。"赞者承传，群官在位者皆再拜，讫，分班东西相向立。举捧舁册宝床者进，册床先行，读册官次之，宝床次行，读宝官次之。举舁官各分左右，通事舍人引册使随之以行，持节者前导。太尉初行，宫县乐作，出殿门，乐止。摄侍中出班升殿奏："侍中臣言礼毕。"殿上索扇，帘降，宫县作。降座，入自东房，乐止。通事舍人引群官在位者以次出。俟太尉、司徒复命，礼毕，还内。

先是，有司预设太尉、司徒本品革车卤簿于门外至殿门左右排列。俟使副出，鼓吹振作。礼仪使、举捧官、执节者并抬舁人，以册宝少驻于泰和门，太尉、司徒及读册宝官暂归幕次。内侍阁门引入泰和殿，俟至殿下位，鼓吹止。有司预供张，泰和殿设皇后座于扆前，殿上垂帘。又设东西房于座之左右稍北。又设受册位于殿庭西阶之南，东向。又设内命妇次于殿之左右。大乐令设宫县于庭，协律郎设举麾位于殿上。又设册宝次于门外。又设行事官次于门左右。又设外命妇次于门之内。其日，诸卫于殿门外略设黄麾细仗。有司设二步障于殿之西阶。帘前设扇，左右各十。红伞一，在西阶栏子外。又设举册宝案位于使副之前，北向。又设宣徽使位于北厢，南向。司赞设内外命妇以下陪列位于殿庭砖道之左右，每等重行异位北向，内命妇在后。又设司赞位于东阶东南，赞者二人在南少退，俱西向。质明，执事官大乐令等各就位。皇后常服，乘龙饰肩舆，至泰和殿后阁，近仗导卫如常仪。宣徽使奏："中严。"册使副入门，宫县作，俟册使庭中立，乐止。册在北，宝在南，使副立于床后。礼仪使帅持节者立于前，举捧册宝官立于册宝床左右，读册宝官各立于其后。宣徽使奏："外办。"内侍阁门官引后出后阁，宫县作。帘卷，皇后降自西阶，左右步障伞扇从，至阶下，望勤政殿御阁所在立，乐止。册使进，立于右，宣曰："有制。"阁门使内侍赞："再拜。"册使宣曰："制遣太尉臣某、司徒臣某，恭授后册宝。"阁门使内侍赞："再拜。"册使少退。中书令、侍中及举捧官率抬舁人奉册宝以次进于前，宫县作。册宝床自东阶升，并置于殿之前楹间，册床在北，宝床在南，中留读册宝官立位，并去帕及盖，抬舁人执之，退立于西朵殿。举抬官分左右相向立，读册宝官各立于床之东，西向，立既定，乐止。阁门使内侍赞："再拜。"捧谢表官以表授左立内侍，内侍以授后，受讫，以付右立内侍，内侍持表立于右。阁门使赞："再拜。"讫，册使退，宫县作。持表内侍以表付阁门官，随册使行。册使副至门，鼓吹振作如来仪，入西偏门，鼓吹止。册使副至御阁所在，俯伏，跪奏："太尉臣某、司徒臣某，奉制授册宝，礼毕。"俯伏，兴，退。持表阁门官进表，近侍接入，进读，讫，退。

初，册使退，及门乐止。阁门内侍引后自西阶升殿，宫县作。伞扇止于帘外，退于左右朵殿前。步障止于阶下，卷之。后于座前南向立，乐止。中书令诣册床南立，北向，称："中书令臣某，谨读册。"读毕，降自东阶，立于栏外第一墀上，西向。次侍中诣宝床南立，北向，搢称："侍中臣某，读宝。"读毕降阶，立于中书令之北，西向。内侍阁门引升座，宫县作，坐定，乐止。举捧官以次招抬舁人持帕盖覆匣床，奉置殿之左右，册床在东，宝床在西。置讫，举捧官以次降阶，立于中书令、侍中之后，立定，合班北向，阁门赞："再拜。"拜讫，降东阶，退出殿门。其抬舁人置册宝床于东西讫，各由朵殿下阶，于侍中等班后直出殿门，以俟复入，抬舁入宫。受册表谢讫，内侍跪奏："礼毕。"阁门引内外命妇陪列者以次进，就北向位。

班首初行，宫县作，至位乐止。阁门曰："再拜。"命妇皆再拜。阁门引班首自西阶升，乐作，至阶乐止，进当座前，北向躬致称贺，讫，降自西阶，乐作，至位乐止。阁门曰："再拜。"舍人承传，命妇等皆再拜。阁门使前承令，降自西阶，诣命妇前西北，东向，称："有教旨。"命妇等皆拜，阁门使宣曰："祗奉圣恩，授以册宝，荣幸之至，竞厉增深。所贺知。"舍人曰："再拜。"命妇皆再拜，讫，内侍引内命妇还宫。班首初行，乐作，出门，乐止。内侍引外命妇出次。宣徽使奏称："礼毕。"降座，宫县作，入东房，乐止。归阁，宫县作，至阁，乐止。更常服。内侍承教旨，宣外命妇入会，并如常仪。会毕，阁门引命外妇降阶，横班北向，舍人曰："再拜。"讫，以次出。还宫，如来仪。中书门下侍郎复以引进司帅抬舁人进册宝入内，付与都点检司，退。别日，会群官，会妃主宗室等，赐酒，设食，簪花，教坊作乐，如内宴之仪。十一日，朝永寿、永宁两宫。皇后既受册，越二日，内侍设座于所御殿，南向。其日夙兴，宣徽使版奏："中严。"质明，诸侍卫宫人俱诣寝殿奉迎，宣徽使版奏："外办。"后首饰袆衣御车，内侍前导，降自西阶以出，侍卫如常仪。至太后之里门外，降车，障扇侍卫如常仪，入立于西厢，东向。将至，宣徽使版奏："请中严。"既降车，宣徽使版奏："外办。"太后常服，宣徽使引升座，南向。宣徽使引后进，升自西阶，北面再拜，进跪致谢词。存抚赐酒食，并如家人之仪。礼毕，宣徽使赞："再拜。"讫。宣徽使引降自西阶以出。出门，宣徽使奏："礼毕。"降座入宫。

奉册皇太后仪

天德二年正月，诏有司："择日奉册唐殷国妃、岐国太妃，仍别建宫名。合行典礼，礼官检详条具以闻。"其日质明，有司各具伞扇，侍卫如仪，及兵部约量差军兵，并文武百官诣两宫迎请，引导皇太后入内，并赴受册殿，入御幄，侍卫如式。次奉册太尉等俱以册置于案，奉宝司徒等俱以宝置于案，皆盛以匣，覆以帕，诣别殿门外幄次。教坊提点率教坊入。侍卫官各就列。皇帝常服乘舆，至别殿后幄次。通事舍人引宣徽使版奏："中严。"复位，少顷，又奏："外办。"幄帘卷，教坊乐作，扇合，两宫皇太后出自后幄，并即御座，南向，扇开，乐止。（分左右少退。）通事舍人引文武百僚班左入，依品，重行西向，立定。通事舍人喝："起居。"班依常朝例起居，七拜，讫，引文武百僚班分东西相向立。通事舍人、太常博士赞引，太常卿前导，押册官押册而行，奉册太尉、读册中书令、举册官等以次从之。次押宝官押宝而行，奉宝司徒、读宝侍中、举宝官等以次从之。俱自正门入，教坊乐作，至殿庭西阶下少东，北向，于褥位少置，乐止。册北，宝南。通事舍人、太常博士赞引，太常卿前导，押册官押册升，乐作，奉册太尉等从之，进至两宫皇太后座前褥位，乐止。（两宫册宝齐上，齐读。）举册官夹侍。奉册太尉各搢笏，北向跪，俯伏，兴，退立。读册中书令俱进，向册前跪奏称："摄中书令具官臣某，谨读册。"举册官单跪对举，中书令各搢笏，读讫，执笏，俯伏，兴，搢笏，捧册兴，于位东回册函北向，并进，跪置于御座前褥位。中书令举册官俱降，还位。奉册太尉并降阶，东向以俟。押宝官押宝升，乐作，奉宝司徒等从之，进至两宫皇太后座前褥位，乐止。举宝官夹侍。奉宝司徒各搢笏，北向跪，俯伏，兴，退立。读宝侍中俱进，当宝前跪奏称："摄侍中具官臣某，谨读宝。"举宝官单跪对举，侍中各搢笏，读讫，执笏，俯伏，兴，搢笏，捧宝兴，于位东回宝函北向，并进，跪置于御座前褥位册之南。通事舍人、太常博士赞引太尉、司徒以次应行事官俱降自西阶，复本班序立。宣徽使一员诣皇帝御幄前，俯伏，跪奏："臣某谨请皇帝诣两宫皇太后前，行称贺之礼。"俯伏，兴。赞引皇帝再拜，又奏："请北向跪。"皇帝贺曰："嗣皇帝臣某言云云。"俯伏，兴，又再拜，讫，又奏："请皇帝少立。"内侍承旨退，西向称："两宫皇太后旨云云。"皇帝再拜。宣徽使前引，皇帝归幄，常服乘舆还内，侍卫如来仪。

应阶下文武百僚重行立定，通事舍人喝："拜。"在位皆再拜。通事舍人引太师诣西阶升，俯伏，跪奏称："文武百僚具官臣某等稽首言，皇太后殿下显对册仪，永安帝养。仰祈福寿，与天同休。"俯伏，兴，降自西阶，复位立定。通事舍人赞："在位官皆再拜。"舞蹈，三称"万岁"，又再拜。宣徽使升自东阶，取旨退，临阶西向称："两宫皇太后旨。"通事舍人赞："在位官皆再拜。"毕，宣曰："公等忠敬尽心，推崇协力。膺兹令典，感愧良深。"宣讫，还位。通事舍人赞："谢宣谕，拜。"在位官皆再拜，舞蹈，三称"万岁"，又再拜。通事舍人分引应北向官各分班东西立。宣徽使升自东阶，奏称："具官臣等言，礼毕。"降还位。扇合，皇太后并兴，教坊乐作，降座，还殿后幄次，扇开，乐止。通事舍人引宣徽使奏："解严。"中书侍郎等各帅捧册床官升殿，跪捧册并置于床，次门下侍郎等各帅捧宝床官升殿，跪捧宝并置于床，讫，通事舍人引诣东上阁门，投进所司。文武百僚以次出。皇太后常服乘舆，各还本宫，引导如来仪。文武百僚诣东上阁门拜表贺皇帝，退。礼毕，各赴本宫，受内外命妇称贺。所司预于殿内设皇太后御座，司宾引内外命妇于殿庭北向依序立。尚仪奏请，皇太后常服即座。司赞曰："再拜。"命妇皆再拜。司宾引班首诣西阶升，跪贺称："妾某氏等言，伏惟皇太后殿下，天资圣善，昭受鸿名，凡在照临，不胜欣抃。"兴，降阶复位。司赞曰："再拜。"内外命妇皆再拜，尚宫承旨，降自西阶，于命妇之北东向立，司赞曰："再拜。"在位者皆再拜，尚宫乃宣答曰："膺兹典礼，感愧良深。"司赞曰："再拜。"在位者皆再拜，退。赴别殿贺皇帝，亦如贺皇太后之仪，惟不致词，不宣答。

册皇太子仪

大定八年正月，册皇太子，礼官拟奏，皇太子乘舆至翔龙门，东宫官导从，不乘马。册皇太子前三日，遣使同日奏告天地宗庙。册前一日，宣徽院帅仪鸾司，设御座于大安殿当中，南向。设皇太子次于门外之东，西向。又设文武百僚应行事官、东宫官等次于门外之东、西廊。又设册宝幄次于殿后东厢，俱南向。又设受册位于殿庭横阶之南。工部官与监造册宝官公服，自制造所导引册宝床，由宣华门入，约宣徽院同进呈毕，赴幄次安置。大乐令帅其属，展乐县于庭。

其日，兵部帅其属，设黄麾仗于大安殿门之内外。其日质明，文武百僚应行事官并朝服入次。东宫官各朝服，自东宫乘马导从，至左翔龙门外下马，入就次。通事舍人分引百官入立班，东西相向。次引侍中、中书令、门下侍郎、中书侍郎及捧舁册宝官，诣殿后幄次前立。少顷，奉册宝出幄次，由大安殿东降，至庭中褥位，权置讫，奉引册宝官立于其后。皇太子服远游冠、朱明衣出次，执圭，三师三少已下导从，立于门外。侍中奏："中严。"符宝郎奉八宝由东西偏门分入，升置御座之左右。侍中奏："外办。"内侍承旨索扇，扇合，皇帝服通天冠、绛纱袍以出，曲直华盖侍卫如常仪，鸣鞭，宫县乐作。皇帝出自东序，即御座，炉烟升，扇开帘卷，乐止。典赞仪引皇太子入门，宫县乐作，至位乐止。师、少已下从入，立于皇太子位东南，西向。典仪赞："皇太子再拜。"搢圭，舞蹈，又再拜，奏："圣躬万福。"又再拜，引近东，西向立。师、少已下并奉引册宝官等，各赴百官东班，乐作，至位乐止。通事舍人引百官俱横班北向。典仪赞："拜。"在位官皆再拜，搢笏，舞蹈，又再拜，起居，又再拜，毕，百官各还东西班。师、少已下并行事官各还立位。典赞仪引皇太子复受册位，乐作，至位乐止。侍中承旨，称："有制。"皇太子已下应在位官皆再拜，躬身，侍中宣制曰："册某王为皇太子。"又再拜。通事舍人、太常博士引中书令诣读册位，中书侍郎引册匣置于前，捧册官西向跪捧，皇太子跪，读毕，俯伏，兴。皇太子再拜。中书令诣捧册位，奉册授皇太子，搢圭，跪受册，以授右庶子，右庶子跪受，皇太子俯伏，兴，右庶子以册，兴，置于床，中书令已下退复本班。次通事舍人、太常博士引侍中诣奉宝位，门下侍郎引宝盝立于其右，侍中奉宝授皇太子，搢圭，跪受，以授左庶子，左庶子跪受，皇太子俯伏，兴，左庶子以宝兴，置于床，侍中已下退复本班。典仪赞："再拜。"毕，引皇太子退。初行，乐作，左右庶子帅其属，舁册宝床匣以出，出门，乐止。侍中奏："礼毕。"内侍承旨索扇，扇合，帘降，鸣鞭，乐作，皇帝降座，入自西序还后阁，侍卫如来仪，扇开，乐止。侍中奏："解严。"所司承旨，放仗卫以次出。皇太子入次，改服公服，还东宫，导从如来仪。

册后二日，兵部设黄麾仗于仁政殿门之内外，陈设并如大安殿之仪。百官服朝服。皇太子公服至次，改服远游冠、朱明衣。通事舍人引百官入至阶下立班，东西相向。典赞仪引皇太子执圭出次，立于门外。侍中奏："中严。"少顷，又奏："外办。"皇帝出自东序，即座，帘卷。通事舍人引百官俱横班北向，典仪赞："拜。"在位官皆再拜，搢笏，舞蹈，又再拜，起居，又再拜，讫，分班。皇太子捧表入，至拜表位立，俟阁门使将至，单跪捧表，阁门使接表，皇太子俯伏，兴，典仪赞："再拜。"搢圭，舞蹈，又再拜。俟读表毕，侍中承旨退称："有制。"典仪赞："再拜。"兴，躬身，侍中宣讫，典仪赞："再拜。"搢圭，舞蹈，又再拜。引皇太子退。侍中奏："礼毕。"扇合，鸣鞭，入西序，还后阁，侍卫如来仪。侍中奏："解严。"放仗，百官以次出。后二日，百官奉表称贺，如常仪。

正旦生日皇太子受贺仪

大定二年，世宗命有司议亲王百官及妃主命妇见皇太子礼。有司按唐、宋旧仪，拟亲王宗室贺皇太子，依册毕受贺礼。然唐礼元正复有降阶见伯叔、答群官再拜之文，又无妃主命妇见太子之礼。稽诸令文，应致恭之官相见，或贵贱殊隔，或长幼亲戚，任从私礼。自今若在东宫候皇太子，便服，则当从私礼接见。若三师以下，遇皇太子诞日，在御前，则候皇太子先进酒毕，百官望皇太子再拜，班首跪进酒，又再拜。若赐酒，即当殿跪饮毕，又再拜。以为定制，命班行之。十二月晦，皇太子奏状曰："按礼文，亲王并一品宗室皆北面拜伏，臣但答揖而已。虽曰尊宗子，而在长幼惇叙之间，诚所未安。当时遽蒙颁降，未获谦让。明日元正，有司将举此礼，伏望圣慈许臣答拜，庶敦亲亲友爱之义。"上从其请，命尚书省颁下所司。

若皇太子生日，则公服，左上露台栏子外。先再拜，二阁使齐揖入栏子内，拜跪，祝毕，就拜，兴，复位，再拜，又再拜，接台进酒，退跪。候饮毕，接盏，复位，转台与执事者，再拜。宣徽使以酒进，皇帝亲赐酒，接盏稍退跪饮，毕，宣徽使接盏，复位再拜。复揖入栏子内，跪搢笏，受赐物毕，出笏，兴，复位，再拜，退更衣，入殿稍东，西向立。皇妃等进劝生日酒，皇太子跪，皇妃等亦跪，饮毕，各再拜。群官致贺，则其日质明，皆公服集于门外，少詹事奏："请内严。"又奏："外备。"典仪引升座，文武宫臣入，就庭下重行北向立，典仪曰："再拜。"在位官皆再拜，班首稍前跪奏："元正首祚。"生日则云："庆诞令辰，伏惟皇太子殿下福寿千秋。"贺毕复位，典仪曰："再拜。"宫臣皆再拜，坐受，分东西序立。次引东宫三师于殿上，三少于殿柱外，北向东上立。皇太子诣南向褥位，典仪曰："再拜。"师、少皆再拜，班首同前称贺，复位。执事者酌酒一卮，班首奉进，乐作，饮讫，乐止。回劝师、少毕，各复位。典仪赞师，少再拜，皇太子答拜。师、少出，皇太子就坐。次引亲王入栏子内，一品宗室于栏子外，余宗室序班庭下，拜致贺、进酒如上仪。皇太子答拜毕，就坐。复引随朝三师三公宰执于殿上，三品以上职事官于露阶上，四品以下于庭下，北向，每等重行以东为上，立。皇太子诣褥位。典仪曰："再拜。"上下皆再拜，毕，班首少前致贺，复位，执事者酌酒一卮，班首奉进，乐作，饮毕，乐止。如有进献如常仪。回劝三师三公，余殿上群官则令执事者以盘行酒，饮毕，典仪曰："再拜。"上下皆再拜，乃答拜，引群官以次出。少詹事跪奏："礼毕。"自是岁贺为定制。

皇太子与百官相见仪

三师三公栏子内北向躬揖，班首稍前问候，皇太子离位稍前，正南立，答揖。宰执及一品职事官扣栏子北向躬揖，答揖同前。二品职事官栏子外少南躬揖，皇太子起揖。三品职事官露阶少南躬揖，皇太子坐揖。四品以下职事官庭下躬揖，跪问候，皇太子坐受。太子太师、太傅、太保与随朝三师同。东宫三少与随朝二品同。詹事已下，并在庭下面北，每品重行以东为上，再拜，班首稍前问候，又再拜，皇太子坐受。大定二年所定也。七年，定制，皇太子赴朝，许与亲王宰执相见，余官宗室并回避。后亦许与枢密使副、御史大夫、判宗正、东宫三师相见。九年，定制，凡皇太子出，于都门三里外设褥位，三公宰执以下公服重行立，皇太子便服，三公宰执以下鞠躬，班首致辞云："青宫万福。"再拜，皇太子答拜，退。迎、送皆同。

卷三十八　志第十九

礼十一

外国使入见仪　典宴仪　朝辞仪　新定夏使仪

外国使入见仪

皇帝即御座，鸣鞭、报时毕，殿前班小起居毕，至侍立位。引臣僚左右入，至丹墀，小起居毕，宰执上殿，其余臣僚分班出。阁门使奏使者入见样子。先引宋使、副，出笏，捧书左入，至丹墀北向立。阁使左下接书，捧书者单跪授书，拜，起立。阁使左上露阶，右入栏内奏："封全。"转读毕，引使、副左上露阶，齐揖入栏内，揖使副鞠躬，使少前拜跪，附奏毕，拜起，复位立。待宣问宋皇帝时并鞠躬，受敕旨，再揖鞠躬，使少前拜跪，奏毕，起复位，齐退却，引使、副左下，至丹墀北向立。礼物右入左出，尽，揖使、副傍折通班，再引至丹墀，舞蹈，五拜，不出班奏："圣躬万福。"再拜。揖使副鞠躬，使出班谢面天颜，复位，舞蹈，五拜。再揖副使鞠躬，使出班谢远差接伴、兼赐汤药诸物等，复位，舞蹈，五拜。各祗候，引右出，赐衣。次引宋人从入，通名已下再拜不出班，又再拜，各祗候，亦引右出。次引高丽使左入，至丹墀北向略立，引使左上露阶，立定。揖横使鞠躬，正使少前拜跪，附奏毕，拜起，复位立，阁使宣问高丽王时并鞠躬，受敕旨毕，再揖横使鞠躬，正使少前拜跪，奏毕，拜起，复位，齐退却，引左下，至丹墀，面殿立定。礼物右入左出，尽，揖使傍折通班，毕，引至丹墀，通一十七拜，各祗候，平立，引左阶立。次引夏使见如上仪，引右阶立。次再引宋使副左入，至丹墀，谢恩，舞蹈，五拜，各祗候，平立。次引高丽、夏使并至丹墀。三使并鞠躬，有敕赐酒食，舞蹈，五拜，各祗候，引右出。次引宰执下殿，礼毕。

曲宴仪

皇帝即御座，鸣鞭，报时毕，殿前班小起居，到侍立位。引臣僚并使客左入，傍折通班，至丹墀舞蹈，五拜，不出班奏："圣躬万福。"又再拜。出班谢宴，舞蹈，五拜，各上殿祗候。分引预宴官上殿，其余臣僚右出。次引宋使从人入，至丹墀再拜，不出班奏："圣躬万福。"又再拜。有敕赐酒食，又再拜，引左廊立。次引高丽、夏从人入，分引左右廊立。果床入，进酒。皇帝举酒时，上下侍立官并再拜，接盏，毕，候进酒官到位，当坐者再拜，坐，即行臣使酒。传宣，立饮毕，再拜，坐。次从人再拜，坐。至四盏，饼茶入，致语。闻鼓笛时，揖臣使并人从立，口号绝，坐宴并侍立官并再拜，坐，次从人再拜，坐。食入，五盏，歇宴。教坊谢恩毕，揖臣使起，果床出。皇帝起入阁，臣使下殿归幕次。赐花，人从随出戴花毕，先引人从入，左右廊立，次引臣使入，左右上殿位立。皇帝出阁坐，果床入，坐立并再拜，坐，次从人再拜，坐。九盏，将曲终，揖从人至位再拜，引出。闻曲时，揖臣使起，再拜，下殿。果床出。至丹墀谢宴，舞蹈，五拜。分引出。

朝辞仪

皇帝即御座，鸣鞭、报时毕，殿前班小起居，至侍立位。引臣僚合班入，至丹墀小起居，引宰执上殿，其馀臣僚分班出。阁使奏辞榜子。先引夏使左入，傍折通班毕，至丹墀再拜，不出班奏："圣躬万福。"又再拜。揖使副鞠躬，使出班，恋阙致词，复位，又再拜，唱："各好去。"引右出。次引高丽使，如上仪，亦引右出。次引宋使副左入，傍折通班毕，至丹墀，依上通六拜，各祗候，平立。阁使赐衣马，鞠躬，闻敕，再拜。赐衣马毕，平身，搢笏，单跪，受别录物过尽，出笏，拜起，谢恩，舞蹈，五拜。有敕赐酒食，舞蹈，五拜。引使副左上露阶，齐揖入栏内，揖鞠躬，大使少前拜跪受书，起复位。揖使副齐鞠躬，受传达毕，齐退，引左下至丹墀，鞠躬，喝："各好去。"引右出。次引宰执下殿，礼毕。熙宗时，夏使入见，改为大起居。定制以宋使列于三品班，高丽、夏列于五品班。皇统二年六月，定臣使辞见，臣僚服色拜数止从常朝起居，三国使班品如旧。俟殿前班及臣僚小起居毕，宰执升殿，余臣分班毕，乃令行入见及朝辞之礼。凡入见则宋使先，礼毕夏使入，礼毕而高丽使入。其朝辞则夏使先，礼毕而高丽使入，礼毕而宋使入。夏、高丽朝辞之赐，则遣使就赐于会同馆。惟宋使之赐则庭授。旧高丽使至阙皆有私进礼，大定五年，上以宋、夏使皆无此礼，而小国独有之，不可。遂命罢之。六年，诏外国使初见、朝辞则于左掖门出入，朝贺，赐宴则由应天门东偏门出入。

大定二十九年三月，章宗以在谅暗，免宋使朝辞，太常寺言："若不面授书及传达语言，恐后别有违失。"遂令宋使先辞灵幄，然后诣仁政殿朝辞，授书。时右丞相襄言："伏见熙宗圣诞七月七日，以景宣忌辰避之，更为翌日，复用正月十七日受外国贺。今圣诞节若依期，令外方人使过界，恐为雨潦所滞，设能到阙，或值阴雨亦难行礼，乞以正月十一日或三月十五日为圣节，定宋人过界之期。"平章政事张汝霖、参知政事刘玮等言："帝王当示信，以雨潦路阻辄改之，或恐失信。且宋帝生日亦五月也，是时都在会宁，上国遣使赐生日，万里渡越江、河，尚不避霖潦，如期而至。今久与宋好，不可以小阻示以不实。彼若过界，多作程顿亦不至留滞，纵使雨水愆期而入见，犹胜更用他日也。"御史大夫唐括贡、中丞李晏、刑部尚书兼右谏议大夫完颜守贞等亦皆言不可，上初从之，既而竟用襄议，令有司移报，使明知圣诞之实，特改其日以示优待行人之意。承安三年正月，上谕旨有司曰："比闻宋国花宴，殿上不设肴馔，至其歇时乃备于廊下。今花宴上赐食甚为拘束，若依彼例可乎？且向者人使见辞，殿上亦尝有酒礼，今已移在馆宴矣”。有司奏曰：“曲宴之礼旧矣。彼方，酒一行、食一上必相须成礼。而国朝之例，酒既罢而食始进。至于花宴日，宋使至客省幕次有酒礼，而我使至其幕则有食而无酒，各因其旧，不必相同。古者宴礼设食以示慈惠，今遽更之，恐远人有疑，失朝廷宠待臣子之意。”乃命止如旧。正大元年十月，夏国遣使修好。二年九月，夏国和议定，以兄事金，各用本国年号，定拟使者见辞仪注云。盖夏人自天会议和，臣属于金八十余年，无兵革事。及贞祐之初，小有侵掠，以至构难十年，两国俱敝，至是，始以兄弟之国成和。十月，遣礼部尚书奥敦良弼、大理卿裴满钦甫、侍御史乌古孙弘毅为报成使。三年十月，夏人告哀，遣中大夫完颜履信为吊祭使。夏人以兵事方殷，各停使聘。四年，遣王立之来聘，未复命而夏亡。

新定夏使仪注

夏国使、副及参议各一，谓之使。都管三。上节、中节各五、下节二十四，谓之三节人从。报至行省，差接伴使与书表人迓于境。入界，则先具驿程腰宿之次。始至京兆行省，翌日赐宴，至河南行省亦然，谓之来宴。将至京，遣内侍一人以油绢复韬三银盒，贮汤药二十六品，逆于近境尉氏县赐之。至恩华馆（旧名燕宾馆，承安三年更名）更衣，由宣照门入，预差馆伴使、副使二员，书表四人，牵拢官三十人以俟。来使三节人从至会同馆，谓之聚厅，先以馆伴使名衔付之，而使者亦以其衔呈，然后使、副、都管、上中节人从以次见馆伴使。接伴使初相见之仪亦然。次以馆伴所书表见人使，馆伴所牵拢官与下节人互相参见，毕，乃请馆伴、接伴人，使、副，各公服齐出幕次，对行上厅栏子外，馆伴在北，对立。先接伴揖，次来使副与馆伴互展状，揖，各传示，再揖。各就位，请收笏坐，先汤，次酒三盏，置果殽。茶罢，执笏，近前齐起，栏子外馆伴在南，对立。先馆伴揖，次展接伴辞状，相别揖，各传示，再揖，通揖分位。是日，皇帝遣使抚问。天使至馆，转衔如馆伴初见之仪。馆伴与天使、来使副各公服，齐行至位，对立。请来使副升拜褥望阙立，次请天使升拜褥稍前立。来使副鞠躬，天使言：“有敕。”乃再拜鞠躬。天使口宣辞毕，复位。来使再拜，舞蹈，三拜，复位立。来使与天使各展状，相见揖，次馆伴揖。来使令人传示，请馆伴、天使与来使对行上厅，各赴椅子立，通揖。谨收笏坐，汤酒殽茶并如前，毕，执笏，近前，齐请起，至拜褥，依前对立。请来使副升褥位，进表谢抚问，再拜，副使平立，使跪奉表，天使近前搢笏受之，出笏复位，来使就拜，退，复对立。来使令人传示馆伴，依例书送天使土物，毕，展天使辞状，相别揖，次馆伴揖，各请分位。是后，每旦暮传示，并牵陇官声喏如仪。到馆之明日，遣使赐酒果，天使初至转衔后，望拜传宣皆如抚问之仪。使副单跪，以酒果过其侧，拜、舞蹈如仪。上厅汤酒茶毕，诣拜褥位，跪进谢赐酒果表，赠天使土物皆如抚问使礼，押酒果军亦有土物之赠。乃命阁门副使至馆习仪，初转衔前后皆如馆伴相见之仪。汤茶罢，馆伴阁副传示使副，来日入见，例当习仪。来使副回传示，习仪毕。第二盏后，当面劝习仪承受人酒一盏，先揖，饮酒，再拜退。三盏果茶罢，执笏近前齐起，栏子外南为上，对立。以来日入见，故但揖而不展辞状，分位。乃以入见榜子付阁门持去，以付礼进司。来使副以书送土物于引进使，及交进物军员人等，阁门副及习仪承受人各赠土物。

第三日，入见。其日质明，都管、三节人从皆裹带，馆伴与来使副各公服，齐请赴马台，馆伴牵拢官喝：“排马。”来使牵拢官喝：“牵马。”各上马张盖。都管马上奉书在使前，至中门外，以外为上，对立，先来使牵拢官两声喏，次馆伴牵拢官亦然，齐揖，各传示，再揖，请行。至左掖门外五百步，馆伴与使副乃左右易位而行。揖毕，去门百步去伞下马，出笏，对行。凡后入称贺、曲宴皆同是仪。来使人从持物者不得入门，牵拢官权收之。客省令二人传示，馆伴与来使各令人回传示。至客省幕前，馆伴所书表在上立，齐揖，乃入幕。先馆伴所书表传示，次来使书表传示，依前栏子外立，先揖，当面劝酒一盏，再揖，退。引馆伴来使入客省幕，内为上，对立揖毕，请分位立。先馆伴揖，次展客省起居状，揖，各传示，再揖，通揖。请赴位立，再揖，请收笏坐。先汤，次酒三盏，各有果殽。第二盏酒毕，客省乃传示来使，请都管、上中节劝酒。回传示毕，引都管、上中节于幕次前阶下排立，先揖，饮酒，再揖，引退。第三盏酒毕，茶罢，执笏，近前齐起，幕次前立，通揖毕，各归本幕次。俟殿上小起居毕，宰执升殿，余臣分班退，阁使奏来使见榜子。乃先请馆伴入班。俟阁门招引，乃请客省与来使副对立于幕前，外为上。使者奉书，揖毕对行，至三门外，与引揖阁副揖。使奉书，副出笏后随，左上露台殿檐柱外，奉书单跪（旧仪于丹墀内奉书），阁使接书，使副就拜，立。阁使右入栏子内，奏：“封全。”转读毕，（故事皆不读。）引使副入殿栏子内，揖使副鞠躬再拜，引少前跪奏：“弟大夏皇帝致问兄大金皇帝，圣躬万福。”再拜，兴，复位。皇帝乃宣问夏皇帝，使副鞠躬受旨，毕，引使少前跪奏：“弟大夏皇帝圣躬万福。”拜，复位，立。齐退，左下阶，至丹墀北向立。以礼物右入左出，尽，揖使副傍折通班。再引至丹墀，舞蹈，五拜，不出班代奏：“圣躬万福。”毕，再拜。引使副前，双跪，皇帝遣人劳问，复位，谢恩，舞蹈，五拜。再揖使副出班，谢面天颜，复位，舞蹈，五拜。再揖阁副鞠躬，引使出班，谢远差接伴兼赐汤药诸物，复位，舞蹈，五拜。喝：“各祗候。”引右出，至三门阶下，与阁副揖别，与客省同行至幕次前对揖，各归幕次。引都管、上中节左入，丹墀立，下节于门外阶下立，齐鞠躬通名，先再拜，不出班奏：“圣躬万福。”再拜。下节鞠躬声喏，初一拜呼“万岁”，次一拜呼“万岁”，临起呼“万万岁”。喝：“各祗候。”平立，引右出。乃赐使者衣，拜舞皆如赐酒果之仪，毕，使者与天使对立。次请都管、三节人从望阙立，天使稍前立，都管人从鞠躬，天使传敕，拜谢如使仪，就拜毕，谢恩再拜。下节鞠躬声喏，如入见仪，乃再引入，赐以酒食。阁门招、客省皆如入见仪。至丹墀，谢赐衣物，再拜，舞蹈，三拜，鞠躬。赞：“有敕赐酒食。”舞蹈，五拜。喝：“各祗候。”引右出，如前仪，归幕。乃请出，馆伴与使副幕前对立揖，各传示，再揖，请行。至元下马所，复左右易位而行，揖毕，各收笏，上马至馆。又左右易位入门，内为上，对立。先来使牵拢官，次馆伴牵拢官，各声喏，再拜揖，毕，请分位。乃以押伴使赐宴于馆。押伴至馆，转名衔回毕，与馆伴、来使公服，齐诣褥位对立，押伴稍前立。先请押伴、馆伴上褥位，望阙拜，谢坐，再拜，舞蹈，三拜，起。先请押伴上副阶上立，乃引使副上褥位，望阙亦谢坐，仪同上。乃与馆伴对行上厅。押伴在副阶上，与使副展参状。来使副先令人报上闻，押伴回传示，再揖。请押伴先入，于卓前椅位立。馆伴与使副对揖，各就位立，通揖，请端笏坐，汤入，乃于拜席上排立都管人从。汤盏出，揖起，押伴等离位立。都管人从鞠躬拜，下节人声喏，如入见仪。呼"万岁"，毕，喝："押伴及使副皆就坐。"引三都管、上中节分左右上厅，南入，北为上，下节在西廊下立。候押伴等初盏毕，乐声尽，坐。至三盏下，食毕，四盏下，酒毕。押伴传示来使，面劝都管、上中节酒一盏，来使答上闻，以都管、上中节于副阶下排立，先揖，饮，传台旨劝，再揖，退。至五盏下，酒毕，茶入。都管人从于拜席上排立，待茶罢，揖押伴等起，离位立，都管人从鞠躬，喝："谢恩。"拜，下节声喏如上仪，就位立。请押伴等齐下厅，赴拜褥对立。先请使副就褥位，谢恩，再拜，舞蹈，三拜，复位。乃请押伴、馆伴就褥位，谢如上仪，复位。

第四日，命押宴官、赐宴官就馆宴。先赐宴天使转衔如前仪，各公服，请馆伴、天使与来使就褥位对立。先请使副就褥位，望阙立。次请赐宴天使就褥位稍前，使副鞠躬，天使传宣，使副拜谢，皆如前仪。使副与天使互展状，起居，揖。次馆伴揖，使副令人传示馆伴，依例请赐宴天使茶酒，馆伴暂归幕。来使副与天使主宾对行上厅，于西间内各诣椅位揖，收笏坐。先汤，次酒三盏，果殽。茶罢，执笏，近前请起，赐宴天使暗退。请押宴使至褥位立，次请馆伴齐就褥位，望阙再拜。平身，搢笏，鞠躬，三舞蹈，跪左膝三叩头，出笏就拜，兴，再拜复位，对立。请押宴上厅。次请来使副诣褥位，谢坐，再拜，舞蹈，三拜，请分阶升厅，栏子外，内为上，对立。先馆伴揖，次互展押宴起居状，相见，揖。各传示，再揖，通揖，请就位，诣椅位立。通揖，请端笏坐，以御宴不敢用踏床。汤入，都管、三节人从于拜席上排立。汤盏出，押宴离位立揖，都管人从鞠躬，下节人从声喏，呼"万岁"，如入见仪，喝："各就坐。"请押宴等坐。引都管、上中节分左右上厅，北入，南为上，立。下节于西廊下南入，北为上，立。候押宴等初盏毕，乐声尽，坐。至五盏后食，六盏、七盏杂剧。八盏下，酒毕。押宴传示使副，依例请都管、上中节当面劝酒。使者答上闻，复引都管、上中节于栏子外阶下排立，先揖，饮酒，再揖，退。至九盏下，酒毕，教坊退。乃请赐宴天使于幕次前。候茶入，乃于拜席排立都管、三节人从。茶盏出，揖起，押宴官等离位立，揖，都管人从鞠躬，喝："谢恩。"拜，下节声喏，呼"万岁"，如入见仪，且鞠躬，喝："各祗候。"请押宴等官齐出，分阶下厅，与天使对行至拜褥前立。请使副就位望阙谢恩，再拜，舞蹈，三拜，毕，依位立。请押宴、馆伴齐诣褥位谢恩。来使乃进谢御宴表，先再拜，平身立。使跪捧表，天使近前搢笏受表，出笏复位。使就拜，退复位，立。使副上闻，依例书送天使土物，领毕，天使即以物报之，然后展天使辞状，再揖，次馆伴揖，通揖，请分位。是日，来使于宴下监酒等官及教坊人等皆有所赠。

第五日，称贺。比至客省幕次对立，皆如入见仪。至收笏坐，先汤，次酒三盏，毕，客省传示来使，辞曰："请都管、上中节当面劝酒。"回传示毕，引都管、上中节于幕次前阶下排立，先揖，饮酒，再揖，引退。至三盏酒毕，茶罢，出笏近前，齐请出幕次，前外为上，对立，通揖，分位，各归幕次。候阁门招引时，请客省与使副幕次前，外为上，对立揖。对行至门外阶下，与引揖阁副揖。引使副左入，与臣僚合班，至丹墀北向立定。同臣僚先再拜，平身，搢笏，鞠躬，三舞蹈，跪左膝三叩头，出笏就拜，兴，再拜，平立。俟进酒致辞毕，再拜，宣徽使称："有制。"又再拜，宣答毕，先再拜，舞蹈，平立，分班。俟皇帝举酒时，再拜，合班又再拜，上殿，夏使副在御座右第二行北端立。次引都管、上中节左入，至丹墀立，下节门外阶下排立，齐鞠躬，通名毕，先再拜，鞠躬，不出班奏："圣躬万福。"喝："拜。"又再拜，下节声喏呼"万岁"，如前仪。喝："各祗候。"毕，平立，再鞠躬，喝："赐酒食。"声喏再拜呼"万岁"，如前仪。引左廊立。待床入，进酒。皇帝饮酒时，上下侍立皆再拜。俟进酒官至位，合坐官再拜，皆坐。即行臣使酒，普传宣，立饮，再拜，复坐。次人从鞠躬声喏再拜呼"万岁"之仪如前。皆坐。至第三盏，传宣立饮，毕，再拜，复坐。次人从如前，毕，坐。俟致语，闻鼓笛时，揖臣使皆立，俟口号绝，臣使再拜，坐，次人从如前仪，复坐。次至五盏，将曲终，人从立，再如前仪，毕，先引出。臣使起再拜，退至丹墀，合班，谢宴，再拜，舞蹈，三拜，喝："各祗候。"引出，至三门阶下，与阁门副使相揖别，与客省同行，至幕次前对立，先揖，各传示，再揖，请分位，就幕次。少顷，请馆伴与使副出幕次，外为上，对立，先揖，各传示，再揖，引行，至元下马处，请左右易位，对立揖，收笏上马，至馆，声喏相揖分位，与初入见还礼同。

第六日，赐分食，并赐酒果礼。天使至馆，与第二日赐酒果礼同。是日，支押分食酒果军土物，并在馆随局分官员承应人例物。凡里外门将军、监厨直长、馆都监、监酒食官、承应班祗候、众厨子、馆子、巡护军、馆伴所牵拢官，皆溥及之。第七日，曲宴礼，如前仪。第八日，奉辞之仪。至小起居毕，阁使先奏来使辞榜子。引使者左入，傍折通班，至丹墀再拜，不出班奏："圣躬万福。"又再拜。揖副鞠躬，使出班恋阙致词，复位，再拜，喝："各好去。"引右出，次引宰执下殿，礼毕。第九日，聚厅，送至恩华馆，更衣而行。凡使将至界，报至则差接伴使，至则差馆伴使，去则差送伴使，皆有副，皆差书表以从。凡行省来宴、回宴之押宴官，皆从行省定差，就借以文武高爵长官之职，以为转衔之光。来回之赐宴天使，皆以阁门祗候往，诏书、口宣皆禀命于都省，以翰林院定撰焉。

夏使至，或许贸易于市二日。使至，所差者馆伴使、副各一，监察、奉职、省令史各一，书表四，总领提控官、酒食官、监厨、称肉官各一，牵拢官三十，尚食局直长、知书、都管、接手、汤药直长、长行各一，厨子五，奉饮直长一、长行二，奉珍二，仪鸾直长一、长行十，把内外门官二，馆外巡防军三十，把馆甲军六十二，杂役军六十，过位不通汉语军十，凡杂役皆衣皂，过食司吏八十，街市厨子四十，方脉杂科医各一，医兽一，鞍马二十四匹，后止备八匹，押马官一员。又差说仪承受礼直官一员。凡在馆铺陈缴络器皿什物，户部差官与东上直阁同点检。所经桥道皆先期命工部修治之。凡赐衣，使副各三对，人从衣各二对，使副币帛百四十段，旧又赐貂裘二，无则使者代以银三锭，副代以帛六十匹，后削之。惟生饩则代以绫罗三十九匹、帛六十二匹、布四匹。金带三，金镀银束带三，金涂银闹装鞍辔三，金涂银浑裹书匣、间金涂银装钉黑油诏匣及包书、诏匣复各一。朝辞，赐人从银二百三十五两，绢二百三十五匹。赐宋、高丽使之物，其数则无所考。

卷三十九　　志第二十

乐　上

雅乐　散乐　鼓吹乐　本朝乐曲　郊祀乐歌

《传》曰："王者功成作乐，治定制礼。"岂二帝三王之弥文哉！盖有天下者，将一轨度、正民俗、合人神、和上下，舍礼乐何以焉。金初得宋，始有金石之乐，然而未尽其美也。及乎大定、明昌之际，日修月葺，粲然大备。其隶太常者，即郊庙、祀享、大宴、大朝会宫县二舞是也。隶教坊者，则有铙歌鼓吹，天子行幸卤簿导引之乐也。有散乐。有渤海乐。有本国旧音，世宗尝写其意度为雅曲，史录其一，其俚者弗载云。

雅乐

凡大祀、中祀、天子受册宝、御楼肆赦、受外国使贺则用之。初，太宗取汴，得宋之仪章钟磬乐簴，挈之以归。皇统元年，熙宗加尊号，始就用宋乐，有司以钟磬刻"晟"字者犯太宗讳，皆以黄纸封之。大定十四年，太常始议："历代之乐各自为名，今郊庙社稷所用宋乐器犯庙讳，宜皆刮去，更为制名。"于是，命礼部、学士院、太常寺撰名，乃取大乐与天地同和之义，名之曰"太和"。

文、武二舞。皇统年间，定文舞曰《仁丰道洽之舞》，武舞曰《功成治定之舞》。《贞元仪》又改文舞曰《保大定功之舞》，武舞曰《万国来同之舞》。大定十一年又有《四海会同之舞》，于是一代之制始备。

明昌五年，诏用唐、宋故事，置所，讲议礼乐。有司谓："雅乐自周、汉以来止存大法，魏、晋而后更造律度，讫无定论。至后周保定中，得古玉斗于地中，以造尺律，其后牛弘以为不可，止用苏绰铁尺，至隋亦用之。唐兴，因隋乐不改，及黄巢之乱，乐县散失，太常博士殷盈孙以周法铸镈钟、编钟，处士萧承训等校石磬，合而奏之。至周显德以黍定律，议者谓比唐乐高五律。宋初亦用王朴所制乐，时和岘以周显德律音近哀思，乃依西京铜望臬、石尺重造十二管，取声下王朴一律。景祐初，李照取黍累尺成律，以其声犹高，更用太府布帛尺，遂下太常乐三律。皇祐中，阮逸、胡瑗改造止下一律，或谓其声弇郁不和，依旧用王朴乐。元丰间，杨杰参用李照钟磬加四清声，下王朴乐二律，以为新乐。元祐间，范镇又造新律，下李照乐一律，而未用。至崇宁间，魏汉津以范镇知旧乐之高，无法以下之，乃以时君指节为尺，其所造钟磬即今所用乐是也。然以王朴所制声高，屡命改作，李照以太府尺制律，人习旧听疑于太重。其后范镇等论乐，复用李照所用太府尺、即周、隋所用铁尺，牛弘等以谓近古合宜者也。今取见有乐，以唐初开元钱校其分寸亦同，则汉津所用指尺殆与周、隋、唐所用之尺同矣。汉津用李照、范镇之说，而耻同之，故用时君指节为尺，使众人不敢轻议。其尺虽为诡说，其制乃与古同，而清浊高下皆适中，非出于法数之外私意妄为者也。盖今之钟磬虽崇宁之所制，亦周、隋、唐之乐也。阅今所用乐律，声调和平，无太高太下之失，可以久用。唯辰钟、辰磬自昔数缺，宜补铸辰钟十五，辰磬二十一，通旧各为二十四簴。"上曰："尝观宋人论乐，以为律主于人声，不当泥于其器，要之在声和而已。"于是，命礼部符下南京，取宋旧工，更铸辰钟十有二。又以旧钟姑洗、夷则皆高五律，无射高二律，别铸以补之，乃协。又琢辰磬各十有二，以其半少劣，择其谐者而用之。

初，正隆间，海陵营太庙于汴，贞祐南迁，宣宗修之，以祔诸帝神主。其地，故宋景灵宫之址也。掘其下，得编钟十三，编磬八，皆刻"大晟"字。时朝廷多故，礼器散亡，竟亦不能备也，

大定十一年，太常议："按《唐会要》旧制，南北郊宫县用二十架，周、汉、魏、晋、宋、齐六朝及唐《开元》、宋《开宝礼》，其数皆同。《宋会要》用三十六架，《五礼新仪》用四十八架，其数多，似乎太侈。今拟《太常因革礼》，天子宫县之乐三十六簴，宗庙与殿庭同，郊丘则二十簴，宜用宫县二十架，登歌编钟、编磬各一簴。又按《周礼大司乐》：'凡乐，圜钟为宫，黄钟为角，太蔟为徵，姑洗为羽。雷鼓、雷鼗、孤竹之管、云和之琴瑟、云门之舞，冬日至于地上之圜丘奏之，若乐六变，则天神皆降，可得而礼矣。'六变，谓六成也。唐、宋因之。盖圜钟，夹钟也，用为宫者以上应房、心，有天帝明堂之象也。宫声三奏，角徵羽各一奏，合阳之奇数，欲神听之也。凡乐起于阳，至少阴而止，圜钟自卯至申其数有六，故六变而乐止，则天神皆降，可得而礼也。乐曲之名，唐以'和'，宋以'安'，本朝定乐曲以'宁'为名，今止有太庙祫享乐曲，而郊祀乐曲未备。皇统九年拜天用《乾宁之曲》，今圜丘降神固可就用。今太庙祫享，皇帝升降行止奏《昌宁之曲》，迎俎奏《丰宁之曲》，酌献、舞出入奏《肃宁之曲》，饮福奏《福宁之曲》，宋《开宝礼》亦可就用。余有郊祀曲名，皇帝入中壝、奠玉币、迎俎、酌献、舞出入乐曲，宜皆以'宁'字制名。"遂命学士院撰焉。皇

帝入中壝奏《昌宁之曲》，降神、送神奏《乾宁之曲》，昊天上帝奏《洪宁之曲》，皇地祇奏《坤宁之曲》，配位奏《永宁之曲》，饮福奏《福宁之曲》，升降、望燎、出入大小次，并与入中壝同，余载仪注及乐章。又命太常议文武二舞所当先后，太常议："按唐、宋郊庙之礼，并先文后武，本朝自行禘祫之礼亦然。惟唐韦万石建议谓先儒相传，以揖让得天下则先奏文，以征伐得天下则先奏武。当时虽从，寻复改之。其以《开元礼》先文后武为定。方丘如圜丘之仪，社稷则用登歌。"

宗庙。皇帝入门，宫县以无射宫，升殿，登歌以夹钟，皆奏《昌宁之曲》。迎神、送神奏《来宁之曲》，九成。天德二年，晨裸毕，还小次，方奏迎神曲。大定十一年，朝享，奏依《开元》、《开宝礼》，至版位，即奏黄钟宫三、大吕角二、太蔟徵二、应钟羽二，曲词皆同。进俎，奏《丰宁之曲》。酌献，宫县奏无射《大元之曲》。诸室之曲，德帝曰《大熙》，安帝曰《大安》，献祖曰《大昭》，昭祖曰《大成》，景祖曰《大昌》，世祖曰《大武》，肃宗曰《大明》，穆宗曰《大章》，康宗曰《大康》，太祖曰《大定》，太宗曰《大惠》，熙宗曰《大同》，睿宗曰《大和》，昭德皇后庙曰《仪坤》，世宗曰《大钧》，显宗曰《大宁》，章宗曰《大隆》，宣宗曰《大庆》。皇帝还版位及亚终献，皆奏无射宫《肃宁之曲》。饮福，登歌奏夹钟宫《福宁之曲》。彻豆，奏《丰宁之曲》，皆用无射宫。大定十二年制，祫禘时享有司摄事，初献盥洗，奏无射宫《肃宁之曲》。升阶，登歌奏夹钟宫《嘉宁之曲》。余并与亲享同。其别庙昭德皇后、宣孝太子所用，并载仪注、乐章。

旧制，太庙、皇考庙乐工各三十九人。大定二十九年，升祔显宗，有司以为："宋之太庙、别庙，堂上乐各四十八人，今之乐工少十八人，拟令皇考庙旧乐工皆充两庙堂上乐，以应前代九十六人之数。"尚书省议："古乐工无定数。"遂奏太庙、别庙通以百人为定。明昌六年，创设宫县，乐工一百五十六人。承安三年，敕："祭庙用教坊奏古乐，非礼也。其自今召百姓材美者，给以食直，教阅以待用。"泰和元年，命宫县乐工月给钱粟二贯石，遇正乐工阙，验色收补。四年，尚书省奏："宫县乐工总用二百五十六人，而旧所设止百人，时或用之即以贴部教坊阅习。自明昌间，以渤海教坊兼习，而又创设九十二人。且宫县之乐须行大礼乃始用之，若其数复阙，但前期遣汉人教坊及大兴府乐人习之，亦可备用。"遂诏罢创设者。宣宗南迁，祔诸帝主于汴京太庙。礼官言："祔享礼毕，车驾还宫，至承天门外，百官奉迎，宫县奏《采茨》。"以乐簴未备，遂止用教坊乐。哀宗迁蔡，天兴二年七月丁巳，太祖、太宗及后妃御容至自汴京，奉安于乾元寺。左宣徽使温敦七十五奏当用乐。上曰："乐须太常，奈何？"七十五曰："市有优乐，可假用之。"权左右司员外郎王鹗奏曰："世俗之乐，岂可施于帝王之前？"遂止。

乐舞名数。太庙登歌，钟一簴，磬一簴，歌工四，篇二，埙二，篪二，笛二，巢笙二，和笙二，箫二，七星匏一，九耀匏一，闰余匏一，搏拊二，柷一，敔一，麾一，一弦琴、三弦琴、五弦琴、七弦琴、九弦琴各二，瑟四。别庙登歌并同。亲祠则用金钟、玉磬，摄祭则用编钟、编磬。宫县乐三十六簴：编钟十二簴，编磬十二簴，大钟、镈钟、特磬各四簴。建鼓、应鼓、鞞鼓各四，路鼓二，路鼗二，晋鼓一，巢笙、竽笙各十，箫十，篇十，篪十，笛十，埙八，一弦琴三，三弦、五弦、七弦、九弦琴各六，瑟十二，柷一，敔一，麾一。文舞所执篇、翟各六十四，武舞所执朱干、玉戚各六十四，引舞所执旌二，纛二，牙杖二，单鼗二，单铎二，双铎二，金铙二，金錞二，金钲二，相鼓二，雅鼓二。有司摄祭，宫县二十簴：编钟四，编磬四，辰钟十二。建鼓四，路鼓四，路鼗二，晋鼓一，巢笙、竽笙、箫、埙、篪、笛各八，一弦琴三，三弦、五弦、七弦、九弦琴各六，瑟八，柷、敔各一，麾一。登歌及二舞引舞所执与亲祠同。

皇帝受册宝。前期，大乐令与协律郎设乐县于殿廷。又设举麾位二，一于殿西阶，一于乐县西北。又设登歌乐架于殿上。至日，侍中奏："外办。"宫县乐作，皇帝乃出，即坐，乐止。奉宝入门，乐作，置褥位上，乐止。初引时宫县乐作，至位立定，乐止。宝初行，乐作，至御前置讫，乐止。皇帝受宝讫，乐作，侍中奏："称贺。"乐止。皇太子升殿，登歌乐作，复位，乐止。侍中奏："礼毕。"宫县乐作，皇帝还幕次，乐止。

御楼宣赦。前期，大乐署设宫县于楼下，又设鼓一于宫县之左。至日，金鸡初立，大乐署击鼓，立讫，鼓止。侍中奏："外办。"大乐令撞黄钟之钟，右五钟皆应，《昌宁之乐》作，皇帝乃出。宣读讫，百官舞蹈，礼毕，大乐令撞蕤宾之钟，左五钟皆应，《昌宁之乐》作，皇帝降座，乐止。凡皇帝出入升降及分班合班，皆乐作，坐、立定乃止。其册命中宫、皇太子、太孙，受外国使贺，宴外国使，皆用宫县。

散乐

元日、圣诞称贺，曲宴外国使，则教坊奏之。其乐器名曲不传。皇统二年宰臣奏："自古并无伶人赴朝参之例，所有教坊人员只宜听候宣唤，不合同百寮赴起居。"从之。章宗明昌二年十一月甲寅，禁伶人不得以历代帝王为戏及称万岁者，以不应为事重法科。泰和初，有司又奏太常工人数少，即以渤海，汉人教坊及大兴府乐人兼习以备用。

鼓吹乐

马上乐也。天子鼓吹、横吹各有前、后部，部又各分二节。金初用辽故物，其后杂用宋仪。海陵迁燕及大定十一年卤簿，皆分鼓吹为四节，其他行幸惟用两部而已。

前部第一：

鼓吹令二人

㭎鼓十二　金钲十二

大鼓百二十　长鸣百二十

铙鼓一十二　歌二十四

拱辰管二十四　箫二十四

笳二十四　大横吹一百二十

前部第二：

节鼓二　笛二十四

箫二十四　筚篥二十四
笳二十四　桃皮筚篥二十四
扨鼓十二　金钲十二
小鼓百二十　中鸣百二十
羽葆鼓十二　歌二十四
拱辰管二十四　箫二十四

后部第一：

鼓吹丞二人
扨鼓三　金钲三
羽葆鼓十二　歌二十四
拱辰管二十四　箫二十四
笳二十四　节鼓二
铙鼓十二　歌十六
箫二十四　笳二十四
小横吹百二十

后部第二：

笛二十四　箫二十四
筚篥二十四　笳二十四
桃皮筚篥二十四

本朝乐曲

世宗大定九年十一月庚申，皇太子生日，上宴于东宫，命奏新声，谓大臣曰："朕制此曲，名《君臣乐》，今天下无事，与卿等共之，不亦乐乎?"辞律不传。十三年四月乙亥，上御睿思殿，命歌者歌女直词，顾谓皇太子曰："朕思先朝所行之事，未尝暂忘，故时听此词，亦欲令汝辈知女直醇质之风。至于文字、语言或不通晓，是忘本也!"二十五年四月，幸上京，宴宗室于皇武殿，饮酒乐，上谕之曰："今日甚欲成醉，此乐不易得也。昔汉高祖过故乡，与父老欢饮，击筑而歌，令诸儿和之。彼起布衣，尚且如是，况我祖宗世有此土，今天下一统，朕巡幸至此，何不乐饮!"于时宗室妇女起舞，进酒毕，群臣故老起舞，上曰："吾来故乡数月矣，今回期已近，未尝有一人歌本曲者，汝曹来前，吾为汝歌。"乃命宗室子叙坐殿下者皆上殿，面听上歌。曲道祖宗创业艰难，及所以继述之意。上既自歌，至慨想祖宗音容如睹之语，悲感不复能成声，歌毕，泣下数行。右丞相元忠暨群臣宗戚捧觞上寿，皆称万岁。于是诸老人更歌本曲，如私家相会，畅然欢洽。上复续调歌曲，留坐一更，极欢而罢。其辞曰：

猗欤我祖，圣矣武元。诞膺明命，功光于天。拯溺救焚，深根固蒂。克开我后，传福万世。无何海陵，淫昏多罪。反易天道，荼毒海内。自昔肇基，至于继体。积累之业，沦胥且坠。望戴所归，不谋同意。宗庙至重，人心难拒。勉副乐推，肆予嗣绪。二十四年，兢业万几。亿兆庶姓，怀保安绥。国家闲暇，廓然无事。乃眷上都，兴帝之第。属兹来游，恻然予思。风物减耗，殆非昔时。于乡于里，皆非初始。虽非初始，朕自乐此。虽非昔时，朕无异视。瞻恋慨想，祖宗旧宇。属属音容，宛然如睹。童嬉孺慕，历历其处。壮岁经行，恍然如故。旧年从游，依俙如昨。欢诚契阔，旦暮之若。于嗟阔别兮，云胡不乐。

郊祀乐歌

皇帝入中壝，宫县黄钟宫《昌宁之曲》：（凡步武同。）

衮服穆穆，临于中壝。瞻言圜坛，皇皇后帝。禋祀肇称，馨香维德。爰暨百神，于昭受职。

降神，宫县《乾宁之曲》、《仁丰道洽之舞》。圜钟为宫，黄钟为角，太蔟为徵，姑洗为羽。圜钟三奏，黄钟、太蔟、姑洗皆一奏，词并同：

我金之兴，皇天锡羡。惟神之休，爰兹郊见。有玉其礼，有牲其荐。将受厥明，来宁来燕。

皇帝盥洗，宫县黄钟宫《昌宁之曲》：

因天事天，惇宗将礼。爰饬攸司，奉时罍洗。挹彼注兹，乃升坛陛。先事而虔，神劳岂弟。

皇帝升坛，登歌大吕宫《昌宁之曲》：

相在国南，崇崇其趾。烝哉皇王，维时莅止。至诚通神，克禋克祀。于万斯年，昊天其子。

昊天上帝，奠玉币，登歌大吕宫《洪宁之曲》：

穆穆君王，有严有翼。佩环锵然，圜坛是陟。嘉德升闻，馨非黍稷。高明降监，百神受职。

皇地祇，《坤宁之曲》：

肃敬明祇，躬行奠贽。其贽维何?黄琮制币。从祀群灵，咸秩厥位。惟皇能飨，允集熙事。

配位太祖皇帝，《永宁之曲》：

肇举明禋，皇天后土。皇祖武元，爰作神主。功昭耆定，歌以大吕。绥我思成，有秩斯祜。

司徒迎俎，宫县黄钟宫《丰宁之曲》：

穆穆皇皇，天子躬祀。群臣相之，罔不敬止。俎豆毕陈，物其嘉矣。馨香始升，明神燕喜。

昊天上帝，酌献，登歌大吕宫《嘉宁之曲》：

郊禋展敬，昭事上灵。太尊在席，有酾斯馨。酌言献之，灵其醉止。福禄来宜，以答明祀。

皇地祇，《泰宁之曲》：

衮服穆穆，临彼泰折。于昭神宫，埋币瘗血。爰称匏爵，斟言荐洁。方舆常安，扶我帝业。

配位太祖皇帝，《燕宁之曲》：

烝哉高后，肇迪丕基。功与天合，配天以推。荐时清旨，孔肃其仪。来宁来燕，福禄绥之。

文舞退，武舞进，宫县黄钟宫《咸宁之曲》：

奉祀郊丘，《云门》变舞。进秉朱干，停挥翟羽。于昭睿文，复肖圣武。无疆维烈，天子受祜。

亚终献，宫县黄钟宫《咸宁之曲》、《功成治定之舞》：

扫地南郊，天神以族，于皇君王，克禋克祀。交于神明，玄酒陶器。诚心靖纯，非贵食味。

皇帝饮福，登歌大吕宫《福宁之曲》：

所以承天，无过乎质。天其祐之，惟精惟一。泰尊爰挹，馨香荐德。惠我无疆，子孙千亿。

彻豆，登歌大吕宫《丰宁之曲》：

大礼爰陈，为豆孔硕。肃肃其容，于显百辟。皇灵降监，馨闻在德。明禋斯成，孚休罔极。

送神，宫县圜钟宫《乾宁之曲》：

赫赫上帝，临监禋祀。居然来歆，昭答祖配。圜坛四成，神安其位。升歌赞送，天人悦喜。

方丘乐歌

迎神，《镇宁之曲》。林钟宫再奏，太蔟角再奏，姑洗徵再奏，南吕羽再奏，词同：

至哉坤仪，万汇资生。称物平施，流谦变盈。礼修泰折，祭极精诚。皇皇灵眷，永奠寰瀛。

初献盥洗，太蔟宫《肃宁之曲》：

礼有五经，无先祭礼。即时伸虔，惟时盥洗。品物吉蠲，威仪济济。锡之纯嘏，来歆恺悌。

初献升坛，应钟宫《肃宁之曲》：

无疆之德，至哉坤元。沉潜刚克，资生实蕃。方丘之仪，惟敬无文。神其来思，时歆荐殷。

初献奠玉币，太蔟宫《亿宁之曲》：

礼行方泽，文物备举。惟皇地祇，昭假来下。奠瘗玉帛，纯诚内著。神保是享，陟降斯祜。

司徒捧俎，太蔟宫《丰宁之曲》：

四阶秩仪，坛于方泽。昭事皇祇，即阴以埏。洁肆于祊，孔嘉且硕。神其福之，如几如式。

正位酌献，太蔟宫《溥宁之曲》：

荡荡坤德，物无不载。柔顺利贞，含洪光大。笾豆既陈，金石斯在。四海永宁，福禄攸介。

配位酌献（配太宗也），太蔟宫《保宁之曲》：

词阙。

亚终献升坛，太蔟宫《咸宁之曲》：

卓彼嘉坛，奠玉方泽。百辟祇肃，八音纯绎。祀事孔明，柔祇感格。

彻豆，应钟宫《丰宁之曲》：

修理方丘，吉蠲是宜。笾豆静嘉，登于有司。芬芬馨香，来享来仪。郊仪将终，声歌彻之。

送神，林钟宫《镇宁之曲》：

因地方丘，济济多仪。乐成八变，灵祇格思。荐余彻豆，神贶昭垂。亿万斯年，永祐丕基。

诣望燎位，太蔟宫《肃宁之曲》。词同升坛。

卷四十　　志第二十一

乐　下

宗庙乐歌　殿庭乐歌　鼓吹导引曲　采茨曲

禘祫亲飨，皇帝入门。宫县无射宫《昌宁之曲》：（出、入步武同。）

惟时升平，礼仪肇兴。鸣銮至止，穆穆造庭。百辟卿士，恪谨迎承。恭款祖考，神宇攸宁。

皇帝升殿，登歌夹钟宫《昌宁之曲》：（升阶及将还板位，皆同登歌。）

笙镛既陈，罍樽在户。升降有容，惟规惟矩。恭敬明神，上仪交举。永言保之，承天之祜。

皇帝盥洗，宫县无射宫《昌宁之曲》：

惟水之功，洁净精微。洗爵奠斝，于德有辉。皇皇穆穆，宗庙之威。宜其感格，福祉交归。

皇帝降阶，宫县无射宫《昌宁之曲》：

于皇神宫，象天清明。有来肃肃，相维公卿。礼仪卒度，君子攸宁。孔时孔惠，绥我思成。

迎神，宫县《来宁之曲》。黄钟宫三奏，大吕角二奏，大蔟徵二奏，应钟羽二奏，词同：

八音克谐，百礼具举。明德维清，至诚永慕。神之格思，云軿风驭。来止来临，千祀燕处。

司徒引俎，宫县无射宫《丰宁之曲》：

维牲维牺，齐明致祠。我将我享，吉蠲奉之。博硕肥腯，神嗜为宜。千秋歆此，永绥黔黎。

始祖酌献，宫县无射宫《大元之曲》：

惟酒既清，惟肴既馨。苾芬孝祀，在庙之庭。羞于皇祖，来燕来宁。象功昭德，先祖是听。

德皇帝，《大熙之曲》：

万方欣戴，鸿业创基。瑶源垂裕，绵瓞重熙。式崇毖祀，爰考成规。笾豆有楚，益臻皇仪。

安皇帝，《大安之曲》：

爰图造邦，载德其昌。皇仪允穆，诞集嘉祥。明诚昭格，积厚流光。秪严清庙，钟石琅琅。

献祖，《大昭之曲》：

惟圣兴邦，经始之初。鸠民化俗，还定攸居。迪德纯俭，志规远图。时哉显祀，精诚有孚。

昭祖，《大成之曲》：

天启璇源，贻庆定基。率义为勇，施德为威。耀武拓境，功烈巍巍。永昌皇祚，均福黔黎。

景祖，《大昌之曲》：

丕显鸿烈，基绪隆昌。圣期诞集，邦宇斯张。尊严庙祏，昭格休祥。煌煌缛典，亿载弥光。

世祖，《大武之曲》：

桓桓伐功，天监其明。惟威震叠，惟德绥宁。神策无遗，鸿图以兴。曾孙孝祀，适昭厥成。

肃宗，《大明之曲》：

于皇神人，武烈文谟。左右世祖，怀柔扫除。威震遐迩，化渐虫鱼。垂光绵永，成帝之孚。

穆宗，《大章之曲》：

烝哉文祖，钦圣弘渊。慈爱忠信，典策昭然。歆此明祀，繁祉绵绵。时纯熙矣，流庆万年。

康宗，《大康之曲》：

惟明惟听，晔晔神功。仪刑世业，昭格上穹。持盈孝孙，荐芳斯丰。锡我祉福，皇化益隆。

太祖，《大定之曲》：

功超殷周，德配唐虞。天人协应，平统寰区。开祥垂裕，肇基永图。明明天子，敬承典谟。

太宗，《大惠之曲》：

巍巍德鸿，无为端扆。祚承神功，究驯俗嫩。清宫缉熙，孝毖时祀。钦奠羞诚，牺樽嘉旨。

熙宗，《大同之曲》：

昭显令德，神基丕承。对越在天，享用跻升。于穆清庙，来燕来宁。神其醉止，惟钦克诚。

睿宗，《大和之曲》：

皇祖开基，周武殷汤。猗欤圣考，嗣德弥光。启佑洪绪，长发其祥。严恭庙享，万世烝尝。

世宗，《大钧之曲》：

神之来思，甫登于堂。裸圭有瓒，秬鬯芬芳。巍巍先功，启祐无疆。万年肆祀，孝心不忘。

显宗，《大宁之曲》：

于皇神宫，有严惟清。吉蠲孝祀，惟神之宁。对越在天，绥我思诚。敷祐亿年，邦家之庆。

章宗，《大隆之典》：

两纪践阼，万方宁康。文经天地，武服遐荒。礼备制定，德隆业昌。居歆典祀，亿载无疆。

宣宗，《大庆之曲》：

猗欤圣皇，三代之英。功光先后，德被群生。牲粢惟馨，鼓钟其铿。神兮来思，歆于克诚。

文舞退，武舞进，宫县无射宫《肃宁之曲》：

明明先皇，神武维扬。开基垂统，万世无疆。干戚象功，威仪有光。神保是飨，昭哉降康。

亚终献，无射宫《肃宁之曲》：

涓辰之休，昭祀惟恭。威仪陟降，惟礼是从。笾豆静嘉，于论鼓钟。惟皇受祉，监斯德容。

皇帝饮福，登歌夹钟宫《福宁之曲》：

牺牲充洁，粢盛馨香。来格来享，精神用彰。饮此纯禧，简简穰穰。文明天子，万寿无疆。

彻豆，登歌夹钟宫《丰宁之曲》：

孝祀肃睦，明德以荐。乐奏九成，礼终三献。百辟卿士，进彻以时。小大稽首，神保聿归。

送神，宫县黄钟宫《来宁之曲》：

洁兹牛羊，清兹酒醴。三献攸终，神既燕喜。神之去兮，载锡繁祉。万寿无疆，永保禋祀。

郊祀前，朝享太庙乐歌。

皇帝入门，宫县无射宫《昌宁之曲》：

郊将升禋，庙当告虔。锡銮戾止，孝实奉先。祀事斯举，有序无愆。祗见祖考，神意欢然。

皇帝升殿，登歌夹钟宫《昌宁之曲》：

皇皇天子，升自阼阶。奠见祖祢，肃然有怀。百礼已洽，八音克谐。既昌且宁，万福沓来。

迎神，宫县《来宁之曲》。黄钟宫三奏，大吕角二奏，太簇徵二奏，应钟羽二奏，词同：

以实应天，报本反始。洁粢丰盛，礼先肆祀。风马云车，神之吊矣。来止来宜，而燕翼子。

皇帝盥洗，宫县无射宫《昌宁之曲》：

有水于罍，有巾于篚。帨手拭爵，圭衮有炜。玄酒大羹，德馨维菲。万年昌宁，皇皇负扆。

皇帝升阶，宫县无射宫《昌宁之曲》：(降阶，同。)

巍巍京师，有严神宫。圣主戾止，多士云从。来享来献，肃肃其容。将昭大报，庸示推崇。

司徒奉俎，宫县无射宫《丰宁之曲》：

陈其牺牲，惟纯与精。苾芬孝祀，于昭克诚。不疾瘯蠡，或剥或亨。洋洋在上，以交神明。

始祖酌献，宫县《大元之曲》：

猗欤初基，兆我王迹。其命维新，贻谋丕赫。绵绵瓜瓞，国步日辟。堂构之成，焜煌今昔。

献祖，《大昭之曲》：

以圣继兴，成王之孚。民从其化，咸奠攸居。清庙观德，猗欤伟欤。金石备乐，以奉神娱。

昭祖，《大成之曲》：

东夷不庭，皇祖震怒。神武削平，贻厥圣绪。犹室有基，垣墉乃树。亿万斯年，天保孔固。

景祖，《大昌之曲》：

于皇艺祖，其智如神。修法施令，百度惟新。疆宇日广，海隅咸宾。功高德厚，耀耀震震。

世祖，《大武之曲》：

于皇先王，昭假于天。长驾远驭，麾斥无前。王业犹生，孙谋有传。圆坛展礼，敢先告虔。

肃宗，《大明之曲》：

猗欤前人，简惠昭融。相我世祖，成兹伐功。敷佑来叶，帝图其隆。将修熙事，先款神宫。

穆宗，《大章之曲》：

仁慈忠信，惟祖之休。功光岐下，迹掩商丘。言瞻清庙，怀想前修。神其来格，歆兹庶羞。

康宗，《大康之曲》：

猗欤前王，惠我无疆。仪刑典法，日靖四方。永言孝思，于乎不忘。昭告大祀，祇率旧章。

太祖，《大定之曲》：

天生聪明，俾乂蒸人。惟此二国，为我驱民。挞彼威武，万邦咸宾。明昭大报，推而配神。

太宗，《大惠之曲》：

维清缉熙，于昭明德。我其收之，骏奔万国。南郊肇修，大典增饰。清庙吉蠲，纯禧申锡。

睿宗，《大和之曲》：

维时祖功，肇开神基。昭哉圣考，其德增辉。上动天监，明命攸归。谋贻翼子，无疆之辞。

文舞退，武舞进，宫县《肃宁之曲》：

先皇开基，比迹殷汤，功加天下，武德弥光。容舞象成，干戈戚扬。于昭报本，怀哉不忘。

亚终献，宫县《肃宁之曲》：

于皇宗祊，朝献维时。芬芬酒醴，棣棣威仪。诚则有余，神之格思。神孙千亿，神其相之。

皇帝饮福，登歌夹钟宫《福宁之曲》：

皇皇穆穆，丕承丕基。躬亲于禋，载肃载祇。对越在天，神歆其诚。于以饮酒，如川之增。

彻豆，登歌夹钟宫《丰宁之曲》：

物维其时，既丰且旨。苾苾德馨，或将或肆。神之居歆，洽于百礼。于万斯年，穰穰介祉。

送神，宫县黄钟宫《来宁之曲》：

济济多仪，皇皇雅奏。献终反爵，荐余彻豆。神监昭回，有秩斯祐。无疆之福，申锡厥后。

昭德皇后别庙，郊祀前荐享，登歌乐曲。

初献盥洗，夷则宫《肃宁之曲》：

神无常享，时歆精诚。惟诚惟洁，感通神明。先事盥涤，注兹清泠。巾篚既奠，尊彝荐馨。

初献升、降殿，中吕宫《嘉宁之曲》：

有来肃肃，登降以敬。粲粲袨服，锵锵佩声。金石节奏，既协且平。其仪不忒，乃终有庆。

司徒奉俎，奏夷则宫《丰宁之曲》：

馨我黍稷，洁我牲牷。降升有节，荐是吉蠲。工祝致告，威仪肃然。神之吊矣，元吉其旋。

酌献，奏夷则宫《仪坤之曲》：

俔天之妹，坤德利贞。圆丘有事，先荐以诚。我酒既旨，我肴既盈。神其居飨，福禄来成。

彻豆，奏中吕宫《丰宁之曲》：

明昭祀事，旧典无违。乐既云阕，神其聿归。礼之克成，神保斯飨。于万斯年，迓续丕贶。

袷禘有司摄事。

初献盥洗，宫县无射宫《肃宁之曲》：

祀事之大，齐栗为先。洁精以献，沃盥于前。既灌以升，乃荐豆笾。神其感格，歆于吉蠲。

升自西阶，登歌奏夹钟宫《嘉宁之曲》：（余并同亲祀。）

国有太宫，合食以礼。跻阶肃肃，降陛济济。锵然纯音，节乃容止。神之格思，永绥福履。

时享，摄事登歌乐章。

初献盥洗，无射宫《肃宁之曲》：

酌彼行潦，维挹其清。洁齐以祀，祀事昭明。显允辟公，沃盥乃升。神之至止，歆于克诚。

初献升殿，夹钟宫《嘉宁之曲》：（余同亲祀，惟不用宫县。）

济济在庭，祗荐有序。雍容令仪，旋规折矩。爰徂于基，鸣佩接武。敬恭神明，来宁来处。

昭德皇后时享，登歌乐章。

初献盥洗，无射宫《肃宁之曲》：

时祀有章，礼备乐举。爰洁其盥，亦丰其俎。俯仰升降，中规中矩。神其来格，百神是与。

初献升殿，夹钟宫《嘉宁之曲》：（三献及司徒降，同。）

假哉神宫，神宫有侐。惟时吉蠲，登降翼翼。歌钟锵煌，笙磬翕绎。于昭肃恭，灵鳌来格。

司徒奉俎，无射宫《丰宁之曲》：

宫庭枚枚，钟磬喤喤。既仪圭鬯，既奠肯芗。齐庄奉馈，笾豆大房。灵之右飨，流庆无疆。

酌献，无射宫《仪坤之曲》：

于皇坤德，作合乾仪。涂山懿范，京室芳徽，容声如在，典祀惟时。神其克享，荐祉来宜。

亚终献，无射宫《仪坤之曲》：

嘉羞实俎，高张在庭。申献合礼（终献改申为三），坤德仪刑。神其是听，用鬯清明。清明既鬯，来享来宁。

彻豆，夹钟宫《丰宁之曲》：

礼成于终，神心禔禔。肯萧发馨，乐阙献已。徒驭孔多，灵舆载轪。青玄悠悠，归且亿矣。

宣孝太子别庙，登歌乐章。

初献升殿，夹钟宫《承安之曲》：

有腯斯牲，有馨斯齐。美哉洋洋，升降以礼。礼容既庄，乐亦谐止。神之格思，式歆明祀。

酌献，无射宫《和宁之曲》：

于惟光灵，孝德昭宣。高丽有奕，来宁来燕。于荐惟袷，既时既蠲。从我烈祖，载享亿年。

亚终献，《和宁之曲》：

金石和奏，豆笾惟丰。祠宫奉事，齐敬精衷。笙吟伊浦，鹤驻缑峰。是保是飨，灵德无穷。

彻豆，夹钟宫《和安之曲》：

寝成奕奕，今兹其时。明称肇祀，将礼之仪。侯安以怿，羞嘉且时。乐阕献已，神其飨思。

大定三年十月，追上睿宗册宝，应钟宫《显宁之曲》：

天开休运。积仁而昌。命兹昭考，敢忘显扬。上仪肇举，涓日之良。来格来享，惠我无疆。

大定十九年，升祔熙宗册宝乐曲：

恢大帝业，敉宁多方。懿德茂烈，金书发扬。肇举上仪，涓择吉日。鸿名赫赫，与天无极。

上册宝，宫县《静宁之曲》：

日卜其吉，承祀孔肃。广号追崇，孝心克笃。于乎悠哉，来思晬穆。宝册既陈，委于宗祝。

皇帝降殿，宫县《鸿宁之曲》：

继世隆昌，临朝静默。追谥鸿名，发辉潜德。玉质金章，煌煌简册。涓辰展仪，永传无极。

殿庭乐歌。

大定七年正月，上册宝，皇帝将升御座，宫县奏太蔟宫《泰宁之曲》：（降座，同。）

德隆帝位，承天而兴。侯邦来庭，民居安宁。归美以报，传之无极。鸿名徽称，寿时万亿。

册宝入门，奏《天保报上之曲》：

四方既平，功归圣明。定功巍巍，丕享鸿名。股肱良哉，揄扬元首。储精优游，南山等寿。

奉册宝官将复班位，奏《归美扬功之曲》：

圣德高明，万邦咸休。锱铢唐虞，糠粃商周。维时群臣，对扬稽首。天子明明，令闻不朽。

册宝初行，奏《和宁之曲》：（册宝将升殿，皇太子自侍立位至降阶，曲并同。）

四方攸同，昭哉成功。时和年丰，诸福来崇。英声昭腾，和气充塞。于乎皇王，维寿时亿。

皇太子升殿贺，奏《同心戴圣之曲》：

穆清皇风，遐方来同。于昭于天，物和岁丰。丕受鸿名，对扬伟迹。纯厘穰穰，敷锡罔极。

上寿，皇帝将升御座，宫县《和宁之曲》。（同前。）

举酒，《万寿无疆之曲》：

四海太平，吾皇之功。群臣对扬，诞受鸿名。霞觞琼腴，君王乐岂。皇天垂休，万寿无极。

皇太子升阶、降阶，及与宴官升殿，并奏《和宁之曲》。(同前。)

进第一爵，登歌奏《王道昌明之曲》:

对天鸿休，于以铺张。巍巍煌煌，超冠百王。皇图皇纲，时维明昌。祉福无疆，于民敷扬。

行群官酒，宫县《和宁之曲》。文舞入，设群官食，奏《功成治定之舞》，三成止:

圣德高明，如天强名。多方治平，功大有成。流于声音，形于蹈舞。颁觞群臣。以昭礼遇。

进第二爵，登歌奏《天子万年之曲》:

惟明后，驭寰瀛。跻升平，飞英声。功三王，德五帝。游岩廊，亿万岁。

行群官酒，宫县《和宁之曲》。武舞入，设群官食，奏《四海会同之舞》，三成止:

地平天成，时和岁丰。迓衡弗迷，率惟敉功。受天之祜，四方来荷。于万斯年，不遐有佐。

进第三爵，登歌《嘉禾之曲》:

景命赫斯归吾皇，仁风洋洋被远荒。琛赞旅庭趋明光，气和薰蒸为嘉祥。殊本合穗真异常，庾如坻京岁且穰。猗欤鸿休超前王，播为声诗传无疆。(行群官酒、设群官食、群官降阶，宫县并奏《和宁之曲》，皇帝将降御座，奏《泰宁之曲》，并用太簇宫。)

大定十一年十一月，行册礼，皇帝升御座，宫县《泰宁之曲》:

皇皇穆穆，衮服玉趾，如日之升，如山仰止。九宾在列，媚兹天子。愿言无疆，介以繁祉。

册宝入门，奏《天保报上之曲》:

穆穆元圣，天迪子保。相维臣工，以奏丕号。扬于路朝，玉牒神宝。于万斯年，吾君寿考。

奉册宝官将复班位，奏《归美扬功之曲》:

玉册玉宝，尊圣天子，丕扬鸿名，昭受帝祉。阅休对天，其隆孰比。臣下同心，翼戴归美。

皇太子升殿贺，奏《同心戴圣之曲》:

大矣我后，徽册膺受。欢趋彤庭，拜手稽首。休明御辰，无疆万寿。灵贶沓来，天地长久。

举酒，奏《万寿无疆之曲》:

圣德懋昭，民归天祐。煌煌金书，典册光受。备乐在庭，八音谐奏。群公奉觞，天子万寿。

进第一爵，登歌《王道昌明之曲》:

明明我皇，道光化溥。百度惟新，礼修乐举。藻饰太平，烂然可睹。超跻三王，晖映千古。

设群官食，奏《和宁之曲》、《功成治定之舞》:

穆穆我君，威折群丑。辉光日新，仁洽九有。容典葳蕤，超前绝后。端拱深严，宝册膺受。

第二爵，登歌奏《天子万年之曲》:

典礼修，惟明后。扬鸿名，灿琼玖。罗华绅，为万寿。歌南山，坚且久。

行群官酒，奏《和宁之曲》、《四海会同之舞》:

道隆政平，天开有德。万国和宁，来王来极。昭受鸿名，俯徇列辟。锡饮行觞，欢心各得。

第三爵，登歌奏《嘉禾之曲》:

众瑞毕至昭升平，爰生嘉禾乃合穗。朊朊大田无南东，稼茂如云成丰岁。既刈既获百室盈，击壤歌沸野老声。陶唐之民兹其比，帝力何有若自遂。

大定十八年十二月，上受命宝，皇帝将升御座，宫县奏《泰宁之曲》。并大吕宫:

上帝有赫，怀此明德。畀之神宝，庸镇万国。临轩是膺，登降维则。群臣拜首，年卜万亿。

宝入门，奏《天保报上之曲》:

受命大宝，昭答眷佑。珍符明贶，人为天授。文物具举，《韶》、《濩》迭奏。群臣上之，天子万寿。

群臣合班，奏《归美扬功之曲》:

德冒生民，明明元后。端冕临轩，神宝是受。群工来贺，咸拜稽首。无疆无期，享祚长久。

皇太子升殿、并自侍立位降阶，宫县《称觞介寿之曲》:

上仪昭举，膺时瑞玉。群辟在列，跄跄肃肃。衮衣桓圭，归美稽首。升降惟时，天子万寿。

举酒，登歌奏《万寿无疆之曲》:

上帝眷命，纯休兹至。诞膺洪宝，光临大器。称觞对扬，嵩岳万岁。其宁惟永，无疆卜世。

天德二年十月，册立中宫，皇帝将升御座，宫县奏《乾宁之曲》:(降座，同。)

人道大伦，王化所基。明圣稽古，阴教欲施。临轩发册，备举彝仪。《麟趾》《关雎》，宜播声诗。

册宝入门，奏《昌宁之曲》:(出门，同。)

羽卫充庭，淑旗徽章。礼仪具举，涓辰以良。相我内训，来仪椒房。亿万斯年，邦家之光。

将受册宝、以册宝入门，宫县奏《肃宁之曲》:(命妇升、降，同。)

涂山兴夏，《关雎》美周。坤仪之尊，母临九州。瑶册袆衣，光配凝旒。地久天长。福禄是遒。

后出阁，奏《顺宁之曲》:(升、降座，同。)

天立厥配，任姒比隆。母仪四海，化行六宫。日月并明，乾坤合德。于万斯年，作俪宸极。

受册，奏《坤宁之曲》:

风化之始，由于壶闱。礼文斯备，爰正坤仪。维顺以慈，俪圣同德。则百斯男，垂统无极。

天德四年二月，册皇太子，皇帝将升御座，宫县奏《乾宁之曲》:(皆用夹钟宫。)

大君有为，先图本固。涓辰之吉，礼成储副。文物备陈，声乐皆具。人心载宁，克昌福祚。

册使入门，《昌宁之曲》:

在天成象，焕乎前星。惟圣时宪，典礼以行。一人有庆，万邦以贞。社稷之福，寖昌寖明。

皇太子入门，奏《元宁之曲》:(出门，同。)

皇矣上帝，纯佐明圣。笃生元良，日跻德性，册命主器，万邦以正。龙楼问寝，亿年之庆。

大定八年正月，册皇太子，皇帝将升御座，宫县《洪宁之曲》:(并用太簇宫。)

会朝清明，临轩备礼。天威皇皇，臣工济济。于昭元良，膺兹典册。对扬闳休，卜年万亿。

皇太子入门，奏《肃宁之曲》：

光昭前星，惟天垂象。稽古而行，主器以长。曲礼告成，迩遐属望。国本既隆，繁厘永享。

群臣合班，奏《嘉宁之曲》：

于皇临轩，礼崇上嗣，维眷之祺，傃方正位。言观其仪，翔翔济济。美归吾君，太平万岁。

皇太子复受册位，奏《和宁之曲》：

祖功艰难，经营缔构。基牢根深，枝繁叶茂。于昭贻谋，骈休集佑。元良斯贞，吾皇万寿。

大定二十七年三月，册皇太孙，皇帝将升御座，宫县《泰宁之曲》：（并姑洗宫。）

上天丛休，申锡祚胤。孙谋有诒，临轩体正。煌煌上仪，欣欣众听。隆我邦本，无疆惟庆。

皇太孙入门，奏《庆宁之曲》：（出门，同。）

宝源流光，流光惟远。孙谋有贻，庆序昭衍。于乐众望，于皇备典。动容周旋，承兹嘉羡。

群臣合班，奏《顺宁之曲》：

冕旒当宁，徽章备举。彩仗充庭，金石列簴，济济多士，翼翼就序。海润山晖，倾听乐府。

皇太孙复受册位，奏《保宁之曲》：

礼之攸闻，丕建世嫡。众论协从，天心不易。名崇震宫，辞著瑞册。社稷宗庙，无疆夷怿。

鼓吹导引曲

天眷三年九月，驾幸燕京，导引曲：（无射宫。）

五年一狩，仙仗到人间，问稼穑艰难。苍生洗眼秋光里，今日见天颜。金戈玉斧临香火，驰道六龙闲。歌谣到处皆相似，天子寿南山。

天德二年三月，祫享回銮，导引曲：

礼成庙享，御卫拱飞龙，诸道起祥风。太平天子多受福，孝德与天通。凤箫龙管《韶》音奏，声在五云中。粲然文物昭治世，万亿祀无穷。

贞元元年三月，驾幸中都，导引曲：（并姑洗宫。）

銮舆顺动，嘉气满神京，辇路宿尘清。钩陈万旅随天仗，缥缈转霓旌。都人望幸倾尧日，鳌抃溢欢声。临观八极辰居正，寰宇庆升平。

《采茨曲》：

新都春色满，华盖定全燕。时运千龄协，星辰五纬连。六龙承晓日，丹凤倚中天。王气盘山海，皇居亿万年。

贞元三年十一月，祫享回銮，《采茨曲》：（并用。）

庆成回大驾，仙仗紫云深。龙衮辉千骑，嵩呼间八音。太平兴缛礼，万国得欢心。孝格迎遐福，穰穰永降临。

正隆六年六月，驾幸南京，导引曲：（并林钟宫。）

神宫壮丽，宫殿压蓬莱，向晓九门开。圣明天子初巡幸，遥驾六龙来。五云影里排仙仗，清跸绝纤埃。都人齐唱升平曲，更进万年杯。

《采茨曲》：

双阙层云表，澄景开清晓。六龙天上来，驰道平如扫。虞巡五载合，夏谚一游同。都人欣豫意，写入颂声中。

大定三年十月，祫享回銮，《采茨》、导引曲：（皆应钟宫。自后亲祀，二曲并用。）

太宫崇烈考，大礼庆初成。彩仗回云步，天阶严跸声。舜宫合至孝，周《颂》咏维清。介福应穰简，欢交万国情。

导引曲：

礼行清庙，华黍荐年丰，圣孝与天通。六龙回驭千官卫，玉振珮环风。黄麾金辂严天仗，非雾郁葱葱。工歌叠奏升平曲，福禄自来崇。

大定二十七年三月，皇太孙受册，谢庙，导引曲：

璇源浚发，衍庆自灵长，圣运日隆昌。震闱显册遵彝典，基绪焕重光。练时庙见严昭报，礼乐粲成章。精诚潜格神明助，福禄永无疆。

卷四十一　　志第二十二

仪卫上

常朝仪卫　内外立仗
常行仪卫　行仗法驾　黄麾仗

金制，天子之仪卫，一曰立仗，二曰行仗。其卫士，曰护卫、曰亲军、曰弩手，曰控鹤、曰伞子、曰长行。立仗则有殿庭内仗、殿庭外仗，凡大礼、大朝会则用之。其朔望常朝，弩手百人分立两阶而已。行仗则有法驾、大驾、黄麾仗，凡行幸及郊庙祀享则用之。其非大礼远出，则有常行仪卫、宫中导从焉。大抵模仿宋制，错综增损而用之。其宿卫则见《兵志》云。

初，国制，凡朔望常朝日，殿下列卫士，帘下置甲兵。正隆元年，海陵去甲兵，惟存锦衣弩手百人，分立两阶。其仪，都副点检，公服偏带。（常朝则展紫。）左右卫将军、宿直将军，展紫，金束带，各执玉、水晶及金饰骨朵。左右亲卫，盘裹紫袄，涂金束带，骨朵，佩兵械。供御弩手、伞子百人，并金花交脚幞头，涂金铜䥖衬花束带，骨朵。左右班执仪物内侍二十人，展紫，涂金束带。朝参日，弩手、伞子直于殿门外，分两面排立。司辰报时毕，皇帝御殿坐，鸣鞭，阁门报班齐。执擎仪物内侍分降殿阶，南向立。点检司起居，弩手、伞子于殿门外北面山呼声喏，讫，即于殿门外东西相向排立。都点检以次三员升殿，都点检在东近南，左副又少南，右副在西，东向对立。左右卫将军在殿下东西对立。省臣随班起居毕，左右司侍郎从宰执奏事。殿中侍御史随班起居毕，东西对立于左右卫将军之北，少前。修起居注分殿陛东西对立于殿栏外副阶下，以俟。奏事毕，皇帝还阁，侍卫者乃退。

凡遇大礼、大朝会，则有内外立仗。熙宗皇统元年正月，上册宝，立仗一千一百八十人。自是以后，至海陵时，俱用三千人。世宗大定七年，上册宝，颇损其数，且以天德、贞元不设车辂，遂并去之。是后，或减至二千，或一千、或八百、或六百人。天德二年，海陵立后，发册勤政殿，设黄麾细仗，用前六部，摄官七十一，擎执六百七十八人。受册泰和殿，用后六部，摄官三十六，擎执三百二十二人。大定八年正月，册皇太子于大安殿，用黄麾半仗二千二百六十五人，奉表于仁政殿用黄麾细仗一千四百二人。二十七年，册皇太孙，亦如之。

大定八年，黄麾半仗，摄官一百七十五人，擎执二千八十一人，编排职掌九人。

殿庭内仗。（以中心东西相向一重，并面北旗帜为中道。）左行，自北西向排列。黄麾幡一首，执者三人。碧襕官一，大雉扇二。碧襕官一，中雉扇六。碧襕官一，小雉扇六。碧襕官一，朱团扇六。碧襕官一，睥睨四。碧襕官一，红大伞一。碧襕官一，紫方伞二。碧襕官一，华盖一。右行，东向列者，并同。面北，第一行，牙门旗八，共二十四人，分左右。留中道。第二行，监门校尉十二，分左右。第三行，长寿幢一，押旗大将军一，居中。次东五方龙旗十五，次西五方凤旗十五。第四行，自内而东，青龙旗五，红龙旗二十。自内而西，青龙旗五，红龙旗二十。第五行，同上，又君王万岁旗一，五人居中。日旗一，五人在左。月旗一，五人在右。第六行，自内而东，天下太平旗、苣纹旗、日月合璧旗、苣纹旗、青龙旗、赤龙旗、河渎旗、江渎旗各一，旗五人，排仗通直官一，排仗大将一。未、午、巳、辰、卯、寅旗各一，青天王旗、白天王旗各一。自内而西，祥云旗、五星连珠旗、祥云旗、黄龙旗、白龙旗、黑龙旗、淮渎旗、济渎旗各一，旗五人，通直官一，大将一。申、酉、戌、亥、子、丑旗各一，绯天王旗、皂天王旗各一。第七行，自内而东，孔雀旗一，五人。苍乌旗、兕旗、犛牛旗、䴔䴖旗，赤熊旗、白狼旗、金鹦䳇旗、驯犀旗、角端旗、䝙𧲣旗、驺牙旗、野马旗、瑞麦旗、甘露旗各一，旗五人。自内而西者同。

外仗。（在门外）。左边，西向，自北排列。第一部，第一行，侍御史、大将军、折冲都尉各一，主帅三。第二行，绛引幡五首十五人，龙头竿四、弓矢五、揭鼓二、龙头竿四、仪锽斧五、龙头竿四、朱刀盾五、龙头竿四、绿刀盾五、龙头竿四、小戟五。第三行，与第一行同。第四行，与第二行同。第二部、第三部、第四部、第五部以次而南，各为前后四行，其名数与第一部同，惟无绛引幡。右五部，东向排列，色数皆同。左第五行，从北，每大旗一，均用小红龙旗二间之。角宿旗一，三人，均用二。亢宿旗一，三人，均用二。氐宿旗一，三人，均用二。房宿旗一，三人，均用二。心宿旗一，三人，均用二。尾宿旗一，三人，均用二。箕宿旗一，三人，均用二。斗宿旗一，三人，均用二。牛宿旗一，三人，均用二。女宿旗一，三人，龙旗并黄排襕旗各一。虚宿旗一，三人，红、黄排襕旗二。危宿旗一，三人，红、紫排襕旗二。室宿旗一，三人，黄、紫排襕旗二。壁宿旗一，三人，红，黄排襕旗二。重轮旗一，三人，红、紫排襕旗二。左摄提旗一，三人，黄、紫排襕旗二。青龙旗一，三人，红、黄排襕旗二。木星旗一，三人，红、紫排襕旗二。火星旗一，三人，黄、紫排襕旗二。土星旗一，三人，红、黄排襕旗二。金星旗一，三人，红、紫排襕旗二。水星旗一，三人，吏兵并紫排襕旗各一。北岳旗一，三人，吏兵并龙君旗各一。东岳旗一，三人，龙君并黄熊旗各一。中岳旗一，三人，黄熊并赤豹旗各一。西岳旗一，三人，赤豹并力士旗各一。南岳旗一，三人，力士并虎君旗各一。朱雀旗一，三人，虎君并天马旗各一。右第五行，从北。奎旗一，三人。娄旗一，三人。胃旗一，三人。昴旗一，三人。毕旗一，三人，觜旗一，三人。参旗一，三人。井旗一，三人。鬼旗一，三人。皆均用二旗如前。柳宿旗一，三人，红龙并黄排襕旗各一。星宿旗一，三人，红、黄排襕旗二。张宿旗一，三人，红、紫排襕旗二。翼宿旗一，三人，紫、黄排襕旗二。轸宿旗一，三人，红、黄排襕旗二。重轮旗一，三人，红、紫排襕旗二。右摄提旗一，三人，紫、黄排襕旗二。白虎旗一，三人，红、黄排襕旗二。东方神旗一，三人，红、紫排襕旗二。南方神旗一，三人，黄、紫排襕旗二，中央神旗一，三人，红龙排襕旗二。西方神旗一，三人，红、紫排襕旗二。北方神旗一，三人，力士并紫排襕旗各一。风伯旗一，三人，力士并虎君旗各一。雨师旗一，三人，虎君并黄熊旗二。雷公旗一，三人，黄熊并赤豹旗二。电母旗一，三人，赤豹并吏兵旗二。北斗旗一，三人，吏兵并龙君旗二。玄武旗一，三人，龙君并天马旗二。三人执一旗者重立，二人各执小旗者亦重立。

殿门外仗，亦从北，留中道。飞麟旗、玦騠旗、鸾旗、麟旗、驯象旗各二，共十人，从中分列为第一重。鹖鸡旗、貔旗、玉马旗、三角兽旗、黄鹿旗各二，共十人，次外分列为第二重。其次，第一部都尉三员，第二部至第五部俱二员，为第三重。又其次五部，各刀盾二十，为第四重。又其次五部，各弓矢二十，为第五重。左右同。

黄麾细仗，摄官八十八人，擎执一千三百五人，编排职掌九人。

内仗，中道左一行，自北西向排列。黄麾幡一首，执者三人。大雉扇六、中雉扇六、小雉扇六、朱团扇六、睥睨四、红大伞一、紫方伞二、华盖一，凡伞扇之上皆有碧襕官一。右行东向，排次同。面北，第一行，长寿幢一，居中。牙门旗八，共二十四人，分左右。第二行，君王万岁旗五人，居中。日旗五人，监门校尉五人，在左。月旗五人，监门校尉五人，在右。第三行，五方龙旗十五在左，五方凤旗十五在右。第四行，红龙旗三十四，第五行，红龙旗三十四，皆分左右。第六行，自内而东，太平、苣纹、合璧、苣纹、赤龙、青龙旗各一，旗五人，通直一人，大将一人。未、午、巳、辰、卯、寅旗各一，青天王旗、白天王旗各一。自内而西，祥云、连珠、祥云、黄龙、白龙、黑龙旗各一，旗五人，通直一人，大将一人。申、酉、戌、亥、子、丑旗各一，绯天王旗、皂天王旗各一。第七行，自内而东，河渎、江渎、兕、赤熊、驯犀、角端、䝙𧲣、䝙子旗各一，旗五人。自内而西，淮渎、济渎、兕、赤熊、驯犀、角端、䝙𧲣、䝙子旗各一，旗五人。

外仗，左边西向，自北排列，第一行，五部，侍御史、大将军、折冲都尉各一，主帅各二。第二行，第一部，绛引幡五首，十五人。龙头竿四、弓矢五、揭鼓二、仪锽斧五，龙头竿四、弓矢五、朱刀盾五、绿刀盾五，龙头竿四、仪锽斧五、朱刀盾五、绿刀盾五，龙头竿四、小戟五，龙头竿四、小戟五。第二部至五部无绛引幡，余色并同，以次相接而南。右五部东向，亦如之。左第三行，从北，角、亢、氐、房、心、尾、箕、斗、牛、女、虚、危、室、壁旗各一，旗三人。次重轮、左摄提、青龙旗各一，木、火、土、金、水星旗各一，北、东、中、南、西岳旗各一，旗三人。次紫排襕四、黄排襕四、红排襕四、吏兵旗二、天马旗一。右第三行，从北，奎、娄、胃、昴、毕、觜、参、井、鬼、柳、星、张、翼、轸旗各一，旗三人。次重轮、右摄提、白虎旗各一，东、南、中、西、北方神旗各一，风伯、雨师、雷公、电母、北斗旗各一，旗三人。次紫排襕四、黄排襕四、红排襕四、吏兵旗二、天马旗一。

行仗。天子非祀享巡幸远出，则用常行仪卫。弩手二百人，军使五人，控鹤二百人，首领四人，俱服红地藏根牡丹锦袄、金凤花交脚幞头、涂金银束带，控鹤或皂帽碧袄，各执金镀银蒜瓣骨朵。长行四百人，拳脚幞头、红锦四褛袄、涂金束带，二人紫衫前导，无执物，余执列糸骨朵七十八、瓜八十八、镫三十四，在控鹤前，金吾仗八十、金花大剑六十俱垂红绒结子、仪锽斧五十八，在控鹤后。其常朝、御殿、郊庙、临幸，凡步辇出入则有近侍导从，执金镀银骨朵者二人，左右扇十人，拂子四人，香盒二人，香球二人，节二人，幢二人，盂一人，唾壶一人，净巾一人，儳锣一人，水罐一人，交椅一人，斧一人，皇帝出阁则分立阁门之外，导引至殿，皇帝升座则降阶以俟，入阁然后放仗。

天眷三年，熙宗幸燕，始备法驾，凡用士卒万四千五十六人，摄官在外。海陵迁都于燕，用黄麾仗万三百四十八人。天德二年祀庙，用黄麾四千人。世宗即位，凡行幸祀享并用三千人，间亦不满其数。大定十一年前，祀南郊、朝享太庙及至郊坛，用大驾七千人，此其大较也。

天眷法驾人数。摄官六百九十九人：将军、大将军四十三人，折冲、果毅一百二十六人，校尉五十六人，郎将三十四人，帅兵官二百四十六人，统军六人，都头六人，千牛一人，旅帅二人，部辖指挥使二人，押纛二人，押衙四人，四色官四人，押旗二人，引驾官四人，进马四人，押仗通直二人，押仗大将二人，碧襕一十六人，长史二人，鼓吹令二人，鼓吹丞二人，典事五人，太史令一人，太史正一人，司丞一人，府牧一人，刻漏生四人，县令一人，御史大夫一人，僚佐一十人，进辂职掌二人，夹辂将军二人，陪辂将军二人，教马官二人，四省局官八人，导驾官四十八人，抱驾头官一人，执扇筤一人，尚辇奉御二人，殿中少监二人，供奉职官二人，令史四人，书令史四人，押仗二人，殿中侍御史二十四人。诸班直队二千九百四十五人：钧容直三百六人（人员六，长行三百），执旗一百三十六人，引驾六十二人（人员二，长行六十），驾头天武官一十二人，执从物茶酒班一十一人，御龙直仗剑六人，天武把行门八人，殿前班击鞭一十人，御龙直四十人（人员二，长行三十八），骨朵直一百三十四人，部押二人，殿前班行门三十五人，捧日马队七百人，奉宸步队七百人，天武骨朵大剑三百一十人（人员一十，长行三百），东第四班三十一人（人员一，长行三十），扇筤天武二十人，捧日队从领人员一十七人，簇辇茶酒班三十一人（人员一，长行三十），钧容直三十一人，（人员一，长行三十。）招箭班三十三人（人员三，长行三十），天武约栏三百一十人。（人员一十，长行三百。）车辂下驾士六百三十八人：玉辂下一百四十人（控马踏路四，驾士一百二十八，挟辂八），金辂下六十四人（控马踏路四，驾士六十），象辂下驾士四十人，革辂、木辂、耕根车驾士同上，革车二，共五十人，指南、记里车各三十人，辂车、鸾旗、皮轩车各十八人，黄钺、豹尾车各十五人，属车八，共八十人。辇舆下六百八十五人：小舆一，长行二十四人，逍遥一，共三十五人（什将节级九，长行二十六），平辇下四十二人（什将节级九，人员七，长行二十六），腰舆共一十九人（人员一，什将虞候二，长行一十六），大辇下三百七十一人（掌辇人员四，什将十二，长行三百五十五，分五番），芳亭辇一，长行六十人，御马三十二，共百三十四人。（控马，天武官六十四。挟马，骑御马直长行六十四人。骑御马直人员三，天武节级三人），押马六人，象二十三人。擎执人、舁士共八千七百七十一人。鼓吹乐工九百九十四人。马六千七十八匹。

天德五年，海陵迁都于燕，用黄麾仗一万八百二十三人（摄官在内），骑三千九百六十九，分八节。

第一节。中道，象二十三人。（节级二人，铜锣，七宝，碖石、银钩各一，铁钩二，小旗十五，并服花脚幞头、青锦络缝绯褛衫，金镀银双鹿束带）第一引，七十二人：清道一，（武弁、绯云鹤袍、箨、革带，执黑漆杖。）帐弩一，（赤平巾帻、绯辟邪衫、革带、赤裤。）诞马二，控四人，（赤平巾帻、绯绣宝相花衫、银革带，缨辔凉屉二副。）轺车一，赤马二，驾士十八人，（武弁、绯绣雉大袖衫、白裤。马，缨辔凉屉、铜面、包尾。）县令一员，（朝服，坐轺车。）僚佐四员，（并朝服。）控马八人，（锦帽、络缝紫衫、大佩、银带。）紫方伞一，（黄抹额、宝相花衫、银带、大口裤。）朱团扇一，曲盖一，（绯抹额、宝相花衫、革带、裤。）青衣二，（青平巾、青衫、裤、革带，执青竹杖。）车辐棒二，（赤平巾、绯白泽衫、革带、赤裤。）告止幡二，执者六人，（绯抹额、宝相花衫、革带，裤。）传教幡一，信幡一，各三人，（并黄抹额、宝相花衫、革带、大口裤。）小戟十六。（服同上。）第二引，二百六十四人：清道二，帐弩一，诞马四，控八人，（服并如前。）掆鼓一，金钲一，（平巾帻、绯鸾衫、抹带、裤、锦縢蛇。）大鼓六，（黄雷花衫、裤、抹额、抹带。）节一，幢一，麾一，夹矟二，角四，仪刀十，（并平巾帻、绯绣宝相花衫，银革带、大口裤。）革车一，赤马四，驾士二十五人，（武弁、獬豸大袖、勒帛、马饰如前。）府牧一员，（朝服坐车。）僚佐四员，控马八人，（服并如前。）铙鼓一，箫二，笳二，笛一，筚篥一，（并平帻、绯宝相花衫、银褐抹带。）大横吹一，（绯苣纹袍、裤、抹额、抹带。）青衣四，车辐棒四，紫方伞一，朱团扇四，曲盖一，告止幡二，六人，传教幡二，六人，信幡二，六人，小戟四十，（服并如前。）刀盾三十六，（银褐抹额、宝相花衫、银革带、裤。）弓矢三十六，（锦帽、青宝相花衫、银革带、袴。）矟三十六。（锦帽、紫宝相花袍、革带、袴。）朱雀旗队三十四人：折冲都尉三人，（平巾帻、紫辟邪衫、革带、大口裤、锦縢蛇、横刀弓矢。）犦矟二，（平巾帻、绯绣宝相花衫。革带、裤。）朱雀旗一，五人，（绯抹额、宝相花衫、革带、大口袴、横刀，引夹人加弓矢。）弩六，弓矢六，矟十二。（并平巾、绯宝相花衫、横刀、革带、袴。）龙旗队七十一人：大将军一人，（朝服。）引旗四人，（黄抹额、宝相花衫、革带、大口袴。）旗十二，风伯旗一、雨师旗一、雷公旗一、电母旗一、北斗旗一、五星旗五、左右摄提旗二，执、夹共六十人，（皆五色宝相花衫、抹额、革带、袴、横刀，引夹人加弓矢，后凡执旗者并同。）副竿二，（锦帽、黄宝相花衫、革带、袴。）护旗四人。（加黄抹额、弓矢。）太仆三车八十一人：指南车，驾士三十人，（武弁、绯绝绣孔雀大袖、银褐带、袴。）记里鼓车，驾士三十人，（獬豸大袖。）鸾旗车，驾士十八人，（瑞鹰大袖。）驾车赤马十二，执黑杖者三人。外仗。牙门旗队二十八人：（分左右。）白泽旗二，执夹各五人，（绿具装冠、人马甲、锦臂鞲、横刀，引夹加弓矢。）金吾牙门旗第一门，牙门旗四，执夹十二人，（青宝相花衫、抹额、革带、大口袴、横刀；引夹人加弓矢。）监门校尉六人。（长脚幞头、绯抹额、狮子裲裆、银带、横刀、弓矢、乌皮靴，后队同。）前部马队，第一队七十人：折冲、果毅都尉二人，（锦帽、绯辟邪袍、袴、革带、横刀、弓矢。）角宿、亢宿、斗宿、牛宿旗四，旗各五人，（并五色宝相花衫、抹额、革带、横刀，引夹加弓矢。）弩六，弓矢十四，（并锦帽、青宝相花衫、革带、裤。）矟二十八。（绯色衫，余同上。）第二队七十人：折冲、果毅都尉二人，（白泽衫。）氐宿、女宿、房宿、虚宿旗四，旗五人，弩六，弓矢十四，矟二十八。（服、执如前。）第三队七十人：折冲、果毅都尉二人，心宿、危宿、尾宿、室宿旗四，旗五人，弩六，弓矢十四，矟二十八。（服、执如前。）

第二节。中道。金吾引驾骑二十人：折冲都尉二人，（平巾帻、绯辟邪衫、革带、裤、横刀、弓矢。）弩六，弓矢六。矟六。（并平巾帻、绯宝相花裲裆、革带、裤。）前部鼓吹五百四十七人：鼓吹令二人，（长脚幞头、绿公服、角带、丝鞭、乌皮靴。）府吏四人，（长脚幞头，绿宽衫、角带、黄绢半臂、乌靴。）部辖指挥使一人，（平巾帻、紫宝相花衫、革带、锦縢蛇。）主帅四十八人，（分五项，平巾帻、绯鸾衫、革带、裤、执仪刀。）㧗鼓、金钲各十二，（平巾帻、绯鸾衫、银褐抹带、锦縢蛇。）大鼓、长鸣各百二十，（黄雷花衫、抹额、抹带。）铙鼓十二，（绯苣纹衫、抹额、抹带。）歌二十四，拱辰管二十四，箫二十四，笳二十四，（服如钲鼓，无縢蛇。）大横吹百二十。（服如饶鼓）。外仗。马部第四队六十人：（分左右。）折冲都尉二人，（绯麟衫。）箕宿、壁宿旗各一，旗五人，弩六，弓矢十四，矟二十人。（服、执并如前队。）第五队六十人：折冲都尉二人，奎宿、井宿旗各一，旗五人，弩六，弓矢十四，矟二十八。（服、执并如前队。）第六队六十人：折冲都尉二人，（绯瑞鹰袍。）娄宿、鬼宿旗各一，旗五人，弩六，弓矢十四，矟二十八。（服、执并如前队。）第七队六十人：折冲都尉二人，胃宿、柳宿旗各一，旗五人，弩六，弓矢十四，矟二十八。（服、执并如前队。）第八队六十人：折冲都尉二人，昴宿、星宿旗各一，旗五人，弩六，弓矢十四，矟二十八。（服、执并如前队。）第九队六十人：折冲都尉二人，（赤豹袍。）毕宿、张宿旗各一，旗五人，弩六，弓矢十四，矟二十八。（服、执同前。）第十队七十人：折冲都尉二人，（瑞马袍。）觜宿、翼宿、参宿、轸宿旗各一，旗五人，弩六，弓矢十四，矟二十八。（服、执如前。）步甲队，第一、第二两队百一十人：领军卫将军二人，（平巾帻、紫白泽袍、裤、带、锦縢蛇、横刀、弓矢。）犦矟四，（平巾帻、绯宝相花袍、大口裤。）折冲都尉四人，（服如将军。）鹖鸡旗二，貔旗二，旗各五人，朱牟甲弓矢四十，朱牟甲刀盾四十。（兜牟、甲身、披膊、锦臂鞲，行縢、鞋袜、勒甲、革带。）

第三节。中道，前部鼓吹第二，五百二十三人：（侍御在外。）节鼓二，笛二十四，箫二十四，筚篥二十四，笳二十四，桃皮筚篥二十四，（黑平巾帻、绯对鸾衫、银褐勒帛、大口裤。）主帅二十六人，（分四项，革带、执仪刀、服如上，无勒帛）。㧗鼓、金钲各十二，（黑平巾帻、绯绣对鸾衫、银褐勒帛、大口裤、锦縢蛇。）小鼓百二十，中鸣百二十，（黄雷花袍、裤、抹额、抹带。）羽葆鼓十二，（青苣纹袍、抹额、抹带）。歌二十四，拱辰管二十四，箫二十四，笳二十四，（服如前色。）侍御史二员，（朝服。）黄麾幡一，三人。（武弁、绯宝相花衫、银褐勒帛、大口裤，执者马、祈者步。）外仗。步甲，第三队五十二人：折冲、果毅都尉二人，（紫瑞马袍。）玉马旗二，旗五人，青牟甲弓矢四十。（服、执并同前队。）第四队五十二人：折冲、果毅都尉二人，（瑞鹰袍。）三角兽旗二，旗五人，青牟甲刀盾四十。第五队五十二人：折冲、果毅都尉二人，（白泽袍。）黄鹿旗二，旗五人，黑牟甲弓矢四十。第六队五十二人：折冲、果毅都尉二人，（服同。）飞麟旗二，旗五人，黑牟甲刀盾四十。第七队五十二人：折冲、果毅都尉二人，（赤豹袍。）駃騠旗二，旗五人，银褐牟甲弓矢四十。第八队五十二人：折冲、果毅都尉二人，（服同。）鸾旗二，旗五人，银褐牟甲刀盾四十。第九队五十二人：折冲、果毅都尉二人，（瑞鹰袍。）麟旗二，旗五人，黄牟甲弓矢四十。第十队五十二人：折冲、果毅都尉二人，驯象旗二，旗五人，黄牟甲刀盾四十。（服、执如前。）金吾牙门旗第二门，牙门旗四，执夹十二人，监门校尉六人。（服、执同第一门。）左右屯卫将军二人，（平巾帻、紫飞麟袍、大口裤、锦縢蛇、革带、横刀、弓矢。）绛引幡二十，执者六十人，（武弁、绯绣宝相花衫、银褐勒帛、大口裤。）共八十人。

第四节。中道，六军仪仗二百五十二人：统军六人，（花脚幞头、紫绣抹额、孔雀袍、革带、横刀、鞲鞴、器仗、珂马。）都头六人，（长脚幞头、紫宝相花大袖、革带、横刀。）神武军旗二、羽林军旗二、龙武军旗二，旗各五人，（执人锦帽，引夹人贴金帽。）排栏旗四十八、吏兵旗四、力士旗四、赤豹旗四、黄熊旗四、龙君旗四、虎君旗四、掩尾天马旗六，旗一人，（锦帽、五色宝相花衫、革带、锦臂鞲。）白簳枪九十，（交脚幞头、五色宝相花衫、抹额、革带、汗袴。）柯舒二十四，镫杖十八。（并贴金帽、五色宝相花衫、革带。）引驾龙墀旗队六十五人：排仗通直二人，排仗大将二人，（并长脚幞头、紫公服、红鞓带、丝鞭、乌皮靴。）天王旗四、十二辰旗各一，旗一人，（并锦帽、五色宝相花衫、革带、臂鞲。）天下太平旗一、五方龙旗五，旗五人，（执人锦帽，引夹人贴金帽，服并如上，横刀、弓矢。）君王万岁旗一、日月旗各一、旗五人。（执人锦帽，引夹人贴金帽，服、执已见前例。）御马六十六人：马十六匹，匹四人，（控马三十二人，贴金帽、紫宝相花衫、革带。夹马三十二人，皂帽、青锦袄、涂金铜束带。）广武节级一人，（锦帽，执黑杖，服同控马。）管押骑御马直人员一人。（皂帽、红锦袄、涂金、铜束带。）中道队三十二人：大将军一人，（朝服、丝鞭。）日月合璧旗一、苣纹旗二、五星连珠旗一、祥云旗二，旗各五人。（服、执见前例。）长寿幢一。（平巾帻、绯宝相花衫、革带、大口袴。）金吾细杖一百人：青龙旗一、白虎旗一、五岳神旗五、五方神旗五，旗各四人，（并四色宝相花衫、青黄银褐皂抹额、抹带、横刀，引夹如前。）押旗二人，（长脚幞头、紫公服、红鞓角带、乌皮靴。）五方龙旗各三、五方凤旗各三，旗一人，（并五色衫、抹额、革带、横刀。）四渎旗四，旗五人。（并皂宝相花衫、抹额、革带、横刀、引夹如前。）外仗。黄麾前第一部二百七十二人：殿中侍御史二人，（朝服。）左右屯卫大将军二人，折冲都尉二人，（平巾帻、紫飞麟袍、革带、大口袴、锦螣蛇、横刀、弓矢。）主帅二十人，（平巾帻、绯宝相花衫、革带、袴、仪刀。）龙头竿一百，揭鼓六，仪锽斧二十，小戟二十，弓矢四十，朱縢络刀盾二十，矟二十，绿縢骆刀盾二十。（并青宝相花衫、抹额、抹带、行縢、鞋袜。）第二部二百七十二人：殿中侍御史二人，左右领军卫大将军二人，折冲都尉二人，（紫绣白泽袍。）主帅二十人，龙头竿一百，揭鼓六，仪锽斧二十，小戟二十，弓矢四十，朱縢络刀盾二十，矟二十，绿縢络刀盾二十。（服并绯。）第三部二百七十二人：殿中侍御史二人，左右屯卫大将军二人，折冲都尉二人，（紫瑞鹰袍。）主帅二十人，龙头竿一百，揭鼓六，仪锽斧二十，小戟二十，弓矢四十，朱縢络刀盾二十，矟二十，绿縢络刀盾二十。（服并黄，余同上部。）

第五节。中道，八宝香案共三百人：舆士九十六人，（平巾帻、绯宝相花衫、大口袴、涂金银束带。）烛笼三十二，（大佩银腰带，服同舆士。）行马十六，（服同烛笼。）碧襴官十六人，（弓脚幞头、碧襴衫、涂金铜束带、乌皮靴，后四人执长刀。）符宝郎八人，（长脚幞头、绿公服、角带、槐简、步导。）援宝三十二人，人员二人，（武弁、紫宝相花衫、革带、执黑漆杖。）长行三十人，（绯宝相花衫、执黑漆杖。）香案八，舆士三十二人，（服同烛笼、行马。）案后金吾仗六，方伞二，大雉扇四，（服并同碧襴官。）金吾仗十二人，四色官四人，（长脚幞头、绿公服、大口袴、金铜腰带，前二人执槐简，后二执金铜仪刀。）押仗二人，（长脚幞头、紫公服、红鞓带、乌皮靴。）金甲二人，（披膊，兜牟、钺斧、锦臂鞲、勒甲绦。）进马四人。平巾帻，紫犀牛裲裆、革带、袴、刀、矢弓。）金吾引驾四十九人：千牛将军一人，千牛十人，郎将二人，（并绯绣抹额、紫犀牛裲裆、革带、大口袴、横刀、弓矢、珂马，将军平巾帻、无抹额，千牛郎将花脚幞头，余同。）长史二人、（长脚幞头、绿公服、金铜腰带、袴、乌皮靴。）引驾官四人。（长脚幞头、紫公服、红鞓带、乌皮靴。）中雉扇十二，大伞二，小雉扇四，华盖二，香蹬一座，八人，火燎一，二人。（武弁、绯宝相花大袖、革带、大口袴。）腰舆人员、什将三人，（皂帽、红锦袄、涂金银束带。人员执杖。）长行十六人，（拳脚幞头、红锦四褛袄、涂金银腰带。）排列官二人，（长脚幞头，紫公服、红鞓带、乌皮靴。）小舆二十四人，（白鞓银束带，服同长行人。）逍遥辇人员、什将共十六人，（皂帽、涂金银束带、红锦方胜练鹊。人员执黑漆杖。）长行二十六人，（红地白狮锦袄、涂金银带、冠同。）平辇人员、什将十六人，（皂帽、红锦团袄、涂金银带。）舆辇共一百三人。诸班开道旗队一百七十七人：开道旗一，（铁甲、兜牟、红背子、剑、绯马甲。）皂纛旗十二，旗一人，（黑漆铁笠、皂皮人马甲。）引驾六十二人，（皂帽、红锦团袄、红背子、铁人马甲、箭、兵械、骨朵。）辅龙直一百二人。（皂帽、红背子、骨朵、铁人马甲。）外仗。黄麾前第四部二百七十二人：殿中侍御史二人，左右武卫大将军二人，折冲都尉二人，主帅二十人，龙头竿一百，揭鼓六，仪锽斧二十，小戟二十，弓矢四十，朱縢络刀盾二十，矟二十，绿縢络刀盾二十。（黄宝相花衫，余并如前第一部。）第五部二百七十二人。（除左右骁卫大将军与都尉服赤豹袍，龙竿以下服银褐花衫，余名色并如前第二部。）第六部二百七十二人。（除将军、都尉服瑞马袍，龙竿以下服皂花衫，余名色并如前第三部。）

第六节。中道，门旗队一百二十三人：骑执门旗四十，五方色龙旗十，步执红龙门旗六十，麖旗一，簇辇红龙旗八，日月旗二，麟旗一，凤旗一，旗皆一人。（并铁甲、兜牟、红锦袄、红背子，马执者惟红背子，步执门旗仍带剑。）金辂，（皇太后乘之，公主侍坐，故在玉辂之前。）驾士九十四人，（赤平巾帻、绯绣对凤大袖、绯抹额、赤袴、鞋袜。）击鞭内侍十人，（皂帽、红锦袄、涂金银束带。）驾头下，（御床也。）抱驾头内侍一人，（长脚幞头、紫罗公服、涂金银束带。）控马二人，（锦帽、锦络缝宽衫、银大佩腰带。）广武官十二人，（锦帽、白鞓银束带、袄。）茶酒班执从物十一人，水罐二、香球二、唾盂一、厮罗一、手巾一、御椅三人、踏床一，（皂帽、碧锦团袄、红锦背子、涂金银束带。）共百三十人。拱圣直，人员二人。长行三十八人。（真珠头巾、红锦四褛袄、涂金银束带。）导驾官四十二人，（朝服。）从人八十四，（锦帽、紫络缝宽衫、大佩银腰带。）仗剑六人，（皂帽、红锦团袄、红锦背子、铁甲、弓矢、器械。）广武把行门八人，殿班把行门三十五人。（服并如仗剑。）玉辂，（帝后同乘，太子陪坐。）驾士百二十八人，（服如金辂，惟用青色。）千牛将军一人，

（具装，执长刀于辂右。）左右点检二人，（披金甲。）夹辂大将军二人，陪辂将军二人，（并朝服。）进辂职掌二人，（长脚幞头、紫宽衫、涂金银腰带。）教马官二人，（长脚幞头、绯抹额、紫宝相花衫、涂金银腰带。）部押二人，（皂帽、铁甲、红锦袄、执骨朵。）挟辂八人，控踏路马四人，（马二匹，铜面、包尾、凉屉，人服如驾士。）共一百五十三人。龙翔马队二十队，六百二十人，分左右，每队人员三人，（皂帽、铁甲、红锦袄、红背子、弓矢、剑、骨朵、甲马。）殿侍二十八人。（铁甲、红锦背子、弓矢、器械、甲马。）东第五班，金枪六队，每队旗三人、枪二十五人，（内二十人佩弓矢。）共一百六十八人。（并裹铁兜牟、金枪。）银枪六队，每队旗三人、枪二十五人，（内二十人佩弓矢。）共一百六十八人，（并裹铁笠，银枪。）东第四班，二队，每队旗三人、弩二十五人，共五十六人。（铁笠、兜牟。）神勇步队七百人：分左右作四重，每重人员十，（皂帽、红锦团袄、弓矢、器械、骨朵。）长行六百六十人，（并铁兜牟、甲。）内拱圣骨朵直一百六十四人，拱圣枪直一百六十四人，（内执子旗者二人，余执枪。）拱圣弓箭直一百六十六人，（弓矢、器械、执骨朵。）拱圣弩直一百六十六人。（挟弩、鞠韇。）广武骨朵大剑三百一十人：指挥使五人，（红锦袄、红背子。）都头五人，（红袄、红背子、并皂帽、涂金腰带、骨朵。）长行三百人。（内一百人簇四金雕锦帽、紫孔雀宽袄、白鞓银束带、骨朵，二百人金镀银花朱红笠、绯对凤宽袄、银带、执银花大剑。）导驾官四十二员，从者八十四人。（服已见前。）外仗。青龙白虎队五十二人：果毅都尉二人，青龙旗一、白虎旗一，旗五人，弩六人，弓矢十四，矟二十。（服已见前。）

第七节。中道，驾后辅龙直乐三十一人：拍板一，筚篥十五，笛十四，人员一人。（长行三十人，乐器自备，并皂帽、红锦袄、涂金束带，并马。人员执骨朵。）扇筤二十五人：执筤官一人，控马二人，（服并如前例。）红龙扇二，（长脚幞头、紫公服、涂金银束带。）广武二十人：（锦帽、绣宽袄、白鞓银束带、紫对凤十领、绯对凤十领。）七宝辇舆士四十二人：什将、人员十六人，（皂帽、红锦团袄。）长行二十六人。（盘裹幞头、红锦四褛袄、涂金束带。）持钑队五十人：旅帅二人，（服如都尉。）重轮旗二，旗五人，（服同前例。）红罗大伞二，大雉扇八，小雉扇八，红罗绣华盖一，（武弁、绯宝相花衫、革带、裤、锦螣蛇。）朱团扇八，（黄宝相花衫。）真武幢一，（皂宝相花衫。）睥睨八，（绯宝相花大袖。）麾一，幢一。（紫宝相花衫、银褐抹带。）后部鼓吹三百三十七人：鼓吹丞二人，典士四人，部辖指挥使一人，主帅十八人，金钲、㭎鼓各三，羽葆鼓十二，歌二十四，拱辰管二十四，箫二十四，笳二十四，节鼓二，铙鼓十二，歌十六，箫二十四，笳二十四，小横吹一百二十。（青苣纹袍、抹额、抹带，余并与前同。）金吾牙门旗第三门，牙门旗四，旗三人，监门校尉六人。（服、执同第一门。）黄麾后第一部二百七十二人，第二部二百七十二人，第三部二百七十二人，殿中侍御、卫大将军、折冲都尉、龙头竿以下名色，并如前三部。

第八节。中道，后部鼓吹第二，百二十人：笛二十四，箫二十四，筚篥二十四，笳二十四，桃皮筚篥二十四。（服并如前。）属车八，牛二十四，驾士八十人。（武弁、绯绣云鹤大袖、银褐抹带、大口裤。）黄钺车，赤马二，驾士十五人。（武弁、绯对鹤大袖、银褐抹带、大口裤。）豹尾车，赤马二，驾士十五人。（武弁、绯立豹大袖、银褐抹带、大口裤。）玄武队六十一人：金吾折冲都尉一人，（平巾帻、紫辟邪袍、革带、裤、螣蛇、横刀、弓矢。）𫊸矟二，（平巾帻、绯宝相花衫、革大带。）仙童旗一、玄武旗一、螣蛇旗一、神龟旗一、旗五人，（服、执如前例。）矟十九，弓矢十五，弩四。（平巾帻、绯宝相花衫、革带、袴。）黄麾后第四部二百七十二人，第五部二百七十二人，第六部二百七十二人，摄官名数服色并如前第四、第五、第六部。绛引幡二十，执者六十人。（并武弁、绯绣宝相花衫、银褐抹带、大口裤。）诸从驾官并于仗后陪从，朝服不足者公服。（凡应乘马者，并同宋制。）

卷四十二　　志第二十三

仪　卫　下

大驾卤簿　皇太后皇后卤簿　皇太子卤簿　亲王傔从　诸妃嫔导从　百官仪从

大驾卤簿

世宗大定三年，祫享，用黄麾仗三千人。分四节：第一节，无县令、府牧，即用黄麾前三部，次前部鼓吹，次金吾牙门旗，次驾头，次引驾龙墀队，次天王、十二辰等旗。第二节，黄麾第四、第五部，次君王万岁日月旗，次御马，内增控马司圉、挟马司圉各一十六人，次日月合璧、五星连珠等旗，次八宝，内增执黑杖传喝一十八人在香案前，次七宝辇。第三节，黄麾后第一、第二部，次玉辂，次梼杌队，次导驾门仗官。第四节，黄麾后第三、第四、第五部，次金辂，次牙门旗，次后部鼓吹。大定六年九月，西京还都，用黄麾仗二千五百四十二人（摄官在内），骑七百六十二匹。分四节：第一节，摄官五十四人，执擎三百二人，乐工一百七十人。第二节，摄官三十二人，执擎三百七十六人。第三节，仗内摄官四十四人，导驾官四十二人。门仗官一百人，玉辂青马八、驾士一百四十人，护驾梼杌队五百人，执擎二百四十二人。第四节，摄官五十人，金辂赤马八、驾士九十四人，控鹤二十二人，乐工八十四人，执擎二百九十人。是岁，上还自西京，有司备仪仗，皇太子乘缀辂，上疑其非礼，以问礼官，无能知者，上怒，皆责降之。明年，将册皇太子，宰臣奏当备仪仗告庙，上曰："前朕受尊号谒谢，但令朕用宋真宗故事，朝服乘马，于礼甚轻，今皇太子乃用备礼何耶？"丞相良弼谢，上徐曰："此文臣因循，不加意尔。"先是，凡行幸皆役民执仗，是后诏以军士易之。

大定十一年，将有事于南郊，朝享太庙，右丞石琚奏其礼，上曰："前朝汉人祭天，惟务整肃仪仗，此自奉耳，非敬天也。朕谓祭天在诚，不在仪仗之盛也，其减半用之。"于是，遂增损黄麾仗为大驾卤簿，凡用七千人（摄官在内），分八节。

第一节。第一引，七十人，县令。第二引，二百六十四人，府牧。第三引，二百二十九人，御史大夫，名色与府牧同，颇损其数，而增行止旗一。

第二节。金吾皂纛旗一十二人，朱雀队三十四人，指南、记里鼓车皆五十二人，鸾旗车一十八人。前部鼓吹一百二十九人。清游队七十二人：内白泽旗二，旗五人，（绿具装冠、绿皮甲勒皮、锦臂鞲、横刀，引夹加弓矢，绿皮马甲、包尾全。）折冲都尉二人，（黑平巾帻、紫绣辟邪袍、革带、银褐大口裤、锦螣蛇、横刀、弓矢。）弩六、弓矢二十四，矟三十。（并锦帽、青绣宝相花衫、革带、银褐大口裤。）佽飞队四十八人：内果毅都尉二，（黑平巾帻、紫绣飞麟袍、革带、银褐大口裤、锦螣蛇，佩横刀、弓矢。）虞候佽飞三十人，（铁甲、兜牟、横刀，弓矢、黑马甲全。）铁甲佽飞一十六人。（服、执如上。）前部马队，第一队六十四人，第二、第三队皆六十人，第四、第五队皆五十八人。殳叉仗五十四人：内帅兵官二人，（黑平巾帻、绯宝相花衫、革带、银褐大口裤，执仪刀。）殳二十六，叉二十六。（五色宝相花衫、抹额、抹带、行縢、鞋袜。）行止旗一。（绯绣宝相花衫、抹额、银褐抹带、大口裤。）

第三节。前部鼓吹第二，三百六十九人。前步甲队，第一至第五队皆四十二人。衙门旗二十人。黄麾前第一部一百五十人，第二部一百二十人。殳叉仗五十八人。行止旗一。

第四节。黄麾幡三人，六军仪仗二百二十六人，御马三十三人，黄麾前第三至第五部皆一百二十人，青龙白虎队五十二人，殳叉仗五十六人，行止旗一。

第五节。八宝二百三十二人，平头辇三十人，七宝辇四十二人。班剑、仪刀队二百人：内将军二人，折冲都尉二人，（平巾帻、绯辟邪袍、革带、银褐大口裤、锦螣蛇，执仪刀。）班剑、仪刀各九十八。（并平巾帻、绯绣宝相花衫、革带、银褐大口裤、锦螣蛇、执仪刀。）骁卫翊卫队六十人：内供奉郎将二员，（黑平巾帻、绯绣宝瑞马袍、革带、银褐大口裤，执仪刀。）凤旗二，旗五人，（服、执如前。）弩、弓矢、矟皆一十六。（服如班剑，横刀。）夹毂队，第一队九十二人：内折冲都尉二人，（平巾帻、绯绣飞麟袍、革带、银褐大口裤，执仪刀。）宝符旗二，旗五人，朱鍪甲刀盾八十。（朱甲、锦臂鞲、行縢、鞋袜。）第二队八十二人：内果毅都尉二人，（白泽袍。）飞黄旗二，旗五人，银褐鍪甲刀盾七十。第三队八十二人：内果毅都尉二人，（赤豹袍。）吉利旗二，旗五人，皂鍪甲刀盾七十。殳叉仗五十六人。行止旗一。

第六节。马步门旗队一百人，驾头一十五人，广武官、茶酒班执从物者二十三人。御龙直四十人。（红锦团袄、镀金束带，内人员二皂帽，三十八人真珠头巾。）玉辂一百五十一人。梼栳队五百人：内金枪队一百二十六人，分左右，人员十八、（并铁甲、皂帽、红锦背子，执小旗，马甲，红锦包尾。）长行一百八人，（铁甲、兜牟、红锦背子、锦臂鞲，甲马、红锦包尾，执金枪。）银枪队一百二十六人，人员十八、长行一百八人，（服并如上，银枪。）弓箭直步队一百二十四人，人员四、（铁甲、皂帽、红锦团花战袍、弓矢，执银骨朵，马甲全。）长行一百二十人，（铁笠、红锦团花战袍、铁甲、弓矢、骨朵。）骨朵直步队一百二十四人，人员四、长行一百二十人。（服甲同上，无弓矢。）金吾牙门旗二十人，黄麾后第一部一百五十人，第二部一百二十人，殳叉仗五十二人，行止旗一。

第七节。扇筤二十五人，金辂九十四人。大安辇一百八十一人：内尚辇奉御二人，殿中少监二人，奉职官二人，（并公服。）令史四人，书令史四人，（七人乌介帻、绯四褛素衫、银褐抹带、大口裤、皂靴，一人长脚幞头、紫罗公服、角带皂靴。）掌辇四人，（武弁、黄绣宝相花衫、银褐抹带、大口裤。）人员十二，（皂帽、红锦团袄、铜束带，内指挥使一人执银骨朵。）舁士一百五十一人。（服同掌辇。）御马三十三人。持钑队三十九人。后部鼓吹一百六十人。黄麾后第三至第五部皆一百二十人。后步甲队第一至第二队皆四十二人。殳叉五十六人。行止旗一。

第八节。后部鼓吹第二，一百四十人。象辂、革车、木辂皆五十人，进贤车二十六人，豹尾车一十八人，属车八十人。玄武队六十一人。后步甲队第三至第五队皆四十二人。金吾牙门旗二十人。后部马队第一队七十六人，第二队六十四人，第三队六十人。殳叉仗六十人。行止旗一。（后分行旗、止旗为二。）以上名数与黄麾同者不重述。

章宗明昌五年六月，尚书省奏："大定六年，世宗自西京还都，采宋省方还京之仪，用黄麾仗二千人、及金玉辂、梼栳队甲骑五百人、导驾官四十二员，自后遂不复用。今车驾幸景明宫，还都之日宜依用之。"制可。承安元年，省臣奏："南郊大礼，大驾卤簿当用人二万一千二百一十八、马八千一百九十八。世宗亲行郊祀，仗用七千人。今拟大定制外量添甲卒三百，梼栳队、执树人二百四十八，通七千五百四十八人，仍分八节。"从之。泰和六年，上欲亲行祫享，命有司计其役费，尚书省奏："当用仗三千五百人，钱一万余贯，马八百六十五匹。旧例，马皆借取于民，亲军、班祗皆自备从事。今军旅方兴，官马以备缓急，不可借用，民亦不可重扰，宜令有司摄事。"上诏再议之。八年四月，禘于太庙，依元年例，用黄麾仗三千人，屯门仗五百人。

皇太后皇后卤簿

用唐、宋制，共二千八百四十人。清旅队三十人，清游旗一，执一人、引二人、夹二人。（并平巾帻、绯裲裆、大口裤、佩弓矢、横刀、执矟、弩、骑。）次金吾卫折冲都尉一人，（平巾帻、紫裲裆、大口裤、锦螣蛇、弓矢、横刀。）檏矟二人，（平巾帻、绯衫、大口裤，夹折冲。）领四十骑：二十人执矟、四人弩、十六人横刀。（并平巾帻、绯裲裆、大口裤、横刀、弓矢。）次虞候佽飞二十八人。

（并平巾帻、绯裲裆、大口裤、弓矢、横刀，骑夹道，分左右均布至黄麾仗。）次内仆令一人，丞一人，（依本品服，分左右。）各书令史二人。（平巾帻、绯衫、大口裤，骑从。）次黄麾一，执一人，夹二人。（武弁、朱衣、革带，正道骑。）次左右厢黄麾仗，厢各三行，行百人，从内第一行，短戟、五色氅，（执者并黄地白花綦袄、帽、行縢、鞋、袜。）次外第二行，戈、五色氅，（执人并赤地黄花綦袄、帽、行縢鞋、袜。）次外第三行，仪锽、五色幡。（并青地赤花綦袄、帽、行縢、鞋、袜。）次左右领军卫、左右威卫、左右武卫、左右骁卫、左右卫等，卫各三行，行二十人，（分前、后。）卫各主帅六人，唯左右领军卫各三人，（并平巾帻、绯裲裆、大口裤，领军卫前后狮子文袍、帽，余卫豹文袍、帽，各执鍮石装长刀，骑领，分前、后。）每卫各果毅都尉一人检校。（被绣袍，以上各一名步从。）左右领军卫有绛引幡，引前、掩后各三。（执者六人，并平巾帻、绯衫、大口裤。）次内谒者监四人，给事二人，内常侍二人，内侍少监二人。（并骑，分左右。以上各有内给使一人，步从。）次内给使百二十人。（皆宫人，并平巾帻、绯衫、大口裤，分左右，在车后。）次偏扇、团扇、方扇各二十四。（分左右，以宫人执之，皆服间彩大袖裙襦、彩衣、革带、履。）次香蹬一，执擎内给使四人。平巾帻、绯裲裆、大口裤，在重翟车前。）次重翟车，马四，驾士二十四人。（平巾帻、青衫、大口裤、鞋袜。）次行障二，坐障二。（分左右夹车，宫人执之。服同执扇。）次内寺伯二人，领寺人六。（分左右，平巾帻、绯裲裆、大口裤、执御刀，并骑，夹重翟车。）次腰舆一，舆士八人，团雉扇二。（夹舆。）次大伞四，次大雉扇八。（分左右，横行为二重。）次锦华盖二。（单行，正道。）次小雉扇、朱团扇各十二。（并横行，分左右。）次锦曲盖二十四。（横行，为二重。）次锦六柱八扇。（分左右。自腰舆以下并内给使执之，服同前。）次宫人车。次绛麾二。（分左右，执各一人，武弁、朱衣、革带、鞋袜。）次后黄麾一，执一人，夹二人。（并骑，武弁、朱衣、革带，正道。）次供奉宫人。（在黄麾后。）次厌翟车，马四，驾士二十四人。次翟车、安车皆四马，驾士各二十四人。次四望车、金根车，皆驾牛三，驾士各十二人。（服同前。）次左右厢牙门各二，每门执二人，夹四人。（并赤綦袄、黄袍、帽。第一门在前黄麾前，第二门在后黄麾后。）次左右领军卫，每厢各一百五十人，执殳，（并赤地黄花綦袄、帽、行縢、鞋袜。前与黄麾仗齐，后尽卤簿。）厢各主帅四人．检校。（平巾帻、绯衫、大口裤、被黄袍帽，执鍮石长刀，骑。其服豹文者二在内，服狮文者二，一引前，一护后。）次左右领军卫、折冲都尉各一人，检校殳仗。（以上各一人骑从。）次后殳仗内正道置牙门一，每门监门校尉二人，（皆平巾帻、绯裲裆、大口裤，执银装长刀，骑。）每厢各巡检校尉一人、往来检校。（服仗同前。）前后部鼓吹，金钲、㧏鼓、大鼓、长鸣、中鸣、铙吹、羽葆、鼓吹、横吹、节鼓、御马并减大驾之半。

是岁，重翟等六车改用圆方辂辇，及行障、坐障、锦六柱、宫人等车，其制度人数并见《舆服志》。天德二年，海陵立后，皇后乘龙饰肩舆，有司设二步障于殿之西阶，设扇左右各十，伞一，此盖殿庭导引之仪也。又设皇太后导从六十人，伞子不在数内，并服簇四盘鹏团花红锦袄、金花幞头、涂金银束带。永寿、永宁宫导驾各三十人，伞子各二人，此亦常行之仪也。

皇太子卤簿

受册宝谢庙，凡大礼、大朝会则用之。有司奏当用唐、宋仪礼，诏止用千人。中道。清游队二十四人：折冲都尉一人，白泽旗一，五人，弩四、弓六、矟八。（并骑。）清道直荡队一十八人：折冲都尉二人，檒矟四，弓矢十二。（并骑。）诞马四，控拢八人。正直旗队三十三人：果毅都尉一人，重轮旗一、驯犀旗二、野马旗一，驯象旗二，旗各五人，副竿二。（并骑。）细引队一十四人：果毅都尉二人，弓矢六，矟六。（矟与弓矢相间，并骑。）前部鼓吹九十八人：（并骑。）府史二人，金钲、㧏鼓各二，大鼓十二，长鸣八，铙鼓二，箫六，笳六、帅兵官二、节鼓二、小鼓十二、中鸣八、桃皮筚篥四、歌四、拱辰管六、筚篥六、大横吹十二、羽葆鼓二、帅兵官二。伞扇八：梅红伞二，大雉扇四，中雉扇二。小舆一十八人。导引官一十二人：中允二人，谕德二人、庶子二人、詹事二人、太师一人、太傅一人、太保一人，少师一人在金辂后。（并骑。）亲勋翊卫围子队七十四人：郎将二人。仪刀七十二。（并骑。）金辂七十人。三卫队一十八人。（执仪刀。）厌角队六十二人：郎将一人，祥云旗一，五人，弩三，弓七，矟十五，（并骑。）又郎将一人，祥云旗一，五人，弩三，弓七，矟十五。（并骑。）朱团扇一十六人：司御率府校尉四人，（骑。）朱团扇三，紫曲盖三，朱团扇三，紫曲盖三。大角一十八。后部鼓吹五十四人：（并骑。）管辖指挥一人，金钲、㧏鼓各一，铙鼓二，箫六，歌六，筚篥六，节鼓一，主帅二人，笛六，笳四，拱辰管六，小横吹十，主帅二人。后拒队四十六人：果毅都尉一人，（骑。）三角兽旗一，五人，弩四，弓矢十六，矟二十。外仗。左行二百四人。牙门十六人：（并骑。）牙门旗一，三人，监门校尉三人，郎将一人，班剑九。前第一队二十七人：司御率府一人，果毅都尉一人，折冲都尉一人，主帅一人，（并骑。）绛引幡三首，九人，麟头竿二，仪锽斧二，弓矢二，麟头竿二，仪锽斧二，朱刀盾二，小戟二。第二、第三、第四、第五队各一十四人。（与第一部麟头竿已下同。）后第一队四十七人：牙门旗一，三人，监门校尉三人，果毅都尉一人，主帅一人，绛引幡三，九人，鹖鸡旗一，五人，矟四，弩三，矟四，弓矢三，矟四，弓矢三，朱刀盾二，小戟二。（并骑。）后第二队二十九人：果毅都尉一人，网子旗一，五人，矟五，弩三，矟五，弓矢三，矟三，弓矢四。（并骑。）后第三队二十九人：果毅都尉一人，黄鹿旗一，五人，矟五，弩三，矟五，弓矢三，矟三，弓矢四。（并骑。）右行二百四人，排列同。

太子常行仪卫，导从六十二人，伞子二人，并服梅红绣罗双盘凤袄、金花幞头、涂金银束带。凡从物镟锣、唾盂、水罐等事并用银金饰。伞用梅红罗、坐麒麟金浮图。椅用金镀银圈、双戏麒麟椅背，红绒绦结。殿庭与宴，檄用绣罗间金盘凤，卓衣则用绣罗独角间金盘兽。东宫视事，朱髹饰椅，涂金银兽衔、红绒绦结，明金团花椅背，案衣则用素罗，色皆梅红，蒙帕踏脚同。

亲王傔从

引接十人，皂衫、盘裹、束带、乘马。牵拢官五十人，首领紫罗袄、素幞头，执银裹牙杖，伞子紫罗团荅绣芙蓉袄、间金花交脚幞头，余人紫罗四褛绣芙蓉袄、两边黄绢义襕，并用金镀银束带，幞头同。邀喝四人。伞用青表紫里，金镀银浮图。椅用银裹圈背。水罐、镲锣、唾盂并用银。郡王牵拢官三十人，未出宫者二十人。国公牵拢官二十人，未出宫者十四人。郡王引接六人，国公四人，未出宫者各减半。人从仪物并依一品职事官制。

诸妃嫔导从

四十人，幞头、绣盘蕉紫衫、涂金束带。妃用偏扇、方扇、团扇各十六，诸嫔各十四，皆宫人执，服云脚纱帽、紫四褛衫、束带、绿靴。大伞各一，伞子二人，就用本服锦袄幞带。大长公主导从一十二人，皇妹皇女一十人，并服紫罗绣胸背葵花夹袄、盘裹、幞头、大佩银腰带，牙杖各二。其诸宗室女，各以亲疏差降之。伞制，皇太子三位妃皆青罗表紫里、金浮图，亲王公主王妃金镀银浮图、郡主县主夫人银浮图，皆青表紫里，诸臣下母妻各从其夫子勋封品级用伞。

百官仪从

正一品：三师、三公、尚书令，朱衣直省各十人，（三公称直府。）牵拢官各六十人，并服紫衫帽、银偏带，内执藤棒二对、骨朵三对，牙杖三对，簇马六人，伞子二人。交椅、水罐、镲锣、盂子、唾碗等事以次执之，服皂衫帽、涂金铜束带。（后凡执色人并同。）邀喝四人。伞用青罗紫里、银浮图。从一品：尚书左右丞相、平章政事、都元帅、枢密使，直省同，（枢密称直院，以班祗人充。）牵拢官五十人，邀喝四人。判大宗正，引接十人、牵拢官四十人。大兴尹，面前两对，余并同。以上交椅并用银裹圈背、紫丝绦结。正二品：东宫三师、左右副元帅。尚书左右丞，直省八人，牵拢官四十人，邀喝三人，伞用朱浮图。从二品：参知政事、枢密副使、御史大夫，直省同，（御史台称通引，以摄使班祗人充。）牵拢官三十六人，邀喝数同。正三品：东宫三少、元帅左右监军、殿前都点检、六部尚书、诸京留守、宣徽、劝农使、翰林学士承旨等官，凡同品者，各引接六人，牵拢官二十人。以上交椅并用直背银间妆、青丝绦结。诸京都转运使、招讨使、诸路提刑使、诸府尹兼本路兵马都总管及留守，牵拢官五十人。外任，统军使、都运、招讨使、副使、诸府尹兼总管，牵拢官四十五人，公使七十人。从三品：元帅左右都监、劝农副使、殿前副都点检及御史中丞等官，凡同品者，各引接六人，牵拢官一十八人，内中丞引从则给绯衫。外任，运使、节度使、牵拢官四十人，诸节镇、诸部族节度同，公使上镇七十人、中镇六十五人、下镇六十人。以上外任官人从服色，除诸招讨、总管、部族节度、群牧使自来无射粮军人力者并仍旧外，留守、统军、总管、都运、招讨、府尹、转运、节度使人力亦仍旧，其数虽多，俱不得过四十人，并服紫衫、银带，银裹圈背交椅、银水罐、镲锣、盂、碗、牙杖，内银裹骨朵、大剑各两封，及邀喝，唯运使无骨朵、大剑。正四品：左右谏议大夫、国子祭酒、六部侍郎等官，凡同品者，各引接八人，本破十二人。外任，留守同统军都监、提刑副使，各牵拢官三十人。从四品：殿前左右卫将军、诸猛安千户、亲王府尉、诸京同知转运等官，凡同品者，各引接四人，本破十二人。外任，牵拢官三十五人，公使上防御六十人、中防御五十五人、下防御五十人。正五品：尚书左右司郎中、翰林待制、太常少卿等官，凡同品者，各本破八人。外任，牵拢官三十人，公使上州五十人、中州四十五人、下州四十人。凡防御、刺史、知军、并京府统军司、节镇佐贰官人从，并服紫衫、角束带，直背银交椅、镲锣、盂子、唾碗、牙杖，伞用青表碧里青浮图。防御、刺史、知军仍用银裹骨朵、大剑一对，邀喝，唯随路副统军则不邀喝。从五品：六部郎中、侍御史、大理少卿等官，凡同品者，本破七人，侍御引从则给绯衫。外任，本破十人。以上职事官并许张盖。正六品：尚书左右司员外等官，凡同品者，本破六人。外任，本破九人。从六品：尚书六部员外等官，凡同品者，本破五人。外任，本破九人。正七品：殿中侍御史等官，凡同品者，本破四人。外任，本破七人。县令，公使十人。都军，公使六人。从七品：应奉翰林文字等官，凡同品者，本破四人。外任，本破六人。县令，公使十人。正八品：大理评事等官，凡同品者，本破二人。外任，本破六人。从八品：太常太祝等官，凡同品者，本破二人。外任，本破五人。正九品：御药都监等官，凡同品者，本破一人。外任，本破三人。从九品：随殿位承应、同监等官，凡同品者，本破一人。外任，本破一人。尚书省枢密院令译史通事、六部御史台及统军司通事、诰院令史、国史院书写等职，各设本破一人。以上职官，人力从物不得僭越。其外任官，人从服执，以本处公用或赃罚钱置。

凡内外官自亲王以下，傔从各有名数差等，而朱衣直省不与。其贱者，一曰引接（亦曰引从），内宫从四品以上设之。二曰牵拢官，内外正五品以上设之。三曰本破，内外正四品以下设之。四曰公使，外官正三品以下设之。五曰从己人力，外官正三品京都留守、大兴府尹以下等官设之。本破如牵拢之职，公使从公家之事，从己执私家之役者也。五等皆以射粮军充，其军非验物力以事攻讨，特招募民年十七以上、三十以下魁伟壮健者收刺，以资粮给之，故曰射粮。其首领则有将节、承局、什将等名，而皆统于随路都兵马总管府焉。金之所以礼臣下、足任使者，其亦先代之遗法欤？

外任官从己人力，诸京留守、大兴府尹，五十人。统军、都转运、招讨、按察使，诸路兵马都总管，四十五人。转运、节度使，四十人。提控、诸群牧、防御使，三十五人。外任亲王傅、同知留守、副统军、按察副使、诸州刺史知军事，三十人。同知都转运使事、副招讨、副留守、同知府尹兼总管，提举漕运司，诸五品盐使，二十五人。都转运副使、按察司签事、少尹、副总管、同知转运节度使事，二十人。京都兵马都指挥使，一十八人。转运节度副使，十七人。兵马都钤辖，十五人。亲王府尉、诸京留守总判官、同知防御使事，十三人。警巡使、兵马副都指挥、同提举漕运司，正六品，盐副使，从六品，酒曲盐税使、同知州军事，一十人。统军都转运司京府总管散府等判官、京推官，九人。亲王府司马、招讨判官，赤剧县令，提举上京皇城兵马钤辖，正七品，酒曲盐税副使、都转运判官、府推官、节度观察判官，八人。京县次剧县令、都巡检使、正将、府军都指挥使，七人。司属令、亲王府文学、招讨司勘事官、诸县令、警巡副使、知城堡寨镇，从七品、盐判、同提举上京皇城、节镇军都指挥使、都巡河、同七品酒使、防御判官，六人。市令、录事、赤剧县丞、副都巡检使、副将、都巡检、州军判官，五人。统军司知事、亲王府记室参军，司属丞，正八品，酒使副、京县次剧县丞、诸司使，四人。大兴府招讨、按察司知事、京府运司节镇司狱、管勾河桥关度讥察官，从八品，盐判官、漕运司勾当官、警巡判官、诸县丞、市丞、司候、主簿、录事司判官、县尉、副都巡检、诸巡检、巡河官，正九品，酒使、诸司副使，三人。盐场管勾、防刺以下司狱、部队将、同管勾河桥、副讥察、司候判官、教授、统军按察司知法、军辖、诸司都监、节镇以上知法，二人。盐场同管勾、防刺以下知法、诸司同监、统军按察司书史、统军司译书通事，一人。婆速公使、从己人力，于附近东京澄州招募汉人百姓投充。(谓非猛安谋克所管者。)合懒、恤品、胡里改、蒲与路并于各管猛安谋克所管上中户内输差驱丁，依射粮军例支给钱粮，周年一易。部罗火、土鲁浑扎石合亦同。其诸乣及群牧官员，若猛安谋克应差本管户民充人力者，并上中户轮当。

诸内外官有兼职各应得人从者，从多给，余各验品类差。诸亲王引接、引从，在都兵马司差，公主随朝者从守部本破内差，外路者并所在州府就差。诸王府引从、相府牵拢官、引接，周年替代，自余十月满代，并以射粮军充。诸随朝六品以下职官、并诸局承应者，愿令从己输庸者听，仍具姓名申部，本处官司周年内不得占使。诸职官之任、以理去官者，接送人力于从己人内给半，取接者皆于所在官司出给印券差取，送还者须到本所给券发还，如无验者权阁支请，候会问别无逃亡将带，然后放支。诸致仕官职俱至三品者，从己人力于愿往处给半，不得输庸。身故应送还者又减半给之，若年未六十而致仕及罢去者，则不给。

卷四十三　　志第二十四

舆服上

天子车辂　皇后妃嫔车辇　皇太子车制　王公以下车制及鞍勒饰

古者军舆之制，各有名物表识，以祀以封，以田以戎，所以别上下、明等威也。历代相承，互有损益，或因时创始，或袭旧致文，奇巧日滋，浮靡益荡。加以后世便习骑乘，车用盖寡，惟于郊庙祀享法驾导引，为一代令仪而不敢废也。其于先王经世立法之意，寥乎阔哉！金初得辽之仪物，既而克宋，于是乎有车辂之制。熙宗幸燕，始用法驾。迨至世宗，制作乃定，班班乎古矣！考礼文，证国史，以见一代之制度云。

大定十一年，将有事于南郊，命太常寺检宋南郊礼，卤簿当用玉辂、金辂、象辂、革辂、木辂、耕根车、明远车、指南车、记里鼓车、崇德车、皮轩车、进贤车、黄钺车、白鹭车、鸾旗车、豹尾车、轺车、羊车各一，革车五，属车十二。除见有车辂外，阙象、木、革辂、耕根、明远、皮轩、进贤、白鹭、羊车，大辇各一，革车三，属车四。

按《五礼新仪》，玉辂以青，金辂以绯，象辂以银褐，革辂以黄，木辂以皂，盖其物有合随辂之色者，有当用别色者，如玉辂用青丝绣云龙络带，青罗绣宝相花带，青画轮辕，青氂牛尾，此随辂之色者也。若象、木、革辂则当用绯、用银褐、用黄及皂。若至尊乘御步武所及，非若余物但为美观，其踏床、倚背、踏道之褥皆用红锦，座褥、及行马褥、透壁软帘三，用银褐、黄、青罗锦三色。又大辇，宋陶谷创意为之，至祥符中以其太重，减七百余斤，可见当时亦无定制，各以意从长斟酌造之。其制，金玉辂阙，可见者象辂、革辂、木辂，耕根、皮轩、进贤、明远、白鹭、羊车、革车、大辇，凡十有一：象辂，黄质，金涂铜装，以象饰诸末。轮衣以银褐。建大赤。余同玉辂。革辂，黄质，鞔之以革，金涂铜装，轮衣以黄，建大白。余同玉辂。木辂，黑质，漆之，轮衣以皂，建大麾。余同玉辂。耕根车，青质，盖三重，制如玉辂而无玉饰。皮轩车，赤质，上有漆柱，贯五轮相重，画虎纹，一辕。进贤车，赤质，如革车，绯轮衣、络带、门帘并绣凤。上设朱漆床、香案，紫绫衣。一辕。明远车，制如屋，锐顶，重檐，勾栏。顶上有金龙，四角垂铎。上层四面垂帘，下层周以花板。三辕。白鹭车，赤质，周施花板，上有漆柱，柱杪刻为鹭鸶，衔鹅毛筒，红绶带。柱贯五轮相重。轮衣、皂顶、绯裙、绯络带，并绣飞鹭。一辕。羊车，赤质，两壁油画龟纹，金凤翅，幰衣、结带并绣瑞羊。二辕。大辇，赤质，正方，油画，金涂银叶龙凤装。其上四面施行龙、云朵、火珠，方鉴、银丝囊网，珠翠结云龙，钿窠霞子。四角龙头衔香囊。顶轮施耀叶，中有银莲花，坐龙。红绫里，碧牙压帖。内设圆鉴、香囊，银饰勾栏台坐，紫丝条网畍锴。中施黄褥，上置御座、曲几，香炉、锦结绶。几衣、轮衣、络带并绯绣云龙宝相花，金线压。长竿四，饰以金涂银龙头。画梯、托叉、行马。七宝辇，制如大辇，饰以玉裙网，七宝，滴子用真珠。宋钦宗为上皇制，海陵自汴取而用之。

皇后之车六

一曰重翟车，青质，金饰金涂铜钑花叶段装钉，耀叶二十四，明金立凤一，紫罗销金生色宝相帷一，青罗、青油幰衣各一，朱丝络网、紫罗明金生色云龙络带各二，两厢明金五彩间装翟羽二，金涂鍮石长辕凤头三，横辕立鸾八，香炉香宝子一副，宜男锦带结，朱红漆杌子、踏床各一，扶板扶鱼一副，红罗明金衣褥，红罗衬褥一，青罗行道褥四，青罗明金生色云凤夹幔一，红罗明金缘红竹帘二，金涂铜叶段行马二，朱红漆金涂银叶装钉胡梯一，青罗胡梯寻仪褥二，踏道褥十，青绢裹大麻索二，油蒙帕一。二曰厌翟车，赤质，倒仙锦帷一，紫罗、紫油幰衣各一，朱丝络网，宜男锦络带各二，余同重翟，惟行道褥、夹幔、寻仪褥罗及裹索等用红。三曰翟车，黄质，金饰鍮石叶段装钉，宜男锦帷，黄罗油幰衣，鍮石长辕凤头三，而无横辕立鸾，余同厌翟，而罗色用黄。四曰安车，赤质，倒仙锦帷，紫、油幰衣，朱丝络网，天下乐锦络带，鍮石长辕凤头三，无横辕立鸾及香炉香宝子，余同翟车，而色皆用红。五曰四望车，朱质，宜男锦帷，青、油幰衣，辕端螭头二，余并同安车。六曰金根车，朱质，紫罗、紫油幰衣，朱丝络网、倒仙锦络带各二，踏床衣褥用红绫，寻仪褥、踏道褥并用绫，余并同安车。

造六车成后，复改造圆辂、重檐，方辂、五华、亭头、平头六等之制，又增制九龙车一，高二丈、广一丈一尺、长二丈六尺。五凤车四，各高一丈八尺，长广如之。圆辂车一、方辂车一、重檐车一，各高一丈七尺，长一丈八尺，广八尺。皆驾马四，驾士各五十人，并平巾帻、生色青绯黄三色宝相花衫、银褐抹带、大口裤。平头辇一、五华辇一、亭头辇一，各高一丈九尺，广丈五寸，长三丈。舁士各九十六人作两番代，并生色绯宝相花衫，余如前制。管押人员三十五人，长脚幞头、紫罗窄衫、金铜带束。驾马繁缨、凉屉、铃拂、包尾皆从车色，金铜面，插翟尾，朱鬙，朱总。龙车合用红罗伞一，伞子二人用本服锦帽幞带。又检定扇、障等制。偏扇如仙人羽扇。行障六扇，各长八尺、高六尺，用红罗表、朱里，画云凤，龙首竿衔鞶结，每障用宫人四。坐障三扇，各长七尺、高五尺，画云凤，红罗表、朱里，余同行障。锦六柱八扇，各阔二尺、高三尺，冒以锦，内给使八人执。宫人车制如属车，驾士八人，平巾帻、绯衫、大口裤、鞋袜、供奉宫人三十人，云脚纱帽、紫衫束带，绿靴。明昌元年三月，定妃嫔车辇同镀金凤头、黄结。御妻、世妇用间金凤头、梅红结子。

皇太子车制

大定六年十二月，奏皇太子金辂典故制度，及上用金辂仪式，奉敕详定。辀、旗、旂首及应用龙者更以麟为饰，省去障尘等物。上用金辂名件色数，依上公以九为节，减四分之一。上用辂，轼前有金龙改为伏鹿，轼上坐龙改为凤，旂十二旒减为九，驾赤骝六减为四，及帘褥用黄罗处改用梅红，余并具体成造。其制，赤质，金饰诸末，重较。箱画虞文鸟兽，黄屋。轼作赤伏鹿，龙辀。金凤一，在轼前。设障尘。朱盖黄里。轮画朱牙。左建九旒，右载阘戟。旂首衔金龙头，结绥及铃緌。八鸾在衡，二铃在轼。驾赤骝四，金鍐方釳，插翟尾，镂锡鞶，缨九就。皇帝辂自顶至地高一丈七尺，今裀四分之一为一丈三尺二寸，修广之裀亦如之。

王公以下车制

一品，辕用银螭头，凉棚杆子、月板并许以银装饰。三品以上，螭头不得施银，凉棚杆子、月板亦听用银为饰。五品以上，辕狮头。六品以下，辕云头。庶人坐车平头，止用一色黑油。亲王鞍，涂金银裹，仍钑以开花。障泥用紫罗，饰以锦。鬙以涂金银装，束用丝结。皇家小功以上、太皇太后皇太后大功以上、皇后期亲以上、并一品官、及官职俱至三品以上者，障泥许用金花。若经赐或御球场内，不在禁限。旧制，亲王、宰执任外者，与大兴尹，皆服小帽、束带、银鞍、丝鞭。大定中，世宗以京尹亦外官三品，而与亲王无别，遂命不得御银鞍、丝鞭，惟同外三品例，幞头、带、展皂视事。承安二年，制护卫铜装鞍鬙不得借人。庶人马鞍许用黑漆，以骨、角、铁为饰，不得用玉较具及金、银、犀、象饰鞍鬙。

舆服中

天子衮冕　视朝之服　皇后冠服
皇太子冠服　宗室外戚及　一品命妇服用
臣下朝服　祭服　公服

昔者圣人制为玄黄黼黻之服，以象天地之德，以章贵贱之仪，夏、商损益，至周大备，不可以有加矣。自秦灭弃礼法，先王之制靡敝不存，汉初犹服袀玄以从大祀，历代虽渐复古，终亦不纯而已。金制皇帝服通天、绛纱、衮冕、逼舄，即前代之遗制也。其臣有貂蝉法服，即所谓朝服者。章宗时，礼官请参酌汉、唐，更制祭服，青衣朱裳，去貂蝉竖笔，以别于朝服。惟公朝则又有紫、绯、绿三等之服，与夫窄紫、展皂等事，悉著于篇云。

天眷三年，有司以车驾将幸燕京，合用通天冠、绛纱袍，据见阙名件，依式成造。礼服，袍、裳、方心曲领、中单、蔽膝、革带、大带、玉具剑、绶、佩、舄、袜。乘舆服，大绶六采，黑、黄、赤、白、缥、绿，小绶三色，同大绶，间施三玉环，大绶五百首，小绶半之。白玉双佩、革带、玉钩䚢。

冕制。天板长一尺六寸，广八寸，前高八寸五分，后高九寸五分，身围一尺八寸三分，并纳言，并用青罗为表，红罗为里，周回用金棱。天板下有四柱，四面珍珠网结子，花素坠子，前后珠旒共二十四，旒各长一尺二寸。青碧线织造天河带一，长一丈二尺，阔二寸，两头各有真珠金碧旒三节，玉滴子节花。红线组带二，上有真珠金翠旒，玉滴子节花，下有金铎子二。梅红线款幔带一。黈纩二，真珠垂系，上用金萼子二。簪窠，款幔、组带钿窠，各二，内组带钿窠四并玉镂尘碾造。玉簪一，顶方二寸，导长一尺二寸，簪顶刻镂尘云龙。

衮，用青罗夹制，五彩间金绘画，正面日一、月一、升龙四、山十二，上下襟华虫、火各六对，虎、蜼各六对。背面星一，升龙四、山十二，华虫、火各十二对，虎、蜼各六对。中单一，白罗单制，罗领、褾、襈。裳一，带、褾、襈，红罗八幅夹制，绣藻三十二，粉十六、米十六、黼三十二、黻三十二。蔽膝一，带、褾、襈，并红罗夹制，绣升龙二。绶一副：大绶以赤黄黑白绿缥六彩织，红罗托里，小绶三色，同大绶，销金黄罗绶头，上间施三玉环，皆刻云龙，大绶五百首，小绶半之。绯白大带一，销金黄罗带头，钿窠二十四。红罗勒帛一，青罗抹带一。玉佩二，白玉上中下璜各一，半月各二，皆刻云龙，玉滴子各二，皆以真珠穿制。金篦钩、兽面、水叶、环、钉。凉带一，红罗裹，缕金，上有玉鹅七，铊尾束各一，金攀龙口，以玳瑁板衬钉脚。舄，重底、红罗面，白绫托里，如意头，销金黄罗缘口，玉鼻仁饰以珠。袜用绯罗加绵。凡大祭祀、加尊号、受册宝，则服衮冕。行幸、斋戒出宫或御正殿，则通天冠、绛纱袍。

镇圭，大圭。皇统九年十月二十四日，礼部下太常，画镇圭式样，大礼使据《三礼图》以进，用之。大定十一年，太常寺按《礼》"大圭长三尺，抒上终葵首，天子服之"。自西魏、隋、唐以来，大圭长尺二寸，与镇圭同。盖镇圭以镇天下，以四镇山为饰，今其圭已依古制，惟无大圭。今御府有故宋白玉圭，圆，无上剡及终葵首。自西魏以来，所制玉笏皆长尺有二寸，方而不折，虽非先王之法，盖后世玉难得，随宜故也。拟合以御府所藏，行礼就用。

视朝之服

初，太宗即位，始服赭黄，自后视百官朝御袍带。章宗即位，以世宗之丧，有司请御纯吉，不从，乃服淡黄袍、乌犀带。常朝则服小帽、红襕、偏带或束带。

皇后冠服

花株冠，用盛子一，青罗表、青绢衬金红罗托里，用九龙、四凤，前面大龙衔穗球一朵，前后有花株各十有二，及鸂鶒、孔雀、云鹤、王母仙人队、浮动插瓣等，后有纳言，上有金蝉鑻金两博鬓，以上并用铺翠滴粉缕金装珍珠结制，下有金圈口，上用七钿窠，后有金钿窠二，穿红罗铺金款幔带一。袆衣，深青罗织成翚翟之形，素质，十二等，领、褾、襈并红罗织成云龙，中单以素青纱制，领织成黼形十二，褾、袖襈，织成云龙，并织红縠造。裳，八副，深青罗织成翟文六等，褾、襈织成红罗云龙，明金带腰。蔽膝，深青罗织成翟文三等，领缘，緅色罗织成云龙，明金带大绶一，长五尺，阔一尺，黄赤白黑缥绿六彩织成，小绶三色同大绶，间七宝钿窠，施三玉环。上碾云龙，拈金线织成大小绶头，红罗花衬，大带，青罗朱里，纰其外，上以朱锦，下以绿锦，纽约用青组，拈金线织成带头。玉佩二朵，每朵上中下璜各一，半月坠子各二，并玉碾，缕金打钑兽面、篦钩佩子各一，水叶子真珠穿缀。青衣革带，用缕金青罗裹造，上用金打钑水地龙，鹅眼铊尾，龙口攀束子共八事，以玳瑁衬金钉脚。抹带二，红罗、青罗各一，并明金造，各长一丈五寸。舄以青罗制，白绫里，如意头，明金、黄罗准上用，玉鼻仁真珠装，缀系带。袜，青罗表里，缀系带。犀冠，减拨花样，缕金装造，上有玉簪一，下有玳瑁盘一。

皇太子冠服

冕用白珠九旒，红丝组为缨，青纩充耳，犀簪导。衮，青衣朱裳，五章在衣，山、龙、华虫、火、宗彝，四章在裳，藻、粉米、黼、黻。白纱中单，青褾襈裾。革带，涂金银钩鲽。蔽膝，随裳色，为火、山二章。瑜玉双佩，四采织成大绶，间施玉环三。白袜，朱舄，舄加金涂银钔。谒庙则服之。远游冠，十八梁，金涂银花，饰博山附蝉，红丝组为缨，犀簪导。朱明服，红裳，白纱中单，方心曲领。绛纱蔽膝，白袜黑舄。余同衮冕。册宝则服之。桓圭，长九寸、广三寸、厚半寸、用白玉，若屋之桓楹，为二棱。太子入朝起居及与宴，则朝服，紫袍、玉带、双鱼袋。其视事及见师少宾客，则服小帽、皂衫、玉束带。

宗室及外戚并一品命妇

衣服听用明金，期亲虽别籍、女子出嫁并同。又五品以上官母、妻，许披霞帔。唯首饰、霞帔、领袖、腰带，许用明金、笼金、间金之类。其衣服止用明银、象金及金条压绣。正班局分承应带官人，虽未出职系班，其祖母及母、妻、子孙之妇、同籍兄弟之妻、及在室女、孙、姊妹并同。又禁私家用纯黄帐幕陈设，若曾经宣赐鸾舆服御，日月云肩、龙文黄服、五个鞘眼之鞍皆须更改。

臣下朝服

凡导驾及行大礼，文武百官皆服之。正一品：貂蝉笼巾，七梁额花冠，貂鼠立笔，银立笔，犀簪导，佩剑，绯罗大袖、绯罗裙、绯罗蔽膝各一，绯白罗大带，天下乐晕锦玉环绶一，白罗方心曲领、白纱中单、银褐勒帛各一，玉珠佩二，金涂银革带，乌皮履，白绫袜。正二品：七梁冠，银立笔，犀簪导，不佩剑，绯罗大袖，杂花晕锦玉环绶，余并同。正四品：五梁冠，银立笔，犀簪，白狮锦银环绶，珠佩，银革带，御史中丞则獬豸冠、青荷莲绶，余并同。正五品：四梁冠，簇四金鹏锦铜环绶，银珠佩，余并同。正六品至七品：三梁冠，黄狮锦铜环绶，铜珠佩，铜束带，余并同。大定二十二年祫享，摄官、导驾二品冠七梁，三品四品冠六梁，服有金花，五品冠五梁，六品冠四梁，七品冠三梁，监察御史獬豸冠、青绶，八品九品冠二梁，余制并同。

祭服

皇统七年，太常寺言："太庙成后，奉安神主，祫享行礼，凡行事、执事、助祭、陪位官，准古典当服衮冕、九章画降龙，随品各有等差。《通典》云虞、夏、殷并十二章，日、月、星辰、山、龙、华虫作绘于衣，宗彝、藻、火、粉米、黼、黻絺绣于裳。周升三辰于旂，登龙于山，登火于宗彝，作九章之服，龙、山、华虫、火、宗彝绘于衣，藻、粉米、黼、黻绣于裳。‘公之服自衮冕而下如王之服，侯伯之服自鷩冕而下如公之服’。又后魏帝服衮冕，与祭者皆朝服。又《开元礼》一品服九章。又《五礼新仪》正一品服九旒冕、犀簪，青衣画降龙。今汴京旧礼直官言，自宣和二年已后，一品祭服七旒冕、大袖无龙。唐虽服九章服，当时司礼少常伯孙茂道言：‘诸臣之章虽殊，然饰龙名衮，尊卑相乱，请三公服鷩冕八章为宜。’臣等窃谓历代衣服之制不同，若从后魏则止服朝服，或用宋服则为七章，若遵唐九章，则有饰龙名衮尊卑相乱之议。”尚书省乃奏用后魏故事，止用燕京大册礼时所服朝服以祭。大定三年八月，诏遵皇统制，摄官则朝服，散官则公服，以皇太子为亚献，服衮冕。十四年，用唐制，若祭遇雨雪则服常服，谓今之公服也。泰和元年八月，礼官言：“祭服所以接神，朝服所以事君，虽历代损益不同，然未尝不有分别。是以衮冕十二旒，玄衣纁裳备十二章，天子之祭服也。通天冠、绛纱袍、红罗裳，天子之视朝服也。臣下之服则用青衣朱裳以祭，朱衣朱裳以朝。国朝惟天子备衮冕、通天冠二等之服，今群臣但有朝服，而祭服尚阙，每有祀事但以朝服从事，实于典礼未当。请依汉、唐故事，祭服冕旒画章，然君臣冕服虽章数各殊而俱饰龙名衮，而唐孙茂道已有尊卑相乱之论。然三公法服有龙，恐涉于僭，国初礼官亦尝驳议。乞参酌古今，改置祭服，其冠则如朝冠，而但去其貂蝉、竖笔，其服用青衣、朱裳、白袜、朱履，非摄事者则用朝服，庶几少有差别。”上曰：“朝、祭之服，固宜分也。”

公服

大定官制，文资五品以上官服紫。三师、三公、亲王、宰相一品官服大独科花罗，径不过五寸，执政官服小独科花罗，径不过三寸。二品、三品服散搭花罗，谓无枝叶者，径不过寸半。四品、五品服小杂花罗，谓花头碎小者，径不过一寸。六品、七品服绯芝麻罗。八品、九品服绿无纹罗。应武官皆服紫。凡散官、职事皆从一高，上得兼下，下不得僭上，窄紫亦同服色，各依官制品格。其诸局分承应人并服无纹素罗。十五年制曰：“袍不加襕，非古也。”遂命文资官公服皆加襕。带制，皇太子玉带，佩玉双鱼袋。亲王玉带，佩玉鱼。一品玉带，佩金鱼。二品笏头球文金带，佩金鱼。三品、四品荔枝或御仙花金带，并佩金鱼。五品，服紫者红鞓乌犀带，佩金鱼，服绯者红鞓乌犀带，佩银鱼，服绿者并皂鞓乌犀带。武官，一品、二品佩带同，三品、四品金带，五品、六品、七品红鞓乌犀带，皆不佩鱼，八品以下并皂鞓乌犀带。司天、太医、内侍、教坊，服皆同文武官，惟不佩鱼。应殿庭承应五品以下官，非入内不许金带，又展紫入殿庭者，并许服红鞓，不佩鱼。又二品以上官，许兼服通犀带，三品官若治事及见宾客，许兼服花犀带。大定二年制，百官趋朝、赴省，并须裹带。五品以上官，趋朝则朝服，赴省则展皂，雨雪沾衣则从便。凡朝参，主宝、主符展紫，御仙花或太平花金束带。近侍给使、供御笔砚、直长、符宝吏紫袄子，涂金束带。轮直，则近侍给使并常服，常服则展紫。阁门六尚，遇朝参侍立则服本品服，若宫中当直则服窄紫、金带。学士院官、修起居注、补阙、拾遗、秘书丞、秘书郎，朝参侍立则服本品服、色带。当直则窄紫、金带。东宫左右卫率、仆正、副仆正、典仪、赞仪、内直郎丞，当直亦许服之。太子太师出入宫中则展紫，至东宫则展皂，三少则展紫。

舆服下

衣服通制

君子之服，以称德也，故德之备者其文备。古者王公及士庶人莫不各有一定之制，而不敢相逾者，盖风俗之奢俭，法令之齐一，必于是而观焉。《诗》曰：“彼都人士，狐裘黄黄。其容不改，出言有章。”其三章曰：“彼都人士，充耳琇实。彼君子女，谓之尹吉。”此言都邑之盛，人物之懿也。明昌间，章宗谓宰臣曰：“今风俗侈靡，莫若律以制度，使贵贱有等。其令礼部具典故以闻。”他日又谓参知政事张万公曰：“山东风俗如何?”万公对以奢，左丞守贞因言衣服之制，上曰：“如卿所言，正恐失人心耳。”守贞曰：“止是商贾有不悦者。”万公曰：“乞宽与之期，三年之内当如制矣。”于是，上以礼部所拟太繁，以尚书省所拟而行之。嗟乎！人君以风俗为言，其亦知所务矣。

金人之常服四：带，巾，盘领衣，乌皮靴。其束带曰吐鹘。巾之制，以皂罗若纱为之，上结方顶，折垂于后。顶之下际两角各缀方罗径二寸许，方罗之下各附带长六七寸。当横额之上，或为一缩襞积。贵显者于方顶，循十字缝饰以珠，其中必贯以大者，谓之顶珠。带旁各络珠结绶，长半带，垂之，海陵赐大兴国者是也。其衣色多白，三品以皂，窄袖，盘领，缝腋，下为襞积，而不缺袴。其胸臆肩袖，或饰以金绣，其从春水之服则多鹘捕鹅，杂花卉之饰，其从秋山之服则以熊鹿山林为文，其长中骭，取便于骑也。吐鹘，玉为上，金次之，犀象骨角又次之。銙周鞓，小者间置于前，大者施于后，左右有双铊尾，纳方束中，其刻琢多如春水秋山之饰。左佩牌，右佩刀。刀贵镔，柄尚鸡舌木，黄黑相半，有黑双距者为上，或三事五事。室饰以酱瓣桦，镖口饰以鲛，或屑金鍮和漆，涂鲛隙而砿平之。酱瓣桦者，谓桦皮班文色殷紫如酱中豆瓣也，产其国，故尚之。

初，女直人不得改为汉姓及学南人装束，违者杖八十，编为永制。

妇人服襜裙，多以黑紫，上编绣全枝花，周身六襞积。上衣谓之团衫，用黑紫或皂及绀，直领，左衽，掖缝，两傍复为双襞积，前拂地，后曳地尺余。带色用红黄，前双垂至下齐。年老者以皂纱笼髻如巾状，散缀玉钿于上，谓之玉逍遥。此皆辽服也，金亦袭之。许嫁之女则服绰子，制如妇人服，以红或银褐明金为之，对襟彩领，前齐拂地，后曳五寸余。

明昌六年制，文武官六贯石以上承应人并及廕者，许用牙领，紫圆板皂绦罗带，皂靴，上得兼下。系籍儒生止服白衫领，系背带并以紫圆绦罗带，乾皂靴。余人用纯紫领，不得用缘，杂色圆板绦罗带不得用紫，靴用黄及黑油皂蜡等，妇人各从便。泰和四年，以亲王品官既分领缘，而复有皂靴之禁，似涉太烦，遂听亲王用银褐领紫缘，品官皆紫领白缘，余从明昌制。

书袋之制。大定十六年，世宗以吏员与士民之服无别，潜入民间受赇鬻狱，有司不能检察，遂定悬书袋之制。省、枢密院令、译史用紫纻丝为之，台、六部、宗正、统军司、检察司以黑斜皮为之，寺、监、随朝诸局、并州县，并黄皮为之，各长七寸，阔二寸、厚半寸，并于束带上悬带，公退则悬于便服，违者所司纠之。

大定十三年，太常寺拟士人及僧尼道女冠有师号、并良闲官八品以上，许服花纱绫罗丝绸。在官承应有出身人、带八品以下官，未带官亦同，许服花纱绫罗纻丝丝绸，家属同，妇人许用珠为首饰。其都孔目与八品良闲官同，京府州县司吏皆与庶人同。庶人止许服绝绸、绢布、毛褐、花纱、无纹素罗、丝绵，其头巾、系腰、领帕许用芝麻罗、绦用绒织成者，不得以金玉犀象诸宝玛瑙玻璃之类为器皿、及装饰刀把鞘、并银装钉床榻之类。妇人首饰，不许用珠翠钿子等物，翠毛除许装饰花环冠子，余外并禁。兵卒许服无纹压罗、绝绸、绢布、毛褐。奴婢止许服绝绸、绢布、毛褐。倡优遇迎接、公筵承应，许暂服绘画之服，其私服与庶人同。

卷四十四　志第二十五

兵

兵制　禁军之制　养兵之法

金兴，用兵如神，战胜攻取，无敌当世，曾未十年遂定大业。原其成功之速，俗本鸷劲，人多沉雄，兄弟子姓才皆良将，部落保伍技皆锐兵。加之地狭产薄，无事苦耕可给衣食，有事苦战可致俘获，劳其筋骨以能寒暑，征发调遣事同一家。是故将勇而志一，兵精而力齐，一旦奋起，变弱为强，以寡制众，用是道也。及其得志中国，自顾其宗族国人尚少，乃割土地、崇位号以假汉人，使为之效力而守之。猛安谋克杂厕汉地，听与契丹、汉人昏因以相固结。迨夫国势寖盛，则归土地、削位号，罢辽东渤海、汉人之袭猛安谋克者，渐以兵柄归其内族。然枢府签军募军兼采汉制，伐宋之役参用汉军及诸部族而统以国人，非不知制胜长策在于以志一之将、用力齐之兵也，第以土宇既广，岂得尽任其所亲哉！驯致极盛，乃自患其宗族国人之多，积其猜疑，卒自戕贼，遂致强本刊落，醇风锲薄，将帅携离，兵士骄惰。迄其亡也，"忠孝"等军构难于内，纠军杂人召祸于外，向之所谓志一而力齐者，不见可恃之势焉。岂非自坏其家法而致是欤？抑是道也可用于新造之邦，不可以保长久之天下欤？金以兵得国，奉诏作《金史》，故于金之《兵志》考其兴亡得失之迹，特著于斯。兵制、马政、养兵等法载诸旧史者，胪列于篇。

金之初年，诸部之民无它徭役，壮者皆兵，平居则听以佃渔射猎习为劳事，有警则下令部内，及遣使诣诸孛堇征兵，凡步骑之仗糗皆取备焉。其部长曰孛堇，行兵则称曰猛安、谋克，从其多寡以为号，猛安者千夫长也，谋克者百夫长也。谋克之副曰蒲里衍，士卒之副从曰阿里喜。部卒之数，初无定制。至太祖即位之二年，既以二千五百破耶律谢十，始命以三百户为谋克，谋克十为猛安。继而诸部来降，率用猛安、谋克之名以授其首领而部伍其人。出河之战兵始满万，而辽莫敌矣！及来流、鸭水、铁骊、鳖古之民皆附，东京既平，山西继定，内收辽、汉之降卒，外籍部族之健士。尝用辽人讹里野以北部百三十户为一谋克，汉人王六儿以诸州汉人六十五户为一谋克，王伯龙及高从祐等并领所部为一猛安。至天会二年，平州既平，宗望恐风俗揉杂，民情弗便，乃罢是制。诸部降人但置长吏，以下从汉官之号。四年，伐宋之役，调燕山、云中、中京、上京、东京、辽东、平州、辽西、长春八路民兵，隶诸万户，其间万户亦有专统汉军者。熙宗皇统五年，又罢辽东汉人、渤海猛安谋克承袭之制，浸移兵柄于其国人，乃分猛安谋克为上中下三等，宗室为上，余次之。至海陵庶人天德二年，省并中京、东京、临潢、咸平、泰州等路节镇及猛安谋克，削上中下之名，但称为"诸猛安谋克，"循旧制间年一征发，以补老疾死亡之数。贞元迁都，遂徙上京路太祖、辽王宗干、秦王宗翰之猛安，并为合扎猛安，及右谏议乌里补猛安，太师勖、宗正宗敏之族，处之中都。斡论、和尚、胡剌三国公，太保昂，詹事乌里野，辅国勃鲁骨，定远许烈，故杲国公勃迭八猛安处之山东。阿鲁之族处之北京。按达族属处之河间。正隆二年，命兵部尚书萧恭等，与旧军皆分隶诸总管府、节度使，授田牛使之耕食，以蕃卫京国。六年，南伐，立三道都统制府及左右领军大都督，将三十二军，以神策、神威、神捷、神锐、神毅、神翼、神勇、神果、神略、神锋、武胜、武定、武威、武安、武捷、武平、武成、武毅、武锐、武扬、武翼、武震、威定、威信、威胜、威捷、威烈、威毅、威震、威略、威果、威勇为名，军置都总管、副总管及巡察使、副各一员。而沿边契丹恐妻孥被邻寇钞掠，不可尽行，遂皆背判。而大名续授甲之士还迎立世宗于东京。

及大定之初，窝斡既平，乃散契丹隶诸猛安谋克。至三年，诏河北、山东等路所签军，有父兄俱已充甲军，子弟又为阿里喜，恐其家更无丁男，有误农种，与免一丁，以驱丁充阿里喜，无驱丁者于本猛安谋克内验富强有驱丁者签充。十三年，徙东北等戍边汉军于内地。十五年十月，遣吏部郎中蒲察兀虎等十人分行天下，再定猛安谋克户，每谋克户不过三百，七谋克至十谋克置一猛安。十七年，又以西南、西北招讨司契丹余党心素狠戾，复恐生事，它时或有边隙，不为我用，令迁之于乌古里石垒部及上京之地。上谓宰臣曰："北边番戍之人，岁冒寒暑往来千里，甚为劳苦。纵有一二马牛，一往则无还理，且夺其农时不得耕种。故尝命卿等议，以何术得罢其役，使安于田里，不知卿议何如也？”左丞相良弼对曰：“北边之地，不堪耕种，不能长戍，故须番戍耳。”上曰：“朕一日万几，安能遍及，卿等既为宰相，以此急务反以为末事，竟无一言，甚劳朕虑。往者参政宗叙屡为朕言，若以贫户永屯边境，使之耕种，官给粮廪，则贫者得济，富户免于更代之劳，使之得勤农务。若宗叙者可谓尽心为国矣！朕尝思之，宜以两路招讨司及乌古里石垒部族、临潢府、泰州等路分定保戍，具数以闻，朕亲览焉。”十八年，命部族、乣分番守边。二十年，以祖宗平定天下以来，所建立猛安谋克，因循既久，其间有户口繁简、地里远近不同，又自正隆之后所授无度，及大定间亦有功多未酬者，遂更定以诏天下。复命新授者并令就封，其谋克人内有六品以下职及诸局承应人，皆为迁之。三从以上族人愿从行者，猛安不得过十户，谋克不得过六户。诏戍边军士年五十五以上，许以其子及同居弟侄承替，以奴代者罪之。二十一年三月，诏遣大兴尹完颜迪古速迁河北东路两猛安，上曰：“朕始令移此，欲令与女直户相错，安置久则自相姻亲，不生异意，此长久之利也。今者移马河猛安相错以居，甚符朕意，而遥落河猛安不如此，可再遣兵部尚书张那也按视其地以杂居之。”二十二年，以山东屯田户邻之于边鄙，命聚之一处，俾协力蚕种。右丞相乌古论元忠曰：“彼方之人以所得之地为家，虽兄弟不同处，故贫者众。”参政粘割斡特剌曰：“旧时兄弟虽析犹相聚种，今则不然，宜令约束之。”又以猛安谋克旧籍不明，遇签军与诸差役及赈济，增减不以实，命括其口，以实籍之。二十三年，遣刑部尚书移剌慥迁山东东路八谋克处之河间，其弃地以山东东路忒黑河猛安下蘸荅谋克，移里闵斡鲁浑猛安下翕浦谋克、什母温山谋克九村人户徙于刘僧、安和二谋克之旧地。其未徙者之地皆薄恶且邻寇，遣使询愿徙者，相可居之地，图以进。

上尝以速频、胡里改人骁勇可用，海陵尝欲徙之而未能，二十四年以上京率、胡剌温之地广而腴，遂遣刑部尚书乌里也出府库钱以济行资牛畜，迁速频一猛安、胡里改二猛安二十四谋克以实之。盖欲上京兵多，它日可为缓急之备也。当是时，多易置河北、山东所屯之旧，括民地而为之业，户颁牛而使之耕，畜甲兵而为之备，乃大重其权，授诸王以猛安之号，或新置者特赐之名。制其奢靡，禁其饮酒，习其骑射，储其粮糒，其备至严也。是时宗室户百七十，猛安二百二，谋克千八百七十八，户六十一万五千六百二十四。东北路部族乣军曰迭剌部（承安三年改为土鲁浑札石合节度使），曰唐古部（承安三年改为部鲁火札石合节度使），二部五乣，户五千五百八十五。其它若助鲁部族、乌鲁古部族、石垒部族、萌骨部族、计鲁部族、孛特本部族数皆称是。西北、西南二路之乣军十，曰苏谟典乣、曰耶剌都乣、曰骨典乣、唐古乣、霞马乣、木典乣、萌骨乣、咩乣、胡都乣凡九，其诸路曰曷懒、曰蒲与、曰婆速、曰恤频、曰胡里改、曰移懒，移懒后废，皆在上京之鄙，或置总管府，或置节度使。至章宗明昌间，欲国人兼知文武，令猛安谋克举进士，试以策论及射，以定其科甲高下。承安四年，上谓宰臣曰：“人有以《八阵图》来上者，其图果何如？朕尝观宋白所集《武经》，具载攻守之法，亦多难行。”右丞相清臣曰：“兵书一定之法，难以应变。本朝行兵惟用正奇二军，临敌制变，以正为奇，以奇为正，故无往不克。”上曰：“自古用兵亦不出奇正二法耳。且学古兵法如学弈棋，未能自得于心，欲用旧阵势以接敌，疏矣。故所应与旧势异，则必不可支。然《武经》所述虽难遵行，然知之犹愈不知。”泰和间，又制武举，其制具在《选举志》。

所谓渤海军，则渤海八猛安之兵也。所谓奚军者，奚人遥辇昭古牙九猛安之兵也。奚军初徙于山西，后分迁河东。其汉军中都永固军，大定所置者也。所谓镇防军，则诸军中取以更代戍边者也。在西北边则有分番屯戍军及永屯军驱军之别。驱军则国初所免辽人之奴婢，使屯守于泰州者也。边铺军则河南、陕西居守边界者。河东三虞候顺德军及章宗所置诸路效节军，（京府节镇设三十人，防刺设二十人。）掌同弓手者也。诸路所募射粮军，五年一籍三十以下、十七以上强壮者，皆刺其□，所以兼充杂役者也。京师防城军，世宗大定十七年三月改为武卫军，则掌京师巡捕者也。其曰牢城军，则尝为盗窃者，以充防筑之役。曰土兵，则以司警捕之事。凡汉军，有事则签取于民，事已则或亦放免。初，天会间，郭药师降，有曰长胜军者，皆辽水侧人也，以乡土归金，皆愁怨思归，宗望及令罢还。正隆间，又尝罢诸路汉军，而所存者犹有威勇、威烈、威捷、顺德及“韩常之军”之号。

凡边境置兵之州三十八：凤翔、延安、邓、巩、熙、泗、颍、蔡、陇、秦、河、海、寿、唐、商、洮、兰、会、积石、镇戎、保安、绥德、保德、环、葭、陕、宁边、东胜、净、庆、来远、桓、昌、曷懒、婆速、蒲与、恤品、胡里改。置于要州者十一：南京、东京、益都、京兆、太原、临洮、临潢、丰、泰、抚、盖。及宣宗南迁，乣军溃去，兵势益弱，遂尽拥猛安户之老稚渡河，侨置诸总管府以统之，器械既缺，粮糒不给，朘民膏血而不足，乃行括粮之法，一人从征，举家待哺。又谓无以坚战士之心，乃令其家尽入京师，不数年至无以为食，乃听其出，而国亦屈矣。然初南渡时，尽以河朔战兵三十万分隶河南行枢密及帅府，往往蔽匿强壮，驱羸弱使战，不能取胜。后乃至以二十五人为谋克，四谋克为猛安。每谋克除旗鼓司火头五人，任战者止十八人，不足成队伍，但务存其名而已。故混源刘祁谓：“金之兵制最弊，每有征伐及边衅，辄下令签军，使远近骚动。民家丁男若皆强壮，或尽取无遗，号泣动乎邻里，嗟怨盈于道路，驱此使战，欲其胜敌，难矣！”初，贞祐时，下令签军，会一时任子为监当者春赴吏部选，宰执命取为监官军，皆愤愠哀号交愬台省，至冲宰相卤簿以告，丞相仆散七斤大怒，趣左右取弓矢射去。已而，上知其不可用，命免之。元光末，备潼关黄河，又签军，诸使者历县邑，自见居官外，无文武小大职事官皆充军。至许州，前侍御史刘元规年几六十，亦选为千户。至陈州，以祁父从益以前监察御史亦为千户，余不可悉纪。既立部伍，必以军律相临，物议纷然，后亦罢之。

哀宗正大二年，议选诸路精兵，直隶密院。先设总领六员，分路拣阅，因相合并。每总领司率数万人，军势既张，乃易总领之名为都尉，班在随朝四品之列，曰建威、曰虎威、曰破虏、振威、鹰扬、虎贲、振武、折冲、荡寇、殄寇。必以先尝秉帅权者居是职，虽帅府行院亦不敢以贵重临之。天兴初元，有十五都尉。先六人升授，在京建威奥屯斡里卜，许州折冲夹谷泽（本姓樊），陈州振武温撒辛（本姓李），蔡州荡寇蒲察打吉卜，申裕安平完颜斜列，嵩汝振武唐括韩僧。续封金昌府虎威纥石烈乞儿，宣权归德果毅完颜猪儿，南京殄寇完颜阿拍。宣权潼关都尉三：虎贲完颜陈儿、鹰扬内族大娄室、全节。复取河朔诸路归正人，不问鞍马有无、译语能否，悉送密院，增月给三倍它军，授以官马，得千余人，岁时犒燕，名曰忠孝军。以石抹燕山奴、蒲察定住统之。加以正大已后诸路所虏、临阵所获，皆放归乡土，同忠孝军给其犒赏，使河朔俘系知之。故此军迄于天兴至七千，千户以上将帅尚不预焉。又以归正人过多，乃系于忠孝籍中别为一军，减忠孝所给之半，不能射者令阅习一再月，然后试补忠孝军，是所谓合里合军也。又以亲卫马军，旧时所选未精，必加阅试，直取武艺如忠孝军者得五千人，余罢归为步军。凡进征，忠孝居前，马军次之。自正大改立马军，队伍鞍勒兵甲一切更新，将相旧人自谓国家全盛之际马数则有之，至于军士精锐、器仗坚整，较之今日有不侔者，中兴之期为有望矣。一日布列曹门内教場，忠孝军七千，马军五千，京师所屯建威都尉军万人，内族九住所统亲卫军三千，及阿排所统四千，皆哀宗控制枢密院时所选，教场地约三十顷尚不能容，余都尉十三四军犹不在是数。此外，招集义军名曰忠义，要皆燕、赵亡命，虽获近用，终不可制，异时擅杀北使唐庆以速金亡者即此曹也。

禁军之制

本于合扎谋克。合扎者，言亲军也，以近亲所领，故以名焉。贞元迁都，更以太祖、辽王宗幹、秦王宗翰之军为合扎猛安，谓之侍卫亲军，故立侍卫亲军司以统之。旧常选诸军之材武者为护驾军，海陵又名上京龙翔军为神勇军，正隆二年将南伐，乃罢归，使就佥调，复于侍卫亲军四猛安（旧止曰太祖、辽王、秦王猛安凡三，今曰四猛安，未详，岂太祖两猛安耶?）内，选三十以下千六百人，骑兵曰龙翔，步兵曰虎步，以备宿卫。五年，罢亲军司，以所掌付大兴府，置左右骁骑，所谓从驾军也，置都副指挥使隶点检司，步军都副指挥使隶宣徽院。大定初，亲军置四千人。二十二年，省为三千五百。上京亦设守卫军。是年，尚书省奏："上京既设皇城提举官，亦当设军守卫。"上曰："可设四百五十，马一百二十，分三番更代。异时朕至上京，即作两番巡警，限以半年交替。人日给钱五十、米一升半，马给刍粟，猛安谋克官可差年四十上下者、军士并取三十以上者充。"章宗承安四年，增为五千，又增至六千。又有威捷军。承安增签弩手千人。凡选弩手之制，先以营造尺度杖，其长六尺，立之谓之等杖。取身与杖等，能踏弩至三石，铺弦解索登踏闲习，射六箭皆上垛，内二箭中贴者。又选亲军，取身长五尺五寸善骑射者，猛安谋克以名上兵部，移点检司、宣徽院试补之。又设护卫二百人，近侍之执兵仗者也，取五品至七品官子孙及宗室并亲军、诸局分承应人，身长五尺六寸者，选试补之。又设控鹤二百人，皆以备出入者也。

大将府治之称号。收国元年十二月，始置咸州军帅司，以经略辽地，讨高永昌，置南路都统司，且以讨张觉。天辅五年袭辽主，始有内外诸军都统之名。时以奚未平，又置奚路都统司，后改为六部路都统司，以遥辇九营为九猛安隶焉，与上京及泰州凡六处置，每司统五六万人，又以渤海军为八猛安。凡猛安之上置军帅，军帅之上置万户，万户之上置都统。然时亦称军帅为猛安，而猛安则称亲管猛安者。燕山既下，循辽制立枢密院于广宁府，以总汉军。太宗天会元年，以袭辽主所立西南都统府为西南、西北两路都统府。三年，以伐宋更为元帅府，置元帅及左、右副，及左、右监军，左、右都监。金制，都元帅必以谙版孛极烈为之，恒居守而不出。六年，诏还二帅以镇方面。诸路各设兵马都总管府，州镇置节度使，沿边州则置防御使。凡州府所募射粮军、牢城军，每五百人为一指挥使司，设使，分为四都，都设左右什将及承局押官。其军数若有余或不足，则与近者合置，不可合者以三百人或二百人亦设指挥使，若百人则止设军使，百人以上立为都，不及百人止设什将及承局管押官各一员。十年，改南京路都统司为东南路都统司，治东京以镇高丽。后又置统军司于大名府。及海陵天德二年八月，改诸京兵马都部署司为本路都总管府。九月，罢大名统军司，而置统军司于山西、河南、陕西三路。以元帅府都监、监军为使，分统天下之兵。又改乌古迪烈路统军司为招讨司，以婆速路统军司为总管府。三年，以元帅府为枢密院，罢万户之官，诏曰："太祖开创，因时制宜，材堪统众授之万户，其次千户及谋克。当时官赏未定，城郭未下，设此职许以世袭，乃权宜之制，非经久之利。今子孙相继专揽威权，其户不下数万，与留守总管无异，而世权过之。可罢是官。若旧无千户之职者，续思增置。国初时赐以国姓，若为子孙者皆令复旧。"正隆末，复升陕西统军司为都统府。大定五年，复罢府，降为统军司。寻又设两招讨司，与前凡三，以镇边陲。东北路者，初置乌古迪烈部，后置于泰州。泰和间，以去边尚三百里，宗浩乃命分司于金山。西北路者置于应州，西南路者置于桓州，以重臣知兵者为使，列城堡濠墙，戍守为永制。枢密院每行兵则更为元帅府，罢则复为院。宣宗贞祐三年，征代州戍兵五千，从胥鼎言，留代以屏平阳。兴定二年，选募河南、陕西弩手军二千人为一军，赐号威勇。及南迁，河北封九公，因其兵假以便宜从事，沿河诸城置行枢密院元帅府，大者有"便宜"之号，小者有"从宜"之名。元光间，时招义军以三十人为谋克，五谋克为一千户，四千户为一万户，四万户为一副统，两副统为一都统，此复国初之名也。然又外设一总领提控，故时皆称元帅为总领云。

金初因辽诸抹而置群牧，抹之为言无蚊蚋、美水草之地也。天德间，置迪河斡朵、斡里保（保亦作本）、蒲速里、燕恩、兀者五群牧所，皆仍辽旧名，各设官以治之。

又于诸色人内，选家富丁多，及品官家子、猛安谋克蒲辇军与司吏家余丁及奴，使之司牧，谓之"群子"，分牧马驼牛羊，为之立蕃息衰耗之刑赏。后稍增其数为九。契丹之乱遂亡其五，四所之所存者马千余、牛二百八十余、羊八百六十、驼九十而已。世宗置所七：曰特满、忒满（在抚州）、斡睹只、蒲速碗、（蒲速碗本斡睹只之地，大定七年分其地置之。承安三年改为板底因乌鲁古。）瓯里本、（承安三年改为乌鲜乌鲁古。乌鲁古者言滋息也。）合鲁碗、耶卢碗。（在武平县、临潢、泰州之境。）大定二十年三月，更定群牧官、详稳脱朵、知把、群牧人滋息损耗赏罚格。二十一年，敕诸所，马三岁者付女直人牧之，牛或以借民耕，或又令民畜羊，或以赈贫户。时遣使阅实其数，缺则杖其官，而令牧人偿之，匿其实者监察举觉之。二十八年，蕃息之久，马至四十七万，牛十三万，羊八十七万，驼四千。明昌五年，散骒马，令中都、西京、河北东、西路验民物力分畜之。又令它路民养马者，死则于前四路所养者给换，若欲用则悉以送官。此金之马政也。然每有大役，必括于民，及取群官之余骑，以供战士焉。宣宗兴定元年，定民间收溃军亡马之法，及以马送官酬直之格："上等马一匹银五十两，中下递减十两。不愿酬直者，上等二匹补一官，杂班任使，中等三匹，下等四匹，如之。令下十日陈首，限外匿及杀，并绞。"又遣官括市民马，立赏格以示劝，五百匹以上钞千贯，千匹以上一官，二千匹以上两官。

养兵之法

熙宗天眷三年正月，诏岁给辽东戍卒绸绢有差。正隆四年，命河南、陕西统军司并虞候司顺德军，官兵并增廪给。六年，将南征，以绢万匹于京城易衣袄穿膝一万，以给军。世宗大定三年，南征，军士每岁可支一千万贯，官府止有二百万贯，外可取于官民户，此军须钱之所由起也。时言事者，以山东、河南、陕西等路循宋、齐旧例，州县司吏、弓手于民间验物力均敷顾钱，名曰"免役"，请以是钱赡军。至是，省具数以闻，诏罢弓手钱，其司吏钱仍旧。四年六月，奏，元帅府乞降军须钱，上曰："帅府支费无度，例皆科取于民，甚非朕意。仰会计军须支用不尽之数，及诸路转运司见在如实缺用，则别具以闻。"十年四月，命德顺州建营屋以处屯军。十七年七月，岁以羊皮三万赐西北路戍兵。承安三年，以军须所费甚大，乞验天下物力均征。拟依黄河夫钱例，征军须钱，验各路新籍物力，每贯征钱四贯，西京、北京、辽东路每贯征钱二贯，临潢、全州则免征，周年三限送纳。恐期远，遂定制作半年三限输纳。

凡河南、陕西、山东放老千户、谋克、蒲辇、正军、阿里喜等给赏之例，旧军千户十年以上赏银五十两、绢三十匹，不及十年，比附十年以上谋克支。谋克十年以上银四十两、绢二十五匹，不及十年银三十两、绢二十匹。蒲辇十年以上银三十两、绢二十匹，不及十年银二十两、绢一十五匹。马步正军、阿里喜等勾当不拘年分，放老正军银一十五两、绢一十匹，阿里喜、旗鼓、吹笛、本司火头人等同银八两、绢五匹。三虞候千户，十年以上银四十两、绢二十五匹。不及十年银三十两、绢二十匹。谋克二十年以上银五十两、绢三十匹，十年以上银三十两、绢二十匹，不及十年银一十两、绢一十五匹。蒲辇十年以上银二十两、绢一十五匹，不及十年银一十五两、绢一十匹。正军、阿里喜、勾当不拘年分，放老正军银一十两、绢七匹，阿里喜、旗鼓、吹笛、本司火头人等同银五两，绢四匹。北边万户、千户、谋克等，历过军功及年老放罢给赏之例，（迁官同从吏部格。）正千户管押万户，勾当过一十五年，迁两官与从五品。不及一十五年年老放罢，迁一官与正六品。若十年以下，迁一官赏银绢六十两匹。正谋克管押万户，勾当一十五年迁两官与正六品，不及一十五年年老放罢，迁一官与正七品，若十年以下迁一官赏银绢五十两匹。正千户官押千户，勾当过二十年，迁一官与正六品，不及二十年年老放罢，迁一官与正七品，若十年以下迁一官赏银绢四十两匹。正谋克管押千户以下，依河南、陕西体例。凡镇防军，每年试射，射若有出众，上等赏银四两，特异众者赏十两银马盂。签充武卫军，挈家赴京者，人日给六口粮，马四匹刍藁。

诸招军月给例物。边铺军钱五十贯、绢十匹。军匠上中等钱五十贯、绢五匹，下等钱四十贯、绢四匹。黄河埽兵钱三十贯、绢五匹，射粮军及沟渠等处埽兵水手，钱二十贯、绢二匹，士兵钱十贯、绢一匹。凡射粮军指挥使及黄、沁埽兵指挥使，钱粟七贯石、绢六匹，军使钱粟六贯石、绢同上，什将钱二贯、粟三石，春衣钱五贯、秋衣钱十贯。承局押官钱一贯五百文、粟二石，春衣钱五贯、秋衣钱七贯。牢城并士兵钱八百文、粟二石，春衣钱四贯、秋衣钱六贯。边铺军请给与射粮军同。河南、陕西、山东路统军司镇防甲军、马军，猛安钱八贯、米五石二斗、绢八匹、六马刍粟，谋克钱六贯、米二石八斗、绢六匹、五马刍粟，蒲辇钱四贯、米石七斗、绢五匹、四马刍粟，正军钱二贯、米石五斗、绢四匹、绵十五两、两马刍粟，阿里喜钱一贯五百文、米七斗、绢三匹、绵十两。步军，猛安马二匹、谋克马一匹刍粟。每马给刍一束、粟五升，岁仲春野有青草马可收养则止，惟每猛安当差马七十二匹，四时皆给。又定制河南、山东、河东岁给五月，陕西六月。镇防军补买马钱，河南路正军五百文，阿里喜随色人三百文，陕西、山东路正军三百文，阿里喜随色人二百文。诸屯田被差及缘边驻扎捉杀军，猛安月给钱六贯、米一石八斗、五马刍粟，谋克钱四贯、米一石二斗、三马刍粟，蒲辇钱二贯、米六斗、二马刍粟，正军钱一贯五百文、米四斗、一马刍粟，阿里喜随色人钱一贯、米四斗、一马刍粟。德顺军指挥使钱六贯、米二石八斗、绢六匹、三马刍粟，军使什将钱四贯、米一石七斗、绢五匹，给两马料，长行钱二贯、米一石五斗、绢四匹、绵十五两，给一马料，奚军谋克钱一贯五百文、米一石五斗、绸绢春秋各一匹，给三马料，蒲辇钱一贯、米二石七斗、绸绢同上，给二马料，长行钱一贯、米一石八斗、绸绢同上，饲一马。北边临潢等处永屯驻军，千户钱八贯、米五石二斗、绢八匹、饲马六匹，步军饲两马、地五顷，谋克钱六贯、米二石八斗、绢六匹、饲五马、地四顷，蒲辇钱四贯、米一石七斗、绢五匹、饲四马、地三顷，正军钱二贯、米一石四斗五升、绢四匹、绵十五两、饲两马、地二顷，阿里喜钱一贯五百文、米七斗、绢三匹、绵十两、地一顷，旗鼓司人与阿里喜同，交替军钱二贯、米四斗，阿里喜钱一贯五百文、米四斗。上番汉军，千户月给钱三贯、粮四石、绢八匹、饲四马，谋克钱二贯五百文、粮一石、绢六匹、饲二马，正军钱二贯、米九斗五升、绢四匹。上京路永屯驻军所除授，千户月给钱粟十五贯石、绢十匹、绵二十两、饲三马，谋克钱六贯、米二石八斗、绢六匹、饲二马，正军月支钱二贯五百文、米一石二斗、绢四匹、绵十五两、饲一马，阿里喜随色人钱二贯、米一石二斗，绢四匹、绵十五两。诸北边永驻军，月给补买马钱四百文，随色人三百文。贞祐三年，军前委差及掌军官，规图粮料，冒占职役，皆无实员，又见职及遥授者，已有俸给，又与无职事者同支券粮，故时议欲省员减所给之数，俟征行则全给之。及兴定二年，彰化军节度使张行信言："一军充役，举家廪给，盖欲感悦士心，使为国尽力耳！至于无军之家，复无丁男，而其妻女犹受给何谓耶？"五年，京南行三司官石抹斡鲁言："京南、东、西三路见屯军户，老幼四十万口，岁费粮百四十余万石，皆坐食民租，甚非善计。"语在《田制》。诸屯田军人，如差防送，日给钱一百五十文。看管孝宁宫人，月各给米五斗、柴一车、春秋衣粗布一段、秋绢二匹、绵一十五两。诸黄院子年满者，以元请钱粮三分内，给一贯石养老。

卷四十五　　志第二十六

刑

昔者先王因人之知畏而作刑，因人之知耻而作法。畏也、耻也，五性之良知，七情之大闲也。是故，刑以治已然，法以禁未然，畏以处小人，耻以遇君子。君子知耻，小人知畏，天下平矣！是故先王养其威而用之，畏可以教爱。慎其法而行之，耻可以立廉。爱以兴仁，廉以兴义，仁义兴，刑法不几于措乎？金初，法制简易，无轻重贵贱之别，刑、赎并行，此可施诸新国，非经世久远之规也。天会以来，渐从吏议，皇统颁制，兼用古律。厥后，正隆又有《续降制书》。大定有《权宜条理》，有《重修制条》。明昌之世，《律义》、《敕条》并修，品式寖备。既而《泰和律义》成书，宜无遗憾。然国脉纡蹙，风俗醇醨，世道升降，君子观一代之刑法，每有以先知焉。金法以杖折徒，累及二百，州县立威，甚者置刃于杖，虐于肉刑。季年，君臣好用筐箧故习，由是以深文傅致为能吏，以惨酷办事为长才。百司奸赃真犯，此可决也，而微过亦然。风纪之臣，失纠皆决。考满，校其受决多寡以为殿最。原其立法初意，欲以同疏戚、壹小大，使之咸就绳约于律令之中，莫不齐手并足以听公上之所为，盖秦人强主威之意也。是以待宗室少恩，待大夫士少礼。终金之代，忍耻以就功名，虽一时名士有所不免。至于避辱远引，罕闻其人。殊不知君子无耻而犯义，则小人无畏而犯刑矣。是故论者于教爱立廉之道，往往致太息之意焉。虽然，世宗临御，法司奏谳，或去律援经，或揆义制法。近古人君听断，言几于道，鲜有及之者。章宗、宣宗尝亲民事，当宁裁决，宽猛出入虽时或过中，迹其矜恕之多，犹有祖风焉。简牍所存，可为龟鉴者，《本纪》、《刑志》详略互见云。

金国旧俗，轻罪笞以柳葼，杀人及盗劫者，击其脑杀之，没其家赀，以十之四入官，其六偿主，并以家人为奴婢。其亲属欲以马牛杂物赎者从之。或重罪亦听自赎，然恐无辨于齐民，则劓、刵以为别。其狱则掘地深广数丈为之。太宗虽承太祖无变旧风之训，亦稍用辽、宋法。天会七年，诏凡窃盗，但得物徒三年，十贯以上徒五年，刺字充下军，三十贯以上徒终身，仍以赃满尽命刺字于面，五十贯以上死，征偿如旧制。熙宗天眷元年十月，禁亲王以下佩刀入宫。卫禁之法，实自此始。三年，复取河南地，乃诏其民，约所用刑法皆从律文，罢狱卒酷毒刑具，以从宽恕。至皇统间，诏诸臣，以本朝旧制，兼采隋、唐之制，参辽、宋之法。类以成书，名曰《皇统制》，颁行中外。时制，杖罪至百，则臀、背分决。及海陵庶人以脊近心腹，遂禁之，虽主决奴婢，亦论以违制。又多变易旧制，至正隆间，著为《续降制书》，与《皇统制》并行焉。然二君任情用法，自有异于是者矣。及世宗即位，以正隆之乱，盗贼公行，兵甲未息，一时制旨多从时宜，遂集为《军前权宜条理》。大定四年，尚书省奏："大兴民男子李十、妇人杨仙哥并以乱言当斩。"上曰："愚民不识典法，有司亦未尝丁宁诰戒，岂可遽加极刑。"以减死论。五年，命有司复加删定《条理》，与前《制书》兼用。七年，左藏库夜有盗杀都监郭良臣盗金珠，求盗不得。命点检司治之，执其可疑者八人鞫之，掠三人死，五人诬伏。上疑之，命同知大兴府事移刺道杂治。既而亲军百夫长阿思钵鬻金于市，事觉，伏诛。上闻之曰："箠楚之下，何求不得，奈何鞫狱者不以情求之乎？"赐死者钱人二百贯，不死者五十贯。于是禁护卫百夫长、五十夫长非直日不得带刀入宫。是岁，断死囚二十人。八年，制品官犯赌博法，赃不满五十贯者其法杖，听赎。再犯者杖之。且曰："杖者所以罚小人也。既为职官，当先廉耻，既无廉耻，故以小人之罚罚之。"九年，因御史台奏狱事，上曰："近闻法官或各执所见，或观望宰执之意，自今制无正条者皆以律文为准。"复命杖至百者臀、背分受，如旧法。已而，上谓宰臣曰："朕念罪人杖不分受，恐至深重，乃令复旧。今闻民间有不欲者，其令罢之。"十年，尚书省奏："河中府张锦自言复父仇，法当死。"上曰："彼复父仇，又自言之，烈士也。以减死论。"十一年，诏谕有司曰："应司狱廨舍须近狱安置，囚禁之事常亲提控，其狱卒必选年深而信实者轮直。"十二年，尚书省言："内丘令蒲察台补自科部内钱立德政碑，复有其余钱二百余贯，罪当除名。今遇赦当叙，仍免征赃。"上以贪伪，勿叙，且曰："乞取之赃，若有赦原，予者何辜？自今可并追还其主，惟应入官者免征。”尚书省奏，盗有发冢者，上曰：“功臣坟墓亦有被发者，盖无告捕之赏，故人无所畏。自今告得实者量与给赏。”故咸平尹石抹阿没剌以赃死于狱，上谓：“其不尸诸市已为厚幸。贫穷而为盗贼，盖不得已。三品职官以赃至死，愚亦甚矣！其诸子可皆除名。”先是，诏自今除名人子孙有在仕者并取奏裁。十三年，诏立春后、立秋前，及大祭祀，月朔、望，上、下弦，二十四气，雨未晴，夜未明，休暇并禁屠宰日，皆不听决死刑，惟强盗则不待秋后。十五年，诏有司曰：“朕惟人命至重，而在制窃盗赃至五十贯者处死，自今可令至八十贯者处死。”十七年，陈言者乞设提刑司，以纠诸路刑狱之失。尚书省议，以谓久恐滋弊。上乃命距京师数千里外怀冤上诉者，集其事以待选官就问。

时济南尹梁肃言，犯徒者当免杖。朝廷以为今法已轻于古，恐滋奸恶，不从。尝诏宰臣，朝廷每岁再遣审录官，本以为民伸冤滞也，而所遣多不尽心，但文具而已。审录之官，非止理问重刑，凡诉讼案牍，皆当阅实是非，囚徒不应囚系则当释放，官吏之罪即以状闻，失纠察者严加惩断，不以赎论。又以监察御史体察东北路官吏，辄受讼牒，为不称职，笞之五十。又谓宰臣曰：“比闻大理寺断狱，虽无疑者亦经旬月，何耶？”参知政事移剌道对曰：“在法，决死囚不过七日，徒刑五日，杖罪三日。”上曰：“法有程限，而辄违之，弛慢也。”罢朝，御批送尚书省曰：“凡法寺断重轻罪各有期限，法官但犯皆的决，岂敢有违。但以卿等所见不一，至于再三批送，其议定奏者书奏牍亦不下旬日，以致事多滞留，自今当勿复尔。”又曰：“故广宁尹高桢为政尚猛，虽小过，有杖而杀之者。即罪至于死而情或可恕，犹当念之，况其小过者乎？人之性命安可轻哉！”上以正隆《续降制书》多任己意，伤于苛察。而与皇统之《制》并用，是非淆乱，莫知适从，奸吏因得上下其手。遂置局，命大理卿移剌慥总中外明法者共校正。乃以皇统、正隆之《制》及大定《军前权宜条理》、后《续行条理》，伦其轻重，删繁正失。制有阙者以律文足之。制、律俱阙及疑而不能决者，则取旨画定。《军前权宜条理》内有可以常行者亦为定法，余未应者亦别为一部存之。参以近所定徒杖减半之法，凡校定千一百九十条，分为十二卷，以《大定重修制条》为名，诏颁行焉。

二十年，上见有蹂践禾稼者，谓宰相曰：“今后有践民田者杖六十，盗人谷者杖八十，并偿其直。”二十一年，尚书省奏：“巩州民马俊妻安姐与管卓奸，俊以斧击杀之，罪当死。”上曰：“可减死一等，以戒败风俗者。”二十二年，上谓宰臣曰：“凡尚书省送大理寺文字，一断便可闻奏。如乌古论公说事，近取观之，初送法寺如法裁断，再送司直披详，又送阖寺参详，反覆三次，妄生情见，不得结绝。朕以国政不宜滞留，昨虽炙艾六百炷，未尝一日不坐朝，欲使卿等知勤政也。自今可止一次送寺，阖寺披详，苟有情见即具以闻，毋使滞留也。”二十三年，尚书省奏：“益都民范德年七十六，为刘祐殴杀。祐法当死，以祐父母年俱七十余，家无侍丁，上请。”上曰：“范德与祐父母年相若，自当如父母相待，至殴杀之，难议末减，其论如法。”尚书省奏招讨司官及秃里乞取本部财物制，上曰：“远人止可矜恤，若进贡不阙，更以兵邀之，强取财物，与盗何异？且或因而生事，何可不惩。”又曰：“朕所行制条，皆臣下所奏行者，天下事多，人力有限，岂能一一尽之。必因一事奏闻，方知有所窒碍，随即更定。今有圣旨、条理，复有制条，是使奸吏得以轻重也。”大兴府民赵无事带酒乱言，父千捕告，法当死。上曰：“为父不恤其子而告捕之，其正如此，人所甚难。可特减死一等。”武器署丞奕、直长骨赧坐受草畔子财，奕杖八十，骨赧笞二十，监察御史梁襄等坐失纠察罚俸一月。上曰：“监察，人君之耳目。事由朕发，何以监察为？”上以法寺断狱，以汉字译女直字，会法又复各出情见，妄生穿凿，徒致稽缓，遂诏罢情见。二十五年二月，上以妇人在囚，输作不便，而杖不分决，与杀无异，遂命免死输作者，决杖二百而免输作，以臀、背分决。时后族有犯罪者，尚书省引“八议”奏，上曰：“法者，公天下持平之器，若亲者犯而从减，是使之恃此而横恣也。昔汉文诛薄昭，有足取者。前二十年时，后族济州节度使乌林达钞兀尝犯大辟，朕未尝宥。今乃宥之，是开后世轻重出入之门也。”宰臣曰：“古所以议亲，尊天子，别庶人也。”上曰：“外家自异于宗室，汉外戚权太重，至移国祚，朕所以不令诸王、公主有权也。夫有功于国，议勋可也。至若议贤，既曰贤矣，肯犯法乎？脱或缘坐，则固当减请也。”二十六年，遂奏定太子妃大功以上亲，及与皇家无服者、及贤而犯私罪者，皆不入议。上谓宰臣曰：“法有伦而不伦者，其改定之。”监察御史陶钧以携妓游北苑，歌饮池岛间，迫近殿廷，提控官石玠闻而发之。钧令其友阎恕属玠得缓。既而事觉，法司奏，当徒二年半。诏以钧耳目之官，携妓入禁苑，无上下之分，杖六十，玠、恕皆坐之。二十八年，上以制条拘于旧律，间有难解之词，命删修明白，使人皆晓之。

旧禁民不得收制书，恐滋告讦之弊，章宗大定二十九年，言事者乞许民藏之。平章张汝霖曰：“昔子产铸刑书，叔向讥之者，盖不欲预使民测其轻重也。今著不刊之典，使民晓然知之，犹江、河之易避而难犯，足以辅治，不禁为便。”以众议多不欲，诏姑令仍旧禁之。

明昌元年，上问宰臣曰：“今何不专用律文？”平章政事张汝霖曰：“前代律与令各有分，其有犯令，以律决之。今国家制、律混淆，固当分也。”遂置详定所，命审定律、令。承安二年，制军前受财法，一贯以下，徒二年，以上徒三年，十贯处死。符宝典书北京奴盗符宝局金牌，伏诛，仍除属籍。按虎、阿虎带失觉察，各杖七十。泰和二年，御史台奏：“监察御史史肃言，《大定条理》：自二十年十一月四日以前，奴娶良人女为妻者，并准已娶为定，若夫亡，拘放从其主。离夫摘卖者令本主收赎，依旧与夫同聚。放良从良者即听赎换，如未赎换间与夫所生男女并听为良。而《泰和新格》复以夫亡服除准良人例，离夫摘卖及放夫为良者，并听为良。若未出离再配与奴，或杂奸所生男女并许为良。如此不同，皆编格官妄为增减，以致随处诉讼纷扰，是涉违枉。”敕付所司正之。初，诏凡条格入制文内者，分为别卷。复诏制与律文轻重不同，及律所无者，各校定以闻。如禁屠宰之类，当著于令也，慎之勿忽，律令一定，不可更矣。明昌三年七月，右司郎中孙铎先以详定所校《名例篇》进，既而诸篇皆成，复命中都路转运使王寂、大理卿董师中等重校之。四年七月，上以诸路枷杖多不如法，平章政事守贞曰："枷杖尺寸有制，提刑两月一巡察，必不敢违法也。"五年正月，复令钩校制、律，即付详定所。时详定官言："若依重修制文为式，则条目增减，罪名轻重，当异于律。既定复与旧同颁，则使人惑而易为奸矣！臣等谓，用今制条，参酌时宜，准律文修定，历采前代刑书宜于今者，以补遗阙，取《刑统》疏文以释之，著为常法，名曰《明昌律义》。别编榷货、边部、权宜等事，集为《敕条》。"宰臣谓："先所定令文尚有未完，俟皆通定，然后颁行。若律科举人，则止习旧律。"遂以知大兴府事尼庞古鉴、御史中丞董师中、翰林待制奥屯忠孝（小字牙哥），提点司天台张嗣、翰林修撰完颜撒剌、刑部员外郎李庭义、大理丞麻安上为校定官，大理卿阎公贞，户部侍郎李敬义、工部郎中贾铉为覆定官，重修新律焉。时奏狱而法官有独出情见者，上曰："或言法官不当出情见，故论者纷纷不已。朕谓情见非出于法外，但折衷以从法尔。"平章守贞曰："是制自大定二十三年罢之。然律有起请诸条，是古亦许情见矣。"上曰："科条有限，而人情无穷，情见亦岂可无也。"明昌五年，尚书省奏："在制，《名例》内徒年之律，无决杖之文便不用杖。缘先谓流刑非今所宜，且代流役四年以上俱决杖，而徒三年以下难复不用。妇人比之男子虽差轻，亦当例减。"遂以徒二年以下者杖六十，二年以上杖七十，妇人犯者并决五十，著于《敕条》。

承安三年，敕尚书省："自今特旨事，如律令程式者，始可送部。自余创行之事，但召部官赴省议之。"四年四月，尚书省请再覆定令文，上因敕宰臣曰："凡事理明白者转奏可也。文牍多者恐难遍览，其三推情疑以闻。"五月，上以法不适平，常行杖样，多不能用。遂定分寸，铸铜为杖式，颁之天下。且曰："若以笞杖太轻，恐情理有难恕者，讯杖可再议之。"五年五月，刑部员外郎马复言："外官尚苛刻者不遵铜杖式，辄用大杖，多致人死。"诏令按察司纠劾黜之。先尝令诸死囚及除名罪，所委官相去二百里外，并犯徒以下逮及二十人以上者，并令其官就谳之。刑部员外郎完颜纲言："自是制行，如上京最近之地往还不下三、二千里，如北京留守司亦动经数月，愈致稽留，未便。"诏复从旧，令委官追取鞫之。十二月，翰林修撰杨庭秀言："州县官往往以权势自居，喜怒自任，听讼之际，鲜克加审。但使译人往来传词，罪之轻重，成于其口，货赂公行，冤者至有三、二十年不能正者。"上遂命定立条约，违者按察司纠之。且谓宰臣曰："长贰官委幕职及司吏推问狱囚，命申御史台闻奏之制，当复举行也。"又命编前后条制，书之于册，以备将来考验。

泰和元年正月，尚书省奏，以见行铜杖式轻细，奸宄不畏，遂命有司量所犯用大杖，且禁不得过五分。十二月，所修律成，凡十有二篇：一曰《名例》，二曰《卫禁》，三曰《职制》，四曰《户婚》，五曰《厩库》，六曰《擅兴》，七曰《贼盗》，八曰《斗讼》，九曰《诈伪》，十曰《杂律》，十一曰《捕亡》，十二曰《断狱》。实《唐律》也，但加赎铜皆倍之，增徒至四年、五年为七，削不宜于时者四十七条，增时用之制百四十九条，因而略有所损益者二百八十有二条，余百二十六条皆从其旧。又加以分其一为二、分其一为四者六条，凡五百六十三条，为三十卷，附注以明其事，疏义以释其疑，名曰《泰和律义》。自《官品令》、《职员令》之下，曰《祠令》四十八条，《户令》六十六条，《学令》十一条，《选举令》八十三条，《封爵令》九条、《封赠令》十条，《宫卫令》十条，《军防令》二十五条，《仪制令》二十三条，《衣服令》十条，《公式令》五十八条，《禄令》十七条，《仓库令》七条，《厩牧令》十二条，《田令》十七条，《赋役令》二十三条，《关市令》十三条，《捕亡令》二十条，《赏令》二十五条，《医疾令》五条，《假宁令》十四条，《狱官令》百有六条，《杂令》四十九条，《释道令》十条，《营缮令》十三条，《河防令》十一条，《服制令》十一条，附以年月之制，曰《律令》二十卷。又定《制敕》九十五条，《榷货》八十五条，《蕃部》三十九条，曰《新定敕条》三卷，《六部格式》三十卷。司空襄以进，诏以明年五月颁行之。

贞祐三年，上谓宰臣："自今监察官犯罪，其事关军国利害者，并笞决之。"贞祐四年，诏："凡监察失纠劾者，从本法论。外使入国私通本国事情，宿卫、近侍官、承应人出入亲王、公主、宰执家，灾伤乏食有司检核不实致伤人命，转运军储而有私载，考试举人而防闲不严，其罚并决。在京犯至两次者，台官减监察一等治罪，论赎，余止坐，专差任满日议定。若任内曾以漏察被决，依格虽为称职，止从平常，平常者从降罚。"兴定元年八月，上谓宰臣曰："律有八议，今言者或谓应议之人即当减等，何如？"宰臣对曰："凡议者先条所坐及应议之状以请，必议定然后奏裁也。"上然之，曰："若不论轻重而辄减之，则贵戚皆将恃此以虐民，民何以堪。"

卷四十六　志第二十七

食货一

户口　通检推排

国之有食货，犹人之有饮食也。人非饮食不生，国非食货不立。然燧人、庖牺能为饮食之道以教人，而不能使人无饮食之疾。三王能为食货之政以遗后世，而不能使后世无食货之弊。唯善养生者如不欲食啖，而饮食自不阙焉，故能适饥饱之宜，可以疾少而长寿。善裕国者初不事货殖，而食货自不乏焉，故能制丰约之节，可以弊少而长治。

金于食货，其立法也周，其取民也审。太祖肇造，减辽租税，规模远矣。熙宗、海陵之世，风气日开，兼务远略，君臣讲求财用之制，切切然以是为先务。虽以世宗之贤，储积之志曷尝一日而忘之。章宗弥文熠兴，边费亦广，食货之议不容不急。宣宗南迁，国土日蹙，污池数罟，往往而然。考其立国以来，所谓食货之法，荦荦大者曰租税、铜钱、交钞三者而已。三者之法数变而数穷。官田曰租，私田曰税。租税之外算其田园屋舍车马牛羊树艺之数，及其藏镪多寡，征钱曰物力。物力之征，上自公卿大夫，下逮民庶，无苟免者。近臣出使外国，归必增物力钱，以其受馈遗也。猛安谋克户又有所谓牛头税者，宰臣有纳此税，庭陛间咨及其增减，则州县征求于小民盖可知矣。故物力之外又有铺马、军须、输庸、司吏、河夫、桑皮故纸等钱，名目琐细，不可殚述。其为户有数等，有课役户、不课役户、本户、杂户、正户、监户、官户、奴婢户、二税户。有司始以三年一籍，后变为通检，又为推排。凡户隶州县者，与隶猛安谋克，其输纳高下又各不同。法之初行，唯恐不密，言事者谓其厉民，即命罢之。罢之未久，会计者告用乏，又即举行。其罢也志以便民，而民未见德。其行也志以足用，而用不加饶。一时君臣节用之言不绝告诫。尝自计其国用，数亦浩瀚，若足支历年者，郡县稍遇岁侵，又遽不足，竟莫诘其故焉。

至于铜钱、交钞之弊，盖有甚者。初用辽、宋旧钱，虽刘豫所铸，豫废，亦兼用之。正隆而降，始议鼓铸，民间铜禁甚至，铜不给用，渐兴窑冶。凡产铜地脉，遣吏境内访察无遗，且及外界，而民用铜器不可阙者，皆造于官而鬻之。既而官不胜烦，民不胜病，乃听民冶铜造器，而官为立价以售，此铜法之变也。若钱法之变，则鼓铸未广，敛散无方，已见壅滞。初恐官库多积，钱不及民，立法广布。继恐民多匿钱，乃设存留之限，开告讦之路，犯者绳以重罚，卒莫能禁。州县钱艰，民间自铸，私钱苦恶特甚。乃以官钱五百易其一千，其策愈下。及改铸大钱，所准加重，百计流通，卒莫获效。济以铁钱，铁不可用，权以交钞，钱重钞轻，相去悬绝，物价腾踊，钞至不行。权以银货，银弊又滋，救亦无策，遂罢铜钱，专用交钞、银货。然而二者之弊乃甚于钱，在官利于用大钞，而大钞出多，民益见轻。在私利于得小钞，而小钞入多，国亦无补。于是，禁官不得用大钞，已而恐民用银而不用钞，则又责民以钞纳官，以示必用。先造二十贯至百贯例，后造二百贯至千贯例，先后轻重不伦，民益眩惑。及不得已，则限以年数，限以地方，公私受纳限以分数，由是民疑日深。其间，易交钞为宝券，宝券未久更作通宝，准银并用。通宝未久复作宝泉，宝泉未久织绫印钞，名曰珍货。珍货未久复作宝会，讫无定制，而金祚讫矣。

历观自古财聚民散，以至亡国，若鹿台、钜桥之类，不足论也。其国亡财匮，比比有之，而国用之屈，未有若金季之甚者。金之为政，常有恤民之志，而不能已苛征之令，徒有聚敛之名，而不能致富国之实。及其亡也，括粟、阑籴，一切掊克之政靡不为之。加赋数倍，豫借数年，或欲得钞则豫卖下年差科。高琪为相，议至榷油。进纳滥官，辄售空名宣敕，或欲与以五品正班。僧道入粟，始自度牒，终至德号、纲副威仪、寺观主席亦量其赀而鬻之。甚而丁忧鬻以求仕，监户鬻以从良，进士出身鬻至及第。又甚而叛臣剧盗之效顺，无金帛以备赏激，动以王爵固结其心，重爵不蕺，则以国姓赐之。名实混淆，伦法斁坏，皆不暇顾，国欲不乱，其可得乎？迨夫宋绝岁币而不许和，贪其淮南之蓄，谋以力取，至使枢府武骑尽于南伐。讹可、时全之出，初志得粮，后乃尺寸无补，三军偾亡，我师压境，兵财俱困，无以御之。故志金之食货者，不能不为之掩卷而兴慨也。《传》曰："作法于凉，其弊犹贪。作法于贪，弊将若何。"金起东海，其俗纯实，可与返古。初入中夏，兵威所加，民多流亡，土多旷闲，遗黎惴惴，何求不获。使於斯时，纵不能复井地沟洫之制，若用唐之永业、口分以制民产，仿其租庸调之法以足国计，何至百年之内所为经画纷纷然，与其国相终始耶！其弊在于急一时之利，踵久坏之法，及其中叶，鄙辽俭朴，袭宋繁缛之文；惩宋宽柔，加辽操切之政。是弃二国之所长，而并用其所短也。繁褥胜必至于伤财，操切胜必至于害民，讫金之世，国用易匮，民心易离，岂不由是欤？作法不慎厥初，变法以救其弊，只益甚焉耳。其他盐策、酒曲、常平、和籴、茶税、征商、榷场等法，大概多宋旧人之所建明，息耗无定，变易靡恒，视钱钞何异？田制、水利、区田之目，或骤行随辍，或屡试无效，或熟议未行，咸著于篇，以备一代之制云。

户口

金制，男女二岁以下为黄，十五以下为小，十六为中，十七为丁，六十为老，无夫为寡妻妾，诸笃废疾不为丁。户主推其长充，内有物力者为课役户，无者为不课役户。令民以五家为保。泰和六年，上以旧定保伍法，有司灭裂不行，其令结保，有匿奸细、盗贼者连坐。宰臣谓旧以五家为保，恐人易为计构而难觉察，遂令从唐制，五家为邻、五邻为保，以相检察。京府州县郭下则置坊正，村社则随户众寡为乡置里正，以按比户口，催督赋役，劝课农桑。村社三百户以上则设主首四人，二百户以上三人，五十户以上二人，以下一人，以佐里正禁察非违。置壮丁，以佐主首巡警盗贼。猛安谋克部村寨，五十户以上设寨使一人，掌同主首。寺观则设纲首。凡坊正、里正，以其户十分内取三分，富民均出顾钱，募强干有抵保者充，人不得过百贯，役不得过一年。（大定二十九年，章宗尝欲罢坊、里正，复以主首远，入城应代，妨农不便，乃以有物力谨愿者二年一更代。）凡户口计帐，三年一籍。自正月初，州县以里正、主首，猛安谋克则以寨使，诣编户家责手实，具男女老幼年与姓名，生者增之，死者除之。正月二十日以实数报县，二月二十日申州，以十日内达上司，无远近皆以四月二十日到部呈省。凡汉人、渤海人不得充猛安谋克户。猛安谋克之奴婢免为良者，止隶本部为正户。凡没入官良人，隶宫籍监为监户，没入官奴婢，隶太府监为官户。

当收国二年时，法制未定，兵革未息，贫民多依权右为苟安，多隐蔽为奴婢者。太祖下诏曰："比以岁凶民饥，多附豪族，因陷为奴隶。及有犯法，征偿莫办，折身为奴。

或私约立限，以人对赎，过期则以为奴者。并听以两人赎一为良，元约以一人赎者从便。”天辅五年，以境土既拓，而旧部多瘠卤，将移其民于泰州，乃遣皇弟昱及族子宗雄按视其地。昱等苴其土以进，言可种植，遂摘诸猛安谋克中民户万余，使宗人婆卢火统之，屯种于泰州。婆庐火旧居阿注浒水(又作按出虎)，至是迁焉。其居宁江州者，遣拾得、查端、阿里徒欢、奚挞罕等四谋克，挈家属耕具，徙于泰州，仍赐婆卢火耕牛五十。天辅六年，既定山西诸州，以上京为内地，则移其民实之。又命耶律佛顶以兵护送诸降人于浑河路，以皇弟昂监之，命从便以居。七年，以山西诸部族近西北二边，且辽主未获，恐阴相结诱，复命皇弟昂与孛堇稍喝等以兵四千护送，处之岭东，惟西京民安堵如故，且命昂镇守上京路。既而，上闻昂已过上京，而降人复苦其侵扰多叛亡者，遂命孛堇出里底往戒谕之，比至，而诸部已叛去。又以猛安详稳留住所领归附之民还东京，命有司常抚慰，且贷一岁之粮，其亲属被虏者皆令聚居。及七年取燕京路，二月，尽徙六州氏族富强工技之民于内地。太宗天会元年，以旧徙润、隰等四州之民于沈州之境，以新迁之户艰苦不能自存，诏曰：“比闻民乏食至鬻子者，听以丁力等者赎之。”又诏孛堇阿实赉曰：“先皇帝以同姓之人昔有自鬻及典质其身者，命官为赎。今闻尚有未复者，其悉阅赎之。”又命以官粟赎上京路新迁置宁江州户口贫而卖身者六百余人。二年，民有自鬻为奴者，诏以丁力等者易之。三年，禁内外官及宗室毋得私役百姓，权势家不得买贫民为奴，其胁买者一人偿十五人，诈买者一人偿二人，罪皆杖百。七年，诏兵兴以来，良人被略为驱者，听其父母妻子赎之。熙宗皇统四年诏陕西、蒲、解、汝、蔡等州岁饥，百姓流落典雇为驱者，官以绢赎为良，丁男三匹，妇人幼小二匹。

世宗大定二年，诏免二税户为民。初，辽人佞佛尤甚，多以良民赐诸寺，分其税一半输官，一半输寺，故谓之二税户。辽亡，僧多匿其实，抑为贱，有援左证以告者，有司各执以闻，上素知其事，故特免之。十七年五月，省奏：“咸平府路一千六百余户，自陈皆长白山星显、禅春河女直人，辽时签为猎户，移居于此，号移典部，遂附契丹籍。本朝义兵之兴，首诣军降，仍居本部，今乞厘正。”诏从之。二十年，以上京路女直人户，规避物力，自卖其奴婢，致耕田者少，遂以贫乏，诏定制禁之。又谓宰臣曰：“猛安谋克人户，兄弟亲属若各随所分土，与汉人错居，每四五十户结为保聚，农作时令相助济，此亦劝相之道也。”二十一年六月，徙银山侧民于临潢。又命避役之户举家逃于他所者，元贯及所寓司县官同罪，为定制。二十三年，定制，女直奴婢如有得力，本主许令婚娉者，须取问房亲及村老给据，方许娉於良人。是年八月，奏猛安谋克户口、垦地、牛具之数。猛安二百二，谋克千八百七十八，户六十一万五千六百二十四，口六百一十五万八千六百三十六，(内正口四百八十一万二千六百六十九，奴婢口一百三十四万五千九百六十七。)垦田一百六十九万三百八十顷有奇，牛具三十八万四千七百七十一。在都宗室将军司，户一百七十，口二万八千七百九十，(内正口九百八十二，奴婢口二万七千八百八。)垦田三千六百八十三顷七十五亩，牛具三百四。迭剌、唐古二部五纠，户五千五百八十五，口十三万七千五百四十四，(内正口十一万九千四百六十三，奴婢口一万八千八十一。)垦田万六千二十四顷一十七亩，牛具五千六十六。二十五年，命宰臣禁有禄人一子、及农民避课役，为僧道者。大定初，天下户才三百余万，至二十七年天下户六百七十八万九千四百四十九，口四千四百七十万五千八十六。

章宗大定二十九年十一月，上封事者言，乞放二税户为良。省臣欲取公牒可凭者为准，参知政事移剌履谓：“凭验真伪难明，凡契丹奴婢今后所生者悉为良，见有者则不得典卖，如此则三十年后奴皆为良，而民且不病焉。”上以履言未当，令再议。省奏谓不拘括则讼终不绝，遂遣大兴府治中乌古孙仲和、侍御史范楫分括北京路及中都路二税户，凡无凭验，其主自言之者及因通检而知之者，其税半输官，半输主，而有凭验者悉放为良。明昌元年正月，上封事者言：“自古以农桑为本，今商贾之外又有佛、老与他游食，浮费百倍。农岁不登，流殍相望，此末作伤农者多故也。”上乃下令，禁自披剃为僧、道者。是岁，奏天下户六百九十三万九千，口四千五百四十四万七千九百，而粟止五千二百二十六万一千余石，除官兵二年之费，余验口计之，口月食五斗，可为四十四日之食。上曰：“蓄积不多，是力农者少故也。其集百官，议所以使民务本广储之道，以闻。”六月，奏北京等路所免二税户，凡一千七百余户，万三千九百余口，此后为良为驱，皆从已断为定。明昌六年二月，上谓宰臣曰：“凡言女直进士，不须称女直字。卿等误作回避女直、契丹语，非也。今如分别户民，则女直言本户，汉户及契丹，余谓之杂户。”明昌六年十二月，奏天下女直、契丹、汉户七百二十二万三千四百，口四千八百四十九万四百，物力钱二百六十万四千七百四十二贯。泰和七年六月，敕，中物力户，有役则多逃避，有司令以次户代之，事毕则复业，以致大损不逃之户。令省臣详议。宰臣奏：“旧制太轻。”遂命课役全户逃者徒二年，赏告者钱五万。先逃者以百日内自首，免罪。如实销乏者，内从御史台，外从按察司，体究免之。十二月，奏天下户七百六十八万四千四百三十八，口四千五百八十一万六千七十九。(户增于大定二十七年一百六十二万三千七百一十五，口增八百八十二万七千六十五)。此金版籍之极盛也。

及卫绍王之时，军旅不息，宣宗立而南迁，死徙之余，所在为虚矣。户口日耗，军费日急，赋敛繁重，皆仰给于河南，民不堪命，率弃庐田，相继亡去。乃屡降诏招复业者，免其岁之租，然以国用乏竭，逃者之租皆令居者代出，以故多不敢还。兴定元年十二月，宣宗欲悬赏募人捕亡户，而复虑骚动，遂命依已降诏书，已免债逋，更招一月，违而不来者然后捕获治罪，而以所遗地赐人。四年，省臣奏：“河南以岁饥而赋役不息，所亡户令有司招之，至明年三月不复业者，论如律。”时河壖为疆，烽鞞屡警，故集庆军节度使温迪罕达言：“亳州户旧六万，自南迁以来，不胜调发，相继逃去，所存者曾无十一，砀山下邑，野无居民矣！"

通检推排

通检，即《周礼》大司徒三年一大比，各登其乡之众寡、六畜、车辇，辨物行征之制也。金自国初占籍之后，至大定四年，承正隆师旅之余，民之贫富变更，赋役不均，世宗下诏曰："粤自国初，有司常行大比，于今四十年矣。正隆时，兵役并兴，调发无度，富者今贫不能自存，版籍所无者今为富室而犹幸免。是用遣信臣泰宁军节度使张弘信等十三人，分路通检天下物力而差定之，以革前弊，俾元元无不均之叹，以称朕意。凡规措条理，命尚书省画一以行。"又命："凡监户事产，除官所拨赐之外，余凡置到百姓有税田宅，皆在通检之数。"时诸使往往以苛酷多得物力为功，弘信检山东州县尤为酷暴，棣州防御使完颜永元面责之曰："朝廷以正隆后差调不均，故命使者均之。今乃残暴，妄加民产业数倍，一有来申诉者，则血肉淋离，甚者即殒杖下，此何理也？"弘信不能对，故惟棣州稍平。五年，有司奏诸路通检不均，诏再以户口多寡、贫富轻重，适中定之。既而，又定通检地土等第税法。十五年九月，上以天下物力，自通检以来十余年，贫富变易，赋调轻重不均，遣济南尹梁肃等二十六人，分路推排。

二十年四月，上谓宰臣曰："猛安谋克户，富贫差发不均，皆自谋克内科之，暗者惟胥吏之言是从，轻重不一。自窝斡叛后，贫富反复，今当籍其夹户，推其家赀，傥有军役庶可均也。"诏集百官议，右丞相克宁、平章政事安礼，枢密副使宗尹言："女直人除猛安谋克仆从差使，余无差役。今不推奴婢孳畜、地土数目，止验产业科差为便。"左丞相守道等言："止验财产，多寡分为四等，置籍以科差，庶得均也。"左丞通、右丞道、都点检襄言："括其奴婢之数，则贫富自见，缓急有事科差，与一例科差者不同。请俟农隙，拘括地土牛具之数，各以所见上闻。"上曰："一谋克户之贫富，谋克岂不知。一猛安所领八谋克，一例科差。设如一谋无内，有奴婢二三百口者，有奴婢一二人者，科差与同，岂得平均。正隆兴兵时，朕之奴婢万数，孳畜数千，而不差一人一马，岂可谓平。朕于庶事未尝专行，与卿谋之。往年散置契丹户，安礼极言恐扰动，朕决行之，果得安业。安礼虽尽忠，未审长策。其从左丞通等所见，拘括推排之。"十二月，上谓宰臣曰："猛安谋克多新强旧弱，差役不均，其令推排，当自中都路始。"至二十二年八月，始诏令集耆老，推贫富，验土地牛具奴婢之数，分为上中下三等。以同知大兴府事完颜乌里也先推中都路，续遣户部主事按带等十四人与外官同分路推排。九月，诏："毋令富者匿隐畜产，贫户或有不敢养马者。昔海陵时，拘括马畜，绝无等级，富者幸免，贫者尽拘入官，大为不均。今并核实贫富造籍，有急即按籍取之，庶几无不均之弊。"张汝弼、梁肃奏："天下民户通检既定，设有产物移易，自应随业输纳。至于浮财，须有增耗，贫者自贫，富者自富，似不必屡推排也。"上曰："宰执家多有新富者，故皆不愿也。"肃对曰："如臣者，能推排中都物力。臣以尝为南使，先自添物力钱至六十余贯，视其他奉使无如臣多者。但小民无知，法出奸生，数动摇则易骇。如唐、宋及辽时，或三二十年不测通比则有之。频岁推排，似为难尔。"二十六年，复以李晏等分路推排。二十七年，奏晏等所定物力之数。上曰："朕以元推天下物力钱三百五万余贯，除三百万贯外，令减五万余贯。今减不及数，复续收二万余贯，即是实二万贯尔，而曰续收，何也？"对曰："此谓旧脱漏而今首出者，及民地旧无力耕种，而今耕种者也。"上曰："通检旧数，止于视其营运息耗，与房地多寡，而加减之。彼人卖地，此人买之，皆旧数也。至如营运。此强则彼弱，强者增之，弱者减之而已。且物力之数盖是定差役之法，其大数不在多寡也。朕恐实有营运富家所当出者，反分与贫者尔。"

章宗大定二十九年六月，命为国信使之副者，免增物力。又命农民如有积粟，毋充物力，钱悭之郡，所纳钱货则许折粟帛。九月，以曹州河溢，遣马百禄等推排遭垫溺州县之贫乏者。明昌元年四月，刑部郎中路伯达等言："民地已纳税，又通定物力，比之浮财所出差役，是为重并也。"遂详酌民地定物力，减十之二。尚书户部言，中都等路被水，诏委官推排，比旧减钱五千六百余贯。明昌三年八月，敕尚书省："百姓当丰稔之时不务积贮，一遇凶俭辄有阻饥，何法可使民重谷而多积也。"宰臣对曰："二十九年，已诏农民能积粟免充物力。明昌初，命民之物力与地土通推者，亦减十分之二，此固其术也。"承安元年，尚书省奏："是年九月当推排，以有故不克。"诏以冬已深，比事毕恐妨农作，乃权止之。二年冬十月，敕令议通检，宰臣奏曰："大定二十七年通检后，距今已十年，旧户贫弱者众，傥迟更定，恐致流亡。"遂定制，已典卖物业，止随物推收，析户异居者许令别籍，户绝及困弱者减免，新强者详审增之，止当从实，不必敷足元数。边城被寇之地，皆不必推排。于是，令吏部尚书贾执刚、吏部侍郎高汝砺先推排在都两警巡院，示为诸路法。每路差官一员，命提刑司官一员副之。三年九月，奏十三路籍定推排物力钱二百五十八万六千七百二贯四百九十文，旧额三百二万二千七百十八贯九百二十二文，以贫乏除免六十三万八千一百一十一贯。除上京、北京、西京路无新强增者，余路计收二十万二千九十五贯。泰和二年闰十二月，上以推排时，既问人户浮财物力，而又勘当比次，期迫事繁，难得其实，敕尚书省，定人户物力随时推收法，令自今典卖事产者随业推收，别置标簿，临时止拘浮财物力以增减之。泰和四年十二月，上以职官仕于远方，其家物力有应除而不除者，遂定典卖实业逐时推收，若无浮财营运，应除免者，令本家陈告，集坊村人户推唱，验实免之。造籍后如无人告，一月内以本官文牒推唱，定标附于籍。五年，以西京、北京边地常罹兵荒，遣使推排之。旧大定二十六年所定三十五万三千余贯，遂减为二十八万七千余贯。五年六月，签南京按察司事李革言："近制，令人户推收物力，置簿标题，至通推时，止增新强，销旧弱，庶得其实。今有司奉行灭裂，恐临时冗并，卒难详审，可定期限，立罪以督之。"遂令自今年十一月一日，令人户告诣推收标附，至次年二月一日毕，违期不言者坐罪。且令诸处税务，具税讫房地，每半月具数申报所属，违者坐以怠慢轻事之罪。仍敕物力既随业，通推时止令定浮财。八年九月，以吏部尚书贾守谦、知济南府事蒲察张家奴、莒州刺史完颜百嘉、南京路转运使宋元吉等十三员，分路同本路按察司官一员，推排诸路。上召至香阁，亲谕之曰："朕选卿等随路推排，除推收外，其新强消乏户，虽集众推唱，然消乏者勿销不尽，如一户物力元三百贯，今蠲免二百五十贯犹有未当者。新强勿添尽，量存其力，如一户可添三百贯，而止添二百贯之类。卿等各宜尽心，一推之后十年利害所关，苟不副所任，罪当不轻也。"

卷四十七　　志第二十八

食货二

田制　租赋　牛具税

田制

量田以营造尺，五尺为步，阔一步，长二百四十步为亩，百亩为顷。民田业各从其便，卖质于人无禁，但令随地输租而已。凡桑枣，民户以多植为勤，少者必植其地十之三，猛安谋克户少者必课种其地十之一，除枯补新，使之不阙。凡官地，猛安谋克及贫民请射者，宽乡一丁百亩，狭乡十亩，中男半之。请射荒地者，以最下第五等减半定租，八年始征之。作已业者以第七等减半为税，七年始征之。自首冒佃比邻地者，输官租三分之二。佃黄河退滩者，次年纳租。

太宗天会九年五月，始分遣诸路劝农之使者。熙宗天会十四年，罢来流、混同间护逻地，以予民耕牧，海陵正隆元年二月，遣刑部尚书纥石烈娄室等十一人，分行大兴府、山东，真定府，拘括系官或荒闲牧地，及官民占射逃绝户地，戍兵占佃宫籍监、外路官本业外增置土田，及大兴府，平州路僧尼道士女冠等地，盖以授所迁之猛安谋克户，且令民请射，而官得其租也。

世宗大定五年十二月，上以京畿两猛安民户不自耕垦，及伐桑枣为薪鬻之，命大兴少尹完颜让巡察。十年四月，禁侵耕围场地。十一年，谓侍臣曰："往岁，清暑山西，傍路皆禾稼，殆无牧地。尝下令，使民五里外乃得耕垦。今闻其民以此去之他所，甚可矜悯。其令依旧耕种，毋致失业。凡害民之事患在不知，知之朕必不为。自今事有类此，卿等即告毋隐。"十三年，敕有司："每岁遣官劝猛安谋克农事，恐有烦扰。自今止令各管职官劝督，弛慢者举劾以闻。"十七年六月，邢州男子赵迪简言："随路不附籍官田及河滩地，皆为豪强所占，而贫民土瘠税重，乞遣官拘籍冒佃者，定立租课，复量减人户税数，庶得轻重均平。"诏付有司，将行而止。复以近都猛安谋克所给官地率皆薄瘠，豪民租佃官田岁久，往往冒为已业，令拘籍之。又谓省臣曰："官地非民谁种，然女直人户自乡土三四千里移来，尽得薄地，若不拘刷良田给之，久必贫乏，其遣官察之。"又谓参知政事张汝弼曰："先尝遣问女直土地，皆云良田。及朕出猎，因问之，则谓自起移至此，不能种莳，斫芦为席，或斩刍以自给。卿等其议之。"省臣奏："官地所以人多蔽匿盗耕者，由其罪轻故也。"乃更条约，立限令人自陈，过限则人能告者有赏。遣同知中都路转运使张九思往拘籍之。十九年二月，上如春水，见民桑多为牧畜啮毁，诏亲王公主及势要家，牧畜有犯民桑者，许所属县官立加惩断。十二月谓宰臣曰："亡辽时所拨地，与本朝元帅府，已曾拘籍矣。民或指射为无主地，租佃及新开荒为已业者可以拘括。其间播种岁久，若遽夺之，恐民失业。"因诏括地官张九思戒之。复谓宰臣曰："朕闻括地事所行极不当，如皇后庄、太子务之类，止以名称便为官地，百姓所执凭验，一切不问，其相邻冒占官地，复有幸免者。能使军户稍给，民不失业，乃朕之心也。"二十年四月，以行幸道隘，扈从人不便，诏户部沿路顿舍侧近官地，勿租与民耕种。又诏故太保阿里先於山东路拨地百四十顷，大定初又于中都路赐田百顷，命拘山东之地入官。五月，谕有司曰："白石门至野狐岭，其间淀泺多为民耕植者，而官民杂畜往来无牧放之所，可差官括元荒地及冒佃之数。"

二十一年正月，上谓宰臣曰："山东、大名等路猛安谋克户之民，往往骄纵，不亲稼穑，不令家人农作，尽令汉人佃莳，取租而已。富家尽服纨绮，酒食游宴，贫者争慕效之，欲望家给人足，难矣！近已禁卖奴婢，约其吉凶之礼，更当委官阅实户数，计口授地，必令自耕，力不赡者，方许佃于人。仍禁其农时饮酒。"又曰："奚人六猛安，已徙居咸平、临潢、泰州，其地肥沃，且精勤农务，各安其居。女直人徙居奚地者，菽粟得收获否？"左丞守道对曰："闻皆自耕，岁用亦足。"上曰："彼地肥美，异于他处，惟附都民以水害稼者赈之。"三月，陈言者言，豪强之家多占夺田者。上曰："前参政纳合椿年占地八百顷，又闻山西田亦多为权要所占，有一家一口至三十顷者，以致小民无田可耕，徙居阴山之恶地，何以自存？其令占官地十顷以上者皆括籍入官，将均赐贫民。"省臣又奏："椿年子猛安参谋合、故太师耨碗温敦思忠孙长寿等，亲属计七十余家，所占地三千余顷。"上曰："至秋，除牛头地外，仍各给十顷，余皆拘入官。山后招讨司所括者，亦当同此也。"又谓宰臣曰："山东路所括民田，已分给女直屯田人户，复有籍官闲地，依元数还民，仍免租税。"六月，上谓省臣曰："近者大兴府平、滦、蓟、通、顺等州，经水灾之地，免今年税租。不罹水灾者姑停夏税，俟稔岁征之。"时中都大水，而滨，棣等州及山后大熟，命修治怀来以南道路，以来粜者。又命都城减价以粜。又曰："近遣使阅视秋稼，闻猛安谋克人惟酒是务，往往以田租人，而预借三二年租课者。或种而不耘，听其荒芜者。自今皆令阅实各户人力，可耨几顷亩，必使自耕耘之，其力果不及者方许租赁。如惰农饮酒，劝农谋克及本管猛安谋克并都管，各以等第科罪。收获数多者，则亦以等第迁赏。"七月，上谓宰臣曰："前徙宗室户于河间，拨地处之，而不回纳旧地，岂有两地皆占之理？自今当以一处赐之。山东刷民田已分给女直屯田户，复有余地，当以还民而免是岁之租。”八月，尚书省奏山东所刷地数，上谓梁肃曰：“朕尝以此问卿，卿不以言。此虽称民地，然皆无明据，括为官地有何不可？”又曰：“黄河已移故道，梁山泺水退，地甚广，已尝遣使安置屯田。民昔尝恣意种之，今官已籍其地，而民惧征其租，逃者甚众。若征其租，而以冒佃不即出首罪论之，固宜。然若遽取之，恐致失所。可免其征，赦其罪，别以官地给之。”御史台奏：“大名、济州因刷梁山泺官地，或有以民地被刷者。”上复召宰臣曰：“虽曾经通检纳税，而无明验者，复当刷问。有公据者，虽付本人，仍须体问。”十月，复与张仲愈论冒占田事。

二十二年，以附都猛安户不自种，悉租与民，有一家百口垅无一苗者。上曰：“劝农官，何劝谕为也，其令治罪。”宰臣奏曰：“不自种而辄与人者，合科违例。”上曰：“太重，愚民安知。”遂从大兴少尹王翛所奏，以不种者杖六十，谋克四十，受租百姓无罪。又命招复梁山泺流民，官给以田。时人户有执契据指坟垅为验者，亦拘在官，先委恩州刺史奚晦招之，复遣安肃州刺史张国基验实给之，如已拨系猛安，则偿以官田。上曰：“工部尚书张九思执强不通，向遣刷官田，凡犯秦、汉以来名称，如长城、燕子城之类者，皆以为官田。此田百姓为已业不知几百年矣，所见如此，何不通之甚也。”八月，以赵王永中等四王府冒占官田，罪其各府长史府掾，及安次，新城，宛平、昌平、永清、怀柔六县官，皆罚赎有差。九月，遣刑部尚书移剌慥于山东路猛安内摘八谋克民，徙于河北东路酬斡、青狗儿两猛安旧居之地，无牛者官给之。河间宗室未徙者令尽徙于平州，无力者官津发之，土薄者易以良田。先尝令俟丰年则括籍官地，至是岁，省臣复以为奏，上曰：“本为新徙四猛安贫穷，须刷官田与之，若张仲愈等所拟条约太刻，但以民初无得地之由，自抚定后未尝输税，妄通为已业者，刷之。如此，恐民苦之，可为酬直。且先令猛安谋克人户，随宜分处，计其丁壮牛具，合得土田实数，给之。不足，则以前所刷地二万余顷补之。复不足，则续当议。”时有落兀者与婆萨等争懿州地六万顷，以皆无据验，遂没入官。

二十七年，随处官豪之家多请占官地，转与它人种佃，规取课利。命有司拘刷见数，以与贫难无地者，每丁授五十亩，庶不至失所，余佃不尽者方许豪家验丁租佃。章宗大定二十九年五月，拟再立限，令贫民请佃官地，缘今已过期，计已数足，其占而有余者，若容告讦，恐滋奸弊。况续告漏通地，敕旨已革，今限外告者宜却之，止付元佃。兼平阳一路地狭人稠，官地当尽数拘籍，验丁以给贫民。上曰：“限外指告多佃官地者，却之，当矣。如无主不愿承佃，方许诸人告请。其平阳路宜计丁限田，如一家三丁已业止三十亩，则更许存所佃官地一顷二十亩，余者拘籍给付贫民可也。”七月，论旨尚书省曰：“唐、邓、颍、蔡、宿、泗等处，水陆膏腴之地，若验等级，量立岁租，宽其征纳之限，募民佃之，公私有益。今河南沿边地多为豪民冒占，若民或流移至彼，就募令耕，不惟贫民有赡，亦增羡官租。其给丁壮者田及耕具，而免其租税。”八月，尚书省奏：“河东地狭，稍凶荒则流亡相继。窃谓河南地广人稀，若令招集他路流民，量给闲田，则河东饥民减少，河南且无旷地矣。”上从所请。九月戊寅，又奏：“在制，诸人请佃官闲地者免五年租课，今乞免八年，则或多垦。”并从之。十一月，尚书省奏：“民验丁佃河南荒闲官地者，如愿作官地则免租八年，愿为已业则免税三年，并不许贸易典卖。若豪强及公吏辈有冒佃者，限两月陈首，免罪而全给之，其税则视其邻地定之，以三分为率减一分，限外许诸人告诣给之。”制可。

明昌元年二月，谕旨有司曰：“濒水民地，已种莳而为水浸者，可令以所近官田对给。”三月，敕：“当军人所受田，止令自种，力不足者方许人承佃，亦止随地所产纳租，其自欲折钱输纳者从民所欲，不愿承佃者毋强。”六月，尚书省奏：“近制以猛安谋克户不务栽植桑果，已令每十亩须栽一亩，今乞再下各路提刑及所属州县，劝谕民户，如有不栽及栽之不及十之三者，并以事怠慢轻重罪科之。”诏可。八月，敕：“随处系官闲地，百姓已请佃者仍旧，未佃者以付屯田猛安谋克。”三年六月，尚书省奏：“南京、陕西路提刑司言，旧牧马地久不分拨，以致军民起讼，比差官往各路定之。凡民户有凭验已业，及宅井坟园，已改正给付，而其中复有官地者，亦验数对易之矣。两路牧地，南京路六万三千五百二十余顷，陕西路三万五千六百八十余顷。”五年，谕旨尚书省：“辽东等路女直、汉儿百姓，可并令量力为蚕桑。”二月，陈言人乞以长吏劝农立殿最，遂定制：“能劝农田者，每年谋克赏银绢十两匹，猛安倍之，县官于本等升五人。三年不怠者猛安谋克迁一官，县官升一等。田荒及十之一者笞三十，分数加至徒一年。三年皆荒者，猛安谋克追一官，县官以升等法降之。”为永格。六年二月，诏罢括陕西之地。又陕西提刑司言：“本路户民安水磨、油栿，所占步数在私地有税，官田则有租，若更输水利钱银，是重并也，乞除之。”省臣奏：“水利钱银以辅本路之用，未可除也，宜视实占地数，除税租。”命他路视此为法。

承安二年，遣户部郎中上官瑜往西京并沿边，劝举军民耕种。又差户部郎中李敬义往临潢等路规画农事。旧令，军人所授之地不得租赁与人，违者苗付地主。泰和四年九月定制，所拨地土十里内自种之数，每丁四十亩，续进丁同此，余者许令便宜租赁及两和分种，违者钱业还主。上闻六路括地时，其间屯田军户多冒名增口，以请官地，及包取民田，而民有空输税赋、虚抱物力者，应诏陈言人多论之。五年二月，尚书省奏：“若复遣官分往，追照案凭，讼言纷纷，何时已乎？”遂令虚抱税石已输送入官者，命于税内每岁续克之。泰和七年，募民种佃清河等处地，以其租分为诸春水处饵鹅鸭之食。八年八月，户部尚书高汝砺言：“旧制，人户请佃荒地者，以各路最下第五等减半定租，仍免八年输纳。若作已业，并依第七等税钱减半，亦免三年输纳。自首冒佃比邻田，定租三分纳二。其请佃黄河退滩地者，次年纳租。向者小民不为久计，比至纳租之时多巧避匿，或复告退，盖由元限太远，请佃之初无人保识故尔。今请佃者可免三年，作己业者免一年，自首冒佃并请退滩地，并令当年输租，以邻首保识，为长制。”

宣宗贞祐三年七月，以既徙河北军户于河南，议所以处之者。宰臣曰：“当指官田及牧地分界之，已为民佃者则俟秋获后，仍日给米一升，折以分钞。”太常丞石抹世绩曰：“荒田牧地耕辟费力。夺民素垦则民失所。况军户率无牛，宜令军户分人归守本业，至春复还，为固守计。”上卒从宰臣议，将括之，侍御史刘元规上书曰：“伏见朝廷有括地之议，闻者无不骇愕。向者河北、山东已为此举，民之茔墓井灶悉为军有，怨嗟争讼至今未绝，若复行之，则将大失众心，荒田不可耕，徒有得地之名，而无享利之实。纵得熟土，不能亲耕，而复令民佃之，所得无几，而使纷纷交病哉！”上大悟，罢之。八月，先以括地事未有定论，北方侵及河南，由是尽起诸路军户南来。共图保守，而不能知所以得军粮之术。众议谓可分遣官聚耆老问之，其将益赋，或与军田，二者孰便。参政汝砺言：“河南官民地相半，又多全佃官地之家，一旦夺之，何以自活？小民易动难安，一时避赋遂有舍田之言，及与人能勿悔乎，悔则忿心生矣！如山东拨地时，腴地尽入富家，瘠者乃付贫户，无益于军，而民有损。惟当倍益官租，以给军食。复以系官荒田牧地量数与之，令其自耕，则民不失业，官不厉民矣！”从之。三年十月，高汝砺言：“河北军户徙居河南者几百万口，人日给米一升，岁费三百六十万石，半以给直，犹支粟三百万石。河南租地计二十四万顷，岁租才一百五十六万，乞于经费之外倍征以给之。”遂命右司谏冯开等五人分诣诸郡，就授以荒官田及牧地可耕者，人三十亩。十一月，又议以括荒田及牧马地给军。命尚书右丞高汝砺总之。汝砺还奏：“今顷亩之数较之旧籍甚少，复瘠恶不可耕，均以可耕者与之，人得无几。又僻远之处必徙居以就之，彼皆不能自耕，必以与人，又当取租于数百里之外。况今农田且不能尽辟，岂有余力以耕丛薄交固、草根纠结之荒地哉！军不可仰此得食也，审矣。今询诸军户，皆曰：‘得半粮犹足自养，得田不能耕，复罢其廪，将何所赖？’臣知初籍地之时，未尝按阅其实，所以不如其数，不得其处也。若复考计州县，必各妄承风旨，追呼究结以应命。不足其数，则妄指民田以充之，则所在骚然矣！今民之赋役三倍平时，飞挽转输，日不暇给，而复为此举，何以堪之。且军户暂迁，行有还期，何为以此病民哉！病民而军获利，犹不可为，况无所利乎！惟陛下加察。”遂诏罢给田，但半给粮、半给实直焉。四年，复遣官括河南牧马地，既籍其数，上命省院议所以给军者，宰臣曰：“今军户当给粮者四十四万八千余口，计当口占六亩有奇，继来者不与焉。但相去数百里者，岂能以六亩之故而远来哉！兼月支口粮不可遽罢，臣等窃谓军户愿佃者即当计口给之。自余僻远不愿者，宜准近制，系官荒地许军民耕辟例，令军民得占莳之。”院官曰：“牧马地少，且久荒难耕，军户复乏农器，然不给之，则彼自支粮外，更无从得食，非蓄锐待敌之计。给之则亦未能遽减其粮，若得迟以岁月，俟颇成伦次，渐可以省官廪耳。今夺於有力者，即以授其无力者，恐无以耕。乞令司县官劝率民户，借牛破荒，至来春然后给之。司县官能率民户以助耕而无骚动者，量加官赏，庶几有所激劝。”宰臣复曰：“若如所言，则司县官贪慕官赏，必将抑配，以至扰民。今民家之牛，量地而畜之。况比年以来，农功甫毕则并力转输犹恐不及，岂有暇耕它人之田也。惟如臣等前奏为便。”诏再议之。乃拟民有能开牧马地及官荒地作熟田者，以半给之为永业，半给军户。奏可。四年，省奏：“自古用兵，且耕且战，是以兵食交足。今诸帅分兵不啻百万，一充军伍咸仰于官，至于妇子居家安坐待哺，盖不知屯田为经久之计也。愿下明诏，令诸帅府各以其军耕耨，亦以逸待劳之策也。”诏从之。

兴定三年正月，尚书右丞领三司事侯挚言：“按河南军民田总一百九十七万顷有奇，见耕种者九十六万余顷，上田可收一石二斗，中田一石，下田八斗，十一取之，岁得九百六十万石，自可优给岁支，且使贫富均，大小各得其所。臣在东平尝试行二三年，民不疲而军用足。”诏有司议行之。四年十月，移剌不言：“军户自徙于河南，数岁尚未给田，兼以移徙不常，莫得安居，故贫者甚众。请括诸屯处官田，人给三十亩，仍不移屯它所，如此则军户可以得所，官粮可以渐省。”宰臣奏：“前此亦有言授地者，枢密院以谓俟事缓而行之。今河南罹水灾，流亡者众，所种麦不及五万顷，殆减往年太半，岁所入殆不能足。若拨授之为永业，俟有获即罢其家粮，亦省费之一端也。”上从之。又河南水灾，逋户太半，田野荒芜，恐赋入少而国用乏，遂命唐、邓、裕、蔡、息、寿、颍、亳及归德府被水田，已燥者布种，未渗者种稻，复业之户免本租及一切差发，能代耕者如之，有司擅科者以违制论，阙牛及食者率富者就贷。五年正月，京南行三司石抹斡鲁言：“京南、东、西三路，屯军老幼四十万口，岁费粮百四十余万石，皆坐食民租，甚非善计。宜括逋户旧耕田，南京一路旧垦田三十九万八千五百余顷，内官田民耕者九万九千顷有奇。今饥民流离者太半，东、西、南路计亦如之，朝廷虽招使复业，民恐既复之后生计未定而赋敛随之，往往匿而不出。若分给军户人三十亩，使之自耕，或召人佃种，可数岁之后畜积渐饶，官粮可罢。”令省臣议之，更不能行。

租赋

金制，官地输租，私田输税。租之制不传，大率分田之等为九而差次之。夏税亩取三合，秋税亩取五升，又纳秸一束，束十有五斤。夏税六月止八月，秋税十月止十二月，为初、中、末三限，州三百里外，纾其期一月。屯田户佃官地者，有司移猛安谋克督之。泰和五年，章宗谕宰臣曰：“十月民获未毕，遽令纳税可乎？”改秋税限十一月为初。中都、西京、北京、上京、辽东、临潢、陕西地寒，稼穑迟熟，夏税限以七月为初。凡输送粟麦，三百里外石减五升，以上每三百里递减五升。粟折秸百称者，百里内减三称，二百里减五称，不及三百里减八称，三百里及输本色槁草，各减十称。计民田园、邸舍、车乘、牧畜、种植之资，藏镪之数，征钱有差，谓之物力钱。遇差科，必按版籍，先及富者，势均则以丁多寡定甲乙。有横科，则视物力，循大至小均科。其或不可分摘者，率以次户济之。凡民之物力，所居之宅不预。猛安谋克户、监户、官户所居外，自置民田宅，则预其数。墓田、学田，租税、物力皆免。

民诉水旱应免者，河南、山东、河东、大名、京兆、凤翔、彰德部内支郡，夏田四月，秋田七月，余路夏以五月，秋以八月，水田则通以八月为限，遇闰月则展期半月，限外诉者不理。非时之灾则无限。损十之八者全免，七分免所损之数，六分则全征。桑被灾不能蚕，则免丝绵绢税。诸路雨雪及禾稼收获之数，月以捷步申户部。凡叙使品官之家，并免杂役，验物力所当输者、止出雇钱。进纳补官未至廕子孙、及凡有出身者、（谓司吏、译人等。）出职带官叙当身者、杂班叙使五品以下、及正品承应已带散官未出职者，子孙与其同居兄弟，下逮终场举人，系籍学生、医学生，皆免一身之役。三代同居，已旌门则免差发，三年后免杂役。

太宗天会元年，敕有司轻徭赋，劝稼穑。十年，以辽人士庶之族赋役等差不一，诏有司命悉均之。熙宗天眷五年十二月，诏免民户残欠租税。皇统三年，蠲民税之未足者。世宗大定二年五月，谓宰臣曰："凡有徭役，均科强户，不得抑配贫民。"有言以用度不足，奏预借河北东西路、中都租税，上以国用虽乏，民力尤艰，遂不允。三年，以岁歉，诏免二年租税。又诏曰："朕比以元帅府从宜行事，今闻河南、陕西、山东、北京以东、及北边州郡，调发甚多，而省部又与他州一例征取赋役，是重扰也。可凭元帅府已取者例，蠲除之。"五年，命有司："凡罹蝗旱水溢之地，蠲其赋税。"六年，以河北、山东水，免其租。八年十月，彰德军节度使高昌福上书言税租甚重，上谕翰林学士张景仁曰："今租税法比近代甚轻，而以为重，何也？"景仁曰："今之税敛殊轻，非税敛则国用何从而出？"二年二月，尚书省奏："天下仓廪贮粟二千七十九万余石。"上曰："朕闻国无九年之蓄则国非其国，朕是以括天下之田以均其赋，岁取九百万石，自经费七百万石外，二百万石又为水旱之所蠲免及赈贷之用，余才百万石而已。朕广蓄积，备饥谨也。小民以为税重，小臣沽民誉，亦多议之。盖不虑国家缓急之备也。"

十二年正月，以水旱免中都、西京、南京、河北、河东、山东、陕西去年租税。十三年，谓宰臣曰："民间科差，计所免已过半矣。虑小民不能详知，吏缘为奸，仍旧征取，其令所在揭榜谕之。"十月，敕州县官不尽力催督税租，以致逋悬者，可止其俸，使之征足，然后给之。十六年正月，诏免去年被水旱路分租税。十七年，上问宰臣曰："辽东赋税旧六万余石，通检后几二十万。六万时何以仰给，二十万后所积几何？"户部契勘，谓："先以官吏数少故能给，今官吏兵卒及孤老数多，以此费大。"上曰："当察其实，毋令妄费也。"十七年三月，诏免河北、山东、陕西、河东、西京、辽东等十路去年被旱蝗租税。十八年正月，免中都、河北、河东、山东、河南、陕西等路前年被灾租税。十九年秋，中都、西京、河北、山东、河东、陕西以水旱伤民田十三万七千七百余顷，诏蠲其租。二十年三月，以中都、西京、河北、山东、河东、陕西路前岁被灾，诏免其租税。以户部尚书曹望之之言，诏减鄜延及河东南路税五十二万余石，增河北西路税八万八千石。又诏诸税粟非关边要之地者，除当储数外，听民从便折纳。二十一年九月，以中都水灾，免租。前时近官路百姓以牛夫充递运者，复于它处未尝就役之家征钱偿之。二十三年，宗州民王仲规告乞征还所役牛夫钱，省臣以奏，上曰："此既就役，复征钱于彼，前虽如此行之，复恐所给钱未必能到本户，是两不便也。不若止计所役，免租税及铺马钱为便。其预计实数以闻。若和雇价直亦须裁定也。"有司上其数，岁约给六万四千余贯，计折粟八万六千余石。上复命，自今役牛夫之家，以去道三十里内居者充役。二十六年，军民地罹水旱之灾者，二十一万顷免税凡四十九万余石。二十七年六月，免中都、河北等路尝被河决水灾军民租税。十一月，诏河水泛溢，农田被灾者，与免差税一年。怀、卫、孟、郑四州塞河劳役，并免今年差税。章宗大定二十九年，赦民租十之一。河东南北路则量减之。尚书省奏，两路田多峻阪，硗瘠者往往再岁一易，若不以地等级蠲除，则有不均。遂敕以赦书特免一分外，中田复减一分，下田减二分。旧制，夏、秋税纳麦、粟、草三色，以各处所须之物不一，户部复令以诸所用物折纳。上封事者言其不可，户部谓如此则诸路所须之物要当和市，转扰民矣。遂命太府监，应折纳之物为祗承宫禁者，治黄河薪刍增直二钱折纳，如黄河岸所用木石固非土产，乃令所属计置，而罢它应折纳者。

明昌元年四月，上封事者乞薄民之租税，恐廪粟积久腐败。省臣奏曰："臣等议，大定十八年户部尚书曹望之奏，河东及鄜延两路税颇重，遂减五十二万余石。去年赦十之一，而河东瘠地又减之。今以岁入度支所余无几，万一有水旱之灾，既蠲免其所入，复出粟以赈之，非有备不可。若复欲减，将何以待之。如虑腐败，令诸路以时曝晾，毋令致坏，违者论如律。"制可。十一月，尚书省奏："河南荒闲官地，许人计丁请佃，愿仍为官者免租八年，愿为己业者免税三年。"诏从之。明昌二年二月，敕自今民有诉水旱灾伤者，即委官按视其实，申所属州府，移报提刑司，同所属检毕，始令翻耕。三年六月，有司言河州灾伤，阙食之民犹有未输租者，诏蠲之。九月，以山东、河北三路被灾，其权阁之租及借贷之粟，令俟岁丰日续征。上如秋山，免围场经过人户今岁夏秋租税之半。四年冬十月，上行幸，谕旨尚书省曰："海壖石城等县，地瘠民困，所种惟黍稗而已。及赋於官，必以易粟输之。或令止课所产，或依河东路减税，至还京当定议以闻。"五年，敕免河决被灾之民秋租。泰和四年四月，以久旱下诏责躬，免所旱州县今年夏税。九月，陈言者谓："河间、沧州逃户，物力钱至数千贯，而其差发，有司止取办于见户，民不能堪矣！"诏令按察司，除地土物力命随其业，而权止其浮财物力。五年正月，诏有司："自泰和三年尝所行幸至三次者，被科之民特免半年租税。"八年五月，以宋谋和，诏天下，免河南、山东、陕西六路今年夏税，河东、河北、大名等五路半之。八月，诏诸路农民请佃荒田者，与免租赋三年，作已业者一年，自首冒佃、及请佃黄河退滩地者，不在免例。

宣宗贞祐三年十月，御史田迥秀言："方今军国所需，一切责之河南。有司不惜民力，征调太急，促其期限，痛其棰楚。民既罄其所有而不足，遂使奔走傍求于它境，力竭财殚，相踵散亡，禁之不能止也，乞自今凡科征必先期告之，不急者皆罢，庶民力宽而逋者可复。"诏行之。十二月，诏免逃户租税。四年三月，免陕西逃户租。五月，山东行省仆散安贞言："泗州被灾，道殣相望，所食者草根木皮而已。而邳州戍兵数万，急征重役，悉出三县，官吏酷暴，擅括宿藏，以应一切之命。民皆逋窜，又别遣进纳闲官以相迫督。皆怙势营私，实到官者才十之一，而徒使国家有厚敛之名。乞命信臣革此弊以安百姓。"诏从之。兴定元年二月，免中京、嵩、汝等逋租十六万石。四年，御史中丞完颜伯嘉奏："亳州大水，计当免租三十万石，而三司官不以实报，止免十万而已。"诏命治三司官虚妄之罪。七月，以河南大水，下诏免租劝种，且命参知政事李复亨为宣慰使，中丞完颜伯嘉副之。十月，以久雨，令宽民输税之限。十一月，上曰："闻百姓多逃，而逋赋皆抑配见户，人何以堪？军储既足，宜悉除免。今又添军须钱太多，亡者讵肯复业乎？"遂命行部官阅实免之，已代纳者给以恩例，或除它役，仍减桑皮故纸钱四之一。三年，令逃户复业者但输本租，余差役一切皆免。能代耕者，免如复户。有司失信擅科者，以违制论。

四年十二月，镇南军节度使温迪罕思敬上书言："今民输税，其法大抵有三，上户输远仓，中户次之，下户最近。然近者不下百里，远者数百里，道路之费倍于所输，而雨雪有稽违之责。遇贼有死伤之患。不若止输本郡，令有司检算仓之所积，称屯兵之数，使就食之。若有不足，则增敛于民，民计所敛不及道里之费，将忻然从之矣！"五年十月，上谕宰臣曰："比欲民多种麦，故令所在官贷易麦种。今闻实不贷与，而虚立案簿，反收其数以补不足之租。其遣使究治。"

元光元年，上闻向者有司以征税租之急，民不待熟而刈之，以应限。今麦将熟矣，其谕州县，有犯者以慢军储治罪。九月，权立职官有田不纳租罪。京南司农卿李蹊言："按《齐民要术》，麦晚种则粒小而不实，故必八月种之。今南路当输秋税百四十余万石，草四百五十余万束，皆以八月为终限。若输远仓及泥淖，往返不下二十日，使民不暇趋时，是妨来岁之食也。乞宽征敛之限。使先尽力于二麦。"朝廷不从。元光二年，宰臣奏："去岁正月京师见粮才六十余万石，今三倍矣，计国用颇足，而民间租税征之不绝，恐贫民无所输而逋亡也。"遂以中旨遍谕止之。

牛头税

即牛具税，猛安谋克部女直户所输之税也。其制每耒牛三头为一具，限民口二十五受田四顷四亩有奇，岁输粟大约不过一石，官民占田无过四十具。天会三年，太宗以岁稔，官无储积无以备饥谨，诏令一耒赋粟一石，每谋克别为一廪贮之。四年，诏内地诸路，每牛一具赋粟五斗，为定制。

世宗大定元年，诏诸猛安不经迁移者，征牛具税粟，就命谋克监其仓，亏损则坐之。十二年，尚书省奏："唐古部民旧同猛安谋克定税，其后改同州县，履亩立税，颇以为重。"遂命从旧制。二十年，定功授世袭谋克，许以亲族从行，当给以地者，除牛九具以下全给，十具以上四十具以下者，则于官豪之家量拨地六具与之。二十一年，世宗谓宰臣曰："前时一岁所收可支三年，比闻今岁山西丰稔，所获可支三年。此间地一岁所获不能支半岁，而又牛头税粟，每牛一头止令各输三斗，又多逋悬，此皆递互隐匿所致，当令尽实输之。"二十三年，有司奏其事，世宗谓左丞完颜襄曰："卿家旧止七具，今定为四十具，朕始令卿等议此，而卿皆不欲，盖各顾其私尔。是后限民口二十五，算牛一具。"七月，尚书省复奏其事，上虑版籍岁久贫富不同，猛安谋克又皆年少，不练时事，一旦军兴，按籍征之必有不均之患。乃令验实推排。阅其户口、畜产之数，其以上京二十二路来上。八月，尚书省奏，推排定猛安谋克户口、田亩、牛具之数。猛安二百二，谋克千八百七十八，户六十一万五千六百二十四，口六百一十五万八千六百三十六，内正口四百八十一万二千六百六十九，奴婢口一百三十四万五千九百六十七，田一百六十九万三百八十顷有奇，牛具三十八万四千七百七十一。在都宗室将军司，户一百七十，口二万八千七百九十，内正口九百八十二，奴婢口二万七千八百八，田三千六百八十三顷七十五亩有奇，牛具三百四。迭剌、唐古二部五乣，户五千五百八十五，口一十三万七千五百四十四，内正口十一万九千四百六十三，奴婢口一万八千八十一，田四万六千二十四顷一十七亩，牛具五千六十六。后二十六年，尚书省奏并征牛头税粟，上曰："积压五年，一见并征，民何以堪？其令民随年输纳。被灾者蠲之，贷者俟丰年征还。"

卷四十八　志第二十九

食货三

钱币

钱币。金初用辽、宋旧钱，天会末，虽刘豫"阜昌元宝"、"阜昌重宝"亦用之。海陵庶人贞元二年迁都之后，户部尚书蔡松年复钞引法，遂制交钞，与钱并用。正隆二年，历四十余岁，始议鼓铸。冬十月，初禁铜越外界，悬罪赏格。括民间铜鍮器，陕西、南京者输京兆，他路悉输中都。三年二月，中都置钱监二，东曰宝源，西曰宝丰。京兆置监一。曰利用。三监铸钱，文曰"正隆通宝"，轻重如宋小平钱，而肉好字文峻整过之，与旧钱通用。

世宗大定元年，用吏部尚书张中彦言，命陕西路参用宋旧铁钱。四年，浸不行，诏陕西行户部、并两路通检官，详究其事。皆言："民间用钱，名与铁钱兼用，其实不为准数，公私不便。”遂罢之。八年，民有犯铜禁者，上曰：“销钱作铜，旧有禁令。然民间犹有铸镜者，非销钱而何？”遂并禁之。十年，上谕户部臣曰：“官钱积而不散，则民间钱重，贸易必艰，宜令市金银及诸物。其诸路酤榷之货，亦令以物平折输之。”十月，上责户部官曰：“先以官钱率多，恐民间不得流通，令诸处贸易金银丝帛，以图流转。今知乃有以抑配反害百姓者。前许院务得折纳轻赍之物以便民，是皆朕思而后行者也，此尚出朕，安用若为。又随处时有赈济，往往近地无粮，取于它处，往返既远，人愈难之。何为不随处起仓。年丰则多籴以备赈赡，设有缓急，亦岂不易办乎？而徒使钱充府库，将安用之。天下之大，朕岂能一一遍知，凡此数事，汝等何为而使至此。且户部与它部不同，当从宜为计，若但务因循，以守其职，则户部官谁不能为。”十一年二月，禁私铸铜镜。旧有铜器悉送官，给其直之半。惟神佛像、钟、磬、钹、钴、腰束带、鱼袋之属，则存之。十二年正月，以铜少，命尚书省遣使诸路规措铜货。能指坑冶得实者，赏。上与宰臣议鼓铸之术，宰臣曰：“有言所在有金银坑冶，皆可采以铸钱，臣窃谓工费过于所得数倍，恐不可行。”上曰：“金银，山泽之利，当以与民，惟钱不当私铸。今国家财用丰盈，若流布四方与在官何异？所费虽多，但在民间，而新钱日增尔。其遣能吏经营之。”左丞石琚进曰：“臣闻天子之富藏在天下，钱货如泉，正欲流通。”上复问琚曰：“古亦有民自铸钱者乎？”琚对曰：“民若自铸，则小人图利，钱益薄恶，此古所以禁也。”十三年，命非屯兵之州府，以钱市易金帛，运致京师，使钱币流通，以济民用。十五年十一月，上谓宰臣曰：“或言铸钱无益，所得不偿所费。朕谓不然。天下如一家，何公私之间，公家之费私家得之，但新币日增，公私俱便也。”十六年三月，遣使分路访察铜矿苗脉。十八年，代州立监铸钱，命震武军节度使李天吉、知保德军事高季孙往监之，而所铸斑驳黑涩不可用，诏削天吉、季孙等官两阶，解职，仍杖季孙八十。更命工部郎中张大节、吏部员外郎麻珪监铸。其钱文曰“大定通宝”，字文肉好又胜正隆之制，世传其钱料微用银云。十九年，始铸至万六千余贯。二十年，诏先以五千进呈，而后命与旧钱并用。

初，新钱之未行也，以宋大观钱作当五用之。二月，上闻上京修内所，市民物不即与直，又用短钱，责宰臣曰：“如此小事，朕岂能悉知？卿等何为不察也。”时民间以八十为陌，谓之短钱，官用足陌，谓之长钱。大名男子斡鲁补者上言，谓官私所用钱皆当以八十为陌，遂为定制。二十年十一月，名代州监曰阜通，设监一员，正五品，以州节度兼领。副监一员，正六品，以州同知兼领。丞一员，正七品，以观察判官兼领。设勾当官二员，从八品。给银牌，命副监及丞更驰驿经理。二十二年十月，以参加政事粘割斡特剌提控代州阜通监。二十三年，上以阜通监鼓铸岁久，而钱不加多，盖以代州长贰厅幕兼领，而夺于州务，不得专意综理故也。遂设副监、监丞为正员，而以节度领监事。二十六年，上曰：“中外皆言钱难，朕尝计之，京师积钱五百万贯亦不为多，外路虽有终亦无用，诸路官钱非屯兵处可尽运至京师。”太尉丞相克宁曰：“民间钱固已艰得，若尽归京师，民益艰得矣！不若起其半至都，余半变折轻赍，则中外皆便。”十一月，上谕宰臣曰：“国家铜禁久矣，尚闻民私造腰带及镜，托为旧物，公然市之，宜加禁约。”二十七年二月，曲阳县铸钱别为一监，以利通为名，设副监、监丞，给驿更出经营铜事。二十八年，上谓宰臣曰：“今者外路见钱其数甚多，闻有六千余万贯，皆在僻处积贮。既不流散，公私无益，与无等尔。今中都岁费三百万贯，支用不继，若致之京师，不过少有挽运之费，纵所费多，亦惟散在民尔。”章宗大定二十九年十二月，雁门、五台民刘完等诉：“自立监铸钱以来，有铜矿之地虽曰官运，其顾直不足则令民共偿。乞与本州司县均为差配。”遂命甄官署丞丁用楫往审其利病，还言：“所运铜矿，民以物力科差济之，非所愿也。其顾直即低，又有刻剥之弊。而相视苗脉工匠，妄指人之垣屋及寺观谓当开采，因以取贿。又随冶夫匠，日办净铜四两，多不及数，复销铜器及旧钱，送官以足之。今阜通，利通两监，岁铸钱十四万余贯，而岁所费乃至八十余万贯，病民而多费，未见其利便也。”宰臣以闻，遂罢代州、曲阳二监。

初，贞元间既行钞引法，遂设印造钞引库及交钞库，皆设使、副、判各一员，都监二员，而交钞库副则专主书押、搭印合同之事。印一贯、二贯、三贯、五贯、十贯五等，谓之大钞；一百、二百、三百、五百、七百五等，谓之小钞，与钱并行，以七年为限，纳旧易新。犹循宋张咏四川交子之法而纾其期尔，盖亦以铜少，权制之法也。时有欲罢之者，至是二监既罢，有司言：“交钞旧同见钱，商旅利于致远，往往以钱买钞，盖公私俱便之事，岂可罢去！止因有厘革年限，不能无疑，乞削七年厘革之法，令民得常用。若岁久字文磨灭，许于所在官库纳旧换新，或听便支钱。”遂罢七年厘革之限，交钞字昏方换。法自此始，而收敛无术，出多入少，民寖轻之。厥后其法屡更，而不能革，弊亦始于此焉。

交钞之制，外为阑，作花纹，其上衡书贯例，左曰：“某字料。”右曰：“某字号。”料号外，篆书曰：“伪造交钞者斩，告捕者赏钱三百贯。”料号衡阑下曰：“中都交钞库，准尚书户部符，承都堂札付，户部覆点勘，令史姓名押字。”又曰：“圣旨印造逐路交钞，于某处库纳钱换钞，更许于某处库纳钞换钱，官私同见钱流转。”其钞不限年月行用，如字文故暗，钞纸擦磨，许于所属库司纳旧换新。若到库支钱，或倒换新钞，每贯克工墨钱若干文。库掐、攒司、库副、副使、使各押字，年月日。印造钞引库库子、库司、副使各押字，上至尚书户部官亦押字。其搭印支钱处合同，余用印依常例。

初，大定间定制，民间应许存留铜鍮器物，若申卖入官，每斤给钱二百文。其弃藏应禁器物，首纳者每斤给钱百文，非器物铜货一百五十文，不及斤者计给之。在都官局及外路造卖铜器价，令运司佐贰检校，镜每斤三百十四文，镀金御仙花腰带十七贯六百七十一文，五子荔支腰带十七贯九百七十一文，抢钑罗文束带八贯五百六十文，鱼袋二贯三百九文，钹钴铙磬每斤一贯九百二文，铃杵坐铜者二贯七百六十九文，鍮石者三贯六百四十六文。明昌二年十月，敕减卖镜价，防私铸销钱也。旧尝以夫匠逾天山北界外采铜，明昌三年，监察御史李炳言："顷闻有司奏，在官铜数可支十年，若复每岁令夫匠过界远采，不惟多费，复恐或生边衅。若支用将尽之日，止可于界内采炼。"上是其言，遂不许出界。五月，敕尚书省曰："民间流转交钞，当限其数，毋令多于见钱也。"四年，上谕宰臣曰："随处有无用官物，可为计置，如铁钱之类是也。"或有言铁钱有破损，当令所司以铜钱偿之者，参知政事胥持国不可，上曰："令偿之尚坏，不偿将尽坏矣！若果无用，曷别为计?"持国曰："如江南用铜钱，江北、淮南用铁钱，盖以隔阂铜钱不令过界尔。如陕西市易亦有用银布姜麻，若旧有铁钱，宜姑收贮，以备缓急。"遂令有司籍铁钱及诸无用之物，贮于库。八月，提刑司言："所降陕西交钞多于见钱，使民艰于流转。"宰臣以闻，遂令本路榷税及诸名色钱，折交钞。官兵俸，许钱绢银钞各半之，若钱银数少，即全给交钞。五年三月，宰臣奏："民间钱所以艰得，以官豪家多积故也。在唐元和间，尝限富家钱过五千贯者死，王公重贬没入，以五之一赏告者。"上令参酌定制，令官民之家以品从物力限见钱，多不过二万贯，猛安谋克则以牛具为差，不得过万贯，凡有所余，尽令易诸物收贮之。有能告数外留钱者，奴婢免为良，佣者出离，以十之一为赏，余皆没入。又谕旨有司，凡使高丽还者，所得铜器令尽买之。

承安二年十月，宰臣奏："旧立交钞法，凡以旧易新者，每贯取工墨钱十五文。至大定二十三年，不拘贯例，每张收八文，既无益于官，亦妨钞法，宜从旧制便。若以钞买盐引，每贯权作一贯五十文，庶得多售。"上曰："工墨钱，贯可令收十二文。买盐引者，每贯可权作一贯一百文。"时交钞所出数多，民间成贯例者艰于流转，诏以西北二京、辽东路从宜给小钞，且许于官库换钱，与它路通行。十二月，尚书省议，谓时所给官兵俸及边戍军须，皆以银钞相兼，旧例银每铤五十两，其直百贯，民间或有截凿之者，其价亦随低昂，遂改铸银名"承安宝货"，一两至十两分五等，每两折钱二贯，公私同见钱用，仍定销铸及接受稽留罪赏格。

承安三年正月，省奏："随处榷场若许见钱越境，虽非销毁，即与销毁无异。"遂立制，以钱与外方人使及与交易者，徒五年，三斤以上死，驵侩同罪。捕告人之赏，官先为代给钱五百贯。其逮及与接引、馆伴，先排、通引、书表等以次坐罪，仍令均偿。时交钞稍滞，命西京、北京、临潢，辽东等路一贯以上俱用银钞、宝货，不许用钱，一贯以下听民便。时既行限钱法，人多不遵，上曰："已定条约，不为不重，其令御史台及提刑司察之。"九月，以民间钞滞，尽以一贯以下交钞易钱用之，遂复减元限之数，更定官民存留钱法，三分为率，亲王、公主、品官许留一分，余皆半之，其赢余之数期五十日内尽易诸物，违者以违制论，以钱赏告者。于两行部各置回易务，以绵绢物段易银钞，亦许本务纳银钞。赴榷货出盐引，纳钞于山东、河北、河东等路，从便易钱。各降补官及德号空敕三百、度牒一千，从两行部指定处，限四月进纳补换。又更造一百例小钞，并许官库易钱。一贯、二贯例并支小钞，三贯例则支银一两、小钞一贯，若五贯、十贯例则四分支小钞、六分支银，欲得宝货者听，有阻滞及辄减价者罪之。四年三月，又以银钞阻滞，乃权止山东诸路以银钞与绵绢盐引从便易钱之制。令院务诸科名钱，除京师、河南、陕西银钞从便，余路并许收银钞各半，仍于钞四分之一许纳其本路。随路所收交钞，除本路者不复支发，余通行者并循环用之。榷货所鬻盐引，收纳宝货与钞相半，银每两止折钞两贯。省许人依旧诣库纳钞，随路漕司所收，除额外羡余者，亦如之。所支官钱，亦以银钞相兼，银已零截者令交钞库不复支，若宝货数少，可浸增铸。银钞既通则物价自平，虽有禁法亦安所施，遂除阻滞银钞罪制。四年，以户部言，命在都官钱、榷货务盐引，并听收宝货，附近盐司贴钱数亦许带纳。民间宝货有所归，自然通行，不至销毁。先是，设四库印小钞以代钞本，令人便赍小钞赴库换钱，即与支见钱无异。今更不须印造，俟其换尽，可罢四库。但以大钞验钱数支易见钱。时私铸"承安宝货"者多杂以铜锡，寖不能行，京师闭肆。五年十二月，宰臣奏："比以军储调发，支出交钞数多。遂铸宝货，与钱兼用，以代钞本，盖权时之制，非经久之法。"遂罢"承安宝货"。

泰和元年六月，通州刺史卢构言："民间钞固已流行，独银价未平，官之所定每铤以十万为准，而市肆才直八万，盖出多入少故也。若令诸税以钱银钞三分均纳。庶革其弊。"下省议，宰臣谓："军兴以来，全赖交钞佐用，以出多遂滞，顷令院务收钞七分，亦渐流通。若与银均纳，则彼增此减，理必偏胜，至碍钞法。必欲银价之平，宜令诸名若'铺马''军须'等钱，许纳银半，无者听便。"先是，尝行三合同交钞，至泰和二年，止行于民间，而官不收敛，朝廷虑其病民，遂令诸税各带纳一分，虽止系本路者，亦许不限路分通纳。户部见征累年铺马钱，亦听收其半。闰十二月，上以交钞事，召户部尚书孙铎、侍郎张复亨，议于内殿。复亨以三合同钞可行，铎请废不用，既而复亨言竟诎。自是而后，国虚民贫，经用不足，专以交钞愚百姓，而法又不常，世宗之业衰焉。以至泰和三年，其弊弥甚，乃谓宰臣曰："大定间，钱至足，今民间钱少，而又不在官，何耶？其集问百官，必有能知之者。"四年七月，罢限钱法，从户部尚书上官瑜所请也。四年，欲增铸钱，命百官议所以足铜之术。中丞孟铸谓："销钱作铜，及盗用出境者不止，宜罪其官及邻。"太府监梁瑭等言："铸钱甚费，率费十钱可得一钱。识者谓费虽多犹增一钱也，乞采铜、拘器以铸。"宰臣谓："鼓铸未可速行，其铜冶听民煎炼，官为买之。凡寺观不及十人，不许畜法器。民间鍮铜器期以两月送官给价。匿者以私法坐，限外人告者，以知而不纠坐其官。寺观许童行告者赏。俟铜多，别具以闻。"八月，定从便易钱法，听人输纳于京师，而于山东、河北、大名、河东等路依数支取。后铸大钱一直十，篆文曰"泰和重宝"，与钞参行。五年，上欲罢交钞工墨钱，复以印时常费遂命贯止收六文。

六年四月，陕西交钞不行，以见钱十万贯为钞本，与钞相易，复以小钞十万贯相参用之。六年十一月，复许诸路各行小钞。中都路则于中都及保州，南京路则于南京、归德、河南府，山东东路则于益都、济南府，山东西路则于东平、大名府，河北东路则于河间府、冀州，河北西路则于真定、彰德府，河东南路则于平阳，河东北路则于太原、汾州，辽东则于上京、咸平，西京则于西京、抚州，北京则于临潢府官库易钱。令户部印小钞五等，附各路同见钱用。七年正月，敕在官毋得支出大钞，在民者令赴库，以多寡制数易小钞及见钱，院务商税及诸名钱，三分须纳大钞一分，惟辽东以便。时民以货币屡变，往往怨嗟，聚语於市。上知之，谕旨于御史台曰："自今都市敢有相聚论钞法难行者，许人捕告，赏钱三百贯。"五月，以户部尚书高汝砺议，立"钞法条约"，添印大小钞，以钞库至急切，增副使一员。汝砺又与中都路转运使孙铎言钱币，上命中丞孟铸、礼部侍郎乔宇、国子司业刘昂等十人议，月余不决。七月，上召议于泰和殿，且谕汝砺曰："今后毋谓钞多，不加重而辄易之。重之加于钱，可也。"明日，敕："民间之交易、典质、一贯以上并用交钞，毋得用钱。须立契者，三分之一用诸物。六盘山西、辽河东以五分之一用钞，东鄙屯田户以六分之一用钞。不须立契者，惟辽东钱钞从便。犯者徒二年，告者赏有差，监临犯者杖且解职，县官能奉行流通者升除，否者降罚，集众沮法者以违制论。工墨钱每张止收二钱。商旅赍见钱不得过十贯。所司籍辨钞人以防伪冒。品官及民家存留见钱，比旧减其数，若旧有见钱多者，许送官易钞，十贯以上不得出京。"又定制，按察司以钞法流通为称职，而河北按察使斜不出巡按所给券应得钞一贯，以难支用，命取见钱。御史以沮坏钞法劾之，上曰："纠察之官乃先坏法，情不可恕。"杖之七十，削官一阶，解职。

户部尚书高汝砺言："钞法务在必行，府州县镇宜各籍辨钞人，给以条印，听与人辨验，随贯量给二钱，贯例虽多，六钱即止。每朝官出使，则令体究通滞以闻。民间旧有宋会子，亦令同见钱用，十贯以上不许持行。榷盐许用银绢，余市易及俸，并用交钞，其奇数以小钞足之，应支银绢而不足者亦以钞给之。"上遣近侍谕旨尚书省："今既以按察司钞法通快为称职，否则为不称职，仍于州府司县官给由内，明书所犯之数，但犯钞法者虽监察御史举其能干，亦不准用。"十月，杨序言："交钞料号不明，年月故暗，虽令赴库易新，然外路无设定库司，欲易无所，远者直须赴都。"上以问汝砺，对曰："随处州府库内，各有辨钞库子，钞虽弊不伪，亦可收纳。去都远之城邑，既有设置合同换钱，客旅经之皆可相易。更虑无合同之地，难以易者，令官库凡纳昏钞者受而不支，于钞背印记官吏姓名，积半岁赴都易新钞。如此，则昏钞有所归而无滞矣！"十一月，上谕户部官曰："今钞法虽行，卿等亦宜审察，少有壅滞，即当以闻，勿谓已行而惮改。"汝砺对曰："今诸处置库多在公廨内，小民出入颇难，虽有商贾易之，然患钞本不丰。比者河北西路转运司言，一富民首其当存留钱外，见钱十四万贯。它路臆或有如此者，臣等谓宜令州县委官及库典，于市肆要处置库支换。以出首之钱为钞本，十万户以上州府，给三万贯，以次为差，易钞者人不得过二贯。以所得工墨钱充库典食直，仍令州府佐贰及转运司官一员提控。"上是之，遂命移库于市肆之会，令民以钞易钱。是月，敕捕获伪造交钞者，皆以交钞为赏。

时复议更钞法，上从高汝砺言，命在官大钞更不许出。听民以五贯十贯例者赴库易小钞，欲得钱者五贯内与一缗，十贯内与两缗，惟辽东从便。河南、陕西、山东及它行钞诸路，院务诸税及诸科名钱，并以三分为率，一分纳十贯例者，二分五贯例者，余并收见钱。

八年正月，以京师钞滞，定所司赏罚格。时新制，按察司及州县官，例以钞通滞为升降。遂命监察御史赏罚同外道按察司，大兴府警巡院官同外路州县官。是月，收毁大钞，行小钞。八月，从辽东按察司杨云翼言，以咸平、东京两路商旅所集，遂从都南例，一贯以上皆用交钞，不得用钱。十月，孙铎又言："民间钞多，正宜收敛，院务税诸名钱，可尽收钞，秋夏税纳本色外，亦令收钞，不拘贯例。农民知之则渐重钞，可以流通。比来州县抑配市肆买钞，徒增骚扰，可罢诸处创设钞局，止令赴省库换易。今小钞各限路分，亦甚未便，可令通用。"上命亟行之。十二月，宰臣奏："旧制，内外官兵俸皆给钞，其必用钱以足数者，可以十分为率，军兵给三分，官员承应人给二分，多不过十贯。凡前所收大钞，俟至通行当复计造，其终须当精致以图经久。民间旧钞故暗者，乞许于所在库易新。若官吏势要之家有贱买交钞，而于院务换钱兴贩者，以违制论。复遣官分路巡察，其限钱过数虽许奴婢以告，乃有所属默令其主藏匿不以实首者，可令按察司察之。若旧限已满，当更展五十日，许再令变易钞引诸物。"是制既行之后，章宗寻崩，卫绍王继立，大安三年会河之役，至以八十四车为军赏，兵衄国残，不遑救弊，交钞之轻几于不能市易矣。至宣宗贞祐二年二月，思有以重之，乃更作二十贯至百贯例交钞，又造二百贯至千贯例者。然自泰和以来，凡更交钞，初虽重，不数年则轻而不行，至是则愈更而愈滞矣。南迁之后，国蹙民困，军旅不息，供亿无度，轻又甚焉。

三年四月，河东宣抚使胥鼎上言曰："今之物重，其弊在于钞窒，有出而无入也。虽院务税增收数倍，而所纳皆十贯例大钞，此何益哉？今十贯例者民间甚多，以无所归，故市易多用见钱，而钞每贯仅直一钱，曾不及工墨之费。臣愚谓，宜权禁见钱，且令计司以军须为名，量民力征敛，则泉货流通，而物价平矣。"自是，钱货不用，富家内困藏镪之限，外弊交钞屡变，皆至窘败，谓之"坐化"。商人往往舟运贸易于江淮，钱多入于宋矣。宋人以为喜，而金人不禁也，识者惜其既不能重无用之楮，而又弃自古流行之宝焉。五月，权西安军节度使乌林达与言："关陕军多，供亿不足，所仰交钞则取于京师，徒成烦费，乞降板就造便。"又言："怀州旧铁钱钜万，今既无用，愿贯为甲，以给战士。"时有司轻罪议罚，率以铁赎，而当罪不平，遂命赎铜计赃皆以银价为准。六月，敕议交钞利便。七月，改交钞名为"贞祐宝券"，仍立沮阻罪。九月，御史台言："自多故以来，全藉交钞以助军需，然所入不及所出，则其价浸减，卒无法以禁，此必然之理也。近用‘贞祐宝券’以革其弊，又虑既多而民轻，与旧钞无异也，乃令民间市易悉从时估，严立罪赏，期于必行，遂使商旅不行，四方之物不敢入。夫京师百万之众，日费不赀，物价宁不日贵耶？且时估月再定之，而民间价旦暮不一，今有司强之，而市肆尽闭。复议搜括隐匿，必令如估鬻之，则京师之物指日尽，而百姓重困矣。臣等谓，惟官和买计赃之类可用时估，余宜从便。”制可。十二月，上闻近京郡县多籴于京师，谷价翔踊，令尚书省集户部、讲议所、开封府、转运司，议所以制之者。户部及讲议所言，以五斗出城者可阑籴其半，转运司谓宜悉禁其出，上从开封府议，谓：“宝券初行时，民甚重之。但以河北、陕西诸路所支既多，人遂轻之。商贾争收入京，以市金银，银价昂，谷亦随之。若令宝券路各殊制，则不可复入河南，则河南金银贱而谷自轻。若直闭京城粟不出，则外亦自守，不复入京，谷当益贵。宜谕郡县小民，毋妄增价，官为定制，务从其便。”

四年正月，监察御史田迥秀言：“国家调度皆资宝券，行才数月，又复壅滞，非约束不严、奉行不谨也。夫钱币欲流通，必轻重相权、散敛有术而后可。今之患在出太多、入太少尔。若随时裁损所支，而增其所收，庶乎或可也。”因条五事，一曰省冗官吏，二曰损酒使司，三曰节兵俸，四曰罢寄治官，五曰酒税及纳粟补官皆当用宝券。诏酒税从大定之旧，余皆不从。寻又更定捕获伪造宝券官赏。三月，翰林侍讲学士赵秉文言：“比者宝券滞塞，盖朝廷将议更张，已而妄传不用，因之抑遏，渐至废绝，此乃权归小民也。自迁汴以来，废回易务，臣愚谓当复置，令职官通市道者掌之，给银钞粟麦缣帛之类，权其低昂而出纳之。仍自选良监当官营为之，若半年无过，及券法通流，则听所指任便差遣。”诏议行之。四月，河东行省胥鼎言：“交钞贵乎流通，今诸路所造不充所出，不以术收之，不无缺误。宜量民力征敛，以裨军用。河中宣抚司亦以宝券多出，民不之贵，乞验民贫富征之。虽为陕西，若一体征收，则彼中所有日凑于河东，与不敛何异？又河北宝券以不许行于河南，由是愈滞。”宰臣谓：“昨以河北宝券，商旅赍贩继踵南渡，遂致物价翔踊，乃权宜限以路分。今鼎既以本路用度繁殷，欲征军须钱，宜从所请。若陕西可征与否，诏令行省议定而后行。”五月，上以河北州府官钱散失，多在民间，命尚书省经画之。

八月，平章高琪奏：“军兴以来，用度不赀，惟赖宝券，然所入不敷所出，是以浸轻，今千钱之券仅直数钱，随造随尽，工物日增，不有以救之，弊将滋甚。宜更造新券，与旧券权为子母而兼行之，庶工物俱省，而用不乏。”濮王守纯以下皆惮改，奏曰：“自古军旅之费皆取于民，向朝廷以小钞殊轻，权更宝券，而复禁用钱。小民浅虑，谓楮币易坏，不若钱可久，于是得钱则珍藏，而券则亟用之，惟恐破裂而至于废也。今朝廷知支而不知收，所以钱日贵而券日轻。然则券之轻非民轻之，国家致之然也。不若量其所支复敛于民，出入循环，则彼知为必用之物，而知爱重矣。今徒患轻而即欲更造，不惟信令不行，且恐新券之轻复同旧券也。”既而，陇州防御使完颜宇及陕西行省令史惠吉继言券法之弊。宇请姑罢印造，以见在者流通之，若滞塞则验丁口之多寡、物力之高下而征之。吉言：“券者所以救弊一时，非可通流与见钱比，必欲通之，不过多敛少支尔。然敛多则伤民，支少则用不足，二者皆不可。为今日计，莫若更造，以‘贞祐通宝’为名，自百至三千等之为十，听各路转运司印造，仍不得过五千贯，与旧券参用，庶乎可也。”诏集百官议。户部侍郎奥屯阿虎、礼部侍郎杨云翼、郎中兰芝、刑部侍郎冯鹗皆主更造。户部侍郎高夔、员外郎张师鲁、兵部侍郎徒单欧里白皆请征敛。惟户部尚书萧贡谓止当如旧，而工部尚书李元辅谓二者可并行。太子少保张行信亦言不宜更造，但严立不行之罪，足矣。侍御史赵伯成曰：“更造之法，阴夺民利，其弊甚于征。征之为法，特征于农民则不可，若征于市肆商贾之家，是亦敦本抑末之一端。”刑部主事王寿宁曰：“不然，今之重钱轻券者皆农尔，其敛必先于民而后可。”转运使王扩曰：“凡论事当究其本，今岁支军士家口粮四万余石，如使斯人地着，少宽民力，然后征之，则行之不难。”榷货司杨贞亦欲节无名之费，罢闲冗之官。或有请铸大钱以当百，别造小钞以省费。或谓县官当择人者。独吏部尚书温迪罕思敬上书言：“国家立法，莫不备具，但有司不克奉之而已。诚使臣得便宜从事，凡外路四品以下官皆许杖决，三品以上奏闻，仍付监察二人驰驿往来，法不必变，民不必征，一号令之，可使上下无不奉法。如其不然，请就重刑。”上以示宰臣曰：“彼自许如此，试委之可乎？”宰臣未有以处，而监察御史陈规，完颜素兰交诤，以为：“事有难行，圣哲犹病之，思敬何为者，徒害人尔。”上以众议纷纷，月余不决，厌之，乃诏如旧，纾其征敛之期焉。未几，竟用惠吉言，造“贞祐通宝”。兴定元年二月，始诏行之，凡一贯当千贯，增重伪造沮阻罪及捕获之赏。五月，以钞法屡变，随出而随坏，制纸之桑皮故纸皆取于民，至是又甚艰得，遂令计价，但征宝券、通宝、名曰“桑皮故纸钱”。谓可以免民输挽之劳，而省工物之费也。高汝砺言：“河南调发繁重，所征租税三倍于旧，仅可供亿，如此其重也。而今年五月省部以岁收通宝不充所用，乃于民间敛桑皮故纸钞七千万贯以补之，又太甚矣！而近又以通宝稍滞，又增两倍。河南人户农居三之二，今年租税征尚未足，而复令出此，民若不粜当纳之租，则卖所食之粟，舍此将何得焉？今所急而难得者刍粮也，出于民而有限。可缓而易为者交钞也，出于国而可变。以国家之所自行者而强求之民，将若之何？向者大钞滞则更为小钞，小钞弊则改为宝券，宝券不行则易为通宝，变制在我，尚何烦民哉！民既悉力以奉军而不足，又计口、计税、计物、计生殖之业而加征，若是其剥，彼不能给，则有亡而已矣！民逃田秽，兵食不给，是军储钞法两废矣。臣非于钞法不加意，非故与省部相违也。但以钞滞物贵之害轻，民去军饥之害重尔。”时不能用。

三年十月，省臣奏：“向以物重钱轻，犯赃者计钱论罪则太重，于是以银为则，每两为钱二贯，有犯通宝之赃者直以通宝论，如因军兴调发，受通宝及三十贯者，已得死刑，准以金银价，才为钱四百有奇，则当杖。轻重之间悬绝如此。”遂命准犯时银价论罪。四年三月，参知政事李复亨言：“近制，犯通宝之赃者并以物价折银定罪，每两为钱二贯，而法当赎铜者，止纳通宝见钱，亦乞令依上输银，既足以惩恶，又有补於官。”诏省臣议，遂命犯公错过误者止征通宝见钱，赃污故犯者输银。十二月，镇南军节度使温迪罕思敬上书言：“钱之为泉也，贵流通而不可塞，积于官而不散则病民，散于民而不敛则阙用，必多寡轻重与物相权而后可。大定之世，民间钱多而钞少，故贵而易行。军兴以来，在官殊少，民亦无几，军旅调度悉仰于钞，日之所出动以万计，至于填委市肆，能无轻乎？不若驰限钱之禁，许民自采铜铸钱，而官制模范，薄恶不如法者令民不得用，则钱必日多，钞可少出，少出则贵而易行矣。今日出益众，民日益轻，有司欲重之而不得其法，至乃计官吏之俸、验百姓之物力以敛之，而卒不能增重，曾不知钱少之弊也。臣谓宜令民铸钱，而当敛钞者亦听输银，民因以银铸钱为数等，文曰“兴定元宝”，定直以备军赏，亦救弊之一法也。”朝廷不从。

五年闰十二月，宰臣奏：“向者宝券既弊，乃造‘贞祐通宝’以救之，迄今五年，其弊又复如宝券之末。初，通宝四贯为银一两，今八百余贯矣。宜复更造‘兴定宝泉’，子母相权，与通宝兼行，每贯当通宝四百贯，以二贯为银一两，随处置库，许人以通宝易之。县官能使民流通者，进官一阶、升职一等，其或姑息以致壅滞，则亦追降的决为差。州府官以所属司县定罪赏，命监察御史及诸路行部官察之，定挠法失纠举法，失举则御史降决，行部官降罚，集众妄议难行者徒二年，告捕者赏钱三百贯。”元光元年二月，始诏行之。二年五月，更造每贯当通宝五十，又以绫印制“元光珍货”，同银钞及余钞行之。行之未久，银价日贵，宝泉日贱，民但以银论价。至元光二年，宝泉几于不用，乃定法，银一两不得过宝泉三百贯，凡物可直银三两以下者不许用银，以上者三分为率，一分用银，二分用宝泉及珍货、重宝。京师及州郡置平准务，以宝泉银相易，其私易及违法而能告者罪赏有差。是令既下，市肆昼闭，商旅不行，朝廷患之，乃除市易用银及银宝泉私相易之法。然上有限用之名，而下无从令之实，有司虽知，莫能制矣。义宗正大间，民间但以银市易。天兴二年十月印“天兴宝会”于蔡州，自一钱至四钱四等，同见银流转，不数月国亡。

卷四十九　志第三十

食货四

盐　酒　醋　茶　诸征商　金银税

盐

金制，榷货之目有十，曰酒、曲、茶、醋、香、矾、丹、锡、铁，而盐为称首。贞元初，蔡松年为户部尚书，始复钞引法，设官置库以造钞、引。钞，合盐司簿之符。引，会司县批缴之数。七年一厘革之。初，辽、金故地滨海多产盐，上京、东北二路食肇州盐，速频路食海盐，临潢之北有大盐泺，乌古里石垒部有盐池，皆足以食境内之民，尝征其税。及得中土，盐场倍之，故设官立法加详焉。然而增减不一，废置无恒，亦随时救弊而已。益都、滨州旧置两盐司，大定十三年四月，并为山东盐司。二十一年沧州及山东各务增羡，冒禁鬻盐，朝论虑其久或隳法，遂并为海丰盐使司。十一月，又并辽东等路诸盐场，为两盐司。大定二十五年，更狗泺为西京盐司。是后惟置山东、沧、宝坻、莒、解、北京、西京七盐司。

山东、沧、宝坻斤三百为袋，袋二十有五为大套，钞、引、公据三者俱备然后听鬻。小套袋十，或五、或一，每套钞一，引如袋之数。宝坻零盐较其斤数，或六之三，或六之一，又为小钞引给之，以便其鬻。解盐斤二百有五十为一席，席五为套，钞引则与陕西转运司同鬻，其输粟於陕西军营者，许以公牒易钞引。西京等场盐以石计，大套之石五，小套之石三。北京大套之石四，小套之石一。辽东大套之石十，皆套一钞，石一引。零盐积十石，亦一钞而十引。

其行盐之界，各视其地宜。山东、沧州之场九，行山东、河北、大名、河南、南京、归德诸府路，及许、亳、陈、蔡、颍、宿、泗、曹、睢、钧、单、寿诸州。莒之场十二，涛洛场行莒州，临洪场行赣榆县，独木场行海州司候司、朐山、东海县，板浦场行涟水、沭阳县，信阳场行密州，之五场又与大盐场通行沂、邳、徐、宿、泗、滕六州。西由场行莱州录事司及招远县，衡村场行即墨、莱阳县，之二场钞引及半袋小钞引，听本州县鬻之。宁海州五场皆鬻零盐，不用引目。黄县场行黄县，巨风场行登州司候司、蓬莱县，福山场行福山县，是三场又通行旁县栖霞。宁海州场行司候司、牟平县，文登场行文登县。宝坻盐行中都路，平州副使于马城县置局贮钱。解盐行河东南北路，陕西东、及南京河南府、陕、郑、唐、邓、嵩、汝诸州。西京、辽东盐各行其地。北京宗、锦之末盐，行本路及临潢府、肇州、泰州之境，与接壤者亦预焉。

世宗大定三年二月，定军私煮盐及盗官盐之法，命猛安谋克巡捕。三年十一月，诏以银牌给益都、滨、沧盐使司。十一年正月，用西京盐判宋俣言，更定狗泺盐场作六品使司，以俣为使，顺圣县令白仲通为副，以是岁入钱为定额。四月，以乌古里石垒民饥，罢其盐池税。十二年十月，诏西北路招讨司猛安所辖贫及富人奴婢，皆给食盐。宰臣言："去盐泺远者，所得不偿道里之费。"遂命计口给直，富家奴婢二十口止。

十三年二月，并榷永盐为宝坻使司，罢平、滦盐钱。沧州旧废海阜盐场，三月，州人李格请复置，诏遣使相视。有司谓："是场兴则损沧盐之课，且食盐户仍旧，而盐货岁增，必徒多积而不能售。"遂寝其议。三月，大盐泺设盐税官。复免乌古里石垒部盐池之税。二十一年八月，参知政事梁肃言："宝坻及傍县多阙食，可减盐价增粟价，而以粟易盐。"上命宰臣议，皆谓："盐非多食之物，若减价易粟，恐久而不售，以至亏课。今岁粮以七十余万石至通州，比又以恩、献等六州粟百余万石继至，足以赈之，不烦易也。"遂罢。十二月，罢平州桩配盐课。二十三年七月，博兴县民李孜收日炙盐，大理寺具私盐及刮咸土二法以上。宰臣谓非私盐可比，张仲愈独曰："私盐罪重，而犯者犹众，不可纵也。"上曰："刮碱非煎，何以同私？"仲愈曰："如此则渤海之人恣刮碱而食，将侵官课矣。"力言不已，上乃以孜同刮碱科罪。后犯则同私盐法论。十一月，张邦基言："宝坻盐课，若每石收正课百五十斤，虑有风干折耗。"遂令石加耗盐二十二斤半，仍先一岁贷支偿直，以优灶户。

二十四年七月，上在上京，谓丞相乌古论元忠等曰："会宁尹蒲察通言，其地猛安谋克户甚艰。旧速频以东食海盐。蒲与、胡里改等路食肇州盐，初定额万贯，今增至二万七千。若罢盐引，添灶户，庶可易得。"元忠对曰："已尝遣使咸平府以东规画矣。"上曰："不须待此，宜亟为之。"通又言："可罢上京酒务，听民自造以输税。"上曰："先滦州诸地亦尝令民煮盐，后以不便罢之，今岂可令民自沽耶？"二十五年十月，上还自上京，谓宰臣曰："朕闻辽东，凡人家食盐，但无引目者，既以私治罪。夫细民徐买食之，何由有引目。可止令散办，或询诸民，从其所欲。"因为之罢北京、辽东盐使司。二十八年，尚书省论盐事，上曰："盐使司虽办官课，然素扰民。盐官每出巡，而巡捕人往往私怀官盐，所至求贿及酒食，稍不如意则以所怀诬以为私盐。盐司苟图羡增，虽知其诬亦复加刑。宜令别设巡捕官，勿与盐司关涉，庶革其弊。"五月，创巡捕使，山东、沧、宝坻各二员，解、西京各一员。山东则置于潍州、招远县，沧置于深州及宁津县，宝坻置于易州及永济县，解置于澄城县，西京置于兜答馆，秩从六品，直隶省部，各给银牌，取盐使司弓手充巡捕人，且禁不得于人家搜索，若食盐一斗以下不得究治，惟盗贩私煮则捕之，在三百里内者属转运司，外者即随路府提点所治罪，盗课盐者亦如之。

章宗大定二十九年十月，上朝隆庆宫，谕有司曰："比因猎，知百姓多有盐禁获罪者，民何以堪？朕欲令依平、滦、太原均办例，令民自煎，其令百官议之。"十二月，户部尚书邓俨等谓："若令民计口定课，民既输干办钱，又必别市而食，是重费民财，而徒增煎贩者之利也。且今之盐价，盖昔日钱币易得之时所定，今日与向不同，况太平日久，户口蕃息，食盐岁课宜有羡增，而反无之，何哉？缘官估高，贫民利私盐之贱，致亏官课尔。近已减宝坻、山东、沧盐价斤为三十八文，乞更减去八文，岁不过减一百二十余万贯，官价既贱，所售必多，自有羡余，亦不全失所减之数。况今府库金银约折钱万万贯有奇，设使盐课不足，亦足补百有余年之经用，若量入为出，必无不足之患。乞令平、滦干办盐课亦宜减价，各路巡盐弓手不得自专巡捕，庶革诬罔之弊。"礼部尚书李晏等曰："所谓干办者，既非美名，又非良法。必欲杜绝私煮盗贩之弊，莫若每斤减为二十五文，使公私价同，则私将自已。又巡盐兵吏往往挟私盐以诬人，可令与所属司县期会，方许巡捕，违者按察司罪之。"刑部尚书郭邦杰等则谓："平、滦濒海及太原卤地可依旧干办，余同俨议。"御史中丞移剌仲方则谓："私煎盗贩之徒，皆知禁而犯之者也。可选能吏充巡捕使，而不得入人家搜索。"同知大兴府事王翛请每斤减为二十文，罢巡盐官。左谏议大夫徒单镒则以干办为便。宰臣奏："以每斤官本十文，若减作二十五文，似为得中。巡盐弓手可减三分之一，盐官出巡须约所属同往，不同获者不坐。可自来岁五月一日行之。"上遂命宝坻、山东、沧盐每斤减为三十文，已发钞引未支者准新价足之，余从所请。十二月，遂罢西京、解盐巡捕使。时既诏罢干办盐钱，十二月以大理司直移剌九胜奴、广宁推官宋扆议北京、辽东盐司利病，遂复置北京、辽东盐使司，北京路岁以十万余贯为额，辽东路以十三万为额。罢西京及解州巡捕使。

明昌元年七月，上封事者言河东北路干办盐钱岁十万贯太重，以故民多逃徙，乞缓其征督。上命俟农隙遣使察之。十二月，定禁司县擅科盐制。二年五月，省臣以山东盐课不足，盖由盐司官出巡不敢擅捕，必约所属同往，人不畏故也。遂诏，自今如有盗贩者，听盐司官辄捕。民私煮及藏匿，则约所属搜索。巡尉弓兵非与盐司相约，则不得擅入人家。三年六月，孙即康等同盐司官议："军民犯私盐，三百里内者盐司按罪，远者付提点所，皆征捕获之赏于贩造者。猛安谋克部人煎贩及盗者，所管官论赎，三犯杖之，能捕获则免罪。又滨州渤海县永和镇去州远，恐藏盗及私盐，可改为永丰镇与曹子山村，各创设巡检，山东、宝坻、沧盐司判官乞升为从七品，用进士。"上命猛安谋克杖者再议，余皆从之。尚书省奏："山东滨、益九场之盐行于山东等六路，涛洛等五场止行于沂、邳、徐、宿、滕、泗六州，各有定课，方之九场，大课不同。若令与九场通比增亏。其五场官恃彼大课，恐不用力，转生奸弊。"遂定令五场自为通比。旧法与盐司使副通比，故至是始改焉。

五年正月，八小场盐官左革等，以课不能及额，缴进告敕。遂遣使按视十三场再定，除涛洛等五场系设管勾，可即日恢办，乃以革所告八场，从大定二十六年制，自见管课，依新例永相比磨。户部郎中李敬义等言："八小场今新定课有减其半者，如使俱从新课，而旧课已办入官，恐所减钱多，因而作弊，而所收钱数不复尽实附历纳官。”遂从明昌元年所定酒税院务制，令即日收办。十一月，以旧制猛安谋克犯私盐酒曲者，转运司按罪，遂更定军民犯私盐者皆令属盐司，私酒曲则属转运司，三百里外者则付提点所，若逮问犯人而所属吝不遣者徒二年。十二月，尚书省议山东、沧州旧法每一斤钱四十一文，宝坻每一斤四十三文，自大定二十九年赦恩并特旨，减为三十文，计减百八十五万四千余贯。后以国用不充，遂奏定每一斤复加三文为三十三文。至承安三年十二月，尚书省奏：“盐利至大，今天下户口蕃息，食者倍于前，军储支引者亦甚多，况日用不可阙之物，岂以价之低昂而有多寡也。若不随时取利，恐徒失之。”遂复定山东、宝坻、沧州三盐司价每一斤加为四十二文。解州旧法每席五贯文，增为六贯四百文。辽东、北京旧法每石九百文，增为一贯五百文。西京煎盐旧石二贯文，增为二贯八百文，捞盐旧一贯五百文，增为二贯文，既增其价，复加其所鬻之数。七盐司旧课岁入六百二十二万六千六百三十六贯五百六十六文，至是增为一千七十七万四千五百一十二贯一百三十七文二分。山东旧课岁入二百五十四万七千三百三十六贯，增为四百三十三万四千一百八十四贯四百文。沧州旧课岁入百五十三万一千二百贯，增为二百七十六万六千六百三十六贯。宝坻旧入八十八万七千五百五十八贯六百文，增为一百三十四万八千八百三十九贯。解州旧入八十一万四千六百五十七贯五百文，增为一百三十二万一千五百二十贯二百五十六文。辽东旧入十三万一千五百七十二贯八百七十文，增为三十七万六千九百七十贯二百五十六文。北京旧入二十一万三千八百九十二贯五百文，增为三十四万六千一百五十一贯六百一十七文二分。西京旧入十万四百一十九贯六百九十六文，增为二十八万二百六十四贯六百八文。

四月，宰臣奏：“在法，猛安谋克有告私盐而不捕者杖之，其部人有犯而失察者，以数多寡论罪。今乃有身犯之者，与犯私酒曲、杀牛者，皆世袭权贵之家，不可不禁。”遂定制徒年、杖数，不以赎论，不及徒者杖五十。八月，命山东、宝坻、沧州三盐司，每春秋遣使督按察司及州县巡察私盐。

泰和元年九月，省臣以沧、滨两司盐袋，岁买席百二十万，皆取于民。清州北靖海县新置沧盐场，本故猎地，沮洳多芦，宜弛其禁，令民时采而织之。十一月，陕西路转运使高汝砺言：“旧制，捕告私盐酒曲者，计斤给赏钱，皆征于犯人。然盐官获之则充正课，巡捕官则不赏。巡捕军则减常人之半，免役弓手又半之，是罪同而赏异也。乞以司县巡捕官不赏之数，及巡捕弓手所减者，皆征以入官，则罪赏均矣。”诏从之。三年二月，以解盐司使治本州，以副治安邑。十一月，定进士授盐使司官，以榜次及入仕先后拟注。

四年六月，以七盐使司课额七年 一定为制，每斤增为四十四文，时桓州刺史张炜乞以盐易米，诏省臣议之。六月，诏以山东、沧州盐司自增新课之后，所亏岁积，盖官既不为经画，而管勾、监同与合干人互为奸弊，以致然也。即选才干者代两司使副，以进士及部令史、译人、书史、译史、律科、经童、诸局分出身之廉慎者为管勾，而罢其旧官。十月，西北路有犯花咸禁者，欲同盐禁罪，宰臣谓：“若比私盐，则有不同。”诏定制，收碱者杖八十，十斤加一等，罪止徒一年，赏同私矾例。五年六月，以山东、沧州两盐司侵课，遣户部员外郎石铉按视之，还言令两司分办为便。诏以周昂分河北东西路、大名府、恩州、南京、睢、陈、蔡、许、颍州隶沧盐司，以山东东西路、开、濮州、归德府、曹、单、亳、寿、泗州隶山东盐司，各计口承课。十月，签河北东西大名路按察司事张德辉言：“海壖人易得私盐，故犯法者众，可量户口均配之。”尚书省命山东按察司议其利便，言：“莱、密等州比年不登，计口卖盐所敛虽微，人以为重，恐致流亡。且私煮者皆无籍之人，岂以配买而不为哉！”遂定制，命与沧盐司皆驰驿巡察境内。

六年三月，右丞相内族宗浩、参知政事贾铉言：“国家经费惟赖盐课，今山东亏五十余万贯，盖以私煮盗贩者成党，盐司既不能捕，统军司、按察司亦不为禁，若止论犯私盐者之数，罚俸降职，彼将抑而不申，愈难制矣！宜立制，以各官在职时所增亏之实，令盐司以达省部，以为升降。”遂诏诸统军、招讨司，京府州军官，所部有犯者，两次则夺半月俸，一岁五次则奏裁，巡捕官但犯则的决，令按察司御史察之。四月，从涿州刺史夹谷蒲乃言，以莱州民所纳盐钱听输丝绵银钞。七年九月，定西北京、辽东盐使判官及诸场管勾，增亏升降格，凡文资官吏员，诸局署承应人、应验资历注者，增不及分者升本等首，一分减一资，二分减两资，迁一官，四分减两资，迁两官，亏则视此为降。如任回验官注拟者，增不及分升本等首，一分减一资，二分减一资、迁一阶，四分减两资、迁两阶，亏者亦视此为降。十二月，尚书省以卢附翼所言，遂定制灶户盗卖课盐法，若应纳盐课外有余，则尽以申官，若留者减盗一等。若刮碱土煎食之，采黄穗草烧灰淋卤，及以酵粥为酒者，杖八十。八年七月，宋克俊言：“盐管勾自改注进士诸科人，而监官有失超升县令之阶，以故怠而亏课，乞依旧为便。”有司以泰和四年改注时，选当时到部人截替，遂拟以秋季到部人注代。八年七月，诏沿淮诸榷场，听官民以盐市易。

宣宗贞祐二年十月，户部言：“阳武、延津、原武、荥泽、河阴诸县饶咸卤，民私煎不能禁。”遂诏置场，设判官、管勾各一员，隶户部。既而，御史台奏：“诸县皆为有力者夺之，而商贩不行。”遂敕御史分行申明禁约。三年十二月，河东南路权宣抚副使乌古论庆寿言：“绛、解民多业贩盐，由大阳关以易陕、虢之粟，及还渡河，而官邀籴其八，其旅费之外所存几何？而河南行部复自运以易粟于陕，以尽夺民利。比岁河东旱蝗，加以邀籴，物价踊贵，人民流亡，诚可闵也。乞罢邀籴，以纾其患。”四年七月，庆寿又言：“河中乏粮，既不能济，而又邀籴以夺之。夫盐乃官物，有司陆运至河，复以舟达京兆、凤翔，以与商人贸易，艰得而甚劳。而陕西行部每石复邀籴二斗，是官物而自籴也。夫转盐易物，本济河中，而陕西复强取之，非夺而何？乞彼此壹听民便，则公私皆济。”上从之。兴定二年六月，以延安行六部员外郎卢进建言：“绥德之嗣武城、义合、克戎寨近河地多产盐，请设盐场管勾一员，岁获十三万余斤，可输钱二万贯以佐军。”三年，诏用其言，设官鬻盐给边用。四年，李复亨言：“以河中西岸解盐旧所易粟麦万七千石充关东之用。”寻命解盐不得通陕西，以北方有警，河禁方急也。元光二年内族讹可言，民运解盐有助军食，诏修石墙以固之。

酒

金榷酤因辽、宋旧制，天会三年始命榷官以周岁为满。世宗大定三年，诏宗室私酿者，从转运司鞫治。三年，省奏中都酒户多逃，以故课额愈亏。上曰：“此官不严禁私酿所致也。”命设军百人，隶兵马司，同酒使副合千人巡察，虽权要家亦许搜索。奴婢犯禁，杖其主百。且令大兴少尹招复酒户。八年，更定酒使司课及五万贯以上，盐场不及五万贯者，依旧例通注文武官，余并右职有才能、累差不亏者为之。九年，大兴县官以广阳镇务亏课，而惧夺其俸，乃以酒散部民，使输其税。大理寺以财非入己，请以赎论。上曰：“虽非私赃，而贫民亦被其害，若止从赎，何以惩后。”特命解职。二十六年，省奏盐铁酒曲自定课后，增各有差。上曰：“朕顷在上京，酒味不嘉。朕欲如中都曲院取课，庶使民得美酒。朕日膳亦减省，尝有一公主至，而无余膳可与。朕欲日用五十羊何难哉！虑费用皆出于民，不忍为也。监临官惟知利己，不知利何从来？若恢办增羡者酬迁，亏者惩殿，仍更定并增并亏之课，无失元额。如横班只亏者，与余差一例降罚，庶有激劝。且如功酬合办二万贯，而止得万七八千，难迭两酬者，必止纳万贯，而辄以余钱入己。今后可令见差使内不迭酬余钱，与后差使内所增钱通算为酬，庶钱可入官。及监官食直，若不先与，何以责廉。今后及格限而至者，即用此法。”又奏罢杓栏人。二十七年，议以天下院务，依中都例，改收曲课，而听民酤。户部遣官询问辽东来远军，南京路新息、虞城，西京路西京酒使司、白登县、迭剌部族、天成县七处，除税课外，愿自承课卖酒。上曰：“自昔监官多私官钱，若令百姓承办，庶革此弊。其试行之。”

明昌元年正月，更定新课，令即日收办。中都曲使司，大定间，岁获钱三十六万一千五百贯，承安元年岁获四十万五千一百三十三贯。西京酒使司，大定间，岁获钱五万三千四百六十七贯五百八十八文，承安元年岁获钱十万七千八百九十三贯。七月，定中都曲使司以大定二十一年至明昌六年为界，通比均取一年之数为额。五年四月，省奏：“旧随处酒税务，所设杓栏人，以射粮军历过随朝差役者充，大定二十六年罢去，其随朝应役军人，各给添支钱粟酬其劳。今拟将元收杓栏钱，以代添支，令各院务验所收之数，百分中取三，随课代输，更不入比，岁约得钱三十余万，以佐国用。”泰和四年九月，省奏：“在都曲使司，自定课以来八年并增，宜依旧法，以八年通该课程，均其一年之数，仍取新增诸物一分税钱并入，通为课额。以后之课，每五年一定其制。”又令随处酒务，元额上通取三分作糟酵钱。六年，制院务卖酒数各有差，若数外卖、及将带过数者，罪之。宣宗贞祐三年十二月，御史田迥秀言：“大定中，酒税岁及十万贯者，始设使司，其后二万贯亦设，今河南使司亦五十余员，虚费月廪，宜依大定之制。”元光元年，复设曲使司。

醋税

自大定初，以国用不足，设官榷之，以助经用。至二十三年，以府库充牣，遂罢之。章宗明昌五年，以有司所入不充所出，言事者请榷醋息，遂令设官榷之，其课额，俟当差官定之。后罢。承安三年三月，省臣以国用浩大，遂复榷之。五百贯以上设都监，千贯以上设同监一员。

茶

自宋人岁供之外，皆贸易于宋界之榷场。世宗大定十六年，以多私贩，乃更定香茶罪赏格。章宗承安三年八月，以谓费国用而资敌，遂命设官制之。以尚书省令史承德郎刘成往河南视官造者，以不亲尝其味，但采民言谓为温桑，实非茶也，还即白上。上以为不干，杖七十，罢之。四年三月，于淄、密、宁海、蔡州各置一坊，造新茶，依南方例每斤为袋，直六百文。以商旅卒未贩运，命山东、河北四路转运司以各路户口均其袋数，付各司县鬻之。买引者，纳钱及折物，各从其便。五月，以山东人户造卖私茶，侵侔榷货，遂定比煎私矾例，罪徒二年。

泰和四年，上谓宰臣曰：“朕尝新茶，味虽不嘉，亦岂不可食也。比令近侍察之，乃知山东、河北四路悉桩配于人。既曰强民，宜抵以罪。此举未知运司与县官孰为之，所属按察司亦当坐罪也。其阅实以闻。自今其令每袋价减三百文，至来年四月不售，虽腐败无伤也。”五年春，罢造茶之坊。三月，上谕省臣曰：“今虽不造茶，其勿伐其树，其地则恣民耕樵。”六年，河南茶树槁者，命补植之。十一月，尚书省奏：“茶，饮食之余，非必用之物。比岁下上竞啜，农民尤甚，市井茶肆相属。商旅多以丝绢易茶，岁费不下百万，是以有用之物而易无用之物也。若不禁，恐耗财弥甚。”遂命七品以上官，其家方许食茶，仍不得卖及馈献。不应留者，以斤两立罪赏。七年，更定食茶制。八年七月，言事者以茶乃宋土草芽，而易中国丝绵锦绢有益之物，不可也。国家之盐货出于卤水，岁取不竭，可令易茶。省臣以谓所易不广，遂奏令兼以杂物博易。宣宗元光二年三月，省臣以国蹙财竭，奏曰：“金币钱谷，世不可一日阙者也。茶本出于宋地，非饮食之急，而自昔商贾以金帛易之，是徒耗也。泰和间，尝禁止之，后以宋人求和，乃罢。兵兴以来，复举行之，然犯者不少衰，而边民又窥利，越境私易，恐因泄军情，或盗贼入境。今河南、陕西凡五十余郡，郡日食茶率二十袋，袋直银二两，是一岁之中妄费民银三十余万也。奈何以吾有用之货而资敌乎？”乃制亲王、公主及见任五品以上官，素蓄者存之，禁不得卖、馈，余人并禁之。犯者徒五年，告者赏宝泉一万贯。

诸征商

海陵贞元元年五月，以都城隙地赐随朝大小职官及护驾军，七月，各征钱有差。大定二年，制院务创亏及功酬格。八月，罢诸路关税，止令讥察。三年，尚书省奏：

"山东西路转运司言，坊场河渡多逋欠。"诏如监临制，以年岁远近为差，蠲减。又以尚书工部令史刘行义言，定城郭出赁房税之制。五年，以前此河泺罢设官，复召民射买，两界之后，仍旧设官。二十年正月，定商税法，金银百分取一，诸物百分取三。章宗大定二十九年，户部言天下河泊已许与民同利，其七处设官可罢之，委所属禁豪强毋得擅其利。

明昌元年正月，敕尚书省，定院务课商税额，诸路使司院务千六百一十六处，比旧减九十四万一千余贯，遂罢坊场，免赁房税。十月，尚书省奏："今天下使司院务，既减课额，而监官增亏既有升迁追殿之制，宜罢提点所给赏罚俸之制，但委提刑司，察提点官侵犯场务者，则论如制。"诏从之。二年，诏减南京出赁官房及地基钱。三年，谕提刑司，禁势力家不得固山泽之利。又司竹监岁采入破竹五十万竿，春秋两次输都水监，备河防，余边刀笋皮等卖钱三千贯，苇钱二千贯，为额。明昌五年，陈言者乞复旧置坊场，上不许，惟许增置院务，诏尚书省参酌定制，遂拟辽东、北京依旧许人分办，中都等十一路差官按视，量添设院务于二十三处，自今岁九月一日立界，制可。大定间，中都税使司岁获十六万四千四百四十余贯，承安元年，岁获二十一万四千五百七十九贯。泰和六年五月，制院务课亏，令运司差官监榷。

金银之税

大定三年，制金银坑冶许民开采，二十分取一为税。泰和四年，言事者以金银百分中取一，诸物取三，今物价视旧为高，除金银则额所不能尽该，自余金银可并添一分。诏从之。七年三月，户部尚书高汝砺言："旧制，小商贸易诸物收钱四分，而金银乃重细之物，多出富有之家，复止三分，是为不伦，亦乞一例收之。"省臣议以为如此恐多匿隐。遂止从旧。

卷五十　　志第三十一

食　货　五

榷场　和籴　常平仓
水田　区田　入粟　鬻度牒

榷场

与敌国互市之所也。皆设场官，严厉禁，广屋宇以通二国之货，岁之所获亦大有助于经用焉。熙宗皇统二年五月，许宋人之请，遂各置于两界。九月，命寿州、邓州、凤翔府等处皆置。海陵正隆四年正月，罢凤翔府、唐、邓、颍、蔡、巩、洮等州并胶西县所置者，而专置于泗州。寻伐宋，亦罢之。五年八月，命榷场起赴南京。国初于西北招讨司之燕子城、北羊城之间尝置之，以易北方牧畜。世宗大定三年，市马于夏国之榷场。四年，以尚书省奏，复置泗、寿、蔡、唐、邓、颍、密、凤翔、秦、巩、洮诸场。七年，禁秦州场不得卖米面、及羊豕之腊、并可作军器之物入外界。十七年二月，上谓宰臣曰："宋人喜生事背盟，或与大石交通，恐枉害生灵，不可不备。其陕西沿边榷场可止留一处，余悉罢之。令所司严察奸细。"前此，以防奸细，罢西界兰州、保安、绥德三榷场。二十一年正月，夏国王李仁孝上表乞复置，以保安、兰州无所产，而且税少，惟于绥德为要地，可复设互市，命省臣议之。宰臣以陕西邻西夏，边民私越境盗窃，缘有榷场，故奸人得往来，拟东胜可依旧设，陕西者并罢之。上曰："东胜与陕西道路隔绝，贸易不通，其令环州置一场。"寻于绥德州复置一场。十二月，禁寿州榷场受分例。分例者，商人赍见场官之钱币也。

章宗明昌二年七月，尚书省以泗州榷场自前关防不严，遂奏定从大定五年制，官为增修舍屋，倍设阑禁，委场官及提控所拘榷，以提刑司举察。惟东胜、净、庆州，来远军者仍旧，余皆修完之。泗州场，大定间，岁获五万三千四百六十七贯，承安元年，增为十万七千八百九十三贯六百五十三文。所须杂物，泗州场岁供进新茶千胯、荔支五百斤、圆眼五百斤、金橘六千斤、橄榄五百斤、芭蕉干三百个、苏木千斤、温柑七千个、橘子八千个、沙糖三百斤、生姜六百斤、栀子九十称、犀象丹砂之类不与焉。宋亦岁得课四万三千贯。秦州西子城场，大定间，岁获三万三千六百五十六贯，承安元年，岁获十二万二千九十九贯。承安二年，复置于保安、兰州。三年九月，行枢密院奏："斜出等告开榷场，拟于辖里尼要安置。"许自今年十一月贸易。寻定制，随路榷场若以见钱入外界、与外人交易者，徒五年，三斤以上死。宋界诸场，以伐宋皆罢。泰和八年八月，以与宋和，宋人请如旧置之，遂复置于唐、邓、寿、泗、息州及秦、凤之地。

宣宗贞祐元年，秦州榷场为宋人所焚。二年，陕西安抚副使乌古论衮州复开设之，岁所获以十数万计。三年七月，议欲听榷场互市用银，而计数税之。上曰："如此，是公使银入外界也。"平章尽忠、权参知政事德升曰："赏赐之用莫如银绢，而府库不足以给之。互市虽有禁，而私易者自如。若税之，则敛不及民而用可足。"平章高琪曰："小人敢犯，法不行尔，况许之乎？今军未息，而产银之地皆在外界，不禁则公私指日罄矣！"上曰："当熟计之。"兴定元年，集贤咨议官吕鉴言："尝监息州榷场，每场获布数千匹，银数百两，兵兴之后皆失之。"

金银之税。世宗大定五年，听人射买宝山县银冶。九年，御史台奏河南府以和买金银，抑配百姓，且下其直。上曰："初，朕欲泉货流通，故令行，岂可反害民乎？"遂罢之。十二年，诏金银坑冶，恣民采，毋收税。二十七年，尚书省奏："听民于农隙采银，承纳官课。"明昌二年，天下见在金千二百余铤，银五十五万二千余铤。三年，以提刑司言，封诸处银冶，禁民采炼。五年，以御史台奏，请令民采炼随处金银铜冶，上命尚书省议之。宰臣议谓："国家承平日久，户口增息，虽尝禁之，而贫人苟求生计，聚众私炼。上有禁之之名。而无杜绝之实，故官无利而民多犯法。如令民射买，则贫民壮者为夫匠，老稚供杂役，各得均齐，而射买之家亦有余利。如此，则可以久行。比之官役顾工，糜费百端者，有间矣。”遂定制，有冶之地，委谋克县令籍数，召募射买。禁权要、官吏、弓兵、里胥皆不得与。如旧场之例，令州府长官一员提控，提刑司访察而禁治之。上曰：“此终非长策。”参知政事胥持国曰：“今姑听如此，后有利然后设官可也。譬之酒酤，盖先为坊场，而后官榷也。”上亦以为然，遂从之。坟山、西银山之银窟凡百一十有三。

和籴

熙宗皇统二年十月，燕、西、东京、河东、河北、山东，汴京等路秋熟，命有司增价和籴。世宗大定二年，以正隆之后仓廪久匮，遣太子少师完颜守道等，山东东、西路收籴军粮，除户口岁食外，尽令纳官，给其直。三年，谓宰臣曰：“国家经费甚大，向令山东和籴，止得四十五万余石，未足为备。自古有水旱，所以无患者，由蓄积多也。山东军屯处须急为二年之储，若遇水旱则用赈济。自余宿兵之郡，亦须籴以足之。京师之用甚大，所须之储，其敕户部宜急为计。”五年，责宰臣曰：“朕谓积贮为国本，当修仓廪以广和籴。今闻外路官文具而已。卿等不留心，甚不称委任之意。”六年八月，敕有司，秋成之后，可于诸路广籴，以备水旱。九年正月，谕宰臣曰：“朕观宋人虚诞，恐不能久遵誓约。其令将臣谨饬边备，以戒不虞。去岁河南丰，宜令所在广籴，以实仓廪。诏州县和籴，毋得抑配百姓。”十二年十二月，诏在都和籴以实仓廪，且使钱币通流。又诏凡秋熟之郡，广籴以备水旱。十六年五月，谕左丞相纥石烈良弼曰：“西边自来不备储蓄，其令所在和籴，以备缓急。”十七年春，尚书省奏：“先奉诏赈济东京等路饥民，三路粟数不能给。”上曰：“朕尝谕卿等，丰年广籴以备凶歉。卿等皆言天下仓廪盈溢，今欲赈济，乃云不给。自古帝王皆以蓄积为国长计，朕之积粟岂欲独用。即今不给，可于邻道取之。自今多备，当以为常。”四月，尚书省奏：“东京三路十二猛安尤阙食者，已赈之矣。尚有未赈者。”诏遣官诣复州、曷苏馆路，检视富家，蓄积有余增直以籴。令近地居民就往受粮。十八年四月，命泰州所管诸猛安、西北路招讨司所管奚猛安，咸平府庆云县霿鬆河等处遇丰年，多和籴。

章宗明昌四年七月，谕旨户部官：“闻通州米粟甚贱，若以平价官籴之，何如?”于是，有司奏：“中都路去岁不熟，今其价稍减者，以商旅运贩继至故也。若即差官争籴，切恐市价腾踊，贫民愈病，请俟秋收日，依常平仓条理收籴。”诏从之。明昌五年五月，上曰：“闻米价腾踊，今官运至者有余，可减直以粜之。其明告民，不须贵价私籴也。”六年七月，敕宰臣曰：“诏制内饥谨之地令减价粜之，而贫民无钱者何以得食，其议赈济。”省臣以为：“阙食州县，一年则当赈贷，二年然后赈济，如其民实无恒产者，虽应赈贷，亦请赈济。”上遂命间隔饥荒之地，可以辨钱收籴者减价粜之，贫乏无依者赈济。

宣宗贞祐三年十月，命高汝砺籴于河南诸郡，令民输挽入京，复命在京诸仓籴民输之余粟。侍御史黄掴奴申言：“汝砺所籴足给岁支，民既于租赋之外转挽而来，亦已劳矣！止将其余以为归资，而又强取之，可乎？且籴此有日矣，而止得二百余石，此何济也。”诏罢之。十二月，附近郡县多籴於京师，谷价腾踊，遂禁其出境。四年，河北行省侯挚言：“河北人相食，观、沧等州斗米银十余两。伏见沿河诸津许贩粟北渡，然每石官籴其八，商人无利，谁肯为之。且河朔之民皆陛下赤子，既罹兵革，又坐视其死，臣恐弄兵之徒得以籍口而起也。愿止其籴，纵民输贩为便。”诏从之。又制凡军民客旅粟不于官籴处粜，而私贩渡河者，杖百。沿河军及讥察权豪家犯者，徒年、杖数并的决从重，以物没官。上以河北州府钱多，其散失民间颇广，命尚书省措画之。省臣奏：“已命山东、河北榷酤及滨、沧盐司，以分数带纳矣。今河北艰食，贩粟北渡者众，宜权立法以遮籴之。拟于诸渡口南岸，选通练财货官，先以金银丝绢等博易商贩之粮，转之北岸，以回易籴本，兼收见钱。不惟杜奸弊，亦使钱入京师。”从之。又上封事者言：“比年以来屡艰食，虽由调度征敛之繁，亦兼并之家有以夺之也。收则乘贱多籴，困急则以贷人，私立券质，名为无利而实数倍。饥民惟恐不得，莫敢较者，故场功甫毕，官租未了，而囤已空矣！此富者益富，而贫者益贫者也。国朝立法，举财物者月利不过三分，积久至倍则止，今或不期月而息三倍。愿明敕有司，举行旧法，丰熟之日增价和籴，则在公有益，而私无损矣。”诏宰臣行之。是年，权河东南路宣抚副使乌古论庆寿言邀籴事。（见《盐志》下。）

兴定元年，上颇闻百姓以和籴太重，弃业者多，命宰臣加意焉。八月，以户部郎中杨贞权陕西行六部尚书，收给潼、陕军马之用，奏籴贩粮济河者之半，以宽民。从之。六月，立和籴赏格。

常平仓

世宗大定十四年，尝定制，诏中外行之，其法寻废。章宗明昌元年八月，御史请复设，敕省臣详议以闻。省臣言：“大定旧制，丰年则增市价十之二以籴，俭岁则减市价十之一以出，平岁则已。夫所以丰则增价以收者，恐物贱伤农。俭则减价以出者，恐物贵伤民。增之损之以平粟价，故谓常平，非谓使天下之民专仰给于此也。今天下生齿至众，如欲计口使余一年之储，则不惟数多难办，又虑出不以时而致腐败也。况复有司抑配之弊，殊非经久之计。如计诸郡县验户口例以月支三斗为率，每口但储三月，已及千万数，亦足以平物价救荒凶矣。若令诸处，自官兵三年食外，可充三月之食者免籴，其不及者俟丰年籴之，庶可久行也。然立法之始贵在必行，其令提刑司各路计司兼领之，郡县吏沮格者纠，能推行者加擢用。若中都路年谷不熟之所，则依常平法，减其价三之一以籴。”诏从之。

三年八月，敕：“常平仓丰籴俭粜，有司奉行勤惰褒罚之制，其遍谕诸路，其奉行灭裂者，提刑司纠察以闻。”又谓宰臣曰：“随处常平仓，往往有名无实。况远县人户岂肯跋涉，直就州府粜籴。可各县置仓，命州府县官兼提控管勾。”遂定制，县距州六十里内就州仓，六十里外则特置。旧拟备户口三月之粮，恐数多致损，改令户二万以上备三万石，一万以上备二万石，一万以下、五千以上备万五千石，五千户以下备五千石。河南、陕西屯军贮粮之县，不在是数。州县有仓仍旧，否则创置。郡县吏受代，所籴粟无坏，一月内交割给由。如无同管勾，亦准上交割。违限，委州府并提刑司差官催督监交。本处岁丰，而收籴不及一分者，本等内降，提刑司体察，直申尚书省，至日斟酌黜陟。九月，敕置常平仓之地，令州府官提举之，县官兼董其事，以所籴多寡约量升降，为永制。又谕尚书省曰："上京路诸县未有常平仓，如亦可置，定其当备粟数以闻。"四年十月，尚书省奏："今上京、蒲与、速频、曷懒、胡里改等路，猛安谋克民户计一十七万六千有余，每岁收税粟二十万五千余石，所支者六万六千余石，总其见数二百四十七万六千余石。臣等以为此地收多支少，遇灾足以赈济，似不必置。"遂止。

五年九月，尚书省奏："明昌三年始设常平仓，定其永制。天下常平仓总五百一十九处，见积粟三千七百八十六万三千余石，可备官兵五年之食，米八百一十余万石，可备四年之用，而见在钱总三千三百四十三万贯有奇，仅支二年以上，见钱既少，且比年稍丰而米价犹贵，若复预籴，恐价腾踊，于民未便。"遂诏权罢中外常平仓和籴，俟官钱羡余日举行。

水田

明昌五年闰十月，言事者谓郡县有河者可开渠，引以溉田，诏下州郡。既而八路提刑司虽有河者皆言不可溉，惟中都路言安肃、定兴二县可引河溉田四千余亩，诏命行之。六年十月，定制，县官任内有能兴水利田及百顷以上者，升本等首注除。谋克所管屯田，能创增三十顷以上，赏银绢二十两匹，其租税止从陆田。承安二年，敕放白莲潭东闸水与百姓溉田。三年，又命勿毁高梁河闸，从民灌溉。泰和八年七月，诏诸路按察司规画水田，部官谓："水田之利甚大，沿河通作渠，如平阳掘井种田俱可灌溉。比年邳、沂近河布种豆麦，无水则凿井灌之，计六百余顷，比之陆田所收数倍。以此较之，它境无不可行者。"遂令转运司因出计点，就令审察，若诸路按察司因劝农，可按问开河或掘井如何为便，规画具申，以俟兴作。

贞祐四年八月，言事者程渊言："砀山诸县陂湖，水至则畦为稻田，水退种麦，所收倍于陆地。宜募人佃之，官取三之一，岁可得十万石。"诏从之。兴定五年五月，南阳令李国瑞创开水田四百余顷，诏升职二等，仍录其最状遍谕诸道。十一月，议兴水田。省奏："汉召信臣于南阳灌溉三万顷。魏贾逵堰汝水为新陂，通运二百余里，人谓之贾侯渠。邓艾修淮阳、百尺二渠，通淮、颍、大治诸陂于颍之南，穿渠三百余里，溉田二万顷。今河南郡县多古所开水田之地，收获多于陆地数倍。"敕令分治户部按行州郡，有可开者诱民赴功，其租止依陆田，不复添征，仍以官赏激之。陕西除三白渠设官外，亦宜视例施行。元光元年正月，遣户部郎中杨大有等诣京东、西、南三路开水田。

区田之法

见嵇康《养生论》，自是历代未有天下通用如赵过一亩三甽之法者。章宗明昌三年三月，宰执尝论其法于上前，上曰："卿等所言甚嘉，但恐农民不达此法。如其可行，当遍谕之。"四年夏四月，上与宰执复言其法，久之，参知政事胥持国曰："今日方之大定间，户口既多，费用亦厚。若区种之法行，良多利益。"上曰："此法自古有之，若其可行，则何为不行也？"持国曰："所以不行者，盖民未见其利。今已令试种于城南之地，乃委官往监督之。若使民见收成之利，当不率而自效矣。"参知政事夹谷衡以为："若有其利，古已行矣。且用功多而所种少，复恐废垅亩之田功也。"上曰："姑试行之。"六月，上问参知政事胥持国曰："区种事如何？"对曰："六七月之交，方可见矣。""河东及代州田种今岁佳否？"曰："比常年颇登。"是日，命近侍二人驰驿巡视京畿禾稼。五年正月，敕谕农民使区种。先是，陈言人武陟高翌上区种法，且请验人丁地土多少，定数令种。上令尚书省议既定，遂敕令农田百亩以上，如濒河易得水之地，须区种三十余亩，多种者听。无水之地则从民便。仍委各千户谋克县官依法劝率。

承安元年四月，初行区种法，男年十五以上、六十以下有土田者丁种一亩，丁多者五亩止。二年二月，九路提刑马百禄奏："圣训农民有地一顷者区种一亩，五亩即止。臣以为地肥瘠不同，乞不限亩数。"制可。

泰和四年九月，尚书省奏："近奉旨讲议区田，臣等谓此法本欲利民，或以天旱乃始用之，仓卒施功未必有益也。且五方地肥瘠不同，使皆可以区种，农民见有利自当勉以效之。不然，督责虽严，亦徒劳耳。"敕遂令所在长官及按察司随宜劝谕，亦竟不能行。

入粟　鬻度牒

熙宗皇统三年三月，陕西旱饥，诏许富民入粟补官。世宗大定元年，以兵兴岁歉，下令听民进纳补官。又募能济饥民者，视其人数为补官格。五年，上谓宰臣曰："顷以边事未定，财用阙乏，自东、南两京外，命民进纳补官，及卖僧、道、尼、女冠度牒，紫、褐衣师号，寺观名额。今边鄙已宁，其悉罢之。庆寿寺、天长观岁给度牒，每道折钱二十万以赐之。"明昌二年，敕山东、河北阙食之地，纳粟补官有差。承安二年，卖度牒、师号、寺观额，复令人入粟补官。三年，西京饥，诏卖度牒以济之。

宣宗贞祐二年，从知大兴府事胥鼎所请，定权宜鬻恩例格，进官升职、丁忧人许应举求仕、监户从良之类，入粟草各有数。三年，制无问官民，有能劝率诸人纳物入官者，米百五十石迁官一阶，正班任使。七百石两阶，除诸司。千石三阶，除丞簿。过此数则请于朝廷议赏。推司县官有能劝二千石迁一阶，三千石两阶，以济军储。又定制，司县官能劝率进粮至五千石以上者减一资考，万石以上迁一官、减二等考，二万石以上迁一官、升一等，皆注见阙。四年，河东行省胥鼎言："河东兵多民少，仓空岁饥。窃见潞州元帅府虽设鬻爵恩例，然条目至少，未尽劝率之术。今拟凡补买正班，依格止廕一名。若愿输许增廕一名。僧道已具师号者，许补买本司官。职官愿纳粟或不愿给俸及券粮者，宜量数迁加。三举终场人年五十以上，四举年四十五以上，并许入粟，该恩大小官及承应人。令译史吏员，虽未系班，亦许进纳迁官。其有品官应注诸司者，听献物借注丞簿。丞簿注县令，差使免一差。掌军官能自备刍粮者，依职官例迁官如旧。”四年，耀州僧广惠言：“军储不足，凡京府节镇以上僧道官，乞令纳粟百石。防刺郡副纲、威仪等，七十石者乃充，三十月满替。诸监寺十石，周年一代，愿复买者听。”诏从之。

兴定元年，潞州行元帅府事粘割贞言：“近承奏格，凡去岁覃恩之官，以品从差等听其入粟，委帅府书空名宣敕授之，则人无陈诉之劳，而官有储蓄矣。比年屡降覃恩，凡羁縻军职者多未暇授，若止许迁新覃，则将隔越矣。乞令计前后所该输粟积迁。”诏从之。

卷五十一　志第三十二

选举一

进士诸科　律科　经童科　制举　武举　试学士院官　司天医学试科

自三代乡举里选之法废，秦、汉以来各因一代之宜，以尽一时之才，苟足于用即已，故法度之不一其来远矣！在汉之世，虽有贤良方正诸科以取士，而推择为吏，由是以致公卿，公卿子弟入备宿卫，因被宠遇，以位通显。魏、晋而下互有因革，至于唐、宋，进士盛焉。当时士君子之进，不由是涂则自以为慊，此由时君之好尚，故人心之趣向然也。辽起唐季，颇用唐进士法取人，然仕于其国者，考其致身之所自，进士才十之二三耳！金承辽后，凡事欲轶辽世，故进士科目兼采唐、宋之法而增损之。其及第出身，视前代特重，而法亦密焉。若夫以策论进士取其国人，而用女直文字以为程文，斯盖就其所长以收其用，又欲行其国字，使人通习而不废耳。终金之代，科目得人为盛。诸宫护卫、及省台部译史、令史、通事、仕进皆列于正班，斯则唐、宋以来之所无者，岂非因时制宜，而以汉法为依据者乎？金治纯驳，议者于是每有别焉。宣宗南渡，吏习日盛，苛刻成风，殆亦多故之秋，急于事功，不免尔欤。自时厥后，仕进之歧既广，侥幸之俗益炽，军伍劳效，杂置令禄，门廕右职，迭居朝著，科举取士亦复泛滥，而金治衰矣！原其立经陈纪之初，所为升转之格，考察之方，井井然有条而不紊，百有余年才具不乏，岂非其效乎？奉诏作《金史》，志其《选举》，因得而详论之，司天、太医、内侍等法历代所有，附著于斯。鬻爵、进纳，金季之弊莫甚焉，盖由财用之不足而然也，特载《食货志》。

金设科皆因辽、宋制，有词赋、经义、策试、律科、经童之制。海陵天德三年，罢策试科。世宗大定十一年，创设女直进士科，初但试策，后增试论，所谓策论进士也。明昌初，又设制举宏词科，以待非常之士。故金取士之目有七焉。其试词赋、经义、策论中选者，谓之进士。律科、经童中选者，曰举人。凡养士之地曰国子监，始置于天德三年，后定制，词赋、经义生百人，小学生百人，以宗室及外戚皇后大功以上亲、诸功臣及三品以上官兄弟子孙，年十五以上者入学，不及十五者入小学。大定六年始置太学，初养士百六十人，后定五品以上官兄弟子孙百五十人，曾得府荐及终场人二百五十人，凡四百人。府学亦大定十六年置，凡十七处，共千人。初以尝与廷试及宗室皇家袒免以上亲、并得解举人为之。后增州学，遂加以五品以上官、曾任随朝六品官之兄弟子孙，余官之兄弟子孙经府荐者，同境内举人试补三之一，阙里庙宅子孙年十三以上不限数，经府荐及终场免试者不得过二十人。凡试补学生，太学则礼部主之，州府则以提举学校学官主之，曾得府荐及终场举人，皆免试。

凡经，《易》则用王弼、韩康伯注，《书》用孔安国注，《诗》用毛苌注、郑玄笺，《春秋左氏传》用杜预注，《礼记》用孔颖达疏，《周礼》用郑玄注、贾公彦疏，《论语》用何晏集注。邢昺疏，《孟子》用赵岐注，孙奭疏，《孝经》用唐玄宗注，《史记》用裴骃注，《前汉书》用颜师古注，《后汉书》用李贤注，《三国志》用裴松之注，及唐太宗《晋书》、沈约《宋书》，萧子显《齐书》、姚思廉《梁书》《陈书》、魏收《后魏书》、李百药《北齐书》、令狐德棻《周书》、魏征《隋书》、新旧《唐书》、新旧《五代史》，《老子》用唐玄宗注疏，《荀子》用杨倞注，《扬子》用李轨、宋咸、柳宗元、吴秘注，皆自国子监印之，授诸学校。凡学生会课，三日作策论一道，又三日作赋及诗各一篇，三月一私试，以季月初先试赋，间一日试策论，中选者以上五名申部。遇旬休、节辰皆有假，病则给假，省亲远行则给程。犯学规者罚，不率教者黜。遭丧百日后求入学者，不得与释奠礼。凡国子学生三年不能充贡，欲就诸局承应者，学官试，能粗通大小各一经者听。

章宗大定二十九年，上封事者乞兴学校，推行三舍法，及乡以八行贡春官，以设制举宏词。事下尚书省集百官议，户部尚书邓俨等谓：“三舍之法起于宋熙宁间，王安石罢诗赋，专尚经术。太学生初补外舍，无定员。由外升内舍，限二百人。由内升上舍，限百人。各治一经，每月考试，或特免解，或保举补官。其法虽行，而多席势力、尚趋走之弊，故苏轼有‘三舍既兴，货赂公行’之语，是以元祐间罢之，后虽复，而宣和三年竟废。臣等谓立法贵乎可久，彼三舍之法委之学官选试，启侥幸之门，不可为法。唐文皇养士至八千人，亡宋两学五千人，今策论、词赋、经义三科取士，而太学所养止百六十人，外京府或至十人，天下仅及千人。今若每州设学，专除教授，月加考试，每举所取数多者赏其学官。月试定为三等籍之，一岁中频在上等者优复之，不率教、行恶者黜之，庶几得人之道也。又成周乡举里选法卒不可复，设科取士各随其时。八行者乃亡宋取《周礼》之六行孝、友、睦、姻、任、恤，加之中、和为八也。凡人之行莫大于孝廉，今已有举孝廉之法，及民有才能德行者令县官荐之。今制，犯十恶奸盗者不得应试，亦六德六行之遗意也。夫制举宏词，盖天子待非常之士，若设此科，不限进士，并选人试之，中选擢之台阁，则人自勉矣。”上从其议。遂计州府户口，增养士之数，于大定旧制京府十七处千人之外，置节镇、防御州学六十处，增养千人。各设教授一员，选五举终场或进士年五十以上者为之。府学二十有四，学生九百五人。（大兴、开封、平阳、真定、东平府各六十人，太原、益都府各五十人，大定、河间、济南、大名、京兆府各四十人，辽阳、彰德府各三十人，河中、庆阳、临洮、河南府各二十五人，凤翔、平凉、延安、咸平、广宁、兴中府各二十人。）节镇学三十九，共六百一十五人。（绛、定、卫、怀、沧州各三十人，莱、密、潞、汾、冀、邢、兖州各二十五人，代、同、邠州各二十人，奉圣州十五人，余二十三节镇皆十人。）防御州学二十一，共二百三十五人。（博、德、洺、棣、亳各十五人，余十六州各十人。）凡千八百人。

女直学。自大定四年，以女直大小字译经书颁行之。后择猛安谋克内良家子弟为学生，诸路至三千人。九年，取其尤俊秀者百人至京师，以编修官温迪罕缔达教之。十三年，以策、诗取士，始设女直国子学，诸路设女直府学，以新进士为教授。国子学策论生百人，小学生百人。府州学二十二，中都、上京、胡里改、恤频、合懒、蒲与、婆速、咸平、泰州、临潢、北京、冀州、开州、丰州、西京、东京、盖州、隆州、东平、益都、河南、陕西置之。凡取国子学生、府学生之制，皆与词赋、经义生同。又定制，每谋克取二人，若宗室每二十户内无愿学者，则取有物力家子弟年十三以上、二十以下者充。凡会课，三日作策论一道，季月私试如汉生制。大定二十九年，敕凡京府镇州诸学，各以女直、汉人进士长贰官提控其事，具入官衔。（河南、陕西女直学，承安二年罢之，余如旧。）

凡诸进士举人，由乡至府，由府至省，及殿廷，凡四试皆中选，则官之。至廷试五被黜，则赐之第，谓之恩例。又有特命及第者，谓之特恩。恩例者但考文之高下为第，而不复黜落。凡词赋进士，试赋、诗、策论各一道。经义进士，试所治一经义、策论各一道。其设也，始于太宗天会元年十一月，时以急欲得汉士以抚辑新附，初无定数，亦无定期，故二年二月、八月凡再行焉。五年，以河北、河东初降，职员多阙，以辽、宋之制不同，诏南北各因其素所习之业取士，号为南北选。熙宗天眷元年五月，诏南北选各以经义、词赋两科取士。海陵庶人天德二年，始增殿试之制，而更定试期。三年，并南北选为一，罢经义、策试两科，专以词赋取士。贞元元年，定贡举程试条理格法。正隆元年，命以《五经》、《三史》正文内出题，始定为三年一辟。

大定四年，敕宰臣：“进士文优则取，勿限人数。”十八年，谓宰臣：“文士有偶中魁选，不问操履，而辄授翰苑之职。如赵承元，朕闻其无士行，果败露。自今榜首，先访察其乡行，可取则授以应奉，否则从常调。”十九年，谓宰臣曰：“自来御试赋题，皆士人尝拟作者。前朕自选一题，出人所不料，故中选者多名士，而庸才不及焉。是知题难则名儒亦擅场，题易则庸流易侥幸也。”平章政事唐括安礼奏曰：“臣前日言，士人不以策论为意者，正为此尔。宜各场通考，选文理俱优者。”上曰：“并答时务策，观其议论，材自可见，卿等其议之。”二十年，谓宰臣曰：“朕尝谕进士不当限数，则对以所取之外无合格文，故中选者少，岂非题难致然耶？若果多合格，而有司妄黜之，甚非理也。”又曰：“古者乡举有行者，授以官。今其考满，察乡曲实行出伦者擢之。”又曰：“旧不选策，今兼选矣。然自今府会两试不须试策，已中策后，则试以制策，试学士院官。”二十二年，谓宰臣曰：“汉进士魁，例授应奉，若行不副名，不习制诰之文者，即与外除。”二十三年，谓宰臣曰：“汉进士，皇统间人材殆不复见，今应奉以授状元，盖循资尔。制诰文字，各以职事铺叙，皆有定式，故易。至撰赦诏，则鲜有能者。”参知政事粘哥斡特剌对曰：“旧人已登第尚为学不辍，今人一及第辄废而不学，故尔。”上于听政之隙，召参知政事张汝霖、翰林直学士李晏读新进士所对策，至“县令阙员取之何道”？上曰：“朕夙夜思此，未知所出。”晏对曰：“臣窃念久矣！国朝设科，始分南北两选，北选词赋进士擢第一百五十人，经义五十人，南选百五十人，计三百五十人。嗣场，北选词赋进士七十人，经义三十人，南选百五十人，计二百五十人。以入仕者多，故员不阙。其后南北通选，止设词赋科，不过取六七十人，以入仕者少，故县令员阙也。”上曰：“自今文理可采者取之，毋限以数。”二十八年，复经义科。

章宗明昌元年正月，言事者谓：“举人四试而乡试似为虚设，固当罢去。其府会试乞十人取一人，可以群经出题，而注示本传。”上是其言，诏免乡试，府试以五人取一人，仍令有司议外路添考试院，及群经出题之制。有司言：“会试所取之数，旧止五百人，比以世宗敕中格者取，乞依此制行之。府试旧六处，中有地远者，命特添三处，上京、咸平府路则试于辽阳，河东南北路则试于平阳，山东东路则试于益都。以《六经》、《十七史》、《孝经》、《论语》、《孟子》、及《荀》、《扬》、《老子》内出题，皆命于题下注其本传。”又谕有司曰：“举人程文所用故事，恐考试官或遽不能忆，误失人材，可自注出处，注字之误，不在涂注乙之数。”

明昌二年，敕官或职至五品者，直赴御试。四年，平章政事守贞言：“国家官人之路，惟女直、汉人进士得人居多。诸司局承应，旧无出身，自大定后始叙使，至今鲜有可用者。近来放进士第数稍多，此举更宜增取，若会试止以五百人为限，则廷试虽欲多取，不可得也。”上乃诏有司，会试毋限人数，文合格则取。

六年，言事者谓：“学者率恃有司全注本传以示之，故不勉读书，乞减子史注本传之制。又经义中选之文多肤浅，乞择学官，及本科人充试官。”省臣谓：“若不与本传，恐硕学者有偶忘之失，可令但知题意而已。”遂命择前经义进士为众所推者、才识优长者为学官，遇差考试官之际，则验所治经参用。词赋进士，题注本传，不得过五十字。经义进士，御试第二场，试论日添试策一道。

承安四年，上谕宰臣曰：“一场放二状元，非是。后场廷试，令词赋、经义通试时务策，止选一状元，余虽有明经、法律等科，止同诸科而已。至宋王安石为相，作新经，始以经义取人。且词赋、经义、人素所习之本业，策论则兼习者也。今舍本取兼习，恐不副陛下公选之意。”遂定御试同日各试本业，词赋依旧，分立甲次，第一名为状元，经义魁次之。恩例与词赋第二人同，余分为两甲中下人，并在词赋之下。五年，诏考试词赋官各作程文一道，示为举人之式，试后赴省藏之。时宰臣奏：“自大定二十五年以前，词赋进士不过五百人，二十八年以不限人数，取至五百八十六人。先承圣训合格则取，故承安二年取九百二十五人。兼今有四举终场恩例，若会试取人数过多，则涉泛滥。”遂定策论、词赋、经义人数，虽多不过六百人，少则听其阙。时太常丞郭人杰转对言，词赋举人，不得作别名兼试经义，及入学生精加试选，无至滥补。上敕宰臣曰：“近已奏定，后场词赋经义同日试之。若府会试更不令兼试，恐试经义者少，是虚设此科也。别名之弊，则当禁之。补试入学生员，已有旧条，恐行之灭裂尔，宜严防闲。”张行简转对言：“拟作程文，本欲为考试之式，今会试考试官、御试读卷官皆居显职，擢第后离笔砚久，不复常习，今临试拟作之文，稍有不工，徒起谤议。”诏罢之。

泰和元年，平章政事徒单镒病时文之弊，言：“诸生不穷经史，唯事末学，以致志行浮薄。可令进士试策日，自时务策外，更以疑难经旨相参为问，使发圣贤之微旨、古今之事变。”诏为永制。先尝敕乐人不得举进士，而奴免为良者则许之。尚书省奏：“旧称工乐，谓配隶之色及倡优之家。今少府监工匠，太常大乐署乐工，皆民也，而不得与试。前代令诸选人身及祖、父曾经免为良者，虽在官不得居清贯及临民，今反许试，诚玷清论。”诏遂定制，放良人不得应诸科举，其子孙则许之。上又谓：“德行才能非进士科所能尽，可通行保举之制。省臣奏：“在《周礼》，‘大司徒以乡三物教万民而宾兴之。’所谓万民，农工商贾皆是也。前代立贤无方，如版筑之士、鼓刀之叟，垂光简策者不可胜举。今草泽隐逸才行兼备者，令谋克及司县举，按察司具闻，以旌用之，既有已降令文矣。”上命复宣旨以申之。

宣宗贞祐二年，御史台言：“明年省试以中都、辽东、西北京等路道阻，宜于中都、南京两处试之。”三年，谕宰臣曰：“国初设科，素号严密，今闻会试至于杂坐喧哗，何以防弊？”命治考官及监察罪。兴定二年，御史中丞把胡鲁言：“国家数路取人，惟进士之选最为崇重，不求备数，惟务得贤。今场会试，策论进士不及二人取一人，词赋、经义二人取一，前虽有圣训，当依大定之制，中选即收，无问多寡。然大定间赴试者或至三千，取不过五百。泰和中，策论进士三人取一，词赋、经义四人取一，向者贞祐初，诏免府试，赴会试者几九千人。而取八百有奇，则是十之一而已。时已有依大定之制，亦何尝二人取一哉！今考官泛滥如此，非所以为求贤也。宜于会试之前，奏请所取之数，使恩出于上可也。”诏集文资官议，卒从泰和之例。又谓宰臣曰：“从来廷试进士，日晡后即遣出宫，恐文思迟者不得尽其才，令待至暮时。”特赐经义进士王彪等十三人及第，上览其程文，爱其辞藻，咨叹久之。因怪学者益少，谓监试官左丞高汝砺曰：“养士学粮，岁稍丰熟即以本色给之，不然此科且废矣！”五年，省试经义进士，考官于常格外多取十余人，上命以特恩赐第。又命河北举人今府试中选而为兵所阻者，免后举府试。

策论进士，选女直人之科也。始大定四年，世宗命颁行女直大小字所译经书。每谋克选二人习之。寻欲兴女直字学校，猛安谋克内多择良家子为生，诸路至三千人。九年，选异等者百人，荐于京师，廪给之。命温迪罕缔达教以古书，作诗、策，后复试，得徒单镒以下三十余人。十一年，始议行策选之制，至十三年始定每场策一道，以五百字以上成，免乡试府试，止赴会试御试。且诏京师设女直国子学，诸路设女直府学，拟以新进士充教授，以教士民子弟之愿学者。俟行之久、学者众，则同汉进士三年一试之制。乃就悯忠寺试徒单镒等，其策曰：“贤生于世，世资于贤，世未尝不生贤，贤未尝不辅世。盖世非无贤，惟用与否。若伊尹之佐成汤，傅说之辅高宗，吕望之遇文王，皆起耕筑渔钓之间，而其功业卓然，后世不能企及者，盖殷、周之君能用其人，尽其才也。本朝以神武定天下，圣上以文德绥海内，文武并用，言小善而必从，事小便而不弃，盖取人之道尽矣！而尚忧贤能遗于草泽者，今欲尽得天下之贤而用之，又俾贤者各尽其能，以何道而臻此乎？”悯忠寺旧有双塔，进士入院之夜半，闻东塔上有声如音乐，西入宫。考试官侍御史完颜蒲涅等曰：“文路始开而有此，得贤之祥也。”中选者得徒单镒以下二十七人。十六年，命皇家两从以上亲及宰相子，直赴御试。皇家袒免以上亲及执政官之子，直赴会试。至二十年，以徒单镒等教授中外，其学大振。遂定制，今后以策、诗试三场，策用女直大字，诗用小字，程试之期皆依汉进士例。省臣奏：“汉人进士来年三月二十日乡试，八月二十日府试，次年正月二十日会试，三月十二日御试。”敕以来年八月二十五日于中都、上京、咸平、东平府等路四处府试，余从前例。上曰：“契丹文字年远，观其所撰诗，义理深微，当时何不立契丹进士科举。今虽立女直字科，虑女直字创制日近，义理未如汉字深奥，恐为后人议论。”丞相守道曰：“汉文字恐初亦未必能如此。由历代圣贤渐加修举也。圣主天姿明哲，令译经教天下，行之久亦可同汉人文章矣！”上曰：“其同汉人进士例。译作程文，俾汉官览之。”二十二年三月，策试女直进士。至四月癸丑，上谓宰臣曰：“女直进士试已久矣，何尚未考定？”参知政事斡特剌对曰：“以其译付看故也。”上令速之。二十三年，上曰：“女直进士设科未久，若令积习精通，则能否自见矣。”二十八年，谕宰臣曰：“女直进士惟试以策，行之既久，人能预备，今若试以经义可乎？”宰臣对曰：“《五经》中《书》、《易》、《春秋》已译之矣，俟译《诗》、《礼》毕，试之可也。”上曰：“大经义理深奥，不加岁月不能贯通。今宜于经内姑试以论题，后当徐试经义也。”

章宗大定二十九年，诏许诸人试策论进士举。七月，省奏：“如诗、策、论俱作一日程试，恐力有不逮。诗、策作一日，论作一日，以诗、策合格为中选，而以论定其名次。上曰："论乃新添，至第三举时当通定去留。"明昌元年，猛安谋克愿试进士者拟依余人例，不可令直赴御试。上曰："是止许女直进士，毋令试汉进士也。"又定制，余官第五品散阶，令直赴会试，官职俱至五品，令直赴御试。承安二年，敕策论进士限丁习学。遂定制，内外官员、诸局分承应人、武卫军、若猛安谋克女直及诸色人，户止一丁者不许应试，两丁者许一人，四丁二人，六丁以上止许三人。三次终场，不在验丁之限。三年，定制，女直人以年四十五以下，试进士举，于府试十日前，委佐贰官善射者试射。其制，以六十步立垛，去射者十五步对立两竿，相去二十步，去地二丈，以绳横约之。弓不限强弱，不计中否，以张弓巧便、发箭迅正者为熟闲。射十箭中两箭，出绳下至垛者为中选。余路委提刑司，在都委监察体究。如当赴会试御试者，大兴府佐贰官试验，三举终场者免之。四年，礼部尚书贾铉言："策论进士程试弓箭，其两举终场及年十六以下未成丁者，若以弓箭退落，有失贤路。乞于及第后试之，中者别加任使，或升迁，否者降之。"省臣谓："旧制三举终场免试，今两举亦免之，未可。若以未成丁免试，必有妄匿年者，如果幼，使徐习未晚也。至于及第后试验升降，则已有定格矣。"诏从旧制。在泰和格，复有以时务策参以故事，及疑难经旨为问之制。

宣宗南迁，兴定元年，制中都、西京等路，策论进士及武举人权于南京、东平、婆速、上京四处府试。五年，上赐进士斡勒业德等二十八人及第。上览程文，怪其数少，以问宰臣，对曰："大定制随处设学，诸谋克贡三人或二人为生员，赡以钱米。至泰和中，人例授地六十亩。所给既优，故学者多。今京师虽存府学，而月给通宝五十贯而已。若于诸路总管府、及有军户处置学养之，庶可加益。京师府学已设六十人，乞更增四十人。中京、亳州、京兆府并置学官于总府，以谋克内不隶军籍者为学生，人畀地四十亩。汉学生在京者亦乞同此，余州府仍旧制。"上从之。

凡会试之数，大定二十五年，词赋进士不得过五百人。二十八年，以不限人数，遂至五百八十六人。章宗令合格则取，故承安二年至九百二十五人。时以复加四举终场者，数太滥，遂命取不得过六百人。泰和二年，上命定会试诸科取人之数，司空襄言："试词赋、经义者多，可五取一。策论绝少，可四取一。恩榜本以优老于场屋者。四举受恩则太优，限以年则碍异材。可五举则授恩。"平章徒单镒等言："大定二十五年至明昌初，率三四人取一。"平章张汝霖亦言："五人取一，府试百人中才得五耳。"遂定制，策论三人取一，词赋、经义五人取一，五举终场年四十五以上、四举终场年五十以上者受恩。

凡考试官，大定间，府试六处，各差词赋试官三员，策论试官二员。明昌初，增为九处，路各差九员，大兴府则十一员。承安四年，又增太原为十处。有司请省之，遂定策论进士女直经童千人以上差四员，五百人以上三员，不及五百二员。各以职官高者一人为考试官，余为同考试官。词赋进士与律科举人共及三千以上五员，二千四员，不及二千三员。经义进士及经童举人千人四员，五百以上三员，百人以上二员，不及百人以词赋考官兼之。后又定制，策论试官，上京、咸平、东平各三员，北京、西京、益都各二员。律科，监试官一员，试律官二员，隶词赋考试院。经童，试官一员，隶经义考试院，与会试同。其弥封并誊录官、检搜怀挟官、自余修治试院、监押门官，并如会试之制。大定二十年，上以往岁多以远地官考试不便，遂命差近者。

凡会试，知贡举官、同知贡举官，词赋则旧十员，承安五年为七员。经义则六员，承安五年省为四员。诠读官二员。泰和三年，上以弥封官泄语于举人，敕自今女直司则用右选汉人封，汉人司则以女直司封。宣宗贞祐三年，以会试赋题已曾出，而有犯格中选者，复以考官多取所亲，上怒其不公，命究治之。

凡御试，读卷官，策论、词赋进士各七员，经义五员，余职事官各二员。制举宏词共三员。泰和七年，礼部尚书张行简言："旧例，读卷官不避亲，至有亲人，或有不敢定其去留，或力加营护，而为同列所疑。若读卷官不用与进士有亲者，则读卷之际得平心商确。"上遂命临期多拟，其有亲者汰之。

凡府试策论进士，大定二十年定以中都、上京、咸平、东平四处。至明昌元年，添北京、西京、益都为七处，兼试女直经童。凡上京、合懒、速频、胡里改、蒲与、东北招讨司等路者，则赴会宁府试。咸平、隆州、婆速、东京、盖州、懿州者，则赴咸平府试。中都、河北东西路者，则赴大兴府试。西京并西南、西北二招讨司者，则赴大同府试。北京、临潢、宗州、兴州、全州者，则赴大定府试。山东西、大名、南京者，则赴东平府试。山东东路则试于益都。凡词赋、经义进士及律科、经童府试之处，大定间，大兴、大定、大同、开封、东平、京兆凡六处。明昌初，增辽阳，平阳，益都为九处。承安四年复增太原为十。中都、河北则试于大兴府，上京、东京、咸平府等路则试于辽阳府，余各试于其境。

凡乡试之期，以三月二十日。府试之期，若策论进士则以八月二十日试策，间三日试诗。词赋进士则以二十五日试赋及诗，又间三日试策论。经义进士又间词赋后三日试经义，又三日试策。次律科，次经童，每场皆间三日试之。会试，则策论进士以正月二十日试策，皆以次间三日，同前。御试，则以三月二十日策论进士试策，二十三日试诗论，二十五日词赋进士试赋诗论，而经义进士亦以是日试经义，二十七日乃试策论。若试日遇雨雪，则候晴日。御试唱名后，试策则禀奏，宏词则作二日程试。旧制，试女直进士在再试汉进士后。大定二十九年以复设经义科，更定是制。

凡监检之制，大兴府则差武卫军。余府则于附近猛安内差摘，平阳府则差顺德军。凡府会试，每四举人则差一人，复以官一人弹压。御试策进士则差弩手及随局承应人，汉进士则差亲军，人各一名，皆用不识字者，以护卫十人，亲军百人长、五十人长各一人巡护。泰和元年，省臣奏："搜检之际虽当严切，然至于解发袒衣，索及耳鼻，则过甚矣，岂待士之礼哉！故大定二十九年已尝依前故事，使就沐浴，官置衣为之更之，既可防滥，且不亏礼。”上从其说，命行之。

恩例。明昌元年，定制，省元直就御试，不中者许缀榜末。解元但免府试，四举终场依五举恩例，所试文卷惟犯御名庙讳、不成文理者则黜之，余并以文之优劣为次。仍一日试三题，其五举者止试赋诗，女直进士亦同此例。承安五年，敕进士四举该恩，词赋、经义当以各科为场数，不得通数。又恩榜人应授官者，监试官于试时具数以奏，特恩者授之。泰和三年，以经义会元与策论词赋进士不同，若御试被黜则附榜末，为太优，若同恩例，又与四举者不同。遂定制，依曾经府试解元免府试之例。会试下第，再举直赴御试。

律科进士，又称为诸科，其法以律令内出题，府试十五题，每五人取一人。大定二十二年定制，会试每场十五题，三场共通三十六条以上，文理优、拟断当、用字切者，为中选。临时约取之，初无定数。其制始见于海陵庶人正隆元年，至章宗大定二十九年，有司言："律科止知读律，不知教化之源，可使通治《论语》、《孟子》，以涵养其气度。"遂令自今举后，复于《论语》、《孟子》内试小义一道，府会试别作一日引试，命经义试官出题，与本科通考定之。

经童之制，凡士庶子年十三以下，能诵二大经、三小经，又诵《论语》诸子及五千字以上，府试十五题通十三以上，会试每场十五题，三场共通四十一以上，为中选。所贵在幼而诵多者，若年同，则以诵大经多者为最。初，天会八年时，太宗以东平童子刘天骥，七岁能诵《诗》、《书》、《易》、《礼》、《春秋左氏传》及《论语》、《孟子》，上命教养之，然未有选举之制也。熙宗即位之二年，诏辟贡举，始备其列，取至百二十二人。天德间，废之。章宗大定二十九年，上谓宰臣曰："经童岂遽无人，其议复置。"明昌元年，益都府申："童子刘住儿年十一岁，能诗赋，诵大小六经，所书行草颇有法，孝行夙成，乞依宋童子李淑赐出身，且加以恩诏。"召至内殿，试《凤凰来仪》赋、《鱼在藻》诗，又令赋《旱》诗，上嘉之，赐本科出身，给钱粟官舍，令肄业太学。明昌三年，平章政事完颜守贞言："经童之科非古也，自唐诸道表荐，或取五人至十人。近代宋仁宗以为无补，罢之。本朝皇统间取及五十人，因以为常，天德时复废。圣主复置，取以百数，恐久积多，不胜铨拟，乞谕旨约省取之。"上曰："若所诵皆及格，何如？"守贞曰："视最幼而诵不讹者精选之，则人数亦不至多也。"复问参知政事胥持国，对曰："所诵通否易见，岂容有滥。"上曰："限以三十或四十人，若百人皆通，亦可复取其精者。"持国曰："是科盖资教之术耳。夫幼习其文，长玩其义，使之莅政，人材出焉。如中选者，加之修习进士举业，则所记皆得为用。臣谓可勿令遽登仕途，必习举业，而后官使之可也。若能擢进士第，自同进士任用。如中府荐或会试，视其次数，优其等级。几举不得荐者，从本出身，又可以激劝而后得人矣！"诏议行之。

制举有贤良方正、能直言极谏、博学宏材、达于从政等科，试无常期。上意欲行，即告天下。听内外文武六品以下职官无公私过者，从内外五品以上官荐于所属，诏试之。若草泽士，德行为乡里所服者，则从府州荐之。凡试，则先投所业策论三十道于学士院，视其词理优者，委官以群经子史内出题，一日试论三道，如可，则庭试策一道，不拘常务，取其无不通贯者，优等迁擢之。宏词科试诏、诰、章、表、露布、檄书，则皆用四六；诫、谕、颂、箴、铭、序、记，则或依古今体，或参用四六。于每举赐第后进士及在官六品以下无公私罪者，在外官荐之，令试策官出题就考，通试四题，分二等迁擢之。二科皆章宗明昌元年所创者也。

武举，尝设于皇统时，其制则见于《泰和式》，有上中下三等。能挽一石力弓，以重七钱竹箭，百五十步立贴，十箭内，府试欲中一箭，省试中二箭，程试中三箭。又远射二百二十步垛，三箭内一箭至者。又百五十步内，每五十步设高五寸、长八寸卧鹿二，能以七斗弓、二大凿头铁箭驰射，府试则许射四反，省试三反，程试二反，皆能中二箭者。又百五十步内，每三十步，左右错置高三尺木偶人戴五寸方板者四，以枪驰刺，府试则许驰三反，省试二反，程试三反，左右各刺落一板者。又依麿例问律一条，又问《孙》、《吴》书十条，能说五者，为上等。凡程试，若一有不中者，皆黜之。若射贴弓八斗，远射二百一十步，射鹿弓六斗，《孙》、《吴》书十条通四，为中等。射贴弓七斗，远射二百五步，射鹿弓五斗，《孙》、《吴》书十条通三，为下等。解律、刺板，皆欲同前。凡不知书者，虽上等为中，中则为下。凡试中中下，愿再试者听。旧制，就试上等不中，不许再试中下等。泰和元年，定制，不分旧等，但从所愿，试中则以三等为次。二年，省奏："武举程式当与进士同时，今年八月府试，欲随路设考试所，临期差官，恐以创立未见应试人数，遂权令各处就考之。"宣宗贞祐三年，同进士例，赐敕命章服。时以随处武举入试者，自非见居职任及已用于军前者，令郡县尽遣诣京师，别为一军，以备缓急。其被荐而未授官者，亦量材任之。元光二年，东京总帅纥石烈牙吾塔言："武举入仕，皆授巡尉军辖，此曹虽善骑射，不历行阵，不知军旅，一旦临敌，恐致败事。乞尽括付军前为长校，俟有功则升之。"宰臣奏："国家设此科与进士等，而欲尽置军中，非奖进人材之道。"遂籍丁忧、待阙、去职者付之。

试学士院官。大定二十八年，敕设科取士为学士院官。礼部下太常，按唐典，初入学士院例先试，今若于进士已仕者，以随朝六品，外路五品职事官荐，试制诏诰等文字三道，取文理优者充应奉。由是翰苑之选为精。明昌五年，以学士院撰文字人少，命尚书省访有文采者勾取权试。

凡司天台学生，女直二十六人，汉人五十人，听官民家年十五以上、三十以下试补。又三年一次，选草泽人试补。其试之制，以《宣明历》试推步，及《婚书》、《地理新书》试合婚、安葬，并《易》筮法，六壬课、三命五星之术。凡医学十科，大兴府学生三十人，余京府二十人，散府节镇十六人，防御州十人，每月试疑难，以所对优劣加惩劝，三年一次试诸太医，虽不系学生，亦听试补。

卷五十二　志第三十三

选举二

文武选

金制，文武选皆吏部统之。自从九品至从七品职事官，部拟。正七品以上，呈省以听制授。凡进士则授文散官，谓之文资官。自余皆武散官，谓之右职，又谓之右选。文资则进士为优，右职则军功为优，皆循资，有升降定式而不可越。

凡铨注，必取求仕官解由，撮所陈行绩资历之要为铨头，以定其能否。其有犯公私罪赃污者，谓之犯选格，则虽遇恩而不得与。旧制，犯追一官以至追四官，皆解任周年，而复仕之。承安二年，定制，每追一官则殿一年，凡罢职会赦当叙者，及降殿当除者，皆具罪以闻，而后仕之。凡增课升至六品者，任回复降。既廉升而再任覆察不同者，任回亦降。自进士、举人、劳效、廕袭、恩例之外，入仕之途尚多，而所定之时不一。若牌印、护卫、令史之出职，则皇统时所定者也。检法、知法、国史院书写，则海陵庶人所置者也。若宗室将军、宫中诸局承应人、宰相书表、太子护卫、妃护卫、王府祗候郎君、内侍、及宰相之子、并译史、通事、省祗候郎君、亲军骁骑诸格，则定于世宗之时，及章宗所置之太常检讨、内侍寄禄官，皆仕进之门户也。

凡官资以三十月为考，职事官每任以三十月为满，群牧使及管课官以三周岁为满，防御使以四十月、三品以上官则以五十月、转运则以六十月为满。司天、太医、内侍官皆至四品止。凡外任循资官谓之常调，选为朝官谓之随朝，随朝则每考升职事一等，若以廉察而升者为廉升，授东北沿边州郡而升者为边升。凡院务监当差使则皆从九品。凡品官任都事、典事、主事、知事、及尚书省令史、覆实、架阁司管勾、直省直院局长副、检法、知法、院务监当差使、及诸令史、译史、掌书、书史、书吏、译书、译人、通事、并诸局分承应有出身者，皆为流外职。凡此之属，或以尚书省差遣，或自本司判补，其出职或正班、杂班，则莫不有当历之名职。既仕则必循升降之定式，虽或前后略有损益之殊，而定制则莫能渝焉。

凡门廕之制，天眷中，一品至八品皆不限所廕之人。贞元二年，定廕叙法，一品至七品皆限以数，而削八品用廕之制。世宗大定四年五月，诏："皇家袒免以上亲，就廕者依格引试，中选者勿令当僕使。"五年十月，制："亡宋官当廕子孙者，并同亡辽官用廕。"又曰："教坊出身人，若任流内职者，与文武同用廕。自余有勤劳者，赏赐而已。昔正隆时常使教坊辈典城牧民，朕甚不取。"又更定冒廕及取廕官罪赏格。七年五月，命司天台官四品以上官改授文武资者，并听如太医例廕。其制，凡正班，廕亦正班；杂班，廕杂班。明昌元年，以上封事者乞六品官添廕，吏部言："天眷中，八品用廕，不限所廕之人。贞元中，七品用廕，方限以数。当是时，文始于将仕，武始于进义，以上至七品儒林、忠显，各七阶，许廕一名。至六品承直、昭信，计九阶，许廕二人。自大定十四年，文武官从下各增二阶，其七品视旧为九阶，亦廕一名，至五品凡十七阶，方廕二人，其五品至三品并无间越，唯六品不用廕。乞依旧格，五品以上增廕一名，六品廕子孙弟兄二人，七品仍旧为格。"时又以旧格虽有己子许廕兄弟侄，盖所以崇孝悌也。而新格禁之，遂听让廕。旧制，司天、太医、内侍、长行虽至四品。如非特恩换授文武官资者，不许用廕，以本人见允承应，难使系班故也。泰和二年，定制，以年老六十以上退、与患疾及身故者，虽至止官，拟令系班，除存习本业者听廕一名，止一子者则不须习即廕。

凡诸色出身文武官一品，廕子孙至曾孙及弟兄侄孙六人，因门廕则五人。二品则子孙至曾孙及弟兄侄五人，因门廕则四人。三品子孙兄弟侄四人，因门廕则三人。四品、五品三人，因门廕则二人。六品二人，七品子孙兄弟一人，因门廕则六品、七品子孙兄弟一人。旧格，门廕惟七品一人，余皆加一人。明昌格，自五品而上皆增一人。凡进纳官，旧格正班三品廕四人，杂班三人。正班武略子孙兄弟一人。杂班明威一人，怀远以上二人，镇国以上三人。司天、太医迁至四品诏换文武官者，廕一人。

凡进士所历之阶，及所循注之职。贞元元年，制南选，初除军判、丞、簿（从八品），次除防判、录事（正八品），三除下令（从七品），四中令、推官、节察判（正七品），五六皆上令（从六品）。北选，初军判、簿、尉，二下令，三中令，四上令，已后并上令，通注节察判、推官。正隆元年格，上甲者初上簿军判、丞、簿、尉，中甲者初中簿军判、丞、簿、尉，下甲者初下簿军判、丞、簿、尉。第二任皆中簿军判、丞、簿、尉。三、四、五、六、七任皆县令，回呈省。

大定二年，诏文资官不得除县尉。八年格，历五任令即呈省。十三年，制第二任权注下令。旧制，状元授承德郎，以十四年官制，文武官皆从下添两重，命状元更授承务郎，次旧授儒林郎，更为承事郎。第二甲以下旧授从仕郎，更为将仕郎。十五年，敕状元除应奉，两考依例授六品。十八年，敕状元行不顾名者与外除。十九年，命本贯察其行止美恶。二十一年，复命第三任注县令。二十二年，敕进士授章服后，再试时务策一道，所谓策试者也。内才识可取者籍其名，历任后察其政，若言行相副则升擢任使。是年九月，复诏今后及第人，策试中者初任即升之。二十三年格，进士，上甲，初录事、防判，二下令，三中令。中甲，初中簿，二上簿，三下令。下甲，初下簿，二中簿，三下令。试中策者，上甲，初录事、防判，二中令，三上令。中甲，初上簿，二下令，三中令。下甲，初中簿，二录事、防判，三中令。又诏今后状元授应奉，一年后所撰文字无过人者与外除。二十六年格，以相次合为令者减一资历。二十六年格，三降两降免一降，文资 右职外官减最后，上令一任通五任回呈省，遂定格，上甲，初录事、防判，二中令，三、四、五上令。中甲，初中簿，二下令，三中令，四、五上令，策试进士，初录事、防判，二、三、四、五上令。其次，初上簿，二中令，三、四、五上令。又次，初中簿，二下令，三中令，四、五上令。下甲，初下簿，二下令，三中令，四，五上令。二十七年，制进士阶至中大夫呈省。

明昌二年，罢勘会状元行止之制。七年格，县令守阙各依旧格注授。泰和格，诸进士及第合授资任须历遍乃呈省。虽未尽历，官已至中大夫亦呈省。又诸词赋、经义进士及第后，策试中选，合授资任历遍呈省，仍每任升本等首铨选。贞祐三年，状元授奉直大夫，上甲儒林郎，中甲以下授征事郎。

经义进士。皇统八年，就燕京拟注。六年，与词赋第一人皆拟县令，第二人当除察判，以无阙遂拟军判。第二、第三甲随各人住贯拟为军判、丞、簿。旧制，《五经》及第未及十年与关内差使，已十年者与关外差使，四十年除下令。正隆三年，不授差使，至三十年则除县令。大定二十八年始复设是科，每举专主一经。

女直进士。大定十三年，皆除教授。二十二年，上甲第二第三人初除上簿，中甲则除中簿，下甲则除下簿。大定二十五年，上甲甲首迁四重，余各迁两重。第二第三甲授随路教授，三十月为一任，第二任注九品，第三、第四任注录事、军防判，第五任下令。寻复令第四任注县令。二十六年，减一资历注县令。二十八年，添试论。后皆依汉人格。

宏词，上等迁两官，次等迁一官，临时取旨授之。恩榜，章宗大定二十九年，敕令后凡五次御帘进士，可一试而不黜落，止以文之高下定其次，谓之恩榜。女直人迁将仕，汉人登仕，初任教授，三十月任满，依本格从九品注授。明昌元年，敕四举终场，亦同五举恩例，直赴御试。明昌五年，敕神童三次终场，同进士恩榜迁转。两次终场，全免差使。第六任与县令，依本格迁官，如一次终场，初入仕则一除一差。其余并依本门户，仍使应三举，然后入仕。每举放四十人。凡恩例补廕同进士者，谓大礼补致仕、遗表、阵亡等恩泽，补承袭录用，并与国王并宗室女为婚者。正隆二年格，初下簿，二中簿，三上簿，四下令，五中令，六、七上令，回呈省。

凡特赐同进士者，谓进粟、出使回、殁于王事之类，皆同杂班，补廕亦以杂班。正隆元年格，初授下簿，二中簿，三县丞、四军判，五、六防判，七、八下令，九中令，十上令。寻复更初注下等军判、丞、簿、尉，次注中等军判、丞、簿、尉，第三注上等军判、丞、簿、尉，四下令，五中令，六上令。

律科、经童。正隆元年格，初授将仕郎，皆任司候，十年以上并一除一差，十年外则初任主簿，第二任司候，第三主簿，四主簿，五警判，六市丞，七诸县丞，八次赤丞，九赤县丞，十下县令，十一中县令，五任上县令，呈省。三年制，律科及第及七年者与关内差使，七年外者与关外差。诸经及第人未十年者关内差，已十年关外差。律科四十年除下令。经童及第人视余人复展十年，然后理算月日。大定十四年，以从下新增官阶，遂定制，律科及第者授将仕佐郎。十六年特旨，以四十年除下令太远，其以三十二年不犯赃罪者授下令。十七年，敕诸科人仕至下令者免差。二十年，省拟，无赃罪及廉察无恶者减作二十九年注下令，经童亦同此。二十六年，省拟，以相次当为县令者减一资历选注。敕命诸科人累任之余月日至四十二月，准一除一差。又敕，旧格六任县令呈省，遂减为五任。二十八年，减赤县丞一任。明昌五年，制仕二十六年之上者，如该廉升则注县令。六年，减诸县丞、赤县丞两任后吏格，十年内拟注差使，十年外一除一差。若历八任、或任至三十二年注下令，则免差须遍历而后呈省。所历之制，初、二下簿，三、四中簿，五、六、七上簿，犯选格者又历上簿两任，八、九则注下令，十中令，十一、十二上令。

凡武举，泰和三年格，上甲第一名迁忠勇校尉，第二、第三名迁忠翊校尉。中等迁修武校尉，收充亲军，不拘有无廕，视旧格减一百月出职。下等迁敦武校尉，亦收充亲军，减五十月出职。承安元年格，第一名所历之职，初都巡、副将，二下令，三中令，四、五上令。第二、第三名，初巡尉、部将，二上簿，三下令，四中令，五、六上令。余人，初副巡、军辖，二中簿，三下令，四中令，五、六上令。

凡军功有六：一曰川野见阵，最出当先，杀退敌军。二曰攻打抗拒州县山寨，夺得敌楼。三曰争取船桥，越险先登。四曰远探捕得喉舌。五曰险难之间，远处报事情成功。六曰谋事得济，越众立功。皇统八年格，凡带官一命昭信校尉（正七品）以上者，初除主簿及诸司副使（正九品），二主簿及诸司使（正八品），三下令（从七品），四中令（正七品），五上令，或通注镇军都指挥使（正七品）及正将。其官不至昭信及无官者，自初至三任通注丞、簿，四下令，五中令，六上令及知城寨（从七品）。章宗大定二十九年，迁至镇国者取旨升除后，吏格之所定，女直人昭信校尉以上者，初下簿，二下令，三中令，四、五上令。女直一命迁至昭信校尉、余人至昭信已上者，初下簿，二中簿，三下令，四中令，五、六上令。凡至宣武将军以上者，初下令，二中令，二中令，三、四上令。

凡劳效（谓年老千户、谋克也）。大定五年，制河南、陕西统军司，千户四十年以上拟从七品，三十年千户、四十年以上之谋克从八品，二十年以上千户、三十年以上谋克从九品，二十年以上谋克与正班、与差使，十年以上赏银绢，皆以所历千户、谋克、蒲辇月日通算。二十年，制以先曾充军管押千户、谋克、蒲辇二十年以上、六十五岁放罢者，视其强健者与差除、令系班，不则量加迁赏。后更定吏格，若一命迁宣武将军以上，当授从七品职事者，初下令，二中令，三、四上令。官不至宣武，初授八品者授录事，二赤剧丞，三下令，四中令，五、六上令。初授九品官者，初下簿，二中簿，三上簿，四下令，五中令，六、七上令。大定九年格，三虞候顺德军千户四十年以上者与从八品，三十年千户、四十年以上谋克从九品，二十年以上千户、三十年以上谋克与正班，以下赏银绢。大定十四年，定随路军官出职，以新制从下创添两重，旧迁忠武校尉者今迁忠勇校尉。中都永固军指挥使及随路埽兵指挥使出职，旧迁敦武校尉者今迁进义校尉。武卫军，大定十七年定制，其猛安曰都将，谋克曰中尉，蒲辇曰队正。都将三十月迁一官，至昭信注九品职事。以队正升中尉。中尉升都将。

省令史选取之门有四：曰文资，曰女直进士，曰右职，曰宰执子，其出仕之制各异。

文资者，旧惟听左司官举用，至熙宗皇统八年，省臣谓："若止循旧例举勾，久则善恶不分而多侥幸。"遂奏定制，自天眷二年及第榜次姓名，从上次第勾年至五十已上、官资自承直郎（从六品）至奉德大夫（从五品），无公私过者，一阙勾二人试验，可则收补，若皆可即籍名令还职待补。官至承直郎以上，一考者除正七品以上、从六品以下职事，两考者除从六品以上、从五品以下。奉直大夫（从六品）以上，一考者除从六品以上、从五品以下，两考者除从五品以上、正五品以下，节运同。

正隆元年，罢是制，止于密院台及六部吏人令史内选充。大定元年，世宗以胥吏既贪墨，委之外路干事又不知大体，徒多扰动，至二年，罢吏人而复皇统选进士之制。承直郎以上者，一考正七品，除运判、节察判、军刺同知。两考者从六品，除京运判、总府判、防御同知。奉直大夫已上，一考者从六品，除同前。两考从五品，除节运副、京总管府留守司判官。七年，以散阶官至五品亦勾充，不愿者听。十一年，以进士官至承直者众，遂不论官资但以榜次勾补。二十七年，以外多阙官，论者以为资考所拘，难以升进，乃命不论官资，凡一考者与六品，次任降除正七品，第三任与六品，第四任升为从五品。两考者与从五品，次任降除六品，第三、四任皆与从五品，五任升正五品。承安二年，以习学知除、刑房知案、及兵兴时边关令史，三十月除随朝阙。泰和八年，以习学知除十五月以上，选充正知除。一考后理算资考。大安三年，以从榜次则各人所历月日不齐，遂以吏部等差其所历岁月多寡为次，收补知除，考满则授随朝职。

贞祐五年，进士未历任者，亦得充补，一考者除上县令，再任上县令升正七品，如已历一任丞簿者，旧制除六品，乃更为正七品，一任回降从七品，再任正七品升六品，如历两任丞簿者，一考旧除六品，乃更为正七品，一任回免降，复免正七一任，即升六品。曾历令一任者，依旧格六品，再任降除七品，还升从五品。兴定二年，敕初任未满及未历任者，考满升二等为从七品。初任未满者两任、未历任者四任、回升正七品，两任正七皆免回降。凡不依榜次勾取者同随朝升除，俟榜次所及日听再就补。兴定五年，定进士令史与右职令史同格，考满未应得从七者与正七品，回降从七一任。所勾诸府令史不及三考出职者除从七品，回降除八品。若一任应得从七品者除六品，回降正七品，若一任应得正七品者免降。

女直进士令史，二十七年格，一考注正七品，两考注正六品。二十八年，敕枢密院等处转省者，并用进士。明昌元年，敕至三考者与汉人两考者同除。明昌三年，罢契丹令史，其阙内增女直令史五人。五年，以与进士令史辛苦既同，资考难异，遂定与汉进士一考与从六品，两考与从五品。

宰执子弟省令史，大定十二年，制凡承廕者，呈省引见，除特恩任用外，并内奉班收，仍于国史院署书写、太常署检讨、秘书监置校勘、尚书省准备差使，每三十月迁一重，百五十月出职。如承应一考以上，许试补省令译史，则以百二十月出职，其已历月日皆不纽折，如系终场举人，即听尚书省试补。十七年，定制，以三品职事官之子，试补枢密院令史。遂命吏部定制，宰执之子、并在省宗室郎君，如愿就试令译史，每年一就试，令译史考试院试补外，缌麻袒免宗室郎君密院收补。大定二十八年，制以宗室第二从亲并宰相之子，出职与六品外，宗室第三从亲并执政之子，出职与正七品。其出职皆以百五十月，若见已转省之余人，则至两考止与正七品。二十九年，四从亲亦许试补。

卷五十三　　志第三十四

选　举　三

右职吏员杂选

右职。省令史、译史。皇统八年格，初考迁一重，女直人依本法外，诸人越进义，每三十月各迁两重，百二十月出职，除正六品以下，正七品以上职官。正隆二年，更为五十月迁一重。初考，女直人迁敦武校尉，余人迁保义校尉，百五十月出职，系正班与从七品。若自枢密院台六部转省者，以前已成考月数通算出职。大定二年，复以三十月迁一官，亦以百二十月出职，与正、从七品。院台六部及它府司转省而不及考者，以三月折两月，一考与从七，两考正七品，三考与六品。三年，定格，及七十五月出职者，初上令，二中令，三下令，四、五录事，六下令，七中令，八上令。百五十月出职者，初刺同、运判、推官等，二、三中令，四上令，回呈省。大定二十七年，制一考及不成考者，除从七品，须历县令三任，第五任则升正七品。两考以上除正七品，再任降除县令，三、四皆与正七品，第五任则升六品。三考以上者除六品，再任降正七品，三任、四任与六品，第五任则升从五品。

省女直译史。大定二十八年，制以见任从七、从八人内，勾六十岁以上者相视用之。明昌三年，取见役契丹译史内女直、契丹字熟闲者，无则以前省契丹译史出职官及国史院女直书写，见任七品、八品、九品官充。

省通事。大定二十年格，三十月迁一重，百二十月出职。一考两考与八品，三考者从七品，余与部令译史一体免差。

御史台令史、译史。皇统八年迁考之制，百二十月出职，正隆二年格，百五十月出职，皆九品，系正班。大定二年，百二十月出职，皆以三十月迁一官。其出职，一考、两考皆与九品，三考与八品。明昌三年，截罢见役吏人，用三品职事官子弟试中者、及终场举人本台试补者，若不足，于密院六部见役品官、及契丹品官子孙兄弟选充。承安三年，敕凡补一人必询于众，虽为公选，亦恐久渐生弊。况又在书史之上，不试而即用，本台出身门户似涉太优，遂令除本台班内祗、令译史名阙外，于试中枢密院令译史人内以名次取用，不足，即于随部班祗令译史上名转充。若须用终场举人之阙，则令三次终场举人，每科举后与它试书史人同程试验，榜次用之。女直十三人，内班内祗六人，终场举人七人。汉人十五人，内班内祗七人，终场举人八人。译史四人，内班内祗二人，终场举人二人。

枢密院令史、译史。令史。正隆二年，制迁考与省同，出职除系正班正、从八品。大定二十一年，定元帅府令译史三十月迁一官，百二十月出职，一考、两考与八品除授，三考与从七品。十四年，遂命内祗、并三品职事官承廕人、与四品五品班祗、及吏员人通试，中选者用之。

十六年，定一考、两考者，初录事、军判、防判，再除上簿，三中簿，四同初，五、六下令，七、八中令，九、十上令。（二十六年，两考者免下令一任。）三考以上，初上令，二中令，三下令，四录事、军防判（二十六年免此除），五下令（二十六年亦免此除），六、七中令，八上令。十七年，制试补缌麻袒免以上宗室郎君。又定制，三品职事子弟设四人，吏员二人。

睦亲府、宗正府、统军司令译史，迁考出职，与台部同。部令史、译史，皇统八年格，初考三十月 迁一重，女直人依本格，余人越进义，第二、第三考各迁一重，第四考并迁两重，百二十月出职八品已下。正隆二年，迁考与省右职令史同，出职九品。大定二十一年，宗正府、六部、台、统军司令史，番部译史，元帅府通事，皆三十月迁一重，百二十月出职系班，一考、两考与九品，三考已上与八品除授。十四年，以三品至七品官承廕子孙一混试充，寻以为不伦，命以四品五品子孙及吏员试中者，依旧例补，六品以下不与。十五年，命免差使。十六年格，一考两考者，初除上簿，再除中簿，三下簿，四上簿，五录事、军防判，六、七下令，八、九中令，十上令。三考以上者，初除录事、军防判，再除上簿，三中簿，四如初，五下令（后免此除），六、七下令，八中令，九上令。按察司书吏，以终场举人内选补，迁加出职同台部。

凡内外诸吏员之制，自正隆二年，定知事孔目出身俸给，凡都目皆自朝差。海陵初，除尚书省、枢密院、御史台吏员外，皆为杂班，乃召诸吏员于昌明殿，谕之曰：“尔等勿以班次稍降为歉，果有人才，当不次擢用也。”又定少府监吏员，以内省司旧吏员、及外路试中司吏补。

大定二年，户部郎中曹望之言：“随处胥吏猥多，乞减其半。”诏胥吏仍旧，但禁用贴书。又命县吏阙，则令推举行止修举为乡里所重者充。三年，以外路司吏久不升转，往往交通豪右为奸，命与孔目官每三十月则一转，移于它处。七年，敕随朝司属吏员通事译史勾当过杂班月日，如到部者并不理算。又诏吏人但犯赃罪罢者，虽遇赦，而无特旨，不许复叙。又命京府州县及转运司胥吏之数，视其户口与课之多寡，增减之。十二年，上谓宰臣曰：“外路司吏，止论名次上下，恐未得人。若其下有廉慎、熟闲吏事，委所属保举。试不中程式者，付随朝近下局分承应，以待再试。彼既知不得免试，必当尽心以求进也。”

章宗大定二十九年，上封事者言：“诸州府吏人不宜试补随朝吏员，乞以五品以上子孙试补。盖职官之后清勤者多，故为可任也。”尚书省谓：“吏人试补之法，行之已久，若止收承廕人，复恐不闲案牍，或致败事。旧格惟许五品职官子孙投试，今省部试者尚少，以所定格法未宽故也。”遂定制，散官五品而任七品，散官未至五品而职事五品，其兄弟子孙已承廕者并许投试，而六部令史内吏人试补者仍旧。泰和四年，签河东按察司事张行信言：“自罢移转法后，吏势浸重，恣为豪夺，民不敢言。今又无朝差都目，止令上名吏人兼管经历六案文字，与同类分受贿赂。吏目通历三十年始得出职，常在本处侵渔，不便。”遂定制，依旧三十月移转，年满出职，以杜把握州府之弊。八年，以佥东京按察司事杨云翼言，书吏书史皆不用本路人，以别路书吏许特荐申部者类试，取中选者补用。

凡右职官，天德制，忠武以下与差使，昭信以上两除一差。大定十二年，敕镇国以上即与省除。十三年，制明威注下令，宣威注中令，广威注上令，信武权注下令，宣武、显武免差，权注丞簿。又制宣武、显武，功酬与上簿，无亏与中簿。二十六年，制迁至宣武、显武始令出职。又以旧制通历五任令呈省，诏减为四任。明昌三年，以诸司除授，守阙近三十月，于选调窒碍，今后依旧两除一差，候员阙相副，则复旧制。

泰和元年，以县令见阙，近者十四月，远者至十六月，盖以见格，官至明威者并注县令，或犯选并亏永人，若带明威人亦注，是无别也。遂令曾亏永及犯选格，女直人展至广威，汉人至宣武，方注县令。又以守阙簿丞，近者十九月、远者二十一月，依见格官至宣武、显武、信武者合注丞簿，遂命但曾亏永，直至明威方注丞簿。又吏格，凡诸右职正杂班（谓无资历者，班内祗同。），皆验官资注授。带忠武以下者与监当差使，昭信以上拟诸司除授，仍两除一差。宣武以上与中簿（功酬人与上簿），明威注下令，宣威注中令，广威注上令，通历县令四任，如带定远已历县令三任者，皆呈省。若但曾亏永及犯选格（诸曾犯公罪追官、私罪解任、及犯赃、廉访不好、并体察不堪临民，谓之犯选格。）女直人选至武义，汉人诸色人武略，并注诸司除授，皆两除一差。若至明威方注丞簿，女直人迁至广威，汉人、诸色人迁至宣威者，皆两任下令，一任中令，回呈省。贞祐三年，制迁至宣武者，皆与诸司除授，亦两除一差。凡不犯选格者，若怀远方注丞簿，至安远则注下令、上令各一任，呈省。四年，复以官至怀远注下令，定远注中令，安远注上令，四任呈省。

检法、知法。正隆二年，尝定六部所用人数及差取格法，初考、两考皆除司候，三考者除上簿。五年，定制，十年内者初考除下簿，两考除中簿，三考除警判。十年外者初考除第二任司候，两考除上簿，三考则除市丞。大定二年，制曾三考者，不拘十年内外，皆与八品录事、市令，拟当合得本门户。除授，旧授札付，大定三年始命给敕，以律科人为之。七年，定制，验榜次勾取，如勾省令史之制。二十六年，命三考除录事，以后则两除一差。

女直知法、检法。大定三年格，以台部统军司出职令译史，曾任县佐市令差使人内奏差，考满比元出身升一等，依随路知事例给敕，以三十月为任。明昌五年，以省院台部统军司令译史书史内拟，年五十以下、无过犯、慎行止，试一月，以能者充，再勒留者升一等，一考者初上令，二、三中令，四上令、两考升二等，呈省。

太常寺检讨二人。正隆二年，五十月迁一重，女直迁敦武，余人进义，百五十月出职，系杂班。大定二年，制以三十月迁一重，百二十月出职，系正班九品。

省祗候郎君。大定三年，制以袒免以上亲愿承应已试合格而无阙收补者及一品官子，已引见，止在班祗候，三十月循迁。初任与正，从七品，次任呈省。内祗在班，初、次任注正、从八品，三、四注从七品，而后呈省。班祗在班，初九品，次、三正、从八品，四、五从七品。而后呈省。已上三等，并以六十月为满，各迁一重。八年，定制，先役六十月以试验其才，不能干者进一官黜之。才干者再理六十月。每三十月迁加，百二十月为满，须用识女直字者。十六年，定制，以制文试之，能解说得制意者为中选。十八年，制一品官子，初都军，二录事，军防判，三都军，四下令，五、六上令，回呈省。内祗，初录事，军防判，二上簿，三同初，四录事，五都军，六下令，七中令，八上令，回呈省。班祗，初上簿，二中簿，三同初，四录事，军防判，五录事，六都军，七下令，八中令，九上令，回呈省。

国史院书写。正隆元年，定制，女直书写，试以契丹字书译成女直字，限三百字以上。契丹书写，以熟于契丹大小字，以汉字书史译成契丹字三百字以上，诗一首，或五言七言四韵，以契丹字出题。汉人则试论一道。迁考出职同太常检讨。

宗室将军。六十月为任，初刺同，二都军，三刺同，四从六。副将军以七品出职人充。明昌元年，以九十月为满，中都、上京初从七，二录事、军防判，三入本门户。余路，初录事、军防判，二上簿，三入本门户。承安二年改司属令作随朝。

内侍御直。内直六十四人，正隆二年格，长行人五十月迁一重，女直人迁敦武，余人迁进义，无出身。大定二年格，同上。大定六年，更定收补内侍格，能诵一大经、以《论语》、《孟子》内能诵一书，并善书札者，月给奉八贯石，稍识字能书者七贯石，不识字六贯石。泰和二年，以参用外官失防微之道，乃创寄录官名，以专任之，既足以酬其劳，而无侵官之弊。

凡宫中诸局分，大定元年，世宗谓诸局分承应人，班叙俸给涉于太滥，正隆时乃无出身，涉于太刻，又其官品不以劳逸为制，遂命更定之。大定六年，谕有司曰："宫中诸局分承应人，有年满数差使者，往往苦于稽留，而卒不得。其差者，复多不解文字而不干，故公私不便。今后愿出局者听，愿留者各增其秩，依旧承应。其十人长，虽老愿留者亦增秩，作长行承应，余依例放还。"七年，诏宰臣曰："女直人自来诸局分不经收充祗候。可自今除太医、司天、内侍外、余局分并令收充勾当。"

护卫，正隆二年格，每三十月迁一重，初考，女直迁敦武，余迁保义，百五十月出职，与从五品以下、从六品以上除。大定二年格，更为初迁忠勇，百二十月出职。大定十四年官制，从下添两重，遂命女直初迁修武，余人敦武。十八年，制初除五品者次降除六品，第三复除从五品。初任六品者不降，第四任始授从五品，再勒留者各迁一官。明昌元年资格，初任不算资历，不勒留者，初从六品，二、三皆同上，第四任升从五。勒留者，初从五，二、三同上，第四正五品。再勒留者，初正五品，二同上，三少尹，四刺史。明昌四年，降作六品、七品除。贞祐制，一考八品，两考除县令，三考正七品，四考六品。五年，定一考者注上令。两考者一任正七品回降从七，两任正七回升六品。三考者正七一任回，再任正七升六品。四考者，三任六品升从五品。

符宝郎，十二人，正隆二年格，皆同护卫，出职与从七品除授。大定二年格，并同护卫。十四年，初收。余人迁进义，二十一年，英俊者与六品除，常人止与七品除。

奉御，十六人，以内驸马充，旧名入寝殿小底。大定十二年，更今名。正隆二年格，同符宝郎。大定二年，出职从七品。

奉职，三十人，旧名不入寝殿小底，又名外帐小底。大定十二年更今名。正隆二年格，女直迁敦武，余人历进义，无出身。大定二年格。出职正班九品。大定十四年定新官制，从下添两重，女直初考进义，余人进义副尉。十七年格，有廕者初中簿，二下簿，无廕者注县尉，已后则依格。明昌元年格，有廕者每勒留一考则减一资。二年，以八品出职。六年定格，初录事、军防判，正从八品丞，二上簿，三中簿，四正从八品，若不犯选格者则免此除，五下令，六、七中令，八上令。勒留一考者升下令，四、五中令，六上令，回呈省。勒留两考者升上令，二中令，三、四上令，回呈省。凡奉御奉职之出职，大定十二年增为百五十月，二十九年复旧，承安四年复增。

东宫护卫，正隆二年，出职正班从八品。大定二年，正从七品。初收女直迁敦武，余人保义。

阁门祗候，正隆二年格，女直初迁敦武，余人保义，出职正班从八品。大定二年格，出职从七品。八年定格，初都军，二录事，三军防判，四都军，五下令，六中令，七上令。已带明威者即与下令，二录事、军防判，三都军，四下令，五中令，六上令。泰和四年格，初都军，二录事、军防判、三下令，四中令，五上令。

笔砚承奉，旧名笔砚令史，大定三年，更为笔砚供奉，后以避显宗讳，复更今名。正隆二年，女直人迁敦武，余历进义，无出身。大定二年格，初考女直迁敦武，余保义，出职正班从七品。吏格，初都军，二、三下令，四、五中令，六上令。

妃护卫，正隆二年格，与奉职同。大定二年，出职与八品。

符宝典书，四人，旧名牌印令史，以皇家袒免以上亲、有服外戚、功臣子孙为之。正隆二年格，出职九品。大定二十八年，出职八品，二上簿，回验官资注授。

尚衣承奉，天德二年格，以班内祗人选充。大定三年，女直人迁敦武，余人迁进义，出职九品。

知把书画，十人，正隆二年格，与奉职同。大定二年，出职九品。十四年格，同奉职。二十一年定格，有廕者，初中簿，二军器库副，后依本门户差注。无廕者，与差使。

凡已上诸局分承应人，正隆二年格，有出身者皆以五十月为一考，五考出职，无出身者五十月止迁一官。大定二年、三年格，皆三十月为考，迁一重，四考出职。十二年，复加为五考。大定二十九年，又为四考。承安四年，复为五考。自大定十二年，凡增考者，惟护卫则否。

随局内藏四库本把，二十八人，正隆二年格，同奉职。大定二年格，十人长，每三十月迁一重，四考出职九品。长行，每五十月迁一重，初考女直敦武，余人进义。转十人长者其后依亲军例，转五十人长者以三十月迁加，虽未至十人长而迁加至敦武者，依本门户出职。十二年，加为五考。二十一年格，与知把书画同。二十八年，以合数监同人内，从下选差。明昌元年，如八贯石本把阙，六贯石局内选。六年，半于随局承应人内选。左右藏库本把，八人，格同内藏。大定二十九年设，三十月迁一重，百二十月出职。仪鸾局本把，大定二十七年，三人。明昌元年，设十五人，格比内藏本把。尚食局本把，四人，大定二十八年设，格同仪鸾。尚辇局本把，六人，二十八年设，格同仪鸾。

典客署书表，十八人，大定十二年，以班内祗、并终场举人慎行止者，试三国奉使接送礼仪、并往复书表，格同国史院书写。十四年，以女直人识汉字班内祗一同试补。大定二十四年，终场举人出职八品注上簿，次下簿，三任依本门户。明昌五年，复许终场举人材质端伟、言语辩捷者，与内班祗同试，与正九除。

捧案，八人，大定十九年，以已承三品官廕人，命宣徽院拣试仪观修整者，格同尚衣承奉。二十一年，格同知把书画。

擎执傔使，大定四年，以内职及承奉班内选。明昌六年，以皇家袒免以上亲、不足则于外戚，并三品已上散官、五品以上职事官应廕子孙弟兄侄，以宣徽院选有德而美形貌者。

奉辇，旧名拽辇儿，大定二十九年更名，格同擎执。

妃奉事，旧名不入寝殿小底，大定十一年又名妃奉职，大定十八年更今名。格同知把书画。

东宫妃护卫，十人，大定十三年，格同亲王府祗候郎君。二十八年，有廕人与副巡检、讥察，无廕人与司军、军辖等除。东宫入殿小底，三十月迁一重。初考，女直人迁敦武，余人迁保义。吏格，有廕无廕其出职，初八品，二上簿，三中簿，四八品。五下令，六中令，八上令，回呈省。东宫笔砚，五十月迁一重，百五十月出职正班九品。无廕人差使。有廕人，大定二十一年格，与二十一年知把书画格同。

正班局分，尚药、果子本把、奉膳、奉饮、司裀、仪鸾、武库本把、掌器、掌辇、习骑、群子都管、生料库本把。大定二十一年格，有廕人，知把书画格同。章宗大定二十九年，诸局分长行并历三百月。十人长九十月出职。

杂班局分，鹰坊子、尚食局厨子、果子厨子、食库车本把、仪鸾典幄、武库枪寨、司兽、钱帛库官、旗鼓笛角唱曲子人、弩手、伞子。贞元元年，制弩手、伞子、尚厩局小底、尚食局厨子，并授府州作院都监。大定二十九年，长行三百月、十人长九十月出职。弩手、伞子四百月出职。其他局分，若秘书监楷书及琴、棋、书、阮、象、说话待诏，尚厩局医兽、驼马牛羊群子、酪人，皆无出身。

侍卫亲军长行，初收，迁一重，女直敦武，余人进义。每五十月迁一重。以次转五十人长者，则每三十月迁一重。如五十人长内迁至武义者，以五十人长本门户出职。五十人长每三十月迁一重，六十月出职，系正班，与九品除授，有廕者八品除授。如转百人长者，则三十月迁一重，六十月出职，系正班八品，有廕者七品。大定六年，百户任满，有廕者注七品都军、正将，无廕及五十户有廕者，注八品刺郡、都巡检、副将。五十户无廕者及长行有廕者，注县尉，无廕注散巡检。十六年，有廕百户，初中令，二都军、正将，三、四禄事，五下令，六中令，七上令，回呈省。无廕者，初都军、正将，二录事，三、四副将、巡检，五都军、正将，六下令，七中令，八上令，回呈省。此言识字者也。不识字者，初止县尉，次主簿。二十一年，有廕者初中簿，二县尉。无廕者初县尉，二散巡检。已后，依本门户，识字、不识字并用差注。二十九年，定女直二百五十月出职，余三百月出职。吏格，先察可亲民、及不可者，验其资历，若已任回带明威、怀远者，验资拟注。

拱卫直，正隆名龙翔军，无出身。大定二年，改龙翔军为拱卫司。定格，军使、什将、长行，每五十月迁一重，女直人敦武，余人进义。迁至指挥使，则三十月出职，迁一重，系正班，与诸司都监。虽未至指挥使，迁至武义出职，系杂班，与差使。

司天长行，正隆二年，定五十月迁一重，女直敦武，余人进义，无出身。

太医，格同。贞元元年，尝罢去六十余人。正隆二年格，五十月迁一重，女直人敦武，余人进义，无出身。

教坊，正隆间有典城牧民者，大定间罢，遂定格同上。

卷五十四　志第三十五

选举四

部选　省选　廉察　荐举　功酬亏永

凡吏部选授之制，自太宗天会十二年，始法古立官，至天眷元年，颁新官制。及天德四年，始以河南、北选人并赴中京，吏部各置局铨注。又命吏部尚书萧赜定河南、北官通注格，以诸司横班大解、并大将军合注差人，依年例一就铨注，余求仕人分四季拟授，遂为定制。贞元二年，命拟注时，依旧令，求仕官明数（谓面授也），不许就本乡，若衰病年老者毋授繁剧处。

世宗大定元年，敕从八品以下除授，不须奏闻。又制，求仕官毋入权门，违者追一官降除，有所馈献而受之者，奏之。二年，诏随季选人，如无过或有功酬者，依格铨注。有廉能及污滥者，约量升降，呈省。七年，命有司，自今每季求仕人到部，令本部体问，政迹出众者，及赃污者，申省核实以闻，约量升擢惩断，年老者勿授县令。又谓宰臣曰："随朝官能否，大率可知。若外路转运司幕官以至县令，但验资考，其中纵有忠勤廉洁者，无路而进，是此人终身不敢望三品矣，岂进贤退不肖之道哉！自今通三考视其能否，以定升降为格。"又曰："今用人之法甚弊，其有不求闻达者，人仕虽久，不离小官，至三四十年不离七品者。而新进者结朝贵，致显达，此岂示激劝之道？卿等当审于用人，以革此弊。"时清州防御使常德辉上言："吏部格法，止叙年劳，是以虽有才能，拘于法而不得升，以致人材多滞下位。又刺史县令亲民之职，多不得人，乞加体察，然后公行廉问，庶使有惧心。且今酒税使尚选能者，况承流宣化之官，可不择乎？自今宜以能吏当任酒使者授亲民之职。"从之。十年，上谓宰臣曰："守令以下小官，能否不能遍知。比闻百姓或请留者，类皆不听。凡小官得民悦，上官多恶之，能承事上官者，必不得民悦。自今民愿留者，许直赴部，告呈省。遣使覆实，其绩果善可超升之，如丞簿升县令之类，以示激劝。"二十六年，以阙官，敕："见行格法合降资历内，三降两降各免一降，一降者勿降。省令译史合得县令资历内，免录事及下县令各一任。密院令史三考以上者，同前免之。台、部、宗正府、统军司令译史，合历县令任数，免下令一任。外路右职文资诸科，合历县令亦免一任。当过检法知法，三考得录事者，已后两除一差。"

明昌三年，上曰："旧制，每季到部求仕人，识字者试以书判，不识字者问以疑难三事，体察言行相副者。其令自今随季部人并令依条试验。"宰执奏曰："既体察知与所举相同，又试中书判，若不量与升除，无以示劝。"遂定制，若随朝及外路六品以上官则随长任用，外路正七品官拟升六品县令一等除授，任满合降者免降，从七品以下于各等资历内减两任拟注，以后体察相同即依已升任使，若体察不同者本等注授，若见任县令升中上令者、并掌钱谷及丁忧去者，候解由到部。诸局分人亦候将来出职日准上拟注。猛安谋克拟依前提刑司保举到升任例，施行时尝令随门户减一资历。明昌七年，敕复令如旧。泰和元年，上以县令见守阙，近者十四月，远者十六月，又以县令丞簿员阙不相副，敕省臣："右选官见格，散官至明威者注县令，宣武者注丞簿，虽曾犯选格及亏永者亦注，是无别也。"遂定制，曾犯选格及亏永者，广威注令，明威注丞簿。卫绍王大安元年，以县令阙少，令初入上中下令者，与其守阙可令再注丞簿一任，俟员阙相副则当复旧。

宣宗贞祐二年，以播越流离，官职多阙，权命河朔诸道宣抚司得拟七品以下，寻以所注吏部不知，季放之阙多至重复，乃奏罢之。时李英言："兵兴以来，百务烦冗，政在用人，旧虽有四善、十七最之法，而拔擢蔑闻，几为徒设。大定间，以监察御史及审录官分诣诸路，考核以拟，号为得人，可依已试之效，庶几使人自励。"诏从之。三年，户部郎中奥屯阿虎言："诸色迁官并与女直一体，而有司不奉，妄生分别，以至上下相疑。"诏以违制禁之。初，宣宗之南迁也，诏吏部以秋冬于南京、春夏于中都置选，而赴调者惮于北行，率皆南来，遂并于南京设之。三月，命汰不胜官者，令五品以上官公举，今季赴部人内，先择材干者量缓急易之。兴定元年，诏有司议减冗员。又诏，自今吏部每季铨选，差女直、汉人监察各一员监视，又尽罢前犯罪降除截罢、及承应未满解去而复为随处官司委使者。又定制，权依剧县例俱作正七品，令随朝七品、外路六品以上职事官，举正七品以下职事官年未六十无公私罪堪任使者，岁一人，仍令兼领枢密院弹压之职，以镇军人。凡上司不得差占及凌辱决罚。到任半年，委巡按官体访具申籍记。又半年覆察，考满日分等升用。如六事备为上等，升职一等，四事为中等，减二资历，其次下等减一资历，不称者截罢。

凡省选之制，自熙宗皇统八年以上京僻远，始命诣燕京拟注，岁以为常。贞元迁都，始罢是制。其常调制，正七品两任升六品，六品三任升从五品，从五品两任升正五品，正五品三任升刺史。凡内外官皆以三十月为考，随朝官以三十月为任，升职一等。自非制授，尚书选在外官，命左司移文勾取。承安三年，始命置簿勾取。

大定十五年，制凡二品官及宰执枢密使不理任，每及三十月则书于贴黄，不及则附于阙满簿。内外三品官以五十月为任。泰和三年，制凡文资右职官应迁三品职事者，五品以上历五十月，六品以下及门廕杂流职事至四品以上而散官应至三品者，皆历六十月，方许告迁。七年，自按察使副依旧三十月理考外，内外四品以四十月理考，通八十月迁三品。泰和八年，诏以门廕官职事至四品者甚少，自今至刺史而散官应至三品者，即许告迁三品。此省选资考之制也。

世宗大定元年，上谓宰臣曰："朕昔历外任，不能悉知人之优劣，每除一官必以不称职为忧。夫荐贤乃相职，卿等其各尽乃心，勿贻笑天下。”又曰：“凡拟注之际当为官择人，勿徒任亲旧，庶无旷官矣。”又曰：“守令之职当择材能，比闻近边残破多用年老及罪降者，是益害边民也。若资历高者不当任边远，可取以下之才能者升授，回不复降，庶可以完复边陲也。”边升之制，盖始于此。三年，诏监当官迁散官至三品尚任县令者，与省除。四年，敕随朝六品以繁剧局分官有阙者，省不得拟注，令具阙及人以闻。六年，制官至三品除，朝廷约量劳绩岁月，特恩迁官。七年，制内外三品官遇拟注，其历过成考以上月日，不曾迁加，或经革拨，可于除目内备书以闻。又敕，外路四品以上职事官、并五品合升除官，皆具阙及人以闻。六品以下官，命尚书省拟定而复奏。上又谓宰臣曰：“拟注外官，往往未当。州县之官良则政举，否则政隳。卿宜辨论人材，优劣参用，则递相勉励，庶几成治矣。”又曰：“从来顿舍人例为节副，今宣徽院同签银术可以特收顿舍，然后授以沧州同知，此亦何功，但其人有足任使，故授以同签也。且如自护卫、符宝、顿舍考满者与六品五品之职，而与元苦辛特收顿舍者例除，则是不伦也。”十年，谓宰臣曰：“凡在官者，若不为随朝职任，便不能离常调。若以卿等所知任使恐有滞，如验入仕名项或廉等第用之亦可。若不称职，即与外除。”十一年，上谓宰臣曰：“随朝官多自计所历，一考谓当得某职，两考又当得某职，故但务因循而已。及被差遣，又多稽违。近除大理司直李宝为警巡使，而奏谢言‘臣内历两考’，意谓合得五品而除六品也。朕以此人干事，尝除监察御史，及为大理司直，未尝言情见一事，由是除长官，欲视其为政，故授是职。自今外路与内除者，察其为政公勤则升用，若但务苟简者，不必待任满即当依本等出之。不明赏罚，何以示劝勉也。”十二年，上谓宰臣曰：“朕尝取尚书省百官行止观之，应任刺史知军者甚少，近独深州同知辞不习为可，故用之。即今居五品者皆再任当例降之人，故不可也。护卫中有考满者，若令出职，虑其年幼不闲政事，兼宿卫中如今日人材亦难得也。若勒留承应，累其资考，令至正五品可乎？”皆曰：“善。”十六年，敕宰臣：“选调拟注之际，须引外路求仕人，引至尚书省堂量材受职。”二十一年，谓宰臣曰：“海陵时，与人本官太滥，今复太隘，令散官小者奏之。”二十四年，以旧资考太滞，命各减一任，临时量人材、辛苦、资历、年甲，以次奏禀。

章宗大定二十九年，定制，自正七品而上皆以两任而后升。明昌四年，以前制有职官已带三品者不许告迁，有司因之不举，以致无由迁叙。上虑其滞，遂定制，已带三品散官实历五十月，从有司照勘，格前进官一阶，格后为始再算。五年，命宰臣拟注之际，召赴选人与之语，以观其人。六年，命随朝五品之要职，及外路三品官，皆具人阙进呈，以听制授。七年，敕随朝除授必欲至三十月，如有急阙，则具阙及人奏禀。寻复令，不须待考满后，当通算其所历而已。承安四年，敕宰臣曰：“凡除授，恐未尽当。今无门下省，虽有给事中而无封驳司，若设之，使于拟奏未受时详审得当，然后授之可也。”乃立审官院，凡所送令详审者，以五日内奏或申省。承安五年，以六品、从五品阙少，敕命历三任正七品而后升六品。泰和元年，谕旨宰臣曰：“凡遇急阙，与其用资历未及之人，何如止起复丁忧旧人也。”命内外官通算，合得升等而少十五月者，依旧在职补足，而后升除，或有余月日以后积算。遇阙而无相应人，则以资历近者奏禀。二年，命少五月以下者本任补，六月至十四月者本任或别除补之。是制既行之后，至六年，以一例递升复恐太滥，命量材续禀。卫绍王大安元年，定文资本职出身内，有至一品职事官应迁一品散官者，实历五十月方许告迁。二品三品职事官应告本品循迁者，亦历五十月，不得过本品外。四品以下职事官如迁三品者，亦历五十月，止许告迁三品一资。六品以下职事官历六十月告迁，带至三品更不许告。犯选格者皆不许。如已至三品以上职事者，六十月亦听。凡迁三品官资及致仕并横迁三品者，则具行止以闻。四品则六十月告迁，杂班则否。宣宗兴定元年，徒单顽僧言：“兵兴以来，恩命数出，以劳进阶者比年尤多。贱职下僚散官或至极品，名器之轻莫此为甚。自今非亲王子及职一品，余人虽散官至一品乞皆不许封公。若已封者，虽不追夺其仪卫，亦当降从二品之制。”从之。

凡选监察御史，尚书省具才能者疏名进呈，以听制授。任满，御史台奏其能否，仍视其所察公事具书于解由，以送尚书省。如所察事皆无谬戾为称职，则有升擢。庸常者临期取旨，不称者降除，任未满者不许改除。大定二十七年前，尝令六十以上者为之。后，台官以年老者多废事为言，乃敕尚书省于六品七品内取六十以下廉干者备选。二十九年，令台官得自辟举。明昌三年，复命尚书省拟注，每一阙则具三人或五人之名，取旨授之。承安三年，敕监察给由必经部而后呈省。泰和四年，制以给由具所察事之大小多寡定其优劣。八年，定制，事有失纠察者以怠慢治罪。贞祐二年，定制以所察大事至五、小事至十为称职，数不及且无切务者为庸常，数内有二事不实者为不称职。四年，命台官辟举，以名申省，定其可否。

廉察之制，始见于海陵时，故正隆二年六月有廉能官复与差除之令。大定三年，命廉到廉能官第一等进官一阶升一等，其次约量注授。污滥官第一等殿三年降二等，次二年，又次一年，皆降一等。诏廉问猛安谋克，廉能者第一等迁两官，其次迁一官。污滥者第一等决杖百，罢去，择其兄弟代之。第二等杖八十，第三等杖七十，皆令复职。蒲辇决则罢去，永不补差。八年，省臣奏御史中丞移剌道所廉之官，上曰：“职官多贪污，以致罪废，其余亦有因循以苟岁月者。今所察能实可甄奖，若即与升除，恐无以慰民爱留之意，且可迁加，候秩满日升除。”十年正月，上谓宰臣曰：“今天下州县之职多阙员，朕欲不限资历用人，何以遍知其能。拟欲遣使廉问，又虑扰民而未得其真。若令行辟举之法，复恐久则生弊。不若选人暗察明廉，如其相同，然后升黜之，何如？”宰臣曰：“当如圣训。”十一年，奏所廉善恶官，上曰：“罪重者遣官就治，所犯细微者盖不能禁制妻孥耳，其诫励而释之。凡廉能官，四品以下委官覆实，同则升擢。三品以上以闻，朕自处之。”时陈言者有云“每三年委宰执一员廉问”者。上以大臣出则郡县动摇，谁复敢行事者。今默察明问之制，盖得其中矣。又谓宰臣曰："朕以欲遍知天下官吏善恶，故每使采访，其被升黜者多矣，宜知劝也。若常设访察，恐任非其人以之生弊，是以姑罢之。"皆曰："是官不设，何以知官吏之善恶也？"左丞相良弼曰："自今臣等尽心亲察之。"上曰："宜加详，勿使名实淆混。"十二年，以同知城阳军山和尚等清强，上曰："此辈，暗察明访皆著政声。夫赏罚必信，则善者劝、恶者惧，此道久行庶可得人也。其第其政绩旌赏之。"三月，诏赃官既已被廉，若仍旧在职必复害民，其遣驿使遍诣诸道，即日罢之。大定二十八年，制以阁门祗候、笔砚承奏、奉职、妃护卫，东宫入殿小底，宗室郎君、王府郎君、省郎君，始以选试才能用之，不须体察。内藏本把、不入殿小底、与入殿小底、及知把书画，则亦不体察。

明昌三年，以所廉察则有清廉之声，而政绩则平常者，敕命不降注。以石伸渊等四人，虽清廉为百姓所喜，而复有行事邀顺人情之语，则与公正廉能人不同，敕命降注。凡治绩平常者，夺元举官俸一月。四年，上曰："凡被举者，或先察者不同，其后为人再举而察者同，或先察者同，而后察者不同，当何以处之？其议可久通行无窒之术以闻。"省臣奏曰："保举与体察不一者，可除不相摄提刑司境内职事，再令体察，如果同则依格用，不同则还本资历。"时有议"凡当举人之官，岁限以数，减资注受"者。是日，省臣并奏，以谓如此恐滋久长求请侥幸之弊。遂拟："被举官如体察相同，随长升用，不如所举者元举官约量降除。如自嘱求举，或因势要及为人请嘱而举之者，各追一官，受贿者以枉法论，体察官亦同此。岁举不限数，不举不坐罪，但不如所举则有降罚，如此则必不敢滥举，而实材可得。"上曰："是可止作条理，施行一二年，当别思其法。"承安四年，以按察司不兼采访，遂罢平倒别路除授之制。泰和元年，定制，自第一等阙外，第二等阙满，合注县令者升上令，少一任与中令，少二任与下令，少三任以上者与录事军防判，仍减一资，注令。少五任以上者注丞簿。第三等任满，合注县令者升中令，少一任与下令，少二任以上者与录事防判，亦减一资，注令。少四任以上者并注丞簿。已入县令者，秩满日与上令，仍依各等资考内通减两任呈省。已任七品、六品者减一资注授，经保充县令，明问相同，依资考不待满升除，见随朝者考满升注，既升除后将来覆察公正廉能者不降。宣宗南迁，尝以御史巡察。兴定元年，以县官或非材，监察御史一过不能备知，遂令每岁两遣监察御史巡察，仍别选官巡访，以行黜陟之政。哀宗正大元年，设司农司，自卿而下迭出巡察吏治臧否，以升黜之。

举荐。大定二年，诏随朝六品、外路五品以上官，各举廉能官一员。三年，定制，若察得所举相同者，即议旌除。若声迹秽滥，所举官约量降罚。九年，上曰："朕思得忠廉之臣，与之共治，故尝命五品以上各举所知，于今数年矣！以天下之大，岂无其人？由在上者知而不举也。"参知政事魏子平奏曰："可令当举官者，每任须举一人，视其当否以为旌赏。"上曰："一任举一人，则人材或难，恐涉于滥。又少有所犯则罪举者，故人益畏而不敢举。宋国被举之官有犯罪者，所举官虽宰执亦不免降黜，若有能名，则被迁赏。且人情始慕进，故多廉慎，既得任用，或失所守。宰执自掌黜陟之权，岂可因所举而置罪耶？"左丞相纥石列良弼曰："已申前令，命举之矣。"十年，上曰："举人之法，若定三品官当举几人，是使小官皆谄媚于上也。惟任满询察前政，则得人矣。"十一年，上谓宰臣曰："昨观贴黄，五品以下官多阙，而难于得人。凡三品以上，朕则自知，五品以下，不能尽识，卿等曾无一言见举者。国家之务，朕岂能独尽哉！盖尝思之，欲画久安之计，兴百姓之利，而无良辅佐，虽有所行皆寻常事耳。"十九年，时朝廷既取民所誉望之官而升迁之，后，上以随路之民赴都举请者，往往无廉能之实，多为所使而来沽名者，不须举行。

章宗大定二十九年，上以选举十事，命奉御合鲁谕尚书省定拟。

其一曰："旧格，进士、军功最高，尚且初除丞簿，第五任县令升正七品，两任正七品升六品，三任六品升从五品，两任从五升正五品，正五三任而后升刺史，计四十余年始得至刺史也，其他资格出职者可知矣。拘于资格之滞，至于如此，其令提刑司采访可用之才，减资考而用之，庶使可用者不至衰老。"省臣遂拟，凡三任升者减为两任，于此资历内，遇各品阙多，则于第二任未满人内，选人材、苦辛可以超用者，及外路提刑司所采访者，升擢之。

其二曰："旧格，随朝苦辛验资考升除者，任满回日而复降之。如正七满回降除从七品，从五品回降为六品之类。今若其人果才能，可为免降。"尚书吏部遂拟，今随朝考满，迁除外路五品以下职事，并应验考次职满有才能者，以本官任满已前十五月以上、二十月以内，察访保结呈省。

其三曰："随路提刑所访廉能之官，就令定其堪任职事，从宜迁注。"

其四曰："从来宰相不得与求仕官相见，如此何由知天下人材优劣。其许相见，以访才能。"尚书刑部谓："在制，求仕官不得于私第谒见达官，违者追一官降等奏除。若有求请馈遗，则以奏闻，仍委御史纠察。"上遂命削此制。

其五曰："旧时，臣下虽知亲友有可用者，皆欲远嫌而不引荐。古者举贤不避亲仇，如祁奚举仇，仁杰举子，崔祐甫除吏八百皆亲故也。其令五品以上官，各举所知几人，违者加以蔽贤之罪。"吏部议，内外五品以上职事官，每岁保廉能官一人。外路五品、随朝六品愿举者听。若不如所举者，各约量降罚。今拟贤而不举者，亦当约量降罚。

其六曰："前代官到任之后，即举可自代者，其令自今五品以上官，举自代以备交承。"吏部按《唐会要》，建中元年赦文，文武常参官外，节度、观察、防御、军使、刺史、赤令、畿令、并七品以上清官，大理司直评事，受命之三日，于四方馆上表，让一人以自代，外官则驰驿奏闻。表付中书门下，每官阙即以所举多者量授。今拟内外官五品以上到任，须举所知才行官一员以自代。太傅、丞相、平章谓："自古人材难得，若令举以自代，恐滥而不得实材。"参政谓："自代非谓即令代其人也，止类姓名，取所举多者约量授之尔，此盖舜官相让，《周官》推贤之遗意。"上以参政所言与吏部同，从之。

其七曰："随朝、外路长官，一任之内足知僚属之能否，每任可令举几人。"吏部拟，今内外五品以上职事官长，于僚属内须举才能官一人，数外举者听。

其八曰："人才随色有之，监临诸物料及草泽隐逸之士，不无人材，宜荐举用之。"吏部拟，监临诸物料内，以外路五品、随朝六品以上，举廉能者，直言所长，移文转申省，差官察访得实，随材任使。草泽隐逸，当遍下司县，以提刑司察访呈省。随色人材，令内外五品以上职官荐之。

其九曰："亲军出职，内有尤长武艺，勇敢过人者，其令内外官举、提刑司察，如资考高者，可参注沿边刺史、同知、县令。"吏部拟，若依本格资历，恐妨才能，若举察得实者，依本格减一资历拟注。尚书省拟，依旨升品拟注。

其十曰："内外官所荐人材，即依所举试之，委提刑司采访虚实，若果能称职，更加迁擢，如或碌碌，即送常调。古者进贤受上赏，进不肖有罚，其立定赏罚条格，庶使人不敢徇私也。"省臣议，随款各欲举人，则一人内所举不下五七人。自古知人为难，人材亦自难得，限数多则猥避责罚、务苟简，不副圣主求贤之意。拟以前项各款，随色能举一人，即充岁举之数。如此则不滥，而实材得矣。每岁贡人数，尚书省覆察相同，则置簿籍之，如有阙则当随材奏拟。

明昌元年，敕齐民之中有德行才能者，司县举之，特赐同四举五举人下。明昌元年，制如所举碌碌无过人迹者，元举官依例治罪。

宣宗兴定元年，令随朝七品、外路六品以上职事官，举正七品以下职事官年未六十、不犯赃，堪任使者一人。三年，定辟举县令制。称职，则元举官减一资历。中平，约量升除。不称，罚俸一月。犯免官，免所居官。及官当私罪解任、杖罪、赃污者，约量降除。污赃至徒以上及除名者，一任不理资考。三品以上举县令，称职者约量升除，不称夺俸一月。若被举者犯免官等罪，夺俸两月。赃污至徒以上及除名者，夺俸三月，狱成，而会赦原者，亦原之。五年，制辟举县令考平者，元举者不得复举，他人举之者听。又旧制，保举县令秩满之后，以六事论升降，三事以下减一资历，四事减两资历，六事皆备则升职一等。既而御史张升卿言："进士中下甲及第人、及监官至明威当入县丞主簿，而三事以下减一资历注下令，四事减注中令，令皆七品也，若复八品矣。轻重相戾，宜更定之。"遂定制，自今四事以下如前条，六事完者，进士中下甲及第、监官当入县丞主簿人，减三资历，注上令。余出身者亦同此。任二十月以上，虽未秩满，若以理去官，六事之迹已经覆察，论升如秩满例。五年，以举官或私其亲，或徇于请求，或谬于鉴裁而妄举，数岁之间以滥去者九十余人，乃罢辟举县令之制。至哀宗正大元年，乃立法，命监察御史、司农司官，先访察随朝七品、外路六品以上官，清慎明洁可为举主者，然后移文使举所知，仍以六事课殿最，而升黜举主。故举主既为之尽心，而被举者亦为之尽力。是时虽迫危亡，而县令号为得人，由作法有足取云。

功酬亏永之制。凡诸提点院务官，三十月迁一官，周岁为满，止取无亏月日用之。大定四年，定制，一任内亏一分以上降五人，二分以上降十人，三分以上降十五人，若有增羡则依此升迁，其升降不尽之数，于后任充折。二十一年，以旧制监当官并责决，而不顾廉耻之人，以谓已决即得赴调，不以刑罚为畏。拟自今，若亏永及一酬以上，依格追官殿一年外，亏永不及酬者，亦殿一年。

章宗大定二十九年，罢年迁之法，更定制，比永课增及一酬迁一官，两酬迁两官，如亏课则削亦如之，各两官止。又罢使司小都监与使副一体论增亏者，及罢余前升降不尽之数后任充折之制。泰和元年，制犯选及亏永者，右职汉人至宣武将军从五品、女直至广威将军正五品，方注县令。又吏格，曾犯选及亏永者，女直至武义从六，汉人及诸色人至武略从六，皆注诸司，亦两除一差，至明威方注丞簿。贞祐三年，制曾亏永、犯选者，迁至宣武，注诸司，至怀远从四下，方注丞簿，至安远从四上，注下令。

正大元年，制曾犯选、曾亏永者，至广威与诸司、两除一差，至安远注丞簿，三任，其至镇国从三品下，方注下令。群牧官三周岁为满，所牧之畜以十为率，驼增二头，马增二匹，牛亦如之，羊增四口，而大马百死十五匹者，及能征前官所亏，三分为率，能尽征及征二分半以上，为上等，升一品级。驼增一，马牛增二，羊增三，大马百死二十五，征前官所亏二分以上，为中等，约量升除。驼不增，马牛增一，羊增二，大马百死三十，征亏一分以上，为下等，依本等除。余畜皆依元数，而大马百死四十，征亏不及一分者，降一等。此明昌四年制也。五年，制马牛羊亏元数十之一，骒马百死四十，征亏不及一分者，降一等，决四十。若驼马牛羊亏元数一分、马百死四十，征亏不得者，杖八十，降同前。

卷五十五　志第三十六

百官一

三师 三公 尚书省 六部 都元帅府 枢密院 大宗正府 御史台 宣抚司 劝农使司 司农司 三司 国史院 翰林学士院 审官院 太常寺

金自景祖始建官属，统诸部以专征伐，嶷然自为一国。其官长皆称曰勃极烈，故太祖以都勃极烈嗣位，太宗以谙版勃极烈居守。谙版，尊大之称也。其次曰国论忽鲁勃极烈，国论言贵，忽鲁犹总帅也。又有国论勃极烈，或左右置，所谓国相也。其次诸勃极烈之上，则有国论、乙室、忽鲁、移赉、阿买、阿舍、昊、迭之号，以为升拜宗室功臣之序焉。其部长曰孛堇，统数部者曰忽鲁。凡此，至熙宗定官制皆废。其后惟镇抚边民之官曰秃里，乌鲁骨之下有扫稳脱朵，详稳之下有麽忽、习尼昆，此则具于官制而不废，皆踵辽官名也。

汉官之制，自平州人不乐为猛安谋克之官，始置长吏以下。天辅七年以左企弓行枢密院于广宁，尚踵辽南院之旧。天会四年，建尚书省，遂有三省之制。至熙宗颁新官制及换官格，除拜内外官，始定勋封食邑入衔，而后其制定。然大率皆循辽、宋之旧。海陵庶人正隆元年罢中书、门下省，止置尚书省。自省而下官司之别，曰院、曰台、曰府、曰司、曰寺、曰监、曰局、曰署、曰所，各统其属以修其职。职有定位，员有常数，纪纲明，庶务举，是以终金之世守而不敢变焉。大定二十八年，在仕官一万九千七百员，四季赴选者千余，岁数监差者三千。明昌四年奏，周岁，官死及事故者六百七十，新入仕者五百一十，见在官万一千四百九十九，内女直四千七百五员，汉人六千七百九十四员。至泰和七年，在仕官四万七千余，四季部拟授者千七百，监官到部者九千二百九十余，则三倍世宗之时矣。若宣宗之招贤所、经略司，义宗之益政院，虽危亡之政亦必列于其次，以著一时之事云。

三师

太师、太傅、太保各一员，皆正一品。师范一人，仪刑四海。

三公

太尉、司徒、司空各一员，皆正一品。论道经邦，燮理阴阳。

尚书省

尚书令一员，正一品。总领纪纲，仪刑端揆。左丞相、右丞相各一员，从一品。平章政事二员，从一品。为宰相，掌丞天子，平章万机。左丞、右丞各一员，正二品。参知政事二员，从二品。为执政官，为宰相之贰，佐治省事。

左司，郎中一员，正五品。（国初置左、右司侍郎，天眷三年始更今名。旧凡视朝，执政官亲执奏目，天德二年诏以付左、右司官，为定制。）员外郎一员，正六品。掌本司奏事，总察吏、户、礼三部受事付事，兼带修起居注官，回避其间记述之事。每月朔朝，则先集是月秩满者为簿，名曰阙本，及行止簿、贴黄簿、并官制同进呈，御览毕则受而藏之。每有除拜，凡尚书省所不敢拟注者，则一阙具二三人以听制授焉。都事二员，正七品。（贞元二年，左右司官，宫中出身，并进士、令史三色人内通选。三年，以监察御史相应人取次禀奏，不复拟注。）掌本司受事付事，检勾稽失、省署文牍，兼知省内宿直，检校架阁等事。右司所掌同。右司，郎中一员，正五品。员外郎一员，正六品。掌本司奏事，总察兵、刑、工三部受事付事，兼带修注官，回避其间记述之事。都事二员，正七品。

尚书省祗候郎君管勾官，从七品。掌祗候郎君，谨其出入及差遣之事。（承安二年以前，走马郎君拟注。《泰和令》，以左右女直都事兼。正大间，改用亲从人。）

架阁库（大定二十一年六月设，仍以都事提控之）。管勾（旧二员，正大省一员），正八品；同管勾（旧二员，正大省一员），从八品；掌总察左右司大程官追付文牍，并提控小都监给受纸笔，余管勾同。（女直省令史三十五人，左二十人，右十五人。大定二十四年为三十人，进士十人，宰执子、宗室子十人，密院台部统军司令史十人。汉令史三十五人，左二十一人、右十四人。省译史十四人，左右各七人。女直译史同。通事八人，左右各四人。高丽、夏国、回纥译史四人，左右各二人。诸部通事六人。曳剌二十人。走马郎君五十人。）提点岁赐所，左右司郎中，员外郎兼之，掌提点岁赐出入钱币之事。

堂食公使酒库。使一员，从八品。掌受给岁赐钱，总领库事。副一员，正九品。掌贰使事。

直省局。局长，从八品。掌都堂之礼及官员参谢之仪。副局长，正九品，掌贰局长。管勾尚书省乐工，从九品。

行台之制。熙宗天会十五年，罢刘豫，置行台尚书省于汴。天眷元年，以河南地与宋，遂改燕京枢密为行台尚书省。天眷三年，复移置于汴京。皇统二年，定行台官品皆下中台一等。

六部，国初与左、右司通署，天眷三年始分治。

吏部

尚书一员，正三品。侍郎一员，正四品。郎中二员，从五品。（天德二年，增作四员，后省。）员外郎，从六品。（天德二年，增作四员，后省。）掌文武选授、勋封、考课、出给制诰之政。以才行劳效，比仕者之贤否；以行止、文册、贴黄簿，制名阙之机要。正七品以上，以名上省，听制授。从七品以下，每至季月则循资格而拟注，自八品以上则奏，以下则否。侍郎以下，皆为尚书之贰。郎中掌文武选、流外迁用、官吏差使、行止名簿、封爵制诰。一员掌勋级酬赏、承袭用廕、循迁、致仕、考课、议谥之事。员外郎分判曹务及参议事，所掌与郎中同。

文官九品，阶凡四十有二：从一品上曰开府仪同三司，中曰仪同三司，中次曰特进，下曰崇进。正二品上曰金紫光禄大夫，下曰银青荣禄大夫。从二品上曰光禄大夫，下曰荣禄大夫。正三品上曰资德大夫，中曰资政大夫，下曰资善大夫。从三品上曰正奉大夫，中曰通奉大夫，下曰中奉大夫。正四品上曰正议大夫，中曰通议大夫，下曰嘉议大夫。从四品上曰大中大夫，中曰中大夫，下曰少中大夫。正五品上曰中议大夫，中曰中宪大夫，下曰中顺大夫。从五品上曰朝请大夫，中曰朝散大夫，下曰朝列大夫。（旧日奉德大夫，天德二年更。）正六品上曰奉政大夫，下曰奉议大夫。从六品上曰奉直大夫，下曰奉训大夫。正七品上曰承德郎，下曰承直郎。从七品上曰承务郎，下曰儒林郎。正八品上曰文林郎，下曰承事郎。从八品上曰征事郎，下曰从仕郎。正九品上曰登仕郎，下曰将仕郎。从九品上曰登仕佐郎，下曰将仕佐郎。（此二阶，大定十四年创增。）

武散官，凡仕至从二品以上至从一品者，皆用文资。自正三品以下，阶与文资同：正三品上曰龙虎卫上将军，中曰金吾卫上将军，下曰骠骑卫上将军。从三品上曰奉国上将军，中曰辅国上将军，下曰镇国上将军。正四品上曰昭武大将军，中曰昭毅大将军，下曰昭勇大将军。从四品上曰安远大将军，中曰定远大将军，下曰怀远大将军。正五品上口广威将军，中曰宣威将军，下曰明威将军。从五品上曰信武将军，中曰显武将军，下曰宣武将军。正六品上曰武节将军，下曰武德将军。从六品上曰武义将军，下曰武略将军。正七品上曰承信校尉，下曰昭信校尉。从七品上曰忠武校尉，下曰忠显校尉。正八品上曰忠勇校尉，下曰忠翊校尉。从八品上曰修武校尉，下曰敦武校尉。正九品上曰保义校尉，下曰进义校尉。从九品上曰保义副尉，下曰进义副尉。（此二阶，大定十四年创增。）

封爵：正从一品曰郡王，曰国公。正从二品曰郡公。正从三品曰郡侯。正从四品曰郡伯。（旧曰县伯，承安二年更。）正五品曰县子，从五品曰县男。

凡勋级：正二品曰上柱国，从二品曰柱国。正三品曰上护军，从三品曰护军。正四品曰上轻车都尉，从四品曰轻车都尉。正五品曰上骑都尉，从五品曰骑都尉。正六品曰骁骑尉，从六品曰飞骑尉。正七品曰云骑尉，从七品曰武骑尉。

凡食邑：封王者万户，实封一千户。郡王五千户，实封五百户。国公三千户，实封三百户。郡公二千户，实封二百户。郡侯一千户，实封一百户。郡伯七百户，县子五百户，县男三百户，皆无实封。自天眷定制，凡食邑，同散官入衔。

司天翰林官，旧制自从七品而下止五阶，至天眷定制，司天自从四品而下，立为十五阶：从四品上曰钦象大夫，中曰正仪大夫，下曰钦授大夫。正五品上曰灵宪大夫，中曰明时大夫，下曰颁朔大夫。从五品上曰云纪大夫，中曰协纪大夫，下曰保章大夫。正六品上曰纪和大夫，下曰司玄大夫。从六品上曰探赜郎，下曰授时郎。正七品上曰究微郎，下曰灵台郎。从七品上曰明纬郎，下曰候仪郎。正八品上曰推策郎，下曰司正郎。从八品上曰校景郎，下曰平秩郎。正九品上曰正纪郎，下曰挈壶郎。从九品上曰司历郎，下曰司辰郎。

太医官，旧自从六品而下止七阶，天眷制，自从四品而下，立为十五阶：从四品上曰保宜大夫，中曰保康大夫，下曰保平大夫。正五品上曰保颐大夫，中曰保安大夫，下曰保和大夫。从五品上曰保善大夫，中曰保嘉大夫，下曰保顺大夫。正六品上曰保合大夫，下曰保冲大夫。从六品上曰保愈郎，下曰保全郎。正七品上曰成正郎，下曰成安郎。从七品上曰成顺郎，下曰成和郎。正八品上曰成愈郎，下曰成全郎。从八品上曰医全郎，下曰医正郎。正九品上曰医效郎，下曰医候郎。从九品上曰医痊郎，下曰医愈郎。

内侍，天德创制，自从四品以下，十五阶：从四品上曰中散大夫，中曰中尹大夫，下曰中侍大夫。正五品上曰中列大夫，中曰中御大夫，下曰中仪大夫。从五品上曰中常大夫，中曰中益大夫，下曰中卫大夫。正六品上曰中良大夫（天德作中亮），下曰中涓大夫。从六品上曰通禁郎，下曰通侍郎。正七品上曰通掖郎，下曰通御郎。从七品上曰禁直郎，下曰侍直郎。正八品上曰掖直郎，下曰内直郎。从八品上曰司赞郎，下曰司谒郎。正九品上曰司阍郎，下曰司仆郎。从九品上曰司奉郎，下曰司引郎。

教坊，旧用武散官，大定二十九年以为不称，乃创定二十五阶。明昌三年，自从四品以下，更立为十五阶：从四品上曰云韶大夫，中曰仙韶大夫，下曰成韶大夫。正五品上曰章德大夫，中曰长宁大夫，下曰德和大夫。从五品上曰景云大夫，中曰云和大夫，下曰协律大夫。正六品上曰庆喜大夫，下曰嘉成大夫。从六品上曰肃和郎，下曰纯和郎。正七品上曰舒和郎，下曰调音郎。从七品上曰比音郎，下曰司乐郎。正八品上曰典乐郎，下曰协乐郎。从八品上曰掌乐郎，下曰和乐郎。正九品上曰司音郎，下曰司律郎。从九品上曰和声郎，下曰和节郎。

凡内外官之政绩，所历之资考，更代之期，去就之故，秩满皆备陈于解由，吏部据以定能否。又撮解由之要，于铨拟时读之，谓之铨头。又会历任铨头，而书于行止簿。行止簿者，以姓为类，而书各人平日所历之资考功过者也。又为簿，列百司官名，有所更代，则以小黄绫书更代之期，及所以去就之故，而制其铨拟之要领焉。

凡县令，则省除、部除者通书而各疏之。泰和四年，定考课法，准唐令，作四善、十七最之制。四善之一曰德义有闻，二曰清慎明著，三曰公平可称，四曰勤恪匪懈。十七最之一曰礼乐兴行，肃清所部，为政教之最。二曰赋役均平，田野加辟，为牧民之最。三曰决断不滞，与夺当理，为判事之最。四曰钤束吏卒，奸盗不滋，为严明之最。五曰案簿分明，评拟均当，为检校之最。以上皆谓县令、丞簿、警巡使副、录事、司候、判官也。六曰详断合宜，咨执当理，为幕职之最。七曰盗贼消弭，使人安静，为巡捕之最。八曰明于出纳，物无损失，为仓库之最。九曰训导有方，生徒充业，为学官之最。十曰检察有方，行旅无滞，为关津之最。十一曰堤防坚固，备御无虞，为河防之最。十二曰出纳明敏，数无滥失，为监督之最。十三曰谨察禁囚，轻重无怨，为狱官之最。十四曰物价得实，奸滥不行，为市司之最，谓市令也。十五曰戎器完肃，捍守有方，为边防之最，谓正副部队将、镇防官也。十六曰议狱得情，处断公平，为法官之最。十七曰差役均平，盗贼止息，为军职之最，谓都军、军辖也。

凡县令以下，三最以上有四善或三善者为上，升一等，三最以上有二善者为中，减两资历，三最以上有一善为下，减一资历。节度判官、防御判官、军判以下，一最而有四善或三善为上，减一资历，一最而有二善为中，升为榜首，一最而有一善为下，升本等首。又以明昌四年所定，军民俱称为廉能者是为廉能官之制，参于其间而定其甄擢焉。宣宗兴定元年，行辟举县令法，以六事考之，一曰田野辟，二曰户口增，三曰赋役平，四曰盗贼息，五曰军民和，六曰词讼简。六事俱备为上等，升职一等。兼四事者为中等，减二资历。其次为下等，减一资历。否则为不称职，罢而降之。平常者依本格。

凡封王：大国号二十，曰：恒（旧为辽，明昌二年以汉、辽、唐、宋、梁、秦、殷、楚之类，皆昔有天下者之号，不宜封臣下，遂皆改之）、邵（旧为梁）、汴（旧为宋）、镐（旧为秦）、并（旧为晋）、益（旧为汉）、彭（旧为齐）、赵、越、谯（旧为殷）、郢（旧为楚）、鲁、冀、豫、绛（旧为唐）、兖、鄂（旧为吴）、夔（旧为蜀）、宛（旧为陈）、曹。次国三十，曰：泾（旧为隋）、郑、卫、韩、潞、豳、沈、岐、代、泽、徐、滕、薛、纪、升（旧为原）、邢、翼、丰、毕、邓、郓、霍、蔡、瀛（按金格，葛当在此）、沂、荆、荣、英、寿、温。小国三十：濮、遂（旧曰济）、道、定、景（后改为邹）、申、崇、宿、息、莒、邺、部、舒、淄、郧、莱（旧为宗，以避讳改）、郧、郯、杞、向、管（旧曰邰，兴定元年改）、密、胙、任、戴、巩、蒋（《士民须知》云旧为葛）、萧、莘、芮。封王之郡号十：金源、广平、平原、南阳、常山、太原、平阳、东平、安定、延安。封公主之县号三十：乐安、清平、蓬莱、荣安、栖霞、寿光、灵仙、寿阳、钟秀、惠和、永宁、庆云、静乐、福山、隆平、德平、文安、福昌、顺安、乐寿、静安、灵寿、大宁、闻喜、秀容、宜芳、真宁、嘉祥、金乡、华原。

凡白号之姓，完颜、温迪罕、夹谷、陀满、仆散、术虎、移剌荅、斡勒、斡准、把、阿不罕、卓鲁、回特、黑罕、会兰、沈谷、塞蒲里、吾古孙、石敦、卓陀、阿厮准、匹独思、潘术古、谙石剌、石古苦、缀罕、光吉剌，皆封金源郡。斐满、徒单、温敦、兀林荅、阿典、纥石烈、纳阑、孛术鲁、阿勒根、纳合、石盏、蒲鲜、古里甲、阿迭、聂摸栾、抹撚、纳坦、兀撒惹、阿鲜、把古、温古孙、耨碗、撒合烈、吾塞、和速嘉、能偃、阿里班、兀里坦、聂散、蒲速烈，皆封广平郡。吾古论、兀颜、女奚烈、独吉、黄掴、颜盏、蒲古里、必兰、斡雷、独鼎、尼庞窟（窟亦作古）、拓特、盍散、撒荅牙、阿速、撒刬、准土谷、纳谋鲁、业速布、安煦烈、爱申、拿可、贵益昆、温撒、梭罕、霍域，皆封陇西郡。黑号之姓，唐括（旧书作同古）、蒲察、术甲、蒙古、蒲速、粘割、奥屯、斜卯、准葛、谙蛮、独虎、术鲁、磨輦、益輦、帖暖、苏孛輦，皆封彭城郡。

亲王母妻，封一字王者旧封王妃，为正从一品。次室封王夫人。承安二年，敕王妃止封王夫人，次室封孺人。郡王母妻封郡王夫人，国公母妻封国公夫人，郡公母妻封郡公夫人，郡侯母妻封郡君（承安二年更为郡侯夫人），四品文散少中大夫、武散怀远大将军以上母妻封县君（承安二年为郡君），五品文散朝列大夫、武散宣武将军以上母妻封乡君（承安二年为县君）。

皇统五年，以古官曰“牧”、曰“长”，各有总名，今庶官不分类为名，于文移不便。遂定京府尹牧、留守、知州、县令、详稳、群牧为“长官”，同知、签院、副使、少尹、通判、丞曰“佐贰官”，判官、推官、掌书记、主簿、县尉为“幕职官”，兵马司及它司军者曰“军职官”，警巡、市令、录事、司候、诸参军、知律、勘事、勘判为“厘务官”，应管仓库院务者曰“监当官”（监当官出大定制），知事孔目以下行文书者为“吏”。凡除拜，尚书令、左右丞相以下，品不同者，则带“守”字。左右丞则带“行守”字。凡台官、御史、部官、京尹、少尹、守令、丞、簿、尉、录事、诸卿少至协律、评事、谏官、国子监学官、诸监至丞郎、符宝郎、东宫詹事、率府、仆正副、令丞、王府官，散官高于职事者带“行”字，职事高于散官一品者带“守”字、二品者带“试”字，品同者皆否。猛安、谋克、翰林待制、修撰、判、推、勘事官、都事、典事、知事、内承奉、押班、通事舍人、通进、编修、勾当、顿舍、部役、厢官、受给管勾、巡河官、直省直院长副、诸检法、知法、司正、教授、司狱、司候、东宫谕德、赞善、掌宝、典仪以下，王府文学、记事参军，并带“充”字。枢密、宣徽、劝农、诸军都指挥、统军、转运使、招讨、提刑、节度、群牧、防御、客省、引进、四方馆、閤门、太医、教坊、鹰坊、警巡、巡检、诸司局仓库务使副，皆带“充”字及“知某事”。凡带“知”、“判”、“签书”字者，则不带“行”、“守”、“试”字。以上所带字，品同者则否。自三师、三公、平章政事、元帅以下至监军、东宫三师、三少、点检至振肃、承旨、学士、王傅、副统、招讨、及前所不载者，皆不带“行”、“守”、“试”、“知”、“充”字。

主事四员，从七品。掌知管差除、校勘行止，分掌封勋资考之事，惟选事则通署，及掌受事付事、检勾稽失省署文牍，兼知本部宿直、检校架阁。余部主事，自受事付事以下，所掌并同此。（皇统四年，六部主事始用汉士人。大定三年，用进士，非特旨不得拟吏人，如宰执保奏人材，不入常例。承安五年，增女直主事一员。令史六十九人，内女直二十九人。译史五人，通事二人，与令史同。泰和八年，令史增十人。）

架阁库（大定二十一年六月设，仍以主事提控之。）管勾，正八品。掌吏、兵两部架阁，兼检校吏部行止。（以识女直、契丹、汉字人充，如无，拟识女直、汉字人充。）同管勾一员。

官诰院。提举二员，掌署院事。（以吏部郎中、翰林修撰各一人充。）

户部

尚书一员，正三品。侍郎二员，正四品。（泰和八年减一员，大安二年复增。）郎中三员，从五品。（天德二年置五员，泰和省作二员，又作四员，贞祐四年置八员，五年作六员。）员外郎三员，从六品。郎中而下，皆以一员掌户籍、物力、婚姻、继嗣、田宅、财业、盐铁、酒曲、香茶、矾锡、丹粉、坑冶、榷场、市易等事，一员掌度支、国用、俸禄、恩赐、钱帛、宝货、贡赋、租税、府库、仓廪、积贮、权衡、度量、法式、给授职田、拘收官物、并照磨计帐等事。（《泰和令》作二员，后增一员，贞祐四年作六员，又作八员，五年作四员。）主事五员，从七品。女直司二员，通掌户度金仓等事。汉人司三员，同员外郎分掌曹事。（泰和八年减一员，贞祐四年作八员，五年六员。）兼提控编附条格、管勾架阁等事。（令史七十二人，内女直十七人。译史五人，通事二人。泰和八年增八人。）

架阁库。管勾一员，正八品。掌户、礼两部架阁。（大安三年以主事各兼之。）同管勾，从八品。检法，从八品。勾当官五员，正八品。贞元二年，设干办官十员，从七品。三年，置四员，寻罢之。四年，更设为勾当官，专提控支纳、管勾勘覆、经历交钞及香、茶、盐引、照磨文帐等事。（承安二年作四员，贞祐四年作十五员，五年作十员，兴定元年五员，二年复作十员。）

礼部

尚书一员，正三品。侍郎一员，正四品。郎中一员，从五品。员外郎一员，从六品。掌凡礼乐、祭祀、燕享、学校、贡举、仪式、制度、符印、表疏、图书、册命、祥瑞、天文、漏刻、国忌、庙讳、医卜、释道、四方使客、诸国进贡、犒劳张设之事。（凡试僧、尼、道、女冠，三年一次，限度八十人，差京府幕职或节镇防御佐贰官二员、僧官二人、道官一人、司吏一名、从人各一人、厨子二人、把门官一名、杂役三人。僧童能读《法华》、《心地观》、《金光明》、《报恩》、《华严》等经共五部，计八帙。《华严经》分为四帙，每帙取二卷，卷举四题，读百字为限。尼童试经半部，与僧童同。道士、女冠童行念《道德》、《救苦》、《玉京山》、《消灾》、《灵宝度人》等经。皆以诵成句、依音释为通。中选者试官给据，以名报有司。凡僧尼官见管人及八十、道士女冠及三十人者放度一名，死者令监坛以度牒申部毁之。）主事二员，从七品。（令史十五人，内女直五人。译史二人，通事一人。）

左三部检法司。司正二员，正八品。掌披详法状。（兴定二年，右部额外设检，知法及掌法，四年罢。）检法二十二员，从八品。掌检断各司取法文字。右三部检法职事同。（元受札付，大定三年命给敕。）

兵部

尚书一员，正三品。侍郎一员，正四品。郎中一员，从五品。员外郎二员，从六品。掌兵籍、军器、城隍、镇戍、厩牧、铺驿、车辂、仪杖、郡邑图志、险阻、障塞、远方归化之事。（凡给马者，从一品以上，从八人，马十疋，食钱三贯十四文。从二品以上，从五人，马七匹、食钱二贯九十八文。从三品以上，从三人，马五匹，钱一贯五百十一文。从五品以上，从二人，马四匹，钱九百六十八文。从七品以上，从一人，马三匹，钱六百十七文。从九品以上，从一人，马二匹，钱四百六十四文。无从人，减七十八文。御前差无官者，视从五品。省差若有官者，人支钱四百五十一文，有从人加六十八文。走马人支钱百五十七文。赦书日行五百里。此《天兴近鉴》所载之制也。泰和六年置递铺，其制，该军马路十里一铺，铺设四人，内铺头一人，铺兵三人，以所辖军射粮军内差充，腰铃日行三百里。凡元帅府、六部文移，以敕递、省递牌子，入铺转送。）主事二员，从七品。（贞祐五年以承发司管勾兼汉人主事。令史二十七人，内女直十二人。译史三人，通事二人。）

刑部

尚书一员，正三品。侍郎一员，正四品。郎中一员，从五品。员外郎二员，从六品。一员掌律令格式、审定刑名、关津讥察、赦诏勘鞫、追征给没等事；一员掌监户、官户、配隶、诉良贱、城门启闭、官吏改正、功赏捕亡等事。主事二员，从七品。（令史五十一人，内女直二十二人，译史五人，通事二人。）架阁库。管勾一员，正八品。掌刑、工两部架阁。（大安二年以主事各兼。）同管勾一员，从八品。

工部

尚书一员，正三品。侍郎一员，正四品。郎中一员，从五品。掌修造营建法式、诸作工匠、屯田、山林川泽之禁、江河堤岸、道路桥梁之事。员外郎一员，从六品。（贞祐五年，兼覆实司官。天德三年，增二员。）主事二员，从七品。（令史十八人，内女直四人。译史二人，通事一人。）覆实司。管勾一员，从七品。隶户、工部，掌覆实营造材物、工匠价直等事。（大安元年，隶三司、工部，罢同管勾。贞祐五年并罢之，以二部主事兼。兴定四年复设，从省拟，不令户、工部举。）

右三部检法司。司正二员，正八品。检法，从八品。二十二员。

都元帅府。（掌征讨之事，兵罢则省。天会二年，伐宋始置。泰和八年，复改为枢密院。）

都元帅一员，从一品。左副元帅一员，正二品。右副元帅一员，正二品。元帅左监军一员，正三品。元帅右监军一员，正三品。左都监一员，从三品。右都监一员，从三品。经历一员，都事一员，知事一员（见兴定三年），正七品。检法一员，从八品。（元帅府女直令史十二人，承安二年十六人，汉人令史六人，译史三人，女直译史一人，承安二年二人。通事，女直三人，后作六人，承安二年复作三人，汉人二人。）

正隆六年，海陵南伐，立三道都统制府及左右领军大都督，将三十二总管，有神策、神威、神捷、神锐、神毅、神翼、神勇、神果、神略、神锋、武胜、武定、武威、武安、武捷、武平、武成、武毅、武锐、武扬、武翼、武震、威定、威信、威胜、威捷、威烈、威毅、威震、威略、威果、威勇之号。泰和六年伐宋，权设平南抚军上将军，正三品。至殄寇果毅都尉，从六品。凡九阶，曰平南抚军上将军、平南冠军大将军、平南龙骧将军、平南虎威将军、平南荡江将军、殄寇中郎将、殄寇郎将、殄寇折冲都尉、殄寇果毅都尉，军还罢。（置令译史八十人，正三十三人，余四十七人从本府选擢。）元光间，招义军，置总领使，从五品。副使，从六品。训练官，从八官。正大二年，更总领名都尉，升秩为四品。四年，又升为从三品。有建威、折冲、振武、荡寇、果毅、殄寇、虎贲、鹰扬、破虏之名。

枢密院。（天辅七年，始置于广宁府。天会三年下燕山，初以左企弓为使，后以刘彦宗。初犹如辽南院之制，后则否。）泰和六年尝改为元帅府。

枢密使一员，从一品。掌凡武备机密之事。枢密副使一员，从二品。（泰和四年置二人，后不为例。）签书枢密院事一员，正三品。同签枢密院事一员，正四品。（大定十七年增一员，寻罢。明昌初，复增一员，寻又省。三年九月复增一员。）经历一员，从五品。（兴定三年见。）都事一员，正七品。掌受事付事、检勾稽失省署文牍、兼知宿直之事。架阁库管勾一员，正八品。知法二员，从八品。掌检断各司取法之事。余检法同。（枢密院令史，女直十二人，汉人六人，三品官子弟四人，吏员转补二人。译史三人，通事三人，回纥译史一人，曳剌十五人。）

大宗正府。泰和六年避睿宗讳，改为大睦亲府。

判大宗正事一员，从一品。以皇族中属亲者充，掌敦睦纠率宗属钦奉王命，泰和六年改为判大睦亲事。同判大宗正事一员，从二品。泰和六年改为同判大睦亲事。同签大宗正事一员，正三品。宗室充。（大定元年置。）泰和六年改同签大睦亲事。大宗正丞二员，从四品。一员于宗室中选能干者充，一员不限亲疏，分司上京长贰、兼管治临潢以东六司属，泰和六年改为大睦亲丞。知事一员，从七品。检法，从八品。诸宗室将军，正七品。上京、东温忒二处皆有之。世宗时始命迁官，其户凡百二十。明昌二年更名曰司属，设令、丞。承安二年以令同随朝司令，正七品，丞正八品。中都、上京、扎里瓜、合古西南、梅坚寨、蒲与、临潢、泰州、金山等处置，属大宗正府。

御史台。登闻检院隶焉。（见《士民须知》。《总格》、《泰和令》皆不载。）

御史大夫，从二品。（旧正三品，大定十二年升。）掌纠察朝仪、弹劾官邪、勘鞫官府公事。凡内外刑狱所属理断不当，有陈诉者付台治之。御史中丞，从三品。贰大夫。侍御史二员，从五品。（以上官品皆大定十二年递升。）掌奏事、判台事。治书侍御史二员，从六品。掌同侍御史。殿中侍御史二员，正七品。每遇朝对立于龙墀之下，专劾朝者仪矩，凡百僚假告事具奏目进呈。监察御史十二员，正七品。掌纠察内外非违、刷磨诸司察帐并监祭礼及出使之事。（参注诸色人，大定二年八员，承安四年十员，承安五年两司各添十二员。）典事二员，从七品。架阁库管勾一员，从八品。检法四员，从八品。狱丞一员，从九品。（御史台令史，女直十三人，内班内袛六人，终场举人七人。汉人十五人，内班内袛七人，终场举人八人。译史四人，内班内袛二人，终场举人二人。通事三人。）

宣抚司。泰和六年置陕西路宣抚使，节制陕西右监军、右都监兵马公事，八年，改陕西宣抚司为安抚司。山东东西、大名、河北东西、河东南北、辽东、陕西、咸平、隆安、上京、肇州、北京凡十处置司。

使，从一品。副使，正三品。

劝农使司。泰和八年罢，贞祐间复置。兴定六年罢劝农司，改立司农司。

使一员，正三品。副使一员，正五品。掌劝课天下力田之事。

司农司。兴定六年置，兼采访公事。

大司农一员，正二品。卿三员，正四品。少卿三员，正五品。知事二员，正七品。兴定六年，陕西并河南三路置行司农司，设官五员。正大元年，归德、许州、河南、陕西各置，作三员。卿一员，正四品。少卿一员，正五品。丞一员，正六品。卿以下迭出巡案，察官吏臧否而升黜之。使节所过，奸吏屏息，十年之间民政修举，实赖其力。

三司。泰和八年，省户部官员置三司，谓兼劝农、盐铁、度支、户部三科也。贞祐罢之。

使一员，从二品。副使一员，正三品。签三司事一员，正四品。同签三司事一员，正五品。掌劝农、盐铁、度支。判官三员，从六品。本参干官，大安元年更参议。规措审计官三员，正七品。掌同参干官。知事二员，正七品。（以识女直、汉字人充。）勾当官二员，正八品。（大安元年置三员，照磨吏员七人。）管勾架阁库一员，正八品。（三司令史五十人，内女直十人，汉人四十人。大安元年增八人。译史二人，大安元年增一人。通事二人。）知法三员，从八品。（女直知法一员，大安元年增二员。）

国史院。（先尝以谏官兼其职，明昌元年诏谏官不得兼，恐于其奏章私溢己美故也。）监修国史，掌监修国史事。修国史，掌修国史，判院事。

同修国史二员。（女直人、汉人各一员。承安四年更拟女直一员，罢契丹同修国史。）

编修官，正八品。女直、汉人各四员。（明昌二年罢契丹编修三员，添女直一员。大定十八年用书写出职人。）检阅官，从九品。（书写，女直、汉人各五人。）修《辽史》刊修官一员，编修官三员。

翰林学士院。（天德三年，命翰林学士院自侍读学士至应奉文字，通设汉人十员，女直、契丹各七员。）

翰林学士承旨，正三品。掌制撰词命。凡应奉文字，衔内带“知制诰”。（直学士以上同。）贞祐三年升从二品。翰林学士，正三品。翰林侍读学士，从三品。翰林侍讲学士，从三品。翰林直学士，从四品。不限员。翰林待制，正五品。不限员，分掌词命文字，分判院事，衔内不带“知制诰”。翰林修撰，从六品。不限员，掌与待制同。应奉翰林文字，从七品。

审官院。（承安四年设，大安二年罢之，若注拟失当，上令御史台官论列。）

知院一员，从三品。掌奏驳除授失当事。（随朝六品、外路五品以上官除授，并送本院审之。补阙、拾遗、监察虽七品，亦送本院。或御批亦送禀，惟部除不送。）同知审官院事一员，从四品。掌书四人。（女直、汉人各二人，以御史台终场举人辟充。）

太常寺。（皇统三年正月始置。）太庙、廪牺、郊社、诸陵、大乐等署隶焉。

卿一员，从三品。少卿一员，正五品。丞一员，正六品。掌礼乐、郊庙、社稷、祠祀之事。博士二员，正七品。掌检讨典礼。检阅官一员，从九品。掌同博士。（泰和元年置，四年罢。）检讨二员，从九品。（明昌元年置，以品官子孙及终场举人，同国史院汉人书写例，试补。）太祝，从八品。掌奉祀神主。奉礼郎，从八品。掌设版位，执仪行事。协律郎，从八品。掌以麾节乐，调和律吕，监视音调。

太庙署。皇统八年太庙成，设署，置令丞，仍兼提举庆元、明德、永祚三宫。令一员，从六品。掌太庙、衍庆、坤宁宫殿神御诸物，及提控诸门关键，扫除、守卫，兼廪牺令事。丞一员，从七品。兼廪牺署丞。直长，明昌三年罢。

廪牺署。令、丞，以太庙令、丞兼，掌荐牺牲及养饲等事。

郊社署。（承安三年设祝史、斋郎百六十人，作班祗傔使，周年一替。大安元年，奏兼武成王庙署。）令一员，从六品。丞一员，从七品。掌社稷、祠祀、祈祷并厅舍祭器等物。直长，明昌三年废。

武成王庙署。大安元年置。令，从六品。丞，从七品。掌春秋祀享，以郊社令、丞兼。

诸陵署。（大安四年同随朝。）提点山陵，正五品。涿州刺史兼。令，从六品。丞一员，从七品。掌守山陵。直长，正八品。

园陵署。令，宛平县丞兼。贞祐二年以园陵迁大兴县境，遂以大兴县令、丞兼。

大乐署。兼鼓吹署。乐工百人。令一员，从六品。丞，从七品。掌调和律吕，教习音声并施用之法。乐工部籍直长一员，正八品。大乐正，从九品。掌祠祀及行礼陈设乐县。大乐副正，从九品。

右属太常寺。

卷五十六　　志第三十七

百官二

殿前都点检司 宣徽院 秘书监 国子监 太府监 少府监 军器监 都水监 谏院 大理寺 弘文院 登闻鼓院 登闻检院 记注院 集贤院 益政院 武卫军都指挥使司 卫尉司 户礼兵刑工部所辖诸司 三路检察及外路仓库牧圉等职

殿前都点检司。（天眷元年置。）掌亲军，总领左右卫将军、符宝郎、宿直将军、左右振肃，宫籍监、近侍等诸局署、鹰坊、顿舍官隶焉。

殿前都点检，正三品。兼侍卫将军都指挥使。掌行从宿卫，关防门禁，督摄队仗，总判司事。殿前左副都点检，从三品。兼侍卫将军副都指挥使。殿前右副都点检，从三品。兼侍卫将军副都指挥使。掌宫掖及行从。殿前都点检判官，从六品。（大定十二年设。）知事一员，从七品。

殿前左卫将军，殿前右卫将军，殿前左卫副将军，殿前右卫副将军。掌宫禁及行从宿卫警严，仍总领护卫。右卫同此。

符宝郎四员，掌御宝及金银等牌。（旧名牌印祗候，大定二年改为符宝祗候，改牌印令史为符宝典书，四人。）

左右宿直将军，从五品。掌总领亲军。凡宫城诸门卫禁、并行从宿卫之事，八员。（大定二十九年作十员，复作十一员。）

左右振肃，正七品。掌妃嫔出入总领护卫导从。（本妃嫔护卫之长，大定二年改今名。）

宫籍监。提点，正五品。监，从五品。副监，从六品。丞，从七品。掌内外监户及地土钱帛小大差发。直长二员，正八品。掌同丞。

近侍局。提点，正五品。（泰和八年创设。）使，从五品。副使，从六品。掌侍从、承敕令、转进奏帖。直长，正八品。（大定十八年增二员。奉御十六人，旧名入寝殿小底。奉职三十人，旧名不入寝殿小底，又名外帐小底，皆大定十二年更。）

器物局。提点，正五品。使，从五品。副使，从六品。掌进御器械鞍辔诸物。直长，正八品。都监，正九品。（明昌三年省罢。）同监，从九品。（泰和四年设。）

尚厩局。提点，正五品。使，从五品。副使，从六品。掌御马调习牧养，以奉其事。（大定二十九年添副使一员，管小马群。）直长一员，司马牛群。掌厩都辖，正九品。（不限员。）副辖，从九品。（不限员数资考。）

尚辇局。使，从五品。副使，从六品。掌承奉舆辇等事。直长，正八品。（不限资考，大定十九年，除年六十以下人充。）典舆都辖，从九品。（不限资考。）收支都监，正九品。大定二十年设，掌给受之事。同监，泰和四年设。（大安二年省。）本把，四人。

鹰坊。提点，正五品。使，从五品。副使，从六品。掌调养鹰鹘海东青之类。直长，正八品。（不限员。）管勾，从九品。（不限员数资考。）

武库署。令，从六品。掌收贮诸路常课甲仗。（以晓军器女直人充。）丞，从七品。直长二员，正八品。（大定二年省一员。）

武器署。提点，从五品。令，从六品。丞，从七品。掌祭祀、朝会、巡幸及公卿婚葬卤簿仪仗旗鼓笛角之事。直长，正八品。（或二员。）顿舍官二员（《泰和令总格》作四员），正八品。直长。（见《士民须知》。《泰和令》无。）

右属殿前都点检司。

宣徽院

左宣徽使，正三品。右宣徽使，正三品。同知宣徽院事，正四品。同签宣徽院事，正五品。宣徽判官，从六品。掌朝会、燕享，凡殿庭礼仪及监知御膳。（所隶弩手、伞子二百三十九人，控鹤二百人。）

拱卫直使司，威捷军隶焉。旧名龙翔军，正隆二年更为神卫军，大定二年更名为拱卫司。都指挥使，从四品。（旧曰使。）副都指挥使，从五品。（旧曰副使。）掌总统本直，谨严仪卫。大定五年，诏以使为都指挥使，副使为副都指挥使。什将。长行。威捷军。（承安二年，签弩手千人。泰和四年，以之备边事。）钤辖，正六品。都辖，从九品。（不奏。）

客省。使，正五品。副使，从六品。掌接伴人使见辞之事。

引进司。使，正五品。副使，从六品。掌进外方人使贡献礼物事。

阁门。（明昌五年，阁门官以次排转除授。）东上阁门使二员，正五品。（明昌六年省一员，作从五品。西同。）副使二员，正六品。（明昌六年，省一员。西同。）签事一员，从六品。掌签判阁门事。（西同。明昌六年，以减副使置。）西上阁门使二员，正五品。副使二员，正六品。签事一员，从六品。掌赞导殿庭礼仪。（西阁门余副贰同。）阁门祗候二十五人。（正大间三十二。）阁门通事舍人二员，从七品。掌通班赞唱、承奏劳问之事。承奉班都知，正七品。掌总率本班承奉之事。旧置判官，后罢。内承奉班押班，正七品。掌总率本班承奉之事。御院通进四员，从七品。掌诸进献礼物及荐享编次位序。

尚衣局。提点，正五品。使，从五品。副使，从六品。掌御用衣服、冠带等事。都监，正九品。（旧设，后罢。）直长，正八品。同监，从九品。

仪鸾局。（泰和四年，或以少府监官兼，或兼少府监官。）提点，正五品。使，从五品。副使，从六品。掌殿庭铺设、帐幕、香烛等事。直长四员，正八品。（《泰和令》三员。）收支都监，正九品，二员，一员掌给受铺陈诸物，一员掌万宁宫收支库。（大定七年置，明昌二年增一员。）同监二员，从九品。（司使二人，如内藏库知书例。）

尚食局。（元光二年，参用近侍、奉御、奉职。）提点，正五品。使，从五品。副使，从六品。掌总知御膳、进食先尝、兼管从官食。直长一员，正八品。（不限资考。）都监三员，正九品。（不限资考。）生料库都监、同监各一员，掌给受生料物色。收支库都监、同监各一员，掌给受金银裹诸色器皿。（以外路差除人内选充。）

尚药局。提点，正五品。使，从五品。（出职官内选除。）副使，从六品。掌进汤药茶果。直长，正八品。都监，正九品。果子都监、同监各一员，掌给受进御果子。（本局本把四人。）

太医院。提点，正五品。使，从五品。副使，从六品。判官，从八品，掌诸医药，总判院事。管勾，从九品。随科至十人设一员，以术精者充。如不至十人并至十人置。（不限资考。）正奉上太医（一百二十月升除），副奉上太医（不算月日），长行太医（不算月日），十科额五十人。

御药院。提点，从五品。直长，正八品。掌进御汤药。（明昌五年设，以亲信内侍人充。）都监，正九品。（不限员，《泰和令》四员。）同监，从九品。（不常除，《泰和令》无。）

教坊。提点，正五品。使，从五品。副使，从六品。判官，从八品。掌殿庭音乐，总判院事。谐音郎，从九品。（不限资考、员数。）

内藏库。（大定二年，分为四库。）使，从五品。副使，从六品。掌内府珍宝财物，率随库都监等供奉其事。直长一员。（承安三年增。）

头面库。都监，正九品。同监，从九品。（本把七人，大定二年定出身，依不入寝殿小底例。）

段匹库。都监，正九品。同监，从九品。（本把十二人。）金银库。都监，正九品。（本把八人。）

杂物库。都监，正九品。同监，从九品。（本把八人。每库知书各二人。）

宫闱局。（旧名宫闱司，大定二年改为局，旧设令、丞，改为使、副。）提点，正五品。使，从五品。副使，从六品。掌宫中阁门之禁，率随位都监、同监及内直各给其事。直长，正八品。内直一百七十人。（后作百七十九人。）

内侍局。令二员，从八品。（兴定五年，升作从六品。）丞二员，从九品。（兴定五年，升从七品。）掌正位阁门之禁，率殿位都监、同监及御直各给其事。局长二员，从九品，兴定五年升正八品。（御直、内直共六十四人。明昌元年，分宫闱局正位内直置，初隶宫闱局。）东门都监、同监。诸随殿位承应都监，同监，掌各位承应及门禁管钥。昭明殿都监、同监。（大定二十九年设，各一员。）承徽殿都监、同监。（丽妃位。）隆徽殿都监、同监。（本隆和殿，系皇后位。）鸾翔殿都监、同监。崇仪殿都监、同监。迎晖殿都监、同监。（七妃充容，泰和三年罢。）蕊珠殿都监、同监。瑞宁殿都监、同监。回春殿都监、同监。芸香殿都监、同监。瑞像殿都监、同监。（系佛殿。以上"殿"字下无"位"字。）凝福（改韶景）、温芳二位都监、同监。瑶华、柔则二位都监、同监。（以上无"殿"字及"承应"字。）嘉福等殿位都监、同监。（四位。）广仁殿都监、同监。睿思殿都监、同监。（以上有"承应"字。）滋福殿都监、同监。（本以隆庆改，无"位"字。）咨正殿都监、同监。迩英殿都监、同监。长庆院都监、同监。仙韶院都监、同监。贞和门都监、同监。（应系钱帛经此门出入。明昌四年添一员。）右升平门都监、同监。长乐门都监、同监。琼林苑都监、同监。（各二员。）广乐园都监、同监。顺仪位提控、都监、同监。（旧宝林位。）瑞华门（俗名金骨朵门）都监一员，同监三员。太师位提控、都监、同监。宝昌门都监、同监。会昌门都监、同监。东京孝宁宫都监、同监。崇妃位提控。（世宗夫人，兴陵。）惠妃位提控、都监、同监。（裕陵。）温妃位提控、都监、同监。（裕陵二位，明昌四年添。）报德寺提控、都监、同监。（世宗御容。光泰门街。）报恩寺提控、都监、同监。（世宗御容。清夷门街。明昌三年设，三。）孝严寺都监、同监。（在南京，安宣宗御容，改兴国感诚寺。正大元年设，三。以下皆在南京。）福宁殿都监、同监。（三。）纯和殿都监、同监。（三。）仁安殿都监、同监。（三。）真妃位都监、同监。（二。）丽妃位都监、同监。宣仪位都监、同监。庄献妃位都监、同监。三庙都监、同监。(贞祐二年设。)西华门都监、同监。京后园都监、同监。

内侍寄禄官。(泰和二年设，初隶宫闱局，寻直隶宣徽院。)所以升用内侍局御直、内直有年劳者。中常侍。(正五品。)给事中。(从五品。)内殿通直。(正六品。先名内殿给使。)黄门郎。(从六品。)内谒者。(正七品。)内侍殿头。(从七品。)内侍高品。(正八品。不限员。)内侍高班。(从八品。)

典卫司。(大定二十九年，世宗才人、宝林位各设。泰和五年闰八月，以崇妃薨罢。兴定元年复设。世宗妃、才人、宝林位各设防卫军导从人。)令，正七品。丞，从七品。直长。(见《士民须知》。)

孝靖宫。(章宗五妃位。大安元年以有监同、无总领者，故设。)令，从八品。丞，正九品。端妃位同监。(真妃徒单氏。)慧妃位同监。(丽妃徒单氏。)贞妃位同监。(柔妃唐括氏。)靓仪位同监。(昭仪夹谷氏。)才媛位同监。(修仪吾古论氏。)

懿安家。(贞祐三年，为庄献太子设。)令，从八品。丞，正九品。

宫苑司。令，从六品。丞，从七品。掌宫庭修饬洒扫、启闭门户、铺设毡席之事。直长，正八品一员。(《泰和令》二员。)都监、同监二员。(泰和元年设。泰和四年罢同监。)

尚酝署。令，从六品。丞，从七品。掌进御酒醴。直长，正八品。二员。

典客署。令，从六品。丞，从七品。直长，后罢。(书表十八人。)

侍仪司。(旧名擎执局，大定元年改为侍仪局，大定五年升局为司。)令，从六品。(旧曰局使。)掌侍奉朝仪，率捧案、擎执、奉辇各给其事。直长，正七品。(旧设局副，品从七。)

右属宣徽院。

秘书监。著作局、笔砚局、书画司、司天台隶焉。

监一员，从三品。少监一员，正五品。丞一员，正六品。秘书郎二员，正七品。(泰和元年定为二员。)通掌经籍图书。校书郎一员，从七品。(承安五年二员。泰和五年以翰林院官兼，大安二年省一员。)专掌校勘在监文籍。

著作局。著作郎一员，从六品。著作佐郎一员，正七品。掌修日历。(皇统六年，著作局设著作郎、佐郎各二员，编修日历，以学士院兼领之。)

笔砚局。直长二员，正八品，掌御用笔墨砚等事。泰和七年以女直应奉兼。(旧名笔砚令史，大定三年改为笔砚供奉，以避讳改为承奉。)

书画局。直长一员，正八品。掌御用书画纸札。都监，正九品。二员或一员。

司天台。提点，正五品。监，从五品。掌天文历数、风云气色，密以奏闻。少监，从六品。判官，从八品。教授，旧设二员，正大初省一员。(系籍学生七十六人，汉人五十人，女直二十六人，试补长行。)司天管勾，从九品。(不限资考、员数，随科十人设一员，以艺业尤精者充。)长行人五十人。(未授职事者，试补管勾。)天文科，女直、汉人各六人。算历科，八人。三式科，四人。测验科，八人。漏刻科，二十五人。(铜仪法物旧在法物库，贞元二年始付本台。)

右属秘书监。

国子监。国子学、太学隶焉。

祭酒，正四品。司业，正五品。掌学校。丞二员，从六品。明昌二年增一员，兼提控女直学。

国子学。博士二员，正七品。分掌教授生员、考艺业。(太学同。明昌二年添女直一员，泰和四年减，大安二年并罢。)助教二员，正八品。(女直、汉人各一员。)教授四员，正八品。分掌教诲诸生。(明昌二年，小学各添二员，承安五年一员不除。)国子校勘，从八品。掌校勘文字。国子书写官，从八品。掌书写实录。

太学。博士四员，正七品。(大安二年减二员。)助教四员，正八品。(明昌二年不除一员，大安二年减二员。)

右属国子监。

太府监。左右藏、支应所、太仓、酒坊、典给署、市买司隶焉。

监，正四品。少监，从五品。丞二员，从六品。掌出纳邦国财用钱谷之事。

左藏库。使，从六品。副使，从七品。(兴定三年增一员。)掌金银珠玉、宝货钱币。(本把四人。)

右藏库。使，从六品。副使，从七品。(兴定三年添一员。)掌锦帛丝绵毛褐、诸道常课诸色杂物。(本把四人。)

支应所。(又作支承所。)都监二员，正九品。掌宫中出入、御前支赐金银币帛。(大安三年省。)

太仓。使，从六品。掌九谷廪藏、出纳之事。(预除人。)副使，从七品。

酒坊。(部除。)使，从八品。副使，正九品。掌酝造御酒及支用诸色酒醴。

典给署。本钩盾署，明昌三年更。令，从六品。旧曰钩盾使。丞，从七品。旧曰钩盾副使。掌宫中所用薪炭冰烛、并管官户。直长一员，正八品。

市买司。天德二年更为市买局。使，从八品。副使，正九品。掌收买宫中所用果实生料诸物。

右属太府监。

少府监。尚方、织染、文思、裁造、文绣等署隶焉。(泰和四年，选能干官兼仪鸾局近上官。)

监，正四品。少监，从五品。丞二员，从六品。(大定十一年省，二十一年复置。)掌邦国百工营造之事。

尚方署。令，从六品。丞，从七品。掌造金银器物、亭帐、车舆、床榻、帘席、鞍辔、伞扇及装钉之事。(大定二十年，令不专除人，令人兼。)直长，正八品。

图画署。(明昌七年，省入祗应司。)令，从六品。丞，从七品。掌图画缕金匠。直长，正八品。(明昌三年罢。)

裁造署。令，从六品。丞，从七品。掌造龙凤车具、亭帐、铺陈诸物，宫中随位床榻、屏风、帘额、绦结等，及陵庙诸物并省台部内所用物。(《泰和令》有画绘之事。)

直长，从八品。（明昌三年省，裁造匠六人，针工妇人三十七人。）

文绣署。令，从六品。丞，从七品。掌绣造御用并妃嫔等服饰、及烛笼照道花卉。（贞祐二年，止设官一员。）直长，正八品。（绣工一人，都绣头一人，副绣头四人，女四百九十六人，内上等七十人，次等凡四百二十六人。）

织染署。令，从六品。丞，从七品。直长，正八品。掌织纴、色染诸供御及宫中锦绮币帛纱縠。

文思署。（明昌七年，省入祗应司。）令，从六品。丞，从七品。掌造内外局分印合，伞浮图金银等尚辇仪鸾局车具亭帐之物并三国生日等礼物，织染文绣两署金线。直长，正八品。（明昌三年省去。）

右属少府监。

军器监。承安二年设，泰和四年罢，复并甲坊、利器两署为军器署，置令、丞、直长，直隶兵部。至宁元年复为军器监，军器库、利器署隶焉。（旧辖甲坊、利器两署。）

监，从五品。少监，从六品。丞，从七品。掌修治邦国戎器之事。直长，正八品。（《泰和令》无，《总格》有。）

军器库。至宁元年隶大兴府，贞祐三年来属。使，正八品。副使，正九品。（省拟，不奏。）掌收支河南一路并在京所造常课横添和买军器。（大定五年设。）

甲坊署。泰和四年废，旧置令、丞、直长。

利器署。本都作院，兴定二年更今名。同随朝来属。令，从六品。丞，从七品。掌修弓弩刀槊之属。直长，正八品。

右属军器监。

都水监：街道司隶焉。分治监，专规措黄、沁河、卫州置司。

监，正四品。掌川泽、津梁、舟楫、河渠之事。兴定五年兼管勾沿河漕运事，作从五品，少监正六品以下皆同兼漕事。少监，从五品。（明昌二年增一员，卫州分治。）丞二员，正七品。内一员外监分治。贞元元年置。掾，正八品。掌与丞同，外监分治。（大定二十七年添一员，明昌五年并罢之，六年复置二员。）勾当官四员，准备分治监差委。（明昌五年以罢掾设二员，兴定五年设四员。）

街道司。管勾，正九品。掌洒扫街道、修治沟渠。（旧南京街道司，隶都水外监，贞元二年罢归京城所。）

都巡河官，从七品。掌巡视河道、修完堤堰、栽植榆柳、凡河防之事。分治监巡河官同此。其泸沟、崇福上下埽都巡河兼石桥使，通济河节巡官兼建春宫地分河道。诸都巡河官，掌提控诸埽巡河官、（明昌五年设，以合得县令人年六十者选充。大定二年设滹沱河巡河官二员。）散巡河官。（于诸局及丞簿廉举人，并见勾当人六十以下者充。）

黄汴都巡河官，下六处河阴、雄武、荥泽、原武、阳武、延津，各设散巡河官一员。

黄沁都巡河官，下四处怀州、孟津、孟州、城北，各设黄沁散巡河官各一员。

卫南都巡河官，下四处崇福上、崇福下、卫南、淇上，散巡河官各一员。

滑浚都巡河官，下四处武城、白马、书城、教城，散巡河官各一员。

曹甸都巡河官，下四处东明、西佳、孟华、凌城，散巡河官各一员。

曹济都巡河官，下四处定陶、济北、寒山、金山，散巡河官各一员。（凡二十五埽，埽兵万二千人。）

诸埽物料场官，掌受给本场物料。分治监物料场官同此。惟崇福上、下埽物料场官与当界官通管收支。

南京延津渡河桥官，兼讥察事。管勾一员，同管勾一员，掌桥船渡口讥察济渡、给受本桥诸物等事，内讥察事隶留守司。余浮桥官同此。

右属都水监。皇统三年四月，怀州置黄沁河堤大管勾司，未详何年罢。正大二年，外监东置于归德，西置于河阴。

谏院

左谏议大夫、右谏议大夫，皆正四品。左司谏、右司谏，皆从五品。左补阙、右补阙，正七品。左拾遗、右拾遗，正七品。

大理寺。天德二年置。自少卿至评事，汉人通设六员，女直、契丹各四员。

卿，正四品。少卿，从五品。正，正六品。丞，从六品。掌审断天下奏案、详谳疑狱。司直四员，正七品。掌参议疑狱、披详法状。（旧有契丹司直一员，明昌二年罢。）评事三员，正八品。掌同司直。（明昌二年省契丹评事一员，大安二年省汉人一员。）知法十一员，从八品。（女直司五员，汉人司六员。）掌检断刑名事。明法二员，从八品。兴定二年置，同流外，四年罢之。

弘文院

知院，从五品。同知弘文院事，从六品。校理，正八品。掌校译经史。

登闻鼓院

知登闻鼓院，从五品。同知登闻鼓院事，正六品。掌奏进告御史台、登闻检院理断不当事，承安二年以谏官兼。知法二员，从八品。（女直、汉人各一员。）

登闻检院

知登闻检院，从五品。同知登闻检院，正六品。掌奏御进告尚书省、御史台理断不当事。知法，从八品。（女直、汉人各一员。）

记注院。修起居注，掌记言、动。明昌元年，诏毋令谏官兼或以左右卫将军兼。贞祐三年，以左右司首领官兼，为定制。

集贤院。贞祐五年设。

知集贤院，从四品。（正大元年，授马璘额外兼吏部郎中。）同知集贤院，从五品。司议官，正八品。（不限员。）咨议官，正九品。（不限员。）

益政院。正大三年置于内庭，以学问该博、议论宏远者数人兼之。日以二人上直，备顾问，讲《尚书》、《通鉴》、《贞观政要》。名则经筵，实内相也。末帝出，遂罢。

武卫军都指挥使司（隶尚书兵部。）

都指挥使，从三品。（大定二十九年，以武卫军六十人，兵马一员、副都二员其职低，故设使，品正四，承安三年升。）副都指挥使二员，从四品。副都一员，从四品。（初正五品，承安三年升。）判官一员。（承安三年设。）掌防卫都城、警捕盗贼。

钤辖司。钤辖十员，正六品。（初设二员。）都钤辖四员，从七品。（兴定三年权设，巡把两宅。）都将二十员，从九品。（大定十六年立名。）掌管辖军人、防卫警捕之事。（承安元年设万人，内军八千九百四十九人，忠卫二百人，队正四百人。）

右属武卫军都指挥使司。

卫尉司（大安元年，拟隆庆宫人数定之。）

中卫尉，从三品，掌总中宫事务。副尉，从四品。左常侍，从五品。掌周护导从仪仗之事。右常侍，从五品。常侍官。护卫三十人（同东宫），奉引八十人（同控鹤），伞子四人（同控鹤），执旗二人（同仪鸾）。

给事局。使，正七品。副使，正八品。内谒者兼司宝二员，从六品。（内直充。）奉阁一十人。（同东宫入殿小底。）阁直二十人。（同宫闱局内直。）

掖庭局。令，正九品。（内直充。），掌皇后宫事务。丞，从九品。（内直充。）宫令。（宫苑司、仪鸾局兼。）食官。（尚食局兼。）饮官。（尚酝署兼。）医官。（尚药局、太医院兼。）主藏。（内藏、典给署兼。）主廪。（太仓兼。）

右属卫尉司。

榷货务。（在京诸税系中运司，见钱皆权于本务收。）使，从六品。副使，从七品。掌发卖给随路香茶盐钞引。

交钞库。使，（旧正八品，后升从七品，贞祐复。）掌诸路交钞及检勘钱钞、换易收支之事。副使，从八品。掌书押印合同。判官，正九品。（贞祐二年作从九品。）都监，二员。（见《泰和令》。）

印造钞引库。（大安二年兼抄纸坊。）使，从八品。副，正九品。判，正九品。掌监视印造勘覆诸路交钞、盐引，兼提控抄造钞引纸。（承安四年，罢四小库，并罢库判四员。至宁元年设二员，贞祐二年作从九品。）

抄纸坊。（大安二年以印造钞引库兼。贞祐二年复置，仍设小都监二员。）使，从八品。（贞祐二年同随朝。）副使，正九品。判，从九品。

交钞库物料场。（至宁元年置。）场官。（旧正八品，后作正九品。）掌收支交钞物料。

随处交钞库抄纸坊。使，从八品。（贞祐二年，设于上京、西京、北京、东平、大名、益都、咸平、真定、河间、平阳、太原、京兆、平凉、广宁等府，瑞、蔚、平、清、通、顺、蓟等州，贞祐三年罢之。）

平准务。（元光二年五月设，十月罢。）使，从六品。副使，从七品。勾当官六员。

右自榷货务以下，皆属尚书户部。

惠民司。令，从六品。掌修合发卖汤药。（旧又设丞一员。大定三年，有司言："惠民岁入息钱不偿官吏俸。"上曰："设此本欲济民，官非人，怠于监视药物，财费何足计哉！可减员而已。"）直长，正八品。都监，正九品。

右属尚书礼部。

四方馆。使，正五品。副使，从六品。掌提控诸路驿舍驿马并陈设器皿等事。

法物库。（元兼管大乐，贞元二年改付太常寺。）使，从六品。副使，从七品。掌卤簿仪仗车辂法服等事。直长，正八品。（泰和三年省。）

承发司。管勾，从七品。同管勾，从八品。掌受发省部及外路文字。

右属尚书兵部。

万宁宫提举司。（旧太宁宫，更名寿安宫，又更今名。）提举，从六品。同提举，从七品。掌守护宫城殿位。（本把十五人。）

庆宁宫提举司。提举，正七品。兼龙门县令。同提举，正八品。兼仪鸾监。

右属尚书刑部。

修内司。（大定七年设。）使，从五品。副使，从六品。掌宫中营造事。（兵匠一千六十五人，兵夫二千人，仍命少府监长官提控。）直长二员，正八品。部役官四员，正八品。掌监督工役。受给官二员，正八品。掌支纳诸物。

都城所。提举，从六品。同提举，从七品。掌修完庙社及城隍门钥、百司公廨、系官舍屋并栽植树木工役等事。左右厢官各二员，正八品。掌监督工役。受给官二员，正八品。掌支纳诸物及埏埴等事。

祗应司。提点，从五品。令，从六品。丞，从七品。掌给宫中诸色工作。直长，正八品。收支库都监、同监。（泰和元年置。）

甄官署。令，从六品。丞，从七品。直长，正八品。掌劖石及埏埴之事。

上林署。提点，从五品。（泰和八年创，大安二年省。）令，从六品。掌诸苑园池沼、种植花木果蔬及承奉行幸舟船事。丞，从七品。（大定七年，增一员，分司南京，以勾判兼之。大安三年复省一员。）直长二员，正八品。花木局都监、同监。旧设接手官四人，泰和元年罢，复以诸司人内置都监、同监二员。贞祐三年罢都、同监、以同乐园管勾兼。熙春园都监、同监三员。（泰和四年置，贞祐三年省。）同乐园管勾二员，每年额办课程，隶南运司。宣宗南迁，罢课，改为随朝职，正八品。

右皆属尚书工部。

京东西南三路检察司。（兴定四年置。）使，从六品。副使，正七品。掌检察支散军粮，验军户实给，均军户差役，劝农种，毋犯私杀马牛、私盐酒曲。

南京丰衍东西库。（隶运司，贞祐二年同随朝。）使，正八品。副使，从八品。判二员，正九品。监支、纳各一员，正八品。

提举南京榷货司。（贞祐四年置。）提举，从五品。同提举，从六品。勾当官三员，正九品。

提举仓场司。（贞祐五年置，先吏部辟举，后省拟。）使，从五品。副使，从六品。掌出纳公平及毋致亏败。监支纳官，八品，十六员。（以年六十以下廉干人充，女直、汉人各一。广盈仓、丰盈仓、永丰仓、广储仓、富国仓、广衍仓、三登仓、常盈仓、西一场、西二场、西三场、东一场、东二场、南一场、北一场、北二场。通济仓与在京仓，置监支纳使副各一员。丰备仓、丰赡仓、广济仓、潼关仓，兴定五年创置潼关仓监支纳一员，兼枢密院弹压。陈州仓四员。洧川仓二员。）

八作左右院。设官同上，掌收军须、军器。

军须库（至宁二年置）。使，从八品。副，从九品。

典牧司（贞祐年置）。使，正七品。副，从八品。判官，正九品。

圉牧司（兴定二年置）。使，正七品。副，正八品。判官，正九品。

提举圉牧所（泰和二年置，隶各路统军司）。河南东路、河南西路、陕西路皆设提举、同提举，山东路止设提举。

卷五十七　志第三十八

百官三

内命妇　宫人女职　东宫官属　亲王府　太后两宫官属　大兴府　诸京留守司　诸京城宫苑提举都监等职　按察司　诸路总管府　诸节镇防御刺史县镇等职　诸转运泉谷等职　诸府镇兵马等职　诸猛安部族及群牧等职

内命妇品

元妃、贵妃、淑妃、德妃、贤妃，正一品。昭仪、昭容、昭媛、修仪、修容、修媛、充仪、充容、充媛曰九嫔，正二品。婕妤，正三品。美人，正四品。才人，正五品。各九员，曰二十七世妇。宝林，正六品。御女，正七品。采女，正八品。各二十七员，曰八十一御妻。（按金格，贞祐后之制，贵妃下有真妃，淑妃下有丽妃、柔妃，而无德妃、贤妃。九嫔同。婕妤下有丽人、才人为正三品。顺仪、淑华、淑仪为正四品。尚宫夫人，尚宫左夫人、尚宫右夫人、宫正夫人、宝华夫人、尚仪夫人、尚服夫人、尚寝夫人、钦圣夫人、资明夫人为正五品。尚仪御侍、尚服御侍、尚寝御侍、尚正御侍、宝符宸侍、奉恩令人、奉光令人、奉徽令人、奉美令人为正六品，司正御侍、宝符御侍、司仪御侍、司符御侍，司寝御侍、司饰御侍、司设御侍、司衣御侍、司膳御侍、司药御侍、仙韶使、光训良侍、明训良侍、遵训良侍、从训良侍为正七品。典仪御侍、典膳御侍、典寝御侍、典饰御侍、典设御侍、典衣御侍、典药御侍、仙韶副使、承和良侍、承惠良侍、承宜良侍为正八品。掌仪御侍、掌服御侍、掌寝御侍、掌饰御侍、掌设御侍、掌衣御侍、掌膳御侍、掌药御侍、仙韶掌音、祇肃良侍、祇敬良侍、祇愿良侍为正九品。）

宫人女官（职员品秩，皆同唐制。）

尚宫二人，掌导引皇后，管司记、司言、司簿、司闱，仍总知五尚须物出纳等事。司记二人、典记二人、掌记二人，掌在内诸文书出入目录，为记审讫付行县印等事。女史六人，掌职文簿。司言二人、典言二人、掌言二人、女史四人，掌宣传启奏之事。司簿二人、典簿二人、掌簿二人、女史六人，掌宫人名簿廪赐之事。司闱六人、典闱六人、掌闱六人、女史四人，掌宫闱管钥之事。尚仪二人，掌礼仪起居、管司籍、司乐、司宾、司赞事。司籍二人、典籍二人、掌籍二人、女史十人，掌经籍教学纸笔几案之事。司乐四人、典乐四人、掌乐四人、女史二人，掌音乐之事。司宾二人、典宾二人、掌宾二人、女史二人，掌宾客参见、朝会引导之事。司赞二人、典赞二人、掌赞二人、女史二人、彤史二人，掌礼仪班序、设板赞拜之事。尚服二人，掌管司宝、司衣、司饰、司仗之事。司宝二人、典宝二人、掌宝二人、女史四人，掌珍宝符契图籍之事。司衣二人、典衣二人、掌衣二人、女史四人，掌御衣服首饰之事。司饰二人、典饰二人、掌饰二人、女史二人，掌膏沐巾栉服玩之事。司仗二人、典仗二人、掌仗二人、女史二人，掌仗卫兵器之事。尚食二人，掌知御膳、进食先尝，管司膳、司酝、司药、司饎事。司膳四人、典膳四人、掌膳四人、女史四人，掌膳羞器皿。司酝二人、典酝二人、掌酝二人、女史二人，掌酒醴。司药二人、典药二人、掌药二人、女史二人，掌医药。司饎二人、典饎二人、掌饎二人，女史二人，掌宫人食并柴炭之事。尚寝二人，管司设、司舆、司苑、司灯事。司设二人、典设二人、掌设二人、女史二人，掌帷帐、床褥、枕席、洒扫、铺设。司舆二人、典舆二人、掌舆二人、女史二人，掌舆伞扇羽仪。司苑二人、典苑二人、掌苑二人、女史二人，掌苑囿种植蔬果。司灯二人、典灯二人、掌灯二人、女史二人，掌灯油火烛。尚功二人，掌女功，管司制、司珍、司彩、司计事。司制二人、典制二人、掌制二人、女史二人，掌裁缝衣服纂组之事。司珍二人、典珍二人、掌珍二人、女史二人，掌金珠玉宝财货之事。司彩二人、典彩二人、掌彩二人、女史二人，掌锦文绯彩丝帛之事。司计二人、典计二人、掌计二人、女史二人，掌支度衣服饮食柴炭杂物之事。宫正二人，掌总知宫内格式、纠正推罚之事。司正二人，同掌。典正二人，纠察违失。女史四人。

皇后位下女职（依隆庆宫所设人数，大安元年定。）

司闺一员，八品。掌宫内诸事并给散宫人俸给食料。秉仪一员，八品。丞仪一员，九品。掌左右给事、宣传启奏、经籍纸笔之事。直閤一员、司陈一员，九品。掌帐幕床褥舆伞、洒扫铺陈、薪炭灯烛之事。秉衣一员、奉衣一员，九品。掌首饰衣服器玩诸宝财货，裁制缣彩之事。掌馔一员，八品。奉馔一员，九品。掌饮食汤药酒醴蔬果之事。

东宫官　宫师府

太子太师、太子太傅、太子太保，正二品。太子少师、太子少傅、太子少保，正三品。掌保护东宫，导以德义。

海陵天德四年，始定制宫师府三师、三少、詹事院詹事、三寺、十率府皆隶焉。左右谕德，为东宫僚属。

詹事院太子詹事，从三品。少詹事，从四品。掌总统东宫内外庶务。左右卫率府率，从五品。掌周卫导从仪仗。左右监门，正六品。掌门卫禁钥。仆正，正六品。副仆，正七品。仆丞，正九品。掌车马厩牧弓箭鞍辔器物等事。掌宝二人，从六品。掌奉宝，谨其出入。典仪，从六品。赞仪，从七品。司赞礼仪。侍正，正七品。侍丞，正八品。掌冠带衣服、左右给使之事。典食令，正八品。丞，正九品。承奉膳羞。侍药，正八品。奉药，正九品。承奉医药。掌饮令，正八品。丞，正九品。承奉赐茶及酒果之事。家令，正八品。家丞，正九品。掌营缮栽植铺设及灯烛之事。司经，正八品。副，正九品。掌经史图籍笔砚等事。司藏，从八品。副，从九品。掌库藏财货出入之事。司仓，从八品。副，从九品。掌仓廪出纳薪炭等事。中侍局都监，正九品。同监，从九品。掌东阁内之禁令、省察宫人廪赐给纳诸物、辖侍人等。左谕德、右谕德，正五品。左赞善、右赞善，正六品。掌赞谕道德、侍从文章。内直郎，正七品。

右属宫师府。

亲王府属官

傅，正四品。掌师范辅导、参议可否，若亲王在外，亦兼本京节镇同知。府尉，从四品。本府长史，从五品。明昌三年改，掌警严侍从、兼总统本府之事。司马，从六品。同检校门禁、总统府事。文学二人，从七品。掌赞导礼义、资广学问。记室参军，正八品。掌表笺书启之事。大定七年八月始置。二十年，不专除，令文学兼之。

诸驸马都尉，正四品。

提举卫绍王家属。提举，从六品。同提举，从七品。旧为东海郡侯邑令、丞。

提举镐厉王家属。提举。同提举。（以上二宅，天兴元年始听自便。）

提控巩国公家属。提控。同提控。

太后两宫官属。正大元年置。

卫尉，从三品。副卫尉，从四品。左典禁，右典禁，从五品。奉令，正七品。奉丞，正八品。太仆，正六品。副仆，正七品。门卫二员，正六品。典宝二员，正六品。谒者二员，从六品。阁正，从七品。阁丞，正八品。食官令，正八品。食官丞，正九品。宫令，正八品。宫丞，正九品。医令，正八品。医丞，正九品。饮官令，正八品。饮官丞，正九品。主藏，正八品。副主藏、主廪，从八品。副主廪。

大兴府

尹一员，正三品。掌宣风导俗、肃清所部，总判府事。（余府尹同。）兼领本路兵马都总管府事。车驾巡幸，则置留守同知、少尹、判官。惟留判不别置，以总判兼之。同知一员，从四品。掌通判府事。余府同知同此。少尹一员，正五品。掌同同知。总管判官一员，从五品。掌纪纲总府众务，分判兵案之事。府判一员，从五品。掌谘议参佐、纠正非违、纪纲众务，分判吏、礼、工案事。推官二员，从六品。掌同府判，分判户、刑案事，内户推掌通检推排簿籍。（旧一员，大定五年增一员。）知事，正八品。掌付事勾稽省署文牍、总录诸案之事。都孔目官，女直司一员，汉人司一员，职同知事，掌监印、监受案牍。余都孔目官同此。不常置，省则吏目摄。（六案司吏七十五人，内女直十五人，汉人六十人。司吏分掌六案，各置孔目官一员，掌呈覆纠正本案文书。余分前后行，其他处应设十人以下、六人以上者，置孔目官三人，及置提点所处仍旧。女直司吏若十二人以上，分设六案，不及者设三案，五人以下设一案，通掌六案事。以上名充孔目官。）知法三员，从八品。女直一员、汉人二员，掌律令格式、审断刑名。（抄事一人，掌抄事目、写法状，以前后行吏人选。公使百人。）女直教授一员。东京、北京、上京、河东东西路、山东东西路、大名、咸平、临潢、陕西统军司、西南招讨司、西北路招讨司、婆速路、曷懒路、速频、蒲与、胡里改、隆州、泰州、盖州并同此。皆置医院，医正一人，医工八人。

诸京留守司

留守一员，正三品。带本府尹兼本路兵马都总管。同知留守事一员，正四品。带同知本府尹兼本路兵马都总管。副留守一员，从四品。带本府少尹兼本路兵马副都总管。留守判官一员，从五品。都总管判官一员，从五品。掌纪纲总府众务、分判兵案之事。推官一员，从六品。掌同府判，分判刑案之事，上京兼管林木事。司狱一员，正八品。（司吏。女直司吏，上京二十人，北京十三人，东京十人，南京、西京各五人。汉人司吏，三十万户以上六十人，二十五万户五十五人，十万户以上四十人，七万户以上三十五人，五万户以上三十人，三万户以上二十四人，不及万户十人。译人，上京、北京各三人，东京、西京、南京各二人。通事二人。）知法，女直、汉人各一员，南京汉人二员。（抄事一人，掌抄录事目、书写法状。公事百人。）

京城门收支器物使。（贞祐元年置，每城一面设一员。五年，南京随门添设。旧有小都监，后省。正八品，十四员，户部辟举。）开阳门、宣仁门、安利门、平化门、通远门、宜照门、利川门、崇德门、迎秋门、广泽门、顺义门、迎朔门、顺常门、广智门，已上各门副尉兼职。（贞祐五年制，乃罢小都监。）十四门尉，从七品。副尉，正九品。

上京提举皇城司。提举一员，从六品。同提举一员，从七品。（司吏一人。）

南京提举京城所。提举一员，正七品。同提举一员，从七品。掌本京城壁及缮修等事，不常置。上京同此。管勾一员，正八品。掌佐缮治。受给官一员，掌收支之事。壕寨官一员，掌监督修造。

皇城使一员，正八品。副使一员，正九品。掌宫阙缮修之事，不常置。

管勾北太一宫，同乐园二员，正八品。掌守宫园缮修之事。

庆元宫小都监三员，掌铺陈祭器诸物。余宫同。

花园小都监二员。

东京宫苑使一员。（西京、北京同。）

东京、西京御容殿，阁门各二员，掌享祀礼数、铺陈祭器。

东京万宁宫小都监一员。

按察司

本提刑司，承安三年以上京、东京等提刑司并为一提刑使，兼宣抚使劝农采访事，为官称。副使、判官以兼宣抚副使、判官为名。复改宣抚为安抚，各设安抚判官一员、提刑一员，通四员。安抚司，掌镇抚人民、讥察边防军旅、审录重刑事。安抚判官则衔内不带劝农采访事，令专管千户谋克。安抚使副内，差一员于咸平、一员于上京分司。承安四年罢咸平分司，使在上京，副在东京，各设签事一员。承安四年改按察司，贞祐三年罢，止委监察采访。

使一员，正三品。掌审察刑狱、照刷案牍、纠察滥官污吏豪猾之人、私盐酒曲并应禁之事，兼劝农桑，与副使、签事更出巡案。副使，正四品。兼劝农事。签按察司事，正五品。承安四年设。判官二员，从六品。大定二十九年设。明昌元年以陕西地阔，添一员。知事，正八品。承安三年，上京者兼经历安抚司使。泰和八年十一月，省议以转运司权轻，州县不畏，不能规措钱谷，遂诏中都都转运，依旧专管钱谷事，自余诸路按察使并兼转运使，副使兼同知，签按察并兼转运副，添按察判官一员，为从六品。中都、西京路按察司官止兼西京路转运司事。辽东路惟上京按察安抚使及签事依旧署本司事。辽东转运使兼按察副使，同知转运使兼签按察司事，转运副使兼按察判官，添知事一员。知法二员，从八品。（书吏四人，书吏十人，抄事一人，公使四十人。）右中都、西京并依此置。陕西、上京两路设签按察司事二员，上京签安抚司事。

上京、东京等路按察司并安抚司。使，正三品。镇抚人民、讥察边防军旅之事，仍专管猛安谋克，教习武艺及令本土纯愿风俗不致改易。副使二员，正四品。签安抚司事，正五品。签按察司事，正五品。知事兼安抚司事，正八品。知法四员，从八品。（书吏四人，上京、东京书吏十八人，女直十二人、汉人六人。中都、西京，女直五人，汉人五人。北京、临潢，女直三人、汉人五人。南京，女直二人、汉人七人。山东，女直三人、汉人七人。大名，女直三人、汉人六人。抄事一人，公使十人也。）右按察使于上京、副使于东京各路设签事一员，分司勾当。惟安抚司不带"劝农"字，内知事于上京、自余并于两处分减存设。

诸总管府（谓府尹兼领者。）

都总管一员，正三品。掌统诸城隍兵马甲仗，总判府事。同知都总管一员，从四品。掌通判府事，惟婆速路同知都总管兼来远军事兵马。副都总管一员，正五品。所掌与同知同。总管判官一员，从六品。掌纪纲总府众务，分判兵案之事。府判一员，从六品。掌纪纲众务，分判户、礼案，仍掌通检推排簿籍。推官一员，正七品。掌同府判，分判工、刑案事。知法一员。（司吏，女直，山东西路十五人，大名十四人，山东东路、咸平府、临潢府各十二人，曷懒路、河北西路各十人，婆速路十一人，河北东路八人，河东南北路、京兆、庆阳、临洮、凤翔、延安各四人。汉人，户十八万以上四十二人，十五万以上四十人，十三万以上三十八人，十万以上三十五人，七万以上三十二人，五万以上二十八人，三万以上二十二人，不及三万户二十人，婆速路、曷懒路各二人。译人，咸平三人，河北东西、山东东西、曷懒、大名、临潢各二人，余各一人。通事，婆速、曷懒路高丽通事一人，临潢北部通事一人，部落通事一人、小部落通事二人，庆阳府通事一人。抄事一人。公使八十人。临潢别置移剌十五人。凡诸府置员并同，惟曷懒路无府事。）

诸府（谓非兼总管府事者。）

尹一员，正三品。同知一员，正四品。少尹一员，正五品。府判一员，从六品。掌纪纲众务，分判吏、户、礼案事，专掌通检推排簿籍。推官一员，正七品。掌同府判兵、刑、工案事。府教授一员。知法一员。（司吏，女直皆三人，汉人，若管十六万户四十人，十四万以上三十八人，十二万以上三十五人，十万以上三十二人，七万以上三十人，五万以上二十五人，三万户以上二十人，不及三万户十七人。译人一人，通事一人，抄事一人，公使七十人。）

诸节镇

节度使一员，从三品。掌镇抚诸军防刺，总判本镇兵马之事，兼本州管内观察使事。其观察使所掌，并同府尹兼军州事管内观察使。同知节度使一员，正五品。通判节度使事，兼州事者仍带同知管内观察使。副使一员，从五品。节度判官一员，正七品。掌纪纲节镇众务、佥判兵马之事，兼判兵、刑、工案事。观察判官一员，正七品。掌纪纲观察众务，佥判吏、户、礼案事，通检推排簿籍。知法一员，州教授一员，司狱一员，正八品。（司吏，女直，隆州十四人，盖州十二人，泰州十一人，速频、胡里改各十人，蒲与八人，平、宗、懿、定、卫、莱、密、沧、冀、邢、同、雄、保、兖、邠、泾、朔、奉圣、丰、云内、许、徐、邓、巩、鄜、全、肇各三人，余各二人。汉人，依府尹数例。译人一人，通事二人，抄事一人。公使人，上镇七十、中六十五、下六十人，惟蒲与、胡里改、速频各二十人。曷速馆路、蒲与路、胡里改路、速频路四节镇，省观察判官而无州事。）

诸防御州。防御使一员，从四品。掌防捍不虞、御制盗贼，余同府尹。同知防御使事一员，正六品。掌通判防御使事。判官一员，正八品。掌签判州事，专掌通检推排簿籍。知法，从九品。州教授一员。司军，从九品。军辖兼巡捕使，从九品。（司吏，女直一人，汉人管户五万以上二十人，以率而减。译人一人，通事一人，抄事一人。公使，上州六十人、中五十五人、下五十人。）

诸刺史州。刺史一员，正五品。掌同府尹兼治州事。同知一员，正七品。通判州事。判官一员，从八品。签判州事，专掌通检推排簿籍。司军，从九品。知法一员。军辖兼巡捕使，从九品。（司吏，女直，韩、庆、信、滦、蓟、通、澄、复、沈、贵德、涿、利、建州、来远军各二人，余各一人。抄事一人。公使，上州五十、中四十五、下四十。惟来远军同下州，省同知。凡诸州以上知印，并于孔目官内轮差，运司押司官并同。无孔目官，以上各司吏充，司、县同此。）

诸京警巡院。使一员，正六品。掌平理狱讼、警察别部，总判院事。副一员，从七品。掌警巡之事。判官二员，正九品。掌检稽失，签判院事。（司吏，女直，中都三人，上、东、西三京各二人，余各一人。汉人，中都十五人，南京九人，西京八人，东京六人，北京五人，上京四人。惟东、西、北、上京无副使。）

诸府节镇录事司。录事一员，正八品。判官一员，正九品。掌同警巡使。（司吏，户万以上设六人，以下为率减之。凡府镇二千户以上则依此置，以下则止设录事一员，不及百户者并省。）

诸防刺州司候司。司候一员，正九品。司判一员，从九品。（司吏、公使七人。然亦验户口置。）

赤县。（谓大兴、宛平县。）令一员，从六品，掌养百姓、按察所部、宣导风化、劝课农桑、平理狱讼、捕除盗贼、禁止游惰，兼管常平仓及通检推排簿籍，总判县事。丞一员，正八品。掌贰县事。主簿一员，正九品。掌同县丞。尉四员，正八品，专巡捕盗贼。余县置四尉者同此。（司吏十人，内一名取识女直、汉字者充。公使十人。）

次赤县又曰剧县。令一员，正七品。丞一员，正九品。主簿一员，正九品。尉一员，正九品。

诸县。令一员，从七品。丞一员，正九品。主簿一员，正九品。尉一员，正九品。凡县二万五千户以上为次赤、为剧，二万以上为次剧，在诸京倚郭者曰京县。自京县而下，以万户以上为上，三千户以上为中，不满三千为下。中县而下不置丞，以主簿与尉通领巡捕事。下县则不置尉，以主簿兼之。（中县司吏八人，下县司吏六人，公使皆十人。）

诸知镇、知城、知堡、知寨，皆从七品。（其设公使皆与县同，惟验户口置司吏。）

诸司狱。司狱一员，正九品，提控狱囚。（司吏一人。公使二人。典狱二人，防守狱囚门禁启闭之事。狱子，防守罪囚者。）

市令司。唯中都置。令一员，正八品。（南迁以左、右警巡使兼。）丞一员，正九品。掌平物价，察度量权衡之违式、百货之估直。（司吏四人、公使八人。）

军器库。使一员，正八品。副使一员，从九品。掌甲胄兵仗。（司吏二人。库子，掌出纳之数、看守巡护。中都、南京依此置，西京省副使，北京惟副使，仍兼八作使。随府节镇设使、副，若军器兼作院，军资兼军器库，及防刺郡，则置都监一员，以军资监兼者如旧。）

作院。使一员，副使一员，掌监造军器，兼管徒囚，判院事。都监一员，掌收支之事。（牢长，监管囚徒及差设牢子。中都、南京依此置，仍加“都”字。南京省都监一员，东京、西京置使或副一员，上京并省。随府节镇作院使副，并以军器使副兼之。其或置一员，或以军资库兼之，若元设甲院都监处，并蓟州专设使副者，并仍旧。）

都转运司

使，正三品。掌税赋钱谷、仓库出纳、权衡度量之制。同知，从四品。副使，正五品。都勾判官，从六品。纪纲众务、分判勾案，惟南京勾判兼上林署丞。户籍判官二员，从六品。旧止一员，承安四年增置一员，不许别差，专管拘收征克等事。支度判官二员，从六品。掌勾判、分判支度案事。盐铁判官一员，从六品。都孔目官二员，勾稽文牍。知法二员，从八品。（都勾案、户籍案、盐铁案、支度案、开拆案司吏，女直八人，汉人九十人。抄事一人，译史三人，通事一人，押递五十人，监运诸物公使八十人。惟中都路置都转运司，余置转运司，省户、度判官各一员。南京、西京、北京、辽东、山东西路，河北东路则置女直知法、汉知法各一员。山东东路、河东南路北路、河北西路、陕西东西路则置汉知法一员。余官皆同中都置。女直司，司吏，辽东路十人，西京、北京、山东西路各五人，余路皆四人。译史，辽东路三人，余各二人。通事各一人。汉人司，司吏，课额一百八十万贯以上者五十人，百五十万贯以上四十五人，百二十万贯以上四十人，九十万贯以上三十五人，六十万贯以上三十人，三十万贯以上二十五人，不及三十万贯二十人。公使人，各七十人。押递，南京、山东东西路、河东南路、河北西路各五十人，西京、河东北路、河北东路各四十人，余路各三十人。）

山东盐使司。与宝坻、沧、解、辽东、西京、北京凡七司。使一员，正五品。他司皆同。副使二员，正六品。（它司皆一员。）判官三员，正七品。（泰和作四员，宝坻、解州设二员，余司皆一员。）掌干盐利以佐国用。管勾二十二员，正九品。（宝坻、解、西京则设六员，北京、辽东、沧州则设四员。同管勾、都同监皆省。）掌分管诸场发买收纳恢办之事。同管勾五员。都监八员。监、同各七员。知法一员。（司吏二十二人，女直三人，汉人十九人。译人一人，抄事、公使四十人，它司皆同。）

中都都曲使司。（酒使司、院务、税醋使司，榷场兼酒使司附。）使，从六品。副使，正七品。掌监知人户酝造曲蘖，办课以佐国用。余酒使监酝办课同此。都监二员，正八品。掌签署文簿、检视酝造。（司吏四人，公使十人。凡京都及真定皆为都曲酒使司，设官吏同此。它处置酒使司，课及十万贯以上者设使、副、小都监各一员，五万贯以上者设使、副各一员，以上皆设司吏三人。二万贯以上者设使及都监各一员，司吏二人。不及二万贯者为院务，设都监、同监各一员。不及千贯之院务止设都监一员。其它税醋使司、及榷场与酒税相兼者，视课多寡设官吏，皆同此。诸酒税使三万贯以上者正八品，诸酒榷场使从七品，五万贯以上副使正八品。）

提举南京路榷货事，从六品。

中都都商税务司。使一员，正八品。副使一员，正九品。（正大元年升为从七品。）掌从实办课以佐国用。都监一员，从九品。掌签署文簿、巡察匿税。（司吏四人，公使十人，余置官吏同酒使司。）

中都广备库。使一员，从七品。副使一员，从八品。判官一员，正九品。掌匹帛颜色，油漆诸物出纳之事

（攒典四人。库子十四人，内十二人收支，二人应办。掌排数出纳、看守巡护之事，与库官通管。）

永丰库。镀铁院都监隶焉。使一员，从七品。副使一员，从八品。判官一员，正九品。掌泉货金银珠玉出纳之事。（攒典三人。库子十二人，内十人收支，二人应办。凡岁收二十五万贯者置库子十人，不及二万贯者置二人。）镀铁院都监二员，管勾生熟铁钉线。（攒典一人。京、府、镇、通州并依此置，判官、都监皆省。或兼军器并作院，或设使若副一员。防刺郡设都监一员，仍兼军器库。）

南京交钞库。使一员，正八品。副使一员，正九品。掌出入钱钞兑便之事。（攒典二人，攒写计帐、类会合同。库子八人，掌受纳钱数、辨验交钞、毁旧注簿历。）

中都流泉务。大定十三年，上谓宰臣曰："闻民间质典，利息重者至五七分，或以利为本，小民苦之。若官为设库务，十中取一为息，以助官吏廪给之费，似可便民。卿等其议以闻。"有司奏于中都、南京、东平、真定等处并置质典库，以流泉为名，各设使、副一员。凡典质物，使、副亲评价直，许典七分，月利一分，不及一月者以日计之。经二周年外，又逾月不赎，即听下架出卖。出帖子时写质物人姓名，物之名色，金银等第分两，及所典年月日钱贯，下架年月之类。若亡失者，收赎日勒合干人，验元典官本，并合该利息，陪偿入官外，更勒库子，验典物日上等时估偿之，物虽故旧，依新价偿。仍委运司佐贰幕官识汉字者一员提控，若有违犯则究治。每月具数申报上司。大定二十八年十月，京府节度州添设流泉务，凡二十八所。明昌元年，皆罢之。二年，在都依旧存设。使一员，正八品。副使一员，正九品。掌解典诸物、流通泉货。勾当官一员。（攒典二人。）

中都店宅务。管勾四员，正九品。各以二员分左右厢，掌官房地基，征收官钱、检料修造摧毁房舍。（攒典，左右厢各五人，掌征收及检料修造房屋之事。库子，左右厢各三人。催钱人，左右厢各十五人，又别设左厢平乐楼花园子一名，右厢馆子四人。）

南京店宅务同。

中都左右厢别贮院。使一员，从八品。副使一员，正九品。判官，从九品。掌拘收退朴等物及出给之事。（攒典、库子，同前。）

中都木场。使一员，从八品。副使一员，判官一员，皆正九品。掌拘收材木诸物及出给之事。（司吏一人，库子四人，花料一人，木匠一人。）

中都买物司。使一员，从八品。副使一员，正九品。掌收买官中所用诸物。都监四员，从九品。掌支应等事。（司吏二人。）

京兆府司竹监。管勾一员，从七品。掌耨养竹园采斫之事。（司吏一人，监兵百人，给耨养采斫之役。）

诸绫锦院。（置于真定、平阳、太原、河间、怀州。）使一员，正八品。副使一员，正九品。掌织造常课匹段之事。

规措京兆府、耀州、三白渠公事。规措官，正七品。掌灌溉民田。点检渠堰官一员，掌点检启闭泾阳等县渠堰。（司吏二人。）

漕运司。提举一员，正五品。景州刺史兼领。掌河仓漕运之事。同提举一员，正六品。勾当官，从八品。掌催督起运纲船。（司吏六人，分掌课使、起运两科，各设孔目官，前后行各一人。傔使科，掌吏、户、礼案。起运科，掌兵、刑、工案。公使八十一人，押纲官七十六人。）景州依此置。肇州以提举兼本州同知，同提举兼州判。

诸仓。使，正八品。副使，正九品。掌仓廪畜积、受纳租税、支给禄廪之事。（攒典，掌收支文历、行署案牍。岁收一万石以上设二人。仓子，掌斛斗盘量、出纳看守之事。）

草场。使，副使，掌储积受给之事。（攒典二人。场子，掌积垛、出纳、看守、巡护之事，岁收五万以上设四人。中都、南京、归德、河南、京兆、凤翔依此置。西京省副使，余京节镇科设使副一员，防刺仍旧，置都监一员。）

南京诸仓监支纳官、草场监支纳官，正八品。

南京提控规运柴炭场。使，从五品。副使，正六品。

京西规运柴炭场。使，从八品。副使，正九品。

诸总管府节镇兵马司

都指挥使一员，正五品。巡捕盗贼，提控禁夜，纠察诸博徒、屠宰牛马，总判司事。副都指挥使二员，正六品。贰使职，通判司事，分管内外，巡捕盗贼。（军典十二人，掌本库名籍、差遣文簿、行署文书、巡捕等事，余军典同此。司吏一人，译人一人，公使十人。）指挥使一员，从六品。钤辖四都之兵以属都指挥使，专署本指挥使事。军使一员，正七品。指挥之职，左右什将各一人，共管一都。（军典二人，营典一人，左、右承局各一人，左、右押官各一人。以上军员每百人为一指挥使，各一员分四都，每都设左右什将、承局、押官各一。若人数不及，附近相合者，并依上置。如无可相合者，三百人以上为一指挥，二百人以上止设指挥使，一百人止设军使，仍每百人以上立为一都，不及百人设什将、承局、押官各一。其指挥下军使，什将下军典、营典，各同此置。惟北京、西京止设使、副各一员。）

诸府镇都军司。都指挥使一员，正七品。（节镇军都指挥使则从七品。）掌军率差役、巡捕盗贼，总判军事，仍与录事同管城隍。（军典二人，公使六人，凡诸府及节镇并依此置。）

诸防刺州。军辖一员，掌同都军，兼巡捕，仍与司候同管城壁。（军典二人。）

诸府州。兵马钤辖一员，从六品。掌巡捕盗贼。若有盗，则总押随处巡尉，并力擒捕。（司吏二人。京兆、咸平、济南、凤翔、莱、密、懿、巩州并依此置。惟京兆、咸平府置兵马都钤辖，余并省。）

诸巡检。中都东北都巡检使一员，正七品。通州置司，分管大兴、漷阴、昌平、通、顺、蓟、盈州界盗贼事。（司吏一人，掌行署文书。马军十五人，于武卫马军内选少壮熟闲弓马人充。）

西南都巡检一员，正七品。良乡县置司，分管良乡、宛平、安次、永清县并涿、易州界盗贼事。

诸州都巡检使各一员，正七品。副都巡检使各一员，正八品。（司吏各一人。右宿、泗、唐、邓、察、亳、陈、颍、德、华、河、陇、泰等州并西北路依此置，余不加“使”字。）

散巡检，正九品。内泗州以管勾排岸兼之。皆设副巡检一员，为之佐。（右地险要处置司。唐、邓、宿、泗、颍、寿、蔡等州及缘边二十五处置。大定二十二年，广宁府大斧山置巡检司。明昌五年七月，升蔡州刘辉村置巡检。）

潼关。关使兼讥察官，正七品。掌关禁、讥察奸伪及管钥启闭。副讥察，正九品。掌任使之事。（司吏二人，女直、汉人各一。）

居庸关、紫荆关、通会关、会安关及他关。皆设使，从七品。

大庆关。

管勾河桥官兼讥察事一员，正八品。掌解系浮桥、济渡舟楫、巡视河道、修完埽岸、兼率埽兵四时功役、栽植榆柳、预备物料、讥察奸伪等事。同管勾一员。（司吏二人，女直、汉人各一人。九鼎、大阳津渡，惟置讥察官一员。）

孟津渡。讥察一员，正八品。掌讥察奸伪。副讥察一员，正九品。（司吏二人。）

提举讥察使，正五品。副使，从五品。（陕西一员，河南二员。）南迁置讥察使，从七品。副使，正八品。南迁后，陕西置于秦州，河南置于唐、邓、息、寿、泗五州。

提举秦、蓝两关，提举，从五品。同提举，正六品。（南迁后置。）

提举三门，集津南北岸，正六品。（南迁后置。）

沿淮讥察使，从五品。

管勾泗州兼排岸巡检，正九品。

诸边将。正将一员，正七品。掌提控部保将、轮番巡守边境。副将一员，正八品。部将一员，正九品。轮番巡守边境。队将，正九品。（鄜延九将，庆阳十将，临洮十四将，凤翔十六将，河东三将，并依此置。）

统军司（河南、山西、陕西，益都。）使一员，正三品。督领军马、镇摄封陲、分营卫、视察奸。副统军一员，正四品。判官一员，从五品。纪纲庶务，签判司事。（大定九年置。）知事一员，从七品。知法二员，从八品。女直、汉人各一。（书吏十三人，女直八人，汉人五人，掌行署文牍、上名监印。守当官四人，译书四人，通事一人，抄事一人，公使五十人。河南依此置，山东不设判官，知法以益都府知法兼之。）

招讨司。（三处置，西北路、西南路、东北路。）使一员，正三品。副招讨使二员，从四品。招怀降附、征讨携离。判官一员，从六品，纪纲职务、签判司事。勘事官一员，从七品。知事一员，正八品。知法二员，从八品。女直、汉人各一。（司吏十九人。译人三人。通事六人，内诸部三人、河西一人。移剌三十人，以上各充都管。抄事一人。公使五十人。西北路增勘事官一员。东北路不置汉人知法。）

诸猛安。（谋克隶焉。）

猛安，从四品。掌修理军务、训练武艺、劝课农桑，余同防御。（司吏四人，译一人，挞马、差役人数并同旧例。）诸谋克，从五品。掌抚辑军户、训练武艺。惟不管常平仓，余同县令。（女直司吏一人，译人一人，挞马。）

诸部族节度使。节度使一员，从三品。统制各部，镇抚诸军，余同州节度。副使一员，从五品。判官一员。知法一员。（司吏四人，女直、汉人各半。通事一人，译人一人，挞马。右部罗火部族、土鲁浑部族并依此置。）

诸乣。详稳一员，从五品。掌守戍边堡，余同谋克。皇统八年六月，设本班左右详稳，定为从五品。麽忽一员，从八品。掌贰详稳。（司吏三人，习尼昆，掌本乣差役等事。挞马，随从也。咩乣、唐古乣、移剌乣、木典乣、骨典乣、失鲁乣并依此置。惟失鲁乣添设译人一名。《士民须知》有憗谟典乣、胡都乣、霞马乣，无失鲁乣、移典乣。）

诸移里堇司。移里堇一员，从八品。分掌部族村寨事。（司吏，女直一人、汉人一人。习尼昆，掌本乣差役等事，挞马。右土鲁浑部族南北移里堇司依此置。部罗火部族左右移里堇司置女直司吏一人。）

诸秃里。秃里一员，从七品。掌部落词讼、防察违背等事。（女直司吏一人，通事一人。）

诸群牧所，又国言谓乌鲁古。提控诸乌鲁古一员，正四品。明昌四年置。（是年以安远大将军尚厩局使石抹贞兼庆州刺史为之，设女直司吏二人，译一人，通事一人。）使一员，从四品。（国言作乌鲁古使。）副使一员，从六品。掌检校群牧畜养蕃息之事。判官一员，正八品。掌签判本所事。知法一员，从八品。（女直司吏四人，译人一人，挞马十六人，使八人，副五人，判三人。又设埽稳脱朵，分掌诸畜，所谓牛马群子也。）惟板底因、乌解、忒恩、蒲鲜群牧依此置。

卷五十八　　志第三十九

百官四

符　印　铁券　官诰　百官俸给

符制

初，穆宗之前，诸部长各刻信牌，交互驰驿，讯事扰人。太祖献议，自非穆宗之命，擅制牌号者置重法。自是，号令始一。收国二年九月，始制金牌，后又有银牌、木牌之制。盖金牌以授万户，银牌以授猛安，木牌则谋克、蒲辇所佩者也。故国初与空名宣头付军帅，以为功赏。

递牌，即国初之信牌也。至皇统五年三月，复更造金银牌，其制皆不传。大定二十九年，制绿油红字者，尚书省文字省递用之。朱漆金字者，敕递用之。并左右司掌之，有合递文字，则牌送各部，付马铺转递，日行二百五十里。

如台部别奉圣旨文字，亦给如上制。

虎符之制，承安元年制。以礼官言，汉与郡国守相为铜虎符，唐以铜鱼符，起军旅、易守长等用之。至是，斟酌汉、唐典故，其符用虎，并五左一右，左者留御前，以侍臣亲密者掌之，其右付随路统军司、招讨司长官主之，阙则次官主之。若发兵三百人以上及征兵、召易本司长贰官，从尚书省奏请左第一符，近侍局以囊封付主奏者，尚书备录圣旨，与符以函同封，用尚书省印记之，皆专使带牌驰送至彼。主符者视其封，以右符勘合，然后奉行，若一有参差者，不敢承用。主者复用囊封贮左符，上用职印，具发兵状与符以本司印封，即日还付使者，送尚书省以进，乃更其封，以付内掌之人。若复有事，左符以次出，周而复始，仍各置历注付受日月。若盗贼急速不容先陈者，虽三百人以上，其掌兵官司亦许给付，随即言上，诏即施行之。贞祐三年，更定枢密院用鹿符，宣抚司用鱼符，统军司用虎符。若发银牌，若省付部及点检司者，左右司用匣封印，验封交受。若发于他处，并封题押，以匣贮之。

印制

太子之宝。大定二十二年，世宗幸上京。铸“守国之宝”以授皇太子。二十八年，世宗不豫，以皇太孙摄政，铸“摄政之宝”。贞祐三年十二月，以皇太子守绪控制枢密院，诏以金铸“抚军之宝”，如世宗时制，于启禀之际用之。

百官之印。天会六年，始诏给诸司，其前所带印记无问有无新给，悉上送官，敢匿者国有常宪。至正隆元年，以内外官印新旧名及阶品大小不一，有用辽、宋旧印及契丹字者，遂定制，命礼部更铸焉。三师、三公、亲王、尚书令并金印，方二寸，重八十两，驼纽。一字王印，方一寸七分半，金镀银，重四十两，镀金三字。诸郡王印，方一寸六分半，金镀银，重三十五两，镀金三字。国公无印。一品印，方一寸六分半，金镀银，重三十五两，镀金三字。二品印，方一寸六分，金镀铜，重二十六两。东宫三师、宰执与郡王同。三品印，方一寸五分半，铜，重二十四两。四品印，方一寸五分，铜，重二十两。五品印，方一寸四分，铜，重二十两。六品印，一寸三分，铜，重十六两。七品印，一寸二分，铜，重十六两。八品印，一寸一分半，铜，重十四两。九品印，一寸一分，铜，重十四两。凡朱记，方一寸，铜，重十四两。

天德二年行尚书省以其印小，遂命拟尚书省印小一等改铸。大定二十四年二月，铸行尚书省、御史台、并左右三部印，以从幸上京。泰和元年八月，安国军节度使高有邻言：“本州所掌印三：曰‘安国军节度使之印’；曰‘邢州观察使印’，吏、户、礼案用之；曰‘邢州之印’，兵、刑、工案用之。以名实不正，乞改铸。”宰臣奏谓：“节度使专行之事自当用节度使印，观察使亦如之，其六曹提点所军兵民讼，则当用本州印，著为定制。”上从之。泰和八年闰四月，敕殿前都点检司，依总管府例铸印，以“金”、“木”、“水”、“火”、“土”五字为号，如本司差人则给之。

铁券

以铁为之，状如卷瓦。刻字画襴，以金填之。外以御宝为合，半留内府，以赏殊功也。

官诰

亲王，红遍地云气翔鸾锦褾，金鸾五色罗十五幅，宝装犀轴。一品，红遍地云鹤锦褾，金云鹤五色罗十四幅，犀轴。二品、三品，红遍地龟莲锦褾，素五色绫十二幅，玳瑁轴。四品、五品，红遍地水藻戏鳞锦褾，大白绫十幅，银里间镀轴，元牙轴承安四年改之，大安二年复改为金缕角轴。六品、七品，红遍地草锦褾，小白绫八幅，角轴，大安加银缕。公主、王妃与亲王同。郡主、县主、夫人，红遍地瑞莲鸂鶒锦褾，金莲鸂鶒五色罗十五幅。郡王夫人、国夫人，红遍地芙蓉花锦褾，金花五色绫十二幅，玳瑁轴。县君、孺人、乡君，红遍地杂花锦褾，素五色小绫十幅，银里间镀轴。轴之制，如径二寸余大钱贯枢之，两端复以犀象为钿以辖之，可圆转如轮。（金格，一品，红罗画云气盘龙锦褾，金龙五色罗十七幅，宝装玉轴。二品，翔凤褾，金凤罗十六幅，犀轴。三品、四品，盘凤褾，金凤罗十五幅。五品，翔鸾锦褾，金鸾罗十四幅。以上幅皆用五色罗，轴皆用犀。六品，御仙花锦褾，金花五色绫十二幅。七品、八品、九品，太平花锦褾，金花五色小绫十幅。轴皆用玳瑁。凡褾皆红，幅皆五色。夫人以上制授，余敕授，皆给本色锦囊。）

百官俸给

正一品：三师，钱粟三百贯石，曲米麦各五十称石，春衣罗五十匹，秋衣绫五十匹，春秋绢各二百匹，绵千两。三公，钱粟二百五十贯石，曲米麦各四十称石，春衣罗四十匹，秋衣绫四十匹，春秋绢各一百五十匹，绵七百两。亲王、尚书令，钱粟二百二十贯石，曲米麦各三十五称石，春衣罗三十五匹，秋衣绫三十五匹，春秋绢各一百二十匹，绵六百两。皇统二年，定制，皇兄弟及子封一字王者为亲王，给二品俸，余宗室封一字王者以三品俸给之。天德二年，以三师、宰臣以下有以一官而兼数职者，及有亲王食其禄而复领他事者，前此并给以俸，今宜从一高，其兼职之俸并不重给。至大定二十六年，诏有一官而兼数职，其兼职得罪亦不能免，而无廪给可乎。遂以职务烦简定为分数，给兼职之俸。从一品：左右丞相、都元帅、枢密使、郡王、开府仪同，钱粟二百贯石，曲米麦各三十称石，春秋衣罗绫各三十匹，绢各一百匹，绵五百两。平章政事，钱粟一百九十贯石，曲米麦各二十八称石，春罗秋绫各二十五匹，绢各九十五匹，绵四百五十两。大宗正，钱粟一百八十贯石，曲米麦各二十五称石，罗绫同上，绢各九十匹，绵四百两。

正二品：东宫三师、副元帅、左右丞，钱粟一百五十贯石。曲米麦各二十二称石，春罗秋绫各二十二匹，绢各八十匹，绵三百五十两。从二品：钱粟一百四十贯石，曲米麦各二十称石，春罗秋绫各二十匹，绢各七十五匹，绵三百两。同判大宗正，钱粟一百二十贯石，曲米麦各十八称石，春罗秋绫各十八匹，绢各七十匹，绵二百五十两。

正三品：钱粟七十贯石，曲米麦各十六称石，春罗秋绫各十二匹，绢各五十五匹，绵二百两。外官，钱粟一百贯石，曲米麦各十五称石，绢各四十匹，绵二百两，公田三十顷。统军使、招讨使、副使，钱粟八十贯石，曲米麦十三称石，绢各三十五匹，绵百六十两，公田二十五顷。都运、府尹，钱粟七十贯石，曲米麦十二称石，绢各三十匹，绵百四十两。天德二年，省奏："职官公田岁入有数，前此百姓各随公宇就输，而吏或贪冒，多取以伤民。宜送之官仓，均定其数，与月俸随给。"从三品：钱粟六十贯石，曲米麦各十四称石，春秋衣罗绫各十匹，绢各五十匹，绵百八十两。外官，钱粟六十贯石，曲米麦各十称石，绢各二十五匹，绵一百二十两，公田二十一顷。皇统元年二月，诏诸官、职俱至三品而致仕者，俸禄、傔人，各给其半。

正四品：钱粟四十五贯石，曲米麦各十二称石，春秋衣罗绫各八匹，绢各四十匹，绵一百五十两。外官，钱粟四十五贯石。副统军，钱粟五十贯石，绢各二十二匹，绵八十两，职田十七顷。余同下：曲米麦各八称石，绢各二十匹，绵七十两，公田十五顷，许带酒三十瓶、盐三石。从四品：钱粟四十贯石，曲米麦各十称石，春秋罗绫各六匹，绢各三十匹，绵一百三十两。外官，钱粟四十贯石，曲米麦各七称石，绢各十八匹，绵六十两，公田十四顷。猛安，钱粟四十八贯石，余皆无。乌鲁古使，同，无职田。大定二十年，诏猛安谋克俸给，令运司折支银绢。省臣议："若估粟折支，各路运司储积多寡不均，宜令依旧支请牛头税粟。如遇凶年尽贷与民，其俸则于钱多路府支放，钱少则支银绢亦未晚也。"从之。

正五品：钱粟三十五贯石，曲米麦各八称石，春秋衣罗绫各五匹，绢各二十五匹，绵一百两。外官，刺史、知军、盐使，钱粟三十五贯石，曲米麦各六称石，绢各十七匹，绵五十五两，公田十三顷。余官，钱粟三十贯石，曲米麦同上，绢各十六匹，绵五十两，职田十顷。从五品：钱粟三十贯石，曲米麦六称石，春秋罗绫各五匹，绢各二十匹，绵八十两。外官，钱粟二十五贯石，曲米麦各四称石，绢各十匹，绵四十两，公田七顷。谋克，钱粟二十贯石，余皆无。乔家部族都钤辖，无职田。

正六品：钱粟二十五贯石，麦五石，绢各十七匹，绵七十两。外官与从六品，皆钱粟二十贯石，曲米麦三称石，绢各八匹，绵三十两，公田六顷。从六品：钱粟二十二贯石，麦五石，春秋绢各十五匹，绵六十两。乌鲁古副使，同，无职田。

正七品：钱粟二十二贯石，麦四石，衣绢各一十二匹，绵五十五两。外官，诸同知州军、都转运判、诸府推官、诸节度判、诸观察判、诸京县令、诸剧县令、提举南京京城、规措渠河官、诸都巡检、诸酒曲盐税副、诸正将，钱粟一十八贯石，曲米麦各二称石，春秋衣绢各七匹，绵二十五两。诸司属令、诸府军都指挥，俸同上，无职田。潼关使，钱粟一十八贯石，曲米麦各一称石，衣绢各六匹，绵三十两，无职田。从七品：钱粟一十七贯石，麦四石，衣绢各一十匹，绵五十两。外官、统军司知事，钱粟一十七贯石，麦四石，衣绢各一十匹，绵五十两。诸镇军都指挥使，钱粟一十八贯石，曲米麦各二称石，衣绢各七匹，绵二十五两。诸招讨司勘事官、诸县令、诸警巡副、京兆府竹监管勾、五品盐使司判、诸部秃里、同提举上京皇城司、同提举南京京城所、黄河都巡河官、诸酒税榷场使，钱粟一十七贯石，曲米麦各二称石，衣绢各七匹，绵二十五两，职田五顷。会安关使，诸知镇城堡寨，钱粟一十五贯石，曲米麦各一称石，衣绢各六匹，绵二十两，职田四顷。

正八品：朝官，钱粟一十五贯石，麦三石，衣绢各八匹，绵四十五两。外官，市令、诸录事、诸防御判、赤县丞、诸剧县丞、崇福埽都巡河官、诸酒税使、醋使、榷场副、诸都巡检，钱粟一十五贯石，曲米麦各一称石，衣绢各六匹，绵二十两，职田四顷。乌鲁古判官，俸同上，无职田。按察司知事、大兴府知事、招讨司知事、诸副都巡检使，钱粟一十三贯石，曲米麦各一称石，衣绢各六匹，绵二十两，职田二顷。诸司属丞，俸同上，无职田。诸节镇以上司狱、诸副将，钱粟一十三贯石，衣绢各三匹，绵一十两，职田二顷。南京京城所管勾、京府诸司使管勾、河桥诸关渡讥察官、同乐园管勾、南京皇城使、通州仓使，钱粟一十二贯石，衣绢各三匹，绵一十两。节镇诸司使、中运司柴炭场使，钱粟一十贯石，衣绢各二匹，绵八两。从八品：朝官，钱粟一十三贯石，麦三石，衣绢各七匹，绵四十两。外官，南京交钞库使、诸统军按察司知法，钱粟一十三贯石，麦三石，衣绢各七匹，绵四十两。诸州军判官、诸京县丞、诸次剧县丞、诸三品盐司判官、漕运司管勾、永丰广备库副使、左右别贮院木场使，钱粟一十三贯石，曲米麦各一称石，衣绢各六匹，绵二十两，职田三顷。诸麽忽、诸移里堇，钱粟一十三贯石，麦二石，衣绢各五匹，绵一十五两，职田三顷。

正九品：朝官，钱粟一十二贯石，麦二石，衣绢各六匹，绵三十五两。外官，南京交钞库副，钱粟一十二贯石，麦二石，衣绢六匹，绵三十五两。诸警巡判官，钱粟一十三贯石，曲米麦各一称石，衣绢六匹，绵一十两，职田三顷。诸县丞、诸酒税副使，钱粟一十二贯石，麦一石五斗，衣绢各五匹，绵一十七两，职田三顷。市丞、诸司候、诸主簿、诸录判、诸县尉、散巡河官、黄河埽物料场官，钱粟一十二贯石，麦一石，衣绢各三匹，绵一十两，职田二顷。管勾泗州排岸兼巡检、副都巡检、诸巡检，俸例同上，并无麦及职田。诸盐场管勾、左右别贮院木场副、永丰广备库判，钱粟一十二贯石，衣绢各三匹，绵一十两，职田二顷。诸部将、队将，钱粟一十二贯石，麦一石，衣绢各三匹，绵一十两，职田二顷。店宅务管勾，钱粟一十二贯石，绵绢同上。京府诸司副、南京皇城副、通州仓副、同管勾河桥、诸副讥察，钱粟一十一贯石，衣绢各二匹，绵八两。诸州军司狱，钱粟一十一贯石，衣绢各二匹，绵八两，职田二顷。节镇诸司副、中运司柴炭场副，钱粟一十贯石，衣绢各二匹，绵八两。从九品：朝官，钱粟一十贯石，麦二石，衣绢各五匹，绵三十两。外官，诸教授，钱粟一十二贯石，麦一石，衣绢各三匹，绵一十两，职田二顷。三品以上官司知法，钱粟一十贯石，麦一石，衣绢各三匹，绵一十两。司候判官，钱粟一十贯石，衣绢各二匹，绵八两，职田二顷。诸防次军辖，俸同上，无职田。诸榷场同管勾、左右别贮院木场判，钱粟一十贯石，衣绢各三匹，绵六两。诸京作院都监、通州仓判、五品以上官司知法，钱粟九贯石，衣绢各二匹，绵六两。诸府作院都监、诸埽物料场都监，钱粟八贯石，衣绢各一匹，绵六两。诸节镇作院都监、诸司都监，钱粟八贯石，衣绢各二匹。诸司同监，钱粟七贯石，绢同上。陕西东路德顺州世袭蕃巡检，分例月支钱粟一十贯石，衣绢各二匹，绵一十两。陕西西路原州世袭蕃巡检，月支钱二贯三百九十文，米四石五斗，绢三匹。河东北路葭州等处世袭蕃巡检，月支钱粟一十贯石，绢二匹，绵一十两。

宫闱岁给。太后、太妃宫，每岁各给钱二千万，彩二百段，绢千匹，绵五千两。诸妃，岁给钱千万，彩百段，绢三百匹，绵三千两。嫔以下，钱五百万，彩五十段，绢二百匹，绵二千两。贞元元年，妃、嫔、婕妤、美人、及供膳女侍、并仙韶、长春院供应人等，岁给钱帛各有差。

凡内职，贞祐之制，正一品，岁钱八千贯，币百段，绢五百匹，绵五千两。正二品，岁钱六千贯，币八十段，绢三百匹，绵四千两。正三品，岁钱五千贯，币六十段，绢二百匹，绵三千两。正四品，岁钱四千贯，币四十段，绢百五十匹，绵二千两。正五品，尚宫夫人，岁钱二千贯，币二十段，绢百匹，绵千两。尚宫左右夫人至宫正夫人，钱千五百贯，币十九段，绢九十匹，绵九百两。宝华夫人以下至资明夫人，钱千贯，币十八段，绢八十匹，绵八百两。（有大、小令人，大、小承御，大、小近侍，俸各异。）正六品，尚仪御侍以下，钱五百贯，币十六段，绢五十匹，绵二百两。正七品，司正御侍以下，钱四百贯，币十四段，绢四十匹，绵百五十两。正八品，典仪御侍以下，钱三百贯，币十二段，绢三十匹，绵百两。正九品，掌仪御侍以下，钱二百五十贯，币十段，绢二十六匹，绵百两。

百司承应俸给。省令史、译史，钱粟一十贯石，绢四匹，绵四十两。省通事、枢密令史译史，钱粟十二贯石，绢三匹，绵三十两。枢密通事、六部御史台令译史，钱粟一十贯石，衣绢三匹，绵三十两。六部等通事、诰院令史、国史院书写、随府书表、亲王府祗候郎君、典客署引接书表，钱粟八贯石，绢二匹，绵二十两。走马郎君、一品子孙十贯石，内祗八贯石，班祗七贯石，并绢二匹，绵二十两。护卫长，支正六品俸。长行，从六品俸。符宝郎、奉御、东宫护卫长，钱粟十七贯石，绢八匹，绵四十两。东宫护卫长行，十五贯石，绢四匹，绵四十两。笔砚承奉、阁门祗候、侍卫亲军百户，十二贯石，绢四匹，绵三十两。妃护卫、奉职、符宝典书、东宫入殿小底，十贯石，绢三匹，绵三十两，勒留则添二贯石。尚衣、奉御、捧案、擎执、奉辇、知把书画、随库本把、左右藏库本把、仪鸾局本把、尚辇局本把、妃奉事，八贯石，绢三匹，绵三十两。侍卫亲军五十户，九贯石，绢三匹，绵三十两。未系班，绢三匹，绵二十两。长行，七贯石，绢二匹，绵二十两。弩伞什将，八贯石。伞子，五贯石。太医长行，八贯石，正奉上太医，十贯石。副奉上，同。随位承应都监，未及十五岁者六贯石，从八品七贯石，从七品八贯石，从六品九贯石，从五品十贯石，从四品十二贯石，止掌文书者添支三贯石，牌子头等添支二贯石。司天四科人，九品六贯石，八品七贯石，六品九贯石，五品十贯石，四品十二贯石，止教授管勾十贯石，学生钱三贯、米五斗。典客、书表，八贯石，绢二匹，绵二十两。东宫笔砚，六贯石。尚厩兽医、秘书监楷书，六贯石。秘书琴棋等待诏，七贯石。驼马牛羊群子、挤酪人，皆三贯石。

诸使司都监食直，二十万贯以上六十贯，十万贯已上五十贯，五万贯已上四十贯，三万贯已上三十贯，二万贯已上二十五贯。诸院务监官食直，五千贯已上监官二十贯、同监十五贯，二千贯已上监官十五贯、同监十贯，一千贯已上监官十五贯，一千贯已下监官十贯。

旧制，凡监临使司、院务之商税，增者有赏，亏者克俸。大定九年，上以吏非禄无以养廉，于是止增亏分数为殿最，乃罢克俸、给赏之制，而监官酬赏仍旧。二十年，诏十万贯以上盐酒等使，若亏额五厘，克俸一分。奏随处提点院务官赏格，其省除以上提点官、并运司亲管院务，若能增者十分为率以六分入官，二分与提点所官、二分与监官充赏，若亏亦依此例克俸，若能足数则全给。大定二十二年，定每月先支其半外，如不亏则全支，亏一分则克其一分，补足贴支。随路使司、院务并坊场，例多亏课。上曰："若其实可减处，约量裁减，亦公私两便也。"二十三年，以省除提控官、与运司置司处，亏课一分克俸一分，其罚涉重。亦命先给月俸之半，余半验所亏分数克罚补，公田则不在克限。二十六年四月，奏定院务监官亏永陪偿格。

诸京府运司提刑司节镇防刺等，汉人、女直、契丹司吏、译史、通事、孔目官，八贯。押司官，七贯。前后行，六贯。诸防刺已上女直、契丹司吏、译史、通事，不问千里内外，钱七贯，公田三顷。诸盐使司都目，十四贯。司吏，六贯。诸巡院司县司狱等司吏，有译史，通事者同，钱五贯。（凡诸吏人，月支大纸五十张，小纸五百张，笔二管、墨二锭。）

诸职官上任，不过初二日，罢任过初五日者，给当月俸。或受差及因公干未能之官者，计程外听给到任禄。若文牒未至，前官在任，及后官已到，前官差出，其禄两支，职田皆给后官。凡职田，亩取粟三斗、草一称。仓场随月俸支俸，曲则随直折价。诸亲王授任者，禄从多，职田从职。朝官兼外者同。六十以上及未六十而病致仕者，给其禄半。承应及军功初出职未历致仕，虽未六十者亦给半禄。内外吏员及诸局分承应人，病告至百日则停给。除程给假者俸禄职田皆以半给，衣绢则全给。皇家袒免以上亲户别给。（夫亡，妻亦同。）若同居兄弟收充猛安谋克及历任承应人者，不在给限。大功以上，钱粟一十三贯石，春秋衣绢各四匹。小功，粟一十贯石，春秋衣绢各三匹。缌麻、袒免，钱粟八贯石，春秋衣绢二匹。

诸驰驿及长行马，职官日给。（谓奉宣省院台部委差、或许差者，下文置所等官同。）一品三贯文，二品二贯文，三品一贯五百文，四品一贯二百文，五品一贯文，六品八百文，七百六百文，八品九品四百文。有职事官日给，外路官往回口券，依上款给，一品二贯五百文，二品一贯六百文，三品一贯二百文，四品一贯文，五品九百文，六品七百文，七品六百文，八品九品四百文。无职事官并验前职日给，无前职者以应仕及待阙职事给之。四品一贯三百文，五品一贯二百文，六品九百文，七品七百文，八品九品五百文。随朝吏员（宣差及省部差委官踏逐者，引者亦同。）及统军司按察司书吏译人、本局差委及随逐者，日给钱各一百五十文。燕赐各部官僚以下，日给米粮分例，无草地处内，亲王给马二十五匹草料，亲王米一石，宰执七斗，王府三斗，府尉二斗，员外郎、司马各一斗六升，监察御史、尚书省都事、大理司直、六部主事各八升，检、知法七升，省令、译史六升，院台令译史、省通事各五升，院台通事、六部令译史通事、省祗候郎君、使库都监各四升，诰院令史、枢密院移剌各三升，王府直府、王府及省知印直省、御史台通引、王府教读、王傅府尉等下司吏、外路通事、省医工调角匠、招讨司移剌各二升，写诰诸祗候人（本破人同）、大程官院子酒匠柴火各一升，万户一斗六升，猛安八升，谋克四升，蒲辇二升，正军阿里喜，旗鼓吹笛司吏各一升。诸外方进贡及回赐、并人使长行马，每匹日给草一称、粟一斗。宫中（东宫同）承应人因公差出，皆验见请钱粟贯石、口给食料，若系本职者住程不在给限，其常破马草料局分，如被差长行马公干本支草料，即听验日克除，若特奉宣差勾当者，依本格。十八贯石以上九百文，十七贯石八百六十文，十五贯石以上五百四十文，七贯石以上四百六十文，六贯石四百二十文，五贯石三百八十文，四贯石三百三十文，三贯石二百八十文，二贯石二百三十文。

诸试护卫亲军，听自起发日为始，计程至都，比至试补，其间各日给口券，若拣退还家者，亦验回程给之。（未起闲住口数不在支限。）其正收之后再拣退者，亦给人三口米粮钱一百文、马二匹草料。诸签军赴镇防处、及班祗充押递横差别路勾当千里以上者，沿路各日给米一升、马一匹草料。（无马有驴者，各支依本格。）车驾巡幸，顾工，马夫三百文，步夫二百三十文，围鹅夫，随程干办人各二百文，传递果子夫一百五十文。车驾巡幸，若于私家内安置行宫者，约量给赐段匹。太庙神厨祠祭度勾当人、少府监随色工匠、部役官受给官司吏，钱粟二贯石，春秋衣绢各一匹。

诸局作匠人请俸，绣女都管钱粟五贯石，都绣头钱粟四贯石，副绣头三贯五百石，中等细绣人三贯石，次等细绣人二贯五百石，习学本把正办人钱支次等之半，描绣五人钱粟三贯石，司吏二人三贯石。修内司，作头五贯石，工匠四贯石，春秋衣绢各二匹。军夫除钱粮外，日支钱五十，米一升半。百姓夫每日支钱一百、米一升半。国子监雕字匠人，作头六贯石，副作头四贯石，春秋衣绢各二匹。长行三贯石，射粮军匠钱粟三贯石，春秋衣绢各二匹，习学给半。初习学匠钱六百，米六斗，春秋绢各一匹，布各一匹。民匠日支钱一百八十文。

诸随朝五品以下职事官身故，（因公差出、及以理去任、未给解由者，身故同。）验品，从去乡地里支给津遣钱。（并受职事给之，下条承应人准此。）若外路官员在任依理身故者，皆依上官品地里减半给之。若系五百里内不在给限，五百里外，五品一百贯，六品七品八十贯，八品九品六十贯。一千里外，五品一百二十贯，六品七品一百贯，八品九品八十贯。二千里外，五品一百七十贯，六品七品一百五十贯，八品九品一百贯。三千里外，五品二百五十贯，六品七品二百贯，八品九品一百五十贯。诸随朝承应人身故应给津遣钱者，护卫（东宫护卫同）、奉御、符宝、都省枢密院御史台令译史同九品官，通事、宗正府六部令译史、（统军司书史译书、按察司书史，同。）亲军减九品官五分之二，通事、随朝书表、吏员、译人、（统军司通事、守当官，按察司书吏、译人，分治都水监典吏，同。）及诸局分承应人（武卫军同）减五分之三。天寿节设施老疾贫民钱数，在都七百贯（宫籍监给），诸京二十五贯（此以下并系省钱给），诸府二十贯文，诸节镇一十五贯文，诸防刺州军一十贯文，诸外县五贯文。（城寨系保镇同。）诸孤老幼疾人，各月给米二斗、钱五百文，春秋衣绢各一匹（五岁以下三分给二），身死者给钱一贯埋殡。诸因灾伤或遭贼惊却饥荒去处，良民典顾、冒卖为驱，遇恩官赎为良分例（若元价钱给），男子一十五贯文，妇人同，老幼各减半。（六岁以下即听出离，不在赎换之限。）诸士庶陈言利害，若有可采，行之便于官民者，依验等第给赏，上等银绢三十两匹，中等二十两匹，下等一十两匹，其陈数事，止从一支。（若用大事应补官者，从吏部格。）

宣宗贞祐元年十二月，以粮储不足，诏随朝官、承应人俸，计口给之，余依市直折之。谕旨省臣曰："闻亲军俸，粟每石以麦六斗折之，所省能几，而失众心，令给本色。"二年八月，始给京府州县及转运司吏人月俸有差。旧制惟吏案孔目官有俸，余止给食钱，故更定焉。三年，诏损宫中诸位岁给有差。监察御史田迥秀言："国家调度，行才数月，已后停滞，所患在支太多，收太少，若随时裁损所支，而增其收，庶可久也。"因条五事："一曰朝官及令译史、诸司吏员、诸局承应人，太冗滥宜省并之。随处屯军皆设寄治官，徒费俸给，不若令有司兼总之。且沿河亭障各驻乡兵，彼皆白徒，皆不可用，不若以此军代之，以省其出。"四月，以调度不及，罢随朝六品以下官及承应人从已人力输佣钱。减修内司所役军夫之半。经兵处，州、府、司吏减半，司、县三分减一，其余除开封府、南京转运司外，例减三分之一。有禄官吏而不出境者，并罢给券，出境者给其半。兴定二年正月，诏："陕州等处司、县官征税不足，阁其俸给何以养廉，自今不复阁俸。"彰化军节度使张行信言："送宣之使，其视五品而上各有定数，后竟停罢。今军官以上奉待使者有所馈献，至六品以下亦不免如例，而莫能办，则敛所部以与之，至有获罪者。保举县尹，特增其俸，然法行至今，而关以西尚有未到任者，岂所举少而不敷耶？宜广选举，以补其阙。且丞簿亦亲民者也，而独不增，安能禁其侵牟哉！"

卷五十九至卷六十二从略。

卷六十三　列传第一

后妃上

始祖明懿皇后　德帝思皇后　安帝节皇后　献祖恭靖皇后　昭祖威顺皇后　景祖昭肃皇后　世祖翼简皇后　肃宗靖宣皇后　穆宗贞惠皇后　康宗敬僖皇后　太祖圣穆皇后　太祖光懿皇后　太祖钦宪皇后　太祖宣献皇后　太祖崇妃萧氏　太宗钦仁皇后　熙宗悼平皇后　海陵嫡母徒单氏　海陵母大氏　海陵后徒单氏　海陵诸嬖附

古者天子娶后，三国来媵，皆有娣侄，凡十二女。诸侯一娶九女。所以正嫡妾，广继嗣，息妒忌，防淫慝，塞祸乱也。后亡，则媵为继室，各以其叙。无三媵，则娣侄继室，亦各以其叙。继室者，治其内政，不敢正其位号。礼，庙无两祔，不并尊也。鲁成风始两祔，宋国三媵，齐管氏三归，《春秋》皆讥之。《周礼》内宰，其属则内小臣、阍人、寺人次之，九嫔、世妇、女御、女祝、女史、典妇功、典丝、典枲、内司服又次之。《昏义》称"后立六宫、三夫人、九嫔、二十七世妇、八十一御妻"，不与《春秋》、《周礼》合，后世因仍其说，后宫遂至数千。

金代，后不娶庶族，甥舅之家有周姬、齐姜之义。国初诸妃皆无位号，熙宗始有贵妃、贤妃、德妃之号。海陵淫嬖，后宫浸多，元妃、姝妃、惠妃、贵妃、贤妃、宸妃、丽妃、淑妃、德妃、昭妃、温妃、柔妃凡十二位。大定后宫简少，明昌以后大备。

内官制度：诸妃视正一品，比三夫人。昭仪、昭容、昭媛、修仪、修容、修媛、充仪、充容、充媛视正二品，比九嫔。婕妤九人视正三品。美人九人视正四品，才人九人视正五品，比二十七世妇。宝林二十七人视正六品，御女二十七人视正七品，采女 二十七人视正八品，比八十一御妻。又有尚宫、尚仪、尚服、尚食、尚寝、尚功，皆内官也。

太祖嫡后圣穆生景宣，光懿生宗干，有定策功，钦宪有保佑之功，故自熙宗时圣穆、光懿、钦宪皆祔。宣献生睿宗，大定 祔焉。故太祖庙 祔四后，睿、世、显、宣皆 祔两后，惟太宗、景宣、熙宗、章宗室 祔一后。贞、慈、光献、昭圣虽庶姓，皆以子贵 。宣宗册温敦氏，乃赐姓，变古甚矣。故自初起至于国亡，列其世次，著其族里，可考鉴焉。其无与于世道者，置不录。

始祖明懿皇后，完颜部人。年六十余嫁始祖。天会十五年追谥。

德帝思皇后，不知何部人。天会十五年追谥。

安帝节皇后，不知何部人。天会十五年追谥。

献祖恭靖皇后，不知何部人。天会十五年追谥。

昭祖威顺皇后徒单氏，讳乌古论都葛，活刺浑水敌鲁乡徒单部人。其父拔炭都鲁海。后性刚毅，人莫敢以为室。献祖将为昭祖娶妇，曰："此子勇断异常，柔弱之女不可以为配。"乃为昭祖娶焉。天会十五年追谥。

景祖昭肃皇后，唐括氏，帅水限鸦村唐括部人，讳多保真。父石批德撒骨只，巫者也。后有识度，在父母家好待宾客，父母出，则多置酒馔享邻里，追于行旅。景祖饮食过人，时人名之"活罗"，解在《景祖纪》。昭祖曰："俭啬之女吝惜酒食，不可以配。"乌古乃闻后性度如是，乃娶焉。

辽使同干来伐五国蒲聂部，景祖使后与劾孙为质于拔乙门，而与同干袭取之，辽主以景祖为节度使。

后虽喜宾客，而自不饮酒。景祖与客饮，后专听之。翌日，枚数其人所为，无一不中其綮肯。有醉而喧呶者，辄自歌以释其忿争。军中有被笞罚者，每以酒食慰谕之。景祖行部，辄与偕行，政事狱讼皆与决焉。

景祖没后，世祖兄弟凡用兵，皆禀于后而后行，胜负皆有惩劝。农月，亲课耕耘刈获，远则乘马，近则策杖 ，勤于事者勉之，晏出早休者训励之。

后往邑屯村，世祖、肃宗皆从。会桓赧、散达偕来，是时已有隙，被酒，语相侵不能平，遂举刃相向。后起，两执其手，谓桓赧、散达曰："汝等皆吾夫时旧人，奈何一旦遽忘吾夫之恩，与小儿子辈忿争乎。"因自作歌，桓赧、散达怒乃解。其后桓赧兄弟起兵来攻，当是时，肃宗先已再失利矣，世祖已退乌春兵，与桓赧战于北隘甸。部人失束宽逃归，袒甲而至，告后曰："军败矣。"后方忧懑，会康宗来报捷，后乃喜。既而桓赧、散达皆降。

后不妒忌，阔略女工，能辑睦宗族，当时以为有丈夫之度云。天会十五年追谥。

世祖翼简皇后，拏懒氏。大安元年癸酉岁卒。天会十五年追谥。

肃宗靖宣皇后，蒲察氏。太祖将举兵，入告于后。后曰："汝邦家之长，见可则行。吾老矣，无贻我忧，汝亦必不至是。"太祖奉觞为寿，即奉后出门，酹酒祷天。后命太祖正坐，号令诸将。自是太祖每出师还，辄率诸将上谒，献所俘获。天会十五年追谥。

穆宗贞惠皇后，乌古论氏。天会十五年追谥。

康宗敬僖皇后，唐括氏。天会十五年追谥。

太祖圣穆皇后，唐括氏。天会十三年追谥。仍赠后父留速太尉、荣国公，祖迭胡本司徒、英国公，曾祖劾乃司空、温国公。

太祖光懿皇后，裴满 氏。天会十三年追谥。

太祖钦宪皇后，纥石烈氏。天会十三年，尊为太皇太后，宫号庆元。十四年正月己巳朔，熙宗朝于庆元宫，然后御乾元殿，受群臣贺。是月丁丑，崩于庆元宫。二月癸卯，祔葬睿陵。

太祖宣献皇后，仆散氏，睿宗母也。天会十三年，追册曰德妃。大定元年追谥。

崇妃，萧氏。熙宗时封贵妃。天德二年正月，封元妃。是月，尊封太妃。海陵母大氏事萧氏甚谨。海陵篡立，尊大氏为皇太后，居永宁宫。每有宴集，太妃坐上坐，大氏执妇礼。海陵积不能平，及杀宗义等，诬太妃以隐恶，杀之，并杀所生子任王隈喝。

大定十九年，诏改葬。大宗正丞宗安监护葬事，遣使致祭。上欲复太妃旧号，下礼官议。“前代称太妃者皆以子贵 。古者入庙称‘后’系夫，在朝称‘太’系子，与今萧妃事不同，恐不得称‘太’，止当追封妃号。”诏从之，乃封崇妃云。

太宗钦仁皇后，唐括氏。熙宗即位，与太祖钦宪皇后俱尊为太皇太后，号明德宫。赠后父阿鲁束太尉、宋国公，祖实匹司徒、英国公，曾祖阿鲁琐司空、温国公。十四年正月己巳朔，上朝两宫太后，然后御乾元殿受贺，自后岁以为常。皇统元年，上自燕京还京师，朝谒于明德宫。明年，上如天开殿，皇子生，使使驰报太后。太后至大开殿，上与皇后亲迎之。三年，崩于明德宫。谥曰钦仁皇后，祔葬恭陵。

熙宗悼平皇后，裴满氏。熙宗即位，封贵妃。天眷元年，立为皇后。父忽达拜太尉，赠曾祖斜也司空，祖鹘沙司徒。皇统元年，熙宗受尊号，册为慈明恭孝顺德皇后。二年，太子济安生。是岁，熙宗年二十四，喜甚，乃肆赦，告天地宗庙。弥月，册为皇太子，未一岁薨。

熙宗在位，宗翰、宗干、宗弼相继秉政，帝临朝端默。虽初年国家多事，而庙算制胜，齐国就废，宋人请臣，吏清政简，百姓乐业。宗弼既没，旧臣亦多物故，后干预政事，无所忌惮，朝官往往因之以取宰相。济安薨后，数年继嗣不立，后颇掣制熙宗。熙宗内不能平，因无聊，纵酒酗怒，手刃杀人。左丞相亮生日，上遣大兴国以司马光画像、玉吐鹘、厩马赐之，后亦附赐生日礼物。熙宗闻之，怒，遂杖兴国而夺回所赐。海陵本怀觊觎，因之疑畏愈甚，萧墙之变，从此萌矣。近侍高寿星随例迁屯燕南，入诉于后，后激怒熙宗，杀左司郎中三合，杖平章政事秉德，而寿星竟得不迁。秉德、唐括辩之奸谋起焉，海陵乘之，以成逆乱之计。

久之，熙宗积怒，遂杀后，而纳胙王常胜妃撒卯入宫继之。又杀德妃乌古论氏，妃夹谷氏、张氏、裴满 氏。明日，熙宗遇弑。海陵已弑 熙宗，欲收人心，以后死无罪，降熙宗为东昏王，追谥后为悼皇后，封后父忽达为王。大定间，复熙宗帝号，加谥后为悼平皇后，祔葬思陵。

海陵嫡母，徒单氏。宗干之正室也。徒单无子，次室李氏生长子郑王充，次室大氏生三子，长即海陵庶人也。徒单氏贤，遇下有恩意，大氏事之甚谨，相得欢甚。徒单虽养充为己子，充与海陵俱为熙宗宰相，充嗜酒，徒单常责怒之，尤爱海陵。海陵自以其母大氏与徒单嫡妾之分，心常不安。及弑 熙宗，徒单与太祖妃萧氏闻之，相顾愕然曰：“帝虽失道，人臣岂可至此。”徒单入宫见海陵，不曾贺，海陵衔之。

天德二年正月，徒单与大氏俱尊为皇太后。徒单居东宫，号永寿宫，大氏居西宫，号永宁宫。天德二年，太后父蒲带与大氏父俱赠太尉，封王。徒单太后生日，酒酣，大氏起为寿。徒单方与坐客语，大氏跽者久之。海陵怒而出。明日，召诸公主宗妇与太后语者皆杖之。大氏以为不可。海陵曰：“今日之事，岂能尚如前日邪。”自是嫌隙愈深。

天德四年，海陵迁中都，独留徒单于上京。徒单常忧惧，每中使至，必易衣以俟命。大氏在中都常思念徒单太后，谓海陵曰：“永寿宫待吾母子甚厚，慎毋相忘也。”十二月十四日，徒单氏生日，海陵使秘书监纳合椿年往上京为太后上寿。贞元元年，大氏病笃，恨不得一见 。临终，谓海陵曰：“汝以我之故，不令永寿宫偕来中都。我死，必迎致之，事永寿宫当如事我。”

三年，右丞相仆散师恭、大宗正丞胡拔鲁往上京奉迁山陵，海陵因命永寿宫太后与俱来。继使平章政事萧玉迎祭祖宗梓宫于广宁，海陵谓玉曰：“医巫闾山多佳致。祭奠礼毕，可奏太后于山水佳处游览。”及至沙流河，海陵迎谒梓宫，遂谒见太后。海陵命左右约杖 二束自随，跪于太后前，谢罪曰：“亮不孝，久阙温凊，愿太后痛笞之。不然，且不安。”太后亲扶起之，叱约杖者使去。太后曰：“今庶民有克家子，立百金之产，尚且爱之不忍 笞。我有子如此，宁忍 笞乎。”十月，太后至中都，海陵帅百官郊迎，入居寿康宫。是日，海陵及后宫、宰臣以下奉觞上寿，极欢而罢。

海陵侍太后于宫中，外极恭顺，太后坐起，自扶腋之，常从舆辇徒行，太后所御物或自执之。见者以为至孝，太后亦以为诚然。及谋伐宋，太后谏止之，海陵心中益不悦，每谒太后还，必忿怒，人不知其所以。

及至汴京，太后居宁德宫。太后使侍婢高福娘问海陵起居，海陵幸之，因使伺太后动静。凡太后动止，事无大小，福娘夫特末哥教福娘增饰其言以告海陵。及枢密使仆散师恭征契丹撒八，辞谒太后，太后与师恭语久之。大概言“国家世居上京，既徙中都，又自中都至汴，今又兴兵涉江、淮伐宋，疲弊中国，我尝谏止之，不见听。契丹事复如此，奈何”。福娘以告海陵。海陵意谓太后以充为子，充四子皆成立，恐师恭将兵在外，太后或有异图。乃召点检大怀忠、翰林待制斡论、尚衣局使虎特末、武库直长习失使杀太后于宁德宫，命护卫高福、辞勒、浦速斡以兵士四十人从，且戒之曰：“汝等见太后，但言有诏，令太后跪受，即击杀之，匆令艰苦。太后同乳妹安特，多口必妄言，当令速死。”及指名太后左右数人，皆令杀之。太后方樗蒱，大怀忠等至，令太后跪受诏。太后愕然，方下跪，虎特末从后击之，仆而复起者再。高福等缢杀之，年五十三。并杀安特及郡君白散、阿鲁瓦、叉察，乳母南撒，侍女阿斯、斡里保，宁德宫护卫温迪罕查刺，直长王家奴、撒八，小底忽沙等。海陵命焚太后于宫中，弃其骨于水。并杀充之子檀奴、阿里白、元奴，耶补儿迩匿，归于世宗。自军中召师恭还，杀之。及杀阿斯子孙、撒八二子、忽沙二子。封高福娘为郧国夫人，以特末哥为泽州刺史。海陵许福娘征南回以为妃，赐银二千两。敕戒特末哥："无酗酒殴福娘，殴福娘必杀汝。"

大定间，谥徒单氏曰哀皇后，自泽州械特末哥、福娘至中都诛之。其后贬海陵为庶人。宗干去帝号，复封辽王，徒单氏降封辽王妃云。

海陵母，大氏。天德二年正月，与徒单氏俱尊为皇太后。大氏居永宁宫。曾祖坚嗣赠司空，祖臣宝赠司徒，父昊天赠太尉、国公，兄兴国奴赠开府仪同三司、卫国公。十一月，昊天进封为王。

三年正月十六日，海陵生日，宴宗室百官于武德殿。大氏欢甚，饮尽醉。明日，海陵使中使奏曰："太后春秋高，常日饮酒不过数杯，昨见饮酒沉醉。儿为天子，固可乐，若圣体不和，则子心不安，其乐安在。至乐在心，不在酒也。"及迁中都，永寿宫独留上京，大氏常以为言。

贞元元年四月，大氏有疾，诏以钱十万贯求方药。及病笃，遗言海陵，当善事永寿宫。戊寅，崩。诏尚书省："应随朝官至五月一日方治事。中都自四月十九日为始，禁乐一月。外路自诏书到日后，官司三日不治事，禁乐一月，声钟七昼夜。"

贞元三年，大祥，海陵率后宫奠哭于菆宫。海陵将迁山陵于大房山，故大氏犹在菆宫也。九月，太祖、太宗、德宗梓宫至中都。尊谥曰慈宪皇后。海陵亲行册礼，与德宗合葬于大房山，升祔太庙。大定七年，降封海陵太妃，削去皇后谥号。及宗干降帝号，封辽王，诏以徒单氏为妃，而大氏与顺妃李氏、宁妃萧氏、文妃徒单氏并追降为辽王夫人。

废帝海陵后，徒单氏。太师斜也之女。初为岐国妃，天德二年封为惠妃，九月，立为皇后。三年十一月二十一日，后生日，百僚称贺于武德殿。久之，海陵后宫浸多，后宠颇衰，希得进见。沈璋妻张氏尝为光英保母，耶律彻在北京与海陵游从，海陵使璋妻及彻妻侯氏入宫侍后。彻本名神涅，负官钱二千六百余万，海陵皆免之。正隆六年，海陵幸南京。六月癸亥，左丞相张浩率百官迎谒。海陵备法驾，乘玉辂，与后及太子光英共载而入。海陵伐宋，后与光英居守。海陵遇害，陀满讹里也杀光英于汴。后至中都，居于海陵母大氏故宫。顷之，世宗怜其无依，诏归父母家于上京，岁赐钱二千贯，奴婢皆给官廪。大定十年卒。

海陵为人善饰诈，初为宰相，妾媵不过三数人。及践大位，逞欲无厌，后宫诸妃十二位，又有昭仪至充媛九位，婕妤美人才人三位，殿直最下，其他不可举数。初即位，封岐国妃徒单氏为惠妃，后为皇后。第二娘子大氏封贵妃，第三娘子萧氏封昭容，耶律氏封修容。其后贵妃大氏进封惠妃，贞元元年，进封姝妃，正隆二年，进封元妃。昭容萧氏，天德二年，特封淑妃，贞元二年，进封宸妃。修容耶律氏，天德四年，进昭媛，贞元元年，进昭仪，三年，进封丽妃。即位之初，后宫止此三人，尊卑之叙，等威之辨，若有可观者。及其侈心既萌，淫肆蛊惑，不可复振矣。

昭妃阿里虎，姓蒲察氏，驸马都尉没里野女。初嫁宗盘子阿虎迭。阿虎迭诛，再嫁宗室南家。南家死，是时南家父突葛速为元帅都监，在南京，海陵亦从梁王宗弼在南京，欲取阿里虎，突葛速不从，遂止。及篡位方三日，诏遣阿里虎归父母家。阅两月，以婚礼纳之。数月，特封贤妃，再封昭妃。阿里虎嗜酒，海陵责让之，不听，由是宠衰。

昭妃初嫁阿虎迭，生女重节。海陵与重节乱，阿里虎怒重节，批其颊，颇有诋訾之言。海陵闻之，愈不悦。阿里虎以衣服遗前夫之子，海陵将杀之，徒单后率诸妃嫔求哀，乃得免。

凡诸妃位皆以侍女服男子衣冠，号"假厮儿"。有胜哥者，阿里虎与之同卧起，如夫妇。厨婢三娘以告海陵，海陵不以为过，惟戒阿里虎勿笞箠三娘。阿里虎榜杀之。海陵闻昭妃阁有死者，意度是三娘，曰："若果尔，吾必杀阿里虎。"问之，果然。是月，光英生月，海陵私忌，不行戮。阿里虎闻海陵将杀之也，即不食，日焚香祷祝，冀脱死。逾月，阿里虎已委顿不知所为，海陵使人缢杀之，并杀侍婢击三娘者。

贵妃定哥，姓唐括氏。有容色。崇义节度使乌带之妻。海陵旧尝有私，侍婢贵哥与知之。乌带在镇，每遇元会生辰，使家奴葛鲁、葛温诣阙上寿，定哥亦使贵哥候问海陵及两宫太后起居。海陵因贵哥传语定哥曰："自古天子亦有两后者，能杀汝夫以从我乎？"贵哥归，具以海陵言告定哥。定哥曰："少时丑恶，事已可耻。今儿女已成立，岂可为此。"海陵闻之，使谓定哥："汝不忍杀汝夫，我将族灭汝家。"定哥大恐，乃以子乌荅补为辞，曰："彼常侍其父，不得便。"海陵即召乌荅补为符宝祗候。定哥曰："事不可止矣。"因乌带醉酒，令葛温、葛鲁缢杀乌带，天德四年七月也。海陵闻乌带死，诈为哀伤。已葬乌带，即纳定哥宫中为娘子。贞元元年，封为贵妃，大爱幸，许以为后。每同辇游瑶池，诸妃步从之。海陵嬖宠愈多，定哥希得见。一日独居楼上，海陵与他妃同辇从楼下过，定哥望见，号呼求去，诅骂海陵，海陵阳为不闻而去。

定哥自其夫时，与家奴阎乞儿通，尝以衣服遗乞儿。及为贵妃，乞儿以妃家旧人，给事本位。定哥既怨海陵疏己，欲复与乞儿通。有比丘尼三人出入宫中，定哥使比丘尼向乞儿索所遗衣服以调之。乞儿识其意，笑曰："妃今日富贵忘我耶。"定哥欲以计纳乞儿宫中，恐阍者索之，乃令侍儿以大箧盛亵衣其中，遣人载之入宫。阍者索之，见箧中皆亵衣，固已悔惧。定哥使人诘责阍者曰："我，天子妃。亲体之衣，尔故玩视，何也？我且奏之。"阍者惶恐曰："死罪。请后不敢。"定哥乃使人以箧盛乞儿载入宫中，阍者果不敢复索。乞儿入宫十余日，使衣妇人衣，杂诸宫婢，抵暮遣出。贵哥以告海陵。定哥缢死，乞儿及比丘尼三人皆伏诛。封贵哥莘国夫人。

初，海陵既使定哥杀其夫乌带，使小底药师奴传旨定哥，告以纳之之意。药师奴知定哥与阎乞儿有奸，定哥以奴婢十八口赂药师奴使无言与乞儿私事。定哥败，杖药师奴百五十。先是，药师奴尝盗玉带当死，海陵释其罪，逐去。及迁中都，复召为小底。及药师奴既以匿定哥奸事被杖，后与秘书监文俱与灵寿县主有奸，文杖二百除名，药师奴当斩。海陵欲杖之，谓近臣曰："药师奴于朕有功，再杖之即死矣。"丞相李睹等执奏药师奴于法不可恕，遂伏诛。海陵以葛温、葛鲁为护卫，葛温累官常安县令，葛鲁累官襄城县令，大定初，皆除名。

丽妃石哥者，定哥之妹，秘书监文之妻也。海陵私之，欲纳宫中。乃使文庶母按都瓜主文家。海陵谓按都瓜曰："必出而妇，不然我将别有所行。"按都瓜以语文，文难之。按都瓜曰："上谓别有所行，是欲杀汝也。岂以一妻杀其身乎。"文不得已，与石哥相持恸哭而诀。是时，海陵迁都至中京，遣石哥至中都，俱纳之。海陵召文至便殿，使石哥秽谈戏文以为笑。定哥死，遣石哥出宫。不数日复召入，封为修容。贞元三年，进昭仪。正隆元年，进封柔妃。二年，进丽妃。

柔妃弥勒，姓耶律氏。天德二年，使礼部侍郎萧拱取之于汴。过燕京，拱父仲恭为燕京留守，见弥勒身形非若处女者，叹曰："上必以疑杀拱矣。"及入宫，果非处女，明日遣出宫。海陵心疑萧拱，竟致之死。弥勒出宫数月，复召入，封为充媛，封其母张氏莘国夫人，伯母兰陵郡君萧氏为巩国夫人。萧拱妻择特懒，弥勒女兄也。海陵既夺文妻石哥，却以择特懒妻文。既而诡以弥勒之召，召择特懒入宫，乱之。其后，弥勒进封柔妃云。

昭妃阿懒，海陵叔曹国王宗敏妻也。海陵杀宗敏而纳阿懒宫中，贞元元年，封为昭妃。大臣奏"宗敏属近尊行，不可"。乃令出宫。

修仪高氏，秉德弟糺里妻也。海陵杀诸宗室，释其妇女。宗本子莎鲁剌妻、宗固子胡里剌妻、胡失来妻及糺里妻，皆欲纳之宫中，讽宰相奏请行之。使徒单贞讽萧裕曰："朕嗣续未广，此党人妇女有朕中外亲，纳之宫中何如？"裕曰："近杀宗室，中外异议纷纭，奈何复为此邪。"海陵曰："吾固知裕不肯从。"乃使贞自以己意讽裕，必欲裕等请其事。贞谓裕曰："上意已有所属，公固止之，将成疾矣。"裕曰："必不肯已，唯上择焉。"贞曰："必欲公等白之。"裕不得已，乃具奏，遂纳之。未几，封高氏为修仪，加其父高耶鲁瓦辅国上将军，母完颜氏封密国夫人。高氏以家事诉于海陵。海陵自熙宗时，见悼后干政，心恶之，故自即位，不使母、后得预政事。于是，遣高氏还父母家。诏尚书省，凡后妃有请于宰相者，收其使以闻。

昭媛察八，姓耶律氏。尝许嫁奚人萧堂古带。海陵纳之，封为昭媛。堂古带为护卫，察八使侍女习撚以软金鹌鹑袋数枚遗之。事觉。是时，堂古带谒告在河间驿，召问之。堂古带以实对，海陵释其罪。海陵登宝昌门楼，以察八徇诸后妃，手刃击之，堕门下死，并诛侍女习撚。

寿宁县主什古，宋王宗望女也。静乐县主蒲剌及习撚，梁王宗弼女也。师姑儿，宗隽女也。皆从姊妹。混同郡君莎里古真及其妹余都，太傅宗本女也，再从姊妹。郕国夫人重节，宗磐女孙，再从兄之女。及母大氏表兄张定安妻奈剌忽、丽妃妹蒲鲁胡只，皆有夫，唯什古丧夫。海陵无所忌耻，使高师姑、内哥、阿古等传达言语，皆与之私。凡妃主宗妇尝私之者，皆分属诸妃，出入位下。奈剌忽出入元妃位，蒲鲁胡只出入丽妃位，莎里古真、余都出入贵妃位，什古、重节出入昭妃位，蒲剌、师姑儿出入淑妃位。海陵使内哥召什古。先于暖位小殿置琴阮其中，然后召之。什古已色衰，常讥其衰老以为笑。唯习撚、莎里古真最宠，恃势笞决其夫。海陵使习撚夫稍喝押护卫直宿，莎里古真夫撒速近侍局直宿。谓撒速曰："尔妻年少，遇尔直宿，不可令宿于家，常令宿于妃位。"每召入，必亲伺候廊下，立久，则坐于高师姑膝上。高师姑曰："天子何劳苦如此。"海陵曰："我固以天子为易得耳。此等期会难得，乃可贵也。"每于卧内遍设地衣，倮逐以为戏。莎里古真在外为淫泆。海陵闻之大怒，谓莎里古真曰："尔爱贵官，有贵如天子者乎。尔爱人才，有才兼文武似我者乎。尔爱娱乐，有丰富伟岸过于我者乎。"怒甚，气咽不能言。少顷，乃抚慰之曰："无谓我闻知，便尔惭恧。遇燕会，当行立自如，无为众所测度也，恐致非笑。"后亦屡召入焉。余都，牌印鬆古剌妻也。海陵尝曰："余都貌虽不扬，而肌肤洁白可爱。"蒲剌进封寿康公主，什古进封昭宁公主，莎里古真进封寿阳县主，重节进封蓬莱县主。重节即昭妃蒲察氏所生，蒲察怒重节与海陵淫，批其颊，海陵怒蒲察氏，终杀之者也。

凡宫人在外有夫者，皆分番出入。海陵欲率意幸之，尽遣其夫往上京，妇人皆不听出外。常令教坊番直禁中，每幸妇人，必使奏乐，撤其帏帐，或使人说淫秽语于其前。尝幸室女不得遂，使元妃以手左右之。或妃嫔列坐，辄率意淫乱，使共观。或令人效其形状以为笑。凡坐中有嫔御，海陵必自掷一物于地，使近侍环视之，他视者杀。诫宫中给使男子，于妃嫔位举首者刓其目。出入不得独行，便旋，须四人偕往，所司执刀监护，不由路者斩之。日入后，下阶砌行者死，告者赏钱二百万。男女仓猝误相触，先声言者赏三品官，后言者死，齐言者皆释之。

女使辟懒有夫在外，海陵封以县君，欲幸之，恶其有娠，饮以麝香水，躬自揉拉其腹，欲堕其胎。辟懒乞哀，欲全性命，苟得乳免，当不举。海陵不顾，竟堕其胎。

蒲察阿虎迭女叉察，海陵姊庆宜公主所生，嫁秉德之弟特里。秉德诛，当连坐，太后使梧桐请于海陵，由是得免。海陵白太后欲纳叉察。太后曰："是儿始生，先帝亲抱至吾家养之，至于成人。帝虽舅，犹父也，不可。"其后，嫁宗室安达海之子乙剌补。海陵数使人讽乙剌补出之，因而纳之。叉察与完颜守诚有奸，守诚本名遏里来，事觉，海陵杀守诚，太后为叉察求哀，乃释之。叉察家奴告叉察语涉不道，海陵自临问，责叉察曰："汝以守诚死詈我邪？"遂杀之。

同判大宗正阿虎里妻蒲速碗，元妃之妹，因入见元妃，海陵逼淫之。蒲速碗自是不复入宫。

世宗为济南尹，海陵召夫人乌林荅氏。夫人谓世宗曰："我不行，上必杀王。我当自勉，不以相累也。"夫人行至良乡自杀，是以世宗在位二十九年，不复立后焉。

卷六十四　列传第二

后妃下　睿宗钦慈皇后

睿宗贞懿皇后　世宗昭德皇后
世宗元妃张氏　世宗元妃李氏
显宗孝懿皇后　显宗昭圣皇后
章宗钦怀皇后　章宗元妃李氏
卫绍王后徒单氏　宣宗皇后王氏
宣宗明惠皇后　哀宗徒单皇后

睿宗钦慈皇后，蒲察氏。睿宗元配。后之母，太祖之妹也。睿宗为左副元帅，天会十三年薨，追封潞王，后封路王妃。皇统六年，进号冀国王妃。天德间，进国号。正隆例，亲王止封一字王，睿宗封许王，后封许王妃。世宗即位，睿宗升祔，追谥钦慈皇后。赠后曾祖赛补司空、韩国公，祖蒲剌司徒、郑国公，父按补太尉、曹国公。大定二年，祔葬景陵。

世宗尝曰："今之女直，不比前辈，虽亲戚世叙，亦不能知其详。太后之母，太祖之妹，人亦不能知也。"谓宗叙曰："亦是卿父谭王之妹，知之乎?"宗叙曰："臣不能知也。"上曰："父之妹且不知，其如疏远何"。十九年，后族人劝农使莎鲁窝请致仕，宰相以莎鲁窝未尝历外，请除一外官，以均劳佚。上曰："莎鲁窝不闲政事，不可使治民。虽太后戚属，富贵之可也。"不听。

贞懿皇后，李氏，世宗母，辽阳人。父雏讹只，仕辽，官至桂州观察使。天辅间，选东京士族女子有姿德者赴上京，后入睿宗邸。七年，世宗生。天会十三年，睿宗薨，世宗时年十三。后教之有义方，尝密谓所亲曰："吾儿有奇相，贵不可言。"居上京，内治谨严，臧获皆守规矩，衣服饮食器皿无不精洁，敦睦亲族，周给贫乏，宗室中甚敬之。后性明敏，刚正有决，容貌端整，言不妄发。

旧俗，妇女寡居，宗族接续之。后乃祝发为比丘尼，号通慧圆明大师，赐紫衣，归辽阳，营建清安禅寺，别为尼院居之。贞元三年，世宗为东京留守。正隆六年五月，后卒。世宗哀毁过礼，以丧去官。未几，起复为留守。是岁十月，后弟李石定策，世宗即位于东京，尊谥为贞懿皇后，其寝园曰孝宁宫。

大定二年，改葬睿宗于景陵。初，后自建浮图于辽阳，是为垂庆寺，临终谓世宗曰："乡土之念，人情所同，吾已用浮屠法置塔于此，不必合葬也。我死，毋忘此言。"世宗深念遗命，乃即东京清安寺建神御殿，诏有司增大旧塔，起奉兹殿于塔前。敕礼部尚书王竞为塔铭以叙其意。赠后曾祖参君司空、潞国公，祖波司徒、卫国公，父雏讹只太尉、隋国公。四年，封后妹为邢国夫人，赐银千两、锦绮二十端、绢五百匹。九年，神御殿名曰报德殿。诏翰林学士张景仁作《清安寺碑》，其文不称旨，诏左丞石琚共修之。十三年，东京垂庆寺起神御殿，寺地褊狭，诏买傍近民地，优与其直，不愿鬻者以官地易之。二十四年，世宗至东京，幸清安、垂庆寺。

世宗昭德皇后，乌林荅氏，其先居海罗伊河，世为乌林荅部长，率部族来归，居上京，与本朝为婚姻家。曾祖胜管，康宗时累使高丽。父石土黑，骑射绝伦，从太祖伐辽，领行军猛安。虽在行伍间，不嗜杀人。以功授世袭谋克，为东京留守。

后聪敏孝慈，容仪整肃，在父母家，宗族皆敬重之。既归世宗，事舅姑孝谨，治家有叙，甚得妇道。睿宗伐宋，得白玉带，盖帝王之服御也。睿宗没后，世宗宝畜之。后谓世宗曰："此非王邸所宜有也，当献之天子。"世宗以为然，献之熙宗，于是悼后大喜。熙宗晚年颇酗酒，独于世宗无间然。

海陵篡立，深忌宗室。乌带谮秉德以为意在葛王。秉德诛死，后劝世宗多献珍异以说其心，如故辽骨睹犀佩刀、吐鹘良玉茶器之类，皆奇宝也。海陵以世宗恭顺畏己，由是忌刻之心颇解。

后不妒忌，为世宗择后房，广继嗣，虽显宗生后而此心不移。后尝有疾，世宗为视医药，数日不离去。后曰："大王视妾过厚，其知者以为视疾，不知者必有专妒之嫌。"又曰："妇道以正家为大，第恐德薄，无补内治，安能效嫔妾所为，惟欲己厚也。"

世宗在济南，海陵召后来中都。后念若身死济南，海陵必杀世宗，惟奉诏，去济南而死，世宗可以免。谓世宗曰："我当自勉，不可累大王也。"召王府臣仆张仅言谕之曰："汝，王之腹心人也。为我祷诸东岳，我不负王，使皇天后土明鉴我心。"召家人谓之曰："我自初年为妇以至今日，未尝见王有违道之事。今宗室往往被疑者，皆奴仆不良，傲恨其主，以诬陷之耳。汝等皆先国王时旧人，当念旧恩，无或妄图也。违此言者，我死后于冥中观汝所为。"众皆泣下。后既离济南，从行者知后必不肯见海陵，将自为之所，防护甚谨。行至良乡，去中都七十里，从行者防之稍缓，后得间即自杀。海陵犹疑世宗教之使然。

世宗自济南改西京留守，过良乡，使鲁国公主葬后于宛平县土鲁原。大定二年，追册为昭德皇后，立别庙。赠三代，曾祖胜管司空、徐国公，曾祖母完颜氏徐国夫人，祖术思黑司徒、代国公，祖母完颜氏代国夫人，父石土黑太尉、湩国公，母完颜氏湩国夫人。敕有司改葬，命皇太子致奠。以后兄晖子天锡为太尉，石土黑后授世袭猛安。上谓天锡曰："朕四五岁时与皇后定婚，乃祖太尉置朕于膝上曰：'吾婿七人，此婿最幼，后来必大吾门。'今卜葬有期，畴昔之言验矣。"

六年，利涉军节度副使乌林荅钞兀捕逃军受赃，当死。有司奏，钞兀，后大功亲，当议。诏论如法。

八年七月，章宗生，世宗喜甚。谓显宗曰："得社稷冢嗣，朕乐何极。此皇后贻尔以阴德也。"

十年十月，将改葬太尉石土黑，有司奏礼仪，援唐葬太尉李良器、司徒马燧故事，百官便服送至都门外五里。上曰：“前改葬太后父母，未尝用此故事。但以本朝礼改葬之，惟亲戚皆送。”诏皇太子临奠。

十一年，皇太子生日，世宗宴于东宫。酒酣，命豫国公主起舞。上流涕曰：“此女之母皇后，妇道至矣。朕所以不立中宫者，念皇后之德今无其比故也。”

十二年四月，立皇后别庙于太庙东北隅。是岁五月，车驾幸土鲁原致奠。十九年，改卜于大房山。十一月甲寅，皇后梓宫至近郊，百官奉迎。乙卯，车驾如杨村致祭。丙辰，上登车送，哭之恸。戊午，奉安于磐宁宫。庚申，葬于坤厚陵，诸妃祔焉。二十九年，祔葬兴陵。章宗时，有司奏太祖谥有“昭德”字，改谥明德皇后。

元妃张氏，父玄征。母高氏，与世宗母贞懿皇后葭莩亲。世宗纳为次室，生赵王永中，而张氏卒。大定二年，追封宸妃。是岁十月，追进惠妃。十九年，追进元妃。

大定二十五年，皇太子薨。永中于诸子最长，而世宗与徒单克宁议立章宗为太孙。世宗尝曰：“克宁与永中有亲，而建议立太孙，真社稷臣也。”尚书左丞汝弼者，玄征子，永中母舅。汝弼妻高陀斡屡以邪言怵永中，画元妃像，朝夕事之，觊望徼福，及挟左道。明昌五年，高陀斡诛死，事连汝弼及永中，汝弼以死后事觉，得不追削官爵，而章宗心疑永中，累年不释。谏官贾守谦、路铎上疏欲宽解上意，章宗愈不悦。平章政事完颜守贞持其事不肯决，章宗怒守贞，罢知济南府，诸谏官皆斥外，赐永中死。金代外戚之祸，惟张氏云。

元妃李氏，南阳郡王李石女。生郑王允蹈、卫绍王允济、潞王允德。豫王允成母昭仪梁氏早卒，上命允成为妃养子。大定元年，封贤妃。二年，进封贵妃。七年，进封元妃。世宗即位，感念昭德皇后，不复立后。尝曰：“朕所以不复立后者，今后宫无皇后之贤故也。”元妃下皇后一等，在诸妃上。石有定策功，世宗厚赏而深制之，宠以尚书令之位，而责成左右丞相以下，妃虽贵，不得预政，宫壶无事。

大定二十一年二月，上如春水，次长春宫。戊子，妃以疾薨。诏允成、允蹈、允济、允德皆服衰绖居丧。己丑，皇太子及扈从臣僚，奉慰于芳明殿。辛卯，留守官平章政事唐括安礼、曹王允功等上表奉慰。御史中丞张九思提控殡事，少府监左光庆、大兴少尹王翛典领卤簿仪仗。宫籍监别治殡所，还殡京师。乙未，入自崇智门，百官郊迎，亲戚迎奠道路，殡于兴德宫西位别室。庚子，上至京师，幸兴德宫致奠。此葬，三致尊焉。诏平章政事乌古论元忠监护葬事。癸未，启菆，上辍朝。皇太子、亲王、宗戚、百官送葬。甲申，葬于海王庄。丙戌，上如海王庄烧饭。二十八年九月，与贤妃石抹氏、德妃徒单氏、柔妃大氏俱陪葬于坤厚陵。卫绍王即位，追谥光献皇后，赠妃弟献可特进。贞祐三年九月，削皇后号。

显宗孝懿皇后，徒单氏。其先忒里辟剌人也。曾祖抄，从太祖取辽有功，命以所部为猛安，世袭之。祖婆卢火，以战功多，累官开府仪同三司，赠司徒、齐国公。父贞尚辽王宗干女梁国公主，加驸马都尉，赠太师、广平郡王。

后以皇统七年生于辽阳。母梦神人授以宝珠，光焰满室，既寤而生，红光烛于庭。后性庄重寡言，父母尝令总家事，细大毕办，诸男不及也。

世宗初即位，贞为御史大夫，自南京驰见。世宗喜谓之曰：“卿虽废主腹心臣，然未尝助彼为虐，况卿家法可尚，其以卿女为朕子妃。”及显宗为皇太子，大定四年九月，备礼亲迎于贞弟。世宗临宴，尽欢而罢。是年十一月，显宗生辰，初封为皇太子妃。

八年七月，上遣宣徽使移剌神独斡以名马、宝刀、御馔赐太子及妃，仍谕之曰：“妃今临蓐，愿平安得雄。有庆之后，宜以此刀置左右。”既而皇孙生，是为章宗。时上幸金莲川，次冰井，翌日，上临幸抚视，宴甚欢。又赐御服佩刀等物，谓显宗曰：“祖宗积庆，且皇后阴德至厚，而有今日，社稷之洪福也。”又谓李石、纥石烈志宁曰：“朕诸子虽多，皇后止有太子一人而已。今幸得嫡孙，观其骨相不凡，又生麻达葛山，山势衍气清，朕甚嘉之。”因以山名为章宗小字。

后素谦谨，每畏其家世崇宠，见父母流涕而言曰：“高明之家，古人所忌，愿善自保持。”其后，家果以海陵事败，盖其远虑如此。世宗尝谓诸王妃、公主曰：“皇太子妃容止合度，服饰得中，尔等当法效之。”章宗即位，尊为皇太后，更所居仁寿宫名曰隆庆宫。诏有司岁奉金千两、银五千两、重币五百端、绢二千疋、绵二万两、布五百疋、钱五万贯。他所应用，内库奉之，毋拘其数。

上月或五朝六朝，而后愈加敬俭，见诸大长公主，礼如平时，惇睦九族，恩纪皆合。尤恶闻人过，谀佞之言无所得入。恕以容物，未尝见喜愠。然御下公平，虽至亲无所阿徇。尝诫诸侄曰：“皇帝以我故，乃推恩外家，当尽忠图报。勿谓小善为无益而弗为，小恶为无伤而弗去。毋藉吾之贵，辄肆非违，以干国家常宪。”一日，妹并国夫人、嫂泾国夫人等侍侧，因谕之曰：“尔家累素重，且非丰厚，宜节约财用，勿以吾为可恃。吾受天下之养，岂有所私积哉。况财用者，天下之财用也。吾终不能多取以富尔之私室。”家人有以玉盂进者，却之，且曰：“贵异物而殚财用，非我所欲也。况我之赐予有度，今尔以此为献，何以自给。徒费汝财，我实无用，后勿复尔。”明昌元年，礼官议以五月奉上册宝，后弗许。上屡为之请，后曰：“今世宗服未终，遽衣锦绣、佩珠玉，于礼何安。当俟服阕行之。”上谕有司曰：“太后执意甚坚，其待来年。”明昌二年正月，崩于隆庆宫，年四十五。谥曰孝懿，祔葬裕陵。

后好《诗》、《书》尤喜《老》、《庄》，学纯淡清懿，造次必于礼。逮嫔御以和平，其有生子而母亡者，视之如己所生，慈训无间。上时问安，见事有未当者，必加之严诫云。

昭圣皇后，刘氏，辽阳人。天眷二年九月己亥夜，后家若见有黄衣女子入其母室中者，俄顷，后生。性聪慧，凡字过目不忘。初读《孝经》，旬日终卷。最喜佛书。世宗为东京留守，因击球，见而奇之，使见贞懿皇后于府中，进退闲雅，无恣睢之色。大定元年，选入东宫，时年二十三。

三年三月十三日，宣宗生。是日，大雨震电，后惊悸得疾，寻卒。承安五年，赠裕陵昭华。宣宗即位，追尊为皇太后，升祔显宗庙，追谥昭圣皇后。

章宗钦怀皇后，蒲察氏，上京路曷速河人也。曾祖太神，国初有功，累阶光禄大夫，赠司空、应国公。祖阿胡迭，官至特进，赠司徒、谯国公。父鼎寿尚熙宗郑国公主，授驸马都尉、中都路昏得浑山猛安、曷速木单世袭谋克，累官至金吾卫上将军，赠太尉、越国公。

后之始生，有红光被体，移时不退。就养于姨冀国公主，既长，孝谨如事所生。大定二十三年，章宗为金源郡王，行纳采礼。世宗遣近侍局使徒单怀忠就赐金百两、银千两、厩马六匹、重彩三十端。拜命间，庆云见于日侧，观者异之。是年十一月，备礼亲迎。诏亲王宰执三品已上官及命妇会礼，封金源郡王夫人，后进封妃，崩。

后性淑明，风仪粹穆，知读书为文。帝即位，遂加追册，仍诏告中外，奉安神主于坤宁宫，岁时致祭。大安初，祔于道陵。

元妃李氏师儿，其家有罪，没入宫籍监。父湘，母王盼儿，皆微贱。大定末，以监户女子入宫。是时宫教张建教宫中，师儿与诸宫女皆从之学。故事，宫教以青纱隔障蔽内外，宫教居障外，诸宫女居障内，不得面见。有不识字及问义，皆自障内映纱指字请问，宫教自障外口说教之。诸女子中惟师儿易为领解，建不知其谁，但识其音声清亮。章宗尝问建，宫教中女子谁可教者。建对曰："就中声音清亮者最可教。"章宗以建言求得之。宦者梁道誉师儿才美，劝章宗纳之。章宗好文辞，妃性慧黠，能作字，知文义，尤善伺候颜色，迎合旨意，遂大爱幸。明昌四年，封为昭容。明年，进封淑妃，父湘追赠金紫光禄大夫、上柱国、陇西郡公。祖父、曾祖父皆追赠。

兄喜儿旧尝为盗，与弟铁哥皆擢显近，势倾朝廷，风采动四方，射利竞进之徒争趋走其门，南京李炳、中山李著与通谱系，超取显美。胥持国附依以致宰相。怙财固位，上下纷然，知其奸蠹，不敢击之，虽击之，莫能去也。纥石烈执中贪愎不法，章宗知其跋扈，而屡斥屡起，终乱天下。

自钦怀皇后没世，中宫虚位久，章宗意属李氏。而国朝故事，皆徒单、唐括、蒲察、拏懒、仆散、纥石烈、乌林荅、乌古论诸部部长之家，世为姻婚，娶后尚主，而李氏微甚。至是，章宗果欲立之，大臣固执不从，台谏以为言，帝不得已，进封为元妃，而势位熏赫，与皇后侔矣。一日，章宗宴宫中，优人瑇瑁头者戏于前。或问："上国有何符瑞？"优曰："汝不闻凤皇见乎。"其人曰："知之，而未闻其详。"优曰："其飞有四，所应亦异。若向上飞则风雨顺时，向下飞则五谷丰登，向外飞则四国来朝，向里飞则加官进禄。"上笑而罢。

钦怀后及妃姬尝有子，或二三岁或数月辄夭。承安五年，帝以继嗣未立，祷祀太庙、山陵。少府监张汝猷因转对，奏"皇嗣未立，乞圣主亲行祀事之后，遣近臣诣诸岳观庙祈祷。"诏司空襄往亳州祷太清宫，既而止之，遣刑部员外郎完颜匡往焉。

泰和二年八月丁酉，元妃生皇子忒邻，群臣上表称贺。宴五品以上于神龙殿，六品以下宴于东庑下。诏平章政事徒单镒报谢太庙，右丞完颜匡报谢山陵，使使亳州报谢太清宫。既弥月，诏赐名，封为葛王。葛王，世宗初封，大定后不以封臣下，由是三等国号无葛。尚书省奏，请于瀛王下附葛国号，上从之。十二月癸酉，忒邻生满三月，敕放僧道度牒三千道，设醮于玄真观，为忒邻祈福。丁丑，御庆和殿，浴皇子。诏百官用元旦礼仪进酒称贺，五品以上进礼物。生凡二岁而薨。

兄喜儿，累官宣徽使、安国军节度使。弟铁哥，累官近侍局使、少府监。

至八年，承御贾氏及范氏皆有娠，未及乳月，章宗已得嗽疾，颇困。是时卫王永济自武定军来朝。章宗于父兄中最爱卫王，欲使继体立之，语在《卫绍王纪》。卫王朝辞，是日，章宗力疾与之击球，谓卫王曰："叔王不欲作主人，遽欲去邪?"元妃在傍，谓帝曰："此非轻言者。"十一月乙卯，章宗大渐，卫王未发，元妃与黄门李新喜议立卫王，使内侍潘守恒召之。守恒颇知书，识大体，谓元妃曰："此大事，当与大臣议。"乃使守恒召平章政事完颜匡。匡，显宗侍读，最为旧臣，有征伐功，故独召之。匡至，遂与定策立卫王。丙辰，章宗崩，遗诏皇叔卫王即皇帝位。诏曰："朕之内人，见有娠者两位。如其中有男，当立为储贰。如皆是男子，择可立者立之。"

卫绍王即位，大安元年二月，诏曰："章宗皇帝以天下重器畀于眇躬，遗旨谓掖庭内人有娠者两位，如得男则立为储贰。申谕多方，皎如天日。朕虽凉菲，实受付托，思克副于遗意，每曲为之尽心，择静舍以俾居，遣懿亲而守视。钦怀皇后母郑国公主及乳 母萧国夫人昼夜不离。昨闻有爽于安养，已用轸忧而弗宁，爰命大臣专为调护。今者平章政事仆散端、左丞孙即康奏言，承御贾氏当以十一月免乳，今则已出三月，来事未可度知。范氏产期，合在正月，而太医副使仪师颜言，自年前十一月诊得范氏胎气有损，调治迄今，脉息虽和，胎形已失。及范氏自愿于神御前削发为尼。重念先皇帝重属大事，岂期闻此，深用怛然。今范氏既已有损，而贾氏犹或可冀，告于先帝，愿降灵禧，默赐保全，早生圣嗣。尚恐众庶未究端由，要不匿于播敷，使咸明于吾意。"

四月，诏曰："近者有诉元妃李氏，潜计负恩，自泰和七年正月，章宗暂尝违豫，李氏与新喜窃议，为储嗣未立，欲令宫人诈 作有身，计取他儿诈充皇嗣。遂于年前闰月十日，因贾承御病呕吐，腹中若有积块，李氏与其母王盼儿及李新喜谋，令贾氏诈称有身，俟将临月，于李家取儿以入，月日不偶则规别取，以为皇嗣。章宗崩，谋不及行。当先帝弥留之际，命平章政事完颜匡都提点中外事务，明有敕旨，'我有两宫人有娠'，更令召平章，左右并闻斯语。李氏并新喜乃敢不依敕旨，欲唤喜儿、铁哥，事既不克，窃呼提点近侍局乌古论庆寿与计，因品藻诸王，议复不定。知近侍局副使徒单张僧遣人召平章，已到宣华门外，始发勘同。平章入内，一遵遗旨，以定大事。方先帝疾危，数召李氏，李氏不到。及索衣服，李氏承召亦不即来，犹与其母私议。先皇平昔或有幸御，李氏嫉妒，令女巫李定奴作纸木人、鸳鸯符以事魇魅，致绝圣嗣。所为不轨，莫可殚陈。事既发露，遣大臣按问，俱已款服。命宰臣往审，亦如之。有司议，法当极刑。以其久侍先帝，欲免其死。王公百僚，执奏坚确。今赐李氏自尽。王盼儿、李新喜各正典刑。李氏兄安国军节度使喜儿、弟少府监铁哥如律，仍追除复系监籍，于远地安置。诸连坐并依律令施行。承御贾氏亦赐自尽。"

盖章宗崩三日而称范氏胎气有损。章宗疾弥留，亦无完颜匡都提点中外事务敕旨。或谓完颜匡欲专定策功，构致如此。自后天下不复称元妃，但呼曰李师儿。

及胡沙虎弑卫王，立宣宗，请贬降卫王，降为东海郡侯。其诏曰："大安之初，颁谕天下，谓李氏与其母王盼儿及李新喜同谋，令贾氏虚称有身，各正罪法。朕惟章宗皇帝圣德聪明，岂容有此欺绐。近因集议，武卫军副使兼提点近侍局完颜达、霍王傅大政德皆言贾氏事内有冤。此时，达职在近侍，政德护贾氏，所以知之。朕亲临问左证，其事暧昧无据，当时被罪贬责者可俱令放免还家。"由是李氏家族皆得还。

卫绍王后徒单氏，大安元年，立为皇后。至宁元年，胡沙虎乱，与卫王俱迁于卫邸。帝遇弑，宣宗即位，卫王降为东海郡侯，徒单氏削皇后号。贞祐二年，迁都汴，诏凡卫绍王及鄗厉王家人皆徙郑州，仍禁锢，不得出入。男女不得婚嫁者十九年。天兴元年，诏释禁锢。是时，河南已不能守，子孙不知所终。

宣宗皇后王氏，中都人，明惠皇后妹也。其父微时尝梦二玉梳化为月，已而生二后，及没，有芝生于柩。初，宣宗封翼王，章宗诏诸王求民家子，以广继嗣。是时，后与庞氏偕入王邸，及见后姊有姿色，又纳之。贞祐元年九月，封后为元妃，姊为淑妃，庞氏为真妃。淑妃生哀宗，真妃生守纯，后无子，养哀宗为己子。贞祐二年七月，赐姓温敦氏，立为皇后。追封后曾祖得寿司空、冀国公，曾祖母刘氏冀国夫人，祖璞司徒、益国公，祖母杨氏益国夫人，父彦昌太尉、汴国公，母马氏汴国夫人。

三年，庄献太子薨，哀宗为皇太子。宣宗崩，哀宗即位。正大元年，尊后为皇太后，号其宫曰仁圣，进封后父曰南阳郡王。

或曰：宣宗为诸王时，庄献太子母为正妃，及即位，尊为皇后。贞祐元年九月，诏曰："元妃某氏久奉侍于潜藩，已赐封于国号，可立为皇后。"其名氏盖不可考也。或又曰：自王氏姊妹入宫而后宠衰，寻为尼，王氏遂立为后，皆后姊明惠之谋也。

初，王氏姊妹受封之日，大风昏霾，黄气充塞天地。已而，后梦丐者数万踵其后，心甚恶之。占者曰："后者，天下之母也。百姓贫窭，将谁诉焉？"后遂敕有司，京城设粥与冰药。及壬辰、癸巳岁，河南饥馑。大元兵围汴，加以大疫，汴城之民，死者百余万，后皆目睹焉。

哀宗释服，将禘祫太庙，先期，有司奏冕服成，上请仁圣、慈圣两宫太后御内殿，因试衣之以见，两宫大悦。上更便服，奉觞为两宫寿。仁圣太后谕上曰："祖宗初取天下甚不易。何时使四方承平，百姓安乐，天子服此法服，于中都祖庙行禘祫乎？"上曰："阿婆有此意，臣亦何尝忘。"慈圣太后亦曰："恒有此心，则见此当有期矣。"遂酌酒为上寿，欢然而罢。

天兴元年冬，哀宗迁归德。二年正月，遣近侍徒单四喜、术甲荅失不奉迎两宫。后御仁安殿，出铤金及七宝金洗，分赐从行忠孝军。是夜，两宫及柔妃裴满氏等乘马出宫，行至陈留，城左右火起，疑有兵，不敢进。后亟命还宫。明日，入京憩四喜家。少顷，辇迎入宫。方谋再行，京城破，后及诸妃嫔北迁，不知所终。惟宝符李氏从至宣德州，居摩诃院。李氏自入院，止寝佛殿中，作为幡旆。会当同后妃北行，将发，佛像前自缢死，且自书门纸曰"宝符御侍此处身故。"

宣宗明惠皇后，王皇后之姊也。生哀宗。宣宗即位，封为淑妃。及妹立为后，进封元妃。哀宗即位，诏尊为皇太后，号其宫曰慈圣。

后性端严，颇达古今。哀宗已立为皇太子，有过尚切责之，及即位，始免槚楚。一日，宫中就食，尚器有玉碗碟三，一奉太后，二奉帝及中宫。荆王母真妃庞氏以玛瑙器进食，后见之怒，召主者责曰："谁令汝妄生分别，荆王母岂卑我儿妇耶。非饮食细故，已令有司杖杀汝矣。"是后，宫中奉真妃有加。或告荆王谋不轨者，下狱，议已决。帝言于后，后曰："汝止一兄，奈何以谗言欲害之。章宗杀伯与叔，享年不永，皇嗣又绝，何为欲效之耶。趣赦出，使来见我。移时不至，吾不见汝矣。"帝起，后立待，王至，涕泣慰抚之。

哀宗甚宠一宫人，欲立为后。后恶其微贱，固命出之。上不得已，命放之出宫，语使者曰："尔出东华门，不计何人，首遇者即赐之。"于是遇一贩缯者，遂赐为妻。点检撒合辇教上骑鞠，后传旨戒之云："汝为人臣，当辅主以正，顾乃教之戏耶。再有闻，必大杖汝矣。"

比年小捷，国势颇振，文士有奏赋颂以圣德中兴为言者。后闻不悦曰："帝年少气锐，无惧心则骄怠生。今幸一胜，何等中兴，而若辈谄之如是。"

正大八年九月丙申，后崩，遗命园陵制度，务从俭约。十二月己未，葬汴城迎朔门外五里庄献太子墓之西。谥明惠皇后。

哀宗皇后，徒单氏。宣宗及后有疾，后尝刲肤以进，宣宗闻而嘉之。兴定四年，后父镇南军节度使顽僧有罪，宣宗以后纯孝，因曲赦之，听其致仕。正大元年，诏立为皇后。哀宗迁归德，遣后弟四喜等诣汴奉迎，夜至陈留，不敢进，复归于汴。未几，城破北迁，不知所终。

赞曰：《周礼》"九嫔，掌妇学之法，妇德、妇言、妇容、妇功。"班昭氏论之曰："妇德，不必才明绝异也。妇言，不必便口利辞也。妇容，不必颜色美丽也。妇功，不必功巧过人也。清闲贞静，守节整齐，行己有耻，动静有法，是谓妇德。择辞而说，不道恶语，时然后言，不厌于人，是谓妇言。盥浣尘秽，服饰鲜洁，沐浴以时，身不垢辱，是谓妇容。专心纺绩，不好戏笑，洁齐酒食，以奉宾客，是谓妇功。"后世妇学不修，丽色以相高，巧言以相倾，衒能以市恩，逢迎以固宠。是故悼平掣顿皇统，以陨其身，海陵蛊惑群孽，几亡其国。道陵李氏擅宠蠹政，卒偾其宗。呜呼，可不戒哉。

卷六十五　列传第三

始祖以下诸子　**斡鲁**　**谢库德**孙拔达　**谢夷保**　**谢里忽**　**乌古出**　**跋黑**　**崇成**本名仆灰　**劾孙**子蒲家奴　**麻颇**子谩都本　**谩都诃**　**斡带**　**斡赛**子宗永　**斡者**孙璋

始祖明懿皇后生德帝乌鲁，季曰斡鲁，女曰注思版，皆福寿之语也。以六十后生子，异之，故皆以嘉名名之焉。

德帝思皇后生安帝，季曰辈鲁。辈鲁与献祖俱徙海姑水，置屋宇焉。

辈鲁之孙胡率。胡率之子劾者，与景祖长子韩国公劾者同名。韩国公前死，所谓肃宗纳劾者之妻加古氏者是也。穆宗四年伐阿疏。阿疏走辽。辽使使来止伐阿疏军。穆宗阳受辽帝约束，先归国，留劾者守阿疏城。凡三年，卒攻破之。天会十五年赠特进。

安帝节皇后生献祖，次曰信德，次曰谢库德，次曰谢夷保，次曰谢里忽。

谢库德之孙拔达，谢夷保之子盆纳，皆佐世祖有功。盆纳勇毅善射，当时有与同名者，尝有贰志，目之曰"恶盆纳"。天会十五年，拔达赠仪同三司，盆纳赠开府仪同三司。在世祖时，欢都、冶诃及劾者、拔达、盆纳五人者，不离左右，亲若手足，元勋之最著者也。明昌五年皆配飨世祖庙廷。

准德、束里保者，皆加古部人。申乃因、丑阿皆驼满部人。富者粘没罕，完颜部人。阿库德、白达皆雅达澜水完颜部勃堇。此七人者，当携离之际，能一心竭力辅戴者也。

达纪、胡苏皆术甲部勃堇。胜昆、主保皆术虎部人。阿库德，温迪痕部人。此五人者，又其次者也。

世祖初年，跋黑为变，乌春盛强，使人召阿库德、白达。阿库德曰："吾不知其他，死生与太师共之。"太师，谓世祖也。白达大喜曰："我心正如此耳。乌春兵来，坚壁自守，勿与战可也。"达纪、胡苏居琵里郭水，乌春兵出其间，不为变，终拒而不从。胜昆居胡不干村，其兄滓不乃勃堇，乌春止其家，而以兵围胜昆。乌春解去，世祖杀滓不乃，胜昆请无孥戮，世祖从之。世祖破桓赧、散达，主保死焉。天会十五年，准德、申乃因、阿库德、白达皆赠金紫光禄大夫。束里保、丑阿、富者粘没罕、达纪、胡苏、胜昆、主保、温迪痕、阿库德皆赠银青光禄大夫，皆天会十五年追赠。

又有胡论加古部胜昆勃堇、蝉春水乌延部富者郭赧，畏乌春强，请世祖兵出其间，以为重也。世祖使斜列、跃盘将别军过之。郭赧教斜列取先在乌春军中二十二人，乌春觉之，杀二人，得二十人。郭赧又以士人益斜列军。穆宗他日嘉此功不能忘，以斜列之女守宁妻郭赧子胡里罕焉。

婆多吐水裴满部斡不勃堇附于世祖，桓赧焚之。斡不卒，世祖厚抚其家。因并录之，以见立国之艰难云。

谢里忽者，昭祖将定法制，诸父、国人不悦，已执昭祖，将杀之。谢里忽亟往，弯弓注矢，射于众中，众乃散去，昭祖得免。国俗，有被杀者，心使巫觋以诅祝杀之者，乃系刃于杖端，与众至其家，歌而诅之曰："取尔一角指天、一角指地之牛，无名之马，向之则华面，背之则白尾，横视之则有左右翼者。"其声哀切凄婉，若《蒿里》之音。既而以刃画地，劫取畜产财物而还。其家一经诅祝，家道辄败。

及来流水乌萨扎部杀完颜部人，昭祖往乌萨扎部以国俗治之，大有所获，颁之于诸父昆弟而不及谢里忽。谢里忽曰："前日免汝于死者吾之力，往治乌萨扎部者吾之谋也。分不及我。何邪。"昭祖于是早起，自赍间金列鞢往馈之。时谢里忽犹未起，拥寝衣而问曰："尔为谁？"昭祖曰："石鲁先择此宝，而后颁及他人，敢私布之。"谢里忽既扬言，初不自安，至是乃大喜。列鞢者，腰佩也。

献祖恭靖皇后生昭祖，次曰朴都，次曰阿保寒，次曰敌酷，次曰敌古乃，次曰撒里辇，次曰撒葛周。

昭祖威顺皇后生景祖，次曰乌古出。次室达胡末，乌萨扎部人，生跋黑、仆里黑、斡里安。次室高丽人，生胡失答。

乌古出，初昭祖久无子，有巫者能道神语，甚验，乃往祷焉。巫良久曰："男子之魂至矣。此子厚有福德，子孙昌盛，可拜而受之。若生，则名之曰乌古迺。"是为景祖。又良久曰："女子之魂至矣，可名曰五鵶忍。"又良久曰："女子之兆复见，可名曰斡都拔。"又久之，复曰："男子之兆复见，然性不驯良，长则残忍，无亲亲之恩，必行非义，不可受也。"昭祖方念后嗣未立，乃曰："虽不良，亦愿受之。"巫者曰："当名之曰乌古出。"既而生二男二女，其次弟先后皆如巫者之言，遂以巫所命名名之。

景祖初立，乌古出酗酒，屡悖威顺皇后。后曰："巫言验矣，悖乱之人终不可留。"遂与景祖谋而杀之。部人怒曰："此子性如此，在国俗当主父母之业，奈何杀之？"欲杀景祖。后乃匿景祖，出谓众曰："为子而悖其母，率是而行，将焉用之？吾割爱而杀之，乌古迺不知也，汝辈宁杀我乎？”众乃罢去。乌古出之子习不失，自有传。

跋黑及同母弟二人，自幼时每争攘饮食，昭祖见而恶之，曰：“吾娶此妾而生子如此，后必为子孙之患。”世祖初立，跋黑果有异志，诱桓赧、散达、乌春、窝谋罕离间部属，使贰于世祖。世祖患之，乃加意事之，使为勃堇而不令典兵。

跋黑既阴与桓赧、乌春谋计，国人皆知之，而童谣有“欲生则附于跋黑，欲死则附于劾里钵、颇剌淑”之语。世祖亦以策探得兄弟部人向背。乌春、桓赧相次以兵来攻，世祖外御强兵，而内畏跋黑之变。将行，闻跋黑食于其爱妾之父家，肉张咽而死，且喜且悲，乃迎尸而哭之。

崇成，本名仆灰，泰州司属司人，昭祖玄孙也。大定十八年收充奉职，改东宫入殿小底，转护卫。二十五年，章宗为原王，充本府祗候郎君。明年，上为皇太孙，复为护卫。上即位，授河间府判官，以忧去职。起复为宿直将军，累迁武卫军都指挥使。泰和三年卒，赙赠有加。崇成谨饬有守，宿卫二十余年，未尝有过，故久侍密近云。

景祖昭肃皇后生韩国公劾者，次世祖，次沂国公劾孙，次肃宗，次穆宗。次室注思灰，契丹人，生代国公劾真保。次室温迪痕氏，名敌本，生虞国公麻颇、隋国公阿离合懑、郑国公谩都诃。劾者、阿离合懑别有传。

劾孙。天会十四年大封宗室，劾孙追封王爵。正隆例降封郑国公。

子蒲家奴又名昱，尝从太祖伐留可、坞塔。太祖使蒲家奴招诈都，诈都即降。康宗八年，系辽籍女直纥石烈部阿里保太弯阻兵，招纳亡命，边民多亡归之。蒲家奴以偏师夜行昼止，抵石勒水，袭击破之，尽俘其孥而还。边氓自此无复亡者。后与宗雄视泰州地土，太祖因徙万家屯田于其地。

天辅五年，蒲家奴为昊勃极烈，遂为都统，使袭辽帝，而以雨潦不果行。既而，忽鲁勃极烈杲都统内外诸军以取中京，蒲家奴等皆为之副。辽帝西走，都统杲使蒲家奴以兵一千助挞懒击辽都统马哥，与挞懒不相及，蒲家奴与赛里、斜野降其西北居延之众。而降民稍复逃散，毗室部亦叛，遂率兵袭之。至铁吕川，遇敌八千，遂力战，兵败。察刺以兵来会，追及敌兵于黄水，获畜产甚众。是役也，奥燉按打海被十一创，竟败敌兵而还。军于旺国崖西。

赛里亦以兵会太祖，自草泺追辽帝，蒲家奴、宗望为前锋，戒之曰：“彼若深沟高垒，未可与战，即侦伺巡逻，勿令遁去，以俟大军。若其无备，便可击也。”上次胡离畛川，吴十、马和尚至小鱼泺，夜潜入辽主营，执新罗奴以还，遂知辽帝所在。蒲家奴等昼夜兼行，追及于石辇铎。我兵四千，至者才千人，辽兵围之。余睹指辽帝麾盖，骑兵驰之，辽帝遁去，兵遂溃，所杀甚众。

宗翰为西北西南两路都统，蒲家奴、斡鲁为之副。乌虎部叛，蒲家奴讨平之。天会间，为司空，封王 。天眷二年，宗磐等诛，辞及蒲家奴，诏夺司空。是年，薨。天德初，配享太祖庙廷。正隆二年，例封豫国公。

麻颇，天会十五年封王，正隆例封虞国公。

长子谩都本，孝友恭谨，多谋而善战。年十五，隶军中，从攻窝卢欢。及系辽女直胡失荅等为变，谩都本自为质，遂从胡失荅归，中途以计杀守者而还。攻宁江州，取黄龙府，破高永昌，取春、泰州，皆有功，多受赏赉，遂为谋克。讨岭东未服州郡 。过土河东山，败贼三千人。奚、契丹寇土河西，与猛安蒙葛、麻吉击之。谩都本对敌之中，推锋力战，破其众九万人。奚众万余保阿邻甸，复击败之，降其旁近居人。复以五百骑破辽兵一千，生擒其将以归。与阇母攻兴中府，中流矢卒，年三十七。天眷中，赠金紫光禄大夫，谥英毅。

谩都诃，屡从征伐，天会二年为阿舍勃极烈，参议国政，明年薨。天会十五年，大封宗室，追封王。正隆例封郑国公，明昌五年，谥定济。

蛮睹，袭父麻颇猛安。蛮睹卒，子扫合袭。扫合卒，子撒合辇袭。撒合辇卒，子惟镕袭。

惟镕本名没烈，字子铸，骈胁多力，喜周急人。至宁初，守杨文关有功，兼都统，护漕运。贞祐二年，佩金牌护亲军家属迁汴，遥授同知祁州军州事，充提控。贞祐三年，破红袄贼于大沫堌，惟镕入自北门，诸军继进，生获刘二祖，功最。迁泰安军节度副使，改遂王府尉、都水少监、东平府治中。坐误以刃伤同知府事纥石烈牙吾塔，当削降殿年，仍从军自效。讨花帽贼于曹、济间，行省蒙古纲奏其功，复前职。迁邳州经略使，卒。子从杰袭猛安，累功遥授镇南军节度副使。

世祖翼简皇后生康宗，次太祖，次魏王斡带，次太宗，次辽王斜也。次室徒单氏生卫王斡赛，次鲁王斡者。次室仆散氏生汉王乌故乃。次室术虎氏生鲁王阇母。次室术虎氏生沂王查刺。次室乌古论氏生郓王昂。

斡带，年二十余，撒改伐留可，斡带与习不失、阿里合懑等俱为裨将。诸将议攻取，斡带主攻城便。太祖将至军，斡带迎之，谓太祖曰：“留可城且下，忽惑他议。”太祖从之。至军中，众议乃决。斡带急起治攻具。其夜进兵攻城，迟明破之。及二涅囊虎路、二蠢出路寇盗，斡带尽平之。

康宗二年甲申，苏滨水诸部不听命，康宗使斡带等往治其事。行次活罗海川撒阿村，召诸部。诸部皆至，惟含国部斡豁勃堇不至。斡准部狄库德勃堇、职德部厮故速勃堇亦皆遁去，遇坞塔于马纪岭，坞塔遂执二人以降。于是使斡带将兵伐斡豁，募军于苏滨水，斡豁完聚固守，攻而拔之。进师北琴海辟登路，攻拔泓忒城，取畔者以归。

太祖于母弟中最爱斡带。斡带归自泓忒城，太祖以事如宁江州，欲与斡带偕行，斡带曰：“兵役久劳，未及息也。”遂不果行。太祖还，昼寐于来流水傍，梦斡带之场圃火，禾尽焚，不可扑灭，觉而深念之，以为忧。是时斡带已寝疾，太祖至，闻之，过家门不下马，径至斡带所问疾。未几薨，年三十四。太祖每哭之恸 ，谓人曰：“子强与之偕行，未必死也。”

斡带刚毅果断，服用整肃，临战决策，有世祖风。世祖之世，军旅之事多专任之。太祖平辽，叹曰：“恨斡带之不及见也。”天会十五年，追封仪同三司、魏王，谥曰定肃。

斡赛，穆宗初，斡准部族相钞略，遣纳根涅孛堇以其兵往治，纳根涅擅募苏滨水人为兵，不听，辄攻略之。其人来告，穆宗使斡赛及冶诃往问状。纳根涅虽伏而不肯偿所取，因遁去。冶诃等皆不欲追，斡赛督军而进。至把忽岭西毛密水，及之，大破其众，纳根涅死焉。斡赛抚定苏滨水民部，执纳根涅之母及其妻子而归。穆宗曰：“斡赛年尚幼，已能集事，可嘉也。”康宗二年甲申，斡带治苏滨水诸部，斡赛、斡鲁佐之，定诸部而还。

久之，高丽杀行人阿聒、胜昆，而筑九城于曷懒甸。斡赛将内外兵，劾古活你茁、蒲察狄古迺佐之。高丽兵数万来拒，斡赛分兵为十队，更出迭入，遂大破之。斡赛母和你隈疾笃，召还，以斡鲁代之。未几，斡赛复至军，再破高丽军，进围其城。七月，高丽请和，尽归前后亡命及所侵故地，退九城之戍，遂与之和。皇统五年，追封卫国王。

宗永，本名挑挞，斡赛子。长身美髯，忠确勇毅。天眷初，以宗室子预诛宗磐，擢宁远大将军。皇统初，充牌印祗候。五年，出为赵州刺史，秩满再任，转兴平军节度使，改大名尹。贞元三年，复为兴平军节度使，历昭德军、临洮、凤翔尹。

大定二年，入为工部尚书，与苏保衡、完颜余里也迁加伐宋士官赏。宋永性滞不习事，凡与土贼战者一概加之。世宗久乃知之，谓宰相曰：“若一概追还，必生怨望。若因循不问，则爵赏滥矣。其与土贼战者，有能以寡敌众，一人敌三十人以上者，依已迁为定。”改同签大宗正事、震武军节度使，卒。

斡者，天会十五年大封宗室，追封鲁王，正隆例改封公。子神土懑，骠骑卫上将军。

子璋本名胡麻愈，多勇略，通女直、契丹、汉字。年十八，左副元帅撒离喝引在麾下。以事如京师，见梁王宗弼与语，宗弼悦之。皇统六年，父神土懑卒，宗弼奏璋可袭谋克，诏从之。天德三年，充牌印祗候，以罪免，夺其谋克，寓居中都。

海陵伐宋，左卫将军蒲察沙离只同知中都留守，佩金牌掌留府事。世宗即位于辽阳，璋劝沙离只归世宗，沙离只不从。璋与守城军官乌林荅石家奴、乌林荅愿、徒单三胜、蒲察蒲查等以兵晨入留守府，遂杀沙离只及判官漫撚撒离喝，推宗强子阿琐为留守，璋行同知留守事。遣石家奴佩沙离只金牌与愿、蒲查、中都转运使左渊子贻庆、大兴少尹李天吉子磐奉表如东京，贺即位。世宗嘉之，以愿、蒲查为武义将军，充护卫。贻庆赐及弟，授从仕郎。磐充阁门祗候。就以璋为同知中都事。

璋以杀沙离只自摄同知留守，世宗因而授之，心常不自安，遂与兵部尚书可喜谋，因世宗谒山陵作乱。大定二年，上谒山陵，璋等九人会于可喜家，说万户高松，不从。璋知事不成，乃与可喜共执斡论诣有司陈，上诛可喜、李惟忠等，以璋为彰化军节度使。

宋将吴璘出散关，据宝鸡以西，诏璋赴元帅都监徒单合喜军前任使。于是，宋人据原州，宁州刺史颜盏门都以兵四千攻之，不克。宋将姚良辅以兵十万至原州，权副统完颜习尼列以千骑援门都兵，而姚良辅兵多，诸将皆不敢与战。及璋至军，会平凉、泾州、潘原、长武等戍兵，合二万人。璋使押军猛安石抹许里阿补以兵二千军于城北，习尼列以兵三千军于城西北十里麦子原，皆据高阜为阵。璋以本部兵阵于城西。姚良辅出自北岭，先遣万人攻许里阿补，自以军九万阵麦子原下，捍以剑盾、行马，外列骑士，步卒居其中，敢死士锁足行马间，持大刀为拒，分为八阵，而别以骑二千袭璋军。璋方出迎战，习尼列来报曰：“宋之重兵皆在麦子原矣。”璋遣万户特里失乌也以押军猛安奚庆喜、照撒兵二千援许里阿补，遣撒屋出、崔尹以兵二千益习尼列。许里阿补与宋人接战，良久，败之。宋兵在麦子原者最坚，习尼列与移剌补、奥屯撒屋出、崔尹、仆根撒屈出以兵五千沿壕为状，余兵皆舍马步战，击其前行骑士，走之。于是，行马以前冲以长枪，行马以后射以劲弓。良辅兵稍挫，习尼列乘胜麾兵，撤其行马，破其七阵。良辅复整兵出，习尼列少却，而璋已破城下宋兵，与习尼列会。使仆根以伏兵击良辅。习尼列亦整兵与战，奋击之，大破良辅军，斩首万余级，坠壕死者不可胜数，锁足行马者尽殪之，获甲二万余，器仗称是。良辅亦中两创脱去。遂围原州，穴其西城，城圮，宋人宵遁。璋等入原州。宋戍军在宝鸡以西，闻之皆自散关遁去。

京兆尹乌延蒲离黑、丹州刺史赤盏胡速鲁改已去德顺州，宋吴璘复据之，都监合喜以璋权都统，与习尼列将兵二万救德顺。璋率骑兵前行，与璘骑兵二万战于张义堡遂沙山下，败之，追北四十余里。璘军遇隘不得前，斩首数十级。璋至德顺，璘据城北险要为营，璋亦策营与璘相望，可三里许。两军遇于城东，凡五接战，璘军败走，璋追至城下。璘军已据城北冈阜，与其城上兵相应，以弩夹射璋军。璋军阳却，城中出兵来追，璋反旆与战，大败之。合喜遣统军都监泥河以兵七千来会，与璘军复战，败之。璘遣兵据东山堡，欲树栅，璋与习尼列、泥河议曰：“敌若据东山堡，此城亦不可拔，宜急击之。”于是璋先据要地，习尼列以兵逼东山堡，璘兵恃濠相拒，短兵接，璘兵退走，习尼列追击之。璘城北营兵可六千人，登北冈来战，璋之汉军少却，伤者二百人。璘遂焚璋军攻城具，璋率移剌补猛安兵逾北冈击走之。璘军隔小堑射璋军，移剌补少却，习尼列望见北原火发，乃止攻东山堡，亟与将士来赴，引善射者先登，率刘安汉军三百人击败之。璘军皆走险，璘以军三万据险作三阵，皆环以剑盾、行马。璋遣万户石抹迭勒由别路自后击之，特里失乌也、移剌补以二千人当其前，以强弓射之，璘兵大败，堕沟壑者甚众。璋军度涧追之，斩数千级而还。

璘军虽败，犹恃其众，都监合喜使武威军副总管夹古查剌来问策。诸将皆曰：“吴璘恃险，不善野战，我退军平凉，彼必弃险就平地，然后可图也。”璋曰：“不然。彼恃其众，非特恃险也。昔人有言，‘宁弃千军，不弃寸地’，故退兵不如济师。我退军平凉，彼军深入吾地，固垒以拒我，则如之何。”查剌还报，合喜于是亲率四万人赴之。吴璘诘旦乘阴雾晦冥分兵四道来袭，战于城东，离而复合者数四。汉军千户李展率麾下兵先登奋击之，璘军阵动。璋乘胜蹑击，璘军复败，追至北冈，璘走险，璋急击之，杀略殆尽。璘分半军守秦州，合喜驻军水洛城东，自六盘山至石山 头分兵守之，断其饷道。璘乃引归。

宋经略使荆皋以步骑三万自德顺西去，璋以兵八千、习尼列以兵五千追击之。习尼列兵乃出其前，还自赤觜，遇其前锋，败之于高赤崖下。复与其中军战，自日昃至暮，乃罢。荆皋乘夜来袭营，为退军八十里。明日，习尼列追之。璋兵至上八节，宋兵据险为阵，璋舍马步战，地险不得接，相拒至曙。宋兵动，璋乘之，追至甘谷城，习尼列兵亦至，宋兵宵遁，璋遂班师。习尼列追至伏羌城，不及而还。

上使御史中丞达吉视诸军功状，达吉旧与璋有隙，故损其功。诏璋将士赏比诸军半之，璋兼陕西路都统，进官一阶。及元帅府上功，璋居多，诏达吉削官两阶，杖八十，解职。上复赏璋及将士如诸军，以璋为西北路招讨使。召为元帅左都监，兼安化军节度使，赐以弓矢衣带佩刀。改益都尹，左都监如故。

宋人弃海州遁去，焚官民庐舍且尽。璋至海州，得所弃粮三万六千余石，安集其人，复其屯戍。五年，宋人约和，罢三路都统，复置陕西路统军司，璋为统军使。上曰：“监军合喜年老，故授卿此职。边境无事，且召卿矣。”以本官兼京兆尹。

召为御史大夫。璋奏：“窃观文武百官有相为朋党者，今在台自臣外无女直人，乞不限资考，量材奏拟。”上曰：“朋党为谁，即纠治之。朕选女直人，未得其人，岂以资考为限，论其人材而已。”顷之，璋奏曰：“太祖武元皇帝受天明命，太宗皇帝奄定宋土，自古帝王之兴，必称受命，当制‘大金受命之宝’，以明示万世。”上曰：“卿言正合朕意。”乃遣使夏国市玉，十八年，受命宝成，奏告天地宗庙社稷，上御正殿。

十三年，改大兴尹，为贺宋正旦使。璋受命使宋，即行，上遣人驰谕璋曰：“宋人若不遵旧礼，慎勿付书。如不令卿等入见，即持书归。若迫而取之，亦勿赴宴，其回书及礼物一切勿受。”璋至临安，宋人请以太子接书，不从。宋人就馆迫取书，璋与之，且赴宴，多受礼物。有司以闻，上怒，欲置之极刑。左丞相良弼奏曰：“璋为将，大破宋军，宋人仇之久矣。将因此陷之死地，未可知也。今若杀璋，或者堕其计中耳。”上以为然，乃杖璋百五十，除名，副使客省使高翊杖百，没入其所受礼物。

后岁余，上念璋有征伐功，起为景州刺史，迁武定军节度使，授山东西路蒲底山拏兀鲁河谋克，改临洮尹。十九年，卒。

郓王昂，本名吾都补，世祖最幼子也。常从太祖征伐。天辅六年，昂与稍喝以兵四千监护诸部降人，处之岭东，就以兵守临潢府。昂不能抚御，降人苦之，多叛亡者。上闻之，使出里底戒谕昂。已过上京，诸部皆叛去，惟章愍宫、小室韦二部达内地。诏谙版勃极烈吴乞买曰：“比遣昂徙诸部，多致怨叛，稍喝驻兵不与讨袭，致使降人复归辽主，违命失众，当置重法。若有所疑，则禁锢之，俟师还定议。”是时，太宗居守，辞不失副之，辞不失劝太宗因国庆可薄其罚，于是杖昂七十，拘之泰州，而杀稍喝。

天会六年，权元帅左都监。十五年，为西京留守。天眷三年，为平章政事。皇统元年，封漆水郡王。二年，制诏昂署衔带“皇叔祖”字，封郓王。是岁，薨。

子郑家、鹘寿。鹘寿累官耶鲁瓦群牧使，死于契丹撒八之难，语在《忠义传》。

郑家，皇统初，以宗室子授定远大将军，除磁州刺史。天德间，为右谏议大夫，累迁会宁尹、安化军节度使，改益都尹。海陵伐宋，为浙东道副统制，与工部尚书苏保衡以舟师自海道趋临安，至松林岛阻风，泊岛间。诘旦，舟人望见敌舟，请为备。郑家问：“去此几何?”舟人曰：“以水路测之，且三百里。风迅，行即至矣。”郑家不晓海路舟楫，不之信。有顷，敌果至，见我军无备，即以火炮掷之。郑家顾见左右舟中皆火发，度不得脱，赴水死，时年四十一。

卷六十六　列传第四

始祖以下诸子

勖本名乌野　子宗秀　**隈可**

宗室　**胡十门**　**合住**子布辉　**掴保**

衷本名丑汉　**齐**本名扫合　**术鲁**　**胡石改**

宗贤本名阿鲁　**挞懒**　**卞**本名吾母

膏本名阿里剌

弈本名三宝　**阿喜**

勖，字勉道。本名乌野，穆宗第五子。好学问，国人呼为秀才。年十六，从太祖攻宁江州，从宗望袭辽主于石輦铎。太宗嗣位，自军中召还，与谋政事。宗翰、宗望定汴州，受宋帝降。太宗使勖就军中往劳之。宗翰等问其所欲。曰：“惟好书耳。”载数车而还。

女直初无文字，及破辽，获 契丹、汉人，始通契丹、汉字，于是诸子皆学之。宗雄能以两月尽通契丹大小字，而完颜希尹乃依仿契丹字制女 直字。女直既未有文字，亦未尝有记录，故祖宗事皆不载。宗翰好访问女直老人，多得祖宗遗事。太宗初即位，复进士举，而韩昉辈皆在朝廷，文学之士稍拔擢用之。天会六年，诏书求访祖宗遗事，以备国史，命勖与耶律迪越掌之。勖等采摭遗言旧事，自始祖以下十帝，综为三卷。凡部族，既曰某部，复曰某水之某，又曰某乡某村，以别识之。凡与契丹往来及征伐诸部，其间诈谋诡计，一无所隐。事有详有略，咸得其实。

自太祖与高丽议和，凡女直入高丽者皆索之，至十余年，索之不已。勖上书谏曰："臣闻德莫大于乐天，仁莫先于惠下。所索户口，皆前世奸宄叛亡，乌螽、讹谟罕、阿海、阿合束之绪裔。先世绥怀四境，尚未宾服，自先君与高丽通，闻我将大，因谓本自同出，稍稍款附。高丽既不听许，遂生边衅，因致交兵，久方连和，盖三十年。当时壮者今皆物故，子孙安于土俗，婚姻胶固，征索不已，彼固不敢稽留，骨肉乖离，诚非众愿。人情怨甚可愍者，而必欲求为己有，特彼我之蔽，非一视同仁之大也。国家民物繁夥，幅员万里，不知得此果何益耶。今索之不还，我以强兵劲卒取之无难。然兵凶器，战危事，不得已而后用。高丽称藩，职贡不阙，国且臣属，民亦非外。圣人行义，不责小过，理之所在，不俟终日。臣愚以为宜施惠下之仁，弘乐天之德，听免征索，则彼不谓己有，如自我得之矣。"从之。

十五年，为尚书左丞加镇东军节度使、同中书门下平章事。预平宗磐之难，赐与甚多，加仪同三司，以"皇叔祖"字冠其衔。勖皆力辞不受。

皇统元年，撰定熙宗尊号册文。上召勖饮于便殿，以玉带赐之。所撰《祖宗实录》成，凡三卷，进入，上焚香立受之，赏赉有差。制诏左丞勖、平章政事弈职俸外别给二品亲王俸傔。旧制，皇兄弟、皇子为亲王给二品俸。宗室封一字王者给三品俸，勖等别给亲王俸，皆异数也。宴群臣于五云楼，勖进酒称谢。帝起立，宰臣进曰："至尊为臣下屡起，于礼未安。"上曰："朕屈己待臣下，亦何害。"是日，上及群臣尽欢。俄同监修国史，进拜平章政事。光懿皇后忌辰，熙宗将出猎，勖谏而止。

熙宗猎于海岛，三日之间，亲射五虎获之。勖献《东狩射虎赋》，上悦，赐以佩刀、玉带、良马。能以契丹字为诗文，凡游宴有可言者，辄作诗以见意。时上日与近臣酣饮，或继以夜，莫能谏之。勖上疏谏，乃为止酒。进拜左丞相，兼侍中、监修如故。八年，奏上《太祖实录》二十卷，赐黄金八十两，银百两，重彩五十端，绢百匹，通犀、玉钩带各一。出领行台尚书省事，召拜太保，领三省、领行台如故，封鲁国王。

勖刚正寡言。海陵方用事，朝臣多附之者。一日，大臣会议，海陵后至，勖面责之曰："吾年五十余，犹不敢后，尔少年强健，乃敢如此。"海陵跪谢。九年，进拜太师，进封汉国王。海陵篡立，加恩大臣以收人望，封秦汉国王，领三省、监修如故。

及宗本无罪诛，勖髭鬓顿白，因上表请老。海陵不许，赐以玉带，优诏谕之。有大事令宰臣就第商议，入朝不拜。勖遂称疾笃不言，表请愈切，海陵不怿，从之。以本官致仕，进封周宋国王。正隆元年，与宗室俱迁中都。二年，例降封金源郡王。薨，年五十九。

撰定《女直郡望姓氏谱》及他文甚众。大定二十年，诏曰："太师勖谏表诗文甚有典则，朕自即位所未尝见。其谏表可入《实录》，其《射虎赋》诗文等篇什，可镂版行之。"子宗秀。

宗秀，字实甫，本名撕里忽。涉猎经史，通契丹大小字。善骑射，与平宗磐、宗隽之乱，授定远大将军，以宗磐世袭猛安授之。

宗弼复取河南，宗秀与海陵俱赴军前任使。宋将岳飞军于亳、宿之间，宗秀率步骑三千扼其冲要，遂与诸军逆击败之。师还，为太原尹，改婆速路统军使、不受。高丽遣使以土产献，却之。入为刑部尚书，改御史中丞，授翰林学士。天德初，转承旨，封宿国公，赐玉带。历平阳尹、昭义军节度使，封广平郡王。正隆二年卒官，年四十二。是岁，例降二品以上封爵，改赠金紫光禄大夫。

康宗敬僖皇后生楚王谋良虎。次室温都氏生昭武大将军同刮茁。次室仆散氏坐事早死，生龙虎卫上将军隈可。

隈可亦作偎喝，美髯须，勇健有材略。从太祖伐辽，取宁江州，战出河店。天眷二年，授骠骑上将军，除迭鲁苾撒纠详隐，迁忠顺军节度使、兴平军节度使。天德二年，入为大宗正丞。四年，出为昭德军节度使。以兄谋良虎孙唤端合扎谋克余户，授偎喝上京路扎里瓜猛安所属世袭谋克。改德昌军节度使，封广平郡王。正隆二年，例夺王爵，改曷速馆节度使，再改忠顺军节度使。大定元年，封宗国公，为劝农使，卒官，年六十五。

始祖兄弟三人，保活里之后为神土懑、迪古乃，别有传。

胡十门者，曷苏馆人也。父挞不野，事辽为太尉。胡十门善汉语，通契丹大小字，勇而善战。高永昌据东京，招曷苏馆人，众畏高永昌兵强，且欲归之。胡十门不肯从，召其族人谋曰："吾远祖兄弟三人，同出高丽。今大圣皇帝之祖入女直，吾祖留高丽，自高丽归于辽。吾与皇帝皆三祖之后。皇帝受命即大位，辽之败亡有征，吾岂能为永昌之臣哉！"始祖兄阿古乃留高丽中，胡十门自言如此，盖自谓阿古乃之后云。于是率其族属部众诣撒改，乌蠢降，营于驼回山之下。永昌攻之，胡十门力战不能敌，奔于撒改。及攻开州，胡十门以粮饷给军。后攻保州，辽奖以舟师遁，胡十门邀击败之，降其士卒。赏赐甚厚，以为曷苏馆七部勃堇，给银牌一、木牌三。天辅二年卒。赠监门卫上将军，再赠骠骑卫上将军。

子钩室，尝从攻显州，领四谋克军，破梁鱼务，功最，以其父所管七部为曷苏馆都勃堇。

有合住者，亦称始祖兄苗裔，但不知与胡十门相去几从耳。

合住，曷速馆苾里海水人也。仕辽，领辰、复二州汉人、渤海。

子蒲速越，袭父职，再迁静江中正军节度使，佩金牌，为曷速馆女直部长。

子余里也与胡十门同时归朝，屡以粮饷助伐高永昌及高丽、新罗。后从宗望伐宋，以功迁真定府路安抚使兼曹州防御使，佩金牌。授苾里海水世袭猛安。

长子布辉，识女直、契丹、汉字，善骑射。年十八，宗弼选为扎也，从阿里、蒲卢浑追宋康王于明州。睿宗闻其才，召置麾下，从经略山东、河北、陕西，袭其父猛安，授昭勇大将军。海陵伐宋，以本猛安兵从，半道与南征万户完颜福寿等俱亡归，谒世宗于辽阳。

世宗即位，除同知曷苏馆节度使事。刑部侍郎斜哥为都统，布辉副之，坐擅署置官吏、私用官中财物，削两阶解职。未浃旬，世宗献享山陵。兵部尚书可喜、昭毅大将军斡论、中都同知完颜璋等谋反，欲因上谒山陵举事。斡论与布辉亲旧，与之谋议，事具《可喜传》。既知事不可成，乃与可喜、璋执斡论等上变。可喜不肯以始谋尽首，遂并诛之，而赏布辉、璋。除布辉浚州防御使，累迁顺天军节度使。致仕，卒，年六十七。

昭祖族人掴保者，从昭祖耀武于青岭、白山。还至姑里甸，昭祖得疾，寝于村舍，洞无门扉，乃以车轮当门为蔽，掴保卧轮下为捍御。已而贼至，刃交于轮辐间。掴保洞腹见膏，恐昭祖知之，乃然薪取膏以为炙，问之，以他肉对。昭祖心知之，遂中夜启行。

衷，本名丑汉，中都司属司人，世祖曾孙。祖霸合布里封郓王，父悟烈官至特进。大定中，收充阁门祗候，授代州宣锐军都指挥使。岁旱，州委祷雨于五台灵潭，步致其水，雨随下，人为刻石纪之。四迁引进使，兼典客署令，改尚辇局使。扈从北幸，赐厩马二以旌其勤。寻为夏国王李仁孝封册使，历宁海、蠡州刺史，入为大睦亲府丞。除顺义军节度使，陛辞，赐金币，特宠异之。移镇镇西。泰和六年，致仕，卒。

衷孝悌贞谨，深悉本朝婚礼，皇族婚嫁每令衷相之。治复有能称，其在宁海、蠡州，平赋役无扰，民立石颂遗爱。大安初，追赠辅国上将军。

齐，本名扫合，穆宗曾孙。父胡八鲁，宁州刺史。大定中，以族次充司属司将军，授同知复州军州事，累迁刑部员外郎。上谕曰："本朝以来，未尝有内族为六部郎官者，以卿历职廉能，故授之。"先是，复州合厮罕关地方七百余里，因围猎，禁民樵捕。齐言其地肥衍，令赋民开种则公私有益。上然之，为弛禁。即牧民以居，田收甚利，因名其地曰合厮罕猛安。

章宗立，改户部员外郎，出为磁州刺史，治以宽简，未尝留狱。属邑武安，有道士视观宇不谨，吏民为请邻郡王师者代主之。道士忿夺其利，告王私置禁铜器，法当徒。县令恶其为人，反坐之，具狱上。齐审其诬。又以王有德，不忍坐之，问同僚，无以对。齐曰："道士同请即同居也，当准首，俱释其罪。"其宽明有体，皆此类也。

磁，名郡，刺史皆朝廷遴选，郡人以前政有声如刘徽柔、程辉、高德裕皆不及也。河北提刑司以治状闻。明昌三年，始议置诸王傅，颇难其选，乃以齐傅兖王。王将至任郡，猛安迎接，齐峻却之。王怪问故，曰："王国藩辅，猛安皆总戎职，于王何利焉，却之以远嫌也。"王悦服。王府家奴为不法，辄发还本猛安，终更无敢犯者。

明年，授山东东、西路副统军，兼同知益都府事。有惠爱，郡人为之立碑。转彰化军节度使。六年，移利涉军。召见，劳尉有加。诏留守上京。承安二年，致仕，卒。齐明法识治体，所至有声，内族中与丞相承晖并称云。

术鲁，宗室子。从郑王斡赛败高丽于曷懒，取亚鲁城，克宁江州，取黄龙府。出河店之役、达鲁古城之役、护步荅冈之役皆力战有功。东京降，为本路招安副使。败辽兵，破同刮营。苏州汉民叛走，术鲁追复之，以功为谋克。天辅四年卒，年四十一。皇统中，赠镇国上将军。

胡石改，宗室子也。从太祖攻宁江，败辽兵于达鲁古城，破辽主亲兵，皆有功。辽军来援济州，胡石改与其兄实古乃以兵迎击，败之。还攻济州，中流矢，战益力，克其城。军中称其勇。从攻春、泰州，降之，并降境内诸部族，其不降者皆攻拔之。辽主西走，胡石改追至中京，获其宫人、辎重凡八百两。

有思泥古者，复以本部叛去，胡石改以兵五百追及之，获其亲属部人以还。德州复叛，胡石改以兵五千克其城。从娄室击败敌兵二万于归化之南，并降归化。从取居庸关，并燕之属县及其山谷诸屯。移失部既降，复叛去，胡石改引兵追及，战败之，俘获甚众。泽州诸部有逃者，皆追复之。又败叛人于临潢，诛其酋领而安抚其人民。

天眷二年，迁永定军节度使，改武定军，徙汴京留守。天德三年，授世袭猛安。卒，年六十八。

宗贤，本名阿鲁。太祖伐辽，从攻宁江州、临潢府。太宗监国，选侍左右，甚见亲信。临潢复叛，从宗望复取之。为内库都提点，再迁归德军节度使。政宽简，境内大治。秩满，士民数百千人相率诣朝廷请留。及改武定军，百姓扶老携幼送数十里，悲号而去。改永定军。秉德廉访官吏，士民持盆水与镜，前拜言曰："使君廉明清直类此，民实赖之。"秉德曰："吾闻郡僚廉能如一，汝等以为如何？"众对曰："公勤清俭皆法则于使君耳。"因谓宗贤曰："人谓君善治，当在甲乙，果然贤使君也。"用是超迁两阶。

天德初，授世袭谋克，驰驿召之。雄州父老相率张青绳悬明镜于公署，老幼填门，三日乃得去。封定国公，再除忠顺军节度使，赐以玉带。捕盗司执数人至府，宗贤问曰："罪状明白否？"对曰："狱具矣。"宗贤阅其案，谓僚佐曰："吾察此辈必冤。"不数日，贼果得，人服其明。改曷懒路兵马都总管，历广宁尹，封广平郡王。改崇义军节度使，兼领北京宗室事。正隆例夺王爵，加金紫光禄大夫，改临海军。大定初，遣使召之。宗贤率诸宗室见于辽阳，除同签大宗正事，封景国公，致仕。起为婆速路兵马都总管，复致仕。卒。

特进挞懒，宗室子。年十六，事太祖，未尝去左右。出河店之役，太祖欲亲战，挞懒控其马而止之曰："主君何为轻敌。臣请效力。"即挺枪前，手杀七人。已而枪折，骑士曳而下者九人。太祖壮之曰："诚得此辈数十，虽万众不能当也。"及战于达鲁古城，辽兵一千阵于营外，太祖遣挞懒往击之。挞懒冲出敌阵，大败其众。攻临潢府、春、泰州、中、西二京，皆有功。天辅六年，授谋克。

天会四年，从伐宋，屡以功受赏。明年，再举至汴。宗望闻宋人会诸路援兵于睢阳，遣挞懒与阿里刮将兵二千往拒之。败其前锋军三万于杞县，又破三寨，擒宋京东路都总管胡直孺、南路都统制隋师元及其三将并直孺二子，遂取拱州，降宁陵。复破二万于睢阳，进取亳州。闻宋兵十万且至，会宗望益兵四千，合击，大败之。其卒二千，阵而立，驰之不动，即麾军去马击之，尽殪，擒其将石瑱而还。帅府嘉其功，赏赉优渥。睿宗驻兵熙州，分遣诸将略地。挞懒以军五百入六盘山十六寨，降其官八十余，民户四千，获马二千匹。

皇统中，累加银青光禄大夫。天德初，加特进，授世袭猛安。卒，年六十五。海陵迁诸陵于大房山，以挞懒尝给事太祖，命作石像，置睿陵前。

卞，本名吾母，上京司属司人，大定二年，收充护卫，积劳授彰化军节度副使，入为都水监丞，累迁中都、西京路提刑使，徙知归德府、河平军节度使。王汝嘉奏卞前在都水监导河有劳，除北京留守。未几，改知大兴府事。时有言，尚书左丞夹谷衡在军不法，诏刑部问状。事下大兴府，卞辄令追摄，上以为失体，杖四十。久之，乞致仕，不许。拜御史大夫。先是，左司谏赤盏高门上言，御史大夫久阙，宪纪不振，宜选刚正疾恶之人肃清庶务。上由是用卞。前时孙铎、贾铉俱为尚书，铉拜参知政事，而铎再任，对贺客诵唐张在诗，有郁郁意。卞劾奏之，铎坐降黜。既而复申前请，遂以金吾卫上将军致仕，薨。

奢，本名阿里剌，隶上京司属司。大定十年，以皇家近亲，收充东宫护卫。转十人长，授御院通进，从世宗幸上京。会皇太子守国薨，世宗以奢亲密可委，特命与滕王府长史臺驰驿往护丧。时章宗为金源郡王，亦留中都，且命奢等保护，谕之曰："郡王遭此家难，哀哭当以礼节之，饮食尤宜谨视。"世宗还都，迁符宝郎，除吏部郎中。

章宗即位，坐与御史大夫唐括贡为寿，犯夜禁，夺官一阶，罢。明昌元年，起为同知棣州防御使事，上书历诋宰执。帝以小臣敢讥讪宰辅，杖八十，削一官，罢之，发还本猛安。

明年，隆授同知宣德州事。召授武卫军副都指挥使，四迁知大兴府事，转左右宣徽使。承安二年，拜尚书右丞，出为泰定军节度使，移知济南府。卒。

弈，本名三宝，隶梅坚塞吾司属司。大定七年，以近亲充东宫护卫十人长，转为尚厩局使。章宗即位，迁左卫副将军，累迁右副都点检，兼提点尚厩局使。谕旨曰："汝非有过人才，第以久次迁授。当谨乃职，勿复有非违事，使朕闻之。"未几，坐厩马瘦，决三十。承安二年，改左副都点检，兼职如旧。俄授同签大睦亲府事，卒。

弈为人贪鄙，数以赃败，帝爱其能治围场，故进而委信之。

阿喜，宗室子，好学问。袭父北京路筈柏山猛安，听讼明决，人信而爱之。察廉能，除彰国军节度副使，改上京留守判官。提刑司奏彰国军治状，迁同知速频路节度事，改归德军，历海、邳二州刺史，皆兼总押军马。

宋统领刘文谦以兵犯宿迁，阿喜逆击，破之。复破戚春、夏兴国舟兵万余人，斩夏兴国于阵。迁镇国上将军，再赐银币，为元帅左监军纥石列执中前锋。渡淮，破宝应、天长二县。师还，迁同知归德府事，改泗州防御使。丁母忧，起复。大安二年，改华州防御使，迁镇南军节度使。贞祐二年，改知大名府，充马军都提控，历横海、安化军节度使，充宣差山东路左翼都提控。寻知济南府事，徙沁南军节度使，迁河南统军使，兼昌武军节度使，卒。

赞曰：金诸宗室，自始祖至康宗凡八世。献祖徙居海姑水纳葛里村，再徙安出虎水。世祖称海姑兄弟，盖指其所居也。完颜十二部，皆以部为氏，宣宗诏宗室皆书姓氏，然亦有部人以部为氏，非宗室同姓者，遂不可辨矣。

卷六十七　列传第五

石显　桓赧　乌春温敦蒲刺　腊醅
钝恩　留可　阿疏　奚王回离保

石显，孩懒水乌林荅部人。昭祖以条教约束诸部，石显陆梁不可制。及昭祖没于逼剌纪村，部人以柩归，至孩懒水，石显与完颜部窝忽窝出邀于路，攻而夺之柩，扬言曰："汝辈以石鲁为能而推尊之，吾今得之矣。"昭祖之徒告于蒲马太弯，与马纪岭劾保村完颜部蒙葛巴土等募军追及之，与战，复得柩。众推景祖为诸部长，白山、耶悔、统门、耶懒、土骨论、五国皆从服。

及辽使曷鲁林牙来索逋人，石显皆拒阻不听命，景祖攻之，不能克。景祖自度不可以力取，遂以诡计取之。乃以石显阻绝海东路请于辽，辽帝使人让之曰："汝何敢阻绝鹰路？审无他意，遣其酋长来。"石显使其长子婆诸刊入朝，曰："不敢违大国之命。"辽人厚赐遣还，谓婆诸刊曰："汝父信无他，宜身自入朝。"石显信之，明年入见于春蒐，婆诸刊从。辽主谓石显曰："罪惟在汝，不在汝子。"乃命婆诸刊还，而流石显于边地。盖景祖以计除石显而欲抚有其子与部人也。

婆诸刊蓄怨未发，会活剌浑水纥石烈部腊醅、麻产起兵，婆诸刊往从之。及败于暮棱水，麻产先遁去，婆诸刊与腊醅就擒，及其党与，皆献之辽主。久之，世祖复使人言曰："婆诸刊不还，则其部人自知罪重，因此恐惧，不肯归服。"辽主以为然，遂遣婆诸刊及前后所献罪人皆还之。

桓赧、散达兄弟者，国相雅达之子也。居完颜部邑屯村。雅达称国相，不知其所从来。景祖尝以币与马求国相于雅达，雅达许之。景祖得之，以命肃宗，其后撒改亦居是官焉。

桓赧兄弟尝事景祖。世祖初，季父跋黑有异志，阴诱桓赧欲与为乱。昭肃皇后往邑屯村，世祖、肃宗皆从行，遇桓赧、散达各被酒，言语纷争，遂相殴击，举刃相向。昭肃皇后亲解之，乃止，自是谋益甚。

是时乌春、窝谋罕亦与跋黑相结，诡以乌不屯卖甲为兵端，世祖不得已而与之和。间数年，乌春以其众涉活论、来流二水，世祖亲往拒之。桓赧、散达遂起兵。

肃宗以偏师拒桓赧、散达。世祖畏其合势也，戒之曰："可和则和，否则战。"至斡鲁绀出水，既阵成列，肃宗使盆德勃堇议和。桓赧亦恃乌春之在北也，无和意。盆德报肃宗曰："敌欲战。"或曰："战地迫近村墟，虽胜不能尽敌，宜退军诱之宽地。"肃宗惑之，乃令军少却，未能成列。桓赧、散达乘之，肃宗败焉。桓赧乘胜，大肆钞略。是役也，乌春以久雨不能前，乃罢兵。

世祖闻肃宗败，乃自将，经舍很、贴割两水取桓赧、散达之家、桓赧、散达不知也。世祖焚其所居，杀略百许人而还。未至军，肃宗之军又败。世祖至，责让肃宗失利之状，使欢都、冶诃以本部七谋克助之，复遣人议和。桓赧、散达欲得盈歌之大赤马、辞不失之紫骝马，世祖不许，遂与不术鲁部卜灰、蒲察部撒骨出及混同江左右匹古敦水北诸部兵皆会，厚集为阵，鸣鼓作气驰骋。桓赧恃其众，有必胜之心，下令曰："今天门开矣，悉以尔车自随。凡乌古乃夫妇宝货财产恣尔取之，有不从者俘略之而去。"于是婆多吐水裴满部斡不勃堇附于世祖，桓赧等纵火焚之。斡不死，世祖厚抚其家，既定桓赧，以旧地还之。

桓赧军复来，蒲察部沙祗勃堇、胡补荅勃堇使阿喜间道来告，且问曰："寇将至，吾属何以待之？"世祖复命曰："事至此，不及谋矣。以众从之，自救可也，惟以旗帜自别耳。"每有兵至，则辄遣阿喜穿林潜来，令与毕察往还大道，即故潜往来林中路也。桓赧至北隘甸，世祖将出兵，闻跋黑食于驼满村死矣。乃沿安术虎水行，且欲并取海故术烈速勃堇之众而后战。觇者来报曰："敌至矣。"世祖戒辞不失整军速进，使待于脱豁改原。当是时，桓赧兵众，世祖兵少，众寡不敌。比世祖至军，士气衄甚。世祖心知之而不敢言，但令解甲少憩，以水洗面，饮麨水。顷之，士气稍苏息。是时，肃宗求救于辽，不在军中。将战，世祖屏人独与穆宗私语，兵败，则就与肃宗乞师以报仇。仍令穆宗勿预战事，介马以观胜负，先图去就。乃袒袖韦张弓服矢，以缊袍下幅护前后心，三扬旗，三挝鼓，弃旗提剑，身为军锋，尽锐搏战。桓赧步军以干盾进，世祖之众以长枪击之，步军大败。辞不失从后奋击之，桓赧之骑兵亦败。世祖乘胜逐北，破多退水水为之赤。世祖止军勿追，尽获所弃车甲马牛军实，以战胜告于天地，颁所获于将士，各以功为差。

未几，桓赧、散达俱以其属来降。卜灰犹保撒阿辣村，招之不出。撒骨出据阿鲁绀出村，世祖遣人与之议和，撒骨出谩言为戏，答之曰："我本欲和，壮士巴的懑不肯和，泣而谓我曰：'若果与和，则美衣肥羊不可复得。'是以不敢从命。"遂纵兵俘略邻近村墅。有人从道傍射之，中口死。

卜灰之属曰石鲁，石鲁之母嫁于驼满部达鲁罕勃堇而为之妾。达鲁罕与族兄弟抹腮引勃堇俱事世祖，世祖欲间石鲁于卜灰，谓达鲁罕曰："汝之事我，不如抹腮引之坚固也。"盖谓石鲁母子一彼焉，一此焉，以此撼石鲁。石鲁闻之，遂杀卜灰而降。

石鲁通于卜灰之妾，常惧得罪，及闻世祖言，惑之，使告于达鲁罕曰："将杀卜灰而来，汝待我于江。"伺卜灰睡熟，剚刃于胸而杀之。追者急，白日露鼻匿水中，逮夜，至江，方游以济。达鲁罕使人待之，乃得免。久之，醉酒，而与达鲁罕狠争，达鲁罕杀之。

乌春，阿跋斯水温都部人，以锻铁为业。因岁歉，策杖负檐与其族属来归。景祖与之处，以本业自给。既而知其果敢善断，命为本部长，仍遣族人盆德送归旧部。盆德，乌春之甥也。

世祖初嗣节度使，叔父跋黑阴怀觊觎，间诱桓赧、散达兄弟及乌春、窝谋罕等。乌春以跋黑居肘腋为变，信之，由是颇贰于世祖，而虐用其部人。部人诉于世祖，世祖使人让之曰："吾父信任汝，以汝为部长。今人告汝有实状，杀无罪人，听讼不平，自今不得复尔为也。"乌春曰："吾与汝父等辈旧人，汝为长能几日，于汝何事。"世祖内畏跋黑，恐郡朋为变，故曲意怀抚，而欲以婚姻结其欢心。使与约婚，乌春不欲，笑曰："狗彘之子同处，岂能生育。胡里改与女直岂可为亲也。"乌春欲发兵，而世祖待之如初，无以为端。

加古部乌不屯，亦铁工也，以被甲九十来售。乌春闻之，使人来让曰："甲，吾甲也。来流水以南、匹古敦水以北，皆吾土也。何故辄取吾甲，其亟以归我。"世祖曰："彼以甲来市，吾与直而售之。"乌春曰："汝不肯与我甲而为和解，则使汝叔之子斜葛及斯勒来。"斜葛盖跋黑之子也。世祖度其意非真肯议和者，将以有为也，不欲遣。众固请曰："不遣则必用兵。"不得已，遣之。谓厮勒曰："斜葛无害。彼且执汝矣，半途辞疾勿往。"既行，厮勒曰："我疾作，将止不往。"斜葛曰："吾亦不能独往矣。"同行者强之使行。既见乌春，乌春与斜葛厚为礼，而果执厮勒，曰："得甲则生，否则杀汝。"世祖与其甲，厮勒乃得归。乌春自此益无所惮。

后数年，乌春举兵来战，道斜寸岭，涉活论、来流水，舍于术虎部阿里矮村滓布乃勃堇家。是时十月中，大雨累昼夜不止，冰澌覆地，乌春不能进，乃引去。于是桓赧、散达亦举兵。世祖自拒乌春，而使肃宗拒桓赧。已而乌春遇雨归，叔父跋黑亦死，故世祖得并力于桓赧、散达，一战而遂败之。

斡勒部人杯乃，旧事景祖，至是亦有他志，徙于南毕恳忒村，遂以纵火诬欢都，欲因此除去之，语在《欢都传》中。世祖获杯乃，释其罪，杯乃终不自安，徙居吐窟村，与乌春、窝谋罕结约。乌春举兵度岭，世祖驻军屋辟村以待之。进至苏素海甸，两军皆阵，将战，世祖不亲战，命肃宗以左军战，斜列、辞不失助之，征异梦也。肃宗束缊纵火，大风从后起，火炽烈，时八月，野草尚青，火尽燎，烟焰张天。乌春军在下风，肃宗自上风击之，乌春大败，复获杯乃，献于辽，而城苏素海甸以据之。

纥石烈腊醅、麻产与世祖战于野鹊水。世祖中四创，军败。腊醅使旧贼秃罕等过青岭，见乌春，赂诸部与之交结。腊醅、麻产求助于乌春，乌春以姑里甸兵百十七人助之。世祖擒腊醅献于辽主，并言乌春助兵之状，仍以不修鹰道罪之。辽主使人至乌春问状，乌春惧，乃为谰言以告曰："未尝与腊醅为助也。德邻石之北，姑里甸之民，所管不及此。"

腊醅既败，世祖尽得乌春姑里甸助兵一百十七人，而使其卒长斡善、斡脱往招其众，继遣斜钵勃堇 抚定之。斜钵不能训齐其人，蒲察部故石、跋石等诱三百余人入城，尽陷之。世祖治鹰道还，斜列来告，世祖使欢都为都统，破乌春、窝谋罕于斜堆，故石、跋石皆就擒。世祖自将过乌纪岭，至窝谋海村，胡论加古部胜昆勃堇居，乌延部富者郭赦请分一军由所部伐乌春，盖以所部与乌春近，欲以自蔽故也。乃使斜列、跃盘以支军道其所居，世祖自将大军与欢都合。至阿不塞水，岭东诸部皆会，石土门亦以所部兵来。

是时，乌春前死，窝谋罕闻知世祖来伐，诉于辽人，乞与和解。使者已至其家，世祖军至，窝谋罕请缓师，尽以前所纳亡人归之。世祖使乌林荅故德黑勃堇往受所遣亡者。窝谋罕以三百骑乘懈来攻，世祖败之。辽使恶其无信，不复为主和，乃进军围之。太祖衣短甲行围，号令诸军，窝谋罕使太峪潜出城攻之。太峪驰马援枪，将及太祖，活腊胡击断其枪，太祖乃得免。斜列至斜寸水，用郭赦计，取先在乌春军者二十二人。乌春军觉之，杀二人，余二十人皆得之，益以土军来助。窝谋罕自知不敌，乃遁去。遂克其城，尽以赀产分赉军中，以功为次，诸部皆安辑焉。穆宗常嘉郭赦功，后以斜列之女守宁妻其子胡里罕。

乌春之后为温敦氏，裔孙曰蒲剌。

温敦蒲剌始居长白山阿不辛河，徙隆州移里闵河。蒲剌初从希尹征伐，摄猛安谋克事，遇贼突出，力击败之，手杀二十余人，用是擢修武校尉。天德初，充护卫，迁宿直将军，与众护卫射远，皆莫能及，海陵以玉鞍、衔赏之。往曷懒路选可充护卫者，使还称旨，迁耶卢椀群牧使，改辽州刺史。正隆伐宋，召为武翼军副都总管，将兵二千，至汝州南，遇宋兵二万余，邀击败之，手杀将士十余人。是时，嵩、汝两 州百姓多逃去，蒲剌招集，使之复其业。改莫州刺史，征为太子左卫率府率，再迁陇州防御使，历镇西、胡里改、显德军节度使。致仕，卒。

腊醅、麻产兄弟者，活剌浑水诃邻乡纥石烈部人。兄弟七人，素有名声，人推服之。及乌春、窝谋罕等为难，故腊醅兄弟乘此际结陶温水之民，浸不可制。其同里中有避之者，徙于苾罕村野居女直中，腊醅怒，将攻之，乃约乌古论部骚腊勃堇 、富者挞懒、胡什满勃堇、海罗勃堇、斡茁火勃堇。海罗、斡茁火间使人告野居女直，野居女直有备，腊醅等败归。腊醅乃由南路复袭野居女直，胜之，俘略甚众 。海罗、斡茁火、胡什满畏腊醅，求援于世祖。斜列以轻兵邀击腊醅等于屯睦吐村，败之，尽得所俘。

腊醅、麻产驱掠来流水牧马。世祖至混同江，与穆宗分军。世祖自妒骨鲁津倍道兼行，马多乏，皆留之路傍，从五六十骑，遇腊醅于野鹊水。日已曛，腊醅兵众，世祖兵少，欢都鏖战，出入数四，马中创，死者十数。世祖突阵力战，中四创，不能军。穆宗自庵吐浑津度江，遇敌于蒲卢买水。敌问为谁，应 之曰："欢都。"问者射穆宗，矢著于弓箙。是岁，腊醅、麻产使其徒旧贼秃罕及驼朵剽取户鲁不泺牧马四百，及富者粘罕之马合七百余匹，过青岭东，与乌春、窝谋罕交结。世祖自将伐之，腊醅等伪降，还军。腊醅复求助于乌春、窝谋罕。窝谋罕以姑里甸兵百有十七人助之。腊醅据暮棱水，保固险阻，石显子婆诸刊亦往从之。世祖率兵围之，克其军，麻产遁去，遂擒腊醅及婆诸刊，皆献之辽。尽获其兵，使其卒长斡善、斡脱招抚其众，使斜钵抚定之。复使阿离合懑察暮棱水人情，并募兵与斜钵合，语在《乌春传》。

世祖既没，肃宗袭节度使。麻产据直屋铠水，缮完营堡，招纳亡命，杜绝往来者。恃陶温水民为之助，招之不听，使康宗伐之。是岁，白山混同江大溢，水与岸齐，康宗自阿邻冈乘舟至于帅水，舍舟沿帅水而进。使太祖从东路取麻产家属，尽获之。康宗围麻产急，太祖来会军，于是麻产先亡在外，其人乘夜突围遁去。太祖曰："麻产之家荡尽矣，走将安归。"追之。麻产不知太祖急求已也，与三骑来伺军，其一人坠马下，太祖识之，问状。其人曰："我随麻产来伺军，彼走者二人，麻产在焉。"麻产与其人分道走，太祖命劾鲁古追东走者，而自追西走者。至直屋铠水，失麻产不见，急追之，得遗甲于路，迹而往，前至大泽，泞淖。麻产弃马入萑苇，太祖亦弃马追及之，与之挑战。乌古论壮士活腊胡乘马来，问曰："此何人也。"太祖初不识麻产，佯应曰："麻产也。"活腊胡曰："今亦追及此人邪。"遂下马援枪进战。麻产连射活腊胡，活腊胡中二矢，不能战。有顷，军至，围之。欢都射中麻产首，遂擒之。无有识之者，活腊胡乃前扶其首而视之，见其齿豁，曰："真麻产也。"麻产张目曰："公等事定矣。"遂杀之。太祖献馘于辽。

钝恩，阿里民忒石水纥石烈部人。祖曰劾鲁古，父纳根涅，世为其部勃堇。斡准部人冶刺勃堇、海葛安勃堇暴其族人斡达罕勃堇及诸弟屋里黑、屋徒门，抄略其家，及抄略阿活里勃堇家，侵及纳根涅所部。穆宗使纳根涅以本部兵往治冶刺等。行至苏滨水，辄募人为兵，主者拒之，辄抄略其人。遂攻乌古论部敌库德，入米里迷石罕城。及斡赛、冶诃来问状，止苏滨水西纳木汗村，纳根涅止苏滨水东屋迈村。纳根涅虽款伏而不肯征偿，时甲戌岁十月也。明年八月，纳根涅遁去，斡赛追而杀之，执其母及其妻子以归，而使钝恩复其所。

留可，统门、浑蠢水合流之地乌古论部人，忽沙浑勃堇之子。诈都，浑蠢水安春之子也。间诱奥纯、坞塔两部之民作乱。敌库德、钝恩皆叛而与留可、诈都合。两党扬言曰："徒单部之党十四部为一，乌古论部之党十四部为一，蒲察部之党七部为一，凡三十五部。完颜部十二而已，以三十五部战十二部，三人战一人也，胜之必矣。"世祖降附诸部亦皆有离心。当是时，惟乌延部斜勒勃堇及统门水温迪痕部阿里保勃堇、撒葛周勃堇等皆使人来告难。斜勒，达纪保之子也，先使其兄保骨腊来，既而以其甲来归。阿里保等曰："吾等必不从乱，但乞兵为援耳。"

穆宗使撒改伐留可，使谩都诃伐敌库德。既而太祖以七十甲诣撒改军，中道以四十甲与谩都诃。石土门之军与谩都诃会于米里迷石罕城下。而钝恩将援留可，闻谩都诃之兵寡，以为无备，而未知石土门之来会也，欲先攻谩都诃。谩都诃、石土门迎击，大破钝恩。米里迷石罕城遂降，获钝恩、敌库德，皆释弗诛。太祖至撒改军，明日遂攻破留可城，城中渠帅皆诛之，取其孥累赀产而还。坞塔城亦撤守备而降。留可先在辽，坞塔已脱身在外，由是皆未获。诈都亦诣蒲家奴降，太祖释之。于是，诸部皆安业如故。久之，留可、坞塔皆来降。

阿疏，星显水纥石烈部人。父阿海勃堇 事景祖、世祖。世祖破乌春还，阿海率官属士民迎谒于双宜大泺，献黄金五斗。世祖喻之曰："乌春本微贱，吾父抚育之，使为部长，而忘大恩，乃结怨于我，遂成大乱，自取灭亡。吾与汝等三十部之人，自今可以保安休息。吾大数亦将终。我死，汝等当念我，竭力以辅我子弟，若乱心一生，则灭亡如乌春矣。"阿海与众跪而泣曰："太师若有不讳，众人赖谁以生，勿为此言。"未几，世祖没，阿海亦死，阿疏继之。

阿疏自其父时常以事来，昭肃皇后甚怜爱之，每至，必留月余乃遣归。阿疏既为勃堇，尝与徒单部诈都勃堇争长，肃宗治之，乃长阿疏。

穆宗嗣节度，闻阿疏有异志，乃召阿疏赐以鞍马，深加抚谕，阴察其意趣。阿疏归，谋益甚，乃斥其事。复召之，阿疏不来，遂与同部毛睹禄勃堇等起兵。

穆宗自马纪岭出兵攻之。撒改自胡论岭往略，定潺春、星显两路，攻下钝恩城。穆宗略阿茶桧水，益募军，至阿疏城。是日辰巳间，忽暴雨，晦暝，雷电下阿疏所居，既又有大光，声如雷，坠阿疏城中。识者以谓破亡之征。

阿疏闻穆宗来，与其弟狄故保往诉于辽。辽人来止勿攻。穆宗不得已，留劾者勃堇守阿疏城而归。金初亦有两劾者，其一撒改父，赠韩国公。其一守阿疏城者，后赠特进云。

劾者以兵守阿疏城者二年矣。阿疏在辽不敢归，毛睹禄乃降。辽使复为阿疏来。穆宗闻之，使乌林荅石鲁济师，且戒劾者令易衣服旗帜与阿疏城中同色，使辽使不可辨。辽使至，乃使蒲察部胡鲁勃堇、邈逊勃堇与俱至劾者军，而军中已易衣服旗帜，与阿疏城中如一，辽使果不能辨。劾者诡曰："吾等自相攻，干汝何事，谁识汝之太师。"乃刺杀胡鲁、邈逊所乘马，辽使惊怖走去，遂破其城。狄故保先归，杀之。

阿疏闻穆宗以计却辽使，破其城，杀狄故保，复诉于辽。辽使奚节度使乙烈来问状，且使备偿阿疏。穆宗复使主隈、秃荅水人伪阻绝鹰路者，而使鳖故德部节度使言于辽，平鹰路非己不可。辽人不察也，信之。穆宗畋于土温水，谓辽人曰："吾平鹰路也。"辽人以为功，使使来赏之。穆宗尽以其物与主隈、秃荅之人而不复备偿阿疏。辽人亦不复问。

阿疏在辽无所归，后二年，使其徒达纪至生女直界上，曷懒甸人畏穆宗，执而送之，阿疏遂终于辽。

及太祖伐辽，底辽之罪告于天地，而以阿疏亡命辽人不与为言，凡与辽往复书命必及之。天辅六年，阇母、娄室略定天德、云内、宁边、东胜等州，获阿疏。军士问之曰："尔为谁?"曰："我破辽鬼也。"

赞曰：金之兴也，有自来矣。世祖擒腊醅、婆诸刊，既献之辽以为功，则又曰："若不遣还，其部人疑惧，且为乱阶。"辽人不察，尽以前后所献罪人归之。景祖止曷鲁林牙、止同干，穆宗止辽使阿疏城，始终以鹰路误之，而辽人不悟。景祖有黄马，服乘如意，景祖没，辽贵人争欲得之。世祖弗与，曰："难未息也，马不可以与人。"遂割其两耳，谓之秃耳马，辽贵人乃弗取。其削平诸部则借辽以为己重，既献而求之则市以为己重。战阵一良马终弗与辽人，而辽人终不悟，岂兴亡有数，盖天夺其魄欤。

奚，与契丹俱起，在元魏时号库莫奚，历宇文周、隋、唐，皆号兵强。其后契丹破走奚，奚西保冷陉，其留者臣服于契丹，号东、西奚。厥后辽太祖称帝，诸部皆内属矣。铁勒者，古部族之号，奚有其地，号称铁勒州，又书作铁骊州。奚有五王族，世与辽人为昏，因附姓述律氏中，事具《辽史》，今不载。

奚有十三部、二十八落、一百一帐、三百六十二族。甲午岁，太祖破耶律谢十，诸将连战皆捷，奚铁骊王回离保以所部降，未几，遁归于辽。及辽主使使请和，太祖曰："归我叛人阿疏、降人回离保、迪里等，余事徐议之。"久之，辽主至鸳鸯泺，都统杲袭之，亡走天德。

回离保与辽大臣立秦晋国王耶律捏里于燕京。捏里死，萧妃权国事。太祖入居庸关，萧妃自古北口出奔。回离保至卢龙岭，遂留不行，会诸奚吏民于越里部，僭称帝，改元天复，改置官属，籍渤海、奚、汉丁壮为军。太祖诏回离保曰："闻汝胁诱吏民，僭窃位号。辽主越在草莽，大福不再。汝之先世臣服于辽，今来臣属，与昔何异。汝与余睹有隙，故难其来。余睹设有睚眦，朕岂从之。傥能速降，尽释汝罪，仍俾主六部族，总山 前奚众，还其官属财产。若尚执迷，遣兵致讨，必不汝赦。"回离保不听。天辅七年五月，回离保南寇燕地，败于景、蓟间，其众奔溃。耶律奥古哲及甥八斤、家奴白底哥等杀之。其妻阿古闻之，自刭而死。

先是，速古部人据劾山，奚路都统挞懒招之不服，往讨之。铁泥部众扼险拒战，杀之殆尽。至是，速古、啜里、铁泥三部所据十三岩皆讨平之。达鲁古部节度使乙列已降复叛，奚马和尚讨达鲁古并五院司等诸部，诸部皆降，遂执乙列，杖之一百，其父及其家人先被获者皆还之。

初，太祖破辽兵于达鲁古城，九百奚营来降。至是，回离保死，奚人以次附属，亦各置猛安谋克领之。

赞曰：库莫奚、契丹起于汉末，盛于隋、唐之间，俱强为邻国，合并为群臣，历八百余年，相为终始。奚有五，大定间，类族著姓有遥里氏、伯德氏、奥里氏、梅知氏、揣氏。

卷六十八　列传第六

欢都子谋演　**冶诃**子阿鲁补　骨赧　讹古乃　蒲查

欢都，完颜部人。祖石鲁，与昭祖同时同部同名，交相得，誓曰："生则同川居，死则同谷葬。"土人呼昭祖为勇石鲁，呼石鲁为贤石鲁。

初，乌萨扎部有美女名罢敌悔，青岭东混同江蜀束水人掠而去，生二女，长曰达回，幼曰滓赛。昭祖与石鲁谋取之，遂偕至岭右，炷火于箭端而射。蜀束水人怪之，皆走险阻，久之，无所复见，却还所居。昭祖及石鲁以众至，攻取其赀产，虏二女子以归。昭祖纳其一，贤石鲁纳其一，皆以为妾。是时，诸部不肯用条教，昭祖耀武于青岭、白山，入于苏滨、耶懒之地，贤石鲁佐之也。其后别去。

至景祖时，石鲁之子劾孙举部来归，居于安出虎水源胡凯山南。胡凯山者，所谓和陵之地是也。

欢都，劾孙子。世祖初，袭节度使。而跋黑以属尊，蓄异谋，不可制。诸部不肯受约束，相继为变。欢都入与谋议，出临战阵，未尝去左右。

斡勒部人杯乃，自景祖时与其兄弟俱居安出虎水之北，及乌春作难，杯乃将与乌春合，间诱斡鲁绀出水居人与之相结，欲先除去欢都。会其家被火，阴约隶人不歌束，诡称放火乃欢都、胡土二人，使注都来谓世祖曰："不歌束来告曰'前日之火，欢都等纵之'。若不弃旧好，其执纵火之人以来。"世祖疑之。石卢斡勒勃堇曰："杯乃兄弟也，岂以一二人之故，而与兄弟构怨乎。彼自取之，又将尤谁，不如与之便。"欢都被甲执戟而起曰："彼为乱之人也，若取太师兄弟，则亦与之乎。今取我辈，我辈决不可往，若必用战，当尽力致死。"穆宗曰："壮哉欢都，以我所见，正如此尔。"赠欢都以马，曰："战则乘此。"众皆称善。世祖乃往见杯乃，隔鳖刺水而与之言曰："不歌束既告纵火 由欢都等，谨当如约。当先遣不歌束来。"不歌束至，世祖于马前杀之，使杯乃见之。既而闻之，放火者杯乃家人阿出胡山也，杯乃欲开此衅，故以诬欢都云。

腊醅、麻产与世祖遇于野鹊水。日已曛，惟从五六十骑，欢都入敌阵鏖击之，左右出入者数四，世祖中创乃止。乌春、窝谋罕据活刺浑水，世祖既许之降，遂还军。于是骚腊勃堇、富者挞懒观胜负不助军，而骚腊、挞懒先曾与腊醅、麻产合，世祖欲因军还而遂灭之，驰马前进。挞懒者，贞惠皇后之弟也。欢都下马执辔而谏曰："独不念爱弟蒲阳温与弟妇乎。"世祖感其言，遂止。蒲阳温者，汉语云幼弟也。世祖母弟中穆宗最少，故云然。穆宗德欢都言，后以挞懒女曷罗哂妻其子谷神。太祖追麻产，欢都射中其首，遂获之。辽人命穆宗、太祖、辞不失、欢都俱为详稳。

斡善、斡脱以姑里甸兵来归，使斜钵勃堇抚定之。蒲察部故石、拔石等，诱其众入城，陷三百余人。欢都为都统，往治斜钵失军之状，尽解斜钵所将军、大破乌春、窝谋罕于斜堆，擒故石、拔石。

初，耶悔水纳喝部撒八之弟曰阿注阿，与人争部族官，不得直，来归穆宗。阿注阿之甥曰三滨、曰撒达。辞不失破乌春窝谋罕城，获三滨、撒达，并获其母，以为次室，抚其二子。撒达告阿注阿必为变，不信而杀之。撒达临刑叹曰："后必知之。"至是，阿注阿果为变。因穆宗晨出猎，纠率七八人操兵入宅，夺据寝门，劫贞惠皇后及家人等。欢都入见阿注阿曰："汝辈所谋之事奈何。闺门眷属岂足劫质，徒使之惊恐耳。汝固识我，盍以我为质也。"再三言之，阿注阿从之，贞惠皇后乃得解，而质欢都。而撒改、辞不失使人告急于猎所。穆宗亦心动，罢猎。中途逢告者，日午至，阿注阿谓穆宗曰："可使系案女直知名官僚相结，送我兄弟亲属由咸州路入辽国，库金厩马与我勿惜，欢都亦当送我至辽境，然后还。"而要穆宗盟，穆宗皆从之。遂执欢都及阿鲁太弯、阿鲁不太弯 等七人，以衣裾相结，与阿注阿俱行，至辽境，乃释欢都。欢都至济州，实黄龙府，使人驰驿要遮阿注阿党属，惟纵其亲人使去。遂杀三滨并其母，具报于辽，乞还阿注阿，辽人流之曷董城。其后，阿注阿怀思乡土，亡归，附于系案女直，因乱其官僚之室，捕之，不伏，乃见杀。

穆宗袭位之初，诸父之子习烈、斜钵及诸兄有异言，曰："君相之位，皆渠辈为之，奈何?"欢都曰："汝辈若纷争，则吾必不默默但已。"众闻之遂帖然，自是不复有异言者。

欢都事四君，出入四十年，征伐之际遇敌则先战，广廷大议多用其谋。世祖尝曰："吾有欢都，则何事不成。"肃宗时，委任冠于近僚。穆宗嗣位，凡图辽事皆专委之。康宗以为父叔旧人，尤加敬礼，多所补益。

康宗十一年癸巳二月，得疾，避疾于米里每水，薨，年六十三。丧归，康宗亲迓于路，送至其家，亲视葬事。天会十五年，追赠仪同三司、代国公。明昌五年，赠开府仪同三司，谥曰忠敏。子谷神、谋演。谷神别有传。

谋演，当阿注阿之难，从欢都代为质。后与宗峻俱侍太祖，宗峻坐谋演上，上怒，命坐其下。孛堇老孛论、拔合汝、辖拔速三人争千户，上曰："汝辈能如欢都父子有劳于国者乎。"乃命谋演为千户，三人者皆隶焉，其眷顾如此。天辅五年十二月卒，天会十五年赠太子少傅。

冶诃系出景祖，居神隐水完颜部，为其部勃堇。与同部人把里勃堇，斡泯水蒲察部胡都化勃堇、厮都勃堇，泰神忒保水完颜部安团勃堇，统门水温迪痕部活里盖勃堇，俱来归，金之为国，自此益大。

肃宗拒桓赧已再失利，世祖命欢都、冶诃，以本部谋克之兵助之。冶诃与欢都常在世祖左右，居则与谋议，出则莅行阵，未尝不在其间。

天会十五年，赠银青光禄大夫。明昌五年，赠特进，谥忠济，与代国公欢都、特进劾者、开府仪同三司盆纳、仪同三司拔达，俱配享世祖庙廷。

冶诃子阿鲁补、骨赧、讹古乃、散荅。散荅子蒲查。

阿鲁补，冶诃之子。为人魁伟多智略，勇于战。未冠从军，下咸州、东京。辽人来取海州，从勃堇麻吉往援，道遇重敌，力战，斩首千级。从斡鲁古攻豪、懿州，以十余骑破敌七百，进袭辽主。阿鲁补徇北地，招降营帐二十四，民户数千。时已下西京，阇母攻应州未下，退营于州北十余里，夜遣阿鲁补率兵四百伺敌，城中果出兵三千来袭，阿鲁补道与之遇，斩首百余，获马六十。后辽兵三万出马邑之境，以千兵击之，斩其将于阵。

天会初，宋王宗望讨张觉于平州，闻应州有兵万余来援，遣阿鲁补与阿里带迎击之，斩馘数千而还。复从其兄虞划，率兵三千攻乾州，虞划道病卒，代领其众，至乾州，降其军及营帐三十，获印四十，与仆虺攻下义州。

宗望伐宋，与郭药师战于白河。宗望命阿鲁补以二谋克先登，奋战，赏赉特异。至汴，破淮南援兵，斩其二将。大军退次孟阳。姚平仲夜以重兵来袭，阿鲁补适当其中，力战败之。既还，闻大名、开德合兵十余万来争河。至河上，知去敌尚远，乃以轻兵夜发，诘旦至卫县，遇敌，斩首数千级，余皆溃去。师次邢州，滹沱桥已焚，阿鲁补先以偏师营于水上，比军至而桥成。宗望嘉其功，出真定库物赏之，为长胜军千户。

及再伐宋，从宗望破敌于井陉，遂下栾城。师自大名济河，阿鲁补屯于洺州之境。时康王留相州，大名府以兵来攻我营，阿鲁补乘夜以骑二百潜出其后，反击败之。居数日，敌复来，苏统制以兵二万先至，阿鲁补乘其未集，以三百骑出战，大败其众，生擒苏统制，杀之。大军既克汴京，攻洺州，败大名救兵，遂下洺州。从挞懒攻恩州还，洺人复叛，阿鲁补先至城下，城中出兵来战，败之，执其守佐，，遂与蒲鲁欢取信德军。

梁王宗弼取开德，阿鲁补以步兵五千赴之。大名境内多盗，命阿鲁补留屯其地。贼犯莘县，闻阿鲁补至，即溃去，追袭一昼夜，至馆陶及之，皆俘以归。

从宗弼袭康王，即渡淮，阿鲁补以兵四千留和州，总督江、淮间戍将，以讨未附郡县。遂攻下太平州，隳其城。庐州叛，以偏师讨之，败其骑六千，擒三校。明日复破敌二万于慎县，斩首五百。张永合步骑数万来战，阿鲁补兵止二千，敌围之，阿鲁补溃围力战，竟败之，追杀四十里，获马三百而还。再攻庐州，与迪古不败敌万众于拓皋，至庐州，骑兵五百出战，败之，斩其二校。师还。宗弼趋陕西，道闻大名复叛，遣阿鲁补经略之，独与译者至城下，招之，大名果降。翌日，下令民间兵器，悉上送官，于是吏民按堵如故。为大名开德路都统。

齐国建，阿鲁补屯兵于汴城外。天会十五年，诏废齐国，已执刘麟，阿鲁补先入汴京备变。明年，除归德尹。割河南地与宋，入为燕京内省使。宗弼复河南，阿鲁补先济河，抚定诸郡，再为归德尹、河南路都统。宋兵来取河南地，宗弼召阿鲁补，与许州韩常、颍州大臭、陈州赤盏晖、皆会于汴，阿鲁补以敌在近，独不赴。而宋将岳飞、刘光世等，果乘间袭取许、颍、陈三州，旁郡 皆响应。其兵犯归德者，阿鲁补连击败之，复取亳、宿等州，河南平，阿鲁补功最。

皇统五年，为行台参知政事，授世袭猛安，兼合扎谋克。改元帅右监军，婆速路统军，归德军节度使，累阶仪同三司。

其在汴时，尝取官舍材木，构私第于恩州，至是事觉，法当"议勋"、"议亲"。海陵尝在军中，恶阿鲁补，诏曰："若论勋劳，更有过于此者。况官至一品，足以酬之。国家立法，贵贱一也，岂以亲贵而有异也。"遂论死。年五十五。

阿鲁补以将家子从征伐，屡立功，历官有惠爱，得民心。及死，人皆惜之。大定三年，赠仪同三司，诏以其子为右卫将军，袭猛安及亲管谋克，赐银五百两、重彩二十端、绢三百匹。

骨赧，冶诃子，善骑射，有材干。从讨桓赧、散达、乌春、窝谋罕、留可之叛，皆有功。从太祖伐辽，骨赧从军战宁江州出河店，破辽主亲军，皆以力战受赏，袭其父谋克。领秦王宗翰千户，攻下中、西两京。

宗翰伐宋，围太原未下，宗翰还西京，骨赧以右翼军佐银术可守太原。是时汾州、团柏、榆次、岚、宪、潞皆有兵来援，骨赧凡四战，皆破之。大军围汴，骨赧引万户军，屡败其援兵。宪、潞等州复叛，骨赧引兵复取之，并收抚保德、火山而还。

后领军镇夏边，在职十二年。天会八年，授世袭猛安。天眷初，为天德军节度使，致仕。累迁开府仪同三司，卒，年八十五。子喜哥袭猛安，加宣武将军。

讹古乃，冶诃子，姿质魁伟。年十四，隶秦王宗翰军中，常领兵行前为侦候。及大军袭辽主，讹古乃以甲骑六十，追辽招讨徒山，获之，又以七骑追获辽公主牙不里以献。有军来为辽援，方临阵，中有跃马而出者，军帅谓之曰："尔能为我取此乎?"讹古乃曰："诺。"果生擒而还，问其名，曰同瓜，盖北部中之勇者也。

讹古乃善驰驿，日能千里。及伐宋，屡遣将命以行。天会八年，从秦王在燕，闻余睹反于西北，秦王令讹古乃驰驿以往，讹古乃黎明走天德，及至，日未曛也。

皇统元年，以功授宁远大将军，迭刺唐古部节度使。五年，授千户。六年，迁西北路招讨使。九年，再迁天德尹、西南路招讨使。天德二年，召见。四年，迁临洮尹，加金紫光禄大夫。卒官，年五十三。

蒲查，自上京梅坚河徙屯天德。初为元帅府扎也，使于四方称职，按事能得其实，领猛安。皇统间，除同知开远军节度使，斥候严整，边境无事。正隆初，为中都路兵马判官。是时，京畿多盗，蒲查捕得大盗四十余人，百姓稍安。改安化军节度副使。大定二年，领行军万户，充邳州刺史、知军事，领本州万户，管所屯九猛安军，昌武军节度使，山东副都统。撒改南征，元帅府以蒲查行副统事。入为太子少詹事，再迁开远军节度使，袭伯父骨赧猛安，历婆速路兵马都总管，西北路招讨使，卒。

蒲查性廉洁忠直，临事能断，凡被任使，无不称云。

赞曰：贤石鲁与昭祖为友，欢都事景祖、世祖为之臣。盖金自景祖始大，诸部君臣之分始定，故传异姓之臣，以欢都为首。冶诃虽宗室，与欢都同功，故列叙焉。

卷六十九　列传第七

太祖诸子

宗隽本名讹鲁观　宗杰本名没里野　宗强本名阿鲁　爽本名阿邻　可喜　阿琐　宗敏本名阿鲁补　元

太祖圣穆皇后生景宣帝、丰王乌烈、赵王宗杰。光懿皇后生辽王宗干。钦宪皇后生宋王宗望、陈王宗隽、沛王讹鲁。宣献皇后生睿宗、豳王讹鲁朵。元妃乌古论氏生梁王宗弼、卫王宗强、蜀王宗敏。崇妃萧氏生纪王习泥烈、息王宁吉、莒王燕孙。娘子独奴可生郕王斡忽。宗干、宗望、宗弼自有传。

宗隽，本名讹鲁观。天会十四年，为东京留守。天眷元年，入朝，与左副元帅挞懒建议，以河南、陕西地与宋。俄为尚书左丞相，加开府仪同三司，兼侍中，封陈王。二年，拜太保，领三省事，进封兖国王，既而以谋反，诛。

宗杰，本名没里野。天会五年，薨。天会十三年，谥孝悼。天眷元年，追封越王。以其长子奭为会宁牧，封邓王。后为上京留守，再改燕京、西京。皇统三年，薨。子阿楞、挞楞。海陵为相，将谋弑立，构而杀之。海陵篡立，并杀宗杰妻。大定间，赠宗杰太师，进封赵王。

宗强，本名阿鲁。天眷元年，封纪王。三年，代宗固为燕京留守，封卫王，太师。皇统二年十月，薨，辍朝七日。丧至上京，上亲临哭之恸，仍亲视丧事。子阿邻、可喜、阿琐。爽，本名阿邻。天德三年，授世袭猛安。正隆二年，除横海军节度使，改安武军，留京师奉朝请。海陵将伐宋，严酒禁，爽坐与其弟阿琐，及从父兄京、徒单贞会饮，被杖，下迁归化州刺史，夺猛安。未几，复除安武军节度使。

海陵渡淮，分遣使者翦灭宗室，爽忧惧不知所出。会世宗即位东京，宗室璋推爽弟阿琐行中都留守，遣人报爽。爽弃妻子来奔，与弟忻州刺史可喜，俱至中都。东迎车驾，至梁鱼务入见，世宗大悦，即除殿前马步军都指挥使。封温王，改秘书监。母忧，寻起复，迁太子太保，进封寿王。

顷之，世宗第五女蜀国公主下嫁唐括鼎，赐宴神龙殿，谓爽曰："朕与卿兄弟，在正隆时，朝夕常惧不保，岂意今日赖尔兄弟之福，可以享安乐矣。"爽泣下，顿首谢。未几，判大宗正事，太子太保如故。

爽有疾，诏除其子符宝祗候思列为忠顺军节度副使。爽入谢，上曰："朕以卿疾，使卿子迁官，冀卿因喜而愈也。思列年少，未闲政事，卿训以义方，使有善可称，别加升擢。"爽疾少间，将从上如凉陉，赐钱千万，进封英王，转太子太傅。复世袭猛安，进封荣王，改太子太师。

显宗长女邺国公主下嫁乌古论谊，赐宴庆和殿，爽坐西向，迎夕照，面发赤似醉。上问曰："卿醉邪?"对曰："未也，臣面迎日色，非酒红也。"上悦，顾群臣曰："此弟出言，未尝不实，自小如此。"因谓显宗兄弟曰："汝等可以为法。"以爽赀用有阙，特赐钱一万贯。二十三年，爽疾久不愈，敕有司曰："荣王告满百日，当给以王俸。"

既薨，上悼痛，辍朝，遣官致祭，赙银千两、重彩四十端、绢四百匹。陪葬山陵，亲王、百官送葬。他日，谓大臣曰："荣王之葬，朕以不果亲送为恨。"其见友爱如此。

可喜，以宗室子，累官唐括部族节度使，降忻州刺史。海陵遣使杀之，可喜闻世宗即位，即弃州来归，与其兄归化州刺史阿邻会于中都。是时，弟阿琐权中都留守事，可喜谓阿邻曰："阿琐愚戆，恐不能抚治，欲少留以助之。"阿邻乃行。可喜留中都，闻世宗发东京，乃迎见于麻吉铺。除兵部尚书，佩金牌，将兵往南京。行至中都，闻南京已定，遂止。

可喜材武过人，狠戾好乱，自以太祖孙，颇有异志。世宗初至中都，倥偬多事，扈从诸军未暇行赏，或有怨言。昭武大将军斡论，正隆末，被诏佩金牌，取河南兵四百人，监完颜毂英军于归化，次彰德。会独吉和尚持大定赦文至。和尚使人招之，斡论不听，率兵来迎，和尚亦以所将蒲辇兵，列阵待之。斡论兵皆不肯战，遂请降。和尚邀之入相州，收其甲兵，置酒相劳，斡论托腹疾，不肯饮。至夜，已张灯，时时出门，与其心腹密谋，欲就执和尚。稍具弓矢，和尚觉之，佯为不知，使其从者迫而伺之，斡论不得发。上至中都近郊，斡论上谒，上亦抚慰之。斡论自慊，初无降志。及河南统军司令史斡里朵，为人狡险，喜图事，斡论取兵于河南统军使陀满讹里也，斡里朵与俱来，俱不自安。同知延安尹李惟忠，与熙宗弑逆，构杀韩王亨，世宗疏斥之。同知中都留守璋，初自领其职，因而授之。完颜布辉为副统，以罪解职，居京师。于是可喜、斡论、李惟忠、斡里朵、璋、布辉谋，欲因扈从军士怨望作乱。斡论曰："押军猛安沃窟剌，必不违我。"惟忠曰："惟忠尝为神翼军总管，有两银牌尚在，可以矫发内藏赏士。万户高松与我旧，必见听。”众曰：“若得此军，举事无难矣。”斡论往约沃窟剌，沃窟剌从之。惟忠往说高松，高松不听，语在《松传》。

大定二年正月甲戌，上谒山陵，可喜中道称疾而归。乙亥夜，召斡论、惟忠、斡里朵、璋、布辉会其家，沃窟剌以兵赴之，璋曰：“今不高松军，事不可成矣。”可喜、璋、布辉乃擒斡论、惟忠、斡里朵、沃窟剌，诣有司自首。既下诏狱，可喜不肯自言其始谋，及与斡论面质，然后款伏。上念兄弟少，太祖孙惟数人在，恻然伤之。诏罪止可喜一身，其兄弟子孙皆不缘坐。遂诛斡论、惟忠、斡里朵、沃窟剌等，其沃窟剌下谋克士卒皆释之。除璋彰化军节度使，布辉浚州防御使。辛巳，诏天下。是日，赐扈从万户银百两，猛安五十两，谋克绢十匹，甲士绢五匹、钱六贯，阿里喜以下赐各有差。

阿琐，宗强之幼子也。长身多力。天德二年，以宗室子，授奉国上将军，累加金吾卫上将军，居于中都。

海陵伐宋，以左卫将军蒲察沙离只同知中都留守事，佩金牌，守管籥。世宗即位东京，阿琐与璋率守城军官乌林荅石家奴等，入留守府，杀沙离只、府判抹撚撒离喝。众以阿琐行留守事，璋自署同知留守事，即遣谋克石家奴、乌林荅愿、蒲察蒲查、大兴少尹李天吉子磐等，奉表东京。

大定二年，授横海军节度使，赐以名鹰，诏曰：“卿方年少，宜自戒慎，留心政事。”改武定军，以母忧去官。起复兴平军节度使，赐以袭衣厩马。迁广宁尹，坐赃一万四千余贯，诏杖八十，削两阶，解职。入见于常武殿，上曰：“朕谓汝有才力，使之临民。今汝在法当死，朕以亲亲之故，曲为全贷。当思自今戒惧，勿复使恶声达于朕听。”改平凉、济南尹，卒官，年三十七。上命有司致祭，赙银千两、重彩四十端、绢四百匹。

宗敏，本名阿鲁补。天眷元年，封邢王。皇统三年，为东京留守，拜左副元帅，兼会宁牧。进拜都元帅，兼判大宗正事。再迁太保，领三省事，兼左副元帅，领行台尚书省事，封曹国王。

海陵谋弑立，畏宗敏属尊且材勇，欲构诬以除之。时熙宗屡杀大臣，宗敏忧之，谓海陵曰：“主上喜残杀，而国家事重，奈何。”宗敏言时，适左右无人，海陵将以此为指斥构害之，自念无证不可发，乃止。

及弑熙宗，使葛王召宗敏。葛王者，世宗初封也。宗敏闻海陵召，疑惧不敢往。葛王曰：“叔父今不即往，至明日，如何与之相见。”宗敏入宫，海陵欲杀之，尚犹豫，以问左右。乌带曰：“彼太祖子也，不杀之，众人必有异议，不如除之。”乃使仆散忽土杀之，忽土刃击宗敏，宗敏左右走避，肤发血肉，狼藉遍地。葛王见杀宗敏，问于众曰：“国王何罪而死？”乌带曰：“天许大事，尚已行之，此虮虱耳，何足道者。”天德三年，海陵追封宗敏为太师，进封爵。妃蒲察氏，进国号。封子撒合辇舒国公，赐名褒，进封王；阿里罕封密国公。正隆六年，契丹撒八反，海陵遣使杀诸宗室，阿里罕遂见杀。大定间，诏复官爵。

胙王元，景宣皇帝峻子也，本名常胜，为北京留守，弟查剌为安武军节度使。

皇统七年四月戊午，左副点检蒲察阿虎特子尚主，进礼物，赐宴便殿。熙宗被酒，酌酒赐元，元不能饮，上怒，仗剑逼之，元逃去。命左丞宗宪召元，宗宪与元俱去，上益怒，是时户部尚书宗礼在侧，使之跪，手杀之。

海陵与唐括辩谋废立，海陵曰：“若举大事，谁当立者。”海陵意谓己乃太祖长房之孙，当立。而辩与秉德初意不在海陵，常胜乃熙宗之弟，辩答曰：“无胙王常胜乎。”海陵复问其次，辩曰：“邓王子阿楞。”海陵曰：“阿楞属疏。”由是海陵谓胙王有人望，不除之将不得立，故心忌常胜并阿楞。是时，阿楞方为奉国上将军。

河南军士孙进自称“皇弟按察大王”，熙宗疑“皇弟”二字或在常胜也，使特思鞫之，无状。特思乃尝疑海陵与唐括辩时时窃议，告之悼后者。海陵知熙宗有疑常胜心，因此可以除之，谓熙宗曰：“孙进反有端，不称他人，乃称皇弟大王。陛下弟止有常胜、查剌。特思鞫不以实，故出之矣。”熙宗以为然，使唐括辩、萧肄按问特思，特思自诬服，故出常胜罪。于是，乃杀常胜及其弟查剌，并杀特思。海陵乘此并挤阿楞杀之。阿楞弟挞楞，熙宗本无意杀之，海陵曰：“其兄既已伏诛，其弟安得独存。”又杀之。熙宗以海陵为忠，愈益任之，而不知其诈也。

海陵篡立，追封常胜、查剌、阿楞官爵，亲临葬所致祭。大定十三年六月丁巳，世宗召皇太子诸王，侍食于清辉殿，曰：“或称海陵多能，何也。海陵谲诈，睢盱杀人，空虚天下三分之二。太祖诸孙中，惟胙王元天性贤者也。”

元子育，本名合住，大定二十七年，自南京副留守迁大宗正丞，兼劝农副使。上问宰臣曰：“合住为人如何？”平章政事襄、参政宗浩对曰：“为人清廉干治。”上曰：“乃父亦然。”又曰：“蒲阳温胙王元，外若愚讷，临事明敏过人。朕于兄弟间，于元尤款密。”

赞曰：“太祖躬擐甲胄，以定国家，举无遗策，而诸子勇略材识，足以遂父之志。传及太宗，而诸孙享其成矣。

卷七十　　列传第八

撒改　**宗宪**本名阿懒　**习不失**
宗亨本名挞不也　**宗贤**本名赛里　**石土门**
忠本名迪古乃　**习室**　**思敬**本名撒改

撒改者，景祖孙，韩国公劾者之长子，世祖之兄子也。劾者于次最长。景祖方计定诸部，爱世祖胆勇材略。及诸子长，国俗当异宫居，而命劾者与世祖同邸，劾者专治家务，世祖主外事。世祖袭节度使，越劾孙而传肃宗、穆宗，皆景祖志也。穆宗初袭位，念劾者长兄不得立，遂命撒改为国相。

穆宗履藉父兄趾业，锄除强梗不服已者，使撒改取马纪岭道攻阿疏，穆宗自将，期阿疏城下会军。撒改行次阿不塞水，乌延部斜勒勃堇来谒，谓撒改曰："闻国相将与太师会军阿疏城下，此为深入必取之策，宜先抚定潺蠢、星显之路，落其党附，夺其民人，然后合军未晚也。"撒改从之，攻钝恩城，请济师，穆宗与之，撒改遂攻下钝恩城，而与穆宗来会阿疏城下。钝恩在南，阿疏在北，穆宗初遣撒改分道，即会攻阿疏。闻其用斜勒计，先取钝恩城，与初议不合，颇不然之。及辽使来止勿攻阿疏，然后深以先取钝恩城为功也。及以国相都统讨留可、诈都、坞塔等军，而阿疏亡入于辽，终不敢归，留可、诈都、坞塔、钝恩皆降。

康宗没，太祖称都勃极烈，与撒改分治诸部，匹脱水以北太祖统之，来流水人民撒改统之。明年甲午，嗣节度命方至。

辽主荒于游畋，政事怠废，太祖知辽可伐，遂起兵。九月，与辽人战于界上，获谢十，太祖使告克于撒改，赐以所获谢十乘马，撒改及将士皆欢呼曰："义兵始至辽界，一战而胜，灭辽必自此始矣。"遣子宗翰及完颜希尹来贺捷，因劝进，太祖未之从也。十月，师克宁江州，破辽师十万于鸭子河，师还。十二月，太宗及撒改、辞不失率诸将复劝进。收国元年正月朔，太祖即位，撒改行国相如故。伐辽之计决于迪古乃，赞成大计实自撒改启之。撒改自以宗室近属，且长房，继肃宗为国相，既贵且重，故身任大计，赞成如此，诸人莫之或先也。

太祖即位后，群臣奏事，撒改等前跪，上起，泣止之曰："今日成功，皆诸君协辅之力，吾虽处大位，未易改旧俗也。"撒改等感激，再拜谢。凡臣下宴集，太祖尝赴之，主人拜，上亦答拜。天辅后，始正君臣之礼焉。七月，太宗为谙版勃极烈，撒改国论勃极烈，辞不失阿买勃极烈，杲国论昊勃极烈。勃极烈，女直之尊官也。太祖自正位号，凡半岁，未闻有封拜。太宗介弟优礼绝等，杲母弟之最幼者，撒改、辞不失以宗室，同封拜。九月，加国论胡鲁勃极烈。天辅五年，薨。太祖往吊，乘白马，剺额哭之恸。及葬，复亲临之，赗以所御马。

撒改为人，敦厚多智，长于用人，家居纯俭，好稼穑。自始为国相，能驯服诸部，讼狱得其情，当时有言："不见国相，事何从决。"及举兵伐辽，撒改每以宗臣为内外倚重，不以战多为其功也。天会十五年，追封燕国王。正隆降封陈国公。大定三年，改赠金源郡王，配飨太祖庙廷，谥忠毅。十五年，诏图像于衍庆宫。子宗翰、宗宪。宗翰别有传。

宗宪本名阿懒。颁行女直字书，年十六，选入学。太宗幸学，宗宪与诸生俱谒，宗宪进止恂雅，太宗召至前，令诵所习，语音清亮，善应对。侍臣奏曰："此左副元帅宗翰弟也。"上嗟赏久之。兼通契丹、汉字。未冠，从宗翰伐宋，汴京破，众人争趋府库取财物，宗宪独载图书以归。朝廷议制度礼乐，往往因仍辽旧，宗宪曰："方今奄有辽、宋，当远引前古，因时制宜，成一代之法，何乃近取辽人制度哉。"希尹曰："而意甚与我合。"由是器重之。

挞懒、宗隽唱议以齐地与宋，宗宪廷争折之，当时不用其言，其后宗弼复取河南、陕西地，如宗宪策。以捕宗磐、宗隽功，授昭武大将军。"修国史，累官尚书左丞。熙宗从容谓之曰："响以河南、陕西地与宋人，卿以为不当与，今复取之，是犹用卿言也。卿识虑深远，自今以往，其尽言无隐。"宗宪拜谢，遂摄门下侍郎。

初，熙宗以疑似杀左丞相希尹，久之，察其无罪，深闵惜之，谓宗宪曰："希尹有大功于国，无罪而死，朕将录用其孙，如之何?"宗宪对曰："陛下深念希尹，录用其孙，幸甚。若不先明死者无罪，生者何由得仕。"上曰："卿言是也。"即日复希尹官爵，用其孙守道为应奉翰林文字。皇统五年，将肆赦，议覃恩止及女直人，宗宪奏曰："莫非王臣，庆幸岂可有间邪。"遂改其文，使均被焉。转行台平章政事。天德初，为中京留守、安武军节度使。封河内郡王。改太原尹，进封钜鹿郡王。正隆例夺王爵，再迁震武、武定军节度使。

世宗即位，遣使召之，诏曰："叔若能来，宜速至此，若为纥石烈志宁、白彦敬所遏，亦不烦叔忧。"宗宪闻世宗即位，先已弃官来归，与使者遇于中都，遂见上于小辽口，除中都留守，即遣赴任。诏与元帅完颜彀英同议军事。明年，改西京留守。八月，改南京。仆散忠义自行台朝京师，宗宪摄行台尚书省事。召为太子太师，上谓宗宪曰："卿年老旧人，更事多矣，皇太子年尚少，谨训导之。"俄拜平章政，太子太师如故。诏以《太祖实录》赐宗宪及平章政事完颜元宜、左丞纥石烈良弼、判秘书监温王爽各一本。

移剌高山奴前为宁州刺史，以贪污免，世宗以功臣子孙宗族中无显仕者，以为秘书少监。是时，母丧未除，有司奏其事，宗宪曰："高山奴傲狠贪墨，不可致之左右。"世宗曰："朕以其父祖有功耳，既为人如此，岂可玷职位哉。"追还制命，因顾右丞苏保衡、参政石琚曰："此朕之过举，不可不改，卿等当尽心以辅朕也。"有司言，诸路猛安谋克，怙其世袭多扰民，请同流官，以三十月为考。诏下尚书省议，宗宪乃上议曰："昔太祖皇帝抚定天下，誓封功臣袭猛安谋克，今若改为迁调，非太祖约。臣谓凡猛安谋克，当明核善恶，进贤退不肖，有不职者，其弟侄中更择贤者代之。"上从其议。进拜右丞相。大定六年，薨，年五十九。上辍朝，悼惜者久之，命百官致奠，赙银一千五百两、重彩五十端、绢五百匹。

习不失本作辞不失，后定为习不失，昭祖之孙，乌骨出之次子也。初，昭祖久无继嗣，与威顺皇后徒单氏祷于巫，而生景祖及乌骨出。乌骨出长而酗酒，屡悖其母。昭祖没，徒单氏与景祖谋而杀之。部人怒，欲害景祖，徒单氏自以为事，而景祖乃得免。

习不失健捷，能左右射。世祖袭节度，肃宗与拒桓赧、散达，战于斡鲁绀出水，已再失利，世祖至军，吏士无人色。世祖使习不失先阵于脱豁改原，而身出搏战，败其步军。习不失自阵后奋击之，败其骑军，所乘马中九矢，不能驰，遂步趋而出。方战，其外兄乌葛名善射，居敌骑中，将射，习不失熟视识之，呼曰："此小儿，是汝一人之事乎，何为推锋居前如此。”以弓弰击马首而去。是役也，习不失之功居多。桓赧、散达既败，习不失马弃阵中者亦自归。

世祖尝疑术甲孛里笃或与乌春等为变，遣习不失单骑往观，孛里笃与忽鲁置酒楼上以饮之。习不失闻其私语呢呢，若将执己者，一跃下楼，傍出藩篱之外，弃马而归，其勇趫如此。杯乃约乌春举兵，世祖至苏素海甸与乌春遇，肃宗前战，斜列、习不失佐之，束缊纵火，烟焰蔽天，大败乌春，执杯乃以归。太祖获麻产，献馘于辽，辽人赏功，穆宗、太祖、欢都、习不失皆为详隐焉。后与阿里合懑、斡带俱佐撒改攻留可城，下之。太祖伐辽，使领兵千人，夹侍左右。出河店之役，惟习不失之策与太祖合，卒破十万之师，挫其军锋。遂与太宗、撒改等劝进。收国元年七月，与太宗、撒改、杲俱为勃极烈，习不失为阿买勃极烈云。

天辅七年，太宗与习不失居守，郓王昂违纪律失众，法当死。于是，辽人以燕京降，宋人约岁币。三月，世宗生。习不失谓太宗曰：“兄弟骨肉，以恩掩义，宁屈法以全之。今国家迭有大庆，可减昂以无死，若主上有责言，以我为说。”太宗然之，遂杖昂以闻。太祖每伐辽，辄命习不失与太宗居守，虽无方面功，而倚任与撒改比侔矣。是岁七月，薨。会太祖班师道病，太宗奉迎谒见，恐太祖感动而疾转甚，不敢以薨告。太祖辄问曰：“阿买勃极烈安在?”太宗绐对曰：“今即至矣。”正隆二年，赠开府仪同三司。追封曹国公。大定三年，进封金源郡王，配飨太祖庙廷，谥曰忠毅。

子鹘沙虎，国初有功，天会间，为真定留守。子挞不也。

宗亨本名挞不也，性忠谨。天眷初，以宗室子，充护卫。擒宗磐、宗隽有功，加忠勇校尉，迁昭信校尉、尚厩局直长。三年，升本局副使。丁父忧，时宗正官属，例以材选，宗亨在选中，遂起复，为淑温特宗室将军。改会宁府少尹，历登州刺史，改献州刺史，为特满群牧使、同知北京路转运使，改泽州定国军节度使。海陵庶人南伐，以本职领武扬军都总管，过淮。

世宗即位，以手诏赐宗亨，宗亨得诏，即入朝。大定二年，授右宣徽使，未几，为北京路兵马都统，以讨契丹贼。右副元帅仆散忠义与窝斡遇于花道，宗亨与左翼万户蒲察世杰等，以七谋克军与之战，失利。及窝斡败，其党括里、扎八率众南奔，宗亨追及之。扎八诈降，宗亨信之。扎八诡曰：“括里遁，愿往邀。”宗亨听其去。大纵军士，取贼所弃囊橐人畜，多自有之。括里、扎八亡入于宋。坐是，降为宁州刺史。

宗贤本名赛里，习不失之孙也。从都统杲取中京，袭辽帝于鸳鸯泺。宗翰使挞懒袭耶律马哥，都统使蒲家奴及赛里等，以兵助之。蒲家奴使赛里、斜野、裴满胡挞、达鲁古斯列、耶律吴十等各率兵分行招谕，获辽留守迪越家人辎重，并降群牧官木卢瓦，得马甚多，使逐水草牧之。赛里等趋业迭，遂以偏师深入，敌邀击之，撒合战没。蒲家奴至旺国崖西，赛里兵会之。累官至左副点检。

天眷二年，方捕宗隽，赛里坐会饮其家，夺官爵。未几，复官。皇统四年，授世袭谋克，转都点检，封豳国公。拜平章政事。进拜右丞相，兼中书令。进拜太保、左丞相，监修国史。罢为左副元帅。无何，复为太保、左丞相，左副元帅如故。进太师，领三省事，兼都元帅，监修国史。出为南京留守，领行台尚书省事。复为左副元帅，兼西京留守。再为太保，领三省事。复为左丞相，兼都元帅。

赛里自护卫，未十年位兼将相，常感激，思自效以报朝廷。虽于悼后为母党，后专政，大臣或因之以取进用，赛里未尝附之。皇太子济安薨，魏王道济死，熙宗未有嗣子，赛里劝熙宗选后宫以广继嗣，不少顾忌于后，后以此怨之。与海陵同在相位，未尝少肯假借，海陵虽专而心惮赛里，外以属尊加礼敬而内常忌之。海陵知悼后怨赛里，因与后共力排出之，赛里亦不以是少变。

胙王常胜死，熙宗纳其妻宫中，顷之，杀悼后及妃数人，将以常胜妻为后，未果也。及海陵弑熙宗，诡以熙宗将议立后，召诸王大臣，赛里闻召，以为信然，将入宫，谓人曰：“上必欲立常胜妻为后，我当力争之。”及被执，犹以为熙宗将立常胜妻，而先杀之也，曰：“谁能为我言者，我死固不足惜，独念主上左右无助耳。”遂遇害。

石土门，汉字一作神徒门，耶懒路完颜部人，世为其部长。父直离海，始祖弟保活里四世孙，虽同宗属，不相通问久矣。景祖时，直离海使部人邈孙来，请复通宗系。景祖留邈孙岁余，厚其饩廪饮食，善遇之。及还，以币帛数篚为赠，结其厚意。久之，耶懒岁饥，景祖与之马牛，为助粜费，使世祖往致之。会世祖有疾，石土门日夕不离左右，世祖疾愈辞归，与握手为别，约它日无相忘。石土门体貌魁伟，勇敢善战，质直孝友，强记辩捷，临事果断。

世祖袭位，交好益深，邻部不悦，遂合兵攻之。石土门使弟阿斯懑率二百人南下拒敌，敌兵千人，已出其东据高阜，石土门将五千人迎击之。敌将斡里本者，勇士也，出挑战，石土门射中其马，斡里本反射，射中石土门腹，石土门拔箭，战愈力。阿斯懑与勇士七人步战，杀斡里本，诸部兵遂败。石土门因招谕诸部，使附于世祖，世祖嘉之。后伐乌春、窝谋罕及钝恩、狄库德等，皆以所部从战，有功。

弟阿斯懑寻卒，及终丧，大会其族，太祖率官属往焉，就以代辽之议访之。方会祭，有飞乌自燕而西，太祖射之，矢贯左翼而坠，石土门持至上前称庆曰：“乌鸢人所甚恶，今射获之，此吉兆也。”即以金版献之，后以本部兵从击高丽。及伐辽，功尤多。王师攻下西京，赐以金牌。其子蝉蠢从行，上语之曰：“吾妃之妹白散者在辽，俟其获，当以为汝妇。”竟如其言。

上之西征，诸将皆从，石土门乃率善射者三百人来卫京师，时太宗居守，喜其至，亲出迎劳。继闻黄龙府叛，与睿宗讨平之，睿宗赐以奴婢五百人，师还，赏赉良渥。至是卒，年六十一。正隆二年，封金源郡王。子习失、思敬。

完颜忠本名迪古乃，字阿思魁。石土门之弟。太祖器重之，将举兵伐辽，而未决也，欲与迪古乃计事，于是宗斡、宗干、完颜希尹皆从。居数日，少间，太祖与迪古乃冯肩而语曰："我此来岂徒然也，有谋于汝，汝为我决之。辽名为大国，其实空虚，主骄而士怯，战阵无勇，可取也。吾欲举兵，杖义而西，君以为如何?"迪古乃曰："以主公英武，士众乐为用。辽帝荒于畋猎，政令无常，易与也。"太祖然之。明年，太祖伐辽，使婆卢火来征兵，迪古乃以兵会师。收国元年十二月，上御辽主兵，次爻刺，迪古乃与银术哥守达鲁古路。二年，与斡鲁、蒲察会斡鲁古，讨高永昌，破其兵，东京降。遂与斡鲁古等御耶律捏里，败之于蒺藜山，拔显州，乾、惠等州降。

天辅二年，与娄室俱入见，上曰："辽主近在中京，而敢辄来，各杖之三十。"太祖驻军草泺，迪古乃取奉圣州，破其兵五千于鸡鸣山，奉圣州降。太祖入燕京，迪古乃出德胜口，以代石土门为耶懒路都勃堇。天会二年，以耶懒地薄斥卤，迁其部于苏滨水，仍以术实勒之田益之。

熙宗即位，加太子太师。十四年，加保大军节度使，同中书门下平章事，薨。天德二年，迪古乃配飨太祖庙廷。大定二年，追封金源郡王。

习室。康宗时，高丽筑九城于曷懒甸，习室从斡赛军。太祖攻宁江州，习室推锋力战，授猛安。后从斜也克中京，袭辽主于鸳鸯泺，略定山囗，败夏将李良辅兵，与娄室俱获辽帝于余睹谷。

宗翰伐宋，与银术可围守太原。明年，攻襄垣，下潞城，降西京，至汴。元帅府以怀、孟北阻太行，南濒河，控制险要，使习室统十二猛安军镇抚之。于是，殄平寇盗，招集流亡，四境以安。天会五年，薨。熙宗时，赠特进。大定间，谥威敏。

世宗思太祖、太宗创业艰难，求当时群臣勋业最著者，图像于衍庆宫：辽王斜也、金源郡王撒改、辽王宗干、秦王宗翰、宋王宗望、梁王宗弼、金源郡王习不失、金源郡王斡鲁、金源郡王希尹、金源郡王娄室、楚王宗雄、鲁王阇母、金源郡王银术可、隋国公阿离合懑、金源郡王完颜忠、豫国公蒲家奴、金源郡王撒离喝、兖国公刘彦宗、特进斡鲁古、齐国公韩企先，并习室凡二十一人。

初，海陵罢诸路万户，置苏滨路节度使。世宗时，近臣奏请改苏滨为耶懒节度使，不忘旧功。上曰："苏滨、耶懒二水相距千里，节度使治苏滨，不必改。石土门亲管猛安于孙袭封者，可改为耶懒猛安，以示不忘其初。"

思敬本名撒改，押懒河人，金源郡王神土懑之子，习失弟也。初名思恭，避显宗讳改焉。体貌雄伟，美须髯，纯直有材干。年十一，从其父谒见太祖。太祖在纳邻淀，方猎，因诏从猎，射黄羊获之，太祖赐以从马。

宗翰自太原伐宋，从其兄习室攻太原。宗翰取河南，思敬从完颜活女涉渡河，下洛阳、围汴皆有功。师还，隶辽王宗干麾下。太宗幸东京温汤，思敬权护卫，押卫卒百人从行。领谋克。从征术虎麟有功，遂充护卫。天眷二年，以捕宗磐、宗隽功，迁显武将军。

熙宗捕鱼混同江，网索绝，曹国王宗敏乘醉，鞭马入江，手引系网大绳，沉于水中。熙宗呼左右救之，仓卒莫有应者，思敬跃入水，引宗敏出。熙宗称叹，赏赉甚厚。擢右卫将军，袭押懒路万户，授世袭谋克。七年，召见，赐以袭衣、厩马、钱万贯。及归，复遣使赐弓剑。是年，入为工部尚书，改殿前都点检。无何，为吏部尚书。

天德初，为报谕宋国使。宋人以旧例，请观钱塘江潮，思敬不观，曰："我国东有巨海，而江水有大于钱塘者。"竟不往。使还，拜尚书右丞，罢为真定尹。用廉，封河内郡王，徙封钜鹿。丁母忧，起复本官，改益都尹。正隆二年，例夺王爵，改庆阳尹。

大定二年，授西南路招讨使，封济国公，兼天德军节度使。俄为北路都统，佩金牌及银牌二。西北路招讨使唐括孛古底副之。将本路兵二千，会孛古底，视地形冲要，或于狗泺屯驻，伺契丹贼出没之地，置守御，远斥候，贼至则战，不以昼夜为限。诏孛古底曰："尔兵少，思敬未至，不得先战。"仆散忠义败窝斡于陷泉，诏思敬选新马三千，备追袭。窝斡入于奚中，思敬为元帅右都监，以旧领军入奚地张哥宅，会大军讨之。败伪节度特末也，获二百余人。贼降将稍合住与其党神独斡，执窝斡并其母徐辇、妻子弟侄家属及金银牌印诣思敬降。思敬献俘于京师，赐金百两、银千两、重彩四十端、玉带、厩马、名鹰。拜右副元帅，经略南边，驻山东。罢为北京留守。复拜右副元帅，仍经略山东。

初，猛安谋克屯田山东，各随所受地土，散处州县。世宗不欲猛安谋克与民户杂处，欲使相聚居之，遣户部郎中完颜让往元帅府议之。思敬与山东路总管徒单克宁议曰："大军方进伐宋，宜以家属权寓州县，量留军众以为备御。俟边事宁息，猛安谋克各使聚居，则军民俱便。"还奏，上从之。其后遂以猛安谋克自为保聚，其田土与民田犬牙相入者，互易之。三年四月，召还京师，以为北京留守，赐金鞍、勒马。七年，召为平章政事。先是，省并猛安谋克，及海陵时无功授猛、克者，皆罢之，失职者甚众。思敬请量才用之，上从其请。

思敬前为真定尹，其子取部民女为妾。至是，其兄乞离异，其妾畏思敬在相位，不敢去。诏还其家。

九年，拜枢密使，上疏论五事：其一，女直人可依汉人以文理选试。其二，契丹人可分隶女直猛安。其三，盐泺官可罢去。其四，与猛安同勾当副千户官亦可罢。其五，亲王府官属以文资官拟注，教以女直语言文字。上皆从之。其后女直人试进士，夹谷衡、尼庞古鉴、徒单镒、完颜匡辈，皆由此致宰相，实思敬启之也。

久之，上谓思敬曰："朕欲修《熙宗实录》，卿尝为侍从，必能记其事迹。"对曰："熙宗时，内外皆得人，风雨时，年谷丰，盗贼息，百姓安，此其大概也，何必余事。"上大悦。世宗喜立事，故其微谏如此。大定十三年，薨。上辍朝，亲临丧，哭之恸。曰："旧臣也。"赙赠加厚，葬礼悉从官给。

孙吾侃术特，大定二十四年，除明威将军，授速滨路宝邻山猛安。

赞曰：劾者让国世祖，以开帝业。撒改治国家，定社稷，尊立太祖，深谋远略，为一代宗臣，贤矣哉。习不失盖前人之愆，著勋五世。《易》曰“有子考无咎”，其此之谓乎。始祖与季弟异部而处，子孙俱为强宗，而取辽之策，卒定于迪古乃，岂天道阴有以相之邪。

卷七十一　列传第九

斡鲁　斡鲁古勃堇　婆卢火　吾扎忽　阇母　宗叙本名德寿

斡鲁，韩国公劾者第三子。康宗初，苏滨水含国部斡豁勃堇及斡准、听备二部有异志，斡带治之，斡赛、斡鲁为之佐，遂伐斡豁，拔其城以归。高丽筑九城于曷懒甸。斡赛母疾病，斡鲁代将其兵者数月。斡鲁亦对筑九城与高丽抗，出则战，入则守，斡赛用之，卒城高丽。

收国二年四月，诏斡鲁统诸军，与阇母、蒲察、迪古乃合咸州路都统斡鲁古等，伐高永昌。诏曰：“永昌诱胁戍卒，窃据一方，直投其隙而取之耳。此非有远大计，其亡可立而待也。东京渤海人德我旧矣，易为招怀。如其不从，即议进讨，无事多杀。”

高永昌渤海人，在辽为裨将，以兵三千，屯东京八甔口。永昌见辽政日败，太祖起兵，辽人不能支，遂觊觎非常 。是时，东京汉人与渤海人有怨，而多杀渤海人。永昌乃诱诸渤海，并其戍卒人据东京，旬月之间，远近响应，有兵八千人，遂僭称帝，改元隆基。辽人讨之，久不能克。

永昌使挞不野、杓合，以币求救于太祖，且曰：“愿并力以取辽。”太祖使胡沙补往谕之曰：“同力取辽固可。东京近地，汝辄据之，以僭大号可乎。若能归款，当处以王爵。仍遣系辽籍女直胡突古来。”高永昌使挞不野与胡沙补、胡突古偕来，而永昌表辞不逊，且请还所俘渤海人。太祖留胡突古不遣，遣大药师奴与挞不野往招谕之。

斡鲁方趋东京，辽兵六万来攻照散城，阿徒罕勃堇、乌论石准与战于益褪之地，大破之。五月，斡鲁与辽军遇于沈州，败之，进攻沈州，取之。永昌闻取沈州，大惧，使家奴铎剌以金印一、银牌五十来，愿去名号，称藩。斡鲁使胡沙补、撒八往报之。会渤海高桢降，言永昌非真降者，特以缓师耳。斡鲁进兵，永昌遂杀胡沙补等，率众来拒。遇于沃里活水，我军既济，永昌之军不战而却，逐北至东京城下。明日，永昌尽率其众来战，复大败之，遂以五千骑奔长松岛。

初，太祖下宁江州，获东京渤海人皆释之，往往中道亡去，诸将请杀之，太祖曰：“既以克敌下城，何为多杀。昔先太师尝破敌，获百余人，释之，皆亡去。既而，往往招其部人来降。今此辈亡，后日当有效用者。”至是，东京人恩胜奴、仙哥等，执永昌妻子以城降，即宁江州所释东京渤海人也。先太师，盖谓世祖云。未几，挞不野执永昌及铎剌以献，皆杀之。于是，辽之南路系籍女直及东京州县尽降。

以斡鲁为南路都统、迭勃极烈，留乌蠢知东京事。诏除辽法，省赋税，置猛安谋克一如本朝之制。九月，斡鲁上谒于婆鲁买水，上慰劳之。辛亥，幸斡鲁第，张宴，官属皆预，赐赉有差。

烛偎水部实里古达，杀酬斡、仆忽得，斡鲁分胡剌古、乌蠢之兵讨之。酬斡宗室子，魁伟善战，年十五，隶军中，多见任用。以兵五百，败室韦，获其民众。及招降烛偎水部，以功为谋克。仆忽得初事撒改，从讨萧海里，降烛偎水部，领行军千户。从破黄龙府，战达鲁古城，皆有功。其破宁江州，渤海乙塞补叛去，仆忽得追复之。至是，与酬斡同被害。

斡鲁至石里罕河，实里古达遁去，追及于合挞剌山，诛其首恶四人，抚定余众。诏曰：“汝讨平叛乱，不劳师众，朕甚嘉之。酬斡等死于国事，闻其尸弃于河，俟冰释，必求以葬。其民可三百户为一谋克，以众所推服者领之，仍以其子弟等为质。”斡鲁乃还。天眷中，酬斡赠奉国上将军，仆忽得赠昭义大将军。

斡鲁从都统袭辽主，辽主西走，西京已降复叛，敌据城西浮图，下射攻城者。斡鲁与鹘巴鲁攻浮图，夺之，复以精锐乘浮图下射城中，遂破西京。夏国王使李良辅将兵三万来救辽，次于天德之境。娄室与斡鲁合军击败之，追至野谷，杀数千人。夏人渡涧水，水暴至，漂溺者不可胜计。辽主在阴山、青冢之间，斡鲁为西南路都统，往袭之。使勃剌淑、撒曷懑以兵二百，袭辽权六院司喝离质于白水泺，获之。辽主留辎重于青冢，领兵一万，往应州。遣照里、背答各率兵邀之，宗望奄至辽主营，尽俘其妻、子、宗族，得其传国玺。斡鲁使使奏捷曰：“赖陛下威灵，屡败敌兵，辽主无归，势必来降。已严戒邻境，毋纳宋人，合馈军粮，令银术可往代州受之。”诏：“遍谕有功将士，俟朕至彼，当次第推赏。辽主戚属勿去其舆帐，善抚存之。辽主伶俜去国，怀悲负耻，恐陨其命。孽虽自作，而尝居大位，深所不忍 。如招之肯来，以其宗族付之。已遣杨璞征粮于宋，银术可不须往矣。辽赵王习泥烈及诸官吏，并释其罪，且抚慰之。”

太祖还京师，宗翰为西北、西南两路都统，斡鲁及蒲家奴副之。宗翰朝京师，诏：“以夏人言，宋侵略新割地，以便宜决之。”斡鲁奏曰：“夏人不尽归户口资帑，又以宋人侵赐地求援兵。宋之边臣将取所赐夏人疆土，盖有异图。”诏曰：“夏人屡求援兵者，或不欲归我户口，沮吾追袭辽主事也。宋人敢言自取疆土于夏，诚有异图。宜谨守备，尽索在夏户口，通闻两国，事审处之。”斡鲁复请弗割山西与宋，则辽主不能与宋郭药师交通。复诏曰：“宗翰请毋与宋山西地，卿复及此，疆场之事当慎毋忽。”及宗翰等伐宋，斡鲁行西南、西北两路都统事。天会五年，薨。皇统五年，追封郑国王。天德二年，配享太祖庙廷。

子撒八，银青光禄大夫。子赛里。

斡鲁古勃堇，宗室子也。太祖伐辽，使斡鲁古、阿鲁抚谕斡忽、急赛两路系辽女直，与辽节度使挞不也战，败之，斩挞不也，酷辇岭阿鲁台罕等十四太弯皆降，斡忽、急赛两路亦降。与辽都统实娄战于咸州西，败之，斩实娄于阵，与娄室克咸州。陀满忽吐以所部降于斡鲁古，邻部户七千亦来归，遂与辽将喝补战，破其军数万人。太祖嘉之，以为咸州军帅。

斡鲁伐高永昌于东京，斡鲁古以咸州军佐之。辽秦晋国王耶律捏里来伐，迪古乃、娄室、婆卢火等将二万众，合斡鲁古咸州兵往击之。

胡突古尝叛入于辽，居于东京，高永昌据东京，太祖索之以归。斡鲁古伐永昌，以便宜署胡突古为千户。散都鲁、讹鲁补皆无功，亦以便宜除官。及以便宜解权谋克斛拔鲁、黄哥、达及保等职，皆非其罪。太祖闻之，尽复斛拔鲁等谋克，胡突古等皆罢去。

太祖闻斡鲁古军中往往阙马，而官马多匿于私家，遂检括之。耶律捏里、佛顶遗斡鲁古书，请和。斡鲁古以捏里书并所答书来上，且请曰："复有书问，宜如何报之?"诏曰："若彼再来请和，汝当以阿疏等叛亡，索而不获至于交兵，我行人赛刺亦不遣还。若归赛刺，及送阿疏等，则和好之议方敢奏闻。仍恐议和非实，无失备御。"

耶律捏里军蒺藜山，斡鲁古以兵一万，戍东京。太祖使迪古乃、娄室复以兵一万益之，诏曰："辽主失道，肆命徂征，惟尔将士，当体朕意，拒命者讨之，服者抚安之。毋贪俘掠，毋肆杀戮。所赐捏里诏书，可传致也。"诏捏里曰："汝等诚欲请和，当废黜昏主，择立贤者，副朕吊伐之意，然后可议和约。不然，当尽并尔国。其审图之。"捏里复书斡鲁古，云："降去人痕孛见还，则当送阿疏等。"上曰："痕孛等乃交兵之后来降，阿疏则平日以罪亡去，其事特异。"复诏捏里，令此月十三日送阿疏至显州，各遣重臣议疆场事。

斡鲁古等攻显州，知东京事完颜斡论以兵来会，即以兵三千先渡辽水，得降户千余，遂薄显州。郭药师乘夜来袭，斡论击走之。斡鲁古等遂与捏里等战于蒺藜山，大败辽兵，追北至阿里真陂，获佛顶家属。遂围显州，攻其城西南，军士神笃逾城先入，烧其佛寺，烟焰扑人，守陴者不能立，诸军乘之，遂拔显州。于是，乾、懿、豪、徽、成、川、惠等州皆降。乾州后为闾阳县，辽诸陵多在此，禁无所犯。徙成、川州人于同、银二州居之。

捏里再以书来请和，斡鲁古承前诏，以阿疏为言，答之。驻军显州以听命。赐斡鲁古等马十匹，诏曰："汝等力摧大敌，攻下诸城，朕甚嘉之。辽主未获，人心易摇，不可恃战胜而失备御。"辽双州节度使张崇降，斡鲁古以便宜命复其职，仍令世袭。

斡鲁古久在咸州，多立功，亦多自恣，劾里保、双古等告斡鲁古不法事：辽帝在中京可追袭而不追袭，咸州粮草丰足而奏数不以实，攻显州获生口财畜多自取。捏里、孛刺束等亦告孛堇讐葛、麻吉、窝论、赤闰、阿刺本、乙刺等多取生口财畜。遂以阇哥代为咸州路都统。

阇哥亦宗室子也，既代斡鲁古治咸州。初，迪古乃、娄室奏，攻显州新降附之民，可迁其富者于咸州路，其贫者徙内地。于是，诏使阇哥择其才可干事者授之谋克，其豪右诚心归附者拟为猛安，录其姓名以闻，饥贫之民，官赈给之，而使阇母为其副统云。久之，辽通、祺、双、辽四州之民八百余家，诣咸州都统降。上曰："辽人赋敛无度，民不堪命，相率求生，不可使失望，分置诸部，择善地以处之。"

太祖召斡鲁古自问之，斡鲁古引伏。阇哥鞫窝论等。诏降斡鲁古为谋克，而禁锢窝论等。天辅六年，讨贼于牛心山，道病卒。天眷中，赠特进。天德二年，配享太祖庙廷。大定十五年，谥庄翼。

婆卢火，安帝五代孙。太祖伐辽，使婆卢火征迪古乃兵，失期，杖之。后与浑黜以四千人，往助娄室、银术哥攻黄龙府。辞勒罕、撒孛得兄弟，直撒里部人，尝寇耶懒路，穆宗遣婆卢火讨之。至阿里门河，辞勒罕伪降，遂略马畜三百而去，复掠兀勒部二十五寨。太祖复使婆卢火讨之。婆卢火渡苏衮河，招降旁近诸部，因籍丁壮为军，至特滕吴水，辙孛得伪降，复叛去，执而杀之。婆卢火至特邻城，围之，辞勒罕遁去。婆卢火破其城，执其妻子，辞勒罕遂降，曰："我之马牛财货尽矣，何以为生。"婆卢火与之马十匹。直撒里部产良马，太祖使纥石烈阿习罕掌其畜牧，婆卢火及子婆速，俱为谋克。

天辅五年，摘取诸路猛安中万余家，屯田于泰州，婆卢火为都统，赐耕牛五十。婆卢火旧居按出虎水，自是徙居泰州，而遣拾得、查端、阿里徒欢、奚挞罕等俱徙焉。唯族子撒刺喝尝为世祖养子，独得不徙。

太祖取燕京，婆卢火为右翼，兵出居庸关，大败辽兵，遂取居庸。萧妃遁去，都监高六等来送款乞降。习古乃追萧妃至古北口，萧妃已过三日，不及而还。上令婆卢火、胡实赉率轻骑追之，萧妃已远去，获其从官统军察刺、宣徽查刺，并其家族，及银牌二、印十有一。

及迭刺叛，婆卢火、石古乃讨平之，其群官率众降者，就使领其所部。太宗以空名宣头及银牌给之。

同时有婆卢火者，娄室平陕西，婆卢火、绳果监战。后为平阳尹，西南路招讨使，终于庆阳尹。

泰州婆卢火守边屡有功，太宗赐衣一袭，并赐其子剖叔。八年，以甲胄赐所部诸谋克。天会十三年，加同中书门下平章事。天眷元年，驻乌骨迪烈地，薨。赠开府仪同三司，谥刚毅。

子剖叔，袭猛安，天眷二年，为泰州副都统，子斡带，广威将军。

婆速，官特进，子吾扎忽。

吾扎忽，善骑射，年二十，以本班祗候郎君都管，从征伐有功，授修武校尉。皇统二年，权领泰州军。平陕西，至泾州，大破宋兵于马西镇，超迁宁远大将军，袭猛安。复以本部军从宗弼，权都统。正隆末，从海陵伐宋。契丹反，与德昌军节度使移室懑同讨契丹，许以便宜从事。

大定初，除咸平尹，驻军泰州。俄改临潢尹，摄元帅左都监。与广宁尹仆散浑坦俱从元帅右都监神土懑解临潢之围。契丹引众东行，吾扎忽追及于窊历山。押军猛安契丹忽刺叔以所部助敌，攻官军，官军失利。泰州节度使乌里雅来救，未至临潢与敌遇，乌里雅败，仅以数骑脱归。敌攻泰州，其势大振，城中震骇，将士不敢出战，敌四面登城。押军猛安乌古孙阿里补率军士数人持镈刀循城，应敌力战，斫刈甚众，敌乃退，泰州得完。吾扎忽乃使谋克蒲卢浑徙百姓旁邑及险厄之地，以俟大军。明年，聚甲士万三千于济州，会元帅谋衍，败窝斡于长泺。战霿霿河，战陷泉，皆有功，改胡里改节度使，卒。

吾扎忽性聪敏，有才智，善用军，常出敌之不意，故能以寡敌众，而所往无不克，号为"鹘军"云。

阇母，世祖第十一子，太祖异母弟也。高永昌据东京，斡鲁往伐之，阇母等为之佐。已克沈州，城中出奔者阇母邀击殆尽。与永昌隔沃里活水，众遇淖不敢进，阇母以所部先济，诸军毕济。军东京城下，城中人出城来战，阇母破之于首山，歼其众，获马五百匹。

及斡鲁古以罪去咸州，阇母代之，于是阇母为咸州路副统。辽议和久不成，太祖进兵，诏咸州路都统司，令斜葛留兵一千镇守，阇母以余兵会于浑河。太祖攻上京，实临潢府，谕之不下。辽人恃储蓄自固。上亲临阵，阇母以众先登，克其外城，留守挞不野率众出降。都统杲兵至中京，阇母自城西沿土河以进，城中兵尚余三千，皆不能守，遂克之。

宗翰等攻西京，阇母、娄室等于城东为木洞以捍蔽矢石，于北隅以刍茭塞其隍，城中出兵万余，将烧之。温迪罕蒲匣率众力战，执旗者被创，蒲匣自执旗，奋击却之。又为四轮革车，高出于堞，阇母与麾下乘车先登，诸军继之，遂克西京。

与辽步骑五千战于朔州之境，，斩首三百级。复败辽骑三百于河阴。辽兵五千屯于马邑县南，复击破之，隳其营垒，尽得其车马、器械。辽兵三万，列营于西京之西，阇母以三千击之。阇母使士卒皆去马，阵于沟堑之间，曰："以一击十，不致之死地，不可使战也。"谓众曰："若不胜敌，不可以求生。"于是人皆殊死战，辽兵遂败，追至其营而止。明日，复败其兵七百余人。

兴中府宜州复叛，阇母讨之，并下诏招谕，诏阇母曰："辽之土地皆为我有，彼虽复叛，终皆吾民，可纵其耕稼，毋得侵掠。"勃堇蒙刮、斜钵、吾挞等获契丹九斤，兴中平。

阇母为南路都统，讨回离保，诏曰："回离保以乌合之众，保据险阻，其势必将自毙。若彼不出掠，毋庸攻讨。"耶律奥古哲等杀回离保于景、蓟之间，其众遂溃。

张觉据平州叛，入于宋，阇母自锦州往讨之。觉将以兵胁迁、来、润、隰四州之民，阇母至润州，击走张觉军，逐北至榆关，遣俘持书招之。复败觉兵于营州东北，欲乘胜进取南京。时方暑雨，退屯海壖，逐水草休息，使仆虺、蒙刮两猛安屯润州，制未降州县，不得与觉交通。九月，阇母破觉将王孝古于新安，败觉军于楼峰口。复与觉战于兔耳山，阇母大败。太宗使宗望问阇母败军之状，宗望遂以阇母军讨觉。及宗望破张觉，太宗乃赦阇母，召宗望赴阙。

阇母连破伪都统张敦固，遂克南京，执敦固杀之。上遣使迎劳之，诏曰："闻下南京，抚定兵民，甚善。诸军之赏，卿差等以给之。"又诏曰："南京疆埸如旧，屯兵以镇之。命有司运米五万石于广宁，给南京、润州戍卒。"遂下宜州，拔叉牙山，杀其节度使韩庆民，得粮五千石。诏以南路岁饥，许田猎。

其后宋童贯、郭药师治兵，阇母辄因降人知之，即具奏，语在宋事中。而宗翰、宗望皆请伐宋，于是阇母副宗望伐宋，宗望以阇母属尊，先皇帝任使有功，请以为都统，已监战事。于是阇母为都统，扫喝副之，败郭药师兵于白河，遂降燕山，以先锋渡河围汴，宋人请盟。将士分屯于安肃、雄、霸、广、信之境，宗望还山西，阇母与刘彦宗留燕京，节制诸军。八月，复伐宋，大军克汴州，诸军屯于城上。城中诸军溃而西出者十三万人，阇母、挞懒分击，大败之。师还，阇母为元帅左都监，攻河间，下之，大破敌兵万余于莫州。宗辅为右副元帅，徇地淄、青。阇母与宗弼分兵破山谷诸屯。宋李成兵围淄州，乌林荅泰欲破之。阇母克潍州。迪古补、术烈速连破赵子昉等兵，至于河上。乌林荅泰欲破敌于灵城镇。及议伐康王，阇母欲先定河北，然后进讨，太宗乃酌取群议之中，使娄室取陕西，宗翰、宗辅南伐。

天会七年，薨，年四十。熙宗时，追封吴国王。天德二年，配享太祖庙廷。正隆，改封谭王。大定二年，徙封鲁王，谥庄襄。

子宗叙。

宗叙，本名德寿，阇母第四子也。奇伟有大志，喜谈兵。天德二年，充护卫，授武义将军。明年，授世袭谋克，擢御院通进，迁翰林待制，兼修起居注，转国子司业，兼左补阙。正隆初，转符宝郎，在宫职凡五年，皆带剑押领宿卫。迁大宗正丞，以母忧去官。以本官起复，未几，迁侍卫亲军马军都指挥使，改左骁骑都指挥使。明年，海陵幸南京，宗叙至汴。契丹撒八反，宗叙为咸平尹，兼本路兵马都总管，以甲仗四千付之，许以便宜。

宗叙出松亭关，取牛递于广宁。闻世宗即位，将归之。广宁尹按荅海弟燕京劝宗叙，乃还兴中。白彦敬、纥石烈志宁使宗叙奉表降。宗叙见世宗于梁鱼务，授宁昌军节度使。

明年二月，契丹攻宁昌，宗叙止有女直、渤海骑兵三十、汉兵百二十人，自将击之。遇贼千余骑，汉兵皆散走，宗叙与女直、渤海三十骑尽锐力战，身被二创，所乘马中箭而仆，遂为所执。居百余日，会贼中有临潢民移剌阿塔等，盗马授之，得脱归。

宗叙陷贼久，尽得其虚实，见元帅完颜谋衍、平章政事完颜元宜，谓之曰："贼众乌合，无纪律，破之易耳。"于是帅府欲授军职，宗叙见谋衍贪卤掠，失事机，欲归白上，不肯受职，曰："我有机密，须面奏。"是夕，乃遁去，至广宁，矫取驿马，驰至京师。而帅府先事以闻，上遣中使诘之曰："汝为节度，不度众寡，战败被获，幸得脱归，乃拒帅府命，辄自乘传赴都，朕姑置汝罪，可速还军，并力破贼。”宗叙附奏曰：“臣非辞难者，事须面奏，不得不来。”遂召入，乃条奏贼中虚实，及诸军进退不合事机状。诏大臣议，皆以其言为然。是时，已诏仆散忠义代谋衍为元帅进讨，于是拜宗叙为兵部尚书，以本职领右翼都统，率宗宁、乌延查刺、乌林荅刺撒兵各千人，号三万，佐忠义军。至花道，遇贼，与战，左翼都统宗亨先败走，忠义亦引却，宗叙勒本部遮击之，麾帐下士三百，舍马步战，贼不得逞。大军整列复至，合势击之，贼遂败去。而元帅右监军纥石烈志宁率军至，追及窝斡于陷泉，大破之。复与志宁及徒单克宁，追至七渡河，复大败之。元帅忠义遂留宗叙自从。贼平，入为右宣徽使。

宋兵据海州，将谋深入。诏以宗叙为元帅右监军，往御之。宗叙驻山东，分兵据守要害，敌不得西。寻奉诏，与左副元帅纥石烈志宁参议军事。四年，宗叙入朝，奏曰：“暑月在近，顿兵边陲，飞挽颇艰，乞俟秋凉进发。”上从其请。及还军，授以成算，赐袭衣、弓矢。九月，渡淮，宗叙出唐、邓，比至襄阳，屡战皆捷。明年，宋人请和，军还，除河南路统军使。

河决李固渡，分流曹、单之间。诏遣都水监梁肃视河决，宗叙言：“河道填淤不受水，故有决溢之患。今欲河复故道，卒难成功，幸而可塞，它日不免决溢山东，非曹、单比也。沿河数州，骤兴大役，人心动摇，恐宋人乘间扇诱，构为边患。”梁肃亦请听两河分流，以杀水势，遂止不塞。

十年，召至京师，拜参知政事，上曰：“卿奏黄河利害，甚合朕意。朕念百姓差调，官吏为奸，率敛星火，所费倍蓰，委积经年，腐朽不可复用，若此等类，百孔千疮，百姓何以堪之。卿参朝政，择利而行，以副朕心。”及与上论南边事，宗叙曰：“南人遣谍来，多得我事情。我遣谍人，多不得其实。盖彼以厚赏故也。”上曰：“彼以厚利资谍人，徒费其财，何能为也。”

十一年，奉诏巡边。六月，至军中，将战，有疾，诏以右丞相纥石烈志宁代，宗叙还。七月，病甚，遗表朝政得失，及边防利害，力疾，使其子上之。薨，年四十六。上见其遗表，伤悼不已，辍朝，遣宣徽使敬嗣晖致祭，赙银千两、彩四十端、绢四百匹。上谓宰臣曰：“宗叙勤劳国家，他人不能及也。”

初，宗叙尝请募贫民戍边屯田，给以廪粟，既贫者无艰食之患，而富家免更代之劳，得专农业。上善其言，而未行也。十七年，上谓宰臣曰：“戍边之卒，岁冒寒暑，往来番休，以马牛往戍，往往皆死。且夺其农时，败其生业，朕甚闵之。朕欲使百姓安于田里，而边圉强固，卿等何术可以致此。”左丞相良弼曰：“边地不堪耕种，不能久戍，所以番代耳。”上曰：“卿等以此急务为末事耶。往岁，参政宗叙尝为朕言此事。若宗叙，可谓尽心于国者矣。今以两路招讨司、乌古里石垒部族、临潢、泰州等路，分置堡戍，详定以闻，朕将亲览。”

上追念宗叙，闻其子孙家用不给，诏赐钱三千贯。明昌五年，配享世宗庙廷。

卷七十二　列传第十

娄室　活女　谋衍　仲本名石古乃
海里　银术可　彀英本名挞懒
麻吉子沃侧　拔离速　习古乃

娄室，字斡里衍，完颜部人。年二十一，代父白荅为七水诸部长。太祖克宁江州，使娄室招谕系辽籍女直，遂降移燉益海路太弯照撒等。败辽兵于婆刺赶山。复败辽兵，擒两将军。既而益改、捺末懒两路皆降。进兵咸州，克之。诸部相继来降，获辽北女直系籍之户。辽都统耶律讹里朵以二十余万众来戍边。太祖趋达鲁古城，次宁江州西，召娄室。娄室见上于军中。上见娄室马多疲乏，以三百给之，使隶右翼宗翰军，与银术可纵兵冲其中坚，凡九陷阵，皆力战而出。复与银术可戍边。

及九百奚营等部来降，则与银术可攻黄龙府，上使完颜浑黜、婆卢火、石古乃以兵四千助之，败辽兵万余于白马泺。宗雄等下金山县，使娄室分兵二千，招沿山逃散之人。耶律捏里军蒺藜山，斡鲁古、娄室等破之，遂取显州。太祖取黄龙府，娄室请曰：“黄龙一都会，且僻远，苟有变，则邻郡相扇而起。请以所部屯守。”太祖然之，仍合诸路谋克，命娄室为万户，守黄龙府。进都统，从杲取中京，与希尹等袭走迪六、和尚、雅里斯等，败奚王霞末，降奚部西陈度讹里刺。辽主自鸳鸯泺西走，娄室等追至白水泺，获其内库宝物。娄室遂与阇母攻破西京。复与阇母至天德、云内、宁边、东胜，其官吏皆降，获阿疏。

夏人救辽，兵次天德，娄室使突撚、补撚以骑二百为候兵，夏人败之，几尽。阿土罕复以二百骑往，遇伏兵，独阿土罕脱归。时久雨，诸将欲且休息，娄室曰：“彼再破吾骑兵，我若不复往，彼将以我怯，即来攻我矣。”乃选千骑，与习失、拔离速往。斡鲁壮其言，从之。娄室迟明出陵野岭，留拔离速以兵二百据险守之。获生口问之，其帅李良辅也。将至野谷，登高望之。夏人恃众而不整，方济水为阵，乃使人报斡鲁。娄室分军为二，迭出迭入，进退转战三十里。过宜水，斡鲁军亦至，合击败之。

辽都统大石犯奉圣州，壁龙门东二十五里，娄室、照里、马和尚等以兵取之，生获大石，其众遂降。辽辟里刺守奉圣州，弃城遁去。后与宗望追辽帝，娄室，蒲察以二十骑候敌，败其军三千人于三山，有千人将趋奉圣州，蒲察复败之，擒其主帅而还。夏人屯兵于可敦馆，宗翰遣娄室戍朔州，筑城于霸德山西南二十里，遂破朔州西山兵二万，擒其帅赵公直。其后复袭辽帝于余都谷，获之。赐铁券，惟死罪乃笞之，余罪不问。

银术可围太原，宋统制刘臻救太原，率众十万出寿阳，娄室击破之，继败宋兵数千于榆次。宋张灏军出汾州，拔离速击走之。灏复营文水，娄室与突葛速、拔离速与战，灏大败。宗翰定太原，娄室取汾、石二州，及其属县温泉、方山、离石，蒲察降寿阳，取平定军及乐平，复招降辽州及榆社、辽山、和顺诸县。宗翰趋汴州，使娄室等自平阳道先趋河南，曰："若至泽州，与赛里、婆卢火、刁失遇，当与俱进。"刁失之前军三谋克，败宋兵三千于襄垣，遇伏兵二千，又败之。撒剌荅破天井关，复破步兵于孔子庙南，遂降河阳。娄室军至，既渡河，遂薄西京。城中兵来拒战，刁失逆击败之，西京降。娄室取偃师，永安军、巩县降。撒剌荅败宋兵于汜水。于是，荥阳、荥泽、郑州、中牟相次皆降。宗翰已与宗望会军于汴，使娄室率师趋陕津，攻河东郡县之未下者。阿离土罕败敌于河上，撒按败敌于陕城下，鹘沙虎降虢州守陴卒三百人，遂克陕府。刁古乃、桑衮破陕之散卒于平陆西北。活女别破敌于平陆。娄室破蒲、解之军二万，尽覆之，安邑、解州皆降，遂克河中府，降绛、慈、隰、石等州。

宗翰往洛阳，使娄室取陕西，败宋将范致虚军，下同、华二州，克京兆府，获宋制置使傅亮，遂克凤翔。阿邻等破宋大兵于河中，斡鲁破宋刘光烈军于冯翊，讹特剌、桑衮败敌于渭水，遂取下邽。宗翰会京辅伐康王，命娄室、蒲察专事陕西，以婆卢火、绳果监战。绳果等遇敌于蒲城及同州，皆破之。娄室、蒲察克丹州，破临真，进克延安府，遂降绥德军及静边、怀远等城寨十六，复破青涧城。宋安抚使折可求以麟、府、丰三州，及堡寨九，降于娄室。晋宁所部九寨皆降，而晋宁军久不下，娄室欲去之，赛里不可，曰："此与夏邻，且生他变。"城中无井，日取河水以为饮，乃决渠于东，泄其水，城中遂困。李位、石乙启郭门降，诸将率兵入城。守将徐徽言据子城，战三日，众溃，徽言出奔，获之。使之拜，不听，临之以兵，不为动，絷之军中。使先降者谕之使降，徽言大骂，与统制孙昂皆不屈，乃并杀之。遂降定安堡、渭平寨及鄜、坊二州。于是，娄室、婆卢火守延安，折可求屯绥德，蒲察还守蒲州。延安、鄜、坊州皆残破，人民存者无几，娄室置官府辑安之。别将斡论降建昌军。京兆府叛，娄室复讨平之。遂与阿卢补、谋里也至三原，讹哥金、阿骨欲击淳化兵，败之。娄室攻乾州，已筑甬道，列炮具，而州降。遂进兵克邠州，军于京兆。

陕西城邑已降定者，辄复叛，于是睿宗以右副元帅，总陕西征伐。时娄室已有疾，睿宗与张浚战于富平，宗弼左翼军已却，娄室以右翼力战，军势复振，张浚军遂败。睿宗曰："力疾鏖战，以徇王事，遂破巨敌，虽古名将何以加也。"以所用犀玉金银器，及甲胄，并马七匹与之。

天会八年，薨。十三年，赠泰宁军节度使，兼侍中，加太子太师。皇统元年，赠开府仪同三司，追封莘王。以正隆例改赠金源郡王，配享太宗庙廷，谥壮义。子活女、谋衍、石古乃。

活女，年十七从攻宁江州，力战创甚，扶出阵间。太祖凭高望见，问之，知是娄室子，亲抚慰赐药，叹曰："此儿他日必为名将。"其攻济州，败敌八千。与敌遇于信州，移剌本陷于阵，活女力战出之，敌遂北。败耶律佛顶等兵于沈州。及宗翰以兵袭奚王霞末，活女以兵三百，败敌二千。从攻乙室部，败之，破其二营。迭剌部族叛，率二谋克突入，大破之。

活女常从娄室围太原，宋将种师中以兵十万来援，活女击败之。大军至河，无船，不得渡。娄室遣活女循水上下，活女率军三百，自孟津而下，度其可渡，遂引军以济，大军于是皆继之。宋将郭京出兵数万，趋娄室营，活女从旁奋击，敌乱，遂破之。师还，破敌于平陆渡，得其船以济。又以兵破敌于张店原。时屯留、太平、翼城皆有重敌，并破之。又分兵取陕西，蒲州降，留活女镇之。攻凤翔，活女先登。睿宗定陕西，活女为都统，进攻泾州，败其兵。王开山以兵拒归路，邀战，再击，再败之，遂降京兆、凤翔诸县。

娄室薨，袭合扎猛安，代为黄龙府路万户。天眷二年，为元帅右都监，迁左监军。元帅府罢，改安化军节度使。历京兆尹，封广平郡王，以正隆例，改封代国公，进封隋国公，谥贞济。卒年六十一。

谋衍，勇力过人，善用长矛突战。天眷间，充牌印祗候，授显武将军，擢符宝郎。皇统四年，其兄活女袭济州路万户，以亲管奥吉猛安让谋衍，朝廷从之，权济州路万户。八年，为元右都监。天德三年，为顺天军节度使，历河间、临潢尹，数月改婆速路兵马都总管。

撒八反，谋衍往讨之，是时世宗为东京留守，自将讨括里还，遇谋衍于常安县，尽以甲士付之。世宗还东京，完颜福寿、高忠建率所部南征军，亡归东京。谋衍亦率其军来附，即以臣礼上谒，遂杀高存福、李彦隆等。谋衍、福寿、忠建及诸将吏民劝进，世宗即位，拜右副元帅。都统白彦敬，副统纥石烈志宁在北京，拒不受命，谋衍伐之，遇其众于建州之境，皆不肯战，彦敬、志宁遂降。

二年正月，谋衍率诸军讨窝斡，会兵于济州，合甲士万三千人，过泰州，至术虎崖，乃舍辎重，持数日粮，轻骑追之。是时窝斡新败于泰州，将走济州。谋衍兵至长泺南，获其谍者，知敌将由别路邀粮运，遂分军往迎之。敌吏纠者来降，谋衍用其计，因夜亟往邀敌辎重，忽大风，不能燧火，路暗莫相辨，比晓才行三十余里。将至敌营，将士少憩，谋衍率善射者数十骑，往觇之。而都统志宁、克宁等，已败敌众二万余于长泺，追杀甚众，敌遂西遁。志宁军先追及于霿䨚河，急击败之。而谋衍贪卤掠，不复追，以故敌得纵去，遂涉懿州界，陷灵山、同昌、惠和等县，窥取北京，西攻三韩县。惟克宁军追蹑，谋衍托马弱，引还懿州。上闻之，下诏切责谋衍，以仆散忠义为右副元帅代之，纥石烈志宁为右监军代完颜福寿。而谋衍子斜哥暴横军中，诏勒归本贯。

谋衍至京师，以为同判大宗正事，世宗责之曰："朕以汝为将，汝不追贼，当正汝罪。以汝父娄室有大功，特免汝死。汝虽非宗室，而授此职，汝其勉之。"未几，速频路军士术里古，告斜哥寄书与谋衍谋反，有司并上其书，世宗察其诬，诏鞫告者，术里古款伏，遂诛之。召谋衍谓之曰："人有告卿子为反谋者，朕知卿必不为此，今告者果自服罪，宜悉此意。"

初，窝斡方炽，上使温迪罕阿鲁带守古北口。及窝斡败于陷泉，入于奚中，率诸奚攻古北口。阿鲁带因其妻生日，辄离军六十里，贼众闻之，来袭，杀伤士卒甚众。阿鲁带坐除名。诏谋衍，蒲察乌里雅、蒲察通以兵三千，会旧屯兵，击之。擒贼党猛安合住。未几，窝斡平，乃还。

七年，出为北京留守，上御便殿，赐食，及御服衣带佩刀，谓之曰："以卿故老，欲以均劳逸，故授此职，卿其勉之。"改东京留守，封荣国公。大定十一年，薨，年六十四。

谋衍性忠厚，善击球射猎，时论以为虽智略不及其父，而勇敢肖之云。

仲，本名石古乃。体貌魁伟，通女直、契丹、汉字。其兄斡鲁为统军，爱仲才，欲使通吏事，每视事，常在左右，遇事辄问之，应对如响，斡鲁叹曰："此子必为令器。"皇统初，充护卫，授世袭谋克。天德元年，摄其兄活女济州万户，部内称治。除滨州刺史，以母忧去官。起复知积石军事，转同知河南尹。

正隆六年，伐宋，为神勇军副都总管。与大军北还，除同知大兴尹，将兵二千，益遵化屯军。备契丹。迁西南路招讨使，兼天德军节度使，政尚忠信，决狱公平，蕃部不敢寇边。召为左副都点检，宿卫严谨，每事有规矩，后来者守其法，莫能易也。世宗常谓侍臣曰："石古乃入直，朕寝益安。"

五年，宋人请和，为侄国，不称臣，仲为报问使。仲请与宋主相见礼仪，世宗曰："宋主亲起立接书，则授之。"及至宋，一一如礼。正隆用兵，宋人执商州刺史完颜守能以归，至是，仲取守能与俱还，上嘉之。转都点检，兼侍卫亲军都指挥使，迁河南路统军使，上曰："卿在禁近，小心畏慎。河南控制江、淮，为国重地，卿益勉之。"赐厩马、金带、玉吐鹘。后有罪，解职。久之，起为西北路招讨使，改北京留守，卒。

海里，娄室族子。体貌丰伟，善用矟。娄室为黄龙府万户，海里从徙于孰吉讹母。从娄室追及辽主于朔州阿敦山，辽主从数十骑逸去，娄室遣海里及术得，往见辽主，谕之使降。辽主已穷蹙，待于阿敦山之东，娄室因获之，赏海里金五十两、银五百两、币帛二百匹、绵三百两。睿宗经略陕西，海里战却吴玠军于泾、邠之南，寻遣修栈道，宋人恐栈道成，以兵来拒，破其兵，赏银百五十两、奴婢十人。

天眷元年，擢宿直将军。与定宗磐、宗隽之乱，再迁广威将军，除都水使者。改西北路招讨都监，历复州、滦州刺史，耶卢椀群牧使，迭刺部族节度使，同知大兴尹、兼中都路兵马都总管，改武宁军节度使，广宁尹。卒，年六十二。

银术可，宗室子。太祖嗣位，使蒲家奴如辽取阿疏，事久不决，乃使习古乃、银术可继往。当是时，辽主荒于政，上下解体。银术可等还，具以辽政事人情告太祖，且言辽国可伐之状。太祖决意伐辽，盖自银术可等发之。

太祖与耶律讹里朵战于达鲁古城，辽兵二十余万，银术可、娄室率众冲其中坚，凡九陷阵，辄战而出，大败辽军。银术可为谋克，遂与娄室戍边，复与娄室、浑黜、婆卢火、石古乃等攻黄龙府，败辽兵万余于白马泺。太祖拒辽兵，银术可守达鲁古城。收国二年，分鸭挞、阿懒所迁谋克二千户，以银术可为谋克，屯宁江州。

辽大册使习泥烈遣回，约以七月半至，而尽九月习泥烈未来，上使诸军过江屯驻。辽曳刺、麻答十三人，兵士八人纵火于浑河，以绝刍牧。银术可获之，乃知辽边吏乙薛使之，太祖命释之。从都统杲克中京，银术可与习古乃、蒲察、胡巴鲁率兵三千，击奚王霞末于京西七十里，霞末弃兵遁。辽主西奔天德，银术可以兵绝其后，辽主遂见获。

后从宗翰伐宋，围太原，宗翰进兵至泽州，及宗翰还西京，太原未下，皆命银术可留兵围之。招讨都监马五破宋兵于文水。节度使耿守忠等败宋黄迪兵于西都谷，所杀不可胜计。宋樊夔、施诜、高丰等军来救太原，分据近部，银术可与习失、杯鲁、完速大破之。索里乙室破宋兵于太谷。宋兵据太谷、祁县，阿鹘懒、拔离速复取之。种师中出井陉，据榆次，救太原，银术可使斡论击之，破其军。活女斩师中于杀熊岭，进攻宋制置使姚古军于隆州谷，大败之。撒里土败宋军于回马口，郭企忠歼宋军于五台。及宗翰定太原，与宗望会兵于汴，银术可等攻汴城，克之。师还，银术可降岢岚、宁化等军，攻岚州拔之，招降火山军。与希尹同赐铁券。

宗翰趋洛阳，赛里取汝州，银术可取邓州，杀其将李操等。萨谋鲁入襄阳，拔离速入均州，马五取房州，擒转运使刘吉、邓州通判王彬。拔离速破唐、蔡、陈三州，克颍昌府，沙古质别克旧颍昌。

宗翰会伐康王，银术可守太原。天会十年，为燕京留守。天会十三年，致仕，加保大军节度使，同中书门下平章事，迁中书令，封蜀王。天眷三年，薨，年六十八。以正隆例赠金源郡王，配飨太宗庙廷。大定十五年，谥武襄，改配享太祖庙廷，子彀英。

彀英，本名挞懒。幼警敏有志胆，初丱角，太祖见而奇之。年十六，父银术可授以甲，使从伐辽，常为先锋，授世袭谋克。

宗翰自太原还西京，银术可围守之，彀英在行间，屡有功。宋兵数万救太原，至南关，银术可与弟拔离速、完颜娄室等击之，当隘巷间，一卒挥刀向拔离速，彀英以刀断其腕，一卒复从旁以枪刺之，彀英断其枪，追杀之。拔太原，下河东诸州，攻汴京，皆有功。与都统马五徇地汉上，至上蔡，以先锋破孔家军。睿宗攻开州，彀英先登，流矢中其口，睿宗亲视之，创未愈，强起之，攻大名府。第功，宗弼第一，彀英次之。攻东平，彀英居最。

拔离速袭宋康王于扬州，彀英为先锋。拔离速追宋孟后于江南，彀英前行趋潭州。宋大兵在常武，彀英以选兵薄其城，败千余人。明日，城中出兵来战，彀英以五百骑败之，获马二百匹，遂攻常武。拔离速以诸军为大阵，居其后，彀英以五百骑为小阵，当前行，即麾兵驰宋军，宋军乱，遂大败之。拔离速观其周旋，叹赏之。

其后河东郡县多叛，毂英以先锋攻绛州，克之。复攻沁州，飞炮击其石胁，舁归营中。诸军攻沁州，三日不能下，别将骨赧强起毂英指麾士卒，遂克之。

摄河东路都统，从左监军移刺余睹招西北诸部。毂英将骑三千五百，平其九部，获生口三千，马牛羊十五万。以先锋破宋吴山军，再战再胜，遂衄宋兵于隘，死者不可胜计，宋兵遁去。

宗弼再取和尚原，毂英以本部破宋五万人，遂夺新叉口，宗弼留兵守之。是夜，大雪，道路皆冰，和尚原宋兵势重不可径取，宗弼用毂英策，入自傍近高山丛薄翳荟间，出其不意，遂取和尚原。

毂英请速入大散关，自以本部为殿，以备伏兵。宗弼至仙人关，毂英先攻之，宗弼止之，毂英不止，宗弼以刀背击其兜鍪，使之退，毂英曰："敌气已沮，不乘此而取之，后必悔之。"已而果然。宗弼叹曰："既往不咎。"乃班师。毂英殿，且战且却，遂达秦中。

齐国初废，元帅右监军撒离喝驰驿抚治诸郡，至同州，故齐观察使李世辅出迎，阳坠马称折臂，舁归。撒离喝入城，世辅诈使通判献甲，以壮士十人，被甲上厅事，世辅自壁后突出，执撒离喝。毂英方索马于外，变起仓卒，不得入。城门已闭，皆有兵卫，至东门，合荅雅领骑三十余，与毂英遇，遂斩门者出。而世辅拥众自西门出，毂英与合荅雅袭之，一进一退以缀世辅，使不得速。世辅虑救兵至，乃要撒离喝与之盟，勿使追之。留撒离喝于道侧，毂英识其声，与骑而归。除安远大将军，摄太原尹，四境咸治，兼摄河东南、北两路兵马都总管。

朝廷以河南、陕西与宋，已而复取之，师至耀州。宋人每旦出城，张旗阅队，抵暮而还。道隘，骑不得逞。毂英请兵五百，薄暮先使五十人趋山巅，令之曰："旦日视敌出，举帜指其所向。"乃以余兵伏山谷间。明日，城中人出阅如前，山巅旗举，伏兵发，宋兵争驰入城。毂英麾军登城，拔宋帜，立金军旗帜。宋兵后者望见之不敢入，遂降，城中人亦降。

宋吴玠拥重兵据泾州，泾原以西多应之。元帅撒离喝欲退守京兆，俟河南、河东军。毂英曰："我退守，吴玠必取凤翔、京兆、同、华，据潼关，吾属无类矣。"撒离喝曰："计将安出?"毂英曰："事危矣，不如速战。我军阵泾之南原，宋兵必自西原来。毂英与斜补出各以选骑五百摧其两翼，元帅当其中击之，可以得志。"监军拔离速曰："二子当其左右，拔离速愿当其中。元帅据冈阜，多张旗帜为疑兵，可以得志。"撒离喝从之。吴玠兵果自西原来，毂英、斜补出击其左右，自旦至午，吴玠左右军少退，拔离速当其前冲击之，遂败玠军，僵尸枕藉，大涧皆满。自此蜀人丧气，不敢复出，关、陕遂定。

历行台吏部工部侍郎，从宗弼巡边，迁刑部尚书，转元帅左都监。天德二年，迁右监军。元帅府罢，改山西路统军使，领西南、西北两路招讨兵马，坐无功，降临海军节度使，历平阳、太原尹 。正隆末，为中都留守，兼西北面都统，讨契丹撒八，驻军归化州。

世宗即位于辽阳，使毂英侄阿鲁瓦持诏往归化，命毂英为左副元帅，就遣使召陕西统军徒单合喜，宣大定改元诏、赦于西南、西北招讨司，河东、河北、山东诸路州镇，调猛安军屯京畿。阿鲁瓦见毂英，毂英犹豫未决，士卒皆欲归世宗，毂英不得已，乃受诏。以元帅令下诸路，亟泥马槽二万具，诸路闻之，以为大军且至，然后遣人宣赦，所至皆听命。

大定元年十一月，毂英以军至中都，同知留守璋请至府议事。毂英疑璋有谋，乃阳许诺，排节仗若将往者，遂率骑从出施仁门，驻兵通州。见世宗于三河。诏毂英以便宜规措河南、陕西、山东边事。二年正月，至南京，遂复汝、颖、嵩等州县，授世袭猛安。入拜平章政事，罢为东京留守，未行，改济南尹。

初，毂英宿将恃功，在南京颇渎货，不恤军民。诏使问以边事，毂英不答，谓诏使曰："尔解何事，待我到阙奏陈。"及召入，竟无一语及边事者。在相位多自专，己所欲辄自奏行之。除留守，辄忿忿不接宾客，虽近臣往亦不见。上怒，遂改济南。上数之曰："朕念卿父有大功于国，卿旧将亦有功，故改授此职，卿宜知之。若复不悛，非但不保官爵，身亦不能保也。"毂英顿首谢。

久之，改平阳尹，致仕。起为西京留守，以母忧去官。寻以本官起复。俄复为东京，历上京，诏曰："上京王业所起，风俗日趋诡薄，宗室聚居，号为难治。卿元老大臣，众所听服，当正风俗，检制宗室 ，持以大体。"十五年。致仕。

久之，史臣上《太宗、睿宗实录》，上曰："当时旧人亲见者，惟毂英在。"诏修撰温迪罕缔达往北京就其家问之，多更定焉。

十九年，薨，年七十四。最前后以功被赏者十有一，金为两二百五十，银为两六千五百，绢为匹八百，绵为两二千，马三百十有四，牛羊六千五百，奴婢百三十人。

麻吉，银术可之母弟也。年十五，隶军中，从破高丽兵，下宁江州，平系辽女直，克黄龙府，皆身先力战，以功为谋克，继领猛安。破奚兵千余。自斡鲁古攻下咸、信、沈州及东京诸城，麻吉皆有功。都统杲取中京，与稍合、胡拾荅别降楚里迪部，屯兵高州。以兵援蒙刮勃堇，大破敌兵，复败恩州兵五万人。讨平辽人聚中京山谷者，降三千余人。战于高州境上，伏矢射之中目，遂卒。

麻吉大小三十余战，所至皆捷。皇统中，赠银青光禄大夫，谥毅敏。子沃侧。

沃侧，年十七，隶军中，从拔离速击辽将马五，败之。麻吉死，领其职。宗望伐宋，至河上。宋兵屯于河外，以二舟来伺我师，乃遣沃侧率勇士数辈，以一舟往迎之，尽俘以还。袭康王于江、淮间，沃侧皆与焉。师还，驻东平。及废齐，屯兵河北，招降旁近诸营，多获畜产兵仗，军帅嘉之，赏以甲马。

后攻陕西，为右翼都统，攻城破敌，皆与有功。师还，正授谋克。迁华州防御使，属关中岁饥，盗贼充斥，沃侧募兵讨平之，部以无事。郡人列状丐留，不报。未几，除迪列部族节度使，改迭剌部。用廉入为都水使者，秩满，同知燕京留守事，为西北路招讨使。

撒八秩满已数月，冒其俸禄，不即解去，沃侧发其事。撒八反，沃侧遇害。

拔离速，银术可弟。天辅六年，宗翰在北安州，将会斜也于奚王岭，辽兵奄至古北口，使婆卢火、浑黜各领兵二百，击之。浑黜请济师，宗翰欲自往，希尹、娄室曰："此易与耳，请以千人为公破之。"浑黜以骑士三十人前行，至古北口，遇其游兵，逐入山谷，辽人以步骑万余迫战，亡骑五人，浑黜退据关口。希尹、娄室至，拔离速、讹谋罕、胡实海推锋奋击，大破之，斩馘甚众，尽获甲胄辎重。希尹与撒里古独、裴满突撚败其伏兵，杀千余人，获马百余匹。娄室拒夏人出陵野岭，留拔离速以兵二百，据险守之。

银术可围太原，近县先已降，宋军来救太原者复据太谷、祁县，拔离速、阿鹘懒复取之。宋姚古军隆州谷，拔离速败之，张灏兵出汾州，又击走之。天会四年，克太原，拔离速为管勾太原府路兵马事，复与娄室败宋兵于文水，遂从宗翰围汴。与银术可略地襄、邓，入均州，还攻唐、蔡、陈三州，皆破之，克颍昌府。遂与泰欲、马五袭宋康王于扬州，康王渡江入于建康。

天会十五年，迁元帅左都监。宗弼再定河南，撒离喝经略陕西，至泾州，拔离速大破宋军于渭州，渭州、德顺军皆降，陕西平。迁元帅左监军，加金吾卫上将军，卒，谥敏定。

习古乃，亦书作实古乃。尝与银术可俱往辽国取阿疏，还言辽人可取之状，太祖始决意伐辽矣。婆卢火取居庸关，萧妃自古北口出奔，太祖使习古乃乃追之，不及。后为临潢府军帅，讨平迭剌，其群官率众降者，请使就领诸部。太宗赐以空名宣头及银牌，使以便宜授之。获辽许王莎逻、驸马都尉萧乙辛。辽梁王雅里在纥里水自立，不知果在何处，至是始知之。于是，徙辽降人于泰州，时暑未可徙，习古乃请姑处之岭西。及习古乃筑新城于契丹周特城，诏置会平州。

乌虎里部人迪烈、划沙率部族降，朝廷以挞仆野为本部节度使，乌虎为都监。习古乃封还挞仆野等宣诰，以便宜加挞仆野散官，填空名告身授之，及录上降附有劳故官八百九十三人，朝廷从之。于是，迪烈加防御使，为本部节度使。划沙加诸司使，为节度副使，知迪烈底部事。挞离答加左金吾卫上将军，节度副使，知突鞠部事。阿枲加观察使，为本部节度使。其余迁授有差。以庞葛城地分赐乌虎里、迪烈底二部及契丹人，其未垦者听任力占射。

久之，领咸州烟火事。天会六年，完颜慎思所部及其余未置猛安谋克户口，命习古乃通阅具籍以上。天会十年，改南京路军帅司为东南路都统司，习古乃为都统，移治东京，镇高丽。

赞曰：金启疆土，斡鲁、斡鲁古方面功最先著，婆卢火、娄室最先封，泰州之边圉，黄龙之冲要，寄亦重矣。若阇母之勤劳南路，娄室之经营陕西，银术可之围守太原，劳亦至矣。斡鲁古之不治，阇母之败，谴罚之亟，诸将慴焉。夫能以弱小终制强大，其效验与。银术可、习古乃观人之国而知其可伐，古语云"国有八观"，善矣夫。

卷七十三　　列传第十一

阿离合懑　晏本名斡论　宗尹本名阿里罕
宗宁本名阿土古　宗道本名八十
宗雄本名谋良虎　阿邻　按荅海
希尹本名谷神　守贞本名左靥　守能本名胡剌

阿离合懑，景祖第八子也。健捷善战。年十八，腊醅、麻产起兵据暮棱水，乌春、窝谋罕以姑里甸兵助之。世祖擒腊醅，暮棱水人尚反侧，不自安，使阿离合懑往抚察之，与斜钵合兵攻窝谋罕。乌春已死，窝谋罕弃城遁去。后从撒改讨平留可，阿离合懑功居多。

太祖擒萧海里，使阿离合懑献馘于辽。太祖谋伐辽，阿离合懑实赞成之。及举兵，阿离合懑在行间屡战有功。及太宗等劝进，太祖未之许也。阿离合懑、昱、宗翰等曰："今大功已集，若不以时建号，无以系天下心。"太祖曰："吾将思之。"收国元年，太祖即位。阿离合懑与宗翰以耕具九为献，祝曰："使陛下毋忘稼穑之艰难。"太祖敬而受之。顷之，为国论乙室勃极烈。

为人聪敏辨给，凡一闻见，终身不忘。始未有文字，祖宗族属时事并能默记，与斜葛同修本朝谱牒。见人旧未尝识，闻其父祖名，即能道其部族世次所出。或积年旧事，偶因他及之，人或遗忘，辄一一辨析言之，有质疑者皆释其意义。世祖尝称其强记，人不可及也。

天辅三年，寝疾，宗翰日往问之，尽得祖宗旧俗法度。疾病，上幸其家问疾，问以国家事，对曰："马者甲兵之用，今四方未平，而国俗多以良马殉葬，可禁止之。"乃献平生所乘战马。及以马献太宗，使其子蒲里迭代为奏，奏有误语，即哂之，宗翰从傍为改定。进奏讫，薨，年四十九。

上闻阿离合懑临薨有奏事，曰："临终不乱，念及国家事，真贤臣也。"哭之恸。及葬，上亲临。熙宗时，追封隋国王。天德中，改赠开府仪同三司、隋国公。大定间，配飨太祖庙廷，谥曰刚宪。子赛也、斡论。赛也子宗尹。

晏本名斡论，景祖之孙，阿离合懑次子也。明敏多谋略，通契丹字。天会初，乌底改叛。太宗幸北京，以晏有筹策，召问，称旨，乃命督扈从诸军往讨之。至混同江，谕将士曰："今叛众依山谷，地势险阻，林木深密，吾骑卒不得成列，未可以岁月破也。"乃具舟楫舣江，令诸军据高山，连木为栅，多张旗帜，示以持久计，声言俟大军毕集而发。乃潜以舟师浮江而下，直捣其营，遂大破之，据险之众不战而溃。月余，一境皆定。师还，授左监门卫上将军，为广宁尹，入为吏、礼两部尚书。

皇统元年，为北京留守，改咸平尹，徙东京。天德初，封葛王，入拜同判大宗正事，进封宋王，授世袭猛安。海陵迁都，晏留守上京，授金牌一、银牌二，累封豫王、许王，又改越王。贞元初，进封齐。时近郊禁围猎，特畀晏三百人从猎。在上京凡五年。正隆二年，例削王爵，改西京留守。未几，为临潢尹，遂致仕，还居会宁。

海陵南伐，世宗为东京留守，将士皆自淮南来归，晏之子恧里乃亦自军前率众来归世宗。白彦敬等在北京闻恧里乃等逃还，使会宁同知高国胜拘晏家族。上既即位，遣使召晏，既又遣晏兄子鹘鲁补驰驿促之。晏遂率宗室数人入见，即拜左丞相，封广平郡王，宴劳弥日。未几，兼都元帅。

大定二年正月，上如山陵。礼毕，上将猎，有司已夙备。晏谏曰："边事未宁，畋游非所宜也。"上嘉纳之。因谓晏等曰："古者帝王虚心受谏，朕常慕之。卿等尽言毋隐。"进拜太尉。复致仕，还乡里。是岁，薨。诏有司致祭，赙赠银币甚厚。

宗尹，本名阿里罕。以宗室子充护卫，改牌印祗候，授世袭谋克，为右卫将军。历顺天、归德、彰化、唐古部族、横海军节度使。正隆南伐，领神略军都总管，先锋渡淮，取扬州及瓜洲渡。大定二年，改河南路副都统，驻军许州之境。

是时，宋陷汝州，杀刺史乌古孙麻泼及汉军二千人。宗尹遣万户孛术鲁定方、完颜阿喝懒、夹谷清臣、乌古论三合、渠雏讹只将骑四千往攻之，遂复取汝州。除大名尹，副统如故。顷之，为河南路统军使，迁元帅左都监，除南京留守。上曰："卿年少壮，而心力多滞。前任点检京尹，勤力不怠，而处事迷错。勉修职业，以副朕意。"赐通犀带、厩马。八年，置山东路统军司，宗尹为使。迁枢密副使。录其父功，授世袭蒲与路屯河猛安，并亲管谋克。除太子太保，枢密副使如故。

上问宰臣曰："宗尹虽才无大过人者，而性行淳厚，且国之旧臣，昔为达官，卿等尚未仕也。朕欲以为平章政事何如？"宰执皆曰："宗尹为相，甚协众望。"即日拜平章政事，封代国公，兼太子太傅。

是时民间苦钱币不通，上问宗尹，对曰："钱者有限之物，积于上者滞于下，所以不通。海陵军兴，为一切之赋，有菜园、房税、养马钱。大定初，军事未息，调度不继，故因仍不改。今天下无事，府库充积，悉宜罢去。"上曰："卿留意百姓，朕复何虑。太尉守道老矣，舍卿而谁。"于是，养马等钱始罢。

他日，上谓宰臣曰："宗尹治家严密，他人不及也。"顾谓宗尹曰："政事亦当如此矣。"有顷，北方岁饥，军食不足，廷议输粟赈济。或谓比虽不登，而旧积有余，秋成在近，不必更劳输挽，宗尹曰："国家平时积粟，本以备凶岁也，必待秋成，则惫者众矣。人有捐瘠，其如防戍何。"上从之。

宗尹乞令子银术可袭其猛安，会太尉守道亦乞令其子神果奴袭其谋克。凡承袭人不识女直字者，勒令习学。世宗曰："此二子，吾识其一习汉字，未习女直字。自今女直、契丹、汉字曾学其一者，即许承袭。"遂著于令。

宗尹有疾，不能赴朝。上问宰臣曰："宗尹何为不入朝？"太尉守道以疾对。曰："丞相志宁尝言，'若诏遣征伐，所不敢辞。宰相之职，实不敢当'。宗尹亦岂此意耶。"

二十四年，世宗将幸上京。上曰："临潢、乌古里石垒岁皆不登，朕欲自南道往，三月过东京，谒太后陵寝，五月可达上京。春月鸟兽孳孕，东作方兴，不必搜田讲事，卿等以为何如？"宗尹曰："南道岁熟，刍粟贱，宜如圣旨。"遂由南道往焉。世宗至上京，闻同签大宗正事宗宁不能抚治上京宗室，宗室子往往不事生业。上谓宗尹曰："汝察其事，宜惩戒之。"宗尹奏曰："随仕之子，父没不还本土，以此多好游荡。"上命召还。宴宗室于皇武殿，击球为乐。上曰："赏赐宗室，亦是小惠，又不可一概迁官，欲令诸局分收补，其间人材孰可者？"宗尹对曰："奉国斡准之子按出虎、豫国公昱之曾孙阿鲁可任使。"上曰："度可任何职，更访其余以闻。"诏以按出虎、阿鲁为奉御。

二十七年，乞致仕。"世宗曰："此老不事事，从其请可也。"宰臣奏曰："旧臣宜在左右。"上曰："宰相总天下事，非养老之地。若不堪其职，朕亦有愧焉。如贤者在朝，利及百姓，四方瞻仰，朕亦与其光美。"宰臣无以对。宗尹入谢。上曰："卿久任外官，不闻有过失，但恨用卿稍晚，今精力似衰矣。省事至烦，若勉留卿，则四方以朕为私，卿亦不自安也。"顷之，上问宗尹子："汝父致仕，将居何所？"其子曰："聚属既多，不能复在京师。"上遣使问宗尹曰："朕欲留卿，时相从游，卿子之言如此，今定何如？"宗尹曰："臣岂不欲在此，但余闲之年，犹在辇下，恐圣主心困耳。既衰老臣不忍摈弃，时时得瞻望天颜，臣岂敢他往。乡里故老无存者，虽到彼，尚将与谁游乎。"于是赐甲第一区，凡宴集畋猎皆从焉。二十八年，薨。

宗宁本名阿土古，系出景祖，太尉阿离合懑之孙。性勤厚，有大志。起家为海陵征南都统，战瓜洲渡，功最。历祁州刺史。

大定二年，为会宁府路押军万户，擢归德军节度使。时方旱蝗，守宁督民捕之，得死蝗一斗，给粟一斗，数日捕绝。移镇宁昌军，改知临潢府事，移天德军。世宗尝谓宰臣曰："宗宁智虑虽浅，然所至人皆爱之。"即命为行军右翼都统，为贺宋正旦使。累迁兵部尚书，授隆州路和团猛安烈里没世袭谋克。出知大名府事，徙镇利涉军，俄同签大睦亲府事。

宗宁多病，世宗欲以凉地处之，俾知咸平，诏以其子符宝郎亩为韩州刺史，以便养。无几，入授同判大睦亲府事，拜平章政事。明昌二年，薨。宗宁居家约俭如寒素，临事明敏。其镇临潢，邻国有警，宗宁闻知乏粮，即出仓粟，令以牛易之，敌知得粟，即遁去。边人以窝斡乱后，苦无牛，宗宁复令民入粟易牛，既而民得牛而仓粟倍于旧，其经画如此。

宗道本名八十，上京司属司人，系出景祖，太尉讹论之少子也。通《周易》、《孟子》，善骑射。大定五年，充閤门祗候，累除近侍局使。

右丞相乌古论元忠、左卫将军仆散揆等尝燕集，有所窃议，宗道即密以闻。世宗嘉之，授右卫将军，出为西南路副招讨。章宗即位，改同知平阳府事。陕西路副统军、左宣徽使移剌仲方举以自代，除西北路招讨使。故事，诸部贺马八百余匹，宗道辞不受，诸部悦服，边鄙顺治。提刑司察廉，召为殿前右副都点检。寻除陕西路统军使，以镇静得军民心，特迁三阶，兼知京兆府事。时夏旱，俾长安令取太白湫水，步迎于远郊，及城而雨。是岁大稔，人以为精意所感，刊石纪之。

承安二年，为贺宋正旦使，寻授河南路统军使。泗州民张伟获宋人王万，言彼界事情，宗道疑其冤，乃廉问得实。万，楚州贾人，伟负万货五千余贯，三年不偿，万理索，为伟所诬。乃坐伟而归万，时人服其明。后乞至仕，朝廷知非本心，改知河中府，有惠政，民立像于层观，以时祭之。移知临洮，以病解。泰和四年，卒。赠龙虎卫上将军。

宗雄本名谋良虎，康宗长子。其始生也，世祖见而异之，曰："此儿风骨非常，他日必为国器。"因解佩刀，使常置其侧，曰："俟其成人则使佩之。"九岁能射逸兔。年十一，射中奔鹿。世祖坐之膝上曰："儿幼已然，异已出伦辈矣。"以银酒器赐之。既长，风表奇伟，善谈辩，多智略，孝敬谦谨，人爱敬之。康宗没，辽使阿息保来，乘马至灵帏阶下，择取赗赠之马。太祖怒，欲杀阿息保，宗雄谏，太祖乃止。

太祖将举兵，宗雄曰："辽主骄侈，人不知兵，可取也。不能擒一萧海里，而我兵擒之。"太祖善其言。攻宁江州，渤海兵锐甚。宗雄以所部败渤海兵，以功授世袭千户谋克。太祖败辽兵于出河店，宗雄推锋力战，功多。达鲁古城之役，宗雄将右军，身先士卒战，辽兵当右军者已却，上命宗雄助左军击辽兵。宗雄绕辽兵后击之，辽兵遂大溃，乘胜逐北。日已暮，围之。黎明，辽兵突围出，追杀至乙吕白石而还。上抚其背曰："朕有此子，何事不济。"以御服赐之。

及辽帝以七十万众至驼门，诸将皆曰："辽军势甚盛，不宜速战。"宗雄曰："不然。辽兵虽众，而皆庸将，士卒惴惴，不足畏也。战则破之掌握间耳。"上曰："善。"追及辽帝于护步荅冈。宗雄率众直前，短兵接。宗雄令前行持挺击辽兵马首，后行者射之，大败辽兵。上嘉宗雄功，执其手劳之，以御介胄及御战马、宝货、奴婢赐之。

斜也攻春州，宗雄与宗干、娄室取金山县。行近白鹰林，获候者七人，纵其一人使归。县人闻大军至，乃溃，遂下金山县。与斜也俱取泰州。

太祖自将取临潢府，遣宗雄先启行，遇辽兵五千，宗雄与战，大军亦至，大破之。及留守挞不野降，上以其女与宗雄，赏其启行破辽援兵之功也。既而与蒲家奴按视泰州地土，宗雄包其土来奏曰："其土如此，可种植也。"上从之。由是徙万余家屯田泰州，以宗雄等言其地可种艺也。

西京既降复叛，时粮饷垂尽，议欲罢攻。宗雄曰："西京，都会也，若委而去之，则降者离心，辽之余党与夏人得以窥伺矣。"乃立重赏以激士心。既而，夜中有火，大如斗，坠于城中。宗雄曰："此城破之象也。"及克西京，赐宗雄黄金百两，衣十袭及奴婢等。

与宗翰等击耿守忠兵七千于西京之东四十里，大破之。迎谒太祖于鸳鸯泺，从至归化州。疾笃，宗干问所欲言。宗雄曰："国家大业既成，主上寿考万年，肃清四方，死且无恨。"天辅六年，薨，年四十。太祖来问疾，不及见，哭之恸。谓群臣曰："此子谋略过人，临阵勇决，少见其比。"赙赠加等。诏合扎千户驸马石家奴护丧归，葬于归化州，仍于死所建佛寺。

宗雄好学嗜书，尝从上猎，误中流矢，而神色不变，恐上知之而罪及射者。既拔去其矢，托疾归家，卧两月，因学契丹大小字，尽通之。凡金国初建，立法定制，皆与宗干建白行焉。及与辽议和，书诏契丹、汉字，宗雄与宗翰、希尹主其事。而材武跻捷，挽强射远，几三百步。尝走马射三獐，已中其二，复弯弓，马蹶，跃而下，控弦如故，遂彀满步射获之。宗雄方逐兔，挞懒亦从后射之，已发矢，挞懒大呼曰："矢及矣。"宗雄反顾，以手接其矢，就射兔，中之，其轻健如此。

天眷中，追封太师、齐国王。天德二年，加秦汉国王。正隆二年，改太傅、金源郡王 。大定二年，追封楚王，谥威敏，配享太祖庙廷。十五年，诏图像于衍庆宫。子蒲鲁虎、按荅海、阿邻。孙常春、胡里剌、胡剌、鹘鲁、荼扎、怕八、讹出。

初，宗干纳宗雄妻，海陵衔之。及篡位，使宿直将军晁霞、牌印闾山往河间，囚宗雄妻于府署，明日，与其子妇及常春兄弟、荼扎之子七人皆杀而焚之，弃其骨于濠水。大定十七年，诏有司收葬。

初，蒲鲁虎袭猛安。蒲鲁虎卒，赠金紫光禄大夫，子桓端袭之，官至金吾卫上将军。桓端卒，子袅频未袭而死。章宗命宗雄孙蒲带袭之。

蒲带，大定末，累官同签大睦亲府事。章宗即位，初置九路提刑司，蒲带为北京临潢提刑使。诏曰："朕初即位，忧劳万民，每念刑狱未平，农桑未勉，吏或不循法度，以隳吾治。朝廷遣使廉问，事难周悉。惟提刑劝农采访之官，自古有之。今分九路专设是职，尔其尽心，往懋乃事。"自熙宗时，遣使廉问吏治得失。世宗即位，凡数岁辄一遣黜陟之，故大定之间，郡县吏皆奉法，百姓滋殖，号为小康。或谓廉问使者，颇以爱憎立殿最，以问宰相。宰相曰："臣等复为陛下察之。"是以世宗尝欲立提刑司而未果。章宗追述先朝，遂于即位之初行之。

及九路提刑使朝辞于庆和殿，上曰："建立官制，当宽猛得中。凡军民事相涉者，均平决遣，钤束家人部曲，勿使沮扰郡县事。今以司狱隶提刑司，惟冀狱犴无冤耳。"既退，复遣近臣谕之曰："卿等皆妙简才良，付以专责，尽心举职，别有旌赏，否则有罚。"明年，蒲带乃袭猛安云。

阿邻，颖悟辩敏，通女直、契丹大小字及汉字。幼时尝入宫，熙宗见而奇之，曰："是儿他日必能宣力国家。"年十八，授定远大将军，为顺天军节度使。天德二年，用廉，迁益都尹兼山东东路兵马都总管，历泰宁、定海、镇西、安国等军节度。

海陵南伐，以为神勇、武平等军都总管，由寿州道渡淮，与劝农使移剌元宜合兵三万为先锋。是岁十月，至庐州，与宋将王权军十余万战于柘皋镇、渭子桥，败之。至和州南，复与王权军八万余会战，又败之，追杀至江上，斩首数千级。

上即位于辽阳。海陵死，大军北还。将渡淮而舟楫甚少，军士争舟不得亟渡。阿邻得生口，知可涉处，识以柳枝，命本部涉济。既至北岸，而诸军之争渡者果为宋人邀击之。及入见，上闻阿邻淮上战功，又以全军还，迁兵部尚书，监督经画征窝斡诸军粮饷，授以金牌一、银牌四。窝斡败，还至懿州，以疾卒。丧至京师，上命致祭于永安寺，百官赴吊，赙银五百两、重彩三十端、绢百匹。

按荅海，又名阿鲁绾，宗雄次子也。性端重，不轻发，有父之风。年十五，太祖赐以一品伞。二十余，御球场分朋击球，连胜三算，宗工旧老咸异之。进呈所胜礼物，按荅海为班首，太宗喜曰："今日之胜，此孙之力也。"赏之独厚。

天眷二年，袭父猛安。除大宗正丞，以猛安让兄子唤端，加武定军节度使，奉朝请。改侍卫亲军都指挥使，封金源郡王，进封谭王，迁同判大宗正事，别授世袭猛安。

海陵将迁中都，按荅海谏曰："弃祖宗兴王之地而他徙，非义也。"海陵不悦，留之上京。久之，进封郓王，改封魏王，除济南尹。按荅海不堪卑湿，多在病告，海陵闻之，改西京留守。正隆例夺王爵，改广宁尹。

世宗即位于东京，赦令至广宁，弟燕京劝按荅海拒弗受。按荅海受之。会海陵遣使至城下，按荅海登城告使者曰："此府迫近辽阳，势不能抗，聊且从命，非得已也。"燕京亦登谯楼与使者语，指斥不逊。及诸郡皆诣东京，按荅海兄弟亦上谒。有司议，既拜赦令，复有异言，持两端，请并诛之。上曰："正隆剪刈宗室，朕不可效尤。按荅海为弟所惑耳。"于是释按荅海，乃诛燕京。不数日，复判大宗正事，再迁太子太保，封兰陵郡王。改劝农使。

海陵时，自上京徙河间，土瘠，诏按荅海一族二十五家，从便迁居近地，乃徙平州。诏给平州官田三百顷，屋三百间，宗州官田一百顷。进金源郡王，致仕。

大定八年，召见，上曰："宗室耆老如卿者，能几人邪。"赐钱万贯，甲第一区，留京师，使预巡幸球猎宴会。十四年，薨，年六十七。临终，戒诸子曰："汝辈勿以生富贵中而为暴戾，宜自谦退。海陵以猜忌剪灭宗室，我以纯谨得免死耳。汝辈惟日为善，勿坠吾家。"

完颜希尹本名谷神，欢都之子也。自太祖举兵，常在行阵，或从太祖、或从撒改，或与诸将征伐，比有功。

金人初无文字，国势日强，与邻国交好，乃用契丹字。太祖命希尹撰本国字，备制度。希尹乃依仿汉人楷字，因契丹字制度，合本国语，制女直字。天辅三年八月，字书成，太祖大悦，命颁行之。赐希尹马一匹、衣一袭。其后熙宗亦制女直字，与希尹所制字俱行用。希尹所撰谓之女直大字，熙宗所撰谓之小字。

辽人迪六、和尚、雅里斯充中京走，希尹与迪古乃、娄室、余睹袭之。迪六等闻希尹兵，复走。遂降其旁近人民而还。奚人落虎来降，希尹使落虎招其父西节度使讹里刺。讹里刺以本部降。

宗翰驻军北安，使希尹经略近地，获辽护卫耶律习泥烈，知辽主猎于鸳鸯泺。宗翰遂请进兵。宗翰将会都统杲于奚王岭。辽兵屯古北口。使婆卢火将兵二百击之，浑黜亦将二百人为后援。浑黜闻辽兵众，请益兵。宗翰欲亲往，希尹、娄室曰："此小寇，请以千兵为公破之。"浑黜至古北口，遇辽游兵，逐之入谷中。辽步骑万余迫战，死者数人。浑黜据关口，希尹等至，大破辽兵，斩馘甚众，尽获甲胄辎重。复败其伏兵，杀千余人，获马百余匹。遂与宗翰至奚王岭，期会于羊城泺。

宗翰袭辽帝于五院司，希尹为前驱，所将才八骑，与辽主战，一日三败之。明日，希尹得降人麻哲，言辽主在漠，委辎重，奖奔西京。几及辽主于白水泺南。辽主以轻骑遁去。尽获其内库宝物，遂至西京。西京降，使蒲察守之。希尹至乙室部，不及辽主而还。及宗翰入朝，希尹权西南、西北两路都统。

是时，夏人已受盟，辽主已获，耶律大石自立，而夏国与娄室书责诸帅弃盟，军入其境，多掠取者。希尹上其书，且奏曰："闻夏使人约大石取山西诸郡，以臣观之，夏盟不可信也。"上曰："夏事酌宜行之。军入其境，不知信与否也。大石合谋，不可不察，其严备之。"

及大举伐宋，希尹为元帅右监军。再伐宋，执二主以归。师还，赐希尹铁券，除常赦不原之罪，余释不问。宗翰伐康王，希尹追之于扬州，康王遁去。后与宗翰俱朝京师，请立熙宗为储嗣，太宗遂以熙宗为谙班勃极烈。

熙宗即位，希尹为尚书左丞相兼侍中，加开府仪同三司。希尹为相，有大政皆身先执咎。天眷元年，乞致仕，不许，罢为兴中尹。二年，复为左丞相兼侍中，俄封陈王。与宗干共诛宗磐、宗隽。三年，赐希尹诏曰："帅臣密奏，奸状已萌，心在无君，言宣不道。逮燕居而窃议，谓神器以何归，稔于听闻，遂致章败。"遂赐死，并杀右丞萧庆并希尹子同修国史把荅、符宝郎漫带。是时，熙宗未有皇子，故嫉希尹者以此言谮之。

皇统三年，上知希尹实无他心，而死非其罪，赠希尹仪同三司、邢国公，改葬之，萧庆银青光禄大夫。天德三年，追封豫王。正隆二年，例降金源郡王。大定十五年，谥贞宪。孙守道、守贞、守能。守道自有传。

守贞本名左靥，贞元二年，袭祖谷神谋克。大定改元，收充符宝祗候，授通进，除彰德军节度副使，迁北京留守，移上京。坐安置契丹户民部内娶妻，杖一百，除名。二十五年，起为西京警巡使。世宗爱其刚直，授中都左警巡使，迁大兴府治中，进同知，改同知西京留 守事。御史台奏守贞治有善状，世宗因谓侍臣曰："守贞勋臣子，又有材能，全胜其兄守道，它日可用也。"

章宗即位，召为刑部尚书，兼右谏议大夫。守贞与修起居注张暐奏言："唐中书门下入阁，谏官随之，欲其预闻政事，有所开说。又起居郎、起居舍人，每皇帝视朝，左右对立，有命则临阶俯听，退而书之，以为起居注。缘侍从官每遇视朝，正合侍立。自来左司上殿，谏官、修起居注不避，或侍从官除授及议便遣，始令避之。比来一例令臣等回避，及香阁奏陈言文字，亦不令臣等侍立。则凡有圣训及所议政事，臣等无缘得知，何所记录，何所开说，似非本设官之义。若漏泄政事，自有不密罪。"上从之。寻为贺宋生日使，还拜参知政事。时上新即政，颇锐意于治，尝问汉宣帝综核名实之道，其施行之实果何如。守贞诵"枢机周密，品式详备"以对，上曰："行之果何始？"守贞曰："在陛下厉精无倦耳。"久之，进尚书左丞，授上京世袭谋克。

明昌三年夏，旱，天子下诏罪己。守贞惶恐，表乞解职。诏曰："天啬时雨，荐岁为灾，所以警惧不逮。方与二三辅弼图回遗阙，宜思有以助朕修政。上答天戒，消沴召和，以康百姓。卿达机务，朕所亲倚，而引咎求去，其如思助何。"守贞恳辞，乃出知东平府事。命参知政事夹谷衡谕之曰："卿勋臣之裔，早登朊仕，才用声绩，朕所素知。故嗣位之初，擢任政府，于今数载，毗赞实多。既久任繁剧，宜均适逸安，矧内外之职，亦当更治，今特授卿是命。东平素号雄藩，兼比年饥歉，正赖经画，卿其为朕往绥抚之。"仍赐金币、厩马，以宠其行。它日，上问宰臣："守贞治东平如何？"对曰："亦不劳力。"上曰："以彼之才，治一路诚有余矣。"右丞刘玮曰："方今人材无出守贞者，淹留于外，诚可惜也。"上默然。寻改西京留守。

监察御史蒲剌都劾奏守贞前宴赐北部有取受事，不报。右拾遗路铎上章辩之。四年，召拜平章政事，封萧国公。上御后阁，召守贞曰："朕以卿乃太师所举，故特加委用。然比者行事多太过，门下人少慎择，复与丞相不协，以是令卿补外。载念我昭祖、太祖开创以来，乃祖佐命，积有勋劳，兹故召用。卿其勉尽乃心，与丞相议事宜相和谐，率循旧章，无轻改革。"因赐玉带，并以蒲剌都所弹事与之，曰："朕度卿必不尔，故以示卿。"

旧制，监察御史凡八员，汉人四员皆进士，而女直四员则文资右职参注。守贞曰："监察乃清要之职，流品自异，俱宜一体纯用进士。"一日奏事次，上问司吏移转事。守贞曰："今吏权重而积弊深，移转为便。"上尝叹文士卒无如党怀英者，守贞奏进士中若赵沨、王庭筠甚有时誉。上曰："出伦者难得耳。"守贞曰："间世之才，自古所难。然国家培养久，则人材将自出矣。"守贞因言："国家选举之法，惟女直、汉人进士得人居多，此举更宜增取。其诸司局承应人旧无出身，大定后才许叙使。经童之科，古不常设，唐以诸道表荐，或取五人至十人。近代以为无补，罢之。本朝皇统间，取及五十人，因为常选。天德间，寻以停罢。陛下即位，复立是科，朝廷宽大，放及百数，诚恐积久不胜铨拟。宜稍裁减，以清流品。"又言节用省费之道，并嘉纳焉。

先是，郑王允蹈等伏诛，上以其家产均给诸王，户部郎中李敬义言恐因之生事，上又以董寿为宫籍监都管勾，并下尚书省议。守贞奏："陛下欲以允蹈等家产分赐懿亲，恩命已出，恐不可改。今已减诸王弓矢，府慰司其出入，臣以为赐之无害。如董寿罪人也，特恩释之，已为幸矣，不宜更加爵赏。"上是守贞所言。

自明昌初，北边屡有警，或请出兵击之。上曰："今方南议塞河，而复用兵于北，可乎？守贞曰："彼屡突轶吾圉，今一惩之，后当不复来，明年可以见矣。"上因论守御之法。守贞曰："惟有皇统以前故事，舍此无法耳。"

守贞读书，通法律，明习国朝故事。时金有国七十年，礼乐刑政因辽、宋旧制，杂乱无贯，章宗即位，乃更定修正，为一代法。其仪式条约，多守贞裁订，故明昌之治，号称清明。又喜推毂善类，接援后进，朝廷正人，多出入门下。

先是，上以疑忌诛郑王允蹈，后张汝弼妻高陀斡狱起，意又若在镐王允中。时右谏议大夫贾守谦上疏陈时事，思有以宽解上意。右拾遗路铎继之，言尤切直。帝不悦。守贞持其事，狱久不决。帝疑有党，乃出守贞知济南府事，仍命即辞，前举守贞者董师中、路铎等皆补外，上语宰臣曰："守贞固有才力，至其读书，方之真儒则未也。然太邀权誉，以彼之才而能平心守正，朝廷岂可少离。今兹令出，盖思之熟矣。"俄以在政府日尝与近侍窃语宫掖事，而妄称奏下，上命有司鞫问，守贞款伏，夺官一阶，解职。遣中使持诏责谕之曰："挟奸罔上，古有常刑，结援养交，臣之大戒。孰谓予相，乃蹈厥辜。尔本出勋门，浸登朊仕。朕初嗣位，亟欲用卿。未阅岁时，升为宰辅，每期纳诲，共致太平。盖求所长，不考其素，拔擢不为不峻，任用不为不专。曾报效之弗思，辄私权之自树，交通近侍，密问起居，窥测上心，预图趋向。繇患失之心重，故欺君之罪彰，指所无之事而妄以肆诬，实未始有言而谓之尝谏。义岂知于归美，意专在于要君。其饰诈之若然，岂为臣之当耳。复观弹奏，益见私情，求亲识之援而列布宫中，纵罪废之余而出入门下。而又凡有官使，敛为己恩，谓皆涉于回邪，不宜任之中外。质之清议，固所不容，揆之乃心，乌得无愧。姑从轻典，庸示薄惩。"仍以守贞不公事，宣谕百官于尚书省。

承安元年，降授河中防御使。五年，改部罗火扎石合节度使。过阙，上赐手诏责谕之，令赴职。久之，迁知都府事。时南鄙用兵，上以山东重地，须大臣安抚，乃移知济南府，卒。上闻而悼之。敕有司致祭，赙赠礼物依故平章政事蒲察通例。谥曰肃。

守贞刚直明亮，凡朝廷论议及上有所问，皆傅经以对。上尝与泛论人材，守贞乃迹其心术行事，臧否无少隐，故为胥持国辈所忌，竟以直罢。后赵秉文由外官入翰林，遽上书言："愿陛下进君子退小人。"上问君子小人谓谁。秉文对："君子故相完颜守贞，小人今参知政事胥持国。"其为天下推重如此。

守能本名胡剌，累官商州刺史。正隆末，宋人陷商州，守能被执。大定五年，宋人请和，誓书曰："俘虏之人，尽数发还。”完颜仲为报问国信使，求守能及新息县令完颜按辰于宋，遂与俱归。守能等至京师，入见，诏给旧官之俸。

大定十九年，为西北路招讨使。是时，诏徙窝斡余党于临潢、泰州。押剌民列尝从窝斡，其弟闸敌也当徙，伪称身亡，以马赂守能，固匿不遣。及受赇补赛也蕃部通事，事觉。是时，乌古里石垒部族节度副使奚沙阿补杖杀无罪镇边猛安，尚书省俱奏其事。上曰："守能由刺史超擢至此，敢恣贪墨。向者招讨司官多进良马、橐驼、鹰鹘等物，盖假此以率敛尔，自今并罢之。”因责其兄守道曰："守能自刺史躐迁招讨，外官之尊，无以逾此。前招讨哲典以贪墨伏诛，守能岂不知，乃敢如此，其意安在。尔之亲弟，何不先训戒之也。”上谓宰臣曰："监察专任纠弹。宗州节度使阿思懑初之官，途中侵扰百姓，到官举动皆违法度。完颜守能为招讨使，贪冒狼籍。凡达官贵人，皆未尝举劾。斡睹只群牧副使仆散那也取部人球杖两枝，即便弹奏。自今，监察御史职事修举，然后迁除。不举职者，大则降罚，小则决责，仍不得去职。”尚书省奏，守能两赃俱不至五十贯，抵罪。奚沙阿补解见居官，并解世袭谋克。上曰："此旧制之误。居官犯除名者，与世袭并罢之，非犯除名者勿罢。”遂著于令。特诏守能杖二百，除名。

赞曰：阿离合懑之善颂，宗雄之强识，希尹之敏学，益之以征伐之功，岂不伟哉。

卷七十四　　列传第十二

宗翰本名粘罕　子斜哥　**宗望**本名斡离不　子齐京　文

宗翰本名粘没喝，汉语讹为粘罕，国相撒改之长子也。年十七，军中服其勇。及议伐辽，宗翰与太祖意合。太祖败辽师于境上，获耶律谢十。撒改使宗翰及完颜希尹来贺捷，即称帝为贺。及太宗以下宗室群臣皆劝进，太祖犹谦让。宗翰与阿离合懑、蒲家奴等进曰："若不以时建号，无以系天下心。”太祖意乃决。辽都统耶律讹里朵以二十余万戍边，太祖逆击之，宗翰为右军，大败辽人于达鲁古城。

天辅五年四月，宗翰奏曰："辽主失德，中外离心。我朝兴师，大业既定，而根本弗除，后必为患。今乘其衅，可袭取之。天时人事，不可失也。”太祖然之，即命诸路戒备军事。五月戊戌，射柳，宴群臣。上顾谓宗翰曰："今议西征，汝前后计议多合朕意。宗室中虽有长于汝者，若谋元帅，无以易汝。汝当治兵，以俟师期。”上亲酌酒饮之，且命之酹，解御衣以衣之。群臣言时方暑月，乃止。无何，为移赉勃极烈，副蒲家奴西袭辽帝，不果行。

十一月，宗翰复请曰："诸军久驻，人思自奋，马亦壮健，宜乘此时进取中京。”群臣言时方寒，太祖不听，竟用宗翰策。于是，忽鲁勃极烈杲都统内外诸军，蒲家奴、宗翰、宗干、宗磐副之，宗峻领合扎猛安，皆受金牌，余睹为乡导，取中京实北京。既克中京，宗翰率偏师趋北安州，与娄室、徒单绰里合兵，大败奚王霞末，北安遂降。

宗翰驻军北安，遣希尹经略近地，获辽护卫耶律习泥烈，乃知辽主猎于鸳鸯泺，杀其子晋王敖鲁斡，众益离心，西北、西南两路兵马皆羸弱，不可用。宗翰使耨碗温都、移剌保报都统杲曰："辽主穷迫于山西，犹事畋猎，不恤危亡，自杀其子，臣民失望。攻取之策，幸速见谕。若有异议，此当以偏师讨之。”杲使奔睹与移剌保同来报曰："顷奉诏旨，不令便趋山西，当审详徐议。”当时，宗翰使人报杲，即整众俟兵期。及奔睹至，知杲无意进取，宗翰恐待杲约或失机会，即决策进兵。使移剌保复往报都统曰："初受命虽未令便取山西，亦许便宜从事。辽人可取，其势已见，一失机会，后难图矣。今已进兵，当与大军会于何地，幸以见报。”宗干劝杲当如宗翰策，杲意乃决，约以奚王岭会议。

宗翰至奚王岭，与都统杲会。杲军出青岭，宗翰军出瓢岭，期于羊城泺会军。宗翰以精兵六千袭辽主，闻辽主自五院司来拒战，宗翰倍道兼行，一宿而至，辽主遁去。乃使希尹等追之。西京复叛，耿守忠以兵五千来救，至城东四十里，蒲察乌烈、谷赧先击之，斩首千余。宗翰、宗雄、宗干、宗峻继至，宗翰率麾下自其中冲击之，使余兵去马从旁射之。守忠败走，其众歼焉。宗翰弟扎保迪没于阵。天眷中，赠扎保迪特进云。

宗翰已抚定西路州县部族，谒上于行在所，遂从上取燕京。燕京平，赐宗翰、希尹、挞懒、耶律余睹金器有差。太祖既以燕京与宋人，还军次鸳鸯泺，不豫，将归京师。以宗翰为都统，昃勃极烈昱、迭勃极烈斡鲁副之，驻军云中。

太宗即位，诏宗翰曰："寄尔以方面，当迁官资者，以便宜除授。”因以空名宣头百道给之。宋人来请割诸城，宗翰报以武、朔二州。宗翰请曰："宋人不归我叛亡，阻绝燕山往来道路，后必败盟，请勿割山西郡县。”太宗曰："先皇帝尝许之矣，当与之。”

诸将获耶律马哥，宗翰归之京师。诏以马七百匹给宗翰军，以田种千石、米七千石赈新附之民。诏曰："新附之民，比及农时，度地以居之。”宗翰请分宗望、挞懒、石古乃精兵讨诸部。诏曰："宗望军不可分，别以精锐五千给之。”宗翰朝太祖陵，入见上，奏曰："先皇帝时，山西、南京诸部汉官，军帅皆得承制除授。今南京皆循旧制，惟山西优以朝命。”诏曰："一用先皇帝燕京所降诏敕从事，卿等度其勤力而迁授之。”

宗翰复奏曰："先皇帝征辽之初，图宋协力夹攻，故许以燕地。宋人既盟之后，请加币以求山西诸镇，先皇帝辞其加币。盟书曰：'无容匿逋逃，诱扰边民。'今宋数路招纳叛亡，厚以恩赏。累疏叛人姓名，索之童贯，尝期以月日，约以誓书，一无所至。盟未期年，今已如此，万世守约，其可望乎。且西鄙未宁，割付山西诸郡，则诸军失屯据之所，将有经略，或难持久，请姑置勿割。”上悉如所请。

上以宗翰破辽，经略夏国奉表称藩，深嘉其功，以马十四，使宗翰自择二匹，余赐群帅。

及斡鲁奏宋不遣岁币户口事，且将渝盟，不可不备。太宗命宗翰取诸路户籍按籍索之。而阇母再奏宋败盟有状，宗翰、宗望俱请伐宋。于是，谙班勃极烈杲领都元帅，居京师，宗翰为左副元帅，自太原路伐宋。

宗翰发自河阴，遂降朔州，克代州，围太原府。宋河东、陕西军四万救太原，败于汾河之北，杀万余人。宗望自河北趋汴，久不闻问，遂留银术可等围太原，宗翰率师而南。天会四年降定诸县及威胜军，下隆德府实潞州。军至泽州，宋使至军中，始知割三镇讲和事。路允迪以宋割太原诏书来，太原人不受诏。宗翰取文水及盂县，复留银术可围太原。宗翰乃还山西。

宋少帝诱萧仲恭贻书余睹，以兴复辽社稷以动之。萧仲恭献其书，诏复伐宋。八月，宗翰发自西京。九月丙寅，宗翰克太原，执宋经略使张孝纯等。鹘沙虎取平遥，降灵石、介休、孝义诸县。十一月甲子，宗翰自太原趋汴，降威胜军，克隆德府，遂取泽州。撒剌荅等先已破天井关，进逼河阳，破宋兵万人，降其城。宗翰攻怀州，克之。丁亥，渡河。闰月，宗翰至汴，与宗望会兵。宋约画河为界，复请修好。不克和。丙辰，银术可等克汴州。辛酉，宋少帝诣军前，舍青城。十二月癸亥，少帝奏表降。诏元帅府曰："将帅士卒立功者，第其功之高下迁赏之。其殒身行阵，没于王事者，厚恤其家，赐赠官爵务从优厚。"使勖就军中劳赐宗翰、宗望，使皆执其手以劳之。五年四月，以宋二主及其宗族四百七十余人及珪璋、宝印、衮冕、车辂、祭器、大乐、灵台、图书，与大军北还。七月，赐宗翰铁券，除反逆外，余皆不问，赐与甚厚。

宗翰奏河北、河东府镇州县请择前资官良能者任之，以安新民。上遣耶律晖等从宗翰行。诏黄龙府路、南路、东京路于所部各选如耶律晖者遣之。宗翰遂趋洛阳。宋董植以兵至郑州，郑州人复叛。宗翰使诸将击董植军，复取郑州。遂迁洛阳、襄阳、颍昌、汝、郑、均、房、唐、邓、陈、蔡之民于河北，而遣娄室平陕西州郡。是时河东寇盗尚多，宗翰乃分留将士，夹河屯守，而还师山西。昏德公致书"请立赵氏，奉职修贡，民心必喜，万世利也。"宗翰受其书而不答。

康王遣王师正奉表，密以书招诱契丹、汉人。获其书奏之。太宗下诏伐康王。河北诸将欲罢陕西兵，并力南伐。河东诸将不可，曰："陕西与西夏为邻，事重体大，兵不可罢。"宗翰曰："初与夏约夹攻宋人，而夏人弗应。而耶律大石在西北，交通西夏。吾舍陕西而会师河北，彼必谓我有急难。河北不足虞，宜先事陕西，略定五路，既弱西夏，然后取宋。"宗翰盖有意于夏人也。议久不决，奏请于上，上曰："康王构当穷其所往而追之。俟平宋，当立藩辅如张邦昌者。陕右之地，亦未可置而不取。"于是娄室、蒲察帅师，绳果、婆卢火监战，平陕西。银术可守太原，耶律余睹留西京。

宗翰会东军于黎阳津，遂会睿宗于濮。进兵至东平，宋知府权邦彦弃家宵遁，降其城，驻军东平东南五十里。复取徐州。先是，宋人运江、淮金币皆在徐州官库，尽得之，分给诸军。袭庆府来降。宋知济南府刘豫以城降于挞懒。乃遣拔离速、乌林荅泰欲、马五袭康王于扬州，未至百五十里，马五以五百骑先驰至扬州城下。康王闻兵来，已于前一夕渡江矣。于是，康王以书请存赵氏社稷。先是，康王尝致书元帅府，称"大宋皇帝构致书大金元帅帐前"，至是乃贬去大号，自称"宋康王赵构谨致书元帅阁下"。其四月、七月两书皆然。元帅府答其书，招之使降。于是，挞懒、宗弼、拔离速、马五等分道南伐。宗弼之军渡江取建康，入于杭州。康王入海，阿里、蒲卢浑等自明州行海三百里，追之弗及。宗弼乃还。其后宗翰欲用徐文策伐江南，睿宗、宗弼议不合，乃止。语在《刘豫传》。归德叛，都统大纠里平之。

初，太宗以斜也为谙班勃极烈，天会八年，斜也薨，久虚此位。而熙宗宗峻子，太祖嫡孙，宗干等不以言太宗，而太宗亦无立熙宗意。宗翰朝京师，谓宗干曰："储嗣虚位颇久，合剌先帝嫡孙，当立，不早定之，恐授非其人。宗翰日夜未尝忘此。"遂与宋干、希尹定议，入言于太宗，请之再三。太宗以宗翰等皆大臣，义不可夺，乃从之，遂立熙宗为谙班勃极烈。于是，宗翰为国论右勃极烈，兼都元帅。

熙宗即位，拜太保、尚书令，领三省事，封晋国王。乞致仕，诏不许。天会十四年薨，年五十八。追封周宋国王。正隆二年，例封金源郡王。大定间，改赠秦王，谥桓忠，配享太祖庙廷。

孙秉德、斜哥。秉德别有传。

斜哥，累官同知曷苏馆节度使事。大定初，除刑部侍郎，充都统，与副统完颜布辉自东京先赴中都，辄署置官吏，私用官中财物。世宗至中都，事觉，斜哥当死，布辉当除名。诏宽减，斜哥除名，布辉削两阶，解职。

二年，起为大宗正丞，除祁州刺史。坐赃枉法，当死，诏杖一百五十，除名。遣左卫将军夹谷查剌谕斜哥曰："卿何面目至乡中与宗族相见。今徙鄜州，以家人自随，俟汝身死，听家人从便。"久之，起同知兴中尹，迁唐括部族节度使，历开远、顺义军。

斜哥前在云内受赃，御史台劾奏，上谓宰臣曰："斜哥今三犯矣，盖其资质鄙恶如此。"令强干吏鞫之。狱成，法当死。上曰："斜哥祖父秦王宗翰有大功，特免死，杖一百五十，除名。"久之，复起为劝农副使。

赞曰：宗翰内能谋国，外能谋敌，决策制胜，有古名将之风。临潢既捷，诸将皆有怠忽之心，而请伐不已。越千里以袭辽主，诸将皆有畏顾之心，而请期不已。观其欲置江、淮，专事陕服，当时无有能识其意者。甫释干戈，敛衽归朝，以定熙宗之位，精诚之发，孰可掩哉。

宗望本名斡鲁补，又作斡离不，太祖第二子也。每从太祖征伐，常在左右。

都统杲已克中京，宗翰在北安州，获辽护卫习泥烈，知辽主在鸳鸯泺，宗翰请袭之。杲出青岭，辽兵三百余掠降人家赀。宗望曰："若生致此辈，可审得辽主所在虚实。"遂与宗弼率百骑进。骑多罢乏，独与马和尚逐越卢、孛古、野里斯等，留一骑趣后军，即驰击败之，生擒五人。因审辽主尚在鸳鸯泺未去无疑也。于是进兵。宗翰倍道兼行，追辽主于五院司，不及。娄室等追之至白水泺，辽主走阴山。辽秦晋国王捏里自立于燕京。新降州部，人心不固，杲使宗望请太祖临军。

宗望至京师，百官入贺。上曰："宗望与十余骑经涉兵寇数千里，可嘉也。"上宴群臣，欢甚，宗望奏曰："今云中新定，诸路辽兵尚数万，辽主尚在阴山、天德之间，而捏里自立于燕京，新降之民，其心未固，是以诸将望陛下幸军中也。"上曰："悬军远伐，授以成算，岂能尽合机事。朕以六月朔启行。"既次大泺西南，杲使希尹奏请徙西南招讨司诸部于内地。上顾谓群臣曰："徙诸部人当出何路？"宗望对曰："中京残弊，刍粮不给，由上京为宜。然新降之人，遽尔骚动，未降者必皆疑惧。劳师害人，所失多矣。"上京谓临潢府也。上乃下其议，命军帅度宜行之。

上闻辽主在大鱼泺，自将精兵万人袭之。蒲家奴、宗望率兵四千为前锋，昼夜兼行，马多乏，追及辽主于石辇驿，军士至者才千人，辽军余二万五千。方治营垒，蒲家奴与诸将议。余睹曰："我军未集，人马疲剧，未可战。"宗望曰："今追及辽主而不亟战，日入而遁，则无及。"遂战，短兵接，辽兵围之数重，士皆殊死战。辽主谓宗望兵少必败，遂与嫔御皆自高阜下平地观战。余睹示诸将曰："此辽主麾盖也。若萃而薄之，可以得志。"骑兵驰赴之，辽主望见大惊，即遁去，辽兵遂溃。宗望等还。上曰："辽主去不远，亟追之。"宗望以骑兵千余追之，蒲家奴为后继。

太祖已定燕京，斡鲁为都统，宗望副之，袭辽主于阴山、青冢之间。宗望、娄室、银术可以三千军分路袭之。将至青冢，遇泥泞，众不能进。宗望与当海四骑以绳系辽都统林牙大石，使为乡导，直至辽主营。时辽主往应州，其嫔御诸女见敌兵奄至惊骇欲奔，命骑下执之。有顷，后军至。辽太叔胡卢瓦妃，国王捏里次妃，辽汉夫人，并其子秦王、许王，女骨欲、余里衍、斡里衍、大奥野、次奥野、赵王妃斡里衍，招讨迪六，详稳六斤，节度使孛迭、赤狗儿皆降。得车万余乘，惟梁王雅里及其长女乘军乱亡去。娄室、银术可获其左右舆帐。进至扫里门，为书以招辽主。

辽主自金城来，知其族属皆见俘，率兵五千余决战。宗望以千兵击败之。辽主相去百步，遁去。获其子赵王习泥烈及传国玺。追二十余里，尽得其从马，而照里、特末、胡巴鲁、背荅别获牧马万四千匹、车八千乘。及献传国玺于行在，太祖曰："此群臣之功也。"遂置玺于怀中，东面恭谢天地，乃大录诸帅功，加赏焉。

辽主乃使谋卢瓦持兔钮金印请降。宗望受之，视其文，乃"元帅燕国王之印"也。宗望复以书招之，谕以石晋北迁事。遂使使谕夏国，示以和好，所以沮疑其救辽之心也。宗望趋天德，辽耶律慎思降。及候人吴十回，皆言夏国迎护辽主度大河矣。宗望乃传檄夏国曰："果欲附我，当如前谕，执送辽主。若犹疑贰，恐有后悔。"及辽秦王等以俘见太祖，太祖嘉宗望功，以辽蜀国公主余里衍赐之。

阇母与张觉战，大败于兔耳山。上使宗望问状，就以阇母军讨张觉，降濒海郡县。遂与觉战于南京城东。觉败，宵遁奔宋，语在《觉传》。城中人执觉父及其二子来献，宗望杀之。使以诏书宣谕城中张敦固等出降。使使与敦固俱入城收兵仗。城中人杀使者，立敦固为都统，劫府库，掠居民，乘城拒守。太宗赏破张觉功及有功将士各有差。

初，张觉奔宋，入于燕京，宗望责宋人纳叛人，且征军粮。久不闻问，宗望欲移书督之，请空名宣头千道，增信牌，安抚新降之民。诏以"新附长吏职员仍旧。已命诸路转输军粮，勿督于宋。给银牌十、空名宣头五十道。及迁、润、来、隰四州人徙于沈州者，俟毕农各复其业。"乃诏咸州输粟宗望军。

张敦固以兵八千分四队出战，大败。宗望再三开谕，敦固等曰："屡尝拒战，不敢遽降。"宗望许其望阙遥拜。敦固乃开其一门。宗望使阇母奏其事，乃下诏赦南京官民，大小罪皆释之，官职如旧。别敕有司轻徭赋、劝稼穑，疆场之事，一决于宗望。又曰："议索张觉及逋亡户口于宋。闻比岁不登，若如旧征敛，恐民匮乏，度其粮数赋之。射粮军愿为民者，使复田里。小大之事关白军帅，无得专达朝廷。"诏宗望曰："选勋贤及有民望者为南京留守，及诸阙员，仍具姓名官阶以闻。"是时，迁、润、来、隰四州之民保山砦者甚众，宗望乞选良吏招抚。上从之。

上召宗望赴阙，而阇母克南京，兵执伪都统张敦固杀之，南京平。赴京师。于是，宗翰请无割山西地与宋，斡鲁亦言之。阇母论奏宋渝盟有验，不可不备。及宗望还军，上曰："征岁币于宋，以银二十万两、绢三十万匹分赐尔军及六部东京诸军。"宗望至军，宋兵三千自海道来，破九寨，杀马城县戍将节度使度卢斡，取其银牌兵仗及马而去。宗望索户口，宋人弗遣，且闻童贯、郭药师治军燕山。宗望奏请伐宋曰："苟不先之，恐为后患。"宗翰亦以为言。故伐宋之策，宗望实启之。

宗望为南京路都统，阇母副之，自燕山路伐宋。宗望奏曰："阇母于臣为叔父，请以阇母为都统，臣监战事。"上从之。以宗望监阇母、刘彦宗两军战事。宗望至三河，破郭药师兵四万五千于白河，蒲苋败宋兵三千于古北口，郭药师降。遂取燕山府，尽收其军实，马万匹、甲胄五万、兵七万，州县悉平。宋中山戍将王彦、刘璧率兵二千来降。蒲察、绳果以三百骑遇中山 三万人于厄隘之地，力战，死之。术烈速、活里改军继至，杀二万余人。宗望破宋真定兵五千人，遂克信德府，次邯郸。宋李邺请修旧好。宗望留军中不遣。

自郭药师降，益知宋之虚实。宗望请以为燕京留守。及董才降，益知宋之地里。宗望请任以军事。太宗俱赐姓完颜氏，皆给以金牌。

四年正月己巳，诸军渡河，取滑州。使吴孝民入汴，以诏书问纳平州张觉事，令执送童贯、谭积、詹度，以黄河为界，纳质奉贡。癸酉，诸军围汴。宋少帝请为伯侄国，效质纳地，增岁币请和。遂割太原、中山、河间三镇，书用伯侄礼，以康王构、太宰张邦昌为质。沈晦以誓书、三镇地图至军中，发币割地一依定约，语在宋事中。

二月丁酉朔，与宋平，退军孟阳。是夜，姚平仲兵四十万来袭。候骑觉之，分遣诸将迎击，大破平仲军，复进攻汴城，问举兵之状。少帝大恐，使宇文虚中来辨曰："初不知其事，且将加罪其人。"宗望辍弗攻，改肃王枢为质，康王构遣归。师还，河北两镇不下，遂分兵讨之。

宗望罢常胜军，给还燕人田业，命将士分屯安肃、雄、霸、广信之境。宗望还山西。未几。为右副元帅，有功将士迁赏有差。

顷之，宋少帝以书诱余睹，肃仲恭献其书，诏复伐宋。八月，宗望会诸将，发自保州。耶律铎破敌兵三万于雄州，杀万余人。那野败宋军七千于中山。高六、董才破宋兵三千于广信。宋种师闵军四万人驻井陉，宗望大破之，遂取天威军。东还，遂克真定，杀知府李邈，得户三万，降五县。遂自真定趋汴。

十一月戊辰，宗望至河上，降魏县。诸军渡河，留诸将分出大名之境。降临河县，至大名县，德清军、开德府，皆克之。阿里刮以骑兵三千先趋汴，破宋军六千于路。取胙城，抵汴城下，覆宋兵千人，擒数将。宗望至汴，分遣诸将遏宋援兵，奔睹、那野、赛剌、台实连破宋援兵。闰月壬辰朔，宋兵一万出自汴城来战。宗望选劲勇五千，使当海、忽鲁、雏鹘失击败之。癸巳，宗翰自太原会军于汴。丙辰，克汴州。辛酉，宋少帝诣军前。十二月癸亥，宋帝奉表降。上使勖就军中劳赐宗翰、宗望，使皆执其手以劳之。五年四月，以宋二主及其宗族四百七十余人，及珪璋、宝印、衮冕、车辂、祭器、大乐、灵台、图书，与大军北还。

宗望乃分诸将镇守河北。董才降广信军及旁近县镇。宗望乃西上凉陉。诏宗望曰："自河之北，今既分画，重念其民见城邑有被残者，遂阻命坚守，其申谕招辑安全之。傥坚执不移，自当致讨。若诸军敢利于俘掠，辄肆毁荡者，当底于罚。"

是月，宗望薨。天会十三年，封魏王。皇统三年，进许国王，又徙封晋国王。天德二年，赠太师，加辽燕国王，配享太宗庙廷。正隆二年，例降封。大定三年，改封宋王，谥桓肃。子齐、京、文。

初。辽帝之奔阴山也，辽节度使和尚与林牙马哥、男慎思俱被擒，都统杲使阿邻护送得里底、和尚、雅里斯等入京师。得里底道亡，太祖诛阿邻。和尚弟道温为兴中尹，太祖使谩都本以兵千人与和尚往招之。和尚欲亡去，不克，至兴中城下，以矢系书射城中，教道温毋降。事泄，谩都本责之曰："汝何反覆如此?"对曰："以忠报国，何反覆之有，虽死不恨。"乃杀之。既而宗望军遇辽都统孛迭等，道温在其中，相与隔水而语。宗望承制招之，孛迭唯诺，无降意。宗望谓道温曰："汝兄和尚因战而获，未尝加罪，后以叛诛，能无痛悼。"道温曰："吾兄辱于见获，荣于死国。"宗望顾马和尚曰："能为我取此乎?"对曰："能。"遂以所部渡水击败其众，直趋道温，射中其臂，获而杀之。

齐本名受速，长身美髯。天眷三年，以宗室子授镇国上将军。皇统元年，迁光禄大夫。正隆六年，迁银青荣禄大夫。大定初，迁特进，加安武军节度使，留京师奉朝请。齐以近属，上所宠遇，而性庸滞无材能。大定三年，罢节度官，给随朝三品俸，累官特进。卒。

弟京、弟文皆以谋反诛。世宗尽以其家财产与齐之子咬住。诏齐妻曰："汝等皆当缘坐，有至大辟及流窜者。朕念宋王，故置而不问，且以其家产赐汝子。宜悉朕意。"十五年，上召英王爽谓曰："卿于诸公主女子中为咬住择婚，其礼币命有司给之。"俄袭叔父京山东西路徒毋坚猛安。

京本名忽鲁，以宗室子累迁特进。天德二年，除翰林学士承旨，兼修国史，加开府仪同三司，迁工部尚书，改礼部、兵部，判大宗正事，封曹王，除河间尹。正隆二年，例封沈国公，北京留守，以丧去官。起复益都尹。六年，坐违制，立春日与徒单贞饮酒，降滦州刺史。未几，改绛阳军节度使。海陵遣护卫忽鲁往绛州杀之。京由间道走入汾州境得免。

世宗即位，来见于桃花坞。复判大宗正事，封寿王。二年正月戊辰朔，日食，伐鼓用币，上不视朝，减膳彻乐。诏京代拜行礼。世宗惩创海陵疏忌宗室，加礼京兄弟，情若同生。谓京等曰："朕每见天象变异，辄思政事之阙，寤寐自责不遑。凡事必审思而后行，犹惧独见未能尽善，每令群臣集议，庶几无过举也。"是时，伐宋未罢兵，用度不足，百官未给全俸。京家人数百口，财用少，上闻之，赐金一百五十两、重彩百端、绢五百匹。改西京留守，赐佩刀厩马。

京到西京，京妻尝召日者孙邦荣推京禄命。邦荣言留守官至太师，爵封王。京问："此上更无否?"邦荣曰："止于此。"京曰："若止于此，所官何为。"邦荣察其意，乃诈为图谶，作诗，中有"鹘鲁为"之语，以献于京。京曰："后诚如此乎。"遂受其诗，再使卜之。邦荣称所得卦有独权之兆。京复使邦荣推世宗当生年月。家人孙小哥妄作谣言诳惑京，如邦荣指，京信之。京妻公寿具知其事。大定五年三月，孙邦荣上变。诏刑部侍郎高德基、户部员外郎完颜兀古出往鞫之。京等皆款伏。狱成，还奏。上曰："海陵无道，使光英在，朕亦保全之，况京等哉。"于是，京夫妇特免死，杖一百，除名，岚州楼烦县安置，以奴婢百口自随，官给上田。遣兀古出、刘珫宣谕京，诏曰："朕与汝皆太祖之孙。海陵失道，翦灭宗支，朕念兄弟无几，于汝尤为亲爱，汝亦自知之，何为而怀此心。朕念骨肉，不忍尽法。汝若尚不思过，朕虽不加诛，天地岂能容汝也。"十年四月，诏于楼烦县，为京作第一区，月给节度廪俸。

十二年，兄德州防御使文谋反。上问皇太子、赵王允中及宰臣曰："京谋不轨，朕特免死，今复当缘坐，何如。"

宰臣或言京图逆，今不除之，恐为后患。上曰："天下大器归于有德，海陵失道，朕乃得之。但务修德，余何足虑。"太子曰："诚如圣训。"乃遣使宣谕京，诏曰："卿兄文，旧封国公，不任职事，朕进封王爵，委以大藩。顷在大名，以赃得罪，止削左迁，不知恩幸，乃蓄怨心，谋不轨，罪及兄弟。朕念宋王，皆免缘坐。文之家产应没入者，尽与卿兄子咬住。卿宜悉此意。"

二十年十一月，上问宰臣曰："京之罪始于其妻，妄卜休咎。太祖诸孙存者无几，朕欲召置左右，不使任职，但廪给之，卿等以为何如?"皆曰："置之近密，臣等以为非宜。"上曰："朕若修德，何以豫怀疑忌。"久之，上复欲召京，宰臣曰："京，不赦之罪也，赦之以为至幸矣，岂可复。"上默良久，乃止。

文本名胡剌。皇统间，授世袭谋克，加奉国上将军，居中京。

海陵篡立，赐钱二万贯。是时，左渊为中京转运使，市中有秽术敲仙者，文与渊皆与之游。海陵还中京，闻，召敲仙诘问，穷竟本末。既而杀之于市，责让文、渊。贞元元年，除秘书，坐与灵寿县主阿里虎有奸，杖二百，除名。俄复为秘书监，封王。正隆例封郧国公，以丧去官。起复翰林学士承旨、同判大宗正事、昌武军节度使。

大定初，改武定军，留京师，奉朝请。三年，赐上常御绦服佩刀而遣之。谓文曰："朕无兄弟，见卿往外郡，恻然伤怀。卿颇自放，宜加检束。"除广宁尹，召为判大宗正事，封英王。是时，弟京得罪，上谓文曰："朕待京不薄，乃包藏祸心，图不轨，不忍刑及骨肉，遂从轻典。卿亦骄纵无度。宋王有社稷功。武灵封太祖诸孙为王，卿独不封。朕即位，封卿兄弟为王。自今惩咎悔过，赤心事朕，无患朕不知也。"除真定尹，赐以衣带。改大名尹，徙封荆王。

文到大名，多取猛安谋克良马，或以驽马易之，买民物与价不尽其直。寻常占役弓手四十余人，诡纳税草十六万束。公用阙，取民钱一万九千余贯。坐是夺爵，降德州防御使，僚佐皆坐不矫正解职。监察御史董师中按文事失纠察，已除尚书省都事，降沁南军节度副使。诏曰："自今长官不法，僚佐不矫正，又不言上，并严行惩断。"

文既失职，居常怏怏，日与家奴石抹合住、忽里者为怨言。合住揣知其意，因言南京路猛安阿古、合住、谋克颇里，银术可与大王厚善，果欲举大事，彼皆愿从。文信其言。乃召日者康洪占休咎，密以谋告洪。洪言来岁甚吉。文厚谢洪，使家僮刚哥等往南京以书币遗阿古等。刚哥问合住何以知阿古等必从。合住曰："阿古等与大王善，以此意其必从耳。"刚哥到南京，见阿古等，不言其本来之事。及还，绐文曰："阿古从大王矣。"文乃造兵仗，使家奴斡敌画阵图。家奴重喜诣河北东路上变，府遣总管判官孛特驰往德州捕文。孛特至德州，日已晚。会文出猎，召防御判官酬越谋就猎所执之。酬越言："文兵卫甚众，且暮夜，明日文生日，可就会上执之。"孛特乃止。是夜，文知本府使至，意其事觉，乃与合住、忽里者等俱亡去。河间府使奏文事，诏遣右司郎中纥石烈哲典、斡林修撰阿不罕讹里也往德州鞫问。

上闻文亡命，谓宰臣曰："海陵翦灭宗室殆尽，朕念太祖孙存者无几人，曲为宽假，而文曾不知幸，尚怀异图，何狂悖如此。"上恐文久不获，诖误者多，督所在捕之。诏募获文者迁官五阶，赐钱三千贯。文以大定十二年九月事觉，亡命凡四月，至十二月被获，伏诛。康洪论死，余皆坐如律。诏释其妻术实懒。孛特、酬越不即捕，致文亡去，孛特杖二百，除名，酬越杖一百，削两阶。诏曰："德州防御使文、北京曹贵、鄜州李方皆因术士妄谈禄命，陷于大戮。凡术士多务苟得，肆为异说。自今宗室、宗女有属籍者及官职三品者，除占问嫁娶、修造、葬事，不得推算相命，违者徒二年，重者从重。"上以文家财产赐其故兄特进齐之子咬住，并以西京留守京没入家产赐之。

赞曰：宗望启行平州，战胜白河，席卷而南，风行电举，兵无留难，再阅月而汴京围矣。所谓敌不能与校者耶。既取信德，留兵守之，以为后距，此岂轻者耶。《管子》曰："径于绝地，攻于恃固，独出独入，而莫之能止。"其宗望之谓乎。

卷七十五　　列传第十三

卢彦伦 子玑　孙亨嗣　**毛子廉**　**李三锡**
孔敬宗　**李师夔**　**沈璋**　**左企弓**
虞仲文 曹勇义　康公弼　**左泌** 弟渊　任光庆

卢彦伦，临潢人。辽天庆初，萧贞一留守上京，置为吏，以材干称。是时，临潢之境多盗，而城中兵无统属者，府以彦伦为材，荐之于朝，即授殿直、勾当兵马公事。

辽兵败于出河店，还至临潢，散居民家，令给养之，而军士纵恣侵扰，无所不至，百姓殊厌苦之。留守耶律赤狗儿不能禁戢，乃召军民谕之曰："契丹、汉人久为一家，今边方有警，国用不足，致使兵士久溷父老间，有侵扰亦当相容。"众皆无敢言者。彦伦独曰："兵兴以来，民间财力困竭，今复使之养士，以国家多故，义固不敢辞。而此辈恣为强暴，人不能堪。且番、汉之民皆赤子也，夺此与彼，谓何。"

初取临潢，军中有辛讹特剌者，旧为临潢驿吏，与彦伦善，使往招谕，彦伦杀之。辽授彦伦团练使、勾当留守司公事。

天辅四年，彦伦从留守挞不野出降。授夏州观察使，权发遣上京留守事。师还，挞不野以城叛，彦伦乃率所部逐挞不野，尽杀城中契丹，遣使来报。未几，辽将耶律马哥以兵取临潢，彦伦拒守者七月。会援兵至，敌解围去，因赴阙。

天会二年，知新城事。城邑初建，彦伦为经画，民居、公宇皆有法。改静江军节度留后，知咸州烟火事。未几，迁静江军节度使。天眷初，行少府监兼都水使者，充提点京城大内所，改利涉军节度使。未阅月，还，复为提点大内所。彦伦性机巧，能迎合悼后意，由是颇见宠用。岁余，迁侍卫亲军马步军都指挥使，为宋国岁元使。改礼部尚书，加特进，封郇国公。天德二年，出为大名尹。明年，诏彦伦营造燕京宫室，以疾卒，年六十九。子玑。

玑字正甫，以廕补阁门祗候，累迁客省使，兼东上阁门使，改提点太医、教坊、司天，充大定十五年宋主生日副使，迁同知宣徽院事。丁母忧，起复太府监，改开远军节度使，入为右宣徽使。章宗即位，转左宣徽使，致仕。明昌四年，起复左宣徽使，改定武军节度使，复为左宣徽使。

是时，玑年已七十，诏许朝参得坐于廊下。复致仕。泰和初，诏玑天寿节预宴。二年，元妃李氏生皇子，满三月，章宗以玑老而康强，命以所策杖为洗儿礼物。章宗幸玉泉山，诏玑与致仕宰相俱会食，许策杖给扶。后预天寿节，上命玑与大臣握槊戏，玑获胜焉。从上秋山，赐名马。上曰："酬卿博直。"其眷遇如此。泰和六年卒，年八十。子亨嗣。

亨嗣字继祖，以廕补阁门祗候，内供奉。调同监平凉府醋务，改同监天山盐场。丁母忧，服阕，监莱州酒课，累调监丰州、任丘、汲县、东平酒务。课最，迁白登县令。明昌四年，行六部差规措军前粮料，入为典给直长，改西京户籍判官，历官西京、中都太仓使，中都户籍判官，尚酝署丞。丁父忧。大安初，复为典给署丞兼太子家令。崇庆元年，迁同知顺天军节度使事。是时，兵兴，征调烦急，亨嗣以办最，迁定远大将军，入为户部员外郎。贞祐二年，迁莒州刺史。三年，山东宣抚司讨杨安儿，亨嗣行六部，兵罢，还州。兴定二年，卒，年六十一。

亨嗣与弟亨益，尽友爱之道。亨嗣初以祖廕得官，大定十六年，父玑为同知宣徽院事，当廕子，亨嗣以让弟亨益。亨益早卒，子兟。兟幼稚，亨嗣尽以旧业田宅奴畜财物与之。

毛子廉本名八十，临潢长泰人，材勇善射。辽季群盗起，募勇士，子廉应募。辽主召见，赐甲仗，率百人，会所在官兵捕盗。以功授东头供奉官，赐良马。

天辅四年，遣谋克辛斡特剌、移剌窟斜招谕临潢，子廉率户二千六百来归。令就领其众，佩银牌，招未降军民。卢彦伦怒子廉先降，杀子廉妻及二子，使骑兵二千伺取子廉。子廉与窟斜经险阻中，骑兵围之，两骑突出直犯子廉。子廉引弓毙其一人，其一人挺枪几中子廉腋。子廉避其枪，与搏战，生擒之，乃彦伦健将孙延寿也。余众溃去。

天会三年，除上京副留守。久之，兼盐铁事。天眷中，除燕京麴院都监。辽王宗干问宰相曰："子廉有功，何为下迁。"；宰相以例对。宗干曰："卢彦伦何不除此职？子廉之功十倍彦伦，在临潢十余年，吏民畏爱如一日，谁能及此。"是时卢彦伦已以少府监除节度使，故宗干引以为比。除宁昌军节度使。海陵弑熙宗，子廉闻之，叹曰："曾不念国王定策之功耶。"乃致仕。大定二年，卒。

李三锡字怀邦，锦州安昌人，以赀得官。辽季，盗攻锦州，州人推三锡主兵事，设机应变，城赖以完。录功授左承制。辽主走天德，刘彦宗辟三锡将兵保白云山。

金兵次来州，三锡以其众降。摄临海军节度副使，参预元帅府军事，改知严州。宗望伐宋，三锡领行军猛安，败郭药师军于白河。进官安州防御使。再克汴京，三锡从阇母护宋二主北归。复知严州，改归德军节度副使。诏废齐国，择吏三十人与俱行，三锡在选中。还为庆州刺史，三迁武胜军节度使。察廉第一，迁三阶，改安国军节度使，除河北西路转运使，致仕。

三锡政事强明，所至称治。世宗旧闻其名，大定初，起为北京路都转运使。制下，而三锡已卒。

孔敬宗字仲先，其先东垣人，石晋末，徙辽阳。辽季，敬宗为宁昌刘宏幕官。斡鲁古兵至境上，敬宗劝刘宏迎降，遂以敬宗为乡导，拔显州，以功补顺安令。天辅二年，诏敬宗与刘宏率懿州民徙内地，授世袭猛安，知安州事。将兵千人从宗望伐宋。汴京平，宗望命敬宗守汴。尝自汴驰驿至河北，还至河上，会日暮无舟，敬宗策马乱流，遂达南岸。迁静江军节度使，历石、辰、信、磁四州刺史，阶光禄大夫。

海陵问张浩曰："卿识孔敬宗否，何阶高职下也。"浩对曰："国初，敬宗劝刘宏以懿州效顺，其后从军积劳，有司不知，故一概常调耳。"明日，除宁昌军节度使。徙归德军，致仕。大定二年，卒。

李师夔字贤佐，奉圣永兴人。少倜傥，有大志。以廕入仕，为本州麴监。天辅六年，太祖袭辽主于鸳鸯泺，郡守委城遁去，众无所属，相与叩门请师夔主郡事。师夔许之，乃搜卒治兵。

迪古乃兵至奉圣州，师夔与其故人沈璋密谋出降，曰："一城之命悬于此举。"璋曰："君言是矣。如军民不从，奈何。"师夔即率亲信十数辈诘旦出城，见余睹，与之约曰："今已服从，愿无以兵入城及俘掠境内。"余睹许诺。诏以师夔领节度，以璋佐之。赐师夔骏马二，俾招未附者，许以便宜从事。明年，加左监门卫大将军。

剧贼张胜以万人逼城，师夔度众寡不敌，乃伪与之和，日致馈给，胜信之。师夔乘其不备，使人刺胜，杀之。以其首徇曰："汝辈皆良民，胁从至此，今元恶已诛，可弃兵归复其所。"贼众大惊，皆散去。别贼焦望天、尹智穆率兵数千来寇。师夔以兵临之，设伏归路，使人反间之。智穆果疑，望天先引去。智穆势孤，亦还，遇伏而败，遂执斩之。是后贼众不敢入境。以劳迁静江军节度留后，累迁武平军节度使，改东京路转运使，徙陕西东路转运使。致仕，封任国公。卒，年八十五。

沈璋字之达，奉圣州永兴人也。学进士业。迪古乃军至上谷，璋与李师夔谋，开门迎降。明日，择可为守者，众皆推璋，璋固称李师夔，于是授师夔武定军节度使，以璋副之。授太常少卿，迁鸿胪卿。丁母忧，起复山西路都转运副使，加卫尉卿。从伐宋。汴京平，众争趋货货，璋独无所取，惟载书数千卷而还。

太行贼陷潞州，杀其守姚璠，官军讨平之，命璋权知州事。璋至，招复逋逃，赈养困饿，收其横尸葬之。未几，民颇安辑。初，贼党据城，潞之军卒当缘坐者七百人，帅府牒璋尽诛之，璋不从。帅府闻之，大怒，召璋呵责，且欲杀璋，左右震恐，璋颜色不动，从容对曰："招亡抚存，璋之职也。此辈初无叛心，盖为贼所胁，有不得已者，故招之复来。今欲杀之，是杀降也。苟利于众，璋死何憾。"少顷，怒解。因召潞军曰："吾始命戮汝，今汝使君活尔矣。"皆感泣而去。朝廷闻而嘉之，拜左谏议大夫，知潞州事。百姓为之立祠。移知忻州，改同知太原尹，加尚书礼部侍郎。

时介休人张觉聚党亡命山谷，钞掠邑县，招之不肯降，曰："前尝有降者，皆杀之。今以好言诱我，是欲杀我耳。独得侍郎沈公一言，我乃无疑。"于是，命璋往招之，觉即日降。

转尚书吏部侍郎、西京副留守、同知平阳尹，迁利涉军节度使，为东京路都转运使，改镇西军节度使。天德元年，以病致仕。卒，年六十。

子宜中，天德三年，赐杨建中榜及第。

赞曰：危难之际，两军方争，专城之将，国家之轻重系焉。李师夔非有君命，为众所推，又能全活其人，犹有说也。卢彦伦之降，虽云城溃，初志不确，何尤乎毛子廉。至如子廉不仕海陵，沈璋以片言降张觉，一善足称，何可掩也。

左企弓字君材。八世祖皓，后唐棣川刺史，以行军司马戍燕，辽取燕，使守蓟，因家焉。企弓读书，通《左氏春秋》。中进士，再迁来州观察判官。萧英弼贼昭怀太子，穷治党与，多连引。企弓辨析其冤，免其甚众。自御史知杂事，出为中京副留守，按刑辽阳。有狱本轻而入之重者，已奏待报，企弓释之以闻。累迁知三司使事。天庆末，拜广陵军节度使，同中书门下平章事、知枢密院事。

金兵已拔上京，北枢密院恐忤旨，不以时奏。辽故事，军政皆关决北枢密院，然后奏御。企弓以闻。辽主曰："兵事无乃非卿职邪？"对曰："国势如此，岂敢循例为自容计。"因陈守备之策。拜中书侍郎平章事，监修国史。时辽主闻金已克中京，将西幸以避之。企弓谏不听。

辽主自鸳鸯泺亡保阴山。秦晋国王耶律捏里自立于燕，废辽主为湘阴王，改元德兴。企弓守司徒，封燕国公。虞仲文参知政事，领西京留守、同中书门下平章事、内外诸军都统。曹勇义中书侍郎平章事、枢密使、燕国公。康公弼参知政事、签枢密院事，赐号"忠烈翊圣功臣"。德妃摄政，企弓加侍中。宋兵袭燕，奄至城中，已而败走。或疑有内应者，欲根株之，企弓争之，乃止。

太祖至居庸关，萧妃自古北口遁去。都监高六等送款于太祖，太祖径至城下。高六等开门待之。太祖入城受降，企弓等犹不知。太祖驻跸燕京城南，企弓等奉表降，太祖俾复旧职，皆受金牌。企弓守太傅、中书令，仲文枢密使、侍中、秦国公，勇义以旧官守司空，公弼同中书门下平章事、枢密副使权知院事、签中书省、封陈国公。辽致仕宰相张琳进上降表，诏曰："燕京应琳田宅财物并给还之。"琳年高，不能入见，止令其子弟来。

太祖既定燕，从初约，以与宋人。企弓献诗，略曰："君王 莫听捐燕议，一寸山河一寸金。"太祖不听。

是时，置枢密院于广宁府。企弓等将赴广宁，张觉在平州有异志，太祖欲以兵送之。企弓等辞兵曰："如此，是促之乱也。"及过平州，舍于栗林下，张觉使人杀之。企弓年七十三，谥恭烈。天会七年，赠守太师，遣使致奠。正隆二年，改赠特进、济国公。

虞仲文字质夫，武州宁远人也。七岁知作诗，十岁能属文，日记千言，刻苦学问。第进士，累仕州县，以廉能称。举贤良方正，对策优等。擢起居郎、史馆修撰，三迁至太常少卿。宰相有左降，仲文独出饯之。或指以为党，仲文乃求养亲。久之，召复前职。宰相荐文行第一，权知制诰，除中书舍人。讨平白霫，拜枢密直学士，权翰林学士，为翰林侍讲学士。年五十五，卒，谥文正。天会七年，赠兼中书令。正隆二年，改赠特进、濮国公。

曹勇义，广宁人。第进士，除长春令。枢府辟令史。上书陈时政，累擢馆阁，迁枢密副都承旨，权燕京三司使，加给事中。召为枢密副使，加太子少保。与大公鼎、虞仲文、龚谊友善。与虞仲文同在枢密，群小挤之。复出为三司使，加宣政殿大学士。卒，谥文庄。天会七年，赠守太保。正隆二年，改赠特进、定国公。

康公弼字伯迪，其先应州人。曾祖胤，辽保宁间以战功授质券，家于燕之宛平。公弼好学，年二十三中进士，除著作郎、武州军事判官。辟枢府令史，求外补，出为宁远令。县中陨霜杀禾稼，漕司督赋急，系之狱。公弼上书，朝廷乃释之，因免县中租赋，县人为立生祠。监平州钱帛库，调役粮于川州。大盗侯概陷川州，使护送公弼出境，曰："良吏也。"权乾州节度使。卒，谥忠肃。天会七年，赠侍中。正隆二年，改赠特进、道国公。

企弓子泌、瀛、渊。

泌字长源，企弓长子也。仕辽，官至棣州刺史。太祖平燕，泌从企弓归朝。既而东迁至平州，企弓为张觉所害，泌复还燕。是时，以燕与宋，宣抚司遣至汴，泌以平州仇人在是，乃间道奔还。朝廷嘉之，擢西上阁门使。从宋王宗望南伐，破真定有功，知祁州，历刺泽、隰等州。贞元初，为浚州防御使，迁陕西路转运使，封戴国公。

泌性夷澹，好读《庄》、《老》，年六十一，即请致仕。亲友或以为早，泌叹曰："予年三十秉旄钺，侵寻仕路又三十年，名遂身退，可矣。"时人高之。卒年七十四。

渊累官燕京副留守、中京路都转运使，历河北东路、中都路都转运使。渊贪鄙，三任漕事，务以钱谷自营。在中都凡八年，不求迁。与李通、许霖交关贿赂，诡纳漕司诸物，规取财利。世宗即位，渊使其子贻庆诣东京上表，特赐贻庆任忠杰榜第三甲进士，授从仕郎。贻庆还中都，世宗诏渊曰："凡殿位张设悉依旧，毋增益。不得役使一夫，以扰百姓。谨宫禁出入而已。"大定二年，改沁南军节度使。世宗素知其为人，戒之曰："卿宰相子，练习朝政，前为漕司，朕甚鄙之。毋或刻削百姓，若复敢尔，勿思再用。"渊到怀州未几，坐前为中都转运尝盗用官材木，除名。子光庆。

光庆字君锡，幼颖悟，沉厚少言。渊尝谓所亲曰："世吾家者，此子也。"以廕，补阁门祗候，迁西上阁门副使。丁父忧，起复东上阁门副使，再转西上、东上阁门使，兼太庙署令。

光庆好古，读书识大义，喜为诗，善篆隶，尤工大字。世宗行郊礼，受尊号，及受命宝，皆光庆篆。凡宫庙榜署经光庆书者，人称其有法。典领原庙、坤厚陵、寿安宫工役，不为苛峻，使劳逸相均。身兼数职，勤慎周密，未尝自伐，世宗独察之。

初，御史大夫璋请制大金受命宝，有司以秦玺文进，上命以"大金受命万世之宝"为文。径四寸八分，厚一寸四分，蟠龙纽，高厚各四寸六分有半。礼部尚书张景仁、少府监张仅言典领工事，诏光庆篆之。迁同知宣徽院事，改少府监。丁母忧，起复右宣徽使。世宗幸上京，光庆往上京治仪仗制度，时人以为得宜。

二十五年，卒，年五十一。上遣使致祭，赙银三百两、重彩十端、绢百匹。平时喜为善言，蓄善药，号"善善道人"。晚信浮屠法，自作真赞，语皆任达云。

赞曰：左企弓、虞仲文、曹勇义、康公弼四子者，皆有才识之士，其事辽主数有论建。及其受爵僭位，委质二君，陨身逆党，三者胥失之，哀哉。

卷七十六　列传第十四

太宗诸子　宗磐本名蒲鲁虎
宗固本名胡鲁　宗本本名阿鲁　萧玉
杲本名斜也　宗义本名孛吉　宗干本名斡本
充本名神土懑　子檀奴　永元本名元奴
兖本名梧桐　襄本名永庆　衮本名蒲甲

太宗子十四人：蒲鲁虎、胡鲁、斛鲁补、阿鲁带、阿鲁补、斛沙虎、阿邻、阿鲁、鹘懒、胡里甲、神土门、斛孛束、斡烈、鹘沙。

宗磐本名蒲鲁虎。天辅五年，都统杲取中京，宗磐与斡鲁、宗翰、宗干皆为之副。天会十年，为国论忽鲁勃极烈。熙宗即位，为尚书令，封宋国王。未几，拜太师，与宗干、宗翰并领三省事。

熙宗优礼宗室，宗翰没后，宗磐日益跋扈。尝与宗干争论于上前，即上表求退。乌野奏曰："陛下富于春秋，而大臣不协，恐非国家之福。"熙宗因为两解。宗磐愈骄恣。其后于熙宗前持刀向宗干，都点检萧仲恭呵止之。

既而左副元帅挞懒、东京留守宗隽入朝，宗磐阴相党与，而宗隽遂为右丞相，用事。挞懒属尊，功多，先荐刘豫，立为齐帝，至是唱议以河南、陕西与宋，使称臣。熙宗命群臣议，宗室大臣言其不可。宗磐、宗隽助之，卒以与宋。其后宗磐、宗隽、挞懒谋作乱，宗干、希尹发其事，熙宗下诏诛之。坐与宴饮者，皆贬削决责有差。赦其弟斛鲁补等九人，并赦挞懒，出为行台左丞相。

皇后生日，宰相诸王妃主命妇入贺。熙宗命去乐，曰："宗磐等皆近属，辄构逆谋，情不能乐也。"以黄金合及两银鼎献明德宫太皇太后，并以金合、银鼎赐宗干、希尹焉。

宗固本名胡鲁。天会十五年为燕京留守，封豳王。宗雅本名斛鲁补，封代王。宗伟本名阿鲁补，封虞王。宗英本名斛沙虎，封滕王。宗懿本名阿邻，封薛王。宗本本名阿鲁，封厚王。鹘懒封翼王。宗美本名胡里甲，封丰王。神土门封郓王。斛孛束封霍王。斡烈封蔡王。宗哲本名鹘沙，封毕王。皆天眷元年受封。宗顺本名阿鲁带，天会二年薨，皇统五年赠金紫光禄大夫，后封徐王。

宗磐既诛，熙宗使宗固子京往燕京慰谕宗固。既而翼王鹘懒复与行台左丞相挞懒谋反伏诛。诏曰："燕京留守豳王宗固等或谓当绝属籍，朕所不忍。宗固等但不得称皇叔，其母妻封号从而降者，审依旧典。"皇统二年，复封宗雅为代王。宗固为判大宗正，六年，为太保、右丞相兼中书令。是岁，薨。

海陵在熙宗时，见太宗诸子势强，而宗磐尤跋扈，与鹘懒相继皆以逆诛，心忌之。熙宗厚于宗室，礼遇不衰。海陵尝与秉德、唐括辩私议，主上不宜宠遇太宗诸子太甚。及篡立，谒奠太庙。韩王亨素号材武，使摄右卫将军，密谕之曰："尔勿以此职为轻，朕疑太宗诸子太强，得卿卫左右，可无虑耳。"遂与秘书监萧裕谋去宗本兄弟。太宗子孙于是焉尽，语在《宗本传》中。

宗本本名阿鲁。皇统九年，为右丞相兼中书令，进太保，领三省事。海陵篡立，进太傅，领三省事。

初，宗干谋诛宗磐，故海陵心忌太宗诸子。熙宗时，海陵私议宗本等势强，主上不宜优宠太甚。及篡立，猜忌益深，遂与秘书监萧裕谋杀太宗诸子。诬以秉德出领行台，与宗本别，因会饮，约内外相应。使尚书省令史萧玉告宗本亲谓玉言："以汝于我故旧，必无它意，可布腹心事。领省临行，言彼在外谕说军民，无以外患为虑。若太傅为内应，何事不成。"又云："长子锁里虎当大贵，因是不令见主上。"宗本又言："左丞相于我及我妃处，称主上近日见之辄不喜，故心常恐惧，若太傅一日得大位，此心方安。"唐括辩谓宗本言："内侍张彦善相，相太傅有天子分。"宗本答曰："宗本有兄东京留守在，宗本何能为是。"时宗美言"太傅正是太宗主家子，秖太傅便合为北京留守。"卞临行与宗本言"事不可迟"。宗本与玉言"大计只于日近围场内予决”。宗本因以马一匹、袍一领与玉，充表识物。玉恐围场日近，身縻于外，不能亲奏，遂以告秘书监萧裕。裕具以闻。

萧玉出入宗本家，亲信如家人。海陵既与萧裕谋杀宗本、秉德，诏天下，恐天下以宗本、秉德辈皆懿亲大臣，本无反状，裕搆成其事，而萧玉与宗本厚，人所共知，使玉上变，庶可示信。于是使人召宗本等击鞠，海陵先登楼，命左卫将军徒单特思及萧裕妹婿近侍局副使耶律辟离刺小底密伺宗本及判大宗正事宗美，至，即杀之。宗美本名胡里甲，临死神色不变。

宗本已死，萧裕使人召萧玉。是日，玉送客出城，醉酒，露发披衣，以车载至裕弟点检萧祚家。逮日暮，玉酒醒，见军士围守之，意为人所累得罪，故至此。以头触屋壁，号咷曰："臣未尝犯罪，老母年七十，愿哀怜之。"裕附耳告之曰："主上以宗本诸人不可留，已诛之矣，欲加以反罪，令汝主告其事。今书汝告款已具，上即问汝，汝但言宗本辈反如状，勿复异词，恐祸及汝家也。"裕乃以巾服与玉，引见海陵。海陵问玉。玉言宗本反，具如裕所教。

海陵遣使杀东京留守宗懿、北京留守卞。及迁益都尹毕王宗哲、平阳尹禀、左宣徽使京等，家属分置别所，止听各以奴婢五人自随。既而使人要之于路，并其子男无少长皆杀之。而中京留守宗雅喜事佛，世称“善大王”，海陵知其无能，将存之以奉太宗。后召至阙，不数日，竟杀之。太宗子孙死者七十余人，太宗后遂绝。卞本名可喜。禀本名胡离改。京，宗固子，本名胡石赉。

萧玉既如萧裕教对海陵，海陵遂以宗本、秉德等罪诏天下，以玉上变实之。

海陵使太府监完颜冯六籍宗本诸家，戒之曰："珠玉金帛入于官，什器吾将分赐诸臣。"冯六以此不复拘籍什器，往往为人持去，冯六家童亦取其檀木屏风。少监刘景前为监丞时，太府监失火，案牍尽焚毁，数月方取诸司簿帐补之，监吏坐是稽缓，当得罪。景为吏，倒署年月。太仓都监焦子忠与景有旧，坐逋负，久不得调，景为尽力出之。久之，冯六与景就宫中相忿争，冯六言景倒署年月及出焦子忠事。御史劾奏景，景党诱冯六家奴发盗屏事。冯六自陈于尚书省。海陵使御史大夫赵资福、大理少卿许竑杂治。资福等奏冯六非自盗，又尝自首。海陵素恶冯六与宗室游从，谓宰臣曰："冯六尝用所盗物，其自首不及此。法，盗宫中物者死，诸物已籍入官，与宫中物何异。"谓冯六曰："太府掌宫中财贿，汝当防制奸欺，而自用盗物。"于是，冯六弃市，资福、竑坐鞫狱不尽，决杖有差。景亦伏受焦子忠赂金。海陵曰："受金事无左验，景倒署年月，以免吏罪，是不可恕。"遂杀之。

大定二年，追封宗固鲁王、宗雅曹王、宗顺隋王、宗懿郑王、宗美卫王、宗哲韩王、宗本潞王、神土门豳王、斛孛束沈王、斡烈鄂王，胡里改、胡什赉、可喜并赠金吾卫上将军，惟宗磐、阿鲁补、斛沙虎、鹘懒四人不复加封。

萧玉，奚人。既从萧裕诬宗本罪，海陵喜甚，自尚书省令史为礼部尚书加特进，赐钱二千万、马五百匹、牛五百头、羊千口，数月为参知政事。丁母忧，以参政起复，俄授猛安，子尚公主。海陵谓玉曰："朕始得天下，常患太宗诸子方强，赖社稷之灵，卿发其奸。朕无以报此功，使朕女为卿男妇，代朕事卿也。"赐第一区，分宗本家赀赐之。顷之，代张浩为尚书右丞，拜平章政事，进拜右丞相，封陈国公。

文思署令阎拱与太子詹事张安妻坐奸事，狱具，不应讯而讯之。海陵怒，玉与左丞蔡松年、右丞耶律安礼、御史中丞马讽决杖有差。玉等入谢罪。海陵曰："为人臣以己意爱憎，妄作威福，使人畏之。如唐魏征、狄仁杰、姚崇、宋璟，岂肯立威使人畏哉，杨国忠之徒乃立威使人畏耳。"顾谓左司郎中吾带、右司郎中梁銶曰："往者德宗为相，萧斛律为左司郎中，赵德恭为右司朗中，除吏议法，多用己意。汝等能不以己意爱憎为予夺轻重，不亦善乎。朕信任汝等，有过则决责之，亦非得已。古者大臣有罪，贬谪数千里外，往来疲于奔走，有死道路者。朕则不然，有过则杖之，已杖则任之如初。如有不可恕，或处之死，亦未可知。汝等自勉。"

正隆三年，拜司徒，判大宗正事。五年，玉以司徒兼御史大夫。使参知政事李通谕旨曰："判宗正之职固重，御史大夫尤难其人。朕将行幸南京，官吏多不法受赇，卿宜专纠劾，细务非所责也。御史大夫与宰执不相远，朕至南京，徐当思之。"继以司徒判大兴尹，玉固辞司徒。海陵曰："朕将南巡，京师地重，非大臣不能镇抚，留卿居守，无为多让。"海陵至南京，以玉为尚书左丞相，进封吴国公。

海陵将伐宋，因赐群臣宴，顾谓玉曰："卿尝读书否？"对曰："亦尝观之。"中宴，海陵起，即召玉至内阁，因以《汉书》一册示玉。既而掷之曰："此非所问也，朕欲与卿议事。朕今欲伐江南，卿以为如何？"玉对曰："不可。"海陵曰："朕视宋国犹掌握间耳，何为不可。"玉曰："天以长江限南北，舟楫非我所长。苻坚百万伐晋，不能以一骑渡，以是知其不可。"海陵怒，叱之使出。及张浩因周福儿附奏，海陵杖张浩，并杖玉。因谓群臣曰："浩大臣，不面奏，因人达语，轻易如此。玉以苻坚比朕，朕欲断其舌，钉而磔之，以玉有功，隐忍至今。大臣决责，痛及尔体，如在朕躬，有不能已者，汝等悉之。"

及海陵自将发南京，玉与张浩留治省事。世宗即位，降奉国上将军，放归田里，夺所赐家产。久之，起为孟州防御使。世宗戒之曰："昔海陵欲杀太宗子孙，借汝为证，遂被进用。朕思海陵肆虐，先杀宗本诸人，然后用汝质成其事，岂得专罪汝等。今复用汝，当思改过。若谓尝居要地，以今日为不足，必罚无赦。"转定海军节度使，改太原尹，与少尹乌古论扫喝互讼不公事，各削一官，解职，寻卒。

子德用。大定二十四年，尚书省奏玉子德用当升除，上曰："海陵假口于玉以快其毒，玉子岂可升除邪。"

赞曰：宗磐尝从斜也取中京，不可谓无劳伐者，世禄鲜礼，自古有之，在国家善为保全之道耳。熙宗杀宗磐而存恤其母后，虽云矫情，犹畏物论。海陵造谋，杀宗本兄弟不遗余力。太宗举宋而有中原，金百世不迁之庙也，再传而无噍类，于是太祖之美意无复几微存者。春秋之世，宋公舍与夷而立其弟，祸延数世，害及五国，诚足为后世监乎。

杲本名斜也，世祖第五子，太祖母弟。收国元年，太宗为谙班勃极烈，杲为国论昊勃极烈。天辅元年，杲以兵一万攻泰州，下金山县，女固、脾室四部及渤海人皆来降，遂克泰州。城中积粟转致乌林野，赈先降诸部，因徙之内地。

天辅五年，为忽鲁勃极烈，都统内外诸军，取中京实北京也，蒲家奴、宗翰、宗干、宗磐副之，宗峻领合扎猛安，皆受金牌，耶律余睹为乡导。诏曰："辽政不纲，人神共弃。今欲中外一统，故命汝率大军，以行讨伐。尔其慎重兵事，择用善谋。赏罚必行，粮饷必继。勿扰降服，勿纵俘掠。见可而进，无淹师期。事有从权，毋烦奏禀。"复诏曰："若克中京，所得礼乐图书文籍，并先次津发赴阙。"

当是时，辽人守中京者，闻知师期，焚刍粮，欲徙居民遁去。奚王霞末则欲视我兵少则迎战，若不敌则退保山西。杲知辽人无斗志，乃委辎重，以轻兵击之。六年正月，克高、恩、回纥三城，进至中京。辽兵皆不战而溃，遂克中京。获马一千二百、牛五百、驼一百七十、羊四万七千、车三百五十两。乃分兵屯守要害之地。驻兵中京，使使奏捷、献俘。诏曰："汝等提兵于外，克副所任，攻下城邑，抚安人民，朕甚嘉之。分遣将士招降山前诸部，计已抚定。山后若未可往，即营田牧，俟秋大举，更当熟议，见可则行。如欲益兵，具数来上。无恃一战之胜，辄自弛慢。善抚存降附，宣谕将士，使知朕意。"

完颜欢都游兵出中京南，遇骑兵三十余绐曰："乞明旦来降于此。"杲信之，使温迪痕阿里出、纳合钝恩、蒲察婆罗偎、诸甲拔剔邻往迎之。奚王霞末兵围阿里出等。遂据坂去马，皆殊死战，败霞末兵，追杀至暮而还。是役，纳合钝恩功为多。

宗翰降北安州，希尹获辽护卫习泥烈，言辽主在鸳鸯泺畋猎，可袭取之。宗翰移书于杲，请进兵。使者再往，曰："一失机会，事难图矣。"杲意尚未决。宗干劝杲当从宗翰策，杲乃约宗翰会奚王岭。既会，始定议，杲出青岭，宗翰出瓢岭，期羊城泺会军。时辽主在草泺，使宗翰与宗干率精兵六千袭之。辽主西走，其都统马哥趋捣里。宗翰遣挞懒以兵一千往击之。挞懒请益兵于都统杲，而获辽枢密使得里底父子。

西京已降得叛，杲使招之不从，遂攻之。留守萧察刺逾城降。四月，复取西京。杲率大军趋白水泺，分遣诸将招抚未降州郡及诸部族。于是，辽秦晋国王耶律捏里自立于燕京。山西诸城虽降，而人心未固，杲遣宗望奏事，仍请上临军。耶律坦招西南招讨司及所属诸部，西至夏境皆降，耶律佛顶亦降于坦。金肃、西平二郡汉军四千叛去，坦与阿沙兀野、挞不野简料新降丁壮，追夜袭之。诘旦，战于河上，大败其众，皆委仗就擒。

耶律捏里移书于杲请和，杲复书，责以不先禀命上国，辄称大号，若能自归，当以燕京留守处之。捏里复以书来，其略曰："昨即位时，在两国绝聘交兵之际。奚王与文武百官同心推戴，何暇请命。今诸军已集，傥欲加兵，未能束手待毙也。昔我先世，未尝残害大金人民，宠以位号，日益强大。今忘此施，欲绝我宗祀，于义何如也。傥蒙惠顾，则感戴恩德，何有穷已。"杲复书曰："阁下向为元帅，总统诸军，任非不重，竟无尺寸之功。欲据一城，以抗国兵，不亦难乎。所任用者，前既不能死国，今谁肯为阁下用者。而云主辱臣死，欲恃此以成功，计亦疏矣。幕府奉诏，归者官之，逆者讨之。若执迷不从，期于殄灭而后已。"捏里乃遣使请于太祖。赐捏里诏曰："汝，辽之所属，位居将相，不能与国存亡，乃窃据孤城，僭称大号，若不降附，将有后悔。"

六月，上发京师，诏都统曰："汝等欲朕亲征，已于今月朔旦启行。辽主今定何在？何计可以取之，其具以闻。"杲使马和尚奉迎太祖于挞鲁河。斡鲁、娄室败夏将李良辅，杲使完颜希尹等奏捷，且请徙西南招讨司诸部于内地。希尹等见上于大泺西南，上嘉赏之。上至鸳鸯泺，杲上谒。上追辽主至回离畛川，南伐燕京，次奉圣州。诏曰："自今诸诉讼书付都统杲决遣。若有大疑，即令闻奏。"太祖定燕京，还次鸳鸯泺，以宗翰为都统，杲从上还京师。

太宗即位，杲为谙班勃极烈，与宗干俱治国政。天会三年伐宋，杲领都元帅，居京师。宗翰、宗望分道进兵。四年，再伐宋，获宋二主以归。

天会八年，薨。皇统三年，追封辽越国王。天德二年，配享太祖庙廷。正隆例封辽王。大定十五年，谥曰智烈。子孛吉。

宗义本名孛吉，斜也之第九子。天德间，为平章政事。

海陵已杀太宗子孙，尤忌斜也诸子盛强，欲尽除宗室勋旧大臣。是时，左副元帅撒离喝在汴京与挞不野有隙，挞不野女为海陵妃，海陵阴使挞不野图撒离喝。于是都元帅府令史遥设迎合风指，诈为撒离喝与其子宗安家书，宗安误遗官外，遥设因拾得之，以上变。其书契丹小字，其封题已开。其中白纸一幅，有白字隐约，状若经水浸，致字画可读者，上有撒离喝手署及某王印。书辞云："阿浑，汝安乐否。早晚到阙下。前者走马来时，曾议论我教汝阿浑平章、谋里野阿浑等处觑事势再通往来，缓急图谋，知汝已尝备细言之。谋里野阿浑所言煞是，只杀挞不野则南路无忧虑矣。"详略互见《撒离喝传》中。女直谓子"阿浑"。前"阿浑"谓撒离喝子，其子宗安。后"阿浑平章"指宗义，宗义本宗室子，犹有旧称。以是杀宗义、谋里野，并杀宗安及太祖妃萧氏、任王隈喝及魏王斡带孙活里甲。遥设诈书无活里甲，海陵见其坦率善修饰，恶之。大臣以无罪为请，海陵曰："第杀之，无复言也。"杀斜也子孙百余人，谋里野子孙二十余人。谋里野，景祖孙，谩都诃次子。

斜也有幼子阿虎里，其妻挞不野女，海陵妃大氏女兄。将杀阿虎里，使者不忍见其面，以衾覆而缢之，当其颐，久不死，及去被再缢之，海陵遣使赦其死，遂得免。后封为王，授世袭千户。

大定初，追复宗义官爵，赠特进。弟蒲马、孛论出、阿鲁、限喝并赠龙虎卫上将军。

宗干本名斡本，太祖庶长子。太祖伐辽，辽人来御，遇于境上。使宗干率众先往填堑，士卒毕渡。渤海军驰突而前，左翼七谋克少却，遂犯中军。杲辄出战，太祖曰："遇大敌不可易也。"使宗干止杲。宗干驰出杲前，控止导骑哲垤之马，杲乃还。达鲁古城之战，宗干以中军为疑兵。太祖既攻下黄龙府，即欲取春州。辽主闻黄龙不守，大惧，即自将，籍宗戚豪右少年与四方勇士及能言兵者，皆隶军中。宗干劝太祖毋攻春州，休息士卒。太祖以为然，遂班师。

宗干得降人，言春、泰州无守备，可取。于是斜也取春、泰州，宗雄、宗干等下金山县。宗雄即以兵三千属宗干，招集未降诸部。宗干择土人之材干者，以诏书谕之。于是女固、脾室四部及渤海人皆降。

太祖克临潢府，至沃黑河。宗干谏曰："地远时暑，士罢马乏，若深入敌境，粮饷不继，恐有后艰。"上从之，遂班师。从都统杲取中京。宗翰自北安州移书于杲。是时，希尹获辽人，知辽主在鸳鸯泺，可袭取之。杲不能决。宗翰使再至。宗干谓杲曰："移赉勃极烈灼见事机，再使来请，彼必不轻举。且彼已发兵，不可中止，请从其策。"再三言之，杲乃报宗翰会奚王岭。当时无宗干，杲终无进兵意。既会军于羊城泺，杲使宗干与宗翰以精兵六千袭辽至五院司。辽主已遁去，与辽将耿守忠战于西京城东四十里。守忠败走。

太宗即位，宗干为国论勃极烈，与斜也同辅政。天会三年，获辽主于应州西余睹谷。始议礼制度，正官名，定服色，兴庠序，设选举，治历明时，皆自宗干启之。四年，官制行，诏中外。

十年，熙宗为谙班勃极烈，宗干为国论左勃极烈。熙宗即位，拜太傅，与宗翰等并领三省事。天眷二年，进太师，封梁宋国王，入朝不拜，策杖上殿，仍以杖赐之。宗干有足疾，诏设坐奏事。无何，监修国史。皇统元年，赐宗干辇舆上殿，制诏不名。

上幸燕京，宗干从。有疾，上亲临问。自燕京还，至野狐岭，宗干疾亟不行，上亲临问，语及军国事，上悲泣不已。明日，上及后同往视，后亲与宗干馈食，至暮而还。因赦罪囚，与宗干禳疾。居数日，薨。上哭之恸，辍朝七日。大臣死辍朝，自宗干始。上致祭，是日庚戌，太史奏戌亥不宜哭，上不听曰："朕幼冲时，太师有保傅之力，安得不哭。"哭之恸。上生日不举乐。上还上京，幸其第视殡事。及丧至上京，上临哭之。及葬，临视之。

海陵篡立，追谥宪古弘道文昭武烈章孝睿明皇帝，庙号德宗，以故第为兴圣宫。大定二年，除去庙号，改谥明肃皇帝。及海陵废为庶人，二十二年，皇太子允恭奏，略曰："追惟熙宗世嫡统绪，海陵无道，弑帝自立，崇正昭穆，削其炀王，俾齿庶人之列。瘗之闲旷，不封不树，既已申大义而明至公矣。海陵追崇其亲，逆配于庙。今海陵既废为庶人，而明肃犹窃帝尊之名，列庙祧之数。海陵大逆，正名定罪，明肃亦当缘坐。是时明肃已殂，不与于乱，臣以谓当削去明肃帝号，止从旧爵。或从太祖诸王有功例，加以官封，明诏中外，俾知大义。"书奏，世宗嘉纳，下尚书省议。于是追削明肃帝号，封为皇伯、太师、辽王，谥忠烈，妻子诸孙皆从降。明昌四年，配享太祖庙廷。

子充、亮、兖、襄、衮。亮，是为海陵庶人。

充本名神土懑。母李氏，徒单氏以为己子。熙宗初，加光禄大夫。天眷间，为汴京留守。皇统间，封淄国公，为吏部尚书，进封代王，迁同判大宗正事。九年，拜左丞相。是岁，薨。追封郑王。大定二十二年，追降仪同三司、左丞相。子檀奴、元奴、耶补儿、阿里白。

檀奴，为归德军节度使。阿里白，定远大将军、和鲁忽土猛安忽邻河谋克。海陵弑徒单氏，以充尝为徒单养子，因并杀檀奴及阿里白。元奴、耶补儿逃归于世宗。檀奴赠荣禄大夫，阿里白辅国上将军。诏有司改葬。世宗时，元奴为宗正丞；耶补儿为镇国上将军，后为同知济南尹事。

永元字惇礼，本名元奴。幼聪敏，日诵千言。皇统元年，试宗室子作诗，永元中格。善《左氏春秋》，通其大义。天德初，授百女山世袭谋克。

海陵伐宋，已渡淮，军士多亡归而契丹叛，由是疑宗室益甚。已杀永元弟檀奴、阿里白，永元与弟耶补儿逃匿得免。

世宗即位于辽阳，与耶补儿俱来归，上慰劳甚厚。授宗正丞，改符宝郎，为滦州刺史。授世袭猛安，乞以谋克与耶补儿，诏许之。转棣州防御使、泰宁军节度使。

张弘信通检山东，专以多得民间物力为功，督责苛急。永元面责弘信曰："朝廷以差调不均，立通检法。今使者所至，以残酷妄加农民田产，棰击百姓有至死者。市肆贾贩贸易有赢亏，田园屋宇利入有多寡，故官子孙闭门自守，使与商贾同处上役，岂立法本意哉。"弘信无以对。于是棣州赋税得以实自占。迁震武军节度使。

大定六年，丁母忧，起复崇义军节度使，徙顺义军。朔州西境多盗，而猾吏大姓蠹狱讼，暨乱赋役，永元剔其宿奸，百姓安之。坐卖马与驿人取赢利，及浚州防御使斡论坐纵孳畜践民田，俱解职。顷之，永元起为保大军节度使，历昭义、绛阳、震武军，迁济南尹、北京副留守。

宁国家婢丑底与咸平人化胡有奸，丑底于主印处给取印署空纸与化胡，遂写作永元、宁国生宁日时辰，诬告永元、宁国谋逆。诏有司鞫问，乃丑底意望为良，使化胡为之。上曰："化胡与丑底有奸，造作恶言，诬害宗室，化胡斩，丑底处死。"改兴中尹，为彰德军节度使。卒官，年五十一。丧过中都，遣使致祭，赙银三百两、彩十端、绢百匹。

永元历典大藩，多知民间利害，所至称治，相、棣、顺义政迹尤著，其民并为立祠。

兖本名梧桐。皇统七年，为左副点检，转都点检。九年，为会宁牧，改左宣徽使。海陵篡立，兖使宋还，拜司徒兼都元帅，领三省事，进拜太尉。及杀太祖妃萧氏，尽以其财产赐兖。罢都元帅府，立枢密院，兖为枢密使，太尉、领三省事如故。天德四年十二月晦，薨。明日，贞元元年元旦，海陵为兖辍朝，不受贺。宋、夏、高丽、回鹘贺正旦使，命有司受其贡献。追进兖王爵。大定二十二年，追降特进。

兖妻乌延氏，正隆六年坐与奴有奸，海陵杀之。其弟南京兵马副都指挥使习泥烈私于族弟屋谋鲁之妻，屋谋鲁之奴谋欲执习泥烈，习泥烈乃杀其奴。海陵闻之，遂杀习泥烈。

兖子阿合，大定中为符宝祗候，俄迁同知定武军节度使。上曰："汝岁秩未满，朕念乃祖乃父为汝迁官，勿为不善，当尽心学之。"

襄本名永庆，海陵母弟。为辅国上将军。卒，天德二年，追封卫王，再赠司徒。大定二十二年，追降银青光禄大夫。

子和尚封应国公，赐名乐善。左宣徽使许霖之子知彰与和尚斗争，其母妃命家奴捽入凌辱之，使人曳霖至第殴詈之。明日，霖诉于朝。诏大兴尹萧玉、左丞良弼、权御史大夫张忠辅、左司员外郎王全杂治，妃杖一百，杀其家奴为首者，余决杖有差。霖尝跪于妃前，失大臣体，及所诉有妄，笞二十。

大定间，家奴小僧月一妄言和尚熟寝之次有异征，襄妃僧酷以为信然，召日者李端卜之。端云当为天子，司天张友直亦云当大贵。家奴李添寿上变。僧酷、和尚下吏验问有状，皆伏诛。上曰："朕尝痛海陵翦灭宗族。今和尚所为如此，欲贷其罪，则妖妄误惑愚民者，便以为真，不可不灭。朕于此子，盖不得已也。"伤闵者久之。

衮本名蒲甲，亦作蒲家，桀骜强悍。海陵不喜其为人。初为辅国上将军。天德初，加特进，封王，为吏部尚书，判大宗正事。坐语禁中起居状，兵部侍郎萧恭首问，护卫张九具言之。海陵亲问。恭夺官解职，张九对不以实，特处死，衮与翰林学士承旨宗秀、护卫麻吉、小底王之章皆决杖有差。海陵自是愈忌之。未几，授猛安。

及迁中都，道中以蒲家为西京留守。西京兵马完颜谟卢瓦与蒲家有旧，同在西京，遂相往来。蒲家尝以玉带遗之。蒲家称谟卢瓦骁勇不减尉迟敬德。编修官圆福奴之妻与蒲家姻戚，圆福奴尝戒蒲家曰："大王名太彰著，宜少谦晦。"蒲家心知海陵忌之，尝召日者问休咎。家奴喝里知海陵疑蒲家，乃上变告之，言与谟卢瓦等谋反，尝召日者问天命。御史大夫高桢、刑部侍郎耶律慎须吕就西京鞫之，无状。海陵怒，使使者往械蒲家等至中都，不复究问，斩之于市。谟卢瓦、圆福奴并日者皆凌迟处死。

赞曰：金议礼制度，班爵禄，正刑法，治历明时，行天子之事，成一代之典，杲、宗干经始之功多矣。杲子宗义为海陵所杀，宗干之后又不幸而有海陵，故其子孙之昌炽既鲜，而亦不免于僇辱焉。秦、汉而下，宗臣世家与国匹休者，何其少欤。君子于此，可以观世变矣。

卷七十七　列传第十五

宗弼本名兀术　**亨**本名孛迭
张邦昌　刘豫　挞懒

宗弼，本名斡啜，又作兀术，亦作斡出，或作晃斡出，太祖第四子也。希尹获辽护卫习泥烈，问知辽帝猎鸳鸯泺。都统杲出青岭，宗望、宗弼率百骑与马和尚逐越卢、孛古、野里斯等，驰击败之。宗弼矢尽，遂夺辽兵士枪，独杀八人，生获五人，遂审得辽主在鸳鸯泺畋猎，尚未去，可袭取者。

及宗望伐宋，宗弼从军。取汤阴县，降其卒三千人。至御河，宋人已焚桥，不得渡，合鲁索以七十骑涉之，杀宋焚桥军五百人。宗望遣吴孝民先入汴谕宋人，宗弼以三千骑薄汴城。宋上皇出奔，选百骑追之，弗及，获马三千而还。

宗望薨，宗辅为右副元帅，徇地淄、青。宗弼败宋郑宗孟数万众，遂克青州。复破贼将赵成于临朐，大破黄琼军，遂取临朐。宗辅军还，遇敌三万众于河上，宗弼击败之，杀万余人。诏伐宋康王，宗辅发河北，宗弼攻开德府，粮乏，转攻濮州。前锋乌林答泰欲破王善二十万众，遂克濮州，降旁近五县。攻开德府，宗弼以其军先登，奋击破之。攻大名府，宗弼军复先登，破其城。河北平。

宋主自扬州奔于江南，宗弼等分道伐之。进兵归德，城中有自西门北门出者，当海复败之。乃绝隍筑道，列炮隍上，将攻之。城中人惧，遂降。先遣阿里、蒲卢浑至寿春，宗弼军继之。宋安抚使马世元率官属出降。进降卢州，再降巢县王善军。当海等破郦琼万余众于和州，遂自和州渡江。将至江宁西二十里，宋杜充率步骑六万来拒战，鹘卢补、当海、迪虎、大臬合击破之。宋陈邦光以江宁府降。留长安奴、斡里也守江宁。使阿鲁补、斡里也别将兵徇地，下太平州、濠州及句容、溧阳等县，溯江而西，屡败张永等兵，杜充遂降。

宗弼自江宁取广德军路，追袭宋主于越州。至湖州，取之。先使阿里、蒲卢浑趋杭州，具舟于钱塘江。宗弼至杭州，官守巨室皆逃去，遂攻杭州，取之。宋主闻杭州不守，遂自越奔明州。宗弼留杭州，使阿里、蒲卢浑以精兵四千袭之。讹鲁补、术列速降越州。大臬破宋周汪军，阿里、蒲鲁浑破宋兵三千，遂渡曹娥江。去明州二十五里，大破宋兵，追至其城下。城中出兵，战失利，宋主走入于海。宗弼中分麾下兵，会攻明州，克之。阿里、蒲卢浑泛海至昌国县，执宋明州守赵伯谔，伯谔言："宋主奔温州，将自温州趋福州矣。"遂行海追三百余里，不及，阿里、蒲卢浑乃还。

宗弼还自杭州，遂取秀州。赤盏晖败宋军于平江，遂取平江。阿里率兵先趋镇江，宋韩世忠以舟师扼江口。宗弼舟小，契丹、汉军没者二百余人，遂自镇江溯流西上。

世忠袭之，夺世忠大舟十艘，于是宗弼循南岸，世忠循北岸，且战且行。世忠艨艟大舰数倍宗弼军，出宗弼军前后数里，击柝之声，自夜达旦。世忠以轻舟来挑战，一日数接。将至黄天荡，宗弼乃因老鹳河故道开三十里通秦淮，一日一夜而成，宗弼乃得至江宁。挞懒使移剌古自天长趋江宁援宗弼，乌林答泰欲亦以兵来会，连败宋兵。

宗弼发江宁，将渡江而北。宗弼军渡自东，移剌古渡自西，与世忠战于江渡。世忠分舟师绝江流上下，将左右掩击之。世忠舟皆张五緉，宗弼选善射者，乘轻舟，以火箭射世忠舟上五緉，五緉著火箭，皆自焚，烟焰满江，世忠不能军，追北七十里，舟军歼焉，世忠仅能自免。

宗弼渡江北还，遂从宗辅定陕西。与张浚战于富平。宗弼陷重围中，韩常流矢中目，怒拔去其矢，血淋漓，以土塞创，跃马奋呼搏战，遂解围，与宗弼俱出。既败张浚军于富平，遂与阿卢补招降熙河、泾原两路。及攻吴玠于和尚原，抵险不可进，乃退军。伏兵起，且战且走，行三十里，将至平地，宋军阵于山口，宗弼大败，将士多战没。明年，复攻和尚原，克之。天会十五年，为右副元帅，封沈王。

天眷元年，挞懒、宗磐执议以河南之地割赐宋，诏遣张通古等奉使江南。明年，宋主遣端明殿学士韩肖胄奉表谢，遣王伦等乞归父丧及母韦氏兄弟。宗弼自军中入朝，进拜都元帅。宗弼察挞懒与宋人交通赂遗，遂以河南、陕西与宋，奏请诛挞懒，复旧疆。是时，宗磐已诛，挞懒在行台，复与鹘懒谋反。会置行台于燕京，诏宗弼为太保，领行台尚书省，都元帅如故，往燕京诛挞懒。挞懒自燕京南走，将亡入于宋，追至祁州，杀之。

诏"诸州郡军旅之事，决于帅府。民讼钱谷，行台尚书省治之"。宗弼兼总其事，遂议南伐。太师宗干以下皆曰："构蒙再造之恩，不思报德，妄自鸱张，祈求无厌，今若不取，后恐难图。"上曰："彼将谓我不能奄有河南之地。且都元帅久在方面，深究利害，宜即举兵讨之。"遂命元帅府复河南疆土，诏中外。

宗弼由黎阳趋汴，右监军撒离喝出河中趋陕西。宋岳飞、韩世忠分据河南州郡要害，复出兵涉河东，驻岚、石、保德之境，以相牵制。宗弼遣孔彦舟下汴、郑两州，王伯龙取陈州，李成取洛阳，自率众取亳州及顺昌府，嵩、汝等州相次皆下。时暑，宗弼还军于汴，岳飞等军皆退去，河南平，时天眷三年也。上使使劳问宗弼以下将士，凡有功军士三千，并加忠勇校尉。攻岚、石、保德皆克之。

宗弼入朝，是时，上幸燕京，宗弼见于行在所。居再旬，宗弼还军，上起立，酌酒饮之，赐以甲胄弓矢及马二匹。宗弼已启行四日，召还。至日，希尹诛。越五日，宗弼还军，进伐淮南，克庐州。

上幸燕京，宗弼朝燕京，乞取江南，上从之。制诏都元帅宗弼比还军，与宰臣同入奏事。俄为尚书左丞相兼侍中，太保、都元帅、领行台如故。诏以燕京路隶尚书省，西京及山后诸部族隶元帅府。乃还军，遂伐江南。既渡淮，以书责让宋人，宋人答书乞加宽宥。宗弼令宋主遣信臣来禀议，宋主乞"先敛兵，许弊邑拜表阙下"，宗弼以便宜约以画淮水为界。上遣护卫将军撒改往军中劳之。

皇统二年二月，宗弼朝京师，兼监修国史。宋主遣端明殿学士何铸等进誓表，其表曰："臣构言，今来画疆，合以淮水中流为界，西有唐、邓州割属上国。自邓州西四十里并南四十里为界，属邓州。其四十里外并西南尽属光化军，为弊邑沿边州城。既蒙恩造，许备藩方，世世子孙，谨守臣节。每年皇帝生辰并正旦，遣使称贺不绝。岁贡银、绢二十五万两、匹，自壬戌年为首，每春季差人般送至泗州交纳。有渝此盟，明神是殛，坠命亡氏，踣其国家。臣今既进誓表，伏望上国蚤降誓诏，庶使弊邑永有凭焉。"

宗弼进拜太傅。乃遣左宣徽使刘筈使宋，以衮冕圭宝佩璲玉册册康王为宋帝。其册文曰"皇帝若曰：咨尔宋康王赵构。不吊，天降丧于尔邦，亟渎齐盟，自贻颠覆，俾尔越在江表。用勤我师旅，盖十有八年于兹。朕用震悼，斯民其何罪。今天其悔祸，诞诱尔衷，封奏狎至，愿身列于藩辅。今遣光禄大夫、左宣徽使刘筈等持节册命尔为帝，国号宋，世服臣职，永为屏翰。呜呼钦哉，其恭听朕命。"仍诏天下。赐宗弼人口牛马各千、驼百、羊万，仍每岁宋国进贡内给银、绢二千两、匹。

宗弼表乞致仕，不许，优诏答之，赐以金券。皇统七年，为太师，领三省事，都元帅、领行台尚书省事如故。皇统八年，薨。大定十五年，谥忠烈，十八年，配享太宗庙廷。子孛迭。

亨，本名孛迭。熙宗时，封芮王，为猛安，加银青光禄大夫。天德初，加特进。海陵忌太宗诸子，将谒太庙，以亨为右卫将军，语在《太宗诸王传》。海陵赐良弓，亨性直，材勇绝人，喜自负，辞曰："所赐弓，弱不可用。"海陵遂忌之，出为真定尹，谓亨曰："太宗诸子方强，多在河朔、山东，真定据其冲要，如其有变，欲倚卿为重耳。"其实忌亨也。历中京、东京留守。家奴梁遵告亨与卫士符公弼谋反，考验无状，遵坐诛。海陵益疑之。改广宁尹，再任李老僧使伺察亨动静，且令构其罪状。

亨初除广宁，诸公主宗妇往贺其母徒单氏，太祖长女兀鲁曰："孛迭虽稍下迁，勿以为嫌，国家视京府一也，况孛迭年富，何患不贵显乎!"是时，兀鲁与徒单斜也为室，斜也妾忽挞得幸于徒单后，忽挞谄后，告"兀鲁语涉怨望，且指斥，又言孛迭当大贵"。海陵使萧裕鞫之，左验皆不敢言，遂杀兀鲁而杖斜也，免其官，以兀鲁怨望，斜也不先奏闻故也。乃封忽挞为莘国夫人。

久之，亨家奴六斤颇黠，给使总诸奴，老僧谓六斤曰："尔渤海大族，不幸坐累为奴，宁不念为良乎!"六斤识其意。六斤尝与亨侍妾私通，亨知之，怒曰："必杀此奴!"六斤闻之惧，密与老僧谋告亨谋逆。亨有良马，将因海陵生辰进之，以谓生辰进马者众，不能以良马自异，欲他日入见进之。六斤言亨笑海陵不识马，不足进。亨之奴有自京师来者，具言徒单阿里出虎诛死。亨曰："彼有贷死誓券，安得诛之。"奴曰："必欲杀之，誓券安足用哉。"亨曰："然则将及我矣。"六斤即以为怨望，遂诬亨欲因间刺海陵。老僧即捕系亨以闻。工部尚书耶律安礼、大理正忒里等鞫之，亨言尝论铁券事，实无反心，而六斤亦自引伏与妾私通，亨尝言欲杀之状。安礼等还奏，海陵怒，复遣与老僧同鞫之。与其家奴并加榜掠，皆不伏。老僧夜至亨囚所，使人蹴其阴间杀之。亨比至死，不胜楚痛，声达于外。海陵闻亨死，佯为泣下，遣人谕其母曰："尔子所犯法，当考掠，不意饮水致死。"

亨击鞠为天下第一，常独当数人。马无良恶，皆如意。马方驰，辄投杖马前，侧身附地，取杖而去。每畋猎，持铁连锤击狐兔。一日与海陵同行道中，遇群豕，亨曰："吾能以锤杀之。"即奋锤遥击，中其腹，穿入之。终以勇力见忌焉。

正隆六年，海陵遣使杀诸宗室，于是杀亨妃徒单氏、次妃大氏及子羊蹄等三人。大定初，追复亨官爵，封韩王。十七年，诏有司改葬亨及妻子。

赞曰：宗弼蹙宋主于海岛，卒定画淮之约。熙宗举河南、陕西以与宋人，矫而正之者，宗弼也。宗翰死，宗磐、宗隽、挞懒湛溺富贵，人人有自为之心，宗干独立，不能如之何，时无宗弼，金之国势亦曰殆哉。世宗尝有言曰："宗翰之后，惟宗弼一人。"非虚言也。

张邦昌，《宋史》有传。天会四年，宗望军围汴，宋少帝请割三镇地及输岁币、纳质修好。于是，邦昌为宋太宰，与肃王枢俱为质以来。而少帝以书诱耶律余睹，宗翰、宗望复伐宋，执二帝以归。刘彦宗乞复立赵氏，太宗不许。宋吏部尚书王时雍等请邦昌治国事，天会五年三月，立邦昌为大楚皇帝。

初，少帝以康王构与邦昌为质，既而肃王枢易之，康王乃归。及宗望再举兵，少帝复使康王奉玉册玉宝衮冕，增上太宗尊号请和。康王至磁州，而宗望已自魏县渡河围汴矣。及二帝出汴州，从大军北来，而邦昌至汴，康王入于归德。邦昌劝进于归德，康王已即位，罪以隐事杀之。

邦昌死，太宗闻之，大怒，诏元帅府伐宋，宋主走扬州，事具宗翰等传。其后，太宗复立刘豫继邦昌，号大齐。

刘豫，字彦游，景州阜城人。宋宣和末，仕为河北西路提刑。徙浙西。抵仪真，丧妻翟氏，继值父忧。康王至扬州，枢密使张悫荐知济南府。是时，山东盗贼满野，豫欲得江南一郡，宰相不与，忿忿而去。挞懒攻济南，有关胜者，济南骁将也，屡出城拒战，豫遂杀关胜出降。遂为京东东、西、淮南安抚使，知东平府兼诸路马步军都总管，节制河外诸军。以豫子麟知济南府。挞懒屯兵冲要，以镇抚之。

初，康王既杀张邦昌，自归德奔扬州，诏左右副元帅合兵讨之，诏曰："俟宋平，当援立藩辅，以镇南服，如张邦昌者。"及宋主自明州入海亡去，宗弼北还，乃议更立其人。众议折可求、刘豫皆可立，而豫亦有心。挞懒为豫求封，太宗用封张邦昌故事，以九月朔旦授策。受策之后，以藩王礼见使者。臣宗翰、臣宗辅议："既策为藩辅，称臣奉表，朝廷报谕诏命，避正位与使人抗礼，余礼并从帝者。"诏曰："今立豫为子皇帝，既为邻国之君，又为大朝之子，其见大朝使介，惟使者始见躬问起居与面辞有奏则立，其余并行皇帝礼。"

天会八年九月戊申，备礼册命，立豫为大齐皇帝，都大名，仍号北京，置丞相以下官，赦境内。复自大名还居东平，以东平为东京，汴州为汴京，降宋南京为归德府，降淮宁、永昌、顺昌、兴仁府俱为州。张孝纯等为宰相，弟益为北京留守，母翟氏为皇太后，妾钱氏为皇后。钱氏，宣和内人也。以辛亥年为阜昌元年。以其子麟为尚书左丞相、诸路兵马大总管。宋人畏之，待以敌国礼，国书称大齐皇帝。豫宰相张孝纯、郑亿年、李邺家人皆在宋，宋人加意抚之。阜昌二年，豫迁都于汴。睿宗定陕西，太宗以其地赐豫，从张邦昌所受封略故也。

元帅府使萧庆如汴，与豫议以伐宋事，豫报曰："宋主军帅韩世忠屯润州，刘光世屯江宁。今举大兵，欲往采石渡江，而刘光世拒守江宁。若出宿州抵扬州，则世忠必聚海船截瓜洲渡。若轻兵直趋采石，彼未有备，我必径渡江矣。光世海船亦在润州，韩世忠必先取之，二将由此必不和。以此逼宋主，其可以也。"

未几，宋主阁门宣赞舍人徐文将大小船六十只、军兵七百余人来奔，至密州界中，率将佐至汴。豫与元帅府书曰："徐文一行，久在海中，尽知江南利害。文言：宋主在杭州，其候潮门外钱塘江内有船二百只。宋主初走入海时，于此上船，过钱塘江别有河入越州，向明州定海口迤逦前去昌国县。其县在海中，宋人聚船积粮之处。今大军可先往昌国县，攻取船粮，还趋明州城下，夺取宋主御船，直抵钱塘江口。今自密州上船，如风势顺，可五日夜到昌国县，或风势稍慢，十日或半月可至。"

初，宗弼自江南北还，宗翰将入朝，再议以伐宋事。宗翰坚执以为可伐。宗弼曰："江南卑湿，今士马困惫，粮储未丰足，恐无成功。"宗翰曰："都监务偷安尔。"及豫以书报，而睿宗亦不肯用豫策，使挞懒帅师至瓜洲而还。

天会十四年，制诏"齐国与本朝军民相诉，关涉文移，署年止用天会"。天会十五年，诏废齐国，降封豫为蜀王。豫称大号凡八年。于是，置行台尚书省于汴，除去豫弊政，人情大悦。以故齐宰相张孝纯权行台左丞相，遂迁豫家属于临潢府。

皇统元年，赐豫钱一万贯、田五十顷、牛五十头。二年，进封曹王。六年，薨。子麟。

麟字元瑞，豫之子也。宋宣和间，父廕补将仕郎，累加承务郎。天会七年，豫以济南降，麟因从军，讨水贼王江，破降之。豫节制东平，以麟知济南府事。齐国建，以济南为兴平军，麟为节度使、开府仪同三司、梁国公，充诸路兵马大总管，判济南府事。明年，为齐尚书左丞相。明年，从豫迁汴，罢判济南，依前开府，听置参谋。豫请立麟为太子，朝廷不许，曰："若与我伐宋有功则立之。"于是，麟连岁帅兵南伐，皆无功而还。

及朝廷议废齐，报以南伐之期，俾豫先遣兵驻淮上。挞懒以军废豫，止刁马河。麟从数百骑出迎，挞懒谕麟，止从骑南岸，独召麟渡河，因执麟。豫废，麟迁临潢。顷之，授北京路都转运使，历中京、燕京路都转运使、参知政事、尚书左丞，复为兴平军节度使、上京路转运使、开府仪同三司，封韩国公。薨，年六十四。正隆间，降二品以上官封，改赠特进、息国公。

昌，本名挞懒，穆宗子。宗翰袭辽主于鸳鸯泺，辽都统马哥奔揭里，挞懒收其群牧。宗翰使挞懒追击之，不及，获辽枢密使得里底及其子磨哥、那野以还。太祖自将袭辽主于大鱼泺，留辎重于草泺，使挞懒、牙卯守之。奚路兵官浑黜不能安辑其众，遂以挞懒为奚六路军帅镇之。刁古乃、婆卢火护送常胜军及燕京豪族工匠自松亭关入内地，上戒之曰："若遇险厄，则分兵以往。"刁古乃、婆卢火乃合于挞懒。

久之，讨劾山速古部奚人。奚人据险战，杀且尽，速古、啜里、铁尼十三岩皆平之。诏曰："朕以奚路险阻，经略为难，命汝往任其事，而克副所托，良用嘉叹。今回离保部族来附，余众奔溃，无能为已。比命刁古乃、波卢火获送降人，若遇险阻，即分兵以行，余众悉与汝合。降诏二十，招谕未降，汝当审度其事，从宜处之。"其后抚定奚部及分南路边界，表请设官镇守。上曰："依东京渤海列置千户、谋克。"

辽外戚遥辇昭古牙部族在建州，斜野袭走之，获其妻孥及官豪之族。挞懒复击之，擒其队将曷鲁燥、白撒葛，杀之，降民户千余，进降金源县。诏增赐银牌十。又降遥辇二部，再破兴中兵，降建州官属，得山砦二十，村堡五百八十。阿忽复败昭古牙，降其官民尤多。昭古牙势蹙亦降，兴中、建州皆平。诏第将士功赏，抚安新民。

挞懒请以遥辇九营为九猛安。上以夺邻有功，使领四猛安，昭古牙仍为亲管猛安。五猛安之都帅，命挞懒择人授之。挞懒与刘彦宗举萧公翊为兴中尹，郡府各以契丹、汉官摄治，上皆从之。及宗翰、宗望伐宋，挞懒为六部路都统。宗望已受宋盟，军还，挞懒乃归中京。

天会四年八月，复伐宋。闰月，宗翰、宗望军皆至汴州。挞懒、阿里刮破宋兵二万于杞，覆其三营，获京东路都总管胡直孺及其二子与南路都统制隋师元及其三将，遂克拱州，降宁陵，破睢阳，下亳州。宋兵来复睢阳，又击走之，擒其将石瑱。

宋二帝已降，大军北还，挞懒为元帅左监军，徇地山东，取密州。迪虎取单州，挞懒取巨鹿，阿里刮取宗城，迪古不取清平、临清，蒙刮取赵州，阿里刮徇下浚、滑、恩及高唐，分遣诸将趣磁、信德，皆降之。刘豫以济南府降，诏以豫为安抚使，治东平，挞懒以左监军镇抚之，大事专决焉。后为右副元帅。天会十五年为左副元帅，封鲁国王。

初，宋人既诛张邦昌，太宗诏诸将复求如邦昌者立之，或举折可求，挞懒力举刘豫。豫立为帝，号大齐。豫为帝数年，无尺寸功，遂废豫为蜀王。挞懒与右副元帅宗弼俱在河南，宋使王伦求河南、陕西地于挞懒。明年，挞懒朝京师，倡议以废齐旧地与宋，熙宗命群臣议，会东京留守宗隽来朝，与挞懒合力，宗干等争之不能得。宗隽曰："我以地与宋，宋必德我。"宗宪折之曰："我俘宋人父兄，怨非一日。若复资以土地，是助仇也，何德之有。勿与便。"挞懒弟勖亦以为不可。既退，挞懒责勖曰："他人尚有从我者，汝乃异议乎。"勖曰："苟利国家，岂敢私邪。"是时，太宗长子宗磐为宰相，位在宗干上，挞懒、宗隽附之，竟执议以河南、陕西地与宋。张通古为诏谕江南使。

久之，宗磐跋扈尤甚，宗隽亦为丞相，挞懒持兵柄，谋反有状。宗磐、宗隽皆伏诛，诏以挞懒属尊，有大功，因释不问，出为行台尚书左丞相，手诏慰遣。挞懒至燕京，愈骄肆不法，复与翼王鹘懒谋反，而朝议渐知其初与宋交通而倡议割河南、陕西之地。宗弼请复取河南、陕西。会有上变告挞懒者，熙宗乃下诏诛之。挞懒自燕京南走，追而杀之于祁州，并杀翼王及宗人活离胡土、挞懒二子斡带、乌达补，而赦其党与。

宗弼为都元帅，再定河南、陕西。伐宋渡淮，宋康王乞和，遂称臣，画淮为界，乃罢兵。

赞曰：君臣之位，如冠屦定分，不可顷刻易也。五季乱极，纲常斁坏。辽之太宗，慢亵神器，倒置冠屦，援立石晋，以臣易君，宇宙以来之一大变也。金人效尤，而张邦昌、刘豫之事出焉。邦昌虽非本心，以死辞之，孰曰不可。豫乘时徼利，金人欲倚以为功，岂有是理哉。挞懒初荐刘豫，后以陕西、河南归宋，视犹傥来，初无固志以处此也。积其轻躁，终陷逆图，事败南奔，适足以实通宋之事尔，哀哉！

卷七十八　　列传第十六

刘彦宗　刘萼　刘筈　刘仲诲
刘颎　时立爱　韩企先子铎

刘彦宗，字鲁开，大兴宛平人。远祖怦，唐卢龙节度使。石晋以幽、蓟入辽，刘氏六世仕辽，相继为宰相。父霄，至中京留守。彦宗擢进士乙科。天祚走天德，秦晋国王耶律捏里自立于燕，擢彦宗留守判官。萧妃摄政，迁签书枢密院事。太祖至居庸关，萧妃自古北口遁去，都监高六送款于太祖。太祖奄至，驻跸城南，彦宗与左企弓等奉表降。太祖一见，器遇之，俾复旧，迁左仆射，佩金牌。

张觉为南京留守，太祖闻觉有异志，使彦宗、斜钵宣慰之。太祖至鸳鸯泺，不豫，还上京，留宗翰都统军事，留彦宗佐之。及张觉败奔于宋，众推张敦固为都统，杀使者，乘城拒守，攻之不肯下。彦宗同中书门下平章事，知枢密院事，加侍中，佐宗望军。宗望奏，方图攻取，凡州县之事委彦宗裁决之。

天会二年，诏彦宗曰："中京等两路先多拒命，故遣使抚谕，贳其官民之罪，所犯在降附前者勿论。卿等选官与使者往谕之，使勤于稼穑。"未几，大举伐宋，彦宗画十策，诏彦宗兼领汉军都统。蔡靖以燕山降。诏彦宗凡燕京一品以下官皆承制注授，遂进兵伐宋。至汴，宋少帝割地纳质，师还。宗望分将士屯安肃、雄、霸、广信之境，留阇母、彦宗于燕京节制诸军。明年，再伐宋，已围汴京，彦宗谓宗翰、宗望曰："萧何入关，秋毫无犯，惟收图籍。辽太宗入汴，载路车、法服、石经以归，皆令则也。"二帅嘉纳之，执二帝以归。

天会六年薨，年五十三，追封郓王。正隆二年，例降封开府仪同三司。大定十五年，追封兖国公，谥英敏。子萼、筈。

萼，彦宗季子也。辽末以廕补阁门祗候。天辅七年，授礼宾使，累官德州防御使。天德初，稍加擢用，历左右宣徽使，拜参知政事，进尚书左丞，为沁南军节度使，历临洮、太原尹。正隆南伐，为汉南道行营兵马都统制。大定初，除兴中尹，封任国公，历顺天、定武军节度使、济南尹。萼淫纵无行，所至贪墨狼籍。廉使劾之，诏遣大理少卿张九思就济南鞫问。既就逮，不测所以，引刃自杀，不死。诏削官一阶，罢归田里，卒。子仲询，天德三年，赐王彦潜榜及第。

筈，彦宗次子。幼时以廕隶阁门，不就，去从学。辽末调兵，而筈在选中。辽兵败，左右多散亡，乃选筈为扈从，授左承制。辽主西奔，萧妃摄政，赐筈进士第，授尚书左司员外郎，寄班阁门。

天辅七年，太祖取燕，筈从其父兄出降，迁尚书左司郎中。八年，授殿中少监。太祖崩，宋、夏遣使吊慰，凡馆见礼仪皆筈详定。迁卫尉少卿，授西上阁门使，仍从事元帅府。元帅府以便宜从事，凡约束废置及四方号令多从筈之画焉。

天会二年，迁太常少卿、东上阁门使，从宗翰伐宋，围太原。迁卫尉卿，权签宣徽院事。四年，授左谏议大夫。秋，复南征，权中书省枢密院事。丁父忧，明年起复，直枢密院事加给事中。七年，为礼部侍郎。十年，改彰信军节度使，权签中书省枢密院事。

天眷二年，改左宣徽使，熙宗幸燕，法驾仪仗筈讨论者为多。皇统二年，充江南封册使，假中书侍郎。既至临安，而宋人榜其居曰"行宫"，筈曰："未受命，而名行宫，非也。"请去榜而后行礼。宋人惊服其有识，欲厚贿说之，奉金珠三十余万，而筈不之顾，皆叹曰："大国有人焉。"

六年，为行台尚书右丞相，兼判左宣徽使事，留京师。或请厘革河南官吏之滥杂者，筈曰："废齐用兵江表，求一切近效，其所用人不必皆以章程，故有不由科目而为大吏，不试弓马而握兵柄者。今抚定未久，姑收人心，奈何为是纷更也。"遂仍其旧。

七年，帅府议于馆陶筑三城，以为有警即令北军入居之。筈曰："今天下一家，孰为南北。设或有变，军人入城，独能安耶。当严武备以察奸，无示彼此之间也。"其后，竟从筈议。初，以河外三州赐夏人，或言秦之在夏者数千人，皆愿来归。诸将请约之，筈曰："三小州不足为轻重，恐失朝廷大信。且秦人之在蜀者倍多于此，何独舍彼而取此乎。"遂从筈议。陕西边帅请完沿边城郭以备南寇，筈曰："我利车骑而不利城守。今城之，则劳民而结怨。况盟已定，岂可妄动。"遂罢之。

九年八月，拜司空。九月，拜平章政事，封吴国公，行台右丞相如故。天德元年，封滕王。二年，拜尚书右丞相兼中书令，进封郑王。未几，以疾求解政务，授燕京留守，进封曹王。居数月，乞致仕。筈自为宣徽使，以能得悼后意，致位宰相。海陵即位，意颇鄙之。及筈求致仕，诏略曰："不为暗于临事，不为谄于事君。未许告归，姑从解职。"筈因惭惧而死，年五十八。子仲海。

仲海字子忠。皇统初，以宰相子授忠勇校尉。九年，赐进士第，除应奉翰林文字。海陵严暴，臣下应对多失次。尝以时政访问在朝官，仲海从容敷奏，无惧色，海陵称赏之。贞元初，丁父忧，起复翰林修撰。大定二年，迁待制，寻兼修起居注、左补阙。

三年，诏仲海与左司员外郎蒲察蒲速越廉问所过州县，仲海等还奏状，诏玉田县令李方进一阶，顺州知法、权密云县事王宗永擢密云县尉，顺州司候张璘、密云县尉石抹乌者皆免去。丁母忧，起复太子右谕德，迁翰林直学士、改棣州防御使。猷次县捕得强盗数十人，诣州欲以全获希赏。仲海疑其有冤，缓其狱。同僚曰："县境多盗，请置之法，以惩其余。"仲海乃择老稚者先释之。未几，乃获真盗。

入为礼部侍郎兼左谕德，迁太子詹事兼左谏议大夫。上曰："东宫官属，尤当选用正人，如行检不修及不称位者，具以名闻。"又曰："东宫讲书或论议间，当以孝俭德行正身之事告之。"顷之，东宫请增牧人及张设什用，上谓仲海曰："太子生于富贵，每教之恭俭。朕服御未尝妄有增益，卿以此意谕之。"改御史中丞。

十四年，为宋国岁元使，宋主欲变亲起接书之仪，遣馆伴王抃来议，曲辨强说，欲要以必从。仲海曰："使臣奉命，远来修好，固欲成礼，而信约所载，非使臣辄敢变更。公等宋国腹心，毋侥幸一时，失大国欢。"往复再三，竟用旧仪，亲起接书成礼而还。

复为太子詹事，迁吏部尚书，转太子少师兼御史中丞。坐失纠举大长公主事，与侍御史李瑜各削一阶。仲海前后为东宫官且十五年，多进规戒，显宗特加礼敬。大定十九年，卒。

仲海立朝峻整，容色庄重，世宗尝曰："朕见刘仲海尝若将切谏者。"其以刚严见知如此。

頍字元矩。以大臣子孙充阁门祗候，调莘县令，召为承奉班都知，迁西上阁门副使兼宫苑令，累迁西上、东上阁门使。泰和二年，宋盱眙军报：明年贺正旦使鲁篚、杨明辉。及过界，副使乃王处久。入见，鲁篚殿上不双跪。诏頍就阁诘问先报名衔杨明辉不复报改王处久之故，及不双跪者。鲁篚对，拜时并双跪，有足疾似单跪者。初，南苑有唐旧碑，书"贞元十年御史大夫刘怦葬"。上见之曰："苑中不宜有墓。"頍家本怦后，诏赐頍钱三百贯改葬之。三迁右宣徽使。贞祐二年，转左宣徽使。明年，致仕，迁一官。上曰："卿旧人也，今朝廷多故，岂宜去位。朕自东宫薨后，思虑不周，俟稍宁息，即以上郡处卿。"顷之，起为知开封府。四年正月元日，摄左宣徽使。再请老，未半岁复起为御史中丞。诏安抚河南路，捕盗贼。坐与保静军节度使会饮，解职。起为太子詹事，迁太子少师。詹事院欲辟广东宫周墙，颎请于皇太子曰："师旅饥馑之际，何为兴此役。"遂止。寻卒。

时立爱，字昌寿，涿州新城人。父承谦，以财雄乡里，岁饥发仓廪赈贫乏，假贷者与之折券。辽太康九年，中进士第，调泰州幕官。丁父忧，服除，调同知春州事。未逾年，迁云内县令，再除文德令。枢密院选为吏房副都承旨，转都承旨。累迁御史中丞，刚正敢言，忤权贵。除燕京副留守，丁母忧，起复旧职，迁辽兴军节度使兼汉军都统。

太祖已定燕京，访求得平州人韩询持诏招谕平州。是时，奚王回离保在卢龙岭，立爱未敢即朝见，先使人来送款曰："民情愚执，不即顺从，愿降宽恩，以慰反侧。"诏曰："朕亲巡西土，底定全燕，号令所加，城邑皆下。爱嘉忠款，特示优恩，应在彼大小官员可皆充旧职，诸囚禁配隶并从释免。"于是，辽帝尚在大德，平州虽降，民心未固。奚王回离保军所在保聚，蓟州已降复叛。民间流言谓："金人所下城邑，始则存抚，后则俘掠。"时立爱虽开谕而不肯信，乃上表："乞下明诏，遣官分行郡邑，宣谕德义。他日兵临于宋，顺则抚之，逆则讨之，兵不劳而天下定矣。"上览表嘉之，诏答曰："卿始率吏民归附，复条利害，悉合朕意，嘉叹不忘。山西部族缘辽主未获，恐阴相连结，故迁处于岭东。西京人民既无异望，皆按堵如故。或有将卒贪悍，冒犯纪律，辄掠降人者。已谕诸部及军帅，约束兵士，秋毫有犯，必刑无赦。今遣斡罗阿里等为卿副贰，以抚斯民，其告谕所部，使知朕意。"

其后，以平州为南京，用张觉为留守，时立爱遂去平州。而张觉遂因燕京人东徙，其众怨望，觉遂叛入于宋。立爱既去平州归乡里，太祖以燕、蓟与宋，新城入于宋。宋累诏立爱，立爱见宋政日坏，不肯起，戒其宗族不得求仕。

及宗望再取燕山，立爱诣幕府上谒，拜同中书门下平章事，任其子侄数人。立爱从宗望军数年，谋画居多，封陈国公。表求解机务，不从。九年，为侍中、知枢密院事。久之，加中书令。天会十五年，致仕，加开府仪同三司、郑国公。薨于家，年八十二。赙赠钱布缯帛有差。诏同签书燕京枢密院事赵庆袭护丧事，葬用皆官给之。

韩企先，燕京人。九世祖知古，仕辽为中书令，徙居柳城，世贵显。乾统间，企先中进士第，回翔不振。都统杲定中京，擢枢密副都承旨，稍迁转运使。宗翰为都统经略山西，表署西京留守。天会六年，刘彦宗薨，企先代之，同中书门下平章事、知枢密院事。七年，迁尚书左仆射兼侍中，封楚国公。

初，太祖定燕京，始用汉官宰相赏左企弓等，置中书省、枢密院于广宁府，而朝廷宰相自用女直官号。太宗初年，无所改更。及张敦固伏诛，移置中书、枢密于平州，蔡靖以燕山降，移置燕京，凡汉地选授调发租税皆承制行之。故自时立爱、刘彦宗及企先辈，官为宰相，其职大抵如此。斜也、宗干当国，劝太宗改女直旧制，用汉官制度。天会四年，始定官制，立尚书省以下诸司府寺。

十二年，以企先为尚书右丞相，召至上京。入见，太宗甚惊异曰："朕畴昔尝梦此人，今果见之。"于是，方议礼制度，损益旧章。企先博通经史，知前代故事，或因或革，咸取折衷。企先为相，每欲为官择人，专以培植奖励后进为己责任。推毂士类，甄别人物，一时台省多君子。弥缝阙漏，密谟显谏，必咨于王。宗翰、宗干雅敬重之，世称贤相焉。皇统元年，封濮王。六年，薨，年六十五。正隆二年，例降封齐国公。大定八年，配享太宗庙廷。

十年，司空李德固孙引庆求袭其祖猛安，世宗曰："德固无功，其猛安且阙之。汉人宰相惟韩企先最贤，他不及也。"十一年，将图功臣像于衍庆宫，上曰："丞相企先，本朝典章制度多出斯人之手，至于关决大政，与大臣谋议，不使外人知之，由是无人能知其功。前后汉人宰相无能及者，置功臣画像中，亦足以示劝后人。"十五年，谥简懿。

韩铎字振文，企先次子也。皇统末，以大臣子授武义将军。熙宗闻其有儒学，赐进士第，除宣徽判官。再迁刑部员外郎，海陵遣中使谕之曰："郎官，高选也。汝勋贤之子，行已莅官，能世其家，故以命汝。苟能夙夜在公，当不次擢用，虽公相可到。"铎感奋，狱或有疑，据经议谳。海陵伐宋，改兵部员外郎。大定初，迁本部郎中，累官河州防御使，求养亲，解去。召为左谏议大夫，迁中都路都转运使。顷之，上谓宰臣曰："韩铎年高，不任繁剧，且其母老矣，可与之便郡。"于是改顺天军节度使。卒。

赞曰：太祖入燕，始用辽南、北面官僚制度。是故刘彦宗、时立爱规为施设，不见于朝廷之上。军旅之暇，治官政，庀民事，务农积谷，内供京师，外给转饷，此其功也。韩企先入相两朝，几二十年，成功著业，世宗称其贤焉。

卷七十九　列传第十七

郦琼　李成　孔彦舟　徐文　施宜生
张中孚　张中彦　宇文虚中　王伦

郦琼，字国宝，相州临漳人。补州学生。宋宣和间，盗贼起，琼乃更学击刺挽强，试弓马，隶宗泽军，驻于磁州。未几告归，括集义军七百人，复从泽，泽署琼为七百人长。泽死，调戍滑州。时宗望伐宋，将渡河。戍军乱，杀其统制赵世彦，而推琼为主。琼因诱众，号为勤王，行且收兵。比渡淮，有众万余。康王以为楚州安抚使、淮南东路兵马钤辖，累迁武泰军承宣使。未几，率所领步骑十余万附于齐，授静难军节度使，知拱州。齐国废，以为博州防御使。用廉，迁骠骑上将军。宗弼复河南，以琼为山东路弩手千户，知亳州事。丁母忧，去官。

宗弼再伐江南，以琼素知南方山川险易，召至军与计事。从容语同列曰："琼尝从大军南伐，每见元帅国王亲临阵督战，矢石交集，而王免胄，指麾三军，意气自若，用兵制胜，皆与孙、吴合，可谓命世雄材矣。至于亲冒锋镝，进不避难，将士视之，孰敢爱死乎。宜其所向无前，日辟国千里也。江南诸帅，才能不及中人。每当出兵，必身居数百里外，谓之持重。或督召军旅，易置将校，仅以一介之士持虚文谕之，谓之调发。制敌决胜委之偏裨，是以智者解体，愚者丧师。幸一小捷，则露布飞驰，增加俘级以为己功，敛怨将士。纵或亲临，亦必先遁。而又国政不纲，才有微功，已加厚赏，或有大罪，乃置而不诛。不即覆亡，已为天幸，何能振起耶?"众以为确论。元帅，谓宗弼也。

及宗弼问琼以江南成败，谁敢相拒者。琼曰："江南军势怯弱，皆败亡之余，又无良帅，何以御我。颇闻秦桧当国用事。桧，老儒，所谓亡国之大夫，兢兢自守，惟颠覆是惧。吾以大军临之，彼之君臣，方且心破胆裂，将哀鸣不暇，盖伤弓之鸟可以虚弦下也。"既而江南果称臣，宗弼喜琼为知言。

初，琼去亳未几，宋兵陷之而不守，复弃去，乃以州人宋超守之。及大军至，超复以州事委其钤辖卫经而遁去。帅府使人招经，经不下。及城溃，百姓惶惧待命，琼请于元帅曰："城所不下者，凶竖劫之也。民何罪，愿慰安之。"元帅以琼先尝守亳，因止戮经而释其州人，复命琼守亳。凡六年，亳人德之。迁武宁军节度使。八年，为泰宁军节度使。九年，迁归德尹。贞元元年，加金紫光禄大夫，卒于官，年五十。

李成，字伯友，雄州归信人。勇力绝伦，能挽弓三百斤。宋宣和初，试弓手，挽强异等。累官淮南招捉使。成乃聚众为盗，钞掠江南，宋遣兵破之，成遂归齐，累除知开德府，从大军伐宋。齐废，再除安武军节度使。

成在降附诸将中最勇鸷，号令甚严，众莫敢犯。临阵身先诸将。士卒未食不先食，有病者亲视之。不持雨具，虽沾湿自如也。有告成反者，宗弼察其诬，使成自治，成杖而释之，其不校如此。以此士乐为用，所至克捷。

宗弼再取河南，宋李兴据河南府。成引军入孟津。兴率众薄城，鼓噪请战，成不应。日下昃，兴士卒倦且饥，成开门急击，大破之。兴走汉南，成遂取洛阳、嵩、汝等。河南平，宗弼奏成为河南尹，都管押本路兵马。尝取官羡粟充公费，坐夺两官，解职。正隆间，起为真定尹，封郡王，例封济国公。卒，年六十九。

孔彦舟，字巨济，相州林虑人。亡赖，不事生产，避罪之汴，占籍军中。坐事系狱，说守者解其缚，乘夜逾城遁去。已而杀人，亡命为盗。宋靖康初，应募，累官京东西路兵马钤辖。闻大军将至山东，遂率所部，劫杀居民，烧庐舍，掠财物，渡河南去。宋人复招之，以为沿江招捉使。彦舟暴横，不奉约束，宋人将以兵执之，彦舟走之齐，从刘麟伐宋，为行军都统，改行营左总管。

齐国废，累知淄州。从宗弼取河南，克郑州，擒其守刘政，破孟邦杰于登封，授郑州防御使。讨平太行车辕岭贼。从征江南，渡淮，破孙晖兵万余人，下安丰、霍丘。及攻濠州，以彦舟为先锋，顺流薄城，擒其水军统制邵青，遂克濠州。师还，累官工、兵部尚书，河南尹，封广平郡王。正隆例降金紫光禄大夫，改西京留守。

彦舟荒于色，有禽兽行。妾生女姿丽，彦舟苦虐其母，使自陈非己女，遂纳为妾。其官属负官钱，私其妻与折券。惟破濠州时，诸军凡系获皆杀之，彦舟号令毋辄杀，免者数千人，人颇以此称之。然自幼至老常在行伍，习兵事，知利钝。海陵欲以为征南将佐，正隆五年，除南京留守。

彦舟有疾，朝臣有传彦舟死者，而彦舟尚无恙，海陵尽杖妄传彦舟死者，以激励之。无何竟死于汴，年五十五。遗表言"伐宋当先取淮南"云。

徐文，字彦武，莱州掖县人，徙胶水。少时贩盐为业，往来濒海数州，刚勇尚气，侪辈皆惮之。宋季盗起，募战士，为密州板桥左十将。勇力过人，挥巨刀重五十斤，所向无前，人呼为"徐大刀"。后隶王龙图麾下，与夏人战，生擒一将，补进武校尉。东还，破群贼杨进等，转承信郎。

宋康王渡江，召文为枢密院准备将，擒苗傅及韩世绩，以功迁淮东、浙西、沿海水军都统制。诸将忌其材勇。是时，李成、孔彦舟皆归齐，宋人亦疑文有北归志，大将阎皋与文有隙，因而谮之。宋使统制朱师敏来袭文，文乃率战舰数十艘泛海归于齐。齐以文为海、密二州沧海都招捉使兼水军统制，迁海道副都统兼海道总管，赐金带。文以策干刘豫，欲自海道袭临安，豫不能用。齐国废，元帅府承制以文为南京步军都虞候，权马步军都指挥使。天眷元年，破太行贼梁小哥，以本职兼水军统制。朝廷以河南与宋，除文山东路兵马钤辖。

宗弼复取河南，文破宋将李宝于濮阳、孟邦杰于登封。宋蒋知军据河阳，文迟明至其城下，使别将攻城东北，自将精锐潜师袭南门。城中悉众救东北，文乃自南门斩关入城。宋军溃去，追击败之。破郭清、郭远于汝州。郑州叛，复取之，击走宋将戚方。河南既平，宗弼劳赏将士，赏文银币鞍马。充行军万户，从宗弼取庐、濠等州，超换武义将军。知济州，在职七年，移知泰安军。海陵即位，录旧功，累迁中都兵马都指挥使，赐金带，改浚州防御使。未几，海陵谋伐宋，改行都水监，监造战船于通州。

东海县人徐元、张旺作乱，县人房真等三人走海州，及走总管府，上变。州、府皆遣使效随真等诣东海观贼形势，皆为贼所害。州、府合兵攻之，累月不下。海陵且欲伐宋，恶闻其事，诏文与步军指挥使张弘信、同知大兴尹李惟忠、宿直将军萧阿窊率舟师九百浮海讨之，谓文等曰："朕意不在一邑，将以试舟师耳。"文等至东海，与贼战，败之，斩首五千余级，获徐元、张旺，余众请降。是役也，张弘信行至莱州，称疾留止，日与妓乐饮酒。海陵闻之，师还，杖弘信二百。文迁定海军节度使。房真三人官赏有差。死贼者皆赠官三级，以银百两、绢百匹赐其家。

大定二年，诣阙自陈年老目昏，恳求致仕。许之。以覃恩迁龙虎卫上将军，卒于家。

施宜生，字明望，邵武人也。博闻强记，未冠，由乡贡入太学。宋政和四年，擢上舍第，试学官，授颍州教授。及王师入汴，宜生走江南。复以罪北走齐，上书陈取宋之策，齐以为大总管府议事官。失意于刘麟，左迁彰信军节度判官。齐国废，擢为太常博士，迁殿中侍御史，转尚书吏部员外郎，为本部郎中。寻改礼部，出为隰州刺史。天德二年，用参知政事张浩荐宜生可备顾问，海陵召为翰林直学士，撰《太师梁王宗弼墓铭》，进官两阶。正隆元年，出知深州，召为尚书礼部侍郎，迁翰林侍讲学士。

四年冬，为宋国正旦使。宜生自以得罪北走，耻见宋人，力辞，不许。宋命张焘馆之都亭，因间以首丘风之。宜生顾其介不在旁，为廋语曰："今日北风甚劲。"又取几间笔扣之曰："笔来，笔来。"于是宋始警。其副使耶律辟离剌使还以闻，坐是烹死。

初，宜生困于场屋，遇僧善风鉴，谓之曰："子面有权骨，可公可卿。而视子身之毛，皆逆上，且覆腕，必有以合乎此而后可贵也。"宜生闻其言，大喜，竟从范汝为于建、剑。已而汝为败，变服为佣泰之吴翁家三年。翁异之，一日屏人诘其姓名，宜生曰："我服佣事惟谨，主人乃亦置疑邪？"翁固诘之，则请其故。翁曰："日者燕客，执事咸馁，而汝独孙诸侪，且撤器有叹声，是以识汝非真佣也。"宜生遂告之故。翁赆之金，夜济淮以归。试《一日获熊三十六赋》擢第一，其后竟如僧言。

张中孚，字信甫，其先自安定徙居张义堡。父达，仕宋至太师，封庆国公。中孚以父任补承节郎。宗翰围太原，其父战殁，中孚泣涕请迹父尸，乃独率部曲十余人入大军中，竟得其尸以还。累官知镇戎军兼安抚使，屡从吴玠、张浚以兵拒大军。浚走巴蜀，中孚权帅事。天会八年，睿宗以左副元帅次泾州，中孚率其将吏来降，睿宗以为镇洮军节度使知渭州，兼泾原路经略安抚使。

齐国建，以什一法括民田，籍丁壮为乡军。中孚以为泾原地瘠无良田，且保甲之法行之已习，今遽纷更，人必逃徙，只见其害，未见其利也。竟执不行。时齐政甚急，莫敢违，人为中孚惧，而中孚不之顾。未几齐国废，一路独免掊克之患。

天眷初，为陕西诸路节制使知京兆府，朝廷赐地江南，中孚遂入宋。宗弼再定河南、陕西，移文宋人，使归中孚。至汴，就除行台兵部尚书，迁除参知行台尚书省事。明年，拜参知政事。贞元元年，迁尚书左丞，封南阳郡王。三年，以疾告老，乃为济南尹，加开府仪同三司，封宿王。移南京留守，又进封崇王。卒，年五十九，加赠邓王。

中孚天性孝友刚毅，与弟中彦居，未尝有间言。喜读书，颇能书翰。其御士卒严而有恩，西人尤畏爱之。葬之日，老稚扶柩流涕盖数万人，至为罢市，其得西人之望如此。正隆例封崇进、原国公。

张中彦，字才甫，中孚弟。少以父任仕宋，为泾原副将，知德顺军事。睿宗经略陕西，中彦降，除招抚使。从下熙、河、阶、成州，授彰武军承宣使，为本路兵马钤辖，迁都总管。

宋将关师古围巩州，与秦凤李彦琦会兵攻之。王师下饶风关，得金、洋诸州，以中彦领兴元尹，抚辑新附。师还，代彦琦为秦凤经略使。秦州当要冲而城不可守，中彦徙治北山，因险为垒，今秦州是也。筑腊家诸城，以扼蜀道。帅秦凡十年，改泾原路经略使知平凉府。

朝廷以河南、陕西赐宋，中孚以官守随例当留关中。熙河经略使慕洧谋入夏，将窥关、陕，中彦与环庆赵彬会两路兵讨之，洧败入于夏。中彦与兄中孚俱至临安，被留，以为龙神卫四厢都指挥使，清远军承宣使，提举佑神观，靖海军节度使。

皇统初，恢复河南，诏征中彦兄弟北归，为静难军节度使，历彰化军、凤翔尹，改尹庆阳，兼庆原路兵马都总管、宁州刺史。宗室宗渊殴死僚佐梁郁。郁远人，家贫无能赴告者。中彦力为正其罪，竟置于法。改彰德军节度使，均赋调法，奸豪无所蔽匿，人服其明。

正隆营汴京新宫，中彦采运关中材木。青峰山巨木最多，而高深阻绝，唐、宋以来不能致。中彦使构崖驾壑，起长桥十数里，以车运木，若行平地，开六盘山水洛之路，遂通汴梁。明年，作河上浮梁，复领其役。舟之始制，匠者未得其法，中彦手制小舟才数寸许，不假胶漆而首尾自相钩带，谓之"鼓子卯"，诸匠无不骇服，其智巧如此。浮梁巨舰毕功，将发旁郡民曳之就水。中彦召役夫数十人，治地势顺下倾泻于河，取新秫秸密布于地，复以大木限其旁，凌晨督众乘霜滑曳之，殊不劳力而致诸水。

俄迁平阳。海陵将伐宋，驿召赴阙，授西蜀道行营副都统制，赐细铠，使先取散关俟后命。世宗即位，赦书至凤翔，诸将惶惑不能决去就，中彦晓譬之，诸将感悟，受诏。上召中彦入朝，以军付统军合喜。及见，上赐以所御通犀带，封宗国公。寻为吏部尚书。上疏曰："古者关市讥而不征，今使掌关市者征而不讥。苛留行旅，至披剔囊笥甚于剽掠，有伤国体，乞禁止。"从之。

逾年，除南京留守。时淮楚用兵，土民与戍兵杂居，讼牒纷纭，所司皆依违不决。中彦得戍兵为盗者，悉论如法，帅府怒其专决，劾奏之，朝廷置而不问。秩满，转真定尹兼河北西路兵马都总管。未几，致仕，西归京兆。明年，起为临洮尹兼熙秦路兵马都总管。巩州刘海构乱，既败，籍民之从乱者数千人，中彦惟论为首者戮之。

西羌吹折、密臧、陇逋、庞拜四族恃险不服，使侍御史沙醇之就中彦论方略，中彦曰："此羌服叛不常，若非中彦自行，势必不可。"即至积石达南寺，酋长四人来，与之约降，事遂定，赏而遣之。还奏，上大悦，遣张汝玉驰驿劳之，赐以球文金带，用郊恩加仪同三司。以疾卒官，年七十五。百姓哀号辍市，立像祀之。

赞曰：自古健将武夫，其不才者，遭世变迁，卖降恐后。此其常态，君子之所不责也，郦琼、徐文是已。施宜生反覆壬人，李成盗贼之靡，孔彦舟渔色亲出，自绝人类，又何责也。张中孚、中彦虽有小惠足称，然以宋大臣之子，父战没于金，若金若齐，义皆不共戴天之仇。金以地与齐则甘心臣齐，以地归宋则忍耻臣宋，金取其地则又比肩臣金，若趋市然，唯利所在，于斯时也，岂复知所谓纲常也哉。吁！

宇文虚中，字叔通，蜀人。初仕宋，累官资政殿大学士。天会四年，宋少帝已结盟，宗望班师至孟阳，宋姚平仲乘夜来袭，明日复进兵围汴。少帝使虚中诣宗望军，告以袭兵皆将帅自为之，复请和议如初，且视康王安否。顷之，台谏以和议归罪虚中，罢为青州，复下迁祠职。建炎元年，贬韶州。二年，康王求可为奉使者，虚中自贬中应诏，复资政殿大学士，为祈请使。是时，兴兵伐宋，已留王伦、朱弁不遣，虚中亦被留，实天会六年也。朝廷方议礼制度，颇爱虚中有才艺，加以官爵，虚中即受之，与韩昉辈俱掌词命。明年，洪皓至上京，见虚中，甚鄙之。

天会十三年，熙宗即位。宗翰为太保领三省事，封晋国王，乞致仕。批答不允，其词虚中作也。天眷间，累官翰林学士知制诰兼太常卿，封河内郡开国公。书《太祖睿德神功碑》，进阶金紫光禄大夫。皇统二年，宋人请和，其誓表曰："自来流移在南之人，经官陈说，愿自归者，更不禁止。上国之于弊邑，亦乞并用此约。"于是，诏尚书省移文宋国，理索张中孚、张中彦、郑亿年、杜充、张孝纯、宇文虚中、王进家属，发遣李正民、毕良史还宋，惟孟庾去留听其所欲。时虚中子师瑗仕宋，至转运判官，携家北来。四年，转承旨，加特进。迁礼部尚书，承旨如故。

虚中恃才轻肆，好讥讪，凡见女直人辄以矿卤目之，贵人达官往往积不能平。虚中尝撰宫殿榜署，本皆嘉美之名，恶虚中者摘其字以为谤讪朝廷，由是媒蘖以成其罪矣。六年二月，唐括酬斡家奴杜天佛留告虚中谋反，诏有司鞫治无状，乃罗织虚中家图书为反具，虚中曰："死自吾分。至于图籍，南来士大夫家家有之，高士谈图书尤多于我家，岂亦反耶？"有司承顺风旨并杀士谈，至今冤之。

士谈字季默，高琼之后。宣和末，为忻州户曹参军。入朝，官至翰林直学士。虚中、士谈俱有文集行于世。

王伦，字正道，故宋宰相王旦弟王勉玄孙。侠邪无赖，年四十余尚与市井恶少群游汴中。天会五年，宋人以伦为假刑部侍郎，与阁门舍人朱弁充通问使。是时，方议伐宋，凡宋使者如伦及宇文虚中、魏行可、顾纵、张邵等，皆留之不遣。居数年，伦久困，乃唱为和议求归。元帅府使人谓之曰："此非江南情实，特汝自为此言耳。"伦曰："使事有指，不然何为来哉。惟元帅察之。"

天会十年，刘豫连岁出师皆无功，挞懒为元帅左监军经略南边，密主和议，乃遣伦归。先此，宋已遣使乞和，朝廷未之许也。伦见康王言和议事，康王大喜，迁伦官，并官其子弟。宋方与齐用兵，未可和。

天会十五年，康王闻天水郡王已薨，以伦假直学士来请其丧，使伦请挞懒曰："河南之地，上国既不自有，与其封刘豫，曷若归之赵氏？"是岁，刘豫受封已八年，不能自立其国，尚勤屯戍，朝廷厌其无能为也，乃废刘豫。挞懒以左副元帅守汴京，于是伦适至。挞懒，太祖从父兄弟，于熙宗为祖行。太宗长子宗磐以太师领三省事，位在宗干上。宗翰薨已久，宗干不能与宗磐独抗。明年，天眷元年，挞懒与东京留守宗隽俱入朝，熙宗以宗隽为左丞相。宗隽，太祖子也。挞懒、宗磐、宗隽三人皆跋扈嗜利，阴有异图，遂合议以齐地与宋，自宗干以下争之不能得。以侍郎张通古为诏谕江南使，遣伦先归。

明年，宋以伦为端明殿学士，签书枢密院事，进金器千两、银器万两，复来请天水郡王丧柩，及请母韦氏兄弟宗族等。保信军节度使蓝公佐副之。是岁，宗磐、宗隽、挞懒皆以谋反属吏，熙宗诛宗磐、宗隽，以挞懒属尊，赦其死，以为行台尚书省事左丞相，夺其兵权。右副元帅宗弼奏曰："挞懒、宗磐阴与宋人交通，遂以河南、陕西地与宋人。"会挞懒复谋反，捕而杀之于祁州。伦至上京，有司详读康王表文，不书年，阅进奉状，称礼物不言职贡，上使宰相责问伦曰："汝但知有元帅，岂知有上国耶。"遂留不遣，遣其副蓝公佐归。

三年五月，宗弼复取河南、陕西地，遂伐江南，已渡淮。皇统元年，宋人请和。二年二月，宋端明殿学士何铸、容州观察使曹勋进誓表。三月，遣左副点检赛里、山东西路都转运使刘祹送天水郡王丧柩，及宋帝母韦氏还江南。五月，李正明、毕良史南归。七月，朱弁、张邵、洪皓南归。

四年，以伦为平州路转运使，伦已受命，复辞逊，上曰："此反复之人也。"遂杀之于上京，年六十一。

赞曰：孔子云："行己有耻，使于四方不辱君命，可谓士矣"。宇文虚中朝至上京，夕受官爵。王伦纨袴之子，市井为徒。此岂"行己有耻"之士，可以专使者耶？二子之死虽冤，其自取亦多矣。

卷八十　　列传第十八

熙宗二子　斜卯阿里　突合速
乌延蒲卢浑　赤盏晖　大臬本名挞不野
磐本名蒲速越　**阿离补**子方

熙宗诸子：悼平皇后生太子济安，贤妃生魏王道济。

济安，皇统二年二月戊子生于天开殿。上年二十四始有皇子，喜甚，遣使驰报明德宫太皇太后。五日命名，大赦天下。三月甲寅，告天地宗庙。丁巳，剪鬌，奏告天地宗庙。戊午，册为皇太子。封皇后父太尉胡塔为王，赐人口、马牛五百、驼五十、羊五千。随朝职官并迁一资，皆有赐。己未，诏天下。十二月，济安病剧，上与皇后幸佛寺焚香，流涕哀祷，曲赦五百里内罪囚。是夜，薨。谥英悼太子，葬兴陵之侧，上送至乌只黑水而还。命工塑其像于储庆寺，上与皇后幸寺安置之。海陵毁上京宫室，寺亦随毁。

道济，皇统三年，命为中京留守，以直学士阿懒为都提点，张玄素为同提点，左右辅导之。俄封魏王，封其母为贤妃。初居外，至是养之宫中。未几，熙宗怒杀之。

赞曰：国初制度未立，太宗、熙宗皆自谙班勃极烈即帝位。谙班勃极烈者，汉语云最尊官也。熙宗立济安为皇太子，始正名位，定制度焉。

斜卯阿里，父浑坦，穆宗时内附，数有战功。阿里年十七，从其伯父胡麻谷讨诈都，获其弟沙里只。高丽筑九城于曷懒甸，浑坦攻之，遇敌于木里门甸，力战久之，阿里挺枪驰刺其将于阵中，敌遂溃。浑坦与石适欢合兵于徒门水，阿里首败敌兵，取其二城。高丽入寇，以我兵屯守要害，不得进，乃还。阿里追及于曷懒水，高丽人争走冰上，阿里乘之，杀略几尽，遂合兵于石适欢。道遇敌兵五万，击走之。又与石适欢遇敌七万，阿里先登，奋击大败之。石适欢曰："汝一日之间，三破重敌，功岂可忘。"乃厚赐之。

斡塞、乌睹本攻驼吉城，阿里凿墉为门，日已暮，不可入，以兵守之，旦日遂取其城。乌睹本以被甲并乘马赐之。从攻下宁江州，授猛安。又从攻信州、宾州，皆克之。辽人来攻孛堇忽沙里城，阿里率百余骑救之。辽兵数万，阿里兵少，乃令军士裂衣多为旗帜，出山谷间，辽兵望见，遁去。

苏、复州叛，众至十万。旁近女直皆保于太尉胡沙家，筑垒为固。敌围之数重，守者粮刍俱尽，牛马相食其鬃尾，人易子而食。夜，缒二人出，告急于阿里。阿里赴之，内外合击之，破其众于辟离密罕水上，剿杀几尽，水为之不流。蒲离古胡什吉水、马韩岛凡十余战，破数十万众。契丹、奚人聚舟千艘，将入于海。阿里以二十七舟邀之，中流矢，卧舟中，中夜始苏。敌船已入王家岛，即夜取海路追及之，敌走险以拒，阿里以骑兵邀击，再中流矢，力战不退，竟破之，尽获其舟。于是，苏、复州、婆速路皆平。

攻显州，下灵山县，取梁鱼务，败余睹兵，功皆最。后与散睹鲁屯高州，契丹昭古牙、九斤合兴中兵数万攻胡里特寨，阿里以八谋克兵救之。胡里特先往，败于城下。阿里指阵前绯衣者二十余人曰："此必贼酋也。"麾兵奋击，皆杀之，余众大溃。来州、隰州兵围胡里特城，闻阿里来救，即解围去。

阇母讨张觉，有兵出楼峰口山谷间，阿里、散笃鲁、忽卢补三猛安击败之。宗望代阇母讨张觉，阿里再败平州兵。及伐宋，阿里别击宋兵，败之。孟阳之役，阿里扼桥渡力战。明年，再伐宋，至保州、中山，累破之。进围真定，阿里与娄室、豁鲁乘风纵火，焚其楼橹，诸军毕登，克其城。师至河上，粘割胡撒击走宋人，扼河津，兵数千遂渡河。诸将分出大名境，阿里破敌四百尽殪，遂围汴。汴中夜出兵来焚攻具，阿里与谋克常孙阳阿御之，其众大溃。还攻赵州，降之。

天会六年，伐宋主，取阳谷、莘县，败海州兵八万人，海州降。破贼船万余于梁山泊。招降滕阳、东平、泰山群盗。盗攻范县，击走之，获船七百艘。宗弼攻下睢阳，与乌延蒲卢浑先以二千人往招寿春，具舟淮水上。时康民聚贾船四百与寿春相近，术列速以骑四百破康民，斩馘数千。与当海、大臬破贼十万于淮南。比至江，连破宋兵，获舟二百艘。宗弼至江宁，阿里、蒲卢浑别降广德军，先趣杭州。去杭十余里，遇宋伏兵二千，取我前驱甲士三十人。阿里使诸军去马搏战，伏兵败，皆逼死于水。宗弼至余杭，而宋主走明州，阿里与蒲卢浑以精骑四千袭之，破东关兵，济曹娥江，败宋兵于高桥镇。至明州，颇失利。宋主已入于海，乃退军余姚。宗弼使当海济师，遂下明州，执宋守臣赵伯谔，进至昌国县。宋主自昌国走温州，由海路追三百余里，弗及。遂隳明州，与宗弼俱北归。

睿宗经略陕西，驻泾州，阿里先取渭州。睿宗趋熙河，阿里、斜喝、韩常三猛安为前军。十二年，与高彪监护水运。宋以舟师阻亳州河路，击败之，追杀六十余里，获其将萧通。破涟水水寨贼，尽得其大船，遂取涟水军，招徕安辑之。天眷间，盗据石州，阿里讨之。粘割胡撒与所部先登，遂克其城，石州平。

宗弼再伐宋，阿里已老，督造战船。宋称臣，诏赐阿里钱千万。自结发从军，大小数十战，尤习舟楫，江、淮用兵，无役不从，时人以水星目之。为迭里部节度使，历顺义、泰宁军，归德、济南尹。天德初，致仕，加特进，封王。正隆例封韩国公，召赴阙，命造战船。以疾薨，年七十八，谥智敏。

阿里性忠直，多智略。兄弟相友爱，家故饶财，以己猛安及财物尽与弟爱拔里。爱拔里不肯受，逃避岁余，阿里终与之。

突合速，宗室子，拿罕塞人。初隶万户石家奴麾下，尝领偏师破云中诸山寇盗。宗望攻平州，遣突合速讨应州贼，平之，抚安其民而还。及伐宋，在宗翰军，以八谋克破石岭关屯兵数万，杀戮几尽。师至太原，祁县降而复叛，突合速攻下之。进取文水县，后从诸帅列屯汾州之境。宋河东军帅郝仲连、张思正，陕西军帅张关索及其统制马忠，合兵数万来援，皆败之。

宗翰南伐至潞还，太原犹未下，即留完颜银术可总督诸军，经略其地。于是，宋援兵大至，突合速从马五、沃鲁破宋兵四千于文水。闻宋将黄迪等以兵三十万栅于县之西山，复与耿守忠合兵九千击之，杀八万余人，获马及资粮甚众。宋制置使姚古率兵至隆州谷，突合速与拔离速以步骑万余御之。种师中兵十万据榆次，银术可乃召突合速，使中分其兵而还，与活女等合兵八千击败之，斩师中于杀熊岭。宋将张灏以兵十万营于文水近郊，复与拔离速击破之。潞州复叛，宋兵号十七万，骨赧、突合速、拔离速皆被围。突合速麾军士，下马力战，遂溃围而出。

及再举伐宋，宗翰命娄室率军先趋汴。娄室至泽州，突合速、沃鲁以五百骑为前驱，往招河阳。先据黄河津，宋兵万余背水阵，进击败之，皆挤于水，遂降河阳。汴京平，诸将西趣陕津，略定河东郡县。突合速取宪州，遇其援军，击败之，生擒其将。孛堇浓瑰术鲁等攻保德，未下，突合速进兵助击，梯冲并进，遂克其城。孛堇乌谷攻石州，屡败，亡其三将，军士殁者数百人。突合速谓乌谷曰："敌皆步兵，吾不可以骑战。"乌谷曰："闻贼挟妖术，画马以系其足，疾甚奔马，步战岂可及之。"突合速笑曰："岂有是耶？"乃令诸军去马战，尽殪之。六年，宗辅驻师邓州，突合速、马五、拔离速西取均、房，遂下其城。攻唐、蔡、陈州及颍昌府，皆克之。

天眷初，除彰德军节度使。三年，为元帅左监军。皇统八年，改济南尹。天德间，封定国公，授世袭千户。卒，年七十二。正隆二年，赠应国公。

初，突合速以次室受封，次室子因得袭其猛安。及分财异居，次室子取奴婢千二百口，正室子得八百口。久之，正室子争袭，连年不决，家赀费且尽，正室子奴婢存者二百口，次室子奴婢存者才五六十口。世宗闻突合速诸子贫窘，以问近臣，具以争袭之故为对，世宗曰："次室子岂当受封邪？"遂以嫡妻长子袭。

乌延蒲卢浑，曷懒路乌古敌昏山人。父孛古剌，龙虎卫上将军。蒲卢浑膂力绝人，能挽强射二百七十步。与兄鹘沙虎俱以勇健隶阇母军，居帐下。攻黄龙府，力战有功。阇母败于兔耳山，张觉复整兵来，诸将皆不敢战。蒲卢浑登山望之，乃给诸将曰："敌军少，急击可破也。若入城，不可复制。"遂合战，破之。

郭药师、蔡靖以燕京降，蒲卢浑率九十骑先伺察城中居民去就。遂将汉兵千，隶完颜蒙适攻真定。进攻赞皇，取之，获人畜甲仗万余。汴城破，日已暮，宋人犹力战，枪刺中蒲卢浑手，战益力，遂败宋军，赐金五十两。

睿宗为右副元帅，已定关、陕，议取剑外诸州，遂拔和尚原。元帅府承制以蒲卢浑为河北西路兵马都总管。及宋主在扬州，蒲卢浑与蒙适将万骑袭之，宋主已渡江，破其余兵。后与斜卯阿里俱从宗弼自淮西渡江取江宁。宗弼入杭州，宋主走明州，再走温州，由海道追三百余里，隳明州而归，语在《阿里传》。

天眷二年，授镇国上将军，除安国军，以疾去官。皇统六年，授世袭谋克，起为延安尹，赐尚衣一袭，寻致仕。海陵迁中都，起为归德尹，就其家授之，赐银牌、袭衣、玉吐鹘，驰驿之官。蒲卢浑留数十日，已违程，复听致仕。召赴京师，至蓟州，见海陵于猎所。明日，从猎，获一狐。海陵曰："卿年老，尚能驰逐击兽，健捷如此。"赐以御服，封豳国公。除太子少师，进太子太保，改真定尹，入判大宗正事。

顷之伐宋，以本官行右领军副都督事。师次西采石，海陵欲渡江，蒲卢浑曰："宋军船高大，我船庳小，恐不可遽渡。"海陵怒曰："汝昔从梁王追赵构于海岛，皆大舟耶？今乃沮吾兵事！设不能遽渡江，不过有少损耳。尔年已七十，纵自爱，岂有不死理耶。明日当与奔睹先济。"既而复止之，乃遣别将先渡江，舟小不可战，遂失利，两猛安及兵士二百余人皆陷没。海陵遇害，军还。

大定二年，至中都上谒，除东京留守。世宗召问年几何，对曰："臣今年七十三矣。"上曰："卿宿将，久练兵事，年虽老，精神不衰。"因命到官，每旬月一视事。赐衣一袭，进阶开府仪同三司，仍封豳国公。是岁，卒。十八年，孙扎虎迁广威将军，袭乌古敌昏山世袭猛安，并亲管谋克。

赤盏晖，字仲明，其先附于辽，居张皇堡，故尝以张为氏。后家来州。晖体貌雄伟，慷慨有志略。少游乡校。辽季以破贼功，授礼宾副使，领来、隰、迁、润四州屯兵。天辅六年降，仍命领其众，从阇母定兴中府义、锦等州。及破张觉，皆与有功，以粟万五千石助军，授洺州刺史。

宗望初伐宋，孟阳之战，敌之中军径薄宗望营，晖与诸将击败之，追杀至城下。讫师还，数立战功。明年，再举伐宋，攻下保州、真定，晖皆与焉。进围汴，宋人夜出兵二万焚我攻具，晖以二谋克兵击走之。凡城中出兵拒战，晖之所当，无不胜捷。

既克宋还，从攻河间。敌将李成以雄、莫之兵来援，晖与所部迎击，马伤而堕，晖辄奋起步斗，竟败成兵。是日，凡七战皆胜，敌人多逼死濠隍间，晖两臂亦数中流矢。贼将刘先生以兵二万夜袭营，晖力战达旦，贼始败走，皆溺死于水。晖复傅城力战，如是连月，诸军四面合攻，遂克之。加桂州管内观察使，因留抚河间。时居民皆为军士所掠，老幼存者亡几。晖下令军中听赎还之。未几，皆按堵如故。

从睿宗经略山东，既攻下青州，复从阇母攻潍州。晖督其裨校先登，而城中积刍茭乘风纵火发机石，晖率将士冲冒而下，力战败之。军还，复以三十骑破敌于范桥。帅府承制加静江军节度使。进攻，城中炮出，几中晖，拂其甲裳裂之。晖益奋攻，卒破其城。又从攻泗州，克之。还屯汶阳，破贼众于梁山泺，获舟千余。移军攻济州，既败敌兵，因傅城谕以祸福，乃举城降。晖约束军士，无秋毫犯，自是曹、单等州皆闻风而下。

从攻寿春、归德，及渡淮为先锋，遇重敌于秀州、苏州，皆击败之，遂至余杭。通粮饷，治桥道，晖之力为多。乃还，载《资治通鉴》版以归。大军过江宁，徙其官民北渡，时暑多疾疫，老弱转死道路，其知府陈邦光者诉于宗弼，怒将杀之，晖曰："此义士也。"力营救之，竟得免。

富平之战，晖在右翼，遇泞而败，睿宗念其前功，杖而释之。师至熙河，晖别降诸寨将钤辖及吐蕃酋长等，并民户万五千余。兰州叛，与讹鲁补等攻下之，获河州安抚使白常、熙河路副都总管刘维辅以献。还攻庆阳，两败重敌，杀其将戴巢。师还，迁归德军节度使。

宋州旧无学，晖为营建学舍，劝督生徒，肄业者复其身，人劝趋之。属县民家奴王夔者，尝业进士，晖以钱五十万赎之，使卒其业，夔后至显官。密州吏庞乙卒于官，其孤贫，不克葬，晖为营治葬事，且资给其家。

十三年，复从大军渡淮。还镇，丁母忧，寻以旧职起复。既废齐，为安化军节度使。天眷三年，复河南，宋人乘间陷海州，帅府以登、莱、沂、密四州委晖经画，敌无敢窥其境者。为定海军节度使，寻改济南尹，累迁光禄大夫。俄以罪罢。久之，起为昌武军节度使。天德二年，迁南京留守，寻改河南路统军使，授世袭猛安，拜尚书右丞，封河内郡王。岁余，拜平章政事，封戴王。正隆初，出为兴平军节度使。正隆降王爵，为枢密副使，封景国公。未几，复为左丞，封济国公。寻除大兴尹，封荣国公。薨，年六十五。大定间谥曰武康。子师直，登进士第。

大臭，本名挞不野，其先辽阳人，世仕辽有显者。太祖伐辽，辽人征兵辽阳，时臭年二十余，在选中。辽兵败，臭脱身走宁江。宁江破，臭越城而逃，为军士所获，太祖问其家世，因收养之。收国二年，为东京奚民谋克。是时，初破高永昌，东京旁郡邑未尽服属，使臭伺察反侧。有闻必达，太祖以为忠实，授猛安，兼同知东京留守事。

取中、西两京，隶阇母军。辽军二十万来战，吴王使臭以本部守营，臭坚请出战，不许。或谓臭曰："战，危事，独苦请，何也?"臭曰："丈夫不得一决胜负，尚何为。苟临战不捷，虽死犹生也。"吴王闻而壮之，乃遣出战。既合战，阇母军少却，辽兵后蹑之，臭麾本部兵横击，杀数百人，由是显名军中。

天会三年，宗望伐宋，信德府居燕、汴之中，可驻军以济缓急，欲遂攻之，恐不能亟下，议未决。臭独率本部兵，选善射者射其城楼，别以轻锐潜升于楼角之间，遂克其城。明年，军至浚州，宋人已烧河桥，宗望下令，"军中有能先济者功为上"。臭捕得十余舟，使勇悍者径渡，击其守者而夺其戍栅，由是大军俱济。

八月，再伐宋，授万户，赐金牌。既破汴京，臭为河间路都统。已克河间，阇母怒其不早降，因纵军大掠，臭谏止之，已掠者官为赎还。除河间尹，从攻袭庆府。先一日，臭命军士预备畚锸及薪，既傅城，诸将方经营攻具，未鸣鼓，臭军有素备，遂先登。军帅以臭未鸣鼓辄战，不如军令，请罪臭，朝廷释弗问，仍例赏之。

宗弼伐江南，济淮，宋将时康民率兵十七万来拒，臭率本部从击，败之。复以骑二千与当海击败淮南贼十万，杀万余人，王善来降。将渡江，臭军先渡，舟行去岸尚远，宋列兵江口，臭视其水可涉，则麾兵舍舟趋岸疾击之，宋兵走，大军相继而济。俄遇杜充兵六万于江宁之西，臭与鹘卢补击走之。师还，臭留为扬州都统，经略淮、海、高邮之间。再为河间尹，兼总河北东路兵马。

十一年，入见，太宗赐坐，慰劳甚久，特迁太子太保，赐衣一袭、马二匹及鞍辔铠甲，改元帅右都监。齐国废，臭守汴京。熙宗念臭久劳，降御书宠异之。天眷三年，罢汉、渤海千户谋克，以臭旧臣，独命依旧世袭千户。是岁，拜元帅右监军。

宗弼再伐宋，宋人称臣乞和，遂班师，臭独留汴，行元帅府事。皇统三年，加开府仪同三司。八年，进左监军。天德二年，改右副元帅，兼行台左丞。迁平章行台省事，进行台右丞相，右副元帅如故。海陵疑左副元帅撒离喝，以为行台左丞相，使臭伺察之，诏军事不令撒离喝与闻。撒离喝不知海陵意旨，每与臭争军事不能得，遂与臭有隙。海陵竟杀撒离喝，召臭入朝，拜尚书右丞相，封神麓郡王。

四年，请老，为东京留守。贞元三年，拜太傅，领三省事，累封汉国王。十二月，有疾，海陵幸其第问之。是岁，薨，年六十八。海陵亲临哭之，诏有司废务三日，禁乐三日。其三日当赐三国使馆燕，以不赐教坊乐，命左宣徽使敬嗣晖宣谕之。赠太师、晋国王，谥杰忠，遣使护丧归葬。正隆夺王爵，赠太傅、梁国公。子磐。

磐，本名蒲速越，以大臣子累官登州刺史，袭猛安。大定三年，除嵩州刺史，从仆散忠义伐宋有功。五年，召为符宝郎，迁拱卫直都指挥使。

初，磐以伐宋功，进官一阶，磐心少之，颇形于言。上闻之，下吏按问，杖一百五十，改左卫将军。诏求良弓，磐多自取，及护卫入直者，辄以己意更代。护卫娄室告其事，诏点检司诘问。磐有妹在宫中为宝林，磐属内侍僧儿员思忠使言于宝林曰："我无罪，问事者迫我，使自诬服。"宝林诉于上，上怒，杖僧儿一百，磐责陇州防御使。上戒之曰："汝在近密，执迷自用，朕以卿父之功，不忍废弃，姑令补外，其思勉之。"改亳州防御使，迁武宁军节度使，坐事除名。起为韩州刺史。改祁州刺史，复坐事，削四官，解职。

久之，尚书省奏"大磐以年当叙"，上曰："刚暴之人，屡冒刑章，不可复用。太傅大臭，别无嫡嗣，其世袭猛安谋克，不可易也。"

阿离补，宗室子，系出景祖。屡从征伐，灭辽举宋皆有功。天会九年，睿宗经略陕西，阿离补为左翼都统，与右翼都统宗弼抚定巩、洮、河、西宁、兰、廓等州军，来宾、定远、和政、甘峪、宁洮、安陇等城寨，及镇、堡、蕃、汉营部四十余处，汉官军民蕃部酋长甚众，于是泾原、熙河两路皆平。诏以兄猛安沙离质亲管谋克之余户，以阿离补为世袭谋克。天会十二年，为元帅右都监。十五年，迁左监军。天眷三年，从宗弼复河南，迁左副元帅。皇统三年，封谭国公。六年，为行台左丞相，元帅如故。是岁，薨。

大定间，大褒功臣，图像衍庆宫。欢都死康宗时，不及与驰骛辽、宋之郊，然而异姓之臣莫先焉。故定衍庆亚次功臣：代国公欢都，金源郡王石土门，徐国公浑黜，郑国公谩都诃，濮国公石古乃，济国公蒲查，韩国公斜卯阿里，元帅左监军拔离速，鲁国公蒲察石家奴，银青光禄大夫蒙适，随国公活女，特进突合速，齐国公婆卢火，开府仪同三司乌延蒲卢浑，仪同三司阿鲁补，镇国上将军乌林荅泰欲，太师领三省事勖，太傅大臭，大兴尹赤盏晖，金吾卫上将军耶律马五，骠骑卫上将军韩常并阿离补咸著勋焉。子言、方，言别有传。

方以宗室子累官京兆少尹，迁陕西路统军都监。方专事财贿，不恤军旅，诏戒之曰："卿宗室旧人，乃纵肆败法，惟利是营，朕甚恶之。自今至于后日，万一为之，必罚无赦。”大定三年，迁元帅右都监，转元帅左监军，改顺天军节度使，上曰：“卿本无功，历显仕，不能接僚友，往往交恶，在京兆贪鄙彰闻，至无谓也。朕念卿已过中年，必能悛改，慎勿复尔。”除西南路招讨使，朝廷以兵部郎中高通为招讨都监，以佐之。诏通曰：“卿到天德，毋以其官长曲从之也。简阅沿边士卒，毋用孱弱之人，毋以仆隶代役。女直旧风，凡酒食会聚，以骑射为乐。今则弈棋双陆，宜悉禁止，令习骑射。从其居处之便，亦不可召集扰之。”久之，方坐强买部人马二匹，削一阶，解职，降耀州刺史。通亦坐赃除名。方后迁横海军节度使，人为同签大宗正事，签书枢密院事。

初，阿鲁补当授谋克，未封而薨，乌带受之。乌带死，兀荅补袭之。兀荅补死，乌也阿补当袭。是时，已降海陵为庶人，世宗以乌带在熙宗逆党中，其子孙不合受封，停封者久之，而阿离补功亦不可废绝，特诏方袭之云。

赞曰：斜卯阿里、突合速、乌延蒲卢浑、赤盏晖、大臭、阿离补等六人，皆收国以来所谓熊罴之士、不二心之臣也，其功有可录者焉。

卷八十一　列传第十九

鹘谋琶　迪姑迭　阿徒罕　夹谷谢奴
阿勒根没都鲁　黄掴敌古本　蒲察胡盏
夹谷吾里补　王伯龙　高彪
温迪罕蒲里特　伯德特离补　耶律怀义
萧王家奴　田颢　赵隇

鹘谋琶，术吉水斜卯部人也。性忠直宽厚，重节义，勇于战。父阿鹘土，赠金吾卫上将军。穆宗时，鹘谋琶内附，先遣子宁吉从间道送款。遂使活里疃与鹘谋琶合军攻降诸部，因领其众，与弟胡麻谷、浑坦、侄阿里等攻下诸城，从撒改破坞塔城，穆宗屡赏之。破高丽戍兵。与石适欢讨平诸部。蒲察部雅里孛堇与其兄弟胡八、双括等欲叛归辽，鹘谋琶执之，送于康宗，赐赉甚厚。破高丽曷懒甸及下陀鲁城有功。天辅六年卒，年七十二。天眷中，赠银青光禄大夫。

迪姑迭，温迪罕部人。祖扎古乃，父阿胡迭，世为胡论水部长。迪姑迭年二十余代领父谋克，攻宁江州，败辽援兵，获甲马财物。攻破奚营，回至韩州，遇敌二千人，击走之。斡鲁古与辽人战于咸州，兵已却，迪姑迭以本部兵力战，诸军复振，遂大破之。护步荅冈之役，乙里补孛堇陷敌中，迪姑迭援出之。攻黄龙府，身被数创，授猛安。天辅七年，从上至山西，病卒，年四十七。天眷中，赠光禄大夫。

阿徒罕，温迪罕部人。年十七从撒改、斡带等讨平诸部，皆身先力战。高丽筑九城于曷懒甸，斡塞御之，阿徒罕为前锋。高丽有屯于海岛者，阿徒罕率众三十人夜渡，焚其营栅战舰，大破之，遂下驼吉城。既而八城皆下，功最。辽兵自宁江州东门出，阿徒罕逆击，尽殪之，以功授谋克。从攻黄龙府，力战，身被数十创，竟登其城。后与乌论石准援照散城，阿徒罕请乘不备急击之，遂夜过益褪水，诘朝，大败之。斡鲁上其功，赐币与马。天辅四年五月疾病，赐良马一匹，诏曰：“汝安则乘之。”年六十五卒。上悼惜之，遣使吊祭，以马为赠。阿徒罕为人孝弟，好施惠，健捷善弋猎，至角觝、击鞠，咸精其能。

夹谷谢奴，隆州纳鲁悔河人也。国初，祖阿海率所部来归，献器用甲仗。父不剌速，袭本部勃堇，从太祖伐辽，授世袭猛安，亲管谋克，为曷懒路都统。谢奴，其长子也，长身多髯，善骑射，通女直、契丹大小字及汉字。既冠，随其父见太祖，命佩金牌，总领左翼护卫。西京未下，谢奴获城中生口，乃知城中潜遣人求救于外，都统府得为之备，却其救兵，西京乃下。自燕京还，过判泥恩纳阿，遇敌于隘。谢奴身先士卒，射杀敌中先锋二人，敌溃走，总管蒲鲁虎以甲及马赠之。后领其父猛安，从攻和尚原，出仙人关。宋兵据险，猛安雏讹只突战不克，谢奴选麾下五十人战，克之。与吴玠相拒，乌里雅行阵不整，吴玠乘之，谢奴领兵逆战，遂大破敌。计前后功，袭其父猛安谋克。宗弼复取河南、陕西，宋人欲潜兵袭取石闰诸营，谢奴自渭南大禹镇掩其伏兵，射中其军帅，宋兵败走，多获旗帜兵仗，帅府厚赏之。除华州防御使。入为工部侍郎，迁本部尚书。改平凉尹、昭义军节度使。大定初，卒。

阿勒根没都鲁，上京纳邻河人也，后徙咸平路梅黑河。雄伟美须髯，勇毅善射。国初伐辽，没都鲁在军中，领谋克猛安，每遇敌，往来驰突，人莫敢当，故所战皆克。皇统元年，计功擢宣威将军。明年，授同知通远军节度使，改移剌都纠详稳。授世袭本路宁打浑河谋克。为滑州刺史，改肇州防御使、蒲与路节度使，迁骠骑上将车。累官金吾卫上将军。是岁，以年老致仕，卒。年七十三。

黄掴敌古本，世居星显水。从破宁江，取咸州，平东京路及诸山寨栅，皆有功。从麻吉破辽将和尚节使兵七千于上京，复破那野军二万。再从麻吉遇敌于阿邻甸，麻吉被创，不能战，敌古本率兵击败之，剿杀殆尽。从攻回鹘城，破其兵九万，败木匠直撒兵于山后，俘获甚众。败昭古牙之兵三千，获其家属而还。攻平州张觉，吾春被围于西山，敌古本引兵救之，解其围，并获粮五千斛，招降户口甚众。从平兴中，抚安其民人。天会间，大军伐宋，敌古本从取浚、开德、大名，及取济南、高唐、棣、密等州。皇统间，以功袭谋克，移屯于寿光县界为千户。六年，授世袭千户，棣州防御使。卒。

蒲察胡盏，案出浒水人。年十八从军，其父特厮死，袭为谋克。天辅间，夏以兵三万出天德路，胡盏从娄室迎战，以兵三百败敌二千。天会三年，大军攻太原，城中出兵万余来战，胡盏以所领千户军击之，复败敌兵三万余于榆次境。六年，从娄室攻京兆，以所部兵屡与宋人接战，皆先登有功。七年，取邠州，遇宋人二十余万，我军右翼少却。时胡盏为左翼千户，摧锋陷阵，敌遂败去。败张浚富平复有功。十三年，击关师古于临洮众三万余。从攻泾州，从破德顺、秦、巩、临洮、河、兰等州，破吴璘兵，胡盏皆有力焉。授德顺州刺史，改陇州防御使，凤翔尹。卒，年五十五。

夹谷吾里补，暗土浑河人，徙天德。父兀屯，讨乌春、窝谋罕有功。吾里补隶娄室帐下，攻系辽女直，招降太弯照三等。从娄室救斡鲁古于咸州，败辽兵于押鲁虎城。辽军营辽水，吾里补五谋克军乘夜击之，辽军惊溃，杀获几尽。斡鲁伐高永昌，吾里补以数骑奋击于辽水之上，复以四十骑伏于津要，遇其候骑，击之，获生口，因尽知永昌虚实。太祖嘉之，赏奴婢八人。永昌驻军于兔儿陀，先据津要，军不得渡。吾里补与撒八射杀其先锋二人，永昌众稍却，大军遂渡辽水。及攻广宁，军帅选勇士先登，吾里补与赤盏忽没浑各领所部，突入其阵，大军继之，遂拔广宁。太祖攻临潢，吾里补面被重创，奋击自若，赏以辽宫女二人。辽王杲已取中京，吾里补以四十骑觇敌，获辽喉舌人，因知辽主所在。后从都统斡鲁定云中，从宗翰屯应州，辽军在近境，吾里补以所部击败之。宗望伐宋，宋安抚使蔡靖诣吾里补降。娄室攻陕西，诸郡往往复叛，吾里补攻败之。败张浚军于富平，吾里补先登，睿宗赏以金器名马。遂以先锋攻兰州，下其城。加昭武大将军，授世袭猛安。累官孛特本部族节度使，以老致仕，封芮国公。

吾里补多智略，膂力过人，虽甚老，勇健不少衰。大定初，剧贼啸聚，出特鄙关，吾里补率乡里年少逆击之，贼党遂溃。事闻，赏赉甚厚。大定二十六年卒，一百有五岁。

王伯龙，沈州双城人也。辽末，聚党为盗。天辅二年，率众二万及其辎重来降，授世袭猛安，知银州，兼知双州。四年，太祖攻临潢，伯龙与韩庆和以兵护粮饷。挽夫千五百人皆授甲，庆和已将兵行前，伯龙从粮居后，遇辽兵五千余邀于路，伯龙率挽夫击败之，获马五百匹。六年，从攻下中京，并克境内诸山寨，为静江军节度留后。天会元年，真授节度使，从宗望讨张觉于平州，伯龙先登驰击，手杀数十百人，迁右金吾卫将军。白河之战，伯龙当其左军，麾兵疾驰蹂之，宋军乱，我师乘胜奋击败之。

宗望伐宋，伯龙为先锋，次保州，遇敌五万，破之，招降新乐军民十余万。大军围汴，宋太尉何臬以军数万出酸枣门，伯龙以本部遮击，多所斩获。及破汴，伯龙以治攻具有功。进破孔彦舟、郦琼众三万于洺州。是年，同知保州兵马安抚司事，将兵数千攻北平，拔之。复取保州、河间。睿宗经略山东，伯龙从攻青州，未下，城中夜出兵袭伯龙营，伯龙不及甲，独被衣挺刃拒营门，敌不得入，因奋击杀数十人。已而军士皆甲出，杀伤宋兵不可胜计，并获其一将，斩之。及下青州，第功，伯龙第一。

六年，还攻莫州，降之，加太子少保、莫州安抚使。破李固寨众十余万于濮州。濮城守，城中熔铁挥我军，攻之不能克。伯龙被重甲，首冠大釜，挺枪先登，杀守陴者二十余人。大军相继而上，遂克之。进攻徐州，伯龙复先登，充徐、宿、邳三路军马都统。败高托山之众十五万余于清河。进击韩世忠于邳州，走之，与大军会于宿迁，追世忠至扬州。还攻泗州。泗州守将以城降。屯军嵫阳，破陈宏贼众四十余万。破黄戬于单州。进攻归德，军帅遣伯龙立攻具，伯龙从二十余骑行视地形，城中忽出兵千余，欲生得伯龙，伯龙纵骑驰之，敌兵乱，堕隍而死者几二百人。破王善之众于巢县，取庐州、和州，伯龙之功多。军渡采石，击败岳飞、刘立、路尚等兵，获刍粮数百万计。还过真、扬，道遇郦琼、韩世忠军，复战败之。复为莫州安抚，改知泽州。太行群贼往往啸聚，伯龙皆平之。

天眷元年，为燕京马军都指挥使。从元帅府复收河南，权武定军节度使，兼本路都统。宋兵据许州，伯龙击走之，招复其人民。是年秋，泰安卒徒张贵驱胁良民，据险作乱，伯龙讨平之。

皇统元年，以本部从宗弼南伐，攻破濠州而还。三年，为武定军节度使，改延安尹，宁昌军节度使。天德三年，改河中尹，徙益都尹，封广平郡王。卒，年六十五。正隆间，例赠特进、定国公。

高彪，本名召和失，辰州渤海人。祖安国，辽兴、辰、开三镇节度使。父六哥，左承制，官至刺史。彪始生，其父用术者言，为其时日不利于己，欲不举，其母为营护。居数岁，竟逐之，彪匿于外家。辽人调兵东京时，六哥已老，当从军，怅然谓所亲曰："吾儿若在，可胜兵矣。"所亲具以实告，因代其父行。战于出河店，辽兵败走，彪独力战，军帅见之曰："此勇士也。"令生致之。斡鲁攻东京，六哥率其乡人迎降，以为榆河州千户。久之告老，彪代领其众。

都统杲攻中京，彪领谋克，从斡鲁破辽将合鲁燥及韩庆民于高、惠之境。已而驻军武安，合鲁燥以劲兵二万来袭，从斡鲁出战，与所部皆去马先登，奋击败之。奚人负险拒命，所在屯结，彪屡战有功。宗望攻平州，彪徇地西北道，破敌，招降石家山寨。再从宗望伐宋，为猛安。师次真定，彪率兵士七十人，临城筑甬道，城中夜出兵焚攻具，彪击走之。大军围汴，以五十骑屯于东南水门。宋人再以重兵出战，彪皆败之。师还，屯镇河朔，复破敌于霸州，擒其裨将祝昂。河间夜出兵二万袭我营垒，彪率三谋克兵击败之。天会五年，授静江军节度使、寿州刺史。

明年，伐宋，从帅府徇地山东，攻城克敌，数被重赏。七年，师至睢，彪以所部招诱京西人民。次柘城县，其官吏出降，彪独与五十余骑入城。继而城中三千余人复叛，彪率其众力战败之，抚安其民而还。从梁王宗弼袭康王，至杭州。师还，宋将韩世忠以战舰数百扼于江北。宗弼引而西，将至黄天荡，敌舟三十余来逼南岸，其一先至者载兵士二百余。彪度垂及，以钩拽之，率勇士数十，跃入敌舟，所杀甚众，余皆逼死于水中。明年，从攻陕西，师至宁州，彪与宗人昂率兵三千取鄜州。始至，有来降者言："城东北隅守兵将谋为内应。"彪即夜从家奴二人以登，左右守者觉之，彪与从者皆殊死战，诸军继进，遂克其城。从攻和尚原及仙人关。与阿里监护漕粮并战舰至亳州，宋人以舟五十艘阻河路，击败之，擒其将萧通。击涟水贼水寨，进取涟水军，其官民已遁去，悉招降之。

彪勇健绝人，能日行三百里，身被重铠，历险如飞。及临敌，身先士卒，未尝反顾，大小数十战，率以少击众，无不胜捷。

齐国既废，摄滕阳军以东诸路兵马都统，抚谕徐、宿、曹、单，滕阳及其属邑皆按堵如故。为武宁军节度使，颇黜货，尝坐赃，海陵以其勋旧，杖而释之。改沂州防御使，历安化、安国、武胜军节度使，迁行台兵部尚书，改京兆尹，封部国公。以忧去官，起复为武定军节度使，归德尹。正隆例授金紫光禄大夫。久之致仕，复起为枢密副使、舒国公，赐名彪。卒年六十七，谥桓壮。彪性机巧，通音律，人无贵贱，皆温颜接之。

温迪罕蒲里特，隆州移离闵河胡勒出寨人也。魁梧美髯，有谋略，以智勇闻。都统杲取中京，蒲里特权猛安，领军五千，遇契丹贼万余，与战败之。出衮古里道，败敌八千余。至腊门华道，复以伏兵败敌万人。太祖定燕，自儒州至居庸关，执其喉舌人。有顷，贼三千余人复寇腊门华道，蒲里特整队先登，贼识其旗帜，望风而遁，遂奋击之，亲执贼帅。皇统元年，从梁王宗弼伐宋，留军唐州。敌众奄至，蒲里特击之，大名军万四千号二十万，蒲里特率亲管猛安，身先士卒，冲击。敌少却，乃张左右翼并击之，敌众散走。而别遇兵二万来援，复以兵三千击走之。时邳州土贼啸聚，几二十万，蒲里特军三千，分为数队急攻之，贼溃去。南京路遇敌军二万，蒲里特以军三千击败之。是日，有兵自城中出者，复击败之。皇统二年，迁定远大将军，同知凤翔尹。六年，改京兆尹，转宁州刺史，改西北路招讨都监，迁永定军节度使。海陵南征，改武卫军都总管。大定三年，授开远军节度使，改泰宁军。卒。十九年，以功授其子兀带武功将军、本猛安奚出痕世袭谋克。

伯德特离补，奚五王族人也，辽御院通进。天会初，与父挞不也归朝，授世袭谋克，后以京兆尹致仕。

特离补招降松山等州未附军民，及招降平州、蓟州境内，督之耕作。宗望伐宋，特离补为军马猛安，与诸将留，规取保、遂、安三州。攻安肃军，河间、雄、保等兵十余万来救，特离补率所部先战，大军继之，大破其兵，遂拔安肃。特离补摄通判事，降将胡愈阴结众谋乱，特离补勒兵擒愈及其众五十余人。安肃军改为州，就除同知州事。改磁州，捕获太行群盗。元帅府以磁、相二州屯兵属之，擒王会、孙小十、苗清等，群盗遂平。迁滨州刺史，廉入优等。以母忧去官，起复本职，改涿州刺史。入为工部郎中，从张浩营缮东京宫室。及田珏党事起，朝省为之一空，特离补摄行六部事，迁大理卿，出为同知东京留守。天德三年，复为大理卿，同知南京留守。丁父忧，起复洺州防御使。正隆盗起，州县无兵，不能御。洺旧有河附于城下，特离补乃引水注濠中以为固，盗弗能近，州赖以安。迁崇义军节度使。未几，告老归田里，卒。

特离补为人孝谨，为政简静不积财，常曰："俸禄已足养廉，衣食之外，何用蓄积。"凡调官，行李止车一乘、婢仆数人而已。

耶律怀义，本名孛迭，辽宗室子。年二十四，以战功累迁同知点检司事。宗翰已取西京，辽主谋奔于夏，怀义谏止之，不见听，乃窃取辽主厩马来降。太祖自燕还师，留宗翰、斡鲁经略西方，怀义领谋克从军。天会初，帅府以新降诸部大小远近不一，令怀义易置之，承制以为西南路招讨使。乃择诸部冲要之地，建城市，通商贾。诸部兵革之余，人多匮乏，自是衣食岁滋，畜牧蕃息矣。

从宗翰伐宋，降马邑，破雁门，屯兵，进攻太原。以所部别降清源县徐沟镇，遂与诸将列屯汾州之境。时河东、陕西路兵来救太原，刘光世、折可求栅于文水西山，怀义捕得生口，尽知宋兵屯守要害，乃分兵袭败之。明年，再伐宋，从娄室取汾州及其属邑，遂过平阳，出泽、潞以趋河阳，所至皆降。及大军围汴，怀义屯京西，汴城既下，宋兵之出奔者，邀击尽之。从攻郑、邓州及讨平郑州叛者，攻下濮州及雷泽县，从破大名、东平府、徐、兖等州，皆有功。七年，还镇。十年，加尚书左仆射，改西北路招讨使。

怀义在西陲几十年，抚御有恩，及去，老幼遮道攀恋，数日不得发。天眷初，为太原尹，治有能声。改中京留守。从宗弼过乌纳水，还中京，以老乞致仕，不许。改大名尹，命不赴治所，止以俸傔给之。每岁春水扈从，余听自便。明年，再请老得谢，给俸傔之半。海陵即位，封漆水郡王，进封莘王。久之，进封萧王。正隆例封景国公。其子神都斡为西北路招讨都监，迎侍之官。神都斡从海陵南征，怀义卒于云中，年八十二。

萧王家奴，奚人也，居库党河。为人魁伟多力，未冠仕辽，为太子率府率。天辅七年，都统杲定奚地，王家奴率其乡人来降，命为千户领之。奚王回离保既死，其亲党金臣阿古者犹保撒葛山，王家奴与突撚往讨之，生擒金臣阿古者，降其余众。时平、滦多盗，王家奴以所部屡破贼兵，斩馘执俘，数被赏赉。宗望伐宋，败郭药师于白河，亦与有功。至河上，宋兵扼津要，与诸将击败之。进围汴，破其东门兵。明年，再伐宋，宗望军至中山，诸门分兵出战，焚我攻具，祁州、河间各以兵来援，皆败之。师还，屯镇河朔。滨州贼葛进聚众数万临淄，孛堇照里以骑兵二千讨之，王家奴领谋克先登，力战大破其众。明年，攻沧州，宋兵拒战，复从照里击走之。宋将徐文以舟百艘泊海岛，即以商船十八进袭，斩首七百级，获舟二十。天会八年，除静江军节度使，授世袭千户。从梁王宗弼征伐，为万户，还为五院部节度使。天德二年，改乌古迪烈招讨都监，卒。

田颢，字默之，兴中人。辽天庆八年进士，历官金部员外郎，权归德节度使。太祖定燕，颢举四州版图归朝，加都官郎中，权节度使事，四迁知真定府事。招降齐博、游贵等贼众五千余人。已而贵复叛去，颢遣齐博伪叛从贵，因令伺间杀之，降其众，贼垒悉平。三迁行台左丞、彰德军节度使。是时，新定力役，颢蠲籍之半而上之，故相之徭赋比他州独轻。徙同知河北东路都总管，改同签燕京留守司事，民遮留不得出，易服夜去。改河东南路转运使，寻改绛阳军节度使。居三年，以疾请谢事，径解印归。数奏不允，移镇振武军。入为刑部尚书，居三月请老，卒于家。

赵隇，字德固，辽阳人。其妇翁以优伶得幸于辽主，隇补阁门祗候，累迁太子左卫率。后居滦州。宗望讨张觉，隇逾城出降，授洛苑副使，为滦州千户。迁洛苑使，检校工部尚书。从伐宋，至汴，迁棣州刺史、侍卫步军都虞候。及再伐宋，攻真定，与有功，改商州刺史，检校尚书右仆射。五年，同知信德府路统押军兵，兼沿边安抚司事。明年，权知济州事。八年，从定河南，授陇州团练使。十年，改知石州。隇久在兵间，不善治民，坐谤议，谪监平州甜水盐。齐国废，河南皆以宿将守之，授隇宿州防御使，统本路军兵。隇重义，接儒士。尝以事至汴，有故人子负官钱百万，隇以橐金赠之，其子悉为私费，复代输之。顷之，有讼徐帅不法者，朝廷使隇鞫治，隇委曲营护，坐是废罢，寓居于燕。海陵出领行台省，至燕，隇往见之，因诉其事。及海陵即位，起为保大军节度使。贞元初，改内省使。未几，为中都路都转运使。明年，再徙顺义、兴平，入为太子詹事，镇沁南，以疾卒，年六十六。

后十余年，隇子孙、司徒张通古子孙皆不肖淫荡，破赀产，卖田宅。世宗闻之，诏曰："自今官民祖先亡没，子孙不得分割居第，止以嫡幼主之，毋致鬻卖。"仍著于令。

卷八十二　　列传第二十

郭药师子安国　耶律涂山　乌延胡里改
乌延吾里补　萧恭　完颜习不主　纥石烈胡剌
耶律恕　郭企忠　乌孙讹论　颜盏门都
仆散浑坦　郑建充　乌古论三合　移剌温
萧仲恭子拱　萧仲宣　高松　海陵诸子

郭药师，渤海铁州人也。辽国募辽东人为兵，使报怨于女直，号曰"怨军"，药师为其渠帅。斡鲁古攻显州，败药师于城下。辽帝亡保天德，耶律捏里自立，改"怨军"为"常胜军"，擢药师诸卫上将军。捏里死，其妻萧妃称制，药师以涿、易二州归于宋。药师以宋兵六千人奄至燕京，甄五臣以五千人夺迎春门，皆入城。萧妃令闭城门与宋兵巷战。药师大败，失马步走，逾城以免。宋人犹厚赏之。

太祖割燕山六州与宋人，宋使药师副王安中守燕山。及安中不能庇张觉而杀之，函其首以与宗望，药师深尤宋人，而无自固之志矣。宗望军至三河，药师等拒战于白河。兵败，药师乃降。宗望遂取燕山。太宗以药师为燕京留守，给以金牌，赐姓完颜氏。从宗望伐宋，凡宋事虚实，药师尽知之。宗望能以悬军深入，驻兵汴城下，约质纳币，割地全胜以归者，药师能测宋人之情，中其肯綮故也。及两镇不受约束，命诸将讨之，药师破顺安军营，杀三千余人。海陵即位，诏赐诸姓者皆复本姓，故药师子安国仍姓郭氏。

郭安国，药师子也。累迁奉国上将军、南京副留守。贞元三年，南京大内火，海陵使右司郎中梁銶、同知安武军节度事王全按问失火状。留守冯长宁、都转运使左瀛各杖一百，除名。安国及留守判官大良顺各杖八十，削三官。火起处勾当官南京兵马都指挥使吴浚杖一百五十，除名。失火位押宿兵吏十三人并斩。谕之曰："朕非以宫阙壮丽也。自即位以来，欲巡省河南，汝等不知防慎，致外方奸细，烧延殆尽。本欲处尔等死罪，特以旧人宽贷之。押宿人兵法当处死，疑此辈容隐奸细，故皆斩也。"

安国性轻躁，本无方略。海陵将伐宋，以安国将家子，擢拜兵部尚书，改刑部尚书。军兴，领武捷军都总管，与武胜、武平军为前锋。海陵授诸将方略，安国前奏曰："赵构闻王师至，其势必逃窜。臣等不以远近，追之获而后已，但置之何地？"海陵大喜曰："卿言是也。得构即置之寺观，严兵守之。"及闻世宗即位，海陵谋北还，更置浙西道兵马都统制府，以完颜元宜为都统制，安国副之。及海陵遇弑，众恶安国所为，与李通辈皆杀之。

赞曰：郭药师者，辽之余孽，宋之厉阶，金之功臣也。以一臣之身而为三国之祸福，如是其不侔也。魏公叔痤劝其君杀卫鞅，岂无所见欤！

耶律涂山，系出遥辇氏，在辽世为显族。涂山仕至金吾卫大将军、遥里相温。辽帝奔天德，涂山以所部降，宗翰承制授尚书，为西北路招讨使。宗翰伐宋，涂山率本部为先锋。至汾州，遇宋将折家军，请济师并力破之。从攻太原、隆德府，从入汴，克洛阳。及从娄室平陕右。天会七年，授太子少保。十年，迁尚书左仆射。致仕，卒，年九十一。正隆例赠特进、郜国公。

乌延胡里改，曷懒路星显水人也。后授爱也窟谋克，因家焉。从阇母围平州，有功。及伐宋，围汴，五谋克与宋兵万人遇于城南，胡里改先驰击败之，元帅府遂赏良马一匹。天会五年，攻宗城县，敌弃城走恩州，胡里改追杀千余人，获车四百两。帅府赏牛三十头、马一匹。七年，讨泰山群盗，平之，毁其营栅。兖州群寇三千余保据山险，胡里改复破之。赏牛二十二头、马四匹。八年，攻庐州，至柘皋镇，胡里改领甲士三十为前锋，执宋所遣持书与刘四厢锜者七人。复以先锋军攻和州，比至含山县五里，获甲士二人，乃知宋三将将兵且至。胡里改伏其军，遂获姚观察。帅府赏马二匹。九年，定陕右，胡里改以所部遇敌千人，败之，生擒甲士一人，尽得敌之虚实。又从蒲鲁浑徇地熙秦，败敌兵二千于秦州，赏马一匹。宋人屯襄阳府，监军按补遣胡里改领四猛安往攻之。宋兵三千已渡江，方营壁垒，乘其未就，突战破之。梁王宗弼复河南，将攻陈州，遣胡里改以甲士三十捕侦候人。至蔡州西，遇兵八十余，战败之，获南顿县令。及攻陈州，夜将四更，忽闻敌开门溃走，胡里改亟领二谋克军追及之，而猛安突葛速亦领军继至，大败之。皇统二年，迁定远大将军。八年，授临洮少尹，兼熙秦路兵马副都总管。九年，改同知京兆尹，兼本路兵马都总管。天德改同知平阳尹，兼河东南路兵马都总管。贞元三年，改同知曷懒路总管。大定四年，授胡里改节度使。七年，改归德军节度使。十年，移镇显德。卒官，年六十九。十九年，诏授其子五十六武功将军，世袭本路婆朵火河谋克。

乌延吾里补，曷懒路禅岭人也。徙大名路。天会中，从其父达吉补隶元帅右监军麾下。挞懒以事赴阙，以达吉补自随。吾里补领其父谋克，从大军攻沧州。方夷濠隍，城中兵来拒，吾里补以本部击却之。王师下青州，力战有功，获马百匹以献，降获贼党甚众。青州戍将觌吉补以莱州兵众，请济于帅府。吾里补将十二谋克兵往救之。遂降其四营，拔其一营，得户四千。又败贼兵五万于恩州，攻破其营，降户五万，获牛畜万余。将至临清县，遇敌兵三千，又败之，俘获甚众，生擒贼首以献。帅府嘉其功，以奴婢百、牛三十赏之。时觌吉补败于恩州之境，吾里补复以兵四千往救之，破敌万余。宋兵十万在单父间，总管宗室移剌屋选步卒一万、骑兵四千往讨之。吾里补领其亲管谋克以从，遇敌先登，力战有功。大军经略密州，吾里补将兵二千为前锋，遇敌万人于高密，遂败其众，追至城下，杀戮殆尽，获马牛三千余。吾里补与孛太欲败贼王义军十余万于州南。是夜，贼兵数千来袭营，吾里补以兵横击走之。后从大军攻楚、扬、通、泰等州。天眷二年，袭其父世袭猛安，授宁远大将军。皇统七年，益以亲管谋克。天德三年，除同知归德尹。正隆初，为唐古部族节度使。大定二年，为保大军节度使。是岁改镇通远。是时，宋军十万余入河、陇，据险要，攻郡邑。元帅左都监合喜奏益兵。诏益兵七千，遣吾里补与彰化军节度使宗室璋等七人偕往，以备任使。进阶龙虎卫上将军。卒于军中。

萧恭，字敬之，乃烈奚王之后也。父翊，天辅间归朝，从攻兴中，遂以为兴中尹。师还，以恭为质子。宗望伐宋，翊当领建、兴、成、川、懿五州兵为万户，军帅以恭材勇，使代其父行，时年二十三。至中山，宋兵出战，恭先以所部击败之。经山东，及渡淮，袭康王，皆在军中。师还，帅府承制授德州防御使，奚人之屯滨、棣间者皆隶焉。改棣州防御使。皇统间，改同知横海军节度使。丁父忧，起复为太原少尹。用廉，迁同知中京留守事。累迁兵部侍郎，授世袭谋克。坐同禁中起居状，决杖，夺一官。贞元二年，为同知大兴尹。岁余，迁兵部尚书，为宋国生日使。以母忧去官，起复为侍卫亲军马步军都指挥使。正隆四年，迁光禄大夫，复为兵部尚书。是岁，经画夏国边界，还过临潼，失所佩金牌。至太原，忧恚成疾。时已具其事驿闻于朝，海陵复命给之，仍遣谕恭曰："汝失信牌，亦犹不谨。朕方俟汝，欲有委使，乃称疾耶？必以去日身佩信牌，归则无以为辞，欲朕先知耳。"使至，恭已疾笃，稽颡受命，俄顷而卒。海陵方遣使与其子护卫九哥驰视，乃戒府官使善护之。至保州，已闻讣矣，海陵深悼惜之。命九哥护丧以还，所过州府设奠。丧至都，命百官致祭。亲临奠，赙赠甚厚，并赐厩马一。谓九哥曰："尔父衔命，卒于道途，甚可悼惜。朕乘此马十年，今赐汝父，可常控至柩前。既葬，汝则乘之。"

完颜习不主，年十六，从伐宋，攻下怀仁县，功居最。从睿宗经略陕西，以兵七百人入丹州诸山，遇盗三千，击败之。又破贼四千，生擒其将帅。出陇州，以兵四百败敌数千。宋兵七千来取巩州，复击走之。又以五千兵败吴玠之众三万。白塔口遇敌五千，复败之。别降定远等寨。皇统二年，授同知临洮尹，以忧去官。未期，以旧职起复，改孟州防御使，迁临洮尹。复以罪罢。正隆三年，起为京兆尹，改河南尹。卒，年五十八。

纥石烈胡剌，晦发川唵敦河人，徙西北路。识契丹字，为帅府小吏。梁王宗弼复陕西，久不通问。睿宗在燕京，遣胡剌往候之。是时，宗弼自凤翔攻和尚原，使胡剌视彼中地形，修道筑城。天会十二年，往滨州密访南边事体，及观刘豫治齐状，尽得其虚实。睿宗甚嘉之。皇统初，从宗弼渡淮，及下庐、和二州，大破张浚、韩世忠等军。遣胡剌驰奏，赏以金盂、重彩五端、绢五匹。七年，授同知景州军州事，以廉，加忠武校尉。天德初，以监察御史分司行台，历同知济州防御使事，入为监察御史。秩满再任。大定二年，迁刑部员外郎，与御史大夫白彦敬往西北部族市马。累转泗州防御使，三迁蒲与路节度使，移宁昌军，卒。

耶律恕，字忠厚，本名耨里，辽横帐秦王之族也。为人谨愿有志，喜读书，通契丹大小字。与耶律高八来归。娄室问高八曰："与尔同来者，谁可任用治军旅事？"高八封曰："耨里可。"娄室与宗翰伐宋，恕隶前锋，取和尚原，攻仙人关，特为睿宗所知，再除太原、真定少尹。撒离喝辟署陕西参谋，委以军务，迁行台兵部侍郎，再迁尚书左司郎中。海陵为平章政事，谓恕曰："君亦有党乎？"恕正色曰："穷则独善其身，达则兼善天下。不以其道得之，非恕之志也，何朋党之有！"海陵徐曰："前言戏之耳。"久之，为沁南军节度使，迁行台工部尚书。行台罢，改安国军节度使，为参知政事。以疾求解，为兴中尹，入为太子少保。正隆元年致仕。封广平郡王。薨，年六十九。二年，例赠银青光禄大夫。

郭企忠，字元弼，唐汾阳王子仪之后。郭氏自子仪至承勋，皆节镇北方。唐季，承勋入于辽，子孙继为天德军节度使，至昌金降为副使。企忠幼孤，事母孝谨。年十三，居母丧，哀毁如成人。服除，袭父官，加左散骑常侍。天辅中，大军至云中，遣耶律坦招抚诸部。企忠来降。军帅命同勾当天德军节度使事，徙所部居于韩州。及见太祖，问知其家世，礼遇优厚，以白鹰赐之。天会三年，伐宋，领西南诸部番、汉军兵，为猛安，从破雁门，屯兵，加桂州管内观察留后，镇代州。明年，贼杨麻胡等聚众数千于五台，企忠与同知州事迪里讨平之。迁知汾州事。是时汾州初下，居民多为军士掠去，城邑萧然。企忠诣帅府力请，愿听其亲旧赎还。帅府从之。未几，完实如故。石州贼阎先生众数万至城下，僚属虑有内变，请为备。企忠曰："吾于汾人有德，保无他。"乃率吏民城守。会援至，合击，破之。六年，改静江军节度留后，迁天德军节度使、汴京步军都指挥使，累迁金吾卫上将军。秩满，权沁州刺史。到官岁余，卒，年六十八。

乌孙讹论，善骑射，袭父撒改谋克，从蒙刮攻东京及广宁，击北京山贼，皆有功。萧霸哲来攻恩州，讹论以六十骑侦之。逮夜，遇敌数百骑，掩击之，生获三人，知霸哲众九万且至，故蒙刮得以为备，遂破霸哲。宗望伐宋，已至汴，讹论破尉氏、中牟援兵，取其城。久之，以兵百五十人破敌一千于沧州西。明年，再伐宋。蒙刮戍开州，讹论以骑四百守河，复败千余人，斩首七百余。宗弼渡淮，阿里先具舟于江上，闻王善兵扼其前。宗弼使讹论济师败王善于和州北。李成以兵七万据乌江，讹论帅二千人直前败之。宗弼遂渡江至江宁。十五年，沂州窦防御叛。讹论败之，获窦防御。录前后功，授猛安，加昭武大将军。宗弼再取河南，讹论以五十骑败杨家贼五百于徐州东。以功受赏，不可胜计。天德二年，除唐州刺史，移淄州，迁石垒部族节度使。行至北京，病卒。

颜盏门都，隆州帕里干山人也。身长，美须髯。天会间，从其兄羊艾在军中。方取汴京，其兄战殁，遂擐甲代其兄充军。睿宗定陕右，以门都为蒲辇，隶监军杲亲管万户，攻饶风关。至坊州，杲欲与总管蒲鲁虎会于凤翔，遣门都领六十骑先往期会。及还，备得地形险厄，赏银五十两。其后梁王宗弼驻军山东，遣人诣陕西，特召门都至。令赍废齐及安抚百姓诏书，往谕监军宗室杲。门都既还，宗弼赏以良马银绢。事毕，复遣从杲。天眷初，叛将定国军节度使李世辅伪邀杲至私署，以献甲为名，遂以兵劫执而去。门都突出，以告押军猛安完颜挞懒，同率兵追及，首出与战，杲由此得脱，以功迁明威将军。复从杲招复陕西，进至凤翔。齐国初废，诸路多反复不一。杲授门都牌札，令往抚定。门都所至，多张甲兵，从者安之，违者讨之，帖然无复叛者，杲甚嘉之。皇统初，迁广威将军。四年，授同知通远军节度使事，改知保安军事。天德三年，为丹州刺史兼知军事。正隆初，为宁州刺史。大定初，宋将吴璘等以军数十万人据秦、陇，元帅府承制以门都为勇烈军都总管，领军讨之。宋人保据德顺。都监合喜遣武威军副都总管夹谷查剌，会宗室璋，议征讨之策。璋与门都曰："须都监亲至，敌必退矣。"合喜领军四万来赴，遂复德顺州。明年，秦、陇平，以功迁金吾卫上将军，授通远军节度使。五年，改庆阳尹，兼本路兵马都总管，卒于官。十九年，录功，以子六哥世袭本路曷懒兀主猛安敌骨论窟申谋克，授武功将军。

门都性忠厚谨悫，安置营壁，尤能慎密。有敌忽来，虽矢石至前，泰然自若，乃号令士卒如平时，由是人益安附，而功易成焉。

仆散浑坦，蒲与路挟懑人也。身长七尺，勇健有力，善骑射。年十六，从其父胡没速征伐。初授修武校尉，为宗弼扎也。天眷二年，与宋岳飞相拒。浑坦领六十骑，深入觇伺，至鄢陵，败宋护粮饷军七百余人，多所俘获。皇统九年，除慈州刺史，再迁利涉军节度使，授世袭济州和术海鸾猛安涉里斡设谋克。贞元初，以忧去官。起复旧职，历泰宁、永定军，改咸平尹。海陵杀浑坦弟枢密使忽土，召浑坦至南京。既见，沈思久之，谓之曰："汝有功旧，不因忽土得官，以此致罪，甚可矜悯。"遂释之。改兴平军节度使。世宗即位，以为广宁尹。窝斡反，为行军都统，与曷懒路总管徒单克宁俱在左翼，败窝斡于长泺。改临潢尹。贼平，赐金帛。改曷懒路兵马都总管。徙显德军、庆阳尹。致仕。大定十二年，上思旧功，起为利涉军节度使，复以金紫光禄大夫致仕。卒，年七十二。

浑坦历一十七官，未尝为佐贰。性沈厚有识，虽未尝学问，明于听断，所至有治声云。

郑建充，字仲实，其先京兆人，占籍鄜州。仕宋，累官知延安府事。天会七年来降，仍知延安府，屯兵三千。宋刘光烈兵八万来攻建充，相距四十余日。攻益急，建充遣人会斜喝军，夹击破之，俘其裨将贺贵。迁节制司统制军马。改京兆府路兵马都监。败宋曲端于彭原。高昌宗据延安，为宋守，建充击之，尽复城邑。复知延安军府事。齐国建，累迁博州团练使，知宁州。齐国废，朝廷以地赐宋，为宋环庆路经略安抚副使，仍知宁州。天眷复取陕西，仍以为经略安抚使，知庆阳。从破甘谷城，改平凉尹。是时营建南京宫室，大发河东、陕西材木，浮河而下，经砥柱之险，筏工多沉溺，有司不敢以闻，乃诬以逃亡，锢其家。建充白其事，请至砥柱解筏，顺流散下，令善游者下流接出之，而锢者得释。正隆军兴，括筋角造军器，百姓往往椎牛取之，或生拔取其角，牛有泣下者。建充白其事于朝。

建充性刚暴，常畜猘犬十数，奴仆有罪既笞，已复嗾犬啮之，骨肉都尽。虽谦逊下士，于敌已上一无所屈。省部文移有不应法度，辄置之坐下，或即毁裂，由是在位者衔之。军胥李换窃用公帑，自度不得免，乃诬建充藏甲欲反，更再鞫，皆无状。方奏上，摄事者素与建充有隙，恐其得释，使吏持文书给建充曰："朝省有命，奈何？"建充曰："惟汝所为。"是夜，死于狱中。长子揔亦死焉。

乌古论三合，曷懒路爱也窟河人，后徙真定。睿宗为右副元帅，闻三合勇略，选充扎也。后从宗弼征伐，补麴院都监。未几，从伐宋。与宋兵遇于颍州，三合先登破之。皇统元年，领汉军千户，帅府再以军四千隶焉。除同知郑州防御使事，再迁太子少詹事。大定六年，改洺州防御使。上曰："卿昔事睿宗，积劳苦。逮事朕，辅佐太子，宣力多矣。今典名郡，所以劳卿也。"迁永定军节度使，历临潢、凤翔尹，陕西路统军使，东平尹。节制州郡，躬行俭约，政先宽简，边庭久宁，人民获安。召为签书枢密院事。卒。

十八年，世宗追录三合旧劳，授其子大兴河北西路爱也窟河世袭猛安阿里门河谋克，阶武功将军。

移剌温本名阿撒，辽横帐人，工契丹小字。睿宗为左副元帅伐宋，温从大臭渡江，辟江宁府都巡检。江宁、太平初下，宋遣谍人扇构百姓，应者数万人。温擒其谍者，遂不敢窃发。宗弼嘉之，赐银千两、重彩百端、绢二百匹。宗弼每出征伐，未尝不在行间。除同知河北西路转运使事。会宗弼巡边，温从军，不之官。宗弼入朝，熙宗宴群臣，宗弼欲有奏请，已被酒失次，温掖而出宫。明日，熙宗谓宗弼曰："阿撒事叔甚谨，不可去左右。"由是宗弼益亲信之。尝谓女婿纥石烈志宁曰："汝可效阿撒之为人也，可以几古人矣。"未几，除同知中京路都转运使事，累迁左谏议大夫兼修起居注。正隆伐宋，以本官为济州路行军万户，从至扬州。军还，除同知宣徽院事。世宗御馔不适口，召温尝之。奏曰："味非不美也，盖南北边事未息，圣虑有所在耳。"上意遂释。历永定、震武、崇义节度使，移临海军。州治近水，秋雨，水潦暴至城下，城颇决，百姓惶骇，不知所为。温躬督役夫缮完之，虽临不测，无所避。僚属或止温，温曰："为政疵疠，水泛溢为灾，守臣之罪。当以此身为百姓谢，虽死不恨。"移镇武定，岁旱且蝗，温割指，以血沥酒中，祷而酹之。既而雨沾足，有群鸦啄蝗且尽，由是岁熟，人以为至诚之感云。以老致仕，卒。

赞曰：军旅之事，锋镝在前，不计其死。耳属金鼓，目属旌旗，心属号令，此行列之任也。自收国用兵，至于大定和宋以前，用命之士，虽细必录，所以明功也。

萧仲恭，本名术里者。祖挞不也，仕辽为枢密使，守司徒，封兰陵郡王。父特末，为中书令，守司空，尚主。仲恭性恭谨，动有礼节，能被甲超橐驼。辽故事，宗戚子弟别为一班，号"孩儿班"，仲恭尝为班使，历宫使、本班详稳。辽帝西奔天德，仲恭为护卫太保，兼领军事。至霍里底泊，大军奄至，仓卒走。仲恭母马乏，不能进，谓仲恭兄弟曰："汝等尽节国家，无以我为也。"仲恭母，辽道宗季女也。辽主伤之，命弟仲宣留侍其母。仲恭从而西。时大雪，寒甚，辽主乏食，仲恭进衣并进干糒。辽主困，仲恭伏冰雪中，辽主藉之以憩。凡六日，乃至天德，始得食。后与辽主俱获，太宗以仲恭忠于其主，特加礼待。天会四年，仲恭使宋。且还，宋人意仲恭、耶律余睹皆有亡国之戚，而余睹为监军，有兵权，可诱而用之，乃以蜡丸书令仲恭致之余睹，使为内应。仲恭素忠信，无反覆志，但恐宋人留不遣，遂阳许。还见宗望，即以蜡丸书献之。宗望察仲恭无他，薄罚之。于是再举伐宋，执二帝以归。累迁右宣徽使，改都点检。宗磐与宗干争辩于熙宗前，宗磐拔刀向宗干，仲恭呵之乃止。既而宗磐以反罪诛，仲恭卫禁有备，以功加银青光禄大夫，迁尚书右丞。皇统初，封兰陵郡王，授世袭猛安，进拜平章政事，同监修国史，封济王。诏葬辽豫王于广宁，仲恭请往会葬，熙宗义而许之。改行台左丞相。居无何，入为尚书右丞相，拜太傅，领三省事，封曹王。天德二年，封越国王，除燕京留守。海陵亲为书，以玉山子赐之。是岁，薨，年六十一。谥贞简。正隆例降王爵，改仪同三司、郑国公。子拱。

拱本名迪辇阿不，初为兰子山猛安。海陵为宰相，徼取人誉，荐大臣子以为达官，遂以拱为礼部侍郎。耶律弥勒，拱妻女弟也，海陵将纳为妃，使拱自汴取之。还过燕，是时仲恭为燕京留守，见弥勒身形不类处子，窃忧之，曰："上多猜嫌，拱其及祸矣。"拱去不数日，仲恭卒。拱至上京，闻讣，以本官起复，佩信牌，往燕京治葬事。未行，弥勒入宫，果如仲恭所相度，即遣出宫。夜半召拱至禁中，诘问无状。海陵终疑之，乃罢拱礼部侍郎，夺其信牌。拱待命，逾年不报，归兰子山治猛安事。是时，萧恭、张九坐语禁中事得罪，拱至兰子山，与客会语及之。有阿纳与拱有隙，乃诬拱言张九无罪被诛，语涉怨谤。海陵遣使鞫之，戒使者曰："此子狂妄，宜有此语，不然彼中安得知此事。"使者不复问拱，但榜掠其左验，使如告语证之，拱遂见杀。

仲宣，本名野里补，仲恭母弟。聪敏好学，沉厚少言。五岁，遥授郡刺史，累加太子少师，为本班详稳。从天祚西，为护卫太保左右班详稳。至石辇铎，辽主留仲宣侍母，遂与其母皆见获。太宗嘉之，且谓仲宣能知辽国故事，命权宣徽使，从睿宗伐康王。师还，家居者久之。皇统二年，特授镇国上将军，历顺义、永定、昭义、武宁四镇节度使。为政平易，小吏不敢为奸。贿赂禁绝，奴婢入郡，人莫识其面。朔、潞百姓皆为立祠刻石颂之。正隆二年，卒，年六十四。

高松，本名檀朵，澄州析木人。年十九，从军为蒲辇，有力善战，宗弼闻其名，召置左右，从破汴京及和尚原，累官咸平总管府判官。世宗即位，充管押东京路渤海万户。兵部尚书可喜谋反，前同知延安尹李老僧曰："我与万户高松谋之，必从我矣。"众曰："若得此军，举事易矣。"老僧往见松，说松曰："君有功旧人，至今不得大官，何也？"松曰："我一县令也，每念圣恩，累世不能报，尚敢有望乎！"老僧遂不敢言。可喜、布辉、阿琐知事不可成，遂上变，共捕斡论赴有司。松从征窝斡，以功迁咸平少尹，四迁崇义军节度使。卒，年七十四。

赞曰：忠信行己，岂不大哉！萧仲恭尽心故主，而富贵福泽向之，与宗室旧臣等矣。仲恭廷叱宗磐而朝廷尊，高松谊遏李老僧而社稷安，皆有古烈丈夫之风焉。

海陵后徒单氏生太子光英，元妃大氏生崇王元寿，柔妃唐括氏生宿王矧思阿补，才人南氏生滕王广阳。

光英本名阿鲁补，徒单后所生。是时燕京转运使赵袭庆多男，故又名曰赵六。养于同判大宗正方之家，故崇德大夫沈璋妻张氏尝为光英保母，于是赠璋银青光禄大夫，赐宗正方钱千万。

天德四年二月，立光英为皇太子。是月，安置太祖画像于武德殿，尽召国初尝从太祖破宁江州有功者，得百七十六人，并加宣武将军，赐酒帛。其中有忽里罕者，解其衣进光英曰："臣今年百岁矣，有子十人。愿太子寿考多男子与小臣等。"海陵使光英受其衣，海陵即以所服并佩刀赐忽里罕，答其厚意。后以"英"字与"鹰隼"字声相近，改"鹰坊"为"驯鸷坊"。国号有"英国"又有"应国"，遂改"英国"为"寿国"，"应国"为"杞国"。宋亦改"光州"为"蒋州"，"光山县"为"期思县"，"光化军"为"通化军"云。

太医院保全郎李中、保和大夫薛遵义俱以医药侍光英，李中超换宣武将军、太子左卫副率，薛遵义丁忧，起复宣武将军、太子右卫副率。光英襁褓时，养于宗正方家，其后养于永宁宫及徒单斜也家。贞元元年，诏朝官，京官五品以下奉引自通天门入，居于东宫。

正隆元年三月二十七日，光英生日，宴百官于神龙殿，赐京师大酺一日。四年八月，光英射鸦，获之。海陵大喜，命荐原庙，赐光英马一匹，黄金三斤，班赐从者有差。正隆六年，海陵行幸南京，次安肃州。光英获二兔，遣使荐于山陵。居数日，复获獐兔，从官皆称贺。赐光英名马弓矢，复遣使荐于山陵。六月，海陵至南京，群臣迎谒，海陵与徒单后、光英共载而入。

海陵尝言："俟太子年十八，以天下付之。朕当日游宴于宫掖苑囿中以自娱乐。"光英颇警悟，海陵谓侍臣曰："上智不学而能，中性未有不由学而成者。太子宜择硕德宿学之士，使辅导之，庶知古今，防过失。诗文小技，何必作耶。至于骑射之事，亦不可不习，恐其懦柔也。"及将亲征，后与光英挽衣号恸，海陵亦泣下曰："吾行归矣。"

后诵《孝经》。一日，忽谓人曰："《经》言三千之罪，莫大于不孝，何为不孝？"对者曰："今民家子博弈饮酒，不养父母，皆不孝也。"光英默然良久，曰："此岂足为不孝耶！"盖指言海陵弑母事。

及伐宋，光英居守，以陀满讹里也为太子少师兼河南路统军使，以卫护之。完颜元宜军变，海陵遇害，都督府移文讹里也，杀光英于汴京，死时年十二。后与海陵俱葬于大房山诸王墓次。

讹里也，咸平路窟吐忽河人，袭其父忽土猛安。除邳州刺史，三迁昌武军节度使、归德尹、南京留守、河南路统军使、太子少师。大定二年，迁元帅右都监。宋人陷陈、蔡，讹里也师久无功，已而兵败于宋，解职。俄起为京兆尹。世宗谓之曰："卿为河南统军，门多私谒，百姓恶之。其后经略陈、蔡，不惟无功，且复致败。以汝旧劳，故复用汝。京兆地近南边，宜善理之。"大定三年，卒。

元寿，天德元年封崇王。三年，薨。

矧思阿补，正隆元年四月生。小底东胜家保养之，赐东胜钱千万，仍为起第。五月己酉，弥月，封其母唐括氏为柔妃，赐京师贫者五千人钱，人钱二百。二年，矧思阿补生日，海陵与永寿太后及皇后、太子光英幸东胜家。三年正月五日，矧思阿补薨。海陵杀太医副使谢友正、医者安宗义及其乳母，杖东胜一百，除名。明日，追封矧思阿补为宿王，葬大房山。

谏议大夫杨伯雄入直禁中，因与同直者相语，伯雄曰："宿王之死，盖养于宫外，供护虽谨，不若父母膝下。岂国家风俗素尚如此。"或以此言告海陵。海陵大怒，谓伯雄曰："尔臣子也，君父所为，岂得言风俗。宫禁中事，岂尔当言。朕或体中不佳，间不视朝，只是少得人几拜耳。而庶事皆奏决便殿，纵有死刑不即论决，盖使囚者得缓其死。至于除授宣敕虽复稽缓，有何利害。朕每当闲暇，颇阅教坊声乐，聊以自娱。《书》云：'内作色荒，外作禽荒，酣酒嗜音，峻宇雕墙，有一于此，未或不亡。'此戒人君不恤国事溺于此者耳。如我虽使声乐喧动天地，宰相敢有滥与人官而吏敢有受赇者乎。外间敢有窃议者乎。尔谏官也，有可言之事，当公言之。言而不从，朕之非也。而乃私议，可乎？"伯雄对曰："陛下至德明圣，固无窃议者。愚臣失言，罪当万死，惟陛下哀怜。"海陵曰："本欲杀汝，今只杖汝二百。"既决杖至四十，使近臣传诏谕伯雄曰："以尔藩邸有旧，今特释之。"

滕王广阳，母南氏，本大臭家婢，随元妃大氏入宫，海陵幸之，及有娠，即命为殿直。正隆二年九月二十六日，生广阳。十月满月，海陵分施在京贫民，凡用钱千贯。三年二月，封南氏为才人。七月，封广阳为滕王。九月，薨。

赞曰：海陵伐宋，光英居守，使陀满讹里也以宫师兼统军之任，计至悉也，岂料死其手乎。荀首有言："不以人子，吾子其可得耶？"海陵睨人之子不翅鱼肉，而独己子之谋安，不可得矣。

卷八十三　　列传第二十一

张通古　张浩　张汝霖　张玄素　张汝弼
耶律安礼　纳合椿年　祁宰

张通古，字乐之，易州易县人。读书过目不忘，该综经史，善属文。辽天庆二年进士第，补枢密院令史。丁父忧，起复，恳辞不获，因遁去，屏居兴平。太祖定燕京，割以与宋。宋人欲收人望，召通古。通古辞谢，隐居易州太宁山下。宗望复燕京，侍中刘彦宗与通古素善，知其才，召为枢密院主奏，改兵刑房承旨。天会四年，初建尚书省，除工部侍郎，兼六部事。高庆裔设磨勘法，仕宦者多夺官，通古亦免去。辽王宗干素知通古名，惜其才，遣人谕之使自理。通古不肯，曰："多士皆去，而己何心，独求用哉！"宗干为论理之。除中京副留守，为诏谕江南使，宋主欲南面，使通古北面。通古曰："大国之卿当小国之君。天子以河南、陕西赐之宋，宋约奉表称臣，使者不可以北面。若欲贬损使者，使者不敢传诏。"遂索马欲北归。宋主遽命设东西位，使者东面，宋主西面，受诏拜起皆如仪。使还，闻宋已置戍河南，谓送伴韩肖胄曰："天子裂壤地益南国，南国当思图报大恩。今辄置守戍，自取嫌疑，若兴师问罪，将何以为辞？江左且不可保，况齐乎？"肖胄惶恐曰："敬闻命矣。"即驰白宋主。宋主遽命罢戍。通古至上京，具以白宗干，且曰："及其部置未定，当议收复。"宗干喜曰："是吾志也。"即除参知行台尚书省事。未几，诏宗弼复取河南，通古请先行至汴谕之。比至汴，宋人已去矣。或谓通古曰："宋人先退，诈也，今闻将自许、宿来袭我。"通古曰："南人宣言来者，正所以走耳。"乃使人觇之，宋人果溃去。宗弼抚髀笑曰："谁谓书生不能晓兵事哉？"

河南卒孙进诈称"皇弟按察大王"，谋作乱。是时海陵为相，内怀觊觎，欲先除熙宗弟胙王常胜，因孙进称皇弟大王，遂指名为胙王以诬构之。熙宗自太子济安薨后，继嗣未定，深以为念。裴满后多专制，不得肆意后宫，颇郁郁，因纵酒，往往迷惑妄怒，手刃杀人。及海陵中伤胙王，熙宗以为信然不疑，遣护卫特思就汴京鞫治。行台知熙宗意在胙王，导引孙进连属之。通古执其咎，极力辩止。及孙进引服，盖假托名称，将以惑众，规取财物耳，实无其人也。特思奏状，海陵谮之曰："特思且将徼福于胙王。"熙宗益以海陵为信，遂杀胙王，并特思杀之。行台诸人乃责通古曰："为君所误，今坐死矣。"通古曰："以正获罪死，贤于生。"海陵既杀胙王，不复缘害他人，由是坐止特思，行台不坐。

天德初，迁行台左丞，进拜平章政事，封谭王，改封郓王。以疾求解机务，不许。拜司徒，封沈王。海陵御下严厉，收威柄，亲王大臣未尝少假以颜色，惟见通古，必以礼貌。

会磁州僧法宝欲去，张浩、张晖欲留之不可得，朝官又有欲留之者。海陵闻其事，诏三品以上官上殿，责之曰："闻卿等每到寺，僧法宝正坐，卿等皆坐其侧，朕甚不取。佛者本一小国王子，能轻舍富贵，自苦修行，由是成佛，今人崇敬。以希福利，皆妄也。况僧者，往往不第秀才，市井游食，生计不足，乃去为僧，较其贵贱，未可与簿尉抗礼。闾阎老妇，迫于死期，多归信之。卿等位为宰辅，乃复效此，失大臣体。张司徒老成旧人，三教该通，足为仪表，何不师之？"召法宝谓之曰："汝既为僧，去住在己，何乃使人知之？"法宝战惧，不知所为。海陵曰："汝为长老，当有定力，今乃畏死耶？"遂于朝堂杖之二百，张浩、张晖杖二十。

正隆元年，以司徒致仕，进封曹王。是年，薨，年六十九。

通古天资乐易，不为表襮，虽居宰相，自奉如寒素焉。子沉，天德三年，赐杨建中榜及第。

张浩，字浩然，辽阳渤海人。本姓高，东明王之后。曾祖霸，仕辽而为张氏。天辅中，辽东平，浩以策干太祖，太祖以浩为承应御前文字。天会八年，赐进士及第，授秘书郎。太宗将幸东京，浩提点缮修大内，超迁卫尉卿，权签宣徽院事，管勾御前文字，初定朝仪。求养亲，去职。起为赵州刺史。官制行，以中大夫为大理卿。天眷二年，详定内外仪式，历户、工、礼三部侍郎，迁礼部尚书。田珏党事起，台省一空，以浩行六部事。簿书丛委，决遣无留，人服其才。以疾求外，补除彰德军节度使，迁燕京路都转运使。俄改平阳尹。平阳多盗，临汾男子夜掠人妇，浩捕得，榜杀之，盗遂衰息。近郊有淫祠，郡人颇事之。庙祝、田主争香火之利，累年不决。浩撤其祠屋，投其像水中。强宗黠吏屏迹，莫敢犯者。郡中大治。乃缮葺尧帝祠，作击壤遗风亭。

海陵召为户部尚书，拜参知政事。天德二年，丁母忧。起复参知政事，进拜尚书右丞。天德三年，广燕京城，营建宫室。浩与燕京留守刘筈、大名尹卢彦伦监护工作，命浩就拟差除。既而暑月，工役多疾疫。诏发燕京五百里内医者，使治疗，官给药物，全活多者与官，其次给赏，下者转运司举察以闻。

贞元元年，海陵定都燕京，改燕京为中都，改析津府为大兴府。浩进拜平章政事，赐金带玉带各一，赐宴于鱼藻池。浩请凡四方之民欲居中都者，给复十年，以实京城，从之。拜尚书右丞相兼侍中，封潞王，赐其子汝霖进士及第。未几，改封蜀王，进拜左丞相。正隆二年，改封鲁国公。表乞致仕。海陵曰："人君不明，谏不行，言不听，则宰相求去。宰相老病不能任事则求去。卿于二者何居？"浩对曰："臣羸病不堪任事，宰相非养病之地也，是以求去。"不许。

海陵欲伐宋，将幸汴，而汴京大内失火，于是使浩与敬嗣晖营建南京宫室。浩从容奏曰："往岁营治中都，天下乐然趋之。今民力未复，而重劳之，恐不似前时之易成也。"不听。浩朝辞，海陵问用兵利害。浩不敢正谏，乃婉词以对，欲以微止海陵用兵，奏曰："臣观天意，欲绝赵氏久矣。"海陵愕然曰："何以知之？"对曰："赵构无子，树立疏属，其势必生变，可不烦用兵而服之。"海陵虽喜其言，而不能从也。浩至汴，海陵时时使宦者梁珫来视工役，凡一殿之成，费累巨万。珫指曰："某处不如法式。"辄撤之。浩不能抗而与之均礼。汴宫成，海陵自燕来迁居之。浩拜太傅、尚书令，进封秦国公。

海陵至汴，累月不视朝，日治兵南伐，部署诸将。浩欲奏事，不得见。会海陵遣周福儿至浩家，浩附奏曰："诸将皆新进少年，恐误国事。宜求旧人练习兵者，以为千户谋克。"而海陵部署已定，恶闻其言，乃杖之。海陵自将发汴京，皇后、太子居守。浩留治尚书省事。

世宗即位于辽阳，扬州军变，海陵遇害。都督府使使杀太子光英于南京。浩遣户部员外郎完颜谋衍上贺表。明年二月，浩朝京师，入见。世宗谓曰："朕思天位惟艰，夙夜惕惧，不遑宁处。卿国之元老，当戮力赞治，宜令后世称扬德政，毋失委注之意也。"俄拜太师、尚书令，封南阳郡王。世宗曰："卿在正隆时为首相，不能匡救，恶得无罪。营建两宫，殚竭民力，汝亦尝谏，故天下不以咎汝，惟怨正隆。而卿在省十余年，练达政务，故复用卿为相，当自勉，毋负朕意。"浩顿首谢。居数日，世宗谓浩曰："卿为尚书令，凡人材有可用者，当举用之。"浩举纥石烈志宁等，其后皆为名臣。

浩有疾，在告者久之。遣左司郎中高衎及浩侄汝弼宣谕。浩力疾入对，即诏入朝毋拜，许设座殿陛之东，若有咨谋，然后进对。或体中不佳，不必日至省中，大政可就第裁决。浩虽受诏，然每以退为请。三年夏，复申前请。乃除判东京留守。疾不能赴任，因请致仕。

初，近侍有欲罢科举者，上曰："吾见太师议之。"浩入见，上曰："自古帝王有不用文学者乎？"浩对曰："有。"曰："谁欤？"浩曰："秦始皇。"上顾左右曰："岂可使我为始皇乎！"事遂寝。

是岁，薨。上辍朝一日。诏左宣徽使赵兴祥率百官致奠，赙银千两、重彩五十端、绢五百匹。谥曰文康。明昌五年，配享世宗庙廷。泰和元年，图像衍庆宫。子汝为、汝霖、汝能、汝方、汝猷。

汝霖字仲泽，少聪慧好学，浩尝称之曰："吾家千里驹也。"贞元二年，赐吕忠翰榜下进士第，特授左补阙，擢大兴县令，再迁礼部员外郎、翰林待制。大定八年，除刑部郎中，召见于香阁，谕之曰："卿以待制除郎中，勿以为降。朕以刑部阙汉官，故以授卿。且卿入仕未久，姑试其能耳。如职事修举，当有升擢。尔父太师以户部尚书升诸相位，由崇德大夫躐迁金紫，卿所自见也。当既厥心，无忝乃父。"明年，授太子左谕德兼礼部郎中。

先是，知登闻检院王震改礼部郎中，世宗谕宰臣曰："此除未允人望，礼官当选有学术士，如张汝霖者可也。"于是，命汝霖兼之而除震别职。擢刑部侍郎。以忧解，起复为太子詹事，迁太子少师兼御史中丞。世宗召谓曰："卿尝言，监察御史所察州县官多因沽买以得名誉，良吏奉法不为表襮，必无所称。朕意亦然。卿今为台官，可革其弊。"寻改中都路都转运使、太子少师兼礼部尚书，俄转吏部，为御史大夫。

时将陵主簿高德温大收税户米，逮御史狱。汝霖具二法上。世宗责之曰："朕以卿为公正，故登用之。德温有人在宫掖，故朕颇详其事。朕肯以宫掖之私挠法耶？不谓卿等顾徇如是。"汝霖跪谢。久之，上顾左谏议大夫杨伯仁曰："台官不正如此。"伯仁奏曰："罪疑惟轻，故具二法上请，在陛下裁断耳。且人材难得，与其材智而邪，不若用愚而正者。"上作色曰："卿辈皆愚而不正者也。"未几，复坐失出大兴推官高公美罪，谪授棣州防御使。顷之，复为太子少师兼礼部尚书。拜参知政事，太子少师如故。是日，汝霖兄汝弼亦进拜尚书左丞，时人荣之。

后因朝奏日论事上前，世宗谓曰："朕观唐史，见太宗行事初甚厉精，晚年与群臣议多饰辞，朕不如是也。"又曰："唐太宗，明天子也，晚年亦有过举。朕虽不能比迹圣帝明王，然常思始终如一。今虽年高，敬慎之心无时或怠。"汝霖对曰："古人有言，'靡不有初，鲜克有终'，有始有卒者，其惟圣人乎！魏徵所言守成难者，正谓此也。"上以为然。二十五年，章宗以原王判大兴府事，上命汝霖但涓视事日且加辅导。寻坐擅支东宫诸皇孙食料，夺官一阶。久之，迁尚书右丞。

是时，世宗在位久，熟悉天下事，思得贤材与图致治，而大臣皆依违苟且，无所荐达。一日，世宗召宰臣谓曰："卿等职居辅相，曾无荐举何也？且卿等老矣，殊无可以自代者乎？惟朕尝言某人可用，然后从而言之。卿等既无所言，必待朕知而后进用，将复有几？"因顾汝霖曰："若右丞者，亦因右丞相言而知也。"汝霖对曰："臣等苟有所知，岂敢不荐，但无人耳。"上曰："春秋诸国分裂，土地偏小，皆称有贤。今天下之大，岂无人才？但卿等不举而已。今朕自勉，庶几致治。他日子孙谁与共治乎？"汝霖等皆有惭色。二十八年，进拜平章政事，兼修国史，封芮国公。世宗不豫，与太尉徒单克宁、右丞相襄同受顾命。章宗即位。加银青荣禄大夫，进封莘。

先是，右丞相襄言："熙宗圣节盖七月七日，为系景宣忌辰，更用正月受外国贺。今天寿节在七月，雨水淫暴，外方人使赴阙，有碍行李，乞移他月为便。"汝霖言："帝王之道当示信于天下。昔宋主构生日，亦系五月。是时，都在会宁，上国遣使赐礼，不闻有霖潦碍阻之说。今与宋构好日久，遽以暑雨为辞，示以不实。万一雨水逾常，愆期到阙，犹愈更用别日。"参知政事刘玮、御史大夫唐括贡、中丞李晏、刑部尚书兼右谏议大夫完颜守贞、修起居注完颜乌者、同知登闻检院事孙铎亦皆言其不可。帝初从之，既而竟用襄议。时帝在谅阴，初出猎，谏院联章言心丧中未宜。其后冬猎，汝霖谏之。诏答曰："卿能每事如此，朕复何忧。然时异事殊，难同古昔，如能斟酌得中，斯为当矣。"

一日，帝谓宰臣曰："今之用人，太拘资历，如此何能得人？"汝霖奏曰："不拘资格，所以待非常之材。"帝曰："崔祐甫为相，未逾年荐八百人，岂皆非常材耶？"时有司言民间收藏制文，恐因而滋讼，乞禁之。汝霖谓："王者之法，譬犹江、河，欲使易避而难犯。本朝法制，坦然明白，今已著为不刊之典，天下之人无不闻诵。若令私家收之，则人皆晓然不敢为非，亦助治之一端也。不禁为便。"诏从之。

明昌元年三月，表乞致仕，不许。十二月，卒。时帝猎饶阳，讣闻，敕百官送葬，赙礼加厚，谥曰文襄。

汝霖通敏习事，凡进言必揣上微意，及朋附多人为说，故言不忤而似忠也。初，章宗新即位，有司言改造殿庭诸陈设物，日用绣工一千二百人，二年毕事。帝以多费，意辍造。汝霖曰："此非上服用，未为过侈。将来外国朝会，殿宇壮观，亦国体也。"其后奢用浸广，盖汝霖有以导之云。

张玄素，字子真，与浩同曾祖。祖祐，父匡，仕辽至节度使。玄素初以廕得官。高永昌据辽阳，玄素在其中。斡鲁军至，乃开门出降，特授世袭铜州猛安。天会间，历西上阁门使、客省使、东宫计司。天眷元年，以静江军节度使知涿州，察廉最，进官一阶。皇子魏王道济遥领中京，以玄素为魏王府同提点，寻改镇西军节度使，迁东京路都转运使，改兴平军节度使。正隆末年，天下盗起，玄素发民夫增筑城郭，同僚谏止之，不听。未几，寇掠邻郡，皆无备，而兴平独安。世宗即位，玄素来见于东京。玄素在东京，希海陵旨，言世宗尝取在官黄粮，及摭其数事。至是来见，世宗一切不问。玄素与李石力言宜早幸燕京，上深然之。迁户部尚书，出镇定武，遂致仕。年八十四，卒。

玄素厚而刚毅，人畏惮之。往往以片纸署字其上治疟疾，辄愈，人皆异之。

汝弼，字仲佐，父玄征，彰信军节度使，玄素之兄也。汝弼初以父廕补官。正隆二年，中进士第，调沈州乐郊县主簿。玄征妻高氏与世宗母贞懿皇后有属，世宗纳玄征女为次室，是为元妃。张氏生赵王允中。世宗即位于辽阳，汝弼与叔玄素俱往归之，擢应奉翰林文字。

世宗御翠峦阁，召左司郎中高衎及汝弼问曰："近日除授，外议何如？宜以实奏，毋少隐也。有不可用者当改之。"衎、汝弼皆无以对。自皇统以来，内藏诸物费用无度，吏夤缘为奸，多亡失。汝弼与宫籍直长高公穆、入殿小底王添儿阅实之，以类为籍，作四库以贮之。于是，内藏库使王可道等皆杖一百，汝弼等各进阶。顷之，兼修起居注，转右司员外郎。母忧去官。起复吏部郎中，累迁吏部尚书，拜参知政事。

诏徙女直猛安谋克于中都，给以近郊官地，皆埆薄。其腴田皆豪民久佃，遂专为已有。上出猎，猛安谋克人前诉所给地不可种蓺，诏拘官田在民久佃者与之。因命汝弼议其事。请"条约立限，令百姓自陈。过限，许人首告，实者与赏。"上可其奏。仍遣同知中都转运使张九思拘籍之。

上问："高丽、夏皆称臣。使者至高丽，与王抗礼。夏王立受，使者拜，何也？"左丞襄对曰："故辽与夏为甥舅，夏王以公主故，受使者拜。本朝与夏约和，用辽故礼，所以然耳。"汝弼曰："誓书称一遵辽国旧仪，今行之已四十年，不可改也。"上曰："卿等言是也。"上闻尚书省除授小官多不称职，召汝弼至香阁谓之曰："他宰相年老，卿等宜尽心。"汝弼对曰："材薄不足以副圣意耳。"进拜尚书右丞。于是，户部粜官仓粟，汝弼请使暖汤院得籴之。上让曰："汝欲积阴德邪？何区区如此。"

左丞相徒单克宁得解政务，为枢密使。是日，汝弼亦怀表乞致仕。上使人止之曰："卿年未老，未可退也。"进左丞，与族弟参知政事汝霖同日拜，族里以为荣。有年未六十而乞致仕者，上不许。汝弼曰："圣旨尝许六十致仕。"上责之曰："朕尝许至六十者致仕，不许未六十者。且朕言六十致仕，是则可行，否则当言。卿等不言，皆此类也。"久之，坐擅增诸皇孙食料，与丞相守道、右丞粘割斡特剌、参政张汝霖各削官一阶。上曰："准法当解职，但示薄责耳。"汝弼在病告，上谓宰相曰："汝弼久居执政，练习制度，颇能斟酌人材，而用心不正。"乃罢为广宁尹，赐通犀带。

汝弼为相，不能正谏。上所欲为，则顺而导之，所不欲为，则微言以观其意。上责之，则婉辞以引过，终不怍之也。而上亦知之。且黩货，以计取诸家名园甲第珍玩奇好，士论薄之。二十七年，薨。

汝弼既与永中甥舅，阴相为党。章宗即位，汝弼妻高氏每以邪言怵永中，觊非望，画永中母像，侍奉祈祝，使术者推算永中。有司鞫治，高氏伏诛。事连汝弼，上以事觉在汝弼死后，得免削夺。

耶律安礼，本名纳合，系出遥辇氏。幼孤，事母以孝闻。辽季，间关避难，未尝一日怠温凊。入朝，当路者重其行义，使主帅府文字，授左班殿直。天眷初，从元帅于山西。母丧，不克归葬，主帅怜之，赙礼甚厚。安礼冒大暑，挽柩行千余里，哀毁骨立，行路嗟叹。服除，由行台吏、礼部主事累迁工部侍郎，改左司郎中。

天德间，罢行台尚书省，入为工部侍郎，累迁本部尚书。明年冬，为宋国岁元使。被诏鞫治韩王亨狱于广宁。亨无反状，安礼还奏。海陵怒，疑安礼梁王宗弼故吏，乃责安礼曰："孛迭有三罪。其论阿里出虎有誓券不当死，既引伏。其谓不足进马，及密遣刺客二者，安得无之？汝等来奏，欲测我喜怒以为轻重耳。"乃遣安礼再往，与李老僧同鞫之。老僧由是杀亨于狱。海陵犹谓安礼辄杀亨以绝灭事迹，亲戚得以不坐。安礼之不附上刻下乃如此。

改吏部尚书，护大房山诸陵工作。拜枢密副使，封谭国公，迁尚书右丞，进封戚国公，转左丞。议降累朝功臣封爵，密谏伐江南，忤海陵意，罢为南京留守，封温国公。安礼长于吏事，廉谨自将，从帅府再伐宋，宝货人口一无所取。贵为执政，奴婢止数人，皆有契券，时议贤之。薨，年五十六。

纳合椿年，本名乌野。初置女直字，立学官于西京，椿年与诸部儿童俱入学，最号警悟。久之，选诸学生送京师，俾上京教授耶鲁教之，椿年在选中。补尚书省令史，累官殿中侍御史，改监察御史。海陵为相，荐为右司员外郎，编定新制。海陵篡立，以为谏议大夫。椿年有酒失，海陵使之戒酒，遂终身不复饮。改秘书监，修起居注，授世袭猛安，为翰林学士兼御史中丞。贞元初，起上京诸猛安于中都、山东等路安置，以劳赐玉带闲厩马。奉迁山陵，还为都点检。赐今名，拜参知政事。海陵谓椿年曰："如卿吏材甚难得，复有如卿者乎？"椿年荐大理丞纥石烈娄室。海陵以娄室为右司员外郎。未旬日，海陵谓椿年曰："吾试用娄室，果如卿言。惟贤知贤，信矣。"娄室后赐名良弼，有宰相才，世宗时，至左丞相，号贤相焉。

正隆二年，椿年薨。海陵亲临哭之，追封特进、谭国公，谥忠辩，赙银二千两、彩百端、绢千匹、钱千万。以长子参谋合为定远大将军，袭猛安，次子合荅为忠武校尉。及归葬，再赐钱百万，仍给道路费。

椿年有宰相才，好推挽士类，然颇营产业，为子孙虑。冒占西南路官田八百余顷。大定中，括捡田土，百姓陈言官豪占据官地，贫民不得耕种。温都思忠子长寿、椿年子猛安参谋合等三十余家凡冒占三千余顷。诏诸家除牛头税地各再给十顷，其余尽赋贫民种佃。世颇以此讥椿年云。

祁宰，字彦辅，江淮人。宋季以医术补官。王师破汴得之，后隶太医。累迁中奉大夫、太医使。数被赏赉，常感激欲自效。海陵将伐宋，宰欲谏，不得见。会元妃有疾，召宰诊视。既入见，即上疏谏，其略言："国朝之初，祖宗以有道伐无道，曾不十年，荡辽戡宋。当此之时，上有武元、文烈英武之君，下有宗翰、宗雄谋勇之臣，然犹不能混一区宇，举江淮、巴蜀之地，以遗宋人。况今谋臣猛将，异于曩时。且宋人无罪，师出无名。加以大起徭役，营中都，建南京，缮治甲兵，调发军旅，赋役烦重，民人怨嗟，此人事之不修也。间者昼星见于牛斗，荧惑伏于翼轸。巳岁自刑，害气在扬州，太白未出，进兵者败，此天时不顺也。舟师水涸，舳舻不继，而江湖岛渚之间，骑士驰射，不可驱逐，此地利不便也。"言甚激切。海陵怒，命戮于市，籍其家产，天下哀之。綦戬，宰婿也，海陵疑奏疏戬为之。辞曰："实不知也。"海陵犹杖戬。召禁中诸司局官至咸德门，谕以杀宰事。

明年，世宗即位于辽东。四年，诏赠资政大夫，复其田宅。章宗即位，诏访其子忠勇校尉、平定州酒监公史，擢尚药局都监。泰和初，诏定功臣谥，尚书省掾李秉钧上言："事有宜缓而急，若轻而重者，名教是也。伏见故赠资政大夫祁宰以忠言被诛，慕义之士，蠱伤厥心。世宗即位，赠之以官，陛下录用其子，甚大惠也。虽武王封比干之墓，孔子誉夷、齐之仁，何以异此。而有司拘文，以职非三品不在议谥之例，臣窃疑之。若职至三品方得请谥，当时居高官、食厚禄者，不为无人，皆畏罪澳㴲，曾不敢申一喙，画一策，以为社稷计。卒使立名死节之士，顾出于医卜之流，亦可以少愧矣。臣以谓非常之人，当以非常之礼待之。乞诏有司特赐谥以旌其忠，斯亦助名教之一端也。"制曰："可。"下太常，谥曰忠毅。

赞曰：异哉，海陵之为君也，舞智御下而不恤焉。君子仕于朝，动必以礼，然后免于耻。张通古、耶律安礼位不及张浩，进退始终，其贤远矣。浩无事不为，无役不从，为相最久，用之厚，遇之薄，岂亦自取之邪？海陵伐宋，浩、安礼位皆大臣，一以婉辞，一以密谏，贤于不谏而已。祁宰一医流，独能极谏，其后皆如所言。海陵戕之，足以成其百世之名耳。纳合椿年援引善类，有君子风。其死适在宋兵未举之前，然观其好营产殖，亦未必忘身徇国之士也。祁宰卓乎不可及也夫！

卷八十四　　列传第二十二

杲本名撒离喝　**耨盌温敦思忠**子乙迭　**温敦兀带**　**奔睹**　**高桢**　**白彦敬**　**张景仁**

杲，本名撒离喝，安帝六代孙，泰州婆卢火之族，胡鲁补山之子。雄伟有才略，太祖爱之，常在军中。及婆卢火为泰州都统，宗族皆随迁泰州。撒离喝尝为世祖养子，独得不迁，仍居安出虎水。

宗翰、宗望已再克汴，执宋二主北还。宗望分遣诸将定河北。左都监阇母攻下河间。雄州李成弃城走，撒离喝邀击，大破之，雄州遂降。睿宗经略山东，留撒离喝于河上，而真定境内有贼众，自称元帅秦王。撒离喝击破其众，执而戮之。从平陕西，撒离喝徇地自渭以西，降德顺军，又降泾原路镇戎军，进平熙河，降甘泉等三堡，遂取保川城。明年，同奔睹讨平河外，降宁洮、安陇二寨，并降下河及乐州。至西宁，尽降其都护官属，于是木波族长等皆迎降。攻庆阳，败其拒者，遂降其城。慕洧以环州来降，得城寨十三，步骑一万。于是，宗弼军败于和尚原，上褒美撒离喝而戒励宗弼。

睿宗已定陕西，留兵屯冲要，使撒离喝总之。居无何，请收剑外十三州。与宋王彦之军七千人遇于沙会泺，败之，遂克金州。连破吴玠诸军于饶峰关，遂取真符县，取洋州入兴元府。败吴玠兵于固镇，擒其两将。撒葛枧等破宋兵，尽下诸砦及仙人关。天会十四年，为元帅右监军。

天眷三年，宗弼复取河南。撒离喝自河中出陕西。既至凤翔，击走宋军。是时，宋军在京兆西者甚众。诸将以暑雨，欲驻军。且闻宋兵九万会于泾州，都元帅遣河南步卒来会军。撒离喝留诸将屯环庆，独以轻骑取泾州。六月，败宋兵于泾州。宋兵走渭州，拔离速追击，大败之。未几，为右副元帅。皇统三年，封应国公，锡赉甚厚。熙宗出猎，赐具装马二，命射于围中。加开府仪同三司。将还军，命宰臣饯之。

海陵升蒲州为河中府，撒离喝为河中尹，左副元帅如故。自陕西入朝，因从容言曰："唐建成不道，太宗以义除之，即位之后，力行善政，后世称贤。陛下以前主失德，大义废绝，力行善政，则如唐太宗矣。"海陵闻其言，色变，撒离喝亦悔其言。既而进封国王，从行官吏皆官赏之。海陵念撒离喝久握兵在外，颇得士心，忌之，以为行台左丞相兼左副元帅。又恐不奉命，阳尊以殊礼，使系属籍，以玉带玺书赐之。撒离喝至汴，诏谕行台右丞相、右副元帅挞不野无使撒离喝预军事。撒离喝不知，每事辄争之。挞不野诡曰："太师梁王以陕西事属公，以河南事属挞不野，今未尝别奉诏命。陕西之事，挞不野固不敢干涉。"挞不野久在河南，将帅畏而附之。撒离喝始至势孤，争之不得，白于朝。大臣知上旨，报曰："如梁王教。"及诏使至汴，谕旨于挞不野。使还，挞不野独有附奏，撒离喝不得与闻，人皆知海陵使挞不野图之矣。

会海陵欲除辽王斜也子孙及平章政事宗义等，元帅府令史遥设希海陵旨，诬撒离喝父子谋反，并平章宗义、尚书谋里野等。遥设学撒离喝手署及印文，诈为契丹小字家书与其子宗安，从左都监奔睹上变。封题作已经开拆者，书纸隐约有白字，作曾经水浸，致字画分明者，称御史大夫宗安于宫门外遗下此书，遥设拾得之。其书略曰："挞不野自来于我不好，凡事常有堤防，应是知得上意。移剌补丞相于我不好，若迟缓分毫，猜疑必落他手也。"又曰："阿浑每见此书，约定月日，教扫胡令史却写白字书来。"有司鞫问，宗安不服曰："使真有此书，我剖肌肉藏之，犹恐漏泄，安得于朝门下遗之？"有司掠笞楚毒，宗安神色不变。乃置扫胡炉炭上，扫胡不能堪，自诬服。宗安谓扫胡曰："尔苦矣。"宗义被掠笞，不能当，亦自诬服，曰："我辈知不免矣，不早决，徒自苦。"宗安曰："今虽无以自明，九泉之下当有冤对，吾终不能引屈。"竟不服而死。使斯鲁浑杀撒离喝于汴，族其家，而无写书及传书者主名。

有折哥者，能契丹小字，旧尝从撒离喝。特末者，陕西旧将，尝以左副元帅事驰驿赴阙。两人者皆族诛。撒离喝亲属坐是死者二十余人。鲁王斡者孙耶鲁候撒离喝于汴，斯鲁浑执之，耶鲁曰："愿付有司，若法当同坐，虽死不恨。"斯鲁浑亦杀之。其家讼于朝，海陵不问，但赐钱二百万。

奔睹迁元帅左监军，加开府仪同三司。遥设为同知博州事，赐钱三百万，谓之曰："尔无自比老人。老人亲告朕，尔以告有司，设有撒离喝党人在其间，败吾事矣。"老人指萧玉也。萧玉名老人，故云然。遥设在博州数岁，后与萧裕谋反，伏诛。

大定初，诏复撒离喝官爵。三年，追封金源郡王，谥庄襄，以郡王品秩官为营葬。十七年，配享太宗庙廷。

耨盌温敦思忠，本名乙剌补，阿补斯水人。太祖伐辽，是时未有文字，凡军事当中复而应密者，诸将皆口授思忠，思忠面奏受诏，还军传致诏辞，虽往复数千言，无少误。及辽人议和，思忠与乌林荅赞谋往来专对其间，号闸剌。闸剌者，汉语云行人也。自收国元年正月，辽人遣僧家奴来，使者三往反，议不决。使者赛剌至辽，辽人杀之。辽主自将，至驼门，大败，归，复遣使议和。太祖使胡突衮往，书曰："若不从此，胡突衮但使人送至界上，或如赛剌杀之，惟所欲者。"

天辅三年六月，辽大册使太傅习泥烈以册玺至上京一舍，先取册文副录阅视，文不称兄，不称大金，称东怀国。太祖不受，使宗翰、宗雄、宗干、希尹商定册文义指，杨朴润色，胡十荅、阿撒、高庆裔译契丹字，使赞谋与习泥烈偕行。赞谋至辽，见辽人再撰册文，复不尽如本国旨意，欲见辽主自陈，阍者止之。赞谋不顾，直入。阍者相与搏撠，折其信牌。辽人惧，遽遣赞谋归。太祖再遣赞谋如辽。辽人前后十三遣使，和议终不可成。太祖自将，遂克临潢。

其后伐宋，思忠从宗翰军，封刘豫为齐帝，思忠为传宣使，俄授谋克。从宗弼克和尚原。还为同知西京留守事。天眷初，改蒲州防御使。元帅府在陕西者，其官属往往豪压贫民为奴，起遣工匠千人东来，至河上，思忠留止其人以闻，诏皆还之。为行台尚书左丞。是时，赞谟为行台参知政事，思忠黩货无厌，赞谟鄙之，两人由是交恶。海陵杀左丞相秉德于行台。赞谟妻，秉德乳母也。思忠因构赞谟。杀之。是岁，思忠入为尚书右丞。俄进平章政事，封郜国公。进拜左丞相兼侍中，封沂国公。

天德三年，致仕。贞元二年十月，海陵率三品以上官幸思忠第，使以家礼见，谓思忠曰："卿神气康实，习先朝旧事，舍卿无能知者，当为朕起，共治国政。"对曰："君之命，臣敢不敬从，但恨老病疏谬，无以塞责耳。"遂命思忠乘马从入宫，拜太傅，领三省事，封齐国王。寻拜太师兼劝农使。已而罢中书门下省，不置领三省事。置尚书令，位丞相上。思忠为尚书令，特置散从八人，听随至宫，省奏赐坐。海陵欲定封爵制度，风思忠建白之。封王者皆降封，异姓或封公或一品、二品阶。惟封思忠广平郡王，赐以玉带。思忠言百官不当封妻，海陵从之。惟封思忠次室为郡夫人。而思忠亦自谓太祖旧臣，颇自任，虽海陵遂非拒谏，而思忠尽言无所避。

海陵将伐宋，问诸大臣，皆不敢对。思忠曰："不可。"海陵不悦，谓思忠曰："汝勿论可否，但云何时克之。"思忠曰："以十年为期。"海陵曰："何久也？期月耳。"思忠曰："太祖伐辽，犹且数年。今百姓愁怨，师出无名。江、淮间暑热湫湿，不堪久居，未能以岁月期也。"海陵怒，顾视左右，若欲取兵刃者。思忠无所畏恐，复曰："老臣历事四朝，位至公相，苟有补于国家，死亦何憾。"有顷，海陵曰："自古帝王混一天下，然后可为正统。尔耄夫固不知此，汝子乙迭读书，可往问之。"思忠曰："臣昔见太祖取天下，此时岂有文字耶？臣年垂七十，更事多矣，彼乳臭子，安足问哉！"

海陵既不用思忠言，运四方甲仗于中都。思忠曰："州郡无兵，何以备盗贼？"海陵尽籍丁壮为兵，思忠曰："山后契丹诸部，恐未可尽起。"皆不听。其后，州郡盗起，守令不能制。契丹撒八、窝斡果反，期年乃克之。

当是时，海陵伐宋，祁宰谏而死，张浩进言被杖，思忠见疏，孔彦舟画策先取两淮，他无及者。正隆六年，思忠薨，年七十三。海陵深悼惜之，亲临奠，赙赠加等，赐金螭头车，使者监护，给道路费。

大定十二年，诏复乌林荅赞谟官爵，赠特进。上谓宰臣曰："赞谟忠实刚毅，虽古人无以过。与思忠有隙，遂劝海陵杀之。今思忠子孙皆不肖，亦阴报也。"初，思忠已构杀赞谟，遂纳其妻曹氏，尽取其家财产。章宗即位，赞谟女五十九乞改葬。诏赐葬地于怀州，并以思忠元取家赀付之。

谦，本名乙迭，累官御史中丞。世宗谓之曰："省部官受请托，有以室家传达者。官刑不肃，士风颓弊如此，其纠正之。"初，世宗至中都，多放宫人还家，有称心等数人在放遣之例，所司失于检照，不得出宫，心常怏怏。

大定二年闰二月癸巳夜，遂于十六位放火，延烧太和、神龙殿。上命近臣迹火之所发。十六位宫人袁六娘等六人告，实称心等为之。称心等伏诛，赏赐袁六娘六人，放出宫为良。谦意宫殿被火，将复兴工役，劳民伤财，乃上表乞权纾修建。上使张汝弼诏谦曰："朕思正隆比年徭役，百姓疮痍未复，边事未息，岂遽有营缮也。卿可悉之。"

久之，袭父思忠济州猛安、利涉军节度副使。乌林荅钞兀追捕逃军，至猛安中，谦畏其扰，乃醵民财买银赂钞兀。事觉，钞兀抵罪，谦坐夺猛安。遇赦，求叙。上曰："乙迭无自与赃，使复其所。"

耨盌温敦兀带，太师思忠侄也。天会间，充女直字学生，学问通达，观书史，工为诗。选为尚书省令史，除右司都事，转行台右司郎中，入为左司员外郎。累官同知大兴尹，京师盗贼止息，事无留滞。再迁刑部尚书，改定海军节度使。除兵部尚书，改吏部。正隆伐宋。为武定军都总管。世宗即位，遣使召之，授咸平尹，为北边行军都统。改会宁尹，都统如故。是时初定窝斡，人心未安，兀带为治宽简，多备御，谨斥候，边郡以宁。改北京留守。以廉察举"兀带所在有能名，无私过"，由是入拜参知政事。世宗谕之曰："凡在卿上者，行事或不当理，咨禀不从，卿以所见奏闻。下位有可用之才，当推荐之。"久之，属疾，上命左宣徽使敬嗣晖往视，遣医治疗。薨，年四十七。上闻悼惜之，赙银千两、重彩四十端、绢四百匹，敕有司致祭。久之，上谓侍臣曰："故参知政事兀带、刑部尚书彦忠、沧州节度使兀不喝、侍郎敌斡、郎中骨赧皆为人忠直，后进中少有能及之者。朕乐得忠直之人，有如兀带辈者乎，卿等为朕举之。"其见思如此。

昂，本名奔睹，景祖弟孛黑之孙，斜斡之子。幼时侍太祖。太祖令数人两两角力。时昂年十五，太祖顾曰："汝能此乎？"对曰："有命，敢不勉。"遂连仆六人。太祖喜曰："汝，吾宗弟也，自今勿远左右。"居数日，赐金牌，令佩以侍。年十七，太祖伐辽，谓之曰："汝可擐甲从军矣。"昂遂佩所赐金牌从军。太祖平燕，策功，赐甲第一区。天辅六年，宗翰驻北安州，闻辽主延禧在鸳鸯泺，遣耨碗温敦思忠请于国论勃极烈杲，愿以所部军追之。杲不能决，乃遣昂与思忠诣宗翰议，其事遂定。天会二年，南京叛，军帅阇母遣昂、刘彦宗分兵讨之。

宗望伐宋，承制以为河南诸路兵马都统，称"金牌郎君"。及攻汴州，宗弼与昂以兵三千为前锋。比暮，昂先以兵千人驰至其北门。时军中遣使入城，宋人不纳。昂谕之以事，遂得入。宗望至汴，令阇母、挞懒等屯于城之东北隅。虑宋主遁去，遣昂等率轻骑环城巡逻。昂所领止八谋克，遇敌万人，与战，败之，其步军溺死于汴者过半。七年，大军渡江，败宋兵于江上。帅府遣昂等以兵追宋主。宋主入会稽，若为坚守计，有兵数千列阵于郭东竹苇间。诸将欲击之，昂曰："此诈也。不若急攻城，不然将由他门逸去。"诸将犹豫未决，而宋主果于他门以单舟入海，不获而还。

宗辅定陕西，宗弼经略熙秦，遣昂与撒离喝领兵八千攻取河西郡县。昂等遂取宁洮、安陇二寨。进至河州，其通判率士民迎降。攻乐州，其都护及河州安抚使郭宁偕降。复进取三寨，至西宁州，都护许居简以城降，吐蕃酋长之孙赵钤辖率其所部木波首领五人来降。昂别领军四千往积石军，降其军及所部五寨官吏。追吐蕃钤辖等十二人至廓州，招之不下，攻取之。

天眷元年，授镇国上将军，除东平尹。明年夏，宋将岳飞以兵十万，号称百万，来攻东平。东平有兵五千，仓卒出御之。时桑柘方茂，昂使多张旗帜于林间，以为疑兵，自以精兵阵于前。飞不敢动，相持数日而退。昂勒兵袭之，至清口，飞众泛舟逆水而去。时霖雨昼夜不止，昂乃附水屯营。夜将半，忽促众北行。诸将谏曰："军士远涉泥淖，饥惫未食，恐难遽行。"昂怒不应，鸣鼓督之，下令曰："鼓声绝而敢后者斩。"遂弃营去，几二十里而止。是夜，宋人来劫营，无所得而去。诸将入贺，且问其故。昂曰："沿流而下者，走也；溯流而上者，诱我必追也。今大雨泥淖，彼舟行安，我陆行劳。士卒饥乏，弓矢败弱，我军居其下流，势不便利，其袭我必矣。"众皆称善。岳飞以兵十万围邳州甚急，城中兵才千余，守将惧，遣人求救。昂曰："为我语守将，我尝至下邳，城中西南隅有堑深丈余，可速实之。"守将如其教，填之。岳飞果自此穴地以入，知有备，遂止。昂举兵以为声援，飞乃退。

在东平七年，改益都尹，迁东北路招讨使，改崇义军节度使，迁会宁牧。天德初，改安武军节度使，迁元帅右都监，转左监军，授上京路移里闵斡鲁浑河世袭猛安。海陵曰："汝有大功，一猛安不足酬也。"益以四谋克。昂受亲管谋克，余三谋克让其族兄弟。拜枢密副使，转太子少保，进枢密使、尚书左丞相。昂怒族弟妻，去衣杖其脊，海陵闻之，杖昂五十。久之，拜太尉，封沈国公。进太保，判大宗正事，封楚国公，累进封莒、卫、齐，兼枢密使，太保如故。

海陵南伐，分诸路军为三十二总管，分隶左右领军大都督府，遂以昂为左领军大都督。海陵筑台于江上，召昂及右领军副大都督蒲卢浑谓之曰："舟楫已具，可以济矣。"蒲卢浑曰："舟小不可济。"海陵怒，诏昂与蒲卢浑明日先济。昂惧，欲亡去。抵暮，海陵遣人止之曰："前言一时之怒耳。"既而至扬州，军变，海陵死。

世宗即位辽阳，昂使人杀皇太子光英于南京，遣其子寝殿小底宗浩与其婿牌印祗候回海等奉表贺登宝位。大军北还，昂恐宋人蹑其后，即以罢兵移书于宋。二年，入见世宗，深慰劳之。进封汉国公，拜都元帅，太保如故，置元帅府于山东，经略边事。未几，奉迁睿宗皇帝梓宫于山陵，以昂为敕葬使。事毕，还山东。三年，召至京师，以疾薨，年六十四。上为辍朝，亲临奠，赙银千两、重彩五十端、绢五百匹。

昂在海陵时，纵饮沉酣，辄数日不醒。海陵闻之，常面戒不令饮。得闲辄饮如故。大定初，还自扬州，妻子为置酒私第，未数行，辄卧不饮。其妻大氏，海陵庶人从母姊也，怪而问之。昂曰："吾本非嗜酒者，但向时不以酒自晦，则汝弟杀我久矣。今遇遭明时，正当自爱，是以不饮。"闻者称之。睦于兄弟，尤善施予，其亲族有贫困者，必厚给之。至于茵帐、衣衾、器皿、仆马之属，常预设于家。即命驾相就，为具，欢乐终日，尽以遗之，即日使富足。人或以子孙计为言，答曰："人各有命，但使其能自立尔，何至为子孙奴耶?"君子以为达。

赞曰：撒离喝、温敦思忠、奔睹皆有功旧臣，当天会、皇统之际，战胜攻取，可谓壮哉。及海陵之世，崎岖嫌忌，撒离喝既自以言致疑，犹与大臭辨争军事，何见几之不早也。乌林荅赞谟廉直自奋，思忠挤之于死，自谓固结海陵，坚若金石，岂意执议不合而遽弃耶。始之不以道，未有能终者也。且思忠之最可罪者，构害赞谟，又纳其室而敚其赀，此何异于杀越人于货者乎!阴报不在其身，在其子孙，亦已晚矣。正隆之末，奔睹位三公，居上将，内不肯与谋，外不肯与战，逼侧趑趄，苟免自全，大臣之道，固若是乎?

高桢，辽阳渤海人。五世祖牟翰仕辽，官至太师。桢少好学，尝业进士。斡鲁讨高永昌，已下沈州，永昌惧，伪送款以缓师。是时，桢母在沈州，遂来降，告以永昌降款非诚，斡鲁乃进攻。既破永昌，遂以桢同知东京留守事，授猛安。天会六年，迁尚书左仆射，判广宁尹，加太子太傅。在镇八年，政令清肃，吏畏而人安之。十五年，加太子太师，提点河北西路钱帛事。天眷初，同签会宁牧。及熙宗幸燕，兼同知留守，封戴国公，改同知燕京留守。魏王道济出守中京，以桢为同判，俄改行台平章政事，为西京留守，封任国公。

是时，奚、霫军民皆南徙，谋克别术者因之啸聚为盗。海陵患之，即以桢为中京留守，命乘驿之官，责以平贼之期。贼平，封河内郡王。海陵至中京，桢警夜严肃。有近侍冯僧家奴李街喜等皆得幸海陵，尝夜饮干禁，桢杖之濒死，由是权贵皆震慑。迁太子太保，行御史大夫，封莒王。策拜司空，进封代王，太子太保、行御史大夫如故。

桢久在台，弹劾无所避，每进对，必以区别流品，进善退恶为言，当路者忌之。荐张忠辅、马讽为中丞，二人皆险诐深刻，欲令以事中桢。正隆例封冀国公，桢因固辞曰："臣为众小所嫉，恐不能免，尚可受封爵耶?"海陵知其忠直，慰而遣之。及疾革，书空独语曰："某事未决，某事未奏，死有余恨。"薨，年六十九。海陵悼惜之，遣使致奠，赙赠加等。

桢性方严，家居无声伎之奉。虽甚暑，未尝解衣缓带。对妻孥危坐终日，不一谈笑，其简默如此。

白彦敬，本名遥设，部罗火部族人。初名彦恭，避显宗讳，改焉。祖屋仆根。父阿斯，仕辽为率府率。彦敬善骑射，起家为吏，补元帅府令史。伐宋，为钱帛司都管勾。立三省，选为尚书省令史，除都元帅府知事。招谕诸部，授以金牌，行数千里，有功，超迁兵部郎中。熙宗罢统军司改招讨司，遣彦敬分僚属收牌印，谕诸部隶招讨司。还为本部侍郎，迁大理卿，出为通州防御使，改刑部侍郎。怨家告诬开府慎思与西北路部族谋叛，彦敬鞫得其实，海陵嘉之。迁签书枢密院事，以便宜措置边防。

正隆六年，调诸路兵伐宋，及调民马，使彦敬主会宁、蒲与、胡里改三路事。改吏部尚书，充南征万户，迁枢密副使。契丹撒八反，枢密使仆散忽土等以无功坐诛，以彦敬为北面行营都统，与副统纥石烈志宁以便宜往，赐御服皮袄。行至北京，闻南征诸军逃归者皆奔东京，欲推戴世宗。彦敬与志宁谋，阴结会宁尹完颜蒲速赉、利涉军节度使独吉义以图之。

世宗已即位，使石抹移迭、移剌曷补等九人招彦敬、志宁。彦敬拒之，使移迭跪。移迭不屈，皆杀之。及完颜谋衍将兵攻北京，彦敬使偏将率兵拒于建州之境，而独吉义先归世宗，蒲速赉称疾不至。世宗密遣人乘夜揭榜于北京市，购以官赏。彦敬、志宁恐为人图己，遂降。以为曷速馆节度使。不数月，召为御史大夫。

窝斡僭帝号。诸军马瘦弱，遣彦敬往西北路招讨司市马，得六千余匹。窝斡败，西走山后。完颜思敬以新马三千备追袭。彦敬屯于夏国两界间。窝斡平，召还为兵部尚书，出为凤翔尹，改太原尹，兼河北东路兵马总管，寻改河中尹。大定九年，卒于官。

张景仁，字寿甫，辽西人。累官翰林待制。贞元二年，与翟永固俱试礼部进士，以"尊祖配天"为赋题，忤海陵旨，语在《永固传》。大定二年，仆散忠义伐宋，景仁掌其文辞。宋人议和，朝廷已改奉表为国书，称臣为侄，但不肯世称侄国。往复凡七书，然后定，其书皆景仁为之。世宗称其能，尝曰："今之文章，如张景仁与宋人往复书，指事达意，辨而裁，真能文之士也。"五年，罢兵，入为翰林直学士。七年，迁侍讲。八年，为详读官。宋国书中有"宝邻"字，景仁奏"邻"字太涉平易。上问累年国书有"邻"字否，命一一校勘。六年书中亦有之，上责问六年详读官刘仲渊，右丞石琚亦请罪曰："臣尝预六年详读。"上曰："此有司之过，安得一一责宰臣邪?"诏有司就谕宋臣王瀹，使归告其主，后日国书不得复尔。仲渊时为礼部侍郎，降石州刺史，景仁迁翰林学士兼同修国史。

久之，上召景仁读陈言文字。上问"事款几何?"景仁率易，少周密，对曰："二十余事。"复曰："其中如某事某事十事可行，余皆无谓也。"明日，上召景仁责之曰："卿昨言可行者，朕观之，中复有不可行者。卿谓无谓者，中亦有可行者。朕未尝使卿分别可否，卿辄专可否，何也?自今戒之。"十年，兼太常卿，学士、同修国史如故。转承旨，兼修国史。改河南尹。二十一年，召为御史大夫，仍兼承旨、修国史。

世宗谓景仁曰："卿博学老儒，求如古之御史大夫，然后行之，期为称矣。不能如古之人，众人不独诮卿，亦谓朕不能知人。卿醉中颇轻脱失言，当以酒为戒。"初，朝臣言景仁有文艺而颇率易，不可任台察。景仁被诏，就台中治监察罪，辄以便服视决罚。上闻之，责景仁曰："朕初用卿为大夫，或言卿不可居此官，今果不用故事，率易如此。卿自慎，不然黜罚及矣!"景仁顿首谢。

未几，诏葬元妃李氏于海王庄。平章政事乌古论元忠提控葬事，都水监丞高杲寿治道路不如式，元忠不奏，决之四十。景仁劾奏元忠辄断六品官，无人臣礼。上曰："卿劾奏甚当。"使左宣徽使蒲察鼎寿传诏戒敕元忠曰："监丞六品，有罪闻奏，今乃一切趋办，擅决六品官，法当如是耶？御史在尊朝廷，汝当自咎，勿复再！"元忠尚豫国公主，怙宠自任，倨慢朝士。景仁劾之，朝廷肃然。是岁，薨。

赞曰：高桢以旧劳为御史大夫，刚明自任，绳治无所避，几不免于怨憎之荼毒。直己而行，自古难之。白彦敬不受大定之诏而世宗贤之。向使久在此位，其深谋谠论，必有竦动人者。张景仁儒者之勇，廷论元忠，正矣。

卷八十五　列传第二十三

世宗诸子

永中　永蹈　永功子瑃**　永德　永成　永升**

世宗昭德皇后生显宗、赵王孰辇、越王斜鲁。元妃张氏生鄗王允中、越王允功。元妃李氏生郑王允蹈、卫绍王允济、潞王允德。昭仪梁氏生豫王允成。才人石抹氏生夔王允升。孰辇、斜鲁皆早卒。

镐王永中，本名实鲁剌，又名万僧。大定元年，封许王。五年，判大兴尹。七年，进封越王。十一年，进封赵王。十三年，拜枢密使。十九年，子石古乃加光禄大夫。是岁，改葬明德皇后于坤厚陵，永中母元妃张氏陪葬。十一月庚申，自磐宁宫发引。永中以元妃柩先发，使执黄伞者前导。俄顷，皇后柩出磐宁宫，显宗徒跣。少府监张仅言呼执黄伞者，不应。既葬，仅言欲奏其事，显宗解之曰："是何足校哉，或伞人误耳。"仅言乃止。

二十一年，改判大宗正事。永中不悦，显宗劝之曰："宗正之职，自亲及疏，自近及远，此亲贤之任也。且皇子之贵，岂以官职闲剧为计邪？"永中乃喜。二十四年，世宗幸上京，显宗居守，并留永中。显宗先遣章宗、宣宗奉表问起居于上京，既而遣永中子光禄大夫石古乃奉表。世宗喜谓豫国公主曰："皇太子孝德天成，先遣二子，继遣此子，兄弟之际相友爱如此也。"

二十五年六月，世宗在天平山好水川清暑，显宗薨于中都，诏曹王永功视章宗，召永中赴行在。是岁，与章宗及永功等并加开府仪同三司。二十六年，复为枢密使。是岁，世宗赐诸孙名。石古乃曰瑜，神土门日璋，阿思懑曰玑，阿离合懑曰瑑。二十七年，玑年十五以上，加奉国上将军。章宗即位，起复判西京留守，进封汉王，与诸弟各赐金五百两、银五千两、钱二千贯、重币三百端、绢二千匹。再赐永中修公廨钱三百万，特加石古乃银青荣禄大夫，阿离合懑奉国上将军。

明昌二年正月辛酉，孝懿皇后崩。判真定府事吴王永成、判定武军节度使隋王永升奔丧后期，各罚俸一月，杖其长史五十。永中适有寒疾，不能至。上怒，颇意诸王有轻慢心，遣使责永中曰："已近公除，亦不须来。"二月丙戌，禫祭，永中始至，入临。辛卯，始克行烧饭礼。壬辰，永中及诸王朝辞，赐遗留物，礼遇虽在，而嫌忌自此始矣。

四月，进封并王。三年，判平阳府事，进封镐王。初置王傅、府尉官，名为官属，实检制之也。府尉希望风旨，过为苛细。永中自以世宗长子，且老矣，动有掣制，情思不堪，殊郁郁，乃表乞闲居。诏不许。四年，郑王永蹈以谋逆诛。增置诸王司马一员，检察门户出入，球猎游宴皆有制限，家人出入皆有禁防。河东提刑判官把里海坐私谒永中，杖一百，解职。前近侍局副使裴满可孙尝受永中请托，为石古乃求除官，可孙已改同知西京留守，犹坐免。故尚书右丞张汝弼，永中母舅也。汝弼妻高陀斡自大定间画永中母像，奉之甚谨，挟左道为永中求福，希觊非望。明昌五年，高陀斡坐诅祝诛。上疑事在永中，未有以发也。

会镐王傅尉奏永中第四子阿离合懑因防禁严密，语涉不道。诏同签大睦亲府事壆、御史中丞孙即康鞫问，并求得第二子神徒门所撰词曲有不逊语。家奴德哥首永中尝与侍妾瑞雪言："我得天下，子为大王，以尔为妃。"诏遣官复按状同。再遣礼部尚书张暐、兵部侍郎乌古论庆裔复之。上谓宰臣曰："镐王只以语言得罪，与永蹈罪异。"参知政事马琪曰："永中与永蹈罪状虽异，人臣无将，则一也。"上曰："大王何故辄出此言？"左丞相清臣曰："素有妄想之心也。"诏以永中罪状宣示百官杂议，五品以下附奏，四品以上入对便殿。皆曰："请论如律。"惟宫籍监丞卢利用乞贷其死。诏赐永中死，神徒门、阿离合懑等皆弃市。敕有司用国公礼收葬永中，平阳府监护，官给葬具，妻子威州安置。泰和七年，诏复永中王爵，赐谥曰厉。敕石古乃于威州择地，以礼改葬，岁时祭奠。贞祐二年，诏徙永中妻、子石古乃等郑州安置。

贞祐三年，太康县人刘全尝为盗，亡入卫真界，诡称爰王。所谓爰王，指石古乃。石古乃实未尝有王封，小人妄以此目之。刘全欲为乱，因假托以惑众，诱王氏女为妻，且言其子方聚兵河北。东平人李宁居嵩山，有妖术。全同县人时温称宁可论大事，乃使范元书伪号召之。宁至，推为国师，议僭立。事觉，全、温、宁皆伏诛。

贞祐四年，潼关破，徙永中子孙于南京。兴定二年，亳州谯县人孙学究私造妖言云："爰王终当奋发，今匿迹民间，自号刘二。"卫真百姓王深等皆信以为诚然。有刘二者出而当之，遣欧荣辈结构逆党，市兵仗，大署旌旗，谋僭立。事觉，诛死者五十二人，缘坐者六十余人。永中子孙禁锢，自明昌至于正大末，几四十年。天兴初，诏弛禁锢。未几，南京亦不守云。

郑王永蹈，本名银术可，初名石狗儿。大定十一年，封滕王，未期月进封徐王。二十五年，加开府仪同三司。二十六年，为大兴尹。章宗即位，判彰德军节度使，进封卫王。明昌二年，徙封郑王。三年，改判定武军。

初，崔温、郭谏、马太初与永蹈家奴毕庆寿私说谶记灾祥，毕庆寿以告永蹈："郭谏颇能相人。"永蹈乃召郭谏相己及妻子。谏说永蹈曰："大王相貌非常，王妃及二子皆大贵。"又曰："大王，元妃长子，不与诸王比也。"永蹈召崔温、马太初论谶记天象。崔温曰："丑年有兵灾，属兔命者来年春当收兵得位。"郭谏曰："昨见赤气犯紫微，白虹贯月，皆注丑后寅前兵戈僭乱事。"永蹈深信其说，乃阴结内侍郑雨儿伺上起居，以崔温为谋主，郭谏、马太初往来游说。河南统军使仆散揆尚永蹈妹韩国公主，永蹈谋取河南军以为助，与妹泽国公主长乐谋，使驸马都尉蒲刺睹致书于揆，且先请婚，以观其意。揆拒不许结婚，使者不敢复言不轨事。永蹈家奴董寿谏永蹈，不听。董寿以语同辈奴千家奴，上变。是时，永蹈在京师，诏平章政事完颜守贞、参知政事胥持国、户部尚书杨伯通、知大兴府事尼庞古鉴鞫问，连引甚众，久不能决。上怒，召守贞等问状。右丞相夹谷清臣奏曰："事贵速绝，以安人心。"于是，赐永蹈及妃卞玉，二子按春、阿辛，公主长乐自尽。蒲刺睹、崔温、郭谏、马太初等皆伏诛。仆散揆虽不闻问，犹坐除名。董寿免死，隶监籍。千家奴赏钱二千贯，特迁五官杂班叙使。自是诸王制限防禁密矣。

泰和七年，诏复王封，备礼改葬，赐谥曰刺，以卫王永济子按辰为永蹈后，奉其祭祀。

越王永功，本名宋葛，又名广孙，贞元二年生。沉默寡言笑，勇健绝人，涉书史，好法书名画。大定四年，封郑王。七年，进封隋王。十一年，进封曹王。十五年，除刑部尚书。上曰："侍郎张汝霖，汝外舅行也，可学为政。"十七年，授活活土世袭猛安。十八年，改大兴尹。

世宗幸金莲川，始出中都，亲军二苍头纵马食民田，诏永功："苍头各杖一百。弹压百户二人失觉察，勒停。"上次望京淀，永功奏曰："亲军人止一苍头、两弹压服勤，为日久矣。臣昧死违诏，量决苍头，使弹压待罪，可使偿其田直，惟陛下怜察。"上皆从之。

老妪与男妇憩道傍，妇与所私相从亡去，或告妪曰："向见年少妇人自水边小径去矣。"妪告伍长踪迹之。有男子私杀牛，手持血刃，望见伍长，意其捕己，即走避之。妪与伍长疑是杀其妇也，捕送县，不胜楚毒，遂诬服。问尸安在？诡曰："弃之水中矣。"求之水中，果获一尸，已半腐。县吏以为是男子真杀若妇矣，即具狱上。永功疑之曰："妇死几何日，而尸遽半腐哉。"顷之，妪得其妇于所私者。永功曰："是男子偶以杀人就狱，其拷掠足以称杀牛之科矣。"遂释之而去。武清黄氏、望云王氏豪猾不逞，永功发其罪，畿内肃然。

二十三年，判东京留守。是月，改河间尹。阅月，改北京留守。居无何，上谓宰臣曰："朕闻永功到北京为政无良，虽朕子，万一败露，法可废乎。朕已戒敕永功，卿等可谕其长史，俾匡正之。"到北京凡七月，改东京留守。世宗幸上京，过东京，永功从。明年，上还至天平山好水川，皇太子薨。诏永功护丧事，寻拜御史大夫。章宗封原王，加开府仪同三司。赵王永中及永功兄弟皆加开府仪同三司。明年，判大宗正事。

应州僧与永功有旧，将诉事于彰国军节度使移刺胡刺，求永功手书与胡刺为地。胡刺得书，奏之。上谓宰臣曰："永功以书嘱事胡刺，此虽细微，不可不惩也。凡人小过不治，遂至大咎。有犯必惩，庶几能改，是亦教也。"皆曰："陛下用法无私，臣下敢不敬畏。"于是永功解职。未几，复判大宗正事。

章宗即位，除判平阳府事，进封冀王。永功之官，随引医人沈思存过制限，当解职。上曰："朕知此事，当痛断监奴及治府掾长史管辖府事者罪，仍著于令。"家奴王唐犯罪至徒，永功曲庇之。平阳治中高德裔失觉察，笞四十。于是永功改判济南府。诏永功曰："所坐虽细事，法令不得不如此。今已释矣，后毋复然。济南先帝旧治，风土甚好，可悉此意也。"改授山东西路把鲁古世袭猛安。二年，判广宁府事，进封鲁王。明年，判彰德府事。承安元年，进封郢王。明年，判太原府事。泰和七年，改西京留守。八年，复判平阳府事。大安元年，进封谯王，判中山府事。明年，进封越王。

宣宗即位，免常参。明年，从迁汴京。久之，诏永功每月朔一朝。兴定四年，诏永功无朝。五年，有疾，赐御药。疾革，赐尚医诊视，一日五遣使候问。是岁，薨。上哭之恸，谥曰忠简。

子福孙、寿孙、粘没曷。大定二十六年，诏赐福孙名璐，寿孙名璹，粘没曷名琳。是年，璐加奉国上将军。章宗即位，加银青荣禄大夫，封萧国公。初为兴陵崇妃养子，常居京师，奉朝请。泰和五年，卒。章宗辍朝，百官进名奉慰。

璹本名寿孙，世宗赐名，字仲实，一字子瑜。资质简重，博学有俊才，喜为诗，工真草书。大定二十七年，加奉国上将军。明昌初，加银青荣禄大夫。卫绍王时，加开府仪同三司。贞佑中，封胙国公。正大初，进封密国公。

璹奉朝请四十年，日以讲诵吟咏为事，时时潜与士大夫唱酬，然不敢明白往来。永功薨后，稍得出游，与文士赵秉文、杨云翼、雷渊、元好问、李汾、王飞伯辈交善。初，宣宗南迁，诸王宗室颠沛奔走，璹乃尽载其家法书名画，一帙不遗。居汴中，家人口多，俸入少，客至，贫不能具酒肴，蔬饭共食，焚香煮茗，尽出藏书，谈大定、明昌以来故事，终日不听客去，乐而不厌也。

天兴初，璹已卧疾，论及时事，叹曰："兵势如此，不能支，止可以降。全完颜氏一族归吾国中，使女直不灭则善矣，余复何望。"是时，曹王出质，璹见哀宗于隆德殿。上问："叔父欲何言？"璹奏曰："闻讹可欲出议和。讹可年幼，不苦谙练，恐不能办大事。臣请副之，或代其行。"上慰之曰："南渡后，国家比承平时有何奉养，然叔父亦未尝沾溉。无事则置之冷地，无所顾藉，缓急则置于不测，叔父尽忠固可，天下其谓朕何？叔父休矣。"于是君臣相顾泣下。未几，以疾薨。年六十一。

平生诗文甚多。自删其诗，存三百首，乐府一百首，号《如庵小藁》。第五子守禧，字庆之，风神秀彻，璹特钟爱，尝曰："平日所蓄书画将以付斯子。"及汴城降，守禧病卒，年未三十。

潞王永德，本名讹出。大定二十五年，与章宗及诸兄俱加开府仪同三司。二十七年，封薛王。明年，除秘书监。二十九年，进判秘书监，进封沈王。明昌元年，授山东东路把鲁古必剌猛安。二年，进封豳王。五年，迁劝农使。承安二年，进封潞王。承安三年，再任劝农使。泰和元年，有司劾永德元日进酒后期，有诏勿问。卫绍王时，累迁太子太师。宣宗即位，改同判大睦亲府事。兴定五年，迁判大睦亲府事。子斡论，赐名琰。

豫王永成，本名鹤野，又曰娄室。母昭仪梁氏。永成风姿奇伟，博学，善属文。世宗尤爱重之。大定七年，始封沈王，以太学博士王彦潜为府文学，永成师事之。十一年，进封豳。十五年，就外第。十六年，判秘书监。明年，授世袭山东东路把鲁古猛安，判大睦亲府事。既而改中都路胡土霭哥蛮猛安。二十年，改授翰林学士承旨。二十三年，判定武军节度使事，寻改判广宁府。二十五年，世宗幸上京，命留守中都，判吏部尚书，进开府仪同三司，为御史大夫。

章宗即位，起复，进封吴，判真定府事。明昌元年，改山东西路盆买必剌猛安。明年，进封兖。坐率军民围猎，解职，奉表谢罪。上赐手诏曰："卿亲实肺腑，夙著忠纯，侍显考于春宫，曲尽友于之爱，洎冲人之继统，愈明忠赤之心，艰难之中，多所裨益。朕心简在，毫楮莫穷，用是起之苫块之中，授以维城之任。自典藩服，岁月荐更，蕞尔赵邦，知骥足之难展，眇哉镇府，固牛刀之莫施。方思驿召以赴朝，何意遽罹于国宪。偶因时猎，颇扰部民，法所不宽，宪台闻上。朕尚含容累月，未忍即行，虽欲遂于私恩，竟莫违于公议，解卿前职，即乃世封。噫，祖宗立法，非一人之敢私；骨肉至亲，岂千里而能间。以此退闲之小诫，欲成终始之洪恩。《经》云：'在上不骄，高而不危。'是以知节慎者修身之本，骄矜者败德之源。朕每自励，今以戒卿。昔东平乐善，能成不朽之名，梁孝奢淫，卒致忧疑之悔。前人所行，可为龟鉴。卿兼资文武，多艺多才，履道而行，何施不可。如能德业日新，无虑牵复之晚。朕素不工词翰，临文草草，直写所怀，冀不以辞害意也。"未几，授沁南军节度使。三年，改判咸平府事，未赴，移判太原府事。上以永成诞日，亲为诗以赐，有"美誉自应辉玉牒，忠诚不待启金縢"之语，当世荣之。

七年，改判平阳府事。承安改元，以覃恩进封豫。明年冬，进马八十匹，以资守御之备。上赐诏奖谕曰："卿夙有隽望，时惟茂亲，通达古今，砥砺忠义。方分忧于外服，来输骏于上闲，欲助边防，以增武备。惟尽心于体国，乃因物以见诚。载念恳勤，良深嘉奖。"五年，再任。俄召还，以疾不能入见。上亲幸其第临视。泰和四年，薨。讣闻，上为之震悼，赙赠甚厚，谥曰忠献。

永成自幼喜读书，晚年所学益醇，每暇日引文士相与切磋，接之以礼，未尝见骄色。自号曰"乐善居士"，有文集行于世云。

夔王允升，改名永升，本名斜不出，一名鹤寿。大定十一年，封徐王，进封虞王。二十六年，加开府仪同三司。明年，判吏部尚书，授山东西路按必出虎必剌猛安。章宗即位，加恩宗室，徙封隋王，除定武军节度使。明昌二年，改封曹王。久之，改封宛王。卫绍王即位，徙今封。贞祐元年九月，宣宗以允升年高，素羸疾，诏宫中听扶杖。寻薨。既殡，烧饭，上亲临奠。

赞曰：世宗保全宗室，无所不至，虽矫海陵之失，亦由天资仁厚而然也。其子永中、永蹈皆死章宗之手，其理盖有不可诘者。章宗无后，则厥报不爽矣。

卷八十六　　列传第二十四

李石子献可　**完颜福寿**　**独吉义**　**乌延蒲离黑**　**乌延蒲辖奴**　**乌延查剌**　**李师雄**　**尼庞古钞兀**　**孛术鲁定方**　**夹谷胡剌**　**蒲察斡论**　**夹谷查剌**

李石，字子坚，辽阳人，贞懿皇后弟也。先世仕辽，为宰相。高祖仙寿，尝脱辽主之舅于难，辽帝赐仙寿辽阳及汤池地千顷，他物称是，常以李舅目之。父雏讹只，桂州观察使，高永昌据东京，率众攻之，不胜而死。石敦厚寡言，而器识过人。天会二年，授世袭谋克，为行军猛安。睿宗为右副元帅，引置军中，属之宗弼。八年，除礼宾副使，转洛苑副使。天眷元年，置行台省于汴，石为汴京都巡检使，历大名少尹、汴京马军副都指挥使，累官景州刺史。海陵营建燕京宫室，石护役皇城端门。海陵迁都燕京，石随例入见。海陵指石曰："此非葛王之舅乎？"葛王，谓世宗也。未几，除兴中少尹。石知海陵忌宗室，颇歉前日之言，秩满，托疾还乡里。世宗留守东京，御契丹括里，石留东京巡察城中。海陵使副留守高存福伺察世宗动静，知军李蒲速越知存福谋，以告世宗，石因劝世宗先除存福，然后举事，世宗从之。大定元年，以定策功为户部尚书。无何，拜参知政事。

阿琐杀同知中都留守蒲察沙离只，遣使奉表东京，而群臣多劝世宗幸上京者。石奏曰："正隆远在江、淮，寇盗蜂起，万姓引领东向，宜因此时直赴中都，据腹心以号令天下，万世之业也。惟陛下无牵于众惑。"上意遂决，即日启行。世宗纳石女后宫，生郑王永蹈、卫绍王永济，是为元妃李氏。

三年，户部尚书梁銶上言："大定以前，官吏士卒俸粟支帖真伪相杂，请一切停罢。"石买革去旧贴，下仓支粟，仓司不敢违，以新粟与之。上闻其事，以问梁銶。梁銶对不以实。上命尚书左丞翟永固鞫之。梁銶削官四阶，降知火山军，石罢为御史大夫。久之，封道国公。

六年，上幸西京，石与少詹事乌古论三合守卫中都宫阙。诏曰："京师巡御，不可不严。近都猛安内选士二千人巡警，仍给口粊刍粟。"谓宰臣曰："府库钱币非徒聚货也，若军士贫弱，百姓困乏，所费虽多，岂可已哉？"故事，凡行幸，留守中都官每十日表问起居。上以使传频烦，命二十日一进表。七年，拜司徒，兼太子太师，御史大夫如故。赐第一区。

安化军节度使徒单子温，平章政事合喜之侄也，赃滥不法，石即劾奏之。方石奏事，宰相下殿立，俟良久。既退，宰相或问石奏事何久，石正色曰："正为天下奸污未尽诛耳。"闻者悚然。一日，上谓石曰："御史分别庶官邪、正。卿等惟劾有罪，而未尝举善也，宜令监察分路刺举善恶以闻。"

石司宪既久，年浸高。御史台奏，事有在制前断定，乞依新条改断者。上曰："若在制前行者，岂可改也。"上御香阁，召中丞移剌道谓之曰："李石耄矣，汝等宜尽心。向所奏事甚不当，岂涉于私乎？"他日，又谓石曰："卿近累奏皆常事，臣下善恶邪正，无语及之。卿年老矣，不能久居此，若能举一二善事，亦不负此职也。"十年，进拜太尉、尚书令。诏曰："太后兄弟惟卿一人，故命领尚书事。军国大事，涉于利害，识其可否，细事不烦卿也。"进封平原郡王。

平章政事完颜守道奏事，石神色不怿。世宗察之，谓石曰："守道所奏，既非私事，卿当共议可否。在上位者所见有不可，顺而从之，在下位者所见虽当，则遽不从乎？岂可以与己相违而蓄怒哉。如此则下位者谁敢复言？"石对曰："不敢。"上曰："朕欲于京府节镇运司长佐三员内任文臣一员，尚未得人。"石奏曰："资考未至，不敢拟。"上曰："近观节度转运副使中才能者有之。海陵时，省令史不用进士，故少尹节度转运副使中乏人。大定以来，用进士，亦颇有人矣，节度转运副使中有廉能者具以名闻，朕将用之。朝官不历外任，无以见其才，外官不历随朝，无以进其才，中外更试，庶可得人。"他日，上复问曰："外任五品职事多阙，何也？"石对曰："资考少有及者。"上曰："苟有贤能，当不次用之。"对不称旨，上表乞骸骨，以太保致仕，进封广平郡王。十六年，薨。上辍朝临吊，哭之恸，赙钱万贯，官给葬事。少府监张仅言监护，亲王、宰相以下郊送，谥襄简。

石以勋戚，久处腹心之寄，内廷献替，外罕得闻。观其劾奏徒单子温退答宰臣之问，气岸宜有不能堪者。时论得失半之，亦岂以是耶？旧史载其少贫，贞懿后周之，不受，曰："国家方急用人，正宜自勉，何患乎贫。"后感泣曰："汝苟能此，吾复何忧。"及中年，以冒粟见斥，众讥贪鄙，如出二人。史又称其未贵，人有慢之者，及为相，其人以事见石，惶恐。石曰："吾岂念旧恶者。"待之弥厚。能为长者言如是，又与他日气岸迥殊。

山东、河南军民交恶，争田不绝。有司谓兵为国根本，姑宜假借。石持不可，曰："兵民一也，孰轻孰重？国家所恃以立者，纪纲耳，纪纲不明，故下敢轻冒。惟当明其疆理，示以法禁，使之无争，是为长久之术。"趣有司按问，自是军民之争遂息。北京民曹贵谋反，大理议廷中，谓贵等阴谋久不能发，在法"词理不能动众，威力不足率人"，罪止论斩。石是之。又议从坐，久不能决。石曰："罪疑惟轻。"入，详奏其状，上从之，缘坐皆免死。北鄙岁警，朝廷欲发民穿深堑以御之。石与丞相纥石烈良弼皆曰："不可。古筑长城备北，徒耗民力，无益于事。北俗无定居，出没不常，惟当以德柔之。若徒深堑，必当置戍，而塞北多风沙，曾未期年，堑已平矣。不可疲中国有用之力，为此无益。"议遂寝。是皆足称云。

世宗在位几三十年，尚书令凡四人：张浩以旧官，完颜守道以功，徒单克宁以顾命，石以定策，他无及者。明昌五年，配享世宗庙廷。子献可、逵可。

献可字仲和，大定十年，中进士第。世宗喜曰："太后家有子孙举进士，甚盛事也。"累官户部员外郎，坐事降清水令，召为大兴少尹，迁户部侍郎，累迁山东提刑使。卒。卫绍王即位，以元舅赠特进，追封道国公。子道安，擢符宝郎。

完颜福寿，曷速馆人也。父合住，国初来归，授猛安。天眷二年，福寿袭父合住职，授定远大将军，累加金吾卫上将军。海陵省并猛安谋克，遂停封。正隆末，海陵伐宋，福寿领娄室、台答蔼二猛安由山东道进至泰安。既受甲，福寿乃诱将校北还，而高忠建、卢万家奴等亦各率众万余俱归东京，欲共立世宗。至辽口，世宗遣徒单思忠、府吏张谋鲁瓦等来迎，察其去就。思忠等以数骑驰入军中，见福寿等问曰："将军何为至此？"福寿等向南指海陵而言曰："此人失道，不能保天下。国公乃太祖皇帝亲孙，我辈欲推戴为主，以此来耳。"诸军皆东向拜，呼万岁。为书以授思忠。于是督诸军渡辽水，径至东京城下，即谕军士擐甲入卫宫城，杀高存福等。明日，与诸将及东京吏民从婆速路兵马都总管完颜谋衍劝进。世宗即位，以福寿为元帅右监军，赐以银币御马。

初，谋衍之至也，大会诸军，以福寿之军居左，高忠建军居右。忠建曰："何以我军为右军？"谋衍曰："树置在我，尔曷敢言！"福寿曰："始建大事，左右军高下何足争也。"遂让忠建为左军。世宗闻而贤之。未几，从完颜谋衍讨白彦敬、纥石烈志宁于北京。是冬，上闻临潢尹兼元帅左都监吾扎忽等与窝斡战不利，命福寿将兵进讨。已败贼，俘获生口万计。世宗以纥石烈志宁代之，召还，授兴平军节度使，复其世袭猛安，寻领济州路诸军事。大定三年，卒。

独吉义，本名鹘鲁补，曷速馆人也。徙居辽阳之阿米吉山。祖回海，父秘剌。收国二年，曷速馆来附，秘剌领户三百，遂为谋克。秘剌长子照屋，次子忽史与义同母。秘剌死，忽史欲承谋克。义曰："长兄虽异母，不可夺也。"忽史乃以谋克归照屋，人咸义之。义以质子至上京。善女直、契丹字，为管勾御前文字。天会十五年，擢右监门卫大将军，除宁化州刺史。察廉，迁迭剌部族节度使、复州防御使，改卓鲁部族节度使、河南路统军都监，为武胜军节度使。边郡妄称寇至，统军司徙居民于汴，义独不听，日与官属击球游宴。统军司使人责之，义曰：“太师梁王南伐淮南，死者未葬，亡者未复，彼岂敢先发？此城中有榷场，若自动，彼将谓我无人。”既而果无事，统军谢之，请以沿边唐州等处诸军猛安皆隶于义。贞元元年，改唐古部族节度使，为彰化军，改利涉军节度使。是时，海陵伐宋，诸军往往逃归，而世宗在东京得众心。都统白彦敬自北京使人阴结义，欲与共图世宗。顷之，世宗即位，义即日来归，具陈所以与彦敬密谋者。世宗嘉其不欺，以为参知政事。

上谓义曰：“正隆率诸道兵伐宋，若反旆北指，则计将安出？”义曰：“正隆多行无道，杀其嫡母，阻兵虐众，必将自毙。陛下太祖之孙，即位此其时也。”上曰：“卿何以知之？”义曰：“陛下此举若太早，则正隆未渡淮，太迟则窝斡必太炽。今正隆已渡淮，窝斡未至太盛，将士在南，家属皆在此，惟早幸中都为便。”上嘉纳之。次榛子岭，世宗闻海陵死于军中，谓义曰：“信如卿所料。”大定二年，罢为益都尹，兼本路兵马都总管，赐金五十两、银五百两。三年，以疾致仕。四年，薨于家，年七十一。

子和尚，大定初，除应奉翰林文字，佩金牌。陀满讹里也子撒曷辇充护卫，司吏王得儿加保义校尉，皆佩银牌。持诏书宣谕中都以南州郡，及往南京谕太傅张浩。中道闻海陵遇害，南京及都督府皆奉表贺，乃止。和尚为奉使，擅废置州县官，辄行杀戮，诏尚书省鞫治之。十九年，诏以义孙引寿为斜鲁荅阿世袭谋克。义性辩给，善谈论，服玩不尚奢侈，食不兼味云。

赞曰：章宗尝问群臣：“世宗初起东京，大臣为谁？”完颜守贞对曰：“止有李石一人。”章宗叹曰：“苟如此，信有天命也。”完颜谋衍部署诸军，高忠建争长，完颜福寿让忠建而已下之，其功多矣。当是时，独吉义最先至，诸将尚未肯附。由是言之，果天也，非人力也。

乌延蒲离黑，速频路哲特猛安人，改属合懒路。祖思列，预平乌春、窝谋罕之乱，及伐辽、宋，皆有功，追授猛安，赠银青光禄大夫。父国也，袭猛安。蒲离黑从太祖伐辽，勇闻军中。天眷三年，袭猛安，授宁远大将军，累官武宁军节度使，迁京兆尹。海陵伐宋，行武威军都总管。军还，为顺义军节度使。徒单合喜定秦、陇，蒲离黑统完颜习尼列、颜盏门都兵救德顺州，改延安、平凉尹。致仕，封任国公。大定十九年卒。

乌延蒲辖奴，速频路星显河人也，后改隶曷懒路。父忽撒浑，天辅初，追授猛安，亲管谋克。蒲辖奴身长有力，多智略，袭其父猛安谋克，阶宁远大将军。天德二年，授陈州防御使。贞元元年，改昌武军节度使，以善绥抚，再任。海陵南征，改归德尹，为神策军都总管。当屯济州，比至山东，盗已据其城。蒲辖奴领十余骑往觇之，忽为其众所围。乃与军士皆下马，立而射之，杀百余人。贼众败走，迤逦袭之，至暮而还。明日，攻破其城，号令士卒，毋害居民，郡中获安。民感其惠，为立祠以祭。大定二年，为庆阳尹。元帅左都监徒单合喜奏宋军十万余据险阻，剽掠郡邑，请益师。诏益兵七千，与旧兵合为二万。遣蒲辖奴与延安尹高景山等分领其军以往。卒于军，年六十一。子查剌。

乌延查剌，银青光禄大夫蒲辖奴子也。力兼数人，勇果无敌。正隆六年伐宋，诸猛安谋克兵皆行，州县无备。契丹括里陷韩州，围信州，远近震骇。查剌道出咸平，遂率本部亟还信州，与战败之。已而贼复整兵环攻，且登其城，查剌下巨木压之，杀贼甚众，括里乃解去。查剌左右手持两大铁简，简重数十斤，人号为“铁简万户”。追及括里于韩州东八里许，贼方就平野为阵，查剌身率锐士，以铁简左右挥击之。无不僵仆。贼不能成列，乃易马督军复击之。贼众大败，遂走，东京、咸平、隆州民复帖然。

世宗即位，查剌谒见，充护卫，为骁骑副都指挥使，领万户。击窝斡，战于花道。大军未集，查剌在左翼，领六百骑与贼战，杀贼三千余人。宗亨、蒲察世杰七谋克战不利，世杰走查剌军，贼合围攻之。查剌圜拒而战，宗叙军来援，贼乃引去。西过袅岭，追及于陷泉。贼先犯右翼，查剌迎击之，贼退走。窝斡募人刺之，伪护卫阿不沙身长有力，奋大刀自后斫查剌，查剌回顾，以简背击阿不沙，折其右臂。与纥石烈志宁军合击，贼遂大败。

窝斡平，以为宿直将军，赐银三百两、重彩二十端。丁父忧，以本官起复，袭其父猛安，除蔡州防御使，改宿州，迁昌武军节度使，徙镇邠州。为贺宋岁元使，射淮上柳树，矢入其树饮羽。宋人素闻其名，甚异之。改凤翔尹，入为右副点检，出为兴中尹，改婆速路总管。高丽惮其威名，凡以事至婆速路者，望见而跪之。二十五年，为兴平军节度使，卒官。

查剌贞悫寡言，平居极和易，及临战奋勇，见者无不辟易，虽重围万众，出入若无人之境云。

李师雄，字伯威，雁门人也。有材力，喜谈兵，慕古之英雄，故名师雄。宋宣和中以骑射登科，累官大名、清平尉。王师至大名，师雄与府僚出降，摄本路兵马都监。齐国建，以为大总管府先锋都统制，知淄州。齐废，为汴京马军都虞候，历知宁海军、曹州刺史。皇统二年，为武胜军节度使。正隆末，为河州防御使。宋将吴璘军攻秦、陇，会师雄以事就逮临洮，宋兵至城下，州人乘城拒守，谋欲出降，师雄止之。宋将权仪鞭马方上浮桥，师雄射之，坠于桥下，遂擒权仪，宋师退。后从元帅左监军徒单合喜以兵攻河州，有功。未几，以疾归汴，卒。

尼庞古钞兀，曷速馆人。初为大臭扎也，补元帅府通事。宋将韩世忠率军数万围邳州，钞兀将轻骑数百与侦人数辈间道往救之，败敌兵六千。翌日，宋兵复围下邳，钞兀复败之。宋人攻济州，夺战舰略尽。是时，钞兀往宿州，分蒲鲁虎军，还至大河，与敌遇，力战败之，尽复战舰。王师复河南，宋别将由胡陵夜袭孛堇布辉营，士卒尽没。

钞兀从东平总管并力战，却之。元帅府赏以银币。钞兀勇敢，善伺敌虚实，以此屡捷。帅府承制加忠显校尉，为蕃部秃里，赐钱万贯、币帛三百匹、衣一袭、马二匹。将之官，河间尹大臭白于元帅，请留钞兀以给边事，许之。复赐钱万贯、银二百五十两、重彩三百端、马三匹。录功，授庆阳少尹。

海陵将伐宋，而契丹反，召入谕之曰："汝久在边陲，屡立战功。昨遣枢密使仆散忽土、留守石抹怀忠等讨契丹，师久无功，已置诸法。今命汝与都统白彦敬、副统纥石烈志宁进讨。"因赐具装厩马四匹。钞兀与彦敬等至北京，未能进。会世宗即位辽阳，钞兀迎谒，迁辅国上将军，与都统吾札忽、副统浑坦讨窝斡。钞兀行至窊历，与窝斡遇，左军小却，钞兀挺枪驰入其阵，手杀二十余人，贼乃退。元帅仆散忠义自花道追之，钞兀以前锋追及于陷泉，遂大败之。事平，迁西北路招讨使，改东北路。

钞兀与完颜思敬有隙，思敬为北京留守，奉诏至招讨司，钞兀不出饯。世宗闻之，遣使切责之曰："卿本大臭扎也，起身细微。受国厚恩，累历重任，乃以私憾，不饯诏使。当内省自讼，后勿复尔。朕不能再三曲恕汝也。"既而思敬为平章政事，东北路招讨使钞兀以私取诸部进马，事觉被逮，将赴京师。钞兀为人尚气，次海滨县，慨然曰："吾岂能为思敬辱哉！"遂缢而死。十九年，诏以钞兀旧功，授其子和尚世袭布辉猛安徒胡眼谋克。

孛术鲁定方，本名阿海，内吉河人也。材勇绝伦。海陵素闻其名。天德初，召授武义将军，充护卫。数月，转十人长，迁宿直将军，赐予甚厚。寻为殿前右卫将军，又三月，擢殿前右副点检，世袭猛安，改左副点检。出为河南尹，改彰德军节度使。海陵南伐，定方为神勇军都总管。大定二年，宋人陷汝州，河南统军使宗尹遣定方将兵四千往取之。汝州东南及北面皆山林险阻，不可以骑军战。是时，宋兵由鸦路出没，定方至襄城，得敌虚实，遂牒谕汝州属县曰："我率许州戍兵十二万径取汝州，尔等可备粮草二十万，使人扬言欲据要路绝宋兵往来。"既而定方引兵趋鸦路，宋人闻之，果弃城遁去。定方至鲁山境，知宋兵已去，遂遣轻骑二百追至布裤叉，击败之，遂复汝州。授凤翔尹。宋人阻边，以本职行河南道军马副统，率步骑六万，将由寿州进军，次亳州。宋李世辅陷宿州，定方从左副元帅志宁战于城下。时天大暑，定方督战，驰突敌阵中，出入数四，渴甚，因出阵下马取水，为人所害，年四十四。上闻而闵之，诏有司致祭，赙银五百两、重彩二十端，赠金紫光禄大夫。

夹谷胡刺，上京宋葛屯猛安人。初在左副元帅挞懒帐下，有战功，授武德将军，袭其父谋克。正隆末，山东盗起，胡刺为行军猛安讨贼，遇贼千五百人于徐州南，败之。山东路统军司选诸军八百人作十谋克，胡刺将之，与骁骑军皆隶点检司。行至淮南，海陵遣以骑兵三百二十往扬州，败宋兵千五百人于宣化镇。仆散忠义伐宋，胡刺领万户由泗州进战，遇敌于宿州，殁于阵，赠镇国上将军。

蒲察斡论，上京益速河人，徙临潢。祖忽土华，父马孙，俱赠金紫光禄大夫。斡论刚毅有技能。天辅初，以功臣子充护卫，迁左卫将军、定武军节度使，召为右副都点检。天德初，授世袭临潢府路曷吕斜鲁猛安，改东平尹，赐钱千万，累除河南尹。海陵伐宋，以本官为右领军都监。大定二年，仍为河南尹，兼河南路都统军使。宋以万人据寿安县，嵩州刺史石抹突刺、押军万户徒单赛补以骑兵三百巡逻，遇于县东，请师于斡论。斡论使猛安完颜鹘沙虎率七百人助之。宋兵多，突刺使士卒下马，跪而射之。宋兵不能当，走入县城。突刺进逼之，宋人弃城去，追及于铁索口，复大败之，遂复寿安。改北京留守、大定尹，卒官。

夹谷查刺，隆州失撒古河人也。祖不刺速，国初授世袭曷懒兀主猛安、曷懒路总管。父谢奴，官至工部尚书。查刺状貌魁伟，善女直、契丹书。天德初，以功臣子充护卫。二年，授武义将军。未几，擢符宝郎，凡再考，出为涿州刺史，改知平定军事。海陵南征，为武威军副都总管。军还，大定二年，授景州刺史，迁同知京兆尹。时彰化军节度使宗室璋等与宋将吴璘相拒于德顺州，元帅左都监徒单合喜遣查刺与诸将议破敌策。璋等议曰："我兵虽屡胜，而敌兵不退者，知我军少故也。须都监亲至，方可破敌。"于是合喜领兵四万至，遂下德顺州。入为殿前右卫将军，袭父猛安，改左卫将军，迁右副点检。有疾，丞相良弼视之，谓所亲曰："此人国器也。他人有疾，吾未尝往焉。"九年，出为东北路招讨使兼德昌军节度使，乃赐金带。到官，治有勤绩，边境以安。其断狱公平，道不拾遗。迁临潢尹兼本路兵马都总管，蕃部畏服。改西北路招讨使。上遣使宣谕曰："今诸部初附，命汝抚绥，当使治声达于朕听。"大定十二年卒。

查刺性忠实，内明敏，每论大事，超越伦辈。太师勖尝曰："查刺不学而知，方之古人，如此者鲜矣。"

赞曰：陷泉之捷，震电烨烨。符离之克，我势攸赫。陇、坻撟擢，淮、涀钩钲，成矣。故列叙诸将之功焉。

卷八十七　　列传第二十五

纥石烈志宁　仆散忠义　徒单合喜

纥石烈志宁，本名撒曷辇，上京胡塔安人。自五代祖太尉韩赤以来，与国家世为甥舅。父撒八，海陵时赐名怀忠，为泰州路颜河世袭谋克，转猛安，尝为东平尹、开远军节度使。志宁沉毅有大略，娶梁王宗弼女永安县主，宗弼于诸婿中最爱之。皇统间，为护卫。海陵以为右宣徽使，出为汾阳军节度使，入为兵部尚书，改左宣徽使、都点检，迁枢密副使，开封尹。

契丹撒八反，枢密使仆散忽土、北京留守萧赜、西京留守萧怀忠皆以征讨无功，坐诛。于是，志宁为北面副统，与都统白彦敬，以北京、临潢、泰州三路军讨之。志宁至北京，而海陵伐宋已渡淮。彦敬、志宁闻世宗有异志，乃阴结会宁尹完颜蒲速赉、利涉军节度使独吉义，将攻之。而世宗已即位，使石抹移迭、移剌曷补来招，彦敬、志宁杀其使者九人。世宗使完颜谋衍来伐，众不肯战，乃与彦敬俱降。世宗问曰："正隆暴虐，人望既绝，朕以太祖之孙即大位。汝杀我使者，又不能为正隆死节，恐为人所图，然后来降。朕今杀汝等，将何辞?"彦敬未有以对，志宁前奏曰："臣等受正隆厚恩，所以不降，罪当万死。"上曰："汝辈初心亦可谓忠于所事，自今事朕，宜勉忠节。"

世宗使扎八招窝斡，扎八乃劝之，遂称帝。世宗使右副元帅完颜谋衍征之，志宁以临海节度使，都统右翼军。窝斡败于长泺，西走，志宁追及于霿𩅨河。贼已先渡，依岸为阵，毁桥岸以为阻。志宁与贼夹河，为疑兵，与万户夹谷清臣、徒单海罗于下流涉渡。已渡，前有支港岸斗绝，其中泥泞，乃束柳填藉，士卒毕济。行数里，得平地，将士方食，贼奄至。贼据南冈，三驰下志宁阵。阵坚，力战，流矢中左臂，战自若。贼据上风纵火，乘烟势驰击。志宁步军继至，转战十余合，火益炽，风烟突人，不可当。会雨作，风烟乃熄，遂奋击，大破之。于是，元帅谋衍、右监军福寿不急击贼，久无功，右丞仆散忠义请自讨贼，而志宁击贼有功，上以忠义代谋衍，志宁代福寿，封定国公，使蒲察通至军中宣谕之。贼略懿州界，陷灵山、同昌、惠和三县，睥睨北京。会土河水涨，贼不得渡，乃西趋三韩县。志宁方追蹑之，元帅忠义与贼遇于花道，军颇失利。贼见志宁踵其后，不敢乘胜，遂西走。是时，大军马瘦弱，不堪追袭，诸将欲止军勿追。志宁获贼候人，知贼自选精锐，与老小辎重分道，期山后会集，可击其辎重。忠义以为然，遂过移马岭，进及袅岭西陷泉。贼见左翼据南冈为阵，不敢犯。右翼万户乌延查剌击贼少却，志宁与夹谷清臣等击之，贼众大败，涉水走。窝斡母徐辇举营由落括冈西去，志宁追及之，尽获其辎重，俘五万余人，杂畜不可胜计。伪节度使六，及其部族皆降。窝斡走奚中，至七渡河，志宁复败之。贼过浑岭，入于奚中。志宁获贼将稍合住，释弗杀，许以官赏，纵之归，约以捕窝斡自效。稍合住既去，见窝斡，秘不言见获事，乃反间奚人于窝斡曰："陷泉失利，奚人有贰志，不可不察。"当是时，窝斡屡败，其下亦各有心，稍合住乃与贼帅神独斡执窝斡，诣右都监完颜思敬降。志宁与万户清臣，宗宁、速哥等，追捕余党至燕子城，尽得所畜善马，因至抹拔里达之地，悉获之。逆党既平，入朝，为左副元帅，赐以玉带。

经略宋事，驻军睢阳，都元帅忠义居南京，节制诸军。宋将黄观察据蔡州，杨思据颍昌。志宁使完颜王祥复取蔡州，黄观察遁去。完颜襄攻颍州，拔之，获杨思。乃移牒宋枢密使张浚，使依皇统以来旧式，浚复书曰："谨遣使者至麾下议之。"是时，宋得窝斡党人括里、扎八，用其谋攻灵璧、虹县，都统奚挞不也叛入于宋，遂陷宿州。括里等谋曰："北人恃骑射，战胜攻取。今夏月久雨，胶解，弓不可用。"故李世辅与之来攻宿州。归德尹术甲撒速、宿州防御使乌林答剌撒、万户温迪罕速可、裴满娄室，不守约束，不肯坚壁俟大军，辄出与战，由是军败，城陷。剌撒尝遣人入宋界贸易，交通李世辅，受其赂遗，久之，事觉，伏诛。谋克赛一坐故知不举，除名。挞不也母斡里懒，缘坐当死，上曰："挞不也背国弃母，杀之何益？朕闵其老。"遂原其死。诏撒速、剌撒、速可、娄室各杖有差，撒速、剌撒仍解职。世辅自以为得志，日与括里、扎八置酒高会。志宁以精兵万人，发自睢阳，趋宿州。中使来督军，志宁附奏曰："此役不烦圣虑，臣但恐世辅遁去耳。"世辅闻志宁军止万人，甚易之，曰："当令十人执一人也。"括里等问候人所见上将旗帜，知是志宁，谓世辅曰："此撒合辇监军也，军至万人，慎毋轻之。"大定三年五月二十日，志宁将至宿州，乃令从军尽执旗帜，驻州西为疑兵，三猛安兵驻州南。志宁自以大军驻州东南，厄其归路。世辅望见州西兵旌旗蔽野，果谓大军在州西，而谓东南兵少不足虑，先击之。以步骑数万，皆执盾，背城为阵，外以行马捍之。使别将将兵三千，出自东门，欲自阵后攻志宁军，万户蒲查击败之。右翼万户夹谷清臣为前行，撤毁行马，短兵接战，世辅军乱，诸将乘之，追杀至城下。是夕，世辅尽按败将，将斩之，其统制常吉惧而来奔，尽得城中虚实。明日，世辅悉兵出战，骑兵居前，志宁使夹谷清臣当之。世辅别将以五六千骑为一队，与清臣遇，清臣踵击之，宋将不能反旆。志宁麾诸军力战，世辅复大败，走者自相蹈藉，僵尸相枕，争城门而入。门填塞，人人自阻，遂缘城而上。我军自濠外射之，往往堕死于隍间。杀骑士万五千，步卒三万余人。世辅乘夜脱走。明日，夹谷清臣、张师忠追及世辅，斩首四千余，赴水死者不可胜计，获甲三万，他兵仗甚众。上以御服金线袍、玉吐鹘、宾铁佩刀，使移剌道就军中赐之。凡有功将士，猛安、谋克并如陕西迁赏，蒲辇进官三阶、重彩三端、绢六匹，旗鼓笛手、吏人各赐钱十贯。诏志宁曰："卿虽年少，前征契丹战功居最，今复破大敌，朕甚嘉之。"

宋人议和不能决，都元帅仆散忠义移军泰和，志宁移军临涣，遂渡淮，徒单克宁取盱眙、濠、庐、和、滁等州。宋人惧，乃决意请和。使者六七往反，议遂定，宋世为侄国，约岁币二十万两、匹。魏杞奉誓书入见，复通好。志宁还军睢阳，上以御服、玉佩刀、通犀御带赐之。诏曰："灵璧、虹县、宿州兵士死者，朕实闵焉。宜归葬乡里，官为赉送，人赙钱三十贯。"凤翔尹孛术鲁定方以下猛安谋克，官为致祭。定方赙银五百两、重彩二十端，猛安三百贯，谋克二百贯，蒲里衍一百贯，权猛安二百贯，权谋克一百五十贯，权蒲里衍七十贯。

五年三月，忠义朝京师，志宁驻军南京。五月，志宁召至京师，拜平章政事，左副元帅如故。志宁复还军，赐玉束带，上曰："卿壮年能立功如此，朕甚嘉之。南服虽定，日月尚浅，须卿一往规画。"六年二月，志宁还京师，拜枢密使。七年十一月八日，皇太子生日，宴群臣于东宫，志宁奉觞上寿，上悦，顾谓太子曰："天下无事，吾父子今日相乐，皆此人力也。"使太子取御前玉大杓酌酒，上手饮志宁，即以玉杓及黄金五百两赐之。以第十四女下嫁志宁子诸神奴，八年十月，进币，宴百官于庆和殿。皇女以妇礼谒见，志宁夫妇坐而受之，欢饮终日，夜久乃罢。九年，拜右丞相。十一年，代宗叙北征。既还，遣使者迎劳，赐以弓矢、玉吐鹘。入见，上慰劳良久。是日，封广平郡王，复遣使就第慰劳之。皇太子生日，宴群臣于东宫，以玉带赐志宁，上曰："此梁王宗弼所服者，故以赐卿。"郊祀覃恩，从征护卫，皆有赐，进封金源郡王。

十二年，志宁有疾，中使看问，日三四辈。疾亟，赐金丹三十粒，诏曰："此丹未尝以赐人也。"使者至，志宁已不能言，但稽首而已。是岁，薨。上辍朝，临其丧，行哭而入，哀动左右。将葬，上致祭，见陈甲柩前，复恸哭之。赙银千五百两、重彩五十端、绢五百匹，葬事祠堂，皆从官给，谥武定。十五年，图像衍庆宫。

志宁妻永安县主妒甚，尝杀孕妾，及志宁薨后，诸神奴兄弟皆病亡，世宗甚惜之，遣使谕永安县主曰："丞相有大功三，先朝旧臣，惟秦、宋二王功大，余不及也。今养其孽子，当如亲子视之。"二十二年，上问宰臣："仆散忠义、纥石烈志宁孰愈?"尚书左丞襄奏曰："忠义兵权精致，此其所长也。"上曰："不然。志宁临敌，身先士卒，勇敢之气，自太师梁王未有如此人者也。"明昌五年，配享世宗庙廷。

仆散忠义，本名乌者，上京拔卢古河人，宣献皇后侄，元妃之兄也。高祖斡鲁补。曾祖班睹。祖胡阑。父背鲁，国初世袭谋克，婆速路统军使，致仕。忠义魁伟，长髯，喜谈兵，有大略。年十六，领本谋克兵，从宗辅定陕西，行间射中宋大将，宋兵遂溃，由是知名。帅府录其功，承制署为谋克。宗弼再取河南，表荐忠义为猛安。攻冀州，先登，攻大名府，以本部兵力战，破其军十余万，赏以奴婢、马牛、金银、重彩。从宗弼渡淮攻寿、庐等州，宗弼称之曰："此子勇略过人，将帅之器也。"赏马五匹、牛一百五十头、羊五百口，领亲军万户，超宁远大将军，承其父世袭谋克。

皇统四年，除博州防御使，公余学女直字，及古算法，阅月，尽能通之。在郡不事田猎、燕游，以职业为务，郡中翕然称治。忽一夕阴晦，囚徒谋为反狱。仓猝间，将校皆惶骇失措，忠义从容，但使守更吏挝鼓鸣角。囚徒以为天且晓，不敢出，自就桎梏。及考，郡民诣阙愿留，诏从之。八年，改同知真定尹，兼河北西路兵马都总管，迁西北路招讨使，入为兵部尚书。

仆散忽土尝与海陵篡立，恃势陵傲同列，忠义因会饮众辱之，海陵不悦，出为震武军节度使。火山贼李铁枪乘暑来攻，忠义单衣从一骑迎击之，射杀数人，贼乃退。改临洮尹，兼熙秦路兵马都总管。海陵召至京师谓之曰："洮河地接吐番、木波，异时剽害良民，州县不能制。汝宿将，故以命汝。"赐绛服、玉具、佩刀。阅再考，徙平阳尹，再徙济南尹。以本官为汉南路行营副统制，伐宋，克通化军。

世宗立，海陵死扬州，罢兵入朝京师，拜尚书右丞。移剌窝斡僭号，兵久不决。右副元帅完颜谋衍既败之于雾凇河，乃拥众，贪卤掠，不追讨，而纵其子斜哥暴横军中，士卒不用命。贼得水草善地，官军踵其遗余，水草乏，马益弱，贼轶出山西，久无功。忠义请曰："契丹小寇，不时殄灭，致烦圣虑。臣闻主忧臣辱，愿效死力除之。"世宗大悦。即召还谋衍，勒归斜哥本贯。拜忠义平章政事，兼右副元帅，封荣国公，赐以御府貂裘、宾铁吐鹘弓矢大刀、具装对马及安山铁甲、金牌，诏曰："军中将士有犯，连职之外并以军法从事，有功者依格迁赏。"诏诸将士曰："兵久驻边陲，蠹费财用，百姓不得休息。今以右丞忠义为平章政事、右副元帅，宜同心戮力，无或弛慢。"忠义至军，贼陷灵山、同昌、惠和等县，阵而西行。忠义追之，及于花道，宗亨为左翼，宗叙为右翼，与贼夹河而阵。贼渡河，先攻左翼，偏败，右翼救之，贼引去。窝斡乃以精锐自随，以羸兵护其母妻辎重由别道西走，期于山后会集。追复及于袅岭西陷泉。与贼遇，时昏雾四塞，跬步莫睹物色，忠义祷曰："狂寇肆暴，杀戮无辜，天不助恶，当为开霁。"奠已，昏雾廓然。及战，忠义左据南冈，为偃月阵，右迤而北，大败之，获其弟袅，俘生口三十万，获杂畜十余万，车帐金珍以钜万计，悉分诸军。贼走趋奚地，遣将追蹑，至七渡河，又败之。既逾浑岭，复进军袭之，望风奔溃，遁入奚中，降者相属于路。诏忠义曰："卿材能素著，果能大破贼众，朕甚嘉之。今遣劳卿，如朕亲往。赐卿御衣、及骨睹犀具佩刀、通犀带等。就以俘获，均散军士。"窝斡既败，遂入于奚中。高忠建败奚于栲栳山，移剌道取抹白诸奚之家，抹白奚乃降，窝斡势益弱。纥石烈志宁获贼将稍合住，纵之使归，约以捕窝斡自赎，仍许以官赏。稍合住与其党，执窝斡诣完颜思敬降。契丹平。忠义朝京师，拜尚书右丞相，改封沂国公，以玉带赐之。

自海陵遇弑，大军北还，而窝斡鸱张，命将徂征。及窝斡败，其党括里、扎八奔入于宋，宋人用其谋，侵掠边鄙，攻取泗、寿、唐、海州。于是，宋主传位于宗室子昚，是为宋孝宗，虽尝遣使来，而欲用敌国礼。世宗以纥石烈志宁经略宋事，制诏忠义以丞相总戎事，居南京节制诸将，时大定二年也。忠义将行，陛辞，上谕之曰："彼若归侵疆，贡礼如故，则可罢兵。"既至南京，简阅士卒，分屯要害，戒诸将严守备。使左副元帅志宁移牒宋枢密使张浚，其略曰："可还所侵本朝内地，各守自来画定疆界，凡事一依皇统以来旧约，帅府亦当解严。如必欲抗衡，请会兵相见。"宋宣抚使张浚复书志宁曰："疆埸之一彼一此，兵家之或胜或负，何常之有，当置勿道。谨遣官僚，敬造麾下议之。"是时，已复泗、寿、邓州，请隳其城，迁其民于宿、亳、蔡州，上曰："三州本吾土也，得之则已。"忠义使将士择善水草休息，且牧马，俟来岁取淮南。初，世宗诏诸将由泗、寿、唐邓三道进发，宋人闻之，即自方城、叶县以来田野皆烧夷之，使无所刍牧。忠义命唐、邓道军刍牧许、汝间。

三年，忠义入奏事，遂以丞相兼都元帅。无何，还军中。忠义与宋相持日久，虑夏久雨，弓力易减，宋或乘时见攻，豫选劲弓万张于别库。及自汴赴阙议事，次浚州，宋将李世辅果掩取灵璧、虹县，遂陷宿州。忠义使人还汴，发所贮劲弓给志宁军，与宋人战，遂大捷，竟复宿州。忠义还，以书责宋。宋同知枢密院事洪遵、计议官卢仲贤，遣使二辈持与志宁书及手状，归海、泗、唐、邓州所侵地，约为叔侄国。报书期十一月使入境，宋又使人来言，礼物未备，请俟十二月行成。忠义以其事驰奏，请定书式，且言宋书如式，则许其入界，如其不然，势须遣还本国，复禀其主，若是往复，动经七八十日，恐误军马进取。世宗以诏谕之曰："若宋人归疆，岁币如昔，可免奉表称臣，许世为侄国。"忠义乃贻书宋人，前后凡七，宋人他托未从。忠义移大军压淮境，遣志宁率偏师渡淮，取盱眙、濠、庐、和、滁等州，宋人惧。而世宗意天下厌苦兵革，思与百姓休息，诏忠义度宜以行。

四年正月，忠义使右监军宗叙入奏，将近暑月，乞俟秋凉进发。诏从之。宋使胡昉以右仆射汤思退书来，宋称侄国，不肯加世字。忠义执昉留军中，答其书，使使以闻。诏曰："行人何罪，遣胡昉还国。边事从宜措画。"八月，诏忠义曰："前请俟秋凉进发，今已八月，复俟何时？"先是，忠义乞增金、银牌，上曰："太师梁王兼数职，未尝增也。"至是增都元帅金牌一、银牌二十，左右副元帅金牌各一、银牌各十，左右监军金牌各一、银牌各六，左右都监金牌各一、银牌各四，三路都统府银牌各二。乃定南界官员、百姓归附迁赏格。

元帅府获宋谍人符忠。忠前尝至中都，大兴府官诘问，忠执文据，及与泗州防御判官张德亨知识，由是获免，厚谢德亨，德亨受之。忠具款服，乃奏其事于朝，于是，大兴少尹王全解职，德亨除名。和议始于张浚，中更洪遵、汤思退，及徒单克宁败宋魏胜于十八里庄，取楚州，世宗下诏进师，于是宋知枢密院周葵、同知枢密院事王之望书一一如约，和议始定。宋遣试礼部尚书魏杞，崇信军、承宣使康湑，充通问国信使，取到宋主国书式，并国书副本，宋世为侄国，约岁币为二十万两、匹，国书仍书名再拜，不称"大"字。大定五年正月，魏杞、康湑入见，其书曰："侄宋皇帝昚谨再拜致书于叔大金圣明仁孝皇帝阙下。"魏杞还，复书"叔大金皇帝"不名，不书"谨再拜"，但曰"致书于侄宋皇帝"，不用尊号，不称阙下。和好已定，罢兵，诏天下。以左副都点检完颜仲为报问国信使，太子詹事杨伯雄副之。

忠义奏官军一十七万三千三百余人，留马步军一十一万六千二百屯戍。上曰："今已许宋讲好，而屯戍尚多，可除旧军外，选马一万二千，阿里喜称是，步军虞候司军共选一万五千，及签军一万，与旧军通留六万。富强丁多者摘留，贫难者阿里喜官给，富者就用其奴。其存留马步军于河北东西、大名府、速频、胡里改、会宁、咸平府、济州、东京、曷速馆等路军内，约量拣取。其西南、西北招讨司，临潢府、泰州、北京、婆速、曷懒、山东东西路，并行放还。"诏近侍局使裴满子宁佩金牌，护卫丑底、符宝祗候驼满回海佩银牌，谕诸路将帅，以宋国进到岁币银绢二十万两、匹，尽数给与见存留及放散军充赏。曾过界者，人给绢二匹、银二两，不曾过界者银二两、绢一匹。阿里喜绢一匹。谋克倍军人，猛安倍谋克。押军猛安谋克年老有劳绩者，量与除授。又诏曰："其令一路全罢者，先发遣之。"赐忠义玉束带。三月，诏曰："如大军已放还，丞相忠义宜先还，左副元帅志宁、右监军宗叙留驻南京，余官非急用者并勒还任。"

忠义朝京师，上劳之曰："宋国请和，偃兵息民，皆卿力也。"拜左丞相，兼都元帅。大定初，事多权制，诏有司删定，上谓宰臣曰："凡已奏之事，朕尝再阅，卿等毋怀惧。朕于大臣，岂有不相信者？但军国事，不敢轻易，恐或有误也。"忠义对曰："臣等岂敢窃意陛下，但智力不及耳。陛下留神万几，天下之福也。"

大定六年正月，忠义有疾，上遣太医诊视，赐以御用药物，中使抚问，相继于道。二月，薨。上亲临哭之恸，辍朝奠祭，赙银千五百两、重彩五十端、绢五百匹。世宗将幸西京，复临奠焉。命参知政事唐括安礼护丧事，凡葬祭从优厚，官为给之。大宗正丞竟充敕祭使，中都转运副使王震充敕葬使，百官送葬，具一品仪物，建大将旗鼓，送至坟域。谥武庄。

忠义动由礼义，谦以接下，敬儒士，与人极和易，侃侃如也。善御将士，能得其死力。及为宰辅，知无不言。自汉、唐以来，外家多缘恩戚以致富贵，又多不克其终，未有兼任将相功名始终如忠义者。十一年，诏曰："故左丞相忠义族人，及昭德皇后亲族，人材可用者，左副点检乌古论元忠体察以闻。"二十一年，上思忠义功，勒铭墓碑。泰和元年，图像衍庆宫，配享世宗庙廷。子揆，别有传。

徒单合喜，上京速苏海水人也。父蒲涅，世袭猛安。合喜魁伟，膂力过人，一经闻见，终身不忘。天辅间，从金源郡王娄室为扎也，甚爱之。天会六年，以功为谋克，寻领娄室亲管猛安。元帅府闻其才，命权左翼军事。皇统二年，为陇州防御使。以兵十五人败宋兵二百于高陵，以兵五百人败宋兵二千于秦州，以兵八百人败宋兵三千五百于凤翔。以二谋克拒饶风关，宋兵二千来夺其关口，奋击败之，诸军乃得过险。迁平凉尹，再徙临洮、延安尹。是时，关、陕以西，初去兵革，百姓多失业，合喜守之以静，民多还归者。天德二年，为元帅左都监，陕西统军使。贞元二年，以本官兼河中尹。正隆六年，为西蜀道兵马都统。

世宗即位，以手诏赐合喜曰："岐国失道，杀其母后，横虐兄弟，流毒兆庶。朕惟太祖创业之艰难，勉膺大位。卿之子弟皆自军中来归，卿国家旧臣，岂不知天道人事？卿军不多，未宜深入，当领军屯境上。陕右重地，非卿无能措画者。俟兵革既定，即当召卿，宜自勉之。"大定二年，复为陕西路统军使。未几，改元帅右都监。表陈伐宋方略，诏许以便宜从事。转左都监。破宋兵于华州。是时宋吴璘侵古镇，分据散关、和尚原、神叉口、玉女潭、大虫岭、石壁寨、宝鸡县，兵十余万，陷河州、镇戎军。合喜乞济师，诏以河南兵万人益之。合喜遣丹州刺史赤盏胡速鲁改以兵四千守德顺，吴璘以二十万人围之。统军都监石抹迭勒将兵万人，破宋兵于河州，还过德顺，驻兵平凉，求益兵于合喜，以解德顺之围。合喜遣万户完颜习尼列、大良顺，宁州刺史颜盏门都各将本部兵，合二万人，以顺义军节度使乌延蒲离黑统押之，与迭勒会。吴璘闻之，使偏将将兵五千人来迎，前锋特里失乌也、奚王和尚击败之，追至德顺城南小溪边，璘自将大军蔽冈阜而出，乌也等驰击之，迭勒、蒲离黑继至，并力战，日已暮，两军不相辨，乃解。已而璘报云："宋主遣使至，两国讲和，请各罢兵。"璘遂遁去。蒲离黑亦引军还。自宋兵围城，至是凡四十余日乃解。

初，德顺在围中，押军猛安温敦蒲里海身先士卒，力战未尝少挫，及救兵至，围解，蒲里海之功为多。顷之，吴璘复来犯陕西州郡，兵十余万。诏以兵七千益合喜兵，号二万人，庆阳尹乌延蒲辖奴、延安尹高景山分领之。彰化军节度使璋、通远军节度使乌延吾里补、宁州刺史移剌高山奴、京兆少尹宗室泥河、恩州刺史完颜谋良虎，皆备军前任使。宋人驱率商、虢及华山、南山之民五万人，来围华州。押军万户裴满援剌欲坚壁守之，猛安移剌沙里剌曰："宋兵虽多，半是居民，不习战，不如击之。"于是援剌以骑兵千人败宋前锋，追至其大军，亦败之，斩首五千余级。已而，璋败宋姚良辅军于原州，宋戍军自宝鸡以西，至于大虫岭，皆自散关遁去。顷之，吴璘闻赤盏胡速鲁改、乌延蒲里黑军已去德顺，率兵号二十万，复据德顺，陷巩州、临洮府。临洮少尹纥石烈骚洽死之，诏赠官一阶，赐钱五百贯。合喜以璋权都统，习尼列权副统，将兵二万攻之。连战，宋兵虽败，璘恃其众，不肯去，分其兵之半，守秦州。合喜乃自行，驻水洛城，东自六盘山，西抵石山头，分兵守之，当德顺、秦州之两间，断其饷道，璘乃引去。

都统璋、副统习尼列邀击宋经略使荆皋，自上八节至甘谷城，杀数千人。习尼列擒宋将朱永以下将校十二人。宋张安抚守德顺，亦弃城遁，胡速鲁改邀击之，所杀过半，擒将校十余人，遂复德顺州。宋之守秦州者，亦自退。高景山定商、虢，宗室泥河取环州。于是，临洮、巩、秦、河、陇、兰、会、原、洮、积石、镇戎、德顺、商、虢、环、华等州府一十六尽复之，陕西平。诏书奖谕，赐以玉带。诏陕西将士，猛安，阶昭毅以下迁两资，昭武以上迁一资。谋克，阶六品以下迁两资，五品以上迁一资。押军猛安，阶昭武以上者迁一资，昭毅以下、武义以上迁两资，昭信以下，女直人迁宣武，余人迁奉信，无官者，女直人授敦信，余人授忠武。押军谋克，武功以下、忠显以上迁两资，忠勇以下，女直人迁昭信，余人迁忠显，无官者，女直人授忠显，余人授忠翊。正军，有官者迁一资，无官者授两资。猛安赏银五十两、重彩五端、绢十匹，权、正同之。正军人给钱三十贯，阿里喜十贯。战没军官、军士、长行，赠官赐钱有差。

五年，置陕西路统军使，兼京兆尹。元帅府移治河中府。统军使璋朝辞，上曰："合喜年老，以陕西军事委卿，凡镇防利害，可访问合喜也。"七年，入为枢密副使，改东京留守，赐以衣带、佩刀，诏曰："卿年老，以此职优佚，宜勉之。"九年，入为平章政事，奏睿宗收复陕西功数事，上嘉纳之，藏之秘府。封定国公。

十一年，薨。上方击球，闻讣遂罢。有司致祭，备礼以葬。赙银一千二百五十两及重彩币帛。二十一年，上念其功，迁其孙三合武功将军，授世袭本猛安曷懒若窟申谋克。泰和元年，配享世宗庙廷。

赞曰：大定之初，兵连于江、淮，难作于契丹，谋衍挟功，窝斡横噬，有弗戢之畏焉。世宗独断，召还谋衍，仆散忠义受任责成矣。故曰："兵主于将，将贤则士勇。"其此之谓邪！纥石烈志宁有言："受诏征伐，则不敢辞，为宰相则诚不能。"如知为相之难，固所谓贤也。秦、陇之兵，殆哉岌岌乎，徒单合喜料敌应变若此之审，亦难矣哉。

卷八十八　　列传第二十六

纥石烈良弼　完颜守道本名习尼列　**石琚**
唐括安礼　移剌道本名赵三　子光祖

纥石烈良弼，本名娄室，回怕川人也。曾祖忽懒。祖忒不鲁。父太宇，世袭蒲辇，徙宣宁。天会中，选诸路女直字学生送京师，良弼与纳合椿年皆童丱，俱在选中。是时，希尹为丞相，以事如外郡，良弼遇之途中，望见之，叹曰："吾辈学丞相文字，千里来京师，固当一见。"乃入传舍求见，拜于堂下。希尹问曰："此何儿也？"良弼自赞曰："有司所荐学丞相文字者也。"希尹大喜，问所学，良弼应对，无惧色。希尹曰："此子他日必为国之令器。"留之数日。年十四，为北京教授，学徒常二百人。时人为之语曰："前有谷神，后有娄室。"其从学者，后皆成名。年十七，补尚书省令史。簿书过目，辄得其隐奥。虽大文牒，口占立成，词理皆到。时学希尹之业者称为第一。除吏部主事。

天德初，累官吏部郎中，改右司郎中，借秘书少监为宋主岁元使。是时，纳合椿年为参知政事，荐良弼才出己右，用是为刑部尚书，赐今名。丁父忧，以本官起复。海陵尝曰："左丞相张浩练达事务，而颇不实。刑部尚书娄室言行端正，无所阿谄。"因谓椿年曰："卿可谓举能矣。常人多嫉胜己者，卿举胜于己者，贤于人远矣。"改侍卫亲军马步军都指挥使。良弼音吐清亮，海陵诏谕臣下，必令良弼传旨，闻者莫不耸动，以故常被召问。不逾年，拜参知政事，进尚书右丞，赐佩刀入宫，转左丞。海陵伐宋，良弼谏不听，以为右领军大都督。海陵在淮南，诏良弼与监军徒单贞抚定上京、辽右。既而，诸军往往道亡北归，而世宗即位于辽阳，良弼乃还汴京。

海陵死，世宗就以良弼为南京留守兼开封尹，再兼河南都统，召拜尚书右丞。世宗谓良弼曰："卿尝谏正隆伐宋，不用卿言，以至废殒。当时怀禄偷安之人，朕皆黜之矣。今复用卿，凡于国家之事，当尽言，无复顾忌也。"良弼顿首谢。窝斡败于陷泉，入奚中，诏良弼佩金牌及银牌四，往北京招抚奚、契丹。还，拜尚书左丞。上言："祖宗以来未录功赏者，臣考按得凡三十二人，宜差第封赏。"诏曰："已有五品以上官者，闻奏。六品以下及无官者，尚书省约量迁除。"自是功劳毕赏矣。进拜平章政事，封宗国公。

初，山东两路猛安谋克与百姓杂居，诏良弼度宜易置，使与百姓异聚，与民田互相犬牙者，皆以官田对易之，自是无复争诉。六年十一月，皇太子生日，上置酒于东宫，良弼、志宁同赐酒。上曰："边境无事，中外晏然，将相之力也。"良弼奏曰："臣等不才，备位宰相，敢不竭犬马之力。"上悦。进拜右丞相，监修国史。世宗谓良弼曰："海陵时，记注皆不完。人君善恶，为万世劝戒，记注遗逸，后世何观？其令史官旁求书之。"又曰："五从以上宗室在省祗候者，才有可用，具名闻奏。其猥冗不足莅官者，亦闻奏罢去。"左丞完颜守道奏："近都两猛安，父子兄弟往往析居，其所得之地不能赡，日益困乏。"上以问宰臣，良弼对曰："必欲父兄聚居，宜以所分之地与土民相换易。虽暂扰，然经久甚便。"右丞石琚曰："百姓各安其业，不若依旧便。"上竟从良弼议。《太宗实录》成，赐良弼金带、重彩二十端，同修国史张景仁、曹望之、刘仲渊以下赐有差。

世宗与侍臣论古今为臣孰贤不肖，因谓宰相曰："皇统、正隆多杀臣僚，往往死非其罪。朕委卿等以大政，毋违道以自陷，毋曲从以误朕。惟忠惟孝，匡救辅益，期致太平。"良弼对曰："臣等过蒙嘉惠，虽谫薄，敢不尽心。圣谕谆谆，臣等不胜万幸。"良弼请于榷场市马，毋拘牝牡，"今官马甚少，一旦边境有警，乃调于民，不亦晚乎。"上从之。八年，选侍卫亲军，世宗闻其中多不能弓矢，诏使习射。顷之，问良弼及平章政事思敬曰："女直人习射尚未行耶？"良弼对曰："已行之矣。"同知清州防御事常德晖上书言："吏部格法，止叙年劳，虽有材能，拘滞下位。刺史、县令，多不得人。乞密加访察，然后廉问。今酒税使尚选能吏，县令可不择人才，乞以能吏当任酒税使者，任亲民之职。"上是其言，谓宰相曰："朕思庶职多不得人，中夜而寤，或达旦不能寐。卿等注意选择，朕亦密加体察。"良弼对曰："女直、契丹人，须是曾习汉人文字，然后可。方今大率多为党与，或称誉于此，或见毁于彼，所以难也。"上曰："朕所以密令体察也。"上谓良弼曰："猛安谋克牛头税粟，本以备凶年，凡水旱乏粮处就赈给之。"进拜左丞相，监修国史如故。

良弼为相既久，练达朝政，上所询访尽诚开奏，垂绅正笏不动声气，议政多称上意。以母忧去，起复旧职。是时，夏国王李仁孝乞分国之半，以封其臣任得敬。上以问群臣，群臣多言此外国事，从之可也。上曰："此非是仁孝本心，不可从。"良弼议与上意合。既而，夏国果诛任得敬，上表来谢。参知政事宗叙请置沿边壕堑，良弼曰："敌国果来伐，此岂可御哉？"上曰："卿言是也。"高丽国王王晛表让国于其弟晧，上疑之，以问宰相良弼。良弼策以为让国非王晛本心。其后赵位宠求以四十州来附，其表果言王晧弑其兄晛，如良弼策，语在《高丽传》中。

世宗罢采访官，谓宰臣曰："官吏之善恶，何由知之？"良弼对曰："臣等当为陛下访察之。"以进《睿宗实录》，赐通犀带、重彩二十端。是年，有事南郊，良弼为大礼使。自收国以来，未尝讲行是礼，历代典故又多不同，良弼讨论损益，各合其宜，人服其能。上与良弼、守道论猛安谋克官多年幼，不习教训，无长幼之礼。曩时乡里老者辄教导之。今乡里中耆老有能教导者，或谓事不在己而不问，或非其职而人不从。可依汉制置乡老，选廉洁正直可为师范者，使教导之。良弼奏曰："圣虑及此，亿兆之福也。"他日，上问曰："朕观前史，有在下位而存心国家，直言为民者。今无其人，何也？"良弼曰："今岂无其人哉。盖以直道而行，反被谤毁，祸及其身，是以不为也。"

大定十四年，岁在甲午，大兴尹璋为贺宋正旦使，宋人就馆夺其国书，诏梁肃详问。众议纷纷，谓凡午年必用兵，上以问良弼，对曰："太祖皇帝以甲午年伐辽，太宗皇帝以丙午年克宋，今兹宋人夺我国书，而适在午年，故有此语，未必然也。"既而，梁肃至宋，宋主起立授受国书，如旧仪。梁肃既还，宋主遣工部尚书张子颜、知阁门事刘密来祈请，其书曰："言念眇躬，夙承大统。荷上国照临之惠，寻盟遂阅于十年。修两朝聘问之勤，继好靡忘于一日。惟是函书之受，当新宾接之仪。尝空臆以屡陈，饬行人而再请。仰祈眷顾，俯赐矜从。"上与大臣议，良弼奏曰："宋国免称臣为侄，免奉表为书，恩赐亦已多矣。今又乞免亲接国书，是无厌也，必不可从。"平章政事完颜守道、参知政事移剌道与良弼议合。左丞石琚、右丞唐括安礼以为不从所请，必至于用兵。上谓琚等曰："卿等所言，非也。所请有大于此者，更欲从之乎。"遂从良弼议，答其书，略曰："弗循定分之常，复有授书之请。谓承大统，愈见自尊。奈何以若所为，尚求其欲。矧曰已行之礼，靡得而更。"其授受礼仪，终不复改。

上问宰臣："尝求内外官举贤能，未闻有举者，何也？"参政魏子平请当举者每任须举一人，视其当不，以为赏罚。上曰："宋制荐举，其人犯私罪者，举主虽至宰执，亦坐降罚。人心有恒者鲜，财利怵于前，或丧其所守。宰臣任大责重，岂坐是以为升黜邪？"良弼曰："前诏朝官六品以上，外官五品以上，各举所知，盍申明前诏？"从之。上曰："朕欲周知官吏善恶，若寻常遣官采访，恐用非其人。然则官吏善恶，何以知之？"良弼曰："臣等当为陛下访察。"上曰："然，但勿使名实混淆耳。"上欲徙窝斡逆党，分散置之辽东。良弼奏："此辈已经赦宥，徙之生怨望。"上曰："此目前利害，朕为子孙后世虑耳。"良弼曰："非臣等所及也。"于是以尝预乱者徙居乌古里石垒部。上问宰臣曰："尧有九年之水，汤有七年之旱，而民不病饥。今一二岁不登，而人民乏食，何也？"良弼对曰："古者地广人淳，崇尚节俭，而又惟农是务，故蓄积多，而无饥馑之患也。今地狭民众，又多弃本逐末，耕之者少，食之者众，故一遇凶岁而民已病矣。"上深然之，于是命有司惩戒荒纵不务生业者。

十七年，以疾辞相位，不许。告满百日，诏赐告，遣太医诊视，屡使中使问疾。良弼在告既久，省多滞事，上以问宰相、参政，张汝弼对曰："无之。"上曰："岂曰无之。自今疑事久不能决者，当具以闻。"十八年，表乞致仕归田里，上遣使慰谕之曰："卿比以疾在告，朕甚忧之。今闻卿将往西京养疾，彼中风土，非老疾所宜。京师中倦于人事，若就近都佳郡居处，待疾少间，速令朕知之。"良弼奏曰："臣遭遇圣明，滥膺大任，夙夜忧惧，以至成疾。比蒙圣恩，数遣使存问，赐以医药，臣之苟活至今，皆陛下之赐也。臣岂敢望到乡里，便可愈疾。臣去乡岁久，亲识多已亡没，惟老臣独在，乡土之恋，诚不能忘。臣窃惟自来人臣受知人主，无逾臣者，臣虽粉骨碎身无以图报。若使一还乡社，得见亲旧，则死无恨矣。"上问宰相曰："丞相良弼必欲归乡里，朕以世袭猛安封其子符宝曷荅，俾之侍行，何如？"右丞相完颜守道曰："不若以猛安授良弼，使其子摄事。"上从之。于是授胡论宋葛猛安，给丞相俸傔，良弼乃致仕归。上谓宰相曰："卿等非不尽心，但才力不及良弼，所以惜其去也。"其后，尚书省奏差除，上曰："丞相良弼拟注差除，未尝苟与不当得者，而荐举往往得人。粘割斡特剌、移剌慥、裴满余庆，皆其所举。至于私门请托，绝然无之。"尝问良弼："每旦暮日色皆赤，何也？"良弼曰："旦而色赤应在东，高丽当之。暮而色赤应在西，夏国当之。愿陛下修德以应天，则灾变自弭矣。"既而夏国有任德敬之乱，高丽有赵位宠之难，其言皆验云。是岁，薨。年六十。上悼惜之，遣太府监移剌慥、同知西京留守王佐为敕葬祭奠使，赙白金、彩币加等，丧葬皆从官给。追封金源郡王，命翰林待制移剌履勒铭墓碑，谥诚敏。

良弼性聪敏忠正，善断决，言论器识出人意表。虽起寒素，致位宰相，朝夕惕惕尽心于国，谋虑深远，荐举人材，常若不及。居家清俭，亲旧贫乏者周给之，与人交久而愈敬。居位几二十年，以成太平之功，号贤相焉。明昌五年，配飨世宗庙廷。

守道，本名习尼列，以祖谷神功，擢应奉翰林文字。皇统九年，同知卢龙军节度使事，历献、祁、滨、蓟四州刺史。世宗幸中都，过蓟，父老遮道请留再任。平章政事移剌元宜举以自代，于是迁昭毅大将军，授左谏议大夫。内族晏以恩旧拜左丞相，守道谏曰："陛下初即位，天下略定，边警未息，方大有为之时，恐晏非其材。必欲亲爱，莫若厚与之禄，俾勿事事。"乃授以太尉，致仕。世宗录扈从将士之劳，欲行赏赉，而帑藏空竭，议贷民财以与之。守道曰："人罹虐政，方喜更生，今仁恩未及，而征敛遽出，如群望何，宁出宫中所有，无取于民。"遂从其言。契丹叛，辽东猛安谋克在其境者，或附从之，朝议欲徙之内地，守道极陈其不可。右副元帅谋衍将兵讨贼，不即击，守道力言于朝，诏遣仆散忠义、纥石烈志宁往代之，东方以平。

大定二年，宫中十六位火，方事完葺，时已入夏，颇妨民力，守道谏而罢。未几，改太子詹事，兼右谏议大夫，驰驿规画山东两路军粮，及赈民饥。守道籍大姓户口，限以岁储，使尽输其羸入官，复给其直，以是军民皆足。拜参知政事、兼太子少保，守道恳辞，世宗谕之曰："乃祖勋在王室，朕亦悉卿忠谨，以是擢用，无为多让。"时契丹余党未附者尚众，北京、临潢、泰州民不安，诏守道佩金符往安抚之，给群牧马千匹，以备军用。守道招致契丹骨迭聂合等内附，民以宁息。还进尚书左丞，兼太子少师。尝从猎近郊，有虎伤猎夫，帝欲亲射之，守道叩马极谏而止。俄拜平章政事。十四年，宋人遣使因陈请手接书事，左丞石琚等议从其请，帝意未决，守道等以为不可许，帝卒从之，详在《纥石烈良弼传》中，既而，迁右丞相，监修国史，复迁左丞相，授世袭谋克。

二十年，修《熙宗实录》成，帝因谓曰："卿祖谷神行事有未当者，尚不为隐，见卿直笔也。"寻请避贤路，帝不许。进拜太尉、尚书令，改授尚书左丞相，谕之曰："丞相之位不可虚旷，须用老成人，故复以卿处之，卿宜悉此。"未几，复乞致仕，帝曰："以卿先朝勋臣之后，特委以三公重任，自秉政以来，效竭忠勤，朕甚嘉之。今引年求退，甚得宰相体，然未得代卿者，以是难从，汝勉之哉。"二十五年，坐擅支东宫诸皇孙食廪，夺官一阶。寻改兼太子太师，特录其子珪袭谋克，充符宝祗候。章宗为原王，诏习骑鞠，守道谏曰："哀制中未可。"帝曰："此习武备耳，自为之则不可，从朕之命，庸何伤乎？然亦不可数也。"二十六年，恳求致仕，优诏许之，特赐宴于庆春殿，帝手饮以卮酒，锡与甚厚，以其子珪侍行，又赐次子璋进士第。明昌四年卒，年七十四。上闻之震悼，遣其弟点检司判官蒲带致祭，赙银千两、重彩五十端、绢五百匹。太常议谥曰简宪，上改曰简靖，盖重其能全终始云。

石琚，字子美，定州人。沉厚好学。父皋，补郡吏，廉洁自将，称为长者。从鲁王阇母攻青州，州人坚守不降。阇母怒之，及城破，命皋计州民之数，将使诸军分掠有之，皋缓其事。阇母让之，皋曰："大王将为朝廷抚定郡县，当使百姓按堵，无或侵苦之。若取城邑而残其民，则未下者必死守以拒我。皋之稽缓，安敢逃罪。"阇母感悟，乃下令曰："敢有犯州人者，以军法论。"指其坐谓皋曰："汝之子孙必有居此坐者。"皋随守定州，唐县人王八谋为乱，书其县人姓名于籍，无虑数千人，其党持其籍诣州发之，皋主鞫治。是时冬月，皋抱籍上厅事，佯为顿仆，覆其籍炉火中，尽焚之，不可复得其姓名，止坐为首者，余皆得释。

琚生七岁，读书过目即成诵。既长，博通经史，工词章。天眷二年，中进士第一，再调弘政、邢台县令。邢守贪暴属县，掊取民财，以奉所欲，琚独一物无所与。既而守以赃败，他令佐皆坐累，琚以廉办，改秀容令。复擢行台礼部主事，召为左司都事。累迁吏部郎中。贞元三年，以父丧去官，寻起复为本部侍郎。世宗旧闻其名，大定二年，擢左谏议大夫，侍郎如故。奉命详定制度，琚上疏六事，大概言正纪纲，明赏罚，近忠直，远邪佞，省不急之务，罢无名之役。上嘉纳之。迁吏部尚书。琚自员外郎至尚书，未尝去吏部，且十年。典选久，凡宋、齐换授官格，南北通注铨法，能偻指而次第之，当时号为详明。顷之，拜参知政事，琚辞让再三，上曰："卿之材望，无不可者，何以辞为。"右丞苏保衡监护十六位工役，诏共典其事，给银牌二十四，许从宜规画。上谓琚曰："此役不欲烦民，丁匠皆给雇直，毋使贪吏夤缘为奸利，以兴民怨。卿等勉力，称朕意焉。"徒单合喜定陕西，琚请曲赦秦、陇，以安百姓，上从之。丁母忧，寻起复，进拜尚书右丞。天长观灾，诏有司营缮，有司辟民居以广大之，费钱三十万贯。蔚州采地蕈，役数百千人。琚奏之，上曰："自今凡称御前者，皆禀奏。"琚与孟浩对曰："圣训及此，百姓之福也。"是时，议禁网捕狐、兔等野物，累计其获，或至徒罪，琚奏曰："捕禽兽而罪至徒，恐非陛下意，杖而释之可也。"上曰："然。"久之，进拜左丞，兼太子少师。上问宰相："古有居下位能忧国为民直言无忌者，今何以无之？"琚对曰："是岂无之，但未得上达耳。"上曰："宜尽心采擢之。"

世宗将行郊祀，议配享，琚曰："配者，侑神作主也。自外至者无主不止，故推祖考以配天，同尊之也。《孝经》曰：'郊祀后稷以配天。'汉、魏、晋皆以一帝配之。唐高宗始以高祖、太宗崇配。垂拱初，以高祖、太宗、高宗并配。玄宗开元十一年，罢同配之礼，以高祖配。宋太宗时，以宣祖、太祖配。真宗时以太祖、太宗配。仁宗时，有司请以三帝并侑，遂以太祖、太宗、真宗并配。其后礼院议对越天地、神无二主，当以太祖配。此唐、宋变古以三帝配天，终竟依古以一祖配也。将来亲郊合依古礼，以一祖配之。"上曰："唐、宋不足为法，止当奉太祖皇帝配之。"琚尝请命太子习政事，或谮之曰："琚希恩东宫。"世宗察其无他，以此言告之，琚对曰："臣本孤生，蒙陛下拔擢，备位执政，兼师保之任。臣愚以为太子天下之本，当使知民事，遂言及之。"因乞解少师。十年二月，祭社，有司奏请御署祝版，上问琚曰："当署乎？"琚曰："故事有之。"上曰："祭祀典礼，卿等慎之，无使后世讥诮。熙宗尊谥太祖，宇文虚中定礼仪，以常朝服行事。当时朕虽童稚，犹觉其非。"琚曰："祭祀，大事也，非故事不敢行。"

上谓琚曰："女直人往往径居要达，不知闾阎疾苦。卿尝为丞簿，民间何事不知，凡利害极陈之。"上与宰臣议铸钱，或以铸钱工费数倍，欲采金银坑冶，上曰："山泽之利可以与民，惟钱币不当私铸。若财货流布四方，与在官何异。"琚进曰："臣闻天子之富藏于天下，正如泉源欲其流通耳。"上问琚曰："古亦有百姓铸钱者乎？"对曰："使百姓自铸，则小人图厚利，钱愈薄恶，古所以禁也。"

时民间往往造作妖言，相为党与谋不轨，事觉伏诛。上问宰臣曰："南方尚多反侧，何也？"琚对曰："南方无赖之徒，假托释道，以妖幻惑人。愚民无知，遂至犯法。"上曰："如僧智究是也。此辈不足恤，但军士讨捕，利取民财，害及良民，不若杜之以渐也。"智究，大名府僧，同寺僧苑智义与智究言，《莲华经》中载五浊恶世佛出魏地，《心经》有梦想究竟涅槃之语，汝法名智究，正应经文，先师藏瓶和尚知汝有是福分，亦作颂子付汝。智究信其言，遂谋作乱，历大名、东平州郡，假托抄化，诱惑愚民，潜结奸党，议以十一年十二月十七日先取兖州，会徒峄山，以"应天时"三字为号，分取东平诸州府。及期向夜，使逆党胡智爱等，劫旁近军寨，掠取甲仗，军士击败之。会傅戬、刘宣亦于阳谷、东平上变。皆伏诛，连坐者四百五十余人。

宗室子或不胜任官事，世宗欲授散官，量与廪禄，以赡足之，以问宰臣曰："于前代何如？"琚对曰："尧亲九族，周家内睦九族，皆帝王盛事也。"琚之将顺多此类。

十三年，上表乞致仕。十六年，再表乞致仕。皆不许。参知政事唐括安礼忤上意，出为横海军节度使，数年不复召。琚对便殿，从容进曰："唐括安礼忠直，久在外官。"世宗深然之，遂自南京留守召为尚书右丞。琚尝举室绍先以为右司员外郎，绍先中风暴卒，上甚惜之，谓琚曰："卿之所举也。"感叹者再三。

十七年，拜平章政事，封莘国公。明年，拜右丞相。修起居注移剌杰上书言："朝奏屏人议事，史官亦不与闻，无由纪录。"上以问宰相，琚与右丞唐括安礼对曰："古者史官，天子言动必书，以儆戒人君，庶几有畏也。周成王剪桐叶为圭，戏封叔虞，史佚曰：'天子不可戏言，言则史书之。'以此知人君言动，史官皆得记录，不可避也。"上曰："朕观《贞观政要》，唐太宗与臣下议论，始议如何，后竟如何，此政史臣在侧记而书之耳。若恐漏泄几事，则择慎密者任之。"朝奏屏人议事，记注官不避自此始。

以年老衰病固辞，上曰："朕知卿年老，勉为朕留，俟一二年，朕将思之。"上谓宰臣曰："朕为天子，未尝敢专行独断，每事遍问卿等，可行则行之，不可则止也。"琚与平章政事唐括安礼奏曰："好问则裕，自用则小，陛下行之，天下幸甚。"居一年，复表致仕，乃许。诏以一孙为阁门祗候。即命驾归乡里。久之，世宗谓宰臣："知人最为难事，近来左选多不得人。惟石琚为相时，往往举能其官，左丞移剌道、参政粘割斡特剌举右选，颇得之。朕常以不能遍识人材为不足。此宰相事也，左右近侍虽常有言，朕未敢轻信。"又曰："近日刺史县令多阙员，当择干济者除之，资级不到庸何伤。"又曰："惟石琚最为知人。"

唐括鼎为定武军节度使，上谓鼎曰："久不见石琚，精力比旧何如？汝到官往视之。"显宗亦思之，因琚生日，寄诗以见意。二十二年，以疾薨于家，年七十二。谥文宪。泰和元年，图像衍庆宫，配享世宗庙廷。

唐括安礼，本名斡鲁古，字子敬。好学，通经史，工词章，知为政大体。贞元中，累官临海军节度使，入为翰林侍读学士，改浚州防御使、彰化军节度使。大定初，迁益都尹，召为大兴尹，上曰："京师好讹言。府中奸吏为民患。卿虽年少，有治才，去其宿弊，毋为因仍。"察廉入第一等，进阶荣禄大夫。

七年五月，大兴府狱空，诏锡宴劳之。凡州郡有狱空者，皆赐钱为锡宴费，大兴府锡宴钱三百贯，其余有差。久之，拜参知政事，罢为横海军节度使，历河间尹、南京留守。以丧去官，起复尚书右丞。诏曰："南路女直户颇有贫者，汉户租佃田土，所得无几，费用不给，不习骑射，不任军旅。凡成丁者签入军籍，月给钱米，山东路沿边安置。其议以闻。”浃旬，上问曰：“宰臣议山东猛安贫户如之何？”奏曰：“未也。”乃问安礼曰：“于卿意如何？”对曰：“猛安人与汉户，今皆一家，彼耕此种，皆是国人，即日签军，恐妨农作。”上责安礼曰：“朕谓卿有知识，每事专效汉人。若无事之际可务农作，度宋人之意且起争端，国家有事，农作奚暇？卿习汉字，读《诗》、《书》，姑置此以讲本朝之法。前日宰臣皆女直拜，卿独汉人拜，是邪非邪？所谓一家者，皆一类也，女直、汉人，其实则二。朕即位东京，契丹、汉人皆不往，惟女直人偕来，此可谓一类乎？”又曰：“朕夙夜思念，使太祖皇帝功业不坠，传及万世，女直人物力不困。卿等悉之。”因以有益贫穷猛安人数事，诏左司郎中粘割斡特剌使书之，百官集议于尚书省。

十七年，诏遣监察御史完颜觌古速行边，从行契丹押剌四人，播剌、招得、雅鲁、斡列阿，自边亡归大石。上闻之，诏曰：“大石在夏国西北。昔窝斡为乱，契丹等响应，朕释其罪，俾复旧业，遣使安辑之，反侧之心犹未已。若大石使人间诱，必生边患。遣使徙之，俾与女直人杂居，男婚女聘，渐化成俗，长久之策也。”于是遣同签枢密院事纥石烈奥也、吏部郎中裴满余庆、翰林修撰移剌杰，徙西北路契丹人尝预窝斡乱者上京、济、利等路安置。以兵部郎中移剌子元为西北路招讨都监，诏子元曰：“卿可省谕徙上京、济州契丹人，彼地土肥饶，可以生殖，与女直人相为婚姻，亦汝等久安之计也。卿与奥也同催发徙之。仍遣猛安一员以兵护送而东，所经道路勿令与群牧相近，脱或有变，即便讨灭。俟其过岭，卿即还镇。”上已遣奥也、子元等，谓宰臣曰：“海陵时，契丹人尤被信任，终为叛乱，群牧使鹤寿、驸马都尉赛一、昭武大将军术鲁古、金吾卫上将军蒲都皆被害。赛一等皆功臣之后，在官时未尝与契丹有怨，彼之野心，亦足见也。”安礼对曰：“圣主溥爱天下，子育万国，不宜有分别。”上曰：“朕非有分别，但善善恶恶，所以为治。异时或有边衅，契丹岂肯与我一心也哉。”

他日，上又曰：“荐举，大臣之职。外官五品犹得举人，宰相无所举，何也？”安礼对曰：“孔子称才难。贤人君子，世不多有。陛下必欲得人，当广取士之路，区别器使之，斯得人矣。”上曰：“除授格法不伦。奉职皆阀阅子孙，朕所知识，有资考出身月日。亲军不以门第收补，无荫者不至武义不得出职。但以女直人有超迁官资，故出职反在奉职上。天下一家，独女直有超迁格，何也？”安礼对曰：“祖宗以来立此格，恐难辄改。”

转左丞，与右丞蒲察通同日拜，上谓之曰：“朕今年五十有五，若过六十，必倦于政事。宜及朕之康强，凡女直猛安谋克当修举政事，改定法令。宗族中鲜有及朕之寿者，朕颇习女直旧风，子孙岂能知之，况政事乎。卿等宜悉此意。”上又曰：“大理寺事多留滞，宰执不督责之，何也？”安礼对曰：“案牍疑难者旧例给限。”上曰：“旧例是邪非邪，今不究其事，辄给以限邪？”参政移剌道曰：“臣在大理时，未尝有滞事。”上曰：“卿在大理无滞事，为宰执而不能检治，何也？”道无以对而退。上问宰臣曰：“御史台官，亦与亲知往来否？”皆曰：“往来殊少。”上曰：“台官当尽绝人事。谏官、记注官与闻议论，亦不可与人游从。”安礼对曰：“亲知之间，恐不可尽绝也。”上曰：“职任如是，何恤人之言。”

进拜平章政事，封芮国公，授世袭谋克。上谕安礼，前代史书详备，今祖宗实录太简略。对曰：“前代史皆成书，有帝纪、列传。他日修史时，亦有帝纪、列传，其详自见于列传也。”安礼尝议科目，言于上曰：“臣观近日士人不以策论为意。今若诗赋策论各场考试，文理俱优者为中选，以时务策观其器识，庶得人也。”上曰：“卿等议之。”上谓宰臣曰：“赏有功不可缓，缓赏无以劝善。”安礼对曰：“古所谓赏不逾时者，正谓此也。”

二十一年，拜右丞相，进封申国公，固辞曰：“臣备位宰相，无补于国家，夙夜忧惧，惟恐得罪，上负陛下，下负百姓。臣实不敢受丞相位，惟陛下择贤于臣者用之。”上曰：“朕知卿正直，与左丞相习显无异。且练习政事，无出卿之右者。其毋多让。”安礼顿首谢。是岁，薨。泰和元年，配享世宗庙廷。

移剌道，本名赵三。其先乙室部人也，初徙咸平。为人宽厚，有大志，以笃孝著名。通女直、契丹、汉字。皇统初，补刑部令史，转尚书省令史，再迁大理司直。丁母忧，起复，迁户部员外郎。正隆三年，徙临潢、咸平路、毕沙河等三猛安，屯戍斡卢速。还奏，海陵谓侍臣曰：“道骨相异常，他日必登公辅。”明年，迁本部郎中。

海陵伐宋，为都督府长史。海陵死，师还，无复纪律，士卒掠淮南，百姓苦之。有男女二百余人，自愿与道为奴，道受之，至淮，俟诸军毕济，乃悉遣还。大定二年，复为户部郎中，与梁銶安抚山东，招谕盗贼。民或避盗避役者，并令归业，不问罪名轻重皆原之，军人不得并缘虏掠。仆散忠义讨窝斡，道参谋幕府事。贼平，元帅府以俘获生口分给官僚，道悉纵遣之。

还京师，入见，既退，世宗目送之，曰：“此人有干才，可大用也。”迁翰林直学士，兼修起居注。顷之，世宗曰：“道清廉有干局，翰林文雅之职，不足以尽其才。”中都转运繁剧，乃改同知中都路都转运事。诏道送河北、山东等路廉察善恶升降官员制敕，上曰：“卿从讨契丹，不贪俘获，其志可嘉。故命卿为使。卿其勉之。”是岁，以廉升者，磁州刺史完颜蒲速列为北京副留守，潍州刺史蒲察蒲查为博州防御使，威州刺史完颜兀荅补为磁州刺史。治状不善下迁者，登州刺史大磐为嵩州刺史，同知南京留守高德基为同知北京转运事，卫州防御使完颜阿邻为陈州防御使，真定尹徒单拔改为兴平军节度使，安国军节度使唐括重国为彰化军节度使。仍具功过善恶宣谕，毋受馈献。迁大理卿。五年，宋人请和，罢兵。道往山东，阅实军器，振赡戍兵妻子。再除同知大兴尹。

亲军百人长完颜阿思钵非禁直日带刀入宫，其夜入左藏库，杀都监郭良臣，盗取金珠。点检司执其疑似者八人，掠笞三人死，五人者自诬，其赃不可得。上疑之，命道参问。道持久其狱，既而阿思钵鬻金事觉，伏诛。上曰：

“箠楚之下，何求不得。奈何点检司不以情求之乎！”赐掠死者钱人二百贯，周其家，不死者人五十贯。诏自今护卫亲军百人长、五十人长，非直日不得带刀入宫。

迁户部尚书。上曰：“朕初即位，卿为户部员外郎，闻卿孳孳为善，进卿郎中，果有可称。及贰京尹，亦能善治。户部经治国用，卿其勉之。”道顿首谢。改西北路招讨使，赐金带。故事，招讨使到官，诸部皆献驼马，多至数百，道皆却之，数月皆复贡职。父丧去官，起复参知政事。初，诸部有狱讼，招讨司例遣胥吏按问，往往为奸利。道请专设一官，上嘉纳之，招讨司设勘事官自此始。上谓宰臣曰：“比闻大理寺断狱，辄经旬月，何邪？”道奏曰：“在法，决死囚不过七日，徒刑五日，杖刑三日。”上曰：“法有程限，而辄违之，此官吏之责也，严戒约以去其弊。”进尚书右丞。乞致仕，上曰：“卿孝于家，忠于朕，通习法令政事，虽逾六十，心力未衰，未可退也。”乃除南京留守，赐通犀带。上曰：“河南统军乌古论思列为人少戆，凡边事须与卿共议。卿以朕意谕思列也。”入拜平章政事。

道弟临潼令幼阿补犯罪至死，道待罪于家。皇太子生日，宴于庆和殿，上问道何故不在，参知政事粘割斡特剌奏曰：“其弟犯死刑，据制不合入内。”上曰：“此何伤也。”即诏道起视事。是时县令多阙，上以问宰相，道奏曰：“散官宣武以上借除以充之。”上曰：“廉察八品以下已去官者，录事丞簿有清干之誉者，县尉入优等者，皆与县令。散官至五品，无贪污旷职之名者，亦可与之。俟县令不阙，即如旧制。”

二十三年，罢为咸平尹，封莘国公。上曰：“卿数年前尝乞致仕，朕不许卿。卿今老矣。咸平卿故乡，地凉事少，老者所宜。”赐通犀带。明日，复遣近侍曹渊谕旨曰：“咸平自窝斡乱后，民业尚未复旧，朕听卿归乡里，所以安辑一境也。”二十四年，薨。上闻之，悼惜良久。是岁幸上京，道过咸平，遣使致祭，赙赠有加。诏图像藏秘府，擢其子八狗为阁门祗候。

光祖字仲礼，幼名八狗。以荫补阁门祗候，调平晋令、卫州都巡河、内承奉押班，累转东上阁门使，兼典客署令。大安中，改少府少监。丁母忧，起复仪鸾局使，同知宣徽院使事，秘书监右宣徽使。兴定二年十一月，诏集百官议所以为长久之利者，光祖等三人议曰：“募土人假以方面权任，俾人自効，各保一方。”由是公府封建之论兴焉，语在九公传。三年，转左宣徽使。五年，卒。

赞曰：良弼、守道、琚、安礼、道，皆无闻正隆时，及其遭治朝，佐明主，谏行言听，膏泽下于民，岂非遇其时邪。官序无阙，上下相安，君享其名，臣终其禄，可谓盛哉。海陵能知移剌道有公辅之器，而不能用，故其治绩亦待大定而后著焉。人才之显晦，有系于世道之污隆也，尚矣。金世内燕，惟亲王公主驸马得与，世宗一日特召琚入，诸王以下窃语，心盖易之。世宗觉之，即语之曰：“使我父子家人辈得安然无事，而有今日之乐者，此人力也。”乃历举近事数十显著为时所知者以晓之，皆俯伏谢罪。君臣相知如此，有不竭忠者乎！大定末，世宗将立元妃为后，以问琚，琚屏左右曰：“元妃之立，本无异辞，如东宫何？”世宗愕然曰：“何谓也？”琚曰：“元妃自有子，元妃立，东宫摇矣。”世宗悟而止。且人主家事，人臣之所难言者，许敬宗以一言几亡唐祚，琚之对，其为金谋者至矣。

卷八十九　　列传第二十七

苏保衡　翟永固　魏子平　孟浩 田瑴
梁肃　移剌慥　移剌子敬

苏保衡，字宗尹，云中天成人。父京，辽进士，为西京留守。宗翰兵至西京，京出降。久之，京病笃，以保衡属宗翰。京死，宗翰荐之于朝。赐进士出身，补太子洗马，调解州军事判官。左监军撒离喝驻军陕西，辟幕府，参议军事，累官同知兴中尹。天德间，缮治中都，张浩举保衡分督工役。改大兴少尹，督诸陵工役。再迁工部尚书。海陵治兵伐宋，与徐文等造舟于通州，海陵猎近郊，因至通州视工作。兵兴，保衡为浙东道水军都统制，率舟师泛海，径趋临安。宋兵来袭，败于海中，副统制郑家死之。

大定二年，召赴中都。是时，山东盗贼啸聚，契丹攻掠临潢等州郡，百姓困弊。诏保衡安抚山东，前太子少保高思廉安抚临潢，发仓粟以赈之，无衣者赐以币帛，或官粟有阙，则收籴以给之，无妻室者具姓名以闻。还除刑部尚书。与工部尚书宗永、兵部侍郎完颜余里也，往河南、山东、陕西宣问屯田军人，有曾破大敌及攻城野战立功者，具姓名以闻。或以寡敌众，或与敌相当能先登败敌者，正军及擐甲阿里喜补官一阶，猛安谋克以功状上尚书省，曾随海陵军至淮上破敌者亦准上迁赏。

仆散忠义伐宋，保衡行户部于关中，兼纠察，许以便宜，黜守令不法者十余人。邠守傅慎微忤用事者，被谗构下狱且死，保衡力救之得免。入为太常卿，迁礼部尚书。三年，拜参知政事。宋人请和，诏保衡往南京，与仆散忠义斟酌事宜，行之。入奏，进右丞。四年，宋人请和，师还，保衡朝京师。初，宫女称心纵火十六位，延烧诸殿，上以方用兵，国用不足，不复营缮。及宋和，诏保衡监护役事，遣少府监张仲愈取南京宫殿图本。上闻之，谓保衡曰：“追仲愈还。民间将谓朕效正隆华侈也。”

六年冬，有疾，求致仕，不许。遣敬嗣晖传诏曰：“卿以忠直擢居执政，齿发未衰，遽以小疾求退。善加摄养，以俟疾间视事。”未几，薨，年五十五。世宗将放鹰近郊，闻之乃还，为辍朝，赙赠，命有司致祭。

翟永固，字仲坚，中都良乡人。太祖与宋约攻辽，事成以燕归宋。宋人以经义兼策取士，永固中第一，授开德府仪曹参军。金破宋，永固北归。中天会六年词赋科，授怀安丞，迁望云令，补枢密院令史，辟左副元帅宗翰府掾。永固家贫，求外补，宗翰爱其能，不许，以钱三千贯周之，荐于朝，摄左司郎中。除定武军节度副使，历同知清州防御使，入为工部员外郎。以母忧去官，起复礼部郎中，迁翰林直学士。

海陵篡立，宋国贺正旦使至广宁，海陵使使以废立事谕宋使，遣还之。以侍卫亲军都指挥使完颜思恭为报谕宋使，永固为副，且令永固伺察宋人动静。使还，改礼部侍郎。久之，分护燕京宫室役事，永固请写《无逸图》于殿壁，不纳。俄迁太常卿，考试贞元二年进士，出《尊祖配天赋》题，海陵以为猜度己意，召永固问曰："赋题不称朕意。我祖在位时祭天拜乎?"对曰："拜。"海陵曰："岂有生则致拜，死而同体配食者乎?"对曰："古有之，载在典礼。"海陵曰："若桀、纣曾行，亦欲我行之乎?"于是永固、张景仁皆杖二十。而进士张汝霖赋第八韵有曰："方今将行郊祀。"海陵诘之曰："汝安知我郊祀乎?"亦杖之三十。顷之，永固迁礼部尚书，赐笏头球文金带。改永定军节度使。正隆二年，例降二品以上官爵，永固阶光禄大夫不降，以宠异之。迁翰林学士承旨，与直学士韩汝嘉俱召至内殿，问以将亲伐宋事，永固对曰："宋人事本朝无衅隙，伐之无名。纵使可伐，亦无烦亲征，遣将帅可也。"由是大忤海陵意，永固即请致仕。正隆四年正月丁巳，海陵朝永寿宫，四品以上官赐宴，永固至殿门外，海陵即以致仕宣命授之，永固归卧于家。大定二年，起拜尚书左丞，请依旧制廉察官吏，革正隆守令之污，从之。明年，表乞致仕，诏不许。罢为真定尹，赐通犀带。尚书省奏，永固自执政为真定尹，其伞盖当用何制度，上曰："用执政制度。"遂著为令。五年，恳乞致仕，许之。六年，薨。

魏子平，字仲均，弘州人。登进士第，调五台主簿，累除为尚书省令史，除大理丞，历左司都事，同知中都转运使事，太府监。正隆三年，为贺宋主生日副使。是时，海陵谋伐宋，子平使还，入见，海陵问江左事，且曰："苏州与大名孰优?"子平对曰："江、湖地卑湿，夏服蕉葛，犹不堪暑，安得与大名比也。"海陵不悦。世宗即位，除户部侍郎。大定二年，丞相仆散忠义伐宋，置元帅府于南京，子平掌馈运，给金牌一、银牌六，粮道给办。进户部尚书。六年，复为贺宋主生日使，上曰："使宋无再往者，卿昔年供河南军储有劳，用此优卿耳。"

久之，拜参知政事。上问子平曰："古者税什一而民足，今百一而民不足，何也?"子平对曰："什一取其公田之入，今无公田而税其私田，为法不同。古有一易再易之田，中田一年荒而不种，下田二年荒而不种。今乃一切与上田均税之，此民所以困也。"上又问曰："戍卒逋亡物故，今按物力高者补之，可乎?"对曰："富家子弟骙懦不可用，守戍岁时求索无厌，家产随坏。若按物力多寡赋之，募材勇骑射之士，不足则调兵家子弟补之，庶几官收实用，人无失职之患。"上从之。

海州捕贼八十余人，贼首海州人，其兄今为宋之军官。上闻之，谓宰相曰："宋之和好，恐不能久，其宿、泗间汉军，以女直军代之。"子平曰："誓书称沿边州城，除自来合设置射粮军数并巡尉外，更不得屯军守戍。"上曰："此更代之，非增戍也。"

上曰："前日令内任官六品以上，外任五品以上，并举所知。未闻有举之者，岂无其才，盖知而不举也。"子平曰："请令当举之官，每任须举一人。"泽州刺史刘德裕、祁州刺史斜哥、沧州同知讹里也、易州同知讹里剌、楚丘县令刘春哥以赃污抵罪，上欲诏示中外，丞相守道以为不可，上以问子平曰："卿意何如?"子平曰："臣闻惩一戒百，陛下固宜行之。"上曰："然。"遂降诏焉。

宋人于襄阳汉江上造舟为浮梁三，南京统军司闻而奏之，上问宰臣曰："卿等度之，以为何如?"子平曰："臣闻襄阳薪刍，皆于江北取之，殆为此也。"上曰："朕与卿等治天下，当治其未然。及其有事，然后治之，则亦晚矣。"河南统军使宗叙求入见奏边事，上使修起居注粘割斡特剌就问状。宗叙言："得边报及宋来归者言，宋国调兵募民，运粮饷，完城郭，造战船浮桥，兵马移屯江北。自和议后即罢制置司，今复置矣。商、虢、海州皆有奸人出没，此不可不备。尝报枢密院，彼视以为文移，故欲入见言之。"斡特剌召凡言边事者诘问，皆无实状，行至境上，问知襄阳浮桥乃樵采之路，如子平策。还奏。诏凡妄说边关兵事者徒二年，告人得实，赏钱五百贯。

上问宰臣曰："祭宗庙用牛。牛尽力稼穑有功于人，杀之何如?"子平对曰："惟天地宗庙用之，所以异大祀之礼也。"

十一年，罢为南京留守，未几致仕。十五年，起为平阳尹，复致仕。二十六年，薨于家。

孟浩，字浩然，滦州人。辽末年登进士第。天会三年，为枢密院令史，除平州观察判官。天眷初，选入元帅府备任使，承制除归德少尹，充行台吏、礼部郎中，入为户部员外郎、郎中。韩企先为相，拔擢一时贤能，皆置机要，浩与田瑴皆在尚书省，瑴为吏部侍郎，浩为左司员外郎。既典选，善铨量人物，分别贤否，所引用皆君子。而蔡松年、曹望之、许霖皆小人，求与瑴相结，瑴薄其为人拒之。松年，蔡靖子。靖将兵不能守燕山，终败宋国，瑴颇以此讥斥松年，松年初事宗弼于行台省，以微巧得宗弼意，宗弼当国，引为刑部员外郎。望之为尚书省都事，霖为省令史。皆怨瑴等，时时毁短之于宗弼，凡与瑴善者皆指以为朋党。韩企先疾病，宗弼往问之，是日，瑴在企先所，闻宗弼至，知其恶己，乃自屏以避。宗弼曰："丞相年老且疾病，谁可继丞相者?"企先举瑴，而宗弼先入松年谮言，谓企先曰："此辈可诛。"瑴闻流汗浃背。企先薨，瑴出为横海军节度使。选人龚夷鉴除名，值赦，赴吏部铨，得预覃恩。瑴已除横海，部吏以夷鉴白瑴，瑴乃倒用月日署之。许霖在省典覃恩，行台省工部员外郎张子周素与瑴有怨，以事至京师，微知夷鉴覃恩事，嗾许霖发之，诋以专擅朝政。诏狱鞫之，拟瑴与奚毅、邢具瞻、王植、高凤庭、王效、赵益兴、龚夷鉴死，其妻子及所往来孟浩等三十四人皆徙海上，仍不以赦原。天下冤之。世宗在熙宗时，知田瑴党事皆松年等构成之。而浩等三十二人遇天德赦令还乡里，多物故，惟浩与瑴兄谷、王补、冯煦、王中安在。

大定二年，召见，复官爵。浩为侍御史，谷为大理丞，补为工部员外郎，煦为兵部主事，中安知火山军事，而浩寻复为右司员外郎。

浩笃实，遇事辄言，无所隐。上嘉其忠，每对大臣称之。有疾，求外补，除祁州刺史，致仕，归。七年，起为御史中丞，而浩已年老，世宗以不次用之，再阅月，拜参知政事。故事，无自中丞拜执政者，浩辞曰："不次之恩，非臣所敢当。"上曰："卿自刺史致仕，除中丞，国家用人，岂拘阶次？卿公正忠勤，虽年高犹可宣力数年，朕思之久矣。"浩顿首谢。

世宗敕有司东宫凉楼增建殿位，浩谏曰："皇太子义兼臣子，若所居与至尊宫室相侔，恐制度未宜，固宜示以俭德。"上曰："善。"遂罢其役，因谓太子曰："朕思汉文纯俭，心常慕之，汝亦可以为则也。"未几，皇太子生日，上宴群臣于东宫，以大玉杓、黄金五百两赐丞相志宁，顾谓群臣曰："卿等能立功，朕亦褒赏如此。"又曰："参政孟浩公正敢言，自中丞为执政。卿等能如是，朕亦不次用之。"世宗尝曰："女直本尚纯朴，今之风俗，日薄一日，朕甚悯焉。"浩对曰："臣四十年前在会宁，当时风俗与今日不同，诚如圣训。"上曰："卿旧人，固知之。"上谓宰臣曰："宋前废帝呼其叔湘东王为'猪王'，食之以牢，纳之泥中，以为戏笑。书于史策，所以劝善而惩恶也。海陵以近习掌记注，记注不明，当时行事，实录不载，众人共知之者求访书之。"浩对曰："良史直笔，君举必书。帝王不自观史，记注之臣乃得尽其直笔。"浩复奏曰："历古以来，不明赏罚而能治者，未之闻也。国家赏善罚恶，盖亦多矣，而天下莫能知。乞自今凡赏功罚罪，皆具事状颁告之，使君子知劝以迁善，小人知惧以自警。"从之。进尚书右丞，兼太子少傅。罢为真定尹，上曰："卿年虽老，精神不衰，善治军民，毋遽言退。"以通犀带赐之。十三年，薨。

田瑴自大理丞累官同知中京留守，终于利涉军节度使。

二十九年，章宗诏尚书省曰："故吏部侍郎田瑴等皆中正之士，小人以朋党陷之，由是得罪。世宗用孟浩为右丞，当时在者俱已用之，亡者未加追复，其议以闻。"张汝霖奏曰："瑴专权树党，先朝已正罪名，莫不称当。今追赠官爵，恐无惩劝。"汝霖先朝大臣，尝与顾命，上初即位，不肯辄逆其意，谓之曰："卿既以为不可，姑置之。"盖张浩与蔡松年友善，故汝霖犹挤之也。汝霖死后，章宗复诏尚书省曰："盖自田瑴党事之后，有官者以为戒，惟务苟且，习以成风。先帝知瑴等无罪，录用生存之人，有擢至宰执者，其次有为节度、防御、刺史者。其死者犹未追复，子孙犹在编户，朕甚悯焉。惟旌贤显善，无间存没，宜推先帝所以褒录忠直之意，并加恩恤，以励风俗。据田瑴一起人除已叙用外，但未经任用身死，并与复旧官爵。其子孙当时已有官职，以父祖坐党因而削除者，亦与追复。应合追复爵位人等子孙不及荫叙者，亦皆量与恩例。"

梁肃，字孟容，奉圣州人。自幼勤学，夏夜读书，往往达旦，母葛氏常灭烛止之。天眷二年，擢进士第，调平遥县主簿，迁望都、绛县令。以廉，入为尚书省令史。除定海军节度副使，改中都警巡使，迁山东西路转运副使。营治汴宫，肃分护役事。摄大名少尹。正隆末，境内盗起，驱百姓平人陷贼中不能自辨者数千人，皆系大名狱。肃到官，考验得其情谳，出者十八九。大定二年，宛平赵植上书曰："顷者，正隆任用阉寺，少府少监兼上林署令胡守忠因缘巧幸，规取民利。前蓟州刺史完颜守道、前中都警巡使梁肃，勤恪清廉，愿加进擢。"于是守忠落少监，守道自滨州刺史召为谏议大夫，肃中都转运副使改大兴少尹。

肃上疏言："方今用度不足，非但边兵耗费而已。吏部以常调除漕司僚佐，皆年老资高者为之，类不称职。臣谓凡军功、进士诸科、门荫人，知钱谷利害，能使国用饶足而不伤民者，许上书自言。就择其可用，授以职事。每五年委吏部通校有无水旱屯兵，视其增耗而黜陟之。自汉武帝用桑弘羊始立榷酤法，民间粟麦岁为酒所耗者十常二三。宜禁天下酒曲，自京师及州郡官务，仍旧不得酤贩出城。其县镇乡村，权行停止。"不报。

三年，坐捕蝗不如期，贬川州刺史，削官一阶，解职。上御便殿，召左谏议大夫奚吁、翰林待制刘仲诲，秘书少监移剌子敬，访问古今事。少间，吁从容请曰："梁肃材可惜，解职太重。"上曰："卿言是也。"乃除河北东路转运副使。是时，窝斡乱后，兵食不足，诏肃措置沿边兵食。移牒肇州、北京、广宁盐场，许民以米易盐，兵民皆得其利。四年，通检东平、大名两路户籍物力，称其平允。他使者所至皆以苛刻增益为功，百姓诉苦之。朝廷敕诸路以东平、大名通检为准，于是始定。

七年，父忧去官。起复都水监。河决李固，诏肃视之，还奏："决河水六分，旧河水四分。今障塞决河，复故道为一，再决而南则南京忧，再决而北则山东、河北皆可忧。不若止于李固南筑堤，使两河分流，以杀水势便。"上从之。

改大理卿。尚辇局本把石抹阿里哥与钉铰匠陈外儿共盗宫中造车银钉叶，肃以阿里哥监临，当首坐。他寺官以陈外儿为首，抵死。上曰："罪疑惟轻，各免死，徒五年，除名。"于时，东京久不治，上自择肃为同知东京留守事。迁中都都转运使，转吏部尚书。上疏论台谏，其大旨谓："台官自大夫至监察，谏官自大夫至拾遗，陛下宜亲择，不可委之宰相，恐树私恩，塞言路也。"上嘉纳之。复请奴婢不得服罗，上曰："近已禁奴婢服明金矣，可渐行之。"肃举同安主簿高旭，除平阳酒使，肃奏曰："明君用人，必器使之。旭儒士，优于治民，若使坐列肆，榷酒酤，非所能也。臣愚以为诸道盐铁使依旧文武参注，其酒税使副以右选三差俱最者为之。"上曰："善。"改刑部尚书。

宋主屡请免立受国书之仪，世宗不从。及大兴尹璋为十四年正旦使，宋主使人就馆夺其书，而重赂之。璋还，杖一百五十，除名。以肃为宋国详问使，其书略曰："盟书所载，止于帝加皇字，免奉表称臣称名再拜，量减岁币，便用旧仪，亲接国书。兹礼一定，于今十年。今知岁元国信使到彼，不依礼例引见，辄令迫取于馆，侄国礼体当如是耶？往问其详，宜以诚报。”肃至宋，宋主一一如约，立接国书。肃还，附书谢，其略曰：“侄宋皇帝谨再拜，致书于叔大金应天兴祚钦文广武仁德圣孝皇帝阙下。惟十载遵盟之久，无一毫成约之违，独顾礼文，宜存折衷。矧辱函封之贶，尚循躬受之仪，既俯迫于舆情，尝屡伸于诚请，因岁元之来使，遂商榷以从权。敢劳将命之还，先布鄙悰之恳，自余专使肃控请祈。”肃还至泗州，先遣都管赵王府长史驼满蒲马入奏。世宗大喜，欲以肃为执政，左丞相良弼曰：“梁肃可相，但使宋还即为之，宋人自此轻我矣。”上乃止。

久之，为济南尹，上疏曰：“刑罚世轻世重，自汉文除肉刑，罪至徒者带镣居役，岁满释之，家无兼丁者，加杖准徒。今取辽季之法，徒一年者杖一百，是一罪二刑也，刑罚之重，于斯为甚。今太平日久，当用中典，有司犹用重法，臣实痛之。自今徒罪之人，止居作，更不决杖，”不报。

未几，致仕，起复彰德军节度使，召拜参知政事。上谓侍臣曰：“梁肃以治入异等，遂至大任，廉吏亦可以劝矣。”肃奏：“汉之羽林，皆通《孝经》。今之亲军，即汉之羽林也。臣乞每百户赐《孝经》一部，使之教读，庶知臣子之道，其出职也，可知政事。”上曰：“善，人之行，莫大于孝，亦由教而后能。”诏与护卫俱赐焉。复上奏曰：“方今斗米三百，人已困饿，以钱难得故也。计天下岁入二千万贯以上，一岁之用余千万。院务坊场及百姓合纳钱者，通减数百万。院务坊场可折纳谷帛，折支官兵俸给，使钱布散民间，稍稍易得。”上曰：“悬欠院务，许折纳，可也。”

肃上疏论生财舒用八事。一曰罢随司通事；二曰罢酒税司杓栏人；三曰天水郡王本族已无在者，其余皆远族，可罢养济；四曰裁减随司契丹吏员；五曰罢榷醋，以利与民；六曰量减盐价，使私盐不行，民不犯法；七曰随路酒税许折纳诸物；八曰今岁大稔，乞广籴粟麦，使钱货流出。上曰：“赵氏养济一事，乃国家美政，不可罢。其七事，宰相详议以闻。”上又曰：“朕在位二十余年，鉴海陵之失，屡有改作，亦不免有缪戾者，卿等悉心奏之。”肃论“正员官被差，权摄官有公罪，及正员还任，皆准去官勿论，往往其人苟且，不事其事。乞于县令中留十人备差，无差正员官。”上曰：“自今权摄有公罪，正员虽还而本职未替者，勿以去官论之。”肃曰：“诚如圣旨。”肃与宰相奏事，既罢，肃跪而言曰：“四时畋猎，虽古礼，圣人亦以为戒。陛下春秋高，属时严寒，驰骋于山林之间。法宫燕处，亦足怡神，愿为宗社自重，天下之福也。”上曰：“朕诸子方壮，使之习武，故时一往尔。”

同知震武军节度使邓秉钧陈言四事，其一言外多阙官，及循资拟注不得人，上以问宰相张汝弼，曰：“循资格行已久，仍旧便。”肃曰：“不然。如亡辽固不足道，其用人之法有仕及四十年无败事，即与节度使，岂必循资哉。”上曰：“仕四十年已衰老。察其政迹，善者升之，后政再察之，善又升之，如此可以得人，亦无旷事。”肃曰：“诚如圣训。”肃论盗贼不息，请无禁兵器。上曰：“所在有兵器，其利害如何？”肃曰：“他路则已，中都一路上农夫听置之，似乎无害。”上曰：“朕将思之。”

凡使宋者，宋人致礼物，大使金二百两，银二千两，副使半之，币帛杂物称是。及推排物力，肃自以身为执政，昔尝使宋，所得礼物多，当为庶民率先，乃自增物力六十余贯，论者多之。

二十三年，肃请老，上谓宰臣曰：“梁肃知无不言，正人也。卿等知而不言，朕实鄙之。虽然，肃老矣，宜从其请。”遂再致仕。诏以其子汝翼为阁门祗候。二十八年，薨。谥正宪。

移剌慥，本名移敌列，契丹虞吕部人。通契丹、汉字，尚书省辟契丹令史，摄知除，擢右司都事。正隆南伐，兼领契丹、汉字两司都事。大定二年，除真定少尹，入为侍御史。母忧去官。起复右司员外郎，累官陈州防御使。左丞相纥石烈良弼致仕，上问：“谁可代卿者？”对曰：“陈州防御使移剌慥，清干忠正，臣不及也。”遂召为太府监。改刑部侍郎。

十九年，以按出虎等八猛安，自河南徙置大名、东平之境。还为大理卿，被诏典领更定制条。初，皇统间，参酌隋、唐、辽、宋律令，以为皇统制条。海陵虐法，率意更改，或同罪异罚，或轻重不伦，或共条重出，或虚文赘意，吏不知适从，夤缘舞法。慥取皇统旧制及海陵续降，通类校定，通其窒碍，略其繁碎。有例该而条不载者，用例补之。特阙者用律增之。凡制律不该及疑不能参决者，取旨画定。凡特旨处分，及权宜条例内有可常行者，收为永格。其余未可削去者，别为一部。大凡一千一百九十条，为十二卷。书奏，诏颁行之，赐银币有差。顷之，摘徙山东猛安八谋克于河北东路，置之酬斡、青狗儿两猛安旧居之地，诏无牛耕者买牛给之。摄御史大夫。数月，改御史中丞，兼同修国史，迁刑部尚书，改吏部尚书。寻改大兴尹。驾幸上京，显宗守国，使人谕之曰：“自大驾东巡，京尹所治甚善。我将有春水之行，当益勤乃事。”还以所获鹅鸭赐之。有疾在告，遣官医诊视。复为刑部尚书。上还自上京，以为西京留守，改临洮尹，卒。

移剌子敬，字同文，本名屋骨朵鲁，辽五院人。曾祖霸哥，同平章事。父拔鲁，准备任使官。都统杲克中京，辽主西走，留拔鲁督辎重，已而辎重被掠，拔鲁乃自髡，逃于山林。子敬读书好学，皇统间，特进移剌固修《辽史》，辟为掾属。《辽史》成，除同知辽州事。旧本厅自有占地，岁入数百贯，州官岁取其课，地主以为例，未尝请辩。子敬曰：“已有公田，何为更取民田。”竟不取。秩满，郡人请留于行台省，不许。天德三年，入为翰林修撰，迁礼部郎中。

正隆元年，诸将巡边，诏子敬监战，军帅以战获分将士，亦以遗子敬，子敬不受。及还，入见，海陵谓之曰：“汝家贫而不苟得，不受俘获，朕甚嘉之。”凡同行官僚所取者，皆没入于官。其后诏子敬宴赐诸部，谕之曰："凡受进，例遣宰臣，以汝前能称职，故特命汝。"使还，迁翰林待制。大定二年，以待制同修国史。是时，窝斡余党散居诸猛安谋克中，诏子敬往抚之，仍宣谕猛安谋克，及州县汉人，无以前时用兵相杀伤，挟怨辄害契丹人。使还，改秘书少监，兼修起居注，修史如故。诏曰："以汝博通古今，故以命汝。"常召入讲论古今及时政利害，或至夜半。子敬有良马，平章政事完颜元宜索之，子敬以元宜为相也，不与。至是，元宜乞致仕，罢为东京，子敬乃以此马赆行，识者韪之。

是时，仆散忠义伐宋，宋请和，而书式、疆界未定。子敬与秘书少监石抹顾、修起居注张汝弼侍便殿，上曰："宋主求成，反覆无信，喜为夸大。"子敬对曰："宋人自来浮辞相欺，来书言海陵败于采石，大军北归，按兵不袭，俾全师而还。海陵未尝败于采石，其谲诈多此类也。回书宜言往者大军若令渡江，宋国境土，必为我有。"上曰："彼以诡诈，我以诚实，但当以理折之。"迁右谏议大夫，起居注如故。

上幸西京，州县官入见，猛安谋克不得随班。子敬奏军民一体，合令猛安谋克随班入见，上嘉纳之，于是责让宣徽院。及端午朝会，诏依子敬奏行之。子敬言山后禁猎地太广，有妨百姓耕垦，上用其言，遂以四外猎地与民。迁秘书监，谏议、起居如故。

子敬举同知宣徽院事移剌神独斡、兵部侍郎移剌按荅，太子少詹事乌古论三合自代，上不许。子敬与同签宣徽院事移剌神独斡侍，上曰："亡辽不忘旧俗，朕以为是。海陵习学汉人风俗，是忘本也。若依国家旧风，四境可以无虞，此长久之计也。"世宗将如凉陉，子敬与右补阙粘割斡特剌、左拾遗杨伯仁奏曰："车驾至曷里浒，西北招讨司囿于行宫之内地矣。乞迁之于界上，以屏蔽环卫。"上曰："善。"诏尚书省曰："招讨斜里虎可徙界上，治蕃部事。都监撒八仍于燕子城治猛安谋克事。"

上与侍臣论古之人君贤否，子敬奏曰："陛下凡与宰臣谋议，不可不令史官知之。"上曰："卿言是也。"转签书枢密院事，同修国史，出为河中尹，请老。河中地热，上恐子敬不耐暑，改兴中尹。子敬女自懿州来兴中省谒，遇盗途中，剽掠其行李且尽，既而还之，谢曰："我辈初不知为府尹家也，尹有德于民，尚忍侵犯邪。"徙咸平、广宁尹。二十一年，致仕，卒于家，年七十一。子敬尝使宋，及受诸部进贡，所受礼物，皆散之亲旧。及卒，家无余财，其子质宅以营葬事。

赞曰：金制，尚书令、左右丞相、平章政事，是谓宰相；左右丞、参知政事，是谓执政。大抵因唐官而稍异焉，因革不同，无足疑者。《书》曰："元首明哉，股肱良哉，庶事康哉。"又曰："元首丛脞哉，股肱惰哉，万事隳哉。"宰相、执政，岂异道邪？苏保衡、翟永固、魏子平、孟浩、梁肃皆当时之贤执政也。移剌慥、子敬有其才，适其时，而位不及者，亦命也夫。

卷九十　　列传第二十八

赵元　移剌道本名按　**高德基　马讽**
完颜兀不喝　刘徽柔　贾少冲子益
移剌斡里朵　阿勒根彦忠　张九思
高衎　杨邦基　丁暐仁

赵元，字善长，涿州范阳人。辽天庆八年登进士第，仕至尚书金部员外郎。辽亡，郭药师为宋守燕，以元掌机宜文字。王师取燕，药师降，枢密使刘彦宗辟元为本院令史。天会间，同知蓟州事。有贼杀人横道，官吏圜视莫知所为，路人耕夫聚观甚众。元指田中释耒而来者曰："此贼也。"叱左右缚之，遂伏。僚吏问其故，元曰："偶得于眉睫间耳。"其后朝廷立磨勘格，凡尝仕宣和者皆除名籍，元在磨勘中。

齐国废，置行台省于汴，选名士十余人备官属，元在选中，授行兵部郎中。行台徙大名，再徙祁州，及宗弼再取河南，元皆摄户部事，赋调兵食取办。天眷三年，为行台右司员外郎，因有杀人当死者，行台欲宥之，元不从，反复数四，势不可夺，乃仰天叹曰："如杀人者可宥，死者复何辜，何欲徼己福而乱天下法乎？"行台竟不能夺。改左司员外郎，摄吏部事。在行台凡十年，吏事明敏，宗弼深知之，行台或有事上相府，宗弼必问"曾经赵元未也？"其见重如此。为同签汴京留守事，改同知大名尹，用廉迁河北西路转运使，历彰德、武胜等军节度使，以老致仕，卒于家。

移剌道，本名按。宗室移剌古为山东东路兵马都总管，辟掌军府簿书，往来元帅府计议边事，右副元帅宗弼爱其才，召为元帅府令史。补尚书省令史，特除监察御史，再迁大理丞，兼工部员外郎。海陵南伐，使督运刍粮，所在盗起，道路梗涩，间关仅至淮南。上谒，承问，具言四方盗贼状，海陵恶闻其言，杖之七十，使督战舰渡江，会海陵死，军还。

大定二年，除工部郎中。奉诏招抚诸奚。是时，抹白猛安下谋克徐列等皆欲降，制于猛安合住，不敢即降。道发兵掩袭合住子妇孙男女甥，及谋克留住，及蒲辇白撒妻孥。是日，适窝斡遣白撒发抹白猛安军，白撒闻其家人被获，遂来降。改礼部郎中。从讨窝斡，佩金牌，与应奉翰林文字讹里也招降叛奚。

奉使河南，劝课农桑，密访吏治得失。累迁御史中丞、同修国史，廉问职官殿最，还奏。上曰："职官贪污罪废，其余因循以苟岁月。今廉能即与升除，无以慰百姓爱留之意，可就迁秩，秩满升除。"于是，廉能官景州刺史耶律补进一阶，单州刺史石抹靳家奴、泰宁军节度副使尹升卿、宁陵县令监邦彦、浚州司候张匡福各进两阶。贪污官同知浚州防御使事蒲速越、真定县令特谋葛并免死，杖一百五十，除名。同知睢州事乌古孙阿里补杖一百，削四阶，非奉旨不得录用。于是道改同知大兴尹事。诏曰："京师士民辐凑，犯法者众，罪状自实，毋为文所持，断之以公可也。朕尝谕执政矣，必不以小苛谴卿，勉副朕意。"

迁刑部尚书。尚厩局使宗夔、副使石抹青狗私用官刍，事觉。尚厩局隶点检司，刑部当自问。点检乌林荅天锡属刑部使轻其罪，刑部以付大兴府鞫治，于是道及天锡、郎中丁暐仁皆坐解职。寻起为大理卿，兼签书枢密院事，再迁西京留守，卒。

高德基，字元履，辽阳渤海人。皇统二年登进士第。六年，为尚书省令史。海陵为相，专愎自用，人莫敢拂其意，德基每与之详辨。及篡位，命左司郎中贾昌祚谕旨曰："卿公直果敢，今委卿南京行省勾当。"未行，会海陵欲都燕京，命德基摄燕京行台省都事。改摄右司员外郎，除户部员外郎，改中都路都转运副使，迁户部郎中。

正隆三年，诏左丞相张浩、参知政事敬嗣晖营建南京宫室。明年，德基与御史中丞李筹、刑部侍郎萧中一俱为营造提点。海陵使中使谓德基等曰："汝等欲乘传往邪？欲乘己马往邪？银牌可于南京尚书省取之。"筹乞先降银牌，复遣中使谓筹曰："牌之与否，当出朕意，尔敢辄言，岂以三人中官独高邪？"遂杖之三十，遣乘己马往，德基、中一乘传往。转同知开封尹。

大定三年，以察廉治状不善，下迁同知北京路都转运使事。是年秋，土河泛滥，水入京城，德基遽命开长乐门，疏分使入御沟，以杀其势，水不能为害。迁刑部侍郎。七年，改中都路都转运使。九年，转刑部尚书。有犯罪当死者，宰相欲从末减，德基曰："法无二门，失出犹失入也。"不从。及奏，上曰："刑部议，是也。"因召诸尚书谕之曰："自朕即位以来，以政事与宰相争是非者，德基一人而已。自今部上省三议不合，即具以闻。"为宋主生日使。及还，宋人礼物外附进腊茶三千胯，不亲封署。德基曰："侄献叔，而不署，是无名之物也。"却之。

十一年，改户部尚书。德基上疏，乞免军须房税等钱，减农税及盐酒等课，未报。随朝官俸粟折钱，增高市价与之，多出官钱几四十万贯。上使人谕之曰："卿为尚书，取悦宰执近臣，滥出官钱。卿之官爵，一出于朕，奈何如此。"于是决杖八十，户部郎中王佐、员外郎卢彦冲、同知中都转运使刘銑、副使石抹长寿、支度判官韩镇、左警巡使李克勤、右警巡使李宝、判官强锐昌、姚宗奭、尼庞古达吉不，皆决杖有差。诏自大定十一年十一月郊祀赦后，尚书省、御史台、户部、转运司、警巡院多支俸粟折钱，皆追还之。德基降兰州刺史，王佐降大兴府推官，卢彦冲河北西路户籍判官，刘銑东京警巡使，石抹长寿东京留守推官，韩镇河东南路户籍判官，李克勤通远县令，李宝清水县令，强锐昌、姚宗奭、尼庞古达吉不皆除司候。大定十二年，德基卒，年五十四。子锡。

马讽，字良弼，大兴漷阴人。国初以燕与宋，讽游学汴梁，登宣和六年进士第。宗翰克汴京，讽归朝，复登进士第，调蔚州广灵丞，迁雄州归信令。境有河曰八尺口，每秋潦涨溢害民田，讽视地高下，疏决之，其患遂息。召为尚书省令史，除献州刺史。天德初，改宁州，民有告谋不轨者，株连数十百人，讽察其无状，乃究问告者，告者具伏其诬，众欢呼感泣。再迁南京副留守，入为大理少卿。是时，高桢为御史大夫，素贵重，绳治无所避，权贵惮其威严，乃以讽及张忠辅为中丞，欲有以中伤之者。讽、忠辅皆文吏巧法，不能与桢丝发相假借，桢畏其害己，因诉于海陵，海陵以桢太祖旧臣，每慰安之。讽改大理卿，岁余出为顺天军节度使。大定二年，复为大理卿，迁刑部尚书，改忠顺军节度使，致仕。卒。

完颜兀不喝，会宁府海姑寨人。年十三，选充女直字学生。补上京女直吏，再习小字兼通契丹文字。充尚书省令史。天德初，除吏部主事，鞫问押懒路诈袭谋克事，人称其能，擢右拾遗。海陵谓之曰："始闻汝名，试以吏部主事。今计其实，优于所闻远矣。"累迁右司郎中。从海陵伐宋，至淮南，闻世宗即位于辽阳，兀不喝入白其事，海陵沉思良久，曰："卿等始闻之邪？我已知之，遣人往矣。此大事勿泄于外。"大定二年，秩满当代，世宗嘉其善敷奏，特诏再任，谓宰臣曰："兀不喝为人公忠，后来有如斯人者，卿等宜荐举之。"其见知如此。

窝斡已平，诏罢契丹猛安谋克，其元管户口，及从窝斡作乱来降者，皆隶女直猛安谋克，遣兀不喝于猛安谋克人户少处分置。未经罢去猛安谋克合承袭者，仍许承袭，赈赡其贫乏者，仍括买契丹马匹，官员年老之马不在括限。顷之，世宗以诸契丹未尝为乱者与来降者一概隶女直猛安中，非是，未尝从乱可且仍旧。平章政事完颜元宜奏，已迁契丹所弃地，可迁女直人与不从乱契丹杂处。上以问右丞苏保衡、参政石琚，皆不能对。上责之曰："卿等每事先熟议然后奏，有问即对，岂容不知此。"保衡、琚顿首谢，上曰："分隶契丹，以本猛安租税给赡之，所弃地与附近女直人及余户，愿居者听，其猛安谋克官，选契丹官员不预乱者充之。"改同知大兴尹，迁横海军节度使。初到官，谳囚能得其情，人以为不冤。五年，卒官。

刘徽柔，字君美，大兴安次人。天眷二年，擢进士第。初为真定栾城主簿，转开远军节度掌书记，迁洪洞令。徽柔明敏善听断。县人杨远者，投牒于县，以为夜雨屋坏，压其侄死，号诉哀切。徽柔熟视而笑曰："汝利侄财而杀之，乃诬雨耶？"叱付狱，其人立伏曰："公神明也，不敢延死。"遂置于法。秩满，县人遮恋不得去者弥日，为立生祠，刻石颂德。正隆二年，入为大理评事，迁司直。大定二年，同知河东南路转运使事，以廉第一，改知平定军，入为大理少卿。七年，知磁州，改同知南京留守事。十年，迁中都路转运使，卒官。

贾少冲，字若虚，通州人。勤学，日诵数百千言。家贫甚，尝道中获遗金，访其主归之。天会中，再伐宋，调及民兵。少冲甫冠，代其叔行，虽行伍间，未尝释卷。中天眷二年进士。刘筈欲以妹妻之，少冲辞不就曰："富贵当自致之。"调营州军事判官，迁定安令。蔚州刺史恃贵不法，属吏畏之，每事辄曲从其意，少冲守正不阿。用廉进官一阶，再迁吏部主事、定武军节度副使、河中府判官。海陵浸以失道，少冲谓所亲曰："天下且乱，不可仕也。"秩满，乃不求仕。大定二年，调御史台典事，累迁刑部郎中。往北京决狱，奏诛首恶，误牵连其中者皆释不问，全活凡千人。以本职摄右司员外郎。尝执奏刑名甚坚，既退，上谓侍臣曰："少冲居下位，有守如此。"除同知河间尹。数月，入为秘书少监，兼起居注、左补阙。

少冲外柔内刚，每从容进谏，世宗称美之。十四年，为宋主生日副使，宋国方有祈请，上以意谕少冲，少冲对曰："臣有死无辱。"宋人别致珍异，少冲笑谓其人曰："行人受赐自有常数，宁敢以赂辱君命乎。"遂不受。使还，世宗嘉之，迁右谏议大夫，秘书、起居注如故。十七年请老，除卫州防御使，迁河东南路转运使，召为太常卿，兼秘书少监。复请致仕，不许，改顺天军节度使，卒。

少冲性夷简，不喜言利，尝教诸子曰："荫所以庇身，筦库不可为也。"闻者尚之。子益。

益字损之，少颖悟如成人。大定十四年，父少冲为秘书少监，充宋主生日副使，益侍行。是时，宋人常争起立接受国书之礼，少冲问益曰："即宋人欲变礼，持议不决，奈何？"益曰："守死无辱，可谓使矣。"少冲大奇之。中大定十九年进士，调河津主簿。丁父忧去官，察廉起复矾山令，补尚书省令史。丁母忧，服阕，除定海军节度副使，监察御史，治书侍御史，转侍御史，知登闻鼓院，兼少府少监。未几，改礼部郎中，兼知登闻鼓院，看读陈言文字，迁左司郎中，改吏部侍郎，兼蔡王傅。以病免。除郑州防御使，陕西东路转运使，顺天军节度使。大安初，召为吏部尚书，有疾，改安国军节度使。益调民夫修完城郭，为战守备，按察司止之，不听，曰："治城，守臣事也，按察何预。"既而兵至，以有备解去。改横海、定国军节度使，道阻不赴。宣宗初为吏部尚书，益为侍郎，相得欢甚，贞祐二年至汴京，访益所在，召为太常卿。上防秋十三事，与户部尚书李革论迁河北军民不便，不报。贞祐三年，致仕。元光元年，卒。

移剌斡里朵，一名八斤，系出辽五院司，通契丹字。天会三年伐宋，隶军中，遇战辄先登，屡获侦人，有司上其功，补尚书省令史。十五年，籍发诸部兵于山后，将与右丞萧庆会，时官军窜而南者凡数千，斡里朵以兵邀击之，尽获其辎重财物，悉送有司而去，一毫弗取。以劳迁修武校尉。宗弼复河南，斡里朵督诸路帅臣进讨，事定以劳迁宣武将军。时六部未分，乃以为兵刑二部主事。未几，迁右司都事。皇统二年，授大理正，历同知昭德军节度使事，以廉升孟州防御使。正隆间，转同知北京留守事。会游古河阑子山等猛安契丹谋乱，时方发兵讨之，别遣斡里朵押军南下。至松山县，为贼党江哥所执，且欲推为主盟，要以契约，斡里朵怒曰："我受国厚恩，岂能从汝反耶？宁杀我，契约不可得也。"贼知不可屈，乃困辱之，使布衣草履逐马而行，且欲害之。斡里朵说其监奴，因得脱还。六年九月，改北京路转运使。大定初，为博州防御使，再迁利涉军节度使。先是，有农民避贼入保郡城，以钱三十千寄之邻家，贼平索之，邻人讳不与，诉于县，县官以无契验却之，乃诉于州。斡里朵阳怒械系之，捕其邻人，关以三木，诘之曰："汝邻乙坐劫杀人，指汝同盗。"邻人大惧，始自陈有欺钱之隙，乃责归所隐钱而释之，郡人骇服。改通远军节度使，卒。

阿勒根彦忠，本名窊合山，曷速馆人也。好学，通吏事。天会十四年，选充尚书兵部孔目官，升尚书省令史，除右司都事。七年，改大理丞，为会宁少尹，进同知会宁府事，入为尚书吏礼部郎中。贞元二年，进本部侍郎。海陵庶人凡有所疑，常使彦忠裁决，彦忠据法以对。间有不合，则召让之，彦忠执奏如前，终无阿屈，同列咸为惧，彦忠固执不变，海陵壮之。明年，除御史中丞，历尚书户部侍郎、侍卫亲军副都指挥使。海陵南伐，除南京路都转运使。大定二年，改大名尹，兼本路兵马都总管。四年，入为刑部尚书。诏规措北边艰食户口。及泰州、临潢接境，度宜安置堡戍七十，驻兵万三千，刍粮之用就经画之。还朝未及入对，以疾卒，年五十三。

彦忠性孝友，尝使宋，所得金帛，尽分兄弟亲友。赠荣禄大夫，命有司致祭，并以银绢赐其家。

张九思，字全行，锦州人。皇统初，补行台省女直译史，除同知易州事，三迁亳州防御使、归德尹。刘仲延受宋国岁贡于泗州，九思副之。往岁受岁贡者，每以币物不精责宋使者，宋使者私馈银币各直数百千以为常，九思独不肯受，仲延从之，自是私馈遂绝。自大理评事，再迁大理少卿。清池令双申自陈："父虔，天眷初，知永安军，遇叛寇孟邦杰，执而胁之，不从，遂被害。乞正班用荫。"大理寺议，虔子止合杂班叙，九思曰："虔奋不顾身，守节以死，其子正班用荫，以劝忠孝。"世宗从九思议。改工部郎中，大兴少尹，同知中都都转运使事，转刑部侍郎，改工部。

九思所守清约，然急于进取，一切以功利为务，率意任情不恤百姓。诏检括官田，凡地名疑似者，如皇后店、太子庄、燕乐城之类，不问民田契验，一切籍之，复有邻接官地冒占幸免者。世宗闻其如是，召还戒之曰："如辽时支拨地土，及国初元帅府拘刷民间指射租田，近岁冒为己业，此类当拘籍之。其余民田，一旦夺之则百姓失业，朕意岂如此也。"转御史中丞。九思言屯田猛安人为盗征偿，家贫辄卖所种屯地。凡家贫不能征偿者，止令事主以其地招佃，收其租入，估贾与征偿相当，即以其地还之。临洮尹完颜让亦论屯田贫人征偿卖田，乞用九思议，诏从之。

迁工部尚书。年高，愈自用，上谓左丞张汝弼曰："九思耄矣，颇执强自用，欲令外补，何如？"于是，九思男若拙为尚书省令史，冒填诏敕，事觉，亡命。汝弼因奏其事，上曰："九思岂不知若拙处邪？可免其官，捕若拙，获日授职。"九思闻命惶惧，因感疾，卒。

高衎，字穆仲，辽阳渤海人。敏而好学，自少有能赋声，同舍生欲试其才，使一日赋十题戏之，衎执笔怡然，未暮，十赋皆就，彬彬然有可观。年二十六登进士第，乞归养，逾二年方调鄚阴丞。召为尚书省令史，除右司都事。母丧去官，起复吏部员外郎，摄左司员外郎。

王彦潜、常大荣、李庆之皆在吏部选中，吏部拟彦潜、大荣皆进士第一，次当在庆之上，彦潜洺州防御判官，大荣临海军节度判官，庆之沈州观察判官。左司郎中贾昌祚挟私，欲与庆之洺州，诡曰："洺虽佳郡，防御幕官在节镇下。"乃改拟彦潜临海军，大荣沈州，庆之洺州。庆之初赴选，昌祚以庆之为会试诠读官，而庆之弟庆云为尚书省令史，多与权贵游，海陵心恶之，尝谓左右司"昌祚必与庆之善阙"。大奉国臣者，辽阳人，永宁太后族人，先为东京警巡院使，以赃免去，欲因太后求见，海陵不许。衎与奉国臣有乡里旧，拟为贵德县令。海陵大怒，于是昌祚、衎、吏部侍郎冯仲等，各杖之有差，庆云决杖一百五十，罢去。未几，仲、昌祚、庆云皆死，衎降为清水县主簿，兵部员外郎摄吏部主事杨邦基降宜君县主簿，吏部主事宋仝降鄚阴县主簿，尚书省知除杨伯杰，降闾阳县主簿。

居二年，为大理司直，迁户部员外郎，同知中都都转运使，太常少卿，吏部郎中。大定初，转左司郎中。世宗孜孜求谏，群臣承顺旨意，无所匡正，上曰："朕初即位，庶政多未谙悉，实赖将相大臣同心辅佐。百姓且上书言事，或有所补。夫听断狱讼，簿书期会，何人不能，如唐、虞之圣，犹曰'稽于众，舍己从人'。正隆专任独见，不谋臣下，以取败乱。卿等其体朕意。"使衎传诏台省百司曰："凡上书言事，或为有司沮遏，许进表以闻。"

迁吏部尚书。每季选人至，吏部托以检阅旧籍，谓之检卷，有滞留至后季犹不得去者。衎三为吏部，知其弊，岁余铨事修理，选人便之。五年，为贺宋国生日使，中道得疾，去职。大定七年，卒。

杨邦基，字德懋，华阴人。父绚，宋末为易州州佐。宗望伐宋，蔡靖以燕山降，易州即日来附，绚被杀，邦基年十余岁，匿僧舍中，得免。既长，好学。天眷二年，登进士第，调滦州军事判官，迁太原交城令。太原尹徒单恭贪污不法，托名铸金佛，命属县输金，邦基独不与。徒单恭怒，召至府，将以手持铁拄杖撞邦基面，邦基不动。秉德廉察官吏，尹与九县令皆免去，邦基以廉为河东第一，召为礼部主事。以兵部员外郎摄吏部差除，坐铨注李庆之、大奉国臣，与高衎等皆贬官，邦基降坊州宜君簿。转高密令。大定初，尚书省拟邦基刑部郎中，世宗曰："县官即除郎中，如何？"太师张浩对曰："邦基前为兵部员外郎矣，且其人材可用。"上许之。改太府少监，知登闻检院，为秘书少监，迁翰林直学士，再迁秘书监兼左谏议大夫，修起居注。中都警巡使张子衎与邦基姻家，子衎道中遇皇太子卫仗，立马市门不去伞，卫士诃之，子衎以鞭鞭卫士诃已者。御史台劾奏子衎，邦基见台官为子衎求解，及入见显宗，求脱子衎罪。诏削子衎官两阶。邦基坐削官一阶，出为同知西京留守事，徙山东东路转运使，永定军节度使，致仕。大定二十一年，卒。邦基能属文，善画山水人物，尤以画名当世云。

丁暐仁，字藏用，大兴府宛平人。曾祖奭。祖惟寿。父筠，以吏补州县，所至有治声，其后致仕，杜门不出，乡里有斗讼者，不之官而就筠质焉。暐仁冲澹寡欲，读书之外，无他好，辽季避难，虽间关道途，未尝释卷。皇统二年，登进士第，调武清县丞。县经兵革后，无学校，暐仁召邑中俊秀子弟教之学，百姓欣然从之。调磁州军事判官。是时，诏使廉察官吏，暐仁以廉摄守事。迁和川令。前令罢耎不事事，群小越法干禁无所惮，暐仁申明法禁，皆屏息，或走入他县以避之。有董佑者最强悍，畏服暐仁，以刀断指，誓终身不复犯法。凡租赋与百姓前为期率，比他邑先办。历北京推官，再迁大理司直，以忧去官，寻起复。大定三年，除定武军节度副使，而节度使、同知皆阙，暐仁为政无留讼。改大理丞，吏部员外郎，转户部郎中。于是，贾少冲为刑部郎中，上谓左丞相纥石烈良弼曰："少冲为人柔缓，不称刑部之职，其议易之。"乃以暐仁为刑部郎中。坐尚厩局官私用官刍，违格付大兴府鞫问，解职。改祁州刺史。祁州为定武支郡，士民闻暐仁之官，相率欢迎界上，相属不绝。改同知西京留守事，首兴学校，以明养士之法。迁陕西西路转运使。大定二十一年，卒官。

赞曰：吏之兴，其秦之季邪？吏有选试，其辽、金之际邪？其文从一从史，守法不贰之谓邪？守法不贰，斯真吏矣。巧者舞文以乱法，窒者执一而弗通，此皆吏道之自失者也。高衎、高德基、张九思之徒，皆诡法以自失者矣。

卷九十一　　列传第二十九

完颜撒改　庞迪　温迪罕移室懑　神土懑
移剌成　石抹卞　杨仲武　蒲察世杰本名阿撒
萧怀忠　移剌按荅　孛术鲁阿鲁罕
赵兴祥　石抹荣　敬嗣晖

完颜撒改，上京纳鲁浑河人也，其先居于兀冷窟河。身长多力，善用枪。王师南征，睿宗为右副元帅，置之麾下，佩以金牌，使督军事。天眷元年，授本班祗候郎君详稳。其后从军泰州路，军帅以撒改为万户，领银术可等猛安，戍北边，数有战功。天德二年正月，海陵庶人遣使夏国，谕以即位事，因令伺彼之意。既还，称旨，为尚书兵部郎中。改同知会宁尹，迁迭剌部族节度使，改瓯里本群牧使，为曷懒路都总管。海陵伐宋，授卫州防御使，为武震军都总管。世宗即位，遣使召撒改，既至，除昌武军节度使。已而为山东路元帅副都统，改安化军节度使，兼副都统如故。四年，徙镇安武，仍兼副统。领山东、大名、东平三路军八万余渡淮，会大军伐宋。进至楚州，宋遣使奉岁币。还邳州，卒。

庞迪，字仲由，延安人。少倜傥，喜读兵书，习骑射，学推步孤虚之术，无所效用。应募，隶泾原路第三副将，破贼有功，授保义郎。尝从百余骑经行山谷，遇夏人数千，众皆骇惧请避，迪遂跃马犯阵，敌皆披靡，身被重创，神色自若，完军以还。自是知名，擢为正将，权发遣泾原路兵马都监。

齐国建，泾原路经略使张中孚举迪权知怀德军，兼沿边安抚使。夏人合军五万薄怀德城，迪开门待之，夏人不敢入。因以数千骑分门突出，遂破之，斩首五百级，获军资羊马甚众。复破关师古兵，擢知泾州。未到官，改知镇戎军、沿边安抚使。已而权淮南东路马步军副总管，总制沂、密、淮阳，兼权知沂州。丁父忧，去官。寻起复为环庆路兵马都钤辖，权知邠州。齐国废，改华州防御使。顷之，军变，被执入山。已而贼众悔曰："公为政素善，岂宜劫辱。"遂纵之还，复领州事。

天眷元年，除永兴军路兵马都总管兼知京兆府，徙临洮尹，兼熙秦路兵马都总管。陕右大饥，流亡四集，迪开渠溉田，流民利其食，居民藉其力，各得其所，郡人立碑纪其政绩。官制行，吏部以武功大夫、博州团练使特授定远大将军。七年，除庆阳尹。历三考不易，以治最闻，诏书褒美，西人荣之。正隆元年，迁凤翔尹，屡上章求退，不许。

海陵南伐，征敛烦急，官吏因缘为奸，富者用贿以免，贫者破产益困。迪悉召民使共议增减，不加威督而役力均，人情大悦。五年，徙汾阳军节度使。大定初，复为临洮尹，迁南京路都转运使，以省事惜费，安静为政，河南称之。徙绛阳军节度使。卒官，年七十。

迪性纯孝，父病，医药弗效，迪仰天泣祷，刲股作羹，由是获安。昆弟析家财，迪尽以与之，一无所取。官爵之荫，率先诸侄。疾革，沐浴朝服而逝。

温迪罕移室懑，速频屯懑欢春人，徙上京忽论失懒。兄术辇，国初有功，授世袭谋克。移室懑性忠正强毅，善骑射，膂力过人。皇统初，袭其兄谋克，积战功，为洮州刺史。谓人曰："谋克，兄职也。兄子斡鲁古今已长矣。"遂以谋克让还兄子。宗弼闻而嘉之曰："能让世袭，可谓难矣。"除贵德州刺史，改移典乣详稳，迁乌古里部族节度使，改德昌军。正隆四年，大征兵南伐，泰州猛安定远阿补以所部叛还，移室懑以七谋克执定远阿补，勒其众付大军。契丹反，败会宁六猛安于缔母岭，屯于信、韩二州之境。移室懑率数千人杀贼万余于伊改河，以功迁临潢尹。世宗即位，赐手诏曰："南征诸路将士及卿子侄安远、斡鲁古、斜普兄弟，具甲仗悉来推戴，朕勉即大位。卿累世有功耆旧之臣，缘边事未宁，临潢剧任，姑仍旧职。闻枢密副使白彦敬、南京留守纥石烈志宁来讨契丹，今已遣人往招之。其家皆在南京，恐或遁去，兼起异谋，若至则已，若不至，卿当以计执而献之。两次遣人招诱招讨都监老和尚，去人不知彼之所在，久而不还。兼老和尚不知朕已即位，卿可使人谕以朕意。如来降，悉令复旧，边关之事，可设耳目。"是时窝斡已反，领兵数万来攻临潢，诸路军未至，窝斡势益大。移室懑领城中军士六百人邀击窝斡，凡数接战，剿杀甚众，所乘马中流矢而仆，为贼所执。贼使移室懑招城中人曰："尔生死在顷刻，能使城中出降，官爵如故；不然杀汝矣。"移室懑怒骂贼曰："我受国家爵禄，肯从汝叛贼乎？"贼执之至城下，迫胁之使招城中。其妻子官属将士皆登城临望。移室懑厉声曰："我恨军少不能灭贼。人生会有一死耳，汝辈慎勿降贼！一旦开门纳贼，城中百姓皆被杀掠，毋以我故败国家事，贼无能为也。"贼怒杀之。城中人皆为之感激，推官麻珪益缮完城郭，右监军神土懑、辅国上将军阿思懑乘城固守。贼不克攻，遂引众东行。

神土懑，本诸宗室，赠银青光禄大夫胡速鲁改子也。年十五，事太宗为左奉宸。皇统二年，充护卫，除武器署丞，累官肇州防御使。大定初，除元帅右都监，与咸平尹吾扎忽率泰州兵及曷懒路兵千五百人，会临潢尹移室懑讨契丹。契丹犯临潢，移室懑死，攻之不能克，乃引众东行。神土懑表乞济师。十二月甲辰，世宗次海滨县，得奏，上曰："神土懑、吾扎忽军不少，可以从长攻袭矣。"会右副元帅谋衍以大军至，神土懑改曷速馆节度使，隶右翼，与纥石烈志宁败贼于长泺，战霿𩅦松河，皆有功，改婆速路兵马都总管，卒。

移剌成，本名落兀，其先辽横帐人也。沉勇有谋，通契丹、汉字。天会间，隶挞懒下为行军猛安，与宋人战于楚、泗之间，成以所部先登，大破宋军，功最诸将。刘麟约会天长军议进止。成与夹古查合你俱为挞懒前锋，得宋生口为乡导，遂达天长，睿宗嘉之。后从宗弼将兵废齐国。及再伐宋，攻濠州，每战辄先登，多所摧破。宗弼再取河南，成及萧怀忠等八猛安先渡。河南平，第功授宣武将军，除威州刺史。用廉，擢同知延安尹，再迁昭义军节度使。正隆南伐，为武毅军都总管。撒八反，海陵以事诛契丹名将，成以本军守磁，即遣妻子还汴。海陵用是不疑。时人高其有识。改神武军都总管，与李术鲁定方为浙东道先锋，使由淮阴进兵。以所部护粮赴扬州，敌兵乘夜来攻，成整兵奋击，斩刈甚众。会海陵庶人死，军还，复镇昭义。大定二年，以廉在优等，改河中尹。再除临洮尹，招降乔家等族首领结什角。迁南京留守，召拜枢密副使，封任国公。改北京留守。卒。讣闻，上悼惜之，授其子顺思阿不武功将军，世袭咸平路钞赤邻猛安下查不鲁谋克。

结什角者，西番既衰，其苗裔曰董毡，其子曰巴毡。角始附宋，赐姓赵，改名顺忠。顺忠子永吉，永吉子世昌，皆受宋官，为左武大夫，遥领莱州防御使，袭把羊族长。朝廷定陕西，世昌换忠翊校尉。既而鬼芦族长京臧杀世昌，朝廷遣兵执京臧，斩之临洮市，以世昌子铁哥为把羊族都管。大定四年，宋人破洮州，铁哥弟结什角与其母走入乔家族避之。乔家族首领播逋与邻族木波陇逋、庞拜、丙离四族耆老大僧等立结什角为木波四族长，号曰“王子”。其地北接洮州、积石军。其南陇逋族，南限大山，八百余里不通人行。东南与叠州羌接。其西丙离族，西与卢甘羌接。其北庞拜族，与西夏容鲁族接。地高寒，无丝枲五谷，惟产青稞，与野菜合酥酪食之。其疆境共八千里，合四万余户。其居随水草畜牧，迁徙不常。结什角念朝廷为其父报仇，欲弃四族归朝，四族不许。成至临洮，使人招结什角，乃率四族来附，进马百匹，仍请每年贡马。诏曰：“远人慕义，朕甚嘉之。其遣能吏往抚其众，厚其赏赐。”

初，天会中，诏以旧积石地与夏人，夏人谓之祈安城。有庄浪四族，一曰吹折门，二曰密臧门，三曰陇逋门，四曰庞拜门，虽属夏国，叛服不常。大定六年，夏人破灭吹折、密臧二门，其陇逋、庞拜二门与乔家族相邻，遂归结什角。夏国遣使来告庄浪族违命作乱，欲兴兵剪除。朝廷不知陇逋、庞拜二门旧属夏国，报以将检会其地旧所隶属，毋擅出兵。

结什角之母居于庄浪族中。大定九年，结什角往省其母，夏人伺知之，遂出兵围结什角，招之使降。结什角不从，率所部力战，溃围出，夏人斫断其臂，虏其母去，部兵亦多亡者。结什角寻亦死，遗言请命朝廷，复立乔家族首领。陕西奏：“闻知夏国王李仁孝与其臣任得敬中分其国，发兵四万，役夫三万，筑祈安城，杀乔家等族首领结什角。屡获宋谍人，言宋欲结夏国谋犯边境。”诏遣大理卿李昌图、左司员外郎粘割斡特剌往按之，且止夏人毋筑祈安城及处置乔家等族别立首领。夏国报云：“祈安本积石旧城，久废，边臣请设戍兵镇抚庄浪族，所以备盗，非有他也。结什角以兵入境，以是杀之，不知为乔家族首领也。”李昌图等按视，杀结什角之地本在夏境，筑祈安城已毕工，皆罢归，不得宋、夏交通之状，乃于熙秦迫近宋、夏冲要量添戍兵。及问乔家等族民户，愿以结什角侄赵师古为首领，于是诏以赵师古为木波乔家、丙离、陇逋、庞拜四族都钤辖，加宣武将军。

石抹卞，本名阿鲁古列。五代祖王五，辽驸马都尉。父五斤，为群牧使，从睿宗秋山，卞年十三，已能射，连获二鹿，睿宗奇之，赐以良马及金吐鹘。天会末，宗弼为右监军，召卞隶帐下。丁父忧，是时宗磐为太师，挞懒为左副元帅，人争附之，使人召卞，卞不往。宗磐、挞懒皆以罪诛，人多其有识。宗弼复取河南，与宋人战于颍州，汉军少却，卞身被七创，率勇士十余骑奋击，败之。及宋称臣，宗弼选尝有劳者与俱入朝，授卞忠勇校尉。迁宣武将军，除河间少尹。察廉，升遂州刺史，改寿州，再改唐州。丁母忧去官，起复唐州刺史。海陵伐宋，卞为武毅军都总管，由别道进兵。遇宋伏兵数百人，以三十骑击败之，遂下信阳军及罗山县。至蒋州，宋守将弃城遁，因取其城。顷之，军士皆欲逃归，阑子山猛安结汉军三猛安谋克劫卞还，舍于奖水之曲。卞乃阴约汉军将吏乘夜掩杀阑子山猛安，复将其军。大定二年，除郑州防御使，以本官领行军万户伐宋。迁武胜军节度使。宋人请和，明年，有水牛数百头自淮南走入州境，僚佐欲收之充官用，卞不听，复驱过淮还之。迁河南尹，转西南路招讨使，改大名尹。大名多盗，而城郭不完，卞请修大名城。奏可。城完葺，盗贼不得发。徙临洮尹。卒官，年六十三。

杨仲武，字德威，保安人。父遇，以勇闻关西，为宥州团练使。宋末，仲武谒经略使王庶求自效，遂用为先锋。娄室入关，仲武与鄜延路兵马都监郑建充俱降，为安塞堡。环庆路兵马都监。皇统初，复陕西，将兵戍凤翔，屡却宋军。除知宁州。关中荐饥，境内盗贼纵横，仲武悉平之。改坊州刺史，复知宁州，迁同知临洮尹，改同知河中府。海陵营缮南京，典浮桥工役。临洮地接西羌，与木波杂居，边将贪暴，木波苦之，遂相率为寇掠。仲武前治临洮，乃从数骑入其营谕之曰：“此皆将校侵渔汝等，以至此尔。今惩治此辈，不复扰害汝也。”并以祸福晓之。羌人喜悦，寇掠遂息。至是，木波复掠熙河，熙河主帅使人谕之，不肯去，曰：“杨总管来，我乃解去。”熙河具奏，诏复遣仲武。当是时，木波谓仲武不能复来。及仲武至，与其酋帅相见，责以负约，对曰：“边将苦我，今之来，求诉于上官耳。今幸见公，愿终身不复犯塞。”乃举酒酹天，折箭为誓。仲武因以卮酒饮之曰：“当更为汝请，若复背约，必用兵矣。”羌人罗拜而去。及伐宋，以仲武为威定军都总管，驻兵归德。大定三年，除武胜军节度使，改陕西西路转运使，卒。

蒲察世杰，本名阿撒，曷速馆斡笃河人，徙辽阳。初在梁王宗弼军中。为人多力，每与武士角力赌羊，辄胜之。能以拳击四岁牛，折胁死之。有粮车陷淖中，七牛挽不能出，世杰手挽出之。宗敏为东京留守，召置左右。海陵篡立，即以为护卫。海陵谓世杰曰：“汝勇力绝伦，今我兄弟有异志者，期以十日除之，则有非常之赏，仍尽以各人家产赐汝。”世杰受诏而不肯为。已过十日，海陵怒，面责之。世杰曰：“臣自誓不以非道害物，虽死不敢奉诏。”海陵爱其勇，不之罪也。

正隆四年，调诸路兵伐宋，年二十以上、五十以下皆籍之。他使者唯恐不如诏书，得数多，世杰往曷懒路，得数少。海陵怪问之，对曰：“曷懒地接高丽，今若多籍其丁，即有缓急，何以为备？”海陵喜曰：“他人用心不能及也。”除同知安国军节度使事，赐银二百五十两、绢彩六百匹、马二匹。是时征发不已，民不堪命，犯法者众，邢久无长吏，狱囚积四百余人。世杰到官月余，决遣略尽。入为宿直将军，以事往胡里改路，还奏：“契丹部族大抵皆叛，百姓惊扰不安。今举国南伐，贼若乘虚入据东土根本之地，虽得江、淮，无益也。宜先讨平契丹，南伐未晚。”海陵不悦曰：“诏令已出矣。今以三万兵选将屯中都以北，足以镇压。”世杰又曰：“若东土大族附于贼，恐三万众未易当也。”海陵不听。

及发汴京，授郑州防御使，领武捷军副总管。大军渡淮，世杰以军三千护粮饵东下，败宋兵数千人，夺其战船甚众。至和州境，击宋兵五万人走之。明日，使其子兀迭领二百八十骑为应兵，自领八百骑前战。连射六十余人，皆应弦而毙，宋兵遂奔溃。海陵欲观水战，使世杰领水军百人试之。宋人舟大而多，世杰舟小，乃急进，至中流取胜而还。大定初，世杰复取陕州，败宋兵石壕镇，复败宋援兵三千人，遂围陕州。宋兵二千自潼关来，世杰以兵二百四十迎击之，射杀十余人，宋兵败走。复败之于土壕山，生擒一将。复以兵三百至斗门城，遇宋兵万余，宋将三人挺枪来刺世杰，世杰以刀断其枪，宋兵乃退。复以四谋克军败宋兵于土华，复围陕州。世杰尝擐甲佩刀，腰箭百只，持枪跃马，往来军中。敌人见而异之，曰："真神将也。"亲率选卒二百余人穴地以入，城遂拔。再破宋军三万人，复虢州。

未几，为卫州防御使，改河南路统军都监。召赴阙，上慰劳良久，除西北路副统，赐厩马、弓矢、佩刀。从仆散忠义讨契丹。贼平，改华州防御使，与徒单合喜经略陇右。合喜复德顺，至东山堡，宋兵捍绝樵路，世杰击走之，追至城下。城中出兵约二万余，败之，杀伤甚众。宋经略使荆皋弃德顺走，世杰与左都监璋追破其军。改亳州防御使，四迁通远军节度使。宋人辄入巩州境粜米面，有司执之，世杰署案作归附人，纵遣之。译吏蔡松寿诬府主谋叛，坐斩。十八年，起为弘州刺史。母忧去职。累迁亳州防御使，卒。

世杰少贫，然疏财尚气，每临阵，敌众既败，必戒士卒毋纵杀掠。平居非忠孝不言，亲贤乐善，甚获当世之誉云。

萧怀忠，本名好胡，奚人也。为西北路招讨使。萧裕等谋立辽后，使萧招折往西北路结怀忠，并结节度使耶律朗为助。怀忠与朗有隙，遂执招折并执朗，遣使上变。裕等既诛，怀忠为枢密副使，赐今名。复为西北路招讨使，西京留守，封王。改南京留守。契丹撒八反，复以怀忠为西京留守、西南面兵马都统，与枢密使仆散思恭、北京留守萧赜、右卫将军萧秃剌、护卫十人长斡卢保往讨之。萧秃剌战无功，大军追撒八不及。而海陵意谓怀忠与萧裕皆契丹人，本同谋，逾年乃执招折上变，而撒八亦契丹部族，恐其合，以师恭与太后密语，而秃剌无功，怀忠、赜、师恭逸贼，既杀师恭，族灭其家，使使即军中杀赜、怀忠，皆族之。斡卢保、秃剌初为罪首，但诛之而已。大定三年，追复赜、怀忠、秃剌、斡卢保官爵。赜弟安州刺史颐求袭赜之谋克，上不许谋克，而以赜家产付之。

移剌按荅，辽横帐人也。父留斡，与耶律余睹俱来降。西京下，复叛，留斡遇害，按荅以死事之子，授左奉宸。熙宗初，充护卫，除安州刺史，累官东京副留守。参知政事完颜守道经略北方，摄咸平路屯军都统。入为兵部侍郎，徙西北、西南两路旧设堡戍迫近内地者于极边安置，仍与泰州、临潢边堡相接。除武定军节度使，以招徕边部功迁东北路招讨使，改临潢尹，卒。

按荅骑射绝伦，善相马，尝论及善射者，世宗曰："能如卿乎?"阅马于市，见良马，虽羸瘦，辄与善价取之，他日果良马也。

孛术鲁阿鲁罕，隆州琶离葛山人。年八岁，选习契丹字，再选习女直字。既壮，为黄龙府路万户令史。贞元二年，试外路胥吏三百人补随朝，阿鲁罕在第一，补宗正府令史。累擢尚书省令史。仆散忠义讨窝斡，辟置幕府，掌边关文字，甚见信任。窝斡既平，阿鲁罕招集散亡，复业者数万人。复从忠义伐宋，屡入奏事，论列可否。上谓宰相曰："阿鲁罕所言，可行者即行之。"宋人请和，忠义使阿鲁罕往。和议定，阿鲁罕入奏，赐银百两、重彩十端。忠义荐阿鲁罕有才干，可任尚书省都事，诏以为大理司直。未几，授尚书省都事，除同知顺天军节度事。纥石烈志宁北巡，阿鲁罕摄左右司郎中。还朝，除刑部员外郎，再迁侍御史。上问纥石烈良弼曰："阿鲁罕何如人也?"对曰："有干材，持心忠正，出言不阿顺。"数日，迁劝农副使，兼同修国史，侍御史如故。改右司郎中。奏请徙河南戍军屯营城中者于十里外，从之。迁吏部侍郎，除山东统军都监，徙置河南八猛安。迁武胜军节度使。入为吏部尚书，改西南路招讨使。有司督本路猛安人户所贷官粟，阿鲁罕乞俟丰年，从之。军人有以甲叶贸易诸物，天德榷场及界外岁采铜矿，或因私挟兵铁与之市易，皆一切禁绝之。上番军不许用亲戚、奴婢及佣雇者，营堑损圮以时葺治，不与所部猛安谋克会宴，故兵民皆畏爱之。

上谓太尉守道曰："阿鲁罕及上京留守完颜乌里也皆起身胥吏，阿鲁罕为人沉厚，其贤过之。"改陕西路统军使兼京兆尹。陕西军籍有阙，旧例用子弟补充，而材多不堪用，阿鲁罕于阿里喜旗鼓手内选补。军人以春牧马，经夏不收饲，瘠弱多死，阿鲁罕命以时收秣之，故死损者少。仍春秋督阅军士骑射，以严武备。终南采漆者，节其期限，检其出入，以防奸细。上谓宰相曰："阿鲁罕所至称治，陕西政迹尤著，用之虽迟，亦可得数年力也。"召为参知政事，命条上天德、陕西行事，上称善。以疾乞致仕，除北京留守，卒。

赞曰：《记》曰："君子听磬声，则思死封疆之臣。"《传》曰："疆埸之事，慎守其一而备其不虞。"故守戍边圉之臣，不可以不论焉。

赵兴祥，平州卢龙人。六世祖思温，辽燕京留守，封天水郡王。父瑾，辽静江军节度使。兴祥以父任阁门祗候，谒告省亲于白霫。会辽季土贼据郡作乱，兴祥携母及弟妹奔燕京，不能进，乃自柳城涉砂碛，夜视星斗而行。仅达辽军，而不知辽主所向，遂还柳城。及娄室获辽主，兴祥乃归国，从宗望伐宋，为六宅使。天眷初，累官同知宣徽院事。母忧去官。熙宗素闻兴祥孝行，及英悼太子受册，以本官起复，护视太子。转右宣徽使。天德初，改左宣徽使。海陵尝问兴祥，欲使子弟为官，当自言。兴祥辞谢。

海陵善之，赐以玉带，诏曰："汝官虽未至一品，可佩此侍立。"为济南尹，赐车马、金币、金银器皿，改绛阳军节度使，召为太子少保，封广平郡王，改封钜鹿。正隆初，例夺王爵，迁太子少傅，封申国公，起为定武军节度使。海陵伐宋，兴祥二子从军。世宗即位，海陵尚在淮南，二子未得还。兴祥来见于平州，世宗嘉其诚款，以为秘书监，复为左宣徽使。上曰："尚食庖人猥多，徒费廪禄。朕在藩邸时，家务皆委执事者，自即位以来，事皆留心。俸禄出于百姓，不可妄费，庖人可约量损减。"近臣献琵琶，世宗却之，谓兴祥曰："朕忧劳天下，未尝以声伎为心，自今勿复有献，宜悉谕朕意。"有司奏南北边事未息，恐财用未给，乞罢修神龙殿凉位工役。上即日使兴祥传诏罢之。久之，以其孙珣为閤门祗候。十五年，上幸安州春水，召兴祥赴万春节。上谒于良乡，赐银五百两，感风眩，赐医药。未几，卒官。

石抹荣，字昌祖。七世祖仕辽，封顺国王。辽主奔天德，荣父惕益挺身赴之。是时，荣方六岁，母忽土特满携之流离道路，宗室谷神得之，纳为次室，荣就养于谷神家。惕益既见辽主，委以军事。军败被执，将杀之，金源郡王银术可曰："彼忠于所事，杀之何以劝后。"遂释之。后从伐宋，卒于军中。荣年长，事秦王宗翰，居幕府。天眷二年，充护卫。熙宗宴饮，命胙王元与荣角力，荣胜之，连仆力士六七人。熙宗亲饮之酒，赐以金币，迁宿直将军。天德初，除开远军节度使。入谢，不觉泣下。海陵问其故。对曰："老母在谷神家，违去膝下，是以感泣。"乃诏其母与之俱行，仍赐钱万贯。改天德尹，徙泰宁军，再除延安、东平尹。海陵南征，为神果军都总管，留驻泗州，以遏逋卒。大定初，还镇东平，与户部尚书梁銶按治山东盗贼。二年，以本官充山东东西、大名等路都统。有疾，改太原尹，徙益都尹。丁母忧，起复召为签书枢密院事，北京、东京留守，陕西路统军使，南京、西京留守。荣与河南尹娄室、陕州防御使石抹靳家奴皆坐高贾卖私物、抑贾买民物得罪。靳家奴前为单州刺史，廉察官行郡，乃劫制民使作虚誉，用是得迁同知太原尹，复多取民利。及为陕州，尚书省奏其事，法当解职削阶，上以靳家奴鼓虚声以诳朝廷，不可恕，特诏除名。荣与娄室削两阶解职。久之，荣除临潢尹，改临洮尹。卒，年六十三。

敬嗣晖，字唐臣，易州人。登天眷二年进士第，调怀安丞，迁弘政令，补尚书省令史。有才辩，海陵为宰相，爱之，及篡立，擢起居注，历谏议大夫、吏部侍郎、左宣徽使。贞元三年八月，尚食烹饪失宜，庖官各杖二百，嗣晖与同知宣徽院事乌居仁各杖有差。久之，拜参知政事。正隆六年伐宋，留张浩及嗣晖于南京，治尚书省事。世宗即位，恶嗣晖巧佞，御史大夫完颜元宜劾奏萧玉、嗣晖、许霖等六人不可用。嗣晖降通议大夫，放归田里。嗣晖练习朝仪，进止应对闲雅，由是起为丹州刺史，戒谕之曰："卿为正隆执政，阿顺取容，朕甚鄙之。今当竭力奉职，以洗前日之咎。苟或不悛，必罚无赦。"未几，丁母忧，起复为左宣徽使。世宗颇好道术，谓嗣晖曰："尚食官毋于禁中杀羊豕，朔望上七日有司毋奏刑名。"大定七年，蒲察通除肇州防御使，上责其饰诈，因顾嗣晖曰："如卿不可谓无才，但纯实不足耳。"久之，有榜匿名书于通衢者，称海陵旧臣不得用者有怨望心，将图不轨。上曰："岂有是哉。"谓嗣晖曰："正隆时，卿为执政，今指卿以为怨望，朕极知其不然。卿性明达能辨，但颇自炫，钓众人之誉，所以致此媒蘖，后当改之。"十年，将有事南郊，廷议嗣晖在海陵时凡宗庙禘祫辄行太常事，复拜参知政事，诏以执政冠服摄太常。礼成，薨。

赞曰：赵兴祥、石抹荣自拔流离艰厄中，而克有所树立，固其识之过人，亦其所遭际致然也。迹世宗之却声伎、减庖人，仁爱若是，而其下孰不兴起哉！

卷九十二　列传第三十

毛硕　李上达　曹望之　大怀贞　卢孝俭
卢庸　李偲　徒单克宁本名习显

毛硕，字仲权，甘陵人。宋末，试弓马子弟，硕中选，调高阳关路安抚司准备差使。寻辟河间尉，再辟兵马都监。宗望军至，硕以本部迎降。齐国建，由淮东路第一副将擢知滑州。刘麟伐宋，充行营中军统制军马。天眷间，历汴京路、山东西路兵马都监。皇统元年，权知拱州。宋将张俊据亳州，而柘城酒监房人杰叛以应俊，硕发兵讨之。至柘城，躬扣城门，呼耆老以谕意。县人缚人杰以降。硕径入县署，召百姓慰安之，众皆感悦，刻石纪其事。四年，真授拱州刺史。元帅梁王宗弼承制超武义将军，改知曹州。有书生投书于硕，辞涉谤讪，僚属皆不能堪。硕延之上座，谢曰："使硕常闻斯言，庶乎寡过。"士论以故嘉之。迁郑州防御使，寻改通州。天德二年，充陕西路转运使。硕以陕右边荒，种艺不过麻、粟、荞麦，赋入甚薄，市井交易惟川绢、干姜，商贾不通，酒税之入耗减，请视汴京、燕京例给交钞通行。而巩、会、德顺道路多险，盐引斤数太重，请一引分作三四，以从轻便。朝廷皆从之。秦州仓粟陈积，而百姓有支移者，止就本州折纳其直，公私便之。改河东南路转运使。上言："顷者，定立商酒课，不量土产厚薄、户口多寡及今昔物价之增耗，一概理责之，故监官被系，失身破家，折佣逃窜。或为奸吏盗有实钱，而以赊券输官，故河东有积负至四百余万贯，公私苦之。请自今禁约酒官，不得折准赊贷，惟许收用实钱，则官民俱便。"至今行之。秩满，除南京路都转运使。大定六年致仕，卒于家。硕文雅好事，性谨饬，每见古人行事有益于时者，常书置座右，以为莅官之戒云。

李上达，字达道，曹州济阴人。在宋时以荫补官，累东平府司户参军。挞懒取东平，上达给军须，号办治。齐国建，为吏部员外郎，摄户部事。刘豫行什一之法，乐岁输多，歉岁寡取之，盖古人助法也。收敛之时，蓄积盖藏，民或不以实输官，官亦不肯尽信，于是告讦起而狱讼繁，公私苦之。上达论其弊，豫改定为五等之制。齐国废，以河南与宋人，上达随地入宋。宗弼复取河南，上达为同知大名尹，按察陕西、河南。是时，关、陕、蒲、解、汝、蔡民饥，上达辄以便宜发仓粟赈百姓。累迁知山东西路转运使。上达到官再期，比旧增三十余万贯。户部以其法颁之邻路。上达长于吏事，能治繁剧，猾吏不能欺，所至称之。卒官，年六十一。

曹望之，字景萧，其先临潢人，辽季移家宣德。天会间，以秀民子选充女直字学生。年十四，业成，除西京教授。为元帅府书令史，补正令史，转行台省令史。录教授资，补修武校尉，除右司都事。吏部侍郎田瑴素薄望之，望之愿交不肯纳，遂与蔡松年、许霖构致党狱。改行台吏部员外郎。

海陵为相，尝以书致其私，望之不从。天德元年，调同知石州军州事，坐事免。丁母忧，久之，除绛阳军节度副使，入为户部员外郎。诏买牛万头给按出虎八猛安徙居南京者，望之主给之。撒八反，转致甲仗八万自洺州输燕子城。运米八十万斛由蔡水入淮，馈伐宋诸军，期以一日。望之如期集事。进本部郎中，特赐进士及第。

大定初，讨窝斡，望之主军食，给与有节，凡省粮三十万石，省刍草五十万石。帅府以捷入告，议者欲遂罢转输，望之以为元恶未诛，不可弛备。既而大军追讨，果赖以济。以劳进一阶，兼同修国史。请于大盐泺设官榷盐，听民以米贸易，民成聚落，可以固边圉，其利无穷。从之。其后凡贮米二十余万石。及东北路岁饥，赖以济者不可胜数。

三年，上曰："自正隆兵兴，农桑失业，猛安谋克屯田多不如法。"诏遣户部侍郎魏子平、大兴少尹同知中都转运事李涤、礼部侍郎李愿、礼部郎中移剌道、户部员外郎完颜兀古出、监察御史夹谷阿里补及望之分道劝农，廉问职官臧否。望之还言，乞汰诸路胥吏，可减其半。诏胥吏如故。于是始禁用贴书云。迁本部侍郎，领复实缮修大内财用，费用大省。复以劳进阶，上召见谕勉之。

望之家奴袁一言涉妖妄，大兴府鞫治。望之恐，使户部令史刘公辅问其事于大兴少尹王全，全具其事语公辅，公辅以语望之。御史台劾奏刘公辅言泄狱情。上曰："妖妄之言，交相传说何也？"于是，望之决杖一百，王全杖八十，刘公辅杖一百五十，除名。

顷之，运河堙塞，世宗出郊见之，问其故。主者奏曰："户部不肯经画，岁久以致如此。"上责望之曰："有水运不浚治，乃用陆运，烦费民力，罪在汝等，其往治之。"尚书省奏当用夫役数万人。上曰："方春耕作，不可劳民。以宫籍监户及摘东宫、诸王人从充役，若不足即以五百里内军夫补之。"

《太宗实录》成，监修国史纥石烈良弼赐金带一、重彩二十端。同修国史张景仁、刘仲渊、望之皆赐银币有差。望之叹赏薄，谓人曰："栽花接木乃加爵命，勤劳者不迁官。"无何，张景仁迁翰林学士，望之又曰："止与他人便遣，独不及我哉。"世宗闻之，出望之德州防御使，谓之曰："汝为人能干而心不忠实。朕前往安州春水，人言汝无事君之义。朕敕臣下，有过即当谏争。汝但面从，退则谤议，此不忠不孝也。汝自五品起迁四品，《太宗皇帝实录》成，优赐银币，不思尽心竭力，惟官赏是觊。今出汝于外，宜改心涤虑。不然，则身亦莫保。"望之到德州，有惠政，百姓为立生祠。改同知西京留守事。

上书论便宜事：其一，论山东、河北猛安谋克与百姓杂处，民多失业。陈、蔡、汝、颍之间土广人稀，宜徙百姓以实其处，复数年之赋以安辑之。百姓亡命及避役军中者，阅实其人，使还本贯。或编近县以为客户，或留为佃户者，亦籍其姓名。州县与猛安事干涉者无相党匿，庶几军民协和，盗贼弭息。其二，论荐举之法虚文无实。宰相拔擢及其所识，不及其所不识。内外官所举亦辄不用，或指以为朋党，遂不敢复举。宜令宰执岁举三品二人，御史大夫以下内外官终秩举二人，自此以下以品杀为差等。终秩不举者遇转官勒不迁，三品者削后任俸三月。其举者已改除，吏部以类品第，季而上之。三品阙则于类第四品中补授，四品五品以下视此为差。其待以不次者，宰执具才行功实以闻。举当否罪当如律。廉介之士老于令幕无举主者、七考无赃私罪者，准朝官三考劳叙。吏部每季图上外路职官姓名，路为一图，大书赃污者于其名下，使知畏慎。外任五品以上官改除，令代之者具功过以闻。年六十以上者，终更赴调，有司察其视听精力，老疾不堪厘务，给以半禄罢遣。其三，论守边将帅及沿边州县官渔剥军民，擅兴力役，宜岁遣监察御史周行察之。边部有讼，招讨司无得辄遣白身人征断，宜于省部有出身女直、契丹人及县令丞簿中择廉能者，因其风俗，略定科条，务为简易。征断羊马入官籍数，如边部遇饥馑，即以此赈给之。招讨及都监视事，宜限边部馈送驼马。招讨司女直人户，或撷野菜以济艰食，而军中旧籍马死，则一村均钱补买，往往鬻妻子、卖耕牛以备之。臣恐数年之后，边防困弊，临时赈济，费财十倍而无益，早为之所，则财用省而边备实矣。官给军箭用尽，则市以补之，皆朽钝不堪用，可每岁给官箭一分，以补其阙。边民阙食给米，地远负重，往往就仓贱卖而去，可计口支钱，则公私两便。陕西正副，宜如猛安谋克用土人一员，队将亦宜参用土人，久居其任。增弓箭田，复其赋役。以廉吏为提举，举察总管府以下官。农隙校阅，以严武备。则太平之时有经略之制矣。

又论六盐场用人，宜令户部公议辟举。论漕运，先计河仓见在几何，通州容受几何，京师岁费几何。今近河州县岁税或六七万石，小民有入资之费，富室收转输之利，宜计实数以科税入。论民间私钱苦恶，宜以官钱五百易私钱千，期以一月易之，过期以销钱法坐之。论州府力役钱物，户部颁印署白簿，使尽书之，以俟审阅，有畏避不书者坐之。论工部营造调发，妨民生业。诸路射粮军约量人数，习武艺，期以三年成，以息调民。

书奏，多见采纳。以本官行六部事于北边，召拜户部尚书。上数之曰："汝前为侍郎，以不忠外补，颇能练习钱谷，故任以尚书之重，宜改前非，以图新效也。"

是时，户部尚书高德基坐高估俸粟责降，世宗念望之吝出纳或惩德基也，既出，使人谕之曰："勿以高德基下粟直，要在平估而已。"十五年新宫成，世宗幸新宫，敕望之曰："新宫中所须，毋取于民间也。"有良民夫妇质身于东京留守完颜彀英家，期终而不遣，尚书省下东京鞫治。望之言彀英为留守，其同官必且阿徇，不肯穷竟，当移他州。

望之久习事，有治钱谷名，性刚愎，颇沾沾自露，希觊执政。而刑部尚书梁肃自详问宋国使还，世宗尝欲以为执政，久而未用，亦颇炫耀求进。世宗谓左丞相纥石烈良弼曰："曹望之、梁肃急于见知，涉于躁进。"遂出梁肃为济南尹。数年，乃召拜参知政事。而望之终于户部尚书，年五十六。世宗惜其未及用，赐钱三千贯，敕使致祭，赙银五百两、重彩二十端、绢二百匹，以其子渊为奉御，泽为笔砚承奉。

其后，尚辇局举出身人年六十余可以临事，世宗曰："岂为此辈惜官邪，但此辈专以盗取官钱为谋生计，不可用也。"由是欲更改监临格式，以问户部尚书刘玮。玮恐监官谤己，不肯实对。世宗因思望之，叹曰："不如望之之敢行也。"

望之初不学，及贵，稍知读书，遂刻苦自致，有诗集三十卷。

大怀贞，字子正，辽阳人。皇统五年，除阁门祗候，三迁东上阁门使。丁母忧，起复符宝郎，累官右宣徽使。正隆伐宋，为武胜军都总管。大定二年，除洺州防御使兼押军万户，改沂州，再迁彰国、安武军节度使。县尉获盗，得一旗，上图亢宿。诘之，有谋叛状，株连几万人。怀贞当以乱民之刑，请诛其首乱者十八人，余皆释之。尝以私忌饭僧数人，就中一僧异常，怀贞问曰："汝何许人也?"对曰："山西人。"复问："曾为盗杀人否?"对曰："无之。"后三日诘盗，果引此僧，皆服其明察。改兴中尹。锦州富民萧鹤寿途中杀人，匿府少尹家，有司捕不得，怀贞以计取之，置于法。改彰德军节度使，卒。

卢孝俭，宣德州人。登天眷二年第，调宪州军事判官，补尚书省令史，累官太原少尹。大定二年，陕西用兵，尚书省发本路税粟赴平凉充军实，期甚严迫。孝俭辄易以金帛，驰至平凉，用省而不失期，并人称之。用廉，进官二阶，迁同知广宁尹。广宁大饥，民多流亡失业，乃借僧粟，留其一岁之用，使平其价市与贫民，既以救民，僧亦获利。累迁山东东路转运使。孝俭素褊躁，与同僚王公谨失欢。其子尝私用官帑，孝俭不知也。既而改河北西路转运使，公谨乃发其事。孝俭闻被逮，莫测所以，行至章丘，自缢死。

卢庸，字子宪，蓟州丰润人。大定二十八年进士，调唐州军事判官，再调定平县令。庸治旧堰，引泾水溉田，民赖其利。补尚书省令史，除南京转运副使，改中都户籍判官。察廉，迁礼部主事，累官凤翔治中。大安三年，征陕西屯田军卫中都，以庸签三司事，主兵食。至潞州，放还屯田军，庸改乾州刺史，入为吏部郎中。至宁元年，改陕西按察副使。夏人犯边，庸缮治平凉城池，积刍粟，团结土兵为备。十一月，夏人掠镇戎，陷泾、邠，遂围平凉。庸矢尽，募人取夏兵射城上箭以济急用，出府库赏有功者，人乐为死，平凉赖以完。贞祐二年，庸移书陕西行省仆散端，大概谓庆阳、平凉、德顺陕西重地，长安以西邠为厄塞，当重兵屯守。诏赏平凉功，庸进官四阶，迁按察转运使。三年，诏诸道按察司讲究防秋，庸陈便宜曰："自鄜延至积石，虽多沟坂，无长河大山为之屏蔽，恃弓箭手以御侮，其人皆刚猛善斗，熟于地利，夏人畏之。向者徙屯他所，夏人即时犯边，此近年深患也。人情乐土，且耕且战，缓急将自奋。"又曰："防秋之际，宜先清野。"又曰："掌军之官不宜临时易代，兵家所忌，将非其人，屡代何益?"无何，有言庸老不胜任者，即罢之。未几，改定海军节度使，山东乱，不能赴，按察司劾之，当夺两官，审理官直之。庸以病请求医药，遂致仕。兴定三年，卒。

李偲，字子友，定州安喜人。中天眷二年进士，调辽山簿，累官户部主事。丁母忧，起复旧职，除同知河东南路转运使事。大定初，改同知中都路都转运使事。仆散忠义行省事于汴京，奏偲幕府，世宗曰："李偲方治京畿漕事，行省可他选也。"三年，权知登闻检院，再迁户部侍郎。上曰："户部财用出入，朕难其人。卿非旧劳，资叙尚浅，勿以秩满例升三品，因循岁月，若不自勉，必不汝贷。"偲每朝会与高德基屏人私语。上闻而怪之，问右丞石琚曰："李偲果何如人?"琚曰："亦干事吏耳。"改同知北京留守、沂州防御使。沂南边郡，户部符借民闲田，种禾取藁秸，备警急用度。偲曰："如此则农民失业。"具奏止之。转运司牒郡输粟朐山，调急夫数万人，是时久雨泥泞，挽运不能前进。偲遣吏往朐山刺取其官廪，见储粮数可支半岁，即具其事牒运司，请缓期，毋自困百姓。先是，郡县街陌间听民作廛舍，取其僦直。至是，罢收僦直，廛舍一切撤毁。他郡奉承号令，督百姓必尽撤去，使街陌绳齐矢棘如初时然后止。偲独教民撤治前却不齐一者三五所，使巷道端正即已，民便之。改陕西西路转运使，卒。

赞曰：毛硕、李上达、曹望之、李偲之流，皆金之能吏也。望之悻悻然以求大用，君子无取焉。

徒单克宁，本名习显，其先金源县人，徙居比古土之地，后徙置猛安于山东，遂占籍莱州。父况者，官至汾阳军节度使。克宁资质浑厚，寡言笑，善骑射，有勇略，通女直、契丹字。左丞相希尹，克宁母舅。熙宗问希尹表戚中谁可侍卫者，希尹奏曰："习显可用。"以为符宝祗候。是时，悼后干政，后弟裴满忽土侮克宁，克宁殴之。明日，忽土以告悼后，后曰："习显刚直，必汝之过也。"已而充护卫，转符宝郎，迁侍卫亲军马步军都指挥使，改忠顺军节度使。

克宁娶宗干女嘉祥县主，同母兄蒲甲判大宗正事，海陵心忌之，出为西京留守，构致其罪诛之，因降克宁知滕阳军。历宿州防御使、胡里改路节度使、曷懒路兵马都总管。大定初，诏克宁以本路兵会东京。迁左翼都统。诏与广宁尹仆散浑坦、同知广宁尹完颜岩雅、肇州防御使唐括乌也，从右副元帅完颜谋衍讨契丹窝斡。趋济州。谋衍用契丹降吏乣者计策袭贼辎重，克宁与纥石烈志宁为殿，与贼遇于长泺。谋衍使伏兵于左翼之侧。贼二万余蹑吾后，又以骑四百余突出左翼伏兵之间，欲绕出阵后攻我。克宁与善射二十余人拒之。众曰："贼众我寡，不若与伏兵合击，或与大军相依，可以万全。"克宁曰："不可。若贼出阵后，则前后夹击，我败矣，大军不可俟也。"于是奋击，贼乃却。左翼万户襄与大军合击之，贼遂败，追奔十余里，二年四月一日也。越九日，复追及贼于霿𩅽河。左翼军先与贼战，克宁以骑二千追掩十五里，贼迫涧不得亟渡，杀伤甚众。贼收军返旆，大军尚未至，克宁令军士下马射贼，贼遂引而南。

是时，窝斡已再北，元帅谋衍利卤掠，驻师白泺。世宗讶其持久，遣问之。谋衍曰："贼骑壮，我骑弱，此少驻所以完养马力也。不然，非益万骑不可胜。"克宁奋然而言曰："吾马固不少，但帅不得人耳。其意常利虏掠，贼至则引避，贼去则缓随之，故贼常得善牧，而我常拾其蹂践之余，此吾马所以弱也。今诚能更置良帅，虽不益兵，可以有功。不然，骑虽十倍，未见其利也。"朝廷知其议，召还谋衍，以平章政事仆散忠义兼右副元帅。师将发，贼声言乞降。克宁曰："贼初困蹙，且无降意，所以扬言者，是欲缓吾师期也。不若攻其未备，贼若挫衄，则其降必速。如其不降，乘其怠而急击之，可一战而定也。"忠义以为然，乃与克宁出中路，遂败贼兵于罗不鲁之地。贼奔七渡河，负险为栅，克宁觇知贼栅之背其势可上，乃潜师夜登，俯射之，大军自下攻，贼溃，皆遁去。

契丹平，克宁除太原尹。未阅月，宋吴璘侵陕右，元帅左都监徒单合喜乞益兵，遣克宁佩金牌，驻军平凉。诏合喜曰："朕遣克宁参议军事，此其智勇足敌万人，不必益军也。"克宁至，下令安辑，未几，民皆完聚。治兵伐宋，右丞相仆散忠义驻南京节制诸军，左副元帅纥石烈志宁经略边事，克宁改益都尹，兼山东路兵马都总管、行军都统。四年，元帅府欲遣左都监璋以兵四千由水路进，诏曰："可付都统徒单习显，仍益兵二千，择良将副之。璋可经略山东。"于是，克宁出军楚、泗之间，与宋将魏胜相拒于楚州之十八里口。魏胜取弊舟凿其底，贯以大木，列植水中，别以船载巨石贯以铁锁，沉之水底，以塞十八里口及淮渡舟路。以步兵四万人屯于淮渡南岸、运河之间。克宁使斜卯和尚选善游者没水，系大绳植木上，数百人于岸上引绳曳一植木，皆拔出之，彻去沉船。进至淮口，宋兵来拒，隔水矢石俱发。斜卯和尚以竹编篱捍矢石，复拔去植木沉船，师遂入淮。与宋兵夺渡口，合战数四，猛安长寿先行薄岸，水浅，先率劲卒数人涉水登岸，败其津口兵五百人，余众皆济。宋兵四百余自清河口来，镇国上将军蒲察阿离合懑以步兵百人御之。克宁自与扎也银术可五骑先行六七里与战，银术可先登，奋击败之。宋大兵整阵来拒，克宁麾兵前战，自旦至午，宋兵败，逾运河为阵，余众数千皆走入营中。克宁使以火箭射其营舍，尽焚，逾河撤桥，与其大军相会。隔水射之，宋兵不能为阵。猛安钞兀以六十骑击宋骑兵千余，不利，少却。克宁以猛安赛剌九十骑横击之，宋兵大败。追至楚州，射杀魏胜，遂取楚州及淮阴县。是役也，赛剌功居多。是时，宋屡遣使请和，仆散忠义、纥石烈志宁约以世为叔侄国，割还海、泗、唐、邓四州。宋人尚迁延有请，及克宁取楚州，宋人乃大惧，一一如约。

兵罢，改大名尹，历河间、东平尹，召为都点检。十一年，从丞相志宁北伐，还师。十一月皇太子生日，世宗置酒东宫，赐克宁金带。明年，迁枢密副使，兼知大兴府事，改太子太保，枢密副使如故。拜平章政事，封密国公。

克宁女嫁为沈王永成妃，得罪，克宁不悦，求致仕，不许，罢为东京留守。明年，上将复相克宁，改南京留守，兼河南统军使。遣使者谕之曰："统军使未尝以留守兼之，此朕意也。可过京师入见。"克宁至京师，复拜平章政事，授世袭不扎土河猛安兼亲管谋克。

世宗欲以制书亲授克宁，主者不知上意，及克宁已受制，上谓克宁曰："此制朕欲亲授与卿，误授之于外也。"又曰："朕欲尽徙卿宗族在山东者居之近地，卿族多，官田少，无以尽给之。"乃选其最亲者徙之。十九年，拜右丞相，徙封谭国公。克宁辞曰："臣无功，不明国家大事，更内外重任，当自愧。乞归田里，以尽余年。"上曰："朕念众人之功无出卿右者，卿慎重得大臣体，毋复多让。"克宁出朝，上使徒单怀忠谕之曰："凡人醉时醒时处事不同，卿今日亲宾庆会，可一饮，过今日可勿饮也。"克宁顿首谢曰："陛下念臣及此，臣之福也。"

克宁为相，持正守大体，至于簿书期会，不屑屑然也。世宗尝曰："习显在枢密，未尝有过举。"谓克宁曰："宰相之职，进贤为上。"克宁谢曰："臣愚幸得备位宰辅，但不能明于知人，以此为恨耳。"二十一年，左丞相守道为尚书令，克宁为左丞相，徙封定国公，恳求致仕。上曰："汝立功立事，乃登相位，朝廷是赖，年虽及，未可去也。"后三日，与守道奏事，俱跪而请曰："臣等齿发皆衰，幸陛下赐以余年。"上曰："上相坐而论道，不惟其官惟其人，岂可屡改易之邪？"顷之，克宁改枢密使，而难其代。复以守道为左丞相，虚尚书令位者数年，其重如此。未几，以司徒兼枢密使。二十二年，诏赐今名。二十三年，克宁复以年老为请。上曰："卿昔在政府，勤劳夙夜，除卿枢密使亦可以优逸矣。朕念旧臣无几人，万一边隅有警，选将帅，授方略，山川险要，兵道军谋，舍卿谁可与共者？勉为朕留！"克宁乃不敢复言。

二十四年，世宗幸上京，皇太子守国，诏左丞相守道与克宁俱留中都辅太子。上谓克宁曰："朕巡省之后，万一有事，卿必躬亲之，毋忽细微，图难于其易可也。"二十五年，左丞相守道赐宴北部，诏克宁行左丞相事。

是时，世宗自上京还，次天平山清暑，皇太子薨于京师，诸王妃主入宫吊哭，奴婢从入者多，颇喧杂不严。克宁遣出之，身护宫门，严饬殿廷宫门禁卫如法，然后听宗室外戚入临，从者有数。谓东宫官属曰："主上巡幸，未还宫阙，太子不幸至于大故，汝等此时能以死报国乎？吾亦不敢爱吾生也。"辞色俱厉，闻者肃然敬惮。章宗时为金源郡王，哀毁过甚，克宁谏曰："哭泣，常礼也。郡王身居冢嗣，岂以常礼而忘宗社之重乎？"召太子侍读完颜匡曰："尔侍太子日久，亲臣也。郡王哀毁过甚，尔当固谏。谨视郡王，勿去左右。"世宗在天平山，皇太子讣至，哀恸者屡矣。闻克宁严饬宫卫，谨护皇孙，嘉其忠诚而愈重之。

九月，世宗还京师。十一月，克宁表请立金源郡王为皇太孙，以系天下之望。其略曰："今宣孝皇太子陵寝已毕，东宫虚位，此社稷安危之事，陛下明圣超越前古，宁不察此。事贵果断，不可缓也。缓之则起觊觎之心，来谗佞之言。谗佞之言起，虽欲无疑得乎？兹事深可畏、大可慎，而不畏不慎，岂惟储位久虚，而骨肉之祸，自此始矣。臣愚不避危身之罪，伏愿亟立嫡孙金源郡王为皇太孙，以释天下之惑，塞觊觎之端，绝构祸之萌，则宗庙获安，臣民蒙福。臣备位宰相，不敢不尽言，惟陛下裁察。"逾月，有诏起复皇孙金源郡王判大兴尹，封原王。世宗诸子中赵王永中最长，其母张玄征女，玄征子汝弼为尚书左丞。二十六年，世宗出汝弼为广宁尹。于是，左丞相守道致仕，遂以克宁为太尉，兼左丞相，原王为右丞相，因使克宁辅导之。原王为丞相方四日，世宗问之曰："汝治事几日矣？"对曰："四日。""京尹与省事同乎？"对曰："不同。"上笑曰："京尹浩穰，尚书省总大体，所以不同也。"数日，复谓原王曰："宫中有四方地图，汝可观之，知远近厄塞也。"世宗与宰相论钱币，上曰："中外皆患钱少，今京师积钱止五百万贯，除屯兵路分其他郡县钱可运至京师。"克宁曰："郡县钱尽入京师，民间钱益少矣。若起运其半，其半变折轻赍，庶几钱货流布也。"上嘉纳之。章宗虽封原王，为丞相，克宁犹以未正太孙之位，屡请于世宗，世宗叹曰："克宁，社稷之臣也。"十一月戊午，宰相入见于香阁，既退，原王已出，克宁率宰臣屏左右奏立太孙，世宗许之。庚申，诏立原王右丞相为皇太孙。

明日，徒单公弼尚息国公主纳币，赐六品以上宴于庆和殿。上谓诸王大臣曰："太尉忠实明达，汉之周勃也。"称叹再三。克宁进酒，上举觞为之釂。有诏给太尉假三日。明年正月，复求解机务。上曰："卿遽求去邪？岂朕用卿有未尽乎？或因喜怒用刑赏乎？其他宰相未有能如卿者，宜勉留以辅朕。卿若思念乡土，可以一往，不必谢政事。三月一日朕之生辰，卿不必到，从容至暑月还京师相见。"四月，克宁还朝，入见上。上问曰："卿往乡中，百姓皆安业否？"克宁曰："生业颇安，然初起移至彼，未能滋殖耳。"未几，以丞相监修国史。上问史事，奏曰："臣闻古者人君不观史，愿陛下勿观。"上曰："朕岂欲观此？深知史事不详，故问之耳。"初，泸沟河决久不能塞，加封安平侯，久之，水复故道。上曰："鬼神虽不可窥测，即获感应如此。"克宁奏曰："神之所佑者正也，人事乖，则弗享矣。报应之来皆由人事。"上曰："卿言是也。"世宗颇信神仙浮图之事，故克宁及之。宋前主殂，宋主遣使进遗留物，上怪其礼物薄。克宁曰："此非常贡，责之近于好利。"上曰："卿言是也。"乃以其玉器五事、玻璃器大小二十事及茶器刀剑等还之。

二十八年十一月癸丑，上幸克宁第。初，上欲以甲第赐克宁，克宁固辞，乃赐钱，因其旧居宏大之。毕工，上临幸，赐金器锦绣重彩，克宁亦有献。上饮欢甚，解御衣以衣之。诏画克宁像藏内府。

十二月乙亥，世宗不豫。甲申，克宁率宰执入问起居。上曰："朕疾殆矣。"谓克宁曰："皇太孙年虽弱冠，生而明达，卿等竭力辅之。"又曰："尚书省政务权听于皇太孙。"克宁奏曰："陛下幸上京时，宣孝太子守国，许除六品以下官，今可权行也。"上曰："五品以下亦何不可。"乙酉，诏皇太孙摄行政事，注授五品以下官。诏太孙与诸王大臣俱宿禁中。克宁奏曰："皇太孙与诸王宜别嫌疑，正名分，宿止同处，礼有未安。"诏太孙居庆和殿东庑。丙戌，诏克宁以太尉兼尚书令，封延安郡王。平章政事襄为右丞相，右丞张汝霖为平章政事。戊子，诏克宁、襄、汝霖宿于内殿。

二十九年正月癸巳，世宗崩于福安殿。是日，克宁等宣遗诏，立皇太孙为皇帝，是为章宗。徙封为东平郡王。诏克宁朝朔望，朝日设坐殿上。克宁固辞，诏近臣勉谕。克宁涕泣谢曰："怜悯老臣，幸免常朝，岂敢当坐礼。"其后，每朝必为克宁设坐，克宁侍立益敬。即位诏文"凡除名开落官吏并量材录用"，张汝霖奏真盗枉法不可恕，克宁曰："陛下初即位，行非常之典，赃吏误沾恩宥其害小，国之大信不可失也。"章宗深然之。无何，进拜太傅，兼尚书令，赐尚衣玉带。乞致仕，不许。诏译《诸葛孔明传》赐之。诏尚书省曰："太傅年高，旬休外四日一居休，大事录之，细事不须亲也。"赐金五百两、银五千两、钱千万、重彩二百端、绢二千匹。

尚书省奏猛安谋克愿试进士者听之，上曰："其应袭猛安谋克者学于太学可乎？"克宁曰："承平日久，今之猛安谋克其材武已不及前辈，万一有警，使谁御之？习辞艺，忘武备，于国弗便。"上曰："太傅言是也。"章宗初即位，颇好辞章，而疆埸方有事，故克宁言及之。

明昌二年，克宁属疾，章宗往视之。克宁顿首谢曰："臣无似，尝蒙先帝任使，陛下即位，属以上相，今臣老病，将先犬马填沟壑，无以辅明主绥四方。陛下念臣驽怯，亲枉车驾临幸，死有余罪矣。"是日，即榻前拜太师，封淄王，加赐甚厚。是岁二月，薨，遗表，其大概言："人君往往重君子而反疏之，轻小人而终昵之。愿陛下慎终如始，安不忘危，而言不及私。"诏有司护丧事，归葬于莱州，谥曰忠烈。明昌五年，配享世宗庙廷，图像衍庆宫。大安元年，改配享章宗庙廷。

赞曰：徒单克宁可谓大臣矣，功高而身愈下，位盛而心愈劳。《经》曰："在上不骄，高而不危，制节谨度，满而不溢"，所以长守富贵。故曰忠信匪懈，不施其功，履盛满而不忘，德之上也。孜孜勉勉，恪守职业，不居不可成，不事不可行，人主知之，次也。谏期必行，言期必听，为其事必有其功者，又其次也。

卷九十三　列传第三十一

显宗诸子　章宗诸子　卫绍王子　宣宗诸子　独吉思忠　承裕　仆散揆　抹撚史扢搭　宗浩

显宗孝懿皇后生章宗，昭圣皇后生宣宗，诸姬田氏生郓王琮、瀛王瑰、霍王从彝，刘氏生瀛王从宪，王氏生温王玠。

郓王琮，本名承庆，母田氏，其后封裕陵充华。琮仪观丰伟，机警清辩，性宽厚，好学。世宗选进士之有名行者纳坦谋嘉教之，女直小字及汉字皆通习。及长，轻财好施，无愠色，善吟咏，不喜闻人过，至于骑射绘塑之艺，皆造精妙。大定十八年，封道国公。二十六年，加崇进。章宗即位，迁开府仪同三司，封郓王。明昌元年，授婆速路获火罗合打世袭猛安，留京师。五年，薨。上辍朝，亲临奠于殡所。谥曰庄靖，改庄惠。

瀛王瑰，本名桓笃，郓王琮之同母弟也。重厚寡言，内行修饬，工诗，精于骑射、书艺、女直大小字。大定二十二年，封崇国公。二十六年，加崇进。章宗即位，迁开府仪同三司，封瀛王。明昌三年，薨。敕葬事所须皆从官给，命工部侍郎胥持国等典丧事。比葬，帝三临奠，哭之恸。谥曰文敬。其后帝谓辅臣曰："王性忠孝，兄弟中最为善人，故朕尝令在左右。温王虽幼，亦佳。不二旬俱逝，良可哀悼。"

霍王从彝，本名阿怜，母田氏早卒，温妃石抹氏养为己子。大定二十五年，封宿国公，加崇进。二十六年，赐名瓒。章宗即位，封沂王。明昌元年，谕旨有司曰："丰、郓、瀛、沂四王府各赐奴婢七百人。"四年，诏追封故鲁王孰辇为赵王，以从彝为赵王后。承安元年，为兵部尚书，改封蔡。四年，除秘书监。泰和五年，赐今名。八年，封霍。贞祐二年，薨。

瀛王从宪，本名吾里不，母刘氏，后封裕陵茂仪。大定二十六年，赐名琦。章宗即位，加开府仪同三司，封寿王。承安元年，以郊祀恩进封英。四年，改封瀛。泰和五年，更赐今名。六年，授秘书监。八年，薨。

从宪风仪秀峙，性宽厚，善骑射，待府僚以礼，秩满去者皆有赆。帝尤爱重，初以病闻，即临问之，赐钱五百万。还宫，诏府僚上其疾增损状，仍敕门司夜一鼓即奏，比五更重言之。及薨，上哭之恸，为辍朝临奠者再。谕旨判大睦亲府事宛王永升曰："瀛王家事，叔宜规画。闻其二姬方孕，若生子，即以付之。"以右宣徽使移剌都护其丧葬，敛以内库之服，其余所须，亦从官给。谥曰敦懿。

温王玠，本名谋良虎，母王氏，后封裕陵婉仪。玠幼颖秀，性温厚，好学。大定二十九年，章宗即位，加开府仪同三司，封温王。明昌三年，薨，年十一。讣闻，上为辍朝，亲临奠哭之。谥曰悼敏。

章宗钦怀皇后生绛王洪裕，资明夫人林氏生荆王洪靖，诸姬生荣王洪熙、英王洪衍、寿王洪辉。元妃李氏生葛王忒邻。

洪裕，大定二十六年生。是时显宗薨逾年，世宗深感，及闻皇曾孙生，喜甚。满三月，宴于庆和殿，赐曾孙金鼎，金香合，重彩二十端，骨睹犀、吐鹘玉山子、兔儿垂头一副，名马二匹。章宗进玉双驼镇纸、玉琵琶拨、玉凤钩、骨睹犀具佩刀、衣服一袭。世宗御酒歌欢，乙夜方罢。二十八年十月丙寅，薨。明昌三年，追封绛王，赐名。

洪靖，本名阿虎懒，明昌三年生。生而警秀，上所锺爱。四年，薨。承安四年，追封荆王，赐名，加开府仪同三司。

洪熙，本名讹鲁不，明昌三年生，未弥月薨。承安四年，追封荣王，赐名，加开府仪同三司。

洪衍，本名撒改，明昌四年生，未几薨。承安四年，追封英王，赐名，加开府仪同三司。

洪辉，本名讹论，承安二年五月生，弥月，封寿王。闰六月壬午，病急风，募能医者加宣武将军，赐钱五百万。甲申，疾愈，印《无量寿经》一万卷报谢，衍庆宫作普天大醮七日，无奏刑名，仍禁屠宰。十月丁亥，薨，备礼葬。

忒邻，泰和二年八月生。上久无皇嗣，祈祷于郊、庙、衍庆宫、亳州太清宫，至是喜甚。弥月，将加封，三等国号无惬上意者，念世宗在位最久，年最高，初封葛王，遂封为葛王。十二月癸酉，生满百日，放僧道度牒三千道，设醮玄真观，宴于庆和殿。百官用天寿节礼仪，进酒称贺，三品以上进礼物。泰和三年，薨。

卫绍王六子，大定二十六年，赐名猛安曰琚，按出曰瑄，按辰曰璪。泰和七年，诏按辰出继郑王永蹈后，诏曰："朕追惟郑邸，误蹈非彝，藁窆原野，多历岁年，怛然轸怀，有不能已，乃诏追复王爵，备礼改葬。今稽式古典，命汝为郑王后，守其祭祀。"大安元年，封子六人为王，从恪胙王，有任王、巩王，余弗传。是岁，从恪为左丞相。二年八月，立从恪为皇太子。至宁末，胡沙虎杀卫王，从恪兄弟皆废居中都。贞祐二年，徙郑州。四年，徙居南京。天兴元年，崔立以从恪为梁王，汴京破，死焉。

赞曰：章宗晚年，继嗣不立，遂属意卫绍王。卫绍历年不永，诸子凡禁锢二十余年，镐厉王诸子禁锢四十余年，长女鳏男皆不得婚嫁。天兴初，方弛其禁，金亡祚后可知矣。

庄献太子，名守忠，宣宗长子也。其母未详，说在《王后传》。胡沙虎既废卫王，时上未至，即迎守忠入居东宫。贞祐元年闰九月甲申，立为皇太子，诏曰："朕以眇躬，嗣服景命，念祖宗之遗统，方夙夜以靡遑，将上以承九庙之灵，而下以系多方之望。皇太子守忠性秉温良，地居长嫡，以次第言之，则宜升储嗣，以典礼质之，则足惬群情，其立为皇太子。”十月己未，以镇国上将军。太子少保阿鲁罕为太子少师。庚申，上遣谕曰：“朕宫中每事裁减，汝亦宜知时难，斟酌撙节也。”又谓曰：“时方多艰，每事当从贬损，吾已放宫人百余矣，东宫无用者亦宜出之。汝读书人，必能知此也。”二年四月，宣宗迁汴，留守中京。七月，召至汴。三年正月，薨。上临奠殡所凡四次。四月，葬迎朔门外五里。谥庄献。五月，立其子铿为皇太孙，始二岁。十二月薨，四年正月，赐谥冲怀太孙。

玄龄，或曰庄献太子母弟，早卒，未封爵。或曰丽妃史氏所生。

荆王守纯，本名盘都，宣宗第二子也。母曰真妃庞氏。贞祐元年，封濮王。二年，为殿前都点检兼侍卫亲军都指挥使，权都元帅。上谕帅府曰：“濮王年幼，公事殊未谙，卿等毋以朕子故不相规戒。凡见将校，令谦和接遇可也。”三年，为枢密使。四年，拜平章政事。兴定元年，授世袭东平府路三屯猛安。三年，以知管差除令史梁瓛，误书转运副使张正伦宣命，奏乞治罪。上曰：“令史有犯，宰臣自当治之，何必关朕耶？”是年三月，进封英王。时监察御史程震言其不法，宣宗切责，杖司马及大奴尤不法者数人。四年九月，守纯欲发丞相高琪罪，密召知案蒲鲜石鲁剌、令史蒲察胡鲁、员外郎王阿里谋之，且属令勿泄，而石鲁剌、胡鲁辄以告都事仆散奴失不，奴失不白高琪。及高琪伏诛，守纯劾三人者泄密事，奴失不免死，除名，石鲁剌、胡鲁各杖七十，勒停。

元光二年三月壬子，上戒谕守纯曰：“始吾以汝为相者，庶几相辅，不至为人讥病耳。汝乃惟饮酒耽乐，公事漫不加省，何耶？吾常闻人言已过，虽自省无之，亦未敢容易去怀也。”又曰：“吾所以责汝者，但以崇饮不事事之故，汝勿过虑，遂至夺权。今诸相皆老臣，每事与之商略，使无贻物议足矣。”

是年十二月庚寅，宣宗病喉痹，危笃，将夕，守纯趣入侍。哀宗后至，东华门已闭，闻守纯在宫，分遣枢密院官及东宫亲卫军总领移剌蒲阿集军三万余屯东华门外。部署定，扣门求见。都点检驸马都尉徒单合住奏中宫，得旨，领符钥开门。哀宗入，宰相把胡鲁已遣人止丞相高汝砺，不听入宫，以护卫四人监守纯于近侍局。是夕，宣宗崩。明日，哀宗即位。

正大元年正月，进封荆王，罢平章政事、判睦亲府，封真妃庞氏为荆国太妃，三月，或告守纯谋不轨，下狱推问。慈圣宫皇太后有言于帝，由是获免，语在《皇后传》。守纯三子，长曰讹可，封肃国公，天兴元年三月进封曹王，出质于军前。次曰某，封戴王。次曰孛德，封巩王。

天兴初，守纯府第产肉芝一株，高五寸许，色红鲜可爱，既而枝叶津流，濡地成血，臭不可闻，铲去复生者再。夜则房榻间群狐号鸣，秉烛逐捕则失所在。未几，讹可出质，哀宗迁归德。明年正月，崔立乱。四月癸巳，守纯及诸宗室皆死青城。

赞曰：《诗》云：“天难忱斯，不易维王，天位殷适，使不挟四方。”信哉！守忠立为太子，未几而薨，其子铿立，又薨，哀宗复乏嗣，岂非天乎。正大间，国势日蹙，本支殆尽，哀宗尚且疏忌骨肉，非明惠之贤，荆王几不能免，岂“宗子维城”之道哉！

独吉思忠，本名千家奴。明昌六年，为行省都事，累迁同签枢密院事。承安三年，除兴平军节度使，改西北路招讨使。初，大定间修筑西北屯戍，西自坦舌，东至胡烈么，几六百里。中间堡障，工役促迫，虽有墙隍，无女墙副堤。思忠增缮，用工七十五万，止用屯戍军卒，役不及民。上嘉其劳，赐诏奖谕曰：“直乾之维，扼边之要，正资守备，以靖翰藩，垣垒弗完，营屯未固。卿督兹事役，唯用戍兵，民不知劳，时非淹久，已臻休毕，仍底工坚。赖尔忠勤，办兹心画，有嘉乃力，式副予怀。”赐银五百两、重币十端。入为签枢密院事，转吏部尚书，拜参知政事。

泰和五年，宋渝盟有端，平章政事仆散揆宣抚河南。揆奏宋人懦弱，韩侂胄用事，请遣使诘问。上召大臣议。左丞相宗浩曰：“宋久败之国，必不敢动。”思忠曰：“宋虽羁栖江表，未尝一日忘中国，但力不足耳。”其后果如思忠策。六年四月，上召大臣议伐宋事，大臣犹言无足虑者。或曰：“鼠窃狗盗，非用兵也。”思忠执前议曰：“不早为之所，彼将误也。”上深然之。

七年正月，元帅左监军纥石烈执中围楚州，久不能下，宰臣奏请命大臣节制其军，及益兵攻之。思忠请行。上曰：“以执政将兵攻一小州，克之亦不武。”乃用唐宰相宣慰诸军故事，以思忠充淮南宣慰使，持空名宣敕赏立功者。诏大臣宿于秘书监，各具奏帖以闻。明日，诏百官集议于广仁殿，问对者久之。既而宋人来请和，议遂寝。

顷之，进拜尚书右丞。大安初，拜平章政事。三年，与参知政事承裕将兵屯边，方缮完乌沙堡，思忠等不设备，大元前兵奄至，取乌月营，思忠不能守，乃退兵，思忠坐解职。卫绍王命参知政事承裕行省，既而败绩于会河堡云。

承裕，本名胡沙，颇读孙、吴书，以宗室子充符宝祗候。除中都左警巡副使，通括户籍，百姓称其平。迁殿中侍御史，改右警巡使、彰德军节度副使、刑部员外郎，转本部郎中。历会州、惠州刺史，迁同知临潢府事，改东北路招讨副使。以病免，起为西南招讨副使。

泰和六年，伐宋，迁陕西路统军副使，俄改通远军节度使、陕西兵马都统副使，与秦州防御使完颜璘屯成纪界。宋吴曦兵五万由保岔、姑苏等谷袭秦州，承裕、璘以骑兵千余人击走之，追奔四十里，凡六战，宋兵大败，斩首四千余级。诏承裕曰：“昔乃祖乃父，戮力戎旅，汝年尚少，善于其职，故命汝与完颜璘同行出界。昔汝自言得兵三万足以办事，今以石抹仲温、术虎高琪及青宜可与汝军相合，计可六万，斯亦足以办矣。仲温、高琪兵道险阻，汝兵道甚易也。自秦州至仙人关才四百里耳，从长计画，以副朕意。”诏完颜璘曰：“汝向在北边，以干勇见称，顷以过失，逮问有司。近知与宋人奋战，故特赦免，仍充副统，如能佐承裕立功业，朕于官赏，岂复吝惜。闻汝临事颇黠，若复自速罪，且不赦汝矣。”宋吴曦使其将冯兴、杨雄、李珪以步骑八千入赤谷，承裕、璘及河州防御使蒲察秉铉逆击破之。宋步兵保西山，骑兵走赤谷。承裕遣部将唐括按荅海率骑二百驰击宋步兵，甲士蒙括挺身先入乘之，宋步兵大溃。追奔至皂郊城，斩二千余级。猛安把添奴追宋骑兵，杀千余人，斩杨雄、李珪于阵，冯兴仅以身免。承裕进兵，克成州。

八年，罢兵，迁河南东路统军使，兼知归德府事，俄改知临潢府事。赐金带、重币十端、银百五十两。大安初，召为御史中丞。三年，拜参知政事，与平章政事独吉思忠行省戍边。乌沙堡之役，不为备，失利，朝廷独坐思忠，诏承裕主兵事。八月，大元大兵至野狐岭，承裕丧气，不敢拒战，退至宣平。县中土豪请以土兵为前锋，以行省兵为声援，承裕畏怯不敢用，但问此去宣德间道而已。土豪嗤之曰：“溪涧曲折，我辈谙知之。行省不知用地利力战，但谋走耳，今败矣。”其夜，承裕率兵南行，大元兵踵击之。明日，至会河川，承裕兵大溃。承裕仅脱身，走入宣德。大元游兵入居庸关，中都戒严。识者谓金之亡，决于是役。卫绍王犹薄其罪，除名而已。崇庆元年，起为陕西安抚使。至宁元年，迁元帅右监军，兼咸平府路兵马都总管，与契丹留可战，败绩。改同判大睦亲府事、辽东宣抚使。贞祐初，改临海军节度使，卒。

赞曰：曹刿有言：“一鼓作气，再而衰，三而竭。”夫兵以气为主，会河堡之役，独吉思忠、承裕沮丧不可复振，金之亡国，兆于此焉。

仆散揆，本名临喜，其先上京人，左丞相兼都元帅沂国武庄公忠义之子也。少以世胄，选为近侍奉御。大定十五年，尚韩国大长公主，擢器物局副使，特授临潢府路赫沙阿世袭猛安。历近侍局副使、尚衣局使、拱卫直副都指挥使，为殿前左卫将军。罢职，世宗谕之曰：“以汝宣献皇后之亲，故令尚主，置之宿卫，谓当以忠孝自励。日者乃与外人窃议，汝腹中事，朕不能测，其罢归田里。”寻起为滦州刺史，改蠡州，入为兵部侍郎、大理卿、刑部尚书。

章宗即位，出为泰定军节度使，改知临洮府事。以政迹闻。升河南路统军使。陕西提刑司举揆“刚直明断，狱无冤滞。禁戢家人，百姓莫识其面。积石、洮二州旧寇皆遁，商旅得通”。于是进官一阶，仍诏褒谕。

明昌四年，郑王永蹈谋逆，事觉，揆坐尝私品藻诸王，独称永蹈性善，静不好事，乃免死，除名。未几，复五品阶，起为同知崇义军节度使事。以战功迁西北路副招讨，进官七阶，赐金马盂一、银二百两、重彩一十端。复以战功升西南路招讨使兼天德军节度使，赐金五十两、重彩一十端。复出御边，当转战出塞七百里，至赤胡睹地而还。优诏褒谕，迁一官，仍许其子安贞尚邢国长公主，且许揆入谢，礼成，归镇。

会韩国大长公主薨，揆来赴，上谕之曰：“北边之事，非卿不能办。”乃赐战马二，即日遣还。揆沿徼筑垒穿堑，连亘九百里，营栅相望，烽候相应，人得恣田牧，北边遂宁。复以手诏褒谕，且欲大用，以知兴中府事纥石烈子仁代之，敕尽以方略授子仁。既入，拜参知政事，改授中都路胡土爱割蛮世袭猛安。进拜尚书右丞。寻出经略边事，还拜平章政事，封济国公。

泰和五年，宋人渝盟，以揆为宣抚河南军民使。上谕之曰：“朕即位以来，任宰相未有如卿之久者，若非君臣道合，一体同心，何以及此。先丞相亦尝总师南边，效力先朝，今复委卿，谅无过举。朕非好大喜功，务要宁静内外。宋人屈服，无复可议，若怙不改，可整兵渡淮，扫荡江左，以继尔先公之功。”即以尚厩名马、玉束带、内府重彩及御药赐之。揆至汴，蒐练将士，军声大振。会天寿节，特遣其子安贞赐宴。且命持白玉杯以饮揆，及上秋猎所亲获鹿尾舌为赐。宋人服罪，即罢宣抚使，召揆还。

六年春，宋人复数路来侵，取泗州，取灵璧，围寿春。命揆为左副元帅以讨之。揆至军前，集诸将校告以朝廷吊伐之意，分遣将士御敌。复取临淮、蕲县，而符离、寿春之围亦解去，敌屡败衄，悉遁出境。上即遣提点近侍局乌古论庆寿持手诏劳问征讨事宜，仍赐玉具剑一、玉荷莲盏一、金器一百两、重彩一十端。寻复以诏褒谕，赐玉鞍勒马二及玉具佩刀、内府重彩、御药，以旌其功。

宋人既败退，上欲进讨，乃召揆赴阙，戒以师期，宴于庆和殿，亲谕之曰：“朕以赵扩背盟，侵我疆埸，命卿措画。曾未期月，诸处累报大捷。振我国威，挫彼贼锋，皆卿之力，朕不能忘。”是日宠锡甚厚，特收其次子宁寿为奉御，乃密授以成算，俾还军。

十月，揆总大军南伐，分兵为九路进。揆以行省兵三万出颍、寿，至淮，宋人旅拒于水南。揆密遣人测淮水，惟八叠滩可涉，即遣奥屯骧扬兵下蔡，声言欲渡。宋帅何汝砺、姚公佐悉锐师屯花靥以备。揆乃遣右翼都统完颜赛不、先锋都统纳兰邦烈潜渡八叠，驻南岸。揆麾大军直压其阵。敌不虞我卒至，皆溃走，自相蹂践，死于水者不可胜计。进夺颍口，下安丰军，遂攻合肥，取滁州，尽获其军实。上遣使谕之曰：“前得卿奏，先锋已夺颍口，偏师又下安丰，斩馘之数，各以万计。近又西帅奏捷，枣阳、光化既为我有，樊城、邓城亦自溃散。又闻随州阖城归顺，山东之众久围楚州，陇右之师克期出界。卿提大兵攻合肥，赵扩闻之，料已破胆，失其神守。度彼之计，乞和为上，昔尝画三事付卿，以今事势计之，径渡长江，亦其时矣。淮南既为我有，际江为界，理所宜然。如使赵扩奉表称臣，岁增贡币，缚送贼魁，还所俘掠，一如所谕，亦可罢兵。卿宜广为渡江之势，使彼有必死之忧，从其所请而纵之，仅得余息偷生，岂敢复萌他虑。卿于此时，经营江北，劳徕安集，除其虐政横赋，以良吏抚字疲民，以精兵分守要害，虽未系赵扩之颈，而朕前所画三事，上功已成矣。前入见时，已尝议定，今复谆谆者，欲决卿成功尔。机会难遇，卿其勉之。”

既而宋帅丘崈果奉书乞和，揆以前五事谕而遣之。复进军围和州，敌以骑万五千驻六合，揆侦知之，即以右翼掩击，斩首八千级，进屯于瓦梁河，以控真、扬诸路之冲。

乃整列军骑，毕张旗帜，沿江上下，皆金兵焉。于是江表震恐。宋真州兵数万保河桥，复遣统军纥石烈子仁往攻之，分军涉浅，潜出敌后。敌见之大惊，不战而溃，斩首二万余级，生擒其帅刘侹、常思敬、萧从德、莫子容，皆宋骁将也。遂下真州。宋复遣陈璧来告和，揆以乞辞未诚，徒欲缓师，却之。宋人既丧败，不获请成，乃决巨胜、成公、雷塘渚积水以为阻，尽焚其庐舍储积，过江遁去。

揆以方春地湿，不可久留，且欲休养士马，遂振旅而还。次下蔡，遇疾。诏遣宣徽使李仁惠及其子宁寿引太医诊视，仍遣中使抚问。泰和七年二月，薨。讣闻，上哀悼之，辍朝，遣使迎丧殡于都城之北。百官会吊，车驾临奠哭之，赙银一千五百两、重币五十端、绢五百匹，其葬祭物皆从官给。谥曰武肃。

揆体刚内和，与物无忤，临民有惠政。其为将也，军门镇静，赏罚必行。初渡淮，即命彻去浮梁。所至皆因粮于敌，无馈运之劳。未尝轻用士卒，而与之同甘苦，人亦乐为之用。故南征北伐，为一名将云。

抹撚史扢搭，临潢路人也。其先以功授世袭谋克。史扢搭幼袭爵，守边有劳。泰和六年，南鄙用兵，授同知蔡州防御使事。五月，宋将李爽围寿州，田俊迈陷蕲县，平章政事仆散揆谓诸将曰："符离、彭城，齐鲁之蔽，符离不守，是无彭城，彭城陷则齐鲁危矣。"乃遣安国军节度副使纳兰邦烈与史扢搭以精骑三千戍宿州。俊迈果率步骑二万来袭，邦烈、史扢搭逆击，大破之。邦烈中流矢。宋郭倬、李汝翼以众五万继至，遂围城，攻之甚力，城中丛射，敌不能逼。会淫雨潦溢，敌露处劳倦，邦烈遣骑二百潜出敌后突击之。敌乱，史扢搭率骑蹂之，杀伤数千人。敌复闻援军将至，遂夜遁。邦烈、史扢搭蹑其后，黎明合击，大破之，获田俊迈。十月，揆以行省兵三万出颍、寿，史扢搭为骁骑将中军副统，克安丰军，战霍丘、花靥，功居多。十二月，从攻和州，中流矢卒。

史扢搭形不过中人，而拳勇善斗，所用枪长二丈，军中号为"长枪副统"。又工用手箭，箭长不盈握，每用百数，散置铠中，遇敌抽箭，以鞭挥之，或以指钳取飞掷，数矢齐发，无不中，敌以为神。其箭皆以智创，虽子弟亦不能传其法。在北部守厌山营，敌尤畏之，不敢近。及死，将士皆惋惜之。

内族宗浩，字师孟，本名老，昭祖四世孙，太保兼都元帅汉国公昂之子也。贞元中，为海陵庶人入殿小底。世宗即位辽阳，昂遣宗浩驰贺。世宗见之喜，命充符宝祗候。大定二年冬，昂以都元帅置幕山东，宗浩领万户从行，仍授山东东路兵马都总管判官。丁父忧，起复，承袭因闵斡鲁浑猛安，授河南府判官。以母丧解，服阕，授同知陕州防御使事。察廉能第一等，进官一阶，升同知彰化军节度使事，累迁同签枢密院事，改曷苏馆节度使。

世宗谓宰臣曰："宗浩有才干，可及者无几。"二十三年，征为大理卿，逾年授山东路统军使，兼知益都府事。陛辞，世宗谕之曰："卿年尚少，以卿近属，有治迹，故以此授卿，宜体朕意。"因赐金带遣之。二十六年，为赐宋主赵昚生日使。还，授刑部尚书，俄拜参知政事。

章宗即位，出为北京留守，三转同判大睦亲府事。北方有警，命宗浩佩金虎符驻泰州便宜从事。朝廷发上京等路军万人以戍。宗浩以粮储未备，且度敌未敢动，遂分其军就食隆、肇间。是冬，果无警。北部广吉剌者尤桀骜，屡胁诸部入塞。宗浩请乘其春暮马弱击之。时阻𩋳亦叛，内族襄行省事于北京，诏议其事。襄以谓若攻破广吉剌，则阻𩋳无东顾忧，不若留之，以牵其势。宗浩奏："国家以堂堂之势，不能扫灭小部，顾欲藉彼为捍乎？臣请先破广吉剌，然后提兵北灭阻𩋳。"章再上，从之。诏谕宗浩曰："将征北部，固卿之诚，更宜加意，毋致后悔。"宗浩觇知合底忻与婆速火等相结，广吉剌之势必分，彼既畏我见讨，而复掣肘仇敌，则理必求降，可呼致也。因遣主簿撒领军二百为先锋，戒之曰："若广吉剌降，可就征其兵以图合底忻，仍侦余部所在，速使来报，大军当进，与汝击破之必矣。"合底忻者，与山只昆皆北方别部，恃强中立，无所羁属，往来阻𩋳、广吉剌间，连岁扰边，皆二部为之也。撒入敌境，广吉剌果降，遂征其兵万四千骑，驰报以待。

宗浩北进，命人赍三十日粮，报撒会于移米河共击敌，而所遣人误入婆速火部，由是东军失期。宗浩前军至忒里葛山，遇山只昆所统石鲁、浑滩两部，击走之，斩首千二百级，俘生口车畜甚众。进至呼歇水，敌势大蹙，于是合底忻部长白古带、山只昆部长胡必剌及婆速火所遣和火者皆乞降。宗浩承诏，谕而释之。胡必剌因言，所部迪列土近在移米河不肯偕降，乞讨之。乃移军趋移米，与迪列土遇，击之，斩首三百级，赴水死者十四五，获牛羊万二千，车帐称是。合底忻等恐大军至，西渡移米，弃辎重遁去。撒与广吉剌部长忒里虎追蹑及之，于窊里不水纵击大破之。婆速火九部斩首、溺水死者四千五百余人，获驼马牛羊不可胜计。军还，婆速火乞内属，并请置吏。上优诏褒谕，迁光禄大夫，以所获马六千置牧以处之。明年，宴赐东北部，寻拜枢密使，封荣国公。初，朝廷置东北路招讨司泰州，去境三百里，每敌入，比出兵追袭，敌已遁去。至是，宗浩奏徙之金山，以据要害，设副招讨二员，分置左右，由是敌不敢犯。

会中都、山东、河北屯驻军人地土不赡，官田多为民所冒占，命宗浩行省事，诣诸道括籍，凡得地三十余万顷。还，坐以倡女自随，为宪司所纠，出知真定府事。徙西京留守，复为枢密使，进拜尚书右丞相，超授崇进。时惩北边不宁，议筑壕垒以备守戍，廷臣多异同。平章政事张万公力言其不可，宗浩独谓便，乃命宗浩行省事，以督其役。功毕，上赐诏褒赉甚厚。撒里部长陀括里入塞，宗浩以兵追蹑，与仆散揆军合击之，杀获甚众，敌遁去。诏征还，入见，优诏奖谕，躐迁仪同三司，赐玉束带一、金器百两、重币二十端，进拜左丞相。

宋人畔盟，王师南伐，会平章政事揆病，乃命宗浩兼都元帅往督进讨。宗浩驰至汴，大张兵势，亲赴襄阳巡师而还。宋人大惧，乃命知枢密院事张岩以书乞和。宗浩以辞旨未顺却之，仍谕以称臣、割地、缚送元谋奸臣等事。岩复遣方信孺赍其主赵扩誓稿来，且言扩并发三使，将贺天寿节及通谢，仍报其祖母谢氏殂，致书于都元帅宗浩曰：

方信孺还，远贻报翰及所承钧旨，仰见以生灵休息为重，曲示包容矜轸之意。闻命踊跃，私窃自喜，即具奏闻，备述大金皇帝天覆地载之仁，与都元帅海涵春育之德。旋奉上旨，亟遣信使通谢宸庭，仍先令信孺再诣行省，以请定议。区区之愚，实恃高明，必蒙洞照，重布本末，幸垂听焉。

兵端之开，虽本朝失于轻信，然痛罪奸臣之蔽欺，亦不为不早。自去岁五月，编窜邓友龙，六月又诛苏师旦等。是时大国尚未尝一出兵也，本朝即捐已得之泗州，诸军屯于境外者尽令彻戍而南，悔艾之诚，于兹可见。惟是名分之谕，今昔事殊，本朝皇帝本无佳兵之意，况关系至重，又岂臣子之所敢言？

江外之地，恃为屏蔽，傥如来谕，何以为国？大朝所当念察。至于首事人邓友龙等误国之罪，固无所逃，若使执缚以送，是本朝不得自致其罚于臣下。所有岁币，前书已增大定所减之数，此在上国，初何足以为重轻，特欲藉手以见谢过之实。傥上国谅此至情，物之多寡，必不深计。矧惟兵兴以来，连岁创残，赋入屡蠲，若又重取于民，岂基元元无穷之困，窃计大朝亦必有所不忍也。于通谢礼币之外，别致微诚，庶几以此易彼。

其归投之人，皆雀鼠偷生，一时窜匿，往往不知存亡，本朝既无所用，岂以去来为意。当隆兴时，固有大朝名族贵将南来者，洎和议之定，亦尝约各不取索，况兹琐琐，诚何足云。傥大朝必欲追求，尚容拘刷。至如泗州等处驱掠人，悉当护送归业。

夫缔新好者不念旧恶，成大功者不较小利。欲望力赐开陈，捐弃前过，阔略他事，玉帛交驰，欢好如初，海内宁谧，长无军兵之事。功烈昭宣，德泽洋溢，鼎彝所纪，方册所载，垂之万世，岂有既乎！重惟大金皇帝诞节将临，礼当修贺，兼之本国多故，又言合遣人使，接续津发，已具公移，企望取接。伏冀鉴其至再至三有加无已之诚，亟践请盟之诺，即底于成，感戴恩德永永无极。誓书副本虑往复迁延，就以录呈。

初，信孺之来，自以和议遂成，辄自称通谢使所参议官。大定中，宋人乞和，以王抃为通问使所参议官，信孺援以为例。宗浩怒其轻妄，囚之以闻。朝廷亦以其为行人而不能乎两国之情，将留之，遣使问宗浩。宗浩曰："今信孺事既未集，自知还必得罪，拘之适使他日有以藉口。不若数其佻易，而释遣之使归，自穷无辞以白其国人，则扩、侂胄必择谨厚者来矣。"于是遣之，而复张岩书曰：

方信孺重以书来，详味其辞，于请和之意虽若婉逊，而所画之事犹未悉从，惟言当还泗州等驱掠而已。至于责贡币，则欲以旧数为增，追叛亡，则欲以横恩为例，而称臣、割地、缚送奸臣三事，则并饰虚说，弗肯如约。岂以为朝廷过求有不可从，将度德量力，足以背城借一，与我军角一日胜负者哉？既不能强，又不能弱，不深思熟虑以计将来之利害，徒以不情之语形于尺牍而勤邮传，何也？

兵者凶器，佳之不祥，然圣人不得已而用之，故三皇、五帝所不能免。夫岂不以生灵为念，盖犯顺负义有不可恕者。乃者彼国犯盟，侵我疆埸，帅府奉命征讨，虽未及出师，姑以逐处戍兵，随宜捍御，所向摧破，莫之敢当，执俘折馘，不可胜计，余众震慑靡然奔溃。是以所侵疆土，旋即底平，爰及泗州，亦不劳而复。今乃自谓捐其已得，敛军彻戍，以为悔过之效，是岂诚实之言！据陕西宣抚司申报，今夏宋人犯边者十余次，并为我军击退，枭斩捕获，盖以亿计。夫以悔艾罪咎，移书往来丐和之间，乃暗遣贼徒突我守圉，冀乘其不虞，以徼幸毫末，然则所为来请和者，理安在哉！

其言名分之谕，今昔事殊者，盖与大定之事固殊矣。本朝之于宋国，恩深德厚，莫可殚述，皇统谢章，可概见也。至于世宗皇帝俯就和好，三十年间恩泽之渥，夫岂可忘？江表旧臣于我，大定之初，以失在正隆，致南服不定，故特施大惠，易为侄国，以镇抚之。今以小犯大，曲在于彼，既以绝大定之好，则复旧称臣，于理为宜。若为非臣子所敢言，在皇统时何故敢言而今独不敢，是又诚然乎哉！又谓江外之地将为屏蔽，割之则无以为国。夫藩篱之固，当守信义，如不务此，虽长江之险，亦不可恃，区区两淮之地，何足屏蔽而为国哉！昔江左六朝之时，淮南屡尝属中国矣。至后周显德间，南唐李景献庐、舒、蕲、黄，画江为界，是亦皆能为国。既有如此故实，则割地之事，亦奚不可！

自我师出疆，所下州军县镇已为我有，未下者即当割而献之。今方信孺赍到誓书，乃云疆界并依大国皇统、彼之隆兴年已画为定，若是则既不言割彼之地，又翻欲得我之已有者，岂理也哉！又来书云通谢礼币之外，别备钱一百万贯，折金银各三万两，专以塞再增币之责，又云岁币添五万两匹，其言无可准。况和议未定，辄前具载约，拟为誓书，又直报通谢等三番人使，其自专如是，岂协礼体。此方信孺以求成自任，臆度上国，谓如此径往，则事必可集，轻渎诳绐，理不可容。

寻具奏闻，钦奉圣训："昔宣、靖之际，弃信背盟，我师问罪，尝割三镇以乞和。今既无故兴兵，蔑弃信誓，虽尽献江、淮之地，犹不足以自赎。况彼国尝自言，叔父侄子与君臣父子略不相远，如能依应称臣，即许以江、淮之间取中为界。如欲世为子国，即当尽割淮南，直以大江为界。陕西边面并以大军已占为定据。元谋奸臣必使缚送，缘彼恳欲自致其罚，可令函首以献。外岁币虽添五万两匹，止是复皇统旧额而已，安得为增？可令更添五万两匹，以表悔谢之实。向汴阳乞和时尝进赏军之物，金五百万两、银五千万、表段里绢各一百万、牛马骡各一万、驼一千、书五监。今即江表一隅之地。与昔不同，特加矜悯，止令量输银一千万两以充犒军之用。方信孺言语反复不足取信，如李大性、朱致知、李璧、吴琯辈似乎忠实，可遣诣军前禀议。据方信孺诡诈之罪，过于胡昉，然自古兵交，使人容在其间，姑放令回报。”伏遇主上圣德宽裕光大，天覆地容，包荒宥罪，其可不钦承以仰副仁恩之厚！傥犹有所稽违，则和好之事，勿复冀也。夫宋国之安危存亡，将系于此，更期审虑，无贻后悔！

泰和七年九月，薨于汴。其后宋人竟请以叔为伯，增岁币，备犒军银，函奸臣韩侂胄、苏师旦首以献而乞盟焉。讣闻，上震悼，辍朝，命其子宿直将军天下奴奔赴丧所，仍命葬毕持绘像至都，将亲临奠。以南京副留守张岩叟为敕祭兼发引使，莒州刺史女奚列孛葛速为敕葬使，仍摘军前武士及旗鼓笛角各五十人，外随行亲属官员亲军送至葬所，赙赠甚厚。谥曰通敏。

赞曰：金自宗弼渡江而还，既而画淮为界。厥后海陵咈众举兵，国用虚耗，上下离心，内难先作。故世宗之初，章宗之末，有事于南，皆非得已，而详问之使每先发焉。侂胄狂谋误国，动非其时，取败宜也。揆、宗浩虽师出辄捷，而行成之使，不拒其来。仪币书辞，抑扬增损之际，有可藉口，即许其平矣。函首之事，宋人亦欲因是以自除其祸耳。虽然，揆、宗浩常胜之家，史扢搭骁勇之将，三人相继而死，和议亦成，天意盖已休息南北之人欤？

卷九十四　　列传第三十二

夹谷清臣　内族襄
夹谷衡　完颜安国　瑶里孛迭

夹谷清臣，本名阿不沙，胡里改路桓笃人也。姿状雄伟，善骑谢。皇统八年，袭祖驳达猛安。大定元年，闻世宗即位，率本部军六千赴中都会之，以功迁昭武大将军。从右副元帅纥石烈志宁为管押万户，接应左都监完颜思敬，逐窝斡余党，败之柔远，至抹拔里达悉获之。贼平，迁镇国上将军，知颍顺军事。会宋兵二万袭陷汝州，杀刺史乌古孙麻发及汉军二千。河南统军宗尹遣万户孛术鲁定方与清臣等领骑兵四千往击之。宋人弃城遁，遂复汝州。三年五月，从志宁复取宿州，宋将李世辅大败遁去，志宁复遣清臣等以兵追袭，又败之。捷闻，授宿州防御使。移博州，改西北路招讨都监，迁乌古十垒部族节度使。十二年，授右副都点检，迁左副都点检，出为陕西路统军使，兼知京兆府事。朝辞，赐以金带厩马，仍谕之曰：“卿典禁兵，日侍左右，勤劳久矣，故以是授卿，宜益思勉。”二十六年，改西京留守。阅三岁，迁枢密副使。明昌元年，初议出师，以本职充东北路兵马都统制使，既而诏止之。俄以其女为昭仪，眷倚益重。二年，拜尚书左丞。顷之，进平章政事，封芮国公，赐同本朝人。四年，迁右丞相，监修国史。

时议签军戍边，上问：“汉人与夏人孰勇？”清臣曰：“汉人勇。”上曰：“昔元昊扰边，宋终不能制，何也？”清臣曰：“宋驭军法不可得知，今西南路人殊胜彼也。”未几，迁崇进，改封戴。一日，上谓宰臣曰：“人有以《八阵图》来上者，其图果何如？朕尝观宋白所集《武经》，然其载攻守之法亦多难行。”清臣曰：“兵书皆定法，难以应变。本朝行兵之术，惟用正奇二军，临敌制变，以正为奇，以奇为正，故无往不克。”上曰：“自古用兵亦不出奇正二法耳。且学古兵法如学弈棋，未能自得于心，而欲用旧阵势以接敌，亦以疏矣。”

寻上表丐闲，不许。固请，乃赐告省亲，谕之曰：“闻卿母老，欲令归省，故特给假五十日，驰驿以往，至彼可为一月留也。”五年二月，上御凝和殿，清臣省觐还，谒上。上问：“卿母健否？其寿几何？相别几年矣？”清臣对曰：“臣母年八十三矣，别十年，幸颇强健。”上曰：“何不来此？”曰：“急于家务，故不欲离耳。”上曰：“老人多如是，所谓‘血气既衰，戒之在得’也。”复谓清臣：“胡里改路风俗何如？”对曰：“视旧则稍知礼貌，而勇劲不及矣。”因言西南、西北等路军人，其闲习弓矢，亦非复曩时。

六年，迁仪同三司，进拜左丞相，改封密。受命出师，行尚书省事于临潢府。清臣遣人侦知虚实，以轻骑八千，令宣徽使移剌敏为都统，左卫将军充、招讨使完颜安国为左右翼，分领前队，自选精兵一万以当后队。进至合勒河，前队敏等于栲栳泺攻营十四，下之，回迎大军，属部斜出掩其所获羊马资物以归。清臣遣人责其赕罚，北阻轐由此叛去，大侵掠。上遣责清臣，命右丞相襄代之。承安五年，降授横海军节度使兼沧州管内观察使。

初，上谕宰臣曰：“清臣旧有劳效，罪状未甚明，若降授，应须告致仕耳。”初拟知广宁府，上曰：“姑与沧州。”既而又曰：“与则与之，第恐有人言也。”寻复致仕。泰和二年薨，年七十。子么查剌袭猛安。初议征讨，清臣主其事，既而领军出征，虽屡获捷，而贪小利，遂致北边不宁者数岁，天下尤之。

丞相襄，本名唵，昭祖五世孙也。祖什古乃从太祖平辽，以功授上京世袭猛安，历东京留守。父阿鲁带，皇统初北伐有功，拜参知政事。襄幼有志节，善骑射，多勇略，年十八袭世爵。大定初，契丹叛，从左副元帅谋衍以本部兵讨贼，战于肇州之长泺。襄先登鏖击，足中流矢，裹创以战，气愈厉，七战皆胜。谋衍握其手曰：“今日之捷，皆公力也。”贼走渡霿𩄲河，追及之。所驻地多草，贼乘风纵火，襄亦纵火，立空地以俟。战十余合，贼益困。襄谓谋衍曰：“今不乘此平殄，后将有悔。”谋衍然之。襄率众搏战。大败之，俘获万计。会朝廷遣平章政事仆散忠义代谋衍将，襄复从忠义追贼至袅岭西之陷泉，及之，率右翼身先奋击，贼大溃，人马相蹂而死，陷泉几平。贼西窝斡仅与数十骑遁去，卒就擒，论功为第一。有司拟淄州刺史，诏特授亳州防御使，时年二十三。

宋人犯南鄙，襄为颍、寿都统，率甲士二千人渡颍水，败敌兵五千，复颍州，生擒宋帅杨思。次濠州，宋将郭太尉退保横涧山，襄攻之，伏弩射中其膝，督攻愈急，拔之，获郭太尉。既而趋滁州，襄为先锋，将至清流关，得宋侦者，知敌欲三道夜出，掩我不备。左副元帅纥石烈志宁问计。襄曰："今兵少地隘，傥不得关，敌至，我无所据，必先取之。"曰："我与若孰往?"襄曰："元帅国家大臣，讵宜轻动?襄当为公往取。"志宁韪之。襄率骑二千，分二道，一由冲路，自以千兵间道潜登。既近，敌始觉。襄攻克之，据其关，志宁履行战地，顾谓曰："克敌于不可胜之地，真天下英杰也。"及宋乞盟，班师，召为拱卫直都指挥使，改殿前右卫将军，转左卫，出为东北路招讨都监，迁速频路节度使，移曷懒路兵马都总管。

左丞相志宁疾甚，世宗临问之，志宁荐襄"智勇兼济，有经世才，他人莫及，异时任用，殆胜于臣"。即召授殿前左副都点检。为宋生日使，宋方祈免亲接国书，襄至，宋人屡来议，皆折之，迄成礼而还。授陕西路统军使，赐之尚服、厩马、鞍勒、佩刀。改河南统军使。

入为吏部尚书，转都点检，赐钱千万。世宗谓宰执曰："襄为人甚蕴藉，非直日，亦入宫规画诸事，事有所付乃退，其公勤如此。若襄之才岂多得哉!"擢御史大夫。逾月，拜尚书右丞，谕之曰："卿在河南经制边事，甚有统纪，及在吏部，至为点检，尤奉公守法，朕甚嘉之。近长宪台，亦以刚直闻，是用委以机政，其益勉之!"未几，进拜左丞。襄在外任，治有异效，至是朝廷以褒赏廉吏诏天下，列其名以示奖励。二十三年，进拜平章政事，封萧国公。

世宗以金源郡王世嫡皇孙，将加王爵，诏择国号。襄曰："为天下大计，必先正其本，原者本也，请封原。"从之。故事，诸部族节度使及其僚属多用乣人，而颇有私纵不法者，议改用诸色人。襄曰："北边虽无事，恒须经略之，若杜此门，其后有劳绩，何以处之?请如旧。"他日，议及古有监军之事。襄曰："汉、唐初无监军，将得专任，故战必胜，攻必克。及叔世始以内臣监其军，动为所制，故多败而少功。若将得其人，监军诚不必置。"并嘉纳之。诏受北部进贡。使还，世宗问边事，具图以进，因上羁縻属部、镇服大石之策，诏悉行之。进拜右丞相，徙封戴。

世宗不豫，与太尉徒单克宁、平章政事张汝霖宿内殿，同受顾命。章宗初即政，议罢僧道奴婢。太尉克宁奏曰："此盖成俗日久，若遽更之，于人情不安。陛下如恶其数多，宜严立格法，以防滥度，则自少矣。"襄曰："出家之人安用仆隶?乞不问从初如何所得，悉放为良。若寺观物力元系奴婢之数推定者，并合除免。"诏从襄言。由是二税户多为良者。

明昌元年，同知棣州防御使畲上封事，历诋宰执。太傅克宁奏，畲所言襄预知之。于是诏畲还本猛安，而襄出知平阳府事。移知凤翔，历西京留守，召授同判大睦亲府事，进枢密使，复拜右丞相，改封任。时左丞相夹谷清臣北御边，措画乖方，属边事急，命襄代将其众，佩金牌，便宜从事。临宴慰遣，赐以貂裘、鞍山、细铠及战马二。时胡里乣亦叛，啸聚北京、临潢之间。襄至，遣人招之，即降，遂屯临潢。顷之，出师大盐泺，复遣右卫将军完颜充进军斡鲁速城，欲屯守，俟隙进兵。绘图以闻，议者异同，即召面论，厚赐遣还。

未几，遣西北路招讨使完颜安国等趋多泉子。密诏进讨，乃命支军出东道，襄由西道。而东军至龙驹河为阻鞢所围，三日不得出，求援甚急，或请俟诸军集乃发。襄曰："我军被围数日，驰救之犹恐不及，岂可后时?"即鸣鼓夜发。或请先遣人报围中，使知援至。襄曰："所遣者傥为敌得，使知我兵寡而粮在后，则吾事败矣。"乃益疾驰。迟明，距敌近，众请少憩。襄曰："吾所以乘夜疾驰者，欲掩其不备尔。缓则不及。"向晨压敌，突击之，围中将士亦鼓噪出，大战，获舆帐牛羊。众皆奔斡里札河。遣安国追蹑之。众散走，会大雨，冻死者十八九，降其部长，遂勒勋九峰石壁。捷闻，上遣使厚赐以劳之，别诏许便宜赏赉士卒。九月，赴阙，拜左丞相，监修国史，封常山郡王。宴庆和殿，上亲举酒饮，解所服玉具佩刀以赐，俾即服之。

十月，阻鞢复叛，襄出屯北京，会群牧契丹德寿、陀锁等据信州叛，伪建元曰身圣，众号数十万，远近震骇。襄闲暇如平日，人心乃安。初，襄之出镇也，至石门镇，密谓僚属曰："北部犯塞奚足虑。第恐奸人乘隙而动。北京近地军少，当预为之备。"即遣官发上京等军六千，至是果得其用。临潢总管乌古论道远、咸平总管蒲察守纯分道进讨，擒德寿等送京师。

契丹之乱，廷臣议罢郊祀，又欲改用正月上辛，上遣使问之，对曰："郊为重礼，且先期诏天下，又藩国已报表贺，今若中罢，何以副四方倾望之意?若改用正月上辛，乃祈谷之礼，非郊见上帝之本意也。大礼不可轻废，请决行之，臣乞于祀前灭贼。"既而贼破，果如所料。郊礼成，进封南阳郡王。始讨契丹，自龙虎卫上将军、节度使以下许承制授之。襄以为赏罚之柄非人臣所预，不敢奉诏。贼平，请委近臣谕旨将士，使知上恩。乃遣李仁惠持宣三十、敕百五十，视功给之。

方德寿之叛，诸乣亦剽略为民患，襄虑其与之合，乃移诸乣居之近京地，抚慰之。或曰："乣人与北俗无异，今置内地，或生变奈何?"襄笑曰："乣虽杂类，亦我之边民，若抚以恩，焉能无感?我在此，必不敢动。"后果无患。寻诏参知政事裔代领其军。入见，赐钱五千万。明年，以内艰免。翌日，起复视事。时议以契丹户之驱奴尚众，乞尽鬻以散其党，襄以为非便，奏请量存口数，余悉官赎为良，上纳之。

北部复叛，裔战失律，复命襄为左副元帅莅师，寻拜枢密使兼平章政事，屯北京。民方艰食，乃减价出粜仓粟以济之。或以兵食方阙为言，襄曰："乌有民足而兵不足者?"卒行之，民皆悦服。时议北讨，襄奏遣同判大睦亲府事宗浩出军泰州，又请左丞衡于抚州行枢密院，出军西北路以邀阻鞢，而自帅兵出临潢。上从其策，赐内库物即军中用之。其后斜出部族诣抚州降，上专使问襄，襄以为受之便。赐宝剑，诏度宜穷讨。乃令士自赍粮以省挽运，进屯于沔移剌烈、乌满扫等山以逼之。因请就用步卒穿壕筑障，起临潢左界北京路以为阻塞。言者多异同，诏问方略。襄曰："今兹之费虽百万贯，然功一成则边防固而戍兵可减半，岁省三百万贯，且宽民转输之力，实为永利。"诏可。襄亲督视之，军民并役，又募饥民以佣即事，五旬而毕。于是西北、西南路亦治塞如所请。无何，泰州军与敌接战，宗浩督其后，杀获过半，诸部相率送款，襄纳之。自是北陲遂定。

襄还临潢，减屯兵四万、马二万匹。上以信符召还，遣近臣迎劳于途。既至，复抚问于第，入献边机十事，皆为施行，仍厚赐之，复拜左丞相。初，襄至自军，上谕宰臣曰："枢密使襄筑立边堡完固。古来立一城一邑，尚有赏赉，即欲拜三公，三公非赏功官，如左丞相亦非赏功者，虽然可特授之。"遣左司郎中阿勒根阿海降诏褒谕。四年正月，进拜司空，领左丞相如故。

襄重厚寡言，务以镇静守法。每掾有所禀，必问曰："诸相云何?"掾对某相如是，某相如是。襄曰："从某议。"其事无有异者。识者谓襄诚得相体。时上颇更定制度，初置提刑司，又议设清闲职位，如宋朝宫观使，以待年高致仕之官。襄言："年老致仕，朝廷养以俸廪，恩礼至渥。老不为退，复有省会之法，所以抑贪冒，长廉节。若拟别设，恐涉于滥。"又言："省事不如省官，今提刑官吏，多无益于治，徒乱有司事。议者以谓斯乃外台，不宜罢。臣恐混淆之辞，徒烦圣听。且宪台所掌者察官吏非违，正下民冤枉，亦无提点刑狱、举荐之权。若已设难以遽更，其采访廉能不宜隶本司，宜令监察御史岁终体究，仍不时选官廉访。"上皆听纳。俄乞致仕，不许。

时方旱，命有司祈雨，襄及平章政事张万公、参政仆散揆等上表待罪。上召翰林学士党怀英草罪已诏，仍慰谕襄等视事。泰和元年春，承命驰祷于亳州太清宫及后土方岳。以其世封远，特改授河间府路算术海猛安。明年，皇子生，襄复自请报谢。既祀嵩岳，还次芝田之府店，遂以疾薨，年六十三。讣闻，辍朝，遣使祭于路，葬礼依太师淄王克宁。谥曰武昭。命张行简铭其碑。

襄明敏，才武过人，上亲待之厚，故所至有功。其驻军临潢也，有以伪书遗西京留守徒单镒，欲构以罪。书闻，上以书还畀襄，其明信如此。既而果获为伪书者。在政府二十年，明练故事，简重能断，器局尤宽大，待掾吏尽礼，用人各得所长，为当世名将相。大安间，配享章宗庙廷。

夹谷衡，本名阿里不，山东西路三土猛安益打把谋克人也。大定十三年，创设女直进士举，衡中第四人，补东平府教授。调范阳簿，选充国史院编修官，改应奉翰林文字。世宗尝谓宰臣曰："女直进士中才杰之士盖亦难得，如徒单镒、夹谷衡、尼庞古鉴，皆有用材也。"迁修起居注。章宗立，为侍御史，转右司员外郎，敷奏称旨，升左司郎中。明昌二年，擢御史中丞，未几，拜参知政事。三年八月，以病，表乞致仕，诏抚慰不许。

衡久在告，承诏始出，上见其羸瘠，复赐告一月。四年，诏赐今名，谕之曰："朕选大臣，俾参机务，必资谋画，协赞治平。其或得失晦而未形，利害胶而未决，正须识见纯直，方能去取合公。比来议事之臣，鲜有一定之论，盖以内无所守，故临事而惑，致有中失，朕将何赖?卿忠实公方，审其是则执而不回，见其非则去而能果，度其事势，有若权衡。汝之所长，衡实似之，可赐名衡。古者命名，将以责实，汝先有实，可谓称名，行之克终，乃副朕意。"

参知政事胥持国言区种法。衡曰："若苟有利，古已行之，且用功多而所种少，复恐荒废土田，徒劳民，无益也。"进尚书右丞。旧制，久历随朝职任者，得奉使江表。衡未使而拜执政，特赐钱六千贯。六年，迁尚书左丞，寻出行省于抚州。洎还入朝，闻父忧去，上亟召回，起复本职。承安二年，出为上京留守，寻改枢密副使，行院规画边事。三年，以修完封界，赐诏褒谕。四年正月，就拜平章政事，封英国公。薨，年五十一。上闻之恻然，为辍朝，命官致祭，赙赠有加。遣使敕葬，谥曰贞献。

完颜安国，字正臣，本名阇母。其先占籍上京，世有战功。祖斜婆，授西南路世袭合札谋克。安国沉雄有谋画，尤善骑射。正隆元年，从军为谋克，常以少击众。大定中，为常山簿，转虹县令。会王府新建，选充虞王府掾。再迁仪鸾局副使。明昌元年，改本局使。会大石部长有乞修岁贡者，朝廷许其请，诏安国往使之。至则率众远迓至帐，望阙罗拜，执礼无惰容。

时北阻鞢迫近塞垣，邻部欲立功以夸雄上国，议邀安国俱行讨之。安国以未奉诏为辞。强之，不可。或以危言怵之，安国曰："大丈夫岂以生死易节。暴骨边庭，不犹愈于病死牖下。"众壮其言，馈贶如礼。既还，以奉使称旨，升武卫军都指挥使。出为东北路副招讨，未赴，改西北路副招讨。

六年，左丞相夹谷清臣用兵，以安国为先锋都统。适临潢、泰州属部叛，安国先讨定之，以功迁本路招讨使，兼威远军节度使。承安元年，大盐泺之战，杀获甚众，诏赐金币。既而右丞相襄总大军进，安国为两路都统，大捷于多泉子。襄遣安国追敌，佥言粮道不继，不可行也。安国曰："人得一羊可食十余日，不如驱羊以袭之便。"遂从其计。安国统所部万人疾驱以薄之，降其部长。捷闻，进官四级，迁左翼都统。

承安二年，以营边堡功，召签枢密院事。赐虎符还边，得以便宜从事。时并塞诸部降，谕使输贡如初。进拜枢密副使。泰和元年，特授世袭西南路延晏河猛安，兼合札谋克。帝幸庆宁宫，命安国严饬边备。奏西南路边戍私窜者乞招诱以安人心，上是其言。三年，以疾致仕，封道国公。四年，起复前职，卒。上闻之，辍朝。敕有司葬以执政礼。赠特进。

安国在军旅几十五年，号令严明，指麾卒伍如左右手。又善伺知敌人虚实及山川险易，战必身先士卒，故所向辄克。诸部入贡，安国能一一呼其祖先弟侄名字以戒谕之，诸部皆震悚，甚为邻国所畏服。

瑶里孛迭，北京路窟白猛安陀罗山谋克人也。以军功历海滨令，迁徐王府掾。以称职，再任御史台。察廉，升同知震武军节度使事。明昌初，为唐州刺史，寻授西北路招讨副使。未几，改东北路。六年正月，北边有警，聚兵围庆州急，孛迭率本路军往救，敌解去，州竟无患。承安元年，丞相襄北伐，孛迭为先锋副统，进军至龙驹河，受围，会襄引大军至，得解。后授镇宁军节度使，以六群牧人叛，改宁昌军。孛迭为都统，领步骑万次懿州，敌数万来逆战，兵势甚张，孛迭亲陷阵，奋力鏖击却之，身中二创，捷闻，迁一官。承安二年，乣军千余出没剽掠锦、懿间，孛迭追败之，复获所掠，悉还本户。三年，从同判大睦亲府事宗浩为左翼都统，战移密河，胜；战骨堡子西，杀获甚众。五年，授知广宁府事，俄改东北路招讨使。以捍边有功，赐诏褒谕，三迁为崇义军节度使。泰和六年，卒。讣闻，遣官致祭，赐银五百两，赠金紫光禄大夫。

孛迭勇决善战，自幼以军功显，任兵镇十余年，所向克捷，凡再迁官，赐金币，甚为上倚注云。

赞曰：《易·师》之初六："师出以律，否臧凶。"盖初为师之始，出师之道，当慎其始。清臣首议出师，遽以贪小利败。襄虽贤，竭力而后胜其任。衡、安国、孛迭之功又亚于襄者也。然而兵连祸结，以终金世。故兵无常胜，制胜在势。势制兵者强，兵制势者亡。迹襄之开筑壕堑以自固，其犹元魏、北齐之长城欤？金之势可知矣。势屈而兵胜，亡国之道也。金以兵始，亦以兵终。呜呼！用兵之始，可不慎欤，可不慎欤！

卷九十五　　列传第三十三

移剌履　张万公　蒲察通　粘割斡特剌
程辉　刘玮　董师中　王蔚　马惠迪　马琪
杨伯通　尼庞古鉴

移剌履字履道，辽东丹王突欲七世孙也。父聿鲁，早亡。聿鲁之族兄兴平军节度使德元无子，以履为后。方五岁，晚卧庑下，见微云往来天际，忽谓乳母曰："此所谓'卧看青天行白云'者耶？"德元闻之，惊曰："是子当以文学名世。"及长，博学多艺，善属文。初举进士，恶搜检烦琐，去之。荫补为承奉班祗候、国史院书写。世宗方兴儒术，诏译经史，擢国史院编修官，兼笔砚直长。一日，世宗召问曰："朕比读《贞观政要》，见魏征嘉谋忠节，良可称叹。近世何故无如征者？"履曰："忠嘉之士，何代无之，但上之人用与不用耳。"世宗曰："卿不见刘仲诲、张汝霖耶，朕超用二人者，以尝居谏职，屡有忠言故也。安得谓之不用，第人材难得耳。"履曰："臣未闻其谏也。且海陵杜塞言路，天下缄口，习以成风。愿陛下惩艾前事，开谏诤之门，天下幸甚。"

初议以时务策设女直进士科，礼部以所学不同，未可概称进士，诏履定其事，乃上议曰："进士之科，起于隋大业中，始试以策。唐初因之，高宗时杂以箴铭赋诗，至文宗始专用赋。且进士之初，本专试策，今女直诸生以试策称进士，又何疑焉。"世宗大悦，事遂施行。十五年，授应奉翰林文字，兼前职，俄迁修撰。二十年，诏提控衍庆宫画功臣像，过期，降应奉。逾年，复为修撰，转尚书礼部员外郎。

章宗为金源郡王，喜读《春秋左氏传》，闻履博洽，召质所疑。履曰："左氏多权诈，驳而不纯。《尚书》、《孟子》皆圣贤纯全之道，愿留意焉。"王嘉纳之。二十六年，进本部郎中，兼同修国史、翰林修撰，表进宋司马光《古文孝经指解》曰："臣窃观近世，皆以兵刑财赋为急，而光独以此进其君。有天下者，取其辞施诸宇内，则元元受赐。"俄以疾，乞补外，世宗曰："履多病，可与便州。"遂授蓟州刺史。无几，召为翰林待制，同修国史。明年，擢尚书礼部侍郎，兼翰林直学士。

世宗崩，遗诏移梓宫寿安宫。章宗诏百官议，皆谓当如遗诏，履独曰："非礼也。天子七月而葬，同轨毕至。其可使万国之臣朝大行于离宫乎？"上曰："朕日夜思之，舍正殿而奠于别宫，情有所不忍，且于礼未安。"遂殡于大安殿。二十九年三月，进礼部尚书，兼翰林直学士，赐大定三年孟崇献榜下进士及第。七月，拜参知政事，提控刊修《辽史》。明昌元年，进尚书右丞。

初，河溢曹州，帝问曰："《春秋》二百四十二年，不言河决，何也？"履曰："《春秋》止是鲁史，所以鲜及他国事。"二年六月，薨，年六十一。是日，履所生也。谥曰文献。

履秀峙通悟，精历算书绘事。先是，旧《大明历》舛误，履上《乙未历》，以金受命于乙未也，世服其善。初，德元未有子，以履为后，既而生子震，德元殁，尽推家赀与之。其自礼部兼直学士为执政，乃举前代光院故事，以钱五十万送学士院，学者荣之。

张万公，字良辅，东平东阿人也。幼聪悟，喜读书。父弥学，梦至一室，榜曰"张万相公读书堂"，已而万公生，因以名焉。登正隆二年进士第，调新郑簿。以忧去。服阕，除费县簿。大定四年，为东京辰渌盐副使，课增，迁长山令。时土寇未平，一旦至城下者几万人，万公登陴谕以乡里亲旧意，众感悟相率而去，邑人赖之，为立生祠。久之，补尚书省令史，擢河北西路转运司都勾判官，改大理评事，就升司直，四迁侍御史、尚书右司员外郎。丞相徒单克宁尝谓曰："后代我者必汝也。"俄授郎中，敷奏明敏，世宗嘉之，谓侍臣曰："张万公纯直人也。"寻迁刑部侍郎。

章宗即位，初置九路提刑司，选为南京路提刑使。以治最，迁御史中丞。会北边屡有警，上命枢密使夹谷清臣发兵击之。万公言："劳民非便。"诏百官议于尚书省，遂罢兵。寻为彰国军节度使。明昌二年，知大兴府事，拜参知政事。逾年，以母老乞就养，诏不许，赐告省亲。还，上问山东、河北粟贵贱，今春苗稼，万公具以实对。上谓宰臣曰："随处虽得雨，尚未沾足，奈何？"万公进曰："自陛下即位以来，兴利除害，凡益国便民之事，圣心孜孜，无不举行。至于旱灾，皆由臣等，若依汉典故，皆当免官。"上曰："卿等何罪，殆朕所行有不逮者。"对曰："天道虽远，实与人事相通，唯圣人言行可以动天地。昔成汤引六事自责，周宣遇灾而惧，侧身修行，莫不修饬人事。方今宜崇节俭，不急之务、无名之费，可俱罢去。"上曰："灾异不可专言天道，盖必先尽人事耳，故孟子谓王无罪岁。"左丞完颜守贞曰："陛下引咎自责，社稷之福也。"上由是以万公所言下诏罪己。进士李邦乂者上封事，因论世俗侈靡，讥涉先朝，有司议言者罪，上谓宰臣曰："昔唐张玄素以桀、纣比文皇。今若方我为桀、纣，亦不之罪。至于世宗功德，岂容讥毁。"顾问万公曰："卿谓何如？"万公曰："讥斥先朝，固当治罪，然旧无此法。今宜定立，使人知之。"乃命免邦乂罪，惟殿三举。其奏对详敏，多类此。

四年，复申前请，授知东平府事，谕之曰："卿在政府，非不称职，以卿母老，乞侍养，特畀乡郡，以遂孝养。朕心所属，不汝忘也。"万公谢，且捧书言曰："臣狂妄，有一言欲今日以闻，会受除未及耳。夫内外之职，忧责如一，畎亩之臣犹不忘君，刍荛之言，明主所择，伏望圣聪省察。"上嘉纳之。六年，改知河中府，时军兴，调发丛剧，悉为宽假，使民力易办。人为绘像于薰风楼，又建"去思堂"。

移镇济南，以母忧去职。卒哭，诏起复，拜平章政事，躐迁资善大夫，封寿国公。时李淑妃有宠，用事，帝意惑之，欲立为后，大臣多不可。御史姬端脩上书论之，帝怒，御史大夫张啪削一官，侍御史路铎削两官，端脩杖七十，以赎论。淑妃竟进封元妃。又大兵虽罢，而边事方殷，连岁旱暵，灾异数见。又多变更制度，民以为弗便而又改之。纷纷无定。万公素沉厚深谨，务安静少事以为治，与同列议多不合。然颇嫌畏，不敢犯颜强谏，须帝有问，然后审画利害而质言之，帝虽从而弗行也。万公于是两上表以衰病丐闲，诏谕曰："近卿言数事，朕未尝行，乃朕之过。卿年未老，而遽告病，今特赐告两月，复起视事。"

初，明昌间，有司建议，自西南、西北路，沿临潢达泰州，开筑壕堑以备大兵，役者三万人，连年未就。御史台言："所开旋为风沙所平，无益于御侮，而徒劳民。"上因旱灾，问万公所由致。万公对以"劳民之久，恐伤和气，宜从御史台所言，罢之为便"。后丞相襄师还，卒为开筑，民甚苦之。主兵者又言："比岁征伐，军多败衄，盖屯田地寡，无以养赡，至有不免饥寒者，故无斗志。愿括民田之冒税者分给之，则战士气自倍矣。"朝臣议已定，万公独上书，言其不可者五，大略以为："军旅之后，疮痍未复，百姓拊摩之不暇，何可重扰，一也。通检未久，田有定籍，括之必不能尽，适足以增猾吏之敝，长告讦之风，二也。浮费侈用，不可胜计，推之以养军，可敛不及民而足，无待于夺民之田，三也。兵士失于选择，强弱不别，而使同田共食，振厉者无以尽其力，疲劣者得以容其奸，四也。夺民而与军，得军心而失天下心，其祸有不可胜言者，五也。必不得已，乞以冒地之已括者，召民莳之，以所入赡军，则军有坐获之利，而民无被夺怨矣。"皆不报。一日奏事，上谓万公曰："卿昨言天久阴晦，亦由人君用人邪正不分。君子当在内，小人当在外，甚有理也，然孰谓小人？"万公奏"张炜、田栎、张嘉贞等，虽有才干，无德可称"。上即命三人补外。

泰和元年，连章请老，不许，迁荣禄大夫，赐其子进士及第。明年，章再上，有旨："得非卿有所言，朕有不从者乎？或同列情见不一，而多违卿意邪？不然，何求去如是之数也。"万公谢无他，第以病言。三年正月，章再上，不允，加银青光禄大夫。三月，历举朝臣有名者以自代，求去甚力。上知其不能留，谕曰："朕初即位，擢卿执政，继迁相位，以卿先朝旧人，练习典故，朕甚重之。且年虽高而精力未衰，故以机务相劳。为卿屡求退去，故勉从之，甚非朕意也。"加金紫光禄大夫，致仕。

六年，南鄙用兵，上以山东重地，须大臣镇抚之，先任完颜守贞卒，于是特起万公知济南府、山东路安抚使。山东连岁旱蝗，沂、密、莱、莒、潍五州尤甚。万公虑民饥盗起，当预备赈济。时兵兴，国用不给，万公乃上言乞将僧道度牒、师德号、观院名额并盐引，付山东行部，于五州给卖，纳粟易换。又言督责有司禁戢盗贼之方。上皆从之。宋人请和，复乞致仕，许之，加崇进，仍给平章政事俸之半。泰和七年，薨。命依宰臣故事，烧饭，赙葬。赠仪同三司，谥曰文贞。

万公淳厚刚正，门无杂宾，典章文物，多所裁正。上尝与司空襄言秋山之乐，意将有事于春蒐也。顾视万公，万公曰："动何如静。"上改容而止。辅政八年，其所荐引，多廉让之士焉。大安元年，配享章宗庙廷。

蒲察通，本名蒲鲁浑，中都路胡土爱割蛮猛安人也。熙宗选护卫，见通名，以笔识之。通以父老，恳乞就养。众讶之曰："得充侍卫，终身荣贵，今乃辞，过人远矣。"朝廷义而从之。后因会葬宋王宗望于房山，以门阀，加昭信校尉，授顿舍。改御院通进。

海陵伐宋，隆州诸军尤精锐，付通总之。兵压淮，令通率骑二百先济觇敌。及舟中，敌兵跃出，通按兵直前，傍有舞槊来刺者，回身射之，应弦而毙。诸军并击，败之。海陵召见，喜形于色，曰："兵事定，汝勿忧爵赏。"至扬州，通营别屯。是夜，海陵遇弑，有来告者，通欲执而杀之，续闻其实，哀闷仆地，众掖而起，径入营门哭之。

军还，入见，世宗顾谓近臣曰："朕素知是人，幼尝从游，性温厚，有识虑，又精骑射。"授尚厩局副使。又谕近臣曰："常令见朕，欲问以事而考其言，朕将用之。"窝斡反，命通佩金符，诣军前督战。贼破，以功授世袭谋克。奚人乱，承诏继往莅军。迁本局使，以母丧免。起为殿前右卫将军，兼领闲厩。寻命其子蒲速烈尚卫国公主。出为肇州防御使，赐以金带，仍谕以补外之意，因戒敕之，语在《世宗纪》中。寻擢蒲与路节度使，移镇归德军，迁西南路招讨，入知大兴府事，除殿前都点检。初，大理卿阙，世宗欲令通为之，问宰臣，对曰："通，点检器也。"上曰："点检繁冗，无由显其能。通明敏才干，正掌法之官。"又曰："通之机识，崇尹不及也。"

大定十七年，拜尚书右丞，转左丞。诏议推排猛安谋克事，大臣皆以为止验见在产业，定贫富，依旧科差为便。通言："必须通括各谋克人户物力多寡，则贫富自分。贫富分，则版籍定，如有缓急，验籍科差，富者不得隐，贫者不重困。与一例科差者，大不侔矣。"上是通言，谓宰臣曰："议事当如通之尽心也。"阅三岁，进平章政事，封任国公。

世宗将幸上京，以通朝廷旧人，命为上京留守，先往镇抚之。二十五年，除知真定府事，世宗曰："朕复欲相卿，惜卿老矣，故以此授卿。"仍赐钱千贯。未几，改知平阳府事，移凤翔，致仕。明昌四年，上谕宰臣曰："通先朝重臣，年虽高而未衰。"因命知广宁府事。累表请老，复以开府仪同三司致仕。承安三年薨。谕旨于其弟曰："旧制，致仕宰相无祭葬礼，通旧臣懿戚，故特命敕祭及葬。"初，通在政府，举太子率府完颜守贞、监察御史裔俱可大用，其后皆为名臣，世多其知人云。

粘割斡特剌，盖州别里卖猛安奚屈谋克人也。贞元初，以习女直字试补户部令史，转尚书省令史。大定七年，选授吏部主事，历右补阙、修起居注。九年，河南路统军使宗叙以宋人欲启兵衅，上言求入见，世宗遣斡特剌就问之，仍究其实。至汴，问宗叙，及召凡尝言边事者诘之，皆无状。还报，世宗喜曰："朕固知妄也。"授左司员外郎。

十年，以夏国发兵筑祁安城及袭杀乔家族首领结什角，又谍者言夏与宋人通谋犯边，诏大理卿李昌图与斡特剌往按其事。夏人报言，结什角以兵犯夏境故杀之，祁安城本上国所赐旧积石地，发兵修筑以备他盗耳。又察知宋、夏无交通状，及乔家族民户愿令结什角侄赵师古为首领，具以闻。世宗甚悦，转右卫将军，赐衣马车牛弓矢器仗。十二年，为夏国生日使，还授右司郎中，迁右副都点检。久之，出为河南路统军都监，赐金带及具装马。

十七年，授昌武军节度使，兼领前职。明年，入为刑部尚书，拜参知政事。世宗尝谕平章政事唐括安礼曰："朕思为治之道，考择人材最为难事，其余常务各有程式，非此比也。如斡特剌所举者，颇称朕意。"时右三部检法蒙括蛮都告斡特剌与招讨哲典朋党，乞付刑部诘问，世宗曰："若哲典免死，则可谓朋党。今已伏诛，乃诬谤耳。"又谓宰臣曰："朕素知此人极有识虑，貌虽柔而心甚刚直，所行不率易也。"二十二年，委提控代州阜通监，召见谕之曰："朕自任卿以来，悉卿材干，故擢为执政。卿亦体朕待遇之意，能勉尽所职，凡谋议奏对多副朕心，莫倚上有宰相而自嫌外。盖旧人年老，新人未苦经练，是以委责于卿，但有所见悉心以言，勿持嫌以为不知也。"二十三年，进尚书右丞，兼枢密副使，表乞解一职，诏许解枢密。世宗以猛安谋克抛留土田，责宰臣曰："此事皆卿辈所当陈举，乃俟朕言而后行，盖卿辈以为细务非天子所亲。朕尝思之，狱讼簿书有斡特剌在，余事卿辈略不介意，朕亦安能置而不问邪？"俄坐事削一阶，令视事如故。

二十六年，转尚书左丞，世宗谓曰："朕昨与宰臣议可授执政者，卿不在焉。今阿鲁罕年老，斡鲁也多病，吾欲用宗浩，何如？"斡特剌奏曰："彼二人者恐不得力，独宗浩干能可任。"遂用宗浩。又谓曰："朕于天下事无不用心，一如草创时。"斡特剌曰："自古人君，始勤终怠者多矣，有始有终，惟圣人能之。"上曰："唐太宗，至明之主也，然魏征谏以十事，谓其不能有终，是则有终始者，实为难矣。"二十八年，为上京留守，赐通犀带及射生马一。

明昌二年致仕。承安初，有事北方，朝廷欲得旧臣任之，乃起为东京留守，遣监察御史完颜纲谕旨曰："知汝精神尚健，故复用也。"明年，改上京留守，又谕之曰："上京祖先基业之地，卿驰驿之任，到彼便宜行事。边事稍息，即召卿还。"二年九月，还朝，拜平章政事，封芮国公。在位数月，薨，年六十九。讣闻，上伤悼久之，遣官致祭，赙赠银千二百五十两、重币四十五端、绢四百五十匹、钱二千贯，谥曰成肃。

斡特剌性温厚酝藉，尝为丞相纥石烈良弼所荐，后世宗谓宰臣曰："良弼善知人，如斡特剌辈其才真可用也。"在相位十余年，甚见宠遇，唯奏定五品官子与外路司吏同试部令史、及令随朝吏员得试国史院书写，世宗以为非云。

程辉，字日新，蔚州灵仙人也。皇统二年，擢进士第，由尚书省令史升左司都事。久之，为南京路转运使，以宫殿火，降授磁州刺史。有吴僧者杀州人张善友而取其妻，辉督捕之，命张母以长锥刺僧与其妻无完肤以死。改陕西东路转运使，再迁户部尚书。

大定二十三年，拜参知政事。世宗谕之曰："卿年虽老，犹可宣力。事有当言，毋或隐默。卿其勉之。"一日，辉侍朝，世宗曰："人尝谓卿言语荒唐，今遇事辄言，过于王蔚。"顾谓宰臣曰："卿等以为何如？"皆曰："辉议政可否，略无隐情。"辉对曰："臣年老耳聩，第患听闻不审，或失奏对。苟有所闻，敢不尽心。"旧庙祭用牛，世宗晚年欲以他牲易之，辉奏曰："凡祭用牛者，以牲之最重，故号太牢。《语》曰'犁牛之子骍且角，虽欲勿用，山川其舍诸？'古礼不可废也。"

二十四年，世宗幸上京，尚书省奏来岁正旦外国朝贺事，世宗曰："上京地远天寒，朕甚悯人使劳苦，欲即南京受宋书，何如？"辉对曰："外国使来，必面见天子，今半途受书，异时宋人托事效之，何以辞为？"世宗曰："朕以诚实，彼若相诈，朕自有处置耳。"辉以为不可，于是议权免一年。会有司市面不时酬直，世宗怒监察不举劾，杖责之。以问辉，辉对曰："监察，君之耳目。所犯罪轻，不赎而杖，亦一时之怒也。"世宗曰："职事不举，是故犯也，杖之何不可！"辉对曰："往者不可谏，来者犹可追。"

二十六年，以老致仕。次年，复起知河南府事，辉辞以衰老不任，召入香阁，谕之曰："卿年老而精力尚强，虽久历外，未尝得嘉郡。河南地胜事简，故以处卿，卿可优游颐养。”辉曰：“臣犹老马也，刍豆待养，岂可责以筋力。向者南京宫殿火，非圣恩宽贷，臣死久矣。今河之径河南境上下千余里，河防之责视彼尤重，此臣所以忧不任也。”于是特诏不预河事。章宗立，时辉年七十六，复乞致仕，诏许之，仍给参知政事半俸。承安元年卒，谥曰忠简。

辉性倜傥敢言，喜杂学，尤好论医。从河间刘守真说，率用凉药。神童尝添寿者方数岁，辉召之，因书“医非细事”四字，添寿涂“细”字，改书作“相”，辉颇惭，人亦以此为中其病云。

刘玮，字德玉，咸平人也。唐卢龙节度使仁敬之裔。祖弘，辽季镇懿州，王师至，弘以州降，太祖俾知咸州，后以同平章政事致仕。父君诏，同知宣徽院事。玮幼警悟，业进士举，熙宗录其旧，特赐及第。调安次丞。由遵化县令补尚书省令史，历户部主事、监察御史，累转尚书省都事。宰臣奏拟玮经画军民田土，世宗见其名曰：“刘玮尚淹此乎。”迁户部员外郎。时将东巡，命玮同工部郎中宋中往营行宫，就升郎中。改同知宣徽院事，为使宋国信副使。玮父兄皆以是官使江左，当时荣之。还授户部侍郎。

初，世宗器玮材干，以为无施不可，及将幸上京，以行在所须皆隶太府，欲玮领其事，嫌其稍下，故移户部侍郎张大节于工部，而以户部授玮。上还，谓宰臣曰：“刘玮极有心力，临事闲暇，第用心不正耳。若心正当，其人才不可得也。”

明年，擢户部尚书。时河决于卫，自卫抵清、沧皆被其害，诏兼工部尚书往塞之。或以谓天灾流行，非人力所能御，惟当徙民以避其冲，玮曰：“不然。天生五材，递相休王，今河决者土不胜水也。俟秋冬之交，水势稍杀，以渐兴筑，庶几可塞。”明年春，玮斋戒祷于河，功役齐举，河乃复故。召还增秩，以为宋吊祭副使。世宗不豫，拜参知政事，仍领户部，既而为山陵使。寻上表请外，出知济南府事，移镇河中。明昌二年，徙知大名府，仍领河防事。

三年，入拜尚书右丞。上尝问考课法今可行否，右丞相夹谷清臣曰：“行之亦可，但格法繁则有司难于承用耳。”玮曰：“考课之法，本于总核名实，今提刑司体察廉能赃滥，以行赏罚，亦其意也。若别议设法，恐涉太繁。”上问唐代何如，玮对以“四善、二十七最”。明年六月，卒。是日，上将击球于临武殿，闻玮卒而止，谥曰安敏。

后上谓宰臣曰：“人为小官或称才干，及其大用则不然。如刘玮固甚干，然自世宗朝逮辅朕，于事多有知而不言者。若实愚人，则不足论，知及之而不肯尽心，可乎？”平章政事完颜守贞曰：“《春秋》之法，责备贤者。”上曰：“夫为宰相而欲收恩避怨，使人人皆称己是，贤者固若是乎？”

董师中，字绍祖，洺州人也。少敏赡，好学强记。擢皇统九年进士第，调泽州军事判官。改平遥丞。县有剧贼王乙，素凶悍不可制，师中捕得杖杀之，一境遂安。时大军后，野多枯胔，县有遗榇寓于驿舍者，悉为葬之。迁绵上令，补尚书省令史。右相唐括讹鲁古尤器重之，抚其座曰：“子议论英发，襟度开朗，他日必居此座。”再考，擢监察御史，迁尚书省都事。初，师中为监察时，漏察大名总管忽剌不公事，及忽剌以罪诛，世宗怒曰：“监察出使郡县，职在弹纠，忽剌亲贵，尤当用意，乃徇不以闻。”削官一阶，降授沁南军节度副使。累迁坊州刺史。

明昌元年，初置九路提刑司，师中选为陕西路副使，坐修公廨滥支官钱罪，以赎论。及御史台言其宽和有体，召为大理卿。御史中丞吴鼎枢举以自代，尚书省亦奏其才行，遂擢中丞。时西北路招讨使宗肃以平章夹谷清臣荐，知大兴府事。师中上言：“宗肃近以赃罪鞫于有司，狱未竟，不宜改除。”上纳其言，曰：“朕知之矣。有功不赏，有罪不罚，虽唐、虞不能化天下。”命复送有司。

四年，上将幸景明宫，师中及侍御史贾铉、治书侍御史粘割遵古谏，以谓“劳人费财，盖其小者，变生不虞，所系非轻。圣人法天地以顺动，故万举万全。今边鄙不驯，反侧无定，必里哥孛瓦贪暴强悍，深可为虑。陛下若问诸左右，必有容悦而言者，谓堂堂大国，何彼之恤。夫蜂虿有毒，患起所忽。今都邑壮丽，内外苑囿足以优佚皇情，近畿山川飞走充牣，足以阅习武事，何必千车万骑，草居露宿，逼介边陲，远烦侦候，以冒不恻之悔哉。”上不纳。师中等又上疏曰：“近年水旱为沴，明诏罪己求言，罢不急之役，省无名之费，天下欣幸。今方春东作，而亟遣有司修建行宫，揆之于事，似为不急。况西、北二京，临潢诸路，比岁不登。加以民有养马签军挑壕之役，财力大困，流移未复，米价甚贵，若扈从至彼，又必增价。日籴升合者口以万数，旧藉北京等路商贩给之，倘以物贵或不时至，则饥饿之徒将复有如曩岁，杀太尉马、毁太府瓜果、出忿怨言、起而为乱者矣。《书》曰：‘民情大可见，小人难保。’况南北两属部数十年捍边者，今为必里哥孛瓦诱胁，倾族随去，边境荡摇如此可虞，若忽之而往，岂圣人万举万全之道哉。乃者太白昼见，京师地震，又北方有赤色，迟明始散。天之示象，冀有以警悟圣意，修德销变。矧夫逸游，古人所戒，远自周、秦，近逮隋、唐与辽，皆以是生衅，可不慎哉，可不畏哉。”左补阙许安仁、右拾遗路铎亦皆上书论谏。是日，上御后阁，召师中等赐对，即从其奏，仍遣谕辅臣曰：“朕欲巡幸山后，无他，不禁暑热故也。今台谏官咸言民间缺食处甚多，朕初不尽知，既已知之，暑虽可畏，其忍私奉而重民之困哉！”乃罢北幸。寻为宋生日国信使，还以所得金帛分遗亲旧。五年，上复如景明宫，师中及台谏官各上疏极谏，上怒，遣近侍局直长李仁愿诣尚书省，召师中等谕之曰：“卿等所言，非无可取，然亦有失君臣之体者。今命平章谕旨，其往听焉。”

户部尚书马琪表举自代，擢吏部尚书。初，完颜守贞改为西京留守，朝京师，上欲复用，监察御史蒲剌都等纠弹数事，师中辨其诬，而举守贞正人可用，守贞由是复拜平章政事。及守贞以罪斥，上曰：“向荐守贞者应降黜。如董师中言台省无此人不治，路铎、李敬义亦尝推举，可左迁于外。然三人者后俱可用，今姑出之，以正失举罪。”除陕西西路转运使。岁余，征为御史大夫，命与礼部尚书张暐看读陈言文字。逾三月，拜参知政事，进尚书左丞。他日奏事，上语辅臣曰："御史姬端脩言小人在侧，果谁欤？"师中曰："应谓李喜儿辈。"上默然。

师中通古今，善敷奏，练达典宪，处事精敏，尝言曰："宰相不当事细务，要在知人才，振纲纪，但一心正、两目明，足矣。"承安四年，表乞致仕，诏赐宅一区，留居京师。以寒食，乞过家上冢，许之，且命赋《寒食还家上冢诗》。每节辰朝会，召入侍宴，其眷礼如此。泰和二年，薨，年七十四。上闻之，甚悼惜，顾谓大臣曰："凡正人多执方而不通，独师中正而通。"诏依见任宰执例葬祭，仍赙赠之，谥曰文定。

师中工文，性通达，疏财尚义，平居则乐易真率，其临事则刚决，挺然不可夺。弟师俭，初业进士，欲籍其资荫。师中保任之，密令人代给堂帖，使之肄业。师俭感其义方，力学后遂登第。方在政府，近侍传诏，将录用其子，师中奏曰："臣有侄孤幼，若蒙恩录，胜于臣子。"上义之，以其侄为笔砚承奉。与胥持国同辅政，颇相亲附，世以此少之。

王蔚，字叔文，香河人也。登皇统二年进士第，调良乡丞。治绩优等，补尚书省令史，知管差除。蔚性通敏，晓析吏事。寻授都事，以丧去。起复，行左司员外郎，迁郎中。大定二年，超授河东北路转运使，谕旨曰："汝在海陵时，行事多不法。然朕素知尔才干，欲授以内除，而宪台有言，以是补外。如能澡心易行，必当升擢，否则勿望再用。"既而察廉为第一，授中都路都转运使。改吏部尚书，以断护卫出职事不当，夺官一阶。顷之，出知河中府事，迁南京留守。十五年，拜参知政事，蔚恳辞不任负荷，敕谕之曰："卿但履正奉公，无或阿顺，何以辞为？"十六年，出知真定府事，累转知河中府。明昌元年，召拜尚书右丞，致仕，卒。

马惠迪，字吉甫，漷阴人也。擢天德三年进士第，再调昌邑令，察廉第一，补尚书省令史。大定中，出为西京留守判官，以治最，擢同知崇义军节度事。累迁左司郎中。先是，邓俨居是职，世宗爱其明敏，惠迪一日奏事退，上谓宰臣曰："人之聪明，多失于浮炫，若惠迪聪明而朴实，甚可喜也。朕尝与论事，五品以下朝官少有如者。"未几，超授御史中丞，拜参知政事。时乌底改叛亡，世宗已遣人讨之，又欲益以甲士，毁其船筏。惠迪奏曰："得其人不可用，有其地不可居，恐不足劳圣虑。"上曰："朕固知之。所以毁其船筏，正欲不使再窥边境耳。"寻以忧去。起为昭义军节度使。明昌元年，为南京留守，致仕，卒。

马琪，字德玉，大兴宝坻人。正隆五年擢进士第，调清源主簿，三迁永清令。永清畿县，号难治，前令要介有能声，琪继以治闻。补尚书省令史，以永清治最，授同知定武军节度使事、兴中府治中，召为户部员外郎，改侍御史。

世宗谓宰臣曰："比者马琪主奏高德温狱，其于富户寄钱事皆略不奏。朕以琪明法律而正直，所为乃尔，称职之才何其难也？古人虽云'罪疑惟轻'，非为全尚宽纵也。"寻转左司员外郎，扈从东巡，迁右司郎中，移左司。时择使宋国者，世宗欲命琪，宰臣言其资浅，诏特遣之，还授吏部侍郎，改户部。

章宗即位，除中都路都转运使。时户部阙官，上命宰臣选可任者，或举同知大兴府事乌古孙仲和，上曰："仲和虽有智力，恐不能主钱谷。理财安得如刘晏者，官用足而民不困，唐以来一人而已。"或举琪，上然之，曰："琪不肯欺官，亦不肯害民，是可用也。"遂擢为户部尚书。久之，削官一阶。初，琪病告，近侍传旨，不具服曳履而出，有司议当徒二年，减外犹追官解任。大理少卿阎公贞以为琪本荒遽失措，与非病告有违不同，宜减徒二年三等论之。上从公贞议，任职如故。

明昌四年，拜参知政事，诏谕之曰："户部遽难得人，顾无以代卿者，故用卿晚耳。"一日，上谓琪曰："卿在省久矣，比来事少于往时何也？"琪曰："昔宰职多有异同，今情见不同者甚少。"上曰："往多情见为是耶，今无者为是耶？"琪曰："事状明者不假情见，便用情见，亦要归之是而已。"五年，河决阳武，灌封丘而东，琪行尚书省事往治之，讫役而还。迁中大夫。承安元年，北边用兵，而连岁旱暵，表乞致仕，不许。明年，出镇安武军，致仕，卒。子师周，阁门祗候，当给假，以闻。上悼之，以不奏闻责谕有司，后二品官卒皆具以闻，自琪始。

琪性明敏，习吏事，其治钱谷尤长，然性吝好利，颇为上所少云。

杨伯通，字吉甫，弘州人。擢大定三年进士第，由尚书省令史为吏部主事、顺义军节度副使，以忧去。吏部侍郎马琪表荐伯通廉干，尚书省复察如所举，召为尚书省都事，授同知定武军节度使事。明昌元年，擢左司员外郎，转郎中，累迁吏部尚书，寻移户部。

承安二年，拜参知政事。监察御史路铎劾奏伯通引用乡人李浩，以公器结私恩。左司郎中贾益承望风旨，不复检详，言之台端，欲加纠劾，大夫张暐辄尼不行。上命同知大兴府事贾铉诘之，伯通居家待罪。铉奏："暐言弹绌大臣，须有实迹，所劾不当，徒坏台纲。益言除授皆宰执公议，不言伯通私枉。"诏责铎言事轻率，而慰谕伯通治事。伯通再上表辞，不许。四年，进尚书左丞，致仕，卒。

尼庞古鉴，本名外留，隆州人也。识女直小字及汉字，登大定十三年进士第，调隆安教授。改即墨主簿，召授国子助教，擢近侍局直长。世宗器其材，谓宰臣曰："新进士中如徒单镒、夹谷衡、尼庞古鉴，皆可用也。"改太子侍丞。逾年，迁应奉翰林文字，兼右三部司正。世宗复谓宰臣曰："鉴尝近侍，朕知其正直干治。及为东宫侍丞，保护太孙，礼节言动犹有国俗纯厚旧风，朕甚嘉之。"章宗立，累迁尚书户部侍郎，兼翰林直学士。俄转同知大兴府，用大臣荐，改知大兴府事。明昌五年拜参知政事，薨，谥曰文肃。

赞曰：移剌履从容进说，信孚于君，至论经纯传驳，以孝行为治本，其得古人遗学欤！昔臧孙达忠谏于鲁，君子知其有后，信矣。张万公引正守己，质言无华。开壕括地之议，明灼利害，如指诸掌，闭于群说而不式，致仕而归，理势然也。蒲察通之哭海陵，君臣大义死生一之，其志烈矣。程辉、斡特剌之鲠直，刘玮、董师中之通敏，才皆足以发闻，然师中有附胥之讥，刘玮见避事之责，其视前人，多有愧矣。王蔚、马惠迪之徒，何足算也。

卷九十六　列传第三十四

黄久约　李晏　李仲略　李愈　王贲　许安仁　梁襄　路伯达

黄久约，字弥大，东平须城人也。曾祖孝绰有隐德，号“潜山先生”。父胜，通判济州。母刘氏，尚书右丞长言之妹，一夕梦鼠衔明珠，寤而久约生，岁实在子也。擢进士第，调郓城主簿，三迁曹州军事判官。有盗窃民财，诉者以为强，郡守欲傅以重辟。久约阅实，囚得免死。累擢礼部员外郎，兼翰林修撰，升待制，授磁州刺史。磁并山，素多盗，既获而款伏者，审录官或不时至，系者多以杖杀，或死狱中。久约恻然曰：“民虽为盗，而不死于法可乎？”乃尽请谳之而后行。

久之，复入翰林为直学士，寻授左谏议大夫，兼礼部侍郎，为贺宋生日副使。至临安，适馆伴使病，宋人议欲以副使代行使事，久约曰：“设副使亦病，又将使都辖、掌仪辈行礼乎？”竟令国信使独前行，副使与馆伴副使联骑如故，乃终礼而还。道经宿、泗，见贡新枇杷子者，州县调民夫递进，还奏罢之。

时以贫富不均，或欲令富民分贷贫者，下有司议，久约曰：“物之不齐，物之情也。贫富不均，亦理之常。若从或者言，适足以敛怨，非损有余补不足之道。”章宗时领右丞相，韪其议。寻上章请老，诏谕之曰：“卿忠直敢言，匡益甚多，未可使去左右。”迁太常卿，仍兼谏职。

时郡县多阙官，久约言：“世岂乏材，阂于资格故也。明诏每责大臣以守格法而滞人材，乞断自宸衷而力行之。”世宗曰：“此事宰相不属意，而使谏臣言之欤？”即日授刺史者数人。久约又言，宜令亲王以下职官递相推举，世宗曰：“荐举人材，惟宰相当为耳，他官品虽高，岂能皆有知人之监？方今县令最阙，宜令刺史以上举可为县令者，朕将察其实能而用之。”又谓久约曰：“近日察举好官，皆是诸科监临，全无进士，何也？岂荐举之法已有奸弊，不可久行乎？”久约曰：“诸科中岂无廉能人，不因察举有终身不至县令者，此法未可废也。”上曰：“尔举孙必福是乎？”久约曰：“臣顷任磁州时，必福为武安丞，臣见其廉洁向公，无所顾避，所以保举。不谓必福既任警巡使，处决凝滞。”上曰：“必福非独迟缓，亦全不解事，所以罪不及保官者，幸其无赃污耳。”久约无以对。必福五经出身，盖诸科人，故上问及之。翌日侍朝，故事，宰相奏事则近臣退避，久约欲趋出，世宗止之，自是谏臣不避，以为常。

章宗即位，久约以国富民贫、本轻末重、任人太杂、吏权太重、官盐价高、坊场害民、与夫选左右、择守令八事为献，皆嘉纳之。再乞致仕，不许，授横海军节度使以优佚之。明昌二年致仕，卒。久约隽朗敢言，性友弟，为文典赡，有外祖之风云。

李晏，字致美，泽州高平人。性警敏，倜傥尚气。皇统六年，登经义进士第。调岳阳丞。再转辽阳府推官，历中牟令。会海陵方营汴京，运木于河，晏领之。晏以经三门之险，前后失败者众，乃驰白行台，以其木散投之水，使工取于下流，人皆便之。丁内艰，服除，召补尚书省令史。辞去，为卫州防御判官。世宗素识其才名，寻召为应奉翰林文字，特令诣阁谢，上顾谓左右曰：“李晏精神如旧。”慰劳甚悉。时方议郊礼，命摄太常博士，俄而真授。为高丽读册官，五迁秘书少监，兼尚书礼部郎中，除西京副留守。世宗谓侍臣曰：“翰林旧人少，新进士类不学，至于诏敕册命之文鲜有能者，可选外任有文章士为之。”左右举晏，上曰：“李晏朕所自识。”于是召为翰林直学士，兼太常少卿。以母老乞归养，授郑州防御使，未赴，母卒。起复为翰林直学士。

世宗御后阁，召晏读新进士所对策，至“县令阙员取之何道”，上曰：“朕夙夜思此，未知所出。”晏对曰：“臣伏念久矣，但无路不敢言。今幸待罪侍从，得承大问，愿竭所知。”上曰：“然则何如？”对曰：“国朝设科取士，始分南北两选，北选百人，南选百五十人，合二百五十人。词赋经义入仕之人既多，所以县令未尝阙员。其后南北通选，止设词赋一科，每举限取六七十人。入仕之人既少，县令阙员，盖由此也。”上以为然，诏后取人毋限以数。寻擢吏部侍郎，兼前职，谕旨曰：“卿性果敢，有激扬之意，故以授卿，宜加审慎，毋涉荒唐。”俄为中都路推排使，迁翰林侍讲学士，兼御史中丞。

会朝士以病谒告，世宗意其诈，谓晏曰：“卿素刚正，今某诈病，以宰相亲故，畏而不纠欤？”晏跪对曰：“臣虽老，平生所恃者，诚与直尔。百官病告，监察当视。臣为中丞，官吏奸私则当言之。病而在告，此小事臣容有不知，其畏宰相何图焉。”既出，世宗目送之，曰：“晏年老，气犹未衰。”一日，御史台奏请增监察员，上曰：“采察内外官吏，固系监察。然尔等有所闻知，亦当弹劾。况纠正非违，台官职也，苟不能正其身，如正人何？”顾谓晏曰：“豳王年少未练，朕以台事委卿，当一一用意。”

初，锦州龙宫寺，辽主拨赐户民俾输税于寺，岁久皆以为奴，有欲诉者害之岛中。晏乃具奏：“在律，僧不杀生，况人命乎！辽以良民为二税户，此不道之甚也，今幸遇圣朝，乞尽释为良。"世宗纳其言，于是获免者六百余人。故同判大睦亲府事谋衍家有民质券，积其息不能偿，因没为奴，屡诉有司不能直，至是，投匦自言。事下御史台，晏检摘案状得其情，遂奏免之。寻为贺宋正旦国信副使。及世宗不豫，命宿禁中，一时诏册，皆晏为之。

章宗立，晏画十事以上。一曰风俗奢僭，宜定制度。二曰禁游手。三曰宜停铸钱。四曰免上户管库。五曰太平宜兴礼乐。六曰量轻租税。七曰减盐价。八曰免监官陪纳亏欠。九曰有司尚苟且，乞申明经久远图。十曰禁网差密，宜尚宽大。又奏"乞委待制党怀英、修撰张行简更直进读陈言文字，以广视听"。皆采纳之。以年老乞致仕，改礼部尚书，兼翰林学士承旨。越二年，复申前请，授沁南军节度使，久之，致仕。上念其先朝旧人，复起为昭义军节度使。明昌六年，归老，得疾，诏除其子左司员外郎仲略为泽州刺史，以便侍养。承安二年卒，年七十五，谥曰文简。

仲略，字简之。聪敏力学，登大定十九年词赋进士第，调代州五台主簿。以母忧去，服阕，转韩州军事判官，迁泽州晋城令，补尚书省令史。除翰林修撰，兼太常博士。改授左司都事，为立夏国王读册官。还，权领左司。一日，奏事退，上顾谓侍臣曰："仲略精神明健，如俊鹘脱帽。"又曰："李仲略健吏也。"未几，转员外郎，以亲病求侍，特授泽州刺史以便禄养。先是，晏领沁南军节度使，泽于怀为支郡，父子相继，乡人荣之。以父丧免，起为户部郎中。

时上命六品以上官，十日以次转对，乃进言曰："凡救其末，不若正其本。所谓本者厚风俗，去冗食，养财用而已。厚风俗在乎立制度，禁奢僭。去冗食在乎宠力农，抑游堕。养财用在乎广储蓄，时敛散。商贾不通难得之货，工匠不作无用之器，则下知重本。下知重本，则末息矣。"又条陈制度之宜，上嘉纳之。俄授翰林直学士，兼前职，因命充经义读卷官。上问曰："有司以谓经义不若词赋，罢之何如？"仲略奏曰："经乃圣人之书，明经所以适用，非词赋比。乞自今以经义进士为考试官，庶得硕学之士。"上可其奏。改吏部郎中，迁侍郎，兼翼王傅，俄兼宛王傅。

时知大兴府事纥石烈执中坐赃，上命仲略鞫之，罪当削解。权要竞言太重，上颇然之，仲略奏曰："教化之行，自近者始。京师，四方之则也。郡县守令无虑数百，此而不惩，何以励后？况执中凶残很愎，慢上虐下，岂可宥之。"上曰："卿言是也。"未几，授山东东西路按察使。寻以病访医京师，泰和五年卒。上闻之，叹曰："此人于国家宣力多矣，何遽止是耶！"赠朝列大夫，谥曰襄献。

仲略性豪迈有父风，刚介特立，不阿权贵，临事明敏无留滞，故所任以干济称云。

李愈，字景韩，绛之正平人。业儒术，中正隆五年词赋进士第，调河南渑池主簿。察廉优等为平阳酒副使，迁冀氏令，累迁解州刺史。章宗即位，召授同知中都路都转运使事，改同知济南府。明昌二年，授曹王傅，兼同知定武军节度使事。王奉命宴赐北部，愈从行，还过京师，表言："诸部所贡之马，止可委招讨司受于界上，量给回赐，务省费以广边储。拟自临潢至西夏沿边创设重镇十数，仍选猛安谋克勋臣子孙有材力者使居其职，田给于军者许募汉人佃种，不必远挽牛头粟而兵自富强矣。"上览其奏，谓宰臣曰："愈一书生耳，其用心之忠如是。"以表下尚书省议。会愈迁同知西京留守，过阙复上言，以为"前表傥可采，乞断自宸衷"，上纳用焉。自是，命五年一宴赐，人以为便。改棣州防御使。未几，授大兴府治中，上谕之曰："卿资历应得三品，以是员方阙而卿能干，故用之，当知朕意。"北京提刑副使范楫、知归德府事邓俨各举愈以自代，由是擢河南路提刑使。上言："随路提刑司乞留官一员，余分部巡按。"又言："本司见置许州，乞移治南京为便。"并从之。宪台廉察，九路提刑司以愈为最。

五年，入见，尚书省以闻，上问宰执有何议论，平章政事守贞曰："李愈言河决事。"上曰："愈向陈备御北边策。言甚荒唐。"守贞曰："愈于见职甚干。"上曰："盖以其敢为耳。"又曰："李愈论河决事，谓宜遣大臣视护以慰人心，其言良是。"明年，改河平军节度使。承安二年，徙顺义军，奏陈屯田利害，上遣使宣谕，仍降金牌俾领其事。四年，召为刑部尚书。先是，刑部尚书阙，上以愈为可用，令议之。或言愈病，上曰："愈比陈言，有退地千里而争言其功之语，卿等定恶此人多言耶。"特召用之。旧制，陈言者漏所言事于人，并行科罪，仍给告人赏。愈言："此盖所以防闲小人也。比年以来诏求直言，及命朝臣转对，又许外路官言事，此皆圣言乐闻忠谠之意，请除去旧条以广言路。"上嘉纳焉。寻为贺宋正旦副使。

泰和二年春，上将幸长乐川，愈切谏曰："方今戍卒贫弱，百姓骚然，三叉尤近北陲，恒防外患。兼闻泰和宫在两山间，地形狭隘，雨潦遄集，固不若北宫池台之胜，优游闲适也。"上不从，夏四月，愈复谏曰："北部侵我旧疆千有余里，不谋雪耻，复欲北幸，一旦有警，臣恐丞相襄、枢密副使阇母等不足恃也。况皇嗣未立，群心无定，岂可远事逸游哉。"上异其言。未几，授河平军节度使，改知河中府事，致仕。泰和六年卒，年七十二。谥曰清献。自著《狂愚集》二十卷。

王贲，字文孺，其先自临潢移贯宛平。曾祖士方，正直敢言。辽道宗信枢密使耶律乙辛之谗杀其太子，世无敢白其冤者，士方击义钟以诉，辽主感悟，卒诛乙辛，厚赏士方，授承奉官。父中安，擢进士第，坐田瑴党事废。世宗即位党禁解，终沂州防御使。

贲性孝友，勤敏好学，第进士，由复州军事判官补尚书省令史，擢右三部检法司正。侍御史贾铉举贲安静有守、不尚奔竞，政府亦言其廉，素善论议。擢河北东西、大名府路提刑判官，选授尚书省都事，以丧去。用荐者多，起复刑部员外郎、侍御史，累迁南京路按察使，卒。贲敦厚尚义，笃于亲朋，不营产业，比殁，家甚窭，上闻悯惜之，赠朝列大夫，仍厚恤共家。

弟质，字敬叔，登大定二十五年进士第，累官吏部主事，以才干举迁昭义军节度副使。章宗问质临事若何，张万公对曰："胜其兄贲。"章宗曰："及其兄亦可矣。"后以礼部尚书致仕，终。

许安仁，字子静，献州交河人。幼孤，能自刻苦读书，善属文。登大定七年进士第，调河间县主簿。累迁太常博士，兼国史院编修官。章宗为皇太孙，安仁以讲学被选东宫，转左补阙、应奉翰林文字。上即位，改国子监丞，兼补阙，徙翰林修撰，同知制诰，兼职如故。侍御史贾铉以安仁守道端悫，荐于朝。同知济南府事路伯达继上章称其立己纯正，宜加显任，超授礼部郎中，兼左补阙。适朝议以流人实边，安仁言："昔汉有募民实边之议，盖度地营邑，制为田宅，使至者有所居，作者有所用，于是轻去故乡而易于迁徙。如使被刑之徒寒饿困苦，无聊之心，靡所顾藉，与古之募民实塞不同，非所宜行。"上然之。明昌四年春，上将幸景明宫，安仁与同列谏曰："昔汉、唐虽有甘泉、九成避暑之行，然皆去京师不远。非如金莲千里之外，邻沙漠，隔关岭，万一有警，何以应变，此不可不虑也。"疏奏，遂罢幸。出为泽州刺史，作《无隐论》上之，凡十篇，曰本朝、曰情欲、曰养心、曰田猎、曰公道、曰养源、曰冗官、曰育材、曰限田、曰理财。在郡二年，徙同知河南府事，升汾阳军节度使，致仕。泰和五年卒，年七十七，谥曰文简。安仁质实无华，澹然有古君子风，故为时人所称云。

梁襄，字公赞，绛州人。少孤，养于叔父宁。性颖悟，日记千余言。登大定三年进士第，调耀州同官主簿。三迁邠州淳化令，有善政。察廉，升庆阳府推官，召为薛王府掾。世宗将幸金莲川，有司具办，襄上疏极谏曰：

金莲川在重山之北，地积阴冷，五谷不殖，郡县难建，盖自古极边荒弃之壤也。气候殊异，中夏降霜，一日之间，寒暑交至，特与上京、中都不同，尤非圣躬将摄之所。凡奉养之具无不远劳飞挽，越山逾险，其费数倍。至于顿舍之处，军骑阗塞，主客不分，马牛风逸以难收，臧获逋逃而莫得，夺攘蹂躏，未易禁止。公卿百官卫士，富者车帐仅容，贫者穴居露处，舆台皂隶，不免困踣，饥不得食，寒不得衣，一夫致疾，染及众人，夭伤无辜，何异刃杀。此特细故耳，更有大于此者。

臣闻高城峻池，深居邃禁，帝王之藩篱也，壮士健马，坚甲利兵，帝王之爪牙也。今行宫之所，非有高殿广宇城池之固，是废其藩篱也。掛甲常坐之马，日暴雨蚀，臣知其必羸瘠矣。御侮待用之军，穴居野处，冷啖寒眠，臣知其必疲瘵矣。卫宫周庐才容数人，一旦霖潦积旬，衣甲弓刀沾湿柔脆，岂堪为用，是失其爪牙也。秋杪将归，人已疲矣，马已弱矣，裹粮已空，褚衣已弊，犹且远幸松林，以从畋猎，行于不测之地，往来之间，动逾旬月，转输移徙之劳，更倍于前矣。

以陛下神武善骑射，举世莫及，若夫衔橛之变，猛挚之虞，姑置勿论。设于行猎之际，烈风暴至，尘埃涨天，宿雾四塞，跬步不辨，以致翠华有崤陵之避、襄城之迷，百官狼狈于道途，卫士参错于队伍，当此宸衷宁无戒悔。夫神龙不可以失所，人主不可以轻行，良谓此也。所次之宫，草略尤甚，殿宇周垣，唯用毡布。押宿之官、上番之士，终日驱驰，加之饥渴，已不胜倦。更使彻曙巡警，露坐不眠，精神有限，何以克堪。虽陛下悦以使人，劳而不怨，岂若不劳之为愈也。故君人者不可恃人无异谋，要在处己于无忧患之域也。

燕都地处雄要，北倚山崄，南压区夏，若坐堂隍，俯视庭宇，本地所生，人马勇劲，亡辽虽小，止以得燕故能控制南北，坐致宋币。燕盖京都之选首也。况今又有宫阙井邑之繁丽，仓府武库之充实，百官家属皆处其内，非同曩日之陪京也。居庸、古北、松亭、榆林等关，东西千里，山峻相连，近在都畿，易于据守，皇天本以限中外，开大金万世之基而设也。奈何无事之日，越居草莱，轻不赀之圣躬，爱沙碛之微凉，忽祖宗之大业，此臣所惜也。又行幸所过，山径阻修，林谷晻霭，上有县崖，下多深壑，垂堂之戒，不可不思。

臣闻汉、唐离宫，去长安才百许里，然武帝幸甘泉，遂中江充之奸，太宗居九成，几致结社之变。太康畋于洛汭，后羿拒河而失邦；魏帝拜陵近郊，司马懿窃权而篡国。隋炀、海陵，虽恶德贯盈，人谁敢议？止以离弃宫阙，远事巡征，其祸遂速，皆可为殷鉴也。臣尝论之：安民济众，唐、虞犹难之。而今日之民，赖陛下之英武，无兵革之忧，赖陛下之圣明，无官吏之虐，赖陛下之宽仁，无刑罚之枉，赖陛下之节俭，无赋敛之繁，可谓能安济矣。而游畋纳凉之乐，出于富贵之余，静而思动，非如衣食切身有不可去者，罢之至易耳。唐太宗将行关南，畏魏征而停，汉文帝欲驰霸陵，袁盎谏而遽止。是陛下能行唐、虞之难行，而未能罢中主之易罢，臣所未谕也。

且燕京之凉，非济南之比，陛下牧济南日，每遇炎蒸，不离府署，今九重之内，台榭高明，宴安穆清，何暑得到。议者谓陛下北幸久矣，每岁随驾大小，前歌后舞而归，今兹再出，宁有遽不可乎。臣愚以为患生于不戒者多矣，西汉崇用外戚，而有王莽之祸，梁武好纳叛降，而有侯景之变。今者累岁北幸，狃于无虞，往而不止，臣甚惧焉。夫事知其不可犹冒为之，则有后难必矣。

议者又谓往年辽国之君，春水秋山，冬夏捺钵，旧人犹喜谈之，以为真得快乐之趣，陛下效之耳。臣愚以谓三代之政今有不可行者，况辽之过举哉。且本朝与辽室异，辽之基业根本，在山北之临潢，臣知其所游，不过临潢之旁，亦无重山之隔，冬犹处于燕京。契丹之人，以逐水草牧畜为业，穹庐为居，迁徙无常，又壤地褊小，仪物殊简，辎重不多，然隔三五岁方能一行，非岁岁皆如此也。我本朝皇业，根本在山南之燕，岂可舍燕而之山北乎？上京之人，栋宇是居，不便迁徙。方今幅员万里，惟奉一君，承平日久，制度殊异，文物增广，辎重浩穰，随驾生聚，殆逾于百万。如何岁岁而行，以一身之乐，岁使百万之人困于役、伤于财、不得其所，陛下其忍之欤？臣又闻，陛下于合围之际，麋鹿充牣围中，大而壮者，才取数十以奉宗庙，余皆纵之，不欲多杀。是陛下恩及于禽兽，而未及于随驾众多之臣庶也。

议者谓，前世守文之主，生长深宫。畏见风日，弯弧上马，皆所不能，志气销懦，筋力拘柔，临难战惧，束手就亡。陛下监其如此，不惮勤身，远幸金莲，至于松漠，名为坐夏打围，实欲服劳讲武。臣愚以为战不可忘，畋猎不可废，宴安鸩毒亦不可怀，然事贵适中，不可过当。今过防骄惰之患，先蹈万有一危之途，何异无病而服药也。况欲习武不必度关，涿、易、雄、保、顺、蓟之境地广又平，且在邦域之中，猎田以时，谁曰不可？伏乞陛下发如纶之旨，回北辕之车，塞鸡鸣之路，安处中都，不复北幸，则宗社无疆之休，天下莫大之愿也。

方今海内安治，朝廷尊严，圣人作事，固臣下将顺之时，而臣以蝼蚁之命，进危切之言，仰犯雷霆之威，陷于吏议，小则名位削除，大则身首分磔，其为身计，岂不愚谬。惟陛下深思博虑，不以人废言，以宗庙天下为心，俯垂听纳，则小臣素愿遂获，虽死犹生，他非所觊望也。

世宗纳之，遂为罢行，仍谕辅臣曰："梁襄谏朕毋幸金莲川，朕以其言可取，故罢其行。然襄至谓隋炀帝以巡游败国，不亦过乎。如炀帝者盖由失道虐民，自取灭亡。民心既叛，虽不巡幸，国将安保？为人上者，但能尽君道，则虽时或巡幸，庸何伤乎？治乱无常，顾所行何如耳。岂必深处九重便谓无虞，巡游以时即兆祸乱者哉！"

襄由是以直声闻。擢礼部主事、太子司经。选为监察御史，坐失察宗室弈事，罚俸一月。世宗责之曰："监察，人君耳目，风声弹事可也。至朕亲发其事，何以监察为？"转中都路都转运户籍判官，未几，迁通远军节度副使，以丧去。服阕，授安国军节度副使，同知定武军节度事，避父讳改震武军。太常卿张玮、曹州刺史段铎荐襄学问该博，练习典故，可任礼官。转同知顺义军节度使事、东胜州刺史。坐簸扬俸粟责仓典使偿，为按察司所劾，以赎论。历隩州刺史，累迁保大军节度使，卒。

襄长于《春秋左氏传》，至于地理、氏族，无不该贯。自蚤达至晚贵，膳服常淡薄，然议者讥其太俭云。

赞曰：金起东海，始立国即设科取士，盖亦知有文治也。渐摩培养，至大定间人材辈出，文义蔚然。加以世宗之听纳，人各尽其所能，论议书疏有可传者。惜史无全文，仅存梁襄《谏北幸》一书，辞虽过繁而意亦切至，故备载之，以见当时君明臣直，不以言为忌。金之致治于斯为盛，呜呼休哉。

路伯达，字仲显，冀州人也。性沉厚，有远识，博学能诗，登正隆五年进士第，调诸城主簿。由泗州榷场使补尚书省掾，除兴平军节度副使，入为大理司直。大定二十四年，世宗将幸上京，伯达上书谏曰："人君以四海为家，岂独旧邦是思，空京师而事远巡，非重慎之道也。"书奏，不报。阅岁，改秘书郎，兼太子司经。时章宗初向学，伯达以文行知名，选为侍读，居无何以忧去。会安武军节度使王克温举伯达行义，起为同知西京路转运使事，召为尚书礼部员外郎，兼翰林修撰，敕与张行简进读陈言文字。

先是，右丞相襄奏移贺天寿节于九月一日，伯达论列以其非时，平章政事张汝霖、右丞刘玮及台谏亦皆言其不可，下尚书省议，伯达曰："上始即政，当行正、信之道，今易生辰非正，以给四方非信。且贺非其时，是轻礼重物也。"因陈正名从谏之道。升尚书刑部郎中。上问群臣曰："方今何道使民务本业、广储蓄？"伯达对曰："布德流化，必自近始。请罢畿内采猎之禁，广农郊以示敦本，轻币重谷，去奢长俭，遵月令开籍田以率先天下，如是而农不劝、粟不广者未之有也。"是时，采捕禁严，自京畿至真定、沧、冀，北及飞狐，数百里内皆为禁地，民有盗杀狐兔者有罪，故伯达及之。累迁刑部侍郎、太常卿，拜安国军节度使，未几，改镇安武。

尝使宋回，献所得金二百五十两、银一千两以助边，表乞致仕，未及上而卒。其妻傅氏言之，上嘉其诚，赠太中大夫，仍以金银还之，傅泣请，弗许。傅以伯达尝修冀州学，乃市信都、枣强田以赡学，有司具以闻，上贤之，赐号成德夫人。

子铎、钧。钧字和叔，登大定二十五年进士第，终莱州观察判官。铎最知名，别有传。

赞曰：金诎宋称臣称侄，受其岁币，礼也。使聘于其国，燕享礼也，纳其重赂其可乎哉？时人贪利忘礼，习以为常，莫有知其为非者。故去则云酬劳效，还则户增物力，上下交征，惟利是事，此何谊耶？伯达独能明其非礼，回献所馈，赍志未毕，傅氏又能成之，及归所献，竟以买田赡学。妇人秉心之烈、制事之宜，乃能如是，士大夫溺于世俗之见者宁不愧哉。赐号成德，不亦宜乎。

卷九十七　　列传第三十五

裴满亨　斡勒忠　张大节子岩叟　**张亨**
韩锡　邓俨　巨构　贺扬庭　阎公贞
焦旭　刘仲洙　李完　马百禄　杨伯元
刘玑兄琉　**康元弼　移剌益**

裴满亨，字仲通，本名河西，临潢府人。其先世居辽海，祖讳虎山者，天辅间移屯东受降城以御夏人，后徙居临潢。亨性敦敏习儒，大定间，收充奉职，世宗谓曰：

"闻尔业进士举，其勿忘为学也。"二十八年，擢第，世宗嘉之，升为奉御。一日问以上古为治之道，亨奏："陛下欲兴唐、虞之治，要在进贤，退不肖，信赏罚，薄征敛而已。"章宗即位，谕之曰："朕左右侍臣多以门第显，惟尔由科甲进，且先朝信臣，国家利害，为朕尽言。"俄擢监察御史。内侍梁道儿恃恩骄横，朝士侧目，亨劾奏其奸。迁镐王府尉，出为定国军节度副使，三迁同知大名府事。先是，豪猾从衡，前政莫制，亨下车宣明约束，阖境帖然。承安四年，改河南路按察副使，就迁本路副统军。中都、西京等路按察使。时世袭家豪夺民田，亨检其实，悉还正之。泰和五年，改安武军节度使。岁大雪，民多冻殍，亨输己俸为之赒赡，及劝率僚属大姓同出物以济。转河东南北路按察使，卒于官。上闻而惜之，赠嘉议大夫，赙物甚厚。

亨性尤谨密，出入宫禁数年，谠议忠言多所裨益，有稿则焚之，虽家人辈莫知也。所历州郡，皆有政绩可纪云。

斡勒忠，本名宋浦，盖州人也。习女直、契丹字，历兵部、枢密院、尚书省令史，再转大理寺知法，迁右三部司正。练达边事，尝奉命使北，归致马四千余匹，诏褒谕之。大定二十六年，为监察御史，转尚书省都事。章宗立，迁尚书兵部员外郎，出为沧州刺史。河东路提刑副使徒单移剌古举以自代，改滕州刺史。尝调发黄河船，数以稽期听赎。授北京副留守，入为同签枢密院事，兼沂王傅。承安二年，拜武宁军节度使，致仕。泰和三年卒，年七十一。忠性敦悫，通法律，以直自守，不交权贵，故时誉归之。

张大节，字信之，代州五台人。擢天德三年进士第，调崞县丞。改东京市令。世宗判留务，甚爱重之。海陵修汴京，以大节领其役。世宗改元于辽东，或劝赴之，富贵可一朝遂，大节曰："自有定分，何遽尔。"随例补尚书省令史，擢秘书郎、大理司直。会左警巡使阙，世宗谓宰臣曰："朕得其人矣。"遂授大节。俄以杖杀豪民为有司所劾，削一阶解职。未几，授同知洺州防御使事。

入为太府丞、工部员外郎。卢沟水啮安次，承诏护视堤城。擢修内司使，推排东京路户藉，人服其平。进工部郎中。时阜通监铸钱法弊，与吏部员外郎麻珪莅其事。积铜皆窳恶，或欲征民先所给直，大节曰："此有司受纳之过，民何与焉。"以其事闻，卒得免征。就改户部郎中，定襄退吏诬县民匿铜者十八村，大节廉得其实，抵吏罪，民斫石颂之。召授工部侍郎，改户部。世宗东巡，徙太府监，谕之曰："侍郎与太府监品同，以从行支应籍卿办耳。"寻为宋生日使，还授横海军节度使，过阙谒谢东宫，显宗抚慰良久，曰："万事惟中可也。"因榜其公堂曰"惟中"。郡境有巨盗久不获，大节以方略擒之。后河决于卫，横流而东，沧境有九河故道，大节即相宜缮堤，水不为害。

章宗即位，擢中都路都转运使，因言河东赋重宜减，议者或不同，大节以他路田赋质之，遂命减焉。乞致仕，不许，徙知太原府，以并、代乡郡，故优宠之。近郭有男子被杀者，闻其妻哭声不哀，召而审之，果为奸夫所杀，人以为神。西山有晋叔虞祠，旧以施钱输公使库，大节还其庙以给营缮。选授河东路提刑使，未赴，留知大兴府事，治有能名。阅岁，移知广宁府，复请老，授震武军节度使。部有银冶，有司以为争盗由此生，付河东、西京提刑司与州同议，皆以官榷为便，大节曰："山泽之利，当与民共，且贫而无业者，虽严刑能禁其窃取乎？宜明谕民，授地输课，则其游手者有所资，于官亦便。"上从其议。复乞致仕，许之，仍擢其子尚书刑部员外郎岩叟为忻州刺史，以便禄养。承安五年卒，年八十。

大节素廉勤好学，能励勉后进，自以得学于任倜，待倜子如亲而加厚。又善弈棋，当世推为第一，尝被召与礼部尚书张景仁弈。世宗尝谓宰臣曰："人多称王脩能官，以朕观之，凡事不肯尽心，一老奸耳。张大节赋性刚直，果于从政，远在王脩之上，惜乎用之太晚。"又屡语近臣曰："某某非不干，然不及张大节忠实也。"其见知如此。

岩叟，字孟弼，大节子也。大定十九年进士，调葭州司候判官，再除雄州观察判官，补尚书省令史，除大理评事，再迁监察御史、同知河东北路转运使事、中都路都转运副使、刑部员外郎、忻州刺史，以父忧去官。起复大理少卿、河北东西大名等路按察转运副使，累迁刑部侍郎，兼夔王傅，太常卿兼国子祭酒。大安三年，朝廷欲塞诸城门以为兵备，集三品官议于尚书省，岩叟曰："塞门所以受兵，是任城而不任人。莫若遣兵择将，背城疾战。"时议多之。除镇西军节度使，移定国军。贞祐二年，改昭义，复移沁南。逾年，按察司言其年老不任边要，乃致仕，退寓洛阳，卒。

张亨，字彦通，大兴漷阴人。登皇统六年进士第，调樊山丞，以廉干闻。授弘州军事判官，历巨鹿、宜川令。大定二年，补尚书省令史，除大理司直，累迁尚书左司郎中，授户部侍郎，移吏部。擢中都路都转运使，坐草场使邓汝霖盗草失举劾，解职，削一官。起授户部尚书。世宗问宰臣曰："御史中丞马惠迪与张亨人才孰优？"平章政事张汝霖曰："惠迪为人虽正，于事不敏，亨吏才极高。"上曰："如汝父浩，于事明敏少有及者，但临事多徇，若无此过则诚难得之贤相也。"时车驾东巡，费用百出，自辽以东泉货甚少，计司患其不给，欲辇运以支调度，亨谓："上京距都四千里，若挽钱而行，是率三而致一也，不独枉费国用，无乃重劳民力乎。不若行会便法，使行旅便于囊橐，国家无转输之劳而用自足矣。"出为绛阳军节度使。已而复谓宰臣曰："汉人三品以上官常少得人，如张亨近令补外，颇为众议所归，以朕观之，无甚过人。小官中岂无才能之士，第未知耳。"又曰："亨尝为左司，奏事多有脱略，是亦谬庸人也。"章宗即位，初置九路提刑司，时方重其选，上以亨为河东南北路提刑使，兼劝农采访事。访其利病，条为十三事以闻，上嘉纳之。亨在职每事存大体、略苛细，御史以宽缓不事事劾之，降授蔡州防御使。明年，迁南京路转运使，转知归德府事，致仕。泰和二年卒，年七十八。亨才识强敏，明达吏事，终始有可称云。

韩锡，字难老，其先自析津徙蓟之渔阳。祖贻愿，辽宣徽北院使。父秉休，归朝，领忠正军节度使。锡以荫补阁门祗候。天会中，南伐，锡从军掌礼仪，俄以母老乃就监差。久之，授神锐军都指挥使，入为宫苑使。天德元年，擢尚书工部员外郎，领燕都营缮。特赐胡砺榜进士及第，四迁尚书户部侍郎，以母丧解。旋起复旧职，付金牌一、银牌十、籍水手于山东。时苏保衡为水军都统制，趋杭州，俾锡部船三百会广陵。适保衡败还，丧船过半，令锡补足之。时水浅，船不得进，海陵遣使急责之，众稍亡，锡召诸豪谕之曰："今连保法严，逃将安往，纵一身偶脱，其如妻子何？"众悟，亡者稍止。大定改元于辽东，锡奔赴行在，诏复前职。明年，授同知河间府事，引见于香阁，诫之曰："闻皇族居彼者纵甚，卿当以法绳之。"锡下车宣布诏言，后无有挠政害民者。迁孟州防御使，累拜绛阳军节度使，改知济南府事。告老，许之。明昌五年卒，年八十三。

邓俨，字子威，懿州宜民人也。天德三年，擢进士第。大定中，为左司员外郎、右司郎中，寻转左司，掌机务者数年。有司奏使宋者，世宗命选汉官一人，参知政事梁肃以户部侍郎王翛、工部侍郎张大节、左司郎中邓俨对，世宗曰："王翛、张大节苦无资历，与左右司官辛苦不同，其命俨往。"尝谓宰臣曰："人言邓俨用心不正，朕视俨奏事其心识甚明，在太府监心亦向公。"宰臣因奏俨明事机、有心力，于是擢户部侍郎。翌日，复谓宰臣曰："吏部掌铨选，当得通练人，可置俨于吏部。"因改命焉。累迁中都路都转运使。明昌初，为户部尚书。上命尚书省集百官议，如何使民弃末务本以广储蓄。俨言："今之风俗竞为侈靡，莫若定立制度，使贵贱、上下、衣冠、车马、室宇、器用各有等差，裁抑婚姻丧葬过度之礼，罢去乡社追逐无名之费，用度有节则蓄积日广矣。"寻知归德府事，致仕，卒。

初，俨致仕复夤缘求进，上问左右："邓俨可复用乎？"平章政事完颜守贞曰："俨有才力，第以谋身为心。"上曰："朕亦知之。然俨可以谁比？"守贞曰："临事则不后于人，但多务自便耳。俨前乞致仕，陛下以其颇黠故许之，甚合众议。今使复列于朝，恐风化从此坏矣。"上然之，遂不复用云。

巨构，字子成，蓟州平谷人。幼笃学，年二十登进士第。由信都丞察廉为石城令，补尚书省令史，授振武军节度副使。改同提举解盐司事，以课增入为少府监丞。再迁知登闻检院，兼都水少监。时右司郎中段珪卒，世宗曰："是人甚明正可用，如巨构每事但委顺而已。"二十五年，除南京副留守，上谓宰臣曰："巨构外淳质而内明悟，第乏刚鲠耳。佐贰之任贵能与长官辨正，恐此人不能尔。若任以长官，必有可称。"章宗即位，擢横海军节度使。承安五年致仕，卒。

构性宽厚寡言，所治以镇静称，性尤恬退，故人既贵不复往来，先遗以书则裁答寒温而已。大定中，诏与近臣同经营香山行宫及佛舍，其近臣私谓构曰："公今之德人，我欲举奏，公行将大任矣。"构辞之。以廉慎守法在考功籍，始终无过云。

贺扬庭，字公叟，曹州济阴人也。登天德三年经义进士第，调范县主簿兼尉，籍有治声。大定十三年，由安肃令补尚书省令史，授沁南军节度副使，入为监察御史，历右司都事、户部员外郎、侍御史、右司员外郎。世宗喜其刚果，谓扬庭曰："南人矿直敢为，汉人性奸，临事多避难。异时南人不习词赋，故中第者少，近年河南、山东人中第者多，殆胜汉人为官。"俄以廉能迁户部郎中，进官二阶。顷之，授左司郎中，改刑部侍郎、山东东路转运使。章宗即位，初置九路提刑司，驿召赴阙，授山东东西路提刑使。扬庭性疾恶，纤介不少容。明昌改元，诏诸路提刑使入见，亲问所察事条，至扬庭则斥之曰："尔何治之烦也。"明年，下除洺州防御使，时岁歉民饥，扬庭谕蓄积之家令出所余以粜之，饥者获济，洺人为之立石颂德。改陕西西路转运使，表乞致仕，上曰："扬庭能干者也，当何如？"右丞刘玮言其疾，遂许之。卒年六十七。

赞曰：裴满亨以进士选奉御，能陈唐、虞致治之道于宫庭燕私之地，又能斥中贵梁道儿之奸。斡勒忠以吏道致身，始终不交权贵。世宗自立于辽东，归者如市，张大节独守正不赴。韩锡出守河间，面谕皇族之居彼者恣睢不道，俾绳以法，佞者必希旨以市权，锡下车宣布告戒而已。是皆有识之士，不为富贵所移者也。巨构軱，贺扬庭骨鲠，大定于二人而屡评南北士习之优劣，亶其然乎。张亨始以缪庸见薄，晚以论列称赏，亦砥砺之功欤。邓俨专务谋身，上下称黠，致仕又求进用，弗可改也夫。

阎公贞，字正之，大兴宛平人。大定七年擢进士第，调朝邑主簿。由普润令补尚书省令史，察廉，升同知亳州防御事，改中都左警巡使。以政绩闻，迁同知武定军节度使。明昌初，召为大理正，累进大理卿。承安元年，迁翰林侍读学士，仍兼前职，命与登闻检院贾益同看读陈言文字。公贞居法寺几十年，详慎周密，未尝有过举。被命校定律令，多所是正，金人以为法家之祖云。

焦旭，字明锐，沃州柏乡人。第进士，调安喜主簿。再转大兴令，摄左警巡事，以杖亲军百人长，有司议其罪当杖决，世宗曰："旭亲民吏也，若因杖有官人复行杖之，何以行事？其令收赎。"改良乡令。世宗幸春水，见石城、玉田令皆年老不治，谓宰臣曰："县令最亲民，当得贤才。畿甸尚如此，天下可知矣。"平章政事石琚荐旭干能可甄用，上然之，召为右警巡使。旭为人刚果自任，不避权势。初，旭部民诉良，旭以无文据付本主，道逢监察御史诉其事，语涉讹乱，即收付旭，旭释之不问，为御史所劾，削官两阶，杖百八十，出为大名府推官。寻授右三部检法司正，代韩天和为监察御史。时御史台言："监察纠弹之司，天和诸科出身，难居是职。"上命别举，中丞李晏荐旭刚正可任，遂授之，而改天和获鹿令。章宗初即位，太傅克宁、右丞相襄请上出猎，旭劾奏其非，上慰谕之，为罢猎。明昌元年，登闻鼓院初设官，宰执奏司谏郭安民、补阙许安仁及旭皆堪擢用。改侍御史，四迁都水监，以治河防劳进官一阶，授西京路转运使，卒。旭性警敏，练达时政，与王翛，刘仲洙辈世称能吏云。

刘仲洙，字师鲁，大兴宛平人。大定三年，登进士第。历龙门主簿、香河酒税使，再调深泽令。县近滹沱河，时秋成，水忽暴溢，仲洙极力护塞，竟无害。有盗夜发，居民震惊，仲洙率县卒生执其一，余众遂溃，旦日掩捕皆获。寻以廉能进官一阶，升河北西路转运司支度判官，入为刑部主事，六迁右司员外郎，俄转吏部。世宗谓宰臣曰："人有言语敏辩而膚常不正者，有语言拙讷而才智通达、存心向正者，如刘仲洙颇以才行见称，然而口语甚讷也。"右丞张汝霖曰："人之若是者多矣，愿陛下深察之。"二十九年，出为祁州刺史，以六善为教，民化之。章宗即位，除中都、西京等路提刑副使。先是，田瑴等以党罪废锢者三十余家，仲洙知其冤，上书力辨，帝从之，乃复瑴官爵而党禁遂解。明昌二年，授并王傅、兼同知大同府事，寻改平阳，移德州防御使。转运郭邦杰、节度李晏皆举仲洙以自代。升为定海军节度使。岁饥，仲洙表请开仓，未报，先为赈贷，有司劾之，罪以赎论。时仲洙兄仲渊以罪责石州，仲洙上书请以莱易石，朝廷义而不许。久之，以年老乞致仕，累表方听。泰和八年卒，年七十五。

仲洙性刚直，果于从政，尤长于治民，所在皆有功迹，盖一时之能吏云。

李完，字全道，朔州马邑人。经童出身，复登词赋进士第。调澄城主簿，有遗爱，民为立祠。用廉，迁定襄令，召补尚书省令史。时以县令阙人廉问，世宗选能吏八人按行天下，完其一也。明昌初，为监察御史。故事，台令史以六部令史久次者补，吏皆同类，莫肯举劾。完言："尚书省令史，正隆间用杂流，大定初以太师张浩奏请，始纯取进士，天下以为当。今乞以三品官子孙及终场举人，委台官辟用。"上纳其言。擢尚书省都事，出为同知横海军节度使事、河间府治中。提刑司言："完习法律，有治剧才，军民无间语。"升沁州刺史，仍以玺书褒谕。迁同知广宁府。初，辽滨民崔元入城饮不归，求得尸于水中。有司执同饮者讯之，皆诬服，提刑司疑其冤，以狱畀完。完廉得其贼乃舟师也，遂免同饮人。改北京临潢路提刑副使。承安二年，迁陕西西路转运使，寻授南京路按察使，卒。完长于吏治，所至奸恶屏迹，民皆便之。

马百禄，字天锡，通州三河人。父柔德，天会初第进士，累迁翰林修撰，坐田瑴党免官，迨世宗朝解党禁，复召用焉。百禄幼志学，事继母以孝闻，登大定三年词赋进士第，调武清主簿。由龙山令召补尚书省令史，不就，改榷货副使、平阳府判官，入为国子博士。朝廷以宰县日清白有治迹，特迁官一阶，升同知北京路转运事。委录南北路刑狱，所至无冤。召为尚书户部员外郎，与同知河北东路转运事李京为中都等路推排使。明昌初，迁耀州刺史，吏民畏爱。提刑司以状闻，授韩王傅、同知安武军节度事。俄改兼同知兴平军，以提刑司复举廉，升孟州防御使，再迁南京路提刑使。御史台以刚直能干闻，转知河中府。承安四年致仕，卒。谥曰贞忠。

杨伯元，字长卿，开封尉氏人。登大定三年进士第，调郾城主簿。升榆次令，召为大理评事，累除定海军节度副使，用廉，超授同知河东北路转运事，入为尚书刑部员外郎，以忧免，起为辽州刺史。明昌元年，移涿州。久之，擢工部侍郎，四迁安武军节度使。泰和三年致仕，卒。

伯元以才干多被委注，凡两为推排定课使，累为审录官，人称其平。每有疑狱，必专遣决，明辨多中理。赐谥曰达。

刘玑，字仲璋，益都人也。登天德三年进士第。大定初，为太常博士，改左拾遗，兼许王府文学。玑奏王府事，世宗责之曰："汝职掌教道，何预奏事！"因命近侍谕旨永中曰："卿有长史，而令文学奏事何也？后勿复尔。"累除同知漕运司事，尝奏言："漕户顾直太高，虚费官物，宜约量裁损。若减三之一，岁可省官钱一十五万余贯。"世宗是其言。授户部员外郎，条上便宜数事，世宗谓宰臣曰："玑言河堤种柳可省每岁堤防之费，及言官钱利害，甚可取。前后户部官往往偷延岁月，如玑者不可多得，卿等议其可者行之。玑向言漕运省费事，尽心公家，不厚赏无以劝来者。"乃赐钱三千贯。擢潍州刺史，徙知济州。未几，迁同知北京留守事，坐曲法放免奴婢诉良者，左降管州刺史。世宗谓宰臣曰："玑为人何如？"参知政事程辉曰："玑执强跋扈，尝追济南府官钱，以至委曲生意而害及平民。"上曰："朕闻玑在北京，凡奴隶诉良，不问契券真伪，辄放为良，意欲徼福于冥冥，则在己之奴何为不放？"又曰："玑放朕之家奴，意欲以此邀福，存心若是，不宜再用。"明昌二年，入为国子司业，乞致仕不许，转国子祭酒，寻擢太常卿，以昏耄不任职为御史台所纠罢。承安二年卒。年八十二。兄琉。

琉字伯玉，幼名太平。以功臣子补閤门祗候，遭父丧求终制，会海陵篡立，不许，改充护卫。海陵忌宗室，琉坐与往来，斥居乡里。世宗即位，琉昼夜兼驰上谒，世宗大悦，以为护卫十人长。往招宗叙、白彦敬、纥石烈志宁，皆相继来附。还报，上喜其有功，呼其小字而谓之曰："太平所至，庶几能赞朕致太平矣。"改御院通进。与乌居仁等往南京发遣六宫百司，琉建议留尚书右丞纥石烈良弼经略淮右，余皆北来，诏从之。丁母忧，起复，三迁武库署令。车驾幸西京，留琉为中都总管判官。再转近侍局使，迁太子少詹事，兼引进使，赐袭衣。未几，为陕西统军都监，赐厩马、金带，皇太子以马与币为赆。召为同知宣徽院事，迁太子詹事、右宣徽使，与张仅言典领昭德皇后园陵，襄事，太子赠以厩马。转左宣徽使，以疾求补外，除定海军节度使，以其弟太府监玮为同知宣徽院事。琉朝辞，上曰："卿旧臣，今补外，宁不恻然。东莱濒海，风物亦佳，卿到必得调养。朕用卿弟在近密，如见卿也。”仍赐厩马、金带、彩十端、绢百匹。卒官，年五十七。琉柩过京畿，敕有司致祭，赙银三百两、重彩三十端。

康元弼，字辅之，大同云中人。幼敏学，善属文，登正隆二年进士第。调汝阳簿，改崇义军节度判官。由垣曲县令补尚书省令史，累迁同知河北西路转运使事，召为大理丞。

大定二十七年，河决曹、濮间，濒水者多垫溺，朝廷遣元弼往视，相其地如盎，而城在盎中，水易为害，请命于朝以徙之，卒改筑于北原，曹人赖焉。出为弘州刺史，阅岁授大理少卿。先是，卫州为河所坏，增筑苏门以寓州治。水既退，民不乐迁，欲复归卫，于是遣元弼按视，还言治故城便，遂复其旧。转秘书少监，兼著作郎，改通州刺史，兼领漕事。章宗立，尊孝懿皇后为皇太后，以元弼旧臣诏充副卫尉。再转大理卿，以丧去，起复为尚书刑部侍郎，兼郓王傅，迁南京路转运使。承安三年致仕，卒。

移剌益，字子迁，本名特末阿不，中都路胡鲁土猛安人也。以荫补国史院书写，积劳调徐州录事，召为枢密院知法，三迁翰林修撰。时北边有警，诏百官集尚书省议之，太尉克宁锐意用兵，益言天时未利，宜俟后图。御史台举益刚正可任，遂兼监察御史。未几，改户部员外郎。明昌三年，畿内饥，擢授霸州刺史，同授刺史者十一人，既入谢，诏谕之曰：“亲民之职，惟在守令，比岁民饥，故遣卿等往抚育之。其资序有过者有弗及者，朕不计此，但以材选，尔其知之。”既至，首出俸粟以食饥者，于是倅以下及郡人递出粟以佐之，且命属县视以为法，多所全活。郡东南有堤久颓圮，水屡为害，益增修之，民以为便，为益立祠。升辽东路提刑副使。五年，宋主新立，诏以泗州当使客所经，守臣宜择人，宰臣进拟数人，皆不合上意，上曰：“特末阿不安在？此人可也。”即授防御使。召为尚书户部侍郎，寻转兵部。属群牧人叛，命益同殿前都点检充往招降之。承安二年，边鄙弗宁，上御便殿，召朝官四品以上入议，益谓“守为便。天子之兵当取万全，若王师轻出，少有不利，非惟损大国之威，恐启敌人侵玩之心。”出为山东西路转运使。有敕使按鹰于山东，益奏：“乞止令调于近甸，何必惊远方耳目。”书闻，上命有司治使者罪。迁河东南北路按察使。旧制，在位官有不任职，委所属上司体访。州府长贰幕职，许互相举申。益上言以为：“伤礼让之风，亦恐同官因之不睦，别生奸弊。乞止令按察司纠劾，似为得体”。又言：“随路点军官与富人饮会，公通献遗，宜依准监临官于所部内犯罪究治。”上皆纳焉。泰和二年，卒于官。

赞曰：阎公贞定金律令，杨伯元定金推排，人皆以平称之，难矣。焦旭畿内小官，听断不受御史风指，遂罹深宪。大臣请人主游猎，劾奏其非，为之罢猎，诚有古人之风焉。李完、康元弼无他足称，完论台令史一事，元弼论曹、卫两城，各当其可。马百禄初坐党废，晚著治迹。刘玑初以理财得幸，晚以曲法得罪，人有前后遭遇不同，而百禄求福不回，非玑所及也。刘琉以大定之立驰赴行在，虽终身荣宠，盖一趋时之士耳。刘仲洙刚而讷于言，移剌益刚而敢言。益以志宁北伐为不可，仲洙释田嗀党祸三十家。《语》曰：“刚毅木讷近仁。”岂不信哉！

卷九十八　列传第三十六

完颜匡　完颜纲　完颜定奴

完颜匡，本名撒速，始祖九世孙。事豳王允成，为其府教读。大定十九年，章宗年十余岁，显宗命詹事乌林荅愿择德行淳谨、才学该通者，使教章宗兄弟。阅月，愿启显宗曰：“豳王府教读完颜撒速、徐王府教读仆散讹可二人，可使教皇孙兄弟。”显宗曰：“典教幼子，须用淳谨者。”已而召见于承华殿西便殿。显宗问其年，对曰：“臣生之岁，海陵自上京迁中都，岁在壬申。”显宗曰：“二十八岁尔，詹事乃云三十岁何也？”匡曰：“臣年止如此，詹事谓臣出入宫禁，故增其岁言之耳。”显宗顾谓近臣曰：“笃实人也。”命择日，使皇孙行师弟子礼。七月丁亥，宣宗、章宗皆就学，显宗曰：“每日先教汉字，至申时汉字课毕，教女直小字，习国朝语。”因赐酒及彩币。顷之，世宗诏匡、讹可俱充太子侍读。

寝殿小底驼满九住问匡曰：“伯夷、叔齐何如人？”匡曰：“孔子称夷、齐求仁得仁。”九住曰：“汝辈学古，惟前言是信。夷、齐轻去其亲，不食周粟饿死首阳山，仁者固如是乎？”匡曰：“不然，古之贤者行其义也，行其道也。伯夷思成其父之志以去其国，叔齐不苟从父之志亦去其国。武王伐纣，夷、齐叩马而谏。纣死，殷为周，夷、齐不食周粟，遂饿而死。正君臣之分，为天下后世虑至远也，非仁人而能若是乎！”是时，世宗如春水，显宗从，二人者马上相语遂后。显宗迟九住至，问曰：“何以后也？”九住以对，显宗叹曰：“不以女直文字译经史，何以知此。主上立女直科举，教以经史，乃能得其渊奥如此哉。”称善者良久，谓九住曰：“《论语》‘知之为知之，不知为不知，是知也’。汝不知不达，务辩口以难人。由是观之，人之学、不学，岂不相远哉。”显宗尝谓中侍局都监蒲察查剌曰：“入殿小底完颜讹出、侍读完颜撒速，与我同族，汝知之乎？”对曰：“不知也。”显宗曰：“撒速，始祖九世孙。讹出，保活里之世也。始祖兄弟皆非常人，汝何由知此。”

显宗命匡作《睿宗功德歌》，教章宗歌之，其词曰：“我祖睿宗，厚有阴德。国祚有传，储嗣当立。满朝疑惧，独先启策。徂征三秦，震惊来附。富平百万，望风奔仆。灵恩光被，时雨春旸。神化周浃，春生冬藏。”盖取宗翰与睿宗定策立熙宗，及平陕西大破张浚于富平也。二十三年三月万春节，显宗命章宗歌此词侑觞，世宗愕然曰：“汝辈何因知此？”显宗奏曰：“臣伏读《睿宗皇帝实录》，欲使儿子知创业之艰难，命侍读撒速作歌教之。”世宗大喜，顾谓诸王侍臣曰：“朕念睿宗皇帝功德，恐子孙无由知，皇太子能追念作歌以教其子，嘉哉盛事，朕之乐岂有量哉。卿等亦当诵习，以不忘祖宗之功。”命章宗歌数四，酒行极欢，乙夜乃罢。

二十五年，匡中礼部策论进士。是岁，世宗在上京，显宗监国。三月甲辰，御试，前一日癸卯，读卷官吏部侍郎李晏、棣州防御使把内刺、国史院编修官夹谷衡、国子助教尼庞古 鉴进禀，策题问“契敷五教，皋陶明五刑，是以刑措不用，比屋可封。今欲兴教化，措刑罚，振纪纲，施之万世，何术可致？”匡已试，明日入见，显宗问对策云何，匡曰：“臣熟观策问敷教、措刑两事，不详‘振纪纲’一句，只作两事对，策必不能中。”显宗命匡诵所对策，终篇，曰：“是亦当中。”匡曰：“编修衡、助教鉴长于选校，必不能中。”已而匡果下第。显宗惜之，谓侍臣曰：“我只欲问教化、刑罚两事，乃添振纪纲一句，命删去，李晏固执不可，今果误人矣。”谓侍正石敦寺家奴、唐括曷答曰：“侍读二十一年府试不中，我本不欲侍读再试，恐伤其志，今乃下第，使人意不乐。”是岁初取止四十五人，显宗命添五人，仆散讹可中在四十五人，后除书画直长。匡与讹可俱为侍读，匡被眷遇特异，显宗谓匡曰：“汝无以讹可登第快快，但善教金源郡王，何官不可至哉。”是岁，显宗薨，章宗判大兴尹，封原王，拜右丞相，立为皇太孙。匡仍为太孙侍读。二十八年，匡试诗赋，漏写诗题下注字，不取，特赐及第，除中都路教授，侍读如故。”

章宗即位，除近侍局直长，历本局副使、局使，提点太医院，迁翰林直学士。使宋，上令权更名弼，以避宋祖讳，事载《本纪》。迁秘书监，仍兼太医院、近侍局事，再兼大理少卿。迁签书枢密院事，兼职如故。承安元年，行院于抚州。河北西路转运使温昉行六部事，主军中馈饷，屈意事匡，以马币为献，及私以官钱佐匡宴会费，监察御史姬端脩劾之，上方委匡以边事，遂寝其奏。三年，入奏边事，居五日，还军。寻入守尚书左丞，兼修国史，进《世宗实录》。

章宗立提刑司，专纠察黜陟，当时号为外台，匡与司空襄，参政揆奏：“息民不如省官，圣朝旧无提刑司，皇统、大定间每数岁一遣使廉察，郡县称治。自立此官，冀达下情，今乃是非混淆，徒烦圣听。自古无提点刑狱专荐举之权者，若陛下不欲遽更，不宜使兼采访廉能之任。岁遣监察体究，仍不时选使廉访。”上从其议，于是监察体访之使出矣。

初，匡行院于抚州，障葛将攻边境，会西南路通事黄掴按出使乌都碗部知其谋，奔告行院为之备，迎击障葛，败其兵。按出与八品职，迁四官。匡迁三官。匡奏乞以所迁三官让其兄奉御赛一，上嘉其义，许之。改枢密副使，授世袭谋克。

宋主相韩侂胄。侂胄尝再为国使，颇知朝廷虚实。及为相，与苏师旦倡议复仇，身执其咎，缮器械，增屯戍，初未敢公言征伐，乃使边将小小寇钞以尝试朝廷。泰和五年正月，入确山界夺民马。三月，焚平氏镇，剽民财物，掠邓州白亭巡检家赀，持其印去。遂平县获宋人王俊，唐州获宋谍者李忭，俊襄阳军卒，忭建康人。俊言宋人於江州、鄂、岳屯大兵，贮甲仗，修战舰，期以五月入寇。忭言侂胄谓大国西北用兵连年，公私困竭，可以得志，命修建康宫，劝宋主都建康节制诸道。河南统军司奏请益兵为之备。诏平章政事仆散揆为河南宣抚使，籍诸道兵，括战马，临洮、德顺、秦、巩各置弓手四千人。诏揆遗书宋人曰：“奈何兴兵？”宋人辞曰：“盗贼也。边臣不谨，今黜之矣。”

宋人将启边衅，太常卿赵之杰、知大兴府承晖、中丞孟铸皆曰：“江南败衄之余，自救不暇，恐不敢败盟。”匡曰：“彼置忠义保捷军，取先世开宝、天禧纪元，岂忘中国者哉。”大理卿畏也曰：“宋兵攻围城邑，动辄数千，不得为小寇。”上问参政思忠，思忠极言宋人败盟有状、与匡、畏也合，上以为然。及河南统军使纥石烈子仁使宋还，奏宋主修敬有加，无他志。上问匡曰：“于卿何如？”匡曰：“子仁言是。”上愕然曰：“卿前议云何，今乃中变邪？”匡徐对曰：“子仁守疆圉，不妄生事，职也。《书》曰‘有备无患’，在陛下宸断耳。”于是罢河南宣抚司，仆散揆还朝。

六年二月，宋人陷散关，取泗州、虹县、灵璧。四月，复诏仆散揆行省事于汴，制诸军。顷之，以匡为右副元帅。揆请匡先取光州，还军悬瓠，与大军合势南下。匡奏：“仆散揆大军渡淮，宋人聚兵襄、沔以窥唐、邓，汴京留兵颇少，有掣肘之患，请出唐、邓。”从之。遣前锋都统乌古论庆寿以骑八千攻枣阳，遣左翼提控完颜江山以骑五千取光化，右翼都统乌古孙兀屯取神马坡，皆克之。匡军次白虎粒，都统完颜按带取随州，乌古论庆寿扼赤岸，断襄、汉路。宋随州将雷太尉遁去，遂克随州。于是宋邓城、樊城戍兵皆溃。赐诏奖谕，戒诸军毋虏掠、焚坏城邑。匡进兵围德安，分遣诸将徇下安陆、应城、云梦、汉川、荆山等县，副统蒲察攻宜城县取之。十二月，败宋兵二万人于信阳之东，诏曰：“卿总师出疆屡捷，殄寇抚降，日辟土宇。彼恃汉、江以为险阻，箠马而渡，如涉坦途，荆、楚削平，不为难事，虽天佑顺，亦卿筹画之效也。益宏远图，以副朕意。”匡进所获女口百人。诏匡权尚书右丞，行省事，右副元帅如故。

吴曦以蜀、汉内附，诏匡先取襄阳以屏蔽蜀、汉。完颜福海破宋援襄阳兵于白石峪，遂取谷城县。仆散揆得疾，遂班师，至蔡，疾革，诏右丞相宗浩代之。七年二月，揆薨。匡久围襄阳，士卒疲疫，会宗浩至汴，匡乃放军朝京师，转左副元帅，赐宴于天香殿，还军许州。九月，宗浩薨，匡为平章政事，兼左副元帅，封定国公，代宗浩总诸军，行省于汴京。

初，仆散揆初至汴，既定河南诸盗，乃购得韩侂胄族人元靓，使行间于宋。元靓渡淮，宋督视江、淮兵马事丘崈奏之宋主。是时，宋主、侂胄见兵屡败以为忧，欲乞盟无以为请，得崈奏，即命遣人护元靓北归，因请议和。崈使其属刘佑送元靓申和议于揆，揆曰：“称臣割地，献首祸之臣，然后可。”宋主因密谕丘崈，使归罪边将以请焉。及宗浩代揆，方信孺至，宗浩以方信孺轻佻不可信，移书宋人，果欲请和当遣朱致知、吴琯、李大性、李璧来。侂胄得报大喜过望，乃召张岩于建康，罢为福建观察使，归罪苏师旦，贬之岭南。是时，李璧已为参政，不可遣。朱致知、吴琯已死，李大性知福州，道远不能遽至。乃遣左司郎中王柟来，至濠州，匡使人责以称臣等数事，柟以宋主、侂胄情实为请，依靖康二年正月请和故事，世为伯侄国，增岁币为三十万两、匹，犒军钱三百万贯，苏师旦等俟和议定当函首以献。柟至汴，以侂胄书上元帅府，匡复诘之，柟恳请曰："此事实出朝旨，非行人所专。"匡察其不妄，乃具奏。章宗诏匡移书宋人，当函侂胄首赎淮南地，改犒军钱为银三百万两。于是，宋吏部侍郎史弥远定计杀韩侂胄，弥远知国政，和好自此成矣。

于是，廷议诸军已取关隘不可与。王柟以宋参政钱象祖书来，略曰：

窃惟昔者修好之初，蒙大金先皇帝许以画淮为界。今大国遵先皇帝圣意，自盱眙至唐、邓画界仍旧，是先皇帝惠之于始，今皇帝全之于后也。然东南立国，吴、蜀相依，今川、陕关隘，大国若有之，则是撤蜀之门户，不能保蜀，何以固吴？已增岁币至三十万，通谢为三百万贯，以连岁师旅之余，重以丧祸，岂易办集。但边隙既开和议，区区悔艾之实，不得不黾勉遵承。又蒙圣画改输银三百万两，在本朝宜不敢固违，然倾国资财，竭民膏血，恐非大金皇帝弃过图新，兼爱南北之意也。

主上仁慈宽厚，谨守信誓，岂有意于用兵。止缘侂胄启衅生事，迷国罔上，以至于斯。是以奋发英断，大正国典，朋附之辈，诛斥靡贷。今大国欲使斩送侂胄，是未知其已死也。侂胄实本庸愚，怙权轻信，有误国事，而致侂胄误国者，苏师旦也。师旦既贬，侂胄尚力庇之，嘱方信孺妄言已死，近推究其事，师旦已行斩首。傥大国终惠川、陕关隘，所画银两悉力祗备，师旦首函亦当传送，以谢大国。

本朝与大国通好以来，譬如一家叔侄，本自协和，不幸奴婢交斗其间，遂成嫌间。一旦犹子翻然改悟，斥逐奴隶，引咎谢过，则前日之嫌便可销释，奚必较锱铢毫末，反伤骨肉之恩乎？惟吴、蜀相为首尾，关隘系蜀安危，望敢备奏，始终主盟，使南北遂息肩之期，四方无兵革之患，不胜通国至愿。

是时，陕西宣抚司请增新得关隘戍兵万人。王柟状禀，如蒙归川、陕关隘，韩侂胄首必当函送，遵上国之命。匡奏曰："关隘之事，臣初亦惑之，今当增戍万人，壁垒之役，馈饷之劳，费用必广。祖宗所以不取者，以关隘仅能自保耳，非有益于战也。设能入寇，纵之平地，以铁骑蹂之，无一得脱。彼哀祈不已者，以前日负固尚且摧覆，今遂失之，是无一日之安也。必谓兵力得之不可还赐，则汉上诸郡皆膏腴耕桑之地，枣阳、光化归顺之民数万户，较之陕右轻重可知，独在陛下决之耳。"诏报曰："侂胄渠魁，既请函首，宋之悔服，可谓诚矣。"匡乃遣王柟还，复书曰："宋国负渝盟之罪，自陈悔艾，主上德度如天，不忍终绝，优示训谕，许以更成，所以覆护镇抚之恩，至深至厚。昨奉圣训，如能斩送韩侂胄，徐议还淮南地。来书言韩侂胄已死，将以苏师旦首易之，饰辞相绐如此。至于犒军银两欲俟归关隘然后祗备，是皆有咈圣训。及王柟状禀，如蒙归还川、陕关隘，其韩侂胄首必当函送。圣训令斩送侂胄首者，本欲易淮南地，陕西关隘不预焉。王柟所陈亦非元画事理，不敢专决，具奏。奉旨'朕以生灵为念，已贯宋罪，关隘区区岂足深较，既能函送韩侂胄首，陕西关隘可以还赐'。今恩训如此，其体大国宽仁矜恤曲从之意，追修誓书，赍遣通谢人使赴阙。"

王柟之归也，匡要以先送叛亡驱掠，然后割赐淮南、川、陕，及彼誓书草本有犯庙讳字及文义有不如体制者，谕令改之。宋人以叛亡驱掠散在州县，一旦拘刷，未易聚集。今已四月，农事已晚，边民连岁流离失所，扶携道路，即望复业，过此农时，遂失一岁之望。岁币犒军物多，非旬月可办。钱象祖复以书来，略曰："窃见大金皇帝前日圣旨，如能斩送韩侂胄首，沿淮之地并依皇统、大定已画为定。又睹今来圣旨，既能送侂胄首，陕西关隘可并还赐。以此仰见圣慈宽大，初无必待发遣驱掠官兵，然后退兵交界之语。誓书草本添改处，先次录本赍呈，并将侂胄首函送，及管押纳合、道僧、李全家口一并发还。欲望上体大金皇帝画定圣旨，先赐行下沿边及陕西所属，候侂胄首到界上，即便抽回军马，归还淮南及川、陕关隘地界。所有驱掠官兵，留之何益，见已从实刷勘，发还，其使人礼物岁币等已起发至真、扬间，伺候嘉报，迤逦前去界首，以俟取接。"

匡得钱象祖书，即具奏，诏报曰："朕以生灵之故，已从所请，称臣割地，尚且阔略，区区小节，何足深较。其侂胄、师旦首函及诸叛亡至濠州，即听通谢人使入界，军马即当彻还，川、陕关隘，俟岁币犒军银纲至下蔡，画日割赐。"匡得诏书，即以谕宋人，使如诏书从事。

泰和八年闰四月乙未，宋献韩侂胄、苏师旦首函至元帅府，匡遣平南抚军上将军纥石烈贞以侂胄、师旦首函露布以闻。五月丁未，遣户部尚书高汝砺、礼部尚书张行简奏告天地，武卫军都指挥使徒单镛奏告太庙，御史中丞孟铸告社稷。是日，上御应天门，立黄麾仗，受宋馘。尚书省奏露布，亲王百官起居上表称贺。献馘庙社，以露布颁中外。竿侂胄、师旦首并二人画像于通衢，百姓纵观，然后漆其首，藏之军器库。丙辰，匡朝京师，进官两阶，赐玉带、金一百两、银一千五百两，重币三十端。罢元帅府仍为枢密院。六月癸酉，宋通谢使许弈、吴衡等入见。癸未，以宋人请和诏天下。

十一月丙辰，章宗崩，匡受遗诏，立卫绍王。其遗诏略曰："皇叔卫王，承世宗之遗体，钟厚庆于元妃，人望所归，历数斯在。今朕上体太祖皇帝传授至公之意，付畀宝祚，即皇帝位于柩前。载惟礼经有嫡立嫡、无嫡立庶，今朕之内人见有娠者两位，已诏皇帝，如其中有男当立为储贰，如皆是男子，择可立者立之。"丁巳，卫绍王即位。戊午，章宗内人范氏胎气有损。大安元年四月，平章政事仆散端、左丞孙即康奏："承御贾氏产期已出三月，有人告元妃李氏令贾氏诈称有身。"诏元妃李氏、承御贾氏皆赐死。初，章宗大渐，匡与元妃俱受遗诏立卫王，匡欲专定策功，遂构杀李氏。数日，匡拜尚书令，封申王。大安元年十二月，薨。

匡事显宗，深被恩遇。自章宗幼年，侍讲读最亲幸，致位将相，怙宠自用，官以贿成。承安中，拨赐家口地土，匡乃自占济南、真定、代州上腴田，百姓旧业辄夺之，及限外自取。上闻其事，不以为罪，惟用安州边吴泊旧放围埸地、奉圣州在官闲田易之，以向自占者悉还百姓。宣宗尝谓侍臣曰："撒速往年尝受人玉吐鹘，然后与之官，此岂宰相所为哉?"

完颜纲，本名元奴，字正甫。明昌中，为奉御，累官左拾遗。诏三叉口置捺钵。纲上疏谏，疏中有云："贼出没其间"，诏尚书省诘问，所言不实，章宗以纲谏官，不之罪。迁刑部员外郎，纲言："诸犯死罪除名移推相去二百里，并犯徒罪连逮二十人以上者并令就问，曾经所属按察司审谳者移推别路，官亦依上就问。凡告移推之人皆已经本路按察审讫，即当移推别路。按察司部分广阔，如上京路移推临潢路，最近亦往复二三千里，北京留守司移推西北路招讨司，最近亦须数月。乞依旧制，令移推官司追取其人归问。"从之。

故事，使夏国者夏人馈赠礼物，视书几道以为多寡。泰和元年，纲为赐夏主生日使，章宗命赍三诏，左司员外郎孙椿年奏诏为一道，寻自陈首，上责宰臣曰："椿年忽略，卿等奈何不奏也。"转工部郎中，上言："太府监官兼尚食局官，乞于少府监依此例，注能干官一员兼仪鸾局官，仪鸾局官一员兼少府监官，相须检治。"从之。四年，诏纲与乔宇、宋元吉编类陈言文字，纲等奏："凡阙涉宫庭及大臣者摘进，其余以省台六部各为一类。"凡二十卷。迁同签宣徽院事。

六年，与宋连兵，陕西诸将颇相异同，以纲为蜀汉路安抚使、都大提举兵马事，与元帅府参决西事，调羌兵之未附者。于是，知凤翔府事完颜昱、同知平凉府事蒲察秉铉分驻凤翔诸隘，通远军节度使承裕、秦州防御使完颜璘屯成纪界，知临洮府事石抹仲温驻临洮，同知临洮府事术虎高琪、彰化军节度副使把回海备巩州诸镇，乾州刺史完颜思忠扼六盘，陕西路都统副使斡勒牙剌、京兆府推官蒲察秉彝戍虢华、扼潼关蒲津，陕西都统完颜忠本名袅懒、同知京兆府事乌古论兖州守京兆要害，以凤翔、临洮路蕃汉弓箭手及绯翮翅军散据边陲。绯翮翅，军名也。元帅右监军充右都监蒲察贞分总其事。

宋吴曦以兵六千攻盐川，巩州戍将完颜王善、队校仆散六斤、猛安龙延常击走之，斩首二百级。七月，吴曦兵五万由保坌、姑苏等路寇秦州，承裕、璘以骑千余击之，曦兵大败，追奔四十里。曦别兵万人入来远镇，术虎高琪破之。

青宜可者，吐蕃之种也。宋取河湟，夏取河西四郡，部落散处西鄙，其鲁黎族帅曰冷京，据古叠州，有四十三族、十四城、三十余万户，东邻宕昌，北接临洮、积石，南行十日至笋竹大山，盖蛮境也。西行四十日至河外，俗不论道里，而以日计之云。冷京卒，子耳骨延嗣，宋不能制，縻以官爵。传六世至青宜可，尤劲勇得众，以宋政令不常，有改事中国之意。曹佛留为洮州刺史。佛留材武有智策，能结诸羌。青宜可畏慕佛留，以父呼之，请举国内附。朝廷以宋有盟不许，厚赐金帛以抚之。明昌间，属羌已彪杀郡佐反，是时纲为奉御，奉诏与曹佛留计事，因召青宜可会兵击破已彪。曹佛留迁同知临洮尹，兼洮州刺史。子普贤为洮州管内巡检使。纲屡以事至洮，佛留每谓纲言青宜可愿内属，出其至情，纲辄奏之，上终不纳。及纲部署陕西，上密敕经略西事。于是，曹佛留已死，普贤为怀羌巡检使。纲至洮，驰召普贤摄同知洮州事。普贤传箭入羌中，青宜可大喜，率诸部长，籍其境土人民，诣纲请内属。纲奏其事，上以青宜可为叠州副都总管，加广威将军。诏青宜可曰："卿统有部人，世为雄长，向风慕义，背伪归朝，愿效纯诚，恒输忠力，缅怀嘉瞩，式厚褒旌。览卿进上所受伪牌，朝廷之驭诸蕃固无此例，欲使卿有以镇抚部族、增重观望，是以特加改命，赐金牌一、银牌二，到可祇承，服我新恩，永为藩卫。"曹普贤真授同知洮州事，纲迁拱卫直都指挥使，迁三阶，安抚、都大提举如故。以商州刺史乌古论兖州领、曹普贤押领、青宜可勾当。诏曰："完颜纲，初行时汝未知朝廷有青宜可之事，独言可以招抚，必获其用，既而果来效顺。今汝勿以青宜可兵势重大，卑屈失体，亦勿以蕃部而藐视之。"

九月，诏安慰陕西，略曰："京兆、凤翔、临洮三路，应被宋兵逼胁，背国从伪，或没落外境，若能自归者，官吏依旧勾当，百姓各令复业，元抛地土依数给付。及受宋人旗榜结构等，或值惊扰因而避役逃亡，未发觉者，许令所在官司陈首，并行释免，更不追究，军前可用之人随宜任使。限外不首，复罪如初"。

宋程松遣别将曲昌世袭方山原，自率兵数万分道袭和尚原、西山寨、龙门等关。是日，大雾四塞，既又暴雨，和尚原、西山寨，龙门关戍兵不知宋兵来，松遂据之。蒲察贞遣行军副统裴满阿里、同知陇州事完颜孛论以兵千人伏方山原下，万户奥屯撒合门、美原县令术虎合沓别将壮士五百，取间道潜登，出宋兵上，自高而下，宋兵大骇，伏兵合击，遂破之。贞乃分遣术虎合沓、部将完颜出军奴率兵千人出黄儿谷取和尚原，同知会州事女奚列南家、押军猛安粘割撒改率兵千人出大宁谷取西山寨，贞自以兵七百由中路取龙门等关。程松已焚阁道，贞且修道且进兵。至小关，松将杨廷据险注射，贞不得前，令行军副统裴满阿里为疑兵，潜遣猛安胡信率甲士五十人绕出其后，反击之，宋兵大乱，遂斩廷于阵。宋兵走二里关，复败。宋将彭统领宋兵走龙门，追击，大破之。合沓乘夜潜登和尚原绝顶，宋人惊以为神，皆散走，破其众二千，生获数十人。南家斩木开道以登西山，再与宋兵遇，皆败之，遂尽复故地。

宋吴曦将冯兴、杨雄、李珪以步骑八千人入赤谷，将寇秦州。承裕、完颜璘、河州防御使蒲察秉铉逆击，破之。宋步兵趋西山，骑兵走赤谷。承裕分兵蹑宋步兵，宋步兵据山搏战，部将唐括按答海率二百骑驰击之，甲士蒙葛挺身先入其阵，众乘之，宋步兵大溃，杀数百人，追者至皂郊城，斩首二千级。猛安把添奴追宋骑兵，杀千余人，冯兴仅以身免，杨雄、李珪皆为金军所杀。十月，纲以蕃、汉步骑一万出临潭，充以关中兵一万出陈仓，蒲察贞以岐、陇兵一万出成纪，石抹仲温以陇右步骑五千出盐川，完颜璘以本部兵五千出来远。

初，吴玠、吴璘俱为宋大将，兄弟父子相继守西土，得梁、益间士众心。璘孙曦太尉、昭武军节度使、成都潼川府夔利等州路宣抚副使，泰和六年出兵兴元，有窥关、陇之志，诱募边民为盗，遣谍以利饵凤翔卒温昌，结三虞候军为内应。昌诣府上变。曦遣诸将出秦、陇间，与纲等诸军相拒。上闻韩侂胄忌曦威名，可以间诱致之，梁、益居宋上游，可以得志于宋，封曦蜀国王，铸印赐诏，诏纲经略之。其赐曦诏曰：

宋自佶、桓失守，构窜江表，僭称位号，偷生吴会，时则乃祖武安公玠捍御两川。洎武顺王璘嗣有大勋，固宜世胙大帅，遂荒西土，长为藩辅，誓以河山，后裔纵有栾黡之汰，犹当十世宥之。然威略震主者身危，功盖天下者不赏，自古如此，非止于今。

卿家专制蜀汉，积有岁年，猜嫌既萌，进退维谷，代之而不受，召之而不赴，君臣之义，已同路人，譬之破桐之叶不可以复合，骑虎之势不可以中下矣。此事流传，稔于朕听，每一思之，未尝不当馈叹息，而卿犹偃然自安。且卿自视翼赞之功孰与岳飞？飞之威名战功暴于南北，一旦见忌，遂被叁夷之诛，可不畏哉。故智者顺时而动，明者因机而发，与其负高世之勋见疑于人，惴惴然常惧不得保其首领，曷若顺时因机，转祸为福，建万世不朽之业哉！

今赵扩昏孱，受制强臣，比年以来，顿违誓约，增屯军马，招纳叛亡。朕以生灵之故，未欲遽行讨伐，姑遣有司移文，复因来使宣谕，而乃不顾道理，愈肆凭陵，虔刘我边陲，攻剽我城邑。是以忠臣扼腕，义士痛心，家与为仇，人百其勇，失道至此，虽欲不亡得乎？朕已分命虎臣，临江问罪，长驱并骛，飞渡有期，此正豪杰分功之秋也。

卿以英伟之姿，处危疑之地，必能深识天命，洞见事机。若按兵闭境，不为异同，使我师并力巢穴，而无西顾之虞，则全蜀之地，卿所素有，当加封册，一依皇统册构故事。更能顺流东下，助为掎角，则旌麾所指，尽以相付。天日在上，朕不食言。今送金宝一钮，至可领也。

纲次临江被诏，进至水洛，访得曦族人端，署为水洛城巡检使，遣持诏间行谕曦。曦得诏意动，程松尚在兴元，未敢发，诈称杖杀端，以蔽匿其事。松兵既败，曦乃遣掌管机宜文字姚圆与端奉表送款。纲遣前京兆府录事张仔会吴曦于兴州之置口，曦言归心朝廷无他，张仔请以告身为报，曦尽出以付之，仍献阶州。

朝廷以曦初附，恃中国为援，欲先取襄阳以为蜀汉屏蔽，乃诏右副元帅匡先攻襄阳，诏略曰："陕西一面虽下四州，吴曦之降朕所经略。自大军出境，惟卿所部力战为多，方之前人无所愧谢。今南伐之事责成卿等，区区俘获不足羡慕，果能为国建功，岂止一身荣宠，后世子孙，亦保富贵。"匡得诏，乃移兵趋襄阳。十二月，曦遣果州团练使郭澄、仙人关使任辛奉表及蜀地图志、吴氏谱牒来上。

七年正月，召纲赴京师，以为陕西宣抚副使，进三阶。还军，吴曦遣郭澄进谢恩表、誓表、贺全蜀归附三表，亲王百官称贺，朝廷以诏答之，并赐誓诏。郭澄朝辞，谕澄曰："汝主效顺，以全蜀归附，朕甚嘉之。然立国日浅，恐宋兵侵轶，人心不安，凡有当行事务已委宣抚完颜纲移文计议。或有紧急，即差人就去讲究。大定间，汝主尝以事入觐，今亦多岁，朕嘉汝主之义，怀想不忘，欲得其绘像，如见其面。今已遣使封册，俟回日附进。可以此意归谕汝主。"诏以同知临洮府事术虎高琪为封册使，翰林直学士乔宇副之。诏高琪曰："卿以边面宣力，加之读书，蜀人识卿威名，勿以财贿动心，失大国体。检制随去奉职，勿有违枉生事。"

顷之，宋安丙杀吴曦。上闻曦死，遣使责纲，诏曰："曦之降，自当进据仙人关，以制蜀命，且为曦重。既不据关，复撤兵，使丙无所惮，是宜有今日也。"于是，诏赠曦太师，命德顺州刺史完颜思忠招魂葬于水洛县。以曦族兄端之子为曦后。诏谕陕西军士，略曰："汝等爰自去冬，出疆用命，擐披甲胄，冒涉艰险，直取山外数州，比之他军实有勤效。界外屯驻日久，负劳苦，恩赏未行，有司申奏不明，以致如此。朕已令增给赏物，以酬尔劳。惟是余贼未殄，犹须经略。眷我师徒，久役未解，深怀悯念，寤寐弗忘。汝等益思体国之忠，奋敌忾之勇，协心毕力，建立功勋；高爵厚禄，朕所不吝。"

宋人复陷阶州、西和州，纲至凤翔，诏彻五州之兵退保要害，五州之民愿徙内地者厚抚集之。以近侍局直长为四川安慰使。蒲察贞撤黄牛戍，宋安丙乘之，连兵来袭，遂陷散关，巩州钤辖兀颜阿失死之。诏夺纲官一阶，降兵部侍郎，权宣抚副使。遣户部侍郎尼庞古怀忠按治纲以下将吏。怀忠未至陕西，纲、贞遣兵潜自昆谷西山养马涧入，四面攻之，复取散关，斩宋将张统领、于团练。纲遣使奏捷，诏书奖谕，贞等释不问。

八年，宋献韩侂胄、苏师旦首，诏以陕西关隘还之，宋罢兵。纲还京师。是岁，章宗崩，卫绍王即位，除陕西路按察使，累官尚书左丞。至宁元年，纲行省事于缙山，徒单镒使人谓纲曰："高琪驻兵缙山甚得人心，士皆思奋，与其行省亲往，不若益兵为便。"纲不听。徒单镒复使人止之曰："高琪措画已定，彼之功即行省之功。"纲不从。纲至缙山，遂大败。

胡沙虎斩关入中都，迁卫绍王于卫邸，命纲子安和作家书，使亲信人召纲。纲至，囚之悯忠寺，明日，押至市中，使张霖卿数以失四川、败缙山之事，杀之。

贞祐四年，纲子权复州刺史安和上书讼父冤，略曰："先臣纲在章宗时，招怀西羌青宜可等十八部族，取宋五州，吴曦以全蜀归朝。胡沙虎无故见杀，夺其官爵。"诏下尚书省议："谨按元年诏书云，胡沙虎屡害良将，正谓纲辈也。”乃追复尚书左丞。弟定奴。

定奴与兄纲俱知名，充护卫，除平凉府判官，累官同知真定府。从平章政事仆散揆伐宋，加平南虎威将军。兵罢，迁河南东路副统军，三迁武胜军节度使，入为右副点检。大安二年，迁元帅右都监，救西京，改震武军节度使。元帅奥屯襄败绩，定奴坐失期及不以军败实奏，降河州防御使。迁镇西军节度使、河东北路按察转运使。宣宗即位，改知归德府。贞祐二年，改知河南府，兼河南副统军。寻迁河南统军使，兼昌武军节度使。请内外五品以上举能干之士充河北州县官。改签枢密院事、殿前都点检、兼侍卫亲军都指挥使。复为签枢密院事、行院事兼知归德府事，改兼武宁军节度使，行院于徐州。召为刑部尚书、参知政事。兴定三年，薨。

赞曰：章宗伐宋之役，三易主帅，兵家所忌也。宋不知乘此以为功，犹曰有人焉？韩侂胄心强智疏，苏师旦谋浅任大，函首燕、蓟，南北皆曰贼臣，何哉？完颜匡、完颜纲皆泰和终功之臣，然匡隳忠于大安，纲罔难于至宁，富贵之惑人，乃如此邪？

卷九十九　列传第三十七

徒单镒　贾铉　孙铎　孙即康　李革

徒单镒本名按出，上京路速速保子猛安人。父乌辇，北京副留守。镒颖悟绝伦，甫七岁，习女直字。大定四年，诏以女直字译书籍。五年，翰林侍讲学士徒单子温进所译《贞观政要》、《白氏策林》等书。六年，复进《史记》、《西汉书》，诏颁行之。选诸路学生三十余人，令编修官温迪罕缔达教以古书，习作诗、策。镒在选中，最精诣，遂通契丹大小字及汉字，该习经史。久之，枢密使完颜思敬请教女直人举进士，下尚书省议。奏曰：“初立女直进士科，且免乡、府两试，其礼部试、廷试，止对策一道，限字五百以上成。在都设国子学，诸路设府学，并以新进士充教授，士民子弟愿学者听。岁久，学者当自众，即同汉人进士三年一试。”从之。十三年八月，诏策女直进士，问以求贤为治之道。侍御史完颜蒲涅、太常博士李晏、应奉翰林文字阿不罕德甫、移剌杰、中都路都转运副使奚瑫考试镒等二十七人及第。镒授两官，余授一官，上三人为中都路教授，四名以下除各路教授。十五年，诏译诸经，著作佐郎温迪罕缔达、编修官宗璧、尚书省译史阿鲁、吏部令史杨克忠译解，翰林修撰移剌杰、应奉翰林文字移剌履讲究其义。镒自中都路教授选为国子助教。左丞相纥石烈良弼尝到学中与镒谈论，深加礼敬。丁母忧，起复国史院编修官。

世宗尝问太尉完颜守道曰：“徒单镒何如人也？”守道对曰：“有材力，可任政事。”上曰：“然，当以剧任处之。”又曰：“镒容止温雅，其心平易。”久之，兼修起居注，累迁翰林待制，兼右司员外郎。献《汉光武中兴赋》，世宗大悦曰：“不设此科，安得此人。”

章宗即位，迁左谏议大夫，兼吏部侍郎。明昌元年，为御史中丞。无何，拜参知政事，兼修国史。镒言：“人生有欲，不限以制，则侈心无极。今承平日久，当慎行此道，以为经久之治。”章宗锐意于治平，镒上书，其略曰：“臣窃观唐、虞之书，其臣之进言于君曰‘戒哉’，‘懋哉’，曰‘吁’，曰‘都’。既陈其戒，复导其美。君之为治也，必曰：‘稽于众，舍己从人’。既能听之，又能行之，又从而兴起之。君臣上下之间相与如此。陛下继兴隆之运，抚太平之基，诚宜稽古崇德，留意于此，无因物以好恶喜怒，无以好恶喜怒轻忽小善，不恤人言。夫上下之情有通塞，天地之运有否泰。唐陆贽尝陈隔塞之九弊，上有其六，下有其三。陛下能慎其六，为臣子者敢不慎其三哉！上下之情既通，则大纲举而群目张矣。”进尚书右丞，修史如故。

三年，罢为横海军节度使，改定武军节度使，知平阳府事。先是，郑王永蹈判定武军，镐王永中判平阳府，相继得罪，连引者众，上疑其有党，或命节度定武，继又知平阳焉。改西京留守。承安三年，改上京留守。五年，上问宰臣：“徒单镒与宗浩孰优？”平章政事张万公对曰：“皆才能之士，镒似优者。镒有执守，宗浩多数耳。”上曰：“何谓多数？”万公曰：“宗浩微似趋合。”上曰：“卿言是也。”顷之，镒拜平章政事，封济国公。

淑妃李氏擅宠，兄弟恣横，朝臣往往出入其门。是时烈风昏曀连日，诏问变异之由。镒上疏略曰：“仁、义、礼、智、信谓之五常，父义、母慈、兄友、弟敬、子孝谓之五德。今五常不立，五德不兴，缙绅学古之士弃礼义，忘廉耻，细民违道畔义，迷不知返，背毁天常，骨肉相残，动伤和气，此非一朝一夕之故也。今宜正薄俗，顺人心，父父子子夫夫妇妇，各得其道，然后和气普洽，福禄荐臻矣。”因论：“为政之术，其急有二。一曰正臣下之心。窃见群下不明礼义，趋利者众，何以责小民之从化哉。其用人也，德器为上，才美为下，兼之者待以不次，才下行美者次之，虽有才能，行义无取者，抑而下之，则臣下之趋向正矣。其二曰导学者之志。教化之行，兴于学校。今学者失其本真，经史雅奥，委而不习，藻饰虚词，钓取禄利，乞令取士兼问经史故实，使学者皆守经学，不惑于近习之靡，则善矣。”又曰：“凡天下之事，丛来者非一端，形似者非一体，法制不能尽，隐于近似，乃生异论。孔子曰：‘义者天下之制也。’《记》曰：‘义为断之节。’伏望陛下临制万机，事有异议，少凝圣虑，寻绎其端，则裁断有定，而疑可辨矣。”镒言皆切时弊，上虽纳其说，而不能行。上问汉高帝、光武优劣。平章政事张万公对曰：“高祖优甚。”镒曰：“光武再造汉业，在位三十年，无沈湎冒色之事。高祖惑戚姬，卒至于乱。由是言之，光武优。”上默然。镒盖以元妃李氏隆宠过盛，故微谏云。泰和四年，罢知咸平府。五年，改南京留守。六年，徙知河中府，兼陕西安抚使。

仆散揆行省河南、陕西，元帅府虽受揆节制，实颛方面，上思用谋臣制之，由是升宣抚使一品，镒改知京兆府事，充宣抚使，陕西元帅府并受节制。诏曰："将帅虽武悍，久历行阵，而宋人狡狯，亦资算胜。卿之智略，朕所深悉，且股肱旧臣，故有此寄。宜以长策御敌，厉兵抚民，称朕意焉。"镒言："初置急递铺，本为转送文牒，今一切乘驿，非便。"上深然之。始置提控急递铺官。自中都至真定、平阳置者，达于京兆。京兆至凤翔置者，达于临洮。自真定至彰德置者，达于南京。自南京分至归德置者，达于泗州、寿州，分至许州置者，达于邓州。自中都至沧州置者，达于益都府。自此邮达无复滞焉。

七年，吴曦死，宋安丙分兵出秦、陇间。十月，诏镒出兵金、房以分掣宋人梁、益、汉、沔兵势。镒遣行军都统斡勒叶禄瓦、副统把回海、完颜搰剌以步骑五千出商州。十一月，叶禄瓦拔鹘岭关，搰剌别将攻破燕子关新道口，回海取小湖关敖仓，至营口镇，破宋兵千余人，追至上津县，斩首八百余级，遂取上津县。叶禄瓦破宋兵二千于平溪，将趋金州。宋王柟以书乞和，诏镒召叶禄瓦军退守鹘岭关。八年正月，宋安丙遣景统领由梅子溪、新道口、朱砂谷袭鹘岭关，回海，搰剌击走之，斩景统领于阵。是岁，罢兵。镒迁特进，赐赉有差。改知真定府事。

大安初，加仪同三司，封濮国公。改东京留守，过阙入见。卫绍王谓镒曰："卿两朝旧德，欲用卿为相。太尉匡，卿之门人，朕不可屈卿下之。"迁开府仪同三司，佩金符，充辽东安抚副使。三年，改上京留守。平章政事独吉思忠败绩于会河堡，中都戒严，镒曰："事急矣。"乃选兵二万，遣同知乌古孙兀屯将之，入卫中都。朝廷嘉之，征拜尚书右丞相，监修国史。

镒言："自用兵以来，彼聚而行，我散而守，以聚攻散，其败必然。不若入保大城，并力备御。昌、桓、抚三州素号富实，人皆勇健，可以内徙，益我兵势，人畜货财，不至亡失。"平章政事移剌、参知政事梁瑭曰："如此是自蹙境土也。"卫绍王以责镒。镒复奏曰："辽东国家根本，距中都数千里，万一受兵，州府顾望，必须报可，误事多矣。可遣大臣行省以镇之。"卫绍王不悦曰："无故置行省，徒摇人心耳。"其后失昌、桓、抚三州，卫绍王乃大悔曰："从丞相之言，当不至此！"顷之，东京不守，卫绍王自讼曰："我见丞相耻哉！"

术虎高琪驻兵缙山，甚得人心，士乐为用。至宁元年，尚书左丞完颜纲将行省于缙山，镒谓纲曰："行省不必自往，不若益兵为便。"纲不听，且行，镒遣人止之曰："高琪之功，即行省之功也。"亦不听。纲至缙山，遂败绩焉。

顷之，镒坠马伤足在告，闻胡沙虎难作，命驾将入省。或告之曰："省府相幕皆以军士守之，不可入矣。"少顷，兵士索人于闾巷，镒乃还第。胡沙虎意不可测，方犹豫，不能自定，乃诣镒问疾，从人望也。镒从容谓之曰："翼王，章宗之兄，显宗长子，众望所属，元帅决策立之，万世之功也。"胡沙虎默然而去，乃迎宣宗于彰德。胡沙虎既杀徒单南平，欲执其弟知真定府事铭，镒说之曰："车驾道出真定，镐王家在威州，河北人心易摇，徒单铭有变，朝廷危矣。不如与之金牌，奉迎车驾，铭必感元帅之恩。"胡沙虎从之。至宁、贞祐之际，转败为功，惟镒是赖焉。

宣宗即位，进拜左丞相，封广平郡王，授中都路迭鲁都世袭猛安蒲鲁吉必剌谋克。镒尚有足疾，诏侍朝无拜。明年，镒建议和亲。言事者请罢按察司。镒曰："今郡县多残毁，正须按察司抚集，不可罢。"遂止。宣宗将幸南京，镒曰："銮辂一动，北路皆不守矣。今已讲和，聚兵积粟，固守京师，策之上也。南京四面受兵。辽东根本之地，依山负海，其险足恃，备御一面，以为后图，策之次也。"不从。是岁，薨。诏赙赠从优厚。

镒明敏方正，学问该贯，一时名士，皆出其门，多至卿相。尝叹文士委顿，虽巧拙不同，要以仁义道德为本，乃著《学之急》、《道之要》二篇。太学诸生刻之于石。有《弘道集》六卷。

贾铉，字鼎臣，博州博平人。性纯厚，好学问。中大定十三年进士，调滕州军事判官、单州司候，补尚书省令史。章宗为右丞相，深器重之，除陕西东路转运副使。入为刑部主事，迁监察御史。迁侍御史，改右司谏。上疏论边戍利害，上嘉纳之，迁左谏议大夫兼工部侍郎，与党怀英同刊修《辽史》。

铉上书曰："亲民之官，任情立威，所用决杖，分径长短不如法式，甚者以铁刃置于杖端，因而致死。间者阴阳愆戾，和气不通，未必不由此也。愿下州郡申明旧章，检量封记，按察官其检察不如法者，具以名闻。内庭敕断，亦依已定程式。"制可。复上书论山东采茶事，其大概以为"茶树随山皆有，一切护逻，已夺民利，因而以拣茶树执诬小民，吓取货赂，宜严禁止。仍令按察司约束。"上从之。承安四年，迁礼部尚书，谏议如故。是时有诏，凡奉敕商量照勘公事皆期日闻奏。铉言："若如此，恐官吏迫于限期，姑务苟简，反害事体。况簿书自有常程，御史台治其稽缓，如事有应密，三月未绝者，令具次第以闻。下尚书省议。如省部可即定夺者，须三月拟奏，如取会案牍卒难补勘者，先具次第奏知，更限一月结绝，违者准稽缓制书罪之。"

上议置相，欲用铉，宰臣荐孙即康。张万公曰："即康及第在铉前。"上曰："用相安问榜次？朕意以为贾铉才可用也。"然竟用即康焉。

泰和二年，兴陵崇妃薨，上欲成服苑中，行登门送丧之礼，以问铉，铉对曰："故宋尝行此礼，古无是也。"遂已。改刑部尚书。泰和三年，拜参知政事。亳州医者孙士明辄用黄纸大书"敕赐神针先生"等十二字，及于纸尾年月间摹作宝样朱篆青龙二字，以诳惑市人。有司捕治款伏。值赦，大理寺议宜准伪造御宝，虽遇赦不应原。已奏可矣。铉奏："天子有八宝，其文各异，若伪造，不限用泥及黄蜡。今用笔描成青龙二字，既非八宝文，论以伪造御宝，非本法意。"上悟，遂以赦原。明日，上谓大臣曰："已行之事，贾铉犹执奏，甚可嘉也，群臣亦当如此矣。"

泰和六年，御试，铉为监试官。上曰："丞相宗浩尝言试题颇易，由是进士例不读书。朕今以《日合天统》为赋题。”铉曰：“题则佳矣，恐非所以牢笼天下士也。”上曰：“帝王以难题窘举人，固不可，欲使自今积致学业而已。”遂用之。久之，铉与审官院掌书大中漏言除授事。上谓铉曰：“卿罪自知之矣。然卿久参机务，补益弘多，不深罪也。”乃出为安武军节度使，改知济南府。致仕。贞祐元年薨。

孙铎，字振之，其先滕州人，徙恩州历亭县。铎性敏好学，辽阳王遵古一见器之，期以公辅。登大定十三年进士第，调海州军事判官、卫县丞，补尚书省令史。章宗为右丞相，语人曰：“治官事如孙铎，必无错失。”初即位，问铎安在，有司奏为右都管，使宋。及还，除同知登闻检院事。铎言：“凡上诉者皆因尚书省断不得直，若上诉者复送省，则必不行矣，乞自宸衷断之。”上以为然。诏登闻检院，凡上诉者，每朝日奏十事。诏刊定旧律，铎先奏《名例》一篇。

承安元年，迁左谏议大夫，改河东南路转运使，召为中都路都转运使。初置讲议钱谷官十人，铎为选首。承安四年，迁户部尚书。铎因转对奏曰：“比年号令，或已行而中辍，或既改而复行，更张太烦，百姓不信。乞自今凡将下令，再三讲究，如有益于治则必行，无恤小民之言。”国子司业纥石烈善才亦言：“颁行法令，丝纶既出，尤当固守。”上然之。泰和二年闰十二月，上召铎、户部侍郎张复亨议交钞。复亨曰：“三合同钞可行。”铎请废不用，诘难久之，复亨议诎。上顾谓侍臣曰：“孙铎刚正人也，虽古魏征何加焉！”

三年，御史中丞孙即康、刑部尚书贾铉皆除参知政事，铎再任户部尚书。铎心少之，对贺客诵古人诗曰：“唯有庭前老柏树，春风来似不曾来。”御史大夫卞劾铎怨望，降同知河南府事。改彰化军节度使，复为中都转运使。泰和七年，拜参知政事。

蒲阴县令大中与左司郎中刘昂、通州刺史史肃、前监察御史王宇、吏部主事曹元、户部员外郎李著、监察御史刘国枢、尚书省都事曹温、雄州都军马师周，吏部员外郎徒单永康、太仓使马良显、顺州刺史唐括直思白坐私议朝政，下狱，尚书省奏其罪。铎进曰：“昂等非敢议朝政，但如郑人游乡校耳。”上悟，乃薄其罪。铎上言：“民间钞多，宜收敛。院务课程及诸窠名钱须要全收交钞。秋夏税本色外，尽令折钞，不拘贯例，农民知之，迤渐重钞。比来州县抑配行市买钞，无益，徒扰之耳。乞罢诸处钞局，惟省库仍旧，小钞无限路分，可令通行。”上览奏，即诏有司曰：“可速行之。”大安初，议诛黄门李新喜。铎曰：“此先朝用之太过耳。”卫绍王不察，即曰：“卿今日始言之何耶?”既而复曰：“后当尽言，勿以此介意。”顷之，迁尚书左丞，兼修国史。议钞法忤旨，犹以论李新喜降浚州防御使。改安国军节度使，徙绛阳军。

宣宗即位，召赴阙，以兵道阻。宣宗迁汴，铎上谒于宜村，除太子太师。在疾，累遣使候问。贞祐三年，致仕。是岁薨。

孙即康，字安伯，其先沧州人。石晋之末，辽徙河北实燕、蓟，八代祖延应在徙中，占籍析津，实大兴，仕至涿州刺史。延应玄孙克构，辽检校太傅、启圣军节度使。即康，克构曾孙，中大定十年进士第。章宗为右丞相，是时，即康为尚书省令史，由是识其人。章宗即位，累迁户部员外郎，讲究盐法利害，语在《食货志》。除耀州刺史，入为吏部左司郎中。上谓宰臣曰：“孙即康向为省掾，言语拙讷，今才力大进，非向时比也。”宰臣因曰：“即康年已高，幸及早用之。”上问：“年几何矣?”对曰：“五十六岁。”上复问：“其才何如张万公?”平章政事守贞对曰：“即康才过之。”上曰：“视万公为通耳。”由是迁御史中丞。

初，张汝弼妻高陀斡不道，伏诛。汝弼，镐王永中舅也，上由是颇疑永中。永中府傅尉奏永中第四子阿离合懑语涉不轨，诏同签大睦亲府事謩与即康鞫之。第二子神土门尝撰词曲，颇轻肆，遂以语涉不逊就逮。家奴德哥首永中尝与侍妾瑞云言：“我得天下，以尔为妃，子为大王。”謩、即康还奏，诏礼部尚书张暐复讯。永中父子皆死，时论冤之。顷之，迁泰宁军节度使，改知延安府事。

承安五年，上问宰相：“今汉官谁可用者?”司空襄举即康。上曰：“不轻薄否?”襄曰：“可再用为中丞观之。”上乃复召即康为御史中丞。泰和三年，除参知政事。明年，进尚书右丞。六年，宋渝盟有端，大臣犹以为小盗窃发不足恤。即康与左丞仆散端、参政独吉思忠以为必当用兵，上以为然。

上问即康、参知政事贾铉曰：“太宗庙讳同音字，有读作‘成’字者，既非同音，便不当缺点画。睿宗庙讳改作‘崇’字，其下却有本字全体，不若将‘示’字依《兰亭贴》写作‘未’字。显宗庙讳‘允’，‘充’字合缺点画，如‘统’傍之‘充’，似不合缺。”即康奏曰：“唐太宗讳世民，偏傍犯如‘葉’字作‘枽’字，‘泯’字作‘汦’字。”乃拟“熙宗庙讳从‘面’从‘且’。睿宗庙讳上字从‘未’，下字从‘去’。世宗庙讳从‘系’。显宗庙讳如正犯字形，止书斜画，‘沇’字‘鈗’字各从‘口’，‘兑’‘悦’之类各从本传。”从之，自此不胜曲避矣。进左丞。宋人请和，进官一阶。

旧制，尚书省令史考满优调，次任回降。崔建昌已优调兴平军节度副使，未回降即除大理司直。诏知除郭邦杰、李蹊杖七十勒停，左司员外郎高庭玉决四十解职，即康待罪，有诏勿问。章宗崩，卫绍王即位，即康进拜平章政事，封崇国公。大安三年，致仕。是岁，薨。遣使致祭。

李革，字君美，河津人。父余庆，三至廷试，不遂，因弃去。革颖悟，读书一再诵，辄记不忘。大定二十五年进士。调真定主簿。察廉，迁韩城令。同知州事纳富商赂，以岁课军须配属县，革独不听，提刑司以为能。迁河北东路转运都勾判官、太原推官。丁母忧，起复，迁大兴县令、中都左警巡使、南京提刑判官、监察御史、同知昭义军节度事。丁父忧，起复，签南京按察事。

泰和六年，伐宋，尚书省奏：“军兴，随路官，差占者别注，阙者选补，老不任职者替罢，及司、县各存留强干正官一员。”革与签陕西高霖、签山东孟子元俱被诏，体访三路官员能否，籍存留正官，行省、行部、元帅府差占员数及事故阙员，老不任职，赴阙奏事。改刑部员外郎，调观州刺史兼提举漕运，陕西西路按察副使，大兴府治中。知府徒单南平贵幸用事，势倾中外，遣所亲以进取诱革，革拒之。贞祐二年，迁户部侍郎。宣宗迁汴，行河北西路六部事，迁知开封府事，河南劝农使，户部、吏部尚书，陕西行省参议官。

四年，拜参知政事。革奏：“有司各以情见引用断例，牵合附会，实启幸门。乞凡断例敕条特旨奏断不为永格者，不许引用，皆以律为正。”诏从之。是岁，大元兵破潼关，革自以执政失备御之策，上表请罪。不许，罢为绛阳军节度使。兴定元年，胥鼎自平阳移镇陕西，革以知平阳府事，权参知政事，代鼎为河东行省。是时兴兵伐宋，革上书曰：“今之计当休兵息民，养锐待敌。宋虽造衅，止可自备。若不忍小忿以勤远略，恐或乘之，不能支也。”不纳。太原兵后阙食，革移粟七万石以济之。二年，宣差粘割梭失至河东，于是晚禾未熟，牒行省耕毁清野。革奏：“今岁雨泽及时，秋成可待。如令耕毁，民将不堪。”诏从革奏。十月，平阳被围，城中兵不满六千，屡出战，旬日间伤者过半。征兵吉、隰、霍三州，不时至。裨将李怀德缒城出降，兵自城东南入。左右请革上马突围出，革叹曰：“吾不能保此城，何面目见天子！汝辈可去矣。”乃自杀。赠尚书右丞。

赞曰：《传》曰：“君子之言，其利博哉！”徒单镒拱挹一语而宣宗立，厥功懋矣。贾铉、孙铎皆旧臣，铉久致仕，铎忤旨卫王，皆不复见用。徒单镒亦外官，惟孙即康诡随，乃骤至宰相。古所谓斗筲之人，即康之谓矣。铎论李新喜，其言似汉耿育，有旨哉。贞祐执政李革，可谓君子，其进退之际，有古人为相之风焉。

卷一百　列传第三十八

孟铸　宗端修　完颜闾山　路铎　完颜伯嘉　术虎筠寿　张炜　高竑　李复亨

孟铸，大定末，补尚书省令史。明昌元年，御史台奏荐户部员外郎李献可、完颜扫合、太府丞徒单绎、宫籍监丞张庸、右警巡使衮、礼部主事蒲察振寿、户部主事郭蜕、应奉翰林文字移剌益、中都盐铁判官赵皓、尚书省令史刘昂及铸十一人皆刚正可用。诏除献可右司谏，扫合磁州刺史，绎秘书丞，庸中都右警巡使，衮彰国军节度副使，振寿治书侍御史，蜕同知定武军节度使事，益翰林修撰，皓都水丞，昂户部主事，铸刑部主事。累迁中都路按察副使、南京副留守、河平军节度使。

泰和四年，入为御史中丞，召见于香阁。上谓铸曰：“朕自知卿，非因人荐举也。御史责任甚重，往者台官乃推求细故，弹劾小官，至于巨室重事，则畏徇不言。其勤乃职，无废朕命。”是岁，自春至夏，诸郡少雨。铸奏：“今岁愆阳，已近五月，比至得雨，恐失播种之期，可依种麻菜法，择地形稍下处拨畦种谷，穿土作井，随宜灌溉。”上从其言，区种法自此始。

无何，奏弹知大兴府事纥石烈执中过恶，其文略曰：“京师百郡之首，四方取则。知府执中贪残专恣，不奉法令，自奉圣州罪解以后，怙罪不悛，蒙朝廷恩贷，转生跋扈。雄州诈夺人马，平州冒支己俸，无故破魏廷硕家，发其冢墓。拜表以调鹰不赴，祈雨聚妓戏嬉，殴詈同僚，擅令住职，失师帅之体。乞行黜退，以厌人望。”上以执中东宫旧人，颇右之，谓铸曰：“执中粗人，似有跋扈者。”铸曰：“明天子在上，岂容有跋扈之臣？”上悟，诏尚书省问之。

泰和五年，唐、邓、河南屡有警，议者谓宋且败盟。六年正月，宋贺正旦使陈克俊等朝辞，上使铸就馆谕克俊以国家涵容之意，果不详此旨，恐兵未可息也。使以上言达宋主。章宗本无意用兵，故再三谕之。

铸论提刑司改按察司，差官复察，权削望轻。下尚书省议。参知政事贾铉奏：“乞差监察时，即别遣官偕往，更不复察，诸疑狱并令按察司从正与决，庶几可慰人望。”从之。

永丰库官不守宿，因而被盗，上召登闻鼓院官欲有所问，皆不在。上谕铸曰：“此辈慢法如此，御史台所职何事也！”复谕御史大夫宗肃及铸曰：“朕闻唐宰相宿省中，卿等所知也。台官、六部官、其余司局亦尝宿直。今尚书省左右司官宿直，余亦当准此。”八年，除绛阳军节度使。至宁元年，复为御史中丞。

纥石烈执中作乱，召铸及右谏议大夫张行信俱至大兴府，问曰：“汝辈向来弹我者耶？”铸等各以正言答之。执中乃遣还家，曰：“且须后命。”既而执中死，铸亦寻卒。

宗端修，字平叔，汝州人。章宗避睿宗讳上一字，凡太祖诸子皆加“山”为“崇”，改“宗”氏为“姬”氏。端修好学，喜名节，中大定二十二年进士第。明昌间，补尚书省令史。承安元年，监察御史孙椿年、武简职事不修举，诏以端修及范铎代之。是时元妃李氏兄弟干预朝政，端修上书乞远小人。上遣李喜儿传诏问端修：“小人为谁，其以姓名对。”端修对曰：“小人者，李仁惠兄弟。”仁惠，喜儿赐名也。喜儿不敢隐，具奏之。上虽责喜儿兄弟，而不能去也。四年，复上书言事，宰相恶之，坐以不经台官直进奏帖，准上书不以实，削一官，期年后叙。章宗知端修不为众所容，释之，改大理司直。泰和四年，迁大理丞，召见于香阁。上谓端修曰：“汝前为御史，以干能见用。汝言多细碎，不究其实，尝令问汝，亦不汝罪。及为大理司直，乃能称职，用是擢汝为丞，尽乃心力，惟法是守，勿问上位宰执所见何如，汝其志之！”知大同府纥石烈执中陈言，下大理寺议。端修谓执中言事涉私治罪。诏以端修别出情见不当，与司直温敦按带各削一官解职。久之，为节度副使，卒官。

端修终以直道不振于时，自守愈笃。妻死不复更娶，独居二十年，士论高之。汝州司候游彦哲将之官，问为政。端修曰："为政不难，治气养心而已。"彦哲不达，端修曰："心正则不私，气平则不暴。为政之术，尽于此矣。"

完颜闾山，盖州猛安人。明昌二年进士，累调观察判官，补尚书省令史，知管差除。授都转运都勾判官，改河东南路转运都勾判官、南京警巡使。丁母忧，起复南京按察判官，累迁沁南军节度使，入为工部尚书。贞祐三年，知京兆府事，充行省参议官。四年，知凤翔府事。兴定元年冬，诏陕西行省伐宋，闾山权元帅右都监，参议诸军事。宋兵千余人伏吴寨谷，闾山率骑兵掩击败之，追袭十五里，杀三百余，获牛羊以千计。改知平凉府，败宋人于步落埚。迁官一阶。三年，召为吏部尚书。廷议选户部官，往往举聚敛苛刻以应诏。闾山曰："民劳至矣，复用此辈，将何以堪。"识者称之。三年，朝廷以晋安行元帅府陀满胡土门暴刻，以闾山代之。是岁十月，卒。

路铎，字宣叔，伯达子也。明昌三年，为左三部司正。上书言事，召见便殿，迁右拾遗。明年，卢沟河决，铎请自玄同口以下、丁村以上无修旧堤，纵使分流，以杀减水势。诏工部尚书胥持国与铎同检视。章宗将幸景明宫，是岁民饥，不可行。御史中丞董师中上书谏，铎与左补阙许安仁继之，赐对御阁。诏尚书省曰："朕不禁暑热，欲往山后。今台谏言民间多阙食，朕初不尽知，既已知之，其忍自奉以重困民哉。"乃罢行。

尚书左丞完颜守贞每论政事，守正不移，与同列不合，罢知东平府事，台谏因而挤之。铎上书论守贞贤，可复用，其言太切，召对于崇政殿。既而章宗以铎书语大臣，于是尚书左丞乌林荅愿、参知政事夹谷衡、胥持国奏路铎以梁冀比右丞相，所言狂妄，不称谏职。右丞相，夹谷清臣也。上曰："周昌以桀、纣比汉高祖，高祖不以为忤。路铎以梁冀比丞相耳。"顷之，守贞入为平章政事。五年，复与礼部尚书张時、御史中丞董师中、右谏议大夫贾守谦、翰林修撰完颜撒剌谏幸景明宫，语多激切，章宗不能堪，遣近侍局直长李仁愿召凡谏北幸者诣尚书省，诏曰："卿等谏北幸甚善，但其间颇失君臣之体耳。"

是岁，郝忠愈狱起，事密，谏官不能察其详，议者颇谓事涉镐王永中，思有以宽解上意。右谏议大夫贾守谦上封事，铎继之，尤切直。上优容之，谓铎曰："汝言诸王皆有觊心，游其门者不无横议，是何言也。但朕不罪谏官耳。"顷之，尚书省奏拟铎同知河北西路转运使事，诏再任右拾遗，谓宰相曰："铎敢言，但识短耳。朕尝诘责而气不沮。"铎因召对，论宰相权太重。上曰："凡事由朕，宰相安得权重。"既而复奏曰："乞陛下勿泄此言，泄则臣齑粉矣。"上曰："宰相安能齑粉人！"至是，章宗并以此言告宰相，虽留再任，宰相愈衔之。改右补阙。

自完颜守贞再入相，以政事为己任，胥持国方幸，尤忌守贞，并忌铎辈。铎辈虽尝为守贞论辨而不相附。铎论边防，守贞以为掇拾唐人余论，皆不行。及守贞持镐王永中事久不决，铎等亦上言切谏，并指以为党。上乃出守贞知济南府，凡曾荐守贞者皆黜降，谓宰臣曰："董师中谓台省无守贞不可治，路铎、李敬义皆称举之者。然三人者后俱可用，今姑出之。"上复曰："路铎敢言，甚有时名，一旦外补，人将谓朕不能容直臣。可选敢言及才识处铎右者。"参知政事马琪奏曰："铎虽知无不言，然亦多不当理。"上曰："谏官非但取敢言，亦须间有出朕意表者，乃有裨益耳。"于是，吏部尚书董师中出为陕西路转运使，铎为南京留守判官。户部郎中李敬义方使高丽还，即出为安化军节度副使。诏曰："卿等昨来交荐守贞公正可用，今坐所举失实耳。"

承安二年，召为翰林修撰，同看读陈言文字。上召礼部尚书张時、大理卿麻安上及铎，问赵晏所言十事，因问董师中、张万公优劣。铎奏："师中附胥持国以进，赵枢、张复亨、张嘉贞皆出持国门下，嘉贞复趋走襄之门。持国不可复用，若再相，必乱纲纪。"上曰："朕岂复相此人，但迁官二阶使致仕，何为不可？"持国党闻之，怒愈甚。改监察御史。

参知政事杨伯通引用乡人李浩，铎劾奏："伯通以公器结私恩，左司郎中贾益、知除武郁承望风旨，不详检起复条例。"涉妄冒，大夫张時抑之不行。上命同知大兴府事贾铉诘问。张時、伯通待罪于家。贾铉奏："近诏书诘问御史大夫张時。時言路铎尝禀会杨伯通私用乡人李浩。時以为弹绌大臣，须有阿曲实迹，恐所劾不当，台纲愈坏，令再体察。贾益言除授皆宰执公议，奏禀，不见伯通私任形迹。"於是，诏责铎言事轻率，慰谕伯通治事如故。

顷之，迁侍御史，主奏事。监察御史姬端修以言事下吏，使御史台令史郭公仲达意于大夫张時及铎。時与铎奏事殿上，上问："姬端修弹事尝申台官否？"对曰："尝来面议。"端修款伏乃云："只曾与侍御私议，大夫不知也。"既而端修杖七十收赎，公仲杖七十替罢。時、铎坐奏事不实，時追一官，铎两官，皆解职。顷之，起为泰定军节度副使。上谓宰臣曰："凡言事者，议及朕躬亦无妨，语涉宰相，间有憎嫌，何以得进？"诏左司计铎资考至正五品，即除东平府治中。未几，景州阙刺史，尚书省已奏郭歧为之，诏特改铎为景州刺史，仍勿送审官院。铎述十二训以教民。诏曰："路铎十二训皆劝人为善，遍谕州郡使知之。"迁陕西路按察副使。坐以纠弹之官与京兆府治中蒲察张铁、总管判官辛孝俭、推官爱剌宴饮，夺一官解职。泰和六年，召为翰林待制兼知登闻鼓院，累除孟州防御使。贞祐初，城破，投沁水死。

铎刚正，历官台谏，有直臣之风。为文尚奇，诗篇温润精致，号《虚舟居士集》云。

完颜伯嘉，字辅之，北京路讹鲁古必剌猛安人。明昌二年进士，调中都左警巡判官。孝懿皇后妹晋国夫人家奴买漆不酬直，伯嘉钩致晋国用事奴数人系狱。晋国白章宗，章宗曰："姨酬其价，则奴释矣。"由是豪右屏迹。改宝坻丞。补尚书省令史，除太学助教、监察御史。劾奏平章政事仆散揆。或曰："与宰相有隙，奈何？"伯嘉曰："职分如此。"迁平凉治中。累官莒州刺史。谳属县盗，伯嘉曰："饥寒为盗，得钱二千，经月不使一钱云何？此必官兵捕他盗不获，诬以准罪耳。"诘之，果然。诏与按察官俱推排物力，召见于香阁。

大安中，三迁同知西京留守，权本路安抚使。贞祐初，迁顺义军节度使。居父母丧，卒哭，起复震武军节度使兼宣抚副使，提控太和岭诸隘。副统李鹏飞诬杀彰国军节度使牙改，诏伯嘉治之。贞祐四年三月，伯嘉奏："西京副统程琢智勇过人，持心忠孝，以私财募集壮士二万，复取浑源、白登，有恢复山西之志，已命驻于弘州矣。近者靖大中、完颜毛吉打以三千人归国，各迁节度副使。今山西已不守，琢收合余众，尽忠於国，百战不挫。臣恐失机会，辄拟琢昭勇大将军，同知西京留守事，兼领一路义军，给以空名敕二十道，许择有谋略者充州县。"制可，仍赐琢姓夹谷氏。琢请曰："前代皆赐国姓，不系他族，如蒙更赐，荣莫大焉。"诏更赐完颜氏。

是月，伯嘉迁元帅左监军，知太原府事，河东北路宣抚使。以同知太原府斡勒合打为彰国军节度使、宣抚副使。六月，斡勒合打奏："同知西京留守完颜琢恃与宣抚使伯嘉雅善，徙居代州，肆为侵掠。遥授太原治中，权坚州刺史完颜斜烈私离边面，臣白伯嘉，伯嘉不悦，遣臣护送粮运于代州。臣请益兵，乃以羸卒数百见付，半无铠仗。臣复为言，伯嘉怒臣，榜掠几死。臣立功累年，颇有寸效，伯嘉挟私陵轹，无复宣抚同僚之礼。臣欲不言，恐他日反为所诬，无以自明。"上问宰臣，奏曰："太原重镇，防秋在迩，请敕谕和解。"诏曰："太原兵冲，若以私忿废国事，国家何赖焉！卿等同心戮力，以分北顾之忧，无执前非，误大计也。"七月，伯嘉改知归德府事，合打改武宁军节度使。御史台奏："宣抚副使合打诉元帅伯嘉以私忿加箠楚，令本台廉问，既得其事，遂不复穷治。若合打奏实，伯嘉安得无罪，伯嘉无罪，合打合坐欺罔，乞审正是非，明示黜陟。"宣宗曰："今正防秋，且已。"

初，河东行省胥鼎奏："完颜伯嘉屡言同知西京留守兼台州刺史完颜琢，可倚之以复山西，朝廷迁官赐姓，令屯代北，扼太和岭。今闻诸隘悉无琢兵，盖琢挈太原之众，保五台剽掠耳。如尚以伯嘉之言为可信，乞遣琢出太原，或徙之内地，分处其众，以备不测之变。"宰臣奏："已遣官体究琢军，且令太原元帅府乌古论德升召琢使之矣。当以此意报鼎。"无何，德升奏："琢兵数万分屯代州诸险，拒战甚力，其众乌合，非琢不可制。"胥鼎复奏："宣差提控古里甲石伦言，琢方招降人，谋复山西，盘桓于忻、代、定、襄间，恣为侵扰，无复行意。发掘民粟，戕杀无辜，虽曰不烦官廪，博易为名，实则攘劫，欺国害民无如琢者。石伦之言如此，臣已令帅府禁止之矣。"宰臣奏："所遣官自忻、代来，云不见劫掠之迹，惟如德升言便。"从之。

伯嘉至归德，上言，乞杂犯死罪以下纳粟赎免。宰臣奏："伯嘉前在代州尝行之，盖一时之权，不可为常法。"遂寝。俄改签枢密院事。未阅月，改知河南府事。是时，甫经兵后，乏兵食，伯嘉令输枣栗菜根足之，皆以为便。兴定元年，知河中府，充宣差都提控，未几召为吏部尚书。二年，改御史中丞。

初，贞祐四年十月，诏以兵部尚书、签枢密院事蒲察阿里不孙为右副元帅，备御潼关、陕州。次渑池土濠村，兵不战而溃。阿里不孙逸去，亡所佩虎符，变易姓名，匿柘城县，与其妻妹前韩州刺史合喜男妇纥石烈氏及仆婢三人僦民舍居止。合喜奴徒单氏闻之，捕执纥石烈，断其发，拘之佛寺中。阿里不孙复亡去。监察御史完颜药师劾奏："乞就诘纥石烈及仆婢，当得所在。其妻子见在京师，亦无容不知，请穷治。"有司方系其家人，特命释之，诏曰："阿里不孙若能自出，当免极罪。"阿里不孙乃使其子上书，请图后效。尚书省奏："阿里不孙幸特赦死，当诣阙自陈，乃令其子上书，犹怀顾望。"伯嘉劾之曰："古之为将者，受命之日忘其家，临阵之日忘其身，服丧衣、凿凶门而出，以示必死。进不求名，退不避罪，惟民是保。阿里不孙膺国重寄，握兵数万，未阵而溃，委弃虎符，既不得援枹鼓以死敌，又不能负斧锧而请罪，逃命窜伏，猥居里巷，挟匿妇人，为此丑行。圣恩宽大，曲赦其死，自当奔走阙庭，皇恐待命。安坐要君，略无忌惮，迹其情罪，实不容诛。此而不惩，朝纲废矣。乞尸诸市以戒为臣之不忠者！"宣宗曰："中丞言是，业已赦之矣。"阿里不孙乃除名。

五月，充宣差河南提控捕蝗，许决四品以下。宣宗忧旱。伯嘉奏曰："日者君之象，阳之精，旱熯乃人君自用亢极之象，宰执以为冤狱所致。夫燮和阴阳，宰相之职，而猥归咎於有司。高琪武弁出身，固不足论，汝砺辈不知所职，其罪大矣。汉制，灾异策免三公，顾归之有司邪。臣谓今日之旱，圣主自用，宰相谄谀，百司失职，实此之由。"高琪、汝砺深怨之。礼部郎中抹撚胡鲁剌以言事忤旨，集五品以上官显责之。明日，伯嘉谏曰："自古帝王莫不欲法尧、舜而耻为桀、纣，盖尧、舜纳谏，桀、纣拒谏也。故曰：'纳谏者昌，拒谏者亡'。胡鲁剌所言是，无益于身，所言不是，无损于国。陛下廷辱如此，独不欲为尧、舜乎？近日言事者语涉谤讪，有司当以重典，陛下释之。与其释之以为恩，曷若置之而不问。"宰相请修山寨以避兵，伯嘉谏曰："建议者必曰据险可以安君父，独不见陈后主之入井乎？假令入山寨可以得生，能复为国乎？人臣有忠国者，有媚君者，忠国者或拂君意，媚君者不为国谋。臣窃论之，有国可以有君，有君未必有国也。"高琪、汝砺闻之，怒愈甚。

十二月，以御史中丞、权参知政事、元帅左监军，行尚书省、元帅府于河中，控制河东南北路便宜从事。兴定三年，伯嘉至河中，奏曰："本路冲要，不可阙官，凡召辟者每以艰险为辞。乞凡檄召无故不至者宜令降罚，悉心干当者视所历升迁。"诏召不至者决杖一百，余如所请。廷议欲弃河东，徙其民以实陕西。伯嘉上书谏曰："中原之有河东，如人之有肩背。古人云'不得河东不雄'，万一失之，恐未易取也。"大忤宰执意。

顷之，召还，罢为中丞。伯嘉入见，奏曰："如臣驽钝，固宜召还，更须速遣大臣镇抚。"宣宗深然之。伯嘉上疏曰："国家兵不强，力不足以有为，财不富，赏不足以周众，独恃官爵以激劝人心。近日以功迁官赴都求调者，有司往往驳之，冒滥者固十之三，既与而复夺之，非所以劝功也。乞应军功迁官，宣敕无伪者即准用之。"又曰："自兵兴以来，河北桀黠往往聚众自保，未有定属。乞赐招抚，署以职名，无为他人所先。"又曰："河东、河北有能招集余民完守城寨者，乞无问其门地，皆超逾等级，授以本处见任之职。"又曰："河中、晋安被山带河，保障关、陕，此必争之地。今虽残破，形势犹存，若使他人据之，因盐池之饶，聚兵积粮，则河津以南，太行以西，皆不足恃矣。"

四年秋，河南大水，充宣慰副使，按行京东。奏曰："亳州灾最甚，合免三十余万石。三司止奏除十万石，民将重困，惟陛下怜之。"诏治三司奏灾不以实罪。伯嘉行至蕲县，闻前有红袄贼，不敢至泗州。监察御史乌古孙奴申劾伯嘉违诏，不遍按视。又曰："伯嘉知永城县主簿蒙古讹里剌不法，沈丘令夹谷陶也受贿，匿而不发。前谷城县令独吉鼎术可尝受业伯嘉，伯嘉讽御史辟之。"诏有司鞫问，会赦免。

五年，起为彰化军节度使，改翰林侍讲学士。伯嘉纯直，不能与时低昂，尝曰："生为男子，当益国泽民，其他不可学也。"高汝砺方希宠固位，伯嘉论事辄与之忤，由是毁之者众。元光元年，坐言事过切，降遥授同知归德府事。二年三月，遥授集庆军节度使，权参知政事，行尚书省于河中，率陕西精锐与平阳公史咏共复河东。顷之，伯嘉有疾。六月，薨。

伯嘉去太原后，完颜琢寓军平定石仁寨，权平定州刺史范铎以阎德用充本州提控。德用桀骜，蓄奸谋，铎不能制，委曲容庇之。兴定元年，德用率所部掩袭，杀琢及官属程珪等百余人，遂据石仁寨。铎惧，挈家奔太原。德用遂据平定州。二年十月，诏诛范铎。

术虎筠寿，贞祐间为器物局直长，迁副使。贞祐三年七月，工部下开封市白牯取皮治御用鞠仗。筠寿以其家所有鞠仗以进，因奏曰："中都食尽，远弃庙社，陛下当坐薪悬胆之日，奈何以球鞠细物动摇民间，使屠宰耕牛以供不急之用，非所以示百姓也。"宣宗不怿，掷仗笼中。明日，出筠寿为桥西提控。

赞曰：孟铸、宗端修、路铎尽言于章宗，皆摈斥不遂。铸劾胡沙虎，可谓先知，虽行其言，弗究厥罚。厥后胡沙虎逆谋，胥持国终至于误国，而不悟也。宣宗时，完颜素兰、许古皆敢言者，亦挫于高琪、汝砺之手。蒉土不能塞河决，有以也夫！完颜伯嘉以著功参大政，亦不能一朝而安，言之难也如是哉！术虎筠寿，所谓执艺事以谏者邪。

张炜，字子明，洺州永年人，本名爗，避章宗嫌名改焉。大定二十五年进士，调葭州军事判官，再迁中都左警巡使。炜喜言功利，寡廉节，交通部民阎元翚，缙绅薄之。累官户部员外郎。

承安五年，天色久阴晦，平章政事张万公奏："此由君子小人邪正不分所致，君子宜在内，小人宜在外。"章宗问："孰为小人？"万公对曰："户部员外郎张炜、文绣署丞田栎、都水监丞张嘉贞虽有干才，无德而称，好奔走以取势利。大抵论人当先德后才。"诏三人皆与外除，炜出为同知镇西军节度使事，转同知西京转运使事。是时，大筑界墙，被行户工部牒主役事。丁母忧，起复桓州刺史，奏请以盐易米事，且所言利害甚多，恐涉细碎，不敢尽上。诏尚书省曰："张炜通晓人也，朕不敢缕诘，卿等详问之，毋为虚文。"充宣差西北路军储，自言敛不及民，可以足用。大抵募商贾纵其贩易，不问所从来。奸人往往投牒，妄指产业，疏邻保姓名，炜信之，多与之钱。已而亡去，即逮系邻保，使之代偿，一路为之疲弊。以故旧毡罽缯絮皮革折给军士，皆弃于道而去。岁余，改户部郎中，迁翰林直学士，俱兼规措职事。左丞相宗浩奏："张炜长于恢办，比户部给钱三十万，已增息十四万矣。请给钱通百万，今从长恢办，乞不隶省部，委臣专一提控，有应奏者，许炜专达，岁差干事官计本息具奏。"上从其请。

泰和六年，伐宋，炜进银五千两。诏曰："汝干集资储，固其职也，毋令军士有议国家。人之短汝，朕皆知之，惟能兴利，斯惟汝功。"自西北路召还，勾计诸道仓库，除签三司事。上问："谁可代卿规措者？"炜举中都转运户籍判官王谦。谦至西北路，尽发炜前后散失钱物以巨万计，对狱者积年。大安三年，起为同签三司事。会河堡兵败，军士犹去张宣差刻我，欲倒戈杀之。累迁户部侍郎。贞祐初。迁河北西路按察转运使。

贞祐二年春，中都乏粮，诏同知都转运使事。边源以兵万人护运通州积粟，军败死焉，平章政事高琪举炜代源行六部事。以劳进官一阶，改河北东路转运使。宣宗迁汴，佐尚书右丞胥鼎前路排顿，及修南京宫阙。无何，坐事降孟州防御使。三年，迁安国军节度使。致仕。宣宗初以炜有才，既察其无实，遂不复用。贞祐四年卒。

高竑，渤海人。以荫补官，累调贵德县尉。提刑司举任繁剧，迁奉圣州录事。察廉，迁内黄令，累官左藏库副使。元妃李氏以皂弊易红币，竑独拒不肯易。元妃奏之。章宗大喜，遣人谕之曰："所执甚善。今姑与之，后不得为例。"转仪鸾局、少府少监，改户部员外郎、安州刺史。大安中，越王永功判中山，竑以王傅同知府事。改同知河南府，充安抚使。徙同知大名府，兼本路安抚使。贞祐二年，迁河北西路按察转运使，录大名功，迁三官，致仕。兴定四年，卒。

李复亨，字仲修，荣州河津人。年十八，登进士第。复中书判优等，调临晋主簿。护送官马入府，宿逆旅，有盗杀马，复亨曰："不利而杀之，必有仇者。"尽索逆旅商人过客。同邑人橐中盛佩刀，谓之曰："刀蔑马血，火煅之则刃青。"其人款服，果有仇。以提刑荐迁南和令。盗割民家牛耳。复亨尽召里中人至，使牛家牵牛遍过之，至一人前，牛忽惊跃，诘之，乃引伏。察廉，迁临洮府判官，改陕西东路户籍判官，转河东北路支度判官。

泰和中，伐宋，充宣抚司经历官，迁解盐副使，历保大、震武同知节度事。丁母忧，起复同知震武节度，加遥授忻州刺史。贞祐间，历左司员外郎、郎中，迁翰林直学士行三司事。兴定三年，上言："近日兴师伐宋，恐宋人乘虚掩袭南鄙，故籍边郡民为军。今大军已还，乞罢遣归本业。"从之。复亨举陈留县令程震等二十九人农桑有效，征科均一，朝廷皆迁擢之。

是岁七月，置京东、京西、京南三路行三司，掌劝农催租、军须科差及盐铁酒榷等事，户部侍郎张师鲁摄东路，治归德，户部侍郎完颜麻斤出摄南路，治许州，复亨摄西路，治中京实河南府，三司使侯挚总之。复亨奏："民间销毁农具以供军器，臣窃以为未便。汝州鲁山、宝丰，邓州南阳皆产铁，募工置冶，可以获利，且不厉民。"又奏："阳武设卖盐官以佐军用，乞禁止沧、滨盐勿令过河，河南食阳武、解盐，河北食沧、滨盐，南北俱济。"诏尚书省行之。九月，以劝农有劳，迁兵部尚书。再阅月，转吏部尚书，权参知政事。四年三月，真拜参知政事，兼修国史。

七月，河南雨水害稼，复亨为宣慰使，御史中丞完颜伯嘉副之，循行郡县，凡官吏贪污不治者，得废罢推治。复亨奏乞禁宣慰司官吏不得与州府司县行总管府及管军官会饮。又奏曰："诏书令臣，民间差发可免者免之。民养驿马，此役最甚，使者求索百端，皆出养马之家，人多逃窜，职此之由。可依旧设回马官，使者食料皆官给之，岁终会计，均赋于民。"又奏："河南闲田多，可招河东、河北移民耕种。被灾及沿边郡县租税全免，内地半之，以救涂炭之民，资蓄积之用。"诏有司议行焉。还奏："南阳禾麦虽伤，土性宜稻，今因久雨，乃更滋茂。田凡五百余顷，亩可收五石，都得二十五万余石。可增直籴稻给唐、邓军食。缘诏书不急科役即令免罢，臣不敢辄行，如以臣言为然，乞付有司计之。"制可。无何，被诏提控军兴粮草。复亨奏："河渡不通，陕西盐价踊贵，乞以粟互易足兵食。"诏户部从长规措。

复亨有会计才，号能吏，当时推服，故骤至通显。既执政，颇矜持，以私自营，誉望顿减。五年三月，廷试进士，复亨监试。进士卢元谬误，滥放及第。读卷官礼部尚书赵秉文、翰林待制崔禧、归德治中时戬、应奉翰林文字程嘉善当夺三官降职，复亨当夺两官。赵秉文尝请致仕，宣宗怜其老，降两阶，以礼部尚书致仕。复亨罢为定国军节度使。元光元年十一月，城破自杀，年四十六。赠资德大夫、知河中府事。

赞曰：大凡兵兴则财用不足，是故张炜、李复亨乘时射利，聚敛为功。大安，军士欲倒戈杀炜。复亨宣慰南阳，还奏稻熟可籴。所谓聚敛之臣者，二子之谓矣。高竑之守藏，君子颇有取焉。

卷一百一　列传第三十九

承晖本名福兴　**抹撚尽忠**　**仆散端**本名七斤　**耿端义**　**李英**　**孛术鲁德裕**　**乌古论庆寿**

承晖，字维明，本名福兴。好学，淹贯经史。袭父益都尹郑家塔割剌讹没谋克。大定十五年，选充符宝祗候，迁笔砚直长，转近侍局直长，调中都右警巡使。章宗为皇太孙，选充侍正。章宗即位，迁近侍局使。孝懿皇后妹夫吾也蓝，世宗时以罪斥去，乙夜，诏开宫城门召之。承晖不奉诏，明日奏曰："吾也蓝得罪先帝，不可召。"章宗曰："善。"未几，迁兵部侍郎兼右补阙。

初置九路提刑司，承晖东京咸平等路提刑副使，改同知上京留守事。御史台奏："承晖前为提刑，豪猾屏息。"迁临海军节度使。历利涉、辽海军，迁北京路提刑使。历知咸平、临潢府，为北京留守。副留守李东阳素贵，承晖自非公事，不与交一言。改知大名府，召为刑部尚书，兼知审官院。惠民司都监余里痕都迁织染署直长，承晖驳奏曰："痕都以荫得官，别无才能，前为大阳渡讥察，才八月擢惠民司都监，已为太优，依格两除之后，当再入监差，今乃超授随朝八品职任。况痕都乃平章镒之甥，不能不涉物议。"上从承晖议，召徒单镒深责之。改知大兴府事。宦者李新喜有宠用事，借大兴府妓乐。承晖拒不与，新喜惭。章宗闻而嘉之。豪民与人争种稻水利不直，厚赂元妃兄左宣徽使李仁惠。仁惠使人属承晖右之。承晖即杖豪民而遣之，谓其人曰："可以此报宣徽也。"复改知大名府事。雨潦害稼，承晖决引潦水纳之濠隍。

及伐宋，迁山东路统军使。山东盗贼起，承晖言："捕盗不即获，比奏报或迁官去官，请权行的决。"尚书省议："猛安依旧收赎，谋克奏报，其余钤辖都军巡尉先决奏闻，俟事定复旧。"从之。及罢兵，盗贼渠魁稍就招降，犹往往潜匿泰山岩穴间。按察司请发数万人刊除林木，则盗贼无所隐矣。承晖奏曰："泰山五岳之宗，故曰岱宗。王者受命，封禅告代，国家虽不行此事，而山亦不可赭也。齐人易动，驱之入山，必有冻饿失所之患，此诲盗，非止盗也。天下之山亦多矣，岂可尽赭哉。"议遂寝。

是时，行限钱法。承晖上疏，略曰："货聚于上，怨结于下。"不报。改知兴中府事。卫绍王即位，召为御史大夫，拜参知政事。驸马都尉徒单没烈与其父南平干政事，大为奸利，承晖面质其非。进拜尚书左丞，行省于宣德。参知政事承裕败绩于会河堡，承晖亦坐除名。至宁元年，起为横海军节度使。贞祐初，召拜尚书右丞。承晖即日入朝，妻子留沧州。沧州破，妻子皆死。纥石烈执中伏诛。进拜平章政事，兼都元帅，封邹国公。

中都被围，承晖出议和事。宣宗迁汴，进拜右丞相，兼都元帅，徙封定国公，与皇太子留守中都。承晖以尚书左丞抹撚尽忠久在军旅，知兵事，遂以赤心委尽忠，悉以兵事付之，已乃总持大纲，期于保完都城。顷之，庄献太子去之，右副元帅蒲察七斤以其军出降，中都危急。诏以抹撚尽忠为平章政事，兼左副元帅。三年二月，诏元帅左监军永锡将中山、真定兵，元帅左都监乌古论庆寿将大名军万八千人、西南路步骑万一千、河北兵一万，御史中丞李英运粮，参知政事、大名行省孛术鲁德裕调遣继发，救中都。承晖间遣人以矾写奏曰："七斤既降，城中无有固志，臣虽以死守之，岂能持久。伏念一失中都，辽东、河朔皆非我有，诸军倍道来援，犹冀有济。"诏曰："中都重地，庙社在焉，朕岂一日忘也。已趣诸路兵与粮俱往，卿会知之。"及诏中都官吏军民曰："朕欲纾民力，遂幸陪都，天未悔祸，时尚多虞，道路久梗，音问难通。汝等朝暮矢石，暴露风霜，思惟报国，靡有贰心，俟兵事之稍息，当不愆地旌赏。今已会合诸路兵马救援，故兹奖谕，想宜知悉。"永锡、庆寿等军至霸州北。三月乙亥，李英被酒，军无纪律，大元兵攻之，英军大败。是时，高琪居中用事，忌承晖成功，诸将皆顾望。既而以刑部侍郎阿典宋阿为左监军，行元帅府于清州，同知真定府事女奚烈胡论出为右都监，行元帅府于保州，户部侍郎侯挚行尚书六部，往来应给，终无一兵至中都者。庆寿军闻之亦溃。

承晖与抹撚尽忠会议于尚书省。承晖约尽忠同死社稷。尽忠谋南奔，承晖怒，即起还第，亦无如尽忠何。召尽忠腹心元帅府经历官完颜师姑至，谓曰："始我谓平章知兵，故推心以权畀平章，尝许与我俱死。今忽异议，行期且在何日，汝必知之。"师姑曰："今日向暮且行。"曰："汝行李办未？"曰："办矣"。承晖变色曰："社稷若何？"师姑不能对。叱下斩之。承晖起，辞谒家庙，召左右司郎中赵思文与之饮酒，谓之曰："事势至此，惟有一死以报国家。"作遗表付尚书省令史师安石。其表皆论国家大计，辨君子小人治乱之本，历指当时邪正者数人，曰："平章政事高琪，赋性阴险，报复私憾，窃弄威柄，包藏祸心，终害国家。"因引咎以不能终保都城为谢。复谓妻子死于沧州，为书以从兄子永怀为后。从容若平日，尽出财物，召家人，随年劳多寡而分之，皆与从良书。举家号泣，承晖神色泰然，方与安石举白引满，谓之曰："承晖于《五经》皆经师授，谨守而力行之，不为虚文。"既被酒，取笔与安石诀，最后倒写二字，投笔叹曰："遽尔谬误，得非神志乱邪？"谓安石曰："子行矣。"安石出门，闻哭声，复还问之，则已仰药薨矣。家人匆匆瘗庭中。是日暮，尽忠出奔，中都不守。贞祐三年五月二日也。师安石奉遗表奔赴行在奏之。宣宗设奠于相国寺，哭之尽哀。赠开府仪同三司、太尉、尚书令、广平郡王，谥忠肃。诏以永怀为器物局直长。永怀子撒速为奉御。

承晖生而贵富，居家类寒素，常置司马光、苏轼像于书室，曰："吾师司马而友苏公。"平章政事完颜守贞素敬之，与为忘年交。

抹撚尽忠，本名彖多，上京路猛安人。中大定二十八年进士第，调高阳、朝城主簿，北京、临潢提刑司知事。御史台举廉能，迁顺义军节度副使。以忧去官，起复翰林修撰，同知德昌军节度事，签北京按察司、滑州刺史，改恩州。上言："凡买卖军器，乞令告给凭验，以防盗贼私市。"尚书省议，"止听系籍人匠货卖，有知情售不应存留者同私造法。"从之。迁山东按察副使，坐虚奏田稼丰收请籴常平粟，诈称宣差和籴，降虢州刺史，改乾州。

泰和六年，伐宋，为元帅右监军完颜充经历官，坐奏报稽滞，杖五十。八年，入为吏部郎中，累迁中都、西京按察使。是时，纥石烈执中为西京留守，与尽忠争，私意不协。尽忠阴伺执中过失，申奏。执中虽跋扈，善抚御其部曲，密于居庸、北口置腹心刺取按察司文字。及执中自紫荆关走还中都，诏尽忠为左副元帅兼西京留守。以保全西京功进官三阶，赐金百两、银千两、重彩百段、绢二百匹。未几，拜尚书右丞，行省西京。贞祐初，进拜左丞。诏曰："卿总领行省，镇抚陪京，守御有功，人民攸赖。朕新嗣祚，念尔重臣，益勉乃力，以副朕怀。"二年五月，自西京入朝，加崇进，封申国公，赐玉带、金鼎、重币。二年，进拜都元帅，左丞如故。

宣宗迁汴，与右丞相承晖守中都。承晖为都元帅，尽忠复为左副元帅。十月，进拜平章政事，监修国史，左副元帅如故。宣宗诏尽忠善抚乣军，尽忠不察，杀乣军数人。已而中都受围，承晖以尽忠久在军旅，付以兵事，尝约同死社稷。及乌古论庆寿等兵溃，外援不至，中都危急，密与腹心元帅府经历官完颜师姑谋弃中都南奔，已戒行李，期以五月二日向暮出城。是日，承晖、尽忠会议于尚书省，承晖无奈尽忠何，径归家，召师姑问之，知将以其夜出奔，乃先杀师姑，然后仰药而死。是日，凡在中都妃嫔，闻尽忠出奔，皆束装至通玄门。尽忠谓之曰："我当先出，与诸妃启途。"诸妃以为信然。尽忠乃与爱妾及所亲者先出城，不复顾矣。中都遂不守。尽忠行至中山，谓所亲曰："若与诸妃偕来，我辈岂能至此！"

尽忠至南京，宣宗释不问弃中都事，仍以为平章政事。尽忠言："记注之官，奏事不当回避，可令左右司官兼之。"宣宗以为然。尽忠奏应奉翰林文字完颜素兰可为近侍局。宣宗曰："近侍局例注本局人及宫中出身，杂以他色，恐或不和。"尽忠曰："若给使左右，可止注本局人。既令预政，固宜慎选。"宣宗曰："何谓预政？"尽忠曰："中外之事得议论访察，即为预政矣。"宣宗曰："自世宗、章宗朝许察外事，非自朕始也。如请谒营私，拟除不当，台谏不职，非近侍体察，何由知之？"尽忠乃谢罪。参政德升继之曰："固当慎选其人。"宣宗曰："朕于庶官曷尝不慎，有外似可用而实无才力者，视之若忠孝而包藏悖逆者。蒲察七斤以刺史立功，骤升显贵，辄怀异志。蒲鲜万奴委以辽东，乃复肆乱。知人之难如此，朕敢轻乎！众以蒲察五斤为公干，乃除副使。众以斜烈为淳直，乃用为提点。若乌古论石虎，乃汝等共举之，朕岂不尽心哉！"德升曰："比来访察，开决河堤，水损田禾等，复之皆不实。"上曰："朕自今不敢问若辈，外间事皆不知，朕干何事，但终日默坐听汝等所为矣。方朕有过，汝等不谏，今乃面讦，此岂为臣之义哉！"德升亦谢罪。纥石烈执中之诛，近侍局尝先事启之，遂以为功，阴秉朝政。高琪托此辈以自固。

及尽忠、德升面责，愈无所忌。未几，德升罢相，尽忠下狱，自是以后，中外蔽隔，以至于亡。

尽忠与高琪素不相能，疑宣宗颇疏己，高琪间之。其兄吾里也为许州监酒，秩满，求调南京。尽忠与吾里也语及中都事，曰："迩来上颇疏我，此高琪所为也。若再主兵，必不置此，胡沙虎之事，孰为为之！"吾里也曰："然。"九月，尚书省奏："遥授武宁军节度副使徒单吾典告尽忠谋逆。"上怃然曰："朕何负象多，彼弃中都，凡祖宗御容及道陵诸妃皆不顾，独与其妾偕来，此固有罪。"乃命有司鞫治，问得与兄吾里也相语事，遂并吾里也诛之。

仆散端，本名七斤，中都路火鲁虎必剌猛安人。事亲孝，选充护卫，除太子仆正、滕王府长史、宿直将军、邳州刺史、尚厩局副使、右卫将军。章宗即位，转左卫。章宗朝隆庆宫，护卫花狗邀驾陈言："端叔父胡睹预弑海陵，端不宜在侍卫。"诏杖花狗六十，代撰章奏人杖五十。丁忧，起复东北路招讨副使，改左副点检，转都点检，历河南、陕西统军使，复召为都点检。承安四年，上如蓟州秋山猎，端射鹿误入围，杖之，解职。泰和三年，起为御史大夫。明年，拜尚书左丞。

泰和六年，诏大臣议伐宋，皆曰无足虑者。左丞相宗浩、参知政事贾铉亦曰："狗盗鼠窃，非举兵也。"端曰："小寇当昼伏夜出，岂敢白日列陈，犯灵璧、入涡口、攻寿春邪?此宋人欲多方误我，不早为之所，一旦大举入寇，将堕其计中。"上深然之。未几，丁母忧，起复尚书左丞。平章政事仆散揆伐宋，发兵南京，诏端行省，主留务。仆散揆已渡淮，次卢州。宋使皇甫拱奉书乞和，端奏其书。朝议诸道兵既进，疑宋以计缓师，诏端遣拱还宋。七年，仆散揆以暑雨班师，端还朝。

初，妇人阿鲁不嫁为武卫军士妻，生二女而寡，常托梦中言以惑众，颇有验，或以为神。乃自言梦中屡见白头老父指其二女曰："皆有福人也。若侍掖廷，必得皇嗣。"是时，章宗在位久，皇子未立，端请纳之。章宗从之。既而京师久不雨，阿鲁不复言："梦见白头老父使己祈雨，三日必大澍足。"过三日雨不降，章宗疑其诞妄，下有司鞫问，阿鲁不引伏。诏让端曰："昔者所奏，今其若何？后人谓朕信其妖妄，实由卿启其端，倪郁于予怀，念之难置。其循省于往咎，思善补于将来。恪整乃心，式副朕意！"端上表待罪，诏释不问。顷之，进拜平章政事，封申国公。八年，宋人请盟，端迁一官。

章宗遗诏："内人有娠者两位，生子立为储嗣。"卫绍王即位，命端与尚书左丞孙即康护视章宗内人有娠者。泰和八年十一月二十日，章宗崩。二十二日，太医副使仪师颜状："诊得范氏胎气有损。"明年四月，有人告元妃李氏教承御贾氏诈称有身。元妃、承御皆诛死。端进拜右丞相，授世袭谋克。

贞祐二年五月，判南京留守，与河南统军使长寿、按察转运使王质表请南迁，凡三奏，宣宗意乃决。百官士庶皆言其不可，太学生赵昉等四百人上书极论利害，宣宗慰遣之，乃下诏迁都。明年，中都失守。宣宗至南京，以端知开封府事。顷之，为御使大夫，无何，拜尚书左丞相。三年，兼枢密副使，未几，进兼枢密使。数月，以左丞相兼都元帅行省陕西，给亲军三十人、骑兵三百为卫，次子宿直将军纳坦出侍行。赐契纸勘同曰："缓急有事，以此召卿。"端招遥领通远军节度使完颜狗儿即日来归，奏迁知平凉府事，诸将闻之，莫不感激。遣纳兰伴僧招谕临洮苽黎五族都管青觉儿、积石州章罗谒兰冬及铎精族都管阿令结、兰州葩俄族都管汪三郎等，皆相继内附。汪三郎赐姓完颜，后为西方名将。

四年，以疾请致仕，不许，遣近侍与太医诊视。端虽癃老，凡朝廷使至，必远迓，宴劳不懈，故谗构不果行。宣宗闻之，诏自今专使酒三行别于仪门，他事经过者一见而止。初，同、华旧屯陕西军及河南步骑九千余人，皆隶陕州宣抚副使永锡，端奏："潼关之西，皆陕西地，请此军隶行省，缓急可使。"朝廷从之。及大元兵入潼关，永锡坐诛，而罪不及端。

兴定元年，朝廷以知临洮府事承裔为元帅左都监，行元帅府于凤翔。端奏："陇外十州，介宋、夏之间，与诸番杂处，先于巩州置元帅府以镇之。今承裔以陇外万兵移居凤翔，臣恐一旦有警，援应不及。乞令承裔行元帅府于巩州。若以凤翔密迩宋界，则本路屯兵已多，但令总管摄行帅事，与京兆、巩相为首尾，足以备缓急矣。"从之。是岁，薨。讣闻，宣宗震悼，辍朝。赠延安郡王，谥忠正。正大三年，配享宣宗庙廷。

子纳坦出，为定国军节度使。天兴元年十一月，纳坦出之子忙押门与兄石里门及护卫颜盏宗阿同饮，忙押门诈以事出投北兵，省以刑部郎中赵楠推其家属及同饮人。时上下迎合，必欲以知情处之，至於忙押门妻皆被讯掠。其母完颜氏曰："忙押门通其父妾，父杀此妾，忙押门不自安，遂叛，求脱命而已。"委曲推问，无知情之状。省中微闻之，召小吏郭从革喻以风旨，从革言之。楠方食，掷匕箸於案，大言曰："宁使赵楠除名，亦不能屈断无辜人。"遂以不知情奏，且以妾事上闻。上曰："丞相功臣，纳坦出父子俱受国恩，吾已保其不知情也。"立命赦出之。楠字才美，进士，高平人。

耿端义，字忠嗣，博州博平人。大定二十八年进士。调滑州军事判官，历上洛县令，安化、顺义军节度判官，补尚书省令史，除汾阳军节度副使，改都转运司户籍判官，转太常博士，迁太常丞兼秘书郎，再除左司员外郎，历太常少卿兼吏部员外郎，同修国史，户部郎中，河北东路按察副使，同知东平府事，充山东安抚使。宣宗判汾阳军，是时端义为副使。宣宗即位，召见，访问时事，迁翰林侍讲学士兼户部侍郎，未几，拜参知政事。贞祐二年，中都被围，将帅皆不肯战。端义奏曰："今日之患，卫王启之。士卒纵不可使，城中军官自都统至谋克不啻万余，遣此辈一出，或可以得志。"议竟不行。中都解围，端义请迁南京。既而仆散端三表皆言迁都事，宣宗意遂决。是岁，薨。宣宗辍朝，赙赠甚厚，遣使祭葬。

李英，字子贤，其先辽阳人，徙益都。中明昌五年进士第，调淳化主簿、登州军事判官、封丘令。丁父忧，服除，调通远令。蕃部取民物不与直，摄之不时至，即掩捕之，论如法。补尚书省令史。大安三年，集三品以上官议兵事，英上疏曰："军旅必练习者，术虎高琪、乌古孙兀屯、纳兰伛头、抹撚尽忠先朝尝任使，可与商略。余者纷纷，恐误大计。"又曰："比来增筑城郭，修完楼橹，事势可知，山东、河北不大其声援，则京师为孤城矣。"不报。除吏部主事。

贞祐初，摄左司都事，迁监察御史。右副元帅术虎高琪辟为经历官，乃上书高琪曰："中都之有居庸，犹秦之崤、函，蜀之剑门也。迩者撤居庸兵，我势遂去。今土豪守之，朝廷当遣官节制，失此不图，忠义之士，将转为他矣。"又曰："可镇抚宣德、德兴余民，使之从戎。所在自有宿藏，足以取给，是国家不费斗粮尺帛，坐收所失之关隘也。居庸咫尺，都之北门，而不能卫护，英实耻之。"高琪奏其书，即除尚书工部员外郎，充宣差都提控，居庸等关隘悉隶焉。二年正月，乘夜与壮士李雄、郭仲元、郭兴祖等四百九十人出城，缘西山进至佛岩寺。令李雄等下山招募军民，旬日得万余人。择众所推服者领之，诡称土豪，时时出战。被创，召还。迁翰林待制，因献十策，其大概谓："居中土以镇四方，委亲贤以守中都，立潘屏以固关隘，集人力以防不虞，养马力以助军威，爱禾稼以结民心，明赏罚以劝百官，选守令以复郡县，并州县以省民力。"颇施行之。

宣宗南迁，与左谏议大夫把胡鲁俱为御前经历官。诏曰："扈从军马，朕自总之，事有利害，可因近侍局以闻。"宣宗次真定，以英为国子祭酒，充宣差提控陇右边事。无何，召为御史中丞。英言："兵兴以来，百务皆弛，其要在于激浊扬清，奖进人材耳。近年改定四善、二十七最之法，徒为虚文。大定间，数遣使者分道考察廉能，当时号为得人。愿改前日徒设之文，遵大定已试之效，庶几人人自励，为国家用矣。"宣宗嘉纳之。

自兵兴以来，亟用官爵为赏，程陈僧败官军于龛谷，遣伪统制董九招西关堡都统王狗儿，狗儿立杀之。诏除通远军节度使，加荣禄大夫，赐姓完颜氏。英言："名器不可以假人，上恩以难得为贵。比来酦于用赏，实骇闻听。帑藏不足，惟恃爵命，今又轻之，何以使人？伏见兰州西关堡守将王狗儿向以微劳，既蒙甄录，顷者坚守关城，诱杀贼使，论其忠节，诚有可嘉。若官之五品，命以一州，亦无负矣。急于劝奖，遂擢节钺，加阶二品，赐以国姓，若取兰州，又将何以待之？陕西名将项背相望，曹记僧、包长寿、东永昌、徒单丑儿、郭禄大皆其著者。狗儿藐然贱卒，一朝处众人之右，为统领之官，恐众望不厌，难得其死力。"宣宗以英奏示宰臣。宰臣奏："狗儿奋发如此，赏以异恩，殆不为过。"上然其言。

中都久围，丞相承晖遣人以矾写奏告急。诏元帅左监军永锡、左都监乌古论庆寿将兵，英收河间清、沧义军自清州督粮运救中都。英至大名，得兵数万，驭众素无纪律。贞祐三年三月十六日，英被酒，与大元兵遇于霸州北，大败，尽失所运粮。英死，士卒歼焉。庆寿、永锡军闻之，皆溃归。五月，中都不守，宣宗犹加恩，赠通奉大夫，谥刚贞，官护葬事，录用其子云。

孛术鲁德裕，本名蒲剌都，隆安路猛安人。补枢密院尚书省令史，右三部检法、监察御史，迁少府监丞。明昌末，修北边壕堑，立堡塞，以劳进官三阶，授大理正。丁母忧，起复广宁治中，历顺州、滨州刺史。坐前在顺州市物亏直，遇赦，改刺沈州，累官北京路按察使、太子詹事、元帅左都监，迁左监军兼监潢府路兵马都总管。坐士马物故多，及都统按带私率官兵救护家属，德裕蔽之，御史劾奏逮狱。遇赦，谪宁海州刺史，稍迁泗州防御使、武胜军节度使。贞祐二年，改知临洮府事，兼陕西路副统军。召为御史中丞，拜参知政事兼签枢密院事，行省大名。诏发河北兵救中都。凡真定、中山、保、涿等兵，元帅左监军永锡将之，大名、河间、清、沧、观、霸、河南等兵，德裕将之，并护清、沧粮运。德裕不时发。及李英至霸州兵败，粮尽亡失，坐弛慢兵期，责授沂州防御使，寻知益都府事。兴定元年二月，卒。

乌古论庆寿，河北西路猛安人，由知把书画充奉御，除近侍局直长，再转本局使。御边有劳，进一阶，赐金带。泰和四年，迁本局提点。是时，议开通州漕河，诏庆寿按视。漕河成，赐银一百五十两、重币十端。

泰和六年，伐宋，从右副元帅完颜匡出唐邓，为先锋都统，赐御弓二。以骑兵八千攻下枣阳。顷之，完颜匡军次白虎粒，遣都统完颜按带取随州，遣庆寿以兵五千扼赤岸，断襄汉路。行与宋兵遇，斩首五百级，宋随州将雷太尉遁去，遂克随州。于是宋邓城、樊城戍兵皆溃，遂与大军渡汉江，围襄阳。元帅匡表荐庆寿谋略出众。上嘉之，进一官，迁拱卫直都指挥使，提点如故。

初，庆寿上书云："汝州襄城县去汝州远于许州两舍，请割隶许州便。"尚书省议："汝州南有鸦路旧屯四千，其三千在襄城，今割襄隶许州，道里近便，仍食用解盐，其屯军三千，依旧汝州总押。"从之。八年，罢兵，迁两阶，赐银二百五十两、重币十端。有疾，赐御药。卫绍王即位，改左副点检、近侍局如故。未几，坐与黄门李新喜题品诸王，免死除名。久之，起为保安州刺史，历同知延安府，西北、西南招讨副使，棣州防御使，兴平军节度使。

贞祐二年，迁元帅右都监，以保全平州功进官五阶，赐金吐鹘、重币十端。顷之，宣宗迁汴，改右副点检兼侍卫亲军副都指挥使。阅月，知大兴府事。未行，改左副点检兼亲军副都指挥。数月，知彰德府事。三年，中都危急，改元帅左都监，将大名兵万八千、西南路步骑万一千、河北兵一万救中都。次霸州北，兵溃。顷之，中都不守，改大名府权宣抚使。未几，知河中府，权河东南路宣抚副使。四年，迁元帅左监军兼陕西统军使。驻兵延安，败夏人于安塞堡。战于鄜州之仓曲谷，有功。

兴定元年，与签枢密院事完颜赛不经略伐宋，败宋兵于泥河湾石壕村，斩首三千级，获马四百匹、牛三百头，器械称是。复破宋兵七千于樊城县。既而，以军士多被伤，奏不以实，诏有司鞫问，已而释之。历镇南集庆军节度使，卒。

赞曰：承晖守中都期年，相为存亡，临终就义，古人所难也。大抵宣宗既迁，则中都必不能守，中都不守，则土崩之势决矣。仆散端、耿端义似忠而实愚，抹撚尽忠委中都，庸何议焉。高琪忌承晖成功，李术鲁德裕缓师期，奸人之党，于是何诛。李英被酒败军，虽死不能赎也。乌古论庆寿无罚，贞祐之刑政，从可知矣。

卷一百二　列传第四十

仆散安贞　田琢　完颜弼　蒙古纲　必兰阿鲁带

仆散安贞，本名阿海，以大臣子充奉御。父揆，尚韩国公主，郑王永蹈同母妹也。永蹈诛，安贞罢归，召为符宝祗候。复为奉御，尚邢国长公主，加驸马都尉，袭胡土爱割蛮猛安。历尚衣直长、御院通进、尚药副使。丁母忧，起复，转符宝郎，除同知定海军节度使事。历邳、淄、涿州刺史，拱卫直都指挥使。贞祐初，改右副点检兼侍卫亲军副都指挥使，迁元帅左都监。二年，中都解严，河北州郡未破者惟真定、大名、东平、清、沃、徐、邳、海州而已。朝廷遣安贞与兵部尚书裴满子仁、刑部尚书武都分道宣抚。于是除安贞山东路统军安抚等使。

初，益都县人杨安国自少无赖，以鬻鞍材为业，市人呼为"杨鞍儿"，遂自名杨安儿。泰和伐宋，山东无赖往往相聚剽掠，诏州郡招捕之。安儿降，隶诸军，累官刺史、防御使。大安三年，招铁瓦敢战军，得千余人，以唐括合打为都统，安儿为副统，戍边。至鸡鸣山不进。卫绍王驿召问状，安儿乃曰："平章参政军数十万在前，无可虑者。屯驻鸡鸣山，所以备间道透漏者耳。"朝廷信其言。安儿乃亡归山东，与张汝楫聚党攻劫州县，杀略官吏，山东大扰。

安贞至益都，败安儿于城东。安儿奔莱阳。莱州徐汝贤以城降安儿，贼势复振。登州刺史耿格开门纳伪邹都统，以州印付之，郊迎安儿，发帑藏以劳贼。安儿遂僭号，置官属，改元天顺，凡符印诏表仪式皆格草定，遂陷宁海，攻潍州。伪元帅方郭三据密州，略沂、海。李全略临朐，扼穆陵关，欲取益都。安贞以沂州防御使仆散留家为左翼，安化军节度使完颜讹论为右翼。

七月庚辰，安贞军昌邑东，徐汝贤等以三州之众十万来拒战。自午抵暮，转战三十里，杀贼数万，获器械不可胜计。壬午，贼棘七率众四万阵于辛河。安贞令留家由上流胶西济，继以大兵，杀获甚众。甲申，安贞军至莱州，伪宁海州刺史史泼立以二十万阵于城东。留家先以轻兵薄贼，诸将继之，贼大败，杀获且半，以重赏招之，不应。安贞遣莱州黥卒曹全、张德、田贵、宋福诈降于徐汝贤以为内应。全与贼西南隅戍卒姚云相结，约纳官军。丁亥夜，全缒城出，潜告留家。留家募勇敢士三十人从全入城，姚云纳之，大军毕登，遂复莱州，斩徐汝贤及诸贼将以徇。安儿脱身走，讹论以兵追之。耿格、史泼立皆降。留家略定胶西诸县，宣差伯德玩袭杀方郭三，复密州。余贼在诸州者皆溃去。安儿尝遣梁居实、黄县甘泉镇监酒石抹充浮海赴辽东构留哥，已具舟，皆捕斩之。

十一月戊辰，曲赦山东，除杨安儿、耿格及诸故官家作过驱奴不赦外，刘二祖、张汝楫、李思温及应胁诱从贼，并在本路自为寇盗，罪无轻重，并与赦免。获杨安儿者，官职俱授三品，赏钱十万贯。十二月辛亥，耿格伏诛，妻子皆远徙。诸军方攻大沫堌，赦至，宣抚副使、知东平府事乌林荅与即引军还。贼众乘之，复出为患。诏以陕西统军使完颜弼知东平府事，权宣抚副使。其后杨安儿与汲政等乘舟入海，欲走岠嵎山。舟人曲成等击之，坠水死。

三年二月，安贞遣提控纥石烈牙吾塔破巨蒙等四堌，及破马耳山，杀刘二祖贼四千余人，降余党八千，擒伪宣差程宽、招军大使程福，招降胁从百姓三万余人。安贞遣兵会宿州提控夹谷石里哥同攻大沫堌，贼千余逆战。石里哥以骑兵击之，尽殪。提控没烈夺其北门以入，别军取贼水寨，诸军继进，杀贼五千余人。刘二祖被创，获之，及伪参谋官崔天佑，杨安儿伪太师李思温。余众保大小峻角子山，前后追击，杀获以万计，斩刘二祖。诏迁赏没烈等有差。诏尚书省曰："山东东、西路贼党犹啸聚作过者，诏书到日，并与免罪，各令复业。在处官司尽心招抚，优加存恤，无令失所。"十月，安贞迁枢密副使，行院于徐州。

四年二月，杨安儿余党复扰山东。诏安贞与蒙古纲、完颜弼以近诏招之。五月，安贞遣兵讨郝定，连战皆克，杀九万人，降者三万余，郝定仅以身免。获伪金银牌、器械甚众，来归且万人，皆安慰复业。自杨安儿、刘二祖败后，河北残破，干戈相寻。其党往往复相团结，所在寇掠，皆衣红纳袄以相识别，号"红袄贼"。官军虽讨之，不能除也。大概皆李全、国用安、时青之徒焉。

兴定元年十月，诏安贞曰："防河卒多老幼疲软不胜执役之人，其令速易之。"二年十二月，开封治中吕子羽等以国书议和于宋，宋人不受。以安贞为左副元帅权参知政事行尚书省元帅府，及唐、息、寿、泗行元帅府分道各将兵三万，安贞总之，画定期日，下诏伐宋。安贞至安丰，宋兵七千拒战，权都事完颜胡鲁剌冲击败之，追至淝水，死者二千余人。安贞至大江，乃班师。三年闰月，安贞至自军中，入见于仁安殿。胡鲁剌进一阶。久之，安贞燕见，奏曰："淝水之捷，胡鲁剌功第一，臣之兵事皆咨此人，功厚赏薄，乞加赏以劝来者。"尚书省奏："凡行省行院帅府参议左右司经历官都事以下皆迁一官，所以绝求请之路，塞奸幸之门也。安贞之请不可从。"遂止。

五年，复伐宋。二月，安贞出息州，军于七里镇，宋兵据净居山，遣兵击败之。宋兵保山寺。纵火焚寺，乘胜追至洪门山。宋兵方浚濠立栅，安贞军亟战，夺其栅。宋黄统制团兵五千保黄土关，关绝险，素有备，坚壁不出。

安贞遣轻兵分为左右军潜登，别以兵三千直逼关门。翼日，左右军会于山颠，俯瞰关内。宋人守关者望之，骇愕不能立。中军急攻，宋兵溃，遂夺黄土关。遂入梅林关，拔麻城县，抵大江，至黄州，克之。进克蕲州，前后杀略不可胜计。获宋宗室男女七十余口，献之，师还。安贞每获宋壮士，辄释不杀，无虑数万，因用其策，辄有功。宣宗谓宰臣曰："阿海将略善固矣，此辈得无思归乎？南京密迩宋境，此辈既不可尽杀，安所置之？朕欲驱之境上，遣之归如何？"宰臣不对。

六月甲寅朔，尚书省奏安贞谋叛。宣宗谓平章政事英王守纯曰："朕观此奏，皆饰词不实，其令覆案之。"戊寅，并其二子杀之，以祖忠义、父揆有大功，免兄弟缘坐。诏曰："银青荣禄大夫、左副元帅兼枢密副使、驸马都尉仆散阿海，早藉世姻，浸驰仕轨，属当军旅之事，益厚朝廷之恩，爰自帅藩，擢居枢府。顷者南伐，时乃奏言，是俾行鳞介之诛，而尽露枭獍之状。二城虽得，多罪稔彰，念胜负之靡常，肯刑章之轻用。始自画因粮之计，乃更严横敛之期，督促计司，凋弊民力，信其私意，或失防秋。顾利害之实深，尚优容而弗问。顷因近侍，悉露奸谋，盖虞前后罪之上闻，乃以金玉带而夜献。审事情之诡秘，命信臣而鞫推，迨致款词，乃详实状。自以积愆之著，必非公宪所容，欲结近臣之欢心，俾伺内庭之指意，如衅端之少露，得先事而易图。因其方握兵权，得以谋危庙祏，事或不济，计即外奔。前日之俘，随时诛戮，独于宋族，曲活全门，示其悖德于敌仇，豫冀全身而纳用。"

初，安贞破蕲州，获宋宗室不杀而献之，遂以为罪。安贞忧谗，以赂近侍局，乃以质成其诬。安贞典兵征伐，尝曰："三世为将，道家所忌。"自忠议、揆至安贞，凡三世大将焉。

初，安贞破蕲州，所得金帛，分给将士。南京都转运使行六部事李特立，金安军节度副使纥石烈蒲刺都、大名路总管判官银术可因而欺隐。事觉，特立当死、蒲刺都、银术可当杖一百除名。诏薄其罪，特立夺三官、降三等，蒲刺都、银术可夺两官、降二等云。

田琢，字器之，蔚州定安人。中明昌五年进士，调宁边、茌平主簿，潞州观察判官，中都商税副使。丁父忧，起复怀安令，补尚书省令史。贞祐二年，中都被围，琢请由间道往山西招集义勇，以为宣差兵马提控、同知忠顺军节度使事，经略山西。琢与弘州刺史魏用有隙，琢自飞狐还蔚州，用伏甲于路，将邀而杀之。琢知其谋，自别道入定安。用入蔚州，杀观察判官李宜，录事判官马士成、永兴县令张福，劫府库仓廪，以兵攻琢于定安。琢与战，败之。用脱身走，易州刺史蒲察缚送中都元帅府杀之。是时，劝农副使侯挚提控紫荆等关隘，朝廷闻蔚州乱，欲以挚就代琢守蔚州，令军中推可为管押者，即以魏用金牌佩之，以安其众。丞相承晖奏："田琢实得军民心，谙练山西利害，魏用将士本无劳效，以用弄兵死祸，遽尔任用，恐开幸门。"诏从之。

琢至蔚州，诛与用同恶数人。募兵旬日，得二万人。十月，琢兵败，仅以身免。招集散亡，得三万余，入中山界屯驻，而遣沈思忠招集西京荡析百姓，得万余人，皆愿徙河南。琢上书："此辈与河南镇防，往往乡旧，若令南渡，择壮健为兵，自然和协，且可以招集其余也。"从之。加沈思忠同知深州军州事。琢复遣沈思忠、宫楫招弘州、蔚州百姓，得五万余人，可充军者万五千人，分屯蔚州诸隘，皆愿得沈思忠为将。诏加思忠顺天军节度副使，提控弘、蔚州军马，宫楫副之。顷之，西山诸隘皆不能守。琢移军沃州。沃州刺史完颜僧家奴奏："田琢军二千五百人，官廪不足，发民窖粟犹不能赡。其中多女直人，均为一军，不可复有厚薄，可令于卫、辉、大名就食。"制可。加琢河北西路宣抚副使，遥授浚州防御使，屯浚州。琢欲陂西山诸水以卫浚州。

贞祐三年十一月，河北行省侯挚入见，奏："河北兵食少，请令琢汰遣老弱，就食归德。"琢奏："此辈岭外失业，父子兄弟合为一军，若离而分之，定生他变，乞以全军南渡，或徙卫州防河。"诏尽徙屯陕。琢复奏："臣幸徙安地，然浚乃河北要郡，今见粮可支数月，乞俟来春乃行。"数日，琢复奏："浚不可守，惟当迁之。"宰臣劾琢前后奏陈不一，请逮鞫问。宣宗不许。

琢至陕，上书曰："河北失业之民侨居河南、陕西，盖不可以数计。百司用度，三军调发，一人耕之，百人食之，其能赡乎？春种不广，收成失望，军民俱困，实系安危。臣闻古之名将，虽在征行，必须屯田，赵充国、诸葛亮是也。古之良吏，必课农桑以足民，黄霸、虞诩是也。方今旷土多，游民众，乞明敕有司，无蹈虚文，严升降之法，选能吏劝课，公私皆得耕垦。富者备牛出种，贫者佣力服勤。若又不足，则教之区种，期于尽辟而后已。官司圉牧，势家兼并，亦籍其数而授之农民，宽其负算，省其徭役，使尽力南亩，则蓄积岁增，家给人足，富国强兵之道也。"宣宗深然之。

陕西元帅府请益兵，诏以琢众与之。兴定元年，朝廷易置诸将，迁山东西路转运使。二年，改山东东路转运使，权知益都府事，行六部尚书宣差便宜招抚使。李旺据胶西，琢遣益都治中张林讨之，生擒李旺。八月，莱州经略使术虎山寿袭破李旺党伪邹元帅于小堌，获其前锋于水等三十人，追击伪陈万户，斩首八百级。明日，复破之于朱寒寨。胶西、高密官军亦屡破之于诸村及海岛间。是月，棣州裨将张聚杀防御使斜卯重兴，遂据棣州，袭滨州，其众数千人。琢遣提控纥石烈丑汉会兵讨之。聚弃滨专保棣州。诸军趣棣，聚出战，败之，斩首百级，生擒伪都统王仙等十三人。余众奔溃，追及于别寨，攻拔之，聚仅以身免。遂复二州。李全据安丘，琢遣总领提控王政、王庭玉讨之。宣差提控、太府少监伯德玩率政兵攻安丘，败焉，提控王显死之。琢奏："伯德玩本相视山东山堌水寨，未尝遍行，独留密州，辄为此举，乞治其罪。"诏遣官鞫玩，会赦而止。既而昌乐县令术虎桓都、临朐县令兀颜吾丁、福山县令乌林荅石家奴、寿光县巡检纥石烈丑汉破李全于日照县，琢承制各迁官一阶，进职一等，诏许之。

三年，沂州注子堌王公喜构宋兵据沂州，防御使徒单福定徒跣脱走，百姓溃散。琢奏：“去岁顾王二尝据沂州，邳州总领提控纳合六哥前为同知沂州防御事，招集余众攻取之，百姓归心。可用六哥取沂州，今方在行省侯挚麾下，乞发还，取便道进讨。”制可。既而莒州提控燕宁复沂州，王公喜复保注子堌。琢奏：“沂州须知兵者守之。徒单福定已衰老，纳合六哥善治兵，识沂形势。”诏福定专治州事，以六哥为沂州总领。琢奏：“潍州刺史致仕独吉世显能招集猛安余众及义军，却李全，保潍州。六哥破灰山堌，沂境以安。守兖州观察判官梁昱尝摄淄州刺史，率军民力田，征科有度，馈饷不乏，保全淄州，土贼不敢发。前猗氏主簿张亚夫尝权行部官，主饷密州，委曲购得粮二万斛，兵储乃足，行至高密，征他州兵拒李全。”诏世显升职从四品，遥授同知海州事。六哥迁一官，升一等，充沂州宣差都提控。梁昱迁一官，同知淄州事。张亚夫迁两官，密州观察判官。

初，张林本益都府卒，有复立府事之功，遂为治中，而凶险不逞，耻出琢下。琢在山东征求过当，颇失众心，林欲因众以去琢，未有间也。会于海、牟佐据莱州，琢遣林分兵讨之。林既得兵，伺琢出，即率众噪入府中。琢仓猝入营，领兵与林战，不胜，欲就外县兵，且战且行。至章丘，兵变，求救于邻道，不时至。东平行省蒙古纲以状闻。宣宗度不能制林，而欲驯致之，乃遣人召琢还。行至寿张，疽发背卒。

完颜弼，本名达吉不，盖州猛安人。充护卫，转十人长。从丞相襄戍边，功最，除同知德州防御使事，武卫军钤辖，转宿直将军、深州刺史。泰和六年，从左副元帅完颜匡攻襄阳，破雷太尉兵，积功加平南荡江将军。丁母忧，起复。八年，除南京副留守、寿州防御使。大安二年，入为武卫军副都指挥使。三年，以本官领兵驻宣德。会河之败，弼被创，马中流矢，押军千户夹谷王家奴以马授弼，遂得免。迁右副都点检。

至宁元年，东京不守，弼为元帅左监军，捍御辽东。请“自募二万人为一军，万一京师有急，亦可以回戈自救。今驱市人以应大敌，往则败矣。”卫绍王怒曰：“我以东北路为忧，卿言京师有急何邪？就如卿言，我自有策。以卿皇后连姻，故相委寄，乃不体朕意也。”弼曰：“陛下勿谓皇后亲姻俱可恃也。”时提点近侍局驸马都尉徒单没烈侍侧，弼意窃讥之。卫绍王怒甚，顾谓没烈曰：“何不叱去？”没烈乃引起，付有司。论以奏对无人臣礼，诏免死，杖一百，责为云内州防御使。

贞祐初，宣宗驿召弼赴中都，是时云内已受兵，弼善马槊，与数骑突出，由太原出泽、潞，将从清、沧赴阙。会有诏除定武军节度使，寻为元帅左都监，驻真定。弼奏：“赏罚所以劝善惩恶，有功必赏，有罪必罚，而后人可使、兵可强。今外兵日增，军无斗志。亦有逃归而以战溃自陈者，有司从而存恤之，见闻习熟，相效成风。”又曰：“村寨城邑，兵退之后，有心力勇敢可使者，乞招用之。”又曰：“河朔郡县，皆以拘文不相应救，由此残破。乞敕州府，凡有告急征兵，即须赴救，违者坐之。”又曰：“河北军器，乞权宜弛禁，仍令团结堡寨以备外兵。”又曰：“今虽议和，万一轻骑复来，则吾民重困矣。愿速讲防御之策。”及劝迁都南京，阻长淮，拒大河，扼潼关以自固。

宣宗将迁汴，弼兼河北西路兵马都总管。宣宗次真定，弼言：“皇太子不可留中都，盖军少则难守，军多则难养。”又奏：“将帅以阃外为威，今生杀之权皆从中覆。”又奏：“瑞州军颇狡，左丞尽忠多疑，乞付他将。”宣宗颇采用其言。

大名军变，杀蒲察阿里，诏弼镇抚之。未几，改陕西路统军使、京兆兵马都总管。宣抚副使乌古论兖州置秦州榷场，弼以擅置，移文问之。兖州曰：“近日入见，许山外从宜行事，秦州自宋兵焚荡榷场，几一年矣，今既安帖，复宜开设，彼此获利，岁收以十万计。对境天水军移文来请，如俟报可，实虑后时。”弼奏其事，宰臣以兖州虽擅举而无违失，苟利于民，专之亦可。宣宗曰：“朕固尝许其从宜也。”

三年，改知东平府事、山东西路宣抚副使。是时，刘二祖余党孙邦佐、张汝楫保济南勤子堌，弼遣人招之，得邦佐书云：“我辈自军兴屡立战功，主将见忌，阴图陷害，窜伏山林，以至今日，实畏死耳。如蒙湔洗，便当释险面缚，余贼未降者保尽招之。”弼奏：“方今多故，此贼果定，亦一事毕也。乞明以官赏示之。”诏曰：“孙邦佐果受招，各迁五官职。”于是邦佐、汝楫皆降。邦佐遥授潍州刺史，汝楫遥授淄州刺史，皆加明威将军。顷之，弼荐邦佐、汝楫改过用命，招降甚众，稍收其兵仗，放归田里。诏邦佐遥授同知益都府事，汝楫遥授同知东平府事，皆加怀远大将军。梁聚宽遥授泰定军节度副使，加宣武将军。四年，弼迁宣抚使。已而汝楫复谋作乱，邦佐密告弼，弼飨汝楫，伏甲庑下，酒数行，钟鸣伏发，杀汝楫并其党与。手诏褒谕，封密国公。其后邦佐屡立功。元光末，累官知东平府事、山东西路兵马都总管，充宣差招抚使。

弼上书曰：“山东、河北、河东数镇仅能自守，恐长河之险有不足恃者。河南尝招战士，率皆游惰市人，不闲训练。若选签驱丁监户数千，别为一军，立功者全户为良，必将争先效命以取胜矣。武卫军家属尝苦于兵，人人怀愤，若择骁悍千余，加以爵赏，亦可得其死力。”又曰：“老病之官，例许致仕，居河北者嫌于避难，居河南者苟于尸禄，职事旷废。乞遍谕核实，其精力可用者仍旧，年高昏聩不事事者罢之。”又曰：“赋役频烦，河南百姓新强旧乏，诸路豪民行贩市易，侵土人之利，未有定籍，一无庸调，乞权宜均定。如知而辄避、事过复来者，许诸人捕告，以军兴法治之。”诏下尚书省议，惟老病官从所言，余皆不允。

大元兵围东平，弼百计应战，久之，乃解围去。宣宗赐诏，奖谕将士，赏赉有差。是岁五月，疽发于脑。诏太医诊视，赐御药。俄卒。

弼平生无所好，惟喜读书，闲暇延引儒士，歌咏投壶以为常。所辟如承裔、陀满胡土门、纥石烈牙吾塔，皆立方面功。治东平，爱民省费，井邑之间，军民无相讼，有古良将之风焉。

蒙古纲，本名胡里纲，咸平府猛安人。承安五年进士，累调补尚书省令史，除国子助教。贞祐初，自请招集西山兵民，进官一阶，赐钱二百万，迁都水监丞，寻加遥授永定军节度副使。招捕有功，迁太子左谕德，除顺州刺史，迁同知大兴府事。三年，知河间府事，权河北东路宣抚使，屯冀州。军食不足，徙济南。纲欲徙河南，行至徐州，未渡河，尚书省奏："东平宣抚使完颜弼行事多不尽。"乃以纲权山东宣抚副使。改山东路统军使，兼知益都府事，权元帅右都监，宣抚如故。四年十月，行元帅府事。纲奏："山东兵后，杨安儿党内有故淄王习显、故留守术罗等家奴，不在赦原，据险作乱，至今未息，民多归之，乞普赐恩宥。"宣宗即命赦之，仍赎为良。

兴定元年，徙知东平府事，迁元帅右监军。久之，拜右副元帅权参知政事，行尚书省。先是，东平治中没烈坐事削降殿年，诏仍从军，有功复用。纲遣没烈讨花帽贼于曹、济间，捷报，没烈乃复前职。兴定二年，诏曰："卿以忠贞，为国捍难，保完城邑，朕甚嘉之。可进官二阶，赐金带一重，币十端。"

兴定三年，奏曰："济南介山东两路之间，最为冲要，被兵日久，虽与东平邻接，不相统属，缓急不相应，乞权隶本路，且差近于益都。"诏从之。纲奏："恩州武城县艾家凹水泺，清河县涧口河泺，其深一丈，广数十里，险固可恃。因其地形，少加浚治，足以保御。请迁州民其中，多募义军以实之。"纲以山东恃东平为重镇，兵卒少，守城且不足，况欲分部出战，是安坐以待困也。乃上奏曰："伏见贞祐三年古里甲石伦招义军，设置长校，各立等差，都统授正七品职，副统正八品，万户正九品，千户正班任使，谋克杂班，仍三十人为一谋克，五谋克为一千户，四千户为一万户，四万户为一副统，两副统为一都统，设一总领提控。今乞依此格募选，以益兵威。"制可。

是岁，益都桃林寨总领张林号"张大刀"，据险为乱，自称安化军节度使。纲奏："林势甚张，乞遣河南马军千人，单州经略司以众接应。"左司郎中李蹊请令纲约燕宁同力殄灭，单州经略使完颜仲元分兵三千人同往。宰相以粮运不给，益都以东，啸聚不止一张林，宜令纲设备御，俟来春议之。四年，张林侵掠东平，纲遣元帅右监军行枢密院事王庭玉讨之。至旧县，遇张林众万余人据岭为阵，庭玉督兵逾岭搏战。林众少却，且欲东走。庭玉踵击，大破之，杀数千人，生擒张林，获杂畜兵仗万计。招降虎窟诸寨，悉令归业。诏赐空名宣敕，听纲第功迁赏。遣枢密院令史刘颙莅杀张林于东平。张林乞贳死自效，请曰："臣兄演在宋为统制，有众三千，驻即墨、莱阳之境，请以书招之，使转致诸贼之款密者，相为表里，然后以檄招益都张林，不从则合击之，山东不足平也。"所谓益都张林，即据府事逐田琢者也，事见琢传。纲以林策请于朝，枢密院请羁縻使之。制可，以为莱州兵马钤辖。久之，山东不能守，林乃降于宋云。

初，东平提控郑倜生擒宋将李资，纲奏赏倜。宰臣谓："李资自称宋将，无所凭据，请详究其实。"纲奏："臣自按问俱获宋将统制十余人，皆以资为将无异辞。此辈力屈就擒，岂肯虚称伪将，以重获者之功？今多故之际，赏功后时，将士且解体。凡行赏必求形迹，过为逗遛，甚未可也。"诏即赏之。纲奏："辽东渡海，必由恩、博二州之间，乞置经略司镇抚。"从之。兴定五年二月，东平解围，宣宗曲赦境内。凡东平府试诸科中选人，尝被任使，已逾省试期日，特免省试。惟经童律科即为及第，似涉太优，别日试之。皆从纲所请也。诏以纲、王庭玉、东莒公燕宁保全东平，各迁一阶。

是岁，燕宁战死。纲奏："宁所居天胜寨，乃益都险要之地。宁尝招降群盗胡七、胡八，用为牙校，委以腹心，群盗皆有归志。及宁死，复怀顾望，胡七、胡八亦反侧不安。臣以提控孙邦佐世居泰安，众心所属，遂署招抚使。以提控黄掴兀也充总领，副之。此当先奏可，顾事势危迫，故辄授之。"燕宁死而纲势孤矣。纲奏请移军于河南，诏百官议，御史大夫纥石烈胡失门以下皆曰："金城汤池，非粟不守。东平孤城，四无应援，万一失之，则官吏兵民俱尽。宜徙之河南，以助防秋。"翰林待制抹撚阿虎德奏曰："车驾南迁，恃大河以为险。大河以东平为藩篱，今乃弃之，则大河不足恃矣。兵以将为主，将以心为主，蒙古纲既欲弃之，决不可使之守矣。宜就选将士之愿守者擢用之，别遣官为行省，付以兵马铠仗，从宜规画军食。"枢密院请用胡失门议，焚其楼橹廨舍而徙之。宣宗曰："此事朕不能决择，众议可者行之。"枢密院颇采阿虎德议，许纲内徙，率所部女直、契丹、汉军五千人，行省邳州。元帅左监军王庭玉将余军屯黄陵冈，行元帅府事。于是，纲改兼静难军节度使，行省邳州。自此山东事势去矣。

是岁六月，以归德、邳、宿、徐、泗乏军食，诏纲率所部就食睢州。纲奏："宿州连年饥馑，加之重敛，百姓离散。镇防军遽征逋课，窘迫陵辱有甚于官，众不胜其酷，皆怀报复之心。近日，高羊哥等苦其佃户，佃户愤怒，执羊哥等投之井中。武夫不识缓急，乃至于此。乞一切所负并令停止，俟夏秋收成征还，军人量增廪给，可也。"诏议行之。元光二年三月，以邳州经略司隶纲，令募勇敢，收复山东。

初，砀山首领数人，以减罢怀忿怨，诱胁余众作乱，引水环城以自固，构浮桥于河上，结红袄贼为援。同签枢密院事徒单牙剌哥会诸道兵讨之。纲云："砀山北近大河，南近汴堤，东西二百里，大河分派其间，干滩泥淖，步骑俱不可行，惟宜轻舟往来。可选锐卒数千与水军埽兵，以舟二百艘，由便道断浮梁，绝红袄之援。募胆勇有口辩者，持牒密谕之以离间其党，与臣已遣三人入贼中。复分兵屯要害，别以三百人巡逻。乞赐空名告身，从便迁赏。"枢密院奏："已委监军王庭玉驻归德、宁陵备之矣。仍令牙剌哥水陆并进，先行招诱，不从，乃合击之。其空名告身，宜从所请，以责成功。"

无何，砀山贼夜袭永城县，行军副总领高琬、万户麻吉击走之，杀伤及溺死者甚众，夺其所俘掠而还。诏纲并力讨之。纲遣降人陈松持牒招李全，全缚松将斩之，已而但黥其面遣还。纲奏："全有归国意，严实、张林亦可招之。”此谓益都张林也。诏拟实一品官职，封国公，仍世袭。全阶正三品、职正二品。林山东西路宣抚使兼知益都府事，与全皆赐田百顷。受命往招者先授正七品官职，赐银二十五两，事成迁五品。会纲遇害而止。

纲御下严，信赏必罚，邳州军不乐属纲。八月辛未朔，邳州从宜经略使纳合六哥、都统金山颜俊率沂州军士百余人晨入行省，杀纲及僚属于省署，遂据州反。枢密院奏请出空名宣敕，设重赏招诱。丞相高汝砺曰：“悬重赏募死士，必有能取之者。”宣宗不得已，下诏罪纲，以抚谕六哥。六哥遣人送纲尸及虎符牌印，终不肯出。乃升经略司为元帅府，加六哥泗州防御使，权元帅左监军，副使乌古论老汉加邳州刺史，权右监军。顷之，邳州卒逃归，诣总帅牙吾塔言，六哥已结李全为助。遣总领孛术鲁留住等毁其桥梁，攻破承安、青阳寨，留兵戍守。六哥惶惧，乃言待李全兵入邳州，诱而杀之，以图报效。宣宗曰：“李全岂无心者，六哥能诱而杀之，殆诈耳。”十月壬辰，牙吾塔围邳州，急攻之。红袄贼高显等杀六哥，函首以献。诏加显三品官职，授世袭谋克，侯进四品，陈荣、邢进、边全、魏兴、孙仲皆五品，赏银有差。

必兰阿鲁带，贞祐初，累官宁化州刺史。二年，同知真定府事，权河北、大名宣抚副使。三年，保全赞皇，加遥授安武军节度使，改昭义军节度使、充宣抚副使。阅月，权元帅左都监行元帅府事，节度、宣抚如故。遣都统奥屯喜哥复取威州及获鹿县。既而诏择义军为三等，阿鲁带奏：“自去岁初置帅府，已按阅本军，去其冗食。部分既定，上下既亲，故能所向成功，此皆血战屡试而可者。父子兄弟自相救援，各顾其家，心一力齐，势不可离。今必析之，将互易其处，不相谙委矣。国家粮储常患不继，岂容侥冒其间?但本府之兵不至是耳。事势方殷，分别如此，彼居中下，将气挫心懈而不可用。且义军率皆农民，已散归田亩，趋时力作，征集旬日，农事废而岁计失矣。乞本府所定，无轻变易。”诏许之。阿鲁带缮完州县之可守者，其不可守者迁徙其民，依险为栅以备缓急。

泽州旧隶昭义军，近年改隶孟州，阿鲁带奏：“泽州城郭坚完，器械具备，若屯兵数千，臣能保守之。今闻议迁于青莲寺山寨，距州既远，地形狭隘，所容无几。一旦有急，所保者少，所遗者多，徒弃名城以失太行之险，则沁南、昭义不通问矣。”诏泽州复隶昭义军。

是岁，潼关失守，阿鲁带趋备蓝田、商州，乃陈河北利害，略曰：“今忻、代撤戍，太原帅府众才数千，平阳行省兵亦不多，河东、河北之势，全恃潞州，潞州兵强，则国家基本渐可复立。臣已将兵离境，乞复置潞州帅府。”阿鲁带行次渑池，右副元帅蒲察阿里不孙败绩，逃匿不知所在。阿鲁带亦被创，收集溃卒，卧渑池。诏还潞州。

兴定元年，改签枢密院事。数月，以元帅左监军兼山东路统军使，知益都府事。未几，权参知政事，行尚书省于益都。阿鲁带复立潞州，最有功，识辽州刺史郭文振，举以为将。既而去潞州，张开代领其众，与郭文振不相得，文振渐不能守矣。

赞曰：贞祐之时，仆散安贞定山东，仆散端镇陕西，胥鼎控制河东，侯挚经营赵、魏，其措注施设有可观者。故田琢抚青、齐，完颜弼保东平，必兰阿鲁带守上党，皆向用有功焉。高琪忌功，汝砺固位，西启夏衅，南挑宋兵。宣宗道谋是用，煦煦以为慈，皦皦以为明，孑孑以为强。既而潼关破毁，崤、渑丧败，汴州城门不启连月，高琪方且增陴浚隍为自守计，缮御寨以祈逃死。然后田琢走益都而青、齐裂，蒙古纲去东平而兖、鲁蹙，仆散安贞死而南伐无功。虽曰天道，亦由人事。自是以往，无足言者矣。

卷一百三　列传第四十一

完颜仲元　完颜阿邻　完颜霆　乌古论长寿　完颜佐　石抹仲温　乌古论礼　蒲察阿里　奥屯襄　完颜蒲剌都　夹谷石里哥　术甲臣嘉　纥石烈桓端　完颜阿里不孙　完颜铁哥　纳兰胡鲁剌

完颜仲元，本姓郭氏，中都人。大安中，李雄募兵，仲元与完颜阿邻俱应募，数有功。贞祐三年，与阿邻俱累功至节度。仲元为永定军节度使，赐姓完颜氏。仲元在当时兵最强，号“花帽军”，人呼为“郭大相公”，以与阿邻相别。顷之，兼本路宣抚使。八月，遥授知河间府事。数月，改知济南府事，权山东东路宣抚副使。

贞祐四年，山东乏粮，仲元军三万欲于黄河之侧或陕右分屯，上书乞补京官，且言恢复河朔之策，当诣阙面陈。诏曰：“卿兄弟鸠集义旅，所在立功，忠义之诚，皎然可见。朕以参政侯挚与卿素厚，命于彼中行省，应悉朕心。卿求入见，其意固嘉，东平方危，正赖卿等相为声援，俟兵势稍缓，即徙军附河屯驻，此时卿来，盖未晚也。尚思戮力，朕不汝忘。”未几，改河北宣抚副使。

仲元部将李霆等积功至刺史、提控，仲元奏赐金牌，霆等皆为名将，功名与仲元相埒。仲元屡有功，以本职为从宜招抚使，计约从坦等军图恢复。诏以仲元军猥多，差为三等，上等备征伐，中下给戍守，懦弱者皆罢去。红袄贼千余人据涟水县，仲元遣提控娄室率兵击破之，斩首数百，败祝春，擒郭伟，余众奔溃，遂复涟水县。仲元兼单州经略使，娄室迁两阶，升职一等。未几，仲元遥授知归德府事。

是岁十月，徙军卢氏，改商州经略使，权元帅右都监。诏曰：“商、虢、潼关，实相连属，卿思为万全之计。”未几，潼关失守，仲元军趋商、虢，复至嵩、汝，皆弗及。仲元上书曰：“去年六月，臣尝请于朝廷，乞选名将督诸军，臣得推锋，身先士卒，粮储不继，竟不果行。今将坐甲待敌，则师老财殚，日就困弊。”其大概欲伐西夏以张兵势。又曰：“陕西一路，最为重地，潼关、禁坑及商州诸隘，俱当预备。向者中都，居庸最为要害，乃由小岭、紫荆绕出，我军腹背受兵，卒不能守。近日由禁坑出，遂失潼关。可选精兵分地戍之。”其后乃置秦、蓝守御，及用兵西夏矣。

兴定元年，复为单州经略使，败宋人二千于龟山，复败步骑千余于盱眙，败红袄于白里港，获老幼万余人，皆纵遣之。宋人围海州，仲元军高桥，令提控完颜阿邻领骑绕出其后夹击之。宋兵解去。赐金带，优诏奖谕。红袄贼陷曹马城，剽掠徐、单之间。提控高琬等分兵击之，俘生口二千。三年，仲元奏：“州城既固，积粮二十万石，集乡义军万余人，并闲训练，足以守御，乞以所部渡河。”诏屯宿州，与右都监纥石烈德同行帅府事。仲元有足疾，满百日，诏曰：“卿处置机务，抚存将士，出兵使李辛可也。”四年，兼保静军节度使，寻为劝农使。五年，为镇南节度使。

元光元年，知凤翔府事。凤翔被围，左监军石盏合喜来济军。仲元让合喜总兵事。合喜曰：“公素得众心，不必以官位见让。”仲元请身先士卒，谕诸将士曰：“凡有奇功者，即承制超擢。”及危急乃辄注四品以下。颜盏虾蟆力战功最，辄授通远军节度使。围解，奏请擅除拜之罪。宣宗嘉其功，皆许之。迁元帅右监军，授河北东路洮委必剌猛安，赐金五十两、重币十五端、通犀带，优诏褒谕。正大间，为兵部尚书，皇太后卫尉，卒。仲元为将，沈毅有谋，南渡后最称名将云。

完颜阿邻，本姓郭氏，以功俱赐姓完颜。大安中，李雄募兵，阿邻与完颜仲元等俱应募，数有功。宣宗即位，迁通州防御使。宣宗迁汴，阿邻改同知河间府事兼清州防御使，将所部兵驻清、沧，控扼山东。迁横海军节度使，赐以国姓。阿邻与山东路宣抚副使颜盏天泽不相能，诏阿邻当与天泽共济国事，无执偏见，妄分彼此。寻改泰定军节度使、山东西路宣抚使。是时，仲元亦积功劳，知济南府，赐姓完颜，与阿邻俱加从宜招抚使，诏书奖谕，且令计约涿州刺史从坦等军恢复中都。于是，仲元、阿邻部兵猥多，诏以三等差第之，上等备征伐，中下戍守，懦弱者罢去，量给地以赡其家。阿邻所部“黄鹤袖军”驻鱼台者，桀骜不法，掠平民，劫商旅，道路不通，有司乞徙于滕州。诏阿邻就处置之。顷之，破红袄贼郝定于泗水县柘沟村，生擒郝定，送京师斩之。

近制，赐本朝姓者，凡以千人败敌三千者赐及缌麻以上，败二千人以上者赐及大功以上，败千人以上赐止其家。阿邻既赐姓，以兄守楫及从父兄弟为请。宰臣奏阿邻功止赐一家，宣宗特诏许之。至是仲元上奏曰：“臣顷在军旅，才立微功，遽蒙天恩，赐之国姓，非臣杀身所能仰报。族兄徐州讥察副使僧喜、前汾州酒同监三喜、前解州盐管勾添章、守兴平县监酒添福犹姓郭氏。念臣与僧喜等昔同一家，今为两族，完颜阿邻与臣同功，皇恩所加并及本族，僧喜等四人乞依此例。”不许。改辉州经略使。

阿邻有众万五千，诏分五千隶东平行省，其众泣诉云：“我曹以国家多难，奋义相从，捐田宅，离亲戚，转战至此，誓同立功，偕还乡里。今将分配他军，心实艰苦。乞以全军分驻怀、卫、辉州之间，捍蔽大河，惟受阿邻节制。”阿邻亦不欲分之，因以为请。宰臣奏：“若遂听之，非唯东平失备，他将仿效，皆不可使矣。”宣宗以为然。加遥授知河南府事，应援陕西。阿邻将兵八千，西赴至潼关，闻京兆已被围，游骑至华州，陕西行院欲令阿邻驻军商、虢，拒东向之路。阿邻上奏：“臣本援陕西，遇难而止，岂人臣之节？夫自古用兵，步骑相参，乃可以得志。今乃各有所属，临难不救，互分彼此。今臣所统皆步卒，愿赐马军千人，则京兆之围不足解矣。”宣宗谓皇太子曰：“阿邻赴难不回，固善矣。而军势单弱，且驻内地以观事变，并以虢州兵五千付之，使乘隙而进，卿以此意谕之也。”

兴定元年，迁元帅右都监，出秦州伐宋。宋统制吴筠守皂角（角又作郊）堡，城三重，据山之巅。阿邻分兵绝其汲路，克其外城，再克其次城。宋兵纵火而出，阿邻以骑兵邀之，遣步卒袭其后，宋兵败，生获吴筠及将校二百人，马数百匹，粮万石及兵甲衣袄。复败宋兵于裴家庄六谷中，斩五百级，坠涧死者甚众。又败之于寒山岭、龙门关、大石渡，得粟二千余石。复败之于稍子岭，斩首二千余级，生擒百人。是时三月，宿麦方滋，阿邻留兵守之。已而宋兵大至，金兵败，阿邻战没。赠金紫光禄大夫、西京留守。

完颜霆，本姓李氏，中都宝坻人。粗知书，善骑射，轻财好施，得乡曲之誉。贞祐初，县人共推霆为四乡部头。霆招集离散，纠合义兵，众赖以安。招抚司奏其事，迁两官。霆与弟云率众数千巡逻固安、永清间，遥授宝坻县丞，充义军都统。刘璋说霆使出降，霆缚送经略司。迁三阶，摄宝坻令，升都提控，遥授同知通州军州事。

中都食尽，霆遣军分护清、沧河路，召募贾船通饷道。遥授同知清州防御事，从河北路宣抚使完颜仲元保清、沧。遥授通州刺史、河北东路行军提控，佩金牌。旧制，宣抚副使乃佩金牌，仲元奏：“臣军三万，管军官三人，皆至五品，乞各赐金牌。”廷议霆辈忠勇绝人，遂与之。改大名路提控，复取玉田、三河、香河三县。徙屯滨、棣、淄，留副将孙江守沧州。江以沧州降于王楫，而江将兵围观州。霆乃诈作书与孙江，约同取沧州者。王楫得其书，果疑孙江与霆有谋，召江还，杀之。霆乃定观州而还。进官三阶，充滨、棣行军都提控。未几，遥授同知益都府事，加宣差都提控，迁棣州防御使，赐姓完颜氏，屯海州。俄权单州经略司事，充宣差总领都提控。

兴定元年，泰安、滕、兖土寇蜂起，东平行省侯挚遣霆率兵讨之，降石花五、夏全余党二万人，老幼五万口，充权海州经略副使。红袄贼于忙儿寇海州，霆击走之。二年，宋高太尉兵三万驻朐山。霆军乏粮，采野菜麦苗杂食之。宋兵栅朐山，下隔湖港，霆作港中暗桥，遣万户胡仲珪、副统刘赟率死士由暗桥登山，霆率兵四千人趋山下，约以昏时举火为期，上下夹击，宋兵大败，坠涧溺水死者不可胜计，斩高太尉、彭元帅于阵，余众溃去。迁安化军节度使，经略副使如故。以其子为符宝典书。逾月，宋兵复至，霆逆战，驻兵城外。夜半，宋人乘虚逾城而入。经略使阿不罕奴失剌率兵扼战，都统温迪罕五儿、副统蒲察永成、蒲察只鲁身先士卒，杀二百余人，城赖以完。诏五儿等各迁两阶。

四年，改集庆军节度使，兼同知归德府事。五年，改定国军节度使，兼同知京兆府事，擢其子为护卫。元光元年，陕西行省白撒奏："京兆南山密迩宋境，官民迁避其间者，无虑百万人。可遣官镇抚，庶几不生他变。"宣宗以为然。十月，霆以本官为安抚使，守同知归德府惟宏、大司农丞郭皓为副使，分护百姓之迁南山者。元光二年，卒。

乌古论长寿，临洮府第五将突门族人也。本姓包氏，袭父永本族都管。泰和伐宋，充绯翮翅军千户，取床川寨及祐州、宕昌、辛城子，以功进官二阶。贞祐初，夏人攻会州，统军使署征行万户，升副统，与夏人战于窄土峡，先登陷阵，赏银五十两。战东关堡，以功署都统，兼充安定、定西、保川、西宁军马都弹压。诏录前后功，遥授同知陇州防御事，世袭本族都巡检。三年，赐今姓。攻兰州程陈僧，为先锋都统。夏人围监洮，扼渭源堡，内外不通。统军司募人侦候临洮消息，长寿应募，馘二人，擒一人，问得临洮及夏兵事势。以劳迁宣武将军，遥授通远军节度副使。招降诸蕃族及熟羊寨秦州逋亡者。复迁怀远大将军，升提控。兴定元年，夏人大入陇西，长寿拒战，迁平凉府治中，兼节度副使，充宣差巩州规措官。顷之，遥授同知凤翔府事，兼同知通远军节度事，提控如故。

兴定二年，迁同知临洮府事。与提控洮州刺史纳兰记僧分兵伐宋。长寿由盐川镇进兵，宋人守戍者走保马头山，合诸部族兵来拒。长寿击败之，复破其援兵四千于荔川寨。即趋宕昌县。破宋兵二千于八斜谷，拔宕昌县，进攻西和州，先败其州兵。明日，木波兵三千与宋兵合，依川为阵，长寿奋击，宋兵入保城，坚壁不复出，长寿乃还。凡斩馘八千，获马二百余、牛羊三万，器械军实甚多。纳兰记僧出洮州铁城堡，屡败宋人，完军而还。诏赏凤翔、秦、巩伐宋将士，长寿遥授陇安军节度使，同知通远军、提控如故。顷之，长寿升总领都提控，改通远军节度使。

夏人攻定西，是时弟世显已降夏人，夏人执世显至定西城下，谓长寿曰："若不速降，即杀汝弟。"长寿不顾，奋战。夏兵退，加荣禄大夫，赐金二十五两、重币三端。世显既降，二子公政、重寿当缘坐。宣宗嘉长寿守定西功，释公政兄弟，有司廪给之。诏长寿曰："汝久在戎行，尽忠国事。世显之降，必不得已，汝永念国恩，益思自效。"未几，夏人复攻会州，行元帅府事石盏合喜发兵救未至，夏人移兵临洮，长寿伏精兵五千于定西险要间，败夏兵三万骑，杀千余人，获马数百。夏人已破西宁，乃犯定西，长寿击却之，斩首三百级。既而三万骑复至，攻城甚急。长寿乘城拒战，矢石如雨，夏兵死者数千，被创者众，乃解去。是岁卒。

完颜佐，本姓梁氏，初为武清县巡检。完颜咬住，本姓李氏，为柳口镇巡检。久之，以佐为都统，咬住副之，戍直沽寨。贞祐二年，乣军遣张晖等三人来招佐，佐执之。翌日，刘永昌率众二十人持文书来，署其年曰天赐，佐掷之，麾众执永昌，及晖等并斩之。宣宗嘉其功，迁佐奉国上将军，遥授德州防御使，咬住镇国上将军，遥授同知河间府事，皆赐姓完颜氏。诏曰："自今有忠义如是者，并一体迁授。"

赞曰：古者天子胙土命氏，汉以来乃有赐姓。宣宗假以赏一时之功，郭仲元、郭阿邻以功皆赐国姓。女奚烈资禄、乌古论长寿皆封疆之臣而赐以他姓。贞祐以后，赐姓有格。夫以名使人，用之贵则贵，用之贱则贱，使人计功而得国姓，则以其贵者反贱矣。完颜霆、完颜佐皆赐国姓者，并附于此。

石抹仲温，本名老斡，懿州胡土虎猛安人。充护卫十人长、太子仆正，除同知武宁军节度使事、宿直将军、器物局使。坐前在武宁造马鞍亏直，章宗原之，改左卫将军，迁左副点检。坐征契丹逗遛，降蔡州防御使。复召为左副点检，迁知临洮府事。泰和伐宋，青宜可内附，进爵二级，赐银二百五十两、重币十端。诏曰："青宜可之来，乃汝管内，与有劳焉。比与青宜可相合，其间诸事量宜而行。"顷之，诸道进兵，仲温以陇右步骑五千出盐川。八年，罢兵，改知河中府。崇庆初，迁陕西统军使。贞祐二年，宋人攻秦州，促温率兵败之。寻充本路安抚使，改镇南军节度使。致仕。兴定三年，卒。

乌古论礼，本名六斤，益都猛安人。充习骑，累擢近侍局直长，转本局副使、左卫副将军。坐受沁南军节度使兖王永成名马玉带，杖一百，削官解职。起为蒲速碗群牧副使，改武库署令、宿直将军，复为左卫副将军、顺州刺史，累迁武宁军节度。泰和伐宋，为山东路兵马都统副使兼副统军、安化军节度。八年，宋人请盟，罢兵马都统官，仍以节度兼副统军。大安三年，改知归德府兼河南副统军，历知河南府。至宁初，改知太原府事。贞祐二年，兼河东北路安抚使。三年，充本路宣抚使，顷之，兼左副元帅。四年，太原被围，未几围解，进官二阶。兴定三年，卒。

蒲察阿里，兴州路人。以荫补官，充护卫十人长、武器署令，转宿直将军，迁右卫副将军。宋兵犯分道铺，驰驿赴边，伺其入，以伏兵掩之。改提点器物局。泰和伐宋，从右副元帅匡为副统，攻宜城县，取之。八年，以功迁武卫军副都指挥使。大安元年，同知南京留守事，徙寿州防御使，迁兴平军节度使。崇庆初，迁元帅右都监，明年，转左都监。时都城被围，道路梗塞，阿里由太原至真定，率师赴援，抵中山，不克进。贞祐二年，移驻大名。征河南镇防军图再举，众既惮于行，而阿里遇之有厚薄，军变，遇害，众因逃散。宣宗诏元帅左都监完颜弼安集其军，赦首恶以下，河南统军司更加抚谕。

奥屯襄，本名添寿，上京路人。大定十年，袭猛安。丞相襄举通练边事，授崇义军节度副使，改乌古里乣详稳，召为都水少监、石州刺史。未几，为平南荡江将军，以功升寿州防御使，迁河南路副统军兼同知归德府事、昌武军节度使，仍兼副统军。崇庆改元，为元帅左都监，救西京，至墨谷口，一军尽殪，襄仅以身免，坐是除名。明年，授上京兵马使。宣宗即位，擢辽东路宣抚副使。未几，改速频路节度使，兼同知上京留守事。二年二月，为元帅右都监，行元帅府事于北京。五月，改留守，兼前职，俄迁宣抚使兼留守。十一月，诏谕襄及辽东路宣抚使蒲鲜万奴、宣差蒲察五斤曰："上京、辽东，国家重地，以卿等累效忠勤，故委腹心，意其协力尽公，以徇国家之急。及详来奏，乃大不然，朕将何赖。自今每事同心，并力备御，机会一失，悔之何及！且师克在和，善钧从众，尚惩前过，以图后功。"三年正月，襄为北京宣差提控完颜习烈所害。未几，习烈复为其下所杀，诏曲赦北京。

完颜蒲剌都，西南路按出灰必剌罕猛安人。充护卫，除泰定军节度副使。以忧去官，起复唐古部族节度副使，徙安国军，移乣详稳，累官原州刺史。坐买部内马亏直，夺官一阶，降北京兵马都指挥使、宁远军刺史，历同知临洮府、西京留守事。崇庆元年，迁震武军节度，备御有功，迁一官。贞祐初，置东西面经略司，就充西面经略使，上言："管内大和岭诸隘屯兵，控制边要。行元帅府辄分臣兵万二千戍真定，余众不足守御，近日复简精锐二千七百人以往。今见兵不满万，老羸者十七八。臣死固不足惜，顾国家之事不可不虑，新设经略移文西京、太原、河东取军马，大数并称非臣所统。"诏真定元帅府还其精锐二千七百人。西京、太原、岚州有警急，约为应援。州郡皆不欲属经略司，遂罢经略官，入为签枢密院事，改左副点检。四年，迁兵部尚书，兴定元年，致仕。四年，卒。

夹谷石里哥，上京路猛安人。明昌五年进士，泰州防御判官，补尚书省令史，历临潢、婆速路都总管判官，累除刑部主事，改蓟州副提控，驻军大名。俄迁翰林待制，为宿州提控。与山东宣抚完颜弼攻大沫堌，贼众千余逆战，石里哥以骑兵击之，尽殪。提控没烈入自北门，遂擒刘二祖。以功迁武卫军副都指挥使。坐前在宿州掠良人为生口，当死，特诏决杖八十。徙洺州防御使、山东路副统军。坐不时进兵，往宿迁取妻子，解职。起为东平行军提控。兴定元年，破宋兵于宿州，以功遥授安化军节度使，移定海军，卒。

术甲臣嘉，北京路猛安人，袭父谋克。泰和伐宋，隶陕西完颜纲麾下。历通州、海州同知军州事。贞祐二年，除武器署丞。救集宁有功，迁河南统军判官、拱卫直副都指挥使、河南治中，遥领绥州刺史兼延安治中，就迁同知府事，改同知河间府事。兴定元年，行枢密院于寿州，由寿、泗渡淮伐宋。二年二月，破宋兵三千于渐湖滩，斩三百级。有诏蹂践宋境上，毋深入。臣嘉驻霍丘楂冈村，纵轻骑钞掠，焚毁积聚。获宋谍者张聪，知宋兵二千屯高柳桥，老幼甚众，其寨两城，环之以水。臣嘉遣张聪持牒招之，不从。先令水军径渡攻之。军士牛青操戈刺门卒，皆披靡散去，遂登陴，大军继之，夷其寨而还。遇宋兵数千于梅景村。臣嘉伏兵林间，以步卒诱致之，伏发，宋兵溃，追奔十余里，生擒其将阮世安等五人，获器仗甚众。七月，赏征南功，升职一等，迁元帅右都监，充陕西行省参议官。四年，兼金安军节度使。五年，改知延安府事，转左都监，驻兵京兆。元光元年，卒。

纥石烈桓端，西南路忽论宋割猛安人，袭兄银术可谋可。泰和伐宋，充行军万户，破宋兵二千于蔡州，加宣武将军。自寿州渡淮，败宋步骑一万五千于鹞子岭，遂克安丰军。军还，除同知怀远军节度事，权木典乣详稳。大安三年，西京行省选充合扎万户，遥授同知清州防御事，改兴平军节度副使，遥授显德军节度副使，徙辽东路宣抚司都统。败移剌留哥万五千众于御河寨，夺车数千两，降万余人。加骠骑卫上将军，遥授同知顺天军节度事。

贞祐二年，为宣差副提控，同知婆速路兵马都总管，行府事。贞祐三年，蒲鲜万奴取咸平、东京沈、澄诸州，及猛安谋克人亦多从之者。三月，万奴步骑九千侵婆速近境，桓端遣都统温迪罕怕哥辇击却之。四月，复掠上京城，遣都统兀颜钵辖拒战。万奴别遣五千人攻望云驿，都统奥屯马和尚击之。都统夹谷合打破其众数千于三叉里。五月，都统温迪罕福寿攻万奴之众于大宁镇，拔其垒，其众歼焉。九月，万奴众九千人出宜风及汤池，桓端率兵与战，其众溃去，因招唵吉斡、都麻浑、宾哥、出台、荅爱、颜哥、不灰、活拙、按出、孛德、烈邻十一猛安复来附，择其丁男补军，攻城邑之未下者。贞祐四年，桓端遣王汝弼由海道奏事，宣宗嘉其功，桓端迁辽海军节度使、同知行府事，宣差提控如故。婆速路温甲海世袭猛安、权同知府事温迪罕哥不靄迁显德军节度使，兼婆速府治中。权判官、前修起居注裴满按带迁两阶，升二等。王汝弼迁四阶，升四等。余将士有功者，诏辽东宣抚承制迁赏。是岁，改邳州刺史，充徐州界都提控。

红袄贼数万攻邳州，桓端破之于黄山。贼复来，桓端薄其营，走保北山，追击败之，溺沂水死者甚众。贼数万围沂州，同知防御事仆散撒合突围出求救，桓端率兵赴之。撒合还入沂州，与桓端内外夹击之，杀万余人，贼乃去。枢密副使仆散安贞上其功，因奏曰："桓端天资忠实，深有计画，晓习军事，撒合勇而有谋，皆得军民心，乞加擢用。"桓端进金紫光禄大夫，兼同知武宁军节度事，提控如故。召为劝农副使，充都提控，屯陈州。

兴定元年，自新息渡淮伐宋，破中渡店，至定城，以少击众，战不留行。未几，充宣差参议官，复渡淮，连破宋兵，获其将沈俊，迁武卫军副都指挥使。宋人城守不出，分兵攻其山寨水堡，杀获甚众。兴定二年，迁镇南军节度使，权元帅右都监。数月，改武卫军都指挥使，仍权右都监，行元帅府于息州。

徐州行枢密院石盏女鲁欢刚愎自用，诏桓端以本官权签枢密院事，往代之。四年冬，上言："窃闻宋人与李全将并力来攻，当预为之防。"枢密院奏可，召桓端与朝臣面议。寻有疾，赐太医御药。五年正月，召至京师，疾病不能入见，力疾草奏，大略以南北皆用兵，当豫防其患，及防河数策。无何，卒，年四十五。敕有司给丧事。

完颜阿里不孙，字彦成，曷懒路泰申必剌猛安人。明昌五年进士，调易州、忻州军事判官、安丰县令。补尚书省令史，除兴平军节度副使，应奉翰林文字，转修撰，充元帅左监军纥石烈执中经历官。执中围楚州，纵兵大掠，坐不谏正，决杖五十。大安初，改户部员外郎、钧州刺史。执中行枢密院于西京，复以为经历官。改威州刺史。贞祐初，累迁国子祭酒，历越王、濮王傅，改同知平阳府事，兼本路宣抚副使。召为兵部侍郎，迁翰林侍讲学士。改陕西路宣抚副使，迁元帅左都监。改河平军节度使、河北西路宣抚副使。改御史中丞、辽东宣抚副使。再阅月，权右副元帅、参知政事、辽东路行尚书省事，赐御衣、厩马、安山甲。上京行省蒲察五斤奏其功，赐金百两、绢百匹。

兴定元年，真拜参知政事，权右副元帅，行尚书省、元帅府于婆速路，承制除拜刺史以下。不协。是时，蒲鲜万奴据辽东，侵掠婆速之境，高丽畏其强，助粮八万石。上京行省蒲察五斤入朝，辽东兵势愈弱，五斤留江山守肇州，江山亦颇怀去就。及上京宣抚使蒲察移剌都改陕西行省参议官，而伯德胡土遂有异志。宣抚使海奴不迎制使，坐而受诏，阿里不孙械系之。顷之，阿里不孙辄矫制大赦诸道，众乃稍安，而请罪于朝。

初，留哥据广宁，知广宁府事温迪罕青狗居盖州，妻子留广宁，与伯德胡土约为兄弟。青狗兵隶阿里不孙，内猜忌不协，蒲察移剌都尝奏青狗无隶阿里不孙。宣宗乃召青狗，青狗不受诏，阿里不孙杀之。胡土乃怨阿里不孙。既而胡土率众伐高丽，乃以兵戕杀阿里不孙。权左都监纳坦裕与监军温迪罕哥不靄、遥授东平判官参议军事郭澍谋诛胡土，未敢发，会上京留守蒲察五斤遣副留守夹谷爱荅、左右司员外郎抹撚独鲁诣裕计事。裕以谋告二人，二人许诺，遂召胡土至帐中杀之。阿里不孙已死，朝廷始得矫赦奏疏，诏有司奖谕。未几，闻阿里不孙死于乱，诏赠平章政事、芮国公。纳合裕真授左都监，哥不靄进一阶，爱荅、独鲁、郭澍迁官升职有差。

阿里不孙宽厚爱人，敏于吏事，能治剧要，识者以为用之未尽云。

完颜铁哥，性淳直，体貌雄伟，粗通书。年二十四，袭父速频路曷懒合打猛安。授广威将军。御下惠爱。察廉，除临海军节度副使，改底剌乣详稳。丞相襄行省于北京，铁哥为先锋万户，有功。丁母忧，服除，迁同知武胜军节度使事，充右副元帅完颜匡副统，号平南荡江将军。攻光化军，王统制以步骑出东门逆战，铁哥击却之，拔鹿角，夺门以入，遂克之。进攻襄阳，为前驱，获生口，知江渡可涉处，阴植标以识之。大军至，铁哥导之济，屡战皆捷，以劳进官两阶。匡围德安，铁哥总领攻城，筑垒于德安南凤凰台，并城作甬道，立鹅车，对楼攻之，击走张统制兵。时暑，还屯邓州。兵罢，进官两阶，迁同知临潢府事，改西南路副招讨、宿州防御使。贞祐二年，枢密使徒单度移剌以铁哥充都统，入卫中都。迁东北路招讨使，兼德昌军节度使。

蒲鲜万奴在咸平，忌铁哥兵强，牒取所部骑兵二千，又召泰州军三千及户口迁咸平。铁哥察其有异志，不遣。宣抚使承充召铁哥赴上京，命伐蒲与路。既还，适万奴代承充为宣抚使，摭前不发军罪，下狱被害。谥勇毅。

纳兰胡鲁剌，大名路怕鲁欢猛安人。性淳直，寡言笑，好读书，博通今古。承安二年，进士第一，除应奉翰林文字。被诏括牛于临潢、上京等路。丞相襄有田在肇州，家奴匿牛不以实闻，即械系正其罪而尽括之。于是豪民皆惧，无敢匿者。使还，襄称其能。居父丧尽礼，御史举其清节。服除，转修撰。平章政事仆散端举廉能有文采，迁同知顺天军节度使事，从伐宋。以劳加朝请大夫，改礼部员外郎、曹州刺史。豪民仆散扫合立私渡于定陶间，逃兵盗劫，皆籍为囊橐，累政莫敢问。胡鲁剌捕治之，穷竟其党，阖郡肃然。改沃州。改南京路按察副使。贞佑二年，改泗州防御使。召为吏部侍郎，迁绛阳军节度使，权河东南路宣抚副使。是时兵兴，胡鲁剌完城郭，缮器械，料丁壮为乡兵。延问耆老，招致儒士，咨以备御之策。盐米储倩，劝富民出粟，郡赖以完。赐诏褒谕，加资善大夫，官其次子吾申。改权经略使，被召，以疾不能行，卒于绛州。

赞曰：泰和、贞祐，其间相去五年耳，故将遗老往往在焉。高琪得君，宿将皆斥外矣。高汝砺任职，旧臣皆守藩矣。假以重任，其实疏之。故石抹仲温以下，以见当时之将校焉。

卷一百四　　列传第四十二

纳坦谋嘉　邹谷　高霖　孟奎
乌林荅与　郭俣　温迪罕达　王扩　移剌福僧
奥屯忠孝　蒲察思忠　纥石烈胡失门
完颜宇　斡勒合打　蒲察移剌都

纳坦谋嘉，上京路牙塔懒猛安人。初习策论进士，大定二十六年，选入东宫，教郓王琮、瀛王瑰读书。以终场举人试补上京提刑司书史，以廉能著称。承安元年，契丹陀锁寇掠韩州、信州，提刑司问诸书史谁入奏者，皆难之，谋嘉请行。五年，特赐同进士出身，调东京教授、汤池主簿、太学助教。丁母忧，服阕，累除翰林修撰，兼修起居注、监察御史。贞祐初，迁吏部员外郎、翰林待制、侍御史。完颜宇举谋嘉才行，志在匡国，可预军政。充元帅府经历官。中都被围，食且尽，胥鼎奏："京师官民能赡足贫民者，计所赡迁官，皆先给据。"谋嘉不受据而去。中都危急，谋嘉曰："帅臣统数万众，不能出城一战，何如自缚请降邪？"宣宗议迁都，谋嘉曰："不可。河南地狭土薄，他日宋、夏交侵，河北非我有矣。当选诸王分镇辽东、河南，中都不可去也。"不听。顷之，除唐州刺史。入为太常少卿兼左拾遗，迁郑州防御使。改左谕德，转少詹事，摄御史中丞，未几，摄太子詹事。兴定元年，潼关失守，迁河南统军使兼昌武军节度使，摄签枢密院事，行院许州，汰去冗食军士二千余人。上书谏伐宋，不听。三年，降颍州防御使。有告宋人将袭颍州者，已而宋兵果至，谋嘉有备，乃引去。有司上功，不及告者，谋嘉请而赏之。四年，召为翰林侍讲学士兼兵部侍郎，同修国史。五年卒。

邹谷，字应仲，密州诸城人。中大定十三年进士第，累官沈王府文学。尚书省奏拟大理司直，上曰："司直争论情法，折正疑难，谷非所长也。"宰臣曰："谷有吏才，陕西、河南访察及定课皆称职。"上以谷为同知曹州军州事。召为刑部主事，转北京、临潢提刑判官，入为大理寺丞。尚书省点差接送伴宋国使官，令史周昂具数员呈请。左司都事李炳乘醉见之，怒曰："吾口举两人即是，安用许为？"命左右揽昂衣欲杖之，会左司官召昂去乃已，詈诸令史为奴畜。明日语权令史李秉钧曰："吾岂惟箠骂，汝进退去留，亦皆在我！"群吏将陈诉，会官劾奏，事下大理寺议，差接送伴官事当奏闻，炳谓口举两人，当科违制。谷曰："口举两人，一时之言，当杖赎。揽昂衣欲加杖，当决三十。"上曰："李炳读书人，何乃至是？"宰臣对曰："李炳疾恶，众人不能容耳。"上曰："炳诚过矣，告者未必是也。"乃从谷议。历济南、彰德府治中，吏部郎中，河东按察副使，沂州防御使。历定海、泰宁军节度使。泰和六年，致仕。贞祐初卒。

高霖，字子约，东平人。大定二十五年进士，调符离主簿。察廉，迁泗水令，再调安国军节度判官。以父忧还乡里，教授生徒，恒数百人。服除，为绛阳军节度判官。用荐举，召为国史院编修官。建言："黄河所以为民害者，皆以河流有曲折，适逢隘狭，故致湍决。按《水经》当疏其厄塞，行所无事。今若开鸡爪河以杀其势，可免数埽之劳。凡卷埽工物，皆取于民，大为时病。乞并河堤广树榆柳，数年之后，堤岸既固，埽材亦便，民力渐省。"朝廷从之。迁应奉翰林文字兼前职，改监察御史。丁母忧，起复太常博士。改都水监丞，签陕西路按察司事，体访官员能否，仍赴阙待对。时南征调发繁急，民稍稽滞，有司皆坐失误军期罪。霖言其枉，悉出之。授都水少监。大安初，为耀州刺史。三年，迁河北东路按察副使，改韩王傅，兼韩林直学士。崇庆初，改工部侍郎兼直学士。至宁元年八月，霖奉储侍迎宣宗至新城，敕霖南迎诸妃。既至，赐钱千贯，迁官三阶。贞祐二年，除河平军节度使兼都水监。霖请城宜村为卫州以护北门，上从之。入为兵部尚书，知大兴府事，俄权参知政事，与右丞相承晖行省于中都。寻改中都留守，兼本路兵马都总管。平章政事抹捻尽忠弃中都南奔，霖与子义杰率其徒夜出，不能进，谓义杰曰："汝可求生，吾死于此矣。"霖死，义杰伏群尸中以免。赠翰林学士承旨，令立碑乡里，岁时致祭，访其子孙录用，谥文简。

孟奎，字元秀，辽阳人也。大定二十一年进士，调黎阳主簿。丁母忧，服阕，调淄州军事判官，迁汲县令。察廉，改定兴令。补尚书省令史，从参知政事马琪塞澶渊决河，改中都左警巡使。平章政事完颜守贞礼接士大夫在其门者，号"冷岩十俊"，奎其一也。改都转运司支度判官、上京等路提刑判官。初，辽东契丹判余里也尝杀驿使大理司直，有契丹人同名者，有司辄系之狱，奎按囚速频路谳而出之，既而果获其杀司直者。迁同知西京路转运使事。置行枢密院于镇宁，充宣差规措所官给军用。改签河东南北路按察司事、武州刺史。上言三事，其一曰："亲民之寄，今吏部之选颇轻，使武夫计资而得，权归胥吏。每县宜参用士人，使纪纲其事。"未几，改曹州刺史，再调同知中都路都转运使事。旱，诏审录中都路冤狱，多平反。大安初，除博州防御使，凡属县事应赴州者，不得泊于逆旅，以防吏奸，人便之。改山东东西路安抚副使，迁北京、临潢等路按察转运使，以本官为行六部侍郎。劾奏监军完颜讹出虚造功状，讹出坐免官。诏以奎为宣差都提控。贞祐初，以疾卒，谥庄肃。

乌林荅与，本名合住，大名路纳邻必剌猛安人。充奉职、奉御、尚食局直长，兼顿舍。除监察御史，累官武胜军节度使、北京按察转运使、太子詹事、武卫军都指挥使。贞祐二年，知东平府事，权宣抚副使。改西安军节度使，入为兵部尚书。上言："按察转运司拘榷钱谷，纠弹非违，此平时之治法。今四方兵动，民心未定，军士动见刻削，乞权罢按察及劝农使。"又曰："东平屯兵万余，可运滨盐易粮刍给之。"又曰："潼关及黄河津要，将校皆出卒伍，类庸懦不可用。乞选材武者代之。"又曰："兖、曹、濮、浚诸郡皆可屯重兵，敕州县官劝民力穑，至於防秋，则清野保城。"下尚书省，竟不施行。新制科买军器材物稽缓者并的决，与奏："有司必督责趣办，民将不堪，可量罚月俸。"从之。坐前在陕州市物亏直，降郑州防御使。寻召为拱卫直都指挥使，复为兵部尚书。兴定三年，卒。

郭俣，字伯有，泽州人。大定二十二年进士，调长子主簿、莱州观察判官、莱阳县令，补尚书省令史，知管差除。除大理司直。丁母忧，起复太常博士、左司都事。御史台举俣及前应奉翰林文字张楫、吏部主事王质、刑部主事抹撚居中、通事舍人完颜合住、弘文校理把扫合、吏部架阁管勾乌古论和尚、尚书省令史温迪罕思敬皆才干可用。诏各升一等，迁除俣平阳府治中、张楫国子博士、王质昭义军节度副使、抹撚居中大理司直、完颜合住侍仪司令、把扫合同知弘文院事、乌古论和尚利涉军节度副使、温迪罕思敬同知定武军节度事。久之，俣召为同知登闻鼓院兼秘书丞，迁礼部郎中、滕州刺史、同知真定府事。上言："每季合注巡尉官，吏、刑两部斟酌盗贼多寡处选注。"诏议行之。改中都、西京按察副使，迁国子祭酒。泰和六年，伐宋，充宣差山东安抚副使。七年，迁山东宣抚副使。大安元年，迁辽东按察转运使，改中都路都转运使、泰定军节度使、陕西东路按察转运使。贞祐三年，罢按察司，仍充本路转运使，行六部尚书。改河北西路转运使，致仕。元光二年，卒。

温迪罕达，字子达，本名谋古鲁，盖州按春猛安人。性敦厚，寡言笑。初举进士，廷试搜阅官易达貌小，谓之曰："汝欲求作官邪?"达曰："取人以才学，不以年貌。"众咸异之。明昌五年，中第，调固安主簿。以忧去官，服除，调信州判官。丞相襄辟行省幕府。改顺州刺史，补尚书省令史，除南京警巡使。居父丧，是时伐宋兵兴，起复，给事行尚书省。大安初，迁德兴府判官，再迁监察御史。宣宗迁汴，以本职护送卫士妻子。复被诏运大名粟，由御河抵通州，事集，迁一官，转户部员外郎、左司郎中。遇继母忧，起复太常少卿，充陕西元帅府经历官。

兴定元年，召还，摄侍御史，上疏论伐宋，略曰："天时向暑，士马不利，宜俟秋凉，无不可者。"又曰："辽东兴王之地，移剌都不能守，走还南京。度今之势，可令濮王守纯行省盖州，驻兵合思罕，以系一方之心。昔祖宗封建诸王，错峙相维，以定大业。今乃委诸疏外，非计也。"宣宗曰："一子非所爱，但幼不更事，讵能办此?"逾月，复上言："天下轻重，系于宰相，迩来每令权摄，甚无谓也。今之将帅，谋者不能战，战者不能谋。今岂无其人，但用之未尽耳。"宣宗曰："人才难知，故先试其称否，卿何患焉。所谓用之未尽者为谁?"对曰："陕西统军使把胡鲁忠直干略，知延安府古里甲石伦深沉有谋，能得士心，虽有微过，不足以累大。"宰相高琪、高汝励恶其言。俄充陕州行枢密院参议官。二年，召为户部侍郎。改刑部，兼左司谏，同知集贤院。改大理卿，兼越王傅。寻迁河南统军使、昌武军节度使，行六部，摄同签枢密院，行院许州。改集庆军节度使。

是时，东方荐饥，达上疏曰："亳州户旧六万，今存者无十一，何以为州?且今调发数倍于旧，乞量为减免。"是岁大水，砀山下邑野无居民，转运司方忧兵食，达谩闻二县无主稻田且万顷，收可数万斛，即具奏。朝廷大骇，诏户部尚书高夔佩虎符专治其事，所获无几，夔坐累抵罪。达自念失奏，因感愧发病，寻卒。

王扩，字充之，中山永平人。明昌五年进士，调邓州录事，润色律令文字。迁怀安令。猾吏张执中诬败二令，扩到官，执中挈家避去。改徐州观察判官，补尚书省令史，除同知德州防御使事。被诏赈贷山东西路饥民，棣州尤甚，扩辄限数外给之。

泰和伐宋，山东盗贼起，被安抚使张万公牒提控督捕。扩行章丘道中，遇一男子举止不常，捕讯，果历城大盗也。众以为有神。再迁监察御史，被诏详谳冤狱。是时，凡斗杀奏决者，章宗辄减死，由是中外断狱，皆以出罪为贤。扩谓同辈曰："生者既谳，地下之冤云何!"是时，置三司治财，扩上书曰："大定间，曹望之为户部，财用殷阜，亦存乎人而已。今三司职掌，皆户部旧式，其官乃户部之旧官，其吏亦户部之旧吏，何愚于户部而智于三司乎?"既而三司亦竟罢。张炜职办西北路粮草者数年，失亡多，尚书省奏扩考按，会炜亦举王谦自代，王谦发其奸蠹，扩按之无所假借。炜旧与扩厚，使人诿扩曰："君不念同舍邪?"扩曰："既奉诏，安得顾故人哉!"

大安中，同知横海军节度事，签河东北路按察事。贞祐二年，上书陈河东守御策，大概谓："分军守隘，兵散而不成军。聚之隘内，军合则势重。馈饷一途，以逸待劳，以主待客，此上策也。"又曰："军校猥众，分例过优，万户一员，其费可给兵士三十人。本路三从宜，万户二百余员，十羊九牧，类例可知。乞以千人为一军，择望重者一人万户，两猛安、四谋克足以教阅约束矣，岂不简易而省费哉。"又曰："按察兼转运，本欲假纠劾之权，以检括钱谷。迩来军兴，粮道军府得而制之。今太原、代、岚三军皆其州府长官，如令通掌资储，则弊立革，按察之职举矣。"又曰："数免租税，科籴益繁，民不为恩，徒增廪给，教练无法，军不足用。"书奏，不见省。

迁汴后，召为户部侍郎，迁南京路转运使。太府监奏羊瘦不可供御。宣宗召扩诘问。扩奏曰："官无羊，皆取于民，今民心未安，宜崇节俭。廷议肥瘠纷纷，非所以示圣德也。"宣宗首肯之。平章政事高琪阅尚食物，谓扩曰："圣主焦劳万机，赖膳羞以安养，臣子宜尽心。"扩曰："此自食监事，何劳宰相!"高琪默然，衔之。有司夺市人衣，以给往戍潼关军士，京师大扰。扩白宰相，请三日造之。高琪怒不从。潼关已破，大元兵至近郊，遣扩行六部事，规办潼关刍粮。偕户部员外郎张好礼往商、虢，过中牟，不可进。高琪奏扩畏避，下吏论死。宣宗薄其责，削两阶，杖七十，张好礼削三阶，杖六十。降为遥授陇州防御使，行六部侍郎，规办秦、巩军食。逾月，权陕西东路转运使，行六部尚书。致仕。兴定三年，卒，谥刚毅。扩博学多才，梗直不容物，以是不振于时云。

移剌福僧，东北路乌连苦河猛安人。以荫补吏部令史，转枢密院，调滕州军事判官，历甄官署直长、豳王府司马、顺义军节度副使。部内世袭猛安木吞掠民妇女，藏之窟室，人颇闻之，无敢发其罪者。福僧请于节度使，愿自效，既迹得其所在，率众入索之，得妇女四十三人，木吞抵罪。徙横海军，转同知开远军节度事，签北京、临潢按察事，兴中治中，莫州刺史。上言："沿边军官私役军人，边防不治，及扰动等事，按察司专一体究，各路宣差提控严勒禁治。"诏尚书省行之。

大安初，改沃州，同知兴中府事。福僧督民缮治城郭，浚濠为御守备，百姓颇怨。顷之，兵果至，攻其北城。福僧战其北，使备其西，薄暮果攻其西，以有备乃解去。寻改广宁。崇庆元年秋，福僧被牒如邻郡，大兵薄城，其子铜和尚率家奴拒战，广宁赖之以完。福僧还，悉放奴为良，终不言子之功，识者多之。未几，充辽东宣抚副使。岁大饥，福僧出沿海仓粟，先赈其民，而后奏之，优诏奖谕。至宁元年，除巩王傅兼吏部郎中。胡沙虎作难，福僧称疾不出。宣宗封胡沙虎泽王，百官皆贺，福僧不往，胡沙虎欲摭而罪之。诏除福僧寿州防御使。贞祐三年，迁山东西路按察转运使。是岁按察司罢，仍充转运使。久之，致仕。

兴定二年十一月庚辰，宣宗御登贤门，召致仕官，兵部尚书完颜蒲剌都、户部尚书萧贡、刑部尚书仆散伟、工部尚书奥屯扎里吉、翰林学士完颜孛迭、转运使福僧、河东北路转运使赵重福、沁南军节度使猪奋、镇南军节度使石抹仲温、泰定军节度使李元辅、中卫尉完颜奴婢、原州刺史纥石烈孛吉赐食，访问时政得失。福僧乃上书曰："为今之计，惟先招徕乣人。选择乣人旧有宿望雄辨者，谕以恩信，彼若内附，然后中都可复，辽东可通。今西北多虞，而南鄙不敢撤戍，刍粮调度，仰给河南，赋役频繁，民力疲弊。宜开宋人讲和之端，抚定河朔，养兵蓄锐，策之上也。"又曰："山东残破，群盗满野，官军既少，且无骑兵。若宋人资以粮饷，假以官爵，为患愈大。当选才干官充宣差招捕，以恩赏谕使复业。募其壮悍为兵，亦致胜之一也。"又曰："自承安用兵，军中设监战官，论议之间，动相矛盾，不惩其失，反以为法。若辈平居，皆选材勇自卫，一旦有急，驱疲懦出战，宁不败事？罢之为便。"书奏，朝廷略施用焉。元光元年卒。

赞曰：宣宗急于求贤，而使小人间之；悦于直言，而使邪说乱之。贞祐、兴定之间，岂无其人哉。虽故直言蔽于所惑，群才诎于见忌耳。自纳坦谋嘉以下，可考见焉。

奥屯忠孝，字全道，本名牙哥，懿州胡土虎猛安人。幼孤，事母孝。中大定二十二年进士科，调蒲州司候，察廉，迁一官，除校书郎兼太子司经。三迁礼部员外郎。迁翰林待制，权户部侍郎，佐参知政事胥持国治决河，以劳进一阶。除河平军节度使，兼都水监，遂疏七祖佛河及王村、周平、道口、鸡爪、孙家港，复开东明、南阳冈、马蹄、孙村诸河。忠孝常曰："河之为患，不免劳民。复垒石为岸十余里，民不胜其病矣。"改沁南军，坐前在卫州勾集妨农军借民钱不令偿，由是贫富不相假贷，军民不相安，降宁海州刺史。改滑州，历同知南京留守，迁定国军节度使，复为沁南军。入为太子少傅兼礼部尚书。

贞祐初，议降卫绍王，忠孝与蒲察思忠附胡沙虎议，语在思忠传。顷之，拜参知政事。中都围急，粮运道绝，诏忠孝搜括民间积粟，存两月食用，悉令输官，酬以银钞或僧道戒牒。是时，知大兴府事胥鼎计画军食，奏许人纳粟买官，鼎已籍者，忠孝再括之，令百姓两输，欲为己功。左谏议大夫张行信上疏论之曰："民食止存两月，而又夺之，使当绝食，不独归咎有司，而亦怨朝廷之不察也。"宣宗善行信言，命近臣与忠孝同审取焉。谓忠孝曰："国家本欲得粮，今既得矣，姑从民便可也。"顷之，行信复奏曰："参政奥屯忠孝平生矫伪不近人情，急于功名，诡异要誉，惨刻害物，忍而不恤。勾当河防，河朔居民不胜其病。军负民钱，抑不令偿。东海欲用胡沙虎，举朝皆曰不可，忠孝独力荐。及胡沙虎作难，忠孝自谓有功。诏议东海爵号，忠孝请籍没其子孙，及论特末也则云不当籍没，其偏党不公如此。无事之时，犹不容一相非才，况今多故，乃使此人与政，如社稷何！"宣宗曰："朕初即位，当以礼进退大臣，卿语其亲知，讽之求去可也。"行信以语右司郎中把胡鲁，把胡鲁以宣宗意白忠孝，忠孝靦然不听。顷之，罢为太子太保，出知济南府事，改知中山府。寻薨，年七十，谥惠敏。

蒲察思忠，本名畏也，隆安路合懒合兀主猛安人。大定二十五年进士，调文德、鄜阴主簿，国子助教，应奉翰林文字，太学博士，累迁涿州刺史，吏部郎中，迁潞王傅。被诏与翰林侍读学士张行简讨论武成王庙配享列，思忠奏曰："伏见武成王庙配享诸将，不以世代为先。后按唐祀典，李靖、李勣居吴起、乐毅上。圣朝太祖以二千之众，破百万之师，太宗克宋，成此帝业，秦王宗翰、宋王宗望、娄室、谷神与前代之将，各以功德间列可也。"思忠论多矫饰，不尽录，录其颇有理者云。迁大理卿，兼左司谏，同修国史。

泰和六年，平章政事仆散揆宣抚河南，诏以备御攻守之法，集百官议于尚书省。廷臣尚多异议，思忠曰："宋人攻围城邑，动至数千，不得为小寇。但当选择贤将，宜攻宜守，临时制变，无不可者。"上以为然。顷之，迁翰林侍讲学士兼左谏议大夫，大理卿、同修国史如故。再阅月，兼知审官院正职，外兼四职自思忠始。宋人请和。赐银五十两、重彩十端。丁母忧，起复侍讲学士，兼谏议、修史、知审官院，转侍读，兼兵部侍郎。

贞祐初，胡沙虎请废卫绍王为庶人，思忠与奥屯忠孝阿附胡沙虎，曰："窃人之财，犹谓之盗，况偷天位以私己乎！"宣宗不从。顷之，迁太子太保兼侍读、修国史。二年春，享于太庙，思忠摄太尉，醉殴礼直官，御史台劾奏，降秘书监兼同修国史。顷之，迁翰林学士同修国史，卒。

纥石烈胡失门，上京路猛安人。明昌五年进士，累官补尚书省令史，除中都路支度判官，调河北东路都勾判官，累官翰林直学士、大理卿、右谏议大夫。兴定二年，伐宋，充元帅左都监纥石烈牙吾塔参议官。牙吾塔至楚州，不待行省仆散安贞节制，辄进兵。宋人坚壁不出，野无所掠，军士疲乏，饿死相望，直前至江而复。安贞劾奏之，牙吾塔坐不奉诏约，胡失门不矫正，特诏原之。改同知彰德府事。五迁吏部尚书。五年，拜御史大夫。元光元年，兼大司农。二年，薨，宣宗辍朝，百官致奠。

完颜宇，本名讹出，西南路猛安人。大定二十八年进士，累调河东北路提刑司知事，改同知辽州军州事，召为国史院编修官，迁应奉翰林文字、南京路转运副使。丁父忧，起复太府监丞，改吏部员外郎。大安初，除知登闻检院，累迁右司郎中、翰林待制，兼侍御史。贞祐初，议卫绍王事，语在《卫绍王纪》。

中都围急，诏于东华门置招贤所，内外士庶皆得言事，或不次除官，由是闾阎细民，往往炫鬻求售。王守信者，本一村夫，敢为大言，以诸葛亮为不知兵，宇荐于朝。诏署行军都统，募市井无赖为兵，教阅进退跳掷，大概似童戏。其阵法大书“古今相对”四字于旗上，作黄布袍、缁巾、镴牌各三十六事，牛头响环六十四枚，欲以怖敌而走之，大率皆诞妄。因与其众出城，杀百姓之樵采者以为功。贾耐儿者，本歧路小说人，俚语诙嘲以取衣食，制运粮车千两。是时材木甚艰，所费浩大，观者皆窃笑之。草泽李栋在卫绍王时尝事司天监李天惠，依附天文，假托占卜，趋走贵臣，俱为司天官。栋尝密奏白气贯紫微，主京师兵乱，幸不贯彻，得不成祸。既而高琪杀胡沙虎，宣宗愈益信之。

左谏议大夫张行信奏曰：“狂子庸流，猥蒙拔擢，参预机务，甚无谓也。司天之官，占见天象，据经陈奏，使人主饬已修政，转祸为福。如有天象，乞令诸监官公同陈奏，所见或异，则各以状闻，不宜偏听也。”上召行信与宇面计守信事，复与近侍就决于高琪。高琪言守信不可用，上乃以行信之言为然。

顷之，宇迁礼部侍郎，改东京副留守、陇州防御使，迁安化军节度使，兼山东路统军副使。兴定元年四月，诏宇以本官权元帅左都监，行元帅府事，和辑苗道润、移剌铁哥军事，语在道润传。十二月，密州破，宇为乱军所杀。

斡勒合打，盖州本得山猛安人。以荫补官，充亲军，调山阴尉。县当兵冲，合打率土豪官兵身先行阵。贞祐初，以功迁本县令。县升为忠州，合打充刺史。州被兵久，耕桑俱废，诏徙其民于太和岭南。合打遥授同知太原府事，仍领其众。俄以本官遥授彰国军节度使，权河东北路宣抚副使，督粮饷往代州。合打不欲行，因与宣抚使完颜伯嘉争辨。合打恐伯嘉奏闻，乃先奏伯嘉辱己。御史台廉得其事，未及奏，伯嘉、合打皆改迁。合打改武宁军节度使。数月，召为劝农使。久之，为金安军节度使。兴定元年，复为劝农使，历知河间府，权元帅右都监，行元帅府事，驻兵蔡、息间。权同签枢密院事，守河清，改知归德府事。合打屡守边要，无他将略，虽未尝败北，亦无大功。元光元年，卒。

蒲察移剌都，东京猛安人。父吾迭，太子太傅致仕。移剌都勇健多力，充护卫十人长，调同知秦州防御使事、武卫军钤辖，以忧去官。起复武器署令。从军，兵溃被执。贞祐二年，与降兵万余人俱脱归。迁隆安府治中，赐银百两，重币六端，遥授信州刺史。有功，迁蒲与路节度使兼同知上京留守事，进三阶，改知隆安府事。逾年，充辽东、上京等路宣抚使兼左副元帅。再阅月，就拜尚书右丞。移剌都与上京行省蒲察五斤争权，及卖隆安战马，擅造银牌，睚眦杀人，已而矫称宣召，弃隆安赴南京，宣宗皆释不问。除知河南府事，俄改元帅左监军，权左副元帅，充陕西行省参议官。无何，兼陕西路统军使。兴定二年四月，改签枢密院事，权右副元帅，行枢密院于邓州。御史台奏移剌都在军中，买沙覆道，盗用官银，矫制收禁书，指斥銮舆，使亲军守门，护卫押宿，拟前后卫仗，婢妾效内人妆饰等数事。诏吏部尚书阿不罕斜不失鞫之，坐是诛。

赞曰：读《金史》，至张行信论奥屯忠孝事，曰：嗟乎，宣宗之不足与有为也如此！夫进退宰执，岂无其道也哉！语其亲知，讽之求去，岂礼邪？是故奥屯忠孝、蒲察思忠之党比，纥石烈胡失门之疲众，完颜宇之轻信误国，斡勒合打之诋讼上官，于是曾不之罪，失政刑矣，岂小惩大诫之道哉！

卷一百五　　列传第四十三

程寀　任熊祥　孔璠子拯　**范拱**
张用直　刘枢　王翛　杨伯雄兄伯渊　**萧贡**
温迪罕缔达　张翰　任天宠

程寀，字公弼，燕之析津人。祖冀，仕辽广德军节度使。冀凡六男，父子皆擢科第，士族号其家为“程一举”。冀次子四穆，辽崇义军节度使。寀，四穆之季子也。自幼如成人。及冠，笃学，中进士甲科，累迁殿中丞。天辅七年，太祖入燕，授尚书都官员外郎、锦州安昌令，累加起居郎，为史馆修撰，以从军有劳，加少府少监。熙宗时，历翰林待制，兼右谏议大夫。寀上疏言事，其略曰：“殿前点检司，古殿岩环卫之任，所以肃禁籞，尊天子、备不虞也。臣幸得近清光，从天子观时畋之礼。比见陛下校猎，凡羽卫从臣，无贵贱皆得执弓矢驰逐，而圣驾崎岖沙砾之地，加之林木丛郁，易以迷失。是日自卯及申，百官始出沙漠，独不知车驾何在。瞻望久之，始有骑来报，皇帝从数骑已至行在。窃惟古天子出入警跸，清道而行。至于楚畋云梦，汉猎长杨，皆大陈兵卫，以备非常。陛下膺祖宗付托之重，奈何独与数骑出入林麓沙漠之中，前无斥候，后无羽卫，甚非肃禁籞之意也。臣愿陛下熟计之。后若复猎，当预戒有司，图上猎地，具其可否，然后下令清道而行。择冲要稍平之地，为驻跸之所，简忠义爪牙之士，统以亲信腹心之臣，警卫左右。俟其麋鹿既来，然后驰射。仍先遣搜阅林薮，明立标帜，为出入之驰道。不然，后恐贻宗朝社稷之忧。”

又曰：“臣伏读唐史，追尊高祖以下，谥号或加至十八字。前宋大中祥符间亦加至十六字，亡辽因之，近陛下亦受‘崇天体道钦明文武圣德’十字。臣窃谓人臣以归美报上为忠，天子以追崇祖考为孝。太祖武元皇帝受命开基，八年之间，奄有天下，功德茂盛，振古无前，止谥‘武元’二字，理或未安，何以示将来？臣愿诏有司定议谥号，庶几上慰祖宗在天之灵，使耿光丕烈，传于无穷。”

又曰：“古者天子皆有巡狩，无非事者。或省察风俗，或审理冤狱，或问民疾苦，以布宣德泽，皆巡狩之名也。

国家肇兴，诚恐郡国新民，逐末弃本，习旧染之污，奢侈诈伪，或有不明之狱，僭滥之刑，或力役无时，四民失业。今銮辂省方，将宪古行事，臣愿天心洞照，委之长贰，厘正风俗，或置匦匣，以申冤枉，或遣使郡国，问民无告，皆古巡狩之事。昔汉昭帝问疾苦，光武求民瘼，如此则和气通，天下丕平可坐而待也。”

又曰：“臣闻，善医者不视他人之肥瘠，察其脉之病否而已；善计天下者不视天下之安危，察其纪纲理否而已。天下者人也，安危者肥瘠也，纪纲者脉也，脉不病虽瘠不害，脉病而肥者危矣。是故，四肢虽无故，不足恃也，脉而已矣。天下虽无事，不足矜也，纲纪而已矣。尚书省，天子喉舌之官，纲纪在焉。臣愿诏尚书省，戒励百官，各扬其职，以立纲纪。如吏部天官以进贤退不肖为任，诚使升黜有科，任得其人，则纲纪理而民受其赐，前代兴替，未始不由此者。”

又曰：“虞舜不告而娶二妃。帝喾娶四妃，法天之四星。周文王一后、三夫人，嫔御有数。选求淑媛以充后宫，帝王之制也。然女无美恶，入宫见妒，陛下欲广嗣续，不可不知而告戒之。”

又曰：“臣伏见本朝富有四海，礼乐制度，莫不一新。宫禁之制，尚未严密，胥吏健卒之辈，皆得出入，莫有呵止，至淆混而无别。虽有阑入之法，久尚未行，甚非严禁卫、明法令之意，陛下不可不知而必行。”

疏奏，上嘉纳之，于是始命有司议增上太祖尊谥。皇统八年十二月，由翰林侍讲学士为横海军节度使，移彰德军节度使。卒官，年六十二。寀刚直耿介，不谄奉权贵以希苟进，有古君子之风云。

任熊祥，字子仁。八代祖圜，为后唐宰相。圜孙睿，随石晋北迁，遂为燕人。熊祥登辽天庆八年进士第，为枢密院令史。太祖平燕，以其地畀宋，熊祥至汴，授武当丞。宋法，新附官不厘务，熊祥言于郡守杨晳曰：“既不与事，请止给半俸以养亲。”晳虽不许，而喜其廉。金人取均、房州，熊祥归朝，复为枢密院令史。时西京留守高庆裔摄院事，无敢忤其意者，熊祥未尝阿意事之。其后杜充、刘筈同知燕京行省，法制未一，日有异论，熊祥为折衷之。历深、磁州刺史，开封少尹，行台工部郎中，同知汴京留守事。天德初，为山东东路转运使，改镇西军节度使。是时，诏徐文、张弘信讨东海县，弘信逗遛，称疾不进，决杖二百。熊祥被诏为会试主文，以“事不避难臣之职”为赋题。及御试，熊祥复以“赏罚之令信如四时”为赋题，海陵大喜，以为翰林侍读学士。大定初，起为太子少师。时契丹贼窝斡窃号，北鄙用兵未息，上以为忧，诏公卿百官议所以招伐之宜。众皆异议，熊祥徐进曰：“陛下以劳民为忧，用兵为重，莫若以恩信招怀之。”上问：“孰可使者?”对曰：“臣虽老，凭国威灵，尚堪一行。”上曰：“卿老矣，无烦为此。”七年，复致仕。熊祥事母以孝闻，母没时，熊祥年已七十，不食三日，人皆称之。卒于家。

孔璠，字文老，至圣文宣王四十九代孙，故宋朝奉郎袭封端友弟端操之子。齐阜昌三年补迪功郎，袭封衍圣公，主管祀事。天会十五年，齐国废。熙宗即位，兴制度礼乐，立孔子庙于上京。天眷三年，诏求孔子后，加璠承奉郎，袭封衍圣公，奉祀事。是时，熙宗颇读《论语》、《尚书》、《春秋左氏传》及诸史、《通历》、《唐律》，乙夜乃罢。皇统元年三月戊午，上谒奠孔子庙，北面再拜，顾谓侍臣曰：“朕幼年游佚，不知志学，岁月逾迈，深以为悔。大凡为善，不可不勉。孔子虽无位，其道可尊，万世高仰如此。”皇统三年，璠卒。子拯袭封，加文林郎。

拯字元济。天德二年，定袭封衍圣公俸格，有加于常品。是岁立国子监，久之，加拯承直郎。大定元年卒。弟总袭封，加文林郎。

总字元会。大定二十年，召总至京师，欲与之官。尚书省奏：“总主先圣祀事，若加任使，守奉有阙。”上曰：“然。”乃授曲阜县令。明昌元年卒。子元措袭封，加文林郎。

元措字梦得。三年四月诏曰：“衍圣公视四品，阶止八品，不称。可超迁中议大夫，永著于令。”四年八月丁未，章宗行释奠礼，北面再拜，亲王、百官、六学生员陪位。承安二年正月，诏元措兼曲阜县令，仍世袭。元措历事宣宗、哀宗，后归大元终焉。

四十八代端甫者，明昌初，学士党怀英荐其年德俱高，读书乐道，该通古学。召至京师，特赐王泽榜及第，除将仕郎、小学教授，以主簿半俸致仕。

范拱，字清叔，济南人。九岁能属文，深于《易》学。宋末登进士第，调广济军曹，权邦彦辟为书记，摄学事。刘豫镇东平，拱撰谒庙文，豫奇之，深加赏识。拱献《六箴》。

齐国建，累擢中书舍人。上《初政录》十五篇：一曰《得民》，二曰《命将》，三曰《简礼》，四曰《纳谏》，五曰《远图》，六曰《治乱》，七曰《举贤》，八曰《守令》，九曰《延问》，十曰《畏慎》，十一曰《节祥瑞》十二曰《戒雷同》，十三曰《用人》，十四曰《御将》，十五曰《御军》。豫纳其说而不能尽用也。久之，权尚书右丞，进左丞，兼门下侍郎。

豫以什一税民，名为古法，其实裒敛，而刑法严急，吏夤缘为暴。民久罹兵革，益穷困，陷罪者众，境内苦之。右丞相张孝纯及拱兄侍郎巽，极言其弊，请仍因履亩之法，豫不从。巽坐贬官，自是无复敢言者。拱曰：“吾言之则为党兄，不言则百姓困弊。吾执政也，宁为百姓言之。”乃上疏，其大略以为“国家惩亡宋重敛弊，什一税民，本务优恤，官吏奉行太急，驱民犯禁，非长久计也”。豫虽未即从，而亦不加谴。拱令刑部条上诸路以税抵罪者凡千余人，豫见其多，乃更为五等税法，民犹以为重也。

齐废，梁王宗弼领行台省事，拱为官属。宗弼访求百姓利病，拱以减税为请，宗弼从之，减旧三分之一，民始苏息。拱慎许可，而推毂士，李南、张辅、刘长言皆拱荐也。长言自汝州郏城酒监擢省郎，人不知其所以进，拱亦不自言也。以久病乞近郡，除淄州刺史。皇统四年，以疾求退，以通议大夫致仕。斋居读书，罕对妻子。

世宗在济南闻其名。大定初，拱上封事。七年，召赴阙，除太常卿。议郊祀。或有言前代都长安及汴、洛，以太、华等山列为五岳，今既都燕，当别议五岳名。寺僚取《崧高》疏“周都酆镐，以吴岳为西岳”。拱以为非是，议略曰：“轩辕居上谷，在恒山之西，舜居蒲坂，在华山之北。以此言之，未尝据所都而改岳祀也。”后遂不改。拱尝言：“礼官当守礼，法官当守法，若汉张释之可谓能守法矣。”故其议论确然不可移夺。九年，复致仕，卒于家，年七十四。

张用直，临潢人。少以学行称。辽王宗干闻之，延置门下，海陵与其兄充皆从之学。天眷二年，以教宗子赐进士及第，除礼部郎中。皇统四年，为宣徽判官，历横海军节度副使，改宁州刺史。海陵即位，召为签书徽政院事、太常卿、太子詹事。海陵尝谓用直曰：“朕虽不能博通经史，亦粗有所闻，皆卿平昔辅导之力。太子方就学，宜善导之。朕父子并受卿学，亦儒者之荣也。”为贺宋国正旦使，卒于汴。海陵深悼惜之，遣使迎护其丧，官给道途费。丧至，亲临奠，赐钱千万。其养子始七岁，特授武义将军。

刘枢，字居中，通州三河人。少以良家子从军，屯河间。同辈皆骑射，独枢刻意经史。登天眷二年进士，调唐山主簿。改飞狐令，蔚州刺史恃功贪污无所顾忌，属邑皆厌苦之，枢一无所应，乃摭以他事系狱，将致之死。郡人有怜枢者，导枢脱走，诉于朝。会廉察使至，守倅而下皆抵罪废，独枢治状入优等，躐迁奉直大夫。张浩营建燕京宫室，选枢分治工役。迁尚书刑部员外郎，鞫治太原尹徒单阿里出虎反状，旬日狱具。转工部郎中，进本部侍郎。正隆末，从军还自江上。大定初，与左司郎中王蔚、右司员外郎王全俱出补外，枢为南京路转运使事。初，世宗欲复用枢等，御史台奏：“枢等在正隆时皆以巧进，败法蠹政，人多怨嫉之。”上以枢等颇干济，犹用之，戒之曰：“能悛心改过，必加升擢。不然，则斥汝等矣。”是时，阿勒根彦忠为南京都转运使，不闲吏事，故用枢以佐之。迁山东路转运使，改中都路转运使。大定四年，卒于官。

王翛，字翛然，涿州人也。登皇统二年进士第，由尚书省令史除同知霸州事。累迁刑部员外郎。坐请嘱故人奸罪，杖四十，降授泰定军节度副使。四迁大兴府治中，授户部侍郎。世宗谓宰臣曰：“王翛前为外官，闻有刚直名。今闻专务出罪为阴德，事多非理从轻。又巧幸偷安，若果刚直，则当忘身以为国，履正以无偏，何必卖法以徼福耶？”寻命赈济密云等三十六县猛安人户，冒请粟三万余石，为尚书省奏夺官一阶，出为同知北京留守事。上曰：“人多言王翛能官，以朕观之，凡事不肯尽力，直一老奸耳。”二十四年，迁辽东路转运使。岁余，改显德军节度使。以前任转运使拽辱仓使王祺致死，追两官解职，敕杖七十，降授郑州防御使。

章宗即位，擢同知大兴府事。审录官奏，翛前任显德洁廉刚直，军吏敛迹，无讼狱。迁礼部尚书，兼大理卿。使宋还，会改葬太师广平郡王徒单贞。贞，章宗母孝懿皇后父也。帝欲用前代故事，班剑、鼓吹、羽葆等仪卫。宰臣以贞与弑熙宗诛死，意难之。于是诏下礼官议。翛言：“晋葬丞相王导，给前后羽葆、鼓吹、武贲、班剑百人。唐以来，大驾卤簿有班剑，其王公以下卤簿并无班剑，兼羽葆非臣下所宜用，国朝葬大臣亦无之。”上先知唐葬大臣李靖等皆用班剑、羽葆，怒曰：“典故所无，固可从，然用之亦不过礼。”一日，诏翛及谏议大夫兼礼部侍郎张暐诣殿门，谕之曰：“朝廷之事，汝谏官、礼官即当辩析。且小民言可采，朕尚从之，况卿等乎？自今议事，毋但附合尚书省。”

明昌二年，改知大兴府事。时僧徒多游贵戚门，翛恶之，乃禁僧午后不得出寺。尝一僧犯禁，皇姑大长公主为请，翛曰：“奉主命，即令出之。”立召僧，杖一百死，京师肃然。后坐故出人罪，复削官解职。明年，特授定海军节度使。谕旨曰：“卿赋性太刚，率意行事，乃自陷于刑。若殿年降叙，念卿入仕久，颇有执持，故特起于罪谪之中，授以见职。且彼岁歉民饥，盗贼多，须用旧人镇抚，庶得安治。勉尽乃心，以图后效。”未几，表乞致仕。上曰：“翛能干者，得力为多。”不许。复申请，从之。泰和七年，卒，年七十五。

翛性刚严，临事果决，吏民惮其威，虽豪右不敢犯。承安间，知大兴府事阙，诏谕宰臣曰：“可选极有风力如王翛辈者用之。”其为上所知如此。

杨伯雄，字希云，真定藁城人。八世祖彦稠，后唐清泰中为定州兵马使。后随晋主北迁，遂居临潢。父丘行，太子左卫率府率。

伯雄登皇统二年进士，海陵留守中京，丘行在幕府，伯雄来省视，海陵见之，深加器重。久之，调韩州军事判官。有二盗诈称贾贩，逆旅主人见欺，至州署陈诉，实欲劫取伯雄。伯雄心觉其诈，执而诘之，并获其党十余人，一郡骇服。迁应奉翰林文字。是时，海陵执政，自以旧知伯雄，属之使时时至其第，伯雄诺之而不往也。他日海陵怪问之，对曰：“君子受知于人当以礼进，附丽奔走，非素志也。”由是愈厚待之。

海陵篡立，数月，迁右补阙，改修起居注。海陵锐于求治，讲论每至夜分。尝问曰：“人君治天下，其道何贵？”对曰：“贵静。”海陵默然。明日，复谓曰：“我迁诸部猛安分屯边戍，前夕之对，岂指是为非静邪？”对曰：“徙兵分屯，使南北相维，长策也。所谓静者，乃不扰之耳。”乙夜，复问鬼神事。伯雄进曰：“汉文帝召见贾生，夜半前席，不问百姓而问鬼神，后世颇讥之。陛下不以臣愚陋，幸及天下大计，鬼神之事，未之学也。”海陵曰：“但言之，以释永夜倦思。”伯雄不得已，乃曰：“臣家有一卷书，记人死复生，或问冥官何以免罪，答曰，汝置一历，白日所为，暮夜书之，不可书者是不可为也。”海陵为之改容。夏日，海陵登瑞云楼纳凉，命伯雄赋诗，其卒章云：“六月不知蒸郁到，清凉会与万方同。”海陵忻然，以示左右曰：

“伯雄出语不忘规戒，为人臣当如是矣。”再迁兵部员外郎。丁父忧，起复翰林待制，兼修起居注。迁直学士，再迁右谏议大夫，兼著作郎，修起居注如故。

皇子慎思阿不薨，伯雄坐与同直者窃议被责，语在《海陵诸子传》。海陵议征江南，伯雄奏：“晋武平吴，皆命将帅，何劳亲总戎律？”不听。乃落起居注，不复召见。大定初，除大兴少尹，丁母忧。显宗为皇太子，迁东宫官属，张浩荐伯雄，起复少詹事，兄子蟠为左赞善，言听谏从，时论荣之。集古太子贤不肖为书，号《瑶山往鉴》，进之。及进《羽猎》、《保成》等箴，皆见嘉纳。复为左谏议大夫、翰林直学士。会太子詹事阙，宰相复举伯雄。上曰：“伯雄不可去朕左右，而东宫亦须辅导。”遂以太子詹事兼谏议。

六年，上幸西京，欲因往凉陉避暑，伯雄率众谏官入谏。上曰：“朕徐思之。”伯雄言之不已，同列皆引退，久之乃起。是年，至凉陉，徼巡果有疏虞。上思伯雄之言，及还，迁礼部尚书，谓近臣曰：“群臣有干局者众矣，如伯雄忠实，皆莫及也。”上谓伯雄曰：“龙逄、比干皆以忠谏而死，使遇明君，岂有是哉！”伯雄对曰：“魏征愿为良臣，正谓遇明君耳。”因顾谓宰相曰：“《书》曰：‘汝无面从，退有后言。’朕与卿等共治天下，事有可否，即当面陈。卿等致位卿相，正行道扬名之时，偷安自便，徼幸一时，如后世何？”群臣皆称万岁。

十二年，改沁南军节度使，召为翰林学士承旨。丞相石琚致仕，上问：“谁可代卿者？”琚对曰：“伯雄可。”时论以琚举得其人。复权詹事，伯雄知无不言，匡救弘多。后宫僚有诡随者，人必称杨詹事以愧之。除定武军节度使，改平阳尹。先是，张浩治平阳，有惠政，及伯雄为尹，百姓称之，曰：“前有张，后有杨。”徙河中尹。卒，年六十五。谥庄献。弟伯杰、伯仁，族兄伯渊。

伯渊字宗之。父丘文，辽中书舍人。伯渊早孤，事母以孝闻，疏财好施，喜收古书。天会初，以名家子补尚书省令史。十四年，赐进士第，历吏、礼二部主事、御前承应文字，秩满，除同知永定军节度使事。召为司计郎中。知平定军，用廉，迁平州路转运使。知泰安军，有惠政，百姓刻石纪其事。四迁山东东路转运使。正隆末，群盗蜂起，州郡往往罹害，独济南赖伯渊保全。大定三年，致仕，卒于家。

萧贡，字真卿，京兆咸阳人。大定二十二年进士，调镇戎州判官，泾阳令，泾州观察判官。补尚书省令史。旧例，试补两月，乃补用。贡至数日，执政以为能，即用之。擢监察御史。提刑司奏泾州有美政，迁北京转运副使。亲老，归养。左丞董师中、右丞杨伯通荐其文学，除翰林修撰。上书论：“比年之弊，人才不以器识、操履，巧于案牍，不涉吏议者为工。用人不务因才授官，惟泥资叙。名器不务慎与，人多侥幸。守令不务才实，民罹其害。伏望擢真才以振浇俗，核功能以理职业，慎名器以抑侥幸，重守令以厚邦本。然后政化可行，百事可举矣。”诏词臣作《唐用董重质诛郭谊得失论》，贡为第一，赐重币四端。贡论时政五弊，言路四难，词意切至，改治书侍御史。丁父忧，起复，改右司员外郎，寻转郎中，迁国子祭酒，兼太常少卿，与陈大任刊修《辽史》。改刑部侍郎，历同知大兴府事、德州防御使，三迁河东北路按察转运使。大安末，改彰德军节度事。坐兵兴不能守城，亡失百姓，降同知通远军节度使。未几，改静难军节度使，历河东北路、南京路转运使、御史中丞，户部尚书。南京戒严，坐乏军储，诏释不问。兴定元年，致仕。元光二年卒，谥文简。贡好学，读书至老不倦，有注《史记》一百卷。

温迪罕缔达，该习经史，以女直字出身，累官国史院编修官。初，丞相希尹制女直字，设学校，使讹离剌等教之。其后学者渐盛，转习经史，故纳合椿年、纥石烈良弼皆由此致位宰相。缔达最号精深。大定十二年，诏缔达所教生员习作诗、策，若有文采，量才任使，其自愿从学者听。十三年，设女直进士科。是岁，徒单镒等二十七人登第。十五年，缔达迁著作佐郎，与编修官宗璧、尚书省译史阿鲁、吏部令史张克忠译解经书。累迁秘书丞。十九年，改左赞善，以母老求养。显宗使内直丞六斤谓缔达曰：“赞善，初未除此官，天子谓孤曰：‘朕得一出伦之才，学问该贯，当令辅汝德义。’既数日，赞善除此官。自谓亲炙德义，不胜其喜。未可去也，勿难于怀。”久之，转翰林待制，卒。明昌五年，赠翰林学士承旨，谥文成。

子二十，章宗即位，以为符宝典书，累官左谏议大夫。贞祐四年，上疏，略曰：“今边备未撤，征调不休，州县长吏不知爱养其民，督责征科，鞭笞逼迫，急于星火，文移重复，不胜其弊，宜敕有司务从简易。兵兴以来，忠臣烈士，孝子顺孙，义夫节妇，湮没无闻者甚众，乞遣史官一员，广为采访，以议褒嘉。”兴定元年，迁武胜军节度使，改吏部尚书，知开封府。坐纵军人家属出城，当杖，诏解职。四年，复知开封府，复坐以事嘱警巡使完颜金僧奴，降为郑州防御使。未几，复为知开封府事。

张翰，字林卿，忻州秀容人。大定二十八年进士，调隰州军事判官。有诬民弟三人为劫者，翰微行廉得其状，白于州释之。历东胜、义丰、会川令，补尚书省令史，除户部主事，迁监察御史。丁母忧，服阕，调山东路盐使。丁父忧，起复尚书省都事、户部员外郎。大安间，平章政事独吉思忠、参知政事承裕行省戍边，翰充左右司郎中，论议不相协。处置乖方，翰屡争之不见省。承裕就逮，卫绍王知翰尝有言，召见抚慰之。改知登闻鼓院，兼前职，迁侍御史。贞祐初，为翰林直学士，充元帅府经历官。中都戒严，调度方殷，改户部侍郎。宣宗迁汴，翰规措扈从粮草至真定，上书言五事：“一曰强本。谓当哀兵徒、徙豪民，以实南京。二曰足用。谓当按蔡、汴旧渠以通漕运。三曰防乱。谓当就集义军假之官印，使相统摄，以安反侧。四曰省事。谓县邑不能自立者宜稍并之，既以省官，且易於备盗。五曰推恩。谓当推恩以示天子所在称幸之意。”上略施行之。翰雅有治剧才，所至辄办。迁河平军节度使、都水监、提控军马使，俄改户部尚书。是时，初至南京，庶事草略，翰经度区处，皆有条理。是岁卒，谥达义。

任天宠，字清叔，曹州定陶人也，明昌二年进士，调考城主簿，再迁威戎县令。县故堡寨，无文庙学舍，天宠以废署建。有兄弟讼田者，天宠谕以理义，委曲周至，皆感泣而去。调泰定军节度判官。丁父忧，服阕，调崇义军节度判官。补尚书省令史、右三部检法司正，迁监察御史。改右司都事，迁员外郎。改左司谏，转左司郎中，迁国子祭酒。贞祐初，转秘书监兼吏部侍郎，改中都路都转运使。时京师戒严，粮运艰阻，天宠悉力营办，曲尽劳瘁，出家赀以济饥者，全活甚众。监察御史高夔、刘元规举天宠二十人公勤明敏，有材干，可安集百姓。迁户部尚书。三年，中都不守，天宠继走南京，中道遇兵，死之。谥纯肃。

赞曰：程寀、任熊祥，辽之进士，孔璠、范拱事宋、事齐，太祖皆见礼遇，而金之文治日以盛矣。张用直，海陵父子并列旧学。刘枢之练达，王翛之强敏于事，杨伯雄之善讽谏、工辞藻，萧贡、温迪罕缔达之文艺适时，之数人者迭用于正隆、大定、明昌之间。张翰、任天宠之经理调度，宣宗南迁，犹赖其用焉。金源氏百余年所以培植人才而获其效者，于斯可概见矣。

卷一百六　　列传第四十四

张暐　张行简　贾益谦　刘炳
术虎高琪　塔不也

张暐，字明仲，莒州日照县人。博学该通。登正隆五年进士。调陈留主簿、淄州酒税副使，课增羡，迁昌乐令。改永清令，补尚书省令史，除太常博士，兼国子助教。丁父忧，服除，调山东东路转运副使，入为太常丞，兼左赞善大夫。章宗封原王，兼原王府文学。章宗册为皇太孙，复为左赞善，转左谕德，兼太常丞，充宋国报谕使。至盱眙，宋人请赴宴，暐曰："大行在殡，未可。"及受赐，不舞蹈，宋人服其知礼。使还，迁太常少卿，兼修起居注。改礼部郎中，修起居注如故。迁右谏议大夫，兼礼部侍郎。

明昌二年，太傅徒单克宁薨，章宗欲亲为烧饭，是时，孝懿皇后梓宫在殡，暐奏："仰惟圣慈，追念勋臣，恩礼隆厚，孰不感劝。太祖时享，尚且权停，若为大臣烧饭，礼有未安。今已降恩旨，圣意至厚，人皆知之，乞俯从典礼，则两全矣。"章宗从之。上封事者言提刑司可罢，暐上疏曰："陛下即位，因民所利，更法立制，无虑数十百条。提刑之设，政之大者，若为浮议所摇，则内外无所取信。唐开元中，或请选择守令，停采访使，姚崇奏'十道采访犹未尽得人，天下三百余州，县多数倍，安得守令皆称其职？'然则提刑之任，诚不可罢，择其人而用之，生民之大利，国家之长策也。"因举汉刺史六条以奏。上曰："卿言与朕意合。"

拜礼部尚书。孙即康鞫治镐王永中事，还奏，有诏复讯，群臣举暐及兵部侍郎乌古论庆裔。上使参知政事马琪谕暐曰："百官举阅实镐王事，要勿屈抑其人，亦不可亏损国法。"上因谓宰臣曰："镐王视永蹈为轻。"马琪曰："人臣无将。"由是永中之狱决矣。霍王从彝母早死，温妃石抹氏养之，明昌六年温妃薨，上问从彝丧服。暐奏："慈母服齐衰三年，桐杖布冠，礼也。从彝近亲，至尊压降与臣下不同，乞于未葬以前服白布衣绢巾，既葬止用素服终制，朝会从吉。"上从其奏。

承安元年八月壬子，上召暐至内殿，问曰："南郊大祀，今用度不给，俟他年可乎？"暐曰："陛下即位于今八年，大礼未举，宜亟行之。"上曰："北方未宁，致斋之际，有不测奏报何如？"对曰："岂可逆度而妨大礼。今河平岁丰，正其时也。"上复问曰："僧道三年一试，八十而取一，不亦少乎？"对曰："此辈浮食，无益有损，不宜滋益也。"上曰："周武帝、唐武宗、后周世宗皆贤君，其寿不永，虽曰偶然，似亦有因也。"对曰："三君矫枉太过。今不毁除、不崇奉，是为得中矣。"是岁，郊见上帝焉。

顷之，翰林修撰路铎论胥持国不可再用，因及董师中趋走持国及丞相襄之门，上曰："张暐父子必不如是也。"三年，为御史大夫，恳辞，不许。明年，坐奏事不实，夺一官，解职。起为安武军节度使。致仕，例给半俸，久之，暐不复请，遂止。

暐自妻卒后不复娶，亦无姬侍，斋居与子行简讲论古今，诸孙课诵其侧，至夜分乃罢，以为常。历太常、礼部二十余年，最明古今礼学，家法为士族仪表。子行简、行信，行信自有传。

行简字敬甫。颖悟力学，淹贯经史。大定十九年进士第一，除应奉翰林文字。丁母忧，归葬益都，杜门读书，人莫见其面。服除，复任。章宗即位，转修撰，进读陈言文字，摄太常博士。夏国遣使陈慰，欲致祭大行灵殿。行简曰："彼陈慰非专祭，不可。"廷议遣使横赐高丽，"比遣使报哀，彼以细故邀阻，且出嫚言，俟移问还报，横赐未晚"。徒单克宁韪其言，深器重之。转翰林修撰，与路伯达俱进读陈言文字，累迁礼部郎中。

司天台刘道用改进新历，诏学士院更定历名，行简奏乞复校测验，俟将来月食无差，然后赐名。诏翰林侍讲学士党怀英等复校。怀英等校定道用新历：明昌三年不置闰，即以闰月为三月；二年十二月十四日，金木星俱在危十三度，道用历在十三日，差一日；三年四月十六日夜月食，时刻不同。道用不会考验古今所记，比登事迹，辄以上进，不可用。道用当徒一年收赎，长行彭徽等四人各杖八十罢去。

群臣屡请上尊号，章宗不从，将下诏以示四方，行简奏曰："往年饥民弃子，或丐以与人，其后诏书官为收赎，或其父母衣食稍充，即识认，官亦断与之。自此以后，饥岁流离道路，人不肯收养，肆为捐瘠，饿死沟中。伏见近代御灾诏书，皆曰'以后不得复取'今乞依此施行。"上是其言，诏书中行之。久之，兼同修国史。改礼部侍郎、提点司天台，直学士，同修史如故。

行简言："唐制，仆射、宰相上日，百官通班致贺，降阶答拜。国朝皇太子元正、生日，三师、三公、宰执以下须群官同班拜贺，皇太子立受再答拜。今尚书省宰执上日，分六品以下别为一班揖贺，宰执坐答揖，左右司郎中五品官廷揖，亦坐答之。臣谓身坐举手答揖，近于坐受也。宰执受贺，其礼乃重于皇太子，巩于义未安。别嫌明微，礼之大节，伏请宰执上日令三品以下官同班贺，宰执起立，依见三品官仪式通答揖。"上曰："此事何不早辨正之，如都省擅行，卿论之是矣。"行简对曰："礼部盖尝参酌古今典礼，拟定仪式，省廷不从，辄改以奏。"下尚书省议，遂用之。宰执上日，三品以下群官通班贺，起立答拜，自此始。

行简转对，因论典故之学，乞于太常博士之下置检阅官二员，通礼学资浅者使为之，积资乃迁博士。又曰："今虽有《国朝集礼》，至于食货、官职、兵刑沿革，未有成书，乞定会要，以示无穷。"承安五年，迁侍讲学士，同修史、提点司天如故。

泰和二年，为宋主生日副使。上召生日使完颜瑭戒之曰："卿过界勿饮酒，每事听于行简。"谓行简曰："宋人行礼，好事末节，苟有非是，皆须正之，旧例所有，不可不至。"上复曰："颇闻前奉使者过淮，每至中流，即以分界争渡船，此殊非礼。卿自戒舟人，且语宋使曰：'两国和好久矣，不宜争细故伤大体。'丁宁谕之，使悉此意也。"四年，诏曰："每奏事之际，须令张行简常在左右。"

五年，群臣复请上尊号，上不许，诏行简作批答，因问行简宋范祖禹作《唐鉴》论尊号事。行简对曰："司马光亦尝谏尊号事，不若祖禹之词深至，以谓臣子生谥君父，颇似惨切。"上曰："卿用祖禹意答之，仍曰太祖虽有尊号，太宗未尝受也。"行简乞不拘对偶，引祖禹以微见其意。从之。其文深雅，甚得代言之体。

改顺天军节度使。上谓行简曰："卿未更治民，今至保州，民之情伪，卒难臆度，如何治之则可？"对曰："臣奉行法令，不敢违失，狱讼之事，以情察之，钤制公吏，禁抑豪猾，以镇静为务，庶几万分之一。"上曰："在任半岁或一年，所得利害上之。"行简到保州，上书曰："比者括官田给军，既一定矣，有告欲别给者，辄从其告，至今未已。名曰官田，实取之民以与之，夺彼与此，徒启争端。臣所管已拨深泽县地三百余顷，复告水占沙碱者三之二，若悉从之，何时可定。臣谓当限以月日，不许再告为便。"下尚书省议，奏请："如实有水占河塌，不可耕种，本路及运司佐官按视，尚书省下按察司复同，然后改拨。若沙碱瘠薄，当准已拨为定。"制曰："可。"

六年，召为礼部尚书，兼侍讲、同修国史。秘书监进《太一新历》，诏行简校之。七年，上遣中使冯贤童以实封御扎赐行简曰："朕念镐、郑二王误干天常，自贻伊戚。藁葬郊野，多历年所，朕甚悼焉。欲追复前爵，备礼改葬，卿可详阅唐贞观追赠隐、巢，并前代故事，密封以闻。"又曰："欲使石古乃于威州择地营葬，岁时祭奠，兼命卫王诸子中立一人为郑王后，谨其祭祀。此事既行，理须降诏，卿草诏文大意，一就封进。"行简乃具汉淮南厉王长、楚王英、唐隐太子建成、巢剌王元吉、谯王重福故事为奏，并进诏草，遂施行焉。累迁太子太保、翰林学士承旨，尚书、修史如故。

贞祐初，转太子太傅，上书论议和事，其略曰："东海郡候尝遣约和，较计细故，迁延不决。今都城危急，岂可拒绝。臣愿更留圣虑，包荒含垢，以救生灵。或如辽、宋相为敌国，岁奉币帛，或二三年以继。选忠实辨捷之人，往与议之，庶几有成，可以纾患。"是时，百官议者，虽有异同，大概以和亲为主焉。庄献太子葬后，不置宫师官，升承旨为二品，以宠行简，兼职如故。

三年七月，朝廷备防秋兵械，令内外职官不以丁忧致仕，皆纳弓箭。行简上书曰："弓箭非通有之物，其清贫之家及中下监当，丁忧致仕，安有所谓如法军器。今绳以军期，补弊修坏，以求应命而已，与仓猝制造何以异哉。若于随州郡及猛安谋克人户拘括，择其佳者买之，不足则令职输所买之价，庶不扰而事可办。"左丞相仆散端、平章政事高琪、尽忠、右丞贾益谦皆曰："丁忧致仕者可以免此。"权参政乌古论德升曰："职官久享爵禄，军兴以来，曾无寸补，况事已行而复改，天下何所取信。"是议也，丁忧致仕官竟得免。是岁，卒，赠银青荣禄大夫，谥文正。

行简端悫慎密，为人主所知。自初入翰林，至太常、礼部，典贡举终身，缙绅以为荣。与弟行信同居数十年，人无间言。所著文章十五卷，《礼例纂》一百二十卷，会同、朝献、禘祫、丧葬，皆有记录，及《清台》、《皇华》、《戒严》、《为善》、《自公》等记，藏于家。

赞曰：张暐、行简世为礼官，世习礼学。其为礼也，行於家庭，讲於朝廷，施用於邻国，无不中度。古者官有世掌，学有专门，金诸儒臣，唯张氏父子庶几无愧于古乎。

贾益谦，字彦亨，沃州人也，本名守谦，避哀宗讳改焉。大定十年词赋进士，历仕州郡，以能称。明昌间，入为尚书省令史，累迁左司郎中。章宗谕之曰："汝自知除至居是职，左司事不为不练，凡百官行止、资历固宜照勘，勿使差缪。若武库署直长移剌郝自平定州军事判官召为典舆副辖，在职才五月，降授门山县簿尉。朕比阅贴黄，行止乃俱书作一十三月，行止尚如此失实，其如选法何？盖是汝不用心致然尔。今姑杖知除掾，汝勿复犯之。"

五年，为右谏议大夫，上言："提刑司官不须遣监察体访，宜据其任内行事，考其能否而升黜之。"上曰："卿之言其有所见乎？"守谦对曰："提刑官若不称职，众所共知，且其职与监察等，臣是故言之。"上嘉纳焉。是年夏，上将幸景明宫清暑，守谦连上疏，极谏之。上御后阁，召守谦入对，称旨。进兼尚书吏部侍郎。时镐王以疑忌下狱，上怒甚，朝臣无敢言者。守谦上章论其不可，言极恳切。上谕之曰："汝言诸王皆有觊心，而游其门者不无横议。此何等语，固当罪汝。以汝前言事亦有当处，故免。"既而以议镐王事有违上意，解职，削官二阶。承安元年七月，降为宁化州刺史。五年八月，改为山东路按察使，转河北西路转运使。泰和三年四月，召为御史中丞。四年三月，出为定武军节度使。

八年六月，复为御史中丞。八月，改吏部尚书。九月，诏守谦等一十三员分诣诸路，与本路按察司官一员同推排民户物力。上召见于香阁，谕之曰："朕选卿等随路推排，除推收外，其新强、销乏户，虽集众推唱，然销乏者勿销不尽，如一户元物力三百贯，今蠲减二百五十贯，犹有不能当。新强者勿添尽，量存气力，如一户添三百贯而止添二百贯之类。卿等宜各用心。百姓应当赋役，十年之间，利害非细。苟不称所委，治罪当不轻也。"寻出知济南府，移镇河中。大安末，拜参知政事。贞祐二年二月，改河东南路安抚使，俄知彰德府。

三年，召为尚书省右丞。会宣宗始迁汴梁，益谦乃建言："汴之形势，惟恃大河。今河朔受兵，群盗并起，宜严河禁以备不虞，凡自北来而无公凭者，勿听渡。"是时，河北民迁避河南者甚众。侍御史刘元规上言："侨户宜与土民均应差役。"上留中，而自以其意问宰臣。丞相端、平章尽忠以为便。益谦曰："侨户应役，甚非计也。盖河北人户本避兵而来，兵稍息即归矣。今旅寓仓皇之际，无以为生，若又与地著者并应供亿，必骚动不能安居矣。岂主上矜恤流亡之意乎。"上甚嘉赏，曰："此非朕意也。"因出元规章示之。三年八月，进拜尚书左丞。四年正月，致仕，居郑州。

兴定五年正月，尚书省奏："《章宗实录》已进呈，卫王事迹亦宜依《海陵庶人实录》，纂集成书，以示后世。"制可。初，胡沙虎弑卫王，立宣宗，一时朝臣皆谓卫王失道，天命绝之，虎实无罪，且有推戴之功，独张行信抗章言之，不报，举朝遂以为讳。及是，史官谓益谦尝事卫王，宜知其事，乃遣编修一人就郑访之。益谦知其旨，谓之曰："知卫王莫如我。然我闻海陵被弑而世宗立，大定三十年，禁近能暴海陵蛰恶者，辄得美仕，故当时史官修实录多所附会。卫王为人勤俭，慎惜名器，较其行事，中材不及者多矣。吾知此而已，设欲饰吾言以实其罪，吾亦何惜余年。"朝议伟之。正大三年，年八十，薨。三子：贤卿、颐卿、翔卿，皆以门资入仕。

赞曰：贾益谦于卫绍王，可谓尽事君之义矣。海陵之事，君子不无憾焉。夫正隆之为恶，暴其大者斯亦足矣。中冓之丑，史不绝书，诚如益谦所言，则史亦可为取富贵之道乎？噫，其甚矣。《传》曰："不有废者，其何以兴！"

刘炳，葛城人。每读书，见前古忠臣烈士为国家画策虑万世安，辄叹息景慕。贞祐三年，中进士第，即日上书条便宜十事：

其一曰，任诸王以镇社稷。臣观往岁，王师屡战屡衄，率皆自败。承平日久，人不知兵，将帅非才，既无靖难之谋，又无效死之节，外托持重之名，而内为自安之计，择骁果以自随，委疲懦以临阵，阵势稍动，望尘先奔，士卒从而大溃。朝廷不加诘问，辄为益兵。是以法度日紊，仓庾日虚，闾井日凋，土地日蹙。自大驾南巡，远近相望，益无固志。吏任河北者以为不幸，逡巡退避，莫之敢前。昔唐天宝之末，洛阳、潼关相次失守，皇舆夜出，向非太子回趋灵武，率先诸将，则西行之士当终老於剑南矣。臣愿陛下择诸王之英明者，总监天下之兵，北驻重镇，移檄远近，戒以军政。则四方闻风者皆将自奋，前死不避。折冲厌难，无大于此。夫人情可以气激不可以力使，一卒先登，则万夫齐奋，此古人所以先身教而后威令也。

二曰，结人心以固基本。天子惠人，不在施予，在于除其同患，因所利而利之。今艰危之后，易于为惠，因其欲安而慰抚之，则忠诚亲上之心，当益加于前日。臣愿宽其赋役，信其号令，凡事不便者一切停罢。时遣重臣按行郡县，延见耆老，问其疾苦，选廉正，黜贪残，拯贫穷，恤孤独，劳来还定，则效忠徇义，无有二志矣。故曰安民可与行义，危民易与为乱，惟陛下留神。

三曰，广收人材以备国用。备岁寒者必求貂狐，适长途者必畜骐骥。河南、陕西，车驾临幸，当有以大慰士民之心。其有操行为民望者，稍擢用之，平居可以励风俗，缓急可以备驱策。昭示新恩，易民观听，阴系天下之心也。

四曰，选守令以安百姓。郡守、县令，天子所恃以为治，百姓所依以为命者也。今众庶已弊，官吏庸暗，无安利之才，贪暴昏乱，与奸为市，公有斗粟之赋，私有万钱之求，远近嚣嚣，无所控告。自今非才器过人，政迹卓异者，不可使在此职。亲勋故旧，虽望隆资高，不可使为长吏。则贤者喜於殊用，益尽其能，不肖者愧慕而思自励矣。

五曰，褒忠义以励臣节。忠义之士，奋身效命，力尽城破而不少屈。事定之后，有司略不加省，弃职者顾以恩贷，死事者反不见录，天下何所慕惮，而不为自安之计邪？使为臣者皆知杀身之无益，临难可以苟免，甚非国家之利也。

六曰，务农力本以广蓄积。此最强兵富民之要术，当今之急务也。

七曰，崇节俭以省财用。今海内虚耗，田畴荒芜，废奢从俭以纾生民之急，无先于此者。

八曰，去冗食以助军费。兵革之后，人物凋丧者十四五，郡县官吏署置如故，甚非审权救弊之道。

九曰，修军政以习守战。自古名将料敌制胜，训练士卒，故可使赴汤蹈火，百战不殆。孔子曰："以不教民战，是谓弃之。"兵法曰："器械不利，以其卒与敌也。卒不服习，以其将与敌也。将不知兵，以其主与敌也。主不择将，以其国与敌也。"可不慎哉。

十曰，修城池以备守御。保障国家，惟都城与附近数郡耳。北地不守，是无河朔矣，黄河岂足恃哉。

书奏，宣宗异焉。复试之曰："河北城邑，何术可保？兵民杂居，何道可和？钞法如何而通？物价如何而平？"炳对大略以审择守将则城邑固，兵不侵民则兵民和，敛散相权则钞法通，劝农薄赋则物价平。宣宗虽异其言，而不能用，但补御史台令史而已。

论曰：刘炳可谓能言之士矣。宣宗召试既不失对，而以一台令史赏之，足以倡士气乎？

术虎高琪，或作高乞，西北路猛安人。大定二十七年充护卫，转十人长，出职河间都总管判官，召为武卫军钤辖，迁宿直将军，除建州刺史，改同知临洮府事。泰和六年，伐宋，与彰化军节度副使把回海备巩州诸镇，宋兵万余自巩州辘轳岭入，高琪奋击破之，赐银百两、重彩十端。青宜可内附，诏知府事石抹仲温与高琪俱出界，与青宜可合兵进取。诏高琪曰："汝年尚少，近闻与宋人力战奋勇，朕甚嘉之。今与仲温同行出界，如其成功，高爵厚禄，朕不吝也。"

诏封吴曦为蜀国王，高琪为封册使。诏戒谕曰："卿读书解事，蜀人亦识威名，勿以财贿动心，失大国体。如或随去奉职有违礼生事，卿与乔宇体察以闻。"使还，加都统，号平南虎威将军。

宋安丙遣李孝义率步骑三万攻秦州，先以万人围皂角堡，高琪赴之。宋兵列阵山谷，以武车为左右翼，伏弩其下来逆战。既合，宋兵阳却。高琪军见宋兵伏不得前，退整阵，宋兵复来。凡五战，宋兵益坚，不可以得志。高琪分骑为二，出者战则止者俟，止者出则战者还，还者复出以更。久之，遣蒲察桃思剌潜兵上山，自山驰下合击，大破宋兵，斩首四千级，生擒数百人，李孝义乃解围去。宋兵三千致马连寨以窥湫池，遣夹谷福寿击走之，斩七百余级。

大安三年，累官泰州刺史，以纠军三千屯通玄门外。未几，升缙山县为镇州，以高琪为防御使，权元帅右都监，所部纠军赏赉有差。至宁元年八月，尚书左丞完颜纲将兵十万行省于缙山，败绩。贞祐初，迁元帅右监军。闰月，诏高琪曰："闻军事皆中覆，得无失机会乎？自今当即行之，朕但责成功耳。"

是月，被诏自镇州移军守御中都迤南，次良乡不得前，乃还中都。每出战辄败，纥石烈执中戒之曰："汝连败矣，若再不胜，当以军法从事。"及出，果败，高琪惧诛。十月辛亥，高琪自军中入，遂以兵围执中第，杀执中，持其首诣阙待罪。宣宗赦之，以为左副元帅，一行将士迁赏有差。丙寅，诏曰："胡沙虎畜无君之心，形迹露见，不可尽言。武卫副使提点近侍局庆山奴、近侍局使斜烈、直长撒合辇累曾陈奏，方慎图之。斜烈漏此意于按察判官胡鲁，胡鲁以告翰林待制讹出，讹出达于高琪，今月十五日将胡沙虎戮讫。惟兹臣庶将恐有疑，肆降札书，不匿厥旨。"论者谓高琪专杀，故降此诏。顷之，拜平章政事。

宣宗论马政，顾高琪曰："往岁市马西夏，今肯市否？"对曰："木波畜马甚多，市之可得，括缘边部落马，亦不少矣。"宣宗曰："尽括边马，缓急如之何？"阅三日，复奏曰："河南镇防二十余军，计可得精骑二万，缓急亦足用。"宣宗曰："马虽多，养之有法，习之有时，详谕所司令加意也。"贞祐二年十一月，宣宗问高琪曰："所造军器往往不可用，此谁之罪也？"对曰："军器美恶在兵部，材物则户部，工匠则工部。"宣宗曰："治之！且将败事。"宣宗问杨安儿事，高琪对曰："贼方据险，臣令主将以石墙围之，势不得出，擒在旦夕矣。"宣宗曰："可以急攻，或力战突围，我师必有伤者。"

应奉翰林文字完颜素兰自中都议军事还，上书求见，乞屏左右。故事，有奏密事辄屏左右。先是，太府监丞游茂以高琪威权太重，中外畏之，常以为忧，因入见，屏人密奏，请裁抑之。宣宗曰："既委任之，权安得不重？"茂退不自安，复欲结高琪，诣其第上书曰："宰相自有体，岂可以此生人主之疑，招天下之议。"恐高琪不相信，复曰："茂尝间见主上，实恶相公权重。相公若能用茂，当使上不疑，而下无所议。"高琪闻茂尝请间屏人奏事，疑之，乃具以闻。游茂论死，诏免死，杖一百，除名。自是凡屏人奏事，必令近臣一人侍立。及素兰请密，召至近侍局，给笔札，使书所欲言。少顷，宣宗御便殿见之，惟留近侍局直长赵和和侍立。素兰奏曰："日者元帅府议削伯德文哥兵权，朝廷乃诏领义军。改除之命拒而不受，元帅府方欲讨捕，朝廷复赦之，且不令隶元帅府。不知谁为陛下画此计者，臣自外风闻皆出平章高琪。"宣宗曰："汝何以知此事出于高琪？"素兰曰："臣见文哥与永清副提控刘温牒云，差人张希韩至自南京，道副枢平章处分，已奏令文哥隶大名行省，毋遵中都帅府约束。温即具言于帅府。然则文哥与高琪计结，明矣。"上颔之。素兰复奏曰："高琪本无勋望，向以畏死擅杀胡沙虎，计出于无聊耳。妒贤能，树党与，窃弄威权，自作威福。去岁，都下书生樊知一诣高琪，言纠军不可信，恐生乱。高琪以刀杖决杀之，自是无复敢言军国利害者。使其党移剌塔不也为武宁军节度使，招纠军，已而无功，复以为武卫军使。以臣观之，此贼灭乱纪纲，戕害忠良，实有不欲国家平治之意。惟陛下断然行之，社稷之福也。"宣宗曰："朕徐思之。"素兰出，复戒曰："慎无泄也。"

四年十月，大元大兵取潼关，次嵩、汝间，待阙台院令史高嶷上书曰："向者河朔败绩，朝廷不时出应，此失机会一也。及深入吾境，都城精兵无虑数十万，若效命一战，必无今日之忧，此失机会二也。既退之后，不议追袭，此失机会三也。今已度关，不亟进御，患益深矣。乞命平章政事高琪为帅，以厌众心。"不报。御史台言："兵逾潼关、崤、渑，深入重地，近抵西郊。彼知京师屯宿重兵，不复叩城索战，但以游骑遮绝道路，而别兵攻击州县，是亦困京师之渐也。若专以城守为事，中都之危又将见于今日，况公私蓄积视中都百不及一，此臣等所为寒心也。不攻京城而纵其别攻州县，是犹火在腹心，拨置于手足之上，均一身也，愿陛下察之。请以陕西兵扼拒潼关，与右副元帅蒲察阿里不孙为掎角之势，选在京勇敢之将十数人，各付精兵数千，随宜伺察，且战且守，复谕河北，亦以此待之。"诏付尚书省，高琪奏曰："台官素不习兵，备御方略，非所知也。"遂寝。高琪止欲以重兵屯驻南京以自固，州郡残破不复恤也。宣宗惑之，计行言听，终以自毙。

未几，进拜尚书右丞相，奏曰："凡监察有失纠弹者从本法。若人使入国，私通言语，说知本国事情，宿卫、近侍官、承应人出入亲王、公主、宰执之家，灾伤阙食，体究不实，致伤人命，转运军储，而有私载，及考试举人关防不严者，并的杖。在京犯至两次者，台官减监察一等论赎，余止坐专差者。任满日议定升降。若任内有漏察之事应的决者，依格虽为称职，止从平常，平常者从降罚。”制可。高琪请修南京里城，宣宗曰：“此役一兴，民滋病矣。城虽完固，能独安乎？”

初，陈言人王世安献攻取盱眙、楚州策，枢密院奏乞以世安为招抚使，选谋勇二三人同往淮南，招红袄贼及淮南宋官。宣宗可其奏，诏泗州元帅府遣人同往。兴定元年正月癸未，宋贺正旦使朝辞，宣宗曰：“闻息州透漏宋人，此乃彼界饥民沿淮为乱，宋人何敢犯我？”高琪请伐之以广疆土。上曰：“朕但能守祖宗所付足矣，安事外讨。”高琪谢曰：“今雨雪应期，皆圣德所致。而能包容小国，天下幸甚，臣言过矣。”四月，遣元帅左都监乌古论庆寿、签枢密院事完颜赛不经略南边，寻复下诏罢兵，然自是与宋绝矣。

兴定元年十月，右司谏许古劝宣宗与宋议和，宣宗命古草牒，以示宰臣，高琪曰：“辞有哀祈之意，自示微弱不足取。遂寝。集贤院谘议官吕鉴言：“南边屯兵数十万，自唐、邓至寿、泗沿边居民逃亡殆尽，兵士亦多亡者，亦以人烟绝少故也。臣尝比监息州榷场，每场所获布帛数千匹、银数百两，大计布帛数万匹，银数千两，兵兴以来俱失之矣。夫军民有逃亡之病，而国家失日获之利，非计也。今隆冬冱寒，吾骑得骋，当重兵屯境上，驰书谕之，诚为大便。若俟春和，则利在於彼，难与议矣。昔燕人获赵王，赵遣辩士说之，不许，一牧竖请行，赵王乃还。孔子失马，驭卒得之。人无贵贱，苟中事机，皆可以成功。臣虽不肖，愿效牧竖驭卒之智，伏望宸断。”诏问尚书省。高琪曰：“鉴狂妄无稽，但其气岸可尚，宜付陕西行省备任使。”制可。十二月，胥鼎谏伐宋，语在鼎传。高琪曰：“大军已进，无复可议。”遂寝。

二年，胥鼎上书谏曰：“钱谷之冗，非九重所能兼，天子总大纲，责成功而已。”高琪曰：“陛下法上天行健之义，忧勤庶务，夙夜不遑，乃太平之阶也。鼎言非是。”宣宗以南北用兵，深以为忧，右司谏吕造上章：“乞诏内外百官各上封事，直言无讳。或时召见，亲为访问。陛下博采兼听，以尽群下之情，天下幸甚。”宣宗嘉纳，诏集百官议河北、陕西守御之策。高琪心忌之，不用一言。是时，筑汴京城里城，宣宗问高琪曰：“人言此役恐不能就，如何？”高琪曰：“终当告成，但其濠未及浚耳。”宣宗曰：“无濠可乎？”高琪曰：“苟防城有法，正使兵来，臣等愈得效力。”宣宗曰：“与其临城，曷若不令至此为善。”高琪无以对。

高琪自为宰相，专固权宠，擅作威福，与高汝砺相唱和。高琪主机务，高汝砺掌利权，附己者用，不附己者斥。凡言事忤意，及负材力或与己颉颃者，对宣宗阳称其才，使干当于河北，阴置之死地。自不兼枢密元帅之后，常欲得兵权，遂力劝宣宗伐宋。置河北不复为意，凡精兵皆置河南，苟且岁月，不肯辄出一卒，以应方面之急。平章政事英王守纯欲发其罪，密召右司员外郎王阿里、知案蒲鲜石鲁剌、令史蒲察胡鲁谋之。石鲁剌、胡鲁以告尚书省都事仆散奴失不，仆散奴失不以告高琪。英王惧高琪党与，遂不敢发。顷之，高琪使奴赛不杀其妻，乃归罪于赛不，送开封府杀之以灭口。开封府畏高琪，不敢发其实，赛不论死。事觉，宣宗久闻高琪奸恶，遂因此事诛之，时兴定三年十二月也。尚书省都事仆散奴失不以英王谋告高琪，论死。蒲鲜石鲁剌、蒲察胡鲁各杖七十，勒停。

初，宣宗将迁南，欲置乣军于平州，高琪难之。及迁汴，戒象多厚抚此军，象多辄杀乣军数人，以至于败。宣宗末年尝曰：“坏天下者，高琪、象多也。”终身以为恨云。

移剌塔不也，东北路猛安人。明昌元年，累官西上閤门使。二年，袭父谋克。泰和伐宋，有功，遥授同知庆州事，权迪列乣详稳。丁父忧，起复西北路招讨判官，改尚辇局使、曹王傅。贞祐二年，迁武宁军节度使，招徕中都乣军，无功，平章高琪芘之，召为武卫军都指挥使。应奉翰林文字完颜素兰尝面奏高琪党比，语在《高琪传》。寻知河南府事，兼副统军，徙彰化军节度使。上言：“尽籍山东、河间、大名猛安人为兵，老弱城守，壮者捍御。”又言：“河东地险人勇，步兵为天下冠，可尽调以戍诸隘。”从之。自是河东郡县屯兵少，不可守矣。改知临洮府事，兼陕西副统军。贞祐三年十一月，破夏兵于熟羊寨。平章高琪率宰臣入贺曰：“塔不也以少败众，盖陛下威德所致。”宣宗曰：“自古兴国皆赖忠贤，今兹立功，皆将率诸贤之力也。”乃以塔不也为劝农使，兼知平凉府事，进阶银青荣禄大夫。四年，伐西夏，攻威、灵、安、会等州。兴定元年，知庆阳府事。三年，迁元帅左都监，卒。

论曰：高琪擅杀执中，宣宗不能正其罪，又曲为之说，以诏臣下。就其事论之，人君欲诛大臣，而与近侍密谋于宫中，已非其道。谋之不密，又为外臣所知，以告败军之将，因杀之以为说，此可欺后世邪？金至南渡，譬之尫羸病人，元气无几。琪喜吏而恶儒，好兵而厌静，沮迁乣之议，破和宋之谋，正犹缪医，投以乌喙、附子，只速其亡耳。使宣宗于擅杀之日，即能伸大义而诛之，何至误国如是邪。

卷一百七　　列传第四十五

高汝砺　张行信

高汝砺，字岩夫，应州金城人。登大定十九年进士第，莅官有能声。明昌五年九月，章宗诏宰执，举奏中外可为刺史者，上亲阅阙点注，盖取两员同举者升用之。于是，汝砺自同知绛阳军节度事起为石州刺史。承安元年七月，入为左司郎中。一日奏事紫宸殿，时侍臣皆回避，上所御凉扇忽堕案下，汝砺以非职不敢取以进。奏事毕，上谓宰臣曰：“高汝砺不进扇，可谓知体矣。”

未几，擢为左谏议大夫。以赋调军须，郡县有司或不得人，追胥走卒利其事急，规取货赂，深为民害，建言："自今若因兵调发，有犯者乞权依'推排受财法'治之，庶使小人有所畏惧。"二年六月，定制，因军前差发受财者，一贯以下徒二年，以上徒三年，十贯处死，从汝砺之言也。时遇奏事，台臣亦令回避，汝砺乃上言："国家置谏臣以备侍从，盖欲周知时政以参得失，非徒使排行就列而已。故唐制，凡中书、门下及三品以上入阁，必遣谏官随之，俾预闻政事，冀其有所开说。今省台以下，遇朝奏事则一切回避，与诸侍卫之臣旅进旅退。殿廷论事初莫得闻，及其已行，又不详其始末，遂事而谏，斯亦难矣。顾谏职为何如哉？若曰非材，择人可也，岂可置之言责而疏远若此。乞自今以往，有司奏事谏官得以预闻，庶望少补。且修注之职，掌记言动，俱当一体。"上从之。

又言："年前十月尝举行推排之法，寻以逾时而止，诚知圣上爱民之深也。切闻周制，以岁时定民之众寡，辨物之多少，入其数于小司徒，以施政教，以行征令，三年则天下大比，按为定法。伏自大定四年通检前后，迄今三十余年，其间虽两经推排，其浮财物力，惟凭一时小民之语以为增减，有司惟务速定，不复推究其实。由是豪强有力者符同而幸免，贫弱寡援者抑屈而无诉。况近年以来，边方屡有调发，贫户益多。如止循例推排，缘去岁条理已行，人所通知，恐新强之家预为请嘱狡狯之人，冀望至时同辞推唱。或虚作贫之，故以产业低价质典，及将财物徙置他所，权止营运。如此奸弊百端，欲望物力均一，难矣。欲革斯弊，莫若据实通检，预令有司照勘大定四年条理，严立罪赏，截日立限，关防禁约。其间有可以轻重者斟酌行之，去烦碎而就简易，戒搔扰而事镇静，使富者不得以苟避，困者有望于少息，则赋税易办，人免不均之患矣。"诏尚书省俟边事息行之。

是岁十月，上谕尚书省，遣官诣各路通检民力，命户部尚书贾执刚与汝砺先推排在都两警巡院，令诸路所差官视以为法焉。寻为同知大兴府事。四年十二月，为陕西东路转运使。泰和元年七月，改西京路转运使。二年正月，为北京临潢府路按察使。四年二月，迁河北西路转运使。十一月，进中都路都转运使。

六年六月，拜户部尚书。时钞法不能流转，汝砺随事上言，多所更定，民甚便之，语在《食货志》。上嘉其议，敕尚书省曰："内外百官所司不同，比应诏言事者不啻千数，俱不达各司利害，汗漫陈说，莫能详尽。近惟户部尚书高汝砺，论本部数事，并切事情，皆已行之。其谕内外百司各究利害举明，若可举而不即申闻，以致上司举行者，量制其罚。"

贞祐二年六月，宣宗南迁，次邯郸，拜汝砺为参知政事。次汤阴，上闻汴京谷价腾踊，虑扈从人至则愈贵，问宰臣何以处之。皆请命留守司约束，汝砺独曰："物价低昂，朝夕或异，然籴多粜少则贵。盖诸路之人辐凑河南，籴者既多，安得不贵？若禁止之，有物之家皆将闭而不出，商旅转贩亦不复入城，则籴者益急而贵益甚矣。事有难易，不可不知，今少而难得者谷也，多而易致者钞也，自当先其所难，后其所易，多方开诱，务使出粟更钞，则谷价自平矣。"上从之。

三年五月，朝廷议徙河北军户家属于河南，留其军守卫郡县，汝砺言："此事果行，但便于豪强家耳，贫户岂能徙？且安土重迁，人之情也。今使尽赴河南，彼一旦去其田园，扶携老幼，驱驰道路，流离失所，岂不可怜。且所过百姓见军户尽迁，必将惊疑，谓国家分别彼此，其心安得不摇。况军人已去其家，而令护卫他人，以情度之，其不肯尽心必矣。民至愚而神者也，虽告以卫护之意，亦将不信，徒令交乱，俱不得安，此其利害所系至重。乞先令诸道元帅府、宣抚司、总管府熟论可否，如无可疑，然后施行。"不报。

军户既迁，将括地分授之，未有定论，上敕尚书省曰："北兵将及河南，由是尽起诸路军户，共图保守。今既至矣，粮食所当必与，然未有以处之。可分遣官聚耆老问之，其将益赋，或与之田，二者孰便。"又以谕汝砺。既而所遣官言："农民并称，比年以来，租赋已重，若更益之，力实不足，不敢复佃官田，愿以给军。"于是汝砺奏："迁徙军户，一时之事也。民佃官田，久远之计也。河南民地、官田，计数相半。又多全佃官田之家，坟茔、庄井俱在其中。率皆贫民，一旦夺之，何以自活？夫小民易动难安，一时避赋，遂有此言。及其与人，即前日之主，今还为客，能勿悔乎？悔则忿心生矣。如山东拨地时，腴田沃壤尽入势家，瘠恶者乃付贫户。无益於军，而民则有损，至于互相憎疾，今犹未已，前事不远，足为明戒。惟当倍益官租，以给军粮之半，复以系官荒田、牧马草地量数付之，令其自耕，则百姓免失业之艰，而官司不必为厉民之事矣。且河南之田最宜麦，今雨泽沾足，正播种之时，诚恐民疑以误岁计，宜早决之。"上从其请。

寻迁尚书右丞。时上以军户地当拨付，使得及时耕垦，而汝砺复上奏曰："在官荒田及牧马地，民多私耕者。今正艺麦之时，彼知将以与人，必皆弃去。军户虽得，亦已逾时，徒成旷废。若候毕功而后拨，量收所得，以补军储，则公私俱便。乞尽九月然后遣官。"十月，汝砺言："今河北军户徙河南者几百万口，人日给米一升，岁率三百六十万石，半给其直犹支粟三百万石。河南租地计二十四万顷，岁征粟才一百五十六万有奇，更乞于经费之外倍征以给，仍以系官闲田及牧马地可耕者畀之。"奏可。乃遣右司谏冯开等分诣诸郡就给之，人三十亩，以汝砺总之。既而括地官还，皆曰："顷亩之数甚少，且瘠恶不可耕。计其可耕者均以与之，人得无几，又僻远处不免徙就之，军人皆以为不便。"汝砺遂言於上，诏有司罢之，但给军粮之半，而半折以实直焉。

四年正月，拜尚书左丞，连上表乞致仕，皆优诏不许。会朝廷议发兵河北，护民芟麦，而民间流言谓官将尽取之。上闻，以问宰职曰："为之奈何？"高琪等奏："若令枢密院遣兵居其冲要，镇遏土寇，仍许收逃户之田，则军民两便。或有警急，军士亦必尽心。"汝砺曰："甚非计也。盖河朔之民所恃以食者，惟此麦耳。今已有流言，而复以兵往，是益使之疑惧也。不若听其自便，令宣抚司禁戢无赖，不致侵扰足矣。逃户田令有司收之，以充军储可也。"

乃诏遣户部员外郎裴满蒲剌都阅视田数，及访民愿发兵以否，还奏："臣西由怀、孟，东抵曹、单，麦苗苦亦无多，讯诸农民，往往自为义军。臣即宣布朝廷欲发兵之意，皆感戴而不愿也。"于是罢之。

汝砺以数乞致仕不从，乃上言曰："立非常之功，必待非常之人。今大兵既退，正完葺关隘、简练兵士之时，须得通敏经纶之才预为筹画，俾济中兴。伏见尚书左丞兼行枢密副使胥鼎，才擅众长，身兼数器，乞召还朝省。"不从。时高琪欲从言事者岁阅民田征租，朝廷将从之。汝砺言："臣闻治大国者若烹小鲜，最为政之善喻也。国朝自大定通检后，十年一推物力，惟其贵简静而重劳民耳。今言者请如河北岁括实种之田，计数征敛，即是常时通检，无乃骇人视听，使之不安乎。且河南、河北事体不同。河北累经劫掠，户口亡匿，田畴荒废，差调难依元额，故为此权宜之法，盖军储不加多，且地少而易见也。河南自车驾巡幸以来，百姓凑集，凡有闲田及逃户所弃，耕垦殆遍，各承元户输租，其所征敛，皆准通推之额，虽军马益多，未尝阙误，讵宜一概动扰。若恐豪右蔽匿而逋征赋，则有司检括亦岂尽实。但严立赏罚，许其自首，及听人告捕，犯者以盗军储坐之，地付告者，自足使人知惧，而赋悉入官，何必为是纷纷也。抑又有大不可者三：如每岁检括，则夏田春量，秋田夏量，中间杂种亦且随时量之，一岁中略无休息，民将厌避，耕种失时，或止耕膏腴而弃其余，则所收仍旧而所输益少，一不可也。检括之时，县官不能家至户到，里胥得以暗通货赂，上下其手，虚为文具，转失其真，二不可也。民田与军田犬牙相错，彼或阴结军人以相冒乱，而朝廷止凭有司之籍，倘使临时少于元额，则资储阙误必矣，三不可也。夫朝廷举事，务在必行，既行而复中止焉，是岂善计哉。"议遂寝。

兴定元年十月，上疏曰："言者请姑与宋人议和以息边民，切以为非计。宋人多诈无实，虽与文移往来，而边备未敢遽撤。备既不撤，则议和与否盖无以异。或复蔓以浮辞，礼例之外别有求索，言涉不逊，将若之何？或曰：'大定间亦尝先遣使，今何不可？'切谓时殊事异，难以例言。昔海陵师出无名，曲在于我，是以世宗即位，首遣高忠建等报谕宋主，罢淮甸所侵以修旧好。彼随遣使来，书辞慢易，不复奉表称臣，愿还故疆，为兄弟国。虽其枢密院与我帅府时通书问，而侵轶未尝已也。既而征西元帅合喜败宋将吴璘、姚良辅于德顺、原州，右丞相仆散忠义、右副元帅纥石烈志宁败李世辅于宿州，斩首五万，兵威大振。世宗谓宰臣曰：'昔宋人言遣使请和，乘吾无备遂攻宿州，今为我军大败，杀戮过当，故不敢复通问。朕哀南北生灵久困于兵，本欲息民，何较细故，其令帅府移书宋人，以议和好。'宋果遣使告和，以当时堂堂之势，又无边患，竟免其奉表称臣之礼。今宋弃信背盟，侵我边鄙，是曲在彼也。彼若请和，于理为顺，岂当先发此议而自示弱耶？恐非徒无益，反招谤侮而已。"

十一月，汝砺言："臣闻国以民为基，民以财为本，是以王者必先爱养基本。国家调发，河南为重，所征税租率常三倍于旧。今省部计岁收通宝不敷所支，乃于民间科敛桑皮故纸钱七千万贯以补之。近以通宝稍滞，又加两倍。河南人户，农民居三之二，今税租犹多未足，而此令复出，彼不橥所当输租，则必减其食以应之。夫事有难易，势有缓急。今急用而难得者，刍粮也，出于民力，其来有限，可缓图。而易为者，钞法也，行于国家，其变无穷。向者大钞滞，更为小钞，小钞弊，改为宝券，宝券不行，易为通宝，从权制变，皆由于上，尚何以烦民为哉。彼悉力以奉军储已患不足，而又添征通宝，苟不能给，则有逃亡。民逃亡则农事废，兵食何自而得？有司不究远图而贪近效，不固本原而较末节，诚恐军储、钞法两有所妨。臣非于钞法不为意也，非于省部故相违也，但以钞法稍滞物价稍增之害轻，民生不安军储不给之害重耳。惟陛下外度事势，俯察臣言，特命有司减免，则群心和悦，而未足之租有所望矣。"

时朝廷以贾仝、苗道润等相攻不和，将分畀州县、别署名号以处之。汝砺上书曰："甚非计也。盖河北诸帅多本土义军，一时权为队长，亦有先尝叛亡者，非若素宦于朝，知礼义、识名分之人也。贪暴不法，盖无足怪。朝廷以时方多故，姑牢笼用之，庶使遗民少得安息。彼互相攻劫则势浸弱，势力既弱则朝廷易制。今若分地而与之，州县官吏得辄署置，民户税赋得擅征收，则地广者日益强，狭者日益弱。久之，弱者皆并于强，强者之地不可复夺，是朝廷愈难制也。昔唐分河朔地授诸叛将，史臣谓其护养孽萌以成其祸，此可为今日大戒也。不若姑令行省羁縻和辑，多方牵制，使之不得逞。异时边事稍息，气力渐完，若辈又何足患哉。"议遂寝。

上尝谓汝砺曰："朕每见卿侍朝，恐不任其劳，许坐殿下，而卿终不从何哉？夫君臣相遇，贵在诚实，小谨区区，朕固不较也。"汝砺以君臣之分甚严，不敢奉命。

三年，河南颇丰稔，民间多积粟，汝砺乃奏曰："国家之务，莫重于食，今所在屯兵益众，而修筑新城其费亦广，若不及此丰年多方营办，防秋之际或乏军兴。乞于河南州府验其物价低昂，权宜立式，凡内外四品以下杂正班散官及承荫人，免当僳使监官功酬，或僧道官师德号度牒、寺观院额等，并听买之。司县官有能劝诱输粟至三千石者，将来注授升本榜首，五千石以上迁官一阶，万石以上升职一等，并注见阙。庶几人知劝慕，多所收获。"上从之。

同提举榷货司王三锡建议榷油，高琪以用度方急，劝上行之。汝砺上言曰："古无榷法，自汉以来始置盐铁酒榷均输官，以佐经费。末流至有算舟车、税间架，其征利之术固已尽矣，然亦未闻榷油也。盖油者世所共用，利归于公则害及于民，故古今皆置不论，亦厌苛细而重烦扰也。国家自军兴，河南一路岁入税租不啻加倍，又有额征诸钱、横泛杂役，无非出于民者，而更议榷油，岁收银数十万两。夫国以民为本，当此之际，民可以重困乎！若从三锡议，是以举世通行之货为榷货，私家常用之物为禁物，自古不行之法为良法，切为圣朝不取也。若果行之，其害有五，臣请言之：河南州县当立务九百余所，设官千八百馀员，而胥隶工作之徒不与焉。费既不赀，而又创构屋宇，夺买作具，公私俱扰，殆不胜言。至于提点官司有升降决罚之法，其课一亏，必生抑配之弊，小民受病，益不能堪，其害一也。夫油之贵贱所在不齐，惟其商旅转贩有无相易，所以其价常平，人易得之。今既设官各有分地，辄相侵犯者有罪，是使贵处常贵而贱处常贱，其害二也。民家日用不能躬自沽之，而转鬻者增取利息，则价不得不贵，而用不得不难，其害三也。盐、铁、酒、醋，公私所造不同，易于分别，惟油不然，莫可辨记。今私造者有刑，捕告者有赏，则无赖辈因之得以诬构良民枉陷于罪，其害四也。油户所置屋宇、作具，用钱已多，有司按业推定物力，以给差赋。今夺其具、废其业而差赋如前，何以自活，其害五也。惟罢之便。”上是之，然重违高琪意，乃诏集百官议于尚书省。户部尚书高夔、工部侍郎粘割荆山、知开封府事温迪罕二十等二十六人议同高琪，礼部尚书杨云翼、翰林侍读学士赵秉文、南京路转运使赵瑄、吏部侍郎赵伯成、刑部郎中姬世英、右司谏郭著、提举仓场使时戬皆以为不可。上曰：“古所不行者而今行之，是又生一事也，其罢之。”

十月，赐金鼎一，重币三。四年三月，拜平章政事，俄而进拜尚书右丞相，监修国史，封寿国公。五年二月，上表乞致政，不许。九月，上谕汝砺曰：“昨日视朝，至午方罢。卿老矣，不任久立，奏事毕，用宝之际，可先退坐，恐以劳致疾，反妨议政也。”是月，复乞致仕，上谕之曰：“丞相之礼尽矣，然今廷臣谁如丞相者，而必欲求去乎，姑留辅朕可也。”十月，躐迁荣禄大夫，仍谕曰：“丞相数求去，朕以社稷事重，故坚留之。丞相老矣，而官犹未至二品，故特升两阶。”十二月，上复谕曰：“向朕以卿年老，视朝之日侍立为劳，令用宝时退坐廊下，而卿违之，复侍立终朝，岂有司不为设榻耶？卿其勉从朕意。”元光元年四月，汝砺跪奏事，上命起曰：“卿大臣也，所言皆社稷计。朕之责卿，惟在尽诚，何事小谨，自今勿复尔也。”

七月，上谓宰臣曰：“昔有言世宗太俭者，或曰不尔则安得广畜积。章宗时用度甚多，而得不阙乏者，盖先朝有以遗之也。”汝砺因进言曰：“俭乃帝王大德，陛下言及此，天下福也。”九月，上又谓宰臣曰：“有功者虽有微过亦当贷之，无功者岂可贷耶？然有功者人喜谤议。凡有以功过言于朕者，朕必深求其实，虽近侍为言不敢轻信，亦未尝徇一己之爱憎也。”汝砺因对曰：“公生明，偏生暗。凡人多徇爱憎，不合公议。陛下圣明，故能如是耳。”

二年正月，复乞致政，上面谕曰：“今若从卿，始终之道俱尽，于卿甚安，在朕亦为美事。但时方多故，而朕复不德，正赖旧人辅佐，故未能遂卿高志耳。”汝砺固辞，竟不许，因谓曰：“朕每闻人有所毁誉，必求其实。”汝砺对曰：“昔齐威王封即墨大夫，烹阿大夫及左右之尝毁誉者，由是群臣恐惧，莫敢饰非，齐国大治。陛下言及此，治安可期也。”二月，上以汝砺年高，免朝拜，侍立久则憩于殿下，仍敕有司设榻焉。三月，又乞致仕，复优诏不许。上谓群臣曰：“人有才堪任事，而处心不正者，终不足贵。”汝砺对曰：“其心不正而济之以才，所谓虎而翼者也，虽古圣人亦未易知。”上以为然。他日复谓宰臣曰：“凡人处心善良而行事忠实，斯为难得。若言巧心伪，亦复何用。然善良者，人又多目为平常。”汝砺对曰：“人材少全，亦随其所长取之耳。”上然之。五月，上问宰执以修完京城楼橹事，汝砺奏：“所用皆大木，顾今难得，方令计置。”上曰：“朕宫中别殿有可用者即用之。”汝砺对以不宜毁，上曰：“所居之外，毁亦何害，不愈于劳民远致乎！”

哀宗初即位，谏官言汝砺欺君固位，天下所共嫉，宜黜之以厉百官。哀宗曰：“昔惠帝言，我不如高帝，当守先帝法耳。汝砺乃先帝立以为相者，又可黜欤！”又有投匿名书云：“高某不退当杀之。”汝砺因是告老，优诏不许。正大元年三月，薨，年七十一，配享宣宗庙。

为人慎密廉洁，能结人主知，然规守格法，循默避事，故为相十余年未尝有谴诃。贪恋不去，当时士论颇以为讥云。

张行信，字信甫，先名行忠，避庄献太子讳改焉。行简弟也。登大定二十八年进士第，累官铜山令。明昌元年，以廉擢授监察御史。泰和三年，同知山东西路转运使，俄签河东路按察司事。四年四月，召见于泰和殿，行信因言二事，一依旧移转吏目以除民害，一徐、邳地下宜麦，税粟许纳麦以便民。上是其言，令尚书省议行之。崇庆二年，为左谏议大夫。时胡沙虎已除名为民，赂遗权贵，将复进用。举朝无敢言者，行信乃上章曰：“胡沙虎残忍凶悖，跋扈强梁，媚结近习，以图称誉。自其废黜，士庶莫不忻悦。今若复用，惟恐为害更甚前日，况利害之机更有大于此者。”书再上，不报。及胡沙虎弑逆，人甚危之，行信坦然不顾也。

是岁九月，宣宗即位，改元贞祐。行信以皇嗣未立，无以系天下之望，上疏曰：“自古人君即位，必立太子以为储副，必下诏以告中外。窃见皇长子每遇趋朝，用东宫仪卫，及至丹墀，还列诸王班。况已除侍臣，而今未定其礼，可谓名不正言不顺矣。昔汉文帝元年，首立子启为太子者，所以尊祖庙、重社稷也。愿与大臣详议，酌前代故事，早下明诏，以定其位，慎选宫僚，辅成德器，则天下幸甚。”上嘉纳之。

胡沙虎诛，上封事言正刑赏，辞载《胡沙虎传》。又言：“自兵兴以来，将帅甚难其人，愿陛下令重臣各举所知，才果可用，即赐召见，褒显奖谕，令其自效，必有奋命报国者。昔李牧为赵将，军功爵赏皆得自专，出攻入守不从中覆，遂能北破大敌，西抑强秦。今命将若不以文法拘绳、中旨牵制，委任责成，使得尽其智能，则克复之功可望矣。”上善其言。时方擢任王守信、贾耐儿者为将，皆鄙俗不材、不晓兵律。行信惧其误国，上疏曰：“《易》称‘开国承家，小人勿用’。圣人所以垂戒后世者，其严如此。今大兵纵横，人情恟惧，应敌兴理，非贤智莫能。狂子庸流，猥蒙拔擢，参预机务，甚无谓也。”于是上皆罢之。权元帅右都监内族讹可率兵五千护粮通州，遇兵辄溃，行信上章曰：“御兵之道，无过赏罚，使其临敌有所慕而乐于进，有所畏而不敢退，然后将士用命而功可成。若讹可败衄，宜明正其罪，朝廷宽容，一切不问，臣恐御兵之道未尽也。”诏报曰：“卿意具悉，讹可等已下狱矣。”

时中都受兵，方遣使请和，握兵者畏缩不敢战，曰：“恐坏和事。”行信上言：“和与战二事本不相干，奉使者自专议和，将兵者惟当主战，岂得以和事为辞。自崇庆来，皆以和误，若我军时肯进战，稍挫其锋，则和事成也久矣。顷北使既来，然犹破东京，略河东。今我使方行，将帅辄按兵不动，于和议卒无益也。事势益急，刍粮益艰，和之成否盖未可知，岂当闭门坐守以待弊哉。宜及士马尚壮，择猛将锐兵，防卫转输，往来拒战，使之少沮，则附近蓄积皆可入京师，和议亦不日可成矣。”上心知其善而不能行。

二年三月，以朝廷括粮恐失民心，上书言：“近日朝廷令知大兴府胥鼎便宜计画军食，鼎因奏许人纳粟买官。既又遣参知政事奥屯忠孝括官民粮，户存两月，余悉令输官，酬以爵级银钞。时有粟者或先具数于鼎，未及入官。忠孝复欲多得以明己功，凡鼎所籍者不除其数，民甚苦之。今米价踊贵，无所从籴，民粮止两月又夺之，将不独归咎有司，亦怨朝廷不察也。大兵在迩，人方危惧，若复无聊，或生他变，则所得不偿所损矣。”上深善其言，即命与近臣往审处焉。仍谕忠孝曰：“极知卿尽心于公，然国家本欲得粮，今既得矣，姑从人便可也。”四月，迁山东东路按察使，兼转运使，仍权本路宣抚副使。将行，求入见，上御便殿见之。奏曰：“臣伏见奥屯忠孝饰诈不忠，临事惨刻，与胡沙虎为党。”历数其罪，且曰：“无事时犹不容一相非才，况今多故，可使斯人与政乎？愿即罢之。”上曰：“朕始即位，进退大臣自当以礼，卿语其亲知，讽令求去可也。”行信以告右司郎中把胡鲁白忠孝，忠孝不恤也。

三年二月，改安武军节度使，兼冀州管内观察使。始至，即上书言四事，其一曰：“杨安儿贼党旦暮成擒，盖不足虑。今日之急，惟在收人心而已。向者官军讨贼，不分善恶，一概诛夷，劫其资产，掠其妇女，重使居民疑畏，逃聚山林。今宜明敕有司，严为约束，毋令劫掠平民。如此则百姓无不安之心，奸人诳胁之计不行，其势渐消矣。”其二曰：“自兵乱之后，郡县官豪，多能纠集义徒，摧击土寇，朝廷虽授以本处职任，未几遣人代之。夫旧者人所素服，新者未必皆才，缓急之间，启衅败事。自今郡县阙员，乞令尚书省选人拟注。其旧官，民便安者宜就加任使，如资级未及，令摄其职，待有功则正授。庶几人尽其才，事易以立。”其三曰：“掌军官敢进战者十无一二，其或有之，即当责以立功，不宜更授他职。”其四曰：“山东军储皆鬻爵所获，及或持敕牒求仕，选曹以等级有不当鬻者往往驳退。夫鬻所不当，有司罪也，彼何责焉。况海岱重地，群寇未平，田野无所收，仓廪无所积，一旦军饷不给，复欲鬻爵，其谁信之？”朝廷多用其议。八月，召为吏部尚书。九月，改户部尚书。十二月，转礼部尚书，兼同修国史。

四年二月，为太子少保，兼前职。时尚书省奏：“辽东宣抚副使完颜海奴言，参议官王浍尝言，本朝绍高辛，黄帝之后也。昔汉祖陶唐，唐祖老子，皆为立庙。我朝迄今百年，不为黄帝立庙，无乃愧于汉、唐乎！”又云：“本朝初兴，旗帜尚赤，其为火德明矣。主德之祀，阙而不讲，亦非礼经重祭祀之意。臣闻于浍者如此，乞朝廷议其事。”诏问有司，行信奏曰：“按《始祖实录》止称自高丽而来，未闻出于高辛。今所据欲立黄帝庙，黄帝高辛之祖，借曰绍之，当为木德，今乃言火德，亦何谓也？况国初太祖有训，因完颜部多尚白，又取金之不变，乃以大金为国号，未尝议及德运。近章宗朝始集百僚议之，而以继亡宋火行之绝，定为土德，以告宗庙而诏天下焉。顾浍所言特狂妄者耳。”上是之。

八月，上将祔享太庙，诏依世宗十六拜之礼。行信与礼官参定仪注，上言宜从四十四拜之礼，上嘉纳焉，语在《礼志》。祭毕，赐行信宝券二万贯、重币十端，谕之曰：“太庙拜礼，朕初欲依世宗所行，卿进奏章，备述随室读祝，殊为中理。向非卿言，朕几失之，故特以是旌赏，自今每事更宜尽心。”是年十二月，行信以父晦卒，去官。

兴定元年三月，起复旧职，权参知政事。六月，真拜参知政事。时高琪为相，专权用事，恶不附己者，衣冠之士，动遭窘辱，惟行信屡引旧制力抵其非。会宋兵侵境，朝廷议遣使详问，高琪等以为失体，行信独上疏曰：“今以遣使为不当，臣切惑之。议者不过曰：‘遣使则为先示弱，其或不报，报而不逊，则愈失国体。’臣独以为不然。彼幸吾衅隙，数肆侵掠，边臣以兵却之复来，我大国不责以辞而敌以兵，兹非示弱乎。至于问而不报，报而不逊，曲自在彼，何损于我。昔大定之初，彼尝犯顺，世宗虽遣丞相乌者行省于汴，实令元帅撒合辇先为辞诘之，彼遂伏罪。其后宋主夺取国书，朝廷复欲加兵，丞相娄室独以为不可，及刑部尚书梁肃衔命以往，寻亦屈焉。在章宗时，猖狂最甚，犹先理问而后用兵。然则遣使详问正国家故事，何失体之有。且国步多艰，戍兵滋久，不思所以休息之，如民力何。臣书生无甚高论，然事当机会，不敢不罄其愚，惟陛下察之。”上复令尚书省议，高琪等奏：“行信所言固遵旧制，然今日之事与昔不同。”诏姑待之。已而高汝砺亦上言先遣使不便，议遂寝，语在汝砺传。

时监察御史多被的决，行信乃上言曰：“大定间，监察坐罪大抵收赎，或至夺俸，重则外降而已，间有的决者，皆有为而然。当时执政程辉已尝面论其非是，又有敕旨，监察职主弹劾，而或看循者，非谓凡失察皆然也。近日无问事之大小、情之轻重，一概的决，以为大定故实、先朝明训，过矣。”于是诏尚书省更定监察罪名制。

史馆修《章宗实录》，尚书省奏：“旧制，凡修史，宰相执政皆预焉。然女直、汉人各一员。崇庆中，既以参知政事梁瑭兼之，复命翰林承旨张行简同事，盖行简家学相传，多所考据。今修《章宗实录》，左丞汝砺已充兼修，宜令参知政事行信同修如行简例。”制可。

二年二月，出为彰化军节度使，兼泾州管内观察使，谕之曰：“初，朕以朝臣多称卿才，乃令参决机务。而廷议之际，每不据正，妄为异同，甚非为相之道。复闻迩来殊不以干当为意，岂欲求散地故耶？今授此职，卿宜悉之。”初，内族合周避敌不击，且诡言密奉朝旨，下狱当诛。诸皇族多抗表乞从末减，高琪以为自古犯法无告免者，行信独曰：“事无古今，但合周平昔忠孝，或可以免。”又以行信族弟行贞居山东，受红袄贼伪命，枢密院得宋人书，有干涉行信事，故出之。其子莒，时为尚书省令史，亦命别加注授焉。

初，行信言：“今法，职官论罪，多从的决。伏见大定间世宗敕旨，职官犯故违圣旨，徒年、杖数并的决。然其后三十余年，有司论罪，未尝引用，盖非经久为例之事也。乞详定之。”行信既出，上以其章付尚书省。至是，宰臣奏：“自今违奏条之所指挥、及诸条格，当坐违制旨者，其徒年、杖数论赎可也。特奉诏旨违者，依大定例。”制可。行信去未久，上尝谕宰臣曰：“自张行信降黜，卿等遂缄默，此殊非是。行信事，卿等具知，岂以言之故耶！自今宜各尽言，毋复畏忌。”

行信始至泾，即上书曰：“马者甲兵之本，方军旅未息，马政不可缓也。臣自到泾，闻陕右豪民多市于河州，转入内地，利盖百倍。及见省差买马官平凉府判官乌古论桓端市于洮州，以银百铤几得马千匹，云生羌木波诸部蕃族人户畜牧甚广。盖前所遣官或抑其直，或以势陵夺，遂失其和，且常患银少，所以不能多得也。又闻蕃地今秋薄收，鬻马得银辄以易粟。冬春之交必艰食，马价甚低。乞令所司辇银粟于洮、河等州，选委知蕃情、达时变如桓端者贸易之。若捐银万两，可得良马千匹，机会不可失，惟朝廷亟图之。”

又曰：“比者沿边战士有功，朝廷遣使宣谕，赐以官赏，莫不感戴圣恩，愿出死力，此诚得激劝之方也。然赠遗使者或马或金，习以为常，臣所未谕也。大定间，尝立送宣礼，自五品以上各有定数，后竟停罢。况今时务与昔不同，而六品以下及止迁散官者，亦不免馈献，或莫能办，则敛所部以应之，至有因而获罪者。彼军士效死立功，仅蒙恩赏，而反以馈献为苦，是岂朝廷之意哉。乞令有司依大定例，参以时务，明立等夷，使取予有限，无伤大体，则上下两得矣。”

又曰：“近闻保举县令，特增其俸，此朝廷为民之善意也。然自关以西，尚未有到任者，远方之民不能无望。岂举者犹寡，而有所不敷耶？乞诏内外职事官，益广选举，以补其阙，使天下均受其赐。且丞、簿、尉亦皆亲民，而独不增俸，彼既不足以自给，安能禁其侵牟乎。或谓国用方阙，不宜虚费，是大不然。夫重吏禄者，固使之不扰民也，民安则国定，岂为虚费。诚能裁减冗食，不养无用之人，亦何患乎不足。今一军充役，举家廪给，军既物故，给其子弟，感悦士心，为国尽力耳。至于无男丁而其妻女犹给之，此何谓耶？自大驾南巡，存赡者已数年，张颐待哺，以困农民。国家粮储，常患不及，顾乃久养此老幼数千万口，冗食虚费，正在是耳。如即罢之，恐其失所，宜限以岁月，使自为计，至期而罢，复将何辞。”上多采纳焉。

元光元年正月，迁保大军节度使，兼鄜州管内观察使。二月，改静难军节度使，兼邠州管内观察使。未几，致仕。哀宗即位，征用旧人，起为尚书左丞。言事稍不及前，人望颇减。寻复致仕家居，惟以抄书教子孙为事，葺园池汴城东，筑亭号“静隐”，时时与侯挚辈游咏其间。正大八年二月乙丑，薨于嵩山崇福宫，年六十有九。初游嵩山，尝曰：“吾意欲主此山。”果终于此。

为人纯正真率，不事修饰，虽两登相位，殆若无官然。遇事辄发，无所畏避，每奏事上前，旁人为动色，行信处之坦如也。及薨之日，虽平昔甚娼忌者，亦曰正人亡矣。初至汴，父暐以御史大夫致仕，犹康健，兄行简为翰林学士承旨，行信为礼部尚书，诸子侄多中第居官，当世未之有也。

赞曰：高汝砺褆身清慎，练达事宜，久居相位，虽为大夫士所鄙，而人主宠遇不衰。张行信砺志謇谔，言无避忌，然一蹈政途，便多坎壈，及其再用，论事稍不及前，岂以汝砺为真可法耶。宣宗伐宋，本非万全之策，行信谏，汝砺不谏，又沮和议。胡沙虎之恶未著，行信两疏击之。汝砺与高琪共事，人疑其党附。优劣可概见于斯矣。

卷一百八　　　列传第四十六

胥鼎　侯挚　把胡鲁　师安石

胥鼎，字和之，尚书右丞持国之子也。大定二十八年擢进士第，入官以能称，累迁大理丞。承安二年，持国卒，去官。四年，尚书省起复为著作郎。上曰：“鼎故家子，其才如何？”宰臣奏曰：“为人甚干济。”上曰：“著作职闲，缘今无他阙，姑授之。”未几，迁右司郎中，转工部侍郎。泰和六年，鼎言急递铺转送文檄之制，上从之，时以为便。至宁初，中都受兵，由户部尚书拜参知政事。

贞祐元年十一月，出为泰定军节度使，兼兖州管内观察使，未赴，改知大兴府事，兼中都路兵马都总管。二年正月，鼎以在京贫民阙食者众，宜立法振救，乃奏曰：“京师官民有能赡给贫人者，宜计所赡迁官升职，以劝奖之。”遂定权宜鬻恩例格，如进官升职、丁忧人许应举求仕、官监户从良之类，入粟草各有数，全活甚众。四月，拜尚书右丞，仍兼知府事。五月，宣宗将南渡，留为汾阳军节度使，兼汾州管内观察使。十一月，改知平阳府事，兼河东南路兵马都总管，权宣抚使。

三年四月，建言利害十三事，若积军储、备黄河、选官谳狱、简将练卒、钞法、版籍之类，上颇采用焉。又言：“平阳岁再被兵，人户散亡，楼橹修缮未完，衣甲器械极少，庾廪无两月食。夏田已为兵蹂，复不雨，秋种未下。虽有复业残民，皆老幼，莫能耕种，岂足征求。比闻北方刘伯林聚兵野狐岭，将深入平阳、绛、解、河中，遂抵河南。战御有期，储积未备，不速错置，实关社稷生灵大计。乞降空名宣敕一千、紫衣师德号度牒三千，以补军储。”上曰："鼎言是也，有司其如数亟给之。"

七月，就拜本路宣抚使，兼前职。朝廷欲起代州戍兵五千，鼎上言："岭外军已皆南徙，代为边要，正宜益兵保守，今更损其力，一朝兵至，何以待之？平阳以代为藩篱，岂可撤去。"尚书省奏宜如所请，诏从之。又言："近闻朝廷令臣清野，切谓臣所部乃河东南路，太原则北路也，大兵若来，必始于北，故清野当先北而后南。况北路禾稼早熟，其野既清，兵无所掠，则势当自止。不然，南路虽清，而谷草委积于北，是资兵而召之南也。臣已移文北路宣抚司矣，乞更诏谕之。"既而大兵果出境，赐诏奖谕曰："卿以文武之才，膺兵民之寄，往镇方面，式固边防，坐释朕忧，孰如卿力。益懋忠勤之节，以收绥静之功，仰副予心，嗣有后宠。"寻以能设方略退兵，进官一阶。

十月，鼎上言："臣所将义军，皆从来背本趋末，勇猛凶悍、盗窃亡命之徒，苟无训练统摄官以制之，则朋聚党植，无所不至。乞许臣便宜置总领义军使、副及弹压，仍每五千人设训练一员，不惟预为防闲，使有畏忌，且令武艺精熟，人各为用。"上从之。

四年正月，大兵略霍、吉、隰三州，已而步骑六万围平阳，急攻者十余日，鼎遣兵屡却之，且上言："臣以便宜立官赏，预张文榜，招还胁从人七千有奇，续至者又六千余，俱令复业。窃谓凡被俘未归者，更宜多方招诱，已归者所居从便，优加存恤，无致失所。"制可。二月，拜枢密副使，权尚书左丞，行省于平阳。时鼎方抗表求退，上不许，因进拜焉，且遣近侍谕曰："卿父子皆朕所知，向卿执政时，因有人言，遂以河东事相委，果能勉力以保无虞。方国家多难，非卿孰可倚者？卿退易耳，能勿虑社稷之计乎！今特授卿是任，咫尺防秋，更宜悉意。"

时河南粟麦不令兴贩渡河，鼎上言曰："河东多山险，平时地利不遗，夏秋荐熟，犹常藉陕西、河南通贩物斛。况今累值兵戎，农民浸少，且无雨雪，阙食为甚。又解州屯兵数多，粮储仅及一月。伏见陕州大阳渡、河中大庆渡皆邀阻粟麦，不令过河，臣恐军民不安，或生内患。伏望朝廷听其输贩，以纾解州之急。"从之。

又言："河东兵革之馀，疲民稍复，然丁牛既少，莫能耕稼，重以亢旱蝗螟，而馈饷所须，征科颇急，贫无依者俱已乏食，富户宿藏亦为盗发，盖绝无而仅有焉，其憔悴亦已甚矣。有司宜奉朝廷德意，以谋安集，而潞州帅府遣官于辽、沁诸郡搜括余粟，悬重赏诱人告讦，州县惮帅府，鞭箠械系，所在骚然，甚可怜悯。今大兵既去，惟宜汰冗兵，省浮费，招集流亡，劝督农事。彼不是务，而使疮痍之民重罹兹苦，是兵未来而先自弊也。愿朝廷亟止之，如经费果阙，以恩例劝民入粟，不犹愈于强括乎！"又言："霍州回牛、夙楼岭诸厄，戍卒几四千。今兵既去而农事方兴，臣乞量留侦候，余悉遣归，有警复征。既休民力，且省县官，万一兵来，亦足御遏。举一事而获二利，臣敢以为请。"诏趋行之。

又言："河东两路农民浸少，而兵戍益多，是以每岁粮储常苦不继。臣切见潞州元帅府虽设鬻爵恩例，然条目至少，未尽劝诱之术，故进献者无几。宜增益其条，如中都时，仍许各路宣抚司俱得发卖，庶几多获贮储，以济不给。"于是尚书省更定制奏行焉。

又言："交钞贵于通流，今诸路所造不敷所出，苟不以术收之，不无阙误。宜从行省行部量民力征敛，以裨军用。河中宣抚司亦以宝券所支已多，民不贵，乞验民贫富征之。虽然，陕西若一体征收，则彼中所有，日凑于河东，其与不敛何异。又河北宝券以不许行于河南，由是愈滞，将误军储而启衅端。"时以河北宝券商旅赍贩南渡，致物价翔贵，权限路分行用，因鼎有言，罢之。

又言："比者朝廷命择义军为三等，臣即檄所司，而潞帅必兰阿鲁带言：'自去岁初置帅府时已按阅本军，去其冗者。部分既定，上下既亲，故能所向成功。此皆血战之余，屡试可者。且又父子兄弟自相赴援，各顾其家，心一而力齐，势不可离。今必析之，将互易而不相谙矣。国家粮储，常恐不继，岂容侥冒，但本府兵不至是耳。况潞州北即为异境，日常备战，事务方殷，而分别如此，彼居中下者，皆将气挫心懈而不可用，虑恐因得测吾虚实。且义军率皆农民，已各散归田亩，趋时力作。若征集之，动经旬日，农事废而岁计失矣。乞从本府所定，无轻变易。'臣切是其言。"时阿鲁带奏亦至，诏遂许之。

又言："近侦知北兵驻同、耀，窃虑梗吾东西往来之路，遂委河中经略使陀满胡土门领军赴援。今兵势将叩关矣，前此臣尝奏闻，北兵非止欲攻河东、陕西，必将进取河南。虽已移文陕州行院及陕西邻境，俱令设备，恐未即遵行。乞诏河南行院统军司，议所以御备之策。"上以示尚书省，宰臣奏："兵已逾关，惟宜严责所遣帅臣趋迎击之，及命鼎益兵渡河以掣其肘。"制可。既而鼎闻大兵已越关，乃急上章曰："臣叨蒙国恩擢列枢府，凡有戎事，皆当任之。今入河南，将及畿甸，岂可安据一方，坐视朝廷之急，而不思自奋以少宽陛下之忧乎。去岁颁降圣训，以向者都城被围四方无援为恨，明敕将帅，若京师有警，即各提兵奔赴，其或不至自有常刑。臣已奉诏，先遣潞州元帅左监军必兰阿鲁带领军一万，孟州经略使徒单百家领兵五千，由便道济河以趋关、陕，臣将亲率平阳精兵直抵京师，与王师相合。"又奏曰："京师去平阳千五百余里，倘俟朝廷之命方图入援，须三旬而后能至，得无失其机耶？臣以身先士卒倍道兼行矣。"上嘉其意，诏枢府督军应之。

初，鼎以将率兵赴援京师，奏乞委知平阳府事王质权元帅左监军，同知府事完颜僧家奴权右监军，以镇守河东，从之。至是，鼎拜尚书左丞，兼枢密副使。是时，大兵已过陕州，自关以西皆列营栅，连亘数十里。鼎虑近薄京畿，遂以河东南路怀、孟诸兵合万五千，由河中入援，又遣遥授河中府判官仆散扫吾出领军趋陕西，并力御之。且虑北兵扼河，移檄绛、解、吉、隰、孟州经略司，相与会兵以为夹攻之势。已而北兵果由三门、集津北渡而去。

鼎复上言："自兵兴以来，河北溃散军兵、流亡人户，及山西、河东老幼，俱徙河南。在处侨居，各无本业，易至动摇。窃虑有司妄分彼此，或加迫遣，以致不安。今兵日益盛，将及畿甸，倘复诱此失职之众使为乡导，或驱之攻城，岂不益资其力。乞朝廷遣官抚慰，及令所司严为防闲，庶几不至生衅。”上从其计，遣监察御史陈规等充安抚捕盗官，巡行郡邑。大兵还至平阳，鼎遣兵拒战，不利乃去。

兴定元年正月，上命鼎选兵三万五千，付陀满胡土门统之西征。至是，鼎驰奏以为非便，略曰：“自北兵经过之后，民食不给，兵力未完。若又出师，非独馈运为劳，而民将流亡，愈至失所。或宋人乘隙而动，复何以制之？此系国家社稷大计。方今事势，止当御备南边，西征未可议也。”遂止。是月，进拜平章政事，封莘国公。又上奏曰：“臣近遣太原、汾、岚官军以备西征，而太原路元帅左监军乌古论德升以状白臣，甚言其失计。臣愚以为德升所言可取，敢具以闻。”诏付尚书省议之，语在德升传。三月，鼎以祖父名章，乞避职，诏不从。

朝廷诏鼎举兵伐宋，且令勿复有言，以沮成算。鼎已分兵由秦、巩、凤翔三路并进，乃上书曰：“窃怀愚悫，不敢自默，谨条利害以闻。昔泰和间，盖尝南伐，时太平日久，百姓富庶，马蕃军锐，所谓万全之举也，然犹亟和，以偃兵为务。大安之后，北兵大举，天下骚然者累年，然军马气势，视旧才十一耳。至于器械之属，亦多损弊，民间差役重繁，浸以疲乏，而日勤师旅，远近动摇，是未获一敌而自害者众，其不可一也。今岁西北二兵无入境之报，此非有所惮而不敢也，意者以去年北还，姑自息养，不然则别部相攻，未暇及我。如闻王师南征，乘隙并至，虽有潼关、大河之险，殆不足恃，则三面受敌者首尾莫救，得无贻后悔乎？其不可二也。凡兵雄于天下者，必其士马精强，器械犀利，且出其不备而后能取胜也。宋自泰和再修旧好，练兵峙粮，缮修营垒，十年于兹矣。又车驾至汴益近宋境，彼必朝夕忧惧，委曲为防。况闻王师已出唐、邓，必徙民渡江，所在清野，止留空城，使我军无所得，徒自劳费，果何益哉？其不可三也。宋我世仇，比年非无恢复旧疆、洗雪前耻之志，特畏吾威力，不能窥其虚实，故未敢轻举。今我军皆山西、河北无依之人，或招还逃军，胁从归国，大抵乌合之众，素非练习，而遽使从戎，岂能保其决胜哉？虽得其城，内无储蓄，亦何以守？以不练乌合之军，深入敌境，进不得食，退无所掠，将复遁逃啸聚为腹心患，其不可四也。发兵进讨，欲因敌粮，此事不可必者。随军转输，则又非民力所及。沿边人户虽有恒产，而赋役繁重，不胜困惫。又凡失业寓河南者，类皆衣食不给。贫穷之迫，盗所由生，如宋人阴为招募，诱以厚利，使为乡导，伺我不虞突而入寇，则内有叛民，外有勍敌，未易图之，其不可五也。今春事将兴，若进兵不还，必违农时，以误防秋之用，此社稷大计，岂特疆埸利害而已哉！其不可六也。臣愚以为止当遴选材武将士，分布近边州郡，敌至则追击，去则力田，以广储蓄。至于士气益强，民心益固，国用丰饶，自可恢廓先业，成中兴之功，一区区之宋何足平乎。”诏付尚书省，宰臣以为诸军既进，无复可议，遂寝。

既而元帅承裔等取宋大散关，上谕鼎曰：“所得大散关，可保则保，不可则焚毁而还。”于是鼎奏：“臣近遣官问诸帅臣，皆曰散关至蓦关诸隘，其地远甚，中间堡垒相望，如欲分屯，非万人不可。则又有恒州、虢县所直数关，宋兵皆固守如旧，缓急有事，当复分散关之兵。余众数少，必不能支，而凤翔、恒、陇亦无应援，恐两失之。且比年以来，民力困于调度，今方春，农事已急，恐妨耕垦，不若焚毁此关，但屯边隘以张其势，彼或来侵，互相应援易为力也。”制可。

二年四月，鼎乞致仕，上遣近侍谕曰：“卿年既耄，朕非不知，然天下事方有次第，卿旧人也，姑宜勉力以终之。”鼎以宣宗多亲细务，非帝王体，乃上奏曰：“天下之大，万机之众，钱谷之冗，非九重所能兼，则必付之有司，天子操大纲、责成功而已。况今多故，岂可躬亲细务哉？惟陛下委任大臣，坐收成算，则恢复之期不远矣。”上览其奏不悦，谓宰臣曰：“朕惟恐有怠，而鼎言如此何耶？”高琪奏曰：“圣主以宗庙社稷为心，法上天行健之义，忧勤庶政，夙夜不遑，乃太平之阶也。鼎言非是。”上喜之。

三年正月，上言：“沿边州府官既有减定资历月日之格，至于掌兵及守御边隘者，征行暴露，备历艰险，宜一体减免，以示激劝。”从之。二月，上言：“近制，军前立功犯罪之人，行省、行院、帅府不得辄行诛赏。夫赏由中出则恩有所归，兹固至当。至于部分犯罪，主将不得施行，则下无所畏而令莫得行矣。”宰臣难之，上以问枢密院官，对如鼎言，乃下诏，自今四品以下皆得裁决。

时元帅内族承裔、移剌粘何伐宋，所下城邑多所焚掠，于是鼎上言：“承裔等奉诏宣扬国威，所谓‘吊民伐罪’者也。今大军已克武休，将至兴元。兴元乃汉中、西蜀喉衿之地，乞谕帅臣，所得城邑姑无焚掠，务慰抚之。诚使一郡贴然，秋毫不犯，则其余三十军将不攻自下矣。若拒王师，乃宜有戮。”上甚是其言，遂诏谕承裔。鼎以年老屡上表求致仕，上谓宰臣曰：“胥鼎以老求退，朕观其精力未衰，已遣人往慰谕之。鼎尝荐把胡鲁，以为过己远甚，欲以自代。胡鲁固佳，至于驾驭人材，处决机务，不及鼎多矣。”俄以伐宋有功，迁官一阶。

八月，上言：“臣奉诏兼节制河东，近晋安帅府令百里内止留桑枣果木，余皆伐之。方今秋收，乃为此举以夺其事，既不能御敌而又害民，非计也。且一朝警急，其所伐木岂能尽去，使不资敌乎？他木虽伐，桑枣舍屋独非木乎，此殆徒劳。臣已下帅府止之，而左都监完颜闾山乃言尝奉旨清野，臣不知其可。”诏从鼎便宜规画。是时，大元兵大举入陕西，鼎多料敌之策，朝臣或中沮之，上谕枢密院官曰：“胥鼎规画必无谬误，自今卿等不须指授也。”寻又遣谕曰：“卿专制方面，凡事得以从宜规画，又何必一一中复，徒为逗留也。”

四年，进封温国公，致仕，诏谕曰：“卿屡求退，朕初不许者，俟其安好，复为朕用尔。今从卿请，仍可来居京师，或有大事，得就谘决也。”五年三月，上遣近侍谕鼎及左丞贾益谦曰：“自去冬至今，雨雪殊少，民心不安，军用或阙，为害甚重。卿等皆名臣故老，今当何以处之。欲召赴尚书省会议，恐与时相不合，难于面折，故令就第延问，其悉意以陈，毋有所隐。”元光元年五月，上敕宰相曰："前平章胥鼎、左丞贾益谦、工部尚书札里吉、翰林学士孛迭，皆致政老臣，经练国事，当邀赴省与议利害。"仍遣侍官分诣四人者谕意焉。

六月，晋阳公郭文振奏："河朔受兵有年矣，向皆秋来春去，今已盛暑不回，且不嗜戕杀，恣民耕稼，此殆不可测也。枢府每檄臣会合府兵进战，盖公府虽号分封，力实单弱，且不相统摄，方自保不暇，朝廷不即遣兵为援，臣恐人心以谓举弃河北，甚非计也。伏见前平章政事胥鼎，才兼将相，威望甚隆，向行省河东，人乐为用。今虽致政，精力未衰，乞付重兵，使总制公府，同力战御，庶几人皆响应，易为恢复，惟陛下图之。"

明年，宣宗崩，哀宗即位。正大二年，起复，拜平章政事，进封英国公，行尚书省于卫州。鼎以衰病辞，上谕曰："卿向在河东，朝廷倚重。今河朔州郡多归附，须卿图画。卿先朝大臣，必济吾事，大河以北，卿皆节制。"鼎乃力疾赴镇，来归者益众。鼎病不能自持，复申前请，优诏不许。三年，复上章请老，且举朝贤练军政者自代。诏答曰："卿往在河东，残破孤危，殆不易保，卿一至而定。迄卿移镇，敌不复侵。何乃过为嫌避？且君臣均为一体，朕待下亦岂自殊，自外之语，殆为过计。况余人才力孰可副卿者？卿年高久劳于外，朕岂不知，但国家百年积累之基，河朔亿万生灵之命，卿当勉出壮图，同济大事。"鼎奉诏惶惧不敢退。是年七月，薨。

鼎通达吏事，有度量，为政镇静，所在无贤不肖皆得其欢心。南渡以来，书生镇方面者，惟鼎一人而已。

侯挚，初名师尹，避讳改今名，字莘卿，东阿人。明昌二年进士，入官慷慨有为。承安间，积迁山东路盐使司判官。泰和元年，以课增四分，特命迁官二阶。八年七月，追官一阶，降授长武县令。初，挚为户部主事，与王谦规措西北路军储以代张炜，挚上章论本路财用不实，至是降除焉。贞祐初，大兵围燕都，时挚为中都曲使，请出募军，已而婴城有功，擢为右补阙。二年正月，诏挚与少府监丞李迥秀分诣西山招抚。宣宗南渡，转劝农副使，提控紫荆等关。俄迁行六部侍郎。三年四月，同签枢密院阿勒根讹论等以谓"今车驾驻南京，河南兵不可易动，且兵不在多，以将为本。侯挚有过人之才，倘假以便宜之权，使募兵转粮，事无不克，可升为尚书，以总制永锡、庆寿两军。"于是以挚为太常卿，行尚书六部事，往来应给之。

挚遂上章言九事，其一曰："省部所以总天下之纪纲，今随路宣差便宜、从宜，往往不遵条格，辄札付六部及三品以下官，其于纪纲岂不紊乱，宜革其弊。"其二曰："近置四帅府，所统兵校不为不众，然而弗克取胜者，盖一处受敌，余徒傍观，未尝发一卒以为援，稍见小却，则弃戈遁去，此师老将怯故也。将将之道，惟陛下察之。"其三曰："率兵御寇，督民运粮，各有所职，本不可以兼行，而帅府每令杂进，累遇寇至，军未战而丁夫已遁，行伍错乱，败之由也。夫前阵虽胜，而后必更者，恐为敌所料耳，况不胜哉。用兵尚变，本无定形，今乃因循不改覆辙，臣虽素不知兵，妄谓率由此失。"其四曰："雄、保、安肃诸郡据白沟、易水、西山之固，今多阙员，又所任者皆柔懦不武，宜亟选勇猛才干者分典之。"其五曰："漳水自卫至海，宜沿流设备，以固山东，使力穑之民安服田亩。"其六曰："近都州县官吏往往逋逃，盖以往来敌中失身者多，兼转输频并，民力困弊，应给不前复遭责罚，秩满乃与他处一体计资考，实负其人。乞诏有司优定等级，以别异之。"其七曰："兵威不振，罪在将帅轻敌妄举，如近日李英为帅，临阵之际酒犹未醒，是以取败。臣谓英既无功，其滥注官爵并宜削夺。"其八曰："大河之北，民失稼穑，官无俸给，上下不安，皆欲逃窜。加以溃散军卒还相剽掠，以致平民愈不聊生。宜优加矜恤，亟招抚之。"其九曰："从来掌兵者多用世袭之官，此属自幼骄惰不任劳苦，且心胆懦怯何足倚办。宜选骁勇过人、众所推服者，不考其素用之。"上略施行焉。

时元帅蒲察七斤以通州叛，累遣谍者间挚，挚恐为所陷，上章自辩。诏谕之曰："卿朕素知，岂容间耶。其一意于职，无以猜嫌自沮也。"八月，权参知政事。俄拜参知政事，行尚书省于河北。先是，挚言："河北东、西两路最为要地，而真定守帅胡论出辄弃城南奔，州县危惧。今防秋在迩，甚为可忧，臣愿募兵与旧部西山忠义军往安抚之。"制可，故有是命。十一月，入见。壬申，遣祭河神于宜村。十二月，复行省于河北。

四年正月，进拜尚书右丞。尝上言，宜开沁水以便馈运，至是，诏有司开之。是时，河北大饥，挚上言曰："今河朔饥甚，人至相食，观、沧等州斗米银十余两，殍殣相属。伏见沿河上下许贩粟北渡，然每石官籴其八，彼商人非有济物之心也，所以涉河往来者特利其厚息而已，利既无有，谁复为之？是虽有济物之名，而实无所渡之物，其与不渡何异。昔春秋列国各列疆界，然晋饥则秦输之粟，及秦饥，晋闭之籴，千古讥之。况今天下一家，河朔之民皆陛下赤子，而遭罹兵革，尤为可哀，其忍坐视其死而不救欤！人心惟危，臣恐弄兵之徒，得以藉口而起也。愿止其籴，纵民输贩为便。"诏尚书省行之。

时红袄贼数万人入临沂、费县之境，官军败之，生擒伪宣徽使李寿甫。讯之，则云其众皆杨安儿、刘二祖散亡之余，今复聚及六万，贼首郝定者兖州泗水人，署置百官，僭称大汉皇帝，已攻泰安、滕、兖、单诸州，及莱芜、新泰等十余县，又破邳州硇子堌，得船数百艘，近遣人北构南连皆成约，行将跨河为乱。挚以其言闻于上，且曰："今邳、滕之路不通，恐实有此谋。"遂诏挚行省事于东平，权本路兵马都总管，以招诱之，若不从即率兵捕讨。兴定元年四月，济南、泰安、滕、兖等州土贼并起，肆行剽掠，挚遣提控遥授棣州防御使完颜霆率兵讨之，前后斩首千余，招降伪元帅石花五、夏全余党壮士二万人，老幼五万口。

是年冬，升资德大夫，兼三司使。二年二月，挚上言："山东、河北数罹兵乱，遗民嗷嗷，实可哀恤，近朝廷遣官分往抚辑，其惠大矣。然臣忝预执政，敢请继行，以宣布国家德信，使疲瘵者得以少苏，是亦图报之一也。"宰臣难之，无何，诏遣挚行省于河北，兼行三司安抚事。既行，又上言曰："臣近历黄陵岗南岸，多有贫乏老幼自陈本河北农民，因敌惊扰故南迁以避，今欲复归本土及春耕种，而河禁邀阻。臣谓河禁本以防闲自北来者耳，此乃由南而往，安所容奸，乞令有司验实放渡。"诏付尚书省，宰臣奏"宜令枢府讲究"，上曰："民饥且死，而尚为次第何耶？其令速放之。"

四月，招抚副使黄掴阿鲁荅破李全于密州。初，贼首李全据密州及胶西、高密诸县，挚督兵讨之。会高密贼陈全等四人款白招抚副使黄掴阿鲁荅，愿为内应，阿鲁荅乃遣提控朱琛率兵五百赴之。时李全暨其党于忙儿者皆在城中，闻官军且西来，全潜逸去，忙儿不知所为。阿鲁荅驰抵城下，鼓噪逼之，贼守陴者八百人皆下乞降，余贼四千出走，进军邀击之，斩首千级，俘百余人，所获军实甚众，遂复其城。是夜，琛又用陈全计，拔高密焉。六月，上遣谕挚曰："卿勤劳王家，不避患难，身居相职而往来山堌水寨之间，保庇农民收获二麦，忠恪之意朕所具知。虽然，大臣也，防秋之际亦须择安地而处，不可堕其计中。"挚对曰："臣蒙大恩，死莫能报，然承圣训，敢不奉行。拟驻兵于长清县之灵岩寺，有屋三百余间，且连接泰安之天胜寨，介于东平、益都之间，万一兵来，足相应援。"上恐分其兵粮，乃诏权移邳州行省。

九月，挚上言："东平以东累经残毁，至于邳、海尤甚，海之民户曾不满百而屯军五千，邳户仅及八百，军以万计。夫古之取兵以八家为率，一家充军七家给之，犹有伤生废业、疲于道路之叹。今兵多而民不足，使萧何、刘晏复生，亦无所施其术，况于臣者何能为哉。伏见邳，海之间，贫民失业者甚众，日食野菜，无所依倚，恐因而啸聚以益敌势。乞募选为兵，自十月给粮，使充戍役，至二月罢之，人授地三十亩，贷之种粒而验所收获，量数取之，逮秋复隶兵伍。且战且耕，公私俱利，亦望被俘之民易于招集也。"诏施行之。

是时，枢密院以海州军食不足，艰于转输，奏乞迁于内地。诏问挚，挚奏曰："海州连山阻海，与沂、莒、邳、密皆边隅冲要之地，比年以来为贼渊薮者，宋人资给之故。若弃而他徙，则直抵东平无非敌境，地大气增，后难图矣，臣未见其可。且朝廷所以欲迁者，止虑粮储不给耳。臣请尽力规画，劝喻农民趋时耕种，且令煮盐易粮，或置场宿迁，以通商旅，可不劳民力而办。仍择沭阳之地可以为营屯者，分兵护逻，虽不迁无患也。"上是其言，乃止。

十月，先是，邳州副提控王汝霖以州廪将乏，扇其军为乱。山东东路转运副使兼同知沂州防御使程戬惧祸及己，遂与同谋，因结宋兵以为外应。挚闻，即遣兵捕之，讯竟具伏，汝霖及戬并其党弹压崔荣、副统韩松、万户戚谊等皆就诛，至是以闻。三年七月，设汴京东、西、南三路行三司，诏挚居中总其事焉。十月，以里城毕工，迁官一阶。四年七月，迁荣禄大夫，致仕。

天兴元年正月，起复为大司农。四月，归大司农印，复致仕。八月，复起为平章政事，封萧国公，行京东路尚书省事。以军三千护送就舟张家渡，行至封丘，敌兵觉，不能进。诸将卒谋倒戈南奔，留数骑卫挚。挚知其谋，遂下马，坐语诸将曰："敌兵环视，进退在我。汝曹不思持重，吾宁死于汝曹之手，不忍为乱兵所蹂，以辱君父之命。"诸将诺而止，得全师以还，闻者壮之。十一月，复致仕。居汴中，有园亭蔡水滨，日与耆旧宴饮。及崔立以汴城降，为大兵所杀。

挚为人威严，御兵人莫敢犯。在朝遇事敢言，又喜荐士，如张文举、雷渊、麻九畴辈皆由挚进用。南渡后宰执中，人望最重。

把胡鲁，不详其初起。贞祐二年五月，宣宗南迁，由左谏议大夫擢为御前经历官，上面谕之曰："此行，军马朕自总之，事有利害可因近侍局以闻。"三年十一月，出为彰化军节度使，兼泾州管内观察使。四年五月，改知京兆府事，兼本路兵马都总管，充行省参议官。

兴定元年三月，授陕西路统军使，兼前职。二年正月，召为御史中丞。三月，上言："国家取人，惟进士之选为重，不求备数，务在得贤。窃见今场会试，考官取人泛滥，非求贤之道也。宜革其弊，依大定旧制。"诏付尚书省集文资官杂议，卒依泰和例行之。是月，拜参知政事。六月，诏权左副元帅，与平章胥鼎同事防秋。三年六月，平凉等处地震，胡鲁因上言："皇天不言，以象告人，灾害之生，必有其故，乞明谕有司，敬畏天戒。"上嘉纳之，遣右司谏郭著往阅其迹，抚谕军民焉。四年四月，权尚书右丞、左副元帅，行尚书省、元帅府于京兆。时陕西岁运粮以助关东，民力浸困，胡鲁上言："若以舟楫自渭入河，顺流而下，庶可少纾民力。"从之。时以为便。

五年正月，朝议欲复取会州，胡鲁上言："臣窃计之，月当费米三万石、草九万称，转运丁夫不下十余万人。使此城一月可拔，其费已如此，况未必耶。临洮路新遭劫掠，疮痍未复，所须刍粮决不可办，虽复取之庆阳、平凉、凤翔及邠、泾、宁、原、恒、陇等州，亦恐未能无阙。今农事将兴，沿边常费已不暇给，岂可更调十余万人以饷此军。果欲行之，则数郡春种尽废矣。政使此城必得，不免留兵戍守，是飞挽之役，无时而已也。止宜令承裔军于定西、巩州之地，护民耕稼，俟敌意怠，然后取之。"诏付省院曰："其言甚当，从之可也。"

三月，上言："御敌在乎强兵，强兵在乎足食，此当今急务也。窃见自陕以西，州郡置帅府者九，其部众率不过三四千，而长校猥多，虚糜廪给，甚无谓也。臣谓延安、凤翔、恐州边隅重地固当仍旧，德顺、平凉等处宜皆罢去。河南行院、帅府存沿边并河者，余亦宜罢之。"制可。

是年十月，西北兵三万攻延安，胡鲁遣元帅完颜合达、元帅纳合买住御之，遂保延安。先是，胡鲁以西北兵势甚大，屡请兵于朝，上由是恶之。元光元年正月，遂罢参知政事，以知河中府事权安抚使。于是陕西西路转运使夹谷德新上言曰："臣伏见知河中府把胡鲁廉直忠孝，公家之利知无不为，实朝廷之良臣也。去岁，兵入延安，胡鲁遣将调兵，城赖以完，不为无功。今合达、买住各授世封，而胡鲁改知河中府。切谓方今用人之时，使谋略之臣不获展力，缓急或失事机。诚宜复行省之任，使与承裔共守京兆，令合达、买住捍御延安，以藩卫河南，则内外安矣。”不报。

六月，召为大司农，既至汴，遂上言曰：“迩来群盗扰攘，侵及内地，陈、颍去京不及四百里，民居稀阔，农事半废、蔡、息之间十去八九。甫经大赦，贼起益多，动计数百，驱牛焚舍，恣行剽掠，田谷虽熟，莫敢获者。所在屯兵率无骑士，比报至而贼已遁，丛薄深恶，复难追袭，则徒形迹而已。今向秋成，奈何不为处置也。”八月，复拜参知政事，上谓之曰：“卿顷为大司农，巡行郡县，盗贼如何可息?”对曰：“盗贼之多，以赋役多也。赋役省则盗贼息。”上曰：“朕固省之矣。”胡鲁曰：“如行院、帅府扰之何。”上曰：“司农官既兼采访，自今其令禁止之。”

初，胡鲁拜命日，巡护卫绍王宅都将把九斤来贺，御史粘割阿里言：“九斤不当游执政门，胡鲁亦不当受其贺，请并案之。”于是诏谕曰：“卿昔行省陕西，擅出系囚，此自人主当行，非臣下可专，人苟有言，其罪岂特除名。朕为卿地，因而肆赦，以弭众口，卿知之乎?今九斤有职守，且握兵柄，而纵至门下，法当责降，朕重卿素有直气，故复曲留。公家事但当履正而行，要取人情何必尔也，卿其戒之。”是年十二月，进拜尚书右丞。

元光二年正月，上谕宰臣曰：“陕右之兵将退，当审后图，不然今秋又至矣。右丞胡鲁深悉彼中利害，其与共议之。”寻遣胡鲁往陕西，与行省赛不、合达从宜规画焉。哀宗即位，以有册立功，进拜平章政事。正大元年四月，薨。诏加赠右丞相、东平郡王。胡鲁为人忠实，忧国奉公。及亡，朝廷公宰、下迨吏民，皆嗟惜之。

师安石，字子安，清州人，本姓尹氏，避国讳更焉。承安五年词赋进士。为人轻财尚义。初补尚书省令史，适宣宗南迁，留平章完颜承晖守燕都。承晖将就死，以遗表托安石使赴行在，安石间道走汴以闻。上嘉之，擢为枢密院经历官。时哀宗在春宫，领密院事，遂见知遇。元光二年，累迁御史中丞。其七月，上章言备御二事，其一曰：“自古所以安国家、息祸乱，不过战、守、避、和四者而已。为今之计，守、和为上。所谓守者，必求智谋之士，使内足以得戍卒之心，外足以挫敌人之锐，不惟彼不能攻，又可以伺其隙而败之。其所谓和，则汉、唐之君固尝用此策矣，岂独今日不可用乎。乞令有司详议而行。”其二曰：“今敌中来归者颇多，宜丰其粮饷，厚其接遇，度彼果肯为我用，则择有心力者数十人，潜往以诱致其余。来者既众，彼必转相猜贰，然后徐起而图之，则中兴之功不远矣。”上嘉纳之。九月，坐劾英王守纯附奏不实，决杖追官。及哀宗即位，正大元年，擢为同签枢密院事。二年，复御史中丞。三年，工部尚书、权左参政。四年，进尚书右丞。五年，台谏劾近侍张文寿、张仁寿、李麟之，安石亦论列三人不已，上怒甚，有旨谓安石曰：“汝便承取贤相，朕为昏主，止矣。”如是数百言。安石骤蒙任用，遽遭摧折，疽发脑而死，上甚悼惜之。

赞曰：宣宗南迁，天命去矣，当是时虽有忠良之佐、谋勇之将，亦难为也。然而汝砺、行信拯救于内，胥鼎、侯挚守御于外，讫使宣宗得免亡国，而哀宗复有十年之久，人才有益于人国也若是哉。胡鲁养兵惜谷之论，善矣。安石不负承晖之托，遂见知遇，以论列近侍触怒而死，悲夫!

卷一百九　　列传第四十七

完颜素兰　陈规　许古

完颜素兰，一名翼，字伯扬，至宁元年策论进士也。贞祐初，累迁应奉翰林文字，权监察御史。二年，宣宗迁汴，留皇太子于燕都，既而召之，素兰以为不可，平章高琪曰：“主上居此，太子宜从。且汝能保都城必完否?”素兰曰：“完固不敢必，但太子在彼则声势俱重，边隘有守则都城可无虞。昔唐明皇幸蜀，太子实在灵武，盖将以系天下之心也。”不从，竟召太子从。

七月，车驾至汴，素兰上书言事，略曰：“昔东海在位，信用谗谄，疏斥忠直，以致小人日进，君子日退，纪纲紊乱，法度益隳。风折城门之关，火焚市里之舍，盖上天垂象以儆惧之也。言者劝其亲君子、远小人、恐惧修省，以答天变，东海不从，遂至亡灭。夫善救乱者必迹其乱之所由生，善革弊者必究其弊之所自起，诚能大明黜陟以革东海之政，则治安之效可指日而待也。陛下龙兴，不思出此，辄议南迁，诏下之日，士民相率上章请留，启行之日，风雨不时、桥梁数坏，人心天意亦可见矣。此事既往，岂容复追，但自今尤宜戒慎，覆车之辙不可引辕而复蹈也。”

又曰：“国家不可一日无兵，兵不可一日无食。陛下为社稷之计，宫中用度皆从贬损，而有司复多置军官，不恤妄费，甚无谓也。或谓军官之众所以张大威声，臣窃以为不然。不加精选而徒务其多，缓急临敌其可用乎?且中都惟其粮乏，故使车驾至此。稍获安地，遂忘其危而不之备，万一再如前日，未知有司复请陛下何之也。”

三年正月，素兰自中都计议军事回，上书求见，乞屏左右。上遣人谕之曰：“屏人奏事，朕固常尔。近以游茂因缘生疑间之语，故凡有所引见，必令一近臣立侍，汝有封章，亦无患不密也。”寻召至近侍局，给纸札令书所欲言，书未及半，上出御便殿见之，悉去左右，惟近侍局直长赵和和在焉。素兰奏曰：“臣闻兴衰治乱有国之常，在所用之人如何耳。用得其人，虽衰乱尚可扶持，一或非才，则治安亦乱矣。向者糺军之变，中都帅府自足剿灭，朝廷乃令移剌塔不也等招诱之，使帅府不敢尽其力，既不能招，愈不可制矣。至于伯德文哥之叛，帅府方议削其权，而朝廷传旨俾领义军，文哥由是益肆，改除之令辄拒不受，不臣之状亦显矣。帅府方且收捕，而朝廷复赦之，且不令隶帅府。国家付方面于重臣，乃不信任，顾养叛贼之奸，不知谁为陛下画此计者。臣自外风闻，皆平章高琪之意，惟陛下裁察。”上曰：“汝言皆是。文哥之事，朕所未悉，诚如所言，朕肯赦之乎？且汝何以知此事出于高琪？”素兰曰：“臣见文哥牒永清副提控刘温云：‘所差人张希韩至自南京，道副枢平章处分，已奏令文哥隶大名行省，勿复遵中都帅府约束’。温即具言于帅府。然则，罪人与高琪计结明矣。”上颔之。素兰续奏曰：“高琪本无勋劳，亦无公望，向以畏死故擅诛胡沙虎，盖出无聊耳。一旦得志，妒贤能，树奸党，窃弄国权，自作威福。去岁，都下书生樊知一者诣高琪言：‘乣军不可信，恐终作乱。’遂以刀杖决杀之，自是无复敢言军国利害者。宸聪之不通，下情之不达，皆此人罪也。及乣军为变，以党人塔不也为武宁军节度使往招之，已而无成，则复以为武卫军使。塔不也何人，且有何功，而重用如此。以臣观之，此贼变乱纪纲，戕害忠良，实有不欲国家平治之意。昔东海时，胡沙虎跋扈无上，天下知之，而不敢言，独台官乌古论德升、张行信弹劾其恶，东海不察，卒被其祸。今高琪之奸，过于胡沙虎远矣。台谏职当言责，迫于凶威，噤不敢忤。然内外臣庶见其恣横，莫不扼腕切齿，欲一剚刃，陛下何惜而不去之耶。臣非不知言出而患至，顾臣父子迭仕圣朝，久食厚禄，不敢偷安。惟陛下断然行之，社稷之福也。”上曰：“此乃大事，汝敢及之，甚善。”素兰复奏：“丞相福兴，国之勋旧，乞召还京，以镇雅俗，付左丞象多以留后事，足也。”上曰：“如卿所言，二人得无相恶耶？”素兰曰：“福兴、象多同心同德，无不协者。”上曰：“都下事殷，恐丞相不可辍。”素兰曰：“臣闻朝廷正则天下正，不若令福兴还，以正根本。”上曰：“朕徐思之。”素兰出，上复戒曰：“今日与朕对者止汝二人，慎无泄也。”厥后，上以素兰屡进直言，命再任监察御史。

四年三月，言：“臣近被命体问外路官，廉干者拟不差遣，若懦弱不公者罢之，具申朝廷，别议拟注。臣伏念彼懦弱不公之人虽令罢去，不过止以待阙者代之，其能否又未可知，或反不及前官，盖徒有选人之虚名，而无得人之实迹。古语曰：‘县令非其人，百姓受其殃。’今若后官更劣，则为患滋甚，岂朝廷恤民之意哉？夫守令，治之本也。乞令随朝七品、外路六品以上官，各举堪充司县长官者，仍明著举官姓名，他日察其能否，同定赏罚，庶几其可。议者或以阕选法、紊资品为言，是不知方今之事与平昔不同，岂可拘一定之法，坐视斯民之病而不权宜更定乎。”诏有司议行之。

时哀宗为皇太子，春宫所设师保赞谕之官多非其人，于是素兰上章言：“臣闻太子者天下之本也，欲治天下先正其本，正本之要无他，在选人辅翼之耳。夫生于齐者能齐言而不能楚语，未习之故也。人之性亦在夫习之而已。昔成王在襁褓中，即命周、召以为师保，戒其逸豫之心，告以持守之道，终之功光文、武，垂休无穷。钦惟陛下顺天人之心，预建春宫。皇太子仁孝聪明出于天资，总制枢务固已绰然有余，倘更选贤如周、召之俦者使之夹辅，则成周之治不足侔矣。”上称善。未几，擢为内侍局直长，寻迁谏议大夫，进侍御史。

兴定二年四月，以蒲鲜万奴叛，遣素兰与近侍局副使内族讹可同赴辽东，诏谕之曰：“万奴事竟不知果何如，卿等到彼当得其详，然宜止居铁山，若复远去，则朕难得其耗也。”又曰：“朕以讹可性颇率易，故特命卿偕行，每事当详议之。”素兰将行，上言曰：“臣近请宣谕高丽复开互市事，闻以诏书付行省必兰出。若令行省就遣谕之，不过邻境领受，恐中间有所不通，使圣恩不达于高丽，高丽亦无由知朝廷本意也。况彼世为藩辅，未尝阙臣子礼，如遣信使明持恩诏谕之，贷粮、开市二者必有一济。苟俱不从，则其曲在彼，然后别议图之可也。”上是其言，于是遣典客署书表刘丙从行。及还，授翰林待制。

正大元年正月，诏集群臣议修复河中府，素兰与陈规等奏其未可，语在《规传》。是月，转刑部郎中。时南阳人布陈谋反，坐系者数百人，司直白华言于素兰曰：“此狱诖误者多，新天子方务宽大，他日必再诏推问，比得昭雪，死于榜笞之下者多矣。”素兰命华及检法边泽分别当死、当免者，素兰以闻，止坐首恶及拟伪将相者数人，余悉释之。八月，权户部侍郎。二年三月，授京西司农卿，俄改司农大卿，转御史中丞。七年七月，权元帅右都监、参知政事，行省於京兆。未几，迁金安军节度使，兼同、华安抚使。既而召还朝，行至陕被围，久之，亡奔行在，道中遇害。

素兰莅官以修谨得名，然苛细不能任大事，较之辈流颇可称。自擢为近侍局直长，每进言多有补益。其居父丧，不饮酒，庐墓三年，时论以为难。

陈规，字正叔，绛州稷山人。明昌五年词赋进士，南渡为监察御史。贞祐三年十一月，上章言：“参政侯挚初以都西立功，获不次之用，遂自请镇抚河北。陛下遽授以执政，盖欲责其报效也。既而盘桓西山，不能进退，及召还阙，自当辞避，乃恬然安居，至于按阅仓库，规画榷酤，岂大臣所宜亲。方今疆土日蹙，将帅乏人，士不选练，冗食猥多，守令贪残，百姓流亡，盗贼滋起，灾变不息，则当日夜讲求其故，启告陛下者也，而挚未尝及之。伏愿陛下特赐省察，量其才分别加任使，无令负天下之谤。”不报。又言：“警巡使冯祥进由刀笔，无他才能，第以惨刻督责为事。由是升职，恐长残虐之风，乞黜退以励余者。”诏即罢祥职，且谕规曰：“卿知臣子之分，敢言如此，朕甚嘉之。”

四年正月，上言：“伏见沿河悉禁物斛北渡，遂使河北艰食，人心不安。昔秦、晋为仇，一遇年饥则互输之粟。今圣主在上，一视同仁，岂可以一家之民自限南北，坐视困馁而不救哉。况军民效死御敌，使复乏食，生亦何聊，人心一摇，为害不细。臣谓宜于大阳、孟津等渡委官阅视，过河之物，每石官收不过其半，则富有之家利其厚息，辐凑而往，庶几公私俱足。”宰执以河南军储为重，诏两渡委官取其八，二以与民，至春泽足，大兵北还，乃依规请。制可。

三月，上言：“臣因巡按至徐州。去岁河北红袄盗起，州遣节度副使纥石烈鹤寿将兵讨之，而乃大掠良民家属为驱，甚不可也。乞明敕有司，凡鹤寿所虏俱放免之，余路军人有掠本国人为驱者，亦乞一体施行，庶几河朔有所系望，上恩无有极已。”事下尚书省，命徐州、归德行院拘括放之，有隐匿者坐掠人为奴婢法，仍许诸人告捕，依令给赏，被虏人自诉者亦赏之。

四月，上言：“河北濒河州县，率距一舍为一寨，籍居民为兵。数寨置总领官一人，并以宣差从宜为名。其人大抵皆闲官，义军之长、偏裨之属尤多无赖辈，征逐宴饮取给于下，日以为常。及敌至则伏匿不出，敌去骚扰如初。此辈小人假以重柄，朝廷号令威权无乃太轻乎。臣谓宜皆罢之，第委宣抚司从宜措画足矣。”制可。

七月，上章言：

陛下以上圣宽仁之姿，当天地否极之运，广开言路以求至论，虽狂妄失实者亦不坐罪。臣忝耳目之官，居可言之地，苟为缄默，何以仰酬洪造。谨条陈八事，愿不以人微而废之，即无可采，乞放归山林以惩尸禄之罪。

一曰责大臣以身任安危。今北兵起自边陲，深入吾境，大小之战无不胜捷，以致神都覆没，翠华南狩，中原之民肝脑涂地，大河以北莽为盗区。臣每念及此，惊怛不已。况宰相大臣皆社稷生灵所系以安危者，岂得不为陛下忧虑哉。每朝奏议，不过目前数条，特以碎末，互生异同，俱非救时之急者。况近诏军旅之务，专委枢府，尚书省坐视利害，泛然不问，以为责不在已，其于避嫌周身之计则得矣，社稷生灵将何所赖。古语云：“疑则勿任，任则勿疑。”又曰：“谋之欲众，断之欲独。”陛下既以宰相任之，岂可使亲其细而不图其大者乎。伏愿特出睿断，若军伍器械、常程文牍即听枢府专行，至于战守大计、征讨密谋皆须省院同议可否，则为大臣者知有所责，而天下可为矣。

二曰任台谏以广耳目。人主有政事之臣，有议论之臣。政事之臣者宰相执政，和阴阳，遂万物，镇抚四夷，亲附百姓，与天子经纶于庙堂之上者也。议论之臣者谏官御史，与天子辨曲直、正是非者也。二者岂可偏废哉。昔唐文皇制中书门下入閤议事皆令谏官随之，有失辄谏。国朝虽设谏官，徒备员耳，每遇奏事皆令回避。或兼他职，或为省部所差，有终任不觌天颜、不出一言而去者。虽有御史，不过责以纠察官吏、照刷案牍、巡视仓库而已，其事关利害或政令更革，则皆以为机密而不闻。万一政事之臣专任胸臆、威福自由，或掌兵者以私见败事机，陛下安得而知之。伏愿遴选学术该博、通晓世务、骨鲠敢言者以为台谏，凡事关利害皆令预议，其或不当，悉听论列，不许兼职及充省部委差，苟畏徇不言则从而黜之。

三曰崇节俭以答天意。昔卫文公乘狄人灭国之余，徙居楚丘，才革车三十两，乃躬行俭约，冠大帛之冠，衣大布之衣，季年致骒牝三千，遂为富庶。汉文帝承秦、项战争之后，四海困穷，天子不能具钧驷，乃示以敦朴，身衣弋绨，足履革舄，未几天下富安，四夷咸服。国家自兵兴以来，州县残毁，存者复为土寇所扰，独河南稍完，然大驾所在，其费不赀，举天下所奉责之一路，顾不难哉。赖陛下慈仁，上天眷佑，蝗灾之余而去岁秋禾、今年夏麦稍得支持。夫应天者要在以实，行俭者天必降福，切见宫中及东宫奉养与平时无异，随朝官吏、诸局承应人亦未尝有所裁省。至于贵臣、豪族、掌兵官，莫不以奢侈相尚，服食车马惟事纷华。今京师鬻明金衣服及珠玉犀象者日增于旧，俱非克己消厄之道。愿陛下以卫文公、汉文帝为法，凡所奉之物痛自樽节，罢冗员，减浮费，戒豪侈，禁戢明金服饰，庶皇天悔祸，太平可致。

四曰选守令以结民心。方今举天下官吏军兵之费、转输营造之劳，皆仰给河南、陕西。加之连年蝗旱，百姓荐饥，行赈济则仓廪悬乏，免征调则用度不足，欲其实惠及民，惟得贤守令而已。当赋役繁殷、期会促迫之际，若措画有方则百姓力省而易办，一或乖谬有不胜其害者。况县令之弊无甚于今，由军卫监当进纳劳效而得者十居八九，其桀黠者乘时贪纵，庸懦者权归猾吏。近虽遣官廉察，治其奸滥，易其疲软，然代者亦非选择，所谓除狼得虎也。伏乞明敕尚书省，公选廉洁无私、才堪牧民者，以补州府官。仍清县令之选，及责随朝七品，外任六品以上官各保堪任县令者一员，如他日犯赃并从坐。其资历已系正七品，及见任县令者，皆听寄理，俟秩满升迁。复令监察以时巡按，有不法及不任职者究治之，则实惠及民而民心固矣。

五曰博谋群臣以定大计。比者徙河北军户百万余口于河南，虽革去冗滥而所存犹四十二万有奇，岁支粟三百八十余万斛，致竭一路终岁之敛，不能赡此不耕不战之人。虽无边事，亦将坐困，况兵事方兴，未见息期耶。近欲分布沿河，使自种殖，然游惰之人不知耕稼，群饮赌博习以成风，是徒烦有司征索课租而已。举数百万众坐糜廪给，缓之则用阙，急之则民疲，朝廷惟此一事已不知所处，又何以待敌哉。是盖不审于初，不计其后，致此误也。使初迁时去留从其所愿，则欲来者是足以自赡之家，何假官廪，其留者必有避难之所，不必强遣，当不至今日措画之难。古昔人君将举大事，则谋及乃心，谋及卿士、庶人、卜筮，乞自今凡有大事必令省院台谏及随朝五品以上官同议为便。

六曰重官赏以劝有功。陛下即位以来，屡沛覃恩以均大庆，不吝官爵以激人心，至有未满一任而并进十级，承应未出职而已带骠骑荣禄者，冗滥之极至于如此，复开鬻爵进献之门，然则被坚执锐效死行阵者何所劝哉。官本虚名，特出于人主之口，而天下之人极意趋慕者，以朝廷爱重耳。若不计勋劳，朝授一官，暮升一职，人亦将轻之而不慕矣。已然之事既不可咎，伏愿陛下重惜将来，无使公器为寻常之具，功赏为侥幸所乘。又今之散官动至三品，有司艰于迁授，宜於减罢八资内量增阶数，易以美名，庶几历官者不至于太骤，而国家恩权不失之太轻矣。

七曰选将帅以明军法。夫将者国之司命，天下所赖以安危者也。举万众之命付之一人，呼吸之间以决生死，其任顾不重欤？自北兵入境，野战则全军俱殃，城守则阖郡被屠，岂皆士卒单弱、守备不严哉，特以庸将不知用兵之道而已。古语云："三辰不轨，取士为相。四夷交侵，拔卒为将。"今之将帅，大抵先论出身官品，或门阀膏粱之子，或亲故假托之流，平居则意气自高，遇敌则首尾退缩，将帅既自畏怯，士卒夫谁肯前。又居常裒刻，纳其馈献，士卒因之以扰良民而莫可制。及率之应敌，在途则前后乱行，屯次则排门择屋，恐逼小民，恣其求索，以此责其畏法死事，岂不难哉。况今军官数多，自千户而上，有万户、有副统、有都统、有副提控，十羊九牧，号令不一，动相牵制。切闻国初取天下，元帅而下，惟有万户，所统军士不下数万人，专制一路，岂在多哉？多则难择，少则易精。今之军法，每二十五人为一谋克，四谋克为一千户，谋克之下有蒲辇一人、旗鼓司火头五人，其任战者才十有八人而已。又为头目选其壮健以给使令，则是一千户所统不及百人，不足成其队伍矣。古之良将常与士卒同甘苦，今军官既有俸廪，又有券粮，一日之给兼数十人之用。将帅则丰饱有余，士卒则饥寒不足，曷若裁省冗食而加之军士哉。伏乞明敕大臣，精选通晓军政者，分诣诸路，编列队伍，要必五十人为一谋克，四谋克为一千户，五千户为一万户，谓之散将。万人设一都统，谓之大将，总之帅府。数不足者皆并之，其副统、副提控及无军虚设都统、万户者悉罢省。仍敕省院大臣及内外五品以上，各举方略优长，武勇出众、材堪将帅者一二人，不限官品，以充万户以上都统、元帅之职。千户以下，选军中有谋略武艺为众所服者充。申明军法，居常教阅，必使将帅明于奇正虚实之数，士卒熟于坐作进退之节。至于弓矢铠仗须令自负，习于劳苦。若有所犯，必刑无赦。则将帅得人，士气日振，可以待敌矣。

八曰练士卒以振兵威。昔周世宗常曰："兵贵精而不贵多，百农夫不能养一战士，奈何朘民脂膏养此无用之卒。苟健懦不分，众何以劝。"因大搜军卒，遂下淮南，取三关，兵不血刃，选练之力也。唐魏征曰："兵在以道御之而已。御壮健足以无敌于天下，何取细弱以增虚数。"比者凡战多败，非由兵少，正以其多而不分健懦，故为敌所乘，懦者先奔，健者不能独战而遂溃，此所以取败也。今莫若选差习兵公正之官，将已籍军人随其所长而类试之。其武艺出众者别作一军，量增口粮，时加训练，视等第而赏之。如此，则人人激厉，争效所长，而衰懦者亦有可用之渐矣。昔唐文皇出征，常分其军为上中下，凡临敌则观其强弱，使下当其上，而上当其中，中当其下。敌乘下军不过奔逐数步，而上军中军已胜其二军，用是常胜。盖古之将帅亦有以懦兵委敌者，要在预为分别，不使混淆耳。

上览书不悦，诏付尚书省诘之。宰执恶其纷更诸事，谓所言多不当。于是规惶惧待罪，诏谕曰："朕始以规有放归山林之语，故令诘之，乃辞以不职忌讳，意谓朕恶其言而怒也。朕初无意加罪，其令御史台谕之。"寻出为徐州帅府经历官。

正大元年，召为右司谏，数上章言事，寻权吏部郎中。时诏群臣议修复河中府，规与杨云翼等言："河中今为无人之境，陕西民力疲乏，修之亦不能守，不若以见屯军士量力补治，待其可守即修之未晚也。"从之。未几，坐事解职。初，吏部尚书赵伯成坐铨选吏员出身王京与进士王著填开封警巡判官见阙，为京所讼免官，规亦坐之。是年十一月，改充补阙。十二月，言将相非材，且荐数人可用者。

二年正月，规及台谏同奏五事：一，乞尚书省提控枢密院，如大定、明昌故事。二，简留亲卫军。三，沙汰冗军，减行枢密院、帅府。四，选大臣为宣抚使，招集流亡以实边防。五，选官置所，议一切省减。略施行之。

四月，以大旱诏规审理冤滞，临发上奏："今河南一路便宜、行院、帅府、从宜凡二十处，陕西行尚书省二、帅府五，皆得以便宜杀人，冤狱在此，不在州县。"又曰："雨水不时则责审理，然则职燮理者当何如？"上善其言而不能有为也。

十一月，上召完颜素兰及规入见，面谕曰："宋人轻犯边界，我以轻骑袭之，冀其惩创告和，以息吾民耳。宋果行成，尚欲用兵乎。卿等当识此意。"规进曰："帝王之兵贵于万全，昔光武中兴，所征必克，犹言'每一出兵，头须为白'。兵不妄动如此。"上善之。四年三月，上召群臣喻以陕西事曰："方春北方马渐羸瘠，秋高大势并来，何以支持。朕已喻合达尽力决一战矣，卿等以为如何？"又言和事无益，撒合辇力破和议，赛不言："今已遣和使，可中辍乎。"余皆无言，规独进曰："兵难遥度，百闻不如一见。臣尝任陕西官，近年又屡到陕西，兵将冗懦，恐不可用，未如圣料。"言未终，乌古论四和曰："陈规之言非是，臣近至陕西，军士勇锐，皆思一战。"监察御史完颜习显从而和之，上首肯，又泛言和事。规对曰："和事固非上策，又不可必成，然方今事势不得不然。使彼难从，犹可以激厉将士，以待其变。"上不以为然。明日，又令集议省中，欲罢和事，群臣多以和为便，乃诏行省斟酌发遣，而事竟不行。

十月，规与右拾遗李大节上章，劾同判大睦亲事撒合辇谄佞，招权纳贿及不公事。由是撒合辇竟出为中京留守，朝廷快之。五年二月，又与大节言三事："一，将帅出兵每为近臣牵制，不得专辄。二，近侍送宣传旨，公受赂遗，失朝廷体，可一切禁绝。三，罪同罚异，何以使人。"上嘉纳焉。

初，宣宗尝召文绣署令王寿孙作大红半身绣衣，且戒以勿令陈规知。及成，进，召寿孙问曰："曾令陈规辈知否？"寿孙顿首言："臣侍禁庭，凡宫省大小事不敢为外人言，况亲被圣训乎。"上因叹曰："陈规若知，必以华饰谏我，我实畏其言。"盖规言事不假借，朝望甚重，凡宫中举事，上必曰："恐陈规有言。"一时近臣切议，惟畏陈正叔耳，挺然一时直士也。后出为中京副留守，未赴，卒，士论惜之。

规博学能文，诗亦有律度。为人刚毅质实，有古人风，笃于学问，至老不废。浑源刘从益见其所上八事，叹曰："宰相材也。"每与人论及时事辄愤惋，盖伤其言之不行也。南渡后，谏官称许古、陈规，而规不以讦直自名，尤见重云。死之日，家无一金，知友为葬之。子良臣。

许古，字道真，汾阳军节度使致仕安仁子也。登明昌五年词赋进士第。贞祐初，自左拾遗拜监察御史。时宣宗迁汴，信任丞相高琪，无恢复之谋，古上章曰：

自中都失守，庙社陵寝、宫室府库，至于图籍重器，百年积累，一朝弃之。惟圣主痛悼之心至为深切，夙夜思惧所以建中兴之功者，未尝少置也。为臣子者食禄受责，其能无愧乎！且闾阎细民犹颙望朝廷整训师徒，为恢复计。而今才闻拒河自保，又尽徙诸路军户河南，彼既弃其恒产无以自生，土居之民复被其扰，臣不知谁为此谋者。然业已如是，但当议所以处之，使军无妄费，民不至困穷则善矣。

臣闻安危所系，在于一相，孔子称："危而不持，颠而不扶，则将焉用？"事势至此，不知执政者每对天颜，何以仰答清问也。今之所急，莫若得人，如前御史大夫裴满德仁、工部尚书孙德渊，忠谅明敏，可以大用，近皆许告老，愿复起而任之，必能有所建立以利国家。太子太师致仕孙铎，虽颇衰疾，如有大议犹可赐召，或就问之。人才自古所难，凡知治体者皆当重惜，况此耆旧，岂宜轻弃哉。若乃临事不尽其心，虽尽心而不明於理，得无益、失无损者，纵其尚壮，亦安所用。方时多难，固不容碌碌之徒备员尸素，以塞贤路也。惟陛下宸衷刚断，黜陟一新，以幸天下。臣前为拾遗时，已尝备论择相之道，乞取臣前奏并今所言，加审思焉。

臣又闻将者民之司命，国家安危所系，故古之人君必重其选，为将者亦必以天下为己任。夫将者贵谋而贱战，必也赏罚使人信之而不疑，权谋使人由之而不知，三军奔走号令以取胜，然后中心诚服而乐为之用。迩来城守不坚，临战辄北，皆以将之不才故也。私于所昵，赏罚不公，至于众怨，而惧其生变，则抚摩慰籍，一切为姑息之事。由是兵轻其将，将畏其兵，尚能使之出死力以御敌乎？愿令腹心之臣及闲于兵事者，各举所知，果得真才，优加宠任，由战功可期矣。如河东宣抚使胥鼎、山东宣抚使完颜弼、涿州刺史内族从坦，昭义节度使必兰阿鲁带，或忠勤勇干，或重厚有谋，皆可任之，以扞方面。

又曰：

河北诸路以都城既失，军户尽迁，将谓国家举而弃之，州县官往往逃奔河南。乞令所在根括，立期遣还，违者勿复录用。未尝离任者议加恩赉，如愿自效河北者亦听陈请，仍先赏之，减其日月。州县长贰官并令兼领军职，许择军中有才略胆勇者为头目，或加爵命以收其心，能取一府者即授以府长官，州县亦如之，使人怀复土之心。别遣忠实干济者，以文檄官赏招诸胁从人，彼既苦于敌役，来者必多，敌势当自削。有司不知出此，而但为清野计，事无缓急惟期速办，今晚禾十损七八，远近危惧，所谋可谓大戾矣。

又曰：

京师诸夏根本，况今常宿重兵，缓急征讨必由于此，平时尚宜优于外路，使百姓有所蓄积，虽在私室犹公家也。今有司搜括余粮，致转贩者无复敢入，宜即止之。臣顷看读陈言，见其尽心竭诚以吐正论者，率皆草泽疏贱之人，况在百僚，岂无为国深忧进章疏者乎？诚宜明敕中外，使得尽言不讳，则太平之长策出矣。

诏付尚书省，略施行焉。

寻迁尚书左司员外郎，兼起居注，无何，转右司谏。时丞相高琪立法，职官有犯皆的决，古及左司谏抹撚胡鲁剌上言曰："礼义廉耻以治君子，刑罚威狱以治小人，此万世不易论也。近者朝廷急于求治，有司奏请从权立法：职官有犯应赎者亦多的决。夫爵禄所以驭贵也，贵不免辱，则卑贱者又何加焉。车驾所驻非同征行，而凡科征小过皆以军期罪之，不已甚乎。陛下仁恕，决非本心，殆有司不思宽静可以措安，而专事督责故耳。且百官皆朝廷遴选，多由文行、武功、阀阅而进，乃与凡庶等，则享爵禄者亦不足为荣矣。抑又有大可虑者，为上者将曰官犹不免，民复何辞，则苛暴之政日行。为下者将曰彼既亦然，吾复何耻，则陵犯之心益肆。其弊岂胜言哉。伏愿依元年赦恩'刑不上大夫'之文，削此一切之法，幸甚。"上初欲行之，而高琪固执以为不可，遂寝。

四年，以右司谏兼侍御史。时大兵越潼关而东，诏尚书省集百官议，古上言曰："兵逾关而朝廷甫知，此盖诸将欺蔽罪也。虽然，大兵驻阌乡境，数日不动，意者恐吾河南之军逆诸前，陕西之众议其后，或欲先令觇者伺趋向之便，或以深入人境非其地利而自危，所以观望未遽进也。此时正宜选募锐卒并力击之，且开其归路，彼既疑惑，遇敌必走，我众从而袭之，其破必矣。"上以示尚书省，高琪沮其议，遂不行。是月，始置招贤所，令古等领其事。

兴定元年七月，上闻宋兵连陷赣榆、涟水诸县，且获伪檄，辞多诋斥，因谕宰臣曰："宋人构祸久矣，朕姑含容者，众虑开兵端以劳吾民耳。今数见侵，将何以处，卿等其与百官议。"于是集众议于都堂，古曰："宋人孱弱，畏我素深，且知北兵方强，将恃我为屏蔽，虽时跳梁，计必不敢深入，其侮嫚之语，特市井屠沽儿所为，乌足较之。止当命有司移文，谕以本朝累有大造，及圣主兼爱生灵意。彼若有知，复寻旧好，则又何求。其或怙恶不悛，举众讨之，顾亦未晚也。"时预议者十余人，虽或小异而大略则一，既而丞相高琪等奏："百官之议，咸请严兵设备以逸待劳，此上策也。"上然之。时朝廷以诸路把军官时有不和不听，更相诉讼，古上言曰："臣以为善者有劝，恶者有惩，国之大法也。苟善恶不闻，则上下相蒙，惩劝无所施矣。"上嘉纳之。

古以朝廷欲举兵伐宋，上疏谏曰："昔大定初，宋人犯宿州，已而屡败，世宗料其不敢遽乞和，乃敕元帅府遣人议之，自是太平几三十年。泰和中，韩侂胄妄开边衅，章宗遣驸马仆散揆讨之。揆虑兵兴费重不能久支，阴遣侂胄族人赍乃祖琦画像及家牒，伪为归附，以见丘崇，因之继好，振旅而还。夫以世宗、章宗之隆，府库充实，天下富庶，犹先俯屈以即成功，告之祖庙，书之史册，为万世美谈，今其可不务乎？今大兵少息，若复南边无事，则太平不远矣。或谓专用威武可使宋人屈服，此殆虚言，不究实用。借令时获小捷，亦不足多贺。彼见吾势大，必坚守不出，我军仓猝无得，须还以就粮，彼复乘而袭之，使我欲战不得、欲退不能，则休兵之期殆未见也。况彼有江南蓄积之余，我止河南一路征敛之弊，可为寒心。愿陛下隐忍包容，速行此策，果通和，则大兵闻之，亦将敛迹，以吾无掣肘故也。河南既得息肩，然后经略朔方，则陛下享中兴之福，天下赖涵养之庆矣。惟陛下略近功、虑后患，不胜幸甚。"上是其言，即命古草议和牒文。既成，以示宰臣，宰臣言其有哀祈之意，自示微弱，遂不用。

监察御史粘割梭失劾榷货司同提举毛端卿贪污不法，古以词理繁杂，辄为删定，颇有脱漏，梭失以闻，削官一阶，解职，特免殿年。三年正月，尚书省奏谏官阙员，因以古为请，上曰："朕昨暮方思古，而卿等及之，正合朕意，其趋召之。"复拜左补阙。八月，削官四阶，解职。初，朝廷遣近侍局直长温敦百家奴暨刑部侍郎奥屯胡撒合徙吉州之民于丹以避兵锋，州民重迁，遮道控诉，百家奴谕以天子恐伤百姓之意，且令召晋安兵将护老幼以行。众意兵至则必见强也，乃噪入州署，索百家奴杀之。胡撒合畏祸，矫徇众情，与之会饮歌乐尽日，众肩舁导拥，欢呼拜谢而去。既还，诏古与监察御史纥石烈铁论鞫之，谕旨曰："百家奴之死，皆胡撒合所卖也，其阅实以闻。"奥屯胡撒合既下狱，上怒甚，亟欲得其情以正典刑，而古等颇宽纵之。胡撒合自缢死，有司以故出论罪，遂有是罚。

哀宗初即位，召为补阙，俄迁左司谏，言事稍不及昔时。未几，致仕，居伊阳，郡守为起伊川亭。古性嗜酒，老而未衰，每乘舟出村落间，留饮或十数日不归，及溯流而上，老稚争为挽舟，数十里不绝，其为时人爱慕如此。正大七年卒，年七十四。古平生好为诗及书，然不为士大夫所重，时论但称其直云。

天兴间，有右司谏陈岢者，遇事辄言无少隐，上尝面奖。及汴京被兵，屡上封事言得失，请战一书尤为剀切，其略云："今日之事，皆出陛下不断，将相怯懦，若因循不决，一旦无如之何，恐君臣相对涕泣而已。"可谓切中时病，而时相赤盏合喜等沮之，策为不行，识者惜焉。岢字和之，沧州人，大安元年进士。

赞曰：宣宗即位，孜孜焉以继述世宗为志，而其所为一切反之。大定讲和，南北称治，贞祐用兵，生民涂炭。石琚为相，君臣之间务行宽厚。高琪秉政，恶儒喜吏，上下苛察。完颜素兰首攻琪恶，谓琪必乱纪纲。陈规力言刀笔吏残虐，恐坏风俗。许古请与宋和，辞极忠爱。三人所言皆切中时病，有古诤臣之风焉。宣宗知其为直，而不用其言，如是而欲比隆世宗，难矣。

卷一百十　　列传第四十八

杨云翼　赵秉文　韩玉　冯璧　李献甫　雷渊　程震

杨云翼，字之美，其先赞皇檀山人，六代祖忠，客平定之乐平县，遂家焉。曾祖青、祖郁、考恒，皆赠官于朝。云翼天资颖悟，初学语辄画地作字，日诵数千言。登明昌五年进士第一，词赋亦中乙科，特授承务郎、应奉翰林文字。承安四年，出为陕西东路兵马都总管判官。泰和元年，召为太学博士，迁太常寺丞，兼翰林修撰。七年，签上京、东京等路按察司事，因召见，章宗咨以当世之务，称旨。大安元年，翰林承旨张行简荐其材，且精术数，召授提点司天台，兼翰林修撰，俄兼礼部郎中。崇庆元年，以病归。贞祐二年，有司上官簿，宣宗阅之，记其姓名，起授前职，兼吏部郎中。三年，转礼部侍郎，兼提点司天台。

四年，大元及西夏兵入鄜延，潼关失守，朝议以兵部尚书蒲察阿里不孙为副元帅以御之。云翼言其人言浮于实，必误大事。不听，后果败。兴定元年六月，迁翰林侍讲学士，兼修国史，知集贤院事，兼前职，诏曰："官制入三品者例外除，以卿遇事敢言，议论忠谠，故特留之。"时右丞相高琪当国，人有请榷油者，高琪主之甚力，诏集百官议，户部尚书高夔等二十六人同声曰："可。"云翼独与赵秉文、时戬等数人以为不可，议遂格。高琪后以事谴之，云翼不恤也。二年，拜礼部尚书，兼职如故。三年，筑京师子城，役兵民数万，夏秋之交病者相籍，云翼提举医药，躬自调护，多所全济。四年，改吏部尚书。凡军兴以来，入粟补官及以战功迁授者，事定之后，有司苛为程式，或小有不合辄罢去，云翼奏曰："赏罚国之大信，此辈宜从宽录，以劝将来。"

是年九月，上召云翼及户部尚书夔、翰林学士秉文于内殿，皆赐坐，问以讲和之策，或以力战为言，上俯首不乐，云翼徐以《孟子》事大、事小之说解之，且曰："今日奚计哉，使生灵息肩，则社稷之福也。"上色乃和。

十一月，改御史中丞。宗室承立权参知政事，行尚书省事于京兆，大臣言其不法，诏云翼就鞫之，狱成，廷奏曰："承立所坐皆细事，不足问。向大兵掠平凉以西，数州皆破，承立坐拥强兵，瞻望不进。鄜延帅臣完颜合达以孤城当兵冲，屡立战绩。其功如此，而承立之罪如彼，愿陛下明其功罪以诛赏之，则天下知所劝惩矣。自余小失，何足追咎。"承立由是免官，合达遂掌机务。

哀宗即位，首命云翼摄太常卿，寻拜翰林学士。正大二年二月，复为礼部尚书，兼侍读。诏集百官议省费，云翼曰："省费事小，户部司农足以办之。枢密专制军政，蔑视尚书。尚书出政之地，政无大小，皆当总领。今军旅大事，社稷系焉，宰相乃不得预闻，欲使利病两不相蔽得乎。”上嘉纳之。

明年，设益政院，云翼为选首，每召见赐坐而不名。时讲《尚书》，云翼为言帝王之学不必如经生分章析句，但知为国大纲足矣。因举“任贤”“去邪”、“与治同道”“与乱同事”、“有言逆于汝心”“有言逊于汝志”等数条，一皆本于正心诚意，敷绎详明。上听忘倦。寻进《龟鉴万年录》、《圣学》、《圣孝》之类凡二十篇。

当时朝士，廷议之际多不尽言，顾望依违，浸以成俗。一日，经筵毕，因言：“人臣有事君之礼，有事君之义。礼，不敢齿君之路马，蹴其刍者有罚，入君门则趋，见君之几杖则起，君命召不俟驾而行，受命不宿于家，是皆事君之礼，人臣所当尽者也。然国家之利害，生民之休戚，一一陈之，则向所谓礼者特虚器耳。君曰可，而有否者献其否；君曰否，而有可者献其可。言有不从，虽引裾、折槛、断鞅、轫轮有不恤焉者。当是时也，姑徇事君之虚礼，而不知事君之大义，国家何赖焉。”上变色曰：“非卿，朕不闻此言。”云翼尝患风痹，至是稍愈，上亲问愈之之方，对曰：“但治心耳。心和则邪气不干，治国亦然，人君先正其心，则朝廷百官莫不一于正矣。”上矍然，知其为医谏也。

夏人既通好，遣其徽猷阁学士李弁来议互市，往返不能决，朝廷以云翼往议乃定。五年卒，年五十有九，谥文献。

云翼天性雅重，自律甚严，其待人则宽，与人交分一定，死生祸福不少变。其于国家之事，知无不言。贞祐中，主兵者不能外御而欲取偿于宋，故频岁南伐。有言之者，不谓之与宋为地，则疑与之有谋。至于宰执，他事无不言者，独南伐则一语不敢及。云翼乃建言曰：“国家之虑，不在于未得淮南之前，而在城既得淮南之后。盖淮南平则江之北尽为战地，进而争利于舟楫之间，恐劲弓良马有不得骋者矣。彼若扼江为屯，潜师于淮以断饷道，或决水以潴淮南之地，则我军何以善其后乎。”及时全倡议南伐，宣宗以问朝臣，云翼曰：“朝臣率皆谀辞，天下有治有乱，国势有弱有强，今但言治而不言乱，言强而不言弱，言胜而不言负，此议论所以偏也。臣请两言之。夫将有事于宋者，非贪其土地也，第恐西北有警而南又缀之，则我三面受敌矣，故欲我师乘势先动，以阻其进。借使宋人失淮，且不敢来，此战胜之利也。就如所料，其利犹未可必然。彼江之南其地尚广，虽无淮南岂不能集数万之众，伺我有警而出师耶。战而胜且如此，如不胜害将若何。且我以骑当彼之步，理宜万全，臣犹恐其有不敢恃者。盖今之事势与泰和不同。泰和以冬征，今我以夏往，此天时之不同也。冬则水涸而陆多，夏则水潦而涂淖，此地利之不同也。泰和举天下全力，驱乣军以为前锋，今能之乎？此人事之不同也。议者徒见泰和之易，而不知今日之难。请以夏人观之，向日弓箭手之在西边者，一遇敌则搏而战、袒而射，彼已奔北之不暇，今乃陷吾城而虏守臣，败吾军而禽主将。曩则畏我如彼，今则侮我如此。夫以夏人既非前日，奈何以宋人独如前日哉。愿陛下思其胜之之利，又思败之之害，无悦甘言，无贻后悔。”章奏不报。时全果大败于淮上，一军全没。宣宗责诸将曰：“当使我何面目见杨云翼耶？”

河朔民十有一人为游骑所迫，泅河而南，有司论罪当死，云翼曰：“法所重私渡者，防奸伪也。今平民为兵所迫，奔入于河，为逭死之计耳。今使不死于敌而死于法，后惟从敌而已。”宣宗悟，尽释之。哀宗以河南旱，诏遣官理冤狱，而不及陕西，云翼言：“天地人通为一体，今人一支受病则四体为之不宁，岂可专治受病之处而置其余哉。”朝廷是之。

司天有以《太乙新历》上进者，尚书省檄云翼参订，摘其不合者二十余条，历家称焉。所著文集若干卷，校《大金礼仪》若干卷，《续通鉴》若干卷，《周礼辨》一篇，《左氏》、《庄》、《列赋》各一篇，《五星聚井辨》一篇，《县象赋》一篇，《勾股机要》、《象数杂说》等著藏于家。

赵秉文，字周臣，磁州滏阳人也。幼颖悟，读书若夙习。登大定二十五年进士第，调安塞簿，以课最迁邯郸令，再迁唐山。丁父忧，用荐者起复南京路转运司都勾判官。明昌六年，入为应奉翰林文字，同知制诰。上书论宰相胥持国当罢，宗室守贞可大用。章宗召问，言颇差异，于是命知大兴府事内族膏等鞫之。秉文初不肯言，诘其仆，历数交游者，秉文乃曰：“初欲上言，尝与修撰王庭筠、御史周昂、省令史潘豹、郑赞道、高坦等私议。”庭筠等皆下狱，决罚有差。有司论秉文上书狂妄，法当追解，上不欲以言罪人，遂特免焉。当时为之语曰：“古有朱云，今有秉文，朱云攀槛，秉文攀人。”士大夫莫不耻之。坐是久废，后起为同知岢岚军州事，转北京路转运司支度判官。承安五年冬十月，阴晦连日，宰相张万公入对，上顾谓万公曰：“卿言天日晦冥，亦犹人君用人邪正不分，极有理。若赵秉文曩以言事降授，闻其人有才藻，工书翰，又且敢言，朕非弃不用，以北边军事方兴，姑试之耳。”泰和二年，召为户部主事，迁翰林修撰。十月，出为宁边州刺史。三年，改平定州。前政苛于用刑，每闻赦将至，先掊贼死乃拜赦，而盗愈繁。秉文为政，一从宽简，旬月盗悉屏迹。岁饥，出禄粟倡豪民以赈，全活者甚众。

大安初，北兵南向，召秉文与待制赵资道论备边策，秉文言：“今我军聚于宣德，城小，列营其外，涉暑雨，器械弛败，人且病，俟秋敌至将不利矣。可遣临潢一军捣其虚，则山西之围可解，兵法所谓‘出其不意、攻其必救’者也。”卫王不能用，其秋宣德果以败闻。寻为兵部郎中，兼翰林修撰，俄转翰林直学士。

贞祐初，建言时事可行者三：一迁都，二导河，三封建。朝廷略施行之。明年，上书愿为国家守残破一州，以宣布朝廷恤民之意，且曰：“陛下勿谓书生不知兵，颜真卿、张巡、许远辈以身许国，亦书生也。”又曰：“使臣死而有益于国，犹胜坐縻廪禄为无用之人。”上曰：“秉文志固可尚，然方今翰苑尤难其人，卿宿儒，当在左右。”不许。四年，拜翰林侍讲学士，言：“宝券滞塞，盖朝廷初议更张，市肆已妄传其不用，因之抑遏，渐至废绝。臣愚以为宜立回易务，令近上职官通市道者掌之，给以银钞粟麦缣帛之类，权其低昂而出纳。”诏有司议行之。

兴定元年，转侍读学士。拜礼部尚书，兼侍读学士，同修国史，知集贤院事。又明年，知贡举，坐取进士卢亚重用韵，削两阶，因请致仕。金自泰和、大安以来，科举之文其弊益甚。盖有司惟守格法，所取之文卑陋陈腐，苟合程度而已，稍涉奇峭，即遭绌落，于是文风大衰。贞祐初，秉文为省试，得李献能赋，虽格律稍疏而词藻颇丽，擢为第一。举人遂大喧噪，诉於台省，以为赵公大坏文格，且作诗谤之，久之方息。俄而献能复中宏词，入翰林，而秉文竟以是得罪。

五年，复为礼部尚书，入谢，上曰："卿春秋高，以文章故须复用卿。"秉文以身受厚恩，无以自效，愿开忠言、广圣虑，每进见从容为上言，人主当俭勤、慎兵刑，所以祈天永命者，上嘉纳焉。哀宗即位，再乞致仕，不许。改翰林学士，同修国史，兼益政院说书官。以上嗣德在初，当日亲经史以自裨益，进《无逸直解》、《贞观政要》、《申鉴》各一通。

正大九年正月，汴京戒严，上命秉文为赦文，以布宣悔悟哀痛之意。秉文指事陈义，辞情俱尽。及兵退，大臣欲称贺，且命为表，秉文曰："《春秋》'新宫火，三日哭'。今园陵如此，酌之以礼，当慰不当贺。"遂已。时年已老，日以时事为忧，虽食息顷不能忘。每闻一事可便民，一士可擢用，大则拜章，小则为当路者言，殷勤郑重，不能自已。三月，草《开兴改元诏》，闾巷间皆能传诵，洛阳人拜诏毕，举城痛哭，其感人如此。是年五月壬辰，卒，年七十四，积官至资善大夫、上护军、天水郡侯。

正大间，同杨云翼作《龟鉴万年录》上之。又因进讲，与云翼共集自古治术，号《君臣政要》为一编以进焉。秉文自幼至老未尝一日废书，著《易丛说》十卷，《中庸说》一卷，《扬子发微》一卷，《太玄笺赞》六卷，《文中子类说》一卷，《南华略释》一卷，《列子补注》一卷，删集《论语》、《孟子解》各一十卷，《资暇录》一十五卷，所著文章号《滏水集》者三十卷。

秉文之文长于辨析，极所欲言而止，不以绳墨自拘。七言长诗笔势纵放，不拘一律，律诗壮丽，小诗精绝，多以近体为之，至五言古诗则沉郁顿挫。字画则草书尤遒劲。朝使至自河、湟者，多言夏人问秉文及王庭筠起居状，其为四方所重如此。

为人至诚乐易，与人交不立崖岸，未尝以大名自居。仕五朝，官六卿，自奉养如寒士。杨云翼尝与秉文代掌文柄，时人号"杨赵"。然晚年颇以禅语自污，人亦以为秉文之恨云。

赞曰：杨云翼、赵秉文，金士巨擘，其文墨论议以及政事皆有足传。云翼谏伐宋一疏，宣宗虽不见听，此心何愧景略。庭筠之累，秉文所为，兹事大愧高允。

韩玉，字温甫，其先相人，曾祖锡仕金，以济南尹致仕。玉明昌五年经义、辞赋两科进士，入翰林为应奉。应制一日百篇，文不加点。又作《元勋传》，称旨，章宗叹曰："勋臣何幸，得此家作传耶！"泰和中，建言开通州潞水漕渠，船运至都。升两阶，授同知陕西东路转运使事。

大安三年，都城受围。夏人连陷邠、泾，陕西安抚司檄玉以凤翔总管判官为都统府募军，旬日得万人，与夏人战，败之，获牛马千余。时夏兵五万方围平凉，又战于北原，夏人疑大军至，是夜解去。当路者忌其功，驿奏玉与夏寇有谋，朝廷疑之，使使者授玉河平军节度副使，且觇其军。先是，华州李公直以都城隔绝，谋举兵入援，而玉恃其军为可用，亦欲为勤王之举，乃传檄州郡云："事推其本，祸有所基，始自贼臣贪容奸赂，继缘二帅贪固威权。"又云："裹粮坐费，尽膏血于生民。弃甲复来，竭资储于国计。要权力而望形势，连岁月而守妻孥。"又云："人谁无死，有臣子之当然。事至于今，忍君亲之弗顾。勿谓百年身后，虚名一听史臣。只如今日目前，何颜以居人世。"公直一军行有日矣，将有违约、国朝人有不从者，辄以军法从事。京兆统军便谓公直据华州反，遣都统杨珪袭取之，遂置极刑。公直曾为书约玉，玉不预知，其书乃为安抚所得。及使者觇玉军，且疑预公直之谋，即实其罪。玉道出华州，被囚，死于郡学。临终书二诗壁间，士论冤之。

子不疑，字居之。以父死非罪，誓不禄仕。藏其父临终时手书云："此去冥路，吾心皓然，刚直之气，必不下沉。儿可无虑。世乱时艰，努力自护，幽明虽异，宁不见尔。"读者恻然。

冯璧，字叔献，真定县人。幼颖悟不凡，弱冠补太学生。承安二年经义进士，制策复优等，调莒州军事判官，宰相奏留校秘书。未几，调辽滨主簿。县有和籴粟未给价者余十万斛，散贮民居，以富人掌之，有腐败则责偿于民，民殊苦之。璧白漕司，即日罢之，民大悦。

泰和四年，调鄜州录事。明年，伐蜀，行部檄充军前检察，帅府以书檄委之。章宗欲招降吴曦，诏先以文告晓之，然后用兵。蜀人守散关不下，金兵杀获甚众，璧言："彼军拒守而并祸其民，无乃与诏旨相戾乎?"主帅憾之，以璧招两当溃卒，璧即日率凤州已降官属淡刚、李果偕行。道逢军士所得子女金帛牛马皆夺付刚，使归其家，军士则以违制决遣之。比到两当，军民三万余众鼓舞迎劳，璧以朝旨慰遣之。及还，主帅嘉其能，奏迁一官。五年，自东阿丞召补尚书省令史，用宗室承晖荐授应奉翰林文字，兼韩王府记室参军。俄转太学博士。至宁初，忽沙虎弑逆，遂去官。

宣宗南迁，璧时避兵东方，由单父渡河诣汴梁，时相奏复前职。贞祐三年，迁翰林修撰。时山东、河朔军六十余万口，仰给县官，率不逞辈窜名其间。诏璧摄监察御史，汰逐之。总领撒合问冒券四百余口，劾案以闻，诏杖杀之，故所至争自首，减几及于半。复进一官。初，监察御史本温被命汰宗室从坦军于孟州，军士欲谋变，本温惧不知所为。寻有旨，北军沈思忠以下四将屯卫州，余众果叛入太行。于是，密院奏以璧代本温竟其事。璧驰至卫，召四将喻以上意。思忠等挟叛者请还奏之，璧责以大义，将士慚服，不日就汰者三千人。六月，改大理丞，与台官行关中，劾奏奸脏之尤者商州防御使宗室重福等十数人，自是权贵侧目。

兴定四年，以宋人拒使者于淮上，遣兵南伐，诏京东总帅纥石烈牙吾塔攻盱眙，牙吾塔不从命，乃率精骑由滁州略宣化，纵兵大掠。故兵所至原野萧条，绝无所资，宋人坚壁不战，乃无功而归。行省奏牙吾塔故违节制，诏璧佩金符鞫之。璧驰入牙吾塔军，夺其金符，易以他帅摄。牙吾塔入狱，兵士哗噪，以吾帅无罪为言，璧怒责牙吾塔曰："元帅欲以兵抗制使耶？待罪之礼恐不如此，使者还奏，狱能竟乎。"牙吾塔伏地请死，璧曰："兵法，进退自专，有失机会以致覆败者斩。"即拟以闻，时议壮之。

十月，改礼部员外郎，权右司谏、治书侍御史。诏问时务所当先者，璧上六事，大略言减冗食，备选锋，缓疑似以慎刑，择公廉以检吏，屯戍革朘削之弊，权贵严请托之科。又条自治之策四，谓别贤佞，信赏罚，听览以通下情，贬损以谨天戒。诏以东方饥馑，盗贼并起，以御史中丞完颜伯嘉为宣慰使，监察御史道远从行。道远发永城令簿奸赃，伯嘉与令有违，付令有司，释簿不问，燕语之际，又许参佐克忠等台职。璧皆劾之，伯嘉竟得罪去。

初，课者告归德行枢密院言，河朔叛军有窃谋南渡者，行院事胡土门、都水监使毛花辇易其人，不为备。一日，红衲数百联筏南渡，残下邑而去。命璧鞫之。璧以二将托疾营私，闻寇弛备，且来不战、去不追，在法皆当斩。或以为言："二将皆宠臣，而都水者赀累巨万，若求援禁近，必从轻典。君徒结怨权贵，果何益耶？"璧叹曰："睢阳行阙，东藩重兵所宿，门廷之寇且不能御，有大于此者，复何望乎！"即具所拟闻。

四年，迁刑部郎中。关中旱，诏璧与吏部侍郎畏忻审理冤狱。时河中帅阿虎带及僚属十数人皆以弃城罪当死，系同州狱待报。同州官僚承望风旨，问璧何以处之，璧曰："河中今日重地，朝议拟为驻跸之所，若失此则河南、陕西有唇亡之忧。以彼宗室勋贵故使镇之，平居无事竭民膏血为浚筑计，一旦有警乃遽焚荡而去，此而不诛，三尺法无用矣。"竟以无冤上之。

冬十月，出为归德治中。未几，改同知保静军节度使。又改同知集庆军节度使，到官即上章乞骸骨，进一官致仕。正大九年，河南破，北归，又数年卒，年七十有九。

李献甫，字钦用，献能从弟也。博通书传，尤精《左氏》及地理学。为人有干局，心所到则绝人远甚，故时人称其精神满腹。兴定五年登进士第，历咸阳簿，辟行台令史。正大初，夏使来请和，朝廷以翰林待制冯延登往议，时献甫为书表官，从行。夏使有口辩，延登不能折，往复数日不定，至以岁币为言，献甫不能平，从旁进曰："夏国与我和好百年，今虽易君臣之名为兄弟之国，使兄输币，宁有据耶？"使者曰："兄弟且不论。宋岁输吾国币二十五万匹，典故具在，君独不知耶？金朝必欲修旧好，非此例不可。"献甫作色曰："使者尚忍言耶？宋以岁币饵君家而赐之姓，岸然以君父自居，夏国君臣无一悟者，诚谓使者当以为讳，乃今公言之。使者果能主此议，以从赐姓之例，弊邑虽岁捐五十万，献甫请以身任之。"夏使语塞，和议乃定。后朝廷录其功，授庆阳总帅府经历官。寻辟长安令。京兆行台所在，供亿甚繁，献甫处之常若有余，县民赖之以安。入为尚书省令史。天兴元年，充行六部员外郎，守备之策时相倚任之。以功迁镇南军节度副使，兼右警巡使，死于蔡州之难，年四十。

所著文章号《天倪集》，留汴京。献甫死，其家亦破，同年华阴王元礼购得之，传于世。

雷渊，字希颜，一字季默，应州浑源人。父思，名进士，仕至同知北京转运使，注《易》行于世。渊庶出，年最幼，诸兄不齿。父殁，不能安于家，乃发愤入太学。衣弊履穿，坐榻无席，自以跣露，恒兀坐读书，不迎送宾客，人皆以为倨。其友商衡每为辩之，且赒恤焉。后从李之纯游，遂知名。登至宁元年词赋进士甲科，调泾州录事，坐高庭玉狱，几死。后改东平，河朔重兵所在，骄将悍卒倚外敌为重，自行台以下皆摩抚之，渊出入军中，偃然不为屈。不数月，闾巷间多画渊像，虽大将不敢以新进书生遇之。寻迁东阿令，转徐州观察判官。兴定末，召为英王府文学兼记室参军，转应奉翰林文字。拜监察御史，言五事称旨，又弹劾不避权贵，出巡郡邑所至有威誉，奸豪不法者立箠杀之。至蔡州，杖杀五百人，时号曰"雷半千"。坐此为人所讼，罢去。久之，用宰相侯挚荐，起为太学博士、南京转运司户籍判官，迁翰林修撰。一夕暴卒，年四十八。

正大庚寅倒回谷之役，渊尝上书破朝臣孤注之论，引援深切，灼然易见，主兵者沮之，策竟不行。为人躯干雄伟，髯张口哆，颜渥丹，眼如望洋，遇不平则疾恶之气见于颜间，或嚼齿大骂不休，虽痛自惩创，然亦不能变也。为文章诗喜新奇。善结交，凡当涂贵要与布衣名士无不往来。居京师，宾客踵门未尝去舍，家无余赀，及待宾客甚丰腆。莅官喜立名，初登第摄遂平县事，年少气锐，击豪右，发奸伏，一邑大震，称为神明。尝擅笞州魁吏，州檄召之不应，罢去。后凡居一职辄震耀，亦坐此不达。

程震，字威卿，东胜人。与其兄鼎俱擢第。震入仕有能声。兴定初，诏百官举县令，震得陈留，治为河南第一，召拜监察御史，弹劾无所挠。时皇子荆王为宰相，家僮辈席势侵民，震以法劾之，奏曰："荆王以陛下之子，任天下之重。不能上赞君父，同济艰难。顾乃专恃权势，蔑弃典礼，开纳货赂，进退官吏。纵令奴隶侵渔细民，名为和市，其实胁取。诸所不法不可枚举。陛下不能正家，而欲正天下，难矣。"于是，上责荆王，出内府银以偿物直，杖大奴尤不法者数人。未几，坐为故吏所讼，罢官。岁余。呕血卒。

震为人刚直有材干，忘身徇国，不少私与。及为御史，台纲大振，以故小人侧目者众，不能久留于朝，士论惜之。

赞曰：韩玉、冯璧、李献甫、雷渊，皆金季豪杰之士也。邠、泾之变，玉募兵旬日而得万人。牙吾塔之凶暴，璧以王度绳之，卒不敢动。夏人援宋例以邀岁币，献甫以宋赐夏姓一事折之，夏使语塞而和议定。渊为御史，权贵敛避，古之国士何加焉。玉以疑见冤，璧、渊疾恶太甚，议者以酷讥之，瑕岂可以掩瑜哉。程震劾荆抵罪，比踪冯、雷，然亦以群小龃龉而死，直士之不容于世也久矣。吁！

卷一百十一　列传第四十九

古里甲石伦　内族讹可　撒合辇　强伸　乌林荅胡土　内族思烈　纥石烈牙吾塔

古里甲石伦，隆安人。以武举登第。为人刚悍，颇自用，所在与人不合。宣宗以其勇善战，每任用之。贞祐二年，累迁副提控、太原府判官，与从宜都提控、振武军节度使完颜蒲剌都议拒守不合，措置乖方，敌因大入，几不可御。既乃交章论列，以自辨其无罪，上恶其不和，诏分统其兵。未几，迁同知太原府事。奏请招集义军，设置长校，各立等差。都统授正七品职，副统正八品，万户正九品，千户正班任使，谋克杂班。仍三十人为一谋克，五谋克为一千户，四千户为一万户，四万户为一副统，两副统为一都统，外设一总领提控。制可。

四年，迁河东宣抚副使，上章言宣抚使乌古论礼不肯分兵御敌，且所行多不法。诏礼罢职，石伦迁绛阳军节度使，权经略使，寻知延安府事、兼鄜延路兵马都总管。大元兵围忻州，石伦率兵往援，以兵护其民入太原，所保军民甚众。兴定元年七月，改河平军节度、兼卫州管内观察使，诏谕曰："朕初谓汝勇果，为国尽力，故倚以济事。寻闻汝嗜酒不法，而太原知府乌古论德升亦屡尝为朕言之，然皆琐屑，乃若不救汾州，岂细事哉？有司议罪如此，汝其悉之，益当戮力，以掩前过。"是年十一月，迁镇西军节度使、兼岚州管内观察使、行元帅府事。

二年四月，石伦言："去岁北兵破太原，游兵时入岚州境，而官民将士悉力捍御，卒能保守无虞。向者河东内郡，皆驻以精甲，实以资储，视边城尤为完富，然兵一至，相继沦没。岚兵寡而食不足，惟其上下协同，表里相应，遂获安帖。当大军初入，郡县仓皇，非此帅府控制，则隩、管、保德、岢岚、宁化皆不可知矣。今防秋不远，乞朝廷量加旌赏，务令益尽心力，易以镇守。"诏有功者各迁官一级，仍给降空名宣敕，令枢密院遣授之。

三年二月，石伦奏："向者并、汾既破，兵入内地，臣谓必攻平阳，平阳不守，将及潞州，其还当由龙州谷以入太原。故臣尝请兵欲扼其归路，朝廷不以为然，既而皆如臣所料。始敌入河东时，郡县民皆携老幼徙居山险，后虽太原失守，而众卒不从，其意谓敌不久留，且望官军复至也。今敌居半岁，遣步骑扰诸保聚，而官军竟无至者，民其能久抗乎。夫太原，河东之要郡；平阳，陕西、河南之藩篱也。若敌兵久不去，居民尽从，屯兵积粮以固基本，而复扰吾郡县未残者，则边城指日皆下矣。北路不守，则南路为边，去陕西、河南益近，臣窃忧之，故复请兵以图战守。而枢府檄臣，并将权太原治中郭遹祖、义军李天禄等万余人，就其粮五千石，会汾州权元帅右都监抹撚胡剌复太原。臣召遹祖，欲号令其众，遹祖不从。寻得胡剌报曰：'尝问军数于遹祖，但称天禄等言之，未尝亲阅。问粮，则曰散在数处。'盖其情本欲视朝廷以己有兵粮，冀或见用，以取重职，不可指为实用也。虽然，臣已遣提控石盏吾里忻等领军以往矣。但敌势颇重，而往者皆新集白徒，绝无精锐，恐不能胜。乞於河南、陕西量分精兵，以增臣力，仍令陕西州郡近河东者给之资粮，更令南路诸军缀敌之南，以分其势，如此庶几太原可复也。"诏陕西、河东行省分粮与之，请兵之事，以方伐宋不从。

三月，石伦复上言曰："顷者大兵破太原，招民耕稼，为久驻之基。臣以太原要镇，所当必争，遣提控石盏吾里忻引官兵义兵共图收复。又以军士有功者宜速赏之，故拟令吾里忻得注授九品之职，以是请于朝，而执政以为赏功罚罪皆须中覆。夫河东去京师甚远，移报往返不暇数十日，官军皆败亡之余，锋锐略尽，而义兵亦不习行阵，无异乌合，以重赏诱之犹恐不为用，况有功而久不见报乎。夫众不可用则不能退敌，敌不退则太原不可复，太原不可复则平阳之势日危，而境土日蹙矣。今朝廷抑而不许，不过虑其滥赏耳。借使有滥赏之弊，其与失太原之害孰重？"于是诏从其请，自太原治中及他州从七品以下职、四品以下散官，并听石伦迁调焉。

是月，石伦复言："日者遣军潜捣敌垒，欲分石州兵五百权屯方山，剿杀土寇，且备岚州，而同知蒲察桓端拒而不发。又召同知宁边军节度使姚里鸦鹘与之议兵，竟不听命。近领兵将取太原，委石州刺史纳合万家权行六部，而辞以他故，几误军粮。约武州刺史郭宪率所领并进，宪亦不至。臣猥当方面之任，而所统官属并不禀从，乞朝廷严为惩诫，庶人知职分，易以责办。"宰臣恶之，乃奏曰："桓端、鸦鹘已经奏改，无复可议。石伦身兼行部，不自规画，而使万家往来应给，石州无人，恐亦有失。武州边郡，正当兵冲，使宪率军离城，敌或乘之，孰与守御？万家等不从，未为过也。"上以为然，因遣谕石伦曰："卿尝行院于归德，卫州防备之事，非不素知，乃屡以步骑为请何耶？比授卿三品，且数免罪遣卿，尝自誓以死报国，今所为如此，岂报国之道哉！意谓河南之众必不可分，但图他日得以藉口耳。卿果赤必为国，尽力经画，亦足自效。万家等若必惩戒，彼中谁复可使者？姑为容忍可也。"

闰三月，石伦驻兵太原之西，俟诸道兵至进战，闻胁从人颇有革心，上言于朝，乞降空名宣敕、金银符，许便宜迁注，以招诱之。上从其请，并给付之，仍听注五品以下官职。六月，保德州振威军万户王章、弩军万户齐镇杀其刺史孛术鲁银术哥，仍灭其家，胁官吏军民同状白岚州帅府，言银术哥专恣惨酷，私造甲仗，将谋不轨。石伦密令同知州事把蒲剌都图之，蒲剌都乃与兵吏置酒召章等饮，擒而族诛之。至是，朝廷命行省胥鼎量宜迁赏，仍令蒲剌都摄州事，抚安其众焉。

六月，迁金安军节度使，行帅府事于葭州。时鄜州元帅内族承立虑夏人入寇，遣纳合买住以兵驻葭州，石伦辄分留买住兵千八百人，令以余兵屯绥德，而后奏之。有司论罪当绞，既而遇赦，乃止除名。元光元年，起为郑州同知防御使，与防御使裴满羊哥部内酤酒不偿直，皆除名。三月，上谕元帅监军内族讹可曰："石伦今以罪废，欲再起之，恐生物议，汝军前得无用之乎。此人颇善战，果可用便当遣去。古亦有白衣领职者，渠虽除名，何害也。"十月，大元兵围青龙堡，诏以石伦权左都监，将兵会上党公、晋阳公往援之。兵次弹平寨东三十里，敌兵梗道不得进，会青龙堡破，召还。既而复以罪免。

正大八年，大兵入河南，州郡无不下者，朝议以权昌武军节度使粘葛仝周不知兵事，起石伦代之。石伦初赴昌武，诏谕曰："卿先朝宿将，甚有威望，故起拜是职。元帅苏椿、武监军皆晓兵事，今在昌武，宜与同议，勿复睦失计也。"时北兵已至许，石伦赴镇，几为游骑所获。数日，知两省军败，溃军踵来。有忠孝军完颜副统入城，两手皆折，血污满身，州人忧怖不知所出。石伦遣归顺军提控岚州人高珪往斥候，珪因持在州军马粮草数目奔大元军，仍告以城池深浅。俄大兵至城下，以凤翔府韩寿孙持檄招降，言三峰败状。石伦、苏椿不诘问即斩之市中。既而武监军偏裨何魏辈开东门，内族按春开南门，夹谷太守开西门。大元军入城，擒苏椿，问以大名南奔之事，椿曰："我本金朝人，无力故降，我归国得为大官，何谓反耶！"大将怒其不屈，即杀之。石伦投廨后井中，仝周自缢州廨。武监军者初不预开门之谋，何魏辈欲保全之，故言于大将曰："监军令我辈献门。"然亦怒其不迎军而降，亦杀之。

仝周名晖，字子阳，策论进士，兴定间为徐州行枢密院参议官，上章言："惟名与器不可假人，自古帝王靡不为重。今之金银牌，即古符节也，其上有太祖御画，往年得佩者甚难，兵兴以来授予颇滥，市井道路黄白相望，恐非所以示信于下也。乞宝惜之，有所甄别。"上以语宰臣，而丞相高琪等奏："时方多难，急于用人，驾驭之方，此其一也，如故为便。"

苏椿，大名人，初守大名，归顺于大元，正大二年九月，自大名奔汴，诏置许州，至是，见杀。

完颜讹可，内族也。时有两讹可，皆护卫出身，一曰"草火讹可"，每得贼，好以草火燎之，一曰"板子讹可"，尝误以宫中牙牌报班齐者为板子，故时人各以是目之。

正大八年九月，大兵攻河中。初，宣宗议迁都，朝臣谓可迁河中："河中背负关陕五路，士马全盛，南阻大河，可建行台以为右翼。前有绛阳、平阳、太原三大镇，敌兵不敢轻入。应三镇郡县之民皆聚之山寨，敌至则为昼攻夜劫之计。屯重军中条，则行在有万全之固矣。"主议者以河中在河朔，又无宫室，不及汴梁，议遂寝。宣宗既迁河南，三二年之后，诏元帅都监内族阿禄带行帅府事。阿禄带恇怯不能军，竭民膏血为浚筑之计。未几，绛州破，阿禄带益惧，驰奏河中孤城不可守。有旨亲视，果不可守则弃之，无至资敌。阿禄带遂弃河中，烧民户官府，一二日而尽。寻有言河中重镇，国家基本所在，弃之为失策，设为敌人所据，则大河之险我不得专恃矣。宣宗悔悟，系阿禄带同州狱，累命完复之，随守随破。至是，以内族两讹可将兵三万守之。大兵谋取宋武休关。未几，凤翔破，睿宗分骑兵三万入散关，攻破凤州，径过华阳，屠洋州，攻武休关。开生山，截焦崖，出武休东南，遂围兴元。兴元军民散走，死于沙窝者数十万。分军而西，西军由别路入沔州，取大安军路开鱼鳖山，撤屋为筏，渡嘉陵江入关堡，并江趋葭萌，略地至西水县而还。东军止屯兴元、洋州之间，遂趋饶峰。宋人弃关不守，大兵乃得入。

初，大兵期以明年正月合南北军攻汴梁，故自将攻河中。河中告急，合打蒲阿遣王敢率步兵一万救之。十二月，河中破。初，河中主将知大兵将至，惧军力不足，截故城之半守之。及被攻，行帐命筑松楼高二百尺，下瞰城中，土山地穴百道并进。至十一月，攻愈急。自王敢救军至，军士殊死斗，日夜不休，西北楼橹俱尽，白战又半月，力尽乃陷。草讹可战数十合始被擒，寻杀之。板讹可提败卒三千夺船走，北兵追及，鼓噪北岸上，矢石如雨。数里之外有战船横截之，败军不得过，船中有赍火炮名"震天雷"者连发之，炮火明，见北船军无几人，力斫横船开，得至潼关，遂入阌乡。寻有诏赦将佐以下，责讹可以不能死，车载入陕州，决杖二百。识者以为河中城守不下，德顺力竭而陷，非战之罪，故讹可之死，人有冤之者。

初，讹可以元帅右监军、邠泾总帅、权参知知事，奉旨于邠、泾、凤翔往来防秋。奉御六儿监战，于讹可为孙行，而讹可动为所制，意颇不平，渐生猜隙。七年九月，召赴京师，改河中总帅，受京兆节制。此时六儿同赴召，谓讹可奉旨往来防秋，而乃畏怯避远，正与朝旨相违，上意颇罪讹可。及河中陷，苦战力尽，而北兵百倍临之，人谓虽至不守犹可以自赎，竟杖而死，盖六儿先入之言主之也。

刘祁曰："金人南渡之后，近侍之权尤重。盖宣宗喜用其人以为耳目，伺察百官，故奉御辈采访民间，号'行路御史'，或得一二事即入奏之，上因以责台官漏泄，皆抵罪。又方面之柄虽委将帅，又差一奉御在军中，号曰'监战'，每临机制变，多为所牵制，遇敌辄先奔，故师多丧败。"哀宗因之不改，终至亡国。

论曰：古里甲石伦善战而好犯法，故见废者屡，晚起为将，卒死于难。金运将终，又用数奇之李广，其乏绝不亦宜乎。草讹可力战而死，板讹可亦力战，不死于阵而死于刑，论者以为有近侍先入之言。夫以暬御治军，既掣之肘，又信其谗以杀人，金失政刑矣。唐之亡，坐以近侍监军，金蹈其辙，哀哉。

撒合辇，字安之，内族也。宣宗朝，累迁同签枢密院事。元光二年十二月庚寅夜，宣宗病笃，英王盘都先入侍，哀宗后至，东华门已闭，闻英王在宫，遣枢密院官及东宫亲卫军总领移剌蒲阿勒兵东华门，都点检驸马都尉徒单合住奏中宫，得旨，领符钥启门。合住见上，上命撒合辇解合住刀佩之，哀宗遂入，明日即位，由是见亲信。正大元年正月庚申，以辇同判大睦亲府事，兼前职。刑部完颜素兰言："把胡鲁策功第一，非超拜右丞相无以酬之。"然同功数人亦有不次之望，故胡鲁之命中辍，犨犹升二品云。

四年，大元既灭西夏，进军陕西。四月丙申，召尚书温迪罕寿孙、中丞乌古孙卜吉、祭酒裴满阿虎带、直学士蒲察世达、右司谏陈规、监察乌古论四和完颜习显、同判睦亲府事撒合犨同议西事，上曰："已谕合达尽力决一战矣。"群臣多主和事，独犨力破和议，语在《陈规传》。八月，朝廷得清水之报，令有司罢防城及修城丁壮，凡军需租调不急者权停。初，闻大兵自凤翔入京兆，关中大震，以中丞卜吉、祭酒阿忽带兼司农卿，签民兵，督秋税，令民入保为避迁计。当时议者以谓大兵未至而河南先乱，且曰："御史监察城洛阳，治书供帐北使，中丞下兼司农签军督税，台政可知矣。"至是，上谓撒合犨曰："谚云水深见长人。朝臣或欲我一战，汝独言当静以待之，与朕意合，今日有太平之望，皆汝谋也。先帝尝言汝可用，可谓知人矣。"

未几，右拾遗李大节、右司谏陈规言撒合犨谄佞纳贿及不公事，奏帖留中不报。明惠皇后尝传旨戒曰："汝谄事上，上之骑鞠皆汝所教。"尉忻亦极言之，上颇悟，出为中京留守、兼行枢密院事。初，宣宗改河南府为金昌府，号中京，又拟少室山顶为御营，命移剌粘合筑之，至是撒合犨为留守。

九年正月，北兵从河清径渡，分兵至洛，出没四十余日。二月乙亥，立炮攻城。洛中初无军，得三峰溃卒三四千人，与忠孝军百余守御。时犨疽发于背，不能军，同知温迪罕斡朵罗主军务，有大事则就犨禀之。三月甲申，忠孝军百余骑入使宅，强拥犨出奔，犨不得已从之，并以官属及其子自随，才出南里城门，城上军觉，闭之瓮城中，矢石乱下，人马多死伤。犨知不能出，仰呼求救，军士知出奔非犨意，以绳引而上，送入其宅，不敢出。镇抚官缚出奔之党，欲杀之，已斩三人，犨亲为乞命，得免。乙酉，斡朵罗赍金帛出北门，如前日巡城犒军之状，既出即沿城而西，直出外壕，城上人呼曰："同知讲和去矣。"军士及将领随而下者三四百人。少之，犨传令云："同知叛降，有再下城者斩。"凡斩三四人，乃定。丙戌夜，城东北角破，犨夺南门出不得，投濠水死。已而，大兵退，强伸复立帅府。

强伸，本河中射粮军子弟，貌极寝陋，而膂力过人。兴定初，从华州副都统安宁复潼关，以劳任使，尝监郃阳醋。后客洛下，选充官军，戍陕铁岭，军溃被虏，从都尉兀林荅胡土窜归中京。时中京已破，留守兼行枢密院使内族撒合犨死之，元帅任守真复立府事，以便宜署伸警巡使。后守真率部曲军从行省思烈入援，郑州之败，守真死。天兴元年八月，中京人推伸为府签事，领所有军二千五百人，伤残老幼半之。甫三日，北兵围之，东西北三面多树大炮。伸括衣帛为帜，立之城上，率士卒赤身而战，以壮士五十人往来救应，大叫，以"憨子军"为号，其声势与万众无异。兵器已尽，以钱为镞，得大兵一箭，截而为四，以筒鞭发之。又创遏炮，用不过数人，能发大石于百步外，所击无不中。伸奔走四应，所至必捷。得二驼及所乘马皆杀之，以犒军士，人不过一啖，而得者如百金之赐。九月，大兵退百里外。闰月，复攻，兵数倍于前。又一月，不能拔。事闻，哀宗降诏褒谕，以伸为中京留守、元帅左都监、世袭谋克、行元帅府事。

十月，参知政事内族思烈自南山领军民十余万入洛，行省事。二年二月，伸建一堂于洛川驿之东，名曰"报恩"，刻诏文於石，愿以死自效。三月，中使至，以伸便宜从事。是月，大兵自汴驱思烈之子于东门下，诱思烈降。思烈即命左右射之，既而知崔立之变，病不能语而死。总帅忽林荅胡土代行省事，伸行总帅府事，月余粮尽，军民稍稍散去。

五月，大兵复来，阵于洛南，伸阵水北。有韩帅者匹马立水滨，招伸降，伸谓帅曰："君独非我家臣子耶？一日勤王，犹遗令名于世，君既不能，乃欲诱我降耶？我本一军卒，今贵为留守，誓以死报国耳。"遂跃而射之。帅奔阵，率步卒数百夺桥，伸军一旗手独出拒之，杀数人，伸乃手解都统银符与之佩，士卒气复振。初，筑战垒于城外四隅，至五门内外皆有屏，谓之迷魂墙。大兵以五百骑迫之，伸率卒二百鼓噪而出，大兵退。六月，行省胡土率众走南山，鹰扬都尉献西门以降，伸知城不能守，率死士数十人突东门出，转战至偃师，力尽就执。载以一马，拥迫而行。伸宛转不肯进，强掖之，将见大帅塔察。及中京七里河，伸语不逊，兵卒相谓曰："此人乖角如此，若见大帅，其能降乎？不若杀之。"因好语诱之曰："汝能北面一屈膝，吾贷汝命。"伸不从，左右力持使北面，伸拗头南向，遂杀之。

乌林荅胡土。正大九年正月戊子，北兵以河中一军由洛阳东四十里白坡渡河。白坡故河清县，河有石底，岁旱水不能寻丈。国初以三千骑由此路趋汴，是后县废为镇，宣宗南迁，河防上下千里，常以此路为忧，每冬日命洛阳一军戍之。河中破，有言此路可徒涉者，已而果然。北兵既渡，夺河阴官舟以济诸军。时胡土为破虏都尉，戍潼关，以去冬十二月被旨入援，至偃师，闻白坡径渡之耗，直趋少室，夜至少林寺。时登封县官民已迁太平顶御寨。明日，胡土使人绐县官云："吾军中家属辎重欲留此山，即率兵赴汴京。"因摄县官下山，使之前导，一军随之而上。山既险固，粮亦充足，遂有久住之意。寻纵军下山劫掠居民，甚于盗贼，旁近一二百里无不被害。胡土畏变，知而不禁，又所劫牛畜粮糗，亦分有之。

七月，恒山公武仙、参政思烈两行省军，屯登封城南大林下，遣人约之入京。胡土百计不肯下，不得已，乃分其军四千，与思烈俱东。八月三日，两行省军溃于中牟，胡土狼狈上山，残卒三二十人外偏裨无一人至者。十二月，思烈自留山行省于中京，征兵同保洛阳，又迁延不行。思烈以檄来，言："若依前逗留，自有典宪，吾不汝容矣。"胡土惧，乃挈妻子及军往中京，留其半山上以为巢穴。天兴二年三月，思烈病卒，留语胡土代行省事。六月，敌势益重，强伸方尽力战御，而胡土即领轻骑、挈妻子弃城南奔，遂失中京。

初，胡土在太平顶既顾望不进，又惧人议己，乃出榜募人为救驾军，云："一旅之众可以兴复国家，诸人有能奋发许国捐躯者，岂不济大事乎！"于是，不逞之徒随募而出，得泽人缉麻胬、武录事等二十余人，促令赴京。行及卢店，即行劫，械至，杖之二百，人无不窃笑。既而走蔡州，上召见慰问，而心薄之。会宋人攻唐州，元帅乌古论黑汉屡遣人告急，即命胡土领忠孝军百人，就征西山招抚乌古论换住、黄八儿等军赴之。胡土率兵至唐，宋人敛避，纵其半入城，夹击之，胡土大败，仅存三十骑以还，换住死焉。

既而以胡土为殿前都点检，罢权参政。大兵围蔡，分军防守，胡土守西面。十一月，胡土之奴窃其金牌，夜缒城降，朝士喧播谓胡土纵之往，将有异志。胡土闻之，内不自安，乞解军职。上慰之曰："卿父子昆弟皆为帅臣，受恩不为不厚，顾肯降耶。且卿向在洛阳不即降，而千里远来降於蔡，岂人情也哉。闻卿遇奴太察，且其衣食不常给之，此盖往求温饱耳，卿何慊焉。"因赐馔以安其心。初，胡土罢机政，颇有怨言，左右劝上诛之，上不听。及令守西城，尤怏怏不乐，至是始感恩无他虑矣。

寻以总帅孛术鲁娄室与胡土皆权参政，娄室与右丞仲德同事，胡土防守如故，复以都尉承麟为东面元帅权总帅。先是，攻东城，娄室随机备御。二日移攻南城，乌古论镐易之，炮击城楼几仆，右丞仲德率军救援，乃罢攻。俄而四面受敌，仲德艰于独援，遂荐承麟代娄室东面，而乞与娄室同救应。初，胡土失外城，颇惭恨，声言力小不能令众，仲德亦荐之，故有是命。蔡城破，投汝水死。

赞曰：撒合辇本以佞进，乌林荅胡土战阵不武，付以孤城，望其捍御大难，岂得为知人乎。强伸一射粮卒耳，及授以兵，乃能应变制胜，远过二人，力尽乃毙，犹有烈丈夫之风焉。古人有言："四郊多垒，拔士为将。"使金运未去，伸足以建功名矣夫。

内族思烈，南阳郡王襄之子也。资性详雅，颇知书史。自五六岁入宫充奉御，甚见宠幸，世号曰"自在奉御"。当宣宗入承大统，胡沙虎跋扈，思烈尚在髫龀，尝涕泣跪抱帝膝致说曰："愿早诛权臣，以靖王室。"帝急顾左右掩其口。自是帝甚器重之。后由提点近侍局迁都点检。天兴元年，汴京被围，哀宗以思烈权参知政事，行省事于邓州。会武仙引兵入援，于是思烈率诸军发自汝州，过密县，遇大元兵，不用武仙阻涧之策，遂败绩于京水，语在《武仙传》。中京留守、元帅左监军任守真死之。上闻，罢思烈行省之职，以守中京。无何，大兵围中京未能下，崔立遣人监思烈子于中京城下，招之使降。思烈不顾，令军士射之。既而知崔立已以汴京归顺，病数日而死。初，思烈会武仙等军入援，即与仙论议不同，仙以思烈方得君，每假借之。思烈谓仙本无入援意，特以朝廷遣一参政召兵，迫于不得已乃行耳。然仙知兵，颇以持重为事。思烈急于入京，不听仙策，于是左右司员外郎王渥乃劝思烈曰："武仙大小数百战，经涉不为不多，兵事当共议。"思烈疑其与仙有谋，几斩之，渥自以无愧于内，不惧也。已而思烈果败，渥殁于阵。

渥字仲泽，后名仲泽，太原人。性明俊不羁，博学善谈论，工尺牍，字画清美，有晋人风。少游太学，长于词赋，登兴定二年进士第。为时帅奥屯邦献、完颜斜烈所知，故多在兵间。后辟宁陵令，有治迹，入为尚书省令史。因使宋至扬州，应对敏给，宋人重之。及还，为太学助教，转枢密院经历官，俄迁右司都事，稍见信用。及思烈往邓州，以渥为左右司员外郎，从行。

赞曰：思烈夙惠，请诛权奸以立主威，有甘罗、辟疆之风，所谓"茂良不必父祖"者也。中京之围，崔立胁其子使招之降，不顾而趣射之，何愧乎桥玄。至如不从武仙之言，以至于败，此盖时人因惜王仲泽之死而有是言，仙无入援之意则非诬也。

纥石烈牙吾塔，一名志。本出亲军，性刚悍喜战。贞祐间，仆散安贞为山东路宣抚使，以牙吾塔为军中提控。是时，山东群盗蜂起，安贞遣牙吾塔破巨蒙等四堌，又破马耳山砦，杀刘二祖贼党四千余人，降贼八千，虏其伪宣差程宽、招军大使程福，又降胁从民三万余人。贞祐四年六月，积功累迁栏通渡经略使。十月，为元帅左都监。十二月，行山东西路兵马都总管府事，兼武宁军节度使、徐州管内观察使。

兴定二年正月，宋兵万余攻泗州，牙吾塔赴援，至临淮，遇宋人三百，掩杀殆尽。及泗州，宋兵八千围甚急，督众进战，大破之，溺水死者甚众，获马三百余匹，俘五十余人。又围盱眙，宋人闭门坚守，不敢出。以骑兵分掠境内，而时遣羸卒薄城诱之。宋人出骑数百来拒，牙吾塔麾兵佯北，发伏击之，斩首二百。宋人复出步骑八千来援，合击败之，杀一太尉，斩首三百。寻获觇者，称青平宋兵甚众，将救盱眙。牙吾塔移兵赴之，宋兵步骑七千人突出，兵少却，旋以轻骑扼其后。初逗留不与战，纵之走东南，薄诸河，斩首千余，溺死者无算，获马牛数百，甲仗以千计。师还，遇宋兵三千于连塘村，斩首千余级，俘五十人，获马三十五匹，宣宗以其有功，赐金带一。三年正月，败宋人于濠州之香山村。二月，又败之于滁州，斩首千级。拔小江寨，杀统制王大篷等，斩三万，俘万余人。又拔辅嘉平山寨，斩首数千，俘五百余人，获马牛数百，粮万斛。三月，提控奥敦吾里不大败宋人于上津县，兵还至濠州，宋人以军八千拒战，牙吾塔迎击败之，获马百余匹。

五年正月，上以红袄贼助宋为害，边兵久劳苦，诏牙吾塔遗宋人书求战，略曰："宋与我国通好，百年于此，顷岁以来，纳我叛亡，绝我贡币，又遣红袄贼乘间窃出，跳梁边疆，使吾民不得休息。彼国若以此曹为足恃，请悉众而来，一决胜负，果能当我之锋，沿边城邑当以相奉。度不能，即宜安分保境，何必狐号鼠窃、乘阴伺夜以为此态耶？且彼之将帅亦自受钺总戎，而临敌则望风远遁，被攻则闭垒深藏，逮吾师还，然后现形耀影以示武。夫小民尚气，女子有志者犹不尔也，切为彼国羞之。"

先是，宋将时青袭破泗州西城。二月，牙吾塔将兵取之，宋兵拒守甚力，乃募死士以梯冲并进，大败宋兵。时青乘城指麾，射中其目，遂拔众南奔。乃陈兵横绝走路击之，宋兵大溃，遂复泗州西城。三月，复出兵宋境，以报其役，破团山、贾家等诸寨，进逼濠州。牙吾塔虑州人出拒，躬率劲兵逆之，遇逻骑二百于城东，击杀过半。会侦者言前路刍粮甚艰，乃西掠定远，由涡口而还。九月，又率兵渡淮，大破宋兵于团山，诏迁官升职有差。

元光元年五月，以京东便宜总帅兼行户、工部事，上因谓宰臣曰："牙吾塔性刚，人皆畏之，委之行部，无不办者。至于御下亦颇有术，提控有胡论出者，渠厚待之，常同器而食，其人感奋，遂以战死。"英王守纯曰："凡为将帅，驾驭人材皆当如此。"上曰："然。"未几，宋人三千潜渡淮，至聊林，尽伐堤柳，塞汴水以断吾粮道。牙吾塔遣精甲千余破之，获其舟及渡者七百人，汴流由是复通。

二年四月，上言："赏罚国之大信，帝王所以劝善而惩恶，其令一出，不可中变。向官军战殁者皆廪给其家，恩至厚也。臣近抵宿州，乃知例以楮币折支，往往不给，至于失所。此殆有司出纳之吝，不能奉行朝廷德意之过也。自今愿支本色，令得赡济。"以粮储方艰，诏有司给其半。

红袄贼寇寿、颍，剽掠数日而去。牙吾塔闻之，率兵渡淮，侦知朱村、孝义村有贼各数百，分兵攻之，连破两栅，及焚其村坞数十。还遇宋兵数百，阵淮南岸，击杀其半，寻有兵千余自东南来追，复大败之。

先是，纳合六哥杀元帅蒙古纲，据邳州以叛。十月，牙吾塔围之，焚其楼橹，斩首百余。于是，宋钤辖高显、统制侯进、正将陈荣等知不能守，共诛六哥，持其首缒城降。六哥既诛，众犹拒守，方督兵进攻，宋总领刘斌、提控黄温等缚首乱颜俊、戚谊、完颜乞哥，及枭提控金山八打首，遣其校马俊、吴珪来献。既而红袄监军徐福、统制王喜等亦遣其总领孙成、总押徐琦纳款。刘斌等遂率军民出降，牙吾塔入城，抚慰其众，各使安集，又招获红袄统制十有五人，将官训练百三十有九人。十一月，遣人来报，仍函六哥首以献。宣宗大喜，进牙吾塔官一阶，赐金三百两、内府重币十端，将士迁赏有差。

正大三年十一月，北兵猝入西夏，攻中兴府甚急。召陕西行省及陕州、灵宝二总帅讹可、牙吾塔议兵。又诏谕两省曰："倘边方有警，内地可忧，若不早图，恐成噬脐。且夕事势不同，随机应变，若逐旋申奏，恐失事机，并从行省从宜规画。"

四年，牙吾塔复取平阳，获马三千。是岁，大兵既灭夏国，进攻陕西德顺、秦州、清水等城，遂自凤翔入京兆，关中大震。五年，围庆阳。六年十月，上命陕省以羊酒及币赴庆阳犒北帅，为缓师计。北中亦遣唐庆等往来议和，寻遣斡骨栾为小使，径来行省。十二月，诏以牙吾塔与副枢蒲阿权签枢密院事，内族讹可将兵救庆阳。七年正月，战于大昌原，庆阳围解。诏以牙吾塔为左副元帅，屯京兆。初，斡骨栾来，行省恐泄事机，因留之。蒲阿等既解庆阳之围，志气骄满，乃遣还，谓使者曰："我已准备军马，可战斗来。"语甚不逊，斡骨栾以此言上闻，太宗皇帝大怒，至应州，以九日拜天，即亲统大兵入陕西。八年，迁居民于河南，弃京兆东还。五月，至阌乡，得寒疾，汗不出，死。

"塔"亦作"太"，亦曰"牙忽带"，盖女直语，无正字也。是岁九月，国信使内族乘庆自北使还，始知牙吾塔不逊激怒之语，且言庆等在旁心魄震荡，殆不忍闻。当时以帅臣不知书，误国乃尔。

塔为人鸷狠狼戾，好结小人，不听朝廷节制。尝入朝，诣省堂，诋毁宰执，宰执亦不敢言，而上倚其镇东方，亦优容之。尤不喜文士，僚属有长裾者，辄以刀截去。又喜凌侮使者，凡朝廷遣使来，必以酒食困之。或辞以不饮，因并食不给，使饿而去。司农少卿张用章以行户部过宿，塔饮以酒。张辞以寒疾，塔笑曰："此易治耳。"趋左右持艾来，卧张于床，灸之数十。又以银符佩妓，屡往州郡取赇，州将之妻皆远迎迓，号"省差行首"，厚贿之。御史康锡上章劾之，且曰："朝廷容之，适所以害之。欲保全其人，宜加裁制。"朝廷竟不治其罪，以屡败宋兵，威震淮、泗。好用鼓椎击人，世呼曰"卢鼓椎"，其名可以怖儿啼，大概如呼"麻胡"云。

有子名阿里合，世目曰"小鼓椎"，尝为元帅，从哀宗至归德，与蒲察官奴作乱，伏诛。

康锡，字伯禄，赵州人。至宁元年进士。正大初，由省掾拜御史，劾侯挚、师安石非相材，近侍局宗室撒合辇声势熏灼，请托公行，不可使在禁近，时论韪之。转右司都事、京南路司农丞，为河中路治中。河中破，从时帅率兵南奔，济河，船败死。为人气质重厚，公家之事知无不为，与雷渊、翼禹锡齐名。

赞曰：金自胡沙虎、高琪用事，风俗一变，朝廷矫宽厚之政，好为苛察，然为之不果，反成姑息。将帅鄙儒雅之风，好为粗豪，然用非其宜，终至跋扈。牙吾塔战胜攻取，威行江、淮，而矜暴不法，肆侮王人，此岂可制者乎？弃陕而归，死于道途，殆其幸欤！其子效尤，竟陷大僇，君子乃知康锡之言不为过也。

卷一百十二　列传第五十

完颜合达　移剌蒲阿

完颜合达，名瞻，字景山。少长兵间，习弓马，能得人死力。贞祐初，以亲卫军送岐国公主，充护卫。三年，授临潢府推官，权元帅右监军。时临潢避迁，与全、庆两州之民共壁平州。合达隶其经略使乌林荅乞住，乞住以便宜授军中都统，累迁提控，佩金符。未几，会燕南诸帅将兵复中都城，行至平州迁安县，临潢、全庆两军变，杀乞住，拥合达还平州，推为帅，统乞住军。合达以计诛首乱者数人。其年六月，北兵大将喊得不遣监战提军至平州城下，以州人黄裳入城招降，父老不从，合达引兵逆战，知事势不敌，以本军降于阵。监战以合达北上，留半岁，令还守平州。已而，谋自拔归，乃遣奉先县令纥石烈布里哥、北京教授蒲察胡里安、右三部检法蒲察蒲女涉海来报。

四年十一月，合达果率所部及州民并海西南归国。诏进官三阶，升镇南军节度使，驻益都，与元帅蒙古纲相应接，充宣差都提控。十二月，大元兵徇地博兴、乐安、寿光，东涉潍州之境，蒙古纲遣合达率兵屡战于寿光、临淄。兴定元年正月，转通远军节度使、兼巩州管内观察使。七月，改平西军节度使、兼河州管内观察使。二年正月，知延安府事、兼鄜延路兵马都总管。

三年正月，诏伐宋，以合达为元帅右都监。三月，破宋兵于梅林关，擒统领张时。又败宋兵于马岭堡，获马百匹。又拔麻城县，获其令张倜、干办官郭守纪。四月，夏人犯通秦寨，合达出兵安塞堡，抵隆州，夏人自城中出步骑二千逆战，进兵击之，斩首数十级，俘十人，遂攻隆州，陷其西南隅，会日暮乃还。六月，行元帅府事于唐、邓，上遣谕曰："以卿才干，故委卿，无使敌人侵轶，第固吾圉可也。"四年正月，复为元帅右都监，屯延安。十月，夏人攻绥德州，驻兵于拄天山。合达将兵击之，别遣先锋提控樊泽等各率所部分三道以进，毕会于山颠。见夏人数万余傅山而阵，即纵兵分击。泽先登，摧其左军，诸将继攻其右，败之。五年五月，知延安府事，兼前职。上言："诸军官以屡徙，故往往不知所居地形迂直险易，缓急之际恐至败事，自今乞勿徙。"又言："河南、陕西镇防军皆分屯诸路，在营惟老稚而已。乞选老成人为各路统军以镇抚之，且督其子弟习骑射，将来可用。"皆从之。

十一月，夏人攻安塞堡，其军先至，合达与征行元帅纳合买住御之。合达策之曰："比北方兵至，先破夏人则后易为力。"于是潜军裹粮倍道兼进，夜袭其营，夏人果大溃，追杀四十里，坠崖谷死者不可胜计。上闻之，赐金各五十两、重币十端，且诏谕曰："卿等克成大功，朕闻之良喜。经画如此，彼当知畏，期之数年，卿等可以休息矣。"仍诏以合达之功遍谕河南帅臣。是月，与元帅买住又战延安，皆被重创。十二月，以保延安功赐金带一、玉吐鹘一，重币十端。

元光元年正月，迁元帅左监军，授山东西路吾改必刺世袭谋克。权参知政事，行省事于京兆。未几，真拜。是年五月，上言："顷河中安抚司报，北将按察儿率兵入隰、吉、翼州，浸及荣、解之境，今时已暑，犹无回意，盖将蹂吾禾麦。倘如此，则河东之土非吾有也。又河南、陕西调度仰给解盐，今正漉盐之时，而敌扰之，将失其利。乞速济师，臣已拟分兵二万，与平阳、上党、晋阳三公府兵同力御之。窃见河中、荣、解司县官与军民多不相谙，守御之间或失事机。乞从旧法，凡司县官使兼军民，庶几上下相得，易以集事。"又言盐利，"今方敌兵迫境，不厚以分人，孰肯冒险而取之？若自输运者十与其八，则人争赴以济国用。"从之。

葭州提控王公佐言於合达曰："去岁十月，北兵既破葭州，构浮梁河上。公佐寓州治北石山子，招集余众得二千余人，欲复州城。以士卒皆自北逃归者，且无铠仗，故尝请兵于帅府，将焚其浮桥，以取葭州，帅府不听。又请兵援护老幼稍徙内地，而帅府亦不应。今葭州之民迫于敌境，皆有动摇之心。若是秋敌骑复来，则公佐力屈死于敌手，而遗民亦俱屠矣。"合达乃上言："臣愿驰至延安，与元帅买住议，以兵护公佐军民来屯吴堡，伺隙而动。"诏省院议之，于是命合达率兵取葭州。行至鄜州，千户张子政等杀万户陈纹，将掠城中。合达已勒兵为备，子政等乃出城走，合达追及之，众复来归，斩首恶数十人，军乃定。

六月，合达上言："累获谍者，皆云北方已约夏人，将由河中、葭州以入陕西。防秋在近，宜预为计。今陕西重兵两行省分制之，然京兆抵平凉六百余里，万一敌梗其间，，使不得通，是自孤也。宜令平凉行省内族白撒领军东下，与臣协力御敌，以屏潼、陕，敌退后复议分司为便。"诏许之。二年二月，以保凤翔之功进官，赐金币及通犀带一。是时，河中已破，合达提兵复取之。

正大二年七月，陕西旱甚，合达斋戒请雨，雨澍，是岁大稔，民立石颂德。延安既残毁，合达令于西路买牛付主者，招集散亡，助其耕垦，自是延安之民稍复耕稼之利。八月，巩州田瑞反，合达讨之，诸军进攻，合达移文谕之曰："罪止田瑞一身，余无所问。"不数日，瑞弟济杀瑞以降，合达如约抚定一州，民赖以宁。三年，诏迁平凉行省。四年二月，征还，拜平章政事，芮国公。七年七月庚寅朔，以平章政事妨职枢密副使。初，蒲阿面奏："合达在军中久，今日多事之际乃在于省，用违其长。臣等欲与枢密协力军务，擢之相位似亦未晚。"故有此授。

十月己未朔，诏合达及枢密副使蒲阿救卫州。初，朝廷以恒山公仙屯卫州，公府节制不一，欲合而一之。至是，河朔诸军围卫，内外不通已连月，但见塔上时举火而已。合达等既至，先以亲卫兵三千尝之，北兵小退，翼日围解。上登承天门犒军，皆授世袭谋克，赐良马玉带，全给月俸本色，盖异恩也。

未几，以蒲阿权参知政事，同合达行省事于阌乡，以备潼关。先是，陕省言备御策，朝官集议，上策亲征，中策幸陕，下策弃秦保潼关。议者谓止可助陕西军以决一战，使陕西不守，河南亦不可保。至是，自陕以西亦不守矣。

八年正月，北帅速不觧攻破小关，残卢氏、朱阳，散漫百余里间。潼关总帅纳合买住率夹谷移迪烈、都尉高英拒之，求救于二省。省以陈和尚忠孝军一千，都尉夹谷泽军一万往应，北军退，追至谷口而还。两省辄称大捷，以闻。既而北军攻凤翔，二省提兵出关二十里，与渭北军交，至晚复收兵入关，凤翔遂破。二省遂弃京兆，与牙古塔起迁居民于河南，留庆山奴守之。九月，北兵入河中，时二相防秋还陕，量以军马出冷水谷以为声援。

十一月，邓州报，北兵道饶峰关，由金州而东。于是，两省军入邓，遣提控刘天山以札付下襄阳制置司，约同御北兵，且索军食。两省以前月癸卯行，留杨沃衍军守阌乡。沃衍寻被旨取洛南路入商州，屯丰阳川备上津，与恒山公仙相掎角。合达复留御侮中郎将完颜陈和尚于阌乡南十五里，乃行。陈和尚亦随而往。沃衍军八千及商州之木瓜平，一日夜驰三百里入桃花堡，知北兵由丰阳而东，亦东还，会大军于镇平。恒山公仙万人元驻胡陵关，至是亦由荆子口、顺阳来会。十二月朔，俱至邓下，屯顺阳。乃遣天山入宋。

初，宋人于国朝君之、伯之、叔之，纳岁币将百年。南渡以后，宋以我为不足虑，绝不往来。故宣宗南伐，士马折耗十不一存，虽攻陷淮上数州，徒使骄将悍卒恣其杀虏、饱其私欲而已。又宣徽使奥敦阿虎使北方，北中大臣有以舆地图指示之曰："商州至此中军马几何？"又指兴元云："我不从商州，则取兴元路入汝界矣。"阿虎还奏，宣宗甚忧之。哀宗即位，群臣建言，可因国丧遣使报哀，副以遗留物，因与之讲解，尽撤边备，共守武休之险。遂下省院议之，而当国者有仰而不能俯之疾，皆以朝廷先遣人则于国体有亏为辞。元年，上谕南鄙诸帅，遣人往滁州与宋通好。宋人每以奏禀为辞，和事遂不讲。然十年之间，朝廷屡敕边将不妄侵掠，彼我稍得休息，宋人始信之，遂有继好之意。及天山以札付至宋，札付者指挥之别名，宋制使陈该怒辱天山，且以恶语复之。报至，识者皆为窃叹。

戊辰，北兵渡汉江而北，诸将以为可乘其半渡击之，蒲阿不从。丙子，兵毕渡，战于禹山之前，北兵小却，营于三十里之外。二相以大捷驿报，百官表贺，诸相置酒省中，左丞李蹊且喜且泣曰："非今日之捷，生灵之祸，可胜言哉！"盖以为实然也。先是，河南闻北兵出饶峰，百姓往往入城壁、保险固，及闻敌已退，至有晏然不动者，不二三日游骑至，人无所逃，悉为捷书所误。

九年正月丁酉，两省军溃于阳翟之三峰山。初，禹山之战，两军相拒，北军散漫而北，金军惧其乘虚袭京城，乃谋入援。时北兵遣三千骑趋河上，已二十余日，泌阳、南阳、方城、襄、郏至京诸县皆破，所有积聚焚毁无余。金军由邓而东，无所仰给，乃并山入阳翟。既行，北兵即袭之，且行且战，北兵伤折亦多。恒山一军为突骑三千所冲，军殊死斗，北骑退走。追奔之际，忽大雾四塞，两省命收军。少之，雾散乃前，前一大涧，长阔数里，非此雾则北兵人马满中矣。明日，至三峰山，遂溃，事载蒲阿传。合达知大事已去，欲下马战，而蒲阿已失所在。合达以数百骑走钧州，北兵堑其城外攻之，走门不得出，匿窟室中，城破，北兵发而杀之。时朝廷不知其死，或云已走京兆，赐以手诏，募人访之。及攻汴，乃扬言曰："汝家所恃，惟黄河与合达耳。今合达为我杀，黄河为我有，不降何待？"

合达熟知敌情，习于行阵，且重义轻财，与下同甘苦，有俘获即分给，遇敌则身先之而不避，众亦乐为之用，其为人亦可知矣。左丞张行信尝荐之曰："完颜合达，今之良将也。"

移剌蒲阿，本契丹人，少从军，以劳自千户迁都统。初，哀宗为皇太子，控制枢密院，选充亲卫军总领，佩金符。元光二年冬十二月庚寅，宣宗疾大渐，皇太子异母兄英王守纯先入侍疾，太子自东宫扣门求见，令蒲阿衷甲聚兵屯于艮岳，以备非常。哀宗即位，尝谓近臣言："向非蒲阿，何至于此。"遂自遥授同知睢州军州事，权枢密院判官，自是军国大计多从决之。

正大四年十二月，河朔军突入商州，残朱阳、卢氏。蒲阿逆战至灵宝东，遇游骑十余，获一人，余即退，蒲阿辄以捷闻。赏世袭谋克，仍厚赐之。人共知其罔上，而无敢言，吏部郎中杨居仁以微言取怒。

六年二月丙辰，以蒲阿权枢密副使。自去年夏，北军之在陕西者骎骎至泾州，且阻庆阳粮道。蒲阿奏："陕西设两行省，本以藩卫河南，今北军之来三年于兹，行省统军马二三十万，未尝对垒，亦未尝得一折箭，何用行省。"院官亦俱奏将来须用密院军马勾当，上不语者久之。是后，以丞相赛不行尚书省事于关中，召平章政事合达还朝，白撒亦召至阙，蒲阿率完颜陈和尚忠孝军一千驻邠州，且令观北势。八月丙申，蒲阿再复潞州。十月乙未朔，蒲阿东还。

十二月乙未，诏蒲阿与总帅牙吾塔、权签枢密院事讹可救庆阳。七年正月，战北兵于大昌原，北军还，庆阳围解。诏以讹可屯邠州，蒲阿、牙吾塔还京兆。未几，以权参知政事与合达行省于阌乡。八年正月，北军入陕西，凤翔破，两行省弃京兆而东，至洛阳驿，被召议河中事，语在《白华传》。

十二月，北兵济自汉江，两省军入邓州，议敌所从出，谓由光化截江战为便，放之渡而战为便？张惠以"截江为便，纵之渡，我腹空虚，能不为所溃乎？"蒲阿麾之曰："汝但知南事，于北事何知。我向于裕州得制旨云，'使彼在沙碛，且当往求之'，况今自来乎。汝等更勿似大昌原、旧卫州、扇车回纵出之。"定住、高、樊皆谓蒲阿此言为然。合达乃问按得木，木以为不然。军中以木北人，知其军情，此言为有理，然不能夺蒲阿之议。

顺阳留二十日，光化探骑至，云"千骑已北渡"，两省是夜进军，比晓至禹山，探者续云"北骑已尽济"。癸酉，北军将近，两省立军高山，各分据地势，步迎于山前，骑屯于山后。甲戌，日未出，北兵至，大帅以两小旗前导来观，观竟不前，散如雁翅，转山麓出骑兵之后，分三队而进，辎重外余二万人。合达令诸军，"观今日事势，不当战，且待之。"俄而北骑突前，金兵不得不战，至以短兵相接，战三交，北骑少退。北兵之在西者望蒲阿亲绕甲骑后而突之，至于三，为蒲察定住力拒而退。大帅以旗聚诸将，议良久。合达知北兵意向。时高英军方北顾，而北兵出其背拥之，英军动，合达几斩英，英复督军力战。北兵稍却观变，英军定，复拥樊泽军，合达斩一千夫长，军殊死斗，乃却之。

北兵回阵，南向来路。两省复议："彼虽号三万，而辎重三之一焉。又相持二三日不得食，乘其却退当拥之。"张惠主此议，蒲阿言："江路已绝，黄河不冰，彼入重地，将安归乎？何以速为。"不从。乙亥，北兵忽不知所在，营火寂无一耗。两省及诸将议，四日不见军，又不见营，邓州津送及路人不绝，而亦无见者，岂南渡而归乎？己卯，逻骑乃知北军在光化对岸枣林中，昼作食，夜不下马，望林中往来，不五六十步而不闻音响，其有谋可知矣。

初，禹山战罢，有二骑迷入营，问之，知北兵凡七头项，大将统之。复有诈降者十人，弊衣羸马泣诉艰苦，两省信之，易以肥马，饮之酒，及暖衣食而置之阵后，十人者皆鞭马而去，始悟其为觇骑也。

庚辰，两省议入邓就粮，辰巳间到林后，北兵忽来突，两省军迎击，交绥之际，北兵以百骑邀辎重而去，金兵几不成列，逮夜乃入城，惧军士迷路，鸣钟招之。樊泽屯城西，高英屯城东。九年正月壬午朔，耀兵于邓城下。北兵不与战，大将使来索酒，两省与之二十瓶。癸未，大军发邓州，趋京师，骑二万，步十三万，骑帅蒲察定住，蒲察荅吉卜，郎将按忒木，忠孝军总领夹谷爱荅、内族达鲁欢，总领夹谷移特剌，提控步军临淄郡王张惠，殄寇都尉完颜阿排、高英、樊泽，中军陈和尚，与恒山公武仙、杨沃衍军合。是日，次五朵山下，取鸦路，北兵以三千骑尾之，遂驻营待杨武。

杨武至，知申、裕两州已降。七日至夜，议北骑明日当复袭我，彼止骑三千，而我示以弱，将为所轻，当与之战。乃伏骑五十于邓州道。明日军行，北骑袭之如故，金以万人拥之而东，伏发，北兵南避。是日雨，宿竹林中。庚寅，顿安皋。辛卯，宿鸦路、鲁山。河西军已献申、裕，拥老幼牛羊取鸦路，金军适值之，夺其牛羊饷军。

癸巳，望钧州，至沙河，北骑五千待于河北，金军夺桥以过，北军即西首敛避。金军纵击，北军不战，复南渡沙河。金军欲盘营，北军复渡河来袭。金军不能得食，又不得休息。合昏，雨作，明旦变雪。北兵增及万人，且行且战，致黄榆店，望钧州二十五里，雨雪不能进，盘营三日。丙申，一近侍入军中传旨，集诸帅听处分，制旨云："两省军悉赴京师，我御门犒军，换易御马，然后出战未晚。"复有密旨云："近知张家湾透漏二三百骑，已迁卫、孟两州，两省当常切防备。"领旨讫，蒲阿拂袖而起，合达欲再议，蒲阿言："止此而已，复何所议。"盖已夺魄矣。军即行。

北军自北渡者毕集，前后以大树塞其军路，沃衍军夺路，得之。合达又议陈和尚先拥山上大势，比再整顿，金军已接竹林，去钧州止十余里矣。金军遂进，北军果却三峰之东北、西南。武、高前锋拥其西南，杨、樊拥其东北，北兵俱却，止有三峰之东。张惠、按得林立山上望北兵二三十万，约厚二十里。按得木与张惠谋曰："此地不战，欲何为耶？"乃率骑兵万余乘上而下拥之，北兵却。须臾雪大作，白雾蔽空，人不相觌。时雪已三日，战地多麻田，往往耕四五过，人马所践泥淖没胫。军士被甲胄僵立雪中，枪槊结冻如椽，军士有不食至三日者。北兵与河北军合，四外围之，炽薪燔牛羊肉，更递休息。乘金困惫，乃开钧州路纵之走，而以生军夹击之。金军遂溃，声如崩山，忽天气开霁，日光皎然，金军无一人得逃者。

武仙率三十骑入竹林中，杨、樊、张三军争路，北兵围之数重，及高英残兵共战于柿林村南，沃衍、泽、英皆死，惟张惠步持大枪奋战而殁。蒲阿走京师，未至，追及，擒之。七月，械至官山，召问降否，往复数百言，但曰："我金国大臣，惟当金国境内死耳。"遂见杀。

赞曰：金自南渡，用兵克捷之功，史不绝书，然而地不加辟，杀伤相当，君子疑之。异时伐宋，唐州之役，丧师七百，主将讹论匿之，而以捷闻。御史纳兰纠之，宣宗奖御史，而不罪讹论，是君臣相率而为虚声也。禹山之捷，两省为欺，遂致误国，岂非宣宗前事有以启之耶？至于三峰山之败，不可收拾，上下瞬眙，而金事已去十九。天朝取道襄、汉，悬军深入，机权若神，又获天助，用能犯兵家之所忌，以建万世之俊功，合达虽良将，何足以当之。蒲阿无谋，独以一死无愧，犹足取焉尔。

卷一百十三　　列传第五十一

完颜赛不　白撒一名承裔　赤盏合喜

完颜赛不，始祖弟保活里之后也。状貌魁伟，沉厚有大略。初补亲卫军，章宗时，选充护卫。明昌元年八月，由宿直将军为宁化州刺史。未几，迁武卫军副都指挥使。泰和二年，转胡里改路节度使。四年，升武卫军都指挥使，寻为殿前左副都点检。及平章仆散揆伐宋，为右翼都统。六年六月，宋将皇甫斌遣率步骑数万由确山、褒信分路侵蔡，闻郭倬、李爽之败，阻溱水不敢进。于是，揆遣赛不及副统尚厩局使蒲鲜万奴、深州刺史完颜达吉不等以骑七千往击之。会溱水涨，宋兵扼桥以拒，赛不等谋潜师夜出，达吉不以骑涉水出其右，万奴等出其左。赛不度其军毕渡，乃率副统阿鲁带以精兵直趋桥，宋兵不能遏，比明大溃。万奴以兵断真阳路，诸军追击至陈泽，斩首二万级，获战马杂畜千余。兵还，进爵一级，赐金币甚厚。

贞祐初，拜同签枢密院事。三年，迁知临洮府事，兼陕西路副统军。上召见谕曰："卿向在西京，尽心为国，及治华州，亦尝宣力，今始及三品。特升授汝此职者，以陕西安抚副使乌古论兖州不遵安抚使达吉不节制，多致败事。今已责罚兖州，命卿副之。宜益务尽心，其或不然，复当别议行之。"八月，知凤翔府事，兼本路兵马都总管，俄为元帅右都监。四年四月，调兵拔宋木陡关。五月，夏人于来羌城界河修折桥，以兵守护，赛不遣兵焚之。八月，夏人寇结耶觜川，遣兵击走之，寻又破其众于车儿堡。

兴定元年二月，转签枢密院事。时上以宋岁币不至，且复侵盗，诏赛不讨之。四月，与宋人战于信阳，斩首八千，生擒统制周光，获马数千、牛羊五百。又遇宋人于陇山、七里山等处，前后六战，斩获甚众。寻遣兵渡淮，略中渡店，拔光山、罗山、定城等县，破光州两关，斩首万余，获马牛及布，分给将士。诏赐玉兔鹘一、内府重币十端。

七月，上章言："京都天下之根本，其城池宜极高深，今外城虽坚，然周六十余里，仓猝有警难于拒守。窃见城中有子城故基，宜于农隙筑而新之，为国家久长之利。及凡河南、陕西州府，皆乞量修。”从之。

二年正月，破宋人于铁山及上石店、唐县。四月，进兼西南等路招讨使、西安军节度使、陕州管内观察使。奉诏攻枣阳，宋出兵三万拒战，稍诱击之，宋兵败走城，薄诸濠，杀及溺死者三千余人，遂进兵围之。宋骑兵千、步卒万来援，逆战复大败之。七月，迁行山东西路兵马都总管，兼武宁军节度使。三年二月，夺宋白石关，杀其守者千余人，获铠仗千计。三月，破宋兵于七口仓，又夺宋小鹘仓，获粮九千石、兵仗三十余万。是月，复败宋兵三千于石鹘崖。

四年三月，奉诏出兵河北招降，晋安权府事皇甫珪、正平县令席永坚率五千余人来归，得粮万石。时河北所在义军官民坚守堡寨，力战破敌者众。赛不上章言：“此类忠赤可嘉，若不旌酬无以激人心。乞朝廷量加官赏，万一敌兵复来，将争先效用矣。”上览奏，召枢密官曰：“朕与卿等亦尝有此议，以不见彼中事势，故一听帅臣规画。今观此奏，甚称朕意，其令有司迁赏之。”是年四月，迁枢密副使。

五年五月，奉诏引兵救河东，战屡捷，复晋安、平阳二城。监察御史言其不能检束士众，纵之虏略，请正其罪。上以有功，诏勿问。元光二年五月，复河中。六月，诏谕宰臣曰：“枢密副使赛不本皇族，先世偶然脱遗。朕重其旧人，且久劳王家，已命睦亲府附于属籍矣。卿等宜知之。”正大元年五月，拜平章政事。未几，转尚书右丞相。雅与参知政事李蹊相得，及蹊以公罪出尹京洛，赛不数荐蹊，比唐魏征，以故蹊得复相。三年，宣宗庙成，将禘祭，议配享功臣，论者纷纭。赛不为大礼使，因言：“丞相福兴死王事，七斤谨守河南以迎大驾，功宜配享。”议遂定。

四年，吏部郎中杨居仁上封事，言宰相宜择人，上语大臣曰：“相府非其人，御史谏官当言，彼吏曹，何与于此。”尚书左丞颜盏世鲁素嫉居仁，亦以为僭，赛不徐进曰：“天下有道，庶人犹得献言，况在郎官。陛下有宽弘之德，故不应言者犹言。使其言可用则行之，不可用不必示臣下也。”上是之。居仁字行之，大兴人。泰和三年进士。天兴末时北渡，举家投黄河死。

五年，行尚书省于京兆，谓都事商衡曰：“古来宰相必用文人，以其知为相之道。赛不何所知，使居此位，吾恐他日史官书之，某时以某为相而国乃亡。”即促衡草表乞致仕。平章政事侯挚朴直无蕴藉，朝廷鄙之，天兴元年兵事急，自致仕起为大司农，未几复致仕，徐州行尚书省无敢行者，复拜挚平章政事。都堂会议，挚以国势不支，因论数事，曰：“只是更无擘划。”白撒怒曰：“平章出此言，国家何望耶！”意在置之不测。赛不顾谓白撒曰：“侯相言甚当。”白撒遂含愤而罢。

时大元兵薄汴，白撒策后日讲和或出质，必首相当行，力请赛不领省事，拜为左丞相，寻复致仕。是年冬，哀宗迁归德，起复为右丞相、枢密使，兼左副元帅，封寿国公，扈从以行。河北兵溃，从至归德，又请致仕。二年七月，复诏行尚书省事于徐州。既至，以州乏粮，遣郎中王万庆会徐、宿、灵璧兵取源州，令元帅郭恩统之。九月，恩至源州城下，败绩而还。再命卓翼攻丰县，破之。初，郭恩以败为耻，托疾不行，乃密与河北诸叛将郭野驴辈谋归国用安，执元帅商瑀父子、元帅左都监纥石烈善住，并杀之。又逐都尉斡转留奴、泥庞古桓端、蒲察世谋、元帅右都监李居仁、员外郎常忠。自是，防城与守门者皆河北义军，出入自恣。赛不先病疽，久不视事，重为贼党所制，束手听命而已。

初，源、徐交攻，郭野驴者每辞疾不行，赛不遂授野驴徐州节度副使，兼防城都总领，实羁之也。野驴既见徐州空虚，乃约源州叛将麻琮内外相应。十月甲申，诘旦，袭破徐州。时蔡已被围，徐州将士以朝命阻绝，且逼大兵，议出降。赛不弗从，恐被执，至是投河求死，流三十余步不没，军士援出之。又五日，自缢于州第。麻琮乃遣人以州降大元。

子按春，正大中充护卫，坐与宗室女奸，杖一百收系。居许州，大兵至许，按春开南门以降。从攻京师，曹王出质，朝臣及近卫有从出者，按春极口大骂，以至指斥。是冬，复自北中逃回，诏令押入省，问事情，按春随近侍登阶作挥涕之状。诏问丞相云：“按春自北中来，丞相好与问彼中息耗。”赛不附奏曰：“老臣不幸生此贼，事至今日，恨不手刃之，忍与对面语乎！”十二月，车驾东狩，留后二相下开封，擒捕斩之狱中。

赞曰：赛不临阵对垒既有将略，洎秉钧衡，观其救解杨居仁、侯挚等言，殊有相度，按春之事尤有古人之风焉。晚以老病，受制叛臣，致修匹夫匹妇之节，此犹大厦将倾，非一木之所能支也，悲夫！

内族白撒，名承裔，末帝承麟之兄也，系出世祖诸孙。自幼为奉御。贞祐间，累官知临洮府事、兼本路兵马都总管。兴定元年，为元帅左都监，行帅府事于凤翔。是年，诏陕西行省伐宋，白撒出巩州盐川，遇宋兵于皂郊堡，败之。又遇宋兵于天水军，掩击，宋兵大溃。二年四月，复败宋兵，至鸡公山，遂拔西和州，毁其诸隘营屯。遣合扎都统完颜习涅阿不率军趋成州，宋帅罗参政、统制李大亨焚庐舍弃城遁，留千余人城守，督兵赴之，逐克焉，获粮七万斛，钱数千万。河池县守将杨九鼎亦焚县舍走保清野原。统制高千据黑谷关甚固，遣兵袭之，千遁去，获粮二万斛，器械称是，因夷其险而还。三年，破虎头关，败宋兵于七盘子、鸡冠关。褒城县官民自焚城宇遁，因取其城。兴元府提刑兼知府事赵希昔闻兵将至，率官民遁，于是白撒遂取兴元，以驻兵焉。命提控张秀华驰视洋州，官民亦遁，又取其城。寻闻汉江之南三十里，宋兵二千据山而阵，遣提控唐括移失不击走之。行省以捷闻，宣宗大悦，进白撒官一阶。时朝议以兰州当西夏之冲，久为敌据，将遣白撒复之，白撒奏曰：“臣近入宋境，略河池，下凤州，破兴元，抵洋州而还。经涉险阻数千里，士马疲弊，未得少休，而欲重为是举，甚非计也，不若息兵养士以备。”从之。

未几，权参知政事，行省事于平凉。四年，上言：“宋境山州宕昌东上拶一带蕃族，昔尝归附，分处德顺、镇戎之间。其后有司不能存抚，相继亡去。近闻复有归心，然不招之亦无由自至。诚得其众，可以助兵，宁谧一方。臣以同知通远军节度使事乌古论长寿及通远军节度副使温敦永昌皆本蕃属，且久镇边鄙，深得彼心，已命遣人招之。其所遣及诸来归者，皆当甄奖，请预定赏格以待之。”上是其言。

是年，夏兵三万由高峰岭入寇定西州，环城为栅，白撒遣刺史爱申阿失剌与行军提控乌古论长寿、温敦永昌出战，大败之，斩首千余，获马仗甚众。五年五月，白撒言：“近诏臣遣官谕诸蕃族以讨西夏，臣即令临洮路总管女奚烈古里间计约乔家丙令族首领以谕余族。又别遣权左右司都事赵梅委差官遥授合河县尉刘贞同往抚谕。未几，梅、贞报溪哥城等处诸族，与先降族共愿助兵七万八千余人，本国蕃族愿助兵九千，若更以官军继为声援，胜夏必矣。臣已令古里间将巩州兵三万，宜更择勇略之臣副之。梅、贞等既悉事势，当假以军前之职。蕃僧纳林心波亦招诱有功，乞迁官授职以奖励之。”上皆从其请。

元光元年二月，行省上言：“近与延安元帅完颜合达、纳合买住议：河北郡县俱已残毁，陕西、河南亦经抄掠。比者西北二敌并攻鄜延，城邑随陷，惟延安孤墉仅得保全。若今秋复至，必长驱而深入，虽京兆、凤翔、庆阳、平凉已各益军，而率皆步卒，且相去阔远，卒难应援，倘关中诸镇不支，则河南亦不安矣。今二敌远去，西北少休，宜乘此隙径取蜀、汉，实国家基业万全之计。”诏枢密议之。

先是，夏兵数十万分寇龛谷、鄜延、大通诸城，上召白撒等授以方略，命发兵袭其浮桥，遂趋西凉。别遣将取大通城，出溪哥路，略夏地。白撒徐出镇戎，合达出环州，以报三道之役。白撒驰至临洮，遣总管女奚烈古里间、积石州刺史徒单牙武各摄帅职，率兵西入，遇夏兵千余于踏南寺，击走之。夏人据大通城，因围之，分兵夺其桥，与守兵七千人战，大败之，几杀其半，入河死者不可计，余兵焚其桥西遁。乃还军攻大通，克之，斩首三千，因招来诸寺族被胁僧俗人，皆按堵如故。以河梁既焚，塞外地寒少草，师遂还。

十二月，行省言：“近有人自北来者，称国王木华里悉兵沿渭而西，谋攻凤翔，凤翔既下乃图京兆，京兆卒不可得，留兵守之，至春蹂践二麦以困我。未几，大兵果围凤翔，帅府遣人告急。臣以为二镇唇齿也，凤翔蹉跌，则京兆必危，而陕右大震矣。然平川广野实骑兵驰骋之地，未可与之争锋。已遣提控罗桓将兵二千，循南山而进，伺隙攻其栅垒，以纾城围。更乞发河南步骑以备潼关。”诏付尚书省枢密院议之。

二年冬，哀宗即位，边事益急。正大五年八月，召白撒还朝，拜尚书右丞，未几，拜平章政事。白撒居西垂几十年，当宋、夏之交，虽颇立微效，皆出诸将之力。然本恇怯无能，徒以仪体为事，性愎贪鄙，及入为相，专愎尤甚。尝恶堂食不适口，每以家膳自随，国家颠覆，初不恤也。

九年正月，诸军败绩于三峰山。大兵与白坡兵合，长驱趋汴。令史杨居仁请乘其远至击之，白撒不从，且阴怒之。遂遣完颜麻斤出、邵公茂等部民万人，开短堤，决河水，以固京城。功未毕而骑兵奄至，麻斤出等皆被害，丁壮无二三百人得反者。壬辰，弃卫州，运守具入京。初，大兵破卫州，宣宗南迁，移州治于宜村渡，筑新城于河北岸，去河不数步，惟北面受敌，而以石包之，岁屯重兵于此，大兵屡至不能近。至是，弃之，随为大兵所据。

甲午，修京城楼橹。初，宣宗以京城阔远难守，诏高琪筑里城，公私力尽仅乃得成。至是，议所守。朝臣有言里城决不可守，外城决不可弃。大兵先得外城，粮尽救绝，走一人不出。里城或不测可用，于是决计守外城。时在城诸军不满四万，京城周百二十里，人守一乳口尚不能遍，故议避迁之民充军。又召在京军官于上清宫，平日防城得功者如内族按出虎、大和儿、刘伯纲等皆随召而出，截长补短假借而用，得百余人。又集京东西沿河旧屯两都尉及卫州已起义军，通建威得四万人，益以丁壮六万，分置四城。每面别选一千，名“飞虎军”，以专救应，然亦不能军矣。三月，京城被攻，大臣分守四面。白撒主西南，受攻最急，楼橹垂就辄摧，传令取竹为护帘，所司驰入城大索，竟无所得，白撒怒欲斩之。员外郎张衮附所司耳语曰：“金多则济矣，胡不即平章府求之。”所司怀金三百两径往，赂其家僮，果得之。

已而兵退，朝廷议罢白撒，白撒不自安，乃谓令史元好问曰：“我妨贤路久矣，得退是幸，为我撰乞致仕表。”顷之，上已遣使持招至其第，令致仕。既废，军士恨其不战误国，扬言欲杀之。白撒惧，一夕数迁，上以亲军二百阴为之卫。军士无以泄其愤，遂相率毁其别墅而去。其党元帅完颜斜捻阿不领本部军戍汴，闻之径诣其所，斩经其垣下者一人以镇之。

是时，速不䚟等兵散屯河南，汴城粮且尽，累召援兵复无至者。冬十月，乃复起白撒为平章政事、权枢密使、兼右副元帅。于是，群臣为上画出京计，以赛不为右丞相、枢密使、兼左副元帅，内族讹出右副元帅、兼枢密副使、权参知政事，李蹊兵部尚书、权尚书左丞，徒单百家元帅左监军、行总帅府事。东面元帅高显，副以果毅都尉粘合咬住兵五千。南面元帅完颜猪儿，副以建威都尉完颜斡论出兵五千。西面元帅刘益、上党公张开，副以安平都尉纪纲军五千。北面元帅内族娄室，副以振威都尉张闰军五千。中翼都尉贺都善军四千，隶总帅百家。都尉内族久住，副都尉王简、总领王福胤神臂军三千五百，左翼元帅内族小娄室亲卫军一千，右翼元帅完颜按出虎亲卫军一千，总领完颜长乐、副帅温敦昌孙马军三百，郡王王义深马军一百五十，郡王范成进、总领苏元孙圭军三千，隶总帅百家。飞骑都尉兼合里合总领术虎只鲁欢、总领夹谷得伯、纠军田众家奴等百人及诸臣下，发京师。

十二月甲辰，车驾至黄陵冈，白撒先降大兵两寨，得河朔降将，上赦之，授以印及金虎符。群臣议以河朔诸将前导，鼓行入开州，取大名、东平，豪杰当有响应者，破竹之势成矣。温敦昌孙曰：“太后、中宫皆在南京，北行万一不如意，圣主孤身欲何所为？若往归德，更五六月不能还京。不如先取卫州，还京为便。”白撒奏曰：“圣体不便鞍马，且不可令大兵知上所在，今可驻归德。臣等率降将往东平，俟诸军至，可一鼓而下，因而经略河朔，且空河南之军。”上以为然。时上已遣官奴将三百骑探沤麻冈未还，上将御船，赐白撒剑，得便宜从事，决东平之策。官奴还奏卫州有粮可取，上召白撒问之，白撒曰：“京师且不能守，就得卫州，欲何为耶？以臣观之，东平之策为便。”上主官奴之议。

明年正月朔，次黄陵冈。是日，归德守臣以粮糗三百余船来饷，遂就其舟以济南岸，未济者万人，大元将回古乃率四千骑追击之，贺都喜挥一黄旗督战，身中十六七箭，军殊死斗，得卒十余人，大兵少却。上遣送酒百壶劳之。须臾，北风大作，舟皆吹著南岸，诸兵复击之，溺死者近千人，元帅猪儿、都尉纥石烈讹论等死之。建威都尉完颜讹论出降于大元。上于北岸望之震惧，率从官为猪儿等设祭，哭之，皆赠官，录用其子侄，斩讹论出二弟以徇。

遂命白撒攻卫州。上驻兵河上，留亲卫军三千护从，都尉高显步军一万，元帅官奴忠孝军一千，郡王范成进、王义深、上党公张开、元帅刘益等军总帅百家总之，各赍十日粮，听承裔节制。发自蒲城，上时已遣赛不将马军北向矣，白撒以三十骑追及，谓赛不曰：“有旨，命我将马军。”赛不谓上曰：“北行议已决，不可中变。”上曰：“丞相当与平章和同。”完颜仲德持御马衔苦谏曰：“存亡在此一举，卫州决不可攻。”上麾之曰：“参政不知。”白撒遂攻卫州，兵至城下，御旗黄伞招之不下。其夜，北骑三千奄至，官奴、和速嘉兀地不、按出虎与之战，北兵却六十里。然自发蒲城，迁延八日始至卫，而猝无攻具，缚枪为云梯。州人知不能攻，守益严。凡攻三日不克。及闻河南大兵济自张家渡，至卫西南，遂班师。大兵踵其后，战于白公庙，败绩，白撒等弃军遁，刘益、张开皆为民家所杀。车驾还次蒲城东三十里，白撒使人密奏刘益一军叛去。点检抹撚兀典、总领温敦昌孙时侍行帐中，请上登舟，上曰：“正当决战，何遽退乎？”少顷，白撒至，仓皇言于上曰：“今军已溃，大兵近在堤外，请圣主幸归德。”上遂登舟，侍卫皆不知，巡警如故。时夜已四更矣，遂狼狈入归德。

白撒收溃兵大桥，得二万余人，惧不敢入。上闻，遣近侍局提点移剌粘古、纥石烈阿里合、护卫二人以舟往迎之。既至，不听入见，并其子下狱。诸都尉司军以白撒不战而退，发愤出怨言。上乃暴其罪曰：”惟汝将士，明听朕言：我初提大军次黄陵冈得捷，白撒即奏宜渡河取卫州，可得粮十万石，乘胜恢复河北。我从其计，令率诸军攻卫。去蒲城二百余里，白撒迁延八日方至，又不预备攻具，以致败衄。白撒弃军窜还蒲城，便言诸军已溃，北兵势大不可当，信从登舟，几死于水。若当时知诸军未尝溃，只河北战死，亦可垂名于后。今白撒已下狱，不复录用，籍其家产以赐汝众，其尽力国家，无效此人。”囚白撒七日而饿死，发其弟承麟、子狗儿徐州安置。当时议者，卫州之举本自官奴，归之白撒则亦过矣。

初，濒河居民闻官军北渡，筑垣塞户，潜伏洞穴，及见官奴一军号令明肃，抚劳周悉，所过无丝发之犯，老幼妇子坦然相视，无复畏避。俄白撒辈纵军四出，剽掠俘虏，挑掘焚炙，靡所不至。哭声相接，尸骸盈野。都尉高禄谦、苗用秀辈仍掠人食之，而白撒诛斩在口，所过官吏残虐不胜，一饭之费有数十金不能给者，公私皇皇，日皆徯大兵至矣。

白撒目不知书，奸黠有余，簿书政事闻之即解，善谈议，多知，接人则煦煦然，好货殖，能捭阖中人主心，遂浸渍以取将相。既富贵，起第于汴之西城，规模拟宫掖，婢妾百数，皆衣金缕，奴隶月廪与列将等，犹以为未足也。上尝遣中使责之曰：“卿汲汲于此，将无北归意耶？”白撒终不悛，以及于祸。

赞曰：白撒本非将才，恇怯误国，徒能阿合以取富贵，性愎贪鄙，当此危亡，方谋封殖以自逸，此犹大厦将焚而燕雀不悟者欤！

赤盏合喜，性刚愎，好自用，朝廷以其有才干任之。宣宗时，累迁兰州刺史、提控军马。贞祐四年十一月，夏人四万余骑围定西，辇致攻具，将取其城。合喜及杨斡烈等率兵鏖战走之，斩首二千级，俘数十人，获马八百余匹，器械称是，余悉遁去。兴定元年正月，以屡败夏人，遥授同知临洮府事，兼前职。是冬，陕西行省奉诏伐宋，合喜权行元帅府，驻来远寨以张声势，既而获捷。二年四月，宋兵数千侵临洮，合喜击走之，斩获甚众。三年四月，迁元帅左都监，行元帅府事于巩州。

四年四月，夏人犯边，合喜讨之，师次鹿儿原，遇夏兵千人，遣提控乌古论世显率偏师败之，都统王定亦破其众一千五百于新泉城。九月，夏人攻巩州，合喜遣兵击之，一日十余战，夏人退据南冈，遣精兵三万傅城，又击走之，生擒夏将刘打、甲玉等。讯知夏大将你思丁、兀名二人谋，以为巩帅府所在，巩既下则临洮、积石、河、洮诸城不攻自破，故先及巩，且构宋统制程信等将兵四万来攻。合喜闻之，饬兵严备。俄而兵果至，合喜督兵搏战，却之，杀数千人。攻益急，将士殊死战，杀伤者以万计。夏人焚其攻具，拔栅而去。合喜已先伏甲要地邀之，复率众蹑其后，斩首甚众。十月，以功遥授平西军节度使。

元光元年，大将萌古不花攻凤翔，朝廷以主将完颜仲元孤军不足守御，命合喜将兵援之。二年二月，木华黎国王、斜里吉不花等及夏人步骑数十万围凤翔，东自扶风、岐山，西连汧、陇，数百里间皆其营栅，攻城甚急，合喜尽力，仅能御之。于是，合喜以同知临洮府事颜盏虾蟆战尤力，遂以便宜升为通远军节度使，上嘉其功，许之。是岁，升签枢密院事。哀宗即位，拜参知政事，权枢密副使。

正大八年十一月，邓州驰报大元兵破峣峰关，由金州东下。报至时日已暮，省院官入奏，上曰：“事至于此，奈何？”上即位至是八年，从在东宫日立十三都尉，每尉不下万人，强壮矫捷，极为精练。步卒负担器甲粮糗重至六七斗，一日夜行二百里。忠孝军万八千人，皆回纥、河西及中州人被掠而逃归者，人有从马，以骑射选之乃得补。亲卫、骑兵、武卫、护卫，选外诸军又二十余万。故频年有大昌原、倒回谷之捷，士气既振，遂有一战之资。至是，院官同奏："北军冒万里之险，历二年之久，方入武休，其劳苦已极。为吾计者，以兵屯睢、郑、昌武、归德及京畿诸县，以大将守洛阳、潼关、怀、孟等处，严兵备之。京师积粮数百万斛，令河南州郡坚壁清野，百姓不能入城者聚保山砦。彼深入之师，欲攻不能，欲战不得，师老食尽，不击自归矣。"上太息曰："南渡二十年，所在之民破田宅、鬻妻子以养军士。且诸军无虑二十余万，今敌至不能迎战，徒以自保，京城虽存，何以为国，天下其谓我何！"又曰："存亡 天命，惟不负民可也。"乃诏合达、蒲阿等屯军襄、邓。

九年正月，两省军溃于三峰山，北兵进薄京师。三月庚子，议曹王出质。大兵北行，留速不斛攻城，攻具已办，既有纳质之请，即又云："有我受命攻城，但曹王出则退，不然不罢也。"壬寅，曹王入辞，宴于宫中。癸卯，北兵立攻具，沿壕列木栅，以薪草填壕，顷刻平十余步。主兵者以议和之故不敢与战，但于城上坐视而已。

城中喧哄，上闻之，从六七骑出端门至舟桥。时新雨淖，车驾忽出，人惊愕失措，但跪于道傍，亦有望而拜者，上自麾之曰："勿拜，恐泥污汝衣。"仓皇中，市肆米豆狼藉于地，上敕卫士令各归其家，老幼遮拥至有误触御衣者。少顷，宰相从官皆至，进笠不受，曰："军士暴露，我何用此为。"所过慰劳军士，皆踊跃称万岁，臣等战死无所恨，至有感泣者。西南军士五六十辈聚而若有言者，上就问之，跪曰："大兵刍土填壕，功已过半，平章传令勿放一镞，恐坏和事，想岂有计耶？"上顾谓其中长者云："朕为生灵，称臣进奉无不从顺，止有一子，养来成长，今往作质子矣。汝等略忍，待曹王出，大兵不退，汝等死战未晚。"复有拜泣者曰："事急矣，圣主毋望和事。"乃传旨城上放箭。西水门千户刘寿控御马仰视曰："圣主无信贼臣，贼臣尽，大兵退矣。"卫士欲击之，上止曰："醉矣，勿问。"是日，曹王出诣军前，大兵并力进攻。甲辰，上复出抚东门将士，太学生杨奂等前白事。上问何所欲言，曰："臣等皆太学生，令执炮夫之役，恐非国家百年以来待士之意。"敕记姓名，即免其役。过南薰门，值被创者，亲傅以药，手酌卮酒以赐，且出内府金帛以待有功者。是日，大兵驱汉俘及妇女老幼负薪草填壕堑，城上箭镞四下如雨，顷刻壕为之平。

龙德宫造炮石，取宋太湖、灵璧假山为之，小大各有斤重，其圆如灯球之状，有不如度者杖其工人。大兵用炮则不然，破大硙或碌碡为二三，皆用之。攒竹炮有至十三稍者，余炮称是。每城一角置炮百余枝，更递下上，昼夜不息，不数日，石几与里城平。而城上楼橹皆故宫及芳华、玉溪所拆大木为之，合抱之木，随击而碎，以马粪麦秸布其上，网索旃褥固护之。其悬风板之外皆以牛皮为障，遂谓不可近。大兵以火炮击之，随即延爇不可扑救。父老所传周世宗筑京城，取虎牢土为之，坚密如铁，受炮所击唯凹而已。大兵壕外筑城围百五十里，城有乳口楼橹，壕深丈许，阔亦如之，约三四十步置一铺，铺置百许人守之。

初，白撒命筑门外短墙，委曲狭隘容二三人得过，以防大兵夺门。及被攻，诸将请乘夜斫营，军乃不能猝出，比出，已为北兵所觉。后又夜募死士千人，穴城由壕径渡，烧其炮坐。城上悬红纸灯为应，约灯起渡壕，又为围者所觉。又放纸鸢，置文书其上，至北营则断之，以诱被俘者。识者谓前日纸灯、今日纸鸢，宰相以此退敌难矣。右丞世鲁命作《江水曲》，使城上之人静夜唱之，盖河朔先有此曲以寄讴吟之思，其谬计如此。

合喜先以守凤翔自夸，及令守西北隅，其地受攻最急，而合喜当之，语言失措，面无人色。军士特以车驾数出慰劳，人自激昂，争为效命耳。其守城之具有火炮名"震天雷"者，铁罐盛药，以火点之，炮起火发，其声如雷，闻百里外，所爇围半亩之上，火点著甲铁皆透。大兵又为牛皮洞，直至城下，掘城为龛，间可容人，则城上不可奈何矣。人有献策者，以铁绳悬"震天雷"者，顺城而下，至掘处火发，人与牛皮皆碎迸无迹。又飞火枪，注药以火发之，辄前烧十余步，人亦不敢近。大兵惟畏此二物云。

四月罢攻。至是十六昼夜矣，内外死者以百万计，大兵知不可下，乃谩为好语云："两国已讲和，更相攻耶？"朝廷亦就应之。明日，遣户部侍郎杨居仁出宜秋门以酒炙犒师，于是营幕稍稍外迁，遂退兵。

壬戌，合喜以大兵退，议入贺。诸相皆不欲，独合喜以守城为己功，持论甚力，呼令史元好问曰："罢攻已三日而不入贺，何也？速召翰苑官作表。"好问以白诸相，权参政内族思烈曰："城下之盟，诸侯以为耻，况以罢攻为可贺欤？"合喜怒曰："社稷不亡，帝后免难，汝等不以为喜耶？"明日，近侍局直长张天任至省，好问私以贺议告之，天任曰："人不知耻乃若是耶！"因谓诸相曰："京城受兵，上深以为辱。闻百官欲入贺，诚有此否？"会学士赵秉文不肯撰表，议遂寝。

是月，以尚书省兼枢密院事，合喜罢枢密。合喜既失兵柄，意殊不乐，欲销院印，诸相谓院事仍在，印有用时，不宜毁。合喜怒，欲笞其掾。有投匿名书于御路云："副枢合喜、总帅撒合、参政讹出皆国贼，朝廷不杀，众军亦须杀之，为国除害。"卫士以闻。撒合饮药死，讹出称疾不出，惟合喜坦然若无事者，上亦无所问，由是军国之事尽决于合喜矣。

初，大兵围汴，司谏陈岢屡上封事言得失，切中时病。合喜大怒，召入省，呼其名责之曰："子为'陈山可'耶？果如子言，能退大敌，我当世世与若为奴。"闻者无不窃笑。盖不识"岢"字，至分为两耳。

天兴元年七月，权参知政事思烈、恒山公武仙合军自汝州入援，诏以合喜为枢密使，统京城军万五千应之，且命赛不为之助。八月己酉朔，驻于近郊，候益兵乃进屯中牟古城。凡三日，闻思烈军溃，即夜弃辎重驰还。黎明至郑门，聚军乃入。言者谓："合喜始则抗命不出，中则逗遛不进，终则弃军先遁，委弃军资不可胜计，不斩之无以谢天下。"上贷其死，免为庶人，既而籍其家以赐军士。

既废，居汴中，常鞅鞅不乐。会大将速不斛遣人招之，合喜即治装欲行，崔立邀至省酌酒饯送，且以白金二百两为赆。明日，复诣省别立，方对语，适一人自归德持文书至，发视之，乃行省传哀宗语以谕合喜者，其言曰："卿朕老臣，中间虽废出，未尝忘卿。今崔立已变，卿处旧人尚多，若能反正，与卿世袭公相。"立怒，叱左右系之狱，是日斩之。

论曰：合喜初年用兵西夏，屡著劳效，要亦诸将颜盏虾蟆等功也。既当大任，遂自矜伐，汴城之役，举措烦扰，质出兵退，即图称贺，此岂有体国之诚心者乎。中牟之溃，众怒所归，幸逭一死，犹怀异图，卒殒猜疑，天盖假手于崔立也。

卷一百十四　　列传第五十二

白华　斜卯爱实合周　石抹世勣

白华，字文举，隩州人。贞祐三年进士。初为应奉翰林文字。正大元年，累迁为枢密院经历官。二年九月，武仙以真定来归，朝廷方经理河北，宋将彭义斌乘之，遂由山东取邢、洺、磁等州。华上奏曰："北兵有事河西，故我得少宽。今彭义斌招降河朔郡县，骎骎及于真定，宜及此大举，以除后患。"时院官不欲行，即遣华相视彰德，实挤之也，事竟不行。

三年五月，宋人掠寿州，永州桃园军失利，死者四百余人。时夏全自楚州来奔。十一月庚申，集百官议和宋。上问全所以来，华奏："全初在盱眙，从宋帅刘卓往楚州。州人讹言刘大帅来，欲屠城中北人耳。众军怒，杀卓以城来归。全终不自安，跳走盱眙，盱眙不纳，城下索妻孥，又不从，计无所出，乃狼狈而北，止求自免，无他虑也。"华因是为上所知。全至后，盱眙、楚州，王义深、张惠、范成进相继以城降。诏改楚州为平淮府，以全为金源郡王、平淮府都总管，张惠临淄郡王，义深东平郡王，成进胶西郡王。和宋议寝。四年，李全据楚州，众皆谓盱眙不可守，上不从，乃以淮南王招全，全曰："王义深、范成进皆我部曲而受王封，何以处我。"竟不至。

是岁，庆山奴败绩于龟山。五年秋，增筑归德城，拟工数百万，宰相奏遣华往相役，华见行院温撒辛，语以民劳，朝廷爱养之意，减工三之一。温撒，李辛赐姓也。

六年，以华权枢密院判官。上召忠孝军总领蒲察定住、经历王仲泽、户部郎中刁璧及华谕之曰："李全据有楚州，睥睨山东，久必为患。今北事稍缓，合乘此隙令定住权监军，率所统军一千，别遣都尉司步军万人，以璧、仲泽为参谋，同往沂、海界招之，不从则以军马从事，卿等以为何如？"华对曰："臣以为李全借大兵之势，要宋人供给馈饷，特一猾寇耳。老狐穴冢，待夜而出，何足介怀。我所虑者北方之强耳。今北方有事，未暇南图，一旦事定，必来攻矣。与我争天下者此也，全何预焉。若北方事定，全将听命不暇，设不自量，更有非望，天下之人宁不知逆顺，其肯去顺而从逆乎！为今计者，姑养士马，以备北方。使全果有不轨之谋，亦当发于北朝息兵之日，当此则我易与矣。"上沉思良久曰："卿等且退，容我更思。"明日，遣定住还屯尉氏。

时陕西兵大势已去，留脱或栾驻庆阳以扰河朔，且有攻河中之耗，而卫州帅府与恒山公府并立，虑一旦有警，节制不一，欲合二府为一，又恐其不和，命华往经画之。初，华在院屡承面谕云："汝为院官，不以军马责汝。汝辞辩，特以合喜、蒲阿皆武夫，一语不相入，便为龃龉，害事非细，今以汝调停之，或有乖忤，罪及汝矣。院中事当一一奏我，汝之职也。今卫州之委，亦前日调停之意。"

国制，凡枢密院上下所倚任者名奏事官，其目有三，一曰承受圣旨，二曰奏事，三曰省院议事，皆以一人主之。承受圣旨者，凡院官奏事，或上处分，独召奏事官付之，多至一二百言，或直传上旨，辞多者即与近侍局官批写。奏事者，谓事有区处当取奏裁者殿奏，其奏每嫌辞费，必欲言简而意明，退而奉行，即立文字，谓之检目。省院官殿上议事则默记之，议定归院，亦立检目呈覆。有疑则复禀，无则付掾史施行。其赴省议者，议既定，留奏事官与省左右司官同立奏草，圆覆诸相无异同，则右司奏上。此三者之外又有难者，曰备顾问，如军马粮草器械、军帅部曲名数、与夫屯驻地里厄塞远近之类，凡省院一切事务，顾问之际一不能应，辄以不用心被谴，其职为甚难，故以华处之。

五月，以丞相赛不行尚书省事于关中，蒲阿率完颜陈和尚忠孝军一千驻邠州，且令审观北势。如是两月，上谓白华曰："汝往邠州六日可往复否？"华自量日可驰三百，应之曰："可。"上令密谕蒲阿才候春首，当事庆阳。华如期而还。上一日顾谓华言："我见汝从来凡语及征进，必有难色，今此一举特锐于平时，何也？"华曰："向日用兵，以南征及讨李全之事梗之，不能专意北方，故以北向为难。今日异于平时，况事至于此，不得不一举。大军入界已三百余里，若纵之令下秦川则何以救，终当一战摧之。与其战于近里之平川，不若战于近边之险隘。"上亦以为然。

七年正月，庆阳围解，大军还。白华上奏："凡今之计，兵食为急。除密院已定忠孝军及马军都尉司步军足为一战之资，此外应河南府州亦须签拣防城军，秋聚春放，依古务农讲武之义，各令防本州府城，以今见在九十七万，无致他日为资敌之用。"五月，华真授枢密判官，上遣近侍局副使七斤传旨云："朕用汝为院官，非责汝将兵对垒，第欲汝立军中纲纪、发遣文移、和睦将帅、究察非违，至于军伍之阅习、器仗之修整，皆汝所职。其悉力国家，以称朕意。"

八年，大军自去岁入陕西，翱翔京兆、同、华之间，破南山砦栅六十余所。已而攻凤翔，金军自阌乡屯至渑池，两行省晏然不动。宰相台谏皆以枢院瞻望逗遛为言，京兆士庶横议蜂起，以至诸相力奏上前。上曰："合达、蒲阿必相度机会，可进而进耳。若督之使战，终出勉强，恐无益而反害也。"因遣白华与右司郎中夹谷八里门道宰相百官所言，并问以"目今二月过半，有怠归之形，诸军何故不动？"且诏华等往复六日。华等既到同，谕两行省以上意。合达言："不见机会，见则动耳。"蒲阿曰："彼军绝无粮饷，使欲战不得，欲留不能，将自敝矣。"合达对蒲阿及诸帅则言不可动，见士大夫则言可动，人谓合达近尝得罪，又畏蒲阿方得君，不敢与抗，而亦言不可动。华等观二相见北兵势大皆有惧心，遂私问樊泽、定住、陈和尚以为何如，三人者皆曰："他人言北兵疲困，故可攻，此言非也。大兵所在，岂可轻料？是真不敢动。"华等还，以二相及诸将意奏之，上曰："我故知其怯不敢动矣。"即复遣华传旨谕二相云："凤翔围久，恐守者力不能支。行省当领军出关，宿华阴界，次日及华阴，次日及华州，略与渭北军交手。计大兵闻之必当奔赴，且以少纾凤翔之急，我亦得为掣肘计耳。"二相回奏领旨。华东还及中牟，已有两行省纳奏人追及，华取报密院副本读之，言："领旨提军出关二十里至华阴界，与渭北军交，是晚收军入关。"华为之仰天浩叹曰："事至于此，无如之何矣。"华至京，奏章已达，知所奏为徒然，不二三日凤翔陷，两行省遂弃京兆，与牙古塔起迁居民于河南，留庆山奴守之。

夏五月，杨妙真以夫李全死于宋，构浮桥于楚州之北，就北帅梭鲁胡吐乞师复仇。朝廷觇知之，以谓北军果能渡淮，淮与河南跬步间耳，遣合达、蒲阿驻军桃源界滶河口备之。两行省乃约宋帅赵范，赵葵为夹攻之计。二赵亦遣人报聘，俱以议和为名，以张声势。二相屡以军少为言，而省院难之，因上奏云："向来附关屯驻半年，适还旧屯，喘不及息，又欲以暑月东行，实无可图之事，徒自疲而已。况兼桃源、青口蚊虻湫湿之地，不便牧养，目今非征进时月，决不敢妄动。且我之所虑，特楚州浮梁耳。姑以计图之，已遣提控王锐往视可否。"奏上，上遣白华以此传谕二相，兼领王锐行。二相不悦。蒲阿遣水军虹县所屯王提控者以小船二十四只，令华顺河而下，必到八里庄城门为期，且曰："此中望八里庄，如在云间天上，省院端坐，徒事口吻，今枢判亲来，可以相视可否，归而奏之。"华力辞不获，遂登舟。及淮与河合流处，才及八里庄城门相直，城守者以白鹞大船五十溯流而上，占其上流以截华归路。华几不得还，昏黑得径先归，乃悟两省怒朝省不益军，谓皆华辈主之，故挤之险地耳。是夜二更后，八里庄次将遣人送款云："早者主将出城开船，截大金归路，某等商议，主将还即闭门不纳，渠已奔去楚州，乞发军马接应。"二相即发兵骑、开船赴约，明旦入城安慰，又知楚州大军已还河朔，宋将烧浮桥，二相附华纳奏，上大喜。

初，合达谋取宋淮阴。五月渡淮。淮阴主者胡路钤往楚州计事于杨妙真，比还，提正官郭恩送款于金，胡还不纳，恸哭而去。合达遂入淮阴，诏改归州，以行省乌古论叶里哥守之，郭恩为元帅右都监。既而，宋人以银绢五万两匹来赎盱眙龟山，宋使留馆中，郭恩谋劫而取之，或报之于盱眙帅府，即以军至，恩不果发。明日，宋将刘虎、汤孝信以船三十艘烧浮梁，因遣其将夏友谅来攻盱眙，未下。泗州总领完颜矢哥利馆中银绢，遂反。防御使徒单塔剌闻变，扼罘山亭甬路，好谓之曰："容我拜辞朝廷然后死。"遂取朝服望阙拜，恸良久，投亭下水死。矢哥遂以州归杨妙真，总帅纳合买住亦以盱眙降宋。

九月，陕西行省防秋，时大兵在河中，睿宗已领兵入界，庆山奴报粮尽，将弃京兆而东。一日，白华奏，侦候得睿宗所领军马四万，行营军一万，布置如此，"为今计者，与其就汉御之，诸军比到，可行半月，不若径往河中。目今沿河屯守，一日可渡，如此中得利，襄、汉军马必当迟疑不进。在北为投机，在南为掣肘，臣以为如此便"。上曰："此策汝画之，为得之他人？"华曰："臣愚见如此。"上平日锐于武事，闻华言若欣快者，然竟不行。

未几，合达自陕州进奏帖，亦为此事，上得奏甚喜。蒲阿时在洛阳，驿召之，盖有意于此矣。蒲阿至，奏对之间不及此，止言大兵前锋忒木解统之，将出冷水谷口，且当先御此军。上曰："朕不问此，只欲问河中可捣否。"蒲阿不获已，始言"睿宗所领兵骑虽多，计皆冗杂。大兵军少而精，无非选锋。金军北渡，大兵必遣辎重屯于平阳之北，匿其选锋百里之外，放我师渡，然后断我归路与我决战，恐不得利。"上曰："朕料汝如此，果然。更不须再论，且还陕州。"蒲阿曰："合达枢密使所言，此间一面革拨恐亦未尽，乞召至同议可否。"上曰："见得合达亦止此而已，往复迟滞，转致误事。"华奏合达必见机会，召至同议为便。副枢赤盏合喜亦奏蒲阿、白华之言为是。上乃从之。召合达至，上令先与密院议定，然后入见。既议，华执合达奏帖举似再三，竟无一先发言者。移时，蒲阿言："且勾当冷水谷一军何如。"合达曰："是矣。"遂入见。上问卿等所议若何，合达敷奏，其言甚多，大概言河中之事与前日上奏时势不同，所奏亦不敢自主，议遂寝。二相还陕，量以军马出冷水谷，奉行故事而已。十二月，河中府破。

九年，京城被攻。四月兵退，改元天兴。是月十六日，并枢密院归尚书省，以宰相兼院官，左右司首领官兼经历官，惟平章白撒、副枢合喜、院判白华、权院判完颜忽鲁剌退罢。忽鲁剌有口辩，上爱幸之。朝议罪忽鲁剌，而书生辈妒华得君，先尝以语撼之，用是而罢。金制，枢密院虽主兵，而节制在尚书省。兵兴以来，兹制渐改，凡是军事，省官不得预，院官独任专见，往往败事。言者多以为将相权不当分，至是始并之。

十二月朔，上遣近侍局提点曳剌粘古即白华所居，问事势至于此，计将安出。华附奏："今耕稼已废，粮斛将尽，四外援兵皆不可指拟，车驾当出就外兵。可留皇兄荆王使之监国，任其裁处。圣主既出，遣使告语北朝，我出非他处收整军马，止以军卒擅诛唐庆，和议从此断绝，京师今付之荆王，乞我一二州以老耳。如此则太后皇族可存，正如《春秋》纪季入齐为附庸之事，圣主亦得少宽矣。"于是起华为右司郎中。初，亲巡之计决，诸将皆预其议，将退，首领官张衮、聂天骥奏："尚有旧人谙练军务者，乃置而不用，今所用者，皆不见军中事体，此为未尽。"上问未用者何人，皆曰院判白华，上颔之，故有是命。

明日，召华谕之曰："亲巡之计已决，但所往群议未定，有言归德四面皆水，可以自保者，或言可沿西山入邓。或言设欲入邓，大将速不斛今在汝州，不如取陈、蔡路转往邓下。卿以为如何？"华曰："归德城虽坚，久而食尽，坐以待毙，决不可往。欲往邓下，既汝州有速不觧，断不能往。以今日事势，博徒所谓孤注者也。孤注云者，止有背城之战。为今之计，当直赴汝州，与之一决，有楚则无汉，有汉则无楚。汝州战不如半途战，半途战又不如出城战，所以然者何？我军食力犹在，马则豆力犹在。若出京益远，军食日减，马食野草，事益难矣。若我军便得战，存亡决此一举，外则可以激三军之气，内则可以慰都人之心。或止为避迁之计，人心顾恋家业，未必毅然从行。可详审之。”遂召诸相及首领官同议，禾速嘉兀地不、元帅猪儿、高显、王义深俱主归德之议，丞相赛不主邓，议竟不能决。明日，制旨京城食尽，今拟亲出，聚集军士于大庆殿谕以此意，谕讫，诸帅将佐合辞奏曰：“圣主不可亲出，止可命将，三军欣然愿为国家效死。”上犹豫，欲以官奴为马军帅，高显为步军帅，刘益副之，盖采舆议也，而三人者亦欲奉命。权参政内族讹出大骂云：“汝辈把锄不知高下，国家大事，敢易承邪！”众默然，惟官奴曰：“若将相可了，何至使我辈。”事亦中止。

明日，民间哄传车驾欲奉皇太后及妃后往归德，军士家属留后。目今食尽，坐视城中俱饿死矣。纵能至归德，军马所费支吾复得几许日。上闻之，召赛不、合周、讹出、乌古孙卜吉、完颜正夫议，余人不预。移时方出，见首领官、丞相言，前日巡守之议已定，止为一白华都改却，今往汝州就军马索战去矣。遂择日祭太庙誓师，拟以二十五日启行。是月晦，车驾至黄陵冈，复有北幸之议，语在《白撒传》。

天兴二年正月朔，上次黄陵冈，就归德侟船北渡，诸相共奏，京师及河南诸州闻上幸河北，恐生他变，可下诏安抚之。是时，在所父老僧道献食，及牛酒犒军者相属，上亲为拊慰，人人为之感泣。乃赦河朔，招集兵粮，赦文条画十余款，分道传送。二日，或有云：“昨所发河南诏书，倘落大军中，奈泄事机何。”上怒，委近侍局官传旨，谓首领官张衮、白华、内族讹可当发诏时不为后虑，皆量决之。是时卫州军两日至蒲城，而大军徐蹑其后。十五日，宰相诸帅共议上前，郎中完颜胡鲁剌秉笔书，某军前锋，某军殿后，余事皆有条画。书毕，惟不言所往，华私问胡鲁剌，托以不知。是晚，平章及诸帅还蒲城军中。夜半，讹可、衮就华帐中呼华云：“上已登舟，君不知之耶？”华遂问其由，讹可云：“我昨日已知上欲与李左丞、完颜郎中先下归德，令诸军并北岸行，至凤池渡河。今夜平章及禾速嘉、元帅官奴等来，言大军在蒲城曾与金军接战，势莫能支，遂拥主上登舟，军资一切委弃，止令忠孝军上船，马悉留营中。计舟已行数里矣。”华又问：“公何不从往？”云：“昨日拟定首领官止令胡鲁剌登舟，余悉随军，用是不敢。”是夜，总帅百家领诸军舟往凤池，大军觉之，兵遂溃。

上在归德。三月，崔立以汴京降，右宣徽提点近侍局移剌粘古谋之邓，上不听。时粘古之兄瑗为邓州节度使、兼行枢密院事，其子与粘古之子并从驾为卫士。适朝廷将召邓兵入援，粘古因与华谋同之邓，且拉其二子以往，上觉之，独命华行，而粘古改之徐州。华既至邓，以事久不济，淹留于馆，遂若无意于世者。会瑗以邓入宋，华亦从至襄阳，宋署为制干，又改均州提督。后范用吉杀均之长吏，送款于北朝，遂因而北归。士大夫以华夙儒贵显，国危不能以义自处为贬云。

用吉者，本姓孛术鲁，名久住。初归入宋，谒制置赵范，将以计动其心，故更姓名范用吉。赵怒其触讳，斥之，用吉犹应对如故。赵良久方悟，且利其事与己符，遂擢置左右，凡所言动，略不加疑，遂易其姓曰花，使为太尉，改镇均州。未几，纳款于北。后以家人诬以欲叛，为同列所害。

赞曰：白华以儒者习吏事，以经生知兵，其所论建，屡中事机，然三军败衄之余，士气不作，其言果可行乎。从瑗归宋，声名扫地，而犹得列于金臣之传者，援蜀谯周等例云。

斜卯爱实，字正之，策论进士也。正大间，累官翰林直学士，兼左司郎中。天兴元年正月，闻大兵将至，以点检夹谷撒合为总帅，率步骑三万巡河渡，命宿直将军内族长乐权近侍局使，监其军。行至封丘而还。入自梁门，枢密副使合喜遇之，笑语撒合曰：“吾言信矣，当为我作主人。”盖世俗酬谢之意也。明日，大兵遂合，朝廷置而不问。于是爱实上言曰：“撒合统兵三万，本欲乘大兵远至，喘息未定而击之。出京才数十里，不逢一人骑，已畏缩不敢进。设遇大兵，其肯用命乎？乞斩二人以肃军政。”不报。盖合喜辈以京师倚此一军为命，初不敢俾之出战，特以外议哄然，故暂出以应之云。

卫绍、镐厉二王家属，皆以兵防护，且设官提控，巡警之严过于狱犴。至是，卫绍宅二十年，镐厉宅四十年。正大间，朝臣屡有言及者，不报。爱实乃上言曰：“二族衰微，无异匹庶，假欲为不善，孰与同恶？男女婚嫁，人之大欲，岂有幽囚终世，永无伉俪之望，在他人尚且不忍，况骨肉乎！”哀宗感其言，始听自便。未几，有青城之难。

爱实愤时相非其人，尝历数曰：“平章白撒固权市恩，击丸外百无一能。丞相赛不菽麦不分，更谓乏材，亦不至此人为相。参政兼枢密副使赤盏合喜粗暴，一马军之材止矣，乃令兼将相之权。右丞颜盏世鲁居相位已七八年，碌碌无补，备员而已。患难之际，倚注此类，欲冀中兴，难矣。”于是世鲁罢相，赛不乞致仕，而白撒、合喜不恤也。

是年四月，京城罢攻，大兵退。既而以害唐庆事，和议遂绝。于是再签民兵为守御备。八月，括京城粟，以转运使完颜珠颗、张俊民、曳剌克忠等置局，以推举为名，珠颗谕民曰：“汝等当从实推唱，果如一旦粮尽，令汝妻子作军食，复能吝否？”既而罢括粟令，复以进献取之。前御史大夫内族合周复冀进用，建言京城括粟可得百余万石。朝廷信之，命权参知政事，与左丞李蹊总其事。先令各家自实，壮者存石有三斗，幼者半之，仍书其数门首，敢有匿者以升斗论罪。京城三十六坊，各选深刻者主之，内族完颜久住尤酷暴。有寡妇二口，实豆六斗，内有蓬子约三升，久住笑曰：“吾得之矣。”执而以令于众。妇泣诉曰：“妾夫死于兵，姑老不能为养，故杂蓬秕以自食耳，非敢以为军储也。且三升，六斗之余。”不从，竟死杖下。京师闻之股栗，尽投其余于粪溷中。或白于李蹊，蹊颦蹙曰：“白之参政。”其人即白合周，周曰：“人云‘花又不损，蜜又得成’。予谓花不损，何由成蜜？且京师危急，今欲存社稷耶？存百姓耶？”当时皆莫敢言，爱实遂上奏，大概言：“罢括粟，则改虐政为仁政，散怨气为和气。”不报。

时所括不能三万斛，而京城益萧然矣。自是之后，死者相枕，贫富束手待毙而已。上闻之，命出太仓米作粥以食饿者，爱实闻之叹曰：“与其食之，宁如勿夺。”为奉御把奴所告。又近侍干预朝政，爱实上章谏曰：“今近侍权太重，将相大臣不敢与之相抗 。自古仆御之臣不过供给指使而已，虽名仆臣，亦必选择正人。今不论贤否，惟以世胄或吏员为之。夫给使令之材，使预社稷大计，此辈果何所知乎。”章既上，近侍数人泣诉上前曰：“爱实以臣等为奴隶，置至尊何地耶！”上益怒，送有司。近侍局副使李大节从容开释，乃赦之，出为中京留守，后不知所终。

合周者，一名永锡。贞祐中，为元帅左监军，失援中都，宣宗削除官爵，杖之八十。已而复用。四年，以御史大夫权尚书右丞，总兵陕西。合周留渑池数日，进及京兆，而大兵已至，合周竟不出兵，遂失潼关。有司以敌至不出兵当斩，诸皇族百余人上章救之，上曰：“向合周救中都，未至而军溃，使宗庙山陵失守，罪当诛，朕特宽贷以全其命。寻复重职，今镇陕西，所犯乃尔，国家大法，岂敢私耶！”遂再夺爵，免死除名。至是，为参知政事。性好作诗词，语鄙俚，人采其语以为戏笑。因自草《括粟榜文》，有“雀无翅儿不飞，蛇无头儿不行”等语，以“而”作“儿”，掾史知之，不敢易也。京城目之曰“雀儿参政”。哀宗用而不悟，竟致败事。

石抹世勣，字景略。幼勤学，为文有体裁。承安二年，以父元毅死王事，收充擎执。五年，登词赋、经义两科进士第。贞祐三年，累官为太常丞，预讲议所事。时朝廷徙河北军户河南，宰职议给以田，世勣上言曰：“荒闲之田及牧马地，其始耕垦，费力当倍，一岁断不能熟。若夺民素莳者与之，则民将失所，且启不和之端。况军户率无耕牛，虽或有之，而廪给未敢遽减。彼既南来，所捐田宅为人所有，一旦北归，能无争夺？切谓宜令军户分人归守本业，收其晚禾，至春复还为固守计。”会侍御史刘元规亦言给田不便，上大悟，乃罢之。未几，迁同知金安军节度使。兴定二年，选为华州元帅府参议官。初，右都监完颜合达行帅府于桢州，尝以前同知平凉府事卓鲁回蒲乃速为参议，及移驻华州，陕西行省请复用蒲乃速，令世勣副之。上曰：“蒲乃速但能承奉人耳，余无所长，非如世勣可任以事。华为要镇，而轻用其人，或致败事。”遂独用世勣焉。寻入为尚书省左司郎中。元光元年，夺一官，解职。初，世勣任华州，有荐其深通钱谷者，复察不如所举，未籍行止中。后主者举觉，平章英王以世勣避都司之繁，私属治籍吏冀改他职，奏下有司，故有是责。久之，起为礼部侍郎，转司农，改太常卿。正大中，为礼部尚书，兼翰林侍讲学士。

天兴元年冬，哀宗将北渡，世勣率朝官刘肃、田芝等二十人求见仁安殿。上问卿等欲何言，世勣曰：“臣等闻陛下欲亲出，切谓此行不便。”上曰：“我不出，军分为二，一军守，一军出战。我出则军合为一。”世勣曰：“陛下出则军分为三，一守、一战、一中军护从，不若不出为愈也。”上曰：“卿等不知，我若得完颜仲德、恒山公武仙付之兵事，何劳我出。我岂不知今日将兵者，官奴统马兵三百止矣，刘益将步兵五千止矣，欲不自将，得乎？”上又指御榻曰：“我此行岂复有还期，但 恨我无罪亡国耳。我未尝奢侈，未尝信任小人。”世勣应声曰：“陛下用小人则亦有之。”上曰：“小人谓谁？”世勣历数曰：“移剌粘古、温敦昌孙、兀撒惹、完颜长乐皆小人也。陛下不知为小人，所以用之。”肃与世勣复多有言，良久，君臣涕泣而别。初，肃等求见，本欲数此四人。至是，世勣独言之，于是哀宗以世勣行。自蒲城至归德。明年六月，走蔡州，次新蔡县之姜寨。

世勣子嵩，时为县令，拜上于马前，兵乱后父子始相见。上嘉之，授嵩应奉翰林文字，以便养亲。蔡城破，父子俱死。嵩字企隆，兴定二年经义进士。

赞曰：爱实言卫、镐家属禁锢之虐，京城括粟之暴，近侍干政之横；世勣言河北军户给田之不便，亲出渡河之非计；皆药石之言也。然金至斯时，病在膏肓间矣，仓扁何施焉。其为忠谠，则不可废也。

卷一百十五　　列传第五十三

完颜奴申　崔立　聂天骥　赤盏尉忻

完颜奴申，字正甫，素兰之弟也。登策论进士第，仕历清要。正大三年八月，由翰林直学士充益政院说书官。五年，转吏部侍郎。监察御史乌古论石鲁剌劾近侍张文寿、仁寿、李麟之受敌帅馈遗，诏奴申鞫问，得其奸状，上曲赦其罪，皆斥去，朝论快之。九月，改侍讲学士，以御史大夫奉使大元。至龙驹河，朝见太宗皇帝。十二月，还。明年六月，迁吏部尚书，复往。八年春，还。朝廷以劳拜参知政事。

天兴元年春，大兵驻郑州海滩寺，遣使招哀宗降。复以奴申往乞和。不许，攻汴益急。汴受围数月，仓库匮乏，召武仙等入援不至，哀宗惧，以曹王讹可出质，请罢攻。冬十月，哀宗议亲出捍御，以奴申参知政事、兼枢密副使，完颜习捏阿不枢密副使、兼知开封府、权参知政事，总诸军留守京师。又以翰林学士承旨乌古孙卜吉提控诸王府，同判大睦亲府事兼都点检内族合周管宫掖事，左副点检完颜阿撒、右副点检温敦阿里副之，户部尚书完颜珠颗兼里城四面都总领，御史大夫裴满阿虎带兼镇抚军民都弹压，谏议大夫近侍局使行省左右司郎中乌古孙奴申兼知宫省事。又以把撒合为外城东面元帅，术甲咬住南面元帅，崔立西面元帅，孛术鲁买奴北面元帅。乙酉，除拜定，以京城付之。又以户部侍郎刁璧为安抚副使，总招抚司，规运京外粮斛。设讲议所，受陈言文字，以大理卿纳合德辉、户部尚书仲平、中京副留守爱失等总其事。

十二月辛丑，上出京，服绛纱袍，乘马导从如常仪。留守官及京城父老从至城外奉辞，有诏抚谕，仍以鞭揖之。速不觮闻上已出，复会兵围汴。初，上以东面元帅李辛跋扈出怨言，罢为兵部侍郎，将出，密喻奴申等羁絷之。上既行，奴申等召辛，辛惧，谋欲出降，弃马逾城而走。奴申等遣人追及之，斩于省门。汴民以上亲出师，日听捷报，且以二相持重，幸以无事。俄闻军败卫州，苍黄走归德，民大恐，以为不救。时汴京内外不通，米升银二两。百姓粮尽，殍者相望，缙绅士女多行乞于市，至有自食其妻子者，至于诸皮器物皆煮食之，贵家第宅、市楼肆馆皆撤以爨。及归德遣使迎两宫，人情益不安，于是民间有立荆王监国以城归顺之议，而二相皆不知也。

天兴二年正月丙寅，省令史许安国诣讲议所言："古者有大疑，谋及卿士，谋及庶人。今事势如此，可集百官及僧道士庶，问保社稷、活生灵之计。"左司都事元好问以安国之言白奴申，奴申曰："此论甚佳，可与副枢议之。"副枢亦以安国之言为然。好问曰："自车驾出京，今二十日许，又遣使迎两宫。民间汹汹，皆谓国家欲弃京城，相公何以处之?"阿不曰："吾二人惟有一死耳。"好问曰："死不难，诚能安社稷、救生灵，死而可也。如其不然，徒欲一身饱五十红衲军，亦谓之死耶?"阿不款语曰："今日惟吾二人，何言不可。"好问乃曰："闻中外人言，欲立二王监国，以全两宫与皇族耳。"阿不曰："我知之矣，我知之矣。"即命召京城官民。明日皆聚省中，谕以事势危急当如之何。有父老七人陈词云云，二相命好问受其词。白之奴申，顾曰："亦为此事也。"且问副枢"此事谋议今几日矣"?阿不屈指曰："七日矣。"奴申曰：" 归德使未去，慎勿泄。"或曰是时外围不解，如在陷阱，议者欲推立荆王以城出降，是亦《春秋》纪季入齐之义，况北兵中已有曹王也。众愤二人无策，但曰死守而已。忽闻召京城士庶计事，奴申拱立无语，独阿不反复申谕："国家至此无可奈何，凡有可行当共议之"，且继以涕泣。

明日戊辰，西面元帅崔立与其党孛术鲁长哥、韩铎、药安国等为变，率甲卒二百横刀入省中，拔剑指二相曰："京城危困已极，二公坐视百姓饿死，恬不为虑，何也?"二相大骇，曰："汝辈有事，当好议之，何遽如是。"立麾其党先杀阿不，次杀奴申及左司郎中纳合德辉等，余见《崔立传》。

刘祁曰："金自南渡之后，为宰执者往往无恢复之谋，临事相习低言缓语，互相推让，以为养相体。每有四方灾异、民间疾苦，将奏必相谓曰：'恐圣主心困。'事至危处辄罢散，曰'俟再议'，已而复然。或有言当改革者，辄以生事抑之，故所用必择懦熟无锋芒易制者用之。每北兵压境，则君臣相对泣下，或殿上发长吁而已。兵退，则大张具，会饮黄阁中矣。因循苟且，竟至亡国。又多取浑厚少文者置之台鼎，宣宗尝责丞相仆散七斤'近来朝廷纪纲安在'?七斤不能对，退谓郎官曰：'上问纪纲安在，汝等自来何尝使纪纲见我。'故正人君子多不见用，虽用亦未久而遽退也。"祁字京叔，浑源人。

赞曰：刘京叔《归潜志》与元裕之《壬辰杂编》二书虽微有异同，而金末丧乱之事犹有足征者焉。哀宗北御，以孤城弱卒托之奴申、阿不二人，可谓难矣。虽然，即墨有安平君，玉壁有韦孝宽，必有以处此。

崔立，将陵人，少贫无行，尝为寺僧负钹鼓，乘兵乱从上党公开为都统、提控，积阶遥领太原知府。正大初，求入仕。为选曹所驳，每以不至三品为恨。围城中授安平都尉。天兴元年冬十二月，上亲出师，授西面元帅。性淫姣，常思乱以快其欲。

药安国者，管州人，年二十余，有勇力。尝为岚州招抚使，以罪系开封狱，既出，贫无以为食。立将为变，潜结纳之，安国健啖，日饱之以鱼，遂与之谋。先以家置西城上，事不胜则挈以逃。日与都尉扬善入省中候动静，布置已定，召善以早食，杀之。二年正月，遂帅甲卒二百，撞省门而入。二相闻变趋出，立拔剑曰："京城危困，二公欲如何处之?"二相曰："事当好议之。"立不顾，麾其党张信之、孛术鲁长哥出省，二相遂遇害。驰往东华门，道遇点检温屯阿里，见其衷甲，杀之。即谕百姓曰："吾为二相闭门无谋，今杀之，为汝一城生灵请命。"众皆称快。是日，御史大夫裴满阿忽带、谏议大夫左右司郎中乌古孙奴申、左副点检完颜阿散、奉御忙哥、讲议蒲察琦、户部尚书完颜珠颗皆死。

立还省中，集百官议所立。立曰："卫绍王太子从恪，其妹公主在北兵中，可立之。"乃遣其党韩铎以太后命往召从恪。须臾入，以太后诰命梁王监国。百官拜舞山呼，从恪受之，遂遣送二相所佩虎符诣速不觮纳款。凡除拜皆以监国为辞。立自称太师、军马都元帅、尚书令、郑王，出入御乘舆，称其妻为王妃，弟倚为平章政事，侃为殿前都点检。其党孛术鲁长哥御史中丞，韩铎都元帅兼知开封府事，折希颜、药安国、张军奴并元帅，师肃左右司郎中，贾良兵部郎中兼右司都事，内府之事皆主之。初，立假安国之勇以济事，至是复忌之，闻安国纳一都尉夫人，数其违约斩之。

壬申，速不觮至青城，立服御衣，仪卫往见之。大帅喜，饮之酒，立以父事之。既还，悉烧京城楼橹，火起，大帅大喜，始信其实降也。立托以军前索随驾官吏家属，聚之省中，人自阅之，日乱数人犹若不足。又禁城中嫁娶，有以一女之故杀数人者。未几，迁梁王及宗室近族皆置宫中，以腹心守之，限其出入。以荆王府为私第，取内府珍玩实之。二月乙酉，以天子衮冕后服上进。又括在城金银，搜索薰灌，讯掠惨酷，百苦备至。郕国夫人及内侍高佑、京民李民望之属，皆死杖下。温屯卫尉亲属八人，不任楚毒，皆自尽。白撒夫人、右丞李蹊妻子皆被掠死。同恶相济，视人如仇，期于必报而后已。人人窃相谓曰："攻城之后七八日之中，诸门出葬者开封府计之凡百余万人，恨不早预其数而值此不幸也。"立时与其妻入宫，两宫赐之不可胜计。立因讽太后作书陈天时人事，遣皇乳母招归德。当时冒进之徒争援刘齐故事以冀非分者，比肩接武。

四月壬辰，立以两宫、梁王、荆王及诸宗室皆赴青城，甲午北行，立妻王氏备仗卫送两宫至开阳门。是日，宫车三十七两，太后先，中宫次之，妃嫔又次之，宗族男女凡五百余口，次取三教、医流、工匠、绣女皆赴北。四月，北兵入城。立时在城外，兵先入其家，取其妻妾宝玉以出，立归大恸，无如之何。

李琦者，山西人，为都尉，在陈州与粘哥奴申同行省事，陈州变，入京，附崔立妹婿折希颜，娶夹谷元之妻，妻年二十余，有姿色，立初拘随驾官之家属，妻舆病而往，得免。琦娶之后，有言其美者，立欲强之。琦每见立欲夺人妻，必差其夫远出，一日差琦出京，琦以妻自随，如是者再三，立遂欲杀琦。琦又数为折希颜所折辱，乃首建杀立之谋。李伯渊者，宝坻人，本安平都尉司千户，美姿容，深沉有谋，每愤立不道，欲仗义杀之。李贱奴者，燕人，尝以军功遥领京兆府判，壬辰冬，车驾东狩，以都尉权东面元帅。立初反，以贱奴旧与敌体，颇貌敬之。数月之后，势已固，遂视贱奴如部曲然。贱奴积不能平，数出怨言，至是与琦等合。三年六月甲午，传近境有宋军，伯渊等阳与立谋备御之策。翌日晚，伯渊等烧外封丘门以警动立。是夜，立殊不安，一夕百卧起。比明，伯渊等身来约立视火，立从苑秀、折希颜数骑往，谕京城民十五以上、七十以下男子皆诣太庙街点集。既还，行及梳行街，伯渊欲送立还二王府，立辞数四，伯渊必欲亲送，立不疑，仓卒中就马上抱立。立顾曰："汝欲杀我耶？"伯渊曰："杀汝何伤。"即出匕首横刺之，洞而中其手之抱立处，再刺之，立坠马死。伏兵起，元帅黄掴三合杀苑秀。折希颜后至不知，见立坠马，谓与人斗，欲前解之，随为军士所斫，被创走梁门外，追斩之。伯渊系立尸马尾，至内前号于众曰："立杀害劫夺，烝淫暴虐，大逆不道，古今无有，当杀之不？"万口齐应曰："寸斩之未称也。"乃枭立首，望承天门祭哀宗。伯渊以下军民皆恸，或剖其心生啖之。以三尸挂阙前槐树上，树忽拔，人谓树有灵，亦厌其为所污。已而有告立匿宫中珍玩，遂籍其家，以其妻王花儿赐丞相镇海帐下士。

初，立之变也，前护卫蒲鲜石鲁负祖宗御容五，走蔡。前御史中丞蒲察世达、西面元帅把撒合挈其家亦自拔归蔡。七月己巳，以世达为尚书吏部侍郎，权行六部尚书。世达尝为左司郎中，同签枢密院事，充益政院官，皆称上意。及上幸归德，遣世达督陈粮运。陈变，世达亦与胁从，寻间道之汴，至是徒往行在，上念其旧，录用之。左右司官因奏把撒合、石鲁亦宜任用，上曰："世达曲从，非出得已，然朕犹少降资级，以示薄罚。彼撒合掌军一面，石鲁宿卫九重，崔立之变，曾不闻发一矢，束手于人。今虽来归，待以不死，足以示恩，又安得与世达等？撒合老矣，量用其子可也。石鲁但当酬其负御容之劳。"未几，以撒合为北门都尉，其子为本军都统。石鲁复充护卫。世达字正夫，泰和三年进士。

论曰：崔立纳款，使其封府库、籍人民以俟大朝之命可也。乘时僭窃，大肆淫虐，征索暴横，辄以供备大军为辞，逞欲由己，敛怨归国，其为罪不容诛矣。而其志方且要求刘豫之事，我大朝岂肯效尤金人者乎！金俘人之主，帝人之臣，百年之后适启崔立之狂谋，以成青城之烈祸。曾子曰："戒之戒之，出乎尔者，反乎尔者也。"岂不信哉！

聂天骥，字元吉，五台人。至宁元年进士，调汝阴簿，历睢州司候、封丘令。兴定初，辟为尚书省令史。时胥吏擅威，士人往往附之，独天骥不少假借，彼亦不能害也。寻授吏部主事，权监察御史。夏使贺正旦，互市于会同馆，外戚有身贸易于其间者，天骥上章曰："大官近利，失朝廷体，且取轻外方。"遂忤太后旨。出为同知汝州防御使事，未赴，陕西行尚书省驿召，特旨遥领金安军节度副使，兼行尚书省都事。未几，入为右司员外郎，转京兆治中，寻为卫州行尚书六部事。庆阳围急，朝廷遣宿州总帅牙古塔救之，以天骥充经历官。围解，从别帅守邠，帅欲弃州而东，天骥力劝止之，不从，帅坐是被系逮，天骥降京兆治中。寻有讼其冤者，即召为开封签事，旬月复右司员外郎。丁母忧，未卒哭，夺哀复职。哀宗迁归德，天骥留汴中。崔立变，天骥被创甚，卧一十余日。其女舜英谒医救疗，天骥叹曰："吾幸得死，儿女曹乃为谒医，尚欲我活耶？"竟郁郁以死。舜英葬其父，明日亦自缢，有传。

天骥沉静寡言，不妄交。起于田亩，能以雅道自将，践历台省若素宦然，诸人多自以为不及也。

赤盏尉忻，字大用，上京人。当袭其父谋克，不愿就，中明昌五年策论进士第。后选为尚书省令史、吏部主事、监察御史，言"诸王驸马至京师和买诸物，失朝廷体。"有诏禁止。迁镇南军节度副使、息州刺史。耕鞠场种禾，两禾合穗，进于朝，特诏褒谕。改丹州，迁郑州防御使，权许州统军使。丞相高汝砺尝荐其才可任宰相。元光二年正月，召为户部侍郎。未几，权参知政事。二月，为户部尚书，权职如故。三月，拜参知政事，兼修国史。诏谕近臣曰："尉忻资禀纯质，事可倚任，且其性孝，朕今相之，国家必有望，汝辈当效之也。"正大元年五月，拜尚书右丞。哀宗欲修宫室，尉忻极谏，至以卧薪尝胆为言，上悚然从之。同判睦亲府内族撒合辇交结中外，久在禁近。哀宗为太子，有定策功，由是颇惑其言，复倚信日深，台谏每以为言。太后尝戒敕曰："上之骑鞠举乐，皆汝教之，再犯必杖汝。"哀宗终不能去。尉忻谏曰："撒合辇奸谀之最，日在天子左右，非社稷福。"上悔悟，出为中京留守，朝论快之。五年，致仕，居汴中，崔立之变明日，召家人付以后事，望睢阳恸哭，以弓弦自缢而死，时年六十三。一子名董七，没于兵间。弟秉甫，字正之。

赞曰：聂天骥素履清慎，赤盏尉忻天资忠谅，在治世皆足为良臣，不幸仕乱离之朝，以得死为愿欲，哀哉！

卷一百十六　列传第五十四

徒单兀典　石盏女鲁欢
蒲察官奴　内族承立一名庆山奴

徒单兀典，不知其所始，累官为武胜军节度使，驻邓州。寻迁中京留守，知金昌府事，驻洛阳。邓及洛阳兀典皆城之，且招亡命千人，号“熊虎军”，以剽掠南鄙为事。宋人亦时时报复，边民为之搔动。兀典资性深刻，而以大自居，好设耳目，凡诸将官属下及民家细事，令亲昵日报之，务为不可欺。正大间，以兵部尚书权参知政事，行省事于徐州。自恃得君，论议之际，不少假贷。同列皆畏之。

天兴元年正月，朝廷闻大兵入饶风，移兀典行省阌乡，以备潼关。徒单百家为关陕总帅，便宜行事。百家驰入陕，榜州民云：“淮南透漏军马；虑其道由潼关，势不能守，县镇迁入大城，粮斛辎重聚之陕州，近山者入山寨避兵。”会阿里合传旨召兀典入援，兀典遂与潼关总帅纳合合闰、秦蓝总帅都点检完颜重喜、安平都尉苗秀、荡寇都尉术甲某、振武都尉张翼及虎威、鹰扬、葭州刘赵二帅，军十有一万、骑五千，尽撤秦蓝诸隘之备。从虢入陕。同、华、阌乡一带军粮数十万斛，备关船二百余艘，皆顺流东下。俄闻大兵近，粮皆不及载，船悉空下。复尽起州民，连灵宝、硖石仓粟，游骑至，杀掠不胜计。又遣陕州观察副使兼规措转运副使抹撚速也以船八十往运潼关、阌乡粮，行及灵宝北河夹滩。义军张信、侯三集壮士三百余，保老幼，立水栅。北将忽鲁罕只乘浅攻之不能克，遇速也船至即降，大兵得此船遂破侯、张，杀戮殆尽。

是时陕州同知内族探春愿从行省征进，兀典授以帅职，听招在城民充军。探春厚拟官赏。数日无一人，乃以兀典命招之，得壮士八百。宣差赵三三名伟，亦依探春招募，伟人所知识，不二日得军八百余，号“破敌军”。兀典忌伟得众，欲挟诈坑之。完颜素兰时为同华安抚使，力谏乃止。寻以伟权兴宝军节度使，兼行元帅府事，领军三百，屯金鸡堡。大兵即知潼关焚弃，长驱至陕。贺都喜不待命出城迎战，马蹶几为所获，兀典易以一马，遂下令不复令一人出，大兵亦去。自此潼关诸渡船筏俱尽，伟亦无船可渡矣。

初，兀典发阌乡，拜天，赏军，人白金三两，将校有差。州之库藏，军资器械，为之一空。期日进发，已而不行，日造银器及兵幕牌印，陕州及盐司牌亦夺取之。又欲劫州民财物以资军，素兰谏之而止。二月戊午，乃行。有李先生者谏曰：“方今大兵俱在河南，河北空虚，相公可先取卫州，出其不意。彼知我军在北，必分兵北渡，京师即得少宽，相公入援亦易为矣。”兀典大怒，以为泄军机，斩之于市，遂行。军士各以老幼自随。州中亦有关中、河中迁避商贾老幼，亦倚兵力从行，妇女皆嫁士卒，军中亦有强娶夺者。是日，军出两东门及南门，不遵洛阳路，乃由州西南径入大山冰雪中。葭州刘、赵两帅即日叛去，大兵以数百骑遥蹑其后。明日，张翼军叛往朱阳，入鹿卢关，大兵追及降之。山路积雪，昼日冻释，泥淖及胫，随军妇女弃掷幼稚，哀号盈路。军至铁岭，大兵潜召洛阳大军从西三县过卢氏，所至烧官民庐舍积聚，虑为金军所据，又反守铁岭，以断归路。金兵知必死，皆有斗志，然已数日不食，行二百里许，困惫不支，颇亦散走。于是完颜重喜先降，大军斩于马前。郑倜劫苗英降，英不从，杀之，携其首以降，于是士卒大溃。兀典、合闰提数十骑走山间，追骑禽得，皆杀之。先是，兀典尝为邓州节度使，世袭谋克黄掴三合时为宣差都总领，与兀典亲厚，故决计入邓。是役也，安平、荡寇、鹰扬、振威诸都尉，及西安、金鸡等军，脱走者百才一二。

二月，素兰窜归，有报徒单百家言“行省至”，百家欲出迎，父老遮马前哀诉云：“行省复来，吾州碎矣，愿无出迎。”百家晓之曰：“前日兀典欲劫此州，为素兰力劝而止，此行省非兀典，乃素兰也。”父老乃听百家出城。陕州自军出。日有逃还者，百家皆抚纳之，所得及万人。百家又募收所弃甲仗。若获二副，即以一与之，其一官出直买之，由是军稍振。

五月，总帅副点检颜盏领军复立商州总帅。华州人王某立虢州，权刺史。七月，制旨召百家入援，以权西安军节度使、行元帅事阿不罕奴十剌为金安军节度使、关陕总帅。九月，巩昌知府元帅完颜忽斜虎入陕州，诏拜参知政事，行尚书省事。以河中总帅府经历李献能充左右司员外郎。献能字钦叔，贞祐三年进士。复立山寨，安抚军民。十月朔，制旨召忽斜虎赴南阳留山寺，以阿不罕奴十剌权参知政事，行省。

时赵伟为河解元帅，屯金鸡堡，军务隶陕省，行省月给粮以赡其军。明年五月，麦熟，省札令伟计置兵食，权罢月给。十月，伟军食又尽，屡白陕省，云无粮可给，伟私谓其军言：“我与李员外郎有隙，坐视我军饥饿，不为存恤。”于是自往永宁劝喻，伟颇为小民所信，往往献粮，或导其发藏。南县把隘军提控以伟横恣言于行省，行省遣赵提控者权元帅，守永宁元村寨，伟还金鸡。十一月冬至，大兵已攻破元村寨，伟攻解州不能下，于是密遣总领王茂军士三十人入陕州。匿菜圃中凡三四日，乘夜，王茂杀北城逻卒，举号召伟军八百渡河，入城劫杀阿不罕奴十剌、李献能、提控蒲鲜某、总领来道安，因诬奏：“奴十剌等欲反，臣诛之矣。”朝廷知其冤而莫敢诘，就授伟元帅左监军，兼西安军节度使，行总帅府事。食尽。括粟，粟又尽，以明年三月降大兵。或谓伟军饷不继，以劫掠自资，一日诣李献能，献能靳之，曰：“从宜破敌不易。”由是憾之。乃乘奴十剌宴饮不设备，选死士二十八人，夜由后河滩逾城而上，取饼炉碎石掷屋瓦门扇为箭镞声。州人疑叛军多，不敢动，遂开门纳军。杀行省以下官属二十一人，献能最为所恨，故被害尤酷。

伟之变，绛州录事张升字进之，大同人，户工部令史出身，曾为渔阳簿，迁绛州录事，谓知识者曰：“我本小人，受国家官禄，今日国家遭不幸，我不能从反贼。”言讫，赴水死，岸上数百人皆嗟惜之。

及徒单百家郑西之败，单骑间道数百里入京。为上言兀典等铁岭败状。于是籍重喜、合闰、兀典家赀，暴兀典为罪首，榜通衢云。

石盏女鲁欢，本名十六。兴定三年，以河南路统军使为元帅右都监，行平凉元帅府事。先是，陕西行省胥鼎言："平凉控制西垂，实为要地。都监女奚烈古里间材识凡庸，不闲军务，且以入粟补官，遂得升用，握重兵，当方面，岂能服众。防秋在迩，宜选才谋、有宿望、善将兵者代之。"故以命女鲁欢。

十一月，女鲁欢上言："镇戎赤沟川，东西四十里，地无险阻，当夏人往来之冲，比屡侵突，金兵常不得利。明年春，当城镇戎，彼必出兵来挠。乞于二三月间征傍郡兵，声言防护，且令鄜、巩各屯兵境上示进伐之势，以制其肘。臣领平凉之众，由镇戎而入，攻其心腹。彼自救之不暇，安能及我。如此则镇戎可城，而彼亦不敢来犯。又所在官军多河北、山西失业之人，其家属仰给县官，每患不足。镇戎土壤肥沃，又且平衍，臣裨将所统几八千人，每以迁徙不常为病。若授以荒田，使耕且战，则可以御备一方，县官省费而食亦足矣。其余边郡亦宜一体措置。"上嘉纳焉。迁昌武军节度使。

元光二年九月，又言："商洛重地，西控秦陕，东接河南，军务繁密，宜选才干之士为防御使、摄帅职以镇之。又旧来诸隘守御之官，并从帅府辟置，其所辟者，多其亲昵，殖产营私，专事渔猎，及当代去，又复保留，此最害之甚者。宜令枢府选举，以革其弊。又州之戍兵艰于馈运，亦合依上屯田，以免转输之费。"又言："每年防秋，诸隘守者不过数十人，余众尽屯保安、石门、大荆、洛南以为应援，中间相距远至百里，仓猝岂能征集。宜近隘筑营，徙见兵居之，以待缓急。又南边所设巡检十员，兵率千人，此乃平时以诘奸细者，已有大军。宜悉罢去。"朝廷略施行之。

正大九年二月，以行枢密院事守归德。乙丑，大元将忒木䚟率真定、信安、大名、东平、益都诸军来攻。是日，无云而雷，有以《神武秘略》占之者，曰"其城无害"，人心稍安。适庆山奴溃军亦至，城中得之，颇有斗志。己巳，提控张定夜出斫营，发数炮而还。定平日好谈兵，女鲁欢令自募一军，使为提控，小试而胜，上下遂恃以为可用。初患炮少，欲以泥或砖为之，议者恐为敌所轻，不复用。父老有言北门之西一菜圃中时得古炮，云是唐张巡所埋，掘之，得五千有奇，上有刻字或"大吉"字者。大兵昼夜攻城，驻营于南城外，其地势稍高。相传是安禄山将尹子奇于此攻巡、远，得睢阳。时经历冀禹锡及官属王璧、李琦、傅瑜极力守御，城得不拔。

方大兵围城，议决凤池大桥水以护城。都水官言，去岁河决敖游堌时，曾以水平量之，其地与城中龙兴塔平，果决此口，则无城矣。及大兵至，不得已遣招抚陈贵往决之，才出门，为游骑所钞，无一返者。三月壬午朔，攻城不能下，大军中有献决河之策者，主将从之。河既决，水从西北而下，至城西南，入故濉水道，城反以水为固。求献策者欲杀之，而不知所在。四月，以女鲁欢为总帅，佩金虎符。罢司农司，以其官蒲察世达为集庆军节度使、行六部侍郎。温特罕道僧归德府同知，李无党府判。五月，围城稍缓，颇迁民出城就食。

十二月，哀宗次黄陵冈，遣奉职术甲搭失不、奉职权奉御粘合斜烈来归德征粮。女鲁欢遣侍郎世达，治中王元庆权郎中，仪封从宜完颜胡土权元帅，护送载粮千五百石。是月晦二更发船。二年正月，达蒲城东二十里。六军给粮尽，因留船不听归，且命张布为幄，上遂用此舟以济。

及上来归德，随驾军往往出城就粮，时城中止有马用一军，近七百人。用山西人，与李辛同乡里，尝为辛军弹压，在归德权果毅都尉，车驾至，授以帅职。此军外复有官奴忠孝军四百五十人。河北溃军至者皆纵遣之，故城中惟此两军。上时召用计事，而不及官奴，故官奴有异心。朝廷知两人不协，恐生变。三月戊辰，制旨令宰相锡宴省中，和解之。是夜，用撤备，官奴以兵乘之为乱。明日，攻用军，用败走被杀，众下城投水夺船而去者，斯须而尽。官奴在双门，驱知府女鲁欢至，言"汝自车驾到府，上供不给，好酱亦不与，汝罪何辞。"遂以一马载之，令军士拥至其家，检其家杂酱凡二十瓮，且出所有金具，然后杀之。即提兵入见，言"石盏女鲁欢等反，臣杀之矣。"上不得已，就赦其罪，且暴女鲁欢之恶。后其侄大安入蔡，上言求湔雪，上复其官，语在《乌古论镐传》。

禾速嘉兀底代女鲁欢为总帅，军变，官奴无意害兀底，使二卒召之，道官奴有善意。兀底喜，各以金十星与之，同见官奴。二卒复恐受金事泄，亦杀之。

初，河北溃军至归德，粮饷不给。朝庭命孛术鲁阿海行总帅府事，以亲军武卫皆隶之。往宿州就食，军士有不愿者，谇语道中，朝廷闻之，使问其故。或言愿入京或陈州，阿海请从其愿，以券给之，军心稍定。既而令求谇语者，阿海得四人，斩之国子监前，由是诸军汹汹。二月庚子夜，劫府民武邦杰及蒲察咬住等凡九家，一军遂散。数日，遂有官奴之变。

蒲察官奴，少尝为北兵所虏，往来河朔。后以奸事系燕城狱，劫走夏津，杀回纥使者得鞍马资货，即自拔归。朝廷以其种人，特恩收充忠孝军万户。此军月给甚优，官奴日与群不逞博，为有司所劾。事闻，以其新自河朔来，未知法禁，诏勿问。

移剌蒲阿攻平阳，官奴请行，论功第一，迁本军提控，佩金符。三峰山之败，走襄阳，说宋制使以取邓州自效，制使信之，至与同燕饮。已而知汴城罢攻，复谋北归。遣移剌留哥入邓，说邓帅粘合，称欲劫南军为北归计。留哥以情告粘合，官奴继以骑卒十余入城议事，粘合欲就瓮城中擒之。官奴知事泄，即驰还，见制使得骑兵五百，掠邓之边面小城，获牛羊数百，宋人不疑。官奴掩宋军得马三百，至邓州城下，移书粘合辨理屈直，留马于邓而去。乃缚忠孝军提控姬旺，诈为唐州太守，械送北行，随营帐取供给，因得入汴。有言其出入南北军，行数千里而不慑，其智略有可取者，宰相以为然，乃使权副都尉。未几，提军数百驰入北军猎骑中，生挟一回纥而还。遂巡黄陵、八谷等处，劫牛羊粮资甚众，寻转正都尉。又以军至黄陵，几获镇州大将，于是中外皆以为可用，遂拜为元帅，统马军。

天兴元年十二月，从哀宗北渡。上次黄陵冈，平章白撒率诸将战，官奴之功居多。及渡河朔，惟官奴一军号令明肃，秋毫无犯。明年正月，上至归德。知府石盏女鲁欢以军众食寡，惧不能给，请于上，令河北溃军至者就粮于徐、宿、陈三州，亲卫军亦遣出城就食，上不得已从之。乃召谕官奴曰："女鲁欢尽散卫兵，卿当小心。"

是时，惟官奴忠孝军四百五十人、马用军七百人留府中。用本果毅都尉，上至归德始升为元帅，又尝召之谋事，而不及官奴，故官奴始有图用之志。是时，大元将忒木觧攻归德。官奴既总兵柄，私与国用安谋，欲邀上幸海州。及近侍局直长阿勒根兀惹使用安回，附奏帖，谓海州可就山东豪杰以图恢复，且已具舟楫，可通辽东。上览奏不从。又尝请上北渡，再图恢复，女鲁欢沮之，自是有异心矣。且一军倚外兵肆为剽掠，官奴不之禁。于是，左丞李蹊、左右司郎中张天纲、近侍局副使李大节俱为上言官奴有反状。上窃忧之，以马军总领纥石烈阿里合、内族习显阴察其动静，与朝臣言及，则曰："我从官奴微贱中起为大帅，何负而反耶？卿等勿过虑。"阿里合、习显知官奴渐不能制，反泄上意。上亦惧官奴、马用相图，因以为乱，命宰执置酒和解之。用撤备。俄官奴乘隙率其军攻用，用军败走。官奴乱杀军民，以卒五十人守行宫。劫朝官皆聚于都水毛花辇宅，以兵监焉。驱参知政事石盏女鲁欢至其家，悉出所有金具，然后杀之。乃遣都尉马实被甲持刃劫直长把奴申于上前，上初握剑，见实，掷剑于地曰："为我言于元帅，我左右止有此人，且留侍我。"实不敢迫，逡巡而退。凡杀朝官左丞李蹊已下三百余人，军将、禁卫、民庶死者三千。郎中完颜胡鲁剌、都事冀禹锡赴水死。

禹锡字京甫，龙山人。至宁元年进士，仕历州郡有能声。归德受兵，禹锡为行院都事，经画守御一府倚重。闻变，或劝以微服免，不从，见害。

是日薄暮，官奴提兵入见，言："石盏女鲁欢等反，臣杀之矣。"上不得已，赦其罪，以为枢密副使、权参知政事。

初，官奴之母，自河北军溃，北兵得之。至是，上乃命官奴因其母以计请和，故官奴密与忒木觧议和事，令阿里合往言，欲劫上以降。忒木觧信之，还其母，因定和计。官奴乃日往来讲议，或乘舟中流会饮。其遣来使者二十余辈，皆女直、契丹人，上密令官奴以金银牌与之，勿令还营。因知王家寺大将所在，故官奴画斫营之策。先是，忠孝军都统张姓者，谓官奴决欲劫上北降，遂率本军百五十人围官奴之第，数之曰："汝欲献主上，我辈皆大朝不赦者，使安归乎？"官奴惧，乃以其母出质，云："汝等若以吾母自北中来，疑我与北有谋，即杀之。我不恨。"张意稍解，既以好语与之约曰："果如参政所言，今后勿复言讲和，北使至，即当杀之。"官奴曰："杀亦可，不杀亦可，奏而杀之亦可。"张乃退，官奴即聚军北草场，自言无反情，今勿复相疑也。遂画斫营之策。

五月五日，祭天。军中阴备火枪战具，率忠孝军四百五十人，自南门登舟，由东而北，夜杀外堤逻卒，遂至王家寺。上御北门，系舟待之。虑不胜则入徐州而遁。四更接战，忠孝初小却。再进，官奴以小船分军五七十出栅外，腹背攻之。持火枪突入，北军不能支，即大溃，溺水死者凡三千五百余人，尽焚其栅而还。遂真拜官奴参知政事、兼左副元帅，仍以御马赐之。

枪制，以敕黄纸十六重为筒，长二尺许，实以柳炭、铁滓、磁末、硫黄、砒霜之属，以绳系枪端。军士各悬小铁罐藏火，临阵烧之，焰出枪前丈余，药尽而筒不损。盖汴京被攻已尝得用，今复用之。

兵既退，官奴入亳州，留习显总其军。上御照碧堂，无一人敢奏对者，日悲泣云："自古无不亡之国、不死之君，但恨我不知用人，故为此奴所囚耳。"于是，内局令宋乞奴与奉御吾古孙爱实、纳兰忔荅、女奚烈完出密谋诛官奴。或言，官奴密令兀惹计构国用安，胁上传位，恢复山东。事不成则献上于宋，自赎反复之罪。官奴以己未往亳州，辛酉，召之还，不至。再召，乃以六月己卯还。上谕以幸蔡事，官奴愤愤而出，至于扼腕顿足，意趣叵测。上决意欲诛之，遂与内侍宋乞奴处置，令裴满抄合召宰相议事，完出伏照碧堂门间。官奴进见，上呼参政，官奴即应。完出从后刺其肋，上亦拔剑斫之。官奴中创投阶下以走，完出叱忔荅、爱实追杀之。

忠孝军闻难，皆擐甲，完出请上亲抚慰之。名呼李泰和，授以虎符，使往劳军，因召范陈僧、王山儿、白进、阿里合。进先至，杀之堂下。阿里合中路觉其事，悔发之晚，为乱箭所射而死。乞奴、爱实、忔荅皆授节度使、世袭千户，完出兼殿前右卫将军，范陈僧、王山儿忠孝军元帅。于是，上御双门，赦忠孝军以安反侧。除崔立不赦外，其余常所不原者咸赦之。

初，官奴解睢阳之围，侍从官属久苦饥窘，闻蔡州城池坚固、兵众粮广，咸劝上南幸。惟官奴以尝从点检内族斜烈过蔡，知其备御不及睢阳，力争以为不可，故号于众曰："敢言南迁者斩！"众以官奴为无君，讽上早为计，会其变，遂以计诛之。后遣乌古论蒲鲜如蔡，还言其城池兵粮果不足恃，上已在道，无可奈何。及蔡受兵，始悔不用官奴之言，特诏尚书省月给其母妻粮，俾无失所。

习显既党官奴，一日率忠孝军劫官库金四千两。上命归德治中温特罕道僧、帅府经历把奴申鞫问，显伏罪下狱。官奴变，显脱走，杀总领完颜长乐于宫门，杀道僧、奴申于其家，遂奔亳。及官奴伏诛，诏点检阿勒根阿失荅即亳州斩显及忠孝军首领数人。兀惹使用安未还，伺于中路，数其罪杀之。

内族庆山奴，名承立，字献甫，统军使拐山之子，平章白撒之从弟也。为人仪观甚伟，而内恇怯无所有。至宁初，宣宗自彰德赴阙，庆山奴迎见于台城。宣宗喜，遣先还中都观变。宣宗既即位，以承立为西京副留守，权近侍局直长，进官五阶，赐钱五千贯，且诏曰："汝虽授此职，姑留侍朕，遇阙赴之，仍给汝副留守禄。此朕特恩，宜知悉也。"贞祐初，迁武卫军副都指挥使，兼提点近侍局。胡沙虎专权僭窃，尝为宣宗言之，后胡沙虎伏诛，庆山奴愈见宠幸，以为殿前右副都点检。三年，大元兵围中都，诏以庆山奴为宣差便宜都提控，率所募兵往援。俄为元帅右都监，行帅府事，兼前职。四年，知庆阳府事，兼庆原路兵马都总管，以所获马驼进，诏谕曰："此皆军士所得，即以与之可也，朕安用哉。后勿复进。"因令遍谕诸道帅府焉。

兴定元年正月，大元兵及夏人回经宁州，庆山奴以兵邀击败之，以功进元帅左都监，兼保大军节度使，行帅府事于鄜州。二年五月，夏人率步骑三千由葭州入寇，庆山奴以兵逆之，战于马吉峰，杀百余人，斩酋首二级，生擒数十人，获马三十余匹。三年四月，夏人据通秦寨，庆山奴遣提控纳合买住讨之。夏人以步骑二万逆战，买住击败之，夏人由葭卢川遁去，凡斩首八百级。俄而复攻寨据之，庆山奴率兵与战，斩首千级，复其寨。诏赐庆山奴金带一，将士赏赉有差。四年四月，破夏兵于宥州，斩首千余级，遂围神堆府。庆山奴四面攻之，士卒方登陴，援兵大至，复击走之。

正大四年，李全据楚州，诏以庆山奴为元帅，同总帅完颜讹可将兵守盱眙，且令城守勿出战。已而全军盱眙界，二帅迎敌大败，死者万余人，委弃资仗甚众，时军无见粮，转输不继，民疲奔命，愁叹盈路。诸相不肯正言，枢密判官白华拜章乞斩之以谢天下，不报。降为定国军节度使，又以受赂夺一官。

八年正月，凤翔破，两行省徙京兆居民于河南，令庆山奴以行省守之。时京兆行省止有病卒八百、瘦马二百，承立惧不能守，屡上奏请还。每奏一帖，附其兄白撒一书，令为地，朝廷不许。十月，庆山奴弃京兆还朝，留同知乾州军州事、保义军提控苟琪守之。庆山奴行至阌乡，哀宗遣近侍裴满七斤授以黄陵冈从宜，不听入见。未几，代徒单兀典行省事于徐州。九年正月，自徐引兵入援，选精锐一万五千，与徐帅完颜兀论统之，将趋归德。义胜军总领侯进、杜政、张兴等率所部三千人降大兵。庆山奴留睢州三日不敢进，闻大兵且至，惧此州不可守，退保归德。二月，行次杨驿店，遇小乃鲟军。遂溃。兀论战死，庆山奴马蹶被擒，惟元帅郭恩、都尉乌林荅阿督率三百余人走归德。大兵以一马载庆山奴，拥迫而行，道中见真定史帅，承立问曰："君为谁？"史帅言："我真定五路史万户也。"承立曰："是天泽乎？"曰："然。"曰："吾国已残破，公其以生灵为念。"及见大帅忒木鲟，诱之使招京城，不从，又偃蹇不屈。左右以刀斫其足折，亦不降，即杀之。议者以承立累败不能解其军职，死有余责，而能以死报国，亦足称云。

初，睢州刺史张文寿闻大兵将至，迁旁县居民入城，大聚刍粟，然无固守意，日夜谋走以自便。既而，闻承立入援，即以州事付其僚佐，托以应援徐兵，夜启关挈家走归德，庆山奴以为行部郎中，死杨驿。俄大兵围睢州，以无主将，故残破之甚也。

兀论，丞相赛不之侄，元光间例以诸帅为总领，兀论以丞相故独不罢。金朝防近族而用疏属，故白撒、承立、兀论辈皆腹心倚之。

赞曰：官奴素行反侧，倏南倏北，若龙断然。哀宗一旦倚为腹心，终为所制，照碧之处，何异幽囚，其事与梁武、侯景大同而小异。徒单兀典、庆山奴为将皆贪，宜数取败。女鲁欢无大失行，而死于官奴，哀宗犹暴其罪，冤哉。

卷一百十七　　列传第五十五

徒单益都　粘哥荆山刘均
王宾王进　**国用安　时青**

徒单益都，不详其履历，尝累官为延安总管。正大九年正月，行省事于徐州。时庆山奴撤东方之备入援，未至睢州，徐、邳义胜军总领侯进、杜政、张兴率本军降大兵于永州。辛丑，大兵守徐张盆渡。益都到官才三日，惧兵少不能守，即令移剌长寿率甲士千人迎大兵。长寿军无纪律，大兵掩之，一军皆覆，徐危甚。益都籍州人及运粮埽兵，得万人。乙巳，大兵傅城，烧南关而去。侯进既降北，即以为京东行省，进遂请千人来袭。二月庚申，未明，大兵坎南城而上，守者皆散走，城中大呼曰："大兵入南门矣！"益都闻之不及甲，率州署夜直兵三百，由黄楼而南，力战御敌。乱定，迁赏有差。由是军势稍振，复夺张盆渡，取萧县，破白塔，战于土山，救被俘老幼五千还徐。既而，侯进亡命驻灵璧，杜政、张兴亦虑为北所害，穷窘自归。益都抚而纳之，兴留徐，杜政还邳州。

益都资禀仁厚，持大体，二子两侄为军将，颇侵渔军民。青州人王祐为埽兵总领。将兵千七百人，益都常倚之，虽有过亦不责。以故祐亦横恣，与河间张祚、下邑令李闰、义胜都统封仙、遥授永州刺史成进忠辈，乘军政废弛，城中空虚。以六月丁巳夜烧草场作乱。时张兴卧病，祐恐事不成，起兴与同行。益都疑左右皆叛，挈妻子缒城而出，就从宜众僧奴及东面总领刘安国军。张兴推祐为都元帅，复惧祐图己，遂诛祐，并张祚杀之。因大掠城中。壬戌，国用安以行山东路尚书省事率兵至徐，张兴率甲士迎之。用安轻骑而入，执兴与其党十余人，斩之于市，遂以封仙为元帅，兼节度使，主徐州。

益都窘无所归，乃奔宿州，节度使纥石烈阿虎以益都为人所逐不纳，乃与诸将驻于城南。时宿之镇防军有逃还者，阿虎以为叛归亦不纳。城中镇防千户高腊哥，结小吏郭仲安，谋就徐州将士内外相应以取宿，因归杨妙真。甲戌夜半，开门纳徐州总领王德全及妻弟高元哥军。刘安国寻亦入城，缚阿虎父子杀之。州中请益都主帅府事，益都不从，曰："吾国家旧人，为将帅亦久，以资性疏迁，不能周防，遂失重镇。今大事已去，方逃罪不暇，岂有改易髻发、夺人城池以降外方乎！”即日，率官吏而行，至谷熟东，遇大兵，不屈而死。

徐州既归海州，邳帅兀林荅某亦让印于杜政，遂送款于用安。已而宿州王德全、刘安国亦送款海州。惟益都不改髻发，以至于死云。

粘哥荆山，不知其所始，正大中，累官亳州节度使。九年正月己丑，游骑自邓至亳，钞鹿邑，营于卫真西北五十里。鹿邑令高昂霄知太康已降，即夜趋亳，道出卫真，呼县令楚珩约同行。珩知势不支，即明谕县人以避迁之意，遂同走亳。丁未，二邑皆降。是日，军至亳州城下。州止有单州兵四百人，号“镇安军”，提控杨春、邢某、都统戴兴屯已六年。荆山悉籍城中丁壮为军，修守具，而大兵亦不暇攻。四月，拥降民而北，城门闭，不之知也。五月，纵迁民收麦，老幼得出，丁壮悉留之。民往往不肯留而遁，数日，城为之空。荆山遣将领各诣所属招之，并将领亦不返。“镇安”者皆红袄余党，力尽来归，变诈反复，朝廷终以盗贼待之。荆山以迁民为军，盖防之也。及召外兵不至，乃请于归德，得甲骑百余，两总领统之。既至，“镇安”疑其谋己，乃乘将士新到不设备，至夜，掩杀殆尽。荆山出走卫真，楚珩与之马而去，州中豪贵悉被剽略。

刘坚者，初为大兵守城父，亳州复，擒之，囚之于狱。杨春谋欲北降，乃出之，使为宣差。乙巳，大兵石总管入州，改州为顺天府，春为总管，戴兴为同知，刘顺治中，留党项军千人戍之。属县皆下，惟城父令李用宜不降，其妻子在亳，春以为质，竟不屈而死。春既据州，与刘坚坐楼上，召副提控邢某。邢刚直循理，将士严惮之，时卧病，闻春乱，流涕不自禁。春遣人舁致之，邢指春大骂，春惭恧无言。春欲杀荆山家，邢力劝止之，且令给道路费送之出城，邢寻病卒。二年夏四月，北省忒木解攻归德，春以戴兴提精卒以往，独与疲弱者守城。州人王宾遂反正，春渡河北遁。既而崔七斤为乱，杀王宾。朝廷不得已，以七斤为节度使，就其兵仗入蔡。八月，刘顺攻亳州，破之，七斤为城父令所杀。未几，单州军以州人杀其家属，召大兵来攻，不能拔，杀属县民而去。既渡河，知亳人不疑，复来攻，州竟为春所破。是年六月，宋人来攻，春出降，刘坚北走。

刘均者，林虑人，时为亳州观察判官。春既逐荆山，纳款大兵，胁均同降。均佯应之，归其家取朝服服之，顾谓妻子曰：“我起身刀笔，仰荷上知，始列朝著，又佐大藩，死亦足矣。今头颅已如此，假使有十年寿，何以见先帝于地下乎。”即仰药而死。

王宾，字德卿，亳州人。贞祐二年进士。外若旷达，而深有谋画。初调兰陵主簿，辟虹县令，寻入为尚书省令史，坐事罢归乡里。天兴元年正月，亳州军变，节度使粘哥荆山出走，杨春以州出降。既而，自以羸兵守之。宾与前谯县尉王进、魏节亨、吕钧约城中军民复其州，杨春遂遁，遣节亨诣归德以闻。哀宗嘉之，授进节度使，宾同知节度使，节亨节度副使，钧观察判官。杨春复以兵来攻，月余不能拔，即渡河而北。六月，哀宗迁蔡，宾奉迎于州北之高安。上与语，大悦，恨用之晚，擢为行部尚书、世袭谋克。上初至亳，宾等适征民丁负铁甲入蔡，及会计忠孝军家属口粮，故留参知政事张天纲董之，就迁有功将士。时亳之粮储不广，宾等常吝惜，军士以此归怨。及运甲之役，复不欲行。会天纲与宾等于一楼上铨次立功等第，镇防军崔复哥、王六十之徒擐甲哗噪登楼，天纲问曰：“即欲见杀，容我望阙拜辞。”贼曰：“无预相公。”即拽宾及吕钧往市中。钧且行且跪，涕泪俱下。宾岸然不惧，大叫曰：“不过杀我。但杀，但杀！”乃并害之。节度副使魏节亨、节度判官孙良、观察副使孙九住皆被害。又数日，杀节度使王进。进尝应荆山之募，由间道入汴京纳奏，赏以物不受，又散家所有济贫民，以死自励。至汴，以劳迁本州节度判官。赐以白金，亦不受，一时甚称之。

有李喜住者，本宿州众僧奴下宣差。天兴二年四月，进粮入归德，将还，闻亳州王进反正，制旨以喜住为振武都尉，将兵三千应援。是时，太赤围亳步骑十万，喜住以众寡不敌，独与三人间道入城，王进方议迁左军林，喜住不可，进即以兵付喜住。大兵攻八日不能下。五月壬子，兵退。己未，官奴与阿里合提忠孝军百人至亳，与诸将议迁可否。以为不可，当留辎重于蔡，选军扈从入圣朵就武仙军，遂入关中。关中地利可恃，又有郭虾蟆等军在西可恃。五月甲子，召官奴还归德，不赴，再召，留其军半于亳乃赴。六月壬辰，车驾舟行至亳，王进奏：“臣本军伍，不知治体，如李喜住扈从入蔡，则亳不守矣。乞留治此州。”诏以喜住为集庆军节度使，便宜从事，进领帅职。七月，进死。喜住先往城父督粮饷，闻乱遂不敢入亳，后投宋。

论曰：金季之乱，军士欲代其偏裨，偏裨欲代其主将，即群起而偾之，无复忌惮。益都、荆山皆忠亮之士，宾、进才略尤足取焉，而并不免于难，惜哉！

国用安，先名安用，本名咬儿，淄州人。红袄贼杨安儿、李全余党也。尝归顺大元，为都元帅、行山东路尚书省事。天兴元年六月，徐州埽兵总领王祐、义胜军都统封仙、总领张兴等夜烧草场作乱，逐元帅徒单益都。安用率兵入徐，执张兴与其党十余人斩之，以封仙为元帅兼节度使，主徐州。宿州镇防军千户高腊哥与东面总帅刘安国构徐州总帅王德全，杀宿帅纥石烈阿虎，以其州归海州。邳州从宜兀林荅某亦让州于杜政，送款海州。既而皆归安用。

北大将阿术鲁闻安用据徐、宿、邳，大怒曰：“此三州我当攻取，安用何人，辄受降。”遣信安、张进等率兵入徐，欲图安用，夺其军。安用惧，谋于德全，劫杀张进及海州元帅田福等数百人，与杨妙真绝，乃还邳州。会山东诸将及徐、宿、邳主帅，刑马结盟，誓归金朝。既盟，诸将皆散去，安用无所归，遂同德全、安国托从宜众僧奴自通于朝廷。众僧奴遣人上奏：“安用以数州反正，功甚大。且其兵力强盛，材略可称。国家果欲倚用，非极品重权不足以坚其许国之心。”未报。安用率兵万人攻海州，未至，众稍散去。安国因劝安用当赤心归国，安用亦自知反复失计，事已无可奈何，于是复金朝衣冠。妙真怒其叛己，又惧为所图，悉屠安用家走益都。安用遂选兵分将，期必得妙真，自此淮海之上无宁岁矣。

未几，朝廷遣近侍局直长因世英、都事高天祐持手诏至邳，以安用为开府仪同三司、平章政事、兼都元帅、京东山东等路行尚书省事，特封兖王，赐号“英烈戡难保节忠臣”，锡姓完颜，附属籍，改名用安，赐金镀银印、驼纽金印、金虎符、世袭千户宣命、敕样、牌样、御画体宣、空头河朔山东赦文，便宜从事，且以彭王妃诰委用安招妙真。用安始闻使者至，犹豫未决，以总领杨懋迎使者入，监于州廨，问所以来。世英对以封建事，意颇顺。诸帅王、杜辈皆不欲宣言，欲杀使者。明日，用安乃出见使者，跪揖如等夷。坐定，语世英曰：“予向随大兵攻汴，尝于开阳门下与侯挚议内外夹击。此时大兵病死者众，十七头项皆在京城，若从吾计出军，中兴久矣。朝廷乃无一人敢决者，今日悔将何及。”言竟而起。既而选人取朝廷赐物遍观之，喜见颜色。复与使者私议，欲不以朝礼受之，世英等不可，即设宴拜授如仪，以主事常谨等随使者奉表入谢。

上复遣世英、天祐赐以铁券一、虎符六、龙文衣一、玉鱼带一、弓矢二、封赠其父母妻诰命，及郡王宣、世袭宣、大信牌、玉兔鹘带各十，听同盟可赐者赐之。使者至邳，用安迎受如礼，始有入援意。及闻上将迁蔡州，乃遣人以蜡书言迁蔡有六不可，大率以谓：“归德环城皆水，卒难攻击，蔡无此险，一也。归德虽乏粮储，而鱼芡可以取足，蔡若受围，廪食有限，二也。大兵所以去归德者，非畏我也，纵之出而蹑其后，舍其难而就其易者攻焉，三也。蔡去宋境不百里，万一资敌兵粮，祸不可解，四也。归德不保，水道东行犹可以去，蔡若不守，去将安之，五也。时方暑雨，千里泥淖，圣体丰泽，不便鞍马，仓卒遇敌，非臣子所敢言，六也。虽然，陛下必欲去归德，莫如权幸山东。山东富庶甲天下，臣略有其地，东连沂、海，西接徐、邳，南扼盱、楚，北控淄、齐。若銮舆少停，臣仰赖威灵，河朔之地可传檄而定。惟陛下审察。”上以其言示宰臣。宰臣奏用安反复，本无匡辅志，此必参议张介等议之，业已迁蔡，议遂寝。

初，世英等过徐，王德全、刘安国说之曰：“朝廷恩命岂宜出自用安，郡王宣吾二人最当得者，乞就留之。”世英乃留郡王宣、世袭宣、玉带各二。由是与用安有隙，又惧为所图，皆不听其节制。十郡王者，李明德、封仙、张瑀、张友、卓翼、康琮、杜政、吴歪头、王德全、刘安国也。用安必欲取山东，累征徐、宿兵，止以勤王为辞，二帅不应。用安怒，令杜政等率兵三千，以取粮为名，袭徐、宿。既入城，德全觉之，就留杜政、封仙不遣。用安愈怒，谓德全、安国必有谋，乃执桃园帅吴某等八九人下狱鞫问。二帅遣温特罕张哥以杜政、封仙欲袭取徐州白用安，不听，驱吴帅、张哥辈九人并斩之。张哥将死大呼曰：“国咬儿，汝无尺寸功，受国家大封爵，何负于汝，而从杜政等变乱，又杀无罪之人。今虽死，当与汝辨于地下矣。”会上遣臧国昌以密诏征兵东方，故用安假朝命声言入援，檄刘安国为前锋，亲率兵三千驻徐州城下招德全。德全终疑见图，不出，系封仙于狱，杀之，遣杜政出城。安国既至宿州，用安复召安国还，安国不从，独与众僧奴赴援。行及临涣龙山寺，用安使人劫杀之，遂攻徐州，逾三月不能下，退归涟水。于是，因世英以用安终不赴援，乃还朝，至宿州西，遇大兵，不屈而死，事闻，赠汝州防御使。

既而用安军食不给，乞粮于宋，宋阳许之，即改从宋衣冠，而私与朝使相亲。寻益乏食，军民多亡去，乃命萧均以严刑禁亡者，血流满道。大元东平万户查剌将兵至涟水，遂降焉。查剌既渡河，趋蔡州，用安以诡计还涟水，复叛归于宋，受浙东总管、忠州团练使，隶淮阃。甲午正月，闻大兵围沛，用安往救之，败走徐州。会移兵攻徐，用安投水死，求得其尸，劓面系马尾，为怨家田福一军脔食而尽。

用安形状短小无须，喜与轻薄子游，日击鞠衢市间，顾眄自矜，无将帅大体。

介字介甫，平州人，正大元年经义进士第一，时为用安参议。

初，天祐等出汴，微服间行，经北军营幕，至通许崔桥，始有义军招抚司官府，去京师二百里矣。至陈州，防御使粘葛奴申始立州事。留二日，至项城，县令朱珍立县事，有士卒千二百人。至泰和县，县令王义立县已五月矣。八月，至宿州，众僧奴得报，且知朝廷授以权宿州节度使、兼元帅左都监之命，具彩舆仪卫出城五里奉迎。时东方不知朝廷音问已八月矣，官民见使者至，且拜且哭。有张显者任侠尚气知义理，即谓天祐曰：“东方不知朝廷音问已数月，今见使者，百姓皆感动。若不以圣旨抚慰之，恐失东民之必。我欲矫称制旨宣谕，如何。”天祐书生，守规矩，不敢从，但以宰相旨集州民慰抚之，州民复大哭。明日，往徐州。

时青，滕阳人。初与叔父全俱为红袄贼，及杨安儿、刘二祖败，承赦来降，隶军中。兴定初，青为济州义军万户。是时，叔父全为行枢密院经历官。兴定二年冬，全驰驿过东平，青来见，因告全将叛入宋，全秘之。顷之，青率其众入于宋。宋人置之淮南，屯龟山，有众数万。

兴定四年，泗州行元帅府纥石烈牙吾塔遣人招之，青以书来。书曰：“青本滕阳良民，遭时乱离，扶老携幼避地草莽。官吏不明此心，目以叛逆，无所逃死，窜匿淮海。离亲旧、去乡邑，岂人情之所乐哉。仆虽偷生寄食他国，首丘之念，未尝一日忘之。如朝廷赦青之罪，乞假邳州以屯老幼。当袭取盱眙，尽定淮南，以赎往昔之过。”牙吾塔复书曰：“公等初亦无罪，诚能为国建功，全军来归，即吾人也。邳州吾城，以吾人居之，亦何不可。《易》曰：‘君子见几而作，不俟终日。’公其亟图之。生还父母之邦，富贵终身，传芳后世，与其羁縻异域，目以兵虏，孰愈哉？”牙吾塔奏其事。十月，诏加青银青荣禄大夫，封滕阳公，仍为本处兵马总领元帅、兼宣抚使。青潜表陈谢，复以邳州为请。枢密院奏："恐青意止欲得邳州。可谕牙吾塔，若青诚实来归，即当授之。如审其诈，可使人入宋境宣布往来之言，及所授官爵，亦行间之术也。"青既不得邳州，复为宋守。

兴定五年正月二十五日夜，青袭破泗州西城，提控王禄遇害。是时，时全为同签枢密院事，朝廷不知青袭破西城，止称宋人而已。诏全往督泗州兵取西城。全至泗州，获红袄贼一人，诘问之，乃知青为宋京东钤辖，袭破西城。全颇喜，乃杀其人以灭口。牙吾塔昼夜力战，募死士以梯冲逼城，青縋兵出拒不得前。牙吾塔遣提控王应孙穴城东北隅，青夜出兵来袭，击却之。越二日，复出又却之。攻城益急，青以舟兵二千合城中兵来犯牙吾塔营，提控斡鲁朵先知，设伏掩击，青兵大败，溺淮水死者千人，自是不复出矣。王应孙穴城将及城中，青隧地然薪，逼出之。青乘城指麾，流矢中其目，余众往往被创，楼堞相继摧坏，城中恟惧，遂无固志。二月二十六日夜，青拔众走，遂复西城。

元光元年二月，全与元帅左监军讹可，节制三路军马伐宋。诏曰："卿等重任，毋致不和，以贻丧败。其资粮可取，规取失宜不能得之，罪在讹可；既已得之，不能运致以为我用，罪在全。"全与讹可由颍、寿进渡淮，败宋人于高塘市，攻固始县，破宋庐州将焦思忠兵。无何，获生口言，时青受宋诏，与全兵相拒，全匿其事。

五月，兵还，距淮二十里，诸军将渡，全矫称密诏"诸军且留收淮南麦"，遂下令人获麦三石以给军。众惑之，讹可及诸将佐劝之不听，军留三日。讹可谓全曰："今淮水浅狭，可以速济。时方暑雨，若值暴涨，宋乘其后，将不得完归矣。"全力拒之。从宜达阿、移失不、斜烈、李辛稍稍不平，全怒曰："讹可一帅耳，汝曹党之。汝曹致身至此，皆吾之力。吾院官也，于汝无不可者。"众乃不敢言。是夜，大雨。明日，淮水暴涨，乃为桥渡军。宋兵袭之，军遂败绩。桥坏，全以轻舟先济，士卒皆覆没。宣宗乃下诏诛之，遣官招集溃军，诏曰："大军渡淮，每立功效。诸将谬误，部曲散亡，流离忧苦，朕甚闵焉。各归旧营，勉图自效。"又诏曰："阵亡把军品官子孙，十五以上者依品官子孙例随局承应，十五以下、十岁以上者依品从随局给俸，至成人本局差使。无子孙官，依例给俸。应赠官、赙钱、军人家口当养赡者，并如旧制。"

赞曰：金自章宗季年，宋韩侂胄构难，招诱邻境亡命以挠中原，事竟无成。而青、徐、淮海之郊民心一摇，岁遇饥馑，盗贼蜂起，相为长雄，又自屠灭，害及无辜，十余年糜沸未息。宣宗不思靖难，复为伐宋之举，迄金之亡，其祸尤甚。简书所载国用安、时青等遗事，至今仁人君子读之犹蹙頞终日。当时烝黎，如鱼在釜，其何以自存乎。兵，凶器也。金以兵得国，亦以兵失国，可不慎哉，可不慎哉！

卷一百十八　列传第五十六

苗道润　王福　移剌众家奴　武仙　张甫　靖安民　郭文振　胡天作　张开　燕宁

苗道润，贞祐初，为河北义军队长。宣宗迁汴，河北土人往往团结为兵，或为群盗。道润有勇略，敢战斗，能得众心。比战有功，略定城邑，遣人诣南京求官封。宰相难其事，宣宗召河南转运使王扩问曰："卿有智虑，为朕决道润事。今即以其众使为将。肯终为我尽力乎？"扩对曰："兼制天下者，以天下为度。道润得众，有功因而封之，使自为守，羁縻使之，策之上也。今不许，彼负其众，何所不可为。"宣宗顾谓宰执曰："王扩之言，实契朕心。"于是除道润宣武将军、同知顺天军节度使事。贞祐四年，复以功迁怀远大将军、同知中山府事。再阅月，复战有功，迁骠骑上将军、中都路经略使、兼知中山府事。顷之，加中都留守、兼经略使。道润前后抚定五十余城。

兴定元年，诏道润恢复中都，以山东兵益之。道润奏："去年十一月，臣遣总领张子明招降蠡州独吉七斤。近日，河北东路兵马都总管移剌铁哥移军蠡州，袭破子明军，杀数百人，子明亦被创。臣将提兵问罪，重以铁哥自拔来归，但备之而已。今欲复取都城，乞无罪铁哥，直令受臣节制，庶可集事。"宣宗以问宰相，奏曰："道润、铁哥不协，不可相统属。"诏以完颜宇行元帅府事，督道润复中都，和辑铁哥军。

初，道润与顺天军节度使李琛不相能，两军士兵因之相攻，琛遣兵攻满城、完州，道润军拒战，杀琛兄荣及弟明等。琛奏："潞州提控乌林荅吾典承道润风指，日谋侵害。山东行省数谕道润与臣通和，竟不见从，且杀臣兄荣、弟明等，恣横如此，将为后患。"又奏："乞令河北州府官不相统摄，并听帅府节制。仍遣官增减诸路兵力，使权均势敌无相并吞，则百姓安农亩矣。"道润奏李琛以众叛，陷满城，攻完州。琛亦奏道润叛。廷议以为两人失和，故至于此，令山东行省枢密院谕琛："行省在彼，自当俱听节制，何待帅府。士兵本以义团结，且耕且战。今乃聚之城寨，遂相并吞。百姓不安，皆由官长无所忌惮使之然也。严为约束，依时树艺，无致生事。"有诏道润与移剌铁哥合兵抚定河北，令诸道兵互相应援。既而道润与贾仝、贾瑀互相攻击，诏道润、贾仝、王福、武仙、贾瑀分画各路元帅府控制之，彰德卫辉招抚司隶枢密院。贾瑀既与道润相攻，已而诈为约和，道润信之，遂伏兵刺杀道润。朝廷不能问，一军彷徨无所依，提控靖安民乞权隶潞州行元帅府，听其节制。时兴定二年也。

右丞侯挚乞以保、蠡、完三州隶真定，而蠡州旧受移剌众家奴节制，一旦改隶真定，恐因而交争。靖安民等愿隶潞州，乃令河北行省审处之。经略副使张柔奏："贾瑀攻易州寨，杀刺史马信及其裨校，夺所佩金符而去。"顷之，张柔攻贾瑀杀之。道润既死，靖安民代领其众，是后乃封建矣。

初，贞祐四年，右司谏术甲直敦乞封建河朔，诏尚书省议，事寝不行。兴定三年，以太原不守，河北州县不能自立，诏百官议所以为长久之利者。翰林学士承旨徒单镐等十有六人以谓“制兵有三，一曰战，二曰和，三曰守。今欲战则兵力不足，欲和则彼不肯从，唯有守耳。河朔州郡既残毁，不可一概守之，宜取愿就迁徙者屯于河南、陕西，其不愿者许自推其长，保聚险阻。”刑部侍郎奥屯胡撒合三人曰：“河北于河南有辅车之势，蒲、解于陕西有襟喉之要，尽徙其民，是撤其藩篱也。宜令诸郡，选才干众所推服、能纠众迁徙者，愿之河南或晋安、河中及诸险隘，量给之食，授以旷土，尽力耕稼。置侨治之官，以抚循之。择其壮者，教之战阵。敕晋安、河中守臣檄石、岚、汾、霍之兵，以谋恢复，莫大之便。”兵部尚书乌林荅与等二十一人曰：“河朔诸州，亲民掌兵之职，择土人尝居官、有材略者授之，急则走险，无事则耕种。”宣徽使移剌光祖等三人曰：“度太原之势，虽暂失之，顷亦可复。当募土人威望服众者，假以方面重权。能克复一道，即以本道总管授之。能捍州郡，即以长佐授之。必能各保一方，使百姓复业。”提点尚食局石抹穆请以高爵募民，大概同光祖议。宰臣欲置公府，宣宗意未决，御史中丞完颜伯嘉曰：“宋人以虚名致李全，遂有山东实地。苟能统众守土，虽三公亦何惜焉。”宣宗曰：“他日事定，公府无乃多乎。”伯嘉曰：“若事定，以三公就节镇何不可者。”宣宗意乃决。

四年二月，封沧州经略使王福为沧海公，河间路招抚使移剌众家奴为河间公，真定经略使武仙为恒山公，中都东路经略使张甫为高阳公，中都西路经略使靖安民为易水公，辽州从宜郭文振为晋阳公，平阳招抚使胡天作为平阳公，昭义军节度使完颜开为上党公，山东安抚副使燕宁为东莒公。九公皆兼宣抚使，阶银青荣禄大夫，赐号“宣力忠臣”，总帅本路兵马，署置官吏，征敛赋税，赏罚号令得以便宜行之。仍赐诏曰：“乃者边防不守，河朔失宁，卿等自总戎昭，备殚忠力，若能自效，朕复何忧。宜膺茅土之封，复赐忠臣之号。除已画定所管州县外，如能收得邻近州县者，亦听管属。”

王福，本河北义军，积战功累迁同知横海军节度使事、沧州经略副使。兴定元年，福遣提控张聚、王进复滨、棣二州，以聚摄棣州防御使，进摄滨州刺史。久之，福与聚有隙，聚以棣州附于益都张林。

兴定三年九月，福上言：“沧州东滨沧海，西连真定，北备大兵，可谓要地。乞选重臣为经略使，得便宜从事，以镇抚军民。朝廷以福初率义兵复沧州，招集残兵，今有众万余，器甲完具，自雄一方。与益都张林、棣州张聚皆为邻境。今利津已不守，辽东道路艰阻，且其意本欲自为使，但托词耳。因而授之，使招集滨、棣之人，通辽东音问，今若不许，宋人或以大军迫胁，或以官爵招之，将贻后悔。”宣宗以为然，乃以福为本州经略使，仍令自择副使。会福有战功，迁遥授同知东平府事、权元帅右都监，经略节度如故。兴定四年，封为沧海公，以清、沧、观州，盐山、无棣、乐陵、东光、宁津、吴桥、将陵、阜城、蓨县隶焉。

四月，红袄贼李二太尉寇乐陵，棣州张聚来攻，福皆击却之。李二复寇盐山，经略副使张文与战，李二大败，擒其统制二人，斩首二千级，获马三十匹。七月，宋人与红袄贼入河北，福婴城固守。益都张林、棣州张聚日来攻掠，沧州危蹙，福将南奔，为众所止，遂纳款于张林。东平元帅府请讨福，乞益河南步卒七千、骑兵五百，滑、浚、卫州资助刍粮，先定赏格，以待有功。朝廷以防秋在近，河南兵不可往，东平兵少，不能独成功，待至来年春，使东平帅府与高阳公并力讨之，乃止。

移剌众家奴，积战功，累官河间路招抚使，遥授开州刺史，权元帅右都监，赐姓完颜氏。兴定四年，与张甫俱封。众家奴封河间公，以献、蠡、安、深州、河间、肃宁、安平、武强、饶阳、六家庄、郎山寨隶焉。兴定末，所部州县皆不可守。元光元年，移屯信安，本张甫境内。张甫因奏：“信安本臣北境，地当冲要，乞权改为府以重之。”诏改信安为镇安府。是岁，与甫合兵，复取河间府及安、蠡、献三州，与张甫皆迁金紫光禄大夫。二年，众家奴及张甫同保镇安，各当一面，别遣总领提控孙汝楫、杨寿、提控袁德、李成分保外垣，遂全镇安。未几，众家奴奏：“镇安距迎乐堌海口二百余里，实辽东往来之冲。高阳公甫有海船在镇安西北，可募人直抵辽东，以通中外之意。若赏不重不足以使人，今拟应募者特迁忠显校尉，授八品职，仍赏宝泉五千贯。如官职已至忠显八品以上者，迁两官、升职一等，回日再迁两官、升职二等。”诏从之。

武仙，威州人。或曰尝为道士，时人以此呼之。贞祐二年，仙率乡兵保威州西山，附者日众，诏仙权威州刺史。兴定元年，破石海于真定，宣差招抚使惟宏请加官赏，真授威州刺史，兼真定府治中，权知真定府事。迁洺州防御使、兼同知真定府事，遥授河平军节度使。兴定四年，迁知真定府事，兼经略使，遥领中京留守，权元帅右都监。无何，封恒山公，以中山、真定府，沃、冀、威、镇宁、平定州，抱犊寨，栾城、南宫县隶焉。同时九府，财富兵强恒山最盛。

是岁，归顺于大元，副史天倪治真定。仙兄贵为安国军节度使，史天祥击之，贵亦归顺于大元。仙与史天倪俱治真定且六年，积不相能，惧天倪图己，尝欲南走。宣宗闻之，诏枢密院牒招之，仙得牒大喜。正大二年，仙贼杀史天倪，复以真定来降。天元大将笑乃解讨仙，仙走。阅月，乘夜复入真定，笑乃解复击之，仙乃奔汴京。五年，召见，哀宗 使枢密判官白华导其礼仪，复封为恒山公，置府卫州。七年，仙围上党，已而大兵至，仙遁归。未几，卫州被围，内外不通。诏平章政事合达、枢密副使蒲阿救之，徙仙兵屯胡岭关，扼金州路。

八年十一月，大元兵涉襄汉，合达、蒲阿驻邓州，仙由荆子口会邓州军。天兴元年正月丁酉，合达、蒲阿败绩于三峰山，仙从四十余骑走密县，趋御寨，都尉乌林荅胡土不纳，几为追骑所得。乃舍骑，步登嵩山绝顶清凉寺，谓登封兰若寨招抚使霍琢僧秀曰："我岂敢入汴京。一旦有急，缚我献大国矣。"遂走南阳留山，收溃军得十万人，屯留山及威远寨。立官府，聚粮食，修器仗，兵势稍振。

三月，汴京被围，哀宗以仙为参知政事、枢密副使、河南行省，诏与邓州行省思烈合兵入救。八月，至密县东，遇大元大将速不鲟兵过之，仙即按军眉山店，报思烈曰："阻涧结营待仙至俱进，不然败矣。"思烈急欲至汴，不听，行至京水，大兵乘之，不战而溃。仙亦令其军散走，期会留山，仙至留山，溃军至者益众。哀宗罢思烈为中京留守，诏仙曰："思烈不知兵，向使从卿阻涧之策，岂有败哉。军务一以付卿，日夕以待，戮力一心，以图后举。"十一月，遣刑部主事乌古论忽鲁召仙，仙不欲行，乃上疏陈利害，请缓三月，生死入援。

初，思烈至邓州，承制授宣差总领黄掴三合五朵山一带行元帅府事、兼行六部尚书。及仙还留山，恶三合权盛，改为征行元帅，屯比阳。三合怨仙夺其权，乃归顺于大元，大将速不鲟署三合守裕州。三合乃诈以书约仙取裕州，可以得志。仙信之。三合乃报大元大将，遣兵夹击，败仙于柳河，仙跳走圣朵寨。

初，沈丘尉曹政承制召兵西山，裕州防御使李天祥不用命，政斩之以徇。仙至圣朵，谓政曰："何故擅诛吾将？"政曰："天祥违诏，逗遛不行，政用便宜斩之。"仙怒曰："今日宣差来起军，明日宣差来起军，因此军卒战亡殆尽矣。自今选甚人来亦不听，且教儿郎辈山中休息。"又曰："天祥果有罪，待我来处置，汝何人，辄敢杀之！"政曰："参政柳河失利，不知存亡，天祥违诏，何为不杀？"仙大怒，叱左右夺政所佩银牌，令总领杨全械系之。会赦，犹囚之，及仙败，始得释，与杨全俱降宋。

是时，哀宗走归德，遣翰林修撰魏璠间道召仙。行至裕州，会仙败于柳河，璠矫诏招集溃军以待仙，仙疑璠图已。二年正月，仙阅兵，选锋尚十万，璠曰："主上旦夕西首望公，公不宜久留于此。"仙怒，几杀璠。璠及忽鲁剌还归德，仙乃奏请诛璠，哀宗不听，以璠为归德元帅府经历官。璠字邦彦，浑源人，贞祐二年进士云。

仙部将董祐有战功，诏赐虎符，仙畏其逼己，久不与佩。祐憾之，乃结官奴欲杀仙，犹豫未敢发。近侍局使完颜四和有谋敢断，尝征兵邓州，围牧使移剌杲合有异志。四和以计诛之。祐使谓四和曰："仙终不肯入援，祐等位卑，力不能诛，惟君为国家图之。"四和曰："已杀杲合，复杀武仙，他日使者来，人谁肯信。"不从。仙知祐尝有此谋，使祐使河北，其后竟杀之。

三月，仙以圣朵军食不足，徙军邓州，仰给于邓州总帅移剌瑗。邓州仓廪亦乏，乃分军新野、顺阳、淅川就食民家。遣讲议官朱概、刘琢往襄阳，借粮于宋制置使史嵩之。琢、概持两端，畏留，乃以情告史嵩之曰："仙兵势不复振矣。"且曰："名为借粮，实欲纳款，待将军一诺耳。"嵩之以为实然，遣田俊持书报仙。四月，仙遣大理少卿张伯直取粮于襄阳，屯军小江口以待之。嵩之闻张伯直至大喜，谓仙送款矣，发书乃谢状也，大怒，留伯直不遣。

仙自顺阳入邓州，移剌瑗畏逼，以女女仙，仙不疑，纳之，乃还顺阳。邓州粮尽，瑗终疑仙。五月，瑗举城降宋。嵩之益知仙军虚实，使孟珙率兵五千袭仙军于顺阳。是时，仙令士卒刈麦供军，未至二里许，始觉，仙率帐下百余人迎击之，孟珙不敢前。俄顷，军士稍集，有五六百人，大败珙兵。珙与数百人脱走，生擒其统制、统领数十人，获马千余。至是，概、琢妄谓将纳款于嵩之之语泄矣，仙皆诛之。

移剌瑗本名粘合，字廷玉。世袭契丹猛安，累功邓州便宜总帅。既至襄阳，使更姓名，称归正人刘介，具将校礼谒制置使。瑗大悔恨，明年三月，疽发背死。

孟珙虽败而去，仙惧宋兵复来，七月，徙淅川之石穴。是时，哀宗在蔡州，遣近侍兀颜责仙赴难，诏曰："朕平日未尝负卿，国家危难至此，忍拥兵自恃，坐待灭亡邪？"将士闻之，相视哽咽，皆愿赴难与国同生死。仙惧众心有变，乃杀马牛，与将士三千人歃血盟誓，不负国家，众乃大喜。无何，仙复谓众曰："蔡州道梗，吾兵食少，恐不能到。且蔡不可坚守，纵到亦无益。近遣人觇视宋金州，百姓据山为栅极险固，广袤百里，积粮约三百万石。今与汝曹共图之，可不劳而下，留老弱守此寨以为根本，然后选劲勇趋蔡，迎上西幸，未晚也。"众未及应，即令戒行李。取淅川溯流而上，山路险阻，霖雨旬日水湍悍，老幼溺死者不可胜数，粮食绝，军士亡者八九。仙计无所出，八月，乃由荆子口东还，自内乡将入圣朵寨，至峡石左右八叠秋林，闻总领杨全已降宋，留秋林十日乃迁大和。九月，至黑谷泊，进退失据，遂谋北走，行部尚书卢芝、侍郎石玠不从。

芝字庭瑞，河东人，任子补官，以西安军节度使行尚书。玠字子坚，河中人，崇庆二年进士，以汝州防御使行侍郎。二人相与谋曰："吾等知仙不恤国家久矣。谏之不从，去之未可，事至今日，正欠蔡州一死耳。假若不得到蔡州，死于道中，犹胜死于仙也。"既去，仙始觉，追玠杀之。芝走至南阳，为土贼所害。

甲午，蔡州破。粮且尽，将士大怨，皆散去。仙无所归，乃从十八人北渡河，又亡五人。五月，趋泽州，为泽之戍兵所杀。

张甫，赐姓完颜氏。初归顺大元。涿州刺史李瘸驴招之，兴定元年正月，甫与张进俱来降。东平行省蒙古纲承制除甫中都路经略使，进经略副使。二年，苗道润死，河北行省侯挚承制以李瘸驴权道润中都路经略使，甫与张柔为副。顷之，苗道润之众请以靖安民代道润。是时，张柔、安民实分掌道润部众，朝廷乃以瘸驴为中都东路经略使，自雄、霸以东皆隶之。

甫、进与永定军节度使贾仝不协，以兵相攻，夺据仝地，取仝马以遗经略使李瘸驴，瘸驴受之。朝廷怪瘸驴不能和辑州府，乃有向背，召瘸驴别与官职。诏东平蒙古纲讲睦甫与贾仝。纲遣同知安武军王郁、博野令高常住往平之，辄留瘸驴不遣，因奏曰："张甫本受瘸驴招降，情意厚善，今遣郁先与瘸驴议所以平之者然后可。况甫等不识礼义之人，瘸驴就征则皆自疑，恐生他变，故不避专擅之罪。”诏从纲奏。未几，贾仝复以兵捕甫部民，杀甫参议官邢珌。甫率兵攻之，贾仝败走，遂自缢死。甫请符印以安辑部众，诏与之。

无何，李瘸驴归顺大元。甫为中都东路经略使、遥授同知彰德府事、权元帅右都监。三年，张进为中都南路经略使。甫奏：“真定兵冲，乞遣重臣与恒山公武仙并力守之。”不报。及真定不守，甫复奏：“权元帅右都监柴茂保冀州水寨，孤立无援，若不益兵，非臣之所知也。”

四年，甫封高阳公，以雄、莫、霸州，高阳、信安、文安、大城、保定、静海、宝坻、武清、安次县隶焉。元光元年，移剌众家奴不能守河间，甫居之信安。是岁，以功进金紫光禄大夫，始赐姓完颜。二年二月，张进亦迁元帅左监军，赐姓完颜。

靖安民，德兴府永兴县人。贞祐初，充义军，历谋克、千户、总领、万户、都统，皆隶苗道润麾下。以功遥授定安县令，迁涿州刺史，遥授顺天军节度使。充提控。兴定元年，遥授安武军节度使。兴定二年，迁知德兴府事、中都路总领招抚使。是岁，苗道润死，安民代领其众，行省承制以涿州刺史李瘸驴权中都路经略使。三年，诏瘸驴自雄、霸以东为中都东路经略使，自易州以西安民为中都西路经略使。西山义军屯垒诸招抚皆隶焉。

四年，遥授知德兴府事，权元帅左监军，行中都西路元帅府事。三月，安民上书曰：“苗道润抚定州县五十余城，其功甚大，西京路经略使刘铎嫉其功，反间贾瑀、李琛与道润不协，转相攻伐，竟以阴谋杀道润。铎令所部刘智元等掠镇抚孙资孙、招抚杨德胜家人二十余口，锢之山寨。若铎常居此，恐致败事。”刘铎亦遣副使刘璋诣南京自诉，且言：“安民侵入飞狐之境，冒滥封拜，诱惑人心，强抑总领冯通等输银粟。索飞狐总领王彦晖，弹压刘智元、杜贵，欲充偏裨。彦晖等拒之，辄杀贵而杖智元，竟驱彦晖而去。”又言：“经略职卑，以致从宜李柏山等日谋见害。乞许罢去。”廷议，刘铎本行招诱逋亡，今乃与安民互相论列，以起争端。苗道润死，安民实代领其众，彦晖等军本隶道润，当听安民节制。乃召铎还。顷之，封易水公，以涿、易、安肃、保州，君氏川、季鹿、三保河、北江、矾山寨、青白口、朝天寨、水谷、欢谷、车安寨隶焉。十月，安民出兵至矾山，复取檐车寨。

大元兵围安民所居山寨，守寨提控马豹等以安民妻子及老弱出降，安民军中闻之骇乱，众议欲降以保妻子。安民及经历官郝端不肯从，遂遇害。诏赠金紫光禄大夫。

郭文振，字拯之，太原人。承安二年进士。累官辽州刺史。贞祐四年，昭义节度使必兰阿鲁带请升辽州为节镇，廷议辽州城郭人户不称节镇，而文振有功当迁，乃以本官充宣差从宜都提控。兴定元年，诏文振接应苗道润，恢复中都，会道润与贾仝相攻而止。

文振治辽州，深得众心。兴定三年，迁遥授中都副留守，权元帅左都监，行河东北路元帅府事，刺史、从宜如故。文振招降太原东山二百余村，迁老幼于山寨，得壮士七千，分驻营栅，防护秋获。文振奏：“若秋高无兵，直取太原，河东可复。”优诏许之。十月，权元帅右都监、行元帅府事，与张开合坚、台州兵复取太原。四年，诏升乐平县为皋州，寿阳县西张寨为晋州，从文振之请也。

文振上疏曰：“扬子云有言：‘御得其道，则天下狙诈咸作使；御失其道，则天下狙诈咸作敌。’有天下者审所御而已。河朔自用兵之后，郡邑萧然，并无官长，武夫悍卒因缘而起以为得志，僭越名位，瓜分角竞，以相侵攘，虽有内除之官，亦不得领其职，所为不法，可胜言哉？乞行帅府擅请便宜，妄自夸张以尊大其权，包藏之心盖可知也。朝廷因而抚之，假权傅授，至与各路帅府力侔势均，不相统属。陕西行省总为节制，相去辽远，道路梗塞，卒难闻知。故飞扬跋扈，无所畏惮，邻道相望，莫敢谁何。自平阳城破以来，河北不置行省，朝廷信臣不复往来布扬声教，但令曳剌行报而已。所司劳以酒食，悦以货财，借其声誉共欺朝廷。奸幸既行，遂至骄恣，变故之生，何所不有，此臣所以夙夜痛心而为之忧惧也。乞分遣公廉之官，遍诣访察，庶知所在利害之实。伏见泽、潞等处刍粮犹广，人民犹众，地多险阻，乞选重臣复置行省，皆听节制，上下相维，可臂指使之，则国势日重，奸恶不萌矣。”是时，泽、潞已诏张开规划，不能尽用文振之言，但令南京兵马使术甲赛也行帅府于怀、孟而已。是岁，封晋阳公，河东北路皆隶焉。

文振奏：“孟州每以豪猾不逞之人摄行州事，朝廷重于更代，就令主之。去年，伯德和摄刺史，提控伯德安杀之，夺其职。河东行省以陈景璠代安，安内不能平，因诬告景璠死罪，朝廷未及按问，安辄逐之。耻受臣节制，宣言于众，待道路稍通，当隶恒山公节制。今真定已不守，安犹向慕不已。臣征兵诸郡，安辄诡辞不遣。臣若兴师，是自生一敌，非国家之便也。闻安有女，臣辄违律令为侄孙述娶之，安遂见许。臣非愿与安为姻，为公家计，屑就之耳。自结亲以来，安颇循率以从王事，法不当娶而辄娶之，敢以此罪为请。”宣宗嘉其意，遣近臣慰谕之。文振复奏：“武仙所统境土甚大，虽与林州元帅府共招抚之，乞更选本土州县官，重其职任，同与安集，可使还定。”宣宗用其策。

五年，文振奏：“臣所统岚、管、隩、石、宁化、保德诸州，境土阔远，不能周知利害，恐误军国大计。伏见葭州刺史古里甲蒲察智勇过人，深悉河东事势，乞令行元帅府事，或为本路兵马都总管，与臣分治。”诏文振就择可者处之便地，仍受文振节制。

上党公张开以厚赏诱文振将士，颇有亡归者。诏分辽、潞粟赈太原饥民，张开不与。文振奏其事，诏遣使慰谕之。文振复申前请，以葭州刺史古里甲蒲察分治岚、管以西诸州，制可，仍令防秋后再度其宜。文振请分上党粟以赡太原，诏文振与张开计度。顷之，诏以石州隶晋阳公府。

元光元年，林州行元帅府惟良得罪召还，文振奏：

“近闻惟良召还，臣窃以为不可。惟良在林州五岁，政尚宽厚，大得民心，今兹被召，军民遮路泣留。其去未几，巇尖之众作乱，逐招抚使康瑭。乞遣惟良还林州为便。”不许。

文振上书：“乞遣前平章政事胥鼎行省河北，诸公府、帅府并听节制，诏谕百姓使知不忘遗黎之意，然后以河南、陕西精锐并力恢复。”不报。文振复奏：“河朔百姓引领南望，臣再四请于枢府，但以会合府兵为言。公府虽号分封，力实单弱，且不相统摄，所在被兵。朝廷不即遣兵复河北，人心将以为举河朔而弃之，甚非计也。”文振大抵欲起胥鼎为行省，定河北，朝廷不能用。

二年，诏文振应援史咏复河东。是岁，辽州不能守，徙其军于孟州，以部将郝安等为文振副，护沿山诸寨。文振辞公府，诏不许。顷之，文振部将汾州招抚使王遇与孟州防御使纳兰谋古鲁不相能，复徙卫州，然亦不可以为军，迄正大间，寓于卫而已。

胡天作，字景山，管州人。初以乡兵守御本州，累功少中大夫、管州刺史。兴定二年，遥授同知太原府事，刺史如故。是岁，平阳失守，改同知平阳府事。三年，复取平阳，天作言：“汾、潞皆置帅府，平阳大镇，今稍完复，所管州县，不下十万户，复业者相继不绝，其过汾、潞远甚，宜一体置之。”是时，晋安、岚州皆有帅府，乃以天作充便宜招抚使、权元帅左都监。四年，封平阳公，以平阳、晋安府，隰、吉州隶焉。天作请以晋安府之翼城县为翼州，以垣曲、绛县隶焉。置平水县于汾河之西，朝廷皆从之。

初，轩成本隶程琢麾下，琢死，成率众保隰州，以为同知隰州军州事、兼提控军马。成增缮器甲，招纳亡命，颇有他志。是时，隰州方用兵，未可制，天作请增置要害州县，以分其势。隰州之境蒲县最居其冲，可改为州，隰川之仵城镇可改为县，选官守备。诏升蒲县为蒲州，以大宁县隶之，仵城镇为仵城县。天作守平阳凡四年，屡有功，诏录其子定哥为奉职。

元光元年十月，青龙堡危急，诏遣古里甲石伦会张开、郭文振兵救之，次弹平寨东三十里，不得进。知府事术虎忽失来、总领提控王和各以兵归顺，临城索其妻子，兵民皆溃，执天作出。天作已归顺，诏诛忽失来子之南京者，命天作子定哥承应如故。天作已受大元官爵，佩虎符，招抚怀、孟之民，定哥闻之，乃自经死，赠信武将军、同知睢州军州事。诏张开、郭文振招天作，天作至济源，欲脱走，先遣人奏表南京，大元大将恶其反复，遂诛之。

天作死后，宣宗以同知平阳府事史咏权行平阳公府事，后封平阳公。平阳初破，咏父祚、母萧氏藏于窟室，索出之，使祚招咏，祚乃自缢死，萧氏逃归。咏妻梗氏亦自死。宣宗赠祚荣禄大夫、京兆郡公，谥成忠。萧氏封京兆郡太夫人，赐号归义。梗氏赠京兆郡夫人，谥义烈。未几，咏乞内徙，徙其军于解州河中府。

张开，赐姓完颜氏，景州人。至宁末，河北兵起，开团结乡兵为固守，累功遥授同知清州防御事，兼同知观州事。贞祐四年，开率所部复取河间府及沧、献二州十有三县。开有宣抚司留付空名宣敕二百道，奏乞从权署置，就任所复州县旧官，阙者补之。诏迁同知观州军州事。开复清州，乞输盐易粮，诏与之粮。迁观州刺史、权本州经略使。至是，始赐姓完颜氏。开奏乞许便宜，及论淇门、安阳、黎阳皆作堰塞水，河运不通，乞开发水道，不报。观州粮尽，是岁秋，徙军辉州，乞麦种三千石、驴骡三百或宝券二百贯，户部不与。御史台奏：“开自观州转战来此，久著劳绩，欲令其军耕种以自给，有司计小费拒不与。乞断自宸衷，与之麦种，若无牛可与，给以宝券。”制可。

是岁，潼关不守，被召入卫南京。兴定元年，遥授泽州刺史。二年，遥授同知彰德府、兼总领提控。三年，充潞州招抚使。林州元帅府徙潞人实林州，既复遣还。开乞隶晋安元帅府，或与林州并置元帅府，各自为治。十月，开以权昭义军节度使、遥授孟州防御使、权元帅左都监、行元帅府事，与郭文振共复太原。四年，封上党公，以泽、潞、沁州隶焉。五年，诏复以涉县为崇州，从开请也。元光元年，复取高平县及泽州。二年，大战壶关，有功。既而潞州危急，开奏：“封建公府以固屏翰，今胡天作出平阳，郭文振南徙河东，公府独臣与史咏而已。乞升泽、沁二州为节镇，以重守御。”诏以泽为忠昌军，沁为义胜军。林州巇尖寨众乱，逐招抚使康瑭，推杜仙为招抚使，开请以卢芝瑞为副，代领其众。又奏：“比闻郭文振就食怀、孟，史咏徙解州，高伦迁葛伯寨，各自保守，民安所仰哉？臣领孤军，内无储峙，外无应援，臣不敢避失守之罪，恐益重朝廷之忧。”

正大间，潞州不守，开居南京，部曲离散，名为旧公，与匹夫无异。天兴初，起复，与刘益为西面元帅，领安平都尉纪纲军五千攻卫州，败绩于白公庙。是时，哀宗走归德，开与刘益谋收溃兵从卫，不果，遂与承裔西走，皆为民家所杀。

初置公府，开与恒山公武仙最强。后驻兵马武山，遣人间道请粮二万石，用事者难之，止给二千石。公府将佐得报皆不敢白，开闻，置酒召诸将曰：“朝廷待某特厚，今日与诸君一醉。”诸将问故，曰：“顷以粮竭为请，祈二万而得二千，是吾君相不以武仙辈待我也。”是时，郭文振处开西北，当兵之冲，民贫地瘠，开又不奉命以粮赈文振军。文振穷窘，开势愈孤，以至于败。

燕宁，初为莒州提控，守天胜寨，与益都田琢、东平蒙古纲相依为辅车之势。山东虽残破，犹倚三人为重。红袄贼王公喜据注子堌，率众袭据沂州。宁击走之，遂复沂州，语在《田琢传》。宁既屡破红袄贼，招降胡七、胡八，引为腹心，贼中闻之多有欲降者。累官遥授同知安化军节度使事、山东安抚副使。兴定四年，封东莒公，益都府路皆隶焉。五年，与蒙古纲、王庭玉保全东平，以功迁金紫光禄大夫。还天胜，战死。蒙古纲奏：“宁克尽忠孝，虽位居上公，祖考未有封爵，身没之后老稚无所衣食，乞降异恩以励节义之士。”诏赠故祖皋银青荣禄大夫，祖母张氏范阳郡夫人，父希迁金紫光禄大夫，母彭氏、继母许氏、妻霍氏皆为范阳郡夫人，族属五十二人皆廪给之。

自益都张林逐田琢，继而宁死，蒙古纲势孤，徙军邳州，山东不复能守矣。

赞曰：苗道润死，中分其地，靖安民有其西之半，中分以东者其后张甫有之，然无北境矣。大凡九公封建，《宣宗实录》所载如此。他书载沧海公张进、河间公移剌中哥、易水公张进、晋阳公郭栋，此必正大间继封，如史咏继胡天作者，然不可考矣。

卷一百十九　　列传第五十七

粘葛奴申 刘天起　完颜娄室
乌古论镐　张天纲　完颜仲德

粘葛奴申，由任子入官，或曰策论进士。天兴初，倅开封府，以严干称。其年五月，擢为陈州防御使。时兵戈抢攘，道路不通，奴申受命，毅然策孤骑由间道以往。陈自兵兴，军民皆避迁他郡，奴申为之择官吏，明号令，完城郭，立庐舍，实仓廪，备器械。未几，聚流亡数十万口，米一斛直白金四两，市肆喧哄，如汴之阛阓，京城危困之民望而归者不绝，遂指以为东南生路。

明年，哀宗走归德，改陈州为金兴军，驰使褒谕，以奴申为节度使。俄拜参知政事，行尚书省于陈。于是，奴申立五都尉以将其兵，建威来猪粪、虎威蒲察合达、振武李顺儿、振威王义、果毅完颜某，凡招抚司至者皆使隶都尉司。

是时，交战无虚日，州所屯军十万有余。奴申与官属谋曰："大兵日至，而吾州粮有尽，奈何？"乃减军所给，月一斛五斗者作一斛，又作八斗，又作六斗。将领则不给。人心稍怨。故李顺儿、崔都尉因而有异志，刘提控及完颜不如哥提控者预焉。奴申知其谋，常以兵自防。及闻大元兵往朱仙镇市易，奴申遣五都尉军各二百人，以李顺儿、副都尉崔某将之，袭项城寨。令孙镇抚者召顺儿议兵事，孙至其家，顺儿已擐甲，孙欲观其刀，顺儿拔示之，孙色动，即出门奔去。顺儿追杀之，乃上马，引兵二百人入省，说军士曰："行省克减军粮，汝辈欲饱食则从我，不欲则从行省。"于是，省中军士皆坐不起。奴申闻变走后堂，追杀之。提控刘某加害，解其虎符以与顺儿，并杀其子侄婿及乡人王都尉。顺儿令五都尉军皆甲，守街曲。自称行省，署元帅，都尉。以刘提控语不顺，斩之坐中。明日，遂遣克石烈正之送款于汴。崔立乃遣其弟倚就加顺儿淮阳军节度使，行省如故。

未几，虎威都尉蒲察合达与高元帅者尽杀顺儿之徒，举城走蔡州。大兵觉，追及孙家林，老幼数十万少有脱者。

初，奴申闻崔立之变，遣人探其事情，而顺儿、崔都尉亦密令人结构崔立，适与奴申所遣者同往同还。顺儿惧其谋泄，故发之益速。奴申亦知其谋，故遣袭项城，欲因其行袭杀之，然已为所先。

刘天起者，起于匹夫，初甚庸鄙。汴京戒严，尝上书以干君相，愿暂假一职以自效。每言战国兵法，平章白撒等信之，令景德寺监造革车三千两。天兴元年，授都招抚使，佩金符。召见，乞往陈州运粮，上从之，一时皆窃笑其侥幸。及至陈，行军殊有方略，每出战，数有功，陈人甚倚重之。顺儿之变，天起偃蹇不从，为所杀。同时一唐括招抚者亦不屈而死。

完颜娄室三人，皆内族也，时以其名同，故各以长幼别之。

正大八年，庆山奴弃京兆，适鹰扬都尉大娄室运军器至白鹿原，遇大兵与战，兵刃既尽，以绦系掉金牌，力战而死。

九年正月，大兵至襄城，元帅中娄室、小娄室以马军三千遇之于汝坟。时大兵以三四十骑入襄城，驱驿马而出，又入东营，杀一千夫长，金人始觉之。两娄室以正旦饮将校，皆醉不能军，遂败，退走许州。会中使召入京师。天兴二年正月，河朔军溃，哀宗走归德，中娄室为北面总帅，小娄室左翼元帅，收溃卒及将军夹谷九十奔蔡州。蔡帅乌古论栲栳知其跋扈不纳，遂走息州，息帅石抹九住纳之。时白华以上命送虎符于九住为息州行帅府事。九住出近侍，好自标致，驺从盈路。三人者妒之，各以招集勤王军士为名，得五六百人，州以甲仗给之。久之，渐生猜贰，九住亦招负贩牙侩数百人为"虎子军"，夜则擐甲为备。一日，九住使一万户巡城，三帅执而驱之，使大呼云："勿学我欲开西门反！"即斩之。乃召九住，九住欲不往，惧州人及祸，乃从三百卒以往。三帅令甲士守街曲，九住从者过，处处执之。九住独入，三帅问汝何为欲反，九住曰："我何缘反？"三帅怒，欲杀者久之。小娄室意稍解，颇为救护，得不杀，使人锁之。以夹谷九十为帅，兼权息州。

蔡帅栲栳闻九住为三帅所诬，上奏辨之，三帅亦捃摭九住之过上闻。朝廷主栲栳之辨，且不直三帅。六月，赦至蔡，栲栳惧九住为三帅所诛，遣二卒驰送诏书于息，乃得免。及上将幸蔡，密召中娄室引兵来迓，娄室迟疑久之，乃率所招卒奉迎。七月，上遣近侍局使入息州括马，即召九住。九住至，与中娄室辨於上前。时中娄室已授同签枢密院事，上不欲使之终讼，乃罢九住帅职，授户部郎中，以乌古论忽鲁为息州刺史。

时有土豪刘秃儿、马安抚者自蔡朝还，以军储不给叛入宋，州之北关为所焚毁。是时城中军无几，日有叛去者，且觇知宋人有窥息之意，息帅惧，上奏请益兵为备。朝廷以参知政事抹撚兀典行省事于息州，中娄室以同签枢密院事为总帅，小娄室以副点检为元帅，王进为弹压帅，夹谷九十为都尉，以忠孝马军二百、步军五百属之，行省、院于息。将行，上谕之曰："北兵所以常取全胜者，恃北方之马力，就中国之技巧耳，我实难与之敌。至于宋人，何足道哉。朕得甲士三千，纵横江、淮间有余力矣。卿等勉之。”

八月壬辰，行省遣人奏中渡店之捷。初，兀典等赴息，既至之夜，潜遣忠孝军百余骑袭宋营于中渡。我军皆北语，又散漫似之，宋人望之骇愕奔溃，斩获甚众。复奏元帅张闰不遵约束，失亡军士，乞正典刑。娄室表闰无罪，上遣人赦之，比至，已死狱中。盖闰为娄室腹心，九住之狱皆闰发之。兀典廉得其事，因其失律而诛之也。九月，以忽鲁退缩，不能抚御，民多叛去，夺其职，以夹谷九十权息州事。

十一月，宋人以军二万来攻。城中食尽，乃和籴，既而括之，每石止留一斗，并括金帛衣物，城中皆无聊矣。前两月，蔡州以军护老幼万口来就食，北兵觉之，追及于二十里之外，至息者才十余人。至是，蔡问不通。行省及诸帅日以歌酒为事，声乐不绝。下及军士强娶寡妇幼女，绝灭人理，无所不至。

三年甲午正月，蔡凶问至，诸帅杀之以灭口，然民间亦颇有知者。初，诸帅欲北降，而递相猜忌，无敢先发者。数日，蔡信哄然，诸帅屏人聚议，皆言送款南中为便。时李裕为睦亲府同佥桓端国信使下经历官，乃使送款于宋。遂发丧设祭，谥哀宗曰昭宗。州民奉行省为领省，丞相、总帅、左平章皆娶妇。十三日，举城南迁，宋人焚州楼橹。州人老幼渡淮南行，入罗山，委曲之信阳。北兵见火起，追及之，无有免者，且诛索行省已下官属于宋。宋人令官属入城，托以犒赏，从万户以上六七百人皆杀之，军中亦有夺命死敌者。宋人谕诸军，行省已下有罪已处置，汝等就迷魂寨安屯，遂以军防之。既而与北军接，南军敛避，一军悉为所杀。

乌古论镐，本名栲栳，东北路招讨司人。由护卫起身，累官庆阳总管。天兴初，迁蔡、息、陈、颍等州便宜总帅。二年，哀宗在归德，蒲察官奴、国用安欲上幸海州，未决。会镐馔米四百余斛至归德，且请幸蔡，上意遂决。先遣直学士乌古论蒲鲜如蔡，告蔡人以临幸之意。六月，征蔡、息军马来迓，以蔡重镇，且虑有不测，诏镐勿远迎。

辛卯，车驾发归德，时久雨，朝士扈从者徒行泥水中，掇青枣为粮，数日足胫尽尰，参政天纲亦然。壬辰，至亳，上黄衣皂笠，金兔鹘带，以青黄旗二导前，黄伞拥后，从者二三百人，马五十余匹而已。行次城中，僧道父老拜伏道左，上遣近侍谕以“国家涵养汝辈百有余年，今朕无德，令尔涂炭。朕亦无足言者，汝辈无忘祖宗之德可也。”皆呼万岁，泣下。留一日，进亳之南六十里，避雨双沟寺中，蒿艾满目，无一人迹，上太息曰：“生灵尽矣。”为之一恸。是日，小娄室自息来迓，得马二百。己亥，入蔡。蔡之父老千人罗拜于道，见上仪卫萧条，莫不感泣，上亦歔欷者久之。

七月，以镐为御史大夫，总帅如故。初，镐守蔡，门禁甚严，男女樵采，必以墨识其面，人有以钱出者，十取一分有半以赡军。上至蔡，或言其非便，即弛其禁。时大兵去远，商贩颇集，小民鼓舞，以为复见太平，公私宿酿，一日俱尽。

郾城土豪卢进杀其长吏，自称招抚使，以前关、陕帅府经历范天保为副。至是，天保来见，进麦三百石及獐鹿脯、茶、蜜等物，遂赐进金牌，加天保官，自是进物者踵至。既而遣内侍殿头宋珪与镐妻选室女备后宫，已得数人，右丞忽斜虎谏曰：“小民无知，将谓陛下驻跸以来，不闻恢复远略，而先求处女以示久居。民愚而神，不可不畏。”上曰：“朕以六宫失散，左右无人，故令采择。今承规诲，敢不敬从。止留解文义者一人，余皆放遣。”

是时，从官近侍率皆穷乏，悉取给于镐，镐亦不能人满其欲，日夕交谮于上，甚以尚食阙供为言。上怒，虽擢拜大夫，而召见特疏。小娄室之在息州也，与石抹九住有隙，怨镐为九住辨曲直。及上幸蔡，娄室见于双沟，因厚诬镐罪，上颇信之。镐自知被谗，忧愤郁抑，常称疾在告。会前参知政事石盏女鲁欢侄大安来，以女鲁欢无反状，为官奴所杀，白尚书省求改正，尚书省以闻。上曰：“朕尝谓女鲁欢反邪，而无迹可寻。谓不反邪，朕方暴露，遣人征援兵，彼留精锐自防，发其羸弱者以来。既到睢阳，彼厚自奉养，使朕醯酱有阙。朕为人君，不当语此细事，但四海郡县，孰非国家所有？坐保一城，臣子之分，彼乃自负而有骄君上之心，非反而何？然朕方驾驭人材以济艰难，录功忘过此其时也，其厘正之。”群臣知上意之在镐也，数为右丞仲德言之。仲德每见上，必称镐功业，宜令预参机务，又荐以自代，上怒少解。及参政抹撚兀典行省息州，镐遂以御史大夫权参知政事。

九月，大兵围蔡，镐守南面，忠孝军元帅蔡八儿副之。未几，城破被执，以招息州不下，杀之。

乌古论先生者，本贵人家奴，为全真师。佯为狂态，裸颠露足，缀麻为衣，人亦谓之“麻帔先生”。宣宗尝召入宫，问以秘术。因出入大长主家，殊有秽迹，上微闻之，敕有司掩捕，已逃去。正大末，从镐来官汝南，人皆知与其妻通，而镐不知。生不自安，求出，镐为营道宇，亲率僧道送使居之。车驾将至蔡，生欲遁无所往，因自言能使军士服气不费粮。右丞仲德知其妄，乃奏：“欲如田单假神师退敌之意，授一真人之号，旋出奇计，北兵信巫必骇异之，或可以有成功。”参政天纲以为不可，遂止。复求入见，言有诡计可以退敌。及见，长揖不拜，且多大言，欲出说大帅喷盏为脱身计。时郎中移剌克忠、员外郎王鹗具以向者“麻帔”为言，上怒杀之。

赞曰：晋刘越石长于抚纳，短于驾驭，以故取败。粘葛奴申陈州之事，殆类之矣。三娄室皆金内族，唯大娄室死得其所，其两娄室谗贼人也，襄城事急，醉不能军，乃逭一死，金失政刑，一至于是。乌古论镐幸蔡之请，虽非至谋，区区效忠以谗见忌，哀宗之明，盖可知矣。

张天纲，字正卿，霸州益津人也。至宁元年词赋进士。性宽厚端直，论议醇正，造次不少变。累官咸宁、临潼令，入补尚书省令史，拜监察御史，以鲠直闻。升户部郎中，权左右司员外郎。哀宗东幸，迁左右司郎中，扈从至归德，改吏部侍郎。知元帅官奴有反状，屡为上言之，上不从，官奴果变，遂擢天纲权参知政事。及从上迁蔡，留亳州，适军变，天纲以便宜授作乱者官，州赖之以安。及蔡，转御史中丞，仍权参政。

扶沟县招抚司知事刘昌祖上封事，请大举伐宋，其略云："官军在前，饥民在后，南践江、淮，西入巴、蜀。"颇合上意。上命天纲面诘其蕴藉，召与语无可取者，然重违上命，且恐闭塞言路，奏以为尚书省委差官。护卫女奚烈完出、近侍局直长粘合斜烈、奉御陈谦、权近侍局直长内族泰和四人，以食不给出怨言，乞往陈州就食。天纲奏令监之出门任所往。才出及汝南岸，遇北兵皆见杀，时人快之。妖人乌古论先生者自言能使军士服气，可不费粮。右丞仲德援田单故事，欲假其术以骇敌，语在《乌古论镐传》。上颇然之，天纲力辨以为不可，遂止，且曰："向非张天纲，几为此贼所诳。"军吏石抹虎儿者求见仲德，自谓有奇计退敌，出马面具如狮子状而恶，别制青麻布为足、尾，因言："北兵所恃者马而已，欲制其人，先制其马。如我军进战，寻少却，彼必来追。我以驯骑百余皆此状，仍系大铃于颈，壮士乘之，以突彼骑，骑必惊逸，我军鼓噪继其后，此田单所以破燕也。"天纲曰："不可。彼众我寡，此不足恃，纵使惊去，安保其不复来乎？恐徒费工物，只取敌人笑耳。"乃罢之。

蔡城破，为宋将孟珙得之，槛车械至临安，备礼告庙。既而，命临安知府薛琼问曰："有何面目到此？"天纲对曰："国之兴亡，何代无之。我金之亡，比汝二帝何如？"琼大叱曰："曳去。"明日，遂奏其语，宋主召问曰："天纲真不畏死耶？"对曰："大丈夫患死之不中节尔，何畏之有。"因祈死不已。宋主不听。初，有司令供状必欲书虏主，天纲曰："杀即杀，焉用状为！"有司不能屈，听其所供，天纲但书故主而已。闻者怜之。后不知所终。

完颜仲德，本名忽斜虎，合懒路人。少颖悟不群，读书习策论，有文武才。初试补亲卫军，虽备宿卫而学业不辍。中泰和三年进士第，历仕州县。贞祐用兵，辟充军职，尝为大元兵所俘，不逾年尽解其语，寻率诸降人万余来归。宣宗召见，奇之，授邳州刺史、兼从宜。增筑城壁，汇水环之，州由是可守。哀宗即位，遥授同知归德府事，同签枢密院事，行院于徐州。徐州城东西北三面皆黄河而南独平陆，仲德叠石为基，增城之半，复浚隍引水为固，民赖以安。

正大五年，诏关陕以南行元帅府事，以备小关及扇车回。时北兵叩关，仲德适与前帅奥屯阿里不酌酒更代，而兵猝至，遂驱而东。阿里不素无守御之策，为有司所劾，罪当死。仲德上书引咎，以谓"北兵越关之际，符印已交，安得归罪前帅，臣请受戮。"上义之，止杖阿里不而贳其死。

六年，移知巩昌府，兼行总帅府事。时陕西诸郡已残，仲德招集散亡，得军数万，依山为栅，屯田积谷，人多归焉。一方独得小康，号令明肃，至路不拾遗。八年四月，诏授仲德巩昌行省及虎符、银印。天兴元年九月，拜工部尚书、参知政事，行尚书省事于陕州。时兀典新败，陕州残破，仲德复立山寨，安抚军民。会上以蜡丸书征诸道兵入援，行省院帅府往往观望不进，或中道遇兵而溃，惟仲德提孤军千人，历秦、蓝、商、邓，撷果菜为食，间关百死至汴。至之日，适上东迁。妻子在京师五年矣，仲德不入其家，趋见上于宋门，问东幸之意。知欲北渡，力谏云："北兵在河南，而上远徇河北，万一无功，得完归乎？国之存亡，在此一举，愿加审察。臣尝屡遣人奏，秦、巩之间山岩深固，粮饷丰赡。不若西幸，依险固以居，命帅臣分道出战，然后进取兴元，经略巴蜀，此万全策也。"上已与白撒议定，不从，然素重仲德，且嘉其赴难，进拜尚书省右丞、兼枢密副使，军次黄陵冈。

二年正月，车驾至归德，以仲德行尚书省于徐州。既至，遣人与国用安通问。沛县卓翼、孙璧冲者初投用安，用安封翼为东平郡王，璧冲博平公，升沛县为源州。已而翼、璧冲来归，仲德畀之旧职，令统河北诸砦，行源州帅府事。用安累檄王德全入援，不赴。仲德至徐，德全大恐，求赴归德。仲德留之，遣人纳奏帖云："徐州重地，德全不宜离镇。"仲德虚州廨不居，亦无兵卫自防，日以观书为事，而德全自疑益甚。二月，鱼山总领张瓛作乱，杀元帅完颜胡土降北。仲德累议讨之，德全不从，即领麾下十许人，亲劝民兵得三百人，径往鱼山，而从宜严禄已诛瓛反正，仲德抚慰军民而还。有曹总领者，盗御马东行，制旨谕行省讨之，仲德既杀贼，德全欲功出己，杀曹党四十八人。三月，阿术鲁攻萧县，游骑至徐，德全马悉为所邀。仲德时往宿州，德全以失马故，始议救萧县，遣张元哥、苗秀昌率骑八百以往。未及交战，元哥退走，北兵掩之，皆为所擒杀之，萧县遂破。四月，仲德阳以关粮往邳州，州官出迎，就执德全并其子杀之，余党之外，一无所问，阖郡称快。

初，完颜胡土以遥授徐州节度，往帅严禄军于永州北保安镇。时禄已为从宜，在砀山数年，又得士心。忽土到，军士不悦，二月辛卯夜，遂为总领张瓛、崔振所害。吏部郎中张敏修，忽土下经历官，乃以军变胁严禄降北。禄佯应之，阴召永州守陈立、副招抚郭升，会诸义军赴保安镇诛作乱者。军夜至，禄遣敏修召瓛、振计事，二人不疑，介胄而至，及其党与皆为禄所杀。徐州去保安百里，行省闻之来讨，会禄已反正，乃以便宜授禄行元帅左都监，就佩忽土虎符。朝廷复授禄遥领归德知府、兼行帅府事。未几，大元将阿术鲁兵至保安，禄夜遁。后禄闻官奴变，一军顿徐、宿间几一月，遂投涟水，敏修入徐。

五月，诏仲德赴行在。时官奴已变，官属惧为所绐，劝勿往。仲德曰："君父之命，岂辨真伪耶？死亦当行。"寻使者至，果官奴之诈。六月，官奴诛，诏仲德议迁蔡，仲德雅欲奉上西幸，因赞成之。及蔡，领省院，事无巨细，率亲为之，选士括马，缮治甲兵，未尝一日无西志。近侍左右久困睢阳，幸即汝阳之安，皆娶妻营业，不愿迁徙，日夕为上言西行不便。未几，大兵梗路，竟不果行。仲德每深居燕坐，瞑目太息，以不得西迁为恨。

是月，上至蔡，命有司修见山亭及同知衙，为游息之所。仲德谏曰："自古人君遭难，播越于外，必痛自刻苦贬损，然后可以克复旧物。况今诸郡残破，保完者独一蔡耳。蔡之公廨固不及宫阙万一，方之野处露宿则有加矣。且上初行幸，已尝劳民葺治，今又兴土木之役以求安逸，恐人心解弛，不足以济大事。”上遽命止之。

七月，定进马迁赏格。每甲马一匹或二匹以上，迁赏有差。自是，西山帅臣范真、姬汝作等各以马进，凡得千余匹，以抹撚阿典领之。又遣使分诣诸道征兵赴蔡，得精锐万人。又以器甲不完，命工部侍郎术甲咬住监督修缮，不逾月告成。军威稍振，扈从诸人苟一时之安，遂以蔡为可守矣。

鲁山元帅元志领军千余来援。时诸帅往往拥兵自固，志独冒险数百里，且战且行，比至蔡，几丧其半。上表异之，赐以大信牌，升为总帅。息州忠孝军帅蔡八儿、王山儿亦来援。

壬午，忠孝军提控李德率十余人乘马入省大呼，以月粮不优，几于骂詈。郎中移剌克忠白之仲德，仲德大怒，缚德堂下，杖之六十。上谕仲德曰：“此军得力，方欲倚用，卿何不容忍，责罚乃尔。”仲德曰：“时方多故，录功隐过，自陛下之德。至于将帅之职则不然，小犯则决，大犯则诛，强兵悍卒，不可使一日不在纪律。盖小人之情纵则骄，骄则难制，睢阳之祸，岂独官奴之罪，亦有司纵之太过耳。今欲更易前辙，不宜爱克厥威，赏必由中，罚则臣任其责。”军士闻之，至于国亡不敢有犯。

九月，蔡城戒严。行六部尚书蒲察世达以大兵将至，请谕民并收晚田，不及者践毁之，毋资敌，制可。丙辰，诏裁冗员，汰冗军，及定官吏军兵月俸，自宰执以下至于皂隶，人月支六斗。初，有司定减粮，人颇怨望。上闻之，欲分军为三，上军月给八斗，中七斗，下六斗，人复怨不均。乃立射格，而上中军辄多受赏，连中者或面赐酒，人益为劝，且阴有所增而人不知，仲德之谋也。甲子，分军防守四面。

十月壬申朔，大兵壕垒成，耀兵城下，旗帜蔽天。城中骇惧，及暮，焚四关，夷其墙而退。十一月辛丑，大兵以攻具傅城，有司尽籍民丁防守，不足则括妇女壮健者，假男子衣冠使运木石。蔡既受围，仲德营画御备，未尝一至其家，拊存军士，无不得其欢心，将校有战亡者，亲为赙祭，哭之尽哀。己丑，西城破，城中前期筑栅浚濠为备，虽克之不能入也。但于城上立栅，南北相去百余步而已。仲德摘三面精锐日夕战御，终不能拔。

三年正月庚子朔，大兵以正旦会饮，鼓吹相接，城中饥窘，愁叹而已。围城以来，战殁者四帅、三都尉，其余总帅以下，不可胜纪。至是，尽出禁近，至于舍人、牌印、省部掾属，亦皆供役。戊申，大兵凿西城为五门，整军以入，督军鏖战，及暮乃退，声言来日复集。己酉，大兵果复来，仲德率精兵一千巷战，自卯及巳，俄见子城火起，闻上自缢，谓将士曰：“吾君已崩，吾何以战为？吾不能死于乱兵之手，吾赴汝水，从吾君矣。诸君其善为计。”言讫，赴水死。将士皆曰：“相公能死，吾辈独不能耶？”于是参政孛术鲁娄室、兀林荅胡土，总帅元志，元帅王山儿、纥石烈柏寿、乌古论恒端及军士五百余人，皆从死焉。

仲德状貌不逾常人，平生喜怒未尝妄发，闻人过，常护讳之。虽在军旅，手不释卷，门生故吏每以名分教之。家素贫，敝衣粝食，终其身晏如也。雅好宾客，及荐举人材，人有寸长，极口称道。其掌军务，赏罚明信，号令严整，故所至军民为用，至危急死生之际，无一士有异志者。南渡以后，将相文武，忠亮始终无瑕，仲德一人而已。

赞曰：金之亡，不可谓无人才也。若完颜仲德、张天纲，岂非将相之器乎。昔者智伯死又无后，其臣豫让不忘国士之报，君子谓其无所为而为之，真义士也。金亡矣，仲德、天纲诸臣不变所守，岂愧古义士哉！

卷一百二十　列传第五十八

世　戚

石家奴　裴满达　忽睹　徒单恭
乌古论蒲鲁虎　唐括德温　乌古论粘没曷
蒲察阿虎迭　乌林荅晖　蒲察鼎寿
徒单思忠　徒单绎　乌林荅复
乌古论元忠子谊　**唐括贡　乌林荅琳**
徒单公弼　徒单铭　徒单四喜

金昭祖娶徒单氏，后妃之族，自此始见。世祖时，乌春为难，世祖欲求昏以结其欢心，乌春曰：“女直与胡里改岂可为昏。”世宗时，赐夹谷清臣族同国人。清臣，胡里改人也。然则四十七部之中亦有不通昏因者矣，其故则莫能诘也。有国家者，昏因有恒族，能使风气淳固，亲义不渝，而贵贱等威有别焉，盖良法也欤。作《世戚传》。

石家奴，蒲察部人，世居案出虎水。祖斛鲁短，世祖外孙。桓赧、散达之乱，昭肃皇后父母兄弟皆在敌境，斛鲁短以计迎还之。石家奴自幼时抚养于太祖家，及长，太祖以女妻之。年十五，从攻宁江州，败辽主亲军，攻临潢府皆有功，袭谋克。其后，自山西护齐国王谋良虎之丧归上京，道由兴中。是时，方攻兴中未下，石家奴置柩于驿，率其所领猛安兵助王师，遂破其城。

从宗望讨张觉。再从宗翰伐宋。宗翰闻宗望军已围汴，遣石家奴计事，抵平定军遇敌兵数万，败之，遂见宗望。已还报，宗翰闻其平定之战，甚嘉之。明年，复伐宋，石家奴隶娄室军。娄室讨陕西未下，石家奴领所部兵援之。既而，以本部屯戍西京，会契丹大石出奔，以余睹为元帅，石家奴为副，袭诸部族以还。未几，有疾，退居乡里。

天眷间，授侍中、驸马都尉。再以都统定边部，熙宗赐御书嘉奖之。封兰陵郡王。除东京留守，以病致仕。卒，年六十三，加赠郧王。正隆夺王爵，封鲁国公。

裴满达，本名忽挞，婆卢木部人。为人淳直孝友。天辅六年，从蒲家奴追叛寇于铁吕川，力战有功。熙宗娶忽达女，是为悼平皇后。天眷元年，授世袭猛安。明年，以皇后父拜太尉，封徐国公。皇统元年，除会宁牧。居数岁，以太尉奉朝请。九年，悼后死。无何，海陵弑熙宗，欲邀众誉，扬熙宗过恶，以悼后死非罪，于是封忽挞为王。天德三年，薨。子忽睹，为燕京留守，以罪免，居中都，海陵命驰驿赴之。及葬，使秘书监纳合椿年致祭，赙银五百两。

忽睹，天眷三年权猛安，皇统元年为行军猛安。历横海、崇义军节度使，以后戚怙势赃污不法。其在横海，拜富人为父，及死，为之行服而分其资。在崇义，讽寺僧设斋而受其施。及留守中京，益骄恣，苟可以得财无不为者。选诸猛安富人子弟为扎野，规取财物，时号“闲郎君”。朝廷以忽睹与徒单恭等污滥至甚，命秉德黜陟天下官吏，忽睹以赃罢。海陵以忽睹所至纵家奴扰民，乃定禁外官任所闲杂人条约。天德三年，复起为郑州防御使，改安国军节度使。卒，年三十九。

徒单恭，本名斜也。天眷二年，为奉国上将军。以告吴十反事，超授龙虎卫上将军。为户部侍郎，出为济南尹，迁会宁牧，封谭国公。复出为太原尹。斜也贪鄙，使工绘一佛像，自称尝见佛，其像如此，当以金铸之。遂赋属县金，而未尝铸佛，尽入其家，百姓号为“金总管”。秉德廉访官吏，斜也以赃免。

海陵篡立，海陵后徒单氏，斜也女，由是复用为会宁牧，封王。未几，拜平章政事，海陵猎于胡剌浑水，斜也编列围场，凡平日不相能者辄杖之。海陵谓宰相曰：“斜也为相，朕非私之。今闻军国大事凡斜也所言，卿等一无取，岂千虑无一得乎?”他宰相无以对，温都思忠举数事对曰：“某事本当如此，斜也辄以为如彼，皆妄生异议，不达事宜。臣逮事康宗，累朝宰相未尝有如斜也专恣者。”海陵默然。斜也于都堂脊杖令史冯仲尹，御史台劾之，海陵杖之二十。斜也猛安部人撒合出者，言斜也强率取部人财物。海陵命侍御史保鲁鞫之。保鲁鞫不以实，海陵杖保鲁，而以撒合出为符宝祗候，改隶合扎猛安。

斜也兄定哥尚太祖长女兀鲁，定哥死无子，以季弟之子查剌为后。斜也谋取其兄家财，强纳兀鲁为室而不相能，兀鲁尝怨詈斜也。斜也妾忽挞与兀鲁不叶，乃谮兀鲁于海陵后徒单氏曰：“兀鲁怨上杀其兄宗敏，有怨望语。”会韩王亨改广宁尹，诸公主宗妇往贺其母，兀鲁以言慰亨母，忽挞亦以怨望指斥诬兀鲁。海陵使萧裕鞫之，忽挞得幸于徒单后，左验皆不敢言，遂杀兀鲁，斜也因而尽夺查剌家财。大定间皆追正之。海陵以兀鲁有怨望语，斜也不奏，遂杖斜也，免所居官。俄，复为司徒，进拜太保，领三省事，兼劝农使。再进太师，封梁晋国王。

贞元二年九月，斜也从海陵猎于顺州。方猎，闻斜也薨，即日罢猎，临其丧，亲为择葬地，遣使营治。及葬，赐辒辌车，上及后率百官祭之，赐谥曰忠。正隆间，改封赵国王，再进齐国公。

其妻先斜也卒，海陵尝至其葬所致祭，起复其子率府率吾里补为谏议大夫。大定间，海陵降为庶人，徒单氏为庶人妻，斜也降特进巩国公。

乌古论蒲鲁虎，父当海，国初有功。蒲鲁虎通契丹大小字，娶宋王宗望女昭宁公主什古。熙宗初，为护卫，改牌印，常侍左右。转通进。袭父谋克，再迁临海军节度使，改卫州防御使。海陵赐食内殿，谓之曰：“卫州风土甚佳，勿以防御为降也。”对曰：“颇闻卫州官署不利守者。”即日改汾阳军节度使，赐衣服、佩玉、带剑。入为太子詹事，卒，年四十一。海陵亲临哭之，后妃皆吊祭，赙赠甚厚。有司给丧事，赠特进驸马都尉。正隆例赠光禄大夫。

唐括德温，本名阿里，上京率河人也。曾祖石古，从太祖平腊醅麻产，领谋克。祖脱孛鲁，领其父谋克，从太祖伐辽，攻宁江、泰州战有功。父挞懒，尚康宗女，从宋王宗望以军二万收平州，至城东十里许遇敌兵甚众，战败之，太祖赏赉甚厚，授行军猛安。皇统初，迁龙虎卫上将军，历兴平、临海等军节度使。

德温善射，尚睿宗皇帝女楚国长公主。天眷三年，授宣武将军。皇统元年，从都元帅宗弼南征，以善突战迁广威将军。六年，迁定远大将军。七年，授殿前右副都点检。天德初，改殿前左副都点检，迁兵部尚书。出为大名尹兼本路兵马都总管，改横海军节度使，延安尹兼鄜延路兵马都总管。世宗即位，封道国公，为殿前都点检、驸马都尉。大定二年，以父祖功授按出虎猛安所管世袭谋克。三年九月九日，世宗以故事出猎，谓德温曰：“扈从军士二千，饮食刍秣能无扰百姓乎。”严为约束，仍以钱一万贯分给之。四年，为劝农使，出为西京留守，赐犀弓玉带，召入为皇太子太傅，卒。上辍朝，亲临丧奠祭，赙赠甚厚。

十八年，追录其父挞懒并德温前后功，授其长子驸马都尉鼎世袭西北路没里山猛安，徙隶泰州。

乌古论粘没曷，上京胡剌温屯人也，移屯河间。祖唤端，太祖伐辽，常侍左右，追辽主延禧、却夏人援兵皆有功，授世袭谋克。父欢睹，官至广威将军。粘没曷尚睿宗女冀国长公主，初为护卫，天德二年袭谋克。海陵伐宋，为押军猛安。世宗即位，军还，授侍卫亲军步军都指挥使，加驸马都尉。历左副点检，禁直被酒不亲视扃镉，杖四十。迁右宣徽使、劝农使，出为兴平军节度使。改广宁尹，赐钱三千贯。粘没曷至广宁，嗜酒不视事，上以兵部员外郎宗安为少尹，诏宗安戒谕之，上谓宗安曰：“汝能继修前政，朕不忘汝，勉之。”大定中，粘没曷卒。上闻之，遣其子驸马都尉公说驰驿奔丧，赐钱三千贯，沿路祭物并从官给。

蒲察阿虎迭，初授信武将军，尚海陵姊辽国长公主迪钵，为驸马都尉。辽国薨，继尚邓国长公主崔哥。皇统三年，为右副点检。五年，使宋为贺正旦使，改左副点检，礼部、工部尚书，广宁、咸平、临潢尹，武定军节度使，封葛王。薨年二十八。海陵亲临葬，赠谭王。正隆例赠特进楚国公。

乌林荅晖，本名谋良虎，明德皇后兄也。天眷初，充护卫，以捕宗磐、宗隽功授忠勇校尉，迁明威将军。从宗弼北征，迁广威将军，赏以金币、尚厩击球马。久之，除殿中侍御史，再除蒲速碗群牧使，谨畜牧，不事游宴，孳产蕃息，进秩，改特满群牧使。世宗即位，召见行在，除中都兵马都指挥使。世宗至中都，将遣使于宋，以晖为使。世宗曰："晖尝私用官钱五百贯。"乃数其罪而罢之，遣高忠建往。因谓宰臣曰："朕于赏罚，豪发无所假借。果公廉办治，虽素所不喜，必加升擢，若抵冒公法，虽至亲不少恕。"迁都点检、兼侍卫亲军副都指挥使，卒。遣官致祭，皇太子诸王百官会丧，赙银千两、重彩四十端、绢四十匹。诏以晖第三子天锡世袭纳邻河猛安亲管谋克。

蒲察鼎寿，本名和尚，上京曷速河人，钦怀皇后父也。赋性沉厚有明鉴，通契丹、汉字，长于吏事。尚熙宗女郑国公主。贞元三年，以海陵女弟庆宜公主子加定远大将军，为尚衣局使，累官器物局使。大定二年，加驸马都尉，职如故。历符宝郎、蠡州刺史、浚州防御使，有惠政，两州百姓刻石纪之。迁泰宁军节度使，历东平府、横海军，入为右宣徽使，改左宣徽，授中都路昏得浑山猛安曷速木单世袭谋克。改河间尹。号令必行，豪右屏迹。有宗室居河间，侵削居民，鼎寿奏徙其族于平州，郡内大治。卒官。上闻之深加悼惜。丧至香山，皇太子往奠，百官致祭，赙银彩绢。明昌三年，以皇后父赠太尉、越国公。

鼎寿既世连姻戚，女为皇后，长子辞不失凡三尚定国、景国、道国公主。其宠遇如此，未尝以富贵骄人，当时以为外戚之冠云。

徒单思忠，字良弼，本名宁庆。曾祖赛补，尚景祖女。从太祖伐辽，战殁于临潢之浑河。父赛一，尚熙宗妹。正隆末，为纠碗群牧使，契丹贼窝斡扰北边，赛一与战死之。大定初，赠金吾卫上将军。

思忠通敏有才，颇通经史。世宗在潜邸，抚养之。赋性宽厚。十有二岁从上在济南，一日，与姻戚公子出游近郊，有醉人腰弓矢策马突过，诸公子怒欲鞭之，思忠曰："醉人昏昧，又何足责。"遂释之。其人行数十步，忽执弓矢，思忠恐欲伤人，速驰至其傍，夺其弓，弛而还之。上闻之，嘉有识量，由是常使侍侧。尚皇弟二女唐国公主。大定初，世宗使思忠迎南征万户高忠建、完颜福寿于辽口，察其去就，思忠知其诚意，乃与俱至东京。世宗即位，如中都，思忠从行，军国庶事补益弘多。大定元年十月，拜殿前左卫将军，二年，加驸马都尉，卒。上为辍朝，即丧所临奠，命有司备礼葬之，营费从官给。

十九年，上追念思忠辅立功，赠骠骑卫上将军，仍授其子铎武功将军、世袭中都路乌独浑谋克。

徒单绎，本名术辇，其先上京按出虎达阿人。祖撒合懑，国初有功，授隆安府路合扎谋克、夺古阿邻猛安。绎美姿仪，通诸国语。尚熙宗第七女沈国公主。充符宝祗候，迁御院通进，授符宝郎。历宣德、泰安、淄州刺史，有廉名。改同知广宁府事，以母鄂国公主忧，不赴。世宗特许以忧制中袭父封。服阕，授同知济南府事。二十六年，迁棣州防御使，以政迹闻，升临海军节度使，卒。

绎家世贵宠，自曾祖照至绎尚公主者凡四世云。

乌林荅复，本名阿里剌，东平人也。奉御出身，大定七年尚世宗第七女宛国公主，授驸马都尉。改引进使、兼符宝郎，出为蠡州刺史，三迁归德军节度使。明昌三年，转知兴中府事，久之，为曷懒路兵马都总管。承安四年，拜绛阳军节度使。卒。

乌古论元忠，本名讹里也，其先上京独拔古人。父讹论，尚太祖女毕国公主。元忠幼秀异，世宗在潜邸以长女妻之，后封鲁国大长公主。正隆末，从海陵南伐。世宗即位辽阳，时太保昂为海陵左领军大都督，遣元忠朝于行在，遂授定远大将军，擢符宝郎。谕之曰："朕初即位，亲密无如汝者，侍从宿卫，宜戒不虞。"大定二年，加驸马都尉，除近侍局使，迁殿前左卫将军。从世宗猎，上欲射虎，元忠谏止之。进殿前右副都点检，为贺宋正旦使，还，转左副都点检。坐家奴结揽民税，免官。十一年，复旧职。明年，升都点检。十五年，北边进献，命元忠往受之，及还，诏谕曰："朕每遇卿直宿，其寝必安。今夏幸景明宫，卿去久，朕甚思之。"

会大兴府守臣阙，遂以元忠知府事。有僧犯法，吏捕得置狱，皇姑梁国大长公主属使释之，元忠不听，主奏其事，世宗召谓曰："卿不徇情，甚可嘉也，治京如此，朕复何忧。"秩满，授吏部尚书。以其子谊尚显宗长女薛国公主。十八年，擢御史大夫，授撒巴山世袭谋克。世宗问左丞相纥石烈良弼孰可相者，良弼以元忠对，乃拜平章政事，封任国公，进尚书右丞相。策论进士之科设，元忠赞成之。世宗将幸会宁，元忠进谏不听，出知真定府，寻复诏为右丞相。

世宗欲甓上京城，元忠曰："此邦遭正隆军兴，百姓凋弊，陛下休养二十余年，尚未完复。况土性疏恶，甓之恐难经久，风雨摧坏，岁岁缮完，民将益困矣。"驾东幸久之未还，元忠奏曰："鸾舆驻此已阅岁，仓储日少，市买渐贵，禁卫暨诸局署多逃者，有司捕置诸法恐伤陛下仁爱。"世宗嘉纳之。

寻出为北京留守，责谕之曰："汝强悍自用，颛权而结近密。汝心叵测，其速之官。"后左丞张汝弼奏事，世宗恶其阿顺，谓左右曰："卿等每事依违苟避，不肯尽言，高爵厚禄何以胜任。如乌古论元忠为相，刚直敢言，义不顾身，诚可尚也。"于是，改知真定府事，移知河间。明昌二年，知广宁府。以河间修筑球场扰民，会赦下，除顺义军节度使。乞致仕不许，特加开府仪同三司、北京留守。徙知济南府，过阙，令预宴，班平章政事之上。承安二年，移守南京，寻改知彰德府，卒。讣闻，上遣宣徽使白琬烧饭，赙物甚厚。元忠素贵，性粗豪而内深忌，世宗尝责之。又所至不能戢奴仆，世以此为訾云。子谊。

谊本名雄名。大定八年，尚海陵女。宴宗室及六品以上官，命妇预焉，上曰："此女亦太祖之曾孙，犹朕之女，乃父废亡，非其女之罪也。"海陵女卒，大定二十一年，尚显宗女广平郡主。谊历仕宫卫，为人粗豪类其父。二十六年，上谓原王曰："元忠勿望其可复相也。雄名又不及乃父，朕尝宥待，殊不知恩，汝宜知其为人。"谓平章政事襄曰："雄名可令补外。自今宫掖官已有旨补外者，比及廷授，即毋令入宫。"于是，谊除同知澄州军州事。章宗即位，广平郡主进封邺国长公主，谊改顺天军节度副使，加驸马都尉。承安元年，累迁秘书监兼吏部侍郎，改刑部，迁工部尚书。泰和元年，遇父元忠忧。二年，以本官起复。三年，知东平府事，改知真定府事。六年，伐宋，迁元帅左都监。七年，转左监军。八年，拜御史大夫。大安中，知大名府。至宁初，以谋逆伏诛。

唐括贡，本名达哥，太傅阿里之子也。尚世宗第四女吴国公主，授驸马都尉，充奉御。特授拱卫直副都指挥使，五迁刑部侍郎，坐擅离职削官一阶，出为德州防御使。升顺天军节度使，移镇横海。召为左宣徽使，迁兵部尚书，改吏部，转礼部尚书、兼大理卿。先是，大理卿阙，世宗命宰臣选可授者，左丞张汝弼举西京副留守杨子益法律详明。上曰："子益虽明法，而用心不正，岂可任之以分别天下是非也？大理须用公正人。"左丞粘割斡特剌举贡可任以闲简部分而兼领是职，遂以贡为之。二十八年，拜枢密副使。章宗立，为御史大夫。会贡生日，右丞相襄、参知政事刘玮、吏部郎中畚、中都兵马都指挥使和喜为贡寿，遂犯夜禁，和喜遣军人送襄至第。监察御史徒单德胜劾其事，下刑部逮畚等问状。上以襄、玮大臣释之，而贡等各解职。寻知大兴府事，复为枢密副使。乞致仕不许，进枢密使，封莘国公，改封萧。复上表乞退，上曰："向已尝告，续知意欲外除，今之告将复若何。"遂优诏许之。寻起知真定府事。泰和二年，薨。

乌林荅琳，本名留住。尚郜国公主，加驸马都尉。贞祐元年为静难军节度使。夏人犯邠州，琳降。会延安府遣通事张福孙至夏国，夏人使福孙见琳，时已中风，公主令人以状付福孙，属以恳祷朝廷，冀早太平得还乡之意。福孙具以闻，诏赐以药物。

徒单公弼，本名习烈，河北东路算主海猛安人。父府君奴，尚熙宗女，加驸马都尉，终武定军节度使。公弼初充奉御，大定二十七年，尚世宗女息国公主，加定远大将军、驸马都尉，改器物局直长。转副使、兼近侍局直长。丁父忧，起复本局副使。章宗秋山射中虎，虎怒突而前，侍卫皆避去，公弼不动，虎亦随毙。诏责侍卫而慰谕公弼。除滨州刺史，再迁兵部侍郎，累除知大名府事。是时，伐宋军兴，有司督逋租及牛头税甚急，公弼奏："军士从戎，民亦疲弊，可缓征以纾民。"朝廷从之。大安初，知大兴府事，谳武清盗，疑其有冤，已而果获真盗。岁余拜参知政事，进右丞，转左丞。至宁初，拜平章政事，封定国公。贞祐初，进拜右丞相，罢知中山府事。是时，中都围急不可行，围解，宣宗曰："中山新被兵，不如河中善。"乃改知河中府。历定国军节度使事、太孙太师、同判大睦亲府事。兴定五年薨，宣宗辍朝，赙赠，谥恪愿。

徒单铭，字国本，显宗赐名重泰。祖贞，别有传。父特进、泾国公。性重默寡言，粗通经史，事母尽孝。大定末，充奉御。章宗即位，特敕袭中都路浑特山猛安。明昌五年，授尚酝署直长，累迁侍仪司令、宿直将军、尚衣局使、兵部郎中，与大理评事孙人鉴为采访使，覆按提刑司事。改右卫将军，转左卫，出为永定军节度使，移河东北路按察使、转运使。大安三年，改知大名府，就升河北东西、大名路安抚使。大名荐饥重困，铭乞大出交钞以赈之。崇庆初，移知真定府，复充河北东西、大名路宣抚使。至宁元年九月，奉迎宣宗于彰德府，俄拜尚书右丞，出为北京留守，以路阻不能赴。贞祐二年，卒。

赞曰：天子娶后，王姬下嫁，岂不重哉。秦、汉以来，无世世甥舅之家。《关雎》之道缺，外戚骄盈，《何彼秾矣》不作，王姬肃雍之义几希矣。盖古者异姓世爵公侯与天子为婚姻，他姓不得参焉。女为王后，已尚王姬，而自贵其贵，富厚不加焉，宠荣不与焉。使汉、唐行此道，则无吕氏、王氏、武氏之难，公主下嫁各安其分、各得其所矣。金之徒单、拿懒、唐括、蒲察、裴满、纥石烈、仆散皆贵族也，天子娶后必于是，公主下嫁必于是，与周之齐、纪无异，此婚礼之最得宜者，盛于汉、唐矣。

徒单四喜，哀宗皇后之弟也。天兴二年正月辛酉夜，四喜、内侍马福惠至自归德，时河朔已失利，京城犹未知，二人被旨迎两宫，遂托以报捷，执小黄旗以入，至则奏两宫以奉迎之意。是日，召二相入议，二相及乌古孙奴申谏不可行。四喜作色曰："我奉制旨迎两宫，有敢言不行者，当以别敕从事矣。"二相不复敢言，行议遂决。制旨所取两宫、柔妃裴满氏及令人张秀蕊、都辖、承御、汤药、皇乳母巩国夫人等十余人外，皆放遣之。又取宫中宝物，马蹄金四百枚、大珠如栗黄者七千枚、生金山一、龙脑板二及信瑞御玺，仍许赐忠孝军以两宫随行物之半。

壬寅，太后御仁安殿，出锭金及七宝金洗分赐忠孝军。是夜，两宫骑而出，至陈留，见城外二三处火起，疑有兵，迟回间，奴申初不欲行，即承太后旨驰还。癸卯，入京顿四喜家，少顷，还宫。复议以是夜再往，太后惫于鞍马不能动，遂止。

明日，崔立变。四喜、术甲塔失不及塔失不之父咬住、四喜妻完颜氏，以忠孝卒九十七骑夺曹门而出，将往归德，不得出，转陈州门，亦为门卒所止。门帅裕州防御使阿不罕斜合已遁去，经历官完颜合住权帅职，麾门卒放塔失不等去，且曰："罪在我，非汝等之过。"明日，立以数十骑召合住，合住自分必死，易衣冠而往。立左右扼腕欲加刃。立遥见，问："汝是放忠孝军出门者耶？"合住曰："然。天子使命，某实放之，罪在某。"立忽若有所省，顾群卒言："此官人我识之，前筑里城时与我同事。我所部十余卒盗官木罪当死，此官人不之问，但笞数十而已。此家能杀人，能救人。"因好谓合住曰："业已放出，吾不汝罪也。"

四喜等至归德，上惊问两宫何如，二人奏京城军变不及入宫。上曰："汝父汝妻独得出耶。"下之狱，皆斩于市。

赞曰：四喜奉迎两宫，而值崔立之变，智者居此，与两宫周旋兵间，以俟事变之定而徐图之。万一不然，以一死徇之耳，他无策也。四喜奉其私亲以归，而望人主贷其死，岂非愚乎！

卷一百二十一　列传第五十九

忠义一

胡沙补　特虎　仆忽得　粘割韩奴　曹珪　温迪罕蒲睹　讹里也　纳兰绰赤　魏全　鄯阳　夹谷守中　石抹元毅　伯德梅和尚　乌古孙兀屯　高守约　和速嘉安礼　王维翰　移剌古与涅　宋扆　乌古论荣祖　乌古论仲温　九住　李演　刘德基　王毅　王晦　齐鹰扬　术甲法心　高锡

栾共子曰："民生于三，事之如一，唯其所在，则致死焉。"公卿大夫居其位，食其禄，国家有难，在朝者死其官，守郡邑者死城郭，治军旅者死行阵，市井草野之臣发愤而死，皆其所也。故死得其所，则所欲有甚于生者焉。金代褒死节之臣，既赠官爵，仍录用其子孙。贞祐以来，其礼有加，立祠树碑，岁时致祭，可谓至矣。圣元诏修辽、金、宋史，史臣议凡例，凡前代之忠于所事者，请书之无讳，朝廷从之。乌乎，仁哉圣元之为政也。司马迁记豫让对赵襄子之言曰："人主不掩人之美，而忠臣有成名之义。"至哉斯言，圣元之为政，足为万世训矣。作《忠义传》。

胡沙补，完颜部人。年三十五从军，颇见任用。太祖使仆刮剌往辽国请阿踈，实观其形势。仆刮剌还言辽兵不知其数，太祖疑之，使胡沙补往。还报曰："辽方调兵，尚未大集。"及见统军，使其孙被甲立于傍，统军曰："人谓汝辈且反，故为备耳。"及行道中，遇渤海军，渤海军向胡沙补且笑且言曰："闻女直欲为乱，汝辈是邪。"具以告太祖，又曰："今举大事不可后时，若俟河冻，则辽兵盛集来攻矣。乘其未集而早伐之，可以得志。"太祖深然之。及破宁江州，战于达鲁古城，皆有功，赐以旗鼓并御器械。高永昌请和，胡沙补往招之，取胡突古以归。高永昌诈降于斡鲁，斡鲁使胡沙补、撒八往报。会高桢降，言永昌非真降者，斡鲁乃进兵。永昌怒，遂杀胡沙补、撒八，皆支解之。胡沙补就执，神色自若，骂永昌曰："汝叛君逆天，今日杀我，明日及汝矣。"骂不绝口，至死。年五十九。天会中，与撒八俱赠遥镇节度使。

特虎，雅挞澜水人。躯干雄伟，敢战斗。达鲁古城之役，活女陷敌，特虎救出之。攻照散城，辽兵三千来拒，特虎先登，败之。攻卢葛营，麻吉堕马，特虎独杀辽兵数辈，掖而出之。赏赉逾渥。自临潢班师，至辽河，余睹来袭，娄室已引去，特虎独殿，马惫乃步斗，娄室与数骑来救，特虎止之曰："我以一死捍敌，公勿来，俱毙无益。"遂没于阵。皇统间，赠明威将军。

仆忽得，宗室子。初事国相撒改，伐萧海里有功。与酬斡俱，招降烛偎水部族，酬斡为谋克，仆忽得领行军千户。从破黄龙府，战于达鲁古城，皆有功。宁江州渤海乙塞补叛，仆忽得追复之。天辅五年九月，酬斡、仆忽得往鳖古河籍军马，烛偎水部实里古达等七人杀酬斡、仆忽得，投其尸水中，俱年四十三。太祖悼惜，遣使吊赙加等。六年正月，斡鲁伐实里古达于石里罕河，追及于合挞剌山，杀四人，抚定余众。诏斡鲁求酬斡、仆忽得尸以葬。天眷中，赠酬斡奉国上将军、仆忽得昭义大将军。

酬斡，亦宗室子也。年十五隶军，从太祖伐辽，率涛温路兵招抚三坦、石里很、跋苦三水鳖古城邑，皆降之。败室韦五百于阿良葛城，获其民众。至是死焉。

粘割韩奴，以护卫从宗弼征伐，赐铠甲弓矢战马。初，太祖入居庸关，辽林牙耶律大石自古北口亡去，以其众来袭奉圣州，壁于龙门东二十五里，娄室往取之，获大石并降其众。宗望袭辽主辎重于青冢，以大石为乡导，诏曰："辽赵王习泥烈、林牙大石、北王喝里质、节度使讹里剌、孛堇赤狗儿、招讨迪六、详稳六斤、同知海里及诸官民，并释其罪。"复诏斡鲁曰："林牙大石虽非降附，其为乡导有劳，可明谕之。"时天辅六年也。既而亡去，不知所往。

天会二年，辽详稳挞不野来降，言大石称王于北方，署置南北面官僚，有战马万匹，畜产甚众。诏曰："追袭辽主，必酌事宜而行。攻讨大石，须俟报下。"三年，都统完颜希尹言，闻夏人与耶律大石约曰："大金既获辽主，诸军皆将归矣，宜合兵以取山西诸部。"诏答曰："夏人或与大石合谋为衅，不可不察，其严备之。"七年，泰州路都统婆卢火奏："大石已得北部二营，恐后难制，且近群牧，宜列屯戍。"诏答曰："以二营之故发兵，诸部必扰，当谨斥候而已。"八年，遣耶律余睹、石家奴、拔离速追讨大石，征兵诸部，诸部不从，石家奴至兀纳水而还。余睹报元帅府曰："闻耶律大石在和州之域，恐与夏人合，当遣使索之。"夏国报曰："小国与和州壤地不相接，且不知大石所往也。”皇统四年，回纥遣使入贡，言大石与其国相邻，大石已死。诏遣韩奴与其使俱往，因观其国风俗，加武义将军，奉使大石。韩奴去后不复闻问。

大定中，回纥移习览三人至西南招讨司贸易，自言：“本国回纥邹括番部，所居城名骨斯讹鲁朵，俗无兵器，以田为业，所获十分之一输官。耆老相传，先时契丹至不能拒，因臣之。契丹所居屯营，乘马行自旦至日中始周匝。近岁契丹使其女婿阿本斯领兵五万北攻叶不辇等部族，不克而还，至今相攻未已。”诏曰：“此人非隶朝廷番部，不须发遣，可于咸平府旧有回纥人中安置，毋令失所。”

是岁，粘拔恩君长撒里雅寅特斯率康里部长孛古及户三万余求内附，乞纳前大石所降牌印，受朝廷牌印。诏西南招讨司遣人慰问，且观其意。秃里余睹、通事阿鲁带至其国见撒里雅，具言愿归朝廷，乞降牌印，无他意也。因曰：“往年大国尝遣粘割韩奴自和州往使大石，既入其境，大石方适野，与韩奴相遇，问韩奴何人敢不下马，韩奴曰：‘我上国使也，奉天子之命来招汝降，汝当下马听诏。’大石曰：‘汝单使来，欲事口舌耶?’使人捽下，使韩奴跪，韩奴骂曰：‘反贼，天子不忍于尔加兵，遣招汝。尔纵不能面缚请罪阙下，亦当尽敬天子之使，乃敢反加辱乎!’大石怒，乃杀之。此时大石林牙已死，子孙相继，西方诸部仍以大石呼之。”余睹、阿鲁带还奏，并奏韩奴事。世宗嘉韩奴忠节，赠昭毅大将军，召其子永和县商酒都监详古、汝州巡检娄室谕之曰：“汝父奉使万里，不辱君命，能尽死节，朕甚闵之。”以详古为尚辇局直长，迁武义将军，娄室为武器署直长。

曹珪，徐州人。大定四年，州人江志作乱，珪子弼在贼党中，珪谋诛志，并弼杀之。尚书省议，当补二官杂班叙。诏曰：“圭赤心为国，大义灭亲，自古罕闻也。法虽如是，然未足以当其功，更进一官，正班用之。”

温迪罕蒲睹，为兀者群牧使。西北路契丹撒八等反，诸群牧皆应之。蒲睹闻乱作，选家奴材勇者数十人，给以兵仗，阴为之备。贼不得发，乃绐诸奴曰：“官阅兵器，愿借兵仗以应阅。”诸奴以为实然，遂借与之。明旦，贼至，蒲睹无以御之。贼执蒲睹而问之曰：“今欲反未?”蒲睹曰：“吾家世受国厚恩，子侄皆仕宦，不能从汝反而累吾族也。”贼怒，脔而杀之，子与孙皆与害。

是时，迪斡群牧使徒单赛里、副使赤盏胡失荅，耶鲁瓦群牧使鹤寿，欧里不群牧使完颜术里骨、副使完颜辞不失，卜迪不部副使赤盏胡失赖，速木典乣详稳加古买住，胡睹乣详稳完颜速没葛，辖木乣详稳高彭祖等皆遇害。

鹤寿，郓王昂子，本名吾都不。五院部人老和尚率众来招鹤寿与俱反，鹤寿曰：“吾宗室子，受国厚恩，宁杀我，不能与贼俱反。”遂与二子皆被杀。

讹里也，契丹人。为尚厩局直长。大定初，招谕契丹，窝斡叱令讹里也跪见，讹里也不从，谓曰：“我朝廷使也，岂可屈节于汝。汝等早降可全性命，若大军至，汝辈悔将何及。”窝斡怒曰：“汝本契丹人，而不我从，敢出是言。”遂害之。从行骁骑军士闫孙、史大、习马小底颇荅皆被害。三年，赠讹里也宣武将军，录其子阿不沙为外帐小底。闫孙、史大皆赠修武校尉。颇荅赠忠翊校尉。

纳兰绰赤，咸平路伊改河猛安人。契丹括里使人招之，绰赤不从。括里兵且至，绰赤遂团结旁近村寨为兵，出家马百余匹给之，教以战阵击刺之法，相与拒括里于伊改渡口，由是贼众月余不得进。既而括里兵四万人大至，绰赤拒战，贼兵十倍，遂见执，脔而杀之。诏赠官两阶，二子皆得用荫。

魏全，寿州人。泰和六年，宋李爽围寿州，刺史徒单羲尽籍城中兵民及部曲厮役得三千余人，随机拒守坚甚。羲善抚御，得众情，虽妇人皆乐为用。同知蒲烈古中流矢卒，羲益励不衰，募人往斫爽营，全在选中，为爽兵所执。爽谓全曰：“若为我骂金主，免若死。”全至城下，反骂宋主，爽乃杀之，至死骂不绝口。

仆散揆遣河南统军判官乞住及买哥等以骑二千人救寿州，去寿州十余里与爽兵遇，乞住分两翼夹击爽兵，大破之，斩首万余级，追奔至城下，拔其三栅，焚其浮梁。羲出兵应之，爽兵大溃，赴淮死者甚众。爽与其副田林仅脱身去，余兵脱者十之四。诏迁羲防御使、乞住同知昌武军节度使事、买哥河南路统军判官。

赠蒲烈古昭勇大将军，官其子图刺。

赠全宣武将军、蒙城县令，封其妻为乡君，赐在州官舍三间、钱百万，俟其子年至十五岁收充八贯石正班局分承应，用所赠官荫，仍以全死节送史馆，镂版颁谕天下。

鄯阳，宗室子。为符宝祗候。完颜石古乃为护卫十人长。至宁元年八月，纥石烈执中作乱，入自通玄门。是日，变起仓猝，中外不知所为，鄯阳、石古乃往天王寺召大汉军五百人赴难，与执中战于东华门外。执中扬言曰：“大汉军反矣，杀一人者赏银一锭。”执中兵众，大汉军少，二人不胜而死。须臾，执中兵杀五百人殆尽。

执中死，诏削官爵。诏曰：“宣武将军、护卫十人长完颜石古乃，修武校尉、符宝祗候鄯阳，忠孝勇果，没于王事。石古乃赠镇国上将军、顺州刺史，鄯阳赠宣武将军、顺天军节度副使。尝从拒战猛安赏钱五百贯、谋克三百贯、蒲辇散军二百贯，各迁两阶。战没者，赠赏付其家。石古乃子尚幼，以八贯石俸给之，俟年十五以闻”。

夹谷守中，咸平人，本名阿土古。大定二十二年进士，历清池、闻喜主簿，补尚书省令史，除刑部主事、监察御史、修起居注。转礼部员外郎、大名治中，历嵩琢、北京、临洮路按察副使。以忧去官，起复同知曷懒路兵马都总管府事，坐事谪韩州刺史，寻复同知平凉府事。大安二年，为秦州防御使，迁通远军节度使。至宁末，移彰化军，未行，夏兵数万入巩州。守中乘城备守，兵少不能支，城陷，官吏尽降，守中独不屈。夏人壮之，且诱且胁，守中益坚，遂载而西。至平凉，要以招降府人，守中佯许，至城下即大呼曰："外兵矢尽且遁矣，慎勿降。"夏人交刃杀之。

兴定元年，监察御史郭著按行秦中，得其事以闻。诏赠资善大夫、东京留守，仍收其子兀母为笔砚承奉。

石抹元毅，本名神思，咸平府路酌赤烈猛安莎果歌仙谋克人也。以荫补吏部令史。再调景州宁津令，有剧盗白昼恣劫为民害，元毅以术防捍，贼散去。入为大理知法，除同知亳州防御使事，被省檄，录陕右五路刑狱，无冤人。复委受宋岁币，故事有私遗物，元毅一无所受。明昌初，驿召为大名等路提刑判官，以最迁汾阳军节度副使。时石、岚间贼党啸聚，肆行剽掠，朝廷命元毅捕之，贼畏而遁。元毅追袭，尽殪之，二境以安。迁同知武胜军节度使事，别郡有杀人者，屡鞫不伏，元毅讯不数语，即具服。河东北路田多山坂硗瘠，大比时定为上赋，民力久困，朝廷命相地更赋，元毅以三壤法平之，民赖其利。改彰德府治中，寻以边警授抚州刺史。会边将失守，刍粮马牛焚剽殆尽，元毅率吏卒三十余人出州经画军饷，卒与敌遇。州倅暨从吏坚请还，元毅曰："我辈责任边守，遇敌而奔，其如百姓何？纵得自安，复何面目见朝廷乎！"遂执弓矢令众。众感其忠，争为效死。元毅力战，射无不中。敌去而复合，元毅气愈厉，鏖战久之，众寡不敌，遂遇害，时年四十七。事闻，上深惊悼，赠信武将军，召用其子世勣侍仪司承应。

世勣后登进士第，奏名之日，上谓宰臣曰："此神思子耶。"叹赏者久之。元毅性沈厚，武勇过人，每读书见古人忠义事，未尝不嗟叹赏慕，喜动颜色，故临难能死所事云。

伯德梅和尚，泰州人也。性鲠直，尚气节。正隆五年，收充护卫，授曷鲁碗群牧副使。未几，复召为护卫十人长，改尚厩局副使，迁本局使，转右卫将军拱卫使。典尚厩者十余年，积劳特迁官二阶，除复州刺史。明昌初，为西北路副招讨，改泰州防御使，升武胜军节度使。六年，移镇崇义军。时有事北边，左丞相夹谷清臣行省于临潢，檄为副统。会敌入临潢，梅和尚暨护卫辟合土等领军逆击之。敌积阵以待，梅和尚直捣其阵，杀伤甚众。敌知孤军无继，聚兵围之。度不能免，乃下马相背射，复杀百余人，矢尽犹以弓提击，为流矢所中死，辟合土等皆没。

上闻之震悼，诏赠龙虎卫上将军，躐迁十阶，特赐钱二十万，命以礼葬之，特旨官给，以其子都奴为军前猛安，中奴护丧，就差权同知临潢府事李达可为敕祭使，同知德昌军节度使事石抹和尚为敕葬使。承安五年，上谕尚书省曰："梅和尚死王事，其子都奴从军久有功，其议所以酬之。"乃命为典署丞。

乌古孙兀屯，上京路人。大定末，袭猛安。明昌七年，以本兵充万户，备边有功，除归德军节度副使，改盘安军，察廉，迁同知速频路节度使事。以忧去官，起复归德府治中，迁唐州刺史。泰和六年四月，宋皇甫斌步骑万人侵唐州，兀屯兵甚少，遣泌阳尉白撒不、巡检蒲闲各以五十人乘城拒守。兀屯见宋兵在城东北者可破，令军事判官撒虎带以精兵百人自西门出，绕出东北宋兵营后掩击之，杀数十百人，宋兵大乱，追夜乃遁去。五月，皇甫斌复以兵数万来攻，行省遣泌阳副巡检纳合军胜救唐州。兀屯出兵与军胜合兵城东北，设伏兵以待之。乃分骑兵为三，一出一入以致宋兵。宋兵陷于淖，伏兵发，中冲宋兵为二，遂大溃。追奔至湖阳，斩首万余级，获马三百匹。宋别将以兵三千来袭，遇之竹林寺，殪之。纳合军胜手杀宋将，取其金带印章以献。诏迁兀屯同知河南府事，军胜迁梁县令，各进两阶。兀屯赏银三百五十两、重彩十端，为右副元帅完颜匡右翼都统。匡取枣阳，遣兀屯袭神马坡，宋兵五万人夹水阵，以强弩拒岸，兀屯分兵夺其三桥，自辰至午连拔十三栅，遂取神马坡。从攻襄，至汉江，兀屯乱流径度。复进一阶，号平南虎威将军。宋人请和，迁河南副统军。大安初，迁昌武军节度使，副统军如故。迁西南路招讨使。兀屯御下严酷，军士多亡，杖六十。除同知上京留守事。大安三年，将兵二万入卫中都，迁元帅右都监、转左都监，兼北京留守。有功，赐金吐鹘、重彩十端。迁元帅左监军，留守如故。贞祐元年闰月，以兵入卫中都，诏以兵万六千人守定兴，军败，兀屯战没。

高守约，字从简，辽阳人。大定二十八年进士，累官观州刺史。大元兵徇地河朔，郭邦献已归顺，从至城下，呼守约曰："从简当计全家室。"守约弗顾，至再三，守约厉声曰："吾不汝识也。"城破被执，使之跪，守约不屈，遂死。诏赠崇义军节度使，谥忠敬。

和速嘉安礼，字子敬，本名酌，大名路人。颖悟博学，淹贯经史。大定二十八年进士。至宁末，为泰安州刺史。贞祐初，山东被兵，郡县望风而遁，或劝安礼去之，安礼曰："我去，城谁与守，且避难负国家之恩乎？"乃团练缮完，为御守计。已而大元兵至，战旬日不能下，谓之曰："此孤城耳，内无粮储，外无兵援，不降无遗类矣。"安礼不听。城破被执，初不识其为谁，或妄以酒监对，安礼曰："我刺史也，何以讳为？"使之跪，安礼不屈，遂以戈撞其胸而杀之。诏赠泰定军节度使，谥坚贞。

王维翰，字之翰，利州龙山人。父庭，辽季率县人保县东山，后以众降。维翰好学不倦，中大定二十八年进士。调贵德州军事判官，察廉迁永霸令。县豪欲尝试维翰，设事陈诉，维翰穷竟之，遂伏其诈，杖杀之，健讼衰息。历弘政、获嘉令，佐胥持国治河决，有劳，迁一阶。改北京转运户籍判官，补尚书省令史。除同知保静军节度使事，检括户籍，一郡称平。属县有奴杀其主人者，诬主人弟杀之，刑部疑之。维翰审谳，乃微行物色之，得其状，奴遂引服。改中都转运副使，摄侍御史，奏事殿中，章宗曰："佳御史。"就除侍御史。改左司员外郎，转右司朗中。仆散揆伐宋，维翰行省左右司郎中。泰和七年，河南旱蝗，诏维翰体究田禾分数以闻。七月，雨，复诏维翰曰："雨虽沾足，秋种过时，使多种蔬菜犹愈于荒莱也。蝗蝻遗子，如何可绝?”旧有蝗处来岁宜菽麦，谕百姓使知之。”

八年，宋人受盟，还为右司郎中，进官一阶。上问：“宋人请和复能背盟否?”维翰对曰：“宋主怠于政事，南兵佻弱，两淮兵后千里萧条，其臣惩韩侂胄、苏师旦，无复敢执其咎者，不足忧也。唯北方当劳圣虑耳。”久之，迁大理卿、兼潞王傅，同知审官院事。新格，教坊乐工阶至四品，换文武正资，服金紫。维翰奏：“伶优贱工，衣缙绅之服，非所以尊朝廷也。”从之。大安初，权右谏议大夫，三司欲税间架，维翰谏不听。转御史中丞，无何，迁工部尚书、兼大理卿，改刑部尚书，拜参知政事。

贞祐初，罢为定海军节度使。是时，道路不通，维翰舟行遇盗，呼谓之曰：“尔辈本良民，因乱至此，财物不惜，勿恐吾家。”盗感其言而去。至镇，无兵备，邻郡皆望风奔溃，维翰谓吏民曰：“孤城不可守。此州阻山浮海，当有生地，无俱为鱼肉也。”乃纵百姓避难。维翰率吏民愿从者奔东北山，结营堡自守，力穷被执不肯降。妻姚氏亦不肯屈，与维翰俱死。诏赠中奉大夫，姚氏芮国夫人，谥贞洁。

移剌古与涅，安化军节度使。贞祐初，大元年兵取密州，古与涅率兵力战，流矢连中其颈，既拔去复中其颊，死焉。贞祐三年，诏赠安远大将军、知益都府事。

宋扆，中都宛平人也。正隆五年进士。历辰州、宁化州军事判官，曹王府记室参军。陕西西路转运都勾判官。补尚书省令史，除武定军节度副使、中都右警巡使。时固安县丞刘昭与部民裴原争买邻田，扆用昭属，抑原使毋争。御史台劾奏，夺一官，解职，降广宁府推官。改辽东路盐使。丁父忧，起复吏部员外郎，历蓟、曹、景州刺史，同知中都路转运使事，迁北京、临潢等路按察使。改安国军节度使、河东南路转运使。御史劾其前任按察侵民舍不称职，降沂州防御使，移浚州，迁山东西路转运使，改定海军节度使。贞祐二年，改沁南军，正月，大元兵至怀州，城破死焉。扆天资刻酷，所至不容物，以是蹭蹬于世云。

乌古论荣祖，本名福兴，河间人。明昌二年进士，历官补尚书省令史，除都转运司都勾判官，转弘文校理，升中都总管府判官，察廉除震武军节度副使、彰德府司马，累迁户部员外郎、宁海州刺史。贞祐二年城破，荣祖犹力战，死之。赠安武军节度使，赐谥毅勇。

乌古论仲温，本名胡剌，盖州按春猛安人。大定二十五年进士，累官太学助教、应奉翰林文字、河东路提刑判官，改河北东路转运副使。御史荐前任提刑称职，迁同知顺天军节度使事，签上京、东京等路按察司事，改提举肇州漕运、兼同知武兴军节度使事、东胜州刺史。坐前在上京不称职，降镇宁军节度副使。改滑州刺史、河东南路按察副使、寿州防御使。贞祐初，迁镇西军节度使。是时，中都被围，遂至太原，移书安抚使贾益谦，约以乡兵救中都。因驰驿如平阳，将与益谦会于绛，不能进，抵平阳而还。仲温尝治平阳，吏民争留之，仲温曰：“平阳巨镇，易为守御，于私计得矣，如岚州何。”遂还镇。已而大元兵大至，城破，不屈而死。赠资德大夫、婆速路兵马都总管，谥忠毅，岁时致祭。

九住，宗室子，为武州刺史，唐括孛果速为军事判官。贞祐二年十一月，大元兵取九住子侄抵城下，谓之曰：“山东、河北今皆降我，汝之家属我亦得已，苟不速降，且杀之也。”九住曰：“当以死报国，遑恤家为。”无何，城破，力战而死，孛果速亦不屈死焉。诏赠九住临海军节度使，加骠骑卫上将军。孛果速建州刺史，加镇国上将军。仍令树碑，岁时致祭。

李演，字巨川，任城人。泰和六年进士第一，除应奉翰林文字。再丁父母忧，居乡里，贞祐初，任城被兵，演墨衰为济州刺史，画守御策。召集州人为兵。搏战三日，众皆市人不能战，逃散。演被执，大将见其冠服非常，且知其名，问之曰：“汝非李应奉乎?”演答曰：“我是也。”使之跪，不肯，以好语抚之，亦不听，许之官禄，演曰：“我书生也，本朝何负于我，而利人之官禄哉!”大将怒，击折其胫，遂曳出杀之，时年三十余。赠济州刺史，诏有司为立碑云。

刘德基，大兴人。贞祐元年，特赐同进士出身。守官边邑，夏兵攻城，德基坐厅事，积薪其傍，谓家人曰“城破即焚我。”及城破，其家人不忍纵火，遂被执。胁使跪降，德基不屈。同僚故人给夏人曰：“此人素病狂，故敢如此。”德基曰：“为臣子当如此尔，吾岂狂耶?”夏人壮其义，乃系诸狱，冀其改图。已而召问，德基大骂，终不能从，曰：“吾岂苟生者哉!”遂害之。赠朝列大夫、同知通远军节度使事。

王毅，大兴人。经义进士，累官东明令。贞祐二年，东明围急，毅率民兵愿战者数百人拒守。城破，毅犹率众抗战，力穷被执，与县人王八等四人同驱之郭外。先杀二人，王八即前跪将降，毅以足踣之，厉声曰：“忠臣不佐二主，汝乃降乎!”驱毅者以刃斫其胫，毅不屈而死。赠曹州刺史。

王晦，字子明，泽州高平人。少负气自喜，常慕张咏之为人，友妻与人有私，晦手刃杀之。中明昌二年进士，调长葛主簿，有能声。察廉除辽东路转运司都勾判官，提刑司举其能，转北京转运户籍判官。迁安阳令，累除签陕西西路按察司事，改平凉治中。召为少府少监，迁户部郎中。贞祐初，中都戒严，或举晦有将帅才，俾募人自将，得死士万余统之。率所统卫送通州粟入中都，有功，迁霍王傅。以部兵守顺州。通州围急，晦攻牛栏山以解通州之围。赐赉优渥，迁翰林侍读学士，加劝农使。九月，顺州受兵，晦有别部在沧、景，遣人突围召之，众皆踊跃思奋，而主者不肯发。王臻，晦之故部曲也，免胄出见，且拜曰："事急矣，自苦何为，苟能相从，可不失富贵。"晦曰："朝廷何负汝耶?"臻曰："臻虽负国，不忍负公。"因泣下。晦叱曰："吾年六十，致位三品，死则吾分，讵从汝耶。"将射之，臻掩泣而去。无何，将士缒城出降，晦被执，不肯降，遂就死。

初，晦就执，谓其爱将牛斗曰："若能死乎?"曰："斗蒙公见知，安忍独生。"并见杀。诏赠荣禄大夫、枢密副使，仍命有司立碑，岁时致祭。录其子汝霖为笔砚承奉。

齐鹰扬，淄州军事判官。杨敏中，屯留县尉致仕。张乞驴，淄州民。贞祐初，大元兵取淄州，鹰扬等募兵备御，城破，率众巷战。鹰扬等三人创甚被执，欲降之，鹰扬伺守者稍怠，即起夺槊杀数人，与敏中、乞驴皆不屈以死。诏赠鹰扬嘉议大夫、淄州刺史，仍立庙于州，以时致祭。敏中赠昭勇大将军、同知横海军节度使事。乞驴特赠宣武将军、同知淄州军州事。

术甲法心，蓟州猛安人。官至北京副留守。贞祐二年，为提控，与同知顺州军州事温迪罕咬查剌俱守密云县。法心家属在蓟州，大元兵得之，以示法心曰："若速降当以付汝，否则杀之。"法心曰："吾事本朝受厚恩，战则速战，终不能降也，岂以家人死生为计耶。"城破，死于阵。咬查剌被执，亦不屈而死。

盘安军节度判官蒲察纠舍与鸡泽县令温迪罕十方奴同守蓟州，众溃而出，纠舍、十方奴死之。

诏赠法心开府仪同三司、枢密副使，封宿国公，咬查剌镇国上将军、顺州刺史，纠舍金紫光禄大夫、蓟州刺史，十方奴镇国上将军、蓟州刺史。仍命树碑，以时致祭。

高锡，字永之，德基子。以荫补官。积劳调淄州酒使，课最。迁平乡令。察廉迁辽东路转运支度判官、太仓使、法物库使、兼尚林署直长、提举都城所，历北京、辽东转运副使、同知南京路转运使事。贞祐初，累迁河北东路按察转运使。城破，遂自投城下而死。

卷一百二十二　　列传第六十

忠　义　二

吴僧哥　乌古论德升　张顺　马骧　伯德窊哥
奥屯丑和尚　从坦　孛术鲁福寿　吴邦杰
纳合蒲剌都　女奚烈斡出　时茂先　温迪罕老儿
梁持胜　贾邦献　移剌阿里合　完颜六斤
纥石烈鹤寿　蒲察娄室　女奚烈资禄
赵益　侯小叔　王佐　黄掴九住
乌林荅乞住　陀满斜烈　尼庞古蒲鲁虎
兀颜畏可　兀颜讹出虎　粘割贞

吴僧哥，西南路唐古乙剌纠上沙燕部落人。拳勇善骑射。大安间，选籍山西人为兵，僧哥充马军千户，有功。贞祐初，迁万户，权顺义军节度使。朔州失守，僧哥复取之，真授同知节度使事。弟权同知节度使事迪剌真授节度副使。权节度副使燕曹儿真授节度判官。提控马寿儿以下，迁授有差。众苦乏食，僧哥乞赐粮十五万斛。朝廷以为应州已破，朔为孤城，其势不可守，乃迁朔之军民九万余口分屯于岚、石、隰、吉、绛、解之间。未行，大元兵至朔州，战七昼夜，有功，加遥授同知太原府事、兼同知节度使事、迪剌石州刺史，曹儿同知岢岚州防御使事。四年，始迁其民南行，且战且行者数十里，僧哥力惫马蹶死焉，时年三十。诏赠镇国上将军、顺义军节度使。

乌古论德升，本名六斤，益都路猛安人。明昌二年进士。累官补尚书省令史，知管差除。除吏部主事、绛阳军节度副使。丁父忧，起复太常博士、东平治中。大安初，知弘文院。改侍御史，论西京留守纥石烈执中奸恶，卫绍王不听，迁肇州防御使。宣宗迁汴，召赴阙，上言："泰州残破，东北路招讨司猛安谋克人皆寓于肇州，凡征调往复甚难。乞升肇州为节度使，以招讨使兼之。置招讨副使二员，分治泰州及宜春。"诏从之。进翰林侍读学士、兼户部侍郎。俄以翰林侍读权参知政事，与平章政事抹撚尽忠论近侍局预政，宣宗怒，语在《尽忠传》。无何，出为集庆军节度使，改汾阳军节度使、河东北路宣抚副使，复改知太原府事、权元帅左监军。兴定元年，大元兵急攻太原，粮道绝。德升屡出兵战，粮道复通，诏迁官一阶。德升上言："皇太子聪明仁孝、保训之官已备，更宜选德望素著之士朝夕左右之。日闻正言、见正行，此社稷之洪休、生民之大庆也。"宣宗嘉纳之。二年，真授左监军，行元帅府事。大元兵复围太原，环之数匝，已破濠垣，德升植栅为拒，出其家银币及马赏战士。北军坏城西北隅以入，德升联车塞之。三却三登，矢石如雨，守陴者不能立。城破，德升至府署，谓其姑及其妻曰："吾守此数年，不幸力穷。"乃自缢而死。其姑及其妻皆自杀。诏赠翰林学士承旨。子兀里伟尚幼，诏以奉御俸养之。

张顺，淄州士伍。淄州被围，行省侯挚遣总领提控王庭玉将兵救之。庭玉募顺等三十人往觇兵势，且欲令城中知援兵之至。乘夜潜至城下，顺为所得。执之使宣言行省军败绩，庭玉亦死，宜速降。顺阳许诺，既乃呼谓城中曰："外兵无多，王节度军且至，坚守毋降!"兵刃交下，顺曰："得为忠孝鬼，足矣。"遂死。淄人知救兵至，以死守，城赖以完。后赠宣武将军、同知棣州防御使事。诏有司给养其亲，且访其子孙，优加任用。

马骧，禹城人也。登进士，历官有声。贞祐三年，为曹州济阴令。四月，大元克曹州，骧被执。军卒搒掠求金，骧曰："吾书生，何从得是。"又使跪，骧曰："吾膝不能屈，欲杀即杀，得死为大金鬼，足矣。"遂死。赠朝列大夫、泰定军节度副使，仍树碑于州，岁时致祭。贞祐四年七月，诏以其男惟贤于八贯石局分收补。

伯德窊哥，西南路咩纠奚人。壮健沉勇。大元兵克西南路，邻郡皆降，窊哥独不屈。贞祐五年，东胜州已破，窊哥与姚里鸦胡、姚里鸦儿招集义军，披荆棘复立州事。河东北路行元帅府承制除窊哥武义将军、宁远军节度副使，姚里鸦胡武义将军、节度判官，姚里鸦儿武义将军、观察判官。窊哥等以恩不出朝廷，颇怀觖望，纵兵剽掠。兴定元年，诏窊哥遥授武州刺史、权节度使，姚里鸦胡权同知节度使事，姚里鸦儿权节度副使，各迁官两阶。兴定三年，窊哥特迁三官，遥授同知晋安府事，寻真授东胜军节度使。东胜被围，城中粮尽，援兵绝，窊哥率众溃围，走保长宁寨，诏各进一官，战没者赠三官。九月，复被围，窊哥死之。

奥屯丑和尚，为代州经略使。贞祐四年八月，大元兵攻代州，和尚御战败绩，身被数创，被执。欲降之，不屈，遂死。

从坦，宗室子。大安中，充尚书省祗候郎君。贞祐二年，自募义兵数千，充宣差都提控，诏从提举奉先、范阳三都统兵。除同知涿州事，迁刺史，佩金牌，经略海州。顷之，充宣差都提控，安抚山西军民，应援中都。上书曰："绛、解二州仅能城守，而村落之民皆尝被兵，重以连岁不登，人多艰食，皆恃盐布易米。今大阳等渡乃不许粟麦过河，愿罢其禁，官税十三，则公私皆济矣。"又曰："绛、解、河中必争之地，惟令宝昌军节度使从宜规画盐池之利，以实二州，则民受其利，兵可以强矣。"又曰："中条之南，垣曲、平陆、芮城、虞乡，河东之形势，陕、洛之襟喉也。可分陕州步骑万二千人为一提控、四都统，分戍四县，此万全之策也。"又曰："平陆产银铁，若以盐易米，募工炼冶，可以广财用、备戎器，小民佣力为食，可以息盗。"又曰："河北贫民渡河逐食，已而复还济其饥者，艰苦殊甚。苛暴之吏抑止诛求，弊莫大焉。"又曰："河南、陕西调度未急，择骑军牝马群牧，不二三年可增数万骑，军势自振矣。"又曰："诸路印造宝券，久而益多，必将积滞。止于南京印造给降，庶可久行。"又曰："河北职任虽除授不次，而人皆不愿者，盖以物价十倍河南，禄廪不给，饥寒且至。若实给俸粟之半，少足养廉，则可责其效力。"又曰："河北之官，朝廷减资迁秩躐等以答其劳。闻河南官吏以贬逐目之，彼若以为信然，谁不解体?"书奏，下尚书省议，惟许放大阳等渡、宜抚司量民力给河北官俸、目河北为贬所者有禁而已。四年，行枢密院于河南府，上书曰："用兵累年，出辄无功者，兵不素励也。士庶且充行伍，况于皇族与国同休戚哉。皆当从军，亲冒矢石，为士卒先，少宽圣主之忧。族人道哥实同此心，愿隶臣麾下。"宣宗嘉其忠，许之。

兴定元年，改辉州刺史，权河平军节度使、孟州经略使。初，御史大夫权尚书右丞永锡被诏经略陕西，宣宗曰："敌兵强则谨守潼关，毋使得东。"永锡既行，留渑池数日，至京兆驻兵不动。顷之，潼关破，大元兵次近郊。由是永锡下狱，久不决。从坦乃上疏救之，略曰："窃闻周祚八百，汉享国四百余载，皆以封建亲戚，犬牙相制故也。孤秦、曹魏亡国不永，晋八王相鱼肉，犹历过秦、魏，自古同姓之亲，未有不与国存亡者。本朝胡沙虎之难，百僚将士无敢谁何，鄯阳、石古乃奋身拒战，尽节而死。御史大夫永锡才不胜任，而必用之，是朝廷之过也。国之枝叶已无几矣，伏惟陛下审图之。"于是，宗室四百余人上书论永锡，皆不报。久之，永锡杖一百，除名。

当是时，诸路兵皆入城自守，百姓耕稼失所，从坦上书曰："养兵所以卫民。方今河朔惟真定、河间之众可留捍城，其余府州皆当散屯于外，以为民防，俟稼穑毕功然后移于屯守之地，是为长策。"从之。加遥授同知东平府事，权元帅左监军、行元帅府事，与参知政事李革俱守平阳。兴定二年十月，从坦上奏："太原已破，行及平阳。河东郡县皆不守，大抵屯兵少、援兵不至故耳。行省兵不满六千。平阳，河东之根本，河南之藩篱也。乞并怀、孟、卫州之兵以实潞州，调泽州、沁水、端氏、高平诸兵并山为营，为平阳声援。惟祈圣断，以救倒悬之急。"是月壬子，大元兵至平阳，提控郭用战于城北濠垣，被执不屈而死。癸丑，城破，从坦自杀。赠昌武军节度使。

李术鲁福寿，为唐邑主簿。大元兵攻唐邑，福寿与战，死之。赠官三阶，赙钱五百贯。

吴邦杰，登州军事判官。邦杰寓居日照之村墅，为大元兵所得，驱令攻城，邦杰曰："吾荷吾国恩，讵忍攻吾君之城。"与之酒食不顾，乃杀之。诏赠朝列大夫、定海军节度副使。

纳合蒲剌都，大名路猛安人。承安二年进士，调大名教授。累除比阳令，补尚书省令史，除彰德军节度副使，以忧去官。贞祐二年，调同知西安军节度使事，历同知临洮、平凉府事，河州防御使。三年，夏人围定羌，蒲剌都击走之，以功加遥授彰化军节度使。四年，升河州为平西军，就以蒲剌都为节度使。上言："古者一人从军，七家奉之，兴十万之师，不得操事者七十万家。今籍诸道民为兵者十之七八，奉之者才二三，民安得不困。夫兵贵精，不在众寡。择勇敢谋略者为兵，脆懦之徒使归农亩，是亦纾民之一端也。"又请补官赎罪以足用，及请许人射佃陕西荒田、开采矿冶，不报。改知平凉府事，入为户部尚书。是时，伐宋大捷，蒲剌都奏："宋人屡败，其气必沮，可乘此遣人谕说，以寻旧盟。若宋人不从，然后伐之，疾仇怒顽，易以成功。"朝廷不能用。蒲剌都又言："诸军当汰去老弱，妙选精锐，庶可取胜。陕西弓箭手不习骑射，可选善骑者代之。延安屯兵甚众，分徙万人驻平凉。关中元帅猥多，除京兆重镇，其余皆可罢。巩县以北，黄河南岸，及金钩、吊桥、虎牢关、虢州崤岭，凡斜径僻路俱当置兵防守。”诏下尚书省、枢密院议，竟不施行。未几，改元帅右监军、兼昭义军节度使、行元帅府事。兴定二年，潞州破，力战而死。赠御史大夫。

女奚烈斡出，仕至桢州刺史，被行省牒徙州人于金胜堡。已而大兵至，斡出拒战，中流矢，病创卧。花帽军张提控言：“兵势不可当，宜速降。”斡出曰：“吾曹坐食官禄，可忘国家恩乎。汝不闻赵坊州乎，以金帛子女与敌人，终亦不免。我辈但当力战而死耳。”至夜，张提控引数人持兵仗以入，胁斡出使出降，斡出曰：“听汝所为，吾终不屈也。”遂杀之，执其妻子出降。

初，桢州人迁金胜堡多不能至，军事判官王谨收遗散之众，别屯周安堡。周安堡不缮完楼堞、置战守之具，兵至，谨拒战十余日，内溃，被执不屈而死。诏斡出、谨各赠官六阶、升职三等。

时茂先，日照县沙沟酒监，寓居诸城。红袄贼方郭三据密州，过其村，居民相率迎之。贼以元帅自称，茂先怒谓众曰：“此贼首耳，何元帅之有。”方郭三闻而执之，断其腕，茂先大骂，贼不胜忿，复剔其目，乱刃剉之，至死骂不绝。诏赠武节将军、同知沂州防御使事。

温迪罕老儿，为同知上京留守事。蒲鲜万奴攻上京，其子铁哥生获老儿，胁之使招余人，不从。铁哥怒，乱斫而死。赠龙虎卫上将军、婆速兵马都总管，以其侄黑厮为后，特授四官。

梁持胜，字经甫，本名询谊，避宣宗嫌名改焉。保大军节度使襄之子。多力善射。泰和六年进士，复中宏词。累官太常博士，迁咸平路宣抚司经历官。兴定初，宣抚使蒲鲜万奴有异志，欲弃咸平徙曷懒路，持胜力止之，万奴怒，杖之八十。持胜走上京，告行省太平。是时，太平已与万奴通谋，口称持胜忠，而心实不然，署持胜左右司员外郎。既而太平受万奴命，焚毁上京宗庙，执元帅承充，夺其军。持胜与提控咸平治中裴满赛不、万户韩公恕约，杀太平，复推承充行省事，共伐万奴。事泄，俱被害。诏赠持胜中顺大夫、韩州刺史，赛不镇国上将军、显德军节度使，公恕明威将军、信州刺史。

贾邦献，霍州霍邑县陈村人也。举进士第。质直有勇略。大元攻河东，邦献集居民为守御计。既而，兵大至，居民悉降。邦献弃其家，独与子懿保于松平寨。是时，权知州事刘珍在寨，与之共守，竟能成功。珍每欲辟之，邦献辄以衰老为辞。兴定四年十月，兵复大至，病不能避，与懿俱被执。欲以为镇西元帅，且持刃胁之，邦献不屈，密遣懿归松平，遂自刭。赠奉直大夫、本县令。

移剌阿里合，辽人。兴定间，累迁霍州刺史。兴定四年正月，移霍州治好义堡。大元兵至，阿里合力战不能敌，兵败被执。诱使降，阿里合曰：“吾有死无贰。”叱使跪，但向阙而立，于是丛矢射杀之。

宝昌军节度副使孔祖汤同时被获。既又令祖汤跪，祖汤不从，亦死。诏赠阿里合龙虎卫上将军、泰定军节度使，祖汤资善大夫、同知平阳府事。祖汤，泰和三年进士。

完颜六斤，中都路胡土爱割蛮猛安人。大安中，以荫补官，选充亲军。调阜平尉，迁方城令，改通州军事判官，以功迁本州刺史。顷之，元帅右都监蒲察七斤执之以去。未几，挈家脱归，除同知临洮府事，徙庆阳，迁保大军节度使。兴定五年，鄜州破，六斤自投崖下死焉。赠特进、知延安府事。诏陕西行省访其子孙以闻。

纥石烈鹤寿，河北西路山春猛安人。性淳质，躯干雄伟。初充亲军。中泰和三年武举，调褒信县副巡检。六年，宋人围蔡州，鹤寿请于防御使，与勇士五十人夜斫宋营，使诸军噪于城上，斩三百余级。宋兵自相蹂践，死者千余人。迟明，宋人解围去。鹤寿追之，使殿曳柴。宋人顾尘起，以为大兵且至，遂奔，追至陈寨而还。已而，宋兵复据新蔡、新息、褒信三县，鹤寿皆复取之，得马三百匹，充行军万户，从大军出寿春，败宋人于涡口，夺马千余匹，攻下真、滁二州及盱眙军。军还，进九官，迁同知息州军州事。改万宁宫同提举。

大安三年，充西南路马军万户。夏人五万围东胜，鹤寿救之，突围入城，夏兵解去。迁两阶，赐银百两、重彩十端。迁尚方署令，充行军副统，升充行省左翼都统。转武卫军都统，充马军副提控。转钤辖，充都城东面宣差副提控。

贞祐二年，丁父忧，起复武宁军节度副使。破红袄贼于兰陵石城堌，一切掠良人为生口。监察御史陈规奏：“乞敕有司，凡鹤寿所获，俱从放免。”诏徐州、归德行院拘括放之。寻遥授同知武宁军节度使事，兼节度副使。坐出猎纵火延烧官草，杖一百，改同知河平军节度使事。

兴定元年，充马军都提控，入宋襄阳界，遥授同知武胜军节度使事，改遥授睢州刺史。二年，攻枣阳，三败宋兵，改遥授同知归德府事。三年，夺宋石渠寨，决去枣阳濠水，加宣差邓州路军马从宜，遥授汝州防御使。四年，宋扈太尉步骑十万围邓州，鹤寿分兵拒守，出府库金帛赏士，许以迁官加爵。自将余众日出搏战，宋兵焚营去，鹤寿被创，不能骑马，遣招抚副使术虎移剌答追及之，杀数十人，夺其俘而还。诏所散金帛勿问，将士优迁官爵，鹤寿迁金紫光禄大夫，遥授武胜军节度使。

俄丁母忧，以本官起复，权元帅左都监，行元帅府于鄜州。兴定五年闰十二月，鄜州破，鹤寿与数骑突出城，追及之，鹤寿据土山力战而死。谥果勇。

蒲察娄室，东北路按出虎割里罕猛安人。泰和三年进士。调庆都、牟平主簿，以廉能迁中都右警巡副使。补尚书省令史，知管差除。贞祐初，除吏部主事、监察御史。丁母忧，服阕，充行省经历官，改京兆治中，遥授定西州刺史，充元帅参议官。兴定二年，与元帅承裔攻下西和州。白撒由秦州进兵抵栈道，宋人悉锐来拒。娄室乘高立帜，策马旋走，扬尘为疑兵，别遣精骑掩出其后，宋兵大溃，乘胜遂拔兴元。进一阶，除丹州刺史。再迁同知河中府事，权元帅右都监、河东路安抚使。复取平阳、晋安，优诏褒宠，进一阶，赐银二百两、重币二十端，遥授孟州防御使，权都监如故。将兵救鄜州，转战而至，城破死之。赠资德大夫、定国军节度使，谥襄勇。敕行省求其尸以葬。

女奚烈资禄，本姓张氏，咸平府人。泰和伐宋，从军有功，调易县尉，迁潞县主簿。贞祐初，遥授同知德州防御事，改秦州。三年，遥授同知通远军节度事。兴定元年，改西宁州刺史，赐今姓。久之，遥授同知临洮府事，兼定西州刺史。从元帅右都监完颜阿邻破宋兵于梢子岭。三年，攻破武休关，资禄功最。诏比将士迁五官、职二等外，资禄更加官、职一等，遥授通远军节度使，刺史如故。五年，遥授陇安军节度使，俄改金安军，诏曰："陕西行省奏军官阙员。卿久在行阵，御下有法，旧隶士卒多在京兆。今正防秋，关、河要冲，悉心备御。"将兵救鄜州。闰十二月，鄜州破，被执不肯降，遂死。赠银青荣禄大夫、中京留守。元光元年，言事者谓资禄褒赠尚薄，诏录其二子烈山、林泉，升职一等，陕西行省军中用之。

赵益，太原人。读书肄业。大元兵入境，益鸠合土豪，保聚山砦，屡战有功。晋阳公郭文振署为寿阳令，驻兵榆次重原寨。遂率众收复太原，夜登其城，斩馘甚众，所获马仗不可计，护老幼二万余口以出。升太原治中，复擢同知府事、兼招抚使。元光元年八月，大元兵大至，攻城益急，知不可支，乃自焚其府库，杀妻子，沉其符印于井，遂自杀。宣宗闻之嘉叹，赠银青荣禄大夫、河东北路宣抚使，仍谕有司求其子孙录用。

侯小叔，河东县人。为河津水手。贞祐初，籍充镇威军，以劳补官。元光元年，迁河中府判官，权河东南路安抚副使。小叔尽护农民入城，以家财赏战士。河中围解，迁治中，安抚如故。枢密院奏："小叔才能可用，权位轻不足以威众，乞假符节。"十二月，诏权元帅右都监，便宜从事。提控吴德说小叔出降，叱出斩之。表兄张先从容言大兵势重，可出降以保妻子，小叔怒谓先曰："我舟人子，致身至此，何谓出降。"缚先于柱而杀之，饭僧祭葬，以尽戚党之礼。顷之，枢密院遣都监讹论与小叔议兵事，小叔出城与讹论会，石天应乘之取河中府，作浮桥通陕西。小叔驻乐李山寨，众兵毕会，夜半坎城以登，焚楼橹，火照城中，天应大惊不知所为，尽弃辎重、牌印、马牛杂畜，死于双市门。小叔烧绝浮桥，抚定其众。迁昭毅大将军，遥授孟州防御使、同知府事，监军、安抚如故。

二年正月，大元军骑十万围河中，总师讹可遣提控孙昌率兵五千，枢密副使完颜赛不遣李仁智率兵三千，俱救河中。小叔期以夜中鸣钲，内外相应。及期，小叔出兵战，昌、仁智不敢动。小叔敛众入城，围益急，众议出保山寨，小叔曰："去何之？"密遣经历官张思祖溃围出，奔告于汴京。明日，城破，小叔死，不得其尸。总帅讹可以河中府推官籍阿外代小叔权右都监。枢密院奏："小叔功卓异，或疑尚在，遽令阿外代之，绝归向之路。"至是，小叔已亡四十余日，中条诸寨无所统领，乃诏阿外权领。宣宗思小叔功，下诏褒赠，切责讹可不救河中之罪。

王佐，字辅之，霍州农家子。豁略不事产业，轻财好施，善骑射。兴定中，聚兵数千人，权领霍州事。平阳胡天作承制加忠勇校尉、赵城丞，迁霍邑令、同知蒲州军事，权招抚副使、蒲州经略使。诏迁宣武将军，遥授宝昌军节度副使。大元兵取青龙堡，佐被获，署霍州守将，隶元帅崔环，质其妻子。招抚使成天祐与环有隙，佐与天祐谋杀环，天祐曰："君妻子为质奈何？"佐曰："佐岂顾家者邪？"元光二年七月，因环出猎杀之，率军民数万请命，加龙虎卫上将军、元帅右监军、兼知平阳府事。佐与平阳公史咏素不协，请徙沁州玉女寨，诏从之，仍令听上党公完颜开节制。是岁七月，救襄垣，中流矢卒。赠金吾卫上将军，以其子为符宝典书。

黄掴九住，临潢人。大定间，以荫补部令史，转枢密院令史，调安肃州军事判官。明昌四年，为大理执法，同知蓟州军事，再迁潞王府司马，累官河东北路按察使、转运使，改知彰德府事。战殁。赠荣禄大夫、南京留守，仍录用其子孙。

乌林荅乞住，大名路猛安人。大定二十八年进士。累官补尚书省令史，除山东提刑判官、英王府司马。御史台举前在山东称职，改太原府治中。签陕西按察司事，历汝州、沁州刺史，北京、临潢按察副使，迁蒲与路节度使。未几，以罪夺三官，解职，降德昌军节度副使。崇庆初，戍边有功，迁一官，赏银百两、重币十端，转利州刺史。贞祐初，改同知咸平府事，迁归德军节度使，改兴平军，就充东面经略使。寻罢经略司，改元帅右都监。赴援中都战殁。赠荣禄大夫、参知政事，以参政半俸给其家。

陀满斜烈，咸平路猛安人。袭父猛安。明昌中，以所部兵充押军万户，戍边。承安中，讨契丹有功，除陈州防御使。迁知平凉府事，改保大军节度使，徙知彰德府事。贞祐四年，大元兵复取彰德，斜烈死焉。

尼庞古蒲鲁虎，中都路猛安人。明昌五年进士。累官补尚书省令史，从平章政事仆散揆伐宋。兵罢，除同知崇义军节度使事。察廉，改东平府治中。历环州、裕州刺史，翰林待制，开封府治中，大理卿。寻擢知河南府事，兼河南路副统军。贞祐四年，急备京西，为陕州宣抚副使、兼西安军节度使。是岁，大元兵取潼关，戍卒皆溃，蒲鲁虎御战，兵败死焉。

兀颜畏可，隆安路猛安人。补亲军，充护卫，除益都总管府判官、中都兵马副都指挥使，累官会州刺史。贞祐初，为左卫将军、拱卫直都指挥使、山东副统军、安化军节度使。土贼据九仙山为巢穴，畏可拥众不击，贼愈炽。东平行省蒙古纲劾奏畏可不任将帅，朝廷不问。改镇西军，权经略副使，历金安、武胜军。兴定四年，改泰定军。是岁五月，衮州破，死焉。

兀颜讹出虎，隆安府猛安人。大定二十八年进士。累官补尚书省令史，除顺天军节度副使，召为治书侍御史、刑部员外郎、单州刺史、户部郎中、河东北路按察副使、同知大兴府事、秦州防御使。丁母忧，起复泗州防御使，迁武宁军节度使，徙河平军、兼都水监。坐前在武宁奏军功不实，降沂州防御使，迁汾阳军节度使、兼经略使。兴定二年九月，城破死焉。

粘割贞，本名抄合，西南路招讨司人。大定二十八年进士。历教授、主簿，用荐举除河北大名提刑知事。察廉迁都转运户籍判官，累官泰定军节度副使。丁父忧，服阕，除德兴治中、宣德州刺史。贞祐元年十二月，贞以礼部郎中摄国子祭酒，与恩州刺史摄武卫军副都指挥使粘割合达、河间府判官摄同知顺天军节度使事梅只乞奴、保州录事摄永定军节度副使伯德张奴出议和事。二年，和议成，赏银二百两、重币十端、玉吐鹘。改户部侍郎，历沁南、河平、镇南、集庆、汾阳军节度使。贞祐四年，改昭义军，充潞州经略使。兴定二年，入为工部尚书。由寿州伐宋，攻正阳有功。权元帅左都监，守晋安府。兴定三年十一月，城破，贞与府官十余人皆死之。

卷一百二十三　列传第六十一

忠　义　三

徒单航　完颜陈和尚　杨沃衍　乌古论黑汉　陀满胡土门　姬汝作　爱申　禹显

徒单航，一名张僧，驸马枢密使某之子也。父号九驸马，卫王有事北边，改授都元帅，仍权平章，殊不允人望。张僧时为吏部侍郎，力劝其父请辞帅职，遂拜平章。至宁元年，胡沙虎弑逆，降航为安州刺史。会北兵大至城下，声言"都城已失守，汝可速降。"航谓其民曰："城守虽严，万一攻破，汝辈无孑遗矣。我家两世驸马，受国厚恩，决不可降。汝辈计将安出？"其民曰："太守不屈，我辈亦何忍降，愿以死守。"航乃尽出家财以犒军民，军民皆尽力备御。又五日，城危，航度不可支，谓其妻孥曰："今事急矣，惟有死尔。"乃先缢其妻孥，谓其家人曰："我死即撤屋焚之。"遂自缢死。城破，人犹力战，曰："太守既死，我辈不可独降。"死者甚众。

完颜陈和尚，名彝，字良佐，亦以小字行，丰州人。系出萧王诸孙。父乞哥，泰和南征，以功授同知阶州军事，及宋复阶州，乞哥战殁于嘉陵江。贞祐中，陈和尚年二十余，为北兵所掠，大帅甚爱之，置帐下。时陈和尚母留丰州，从兄安平都尉斜烈事之甚谨。陈和尚在北岁余，托以省母，乞还。大帅以卒监之至丰，乃与斜烈劫杀监卒。夺马奉其母南奔，大兵觉，合骑追之，由他路得免。既而失马，母老不能行，载以鹿角车，兄弟共挽，南渡河。宣宗奇之。

斜烈以世官授都统，陈和尚试补护卫，未几转奉御。及斜烈行寿、泗元帅府事，奏陈和尚自随，诏以充宣差提控，佩金符。斜烈辟太原王渥为经历。渥字仲泽，文章论议与雷渊、李献能相上下，故得师友之。陈和尚天资高明，雅好文史，自居禁卫日，人以秀才目之。至是，渥授以《孝经》、《小学》、《论语》、《春秋左氏传》，略通其义。军中无事，则窗下作牛毛细字，如寒苦之士，其视世味漠然。

正大二年，斜烈落帅职，例为总领，屯方城。陈和尚随以往，凡兄军中事皆预知之。斜烈时在病，军中李太和者，与方城镇防军葛宜翁相殴，诉于陈和尚，宜翁事不直，即量笞之。宜翁素凶悍，耻以理屈受杖，竟郁郁以死，留语其妻，必报陈和尚。妻讼陈和尚以私忿侵官，故杀其夫，诉于台省，于近侍，积薪龙津桥南，约不得报，则自焚以谢其夫。以故陈和尚系狱。议者疑陈和尚，狃于禁近，倚兵阃之重，必横恣违法，当以大辟。奏上，久不能决。陈和尚聚书狱中读之，凡十有八月。明年，斜烈病愈，诏提兵而西，入朝，哀宗怪其瘦甚，问："卿宁以方城狱未决故耶？卿但行，吾今赦之矣。"以台谏复有言，不敢赦。未几，斜烈卒。上闻，始驰赦陈和尚，曰："有司奏汝以私忿杀人。汝兄死，失吾一名将。今以汝兄故，曲法赦汝，天下必有议我者。他日，汝奋发立功名，国家得汝力，始以我为不妄赦矣。"陈和尚且泣且拜，悲动左右，不能出一言为谢。乃以白衣领紫微军都统，逾年转忠孝军提控。

五年，北兵入大昌原，平章合达问谁可为前锋者，陈和尚出应命。先已沐浴易衣，若将就木然者，擐甲上马不反顾。是日，以四百骑破八千众，三军之士踊跃思战，盖自军兴二十年始有此捷。奏功第一，手诏褒谕，授定远大将军、平凉府判官，世袭谋克。一日名动天下。

忠孝一军，皆回纥、乃满、羌、浑及中原被俘避罪来归者，鸷狠凌突，号难制。陈和尚御之有方，坐作进退皆中程式，所过州邑常料所给外秋毫无犯，街曲间不复喧杂，每战则先登陷阵，疾若风雨，诸军倚以为重。六年，有卫州之胜。八年，有倒回谷之胜。自刑徒不四五迁为御侮中郎将。

副枢移剌蒲阿无持重之略，尝一日夜驰二百里趋小利，军中莫敢谏止。陈和尚私谓同列曰："副枢以大将军为剽略之事，今日得生口三百，明日得牛羊一二千，士卒喘死者则不复计。国家数年所积，一旦必为是人破除尽矣。"或以告蒲阿，一日，置酒会诸将饮，酒行至陈和尚，蒲阿曰："汝曾短长我，又谓国家兵力当由我尽坏，诚有否?”陈和尚饮毕，徐曰“有。”蒲阿见其无惧容，漫为好语云：“有过当面论，无后言也。”

九年正月，三峰山之败，走钧州。城破，大兵入，即纵军巷战。陈和尚趋避隐处，杀掠稍定乃出，自言曰：“我金国大将，欲见白事。”兵士以数骑夹之，诣行帐前。问其姓名，曰：“我忠孝军总领陈和尚也。大昌原之胜者我也，卫州之胜亦我也，倒回谷之胜亦我也。我死乱军中，人将谓我负国家，今日明白死，天下必有知我者。”时欲其降，斫足胫折不为屈，豁口吻至耳，噀血而呼，至死不绝。大将义之，酹以马湩，祝曰：“好男子，他日再生，当令我得之。”时年四十一。是年六月，诏赠镇南军节度使，塑像褒忠庙，勒石纪其忠烈。

斜烈名鼎，字国器，毕里海世袭猛安。年二十，以善战知名。自寿、泗元帅转安平都尉，镇商州，威望甚重，敬贤下士，有古贤将之风。初至商州，一日搜伏，于大竹林中得欧阳修子孙，问而知之，并其族属乡里三千余人皆纵遣之。

杨沃衍，一名斡烈，赐姓兀林荅，朔州静边官庄人，本属唐括迪剌部族。少尝为北边屯田小吏，会大元兵入境，朝命徙唐括族内地，沃衍留不徙，率本部族愿从者入保朔州南山茶杞沟，有众数千，推沃衍为招抚使，号其沟曰府，故残破镇县徒党日集，官军不能制。又与大兵战，连获小捷，及乏食，遂行剽劫。官军捕之，拒战不下，转走宁、陕、武、朔、宁边诸州，民以为病。朝廷遣人招之，沃衍即以众来归。时宣宗适南迁，次淇门，闻之甚喜，遂以为武州刺史。

武州屡经残毁，沃衍入州未几，而大兵来攻，死战二十七昼夜不能拔，乃退，时贞祐二年二月也。既而朝廷以武州终不可守，令沃衍迁其军民驻岢岚州，以武州功擢为本州防御使。俄升岢岚为节镇，以沃衍为节度使，仍诏谕曰：“卿于国尽忠，累有劳绩。今特升三品，恩亦厚矣，其益励忠勤，与宣抚司辑睦以安军民。”沃衍自奉诏即以身许国，曰：“为人不死王事而死于家，非大丈夫也。”

三年，奉旨屯泾、邠、陇三州，沃衍分其军九千人为十翼五都统，亲统者十之四。是冬，西夏四万余骑围定西州，元帅右都监完颜赛不以沃衍提控军事，率兵与夏人战，斩首几二千，生擒数十人，获马八百余匹，器械称是，余悉遁去。诏陕西行省视功官赏之。

兴定元年春，上以沃衍累有战功，赐今姓。未几，遥授通远军节度使、兼巩州管内观察使。是冬，诏陕西行省伐宋，沃衍与元帅左都监内族白撒、通远军节度使温迪罕娄室、同知通远军节度使事乌古论长寿、平西军节度副使和速嘉兀迪将兵五千出巩州盐川，至故城逢夏兵三百，击走之。又入西和州至岐山堡，遇兵六千凡三队，遣军分击，逐北三十余里，斩首四百级，生获十人、马二百匹、甲仗不胜计。寻复得散关。二年正月，捷报至，上大喜，诏迁沃衍官一阶，遥授知临洮府事。三年，武休关之捷，沃衍功居多，诏特迁一官。

元光元年正月，遥授中京留守。六月，进拜元帅右监军，仍世袭纳古胡里爱必剌谋克。二年春，北兵游骑数百掠延安而南，沃衍率兵追之，战于野猪岭，获四人而还。俄而，兵大至，驻德安寨，复击走之。未几，大兵攻凤翔还，道出保安，沃衍遣提控完颜查剌破于石楼台，前后获马二百、符印数十。诏有司论赏。初，闻野猪岭有兵，沃衍约陀满胡土门以步军会战。胡土门宿将，常轻沃衍，至是失期。沃衍战还，会诸将欲斩胡土门，诸将哀请乃释之。时大兵声势益振，陕西行省檄沃衍清野，不从，曰：“我若清野，明年民何所得食?”遂隔大涧持势使民毕麦事。正大二年，进拜元帅左监军，遥领中京留守。

八年冬，平章合达、参政蒲阿由邓州而西，沃衍自丰阳川遇于五朵山下，问禹山之战如何，合达曰：“我军虽胜，而大兵已散漫趋京师矣。”沃衍愤云：“平章、参政蒙国厚恩，握兵柄，失事机，不能战御，乃纵兵深入，尚何言耶!”

三峰山之败，沃衍走钧州。其部曲白留奴、呆刘胜既降，请于大帅，愿入钧招沃衍。大帅质留奴，令胜入钧见沃衍，道大帅意，降则当授大官。沃衍善言慰抚之，使前，拔剑斫之，曰：“我起身细微，蒙国大恩，汝欲以此污我耶!”遂遗语部曲后事，望汴京拜且哭曰：“无面目见朝廷，惟有一死耳。”即自缢。部曲举火并所寓屋焚之，从死者十余人。沃衍死时年五十二。

初，大兵破西夏，长驱而至，关辅千里皆汹汹不安，虽智者亦无如之何。沃衍与其部将刘兴哥者率兵往来邠、陇间，屡战屡胜，故大军猝不能东下。

兴哥，凤翔虢县人，起于群盗，人呼曰“热刘”。后于清化战死，大兵至酹酒以吊，西州耆老语之，至为泣下。

乌古论黑汉，初以亲军入仕，尝为唐、邓元帅府把军官。天兴二年，唐州刺史内族斜鲁病卒，邓州总帅府以蒲察都尉权唐州事。宋军两来围唐，又唐之粮多为邓州所取，以故乏食。六月，遣万户夹谷定住入归德，奏请军粮，不报。七月，镇防军冯总领、甄改住为变，杀蒲察都尉。时朝廷道梗，帅府承制以黑汉权刺史行帅府事。

既而镇防军有归宋之谋，时裕州大成山聂都统一军五百人在州，独不欲归宋，与镇防军为敌，镇防不能胜，弃老幼奔枣阳，宋人以故知唐之虚实。会邓帅移剌瑗以城叛归于宋，遗书招黑汉，黑汉杀其使者不报。宋王安抚率兵攻唐，鄂司王太尉继至，攻益急。黑汉闻哀宗迁蔡，遣人求救，上命权参政兀林荅胡土将兵以往。宋人设伏，纵其半入城，邀击之，胡土大败，仅存三十骑以还。

城中粮尽，人相食，黑汉杀其爱妾啖士，士争杀其妻子。官屡聚议欲降，黑汉与聂都统执议益坚，冯总领乃私出城与王安抚会饮，约明日宋军入城。冯归，宋军不得入，聂都统请冯议事，即坐中斩之，及其党皆死。总领赵丑儿者初与冯同谋，内不自安，开西门纳宋军。黑汉率大成山军巷战，自辰至午，宋军大败而出，杀伤无数。宋人城下大呼赵丑儿，约并力杀大成山军。大成军败，宋人获黑汉，胁使降，黑汉不屈，为所杀。其得脱走者十余人，总领移剌望军、女奚烈军、丑儿走蔡州，皆得迁赏，后俱死于甲午之难。

陀满胡土门，字子秀，策论进士也。累官翰林待制。贞祐二年，迁知中山府。三年，改知临洮府、兼本路兵马都总管。叛贼兰州程陈僧等诱夏人入寇，围临洮凡半月，城中兵数千而粟且不支，众皆危之。胡土门日为开谕逆顺祸福，皆自奋。因捕其党欲为内应者二十人，斩之，掷首城外。贼四面来攻，乃夜出袭贼垒，夏兵大乱，金军乘之，遂大捷，夏人遁去。

四年，知河中府事，权河东南路宣抚副使。十月，进元帅右监军、兼前职。兴定二年，为绛阳军节度使、兼绛州管内观察使。十月，迁元帅左监军、行元帅府事、兼知晋安府、河东南路兵马都总管。于是，修城池，缮甲兵，积刍粮，以备战守。民不悦，行省胥鼎闻之，遗以书曰："元帅始镇河中，惠爱在民，移旆晋安，远近忻仰。去岁兵入，平阳不守，河东保完者惟绛而已。盖公坐筹制胜，威德素著，故不动声气以至无虞也。迩来传闻，治政太刚，科征太重，鼎切忧之。古人有言，御下不宽则人多惧祸，用人有疑则士不尽心。况大兵在迩，邻境已虚，小人易动，诚不可不虑也。愿公以谦虚待下，忠孝结人，明赏罚，平赋税，上以分圣主宵旰之忧，下以为河东长城之托。"胡土门得书，惧民不从且或生变，乃上言："臣本琐材，猥膺重寄，方将治隍陴、积刍粮为捍御之计，而小民难与虑始，以臣政令颇急，皆有怨言，遂贻行省之忧。自闻训谕，措身无所，内自悛悔，外加宽抚，庶几少慰众心。而近以朝命分军过河，则又喧言帅臣不益兵保守，而反助河南，将弃我也。人心如此，恐一旦遂生他变。向者李革在平阳，人不安之，而革隐忍不言，以至于败。臣实拙缪，无以服人，敢以鼎书上闻，惟朝廷图之。"朝廷以鼎言，遣吏部尚书守颜间山代之。或曰，胡土门欲以计去晋安，乃大兴役，恣为杀戮，务失民心，故鼎言及之。未几，晋安失守，死者几百万人，遂失河东。

三年八月，改太常卿、权签枢密院事、知归德府事。元光二年二月，坐上书不实，削一官。正大三年七月，复为临洮府总管。四年五月，城破被执，诱之降不应，使之跪不从，以刀乱斫其膝胫，终不为屈，遂杀之。五年，诏赠中京留守，立像褒忠庙，录用其子孙。其妻乌古论氏亦死节，有传。

姬汝作，字钦之，汝阳人，全州节度副使端修之侄孙也。父懋，以荫试部掾，转尚书省令史。汝作读书知义理，性豪宕，不拘细行，平日以才量称。正大末，避兵崧山，保乡邻数百家，众以长事之。后徙居交牙山砦，会近侍局使乌古论四和抚谕西山，以便宜授汝作北山招抚使，佩银符，遂迁入汝州。

初，汝州残破之后，天兴元年正月，同知宣徽院事张楷授防御使，自汴率襄、郏县土兵百余人入青阳垛。时呼延实者领青阳砦事。实赵城人，本杨沃衍部曲，以战功至宝昌军节度使，闲居汝之西山。楷自揣不能服众，乃以州事托实，寻往邓州从恒山公武仙。后大元兵至，城破，杀数千人，乃许降，以张宣差者管州事。三月，钧州溃军柳千户者入州，张逃去，柳遂据之。未几，城复破。及汝作至，北兵虽去，但空城尔。汝作招集散亡，复立市井，北兵屡招之不从，数战互有胜负。已而北兵复来攻，汝作亲督士卒，以死拒之。兵退，间道纳奏，哀宗宣谕："此州无险固可恃，汝乃能为国用命，今授以同知汝州防御使，便宜从事。"

是时，此州南通邓州，西接洛阳，东则汴京，使传所出，供亿三面，传通音耗。然呼延实在青阳为总帅，忌汝作城守之功，不能相下，州事动为所制。实欲迁州入山，谓他日必为大兵所破。汝作以为"仓中粮尚多，四面溃军日至，此辈经百死，激之皆可用，朝廷倚我守此州，总帅乃欲弃之，何心哉。"谗间既行，有相图之隙，详议官杨鹏释之曰："外难未解而顾私忿。"语甚谆切。实乃还山，鹏因劝汝作纳奏，乞死守此州，以坚军民之心。其冬，战于襄、郏，得马百余，士气颇振，遂以汝作为总帅，不复与实相关矣。

天兴二年六月，哀宗在蔡州，遣使征兵入援。州人为逻骑所扰，农事尽废，城中粮亦垂尽。是月，中京破，部曲私议有唇亡之惧，计以城降，惧汝作，不敢言，乃以迁州入山白之。汝作怒曰："吾家父祖食禄百年，今朝廷又以州事帅职委我，吾生为金民，死为金鬼。汝辈欲避于山，非欲降乎？有再言迁者吾必斩之。"

八月，塔察将大兵攻蔡，经汝州。州人梁皋作乱，与故吏温泽、王和七八人径入州廨，汝作不为备，遂为所杀。时宣使石珪体究洛阳所以破及强伸死节事，以路阻，留汝州驿。梁皋既杀汝作，走告珪曰："汝作私积粮斛，不恤军民，众怒杀之矣。皋不图汝作官职，惟宣使裁之。"珪惧，乃以皋权汝州防御使、行帅府事。脱走入蔡，以皋杀汝作事闻。哀宗甚嗟惜之，遣近侍张天锡赠汝作昌武军节度使，子孙世袭谋克，仍诏岘山帅呼延实、登封帅范真并力讨皋。天锡避岘山远，先约范真，真以麾下李某者往，以抚谕军民为名。皋率军士迎于东门，知朝廷图己，阴为之备，李犹豫不敢发。皋馆天锡于望崧楼，隐毒于食，天锡遂中毒而死。皋后为大元兵所杀。

杨鹏字飞卿，能诗。

爱申，逸其族与名，或曰一名忙哥。本虢县镇防军，累功迁军中总领。李文秀据秦州，宣宗诏凤翔军讨之，军围秦州城。时爱申在军中，有罪当死。宣宗问之枢帅，有知其名者奏此人将帅材，忠实可倚。宣宗命驰赦之，以为德顺节度使、行元帅府事。正大四年春，大兵西来，拟以德顺为坐夏之所，德顺无军，人甚危之。爱申识凤翔马肩龙舜卿者可与谋事，乃遗书招之，肩龙得书欲行，凤翔总管禾速嘉国鉴以大兵方进，吾城可恃，德顺决不可守，劝勿往。肩龙曰："爱申平生未尝识我，一见许为知己。我知德顺不可守，往则必死，然以知己故。不得不为之死耳。"乃举行橐付族父，明为死别，冒险而去。既至，不数日受围，城中惟有义兵乡军八九千人，大兵举天下之势攻之。爱申假舜卿凤翔总管府判官，守御一与共之。凡攻百二十昼夜，力尽乃破，爱申以剑自刭，时年五十三。军中募生致肩龙，而不知所终。台谏有言当赠德顺死事者官，以劝中外。诏各赠官，配食褒忠庙。

肩龙字舜卿，宛平人。先世辽大族，有知兴中府者，故人号兴中马氏。祖大中，金初登科，节度全、锦两州。父成谊，明昌五年登科，仕为京兆府路统军司判官。肩龙在太学有赋声。宣宗初，有诬宗室从坦杀人，将置之死。人不敢言其冤，肩龙上书，大略谓："从坦有将帅材，少出其右者，臣一介书生，无用于世，愿代从坦死，留为天子将兵。"书奏，诏问："汝与从坦交分厚欤?"肩龙对曰："臣知有从坦，从坦未尝识臣。从坦冤，人不敢言，臣以死保之。"宣宗感悟，赦从坦，授肩龙东平录事，委行省试验。宰相侯挚与语不契，留数月罢归，将渡河，与排岸官纷竞，搜箧中，得军马粮料名数及利害数事，疑其为奸人侦伺者，系归德狱根勘。适从坦至，立救出之。正大三年，客凤翔，元帅爱申深器重之，至是，同死于难。

禹显，雁门人。贞祐初，隶上党公张开，累以战功授义胜军节度使、兼沁州招抚副使。元光二年四月，大帅达儿觫、按察儿攻河东，张开遣显扼龙猪谷，夹攻败之，擒元帅韩光国，获辎重甲仗甚众，追至祁县而还，所历州县悉复之。显将军三百人，守襄垣，八年不迁。大帅尝集河朔步骑数万攻之，至于数四不能拔。既而，战于玉女寨，大获。开言于朝，权元帅右都监。正大六年冬十二月，军内变，城破被擒。帅义之，不欲加害。初以铁绳钤之，既而密与旧部曲二十人遁去，闻上党公军复振，将往从之。大兵四向来追，显适与负釜一兵相失，乞饭山寺中，僧走报焉，被执不屈死，时年四十一。

秦州人张邦宪，字正叔，登正大中进士第，为永固令。天兴二年，避兵徐州。卓翼率兵至城，邦宪被执，将驱之北，邦宪骂曰："我进士也，误蒙朝廷用为邑长，可从汝曹反耶!"遂遇害。

刘全者，彭城民也。率乡邻数百避兵沫沟，推为砦主。北兵至徐，尽俘其老幼，全父亦在其中，北兵质之以招全，全缚其人送徐州，因窃其父以归。徐帅益都嘉其忠，承制以为昭信校尉，遥领彭城县尉。后遇国用安，怒其不附己，见杀。

卷一百二十四　列传第六十二

忠义四

马庆祥　商衡　术甲脱鲁灰　杨达夫　冯延登　乌古孙仲端　乌古孙奴申　蒲察琦　蔡八儿　温敦昌孙　完颜绛山　毕资伦　郭虾蟆

马庆祥，字瑞宁，本名习礼吉思。先世自西域入居临洮狄道，以马为氏，后徙家净州天山。泰和中，试补尚书省译史。大安初，卫王始通问大元，选使副，上曰："习礼吉思智辩通六国语，往必无辱也。"使还，授开封府判官。内城之役充应办使，不扰而事集。未几，大元兵出陕右，朝廷命完颜仲元为凤翔元帅，举庆祥为副，上曰："此朕志也，且筑城有劳。"即拜凤翔府路兵马都总管判官。

元光元年冬十一月，闻大将萌古不花将攻凤翔，行省檄庆祥与治中胥谦分道清野。将行，命画工肖其貌，付其家人。或曰："君方壮，何乃为此不祥?"庆祥曰："非汝所知也。"明日遂行。遇先锋于浍水，战不利。且行且战，将及城，会大兵邀其归路，度不能脱，令其骑曰："吾属荷国厚恩，竭力效死，乃其职也。"诸骑皆曰："诺。"人殊死战，良久矢尽。大兵围数匝，欲降之，军拥以行，语言往复，竟不屈而死，年四十有六。元帅郭仲元舆其尸以归，葬凤翔普门寺之东。事闻，诏赠辅国上将军、恒州刺史，谥忠愍。

胥谦及其子嗣亨亦不屈死，谦赠辅国上将军、彰化军节度使，嗣亨赠威远将军、凤翔府判官。

桢州金胜堡提控仆散胡沙亦死，赠银青荣禄大夫。

正大二年，哀宗诏褒死节士，若马习礼吉思、王清、田荣、李贵、王斌、冯万奴、张德威、高行中、程济、姬玘、张山等十有三人，为立褒忠庙，仍录其孤。二人者逸其名，余亦无所考。

商衡，字平叔，曹州人。至宁元年，特恩第一人，授鄜州洛郊主簿。以廉能换鄜县，寻辟威戎令。兴定三年，岁饥，民无所于籴，衡白行省，得开仓赈贷，全活者甚众。后因地震城圮，夏人乘衅入侵，衡率蕃部土豪守御应敌，保以无虞。秩满，县人为立生祠。再辟原武令。未几，入为尚书省令史，转户部主事，两月拜监察御史。

哀宗姨郕国夫人不时出入宫闱，干预政事，声迹甚恶。衡上章极言，自是郕国被召乃敢进见。内族庆山奴将兵守盱眙，与李全战败，朝廷置而不问。衡上言："自古败军之将必正典刑，不尔则无以谢天下。"诏降庆山奴为定国军节度使。户部侍郎权尚书曹温之女在掖庭，亲旧干预权利，其家人填委诸司，贪墨彰露。台臣无敢言者，衡历数其罪。诏罢温户部，改太后府卫尉。再上章言："温果可罪，当贬逐，无罪则臣为妄言，岂有是非不别而两可之理。"哀宗为之动容，乃出温为汝州防御使。

未几，为右司都事，改同知河平军节度使。未赴，改枢密院经历官，遥领昌武军同知节度使事。丞相完颜赛不领陕西行省，奏衡为左右司员外郎，密院表留，有旨："行省地重，急于得人，可从丞相奏。"明年，召迁，行省再奏留之。正大八年，以母丧还京师。十月，起复为秦蓝总帅府经历官。天兴元年二月，关陕行省徒单兀典等败于铁岭，衡未知诸帅存殁，招集溃军以须其至。遂为兵士所得，欲降之，不为屈。监至长水县东岳祠前，诱之使招洛阳，衡曰："我洛阳识何人，为汝招之耶?"兵知不可诱，欲捽其巾。衡瞋目大呼曰："汝欲胁从我耶?"终不肯降，望阙瞻拜曰："主将无状，亡兵失利。臣子罪责，亦无所逃，但以一死报国耳。"遂引佩刀自刭，年四十有六。

正大初，河间许古诣阙拜章，言："八座率非其材，省寺小臣有可任宰相者，不大升黜之则无以致中兴。"章奏，诏古赴都堂，问孰为可相者，古以衡对，则衡之材可知矣。

术甲脱鲁灰，上京人，世为北京路部长。其先有开国功，授北京路宋阿苔阿猛安，脱鲁灰自幼袭爵。贞祐二年，宣宗迁汴，率本部兵赴中都扈从，上喜，特授御前马步军都总领。宋人略南鄙，命同签枢密院事时全将大军南伐，脱鲁灰率本部屡摧宋兵破城寨，以功遥授昌武军节度使、元帅右都监、行蔡、息等路元帅府事。既而，宋人有因畜牧越境者，逻卒擒之，法当械送朝廷，脱鲁灰曰："国家自迁都以来，境土日蹙，民力凋耗，幸边无事，人稍得息。若戮此曹，则边衅复生，兵连祸结矣。不如释之，以绝兵端。"

哀宗即位，授镇南军节度使、蔡州管内观察使、行户、工部尚书。时大元兵入陕西。乃上章曰："宋人与我为仇敌，顷以力屈自保，非其本心。今陕西被兵，河南出师，转战连年不绝，兵死于阵，民疲于役，国力竭矣。寿、泗一带南接盱、楚，红袄贼李全巢穴也。万一宋人谍知，与全乘虚而入，腹背受敌，非计之得者也。臣已令所部沿边警斥，以备非常。宜敕寿、泗帅臣谨斥候，严烽燧，常若敌至，此兵法所谓'无恃其不来，恃吾有以待之'之道也。"上是而行之。

正大二年秋，传言宋人将入侵，农司令民先期刈禾，脱鲁灰曰："夫民所恃以仰事俯育及供亿国家者，秋成而已。今使秋无所获，国何以仰，民何以给?"遂遣军巡逻，听民待熟而刈，宋人卒不入寇。谍者又报光州汪太尉将以八月发兵来取真阳，议者请籍丁男以备，脱鲁灰曰："汪太尉恇怯人耳，宁敢为此?必奸人声言来寇，欲使吾民废务也，不可信。"已而果然。

叛人焦风子者，沿河南北屡为反复，朝廷授以提控之职，令将三千人戍遂平。四年春，风子谋率其众入宋，脱鲁灰策之，以兵数千伏鄱阳道，贼果夜出此途，伏发殪之。

七年，大元兵攻蓝关，至八渡仓退。举朝皆贺，以为无事。脱鲁灰独言曰："潼关险隘，兵精足用。然商、洛以南濒于宋境，大山重复，宋人不知守，国家亦不能逾宋境屯戍。大兵若由散关入兴元，下金、房，绕出襄、汉，北入邓鄙，则大事去矣。宜与宋人释怨，谕以辅车之势，唇亡齿寒，彼必见从。据其险要以备，不然必败。"是秋，改授小关子元帅，屯商州大吉口。

九年春，从行省参政徒单吾典将潼关兵入援，至商山遇雪，大兵邀击之，士卒饥冻，不能战而溃。脱鲁灰被执不屈，拔佩刀自杀。

杨达夫，字晋卿，耀州三原人。泰和三年进士。有才干，所至可纪。召补省掾，草奏章，坐字误，降平凉府判官。尝主鄠县簿，事一从简，吏民乐之。达夫亦爱其山水之胜，因家焉。日以诗酒自娱，了无宦情。会有诏徙民东入关，达夫与众行，及韶，避兵于州北之横岭，为游骑所执，将褫衣害之。达夫挺然直立马首，略无所惧。稍侵辱之，即大言曰："我金国臣子，即为汝所执，不过一死，忍裸袒以黩天日耶!"遂见杀。两山潜伏之民窃观之者，皆相告曰："若此好官，异日祠之，当作我横岭之神。"

冯延登，字子俊，吉州吉乡人。世业医。延登幼颖悟，既长，事举业，承安二年登词赋进士第。调临真簿、德顺州军事判官。泰和元年，转宁边令。大安元年秋七月，霜害稼，民艰于食，延登发粟赈贷，全活甚众。贞祐二年，补尚书省令史，寻授河中府判官、兼行尚书省左右司员外郎。兴定五年，入为国史院编修官，改太常博士。元光二年，知登闻鼓院，兼翰林修撰，奉使夏国，就充接送伴使。正大七年十二月，迁国子祭酒。假翰林学士承旨，充国信使。以八年春奉国书朝见於虢县御营。有旨问："汝识凤翔帅否?"对曰："识之。"又问："何如人?"曰："敏于事者也。"又问："汝能招之使降即贳汝死，不则杀汝矣。"曰："臣奉书请和，招降岂使职乎。招降亦死，还朝亦死，不若今日即死为愈也。"明日，复问："汝曾思之不?"对如前，问至再三，执义不回。又明日，乃喻旨云："汝罪应死，但古无杀使者理，汝爱汝须髯犹汝命也。"叱左右以刀截去之，延登岸然不动，乃监之丰州。二年后放还，哀宗抚慰久之，复以为祭酒，历礼、吏二部侍郎，权刑部尚书。明年，大元兵围汴京，仓猝逃难，为骑兵所得，欲拥而北行。延登辞情慷慨，义不受辱，遂跃城旁井中，年五十八。

乌古孙仲端，本名卜吉，字子正。承安二年策论进士。宣宗时，累官礼部侍郎。与翰林待制安延珍奉使乞和于大元，谒见太师国王木华黎，于是安延珍留止，仲端独往。并大夏，涉流沙，逾葱岭，至西域，进见太祖皇帝，致其使事乃还。自兴定四年七月启行，明年十二月还至。朝廷嘉其有奉使劳，进官两阶，延珍进一阶。历裕州刺史。正大元年，召为御史中丞，奉诏安抚陕西。及归，权参知政事。

正大五年十二月，知开封府事完颜麻斤出、吏部郎中杨居仁以奉使不职，尚书省具狱，有旨释之备再使。仲端言曰："麻斤出等辱君命，失臣节，大不敬，宜偿礼币诛之。"奏上，麻斤出等免死除名。会议降大军事，及诤太后奉佛，涉亡家败国之语，上怒，贬同州节度使。

哀宗将迁归德，召为翰林学士承旨，兼同签大睦亲府事，留守汴京。及大元兵围汴，日久食尽，诸将不相统一，仲端自度汴中事变不测。一日与同年汝州防御裴满思忠小饮，谈太学同舍事以为笑乐，因数言"人死亦易事耳。"思忠曰："吾兄何故频出此语?"仲端因写一诗示之，其诗大概谓人生大似巢燕，或在华屋杏梁，或在村居茅茨，及秋社甫临，皆当逝去。人生虽有富贵贫贱不同，要之终有一死耳。书毕，连饮数杯，送思忠出门，曰："此别终天矣。"思忠去，仲端即自缢，其妻亦从死。明日，崔立变。

仲端为人乐易宽厚知大体，奉公好善，独得士誉。一子名爱实，尝为护卫、奉御，以诛官奴功授节度、世袭千户。

思忠名正之，本名蒲剌笃，亦承安二年进士。

乌古孙奴申，字道远。由译史入官。性伉特敢为，有直气。尝为监察御史，时中丞完颜百家以酷烈闻，奴申以事纠罢，朝士耸然。后为左司郎中、近侍局使，皆有名。哀宗东迁，为谏议大夫、近侍局使、行省左右司郎中、兼知宫省事，留汴京居守。崔立变之明日，同御史大夫裴满阿虎带自缢死于台中。是日，户部尚书完颜珠颗亦自缢。

阿虎带字仲宁，珠颗字仲平，皆女直进士。

时不辱而死者，奉御完颜忙哥、大睦亲府事乌古孙仲端。大理裴满德辉、右副点检完颜阿撒、参政完颜奴申之子麻因，可知者数人，余各有传。

蒲察琦，本名阿怜，字仁卿，棣州阳信人。试补刑部掾。兄世袭谋克，兄死，琦承袭。正大六年，秦、蓝总帅府辟琦为安平都尉粘葛合典下都统兼知事。其冬，小关破，事势已迫。琦常在合典左右，合典令避矢石，琦不去，曰：“业已从公，死生当共之，尚安所避耶。”哀宗迁归德，汴京立讲议所，受陈言文字，其官则御史大夫纳合宁以下十七人，皆朝臣之选，而琦以有论议预焉。时左司都事元好问领讲议，兼看读陈言文字，与琦甚相得。崔立变后，令改易巾髻，琦谓好问曰：“今日易巾髻，在京人皆可，独琦不可。琦一刑部译史，袭先兄世爵，安忍作此？今以一死付公。然死则即死，付公一言亦剩矣。”因泣涕而别。琦既至其家，母氏方昼寝，惊而寤。琦问阿母何为，母曰：“适梦三人潜伏梁间，故惊寤。”仁卿跪曰：“梁上人，鬼也。儿意在悬梁，阿母梦先见耳。”家人辈泣劝曰：“君不念老母欤？”母止之曰：“勿劝，儿所处是矣。”即自缢，时年四十余。

琦性沉静好读书，知古今事。其母完颜氏，以孝谨称。

蔡八儿，不知其所始。矫捷有勇，性纯质可任。时为忠孝军元帅。天兴二年，自息州入援，会大将奔盏遣数百骑驻城东，令人大呼曰：“城中速降，当免杀戮，不然无噍类矣。”于是，上登城，遣八儿率挽强兵百余潜出暗门，渡汝水，左右交射之。自是兵不复薄城，筑长垒为久困计。上令分军防守四城，以殿前都点检兀林荅胡土守西面，八儿副之。已而哀宗度蔡城不守，传位承麟。群臣入贺，班定，八儿不拜，谓所亲曰：“事至于此，有死而已，安能更事一君乎！”遂战死。

毛佺者，恩州人。贞祐中为盗，宣宗南渡，率众归国，署为义军招抚。哀宗迁蔡，以佺为都尉。围城之战。佺力居多，城破自缢。其子先佺战殁。

时死事者则有阎忠、郝乙、王阿驴、樊乔焉。

忠，滑州人。卫王时，开州刺史赛哥叛，忠单骑入城，缚赛哥以出，由是渐被擢用。

乙，磁州人，同日战死，哀宗赠官。

阿驴、樊乔，皆河中人，初为炮军万户。凤翔破，北降，从军攻汴，司炮如故，即给主者曰：“炮利于短，不利于长。”信之，使截其木数尺、绠十余握，由是机虽起伏，所击无力。即日二人皆捐家走城。

是时，女直人无死事者，长公主言于哀宗曰：“近来立功效命多诸色人，无事时则自家人争强，有事则他人尽力，焉得不怨。”上默然。余各有传。

温敦昌孙，皇太后之侄，卫尉七十五之子。为人短小精悍，性复恺弟。累迁诸局分官。上幸蔡，授殿前左副点检。围城中，数引军潜出巡逻。时尚食须鱼，汝河鱼甚美，上以水多浮尸，恶之。城西有积水曰练江，鱼大且多，往捕必军卫乃可。昌孙常自领兵以往，所得动千余斤，分赐将士。后知其出，左右设伏，伺而邀之，力战而死。蔡城破，前监察御史纳坦胡失打闻之，恸哭，投水而死。

完颜绛山，哀宗之奉御也，系出始祖。天兴二年十月，蔡城被围，城中饥民万余诉于有司求出，有司难之，民大呼于道。上闻之，遣近侍官分监四门，门日出千人，必老稚羸疾者听其出。绛山时在北门，悯人之饥，出过其数，命杖之四十。然出者多泄城中虚实，寻止之。

三年正月己酉，蔡城破，哀宗传立承麟，即自缢于幽兰轩。权点检内族斜烈矫制召承御石盏氏、近侍局大使焦春和、内侍局殿头宋珪赴上前，晓以名分大义，及侍从官巴良弼、阿勒根文卿皆从死。斜烈将死，遗言绛山，使焚幽兰轩。火方炽，子城破，大兵突入，近侍左右皆走避，独绛山留不去，为兵所执，问曰：“汝为谁？”绛山曰：“吾奉御绛山也。”兵曰：“众皆散走，而独后何也？”曰：“吾君终于是，吾候火灭灰寒，收瘗其骨耳。”兵笑曰：“若狂者耶？汝命且不能保，能瘗而君耶？”绛山曰：“人各事其君。吾君有天下十余年，功业弗终，身死社稷，忍使暴露遗骸与士卒等耶？吾逆知君辈必不遗吾，吾是以留。果瘗吾君之后，虽寸斩吾不恨矣。”兵以告其帅，奔盏曰：“此奇男子也。”许之。绛山乃掇其余烬，裹以弊衾，瘗于汝水之旁。再拜号哭，将赴汝水死。军士救之得免，后不知所终。

毕资伦，缙山人也。泰和南征，以佣雇从军，军还，例授进义副尉。崇庆元年，改缙山为镇州，术虎高琪为防御使、行元帅府事于是州，选资伦为防城军千户。至宁元年秋，大元兵至镇州，高琪弃城遁。资伦行及昌平，收避迁民兵，转战有功，擢授都统军。军数千，与军中将领沈思忠、宁子都辈同隶一府，屯郑州及卫州，时号“沈、毕军”。积功至都总领，思忠为副都尉。

仆散阿海南征，军次梅林关不得过，阿海问诸将谁能取此关者，资伦首出应命。问须军士几何，曰：“止用资伦所统足矣，不烦余军。”明日迟明，出宋军不意，引兵薄之，万众崩，遂取梅林关。阿海军得南行，留提控王禄军万人守关。不数日，宋兵夺关守之，阿海以梅林归途为敌据，计无所出，复问：“谁能取梅林者，以帅职赏之。”资伦复出应命，以本军再夺梅林。阿海破蕲、黄，按军而还，论功资论第一，授遥领同知昌武军节度使、宣差总领都提控。

既而枢密院以资伦、思忠不相能，恐败事，以资伦统本军屯泗州。兴定五年正月戊戌，提控王禄汤饼会军中宴饮，宋龟山统制时青乘隙袭破泗州西城。资伦知失计，堕南城求死，为宋军所执，以见时青。青说之曰："毕宣差，我知尔好男子，亦宜相时达变。金国势已衰弱，尔肯降我，宋亦不负尔。若不从，见刘天帅即死矣。"资伦极口骂曰："时青逆贼听我言。我出身至贫贱，结柳器为生，自征南始得一官，今职居三品。不幸失国家城池，甘分一死尚不能报，肯从汝反贼求生耶！"青知无降意，下盱眙狱。时临淮令李某者亦被执，后得归，为泗州从宜移剌羊哥言其事。羊哥以资伦恶语骂时青必被杀，即以死不屈节闻于朝。时资伦子牛儿年十二，居宿州，收充皇后位奉阁舍人。

宋人亦赏资伦忠愤不挠，欲全活之，钤以铁绳，囚于镇江府土狱，略给衣食使不至寒饿，胁诱百方，时一引出问云："汝降否？"资伦或骂或不语，如是十四年。及盱眙将士降宋，宋使总帅纳合买住已下北望哭拜，谓之辞故主，驱资伦在旁观之。资伦见买住骂曰："纳合买住，国家未尝负汝，何所求死不可，乃作如此觜鼻耶！"买住俯首不敢仰视。

及蔡州破，哀宗自缢，宋人以告资伦。资伦叹曰："吾无所望矣。容我一祭吾君乃降耳。"宋人信之，为屠牛羊设祭镇江南岸。资伦祭毕，伏地大哭，乘其不防投江水而死。宋人义之，宣示四方，仍议为立祠。镇江之囚有方士者亲尝见之，以告元好问，及言泗州城陷资伦被执事，且曰："资伦长身，面赤色，颧颊微高，髯疏而黄。资禀质直，重然诺，故其坚忍守节卓卓如此。"《宣宗实录》载资伦为乱兵所杀，当时传闻不得其实云。

郭虾蟆，会州人。世为保甲射生手，与兄禄大俱以善射应募。兴定初，禄大以功迁遥授同知平凉府事、兼会州刺史，进官一阶，赐姓颜盏。夏人攻会州，禄大遥见其主兵者人马皆衣金，出入阵中，约二百余步，一发中其吭，殪之。又射一人，矢贯两手于树，敌大骇。城破，禄大、虾蟆俱被禽。夏人怜其技，囚之，兄弟皆誓死不屈。朝廷闻之，议加优奖，而未知存没，乃特迁禄大子伴牛官一阶，授巡尉职，以旌其忠。其后兄弟谋奔会，自拔其须，事觉，禄大竟为所杀，虾蟆独拔归。上思禄大之忠，命复迁伴牛官一阶，遥授会州军事判官，虾蟆遥授巩州钤辖。会言者乞奖用禄大弟，遂迁虾蟆官两阶，授同知兰州军州事。

兴定五年冬，夏人万余侵定西，虾蟆败之，斩首七百，获马五十匹，以功迁同知临洮府事。元光二年，夏人步骑数十万攻凤翔甚急，元帅赤盏合喜以虾蟆总领军事。从巡城，濠外一人坐胡床，以箭力不及，气貌若蔑视城守者。合喜指似虾蟆云："汝能射此人否？"虾蟆测量远近，曰："可。"虾蟆平时发矢，伺腋下甲不掩处射之无不中，即持弓矢伺坐者举肘，一发而毙。兵退，升遥授静难军节度使，寻改通远军节度使，授山东西路斡可必剌谋克，仍遣使赏赉，遍谕诸郡焉。

是年冬，虾蟆与巩州元帅田瑞攻取会州。虾蟆率骑兵五百皆被赭衲，蔽州之南山而下，夏人猝望之以为神。城上有举手于悬风版者，虾蟆射之，手与版俱贯。凡射死数百人。夏人震恐，乃出降。盖会州为夏人所据近四年，至是复焉。

正大初，田瑞据巩州叛，诏陕西两行省并力击之。虾蟆率众先登，瑞开门突出，为其弟济所杀，斩首五千余级，以功迁遥授知凤翔府事、本路兵马都总管、元帅左都监、兼行兰、会、洮、河元帅府事。六年九月，虾蟆进西马二匹，诏曰："卿武艺超绝。此马可充战用，朕乘此岂能尽其力。既入进，即尚厩物也，就以赐卿。"仍赐金鼎一、玉兔鹘一，并所遣郭伦哥等物有差。

天兴二年，哀宗迁蔡州，虑孤城不能保，拟迁巩昌，以粘葛完展为巩昌行省。三年春正月，完展闻蔡已破，欲安众心，城守以待嗣立者，乃遣人称使者至自蔡，有旨宣谕。绥德州帅汪世显者亦知蔡凶问，且嫉完展制己，欲发矫诏事，因以兵图之，然惧虾蟆威望，乃遣使约虾蟆并力破巩昌。使者至，虾蟆谓之曰："粘葛公奉诏为行省，号令孰敢不从。今主上受围于蔡，拟迁巩昌。国家危急之际，我辈既不能致死赴援，又不能叶众奉迎，乃欲攻粘葛公，先废迁幸之地，上至何所归乎。汝帅若欲背国家，任自为之，何及于我。"世显即攻巩昌破之，劫杀完展，送款于大元，复遣使者二十余辈谕虾蟆以祸福，不从。

甲午春，金国已亡，西州无不归顺者，独虾蟆坚守孤城。丙申岁冬十月，大兵并力攻之。虾蟆度不能支，集州中所有金银铜铁，杂铸为炮以击攻者，杀牛马以食战士，又自焚卢舍积聚，曰："无至资兵。"日与血战，而大兵亦不能卒拔。及军士死伤者众，乃命积薪于州廨，呼集家人及城中将校妻女，闭诸一室，将自焚之。虾蟆之妾欲有所诉，立斩以徇。火既炽，率将士于火前持满以待。城破，兵填委以入，鏖战既久，士卒有弓尽矢绝者，挺身入火中。虾蟆独上大草积，以门扉自蔽，发二三百矢无不中者，矢尽，投弓剑于火自焚。城中无一人肯降者。虾蟆死时年四十五。土人为立祠。

完展字世昌。泰和三年策论进士。初为行省，以蜡丸为诏，期以天兴二年九月集大军与上会于饶峰关，出宋不意取兴元。既而不果云。

卷一百二十五　　列传第六十三

文　艺　上

韩昉　蔡松年子珪　**吴激　马定国**
任询　赵可　郭长倩　萧永祺　胡砺
王竞　杨伯仁　郑子聃　党怀英

金初未有文字。世祖以来，渐立条教。太祖既兴，得辽旧人用之，使介往复，其言已文。太宗继统，乃行选举之法，及伐宋，取汴经籍图，宋士多归之。熙宗款谒先圣，北面如弟子礼。世宗、章宗之世，儒风丕变，庠序日盛，士由科第位至宰辅者接踵。当时儒者虽无专门名家之学，然而朝廷典策、邻国书命，粲然有可观者矣。金用武得国，无以异于辽，而一代制作，能自树立唐、宋之间，有非辽世所及，以文而不以武也。《传》曰："言之不文，行之不远。"文治有补于人之家国，岂一日之效哉。作《文艺传》。

韩昉，字公美，燕京人。仕辽，累世通显。昉五岁丧父，哭泣能尽哀。天庆二年，中进士第一。补右拾遗，转史馆修撰。累迁少府少监、乾文阁待制。加卫尉卿，知制诰，充高丽国信使。高丽虽旧通好，天会四年，奉表称藩而不肯进誓表，累使要约，皆不得要领。而昉复至高丽，移督再三。高丽征国中读书知古今者，商榷辞旨，使酬答专对。凡涉旬乃始置对，谓昉曰："小国事辽、宋二百年无誓表，未尝失藩臣礼。今事上国，当与事辽、宋同礼。而屡盟长乱，圣人所不与，必不敢用誓表。"昉曰："贵国必欲用古礼，舜五载一巡狩，群后四朝。周六年五服一朝，又六年王乃时巡，诸侯各朝于方岳。今天子方事西狩，则贵国当从朝会矣。"高丽人无以对，乃曰："徐议之。"昉曰："誓表朝会，一言决耳。"于是高丽乃进誓表如约，昉乃还。宗干大说曰："非卿谁能办此。"因谓执事者曰："自今出疆之使，皆宜择人。"

明年，加昭文馆直学士，兼堂后官。再加谏议大夫，迁翰林侍讲学士。改礼部尚书，迁翰林学士，兼太常卿、修国史，尚书如故。昉自天会十二年入礼部，在职凡七年。当是时，朝廷方议礼，制度或因或革，故昉在礼部兼太常甚久云。除济南尹，拜参知政事。皇统四年，表乞致仕，不许。六年，再表乞致仕，乃除汴京留守，封郓国公。复请如初，以仪同三司致仕。天德初，加开府仪同三司。薨。年六十八。

昉性仁厚，待物甚宽。有家奴诬告昉以马资送叛人出境，考之无状，有司以奴还昉，昉待之如初，曰："奴诬主人以罪，求为良耳，何足怪哉。"人称其长者。昉虽贵，读书未尝去手，善属文，最长于诏册，作《太祖睿德神功碑》，当世称之。自使高丽归，后高丽使者至，必问昉安否云。

蔡松年，字伯坚。父靖，宋宣和末，守燕山。松年从父来，管勾机宜文字。宗望军至白河，郭药师败，靖以燕山府降，元帅府辟松年为令史。天会中，辽、宋旧有官者皆换授，松年为太子中允，除真定府判官，自此为真定人。

尝从元帅府与齐俱伐宋。是时，初平真定西山群盗，山中居民为贼污者千余家，松年力为辨论，竟得不坐。齐国废，置行台尚书省于汴，松年为行台刑部郎中，都元帅宗弼领行台事，伐宋，松年兼总军中六部事。宋称臣，师还，宗弼入为左丞相，荐松年为刑部员外郎。皇统七年，尚书省令史许霖告田瑴党事，松年素与瑴不相能。是时宗弼当国，瑴性刚正，好评论人物，其党皆君子，韩企先为相爱重之。而松年、许霖、曹望之欲与瑴相结，瑴拒之，由是构怨。故松年、许霖构成瑴等罪状，劝宗弼诛之，君子之党熄焉。是岁，松年迁左司员外郎。

松年前在宗弼府，而海陵以宗室子在宗弼军中任使，用是相厚善。天德初，擢吏部侍郎，俄迁户部尚书。海陵迁中都，徙榷货物以实都城，复钞引法，皆自松年启之。海陵谋伐宋，以松年家世仕宋，故亟擢显位以耸南人观听，遂以松年为贺宋正旦使，使还改吏部尚书，寻拜参知政事。是年，自崇德大夫进银青光禄大夫，迁尚书右丞。未几，为左丞，封郜国公。

初，海陵爱宋使人山呼声，使神卫军习之。及孙道夫贺正隆三年正旦，入见，山呼声不类往年来者。道夫退，海陵谓宰臣曰："宋人知我使神卫军习其声，此必蔡松年、胡砺泄之。"松年惶恐对曰："臣若怀此心，便当族灭。"

久之，进拜右丞相，加仪同三司，封卫国公。正隆四年薨，年五十三。海陵悼惜之，奠于其第，命作祭文以见意。加封吴国公，谥文简。起复其子三河主簿珪为翰林修撰，璋赐进士第。遣翰林待制萧吁护送其丧，归葬真定，四品以下官离都城十里送之，道路之费，皆从官给。

松年事继母以孝闻，喜周恤亲党，性复豪侈，不计家之有无。文词清丽，尤工乐府，与吴激齐名，时号"吴蔡体。"有集行于世。子珪。

珪字正甫。中进士第，不求调，久乃除澄州军事判官，迁三河主簿。丁父忧，起复翰林修撰，同知制诰。在职八年，改户部员外郎，兼太常丞。珪号为辨博，凡朝廷制度损益，珪为编类详定检讨删定官。

初，两燕王墓旧在中都东城外，海陵广京城围，墓在东城内。前尝有盗发其墓，大定九年诏改葬于城外。俗传六国时燕王及太子丹之葬，及启圹，其东墓之柩题其和曰"燕灵王旧。""旧"，古"柩"字，通用。乃西汉高祖子刘建葬也。其西墓，盖燕康王刘嘉之葬也。珪作《两燕王墓辩》，据葬制名物款刻甚详。

安国军节度判官高元鼎坐监临奸事，求援于太常博士田居实、大理司直吴长行、吏部主事高震亨、大理评事王元忠。震亨以属鞫问官御史台典事李仲柔，仲柔发之。珪与刑部员外郎王翛、宛平主簿任询、前卫州防御判官阎恕、承事郎高复亨、文林郎翟询、敦武校尉王景晞、进义校尉任师望，坐与居实等转相传教，或令元鼎逃避，居实、长行、震亨、元忠各杖八十，翛、珪、询、恕、复亨、霍询各笞四十，景晞、师望各徒二年，官赎外并的决。

久之，除河东北路转运副使，复入为修撰，迁礼部郎中，封真定县男。珪已得风疾，失音不能言，乃除潍州刺史，同辈已奏谢，珪独不能入见。世宗以让右丞唐括安礼、参政王蔚曰："卿等阅书史，亦有不能言之人可以从政者乎。"又谓中丞刘仲诲曰："蔡珪风疾不能奏谢，卿等何不纠之。人言卿等相为党蔽，今果然邪？"珪乃致仕。寻卒。

珪之文有《补正水经》五篇，合沈约、萧子显、魏收宋、齐、北魏志作《南北史志》三十卷，《续金石遗文跋尾》十卷，《晋阳志》十二卷，《文集》五十五卷。《补正水经》、《晋阳志》、《文集》今存，余皆亡。

吴激，字彦高，建州人。父拭，宋进士，官终朝奉郎、知苏州。激，米芾之婿也。工诗能文，字画俊逸，得芾笔意。尤精乐府，造语清婉，哀而不伤。将宋命至金，以知名留不遣，命为翰林待制。皇统二年，出知深州，到官三日卒。诏赐其子钱百万、粟三百斛、田三顷以周其家。有《东山集》十卷行于世。"东山"，其自号也。

马定国字子卿，在平人。自少志趣不群。宣、政末末题诗酒家壁，坐讥讪得罪，亦因以知名。阜昌初，游历下，以诗撼齐王豫，豫大悦，授监察御史，仕至翰林学士。《石鼓》自唐以来无定论，定国以字画考之，云是宇文周时所造，作辩万余言，出入传记，引据甚明，学者以比蔡正甫《燕王墓辩》。初，学诗未有入处，梦其父与方寸白笔，从是文章大进。有集传于世。

任询，字君谟，易州军市人。父贵，有才干，善画，喜谈兵，宣、政间游江、浙。询生于虔州，为人慷慨多大节。书为当时第一，画亦入妙品。评者谓画高于书，书高于诗，诗高于文，然王庭筠独以其才具许之。登正隆二年进士第。历益都都勾判官，北京盐使。年六十四致仕，优游乡里，家藏法书名画数百轴。年七十卒。

赵可，字献之，高平人。贞元二年进士。仕至翰林直学士。博学高才，卓荦不羁。天德、贞元间，有声场屋。后入翰林，一时诏诰多出其手，流辈服其典雅。其歌诗乐府尤工，号《玉峰散人集》。

郭长倩，字曼卿，文登人。登皇统丙寅经义乙科。仕至秘书少监，兼礼部郎中，修起居注。与施朋望、王无竞、刘岩老、刘无党相友善。所撰《石决明传》为时辈所称。有《昆嵛集》行于世。

萧永祺，字景纯，本名蒲烈。少好学，通契丹大小字。广宁尹耶律固奉诏译书，时置门下，因尽传其业。固卒，永祺率门弟子服齐衰丧。固作《辽史》未成，永祺继之，作纪三十卷、志五卷、传四十卷，上之。加宣武将军，除太常丞。

海陵为中京留守，永祺特见亲礼。天德初，擢左谏议大夫，迁翰林侍讲学士，同修国史，再迁翰林学士。明年，迁承旨。尚书左丞耶律安礼出守南京，海陵欲以永祺代之，召见于内阁，谕以旨意，永祺辞曰："臣才识卑下，不足以辱执政。"海陵曰："今天下无事，朕方以文治，卿为是优矣。"永祺固辞。既出，或问曰："公遇知人主，进取爵位，以道佐时，何多让也?"永祺曰："执政系天下休戚，纵欲贪冒荣宠，如苍生何!"海陵尝选廷臣十人备谘访，独永祺议论宽厚，时称长者。卒年五十七。

胡砺，字元化，磁州武安人。少嗜学。天会间，大军下河北，砺为军士所掠，行至燕，亡匿香山寺，与佣保杂处。韩昉见而异之，使赋诗以见志，砺操笔立成，思致清婉，昉喜甚，因馆置门下，使与其子处，同教育之，自是学业日进。昉尝谓人曰："胡生才器一日千里，他日必将名世。"十年，举进士第一，授右拾遗，权翰林修撰。久之，改定州观察判官。定之学校为河朔冠，士子聚居者常以百数，砺督教不倦，经指授者悉为场屋上游，称其程文为"元化格"。

皇统初，为河北西路转运都勾判官。砺性刚直无所屈。行台平章政事高桢之汴，道真定，燕于漕司。砺欲就坐，桢责之，砺曰："公在政府则礼绝百僚，今日之会自有宾主礼。"桢曰："汝他日为省吏当何如?"砺曰："当官而行，亦何所避。"桢壮其言，改谢之。

改同知深州军州事，加朝奉大夫。郡守暴戾，蔑视僚属，砺常以礼折之，守愧服，郡事一委于砺。州管五县，例置弓手百余，少者犹六七十人，岁征民钱五千余万为顾直。其人皆市井无赖，以迹盗为名，所至扰民。砺知其弊，悉罢去。继而有飞语曰："某日贼发，将杀通守。"或请为备，砺曰："盗所利者财耳，吾贫如此，何备为。"是夕，令公署撤关，竟亦无事。

再补翰林修撰，迁礼部郎中，一时典礼多所裁定。海陵拜平章政事，百官贺于庙堂，砺独不跪。海陵问其故，砺以令对，且曰："朝服而跪，见君父礼也。"海陵深器重之。天德初，再迁侍讲学士，同修国史。以母忧去官。起复为宋国岁元副使，刑部侍郎白彦恭为使，海陵谓砺曰："彦恭官在卿下，以其旧劳，故使卿副之。"迁翰林学士，改刑部尚书。扈从至汴得疾，海陵数遣使临问，卒，深悼惜之。年五十五。

王竞，字无竞，彰德人。警敏好学。年十七以荫补官。宋宣和中，太学两试合格，调屯留主簿。入国朝，除大宁令，历宝胜盐官，转河内令。时岁饥盗起，竞设方略以购贼，不数月尽得之。夏秋之交，沁水泛溢，岁发民筑堤，豪民猾吏因缘为奸，竞核实之，减费几半，县民为之谚曰："西山至河岸，县官两人半。"盖以前政韩希甫与竞相继治县，皆有干能，绛州正平令张元亦有治绩而差不及，故云然。

天眷元年，转固安令。皇统初，参政韩昉荐之，召权应奉翰林文字，兼太常博士。诏作《金源郡王完颜娄室墓碑》，竞以行状尽其实，乃请国史刑正之，时人以为法。二年，试馆阁，竞文居最，遂为真。

迁尚书礼部员外郎。时海陵当国，政由己出，欲令百官避堂讳，竞言人臣无公讳，遂止。萧仲恭以太傅领三省事封王，欲援辽故事，亲王用紫罗伞。事下礼部，竞与郎中翟永固明言其非是，事竟不行，海陵由是重之。天德初，转翰林待制，迁翰林直学士，改礼部侍郎，迁翰林侍讲学士，改太常卿，同修国史，擢礼部尚书，同修国史如故。大定二年春，从太傅张浩朝京师，诏复为礼部尚书。是岁，奉迁睿宗山陵，仪注不应典礼，竞削官两阶。诏改创五龙车，兼翰林学士承旨，修国史。四年，卒官。

竞博学而能文，善草隶书，工大字，两都宫殿榜题，皆竞所书，士林推为第一云。

杨伯仁，字安道，伯雄之弟也。天性孝友，读书一过成诵。登皇统九年进士第，事亲不求调。天德二年，除应奉翰林文字。初名伯英，避太子光英讳，改今名。海陵尝夜召赋诗，传趣甚亟，未二鼓奏十咏，海陵喜，解衣赐之。海陵射乌，伯仁献《获乌诗》以讽。丁父忧，起复，赐金带袭衣，及赐白金以奉母。改左拾遗。进士吕忠翰廷试已在第一，未唱名，海陵以忠翰程文示伯仁，问其优劣，伯仁对曰："当在优等。"海陵曰："此今试状元也。"伯仁自以知忠翰姓名在第一，遂宿谏省，俟唱名乃出，海陵嘉其慎密。转翰林修撰。孟宗献发解第一，伯仁读其程文，称之"此人当成大名"。是岁，宗献府试、省试、廷试皆第一，号"孟四元"，时论以为知文。故事，状元官从七品，阶承务郎，世宗以宗献独异等，与从六品，阶授奉直大夫。

改著作郎。居母丧，服除，调镇西节度副使。入为起居注兼左拾遗，上书论时务六事。改大名少尹。郡中豪民横恣甚，莫可制，民受其害，伯仁穷竟渠党，四境帖然。谳馆陶大辟，得其冤状，馆陶人为立祠。府尹荆王文坐赃削封，降德州防御使，同知裴满子宁及伯仁、判官谢奴皆以不能匡正解职。伯仁降南京留守判官，改同知安化军节度使，到官三日，召为太子右谕德、兼侍御史，改翰林待制，复兼右谕德。

除滨州刺史。郡俗有遣奴出亡，捕之以规赏者，伯仁至，责其主而杖杀其奴，如是者数辈，其弊遂止。入为左谏议大夫，兼礼部侍郎、翰林直学士。故事，谏官词臣入直禁中，上闵其劳，特免入直。改吏部侍郎，直学士如故。郑子聃卒，宰相举伯仁代之，乃迁侍讲兼礼部侍郎。

伯仁久在翰林，文词典丽，上曰："自韩昉、张钧后，则有翟永固，近日则张景仁、郑子聃，今则伯仁而已，其次未见能文者。吕忠翰草《降海陵庶人诏》，点窜再四，终不能尽朕意，状元虽以词赋甲天下，至于辞命，未必皆能。凡进士可令补外，考其能文者召用之。"不数月，兼左谏议大夫，俄兼太常卿。大臣举可修起居注者数人，上以伯仁领之。从幸上京，伯仁多病，至临潢，地寒因感疾，还中都。明年，上还幸中都，遣使劳问，赐以丹剂。是岁，卒。

郑子聃，字景纯，大定府人。父宏，辽金源令，二子子京、子聃。杨丘行尝谓人曰："金源二子，凤毛也。小者尤特达，后必名世。"子聃及冠，有能赋声。天德三年，丘行为太子左卫率府率，廷试明日，海陵以子聃程文示丘行，对曰："可入甲乙。"及拆卷，果中第一甲第三人。调翼城丞，迁赞皇令，召为书画直长。

子聃颇以才望自负，常慊不得为第一甲第一人。正隆二年会试毕，海陵以第一人程文问子聃，子聃少之。海陵问作赋何如，对曰："甚易。"因自矜，且谓他人莫己若也。海陵不悦，乃使子聃与翰林修撰綦戬、杨伯仁、宣徽判官张汝霖、应奉翰林文字李希颜同进士杂试。七月癸未，海陵御宝昌门临轩观试，以"不贵异物民乃足"为赋题，"忠臣犹孝子"为诗题，"忧国如饥渴"为论题。上谓读卷官翟永固曰："朕出赋题，能言之或能行之，未可知也。诗、论题，庶戒 臣下。"丁亥，御便殿亲览试卷，中第者七十三人，子聃果第一，海陵奇之。有顷，进官三阶，除翰林修撰。改侍御史。

京畿旱，诏子聃决囚，遂澍雨，人以比颜真卿。迁待制，兼吏部郎中，改秘书少监。迁翰林直学士，兼太子左谕德，显宗深器重之。以疾求补外，遂为沂州防御使，皇太子币赆甚厚，命以安舆之官。召还，为左谏议大夫、兼直学士。改吏部侍郎、同修国史，直学士如故。迁侍讲、兼修国史，上曰："修《海陵实录》，知其详无如子聃者。"盖以史事专责之也。二十年，卒，年五十五。子聃英俊有直气，其为文亦然。平生所著诗文二千余篇。

党怀英，字世杰，故宋太尉进十一代孙，冯翊人。父纯睦，泰安军录事参军，卒官，妻子不能归，因家焉。应举不得意，遂脱略世务，放浪山水间。箪瓢屡空，晏如也。大定十年，中进士第，调莒州军事判官，累除汝阴县令、国史院编修官、应奉翰林文字、翰林待制、兼同修国史。

怀英能属文，工篆籀，当时称为第一，学者宗之。大定二十九年，与凤翔府治中郝俣充《辽史》刊修官，应奉翰林文字移剌益、赵沨等七人为编修官。凡民间辽时碑铭墓志及诸家文集，或记忆辽旧事，悉上送官。是时，章宗初即位，好尚文辞，旁求文学之士以备侍从，谓宰臣曰："翰林阙人如之何?"张汝霖奏曰："郝俣能属文，宦业亦佳。"上曰："近日制诏惟党怀英最善。"移剌履进曰："进士擢第后止习吏事，更不复读书，近日始知为学矣。"上曰："今时进士甚灭裂，《唐书》中事亦多不知，朕殊不喜。"上谓宰臣曰："郝俣赋诗颇佳，旧时刘迎能之，李晏不及也。"

明昌元年，怀英再迁国子祭酒。二年，迁侍讲学士。明年，议开边防濠堑，怀英等十六人请罢其役，诏从之。迁翰林学士。七年，有事于南郊，摄中书侍郎读祝册，上曰："读册至朕名，声微下，虽曰尊君，然在郊庙，礼非所宜，当平读之。"承安二年乞致仕，改泰宁军节度使。明年，召为翰林学士承旨。泰和元年，增修《辽史》编修官三员，诏分纪、志、列传刊修官，有改除者以书自随。久之，致仕。大安三年卒，年七十八，谥文献。怀英致仕后，章宗诏直学士陈大任继成《辽史》云。

卷一百二十六　列传第六十四

文艺下

赵沨　周昂　王庭筠　刘昂　李经　刘从益
吕中孚　李纯甫　王郁　宋九嘉　庞铸　李献能
王若虚　王元节　麻九畴　李汾　元德明子好问

赵沨，字文孺，东平人。大定二十二年进士，仕至礼部郎中。性冲淡，学道有所得。尤工书，自号"黄山"。赵秉文云："沨之正书体兼颜、苏，行草备诸家体，其超放又似杨凝式，当处苏、黄伯仲间。"党怀英小篆，李阳冰以来鲜有及者，时人以沨配之，号曰"党赵"。有《黄山集》行于世。

周昂，字德卿，真定人。父伯禄字天锡，大定进士，仕至同知沁南军节度使。昂年二十四擢第。调南和簿，有异政。迁良乡令，入拜监察御史。路铎以言事被斥，昂送以诗，语涉谤讪，坐停铨。久之，起为隆州都军，以边功复召为三司官。大安兵兴，权行六部员外郎。

其甥王若虚尝学于昂，昂教之曰："文章工于外而拙于内者，可以惊四筵而不可以适独坐，可以取口称而不可以得首肯。"又云："文章以意为主，以言语为役，主强而役弱则无令不从。今人往往骄其所役，至跋扈难制，甚者反役其主，虽极辞语之工，而岂文之正哉。"

昂孝友，喜名节，学术醇正，文笔高雅，诸儒皆师尊之。既历台省，为人所挤，竟坐诗得罪，谪东海上十数年。始入翰林，言事愈切。出佐三司非所好，从宗室承裕军。承裕失利，跳走上谷，众欲径归，昂独不从，城陷，与其从子嗣明同死于难。嗣明字晦之。

王庭筠，字子端，辽东人。生未期，视书识十七字。七岁学诗，十一岁赋全题。稍长，涿郡王翛一见，期以国士。登大定十六年进士第。调恩州军事判官，临政即有声。郡民邹四者谋为不轨，事觉，逮捕千余人，而邹四窜匿不能得。朝廷遣大理司直王仲轲治其狱，庭筠以计获邹四，分别诖误，坐预谋者十二人而已。再调馆陶主簿。

明昌元年三月，章宗谕旨学士院曰："王庭筠所试文，句太长，朕不喜此，亦恐四方效之。"又谓平章张汝霖曰："王庭筠文艺颇佳，然语句不健，其人才高，亦不难改也。"四月，召庭筠试馆职，中选。御史台言庭筠在馆陶尝犯赃罪，不当以馆阁处之，遂罢。乃卜居彰德，买田隆虑，读书黄华山寺，因以自号。是年十二月，上因语及学士，叹其乏材，参政守贞曰："王庭筠其人也。"三年，召为应奉翰林文字，命与秘书郎张汝方品第法书、名画，遂分入品者为五百五十卷。

五年八月，上顾谓宰执曰："应奉王庭筠，朕欲以诏诰委之，其人才亦岂易得。近党怀英作《长白山册文》，殊不工。闻文士多妒庭筠者，不论其文，顾以行止为訾。大抵读书人多口颊，或相党。昔东汉之士与宦官分朋，固无足怪。如唐牛僧孺、李德裕，宋司马光、王安石，均为儒者，而互相排毁何耶。"遂迁庭筠为翰林修撰。

承安元年正月，坐赵秉文上书事，削一官，杖六十，解职，语在秉文传。二年，降授郑州防御判官。四年，起为应奉翰林文字。泰和元年，复为翰林修撰，扈从秋山，应制赋诗三十余首，上甚嘉之。明年，卒，年四十有七。上素知其贫，诏有司赙钱八十万以给丧事，求生平诗文藏之秘阁。又以御制诗赐其家，其引云："王遵古，朕之故人也。乃子庭筠，复以才选直禁林者首尾十年，今兹云亡，玉堂、东观，无复斯人矣。"

庭筠仪观秀伟，善谈笑，外若简贵，人初不敢与接。既见，和气溢于颜间，殷勤慰藉如恐不及，少有可取极口称道，他日虽百负不恨也。从游者如韩温甫，路元亨、张进卿，李公度，其荐引者如赵秉文、冯璧、李纯甫，皆一时名士，世以知人许之。为文能道所欲言，暮年诗律深严，七言长篇尤工险韵。有《藂辨》十卷，文集四十卷。书法学米元章，与赵沨、赵秉文俱以名家，庭筠尤善山水墨竹云。

子曼庆，亦能诗并书，仕至行省右司郎中，自号"淡游"云。

刘昂，字之昂，兴州人。大定十九年进士。曾、高而下七世登科。昂天资警悟，律赋自成一家，作诗得晚唐体，尤工绝句。李纯甫《故人外传》云，昂早得仕，年三十三为尚书省掾，调平凉路转运副使。时术士有言昂官止五品，昂不信。俄以母忧去职，连蹇十年，卜居洛阳，有终焉之志。有荐其才于章宗者，泰和初，自国子司业擢为左司郎中。会掌书大中与贾铉漏言除授事，为言者所劾，狱辞连昂。章宗震怒。一时闻人如史肃、李著、王宇、宗室从郁皆谴逐之，铉寻亦罢政。昂降上京留守判官，道卒，竟如术者之言。

李经，字天英，锦州人。作诗极刻苦，喜出奇语，不蹈袭前人。李纯甫见其诗曰："真今世太白也。"由是名大震。再举不第，拂衣去。南渡后，其乡帅有表至朝廷，士大夫识之曰："此天英笔也。"朝议以武功就命倅其州，后不知所终。

刘从益，字云卿，浑源人。其高祖㧑，天会元年词赋进士，子孙多由科第入仕。从益登大安元年进士第，累官监察御史，坐与当路辨曲直，得罪去。久之，起为叶县令，修学励俗，有古良吏风。叶自兵兴，户减三之一，田不毛者万七千亩有奇，其岁入七万石如故。从益请于大司农，为减一万，民甚赖之，流亡归者四千余家。未几，被召，百姓诣尚书省乞留，不听。入授应奉翰林文字，逾月以疾卒，年四十四。叶人闻之，以端午罢酒为位而哭，且立石颂德，以致哀思。

从益博学强记，精于经学。为文章长于诗，五言尤工，有《蓬门集》。

子祁字京叔。为太学生。甚有文名。值金末丧乱，作《归潜志》以纪金事，修《金史》多采用焉。

吕中孚，字信臣，冀州南宫人。张建字吉甫，蒲城人。皆有诗名。中孚有《清漳集》。建明昌初授绛州教官，召为宫教、应奉翰林文字。以老请致仕，章宗爱其纯素，不欲令去，授同知华州防御使，仍赐诗以宠之。自号“兰泉”，有集行于世。

李纯甫，字之纯，弘州襄阴人。祖安上，尝魁西京进士。父采，卒于益都府治中。纯甫幼颖悟异常，初业词赋，及读《左氏春秋》，大爱之，遂更为经义学。擢承安二年经义进士。为文法庄周、列御寇、左氏、《战国策》，后进多宗之。又喜谈兵，慨然有经世心。章宗南征，两上疏策其胜负，上奇之，给送军中，后多如所料。宰执爱其文，荐入翰林。及大元兵起，又上疏论时事，不报。宣宗迁汴，再入翰林。时丞相高琪擅威福柄，擢为左司都事，纯甫审其必败，以母老辞去。既而高琪诛，复入翰林，连知贡举。正大末，坐取人逾新格，出倅坊州。未赴，改京兆府判官。卒于汴，年四十七。

纯甫为人聪敏，少自负其材，谓功名可俯拾，作《矮柏赋》，以诸葛孔明、王景略自期。由小官上万言书，援宋为证，甚切，当路者以迂阔见抑。中年，度其道不行，益 纵酒自放，无仕进意。得官未成考，旋即归隐。日与禅僧士子游，以文酒为事，啸歌袒裼出礼法外，或饮数月不醒。人有酒见招，不择贵贱必往，往辄醉，虽沉醉亦未尝废著书。然晚年喜佛，力探其奥义。自类其文，凡论性理及关佛老二家者号“内稿”，其余应物文字为“外稿”。又解《楞严》、《金刚经》、《老子》、《庄子》。又有《中庸集解》、《鸣道集解》，号“中国心学、西方文教”。数十万言，以故为名教所贬云。

王郁，字飞伯，大兴人。仪状魁奇，目光如鹘。少居钓台，闭门读书，不接人事。久之，为文法柳宗元，闳肆奇古，动辄数千言。歌诗俊逸，效李白。尝作《王子小传》以自叙。天兴初元，汴京被围，上书言事，不报。四月，围稍解，挺身突出，为兵士所得。其将遇之甚厚，郁经行无机防，为其下所忌，见杀。临终，怀中出书曰：“是吾平生著述，可传付中州士大夫曰，王郁死矣。”年三十余。同时以诗鸣者，雷琯、侯册、王元粹云。

宋九嘉，字飞卿，夏津人。为人刚直豪迈，少游太学，有能赋声。长从李纯甫读书，为文有奇气，与雷渊、李经相伯仲。中至宁元年进士第。历蓝田、高陵、扶风、三水四县令，咸以能称。入为翰林应奉。正大中，以疾去。没于癸巳之难。

庞铸，字才卿，辽东人。少擢第，仕有声。南渡后，为翰林待制，迁户部侍郎。坐游贵戚家，出倅东平，改京兆路转运使，卒。博学能文，工诗，造语奇健不凡，世多传之。

李献能，字钦叔，河中人。先世有为金吾卫上将军者，时号“李金吾家”。迨献能昆弟皆以文学名，从兄献卿、献诚、从弟献甫相继擢第，故李氏有“四桂堂”。

献能苦学博览，于文尤长于四六。贞祐三年，特赐词赋进士，廷试第一人，宏词优等。授应奉翰林文字。在翰苑凡十年，出为鄜州观察判官。用荐者复为应奉，俄迁修撰。正大末，以镇南军节度副使充河中帅府经历官。大元兵破河中，奔陕州，行省以权左右司郎中，值赵三三军变遇害，年四十三。

献能为人眇小而黑色，颇有髯。善谈论，每敷说今古，声铿亮可听。作诗有志于风雅，又刻意乐章。在翰院，应机敏捷号得体。赵秉文、李纯甫尝曰：“李献能天生今世翰苑材。”故每荐之，不令出馆。家故饶财，尽于贞祐之乱，在京师无以自资。其母素豪奢，厚于自奉，小不如意则必诃谴，人视之殆不堪忧，献能处之自若也。时人以纯孝称之。尝谓人云：“吾幼梦官至五品，寿不至五十。”后竟如其言。

王若虚，字从之，藁城人也。幼颖悟，若夙昔在文字间者。擢承安二年经义进士。调鄜州录事，历管城、门山二县令，皆有惠政，秩满，老幼攀送，数日乃得行。用荐入为国史院编修官，迁应奉翰林文字。奉使夏国，还授同知泗州军州事，留为著作佐郎。正大初，《宣宗实录》成，迁平凉府判官。未几，召为左司谏，后转延州刺史，入为直学士。

元兴元年，哀宗走归德。明年春，崔立变。群小附和，请为立建功德碑，翟奕以尚书省命召若虚为文。时奕辈恃势作威，人或少忤，则谗构立见屠灭。若虚自分必死，私谓左右司员外郎元好问曰：“今召我作碑，不从则死。作之则名节扫地，不若死之为愈。虽然，我姑以理谕之。”乃谓奕辈曰：“丞相功德碑当指何事为言？”奕辈怒曰：“丞相以京城降，活生灵百万，非功德乎？”曰；“学士代王言，功德碑谓之代王言可乎？且丞相既以城降，则朝官皆出其门，自古岂有门下人为主帅诵功德而可信乎后世哉？”奕辈不能夺，乃召太学生刘祁、麻革辈赴省，好问、张信之喻以立碑事，曰：“众议属二君，且已白郑王矣，二君其无让。”祁等固辞而别。数日，促迫不已，祁即为草定，以付好问，好问意未惬，乃自为之。既成，以示若虚，乃共删定数字，然止直叙其事而已。后兵入城，不果立也。

金亡，微服北归镇阳，与浑源刘郁东游泰山，至黄岘峰，憩萃美亭，顾谓同游曰：“汩没尘土中一生，不意晚年乃造仙府，诚得终老此山，志愿毕矣。”乃令子忠先归，遣子恕前行视夷险，因垂足坐大石上，良久瞑目而逝，年七十。所著文章号《慵夫集》若干卷、《滹南遗老》若干卷、传于世。

王元节，字子元，弘州人也。祖山甫，辽户部侍郎。父诩，海陵朝，左司员外郎。元节幼颖悟，虽家世贵显，而从学甚谨。浑源刘㧑爱其才俊，以女妻之，遂传其赋学。登天德三年词赋进士第。雅尚气节，不能随时俯仰，故仕不显。及迁密州观察判官，既罢，即逍遥乡里，以诗酒自娱，号曰“遁斋”。年五十余卒。有诗集行于世。

弟元德，亦第进士。有能名于时，终南京路提刑使。

孙国纲，字正之。业儒术，尤长吏事。为人端重乐易，或有忤者，略不与校，亦未尝形于怒色。大安三年，试补尚书吏部掾，未几，转御史台令史。宣宗闻其材干，兴定三年特召为近侍，奉职承应，甚见宠遇，勒留凡三考，出为同知申州事。无何，召为笔砚直长，擢监察御史，秩满，敕留再任，盖知其材器故也。开兴元年，关陕完颜总帅屯河中府，与大元军战败绩，哀宗遣国纲乘上厩马，径诣河中问败军之由，还至中途，值大兵见杀，时年四十四。

麻九畴，字知几，易州人。三岁识字。七岁能草书，作大字有及数尺者，一时目为神童。章宗召见，问：“汝入宫殿中，亦惧怯否？”对曰：“君臣，父子也。子宁惧父耶？”上大奇之。弱冠入太学，有文名。南渡后，寓居郾、蔡间，入遂平西山，始以古学自力。博通《五经》，于《易》、《春秋》为尤长。兴定末，试开封府，词赋第二，经义第一。再试南省，复然。声誉大振，虽妇人小儿皆知其名。及廷试，以误绌，士论惜之。已而隐居不为科举计。正大初，门人王说、王采苓俱中第，上以其年幼，怪而问之。乃知尝师九畴。平章政事侯挚、翰林学士赵秉文连章荐之，特赐卢亚榜进士第。以病，未拜官告归。再授太常寺太祝，权博士，俄迁应奉翰林文字。九畴性资野逸，高蹇自便，与人交，一语不相入则迳去不返顾。自度终不能与世合，顷之，复谢病去。居郾城，天兴元年，大元兵入河南，挈家走确山，为兵士所得，驱至广平，病死，年五十。

九畴初因经义学《易》，后喜邵尧夫《皇极书》，因学算数，又喜卜筮、射覆之术。晚更喜医，与名医张子和游，尽传其学，且为润色其所著书。为文精密奇健，诗尤工致。后以避谤忌，持戒不作。明昌以来，称神童者五人，太原常添寿四岁能作诗，刘滋、刘微、张汉臣后皆无称，独知几能自树立，耆旧如赵秉文，以征君目之而不名。

李汾，字长源，太原平晋人。为人尚气，跌宕不羁。性褊躁，触之辄怒，以是多为人所恶。喜读史。工诗，雄健有法。避乱入关，京兆尹子容爱其材，招致门下。留二年去，之泾州，竭左丞张行信，一见即以上客礼之。元光间，游大梁，举进士不中，用荐为史馆书写。书写，特抄书小史耳，凡编修官得日录，纂述即定，以稿授书写，书写录洁本呈翰长。汾既为之，殊不自聊。时赵秉文为学士，雷渊、李献能皆在院，刊修之际，汾在旁正襟危坐，读太史公、左丘明一篇，或数百言，音吐洪畅，旁若无人。既毕，顾四坐漫为一语云“看”。秉笔诸人积不平，而雷、李尤切齿，乃以嫚骂官长讼于有司，然时论亦有不直雷、李者。寻罢入关。明年来京师，上书言时事，不合，去客唐、邓间。恒山公武仙署行尚书省讲议官。既而仙与参知政事完颜思烈相异同，颇谋自安，惧汾言论，欲除之。汾觉，遁泌阳，仙令总帅王德追获之，锁养马平，绝食而死，年未四十。

汾平生诗甚多，不自收集，世所传者十二三而已。

元德明，系出拓拔魏，太原秀容人。自幼嗜读书，口不言世俗鄙事，乐易无畦畛，布衣蔬食处之自若，家人不敢以生理累之。累举不第，放浪山水间，饮酒赋诗以自适。年四十八卒。有《东岩集》三卷。子好问，最知名。

好问字裕之。七岁能诗。年十有四，从陵川郝晋卿学，不事举业，淹贯经传百家，六年而业成。下太行，渡大河，为《箕山》、《琴台》等诗。礼部赵秉文见之，以为近代无此作也。于是名震京师。中兴定五年第，历内乡令。正大中，为南阳令。天兴初，擢尚书省掾，顷之，除左司都事，转行尚书省左司员外郎。金亡，不仕。

为文有绳尺，备众体。其诗奇崛而绝雕刿，巧缛而谢绮丽。五言高古沈郁。七言乐府不用古题，特出新意。歌谣慷慨，挟幽、并之气。其长短句，揄扬新声，以写恩怨者又数百篇。兵后，故老皆尽，好问蔚为一代宗工，四方碑板铭志，尽趋其门。其所著文章诗若干卷、《杜诗学》一卷、《东坡诗雅》三卷、《锦机》一卷、《诗文自警》十卷。

晚年尤以著作自任，以金源氏有天下，典章法度几及汉、唐，国亡史作，已所当任。时金国实录在顺天张万户家，乃言于张，愿为撰述，既而为乐夔所沮而止。好问曰：“不可令一代之迹泯而不传。”乃构亭于家，著述其上，因名曰“野史”。凡金源君臣遗言往行，采摭所闻，有所得辄以寸纸细字为记录，至百余万言。今所传者有《中州集》及《壬辰杂编》若干卷。年六十八卒。纂修《金史》，多本其所著云。

赞曰：韩昉、吴激，楚材而晋用之，亦足为一代之文矣。蔡珪、马定国之该博，胡砺、杨伯仁之敏赡，郑子聃、麻九畴之英俊，王郁、宋九嘉之迈往。三李卓荦，纯甫知道，汾任气，献能尤以纯孝见称。王庭筠、党怀英、元好问自足知名异代。王竞、刘从益、王若虚之吏治，文不掩其所长。蔡松年在文艺中，爵位之最重者，道金人言利，兴党狱，杀田瑴，文不能掩其所短者欤？事继母有至行，其死家无余赀，有足取云。

卷一百二十七　列传第六十五

孝　友

温迪罕斡鲁补　陈颜　刘瑜　孟兴　王震　刘政

孝友者，人之至行也，而恒性存焉。有子者欲其孝，有弟者欲其友，岂非人之恒情乎？为子而孝，为弟而友，又岂非人之恒性乎？以人之恒情责人之恒性，而不副所欲者恒有焉。有竭力于是，岂非难乎。天生五谷以养人，五谷之有恒性也。服田力穑以望有秋，农夫之有恒情也。五谷熟，人民育，岂异事乎。然以唐、虞之世，“黎民阻饥”不免以命稷，“百姓不亲、五品不逊”不免以命契，以是知顺成之不可必，犹孝友之不易得也。是故“有年”、“大有年”以异书于圣人之经，孝友以至行传于历代之史，劝农兴孝之教不废于历代之政，孝弟力田自汉以来有其科。章宗尝曰：“孝义之人，素行已备，虽有希觊，犹不失为行善。”庶几帝王之善训矣。夫金世孝友见于旌表、载于史册者仅六人焉。作《孝友传》。

温迪罕斡鲁补，西北路宋葛斜斯浑猛安人。年十五，居父丧，不饮酒食肉，庐于墓侧。母疾，刲股肉疗之，疾愈。诏以为护卫。

陈颜，卫州汲县人。世业农。父光，宋季擢武举第，调寿阳尉，未赴。值金兵取汴，光病，围城中。颜间关渡河，往省其父，因扶疾北归。光家奴谋良不可，诬告光与贼杀人。光系狱，榜掠不胜，因自诬服。颜诣郡请代父死，太守徐某哀之，不敢决，适帅臣至郡，以其状白，帅曰：“此真孝子也。”遂并释之。天会七年，诏旌表其门闾。

刘瑜，棣州人。家贫甚，母丧不能具葬，乃质其子以给丧事。明昌三年，诏赐粟帛，复其终身。

孟兴，蚤丧父，事母孝谨，母没，丧葬尽礼。事兄如事其父。明昌三年，诏赐帛十匹、粟二十石。

王震，宁海州文登县人。为进士学。母患风疾，刲股肉杂饮食中，疾遂愈。母没，哀泣过礼，目生翳。服除，目不疗而愈，皆以为孝感所致。特赐同进士出身，诏尚书省拟注职任。

刘政，洺州人。性笃孝，母老丧明，政每以舌舐母目，逾旬母能视物。母疾，昼夜侍侧，衣不解带，刲股肉啖之者再三。母死，负土起坟，乡邻欲佐其劳，政谢之。葬之日，飞鸟哀鸣，翔集丘木间。庐于墓侧者三年。防御使以闻，除太子掌饮丞。

隐　逸

褚承亮　王去非　赵质　杜时升　郝天挺　薛继先　高仲振　张潜　王汝梅　宋可　辛愿　王予可

孔子称逸民伯夷、叔齐、夷逸、朱张、柳下惠、少连，其立心造行之异同，各有所称谓，而柳下惠则又尝仕于当世者也。长沮、桀溺之徒，则无所取焉。后世，凡隐遁之士，其名皆列于史传，何欤？盖古之仕者，其志将以行道，其为贫而仕下列者，犹必先事而后食焉。后世干禄者多，其先人尚人之志与叹老嗟卑之心，能去是者鲜矣。故君子于士之远引高蹈者特称述之，庶闻其风犹足以立懦廉顽也。作《隐逸传》。

褚承亮，字茂先，真定人。宋苏轼自定武谪官过真定，承亮以文谒之，大为称赏。宣和五年秋，应乡试，同试者八百人，承亮为第一。明年，登第。调易州户曹，未赴，会金兵南下。天会六年，斡离不既破真定，拘籍境内进士试安国寺，承亮名亦在籍中，匿而不出。军中知其才，严令押赴，与诸生对策。策问“上皇无道、少帝失信。”举人承风旨，极口诋毁。承亮诣主文刘侍中曰：“君父之罪，岂臣子所得言耶？”长揖而出。刘为之动容。余悉放第，凡七十二人，遂号七十二贤榜。状元许必仕为郎官，一日出左掖门，堕马，首中阃石死，余皆无显者。刘多承亮之谊，荐知藁城县。漫应之，即弃去。年七十终，门人私谥曰“玄贞先生。”

子席珍，正隆二年进士，官州县有声。

王去非，字广道，平阴人。尝就举，不得意即屏去，督妻孥耕织以给伏腊。家居教授，束脩有余辄分惠人。弟子班忱贫不能朝夕，一女及笄，去非为办资装嫁之。北邻有丧忌东出，西与北皆人居，南则去非家，去非坏蚕室使丧南出，遂得葬焉。大定二十四年卒，年八十四。

赵质，字景道，辽相思温之裔。大定末，举进士不第，隐居燕城南，教授为业。明昌间，章宗游春水过焉，闻弦诵声，幸其斋舍，见壁间所题诗，讽咏久之，赏其志趣不凡。召至行殿，命之官。固辞曰：“臣僻性野逸，志在长林丰草，金镳玉络非所愿也。况圣明在上，可不容巢、由为外臣乎。”上益奇之，赐田亩千，复之终身。泰和二年卒，年八十五。

杜时升，字进之，霸州信安人。博学知天文，不肯仕进。承安、泰和间，宰相数荐时升可大用。时升谓所亲曰：“吾观正北赤气如血，东西亘天，天下当大乱，乱而南北当合为一。消息盈虚，循环无端，察往考来，孰能违之。”是时，风俗侈靡，纪纲大坏，世宗之业遂衰。时升乃南渡河，隐居嵩、洛山中，从学者甚众。大抵以“伊洛之学”

教人自时升始。正大间，大元兵攻潼关，拒守甚坚，众皆相贺，时升曰："大兵皆在秦、巩间，若假道于宋，出襄、汉入宛、叶，铁骑长驱势如风雨，无高山大川为之阻，土崩之势也。"顷之，大元兵果自饶峰关涉襄阳出南阳，金人败绩于三峰山，汴京不守，皆如时升所料云。正大末，卒。

郝天挺，字晋卿，泽州陵川人。早衰多疾，厌于科举，遂不复充赋。太原元好问尝从学进士业，天挺曰："今人赋学以速售为功，六经百家分磔缉缀，或篇章句读不之知，幸而得之，不免为庸人。"又曰："读书不为艺文，选官不为利养，唯通人能之。"又曰："今之仕多以贪败，皆苦饥寒不能自持耳。丈夫不耐饥寒，一事不可为。子以吾言求之，科举在其中矣。"或曰："以此学进士无乃戾乎？"天挺曰："正欲渠不为举子尔。"贞祐中，居河南，往来淇卫间。为人有崖岸，耿耿自信，宁落魄困穷，终不一至豪富之门。年五十，终于舞阳。

薛继先，字曼卿。南渡后，隐居洛西山中，课童子读书。事母孝，与人交谦逊和雅，所居化之。子纯孝，字方叔，有父风。有诈为曼卿书就方叔取物者，曼卿年已老状貌如少者，客不知其为曼卿而以为方叔也，而与之书，曼卿如所取付之。监察御史石玠行部过曼卿，曼卿不之见。或言："君何无乡曲情。"曼卿曰："君未之思耳。凡今时政未必皆善，御史一有所劾，将谓自我发之。同恶相庇，他日并乡里必有受祸者。"其畏慎皆此类。壬辰之乱，病没宜阳。

高仲振，字正之，辽东人。其兄领开封镇兵，仲振依之以居。既而以家业付其兄，挈妻子入嵩山。博极群书，尤深《易》《皇极经世》学。安贫自乐，不入城市，山野小人亦知敬之。尝与其弟子张潜、王汝梅行山谷间，人望之翩然如仙。或曰仲振尝遇异人教以养生术，尝终日燕坐，骨节戛戛有声，所谈皆世外事，有扣之者辄不复语云。

张潜，字仲升，武清人。幼有志节，慕荆轲、聂政为人，年三十始折节读书。时人高其行谊，目曰"张古人。"后客崧山，从仲振受《易》。年五十，始娶鲁山孙氏，亦有贤行，夫妇相敬如宾，负薪拾穗，行歌自得，不知其贫也。邻里有为潜种瓜者，及熟让潜，潜弗许，竟分而食之。尝行道中拾一斧，夫妇计度移时，乃持归访其主还之。里有兄弟分财者，其弟曰："我家如此，独不畏张先生知耶？"遂如初。天兴间，潜挈家避兵少室，乃不食七日死，孙氏亦投绝涧死焉。

王汝梅，字大用，大名人。始由律学为伊阳簿，秩满，遂隐居不仕。性嗜书，动有礼法。生徒以法经就学者，兼授以经学。诸生服其教，无敢为非义者。同业尝悯其贫，时周之，皆谢不受。后不知所终。

宋可，字予之，武陟人。其姑适大族槁氏，贞祐之兵，夫及子皆死於难。姑以白金五十笏遗可，可受不辞。其后姑得槁氏疏族立为后，挈之省外家。可乃置酒会乡邻，谓姑曰："姑往时遗可以金，可以槁氏无子故受之。今有子矣，此金槁氏物，非姑物也，可何名取之。"因呼妻子舁金归之，乡里用是重之。未几，北兵驻山阳，军中有闻可名者，访知所在，质其子，使人招之曰："从我者祸福共之，不然，汝子死矣。"亲旧竞劝之往，可皆谢不从，曰："吾有子无子，与吾儿死生，皆有命焉。岂以一子故，并平生所守者亡之。"后竟以无子。

辛愿，字敬之，福昌人。年二十五始知读书，取《白氏讽谏集》自试，一日便能背诵。乃聚书环堵中读之，至《书·伊训》、《诗·河广》颇若有所省，欲罢不能，因更致力焉。由是博极书史，作文有绳尺，诗律精严有自得之趣。性野逸，不修威仪，贵人延客，麻衣草屦、足胫赤露坦然于其间，剧谈豪饮，傍若无人。尝谓王郁曰："王侯将相，世所共嗜者，圣人有以得之亦不避。得之不以道，与夫居之不能行己之志，是欲澡其身而伏于厕也。是难与他人道，子宜保之。"其志趣如此。

后为河南府治中高廷玉客。廷玉为府尹温迪罕福兴所诬，愿亦被讯掠，几不得免，自是生事益狼狈。愿雅负高气，不能从俗俯仰，迫以饥冻流离，往往见之于诗。有诗数千首，常贮竹橐中。正大末，殁洛下。其诗有云："黄绮暂来为汉友，巢由终不是唐臣。"真处士语也。

王予可，字南云，河东吉州人。父本军校，予可亦尝隶籍。年三十许，大病后忽发狂，久之能把笔作诗文，及说世外恍惚事。南渡后，居上蔡、遂平、郾城之间，遇文士则称"大成将军"，于佛前则称"谛摩龙什"，于道则称"骀天玄俊"，于贵游则称"威锦堂主人"。

为人躯干雄伟，貌奇古，戴青葛巾，项后垂双带若牛耳，一金镂环在顶额之间，两颊以青涅之为翠靥。衣长不能掩胫。落魄嗜酒，每入城，市人争以酒食遗之。夜宿土室中，夏月或尸秽在傍、蛆虫狼籍不恤也。人与之纸，落笔数百言，或诗或文，散漫碎杂，无句读、无首尾，多六经中语及韵学家古文奇字，字画峭劲，遇宋讳亦时避之。或问以故事，其应如响，诸所引书，皆世所未见。谈说之际稍若有条贯，则又以诞幻语乱之。麻九畴、张瑴与之游最狎，言其诗以百分为率，可晓者才二三耳。

壬辰兵乱，为顺天将领所得，知其名，窃议欲挈之北归，馆于州之瑞云观。予可明日见将领自言曰："我不能住君家瑞云观也。"不数日卒。后复有见于淮上者。

赞曰：金世隐逸不多见，今于简册所有，得十有二人焉。其卓尔不群者三人。褚承亮宋人，勒试进士，主司发策问宋徽、钦之罪，承亮长揖而去之。方金人重举业，杜时升居山中，首以"伊洛之学"教后进。宋可不愿仕，人执其子为质，宁弃而不就，遂以无子。虽制行过中，岂不贤于杀妻以求大将者乎。大夫士见善明、用心刚，故能为人所难为者如此。

卷一百二十八　列传第六十六

循　吏

卢克忠　牛德昌　范承吉　王政　张奕　李瞻　刘敏行　傅慎微　刘焕　高昌福　孙德渊　赵鉴　蒲察郑留　女奚烈守愚　石抹元　张彀　赵重福　武都　纥石烈德　张特立　王浩

金自穆宗号令诸部不得称都孛堇，于是诸部始列于统属。太祖命三百户为谋克，十谋克为猛安，一如郡县置吏之法。太宗既有中原，申画封疆，分建守令。熙宗遣廉察之使循行四方。世宗承海陵凋敝之余，休养生息，迄于明昌、承安之间，民物滋殖，循吏迭出焉。泰和用兵，郡县多故，吏治衰矣。宣宗尚刀笔之习，严考核之法，能吏不乏，而岂弟之政罕见称述焉。金百余年吏治，始终可考，于是作《循吏传》。

卢克忠，贵德州奉集人。高永昌据辽阳，克忠走诣金源郡王斡鲁营降，遂以撒屋出为乡导。斡鲁克东京，永昌走长松岛，克忠与渤海人挞不也追获之。收国二年，授世袭谋克。其后，定燕伐宋皆与有功，除登州刺史，改刺澶州。天德间，同知保大军节度使。绥德州军卒数人道过鄜城，求宿民家，是夜有贼剽主人财而去。有司执假宿之卒，系狱榜掠诬服。克忠察其冤，独不肯署，未几果得贼，假宿之卒遂释。大定二年，除北京副留守。会民艰食，克忠下令凡民有蓄积者计留一岁，悉平其价籴之，由是无捐瘠之患。转陈州防御使，后以静难军节度使致仕，卒。

牛德昌，字彦钦，蔚州定安人。父铎，辽将作大监。德昌少孤，其母教之学，有劝以就荫者，其母曰："大监遗命不使作承奉也。"中皇统二年进士第，调矾山簿。迁万泉令。属蒲、陕荐饥，群盗充斥，州县城门昼闭。德昌到官，即日开城门纵百姓出入，榜曰："民苦饥寒，剽掠乡聚以偷旦夕之命，甚可怜也。能自新者一不问。"贼皆感激解散，县境以安。府尹王伯龙嘉之，礼待甚厚。累官刑部、吏部侍郎，中都路都转运使，广宁、太原尹。卒，赠中奉大夫。

范承吉，字宠之。好学问，属辽季盗贼起，虽避地未尝废书。天庆八年中进士丙科，授秘书省校书郎，至大定府金源令。归朝为御前承应文字。天会初，迁殿中少监。四年，从攻太原，迁少府监。五年，宗翰克宋，所得金珠承吉司其出入，无毫发欺，及还，牸车载书史而已，寻迁昭文馆直学士，知绛州。

先是，军兴，民有为将士所掠而逃归者，承吉使吏遍谕，俾其自实，凡数千人，具白元帅府，许自赎为良，或贫无赀者以公厨代输。六年，改河东北路转运使。时承宋季之弊，民赋繁重失当，承吉乃为经画，立法简便，所入增十数万斛，官既足而民有余。历同知平阳尹、西京副留守，迁河东南路转运使，改同签燕京留守事、顺天军节度使，属地震坏民庐舍，有欲争先营葺者，工匠过取其直，承吉命官属董其役，先后以次，不间贫富，民赖以省费。

历镇西军节度使、行台礼部尚书、泰宁军节度使，复镇顺天。奚卒散居境内，率数千人为盗，承吉绳以法不少贷，惧而不敢犯。贞元二年，以光禄大夫致仕，卒年六十六。

王政，辰州熊岳人也。其先仕渤海及辽，皆有显者。政当辽季乱，浮沈州里。高永昌据辽东，知政材略，欲用之。政度其无成，辞谢不就。永昌败，渤海人争缚永昌以为功，政独逡巡引退。吴王阇母闻而异之，言于太祖，授卢州渤海军谋克。从破白霫，下燕云。及金兵伐宋，滑州降，留政为安抚使。前此数州既降，复杀守将反为宋守，及是人以为政忧。政曰："苟利国家，虽死何避。"宋王宗望壮之，曰："身没王事，利及子孙，汝言是也。"政从数骑入州。是时，民多以饥为盗，坐系。政皆释之，发仓廪以赈贫乏，于是州民皆悦，不复叛。傍郡闻之，亦多降者。宋王召政至辕门，抚其背曰："吾以汝为死矣，乃复成功耶。"慰谕者久之。

天会四年，为燕京都曲院同监。未几，除同知金胜军节度使事。改权侍卫亲军都指挥使、兼掌军资。是时，军旅始定，管库纪纲未立，掌吏皆因缘为奸。政独明会计，严局钥，金帛山积而出纳无锱铢之失。吴王阇母戏之曰："汝为官久矣，而贫不加富何也？"对曰："政以杨震四知自守，安得不贫。"吴王笑曰："前言戏之耳。"以黄金百两、银五百两及所乘马遗之。六年，授左监门将军，历安州刺史、檀州军州事、户吏房主事。天眷元年，迁保静军节度使，致仕卒，年六十六。

政本名南撒里，尝使高丽，因改名政。子遵仕、遵义、遵古。遵古子庭筠有传。

张奕，字彦微，其先泽州高平人。以荫补官，仕齐为归德府通判。齐国废，齐兵之在郡者二万人谋为乱，约夜半举燎相应。奕知之，选市人丁壮授以兵，结阵扼其要巷，开小南门以示生路，乱不得作，比明亡匿略尽，擒其首恶诛之。后五日，都统完颜阿鲁补以军至归德，欲根株余党，奕以阖门保郡人无他，遂止。行台承制除同知归德尹。

天眷元年，以河南与宋，改同知沂州防御使事。三年，宗弼复取河南，征奕赴行省，既定汴京，授汴京副留守。历陈、秦州防御使，同知太原尹。晋宁军报夏人侵界，诏奕往征之。奕至境上，按籍各归所侵土，还奏曰："折氏世守麟府，以抗夏人。本朝有其地遂以与夏。夏人夷折氏坟垅而戮其尸，折氏怨入骨髓而不得报也。今复使守晋宁，故激怒夏人使为鼠侵，而条上其罪，苟欲开边衅以雪私仇耳。独可徙折氏他郡，则夏人自安。"朝廷从之，遂移折氏守青州。正隆间，同知西京留守事，迁河东北路转运使。大定二年，征为户部尚书，甫视事，得疾卒。

李瞻，蓟州玉田人。辽天庆二年进士，为平州望云令。张觉据平州叛，以瞻从事。宗望复平州，觉亡去，城中复叛，瞻逾城出降，其子不能出，为贼所害。宋王宗望嘉之。承制以为兴平府判官。天会三年，迁大理少卿，从宗望南伐，为汉军粮料使。四年，金兵围汴，宋人请割河北三镇，瞻与礼部侍郎李天翼安抚河北东、西两路，略定怀、浚、卫等州，卫、汤阴等县。七年，知宁州，累迁德州防御使。为政宽平，民怀其惠，相率诣京师请留者数百千人。贞元三年，迁济州路转运使，改忠顺军节度使。正隆末，盗贼蜂起，瞻增筑城垒为备，蔚人赖之以安。大定初，卒于官。

刘敏行，平州人。登天会三年进士。除太子校书郎，累迁肥乡令。岁大饥，盗贼掠人为食。诸县老弱入保郡城，不敢耕种，农事废，畎亩荒芜。敏行白州，借军士三十护县民出耕，多张旗帜为疑兵，敏行率军巡逻，日暮则阅民入城，由是盗不敢犯而耕稼滋殖。转高平令。县城圮坏久不修，大盗横恣，掠县镇不能御。敏行出己俸，率僚吏出钱顾役缮治，百姓欣然从之，凡用二千人，版筑遂完。乡村百姓入保，贼至不能犯。凡九迁，为河北东路转运使。致仕。卒。

傅慎微，字几先。其先秦州沙溪人，后徙建昌。慎微迁居长安。宋末登进士，累官河东路经制使。宗翰已克汴京，使娄室定陕西，慎微率众迎战，兵败被获，送至元帅府。元帅宗翰爱其才学，弗杀，羁置归化州，希尹收置门下。宗弼复取河南地，起为陕西经略使，寻权同州节度使事。明年，陕西大旱，饥死者十七八，以慎微为京兆、鄜延、环庆三路经济使，许以便宜。慎微募民入粟，得二十余万石，立养济院饲饿者，全活甚众。改同知京兆尹，权陕西诸路转运使。复修三白、龙首等渠以溉田，募民屯种，贷牛及种子以济之，民赖其利。转中京副留守，用廉，改忻州刺史，累迁太常卿，除定武军节度使，移静难军，忤用事者，苏保衡救之得免。大定初，复为太常卿，迁礼部尚书，与翰林侍讲学士徒单子温、翰林待制移剌熙载俱兼同修国史。卒官，年七十六。

慎微博学喜著书，尝奏《兴亡金镜录》一百卷。性纯质，笃古喜谈兵，时人以为迂阔云。

刘焕，字德文，中山人。宋末起兵，城中久乏食，焕尚幼，煮糠核而食之，自饮其清者，以酞厚者供其母，乡里异之。稍长就学，天寒拥粪火读书不怠。登天德元年进士。调任丘尉。县令贪污，焕每规正之，秩满，令持杯酒谢曰："尉廉慎，使我获考。"调中都市令。枢密使仆散忽土家有绦结工，牟利于市，不肯从市籍役，焕系之。忽土召焕，焕不往，暴工罪而笞之。焕初除市令，过谢乡人吏部侍郎石琚，琚不悦曰："京师浩穰，不与外郡同，弃简就烦，吾所不晓也。"至是，始重之。

以廉升京兆推官，再迁北京警巡使。捕二恶少杖于庭中，戒之曰："孝弟敬慎，则为君子。暴戾隐贼，则为小人。自今以往，毋狃于故习，国有明罚，吾不得私也。"自是，众皆畏惮，毋敢犯者。召为监察御使，父老数百人或卧车下，或挽其靴镫，曰："我欲复留使君期年，不可得也。"

以本官摄户部员外郎。代州钱监杂青铜铸钱，钱色恶，类铁钱。民间盗铸，抵罪者众，朝廷患之，下尚书省议。焕奏曰："钱宝纯用黄铜精治之，中濡以锡，若青铜可铸，历代无缘不用。自代州取二分与四六分，青黄杂糅，务省铜而功易就。由是，民间盗铸，陷罪者众，非朝廷意也。必欲为天下利，宜纯用黄铜，得数少而利远。其新钱已流行者，宜验数输纳准换。"从之。

再迁管州刺史，耆老数百人疏其著迹十一事，诣节镇请留焕，曰："刺史守职奉法，乞留之。"以廉升郑州防御使，迁官一阶，转同知北京留守事。世宗幸上京，所过州郡大发民夫治桥梁驰道，以希恩赏，焕所部惟平治端好而已。上嘉其意，迁辽东路转运使，卒。

高昌福，中都宛平人。父履，辽御史中丞致仕，太宗闻其名召之，未及入见而卒，特诏昌福释服应举。登天会十年进士第，补枢密院令史。明年，辟元帅府令史。皇统初，宗弼复河南，元帅府治汴，人有疑似被获，皆目为宋谍者，即杀之。昌福谳得其实，释去者甚众。许州都统韩常用法严，好杀人，遣介送囚于汴，或道亡，监吏自度失囚恐得罪，欲尽杀诸囚以灭口。昌福识监吏意，穷竟其状，免死者十七八，而诸吏遂怨昌福，欲构害之。是时方用兵，梁、楚间夜多阴雨，元帅府选人侦宋兵动静，诸吏遣昌福。昌福不辞即行，尽得敌军虚实报元帅府。师还，除震武军节度副使，转行台礼部员外郎。天德间，行台罢，改绛阳军节度副使，入为兵部员外郎，改河间少尹。

世宗即位，上书陈便宜事，上披阅再三，因谓侍臣曰："内外官皆上书言事，可以知人材优劣，不然，朕何由知之。"三除同知东京留守事，治最，迁山东西路转运使、工部尚书，改彰德军节度使。上书言赋税太重，上问翰林学士张景仁曰："税法比近代为轻，而以为重何也？"景仁曰："今之税殊轻，若复轻之，国用且不足。"事遂寝。累迁河中尹，致仕，卒。

孙德渊，字资深，兴中府人也。大定十六年进士，调石州军事判官、涞水丞，察廉迁沙河令。有盗秋桑者，主逐捕之，盗以叉自刺其足面，曰："秋桑例不禁采，汝何得刺我？"主惧，赂而求免，盗不从，诉之县。德渊曰："若逐捕而伤，疮必在后，今在前，乃自刺也。"盗遂引服。选尚书省令史，不就。丁父忧去官，民为刻石祠之。察廉，起复北京转运司都勾判官，以累荐迁中都左警巡使、监察御史、山东东路转运副使，累官大理丞、兼左拾遗。审官院奏德渊刚正干能，可任繁剧，遂再任。丁母忧，服除特迁恩州刺史，入为右司郎中，滕州刺史，迁同知河间府事，历大兴治中、同知府事。大安初，迁盘安军节度使，改河北西路按察转运使，改昭义军节度使。潞州破被执，俄有拜于前者，皆沙河旧民也，密护德渊，由是得脱。贞祐二年，拜工部尚书，摄御史中丞。是时，山东乏兵食，有司请鬻恩例举人，居丧者亦许纳钱就试。德渊奏，此大伤名教，事遂寝。寻致仕。监察御史许古论德渊"忠亮明敏，可以大用，近许告老，士大夫窃叹，望朝廷起复，必能建明以利国家。"宣宗嘉纳。未及用而卒。

赵鉴，字择善，济南章丘人。宋建炎二年进士，调庐州司理参军。是时江、淮方用兵，鉴弃官还乡里。齐国建，除历城丞，转长清令，皆剧邑难治，鉴政甚著。刘豫召见，迁直秘阁、提举泾原路弓箭手、兼提点本路刑狱公事，诫之曰："边将多不法，可痛绳之。"原州守将武悍自用，以鉴年少易之，鉴发其奸，守将坐免，郡县闻风无敢犯者。齐废，除知城阳军，改山东东路转运副使，摄行台左司郎中。行台宰相欲以故宋宦者权都水监，鉴曰："误国阉竖，汴人视为寇仇，付以美官，将失人望。"遂不用。以母忧解职，天德初，起为济州刺史，移涿州。海陵召鉴入朝，应对失旨，遣还郡，俄除知火山军，以病免。大定初，起知宁海军。秋禾方熟，子方虫生，鉴出城行视，虫乃自死。再迁镇西军节度使，改河北西路转运使，致仕，卒。

蒲察郑留，字文叔，东京路斡底必刺猛安人。大定二十二年进士，调高苑主薄、浚州司候，补尚书省令史，除鉴察御史，累迁北京、临潢按察副使、户部侍郎。御史台奏郑留前任北京称职，迁陕西路按察使，改顺义军节度使。西京人李安兄弟争财，府县不能决，按察司移郑留平理。月余不问，会释奠孔子庙，郑留乃引安兄弟与诸生叙齿，列坐会酒，陈说古之友悌数事。安兄弟感悟，谢曰："节使父母也，誓不复争。"乃相让而归。朔州多盗，郑留禁绝游食，多蓄兵器，因行春抚谕之，盗乃衰息，狱空。赐锡宴钱以褒之。改利涉军节度使。诏括马，郑留使百姓饲养以须，御史劾之。既而伐宋，诸路括马皆瘦，惟隆州马肥，乃释郑留。大安初，徙安国军。二年，知庆阳府事。三年，夏人犯边，郑留击走之。至宁元年，改知平凉府。是时，平凉新被兵，夏人复来攻，郑留招溃卒为御守计，夏兵退，迁官四阶。贞祐二年，改东京留守，致仕。贞祐四年，卒。

郑留重厚寡言笑，人不见其喜愠，临终取奏稿尽焚之。

女奚烈守愚，字仲晦，本名胡里改门，真定府路吾直克猛安人也。六岁知读书。既龀，或谓食肉昏神识，乃戒而不食。性至孝，父没时年十五，营葬如礼，治家有法，乡人称之。中明昌二年进士。调深泽主簿，治有声。迁怀仁令，改弘文校理，秩满为临沂令。有不逞辈五百人，结为党社，大扰境内，守愚下车，其党散去。蝗起莒、密间，独不入临沂境。先是，朝廷括河朔、山东地，隐匿者没入官。告者给赏。莒州刺史教其奴告临沂人冒地，积赏钱三百万，先给官镪乃征于民，民甚苦之。守愚列其冤状白州，州不为理，即闻于户部而征还之，流民归业，县人勒其事于石。

改秘书郎。母丧，勺饮不入口三日，终丧未尝至内寝。太常寺、劝农司交辟守愚，皆不听，服除，除同知登闻检院，改著作郎、永定军节度副使。泰和伐宋，守愚为山东行六部员外郎，改大兴都总管判官。大安元年，除修起居注，转刑部员外郎、户部郎中、太子左谕德。贞祐初，除户部侍郎，数月拜谏议大夫、提点近侍局。二年，除保大军节度使，改翰林学士、参议陕西路安抚司事。安抚完颜弼重其为人，每事咨而后行。未几，有疾，诏赐御药。三年，卒。

守愚为人忠实无华，孜孜于公，盖天性然也。

石抹元，字希明，懿州路胡土虎猛安人。七岁丧父，号泣不食者数日。十三居母丧如成人。尝为击鞠戏，马踣，叹曰："生无兄弟，而数乘此险，设有不测，奈何？"由是终身不复为之。补枢密院尚书省译史，调同知恩州军州事，迁监察御史，为同知淄州军州事。剧盗刘奇久为民患，一日捕获，方讯鞫，闻赦将至，亟命杖杀之，阖郡称快。改大兴府判官、沂王府司马、沁南军节度副使。河内民家有多美橙者，岁获厚利。仇家夜入残毁之，主人捕得，乃以劫财诬其人，仇家引服，赃不可得。元摄州事，究得其情。寻改河北西路转运副使，累迁山东西路按察转运使。贞祐初，黄掴吾典征兵东平，拥众不进，大括民财，众皆忿怨。副统仆散扫合杀吾典于坐，取其符佩之，纵恣尤甚。元密疏劾扫合擅杀近臣，无上不道，扫合坐诛。移知济南府，到官六月卒。

元生平寡言笑，尚节俭，居官自守，不交权要，人以是称之。

张毂，字伯英，许州临颍人。大定二十八年进士，调宁陵县主簿。改泰定军节度判官。率儒士行乡饮酒礼。改同州观察判官。是时，出兵备边，州征箭十万，限以雕雁羽为之，其价翔跃不可得。毂曰："矢去物也，何羽不可。"节度使曰："当须省报。"毂曰："州距京师二千里，如民急何。万一有责，下官身任其咎。"一日之间，价减数倍。尚书省竟如所请。补尚书省令史，除同知郑州防御使事，改北京盐使。丁父忧，服除，再迁监察御史。从伐宋，迁武宁军节度副使。居母忧。贞祐二年，改惠民司令，历河南治中、隰州刺史、刑部郎中、同知河南府事，迁河东南路转运使、权行六部尚书，安抚使。兴定元年，以疾卒。

毂天性孝友，任子悉先诸弟，俸入所得亦委其弟掌之，未尝问有无云。

赵重福，字履祥，丰州人。通女直大小字，试补女直诰院令史。转兵部译史、陕西提刑知法，迁陕西东路都勾判官、右藏库副使、同知陈州防御事。宋谍人苏泉入河南，重福迹之，至鱼台将渡河，见前一舟且渡，令从者大呼泉姓名，前舟中忽有苍惶失措者，执之果泉也。改沧州盐副使。岁饥，民煮卤为盐卖以给食，盐官往往杖杀之。重福曰："宁使课殿，不忍杀人。"岁满，课殿当降，尚书右丞完颜匡、三司使按出虎知其事，乃以岁荒薄其罚，除织染署令。大安三年，佐户部尚书张炜调兵食于古北口，迁都水少监，行西北路六部郎中，治密云县，俄兼户部员外郎。贞祐二年，以守密云功迁同知河间府事，行六部侍郎，权清州防御使，摄河北东路兵马都总管。三年，河间被围，有刘中者尝与重福密云联事，劝重福出降，重福不听。是时，河间兵少，多羸疾不任战，欲亡去。重福劝其父老率其子弟，强者战、弱者守，会久雨围乃解去。迁河东北路转运使，致仕。元光二年，卒。

武都，字文伯、东胜州人。大定二十二年进士，调阳谷主簿，迁商水令。县素多盗，凡奸民尝纵火行劫、椎埋发冢者，都皆廉得姓名，榜之通衢，约毋再犯，悉奔他境。察廉，迁南京路转运支度判官，累迁中都路都转运副使。以亲老，与弟监察御史郁俱乞侍。寻丁忧。服除，调太原治中，复为都转运副使，迁滦州刺史。充宣差北京路规措官，都拘括散逸官钱百万。入为户部郎中，权右司郎中，奏事称旨。被诏由海道漕辽东粟赈山东，都高其价直募人入粟，招海贾船致之。三迁中都、西京按察副使。大安三年，充宣差行六部侍郎，以劳迁本路按察使，行西南路六部尚书，佐元帅抹撚尽忠备御西京，有劳，召为户部尚书，赏银二百两、绢一百匹。宣宗即位，议卫绍王降封，语在《卫绍王纪》。顷之，中都戒严，都知大兴府，佩虎符便宜行事，弹压中外军民。都醉酒以亵衣见诏使，坐是解职。起为刑部尚书。中都解围，为河东路宣抚使，俄以参知政事胥鼎代之。兴定元年，以疾卒。

纥石烈德，字广之，真定路山春猛安人。明昌二年进士，调南京教授。察廉能，迁厌次令，补尚书省令史，除同知泗州防御事、监察御史、大名治中、安、曹、裕三州刺史，历同知临潢、大兴府事。贞祐二年，迁肇州防御使。是岁，肇州升为武兴军节度，德为节度使宣抚司署都提控。肇州围急，食且尽，有粮三百船在鸭子河，去州五里不能至。德乃浚濠增陴，筑甬道导濠水属之河。凿陷马阱，伏甲其傍以拒守，一日兵数接，士殊死战。渠成，船至城下，兵食足，围乃解。改辽东路转运使，军民遮道挽留，乘夜乃得去。蒲鲜万奴逼上京，德与部将刘子元战却之。迁东京留守，历保静、武胜军节度使。兴定二年，以本官行六部事。三年，以节度权元帅右都监，与左都监单州经略使完颜仲元俱行元帅府于宿州。四年，迁工部尚书。明年，召还中都。是岁，卒。

张特立，字文举，曹州东明人。泰和三年中进士第，调宣德州司候。郡多皇族巨室，特立律之以法，阖境肃然。调莱州节度判官，不赴，躬耕杞之圉城，以经学自乐。正大初，左丞侯挚、参政师安石荐其才，授洛阳令。四年，拜监察御史。拜章言："镐、厉二宅，久加禁锢，棘围柝警，如防寇盗。近降赦恩。谋反大逆，皆蒙湔雪，彼独何罪，幽囚若是。世宗神灵在天，得无伤其心乎！圣嗣未立，未必不由是也。"又言："方今三面受敌，百姓凋敝，宰执非才，臣恐中兴之功未可以岁月期也。"又言："尚书右丞颜盏世鲁遣其奴与小民争田，失大臣体。参知政事徒单兀典谄事近习，得居其位。皆宜罢之。"当路者忌其直，阴有以挤之。因劾省掾高桢辈受请托，饮娼家。时平章政事白撒犒军陕西归，桢等泣诉于道，以当时同席并有省掾王宾，张为其进士，故不劾。白撒以其私且不实，并治特立及宾。特立左迁邳州军事判官，杖五十，宾亦勒停。士论皆惜特立之去。后卒癸丑岁，年七十五。

王浩，由吏起身，初辟泾阳令，廉白为关辅第一。时西台檄州县增植枣果，督责严急，民甚被扰，浩独无所问，主司将坐之，浩曰："是县所植已满其数，若欲增植，必盗他人所有，取彼置此，未见其利。"其爱民多此类。所在有善政，民丝毫无所犯，秦人为立生祠，岁时思之。南迁后，为扶沟令。开兴元年正月，民钱大亨等执县官送款于北，大亨以浩有恩于民，不忍加刃，日遣所知劝之降，浩终不听，于是杀之，无血。主簿刘坦、尉宋乙并见害。弃尸道路，自春徂夏，独浩尸俨然如生，目且不瞑，乌犬莫敢近，殆若有神护者。

初，辟举法行，县官甚多得人。如咸宁令张天纲、长安令李献甫、洛阳令张特立三人有传。余如兴平师夔、临潼武天祯、汜水党君玉、偃师王登庸、高陵宋九嘉、登封薛居中、长社李天翼、河津孙鼎臣、郏城李无党、荥阳李过庭、尉氏张瑜、长葛张子玉、猗氏安德璋、三原萧邦杰、蓝田张德直、叶县刘从益皆清慎才敏，极一时之选，而能扶持百年将倾之祚者，亦曰吏得其人故也。

卷一百二十九　列传第六十七

酷　吏

高闾山　蒲察合住

太史公有言："法家严而少恩。"信哉斯言也。金法严密，律文虽因前代而增损之，大抵多准重典。熙宗迭兴大狱，海陵翦灭宗室，钩棘傅会，告奸上变者赏以不次。于是中外风俗一变，咸尚威虐以为事功，而谗贼作焉。流毒远迩，惨矣。金史多阙逸，据其旧录得二人焉。作《酷吏传》。

高闾山，澄州析木人。选充护卫，调顺义军节度副使，转唐括、移剌都乣详稳，改震武军节度副使、曹王府尉、大名治中。迁汝州刺史，改单州。制禁不依法用杖决人者，闾山见之笑曰："此亦难行。"是日，特用大杖杖死部民杨仙，坐削一官，解职。久之，降凤翔治中，历原州、济州、泗州刺史，改郑州防御使，迁蒲与路节度使，移临海军、盘安军、宁昌军。贞祐二年，城破死之。

蒲察合住，以吏起身，久为宣宗所信，声势烜赫，性复残刻，人知其蠹国而莫敢言。其子充护卫，先逐出之。继而合住为恒州刺史，需次近县。后大兵入陕西，关中震动。或言合住赴恒州为北走计，朝廷命开封羁其亲属，合住出怨言曰："杀却我即太平矣。"寻为御史所劾，初议笞赎，宰相以为悖理，斩于开封府门之下。故当时有宣朝三贼之目，谓王阿里、蒲察咬住，合住其一也。

兴定中，驸马仆散阿海之狱，京师宣勘七十余所，阿里辈乘时起事以肆其毒，朝士惴惴莫克自保，惟独吉文之在开封府幕，明其不反，竟不署字，阿海诛，文之亦无所问。

咬住，正大初致仕，居睢阳，溃军变，与其家皆被杀。

初，宣宗喜刑罚，朝士往往被笞楚，至用刀杖决杀言者。高琪用事，威刑自恣。南渡之后，习以成风，虽士大夫亦为所移，如徒单右丞思忠好用麻椎击人，号"麻椎相公"。李运使特立号"半截剑"，言其短小锋利也。冯内翰璧号"冯剑"。雷渊为御史，至蔡州得奸豪，杖杀五百人，号曰"雷半千"。又有完颜麻斤出，皆以酷闻，而合住、王阿里、李涣之徒，胥吏中尤狡刻者也。

佞幸

萧肄　张仲轲　李通　马钦　高怀贞　萧裕　胥持国

世之有嗜欲者，何尝不被其害哉。龙，天下之至神也，一有嗜欲，见制于人，故人君亦然。嗜欲不独柔曼之倾意也，征伐、畋猎、土木、神仙，彼为佞者皆有以投其所好焉。金主内蛊声色，外好大喜功，莫甚于熙宗、海陵，而章宗次之。《金史》自萧肄至胥持国，得佞臣之尤者七人，皆被宠遇于三君之朝，以亡其身，以蠹其国，其祸皆始于此，可不戒哉。作《佞幸传》。

萧肄，本奚人，有宠于熙宗，复谄事悼后，累官参知政事。皇统九年四月壬申夜，大风雨，雷电震坏寝殿鸱尾，有火自外入，烧内寝帏幔。帝徙别殿避之，欲下诏罪己。翰林学士张钧视草。钧意欲奉答天戒，当深自贬损，其文有曰："惟德弗类，上干天威"及"顾兹寡昧眇予小子"等语。肄译奏曰："弗类是大无道，寡者孤独无亲，昧则于人事弗晓，眇则目无所见，小子婴孩之称，此汉人托文字以詈主上也。"帝大怒，命卫士拽钧下殿，榜之数百，不死。以手剑剺其口而醢之。赐肄通天犀带。凭恃恩幸，倨视同列，遂与海陵有恶。及篡立，加大臣官爵，例加银青光禄大夫。数日，召肄诘之曰："学士张钧何罪被诛，尔何功受赏？"肄不能对。海陵曰："朕杀汝无难事，人或以我报私怨也。"于是，诏除名，放归田里，禁锢不得出百里外。

张仲轲，幼名牛儿，市井无赖，说传奇小说，杂以俳优诙谐语为业。海陵引之左右，以资戏笑。海陵封岐国王，以为书表，及即位，为秘书郎。海陵尝对仲轲与妃嫔亵渎，仲轲但称死罪，不敢仰视。又尝令仲轲倮形以观之，侍臣往往令倮裎，虽徒单贞亦不免此。兵部侍郎完颜普连、大兴少尹李惇皆以赃败，海陵置之要近。伶人于庆儿官五品、大氏家奴王之彰为秘书郎。之彰睾珠偏僻，海陵亲视之，不以为亵。唐括辩家奴和尚、乌带家奴葛温、葛鲁，皆置宿卫，有侥幸至一品者。左右或无官职人，或以名呼之，即授以显阶，海陵语其人曰："尔复能名之乎？"常置黄金茵褥间，喜之者令自取之，其滥赐如此。宋余唐弼贺登宝位，且还，海陵以玉带附赐宋帝，使谓宋帝曰："此带卿父所常服，今以为赐，使卿如见而父，当不忘朕意也。"使退，仲轲曰："此希世之宝，可惜轻赐。"上曰："江南之地，他日当为我有，此置之外府耳。"由是知海陵有南伐之意。

俄迁秘书丞，转少监。是时，营建燕京宫室，有司取真定府潭园材木，仲轲乘间言其中材木不可用，海陵意仲轲受请托，免仲轲官。未几，复用为少监。海陵猎于途你山，次于铎瓦，酹天而拜，谓群臣曰："朕幼时习射，至一门下，默祝曰：'若我异日大贵，当使一矢横加门脊上。'及射，果横加门脊上。后为中京留守，尝大猎于此地，围未合，祷曰：'我若有大位，百步之内当获三鹿。若止为公相，获一而已。'于是不及百步连获三鹿。又祝曰：'若统一海内，当复获一大鹿。'于是果获一大鹿。此事尝与萧裕言之，朕今复至此地，故拜奠焉。"海陵意欲取江南，故先设礼祥以讽群臣，是以仲轲每先逢其意，导之南伐。

贞元二年正月，宋贺正旦使施巨朝辞，海陵使左宣徽使敬嗣晖问施巨曰："宋国几科取士？"对曰："诗赋、经义、策论兼行。"又问："秦桧作何官，年今几何？"对曰："桧为尚书左仆射中书门下平章事，年六十五矣。"复谓之曰："我闻秦桧贤，故问之。"

正隆二年，仲轲为左谏议大夫，修起居注，但食谏议俸，不得言事。三年正月，宋贺正使孙道夫陛辞，海陵使左宣徽使敬嗣晖谕之曰："归白尔帝，事我上国多有不诚，今略举二事：尔民有逃入我境者，边吏皆即发还，我民有逃叛入尔境者，有司索之往往托辞不发，一也。尔于沿边盗买鞍马，备战阵，二也。且马待人而后可用，如无其人，得马百万亦奚以为？我亦岂能无备。且我不取尔国则已，如欲取之，固非难事。我闻接纳叛亡、盗买鞍马，皆尔国杨太尉所为，常因俘获问知其人，无能为者也。"又曰："闻秦桧已死，果否？"道夫对曰："桧实死矣，陪臣亦桧所荐用者。"又曰："尔国比来行事，殊不似秦桧时何也？"道夫曰："容陪臣还国，一一具闻宋帝。"海陵盖欲南伐，故先设纳叛亡、盗买马二事，而杂以他辞言之。

海陵召仲轲、右补阙马钦、校书郎田与信、直长习失入便殿侍坐。海陵与仲轲论《汉书》，谓仲轲曰："汉之封疆不过七八千里，今吾国幅员万里，可谓大矣。"仲轲曰：

“本朝疆土虽大，而天下有四主，南有宋，东有高丽，西有夏，若能一之，乃为大耳。”海陵曰：“彼且何罪而伐之？”仲轲曰：“臣闻宋人买马修器械，招纳山东叛亡，岂得为无罪？”海陵喜曰：“向者梁珫尝为朕言，宋有刘贵妃者姿质艳美，蜀之华蕊、吴之西施所不及也。今一举而两得之，俗所谓‘因行掉手’也。江南闻我举兵，必远窜耳。”钦与与信俱对曰：“海岛、蛮越，臣等皆知道路，彼将安往？”钦又曰：“臣在宋时，尝帅军征蛮，所以知也。”海陵谓习失曰：“汝敢战乎？”对曰：“受恩日久，死亦何避。”海陵曰：“汝料彼敢出兵否，彼若出兵，汝果能死敌乎？”习失良久曰：“臣虽懦弱，亦将与之为敌矣。”海陵曰：“彼将出兵何地？”曰：“不过淮上耳。”海陵曰：“然则天与我也。”既而曰：“朕举兵灭宋，远不过二三年，然后讨平高丽、夏国。一统之后，论功迁秩，分赏将士，彼必忘劳矣。”

四年三月，仲轲死。冬至前一夕，海陵梦仲轲求酒，既觉，嗟悼良久，遣使者奠其墓。

李通，以便辟侧媚得幸于海陵。累官右司郎中，迁吏部尚书。请谒贿赂辐辏其门。正隆二年正月乙酉，诏左右司御史中丞以下奏事便殿，海陵曰：“知子莫若父，知臣莫若君，朕尝试之矣。朕询及人材，汝等若不举同类，必举其相善者。朕闻女直、契丹之仕进者，必赖刑部尚书乌带、签书枢密遥设为之先容，左司员外郎阿里骨列任其事。渤海、汉人仕进者，必赖吏部尚书李通、户部尚书许霖为之先容，左司郎中王蔚任其事。凡在仕版，朕识者寡，不识者众，莫非人臣，岂有远近亲疏之异哉。苟奉职无愆，尚书侍郎节度使便可得，万一获罪，必罚无赦。”顷之，拜参知政事。

海陵恃累世强盛，欲大肆征伐，以一天下，尝曰：“天下一家，然后可以为正统。”通揣知其意，遂与张仲轲、马钦、宦者梁珫近习群小辈，盛谈江南富庶，子女玉帛之多，逢其意而先道之。海陵信其言，以通为谋主，遂议兴兵伐江南。四年二月，海陵谕宰相曰“宋国虽臣服，有誓约而无诚实，比闻沿边买马及招纳叛亡，不可不备。”遣使籍诸路猛安部族、及州县渤海丁壮充军，仍括诸道民马。于是，遣使分往上京、速频路、胡里改路、曷懒路、蒲与路、泰州、咸平府、东京、婆速路、曷苏馆、临潢府、西南招讨司、西北招讨司、北京、河间府、真定府、益都府、东平府、大名府、西京路，凡年二十以上、五十以下者皆籍之，虽亲老丁多，求一子留侍，亦不听，五年十一月，使益都尹京等三十一人押诸路军器于军行要会处安置，俟军至分给之。其分给之余与缮完不及者，皆聚而焚之。

六年正月，海陵使通谕旨宋使徐度等曰：“朕昔从梁王尝居南京，乐其风土。帝王巡狩，自古有之。淮右多隙地，欲校猎其间，从兵不逾万人。汝等归告汝主，令有司宣谕朕意，使淮南之民无怀疑惧。”二月，通进拜右丞，诏曰：“卿典领缮完兵械，今已毕功，朕嘉卿忠谨，故有是命，俟江南事毕，别当旌赏。”

四月，签书枢密院事高景山为赐宋帝生日使，右司员外郎王全副之，海陵谓全曰：“汝见宋主，即面数其焚南京宫室、沿边买马、招致叛亡之罪，当令大臣某人某人来此，朕将亲诘问之，且索汉、淮之地，如不从，即厉声诋责之，彼必不敢害汝。”海陵盖使王全激怒宋主，将以为南伐之名也。谓景山曰：“回日，以全所言奏闻。”全至宋，一如海陵之言诋责宋主，宋主谓全曰：“闻公北方名家，何乃如是？”全复曰：“赵桓今已死矣。”宋主遽起发哀而罢。海陵至南京，宋遣使贺迁都，海陵使韩汝嘉就境上止之曰：“朕始至此，比闻北方小警，欲复归中都，无庸来贺。”宋使乃还。

于是，大括天下骡马，官至七品听留一马，等而上之。并旧籍民马，其在东者给西军，在西者给东军，东西交相往来，昼夜络绎不绝，死者狼籍于道。其亡失多者，官吏惧罪或自杀。所过蹂践民田，调发牵马夫役。诏河南州县所贮粮米以备大军，不得他用，而骡马所至当给刍粟，无可给，有司以为请，海陵曰：“此方比岁民间储畜尚多，今禾稼满野，骡马可就牧田中，借令再岁不获，亦何伤乎。”及征发诸道工匠至京师，疫死者不可胜数，天下始骚然矣。调诸路马以户口为率，富室有至六十匹者。凡调马五十六万余匹，仍令本家养饲，以俟师期。

海陵因出猎，遂至通州观造战船，籍诸路水手得三万余人。及东海县人张旺、徐元反，遣都水监徐文等率师浮海讨之，海陵曰：“朕意不在一邑，将试舟师耳。”于是民不堪命，盗贼蜂起，大者连城邑，小者保山泽，遣护卫普连二十四人，各授甲士五十人，分往山东、河北、河东、中都等路节镇州郡屯驻，捕捉盗贼。以护卫颀犀为定武军节度副使，尚贤为安武军节度副使，蒲甲为昭义军节度副使，皆给银牌，使督责之。是时，山东贼犯沂州，临沂令胡撒力战而死。大名府贼王九等据城叛，众至数万。契丹边六斤、王三辈皆以十数骑张旗帜，白昼公行，官军不敢谁何，所过州县，开劫府库物置于市，令人攘取之，小人皆喜贼至，而良民不胜其害。太府监高彦福、大理正耶律道、翰林待制大颖出使还朝，皆言盗贼事。海陵恶闻，怒而杖之，颖仍除名，自是人人不复敢言。

海陵自将，分诸道兵为神策、神威、神捷、神锐、神毅、神翼、神勇、神果、神略、神锋、武胜、武定、武威、武安、武捷、武平、武成、武毅、武锐、武扬、武翼、武震、威定、威信、威胜、威捷、威烈、威毅、威震、威略、威果、威勇三十二军，置都总管、副总管各一员，分隶左右领军大都督及三道都统制府。置诸军巡察使、副各一员。以太保奔睹为左领军大提督，通为副大都督。海陵以奔睹旧将，使帅诸军以从人望，实使通专其事。

海陵召诸将授方略，赐宴于尚书省。海陵曰：“太师梁王连年南伐，淹延岁月。今举兵必不如彼，远则百日，近止旬月。惟尔将士无以征行为劳，戮力一心，以成大功，当厚加旌赏，其或弛慢，刑兹无赦。”海陵恐粮运不继，命诸军渡江无以僮仆从行，闻者莫不怨咨。徒单后与太子光英居守，尚书令张浩、左丞相萧玉、参知政事敬嗣晖留治省事。

九月甲午，海陵戎服乘马，具装启行。明日，妃嫔皆行，宫中恸哭久之。十月乙巳，阴晦失路，是夜二更始至蒙城。丁未，大军渡淮，至中流，海陵拜而酹之。至宿次，见筑缭垣者，杀四方馆使张永钤。将至庐州，见白兔，驰射不中。既而后军获之以进，海陵大喜，以金帛赐之，顾谓李通曰："昔武王伐纣，白鱼跃于舟中。今朕获此，亦吉兆也。"癸亥，海陵至和州，百官表奉起居，海陵谓其使："汝等欲伺我动静邪？自今勿复来，俟平江南始进贺表。"

是时，梁山泺水涸，先造战船不得进，乃命通更造战船，督责苛急，将士七八日夜不得休息，坏城中民居以为材木，煮死人膏为油用之。遂筑台于江上，海陵被金甲登台，杀黑马以祭天，以一羊一豕投于江中。召都督昂、副都督蒲卢浑谓之曰："舟楫已具，可以济江矣。"蒲卢浑曰："臣观宋舟甚大，我舟小而行迟，恐不可济。"海陵怒曰："尔昔从梁王追赵构入海岛，岂皆大舟邪？明日汝与昂先济。"昂闻令已渡江，悲惧欲亡去。至暮，海陵使谓昂曰："前言一时之怒耳，不须先渡江也。"明日，遣武平军都总管阿邻、武捷军副总管阿撒率舟师先济。宿直将军温都奥剌、国子司业马钦、武库直长习失皆从战。海陵置黄旗红旗于岸上，以号令进止，红旗立则进，黄旗仆则退。既渡江，两舟先逼南岸，水浅不得进，与宋兵相对射者良久，两舟中矢尽，遂为所获，亡一猛安、军士百余人。海陵遂还和州。

于是尚书省使右司郎中吾补可、员外郎王全奏报：世宗即位于东京，改元大定。海陵前此已遣护卫谋良虎、特离补往东京，欲害世宗。行至辽水，遇世宗诏使撒八，执而杀之，遂还军中。海陵拊髀叹曰："朕本欲平江南改元大定，此岂非天乎！"乃出素所书取一戎衣天下大定改元事，以示群臣。遂召诸将帅谋北归，且分兵渡江。

议定，通复入奏曰："陛下亲师深入异境，无功而还，若众散于前，敌乘于后，非万全计。若留兵渡江，车驾北还，诸将亦将解体。今燕北诸军近辽阳者恐有异志，宜先发兵渡江，敛舟焚之，绝其归望。然后陛下北还，南北皆指日而定矣。"海陵然之，明日遂趋扬州。过乌江县，观项羽祠，叹曰："如此英雄不得天下，诚可惜也。"

海陵至扬州，使符宝耶律没荅护神果军扼淮渡，凡自军中还至淮上，无都督府文字皆杀之。乃出内箭饰以金龙，题曰御箭，系帛书其上，使人乘舟射之南岸，其书言"宋国遣人焚毁南京宫室、及沿边买马、招诱军民，今兴师问罪，义在吊伐，大军所至，必无秋毫之犯。"以此招谕宋人。于是，宋将王权亦纵所获金军士三人，赍书数海陵罪，通奏其书，即命焚之。

海陵怒，亟欲渡江。骁骑高僧欲诱其党以亡，事觉，命众刃剉之。乃下令，军士亡者杀其蒲里衍，蒲里衍亡者杀其谋克，谋克亡者杀其猛安，猛安亡者杀其总管，由是军士益危惧。甲午，令军中运鸦鹘船及粮船于瓜州渡，期以明日渡江，敢后者死。

乙未，完颜元宜等以兵犯御营，海陵遇弑。都督府以南伐之计皆通等赞成之，徒单永年乃其姻戚，郭安国众所共恶，皆杀之。大定二年，诏削通官爵，人心始快。

马钦，幼名韩哥，尝仕江南，故能知江南道路。正隆三年，海陵将南伐，遂召用钦，自贵德县令为右补阙。钦为人轻脱不识大体，海陵每召见与语，钦出宫辄以语人曰："上与我论某事，将行之矣。"其视海陵如僚友然。累迁国子司业。海陵至和州，欲遣蒲卢浑渡江，蒲卢浑言舟小不可济，海陵使人召钦，先戒左右曰："钦若言舟小不可渡江，即杀之。"钦至，问曰："此舟可渡江否？"钦曰："臣得筏亦可渡也。"大定二年，除名。是日，起前翰林待制大颖为秘书丞。颖在正隆间尝言山东盗贼，海陵恶其言，杖之除名。世宗嘉颖忠直，恶钦巧佞，故复用颖而放钦焉。

高怀贞，为尚书省令史，素与海陵狎昵。海陵久蓄不臣之心，尝与怀贞各言所志，海陵曰："吾志有三：国家大事皆自我出，一也。帅师伐国，执其君长问罪于前，二也。得天下绝色而妻之，三也。"由是小人佞夫皆知其志，争进谀说。大定县丞张忠辅谓海陵曰："梦公与帝击球，公乘马冲过之，帝坠马下。"海陵闻之大喜。会熙宗在位久，委政大臣，海陵以近属为宰相，专威福柄，遂成弑逆之计，皆怀贞辈小人从臾导之。海陵篡立，以怀贞为修起居注，怀贞故父滨州刺史赠中奉大夫。怀贞累迁礼部侍郎。大定二年，降奉政大夫，放归田里。五年，与许霖俱赐起复，怀贞为定国军节度使。上戒之曰："汝等在正隆时，奸佞贪私，物论鄙之。朕念没身不齿则无以自新。若怙旧不悛，必不贷汝矣。"

萧裕，本名遥折，奚人。初以猛安居中京，海陵为中京留守，与裕相结，每与论天下事。裕揣海陵有觊觎心，密谓海陵曰："留守先太师，太祖长子。德望如此，人心天意宜有所属，诚有志举大事，顾竭力以从。"海陵喜受之，遂与谋议。海陵竟成弑逆之谋者，裕启之也。

海陵为左丞，除裕兵部侍郎，改同知南京留守事，改北京。海陵领行台尚书省事，道过北京，谓裕曰："我欲就河南兵建立位号，先定两河，举兵而北。君为我结诸猛安以应我。"定约而去。海陵虽自良乡召还，不能如约，遂弑熙宗篡立，以裕为秘书监。

海陵心忌太宗诸子，欲除之，与裕密谋。裕倾险巧诈，因构致太傅宗本、秉德等反状，海陵杀宗本，唐括辩遣使杀秉德、宗懿及太宗子孙七十余人、秦王宗翰子孙三十余人。宗本已死，裕乃求宗本门客萧玉，教以具款反状，令作主名上变。海陵既诏天下，天下冤之。海陵赏诛宗本功，以裕为尚书左丞，加仪同三司，授猛安，赐钱二千万，马四百匹、牛四百头、羊四千口。再阅月，为平章政事、监修国史。旧制，首相监修国史，海陵以命裕，谓裕曰："太祖以神武受命，丰功茂烈光于四海，恐史官有遗逸，故以命卿。"久之，裕为右丞相、兼中书令。裕在相位，任职用事颇专恣，威福在己，势倾朝廷。海陵倚信之，他相仰成而已。

裕与高药师善，尝以海陵密语告药师，药师以其言奏海陵，且曰："裕有怨望心。"海陵召裕戒谕之，而不以为罪也。或有言裕擅权者，海陵以为忌裕者众，不之信。又以为人见裕弟萧祚为左副点检，妹夫耶律辟离剌为左卫将军，势位相凭藉，遂生忌嫉，乃出祚为益都尹，辟离剌为宁昌军节度使，以绝众疑。裕不知海陵意，遽见出其亲表补外，不令己知之，自是深念恐海陵疑己。海陵弟太师兖领三省事，共在相位，以裕多自用，颇防闲之，裕乃谓海陵使兖备之也。而海陵猜忍嗜杀，裕恐及祸，遂与前真定尹萧冯家奴、前御史中丞萧招折、博州同知遥设、裕女夫遏剌补谋立亡辽豫王延禧之孙。裕使亲信萧屯纳往结西北路招讨使萧好胡，好胡即怀忠。怀忠依违未决，谓屯纳曰："此大事，汝归遣一重人来。"裕乃使招折往。招折前为中丞，以罪免，以此得诣怀忠。怀忠问招折与谋者复有何人，招折曰："五院节度使耶律朗亦是也。"怀忠旧与朗有隙，而招折尝上挞懒变事，怀忠疑招折反复，因执招折，收朗系狱，遣使上变。遥设亦与笔砚令史白荅书，使白荅助裕以取富贵，白荅奏其书。海陵信裕不疑，谓白荅构诬之，命杀白荅于市。执白荅出宣华门，点检徒单贞得萧怀忠上变事入奏，遇见白荅，问其故，因止之。徒单贞已奏变事，以白荅为请，海陵遽使释之。

海陵使宰相问裕，裕即款伏。海陵甚惊愕，犹未能尽信，引见裕，亲问之。裕曰："大丈夫所为，事至此又岂可讳。"海陵复问曰："汝何怨于朕而作此事？"裕曰："陛下凡事皆与臣议，及除祚等乃不令臣知之。领省国王每事谓臣专权，颇有提防，恐是得陛下旨意。陛下与唐括辩及臣约同生死，辩以强忍果敢致之死地，臣皆知之，恐不得死所，以此谋反，幸苟免耳。太宗子孙无罪，皆死臣手，臣之死亦晚矣。"海陵复谓裕曰："朕为天子，若于汝有疑，虽汝弟辈在朝，岂不能施行，以此疑我，汝实错误。太宗诸子岂独在汝，朕为国家计也。"又谓之曰："自来与汝相好，虽有此罪，贷汝性命，惟不得作宰相，令汝终身守汝祖先坟垅。"裕曰："臣子既犯如此罪逆，何面目见天下人，但愿绞死，以戒其余不忠者。"海陵遂以刀刺左臂，取血涂裕面，谓之曰："汝死之后，当知朕本无疑汝心。"裕曰："久蒙陛下非常眷遇，仰恋徒切，自知错缪，虽悔何及。"海陵哭送裕出门，杀之，并诛遥设及冯家奴。冯家奴妻，豫王女也，与其子谷皆与反谋，并杀之。遣护卫庞葛往西北路招讨司诛朗及招折，而屯纳、遏剌补皆出走，捕得屯纳弃市，遏剌补自缢死。

屯纳出走，过河间少尹萧之详，之详初不知裕事，留之三日。屯纳往之详茶扎家，茶扎遣人诣之详告公引，得之，付屯纳遣之他所。茶扎家奴发其事，吏部侍郎窊产鞫之，之详曰："屯纳宿二日而去。"法家以之详隐其间，欺尚书省，罪当赎。海陵怒，命杀之，杖窊产及议法者，茶扎杖四百死。

庞葛杀招折等，并杀无罪四人，海陵不问，杖之五十而已。以裕等罪诏天下。赏上变功，怀忠迁枢密副使，以白荅为牌印云。高药师迁起居注，进阶显武将军。药师尝奏裕有怨望，至是赏之云。

胥持国，字秉钧，代州繁畤人。经童出身，累调博野县丞。上书者言民间冒占官地，如"太子务"、"大王庄"，非私家所宜有。部委持国按核之。持国还言"此地自异代已为民有，不可取也。"事遂寝。寻授太子司仓，转掌饮令，兼司仓。皇太子识之，擢祗应司令，章宗即位，除宫籍副监，赐宫籍库钱五十万、宅一区。俄改同签宣徽院事、工部侍郎，并领宫籍监。阅三月，迁工部尚书，使宋。明昌四年，拜参知政事，赐孙用康榜下进士第。会河决阳武，持国请督役，遂行尚书省事。明年，进尚书右丞。

持国为人柔佞有智术。初，李妃起微贱，得幸于上。持国久在太子宫，素知上好色，阴以秘术干之，又多赂遗妃左右用事人。妃亦自嫌门地薄，欲藉外廷为重，乃数称誉持国能，由是大为上所信任，与妃表里，筦擅朝政。诛郑王永蹈、镐王永中，罢黜完颜守贞等事，皆起于李妃、持国。士之好利躁进者皆趋走其门下。四方为之语曰："经童作相，监婢为妃。"恶其卑贱庸鄙也。

承安三年，御史台劾奏："右司谏张复亨、右拾遗张嘉贞、同知安丰军节度使事赵枢、同知定海军节度使事张光庭、户部主事高元甫、刑部员外郎张岩叟、尚书省令史傅汝梅、张翰、裴元、郭郛，皆趋走权门，人戏谓'胥门十哲'。复亨、嘉贞尤卑佞苟进，不称谏职。俱宜黜罢。"奏可。于是持国以通奉大夫致仕，嘉贞等皆补外。

顷之，起知大名府事，未行，改枢密副使，佐枢密使襄治军于北京。一日，上召翰林修撰路铎问以他事，因语及董师中、张万公优劣，铎曰："师中附胥持国进。持国奸邪小人，不宜典军马，以臣度之，不惟不允人望，亦必不能服军心，若回日再相，必乱天下。"上曰："人臣进退人难，人君进退人易，朕岂以此人复为相耶。第迁官二阶，使之致仕耳。"寻卒于军，谥曰"通敏"。后上问平章政事张万公曰："持国今已死，其为人竟如何？"万公对曰："持国素行不纯谨，如货酒平乐楼一事，可知矣。"上曰："此亦非好利。如马琪位参政，私鬻省酝，乃为好利也。"子鼎，别有传。

卷一百三十　列传第六十八

列　女

阿邻妻　李宝信妻　韩庆民妻　雷妇师氏
康住住　李文妻　李英妻　相琪妻　阿鲁真
撒合辇妻　许古妻　冯妙真　蒲察氏
乌古论氏　素兰妻　忙哥妻　尹氏　白氏
聂孝女　仲德妻　宝符李氏

汉成帝时，刘向始述三代贤妃淑女，及淫泆奢僭、兴亡盛衰之所由，汇分类别，号《列女传》，因以讽谏。范晔始载之汉史。古者女子生十年有女师，渐长，有麻枲丝茧之事，有祭祀助奠之事；既嫁，职在中馈而已，故以无非无仪为贤。若乃嫠居寡处，患难颠沛，是皆妇人之不幸也。一遇不幸，卓然能自树立，有烈丈夫之风，是以君子异之。

阿邻妻沙里质者，金源郡王银术可之妹。天辅六年，黄龙府叛卒攻钞旁近部族。是时，阿邻从军，沙里质纠集附近居民得男女五百人，树营栅为保守计。贼千余来攻，沙里质以毡为甲，以裳为旗，男夫授甲，妇女鼓噪，沙里质仗剑督战，凡三日贼去。皇统二年，论功封金源郡夫人。大定间，以其孙药师为谋克。

李宝信妻王氏。宝信为义丰县令，张觉以平州叛，王氏陷贼中。贼欲逼室之，王氏骂贼，贼怒遂支解之。大定十二年，赠"贞烈县君"。

韩庆民妻者，不知何许人，亦不知其姓氏。庆民事辽为宜州节度使。天会中，攻破宜州，庆民不屈而死，以其妻配将士，其妻誓死不从，遂自杀。世宗读《太宗实录》，见庆民夫妇事，叹曰："如此节操，可谓难矣。"

雷妇师氏，夫亡，孝养舅姑。姑病，刲臂肉饲之，姑即愈。舅姑既殁。兄师逵与夫侄规其财产，乃伪立谋证致之官，欲必嫁之。县官不能辨曲直，师氏畏逼，乃投县署井中死。诏有司祭其墓，赐谥曰"节"。

康住住，鄜州人。夫早亡，服阕，父取之归家，许严沂为妻。康氏誓死弗听，欲还夫家不可得，乃投崖而死。诏有司致祭其墓。

李文妻史氏，同州白水人。夫亡，服阕，誓死弗嫁。父强取之归，许邑人姚乙为妻。史氏不听，姚诉之官，被逮，遂自缢死。诏有司致祭其墓。

李英妻张氏。英初为监察御史，在中都，张居潍州。贞祐元年冬，大元兵取潍州，入其家，张氏尽以所有财物与之。既而，令张氏上马，张曰："我尽以物与汝，犹不见赎邪?"答曰"汝品官妻，当复为夫人。"张曰："我死则为李氏鬼。"顿坐不起，遂见杀。追封陇西郡夫人，谥"庄洁"。英仕至御史中丞，有传。

相琪妻栾氏，有姿色。琪为莱州掖县司吏。贞祐三年八月，红袄贼陷掖县，琪与栾氏及子俱为所得。贼见栾悦之，杀琪及其子而诱栾。栾奋起以头触贼而仆，骂曰："我岂为犬彘所污者哉。"贼怒，杀之。追封西河县君，谥"庄洁"。

阿鲁真，宗室承充之女，胡里改猛安夹谷胡山之妻。夫亡寡居，有众千余。兴定元年，承充为上京元帅，上京行省太平执承充应蒲鲜万奴。阿鲁真治废垒，修器械，积刍粮以自守。万奴遣人招之，不从，乃射承充书入城，阿鲁真得而碎之，曰："此诈也。"万奴兵急攻之，阿鲁真衣男子服，与其子蒲带督众力战，杀数百人，生擒十余人，万奴兵乃解去。后复遣将击万奴兵，获其将一人。诏封郡公夫人，子蒲带视功迁赏。承充已被执，乘间谓其二子女胡、蒲速乃曰："吾起身宿卫，致位一品，死无恨矣。若辈亦皆通显，未尝一日报国家，当思自处，以为后图。"二子乃冒险自拔南走，是年四月至南京。

独吉氏，平章政事千家奴之女，护卫银术可妹也。自幼动有礼法，及适内族撒合辇。闺门肃如。撒合辇为中京留守，大兵围之，撒合辇疽发背不能军，独吉氏度城必破，谓撒合辇曰："公本无功能，徒以宗室故尝在禁近，以至提点近侍局，同判睦亲府，今又为留守外路第一等官，受国家恩最厚。今大兵临城，公不幸病，不能战御，设若城破，公当率精锐夺门而出，携一子走京师。不能则独赴京师，又不能，战而死犹可报国，幸无以我为虑。"撒合辇出巡城，独吉氏乃取平日衣服妆具玩好布之卧榻，资货悉散之家人，艳妆盛服过于平日，且戒女使曰："我死则扶置榻上，以衾覆面，四围举火焚之。无使兵见吾面。"言讫，闭门自经而死。家人如言，卧尸榻上，以衾覆之。撒合辇从外至，家人告以夫人之死，撒合辇拊榻曰："夫人不辱我，我肯辱朝廷乎！"因命焚之。年三十有六。少顷，城破，撒合辇率死士欲夺门出，不果，投壕水死，有传。

许古妻刘氏，定海军节度使仲洙之女也。贞祐初，古挈家侨居蒲城，后留刘氏母子于蒲，仕于朝。既而，兵围蒲，刘谓二女曰："汝父在朝，而兵势如此，事不可保。若城破被驱，一为所污奈何？不若俱死以自全。"已而，攻城益急，于是刘氏与二女相继自尽。有司以闻于朝，四年五月，追封刘氏为郡君，谥曰"贞洁"，其长女谥曰"定姜"，次"肃姜"，以其事付史馆。

冯妙真，刑部尚书延登之女也。生十有八年，适进士张檛。兴定五年，檛为洛川主簿。大元兵破葭州、绥德，遂入鄜延。檛人震恐具守备，守臣以西路输刍粟不时至，檄檛诣平凉督之。时延登为平凉行省员外郎，檛欲偕妙真以往，妙真辞曰："舅姑老矣。虽有叔姒，妾能安乎。子行，妾留奉养。"十一月，洛川破，妙真从舅姑匿窟室，兵索得之。妙真泣与舅姑诀曰："妇生不辰，不得终执箕帚，义不从辱。"即携三子赴井死。县人从而死者数十人。明年春，檛发井得尸，殡于县之东郭外。死时年二十四。

蒲察氏，字明秀，鄜州帅讷申之女，完颜长乐之妻也。哀宗迁归德，以长乐为总领，将兵扈从。将行，属蒲察氏曰："无他言，夫人慎毋辱此身。"明秀曰："君第致身事上，无以妾为念。妾必不辱。"长乐一子在幼，出妻柴氏所生也，明秀抚育如己出。崔立之变，驱从官妻子于省中，人自阅之。蒲察氏闻，以幼子付婢仆，且与之金币，亲具衣棺祭物，与家人诀曰："崔立不道，强人妻女，兵在城下，吾何所逃，惟一死不负吾夫耳。汝等惟善养幼子。"遂自缢而死，欣然若不以死为难者。时年二十七。

乌古论氏，伯祥之妹，临洮总管陀满胡土门之妻也。伯祥朝贵中声誉藉甚，胡土门死王事。崔立之变，衣冠家妇女多为所污，乌古论氏谓家人曰："吾夫不辱朝廷，我敢辱吾兄及吾夫乎。"即自缢。一婢从死。

参政完颜素兰妻，亡其姓氏。当崔立之变，谓所亲曰："吾夫有天下重名，吾岂肯随众陷身以辱吾夫乎。今日一死固当，但不可无名而死，亦不可离吾家而死。"即自缢于室。

温特罕氏，夫完颜忙哥，五朵山宣差提控回里不之子也，系出萧王。忙哥叔父益都，节度秦州，为大元兵所攻，适病不能军，忙哥为提控，独当一面。兵退而益都死，忙哥以城守功世袭谋克，收充奉御。及崔立之变，忙哥义不受辱，与其妻诀。妻曰："君能为国家死，我不能为君死乎。"一婢曰："主死，婢将安归。"是日，夫妇以一绳同缢，婢从之。

尹氏，完颜猪儿之妻也。猪儿系出萧王，天兴二年正月从哀宗为南面元帅，战死黄陵冈。其妻金源郡夫人闻猪儿死，聚家资焚之，遂自缢，年三十一。猪儿赠官，弟长住即日诏补护卫。

白氏，苏嗣之之母，许州人，宋尚书右丞子由五世孙妇也。初，东坡、颍滨、叔党俱葬郏城之小峨嵋山，故五世皆居许昌。白氏年二十余即寡居，服除，外家迎归，兄嫂窃议改醮。白氏微闻之，牵车径归，曰："我为苏学士家妇，又有子，乃欲使我失身乎。"自是，外家非有大故不往也。尝于宅东北为祭室，画两先生像，图黄州、龙川故事壁间，香火严洁，躬自洒扫，士大夫求瞻拜者往往过其家奠之。天兴元年正月庚戌，许州被兵，嗣之为汴京厢官，白拜辞两先生前曰："儿子往京师，老妇死无恨矣，敢以告。"即自缢于室侧。家人并屋焚之。年七十余。嗣之本名宗之，避讳改焉。

聂孝女，字舜英，尚书左右司员外郎天骥之长女也。年二十三，适进士张伯豪。伯豪卒，归父母家。及哀宗迁归德，天骥留汴。崔立劫杀宰相，天骥被创甚，日夜悲泣，恨不即死。舜英谒医救疗百方，至刲其股杂他肉以进，而天骥竟死。时京城围久食尽，闾巷间有嫁妻易一饱者，重以崔立之变，剽夺暴凌，无复人理。舜英颇读书知义理，自以年尚少艾，夫既亡，父又死非命，比为兵所污，何若从吾父于地下乎。葬其父之明日，绝脰而死。一时士女贤之，有为泣下者。其家以舜英合葬张伯豪之墓。

完颜仲德妻，不知其族氏。崔立之变，妻自毁其容服，携妾及二子给以采蔬，自汴走蔡。蔡被围，丁男皆乘城拒守，谓仲德曰："事势若此，丈夫能为国出力，妇人独不能耶！"率诸命妇自作一军，亲运矢石于城下，城中妇女争出继之。城破自尽。

哀宗宝符李氏，国亡从后妃北迁，至宣德州，居摩诃院，日夕寝处佛殿中，作幡旆。会当赴龙庭，将发，即于佛像前自缢死，且自书门纸曰："宝符御侍此处身故。"后人至其处，见其遗迹，怜而哀之。

天兴元年，北兵攻城，矢石之际忽见一女子呼于城下曰："我倡女张凤奴也，许州破被俘至此。彼军不日去矣，诸君努力为国坚守，无为所欺也。"言竟，投濠而死。朝廷遣使驰祭于西门。

正大、天兴之际，妇人节义可知者特数人耳。凤奴之事别史录之。盖亦有所激云。

卷一百三十一　列传第六十九

宦　者

梁珫　宋珪

古之宦者皆出于刑人，刑余不可列于士庶，故掌宫寺之事，谓之"妇寺"焉。东汉以来，宦者养子以继世。唐世，继者皆为阉人，其初进也，性多巧慧便僻、善固恩宠，及其得志，党比纠结不可制。东汉以宦者亡，唐又甚焉。世儒论宦者之害，如毒药猛虎之不可拯也。金法置近侍局，尝与政事，而宦者少与焉。惟海陵时有梁珫，章宗时有梁道、李新喜干政，二君为所误多矣。世传梁道劝章宗纳李妃后宫，金史不载梁道始末，弗得而论次之。惟宋珪、潘守恒颇能讽谏宣、哀，时有裨益，盖佣之佼佼、铁之铮铮者也。作《宦者传》。

梁珫，本大臭家奴，随元妃入宫，以阉竖事海陵。珫性便佞，善迎合，特见宠信，旧制，宦者惟掌掖廷宫闱之事。天德三年，始以王光道为内藏库使，卫愈、梁安仁皆以宦官领内藏。海陵谓光道等曰："人言宦者不可用，朕以为不然。后唐庄宗委张承业以军，竟立大功，此中岂无人乎。卿等宜悉此意。帑藏之物皆出民力，费十致一，当纠察奸弊，犯者必罚无赦。"宦者始与政事，而珫委任尤甚，累官近侍局使。及营建南京宫室，海陵数数使珫往视工役。是时，一殿之费已不可胜计，珫或言其未善，即尽撤去。虽丞相张浩亦曲意事之，与之均礼。

海陵欲伐宋，珫因极言宋刘贵妃绝色倾国。海陵大喜，及南征将行，命县君高师姑儿贮衾褥之新洁者俟得刘贵妃用之。议者言珫与宋通谋，劝帝伐宋，征天下兵以疲弊中国。

海陵至和州，闻珫与宋人交通有状，谓珫曰："闻汝与宋国交通，传泄事情。汝本奴隶，朕拔擢至此，乃敢尔耶。若至江南询得实迹，杀汝亦未晚也。”又谓校书郎田与信曰：“尔面目亦可疑，必与琉同谋者。”皆命执于军中。海陵遇弑，琉、与信皆为乱军所杀。

宋珪，本名乞奴，燕人也。为内侍殿头。宣宗尝以元夕欲观灯戏，命乞奴监作，乞奴谇语云：“社稷弃之中都，南京作灯戏有何看耶。”宣宗微闻之，杖之二十，既而悔之，有旨宣谕。

哀宗放鹞后苑，鹞逸去，敕近侍追访之，市中一农民臂此鹞，近侍不敢言宫中所逸者，百方索之，农民不与，与之物直，仅乃得。事闻，哀宗欲送其人于有司，乞奴从旁谏曰：“贵畜贱人，岂可宣示四方。”哀宗恶其大讦，又仗之，寻亦悔，赐物慰遣之。

及哀宗至归德，马军元帅蒲察官奴为变，杀左丞李蹊、参政石盏女鲁欢以下从官三百余人。仓皇之际，哀宗不得已，以官奴权参知政事，既为所制，含恨欲诛之未能也。及官奴往亳州，珪阴与奉御吾古孙爱实、纳兰忔荅，护卫女奚烈完出、范陈僧、王山儿等谋诛之。官奴自亳还，哀宗御临漪亭，召参政张天纲及官奴议事。官奴入见，珪等即从旁杀之，及其党阿里合、白进、习显。及蔡城破，哀宗自缢于幽兰轩，珪与完颜斜烈、焦春和等皆从死。

有潘守恒者亦内侍也，素称知书，南迁后规益甚多。及哀宗自蒲城走归德，道次民家，守恒进栉，曰：“愿陛下还宫之日无忘此草庐中，更加俭素，以济大业。”上闻其言，凄惋咨嗟久之。

方　伎

刘完素　张从正　李庆嗣　纪天锡
张元素　马贵中　武祯　李懋　胡德新

太史公叙九流，述《日者》、《龟策》、《扁鹊仓公列传》。刘歆校中秘书，以术数、方伎载之《七略》。后世史官作《方伎传》，盖祖其意焉。或曰《素问》、《内经》言天道消长、气运赢缩，假医术，托岐黄，以传其秘奥耳。秦人至以《周易》列之卜筮，斯岂易言哉！第古之为术，以吉凶导人而为善，后世术者，或以休咎导人为不善，古之为医，以活人为功，后世医者，或因以为利而误杀人。故为政于天下，虽方伎之事，亦必慎其所职掌，而务旌别其贤否焉。金世，如武祯、武亢之信而不诬，刘完素、张元素之治疗通变，学其术者皆师尊之，不可不记云。

刘完素，字守真，河间人。尝遇异人陈先生，以酒饮守真，大醉，及寤洞达医术，若有授之者。乃撰《运气要旨论》、《精要宣明论》，虑庸医或出妄说，又著《素问玄机原病式》，特举二百八十八字，注二万余言。然好用凉剂，以降心火、益肾水为主。自号“通元处士”云。

张从正，字子和，睢州考城人。精于医，贯穿《难》、《素》之学，其法宗刘守真，用药多寒凉，然起疾救死多取效。古医书有《汗下吐法》，亦有不当汗者汗之则死，不当下者下之则死，不当吐者吐之则死，各有经络脉理，世传黄帝、岐伯所为书也。从正用之最精，号“张子和汗下吐法”。妄庸浅术习其方剂，不知察脉原病，往往杀人，此庸医所以失其传之过也。其所著有“六门、二法”之目，存于世云。

李庆嗣，洺人。少举进士不第，弃而学医，读《素问》诸书，洞晓其义。天德间，岁大疫，广平尤甚，贫者往往阖门卧病。广嗣携药与米分遗之，全活者众。庆嗣年八十余，无疾而终。所著《伤寒纂类》四卷、《改证活人书》三卷、《伤寒论》三卷、《针经》一卷，传于世。

纪天锡，字齐卿，泰安人。早弃进士业，学医，精于其技，遂以医名世。集注《难经》五卷，大定十五年上其书，授医学博士。

张元素，字洁古，易州人。八岁试童子举。二十七试经义进士，犯庙讳下第。乃去学医，无所知名，夜梦有人用大斧长凿凿心开窍，纳书数卷于其中，自是洞彻其术。河间刘完素病伤寒八日，头痛脉紧，呕逆不食，不和所为。元素往候，完素面壁不顾，元素曰：“何见待之卑如此哉。”既为诊脉，谓之曰脉病云云，曰：“然。”“初服某药，用某味乎？”曰：“然。”元素曰：“子误矣。某味性寒，下降走太阴，阳亡汗不能出。今脉如此，当服某药则效矣。”完素大服，如其言遂愈，元素自此显名。平素治病不用古方，其说曰：“运气不齐，古今异轨，古方新病不相能也。”自为家法云。

马贵中，天德中，为司天提点。与校书郎高守元奏天象灾异忤旨，海陵皆杖之，黜贵中为大同府判官。久之，迁司天监。正隆三年三月辛酉朔，日当食。是日，候之不食，海陵谓贵中曰：“自今凡遇日食皆面奏，不须颁示内外。”

海陵伐宋，问曰：“朕欲自将伐宋，天道何如？”贵中对曰：“去年十月甲戌，荧惑顺入太微，至屏星，留、退、西出。《占书》，荧惑常以十月入太微庭，受制出伺无道之国。十二月，太白昼见经天，占为兵丧、为不臣、为更主，又主有兵兵罢、无兵兵起。”镇戎军地震大风，海陵以问，贵中对曰：“伏阴逼阳，所以震也。”又问曰：“当震，大风何也？”对曰：“土失其性则地震，风为号令，人君命令严急，则有烈风及物之灾。”六年二月甲辰朔，日有晕珥戴背，海陵问：“近日天道何如？”贵中对曰：“前年八月二十九日，太白入太微右掖门，九月二日，至端门，九日，至左掖门出，并历左右执法。太微为天子南宫，太白兵将之象，其占，兵入天子之廷。”海陵曰：“今将征伐而兵将出入太微，正其事也。”贵中又曰；“当端门而出，其占为受制，历左右执法为受事，此当有出使者，或为兵，或为贼。”海陵曰：“兵兴之际，小盗固不能无也。”及被害于扬州，贵中之言皆验。

大定八年，世宗击球于常武殿，贵中上疏谏曰："陛下为天下主，守宗庙社稷之重，围猎击球皆危事也。前日皇太子坠马，可以为戒，臣愿一切罢之。"上曰："祖宗以武定天下，岂以承平遽忘之邪。皇统尝罢此事，当时之人皆以为非，朕所亲见，故示天下以习武耳。"

十年十一月，皇太子生日，世宗宴百官于东宫。上饮欢甚，贵中被酒，前跪欲言事，错乱失次，上不之罪，但令扶出。

武祯，宿州临涣人。祖官太史，靖康后业农，后画界属金。祯深数学。贞祐间，行枢密院仆散安贞闻其名，召至徐州，以上客礼之，每出师必资焉。其占如响。正大初，征至汴京，待诏东华门。其友王铉问祯曰："朝廷若问国祚修短，子何以对？"祯曰："当以实告之，但更言周过其历，秦不及期，亦在修德耳。"时久旱祈祷不应，朝廷为忧，祯忽谓铉曰："足下今日早归，恐为雨阻。"铉曰："万里无云，赤日如此，安得有雨？"祯笑曰："若是，则天不诚也。天何尝不诚。"既而东南有云气，须臾蔽天，平地雨注二尺，众皆惊叹。寻除司天台管勾。

子亢，寡言笑，不妄交。尝与一学生终日相对，握筹布画，目炯炯若有所营，见者莫测也。哀宗至蔡州，右丞完颜仲德荐其术。召至，屏人与语，大悦，除司天长行，赏赉甚厚。上书曰："比者有星变于周、楚之分，彗星起于大角西，扫轸之左轴，盖除旧布新之象。"又言："郑、楚、周三分野当赤地千里，兵凶大起，王者不可居也。"又曰："蔡城有兵丧之兆，楚有亡国之征，三军苦战于西垣前后有日矣。城壁倾颓，内无见粮，外无应兵，君臣数尽之年也。"闻者悚然夺气，哀宗惟嗟叹良久，不以此罪。性颇倨傲，朝士以此非之。

天兴二年九月，蔡州被围，亢奏曰："十二月三日必攻城。"及期果然。末帝问曰："解围当在何日？"对曰："明年正月十三日，城下无一人一骑矣。"帝不知其由，乃喜围解有期，日但密计粮草，使可给至其日不阙者。明年甲午正月十日，蔡州破，十三日，大元兵退。是日，亢赴水死云。

李懋，不知何许人。有异术。正大间，游京兆，行省完颜合达爱其术，与俱至汴京，荐于哀宗。遣近侍密问国运否泰，言无忌避。居之繁台寺，朝士日走问之，或能道隐事及吉凶之变，人以为神。帝恶其言太泄，遣使者杀之。使者乃持酒肴入寺，懋出迎，笑曰："是矣。"使者曰："何谓也？"懋曰："我数当尽今日，尚复何言。"遂索酒，痛饮就死。

胡德新，河北士族也。寓居南阳，往来宛、叶间，嗜酒落魄不羁，言祸福有奇验。正大七年夏，与燕人王铉邂逅於叶县村落中。与铉初不相识，坐中谬以兵官对，胡曰："此公在吾法中当登科甲，何以谓之兵官。"众愕然，遂以实告。二人相得甚欢，即命家人具鸡酒以待，酒酣、举大白相属曰："君此去事业甚远，不必置问。某有所见，久不敢对人言，今欲告子。"遂邀至野田，密谓曰："某自去年来，行宛、叶道中，见往来者十且八九有死气。今春至陈、许间，见其人亦有大半当死者。若吾目可用，则时事可知矣。"铉惊问应验迟速，曰："不过岁月间耳，某亦不逃此厄，请密志之。"明年，大元兵由金、房入，取峭石滩渡汉，所过庐舍萧然，胡亦举家及难，其精验如此。

卷一百三十二　列传第七十

逆　臣

秉德本名乙辛　**唐括辩**　**乌带**　**大兴国**
徒单阿里出虎　**仆散师恭**本名忽土　**徒单贞**
李老僧　**完颜元宜**　**纥石烈执中**本名胡沙虎

昔者孔子作《春秋》而乱臣贼子惧，其法有五焉：微而显，志而晦，婉而成章，尽而不污，惩恶而劝善。夫惩恶乃所以劝善也，作《逆臣传》。

秉德，本名乙辛。初为西南路招讨使，改汴京留守。丁母忧，起复为兵部尚书，拜参知政事。皇统八年，与乌林荅蒲卢虎等廉察郡县，使还，拜平章政事。廷议欲徙辽阳渤海人屯燕南，秉德及左司郎中三合议其事。近侍高寿星在徙中，寿星诉于悼后，后以白帝，帝怒，杖秉德而杀三合。是时熙宗在位久，悼后干政，而继嗣未立，帝无聊不平，屡杀宗室，箠辱大臣。秉德以其故怀忿，乃与唐括辩、乌带等谋废立。

乌带以其谋告海陵，海陵乃与秉德谋弑熙宗。皇统九年十二月九日，遂与唐括辩、乌带、忽土、阿里出虎、大兴国、李老僧、海陵妹夫特厮，弑熙宗于寝殿。秉德初意不在海陵，已弑熙宗，未有所属，忽土奉海陵坐，秉德等皆拜称万岁。杀曹国王宗敏、左丞相宗贤。时秉德位在海陵上，因被杖怨望谋废立，而海陵因之以为乱。既立，以秉德为左丞相，兼侍中、左副元帅，封萧王，赐铁券，与钱二千万、绢一千匹、马牛各三百、羊三千。久之，为乌带所谮，出领行台尚书省事。

时秉德方在告，亟召之，限十日内发行。会海陵欲除太宗诸子，并除秉德，以秉德首谋废立，及弑熙宗不即劝进，衔之。乌带因言秉德与宗本谋反有状，曰："昨来秉德曾于宗本家饮酒，海州刺史子忠言，秉德有福，貌类赵太祖，秉德偃仰笑受其言。臣妻言秉德妻尝指斥主上，语皆不顺。及秉德与宗本相别时，指斥尤甚，且谓历数有归。秉德招刑部侍郎漫独曰'已前曾说那公事，颇记忆否'。漫独曰，'不存性命事何可对众便说'。似此逆状甚明。"海陵遣使就行台杀秉德，并杀前行台参知政事乌林荅赞谋。

赞谋妻，秉德乳母也。初，赞谋与前行台左丞温敦思忠同在行台，思忠黩货无厌，赞谋薄之，由是有隙，故思忠乘是并诬赞谋及其子，杀之。赞谋不肯跪受刑，行刑者立而缢杀之。海陵以赞谋家财奴婢尽赐思忠。

秉德与乌带以口语致怨，既死遂并杀其弟特里、纠里，及宗翰子孙，死者三十余人，宗翰之后遂绝。世宗即位，追复秉德官爵，赠仪同三司。

初，撒改薨，宗翰袭其猛安亲管谋克。秉德死，海陵以赏乌带，传其子兀荅补，大定六年，世宗悯宗翰无后，诏以猛安谋克还撒改曾孙盆买，遣使改葬撒改、宗翰于山陵西南二十里，百官致奠，其家产给近亲以奉祭祀。

秉德既死，其中都宅第，左副元帅杲居之。杲死，海陵迁都，迎其嫡母徒单氏居之。徒单遇害，世宗恶其不祥，施为佛寺。

唐括辩，本名斡骨剌。尚熙宗女代国公主，为驸马都尉。累官参知政事、尚书左丞。与右丞相秉德谋废立，而乌带以告海陵，海陵谓辩曰："我辈不能匡救，旦暮且及祸。若行大事，谁可立者?"辩曰："无乃胙王常胜乎?"海陵问其次，辩曰："邓王子阿楞。"海陵曰："阿楞属疏，安得立。"辩曰："公岂有意邪?"海陵曰："若不得已，舍我其谁。"于是，旦夕相与密谋。护卫将军特思疑之，以告悼后曰："辩等因间每窃窃偶语，不知议何事。"悼后以告熙宗，熙宗怒，召辩责之曰："尔与亮谋何事，将如我何。"杖而遣之。自是谋益甚。

十二月九日，代国公主为其母悼后作佛事，居寺中，故海陵、秉德等俱会于辩家。至夜，辩等以刀藏衣下，相随入宫，门者以辩驸马不疑，皆内之。至殿门，直宿护卫觉之，辩举刀呵之使无动。既弑熙宗，立海陵，辩为尚书右丞相兼中书令，封王，赐钱二千万、绢千匹、马牛各三百、羊三千、并铁券。进拜左丞相。父彰德军节度使重国，迁东平尹。

初，辩与海陵谋逆，辩尝言其家奴多可用者，海陵固已怀之。及行弑之夕会于辩家，待兴国出宫，辩因设馔，众皆恇惧不能食，辩独饱食自若，海陵由此知其忮忍，畏忌之，及即位，尝与辩观太祖画像，海陵指示辩曰："此眼与尔相似。"辩色动，海陵亦色动，由是疑辩，益忌之。及与萧裕谋致宗本罪，并致辩尝与宗本谋反，即杀之。

重国坐夺官，正隆二年，起为沂州防御使，改清州防御使。大定初，重国与徒单拔改俱以政迹著闻，历安国、彰化、横海军节度使。

后辩子孙上书，言辩死天德间，祖重国亦坐追削。正隆初，重国已复官职，乞追复辩官爵。是时，海陵已降为庶人，以辩与弑逆，不许。

言本名乌带，行台左丞相阿鲁补子也。熙宗时，累官大理卿。熙宗晚年喜怒不常，大臣往往危惧，右丞相秉德、左丞唐括辩谋废立，乌带即诣海陵启之，遂与俱弑熙宗。海陵即位，乌带为平章政事，封许国王，赐钱、绢、马、牛、羊、铁券，并如其党。

乌带妻唐括氏淫泆，旧与海陵通，又私其家奴阎乞儿，秉德尝对熙宗斥其事，乌带衔之未发也。时海陵多忌，会有疾，少间，乌带遂诬奏："秉德有指斥语，曰：主上数日不视朝，若有不讳，谁当继者？臣曰：主上有皇子。秉德曰：婴儿岂能胜天下大任，必也葛王乎"。海陵以为实然，故出秉德，已而杀之，以秉德世袭猛安谋克授乌带。进右丞相。乌带与宗本有亲，海陵以乌带告秉德事，故宗本之祸乌带独免，遂以秉德千户谋克及其子妇家产尽赐之。进司空、左丞相、兼侍中。

居数月，乌带早朝，以日阴晦将雨，意海陵不视朝，先趋出朝，百官皆随之去。已而海陵御殿，知乌带率百官出朝，恶之，遂落司空，出为崇义军节度使。后海陵思慕唐括容色，因其侍婢来候问起居，海陵许立为后，使杀乌带。海陵诈为乌带哀伤，使其子兀荅补佩金符乘驿赴丧，追封为王，仍诏有司送其灵车，赐绢三百为道途费。纳唐括于宫中，封贵妃。

兀荅补袭猛安谋克。大定六年，以猛安谋克还撒改曾孙，以阿鲁补谋克授兀荅补，终同知大兴尹。子瑭，本名乌也阿补，以曾祖阿鲁补功，充笔砚祗候。

大兴国，事熙宗为寝殿小底，权近侍局直长，最见亲信，未尝去左右。每逮夜，熙宗就寝，兴国时从主者取符钥归家，主者即以付之，听其出入以为常。皇统九年，海陵生日，熙宗使兴国以宋司马光画像及他珍玩赐海陵，悼后亦以物附赐，熙宗不悦，杖兴国一百。

海陵谋弑，意先得兴国乃可伺间入宫行大事，且度兴国无罪被杖必有怨望心，可乘此说之，乃因李老僧结兴国。既而，知无异心可与谋，乃召至卧内，令解衣，欲与之俱卧，意有所属者。兴国固辞不敢，曰："即有使，惟大王之命。"海陵曰："主上无故杀常胜，又杀皇后。乃以常胜家产赐阿楞，既又杀阿楞，遂以赐我。我深以为忧，奈何?"兴国曰："是固可虑也。"海陵曰："朝臣旦夕危惧，皆不自保。向者我生日，因皇后附赐物，君遂被杖，我亦见疑。主上尝言会须杀君，我与君皆将不免，宁坐待死何如举大事。我与大臣数人谋议已定，尔以为如何?"兴国曰："如大王言，事不可缓也。"乃约十二月九日夜起事。兴国取符钥开门，矫诏召海陵入。夜二更，海陵、秉德等入。熙宗常置佩刀于御榻上，是夜兴国先取投榻下，及乱作，熙宗求佩刀不得，遂遇弑。

海陵既立，以兴国为广宁尹，赐奴婢百口、犀玉带各一、钱绢马牛铁券如其党，进阶金紫光禄大夫。再赐兴国钱千万、黄金四百两、银千两、良马四匹、驼车一乘、橐驼三头、真珠巾、玉钩带、玉佩刀、及玉校鞍辔。天德四年，改崇义军节度使，赐名邦基。再授绛阳、武宁节度使，改河间尹。

世宗即位，废于家，凡海陵所赐皆夺之。大定中，邦基兄邦杰自京兆判官还，世宗曰："大邦杰因其弟进，滥厕缙绅，岂可复用。"并罢其子弟与所赠父官。及海陵降为庶人，诏曰："大邦基与海陵同谋弑逆，逋诛至今，为幸多矣。"遂磔于思陵之侧。

徒单阿里出虎，会宁葛马合窟申人，徙懿州。父拔改，太祖时有战功，领谋克，曷速馆军帅，皇统四年为兵部侍郎，历天德军节度使，改兴中尹，与宗干世为姻家。皇统九年，阿里出虎与仆散忽土俱为护卫十人长。海陵将弑熙宗，欲得二人者为内应，遂许以女妻阿里出虎子，而以逆谋告之。阿里出虎素凶暴，闻其言喜甚，曰："阿家此言何晚邪，废立之事亦男子所为。主上不能保天下，人望所属惟在阿家，今日之谋乃我素志也。"遂与忽土俱以十二月九日直禁中，海陵故以是夜二更入宫，至寝殿，阿里出虎先进刃，忽土次之，熙宗顿仆，海陵复刃之，血溅其面及衣。

海陵既立，以阿里出虎为右副点检，赐钱绢马牛羊如其党，子术斯剌尚荣国公主合女，加昭毅大将军驸马都尉。天德二年，留守东京，加仪同三司。八月，改河间尹，世袭临潢府路斜剌阿猛安领亲管谋克。以忧去职，起复为太原尹，封王。

阿里出虎自谓有佐立功，受铁券，凶狠益甚，奴视僚属，少忤其意辄箠辱无所恤。尝问休咎于卜者高鼎，遂以鼎所占问张王乞。王乞以谓当有天命，阿里出虎喜，以王乞语告鼎。鼎上变，阿里出虎伏诛，并杀其妻及王乞。海陵使其子术斯剌焚其尸，投骨水中。

拔改自西京留守历西南路招讨使、忠顺军节度使，入为劝农使，复为河间尹，改临洮尹，入为工部尚书，改兴平军节度使，济南尹，卒。

仆散师恭，本名忽土，上京老海达葛人。本微贱，宗干尝周恤之，擢置宿卫为十人长。海陵谋逆，以忽土出自其家，有恩，欲使为内应，谓之曰："我有一言欲告君久矣，恐泄于人，未敢也。"忽土曰："肌肉之外，皆先太师所赐，苟有补于国王，死不敢辞。"先太师，谓宗干也。海陵曰："主上失道，吾将行废立事，必得君为助乃可。"忽土许之。十二月九日，忽土直宿，海陵因之入宫。至寝殿，熙宗闻步屣声，咄之，众皆却立不敢动，忽土曰："事至此，不进得乎？"乃相与排闼而入。既弑熙宗，秉德等尚未有所属，忽土曰："始者议立平章，今复何疑。"乃奉海陵坐，众前称万岁。遂召曹国王宗敏至，即使忽土杀之。

既即位，忽土为左副点检，赐钱绢马牛羊铁券。转都点检，改名师恭。迁会宁牧，拜太子少师、工部尚书，封王。顷之，以忧解职。起复为枢密副使，进拜枢密使。贞元三年，为右丞相。正隆初，拜太尉，复为枢密使。无何，以忧去，起复为太尉、枢密使。

海陵至汴京，赐忽土第一区，邻宁德宫。宫，徒单太后所居也，忽土时时入见太后。及契丹撒八反，海陵命忽土与萧怀忠北伐。比行，忽土入辞宁德，太后与语久之。海陵闻而恶之，疑其与太后有异谋。是时，萧秃剌、斡卢补与契丹撒八连战皆无功，粮运不继，乃退军临潢。而撒八闻师恭以大军且至，乃谋归大石，沿龙驹河西去。师恭至临潢，追之不及。海陵使枢密副使白彦敬等讨撒八，师恭还，遣其子忽杀虎乘传逆之，至则执而戮于市。师恭临刑，绳枚窒口不能言，但举首视天日而已。遂族灭之，并诛灭萧秃剌、萧赜、萧怀忠家。

大定初，皆复官爵。及海陵降为庶人，师恭以预弑复削之。世宗幸上京，过老海达葛。师恭族人临潢尹守中、定远大将军阿里徒等皆夺官。二十八年，上谓宰相曰："海陵遣仆散师恭、萧秃剌、萧怀忠追撒八不及，皆坐诛，遂夷其族，虐之甚也。"平章政事襄对曰："是时臣在军中，忽土、赜有精甲一万三千有余，贼军虽多皆胁从之人，以毡纸为甲，易与也。忽土等恇怯迁延，贼乃遁去。"上曰："审如是，则诛之可也。"兄浑坦。

徒单贞，本名特思，忒黑辟剌人也。祖抄，从太祖伐辽有功，授世袭猛安。父婆卢火，以战功累官开府仪同三司。贞娶辽王宗干女，海陵同母女弟也。皇统九年、贞与海陵俱弑熙宗。海陵既立，以贞为左卫将军，封贞妻平阳长公主，贞为驸马都尉、殿前左副点检。转都点检，兼太子少保，封王。改大兴尹，都点检如故。俄授临潢府路昏斯鲁猛安。

居二年，海陵召贞勖之曰："汝自幼常在左右，颇著微劳，而近日乃怠忽，纵有罪，树私恩。凡人富贵而骄，皆死征也。汝若不制汝心，将无所不至，赐之死复何辞。朕念弟襄及公主与朕同胞，故少示惩戒。"贞但号泣。即日解点检职，仍为大兴尹，复戒之曰："今而后能以勤自励，朕当思之。不然，黜尔归田里矣。"逾月，复为都点检、大兴尹如故。正隆二年，例封沈。迁枢密副使，赐佩刀入宫，转同判大宗正事。

海陵将伐宋，诏朝官除三国人使宴饮，其余饮酒者死。六年正月四日立春节，益都尹京、安武节度使爽、金吾上将军阿速饮于贞第。海陵使周福儿赐土牛至贞第，见之以告，海陵召贞诘之曰："戎事方殷，禁百官饮酒，卿等知之乎？"贞等伏地请死，海陵数之曰："汝等若以饮酒杀人太重，固当谏，古人三谏不听亦勉从君命。魏武帝《军行令》曰'犯麦者死'。已而所乘马入麦中，乃割发以自刑。犯麦，微事也，然必欲以示信。朕为天下主，法不能行于贵近乎？朕念慈宪太后子四人，惟朕与公主在，而京等皆近属，曲贷死罪。"于是杖贞七十，京等三人各杖一百，降贞为安武军节度使，京为滦州刺史，爽归化州刺史。

无何，拜贞御史大夫，以本官为左监军，从伐宋。至扬州，海陵死，北还。见世宗于中都，诏以贞女为皇太子妃，除贞为太原尹，改咸平。贞在咸平贪污不法，累赃巨万，徙真定尹，事觉。世宗使大理卿李昌图鞫之，贞即引伏，昌图还奏，上问之曰："贞停职否？"对曰："未也。"上怒，抵昌图罪，复遣刑部尚书移剌道往真定问之，征其赃还主。有司征给不以时，诏先以官钱还其主，而令贞纳官。凡还主脏，皆准此例。降贞为博州防御使，降贞妻为清平县主。

顷之，迁震武节度使，遣使者往戒敕之，诏曰："朕念卿懿戚，不待终考，更迁大镇。非常之恩不可数得，卿勿蹈前过。"转河中尹。进封其妻为任国公主，赐黄金百两、重彩二十端，赐贞击球马二匹。改东京留守，赐玉吐鹘、弓矢，赐贞妻钱万贯。

有司奏："海陵已贬为庶人，宗干不当犹称帝。"于是，以宗干有社稷功，诏追封为辽主，其子孙及诸女皆降，贞妻降永平县主，贞自仪同三司降特进，夺猛安，不称驸马都尉。再徙临潢尹。

初，与弑熙宗凡九人，海陵以暴虐自毙，秉德、辩、忽土、阿里出虎以疑见杀，言以妻殒，裕、老僧以反诛，至是贞与大兴国尚在。而兴国摈弃不用，独贞以世姻籍恩宠，虽夫妇降削爵号，而世宗虑久远，终不以私恩曲庇，久之，诏诛贞及其妻与二子慎思、十六，而宥其诸孙。俄而，兴国亦诛，皇统逆党尽矣。

章宗即位，尊母皇太子妃为皇太后，追封贞为太尉梁国公，贞祖抄司空鲁国公，父婆卢火司徒齐国公，贞妻梁国夫人，子陀补火、慎思、十六俱为镇国上将军。无何，再赠贞太师、广平郡王，谥庄简。贞妻进封梁国公主。

李老僧，旧为将军司书吏，与大兴国有亲，素相厚。海陵秉政，兴国属诸海陵，海陵以为省令史。及将举事，使老僧结兴国，兴国终为海陵取符钥，纳海陵宫中成弑逆者，老僧为之也。海陵既立，以老僧为同知广宁尹事，赐钱千万、绢五百匹、马牛各二百、羊二千。

久之，海陵恶韩王亨，将杀之，求其罪不可得，遂以亨为广宁尹，再任老僧同知，使伺察亨，构致其罪。亨喜博，及至广宁，常与老僧博，待之甚厚。老僧由是不忍致亨死罪，迟疑者久之。海陵再使小底讹论促老僧，老僧乃与亨家奴六斤谋，杀亨狱中，语在亨传。及耶律安礼自广宁还朝，海陵谓之曰："李迭三罪，伏其一已见觖望。尔乃梁王故吏，若亨伏辜，必罪及亲族，故榜杀之。"

海陵以老僧于亨有迟回意，遂降老僧为易州刺史。久之，迁同知大兴尹，赐名惟忠，改延安府同知，大定二年，与兵部尚书可喜谋反，诛。

论曰：《书》曰："王左右常伯、常任、准人、缀衣、虎贲。周公曰：呜呼，休兹知恤，鲜哉!"穆王告伯冏曰："慎简乃僚，其无以巧言令色、便辟侧媚，其惟吉士。"金人所谓寝殿小底犹周之缀衣，所谓护卫犹周之虎贲也，则皆群仆侍御之臣矣。海陵弑逆，而大兴国、忽土、阿里出虎为之扼擘，皆出于小底护卫之中，熙宗固不知恤之也。一日，熙宗与近侍饮酒，会夜，稽古殿火，上欲往视，都点检辞不失引帝裾止之，奏曰："臣在此，陛下何患，愿无亲往。"熙宗谓辞不失被酒，甚怒之，明日，杖而出之，已而思其忠，复见召用。海陵与唐括辩时时屏人私语，护卫特思察其非常，海陵挤而杀之。皇统末年，群臣解体，无尊君谨上之心，而群奸窃发，仆御之臣不复有如辞不失、特思者矣。《绵》之诗曰："予曰有疏附，予曰有先后，予曰有奔走，予曰有御侮。"呜呼，先后御侮之臣，岂可少哉!

完颜元宜，本名阿列，一名移特辇，本姓耶律氏。父慎思，天辅七年，宗望追辽主至天德，慎思来降，且言夏人以兵迎辽主，将渡河去。宗望移书夏人谕以祸福，夏人乃止。赐慎思姓完颜氏，官至仪同三司。

元宜便骑射，善击球。皇统元年，充护卫，累迁瓯里本群牧使，入为武库署令，转符宝郎，海陵篡立，为兵部尚书。天德三年，诏凡赐姓者皆复本姓，元宜复姓耶律氏。历顺义、昭义节度使，复为兵部尚书、劝农使。

海陵伐宋，以本官领神武军都总管，以大名路骑兵万余益之。前锋渡淮，拔昭关，遇宋兵万余于柘皋，力战却之。至和州，宋兵十万来拒，元宜麾军力战，抵暮而罢。宋人乘夜袭营，元宜击走之，黎明追及宋兵，斩首数万，以功迁银青光禄大夫。海陵增置浙西道都统制，使元宜领之，督诸军渡江，佩金牌，赐衣一袭。

是时，世宗已即位于辽阳，军中多怀去就。海陵军令惨急，亟欲渡江，众欲亡归，决计于元宜。猛安唐括乌野曰："前阻淮渡，皆成擒矣。比闻辽阳新天子即位，不若共行大事，然后举军北还。"元宜曰："待王祥至谋之。"王祥者元宜子，为骁骑副都指挥使，在别军。元宜使人密召王祥，既至，遂约诘旦卫军番代即行事。元宜先欺其众曰："有令，尔辈皆去马，诘旦渡江。"众皆惧，乃以举事告之，皆许诺。

十月乙未黎明，元宜、王祥与武胜军都总管徒单守素、猛安唐括乌野、谋克斡卢保、娄薛、温都长寿等率众犯御营。海陵闻乱，以为宋兵奄至，揽衣遽起，箭入帐中，取视之，愕然曰："乃我兵也。"大庆山曰："事急矣，当出避之。"海陵曰："走将安往。"方取弓，已中箭仆地。延安少尹纳合斡鲁补先刃之，手足犹动，遂缢杀之。骁骑指挥使大磐整兵来救，王祥出语之曰："无及矣。"大磐乃止。军士攘取行营服用皆尽，乃取大磐衣巾裹海陵尸，焚之。遂收尚书右丞李通、浙西道副统制郭安国、监军徒单永年、近侍局使梁珫、副使大庆山，皆杀之。元宜行左领军副大都督事，使使者杀皇太子光英于南京。大军北还。

大定二年春，入见，拜御史大夫，诏曰："高桢为御史大夫，号为正直，颇涉烦碎，臣下衣冠不正亦被纠举。职事有大于此者，尔宜勉之。"未几，拜平章政事，封冀国公。赐玉带、甲第一区，复赐姓完颜氏。

往泰州路规措讨契丹事，元宜使忠勇校尉李荣招窝斡，窝斡杀荣，诏追赠荣进官四阶。五月，上闻元宜将还，遣使止之。契丹已平、元宜还朝，奏请益诸群牧铠甲。诏从之，每群牧益二十副。元宜复请益临潢戍军士马，诏给马六百匹。久之，罢为东京留守。乞还所赐甲第，上从之，赐以袭衣、吐鹘、厩马、海东青鹘。未几，致仕，薨于家。上闻之，遣使致祭，赙赠甚厚。

大定十一年，尚书省奏拟纳合斡鲁补除授，上曰："昔废海陵，此人首入弑之，人臣之罪莫大于是，岂可复加官使？其世袭谋克姑听仍旧。"大定十八年，扎里海上言："凡为人臣能捍灾御侮有功者，宜录用之。今弑海陵者以为有功，赏以高爵，非所以劝事君也。宜削夺，以为人臣之戒。臣在当时亦与其党，如正名定罪，请自臣始。"上曰："扎里海自请其罪以劝事君，此亦人之所难。"遂以扎里海充赵王府祗候郎君。

元宜子习涅阿补，大定二十五年为符宝祗候，乞依女直人例迁官，上曰："赐姓一时之权宜。"令习涅阿补还本姓。

论曰：《春秋》书"齐公子商人弑其君舍"，又曰："齐人弑其君商人。"嗟乎，弑舍者商人也，弑商人者邴歜、阎职也。海陵弑熙宗，完颜元宜弑海陵。商人之弑也，邴歜、阎职去之。海陵之弑也，元宜归于世宗。邴、阎贱役，元宜都将也，握君之亲兵，窥利以弑之，其罪岂容诛乎，世宗仅能不大用之而已。扎里海犹杀人而自首者也，在律，杀人未闻准首免罪而又予赏者也，况弑逆乎。海陵弑五十三年，复有胡沙虎之事。

纥石烈执中，本名胡沙虎，阿疏裔孙也。徙东平路猛安。大定八年，充皇太子护卫，出职太子仆丞，改鹰坊直长，再迁鹰坊使、拱卫直指挥使。明昌四年，使过阻居，监酒官移剌保迎谒后时，饮以酒，酒味薄，执中怒，殴伤移剌保，诏的决五十。未几，迁右副点检，肆傲不奉职，降肇州防御使。逾年，迁兴平军节度使。丁母忧，起复归德军节度使，改开远军兼西南路招讨副使。俄知大名府事。承安二年，召为签枢密院事。诏佐丞相襄征伐，执中不欲行，奏曰："臣与襄有隙，且杀臣矣。"上怒其言不逊，事下有司，既而赦之，出为永定军节度使。改西北路招讨使，复为永定军，坐夺部军马解职。

泰和元年，起知大兴府事。诏契丹人立功官赏恩同女直人，许存养马匹，得充司吏译人，著为令。执中格诏不下，上责之曰："汝虽意在防闲，而不知朝廷自有定格，自今勿复如此烦碎生事也。"乃下诏行之。

涞水人魏廷实祖任儿，旧为靳文昭家放良，天德三年，编籍正户，已三世矣。文昭孙勍诬廷实为奴，及妄诉殴詈，警巡院鞫对无状，法当诉本贯。勍诉于府，执中使廷实纳钱五百贯与勍。廷实不从，还涞水，执中径遣锁致廷实。御史台请移问，执中转奏御史台不依制，府未结断，令移推。诏吏部侍郎李柄、户部侍郎粘割合荅推问。炳、合荅奏御史台理直，诏乃切责执中。

御史中丞孟铸奏弹执中"贪残专恣，不奉法令。释罪之后，累过不悛。既蒙恩贷，转生跋扈。如雄州诈认马，平州冒支俸，破魏廷实家，发其冢墓，拜表不赴，祈雨聚妓，殴詈同僚擅令停职，失师帅之体，不称京尹之任"。上曰："执中粗人，似有跋扈尔。"铸对曰："明天子在上，岂容有跋扈之臣。"上意寤，取阅奏章，诏尚书省问之。由是改武卫军都指挥使。

平章政事仆散揆宣抚河南，执中除山东东西路统军使。揆行省汴京伐宋，升诸道统军司为兵马都统府，执中为山东两路兵马都统，定海军节度使完颜撒剌副之。执中分兵驻金城、朐山，请益发东平路兵屯密、沂、宁海、登、莱以遏兵冲，诏从之，时泰和六年四月也。

五月，宋兵犯金城，执中遣巡检使周奴以骑兵三百御之。会宋益兵转趋沭阳，谋克三合伏卒五十人篁竹中，伺宋兵过突出击之，杀十数人，追至县城，宋兵不敢出。会周奴以兵入城，宋兵逾城走，三合已焚其舟，合击大破之，斩首五百余级，杀宋统领李藻，擒忠义军将吕璋。

十月，执中率兵二万出清口，宋以步骑万余列南岸，战舰百艘拒上流，相持累日。执中以舟兵二千搏战，遏宋舟兵，遣副统移剌古与涅率精骑四千自下流径渡。宋兵望骑兵登南岸，水陆俱溃。追斩及溺死者甚众，尽获其战舰及战马三百，遂克淮阴，进兵围楚州。迁元帅左监军。执中纵兵虏掠，上闻之，杖其经历官阿里不孙，放还所掠。未几，宋人请和，诏罢兵。除西南路招讨使，改西京留守。

大安元年，授世袭谋克，复知大兴府事，出知太原府，复为西京留守，行枢密院，兼安抚使。以劲兵七千遇大兵，战于定安之北，薄暮，先以麾下遁去。众遂溃。行次蔚州，擅取官库银五千两及衣币诸物，夺官民马，与从行私人入紫荆关，杖杀涞水令。至中都，朝廷皆不问。乃迁右副元帅，权尚书左丞。执中益无所忌惮，自请步骑二万屯宣德州，与之三千，令驻妫川。

崇庆元年正月，执中乞移屯南口或屯新庄，移文尚书省曰："大兵来必不能支，一身不足惜，三千兵为可忧，十二关、建春、万宁宫且不保。"朝廷恶其言，下有司按问，诏数其十五罪，罢归田里。

明年，复召至中都，预议军事。左谏议大夫张行信上书曰："胡沙虎专逞私意，不循公道，蔑省部以示强梁，媚近臣以求称誉，骫法行事，枉害平民。行院山西，出师无律，不战先退，擅取官物，杖杀县令。屯驻妫川，乞移内地，其谋略概可见矣。欲使改易前非。以收后效，不亦难乎。才诚可取，虽在微贱皆当擢用，何必老旧始能立功。一将之用，安危所系，惟朝廷加察，天下幸甚。"丞相徒单镒以为不可用，参知政事璮跪奏其奸恶，乃止。执中善结近幸，交口称誉。五月，诏给留守半俸，预议军事。张行信复谏曰："伏闻以胡沙虎老臣，欲起而用。人之能否，不在新旧。彼向之败，朝廷既知之矣。乃复用之，无乃不可乎。"遂止。

上终以执中为可用，赐金牌，权右副元帅，将武卫军五千人屯中都城北。执中乃与其党经历官文绣局直长完颜丑奴、提控宿直将军蒲察六斤、武卫军钤辖乌古论夺剌谋作乱。是时，大元大兵在近，上使奉职即军中责执中止务驰猎，不恤军事。执中方饲鹞，怒掷杀之，遂妄称知大兴府徒单南平及其子刑部侍郎驸马都尉没烈谋反，奉诏讨之。南平姻家福海，别将兵屯于城北，遣人以好语招之，福海不知，既至乃执之。

八月二十五日未五更，分其军为三军，由章义门入，自将一军由通玄门入。执中恐城中出兵来拒，乃遣一骑先驰抵东华门大呼曰："大军至北关，已接战矣。"既而再遣一骑亦如之。使徒单金寿召知大兴府徒单南平，南平不知，行至广阳门西富义坊，马上与执中相见，执中手枪刺之堕马下，金寿斫杀之。使乌古论夺剌召没烈，杀之。符宝祗候鄯阳、护卫十人长完颜石古乃闻乱，遽召大汉军五百人赴难，与执中战不胜，皆死之。执中至东华门，使呼门者亲军百户冬儿、五十户蒲察六斤，皆不应，许以世袭猛安、三品职事官，亦不应。呼都点检徒单渭河，谓河即徒单镐也。渭河缒城出见执中，执中命聚薪焚东华门，立梯登城。护卫斜烈、乞儿、亲军春山共搯锁开门纳执中。执中入宫，尽以其党易宿卫。自称监国都元帅，居大兴府，陈兵自卫。急召都转运使孙椿年取银币赏金寿、夺剌及军官军士、大兴府舆隶。是夜，召声妓与亲党会饮。明日，以兵逼上出居卫邸，诱左丞完颜纲至军中，即杀之。执中意不可测，丞相徒单镒劝执中立宣宗，执中然之。

是时，庄献太子在中都，执中以皇太子仪仗迎庄献入居东宫。召符宝郎徒单福寿取符宝，陈于大兴府露阶上。盗用御宝出制，除完颜丑奴德州防御使，乌古论夺剌顺天军节度使，蒲察六斤横海军节度使，徒单金寿永定军节度使，虽除外官，皆留之左右。其余除拜犹数十人。同时有两蒲察六斤，其一守东华门不肯从乱者。召礼部令史张好礼欲铸监国元帅印，好礼曰："自古无异姓监国者。"乃止。遣奉御完颜忽失来等三人，护卫蒲鲜班底、完颜丑奴等十人，迎宣宗于彰德。使宦者李思忠弑上于卫邸。尽撤沿边诸军赴中都平州、骑兵屯蓟州以自重，边戍皆不守矣。

九月甲辰，宣宗即位，拜执中太师、尚书令、都元帅、监修国史，封泽王，授中都路和鲁忽土世袭猛安。以其弟同知河南府特末也为都点检，兼侍卫亲军都指挥使，子猪粪除濮王傅、兵部侍郎，都点检徒单渭河为御史中丞，乌古论夺剌遥授知真定府事，徒单金寿遥授知东平府事，蒲察六斤遥授知平阳府事，完颜丑奴同知河中府事，权宿直将军。诏以乌古论谊居第赐执中，仪鸾局给供张，妻王赐紫结银铎车。

戊申，执中侍朝，宣宗赐之坐，执中就坐不辞。无何，执中奏请降卫绍王为庶人，奏再上，诏百官议于朝堂。太子少傅奥屯忠孝、侍读学士蒲察思忠附执中议，众相视莫敢言，独文学田廷芳奋然曰："先朝素无失德，尊号在礼不当削。"于是从之者礼部张敬甫、谏议张信甫、户部武文伯、庞才卿、石抹晋卿等二十四人。宣宗曰："辟诸问途，百人曰东行是，十人曰西行是，行道之人果适东乎、适西乎。岂以百人、十人为是非哉?"既而曰："朕徐思之。"数日，诏降为东海郡侯。

大元游骑至高桥，宰臣以闻。宣宗使人问执中，执中曰："计画已定矣。"既而让宰执曰："吾为尚书令，岂得不先与议而遽奏耶?"宰执逊谢而已。

提点近侍局庆山奴、副使惟弼、奉御惟康请除执中，宣宗念援立功，隐忍不许。元帅右监军术虎高琪屡战不利，执中戒之曰："今日出兵果无功，当以军法从事矣。"高琪出战复败，自度不免，颇闻庆山奴诸人有谋，十月辛亥，高琪遂率所将纠军入中都，围执中第。执中闻变，弯弓注矢外射，不胜，登后垣欲走，衣结堕而伤股，军士就斩之。高琪持执中首诣阙待罪，宣宗赦之。以为左副元帅。

执中之党呼于衢路曰："纠军反矣，杀之者有赏。"市人从之。纠军死者甚众，一军皆恟恟，宣宗遣近侍抚谕之，诏有司量加赙赠，众乃稍安。明日，除特末也泰宁军节度使，乌古论奋剌真授知济南府事，徒单金寿真授知归德府事，蒲察六斤真授知平阳府事。

甲寅，左谏议大夫张行信上封事曰："《春秋》之法，国君立不以道，若尝与诸侯盟会，即列为诸侯。东海在位已六年矣，为其臣者谁敢干之。胡沙虎握兵入城，躬行弑逆，当是时惟鄯阳、石古乃率众赴援，至于战死，论其忠烈，在朝食禄者皆当愧之。陛下始亲万机，海内望化，褒显二人，延及子孙，庶几少慰贞魂，激天下之义气。宋徐羡之、傅亮、谢晦弑营阳王立文帝，文帝诛之，以江陵奉迎之诚，免其妻子。胡沙虎国之大贼，世所共恶，虽已死而罪名未正，合暴其过恶，宣布中外，除名削爵，缘坐其家，然后为快。陛下若不忍援立之劳，则依仿元嘉故事，亦足以示惩戒。"宣宗乃下诏暴执中过恶，削其官爵。赠鄯阳、石古乃，加恩其子。庆山奴、惟弼、惟康皆迁赏，近侍局自此用事矣。

论曰：金九主，遇弑者三，其逆谋者十人。熙宗之弑，惟大兴国一人世宗声其罪而磔之思陵之侧。徒单贞虽诛，未闻暴其罪状，后以戚畹又复赠官追封。余秉德、唐括辩等六人，皆以他罪诛，海陵之弑，其首恶为完颜元宜，则令终焉。卫绍王之弑曰胡沙虎，不死于司败之诛，而死于高琪之手。古所谓弑君之贼人得而讨之者，谓请于公上而致讨焉。如孔子之请讨陈恒是也。岂有如琪之擅杀而以为功者乎。金之政刑，其乱若此，国欲不亡，其可得乎！

卷一百三十三　列传第七十一

叛　臣

张觉子仪言　**耶律余睹**　**窝斡**

古书"畔"与"叛"通，畔之为言界也。《左氏》曰，政犹"农之有畔"，是也。君臣上下之定分，犹此疆彼界之截然，违此向彼，即为叛矣。善恶判于跬步，祸患极于怀襄，吁，可畏哉！作《叛臣传》。

张觉，亦书作瑴，平州义丰人也。在辽第进士，仕至辽兴军节度副使。太祖定燕京，时立爱以平州降，当时宋人以海上之盟求燕京及西京地，太祖以燕京、涿、易、檀、顺、景、蓟与之。平州自入契丹别为一军，故弗与，而以平州为南京，觉为留守。既而闻觉有异志，上遣使刘彦宗及斜钵谕之，诏曰："平山一郡今为南京，节度使今为留守。恩亦厚矣。或言汝等阴有异图，何为当此农时辄相扇动，非去危就安之计也。其谕朕意。"太祖每收城邑，往往徙其民以实京师，民心多不安，故时立爱因降表曾言及之。及以燕京与宋而迁其人，独以空城与之，迁者道出平州，故觉因之以作乱。天辅七年五月，左企弓、虞仲文、曹勇义、康公弼赴广宁，过平州，觉使人杀之于栗林下，遂据南京叛入于宋，宋人纳之。

太祖下诏谕南京官吏，诏曰："朕初驻跸燕京，嘉尔吏民率先降附，故升府治以为南京，减徭役，薄赋税，恩亦至矣，何苦辄为叛逆。今欲进兵攻取，时方农月，不忍以一恶人而害及众庶。且辽国举为我有，孤城自守，终欲何为。今止坐首恶，余并释之。”

觉兵五万屯润州近郊，欲胁迁、来、润、隰四州。阇母自锦州往讨之，已败觉兵，欲乘胜攻南京，时暑雨不可进，退屯于海壖。无何，阇母再败觉兵，复与战于兔耳山，阇母大败，觉报捷于宋。宋建平州为泰宁军，以觉为节度使，张敦固等皆加徽犹阁待制，以银绢数万犒军。

宗望军至南京城东，觉兵大败宵遁，遂奔宋，入于燕京。宗望以纳叛责宋宣抚司，索张觉。宣抚王安中匿之于甲仗库，绐曰：“无之。”宗望索愈急，安中乃斩貌类觉者一人当之，金人识之曰：“非觉也。”安中不得已，引觉出。数以罪，觉骂宋人不容口，遂杀觉函其首以与金人。燕京降将及常胜军皆泣下，郭药师自言曰：“若来索药师当奈何。”自是，降将卒皆解体。及金人伐宋，竟以纳平州之叛为执言云。子仅言。

仅言幼名元奴。宗望攻下平山，仅言在襁褓间，里人刘承宣得之，养于家。其邻韩夫人甚爱之。年数岁，因随韩夫人得见贞懿皇后。留之藩邸，稍长，侍世宗读书，遂使仅言主家事，绳检部曲，一府惮之。

世宗留守东京，海陵用兵江、淮，将士往往亡归，诣东京，愿推戴世宗为天子。仅言劝进，世宗即位，除内藏库副使，权发遣宫藉监事。海陵死扬州，仅言与礼部尚书乌居仁、殿前左卫将军阿虎带、御院通进刘琉发遣六宫百司图书府藏在南京者。还以本职提控尚食局，转少府监丞，仍主内藏。

仅言能心计，世宗倚任之，凡宫室营造、府库出纳、行幸顿舍皆委之。世宗尝曰：“一经仅言，无不惬朕意者。”六年，提举修内役事，役夫掘地得白金匿之，事觉，法当死，仅言责取其物与官，释其罪。寻兼祗应司。迁少府监，提控宫籍监、祗应司如故。护作太宁宫，引宫左流泉溉田，岁获稻万斛。十七年，复提点内藏，典领昭德皇后山陵，迁劝农使，领诸职如故。

仅言虽旧臣，出入左右，然世宗终不假以权任。二十一年，尚书省奏，宫苑司直长黎伦在职十六年，请与迁叙。上曰：“此朕之家臣，质直人也，今已老矣。如劝农使张仅言亦朕旧臣，纯实颇解事，凡朝廷议论，内外除授，未尝得干预。朕观自古人君为谗谄蒙蔽者多矣，朕虽不及古人，然近习佥言未尝入耳。”宰臣曰：“诚如圣训，此国家之福也。”世宗欲以为横海军节度使，而不可去左右，遂止。

仅言始得疾，犹扶杖视事，疾亟，诏太医诊视，近侍问讯相属。及卒，上深惜之，遣官致祭，赙银五百两、重彩十端、绢二百匹，棺椁、衣衾、银汞、敛物、葬地皆官给，赠辅国上将军。

耶律余睹，辽宗室子也。辽主近族，父祖仕辽，具载《辽史》。初，太祖起兵，辽人来拒，余睹请自效，以功累迁金吾卫大将军，为东路都统。天辅元年，与都统耶律马哥军于浑河，银术哥、希尹拒之，余睹等不敢战。比银术哥等至，马哥、余睹已遁去。银术哥、希尹坐稽缓，太祖皆罚之，所获生口财畜入于官，天辅二年，龙化州人张应古等来降，而余睹复取之。辽以挞不野为节度使。未几，应古等逐挞不野自效。太祖于国书中以问辽主，“龙化州已经降附，何为问罪而杀其主者。”辽主托以大盗群起，使余睹收之。

太祖已取临潢府，赐诏余睹曰：“汝将兵在东路，前后战未尝不败。今闻汝收合散亡，以拒我师。朕已于今月十五日克上京，今将往取辽主矣。汝若治兵一决胜负，可指地期日相报。若知不敌，当率众来降，无贻后悔。”及太祖班师，阇母等还至辽河，方渡，余睹来袭，完颜背荅、乌塔等殿，力战却之，获甲马五百匹。

天辅五年，余睹送款于咸州路都统，以所部来降，乞援接于桑林渡。都统司以闻，诏曰：“余睹到日，使与其官属偕来，余众处之便地。”无何，余睹送上所受辽国宣诰，及器甲旗帜等，与将吏韩福奴、阿八、谢老、太师奴、萧庆、丑和尚、高佛留、蒲荅、谢家奴、五哥等来降。

余睹作书，具言所以降之意，大概以谓：“辽主沉湎荒于游畋，不恤政事，好佞人，远忠直，淫刑吝赏，政烦赋重，民不聊生。”又言：“枢密使得里底本无材能，但阿谀取容，其子磨哥任以军事。”又言：“文妃长子晋王素系人望，宜为储副，得里底以元妃诸子己所自出，使晋王出继文妃。”又言：“晋王与驸马乙信谋复其枢密使，来告余睹共定大计，而所图不成。”又言：“已粗更军事，进策辽主，得里底蔽之，辽主亦不省察。”又曰：“大金疆土日辟，余睹灼知天命，遂自去年春与耶律慎思等定议，约以今夏来降。近闻得里底、高十捏等欲发，仓卒之际不及收合四远，但率傍近部族户三千、车五千两、畜产数万，辽北军都统以兵追袭，遂弃辎重，转战至此。所有官事职位姓名、人户畜产之数，遣韩福奴具录以闻。”遂与其将吏来见，上抚慰之，遂赐坐，班同宰相，赐宴尽醉而罢。上命余睹以旧官领所部。且谕之曰：“若能为国立功，别当奖用。”自余睹降，益知辽人虚实矣。

余睹在军中屡乞侍妾及子，太祖疑之，诏咸州路都统司曰：“余睹家属，善监护之。”复诏曰：“余睹降时，其民多强率而来者，恐在边生变，宜徙之内地。”都统杲取中京，余睹为乡导，与希尹等招抚奚部。奉圣州降，其官吏皆遁去，余睹举前监酒李师夔为节度使，进士沈璋为副使，州吏裴赜为观察判官。沈璋招集居民还业者三千余，迁太常少卿。

久之，耶律麻者告余睹、吴十、铎剌结党谋叛，及其未发宜先收捕。上召余睹等从容谓之曰：“今闻汝谋叛，诚然邪，其各无隐。若果去，必须鞍马甲胄器械之属，当悉付汝，吾不食言。若再被擒，无祈免死。欲留事我，则无怀异志，吾不汝疑。”余睹等战栗不能对，乃杖铎剌七十，余皆不问。

天会三年，大举伐宋，余睹为元帅右都监，宋兵四万救太原，余睹、屋里海逆击于汾河北，擒其帅郝仲连、张关索，统制马忠，杀万余人。宗翰伐宋，余睹留西京。天会十年，余睹谋反，云内节度使耶律奴哥等告之。余睹亡去，其党燕京统军萧高六伏诛，蔚州节度使萧特谋自杀。边部斩余睹及其诸子，函其首以献。耶律奴哥加守太保兼侍中，赵公鉴、刘儒信、刘君辅等并授遥镇节度使以赏之。

移剌窝斡，西北路契丹部族。先从撒八为乱，受其伪署，后杀撒八，遂有其众。

撒八者，初为招讨司译史。正隆五年，海陵征诸道兵伐宋，使牌印燥合、杨葛尽征西北路契丹丁壮，契丹人曰："西北路接近邻国，世世征伐，相为仇怨。若男丁尽从军，彼以兵来，则老弱必尽系累矣。幸使者入朝言之。"燥合畏罪不敢言，杨葛深念后西北有事得罪，遂以忧死。燥合复与牌印耶律娜、尚书省令史没荅涅合督起西北路兵。契丹闻男丁当尽起，于是撒八、孛特补与部众杀招讨使完颜沃侧及燥合，而执耶律娜、没荅涅合，取招讨司贮甲三千，遂反。议立豫王延禧子孙，众推都监老和尚为招讨使，山后四群牧、山前诸群牧皆应之。迪斡群牧使徒单赛里、耶鲁瓦群牧使鹤寿等皆遇害，语在《鹤寿传》中。五院司部人老和尚那也亦杀节度使术甲兀者以应撒八。

会宁八猛安牧马于山后，至迪谋鲁，贼尽夺其马。辟沙河千户十哥等与前招讨使完颜麻泼杀乌古迪列招讨使乌林荅蒲卢虎，以所部趋西北路。室鲁部节度使阿厮列追击败之，十哥与数骑遁去，合于撒八。

咸平府谋克括里，与所部自山后逃归，咸平少尹完颜余里野欲收捕括里家属，括里与其党招诱富家奴隶，数日得众二千，遂攻陷韩州及柳河县，遂趋咸平。余里野发兵迎击之，兵败，贼遂据咸平，于是缮完器甲，出府库财物以募兵，贼势益张。权曹家山猛安绰质，集兵千余，扼干夜河，贼不得东。绰质兵败，括里遂犯济州。会宿直将军孛术鲁吴括剌征兵于速频路，遇括里于信州，与猛安乌延查剌兵二千，击败括里。括里收余众趋东京，是时世宗为东京留守，以兵四百人拒之。贼至常安县，闻空中击鼓声如数千鼓者，候见旌旗蔽野，传言留守以十万兵至矣，即引还，亦以其众合于撒八。

海陵使枢密使仆散忽土、西京留守萧怀忠将兵一万，与右卫将军萧秃剌讨平之。秃剌与之相持数日，连与战皆无功，而粮饷不继，秃剌退归临潢。秃剌虽不能克敌，而撒八自度大军必相继而至，势不可支，谋归于大石，乃率众沿龙驹河西出。及仆散忽土、萧怀忠等兵至，与秃剌合兵追至河上，不及而还。忽土、怀忠、秃剌坐逗遛不即追贼，皆诛死。北京留守萧赜不能制其下，杀降人而取其妇女，亦坐诛。于是，白彦恭为北面兵马都统，纥石烈志宁副之，守颜彀英为西北面兵马都统，西北路招讨使唐括孛姑的副之，以讨撒八等。

撒八既西行，而旧居山前者皆不欲往，伪署六院节度使移剌窝斡、兵官陈家杀撒八，执老和尚、孛特补等。至是，窝斡始自为都元帅，陈家为都监，拥众东还，至临潢府东南新罗寨。世宗使移剌扎八、前押军谋克播斡、前牌印麻骇、利涉军节度判官马脑等招之。扎八等见窝斡，以上意谕之。窝斡已约降，已而复谓扎八曰："若降，尔能保我辈无事乎？"扎八曰："我知招降耳，其他岂能必哉。"

扎八见窝斡兵众强，车帐满野，意其可以有成，因说之曰："我之始来，以汝辈不能有为，今观兵势强盛如此，汝等欲如群羊为人所驱去乎，将欲待天时乎？若果有大志，吾亦不复还矣。"贼将有前孛特本部族节度使逐斡者，言："昔谷神丞相，贤能人也，尝说他日西北部族当有事。今日正合此语，恐不可降也。"于是，窝斡遂决意不复肯降矣。扎八亦留贼中，惟麻骇、播斡还归。窝斡乃引兵攻临潢府，总管移室懑出城战，兵少被执，贼遂围临潢，众至五万。正隆六年十二月己亥，窝斡遂称帝，改元天正。

是时，北面都统白彦敬、副统纥石烈志宁在北京，闻世宗即位，以兵来归。世宗使元帅左都监吾扎忽、同知北京留守事完颜骨只救临潢，昼夜兼行，比至临潢，贼已解围去攻泰州。吾扎忽追及于窊历，两军已阵将战，押军猛安契丹忽剌叔以所部兵应贼，吾扎忽军遂败。

泰州节度使乌里雅率千余骑与窝斡遇，乌里雅兵复败，仅以数骑脱归。贼势愈振，城中震骇，莫敢出战。贼四面登城，押军猛安乌古孙阿里补率军士数人，各持刀以身率先循城击贼力战，斫刈甚众，贼乃退走，城赖以完。泰州司吏颜盏蒲查奏捷，除忠翊校尉，赐银五十两、重彩十端。

二年正月，右副元帅完颜谋衍率诸军北征窝斡。二月壬戌诏曰："应诸人若能于契丹贼中自拔归者，更不问元初首从及被威胁之由，奴婢、良人罪无轻重并行免放。曾有官职及纠率人众来归者，仍与官赏，依本品量材叙使。其同来人各从所愿处收系，有才能者亦与录用。内外官员郎君群牧直撒百姓人家驱奴、宫籍监人等，并放为良，亦从所愿处收系，与免三年差役。或能捕杀首领而归者，准上施行，仍验劳绩约量迁赏。如捕获窝斡者，猛安加三品官授节度使，谋克加四品官授防御使，庶人加五品官授刺史。"诏曰："尚书省，如节度防御使捉获窝斡者与世袭猛安，刺史捉获者与世袭谋克，驱奴、宫籍监人亦与庶人同。"复诏宰臣，遍谕将士，能捕杀窝斡者加特进、授真总管。

于是，括里将犯韩州，闻元帅兵至，不战遁去，将转趋懿、宜州。谋衍屯懿州庆云县，及屯川州武平县，奏请粮运当遣人护送，兵仗乞选精良者付之。诏以南征逃还军士就往屯戍，如不足，量于富家签调，就近地签步军，给仗护送粮运。诏平章政事移剌元宜往泰州规措边事。前安远大将军斡里衮、猛安七斤、庶人阿里葛、磨哥等自窝斡中来降，斡里衮、七斤加昭武大将军，阿里葛武义将军，磨哥忠勇校尉。

窝斡遂自泰州往攻济州，欲邀粮运。元帅完颜谋衍与右监军完颜福寿、左都监吾扎忽合兵，甲士万三千人，曷懒路总管徒单克宁、广宁尹仆散浑坦、同知广宁尹完颜岩雅、肇州防御使唐括乌也为左翼，临海节度使纥石烈志宁、曷速馆节度使神土懑、同知北京留守完颜骨只、淄州刺史尼庞古钞兀为右翼，至术虎崖，尽委辎重，士卒赍数日粮，轻骑袭之。

纠碗群牧人契丹纠者，与其弟孛迭、挼剌，皆弃家自贼中来降。纠者谓谋衍曰："贼中马肥健，官军马疲弱，此去贼八十里，比遇贼马已惫。贼辎重去此不远，我攻之，贼必救其巢穴，贼至马必疲，我马少得息，所谓攻其所必救，以逸待劳者也。”谋衍从之，乘夜亟发，会大风路暗不能辨，迟明行三十里许，与贼辎重相近，整兵少憩。窝斡趋济州，知大军取其辎重，乃还救，遇于长泺。既阵，谋衍别设伏于左翼之侧，贼四百余骑突出左翼伏兵之间，徒单克宁射却之。是日，别部诸将与贼对者，胜负未分，相去五里许而立。左翼万户襄别与贼战，贼阵动，襄麾军乘之，突出其后，俱与大军不相及。襄以善射者二十骑，率众自贼后击之，贼不能支，乘势麾军击其一偏，贼遂却。襄遂与大军合，而别部诸将皆至，整阵力战，忽反风扬砂石，贼阵乱，官军驰击，大破之。追北十余里，斩获甚众。诏以纠者为武义将军，孛迭昭信校尉，挼剌忠翊校尉。纠者除同知建州事，未之官，卒。孛迭取家贼中，遂被害，上悯之，后以挼剌为汝州都巡检使。

窝斡率其众西走，谋衍追及之于霿䨚河。贼已济，毁其津口，纥石烈志宁军先至，不克渡，乃对岸为疑兵，以夹谷清臣、徒单海罗两万户于下流渡河，值支港两岸斗绝且泞淖，命军士束柳填港而过。追之数里，得平地，方食，贼众奄至。志宁军急整阵，贼自南冈驰下，冲阵者三，志宁力战，流矢中左臂，战自若。大军毕至，左翼骑兵先与贼接，贼据上风纵火，乘烟击官军，官军步兵亦至，并力合战，凡十余合，军士苦风烟皆植立如痴。会天降雨，风止，官军奋击，大败之。徒单克宁追奔十五里，贼前厄溪涧不得亟渡，多杀伤。贼既渡，官军亦渡，少憩，贼反旆来攻，克宁以大军不继，令军士皆下马射贼。贼引却而南，克宁亦将引而北，士未及骑马，贼复来冲突，官军少却，回渡涧北。大军至，贼遂引去。

四月，诏元帅府曰：“应契丹贼人，与大兵未战已前投降者，不得杀伤，仍加安抚。败走以后，招诱来降者，除奴婢准已虏为定外，亲属分付圆聚。仍官为换赎。”

窝斡既败，谋衍不复追讨，驻军白泺。窝斡攻懿州不克，遂残破川州，将遁于山西，而北京亦不邀击之。于是，发骁骑军二千、曷懒路留屯京师军三千，号称二万，会宁济州军六千亦号二万。元帅左都监高忠建总兵，沃州刺史乌古论蒲查为曷懒路押军万户，祁州刺史乌林荅剌撒为济州押军万户，右骁骑副都指挥使乌延查剌为骁骑万户，祁州刺史宗宁为会宁路押军万户，右宣徽使宗亨为北京路都统，吏部郎中完颜达吉为副统，会元帅府讨击之。

诏使尚厩局副使蒲察蒲卢浑往懿州戒敕将帅，上曰：“朕委卿等讨贼，乃闻不就贼趋战，而驻兵闲缓，经涉累月，虽曾追袭，乃不由有水草之地，以致马疲弱不能百里而还。后虽破贼，而纵诸军劫掠，数日后方追北霿䨚河，亦不乘胜，辄复引还。贼遂入涉近地，北京、懿州由此受兵。朕欲重谴汝等，以方任兵事，且图后功。当尽心一力，毋得似前怠弛。”上谓蒲卢浑曰：“卿若闻贼在近，即当监督讨伐。用命力战者疏记以闻，朕将约量迁赏。无或承徇上官，抑有功、滥署无功者。善戢士卒、勿纵虏掠。”以纥石烈志宁为元帅右监军，右副元帅完颜谋衍、元帅右监军完颜福寿召还京师，咸平路总管完颜兀带复旧职。谋衍男斜哥在军中多暴横，诏押归本管。窝斡使所亲招节度使移里堇窟域，窟域执其使送官，与窝斡连战有功，迁宣武将军，赐银五百两、衣二袭。起运在中都弓万五千、箭一百五十万赴懿州。

平章政事移剌元宜、宁昌军节度使宗叙入见，诏使自中道却还军中，宣谕元宜、谋衍注意经略边事。师久无功，尚书右丞仆散忠义愿效死力除边患，世宗嘉叹。六月，忠义拜平章政事兼右副元帅，宗叙为兵部尚书，各赐弓矢、具鞍勒马。出内府金银十万两佐军用。诏曰：“军中将士有犯，除连职奏闻，余依军法约量决责，有功者依格迁赏。”以大名尹宗尹为河南路统军使，河南路统军都监蒲察世杰为西北路副统，赐弓矢佩刀厩马，从忠义征行。诏谕诸军将士曰：“兵久驻边陲，蠹费财用无成功，百姓不得休息。今命平章政事仆散忠义兼右副元帅，同心戮力以底戡定。右副元帅谋衍罢为同判大宗正事。”

诏居庸关、古北口讥察契丹奸细，捕获者加官赏。万户温迪罕阿鲁带以兵四千屯古北口，蓟州、石门关等处各以五百人守之。海陵末年，阿鲁带为猛安，移剌娜为牌印祗候，起契丹部族兵被执，至是挺身来降。世宗以阿鲁带为济州押军万户，移剌娜为同知滦州事。

西南路招讨使完颜思敬为都统，赐金牌一、银牌二，西北路招讨使唐括孛古底副之。以兵五千往会燕子城旧戍军，视地形冲要或于狗泺屯驻，远斥候，贼至即战，不以昼夜为限。诏思敬曰：“契丹贼败必走山后，可选新马三千，加刍秣以备追袭。”

仆散忠义至军中。是时，窝斡西走花道，众尚八万。忠义、高忠建军与贼遇，万户查剌、蒲查为左翼，宗亨统之；宗宁、剌撒为右翼，宗叙统之；世杰亦在左翼中，与贼夹河为阵。贼渡河，以兵四万余先犯左翼军，查剌以六百骑奋击败之。复以四万众与左翼军战，宗亨、世杰七谋克指画失宜，阵乱败于贼。世杰挺身投于查剌军中，贼围查剌军，查剌力战，宗叙以右翼军来救，贼乃去。

诏曰：“自契丹作逆，有为贼诖误者，不问如何从贼，但能复业，与免本罪。如能率众来附，或能杀捕首领而降，或执送贼所扇诱作乱之人，皆与量加官爵。朕念正隆南征，猛安亡者招还被戮，已命其子孙袭其职。尔等勿惩前事，故怀迟疑。贼军今既破散，山后诸处皆命将士遏其逃路，尔等虽欲不降终将安往？若犹疑贰，俱就焚灭，悔无及矣。”

窝斡自花道西走，仆散忠义、纥石烈志宁以大军追及于袅岭西陷泉。明日，贼军三万骑涉水而东。大军先据南冈，左翼军自冈为阵，迤逦而北，步军继之，右翼军继步军北引而东，作偃月阵，步军居中，骑兵据其两端，使贼不见首尾。是日，大雾晦冥，既阵雾开，少顷晴霁，贼见左翼据南冈不敢击，击右翼军，乌延查剌力战，贼稍却。志宁与夹谷清臣、乌林荅剌撒、铎剌合战，贼大败，将涉水去，泥泞不得亟渡。大军逐北，人马相蹂践而死，不可胜数，陷泉皆平，余众蹈籍而过，或奔溃窜匿林莽间。大军踵击之，俘斩万计，生擒其弟伪六院司大王袅。窝斡仅与数骑脱去，钞兀、清臣追四十余里不及，斩千余级，获车帐甚众。其母徐辇举营自落括冈西走，志宁追之，尽获辎重，俘五万余人，杂畜不可胜计。伪节度使六及其部族皆降。

诏北京副统完颜达吉括本部马，规办刍粮，仍使达吉为监战官，录有功者闻奏。诏选中都、西京两路新旧军万人备守御，以窝斡败走，恐或冲突也。

仆散忠义使使奏捷，诏略曰："平章政事右副元帅忠义使使来奏大捷。或被军俘获，或自能来服，或无所归而投拜，或将全属归附，或分领家族来降，或尝受伪命，及自来曾与官军斗敌，皆释其罪。其散亡人内，除窝斡一身，不以大小官员是何名色，却来归附者，亦准释放。有能诛捕窝斡，或于不从招纳亡去人内诛捕以来，及或能率众于掌军官及随处官司投降者，并给官赏。各路抚纳来者，毋得辄加侵损。无资给者，不以是何路分，随有粮处安置，仍官为养济。"

窝斡收合散卒万余人，遂入奚部，以诸奚自益，时时出兵寇速鲁古淀、古北口、兴化之间。温迪罕阿鲁带守古北口，与战败焉。诏完颜谋衍、蒲察乌里雅、蒲察蒲卢浑以兵三千，合旧屯兵五千，击之。诏守颜思敬以所部兵入奚地，会大军讨窝斡。

贼党霿霿河猛安蒲速越遣人至帅府约降，诏令擒捕窝斡，许以官赏。贼将降者甚众。其散走者闻诏书招降，亦多降者。其余多疾疫而死，无复斗志。窝斡自度势穷，乃谋自羊城道西京奔夏国，大军追之益急，其众复多亡去，度不得西，乃北走沙陀间。诏尚书省："凡胁从之家被俘掠遂致离散，宜从改正。将士往往藏匿其人，有司检括分付。"

监军志宁获贼稍合住，释而弗杀，纵还贼中，使诱其亲近捕窝斡以自效，许以官赏。九月庚子，稍合住与神独斡执窝斡，诣右都监完颜思敬降，并获其母徐辇及其妻、子、子妇、弟、侄，尽收伪金银牌印。唐括孛古底获前胡里改节度使什温及其家属。西北路招讨使李家奴获伪枢密使逐斡等三十余人，复与猛安泥本婆果追伪监军那也至天成县，那也乃降，仍获伪都元帅丑哥及金牌一、银牌五。志宁与清臣、宗宁、速哥等追余党至燕子城，尽得其党。前至抹拔里达之地，悉获之，逆党遂平。

甲辰，皇太子率百官上表贺。乙巳，诏天下。辛亥，完颜思敬献俘于京师，窝斡枭首于市，磔其手足，分悬诸京府。其母徐辇及妻子皆戮之。契丹降人皆拘其器仗，贫不能自给者官为养济。

括里、扎八率众南走，诏左宣徽使宗亨追及之。扎八诈称降，宗亨信其言，遂不与战。扎八绐之曰："括里惊走，愿追之。"宗亨纵扎八去。益都猛安欲以所部追括里、扎八，宗亨恐分其功，不听，而纵军士取贼所弃资囊人畜而自有之。括里、扎入由是得亡去，遂奔于宋。宗亨降宁州刺史。其后，宋李世辅用括里、扎八，遂取宿州，颇为边患。

神独斡除同知安化军节度使，稍合住除同知震武军节度使事。大定六年，点检司奏，亲军中有逆党子弟，请一切罢去。诏曰："身预逆党者罢之，余勿问。"

赞曰：金人以燕山与宋，遂启张觉跳梁之心，觉岂为宋者哉，盖欲乘时以徼利耳。耶律余睹从宗望追天祚，曾不遗余力，功成骄溢，自取诛灭，咈哉。正隆佳兵，契丹作难，《传》曰："夫兵犹火也，弗戢将自焚。"可不戒哉！

卷一百三十四　列传第七十二

外　国　上

西　夏

夏国王李乾顺。其先曰托跋思恭，唐僖宗时，为夏、绥、银、宥节度使，与李茂贞、李克用等破黄巢，复京师，赐姓李氏。唐末，天下大乱，藩镇连兵，惟夏州未尝为唐患。历五代至宋，传数世至元昊，始称帝。辽人以公主下嫁李氏，世修朝贡不绝，事具《辽史》。

天辅六年，金破辽兵，辽主走阴山，夏将李良辅将兵三万来救辽，次天德境野谷。斡鲁、娄室败之于宜水，追至野谷，涧水暴至，漂没者不可胜计。宗望至阴山，以便宜与夏国议和，其书曰："奉诏有之：夏王，辽之自出，不渝终始，危难相救。今兹已举辽国，若能如事辽之日以效职贡，当听其来，毋致疑贰。若辽主至彼，可令执送。"天会二年，始奉誓表，以事辽之礼称藩，请受割赐之地。宗翰承制，割下寨以北、阴山以南、乙室耶刮部吐禄泺之西，以赐之。

天会二年三月，乾顺遣把里公亮等来上誓表，曰："臣乾顺言：今月十五日，西南、西北两路都统遣左谏议大夫王介儒等赍牒奉宣，若夏国追悔前非，捕送辽主，立盟上表，仍依辽国旧制及赐誓诏，将来或有不虞，交相救援者。臣与辽国世通姻契，名系藩臣，辄为援以启端，曾犯威而结衅。既速违天之咎，果罹败绩之忧。蒙降德音以宽前罪，仍赐土地用广藩篱，载惟含垢之恩，常切戴天之望。自今已后，凡于岁时朝贺、贡进表章、使人往复等事，一切永依臣事辽国旧例。其契丹昏主今不在臣境，至如奔窜到此，不复存泊，即当执献。若大朝知其所在，以兵追捕，无敢为地及依前援助。其或征兵，即当依应。至如殊方异域朝觐天阙，合经当国道路，亦不阻节。以上所叙数事，臣誓固此诚，传嗣不变，苟或有渝，天地鉴察，神明殛之，祸及子孙，不克享国。"所谓西北，西南两路都统者宗翰也。盖宗望以太祖命与之通书，而宗翰以便宜割地议和云。

太宗使王阿海、杨天吉往赐誓诏曰："维天会二年岁次甲辰，闰三月戊寅朔，皇帝赐誓诏于夏国王乾顺：先皇帝诞膺骏命，肇启鸿图，而卿国据夏台，境连辽右，以效力于昏主，致结衅于王师。先皇帝以谓忠于所事，务施恩而释过，追眇躬之纂绍，仰遗训以遵行，卿乃深念前非，乐从内附，饬使轺而奉贡，效臣节以称藩。载锡宠光，用彰复好，所有割赐地土、使聘礼节、相为援助等事，一切恭依先朝制诏。其依应征兵，所请宜允。三辰在上，朕岂食言，苟或变渝，亦如卿誓。远垂戒谕，毋替厥诚。”

于是，宋人与夏人俱受山西地，宋人侵取之，乾顺遣使表谢赐誓诏、并论宋所侵地。诏曰：“省所上表，具悉，已命西南、西北两路都统府从宜定夺。”是时，宗翰朝京师未还，录夏国奏付权都统斡鲁，宋人侵略新受疆土、及使人王阿海争仪物事，与夏通问以便宜决之。

初，以山西九州与宋人，而天德远在一隅，缓急不可及，割以与夏。后破宋都获二帝，乃画陕西分界，自麟府路洛阳沟东距黄河西岸、西历暖泉堡，鄜延路米脂谷至累胜寨，环庆路威边寨过九星原至委布谷口，泾原路威川寨略古萧关至北谷川，秦凤路通怀堡至古会州，自此直距黄河，依见今流行分熙河路尽西边以限封域。复分陕西北鄙以易天德、云内，以河为界。

及娄室定陕西，婆卢火率兵先取威戎城。军至威戎东与敌遇，击走之，生致二人，问之，乃知为夏将李遇取威戎也，乃还其人而与李遇通问。李遇军威戎西，蒲察军威戎东，而使使议事于娄室。娄室报曰：“元帅府约束，若兵近夏境，则与夏人相为掎角，毋相侵犯。”李遇使人来曰：“夏国既以天德、云内归大国，大国许我陕西北鄙之地，是以至此。”蒲察等遂旋军。睿宗既定陕西，元帅府不欲以陕西北鄙与夏国，诏曰：“卿等审处所宜从事。”

天眷二年，国王乾顺薨，子仁孝立，遣使册命，加开府仪同三司上柱国。皇统元年，请置榷场，许之。

初，王阿海等以太宗誓诏赐夏国，乾顺以契丹旧仪见使者，阿海不肯曰：“契丹与夏国甥舅也，故国王坐受，使者以礼进。今大金与夏国君臣也，见大国使者当如仪。”争数日不能决，于是始起立受焉。厥后不遣赐生日使，至是始遣使赐之。

初，慕洧以环州降，及割陕西、河南与宋人，洧奔夏国，夏人以为山讹首领。及撒离喝再定陕西，洧思归，夏人知之，遂族洧，以表闻，诏书责让之。及海陵弑熙宗，遣使报谕至境上，夏人问曰：“圣德皇帝何为见废。”不肯纳。朝廷乃使有司以废立之故移文报之。天德二年七月，夏使御史中丞杂辣公济等来贺，如旧礼。

正隆末伐宋，宋人入秦、陇，夏亦乘隙攻取荡羌、通峡、九羊、会川等城寨，宋亦侵入夏境。世宗即位，夏人复以城寨来归，且乞兵复宋侵地，诏书嘉奖，仍遣吏部郎中完颜达吉体究陕西利害。边吏奏，夏人已归城寨，而所侵掠人口财畜尚未还，请索之。大定四年二月甲申，夏遣其武功大夫纽卧文忠等贺万春节，入见，附状奏告，略曰：“众军破荡之时，幸而免者十无一二，继以冻馁死亡，其存几何。兼夏国与宋兵交，人畜之被俘戮亦多，连岁勤动，士卒暴露，势皆朘削。又坐为宋人牵制，使忠诚之节无由自达，中外咸知，愿止约理索，听纳臣言，不胜下国之幸。”其后屡以为请，诏许之。

久之，其臣任得敬专国政，欲分割夏国。因贺大定八年正旦，遣奏告使殿前太尉芭里昌祖等以仁孝章乞良医为得敬治疾，诏保全郎王师道佩银牌往焉。诏师道曰：“如病势不可疗，则勿治。如可治，期一月归。”得敬疾有瘳，遣谢恩使任得聪来，得敬亦附表进礼物，上曰：“得敬自有定分，附表礼物皆不可受。”并却之。

初，仁孝嗣位，其臣屡作乱，任得敬抗御有功，遂相夏二十余年，阴蓄异志，欲图夏国，诬杀宗亲大臣，其势渐逼，仁孝不能制。大定十年，乃分西南路及灵州罗庞岭地与得敬，自为国，且上表为得敬求封。世宗以问宰相，尚书令李石等曰：“事系彼国，我何预焉，不如因而许之。”上曰：“有国之主岂肯无故分国与人，此必权臣逼夺，非夏王本意。况夏国称藩岁久，一旦迫于贼臣，朕为四海主，宁容此邪？若彼不能自正，则当以兵诛之，不可许也。”乃却其贡物，赐仁孝诏曰：“自我国家戡定中原，怀柔西土，始则画疆于乃父，继而锡命于尔躬，恩厚一方，年垂三纪，藩臣之礼既务践修，先业所传亦当固守。今兹请命，事颇靡常，未知措意之由来，续当遣使以询尔。所有贡物，已令发回。”

得敬密通宋人求助，宋以蜡丸书答得敬，夏人得之。得敬始因求医附表进礼物，欲以尝试世宗，既不可行，而求封又不可得，仁孝乃谋诛之。八月晦，仁孝诛得敬及其党与，上表谢，并以所执宋人及蜡丸书来上。其谢表曰：“得敬初受分土之后，曾遣使赴大朝代求封建，蒙诏书不为俞纳，此朝廷怜爱之恩，夏国不胜感戴。夏国妄烦朝廷，冒求贼臣封建，深亏礼节。今既贼臣诛讫，大朝不用遣使询问。得敬所分之地与大朝熙秦路接境，恐自分地以来别有生事，已根勘禁约，乞朝廷亦行禁约。”

十二年，上谓宰臣曰：“夏国以珠玉易我丝帛，是以无用易我有用也。”乃减罢保安、兰州榷场。

仁孝深念世宗恩厚，十七年，献本国所造百头帐，上曰：“夏国贡献自有方物，可却之。”仁孝再以表上曰：“所进帐本非珍异，使人亦已到边，若不蒙包纳，则下国深诚无所展效，四方邻国以为夏国不预大朝眷爱之数，将何所安。”乃许与正旦使同来。

先是，尚书奏：“夏国与陕西边民私相越境，盗窃财畜，奸人托名榷场贸易，得以往来，恐为边患。使人入境与富商相易，亦可禁止。”于是，复罢 绥德榷场，止存东胜、环州而已。仁孝表请复置兰州、保安、绥德榷场如旧，并乞使人入界相易用物。诏曰：“保安、兰州地无丝枲，惟绥德建关市以通货财。使副往来，听留都亭贸易。”章宗即位，诏曰：“夏使馆内贸易且已。”明昌二年，复旧。顷之，夏人肆牧于镇戎之境，逻卒逐之，夏人执逻卒而去。边将阿鲁带率兵诘之，夏厢官吴明契、信陵都、卜祥、徐余立等伏兵三千于涧中，阿鲁带口中流矢而死，取其弓甲而去。诏索杀阿鲁带者，夏人处以徒刑。诏索之不已，夏人乃杀明契等。

明昌四年，仁孝薨，子纯佑嗣立。承安二年，复置兰州、保安榷场。承安五年，纯佑母病风求医，诏太医判官时德元及王利贞往，仍赐御药。八月，再赐医药。泰和六年三月，仁孝弟仁友子安全，废纯佑自立，再阅月死于废所。七月，使纯佑母罗氏为表，言纯佑不能嗣守，与大臣定议立安全为王，遣使奏告。夏使私问馆伴官："奏告事诏许否?"馆伴官曰："此不当问也。"夏使曰："明日当问诸客省，若又不答，则升殿奏请。"上闻之，使客省谕以许所祈之意，乃赐罗氏诏询其意，夏人复以罗氏表来，乃封安全为夏国王。

大安三年，安全薨，族子遵顼立。遵顼先以状元及第，充大都督府主，立在安全薨前一月，卫绍王无实录，不知其故。然是时金兵败绩于会河堡，夏人乘其兵败侵略边境，而通使如故。

崇庆元年三月，攻葭州。至宁元年六月，攻保安州。贞祐元年十一月，攻会州，都统徒单丑儿击走之。十二月，陷泾州。二年八月，归国人乔成赍夏国书，大概言金边吏侵略，乞禁戢。诏移文答之，宰臣言："既非公牒，今将责问，彼必饰词，徒为虚文，无益于事。"乃止。未几，夏人攻庆原、延安、积石州，乃诏有司移文责问。

十一月，兰州译人程陈僧结夏人以州叛，边将败其兵三千。三年正月，夏兵攻武延川，宣宗曰："此不足虑，恐由他道入也。"既而闻边吏侵夏境，夏人乃攻环州，诏治边吏罪。夏兵攻积石州，都统姜伯通败之。夏兵入安乡关，都统曹记僧、万户忽三十却之。二月，攻环州，刺史乌古论延寿败之于境上。

三月，诏议伐夏，陕西宣抚司奏："往者，夏人侵我环、庆，河、兰、积石以兵应之，悉皆遁去，遽还巢穴，盖为我备也。今兰州溃兵犹未集，军实多不完，沿边地寒，春草始生，未可刍牧，两界无烟火者三百余里，不宜轻举。"从之。

四月，诏河州提控曹记僧、通远军节度使完颜狗儿讨程陈僧，夏人援之。九月，遂破西关堡。夏人复攻第五将城，万户杨再兴击走之。诏陕西宣抚司及沿边诸将，降空名宣敕，临阵立功，五品以下并听迁授。十月，攻保安及延安，都统完颜国家奴破之。既而深入临洮，总管陀满胡土门不能御，陕西宣抚副使完颜胡失来救临洮，大败于渭源堡，城破，胡失来被执。十一月，夏兵败于克戎寨，复败于熟羊寨，宰相入贺，宣宗曰："此忠贤之力也。"夏兵进围临洮，陀满胡土门破之。四年四月，夏葩俄族总管汪三郎率众来降，进羊千口，诏纳之，优给其直。来远镇获谍人，言宋、夏相结来攻，诏陕西行省备之。

夏于来羌城界河起折桥，元帅右都监完颜赛不焚之，斩馘甚众。六月，鄜延路奏，夏人牒报用彼国光定年号，诏封还其牒。闰月，庆阳总管庆山奴伐夏，出环州，陕西行省请中分其军，令庆山奴出第三将怀安寨，环州刺史完颜胡鲁出环州，宣宗曰："闻夏人移军备其王城，尚恐诈我，勿堕其计中也。"提控完颜狗儿抵兰州西关堡，招得旧部曲九人。掩击夏兵于阿弥湾，杀其将士百余人。八月，左监军乌古论庆寿败夏兵于安塞堡。右都监赛不击走夏兵于结耶觜川，复破之于车儿堡。十一月，提控石盏合喜、杨斡烈解定西之围。

十二月丙寅，宣宗与皇太子议伐夏，左监军陀满胡土门、延安总管古里甲石伦攻盐、宥、夏州，庆阳总管庆山奴、知平凉府移剌答不也攻威、灵、安、会等州。

兴定元年正月，夏兵三万自宁州还，庆山奴以兵邀击，败之。诏河东行省胥鼎选兵三万五千，付陀满胡土门伐夏，鼎驰奏不可，遂止，语在鼎传。右都监完颜仲元请试兵西夏，出其不意必获全胜，兵威既振，国力益完。诏下尚书省、枢密院议。

夏人福山以俘户来降，除同知泽州军州事。五月，夏兵入大北岔，都统纥石烈猪狗掩击，败之。宣宗欲与夏议和，右都监庆山奴屯延安，奏曰："夏国决不肯和，徒见欺耳。"既而，获谍者言，遵顼闻大金将约和，戒谕将士无犯西鄙。宰臣奏曰："就令如此，边备亦不宜弛。"宣宗以为然。

右都监完颜闾山败夏兵于黄鹤岔。夏人围羊狠寨，都统党世昌与战，完颜狗儿遣都统夹谷瑞夜斫夏营，遂解其围，犹驻近地，左都监白撒发定西锐兵、龛谷副统包孝成绯翮翅军，合击走之。八月，安定堡马家平总押李公直败夏兵三千。九月，都统罗世晖却夏兵于克戎寨。

兴定二年三月，右都监庆山奴奏："夏人有乞和意，保安、绥德、葭州得文报，乞复互市，以寻旧盟。以臣观之，此出于遵顼，非边吏所敢专者。"朝廷不以为然。

五月，夏人入葭州，庆山奴破之于马吉峰。七月，犯龛谷，夹谷瑞、赵防败之，追至质孤堡。三年闰月，夏人破通秦寨，提控纳合买住击败之，自葭卢川遁去。华州元帅完颜合达出安寨堡至隆州，败其兵二千。进攻隆州，克其西南，会暮乃还。十二月，诏有司移文夏国。

四年二月，夏人犯镇戎，金师败绩，夏人公移语不逊，诏词臣草牒折之。四月，夏兵犯边，元帅石盏合喜遇于鹿儿原，提控乌古论世显以偏师败之，都统王定复破其众于新泉城。元帅庆山奴攻宥州，围神堆府，穴其城，士卒有登者，援兵至，击走之，斩首二千，俘百余人，获杂畜三千余。八月，夏人陷会州，刺史乌古论世显降，复犯龛谷，夹谷瑞连战败之，夏人乃去。是月，诏有司移文议和，事竟不克。

夏人三万自高峰镇围定西，刺史爱申阿失剌、提控乌古论长寿、温敦永昌击走之。九月，夏人围绥平寨、安定堡，未几，陷西宁州，遂攻定西，乌古论长寿击却之。乃袭巩州，石盏合喜逆战，一日十余战，乃解去。

五年正月，诏枢密院议夏事，奏曰："夏人聚兵境上，欲由会州入，已遣行省白撒伏兵险要以待之。鄜延元帅府伺便发兵以缀其后，足以无虑。"二月，宁远军节度使夹谷海寿破夏兵于搜嵬堡。三月，复取来羌城。十月，攻龛谷，白撒连败之。元光元年正月，夏人陷大通城，复取之。三月，提控李师林败夏兵于永木岭。八月，攻宁安寨，十月，攻神林堡，十二月，入质孤堡，提控唐括昉败之。

二年，遵顼使其太子德任来伐，德任谏曰："彼兵势尚强，不若与之约和。"遵顼笑曰："是非尔所知也。彼失兰州竟不能复，何强之有。"德任固谏不从，乞避太子位，愿为僧。遵顼怒，幽之灵州，遣人代将，会天旱不果。

是岁，大元兵问罪夏国，延安、庆原元帅府欲乘夏人之困弊伐之，陕西行省白撒、合达以为不可，乃止。

陇安军节度使完颜阿邻日与将士宴饮，不治军事，夏人乘之，掠民五千余口、牛羊杂畜数万而去。

自天会议和，八十余年与夏人未尝有兵革之事。及贞祐之初，小有侵掠，以至搆难十年不解，一胜一负精锐皆尽，而两国俱弊。

是岁，遵顼传位于子德旺。正大元年，和议成，自称兄弟之国。

三年二月，遵顼死，七月，德旺死，嗣立者史失其名。明年，夏国亡。

先是，夏使精方匭匣使王立之来聘，未复命国已亡，诏于京兆安置，充宣差弹压，主管夏国降户。八年五月，立之妻子三十余口至环州，诏以归立之，赐以币帛。立之上言，先世本申州人，乞不仕，居申州。诏如所请，以本官居申州，主管唐、邓、申、裕等处夏国降户，听唐、邓总帅府节制，给上田千亩、牛具农作云。

赞曰：夏之立国旧矣，其臣罗世昌谱叙世次称，元魏衰微，居松州者因以旧姓为托跋氏。按《唐书》党项八部有托跋部，自党项入居银、夏之间者号平夏部。托跋思恭以破黄巢功赐姓李氏，兄弟相继为节度使，居夏州，在河南。继迁再立国，元昊始大，乃北渡河，城兴州而都之。

其地初有夏、绥、银、宥、灵、盐等州，其后遂取武威、张掖、酒泉、燉煌郡地，南界横山，东距西河，土宜三种，善水草，宜畜牧，所谓凉州畜牧甲天下者是也。土坚腴，水清冽，风气广莫，民俗强梗尚气，重然诺，敢战斗。自汉、唐以水利积谷食边兵，兴州有汉、唐二渠，甘、凉亦各有灌溉，土境虽小，能以富强，地势然也。

五代之际，朝兴夕替，制度礼乐，荡为灰烬，唐节度使有鼓吹，故夏国声乐清厉顿挫，犹有鼓吹之遗音焉。然能崇尚儒术，尊孔子以帝号，其文章辞命有可观者。立国二百余年，抗衡辽、金、宋三国，偭乡无常，视三国之势强弱以为异同焉。故近代学者记西北地理，往往皆臆度言之。圣神有作，天下会于一，驿道往来视为东西州矣。

卷一百三十五　列传第七十三

外　国　下

高　丽

高丽国王，王楷。其地鸭绿江以东，曷懒路以南，东南皆至于海。自辽时，岁时遣使修贡，事具《辽史》。

唐初，靺鞨有粟末、黑水两部，皆臣属于高丽。唐灭高丽，粟末保东牟山渐强大，号渤海，姓大氏，有文物礼乐。至唐末稍衰，自后不复有闻。金伐辽，渤海来归，盖其遗裔也。黑水靺鞨居古肃慎地，有山曰白山，盖长白山，金国之所起焉。女直虽旧属高丽，不复相通者久矣。及金灭辽，高丽以事辽旧礼称臣于金。

初，有医者善治疾，本高丽人，不知其始自何而来，亦不著其姓名，居女直之完颜部。穆宗时戚属有疾，此医者诊视之，穆宗谓医者曰："汝能使此人病愈，则吾遣人送汝归汝乡国。"医者曰："诺。"其人疾果愈，穆宗乃以初约归之。乙离骨岭仆散部胡石来勃堇居高丽、女直之两间，穆宗使族人叟阿招之，因使叟阿送医者，归之高丽境上。医者归至高丽，因谓高丽人，女直居黑水部者部族日强，兵益精悍，年谷屡稔。高丽王闻之。乃通使于女直。既而，胡石来来归，遂率乙离骨岭东诸部皆内附。

穆宗十年癸未，阿疏自辽使其徒达纪来说曷懒甸人，曷懒甸人执之。穆宗以达纪送高丽，谓高丽王曰："前此为乱于汝鄙者，皆此辈也。"及破萧海里，使斡鲁罕往高丽报捷，高丽亦使使来贺。未几，复使斜葛与斡鲁罕往聘，高丽王曰："斜葛，女直之族弟也，其礼有加矣。"乃以一大银盘为谢。

厥后，曷懒甸诸部尽欲来附，高丽闻之不欲使来附，恐近于己而不利也，使人邀止之。斜葛在高丽及往来曷懒道中，具知其事，遂使石适欢往纳曷懒甸人。未行而穆宗没，康宗嗣，遣石适欢以星显统门之兵往至乙离骨岭，益募兵趋活涅水，徇地曷懒甸，收叛亡七城。高丽使人来告曰："事有当议者。"曷懒甸官属使斜勒详稳、冶剌保详稳往，石适欢亦使杯鲁往，高丽执冶剌保等，而遣杯鲁曰："无与尔事。"于是，五水之民皆附于高丽，团练使陷者十四人。

二年甲申，高丽来攻，石适欢大破之，杀获甚众，追入其境，焚略其戍守而还。四月，高丽复来攻，石适欢以五百人御于辟登水，复大破之，追入辟登水，逐其残众逾境。于是，高丽王曰："告边衅者皆官属祥丹、傍都里、昔毕罕辈也。"十四团练、六路使人在高丽者，皆归之，遣使来请和。遂使斜葛经正疆界，至乙离骨水、曷懒甸活祢水，留之两月。斜葛不能听讼，每一事辄至枝蔓，民颇苦之。康宗召斜葛还，而遣石适欢往。石适欢立幕府于三潺水，其尝阴与高丽往来为乱阶者，即正其罪，余无所问。康宗以为能。

四年丙戌，高丽使使黑欢方石来贺嗣位，康宗使杯鲁报聘，且寻前约，取亡命之民，高丽许之。曰："使使至境上受之。"康宗以为信然，使完颜部阿聒、乌林荅部胜昆往境上受之。康宗畋于马纪岭乙只村以待之。阿聒、胜昆至境上，高丽遣人杀之，而出兵曷懒甸，筑九城。

康宗归，众咸曰："不可举兵也，恐辽人将以罪我。"太祖独曰："若不举兵，岂止失曷懒甸，诸部皆非吾有也。"康宗以为然，乃使斡塞将兵伐之，大破高丽兵。六月，高丽率众来战，斡塞败之，进围其城。七月，高丽复请和，康宗曰："事若酌中，则与之和。"高丽许归亡入之民，罢九城之戍，复所侵故地，遂与之和。

收国元年九月，太祖已克黄龙府，命加古撒喝攻保州。保州近高丽，辽侵高丽置保州。至是，命撒喝取之，久不下，撒喝请济师，且言高丽王将遣使来。太祖使纳合乌蠢以百骑益之，诏撒喝曰："汝领偏师，屡破重敌，多所俘获，及闻胡沙数战有功，朕甚嘉之。若保州未下，但守边戍，吾已克黄龙府，闻辽主且至，俟破大敌复益汝兵。所言高丽遣使事，未知果否，至则护送以来。边境之事，慎之毋忽。”十一月，系辽女直麻潑太弯等十五人皆降，攻开州取之，尽降保州诸部女直。太祖以撒喝为保州路都统。

太祖已破走辽主军，撒喝破合主、顺化二城，复请济师攻保州，使斡鲁以甲士千人往。二年闰月，高丽遣使来贺捷，且曰：“保州本吾旧地，愿以见还。”太祖谓使者曰：“尔其自取之。”诏撒喝、乌蠢等曰：“若高丽来取保州，益以胡剌古、习显等军备之，或欲合兵，无得辄往，但谨守边戍。”及撒喝、阿实赉等攻保州，辽守将遁去，而高丽兵已在城中。既而，高丽国王使蒲马请保州，诏谕高丽王曰：“保州近尔边境，听尔自取，今乃勤我师徒，破敌城下。且蒲马止是口陈，俟有表请，即当别议。”

天辅二年十二月，诏谕高丽国王曰：“朕始兴师伐辽，已尝布告，赖皇天助顺，屡败敌兵，北自上京，南至于海，其间京府州县部族人民悉皆抚定。今遣孛堇术孛报谕，仍赐马一匹，至可领也。”

三年，高丽增筑长城三尺，边吏发兵止之，弗从，报曰：“修补旧城。”曷懒甸孛堇胡剌古、习显以闻，诏曰：“毋得侵轶生事，但慎固营垒，广布耳目而已。”

四年，咸州路都统司以兵分屯于保州、毕里围二城，请益兵，诏曰：“汝等分列屯戍，以固封守，甚善。高丽累世臣事于辽，或有交通，可常遣人侦伺。”

使习显以获辽国州郡谕高丽，其国方诛乱者，使谓习显曰：“此与先父国王之书。”习显就馆。凡诛戮官僚七十余人，即依旧礼接见，而以表来贺，并贡方物。复以辽帝亡入夏国报之。

高随、斜野奉使高丽，至境上，接待之礼不逊，随等不敢往，太宗曰：“高丽世臣于辽，当以事辽之礼事我，而我国有新丧，辽主未获，勿遽强之。”命高随等还。天会二年，同知南路都统鹘实荅奏，高丽纳叛亡、增边备，必有异图。诏曰：“凡有通问，毋违常式。或来侵略，则整尔行列与之从事。敢先犯彼者，虽捷必罚。”诏阇母以甲士千人戍海岛，以备之。

四年，国王王楷遣使奉表称藩，优诏答之。上使高伯淑、乌至忠使高丽，凡遣使往来当尽循辽旧，仍取保州路及边地人口在彼界者，须尽数发还。敕伯淑曰：“若一一听从，即以保州地赐之。”高伯淑至高丽，王楷附表谢，一依事辽旧制。八年，楷上表，乞免索保州亡入边户。是岁，高丽十人捕鱼，大风飘其船抵海岸，曷苏馆人获之，诏还其国。既而勖上表请不索保州亡入高丽户口，太宗从之，自是保州封域始定。

皇统二年，诏加楷开府仪同三司、上柱国。六年，楷薨，子晛嗣立。

大定四年，鸭绿江堡戍颇被侵越焚毁。五年正月，世宗因正旦使朝辞，谕之曰：“边境小小不虞，尔主使然邪，疆吏为之邪？若果疆吏为之，尔主亦当惩戒之也。”初，高丽使者别有私进礼物以为常，是岁万春节，上以使者私进不应典礼，诏罢之。

十年，王晛弟翼阳公晧废晛自立。十月，赐生日使、大宗正丞纥至界上，高丽边吏称前王已让位，不肯受使者。十一年三月，王晧以让国来奏告，诏婆速路勿受，有司移文详问。高丽告曰：“前王久病，昏耄不治，以母弟晧权摄国事。”上曰：“让国大事也，何以不先陈请。”诏有司再详问。高丽乃以王晛让国表来，大略称先臣楷遗训传位于弟，又言其子有罪不可立之意。上疑之，以问宰执，丞相良弼奏曰：“此不可信。晛止一子，往年生孙，尝有表自陈生孙之喜，一也。晧尝作乱，晛囚之，二也。今晛不遣使，晧乃遣使，三也。朝廷赐晛生日使，晧不转达于晛，乃称未敢奉受，四也。是晧篡兄诬于天子，安可忍也。”右丞孟浩曰：“当询彼国士民，果皆推服，即当遣使封册。”上曰：“封一国之君询于民众，此与除拜猛安谋克何异。”乃却其使者，而以诏书详问王晛，吏部侍郎靖为宣问王晛使。

晧实篡国，囚晛于海岛。靖至高丽，晧称王晛已避位出居他所，病加无损，不能就位拜命，往复险远，非使者所宜往。靖竟不得见晛，乃以诏授晧，转取晛表附奏，其言与前表大概相同。靖还，上问大臣，皆曰：“晛表如此，可遂封之。”丞相良弼、平章政事守道曰：“待晧祈请未晚也。”十二月，晧遣其礼部侍郎张翼明等请封。十二年三月，遂赐封册。晧生日在正月十九日，是岁十二月将尽，未及遣使，有司请至来岁举行焉。

十五年，高丽西京留守赵位宠叛晧，遣徐彦等九十六人上表曰：“前王本非避让，大将军郑冲夫、郎将李义方实弑之。臣位宠请以慈悲岭以西至鸭绿江四十余城内属，请兵助援。”上曰：“王晧已加封册，位宠辄敢称兵为乱，且欲纳土，朕怀抚万邦，岂助叛臣为虐。”诏执徐彦等送高丽。顷之，王晧定赵位宠之乱，遣使奏谢，自位宠之乱，晧所遣生日回谢、横赐回谢、贺正旦、进奉、万春节等使，皆阻不通，至是，晧并奏之。诏答其意，其合遣人使令节次入朝。

十七年，贺正旦礼物，玉带乃石似玉者，有司请移问，上曰：“彼小国无能识者，误以为玉耳，不必移问。”乃止。十二月，有司奏高丽下节押马官顺成例外将带甲三过界，上以使人所坐罪重，但令发还本国而已。二十三年，晧母任氏薨，晧乞免赐生日及贺谢等事，诏从之。

章宗即位，诏使至界上颇稽滞，诏移问，高丽逊谢。明昌三年，下节金挺回至平州抚宁县，殴死当驿人何添儿，有司请“凡人使往还，乞量设兵卫。”参知政事张万公曰：“可于宿顿之地巡护之。”上可其奏。诏自今接送伴使副，失关防者当坐。故事，贺正旦使十二月二十九日入见，明昌六年十二月己卯立春，诏于前二日丁丑入见云。

承安二年，晧表自陈衰病，以国让其弟晫。晫权国事。是岁，晧废，晫嗣立。

泰和四年正月乙丑朔，高丽傔人以小佩刀割梨庑下巡廊，奉职见而纠之，诏馆伴官自今前期移文禁止。是岁，王晫薨，子韺嗣立。

泰和七年正月，是时用兵伐宋，夏亦有故，独高丽遣正旦使，诏不赐曲宴。及天寿节，夏、高丽使者皆在，有司奏："大定初，宋未请和，夏、高丽使者赐曲宴，今请依大定故事。"诏从之。

至宁元年八月，王祦薨，嗣子未行起复。九月，宣宗即位，边吏奏："高丽牒称，嗣子未起复，不可以凶服迎吉诏，又不可以草土名衔署表。"礼官议："人臣不以私恩废公义，宜权用吉服迎诏，署表用权国事名衔。俟高丽告哀使至阙，然后遣使致祭、慰问及行封册。"制可。

明年，宣宗迁汴，辽东道路不通，兴定三年，辽东行省奏高丽复有奉表朝贡之意，宰臣奏："可令行省受其表章，其朝贡之礼俟他日徐议。"宣宗以为然，乃遣使抚谕高丽，终以道路不通，未遑迎迓，诏行省且羁縻勿绝其好，然自是不复通问矣。

赞曰：金人本出靺鞨之附于高丽者，始通好为邻国，既而为君臣，贞祐以后道路不通，仅一再见而已。入圣朝犹子孙相传自为治，故不复备论，论其与金事相涉者焉。

金国语解

今文《尚书》辞多奇涩，盖亦当世之方言也。《金史》所载本国之语，得诸重译，而可解者何可阙焉。若其臣僚之小字，或以贱，或以疾，犹有古人尚质之风，不可文也。国姓为某，汉姓为某，后魏孝文以来已有之矣。存诸篇终，以备考索。

官称

都勃极烈，总治官名，犹汉云冢宰。

谙版勃极烈，官之尊且贵者。

国论勃极烈，尊礼优崇得自由者。

胡鲁勃极烈，统领官之称。

移赉勃极烈，位第三曰"移赉"。

阿买勃极烈，治城邑者。

乙室勃极烈，迎迓之官。

札失哈勃极烈，守官署之称。

昃勃极烈，阴阳之官。

迭勃极烈，倅贰之职。

猛安，千夫长。谋克，百夫长也。

诸乣"详稳"，边戍之官。

诸"移里堇"，部落墟砦之首领。

详稳、移里堇，本辽语，金人因之而稍异同焉。

秃里，掌部落词讼，察非违者。

乌鲁古，牧圉之官。

斡里朵，官府治事之所。

人事

孛论出，胚胎之名。

阿胡迭，长子。骨赧，季也。蒲阳温，曰幼子。

益都，次第之通称。第九曰"乌也"，十六曰"女鲁欢"。

按答海，客之通称。

山只昆，舍人也。

散亦孛，奇男子。

散答，老人之称也。

什古乃，瘠人。

撒合辇，黧黑之名。

保活里，侏儒。

阿里孙，貌不扬也。

阿徒罕，采薪之子。

答不也，耘田者。

阿土古，善采捕者。阿里喜，围猎也。

拔里速，角牴戏者。

阿离合懑，臂鹰鹘者。

胡鲁剌，户长。阿合，人奴也。

兀术，曰头。粘罕，心也。畏可，牙，又曰吾亦可。

盘里合，将指。

三合，人之靥也。

牙吾塔，疡疮。

蒲剌都，目赤而盲也。

石哥里，溲疾。

谩都诃，痴骏之谓。

谋良虎，无赖之名。皆不美之称也。

与人同受福曰"忽都"。以力助人曰"阿息保"。

辞不失，酒醒也。

奴申，和睦之义。

讹出虎，宽容之名也。

赛里，安乐。

迪古乃，来也。

撒八，迅速之义。

乌古出，方言曰再休，犹言再不复也。

凡事之先者曰"石伦"。以物与人已然曰"阿里白"。

吾里补，畜积之名。

习失，犹人云常川也。

凡市物已得曰"兀带"，取以名子者，犹言货取如物然也。

物象

兀典，明星。

阿邻，山。太神，高也。山之上锐者曰"哈丹"，坡陀曰"阿懒"，大而峻曰"斜鲁"。

忒邻，海也。沙忽带，舟也。

生铁曰"斡论"，釜曰"阇母"，刃曰"斜烈"。

婆卢火者槌也。

金曰"桉春"。

银术可，珠也。

布囊曰"蒲卢浑"，盆曰"阿里虎"，罐曰"活女"。

乌烈，草廪也。

沙剌，衣襟也。

活腊胡，色之赤者也。

胡剌，灶突。

物类

桓端，松。阿虎里，松子。孰辇，莲也。

活离罕，羔。合喜，犬子。讹古乃，犬之有文者。

斜哥，貂鼠。

蒲阿，山鸡。窝谋罕，鸟卵也。

姓氏

完颜，汉姓曰王。乌古论曰商。纥石烈曰高。徒单曰杜。女奚烈曰郎。兀颜曰朱。蒲察曰李。颜盏曰张。温迪罕曰温。石抹曰萧。奥屯曰曹。孛术鲁曰鲁。移剌曰刘。斡勒曰石。纳剌曰康。夹谷曰仝。裴满曰麻。尼忙古曰鱼。斡准曰赵。阿典曰雷。阿里侃曰何。温敦曰空。吾鲁曰惠。抹颜曰孟。都烈曰强。散答曰骆。呵不哈曰田。乌林荅曰蔡。仆散曰林。术虎曰董。古里甲曰汪。

其后氏族或因人变易，难以遍举，姑载其可知者云。

金国语解终。

附　录

进金史表

开府仪同三司、上柱国、录军国重事、中书右丞相、监修国史、领经筵事、提调太医院广惠司事臣阿鲁图言：

窃惟汉高帝入关，任萧何而收秦籍；唐太宗即祚，命魏征以作《隋书》。盖历数归真主之朝，而简编载前代之事，国可灭史不可灭，善吾师恶亦吾师。矧夫典故之源流，章程之沿革，不披往牒，曷蓄前闻。

维此金源，起于海裔，以满万之众，横行天下，不十年之久，专制域中。其用兵也如纵燎而乘风，其得国也若置邮而传令。及熠兴于礼乐，乃焕有乎声明。尝循初而汔终，因考功而论德。非武元之英略，不足以开九帝之业，非大定之仁政，不足以固百年之基。天会有吞四海之势，而未有壹四海之规；明昌能成一代之制，而亦能坏一代之法。海陵无道，自取覆败；宣宗轻动，曷济中兴。迨夫浚郊多垒之秋，汝水飞烟之日，天人属望，久有在矣；君臣守义，盖足取焉。

我太祖法天启运圣武皇帝，以有名之师，而释奕世之忾；以无敌之仁，而收兆民之心。劲卒捣居庸关，北拊其背，大军出紫荆口，南搤其吭。指顾可成于隽功，操纵莫窥于庙算，惩彼取辽之暴，容其涉河以迁。太宗英文皇帝席卷云、朔，而徇地并、营，囊括赵、代，而传檄齐、鲁，灭夏国以蹴秦、巩，通宋人以逼河、淮。睿宗仁圣景襄皇帝冒万险，出饶风，长驱平陆；战三峰，乘大雪，遂定中原。

太阳出而爝火熸，正音作而众乐废。爰及世祖圣德神功文武皇帝，恢弘至化，劳来遗黎。燕地定都，撤武灵之旧址，辽阳建省，抚肃慎之故墟。于时张柔归金史于其先，王鹗辑金事于其后。是以纂修之命，见诸敷遗之谋，延祐申举而未遑，天历推行而弗竟。

臣阿鲁图诚惶诚惧，顿首顿首，钦惟皇帝陛下缉熙圣学，绍述先猷，当邦家闲暇之时，治经史讨论之务。念彼泰和以来之事迹，涉我圣代初兴之岁年。太祖受帝号于丙寅，先五载而朱凤应，世皇毓圣质於乙亥，蚤一岁而黄河清。若此贞符，昭然成命。第以变故多而旧史阙，耆艾没而新说讹，弗折衷于大朝，恐失真于他日。于是圣心独断，盛事力行，申命臣阿鲁图以中书右丞相、臣别儿怯不花以中书左丞相领三史事，臣脱脱以前中书右丞相仍都总裁，臣御史大夫帖睦尔达世、臣中书平章政事贺惟一、臣翰林学士承旨张起岩、臣翰林学士欧阳玄、臣治书侍御史李好文、臣礼部尚书王沂、臣崇文太监杨宗瑞为总裁官，臣江西湖东道肃政廉访使沙剌班、臣江西湖东道肃政廉访副使王理、臣翰林待制伯颜、臣国子博士费著，臣秘书监著作郎赵时敏，臣太常博士商企翁为史官，集众技以责成书，伫奏篇以览近监。臣阿鲁图仰承隆委，俯竭微劳。细石室之文，诚乏司马迁之作，献《金镜》之录，愿摅张相国之忠。谨撰述本纪十九卷、志三十九卷、表四卷、列传七十三卷、目录二卷，装潢成一百三十七帙，随表以闻，上尘天览，无任惭愧战汗屏营之至。

臣阿鲁图诚惶诚惧，顿首顿首谨言。

至正四年十一月日，开府仪同三司、上柱国、录军国重事、中书右丞相、监修国史、领经筵事、提调太医院广惠司事臣阿鲁图上表。

修史官员

领三史事

开府仪同三司、上柱国、录军国重事、中书右丞相、监修国史、领经筵事臣阿鲁图

开府仪同三司、上柱国、录军国重事、中书左丞相、领经筵事臣别儿怯不花

都总裁

开府仪同三司、上柱国、录军国重事、前中书右丞相、监修国史、领经筵事臣脱脱

总裁官

银青荣禄大夫、御史大夫、知经筵事臣帖睦尔达世

光禄大夫、中书平章政事、知经筵事臣贺惟一

翰林学士承旨、荣禄大夫、知制诰、兼修国史臣张起岩

翰林学士、资善大夫、知制诰、同修国史臣欧阳玄

翰林侍讲学士、中奉大夫、知制诰、同修国史、同知经筵事臣揭傒斯

嘉议大夫、治书侍御史臣李好文

正议大夫、崇文太监、检校书籍事臣杨宗瑞

中大夫、礼部尚书臣王沂

纂修官

江西湖东道肃政廉访使臣沙剌班

江西湖东道肃政廉访副使臣王理

翰林待制、奉议大夫、兼国史院编修官臣伯颜

奉训大夫、监察御史臣赵时敏

奉训大夫、国子博士臣费著

承务郎、太常博士臣商企翁

提调官

荣禄大夫、中书平章政事、知经筵事臣伯颜

荣禄大夫、中书右丞、知经筵事臣达世帖睦尔

资德大夫、中书左丞臣董守简

中奉大夫、参议中书省事臣锁南班

嘉议大夫、参议中书省事臣蛮子

亚中大夫、参议中书省事臣丁元

奉议大夫、右司郎中臣老老

承德郎、右司郎中臣陈思谦

中顺大夫、左司郎中臣蛮子

亚中大夫、左司郎中臣何执礼

奉训大夫、左司员外郎臣仓赤

奉训大夫、左司都事臣赵公谅

朝请大夫、吏部尚书臣拜住

通议大夫、兵部尚书臣李献

正议大夫、户部尚书臣秦从龙

正议大夫、工部尚书臣路希贤

朝散大夫、礼部侍郎臣靳义

亚中大夫、刑部郎中臣顾恕

通议大夫、佥太常礼仪院事臣杜秉彝

文林郎、翰林国史院都事臣赵中

金史公文

皇帝圣旨里。江浙等处行中书省至正五年六月二十六日准中书省咨："至正五年四月十三日，笃怜帖木儿怯薛第二日，沙岭纳钵斡脱里有时分，速古儿赤雅普化、云都赤撒迪里迷失、殿中撒马、给事中也先不先等有来，阿鲁秃右丞相、帖木儿塔失大夫、太平院使、伯颜平章、达世帖木儿右丞等奏：'去岁教纂修辽、金、宋三代史书，即目辽、金史书纂修了有，如今将这史书令江浙、江西二省开板，就彼有的学校钱内就用，疾早教各印造一百部来呵。'怎生奏呵，奉圣旨那般者。钦此，咨请钦依施行，仍令行省委自文资正官、首领官各一员，钦依提调，疾早印造完备起解。"准此，本省咨委参知政事秦中奉、左右司都事徐桀承德，钦依提调，及下江浙儒司委自提举班惟志奉政校正字画，杭州路委文资正官、首领官提调锓梓印造装褙。

至正五年九月　　日

都事

承务郎、江浙等处行中书省左右司都事臣马黑麻

承德郎、江浙等处行中书省左右司都事臣徐桀

奉政大夫、江浙等处行中书省左右司员外郎臣郑璠

奉训大夫、江浙等处行中书省左右司员外郎臣赫德尒

奉直大夫、江浙等处行中书省左右司郎中臣崔敬

朝列大夫、江浙等处行中书省左右司郎中臣岛剌沙

中奉大夫、江浙等处行中书省参知政事臣秦从德

资德大夫、江浙等处行中书省参知政事臣沙班

资善大夫、江浙等处行中书省左丞臣李家奴

资政大夫、江浙等处行中书省右丞臣忽都不花

平章政事

荣禄大夫、江浙等处行中书省平章政事臣卜只儿

金紫光禄大夫、江浙等处行中书省左丞相、领行宣政院事、提调江浙财赋、都总管府事臣朵儿只

元　史

明·宋　濂等撰

元史目录

元　史

卷一　本纪第一

太　祖

太祖法天启运圣武皇帝，讳铁木真，姓奇渥温氏，蒙古部人。其十世祖孛端叉儿，母曰阿兰果火，嫁脱奔咩哩犍，生二子，长曰博寒葛答黑，次曰博合睹撒里直。既而夫亡，阿兰寡居，夜寝帐中，梦白光自天窗中入，化为金色神人，来趋卧榻。阿兰惊觉，遂有娠，产一子，即孛端叉儿也。孛端叉儿状貌奇异，沉默寡言，家人谓之痴，独阿兰语人曰："此儿非痴，后世子孙必有大贵者。"阿兰没，诸兄分家赀，不及之。孛端叉儿曰："贫贱富贵，命也，赀财何足道！"独乘青白马，至八里屯阿懒之地居焉。食饮无所得，适有苍鹰搏野兽而食，孛端叉儿以缗设机取之，鹰即驯狎，乃臂鹰，猎兔禽以为膳，或阙即继，似有天相之。居数月，有民数十家自统急里忽鲁之野逐水草来迁。孛端叉儿结茅与之居，出入相资，自此生理稍足。一日，仲兄忽思之，曰："孛端叉儿独出而无赍，近者得无冻馁乎？"即自来访，邀与俱归。孛端叉儿中路谓其兄曰："统急里忽鲁之民无所属附，若临之以兵，可服也。"兄以为然，至家，即选壮士，令孛端叉儿帅之前行，果尽降之。

孛端叉儿殁，子八林昔黑剌秃合必畜嗣，生子曰咩撚笃敦。咩撚笃敦妻曰莫挐伦，生七子而寡。莫挐伦性刚急。时押剌伊而部有群小儿掘田间草根以为食，莫挐伦乘车出，适见之，怒曰："此田乃我子驰马之所，群儿辄敢坏之邪？"驱车径出，辗伤诸儿，有至死者。押剌伊而忿怨，尽驱莫挐伦马群以去。莫挐伦诸子闻之，不及被甲，往追之。莫挐伦私忧曰："吾儿不甲以往，恐不能胜敌。"令子妇载甲赴之，已无及矣。既而果为所败，六子皆死。押剌伊而乘胜杀莫挐伦，灭其家。唯一长孙海都尚幼，乳母匿诸积木中，得免。先是莫挐伦第七子纳真，于八剌忽民家为赘婿，故不及难。闻其家被祸，来视之，见病妪十数与海都尚在，其计无所出，幸驱马时，兄之黄马三次掣套竿逸归，纳真至是得乘之。乃伪为牧马者，诣押剌伊而。路逢父子二骑先后行，臂鹰而猎。纳真识其鹰，曰："此吾兄所擎者也。"趋前绐其少者曰："有赤马引群马而东，汝见之乎？"曰："否。"少者乃问曰："尔所经过有凫雁乎？"曰："有。"曰："汝可为吾前导乎？"曰："可。"遂同行。转一河隈，度后骑相去稍远，刺杀之。絷马与鹰，趋迎后骑，绐之如初。后骑问曰："前射凫雁者，吾子也，何为久卧不起耶？"纳真以鼻衄对。骑者方怒，纳真乘隙刺杀之。复前行，至一山下，有马数百，牧者唯童子数人，方击髀石为戏。纳真熟视之，亦兄家物也。绐问童子，亦如之。于是登山四顾，悄无来人，尽杀童子，驱马臂鹰而还，取海都并病妪，归八剌忽之地止焉。海都稍长，纳真率八剌忽怯谷诸民，共立为君。海都既立，以兵攻押剌伊而，臣属之，形势寖大，列营帐于八剌合黑河上，跨河为梁，以便往来。由是四傍部族归之者渐众。

海都殁，子拜姓忽儿嗣。拜姓忽儿殁，子敦必乃嗣。敦必乃殁，子葛不律寒嗣。葛不律寒殁，子八哩丹嗣。八哩丹殁，子也速该嗣，并吞诸部落，势愈盛大。也速该崩，至元三年十月，追谥烈祖神元皇帝。

初，烈祖征塔塔儿部，获其部长铁木真。宣懿太后月伦适生帝，手握凝血如赤石。烈祖异之，因以所获铁木真名之，志武功也。族人泰赤乌部旧与烈祖相善，后因塔儿不台用事，遂生嫌隙，绝不与通。及烈祖崩，帝方幼冲，部众多归泰赤乌。近侍有脱端火儿真者，亦将叛，帝自泣留之。脱端曰："深池已干矣，坚石已碎矣，留复何为！"竟帅众驰去。宣懿太后怒其弱己也，麾旗将兵，躬自追叛者，驱其太半而还。时帝麾下搠只别居萨里河。札木合部人秃台察儿居玉律哥泉，时欲相侵凌，掠萨里河牧马以去。搠只麾左右匿群马中，射杀之。札木合以为怨，遂与泰赤乌诸部合谋，以众三万来战。帝时驻军答阑版朱思之野，闻变，大集诸部兵，分十有三翼以俟。已而札木合至，帝与大战，破走之。

当是时，诸部之中，唯泰赤乌地广民众，号为最强。

其族照烈部，与帝所居相近。帝常出猎，偶与照烈猎骑相属。帝谓之曰："今夕可同宿乎？"照烈曰："同宿固所愿，但从者四百，因糗粮不具，已遣半还矣，今将奈何？"帝固邀与宿，凡其留者，悉饮食之。明日再合围，帝使左右驱兽向照烈，照烈得多获以归。其众感之，私相语曰："泰赤乌与我虽兄弟，常攘我车马，夺我饮食，无人君之度。有人君之度者，其惟铁木真太子乎？"照烈之长玉律，时为泰赤乌所虐，不能堪，遂与塔海答鲁领所部来归，将杀泰赤乌以自效。帝曰："我方熟寐，幸汝觉我，自今车辙人迹之途，当尽夺以与汝矣。"已而二人不能践其言，复叛去。塔海答鲁至中路，为泰赤乌部人所杀，照烈部遂亡。

时帝功德日盛，泰赤乌诸 部多苦其主非法，见帝宽仁，时赐人以裘马，心悦之。若赤老温、若哲别、若失力哥也不干诸 人，若朵郎吉、若札剌儿、若忙兀诸部，皆慕义来降。

帝会诸族薛彻、大丑等，各以旄车载湩酪，宴于斡难河上。帝与诸族及薛彻别吉之毋忽儿真之前，共置马湩一革囊；薛彻别吉次毋野别该之前，独置一革囊。忽儿真怒曰："今不尊我，而贵野别该乎？"疑帝之主膳者失丘儿所为，遂笞之。于是颇有隙。时皇弟别里古台掌帝乞列思事，(乞列思，华言禁外系马所也。)播里掌薛彻别吉乞列思事。播里从者因盗去马靷，别里古台执之。播里怒，斫别里古台，伤其背。左右欲斗，别里古台止之，曰："汝等欲即复仇乎？我伤幸未甚，姑待之。"不听，各持马乳橦疾斗，夺忽儿真、火里真二哈敦以归。薛彻别吉遣使请和，因令二哈敦还。会塔塔儿部长蔑兀真笑里徒背金约，金主遣丞相完颜襄帅兵逐之北走。帝闻之，发近兵自斡难河迎击，仍谕薛彻别吉帅部人来助。候六日不至，帝自与战，杀蔑兀真笑里徒，尽虏其辎重。帝之麾下有为乃蛮部人所掠者，帝欲讨之，复遣六十人征兵于薛彻别吉。薛彻别吉以旧怨之故，杀其十人，去五十人衣而归之。帝怒曰："薛彻别吉曩笞我失丘儿，斫伤我别里古台，今又敢乘敌势以陵我耶？"因帅兵逾沙碛攻之，杀虏其部众，唯薛彻、大丑仅以妻孥免。越数月，帝复伐薛彻、大丑，追至帖烈徒之隘，灭之。

克烈部札阿绀孛来归。札阿绀孛者，部长汪罕之弟也。汪罕名脱里，受金封爵为王，番言音重，故称王为汪罕。初，汪罕之父忽儿札胡思杯禄既卒，汪罕嗣位，多杀戮昆弟。其叔父菊儿罕帅兵与汪罕战，逼于哈剌温隘，败之，仅以百余骑脱走，奔于烈祖 。烈祖亲将兵逐菊儿罕走西夏，复夺部众归汪罕。汪罕德之，遂相与盟，称为按答。(按答，华言交物之友也。)烈祖崩，汪罕之弟也力可哈剌，怨汪罕多杀之故，复叛归乃蛮部。乃蛮部长亦难赤为发兵伐汪罕，尽夺其部众与之。汪罕走河西、回鹘、回回三国，奔契丹。既而复叛归，中道粮绝，捋羊乳为饮，刺橐驼血为食，困乏之甚。帝以其与烈祖交好，遣近侍往招之。帝亲迎抚劳，安置军中振给之，遂会于土兀剌河上，尊汪罕为父。

未几，帝伐蔑里乞部，与其部长脱脱战于莫那察山，遂掠其资财、田禾，以遗汪罕。汪罕因此部众稍集。居亡何，汪罕自以其势足以有为，不告于帝，独率兵复攻蔑里乞部。部人败走，脱脱奔八儿忽真之隘。汪罕大掠而还，于帝一无所遗，帝不以屑意。

会乃蛮部长不欲鲁罕不服，帝复与汪罕征之。至黑辛八石之野，遇其前锋也的脱孛鲁者，领百骑来战，见军势渐逼，走据高山，其马鞍转坠，擒之。曾未几何，帝复与乃蛮骁将曲薛吾撒八剌二人遇，会日暮，各还营垒，约明日战。是夜，汪罕多燃火营中，示人不疑，潜移部众于别所。及旦，帝始知之，因颇疑其有异志，退师萨里河。既而汪罕亦还至土兀剌河，汪罕子亦剌合及札阿绀孛来会。曲薛吾等察知之，乘其不备，袭虏其部众于道。亦剌合奔告汪罕，汪罕命亦剌合与卜鲁忽解共追之，且遣使来曰："乃蛮不道，掠我人民，太子有四良将，能假我以雪耻乎？"帝顿释前憾，遂遣博尔术、木华黎、博罗浑、赤老温四人，帅师以往。师未至，亦剌合已追及曲薛吾，与之战，大败，卜鲁忽解成擒，流矢中亦剌合马胯，几为所获。须臾，四将至，击乃蛮走，尽夺所掠归汪罕。已而与皇弟哈撒儿再伐乃蛮，拒斗于忽阑盏侧山，大败之，尽杀其诸将族众，积尸以为京观，乃蛮之势遂弱。

时泰赤乌犹强，帝会汪罕于萨里河，与泰赤乌部长沆忽等大战斡难河上，败走之，斩获无算。哈答斤部、散只兀部、朵鲁班部、塔塔儿部、弘吉剌部闻乃蛮、泰赤乌败，皆畏威不自安，会于阿雷泉，斩白马为誓，欲袭帝及汪罕。弘吉剌部长迭夷恐事不成，潜遣人告变。帝与汪罕自虎图泽逆战于盃亦烈川，又大败之。汪罕遂分兵，自由怯绿怜河而行。札阿绀孛谋于按敦阿述、燕火脱儿等曰："我兄性行不常，既屠绝我昆弟，我辈又岂得独全乎？"按敦阿述泄其言，汪罕令执燕火脱儿等至帐下，解其缚，且谓燕火脱儿曰："吾辈由西夏而来，道路饥困，其相誓之语，遽忘之乎？"因唾其面，坐上之人皆起而唾之。汪罕又屡责札阿绀孛，至于不能堪，札阿绀孛与燕火脱儿等俱奔乃蛮。

帝驻军于彻彻儿山，起兵伐塔塔儿部。部长阿剌兀都儿等来逆战，大败之。

时弘吉剌部欲来附，哈撒儿不知其意，往掠之。于是弘吉剌归札木合部，与朵鲁班、亦乞剌思、哈答斤、火鲁剌思、塔塔儿、散只兀诸部，会于犍河，共立札木合为局儿罕，盟于秃律别儿河岸，为誓曰："凡我同盟，有泄此谋者，如岸之摧，如林之伐。"誓毕，共举足蹋岸，挥刀斫林，驱士卒来侵。塔海哈时在众中，与帝麾下抄吾儿连姻。抄吾儿偶往视之，具知其谋，即还至帝所，悉以其谋告之。帝即起兵，逆战于海剌儿、帖尼火鲁罕之地，破之，札木合脱走，弘吉剌部来降。

岁壬戌，帝发兵于兀鲁回失连真河，伐按赤塔塔儿、察罕塔塔儿二部。先誓师曰："苟破敌逐北，见弃遗物，慎无获，俟军事毕散之。"既而果胜，族人按弹、火察儿、答力台三人背约，帝怒，尽夺其所获，分之军中。

初，脱脱败走八儿忽真隘，既而复出为患，帝帅兵讨走之。至是，又会乃蛮部不欲鲁罕约朵鲁班、塔塔儿、哈答斤、散只兀诸部来侵。帝遣骑乘高四望，知乃蛮兵渐至，帝与汪罕移军入塞。亦剌合自北边来据高山结营，乃蛮军冲之不动，遂还。亦剌合寻亦入塞。将战，帝迁辎重于他所，与汪罕倚阿兰塞为壁，大战于阙奕坛之野，乃蛮使神巫祭风雪，欲因其势进攻。既而反风，逆击其阵，乃蛮军不能战，欲引还。雪满沟涧，帝勒兵乘之，乃蛮大败。是时札木合部起兵援乃蛮，见其败，即还，道经诸部之立己者，大纵掠而去。

帝欲为长子术赤求昏于汪罕女抄儿伯姬，汪罕之孙秃撒合亦欲尚帝女火阿真伯姬，俱不谐，自是颇有违言。初，帝与汪罕合军攻乃蛮，约明日战，札木合言于汪罕曰："我于君是白翎雀，他人是鸿雁耳。白翎雀寒暑常在北方，鸿雁遇寒则南飞就暖耳。"意谓帝心不可保也。汪罕闻之疑，遂移部众于别所。及议昏不成，札木合复乘隙谓亦剌合曰："太子虽言是汪罕之子，尝通信于乃蛮，将不利于君父子。君若能加兵，我当从傍助君也。"亦剌合信之。会答力台、火察儿、按弹等叛归亦剌合，亦说之曰："我等愿佐君讨宣懿太后诸子也。"亦剌合大喜，遣使言于汪罕。汪罕曰："札木合，巧言寡信人也，不足听。"亦剌合力言之，使者往返者数四。汪罕曰："吾身之存，实太子是赖。髭须已白，遗骸冀得安寝，汝乃喋喋不已耶？汝善自为之，毋贻吾忧可也。"札木合遂纵火焚帝牧地而去。

岁癸亥，汪罕父子谋欲害帝，乃遣使者来曰："向者所议姻事，今当相从，请来饮布浑察儿。"（布浑察儿，华言许亲酒也。）帝以为然，率十骑赴之，至中道，心有所疑，命一骑往谢，帝遂还。汪罕谋既不成，即议举兵来侵。圉人乞失力闻其事，密与弟把带告帝。帝即驰军阿兰塞，悉移辎重于他所，遣折里麦为前锋，俟汪罕至，即整兵出战。先与朱力斤部遇，次与董哀部遇，又次与火力失烈门部遇，皆败之；最后与汪罕亲兵遇，又败之。亦剌合见势急，突来冲阵，射之中颊，即敛兵而退。怯里亦部人遂弃汪罕来降。

汪罕既败而归，帝亦将兵还，至董哥泽驻军，遣阿里海致责于汪罕曰："君为叔父菊儿罕所逐，困迫来归，我父即攻菊儿罕，败之于河西，其土地人民尽收与君，此大有功于君一也。君为乃蛮所攻，西奔日没处。君弟札阿绀孛在金境，我亟遣人召还。比至，又为蔑里乞部人所逼，我请我兄薛彻别及及我弟大丑往杀之，此大有功于君二也。君困迫来归时，我过哈丁里，历掠诸部羊、马、资财，尽以奉君，不半月间，令君饥者饱，瘠者肥，此大有功于君三也。君不告我，往掠蔑里乞部，大获而还，未尝以毫发分我，我不以为意。及君为乃蛮所倾覆，我遣四将夺还尔民人，重立尔国家，此大有功于君四也。我征朵鲁班、塔塔儿、哈答斤、散只兀、弘吉剌五部，如海东鸷禽之于鹅雁，见无不获，获则必致于君，此大有功于君五也。是五者皆有明验，君不报我则已，今乃易恩为仇，而遽加兵于我哉？"汪罕闻之，语亦剌合曰："我向者之言何如？吾儿宜识之。"亦剌合曰："事势至今日，必不可已，唯有竭力战斗。我胜则并彼，彼胜则并我耳。多言何为？"时帝诸族按弹、火察儿皆在汪罕左右，帝因遣阿里海诮责汪罕，就令告之曰："昔者吾国无主，以薛彻、太丑二人实我伯祖八剌哈之裔，欲立之。二人既已固辞，乃以汝火察儿为伯父聂坤之子，又欲立之，汝又固辞。然事不可中辍，复以汝按弹为我祖忽都剌之子，又欲立之，汝又固辞。于是汝等推戴吾为之主，初岂我之本心哉，不自意相迫至于如此也。三河，祖宗肇基之地，毋为他人所有。汝善事汪罕，汪罕性无常，遇我尚如此，况汝辈乎？我今去矣，我今去矣！"按弹等无一言。

帝既遣使于汪罕，遂进兵虏弘吉剌别部溺儿斤以行。至班朱尼河，河水方浑，帝饮之以誓众。有亦乞烈部人孛徒者，为火鲁剌部所败，因遇帝，与之同盟。哈撒儿别居哈剌浑山，妻子为汪罕所虏，挟幼子脱虎走，粮绝，探鸟卵为食，来会于河上。时汪罕形势盛强，帝微弱，胜败未可知，众颇危惧。凡与饮河水者，谓之饮浑水，言其曾同艰难也。汪罕兵至，帝与战于哈阑真沙陀之地，汪罕大败，其臣按弹、火察儿、札木合等谋弑汪罕，弗克，往奔乃蛮。答力台、把怜等部稽颡来降。帝移军斡难河源，谋攻汪罕，复遣二使往汪罕，伪为哈撒儿之言曰："我兄太子今既不知所在，我之妻孥又在王所，纵我欲往，将安所之耶？王傥弃我前愆，念我旧好，即束手来归矣。"汪罕信之，因遣人随二使来，以皮囊盛血与之盟。及至，即以二使为向导，令军士衔枚夜趋折折运都山，出其不意，袭汪罕，败之，尽降克烈部众，汪罕与亦剌合挺身遁去。汪罕叹曰："我为吾儿所误，今日之祸，悔将何及！"汪罕出走，路逢乃蛮部将，遂为其所杀。亦剌哈走西夏，日剽掠以自资。既而亦为西夏所攻走，至龟兹国，龟兹国主以兵讨杀之。帝既灭汪罕，大猎于帖麦该川，宣布号令，振凯而归。

时乃蛮部长太阳罕心忌帝能，遣使谋于白达达部主阿剌忽思曰："吾闻东方有称帝者，天无二日，民岂有二王耶？君能益吾右翼，吾将夺其弧矢也。"阿剌忽思即以是谋报帝，居无何，举部来归。

岁甲子，帝大会于帖麦该川，议伐乃蛮。群臣以方春马瘦，宜俟秋高为言。皇弟斡赤斤曰："事所当为，断之在早，何可以马瘦为辞？"别里古台亦曰："乃蛮欲夺我弧矢，是小我也，我辈义当同死。彼恃其国大而言夸，苟乘其不备而攻之，功当可成也。"帝悦，曰："以此众战，何忧不胜。"遂进兵伐乃蛮，驻兵于建忒该山，先遣虎必来、哲别二人为前锋。太阳罕至自按台，营于沆海山，与蔑里乞部长脱脱、克烈部长阿怜太石、猥剌部长忽都花别吉，暨秃鲁班、塔塔儿、哈答斤、散只兀诸部合，兵势颇盛。时我队中羸马有惊入乃蛮营中者，太阳罕见之，与众谋曰："蒙古之马瘦弱如此，今当诱其深入，然后战而擒之。"其将火力速八赤对曰："先王战伐，勇进不回，马尾人背，不使敌人见之。今为此迁延之计，得非心中有所惧乎？苟惧之，何不令后妃来统军也。"太阳罕怒，即跃马索战。帝以哈撒儿主中军。时札木合从太阳罕来，见帝军容整肃，谓左右曰："乃蛮初举兵，视蒙古军若羖䍽羔儿，意谓蹄皮亦不留。今吾观其气势，殆非往时矣。"遂引所部兵遁去。是日，帝与乃蛮军大战至晡，禽杀太阳罕。诸部军一时皆溃，夜走绝险，坠崖死者不可胜计。明日，余众悉降。于是朵鲁班、塔塔儿、哈答斤、散只兀四部亦来降。已而复征蔑里乞部，其长脱脱奔太阳罕之兄卜欲鲁罕，其属带儿兀孙献女迎降，俄复叛去。帝至泰寒寨，遣孛罗欢、沈白二人领右军往平之。

岁乙丑，帝征西夏，拔力吉里寨，经落思城，大掠人民及其橐驼而还。

元年丙寅，帝大会诸王群臣，建九游白旗，即皇帝位于斡难河之源，诸王群臣共上尊号曰成吉思皇帝。是岁实金泰和之六年也。帝既即位，遂发兵复征乃蛮。时卜欲鲁罕猎于兀鲁塔山，擒之以归。太阳罕子屈出律罕与脱脱奔也儿的石河上。帝始议伐金。初，金杀帝宗亲咸补海罕，帝欲复仇。会金降俘等具言金主璟肆行暴虐，帝乃定议致讨，然未敢轻动也。

二年丁卯秋，再征西夏，克斡罗孩城。是岁，遣按弹、不兀剌二人使乞力吉思。既而野牒亦纳里部、阿里替也儿部，皆遣使来献名鹰。

三年戊辰春，帝至自西夏。夏，避暑龙庭。冬，再征脱脱及屈出律罕。时斡亦剌部等遇我前锋，不战而降，因用为向导。至也儿的石河，讨蔑里乞部，灭之。脱脱中流矢死，屈出律奔契丹。

四年己巳春，畏吾儿国来归。帝入河西，夏主李安全遣其世子率师来战，败之，获其副元帅高令公。克兀剌海城，俘其太傅西壁氏。进至克夷门，复败夏师，获其将嵬名令公。薄中兴府，引河水灌之，堤决，水外溃，遂撤围还。遣太傅讹答入中兴，招谕夏主，夏主纳女请和。

五年庚午春，金谋来伐，筑乌沙堡。帝命遮别袭杀其众，遂略地而东。初，帝贡岁币于金，金主使卫王允济受贡于净州。帝见允济不为礼。允济归，欲请兵攻之。会金主璟殂，允济嗣位，有诏至国，传言当拜受。帝问金使曰："新君为谁？"金使曰："卫王也。"帝遽南面唾曰："我谓中原皇帝是天上人做，此等庸懦亦为之耶？何以拜为！"即乘马北去。金使还言，允济益怒，欲俟帝再入贡，就进场害之。帝知之，遂与金绝，益严兵为备。

六年辛未春，帝居怯绿连河。西域哈剌鲁部主阿昔兰罕来降，畏吾儿国主亦都护来觐。二月，帝自将南伐，败金将定薛于野狐岭，取大水泺、丰利等县。金复筑乌沙堡。秋七月，命遮别攻乌沙堡及乌月营，拔之。八月，帝及金师战于宣平之会河川，败之。九月，拔德兴府，居庸关守将遁去。遮别遂入关，抵中都。冬十月，袭金群牧监，驱其马而还。耶律阿海降，入见帝于行在所。皇子术赤、察合台、窝阔台分徇云内、东胜、武、朔等州，下之。是冬，驻跸金之北境。刘伯林、夹谷长哥等来降。

七年壬申春正月，耶律留哥聚众于隆安，自为都元帅，遣使来附。帝破昌、桓、抚等州。金将纥石烈九斤等率兵三十万来援，帝与战于獾儿觜，大败之。秋，围西京。金元帅左都监奥屯襄率师来援，帝遣兵诱至密谷口，逆击之，尽殪。复攻西京，帝中流矢，遂撤围。九月，察罕克奉圣州。冬十二月甲申，遮别攻东京不拔，即引去，夜驰还，袭克之。

八年癸酉春，耶律留哥自立为辽王，改元元统。秋七月，克宣德府，遂攻德兴府。皇子拖雷、驸马赤驹先登，拔之。帝进至怀来，及金行省完颜纲、元帅高琪战，败之，追至北口。金兵保居庸。诏可忒、薄刹守之，遂趋涿鹿。金西京留守忽沙虎遁去。帝出紫荆关，败金师于五回岭，拔涿、易二州。契丹讹鲁不儿等献北口，遮别遂取居庸，与可忒、薄刹会。八月，金忽沙虎弑其主允济，迎丰王珣立之。是秋，分兵三道：命皇子术赤、察合台、窝阔台为右军，循太行而南，取保、遂、安肃、安、定、邢、洺、磁、相、卫、辉、怀、孟，掠泽、潞、辽、沁、平阳、太原、吉、隰，拔汾、石、岚、忻、代、武等州而还；皇弟哈撒儿及斡陈那颜、拙赤䚟、薄刹为左军，遵海而东，取蓟州、平、滦、辽西诸郡而还；帝与皇子拖雷为中军，取雄、霸、莫、安、河间、沧、景、献、深、祁、蠡、冀、恩、濮、开、滑、博、济、泰安、济南、滨、棣、益都、淄、潍、登、莱、沂等郡。复命木华黎攻密州，屠之。史天倪、萧勃迭率众来降，木华黎承制并以为万户。帝至中都，三道兵还，合屯大口。是岁，河北郡县尽拔，唯中都、通、顺、真定、清、沃、大名、东平、德、邳、海州十一城不下。

九年甲戌春三月，驻跸中都北郊。诸将请乘胜破燕，帝不从，乃遣使谕金主曰："汝山东、河北郡县悉为我有，汝所守惟燕京耳。天既弱汝，我复迫汝于险，天其谓我何？我今还军，汝不能犒师以弭我诸将之怒耶？"金主遂遣使求和，奉卫绍王女岐国公主及金帛、童男女五百、马三千以献，仍遣其丞相完颜福兴送帝出居庸。夏五月，金主迁汴，以完颜福兴及参政抹撚尽忠辅其太子守忠，留守中都。六月，金乣军斫答等杀其主帅，率众来降。诏三摸合、石抹明安与斫答等围中都。帝避暑鱼儿泺。秋七月，金太子守忠走汴。冬十月，木华黎征辽东，高州卢琮、金朴等降。锦州张鲸杀其节度使，自立为临海王，遣使来降。

十年乙亥春正月，金右副元帅蒲察七斤以通州降，以七斤为元帅。二月，木华黎攻北京，金元帅寅答虎、乌古伦以城降，以寅答虎为留守，吾也而权兵马都元帅镇之。兴中府元帅石天应来降，以天应为兴中府尹。三月，金御史中丞李英等率师援中都，战于霸州，败之。夏四月，克清、顺二州。诏张鲸总北京十提控兵从南征，鲸谋叛，伏诛。鲸弟致遂据锦州，僭号汉兴皇帝，改元兴龙。五月庚申，金中都留守完颜福兴仰药死，抹撚尽忠弃城走，明安入守之。是月，避暑桓州凉泾，遣忽都忽等籍中都帑藏。秋七月，红罗山寨主杜秀降，以秀为锦州节度使。遣乙职里往谕金主以河北、山东未下诸城来献，及去帝号为河南王，当为罢兵，不从。诏史天倪南征，授右副都元帅，赐金虎符。八月，天倪取平州，金经略使乞住降。木华黎遣史进道等攻广宁府，降之。是秋，取城邑凡八百六十有二。冬十月，金宣抚蒲鲜万奴据辽东，僭称天王，国号大真，改元天泰。十一月，耶律留哥来朝，以其子斜阇入侍。史天祥讨兴州，擒其节度使赵守玉。

十一年丙子春，还庐朐河行宫。张致陷兴中府，木华黎讨平之。秋，撒里知兀䚟三摸合拔都鲁率师由西夏趋关中，遂越潼关，获金西安军节度使尼庞古蒲鲁虎，拔汝州等郡，抵汴京而还。冬十月，蒲鲜万奴降，以其子帖哥入侍。既而复叛，僭称东夏。

十二年丁丑夏，盗祁和尚据武平，史天祥讨平之，遂擒金将巢元帅以献。察罕破金监军夹谷于霸州，金求和，察罕乃还。秋八月，以木华黎为太师，封国王，将蒙古、乣、汉诸军南征，拔遂城、蠡州。冬，克大名府，遂东定益都、淄、登、莱、潍、密等州。是岁，秃满部民叛，命钵鲁完、朵鲁伯讨平之。

十三年戊寅秋八月，兵出紫荆口，获金行元帅事张柔，命还其旧职。木华黎自西京入河东，克太原、平阳及忻、代、泽、潞、汾、霍等州。金将武仙攻满城，张柔击败之。是年，伐西夏，围其王城，夏主李遵顼出走西凉。契丹六哥据高丽江东城，命哈真、札剌率师平之；高丽王瞮遂降，请岁贡方物。

十四年己卯春，张柔败武仙，降祁阳、曲阳、中山等城。夏六月，西域杀使者，帝率师亲征，取讹答剌城，擒其酋哈只儿只兰秃。秋，木华黎克岢，岚、吉、隰等州，进攻绛州，拔其城，屠之。

十五年庚辰春三月，帝克蒲华城。夏五月，克寻思干城，驻跸也儿的石河。秋，攻斡脱罗儿城，克之。木华黎徇地至真定，武仙出降。以史天倪为河北西路兵马都元帅、行府事，仙副之。东平严实籍彰德、大名、磁、洺、恩、博、滑、浚等州户三十万来归，木华黎承制授实金紫光禄大夫、行尚书省事。冬，金邢州节度使武贵降。木华黎攻东平，不克，留严实守之，撤围趋洺州，分兵徇河北诸郡。是岁，授董俊龙虎卫上将军、右副都元帅。

十六年辛巳春，帝攻卜哈儿、薛迷思干等城，皇子术赤攻养吉干、八儿真等城，并下之。夏四月，驻跸铁门关，金主遣乌古孙仲端奉国书请和，称帝为兄，不允。金东平行省事忙古弃城遁，严实入守之。宋遣苟梦玉来请和。夏六月，宋涟水忠义统辖石珪率众来降，以珪为济、兖、单三州总管。秋，帝攻班勒纥等城，皇子术赤、察合台、窝阔台分攻玉龙杰赤等城，下之。冬十月，皇子拖雷克马鲁察叶可、马鲁、昔剌思等城。木华黎出河西，克葭、绥德、保安、鄜、坊、丹等州，进攻延安，不下。十一月，宋京东安抚使张琳以京东诸郡来降，以琳为沧、景、滨、棣等州行都元帅。是岁，诏谕德顺州。

十七年壬午春，皇子拖雷克徒思、匿察兀儿等城，还经木剌夷国，大掠之，渡搠搠阑河，克也里等城。遂与帝会，合兵攻塔里寒寨，拔之。木华黎军克乾、泾、邠、原等州，攻凤翔，不下。夏，避暑塔里寒寨。西域主札阑丁出奔，与灭里可汗合，忽都忽与战不利。帝自将击之，擒灭里可汗。札阑丁遁去，遣八剌追之，不获。秋，金复遣乌古孙仲端来请和，见帝于回鹘国。帝谓曰："我向欲汝主授我河朔地，令汝主为河南王，彼此罢兵，汝主不从。今木华黎已尽取之，乃始来请耶？"仲端乞哀，帝曰："念汝远来，河朔既为我有，关西数城未下者，其割付我，令汝主为河南王，勿复违也。"仲端乃归。金平阳公胡天祚以青龙堡降。冬十月，金河中府来附，以石天应为兵马都元帅守之。

十八年癸未春三月，太师国王木华黎薨。夏，避暑八鲁弯川。皇子术赤、察合台、窝阔台及八剌之兵来会，遂定西域诸城，置达鲁花赤监治之。冬十月，金主珣殂，子守绪立。是岁，宋复遣苟梦玉来。

十九年甲申夏，宋大名总管彭义斌侵河北，史天倪与战于恩州，败之。是岁，帝至东印度国，角端见，班师。

二十年乙酉春正月，还行宫。二月，武仙以真定叛，杀史天倪。董俊判官李全亦以中山叛。三月，史天泽击仙走之，复真定。夏六月，彭义斌以兵应仙，天泽御于赞皇，擒斩之。

二十一年丙戌春正月，帝以西夏纳仇人亦腊喝翔昆及不遣质子，自将伐之。二月，取黑水等城。夏，避暑于浑垂山。取甘、肃等州。秋，取西凉府搠罗、河罗等县，遂逾沙陀，至黄河九渡，取应里等县。九月，李全执张琳，郡王带孙进兵围全于益都。冬十一月庚申，帝攻灵州，夏遣嵬名令公来援。丙寅，帝渡河击夏师，败之。丁丑，五星聚见于西南。驻跸盐州川。十二月，李全降。授张柔行军千户、保州等处都元帅。是岁，皇子窝阔台及察罕之师围金南京，遣唐庆责岁币于金。

二十二年丁亥春，帝留兵攻夏王城，自率师渡河攻积石州。二月，破临洮府。三月，破洮、河、西宁三州。遣斡陈那颜攻信都府，拔之。夏四月，帝次龙德，拔德顺等州，德顺节度使爱申、进士马肩龙死焉。五月，遣唐庆等使金。闰月，避暑六盘山。六月，金遣完颜合周、奥屯阿虎来请和。帝谓群臣曰："朕自去冬五星聚时，已尝许不杀掠，遽忘下诏耶。今可布告中外，令彼行人亦知朕意。"是月，夏主李晛降。帝次清水县西江。秋七月壬午，不豫。己丑，崩于萨里川哈老徒之行宫。临崩谓左右曰："金精兵在潼关，南据连山，北限大河，难以遽破。若假道于宋，宋、金世仇，必能许我，则下兵唐、邓，直捣大梁。金急，必征兵潼关。然以数万之众，千里赴援，人马疲弊，虽至弗能战，破之必矣。"言讫而崩，寿六十六，葬起辇谷。至元三年冬十月，追谥圣武皇帝。至大二年冬十一月庚辰，加谥法天启运圣武皇帝，庙号太祖。在位二十二年。

帝深沉有大略，用兵如神，故能灭国四十，遂平西夏。其奇勋伟迹甚众，惜乎当时史官不备，或多失于纪载云。

戊子年。是岁，皇子拖雷监国。

卷二　本纪第二

太　宗

太宗英文皇帝，讳窝阔台，太祖第三子。母曰光献皇后，弘吉剌氏。太祖伐金、定西域，帝攻城略地之功居多。太祖崩，自霍博之地来会丧。

元年己丑夏，至忽鲁班雪不只之地，皇弟拖雷来见。秋八月己未，诸王百官大会于怯绿连河曲雕阿兰之地，以太祖遗诏即皇帝位于库铁乌阿剌里。始立朝仪，皇族尊属皆拜。颁大札撒。（华言大法令也。）金遣阿虎带来归太祖之赗，帝曰："汝主久不降，使先帝老于兵间，吾岂能忘也，赗何为哉！"却之，遂议伐金。敕蒙古民有马百者输牝马一，牛百者输牸牛一，羊百者输羒羊一，为永制。始置仓廪，立驿传。命河北汉民以户计，出赋调，耶律楚材主之；西域人以丁计，出赋调，麻合没的滑剌西迷主之。印度国主、木罗夷国主来朝。西域伊思八剌纳城酋长来降。是岁，金复遣使来聘，不受。

二年庚寅春正月，诏自今以前事勿问。定诸路课税，酒课验实息十取一，杂税三十取一。是春，帝与拖雷猎于斡儿寒河，遂遣兵围京兆。金主率师来援，败之，寻拔其城。夏，避暑于塔密儿河。朵忽鲁及金兵战，败绩，命速不台援之。秋七月，帝自将南伐，皇弟拖雷、皇侄蒙哥率师从，拔天成等堡，遂渡河攻凤翔。冬十一月，始置十路征收课税使，以陈时可、赵昉使燕京，刘中、刘桓使宣德，周立和、王贞使西京，吕振、刘子振使太原，杨简、高廷英使平阳，王晋、贾从使真定，张瑜、王锐使东平，王德亨、侯显使北京，夹谷永、程泰使平州，田木西、李天翼使济南。是月，师攻潼关、蓝关，不克。十二月，拔天胜寨及韩城、蒲城。

三年辛卯春二月，克凤翔，攻洛阳、河中诸城，下之。夏五月，避暑于九十九泉。命拖雷出师宝鸡。遣搠不罕使宋假道，宋杀之。复遣李国昌使宋需粮。秋八月，幸云中。始立中书省，改侍从官名，以耶律楚材为中书令，粘合重山为左丞相，镇海为右丞相。是月，以高丽杀使者，命撒礼塔率师讨之，取四十余城。高丽王瞮遣其弟怀安公请降，撒礼塔承制设官分镇其地，乃还。冬十月乙卯，帝围河中。十二月己未，拔之。

四年壬辰春正月戊子，帝由白坡渡河。庚寅，拖雷渡汉江，遣使来报，即诏诸军进发。甲午，次郑州。金防城提控马伯坚降，授伯坚金符，使守之。丙申，大雪。丁酉，又雪。次新郑。是日，拖雷及金师战于钧州之三峰，大败之，获金将蒲阿。戊戌，帝至三峰。壬寅，攻钧州，克之，获金将合达，遂下商、虢、嵩、汝、陕、洛、许、郑、陈、亳、颍、寿、睢、永等州。三月，命速不台等围南京，金主遣其弟曹王讹可入质。帝还，留速不台守河南。夏四月，出居庸，避暑官山。高丽叛，杀所置官吏，徙居江华岛。秋七月，遣唐庆使金谕降，金杀之。八月，撒礼塔复征高丽，中矢卒。金参政完颜思烈、恒山公武仙救南京，诸军与战，败之。九月，拖雷薨，帝还龙庭。冬十一月，猎于纳兰赤剌温之野。十二月，如太祖行宫。

五年癸巳春正月庚申，金主奔归德。戊辰，金西面元帅崔立杀留守完颜奴申、完颜习捏阿不，以南京降。二月，幸铁列都之地。诏诸王议伐万奴，遂命皇子贵由及诸王按赤带将左翼军讨之。夏四月，速不台进至青城，崔立以金太后王氏、后徒单氏及梁王从恪、荆王守纯等至军中，速不台遣送行在，遂入南京。六月，金主奔蔡，塔察儿率师围之。诏以孔子五十一世孙元措袭封衍圣公。秋八月，猎于兀必思地。以阿同葛等充宣差勘事官，括中州户，得户七十三万余。九月，擒万奴。冬十一月，宋遣荆鄂都统孟珙以兵粮来助。十二月，诸军与宋兵合攻蔡，败武仙于息州，金人以海、沂、莱、潍等州降。是冬，帝至阿鲁兀忽可吾行宫。大风霾七昼夜。敕修孔子庙及浑天仪。

六年甲午春正月，金主传位于宗室子承麟，遂自经而焚。城拔，获承麟，杀之。宋兵取金主余骨以归，金亡。是春，会诸王，宴射于斡儿寒河。夏五月，帝在达兰达葩之地，大会诸王百僚，谕条令曰："凡当会不赴而私宴者，斩。诸出入宫禁，各有从者，男女止以十人为朋，出入毋得相杂。军中凡十人置甲长，听其指挥，专擅者论罪。其甲长以事来宫中，即置权摄一人、甲外一人，二人不得擅自往来，违者罪之。诸公事非当言而言者，拳其耳；再犯，笞；三犯，杖；四犯，论死。诸千户越万户前行者，随以木镞射之。百户、甲长、诸军有犯，其罪同。不遵此法者，斥罢。今后来会诸军，甲内数不足，于近翼抽补足之。诸人或居室，或在军，毋敢喧呼。凡来会，用善马五十匹为一羁，守者五人，饲羸马三人，守乞烈思三人。但盗马一二者，即论死。诸人马不应绊于乞烈思内者，辄没与畜虎豹人。诸妇人制质孙燕服不如法者，及妒者，乘以骣牛徇部中，论罪，即聚财为更娶。"秋七月，以胡土虎那颜为中州断事官。遣达海绀卜征蜀。是秋，帝在八里里答阑答八思之地，议自将伐宋，国王查老温请行，遂遣之。冬，猎于脱卜寒地。

七年乙未春，城和林，作万安宫。遣诸王拔都及皇子贵由、皇侄蒙哥征西域，皇子阔端征秦、巩，皇子曲出及胡土虎伐宋，唐古征高丽。秋九月，诸王口温不花获宋何太尉。冬十月，曲出围枣阳，拔之，遂徇襄、邓，入郢，虏人民牛马数万而还。十一月，阔端攻石门，金便宜都总帅汪世显降。中书省臣请契勘《大明历》，从之。

八年丙申春正月，诸王各治具来会宴。万安宫落成。诏印造交钞行之。二月，命应州郭胜、钧州孛术鲁九住、邓州赵祥从曲出充先锋伐宋。三月，复修孔子庙及司天台。夏六月，复括中州户口，得续户一百一十余万。耶律楚材请立编修所于燕京，经籍所于平阳，编集经史，召儒士梁陟充长官，以王万庆、赵著副之。秋七月，命陈时可阅刑名、科差、课税等案，赴阙磨照。诏以真定民户奉太后汤沐，中原诸州民户分赐诸王、贵戚、斡鲁朵：拔都，平阳府；茶合带，太原府；古与，大名府；孛鲁带，邢州；果鲁干，河间府；孛鲁古带，广宁府；野苦，益都、济南二府户内拨赐；按赤带，滨、棣州；斡陈那颜，平、滦州；皇子阔端、驸马赤苦、公主阿剌海、公主果真、国王查剌温、茶合带、锻真、蒙古寒札、按赤那颜、圻那颜、火斜、术思，并于东平府户内拨赐有差。耶律楚材言非便，遂命各位止设达鲁花赤，朝廷置官吏收其租颁之，非奉诏不得征兵赋。阔端率汪世显等入蜀，取宋关外数州，斩蜀将曹友闻。冬十月，阔端入成都。诏招谕秦、巩等二十余州，皆降。皇子曲出薨。张柔等攻郢州，拔之。襄阳府来附，以游显领襄阳、樊城事。

九年丁酉春，猎于揭揭察哈之泽。蒙哥征钦察部，破之，擒其酋八赤蛮。夏四月，筑扫邻城，作迦坚茶寒殿。六月，左翼诸部讹言括民女，帝怒，因括以赐麾下。秋八月，命术虎乃、刘中试诸路儒士，中选者除本贯议事官，得四千三十人。冬十月，猎于野马川，幸龙庭，遂至行宫。是冬，口温不花等围光州，命张柔、巩彦晖、史天泽攻下之，遂别攻蕲州，降随州，略地至黄州，宋惧请和，乃还。

十年戊戌春，塔思军至北峡关，宋将汪统制降。夏，襄阳别将刘义叛，执游显等降宋。宋兵复取襄、樊。帝猎于揭揭察哈之泽。筑图苏湖城，作迎驾殿。秋八月，陈时可、高庆民等言诸路旱蝗，诏免今年田租，仍停旧未输纳者，俟丰岁议之。

十一年己亥春，复猎于揭揭察哈之泽。皇子阔端军至自西川。秋七月，游显自宋逃归。以山东诸路灾，免其税粮。冬十一月，蒙哥率师围阿速蔑怯思城，阅三月，拔之。十二月，商人奥都剌合蛮买扑中原银课二万二千锭，以四万四千锭为额，从之。

十二年庚子春正月，以奥都剌合蛮充提领诸路课税所官。皇子贵由克西域未下诸部，遣使奏捷。命张柔等八万户伐宋。冬十二月，诏贵由班师。敕州郡失盗不获者，以官物偿之。国初，令民代偿，民多亡命，至是罢之。是岁，以官民贷回鹘金偿官者岁加倍，名羊羔息，其害为甚，诏以官物代还，凡七万六千锭。仍命凡假贷岁久，惟子本相侔而止，著为令。籍诸王大臣所俘男女为民。

十三年辛丑春二月，猎于揭揭察哈之泽。帝有疾，诏赦天下囚徒。帝瘳。秋，高丽国王王瞮以族子綧入质。冬十月，命牙老瓦赤主管汉民公事。十一月丁亥，大猎。庚寅，还至钚铁鎋胡兰山。奥都剌合蛮进酒，帝欢饮，极夜乃罢。辛卯迟明，帝崩于行殿。在位十三年，寿五十有六。葬起辇谷。追谥英文皇帝，庙号太宗。

帝有宽弘之量，忠恕之心，量时度力，举无过事，华夏富庶，羊马成群，旅不赍粮，时称治平。

壬寅年春，六皇后乃马真氏始称制。秋七月，张柔自五河口渡淮，攻宋扬、滁、和等州。

癸卯年春正月，张柔分兵屯田于襄城。夏五月，荧惑犯房星。秋，后命张柔总兵戍杞。

甲辰年夏五月，中书令耶律楚材薨。

乙巳年秋，后命马步军都元帅察罕等率骑三万与张柔掠淮西，攻寿州，拔之，遂攻泗州、盱眙及扬州。宋制置赵蔡请和，乃还。

定　宗

定宗简平皇帝，讳贵由，太宗长子也。母曰六皇后，乃马真氏，以丙寅年生帝。太宗尝命诸 王按只带伐金，帝以皇子从，虏其亲王而归。又从诸 王拔都西征，次阿速境，攻围木栅山寨，以三十余人与战，帝及宪宗与焉。太宗尝有旨以皇孙失烈门为嗣。太宗崩，皇后临朝，会诸 王百官于答兰答八思之地，遂议立帝。

元年丙午春正月，张柔入觐于和林。秋七月，即皇帝位于汪吉宿灭秃里之地。帝虽御极，而朝政犹出于六皇后云。冬，猎黄羊于野马川。权万户史权等耀兵淮南，攻虎头关寨，拔之，进围黄州。

二年丁未春，张柔攻泗州。夏，避暑于曲律淮黑哈速之地。秋，西巡。八月，命野里知吉带率搠思蛮部兵征西。是月，诏蒙古人户每百以一名充拔都鲁。九月，取太宗宿卫之半，以也曲门答儿领之。冬十月，括人户。

三年戊申春三月，帝崩于横相乙儿之地。在位三年，寿四十有三。葬起辇谷。追谥简平皇帝，庙号定宗。是岁大旱，河水尽涸，野草自焚，牛马十死八九，人不聊生。诸王及各部又遣使于燕京迤南诸郡，征求货财、弓矢、鞍辔之物，或于西域回鹘索取珠玑，或于海东楼取鹰鹘，驲骑络绎，昼夜不绝，民力益困。然自壬寅以来，法度不一，内外离心，而太宗之政衰矣。

己酉年。

庚戌年。

定宗崩后，议所立未决。当是时，已三岁无君，其行事之详，简策失书，无从考也。

卷三　本纪第三

宪　宗

宪宗桓肃皇帝，讳蒙哥，睿宗拖雷之长子也。母曰庄圣太后，怯烈氏，讳唆鲁禾帖尼。岁戊辰，十二月三日生帝。时有黄忽答部知天象者，言帝后必大贵，故以蒙哥为名。（蒙哥，华言长生也。）太宗在潜邸，养以为子，属昂灰皇后抚育之。既长，为娶火鲁剌部女火里差为妃，分之部民。及睿宗薨，乃命归藩邸。从征伐，屡立奇功。尝攻钦察部，其酋八赤蛮逃于海岛。帝闻，亟进师，至其地，适大风刮海水去，其浅可渡。帝喜曰："此天开道与我也。"遂进屠其众，擒八赤蛮，命之跪，八赤蛮曰："我为一国主，岂苟求生？且身非驼，何以跪人为？"乃命囚之。八赤蛮谓守者曰："我之窜入于海，与鱼何异，然终见擒，天也。今水回期且至，军宜早还。"帝闻之，即班师，而水已至，后军有浮渡者。复与诸王拔都征斡罗思部，至也烈赞城，躬自搏战，破之。

岁戊申，定宗崩，朝廷久未立君，中外汹汹，咸属意于帝，而觊觎者众，议未决。诸王拔都、木哥、阿里不哥、唆亦哥秃、塔察儿，大将兀良合台、速你带、帖木迭儿、也速不花，咸会于阿剌脱忽剌兀之地，拔都首建议推戴。时定宗皇后海迷失所遣使者八剌在坐，曰："昔太宗命以皇孙失烈门为嗣，诸王百官皆与闻之。今失烈门故在，而议欲他属，将置之何地耶？"木哥曰："太宗有命，谁敢违之。然前议立定宗，由皇后脱列忽乃与汝辈为之，是则违太宗之命者，汝等也，今尚谁咎耶？"八剌语塞。兀良合台曰："蒙哥聪 明睿知，人咸知之，拔都之议良是。"拔都即申令于众，众悉应之，议遂定。

元年辛亥夏六月，西方诸王别儿哥、脱哈帖木儿，东方诸王也古、脱忽、亦孙哥、按只带、塔察儿、别里古带，西方诸大将班里赤等，东方诸大将也速不花等，复大会于阔帖兀阿阑之地，共推帝即皇帝位于斡难河。失烈门及诸弟脑忽等心不能平，有后言。帝遣诸王旭烈与忙可撒儿帅兵觇之。诸王也速忙可、不里、火者等后期不至，遣不怜吉䚟率兵备之。遂改更庶政：命皇弟忽必烈领治蒙古、汉地民户；遣塔儿、斡鲁不、察乞剌、赛典赤、赵璧等诣燕京，抚谕军民；以忙哥撒儿为断事官；以孛鲁合掌宣发号令、朝觐贡献及内外闻奏诸事；以晃兀儿留守和林宫阙、帑藏，阿蓝答儿副之；以牙剌瓦赤、不只儿、斡鲁不、覩答儿等充燕京等处行尚书省事，赛典赤、匿昝马丁佐之；以讷怀、塔剌海、麻速忽等充别失八里等处行尚书省事，暗都剌兀尊、阿合马、也的沙佐之；以阿儿浑充阿母河等处行尚书省事，法合鲁丁、匿只马丁佐之；以茶寒、叶了干统两淮等处蒙古、汉军，以带答儿统四川等处蒙古、汉军，以和里䚟统土蕃等处蒙古、汉军，皆仍前征进；以僧海云掌释教事，以道士李真常掌道教事。叶孙脱、按只䚟、畅吉、爪难、合答曲怜、阿里出及刚疙疸、阿散、忽都鲁等，务持两端，坐诱诸王为乱，并伏诛。遂颁便益事宜于国中：凡朝廷及诸王滥发牌印、诏旨、宣命，尽收之；诸王驰驿，许乘三马，远行亦不过四；诸王不得擅招民户；诸官属不得以朝觐为名赋敛民财；民粮远输者，许于近仓输之。罢筑和林城役千五百人。冬，以宴只吉带违命，遣合丹诛之，仍籍其家。

二年壬子春正月，幸失灰之地，遣乞都不花攻末来吉儿都怯寨。皇太后崩。夏，驻跸和林。分迁诸王于各所：合丹于别石八里地，蔑里于叶儿的石河，海都于海押立地，别儿哥于曲儿只地，脱脱于叶密立地，蒙哥都及太宗皇后乞里吉忽帖尼于扩端所居地之西。仍以太宗诸后妃家赀分赐亲王。定宗后及失烈门母以厌禳事觉，并赐死，谪失烈门、也速、孛里等于没脱赤之地，禁锢和只、纳忽、也孙脱等于军营。秋七月，命忽必烈征大理，诸王秃儿花、撒立征身毒，怯的不花征没里奚，旭烈征西域素丹诸国。诏谕宋荆南、襄阳、樊城、均州诸守将，使来附。八月，忽必烈次临洮，命总帅汪田哥以城利州闻，欲为取蜀之计。冬十月，命诸王也古征高丽。帝驻跸月帖古忽阑之地。时帝因猎坠马伤臂，不视朝百余日。十二月戊午，大赦天下。以帖哥紬、阔阔术等掌帑藏；孛阑合剌孙掌斡脱；阿忽察掌祭祀、医巫、卜筮，阿剌不花副之。诸王合剌薨。以只儿斡带掌传驿所需，孛鲁合掌必阇赤写发宣诏及诸色目官职。徙诸匠五百户修行宫。是岁，籍汉地民户。诸王旭烈薨。

三年癸丑春正月，汪田哥修治利州，且屯田，蜀人莫敢侵轶。帝猎于怯蹇叉罕之地。诸王也古以怨袭诸王塔剌儿营。帝遂会诸王于斡难河北，赐予甚厚。罢也古征高丽兵，以札剌儿带为征东元帅。遣必阇别儿哥括斡罗思户口。三月，大兵攻海州，戍将王国昌逆战于城下，败之，获都统一人。夏六月，命诸王旭烈兀及兀良合台等帅师征西域哈里发八哈塔等国。又命塔塔儿带撒里、土鲁花等征欣都思、怯失迷儿等国。帝幸火儿忽纳要不儿之地。诸王拔都遣脱必察诣行在，乞买珠银万锭，以千锭授之，仍诏谕之曰："太祖、太宗之财，若此费用，何以给诸王之赐！王宜详审之。此银就充今后岁赐之数。"秋，幸军脑儿。以忙可撒儿为万户，哈丹为札鲁花赤。九月，忽必烈次忒剌地，分兵三道以进。冬十二月，大理平。帝驻跸汪吉地。命宗王耶虎与洪福源同领军征高丽，攻拔禾山、东州、春州、三角山、杨根、天龙等城。是岁，断事官忙哥撒儿卒。

四年甲寅春，帝猎于怯蹇叉罕。夏，幸月儿灭怯土之地。遣札剌亦儿部人火儿赤征高丽。秋七月，诏官吏之赴朝理算钱粮者，许自首不公，仍禁以后浮费。冬，大猎于也灭干哈里叉海之地。忽必烈还自大理，留兀良合台攻诸夷之未附者，入觐于猎所。是岁，会诸王于颗颗脑儿之西，乃祭天于日月山。初籍新军。帝谓大臣，求可以慎固封守、闲于将略者。擢史枢征行万户，配以真定、相、卫、怀、孟诸军，驻唐、邓。张柔移镇亳州。权万户史权屯邓州。张柔遣张信将八汉军戍颍州。王安国将四千户渡汉南，深入而还。张柔以连岁勤兵，两淮艰于粮运，奏据亳之利。诏柔率山前八军，城而戍之。柔又以涡水北隘浅不可舟，军既病涉，曹、濮、魏、博粟皆不至，乃筑甬路自亳抵汴，堤百二十里，流深而不能筑，复为桥十五，或广八十尺，横以二堡戍之。均州总管孙嗣遣人赍蜡书降，且乞援，史权以精甲备宋人之要，遂援嗣而来。其后骁将钟显、王梅、杜柔、袁师信各帅所部来降。

五年乙卯春，诏征逋欠钱谷。夏，帝幸月儿灭怯土。秋九月，张柔会大帅于符离。以百丈口为宋往来之道，可容万艘，遂筑甬路，自亳而南六十余里，中为横江堡。又以路东六十里皆水，可致宋舟，乃立栅水中，惟密置侦逻于所达之路，由是鹿邑、宁陵、考、柘、楚丘、南顿无宋患，陈、蔡、颍、息皆通矣。是岁，改命劄剌䚟与洪福源同征高丽。后此又连三岁，攻拔其光州、安城、忠州、玄风、珍原、甲向、玉果等城。

六年丙辰春，大风起北方，砂砾飞扬，白日晦冥。帝会诸王、百官于欲儿陌哥都之地，设宴六十余日，赐金帛有差，仍定拟诸王岁赐钱谷。忽必烈遣没儿合石诣行在所，奏请续签内郡汉军，从之。夏四月，驻跸于塔密儿。五月，幸昔剌兀鲁朵。六月，太白昼见。幸䚟亦儿阿答。诸王亦孙哥、驸马也速儿等请伐宋。帝亦以宋人违命囚使，会议伐之。秋七月，命诸王各还所部以居。诸王塔察儿、驸马帖里垓军过东平诸处，掠民羊豕，帝闻，遣使问罪，由是诸军无犯者。是岁，波丽国王细嵯甫、云南酋长摩合罗嵯及素丹诸国来觐。兀良合台讨白蛮等，克之；遂自昔八儿地还至重庆府，败宋将张都统。赐金缕织文衣一袭、银五十两、彩帛万二百匹，以赉军士。冬，帝驻跸阿塔哈帖乞儿蛮。以阿木河回回降民分赐诸王百官。

七年丁巳春，幸忽阑也儿吉。诏诸王出师征宋。乞都不花等讨末来吉儿都怯寨，平之。夏六月，谒太祖行宫，祭旗鼓，复会于怯鲁连之地，还幸月儿灭怯土。秋，驻跸于军脑儿，酾马乳祭天。九月，出师南征。以驸马剌真之子乞䚟为达鲁花赤，镇守斡罗思，仍赐马三百、羊五千。回鹘献水精盆、珍珠伞等物，可直银三万余锭。帝曰：

"方今百姓疲弊，所急者钱尔，朕独有此何为?"却之。赛典赤以为言，帝稍偿其直，且禁其勿复有所献。宗王塔察儿率诸军南征，围樊城，霖雨连月，乃班师。元帅卜邻吉䚟军自邓州略地，遂渡汉江。冬十一月，兀良合台伐交趾，败之，入其国。安南主陈日煚窜海岛，遂班师。遣阿蓝答儿、脱因、囊加台等诣陕西等处理算钱谷。冬，帝度漠南，至于玉龙栈。忽必烈及诸王阿里不哥、八里土、出木哈儿、玉龙塔失、昔烈吉、公主脱灭干等来迎，大燕，既而各遣归所部。

八年戊午春正月朔，幸也里本朵哈之地，受朝贺。二月，陈日煚传国于长子光昺。光昺遣婿与其国人以方物来见，兀良合台送诣行在所。诸王旭烈兀讨回回哈里发，平之，禽其王，遣使来献捷。帝猎于也里海牙之地。师南征，次于河。适冰合，以土覆之而渡。帝自将伐宋，由西蜀以入。命张柔从忽必烈征鄂，趋杭州。命塔察攻荆山，分宋兵力。宋四川制置使蒲泽之攻成都，纽邻率师与战，败之；进攻云顶山，守将姚某等以众相继来降。诏以纽邻为都元帅。帝由东胜渡河。遣参知政事刘太平括兴元户口。三月，命洪茶丘率师从劄剌䚟同征高丽。夏四月，驻跸六盘山，诸郡县守令来觐。丰州千户郭燧奏请续签军千人修治金州，从之。是时，军四万，号十万，分三道而进：帝由陇州入散关，诸王莫哥由洋州入米仓关，孛里叉万户由渔关入沔州。以明安答儿为太傅，守京兆。诏征益都行省李璮兵，璮来言："益都南北要冲，兵不可撤。"从之。璮还，击海州、涟水等处。五月，皇子阿速带因猎独骑伤民稼，帝见让之，遂挞近侍数人。士卒有拔民葱者，即斩以徇。由是秋毫莫敢犯。仍赐所经郡守各有差。秋七月，留辎重于六盘山，率兵由宝鸡攻重贵山，所至辄平。八月辛丑，璮与宋人战，杀宋师殆尽。九月，驻跸汉中。都元帅纽邻留密里火者、刘黑马等守成都，悉率余兵渡马湖，禽宋制置使张实，遂遣实招谕苦竹隘，实遁。冬十月壬午，帝次宝峰。癸未，如利州，观其城池并非深固，以汪田哥能守，蜀不敢犯，赐卮酒奖谕之。帝渡嘉陵江，至白水江，命田哥造浮梁以济，梁成，赐田哥等金帛有差。帝驻跸剑门。戊子，攻苦竹隘，裨将赵仲窃献东南门，师入，与其守将杨立战，败之，杀立，众皆奔溃。诏毋犯赵仲家属，仍赐仲衣帽，徙于隆庆。己亥，获张实，支解之。赐田哥玉带及犒赏士卒，留精兵五百守之。遣使招谕龙州。帝至高峰。庚子，围长宁山，守将王佐、裨将徐昕等率兵出战，败之。十一月己酉，帝督军先攻鹅顶堡。壬子，力战于望喜门。薄暮，宋知县王仲由鹅顶堡出降。是夜破其城，王佐死焉。癸丑，诛佐之子及徐昕等四十余人。以彭天祥为达鲁花赤治其事，王仲副之。丙辰，进攻大获山，守将杨大渊降，命大渊为四川侍郎，仍以其兵从。庚午，次和溪口，遣骁骑略青居山。是月，龙州王知府降。诸王莫哥都攻礼义山不克，诸王塔察儿略地至江而还，并会于行在所。命忽必烈统诸路蒙古、汉军伐宋。十二月壬午，杨大渊率所部兵与汪田哥分击相如等县。都元帅纽邻攻简州，以宋降将张威率众为先锋。乙酉，帝次于运山。大渊遣人招降其守将张大悦，仍以大悦为元帅。师至青居山，裨将刘渊等杀都统段元鉴降。庚寅，遣使招谕未附。丁酉，隆州守县降。己亥，大良山守将蒲元圭降。诏诸军毋俘掠。癸卯，攻雅州，拔之。石泉守将赵顺降。甲辰，遣宋人晋国宝招谕合州守将王坚，坚辞之，国宝遂归。是岁，皇子辨都薨于吉河之南。

九年己未春正月乙巳朔，驻跸重贵山北，置酒大会，因问诸王、驸马、百官曰："今在宋境，夏暑且至，汝等其谓可居否乎?"札剌亦儿部人脱欢曰："南土瘴疠，上宜北还，所获人民，委吏治之，便。"阿儿剌部人八里赤曰："脱欢怯，臣愿往居焉。"帝善之。戊申，晋国宝归次峡口，王坚追还杀之。诸王莫哥都复攻渠州礼义山，曳剌秃鲁雄攻巴州平梁山。丁卯，大渊请攻合州，俘男女八万余。二月丙子，帝悉率诸兵渡鸡爪滩，至石子山。丁丑，督诸军战城下。辛巳，攻一字城。癸未，攻镇西门。三月，攻东新门、奇胜门、镇西门小堡。夏四月丙子，大雷雨凡二十日。乙未，攻护国门。丁酉，夜登外城，杀宋兵甚众。五月，屡攻不克。六月丁巳，汪田哥复选兵夜登外城马军寨，杀寨主及守城者。王坚率兵来战。迟明，遇雨，梯折，后军不克进而止。是月，帝不豫。秋七月辛亥，留精兵三千守之，余悉攻重庆。癸亥，帝崩于钓鱼山，寿五十有二，在位九年。追谥桓肃皇帝，庙号宪宗。

帝刚明雄毅，沉断而寡言，不乐燕饮，不好侈靡，虽后妃不许之过制。初，太宗朝，群臣擅权，政出多门。至是，凡有诏旨，帝必亲起草，更易数四，然后行之。御群臣甚严，尝谕旨曰："尔辈若得朕奖谕之言，即志气骄逸，志气骄逸，而灾祸有不随至者乎？尔辈其戒之。"性喜畋猎，自谓遵祖宗之法，不蹈袭他国所为。然酷信巫觋卜筮之术，凡行事必谨叩之，殆无虚日，终不自厌也。

卷四　本纪第四

世　祖　一

世祖圣德神功文武皇帝，讳忽必烈，睿宗皇帝第四子。母庄圣太后，怯烈氏。以乙亥岁八月乙卯生。及长，仁明英睿，事太后至孝，尤善抚下。纳弘吉剌氏为妃。

岁甲辰，帝在潜邸，思大有为于天下，延藩府旧臣及四方文学之士，问以治道。

岁辛亥，六月，宪宗即位，同母弟惟帝最长且贤，故宪宗尽属以漠南汉地军国庶事，遂南驻爪忽都之地。

邢州有两答剌罕言于帝曰："邢吾分地也，受封之初，民万余户，今日减月削，才五七百户耳，宜选良吏抚循之。"帝从其言，承制以脱兀脱及张耕为邢州安抚使，刘肃为商榷使，邢乃大治。

岁壬子，帝驻桓、抚间。宪宗令断事官牙鲁瓦赤与不只儿等总天下财赋于燕，视事一日，杀二十八人。其一人盗马者，杖而释之矣，偶有献环刀者，遂追还所杖者，手试刀斩之。帝责之曰："凡死罪，必详谳而后行刑，今一日杀二十八人，必多非辜。既杖复斩，此何刑也？"不只儿错愕不能对。太宗朝立军储所于新卫，以收山东、河北丁粮，后惟计直取银帛，军行则以资之。帝请于宪宗，设官筑五仓于河上，始令民入粟。宋遣兵攻虢之卢氏、河南之永宁、卫之八柳渡，帝言之宪宗，立经略司于汴，以忙哥、史天泽、杨惟中、赵璧为使，陈纪、杨果为参议，俾屯田唐、邓等州，授之兵、牛，敌至则御，敌去则耕，仍置屯田万户于邓，完城以备之。夏六月，入觐宪宗于曲先恼儿之地，奉命帅师征云南。秋七月丙午，祃牙西行。

岁癸丑，受京兆分地。诸将皆筑第京兆，豪侈相尚，帝即分遣，使戍兴元诸州。又奏割河东解州盐池以供军食，立从宜府于京兆，屯田凤翔，募民受盐入粟，转漕嘉陵。夏，遣王府尚书姚枢立京兆宣抚司，以孛兰及杨惟中为使，关陇大治。又立交钞提举司，印钞以佐经用。秋八月，师次临洮。遣玉律术、王君候、王鉴谕大理，不果行。九月壬寅，师次忒剌，分三道以进。大将兀良合带率西道兵，由晏当路；诸王抄合、也只烈帅东道兵，由白蛮；帝由中道。乙巳，至满陀城，留辎重。冬十月丙午，过大渡河，又经行山谷二千余里，至金沙江，乘革囊及筏以渡。摩娑蛮主迎降，其地在大理北四百余里。十一月辛卯，复遣玉律术等使大理。丁酉，师至白蛮打郭寨，其主将出降，其侄坚壁拒守，攻拔杀之，不及其民。庚子，次三甸。辛丑，白蛮送款。十二月丙辰，军薄大理城。初，大理主段氏微弱，国事皆决于高祥、高和兄弟，是夜，祥率众遁去，命大将也古及拔突儿追之。帝既入大理，曰："城破而我使不出，计必死矣。"己未，西道兵亦至，命姚枢等搜访图籍，乃得三使尸。既瘗，命枢为文祭之。辛酉，南出龙首城，次赵睑。癸亥，获高祥，斩于姚州。留大将兀良合带戍守，以刘时中为宣抚使，与段氏同安辑大理，遂班师。

岁甲寅，夏五月庚子，驻六盘山。六月，以廉希宪为关西道宣抚使，姚枢为劝农使。秋八月，至自大理，驻桓、抚间，复立抚州。冬，驻爪忽都之地。

岁乙卯，春，复驻桓、抚间。冬，驻奉圣州北。

岁丙辰，春三月，命僧子聪卜地于桓州东、滦水北，城开平府，经营宫室。冬，驻于合剌八剌合孙之地。宪宗命益怀州为分地。

岁丁巳，春，宪宗命阿蓝答儿、刘太平会计京兆、河南财赋，大加钩考，其贫不能输者，帝为代偿之。冬十二月，入觐于也可迭烈孙之地，议分道攻宋，以明年为期。

岁戊午，冬十一月戊申，祃牙于开平东北，是日启行。

岁己未，春二月，会诸王于邢州。夏五月，驻小濮州。征东平宋子贞、李昶，访问得失。秋七月甲寅，次汝南，命大将拔都儿等前行，备粮汉上，戒诸将毋妄杀。命杨惟中、郝经宣抚江淮，必阇赤孙贞督军须蔡州。有军士犯法者，贞缚致有司，白于帝，命戮以徇，诸军凛然，无敢犯令者。八月丙戌，渡淮。辛卯，入大胜关，宋戍兵皆遁。壬辰，次黄陂。甲午，遣廉希宪招台山寨，比至，千户董文炳等已破之。时淮民被俘者众，悉纵之。庚子，先锋茶忽得宋沿江制置司榜来上，有云："今夏谍者闻北兵会议，取黄陂民船系筏，由阳逻堡以渡，会于鄂州。"帝曰："此事前所未有，愿如其言。"辛丑，师次江北。九月壬寅朔，亲王穆哥自合州钓鱼山遣使以宪宗凶问来告，且请北归以系天下之望。帝曰："吾奉命南来，岂可无功遽还？"甲辰，登香罏山，俯瞰大江，江北曰武湖，湖之东曰阳逻堡，其南岸即浒黄洲。宋以大舟扼江渡，帝遣兵夺二大舟，是夜，遣木鲁花赤、张文谦等具舟楫。乙巳迟明，至江岸，风雨晦冥，诸将皆以为未可渡，帝不从，遂申敕将帅扬旗伐鼓，三道并进，天为开霁。与宋师接战者三，杀获甚众，径达南岸。军士有擅入民家者，以军法从事。凡所俘获，悉纵之。丁未，遣王冲道、李宗杰、訾郊招谕鄂城，比至东门，矢下如雨，冲道坠马，为敌所获，宗杰、郊奔还。帝驻浒黄洲。己酉，抵鄂，屯兵教场。庚戌，围鄂。壬子，登城东北压云亭，立望楼，高可五丈，望见城中出兵，趣兵迎击，生擒二人，云："贾似道率兵救鄂，事起仓卒，皆非精锐。"遂命官取逃民弃粮，聚之军中，为攻取计。戊午，顺天万户张柔兵至。大将拔突儿等以舟师趋岳州，遇宋将吕文德自重庆来，拔都儿等迎战，文德乘夜入鄂城，守愈坚。冬十月辛未朔，移驻乌龟山。甲戌，拔突儿还自岳。十一月丙辰，移驻牛头山。兀良合带略地诸蛮，由交趾历邕、桂，抵潭州，闻帝在鄂，遣使来告。时先朝诸臣阿蓝答儿、浑都海、脱火思、脱里赤等谋立阿里不哥。阿里不哥者，睿宗第七子，帝之弟也。于是阿蓝答儿发兵于漠北诸部，脱里赤括兵于漠南诸州，而阿蓝答儿乘传调兵，去开平仅百余里。皇后闻之，使人谓之曰："发兵大事，太祖皇帝曾孙真金在此，何故不令知之？"阿蓝答儿不能答。继又闻脱里赤亦至燕，后即遣脱欢、爱莫干驰至军前密报，请速还。丁卯，发牛头山，声言趣临安，留大将拔突儿等帅诸军围鄂。闰月庚午朔，还驻青山矶。辛未，临江岸，遣张文谦还谕诸将曰："迟六日，当去鄂退保浒黄洲。"命文谦发降民二万北归。宋贾似道遣宋京请和，命赵璧等语之曰："汝以生灵之故来请和好，其意甚善，然我奉命南征，岂能中止？果有事大之心，当请于朝。"是日，大军北还。己丑，至燕。脱里赤方括民兵，民甚苦之，帝诘其由，托以宪宗临终之命。帝察其包藏祸心，所集兵皆纵之，人心大悦。是冬，驻燕京近郊。

中统元年春三月戊辰朔，车驾至开平。亲王合丹、阿只吉率西道诸王，塔察儿、也先哥、忽剌忽儿、爪都率东道诸 王，皆来会，与诸大臣劝进。帝三让，诸王大臣固请。辛卯，帝即皇帝位，以祃祃、赵璧、董文炳为燕京路宣慰使。陕西宣抚使廉希宪言："高丽国王尝遣其世子倎入觐，会宪宗将兵攻宋，倎留三年不遣。今闻其父已死，若立倎，遣归国，彼必怀德于我，是不烦兵而得一国也。"帝是其言，改馆倎，以兵卫送之，仍赦其境内。夏四月戊戌朔，立中书省，以王文统为平章政事，张文谦为左丞。以八春、廉希宪、商挺为陕西四川等路宣抚使，赵良弼参议司事，粘合南合、张启元为西京等处宣抚使。己亥，诏谕高丽国王王倎，仍归所俘民及其逃户，禁边将勿擅掠。辛丑，以即位诏天下。诏曰：

朕惟祖宗肇造区宇，奄有四方，武功迭兴，文治多缺，五十余年于此矣。盖时有先后，事有缓急，天下大业，非一圣一朝所能兼备也。先皇帝即位之初，风飞雷厉，将大有为。忧国爱民之心虽切于己，尊贤使能之道未得其人。方董夔门之师，遽遗鼎湖之泣。岂期遗恨，竟勿克终。

肆予冲人，渡江之后，盖将深入焉，乃闻国中重以签军之扰，黎民惊骇，若不能一朝居者。予为此惧，驲骑驰归。目前之急虽纾，境外之兵未戢。乃会群议，以集良规。不意宗盟，辄先推戴。左右万里，名王巨臣，不召而来者有之，不谋而同者皆是，咸谓国家之大统不可久旷，神人之重寄不可暂虚。求之今日，太祖嫡孙之中，先皇母弟之列，以贤以长，止予一人。虽在征伐之间，每存仁爱之念，博施济众，实可为天下主。天道助顺，人谟与能。祖训传国大典，于是乎在，孰敢不从。朕峻辞固让，至于再三，祈恳益坚，誓以死请。于是俯徇舆情，勉登大宝。自惟寡昧，属时多艰，若涉渊冰，罔知攸济。爰当临御之始，宜新弘远之规。祖述变通，正在今日。务施实德，不尚虚文。虽承平未易遽臻，而饥渴所当先务。呜呼！历数攸归，钦应上天之命；勋亲斯托，敢忘烈祖之规？建极体元，与民更始。朕所不逮，更赖我远近宗族、中外文武，同心协力，献可替否之助也。诞告多方，体予至意！

丁未，以翰林侍读学士郝经为国信使，翰林待制何源、礼部郎中刘人杰副之，使于宋。丙辰，收辑中外官吏宣劄牌面。遣帖木儿、李舜钦等行部，考课各路诸色工匠。置急递铺。乙丑，征诸道兵六千五百人赴京师宿卫。置互市于涟水军，禁私商不得越境，犯者死。是月，阿里不哥僭号于和林城西按坦河。召贾居贞、张儆、王焕、完颜愈乘传赴阙。五月戊辰朔，诏燕贴木儿、忙古带节度黄河以西诸军。丙戌，建元中统，诏曰：

祖宗以神武定四方，淳德御群下。朝廷草创，未遑润色之文；政事变通，渐有纲维之目。朕获缵旧服，载扩丕图，稽列圣之洪规，讲前代之定制。建元表岁，示人君万世之传；纪时书王，见天下一家之义。法《春秋》之正始，体大《易》之乾元。炳焕皇猷，权舆治道。可自庚申年五月十九日，建元为中统元年。惟即位体元之始，必立经陈纪为先。故内立都省，以总宏纲；外设总司，以平庶政。仍以兴利除害之事、补偏救弊之方，随诏以颁。於戏！秉箓握枢，必因时而建号；施仁发政，期与物以更新。敷宣恳恻之辞，表著忧劳之意。凡在臣庶，体予至怀！

诏安抚寿春府军民。甲午，以阿里不哥反，诏赦天下。乙未，立十路宣抚司：以赛典赤、李德辉为燕京路宣抚使，徐世隆副之；宋子贞为益都济南等路宣抚使，王磐副之；河南路经略使史天泽为河南宣抚使；杨果为北京等路宣抚使，赵昞副之；张德辉为平阳太原路宣抚使，谢瑄副之；孛鲁海牙、刘肃并为真定路宣抚使；姚枢为东平路宣抚使，张肃副之；中书左丞张文谦为大名彰德等路宣抚使，游显副之；粘合南合为西京路宣抚使，崔巨济副之；廉希宪为京兆等路宣抚使。以汪惟正为巩昌等处便宜都总帅，虎阑箕为巩昌路元帅。诏谕成都路侍郎张威安抚元、忠、绵、资、邛、彭等州，西川、潼川、隆庆、顺庆等府及各处山寨归附官吏，皆给宣命、金符有差。诏平阳、京兆两路宣抚司签兵七千人，于延安等处守隘，以万户郑鼎、昔剌忙古带领之，贫不能应役者，官为资给。征诸路兵三万驻燕京近地，命诸路市马万匹送开平府。以总帅汪良臣统陕西汉军于沿河守隘。立望云驿，非军事毋得辄入。荧惑入南斗，留五十余日。六月戊戌，诏燕京、西京、北京三路宣抚司运米十万石，输开平府及抚州、沙井、净州、鱼儿泺，以备军储。以李璮为江淮大都督。刘太平等谋反，事觉伏诛，并诛乞带不花于东川，明里火者于西川。浑都海反。乙巳，李璮言："获宋谍者，言贾似道调兵，声言攻涟州，遣人觇之，见许浦江口及射阳湖兵船二千艘，宜缮理城堑以备。"罢阿蓝带儿所签解盐户军百人。壬子，诏陕西四川宣抚司八春节制诸军。乙卯，诏东平路万户严忠济等发精兵一万五千人赴开平。乙丑，以石长不为大理国总管，佩虎符。诏十路宣抚司造战袄、裘、帽，各以万计，输开平。是月，召真定刘郁，邢州郝子明，彰德胡祗遹，燕京冯渭、王光益、杨恕、李彦通、赵和之，东平韩文献、张昉等，乘传赴阙。高丽国王王倎遣其子永安公僖、判司宰事韩即来贺即位，以国王封册、王印及虎符赐之。秋七月戊辰，敕燕京、北京、西京、真定、平阳、大名、东平、益都等路宣抚司，造羊裘、皮帽、裤、靴，皆以万计，输开平。己巳，以万户史天泽扈从先帝有功，赐银万五千两。遣灵州种田民还京兆。庚午，赐山东行省大都督李璮金符二十、银符五，俾给所部有功将士。癸酉，以燕京路宣慰使祃祃行中书省事，燕京路宣慰使赵璧平章政事，张启元参知政事，王鹗翰林学士承旨兼修国史，河南路宣抚使史天泽兼江淮诸翼军马经略使。丙子，诏中书省给诸王塔察儿益都、平州封邑岁赋、金帛，并以诸王白虎、袭剌门所属民户、人匠、岁赋给之。诏造中统元宝交钞。立互市于颍州、涟水、光化军。北京路都元帅阿海乞免所部军士征徭，从之。宋兵攻边城，诏遣太丑、怯列、忙古带率所部，合兵击之。下诏褒赏行省大都督李璮。帝自将讨阿里不哥。敕刘天麟规措中都析津驿传马。八月丙午，授中书左丞、行大名等路宣抚使张文谦虎符。丁未，诏都元帅纽璘所过毋擅捶掠官吏。己酉，立秦蜀行中书省，以京兆等路宣抚使廉希宪为中书省右丞，行省事。宋兵临涟州，李璮乞诸道援兵。癸丑，赐必阇赤塔剌浑银二千五百两。李璮乞遣将益兵，渡淮攻宋，以方遣使修好，不从。癸亥，泽州、潞州旱，民饥，敕赈之。九月丁卯，帝在转都儿哥之地，以阿里不哥遗命，下诏谕中外。乙亥，李璮复请攻宋，复谕止之。壬午，初置拱卫仪仗。是月，阿蓝答儿率兵至西凉府，与浑都海军合，诏诸王合丹、合必赤与总帅汪良臣等率师讨之。丙戌，大败其军于姑臧，斩阿蓝答儿及浑都海，西土悉平。冬十月丁未，李璮言宋兵复军于涟州。癸丑，初行中统宝钞。戊午，车驾驻昔光之地，命给官钱，雇在京橐驼，运米万石，输行在所。十一月戊子，发常平仓赈益都、济南、滨棣饥民。十二月丙申，以礼部郎中孟甲、礼部员外郎李文俊使安南、大理。乙巳，李璮上将士功，命璮以益都官银赏之。帝至自和林，驻跸燕京近郊。始制祭享太庙祭器、法服。以梵僧八合思八为帝师，授以玉印，统释教。立仙音院，复改为玉宸院，括乐工。立仪凤司，又立符宝局及御酒库、群牧所。升卫辉为总管府。赐亲王穆哥银二千五百两；诸王按只带、忽剌忽儿、合丹、忽剌出、胜纳合儿银各五千两，文绮帛各三百匹，金素半之；诸王塔察、阿术鲁钞各五十九锭有奇，绵五千九十八斤，绢五千九十八匹，文绮三百匹，金素半之；海都银八百三十三两，文绮五十匹，金素半之；靓儿赤、也不干银八百五十两；兀鲁忽带银五千两，文绮三百匹，金素半之；只必帖木儿银八百三十三两；爪都、伯木儿银五千两，文绮三百匹，金素半之；都鲁、牙忽银八百三十三两，特赐绵五十斤；阿只吉银五千两，文绮三百，金素半之；先朝皇后怙古伦银二千五百两，罗绒等折宝钞二十三锭有奇；皇后斡者思银二千五百两；兀鲁忽乃妃子银五千两。自是岁以为常。

二年春正月辛未夜，东北赤气照人，大如席。乙酉，宋兵围涟州。己丑，李璮率将士迎战，败之，赐诏奖谕，给金银符以赏将士。庚寅，璮擅发兵修益都城堑。二月丁酉，太阴掩昴。己亥，宋兵攻涟水，命阿术等帅兵赴之。丙午，车驾幸开平。诏减免民间差发，罢守隘诸军。秦蜀行省借民钱给军，以今年税赋偿之。免平阳、太原军站户重科租税。丁未，诏行中书省平章祃祃及王文统等率各路宣抚使赴阙。丁巳，李璮破宋兵于沙湖堰。三月壬戌朔，日有食之。夏四月丙午，诏军中所俘儒士听赎为民。辛亥，遣弓工往教鄯阐人为弓。乙卯，诏十路宣抚使量免民间课程。命宣抚司官劝农桑，抑游惰，礼高年，问民疾苦，举文学才识可以从政及茂才异等，列名上闻，以听擢用；其职官污滥及民不孝悌者，量轻重议罚。辛酉，诏太康弩军二千八百人戍蔡州。以礼部郎中刘芳使大理等国。五月乙丑，禁使臣毋入民家，令止顿析津驿。遣崔明道、李全义为详问官，诣宋淮东制司，访问国信使郝经等所在，仍以稽留信使、侵扰疆埸诘之。庚辰，敕使臣及军士所过城邑，官给廪饩，毋扰于民。丁亥，申严沿边军民越境私商之禁。唐庆子政臣入见，诏复其家。弛诸路山泽之禁。禁私杀马牛。申严越境私商，贩马匹者罪死。以河南经略宣抚使史天泽为中书右丞相，河南军民并听节制。诏成都路置惠民药局。遣王祐于西川等路采访医、儒、僧、道。六月癸巳，括漏籍老幼等户，协济编户赋税。丙申，赐新附人王显忠、王谊等衣物有差。李璮遣人献涟水捷。罢诸路拘收孛兰奚。禁诸王擅遣使招民及征私钱。戊戌，太阴犯角。诏谕十路宣抚司并管民官，定盐酒税课等法。癸卯，以严忠范为东平路行军万户兼管民总管，仍谕东平路达鲁花赤等官并听节制。诏定中外官所乘马数各有差。乙巳，赈火少里驿户之乏食者。赏钦察所部将校有功者银二千五百两及币帛有差。己酉，命窦默仍翰林侍讲学士。默与王鹗面论王文统不宜在相位，荐许衡代之，帝不怿而罢。辛亥，转懿州米万石赈 亲王塔察儿所部饥民。赐亲王合丹所部军币帛九百匹、布千九百匹。乙卯，敕平阳路安邑县蒲萄酒自今毋贡。诏："宣圣庙及管内书院，有司岁时致祭，月朔释奠，禁诸官员使臣军马，毋得侵扰亵渎，违者加罪。"丙辰，以汪良臣同佥巩昌路便宜都总帅，凡军民官并听良臣节制。丁巳，敕诸路造人马甲及铁装具万二千，输开平。戊午，诏毋收卫辉、怀孟赋税，以偿其所借刍粟。庚申，宋泸州安抚使刘整举城降，以整行夔府路中书省兼安抚使，佩虎符。仍谕都元帅纽璘等使存恤其民。赐故金翰林修撰魏璠谥靖肃。秦蜀行省言青居山都元帅钦察等所部将校有功，诏降虎符一、金符五、银符五十七，令行省铨定职名给之。城临洮。升真定鼓城县为晋州，以鼓城、安平、武强、饶阳隶焉。赐僧子聪怀孟、邢州田各五十顷。罢金、银、铜、铁、丹粉、锡碌坑冶所役民夫及河南舞阳姜户、藤花户，还之州县。赐大理国主段实虎符，优诏抚谕之。命李璮领益都路盐课。出工局绣女，听其婚嫁。怀孟广济渠提举王允中、大使杨端仁凿沁河渠成，溉田四百六十余所。高丽国王倎更名禃，遣其世子愖奉表来朝，命宿卫将军孛里察、礼部郎中高逸民持诏往谕，仍以玉带赐之。以不花为中书右丞相，耶律铸为中书左丞相，张启元为中书右丞。授管领崇庆府、黎、雅、威、茂、邛、灌七处军民小太尉虎符。秋七月辛酉朔，立军储都转运使司，以马月合乃为使，周锴为副使。癸亥，初立翰林国史院。王鹗请修辽、金二史，又言："唐太宗置弘文馆，宋太宗设内外学士院。今宜除拜学士院官，作养人才。乞以右丞相史天泽监修国史，左丞相耶律铸、平章政事王文统监修《辽》、《金史》，仍采访遗事。"并从之。赈和林饥民。赏巩昌路总帅汪惟正将校斩浑都海功银二千五百两、马价银四千九百两。诸王昌童招河南漏籍户五百，命付之有司。命总管王青制神臂弓、柱子弓。谕河南管军官于近城地量存牧场，余听民耕。巴思答儿乞于高丽鸭绿江西立互市，从之。乙丑，遣使持香币祀岳渎。丁丑，渡江新附民留屯蔡州者，徙居怀孟，贷其种食。以万家奴为安抚高丽军民达鲁花赤，赐虎符。庚辰，西京、宣德陨霜杀稼。辛巳，诏许衡即其家教怀孟生徒。命西京宣抚司造船备西夏漕运。壬午，遣纳速剌丁、孟甲等使安南。乙酉，以牛驿雨雪，道途泥泞，改立水驿。己丑，命炼师王道妇于真定筑道观，赐名玉华。谕将士举兵攻宋，诏曰："朕即位之后，深以戢兵为念，故年前遣使于宋以通和好。宋人不务远图，伺我小隙，反启边衅，东剽西掠，曾无宁日。朕今春还宫，诸大臣皆以举兵南伐为请，朕重以两国生灵之故，犹待信使还归，庶有悛心，以成和议，留而不至者，今又半载矣。往来之礼遽绝，侵扰之暴不已。彼尝以衣冠礼乐之国自居，理当如是乎？曲直之分，灼然可见。今遣王道贞往谕。卿等当整尔士卒，砺尔戈矛，矫尔弓矢，约会诸将，秋高马肥，水陆分道而进，以为问罪之举。尚赖宗庙社稷之灵，其克有勋。卿等当宣布朕心，明谕将士，各当自勉，毋替朕命。"鄂州青山矶、浒黄洲所招新民迁至江北者，设官领之。敕怀孟牧地听民耕垦。八月壬辰，赐故金补阙李大节谥贞肃。丁酉，命开平守臣释奠于宣圣庙。戊戌，以燕京等路宣抚使赛典赤为平章政事，敕以贺天爵为金齿等国安抚使，忽林伯副之，仍招谕使安其民。己亥，谕武卫军都指挥使李伯祐汰本军疲老者，选精锐代之，给海青银符一，有奏，驰驿以闻。辛丑，以宣抚使粘合南合为中书右丞，阔阔为中书左丞，贾文备为开元女直水达达等处宣抚使，赐虎符。以宋降将王青为总管，教武卫军习射。乙巳，禁以俘掠妇女为娼。丙午，太白犯岁星。以许衡为国子祭酒。丁未，以姚枢为大司农，窦默仍翰林侍讲学士。先是，以枢为太子太师，衡为太子太傅，默为太子太保，枢等以不敢当师傅礼，皆辞不拜，故复有是命。初立劝农司，以陈邃、崔斌、成仲宽、粘合从中为滨棣、平阳、济南、河间劝农使，李士勉、陈天锡、陈膺武、忙古带为邢洺、河南、东平、涿州劝农使。己酉，命大名等路宣抚使岁给翰林侍讲学士窦默、太医副使王安仁衣粮，赐田以为永业。甲寅，赏董文炳所将渡江及北征有功者二十二人，银各五十两。封顺天等路万户张柔为安肃公，济南路万户张荣为济南公。陕西四川行省乞就决边方重刑，不允。诏陕西四川行省存恤归附军民。诏："自今使臣有矫称上命者，有司不得听受。诸王、后妃、公主、驸马非闻奏，不许擅取官物。"赐庆寿寺、海云寺陆地五百顷。敕西京运粮于沙井，北京运粮于鱼儿泊。立檀州驿。颁斗斛权衡。赈桓州饥民。赐诸王塔察儿金千两、银五千两、币三百匹。给阿石寒甲价银千二百两。核实新增户口，措置诸路转输法。命刘整招怀夔府、嘉定等处民户。宋私商七十五人入宿州，议置于法，诏宥之，还其货，听榷场贸易。仍檄宋边将还北人之留南者。九月庚申朔，诏以忽突花宅为中书省署。奉迁祖宗神主于圣安寺。癸亥，邢州安抚使张耕告老，诏以其子鹏翼代之。武卫亲军都指挥使李伯祐、董文炳言："武卫军疲老者，乞补换，仍存恤其家。"从之。丙寅，诏以粘合南合行中兴府中书省。戊辰，大司农姚枢请以儒人杨庸教孔、颜、孟三氏子孙，东平府详议官王镛兼充礼乐提举。诏以庸为教授，以镛特兼太常少卿。辛未，以清、沧盐课银偿往岁所贷民钱给公费者。置和籴所于开平，以户部郎中宋绍祖为提举和籴官。丙子，谕诸王、驸马，凡民间词讼无得私自断决，皆听朝廷处置。河南民王四妻靳氏一产三男，命有司量给赡养。敕今岁田租输沿河近仓，官为转漕，不可劳民。癸未，以甘肃等处新罹兵革，民务农安业者为戍兵所扰，遣阿沙、焦端义往抚治之。以海青银符二、金符十给中书省，量军国事情缓急，付乘驿者佩之。以开元路隶北京宣抚司。真定路官民所贷官钱，贫不能偿，诏免之。王鹗请于各路选委博学老儒一人，提举本路学校，特诏立诸路提举学校官，以王万庆、敬铉等三十人充之。敕燕京、顺天等路续制人甲五千、马甲及铁装具各二千。冬十月庚寅朔，诏凤翔府种田户隶平阳兵籍，毋令出征，务耕屯以给军饷。辛卯，陕西四川行省上言："军务急速，若待奏报，恐失事机。"诏与都元帅纽璘会议行之。遣道士訾洞春代祀东海广德王庙。壬辰，敕火儿赤、奴怀率所部略地淮西。丁酉，敕爱亦伯等及陕西宣抚司检核不鲁欢、阿蓝塔儿所贷官银。庚子，以右丞张启元行中书省于平阳、太原等路。括西京两路官民，有壮马皆从军，令宣德州杨庭训统之，有力者自备甲仗，无力者官与供给。两路奥鲁官并在家军人，凡有马者并付新军刘总管统领。昂吉所管西夏军，并丰州、荨麻林、夏水阿剌浑皆备鞍马甲仗，及孛鲁欢所管兵，凡徒行者市马给之，并令从军，违者以失误军期论。修燕京旧城。命平章政事赵璧、左三部尚书怯烈门率蒙古、汉军驻燕京近郊、太行一带，东至平滦，西控关陕，应有险阻，于附近民内选谙武事者，修立堡寨守御。以河南屯田万户史权为江汉大都督，依旧戍守。又选锐卒三千付史枢管领，于燕京近郊屯驻。壬寅，命亳州张柔、归德邸浃、睢州王文干、水军解成、张荣实、东平严忠嗣、济南张宏七万户，以所部兵来会。罢东平会计前任官侵用财赋。甲辰，宋兵攻滬州，刘整击败之。诏赏整银五千两，币帛二千匹。失里答、刘元振守御有功，各赏银五百两，将士银万两、币帛千匹。乙巳，诏指挥副使郑江将千人赴开平，指挥使董文炳率善射者千人由鱼儿泊赴行在所，指挥使李伯祐率余兵屯潮河川。壬子，诏霍木海、乞带等自得胜口至中都预备粮饷刍粟。丙辰，诏平章政事塔察儿率军士万人，由古北口西便道赴行在所。十一月壬戌，大兵与阿里不哥遇于昔木土脑儿之地，诸王合丹等斩其将合丹火儿赤及其兵三千人，塔察儿与合必赤等复分兵奋击，大破之，追北五十余里。帝亲率诸军以蹑其后，其部将阿脱等降，阿里不哥北遁。庚午，太阴犯昴。壬申，诏免今年赋税。癸酉，驻跸帖买和来之地。以尚书怯烈门、平章赵璧兼大都督，率诸军从塔察儿北上。分蒙古军为二，怯烈门从麦肖出居庸口，驻宣德德兴府；讷怀从阿忽带出古北口，驻兴州。帝亲将诸万户汉军及武卫军，由檀、顺州驻潮河川。敕官给刍粮，毋扰居民。罢十路宣抚司，止存开元路。命诸 路市马二万五千余匹，授蒙古军之无马者。丁丑，征诸路宣抚司官赴中都。移跸于速木合打之地。诏汉军屯怀来、缙山。鹰坊阿里沙及阿散兄弟二人以擅离扈从伏诛。十二月庚寅，诏封皇子真金为燕王，领中书省事。辛卯，荧惑犯房。壬辰，荧惑犯钩钤。癸巳，以昌、抚、盖利泊等处荐罹兵革，免今岁租赋。甲午，师还，诏撤所在戍兵，放民间新签军。命太常少卿王镛教习大乐。壬寅，以隆寒命诸王合必赤所部军士无行帐者，听舍民居。命陕蜀行中书省给绥德州等处屯田牛、种、农具。初立宫殿府，秩正四品，专职营缮。立尚食局、尚药局。初设控鹤五百四人，以刘德为军使领之。立异样局达鲁花赤，掌御用织造，秩正三品，给银印。赐诸王金银币帛如岁例。是岁，天下户一百四十一万八千四百九十有九，断死罪四十六人。

卷五　本纪第五

世　祖　二

三年春正月癸亥，修宣圣庙成。庚午，罢高丽互市。诸王塔察儿请置铁冶，从之；请立互市，不从。忽剌忽儿所部民饥，罢上供羊。命银冶户七百、河南屯田户百四十，赋税输之州县。命匠户为军者仍为军，其军官当考第富贫，存恤无力者。耶律铸诣北京饷诸王军，仍遣宣抚使柴祯等增价籴米三万石益之。赐高丽国历。辛未，禁诸道戍兵及势家纵畜牧犯桑枣禾稼者。癸酉，以军兴人民劳苦，敕停公私逋负毋征。癸未，赐广宁王爪都驼钮金镀银印，及诸王合必赤行军印。宋制置使贾似道以书诱总管张元等，李璮获其书上之。丙戌，命江汉大都督史权、亳州万户张弘彦将兵八千赴燕。备宫悬钟磬、乐舞、籥翟，凡用三百六十二人。高丽遣使奉表来谢，优诏答之。李璮质子彦简逃归。二月丁亥朔，元籍军窜名为民者，命有司还正之。括诸道逃亡军。己丑，李璮反，以涟、海三城献于宋，尽杀蒙古戍军，引麾下趋益都。前宣抚副使王磐脱身走至济南，驿召磐，令姚枢问计，磐对："竖子狂妄，即成擒耳。"帝然之。庚寅，宋兵攻新蔡。辛卯，始定中外官俸，命大司农姚枢讲定条格。甲午，李璮入益都，发府库犒其将校。乙未，诏诸道以今岁民赋市马。丙申，郭守敬造宝山漏成，徙至燕京。以兴、松、云三州隶上都。辛丑，李璮遣骑寇蒲台。癸卯，诏发兵讨之。以赵璧为平章政事。修深、冀、南宫、枣强四城。甲辰，发诸蒙古、汉军讨李璮，命水军万户解成、张荣实、大名万户王文干及万户严忠范会东平，济南万户张宏、归德万户邸浃、武卫军炮手元帅薛军胜等会滨棣，诏济南路军民万户张宏、滨棣路安抚使韩世安，各修城堑，尽发管内民为兵以备。召张柔及其子弘范率兵二千诣京师。丙午，命诸王合必赤总督诸军，以不只爱不干及赵璧行中书省事于山东，宋子贞参议行中书省事，以董源、高逸民为左右司郎中，许便宜从事。真定、顺天、河间、平滦、大名、邢州、河南诸路兵皆会济南。以中书左丞阔阔、尚书怯烈门、宣抚游显行宣慰司于大名，洺滋、怀孟、彰德、卫辉、河南东西两路皆隶焉。己酉，王文统坐与李璮同谋伏诛，仍诏谕中外。王演等以妖言诛。辛亥，敕元帅阿海分兵戍平滦、海口及东京、广宁、懿州，以余兵诣京师。诏诸道括逃军还屯田，严其禁。壬子，李璮据济南。癸丑，诏大名、洺滋、彰德、卫辉、怀孟、河南、真定、邢州、顺天、河间、平滦诸路皆籍兵守城。宋兵攻滕州。丙辰，诏拔都抹台将息州戍兵诣济南，移其民于蔡州，东平万户严忠范留兵戍宿州及蕲县，以余兵自随。三月戊午，有旨："非中书省文移及兵民官申省者，不许入递。"己未，括木速蛮、畏吾儿、也里可温、答失蛮等户丁为兵。庚申，括北京鹰坊等户丁为兵，蠲其赋，令赵炳将之。辛酉，宗拔突言河南有自愿从军者，命即令将之。遣郑鼎、赡思丁、答里带、三岛行宣慰司事于平阳、太原。签见任民官及打捕鹰坊、人匠等军。徙弘州锦工绣女于京师。敕河东两路元括金州兵付郑鼎将之。诏以平章政事祃祃、廉希宪，参政商挺，断事官麦肖，行中书省于陕西、四川。获私商南界者四十余人，命释之。敕燕京至济南置海青驿凡八所。壬申，命户部尚书刘肃专职钞法，平章政事赛典赤兼领之。以撒吉思、柴桢行宣慰司事于北京。免今岁丝银，止输田租。癸酉，命史枢、阿术各将兵赴济南。遇李璮军，邀击，大破之，斩首四千，璮退保济南。乙亥，宋将夏贵攻符离。戊寅，万户韩世安率镇抚马兴、千户张济民，大破李璮兵于高苑，获其权府傅珪，赐济民、兴金符。诏以李璮兵败谕诸路。禁民间私藏军器。壬午，始以畏吾字书给驿玺书。免西京今年丝银税。甲申，免高丽酒课。乙酉，宋夏贵攻蕲县。谕诸路管民官，毋令军马、使臣入州城、村居、镇市，扰及良民。夏四月丙戌朔，大军树栅凿堑，围璮于济南。丁亥，诏博兴、高苑等处军民尝为李璮胁从者，并释其罪。庚寅，命怯烈门、安抚张耕分邢州户隶两答剌罕。辛卯，修河中禹庙，赐名建极宫。壬辰，以大梁府渠州路军民总帅蒲元圭为东夔路经略使。丙申，宋华路分、汤太尉攻徐、邳二州。诏分张柔军千人还戍亳州。庚子，江汉大都督史权以赵百户挈众逃归，斩之。诏："自今部曲犯重罪，鞫问得实，必先奏闻，然后置诸法。"诏安辑徐、邳民，禁征戍军士及势官，毋纵畜牧伤其禾稼桑枣。以米千石、牛三百给西京蒙古户。癸卯，宋兵攻亳州。甲辰，命行中书省、宣慰司、诸路达鲁花赤、管民官，劝诱百姓，开垦田土，种植桑枣，不得擅兴不急之役，妨夺农时。乙巳，以北京、广宁、豪、懿州军兴劳弊，免今岁税赋。命诸路详谳冤狱。诏河东两路并平阳、太原路达鲁花赤及兵民官，抚安军民，各安生业，毋失岁计。丁未，李璮遣柴牛儿招谕部民卢广，广缚以献，杀之；以广权威州军判，兼捕盗官。戊申，赐诸王也相哥金印。庚戌，赐诸王合必赤金银海青符各二。免松州、兴州、望云州新旧差赋，以望云、松山、兴州课程隶开平府。壬子，敕非军情毋行望云驿。乙卯，河南路王黼子、张无僧、杜信等谋为不轨，并伏诛。诏右丞相史天泽专征，诸将皆受节度。五月戊午，蕲县陷，权万户李义、千户张好古死之。庚申，筑环城围济南，璮不复得出。诏撒吉思安抚益都路百姓，各务农功，仍禁蒙古、汉军剽掠。癸亥，史权妄奏徐、邳总管李杲哥完复邳州城，诏由杲哥以下并原其罪。时宋将夏贵攻邳州，杲哥出降，贵既去，杲哥自陈能保全州城，史权以闻，故有是命。甲子，宋兵攻利津县。蠲滨棣今岁田租之半，东平蠲十之三。自燕至开平立牛驿，给钞市车牛。戊辰，以左丞相忽鲁不花兼中书省都断事官，赐虎符。真定、顺天、邢州蝗。以平章政事赛典赤兼领工部及诸路工作，以孟烈所献瞰张弩藏于中都。丙子，缙山至望云立海青驿。丁丑，李杲哥等伏诛，命史天泽选考徐、邳总管。甲申，真定路不眼里海牙擅杀造伪钞者三人，诏诘其违制之罪。西京、宣德、威宁、龙门霜，顺天、平阳、河南、真定雨雹，东平、滨棣旱。诏核实逃户、输纳丝银税租户，口增者赏之，隐匿者罪之，逃民苟免差税重加之罪。大司农姚枢辞赴省议事，帝勉留之，命枢与左三部尚书刘肃依前商议中书省事。六月乙酉朔，宋兵攻沧州、雅州、泸山，民既降复叛，命诛其首乱者七人，余令安业。割辽河以东隶开元路。戊子，滨棣安抚使韩世安败宋兵于滨州丁河口。己丑，遣塔察儿帅兵击宋军，仍安谕濒海军民。乙未，禁女直侵轶高丽国民，其使臣往还，官为护送。送婆娑府屯田军移驻鸭绿江之西，以防海道。丙申，高丽国王王禃遣使来贡。壬寅，陕西行省言西京、宣德、太原匠军困乏，乞以民代之。有旨："军籍已定，不宜动摇，宜令贫富相资，果甚贫者，令休息一岁。"癸卯，太原总管李毅奴哥、达鲁花赤戴曲薛等领李璮伪檄，传行旁郡，事觉诛之。敕宁武军岁输所产铁。河西民及诸王忽撒吉所部军士乏食，给钞赈之。壬子，申严军官及兵伍扰民之禁。癸丑，立小峪、芦子、宁武军、赤泥泉铁冶四所。东平严忠济向为民贷钱输赋四十三万七千四百锭，借用课程、钞本、盐课银万五千余两，诏勿征。秋七月戊午，复蒙古军站户差赋，农民包银征其半，俘户止令输丝，民当输赋之月，毋征私债。敕私市金银应支钱物，止以钞为准。丙寅，赐夔州路行省杨大渊金符十、银符十九，赏麾下将士；别给海青符二，事有急速，驰以上闻。立枪杆岭驿，以便转输。癸酉，甘州饥，给银以赈之。甲戌，李璮穷蹙，入大明湖，投水中不即死，获之，并蒙古军囊家伏诛，体解以徇。戊寅，以夔府行省刘整行中书省于成都、潼川两路，仍赐银万两，分给军士之失业者。八月己丑，郭守敬请开玉泉水以通漕运，广济河渠司王允中请开邢、洺等处漳、滏、澧河、达泉以溉民田，并从之。甲午，博都欢等奏请以宣德州、德兴府等处银冶付其匠户，岁取银及石绿、丹粉输官，从之。丙午，立诸路医学教授。戊申，敕王鹗集廷臣商榷史事，鹗等乞以先朝事迹录付史馆。河间、平滦、广宁、西京、宣德、北京陨霜害稼。九月戊午，亳州万户张弘略破宋兵于蕲县，复宿、蕲二城。以侍卫亲军都指挥使董文炳兼山东路经略使，收集益都旧军充武卫军，戍南边，诏益都行省大都督撒吉思与董文炳会议兵民籍，每十户惟取其二充武卫军；其海州、东海、涟水移入益都者，亦隶本卫。己未，罢霸州海青驿。安南国陈光昞遣使贡方物。壬戌，改邢州为顺德府，立安抚司，洺、磁、威三州隶焉。听太原民食小盐，岁输银七千五百两。己巳，以马月合乃饷军功，授礼部尚书，赐金符。壬申，授安南国王陈光昞及达鲁花赤讷剌丁虎符。敕济南官吏，凡军民公私逋负，权阁毋征。癸酉，都元帅阔阔带卒于军，以其兄阿术代之，授虎符，将南边蒙古、汉军。闰月甲申朔，沙、肃二州乏食，给米、钞赈之。丁亥，立古北口驿。己丑，济南民饥，免其赋税。免诸路军户他徭。庚寅，敕京师顺州至开平置六驿。辛卯，严忠范奏请补东平路庙学太常乐工，从之。敕武卫军及黑军会于京师。庚子，中翼千户九住破宋兵于虎脑山。庚戌，发粟三十万石赈济南饥民。冬十月丙辰，放金州所屯军士二千人及大名、河南新签防城军为民。庚申，分益都军民为二，董文炳领军，撒吉思治民。禁诸王、使臣、师旅敢有恃势扰民者，所在执以闻。诏以李璮所掠民马还其主。以郝经、刘人杰使宋未还，廪其家。中书省奏与宋互市，庶止私商，及复逋民之陷于宋者，且觇涟、海二州，不允。以刘仁杰不附李璮，擢益都路总管，仍以金帛赐之。壬戌，授益都行中书省都督府所统州郡官金符十七、银符十一。乙丑，诏禁京畿畋猎。丙寅，分东西两川都元帅府为二，以帖的及刘整等为都元帅及左右副都元帅。诏责高丽欺慢之罪。又诏赐高丽王禃历。以战功赏渠州达鲁花赤王璋等金五十两、银一千五百五十两。赏阆、蓬等路都元帅合州战功银五千两。丁卯，诏凤翔府屯田军隶兵籍，仍屯田凤翔。放刁国器所签平阳军九百一十五人为民。阆、蓬、广安、顺庆、夔府等路都元帅钦察戍青居山，请益兵，诏陕西行省及巩昌总帅汪惟正以兵益之。戊辰，杨大渊乞于利州大安军以盐易军粮，从之。庚午，敕巩昌总帅汪惟正将戍青居军还，屯田利州。乙亥，分中书左右部。丁丑，敕宿州百户王达等所擒宋王用、夏珍等八人赴京师。命百家奴所将质子军入侍。戊寅，命不里剌所统固安、平滦质子军自益都徙还故地。诏益都府路官吏军民为李璮胁从者，并赦其罪。敕万户严忠范修复宿州、蕲县，万户忽都虎、怀都、何总管修完邳州城郭。十一月乙酉，太白犯钩钤。丁亥，敕圣安寺作佛顶金轮会，长春宫设金箓周天醮。辛丑，日有背气重晕三珥。敕济南人民为李璮裨校掠取财物者，诣都督撒吉思所讼之。真定民郝兴仇杀马忠，忠子荣受兴银，令兴代其军役。中书省以荣纳赂忘仇，无人子之道，杖之，没其银。事闻，诏论如法。有司失出之罪，俾中书省议之。三叉沽灶户经宋兵焚掠，免今年租赋。汰少府监工匠，存其良者千二百户。遣官审理陕西重刑。敕河西民徙居应州，其不能自赡者百六十户，给牛具及粟麦种，仍赐布，人二匹。乙巳，诏都元帅阿术分兵三千人同阿鲜不花、怀都兵马，复立宿州、蕲县、邳州。有旨谕史天泽："朕或乘怒欲有所诛杀，卿等宜迟留一二日，覆奏行之。"丙午，诏特征人员，宜令乘传。戊申，升抚州为隆兴府，以昔剌斡脱为总管，割宣德之怀安、天成及威宁、高原隶焉。十二月甲寅，封皇子真金为燕王，守中书令。丙辰，敕诸王塔察儿等所部猎户止收包银，其丝税输之有司。立河南、山东统军司，以塔剌浑火儿赤为河南路统军使，卢昇副之，东距亳州，西至均州，诸万户隶焉；茶不花为山东路统军使，武秀副之，西自宿州，东至宁海州，诸万户隶焉。罢各路急递铺。丁巳，立十路宣慰司，以真定路达鲁花赤赵瑨等为之。己未，犯罪应死者五十三人，诏重加详谳。辛酉，诏给怀州新民耕牛二百，俾种水田。立诸路转运司，以燕京路监榷官曹泽等为之使。癸亥，享太庙。诏："各路总管兼万户者，止理民事，军政勿预。其州县官兼千户、百户者，仍其旧。"乙丑，复立息州城以安其民。召真定、顺德等路宣慰使王磐乘传赴京师。丙寅，申严屠杀牛马之禁。己巳，诏："诸路管民总管子弟，有分管州、府、司、县及鹰坊、人匠诸色事务者，罢之。"壬申，遣使收辑诸路军民官海青牌及驿券。戊寅，诏："诸路管民官理民事，管军官掌兵戎，各有所司，不相统摄。"作佛事于昊天寺七昼夜，赐银万五千两。割北京、兴州隶开平府。建行宫于隆兴路。升太原临泉县为临州；降宁陵为下县，仍隶归德。赐诸王金、银、币、帛如岁例。是岁，天下户一百四十七万六千一百四十六，断死罪六十六人。

四年春正月乙酉，禁蒙古军马扰民。宋贾似道遣杨琳赍空名告身及蜡书、金币，诱大获山杨大渊南归，大渊部将执琳，诏诛之。以宋忽儿、灭里及沙只回回鹰坊等兵戍商州、蓝田诸隘。军民官各从统军司及宣慰司选举。岳天辅乞复立息州，不允。丙戌，以姚枢为中书左丞。改诸路监榷课税所为转运司。甲午，给公主拜忽符印，其所属设达鲁花赤。给钞赈益都路贫民之无牛者。立十路奥鲁总管。丁酉，益都路行省大都督撒吉思上李璮所伤涟水军民及陷宋蒙古、女直、探马赤军数，男女凡七千九百二十二人。癸卯，领部阿合马请兴河南等处铁冶及设东平等路巡禁私盐军，从之。召商挺、赵良弼赴阙。乙巳，敕李平阳以所部西川出征军士戍青居山，其各翼军在青居山者悉还成都。诏陕西行省塔剌海等收恤离散军户。诏："以诸路汉军奥鲁毋隶各万户管领，其科征差税，山东、河南隶统军司，东西两川隶征东元帅府，陕西隶行户部。凡奥鲁官内有各万户弟、男及私人，皆罢之。"敕总帅汪忠臣、都元帅帖的及刘整等益兵付都元帅钦察，戍青居山，仍以解州盐课给军粮。丙午，诏诸翼万户简精兵四千充武卫军。罢古北口新置驿。增万户府监战一员、参议一员。以马合麻所俘济南老僧口之民文面为奴者，付元籍为民。汪忠臣、史权械系宋谍者六人至京师，有旨释之。辛亥，申禁民家兵器及蒙古军扰民者。陵州达鲁花赤蒙哥战死济南，以其子忙兀带袭职。召云顶山侍郎张威赴阙。二月壬子朔，命河东宣慰司市马百二十九匹，赐诸王八剌军士之无马者。甲寅，诏诸路官员子弟入质。以高丽不答诏书，诘其使者。以民杜了翁先朝旧功，复其家。庚申，赏万户怯来所部将士讨李璮有功者银二千七百五十两。甲子，车驾幸开平。以王德素充国信使，刘公谅副之，使于宋，致书宋主，诘其稽留郝经之故。诏："诸路置局造军器，私造者处死；民间所有，不输官者，与私造同。"三月戊子，沂州胡节使、范同知陷于宋，命存恤其家。或言其尝为宋兵向导，乃分其妻孥资产，赐有功将士。辛卯，敕撒吉思招集益都逃民。命董文炳以所获宋谍及俘八十一人赴隆兴府。听诸路猎户及捕盗巡盐者执弓矢。壬辰，遣扎马剌丁和籴东京。己亥，诸路包银以钞输纳，其丝料入本色，非产丝之地，亦听以钞输入。凡当差户包银钞四两，每十户输丝十四斤，漏籍老幼钞三两、丝一斤。庚子，亦黑迭儿丁请修琼华岛，不从。壬寅，关东蒙古、汉军官未经训敕者，令各乘传赴开平。癸卯，初建太庙。乙巳，赐迭怯那延等银七千九十两。命北京元帅阿海发汉军二千人赴开平。己酉，高丽国王王禃遣其臣朱英亮入贡，上表谢恩。复立宿州。夏四月庚戌朔，以漏籍户一万一千八百、附籍户四千三百于各处起冶，岁课铁四百八十万七千斤。癸丑，选益都兵千人充武卫军。甲寅，偿河西阿沙赈赡所部贫民银三千七百两。己未，以完颜端田宅赐益都千户傅国忠。国忠父天祐为端所杀，故命以其田宅赐之。宣德至开平置驿。罢开元路宣慰司。丙寅，西京武州陨霜杀稼。戊寅，召窦默、许衡乘驿赴开平。诸王阿只吉所部贫民远徙者，赐以马牛车币。以东平为军行蹂践，赈给之。改沧清深盐提领所为转运司。王鹗请延访太祖事迹付史馆。五月癸未，诏北京运米五千石赴开平，其车牛之费并从官给。乙酉，初立枢密院，以皇子燕王守中书令，兼判枢密院事。戊子，升开平府为上都，其达鲁花赤兀良吉为上都路达鲁花赤，总管董铨为上都路总管兼开平府尹。辛卯，诏立燕京平准库，以均平物价，通利钞法。乙未，敕商州民就戍本州，毋禁弓矢。丙申，立上都马、步驿。丁酉，以元帅杨大渊、张大悦复神山有功，降诏奖谕。戊戌，以礼部尚书马月合乃兼领颍州、光化互市，及领已括户三千，兴煽铁冶，岁输铁一百三万七千斤，就铸农器二十万事，易粟四万石输官，河南随处城邑市铁之家，令仍旧鼓铸。庚子，河南路总管刘克兴矫制括户，罢其职，籍家资之半。升上都路望云县为云州，松山县为松州。赏前讨浑都海战功，撒里都、阔阔出等钞二千一百七十四锭、币帛一千四百二十匹。六月壬子，河间、益都、燕京、真定、东平诸路蝗。乙卯，以管民官兼统怀孟等军俺撒战殁汴梁，命其子忙兀带为万户，佩金符。戊午，赐线真田户六百。己未，赐高丽国王王禃羊五百。癸酉，赐拜忽公主所部钞千锭。立上都惠民药局。建帝尧庙于平阳，仍赐田十五顷。以线真为中书右丞相，塔察儿为中书左丞相。秋七月癸未，诏诸投下毋擅勾摄燕京路州县官吏。乙酉，禁野狐岭行营民，毋入南、北口纵畜牧，损践桑稼。给公主拜忽银五万两，合剌合纳银千两。乙未，以故东平权万户吕义死王事，赐谥贞节。戊戌，诏弛河南沿边军器之禁。升燕京属县安次为东安州，固安为固安州。河南统军司言："屯田民为保甲丁壮射生军，凡三千四百人，分戍沿边州郡，乞蠲他徭。"从之。庚子，诏赐诸王爪都牛马价银六万三千一百两。壬寅，诏禁益都路探马赤扰民。以成都经略司隶西川行院。禁蒙古、汉军诸人煎、贩私盐。诏山东经略司徙胶、莱、莒、密之民及灶户居内地。中书省臣以妨煮盐为言，遂令统军司完复边戍，居民灶户毋徙。诏阿术戒蒙古军，不得以民田为牧地。燕京、河间、开平、隆兴四路属县雨雹害稼。八月戊申朔，诏霍木海总管诸路驿，佩金符。辛亥，置元帅府于大理。诏东平、大名、河南宣慰司市马千五百五十匹，给阿术等军。升宣德州为宣德府，隶上都。以淄、莱、登三州为总管府，治淄州。命昔撒昔总制鬼国、大理两路。兵部郎中刘芳前使大理，至吐蕃遇害，命恤其家。壬子，命中书省给北京、西京转运司车牛价钞。彰德路及洺、磁二州旱，免彰德今岁田租之半，洺、磁十之六。冀州蒙古百户阿昔等犯盐禁，没入马百二十余匹，以给军士之无马者。甲寅，命成都路运米万石饷潼川。给钞付刘整市牛屯田。分刘元礼等军戍潼川，命按敦将之。丙辰，诏以成都路绵州隶潼川。戊午，以阿脱、商挺行枢密院于成都，凡成都、顺庆、潼川都元帅府并听节制。庚申，以史天倪前为武仙所杀，以武仙第赐其子楫。癸亥，敕京兆路给赐刘整第一区、田二十顷。以梦八剌所部贫乏，赐银七千五百两给之。甲子，以西凉经兵，居民困弊，给钞赈之，仍免租赋三年。敕诸臣传旨，有疑者须覆奏。丙寅，以诸王只必帖木儿部民困乏，赐银二万两给之。壬申，复置急递铺。滨、棣二州蝗，真定路旱。诏西凉流民复业者，复其家三年。车驾至自上都。九月壬午，河南、大名两道宣慰司所获宋谍王立、张达、刁俊等十八人，遇赦释免，给衣服遣还。乙酉，立漕运河渠司。己丑，赐诸王阿只吉所部种食、牛具。庚寅，谕高丽、上京等处毋重科敛民。招谕济南、滨棣流民。遣使征诸路赋税钱帛。民间所卖布帛有疏薄狭短者，禁之。冬十月戊午，初置隆兴路驿。十一月甲申，诏以岁不登，量减阿述、怯烈各军行饷。东平、大名等路旱，量减今岁田租。丙戌，享于太庙，以合丹、塔察儿、王磐、张文谦行事。高丽国王王禃以免置驿、籍民等事，遣其臣韩就奉表来谢，赐中统五年历并蜀锦一，仍命禃入朝。立御衣、尚食二局。十二月丁未朔，以凤翔屯军、汪惟正青居等军、刁国器平阳军，令益都元帅钦察统之，戍虎啸寨。甲戌，敕驸马爱不花蒲萄户依民例输赋。也里可温、答失蛮、僧、道种田入租，贸易输税。丙子，赐诸王金、银、币、帛如岁例。是岁，天下户一百五十七万九千一百一十；赋，丝七十万六千四百一斤，钞四万九千四百八十七锭；断死罪七人。

至元元年春正月丁丑朔，高丽国王王禃遣使奉表来贺。壬午，敕诸路宣慰司，非奉旨无辄入觐。以千户张好古殁王事，命其弟好义、好礼并袭职为千户。癸巳，以益都武卫军千人屯田燕京，官给牛具。以邓州保甲军二千三百二十九户隶统军司。戊戌，杨大渊进花罗、红边绢各百五十段，优诏谕之。己亥，立诸路平准库。癸卯，命诸王位下工匠已籍为民者，并征差赋；儒、释、道、也里可温、达失蛮等户，旧免租税，今并征之；其蒙古、汉军站户所输租减半。西北诸王率部民来归。敕北京、西京宣慰司、隆兴总管府和籴以备粮饷。筑泠水河城，命千户土虎等戍之。罢南边互市。申严持军器、贩马、越境私商之禁。二月辛亥，贺福等六人告平阳、太原漏籍户，诏赏以官，廷臣以非材对，给钞与之。敕选儒士编修国史，译写经书，起馆舍，给俸以赡之。壬子，修琼花岛。发北京都元帅阿海所领军疏双塔漕渠。甲寅，以故亳州千户邸闰陷于宋，命其子荣祖袭职。丙辰，罢陕西行户部。丁卯，太阴犯南斗。癸酉，车驾幸上都。诏诸路总管史权等二十三人赴上都大朝会。弛边城军器之禁。三月庚辰，设周天醮于长春宫。己亥，命尚书宋子贞陈时事，子贞条具以闻，诏奖谕，命中书省议行之。辛丑，诏四川行院，命阿脱专掌军政，其刑名钱谷商挺任之。立漕运司，以王光益为使。夏四月戊申，以彰德、洺磁路引漳、滏、洹水灌田，致御河浅涩，盐运不通，塞分渠以复水势。辛亥，太阴犯轩辕御女星。壬子，东平、太原、平阳旱，分遣西僧祈雨。乙卯，诏高丽国王王禃来朝上都，修世见之礼。辛酉，以四川茶、盐、商、酒、竹课充军粮。杨大渊以部将王仲得宋将昝万寿书杀之，诏以其事未经鞠问，或堕宋人行间之计，岂宜辄施刑戮，诘责大渊，仍存恤仲家。御苑官南家带请修驻跸凉楼并广牧地，诏凉楼俟农隙，牧地分给农之无田者。丁卯，追治李璮逆党万户张邦直兄弟及姜郁、李在等二十七人罪。戊辰，给新附戍军粮饷。高丽国王王禃遣其臣金禄来贡。五月乙亥，诏遣唆脱颜、郭守敬行视西夏河渠，俾具图来上。庚辰，敕剑州守将分军守剑门，置驿于人头山。丙戌，太阴犯房。丁亥，释宋私商五十七人，给粮遣归其国。己丑，以平阴县尹马钦发私粟六百石赡饥民，又给民粟种四百余石，诏奖谕，特赐西锦一端以旌其义。乙未，初置四川急递铺。丙申，赐诸王钦察银万两，济其所部贫乏者。己亥，太阴犯昴。以中书右丞粘合南合为平章政事。邛部川六番安抚招讨使都王明亚为邻国建都所杀，敕其子伯佗袭职，赐金符。六月乙巳，召王鹗、姚枢赴上都。宋制置夏贵率兵欲攻虎啸山，敕以万户石抹纥札剌一军益钦察戍之。戊申，高丽国王王禃来朝。秋七月甲戌，彗星出舆鬼，昏见西北，贯上台，扫紫微、文昌及北斗，旦见东北，凡四十余日。以阿合马言，益解州盐课，均赋诸色僧道军匠等户，其太原小盐，听从民便。癸未，改新凤州为徽州。以西番十八族部立安西州，行安抚司事。丁亥，诸王算吉所部营帐军民被火，发粟赈之。庚寅，给诸王也速不花印。壬辰，特诏谕巩昌路总帅汪惟正劳勉之，赐元宝交钞三万贯，仍戍青居。赐诸王玉龙答失印，仍以先朝猎户赐之。丁酉，龙门禹庙成，命侍臣阿合脱因代祀。己亥，定用御宝制：凡宣命，一品、二品用玉，三品至五品用金。其文曰“皇帝行宝”者，即位时所铸，惟用之诏诰；别铸宣命金宝行之。庚子，阿里不哥自昔木土之败，不复能军，至是与诸王玉龙答失、阿速带、昔里给，其所谋臣不鲁花、忽察、秃满、阿里察、脱忽思等来归。诏诸王皆太祖之裔，并释不问，其谋臣不鲁花等皆伏诛。八月壬寅朔，陕西行省臣上言：“川蜀戍兵军需，请令奥鲁官征入官库，移文于近戍官司，依数取之。宋新附民宜拨地土衣粮，给其牛种，仍禁边将分匿人口。商州险要，乞增戍兵。陕西猎户移猎商州。河西、凤翔屯田军迁戍兴元。四川各翼军，有地者征其税，给无田者粮。”皆从之。甲辰，诏秦蜀行省发银二十五万两给沿边岁用。乙巳，立山东诸路行中书省，以中书左丞相耶律铸、参知政事张惠等行省事。诏新立条格：省并州县，定官吏员数，分品从官职，给俸禄，颁公田，计月日以考殿最；均赋役，招流移；禁勿擅用官物，勿以官物进献，勿借易官钱；勿擅科差役；凡军马不得停泊村坊，词讼不得隔越陈诉；恤鳏寡，劝农桑，验雨泽，平物价；具盗贼、囚徒起数，月申省部。又颁陕西四川、西夏中兴、北京三处行中书条格。定立诸王使臣驿传税赋差发，不许擅招民户，不得以银与非投下人为斡脱，禁口传敕旨及追呼省臣官属。诏：“蒙古户种田，有马牛羊之家，其粮住支；无田者仍给之。”庚戌，命燕王署敕、诸王设僚属及说书官。诸站户限田四顷免税，供驿马及祗应；命各路总管府兼领其事。癸丑，命僧子聪同议枢密院事。诏子聪复其姓刘氏，易名秉忠，拜太保，参领中书省事。乙卯，诏改燕京为中都，其大兴府仍旧。增都省参佐掾史月俸。丙辰，刘秉忠、王鹗、张文谦、商挺言，燕王既署相衔，宜于省中别置幕位，每月一再至，判署朝政。其说书官，皇子忙安以李磐为之，南木合以高道为之。丁巳，以改元大赦天下，诏曰：

应天者惟以至诚，拯民者莫如实惠。朕以菲德，获承庆基，内难未戡，外兵未戢，夫岂一日，于今五年。赖天地之畀矜，暨祖宗之垂裕，凡我同气，会于上都。虽此日之小康，敢朕心之少肆。比者星芒示儆，雨泽愆常，皆阙政之所繇，顾斯民之何罪。宜布惟新之令，溥施在宥之仁。据不鲁花、忽察、秃满、阿里察、脱火思辈，构祸我家，照依太祖皇帝扎撒正典刑讫。可大赦天下，改中统五年为至元元年。於戏！否往泰来，迓续亨嘉之会；鼎新革故，正资辅弼之良。

咨尔臣民，体予至意！

戊午，给益都武卫军千人冬衣。己未，凤翔府龙泉寺僧超过等谋乱遇赦，没其财，羁管京兆僧司；同谋苏德，责令从军自效。发万户石抹纠札剌所部千人赴商州屯田，亳州军六百八人及河南府军六十人助钦察戍青居。敕山东经略副使武秀选益都新军千人充武卫军，赴中都。城郯，以沂州监战塔思、万户孟义所部兵戍之。太原路总管攸忙兀带坐藏甲匿户，罢职为民。九月壬申朔，立翰林国史院。以改元诏谕高丽国，并赦其境内。辛巳，车驾至自上都。庚寅，益都毛璋谋逆，二子及其党崔成并伏诛，籍其家赀，赐行省撒吉思。冬十月壬寅朔，高丽国王王禃来朝。乙巳，禁上都畿内捕猎。庚戌，有事于太庙。壬子，恩州历亭县进嘉禾，一茎五穗。戊辰，改武卫军为侍卫亲军。十一月丙子，诏宋人归顺及北人陷没来归者，皆月给粮食。辛巳，征骨嵬。先是，吉里迷内附，言其国东有骨嵬、亦里于两部，岁来侵疆，故往征之。己丑，以至元二年历日赐高丽国王王禃。禁登州、和州等处并女直人入高丽界剽掠。辛卯，召卫州太一五代度师李居寿赴阙。壬辰，罢领中书左右部，并入中书省。以领中书省左右部兼诸路都转运使、知太府监事阿合马为平章政事，领中书省左右部兼诸路都转运使阿里为中书右丞。丁酉，太原路临州进嘉禾二茎。以元帅按敦、刘整、刘元礼、钦察等将士获功，赏赉有差。十二月乙巳，罢各投下达鲁花赤，定中外百官仪从。丁未，敕遣宋谍者四人还其国。戊午，赏拔都军人银五十万两。甲子，太阴犯房。乙丑，以王鉴昔使大理没于王事，其子天赦不能自存，优恤之。丁卯，敕邓州沿边增立茱萸、常平、建陵、季阳四堡。戊辰，命选善水者一人，沿黄河计水程达东胜可通漕运，驰驿以闻。庚午，诏罢枢密院断事官及各路奥鲁官，令总管府兼总押所。始罢诸侯世守，立迁转法。是岁，真定、顺天、洺、磁、顺德、大名、东平、曹、濮州、泰安、高唐、济州、博州、德州、济南、滨、棣、淄、莱、河间大水。赐诸王金、银、币、帛如岁例。户一百五十八万八千一百九十五，断死罪七十三人。

卷六　本纪第六

世　祖　三

二年春正月辛未朔，日有食之。癸酉，山东廉访使言："真定路总管张宏，前在济南，乘变盗用官物。"诏以宏尝告李璮反，免宏死罪，罢其职，征赃物偿官。邳州万户张邦直等违制贩马，并处死。敕徙镇海、百八里、谦谦州诸色匠户于中都，给银万五千两为行费。又徙奴怀、忒木带儿炮手人匠八百名赴中都，造船运粮。己卯，北京路行省给札剌赤户东徙行粮万石。以邓州监战讷怀、新旧军万户董文炳并为河南副统军。甲申，诏申严越界贩马之禁，违者处死。乙酉，以河南北荒田分给蒙古军耕种。戊子，诸王塔察儿使臣阔阔出至北京花道驿，手杀驿吏郝用、郭和尚，有旨征钞十锭给其主赎死。庚寅，城西番匣答路。癸巳，八东乞儿部牙西来朝，贡银鼠皮二千，赐金、素币各九、帛十有八。武城县王氏妻崔一产三男。丁酉，给亲王玉龙答失部民粮二千石。高丽国王王禃遣其弟广平公愐奉表来贡。二月辛丑朔，元帅按东与宋兵战于钓鱼山，败之，获战舰百四十六艘。甲辰，初立宫闱局。戊申，赐亲王兀鲁带河间王印，给所部米千石。丁巳，车驾幸上都。癸亥，并六部为四，以麦术丁为吏礼部尚书，马亨户部尚书，严忠范兵刑部尚书，别鲁丁工部尚书。禁山东东路私煎硝鹻。甲子，以蒙古人充各路达鲁花赤，汉人充总管，回回人充同知，永为定制。以同知东平路宣慰使宝合丁为平章政事，山东廉访使王晋为参知政事。廉希宪、商挺罢。诏并诸王只必帖木儿所设管民官属。诏谕总统所："僧人通五大部经者为中选，以有德业者为州郡僧录、判、正副都纲等官，仍于各路设三学讲、三禅会。"三月癸酉，骨嵬国人袭杀吉里迷部兵，敕以官粟及弓甲给之。丁亥，敕边军习水战、屯田。诛宋谍李富住。乙未，罢南北互市，括民间南货，官给其直。辽东饥，发粟万石、钞百锭赈之。夏四月戊午，赐诸王合必赤、亦怯烈金、素币各四，拜行金币一。五月壬午，赏万户晃里答儿所部征吐蕃功银四百五十两。戊子，禁北京、平滦等处人捕猎。庚寅，令："军中犯法，不得擅自诛戮，罪轻断遣，重者闻奏。"敕上都商税、酒醋诸课毋征，其榷盐仍旧；诸人自愿徙居永业者，复其家。诏西川、山东、南京等路戍边军屯田。闰五月癸卯，升蓚县为景州。辛亥，检核诸王兀鲁带部民贫无孳畜者三万七百二十四人，人月给米二斗五升，四阅月而止。丙辰，雅州碉门宣抚使请复碉门城邑，诏相度之。癸亥，移秦蜀行省于兴元。丙寅，命四川行院分兵屯田。丁卯，分四亲王南京属州，郑州隶合丹，钧州隶明里，睢州隶孛罗赤，蔡州隶海都，他属县复还朝廷。以平章政事赵璧行省于南京、河南府、大名、顺德、洺磁、彰德、怀孟等路，平章政事廉希宪行省事于东平、济南、益都、淄莱等路，中书左丞姚枢行省事于西京、平阳、太原等路。诏："诸路州府，若自古名郡，户数繁庶，且当冲要者，不须改并。其户不满千者，可并则并之，各投下者，并入所隶州城。其散府州郡户少者，不须更设录事司及司候司，附郭县止令州府官兼领。括诸路未占籍户任差职者以闻。"六月戊辰朔，新得州安抚向良言："顷以全城内附，元领军民流散南界者，多欲归顺，并乞招徕。"从之。又敕良以所领新降军民移戍通江县，行新得州事。辛未，赐阿术所部马价钞一千二十三锭有奇。丙子，太阴犯心大星。戊寅，移山东统军司于沂州。万户重喜立十字路。复正阳，命秃剌戍之。己卯，以淇州隶怀孟路。高丽国王王禃遣其臣荣胤伯奉表来贺圣诞节。千户阔阔出部民乏食，赐钞赈之。王晋罢。枢密院臣言："各路出征逃亡汉军，及贫难未起户，并投下隐匿事故者，宜一概发遣应役。"从之。敕行院及诸军将校卒伍，须正身应役，违者罪之。秋七月辛酉，益都大蝗饥，命减价粜官粟以赈。癸亥，安南国王陈光昞遣使奉表来贡。甲子，诏赐光昞至元三年历。八月丙子，济南路邹平县进芝草一本。戊寅，高丽国王王禃遣使来贡方物。己卯，诸宰职皆罢，以安童为中书右丞相，伯颜为中书左丞相。戊子，召许衡于怀孟，杨诚于益都。车驾至自上都。九月戊戌，以将有事太庙，取大乐工于东平，预习仪礼。敕江淮沿边树栅，徐、宿、邳三州助役徒。庚子，皇孙铁穆尔生。丁巳，赏诸王只必帖木儿麾下河西战功银二百五十两。冬十月己卯，享于太庙。癸未，敕顺天张柔、东平严忠济、河间马总管、济南张林、太原石抹总管等户，改隶民籍。统军抄不花、万户怀都麾下军士所俘宋人九十三口，官赎为民。其私越禁界掠获者四十五人，许令亲属完聚，并种田内地。戊子，诏随路私商曾入南界者，首实免罪充军。十一月丙申，召李昶于东平。辛丑，赐诸王只必帖木儿银二万五千两、钞千锭。癸丑，赏杨文安战功金五十两，所部军银六百两及币帛有差。甲子，诏事故贫难军不堪应役者，以两户或三户合并正军一名，其丁单力备者，许顾人应役。十二月己巳，省并州县凡二百二十余所。庚午，宋子贞言："朝省之政，不宜数行数改。又刑部所掌，事干人命，尚书严忠范年少，宜选老于刑名者为之。"又请罢北京行中书省，别立宣慰司以控制东北州郡。并从之。禁朝省告讦以息争讼。辛未，以诸王也速不花所部戍西番军屡有战功，赏银三百两。癸酉，召张德辉于真定，徒单公履于卫州。丁丑，诏谕高丽，赐至元三年历日。癸未，赐刘秉忠金五十两。甲申，赐伯颜、宋子贞、杨诚银千两、钞六十锭。丁亥，敕选诸翼军富强才勇者万人，充侍卫亲军。己丑，渎山大玉海成，敕置广寒殿。是岁，户一百五十九万七千六百一，丝九十八万六千二百八十八斤，包银钞五万七千六百八十二锭。赐诸王金、银、币、帛如岁例。彰德、大名、南京、河南府、济南、淄莱、太原、弘州雹，西京、北京、益都、真定、东平、顺德、河间、徐、宿、邳蝗旱，太原霜灾。断死罪四十二人。

三年春正月乙未朔，高丽国王王禃遣使来贺。丙午，遣朵端、赵璧持诏抚谕四川将吏军民。壬子，立制国用使司，以阿合马为使。癸丑，选女直军二千为侍卫军。四川行枢密院谋取嘉定，请益兵，命朵端、赵璧摘诸翼蒙古、汉军六千人付之。二月丙寅，廉希宪、宋子贞为平章政事，张文谦复为中书左丞，史天泽为枢密副使。癸酉，立沈州以处高丽降民。壬午，平阳路僧官以妖言惑众伏诛。以中书右丞张易同知制国用使司事，参知政事张惠为制国用副使。癸未，车驾幸上都。甲申，罢西夏行省，立宣慰司。初制太常礼乐工冠服。立东京、广宁、懿州、开元、恤品、合懒、婆娑等路宣抚司。乙酉，蠲中都今年包银四分之一。诏理断阿术部下所俘人口、畜牧及其草地为民侵种者。以制国用使司条画谕中外官吏。三月辛巳，分卫辉路为亲王玉龙答失分地。戊戌，赈水达达民户饥。己未，王晋及侍中和哲斯、济南益都转运使王明，以隐匿盐课，皆伏诛。夏四月丁卯，五山珍御榻成，置琼华岛广寒殿。亳州水军千户胡进等领骑兵渡淝水，逾荆山，与宋兵战，杀获甚众，赏钞币有差。庚午，敕僧、道祈福于中都寺观。诏以僧机为总统，居广寿寺。己卯，申严濒海私盐之禁。敕宫烛毋彩绘。五月乙未，遣使诸路虑囚。庚子，敕太医院领诸路医户、惠民药局。辛丑，以黄金饰浑天仪。丙午，浚西夏中兴汉延、唐来等渠。凡良田为僧所据者，听蒙古人分垦。丙辰，罢益都行省。蠲平滦、益都质子户赋税之半。六月丁卯，封皇子南木合为北平王，以印给之。辛未，徙归化民于清州兴济县屯田，官给牛具。壬申，赐刘整畿内地五十顷。癸酉，以千户扎剌儿没于王事，赐其妻银二百五十两。丙子，立漕运司。戊寅，以陕西行省平章赛典赤等政事修治，赐银五千两。命山东统军副使王仲仁督造战船于汴。申严陕西、河南竹禁。立拱卫司。秋七月丙申，罢息州安抚司。壬寅，诏上都路总管府，遇车驾巡幸，行留守司事，车驾还，即复旧。丙午，遣使祠五岳四渎。甲寅，添内外巡兵。外路每百户选中产者一人充之，其赋令余户代输，在都增武卫军四百。己未，以崞、代、坚、台四州隶忻州。诏令西夏避乱之民还本籍，成都新民为豪家所庇者皆归之州县。诏招集逃亡军，限百日诣所属陈首，原其罪，贫者并户应役。八月癸亥，赐丞相伯颜第一区。丁卯，以兵部侍郎黑的、礼部侍郎殷弘使日本，赐书曰："皇帝奉书日本国王：朕惟自古小国之君，境土相接，尚务讲信修睦，况我祖宗受天明命，奄有区夏，遐方异域畏威怀德者，不可悉数。朕即位之初，以高丽无辜之民，久瘁锋镝，即令罢兵，还其疆埸，反其旄倪。高丽君臣，感戴来朝，义虽君臣，而欢若父子。计王之君臣，亦已知之。高丽，朕之东藩也。日本密迩高丽，开国以来，时通中国，至于朕躬，而无一乘之使以通和好。尚恐王国知之未审，故特遣使持书布告朕心，冀自今以往，通问结好，以相亲睦。且圣人以四海为家，不相通好，岂一家之理哉？以至用兵，夫孰所好，王其图之。"又诏高丽导去使至其国。戊子，高丽国王王禃遣其大将军朴琪来贺圣诞节。阿术略地蕲、黄，俘获以万计。九月戊午，车驾至自上都。冬十月庚申朔，降德兴府为奉圣州。癸亥，高丽使还，以王禃病，诏和药赐之。丁丑，徙平阳经籍所于京师。更敕牒旧式。太庙成，丞相安童、伯颜言："祖宗世数、尊谥庙号、增祀四世、各庙神主、配享功臣、法服祭器等事，皆宜定议。"命平章政事赵璧等集群臣议，定为八室。申禁京畿畋猎。壬午，命制国用使司造神臂弓千张、矢六万。十一月辛卯，初给京、府、州、县、司官吏俸及职田。戊戌，濒御河立漕仓。丁未，申严杀牛马之禁。宋子贞致仕。辛亥，以忽都答儿为中书左丞相。诏禁天文、图谶等书。丙辰，千户散竹带以嗜酒失所守大良平，罪当死，录其前功免死，令往东川军前自效。诏建都使复归朝。又诏嘉定等府沿江一带城堡早降。又诏四川行枢密院遣人告谕江、汉、庸、蜀等效顺，具官吏姓名，对阶换授，有功者迁，有才者用；民无生理者以衣粮赈之，愿迁内地者给以田庐，毋令失所。十二月庚申，给诸王合必赤行军印。辛酉，诏改四川行枢密院为行中书省，以赛典赤、也速带儿等佥行中书省事。甲子，立诸路洞冶所。以梁成生擒宋总辖官，授同知开府事，佩金符。减辉州竹课，先是官取十之六，至是减其二。丁亥，诏安肃公张柔、行工部尚书段天祐等同行工部事，修筑宫城。并太府监入宣徽院，仍以宣徽使专领监事。诏赐高丽以至元四年历日，仍慰谕之。建大安阁于上都。凿金口，导卢沟水以漕西山木石。敕：“诸越界私商及谍人与伪造钞者，送京师审核。”是岁，天下户一百六十万九千九百三。东平、济南、益都、平滦、真定、洺磁、顺天、中都、河间、北京蝗，京兆、凤翔旱。断死罪九十六人。赐诸王金、银、币、帛如岁例。

四年春正月甲午，陕西行省以开州新得复失，请益兵，敕平阳、延安等处签民兵三千人，山东、河南、怀孟、潼川调兵七千人益之。丁酉，申严平阳等处私盐之禁。壬寅，立茶速秃水十四驿。癸卯，敕修曲阜宣圣庙。乙巳，百济遣其臣梁浩来朝，赐以锦绣有差。禁僧官侵理民讼。辛亥，封安肃公张柔为蔡国公，以赵璧为枢密副使。立诸路洞冶都总管府。癸丑，敕封昔木土山为武定山，其神曰武定公；泉为灵渊，其神曰灵渊侯。签蒙古军，户二丁三丁者出一人为军，四丁五丁者二人，六丁七丁者三人。乙卯，高丽国王王禃遣使来朝，诏抚慰之。戊午，立提点宫城所。析上都隆兴府自为一路，行总管府事；立开元等路转运司。城大都。二月庚申，粘合南合复平章事，阿里复为中书右丞。丁卯，改经籍所为弘文院，以马天昭知院事。丁亥，括西夏民田，征其租。车驾幸上都。诏陕西行省招谕宋人。又诏嘉定、泸州、重庆、夔府、涪、达、忠、万及钓鱼、礼义、大良等处官吏军民有能率众来降者，优加赏擢。三月己丑，复以耶律铸为中书左丞相。辛卯，自潼关至蕲县立河渡官八员，以察奸伪。乙未，敕中都路建习乐堂，使乐工隶业其中。己亥，赐皇子燕王、忙阿剌、那没罕、忽哥赤银三万两。辛丑，夏津县大雨雹。壬寅，安童言：“比者省官员数，平章、左丞各一员，今丞相五人，素无此例。臣等议拟设二丞相，臣等蒙古人三员，惟陛下所命。”诏以安童为长，史天泽次之，其余蒙古、汉人参用，勿令员数过多；又诏宜用老成人如姚枢等一二员同议省事。丁巳，耶律铸制宫县乐成，诏赐名《大成》。夏四月甲子，新筑宫城。辛未，遣使祀岳渎。五月丁亥朔，日有食之。敕上都重建孔子庙。乙未，应州大水。丙申，威州山后大番弄麻等十一族来附，赐以玺书、金银符。己酉，以捕猎户达鲁花赤伪造银符，处死。壬子，敕诸路官吏俸，令包银民户，每四两增纳一两以给之。丙辰，析东平之博州五城别为一路。六月壬戌，以中都、顺天、东平等处蚕灾，免民户丝料轻重有差。乙丑，复以史天泽为中书左丞相，忽都答儿、耶律铸并降平章政事，伯颜降中书右丞，廉希宪降中书左丞，阿里、张文谦并降参知政事。乙酉，赐诸王玉龙答失银五千两、币三百，岁以为常。罢宣徽院。黑的、殷弘以高丽使者宋君斐、金赞不能导达至日本来奏，降诏责高丽王王禃，仍令其遣官至彼宣布，以必得要领为期。秋七月丙戌朔，敕自中兴路至西京之东胜立水驿十。戊戌，罢息州安抚岳林，以其民隶南京路；罢怀孟路安抚李宗杰，以其民隶本路。发巩昌、凤翔、京兆等处未占籍户一千，修治四川山路、桥梁、栈道。大名路达鲁花赤爱鲁、总管张弘范等盗用官钱，罢之。壬寅，申严京畿牧地之禁。甲寅，诏亦即纳新附贫民，从人借贷困不能偿者，官为偿之，仍给牛具、种实及粮食。签东京军千八百人充侍卫军。八月庚申，填星犯天樽。辛酉，申严平滦路私盐酒醋之禁。丙寅，复立宣徽院，以前中书右丞相线真为使。丁丑，封皇子忽哥赤为云南王，赐驼钮金镀银印。壬午，太白犯轩辕大星。命怯绵征建都。高丽国王王禃遣其秘书监郭汝弼来贺圣诞节。阿术略地至襄阳，俘生口五万、马牛五千。宋人遣步骑来拒，阿术率骑兵败之。九月壬辰，作玉殿于广寒殿中。乙未，总帅汪良臣请立寨于母章德山，控扼江南，以当钓鱼之冲，从之。戊申，以许衡为国子祭酒。安南国王陈光昞遣使来贡，优诏答之。立大理等处行六部，以阔阔带为尚书兼云南王傅，柴祯尚书兼府尉，宁源侍郎兼司马。庚戌，遣云南王忽哥赤镇大理、鄯阐、茶罕章、赤秃哥儿、金齿等处，诏抚谕吏民。又诏谕安南国，俾其君长来朝，子弟入质，编民出军役、纳赋税，置达鲁花赤统治之。癸丑，申严西夏中兴等路僧尼、道士商税、酒醋之禁。车驾至自上都。鹗请立选举法，有旨令议举行，有司难之，事遂寝。冬十月辛酉，制国用司言：“别怯赤山石绒织为布，火不能然。”诏采之。壬戌，赐驸马不花银印。鱼通岩州等处达鲁花赤李福招谕西番诸族酋长以其民入附，以阿奴版的哥等为喝吾等处总管，并授玺书及金银符。铁旗城后番官官折兰遣其子天郎持先受宪宗玺书、金符，乞改授新命，从之。甲子，岁星犯轩辕大星。辛未，太原进嘉禾二本，异亩同颖。甲戌，赈新附民陈忠等钞。丁丑，制国用使司请量节经用，从之。庚辰，定品官子孙荫叙格。十一月乙酉，享于太庙。戊戌，立新蔡县，以忽察、李家奴统所部兵戍之。甲辰，立夔府路总帅府，戍开州。乙巳，填星犯天樽距星。申严京畿畋猎之禁。南京宣慰刘整赴阙，奏攻宋方略，宜先从事襄阳。十二月甲戌，赏河南路统军使讷怀所部将士战功银九千六百五十两，钞币、鞍勒有差。丙子，赈亲王移相哥所部饥民。丁丑，给辽东新签军布六万匹。己卯，立辽东路水驿七。赏元帅阿术部下有功将士二千二十五人，银五万五千三百两、金五十两，及锦彩、鞍勒有差。庚辰，签女直、水达达军三千人。立诸位斡脱总管府。省平阳路岳阳、和州二县入冀氏，复置霸州益津县，省安西路栎阳县入临潼。是岁，天下户口一百六十四万四千三十。山东、河南北诸路蝗，顺天束鹿县旱，免其租。断死罪一百十四人。赐诸王金、银、币、帛如岁例。

五年春正月甲午，太阴犯井。庚子，上都建城隍庙。辛丑，敕陕西五路四川行省造战舰五百艘付刘整。高丽国王王禃遣其弟淐来朝。诏以禃饰辞见欺，面数其事于淐，切责之。复遣北京路总管于也孙脱、礼部郎中孟甲持诏往谕，令具表遣海阳公金俊、侍郎李藏用与去使同来以闻。庚戌，赐高丽国新历。闰月戊午，以陈、亳、颍、蔡等处屯田户充军；令益都漏籍户四千淘金登州栖霞县，每户输金岁四钱。二月戊子，太阴犯天关。己丑，太阴犯井。给河南、山东贫乏军士钞。戊戌，改军器局为军器监。辛丑，百户浑都速驻营济南路属县三年。胁取民饮食粮料当粟五千石，敕杖决之，仍偿粟千石。析甘州路之肃州自为一路。三月丙寅，罢诸路四品以下子孙入质者。田禹妖言，敕减死流之远方。禁民间兵器，犯者验多寡定罪。甲子，敕怯绵率兵二千招谕建都。壬申，改母章德山为定远城，武群山为武胜军。丁丑，敕阿里等诣军前阅视军籍。罢诸路女直、契丹、汉人为达鲁花赤者，回回、畏兀、乃蛮、唐兀人仍旧。夏四月壬寅，遣使祀岳渎。五月辛亥朔，以太医院、拱卫司、教坊司及尚食、尚果、尚酝三局隶宣徽院。癸亥，都元帅百家奴拔宋嘉定五花、石城、白马三寨。癸酉，赐诸王禾忽及八剌合币帛六万匹。六月辛巳朔，济南王保和以妖言惑众，谋作乱，敕诛首恶五人，余勿论。甲申，中山大雨雹。阿术言："所领者蒙古军，若遇山水、寨栅，非汉军不可。宜令史枢率汉军协力征进。"从之。戊申，东平等处蝗。己酉，封诸王习列吉为河平王，赐驼钮金印。秋七月辛亥，召翰林直学士高鸣，顺州知州刘瑜，中都郝谦、李天辅、韩彦文、李祐赴上都，以山东统军副使王仲仁戍眉州。壬子，诏陕西统军司兼领军民钱谷。罢各路奥鲁官，令管民官兼领。癸丑，立御史台，以右丞相塔察儿为御史大夫，诏谕之曰："台官职在直言，朕或有未当，其极言无隐，毋惮他人，朕当尔主。"仍以诏谕天下。立高州北二驿。戊辰，罢西夏宣抚司。庚午，省诸路打捕鹰坊工匠洞冶总管府，令转运司兼领之。丙子，立西夏惠民局。高丽国王王禃遣其臣崔东秀来言备兵一万，造船千只。诏遣都统领脱朵儿往阅之，就相视黑山日本道路，仍命耽罗别造船百艘以伺调用。诏四川行省赛典赤自利州还京兆，立东西二川统军司，以刘整为都元帅，与都元帅阿术同议军事。整至军中，议筑白河口、鹿门山，遣使以闻，许之。罢军中诸司参议。八月乙酉，程思彬以投匿名书言斥乘舆，伏诛。己丑，亳州大水。庚子，敕京师濒河立十仓。命忙古带率兵六千征西番、建都。九月癸丑，中都路水，免今年田租。罢中都路和顾所。丁巳，阿术统兵围樊城。敕长春宫修设金箓周天大醮七昼夜。建尧庙及后土太宁宫。庚申，赐安南国王陈光昞锦绣，及其诸臣有差。己丑，立河南屯田。命兵部侍郎黑的、礼部侍郎殷弘赍国书复使日本，仍诏高丽国遣人导送，期于必达，毋致如前稽阻。诏谕安南国陈光昞："来奏称占城、真腊二寇侵扰，已命卿调兵与不干并力征讨，今复命云南王忽哥赤统兵南下，卿可遵前诏，遇有叛乱不庭为边寇者，发兵一同进讨，降服者善为抚绥。"车驾至自上都。益都路饥，以米三十一万八千石赈之。复以史天泽为枢密副使。冬十月戊寅朔，日有食之。己卯，敕中书省、枢密院，凡有事与御史台官同奏。立河南等路行中书省，以参知政事阿里行中书省事。庚辰，以御史中丞阿里为参知政事。壬午，诏恤沿边诸军，其横科差赋，责奥鲁官偿之。庚寅，敕从臣秃忽思等录《毛诗》、《孟子》、《论语》。乙未，享于太庙。中书省臣言："前代朝廷必有起居注，故善政嘉谟不致遗失。"即以和礼霍孙、独胡剌充翰林待制兼起居注。敕给黎、雅、嘉定新附民田。戊戌，宫城成。刘秉忠辞领中书省事，许之，为太保如故。十一月己酉，签河南、山东边城附籍诸色户充军。庚申，宋兵自襄阳来攻沿山诸寨，阿术分诸军御之，斩获甚众，立功将士千三百四人。诏首立战功生擒敌军者，各赏银五十两，其余赏赉有差。癸酉，御史台臣言："立台数月，发擿甚多，追理侵欺粮粟近二十万石，钱物称是。"有诏褒谕。免南京、河南两路来岁修筑都城役夫。十二月戊寅，以中都、济南、益都、淄莱、河间、东平、南京、顺天、顺德、真定、恩州、高唐、济州、北京等处大水，免今年田租。敕二分、二至及圣诞节日，祭星于司天台。诏谕四川行省沿边屯戍军士逃役者处死。复置乾州奉天县，省好畤、永寿入焉。以凤州隶兴元路；德兴府改奉圣州，隶宣德。是岁，京兆大旱。天下户一百六十五万二百八十六，断死罪六十九人。赐诸王金、银、币、帛如岁例。

六年春正月癸丑，高丽国王王禃遣使以诛权臣金俊来告，赐历日、西锦。立四道按察司。戊午，阿术军入宋境，至复州、德安府、荆山等处，俘万人而还。庚申，以参知政事杨果为怀孟路总管。甲戌，益都、淄莱大水，恩州饥，命赈之。敕史天泽与枢密副使驸马忽剌出董师襄阳。二月壬午，以立四道提刑按察司诏谕诸道。己丑，诏以新制蒙古字颁行天下。丙申，罢宣德府税课所，以上都转运司兼领。改河南、怀孟、顺德三路税课所为转运司。丁酉，签民兵二万赴襄阳。赈欠州人匠贫乏者米五千九百九十九石。敕："鞍、靴、箭镞等物，自今不得以黄金为饰。"开元等路饥，减户赋布二匹，秋税减其半，水达达户减青鼠二，其租税被灾者免征。免单丁贫乏军士一千九百余户为民。癸卯，给河南行省钞千锭犒军。三月甲寅，诏益都路签军万人，人给钞二十五贯。戊午，赈曹州饥。筑堡鹿门山。夏四月辛巳，制玉玺大小十纽。甲午，遣使祀岳渎。大名等路饥，赈米十万石。五月丙午朔，东平路饥，赈米四万一千三百余石。辛酉，诏禁戍边军士牧践屯田禾稼。六月辛巳，以招讨怯绵征建都败绩，又擅追唆火儿玺书、金符，处死。壬午，免益都新签军单丁者千六百二十一人为民。丁亥，河南、河北、山东诸郡蝗。癸巳，敕："真定等路旱蝗，其代输筑城役夫户赋悉免之。"丙申，高丽国王王禃遣其世子愖来朝，赐禃玉带一，愖金五十两，从官银币有差。壬寅，阿术率兵万五千人阨宋万山、射垛冈、鬼门关樵苏之路。癸卯，诏董文炳等率兵二万二千人南征。东昌路饥，赈米二万七千五百九十石。秋七月丁巳，遣宋私商四十五人还其国。庚申，水军千户邢德立、张志等生擒宋荆鄂都统唐永坚，赏银币有差。辛酉，制太常寺祭服。壬戌，西京大雨雹。己巳，立诸路蒙古字学。癸酉，立国子学。诏遣官审理诸路冤滞，正犯死罪明白者，各正典刑，其杂犯死罪以下量断遣之。又诏谕宋国官吏军民，示以不欲用兵之意。复遣都统领脱朵儿、统领王国昌等往高丽点阅所备兵船，及相视耽罗等处道路。立西蜀四川监榷茶场使司。宋将夏贵率兵船三千至鹿门山，万户解汝楫、李庭率舟师败之，俘杀二千余人，获战舰五十艘。八月己卯，立金州招讨司。丙申，以沙、肃州钞法未行，降诏谕之。诏诸路劝课农桑。命中书省采农桑事，列为条目，仍令提刑按察司与州县官相风土之所宜，讲究可否，别颁行之。高丽国世子愖奏，其国臣僚擅废国王王禃，立其弟安庆公淐。诏遣斡朵思不花、李谔等往其国详问，条具以闻。九月癸丑，恩州进嘉禾，一茎三穗。戊午，敕民间贷钱取息，虽逾限止偿一本息。己未，授高丽世子王愖特进上柱国、东安公。壬戌，丰州、云内、东胜旱，免其租赋。戊辰，敕高丽世子愖率兵三千赴其国难，愖辞东安公，乃授特进上柱国。辛未，敕管军万户宋仲义征高丽。以忽剌出、史天泽并平章政事，阿里中书右丞，行河南等路中书省事，赛典赤行陕西五路西蜀四川中书省事。车驾至自上都。斡朵思不花、李谔以高丽刑部尚书金方庆至，奉权国王淐表，诉国王禃遘疾，令弟淐权国事。冬十月己卯，定朝仪服色。壬午，升高唐、冠氏并为州。丁亥，广平路旱，免租赋。诏遣兵部侍郎黑的、淄莱路总管府判官徐世雄，召高丽国王王禃、王弟淐及权臣林衍俱赴阙。命国王头辇哥以兵压其境，赵璧行中书省于东京，仍降诏谕高丽国军民。庚子，太阴犯辰星。宋遣人馈盐、粮入襄阳，我军获之。赐诸王奥鲁赤驼钮金镀银印。十一月癸卯，高丽都统领崔坦等，以林衍作乱，挈西京五十余城来附。丁未，签王綧、洪茶丘军三千人往定高丽。高丽西京都统李延龄乞益兵，遣忙哥都率兵二千赴之。庚午，敕："诸路鳏寡废疾之人，月给米二斗。"安南国王陈光昞遣使来贡。济南饥，以米十二万八千九百石赈之。高丽国王王禃遣其尚书礼部侍郎朴烋从黑的入朝，表称受诏已复位，寻当入觐。筑新城于汉江西。十二月戊子，筑东安浑河堤。己丑，作佛事于太庙七昼夜。高唐、固安二州饥，以米二万六百石赈之。析彰德、怀孟、卫辉为三路，升林虑县为林州，改桢州复为韩城县，并省冯翊等州县十所，以懿州、广宁等府隶东京。是岁，天下户一百六十八万四千一百五十七。赐诸王金、银、币、帛如岁例。断死罪四十二人。

卷七　　本纪第七

世祖四

七年春正月辛丑朔，高丽国王王禃遣使来贺。丙午，耶律铸、廉希宪罢。立尚书省，罢制国用使司。以平章政事忽都答儿为中书左丞相，国子祭酒许衡为中书左丞，制国用使阿合马平章尚书省事，同知制国用使司事张易同平章尚书省事，制国用使司副使张惠、佥制国用使司事李尧咨、麦术丁并参知尚书省事。己酉，太阴犯毕。敕诸投下官隶中书省。壬子，敕驿卷无印者不许乘传。甲寅，高丽国王王禃遣使来言："比奉诏臣已复位，今从七百人入觐。"诏令从四百人来，余留之西京。诏高丽西京内属，改东宁府，画慈悲岭为界。丁巳，以蒙哥都为安抚高丽使，佩虎符，率兵戍其西境。戊午，均、房州总管孙嗣擒宋统制朱兴祖等。丙寅，赈兀鲁吾民户钞。丁卯，定省、院、台文移体式。二月辛未朔，以前中书右丞相伯颜为枢密副使。甲戌，筑昭应宫于高梁河。丙子，帝御行宫，观刘秉忠、孛罗、许衡及太常卿徐世隆所起朝仪，大悦，举酒赐之。丁丑，以岁饥罢修筑宫城役夫。甲申，置尚书省署。乙酉，立纸甲局。申严畜牧损坏禾稼桑果之禁。壬辰，立司农司，以参知政事张文谦为卿，设四道巡行劝农司。乙未，宋襄阳出步骑万余人、兵船百余艘，来趣万山堡，万户张弘范、千户脱脱击却败之，事闻，各赐金纹绫有差。高丽国王王禃来朝，求见皇子燕王，诏曰："汝一国主也，见朕足矣。"禃请以子愖见，从之。诏谕禃曰："汝内附在后，故班诸王下。我太祖时亦都护先附，即令齿诸王上，阿思兰后附，故班其下，卿宜知之。"又诏令国王头辇哥等举军入高丽旧京，以脱朵儿、焦天翼为其国达鲁花赤，护送禃还国。仍下诏："林衍废立，罪不可赦。安庆公淐本非得已，在所宽宥。有能执送衍者，虽旧在其党，亦必重增官秩。"世子愖奏乞随朝及尚主，不许，命随其父还国。三月庚子朔，日有食之。改河南等路及陕西五路西蜀四川、东京等路行中书省为行尚书省。尚书省臣言："河西和籴，应僧人、豪官、富民一例行之。"制可。甲寅，车驾幸上都。丙辰，浚武清县御河。丁巳，定医官品从。戊午，益都、登、莱蝗旱，诏减其今年包银之半。阿术与刘整言："围守襄阳，必当以教水军、造战舰为先务。"诏许之。教水军七万余人，造战舰五千艘。夏四月壬午，檀州陨黑霜三夕。设诸路蒙古字学教授。敕："诸路达鲁花赤子弟荫叙充散府诸州达鲁花赤，其散府诸州子弟充诸县达鲁花赤，诸县子弟充巡检。"改御史台典事为都事。癸未，定军官等级，万户、总管、千户、百户、总把以军士为差。己丑，省终南县入盩厔，复真定赞皇县、太原乐平县。高丽行省遣使来言："权臣林衍死，其子惟茂擅袭令公位，为尚书宋宗礼所杀。岛中民皆出降，已迁之旧京。衍党裴仲孙等复集余众，立禃庶族承化侯为王，窜入珍岛。"五月辛丑，怀州河内县大雨雹。癸卯，陕西佥省也速带儿、严忠范与东西川统军司率兵及宋兵战于嘉定、重庆、钓鱼山、马湖江，皆败之，拔三寨，擒都统牛宣，俘获人民及马牛战舰无算。甲辰，威州汶凤川番族八千户内附，其酋长来朝，授宣命，赐金符。丁未，东京路饥，兼运粮造船劳役，免今年丝银十之三。以同知枢密院事合答为平章政事。乙卯，复平滦路抚宁县，以海山、昌黎入之。丙辰，括天下户。尚书省臣言："诸路课程，岁银五万锭，恐疲民力，宜减十分之一。运司官吏俸禄，宜与民官同，其院务官量给工食，仍禁所司多取于民，岁终，较其增损而加黜陟。上都地里遥远，商旅往来不易，特免收税以优之，惟市易庄宅、奴婢、孳畜，例收契本工墨之费。管民官迁转，以三十月为一考，数于变易，人心苟且，自今请以六十月迁转。诸王遣使取索诸物及铺马等事，自今并以文移，毋得口传教令。"并从之。改宣徽院为光禄司，秩正三品，以宣徽使线真为光禄使。庚申，命枢密院阅实军数。壬戌，东平府进瑞麦，一茎二穗、三穗、五穗者各一本。省中都打捕鹰坊总管府入工部。大名、东平等路桑蚕皆灾，南京、河南等路蝗，减今年银丝十之三。六月丙子，敕西夏中兴市马五百匹。庚辰，敕："戍军还，有乏食及病者，令所过州城村坊主者给饮食医药。"丁亥，罢各路洞冶总管府，以转运司兼领。徙谦州甲匠于松山，给牛具。赐皇子南木合马六千、牛三千、羊一万。赐北边戍军马二万、牛一千、羊五万。丙申，立籍田大都东南郊。禁民擅入宋境剽掠。秋七月辛丑，设上林署。乙卯，赐诸王拜答寒印及海青、金符二。庚申，初给军官俸。壬戌，签诸道回回军。乙丑，阅实诸路炮手户。都元帅也速带儿等略地光州，败宋兵于金刚台。以辽东开元等路总管府兼本路转运司事。山东诸路旱蝗。免军户田租，戍边者给粮。命达鲁花赤兀良吉带给上都扈从畋猎粮。八月戊辰朔，筑环城以逼襄阳。己巳，赈应昌府饥。诸王拜答寒部曲告饥，命有车马者徙居黄忽儿玉良之地，计口给粮，无车马者就食肃、沙、甘州。戊寅，隆兴府总管昔剌斡脱以盗用官钱罢。庚辰，以御史大夫塔察儿同知枢密院事，御史中丞帖只为御史大夫。高丽世子王愖来贺圣诞节。辛巳，设应昌府官吏。辛卯，保定路霖雨，伤禾稼。九月庚子，敕僧、道、也里可温有家室不持戒律者，占籍为民。丁巳，太阴犯井。丙寅，括河西户口，定田税。宋将范文虎以兵船二千艘来援襄阳，阿术、合答、刘整率兵逆战于灌子滩，杀掠千余人，获船三十艘，文虎引退。西京饥，敕诸王阿只吉所部就食太原。山东饥，敕益都、济南酒税以十之二收粮。冬十月戊辰朔，敕两省以已奏事报御史台。庚午，太白犯右执法。癸酉，敕宗庙祭祀祝文，书以国字。乙亥，宋人攻莒州。乙酉，享于太庙。丁亥，以南京、河南两路旱蝗，减今年差赋十之六。发清、沧盐二十四万斤，转南京米十万石，并给襄阳军。己丑，敕来年太庙牲牢，勿用豢豕，以野豕代之，时果勿市，取之内园。车驾至自上都。降兴中府为州。赈山东淄莱路饥。十一月壬寅，荧惑犯太微西垣上将。壬子，河西诸郡诸王顿舍，僧、民协力供给。丁巳，敕益兵二千，合前所发军为六千，屯田高丽，以忻都及前左壁总帅史枢，并为高丽金州等处经略使，佩虎符，领屯田事。仍诏谕高丽国王立侍仪司。安南国王陈光昞遣使来贡，优诏答之。复赈淄莱路饥。闰月丁卯朔，高丽世子王愖还，赐王禃至元八年历。戊辰，禁缯段织日月龙虎，及以龙犀饰马鞍者。己巳，给河西行省钞万锭，以充岁费。以义州隶婆娑府。癸未，诏谕西夏提刑按察司管民官，禁僧徒冒据民田。壬辰，申明劝课农桑赏罚之法。诏设诸路脱脱禾孙。十二月丙申朔，改司农司为大司农司，添设巡行劝农使、副各四员，以御史中丞孛罗兼大司农卿。安童言孛罗以台臣兼领，前无此例。有旨："司农非细事，朕深谕此，其令孛罗总之。"命陕西等路宣抚使赵良弼为秘书监，充国信使，使日本。敕岁祀太社、太稷、风师、雨师、雷师。戊戌，徙怀孟新民千八百余户居河西。壬寅，升御史大夫秩正二品。降河南韶州为渑池县。宋重庆制置朱禩孙遣谍者持书榜来诱安抚张大悦等，大悦不发封，并谍者送致东川统军司。丁未，金齿、骠国三部酋长阿匿福、勒丁、阿匿爪来内附，献驯象三、马十九匹。己酉，鱼通路知府高曳失获宋谍者，诏赏之。辛酉，以都水监隶大司农司。以诸王伯忽儿为札鲁忽赤之长。建大护国仁王寺于高良河。敕更定僧服色。是岁，天下户一百九十三万九千四百四十九。赐先朝后妃及诸王金、银、币、帛如岁例。断死刑四十四人。

八年春正月乙丑朔，高丽国王王禃遣其秘书监朴恒、郎将崔有渰来贺，兼奉岁贡。丙寅，太阴犯毕。己卯，以同佥河南等路行中书省事阿里海牙参知尚书省事。中书省臣言："前有旨令臣与枢密院、御史台议河南行省阿里伯等所置南阳等处屯田，臣等以为凡屯田人户，皆内地中产之民，远徙失业，宜还之本籍。其南京、南阳、归德等民赋，自今悉折输米粮，贮于便近地，以给襄阳军食。前所屯田，阿里伯自以无效引伏，宜令州郡募民耕佃。"从之。史天泽告老，不允。敕："前筑都城，徙居民三百八十二户，计其直偿之。"设枢密院断事官。遣兀都蛮率蒙古军镇西方当当。丙戌，高丽安抚阿海略地珍岛，与逆党遇，多所亡失。中书省臣言："谍知珍岛余粮将竭，宜乘弱攻之。"诏不许，令巡视险要，常为之备。丁亥，管如仁、费正寅以国机事为书，谋遣崔继春、贾靠山、路坤入宋，事觉穷治，正寅、如仁、继春皆正典刑，靠山、坤并流远方。壬辰，敕："诸路鳏寡孤独疾病不能自存者，官给庐舍、薪米。"高丽国王王禃遣使奉表，为世子愖请昏。诏禁边将受赂放军及科敛。赈北京、益都饥。二月乙未朔，定民间婚聘礼币，贵贱有差。丁酉，发中都、真定、顺天、河间、平滦民二万八千余人筑宫城。己亥，罢诸路转运司入总管府。以尚书省奏定条画颁天下。移陕蜀行中书省于兴元。癸卯，四川行省也速带儿言："比因饥馑，盗贼滋多，宜加显戮。"诏令群臣议，安童以为："强窃盗贼，一皆处死，恐非所宜。罪至死者，仍旧待命。"以中书左丞、东京等路行尚书省事赵璧为中书右丞。甲辰，添设监察御史六员。命忽都答儿持诏招谕高丽林衍余党裴仲孙。乙巳，大理等处宣慰都元帅宝合丁、王傅阔阔带等，协谋毒杀云南王，火你赤、曹桢发其事，宝合丁、阔阔带及阿老瓦丁、亦速夫并伏诛，赏桢、火你赤及证左人金银有差。以沙州、瓜州鹰坊三百人充军。戊申，诏以治事日程谕中外官吏。敕往畏吾儿地市米万石。庚戌，申严东川井盐之禁。己未，敕军官佩金银符，其民官、工匠所佩者，并拘入，勿复给。敕海青符用太祖皇帝御署。庚申，奉御九住旧以梳栉奉太祖，奉所落须发束上，诏椟之，藏于太庙夹室。辛酉，敕："凡讼而自匿及诬告人罪者，以其罪罪之。"分归德为散府，割宿、亳、邳、徐等州隶之。升申州为南阳府，割唐、邓、裕、嵩、汝等隶之。赈西京饥。三月乙丑，增置河东山西道按察司，改河东陕西道为陕西四川道，山北东西道为山北辽东道。甲戌，敕："元正、圣节、朝会，凡百官表章、外国进献、使臣陛见、朝辞礼仪，皆隶侍仪司。"丙子，改山东、河间、陕西三路盐课都转运司为都转运盐使司。乙卯，中书省臣言："高丽叛臣裴仲孙乞诸军退屯，然后内附；而忻都未从其请，今愿得全罗道以居，直隶朝廷。"诏以其饰词迁延岁月，不允。辛巳，复立夏邑县，以砀山入焉。省谷熟入睢阳。滨棣万户韩世安，坐私储粮食、烧毁军器、诈乘驿马及擅请诸王塔察儿益都四县分地等事，有司屡以为言，诏诛之，仍籍其家。甲申，车驾幸上都。乙酉，许衡以老疾辞中书机务，除集贤大学士、国子祭酒，衡纳还旧俸，诏别以新俸给之。命设国子学，增置司业、博士、助教各一员，选随朝百官近侍蒙古、汉人子孙及俊秀者充生徒。丁亥，荧惑犯太微西垣上将。己丑，立西夏中兴等路行尚书省，以趁海参知行尚书省事。命尚书省阅实天下户口，颁条画，谕天下。赈益都等路饥。敕："有司毋留狱滞讼，以致越诉，违者官民皆罪之。"制封皇子燕王乳母赵氏豳国夫人，夫巩德禄追封德育公。夏四月壬寅，高丽凤州经略司忻都言："叛臣裴仲孙，稽留使命，负固不服，乞与忽林赤、王国昌分道进讨。"从之。平滦路昌黎县民生子，中夜有光，诏加鞠养。或以为非宜，帝曰："何幸生一好人，毋生嫉心也。"命高丽签军征珍岛。癸卯，给河南行中书省岁用银五十万两，仍敕襄樊军士自今人月给米四斗。甲辰，签壮丁备宋。戊午，阿术率万户阿剌罕等与宋将范文虎等战于湍滩，败之，获统制朱胜等百余人，夺其军器，赏阿术、阿剌罕等金帛有差。以至元七年诸路灾，蠲今岁丝料轻重有差。五月乙丑，以东道兵围守襄阳，命赛典赤、郑鼎提兵，水陆并进，以趋嘉定，汪良臣、彭天祥出重庆，札剌不花出泸州，曲立吉思出汝州，以牵制之。改签省也速带儿、郑鼎军前行尚书事，赛典赤行省事于兴元，转给军粮。丙寅，牢鱼国来贡。己巳，修佛事于琼华岛。辛未，分大理国三十七部为三路，以大理八部蛮酋新附，降诏抚谕。壬申，造内外仪仗。丁丑，赈蔚州饥。乙卯，命史天泽平章军国重事。升太府监为正三品。忻都、史枢表言珍岛贼徒败散，余党窜入耽罗。辛巳，赐河西行省金符、银海青符各一。令蒙古官子弟好学者，兼习算术。癸未，升济州为济宁府。以玉宸院隶宣徽院。高丽国王王禃遣使贡方物。六月甲午，敕枢密院："凡军事径奏，不必经由尚书省，其干钱粮者议之。"上都、中都、河间、济南、淄莱、真定、卫辉、洺磁、顺德、大名、河南、南京、彰德、益都、顺天、怀孟、平阳、归德诸州县蝗。癸卯，宋将范文虎率苏刘义、夏松等舟师十万援襄阳，阿术率诸将迎击，夺其战船百余艘，敌败走。平章合答又遣万户解汝楫等邀击，擒其总管朱日新、郑皋，大破之。辛亥，敕："凡管民官所领钱谷公事，并俟年终考较。"乙卯，招集河西、斡端、昂吉呵等处居民。己未，山东统军司塔出、董文炳侦知宋人欲据五河口，请筑城守之，既而坐失事机，宋兵已树栅其地。事闻，敕决罚塔出、文炳等有差。辽州和顺县、解州闻喜县虸蚄生。秋七月壬戌朔，尚书省请增太原盐课，岁以钞千锭为额，仍令本路兼领，从之。设回回司天台官属，以札马剌丁为提点。签女直、水达达军。以郑元领祠祭岳渎，授司禋大夫。丁卯，南人李忠进言，运山侍郎张大悦尝与宋交通，以其事无实，诏谕大悦："宋善用间，朕不轻信，毋怀疑惧。"以国王头辇哥行尚书省于北京、辽东等路。辛未，置左、右、中三卫亲军都指挥使司。乙亥，巩昌、临洮、平凉府、会、兰等州陨霜杀禾。乙酉，宋将来兴国攻百丈山营，阿术击破之，追至湍滩，斩首二千余级。高丽世子王愖入质，珍岛胁从民户来降。八月壬辰朔，日有食之。癸巳，敕："军站户地四顷以上，依例输租。"己亥，诏招谕宋襄阳守臣吕文焕。壬子，车驾至自上都。迁成都统军司于眉州。己未，圣诞节，初立内外仗及云和署乐位。东川统军司引兵攻宋铜钹寨，守寨总管李庆等降，以庆知梁山军事。九月壬戌朔，敕都元帅阿术以所部兵略地汉南。癸亥，高丽世子王愖辞归，赐国王王禃西锦，优诏谕之。甲子，赐刘整钞五百锭、邓州田五百顷，整辞，改赐民田三百户，科调如故。给河南行省岁用钞二万八千六百锭。丙寅，罢陕西五路西蜀四川行尚书省，以也速答儿行四川尚书省事于兴元，京兆等路直隶尚书省。败宋军于涡河。戊辰，升成都府德阳县为德州，降虢州为虢略县。壬申，选胄子脱脱木儿等十人肄业国学。癸酉，益都府济州进芝二本。甲戌，签西夏回回军。太庙殿柱朽坏，监察御史劾都水刘晸监造不敬，晸以忧卒。张易请先期告庙，然后完葺，从之。丙子，敕今岁享太庙毋用牺牛。太阴犯毕。庚辰，右卫亲军都指挥使忽都等言："五河城堡已成，唯庐舍未完，凡材甓皆出宋境，请率精兵分道抄掠。"从之。壬午，山东路统军司言宋兵攻胶州，千户蒋德等逆战败之，俘统制范广等五十余人，获战船百艘。癸未，诏忙安仓失陷米五千余石，特免征，仍禁诸王非理需索。诏以四川民力困弊，免茶盐等课税，以军民田租给沿边军食。仍敕："有司自今有言茶盐之利者，以违制论。"冬十月癸巳，大司农臣言："高唐州达鲁花赤忽都纳、州尹张廷瑞、同知陈思济劝课有效，河南府陕县尹王仔怠于劝课，宜加黜陟，以示劝惩。"从之。丁酉，享于太庙。己未，檀、顺等州风潦害稼。赐高丽至元九年历。十一月辛酉朔，敕品官子孙儤直，敕遣阿鲁忒儿等抚治大理。壬戌，罢诸路交钞都提举司。乙亥，刘秉忠及王磐、徒单公履等言："元正、朝会、圣节、诏赦及百官宣敕，具公服迎拜行礼。"从之。禁行金《泰和律》。建国号曰大元，诏曰：

诞膺景命，奄四海以宅尊；必有美名，绍百王而纪统。肇从隆古，匪独我家。且唐之为言荡也，尧以之而著称；虞之为言乐也，舜因之而作号。驯至禹兴而汤造，互名夏大以殷中。世降以还，事殊非古。虽乘时而有国，不以义而制称。为秦为汉者，著从初起之地名；曰隋曰唐者，因即所封之爵邑。是皆徇百姓见闻之狃习，要一时经制之权宜，概以至公，不无少贬。

我太祖圣武皇帝，握乾符而起朔土，以神武而膺帝图，四震天声，大恢土宇，舆图之广，历古所无。顷者，耆宿诣庭，奏章申请，谓既成于大业，宜早定于鸿名。在古制以当然，于朕心乎何有。可建国号曰大元，盖取《易经》"乾元"之义。兹大治流形于庶品，孰名资始之功；予一人底宁于万邦，尤切体仁之要。事从因革，道协天人。於戏！称义而名，固匪为之溢美；孚休惟永，尚不负于投艰。嘉与敷天，共隆大号。

丙戌，置四川省于成都。上都万安阁成。十二月辛卯朔，诏天下兴起国字学。宣徽院请以阑遗、漏籍等户淘金，帝曰："姑止，毋重劳吾民也。"乙巳，减百官俸。括西夏田。召塔出、董文炳赴阙。辛亥，并太常寺入翰林院，宫殿府入少府监。甲寅，诏尚书省迁入中书省。是岁，天下户一百九十四万六千二百七十。赐先朝后妃及诸王金、银、币、帛如岁例，赐囊家等羊马价钞万千一百六十七锭。断死罪一百五人。

九年春正月庚申朔，高丽国王王禃遣其臣礼宾卿宣文烈来贺，兼奉岁贡。甲子，并尚书省入中书省，平章尚书省事阿合马、同平章尚书省事张易并中书平章政事，参知尚书省事张惠为中书左丞，参知尚书省事李尧咨、麦术丁并参知中书政事。罢给事中、中书舍人、检正等官，仍设左右司，省六部为四，改称中书。丙寅，诏遣不花及马璘谕高丽具舟粮助征耽罗。河南省请益兵，敕诸路签军三万。丁丑，敕皇子西平王奥鲁赤、阿鲁帖木儿、秃哥及南平王秃鲁所部与四川行省也速带儿部下，并忙古带等十八族、欲速公弄等土番军，同征建都。新安州初隶雄州，诏为县入顺天。庚辰，改北京、中兴、四川、河南四路行尚书省为行中书省。京兆复立行省，仍命诸王只必帖木儿设省断事官。给西平王奥鲁赤马价弓矢，赐南平王秃鲁银印及金银符各五。辛巳，移凤州屯田于盐、白二州。敕董文炳时巡掠南境，毋令宋人得立城堡。敕："军民讼田者，民田有余则分之军，军田有余亦分之民。仍遣能臣听其直，其军奴入民籍者，还正之。"敕燕王遣使持香幡，祠岳渎、后土、五台兴国寺。命刘整总汉军。壬午，改山东东路都元帅府统军司为行枢密院，以也速带儿、塔出并为行枢密院副使。乙酉，定受宣敕官礼仪。诏元帅府统军司、总管万户府阅实军籍。二月庚寅朔，奉使日本赵良弼，遣书状官张铎同日本二十六人，至京师求见。辛卯，诏："札鲁忽赤乃太祖开创之始所置，位百司右，其赐银印，立左右司。"壬辰，高丽国王王禃遣其臣齐安侯王淑来贺改国号。改中都为大都。甲午，命阿术典蒙古军，刘整、阿里海牙典汉军。戊戌，以去岁东平及西京等州县旱蝗水潦，免其租赋。庚子，复唐州泌阳县。建中书省署于大都。戊申，始祭先农如祭社之仪。诏诸路开浚水利。车驾幸上都。三月乙丑，谕旨中书省，日本使人速议遣还。安童言："良弼请移金州戍兵，勿使日本妄生疑惧。臣等以为金州戍兵，彼国所知，若复移戍，恐非所宜。但开谕来使，此戍乃为耽罗暂设，尔等不须疑畏也。"帝称善。甲戌，括民间《四教经》，焚之。蒙古都元帅阿术、汉军都元帅刘整、阿里海牙督本军破樊城外郛，斩首二千级，生擒将领十六人，增筑重围守之。赈济南路饥。诏免医户差徭。夏四月己丑，诏于土番、西川界立宁河驿。辛卯，赐皇子爱牙赤所部马。丙午，给西平王奥鲁赤所部米。甲寅，赈大都路饥。五月戊午朔，立和林转运司，以小云失别为使，兼提举交钞使。己未，给阔阔出海青银符二。辛酉，罢签回回军。癸亥，敕拔都军于怯鹿难之地开渠耕田。丙寅，签徐、邳二州丁壮万人戍邳州。庚午，减铁冶户，罢西蕃秃鲁干等处金银矿户为民。禁汉人聚众与蒙古人斗殴。诏议取耽罗及济州。辛巳，敕修筑都城，凡费悉从官给，毋取诸民，并蠲伐木役夫税赋。甲申，敕诸路军户驱丁，除至元七年前从良入民籍者当差，余虽从良，并令助本户军力。乙酉，太白犯毕距星。宫城初建东西华、左右掖门。诏安集答里伯所部流民。六月壬辰，遣高丽国西京属城诸达鲁花赤及质子金镒等归国。减乞里吉思屯田所入租，仍遣南人百名，给牛具以往。是夜，京师大雨，坏墙屋，压死者众。癸巳，敕以籍田所储粮赈 民，不足，又发近地官仓济之。甲午，高丽告饥，转东京米二万石赈之。己亥，山东路行枢密院塔出于四月十三日遣步骑趋涟州，攻破射龙沟、五港口、盐场、白头河四处城堡，杀宋兵三百余人，虏获人牛万计，第功赏赉有差。辛亥，高丽国王王禃请讨耽罗余寇。秋七月丁巳朔，河南省臣言："往岁徙民实边屯耕，以贫苦悉散还家。今唐 、邓、蔡、息、徐、邳之民，爱其田庐，仍守故屯，愿以丝银准折输粮，而内地州县转粟饷军者，反厌苦之。臣议今岁沿边州郡，宜仍其旧输粮，内地州郡，验其户数，俾折钞就沿边和籴，庶几彼此交便。"制曰："可。"拘括开元、东京等路诸漏籍户。禁私鬻《回回历》。赈水达达部饥。戊寅，赐诸王八八部银钞。集都城僧诵《大藏经》九会。壬午，和礼霍孙奏："蒙古字设国子学，而汉官子弟未有学者，及官府文移犹有畏吾字。"诏自今凡诏令并以蒙古字行，仍遣百官子弟入学。乙酉，免徙大罗镇居民，令倍输租米给鹰坊。诏分阅大都、京兆等处探马赤奴户名籍。八月丙戌朔，日有食之。戊子，立群牧所，掌牧马及尚方鞍勒。壬辰，敕忙安仓及靖州预储粮五万石，以备弘吉剌新徙部民及西人内附者廪给。调兵增戍全罗州。乙未，禁诸人以己事辄呼至尊称号者。丁酉，立斡脱所。己亥，诸王阔阔出请以分地宁海、登、莱三州自为一路，与他王比，岁赋惟入宁海，无输益都，诏从之。癸卯，千户崔松败宋襄阳援兵，斩其将张顺，赐松等将士有差。乙巳，车驾至自上都。丁未，改延州为延津县，与阳武同隶南京。癸丑，赈辽东等路饥。九月甲子，宋襄阳将张贵以轮船出城，顺流突战，阿术、阿剌海牙等举烽燃火，烛江如昼，率舟师转战五十余里，至柜门关，生获贵及将士二千余人。丙寅，敕枢密院："诸路正军贴户及同籍亲戚奴仆，丁年既长，依诸王权要以避役者，并还之军，惟匠艺精巧者以名闻。"癸酉，同签河南省事崔斌讼右丞阿里妄奏军数二万，敕杖而罢之。甲戌，罢水军总管府。东川元帅李吉等略地开州，拔石羊寨，擒宋将一人。统军使合剌等兵掠合州及渠江口，获战船五十艘，赏银币有差。丙子，发民夫三千人伐巨木辽东，免其家徭赋。戊寅，太阴犯御女。赈益都路饥。冬十月丙戌朔，封皇子忙哥剌为安西王，赐京兆为分地，驻兵六盘山。遣使持诏谕扮卜、忻都国。壬辰，享于太庙。癸巳，赵璧为平章政事，张易为枢密副使。乙未，筑浑河堤。戊戌，荧惑犯填星。己亥，敕自七月至十一月终听捕猎，余月禁之。癸卯，立文州。初立会同馆。十一月乙卯朔，诏以至元十年历赐高丽。壬戌，发北京民夫六千，伐木乾山，蠲其家徭赋。诸王只必帖木儿筑新城成，赐名永昌府。丙寅，蠲昔剌斡脱所负官钱。丁卯，太阴犯毕。城光州。遣无籍军掠宋境。己巳，敕发屯田军二千、汉军二千、高丽军六千，仍益武卫军二千，征耽罗。辛未，召高陵儒者杨恭懿，不至。癸酉，以前拔樊城外郛功，赏千户刘深等金银符。己卯，并中书省左右司为一。宋荆湖制置李庭芝为书，遣永宁僧赍金印、牙符，来授刘整卢龙军节度使，封燕郡王。僧至永宁，事觉，上闻，敕张易、姚枢杂问。适整至自军中，言："宋患臣用兵襄阳，欲以是杀臣，臣实不知。"敕令整为书复之，赏整，使还军中，诛永宁僧及其党友。参知行省政事阿里海牙言:“襄阳受围久未下，宜先攻樊城，断其声援。”从之。回回亦思马因创作巨石炮来献，用力省而所击甚远，命送襄阳军前用之。十二月乙酉朔，诏诸路府州司县达鲁花赤管民长官，兼管诸军奥鲁。丁亥，立肃州等处驿。以东平府民五万余户，复为东平路。辛丑，诸王忽剌出拘括逃民高丽界中，高丽达鲁花赤上其事，诏高丽之民犹未安集，禁罢之。遣宋议互市使者南归。戊午，赐北平王南木合军马一万二千九百九十一、羊六万一千五百三十一，及诸王塔察儿军币帛。辛亥，宋将昝万寿来攻成都，签省严忠范出战失利，退保子城，同知王世英等八人弃城遁。诏以边城失守，罪在主将，世英虽遁，与免其罪，惟遣使缚忠范至京师。癸丑，升拱卫司为拱卫直都指挥使司。是岁，天下户一百九十五万五千八百八十。赐先朝后妃及诸王金、银、币、帛如岁例。断死罪三十九人。建大圣寿万安寺。

卷八 本纪第八

世祖五

十年春正月乙卯朔，高丽国王王禃遣其世子愖来朝。戊午，敕自今并以国字书宣命。命忻都、郑温、洪茶丘征耽罗。宿州万户爱先不花请筑堡牛头山，以扼两淮粮运，不允。爱先不花因言:“前宋人城五河，统军司臣皆当得罪。今不筑，恐为宋人所先。”帝曰:“汝言虽是，若坐视宋人戍之，罪亦不免也。”安南使者还，言陈光昞受诏不拜。中书移文责问，光昞称从本俗。改回回爱薛所立京师医药院，名广惠司。己未，禁鹰坊扰民及阴阳图谶等书。癸亥，阿里海牙等大攻樊城，拔之，守将吕文焕惧而请降，中书省驿闻，遣前所俘唐永坚持诏谕之。丁卯，立秘书监。戊辰，给皇子北平王甲一千。置军器、永盈二库，分典弓矢、甲胄。庚午，签陕西探马赤军。己卯，川蜀省言:“宋昝万寿攻成都，也速带儿所部骑兵征建都未还，拟于京兆等路签新军六千为援。”从之。诏遣扎术呵押失寒、崔杓持金十万两，命诸王阿不合市药狮子国。壬午，赏东川统军合剌所部有功者。合剌请于渠江之北云门山及嘉陵西岸虎头山立二戍，以其图来上，仍乞益兵二万。诏给京兆新签军五千益之。二月丙戌，以皇后、皇太子受册宝，遣太常卿合丹告于太庙。丙申，云南罗羽酋长阿旭叛，诏有司安集其民，募能捕斩阿旭者赏之。遣断事官麦肖勾校川陕行省钱谷。诏勘马剌失里、乞带脱因、刘源使缅国，谕遣子弟近臣来朝。高丽国王王禃以王师征耽罗，乞下令禁俘掠，听自制兵仗，从之。丁未，宋京西安抚使、知襄阳府吕文焕以城降。三月甲寅朔，诏申谕大司农司遣使巡行劝课，务要农事有成。乙丑，敕枢密院以襄阳吕文焕率将吏赴阙;熟券军并城居之民仍居襄阳，给其田牛;生券军分隶各万户翼。文焕等发襄阳，择蒙古、汉人有才力者护视以来。丙寅，帝御广寒殿，遣摄太尉、中书右丞相安童授皇后弘吉剌氏玉册玉宝，遣摄太尉、同知枢密院事伯颜授皇太子真金玉册金宝。辛未，以皇后、皇太子受册宝，诏告天下。刘整请教练水军五六万及于兴元金、洋州、汴梁等处造船二千艘，从之。壬申，分金齿国为两路。癸酉，客星青白如粉絮，起毕，度五车北，复自文昌贯斗杓，历梗河，至左摄提，凡二十一日。以前中书左丞相耶律铸平章军国重事，中书左丞张惠为中书右丞。车驾幸上都。西蜀严忠范以罪罢，遣察不花等抚治军民。罢中兴等处行中书省。夏四月癸未朔，阿里海牙以吕文焕入朝，授文焕昭勇大将军、侍卫亲军都指挥使、襄汉大都督，赐其将校有差。时将相大臣皆以声罪南伐为请，驿召姚枢、许衡、徒单公履等问计。公履对曰:“乘破竹之势，席卷三吴，此其时矣。”帝然之。诏罢河南等路行中书省，以平章军国重事史天泽、平章政事阿术、参知政事阿里海牙行荆湖等路枢密院事，镇襄阳;左丞相合丹，参知行中书省事刘整，山东都元帅塔出、董文炳行淮西等路枢密院事，守正阳。天泽等陛辞，诏谕以襄阳之南多有堡寨，可乘机进取。仍以钞五千锭赐将士及赈新附军民。甲申，免隆兴路榷课三年。丁酉，敕南儒为人掠卖者，官赎为民。辛丑，罢四川行省，以巩昌二十四处便宜总帅汪良臣行西川枢密院，东川阆、蓬、广安、顺庆、夔府、利州等路统军使合剌行东川枢密院，东川副统军王仲仁同佥行枢密院事，仍令汪良臣就率所部军以往。五月壬子朔，定内外官复旧制，三岁一迁。甲寅，禁无籍军从大军杀掠，其愿为军者听。戊辰，诏:“天下狱囚，除杀人者待报，其余一概疏放，限以八月内自至大都，如期而至者皆赦之。”乙亥，诏:“免民代输签军户丝银，及伐木夫户赋税。负前朝官钱不能偿者，毋征。主守失陷官钱者，杖而释之。阵亡军及营缮工匠无丁产者，量加廪给。”以雄、易州复隶大都。庚辰，赏襄阳有功万户奥鲁赤等银钞衣服有差。六月乙酉，赈诸王塔察儿部民饥。丁亥，以各路弓矢甲匠并隶军器监。免大都、南京两路赋役，以纾民力。赈甘州等处诸驿。辛卯，汰陕西贫难军。以刘整、阿里海牙不相能，分军为二，各统之。癸巳，敕襄阳造战船千艘。甲午，改资用库为利用监。丁酉，置光州等处招讨司。戊申，经略忻都等兵至耽罗，抚定其地。诏以失里伯为耽罗国招讨使，尹邦宝副之。升拱卫直为都指挥司。使日本赵良弼，至太宰府而还，具以日本君臣爵号、州郡名数、风俗土宜来上。闰月癸丑，敕诸道造甲一万、弓五千，给淮西行枢密院。己巳，罢东西两川统军司。辛未，以翰林院纂修国史，敕采录累朝事实以备编集。丙子，以平章政事赛典赤行省云南，统合剌章、鸭赤、赤科、金齿、茶罕章诸蛮，赐银二万五千两、钞五百锭。秋七月辛巳，以金州军八百人及统军司还成都，忽朗吉军千人隶东川。壬午，以修太庙，将迁神主别殿，遣兀鲁忽奴带、张文谦祭告。丙戌，敕枢密院:“襄阳生券军无妻子者，发至京师，仍益兵卫送，其老疾者遣还家。”庚寅，河南水，发粟赈民饥，仍免今年田租。省西凉府入永昌路。戊申，高丽国王王禃遣其顺安公王悰、同知枢密院事宋宗礼，贺皇后、皇太子受册礼成。八月庚戌朔，前所释诸路罪囚，自至大都者凡二十二人，并赦之。甲寅，凤翔宝鸡县刘铁妻一产三男，复其家三年。丁丑，圣诞节，高丽王王禃遣其上将军金诜来贺。己卯，赐襄阳生熟券军冬衣有差。九月辛巳，辽东饥，弛猎禁。以合伯为平章政事。壬午，立河南宣慰司，供给荆湖、淮西军需。甲申，襄阳生券军至大都，诏伯颜谕之，释其械系，免死罪，听自立部伍，俾征日本；仍敕枢密院具铠仗，人各赐钞娶妻，于蒙古、汉人内选可为率领者。丙戌，刘秉忠、姚枢、王磐、窦默、徒单公履等上言："许衡疾归，若以太子赞善王恂主国学，庶几衡之规模不致废坠。"又请增置生员，并从之。秉忠等又奏置东宫宫师府詹事以次官属三十八人。戊子，遣官诣荆湖行省，差次有功将士。禁京畿五百里内射猎。己丑，敕自今秋猎鹿豕先荐太庙。壬辰，中书省臣奏："高丽王王禃屡言小国地狭，比岁荒歉，其生券军乞驻东京。"诏令营北京界，仍敕东京路运米二万石，以赈高丽。丁酉，立正阳诸驿。敕河南宣慰司运米三十万石，给淮西合答军，仍给淮西、荆湖军需有差。壬寅，敕会同馆专居降附之入觐者。以翰林学士承旨和礼霍孙兼会同馆事，以主朝廷咨访，及降臣奏请。征东招讨使塔匣剌请征骨嵬部，不允。丙午，置御药院。车驾至自上都。给诸王塔察儿所部布万匹。冬十月乙卯，享于太庙。丙辰，以西川编民、东川义士军屯田，饷潼川、青居戍兵。敕伯颜、和礼霍孙以史天泽、姚枢所定新格，参考行之。庚申，御史台臣言，没入赃罚，为钞一千三百锭。诏有贫乏不能存者，以此赈之。有司断死罪五十人，诏加审覆，其十三人因斗殴杀人，免死充军，余令再三审覆以闻。禁牧地纵火。以合答带为御史大夫，升襄阳府为路，罢广宁府新签军。初建正殿、寝殿、香阁、周庑两翼室。西蜀都元帅也速答儿与皇子奥鲁赤合兵攻建都蛮，擒酋长下济等四人，获其民六百，建都乃降，诏赏将士有差。十一月癸未，命布只儿修《起居注》。丁未，大司农司言："中书移文，以畿内秋禾始收，请禁农民覆耕，恐妨刍牧。"帝以农事有益，诏勿禁。十二月己酉朔，安童等言："昔博赤伯都谓总管府权太重，宜立运司并诸军奥鲁以分之。臣以今之民官，循例迁徙，保无邪谋，别立官府，于民未便。"帝然之。壬子，赐襄樊被伤军士钞千锭。甲寅，宋夏贵攻正阳，淮西行院击走之。壬戌，召阿术同吕文焕入觐。大司农司请罢西夏世官，括诸色户，从之。安南国王陈光昞遣使来贡方物。诸王薛阇秃以罪从军，累战皆捷，召赴阙。己巳，省陕州虢略、朱阳二县入灵宝。赐万户解汝楫银万五千两。诸王孛兀儿出率所部兵与皇子北平王合军，讨叛臣聂古伯，平之，赏立功将士有差。赐诸王金、银、币、帛如岁例。是岁，诸路虫螟灾五分，霖雨害稼九分，赈米凡五十四万五千五百九十石。天下户一百九十六万二千七百九十五。

十一年春正月己卯朔，宫阙告成，帝始御正殿，受皇太子诸王百官朝贺。高丽国王王禃遣其少卿李义孙等来贺，兼奉岁贡。乙酉，以金州招讨使钦察率襄阳生熟券军千人戍鸭池。庚寅，初立军官以功升散官格。免诸路军杂赋。以忙古带等新旧军一万一千五百人戍建都。立建都宁远都护府，兼领互市监。壬辰，置西蜀四川屯田经略司。丁酉，长春宫设周天金箓醮七昼夜。敕荆湖行院以军三万、水弩炮手五千隶淮西行院。丙午，彰德赵当道等以谋逆伏诛，余从者论罪有差。立于阗、鸦儿看两 城水驿十三，沙州北陆驿二，免于阗采玉工差役。阿里海牙言："荆襄自古用武之地，汉水上流已为我有，顺流长驱，宋必可平。"阿术又言："臣略地江淮，备见宋兵弱于往昔，今不取之，时不能再。"帝趣召史天泽同议，天泽对曰："此国大事，可命重臣一人如安童、伯颜，都督诸军，则四海混同，可计日而待矣。臣老矣，如副将者，犹足为之。"帝曰："伯颜可以任吾此事矣。"阿术、阿里海牙因言："我师南征，必分为三，旧军不足，非益兵十万不可。"诏中书省签军十万人。二月戊申朔，赐阿术所部将士及茶罕章阿吉老耆等银钞有差。甲寅，太阴犯井宿。庚申，新德副元帅杨尧元战没，以其子袭职。初立仪鸾局，掌宫门管钥、供帐灯烛。壬申，造战船八百艘于汴梁。以廉希宪为中书右丞、北京等处行中书省事。车驾幸上都。三月己卯，诏以劝课农桑谕高丽国王王禃，仍命安抚高丽军民总管洪茶丘提点农事。己丑，吕文焕随司千户陈炎谋叛，诛首恶二人，其随司军并其妻子，皆令内徙。庚寅，敕凤州经略使忻都、高丽军民总管洪茶丘等，将屯田军及女直军，并水军，合万五千人，战船大小合九百艘，征日本。移磵门兵戍合答城。辛卯，改荆湖、淮西二行枢密院为二行中书省，伯颜、史天泽并为左丞相，阿术为平章政事，阿里海牙为右丞，吕文焕为参知政事，行中书省于荆湖；合答为左丞相，刘整为左丞，塔出、董文炳为参知政事，行中书省于淮西。遣使代祀岳渎后土。河南宣慰司言："军兴转输烦重，宜赋军匠诸户，权助财用。"从之。癸巳，获嘉县尹常德，课最诸县，诏优赏之。亦乞里带强取民租产、桑园、庐舍、坟墓，分为探马赤军牧地，诏还其民。万户阿里必尝发李璮逆谋，为璮所杀，以其子剌剌吉袭职。改金州招讨司为万户府。遣要速木、咱兴憨失招谕八鲁国。帝师八合思八归土番国，以其弟亦邻真袭位。建大护国仁王寺成。夏四月辛亥，分陕西陇右诸州，置提刑按察司，治巩昌。癸丑，初建东宫。甲寅，诛西京讹言惑众者。括诸路马五万匹。辛未，诏安慰斡端、鸦儿看、合失合儿等城。赐襄樊战死之士二百四十九人之家，每家银百两。乙亥，命也速带儿将千人，同撒吉思所部五州丁壮，戍益都。五月丙戌，汪惟正以所部军逃亡，乞于民站户选补，从之。敕北京、东京等路新签军恐不宜暑，权驻上都。乙未，枢密院臣言："旧制，蒙古军每十人月食粮者，惟拔都二人。今遣怯薛丹合丹核其数，多籍二千六百七十人。"敕杖合丹，斥无入宿卫，谪往西川效死军中，余定罪有差。丙申，以皇女忽都鲁揭里迷失下嫁高丽世子王椹。辛丑，敕随路所签新军，其户丝银均配于民者，并除之。六月丙午朔，刘整乞益甲仗及水弩手，给之。庚戌，赐建都合马里战士银钞有差。癸丑，敕合答选部下蒙古军五千人，与汉军分戍沿江堡隘，为使传往来之卫。仍以古不来拔都、翟文彬率兵万人，掠荆南鸦山，以缀宋之西兵。丙辰，免上都、隆兴两路签军。庚申，问罪于宋，诏谕行中书省及蒙古、汉军万户千户军士曰：

爰自太祖皇帝以来，与宋使介交通。宪宗之世，朕以藩职奉命南伐，彼贾似道复遣宋京诣我，请罢兵息民。朕即位之后，追忆是言，命郝经等奉书往聘，盖为生灵计也。而乃执之，以致师出连年，死伤相藉，系累相属，皆彼宋自祸其民也。襄阳既降之后，冀宋悔祸，或起令图，而乃执迷，罔有悛心，所以问罪之师，有不能已者。今遣汝等，水陆并进，布告遐迩，使咸知之。无辜之民，初无预焉，将士毋得妄加杀掠。有去逆效顺，别立奇功者，验等第迁赏。其或固拒不从及逆敌者，俘戮何疑。

甲子，分遣忙古带、八都、百家奴率武卫军南征。丙寅，以合剌合孙为中书左丞，崔斌参知政事，仍行河南道宣慰司事。敕有司阅核延安新军，贫无力者免之。戊辰，监察御史言："江淮未附，将帅阙人。今首用阿里海牙子忽失海牙、刘整子垓，素不知兵，且缺人望，宜依弟男例罢去。"从之。秋七月乙亥朔，敕山北辽东道提刑按察使兀鲁失不花同参知政事廉希宪行省北京，国王头辇哥毋署事，有大事，则希宪等就议。乙酉，徙生券军八十一人屯田和林。癸巳，高丽国王王禃薨，遣使以遗表来上，且言世子愖孝谨，可付后事。敕同知上都留守司事张焕册愖为高丽国王。乙未，伯颜等陛辞，帝谕之曰："古之善取江南者，唯曹彬一人。汝能不杀，是吾曹彬也。"兴元凤州民献麦一茎四穗至七穗，谷一茎三穗。八月甲辰朔，颁诸路立社稷坛壝仪式。丁未，史天泽言："今大师方兴，荆湖、淮西各置行省，势位既不相下，号令必不能一，后当败事。"帝是其言，复改淮西行中书省为行枢密院。癸丑，行中书省言："江汉未下之州，请令吕文焕率其麾下临城谕之，令彼知我宽仁，善遇降将，亦策之善者也。"从之。甲寅，弛河南军器之禁。辛未，高丽王愖遣其枢密使朴璆来贺圣诞节。诏太原新签军远戍两川，诚可悯恤，谕枢密院遣使分括廪粟，给其家。九月丙戌，行中书省以大军发襄阳，檄谕宋州郡官吏将校士民。癸巳，师次盐山，距郢州二十里。宋兵十余万当郢，夹汉水，城万胜堡，两岸战舰千艘，铁絙横江，贯大舰数十，遏我舟师不得下。惟黄家湾有溪，经鹞子山入唐港，可达于江，宋又为坝，筑堡其处，驻兵守之，系舟数百，与坝相依。伯颜督诸军攻拔之，凿坝挽舟入溪，出唐港，整列而进。车驾至自上都。冬十月己酉，享于太庙。庚申，长河西千户必剌冲剽掠甲仗，集众为乱，火你赤移戍未还，副元帅覃澄率属吏赴之。帝曰："澄不必独往，趣益兵三千付火你赤，合力讨之。"壬戌，岁星犯垒壁阵。乙丑，伯颜督诸将破沙洋堡，生擒守将串楼王。翌日，次新城，总制黄顺缒城降。伯颜遣顺招都统边居谊，不出，总管李庭破其外堡，诸军蚁附而登，拔之，居谊自焚死。辛未，赐北平王南木合马三万、羊十万。十一月庚辰，断死罪三十九人。壬午，敕西川行枢密院也速带儿取嘉定府。癸未，符宝郎董文忠言："比闻益都、彰德妖人继发，其按察司、达鲁花赤及社长不能禁止，宜令连坐。"诏行之。乙酉，军次复州，宋安抚使翟贵出降。丁亥，诏宋嘉定安抚昝万寿，及凡守城将校纳款来降，与避罪及背主叛亡者，悉从原免。癸巳，东川元帅杨文安与青居山蒙古万户怯烈乃、也只里等会兵达州，直趣云安，军至马湖江与宋兵遇，大破之，遂拔云安、罗拱、高阳城堡，赐文安等金银有差。以香河荒地千顷置中卫屯。伯颜遣万户帖木儿、译史阿里奏沙洋、新城之捷，且以新城总制黄顺来见，赐顺黄金锦衣及细甲，授湖北道宣慰使，佩虎符。敕："京师盗诈者众，宜峻立治法。"召征日本忽敦、忽察、刘复亨、三没合等赴阙。壬寅，安童以阿合马擅财赋权，蠹国害民，凡官属所用非人，请别加选择；其营作宫殿，夤缘为奸，亦宜诘问。帝命穷治之。起阁南直大殿及东西殿，增选乐工八百人，隶教坊司。十二月丙午，伯颜大军次汉口。宋淮西制置使夏贵，都统高文明、刘仪以战船万艘，分据诸隘，都统王达守阳罗堡，荆湖宣抚朱禩孙以游击军阨中流，师不得进。用千户马福言，自汉口开坝，引船会沦河口，径趋沙芜，遂入大江。癸丑，以诸路逃奴之无主者二千人，隶行工部。甲寅，赏忻都等征耽罗功，银钞币帛有差。乙卯，阿里海牙督万户张弘范等攻武矶堡，宋夏贵以兵来援，阿术率万户晏彻儿等四翼军对青山矶泊。丙辰，万户史格以一军先渡，为宋荆鄂诸军都统程鹏飞所败，总管史塔剌浑等率众赴敌，鹏飞败走。进军沙州，抵观音山，夏贵东走，遂破武矶堡，斩宋都统王达，始达南岸，追至鄂州南门而还。丁巳，伯颜登武矶山，宋朱禩孙遁归江陵。己未，师次鄂州，宋直秘阁湖北提举张晏然、权知汉阳军王仪、知德安府来兴国并以城降，程鹏飞以本军降。伯颜承制以宋鄂州民兵总制王该知鄂州事，王仪、来兴国仍旧任，撤其戍兵，分隶诸军。下令禁侵暴，凡逃民悉纵还之。以阿里海牙兵四万镇鄂汉。伯颜、阿术将大军，水陆东下，以侍卫亲军都指挥使秃满带为诸军殿。以襄阳路总管贾居贞为宣抚使，商议行中书省事。庚申，淮西正阳火，庐舍甲仗焚荡无余，杖万户爱先不花等有差。癸亥，赐太一真人李居素第一区，仍赐额曰太乙广福万寿宫。行中书省以渡江捷闻。敕纵吕文焕随司军悉还家。割南阳卢氏县隶嵩州，置归德永城县，长武县省入泾川，良原县省入灵台。是岁，天下户一百九十六万七千八百九十八。诸路虸蚄等虫灾凡九所，民饥，发米七万五千四百一十五石、粟四万五百九十九石以赈之。

十二年春正月癸酉朔，高丽国王王愖遣其判阁事李信孙来贺，及奉岁币。甲戌，大军次黄州，宋沿江制置副使、知黄州陈奕以城降，伯颜承制授奕沿江大都督。其子岩知涟州，奕遣人以书谕之，书至，岩即出降。乙亥，徙襄阳新民七百户于河北。东川副都元帅张德润拔礼义城，杀宋安抚使张资，招降军民千五百余人。继遣元帅张桂孙略地，俘总管郭武及都辖唐惠等六人以归。赐德润金五十两及西锦、金鞍、细甲、弓矢，部下将士钞三百锭。戊寅，刘整卒。安西王相府乞给钞万锭为军需，敕以千锭给之。癸未，师次蕲州，宋安抚使管景模以城降。乙酉，敕枢密院以纳忽带儿、也速带儿所统戍军及再签登莱丁壮八百人，付五州经略司，其郯城、十字路亦听经略司节度。丙戌，大军次江州，宋江西安抚使、知江州钱真孙及淮西路六安军曹明以城降。丁亥，枢密院臣言："宋边郡如嘉定、重庆、江陵、郢州、涟海等处，皆阻兵自守，宜降玺书招谕。”从之。宋知南康军叶阊以城降。敕以侍卫亲军指挥使札的失、囊加带将蒙古军二千，百家奴、唐古、忙兀儿将汉军万人，赴蔡州；秃满带、贾忙古带复将余兵赴阙。己丑，遣伯术、唐永坚赍诏招谕郢州，仍敕襄阳统军司调兵三千人卫送永坚等。选蒙古、畏吾、汉人十四人赴行中书省，为新附州郡民官。庚寅，遣右卫指挥副使郑温、唐古、帖木儿率卫军万人，同札的失、囊加带戍黄州。诏谕重庆府制置司并所属州郡城寨官吏军民举城归附。壬辰，以宣抚使贾居贞佥书行中书省事，戍鄂州。安南国使者还，敕以旧制籍户、设达鲁花赤、签军、立站、输租及岁贡等事谕之。乙未，遣兵部尚书廉希贤、工部侍郎严忠范、秘书监丞柴紫芝奉国书使于宋。丁酉，以万家奴所募愿为军者万人南征。己亥，云南总管信苴日、石买等刺杀合剌章舍里威之为乱者，以金赏之。命土鲁至云南，趣阿鲁帖木儿入觐。以蛮夷未附者尚多，命宣慰司兼行元帅府事，并听行省节度，置郡县，尹长选廉能者任之。置云南诸路规措所，以赡思丁为使。益卫送唐永坚兵，永坚求拜都、忙古带偕行，许之。敕追诸王海都、八剌金银符三十四。二月癸卯，大军次安庆府，宋殿前都指挥使、知安庆府范文虎以城降，伯颜承制授文虎两浙大都督。甲辰，以中书右丞博鲁欢为淮东都元帅，中书右丞阿里左副都元帅。仍命阿里、撒吉思等各部蒙古、汉军会邳州。又发蕲、宿戍兵，将河南战船千艘赴之。遣必阇赤孛罗检核西夏榷课，命开元宣抚司赈吉里迷新附饥民。敕畏吾地春夏毋猎孕字野兽。立后土祠于平阳之临汾，伏羲、女娲、舜、汤、河渎等庙于河中、解州、洪洞、赵城。丙午，大军次池州，宋权州事赵卯发自经死，都统制张林以城降。省西夏中兴都转运司入总管府。议以中统钞易宋交会，并发蔡州盐，贸易药材。丁未，禁无籍自效军俘掠新附复业军民。戊申，诏谕江、黄、鄂、岳、汉阳、安庆等处归附官吏士民军匠僧道人等，令农者就耒，商者就途，士庶缁黄，各安己业，如或镇守官吏妄有搔扰，诣行中书省陈告。史天泽卒。召游显、杨庭训赴阙。赐陈言人霍昇、张和钞十锭，俾从淮东元帅府南征。庚戌，遣礼部侍郎杜世忠、兵部郎中何文著，赍书使日本国。辛亥，遣同知济南府事张汉英，持诏谕淮东制置使李庭芝。壬子，洺磁路总管姜毅捕获农民郝进等四人，造妖言惑众，敕诛进，余减死流远方。宋都督贾似道遣计议宋京、承宣使阮思聪诣行中书省，请还已降州郡，约贡岁币。伯颜使囊加带同阮思聪还报命，留宋京以待，使谓似道曰："未渡江时，议贡议和则可，今沿江诸郡皆已内属，欲和，则当来面议也。"囊加带还，乃释宋京。以同佥枢密院事倪德政赴鄂州省，治财赋。癸丑，御史台臣劾前南京路总管田大成，以其弟妇赵氏为妻，废绝人伦，敕杖八十，三年不齿。时大成已死，惟市杖赵氏八十。丙辰，赏东征元帅府日本战功锦绢、弓矢、鞍勒。庚申，遣塔不带、斡鲁召鄂汉降臣张晏然等赴阙，仍谕之曰："朕省卿所奏云：'宋之权臣不践旧约，拘留使者，实非宋主之罪，傥蒙圣慈，止罪擅命之臣，不令赵氏乏祀者。'卿言良是。卿既不忘旧主，必能辅弼我家。比卿奏 上，已遣伯颜按兵不进，仍遣兵部尚书廉希贤等持书往使，果能悔过来附，既往之愆，朕复何究？至于权臣贾似道，尚无罪之之心，况肯令赵氏乏祀乎？若其执迷罔悛，未然之事，朕将何言，天其鉴之。"辛酉，以阔阔出率其部下军千人及亲附军五百，听阿剌海牙节制。凡湖南州县及溆水之民，有来附者，俾阔阔出统之，拒敌不降者，就为招集。诏令大洪山避兵民，还归汉阳，复业农亩，命阿剌海牙镇守之。又命阿失罕、唐永坚、綦公直等与脱烈将甲骑千人，持诏招谕郢州。大军次丁家洲，战船蔽江而下。宋贾似道分遣步帅孙虎臣及督府节制军马苏刘义，集兵船于江之南北岸，似道与淮西制置使夏贵将后军。战船二千五百余艘，横亘江中。翌日，伯颜命左右翼万户率骑兵，夹岸而进，继命举巨炮击之。宋兵阵动，夏贵先遁，似道错愕失措，鸣钲斥诸军散，宋兵遂大溃。阿术与镇抚何玮、李庭等舟师及步骑，追杀百五十里，得船二千余艘，及军资器仗、督府图籍符印，似道东走扬州。阿先不花言："夏贵纵北军岳全还，称欲内附，宜降玺书招谕。"遂遣其甥胡应雷持诏往谕之。甲子，大军次芜湖县，宋江东运判、知太平州孟之缙以城降。都元帅博鲁欢次海州，知州丁顺以城降。乙丑，阿里海牙言："江陵宋巨镇，地居大江上流，屯精兵不啻数十万，若非乘此破竹之势取之，江水泛溢，鄂汉之城亦恐难守。"从其请，仍降玺书，遣使谕江陵府制置司及高达已下官吏军民。宋福州团练使、知特摩道事农士贵，率知那寡州农天或、知阿吉州农昌成、知上林州农道贤，州县三十有七，户十万，诣云南行中书省请降。丙寅，枢密院言："渡江初，亳州万户史格、毗阳万户石抹绍祖，以轻进致败，乞罪之。"有旨，或决罚降官，或以战功自赎，其从行省裁处。禁民间赌博，犯者流之北地。戊辰，师次采石镇，知和州王喜以城降。都元帅博鲁欢次涟州，宋知州孙嗣武以城降。己巳，复遣伯术、唐永坚等宣谕郢州官吏士庶。庚午，大军次建康府，宋沿江制置使赵溍南走，都统、权兵马司事徐王荣、翁福、茅世雄等及镇军曹旺以城降。宋贾似道至扬州，始遣总管段佑送国信使郝经、刘人杰等来归。敕枢密院迎经等，由水路赴阙。诏安南国王陈光昞，仍以旧制六事谕之，趣其来朝。命怯薛丹察罕不花、侍仪副使关思义、真人李德和，代祀岳渎后土。车驾幸上都。三月壬申朔，宋镇江府马军总管石祖忠以城降。行中书省分遣淮西行枢密院阿塔海驻京口。宋诛殿帅韩震，其部将李大明等二百人，携震母、妻并诸子文焴、文炌自临安来奔。甲戌，宋江阴军佥判李世修以城降。乙亥，谕枢密院："比遣建都都元帅火你赤征长河西，以副都元帅覃澄镇守建都，付以玺书，安集其民。"仍敕安西王忙兀剌、诸王只必帖木儿、驸马长吉，分遣所部蒙古军从西平王奥鲁赤征吐蕃。命万执中、唐永坚同前所遣阿失罕等，将锐兵千人，同往招谕郢州：已降，则镇之；不降，则从陆路与阿里海牙、忽不来会于荆南。丙子，国信使廉希贤等至建康，传旨令诸将各守营垒，毋得妄有侵掠。宋知滁州王文虎以城降。戊寅，赐皇子安西王币帛八千匹、丝万斤。己卯，改平阴县新镇寨为肥城县，隶济宁府。庚辰，宋知宁国府颜绍卿以城降。

江东路得府二、州五、军二、县四十三，户八十三万一千八百五十二，口一百九十一万九千一百六。甲申，于中兴路置怀远、灵武二县，分处新民四千八百余户。丙戌，宋常州安抚戴之泰、通判王虎臣以城降。国信使廉希贤、严忠范等至宋广德军独松关，为宋人所杀。丁亥，免诸路军杂赋。辛卯，宋将高世杰复据岳州，质知州孟之绍妻子；又取复州降将翟贵妻子，送之江陵。世杰会郢、复、岳三州及上流诸军战船数千艘，兵数万人，扼荆江口。壬辰，阿里海牙以军屯于东岸，世杰夜半遁去，黎明至洞庭湖口，兵船成列而阵。阿里海牙督诸翼万户及水军张荣实、解汝楫等，逐世杰于湖口之夹滩，遣郎中张鼎召世杰，世杰降。阿里海牙以世杰招岳州，孟之绍亦以城降。以世杰力屈而降，诛之。赐北平王南木合所部马二千一百八十、羊三百。癸巳，敕郯城、沂州、十字路戍兵从博鲁欢征淮南。丙申，侧布蕃官税昔、确州蕃官庄寮男车甲等，率四十三族，户五千一百六十，诣四川行枢密院来附。戊戌，遣山东路经略使王俨戍岳州。庚子，从王磐、窦默等请，分置翰林院，专掌蒙古文字，以翰林学士承旨撒的迷底里主之。其翰林兼国史院，仍旧纂修国史、典制诰、备顾问，以翰林学士承旨兼修《起居注》和礼霍孙主之。辛丑，敕阿术分兵取扬州。夏四月壬寅朔，赏讨长河西必剌充有功者及阵亡者金、银、钞、币、帛各有差。乙巳，改西夏中兴道按察司为陇右河西道。丙午，立涟州、新城、清河三驿。阿里海牙驻军江陵城南沙市，攻其栅，破之，知荆门军刘懋降。丁未，阿里海牙遣郎中张鼎赍诏入江陵，宋荆湖制置朱禩孙，湖北制置副使高达，京西湖北提刑青阳梦炎、李湜始出降。阿里海牙入江陵，分道遣使招谕未下州郡，知峡州赵真、知归州赵仔、权澧州安抚毛浚、常德府新城总制鲁希文、旧城权知府事周公明等，悉以城降。辛亥，遣使招谕宋五郡镇抚使吕文福使降。甲寅，谕中书省议立登闻鼓，如为人杀其父母兄弟夫妇，冤无所诉，听其来击。其或以细事唐突者，论如法。辛酉，宋郢州安抚赵孟、复州安抚翟贵以城降。宋度支尚书吴浚移书建康徐王荣等，述其丞相陈宜中语，请罢兵通好。伯颜遣中书议事官张羽、淮西行院令史王章，同宋来使马驭，持徐王荣复书至平江府驿亭，悉为宋所杀。癸亥，阿术师驻瓜洲，距扬州四十五里，宋淮东制置司尽焚城中庐舍，迁其居民而去。阿术创立楼橹战具以守之。丙寅，立尚牧监。赐降臣丁顺等衣服。免京畿百姓今岁丝银。丁卯，以大司农、御史中丞孛罗为御史大夫。罢随路巡行劝农官，以其事入提刑按察司。括诸寺阑遗人口。庚午，以高达为参知政事，仍诏慰谕之。遣兵部郎中王世英、刑部郎中萧郁，持诏召嗣汉四十代天师张宗演赴阙。五月辛未朔，阿里海牙以所俘童男女千人、牛万头来献。枢密院言："峡州宜以战船扼其津要。又郢、复二州戍兵不足，今拟襄阳等处选五千七百人，隶行中书省，听阿里海牙调遣。"从之。诏中书右丞廉希宪、参知政事脱博忽鲁秃花行中书省于江陵府，阿里海牙还鄂州。立襄阳至荆南三驿。丁丑，阿术立木栅于扬子桥，断淮东粮道，且为瓜洲藩蔽。庚辰，诏谕参知政事高达曰："昔我国家出征，所获城邑，即委而去之，未尝置兵戍守，以此连年征伐不息。夫争国家者，取其土地人民而已，虽得其地而无民，其谁与居？今欲保守新附城壁，使百姓安业力农，蒙古人未之知也。尔熟知其事，宜加勉旃。湖南州郡皆汝旧部曲，未归附者何以招怀，生民何以安业，听汝为之。"宋嘉定安抚昝万寿遣部将李立奉书请降，言累负罪愆，乞加赦免。诏遣使招谕之。辛巳，宋知辰州吕文兴、黄仙洞行隋州事傅安国、仙人寨行均州事徐鼎、知沅州文用圭、知靖州康玉、知房州李鉴等，皆以城降。荆南湖北路凡得府三、州十一、军四、县五十七，户八十万三千四百一十五，口一百九十四万三千八百六十。丙戌，以三卫新附生券军赴八达山屯田。丁亥，召伯颜赴阙，以蒙古万户阿剌罕权行中书省事，遣肃州达鲁花赤阿沙签河西军。万户爱先不花违伯颜节制，擅撤戍兵，诏追夺符印，使从军自效。淮东宣抚陈岩乞解官，终丧三年，不许。申严屠牛马之禁。庚寅，宋五郡镇抚使吕文福来降。壬辰，宋都统制刘师勇、殿帅张彦据常州。癸巳，谕高丽国王王愖，招珍岛余党之在耽罗者。六月庚子朔，日有食之。宋嘉定安抚使昝万寿以城降，赐名顺。癸卯，遣两浙大都督范文虎持诏往谕安丰、寿州、招信、五河等处镇戍官吏军民；遣刑部侍郎伯术谕朱禩孙，以年老多病，不任朝谒，权留大都，无自疑惧。谕廉希宪等，元没青阳梦炎、李湜家赀，如籍还之，并徙其家赴都。甲辰，以万户阿剌罕为行中书省参知政事。获知开州张章，赦其罪。章二子柱、楫先来降，以其子故，免死。敕失里伯、史枢率襄阳熟券军二千、猎户丁壮二千，同范文虎招安丰军，各赐马十匹。其故尝从丞相史天泽者十九人，愿宣劳军中，令从枢以行。戊申，签平阳、西京、延安等路达鲁花赤弟男为军。辛亥，赏诸王秃鲁所部获功建都者三十五人银钞有差，定秃鲁卫士人各马二匹，从者一匹。敕淮东元帅府发兵，及鄂州戍兵与李璮旧部曲，并前河南已签军万人后免为民者，复籍为兵，并付行中书省。戊午，诏遣使招谕宋四川制置赵定应："比者毕再兴、青阳梦炎赴阙，面陈蜀阃事宜，奏请缓师，令自纳款，姑从所请。今遣再兴宣布大信，若能顺时达变，可保富贵，毋为涂炭生灵，自贻后悔。"庚申，遣重庆府招讨使毕再兴持诏招谕宋合州节使张珏、江安潼川安抚张朝宗、涪州观察阳立、梁山军防御马堃。辛酉，宋潼川安抚使、知江安州梅应春以城降。乙丑，以涟、海新附丁顺等括船千艘，送淮东都元帅府。丙寅，宋扬州都统姜才、副将张林步骑二万人，乘夜攻扬子桥木栅。守栅万户史弼来告急，阿术自瓜洲以兵赴之。诘旦至栅下，才军夹水为阵，阿术麾骑兵渡水击之，阵坚不动。阿术军引却，才军来逼，我军与力战，才军遂走。阿术麾步骑并进，大败之，才仅以身免，生擒张林，斩首万八千级。戊辰，敕塔出率阿塔海、也速带儿两军赴涟水。以逊摊为耽罗国达鲁花赤。罢山东经略司。秋七月庚午朔，阿术集行省诸翼万户兵船于瓜洲，阿塔海、董文炳集行院诸翼万户兵船于西津渡，宋沿江制置使赵溍、枢密都承旨张世杰、知泰州孙虎臣等陈舟师于焦山南北。阿术分遣万户张弘范等，以拔都兵船千艘，西掠珠金沙。辛未，阿术、阿塔海登南岸石公山，指授诸军水军万户刘琛循江南岸，东趣夹滩，绕出敌后；董文炳直抵焦山南麓，以掎其右；招讨使刘国杰趣其左；万户忽剌出捣其中；张弘范自上流继至，趣焦山之北。大战自辰至午，呼声震天地，乘风以火箭射其箬篷。宋师大败，世杰、虎臣等皆遁走。追至圌山，获黄鹄白鹞船数百艘。宋人自是不复能军。翌日，宋平江都统刘师勇、殿帅张彦，以两浙制司军至吕城，复为阿塔海行院兵所败。壬申，签云南落落、蒲纳烘等处军万人，隶行中书省。癸酉，太白犯井。诏取茶罕章未附种落。丁丑，立卫州至杨村水驿五。己卯，增置燕南河北道提刑按察司。以蔡州驿蒙古军四百隶阿里海牙，汉军六百从万户宋都带赴江西。壬午，遣使招宋淮安安抚使朱焕。癸未，诏遣使江南，搜访儒、医、僧、道、阴阳人等。敕左丞相伯颜率诸将直趣临安；右丞阿里海牙取湖南；蒙古万户宋都带，汉军万户武秀、张荣实、李恒，兵部尚书吕师夔行都元帅府，取江西。罢淮西行枢密院，以右丞阿塔海、参政董文炳同署行中书省事。辛卯，太阴犯毕。甲午，遣使持诏招谕宋李庭芝及夏贵。以伯颜为中书右丞相，阿术为中书左丞相。八月己亥朔，免北京、西京、陕西等路今岁丝银。癸卯，伯颜陛辞南行，奉诏谕宋君臣，相率来附，则赵氏族属可保无虞，宗庙悉许如故。授故奉使大理王君候子如珪正八品官。己未，升任城县为济州。辛酉，车驾至自上都。丙寅，高丽王王愖遣其枢密副使许珙、将军赵珪来贺圣诞节。九月己巳，太白犯少民。庚午，阿合马等以军兴国用不足，请复立都转运司九，量增课程元额，鼓铸铁器，官为局卖，禁私造铜器。乙亥，赏清河、新城战士及死事者银千两、钞百锭。赐西平王所部鸭城戍兵，人马三匹。丁丑，以襄阳官牛五千八百赐贫民。弛河南鬻马之禁。赐东西川屯戍蒙古军粮钞有差。戊寅，谕太常卿合丹："去冬享太宫，敕牲无用牛，今其复之。"己卯，太白犯太微西垣上将。壬午，阿术筑湾头堡。乙酉，罢襄阳统军司。甲午，宋扬州都统姜才将步骑万五千人攻湾头堡，阿术、阿塔海击败之。赏淮安招讨使别乞里迷失及有功将士锦衣银钞有差。丙申，以玉昔帖木儿为御史大夫。括江南诸郡书版及临安秘书省《乾坤宝典》等书。冬十月戊戌朔，享于太庙。辛丑，弛北京、义、锦等处猎禁。癸丑，太阴犯毕。十一月丁卯朔，阿里海牙以军攻潭州。乙亥，伯颜分军为三，趣临安；阿剌罕率步骑自建康、四安、广德以出独松岭；董文炳率舟师循海趣许浦、澉浦，以至浙江；伯颜、阿塔海由中道节度诸军，期并会于临安。丙子，宋权融、宜、钦三州总管岑从毅，沿边巡检使、广西节制军马李维屏等，诣云南行中书省降。丁丑，阿合马奏立诸路转运司凡十一所。己卯，宋都带等军次隆兴府，宋江西转运使、知府刘槃以城降。都元帅府檄谕江西诸郡相继归附，得府州六、军四、县五十六，户一百五万一千八百二十九，口二百七万六千四百。壬午，伯颜大军至常州，督诸军登城，四面并进，拔其城。刘师勇变服单骑南走。改顺天路为保定路。枢密院言："两都、平滦猎户新签军二千，皆贫无力者，宜存恤其家。又新附郡县有既降复叛，及纠众为盗犯罪至死者，既已款伏，乞听权宜处决。"皆从之。中书省臣议断死罪，诏："今后杀人者死，问罪状已白，不必待时，宜即行刑。其奴婢杀主者，具五刑论。"乙酉，阿剌罕克广德，趣独松关。丙戌，太阴犯轩辕大星。己丑，遣太常卿合丹以所获涂金爵三，献于太庙。庚寅，伯颜遣降人游介实奉玺书副本使于宋，仍以书谕宋大臣。甲午，以高丽国官制僭滥，遣使谕旨，凡省、院、台、部官名爵号，与朝廷相类者改正之。十二月戊戌，填星犯亢。己亥，佥书四川行枢密院事昝顺言："绍庆府、施州、南平及诸蛮吕告、马蒙、阿永等，有向化之心。又播州安抚杨邦宪、思州安抚田景贤，未知逆顺，乞降诏使之自新，并许世绍封爵。"从之。辛丑，董文炳军次许浦，宋都统制祁安以本军降。宋主为书，介国信副使严忠范侄焕请和。甲辰，伯颜次平江府，宋都统王邦杰以城降。乙巳，免江陵等处今岁田租。丁未，改诸站提领司为通政院。戊申，中书左丞相忽都带儿与内外文武百寮及缁黄耆庶，请上皇帝尊号曰宪天述道仁文义武大光孝皇帝，皇后曰贞懿顺圣昭天睿文光应皇后，不许。太阴犯毕。庚子，宋主复遣尚书夏士林、右史陆秀夫奉书，称侄乞和。西川沧溪知县赵龙遣间使入宋，敕流远方，籍其家。癸亥，敕枢密院："靖州既降复叛，今已平定，其遣张通判、李信家属并同叛者赴都。"甲子，答宋国主书，令其来降。丙寅，阿剌罕军次安吉州，宋安抚使赵与可以城降。升高丽东宁府为路，割江东南康路隶江西省，置马湖路总管府。省重庆路隆化县入南川，滦州海山县入昌黎县。复华州郑县。是岁，卫辉、太原等路旱，河间霖雨伤稼，凡赈米三千七百四十八石、粟二万四千二百六石。天下户四百七十六万四千七十七，断死罪六十八人。

卷九 本纪第九

世 祖 六

十三年春正月丁卯朔，克潭州，宋安抚使李芾尽室自焚死。阿里海牙分遣官属招徕未附者，旬日间，湖南州郡相继悉降，得府一、州六、军二、县四十，户五十六万一千一百一十二，口百五十三万七千七百四十。伯颜军次嘉兴府，安抚刘汉杰以城降。董文炳军次乍浦，宋统制官刘英以本军降。辛未，董文炳军至海盐，知县事王与贤及澉浦镇统制胡全、福建路马步军总管沈世隆皆降。壬申，改都统领司为通政院，以兀良合带等领之。立回易库于诸路，凡十有一，掌市易币帛诸物。敕大都路总管府和顾和买，权豪与民均输。癸酉，宋相陈宜中遣军器监刘庭瑞赍宋主称藩表章，诣军前禀议，又致宜中等书于伯颜，伯颜以书答之。乙亥，诏谕四川制置使赵定应来朝。徙大都等路猎户戍大洪山之东，符宝郎董文忠请贫病者勿徙，从之。宋复遣监察御史刘岊赍宋主称藩表至军前，且致书伯颜，为宗社生灵请命。丙子，赏合儿鲁带所部将士征建都功银钞锦衣。丁丑，宋遣都统洪模赍陈宜中、吴坚等书，请俟宗长福王至，同诣军前。戊寅，伯颜以军出嘉兴府，留万户忽都虎、千户王秃林察戍之。刘汉杰仍为其府安抚使。辛巳，命云南行省给建都屯军弓矢。军次崇德县，宋遣侍郎刘庭瑞、都统洪模来迓。行都元帅府宋都带言："江西隆兴、建昌、抚州等郡虽附，而闽、广诸州尚阻兵，乞增兵进讨。"敕以襄汉军四千俾将之。壬午，军次长安镇，董文炳以兵来会。宋陈宜中、吴坚等违约不至。癸未，军次临平镇。甲申，次皋亭山，阿剌罕以兵来会。宋主遣其宗室其保康军承宣使尹甫、和州防御使吉甫等，赍传国玉玺及降表诣军前。其辞曰："大宋国主㬎，谨百拜奉表于大元仁明神武皇帝陛下：臣昨尝遣侍郎柳岳、正言洪雷震捧表驰诣阙庭，敬伸卑悃，伏计已彻圣听。臣眇焉幼冲，遭家多难，权奸似道，背盟误国，臣不及知，至勤兴师问罪，宗社阽危，生灵可念。臣与太皇日夕忧惧，非不欲迁辟以求两全，实以百万生民之命寄臣之身，今天命有归，臣将焉往？惟是世传之镇宝，不敢爱惜，谨奉太皇命戒，痛自贬损，削帝号，以两浙、福建、江东西、湖南北、二广、四川见在州郡，谨悉奉上圣朝，为宗社生灵祈哀请命。欲望圣慈垂哀，祖母太后耄及，卧病数载，臣茕茕在疚，情有足矜，不忍臣祖宗三百年宗社遽至殒绝，曲赐裁处，特与存全，大元皇帝再生之德，则赵氏子孙世世有赖，不敢弭忘。臣无任感天望圣，激切屏营之至。"伯颜既受降表、玉玺，复遣囊加带以赵尹甫、贾余庆等还临安，召宰相出议降事。乙酉，师次临安北十五里，囊加带、洪模以总管殷俊来报，宋陈宜中、张世杰、苏刘义、刘师勇等挟益、广二王出嘉会门，渡浙江遁去，惟太皇太后、嗣君在宫。伯颜亟使谕阿剌罕、董文炳、范文虎率诸军先据守钱塘口，以劲兵五千人追陈宜中等，过浙江不及而还。丙戌，伯颜下令禁军士入城，违者以军法从事。遣吕文焕赍黄榜安谕临安中外军民，俾按堵如故。时宋三司卫兵白昼杀人，张世杰部曲尤横闾里，小民乘时剽杀。令下，民大悦。伯颜又遣宣抚程鹏飞，计议孙鼎亨、囊加带、洪君祥入宫，安谕太皇谢氏。丁亥，云南行省赛典赤，以改定云南诸路名号来上。又言云南贸易与中州不同，钞法实所未谙，莫若以交会、贝子公私通行，庶为民便。并从之。戊子，中书省臣言："王孝忠等以罪命往八答山采宝玉自效，道经沙州，值火忽叛，孝忠等自拔来归，令于瓜、沙等处屯田。"从之。大名路达鲁花赤小钤部坐奸赃伏诛，没其家。宋主祖母谢氏遣其丞相吴坚、文天祥，枢密谢堂，安抚贾余庆，中贵邓惟善来见伯颜于明因寺。伯颜顾文天祥举动不常，疑有异志，遂令万户忙古带、宣抚唆都羁留军中。且以其降表不称臣，仍书宋号，遣程鹏飞、洪君祥偕来使贾余庆复往易之。己丑，军次湖州市。遣千户囊加带、省掾王祐，赍传国玉玺赴阙。敕高丽国以有官子弟为质。中书省臣言："赋民旧籍已有定额，至元七年新括协济合并户，为数凡二十万五千一百八十。"敕减今岁丝赋之半。庚寅，伯颜建大将旗鼓，率左右翼万户巡临安城，观潮浙江，于是宋宗室大臣以次来见，暮还湖州市。辛卯，张弘范、孟祺、程鹏飞赍所易宋主称臣降表至军前。甲午，复蓟州平谷县。立随路都转运司，仍诏谕诸处管民官，以瓮吉剌带丑汉所部军五百戍哈答城，不吉带所部军六百移戍建都，其兀儿秃、唐忽军前在建都者，并遣还翼。穿济州漕渠。以真定总管昔班为中书右丞。二月丁酉朔，诏刘颉、程德辉招淮西制置使夏贵。己亥，克临江军。庚子，宋主㬎率文武百僚诣祥曦殿，望阙上表，乞为藩辅；遣右丞相兼枢密使贾余庆、枢密使谢堂、端明殿学士佥枢密院事家铉翁、端明殿学士同佥枢密院事刘岊奉表以闻。宋主祖母太皇太后亦奉表及笺。是日，宋文武百司出临安府，诣行中书省，各以其职来见。行省承制以临安为两浙大都督府，都督忙古带、范文虎入城视事。辛丑，伯颜令张惠、阿剌罕、董文炳、左右司官石天麟、杨晦等入城，取军民钱谷之数，阅实仓库，收百官诰命符印，悉罢宋官府，散免侍卫禁军。宋主㬎遣其右丞相贾余庆等充祈请使，诣阙请命，右丞相命吴坚、文天祥同行。行中书省右丞相伯颜等，以宋主㬎举国内附，具表称贺，两浙路得府八、州六、军一、县八十一，户二百九十八万三千六百七十二，口五百六十九万二千六百五十。丁未，诏谕临安新附府州司县官吏士民军卒人等曰：

> 间者，行中书省右丞相伯颜遣使来奏，宋母后、幼主暨诸大臣百官，已于正月十八日赍玺绶奉表降附。朕惟自古降王必有朝觐之礼，已遣使特往迎致。尔等各守职业，其勿妄生疑畏。凡归附前犯罪，悉从原免；公私逋欠，不得征理。应抗拒王师及逃亡啸聚者，并赦其罪。百官有司、诸王邸第、三学、寺、监、秘省、史馆及禁卫诸司，各宜安居。所在山林河泊，除巨木花果外，余物权免征税。秘书省图书，太常寺祭器、乐器、法服、乐工、卤簿、仪卫，宗正谱牒，天文地理图册，凡典故文字，并户口版籍，尽仰收拾。前代圣贤之后，高尚儒、医、僧、道、卜筮，通晓天文历数，并山林隐逸名士，仰所在官司，具以名闻。名山大川，寺观庙宇，并前代名人遗迹，不许拆毁。鳏寡孤独不能自存之人，量加赡给。

伯颜就遣宋内侍王埜入宫，收宋国衮冕、圭璧、符玺及宫中图籍、宝玩、车辂、辇乘、卤簿、麾仗等物。戊申，立浙东西宣慰司于临安，以户部尚书麦归、秘书监焦友直为宣慰使，吏部侍郎杨居宽同知宣慰司事，并兼知临安府事。乙卯，诏谕淮东制置使李庭芝、淮西制置使夏贵及所辖州军县镇官吏军民。丁巳，命焦友直括宋秘书省禁书图籍。戊午，祀先农东郊。淮西制置夏贵以淮西诸郡来降，唯镇巢军复叛，贵遣使招之，守将洪福杀其使，贵亲至城下，福始降，阿术斩之军中。淮西路得府二、州六、军四、县三十四，户五十一万三千八百二十七，口一百二万一千三百四十九。庚申，召伯颜偕宋君臣入朝。辛酉，车驾幸上都。设资戒大会于顺德府开元寺。伯颜遣不伯、周青招泉州蒲寿庚、寿晟兄弟。甲子，董文炳、唆都发宋随朝文士刘褒然及三学诸生赴京师，太学生徐应镳父子四人同赴井死。帝既平宋，召宋诸将问曰："尔等何降之易耶？"对曰："宋有强臣贾似道擅国柄，每优礼文士，而独轻武官。臣等久积不平，心离体解，所以望风而送款也。"帝命董文忠答之曰："借使似道实轻汝曹，特似道一人之过耳，且汝主何负焉？正如所言，则似道之轻汝也固宜。"三月丁卯，命枢密副使张易兼知秘书监事。伯颜入临安，遣郎中孟祺籍宋太庙四祖殿，景灵宫礼乐器、册宝暨郊天仪仗，及秘书省、国子监、国史院、学士院、太常寺图书祭器乐器等物。戊辰，括江南已附州郡 军器。甲戌，阿术遣使报庐州夏贵已降，文天祥自镇江遁去，追之弗获。荆湖南路行中书省言："潭州既定，湖南州郡降者相继，即分命诸将镇守其地。"从之。宋福王与芮自浙东至伯颜军中。以独松关守将张濡尝杀奉使廉希贤，斩之，籍其家。乙亥，伯颜等发临安。丁丑，阿塔海、阿剌罕、董文炳诣宋主宫，趣宋主㬎同太后入觐。郎中孟祺奉诏宣读，至"免系颈牵羊"之语，太后全氏闻之泣，谓宋主㬎曰："荷天子圣慈活汝，当望阙拜谢。"宋主㬎拜毕，子母皆肩舆出宫，唯太皇太后谢氏以疾留。戊寅，敕诸路儒户通文学者三千八百九十，并免其徭役，其富实以儒户避役者为民，贫乏者五百户，隶太常寺。敕淮西庐州置总管万户府，以中书右丞、河南等路宣慰使合剌合孙、襄阳管军万户邸浃并行府事。庚辰，囊加带以宋玉玺来上。乙酉，赣、吉、袁、南安四郡内附。庚寅，赐郡王瓜都银印。敕上都和顾和买并依大都例。以中书右丞昔班为户部尚书。闰月丙申朔，置宣慰司于济宁路，掌印造交钞，供给江南军储。以前西夏中兴佥行中书省事暗都剌即思、大都路总管张守智并为宣慰使。东川行枢密院总帅汪惟正略地涪州，克山寨溪洞凡二十有三所。丁酉，诏湖广阿里海牙、忽都帖木儿赴阙，令脱拨忽鲁秃花、崔斌并留后鄂州。辛亥，命副枢张易遣宋降臣吴坚、夏贵等赴上都。戊午，淮西万户府招降方山等六寨。甲子，禁西番僧持军器。以中书省左右司郎中郝祯参知政事。夏四月乙丑朔，阿术以宋高邮、宝应尝馈饷扬州，遣蒙古军将苫彻及史弼等守之，别遣都元帅孛鲁欢等攻泰州之新城。丁卯，赐诸王都鲁金印。戊辰，以河南兵事未息，开元路民饥，并弛正月五月屠杀之禁。庚午，敕南商贸易京师者毋禁。辛未，行江西都元帅宋都带以应诏儒生医卜士郑梦得等六人进，敕隶秘书监。丙子，省东川行枢密院及成都经略司，以其事入西川行院。复石人山寨居民于信阳军。免大都医户至元十二年丝银。己卯，以侍卫亲军征戍岁久，放令还家，期六月，各归其军。庚辰，以水达达分地岁输皮革，自今并入上都。壬午，召嗣汉天师张宗演赴阙。乙酉，召昭文馆大学士姚枢、翰林学士王磐、翰林侍讲学士徒单公履赴上都。庚寅，修太庙。以北京行中书省廉希宪为中书右丞，行中书省事于荆南府。五月乙未朔，伯颜以宋主㬎至上都，制授㬎开府仪同三司、检校大司徒，封瀛国公。以平宋，遣官告天地、祖宗于上都之近郊。遣使代祀岳渎。己亥，伯颜请罢两浙宣慰司，以忙古带、范文虎仍行两浙大都督府事，从之。庚子，定度量。壬寅，宋三学生四十六人至京师。癸卯，复沂、莒、胶、密、宁海五州所括民为防城军者为民，免其租徭二年。乙巳，赐伯颜所部有功将校银二万四千六百两。阿术遣总管陈杰攻拔泰州之新城，遣万户乌马儿守之，以逼泰州。丁未，宋扬州都统姜才攻湾头堡，阿里别击走之，杀其步骑四百人，右卫亲军千户董士元战死。戊申，宋冯都统等自真州率兵二千、战船百艘袭瓜洲，阿术遣万户昔里罕、阿塔赤等出战，大败之，追至珠金沙，得船七十七艘，冯都统等赴水死。改博州为东昌路。己酉，括猎户、鹰坊户为兵。乙卯，靖州张州判及李信、李发焚其城，退保飞山新城，行中书省发兵攻杀之，徙其党及家属于大都。宋江西制置黄万石率其军来附，敕令入觐。辛酉，安西王相府请颁诏招合州张珏，不从。癸亥，升异样局为总管府，秩三品。六月甲子朔，敕新附三卫兵之老弱者，放还其家。己巳，以孔子五十三世孙曲阜县尹孔治兼权主祀事。命东征元帅府选襄阳生券军五百，充侍卫军。置行户部于大名府，掌印造交钞，通江南贸易。庚午，敕西京僧、道、也里可温、答失蛮等有室家者，与民一体输赋。辛未，命阿里海牙出征广西，请益兵，选军三万俾将之。壬申，罢两浙大都督府，立行尚书省于鄂州、临安。设诸路宣慰司，以行省官为之，并带相衔，其立行省者，不立宣慰司。甲戌，以《大明历》浸差，命太子赞善王恂与江南日官置局更造新历，以枢密副使张易董其事。易、恂奏："今之历家，徒知历术，罕明历理，宜得耆儒如许衡者商订。"诏衡赴京师。宋扬州姜才夜率步骑数千趋丁村堡，守将史弼、苫彻出战，斩首百余级，获马四十匹。诘旦，阿里、都督陈岩以湾头堡兵邀其后，伯颜察儿踵至，所将皆阿术麾下兵，姜才军遥望旗帜，亟走，遂大破之，获米五千余石。阿术又以宋人高邮水路不通，必由陆路馈运，千户也先忽都以千骑邀之，数日米运果来，杀负米卒数千，获米三千石。戊寅，诏作《平金》、《平宋录》，及诸国臣服传记，仍命平章军国重事耶律铸监修国史。戊子，枢密院上言："陈宜中、张世杰聚兵福建以攻我师，江西都元帅宋都带求援。"命以安庆、蕲、黄等郡宿兵，付宋都带将之。己丑，宋都带言福建魏天祐、游义荣弃家来附，以天祐为管军总管兼知邵武军事，义荣遥授建宁路同知，充管军千户。壬辰，下诏招谕宋扬州制置李庭芝以次军官，及通、泰、真、滁、高邮大小官员。又诏谕陈宜中、张世杰、苏刘义、刘师勇等使降。李庭芝留朱焕守扬州，与姜才率步骑五千东走，阿术亲率百余骑驰去，督右丞阿里、万户刘国杰分道追及泰州西，杀步卒千人，庭芝等仅得入，遂筑长围堑而守之，阿术独当东南面，断其走路。以户部尚书张澍参知政事，行中书省事于北京。秋七月乙未，行中书省左右司郎中孟祺，以亡宋金玉宝及牌印来上，命太府监收之。丙申，淮安、宝应民流寓邳州者万余口，听还其家。丁酉，宋涪州观察阳立子嗣荣，请降诏招谕其父，从之。戊戌，升阆州为保宁府。敕山丹城直隶省部，以达鲁花赤行者仍领之。壬寅，以李庭出征，赏其部将李承庆等钞、马、衣服、甲仗有差。乙巳，朱焕以扬州降。丁未，诏谕广西路静江府等大小州城官吏使降。甲寅，赐诸王孛罗印。以杨村至浮鸡泊漕渠迴远，改从孙家务。乙卯，宋泰州守将孙良臣与李庭芝帐下卒刘发、郑俊开北门以降，执李庭芝、姜才，系扬州狱。丙辰，阿术以总管乌马儿等守泰州，其通、滁、高邮等处相继来附。淮东路得州十六、县三十三，户五十四万二千六百二十四，口一百八万三千二百一十七。遣使持香币祠岳渎后土。以中书右丞阿里海牙为平章政事，佥书枢密院事、淮东行枢密院别乞里迷失为中书右丞，参知政事董文炳为中书左丞，淮东左副都元帅塔出、两浙大都督范文虎、江东江西大都督知江州吕师夔、淮东淮西左副都元帅陈岩并参知政事。八月己巳，穿武清蒙村漕渠。敕汉军都元帅阔阔带、李庭将侍卫军二千人西征。升滁阴县为滁州。乙亥，斩宋淮东制置使李庭芝、都统姜才于扬州市。庚辰，罢襄阳统军司。车驾至自上都。遣太常卿脱忽思以铜爵一、豆二，献于太庙。以四万户总管奥鲁赤参知政事。九月壬辰朔，命国师益怜真作佛事于太庙。己亥，享于太庙，常馔外，益野豕、鹿、羊、蒲萄酒。庚子，命姚枢、王磐选宋三学生之有实学者留京师，余听还家。辛丑，遣庐州屯田军四千，转漕重庆。癸卯，以平宋赦天下。乙巳，高丽国王王愖上参议中赞金方庆功，授虎符。丙午，敕常德府岁贡包茅。丁未，谕西川行枢密院移檄重庆，俾内附。命有司隳沿淮城垒。辛亥，太白犯南斗。甲寅，太白入南斗。乙卯，以吐番合答城为宁远府。辛酉，召宋宗臣鄂州教授赵与票赴阙。设资戒会于京师。阿术入觐。江淮及浙东西、湖南北等路，得府三十七、州一百二十八、关一、监一、县七百三十三，户九百三十七万四百七十二，口千九百七十二万一千一十五。冬十月甲子，以陈岩拔新城、丁村功，赐金五十两，部将刘忠等赐银有差。乙亥，赐皇子北平王出征军士贫乏者羊马币帛有差。申明以良为娼之禁。丁亥，两浙宣抚使焦友直以临安经籍、图画、阴阳秘书来上。戊子，淮西安抚使夏贵请入觐，乞令其孙贻孙权领宣抚司事，从之。以淮东左副都元帅阿里为平章政事，河南等路宣慰使合剌合孙为中书右丞，兵部尚书王仪、吏部尚书兼临安府安抚使杨镇、河南河北道提刑按察使迷里忽辛并参知政事。参知政事陈岩行中书省事于淮东。十一月癸巳，安西王所部军克万州。丙午，赐阿术所部有功将士二百三十九人各银二百五十两。西川行院忽敦言："所部军士久围重庆，逃亡者众，乞益军一万，并降诏招诱逋民之在大良平者。"并从之。壬子，赐龙答温军有功及死事者银钞有差。癸丑，并省内外诸司。丁卯，太阴犯填星。庚申，敕管民及理财之官由中书铨调，军官由枢密院定议。隳襄汉、荆湖诸城。南平招抚使兼知峡州事赵真，请降诏招谕夔州安抚张起岩，从之。高丽国王王愖遣其臣判秘书寺朱悦，来告更名賰。十二月辛酉朔，荧惑掩钩钤。以十四年历日赐高丽。丁卯，改云南萝葡甸为元江府路。辛未，赐塔海所部战士及死事者银钞有差。赐忽不来等战功十九人银千二百两。壬申，李思敬告运使姜毅所言悖妄，指毅妻子为证。帝曰："妻子岂为证者耶?"诏勿问。乙亥，定江南所设官府。辛巳，以军士围守崇庆劳苦，赐钞六千锭。庚寅，诏谕浙东西、江东西、淮东西、湖南北府州军县官吏军民："昔以万户、千户渔夺其民，致令逃散，今悉以人民归之元籍州县。凡管军将校及宋官吏，有以势力夺民田庐产业者，俾各归其主，无主则以给附近人民之无生产者。其田租商税、茶盐酒醋、金银铁冶、竹货湖泊课程，从实办之。凡故宋繁冗科差、圣节上供、经总制钱等百有余件，悉除免之。"伯颜言："张惠守宋府库，不俟命擅启管钥。"诏阿术诘其事，仍谕江之东西、浙之东西、淮之东西官吏等，检核新旧钱谷。除浙西、浙东、江西、江东、湖北五道宣慰使。升江陵为上路，瑞安府仍为温州，陇州为散府，蓟州复置丰闰县，升临洮渭源堡为县。赐诸王金、银、币、帛如岁例。赐诸王乃蛮带等羊马价。赏阿术等战功，及赐降臣吴坚、夏贵等银、钞、币、帛各有差。赐伯颜、阿术等青鼠、银鼠、黄鼬只孙衣，余功臣赐豹裘、獐裘及皮衣帽各有差。是岁，东平、济南、泰安、德州、涟海、清河、平滦、西京西三州以水旱缺食，赈军民站户米二十二万五千五百六十石，粟四万七千七百十二石，钞四千二百八十二锭有奇。平阳路旱，济宁路及高丽沈州水，并免今年田租。断死罪三十四人。

十四年春正月癸巳，行都元帅府军次广东，知循州刘兴以城降。丙申，以江南平，百姓疲于供军，免诸路今岁所纳丝银。赐嗣汉天师张宗演演道灵应冲和真人，领江南诸路道教。戊戌，高丽金方庆等为乱，命高丽王治之，仍命忻都、洪茶丘饬兵御备。癸卯，复立诸道提刑按察司。甲辰，命阿术选锐军万人赴阙。丁未，知梅州钱荣之以城降。戊申，赐三卫军士之贫乏者八千三百五十二人各钞二锭、币十匹。己酉，赐耶律铸钞千锭。甲寅，敕宋福王赵与芮家赀之在杭、越者，有司辇至京师，付其家。丙辰，立建都、罗罗斯四路，守戍乌木等处，并置官属。己未，以白玉碧玉水晶爵六，献于太庙。括上都、隆兴、北京、西京四路猎户二千为兵。置江淮等路都转运盐使司，及江淮榷茶都转运使司。命嗣汉天师张宗演修周天醮于长春宫，宗演还江南，以其弟子张留孙留京师。二月辛酉，命征东都元帅洪茶丘将兵二千赴上都。壬戌，瑞州安抚姚文龙率张文显来降，其家属为宋人所害，赐文龙、文显等钞有差。癸亥，彗星出东北，长四尺余。甲子，遣使代祀岳渎后土。丙寅，改安西王傅铜印为银印。立永昌路山丹城等驿，仍给钞千锭为本，俾取息以给驿传之须。诸王只必铁木儿言："永昌路驿百二十户，疲于供给，质妻孥以应役。"诏赐钞百八十锭赎还之。丁卯，荆湖北道宣慰使塔海拔归州山寨四十七所。戊辰，祀先农东郊。甲戌，西川行院不花率众数万至重庆，营浮屠关，造梯冲将攻之，其夜都统赵安以城降。张珏舣船江中，与其妻妾顺流走涪州，元帅张德润以舟师邀之，珏遂降。车驾幸上都。辛巳，命北京选福住所统军三百赴上都。壬午，隳吉、抚二州城，隆兴滨西江，姑存之。仍选汀州军马守御瑞金县。丙戌，连州守过元龙已降复叛，塔海将兵讨之，元龙弃城遁。丁亥，知南恩州陈尧道、佥判林叔虎以城降。诏以僧亢吉祥、怜真加加瓦并为江南总摄，掌释教，除僧租赋，禁扰寺宇者。以大司农、御史大夫、宣慰使兼领侍仪司事孛罗为枢密副使，兼宣徽使，领侍仪司事。三月庚寅朔，以冬无雨雪，春泽未继，遣使问便民之事于翰林国史院，耶律铸、姚枢、王磐、窦默等对曰："足食之道，唯节浮费，靡谷之多，无逾醪醴曲蘖。况自周、汉以来，尝有明禁。祈赛神社，费亦不赀，宜一切禁止。"从之。辛卯，湖广行中书省言："广西二十四郡并已内附，议复行中书省于潭州，置广南西路宣抚司于静江。”诏郑鼎所将侍卫军万人还京师，崔斌、阿里海牙同驻静江，忽都铁木儿、郑鼎同驻鄂汉，贾居贞、脱博忽鲁秃花同驻潭州。癸巳，以行都水监兼行漕运司事。甲午，以郑鼎所部军士抚定静江之劳，命还家少休，期六月赴上都。乙未，福建漳、泉二郡蒲寿庚、印德傅、李珏、李公度皆以城降。丁酉，括马三万二千二百六匹，孕驹者还其主。壬寅，广东肇庆府新封等州皆来降。癸卯，寿昌府张之纲以从叛弃市。乙巳，命中外军民官所佩金银符，以色组系于肩腋，庶无亵渎，具为令。庚戌，建宁府通判郭缵以城降。黄州归附官史胜入觐，以所部将校于跃 等三十一人战功闻，命官之。金书东西川行枢密院事昝顺言：“比遣同知隆州事赵孟烯赍诏招谕南平军都掌蛮、罗计蛮及凤凰、中垅、罗韦、高崖等四寨皆降。田、杨二家、豥鹅夷民，亦各遣使纳款。”壬子，宝应军人施福杀其守将，降于淮东都元帅府，诏以福为千户，佩金符。癸丑，命汪惟正自东川移镇巩昌。行中书省承制，以闽浙温、处、台、福、泉、汀、漳、剑、建宁、邵武、兴化等郡降官，各治其郡。潭州行省遣使上言：“广南西路庆远、郁林、昭、贺、藤、梧、融、宾、柳、象、邕、廉、容、贵、浔皆降，得府一、州十四。”复立襄阳府襄阳县。平章政事、浙西道宣慰使阿塔海为平章政事，行中书省事于江淮；郡王合答为平章政事，行中书省事于北京。夏四月甲子，宋特磨道将军农士贵、知安平州李惟屏、知来安州岑从毅等，以所属州县溪洞百四十七、户二十五万六千来附。癸酉，省各路转运司，事入总管府。设盐转运司四，置榷场于碉门、黎州，与吐蕃贸易。丙子，召安抚赵与可、宣抚陈岩入觐。丙戌，禁江南行用铜钱。均州复立南漳县。五月癸巳，申严大都酒禁，犯者籍其家赀，散之贫民。辛丑，千户合剌合孙死于浑都海之战，命其子忽都带儿袭职。癸卯，改广南西路宣抚司为宣慰司，广西钦、横二州改立安抚司。各道提刑按察司兼劝农事。敕江南归附官，三品以上者遣质子一人入侍。西番长阿立丁宁占等三十一族来附，得户四万七百。丙子，融州安抚使谭昌谋为不轨，伏诛。辛亥，以河南、山东水旱，除河泊课，听民自渔。乙卯，选蒙古、汉军相参宿卫。诏谕思州安抚使田景贤。又诏谕泸州西南番蛮王阿永，筠连、腾串等处诸族蛮夷，使其来附。命真人李德和代祀济渎。六月丙寅，涪州安抚阳立及其子嗣荣相继来附，命立为夔路安抚使，嗣荣为管军总管，并佩虎符，仍赐钞百锭。壬寅，赏征广战死之家银各五十两。丁丑，置尚膳院，秩三品，以提点尚食、尚药局忽林失为尚膳使，其属司有七。庚辰，赏阳立所部战士钞千锭。甲申，荆湖北道宣慰使黑的得谍者，言夔府将出兵攻荆南。谕阳立等与塔海会兵御之。丁亥，升崇明沙为崇明州。以行省参政、行江东道宣慰使阿剌罕为中书左丞、行江东道宣慰使，湖北道宣慰使奥鲁赤参知政事、行湖北道宣慰使。秋七月戊子朔，罢大名、济宁印钞局。壬辰，敕犯盗者皆弃市。符宝郎董文忠言：“盗有强窃，赃有多寡，似难悉置于法。”帝然其言，遽命止之。丁酉，敕自今非佩符使臣及军情急速，不听乘传。戊戌，申禁羊马群之在北者，八月内毋纵出北口诸隘践食京畿之禾，犯者没其畜。癸卯，诸王昔里吉劫北平王于阿力麻里之地，械系右丞相安童，诱胁诸王以叛，使通好于海都。海都弗纳，东道诸王亦弗从，遂率西道诸王至和林城北。诏右丞相伯颜帅军往御之。诸王忽鲁带率其属来归，与右丞相伯颜等军合。丙午，置行御史台于扬州，以都元帅相威为御史大夫。置八道提刑按察司。戊申，东川都元帅张德润等攻取涪州，大败之，擒安抚程聪、陈广。置行中书省于江西，以参知政事、行江西宣慰使塔出为右丞，参知政事、行江西宣慰使麦术丁为左丞，淮东宣慰使彻里帖木儿、江东宣慰使张荣实、江西宣慰使李恒、招讨使也的迷失、万户昔里门、荆湖路宣抚使程鹏飞、闽广大都督兵马招讨使蒲寿庚并参知政事，行江西省事。壬子，榷大都商税。丁巳，湖北宣慰司调兵攻司空山，复寿昌、黄州二郡。赐平宋将帅军士及简州军士广西死事者银钞各有差。回水窝渊圣广源王加封善佑，常山灵济昭应王加封广惠，安丘雹泉灵霈侯追封灵霈公。以参知政事、行江东道宣慰使吕文焕为中书左丞。八月戊午朔，诏不花行院西川。丁卯，成都路仓收羡余五千石，按察司已治其罪，命以其米就给西川兵。辛未，常德府总管鲁希文与李三俊结构为乱，事觉，命行省诛之。车驾畋于上都之北。九月壬辰，制镔铁海青圆符。丙申，广南东路广、连、韶、德庆、惠、潮、南雄、英德等郡皆内附。甲辰，福建行省以宋二王在其疆境，调都督忙兀带、招讨高兴领兵讨之。昂吉儿、忻都、唐兀带等引兵攻司空山寨，破之，杀张德兴，执其三子以归。壬子，福建路宣慰使、行征南都元帅唆都，遣招讨使百家奴、丁广取建宁之崇安等县及南剑州。冬十月丙辰朔，日有食之。己未，享于太庙。庚申，湖北宣慰使塔海略地至夔府之太原坪，禽其将，诛之。辛酉，弛盖州猎禁。乙亥，以宋张世杰、文天祥犹未降，命阿塔海选锐兵防遏隆兴诸城。禁无籍军随大军剽掠者，勿过关渡。己卯，降臣郭晓、魏象祖入觐，赐币帛有差。壬午，置宣慰司于黄州。甲申，播州安抚使杨邦宪言：“本族自唐至宋，世守此土，将五百年。昨奉旨许令仍旧，乞降玺书。”从之。以行省参政忽都帖木儿、脱博忽鲁秃花、崔斌并为中书左丞，鄂州总管府达鲁花赤张鼎、湖北道宣慰使贾居贞并参知政事。十一月戊子，枢密院臣言：“宋文天祥与其徒赵孟濬同起兵，行中书发兵攻之，杀孟濬，天祥仅以身免。”诏以其妻孥赴京师。右副都元帅张德润上涪州功，赐钞千锭。乙未，凡伪造宝钞，同情者并处死，分用者减死杖之，具为令。庚子，命中书省檄谕中外，江南既平，宋宜曰亡宋，行在宜曰杭州。以吏部尚书别都鲁丁参知政事。十二月丙辰，置中滦、唐村、淇门驿。丁卯，以大都物价翔踊，发官廪万石，赈粜贫民。庚午，梁山军袁世安以其城及金石城军民来降。壬申，潭州行省复祁阳县。斩首贼罗飞，余党悉平。乙亥，都元帅杨文安攻咸淳府，克之。以十五年历日赐高丽国。以参议中书省事耿仁参知政事。冠州及永年县水，免今年田租。导任河，复民田三千余顷。赐诸王金、银、币、帛等物如岁例。赐诸王也不干、燕帖木儿等五百二十九人羊马价，钞八千四百五十二锭。赏拜答儿等千三百五十五人战功，金百两、银万五千一百两、钞百三十锭及纳失失、金素币帛、貂鼠豹裘、衣帽有差。是岁，赈东平、济南等郡饥民，米二万一千六百十七石、粟二万八千六百十三石、钞万一百十二锭。断死罪三十二人。

卷十　本纪第十

世祖七

十五年春正月辛卯，阿老瓦丁将兵戍斡端，给米三千石、钞三十锭。以千户郑鄩有战功，升万户，佩虎符。癸巳，西京饥，发粟一万石赈之，仍谕阿合马广贮积，以备阙乏。顺德府总管张文焕、太原府达鲁花赤太不花，以按察司发其奸赃，遣人诣省自首，反以罪诬按察司。御史台臣奏："按察司设果有罪，不应因事而告，宜待文焕等事决，方听其诉。"从之。己亥，收括阑遗官也先、阔阔带等坐易官马、阑遗人畜，免其罪，以诸路州县管民官兼领其事。官吏隐匿及擅易马匹、私配妇人者，没其家。禁官吏军民卖所娶江南良家子女及为娼者，卖、买者两罪之，官没其直，人复为良。赐湖州长兴县金沙泉名为瑞应泉。金沙泉不常出，唐时用此水造紫笋茶进贡，有司具牲币祭之，始得水，事讫辄涸。宋末屡加浚治，泉迄不出。至是中书省遣官致祭，一夕水溢，可溉田千亩。安抚司以事闻，故赐今名。封磁州神崔府君为齐圣广佑王。壬寅，弛女直、水达达酒禁。丙午，安西王相府言："万户秃满答儿、郝札剌不花等攻克泸州，斩其主将王世昌、李都统。"戊申，从阿合马请，自今御史台非白于省，毋擅召仓库吏，亦毋究钱谷数，及集议中书不至者罪之。授宋福王赵与芮金紫光禄大夫、检校大司农、平原郡公。庚戌，东川副都元帅张德润大败涪州兵，斩州将王明及其子忠训、总辖韩文广、张遇春。诏军官不能抚治军士及役扰致逃亡者，没其家赀之半。以阿你哥为大司徒，兼领将作院。二月戊午，祀先农。蒙古胄子代耕籍田。癸亥，咸淳府等郡及大良平民户饥，以钞千锭赈之。命平章政事阿塔海、阿里选择江南廉能之官，去其冗员与不胜任者。复立河中府万泉县。辛未，以川蜀地多岚瘴，弛酒禁。丁丑，荧惑犯天街。庚辰，征别十八里军士，免其徭役。壬午，参知政事、福建路宣慰使唆都率师攻潮州，破之。置太史院，命太子赞善王恂掌院事，工部郎中郭守敬副之，集贤大学士兼国子祭酒许衡领焉。改华亭县为松江府。遣使代祀岳渎。以参知政事夏贵、范文虎、陈岩并为中书左丞，黄州路宣慰使唐兀带、史弼并参知政事。三月乙酉，诏蒙古带、唆都、蒲寿庚行中书省事于福州，镇抚濒海诸郡。以沿海经略副使合剌带领舟师南征，升经略使兼左副都元帅，佩虎符。丁亥，太阴犯太白。戊子，太阴犯荧惑。己丑，行中书省请考核行御史台文卷，不从。甲午，西川行枢密院招降西蜀、重庆等处，得府三、州六、军一、监一、县二十、栅四十、蛮夷一。乙未，宋广王昺遣倪坚以表来上，令俟命大都。命扬州行省选铁木儿不花所部兵助隆兴进讨。丁酉，命塔海毁夔府城壁。戊戌，刘宗纯据德庆府，梧州万户朱国宝攻之，焚其寨栅，遂拔德庆。诏中书左丞吕文焕遣官招宋生、熟券军，堪为军者，月给钱粮；不堪者，给牛屯田。庚子，汉军都元帅李庭自愿将兵击张世杰，从之。西川行枢密院招宜胜、土恢等城及石榴寨，相继来降。壬寅，以诸路岁比不登，免今年田租、丝银。癸卯，都元帅杨文安遣兵攻克绍庆，执其郡守鲜龙，命斩之。乙巳，广南西道宣慰司遣管军总管崔永、千户刘潭、王德用招降雷、化、高三州，即以永等镇守之。宋张世杰、苏刘义挟广王昺奔硇洲。参知政事密立忽辛、张守智并行大司农司事。夏四月乙卯，命元帅刘国杰将万人北征，赐将士钞二万六百七十一锭。修会川县盘古王祠，祀之。丙辰，诏以云南境土旷远，未降者多，签军万人进讨。戊午，以江南土寇窃发，人心未安，命行中书省左丞夏贵等，分道抚治军民，检核钱谷；察郡县被旱灾甚者、吏廉能者，举以闻；其贪残不胜任者，劾罢之。甲子，命不花留镇西川，汪惟正率获功蒙古、汉军官及降臣入觐，大都巡军之戍西川者遣还。立云南、湖南二转运司。以时雨沾足，稍弛酒禁，民之衰疾饮药者，官为酝酿量给之。辛未，置光禄寺，以同知宣徽院事秃剌铁木儿为光禄卿。广州张镇孙叛，犯广州，守将张雄飞弃城走，出兵临之，镇孙乞降，命遣镇孙及其妻赴京师。丁丑，云南行省招降临安、白衣、和泥分地城寨一百九所，威楚、金齿、落落分地城寨军民三万二千二百，秃老蛮、高州、筠连州等城寨十九所。庚辰，以许衡言，遣使至杭州等处取在官书籍版刻至京师。壬午，立行中书省于建康府。中书左丞崔斌言："比以江南官冗，委任非人，命阿里等沙汰之，而阿合马溺于私爱，一门子弟，立为要官。"诏并黜之。又言："阿老瓦丁，台臣劾其侵欺官钱，事犹未竟，今复授江淮参政，不可。"诏止其行。敕自今罢免之官，宰执为宣慰，宣慰为路官，路官为州官。淮、浙盐课直隶行省，宣慰司官勿预。改北京行省为宣慰司。追江南工匠官虎符。五月癸未朔，诏谕翰林学士和礼霍孙，今后进用宰执及主兵重臣，其与儒臣老者同议。乙酉，行中书言："近讨邵武、建昌、吉、抚等岩洞山寨，获聂大老、戴巽子，余党皆下。独张世杰据硇洲，攻傍郡，未易平，拟遣宣慰使史格进讨。"诏以也速海牙总制之。敕："主兵官若已擢授，其旧职宜别授有功者，勿复以子孙承袭。"申严无籍军虏掠及佣奴代军之禁。甲午，诸职官犯罪，受宣者闻奏，受敕者从行台处之，受省札者按察司治之。其宣慰司官吏，奸邪非违及文移案牍，从本道提刑按察司磨刷。应有死罪，有司勘问明白，提刑按察司审覆无冤，依例结案。类奏待命。自行中书以下应行公务，小事限七日，中事十五日，大事三十日。选江南锐军为侍卫亲军。乙未，以乌蒙路隶云南行省，仍诏谕乌蒙路总管阿牟，置立站驿，修治道路，其一应事务并听行省平章赛典赤节制。立川蜀水驿，自叙州达荆南府。己亥，江东道按察使阿八赤求江东宣慰使吕文焕金银器皿及宅舍子女不获，诬其私匿兵仗。诏行台大夫相威诘之，事白，免阿八赤官。辛亥，制授张留孙江南诸路道教都提点。赐拱卫司官及其所部四百五十人钞二千六十锭。六月乙卯，改西蕃李唐城为李唐州。庚申，敕博儿赤、答剌赤及司粮、司币等官并勿授符，已授者收之。壬戌，赐泸州降臣薛旺等钞有差。丙寅，以江南防拓关隘一十三所设官太冗，选军民官廉能者各一人分领。升济南府为济南路，降西凉府为西凉州。丁卯，置甘州和籴提举司，以备给军饷、赈贫民。甲戌，诏汰江南冗官。江南元设淮东、湖南、隆兴、福建四省，以隆兴并入福建，其宣慰司十一道，除额设员数外，余并罢去，仍削去各官旧带相衔。罢茶运司及营田司，以其事隶本道宣慰司。罢漕运司，以其事隶行中书省。各路总管府依验户数多寡，以上中下三等设官。宋故官应入仕者，付吏部录用。以史塔剌浑、唐兀带骤升执政，忙古带任无为军达鲁花赤，复遥领黄州宣慰使，并罢之。时淮西宣慰使昂吉儿入觐，言江南官吏太冗，故有是命。帝谕昂吉儿曰："宰相明天道、察地理、尽人事，能兼此三者，乃为称职。尔纵有功，宰相非可觊者。回回人中阿合马才任宰相，阿里年少亦精敏，南人如吕文焕、范文虎率众来归，或可以相位处之。"又顾谓左右曰："汝可谕姚枢等，江南官吏太冗，此卿辈所知，而皆未尝言，昂吉儿乃为朕言之。"近侍刘铁木儿因言："阿里海牙属吏张鼎，今亦参知政事。"诏即罢去。遂命平章政事哈伯等谕中书省、枢密院、御史台："翰林院及诸南儒今为宰相、宣慰，及各路达鲁花赤佩虎符者，俱多谬滥，其议所以减汰之者。凡小大政事，顺民之心所欲者行之，所不欲者罢之。"乙亥，敕省、院、台诸司应闻奏事，必由起居注。丁丑，太庙殿柱朽腐，命太常少卿伯麻思告于太室，乃易之。戊寅，全州西延溪洞徭蛮二十所内附。己卯，发蒙古军千人从江东宣慰使张弘范由海道讨宋余众。参知政事蒙古带请颁诏招宋广王昺及张世杰等，不从。庚辰，处州张三八、章焱、季文龙等为乱，行省遣宣慰使谒只里率兵讨之。辛巳，达实都收括中兴等路阑遗。安南国王陈光昞遣使奉表来贡。秋七月壬午朔，湖南制置张烈良、提刑刘应龙与周隆、贺十二起兵，行省调兵往讨，获周隆、贺十二，斩之。烈良等举家及余兵奔思州乌罗洞，为官军所袭，二人皆战死。甲申，赐亲王爱牙赤所部建都戍军贫乏者钞千二百七十七锭。行御史台增设监察御史四员。江南湖北道、岭南广西道、福建广东道并增设提刑按察司。乙酉，改江南诸路总管府为散府者七、为州者一，散府为州者二。丙戌，以江南事繁，行省官未有知书者，恐于吏治非便，分命崔斌至扬州行省，张守智至潭州行省。丁亥，诏虎符旧用畏吾字，今易以国字。癸巳，以塔海征夔军旅之还戍者，及扬州、江西舟师，悉付水军万户张荣实将之，守御江口。丙申，以右丞塔出、左丞吕师夔、参知政事贾居贞行中书省事于赣州，福建、江西、广东皆隶焉。丁酉，赐江西军与张世杰力战者三十人，各银五十两。以江西参知政事李恒为都元帅，将蒙古、汉军征广。命扬州行中书省分军三千付李恒。复上都守城军二千人为民。壬寅，改铸高丽王王愖驸马印。丙午，改开元宣抚司为宣慰司，太仓为御廪，资成库为尚用监，皮货局入总管府。定江南俸禄职田。戊申，濮州蝗。己酉，禁使人经行纳怜驿。辛亥，改京兆府为安西府。诏江南、浙西等处毋非理征科扰民。建汉祖天师正一祠于京城。以参知政事李恒为蒙古、汉军都元帅，忙古带为福建路宣慰使，张荣实、张鼎并为湖北道宣慰使，也的迷失为招讨使。八月壬子朔，追毁宋故官所受告身。以嘉定、重庆、夔府既平，还侍卫亲军归本司。遣礼部尚书柴椿等使安南国，诏切责之，仍俾其来朝。丁巳，沿海经略司、行左副都元帅刘深言："福州安抚使王积翁既已降附，复通谋于张世杰。"积翁上言："兵力单弱，若不暂从，恐为阖郡生灵之患。"诏原其罪。壬戌，有首高兴匿宋金者，诏置勿问。两淮运粮五万石赈泉州军民。乙丑，济南总管张宏以代输民赋，尝贷阿里、阿答赤等银五百五十锭，不能偿，诏依例停征。辛未，复给漳州安抚使沈世隆家赀。世隆前守建宁府，有郭赞者受张世杰檄，诱世隆，世隆执赞斩之。蒙古带以世隆擅杀，籍其家。帝曰："世隆何罪，其还之。"仍授本路管民总管。中书省臣言："近有旨追诸路管民官所授金虎符，其江南降臣宜仍所授。"从之。制封泉州神女号护国明著灵惠协正善庆显济天妃。甲戌，安西王相府言："川蜀悉平，城邑山寨洞穴凡八十三，其渠州礼义城等处凡三十三所，宜以兵镇守，余悉彻毁。"从之。己卯，初立提刑按察司于畏吾儿分地。庚辰，以四川平，劳赏军士钞二万一千三百三十九锭。辛巳，升洺磁为广平府路。监察御史韩昺劾同知大都路总管府事舍里甫丁殴部民至死，诏杖之，免其官，仍籍没家赀十之二。诏行中书省唆都、蒲寿庚等曰："诸蕃国列居东南岛寨者，皆有慕义之心，可因蕃舶诸人宣布朕意，诚能来朝，朕将宠礼之。其往来互市，各从所欲。"诏谕军前及行省以下官吏，抚治百姓，务农乐业，军民官毋得占据民产，抑良为奴。以中书左丞董文炳佥书枢密院事，参知政事唆都、蒲寿庚并为中书左丞。九月壬午朔，敕以总管张子良所签军二千二百人为侍卫军，俾张亨、陈瑾领之。癸未，省东西川行枢密院，其成都、潼川、重庆、利州四处皆设宣慰司。诏分拣诸路所括军，验事力乏绝者为民，其恃权豪避役者复为兵。所遣分拣官及本府州县官，能核正无枉者，升爵一级。又减至元九年所括三万军半以为民，其商户余丁军并除之。戊子，以征东元帅府治东京。庚寅，昭信达鲁花赤李海剌孙言，愿同张弘略取宋二王，调汉军、水军俾将之。以中书左丞、行江东道宣慰吕文焕为中书右丞。冬十月己未，享于太庙，常设牢醴外，益以羊、鹿、豕、蒲萄酒。庚申，车驾至自上都。辛酉，赈别十八里、日忽思等饥民钞二千五百锭。分夔府汉军二千、新军一千付塔海将之。赐合答乞带军士马价币帛二千匹，其军士力战者赏赉有差。乙丑，正一祠成，诏张留孙居之。丁卯，弛山场樵采之禁。己巳，趣行省造海船付乌马儿、张弘范，增兵四千俾将之。庚午，敕御史台，凡军官私役军士者，视数多寡定其罪。诏："河西、西京、南京、西川、北京等处宣慰司案牍，宜依江南近例，令按察司磨照。"移河南河北道提刑按察司治南京。御史台臣言："失里伯之弟阿剌与王权府等俘掠良民，失里伯纵弗问。及遣御史掾诘问，不伏。”诏执而鞫之。十一月庚辰朔，枣阳万户府言：“李均收抚大洪山寨为宋朱统制所害。”命赐银千两赙其家。丁亥，以辰、沅、靖、镇远等郡与蛮獠接壤，民不安业，命塔海、程鹏飞并为荆湖北道宣慰使，置司常德路，余官属留荆南府，供给粮食军需。壬辰，江东道宣慰使囊加带言：“江南既平，兵民宜各置官属，蒙古军宜分屯大河南北，以余丁编立部伍，绝其虏掠之患。分拣官僚，本以革阿合马滥设之弊。其将校立功者，例行沙汰，何以劝后？新附军士，宜令行省赐其衣粮，无使阙乏。”帝嘉纳之。征宋相马廷鸾、章鉴赴阙。甲午，开酒禁。复阿合马子忽辛、阿散先等官。始，忽辛等以崔斌论列而免，至是以张惠请，故复之。惠又请复其子麻速忽及其侄别都鲁丁、苫思丁前职，帝疑惠，不从。敕已除官僚不之任者，除名为农。丁酉，召陈岩入觐。已亥，贷侍卫军屯田者钞二千锭市牛具。辛丑，建宁政和县人黄华，集盐夫，联络建宁、括苍及畲民妇自称许夫人为乱，诏调兵讨之。丁未，行中书省自扬州移治杭州，立淮东宣慰司于扬州，以阿剌罕为宣慰使。诏谕沿海官司通日本国人市舶。以参知政事程鹏飞行荆湖北道宣慰使。闰月庚戌朔，罗氏鬼国主阿榨、西南蕃主韦昌盛并内附，诏阿榨、韦昌盛各为其地安抚使，佩虎符。辛亥，太白、荧惑、填星聚于房。甲寅，幸光禄寺。丙辰，诏秃鲁赤同潭州行省官一员，察戍还病军所过州县不加顾恤者按之。甲子，发蒙古、汉军都元帅张弘范攻漳州，得山寨百五十、户百万一。是日，谍报文天祥见屯潮阳港，亟遣先锋张弘正、总管囊加带率轻骑五百人，追及于五坡岭麓中，大败之，斩首七千余，执文天祥及其将校四人赴都。十二月已卯朔，佥书西川行枢密院昝顺招诱都掌蛮夷及其属百一十人内附，以其长阿永为西南番蛮安抚使，得兰纽为都掌蛮安抚使，赐虎符，余授宣敕、金银符有差。庚辰，思州安抚使田景贤、播州安抚使杨邦宪请归宋旧借镇远、黄平二城，仍彻戍卒，不允。景贤等请降诏禁戍卒毋扰思、播之民，从之。鸭池等处招讨使钦察所领南征新军，不能自赡者千人，命屯田于京兆。乙酉，伯颜以渡江收抚沙阳、新城、阳罗堡、闽、浙等郡获功军士及降臣姓名来上，诏授虎符者入觐，千户以下并从行省授官。丙戌，扬州行省上将校军功凡百三十四人，授官有差。丙申，从播州安抚杨邦宪请，以鼎山仍隶播州。庚子，敕长春宫修金箓大醮七昼夜。丙午，禁玉泉山樵采渔弋。戊申，以叙州等处秃老蛮杀使臣撒里蛮，命发兵讨之。封伯夷为昭义清惠公，叔齐为崇让仁惠公。以十六年历日赐高丽。海州赣榆县雹伤稼，免今年田租。南宁、吉阳、万安三郡内附。开成路置屯田总管府，广安县隶之。临淄、临朐、清河复为县。导肥河入于酇，淤陂尽为良田。会诸王于大都，以平宋所俘宝玉器币分赐之。赐诸王等金、银、币、帛如岁例。是岁，西京奉圣州及彰德等处水旱民饥，赈米八万八百九十石、粟三万六千四十石、钞二万四千八百八十锭有奇。断死罪五十二人。

十六年春正月已酉朔，高丽国王王賰遣其佥议中赞金方庆来贺，兼奉岁币。壬子，罢五翼探马赤重役军。癸丑，汪良臣言：“西川军官父死子继，勤劳四十年，乞显加爵秩。”诏从其请。诏以海南、琼崖、儋、万诸郡俱平，令阿里海牙入觐。泸州降臣赵金、吴大才、袁禹绳等从征重庆，其家属为叛者所杀，诏赐钞有差，仍以叛者妻孥付金等。敕高丽国置大灰艾州、东京、柳石、孛落四驿。甲寅，无籍军侵掠平民，而诸王只必帖木儿所部为暴尤甚，命捕为首者置之法。敕移赣州行省还隆兴。高丽国来献方物。辛酉，合州安抚使王立以城降。先是，立遣间使降安西王相李德辉，东川行院与德辉争功，德辉单舸至城下，呼立出降，川蜀以平。东川行院遂言，立久抗王师，尝指斥宪宗，宜杀之。枢密院以其事闻，而降臣李谅亦讼立前杀其妻子，有其财物，遂诏杀立，籍其家赀偿谅。既而安西王具立降附本末来上，且言东川院臣愤李德辉受降之故，诬奏诛立。枢密院臣亦以前奏为非。帝怒曰：“卿视人命若戏耶！前遣使计杀立久矣，今追悔何及。卿等妄杀人，其归待罪。”斥出之。会安西王使再至，言未杀立。即召立入觐，命为潼川路安抚使，知合州事。壬戌，分川蜀为四道：以成都等路为四川西道，广元等路为四川北道，重庆等路为四川南道，顺庆等路为四川东道，并立宣慰司。赏重庆等处从征蒙古、汉军钞三万九千九百五十一锭。改播州鼎山县为播川县。丁卯，赐参知政事昝顺田民百八十户于江津县。戊辰，立河西屯田，给耕具，遣官领之。甲戌，张弘范将兵追宋二王至崖山寨，张世杰来拒战，败之，世杰遁去，广王昺偕其官属俱赴海死，获其金宝以献。丙子，诏谕又巴、散毛等四洞番蛮酋长使降。以中书左丞别乞里迷失同知枢密院事。禁中书省文册奏检用畏吾字书。赐异样等局官吏工匠银二千两。赐皇子奥鲁赤及诸王拜答罕下军士与思州田师贤所部军衣服及钞有差。二月戊寅朔，祭先农于籍田。壬午，升溧州为路。遣使访求通皇极数番阳祝泌子孙，其甥傅立持泌书来上，拨民万户隶明里淘金。以江南漕运旧米赈军民之饥者。癸未，增置五卫指挥司。诏遣塔黑麻合儿、撒儿答带括中兴户。太史令王恂等言：“建司天台于大都，仪象圭表皆铜为之，宜增铜表高至四十尺，则景长而真。又请上都、洛阳等五处分置仪表，各选监候官。”从之。甲申，平章阿里伯乞行中书省检核行御史台文案，且请行台呈行省，比御史台呈中书省例，从之。以征日本，敕扬州、湖南、赣州、泉州四省造战船六百艘。移绍兴宣慰司于处州。已丑，调潭州行省军五千戍沿海州郡。庚寅，张弘范以降臣陈懿兄弟破贼有功，且出战船百艘从征宋二王，请授懿招讨使兼潮州路军民总管，及其弟忠、义、勇三人为管军总管，十夫长塔剌海获文天祥有功，请授总管军千户，佩金符，并从之。壬辰，诏谕宗师张留孙悉主淮东、淮西、荆襄等处道教。乙未，玉速帖木儿言：“行台文卷令行省检核，于事不便。”诏改之，其运司文卷听御史台检核。饶州路达鲁花赤玉古伦擅用羡余粮四千四百石，杖之，仍没其家。诏湖南行省于戍军还途，每四五十里立安乐堂，疾者医之，饥者廪之，死者藁葬之，官给其需。遣官核实益都、淄莱、济南逃亡民地之为行营牧地者。禁诸奥鲁及汉人持弓矢，其出征所持兵仗，还即输之官库。壬寅，赐太史院银一千七十八两。癸卯，发嘉定新附军千人屯田脱里北之地。甲辰，升大都兵马都指挥使司秩四品。诏大都、河间、山东管盐运司并兼管酒、醋、商税等课程。中书省臣请以真定路达鲁花赤蒙古带为保定路达鲁花赤，帝曰："此正人也，朕将别以大事付之。"赏汪良臣所部蒙古、汉军收附四川功钞五万锭。命嘉定以西新附州郡及田、杨二家诸贵官子，俱充质子入侍。车驾幸上都。乙巳，命同知太史院事郭守敬访求精天文历数者。西蜀四川道立提刑按察司。丙午，遣使代祀岳渎后土。诏河南、西京、北京等路课程，令各道宣慰司领之。赏西川新附军钞三千八百五十锭。以斡端境内蒙古军耗乏，并汉军、新附军等，赐马牛羊及马驴价钞、衣服、弓矢、鞍勒各有差。三月戊申朔，诏禁归德、亳、寿、临淮等处畋猎。庚戌，敕郭守敬繇上都、大都，历河南府抵南海，测验晷景。壬子，囊加带括两淮造回回炮新附军匠六百，及蒙古、回回、汉人、新附人能造炮者，俱至京师。庚申，给千户马乃部下拔突军及土浑川军屯田牛具。丙寅，敕中书省，凡掾史文移稽缓一日二日者杖，三日者死。甲戌，潭州行省遣两淮招讨司经历刘继昌招下西南诸番，以龙方零等为小龙番等处安抚使，仍以兵三千戍之。中书省下太常寺讲究州郡社稷制度，礼官折衷前代，参酌《仪礼》，定拟祭祀仪式及坛壝祭器制度，图写成书，名曰《至元州县社稷通礼》，上之。以保定路旱，减是岁租三千一百二十石。夏四月己卯，立江西榷茶运司及诸路转运盐使司、宣课提举司。癸巳，以给事中兼起居注，掌随朝诸司奏闻事。戊戌，以池州路达鲁花赤阿塔赤战功升招讨使，兼本军万户。癸卯，填星犯键闭。乙巳，汪良臣言："昔昝顺兵犯成都，掠其民以归。今嘉定既降，宜还其民成都。"制曰"可。"敕以上都军四千卫都城，凡他所来戍者皆遣归。从唆都请，令泉州僧依宋例输税，以给军饷。诏谕扬州行中书省，选南军精锐者二万人充侍卫军，并发其家赴京师，仍给行费钞万六千锭。大都等十六路蝗。五月己酉，中书省请复授宣慰司官虎符，不允。又请各路设提举、同提举、副提举各一员，专领课程，从之。辛亥，蒲寿庚请下诏招海外诸蕃，不允。诏谕漳、泉、汀、邵武等处暨八十四畲官吏军民，若能举众来降，官吏例加迁赏，军民按堵如故。以泉州经张世杰兵，减今年租赋之半。丙辰，以五台僧多匿逃奴及逋赋之民，敕西京宣慰司、按察司搜索之。命畏吾界内计亩输税。以各道按察司地广事繁，并劝农官入按察司，增副使、佥事各一员，兼职劝农水利事。甲子，御史台臣言："先是省臣阿里伯言，有罪者与台臣相威同问，有旨从之。臣等谓行省断罪以意出入，行台何由举正。宜从行省问讫，然后体察为宜。"制曰："可。"高兴侵用宋二王金三万一千一百两有奇、银二十五万六百两，诏遣使追理。诏涟、海等州募民屯田，置总管府及提举司领之。乙丑，敕江陵等路拔突户一万，凡千户置达鲁花赤一员，直隶省部。丙寅，敕江南僧司文移，毋辄入递。临洮、巩昌、通安等十驿，非有海青符，不听乘传。丁卯，改云南宝山、茛渠二县为州。己巳，诏沿路驿店民家，凡往来使臣不当乘传者，毋给人畜饮食刍料。完都、河南七驿民贫乏，给其马牛羊价钞千八百锭。庚午，赐乃蛮带战功及攻围重庆将士及宣慰使刘继昌等钞、衣服各有差。壬申，以吕虎来归，授顺庆府总管，佩虎符，仍赐钞五十锭。徙丁子峪所驻侍卫军万人，屯田昌平。癸酉，兀里养合带言："赋北京、西京车牛俱至，可运军粮。"帝曰："民之艰苦汝等不问，但知役民。使今年尽取之，来岁禾稼何由得种。其止之。"甲戌，给要束合所领工匠牛二千，就令运米二千石供军。诏谕脱儿赤等管甘州路宣课，诸人毋或沮扰。潭州行省上言："琼州宣慰马旺已招降海外四州，寻有土寇黄威远等四人为乱，今已擒获。"诏置之极刑。丙子，进封桑乾河洪济公为显应洪济公。命宗师张留孙即行宫作醮事，奏赤章于天，凡五昼夜。赐皇子奥鲁赤、拨里答等及千户伯牙兀带所部军及和州站户羊马钞各有差。六月丁丑朔，阿合马言："常州路达鲁花赤马恕告佥浙西按察司事高源不法四十事，源亦劾恕。"事闻，诏令廷辩。诏发新附军五百人、蒙古军百人、汉军四百人戍硐门、鱼通、黎、雅。诏谕王相府及四川行中书省，四道宣慰司抚治播川、务川西南诸蛮夷，官吏军民各从其俗，无失常业。壬午，以浙东宣慰使陈祐没王事，命其子夔为管军总管，佩虎符。甲申，宋张世杰所部将校百五十八人，诣琼、雷等州来降。敕造战船征日本，以高丽材用所出，即其地制之，令高丽王议其便以闻。乙酉，榆林、洪赞、刁窝，每驿益马百五十、车二百，牛如车数给之。丙戌，左右卫屯田蝗蝻生。庚寅，升济宁府为路。壬辰，以参知政事、行河南等路宣慰使忽辛为中书左丞，行中书省事。癸巳，以新附军二万分隶六卫屯田。彻里帖木儿言其部军多为盗劫掠赀财，有司不即理断，乞遣官诘治，诏兀鲁带往治之。以不花行西川枢密院事，总兵入川，平宋诸城之未下者。仍令东川行枢密院调兵守钓鱼山寨。西川既平，复立屯田，其军官第功升擢，凡授宣敕、金银符者百六十一人。诏以高州、筠连州腾川县新附户于溆州等处治道立驿。云南都元帅爱鲁、纳速剌丁招降西南诸国。爱鲁将兵分定亦乞不薛，纳速剌丁将大理军抵金齿、蒲骠、曲蜡、缅国界内，招忙木、巨木秃等寨三百，籍户十一万二百。诏定赋租，立站递，设卫送军。军还，献驯象十二。戊戌，改宣德府龙门镇复为县。庚子，拘括河西、西番阑遗户。辛丑，以通州水路浅，舟运甚难，命枢密院发军五千，仍令食禄诸官雇役千人开浚，以五十日讫工。癸卯，以临洮、巩昌、通安等十驿岁饥，供役繁重，有质卖子女以供役者，命选官抚治之。甲辰，以襄阳屯田户四百代军当驿役。赐征北诸郡蒙古军阔阔八都等力战有功者银五十两，战殁者家给银百两，从行伍者钞一锭，其余衣物有差。禁伯颜察儿诸峪寨捕猎。诏免四川差税。以参知政事、行中书省事别都鲁丁为河南等路宣慰使。以阿合马子忽辛为潭州行省左丞，忽失海牙等并复旧职。占城、马八儿诸国遣使以珍物及象犀各一来献。赐诸王所部银钞、衣服、币帛、鞍勒、弓矢及羊马价钞等各有差。五台山作佛事。秋七月戊申，宁国路新附军百户詹福谋叛，福论死，授告者何士青总把、银符，仍赐钞十锭。罢西川行省。庚戌，禁脱脱和孙搜取乘传者私物。乙卯，应昌府依例设官。置东宫侍卫军。定江南上、中路置达鲁花赤二员，下路一员。敕发西川蒙古军七千、新附军三千，付皇子安西王。

丁巳，交趾国遣使来贡驯象。己未，以朵哥麻思地之算木多城为镇西府。敕以蒙古军二千、益都军二千、诸路军一千、新附军五千，合万人，令李庭将之。壬戌，赏瓮吉剌所部力战军，人银五十两，死事者人百两，给其家。阿里海牙入觐，献金三千五百八十两、银五万三千一百两。罢潭州行省造征日本及交趾战船。丙寅，填星犯键闭。癸酉，西南八番、罗氏等国来附，洞寨凡千六百二十有六，户凡十万一千一百六十有八。诏遣牙纳术、崔彧至江南访求艺术之人。以中书左丞、行四川行中书省事汪良臣为安西王相。赐诸王纳里忽所部有功将校银钞、衣装、币帛、羊马有差。以赵州等处水旱，减今年租三千一百八十一石。命散都修佛事十有五日。八月丁丑，车驾至自上都。庚辰，太阴犯房距星。戊子，范文虎言："臣奉诏征讨日本，比遣周福、栾忠与日本僧赍诏往谕其国，期以来年四月还报，待其从否，始宜进兵。"又请简阅旧战船以充用。皆从之。海贼贺文达率众来归文虎，文虎以所得银三千两来献。有旨释其前罪，官其徒四十八人，就以银赐文虎。己丑，宋降臣王虎臣陈便宜十七事，令张易等议，可者行之。庚寅，敕沅州路蒙古军总管乞答合征取桐木笼、犵狫、伯洞诸蛮未附者。调江南新附军五千驻太原，五千驻大名，五千驻卫州。以每岁圣诞节及元辰日，礼仪费用皆敛之民，诏天下罢之。丁酉，以江南所获玉爵及坫凡四十九事，纳于太庙。已亥，海贼金通精死，获其从子温，有司欲论如法，帝曰："通精已死，温何预焉？"特赦其罪。庚子，岁星犯轩辕大星。甲辰，诏汉军出征逃者罪死，且没其家。置大护国仁王寺总管府，以散扎儿为达鲁花赤，李光祖为总管。赐范文虎僚属二十一人金纹绫及西锦衣。赏征重庆将校币帛有差。赐诸王阿只吉粮五千石、马六百匹、羊万口。九月乙巳朔，范文虎荐可为守令者三十人。诏："今后所荐，朕自择之。凡有官守不勤于职者，勿问汉人、回回皆论诛之，且没其家。"女直、水达达军不出征者，令隶民籍输赋。己酉，罢金州守船军千人，量留监守，余皆遣还。庚戌，诏行中书省左丞忽辛兼领杭州等路诸色人匠，以杭州税课所入，岁造缯段十万以进。杭、苏、嘉兴三路办课官吏，额外多取分例，今后月给食钱，或数外多取者罪之。阿合马言："王相府官赵炳云，陕西课程岁办万九千锭，所司若果尽心措办，可得四万锭。"即命炳总之。同知扬州总管府事董仲威坐赃罪，行台方按其事，仲威反诬行台官以他事。诏免仲威官，仍没其产十之二。戊午，王相府言："四川宣慰司有籍无军虚受赏者一万七千三百八人。"命诘治之。议罢汉人之为达鲁花赤者。御史台臣言："江南三路管课官，于分例外支用钞一千九百锭。"命尽征之。诏遣使招谕西南诸蛮部族酋长，能率所部归附者，官不失职，民不失业。乙丑，以忽必来、别速台为都元帅，将蒙古军二千人、河西军一千人，戍斡端城。己巳，枢密院臣言："有唐兀带者冒禁引军千余人，于辰溪、沅州等处劫掠新附人千余口及牛马、金银、币帛等，而麻阳县达鲁花赤武伯不花为之乡导。"敕斩唐兀带、武伯不花，余减死论，以所掠者还其民。给河西行省钞万锭，以备支用。冬十月己卯，享于太庙。辛巳，叙州、夔府至江陵界立水驿。乙酉，帝御香阁。命大乐署令完颜椿等肄文武乐。戊子，张融诉西京军户和买和雇，有司匿所给价钞计万八千余锭；官吏坐罪，以融为侍卫军总把。千户脱略、总把忽带擅引军入婺州永康县界，杀掠吏民，事觉，自陈扈从先帝出征有功，乞贷死。敕没入其家赀之半，杖遣之。辛卯，赈和州贫民钞。乙未，纳碧玉爵于太庙。丙申，太阴犯太微西垣上将。辛丑，以月直元辰，命五祖真人李居寿作醮事，奏赤章，凡五昼夜。毕事，居寿请间言："皇太子春秋鼎盛，宜预国政。"帝喜曰："寻将及之。"明日，下诏皇太子燕王参决朝政，凡中书省、枢密院、御史台及百司之事，皆先启后闻。甲辰，赐高丽国王至元十七年历日。十一月戊申，敕诸路所捕盗，初犯赃多者死，再犯赃少者从轻罪论。阿合马言："有盗以旧钞易官库新钞百四十锭者，议者谓罪不应死，且盗者之父执役臣家，不论如法，宁不自畏。"诏处死。壬子，遣礼部尚书柴椿偕安南国使杜中赞赍诏往谕安南国世子陈日烜，责其来朝。癸丑，太阴犯荧惑。乙卯，罢太原、平阳、西京、延安路新签军还籍。罢招讨使刘万奴所管无籍军愿从大军征讨者。赵炳言陕西运司郭同知、王相府郎中令郭叔云盗用官钱，敕尚书秃速忽、侍御史郭祐检核之。戊辰，命湖北道宣慰使刘深教练鄂州、汉阳新附水军。诏谕四川宣慰司括军民户数。己巳，以梧州妖民吴法受扇惑藤州、德庆府泷水徭蛮为乱，获其父，诛之。并教坊司入拱卫司。十二月戊寅，发粟钞赈盐司灶户之贫者。括甘州户。庚辰，安南国贡药材。甲申，祀太阳。丙申，敕枢密、翰林院官，就中书省与唆都议招收海外诸番事。丁酉，八里灰贡海青。回回等所过供食，羊非自杀者不食，百姓苦之。帝曰："彼吾奴也，饮食敢不随我朝乎？"诏禁之。诏谕海内海外诸番国主。赐右丞张惠银五千四百两。敕自明年正月朔日，建醮于长春宫，凡七日，岁以为例。命李居寿告祭新岁。诏谕占城国主，使亲自来朝。唆都所遣阇婆国使臣治中赵玉还。改单州、兖州隶济宁路；复置万泉县，隶河中府；改垣曲县隶绛州；降归州路为州；升沔阳、安陆各为府；改京兆为安西路；改惠州、建宁、梧州、柳州、象州、邕州、庆远、宾州、横州、容州、浔州并为路。建圣寿万安寺于京城。帝师亦怜吉卒。敕诸国教师禅师百有八人，即大都万安寺设斋圆戒，赐衣。是岁，断死罪百三十二人。保定等二十余路水旱风雹害稼。

卷十一　本纪第十一

世　祖　八

十七年春正月癸卯朔，高丽国王王賰遣其佥议中赞金方庆来贺，兼奉岁贡。丙午，命万户綦公直戍别失八里，赐钞一万二千五百锭。辛亥，磁州、永平县水，给钞贷之。丙辰，立迁转官员法：凡无过者授见阙，物故及过犯者选人补之，满代者令还家以俟。又定诸路差税课程，增益者即上报，隐漏者罪之，不须履亩增税，以摇百姓。诏括江淮铜及铜钱铜器。辛酉，以海贼贺文达所掠良妇百三十余人还其家。广西廉州海贼霍公明、郑仲龙等伏诛。甲子，敕泉州行省所辖州郡山寨未即归附者率兵拔之，已拔复叛者屠之。以总管张瑄、千户罗璧收宋二王有功，升瑄沿海招讨使，虎符；璧管军总管，金符。丁卯，畋近郊。诏毋以侍卫军供工匠役。戊辰，敕相威检核阿里海牙、忽都帖木儿等所俘丁三万二千余人，并放为民。置行中书省于福州。改德庆路为总管府。赐开滦河五卫军钞。二月乙亥，张易言："高和尚有秘术，能役鬼为兵，遥制敌人。"命和礼霍孙将兵与高和尚同赴北边。丙子，立北京道二驿。丁丑，答里不罕以云南行省军攻定昌路，擒总管谷纳，杀之。诏令答里不罕还，以阿答代之。敕非远方归附人毋入会同馆。诏纳速剌丁将精兵万人征缅国。乙酉，赏纳速剌丁所部征金齿功银五千三百二十两。己丑，命梅国宾袭其父应春泸州安抚使职。泸州尝叛，应春为前重庆制置使张珏所杀。国宾诣阙诉冤，诏以珏畀国宾，使复其父仇。珏时在京兆，闻之自经死。国宾请赎还泸州军民之为俘者，从之。日本国杀国使杜世忠等，征东元帅忻都、洪茶丘请自率兵往讨，廷议姑少缓之。丙申，诏谕真人祁志诚等焚毁《道藏》伪妄经文及板。庚子，阿里海牙及纳速剌丁招缅国及洞蛮降臣，诏就军前定录其功以闻。江淮行省左丞夏贵请老，从之，仍官其子孙。合剌所部和州等城为叛兵所掠者，赐钞给之，仍免其民差役三年。发侍卫军三千浚通州运粮河。畏吾户居河西界者，令其屯田。辛丑，以广中民不聊生，召右丞塔出、左丞吕师夔廷诘坏民之由，命也的迷失、贾居贞行宣慰司往抚之。师夔至，廷辩无验，复令还省治事。诏王相府于诸奥鲁市马二万六千三百匹。遣使代祀岳渎。赐诸王阿八合、那木干所部，及征日本行省阿剌罕、范文虎等西锦衣、银钞、币帛各有差。又赐四川贫民及兀剌带等马牛羊价钞。三月癸卯，命福建王积翁入领省事，中书省臣以为不可，改户部尚书。甲辰，车驾幸上都。思、播州军侵镇远、黄平界，命李德辉等往视之。罢通政院官不胜任者。丙午，敕东西两川发蒙古、汉军戍鱼通、黎、雅。乙卯，立都功德使司，从二品，掌奏帝师所统僧人并吐番军民等事。己未，诏讨罗氏鬼国，命以蒙古军六千，哈剌章军一万，西川药剌海、万家奴军万人，阿里海牙军万人，三道并进。癸亥，高邮等处饥，赈粟九千四百石。辛未，立畏吾境内交钞提举司。给月脱古思八部屯田牛具。赐忙古带等羊马及皇子南木合下羊马价。夏四月壬申朔，中书省臣言："唆都军士扰民，故南剑等路民复叛。及忙古带往招徕之，民始获安。"诏以忙古带仍行省福州。癸酉，南康杜可用叛，命史弼讨擒之。定杭州宣慰司官四员，以游显、管如德、忽都虎、刘宣充之。丙子，隆兴路杨门站复为怀安县。庚辰，四川宣慰使也罕的斤请赐海青符，命以二符给之。壬午，史弼入朝。乙酉，以宋太常乐付太常寺。改泗州灵璧县仍隶宿州。丁亥，立杭州路金玉总管府。甲午，敕军户贫乏者还民籍。丙申，以罗佐山道梗，敕阿里海牙发军千人戍守。以隆兴、泉州、福建置三省不便，命廷臣集议以闻。己亥，诸王只必帖木儿请各投下设官，不从。庚子，岁星犯轩辕大星。敕权停百官俸。宁海、益都等四郡霜，真定七郡虫，皆损桑。五月辛丑朔，枢密院调兵六百守居庸南、北口。甲辰，作行宫于察罕脑儿。丙午，升沙州为路。癸丑，括沙州户丁，定常赋，其富户余田令所戍汉军耕种。诏云南行省发四川军万人，命药剌海领之，与前所遣将同征缅国。高丽国王王賰以民饥，乞贷粮万石，从之。福建行省移泉州。甲寅，汀、漳叛贼廖得胜等伏诛。造船三千艘，敕耽罗发材木给之。庚申，赐诸王别乞帖木儿银印。辛酉，赐国师掌教所印。赏伯颜将士战功银二万八千七百五十两。真定、咸平、忻州、涟、海、邳、宿诸州郡蝗。六月辛未朔，以忽都带儿收籍阑遗人民牛畜，拨荒地令屯田。壬申，复招谕占城国。丁丑，唆都部下顾总管聚党于海道劫夺商货，范文虎招降之，复议置于法，命文虎等集议处之。阿答海等请罢江南所立税课提举司，阿合马力争，诏御史台选官检核，具实以闻。阿合马请立大宗正府。罢上都奥鲁官，以留守司兼管奥鲁事。安西王薨，罢其王相府。遣吕告蛮部安抚使王阿济同万户昝坤招谕罗氏鬼国。壬辰，召范文虎议征日本。戊戌，高丽王王賰遣其将军朴义来贡方物。江淮等处颁行钞法，废宋铜钱。遣不鲁合答等检核江淮行省阿里伯、燕帖木儿钱谷。改泗州隶淮安路。赐忽烈秃、忽不剌等将士力战者银钞、及给折可察儿等军士羊马价钞各有差。秋七月辛丑，广东宣慰使帖木儿不花言："诸军官宜一例迁转。江淮郡县，首乱者诛，没其家。官豪隐庇佃民，不供徭役，宜别立籍。各万户军交参重役，宜发还元翼。"诏中书省、枢密院、翰林院集议以闻。敕思州安抚司还旧治。戊申，太阴掩房距星。以高丽国初置驿，站民乏食，命给粮一岁，仍禁使臣往来，勿求索饮食。己酉，立行省于京兆，以前安西相李德辉为参知政事，兼领钱谷事。徙泉州行省于隆兴。以秃古灭军劫食火拙畏吾城禾，民饥，命官给驿马之费，仍免其赋税三年。太阴犯南斗。甲寅，发卫兵八百治沙岭桥，敕毋践民田。戊午，从阿合马言，以参知政事郝祯、耿仁并为中书左丞；用姚演言，开胶东河及收集逃民屯田涟、海。甲子，遣安南国王子倪还。括蒙古军成丁者。敕亦来等率万人入罗氏鬼国，如其不附，则入讨之。乙丑，罢江南财赋总管府。丁卯，并大都盐运司入河间为一，仍减汰冗员。割建康民二万户种稻，岁输酿米三万石，官为运至京师。戊辰，诏括前愿从军者及张世杰溃军，使征日本。命范文虎等招集避罪附宋蒙古、回回等军。己巳，遣中使咬难历江南名山访求高士，且命持香币诣信州龙虎山、临江阁皂山、建康三茅山，皆设醮。赐阿赤黑等及怯薛都等战功银钞，赐招收散毛等洞官吏衣段。八月庚午朔，萧简等十人历河南五路，擅招阑遗户，事觉，谪其为首者从军自效，余皆杖之。乙亥，改蒙古侍卫总管府为蒙古侍卫亲军都指挥使司。丙子，太阴犯心东星。丁丑，唆都请招三佛齐等八国，不从。镇守南剑路万户吕宗海窃兵亡去，诏追捕之。戊寅，占城、马八儿国皆遣使奉表称臣，贡宝物犀象。以前所括愿从军者为军，付茶忽领之，征日本。丁亥，许衡致仕，官其子师可为怀孟路总管，以便侍养。纳碧玉盏六、白玉盏十五于太庙。癸巳，赐西平王所部粮。戊戌，高丽王王賰来朝，且言将益兵三万征日本。以范文虎、忻都、洪茶丘为中书右丞，李庭、张拔突为参知政事，并行中书省事。赐阔里吉思等钞，迷里兀合等羊马，怯鲁怜等牛羊马价，及东宫位下怯怜口等粟帛。大都、北京、怀孟、保定、南京、许州、平阳旱，濮州、东平、济宁、磁州水。九月壬子，车驾至自上都。壬戌，也罕的斤进征斡端。癸亥，命沿途廪食和林回军。甲子，太阴掩右执法，并犯岁星。乙丑，守库军盗库钞，八剌合赤分其赃，纵盗遁去，诏诛之。丁卯，罗氏鬼国主阿察及阿里降，安西王相李德辉遣人偕入觐。赐八剌合赤等羊马价二万八千三锭，及秃浑下贫民粮三月。冬十月庚午，塔剌不罕军与贼力战者，命给田赏之。癸酉，加高丽国王王賰开府仪同三司、中书左丞相、行中书省事。甲戌，遣使括开元等路军三千征日本。丙子，赐云南王忽哥赤印。丁丑，以湖南兵万人伐亦奚不薛，亦奚不薛降。戊寅，发兵十万，命范文虎将之。赐右丞洪茶丘所将征日本新附军钞及甲。辛巳，立营田提举司，从五品，俾置司柳林，割诸色户千三百五十五隶之，官给牛种农具。壬午，诏立陕西四川等处行中书省，以不花为右丞，李德辉、汪惟正并左丞。时德辉已卒。甲申，诏龙虎山天师张宗演赴阙。己丑，命都实穷黄河源。辛卯，以汉军屯田沙、甘。壬辰，亦奚不薛病，遣其从子入觐。帝曰："亦奚不薛不禀命，辄以职授其从子，无人臣礼。宜令亦奚不薛出，乃还军。"癸巳，诏谕和州诸城招集流移之民。丙申，命在官者，任事一月，后月乃给俸，或废事者斥之。遣使谕瓜哇国及交趾国。始制象轿。给怯烈等粮。赐火察家贫乏者。十一月己亥朔，翰林学士承旨和礼霍孙等言："俱蓝、马八、阇婆、交趾等国俱遣使进表，乞答诏。"从之，仍赐交趾使人职名及弓矢鞍勒。降诏招谕瓜哇国。乙巳，置泉府司，掌领御位下及皇太子、皇太后、诸王出纳金银事。敕别置局院以处童匠，有贫乏者，给以钞币。诏："有罪配役者，量其程远近；犯罪当死者，详加审谳。"戊申，中书省臣议："流通钞法，凡赏赐宜多给币帛，课程宜多收钞。"制曰："可。"庚戌，命和礼霍孙柬汰交趾国使，除可留者，余皆放还。辛亥，敕缓营建工役。壬子，诏谕俱蓝国使来归附。甲寅，太原路坚州进嘉禾六茎。壬戌，诏江淮行中书省招巧匠。甲子，诏颁《授时历》。丁卯，诏以末甘孙民贫，除仓站税课外，免其役三年。复遣宣慰使教化、孟庆元等持诏谕占城国主，令其子弟或大臣入朝。诏江南、江北、陕西、河间、山东诸盐场增拨灶户，赐将作院吕合剌工匠银、钞、币帛。十二月庚午，以江淮行省平章政事阿里伯、左丞燕铁木儿擅易命官八百员，自分左右司官，铸银、铜印，复违命不散防守军，敕诛之。辛未，以熟券军还襄阳屯田。高丽国王王賰领兵万人、水手万五千人、战船九百艘、粮一十万石，出征日本，给右丞洪茶丘等战具、高丽国铠甲战袄。谕诸道征日本兵取道高丽，毋扰其民。以高丽中赞金方庆为征日本都元帅，密直司副使朴球、金周鼎为管高丽国征日本军万户，并赐虎符。癸酉，以高丽国王王賰为中书右丞相。甲戌，复授征日本军官元佩虎符。丁丑，用忽辛言，以民当站役，十户为率，官给一马，死则买马补之。戊寅，以奉使木剌由国速剌蛮等为招讨使，佩金符。己卯，罗氏鬼国土寇为患，思、播道路不通，发兵千人与洞蛮开道。甲申，甘州增置站户，诏于诸王户籍内签之。乙酉，敕民避役窜名匠户者复为民。淮西宣慰使昂吉儿请以军士屯田，阿塔海等以发民兵非便，宜募民愿耕者耕之，且免其租三年，从之。丁亥，复诏管民官兼管诸军奥鲁。戊子，以征也可不薛军千五百复还塔海，戍八番、罗甸。壬辰，陈桂龙据漳州反，唆都率兵讨之，桂龙亡入畲洞。甲午，大都重建太庙成，自旧庙奉迁神主于祏室，遂行大享之礼。置镇北庭都护府于畏吾境，以脱脱木儿等领其事。丙申，辽东路所益兵以妻子易马，敕以合输赋税赎还之。敕镂板印造帝师八合思八新译《戒本》五百部，颁降诸路僧人。左丞相阿术巡历西边，至别十八里以疾卒。敕擅据江南逃亡民田者有罪。修桐柏山淮渎祠。以三茅山上清四十三代宗师许道杞祈祷有验，命别主道教。安南国来贡驯象。赐蛮洞主银钞衣物有差。赈巩昌、常德等路饥民，仍免其徭役。改拱卫司为都指挥司；升尚舍监秩三品；立太仓提举司，秩五品。改建宁、雷州、封州、廉州、化州、高州为路，以肇庆路隶广南西道，迁峡州路于江北旧治。复置郫县，隶巩昌路。宿州灵璧县复隶归德。是岁，断死罪一百二人。

十八年春正月戊戌朔，高丽国王王賰遣其佥议中赞金方庆来贺，兼奉岁币。辛丑，召阿剌罕、范文虎、囊加带同赴阙受训谕，以拔都、张珪、李庭留后。命忻都、洪茶丘军陆行抵日本，兵甲则舟运之，所过州县给其粮食。用范文虎言，益以汉军万人。文虎又请马二千给秃失忽思军及回回炮匠。帝曰："战船安用此？"皆不从。癸卯，发钞及金银付孛罗，以给贫民。丁未，畋于近郊。敕江南州郡兼用蒙古、回回人。凡诸王位下合设达鲁花赤，并令赴阙，仍诏谕诸王阿只吉等知之。己酉，改黄州阳罗堡复隶鄂州。辛亥，遣使代祀岳渎后土。壬子，高丽王王賰遣使言日本犯其边境，乞兵追之，诏以戍金州隘口军五百付之。丙辰，车驾幸漷州。改符宝局为典瑞监，收天下诸司职印。丁巳，制以六祖李全祐嗣五祖李居寿祭斗。癸亥，邵武民高日新据龙楼寨为乱，擒之。赏忻都等战功，赐征日本诸军钞。二月戊辰，发侍卫军四千完正殿。赐征日本善射军及高丽火长水军钞四千锭。辛未，车驾幸柳林。高丽王王賰以尚主，乞改宣命益驸马二字。制曰："可。"乙亥，敕以耽罗新造船付洪茶丘出征。诏以刑徒减死者付忻都为军。扬州火，发米七百八十三石赈被灾之家。诏谕范文虎等以征日本之意，仍申严军律。立上都留守司。升叙州为路，隶安西省。移潭州省治鄂州，徙湖南宣慰司于潭州。乙酉，改畏吾断事官为北庭都护府，升从二品。丙戌，征日本国军启行。浙东饥，发粟千二百七十余石赈之。己丑，发肃州等处军民凿渠溉田。给征日本军衣甲、弓矢、海青符。敕通政院官浑都与郭汉杰整治水驿，自叙州至荆南凡十九站，增户二千一百、船二百十二艘。诏谕乌琐纳空等毋扰罗氏鬼国，违者令国主阿利具以名闻。福建省左丞蒲寿庚言："诏造海船二百艘，今成者五十，民实艰苦。”诏止之。乙未，贞懿顺圣昭天睿文光应皇后弘吉剌氏崩。三月丙申朔，车驾还宫。诏三茅山三十八代宗师蒋宗瑛赴阙。遣丹八八合赤等诣东海及济源庙修佛事。以中书右丞、行江东道宣慰使阿剌罕为中书左丞相，行中书省事，江西道宣慰使兼招讨使也的迷失参知政事，行中书省事。以辽阳、懿、盖、北京、大定诸州旱，免今年租税之半。戊戌，许衡卒。己亥，敕黄平隶安西行省，镇远隶潭州行省，各遣兵戍守。甲辰，命天师张宗演即宫中奏赤章于天七昼夜。丙午，车驾幸上都。丙辰，升军器监为三品。辛酉，立登闻鼓院，许有冤者挝鼓以闻。夏四月辛未，益云南军征合剌章。癸酉，复颁中外官吏俸。辛巳，通、泰二州饥，发粟二万一千六百石赈之。戊子，置蒙古汉人新附军总管。甲午，命太原五户丝就输太原。自太和岭至别十八里置新驿三十。赐征日本河西军等钞。五月癸卯，禁西北边回回诸人越境为商。甲辰，遣使赈瓜、沙州饥。戊申，罢霍州畏兀按察司。己酉，禁甘肃瓜、沙等州为酒。壬子，免耽罗国今岁入贡白纻。丙辰，以乌蒙阿谋宣抚司隶云南行省。岁星犯右执法。庚申，严鬻人之禁，乏食者量加赈贷。壬戌，诏括契丹户。敕耽罗国达鲁花赤塔儿赤，禁高丽全罗等处田猎扰民者。六月丙寅，敕赛典赤、火尼赤分管乌木、拔都怯儿等八处民户。谦州织工百四十二户贫甚，以粟给之，其所鬻妻子官与赎还。以太原新附军五千屯田甘州。丁丑，以按察司所劾羡余粮四万八千石饷军。己卯，以顺庆路隶四川东道宣慰司。安西等处军站，凡和顾和买，与民均役。增陕西营田粮十万石，以充常费。壬午，命耽罗戍力田以自给。日本行省臣遣使来言：“大军驻巨济岛，至对马岛获岛人，言太宰府西六十里旧有戍军已调出战，宜乘虚捣之。”诏曰：“军事卿等当自权衡之。”癸未，命中书省会计姚演所领涟、海屯田官给之资与岁入之数，便则行之，否则罢去。丁亥，放乞赤所招猎户七千为民。庚寅，以阿剌罕有疾，诏阿塔海统率军马征日本。壬辰，高丽国王王賰言，本国置驿四十，民畜凋弊，敕并为二十站，仍给马价八百锭。奉使木剌由国苫思丁至占城船坏，使人来言，乞给舟粮及益兵，诏给米一千四百余石。以中书左丞忽都帖木儿为中书右丞，行中书省事；御史中丞、行御史台事忽剌出为中书左丞，行尚书省事。赐皇子南木合所部工匠羊马价钞。秋七月甲午朔，命万户綦公直分宣慰使刘恩所将屯肃州汉兵千人，入别十八里，以尝过西川兵百人为向导。丁酉，敕甘州置和中所，以给兵粮。京兆四川分置行省于河西。己亥，阿剌罕卒。庚子，括回回炮手散居他郡者，悉令赴南京屯田。癸卯，太阴犯房距星。庚戌，以忻都戍大和岭所将蒙古军还，复令汉军戍守。以松州知州仆散秃哥前后射虎万计，赐号万虎将军。赐贵赤合八儿秃所招和、真、滁等户二千八百二十，俾自领之。辛酉，唆都征占城，赐驼蓬以辟瘴毒。占城国来贡象犀。命天师张宗演等即寿宁宫奏赤章于天，凡五昼夜。八月甲子朔，招讨使方文言择守令、崇祀典、戢奸吏、禁盗贼、治军旅、奖忠义六事，诏廷臣及诸老议举行之。丙寅，荧惑犯诸侯西第三星。庚午，忙古带为中书右丞，行中书省事。辛未，敕隆兴行省参政刘合拔儿秃，凡金谷造作专领之。乙亥，甘州凡诸投下户，依民例应站役。申严大都总管府、兵马司、左右巡院敛民之禁。庚寅，以阿剌罕既卒，命阿塔海等分戍三海口，令阿塔海就招海中余寇。高丽国王王賰遣其密直司使韩康来贺圣诞节。壬辰，以开元等路六驿饥，命给币帛万二千匹，其鬻妻子者官为赎之。诏征日本军回，所在官为给粮。忻都、洪茶丘、范文虎、李庭、金方庆诸军，船为风涛所激，大失利，余军回至高丽境，十存一二。设醮于上都寿宁宫。赐欢只兀部及灭乞里等羊马价，及众家奴等助军羊马钞。赐常河部军贫乏者，给过西川军粮。海南诸国来贡象犀方物。给怯薛丹粮，拘其所占田为屯田。闰月癸巳朔，荧惑犯司怪南第二星。阿塔海乞以戍三海口军击福建贼陈吊眼，诏以重劳不从。敕守缙山道侍卫军还京师。壬辰，瓜州屯田进瑞麦一茎五穗。丙午，车驾至自上都。庚戌，太阴犯昴。丁巳，命播州每岁亲贡方物，改思州宣抚司为宣慰司，兼管内安抚使。升高丽佥议府为从三品。敕中书省减执政及诸司冗员。遣兀良合带运沙城等粮六千石入和林。括江南户口税课。庚申，安南国贡方物。江西行省荐举兵官，命罢之。壬戌，诏谕斡端等三城官民及忽都带儿，括不阑奚人口。两淮转运使阿剌瓦丁坐盗官钞二万一千五百锭，盗取和买马三百四十四匹，朝廷宣命格而弗颁，又以官员所佩符擅与家奴往来贸易等事，伏诛。赐谦州屯田军人钞币、衣裘等物，及给农具渔具。偿站匠等助军羊马价。九月癸亥朔，畋于近郊。甲子，增大都巡兵千人。给钞赈上都饥民。癸酉，商贾市舶物货已经泉州抽分者，诸处贸易，止令输税。益耽罗戍兵，仍命高丽国给战具。庚辰，还宫。辛巳，大都立蒙古站屯田，编户岁输包银者及真定等路阑遗户，并令屯田，其在真定者与免皮货。癸未，京兆等路岁办课额，自一万九千锭增至五万四千锭，阿合马尚以为未实，欲核之。帝曰：“阿合马何知。”事遂止。大都、新安县民复和顾和买。甲申，太阴犯轩辕大星。壬辰，占城国来贡方物。赐修大都城侍卫军钞币帛有差，赏北征军银钞。赐怯怜口及四斡耳朵下与范文虎所部将士羊马、衣服、币帛有差。冬十月乙未，享于太庙，贞懿顺圣昭天睿文光应皇后祔。丙申，募民淮西屯田。己亥，议封安南王号，易所赐安南国畏吾字虎符，以国字书之；仍降诏谕安南国，立日烜之叔遗爱为安南国王。庚子，溪洞新附官镇安州岑从毅，纵兵杀掠，迫死知州李显祖，召从毅入觐。壬寅，赐征日本将校衣装、币帛、靴帽等物有差。乙巳，命安西王府协济户及南山隘口军，于安西、延安、凤翔、六盘等处屯田。河西置织毛段匠提举司。丁未，安南国置宣慰司，以北京路达鲁花赤孛颜帖木儿参知政事，行安南国宣慰使，都元帅、佩虎符柴椿、忽哥儿副之。给钞万锭，付河西行省以备经费。己酉，张易等言：“参校道书，惟《道德经》系老子亲著，余皆后人伪撰，宜悉焚毁。”从之，仍诏谕天下。给隆兴行省海青符。命失里咱牙信合八剌麻合迭瓦为占城郡王，加荣禄大夫，赐虎符。立行中书省占城。以唆都为右丞，刘深为左丞，兵部侍郎也黑迷失参知政事。庚戌，敕以海船百艘，新旧军及水手合万人，期以明年正月征海外诸番，仍谕占城郡王给军食。以安南国王陈遗爱入安南，发新附军千人卫送。诏谕干不昔国来归附。壬子，用和礼霍孙言，于扬州、隆兴、鄂州、泉州四省，置蒙古提举学校官各二员。以翰林学士承旨撒里蛮兼领会同馆、集贤院事，以平章政事、枢密副使张易兼领秘书监、太史院、司天台事，以翰林学士承旨和礼霍孙守司徒。改大都南阳真定等处屯田孛兰奚总管府为农政院。癸丑，皇太子至自北边。丙辰，以兀良合带言，上都南四站人畜困乏，赐钞给之。庚申，籍西川户。辛酉，邵武叛人高日新降。给征日本回侍卫新附军冬衣。赐刘天锡等银币，胜兀剌等羊马钞，诸王阿只吉等马牛羊，各有差。十一月癸亥朔，诏谕探马礼，令归附。甲子，敕诛陈吊眼首恶者，余并收其兵仗，系送京师。己巳，敕军器监给兵仗付高丽沿海等郡。奉使占城孟庆元、孙胜夫并为广州宣慰使，兼领出征调度。高丽国、金州等处置镇边万户府，以控制日本。高日新及其弟鼎新等至阙，以日新两为叛首，授山北路民职。文庆之属，遣还泉州。赐有功将校二百二十三员银十万两及币帛、弓矢、鞍勒有差。诏安南国王给占城行省军食。高丽国王请完滨海城，防日本，不允。辛未，给诸王阿只吉粮六千石。甲戌，太阴犯五车次南星。乙亥，召法师刘道真，问祠太乙法。丁丑，太阴犯鬼。壬午，诏谕瓜哇国主，使亲来觐。昌州及盖里泊民饥，给钞赈之。丙戌，给钞二万锭付和林贸易。敕征日本回军后至者分戍沿海。丁亥，太阴掩心东星。给扬州行省新附军将校钞，人二锭。己酉，赐安南国出征新附军钞。赐礼部尚书留梦炎及出使马八国俺都剌等钞各有差。十二月甲午，以瓮吉剌带为中书右丞相。己亥，罢日本行中书省。丙午，太阴犯轩辕大星。丁未，议选侍卫军万人练习，以备扈从。升太常寺为正三品。辛亥，命西川行省给万家奴所部兵仗。癸丑，敕免益都、淄莱、宁海开河夫今年租赋，仍给其佣直。乙卯，以诸王札忽儿所占文安县地给付屯田。丙辰，调新附军屯田。获福州叛贼林天成，戮于市。免福州路今年税二分，十八年以前租税并免征。以汉州德阳县隶成都府。改漳州为路。赐礼部尚书谢昌元钞。赏捏古伯战功银有差。偿阿只吉等助军马价。赐塔剌海籍没户五十。是岁，保定路清苑县水，平阳路松山县旱，高唐、夏津、武城等县蝗害稼，并免今年租，计三万六千八百四十石。断死罪二十二人。

卷十二　　本纪第十二

世　祖　九

十九年春正月壬戌朔，高丽国王王瞔遣其大将军金子廷来贺。丙寅，罢征东行中书省。丁卯，诸王札剌忽至自军中。时皇子北平王以军镇阿里麻里之地，以御海都。诸王昔里吉与脱脱木儿、爨木忽儿、撒里蛮等谋劫皇子北平王以叛，欲与札剌忽结援于海都，海都不从。撒里蛮悔过，执昔里吉等，北平王遣札剌忽以闻。妖民张圆光伏诛。立太仆院。拨信州民四百八户隶诸王柏木儿。丙子，车驾畋于近郊。丁丑，高丽国王贡绸布四百匹。丙戌，赐西平王怯薛那怀等钞一万一千五百二十一锭。二月辛卯朔，车驾幸柳林。饶州总管姚文龙言，江南财赋岁可办钞五十万锭，诏以文龙为江西道宣慰使，兼措置茶法。命司徒阿你哥、行工部尚书纳怀制饰铜轮仪表刻漏。敕改给驸马昌吉印。修宫城、太庙、司天台。癸巳，调军一万五千、马五千匹，征也可不薛。遣使代祀岳渎后土。甲午，甘州逃军二千二百人自陈愿挈家四千九百四十口还戍，敕以钞一万六百二十锭、布四千九百四十匹、驴四千九百四十头给之。议征缅国，以大卜为右丞，也罕的斤为参政，领兵以行。戊戌，给别十八里元帅綦公直军需。遣使往乾山，造江南战船千艘。庚子，赐诸王塔剌海籍没五十户，愿受十二户。孛罗欢理算未征粮二十七万石，诏征之。壬寅，升军器监秩三品。命军官阵亡者，其子袭职，以疾卒者，授官降一等，具为令。授溪洞招讨使郭昂等九人虎符，仍赏张温、颜义显银各千两。收晃兀儿塔海民匠九百五十三户入官。乙巳，立广东按察司。戊申，车驾还宫。己酉，减省部官冗员。改上都宣课提领为宣课提举司。立铁冶总管府，罢提举司。减大都税课官十四员为十员。改罗罗斯宣慰司隶云南省，徙浙东宣慰司于温州。分军戍守江南，自归州以及江阴至三海口，凡二十八所。庚戌，以参知政事唐兀带等六人，镇守黄州、建康、江陵、池州、兴国。壬子，诏签亦奚不薛及播、思、叙三州军征缅国。癸丑，大良平元帅蒲元圭遣其男世能入觐。甲寅，车驾幸上都。申严汉人军器之禁。丁巳，安州张拗驴以诈敕及伪为丞相孛罗署印，伏诛。戊午，赐云南使臣及陕西佥省八八以下银钞、衣服有差。籍福建户数。三月辛酉朔，乌蒙民叛，敕那怀、火鲁思迷率蒙古、汉人新附军讨之。赏忽都答儿等战功牛羊马。益都千户王著，以阿合马蠹国害民，与高和尚合谋杀之。壬午，诛王著、张易、高和尚于市，皆醢之，余党悉伏诛。甲申，的斤帖林以己赀充屯田之费，诸王阿只吉以闻，敕酬其直。丙戌，禁益都、东平、沿淮诸郡军民官捕猎。戊子，立塔儿八合你驿，以乌蒙阿谋岁输驿马给之。以领北庭都护阿必失哈为御史大夫，行御史台事。夏四月辛卯，敕和礼霍孙集中书省部、御史台、枢密院、翰林院等官，议阿合马所管财赋，先行封籍府库。丁酉，以和礼霍孙为中书右丞相，降右丞相瓮吉剌带为留守，仍同佥枢密院事。戊戌，征蛮元帅完者都等平陈吊眼巢穴班师，赏其军钞，仍令还家休息。遣扬州射士戍泉州。陈吊眼父文桂及兄弟桂龙、满安纳款，命护送赴京师。其党吴满、张飞迎敌，就诛之。敕以大都巡军隶留守司。壬寅，立回易库。中书左丞耿仁等言："诸王公主分地所设达鲁花赤，例不迁调，百姓苦之。依常调，任满，从本位下选代为宜。"从之。以留守司兼行工部。敕自今岁用官车，勿赋于民，可即滦河造之，给其粮费。甲辰，以甘州、中兴屯田兵逃还太原，诛其拒命者四人，而赏不逃者。乙巳，以阿合马家奴忽都答儿等久总兵权，令博敦等代之，仍隶大都留守司。弛西山薪炭禁。以阿合马之子江淮行中书省平章政事忽辛罪重于父，议究勘之。考核诸处平准库，汰仓库官。御史台臣言："见在赃罚钞三万锭，金银、珠玉、币帛称是。"诏留以给贫乏者。丙午，收诸王别帖木儿总军银印。敕也里可温依僧例给粮。戊申，宁国路太平县饥，民采竹实为粮，活者三百余户。敕出使人还，不即以所给符上，与上而有司不即收者，皆罪之。凡文书并奏可始用御宝。己酉，刊行蒙古畏吾儿字所书《通鉴》。以和礼霍孙为右丞相诏天下。庚戌，行御史台言："阿里海牙占降民为奴，而以为征讨所得。"有旨降民还之有司，征讨所得，籍其数量，赐臣下有功者。以兴兵问罪海外，天下供给繁重，诏慰谕军民，应有逋欠钱粮及官吏侵盗并权停罢。设怀孟路管河渠使、副各一员。拘括江南官豪隐匿逃军。壬子，罢江南诸司自给驿券。丙辰，敕以妻女姊妹献阿合马得仕者，黜之。核阿合马占据民田，给还其主；庇富强户输赋其家者，仍输之官。北京宣慰使阿老瓦丁滥举非才为管民官，命选官代之。议设盐使司卖盐引法，择利民者行之，仍令按察司磨刷运司文卷。定民间贷钱取息之法，以三分为率。定内外官以三年为考，满任者迁叙，未满者不许超迁。禁吐蕃僧给驿太繁，扰害于民，自今非奉旨勿给。给控鹤人钞一万五锭，及其官吏有差。五月己未朔，钩考万亿库及南京宣慰司。沙汰省部官，阿合马党人七百十四人，已革者三十三人，余五百八十一人并黜之。泸州管军总管李从，坐受军士贿纵其私还，致万户爪难等为贼所杀，伏诛。籍阿合马马驼牛羊驴等三千七百五十八，追治阿合马罪，剖棺戮其尸于通玄门外。罢南京宣慰司及江南财赋总管府。丁卯，降各省给驿玺书。戊辰，并江西、福建行省，去江南冗滥官，免福建山县镇店宣课，禁当路私人权府、州、司、县官。招谕畲洞人，免其罪。禁差戍军防送。禁人匠提举擅招匠户。己巳，遣浙西道宣慰司同知刘宣等理算各盐运司及财赋府茶场都转运司出纳之数。籍阿合马妻子亲属所营资产，其奴婢纵之为民。罢宣慰使所带相衔。壬申，锁系耿仁至大都，命中书省鞫之。庚辰，议于平滦州造船，发军民合九千人，令探马赤伯要带领之，伐木于山，及取于寺观坟墓，官酬其直，仍命桑哥遣人督之。癸未，给大都拔都儿正军夏衣。和礼霍孙言："省部滥官七百十四员，其无过者五百八十一员姑存之。"沿海左副都元帅石国英请以税户赡军，军逃死者，令其补足；站户苗税，贫富不均者，宜均其役。又请行盐法，汰官吏，罢捕户。诏中书集议行之。张惠、阿里罢。以甘肃行省左丞麦术丁为中书右丞，行御史台御史中丞张雄飞参知政事。乙酉，元帅綦公直言："乞黥逃军，仍使从军，及设立冶场于别十八里，鼓铸农器。"从之。丙戌，别十八里城东三百余里蝗害麦。六月己丑朔，日有食之。芝生眉州。甲午，阿合马滥设官府二百四所，诏存者三十三，余皆罢。又江南宣慰司十五道，内四道已立行中书省，罢之。乙未，发六盘山屯田军七百七十人，以补刘恩之军。敕宣慰司等官毋役官军。丙申，发射士百人卫丞相，他人不得援例。戊戌，以占城既服复叛，发淮、浙、福建、湖广军五千、海船百艘、战船二百五十，命唆都为将讨之。亡宋军有手号及无手号者，并听为民。己亥，命何子志为管军万户，使暹国。辛丑，籍阿合马妻子婿奴婢财产。癸卯，禁滥保军功。乙巳，招无籍军给衣粮。己酉，赏太子府宿卫军御盗之功，给钞、马有差，无妻者以没官寡妇配之。以阿合马居第赐和礼霍孙。壬子，申敕中外百官立限决事。癸丑，从和礼霍孙言，罢司徒府及农政院。锁系忽辛赴扬州鞫治。丁巳，征亦奚不薛，尽平其地，立三路达鲁花赤，留军镇守，命药剌海总之，以也速带儿为都元帅宣慰使。秋七月戊午朔，日有食之。立行枢密院于扬州、鄂州。庚申，命行御史台拣汰各道按察司官。辛酉，剖郝祯棺，戮其尸。壬戌，命以官钱给戍军费，而以各奥鲁所征还官。禁诸位下营运钱货差军护送。高丽国王请自造船一百五十艘，助征日本。戊辰，征鸭池回军屯田安西，以钞给之。庚午，令蒙古军守江南者更番还家。壬申，发察罕脑儿军千人治缙山道。立马湖路总管府。癸酉，赐高丽王王睶金印。癸酉，宣慰孟庆元、万户孙胜夫使爪哇回，为忙古带所囚，诏释之。丁丑，罢汪札剌儿带总帅，收其制命、虎符。以巩昌路达鲁花赤别速帖木儿为巩昌平凉等处二十四处军前便宜都总帅府达鲁花赤。以蒙古人孛罗领湖北辰、沅等州淘金事。戊寅，议筑阿失答不速皇城，枢密院言："用木十二万，地远难致，依察罕脑儿筑土为墙便。"从之。乙酉，赐诸王塔海帖木儿、忽都帖木儿等金银、币帛有差。阇婆国贡金佛塔。发米赈乞里吉思贫民。八月丁亥朔，给乾山造船军匠冬衣，及新附军钞。庚寅，忙古带征罗氏鬼国还，仍佩虎符，为管军万户。辛卯，以阿八赤督运粮。癸巳，发罗罗斯等军助征缅国。辛亥，并淄莱路田、索二镇，仍于驿台立新城县治。大驾驻跸龙虎台。江南水，民饥者众；真定以南旱，民多流移；和礼霍孙请所在官司发廪以赈，从之。申严以金饰车马服御之禁。又禁诸监官不得令人匠私造器物。甲寅，圣诞节，是日还宫。乙卯，御正殿，受皇太子、诸王、百官朝贺。丙辰，谪捏兀迭纳戍占城以赎罪。九月丁巳朔，赈真定饥民，其流移江南者，官给之粮，使还乡里。敕中书省穷治阿合马之党。别速带请于罗卜、阇里辉立驿，从之。以阿合马没官田产充屯田，籍阿里家。戊午，诛阿合马第三子阿散，仍剥其皮以徇。庚申，汰冗官。游显乞罢涟、海州屯田，以其事隶管民官，从其请，仍以显平章政事，行省扬州。福建宣慰司获倭国谍者，有旨留之。辛酉，诛耿仁、撒都鲁丁及阿合马第四子忻都。招讨使杨庭璧招抚海外，南番皆遣使来贡。俱蓝国主遣使奉表，进宝货、黑猿一。那旺国主忙昂，以其国无识字者，遣使四人，不奉表。苏木都剌国主土汉八的亦遣使二人。苏木达国相臣那里八合剌摊赤，因事在俱蓝国，闻诏，代其主打古儿遣使奉表，进指环、印花绮段及锦衾二十合。寓俱蓝国也里可温主兀咱儿撇里马亦遣使奉表，进七宝项牌一、药物二瓶。又管领木速蛮马合马亦遣使奉表，同日赴阙。壬戌，禁诸人不得沮挠课程。敕："官吏受贿及仓库官侵盗，台察官知而不纠者，验其轻重罪之。中外官吏赃罪，轻者杖决，重者处死。言官缄默，与受赃者一体论罪。"仍诏谕天下。乙丑，签亦奚不薛等处军。丁卯，安南国进贡犀兕、金银器、香药等物。增给元帅綦公直军冬衣钞。己巳，命军站户出钱助民和顾和买。籍云南新附户。自兀良合带镇云南，凡八籍民户，四籍民田，民以为病。至是，令已籍者勿动，新附者籍之。定云南税赋用金为则，以贝子折纳，每金一钱直贝子二十索。罢云南宣慰司。壬申，敕平滦、高丽、耽罗及扬州、隆兴、泉州共造大小船三千艘。亦奚不薛之北，蛮洞向世雄兄弟及散毛诸洞叛，命四川行省就遣亦奚不薛军前往招抚之，使与其主偕来。癸酉，阿合马侄宰奴丁伏诛。罢忽辛党马璘江淮行省参知政事。丁亥，遣使括云南所产金，以孛罗为打金洞达鲁花赤。戊寅，给新附军贾祐衣粮。祐言为日本国焦元帅婿，知江南造船，遣其来候动静，军马压境，愿先降附。辛巳，敕各行省止用印一，余者拘之，及拘诸位下印。发钞三万锭，于隆兴、德兴府、宣德州和籴粮九万石。壬申，赐诸王阿只吉金五千两、银五万两。厘正选法，置黑簿以籍阿合马党人之名；令诸路岁贡儒、吏各一人，各道提刑按察司举廉能者升等迁叙。冬十月丁亥朔，增两浙盐价。诏整治钞法。己丑，敕河西僧、道、也里可温有妻室者，同民纳税。庚寅，以岁事不登，听诸军捕猎于汴梁之南。辛卯，以平章军国重事、监修国史耶律铸为中书左丞相。壬辰，享于太庙。罢西京宣慰司。丙申，初立詹事院，以完泽为右詹事，赛阳为左詹事。由大都至中滦，中滦至瓜州，设南北两漕运司。立芦台越支三叉沽盐使司，河间沧清、山东滨、乐安及胶莱、莒密盐使司五。敕籍没财物精好者及金银币帛入内帑，余付刑部，以待给赐。禁中出纳分三库：御用宝玉、远方珍异隶内藏，金银、只孙衣段隶右藏，常课衣段、绮罗、缣布隶左藏。设官吏掌钥者三十二人，仍以宦者二十二人董其事。减大府监官。癸卯，命崔或等钩考枢密院文卷。甲辰，占城国纳款使回，赐以衣服。乙巳，遣阿耽招降法里郎、阿鲁乾伯等国。罢屯田总管府，以其事隶枢密院，令管军万户兼之。丙午，以汪惟孝为总帅。丁未，女直六十自请造船运粮赴鬼国赡军，从之。议征叉巴洞。庚戌，以四川民仅十二万户，所设官府二百五十余，令四川行省议减之。移成都宣慰司于碉门，罢利州及顺庆府宣慰司。禁大都及山北州郡酒。诏两广、福建五品以下官，从行省就便铨注。耶律铸言："有司官吏以采室女，乘时害民，如令大郡岁取三人，小郡二人，择其可者，厚赐其父母，否则遣还为宜。"从之。籍京畿隐漏田，履亩收税。命游显专领江浙行省漕运。乙卯，命坚童专掌奏记。诛阿合马长子忽辛、第二子抹速忽于扬州，皆醢之。十一月戊午，上都建利用库。赐太常礼乐、籍田等三百六十户钞千二百锭。甲子，给欠州屯田军衣服。丁卯，给和林戍还军校银钞、币帛。江南袭封衍圣公孔洙入觐，以为国子祭酒，兼提举浙东道学校事，就给俸禄与护持林庙玺书。诏以阿合马罪恶颁告中外，凡民间利病即与兴除之。壬申，以势家为商贾者阻遏官民船，立沿河巡禁军，犯者没其家。癸酉，分元帅綦公直军戍曲先。甲戌，中书省臣言："天下重囚，除谋反大逆，杀祖父母、父母，妻杀夫，奴杀主，因奸杀夫，并正典刑外，余犯死罪者，令充日本、占城、缅国军。"从之。改铸省印。丙子，四川行省招谕大盘洞主向臭友等来朝。戊寅，耶律铸言："前奉诏杀人者死，仍征烧埋银五十两，后止征钞二锭，其事太轻。臣等议，依蒙古人例，犯者没一女入仇家，无女者征钞四锭。"从之。以袁州、饶州、兴国军复隶隆兴省。马八儿国遣使以金叶书及土物来贡。罢都功德使脱烈，其修设佛事妄费官物，皆征还之。赐贫乏者合纳塔儿、八只等羊马钞。十二月丁亥朔，命阿剌海领范文虎等所有海船三百艘。壬寅，中书左丞张文谦为枢密副使。乙未，中书省臣言："平原郡公赵与芮、瀛国公赵㬎、翰林直学士赵与票，宜并居上都。"帝曰："与芮老矣，当留大都，余如所言。"继有旨，给瀛国公衣粮发遣之，唯与票勿行。以中山薛保住上匿名书告变，杀宋丞相文天祥。癸卯，御史中丞崔彧言："台臣于国家政事得失、生民休戚、百官邪正，虽王公将相亦宜纠察。近唯御史有言，臣以为台官皆当建言，庶于国家有补。选用台察官，若由中书，必有偏徇之弊。御史宜从本台选择，初用汉人十六员，今用蒙古人十六员，相参巡历为宜。"从之。浚济川河。降拱卫司复正四品，仍收其虎符。罢湖广行省金银铁冶提举司，以其事隶各路总管府。以建康淘金总管府隶建康路。中书右丞札散为平章政事。罢解盐司及诸盐司，令运司官亲行调度盐引。罢南京屯田总管府，以其事隶南阳府。阿里海牙复镇远军，发军千人戍守，以其地与西川行省接，就以隶焉。诏立帝师答耳麻八剌剌吉塔，掌玉印，统领诸国释教。造帝师八合思八舍利塔。免巩昌等处积年所欠田租税课。赐皇子北安王位下塔察儿等马牛羊各有差。

二十年春正月丙辰朔，高丽国王王睶遣其大将军俞洪慎来贺。己未，纳皇后弘吉剌氏。辛酉，赐诸王出伯印，赏诸王必赤帖木儿、驸马昌吉军钞。敕诸王、公主、驸马得江南分地者，于一万户田租中输钞百锭，准中原五户丝数。癸亥，敕药剌海领军征缅国。乙丑，高丽国王王睶遣使兀剌带贡氈布线绸等物四百段。和礼霍孙言："去冬中山府奸民薛宝住为匿名书来上，妄效东方朔书，欺罔朝廷，希觊官赏。"敕诛之。又言："自今应诉事者，必须实书其事，赴省、台陈告。其敢以匿名书告事，重者处死，轻者流远方；能发其事者，给犯人妻子，仍以钞赏之。又阿合马专政时，衙门太冗，虚费俸禄，宜依刘秉忠、许衡所定，并省为便。"皆从之。设务农司。敕诸事赴省、告诉之，理决不平者，许诣登闻鼓院击鼓以闻。预备征日本军粮，令高丽国备二十万石。以阿塔海依旧为征东行中书省丞相。丙寅，发五卫军二万人征日本。发钞三千锭籴粮于察罕脑儿，以给军匠。以燕南、河北、山东诸郡去岁旱，税粮之在民者，权停勿征，仍谕："自今管民官，凡有灾伤，过时不申，及按察司不即行视者，皆罪之。"刑部尚书崔彧言时政十八事，诏中书省与御史大夫玉速帖木儿议行之。罢上都回易库。丁卯，伯要带等伐船材于烈埚都山、乾山，凡十四万二千有奇，起诸军贴户年及丁者五千人、民夫三千人运之。己巳，太阴犯轩辕御女。赐诸王也里干、塔纳合、奴木赤金各五十两、金衣袄一。庚午，以平滦造船去运木所远，民疲于役，徙于阳河造之。壬申，御史台言："燕南、山东、河北去年旱灾，按察司已尝阅视，而中书不为奏免，民何以堪？请权停税粮。"制曰：

"可。"移巩昌按察司治甘州。命右丞阇里帖木儿及万户三十五人、蒙古军习舟师者二千人、探马赤万人、习水战者五百人征日本。丁丑，以招讨杨廷璧为宣慰使，赐弓矢鞍勒，使谕俱蓝等国。己卯，命诸军习舟楫，给钞八千锭于隆兴、宣德等处和籴以赡之。庚辰，太阴入南斗。壬午，车驾畋于近郊。以四川归附官杨文安为荆南道宣慰使。改广东提刑按察司为海北广东道，广西按察司为广西海北道，福建按察司为福建闽海道，巩昌按察司为河西陇北道。癸未，拨忽兰及塔剌不罕等四千户隶皇太子位下。壬戌，敕于秃烈秃等富户内贷牛六百头，给乞里吉思之贫乏者。二月戊子，定两广、四川戍军二三年一更，廪其家属，军官给俸以赡之。赐俱蓝国王瓦你金符。赐驸马阿秃江南民千户。以春秋仲月上戊日祭社稷及武成王。庚寅，太阴掩昴。癸巳，敕斡脱钱仍其旧。丁酉，给别十八里屯田军战袄。庚子，敕权贵所占田土，量给各户之外，余者悉以与怯薛带等耕之。减四川官府，并西川东、西、北三道宣慰司，及潼川等路镇守万户府、新军总管府，威、灌、茂等州安抚司十四处。是夜太白犯昴。辛丑，定军官选格，立官吏赃罪法。壬寅，太白犯昴。乙巳，令隆兴行省遣军护送占城粮船。太阴犯心。丁未，定安洞酋长遣其兄弟入觐，敕给驿马。己酉，升阑遗监秩正五品。癸丑，谕中书省："大事奏闻，小事便宜行之，毋致稽缓。"甲寅，降太医院为尚医监，改给铜印，立江南等处官医提举司。赐日本军官八忽带及军士银钞有差。敕遣官录扬州囚徒。三月丁巳，诸王胜纳合儿设王府官三员。以万户不都蛮镇守金齿。罢女直造日本出征船，罢河西行御史台，立巩昌等处行工部。罢福建市舶总管府，存提举司，并泉州行省入福建行省，免福建归附后未征苗税。以阔阔你敦治江淮行省，或言其过，命兀奴忽带、伯颜佐之。戊午，以新附洞蛮酋长为千户。己未，岁星犯键闭。罢京兆行省，立行工部。御史台臣言："平滦造船，五台山造寺伐木，及南城建新寺，凡役四万人，乞罢之。"诏："伐木建寺即罢之，造船一事，其与省臣议。"前后卫军自愿征日本者，命选留五卫汉军千余，其新附军令悉行。庚申，太阴犯井。辛酉，赏诸王合班弟忙兀带所部军士战功，银钞、币帛、衣服各有差。给甘州戍军钞。壬戌，太阴犯鬼。乙丑，命兀奴忽鲁带往扬州录囚，遣江北重囚谪征日本。立云南按察司，照刷行省文卷。罢淮安等处淘金官，惟计户取金。以阿合马绵绢丝线给贫民工匠。给王傅兀讷忽帖只印，给西川、福建、两广之任官驿马。以湖南宣慰使张鼎新、行省参知政事樊楫等尝阿附阿里海牙，敕罢之。丙寅，车驾幸上都。江西行省参政完颜那怀，坐越例骤升及妄举一百九十八人入官，罢之。罢河西办课提举司。丁卯，增置蒙古监察御史六员。乙巳，岁星犯房。癸酉，岁星掩房。广州新会县林桂方、赵良钤等聚众，伪号罗平国，称延康年号，官军擒之，伏诛，余党悉平。乙亥，罢诸处役夫。遣阿塔海戍曲先，汉都鲁迷失帅甘州新附军往斡端。己卯，给各卫军出征马价钞。辛巳，立畏吾儿四处驿及交钞库。壬午，祀太一。罢福建道宣慰司，复立行中书省于漳州，以中书右丞张惠为平章政事，御史中丞也先帖木儿为中书左丞，并行中书省事。赐迷里札蛮、合八失钞。赈八鲁怯薛、八剌合赤等贫乏。赐皇子北平王所部马牛羊各有差。夏四月丙戌，立别十八里、和州等处宣慰司。庚寅，敕药剌海戍守亦奚不薛。都元帅也速答儿还自亦奚不薛，驻军成都，求入见，许之，仍遣人屯守险隘。以侍卫亲军二万人助征日本。辛卯，枢密院臣言："蒙古侍卫军于新城等处屯田，砂砾不可种，乞改拨良田。"从之。壬辰，阿塔海求军官习舟楫者同征日本，命元帅张林、招讨张瑄、总管朱清等行。以高丽王就领行省，规画日本事宜。甲午，减江南诸道医学提举司，四省各存其一。免京畿所括豪势田旧税三之二、新税三之一。高丽国王王睶请以蒙古人同行省事。禁近侍为人求官，紊乱选法。申严酒禁，有私造者，财产、女子没官，犯人配役。申私盐之禁，许按察司纠察盐司。己亥，太阴犯房。壬寅，太阴犯南斗。癸卯，授高丽国王王睶征东行中书省左丞相，仍驸马、高丽国王。乙巳，命枢密院集军官议征日本事宜，程鹏飞请明赏罚，有功者军前给凭验，候班师日改授，从之。庚戌，右丞也速带儿招抚筠连州、定州、阿永、都掌等处蛮，独山都掌蛮不降，进军讨之，生擒酋长得兰纽，遂班师。发大都所造回回炮及其匠张林等，付征东行省。辛亥，以征日本，给后卫军衣甲，及大名、卫辉新附军钞。麦术丁等检核万亿库，以罪监系者多，请付蒙古人治。有旨："蒙古人为利所汩，亦异往日矣，其择可任者使之。"五月乙卯，给甘州戍军夏衣。戊午，丞相伯颜、诸王相吾答儿等言："征缅国军宜参用蒙古、新附军。"从之。己未，免五卫军征日本，发万人赴上都。纵平滦造船军归耕，拨大都见管军代役。庚申，减隆兴府昌州盖里泊管盐官吏九十九人，以其事隶隆兴府。定江南民官及转运司官公田。甲子，徙扬州淘金夫赴益都。立征东行中书省，以高丽国王与阿塔海共事，给高丽国征日本军衣甲。御史中丞崔彧言："江南盗贼相继而起，皆缘拘水手、造海船，民不聊生，日本之役，宜姑止之。江南四省应办军需，宜量民力，勿强以土产所无，凡给物价及民者必以实。召募水手，当从所欲。伺民之气稍苏，我之力粗备，三二年复东征未晚。"不从。丙寅，太阴掩心东星。免江南税粮三之二。敕阿里海牙调汉军七千、新附军八千，以付唆都从征。辛未，占城行省已破占城，其国主补底遁去，降玺书招徕之。甲戌，发征日本重囚，往占城、缅国等处从征。设高丽国劝农官四员。丙子，诏谕诸王相吾答儿："先是云南重囚，令便宜处决，恐滥及无辜，自今凡大辟罪，仍须待报。"并省江淮、云南州郡。以耶律老哥为中书参知政事。免戍军差税。禁诸王奥鲁官科扰军户。以西南蛮夷有谋叛未附者，免西川征缅军，令专守御，支钱令各驿供给。戊寅，诸陈言者从都省集议，可行者以闻，不可则明以谕言者。许按察司官用弓矢。监察御史阿剌浑坐擅免赃钱、不纠私酿等罪罢。用御史中丞崔彧言，罢各路选取室女。颁行宋文思院小口斛。敕以陕西按察司赃罚钱输于秦王。省北京提刑按察司副使、佥事各一员。立海西辽东提刑按察司，按治女直、水达达部。己卯，酬诸王只必帖木儿给军羊马钞十万锭。海南四州宣慰使朱国宝请益兵讨占城国主，诏以阿里海牙军万五千人应之。用王积翁言，诏江南运粮，于阿八赤新开神山河及海道两道运之。立斡脱总管府。辛巳，给占城行省唆都弓矢甲仗。六月丙戌，申严私易金银之禁。以甘州行省参政王椅为中书参知政事。免大都及平滦路今岁丝料。江南迁转官不之任者杖之，追夺所受宣敕。戊子，以征日本，民间骚动，盗贼窃发，忽都帖木儿、忙古带乞益兵御寇，诏以兴国、江州军付之。己丑，增官吏俸给。庚寅，定市舶抽分例，舶货精者取十之一，粗者十五之一。差五卫军人修筑行殿外垣。命诸王忽牙都设断事官。丙申，发军修完大都城。辛丑，发军修筑堤堰。戊申，用伯颜等言，所括宋手号军八万三千六百人，立牌甲设官以统之，仍给衣粮。庚戌，流叛贼陈吊眼叔陈桂龙于憨答孙之地。辛亥，四川行省参政曲立吉思等讨平九溪十八洞，以其酋长赴阙，定其地，立州县，听顺元路宣慰司节制。以向世雄等为叉巴诸洞安抚大使及安抚使。秋七月癸丑朔，蠲建宁路至元十七年前未纳苗税。丙辰，免征骨嵬军赋。谕阿塔海所造征日本船，宜少缓之；所拘商船，其悉给还。阿里沙坐虚言惑众诛。太白犯井。丁巳，赐捏古带等珠衣。庚申，调军益戍云南。丙寅，立亦奚不薛宣慰司，益兵戍守。开云南驿路。分亦奚不薛地为三，设官抚治之。癸亥，太阴犯南斗。乙丑，太白犯井。丁卯，罢淮南淘金司，以其户还民籍。庚午，荧惑犯司怪。新附官周文英入见，其贽礼银万两、金四十锭，铁木儿不花匿为己有，诏即其家搜阅，没入官帑。敕捕阿合马妇翁尚书蔡仲英，征偿所贷官钞二十万锭。阿八赤、姚演以开神山桥渠，侵用官钞二千四百锭，折阅粮米七十三万石，诏征偿，仍议其罪。壬申，亦奚不薛军民千户宋添富及顺元路军民总管兼宣抚使阿里等来降，班师，以罗鬼酋长阿利及其从者入觐。立亦奚不薛总管府，命阿里为总管。丙子，减江南十道宣慰司官一百四十员为九十三员。敕上都商税六十分取一。免大都、平滦两路今岁俸钞。立总教院，秩正三品。丁丑，命按察司照刷吐蕃宣慰司文卷。立铺军捕淮西盗贼。淮东宣慰同知宋廷秀私役军四十人，杖而罢之。庚辰，给忽都帖木儿等军贫乏。偿怯儿合思等羊马价钞。八月癸未，以明理察平章军国重事，商议公事。立怀来淘金所。甲午，敕大名、真定、北京、卫辉四路屯驻新附军，于东京屯田。安南国遣使以方物入贡。丙午，太白犯轩辕。丁未，岁星犯钩钤。浙西道宣慰使史弼言："顷以征日本船五百艘科诸民间，民病之，宜取阿八赤所有船，修理以付阿塔海，庶宽民力，并给钞于沿海募水手。"从之。济州新开河成，立都漕运司。庚戌，赏还役宿卫军。赐皇子北安王所部军钞、羊马。九月壬子，太白犯轩辕少女。戊午，合剌带等招降象山县海贼尤宗祖等九千五百九十二人，海道以宁。太阴犯斗。壬戌，调黎兵同征日本。丙寅，古答奴国因商人阿剌畏等来言，自愿效顺。并占城、荆湖行省为一。徙旧城市肆局院，税务皆入大都，减税征四十分之一。赏朱云龙漕运功，授七品总押，仍以币帛给之。己巳，太白犯右执法。辛未，以岁登，开诸路酒禁。广东盗起，遣兵万人讨之。壬申，太阴掩井。癸酉，荧惑犯鬼。甲戌，太阴犯鬼，荧惑犯积尸气，太白犯左执法。戊寅，史弼陈弭盗之策，为首及同谋者死，余屯田淮上，帝然其言。诏以其事付弼，贼党耕种内地，其妻孥送京师以给鹰坊人等。冬十月庚寅，给征日本新附军钞三万锭。壬辰，车驾由古北口路至自上都。癸巳，斡端宣慰使刘恩进嘉禾，同颖九穗、七穗、六穗者各一。甲午，以平章政事札散为枢密副使。诏："五卫军，岁以冬十月听十之五还家备资装，正月番上代其半还，四月毕入役。"时各卫议先遣七人，而以三人自代，从之。乙未，享于太庙。丙申，太阴犯昴。丁酉，诛占城逃回军。忙兀带请增蒙古、汉军戍边，从之。以忽都忽总扬州行省唆都新益军。庚子，许阿速带军以兄弟代役。建宁路管军总管黄华叛，众几十万，号头陀军，伪称宋祥兴五年，犯崇安、浦城等县，围建宁府。诏卜怜吉带、史弼等将兵二万二千人讨平之。耶律铸罢。壬寅，立东阿至御河水陆驿，以便递运。徙济州潭口驿于新河鲁桥镇。给甘州纳硫黄贫乏户钞。癸卯，诸王只必帖木儿请括阅常德府分地民户，不许。中书省臣言："阿八赤新开河二处，皆有仓，宜造小船分海运。"从之。中书省臣言："押亦迷失尝请谕江南诸郡，募人种淮南田。今乃往各郡转收民户，行省官阔阔你敦言其非便，宜令其于治所召募，不可强民。"从之。戊申，给水达达鳏寡孤独者绢千匹、钞三百锭。立和林平准库。遣官检核益都淘金欺弊。罢中兴管课提举司及北京盐铁课程提举司。己酉，签河西质子军年及丁者充军。庚戌，各道提刑按察司增设判官二员。十一月壬子，赏太不花、脱欢等战功银币。癸丑，总管陈义愿自备海船三十艘以备征进，诏授义万户，佩虎符。义初名五虎，起自海盗，内附后，其兄为招讨，义为总管。敕凡盗贼必由管民官鞫问，仍不许私和。丁巳，命各省印《授时历》。诸王只必帖木儿请于分地二十四城自设管课官，不从。又请立拘榷课税所，其长从都省所定，次则王府差设，从之。诏："大都田土，并令输税；甘州新括田土，亩输租三升。"己未，吏部尚书刘好礼以吉利吉思风俗事宜来上。壬戌，复立南京宣慰司。乙丑，罢开成路屯田总管府入开成路，隶京兆宣慰司。戊辰，立司农司，掌官田邸舍人民。给诸王所部撒合儿、兀鲁等羊马，以赒其乏。河西官府参用汉人。徙甘肃沙州民户复业。大都城门设门尉。丁丑，禁云南管课官于常额外多取余钱。戊寅，禁云南权势多取债息，仍禁没人口为奴，及黥其面者。太白岁星相犯。己卯，从诸王术白、蒙古带等请，赏也秃古等银钞，以旌战功。赐皇太子钞千锭。以御史台赃罚钞赐怯怜口。十二月庚辰朔，赐诸王浑都帖木儿衣物，忽都儿所部军银钞币帛。甲申，赐别速带所部军衣服币帛七千、马二千。赏西番军官爱纳八斯等战功。辛卯，以茶忽所管军六千人备征日本。壬辰，给诸王阿只吉牛价。以中书参议温迪罕秃鲁花廉贫，不阿附权势，赐钞百锭。罢女直出产金银禁。甲午，给钞四万锭和籴于上都。给司阍卫士贫者，人钞二十锭。辛丑，赐诸王昔烈门等银。以海道运粮招讨使朱清为中万户，赐虎符；张瑄子文虎为千户，赐金符。徙新附官仕内郡。以蠡州还隶真定府路。癸卯，发粟赈水达达四十九站。甲辰，太阴掩荧惑。丙午，罢云南造卖金箔规措所。罢云南都元帅府及重设官吏。定质子令，凡大官子弟，遣赴京师。戊申，云南施州子童兴兵为乱，敕参知政事阿合八失帅兵，合罗罗斯脱儿世合讨之，给布万匹。赈女直饥民一千户。是岁，断死罪二百七十八人。

卷十三　本纪第十三

世祖十

二十一年春正月乙卯，帝御大明殿，右丞相和礼霍孙率百官奉玉册玉宝，上尊号曰宪天述道仁文义武大光孝皇帝，诸王百官朝贺如朔旦仪，赦天下。丁巳，敕："自今凡奏事者，必先语同列以所奏。既奏，其所奉旨云何，令同列知而后书之簿；不明以告而辄书簿者，杖必阇赤。"己未，罢云南都元帅府，所管军民隶行省。甲子，罢扬州等处理算官，以其事付行省。江浙行省平章忙忽带进真珠百斤。丙寅，阔阔你敦言："屯田芍陂兵二千，布种二千石，得粳糯二万五千石有奇，乞增新附军二千。"从之。丁卯，建都王、乌蒙及金齿一十二处俱降。建都先为缅所制，欲降未能。时诸王相吾答儿及行省右丞太卜、参知政事也罕的斤分道征缅，于阿昔、阿禾两江造船二百艘，顺流攻之，拔江头城，令都元帅袁世安戍之。遂遣使招谕缅王，不应。建都太公城乃其巢穴，遂水陆并进，攻太公城，拔之，故至是皆降。庚午，立江淮、荆湖、江西、四川行枢密院，治建康、鄂州、抚州、成都。立耽罗国安抚司。辛未，相吾答儿遣使进缅国所贡珍珠、珊瑚、异彩及七宝束带。甲戌，遣蒙古官及翰林院官各一人祠岳渎后土。遣王积翁赍诏使日本，赐锦衣、玉环、鞍辔。积翁由庆元航海至日本近境，为舟人所害。御史台臣言："罪黜之人，久忘其名又复奏用，乞戒约。"帝曰："卿等所言固是，然其间岂无罪轻可录用者?"御史大夫玉速帖木儿对曰："以各人所犯罪状明白敷奏，用否当取圣裁。"从之。丙子，建宁叛贼黄华自杀。丁丑，云南诸路按察司官陛辞，诏谕之曰："卿至彼，当宣明朕意，勿求货财，名成则货财随之，徇财则必失其名，而性命亦不可保矣。"己卯，马八儿国遣使贡珍珠、异宝、缣段。二月辛巳，以福建宣慰使管如德为泉州行省参知政事，征缅。浚扬州漕河。罢高丽造征日本船。丁亥，命翰林学士承旨撒里蛮祀先农于籍田。壬辰，以江西叛寇妻子赐鹰坊养虎者。以别速带逃军七百余人付安西王屯田，给以牛具。邕州、宾州民黄大成等叛，梧州、韶州、衡州民相挺而起，湖南宣慰使撒里蛮将兵讨之。甲午，罢群牧所。己亥，瑞州获叛民晏顺等三十二人，并妻孥送京师。罢阿八赤开河之役，以其军及水手各万人运海道粮。放檀州淘金五百人还家。丁未，括江南乐工。命阿塔海发兵万五千人、船二百艘助征占城，船不足，命江西省益之。戊申，徙江淮行省于杭州，徙浙西宣慰司于平江，省黄州宣慰司入淮西道。立法轮竿于大内万寿山，高百尺。漳州盗起，命江浙行省调兵进讨。秦州总管刘发有罪，尝欲归黄华，事觉伏诛，迁故宋宗室及其大臣之仕者于内地。三月辛亥，敕思、播管军民官自今勿迁。丁巳，皇子北平王南木合至自北边。王以至元八年建幕庭于和林北野里麻里之地，留七年，至是始归，右丞相安童继至。以张弘范等将新附军。壬戌，更定虎符。丙寅，乘舆幸上都。丁卯，太庙正殿成，奉安神主。甲戌，置潮、赣、吉、抚、建昌戍兵。乙亥，高丽国王王賰以皇帝尊号礼成，遣使来贺。夏四月壬午，令军民同筑堤堰，以利五卫屯田。乙酉，省泉府司入户部，立大都留守司兼少府监，立大都路总管府，立西川、延安、凤翔、兴元宣课司。从迷里火者、蜜剌里等言，以钞万锭为市于别十八里及河西、上都。以火者赤依旧扬州盐运使，岁市盐八十万石以赎过。己亥，涿州巨马河决，冲突三十余里。庚子，湖广行省平章阿里海牙请身至海滨收集占城散军，复使南征，且趣其未行者，许之。壬寅，江淮行省进各翼童男女百人。忽都铁木儿征缅之师为贼冲溃。戊申，高丽王王賰及公主以其世子源来朝。敕发思、播田、杨二家军二千从征缅。籍江南盐徒军，藏匿者有罪。火儿忽等所部民户告饥，帝曰："饥民不救，储粮何为?"发万石赈之。命开元等路宣慰司造船百艘，付狗国戍军。云南行省为破缅国江头城，进童男女八十人，并银器币帛。五月己酉朔，从秃秃合言，立二千户，总钦察、康里子弟愿为国宣劳者。壬子，拘征东省印。癸丑，枢密院臣言："唆都溃军已令李恒收集，江淮、江西两省溃军，别遣使招谕，凡至者皆给之粮，舟楫损者修之，以俟阿里海牙调用。"从之。戊午，敕中书省："奏目及文册，皆不许用畏吾字，其宣命、札付并用蒙古书。"己未，荆湖占城行省言："忽都虎、忽马儿等将兵征占城，前锋舟师至舒眉莲港不知所向，令万户刘君庆进军次新州，获占蛮，始知我军已还矣。就遣占蛮向导至占城境，其国主遣阿不兰以书降，且言其国经唆都军马虏掠，国计已空，俟来岁遣嫡子以方物进。继遣其孙路司理勒蛰等奉表诣阙。"乙丑，取高丽所产铁。蠲江南今年田赋十分之二，其十八年已前逋欠未征者，尽免之。阿鲁忽奴言："曩于江南民户中拨匠户三十万，其无艺业者多，今已选定诸色工匠，余十九万九百余户宜纵令为民。"从之。诏谕各道提刑按察司分司事宜。庚午，荆湖占城行省以兵进据乌马境，地近安南，请益兵，命鄂州达鲁花赤赵翥等奉玺书往谕安南。河间任丘县民李移住谋叛，事觉伏诛。括天下私藏天文图谶《太乙雷公式》、《七曜历》、《推背图》、《苗太监历》，有私习及收匿者罪之。丁丑，忽都虎、乌马儿、刘万户等率扬州省军二万赴唆都军前，遇风船散，其军皆溃。敕追乌马儿等诰命、虎符及部将所受宣敕，以河西孛鲁合答儿等代之，听阿里海牙节制。闰五月己卯，封法里剌王为郡王，佩虎符。改思、播二州隶顺元路宣抚司，罢西南番安抚司，立总管府。给西川蒙古军钞，使备铠仗，耕遂宁沿江旷土以食，四顷以下者免输地税。命总帅汪惟正括四川民户。辛巳，加封卫辉路小清河神曰洪济威惠王。壬午，蒙古侍卫亲军都指挥使八忽带征黄华回，进人口百七十一。乙酉，以云南境内洪城并察罕章，隶皇太子。丙戌，行御史台自扬州迁于杭州。庚寅，赐归附洞蛮官十八人衣，遣还。癸巳，赐北安王螭纽金印。罢皮货所。理算江南诸行省造征日本船隐弊，诏按察司毋得沮挠。甲辰，安南国王世子陈日烜遣其中大夫陈谦甫贡玉杯、金瓶、珠條、金领及白猿、绿鸠、币帛等物。丙午，以侍卫亲军万人修大都城。六月壬子，遣使分道寻访测验晷景、日月交食、历法。增官吏俸，以十分为率，不及一锭者量增五分。甲寅，诏封皇子脱欢为镇南王，赐涂金银印，驻鄂州。庚申，改蒙古都元帅府为蒙古都万户府，炮手元帅府为炮手万户府，炮手都元帅府为回回炮手军匠万户府。甲子，命也速带儿所部军六十人淘金双城。从憨答孙请，移阿剌带和林屯田军与其所部相合，屯田五河。乙丑，中卫屯田蝗。甲戌，赐皇子爱牙赤怯薛带孛折等及兀剌海所部民户钞二万一千六百四十三锭，皇子南木合怯薛带、怯怜口一万二百四十六锭。以马一万一百九十五、羊一万六十，赐朵鲁朵海扎剌伊儿所部贫军。秋七月丁丑朔，敕荆湖、西川两省合兵讨叉巴、散毛洞蛮。云南省臣言：“腾越、永昌、罗必丹民心携贰，宜令也速带儿或汪总帅将兵讨之。”制曰：“可。”命枢密院差军修大都城。己卯，立衍福司。中书省臣言：“宰相之名，不宜轻授。今占城省臣已及七人，宜汰之。”诏军官勿带相衔。赐皇子北安王印。复扬州管匠提举司。丁亥，江淮行省以占城所遣太半达连扎赴阙，及其地图来上。塔剌赤言：“头辇哥国王出戍高丽，调旺速等所部军四百以往，今头辇哥已回，留军耽罗，去其妻子已久，宜令他军更戍。”伯颜等议，以高丽军千人屯耽罗，其留戍四百人纵之还家，从之。戊子，诏镇南王脱欢征占城。遣所留安南使黎英等还其国，日烜遣其中大夫阮道学等以方物来献。总帅汪惟正言：“一门兄弟从仕者众，乞仍于秦、巩州置便宜都总帅府，仍用元帅印，即其兄弟四人择一人为总帅，总帅之下总管府令其兼之。汪氏二人西川典兵者，亦择其一为万户，余皆依例迁转。”从之。赐贫乏者阿鲁浑、玉龙帖木儿等钞，共七千四百八十锭。八月丁未，云南行省言：“华帖、白水江、盐井三处土老蛮叛，杀诸王及行省使者。”调兵千人讨之。定拟军官格例，以河西、回回、畏吾儿等依各官品充万户府达鲁花赤，同蒙古人；女直、契丹、同汉人。若女直、契丹生西北不通汉语者，同蒙古人；女直生长汉地，同汉人。己酉，御史台臣言：“无籍之军愿从军杀掠者，初假之以张渡江兵威，今各持弓矢，剽劫平民，若不分隶各翼，恐生他变。”诏遣之还家。辛亥，征东招讨司聂古带言：“有旨进讨骨嵬，而阿里海牙、朵剌带、玉典三军皆后期。七月之后，海风方高，粮仗船重，深虞不测，姑宜少缓。”从之。占城国王乞回唆都军，愿以土产岁修职贡，使大盘亚罗日加翳、大巴南等十一人奉表诣阙，献三象。甲子，放福建畲军，收其军器，其部长于近处州郡民官迁转。庚午，车驾至自上都。甲戌，搠完上言：“建都女子沙智治道立站有功，已授虎符，管领其父元收附民为万户。今改建昌路总管，仍佩虎符。”从之。九月甲申，京师地震。并市舶司入盐运司，立福建等处盐课市舶都转运司。中书省言：“福建行省军饷绝少，必于扬州转输，事多迟误。若并两省为一，分命省臣治泉州为便。”诏以中书右丞、行省事忙兀台为江淮等处行中书省平章政事，其行省左丞忽剌出、蒲寿庚，参政管如德分省泉州。癸巳，太白犯南斗。丙申，以江南总摄杨琏真加发宋陵冢所收金银宝器修天衣寺。甲辰，海南贡白虎、狮子、孔雀。冬十月丁未，享于太庙。戊申，四川行省言金齿遗民尚多未附，以要剌海将探马赤军二千讨之。己酉，敕：“管军万户为行省宣慰使者，毋兼管军事；仍为万户者，毋兼莅民政。”壬子，定涟海等处屯田法。辛酉，征东招讨司以兵征骨嵬。宋有手记军，死则以兄弟若子继，诏依汉军籍之，毋文其手。丁卯，和礼霍孙请设科举，诏中书省议，会和礼霍孙罢，事遂寝。以招讨使张万为征缅招讨使，佩三珠虎符。戊辰，立常平仓，以五十万石价钞给之。甲戌，诏谕行中书省，凡征日本船及长年篙手，并官给钞增价募之。赐贫乏者押失、忻都察等钞一万四千三锭。十一月甲申，封南木里、忙哥赤郡公。戊子，命北京宣慰司修滦河道。己丑，江西行省参知政事也的迷失禽获海盗黎德及招降余党百三十三人，即其地诛黎德以徇，以黎德弟黎浩及伪招讨吴兴等槛送京师。迁转官员薄而不就者，其令归农当役。庚寅，占城国王遣使大罗盘亚罗日加翳等奉表来贺圣诞节，献礼币及象二，占城旧州主宝嘉娄亦奉表入附。庚子，以范文虎为左丞，商量枢密院事。太阴犯心。辛丑，和礼霍孙、麦术丁、张雄飞、温迪罕皆罢。前右丞相安童复为右丞相，前江西榷茶运使卢世荣为右丞，前御史中丞史枢为左丞，不鲁迷失海牙、撒的迷失并参知政事，前户部尚书拜降参议中书省事。敕中书省整治钞法，定金银价，禁私自回易，官吏奉行不虔者罪之。壬寅，安童、卢世荣言：“阿合马专政时所用大小官员，例皆奏罢，其间岂无通才？宜择可用者仍用之。”诏依所言汰选，毋徇私情。癸卯，福建行省遣使入八合鲁思招降南巫里、别里剌、理伦、大力等四国，各遣其相奉表以方物来贡。以江淮间自襄阳至东海多荒田，命司农司立屯田法，募人开耕，免其六年租税并一切杂役。赐蒙古贫乏者也里古、薛列海、察吉儿等钞十二万四千七百二十二锭。十二月甲辰朔，中书省臣言：“江南官田为权豪寺观欺隐者多，宜免其积年收入，限以日期，听人首实，逾限为人所告者，征以其半给告者。”从之。立常平盐局。乙巳，崔彧言卢世荣不可为相，忤旨罢。以丁壮万人开神山河，立万户府以总之。辛亥，以仪凤司隶卫尉院。癸亥，卢世荣言：“京师富豪户酿酒，价高而味薄，以致课不时输，宜一切禁罢，官自酤卖，向之岁课，一月可办。”从之。甲子，以高丽提举司隶工部。乙丑，祀太一。丙寅，荆湖占城行省遣八番刘继昌谕降龙昌宁、龙延万等赴阙，奉羊马、白毡来贡，各授本处安抚使。立宣慰司，招抚西南诸蕃等处酋长。癸酉，命翰林承旨撒里蛮、翰林集贤大学士许国祯，集诸路医学教授增修《本草》。是月，镇南王军至安南，杀其守兵，分六道以进，安南兴道王以兵拒于万劫，进击败之，万户倪闰战死于刘村。以泾州隶都总帅府。赐蒙古贫乏者兀马儿等钞二千八百八十五锭、银四十锭。

二十二年春正月戊寅，以命相诏天下。民间买卖金银、怀孟诸路竹货、江淮以南江河鱼利，皆弛其禁。诸处站赤饮食，官为支给。遣官诸路虑囚，罪轻者释之。徙屯卫辉新附军六千家，廪之京师，以完仓廪。发五卫军及新附军浚蒙村漕渠。庚辰，立别十八里驿传。毁宋郊天台。桑哥言："杨琏真加云，会稽有泰宁寺，宋毁之以建宁宗等攒宫；钱唐有龙华寺，宋毁之以为南郊。皆胜地也，宜复为寺，以为皇上、东宫祈寿。"时宁宗等攒宫已毁建寺，敕毁郊天台，亦建寺焉。壬午，诏立市舶都转运司。立上都等路群牧都转运使司、诸路常平盐铁坑冶都转运司。甲申，遣使代祀五岳、四渎、东海、后土。戊子，阔阔你敦言："先有旨遣军二千屯田芍陂，试土之肥硗，去秋已收米二万余石，请增屯士二千人。"从之。徙江南乐工八百家于京师。封驸马唆郎哥为宁昌郡王，赐龟纽银印。西川赵和尚自称宋福王子广王以诳民，民有信者；真定民刘驴儿有三乳，自以为异，谋不轨；事觉，皆磔裂以徇。移五条河屯田军五百于兀失蛮、扎失蛮。辛卯，发诸卫军六千八百人给护国寺修造。广御史台赃罚库。癸巳，枢密臣言："旧制四宿卫各选一人参决枢密院事，请以脱列伯为佥院。"从之。诏括京师荒地，令宿卫士耕种。乙未，中书省臣请以御史大夫玉速怗木儿为左丞相，中丞撒里蛮为御史大夫。罢行御史台，以其所属按察司隶御史台，行御史台大夫拨鲁罕为中书省平章政事。帝曰："玉速怗木儿朕当思之，拨鲁罕宽缓，不可。"安童对曰："阿必赤合何如？"帝曰："此事朕自处之。罢行御史台者，当如所奏。"卢世荣请罢福建行中书省，立宣慰司，隶江西行中书省。又言："江南行中书省事繁，恐致壅滞，今随行省立行枢密院总兵，以分其务为便。"帝曰："行院之事，前日已言，由阿合马欲其子忽辛兼兵柄而止，今议行之。"流征占城擅还将帅二十三人于远方。丙申，帝畋于近郊。升武备监为武备寺，尚医监为太医院，职俱三品，升六部为二品。以合必赤合为中书平章政事，命礼部领会同馆。初，外国使至，常令翰林院主之，至是改正。荆湖占城行省平叛蛮百六十六洞。诏禁私酒。己亥，分江浙行省所治南康隶江西省。辛丑，以杨兀鲁带为征骨嵬招讨使，佩二珠虎符。壬寅，造大樽于殿，樽以木为质，银内而金外，镂为云龙，高一丈七寸。是月壬午，乌马儿领兵与安南兴道王遇，击败之，兵次富良江北。乙酉，安南世子陈日烜领战船千余艘以拒。丙戌，与战，大破之，日烜遁去，入其城。还屯富良江北，唆都、唐古带等引兵与镇南王会。二月乙巳，驻跸柳林。增济州漕舟三千艘，役夫万二千人。初，江淮岁漕米百万石于京师，海运十万石，胶、莱六十万石，而济之所运三十万石，水浅舟大，恒不能达，更以百石之舟，舟用四人，故夫数增多。塞浑河堤决，役夫四千人。诏改江淮、江西元帅招讨司为上中下三万户府，蒙古、汉人、新附诸军相参，作三十七翼。上万户：宿州、蕲县、真定、沂郯、益都、高邮、沿海七翼；中万户：枣阳、十字路、邳州、邓州、杭州、怀州、孟州、真州八翼；下万户：常州、镇江、颍州、庐州、亳州、安庆、江阴水军、益都新军、湖州、淮安、寿春、扬州、泰州、弩手、保甲、处州、上都新军、黄州、安丰、松江、镇江水军、建康二十二翼。翼设达鲁花赤、万户、副万户各一人，以隶所在行院。江西盗黎德等余党悉平。以应放还五卫军穿河西务河。旧例，五卫军十人为率，七人三人，分为二番，十月放七人者还，正月复役，正月放三人者还，四月复役，更休息之。丙午，以荆湖行省所隶八番、罗甸隶西川行省，分岚、管为二州。加封桑乾河神洪济公为显应洪济公。己酉，为皇孙阿难答立衍福司，职四品，使、同知、副使各一员。辛亥，广东宣慰使月的迷失讨潮、惠二州盗郭逢贵等四十五寨，皆平，降民万余户、军三千六百一十人，请将所获渠帅入觐，面陈事宜，从之。丙辰，诏罢胶、莱所凿新河，以军万人隶江浙行省习水战，万人载江淮米泛海由利津达于京师。辛酉，御史台臣言："近中书奏罢行御史台，改按察司为提刑转运司，俾兼钱谷，而纠弹之职废矣。请令安童与老臣议。"从之。壬戌，太阴犯心。中书省臣卢世荣请立规措所，经营钱谷，秩五品，所用官吏以善贾为之，勿限白身人，帝从之。参知政事不鲁迷失海牙等因奏世荣姻党有牛姓者，前为提举，今浙西运司课程颇多，拟升转运副使，亦从之。诏旧城居民之迁京城者，以赀高及居职者为先，仍定制以地八亩为一分；其或地过八亩及力不能作室者，皆不得冒据，听民作室。升御带库为章佩监。徙右千户只儿海迷失分地泉州。赐合剌失都儿新附民五千户，合剌赤、阿速、阿塔赤、昔宝赤、贵由赤等尝从征者，亦皆赐之。以民八十户赐皇太子宿卫臣尝从征者。用卢世荣言，回买江南民土田。诏天下拘收铜钱。申禁私造酒曲。戊辰，车驾幸上都。帝问省臣："行御史台何故罢之？"安童曰："江南盗贼屡起，行御史台镇遏居多，臣以为不可罢。然与江浙行中书省并在杭州，地甚远僻，徙之江州，居江浙、湖南、江西三省之中为便。"从之。立真定、济南、太原、甘肃、江西、江淮、湖广等处宣慰司兼都转运使司，以治课程，仍立条制。禁诸司不得擅追管课官吏，有敢沮扰者，具姓名以闻。增济州漕运司军万二千人。立江西、江淮、湖广造船提举司。令江浙行省参政冯珪，湖广行省右丞要束木、参政潘杰，龙兴行省左丞伯颜、参政杨居宽、佥省陈文福，专领课程事。以瓮吉剌带为中书左丞相。己巳，复立按察司。拨民二万七千户与驸马唆郎哥。以忽都鲁为平章政事。诏："各道提刑按察司，能遵奉条画，莅事有成者，任满升职，赃污不称任者，罢黜除名。"诏立供膳司，职从五品，达鲁花赤、令、丞各一员。罢融州总管府为州。三月丙子，遣太史监候张公礼、彭质等往占城测候日晷。癸未，罢甘州行中书省，立宣慰司，隶宁夏行中书省。荆湖占城行省请益兵，时陈日烜所逃天长、长安二处兵力复集，兴道王船千余艘聚万劫，阮盝在永平，而官兵远行久战，悬处其中，唆都、唐古带之兵又不以时至，故请益兵。帝以水行为危，令遵陆以往。庚子，诏依旧制，凡盐一引四百斤，价银十两，以折今钞为二十贯，商上都者，六十而税一。增契本为三钱。立上都规措所回易库，增坏钞工墨费每贯二分为三分。夏四月癸卯朔，立行枢密院都镇抚司，置畏兀驿六所。丙午，以征日本船运粮江淮及教军水战。庚戌，监察御史陈天祥劾中书右丞卢世荣罪恶，诏世荣、天祥皆赴上都。壬子，江陵民张二妻邓氏一产三男。癸丑，诏追捕宋广王及陈宜中。遣中书省、枢密院、御史台官各一员，决大都及诸路罪囚。大都、汴梁、益都、庐州、河间、济宁、归德、保定蝗。辛酉，以耽罗所造征日本船百艘赐高丽。壬戌，御史中丞阿剌怙木儿、郭佑，侍御史白秃剌怙木儿，参知政事撒的迷失等以卢世荣所招罪状奏。阿剌怙木儿等与世荣对于帝前，世荣悉款服。改六部依旧为三品。诏："安童与诸老臣议世荣所行，当罢者罢之，更者更之，其所用人实无罪者，朕自裁决。"癸亥，敕以麦术丁所行清洁，与安童治省事。五月甲戌，以御史中丞郭佑为中书省参知政事。丁丑，减上都商税。戊寅，广平、汴梁、钧、郑旱。以远方历日取给京师，不以时至，荆湖等处四行省所用者隆兴印之，合剌章、河西、西川等处所用者京兆印之。诏甘州每地一顷输税三石。壬午，以军千人修阿失盐场仓。以忻都为蹋里玉招讨使，佩虎符，有旨："不可兴兵远攻，近地有不服者讨之。"右巴等洞蛮平。甲申，立汴梁宣慰司，依安西王故事，汴梁以南至江，以亲王镇之。丁亥，中书省臣言："六部官冗甚，可止以六十八员为额，余悉汰去。"诏择其廉洁有干局者存之。分汉地及江南所拘弓箭兵器为三等，下等毁之，中等赐近居蒙古人，上等贮于库；有行省、行院、行台者掌之，无省、院、台者达鲁花赤、畏兀、回回居职者掌之，汉人、新附人虽居职无有所预。戊子，改升江、乌定、朵里灭该等府为路。云南行省臣脱怙木儿言蠲逋赋、征侵隐、戍叛民、明黜陟、罢转运、给亲王、赋豪户、除重税、决盗贼、增驿马、取质子、定俸禄、教农桑、优学者、恤死事、捕逃亡十余事，命中书省议其可者行之。庚寅，真定、广平、河间、恩州、大名、济南蚕灾。增大都诸门尉、副各一人。敕朵儿只招集甘、沙、速等州流徙饥民。行御史台复徙于杭州。丁酉，徙行枢密院于建康。戊戌，汴梁、怀孟、濮州、东昌、广平、平阳、彰德、卫辉旱。罢江南造船提举司。陈日烜走海港，镇南王命李恒追袭，败之。适暑雨疫作，兵欲北还思明州，命唆都等还乌里。安南以兵追蹑，唆都战死；恒为后距，以卫镇南王，药矢中左膝，至思明，毒发而卒。六月庚戌，命女直、水达达造船二百艘及造征日本迎风船。辛亥，扬州进芝草。丙辰，遣马速忽、阿里赍钞千锭往马八图求奇宝，赐马速忽虎符，阿里金符。高丽遣使来贡方物。庚午，诏减商税，罢牙行，省市舶司入转运司。左丞吕师夔乞假五月，省母江州，帝许之，因谕安童曰："此事汝蒙古人不知，朕左右复无汉人，可否皆自朕决。汝当尽心善治百姓，无使重困致乱，以为朕羞。"参知政事张德润献其家人四百户于皇太子。马湖部田鼠食稼殆尽，其总管祠而祝之，鼠悉赴水死。秋七月壬申，造温石浴室及更衣殿。癸酉，诏禁捕猎。甲戌，敕秘书监修《地理志》。乙亥，安南降者昭国王、武道、文义、彰宪、彰怀四侯赴阙。戊寅，京师蝗。分甘州屯田新附军三百人，田于亦集乃之地。己卯，以米千石廪瓮吉剌贫民。壬午，陕西四川行中书省左丞汪惟正入见。甲申，改阔里吉思等所平大小十溪洞悉为府、州、县。修汴梁城。丁亥，广东宣慰使月的迷失入觐，以所降渠帅郭逢贵等至京师，言山寨降者百五十余所。帝问："战而后降邪，招之即降邪？"月的迷失对曰："其首拒敌者臣已磔之矣，是皆招降者也。"因言："塔术兵后未尝抚治其民，州县官复无至者，故盗贼各据土地，互相攻杀，人民渐耗，今宜择良吏往治之。"从之。庚寅，枢密院言："镇南王脱欢所总征交趾兵久战力疲，请于奥鲁赤等三万户分蒙古军千人，江淮、江西、荆湖三行院分汉军、新附军四千人，选良将将之，取镇南王脱欢、阿里海牙节制，以征交趾。"从之。复以唐兀带为荆湖行省左丞。唐兀带请放征交趾军还家休憩，诏从脱欢、阿里海牙处之。给诸王阿只吉分地贫民农具牛种，令自耕播。乙未，云南行省言："今年未暇征缅，请收获秋禾，先伐罗北甸等部。"从之。庚子，改开、达、梁山三州隶夔州路。给钞万二千四百锭为本，取息以赡甘、肃二州屯田贫军。八月辛丑朔，命有司祭斗三日。戊申，分四川镇守军万人屯田成都。丙辰，车驾至自上都。己未，诏复立泉府司，秩从二品，以答失蛮领之。初，和礼霍孙以泉府司商贩者，所至官给饮食，遣兵防卫，民实厌苦不便，奏罢之。至是，答失蛮复奏立之。丙寅，遣蒙古军三千人屯田清、沧、靖海。戊辰，罢禁海商。省合剌章、金齿二宣抚司为一，治永昌。立临安广西道宣抚司。中书省臣奏："近奉旨括江淮水手，江淮人皆能游水，恐因此动摇者众。"从之。罢榷酤。初，民间酒听自造，米一石官取钞一贯。卢世荣以官钞五万锭立榷酤法，米一石取钞十贯，增旧十倍。至是罢榷酤，听民自造，增课钞一贯为五贯。敕拘铜钱，余铜器听民仍用。令福建黄华畲军有恒产者为民，无恒产与妻子者编为守城军。汪惟正言巩昌军民站户并诸人奴婢，因饥岁流入陕西、四川者，彼即括为军站。帝曰："信如所言，当鸠集与之，如非己有而强欲得之者，岂彼于法不惧邪？"九月乙亥，听民自实两淮荒地，免税三年。中书省以江北诸城课程钱粮听杭、鄂二行省节制，道途迂远，请改隶中书，从之。永昌、腾冲二城在缅国、金齿间，摧圮不可御敌，敕修之。敕："自今贡物惟地所产，非所产者毋辄上。"丙子，真蜡、占城贡乐工十人及药材、鳄鱼皮诸物。辛巳，收集工匠之隐匿者。丙戌，速木都剌、马答二国遣使来朝。庚寅，敕征交趾诸军，除留蒙古军百、汉军四百为镇南王脱欢宿卫，余悉遣还，别以江淮行枢密院所总蒙古兵戍江西。癸巳，云南贡方物。乌蒙叛，命四川行院也速带儿将兵讨之，马湖总管汝作以蛮军三百为助。降西崖门酋长阿者等百余户。冬十月己亥朔，以钞五千锭和籴于应昌府。复分河间、山东盐课转运司为二。遣合撒儿海牙使安南。遣雪雪的斤领畏兀儿户一千戍合剌章。庚子，享于太庙。甲辰，修南岳庙。乙巳，枢密院臣言："脱脱木儿遣使言，阿沙、阿女、阿则三部欲叛，宜遣人往召，如不至，乘隙伐之。"不允，因敕谕之："事不议于云南王也先帖木儿者，毋辄行。"诏征东招讨使塔塔儿带、杨兀鲁带以万人征骨嵬，因授杨兀鲁带三珠虎符，为征东宣慰使都元帅。壬子，长葛、郾城各进芝草。癸丑，立征东行省，以阿塔海为左丞相，刘国杰、陈岩并左丞，洪茶丘右丞，征日本。赐脱里察安、答即古阿散等印，令考核中书省，其制如三品。丙辰，以参议怙木儿为参知政事，位郭佑上，且命之曰：

"自今之事，皆责于汝。"马法国入贡。戊午，以江淮行省平章忙兀带为江浙省左丞相。初，西川止立四路，阿合马滥用官，增而为九，台臣言其地民少，留广元、成都、顺庆、重庆、夔府五路，余悉罢去。后以山谷险要，蛮夷杂处，复置嘉定路、叙州宣抚司以控制之。升大理寺为都护府，职从二品。都护府言合剌禾州民饥，户给牛二头、种二石，更给钞一十一万六千四百锭，籴米六万四百石，为四月粮赈之。癸亥，以答即古阿散理算积年钱谷，别置司署，与省部敌，干扰政务，并入省中。丁卯，敕枢密院计胶、莱诸处漕船，高丽、江南诸处所造海舶，括佣江淮民船，备征日本。仍敕习泛海者，募水工至千人者为千户，百人为百户。塔海弟六十言："今百姓及诸投下民，俱令造船于女直，而女直又复发为军，工役繁甚。乃颜、胜纳合儿两投下鹰坊、采金等户独不调。"有旨遣使发其民。乌蒙蛮夷宣抚使阿蒙叛，诏止征罗必丹兵，同云南行省出兵讨之。郭佑言："自平江南，十年之间，凡钱粮事八经理算。今答即古阿散等又复钩考，宜即罢去。"帝嘉纳之。十一月己巳朔，广东宣慰使月的迷失以英德、循、梅三路民少，请改为州，又请以管军总管于跃为惠州总管，蔚州知州木八剌为潮州达鲁花赤。帝疑其专，不允。御史台臣言："御史台、按察司以纠察百官为职，近钩校钱谷者恐发其奸，私聚群不逞之徒，欲沮其事，愿陛下依旧制谕之。"制曰："可。"庚午，赐皇子爱牙赤银印。壬申，以讨日本，遣阿八剌督江淮行省军需，遣察忽督辽东行省军需。甲戌，置合剌章、四川、建都等驿。戊寅，遣使告高丽发兵万人、船六百五十艘，助征日本，仍令于近地多造船。己丑，籍重庆府不花家人百二十三户为民。御史台臣奏："昔宋以无室家壮士为盐军，数凡五千，今存者一千一百二十二人，性习凶暴，民患苦之，宜给以衣粮，使屯田自赡。"诏议行之。癸巳，敕漕江淮米百万石，泛海贮于高丽之合浦，仍令东京及高丽各贮米十万石，备征日本。诸军期于明年三月以次而发，八月会于合浦。乙未，以秃鲁欢为参知政事，卢世荣伏诛。丙申，赦囚徒，黥其面，及招宋时贩私盐军习海道者为水工，以征日本。十二月，敕减天下罪囚。以占城逋还忽都虎、刘九、田二复旧职，从征日本。增阿塔海征日本战士万人、回回炮手五十人。己亥，从枢密院请，严立军籍条例，选壮士及有力家充军。敕枢密院："向以征日本故，遣五卫军还家治装，今悉选壮士，以正月一日到京师。"江淮行省以战船千艘习水战江中。辛丑，诛答即古阿散党人蔡仲英、李蹊。丁未，皇太子薨。戊午，以中卫军四千人伐木五万八千六百，给万安寺修造。己未，丹太庙楹。乙酉，立集贤院，以扎里蛮领之。戊子，罢合剌章打金规运所及都元帅府。敕合剌章酋长之子入质京师，千户、百户子留质云南王也先帖木儿所。中书省臣奏："纳速丁言，减合剌章冗官，可岁省俸金九百四十六两；又屯田课程专人主之，可岁得金五千两。"皆从之。遣只必哥等考核云南行省。庚寅，诏毋迁转工匠官。辛卯，敕有司祭北斗。是岁，命江浙转运司通管课程。集诸路僧四万于西京普恩寺，作资戒会七日夜。并省重庆等处州县。占城行省参政亦黑迷失等以军还，驻海外四州，遣使以闻，敕放其军还。赐皇子脱欢，诸王阿鲁灰、只吉不花，公主囊家真等，钞计七千七百三十二锭、马六百二十九匹、衣段百匹、弓千、矢二万发。赐诸王阿只吉、合儿鲁、忙兀带、宋忽儿、阿沙、合丹、别合剌等及官户散居河西者，羊马价钞三万七千七百五十七锭、布四千匹、绢二千匹。以伯八剌等贫乏，给钞七万六千五百二锭。赏诸王阿只吉、小厮、汪总帅、别速带、也先等所部及征缅、占城等军，钞五万三千五百四十一锭、马八千一百九十七匹、羊一万六千六百三十四、牛十一、米二万二千一百石、绢帛八万一千匹、绵五百三十斤、木绵二万七千二百七十九匹、甲千被、弓千张、衣百七十九袭。命帝师也怜八合失甲自罗二思八等递藏佛事于万安、兴教、庆寿等寺，凡一十九会。断死罪二百七十一人。

卷十四　　本纪第十四

世祖十一

二十三年春正月戊辰朔，以皇太子故罢朝贺。禁赍金银铜钱越海互市。甲戌，帝以日本孤远岛夷，重困民力，罢征日本，召阿八赤赴阙，仍散所顾民船。以江南废寺田土为人占据者，悉付总统杨琏真加修寺。己卯，立罗不、怯台、阇鄽、斡端等驿。吕文焕以江淮行省右丞告老，许之，任其子为宣慰使。庚辰，马八国遣使进铜盾。壬午，太阴犯轩辕太民。遣使代祀岳渎东海。癸未，罢巩昌二十四城拘榷所，以其事入有司。发钞五千锭籴粮于沙、静、隆兴。从桑哥请，命杨琏真加遣宋宗戚谢仪孙、全允坚、赵沂、赵太一入质。甲申，忽都鲁言："所部屯田新军二百人，凿河渠于亦集乃之地，役久功大，乞以傍近民、西僧余户助其力。"从之。憨答孙遣使言："军士疲乏者八百余人，乞赈赡，宜于朵鲁朵海处验其虚实。"帝曰："比遣人往，事已缓矣，其使赡之。"丁亥，焚阴阳伪书《显明历》。辛卯，命阿里海牙等议征安南事宜。癸巳，升福州长溪县为福宁州，以福安、宁德二县隶之。丙申，以新附军千人屯田合思罕关东旷地，官给农具牛种。丁酉，畋于近郊。降叙州为县，隶蛮夷宣抚司。诏禁沮扰盐课。设诸路推官以审刑狱，上路二员，下路一员。升龙兴武宁县为宁州，以分宁隶之。二月己亥，敕中外，凡汉民持铁尺、手挝及杖之藏刃者，悉输于官。辛丑，遣使以钞五千锭赈诸王小薛所部饥民。甲辰，以雪雪的斤为缅中行省左丞相，阿台董阿参知政事，兀都迷失佥行中书省事。以阿里海牙仍安南行中书省左丞相，奥鲁赤平章政事，都元帅乌马儿、亦里迷失、阿里、昝顺、樊楫并参知政事。遣使谕皇子也先铁木儿，调合剌章军千人或二三千，付阿里海牙从征交趾，仍具将士姓名以闻。乙巳，廷议以东北诸王所部杂居其间，宣慰司望轻，罢山北辽东道、开元等路宣慰司，立东京等处行中书省，以阔阔你敦为左丞相，辽东道宣慰使塔出右丞，同佥枢密院事杨仁风、宣慰使亦而撒合并参知政事。敕中书省："大府监所储金银，循先朝例分赐诸王。"复立大司农司，专掌农桑。升宣徽院正二品，降镇巢府为巢州。丁未，用御史台臣言，立按察司巡行郡县法，除使二员留司，副使以下每岁二月分莅按治，十月还司。丙午，太阴犯井。戊申，枢密院奏："前遣蒙古军万人屯田，所获除岁费之外可粜钞三千锭，乞分廪诸翼军士之贫者。"帝悦，令从便行之。调京师新附军二千立营屯田。癸丑，复置隰州大宁县。丁巳，命湖广行省造征交趾海船三百，期以八月会钦、廉州。戊午，并江南行枢密院四处入行省。命荆湖占城行省将江浙、湖广、江西三行省兵六万人伐交趾。荆湖行省平章奥鲁赤以征交趾事宜请入觐，诏乘传赴阙。集贤直学士程文海言："省院诸司皆以南人参用，惟御史台按察司无之。江南风俗，南人所谙，宜参用之便。"帝以语玉速铁木儿，对曰："当择贤者以闻。"帝曰："汝汉人用事者，岂皆贤邪？"江南诸路学田昔皆隶官，诏复给本学，以便教养。封陈益稷为安南王，陈秀嵈为辅义公，仍下诏谕安南吏民。复立岳、鄂、常德、潭州、静江榷茶提举司。癸亥，太史院上《授时历经》、《历议》，敕藏于翰林国史院。甲子，复以平原郡公赵与芮江南田隶东宫，立甘州行中书省。丙寅，以编地理书，召曲阜教授陈俨、京兆萧𣂏、蜀人虞应龙，唯应龙赴京师。三月己巳，御史台臣言："近奉旨按察司参用南人，非臣等所知，宜令侍御史、行御史台事程文海与行台官，博采公洁知名之士，具以名闻。"帝命赍诏以往。太阴犯娄。浚治中兴路河渠。省云和署入教坊司。辛未，降梅、循为下州。甲戌，雄、霸二州及保定诸县水泛溢，冒官民田，发军民筑河堤御之。乙亥，以麦术丁仍中书右丞，与郭佑并领钱谷，杨居宽典铨选。立钦察卫亲军都指挥使司。赐诸王脱忽帖木儿羊二万。丙子，大驾幸上都。诏行御史台按察司以八月巡行郡县。中书省臣言："阿合马时诸王驸马往来饷给之费，悉取于万亿库，后征百官俸入以偿，最非便。"诏在籍者除之勿征。以榷茶提举李起南为江西榷茶转运使。起南尝言："江南茶每引价三贯六百文，今宜增每引五贯。"事下中书议，因令起南为运使，置达鲁花赤处其上。丁丑，徙东京行中书省于咸平府。癸巳，岁星犯垒壁阵。以临江路为北安王分邑。夏四月庚子，中书省臣请立汴梁行中书省及燕南、河东、山东宣慰司。有旨："南京户寡盗息，不必置省，其宣慰司如所请。济南乃胜纳合儿分地，太原乃阿只吉分地，其令各位委官一人同治之。"敕免云南从征交趾蒙古军屯田租。立乌蒙站。江南诸路财赋并隶中书省。云南省平章纳速剌丁上便宜数事：一曰弛道路之禁，通民来往；二曰禁负贩之徒，毋令从征；三曰罢丹当站赋民金为饮食之费；四曰听民伐木贸易；五曰戒使臣勿扰民居，立急递铺以省驲骑。诏议行之。辛丑，陕西行省言："延安置屯田鹰坊总管府，其火失不花军逃散者，皆入屯田，今复供秦王阿难答所部阿黑答思饲马及输他赋。"有旨皆罢之，其不悛者罪当死。甲辰，行御史台自杭州徙建康。以山南、淮东、淮西三道按察司隶内台。增置行台色目御史员数。丁未，江东宣慰司进芝一本。庚戌，制谥法。壬子，枢密院纳速剌丁言："前所统渐丁军五千人往征打马国，其力已疲，今诸王复籍此军征缅，宜取进止。"帝曰："苟事力未损，即遣之。"仍谕纳速剌丁分阿剌章、蒙古军千人，以能臣将之，赴交趾助皇子脱欢。己未，遣要束木勾考荆湖行省钱谷。中书拟要束木平章政事，脱脱忽参知政事。有旨："要束木小人，事朕方五年，授一理算官足矣。脱脱忽人奴之奴，令史、宣使才也。读卿等所进拟，令人耻之。其以朕意谕安童。"以汉民就食江南者多，又从官南方者秩满多不还，遣使尽徙北还。仍设脱脱禾孙于黄河、江、淮诸津渡，凡汉民非赍公文适南者止之，为商者听。中书省臣言："比奉旨，凡为盗者毋释。今窃钞数贯及佩刀微物，与童幼窃物者，悉令配役。臣等议，一犯者杖释，再犯依法配役为宜。"帝曰："朕以汉人徇私，用《泰和律》处事，致盗贼滋众，故有是言。人命至重，今后非详谳者，勿辄杀人。"五月丁卯朔，枢密院臣言："臣等与玉速帖木儿议别十八里军事，凡军行并听伯颜节制，其留务委孛栾带及诸王阿只吉官属统之为宜。"从之。己巳，荧惑犯太微西垣上将。荆湖行省阿里海牙上言："要束木在鄂省勾考，岂无贪贿？臣亦请勾考之。"诏遣参知政事秃鲁罕、枢密院判李道、治书侍御史陈天祥偕行。甲戌，汴梁旱。徙江东按察司于宣州。庚辰，岁星犯垒壁阵。乙酉，荧惑犯太微右执法。敕遣耽罗戍兵四百人还家。庚寅，广平等路蚕灾。辛卯，霸州、漷州蝻生。安南国遣使来贡方物。癸巳，京畿旱。六月丙申朔，太白犯御女。辛丑，中书省臣言："秃鲁罕来奏，前要束木、阿里海牙互请钩考，今阿里海牙虽已死，事之是非，当令暴白。"帝曰："卿言良是，其连引诸人，近者即彼追逮，远者宜以上闻。此事自要束木所发，当依其言究行之。"乙巳，以立大司农司诏谕中外。皇孙铁木儿不花驻营亦奚不薛，其粮饷仰于西川，远且不便，徙驻重庆府。诏以大司农司所定《农桑辑要》书颁诸路。命云南、陕西二行省籍定建都税赋。戊申，括诸路马。凡色目人有马者三取其二，汉民悉入官，敢匿与互市者罪之。辛亥，以亦马剌丹忒忽里使交趾。癸丑，湖广行省线哥言："今用兵交趾，分本省戍兵二万八千七百人，期以七月悉会静江，今已发精锐启行，余万七千八百人，皆羸病、屯田等军，不可用。"敕今岁姑罢之。丁巳，设陕西等路诸站总管府，从三品。庚申，甘肃新招贫民百一十八户，敕廪给之。敕路、府、州、县捕盗者持弓矢，各路十副，府、州七副，县五副。以薛阇干为中书省平章政事。辛酉，封杨邦宪妻田氏为永安郡夫人，领播州安抚司事。遣镇西平缅等路招讨使怯烈招谕缅国。广元路阆中麦秀两歧。高丽国遣使来贡。秋七月丙寅朔，遣必剌蛮等使瓜哇。己巳，用中书省臣言，以江南隶官之田多为强豪所据，立营田总管府，其所据田仍履亩计之。复尚酝监为光禄寺，罢辽阳等处行中书省，复北京、咸平等三道宣慰司。给铁古思合敦贫民币帛各二千、布千匹。庚午，江淮行省忙兀带言："今置省杭州，两淮、江东诸路财赋军实，皆南输又复北上，不便。扬州地控江海，宜置省，宿重兵镇之，且转输无往返之劳，行省徙扬州便。"从之。立淮南洪泽、芍陂两处屯田。壬申，平阳饥民就食邻郡者，所在发仓赈之。置中尚监。右丞拜答儿将兵讨阿蒙，并其妻子禽之，皆伏诛。丁丑，斡脱吉思部民饥，遣就食北京，其不行者发米赈之。以雄、易二州复隶保定。给和林军储，自京师输米万石，发钞即其地籴米万石。辛巳，八都儿饥民六百户驻八剌忽思之地，给米千石赈之。壬午，总制院使桑哥具省臣姓名以上，帝曰："右丞相安童，右丞麦术丁，参知政事郭佑、杨居宽，并仍前职。以铁木儿为左丞，其左丞相耷吉剌带、平章政事阿必失合、都忽鲁皆别议。"仍谕中书选可代者以闻。给金齿国使臣圆符。癸巳，铨定省、院、台、部官，诏谕中外："中书省，除中书令外，左、右丞相并一员，平章政事二员，左、右丞并一员，参知政事二员；行中书省，平章政事二员，左、右丞并一员，参知政事、佥行省事并二员；枢密院，除枢密院使外，同知枢密院事一员，枢密院副使、佥枢密院事并二员，枢密院判一员；御史台，御史大夫一员，中丞、侍御史、治书侍御史并二员；行台同；六部，尚书、侍郎、郎中、员外郎并二员。其余诸衙门，并委中书省斟酌裁减。"八月丙申，发钞二万九千锭、盐五万引，市米赈诸王阿只吉所部饥民。己亥，敕枢密院遣侍卫军千人扈从北征。平阳路岁比不登，免贫民税赋。罢淮东、蕲黄宣慰司，以黄、蕲、寿昌隶湖广行省，安庆、六安、光州隶淮西宣慰司。招集宋盐军。以市舶司隶泉府司。乙卯，太白犯轩辕右角。辛酉，婺州永康县民陈巽四等谋反，伏诛。甘州饥，禁酒。罢德平、定昌二路，置德昌军民总管府。九月乙丑朔，马八儿、须门那、僧急里、南无力、马兰丹、那旺、丁呵儿、来来、急阑亦带、苏木都剌十国，各遣子弟上表来觐，仍贡方物。以太庙雨坏，遣耷吉剌带致告，奉安神主别殿。甲申，太阴犯天关。行辰，高丽遣使献日本俘。是月，南部县生嘉禾，一茎九穗。芝产于苍溪县。冬十月甲午朔，太白犯右执法。以南康路隶江西行省，徙浙西按察司治杭州。罢诸道提刑按察司判官、行御史台监察御史及按察司官，虽汉人并毋禁弓矢。襄邑县尹张玘为治有绩，邹平县达鲁花赤回回能捕盗理财，进秩有差。丁酉，享于太庙。戊戌，太阴犯建星。己亥，车驾至自上都。壬寅，太白犯左执法。遣兵千人戍畏吾境。乙巳，赐合迷里贫民及合剌和州民牛种，给钞万六千二百锭当其价，合迷里民加赐币帛并千匹。己酉，遣塔塔儿带、杨兀鲁带以兵万人、船千艘征骨嵬。中书省具宣徽、大司农、大都、上都留守司存减员数以闻，帝曰："在禁近者朕自沙汰，余从卿等议之。"辛亥，太阴犯东井。河决开封、祥符、陈留、杞、太康、通许、鄢陵、扶沟、洧川、尉氏、阳武、延津、中牟、原武、睢州十五处，调南京民夫二十万四千三百二十三人，分筑堤防。癸丑，谕江南各省所统军官教练水军。遣侍卫新附兵千人屯田别十八里，置元帅府即其地总之。甲寅，太白犯进贤。以征缅功，调招讨使张万为征缅副都元帅，也先铁木儿征缅招讨司达鲁花赤，千户张成征缅招讨使，并虎符，敕造战船，将兵六千人以征缅，俾秃满带为都元帅总之。乙卯，给皇子脱欢马四千匹，部曲人三匹。庚申，济宁路进芝二茎。壬戌，改河间盐运司为都转运使司。徙戍甘州新附军千人屯田中兴，千人屯田亦里黑。高丽遣使来献日本俘十六人。马法国进鞍勒、毡甲。兴化路仙游县虫伤禾。十一月乙丑，中书省臣言："朱清等海道运粮，以四岁计之，总百一万石，斗斛耗折愿如数以偿，风浪覆舟请免其征。"从之。遂以昭勇大将军、沿海招讨使张瑄，明威将军、管军万户兼管海道运粮船朱清，并为海道运粮万户，仍佩虎符。敕禽兽字孕时无畋猎。戊辰，太白犯亢。遣蒙古千户曲出等总新附军四百人，屯田别十八里。己巳，改思明等四州并为路。以阿八赤为征交趾行省右丞。丙子，以涿、易二州良乡、宝坻县饥，免今年租，给粮三月。平滦、太原、汴梁水旱为灾，免民租二万五千六百石有奇。改广东转运市舶提举司为盐课市舶提举司。丁丑，命塔叉儿、忽难使阿儿浑。戊寅，遣使阅实宣宁县饥民，周给之。己卯，太阴犯井。辛巳，岁星犯垒壁阵。十二月乙未，辽东开元饥，赈粮三月。戊戌，太白犯东咸。癸卯，要束木籍阿里海牙家赀，运致京师。赐诸王术伯所部军五千人银万五千两、钞三千锭，探马赤二千人羊七万口。丙午，置燕南、河东、山东三道宣慰司。罢大有署。丁未，太阴犯井。乙卯，诸道宣慰司，在内地者设官四员，江南者六员。以阿里海牙所庇逃民无主者千人屯田。遣中书省断事官秃不申复钩考湖广行省钱谷。复置泉州市舶提举司。大都饥，发官米低其价粜贫民。丙辰，遣蒲昌赤贫民垦甘肃闲田，官给牛、种、农具。赐安南国王陈益稷羊马钞百锭。丁巳，太阴犯氐。戊午，翰林承旨撒里蛮言："国史院纂修太祖累朝实录，请以畏吾字翻译，俟奏读然后纂定。"从之。诸路分置六道劝农司。庚申，置尚珍署于济宁等路，秩从五品。是岁，以亦摄思怜真为帝师。赐皇子奥鲁赤、脱欢、诸王术伯、也不干等羊马钞一十五万一千九百二十三锭，马七千二百九十匹，羊三万六千二百六十九口，币帛、毳段、木绵三千二百八十八匹，貂裘十四。又赐皇子脱欢所部怜牙思不花等及欠州诸局工匠钞五万六千一百三十九锭一十二两。命西僧递作佛事于万寿山、玉塔殿、万安寺，凡三十会。大司农司上诸路学校凡二万一百六十六所，储义粮九万五百三十五石，植桑枣杂果诸树二千三百九万四千六百七十二株。断死刑百一十四人。

二十四年春正月乙丑，复云南石梁县。戊辰，以修筑柳林河堤南军三千，浚河西务漕渠。皇子奥鲁赤部曲饥，命大同路给六十日粮。免唐兀卫河西地元籍徭赋。壬申，御正殿受诸王百官朝贺。癸酉，俱蓝国遣使不六温乃等来朝。甲戌，太阴犯东井。乙酉，太阴犯房。丙戌，以参政程鹏飞为中书右丞，阿里为中书左丞。丁亥，以不颜里海牙为参知政事。发新附军千人从阿八赤讨安南。弛女直、水达达地弓矢之禁。复改江浙省为江淮行省。戊子，以钞万锭赈斡端贫民。西边岁饥民困，赐绢万匹。庚寅，遣使代祀岳、渎、后土、东海。辛卯，以淮东、淮西、山南三道按察司隶行御史台。立上林署，秩从七品。诏发江淮、江西、湖广三省蒙古、汉券军，及云南兵，及海外四州黎兵，命海道运粮万户张文虎等运粮十七万石，分道以讨交趾。置征交趾行尚书省，奥鲁赤平章政事，乌马儿、樊楫参知政事，总之，并受镇南王节制。二月壬辰朔，遣使持香币诣龙虎、阁皂、三茅设醮，召天师张宗演赴阙。癸巳，雍古部民饥，发米四千石赈之，不足，复给六千石米价。甲午，畋于近郊。乙未，以麦术丁为平章政事。真定路饥，发沿河仓粟减价粜之。以真定所牧官马四万余匹分牧他郡。禁畏吾地禽兽孕孳时畋猎。庚子，太阴犯天关。辛丑，太阴犯东井。甲辰，升江淮行大司农司事秩二品，设劝农营田司六，秩四品，使副各二员，隶行大司农司。以范文虎为中书右丞，商议枢密院事。壬子，封驸马昌吉为宁濮郡王。设都总管府以总皇子北安王民匠、斡端大小财赋。中书省臣言："自正旦至二月中旬费钞五十万锭，臣等兼总财赋，自今侍臣奏请赐赉，乞令臣等预议。"帝曰："此朕所当虑。"仍谕玉速铁木儿、月赤彻儿知之。丙辰，马八儿国贡方物。戊午，敕诸王阇里铁木儿节制诸军。以赵与芮子孟桂袭平原郡公。乃颜遣使征东道兵，谕阇里铁木儿毋辄发。闰二月癸亥，太阴犯辰星。以女直、水达达部连岁饥荒，移粟赈之，仍尽免今年公赋及减所输皮布之半。以宋畲军将校授管民官，散之郡邑。敕春秋二仲月上丙日祀尧帝祠。西京等处管课官马合谋自言岁以西京、平阳、太原课程额外羡钱市马驼千输官，而实盗官钱市之，按问有迹，伏诛。乙丑，畋于近郊。召麦术丁、铁木儿、杨居宽等与集贤大学士阿鲁浑撒里及叶李、程文海、赵孟頫论钞法。麦术丁言："自制国用使司改尚书省，颇有成效，今仍分两省为便。"诏从之，各设官六员。其尚书，以桑哥、铁木儿平章政事，阿鲁浑撒里右丞，叶李左丞，马绍参知政事，余一员议选回回人充；中书，宜设丞相二员、平章政事二员、参知政事二员。省陇右河西道提刑按察司，分置巩昌者入甘州，设官五员；以巩昌改隶京兆提刑按察司，设官六员；省太原提刑按察司，分置西京者入太原。辛未，以复置尚书省诏天下。除行省与中书议行，余并听尚书省从便以闻。设国子监，立国学监官：祭酒一员，司业二员，监丞一员，学官博士二员，助教四员，生员百二十人，蒙古、汉人各半，官给纸札、饮食，仍隶集贤院。设江南各道儒学提举司。甲申，太阴犯牵牛。车驾还宫。乙酉，改淄莱路为般阳路，置录事司。大都饥，免今岁银俸钞，诸路半征之。罢江南竹木柴薪及岸例鱼牙诸课，停不给之务。敕行省宣慰司勿滥举官吏，受除官延引岁月不即之任者，追所受宣敕。镇南王脱欢徙镇南京。改福建市舶都漕运司为都转运盐使司。范文虎改尚书右丞，商议枢密院事。改行中书省为行尚书省，六部为尚书六部，以吏部尚书忻都为尚书省参知政事。庚寅，大驾幸上都。札鲁忽赤合剌合孙等言："去岁审囚官所录囚数，南京、济南两路应死者已一百九十人，若总校诸路，为数必多，宜留札鲁忽赤数人分道行刑。"帝曰："囚非群羊，岂可遽杀耶？宜悉配隶淘金。"三月甲午，更造至元宝钞颁行天下，中统钞通行如故。以至元宝钞一贯文当中统交钞五贯文，子母相权，要在新者无冗，旧者无废。凡岁赐、周乏、饷军，皆以中统钞为准。禁无籍自效军扰民，仍籍充军。丙申，太阴犯东井。乙卯，幸凉陉。辽东饥，弛太子河捕鱼禁。丙辰，马八儿国遣使进奇兽一，类骡而巨，毛黑白间错，名阿塔必即。降重庆路定远州为县。命都水监开汶、泗水以达京师。汴梁河水泛溢，役夫七千修完故堤。夏四月癸酉，太阴犯氐。甲戌，太阴犯房。甲申，忻都奏发新钞十一万六百锭、银千五百九十三锭、金百两，付江南各省与民互市。是月，诸王乃颜反。五月己亥，遣也先传旨谕北京等处宣慰司，凡隶乃颜所部者禁其往来，毋令乘马持弓矢。庚子，以不鲁合罕总探马赤军三千人出征。移济南宣慰司治益都，燕南按察司治大名，南京按察司治南阳，太原按察司治西京，复立丰州亦刺真站。壬寅，以御史台吏王良弼等诽讪尚书省政事，诛良弼，籍其家，余皆断罪。用桑哥言，置上海、福州两万户府，以维制沙不丁、乌马儿等海运船。户、工两部各增尚书二员。授高丽王睶行尚书省平章政事。罢诸路站脱脱禾孙。括江南诸路匠户。沙不丁言："江南各省南官多，每省宜用一二人。"帝曰："除陈岩、吕师夔、管如德、范文虎四人，余从卿议。"帝自将征乃颜，发上都。括江南僧道马匹。诏范文虎将卫军五百镇平滦，以钦察为亲军都指挥使，也速带儿、右卫佥事王通副之。甲辰，免北京今岁丝银，仍以军旅经行，给钞三千锭赈之。壬子，高丽王睶请益兵征乃颜，以五百人赴之。六月庚申朔，百官以职守不得从征乃颜，愿献马以给卫士。壬戌，至撒儿都鲁之地。乃颜党塔不带率所部六万逼行在而阵，遣前军败之。乙丑，敕辽阳省督运军储。壬申，发诸卫军万人、蒙古军千人戍豪、懿州。诸王失都儿所部铁哥率其党取咸平府，渡辽，欲劫取豪、懿州，守臣以乏军求援，敕以北京戍军千人赴之。括平滦路马。北京饥，免丝银、租税。乙亥，霸州益津县霖雨伤稼。以陕西泾、邠、乾及安西属县闲田立屯田总管府，置官属，秩三品。车驾驻干大利斡鲁脱之地，获乃颜辎重千余，仍禁秋毫无犯。秋七月癸巳，乃颜党失都儿犯咸平，宣慰塔出从皇子爱牙赤，合兵出沈州进讨，宣慰亦儿撒合分兵趣懿州，其党悉平。丁酉，弘州匠官以犬兔毛制如西锦者以献，授匠官知弘州。戊戌，太阴犯南斗。枢密院奏："佥征缅行省事合撒儿海牙言，比至缅国，谕其王赴阙，彼言邻番数叛，未易即行，拟遣阿难答剌奉表赍土贡入觐。"辛丑，太阴犯牵牛。壬寅，荧惑犯舆鬼。庚戌，云南行省爱鲁言，金齿酋打奔等兄弟求内附，且乞入觐。壬子，太阴犯司怪。癸丑，日晕连环，白虹贯之。罢乃颜所署益都、平滦，也不干河间分地达鲁花赤，及胜纳合儿济南分地所署官。移北京道按察司置豪州，免东京等处军民徭赋。升福建盐运使司，依两淮等例，为都转运使司。以中兴府隶甘州行省，以河西爱牙赤所部屯田军同沙州居民修城河西瓜、沙等处。立阇鄽屯田。八月癸亥，太白犯亢。浚州进瑞麦，一茎九穗。乙丑，车驾还上都。以李海剌孙为征缅行省参政，将新附军五千、探马赤军一千以行，仍调四川、湖广行省军五千赴之。召能通白夷、金齿道路者张成及前占城军总管刘全，并为招讨使，佩虎符，从征。以脱满答儿为都元帅，将四川省兵五千赴缅省，仍令其省驻缅近地，以俟进止。置江南四省交钞提举司。己巳，谪从叛诸王赴江南诸省从军自效。谕镇南王脱欢，禁戢从征诸王及省官奥鲁赤等，毋纵军士焚掠，毋以交趾小国而易之。癸酉，朵儿朵海获叛王阿赤思，赦之。亦集乃路屯田总管忽都鲁请疏浚管内河渠，从之。丙子，填星南犯垒壁阵。己卯，太阴犯天关。辛巳，太阴犯东井。甲申，太白犯房。丁亥，沈州饥，又经乃颜叛兵蹂践，免其今岁丝银、租赋。以北京伐木三千户屯田平滦。立丰赡、昌国、济民三署，秩五品，设达鲁花赤、令、丞、直长各一员。女人国贡海人。置河西务马站。九月辛卯，东京义静、麟、威远、婆娑等处大霖雨，江水溢，没民田；大定、金源、高州、武平、兴中等处霜雹伤稼。丁酉，荧惑犯长垣。己亥，湖广省臣言："海南琼州路安抚使陈仲达、南宁军总管谢有奎、延栏总管苻庇成，以其私船百二十艘、黎兵千七百余人，助征交趾。"诏以仲达仍为安抚使，佩虎符，有奎、庇成亦仍为沿海管军总管，佩金符。庚子，太白犯天江。给诸王八八所部穷乏者钞万一千锭。禁市毒药者。以西京、平滦路饥，禁酒。乙巳，太阴犯毕。以米二万石、羊万口给阿沙所统唐兀军。丁未，安南国遣其中大夫阮文彦、通侍大夫黎仲谦贡方物。戊申，咸平、懿州、北京以乃颜叛，民废耕作，又霜雹为灾，告饥，诏以海运粮五万石赈之。辛亥，荧惑犯太微西垣上将。壬子，太白犯南斗。禁沮挠江南茶课。高丽王王賰来朝。冬十月戊午朔，日有食之。壬戌，太阴犯牵牛大星。甲子，享于太庙。桑哥请赐叶李、马绍、不忽木、高翥等钞，诏赐李钞百五十锭，不忽木、绍、翥各百锭。又言："中书省旧在大内前，阿合马移置于北，请仍旧为宜。"从之。癸酉，江西行院月的迷失言："广东穷边险远，江西、福建诸寇出没之窟，乞于江南诸省分军一万益臣。"诏江西忽都帖木儿以军五千付之。丙子，诛郭佑、杨居宽。戊寅，桑哥言："北安王王相府无印，而安西王相独有印，实非事例，乞收之。诸王胜纳合儿印文曰'皇侄贵宗之宝'，宝非人臣所宜用，因其分地改为'济南王印'为宜。"皆从之。从总帅汪惟和言，分所部戍四川军五千人屯田六盘。乙酉，荧惑犯左执法。立陕西宝钞提举司。罗北甸土官火者、阿禾及维摩合剌孙之子并内附。丙戌，范文虎言："豪、懿、东京等处，人心未安，宜立省以抚绥之。"诏立辽阳等处行尚书省，以薛阇干、阇里帖木儿并行尚书省平章政事，洪茶丘右丞，亦儿撒合左丞，杨仁风、阿老瓦丁并参知政事。十一月壬辰，太白犯垒壁阵，月晕金、土二星。云南省右丞爱鲁兵次交趾木兀门，其将昭文王以四万人守之，爱鲁击破之，获其将黎石、何英。弛太原、保德河鱼禁。以桑哥为金紫光禄大夫、尚书右丞相，兼统制院使，领功德使司事。从桑哥请，以平章帖木儿代其位，右丞阿剌浑撒里升平章政事，叶李升右丞，参知政事马绍升左丞。升集贤院秩正二品。丙申，荧惑犯太微东垣上相。丁酉，桑哥言："先是皇子忙哥剌封安西王，统河西、土番、四川诸处，置王相府，后封秦王，绾二金印。今嗣王安难答仍袭安西王印，弟按摊不花别用秦王印，其下复以王傅印行，一藩而二王，恐于制非宜。"诏以阿难答嗣为安西王，仍置王傅，而上秦王印，按摊不花所署王傅罢之。戊戌，以别十八里汉军及新附军五百人屯田合迷玉速曲之地。己亥，镇南王次思明，程鹏飞与奥鲁赤等从镇南王分道并进，阿八赤以万人为前锋。庚子，太白昼见。大都路水，赐今年田租十二万九千一百八十石。辛丑，乌马儿、樊楫及程鹏飞等遂趣交趾，所向克捷。改卫尉院为太仆寺，秩三品，仍隶宣徽，以月赤彻儿、秃秃合领之。丙午，镇南王次界河，交趾发兵拒守，前锋皆击破之。己酉，诏议弭盗。桑哥、玉速帖木儿言："江南归附十年，盗贼迄今未靖者，宜降旨立限招捕，而以安集责州县之吏，其不能者黜之。"叶李言："臣在漳州十年，详知其事，大抵军官嗜利与贼通者，尤难弭息。宜令各处镇守军官，例以三年转徙，庶革斯弊。"帝皆从其议，诏行之。封驸马帖木儿济宁郡王。壬子，以江西行省平章忽都帖木儿督捕广东等处盗贼。甲寅，命京畿、济宁两漕运司分掌漕事。镇南王次万劫，诸军毕会。获福建首贼张治团，其党皆平。谕江南四省招捕盗贼。丙辰，荧惑犯进贤。十二月癸亥，立尚乘寺。顺元宣慰使秃鲁古言，金竹寨主搔驴等以所部百二十五寨内附。甲子，皇子北安王置王傅，凡军需及本位诸事并以王傅领之。丙寅，太阴犯毕，太白昼见。丁卯，减扬州省岁额米十五万石，以盐引五十万易粮。免浙西鱼课三千锭，听民自渔。发河西、甘肃等处富民千人往阇鄽地，与汉军、新附军杂居耕植。从安西王阿难答请，设本位诸匠都总管府。升万亿库官秩四品。癸酉，镇南王次茅罗港，攻浮山寨，破之。诸王薛彻都等所驻之地，雨土七昼夜，羊畜死不可胜计，以钞暨币帛绵布杂给之，其直计钞万四百六十七锭。丁丑，以朱清、张瑄海漕有劳，遥授宣慰使。乙酉，镇南王以诸军渡富良江，次交趾城下，败其守兵，日烜与其子弃城走敢喃堡。是岁，命西僧监臧宛卜卜思哥等作佛事坐静于大殿、寝殿、万寿山、五台山等寺，凡三十三会。断天下死刑百二十一人。浙西诸路水，免今年田租十之二；西京、北京、隆兴、平滦、南阳、怀孟等路风雹害稼；保定、太原、河间、般阳、顺德、南京、真定、河南等路霖雨害稼，太原尤甚，屋坏压死者众；平阳春旱，二麦枯死，秋种不入土；巩昌雨雹，虸蚄为灾。分赐皇子、诸王、驸马、怯薛带等羊马钞，总二十五万三千五百余锭，又赐诸王、怯薛带等军人，马一万二千二百、羊二万二千六百、驼百余。赈贫乏者合剌忽答等钞四万八千二百五十锭。

卷十五　　本纪第十五

世祖十二

二十五年春正月，日烜复走入海，镇南王以诸军追之，不及，引兵还交趾城。命乌马儿将水兵迎张文虎等粮船，又发兵攻其诸寨，破之。己丑，诏江淮省管内并听忙兀带节制。庚寅，祭日于司天台。赐诸王火你赤银五百两、珠一索、锦衣一袭，玉都银千两、珠一索、锦衣一袭。辛卯，尚书省臣言："初以行省置丞相与内省无别，罢之。今江淮平章政事忙兀带所统，地广事繁，乞依前为丞相。"

诏以忙兀带为右丞相。以蕲、黄二州、寿昌军隶湖广省。毁中统钞板。乙未，赏征东功：从乘舆，将吏升散官二阶，军士钞人三锭；从皇孙，将吏升散官一阶，军士钞人二锭；死事者，给其家十锭。凡为钞四万一千四百二十五锭。丁酉，遣使代祀岳、渎、东海、后土。戊戌，大赦。敕弛辽阳渔猎之禁，惟毋杀孕兽。壬寅，高丽遣使来贡方物。贺州贼七百余人焚掠封州诸郡，循州贼万余人掠梅州。癸卯，海都犯边。敕驸马昌吉，诸王也只烈，察乞儿、合丹两千户，皆发兵从诸王术伯北征。赐诸王亦怜真部曲钞三万锭。掌吉举兵叛，诸王拜答罕遣将追之，至八立浑，不及而还。甲辰，也速不花谋叛，逮捕至京师，诛之。乙巳，太阴犯角。蛮洞十八族饥饿，死者二百余人，以钞千五百锭有奇市米赈之。丙午，畋于近郊。以平江盐兵屯田于淮东、西。杭、苏二州连岁大水，赈其尤贫者。戊申，太阴犯房。己酉，诏中兴、西凉无得沮坏河渠，两淮、两浙无得沮坏岁课。发海运米十万石，赈辽阳省军民之饥者。辛亥，省器盒局入诸路金玉人匠总管府。癸丑，诏："行大司农司、各道劝农屯田司，巡行劝课，举察勤惰，岁具府、州、县劝农官实迹，以为殿最，路经历官、县尹以下并听裁决。或怙势作威侵官害农者，从提刑按察司究治。"募民能耕江南旷土及公田者，免其差役三年，其输租免三分之一。江淮行省言："两淮土旷民寡，兼并之家皆不输税。又，管内七十余城，止屯田两所，宜增置淮东、西两道劝农营田司，督使耕之。"制曰："可。"二月丁巳，改济州漕运司为都漕运司，并领济之南北漕，京畿都漕运司惟治京畿。镇南王引兵还万劫。乌马儿迎张文虎等粮船不至，诸将以粮尽师老，宜全师而还，镇南王从之。戊午，命李庭整汉兵五千东征。赐叶李平江、嘉兴田四顷。庚申，司徒撒里蛮等进读《祖宗实录》，帝曰："太宗事则然，睿宗少有可易者，定宗固日不暇给，宪宗汝独不能忆之耶？犹当询诸知者。"征大都南诸路所放鹰从马赴京，官给刍粟价，令自籴之，无扰诸县民。辽阳、武平等处饥，除今年租税及岁课貂皮。浚沧州盐运渠。辛酉，忙兀带、忽都忽言其军三年荐饥，赐米五百石。壬戌，省辽东海西道提刑按察司入北京，江南湖北道提刑按察司入荆南。敕江淮勿捕天鹅，弛鱼泺禁。丙寅，赐云南王涂金驼钮印。改南京路为汴梁路，北京路为武平路，西京路为大同路，东京路为辽阳路，中兴路为宁夏府路。改江西茶运司为都转运使司，并榷酒醋税。改河渠提举司为转运司。江淮总摄杨琏真加言以宋宫室为塔一，为寺五，已成，诏以水陆地百五十顷养之。诏征葛洪山隐士刘彦深。甲戌，盖州旱，民饥，蠲其租四千七百石。己卯，以高丽国王王睶复为征东行尚书省左丞相。豪、懿州饥，以米十五万石赈之。禁辽阳酒。京师水，发官米，下其价粜贫民。以江南站户贫富不均，命有司料简，合户税至七十石当马一匹，并免杂徭；独户税逾七十石愿入站者听。合户税不得过十户，独户税无上百石。辛巳，以杭州西湖为放生池。壬午，镇南王命乌马儿、樊楫将水兵先还，程鹏飞、塔出将兵护送之。以御史台监察御史、提刑按察司多不举职，降诏申饬之。命皇孙云南王也先铁木儿帅兵镇大理等处。三月丙戌，诸王昌童部曲饥，给粮三月。丁亥，荧惑犯太微东垣上相。戊子，太阴犯毕。车驾还宫。淞江民曹梦炎愿岁以米万石输官，乞免他徭，且求官职。桑哥以为请，遥授浙东道宣慰副使。改曲靖路总管府为宣抚司。庚寅，大驾幸上都。改阑遗所为阑遗监，升正四品。敕辽阳省亦乞列思、吾鲁兀、札剌儿探马赤自懿州东征。李庭遥授尚书左丞，食其禄，将汉兵以行。江淮行省忙兀带言："宜除军官更调法，死事者增散官，病故者降一等。"帝曰："父兄虽死事，子弟不胜任者，安可用之？苟贤矣，则病故者亦不可降也。"辛卯，以六卫汉兵千二百、新附军四百、屯田兵四百造尚书省。镇南王以诸军还。张文虎粮船遇贼兵船三十艘，文虎击之，所杀略相当。费拱辰、徐庆以风不得进，皆至琼州。凡亡士卒二百二十人、船十一艘、粮万四千三百石有奇。癸巳，赐诸王术伯银五万两、币帛各一万匹，兀鲁台、爪忽儿银五千两、币帛各一百。甲午，禁捕鹿羔。镇南王次内傍关，贼兵大集以遏归师，镇南王遂由单巳县趣盝州，间道以出。乙未，以往岁北边大风雪，拔突古伦所部牛马多死，赐米千石。丁酉，驻跸野狐岭，命阿束、塔不带总京师城守诸军。己亥，太阴掩角。壬寅，礼部言："会同馆蕃夷使者时至，宜令有司仿古《职贡图》，绘而为图，及询其风俗、土产、去国里程，籍而录之，实一代之盛事。"从之。镇南王次思明州，命爱鲁引兵还云南，奥鲁赤以诸军北还。日烜遣使来谢，进金人代己罪。乙巳，诏江西管内并听行尚书省节制。戊申，改山东转运使司为都转运使司，兼济南路酒税醋课。己酉，徐、邳屯田及灵壁、睢宁二屯雨雹如鸡卵，害麦。甲寅，循州贼万余人寇漳浦，泉州贼二千人寇长泰、汀、赣，畲贼千余人寇龙溪，皆讨平之。夏四月丙辰，莱县、蒲台旱饥，出米下其直赈之。戊午，太阴犯井。庚申，以武冈、宝庆二路荐经寇乱，免今年酒税课及前岁逋租。辛酉，从行泉府司沙不丁、乌马儿请，置镇抚司、海船千户所、市舶提举司。省平阳投下总管府入平阳路，杂造提举司入杂造总管府。桑哥言："自至元丙子置应昌和籴所，其间必多盗诈，宜加钩考。鹰从之臣，种地极多，宜依军站例，除四顷之外，验亩征租。"并从之。癸亥，浑河决，发军筑堤捍之。乙丑，广东贼董贤举等七人皆称大老，聚众反，剽掠吉、赣、瑞、抚、龙兴、南安、韶、雄、汀诸郡，连岁击之不能平，江西行枢密院副使月的米失请益兵，江西行省平章忽都铁木儿亦以地广兵寡为言，诏江淮省分万户一军诣江西，俟贼平还翼。戊辰，浚怯烈河以溉口温脑儿黄土山民田。庚午，立弘吉剌站。癸酉，尚书省臣言："近以江淮饥，命行省赈之，吏与富民因结为奸，多不及于贫者。今杭、苏、湖、秀四州复大水，民鬻妻女易食，请辍上供米二十万石，审其贫者赈之。"帝是其言。甲戌，万安寺成，佛像及窗壁皆金饰之，凡费金五百四十两有奇、水银二百四十斤。辽阳省新附军逃还各卫者，令助造尚书省，仍命分道招集之。增立直沽海运米仓。命征交趾诸军还家休息一岁。敕缅中行省，比到缅中，一禀云南王节制。庚辰，安南国王陈日烜遣中大夫陈克用来贡方物。赐诸王小薛金百两、银万两、钞千锭及币帛有差。辛巳，赐诸王阿赤吉金二百两、银二万二千五百两、钞九千锭及纱罗绢布有差。命甘肃行省发新附军三百人屯田亦集乃，陕西省督巩昌兵五千人屯田六盘山。癸未，云南省右丞爱鲁上言："自发中庆，经罗罗、白衣入交趾，往返三十八战，斩首不可胜计，将士自都元帅以下获功者四百七十四人。"甲申，诏皇孙抚诸军讨叛王火鲁火孙、合丹秃鲁干。五月丙戌，敕武平路括马千匹。戊子，诸王察合子阔阔带叛，床兀儿执之以来。己丑，汴梁大霖雨，河决襄邑，漂麦禾。以左右怯薛卫士及汉军五千三百人从皇孙北征。甲午，发五卫汉兵五千人北征。乙未，桑哥言："中统钞行垂三十年，省官皆不知其数，今已更用至元钞，宜差官分道置局钩考中统钞本。"从之。丙申，赐诸王八八金百两、银万两、金素段五百、纱罗绢布等四千五百。兀马儿来献璞玉。丁酉，平江水，免所负酒课。减米价，赈京师。改云南乌撒宣抚司为宣慰司，兼管军万户府。戊戌，复芦台、越支、三叉沽三盐使司。王家奴、火鲁忽带、察罕复举兵反。己亥，云南行省言："金沙江西通安等五城，宜依旧隶察罕章宣抚司，金沙江东永宁等处五城宜废，以北胜施州为北胜府。"从之。壬寅，浑天仪成。运米十五万石诣懿州饷军及赈饥民。乙巳，罢兴州采蜜提举司。营上都城内仓。丁未，奉安神主于太庙。戊申，太白犯毕。赐拔都不伦金百五十两、银万五千两及币帛纱罗等万匹。辛亥，盂州乌河川雨雹五寸，大者如拳。癸丑，诏湖广省管内并听平章政事秃满、要束木节制。迁四川省治重庆，复迁宣慰司于成都。高丽遣使来贡方物。诏四川管内并听行尚书省节制。河决汴梁，太康、通许、杞三县，陈、颍二州皆被害。六月甲寅朔，以新附军修尚食局。庚申，赈诸王答儿伯部曲之饥者及桂阳路饥民。辛酉，禁上都、桓州、应昌、隆兴酒。壬戌，赐诸王术伯金银皆二百五十两、币帛纱罗万匹。乙丑，诏蒙古人总汉军，阅习水战。丁卯，又赐诸王术伯银二万五千两、币帛纱罗万匹。复立咸平至建州四驿。以延安屯田总管府复隶安西省。戊辰，海都将暗伯、著暖以兵犯业里干脑儿，管军元帅阿里带战却之。壬申，睢阳霖雨，河溢害稼，免其租千六十石有奇。命诸王怯怜口及扈从臣，转米以馈将士之从皇孙者。太医院、光禄寺、仪凤寺、侍仪司、拱卫司，皆毋隶宣徽院，罢教坊司入拱卫司。癸酉，诏加封南海明著天妃为广祐明著天妃。甲戌，太白犯井。改西南番总管府为永宁路。乙亥，以考城、陈留、通许、杞、太康五县大水及河溢没民田，蠲其租万五千二百石。丙子，给兵五十人卫浙西宣慰使史弼，使任治盗之责。丁丑，太阴犯岁星。发兵千五百人诣汉北浚井。癸未，处州贼柳世英寇青田、丽水等县，浙东道宣慰副使史耀讨平之。资国、富昌等一十六屯雨水、蝗害稼。秋七月甲申朔，复葺兴、灵二州仓，始命昔宝赤、合剌赤、贵由赤、左右卫士转米输之，委省官督运，以备赈给。丙戌，真定、汴梁路蝗。运大同、太原诸仓米至新城，为边地之储。以南安、瑞、赣三路连岁盗起，民多失业，免逋税万二千六百石有奇。弛宁夏酒禁。发大同路粟赈流民。保定路霖雨害稼，蠲今岁田租。改储偫所为提举司。敕征交趾兵官还家休息一岁。壬辰，遣必阇赤以钞五千锭往应昌和籴军储。改会同馆为四宾库。戊戌，驻跸许泥百牙之地。同知江西行枢密院事月的迷失上言："近以盗起广东，分江西、江淮、福建三省兵万人令臣将之讨贼。臣愿万人内得蒙古军三百，并臣所籍降户万人，置万户府，以撒木合儿为达鲁花赤，佩虎符。"诏许之。以沐川等五寨割隶嘉定者，还隶马湖蛮部总管府。己亥，荧惑犯氐。庚子，太白犯鬼。胶州连岁大水，民采橡而食，命减价粜米以赈之。霸、漷二州霖雨害稼，免其今年田租。乙巳，太阴掩毕。诸王也真部曲饥，分五千户就食济南。保定路唐县野蚕茧丝可为帛。壬子，命斡端戍兵三百一十人屯田。命六卫造军器。八月癸丑朔，诸王也真言："臣近将济宁投下蒙古军东征，其家皆乏食，愿赐济南路岁赋银，使易米而食。"诏辽阳省给米万石赈之。丙辰，荧惑犯房。袁之萍乡县进嘉禾。诏安童以本部怯薛蒙古军三百人北征。己未，太白犯轩辕大星。辛酉，免江州学田租。癸亥，尚书省成。壬申，安西省管内大饥，蠲其田租二万一千五百石有奇，仍贷粟赈之。癸酉，以河间等路盐运司兼管顺德、广平、綦阳三铁冶。丙子，发米三千石赈灭吉儿带所部饥民。赵、晋、冀三州蝗。丁丑，嘉祥、鱼台、金乡三县霖雨害稼，蠲其租五千石。庚辰，车驾次孛罗海脑儿。以咸平荐经兵乱，发沈州仓赈之。分万亿库为宝源、赋源、绮源、广源四库。九月癸未朔，荧惑犯天江。大驾次野狐岭。甘州旱饥，免逋税四千四百石。丙戌，置汀、梅二州驿。己丑，献、莫二州霖雨害稼，免田租八百余石。壬辰，大驾至大都。乙未，罢檀州淘金户。都哇犯边。庚子，太阴犯毕。鬼国、建都皆遣使来贡方物。从桑哥请，营五库禁中以贮币帛。癸卯，荧惑犯南斗。命忽都忽民户履地输税。尚书省臣言："自立尚书省，凡仓库诸司无不钩考，宜置征理司，秩正三品，专治合追财谷，以甘肃等处行尚书省参政秃烈羊呵、佥省吴诚并为征理使。"从之。升宝钞总库、永盈库并为从五品。改八作司为提举八作司，秩正六品。增元宝、永丰及八作司官吏俸。庚戌，太医院新编《本草》成。冬十月己未，享于太庙。庚申，从桑哥请，以省、院、台官十二人理算江淮、江西、福建、四川、甘肃、安西六省钱谷，给兵使以为卫。乌思藏宣慰使软奴汪术尝赈其管内兵站饥户，桑哥请赏之，赐银二千五百两。甲子，置虎贲司，复改为武卫司。丙寅，赐瀛国公赵㬎钞百锭。以甘州转运司隶都省。湖广省言："左、右江口溪洞蛮獠，置四总管府，统州、县，洞百六十，而所调官畏惮瘴疠，多不敢赴，请以汉人为达鲁花赤，军官为民职，杂土人用之。"就拟夹谷三合等七十四人以闻，从之。大同民李伯祥、苏永福八人，以谋逆伏诛。庚午，海都犯边。桑哥请明年海道漕运江南米须及百万石。又言："安山至临清，为渠二百六十五里。若开浚之，为工三百万，当用钞三万锭、米四万石、盐五万斤。其陆运夫万三千户复罢为民，其赋入及刍粟之估为钞二万八千锭，费略相当，然渠成亦万世之利。请以今冬备粮费，来春浚之。"制可。丙子，始造铁罗圈甲。瀛国公赵㬎学佛法于土番。己卯，也不干入寇，不都马失引兵奋击之。塔不带反，忽剌忽、阿塔海等战却之。诏免儒户杂徭。尚书省臣请令集贤院诸司，分道钩考江南郡学田所入羡余，贮之集贤院，以给多才艺者，从之。给仓官俸。高丽遣使来贡方物。十一月壬午朔，巩昌路荐饥，免田租之半，仍以钞三千锭赈其贫者。以忽撒马丁为管领甘肃陕西等处屯田等户达鲁花赤，督斡端、可失合儿工匠千五十户屯田。丁亥，金齿遣使贡方物。以山东东西道提刑按察使何荣祖为中书省参知政事。修国子监以居胄子。禁有分地臣私役富室为柴米户及赋外杂徭。柳州民黄德清叛，潮州民蔡猛等拒杀官军，并伏诛。庚寅，床哥里合引兵犯建州，杀三百余人，咸平大震。辛卯，兀良合饥民多殍死，给三月粮。壬辰，罢建昌路屯田总管府。癸巳，赐诸王也里干金五十两、银五千两、钞千锭、币帛纱罗等二千匹。也速带儿、牙林海剌孙执捏坤、忽都答儿两叛王以归。甲午，北兵犯边。诏福建省管内并听行尚书省节制。丙申，合迷里民饥，种不入土，命爱牙赤以屯田余粮给之。己亥，命李思衍为礼部侍郎，充国信使，以万奴为兵部郎中副之，同使安南，诏谕陈日烜亲身入朝，否则必再加兵。大都民史吉等请立桑哥德政碑，从之。辛丑，马八儿国遣使来朝。帖列灭入寇。甲辰，以巩昌便宜都总帅府统五十余城兵民事繁，改为宣慰使司，兼便宜都总帅府。改释教总制院为宣政院，秩从一品，印用三台，以尚书右丞相桑哥兼宣政使。庚戌，益咸平府戍兵三百。十二月乙卯，赐按答儿秃等金千二百五十两、银十二万五千两、钞二万五千锭、币帛布氎布二万三千六百六十六匹。命上都募人运米万石赴和林，应昌府运米三万石给弘吉剌军。丁巳，海都兵犯边，拔都也孙脱迎击，死之。先是，安童将兵临边，为失里吉所执，一军皆没。至是八邻来归，从者凡三百九十人，赐钞万二千五百一十三锭。辛酉，太阴犯毕。癸亥，置大都等路打捕民匠等户总管府。甲子，太阴犯井。辛未，桑哥言："有分地之臣，例以贫乏为辞，希觊赐与。财非天坠地出，皆取于民，苟不慎其出入，恐国用不足。"帝曰："自今不当给者汝即画之，当给者宜覆奏，朕自处之。"甲戌，太阴犯亢，荧惑犯垒壁阵。安西王阿难答来告兵士饥，且阙橐驼，诏给米六千石及橐驼百。乙亥，湖头贼张治囝掠泉州，免泉州今岁田租。丙子，也速不花以昔列门叛。甘肃行省官约诸王八八、拜答罕、驸马昌吉，合兵讨之，皆自缚请罪。独昔列门以其属西走，追至朵郎不带之地，邀而获之，以归于京师。庚辰，六卫屯田饥，给更休三千人六十日粮。高丽国王遣使来贡方物。赐诸王爱牙合赤等金千两、银一万八千三百六十两、丝万两、绵八万三千二百两、金素币一千二百匹、绢五千九十八匹。赐皇子爱牙赤部曲等羊马钞二十九万百四十七锭、马二万六千九百一十四、羊十万二百一十、驼八、牛九百。赒诸王贫乏者，钞二十一万六百锭、马六千七百二十五、羊一万二千八百五十七、牛四十。赐妻子家赀没于寇者，钞三万二千八百八十锭、马羊百，偿以羊马诸物供军者，钞千六百七十四锭、马四千三百二十五、羊三万四千百九十九、驼七十二、牛三十。赏自寇中拔归者，钞四千七十八锭。因雨雹、河溢害稼，除民租二万二千八百石。命亦思麻等七百余人作佛事坐静于玉塔殿、寝殿、万寿山、护国仁王等寺凡五十四会，命天师张宗演设醮三日。以光禄寺直隶都省。置醴源仓，分太仓之曲米药物隶焉。以沧州之军营城为沧溟县，以施州之清江县隶夔路总管府。罢安和署。大司农言耕旷地三千五百七十顷，立学校二万四千四百余所，积义粮三十一万五千五百余石。断死罪九十五人。

二十六年春正月丙戌，地震。诏江淮省忙兀带与不鲁迷失海牙及月的迷失合兵进讨群盗之未平者。己丑，发兵塞沙陀间铁烈儿河。辛卯，拔都不伦言其民千一百五十八户贫乏，赐银十万五千一百五十两。徙江州都转运使司治龙兴。沙不丁上市舶司岁输珠四百斤、金三千四百两，诏贮之以待贫乏者。合丹入寇。戊戌，以荆湖占城省左丞唐兀带副按的忽都合为蒙古都万户，统兵会江淮、福建二省及月的迷失兵，讨盗于江西。蠲漳、汀二州田租。辛丑，遣使代祀、岳渎、后土、东南海。立武卫亲军都指挥使司，以侍卫军六千、屯田军三千、江南镇守军一千，合兵一万隶焉。太阴犯氐。壬寅，海船万户府言："山东宣慰使乐实所运江南米，陆负至淮安，易闸者七，然后入海，岁止二十万石。若由江阴入江至直沽仓，民无陆负之苦，且米石省运估八贯有奇。乞罢胶莱海道运粮万户府，而以漕事责臣，当岁运三十万石。"诏许之。癸卯，高丽遣使来贡方物。贼钟明亮寇赣州，掠宁都，据秀岭，诏发江淮省及邻郡戍兵五千，迁江西省参政管如德为左丞，使将兵往讨。畲民丘大老集众千人寇长泰县，福州达鲁花赤脱欢同漳州路总管高杰讨平之。甲辰，复立光禄寺。戊申，徙广州按察司于韶州。以荆南按察司所统辽远，割三路入淮西，二路入江西。立咸平至聂延驿十五所。废甘州路宣课提举司入宁夏都转运使司。遣参知政事张守智、翰林直学士李天英使高丽，督助征日本粮。二月辛亥朔，诏籍江南户口，凡北方诸色人寓居者亦就籍之。浚沧州御河。癸丑，爱牙合赤请以所部军屯田咸平、懿州，以省粮饷。己未，发和林粮千石赈诸王火你赤部曲。置延禧司，秩正三品。壬戌，合木里饥，命甘肃省发米千石赈之。癸亥，诏立崇福司，为从二品。徙江淮省治杭州，改浙西道宣慰司为淮东道宣慰司，治扬州。丙寅，尚书省臣言："行泉府所统海船万五千艘，以新附人驾之，缓急殊不可用。宜招集乃颜及胜纳合儿流散户为军，自泉州至杭州立海站十五，站置船五艘、水军二百，专运番夷贡物及商贩奇货，且防御海道为便。"从之。命福建行省拜降、江西行院月的迷失、江淮行省忙兀带，合兵击贼江西。大都路总管府判官萧仪尝为桑哥掾，坐受赇事觉，帝贷其死，欲徙为淘金。桑哥以仪尝钩考万亿库，有追钱之能，足赎其死，宜解职杖遣之，帝曲从之。丁卯，幸上都。以中书右丞相伯颜知枢密院事，将北边诸军。成都管军万户刘德禄上言，愿以兵五千人招降八番蛮夷，因以进取交趾。枢密院请立元帅府，以药剌罕及德禄并为都元帅，分四川军万人隶之，帝从之。以伯答儿为中书平章政事。绍兴大水，免未输田租。合丹兵寇胡鲁口，开元路治中兀颜牙兀格战连日，破之。己巳，立左右翼屯田万户府，秩从三品。玉吕鲁奏，江南盗贼凡四百余处，宜选将讨之。帝曰："月的迷失屡以捷闻，忙兀带已往，卿无以为虑。"皇孙甘不剌所部军乏食，发大同路榷场粮赈之。甲戌，命巩昌便宜都总帅汪惟和将所部军万人北征，令过阙受命。乙亥，省屯田六署为营田提举司。三月庚辰朔，日有食之。台州贼杨镇龙聚众宁海，僭称大兴国，寇东阳、义乌，浙东大震。诸王瓮吉带时谪婺州，帅兵讨之。立云南屯田，以供军储。桑哥言："省部成案皆财谷事，当令监察御史即省部稽照，书姓名于卷末，仍命侍御史坚童视之，失则连坐。"从之。安西饥，减估粜米二万石。甘州饥，发钞万锭赈之。己丑，赐陕西屯田总管府农器种粒。癸巳，东流县献芝。甲午，太阴犯亢。乙未，铸浑天仪成。癸巳，金齿人塞完以其民二十万一千户有奇来归，仍进象三。夏四月己酉朔，复立营田司于宁夏府。辽阳省管内饥，贷高丽米六万石以赈之。壬子，孛罗带上别十八里招集户数，令甘肃省赈之。癸丑，命塔海发忽都不花等所部军，屯狗站北以御寇。宝庆路饥，下其估粜米万一千石。丙辰，命甘肃行省给合的所部饥者粟。丁巳，遣官验视诸王按灰贫民，给以粮。戊午，禁江南民挟弓矢，犯者籍而为兵。置江西福建打捕鹰坊总管府，福建转运司及管军总管言其非宜，诏罢之。省江淮屯田打捕提举司七所，存者徐邳、海州、扬州、两淮、淮安、高邮、昭信、安丰、镇巢、蕲黄、鱼网、石湫，犹十二所。甲子，池州贵池县民王勉进紫芝十二本。戊辰，安南国王陈日烜遣其中大夫陈克用等来贡方物。己巳，乞儿乞思户居和林，验其贫者赈之。庚午，沙河决，发民筑堤以障之。癸酉，以高丽国多产银，遣工即其地，发旁近民冶以输官。以莱芜铁冶提举司隶山东盐运司。甲戌，以御史大夫玉吕鲁为太傅，加开府仪同三司，佥江西等处行尚书省事。召江淮行省参知政事忻都赴阙，以户部尚书王巨济专理算江淮省，左丞相忙兀带总之。置浙东、江东、江西、湖广、福建木绵提举司，责民岁输木绵十万匹，以都提举司总之。罢皇孙按摊不花所设断事官也先，仍收其印。尚书省臣言："巩昌便宜都总帅府已升为宣慰使司，乞以旧兼府事别立散府，调官分治。"从之。立诸王爱牙赤投下人匠提举司于益都。并省云南大理、中庆等路州县。丁丑，升市令司为从五品。改大都路甲匠总管府为军器人匠都总管府。尚书省臣言："乃颜以反诛，其人户月给米万七千五百二十三石，父母妻子俱在北方，恐生它志，请徙置江南，充沙不丁所请海船水军。"从之。五月庚辰，发武卫亲军千人浚河西务至通州漕渠。癸未，移诸王小薛饥民就食汴梁，发大同、宣德等路民筑仓于昴兀剌。壬辰，太白犯鬼。软奴王术私以金银器皿给诸王出伯、合班等，且供馈有劳，命有司如数偿之，复赏银五万两、币帛各二千匹。丙申，诏："季阳、益都、淄莱三万户军久戍广东，疫死者众，其令二年一更。"贼钟明亮率众万八千五百七十三人来降，江淮、福建、江西三省所抽军各还本翼。行御史台复徙于扬州，浙西提刑按察司徙苏州。以参知政事忻都为尚书左丞，中书参知政事何荣祖为参知政事，参议尚书省事张天祐为中书参知政事。己亥，设回回国子学。升利用监为从三品。辽阳路饥，免往岁未输田租。尚书省臣言："括大同、平阳、太原无籍民及人奴为良户，略见成效。益都、济南诸道，亦宜如之。"诏以农时民不可扰，俟秋冬行之。罢永盈库，以所贮上供币帛入太府监及万亿库。辛丑，御河溢入会通渠，漂东昌民庐舍。以庄浪路去甘肃省远，改隶安西省。省流江县入渠州。泰安寺屯田大水，免今岁租。青山猫蛮以不莫台、卑包等三十三寨相继内附。六月戊申朔，发侍卫军二千人浚口温脑儿河渠。己酉，巩昌汪惟和言："近括汉人兵器，臣管内已禁绝，自今臣凡用兵器，乞取之安西官库。"帝曰："汝家不与它汉人比，弓矢不汝禁也，任汝执之。"辛亥，诏以云南行省地远，州县官多阙，六品以下，许本省选辟以闻。桂阳路寇乱水旱，下其估粜米八千七百二十石以赈之。己未，西番进黑豹。庚申，诸王乃蛮带败合丹兵于托吾儿河。丙寅，要忽儿犯边。辛巳，诏遣尚书省断事官秃烈羊呵理算云南，复立云南提刑按察司。月的迷失请以降贼钟明亮为循州知州，宋士贤为梅州判官，丘应祥等十八人为县尹、巡尉，帝不允，令明亮、应祥并赴都。大都增设倒钞库三所。辽阳等路饥，免今岁差赋。移八八部曲饥者就食甘州。海都犯边，和林宣慰使怯伯、同知乃满带、副使八黑铁儿皆反应之。合剌赤饥，出粟四千三百二十八石有奇以赈之。甲戌，西南夷中下烂土等处洞长忽带等以洞三百、寨百一十来归，得户三千余。乙亥，金刚奴寇折连怯儿。立江淮等处财赋总管府，掌所籍宋谢太后赀产，隶中宫。丁丑，汲县民朱良进紫芝。济宁、东平、汴梁、济南、棣州、顺德、平滦、真定霖雨害稼，免田租十万五千七百四十九石。秋七月戊寅朔，海都兵犯边，帝亲征。尚珍署屯田大水，从征者给其家。己卯，驸马爪忽儿部曲饥，赈之。辛巳，两淮屯田雨雹害稼，蠲今岁田租。雨坏都城，发兵、民各万人完之。开安山渠成，河渠官礼部尚书张孔孙、兵部郎中李处选、员外郎马之贞言："开魏博之渠，通江淮之运，古所未有。"诏赐名会通河，置提举司，职河渠事。甲申，四川山齐蛮民四寨五百五十户内附。丙戌，命百官市马助边。敕以秃鲁花及侍卫兵百人为桑哥导从。丁亥，发至元钞万锭，市马于燕南、山东、河南、太原、平阳、保定、河间、平滦。戊子，太白经天四十五日。庚寅，黄兀儿月良等驿乏食，以钞赈之。辛卯，太阴犯牛。诏遣牙牙住僧诣江南搜访术艺之士。发和林所屯乞儿乞思等军北征。癸巳，平滦屯田霖雨损稼。甲午，御河溢。东平、济宁、东昌、益都、真定、广平、归德、汴梁、怀孟蝗。乙未，太阴犯岁星。丁酉，命辽阳行省益兵戍咸平、懿州。戊戌，诛信州叛贼鲍惠日等三十三人。左丞李庭等北征。辛丑，发侍卫亲军万人赴上都。河间大水害稼。壬寅，赋百官家，制战袄。癸卯，沙河溢。铁灯扞堤决。八月壬子，霸州大水，民乏食，下其估粜直沽仓米五千石。乙卯，郴之宜章县为广东寇所掠，免今岁田租。辛酉，大都路霖雨害稼，免今岁租赋，仍减价粜诸路仓粮。壬戌，鄜州饥，发河西务米二千石，减其价赈粜之。癸亥，诸王铁失、孛罗带所部皆饥，敕上都留守司、辽阳省发粟赈之。甲子，月的迷失以钟明亮贡物来献。辛未，岁星昼见。癸酉，以八番罗甸宣慰使司隶四川省。台、婺二州饥，免今岁田租。甲戌，诏两淮、两浙都转运使司及江西榷茶都转运司诸人，毋得沮办课。改四川金竹寨为金竹府。徙浙东道提刑按察司治婺州，河东山西道提刑按察司治太原，宣慰司治大同。九月戊寅，岁星犯井。己卯，置高丽国儒学提举司，从五品。丙戌，罢济州泗汶漕运使司。丁亥，罢斡端宣慰使元帅府。癸巳，以京师籴贵，禁有司拘顾商车。乙未，太阴犯毕。丙申，荧惑犯太微西垣上将。增浙东道宣慰使一员。江淮省平章沙不丁言："提调钱谷，积怨于众，乞如要束木例，拨戍兵三百人为卫。"从之。平滦、昌国等屯田霖雨害稼。甲辰，以保定、新城、定兴屯田粮赈其户饥贫者。乙巳，诏福建省及诸司毋沮扰魏天祐银课。冬十月癸丑，营田提举司水害稼。太阴犯牛宿距星。甲寅，荧惑犯右执法。以驼运大都米五百石有奇给皇子北安王等部曲。乙卯，以八番、罗甸隶湖广省。丙辰，禁内外百官受人馈酒食者，没其家赀之半。甲子，享于太庙。己巳，赤那主里合花山城置站一所。癸酉，尚书省臣言："沙不丁以便宜增置浙东二盐司，合浙东、西旧所立者为七，乞官知盐法者五十六人。"从之。平滦水害稼。以平滦、河间、保定等路饥，弛河泊之禁。闰十月戊寅，车驾还大都。尚书省臣言："南北盐均以四百斤为引，今权豪家多取至七百斤，莫若先贮盐于席，来则授之为便。"从之。庚辰，桑哥言："初改至元钞，欲尽收中统钞，故令天下盐课以中统、至元钞相半输官。今中统钞尚未可急敛，宜令税赋并输至元钞，商贩有中统料钞，听易至元钞以行，然后中统钞可尽。"从之。月的迷失以首贼丘应祥、董贤举归于京师。癸未，命辽阳行省给诸王乃蛮带民户乏食者。乙酉，命自今所授宣敕并付尚书省。通州河西务饥，民有鬻子、去之他州者，发米赈之。丙戌，西南夷生番心楼等八族计千二百六十户内附。广东贼钟明亮复反，以众万人寇梅州，江罗等以八千人寇漳州，又韶、雄诸贼二十余处皆举兵应之，声势张甚。诏月的迷失复与福建、江西省合兵讨之，且谕旨月的迷失："钟明亮既降，朕令汝遣之赴阙，而汝玩常不发，致有是变。自今降贼，其即遣之。"丁亥，安南国王陈日烜遣使来贡方物。左、右卫屯田新附军以大水伤稼乏食，发米万四百石赈之。辰星犯房。己丑，太阴犯毕，荧惑犯进贤。庚寅，江西宣慰使胡颐孙援沙不丁例，请至元钞千锭为行泉府司，岁输珍异物为息，从之，以胡颐孙遥授行尚书省参政、泉府太卿、行泉府司事。诏籍江南及四川户口。丙申，宝坻屯田大水害稼。河南宣慰司请给管内河间、真定等路流民六十日粮，遣还其土，从之。婺州贼叶万五以众万人寇武义县，杀千户一人，江淮省平章不邻吉带将兵讨之。遣使钩考大同钱谷及区别给粮人户。庚子，取石泗滨为磬，以补宫县之乐。辛丑，罗斛、女人二国遣使来贡方物。癸卯，禁杀羔羊。浙西宣慰使史弼请讨浙东贼，以为浙东道宣慰使，位合剌带上。甲辰，武平路饥，发常平仓米万五千石。赈保定等屯田户饥，给九十日粮。檀州饥民刘德成犯猎禁，诏释之。湖广省臣言："近招降赣州贼胡海等，令将其众屯田自给，今过耕时，不恤之，恐生变。"命赣州路发米千八百九十石赈之。丙午，缅国遣委马剌菩提班的等来贡方物。十一月丙午朔，回回、昔宝赤百八十六户居汴梁者，申命宣慰司给其田。丁未，禁江南、北权要之家毋沮盐法。戊申，敕尚书省发仓赈大都饥民。壬子，漳州贼陈机察等八千人寇龙岩，执千户张武义，与枫林贼合。福建行省兵大破之，陈机察、丘大老、张顺等以其党降。行省请斩之以警众，事下枢密院议。范文虎曰："贼固当斩，然既降乃杀之，何以示信？宜并遣赴阙。"从之。癸丑，建宁贼黄华弟福，结陆广、马胜复谋乱，事觉，皆论诛。甲寅，瓜、沙二州城坏，诏发军民修完之。丙辰，罢阿你哥所领采石提举司。发米五百八十七石给昔宝赤五百七十八人之乏食者。丁巳，平滦、昌国屯户饥，赈米千六百五十六石。改播州为播南路。丁卯，诏山东东路毋得沮淘金。赈文安县饥民。陕西凤翔屯田大水。戊辰，太阴犯亢。己巳，发米千石赈平滦饥民。改平恩镇为丘县。武平路饥，免今岁田租。桓州等驿饥，以钞给之。十二月丁丑，蠡州饥，发义仓粮赈之。戊寅，罢平州望都、榛子二驿，放其户为民。辛巳，诏括天下马，一品、二品官许乘五匹，三品三匹，四品、五品二匹，六品以下皆一匹。平滦大水伤稼，免其租。小薛坐与合丹秃鲁干通谋叛，伏诛。绍兴路总管府判官白絜矩言："宋赵氏族人散居江南，百姓敬之不衰，久而非便，宜悉徙京师。"桑哥以闻，请擢絜矩为尚书省舍人，从之。给玉吕鲁所招集户五百人九十日粮。徙瓮吉剌民户贫乏者就食六盘。乙酉，命四川蒙古都万户也速带选所部军万人西征。太白犯南斗。丁亥，封皇子阔阔出为宁远王。河间、保定二路饥，发义仓粮赈之，仍免今岁田租。木邻站经乱乏食，给九十日粮。命回回司天台祭荧惑。庚寅，秃木合之地霜杀稼，秃鲁花之地饥，给九十日粮。甲午，以官军万户汪惟能为征西都元帅，将所部军入漠，其先戍漠兵无令还翼。乙未，蠲大名、清丰逋租八百四十石，命甘肃行省赈千户也先所部人户之饥者，给钞赈黄兀儿月良站人户。庚子，武平饥，以粮二万三千六百石赈之。伯颜遣使来言边民乏食，诏赐网罟，使取鱼自给。拔都昔剌所部阿速户饥，出粟七千四百七十石赈之。癸卯，发麦赈广济署饥民。是岁，马八儿国进花驴二，宁州民张世安进嘉禾二本。诏天下梵寺所贮《藏经》，集僧看诵，仍给所费，俾为岁例。幸大圣寿万安寺，置旃檀佛像，命帝师及西僧作佛事坐静二十会。免灾伤田租：真定三万五千石，济宁二千一百五十四石，东平一百四十七石，大名九百二十二石，汴梁万三千九十七石，冠州二十七石。赐诸王、公主、驸马如岁例，为金二千两、银二十五万二千六百三十两、钞一十一万二百九十锭、币十二万二千八百匹。断死罪五十九人。

卷十六　　本纪第十六

世祖十三

二十七年春正月戊申，改大都路总管府为都总管府。庚戌，太白犯牛。改储偫提举司为军储所，秩从三品。

以河东山西道宣慰使阿里火者为尚书右丞，宣慰使如故。癸丑，太阴犯井。敕从臣子弟入国子学。安南国王陈日烜遣其中大夫陈克用来贡方物。乙卯，造祀天幄殿。高丽国王王瞶遣使来贡方物。丁巳，遣使代祀岳、渎、海神、后土。戊午，辽阳自乃颜之叛，民甚疲敝，发钞五千八十锭赈之。己未，赐镇远王牙忽都、靖远王合带涂金银印各一。章吉寇甘木里，诸王术伯、拜答寒、亦怜真击走之。庚申，赈马站户饥。给滕竭儿回回屯田三千户牛、种。辛酉，营懿州仓。壬戌，造长甲给北征军。乙丑，伸思、八儿术答儿、移剌四十、石抹蛮忒四人，以谋不轨伏诛。丙寅，合丹余寇未平，命高丽国发耽罗戍兵千人讨之。赐河西质子军五百人马。丁卯，荧惑犯房。高丽国王王瞶言："臣昔宿卫京师，遭林衍之叛，国内大乱，高丽民居大同者皆籍之，臣愿复以还高丽为民。"从之。己巳，改西南番总管府为永宁路。辛未，赐也速带儿所部万人钞万锭。丰闰署田户饥，给六十日粮。无为路大水，免今年田租。癸酉，忻都所部别笳儿田户饥，给九十日粮。降临淮府为盱眙县，隶泗州。复立兴文署，掌经籍板及江南学田钱谷。合丹寇辽东海阳。二月乙亥朔，立全罗州道万户府。江西诸郡盗未平，诏江淮行省分兵一千益之。命太仆寺毋隶宣徽院。丙子，新附屯田户饥，给六十日粮。顺州僧、道士四百九十一人饥，给九十日粮。戊寅，太阴犯毕。开元路宁远等县饥，民、站户逃徙，发钞二千锭赈之。播州安抚使杨汉英进雨毡千，驸马铁别赤进罗罗斯雨毡六十、刀五十、弓二十。己卯，兴州兴安饥，给九十日粮。庚辰，伯答罕民户饥，给六十日粮。辛巳，括河间昔宝赤户口。癸未，泉州地震。乙酉，赈新附民居昌平者。丙戌，改奉先县为房山县。泉州地震。己丑，江西群盗钟明亮等复降，诏徙为首者至京师，而给其余党粮。浙东诸郡饥，给粮九十日。庚寅，太阴犯亢。辛卯，复立南康、兴国榷茶提举司，秩从五品。发虎贲更休士二千人赴上都修城。河间路任丘饥，给九十日粮。癸巳，晋陵、无锡二县霖雨害稼，并免其田租。江西贼华大老、黄大老等掠乐昌诸郡，行枢密院讨平之。阇兀所部阑遗户饥，给六十日粮。常宁州民遭群盗之乱，免其田租。己亥，保定路定兴饥，发粟五千二百六十四石赈之。辛丑，唆欢禾稼不登，给九十日粮。三月乙巳，中山畋户饥，给六十日粮。戊申，广济署饥，给粟二千二百五十石以为种。壬子，荧惑犯钩钤。蓟州渔阳等处稻户饥，给三十日粮。戊午，出忙安仓米，赈燕八撒儿所属四百二十人。己未，改云南蒙怜甸为蒙怜路军民总管府，蒙莱甸为蒙莱路。放罢福建猎户、沙鱼皮户为民，以其事付有司总之。发云州民夫凿银洞。永昌站户饥，卖子及奴产者甚众，命甘肃省赎还，给米赈之。并福、泉二州人匠提举司为一，仍放无役者为民。庚申，升御史台侍御史正四品，治书侍御史正五品，增蒙古经历一员，从五品。罢行司农司及各道劝农营田司；增提刑按察司佥事二员，总劝农事。四川行省旧移重庆，成都之民苦于供给，诏复徙治成都。立江南营田提举司，秩从五品，掌僧寺赀产。放寿、颍屯田军千九百五十九户为民，撤江南戍兵代之。凡工匠隶吕合剌、阿尼哥、段贞无役者，皆区别为民。诏风宪之选仍归御史台，如旧制。置金竹府大隘等四十二寨蛮夷长官。癸亥，建昌贼丘元等称大老，集众千余人，掠南丰诸郡，建昌副万户擒斩之。甲子，杨震龙余众剽浙东，总兵官讨贼者，多俘掠良民，敕行御史台分拣之，凡为民者千六百九十五人。庚午，以建昌路广昌县经钟明亮之乱，免其田租九千四百四十七石。辛未，太平县贼叶大五集众百余人寇宁国，皆擒斩之。夏四月癸酉朔，大驾幸上都。婺州螟害稼，雷雨大作，螟尽死。丙子，太阴犯井。辛巳，命大都路以粟六万二千五百六十四石赈通州、河西务等处流民。芍陂屯田以霖雨河溢，害稼二万二千四百八十亩有奇，免其租。癸未，罢海道运粮万户府。江淮行省言："近朝廷遣白絮矩来，与沙不丁议，令发兼并户偕宋宗族赴京，人心必致动摇，江南之民方患增课、料民、括马之苦，宜俟它日行之。"从之。阿速敦等二百九十五人乏食，命验其实，给粮赈之。改利津海道运粮万户府为临清御河运粮上万户府。诸王小薛部曲万二千六十一户饥，给六十日粮。发六卫汉军万人伐木为修城具。甲申，以荐饥免今岁银俸钞，其在上都、大都、保定、河间、平滦者万一百八十锭，在辽阳省者千三百四十八锭有奇。丙戌，遣桑吉剌失等诣马八儿国访求方伎士。壬辰，荧惑守氐十余日。癸巳，河北十七郡蝗。千户也先、小阔阔所部民及喜鲁、不别等民户并饥，敕河东诸郡量赈之。千户也不干所部乏食，敕发粟赈之。太傅玉吕鲁言："招集斡者所属亦乞烈，今已得六百二十一人，令与高丽民屯田，宜给其食。"敕辽阳行省验实给之。平山、真定、枣强二县旱，灵寿、元氏二县大雨雹，并免其租。丁酉，以钞二千五百锭赈昌平至上都站户贫乏者。定兴站户饥，给三十日粮。己亥，命考大都路贫病之民在籍者，二千八百三十七人，发粟二百石赈之。庚子，合丹复寇海阳。复立安和署，从六品。五月乙巳，罢秦王典藏司，收其印。括江南阑遗人杂畜、钱帛。合丹寇开元。戊申，江西行省管如德、江西行院月的迷失合兵讨反寇钟明亮，明亮降，诏缚致阙下，如德等留不遣，明亮复率众寇赣州。枢密院以如德等违诏纵贼，请诘之，从之。诏罢江西行枢密院。庚戌，陕西南市屯田陨霜杀稼，免其租。壬子，赐诸王铁木儿等军一万七百人粮，一人一从者五石，二人一从者七石五斗。丙辰，发粟赈御河船户。叙州等处诸部蛮夷进雨毡八百。戊午，移江西行省于吉州，以便捕盗。尚书省遣人行视云南银洞，获银四千四十八两。奏立银场官，秩从七品。出鲁等千一百一十五户饥，给六十日粮。癸亥，敕："诸王分地之民有讼，王傅与所置监郡同治，无监郡者，王傅听之。"平滦民万五千四百六十五户饥，赈粟五千石。徽州绩溪贼胡发、饶必成伏诛。乙丑，太阴犯填星。丙寅，罢奉宸库。迁江西行尚书省参政杨文璨为左丞，文璨逾岁不之官，诏以外剌带代之。外剌带至，文璨复署事，桑哥乃奏文璨升右丞。江西行省言："吉、赣、湖南、广东、福建以禁弓矢，贼益发，乞依内郡例，许尉兵持弓矢。"从之。己巳，立云南行御史台。命彻里铁木儿所部女直、高丽、契丹、汉军输地税外，并免他徭。江阴大水，免田租万七百九十石。庚午，复置诸王也只里王傅，秩正四品。尚珍署广备等屯大水，免其租。伯要民乏食，命撒的迷失以车五百辆运米千石赈之。婺州永康、东阳，处州缙云贼吕重二、杨元六等反，浙东宣慰使史弼禽斩之。泉州南安贼陈七师反，讨平之。括天下阴阳户口，仍立各路教官，有精于艺者，岁贡各一人。六月壬申朔，升闰盐州为柏兴府，降普乐州为闰盐县，金州为金县。河溢太康，没民田三十一万九千八百余亩，免其租八千九百二十八石。纳邻等站户饥，给九十日粮。甲戌，桑州总管黄布蓬、那州长罗光寨、安郡州长闭光过率蛮民万余户内附。丙子，放保定工匠楚通等三百四十一户为民。庚辰，从江淮行省请，升广济库为提举司，秩从五品。用江淮省平章沙不丁言，以参政王巨济钩考钱谷有能，赏钞五百锭。缮写金字《藏经》，凡縻金三千二百四十四两。广州增城、韶州乐昌以遭畲贼之乱，并免其田租。杭州贼唐珍等伏诛。己丑，荧惑犯房。辛卯，敕应昌府以米千二百石给诸王亦只里部曲。壬辰，别给江西行省印，以便分省讨贼。泉州大水。丙申，发侍卫兵万人完都城。丁酉，大司徒撒里蛮、翰林学士承旨兀鲁带进《定宗实录》。己亥，棣州厌次、济阳大风雹，害稼，免其租。庚子，从江西省请，发各省戍兵讨贼。辛丑，免河间、保定、平滦岁赋丝之半。怀孟路武陟县、汴梁路祥符县皆大水，蠲田租八千八百二十八石。秋七月，终南等屯霖雨害稼万九千六百余亩，免其租。丙午，禁平地、忙安仓酿酒，犯者死。戊申，江西霖雨，赣、吉、袁、瑞、建昌、抚水皆溢，龙兴城几没。癸丑，罢缅中行尚书省。江淮省平章沙不丁，以仓库官盗欺钱粮，请依宋法黥而断其腕，帝曰："此回回法也。"不允。免大都路岁赋丝。戊午，贵州猫蛮三十余人作乱，劫顺元路，入其城，遂攻阿牙寨，杀伤官吏，其众遂盛。湖广省檄八番蔡州、均州二万户府及八番罗甸宣慰司合兵讨之。凤翔屯田霖雨害稼，免其租。建平贼王静照伏诛。辛酉，荧惑犯天江。壬申，驻跸老鼠山西。乙丑，芜湖贼徐汝安、孙惟俊等伏诛。丙寅，云南阇力白衣甸酋长凡十一甸内附。丁卯，用桑哥言，诏遣庆元路总管毛文豹搜括宋时民间金银诸物，已而罢之。沧州乐陵旱，免田租三万三百五十六石。江夏水溢，害稼六千四百七十余亩，免其租。魏县御河溢，害稼五千八百余亩，免其租百七十五石。八月辛未朔，日有食之。并广东道真阳、浛光二县为英德州。沁水溢，害冀氏民田，免其租。禁诸人毋沮平阳、太原、大同宣课。丁丑，广州清远大水，免其租。庚辰，免大都、平滦、河间、保定四路流民租赋及酒醋课。丁亥，复徙四川南道宣慰司于重庆府。以南安、赣、建昌、南丰州尝罹钟明亮之乱，悉免其田租。癸巳，地大震，武平尤甚，压死按察司官及总管府官王连等及民七千二百二十人，坏仓库局四百八十间，民居不可胜计。己亥，帝闻武平地震，虑乃颜党入寇，遣平章政事铁木儿、枢密院官塔鲁忽带引兵五百人往视。九月壬寅，河东山西道饥，敕宣慰使阿里火者炒米赈之。癸卯，岁星犯鬼。申严汉人田猎之禁。乙巳，禁诸王遣僧建寺扰民。敕河东山西道宣慰使阿里火者发大同钞本二十万锭，籴米赈饥民。平章政事阇里铁木儿帅师与合丹战于瓦法，大破之。丁未，御河决高唐，没民田，命有司塞之。戊申，武平地震，盗贼乘隙剽劫，民愈忧恐。平章政事铁木儿以便宜蠲租赋，罢商税，弛酒禁，斩为盗者；发钞八百四十锭，转海运米万石以赈之。金竹府知府扫闾贡马及雨毡，且言："金竹府虽内附，蛮民多未服。近与赵坚招降竹古弄、古鲁花等三十余寨，乞立县，设长官、总把，参用土人。"从之。己酉，福建省以管内盗贼蜂起，请益戍兵，命江淮省调下万户一军赴之。发蒙古都万户府探马赤军五百人戍鄂州。辛亥，修东海广德王庙。丙辰，赦天下。丁卯，命江淮行省钩考行教坊司所总江南乐工租赋，置四巡检司于宿迁之北。以所罢陆运夫为兵，护送会通河上供之物，禁发民挽舟。冬十月壬申，封皇孙甘麻剌为梁王，赐金印，出镇云南。癸酉，享于太庙。甲戌，立会通汶泗河道提举司，从四品。丁丑，尚书省臣言："江阴、宁国等路大水，民流移者四十五万八千四百七十八户。"帝曰："此亦何待上闻，当速赈之！"凡出粟五十八万二千八百八十九石。己卯，增上都留守司副留守、判官各一员。从甘肃行省请，签管内民千三百人为兵，以戍其境。辛巳，太白犯斗。只深所部八鲁剌思等饥，命宁夏路给米三千石赈之。禁大同路酿酒。乙酉，门答占自行御史台入觐。梁洞梁宫朝、吴曲洞吴汤暖等凡二十洞，以二千余户内附。丁亥，赐北边币帛十万匹。己丑，新作太庙登歌、宫悬乐。以昔宝赤岁取鸬鹚成都扰民，罢之。十一月辛丑，广济署洪济屯大水，免租万三千一百四十一石。兴、松二州陨霜杀禾，免其租。隆兴苦盐泺等驿饥，发钞七千锭赈之。丁未，大同路蒙古多冒名支粮，置千户、百户十员，以达鲁花赤总之，食粮户以富为贫者，籍家赀之半。戊申，太阴掩镇星。桑哥言："向奉诏，内外官受命不赴及受代官居五年不赴铨者，罢不复叙。臣谓苟无大故，不可终弃。"帝复允其请。江淮行省平章不怜吉带言："福建盗贼已平，惟浙东一道，地极边恶，贼所巢穴。复还三万户，以合剌带一军戍沿海明、台，亦怯烈一军戍温、处，札忽带一军戍绍兴、婺。共宁国、徽，初用土兵，后皆与贼通，今以高邮、泰两万户汉军易地而戍。杨州、建康、镇江三城，跨据大江，人民繁会，置七万户府。杭州行省诸司府库所在，置四万户府。水战之法，旧止十所，今择濒海沿江要害二十二所，分兵阅习，伺察诸盗。钱塘控扼海口，旧置战船二十艘，故海贼时出，夺船杀人，今增置战船百艘、海船二十艘，故盗贼不敢发。"从之。庚戌，罢云南会川路采碧甸子。甲寅，禁上都酿酒。乙卯，贵赤三百三十户乏食，发粟赈之。己未，禁山后酿酒。庚申，赐伯颜所将兵，币帛各万三千四百匹、绵三千四百斤。辛酉，太阴掩左执法。隆兴路陨霜杀稼，免其田租五千七百二十三石。壬戌，大司徒撒里蛮、翰林学士承旨兀鲁带进《太宗实录》。癸亥，河决祥符义唐湾，太康、通许，陈、颍二州大被其患。甲子，御史台言："江南盗起，讨贼官利其剽掠，复以生口充赠遗，请给还其家。"帝嘉纳之。徙河北河南道提刑按察司治许州。罢大都东西二驿脱脱禾孙，以通政院总之。乙丑，易水溢，雄、莫、任丘、新安田庐漂没无遗，命有司筑堤障之。丙寅，括辽阳马六千匹，择肥者给阇里铁木儿所部军。丁卯，立新城榷场、平地脱脱禾孙，遣使钩考延安屯田。降南雄州为保昌县，韶州为曲江县。十二月辛未，以卫尉院为太仆寺。戊寅，免大都、平滦、保定、河间自至元二十四年至二十六年逋租十三万五百六十二石。己卯，命枢密院括江南民间兵器及将士习武，如戊子岁诏。甲申，遣兵部侍郎靳荣等阅实安西、凤翔、延安三道军户，元籍四千外，复得三万三千二百八十丁，枢密院欲以为兵，桑哥不可，帝从之。丙戌，兴化路仙游贼朱三十五集众寇青山，万户李纲讨平之。京兆省上屯田所出羊价钞六百九锭，敕以赐札散、暗伯民贫乏者。辛卯，太阴犯亢。乙未，初，分万亿为四库，以金银输内府，至是，立提举富宁库，秩从五品，以掌之。大同路民多流移，免其田租二万一千五百八石。洪赞、滦阳驿饥，给六十日粮。不耳答失所部灭乞里饥，给九十日粮。诏诸王乃蛮带、辽阳行省平章政事薛阇干、右丞洪察忽，摘蒙古军万人分戍双城及婆娑府诸城，以防合丹兵。己亥，省溧阳路为县，入建康。湖广省上二年宣课珠九万五百一十五两。处州青田贼刘甲、乙等集众万余人寇温州平阳。是岁，赐诸王、公主、驸马金、银、钞、币如岁例。命帝师西僧递作佛事坐静于万寿山厚载门、茶罕脑儿、圣寿万安寺、桓州南屏庵、双泉等所，凡七十二会。断死罪七十二人。

二十八年春正月壬寅，太白、荧惑、镇星聚奎。癸卯，给诸王爱牙赤印。命玄教宗师张留孙置醮祠星三日。上都民仰食于官者众，诏佣民运米十万石致上都，官价石四十两，命留守木八剌沙总其事。辛亥，罢汴梁至正阳、杞县、睢州、中牟、郑、唐、邓十二站站户为民。癸丑，高丽国遣使来贡方物。丁巳，遣贵由赤四百人北征。辛酉，罢江淮漕运司，并于海船万户府，由海道漕运。并浙西金玉人匠提举司入浙西道金玉人匠总管府。降无为、和州二路、六安军为州，巢州为县，入无为，并隶庐州路。升安丰府为路，降寿春府、怀远军为县，怀远入濠州，并隶安丰路。升各处行省理问所为四品。免江淮贫民至元十二年至二十五年所逋田租二百九十七万六千余石，及二十六年未输田租十三万石、钞千一百五十锭、丝五千四百斤、绵千四百三十余斤。罢淘金提举司，立江东两浙都转运使司。壬戌，以札散、秃秃合总兵于瓮古之地，命有司供其军需，敕大同路发米赈瓮古饥民。尚书省臣桑哥等以罪罢。二月辛未，赐也速带儿所部兵骒马万匹。徙万亿库金银入禁中富宁库。尚书省言："大同仰食于官者七万人，岁用米八十万石，遣使覆验，不当给者万三千五百人，乞征还官。"从之。癸酉，以陇西四川总摄辇真术纳思为诸路释教都总统。改福建行省为宣慰司，隶江西行省。诏："行御史台勿听行省节度。"云南行省言："叙州、乌蒙水路险恶，舟多破溺，宜自叶稍水站出陆，经中庆，又经盐井、土老、必撒诸蛮，至叙州庆符，可治为驿路，凡立五站。"从之。也速带儿、汪总帅言："近制，和顾和买不及军家，今一切与民同。"诏自今军勿输。丙子，罢征理司。上都、太原饥，免至元十二年至二十六年民间所逋田租三万八千五百余石，遣使同按察司赈大同、太原饥民，口给粮两月或三月。以桑哥党与，罢扬州路达鲁花赤唆罗兀思。遣官覆验水达达、咸平贫民，赈之。丁丑，以太子右詹事完泽为尚书右丞相，翰林学士承旨不忽木平章政事，诏告天下。以列兀难粳米赈给贫民。己卯，遣官持香诣中岳、南海、淮渎致祷。立金齿等处宣慰司都元帅府。以上都虎贲士二千人屯田，官给牛具农器，用钞二万锭。以云南曲靖路宣抚司所辖地广，民心未安，改立曲靖等处宣慰司、管军万户府以镇之，辛巳，以湖广行省八番罗甸司复隶四川省。壬午，以桑哥沮抑台纲，又箠监察御史，命御史大夫月儿鲁辨之。癸未，太阴犯左执法。大驾幸上都，是日次大口，复召御史台及中书、尚书两省官辨论桑哥之罪。复以阑遗监隶宣徽院。诏毋沮扰山东转运使司课程。甲申，太白犯昴。命江淮行省钩考沙不丁所总詹事院江南钱谷。乙酉，立江淮、湖广、江西、四川等处行枢密院，诏谕中外，江淮治广德军，湖广治岳州，江西治汀州，四川治嘉定。丙戌，诏："改提刑按察司为肃政廉访司，每道仍设官八员，除二使留司以总制一道，余六人分临所部，如民事、钱谷、官吏奸弊，一切委之，俟岁终，省、台遣官考其功效。"以集贤大学士何荣祖为尚书右丞，集贤学士贺胜为尚书省参知政事。诏江淮行省遣蒙古军五百、汉兵千人，从皇子镇南王镇扬州。执河间都转运使张庸，仍遣官钩考其事。丁亥，营建宫城南面周庐，以居宿卫之士。执湖广要束木诣京师，戊子，籍要束木家赀，金凡四千两。辛卯，封诸王铁木儿不花为肃远王，赐之印。壬辰，雨坏太庙第一室，奉迁神主别殿。癸巳，籍桑哥家赀。遣行省、行台官发粟，赈徽之绩溪，杭之临安、余杭、于潜、昌化、新城等县饥民。命江淮行省参政燕公楠整治盐法之弊。丁酉，诏加岳、渎、四海封号，各遣官诣祠致告。三月己亥朔，真定、河间、保定、平滦饥，平阳、太原尤甚，民流移就食者六万七千户，饥而死者三百七十一人。桑哥妻弟八吉由为燕南宣慰使，以受赂积赃伏诛。仆桑哥辅政碑。太原饥，严酒禁。丁未，太阴犯御女。己酉，大阴犯右执法。庚戌，太阴犯太微东垣上相。甲寅，常德路水，免田租二万三千九百石。乙卯，太白犯五车。乃颜所属牙儿马兀等同女直兵五百人追杀内附民余千人，遣塔海将千人平之。辛酉，吕连站木赤五十户饥，赈三月粮。发侍卫兵营紫檀殿。壬戌，以甘肃行省右丞崔彧为中书右丞。南丹州莫国麟入觐，授国麟安抚使、三珠虎符。杭州、平江等五路饥，发粟赈之，仍弛湖泊蒲、鱼之禁。溧阳、太平、徽州、广德、镇江五路亦饥，赈之如杭州。武平路饥，百姓困于盗贼军旅，免其去年田租。凡州郡田尝被灾者悉免其租，不被灾者免十之五。罢甘州转运司。江淮豪家多行贿权贵，为府县卒史，容庇门户，遇有差赋，惟及贫民，诏江淮行省严禁之。赈辽阳、武平饥民，仍弛捕猎之禁。夏四月己巳，禁屠牸牝羊。甲戌，诏各路府、州、司、县长次官兼管诸军奥鲁。以地震故，免侍卫兵籍武平者今岁徭役。增置钦察卫经历一员，用汉人为之，余不得为例。庚辰，弛杭州西湖禽鱼禁，听民网罟。丙戌，诏凡负斡脱银者，入还皆以钞为则。乙未，岁星犯舆鬼。以沙不丁等米赈江南饥民。召朱清、张瑄诣阙。庚寅，并总制院入宣政院。以钞法故，召叶李还京师。乙未，徙湖广行枢密院治鄂州。丙申，以米三千石赈阔里吉思饥民。五月戊戌，召江西行枢密院副使阿里诣阙，升章佩监秩三品。遣脱脱、塔剌海、忽辛三人追究僧官江淮总摄杨琏真伽等盗用官物。以参知政事廉希恕为湖广等处行省右丞，行海北海南道宣慰使都元帅，琼州安抚使陈仲达海北海南道宣慰使都元帅，湖广行省左右司郎中不颜于思、别十八里副元帅王信并同知海北海南道宣慰司事副元帅，并佩虎符，将二千二百人以征黎蛮，僚属皆从仲达辟置。立左右两江宣慰司都元帅府。壬寅，太阴犯少民。徙江淮行枢密院治建康。甲辰，中书省臣麦术丁、崔彧言："桑哥当国四年，诸臣多以贿进，亲旧皆授要官，唯以欺蔽九重、朘削百姓为事，宜令两省严加考核，并除名为民。"从之。要束木以桑哥妻党为湖广行省平章，至是坐不法者数十事，诏械致湖广省诛之。辛亥，以太原及杭州饥，免今岁田租。增河东道宣慰使一员。征太子赞善刘因；因前为太子赞善，以继母病去，至是母亡，以集贤学士征之，不起。罢脱脱、塔剌海、忽辛等理算僧官钱谷。罢江南六提举司岁输木绵。巩昌旧惟总帅府，桑哥特升为宣慰司，以其弟答麻剌答思为使，桑哥败，惧诛自杀，至是复总帅府。增置异珍、御带二库，秩从五品，并设提点、使、副各一员。减中外冗官三十七员。宫城中建蒲萄酒室及女工室。诏以桑哥罪恶系狱按问，诛其党要束木、八吉等。发兵塞晃火儿月连地河渠，修城堡，令蒙古戍兵屯田川中以御寇。癸丑，罢尚书省事皆入中书，改尚书右丞相、右詹事完泽为中书右丞相，平章政事麦术丁、不忽木并中书平章政事，尚书右丞何荣祖中书右丞，尚书左丞马绍中书左丞，参知政事贺胜、高翥并参知中书政事；征东行尚书省左丞相、驸马高丽国王王睶为征东行中书省左丞相。罢大都烧钞库，仍旧制，各路昏钞令行省官监烧。增置户部司计、工部司程，正七品。甲寅，太阴犯牛。赈上都、桓州、榆林、昌平、武平、宽河、宣德、西站、女直等站饥民。乙卯，以政事悉委中书，仍遣使布告中外。诏禁失陷钱粮者托故诣京师。丁巳，建白塔二，各高一丈一尺，以居咒师朵四的性吉等七人。何荣祖以公规、治民、御盗、理财等十事缉为一书，名曰《至元新格》，命刻版颁行，使百司遵守。桑哥尝以刘秉忠无子，收其田土，其妻窦氏言秉忠尝鞠犹子兰章为嗣，敕以地百顷还之。己未，以门答占复为御史大夫，行御史台事。高丽国王王睶乞以其子謜为世子，诏立謜为高丽王世子，授特进上柱国，赐银印。六月丁卯朔，禁蒙古人往回回地为商贾者。湖广饥，敕以剌里海牙米七万石赈之。辛巳，洞蛮镇远立黄平府。乙酉，以云南诸路行省参知政事兀难为梁王傅。洗国王洞主、市备什王弟同来朝。益江淮行院兵二万击郴州、桂阳、宝庆、武冈四路盗贼。以汴梁逃人男女配偶成家，给农具耕种。丙戌，敕："屯田官以三岁为满，互于各屯内调用。"宣谕江淮民恃总统琏真加力不输租者，依例征输。辛卯，太阴犯毕。癸巳，以涟、海二州隶山东宣慰司。秋七月丙申朔，云南省参政怯剌言："建都地多产金，可置冶，令旁近民炼之以输官。"从之。己亥，太白犯井。诏谕尚州等处诸洞蛮夷。庚子，徙江西行枢密院治赣州。乙巳，大都饥，出米二十五万四千八百石赈之。戊申，扬州路学正李淦上言："人皆知桑哥用群小之罪，而不知尚书右丞叶李妄举桑哥之罪，宜斩叶李以谢天下。"有旨驿召淦诣京师，淦至而李卒，除淦江阴路教授，以旌直言。给还行台监察御史周祚妻子。祚尝劾行尚书省官，桑哥诬以他罪，流祚于憨答孙，妻子家赀入官，及是还之。禁屠宰马牛。敕："江南重囚，依旧制闻奏处决。"罢江南诸省买银提举司。遣官招集宋时涅手军可充兵者八万三千六百人，以蒙古、汉人、宋人参为万户、千户、百户领之。辽阳诸路连岁荒，加以军旅，民苦饥，发米二万石赈之。己酉，召交趾王弟陈益稷、右丞陈岩、郑鼎子那怀并诣京师。癸丑，赐师壁洞安抚司、师壁镇抚所、师罗千户所印，安抚司从三品，余皆五品。丁巳，桑哥伏诛。募民耕江南旷土，户不过五顷，官授之券，俾为永业，三年后征租。遣憨散总兵讨平江南盗贼。己未，降江阴路为州，宜兴府为县，并隶常州路。移扬子县治新城，分华亭之上海为县，松江府隶行省。罢淘金提举司、江淮人匠提举司凡五，以其事并隶有司。雨坏都城，发兵二万人筑之。增置各卫经历一员，俾汉人为之。壬戌，弛畿内秋耕禁。八月乙丑朔，平阳地震，坏民庐舍万有八百二十六区，压死者百五十人。丙寅，太白犯舆鬼。己巳，置中书省检校二员，秩正七品，俾考核户、工部文案疏缓者。罢江西等处行泉府司、大都甲匠总管府、广州人匠提举司、广德路录事司，罢泉州至杭州海中水站十五所。抚州路饥，免去岁未输田租四千五百石。马八儿国遣使进花牛二、水牛土彪各一。丙子，太阴犯牵牛。大名之清河、南乐诸县霖雨害稼，免田租万六千六百六十九石。己卯，诏谕思州提省溪洞官杨都要招安叛蛮，悔过来归者，与免本罪。罢云南四州，立东川路。癸未，岁星犯轩辕大星。乙酉，遣麻速忽、阿散乘传诣云南，捕黑虎。戊子，太白犯轩辕大星，并犯岁星。咀喃番邦遣马不剌罕丁进金书、宝塔及黑狮子、番布、药物。婺州水，免田租四万一千六百五十十石。辛卯，命工部造飞车五辆。癸巳，太阴掩荧惑。九月辛丑，以平章政事麦术丁商议中书省事，复以咱喜鲁丁平章政事代之。乙巳，景州、河间等县霖雨害稼，免田租五万六千五百九十五石。丙午，立行宣政院，治杭州。己酉，设安西、延安、凤翔三路屯田总管府。庚戌，太白犯右执法。襄阳南漳县民李氏妻黄一产三男。辛亥，安南王陈日烜遣使上表贡方物，且谢不朝之罪。徽州绩溪县贼未平，免二十七年田租。禁宣德府田猎。壬子，酒醋课不兼隶茶盐运司，仍隶各府县。立乞里吉思至外剌等六驿。命海船副万户杨祥、合迷、张文虎并为都元帅，将兵征琉求。置左右两万户府，官属皆从祥选辟。既又用福建吴志斗言"祥不可信，宜先招谕之"，乃以祥为宣抚使，佩虎符，阮监兵部员外郎，志斗礼部员外郎，并银符，赍诏往琉求。明年，杨祥、阮监果不能达琉求而还，志斗死于行，时人疑为祥所杀，诏福建行省按问，会赦不治。乙卯，以岁荒，免平滦屯田二十七年田租三万六千石有奇。丙辰，荧惑犯左执法。戊午，太白犯荧惑。徙四川行枢密院治成都。以八忽答儿、秃鲁欢、唆不阑、脱儿赤四翼蒙古兵复隶蒙古都万户府。庚申，以铁里为礼部尚书，佩虎符，阿老瓦丁、不剌并为侍郎，遣使俱蓝。辛酉，岁星犯少民。免大都今岁田租。保定、河间、平滦三路大水，被灾者全免，收成者半之。以别铁木儿、亦列失金为礼部侍郎，使马八儿国；陕西脱西为礼部侍郎，佩金符，使于马都。尚衣局织无缝衣。冬十月乙丑朔，赐薛彻温都儿等九驿贫民三月粮。己巳，修太庙在真定倾坏者。壬申，以前缅中行尚书省平章政事雪雪的斤为中书省平章政事。癸酉，享太庙。遣使发仓，赈大同屯田兵及教化的所部军士之饥者。江淮行省言："盐课不足，由私鬻者多，乞付兵五千巡捕。"从之。塔剌海、张忽辛、崔同知并坐理算钱谷受赇论诛。辛巳，召高丽国王王睶、公主忽都鲁揭里迷失诣阙。癸未，罗斛国王遣使上表，以金书字，仍贡黄金、象齿、丹顶鹤、五色鹦鹉、翠毛、犀角、笃缛、龙脑等物。高丽国饥，给以米一十万斛。罢各处行枢密院，事入行省。割八番洞蛮自四川隶湖广行省。丙戌，太阴犯轩辕大星并御女。丁亥，洞蛮烂土立定云府，改陈蒙洞为陈蒙州，合江为合江州。严山后酒禁。中书省臣言："洞蛮请岁进马五十匹、雨毡五十被、刀五十握，丹砂、雌雄黄等物，率二岁一上。"有诏从其所为。己丑，太阴犯太微东垣上相。敕没入琏真加、沙不丁、乌马儿妻，并遣诣京师。召行省转运司官赴京师，集议治赋法。辛卯，诸王出伯部曲饥，给米赈之。癸巳，武平路饥，免今岁田租。以武平路总管张立道为礼部尚书，使交趾。免卫辉种仙茅户徭役。从辽阳行省言，以乃颜、合丹相继叛，诏给蒙古人内附者及开元、南京、水达达等三万人牛畜、田器。诏严益都、般阳、泰安、宁海、东平、济宁畋猎之禁，犯者没其家赀之半。十一月丙申，以甘肃旷土赐昔宝赤合散等，俾耕之。壬寅，遣左吉奉使新合剌的音。甲辰，太白犯房。减太府监冗员三十一人，罢器备、行内藏二库。诏："回回以答纳珠充献及求售者还之，留其估以济贫者。"塔叉儿、塔带民饥，发米赈之。给按答儿民户四月粮，罢海道运粮镇抚司。丙午，荧惑犯亢。丁未，太阴犯毕。耽罗遣使贡东纻百匹。太史院灵台上修祀事三昼夜。甲寅，太阴犯岁星。郴州路达鲁花赤曲列有罪论诛。复置会同馆，禁沮扰益都淘金。乙卯，新添葛蛮宋安抚率洞官阿汾、青贵来贡方物。监察御史言："沙不丁、纳速剌丁灭里、乌里儿、王巨济、琏真加、沙的、教化的皆桑哥党与，受赇肆虐，使江淮之民愁怨载路，今或系狱，或释之，此臣下所未能喻。"帝曰："桑哥已诛，纳速剌丁灭里在狱，唯沙不丁朕姑释之耳。"武平、平滦诸州饥，弛猎禁，其孕字之时勿捕。谕中书议增中外官吏俸。戊午，金齿国遣阿腮入觐。庚申，荧惑犯氐。辛酉，升宣德龙门镇为望云县，割隶云州，置望云银冶。十二月乙丑，复都水监，秩从三品。遣官迓云南鸭池所遣使。辽阳洪宽女直部民饥，借高丽粟赈给之。籍探马赤八忽带儿等六万户成丁者为兵。丁卯，高丽国鸭绿江西十九驿，经乃颜反，掠其马畜，给以牛各四十。大都饥，下其价粜米二十万石赈之。己巳，诏罢遣官招集畏兀氏。改辰、沅、靖州转运司为湖北湖南道转运司，立葛蛮军民安抚司。宣政院臣言："宋全太后、瀛国公母子以为僧、尼，有地三百六十顷，乞如例免征其租。"从之。辛未，以铁灭为兵部尚书，佩虎符，明思昔答失为兵部侍郎，佩金符，使于罗孛卜儿。御史台臣言："钩考钱谷，自中统初至今余三十年，更阿合马、桑哥当国，设法已极，而其余党公取贿赂，民不堪命，不如罢之。"有旨："议拟以闻。"壬申，立河南江北行中书省，治汴梁。撒里蛮、老寿并为大司徒，领太常寺。中书省臣言："江南在宋时，差徭为名七十有余，归附后一切未征，今分隶诸王城邑，岁赐之物，仰给京师，又中外官吏俸少，似宜量添，可令江南依宋时诸名征赋尽输之。"何荣祖言："宜召各省官任钱谷者诣京师，集议科取之法以闻。"从之。甲戌，诏："罢钩考钱谷，应昔年逋负钱谷文卷，聚置一室，非朕命而视之者有罪。"仍遣使布告中外。庚辰，太阴犯御女。江北州郡割隶河南江北行中书省，改江淮行省为江浙等处行中书省，治杭州。赈阔阔出饥民米。阇里带言："乃颜余党窜女直之地，臣与月儿鲁议，乞益兵千五百人，可平之。"从之。癸未，太阴犯东垣上相。广济署大昌等屯水，免田租万九千五百石。平滦路及丰赡、济民二署饥，出米万五千石赈之。别都儿丁前以桑哥专恣，不肯仕，命仍为中书左丞。丙戌，八番洞官吴金叔等以所部二百五十寨民二万有奇内附，诣阙贡方物。戊子，诏释天下囚非杀人抵罪者。己丑，荧惑犯房。庚寅，荧惑犯钩钤。升营田提举司为规运提点所，正四品。辛卯，浚运粮坝河，筑堤防。授吃剌思八斡节儿为帝师，统领诸国僧尼释教事。赐亲王、公主、驸马金、银、钞、币如岁例。令僧罗藏等递作佛事坐静于圣寿万安、涿州寺等所，凡五十度。遣真人张志仙持香诣东北海岳、济渎致祷。户部上天下户数，内郡百九十九万九千四百四十四，江淮、四川一千一百四十三万八百七十八，口五千九百八十四万八千九百六十四，游食者四十二万九千一百一十八。司农司上诸路所设学校二万一千三百余，垦地千九百八十三顷有奇，植桑枣诸树二千二百五十二万七千七百余株，义粮九万九千九百六十石。宣政院上天下寺宇四万二千三百一十八区，僧、尼二十一万三千一百四十八人。断死刑五十五人。

卷十七　　本纪第十七

世祖十四

二十九年春正月甲午朔，以日食免朝贺。日食时，左右有珥，上有抱气。丙申，云南行中书省言："罗甸归附后改普定府，隶云南省三十余年。今创罗甸宣慰安抚司，隶湖南省，不便，乞罢之，仍以其地隶云南省。"制曰："可。"戊戌，清州饥，就陵州发粟四万七千八百石赈之。己亥，命太史令郭守敬兼领都水监事，仍置都水监少监、丞、经历、知事凡八员。八作司官旧制六员，今分为左右二司，增官二员。庚子，江西行省左丞高兴言："江西、福建汀、漳诸处连年盗起，百姓入山以避，乞降旨招谕复业。

福建盐课既设运司，又设四盐使司，今若设提举司专领盐课，其酒税课悉归有司为便。福建银铁又各立提举司，亦为冗滥，请罢去。”诏皆从之。禁商贾私以金银航海。壬寅，以武平地震，全免去年税四千五百三十六锭，今年量输之，止征二千五百六十九锭。癸卯，命玉典赤阿里置司邕州以便粮饷，而以轻军逻思明州。以汉天师张宗演男与棣嗣其教。升利用监正三品。甲辰，诏：“江南州县学田，其岁入听其自掌，春秋释奠外，以廪师生及士之无告者。贡士庄田，则令核数入官。”乙巳，赐诸王失都儿金千两。丙午，河南、福建行中书省臣请诏用汉语，有旨以蒙古语谕河南，汉语谕福建。罢河南宣慰司，以汴梁、襄阳、河南、南阳、归德皆隶河南行省。复割湖广省之德安、汉阳、信阳隶荆湖北道，蕲黄隶淮西道，并淮东道三宣慰司咸隶河南省。其荆湖北道宣慰司旧领辰、沅、澧、靖、归、常德，直隶湖广省。从葛蛮军民安抚使宋子贤请，诏谕未附平伐、大瓮眼、紫江、皮陵、潭溪、九堡等处诸洞猫蛮。戊申，太阴犯岁及轩辕左角。己酉，兴州之兴安、宜兴两县饥，赈米五千石。罢南雄、韶州、惠州三路录事司。壬子，桓州至赤城站户告饥，给钞计口赈之。癸丑，罢四宾库，复会同馆，初置织造段匹提举司五。八番都元帅刘德禄言：“新附洞蛮十五寨，请置官府以统之。”诏设陈蒙、烂土军民安抚司。江西行省伯颜、阿老瓦丁言：“蒙山岁课银二万五千两。初制，炼银一两，免役夫田租五斗，今民力日困，每两拟免一石。”帝曰：“重困吾民，民何以生！”从之。丙辰，播州洞蛮因籍户怀疑窜匿，降诏招集之。以行播州军民安抚使杨汉英为绍庆珍州南平等处沿边宣慰使、行播州军民宣抚使、播州等处管军万户，仍佩虎符。壬戌，召嗣汉天师张与棣赴阙。二月甲子朔，金竹酋长骚驴贡马、毡各二十有七，从其请减所部贡马，降诏招谕之。赐新附黑蛮衣袄，遣回，命进所产朱砂、雄黄之精善者，无则止。遣使代祀岳、渎、后土、四海。乙丑，给辉州龙山、里州和中等县饥民粮一月。丁卯，畋于近郊。命宿卫受月廪及蒙古军以艰食受粮者，宣徽院仍领之。己巳，太阴犯毕。发通州、河西务粟，赈东安、固安、蓟州、宝坻县饥民。申禁鞭背。庚午，斡罗思招附桑州生猫、罗甸国古州等峒酋长三十一，所部民十一万九千三百二十六户，诣阙贡献。壬申，敕遣使分行诸路，释死罪以下轻囚。泽州献嘉禾。乙亥，立总管高丽女直汉军万户府，颁银印，总军六千人。以泉府太卿亦黑迷失、邓州旧军万户史弼、福建行省右丞高兴并为福建行中书省平章政事，将兵征爪哇，用海船大小五百艘、军士二万人。戊寅，立征行左、右军都元帅府，都元帅四、副都元帅二。上万户府达鲁花赤四、万户皆四、副万户八、镇抚四，各佩虎符。诏加高丽王王賰太保，仍锡功臣之号。诏从诸王阿秃作乱者，朵罗带以付阔里吉思，脱迭出以付阿里，抄儿赤以付月的迷失，合麦以付亦黑迷失，使从军自效。又诏诸王从合丹作乱者，纳答儿之镇南王所，聂怯来之合剌合孙答剌罕所，阿秃之云南王所，朵列秃之阿里所，八里带之月的迷失所，斡里罗、忽里带之东海。发义仓官仓粮，赈德州、齐河、清平、泰安州饥民。庚辰，月儿鲁等言：“纳速剌丁灭里、忻都、王巨济党比桑哥，恣为不法，楮币、铨选、盐课、酒税，无不更张变乱之。衔命江南理算者，皆严急输期，民至嫁妻卖女，祸及亲邻。维扬、钱塘，受害最惨，无故而陨其生五百余人。其初士民犹疑事出国家，今乃知天子仁爱元元，而使民至此极者，实桑哥及其凶党之为，莫不愿食其肉。臣等议，此三人既已伏辜，乞依条论坐以谢天下。”从之。牙亦迷失招无籍民千四百三十六户，请隶东宫，诏命之耕田。辛巳，从枢密院臣暗伯等请，就襄阳给曲先塔林合剌鲁六百三十七户田器种粟，俾耕而食。丁亥，以汪惟和为巩昌等二十四处便宜都总帅，兼巩昌府尹，仍佩虎符。御史台月儿鲁、崔彧等言：“冯子振、刘道元指陈桑哥同列罪恶，诏令省台臣及董文用、留梦炎等议。其一言：翰林诸臣撰《桑哥辅政碑》者，廉访使阎复近已免官，余请圣裁。”帝曰：“死者勿论，其存者罚不可恕也。”乞台不花等使缅国，诏令遥授左丞。廷议以尚书行使事，其副以郎中处之。制曰：“可。”戊子，禁杭州放鹰。己丑，岁星犯轩辕大星。庚寅，宣政院臣言，授诸路释教都总统辇真术纳思为太中大夫、土蕃等处宣慰使都元帅。敕畸零拔都儿三百四十七户佃益都闲田，给牛种农具，官为屋居之。壬辰，山东廉访司申：“棣州境内春旱且霜，夏复霖涝，饥民啖藜藿木叶，乞赈恤。”敕依东平例，发附近官廪，计口以给。三月甲午，诏遣脱忽思、依独赤昔烈门至合敦奴孙界，与驸马阔里吉思议行屯田。己亥，枢密院臣言：“出征女直纳里哥，议于合思罕三千新附军内选拨千人。”诏先调五百人，行中书省具舟给粮，仍设征东招讨司。壬寅，御史大夫月儿鲁等奏：“比监察御史商琥举昔任词垣风宪，时望所属而在外者，如胡祗遹、姚燧、王恽、雷膺、陈天祥、杨恭懿、高道、程文海、陈俨、赵居信十人，宜召置翰林，备顾问。”帝曰：“朕未深知，俟召至以闻。”丙午，中书省臣言：“京畿荐饥，宜免今岁田租。上都、隆兴、平滦、河间、保定五路供亿视他路为甚，宜免今岁公赋。汉地河泊隶宣徽院，除入太官外，宜弛其禁，便民取食。”并从之。丁未，纳速剌丁灭里以盗取官民钞一十三万余锭，忻都以征理逋负迫杀五百二十人，皆伏诛。王巨济虽无赃，帝以与忻都同恶，并诛之。中书省与御史台共定赃罪十三等，枉法者五，不枉法者八，罪入死者以闻。制曰：“可。”戊申，以威宁、昌等州民饥，给钞二千锭赈之。己酉，以大司农、同知宣徽院事兼领尚膳监事铁哥，翰林学士承旨、通政院使兼知尚乘寺事剌真，并为中书平章政事，兼领旧职。中书省臣言：“右丞何荣祖以疾，平章政事麦术丁以久居其任，乞令免署，惟食其禄，与议中书省事。”从之。以阿里为中书右丞，梁暗都剌为参知政事。中书省臣言：“亦奚不薛及八番罗甸既各设宣慰司，又复立都元帅府，其地甚狭而官府多，宜合二司帅府为一。”诏从之，且命亦奚不薛与思、播州同隶湖广省，罗甸还隶云南，以八番罗甸宣慰使斡罗思等并为八番顺元等处宣慰使都元帅，佩虎符。以安南国王陈益稷遥授湖广等处行中书省平章政事，佩虎符，居鄂州。庚戌，车驾幸上都。赐速哥、斡罗思、赛因不花蛮夷之长五十六人金纹绫绢各七十九匹，及弓矢、鞍韂。壬子，枢密院臣奏："延安、凤翔、京兆三路籍军三千人，桑哥皆罢为民，今复其军籍，屯田六盘。"从之。敕都水监分视黄河堤堰，罢河渡司。庚申，免宝庆路邵阳县田租万三千七百九十三斛。壬戌，给还杨琏真加土田、人口之隶僧坊者。初，琏真加重赂桑哥，擅发宋诸陵，取其宝玉，凡发冢一百有一所，戕人命四，攘盗诈掠诸赃为钞十一万六千二百锭，田二万三千亩，金银、珠玉、宝器称是。省台诸臣乞正典刑以示天下，帝犹贷之死，而给还其人口、土田。隆兴府路饥，给钞二千锭，复发粟以赈之。夏四月丙子，太阴犯氐。己卯，复典瑞监三品。弛甘肃酒禁，榷其酤。辛巳，弛太原酒禁，仍榷酤。辛卯，设云南诸路学校，其教官以蜀士充。五月甲午，辽阳水达达、女直饥，诏忽都不花趣海运给之。丙午，敕："云南边徼入朝，非初附者不听乘传，所进马不给刍豆。"丁未，中书省臣言："妄人冯子振尝为诗誉桑哥，且涉大言，及桑哥败，即告词臣撰碑引谕失当，国史院编修官陈孚发其奸状，乞免所坐，遣还家。"帝曰："词臣何罪！使以誉桑哥为罪，则在廷诸臣，谁不誉之！朕亦尝誉之矣。"诏以杨居宽、郭佑死非其罪，给还其家资。改思州安抚司为军民宣抚司，隶湖广省，诏谕其民因阅户惊逃者，各使安业。以陕西盐运司酒税等课已入州县，罢诸子盐司，并罢东平路河道提举司事入都水监。己未，龙兴路南昌、新建、进贤三县水，免田租四千四百六十八石。是月，真定之中山新乐、平山、获鹿、元氏、灵寿，河间之沧州无棣，景之阜城、东光，益都之潍州北海县，有虫食桑叶尽，无蚕。六月甲子，平江、湖州、常州、镇江、嘉兴、松江、绍兴等路水，免至元二十八年田租十八万四千九百二十八石。戊辰，诏听僧食盐不输课。己巳，日本来互市，风坏三舟，惟一舟达庆元路。壬申，江西省臣言："肇庆、德庆二路，封、连二州，宋时隶广东，今隶广西，不便，请复隶广东。"从之。铁旗城后察昔折乙烈率其族类部曲三千余户来附。甲戌，设司籍库，秩从五品，隶太府监，储物之籍入者。丙子，大宁路惠州连年旱涝，加以役繁，民饿死者五百人，诏给钞二千锭及粮一月赈之，仍遣使责辽阳省臣阿散。壬午，敕以海南新附四州洞寨五百一十九、民二万余户，置会同、定安二县，隶琼州，免其田租二年。癸未，以征瓜哇，暂禁两浙、广东、福建商贾航海者，俟舟师已发后，从其便。丁亥，湖州、平江、嘉兴、镇江、扬州、宁国、太平七路大水，免田租百二十五万七千八百八十三石。己丑，太白犯岁星。铁木塔儿、薛阇秃、捏古带、阔阔所部民饥，诏给米四千石付铁木塔儿、薛阇秃，一千石付捏古带、阔阔，俾以赈之。闰六月辛卯朔，升上都兵马司四品，如大都。丁酉，辽阳、沈州、广宁、开元等路雹害稼，免田租七万七千九百八十八石。岳州华容县水，免田租四万九百六十二石。东昌路蝗。壬寅，以东安、海宁改隶淮安路。诏大都事繁，课税改隶转运司，通州造船毕，罢提举司。罢福建岁造象齿鞶带。戊申，荧惑犯狗国。庚戌，回回人忽不木思售大珠，帝以无用却之。辛亥，河西务水，给米赈饥民。河南江北省既立，诏江北诸城悉隶其省。诏汉阳隶湖广省。左江总管黄坚言："其管内黄胜许聚众二万据忠州，乞调军万人、土兵三千人，命刘国杰讨之。臣愿调军民万人以从。"诏许之。太平、宁国、平江、饶、常、湖六路民艰食，发粟赈之。高丽饥，其王遣使来请粟，诏赐米十万石。中书省臣言："今岁江南海运粮至京师者一百五万石，至辽阳者十三万石，比往岁无耗折不足者。"甲寅，右江岑从毅降，从毅老疾，诏以其子斗荣袭，佩虎符，为镇安路军民总管。广南西路安抚副使赛甫丁等诽谤朝政，沙不丁复资给之，以风闻三十余事，妄告省官，帝以有伤政体，捕恶党下吏如法。乙卯，济南、般阳蝗。是月，诏谕廉访司巡行劝课农桑。礼部尚书张立道、郎中歪头使安南回，以其使臣阮代乏、何维岩至阙。陈日燇拜表笺，修岁贡。秋七月庚申朔，诏以史弼代也黑迷失、高兴，将万人征瓜哇，仍召三人者至阙。遣使检核窜名鹰坊受粮者。辛酉，河北河南道廉访司还治汴梁。癸亥，完大都城。也里嵬里、沙沙尝签僧、道、儒、也里可温、答赤蛮为军，诏令止隶军籍。甲子，降诏申严牛马践稼之禁。乙丑，阿里愿自修船，同张存从征瓜哇军，往招占城、甘不察，诏授阿里三珠虎符，张存一珠虎符，仍蠲阿里父布伯所负斡脱钞三千锭。丙寅，罢徽州路录事司。免屯田租一万二千八百一十一石。辛未，太阴犯牛。壬申，建社稷和义门内，坛各方五丈，高五尺，白石为主，饰以五方色土，坛南植松一株，北墉瘗坎壝垣，悉仿古制，别为斋庐，门庑三十三楹。戊寅，黎兵百户邓志愿谋叛，伏诛。庚辰，敕云南省拟所辖州县官如福建、二广例，省台委官铨选以姓名闻，随给授宣敕。八月己丑朔，赛甫丁处死，余党杖而徙之，仍籍其家产。壬辰，敕礼乐户仍与军站、民户均输赋。丁酉，辰星犯右执法。己亥，太白犯房。辛丑，宁夏府屯田成功，升其官脱儿赤。壬寅，括唐兀秃鲁花所部阔象赤及河西逃人入蛮地者。甲辰，车驾至自上都。讨浙东孟总把等贼，敕诸军之驻福建者，听平章政事阇里节度。乙巳，岁星犯右执法。丙午，用郭守敬言，浚通州至大都漕河十有四，役军匠二万人，又凿六渠灌昌平诸水。以广济署屯田既蝗复水，免今年田租九千二百十八石。丁未，也黑迷失乞与高兴等同征瓜哇，帝曰："也黑迷失惟熟海道，海中事当付之，其兵事则委之史弼可也。"以史弼为福建等处行中省平章政事，统领出征军马。庚戌，高苑县高希允以非所宜言，伏诛。壬子，诏塔剌赤、程鹏飞讨黄圣许，刘国杰驻马军戍守。戊午，福建行省参政魏天祐献计，发民一万凿山炼银，岁得万五千两。天祐赋民钞市银输官，而私其一百七十锭，台臣请追其赃而罢炼银事，从之。改燕南河北廉访司还治真定。高丽、女直界首双城告饥，敕高丽王于海运内以粟赈之。弛平滦州酒禁。诏不敦、忙兀鲁迷失以军征八百媳妇国。九月己未朔，治书侍御史裴居安言："月的迷失遇盗起不即加兵，盗去乃延诛平民。"诏台院遣官杂问之。辛酉，诏谕安南国陈日燇使亲入朝。选湖南道宣慰副使梁会，授吏部尚书，佩三珠虎符，翰林国史院编修官陈孚，授礼部郎中，佩金符，同使安南。山东东西道廉访司劾："宣慰使乐实盗库钞百二十锭，买库银九百五十两，官局私造弓勒等物，受屯田钞百八十锭，乐实宜解职。"从之。丁卯，中书省臣言："茆荡、十围、安化等新附洞蛮凡八万，宜设管军民司，以其土人蒙意、蒙世、莫仲文为长官，以吕天佑、塔不带为达鲁花赤。八番斡罗思招附光兰州洞蛮，宜置定远府，就用其所举秃干、高守文、黄世曾、燕只哥为达鲁花赤、知府、同知、判官。"制曰："可。"癸酉，徙沔州治铎水县，废新得州置通江县，复汉州绵竹县。沙州、瓜州民徙甘州，诏于甘、肃两界，画地使耕，无力者则给以牛具农器。宁夏户口繁多，而土田半蓺红花，诏令尽种谷麦，以补民食。丁丑，以平滦路大水且霜，免田租二万四千四十一石。辛巳，太白犯南斗。罢云南行台，徙置西川，设云南廉访司。壬午，水达达、女直民户由反地驱出者，押回本地，分置万夫、千夫、百夫内屯田。甲申，乌思藏宣慰司言："由必里公反后，站驿遂绝，民贫无可供亿。"命给乌思藏五驿各马百、牛二百、羊五百，皆以银；军七百三十六户，户银百五十两。丁亥，从宣政院言，置乌思藏纳里速古儿孙等三路宣慰使司都元帅。冬十月戊子朔，诏福建廉访司知事张师道赴阙；师道至，乞汰内外官府之冗滥者。诏麦术丁、何荣祖、马绍、燕公楠等与师道同区别之。数月，授师道翰林直学士。日本舟至四明，求互市，舟中甲仗皆具，恐有异图，诏立都元帅府，令哈剌带将之，以防海道。诏浚浙西河道，导水入海。庚寅，两淮运使纳速剌丁坐受商贾贿，多给之盐，事觉，诏严加鞫问。癸巳，弛上都酒禁。燕公楠言："岁终，各行省臣赴阙奏事，亦宜令行台臣赴阙，奏一岁举刺之数。"制曰："可。"丙申，四川行省以洞蛮酋长向思聪等七人入朝。壬寅，从朱清、张瑄请，授高德诚管领海船万户，佩双珠虎符，复以殷实、陶大明副之，令将出征水手。甲辰，信合纳帖音国遣使入觐。广东道宣慰司遣人以暹国主所上金册诣京师。乙巳，太阴犯井。丁未，太阴犯鬼。己酉，枢密院臣言："六卫内领汉军万户，见存者六千户，拨分为三：力足以备车马者二千五百户，每甲令备马十五匹、牛车二辆；力足以备车者五百户，每甲令备牛车三辆；其三千户，惟习战斗，不他役之。六千户外，则供他役。庶能各勤乃事，而兵亦精锐。"诏施行之。诏择囚徒罪轻者释之。癸丑，完泽等言："凡赐诸人物有二十万锭者，为数既多，先赐者尽得之，及后将赐，或无可给，不均为甚。今计怯薛带、怯怜口、昔博赤、哈剌赤，凡近侍人，上等以二百户为率，次等半之，下等又半之，于下等择尤贫者岁加赏赐，则无不均之失矣。一岁天下所入，凡二百九十七万八千三百五锭，今岁已办者才一百八十九万三千九百九十三锭，其中有未至京师而在道者，有就给军旅及织造物料馆传俸禄者，自春至今，凡出三百六十三万八千五百四十三锭，出数已逾入数六十六万二百三十八锭矣。怀孟竹课，岁办千九十三锭，尚书省分赋于民，人实苦之，宜停其税。"帝皆嘉纳其言。命赵德泽、吴荣领逃奴无主者二百四十户，淘银耕田于广宁、沈州。乙卯，太阴犯氐。十一月庚申，岳州华容县水，发米二千一百二十五石赈饥民。壬戌，太阴犯垒壁阵。戊寅，枢密院奏："一卫万人，尝调二千屯田，木八剌沙上都屯田二年有成，拟增军千人。"从之。己卯，太阴犯太微东垣上相。癸未，禁所在私渡，命关津讥察奸宄。丙戌，提省溪、锦州、铜人等洞酋长杨秀朝等六人入见，进方物。十二月庚寅，中书省臣言："皇孙晋王甘麻剌昔镇云南，给梁王印，今进封晋王，请给晋王印。北安王府尉也里古带、司马荒兀，并为晋王中尉，仍命不只答鲁带、狄琮并为司马。金齿适当忙兀秃儿迷失出征军马之冲，资其刍粮，立为木来府。"敕应昌府给乞答带粮五百石，以赈饥民。癸巳，中书省臣言："宁国路民六百户凿山冶银，岁额二千四百两，皆市银以输官，未尝采之山，乞罢之。"制曰："可。"庚子，太阴犯井。甲辰，太阴犯太微西垣。己酉，故麓川路军民总管达鲁花赤阿散男布八同赵升等，招木忽鲁甸金齿土官忽鲁马男阿鲁来入见，贡方物。阿鲁言其地东南邻境未附者约二十万民，慕化愿附，请颁诏旨，命布八、赵升谕之，从之。壬子，敕中书省用乌思藏站例，给合里、忽必二站马牛羊，凡为银九千五百两。丁巳，敕都水监修治保定府沙塘河堤堰。是岁，赐皇子、皇孙、诸王、藩戚、禁卫、边庭将士等，钞四十六万六千七百十三锭。给军士畸零口粮五千五百二十三石，赈其乏者为钞三十六万八千四百二十八锭。命国师、诸僧、咒师修佛事七十二会。断死狱七十四。

三十年春正月壬戌，诏遣使招谕漆头、金齿蛮。乙丑，敕福建毋进鹘。戊戌，和林汉军四百，留百人，余令耕屯杭海。丙寅，太阴犯毕。命中书汰冗员，凡省内外官府二百五十五所，总六百六十九员。丁卯，安西王请仍旧设常侍，不允。罢云南延庆司，以洛波、卜儿二蛮酋遥授知州，各赐玺书。戊辰，枢密院臣奏："兀浑察部兀末鲁罕军，每岁运米六千四百二十六石以给之，计佣直为钞万二千八百五十二锭。"诏边境无事，令本军屯耕以食。庚午，验洞酋长杨总国等来朝。捏怯烈女直二百人以渔自给，有旨："与其渔于水，曷若力田，其给牛价、农具使之耕。"甲戌，河南江北行省平章伯颜言："扬州忙兀台所立屯田，为田四万余顷，官种外，宜听民耕垦，扬州盐转运一司设三重官府，宜削去盐司，止留管勾。襄阳旧食京兆盐，以水陆难易计之，莫若改食扬州盐。蔡州去汴梁地远，宜升散府，以颍、息、信阳、光州隶之。"诏皆从其议。升广州为上路总管府，罢纳速剌丁灭里所立鱼盐局，割江西兴国路隶湖广行省。乙亥，谥皇太子曰明孝。丙子，西番一甸蛮酋三人来觐，各授以蛮夷军民官，仍以招谕人张道明为达鲁花赤。丁丑，太阴犯氐。戊寅，诏旧隶乃颜、胜纳合儿女直户四百，虚縻廪食，令屯田扬州。庚辰，岁星犯左执法。立豪、懿州七驿。辛巳，置辽阳路庆云至合里宾二十八驿，驿给牛三十头、车七辆。壬午，淮西道宣慰使昂吉儿，敛军钞六百锭、银四百五十两、马二匹，敕省台及扎鲁火赤鞫问。丁亥，遣使代祀岳、渎、东海及后土。二月己丑，从阿老瓦丁、燕公楠之请，以杨琏真加子宣政院使暗普为江浙行省左丞。诏："上都管仓库者无资品俸秩，故为盗诈，宜于六品、七品内委用，以俸给之。"高丽国王王睶请易名曰昛，其佥议府请升佥议司，降二品印，从之。减河南、江浙海运米四十万石。中书省添设检校二员。免大都今岁公赋。益上都屯田军千人，给农具、牛价钞五千锭，以木八剌沙董之。诏以只速灭里与鬼蛮之民隶詹事院。壬辰，太阴犯毕。丙申，却江淮行枢密院官不怜吉带进鹰，仍敕自今禁戢军官无从禽扰民，违者论罪。丁酉，回回孛可马合谋沙等献大珠，邀价钞数万锭，帝曰："珠何为！当留是钱以赒贫者。"敕海运米十万石给辽阳戍兵，仍谕其省官薛阇干，令伯铁木部钦察等耕渔自养，粮不须给。甲辰，中书省臣言："侍臣传旨予官者，先后七十人，臣今欲加汰择，不可用者不敢奉诏。"帝曰："率非朕言，凡来奏者朕只令谕卿等，可用与否，卿等自处之。"又言："今岁给饷上都、大都及甘州、西京，经费浩繁，自今赏赐悉宜姑止。"从之。乙巳，荧惑犯天街。丁未，车驾幸上都。以新附洞蛮吴动鳌为潭溪等处军民官，佩金符。给新附军三百人，人钞十锭，屯田真定。庚戌，太阴犯牛。辛亥，诏发总帅汪惟和所部军三千征土番，又发陕西、四川兵万人，以行枢密官明安答儿统之，征西番。敕以韶、赣相去地远，分赣州行院官一员镇韶州。复立云南行御史台。诏沿海置水驿，自耽罗至鸭渌江口凡十一所，令洪君祥董之。癸丑，太白犯垒壁阵。江西行院官月的迷失言："江南豪右多庇匿盗贼，宜诛为首者，余徙内县。"从之。申严江南兵器之禁。三月庚申，以同知枢密院事扎散知枢密院事，以平章政事范文虎董疏漕河之役。平章政事李庭率诸军扈从上都。雨坏都城，诏发侍卫军三万人完之，仍命中书省给其佣直。甲子，括天下马十万匹。己巳，立行大司农司。洪泽、芍陂屯田旧委四处万户，诏存其二，立民屯二十。辛未，太阴犯氐。夏四月己亥，行大司农燕公楠、翰林学士承旨留梦炎言："杭州、上海、澉浦、温州、庆元、广东、泉州置市舶司凡七所，唯泉州物货三十取一，余皆十五抽一，乞以泉州为定制。"从之。仍并温州舶司入庆元，杭州舶司入税务。江南行大司农司自平江徙扬州，兼管两淮农事。省八番重设州县官，罢徽州录事司。皇孙晋王位立内史府。诏诸二品官府自今与各部文移相关。巩昌二十四城，依旧例于总帅汪氏弟兄子侄内选用二人。壬寅，枢密院臣言："去年征瓜哇军二万，各给钞二锭，其后只以五千人往，宜征元给钞三万锭入官。"帝曰："非其人不行，乃朕中止之耳，勿征。"癸丑，太白犯填星。广东肃政廉访司复治广州。甲寅，诏遣使招谕暹国。斡罗思请以八番见户合思、播之民兼管，徙宣慰司治辰、沅、靖州，常赋外，岁输钞三千锭，不允。光州蛮人光龙等一十二人及邦崖王文显等二十八人、金竹府马麟等一十六人、大龙番秃卢忽等五十四人、永顺路彭世强等九十人、安化州吴再荣等一十三人、师壁散毛洞勾答什王等四人，各授蛮夷官，赐以玺书遣归。敕江南毁诸道观圣祖天尊祠。五月丙辰朔，给四部更番卫士马万匹，又给其必阇赤四百匹。壬戌，定云洞蛮酋长来附。癸亥，括思、播等处亡宋涅手军。丙寅，诏委官与行省官阅核蛮夷军民官。以江南民怨杨琏真加，罢其子江浙行省左丞暗普。诏以浙西大水冒田为灾，令富家募佃人疏决水道。辛未，敕僧寺之邸店，商贾舍止，其物货依例收税。丁丑，中书省臣言："上都工匠二千九百九十九户，岁縻官粮万五千二百余石，宜择其不切于用者，俾就食大都。"从之。甲申，真定路深州静安县大水，民饥，发义仓粮二千五百七十四石赈之。六月丙戌，敕选河西质子军精锐者八百，给以铠仗鞍勒、狐貉衣裘，遣赴皇孙阿难答所出征。己丑，岁星犯左执法。庚寅，诏云南旦当仍属西番宣慰司。改淮西蕲、黄等路隶河南江北行省。丙申，太阴犯斗。乙巳，以皇太子宝授皇孙铁穆耳，总兵北边。己酉，诏浚太湖。壬子，大兴县蝗；易州雨雹，大如鸡卵。秋七月丁巳，敕中书省官一员监修国史。己未，诏皇曾孙松山出镇云南，以皇孙梁王印赐之。诏免福建岁输皮货及泉州织作纻丝。庚申，命知鹤庆府昔宝赤赍玺书招谕农顺未附蛮寨。甲子，太阴犯建星。**己巳，命刘国杰从诸王亦吉里台督诸军征交趾。免云南屯田军逋租万石。壬申，以月失察儿知枢密院事。**丁丑，赐新开漕河名曰通惠。壬申，以只儿合忽所汰乞儿吉思户七百，屯田合思合之地。辛巳，太阴犯鬼。八月丙戌，括所在荒田无主名者，令放良、漏籍等户屯田。庚寅，奉使安南国梁曾、陈孚以安南使人陶子奇、梁文藻偕来。敕福建行省放瓜哇出征军归其家。甲午，辰星犯太微西垣上将。戊戌，给安西王府断事官印。甲辰，太阴犯毕。丁未，湖广行省臣言海南、海北多旷土，可立屯田，诏设镇守黎蛮海北海南屯田万户府以董之。戊申，太阴犯鬼。营田提举司所辖屯田百七十七顷为水所没，免其租四千七百七十二石。九月癸丑朔，大驾至自上都。戊午，敕各路达鲁花赤、总管董驿事。己未，明安答儿率军万人征土番，近遣使来言，乞引茂州先附寨官赴阙，不允。乙丑，立海北海南博易提举司，税依市舶司例。丙寅，遣金齿人还归。丁卯，太阴犯毕。癸酉，敕以御史台赃罚钞五万锭，给卫士之贫者。辛巳，登州蝗，恩州水，百姓阙食，赈以义仓米五千九百余石。冬十月癸未朔，以侍卫亲军千户张邦瑞为万户，佩虎符，将六盘山军千人及皇子西平王等军共为万人，西征。赐冠城疏河董役军官衣各一袭；赐交趾陶子奇等十七人冬衣，荆南安置。戊子，诏修汴堤。己丑，遣兵部侍郎忽鲁秃花等使阇蓝、可儿纳答、信合纳帖音三国，仍赐信合纳帖音酋长三珠虎符。庚寅，祫于太庙。彗星入紫微垣，抵斗魁，光芒尺许，凡一月乃灭。丙申，荧惑犯亢。己亥，太阴犯天关。辛丑，太阴犯井。壬寅，敕减米直，粜京师饥民，其鳏寡孤独不能自存者给之。甲辰，赦天下。戊申，僧官总统以下有妻者罢之。以段贞董开河、修仓之役，加平章政事。庚戌，造象蹄掌甲。辛亥，禁江南州郡以乞养良家子转相贩鬻，及强将平民略卖者。平滦水，免田租万一千九百七十七石。广济署水，损屯田百六十五顷，免田租六千二百一十三石。十一月壬子朔，改德安府隶黄州路。丁巳，孙民献尝附桑哥，助要束木为恶，及同知上都留守司事，又受赇减诸从臣粮，诏籍其家赀、妻奴；复因潭州吕泽诉其刻虐，械送民献至湖广，如泽所诉穷治之。立海北海南道肃政廉访司，治雷州。庚申，敕中书省，凡出征军，毋以和顾和买烦其家。乙丑，太阴犯毕。乙卯，太阴犯井。戊辰，以金齿木朵甸户口增，立下路总管府，给其为长者双珠虎符。真定路达鲁花赤合散言："廉访司官检责民官太苛，乞以民官复检责廉访司文卷。"从之。庚午，太阴犯鬼。免江南都作院军匠出征。丙子，荧惑犯钩钤。戊寅，岁星犯亢。己卯，河南江北行省平章伯颜入为中书省平章政事，位帖哥、剌真、不忽木上。十二月丁亥，禁汉军更番者毋鬻军器。辛卯，武平路达鲁花赤塔海言："女直地至今未定，贼一人入境，百姓离散，臣愿往安集之。"诏以塔海为辽东道宣慰使。壬辰，中书左丞马绍疾，以詹事丞张九思代之。乙未，太阴犯井。遣使督思、播二州及镇远、黄平，发宋旧军八千人，从征安南。庚子，平章政事亦黑迷失、史弼、高兴等无功而还，各杖而耻之，仍没其家赀三之一。癸卯，敕以桑哥没入官田三百九十一顷八十余庙，给阿合兀阑所司匠户。丙午，以铁赤、脱脱木儿、咬住、拜延四人，并安西王傅。是岁，天下路、府、州、县等二千三十八：路一百六十九，府四十三，州三百九十八，县千一百六十五，宣抚司十五，安抚司一，寨十一，镇抚所一，堡一，各甸部管军民官七十三，长官司五十一，录事司百三，巡院三。官府大小二千七百三十三处，随朝二百二十一；员万六千四百二十五，随朝千六百八十四。户一千四百万二千七百六十。赐皇后、亲王、公主如岁例。赐诸臣羊马价，钞四十三万四千五百锭、币五万五千四百一十锭。周贫乏，钞三万七千五百二十锭。作佛事祈福五十一。真定、宁晋等处，被水、旱、蝗、雹为灾者二十九。断死罪四十。

三十一年春正月壬子朔，帝不豫，免朝贺。癸亥，知枢密院事伯颜至自军中。庚午，帝大渐。癸酉，帝崩于紫檀殿。在位三十五年，寿八十。亲王、诸大臣发使告哀于皇孙。乙亥，灵驾发引，葬起辇谷，从诸帝陵。夏四月，皇孙至上都。甲午，即皇帝位。丙午，中书右丞相完泽及文武百官议上尊谥。壬寅，始为坛于都城南七里。甲辰，遣司徒兀都带、平章政事不忽木、左丞张九思，率百官请谥于南郊。五月戊午，遣摄太尉臣兀都带奉册上尊谥曰圣德神功文武皇帝，庙号世祖，国语尊称曰薛禅皇帝。是日，完泽等议同上先皇后弘吉剌氏尊谥曰昭睿顺圣皇后。

世祖度量弘广，知人善任使，信用儒术，用能以夏变夷，立经陈纪，所以为一代之制者，规模宏远矣。

卷十八　本纪第十八

成　宗　一

成宗钦明广孝皇帝，讳铁穆耳，世祖之孙，裕宗真金第三子也。母曰徽仁裕圣皇后，弘吉烈氏。至元二年九月庚子生。

二十四年，诸王乃颜反，世祖自将讨平之。其后合丹复叛，命帝往征之，合丹败亡。三十年六月乙巳，受皇太子宝，抚军于北边。

三十一年春正月，世祖崩，亲王、诸大臣遣使告哀军中。夏四月壬午，帝至上都，左右部诸王毕会。先是，御史中丞崔彧得玉玺于故臣之家，其文曰"受命天于，既寿永昌"，上之徽仁裕圣皇后。至是手授于帝。甲午，既皇帝位，受诸王宗亲、文武百官朝于大安阁，诏曰：

朕惟太祖圣武皇帝受天明命，肇造区夏，圣圣相承，光熙前绪。迨我先皇帝体元居正以来，然后典章文物大备。临御三十五年，薄海内外，罔不臣属，宏规远略，厚泽深仁，有以衍皇元万世无疆之祚。

我昭考早正储位，德盛功隆，天不假年，四海缺望。顾惟眇质，仰荷先皇帝殊眷，往岁之夏，亲授皇太子宝，付以抚军之任。今春宫车远驭，奄弃臣民，乃有宗藩昆弟之贤，戚畹官僚之旧，谓祖训不可以违，神器不可以旷，体承先皇帝夙昔付托之意，合辞推戴，诚切意坚。朕勉徇所请，于四月十四日既皇帝位，可大赦天下。

尚念先朝庶政，悉有成规，惟慎奉行，罔敢失坠。更赖祖亲勋戚，左右忠良，各尽乃诚，以辅台德。布告远迩，咸使闻知。

诏除大都、上都两路差税一年，其余减丁地税粮十分之三。系官逋欠，一切蠲免。民户逃亡者，差税皆除之。追尊皇考曰皇帝，尊太母元妃曰皇太后。庚子，遣摄太尉兀都带等请谥于南郊。遣礼部侍郎李衎、兵部郎中萧泰登赍诏使安南。中书省臣言："陛下新即大位，诸王、驸马赐与，宜依往年大会之例，赐金一者加四为五，银一者加二为三。又江南分土之赋，初止验其版籍，令户出钞五百文，今亦当有所加，然不宜增赋于民，请因五百文加至二贯，从今岁官给之。"从之。乙巳，赐驸马蛮子带银七万六千五百两，阔里吉思一万五千四百五十两，高丽王王昛三万两。丁未，湖广行省所属寇盗窃发，复令刘国杰讨之。戊申，太白昼见，又犯鬼。诏存恤征黎蛮、瓜哇等军。己酉，云南行省以所定路、府、州、县来上：上路二，下路十一，下州四十九，中县一，下县五十。以金齿归附官阿鲁为孟定路总管，佩虎符。是月，即墨县雹。五月庚戌朔，太白犯舆鬼。壬子，始开醮祠于寿宁宫，祭太阳、太岁、火、土等星于司天台。戊午，遣摄太尉兀都带奉玉册玉宝，上大行皇帝尊谥曰圣德神功文武皇帝，庙号世祖；皇后尊谥曰昭睿顺圣皇后；皇考尊谥曰文惠明孝皇帝，庙号裕宗。赐国王和童金二百五十两，月儿鲁百五十两，伯颜、月赤察而各五十两，银、钞、锦各有差。庚申，祭紫微星于云仙台。云南部长适习、四川散毛洞主覃顺等来贡方物，升其洞为府。丁卯，八番宣慰使斡罗思犯法，为人所讼，惧罪逃还京师。赐安西王阿难答钞万锭。己巳，改皇太后所居旧太子府为隆福宫，詹事院为徽政院，司议曰中议，府正曰宫正，家令曰内宰，典医署曰掌医，典宝曰掌谒，典设曰掌仪，典膳曰掌膳，仍增控鹤至三百人。诏各处转运司官，欺隐奸诈为人所讼者，听廉访司即时追问，其案牍仍旧例于岁终检之。升福建盐提举司为盐转运司，增捕私盐人赏格。庚午，诸王亦里不花来朝，以瘠马输官，官酬其直，为钞十有一万五千锭。赐也速带而、汪惟正两军将士粮五万石，饷北征军。壬申，御史台臣言："内外官府增置愈多，在京食禄者万人，在外尤众，理宜减并。"命与中书议之。用崔彧言，肃政廉访司案牍，勿令总管府检劾。诏议增官吏禄。以也速带而所统将士贫乏，给钞万锭。

乙亥，以扎珊知枢密院事。戊寅，封皇姑高丽王王昛妃忽都鲁揭里迷失为安平公主。赐亦都护金五百五十两、银七千五百两，合迷里的斤帖林金五十两、银四百五十两。西平王奥鲁赤言："汪总帅之军，多庇其富实，而令贫弱者应役。"命更易之。以月儿鲁为太师，伯颜为太傅，月赤察而为太保。禁诸司豪夺盐船递运官物，僧道权势之家私匿盗贩。是月，密州诸城县、大都路武清县雹，峡州路大水。六月庚辰朔，日有食之。辛巳，御史台臣言："名分之重，无逾宰相，惟事业显著者可以当之，不可轻授。廉访司官岁以五月分按所属，次年正月还司。职官犯赃，敕授者听总司议，宣授者上闻。其本司声迹不佳者代之，受赂者依旧例比诸人加重。"帝曰："其与中书同议。"乙酉，云南金齿路进驯象三。丙戌，以云南岁贡马二千五百匹给梁王，数太多，命量减之。庚寅，必察不里城敢木丁遣使来贡。诏罢功德使司及泉府司官冗员。壬辰，立晋王内史府，复以光禄寺隶宣徽院。中书省臣言："朝会赐与之外，余钞止有二十七万锭。凡请钱粮者，乞量给之。"定西平王奥鲁赤、宁远王阔阔出、镇南王脱欢及也先帖木而大会赏赐例，金各五百两、银五千两、钞二千锭、币帛各二百匹；诸王帖木而不花、也只里不花等，金各四百两、银四千两、钞一千六百锭、币帛各一百六十匹。以帖木而复为平章政事。诸王阿只吉部玉速福屡叛，伏诛。以甘肃等处米价踊贵，诏禁酿酒。命月赤察而提调群牧事。乙未，以世祖、皇后、裕宗谥号播告天下。免所在本年包银、俸钞，及内郡地税、江淮以南夏税之半。乙亥，以乳保劳，封完颜伯颜为冀国公，妻何氏为冀国夫人。完泽贷民钱，多取其息，命依世祖定制。辛丑，浙西道提刑按察使弘吉烈带阿鲁灰受赂，遇赦免，复以为河西陇北道肃政廉访使。御史台臣言："先朝决狱，随罪轻重，笞杖异施，今止用杖，乞如旧制。"不允。宋使家铉翁安置河间，年逾八十，赐衣服，遣还其家。癸卯，封驸马阔里吉思为唐王，给金印。甲辰，诏翰林国史院修《世祖实录》，以完泽监修国史。乙巳，给困赤秃出征军士钞各千户千锭。丙午，太阴犯井。以昔宝赤从征诸军自备马一千一百九十余匹，命给还其直。戊申，诏宗藩内外官吏人等，咸听丞相完泽约束。以合剌思八斡节而为帝师，赐玉印。赐雪雪的斤公主钞千锭，诸王伯答罕、末察合而部贫乏者三千锭，伯牙兀真、赤里、由柔伯牙伯刺麻、阔怯伦、忙哥真各金五十两，银、钞、币有差。是月，东安州蝗。秋七月壬子，诏御史大夫月儿鲁振台纲，禁内外诸司减官吏俸为宴饮费。置隆福宫卫候司。癸丑，诏军民各隶所司，无相侵越。乙卯，以诸王出伯所部四百余户乏食，徙其家属就食内郡，仍赐以奥鲁军年例钞三千锭。给瓜、沙之民徙甘州屯田者牛价钞二千六百锭。以也的迷失为东昌路达鲁花赤，中书省臣言其尝官是郡，犯法五百余款，今不宜复官，帝曰："姑试之。"己未，复立平阳路之蒲、武乡，保定路之博野，泰安州之新泰等县。赐诸王出伯奥鲁军、也速带而红袄军，币帛各六万匹。庚申，改侍卫都指挥使司为隆福宫左都威卫使司、右都威卫使司；以陕西道廉访司没入赃罚钱旧给安西王者，令行省别贮之。壬戌，诏中外崇奉孔子。癸亥，罢肇州宣慰司，并入辽东道。戊辰，减八番等处所设官二百一十六员。八番称新附九十万户，设官四百二十四员，及遣官核实，止十六万五千余户，故减之。行枢密院月的迷失、程鹏飞各加平章政事，中书省臣言："枢密之臣不宜重与相衔。"帝命以军职尊崇者授之。辛未，中书省臣言："向御史台劾右丞阿里尝与阿合马同恶，论罪抵死，幸得原免，不当任以执政。臣谓阿里得罪之后，能自警省，乞令执政如故。"从之。以军户所弃田产岁入及管军官吏赎罪等钞，复输枢密院。癸酉，以陕西行省平章不忽木为中书平章政事。甲戌，立随路民匠、打捕、鹰房、纳绵等户总管府，秩正三品。诏招谕暹国王敢木丁来朝，或有故，则令其子弟及陪臣入质。扎鲁花赤言："诸王之下有罪者，不闻于朝，辄自决遣。"诏禁治之。诏月儿鲁守北边，赐其所统军士币帛各万匹，及西征军士币三万匹、钞三万六千六百锭。赐不鲁花真公主及诸王阿只吉女弟伯秃银、钞有差。是月，棣州阳信县雹，大风拔木发屋，真定路之南宫、新河，易州之涞水等县雹。八月庚辰，太白昼见。癸未，平滦路迁安等县水，蠲其田租。戊子，初祀社稷，用堂上乐，岁以为常。己丑，以大都留守段贞、平章政事范文虎监浚通惠河，给二品银印。令军士复浚浙西太湖，淀山湖沟港，立新河运粮千户所。诏诸路平准交钞库所贮银九十三万六千九百五十两，除留十九万二千四百五十两为钞母，余悉运至京师。复立平阳之芮城、陵川等县。辛卯，以忙哥撒而妻子为敌所掠，赐钞八千锭。戊戌，太阴犯毕，太白犯轩辕。是月，德州之安德县大风雨雹。九月壬子，圣诞节，帝驻跸三部落，受诸王、百官贺。癸丑，诏有司存恤征瓜哇军士死事之家。甲寅，口授诸王傅阿黑不花为丞相。丁巳，太白经天。庚申，以合鲁剌及乃颜之党七百余人隶同知枢密院事不怜吉带，习水战。丙寅，太阴掩填星。辛未，太阴犯轩辕。乙亥，太白犯右执法，太阴犯平道。遣秃古铁木儿等使阇蓝。是月，赵州之宁晋等县水。冬十月戊寅，车驾还大都。辛巳，江浙行省臣言："陛下即位之初，诏蠲今岁田租十分之三。然江南与江北异，贫者佃富人之田，岁输其租，今所蠲特及田主，其佃民输租如故，则是恩及富室而不被于贫民也。宜令佃民当输田主者，亦如所蠲之数。"从之。辽阳行省所属九处大水，民饥，或起为盗贼，命赈恤之。江西行省臣言："银场岁办万一千两，而未尝及数，民不能堪。"命自今从实办之，不为额。壬午，太白犯左执法。有事于太庙。癸巳，太阴掩填星。乙未，太阴犯井。金齿新附孟爱甸酋长遣其子来朝，即其地立军民总管府。朱清、张瑄从海道岁运粮百万石，以京畿所储充足，诏止运三十万石。辛丑，帝谕右丞阿里、参政梁德珪曰："中书职务，卿等皆怀怠心。朕在上都，令还也的迷沙已没财产，任明里不花，皆至今未行。又不约束吏曹，使选人留滞。桑哥虽奸邪，然僚属惮其威，政事无不立决。卿等其约束曹属，有不事事者笞之。仍以朕意谕右丞相完泽。"壬寅，缅国遣使贡驯象十。乙巳，遣南巫里、速木答剌、继没剌矛、毯阳使者各还其国，赐以三珠虎符及金银符，金、币、衣服有差。初，也黑迷失征瓜哇时，尝招其濒海诸国，于是南巫里等遣人来附，以禁商泛海留京师，至是弛商禁，故皆遣之。十一月丁未朔，帝朝皇太后于隆福宫，上玉册、玉宝。庚戌，行枢密院臣刘国杰讨辰州贼，诏选州民刀弩手助其军，他不为例。京师犯赃罪者三百人，帝命事无疑者，准世祖所定十三等例决之。己酉，太阴犯亢。庚戌，广西盐先给引于民，而征其直，私盐日横，及官自鬻盐，民复不售。诏先以盐与民，而后征之。辛亥，中书省臣言："国赋岁有常数，先帝尝曰：'凡赐与，虽有朕命，中书其斟酌之。'由是岁务节约，常有赢余。今诸王藩戚费耗繁重，余钞止一百十六万二千余锭。上都、隆兴、西京、应昌、甘肃等处籴粮钞计用二十余万锭，诸王五户丝造作颜料钞计用十余万锭，而来会诸王尚多，恐无以给。乞俟其还部，臣等酌量定拟以闻。"从之。壬子，诏以军民不相统壹，罢湖广、江西行枢密院，并入行省。乙卯，令河西僧人依旧助役。丁巳，以伯颜察而参议中书省事，其兄伯颜言曰："臣叨平章政事，兄弟宜相嫌避。"帝曰："卿勿复言。兄平章于上，弟参议于下，何所嫌也。"罢贵赤屯田总管府；罢宣政院所刻河西《藏经》板。庚申，太阴犯毕。甲子，诏禁作奸犯科者。以湖南道宣慰使何伟为中书参知政事。罢海北海南市舶提举司。壬申，立覆实司。济宁路立诸色户计诸总管府，秩四品。癸酉，太白犯房。诏改明年为元贞元年。十二月辛巳，赐诸王亦思麻殷金五十两。癸未，岁星犯房。丙戌，罢辽河等处人匠正副达鲁花赤。丁亥，岁星犯钩钤。甲午，以诸王晃兀而、驸马阿失等皆在军，加赐金银、鞍勒、弓矢、衣服各有差。乙未，以伯遥带忽剌出所隶一千户饥，赐钞万锭。壬辰，太阴犯鬼。戊戌，禁侵扰农桑者。庚子，太阴犯房，又犯岁星。选各卫精兵千人，命李罗曷答儿等将之，戍和林，听太师月儿鲁节度，三年而更。用帝师奏，释京师大辟三十人，杖以下百人；赐诸鳏寡贫民钞三百锭。曲静、澂江、普安等路夷官各以方物来贡。以东胜等处牛递户贫乏，赐钞三千余锭。卜阿里使麻八而还都。阿思民为海都所虏，赐钞三万九千九百锭。是月，常德、岳、鄂、汉阳四州水，免其田租。是岁，断大辟三十一人。

元贞元年春正月戊申，诸王阿失罕来朝，赐金五十两、银四百五十两。癸丑，以太仆卿只而合朗为御史大夫。甲寅，以从世祖狩杭海功，赐诸王忽剌出金五十两、珠一串。乙卯，太阴犯填星，又犯毕。壬戌，以国忌，即大圣寿万安寺饭僧七万。癸亥，安西王阿难答、宁远王阔阔出皆言所部贫乏，赐安西王钞二十万锭、宁远王六万锭。又以陨霜杀禾，复赈安西王山后民米一万石。诏道家复行《金箓》、《科范》。以云南行省左丞杨炎龙为中书左丞。乙丑，以亦奚不薛复隶云南行省；以行枢密院既罢，赐行中书省长官虎符，领其军。庚午，以江浙行省平章阿老瓦丁为参知政事。壬申，立北庭都元帅府，以平章政事合伯为都元帅，江浙行省右丞撒里蛮为副都元帅，皆佩虎符。立曲先塔林都元帅府，以药都察为都元帅，佩虎符。饶州路达鲁花赤阿剌红、治中赵良不法，佥江东廉访司事昔班、季让受金纵之，事觉，昔班自杀，杖季让，除名，仍没其财产奴婢之半。罢瓜、沙等州屯田。癸酉，岁星犯东咸。甲戌，有飞书妄言朱清、张瑄有异图者，诏中外慰勉之。乙亥，追封皇国舅按只那演为济宁王，谥忠武，封皇姑囊家真公主为鲁国大长公主，驸马蛮子台为济宁王，仍赐金印。诏饬诸道盐运司。二月丙子朔，安西王相铁赤等请复立王相府，不许。令陕西省臣给其所需，仍以廉访司没入赃罚钞与之。丁丑，翰林学士承旨留梦炎告老，帝以其在先朝言无所隐，厚赐遣之。命曷伯、撒里蛮、李来将探马赤军万人出征，听诸王出伯节度。壬午，罢江南茶税，以其数三千锭添入江西榷茶都转运司岁额。诏贷斡脱钱而逃隐者罪之，仍以其钱赏首告者。癸未，荧惑犯太阴。丁亥，云南行省平章也先不花言："敢麻鲁有两夷未附，金齿亦叛服不常，乞调兵六千镇抚金齿，置驿入缅。"从之。复以拱卫司为正三品。以济宁王蛮子台所部弘吉烈人贫乏，赐钞一十八万锭。戊子，思州田曷剌不花、云南夷卜木、四川洞主查闾王、金齿带梅混冬等来见。缅国阿剌扎高微班的来献舍利、宝玩。甲午，以探马赤军出征，马不足，诏除军民官吏所乘，凡有马者尽括之。壬辰，太阴犯平道。丁酉，车驾幸上都。癸卯，太阴犯岁星。以诸王亦怜真部马牛驿人贫乏，赐钞千锭。以工部尚书兼诸路金玉人匠总管府达鲁花赤吕天麟为中书参知政事。立云州银场都提举司，秩四品。中书省臣言："近者阿合马、桑哥怙势卖官，不别能否，止凭解由选调，由是选法大坏。宜令廉访司体覆以闻，省台选官核实，定其殿最，以明黜陟。其廉访司官，亦令省台同选为宜。"从之。罢河西军，听各还其所属。赐驸马那怀钞万五千锭。以醮延春阁，赐天师张与棣、宗师张留孙、真人张志僊等十三人玉圭各一。制宝玉五方佛冠赐帝师。三月乙巳朔，安南世子陈日燇遣使上表慰国哀，又上书谢宽贯恩，并献方物。丙午，遣密剌章以钞五万锭授征西元帅，令市马万匹，分赐二十四城贫乏军校。庚戌，太阴犯填星。壬子，禁来朝官敛所属俸。丙辰，给月儿鲁、秃秃军炒米万石。金齿夷洞蛮来见，赐衣遣之。戊午，罢福建银场提举司，其岁额银以有司领之。中书省臣言："枢密院、御史台例应奏举官属，其余诸司不宜奏请，今皆请之，非便。"诏自今已后，专令中书拟奏。以东作方殷，罢诸不急营造，惟帝师塔及张法师宫不罢。壬戌，地震。太阴犯房。丙寅，国王和童隐所赐本部贫民钞三百五十锭，命台臣遣人按问以愧之。诏免医、工门徭。增置蒙古学正，以各道肃政廉访司领之。夏四月辛巳，妖人蒙虫僭拟，及其党十三人伏诛。赐章河至苦盐贫乏驿户，钞一万二千九百余锭。丙戌，诸王也只里以兵五千人戍兀鲁思界，遣使来求马，帝不允。庚寅，太阴犯东咸。封乳母杨氏为赵国安翼夫人。癸巳，以同知乌撒乌蒙等处宣慰使司事牙那木假兵部尚书，佩虎符，使马答儿的阴。戊戌，给扈从探马赤军市马钞十二万锭。庚子，立掌谒司，掌皇太后宝，秩四品，以宦者为之。赐贵赤亲军贫乏户钞四万一千五百余锭。癸卯，以诸王出伯所统探马赤、红袄军各千人，隶西平王奥鲁赤。设各路阴阳教授，仍禁阴阳人不得游于诸王、驸马之门。以贵赤万户忽秃不花等所部为敌所掠，赐钞有差。是月，真定路之平山、灵寿等县有虫食桑。闰四月丙午，为皇太后建佛寺于五台山，以前工部尚书涅只为将作院使，领工部事；燕南河北道肃政廉访使宋德柔为工部尚书，董其役；以大都、保定、真定、平阳、太原、大同、河间、大名、顺德、广平十路，应其所需。癸丑，岁星犯房。甲寅，太阴犯平道。立梭厘招讨使司，以答而忽带为使，佩虎符。乙卯，太阴犯亢。丁巳，太阴掩房。己未，罢打捕鹰房总管府，及司籍、周用、薄敛等库，及徽州路银场。各处盐使司盐场，改设司令、司丞。仍免大都今岁田租。弛甘州酒禁。庚申，河南行省亏两淮岁办盐十万引、钞五千锭，遣扎剌而带等往鞫实，命随其罪之轻重治之。陕西行省增羡盐钞一万二千五百余锭，山东都转运使司别思葛等增羡盐钞四千余锭，各赐衣以旌其能。南人洪幼学上封事，妄言五运，笞而遣之。壬戌，塔即古阿散以不法伏诛。诏禁行省、行泉府司抽分市舶船货，**而同匿其珍细者**。戊辰，遣爱牙赤核实高丽国储粮。平阳民诉诸王小薛、曲列失伯部曲恣横，遣官鞫之。赐安南国王陈益稷钞千锭。是月，兰州上下三百余里河清三日。五月戊寅，以鲁国大长公主建佛寺于应昌，给钞千锭、金五十两。命麦术丁、何荣祖等厘正选法。己卯，窜忙兀部别阑于江西，俾从月底迷失讨贼。庚辰，诏各省止存儒学提举司一，余悉罢之。升江南平阳等县为州。以户为差，户至四万五万者为下州，五万至十万者为中州，下州官五员，中州六员。凡为中州者二十八，下州者十五。又以户不及额，降连州路为连州。增重挑补钞人罪，告捕者仍优其赏，令犯人给之。辛巳，罢行大司农司。加平章政事麦术丁为平章军国重事，中书左丞、议中书省事何荣祖为昭文馆大学士，与中书省事。甲申，诏自元贞元年五月以前逋欠钱粮者，皆罢征。丁亥，太阴犯南斗。甲午，以诸王阿只吉部贫乏，赐钞二十万锭。江浙行省臣铁木而不听诏，遣官责之。丙申，以伯颜之子买的为佥书枢密院事。太后言其父尽心王室，欲令代其父官，帝以其年尚小，故有是命。诏以农桑水利谕中外。巩昌府金州、西和州、会州雨雹，无麦禾。饶州、镇江、常州、湖州、平江、建康、太平、常德、澧州皆水。六月戊申，济南路之历城县大清河水溢，坏民居。壬子，高丽王王昛乞为太师中书令，不允。以近边役烦及水灾，免咸平府民八百户今年赋税。诏辽阳省进海东青鹘二十四驿，每驿给牛六头，使者食米五石，鹰食羊五口；又狗递十二驿，每户给钞十锭。甲寅，翰林承旨董文用等进《世祖实录》。乙卯，江西行省所辖郡大水无禾，民乏食，令有司与廉访司官赈之，仍弛江河湖泊之禁，听民采取。升沅州为路，以靖州隶之。遣使与各省官就迁调边远六品以下官，并左右两江宣慰司都元帅府、宣抚司，为广西两江道宣慰司都元帅府，以静江为治所，仍分司邕州。敕："凡上封事者，命中书省发缄视之，然后以闻。"诏河西僧纳租税。癸亥，立蒙古军都元帅府于西川，径隶枢密院，以阿剌铁木而、岳乐罕并为都元帅，佩虎符。河西陇北道廉访司鞫张万户不法，西平王奥鲁赤沮挠其事，帝命谕之。甲子，以安西王所部出征军妻孥乏食，给粮二千石。昭、贺、藤、邕、澧、全、衡、柳、吉、赣、南安等处蛮寇窃发，以军民官备御不严，抚字不至，皆责而降之。驸马济宁王蛮子台私杀罪人，御史台臣言其专擅，有旨谕蛮子台令知之。庚午，立西域卫亲军都指挥使司，以迷而的斤为都指挥使。是月，汴梁路蝗，利州、盖州螟，泰安、曹州、济宁路水，巩昌、环州、庆阳、延安、安西旱。秋七月乙亥，徙甘、凉御匠五百余户于襄阳。诏江南地税输钞。丁丑，太阴犯亢。罢追问已原逋欠。普颜怯里迷失公主等，俱以其部贫乏来告，赐钞计四十九万余锭。御史台臣言："内地盗贼窃发者众，皆由国家赦宥所致，乞命中书立为条格，督责所属，期至尽灭。"制曰："可。"乙卯，诏申饬中外："有儒吏兼通者，各路举之，廉访司每道岁贡二人，省台委官立法考试，中程者用之，所贡不公，罪其举者。职官坐赃论断，再犯者加二等。仓库官吏盗所守钱粮，一贯以下笞之，至十贯杖之，二十贯加一等，一百二十贯徒一年，每三十贯加半年，二百四十贯徒三年，满三百贯者死。计赃以至元钞为则。"给江南行御史台守护军百人。减海南屯田军之半，还其元翼。诏增给诸军药饵价直。壬午，立肇州屯田万户府，以辽阳行省左丞阿散领其事。甲申，岁星犯房。给塞下贫民钞二万四千锭。己丑，赐刘国杰玉带锦衣，旌其战功。辛卯，以秃秃合所部贫乏，赐钞十万锭。戊戌，朱永福、边珍裕以妖言伏诛。扎鲁忽赤文移旧用国语，敕改从汉字。壬寅，诏易江南诸路天庆观为玄妙观，毁所奉宋太祖神主。大都、辽东、东平、常德、湖州武卫屯田大水，隆兴路雹，太原、平阳、安丰、河间等路旱。八月乙酉，太阴犯牛。壬子，太阴犯垒壁阵。辛酉，缅国进驯象三。癸亥，赈辽阳民被水者粮两月。己巳，以驸马那怀知枢密院事。金、复州屯田有虫食禾，汴梁、安西、真定等路旱，平江、安丰等路大水。九月甲戌，帝至自上都。乙亥，用帝师奏，释大辟三人、杖以下四十七人。戊寅，以八撒而治私第，给盐万引。诏输米十万石于榷场故廪，以备北塞。以探马赤军士所至扰民，令合伯镇之，犯者罪其主将。乙卯，罢四川淘金户四千，还其元籍，罪初献言者。庚辰，罢宁夏路行中书省，以其事并入甘肃行省。丁亥，瓜哇遣使来献方物。己丑，给桓州甲匠粮千石。壬辰，湖州司狱郭玨诉浙西廉访司佥事张孝思多取廪饩，孝思系玨于狱。行台令监察御史杨仁往鞫，而江浙行省平章铁木而逮孝思至省讯问，又令其属官与仁同鞫玨事，仁不从，行台以闻。诏省台遣官鞫问，既引服，皆杖之。诸王小薛部众扰民，遣官按问，杖其所犯重者，余听小薛责之。甲午，太阴犯轩辕。戊戌，太阴犯平道。宣德府大水，军民乏食，给粮两月。武卫万盈屯及延安路陨霜杀禾，高邮府、泗州、贺州旱，平江、庐州等路大水。冬十月癸卯，有事于太庙。中书省臣言："去岁世祖、皇后、裕宗祔庙，以绫代玉册。今玉册、玉宝成，请纳诸各室。"帝曰："亲享之礼，祖宗未尝行之，其奉册以来，朕躬祝之。"命献官迎导入庙。给江浙、河南巡逻私盐南军兵仗。癸丑，以西北叛王将入自土蕃，命平章军国重事答失蛮往征之，仍敕便宜总帅发兵千人从行，听其节度。甲寅，中书省、御史台臣言："江浙行省平章明里不花陈台宪非便事，臣等议，乞自今监察御史廉访司有所按核，州县官与本路同鞫，路官与宣慰司同鞫，宣慰司官与行省同鞫。"制曰：

“可。”诏诸王、驸马部民既隶军籍者，毋夺回本部。己未，赐各卫士贫乏者钞二万九千三百余锭。辛酉，辰星犯房。壬戌，辰星犯键闭。癸亥，赐诸王巴撒而、火而忽答孙、秃剌三部钞四万八千五百余锭。丁卯，以博而赤、答剌赤等贫乏，赐钞二万九千余锭。戊辰，太白昼见，太阴犯房。遣安南朝贡使陈利用等还其国，降诏谕陈日燇。十一月甲戌，太白经天及犯垒壁阵。辛巳，置江浙行省检校官二员，立江浙金银洞冶转运使司。乙酉，太阴犯井。丙戌，毡阳酋长之兄脱杭捧于、法而剌酋长之弟密剌八都、阿鲁酋长之弟脱杭忽先等，各奉金表来觐。丁亥，太阴犯鬼。戊子，赐阿鲁酋长虎符。癸巳，赐安西王甲胄、枪拙、弓矢、櫜鞬等十五万八千二百余事。戊戌，升赣州路之宁都、会昌二县为州，以石城县隶宁都，瑞金县隶会昌。诏江浙行省括隐漏官田及检劾富强避役之户。十二月庚子朔，遣集贤院使阿里浑撒里等祭星于司天台。癸卯，以驸马阿不花所部民贫，赐钞万锭。赐诸王押忽秃、忽剌出、阿失罕等金各二百五十两、钞五百锭。丙辰，太阴犯轩辕。荆南僧普昭等伪撰佛书，有不道语，伏诛。己未，诏大都路，凡和顾和买及一切差役，以诸色户与民均当。赐诸王不颜铁木而、阿八也不干金各五百两、银五千两、钞二千锭、币帛各二百匹，其幼王减五分之一。以各道廉访司官八员，员一印，命收其三。甲子，太阴犯天江。赐帝师双龙纽玉印。也速带而之军因李璮乱去山东，其元驻之地为人所垦，岁久成业，争讼不已；命别以境内荒田给之，正军五顷，余丁二顷，已满数者不给。减海运脚价钞一贯，计每石六贯五百文，著为令。徙缙山所居乞里乞思等民于山东，以田与牛、种给之。丁卯，禁诸王辄召有司官吏。己巳，诏免军器匠门徭。是岁，断大辟三十人。

卷十九　　本纪第十九

成　宗　二

二年春正月丙子，诏蠲两都站户和雇和市。己卯，诏江南毋捕天鹅。以忽剌出千户所部屯夫贫乏，免其所输租。上思州叛贼黄胜许攻剽水口思光寨，湖广行省调兵击破之，获其党黄法安等，贼遁入上牙六罗。壬午，太阴犯舆鬼。诏凡户隶贵赤者，诸人毋争。甲申，命西平王奥鲁赤今夏居上都。丙戌，太白昼见。安西王傅铁赤、脱铁木而等复请立王相府，帝曰：“去岁阿难答已尝面陈，朕以世祖定制谕之，今复奏请，岂欲以四川、京兆悉为彼有耶？赋税、军站，皆朝廷所司，今姑从汝请，置王相府，惟行王傅事。”丁亥，太阴犯平道。己丑，御史台臣言：“汉人为同寮者，尝为奸人捃摭其罪，由是不敢尽言。请于近侍昔宝赤、速古而赤中，择人用之。”帝曰：“安用此曹？其选汉人识达事体者为之。”以御史中丞秃赤为御史大夫。庚寅，太阴犯钩钤。辛卯，令月赤察而也可及合剌赤所部卫士自运军粮，给其行费。甲午，授嗣汉三十八代天师张与材太素凝神广道真人，管领江南诸路道教。乙未，诏诸王、公主、驸马非奉旨毋罪官吏，赐诸王合班妃钞千二百锭、杂币帛千匹，驸马塔海铁木而钞三千锭。回纥不剌罕献狮、豹、药物，赐钞千三百余锭。二月乙亥朔，中书省臣言：“陛下自御极以来，所赐诸王、公主、驸马、勋臣，为数不轻，向之所储，散之殆尽。今继请者尚多，臣等乞甄别贫匮及赴边者赐之，其余宜悉止。”从之。分江浙行省军万人戍湖广。给称海屯田军农具。诏奉使及军官殁而子弟未袭职者，其所佩金银符归于官，违者罪之。辛丑，立中御府，以脱忽伯、唐兀并为中御卿。丙午，禁军将擅易侍卫军、蒙古军，以家奴代役者罪之，仍令其奴别入兵籍，以其主资产之半畀之，军将敢有纵之者，罢其职。括蒙古户渐丁，以充行伍。丁未，太阴犯井。庚戌，诏军卒擅更代及逃归者死。给秃秃合所部屯田农器。丙辰，诏江南道士贸易、田者，输田、商税。庚申，命札剌而忽都虎所部户居于奉圣、云州者，与民均供徭役。自六盘山至黄河立屯田，置军万人。丙寅，以大都留守司达鲁花赤段贞为中书平章政事。遣使代祀岳渎。赐安西王米三千石，以赈饥民。三月壬申，以中书平章政事不忽木为昭文馆大学士，平章军国事。罢太原、平阳路酿进蒲萄酒，其蒲萄园民恃为业者，皆还之。诸王出伯言所部探马赤军懦弱者三千余人，乞代以强壮，从之，仍命出伯非奉旨毋擅征发。以怯鲁剌驻夏民饥，户给粮六月。郡王庆童有疾，以其子也里不花代之。赐八撒、火而忽答孙、秃剌三人钞各千锭。治书侍御史万僧受赇，命御史台与宣政院使答失蛮杂治之。癸酉，增驻夏军为四万人。忻都言晋王甘麻剌，朵儿带言月儿鲁，皆有异图，诏枢密院鞫之，无验。帝命言晋王者死，言月儿鲁者谪从军自效。诏云南行台检劾亦乞不薛宣慰司案牍。甲戌，遣诸王亦只里、八不沙、亦怜真、也里悭、瓮吉剌带并驻夏于晋王怯鲁剌之地。丙子，车驾幸上都。丁丑，以完颜邦义、纳速丁、刘季安妄议朝政，杖之，徒二年，籍其家财之半。甲申，次大口。乙酉，太阴犯钩钤。辛卯，赐辽阳行省粮三万石。壬辰，诏驸马亦都护括流散畏吾而户。癸巳，湖广行省以叛贼黄胜许党鲁万丑、王献于京师。赐诸王铁木儿金二百五十两、银二千五百两、钞五千锭，以旌其战功。以合伯及塔塔剌所部民饥，赈米各千石。夏四月己亥朔，命撒的迷失招集其祖忙兀台所部流散人户。赐诸王八卜沙钞四万锭，也真所部六万锭。平阳之绛州、台州路之黄岩州饥，杭州火，并赈之。五月戊辰朔，免两都徭役。辛未，安西王遣使来告贫乏，帝语之曰：“世祖以分赉之难，尝有圣训，阿难答亦知之矣。若言贫乏，岂独汝耶？去岁赐钞二十万锭，又给以粮，今与，则诸王以为不均；不与，则汝言人多饥死。其给粮万石，择贫者赈之。”甲戌，诏民间马牛羊，百取其一，羊不满百者亦取之，惟色目人及数乃取。丁丑，太阴犯平道。庚辰，土番叛，杀掠阶州军民，遣脱脱会诸王铁木而不花、只列等合兵讨之。甲申，命也真、薛阇罕驻夏于合亦而之地。禁诸王、公主、驸马招户。己丑，诏诸徒役者，限一年释之，毋杖。庚寅，罢四川马湖进独本葱。诏诸王、驸马及有分地功臣户。居上都、大都、隆兴者，与民均纳供需。丁酉，命诸行省非奉旨毋擅调军。安南国遣人招诱叛贼黄胜许。也黑迷失进紫檀，赐钞四千锭。是月，野蚕成茧。河中府之猗氏雹；太原之平晋，献州之交河、乐寿，莫州之莫亭、任丘，及湖南醴陵州皆水；济宁之济州螟。六月己亥，给出伯军马七千二百余匹。诏晋王所部衣粮，粮以岁给，衣则三年赐之。给瓜州、沙州站户牛种田具。御史台臣言："官吏受赂，初既辞伏，继以审核，而有司徇情致令异辞者，乞加等论罪。"从之。乙巳，太白犯天关。以调兵妨农，免广西容州等处田租一年。丙午，叛贼黄胜许遁入交趾。甲寅，降官吏受赇条格，凡十有三等。丁巳，太白犯填星。癸亥，太阴犯井。丙寅，诏行省、行台，凡朱清有所陈列，毋辄止之。赐西平王奥鲁赤银二百五十两、钞六千锭，所部六万锭，诸王亦怜真所部二十万锭，兀鲁思驻冬军三万锭。是月，大都、真定、保定、太平、常州、镇江、绍兴、建康、澧州、岳州、庐州、汝宁、龙阳州、汉阳、济宁、东平、大名、滑州、德州蝗，大同、隆兴、顺德、太原雹。海南民饥，发粟赈之。秋七月庚午，肇州万户府立屯田，给以农具、种、食。辛未，以钞十一万八千锭给西蕃诸驿。甘、肃两州驿户饥，给粮有差。赐诸王完泽印。癸酉，诏茶盐转运司、印钞提举司、运粮漕运司官，仍旧以三年为代；云南、福建官吏满任者，给驿以归。壬午，填星犯井，太白犯舆鬼。括伯颜、阿术、阿里海牙等所据江南田及权豪匿隐者，令输租。河泊官岁入五百锭者敕授。增江西、河南省参政一员，以朱清、张瑄为之。授特进上柱国高丽王世子王谚为仪同三司、领都佥议司事。乙酉，遣云南省逃军戍亦乞不薛，命湖广、江西两省择驻夏军牧地。丙戌，遣岳乐也奴等使马八儿国。己丑，命行台监察御史钩校随省理问所案牍，以虎贲三百人戍应昌。诸提调钱正官，其部凡有逋欠者，勿迁叙。广西贼陈飞、雷通、蓝青、谢发寇昭、梧、藤、容等州，湖广左丞八都马辛击平之。辛巳，赐贵由赤戍军钞三万九千余锭。是月，平阳、大名，归德、真定蝗，彰德、真定、曹州、滨州水，怀孟、大名、河间旱，太原、怀孟雹。福建、广西两江道饥，赈粟有差。八月丁酉朔，禁舶商毋以金银过海，诸使海外国者不得为商。庚子，太阴犯亢，太白犯轩辕。壬寅，命江浙行省以船五十艘、水工千三百人，沿海巡禁私盐。癸卯，太阴犯天江。乙巳，诏诸人告捕盗贼者，强盗一名赏钞五十贯，窃盗半之，应捕者又半之，皆征诸犯人，无可征者官给。乙卯，太阴犯天街，太白犯上将。给诸王亦怜真军粮三月。是月，德州、彰德、太原蝗，咸宁县，金、复州，隆兴路陨霜杀禾，宁海州大雨，大名路水。九月戊辰，太白犯左执法。辛未，圣诞节，帝驻跸安同泊，受诸王百官贺。壬申，太阴掩南斗。甲戌，增盐价钞一引为六十五贯，盐户造盐钱为十贯，独广西如故。征浙东、福建、湖广夏税。罢民间盐铁炉灶。给襄阳府合剌鲁军未赐田者粮两月。罢淮西诸巡禁打捕人员。丁丑，太阴犯垒壁阵。戊寅，元江贼舍资杀掠边境，梁王命怯薛丹等讨降之。甲申，云南省臣也先不花征乞蓝，拔瓦农、开阳两寨，其党答剌率诸蛮来降，乞蓝悉平，以其地为云远路军民总管府。己丑，太阴犯轩辕。辛卯，诸王出伯言汪总帅等部军贫乏，帝以其久戍，命留五千驻冬，余悉遣还，至明年四月赴军。甲午，令广海、左右两江戍军，以二年三年更戍；海都兀鲁思不花部给出伯所部军米万石。是月，常德之沅江县水，免其田租。河间之莫州、献州旱。河决河南杞、封丘、祥符、宁陵、襄邑五县。冬十月丁酉，有事于太庙。壬寅，发米十万石赈粜京师，以宣德、奉圣、怀来、缙山等处牧宿卫马。甲辰，修大都城。壬子，车驾至自上都。职官坐赃，经断再犯者，加本罪三等。赣州贼刘六十攻掠吉州，江西行省左丞董士选讨平之。是月，广备屯及宁海之文登水。十一月丁卯，以蛮洞将领彭安国父子讨田知州有功，赐安国金符，子为蛮夷官。答马剌一本王遣其子进象十六。戊辰，以广西戍军悉隶两江宣慰司都元帅府。己巳，兀都带等进所译《太宗》、《宪宗》、《世祖实录》，帝曰："忽都鲁迷失非昭睿顺圣太后所生，何为亦曰公主？顺圣太后崩时，裕宗已还自军中，所纪月日先后差错。又别马里思丹炮手亦思马因、泉府司，皆小事，何足书耶？"辛未，徙江浙行省拔都军万人戍潭州，潭州以南军移戍郴州。以洪泽、芍陂屯田军万人修大都城。遣枢密院官整饬江南诸镇戍军，凡将校勤怠者，列实以闻。增海运明年粮为六十万石。丁丑，太阴犯月星，又犯天街。庚辰，太阴犯井。丁亥，太阴犯上相。乙酉，枢密院臣言："江南近边州县，宜择险要之地，合群戍为一屯，卒有警急，易于征发。"诏行省图地形、核军实以闻。戊子，太阴犯平道。增大都巡防汉军。壬辰，太阴犯天江。缅王遣其子僧伽巴叔撒邦巴来贡方物。罢云南柏兴府入德昌路，赐太常礼乐户钞五千余锭。是月，象食屯水，免其田租。十二月戊戌，立御里军民总管府。云南行省臣言："大御里地与八百媳妇犬牙相错，今大御里胡念已降，小御里复占扼地利，多相杀掠。胡念遣其弟胡伦乞别置一司，择通习蛮夷情状者为之帅，招其来附，以为进取之地。"诏复立蒙样刚等甸军民官。癸卯，定诸王朝会赐与：太祖位，金千两、银七万五千两；世祖位，金各五百两、银二万五千两；余各有差。丁未，太阴犯井。诏诸行省征补逃亡军。复司天台观星户。乙卯，太阴犯进贤。癸亥，释在京囚百人；增置侍御史二员；赐金齿、罗斛来朝人衣。是岁，大都、保定、汴梁、江陵、沔阳、淮安水，金、复州风损禾，太原、开元、河南、芍陂旱，蠲其田租。是岁，断大辟二十四人。

大德元年春正月庚午，增诸王要木忽而、兀鲁而不花岁赐各钞千锭。辛未，诸王亦怜真来朝，薨于道，赐币帛五百匹。乙亥，给月儿鲁匠者田，人百亩。乙酉，以边地乏刍，给出伯征行马粟四月。丙戌，以钞十二万锭、盐引三万给甘肃行省。昔宝赤等为叛寇所掠，仰食于官，赐以农具牛种，俾耕种自给。己丑，以药木忽而等所部贫乏，摘和林汉军置屯田于五条河，以岁入之租资之。辛卯，以张斯立为中书省参知政事。诸王阿只吉驻太原，河东之民困于供亿，诏诘问之，仍岁给钞三万锭、粮万石。给晋王所部屯田农器千具。建五福太乙神坛畤。汴梁、归德水，木邻等九站饥，以米六百余石赈之。给可温种田户耕牛。

二月甲午朔，赐晋王甘麻剌钞七万锭，安西王阿难答三万锭。丙申，蒙阳甸酋长纳款，遣其弟阿不剌等来献方物，且请岁贡银千两及置驿传，诏即其地立通西军民府，秩正四品。戊戌，升全州为全宁府。庚子，诏东部诸王分地蒙古戍军，死者补之，不胜役者易之。癸卯，徙扬州万户邓新军屯蕲、黄，以阇里台所隶新附高丽、女直、汉军居沈州。甲申，诸军民相讼者，命军民官同听之。丁未，省打捕鹰房府入东京路。戊午，罗罗斯酋长来朝。己未，改福建省为福建平海等处行中书省，徙治泉州。平章政事高兴言泉州与琉求相近，或招或取，易得其情，故徙之。减福建提举司岁织段三千匹，其所织者加文绣，增其岁输衲服二百，其车渠带工别立提举司掌之。封的立普哇拿阿迪提牙为缅国王，且诏之曰："我国家自祖宗肇造以来，万邦黎献，莫不畏威怀德。向先朝临御之日，尔国使人禀命入觐，诏允其请。尔乃遽食前言，是以我帅阃之臣加兵于彼。比者，尔遣子信合八的奉表来朝，宜示含弘，特加恩渥，今封的立普哇拿阿迪提牙为缅国王，赐之银印；子信合八的为缅国世子，锡以虎符。仍戒饬云南等处边将，毋擅兴兵甲。尔国官民，各宜安业。"又赐缅王弟撒邦巴一珠虎符，酋领阿散三珠虎符，从者金符及金币，遣之。以新附军三千屯田漳州。庚申，升宁都、会昌县为州，并隶赣州路；宁阳镇为县，隶济宁路；隩州巡检司为河曲县，隶保德州。安丰路设录事司。以行徽政院副使王庆端为中书右丞。诏改元赦天下。免上都、大都、隆兴差税三年，给也只所部六千户粮三月。三月戊辰，荧惑犯井。己巳，完泽等奏定铨调选法。庚午，以陕西行省平章也先铁木而为中书平章政事，中书省左丞梁暗都剌为中书省右丞。癸酉，太阴掩轩辕大星。畋于柳林。免武当山新附军徭赋。甲戌，西番寇阶州，陕西行省平章脱列伯以兵进讨，其党悉平，留军五百人戍之。诏各省合并镇守军，福建所置者合为五十三所，江浙所置者合为二百二十七所。丙子，车驾幸上都。丁丑，封诸王铁木而不花为镇西武靖王，赐驼纽印。以江西省左丞八都马辛为中书左丞。庚辰，札鲁忽赤脱而速受赂，为其奴所告，毒杀其奴，坐弃市。乙酉，遣阿里以钞八万锭籴粮和林。丁亥，禁正月至七月捕猎，大都八百里内亦如之。庚寅，立江淮等处财赋总管府及提举司。赐诸王岳木忽而及兀鲁思不花金各百两，兀鲁思不花母阿不察等金五百两，银钞有差。赐称海匠户市农具钞二万二千九百余锭，及牙忽都所部贫户万锭，别吉赣匠万九百余锭。五台山佛寺成，皇太后将亲往祈祝，监察御史李元礼上封事止之。归德、徐、邳、汴梁诸县水，免其田租。道州旱，辽阳饥，并发粟赈之。岳木忽而及兀鲁思不花所部民饥，以乳牛牡马济之。夏四月癸巳朔，日有食之。丙申，中书省、御史台臣言："阿老瓦丁及崔彧条陈台宪诸事，臣等议，乞依旧例。御史台不立选，其用人则于常调官选之，惟监察御史首领官，令御史台自选。各道廉访司必择蒙古人为使，或阙，则以色目世臣子孙为之，其次参以色目、汉人。又合剌赤、阿速各举监察御史非便，亦宜止于常选择人。各省文案，行台差官检核。宿卫近侍，奉特旨令台宪擢用者，必须明奏，然后任之。行台御史秩满而有效绩者，或迁内台，或呈中书省迁调，廉访司亦如之；其不称职者，省、台择人代之。未历有司者，授以牧民之职；经省、台同选者，听御史台自调。中书省或用台察之人，亦宜与御史台同议，各官府宪司官，毋得辄入体察。今拟除转运盐使司外，其余官府悉依旧例。"制曰："可。"壬寅，赐兀鲁思不花圆符。赐暹国、罗斛来朝者衣服有差。赐牙忽都部钞万锭，给岳木忽而所部和林屯田种，以米二千石赈应昌府。五月丙寅，河决汴梁，发民三万余人塞之。戊辰，安南国遣使来朝。追收诸位下为商者制书、驿券。命回回人在内郡输商税。给钞千锭建临洮佛寺。诏强盗奸伤事主者，首从悉诛；不伤事主，止诛为首者，从者刺配，再犯亦诛。给葛蛮安抚司驿券一。辛未，遂宁州军户任福妻一产三男，给复三岁。癸酉，太白犯鬼积尸气。乙亥，太阴犯房。丁丑，禁民间捕鹫鹰鹞。庚寅，平伐酋领内附，乞隶于亦乞不薛，从之。各路平准行用库，旧制选部民富有力者为副，命自今以常调官为之，隶行省者从行省署用。上思州叛贼黄胜许遣其子志宝来降。漳河溢，损民禾稼。饶州鄱阳、乐平及隆兴路水。亦乞列等三站饥，赈米一百五十石。六月甲午，诸王也里干遣使乘驿祀五岳、四渎，命追其驿券，仍切责之。以湖广行省参政崔良知廉贫，特赐盐课钞千锭。给和林军需钞十万锭。乙未，太白昼见。戊戌，平伐九寨来降，立长官司。己酉，令各部宿卫士输上都、隆兴粮各万五千石于北地。甲寅，罢亦奚不薛岁贡马及毡衣。丙辰，监察御史斡罗失剌言："中丞崔彧兄在先朝尝有罪，还其所籍家产非宜。又买僧寺水碾违制。"帝以其妄言，笞之。诏僧道犯奸盗重罪者，听有司鞫问。赐诸王也里干等从者钞二万锭，朵思麻一十三站贫民五千余锭。是月，平滦路虫食桑，归德、徐、邳州蝗，太原风、雹，河间、大名路旱，和州历阳县江涨，漂没庐舍万八千五百余家。以粮四千余石赈广平路饥民，万五千石赈江西被水之家，二百九十余石赈铁里干等四站饥户。秋七月庚午，太阴犯房。辛未，赐诸王脱脱、孛罗赤、沙秃而钞二千锭，所部八万四千余锭，撒都失里千锭，所部二万余锭。罢蒙古军万户府入曲先塔林都元帅府。癸未，增晋王所部屯田户。甲申，增中御府官一员。赐马八儿国塔喜二珠虎符。诏出使招谕者授以招谕使、副；诸取药物者，授以会同馆使、副，但降旨差遣，不给制命。丙戌，以八儿思秃仓粮隶上都留守司，招籍宋两江镇守军。丁亥，免上都酒课三年。赐诸王不颜铁木而及其弟伯真孛罗钞四千锭，所部八万四千八百余锭，仍给粮一年。宁海州饥，以米九千四百余石赈之。河决杞县蒲口。郴州路、耒阳州、衡州之酃县大水山崩，溺死三百余人。怀州武陟县旱。八月庚子，诏合伯留军五千屯守，令孛来统其余众以归。丁未，命诸王阿只吉自今出猎，悉自供具，毋伤民力。丁巳，祆星出奎。扬州、淮安、宁海州旱，真定、顺德、河间旱、疫，池州、南康、宁国、太平水。九月辛酉朔，祆星复犯奎。壬戌，八番、顺元等处初隶湖广，后改隶云南，云南戍兵不至，其屯驻旧军逃亡者众，仍命湖广行省遣军代之。甲子，八百媳妇叛，寇彻里，遣也先不花将兵讨之。丙寅，诏恤诸郡水旱疾疫之家，罢括两淮民田。汰诸王来大都者及宿卫士冗员。丁卯，命平章伯颜专领给赐孤老衣粮。壬午，车驾还大都。己丑，增海漕为六十五万石。罢南丹州安抚司，立庆远南丹溪洞等处军民安抚司。诏边远官已尝优升品级而托他事不起者，夺其所升官。平珠、六洞蛮及十部洞蛮皆来降，命以蛮夷官授之。给卫士牧马外郡者粮，令毋仰食于民。以札鲁忽赤所追赃物输中书省。卫辉路旱、疫，澧州、常德、饶州、临江等路，温之平阳、瑞安二州大水，镇江之丹阳、金坛旱，并以粮给之。冬十月甲午，诏诸迁转官注阙二年。丁酉，有事于太庙。辛丑，减上都商税岁额为三千锭。温州陈空崖等以妖言伏诛。癸丑，免陕西盐户差税，罢其所给米。乙卯，瓜哇遣失剌班直木达奉表来降。戊午，太白经天。增吏部尚书一员。以朵甘思十九站贫乏，赐马牛羊有差。庐州路无为州江潮泛溢，漂没庐舍。历阳、合肥、梁县及安丰之蒙城、霍丘自春及秋不雨，扬州、淮安路饥，韶州、南雄、建德、温州皆大水，并赈之。十一月壬戌，禁权豪、僧、道及各位下擅据矿炭山场。罢顺德、彰德、广平等路五提举司，立都提举司二，升正四品，设官四员，直隶中书户部。卫辉路提举司隶广平彰德都提举司，真定铁冶隶顺德都提举司。罢保定紫荆关铁治提举司，还其户八百为民。癸亥，诏自今田猎始自九月。高丽王王昛告老，乞以爵与其子謜。福建行省遣人觇琉求国，俘其傍近百人以归。戊辰，增太庙牲用马。庚午，籍唐兀军入枢密院。辛未，曹州禹城进嘉禾，一茎九穗。丁丑，诏以高丽王世子謜为开府仪同三司、征东行中书省左丞相、驸马、上柱国、高丽国王，仍加授王昛为推忠宣力定远保节功臣、开府仪同三司、太尉、驸马、上柱国、逸寿王。增乌撒乌蒙等处宣慰使一员，以李罗欢为之。赐诸王兀鲁德不花金千两、银万五千两、钞万锭。徙大同路军储所于红城。以河南行省经用不足，命江浙行省运米二十万石给之。总帅汪惟和以所部军屯田沙州、瓜州，给中统钞二万三千二百余锭置种、牛、田具。大都路总管沙的坐赃当罢，帝以故臣子，特减其罪，俾仍旧职。崔彧言不可复任，帝曰："卿等与中书省臣戒之，若后复然，则置尔死地矣。"戊子，太白经天。增晋王内史一员，尚乘寺卿一员。赐药木忽而金一千二百五十两、银一万五千两、钞一万二千锭。常德路大水，常州路及宜兴州旱，并赈之。十二月癸巳，令也速带而、药乐罕将兵出征。丙申，徙襄赐屯田合剌鲁军于南阳，户受田百五十亩，给种、牛、田具。戊戌，中书省臣同河南平章孛罗欢等言："世祖抚定江南，沿江上下置戍兵三十一翼，今无一二，惧有不虞。外郡戍卒封桩钱，军官迁延不以时取，而以己钱贷之，征其倍息。逃亡者各处镇守官及万户府并遣人追捕，皆非所宜。又富户规避差税冒为僧道，且僧道作商贾有妻子与编氓无异，请汰为民。宋时为僧道者，必先输钱县官，始给度牒，今不定制，侥幸必多。无为矾课，初岁入为钞止一百六锭，续增至二千四百锭，大率敛富民、刻吏俸、停灶户工本以足之，亦宜减其数。"帝曰："矾课遣人核实，汰僧道之制，卿等议拟以闻。军政与枢密院议之。"诸王也只里部忽剌带于济南商河县侵扰居民，蹂践禾稼，帝命诘之，走归其部。帝曰："彼宗戚也，有是理耶？其令也只里罪之。"禁诸王、驸马并权豪毋夺民田，其献田者有刑。复立芍陂、洪泽屯田。壬寅，朝洞蛮内附，立长官司二，命杨汉英领之。甲辰，太白经天，又犯东咸。丙午，太阴犯轩辕。丁未，旌表烈妇漳州招讨司知事阚文兴妻王氏。戊申，增给云南廉访司驿券四十二。甲寅，太阴犯心。乙卯，免上都至大都并宣德等十三站户和雇和买。赐诸王忽剌出钞千锭，所部四万四千五百余锭；诸王阿术、速哥铁木而所部二万八千九百余锭。闰十二月壬戌，太阴犯垒壁阵。命也速带而等出征；诏诸军户卖田者，由所隶官给文券。甲子，福建平章高兴言："漳州漳浦县大梁山产水晶，乞割民百户采之。"帝曰："不劳民则可，劳民勿取。"壬申，徙乃颜民户于内地。定燕秃忽思所隶户差税，以三分之一输官。赐忽剌出所部钞万锭。癸酉至丙子，太白犯建星。己卯，赐不思塔伯千户等钞约九万锭。淮东饥，遣参议中书省事于章发廪赈之，弛湖泊之禁，仍听正月捕猎。平伐等蛮未附，播州宣抚使杨汉英请以己力讨之，命湖广省答剌罕从宜收抚。瓜州屯田军万人贫乏，命减一千，以张万户所领兵补之。甲申，增两淮屯田军为二万人。赐诸王阿牙赤钞千锭，所部一万一千余锭，药乐罕等所部七万锭，暗都剌火者所部四万余锭。般阳路饥疫，给粮两月。是岁，济南及金、复州水、旱，大都之檀州、顺州，辽阳、沈阳、广宁水，顺德、河间、大名、平阳旱。河间之乐寿、交河疫，死六千五百余人。断大辟百七十五人。

二年春正月壬辰，诏以水旱减郡县田租十分之三，伤甚者尽免之，老病单弱者差税并免三年。禁诸王、公主、驸马受诸人呈献公私田地及擅招户者。丙申，遣使阅诸省兵。丁酉，置汀州屯田。辛丑，御史台臣言："诸转运司案牍，例以岁终检覆。金谷事繁，稽照难尽，奸伪无从知之。其未终者，宜听宪司于明年检覆。"从之。乙巳，以粮十万石赈北边内附贫民。己酉，建康、龙兴、临江、宁国、太平、广德、饶池等处水，发临江路粮三万石以赈，仍弛泽梁之禁，听民渔采。遣所俘琉求人归谕其国，使之效顺。并土蕃、碉门安抚司、运司，改为碉门鱼通黎雅长河西宁远军民宣抚司。以翰林王恽、阎复、王构、赵与票、王之纲、杨文郁、王德渊，集贤王颙、宋渤、卢挚、耶律有尚、李泰、郝采、杨麟，皆耆德旧臣，清贫守职，特赐钞二千一百余锭。给西平王奥鲁赤部民粮三月，晋王秫米五百石，所部钞十二万锭，戍和林高丽、女直、汉军三万锭。二月戊午朔，诏枢密院合并贫难军户。辛酉，岁星、荧惑、太白聚危，荧惑犯岁星。壬戌，徙重庆宣慰司都元帅府于成都，立军民宣慰司都元帅府于福建。乙丑，立浙西都水庸田司，专主水利。以中书右丞、徽政院副使张九思为平章政事，与中书省事。丁卯，改泉州为泉宁府。己巳，畋于漷州。辛未，太阴犯左执法。并江西省元分置军为六十四所。丙子，太阴犯心。帝谕中书省臣曰："每岁天下金银钞币所入几何，诸王、驸马赐与及一切营建所出几何，其会计以闻。"右丞相完泽言："岁入之数，金一万九千两，银六万两，钞三百六十万锭，然犹不足于用，又于至元钞本中借二十万锭，自今敢以节用为请。"帝嘉纳焉。罢中外土木之役。癸未，诏诸王、驸马毋擅祀岳镇海渎；申禁诸路军及豪右人等，毋纵畜牧损农。乙酉，车驾幸上都。罢建康金银铜冶转运司，还淘金户于元籍，岁办金悉责有司。诏廉访司作成人材，以备选举。禁诸王从者假控鹤佩带扰民。诏诸郡凡民播种怠惰及有司劝课不至者，命各道廉访司治之。减行省平章为二员。丙子，以梁德珪为中书平章政事，杨炎龙为中书右丞。赐瓜忽而所部钞三十万锭，近侍伯颜铁木而等三万锭，也先铁木而等市马价三万四千四百余锭，镇南王脱欢六万锭。浙西嘉兴、江阴，江东建康溧阳、池州水、旱，并赈恤之。湖广省汉阳、汉川水，免其田租。甘肃省沙州鼠伤禾稼，大都檀州雨雹，归德等处蝗。三月丁亥朔，罢大名路故河堤堰岁入隆福宫租钞七百五十锭。申禁官吏受赂诣诸司首者，不得辄受。戊子，诏僧人犯奸盗诈伪，听有司专决，轻者与僧官约断，约不至者罪之。庚寅，命各万户出征者，其印令副贰掌之，不得付其子弟，违法行事。以两淮闲田给蒙古军。壬子，御史台臣言："道州路达鲁花赤阿林不花、总管周克敬虚申麦熟，不赈饥民，虽经赦宥，宜降职一等。"从之。壬子，诏加封东镇沂山为元德东安王，南镇会稽山为昭德顺应王，西镇吴山为成德永靖王，北镇医巫闾山为贞德广宁王，岁时与岳渎同祀，著为令式。夏四月戊午，遣征不剌坛军还本部。庚申，以也速带而擅调甘州戍军，遣伯颜等笞之。赐大都守门合赤剌等钞九万锭，织工四万四千锭。发庆元粮五万石，减其直以赈饥民。江南、山东、江浙、两淮、燕南属县百五十处蝗。五月辛卯，罢海南黎兵万户府及黎蛮屯田万户府，以其事入琼州路军民安抚司。罢荨麻林酒税羡余。壬辰，以中书右丞何荣祖为平章政事，与中书省事，湖广左丞八都马辛为中书右丞。淮西诸郡饥，漕江西米二十万石以备赈贷。命中书省遣使监云南、四川、海北海南、广西两江、广东、福建等处六品以下选。戊戌，太阴犯心。壬寅，平滦路旱，发米五百石，减其直赈之。己酉，诸王念不列妃扎忽真诈增所部贫户，冒支钞一万六百余锭，遣扎鲁忽赤同王府官追之。卫辉、顺德旱，大风损麦，免其田租一年。诏总帅汪惟正所辖二十四城，有安西王、诸王等并朵思麻来寓者，与编户均当赋役。耽罗国以方物来贡。抚州之崇仁星陨为石。复致用院。置和林宣慰司都元帅府，以忽剌出、耶律希周、纳邻合剌并为宣慰使都元帅，佩虎符。给两都八剌合赤钞各三万锭。六月庚申，御史台臣言："江南宋时行两税法，自阿里海牙改为门摊，增课钱至五万锭。今宣慰张国纪请复科夏税，与门摊并征，以图升进，湖、湘重罹其害。"帝命中书趣罢之。禁权豪、斡脱括大都漕河舟楫。西台侍御史脱欢以受赂不法罢。禁诸王擅行令旨，其越例开读者，并所遣使拘执以闻。壬戌，太阴犯角。诏陕西诸色户与民均当徭役，申严陕西运司私盐之禁。置奉宸库。赐诸王岳木忽而金一千二百五十两，兀鲁思不花并其母一千两，银、钞有差。山东、河南、燕南、山北五十处蝗，山北辽东道大宁路金源县蝗。秋七月癸巳，太阴犯心。汴梁等处大雨，河决坏堤防，漂没归德数县禾稼、庐舍，免其田租一年。遣尚书那怀、御史刘赓等塞之，自蒲口首事，凡筑九十六所。壬寅，诏诸王、驸马及诸近侍，自今奏事不经中书，辄传旨付外者，罪之。高丽王王謜擅命妄杀，诏遣中书右丞杨炎龙、佥枢密院事洪君祥召其入侍，以其父昛仍统国政。赐诸王亦怜真等金、银、钞有差。江西、江浙水，赈饥民二万四千九百有奇。八月壬戌，太阴犯箕。癸未，给四川出征蒙古军马万匹。九月己丑，圣诞节，驻跸阻妫之地，受诸王百官贺。交趾、瓜哇、金齿国各贡方物。给和林更戍军牛、车。丙申，车驾还大都。辛丑，太阴犯五车南星。命广海、左右江戍军依旧制以二年或三年更代。癸卯，太阴犯五诸侯。枢密副使塔剌忽带犯赃罪，命御史台鞫之。己酉，太阴犯左执法。庚戌，吉、赣立屯田；减中外冗员。冬十月甲寅朔，增海漕米为七十万石。壬戌，太白犯牵牛。置蒙古都万户府于凤翔，立平珠、六洞蛮夷长官司二，设土官四十四员。戊寅，太阴犯角距星。令御史台检劾枢密院案牍。赐诸王岳木忽而、兀鲁思不花所部粮五万石；控鹤七百人，赐钞五百锭。十一月庚寅，安南贡方物。丙申，知枢密院那怀言："常例文移，乞令副枢以下署行。"从之。罢云南行御史台，置肃政廉访司。己亥，太阴犯舆鬼。辛丑，辰星犯牵牛。罢徐、邳炉冶所进息钱。壬寅，太阴犯右执法。以中书右丞王庆端为平章政事。赐和林军校币六千匹，衣帽等物有差。十二月戊午，太白经天。己未，填星犯舆鬼。乙丑，太白犯岁星，太阴犯荧惑。括诸路马，除牝孕携驹者，齿三岁以上并拘之。赐朵而朵海所部钞八十五万锭。庚午，镇星入舆鬼，太阴犯上将。辛未，增置各路推官，专掌刑狱，上路二员，下路一员。诏诸逃军复业者免役三年。江浙行省平章政事答剌罕升左丞相。甲戌，彗出子孙星下。己卯，太阴犯南斗。辛巳，命廉访司岁举所部廉干者各二人。诏和市价直随给其主，违者罪之。定诸税钱三十取一，岁额之上勿增。扬州、淮安两路旱、蝗，以粮十万石赈之。给阵亡军妻子衣粮。免内郡赋税。诸王小薛所部三百余户散处凤翔，以潞州田二千八百顷赐之。释在京囚二百一十九人。

卷二十　本纪第二十

成　宗　三

三年春正月癸未朔，暹番、没剌由、罗斛诸国各以方物来贡，赐暹番世子虎符。丙戌，太阴犯太白。己丑，中书省臣言："天变屡见，大臣宜依故事引咎避位。"帝曰："此汉人所说耳，岂可一一听从耶？卿但择可者任之。"庚寅，诏遣使问民疾苦。除本年内郡包银、俸钞，免江南夏税十分之三，增给小吏俸米。置各路惠民局，择良医主之。封药木忽而为定远王，赐金印。命中书省：自今后妃、诸王所需，非奉旨勿给；各位擅置官府，紊乱选法者，戒饬之。辛卯，诏诸行省谨视各翼病军。浙西肃政廉访使王遇犯赃罪，托权幸规免，命御史台鞫治之。壬辰，安置高丽陪臣赵仁规于安西、崔冲绍于巩昌，并笞而遣之，以正其附王源擅命妄杀之罪，复以王昛为高丽王，遣工部尚书也先铁木而、翰林待制贾汝舟赍诏往谕之。追收别铁木而、脱脱合儿鲁行军印。中书省臣言："比年公帑所费，动辄巨万，岁入之数，不支半岁，自余皆借及钞本。臣恐理财失宜，钞法亦坏。"帝嘉纳之。仍令谕月赤察而等自今一切赐与皆勿奏。癸巳，以江南军数多阙，官吏因而作弊，诏禁饬之。以答剌罕哈剌哈孙为中书左丞相。丁酉，太阴犯西垣上将。戊戌，太阴犯右执法。辛丑，括诸路马，隶蒙古军籍者免之。乙巳，太白经天。二月癸丑朔，车驾幸柳林。丁巳，完泽等奏铨定省部官，以次引见，帝皆允之，仍谕六部官曰："汝等事多稽误，朕昔未知其人为谁。今既阅视，且知姓名，其洗心涤虑，各钦乃职。复蹈前失，罪不汝贷。"罢四川、福建等处行中书省，陕西行御史台，江东、荆南、淮西三道宣慰司。置四川、福建宣慰司都元帅府及陕西汉中道肃政廉访司。广和林、甘州城。诏缗山县民户为势家所蔽者，悉还县定籍。壬戌，诏谕江浙、河南北两省军民。乙巳，荧惑犯五诸侯。壬申，加解州盐池神惠康王曰广济，资宝王曰永泽；泉州海神曰护国庇民明著天妃；浙西盐官州海神曰灵感弘祐公；吴大夫伍员曰忠孝威惠显圣王。金齿国遣使来贡方物。庚辰，车驾幸上都。三月癸巳，缅国世子信合八的奉表来谢赐衣，遣还。命妙慈弘济大师、江浙释教总统补陀僧一山赍诏使日本，诏曰："有司奏陈：向者世祖皇帝尝遣补陀禅僧如智及王积翁等两奉玺书通好日本，咸以中途有阻而还。爰自朕临御以来，绥怀诸国，薄海内外，靡有遐遗，日本之好，宜复通问。今如智已老，补陀僧一山道行素高，可令往谕，附商舶以行，庶可必达。朕特从其请，盖欲成先帝遗意耳。至于惇好息民之事，王其审图之。"甲午，命何荣祖等更定律令。诏军官受赃罪，重者罢职，轻者降其散官，或决罚就职停俸，期年许令自效。戊戌，荧惑犯舆鬼。升御史台殿中司秩五品。乙巳，行御史台劾平章教化受财三万余锭，教化复言平章的里不花领财赋时盗钞三十万锭，及行台中丞张闾受李元善钞百锭，敕俱勿问。戊申，减江南诸道行台御史大夫一员，赐和林军钞十万锭。夏四月辛亥朔，驸马蛮子台所部匮乏，以粮十三万石赈之。己未，太阴犯上将。丙寅，填星犯舆鬼，太阴犯心。庚午，申严江浙、两淮私盐之禁，巡捕官验所获迁赏。辛未，禁和林戍军窜名他籍。自通州至两淮漕河，置巡防捕盗司凡十九所。己卯，以礼部尚书月古不花为中书左丞。赐和林军钞五十万锭、帛四十万匹、粮二万石，仍命和林宣慰司市马五千匹给之。辽东开元、咸平蒙古、女直等人乏食，以粮二万五百石、布三千九百匹赈之。五月壬午，罢江南诸路释教总统所。丙申，太阴犯南斗。海南速古台、速龙探、奔奚里诸番以虎象及桫罗木舟来贡。己亥，太白犯毕。庚子，免山东也速带而牧地岁输粟之半，禁阿而剌部毋于广平牧马。庚子，复征东行中书省，以福建平海省平章政事阔里吉思为平章政事。是月，鄂、岳、汉阳、兴国、常、澧、潭、衡、辰、沅、宝庆、常宁、桂阳、茶陵旱，免其酒课、夏税；江陵路旱、蝗，弛其湖泊之禁；仍并以粮赈之。六月辛亥，兀鲁兀敦庆童擅杀所部军之逃亡者，命枢密院戒之。癸丑，罢大名路所献黄河故道田输租。戊午，申禁海商以人马兵仗往诸番贸易者。以福建州县官类多色目、南人，命自今以汉人参用。禁福建民冒称权豪佃户，规免门役。庚申，太阴掩房。丁卯，荧惑犯右执法。壬申，岁星昼见。赐和林戍军钞一百四十万锭，鹰师五十万一千余锭。秋七月己卯朔，太白犯井。庚辰，中书省臣言："江南诸寺佃户五十余万，本皆编民，自杨总摄冒入寺籍，宜加厘正。"从之。丙申，扬州、淮安属县蝗，在地者为鹙啄食，飞者以翅击死，诏禁捕鹙。丁未，太阴犯舆鬼。八月己酉朔，日有食之。丁巳，太阴犯箕。戊辰，太白犯轩辕大星。己巳，太阴犯五车星。赐定远王药木忽而所部钞万五千锭。是月，汴梁、大都、河间水，隆兴、平滦、大同、宣德等路雨雹。九月癸未，圣诞节，驻跸古栅，受诸王百官贺。庚寅，置河东山西铁冶提举司。壬辰，流星色赤，尾长丈余，其光烛地，起自河鼓，没于牵牛之西，有声如雷。癸巳，罢括宋手号军。乙未，太阴犯昴距星。丁酉，太白犯左执法。己亥，车驾还大都。扬州、淮安旱，免其田租。冬十月戊申朔，有事于太庙。壬子，册伯岳吾氏为皇后。甲寅，复立海北海南道肃政廉访司。山东转运使阿里沙等增课钞四万一千八百锭，赐锦衣人一袭。丙子，太阴犯房。赐秃忽鲁不花等所部户钞三万七千余锭，橐驼户十万二千余锭。以淮安、江陵、沔阳、扬、庐、随、黄旱，汴梁、归德水，陇、陕蝗，并免其田租。十一月庚辰，置浙西平江河渠闸堰凡七十八所。禁和林酿酒。乙酉，太白犯房。戊子，释囚二十人。丁酉，浚太湖及淀山湖。己亥，赐隆福宫牧驼者钞十万二千锭，诸王合带部十万锭，云南王也先铁木而及所部三万八千锭，和林戍军一百四十万余锭、币帛二万九千匹。杭州火，江陵路蝗，并发粟赈之。十二月己酉，徙镇巢万户府戍沅、靖，毗阳万户府戍辰州，均州万户府戍常德、澧州。赐诸王岳忽难银印。丙寅，诏各省戍军轮次放还二年供役。升宣徽院为从一品。癸酉，诏中书省货财出纳，自今无券记者勿与。以守司徒、集贤院使、领太史院事阿鲁浑撒里为平章政事。赐诸王六十、脱脱等钞一万三千余锭，四怯薛卫士五万二千余锭，千户撒而兀鲁所部四万锭。淮安、扬州饥，甘肃亦集乃路屯田旱，并赈以粮。

四年春正月丙申，申严京师恶少不法之禁，犯者黥刺，杖七十，拘役。辛丑，诏蒙古都元帅也速答而非奉旨勿擅决重刑。命和林戍军借斡脱钱者，止偿其本。癸卯，复淮东漕渠。赐诸王塔失铁木而金印。赐翰林承旨僧家钞五百锭，以养其母。赐诸王木忽难所部一万二千余锭，八鲁剌思等部六万锭。二月丁未朔，日有食之。乙卯，遣使祠东岳。丙辰，皇太后崩，明日祔葬先陵。戊午，太阴犯轩辕。壬戌，帝谕何荣祖曰："律令良法也，宜早定之。"荣祖对曰："臣所择者三百八十条，一条有该三四事者。"帝曰："古今异宜，不必相沿，但取宜于今者。"甲戌，发粟十万石赈湖北饥民，仍弛山泽之禁。罢称海屯田，改置于呵札之地，以农具、种实给之。乙亥，车驾幸上都。置西京大和岭屯田。立乌撒、乌蒙等郡县，并会理泗川四州为二，置维摩州。丙子，命李庭训练各卫军士。赐晋王所部钞四万锭。三月乙未，宁国、太平两路旱，以粮二万石赈之。夏四月丙午朔，诏云南行省厘革积弊。壬子，高邮府宝应县民孙奕妻朱一产三男，蠲复三年。丙辰，置五条河屯田。丁巳，免今年上都、隆兴丝银，大都差税地租。赐诸王也灭干鋈金印。缅国遣使进白象。戊午，参政张颐孙及其弟珪等伏诛于龙兴市。颐孙初为新淦富人胡制机养子，后制机自生子而死，颐孙利其赀，与珪谋杀之，赂郡县吏获免。其仆胡忠诉主之冤于官，乃诛之，其赀悉还胡氏。以中书省断事官不兰奚为平章政事。赐皇侄海山所统诸王戍军马二万二千九百余匹。五月癸未，左丞相答剌罕遣使来言："横费不节，府库渐虚。"诏自今诸位下事关钱谷者，毋辄入闻。帝谕集贤大学士阿鲁浑撒里等曰："集贤、翰林乃养老之地，自今诸老满秩者升之，勿令辄去，或有去者，罪将及汝。其谕中书知之。"增云南至缅国十五驿，驿给圆符四、驿券十二。甲午，太阴犯垒壁阵。辛丑，太白犯舆鬼，太阴犯昴。复延庆司。赐诸王也只里部钞二万锭，八怜、脱列思所隶户六万五千余锭。是月，同州、平滦、隆兴雹，扬州、南阳、顺德、东昌、归德、济宁、徐、濠、芍陂旱，蝗，真定、保定、大都通、蓟二州水。六月己酉，诏立缅国王子窟麻剌哥撒八为缅国王，赐以银印及金银器皿衣服等物。丙辰，以太傅月赤察而为太师，完泽为太傅，皆赐之印。丁巳，太白犯填星。御史中丞不忽木卒，贫无以葬，赐钞五百锭。甲子，置耽罗总管府。诏各省自今非奉命毋擅役军。以和林都元帅府兼行宣慰司事。吊吉而、瓜哇、暹国、蘸八等国二十二人来朝，赐衣遣之。秋七月甲戌朔，右丞相完泽请上徽仁裕圣皇后谥宝册。乙酉，缅国阿散哥也弟者苏等九十一人各奉方物来朝，诏命余人留安庆，遣者苏来上都。辛卯，荧惑犯井。加乳母冀国夫人韩氏为燕冀国顺育夫人，石抹氏为冀国夫人。杭州路贫民乏食，以粮万石减其直粜之。八月癸卯朔，更定荫叙格，正一品子为正五，从五品子为从九，中间正从以是为差，蒙古、色目人特优一级。置广东盐课提举司。癸丑，太阴犯井。庚申，缅国阿散吉牙等昆弟赴阙，自言杀主之罪；罢征缅兵。甲子，辰星犯灵台上星。大名之白马县旱。闰八月庚辰，荧惑犯舆鬼。庚子，车驾还大都。以中书右丞贺仁杰为平章政事。赐晋王所部粮七万石。九月戊午，太白犯斗。壬戌，太阴犯舆鬼。曹州探马赤军与民讼地百二十顷，诏别以邻近官田如数给之。广东英德州达鲁花赤脱欢察而招降群盗二千余户，升英德州为路，立三县，以脱欢察而为达鲁花赤兼万户以镇之。甲子，太白犯斗。改中御府为中政院。赐诸王出伯所部钞万五千四百余锭。建康、常州、江陵饥民八十四万九千六十余人，给粮二十二万九千三百九十余石。冬十月癸酉朔，有事于太庙。十一月壬寅朔，诏颁宽令，免上都、大都、隆兴大德五年丝银、税粮，附近秣养马驼之郡免税粮十分之三，其余免十分之一；徒罪各减一半，杖罪以下释之；江北荒田许人耕种者，元拟第三年收税，今并展限一年，著为定例。并辽阳省所辖狗站、牛站为一，仍给钞以赒其乏。命省、台差官同昔宝赤鞠和林运粮稽迟未至者。真定路平棘县旱。十二月癸酉，御史台臣言："所纠官吏与有司同审，所以事沮难行，乞依旧制。中书凡有改作，辄令监察御史同往，非宜，自今非奉旨勿遣。"皆从之。庚寅，荧惑犯轩辕。癸巳，太阴犯房距星。晋州达鲁花赤捏古伯给称母丧，归迎其妻。事闻，诏以其斁伤彝伦，罢职不叙。遣刘深、合剌带、郑祐将兵二万人征八百媳妇，仍敕云南省每军十人给马五匹，不足则补之以牛。赐诸王忻都部钞五万锭，兀鲁思不花等四部二十一万九千余锭，西都守城军二万八千余锭。赈建康、平江、浙东等处饥民粮二十二万九千三百余石。

五年春正月己酉，太阴犯五车。庚戌，给征八百媳妇军钞，总计九万二千余锭。壬子，太阴犯舆鬼积尸气。奉安昭睿顺圣皇后御容于护国仁王寺。罢檀、景两州采金铁冶提举司，以其事入都提举司。御史台臣言："官吏犯赃及盗官钱，事觉避罪逃匿者，宜同狱成。虽经原免，亦加降黜，庶奸伪可革。"从之。丙寅，以两淮盐法涩滞，命转运司官两员分司上江以整治之，仍颁印及驿券。辛酉，太阴犯心。二月己卯，太阴犯舆鬼。以刘深、合剌带并为中书右丞，郑祐为参知政事，皆佩虎符。分云南诸路行中书省事，仍置理问官二员，郎中、员外郎、都事各一员，给圆符四、驿券二十。罢福建织绣提举司。增河间转运司盐为二十八万引，罢其所属清、沧、深三盐司。丁亥，立征八百媳妇万户府二，设万户四员，发四川、云南囚徒从军。乙未，诏廉访司官非亲丧迁葬及以病给告者，不得离职；或以地远职卑受任不赴者，台宪勿复用。丙申，给脱脱等部马万匹。丁酉，车驾幸上都。诏饬云南行中书省减内外诸司官千五百一十四员，增江浙戍兵。戊戌，赐昭应宫、兴教寺地各百顷，兴教仍赐钞万五千锭；上都乾元寺地九十顷，钞皆如兴教之数；万安寺地六百顷，钞万锭；南寺地百二十顷，钞如万安之数。己亥，凡军士杀人奸盗者，令军民官同鞫。永宁路总管雄挫来朝，献马三十余匹，赐币帛有差。三月甲辰，收故军官金银符。戊申，太阴犯御女。己酉，罢陕西路拘榷课税所。壬子，赐诸王也孙等钞一万八千五百锭。戊午，马来忽等海岛遣使来朝，赐金素币有差。给和林贫乏军钞二十万锭，诸王药木忽而所部万五千九百余锭。丁卯，荧惑犯填星。己巳，荧惑、填星相合。诏戒饬中外官吏。命辽阳行省平章沙蓝将万人驻夏山后，人备马二匹，官给其直。夏四月壬申，太阴犯东井。癸酉，遣秃剌铁木而等犒和林军。壬午，以晋王甘麻剌所部贫乏，赐钞四十万锭。调云南军征八百媳妇。癸巳，禁和林酿酒，其诸王、驸马许自酿饮，不得沽卖。是月，大都、彰德、广平、真定、顺德、大名、濮州虫食桑。五月，商州陨霜杀麦。河南妖贼丑斯等伏诛。己酉，给月里可里军驻夏山后者市马钞八万八千七百余锭。辛亥，遣怯列亦带脱脱帅师征四川。癸丑，太阴犯南斗。乙卯，荧惑犯右执法。丙辰，曲靖等路宣慰使兼管军万户忽林失来朝。壬戌，云南土官宋隆济叛。时刘深将兵由顺元入云南，云南右丞月忽难调民供馈，隆济因绐其众曰："官军征发汝等，将尽剪发黥面为兵，身死行阵，妻子为虏。"众惑其言，遂叛。丙寅，诏云南行省自愿征八百媳妇者二千人，人给贝子六十索。丁卯，太白犯井。六月乙亥，平江等十有四路大水，以粮二十万石随各处时直赈粜。开中庆路昆阳州海口。甲申，岁星犯司怪。丙戌，宋隆济率猫、狫、紫江诸蛮四千人攻杨黄寨，杀掠甚众。己丑，缅王遣使献驯象九。壬辰，宋隆济攻贵州，知州张怀德战死。梁王遣云南行省平章幢兀儿、参政不兰奚将兵御之，杀贼酋撒月，斩首五百级。癸巳，太白犯舆鬼，岁星犯井。甲午，太白犯舆鬼。赐诸王念不烈妃札忽而真所部钞二十万锭。是月，汴梁、南阳、卫辉、大名、濮州旱，大都路水，顺德、怀孟蝗。秋七月戊戌朔，昼晦，暴风起东北，雨雹兼发，江湖泛溢，东起通、泰、崇明，西尽真州，民被灾死者不可胜计，以米八万七千余石赈之。己亥，增阶、沙二州戍军。庚子，籍安西王所侵占田、站等四百余户为民，赐宁远王阔阔出所部钞二万三千余锭。乙巳，辽阳省大宁路水，以粮千石赈之。丙午，岁星犯井。丁未，命御史大夫秃忽赤整饬台事。诏军官受赃者与民官同例，量罪大小殿黜。命监察御史审覆札鲁忽赤罪囚，检照蒙古翰林院案牍。戊申，立耽罗军民万户府。诸王也灭干薨，以其子八八剌嗣。己酉，诏诸司严禁盗贼。辛亥，太阴犯垒壁阵。赐诸王出伯等部钞六万锭，又给市马直三十八万四千锭。癸丑，诏禁畏吾儿僧、阴阳、巫觋、道人、咒师，自今有大祠祷必请而行，违者罪之。浙西积雨泛溢，大伤民田，诏役民夫二千人疏导河道，俾复其故。命云南省分蒙古射士征八百媳妇。庚申，辰星犯太白。癸亥，合丹之孙脱欢自北境来归，其父母妻子皆遭杀虏，赐钞一千四百锭。给诸王妃札忽而真及诸王出伯军钞四十万锭。中书省臣言："旧制京师州县捕盗，止从兵马司，有司不与，遂致淹滞。自今轻罪乞令有司决遣，重者从宗正府听断，庶不留狱，且民不冤。"从之。以暗伯、阿忽台并知枢密院事。禁富豪之家役军。诏封赠非中书省无辄奏请。称海至北境十二站大雪，马牛多死，赐钞一万一千余锭。命御史台检照宣政院并僧司案牍。升太医院为二品，以平章政事、大都护、提点太医事脱因纳为太医院使。赐上都诸匠等钞二十一万七千四百锭。大都、保定、河间、济宁、大名水，广平、真定蝗。八月戊辰，给军人羊马价及定远王所部钞十四万三千锭。己巳，平滦路霖雨，滦、漆、淝、汝河溢，民死者众，免其今年田租，仍赈粟三万石。庚午，秃剌铁木而等自和林犒军还，言："和林屯田宜令军官广其垦辟，量给农具，仓官宜任选人，可革侵盗之弊。"从之。甲戌，遣薛超兀而等将兵征金齿诸国，时征缅师还，为金齿所遮，士多战死。又接连八百媳妇诸蛮，相效不输税赋，贼杀官吏，故皆征之。庚辰，诏："遣官分道赈恤。凡狱囚禁系累年，疑不能决者，令廉访司具其疑状，申呈省、台详谳，仍为定例。各路被灾重者，免其差税一年，贫乏之家，计口赈恤，尤甚者优给之。小吏犯赃者，并罢不叙。"征缅万户曳剌福山等进驯象六。壬辰，太阴犯轩辕御女。乙未，填星犯太微上将。顺德路水，免其田租。九月癸丑，放称海守仓库军还，令以次更代。丙辰，江陵、常德、澧州皆旱，并免其门摊、酒醋课。乙酉，自八月庚辰彗出井，历紫微垣至天市垣，凡四十六日而灭。冬十月丙寅朔，以畿内岁饥，增明年海运粮为百二十万石。己巳，缅王遣使入贡。戊寅，云南武定路土官群则献方物。癸未，太阴犯东井。壬午，车驾还大都。丙戌，以岁饥禁酿酒，弛山泽之禁，听民捕猎。湖广行省臣言："海南海北道宣慰司都元帅府，不与军务，遇有盗窃，惟行文移，比回，已不及事，今乞以其长二人领军务。又镇守官慢功当罚者，已有定例；获功当赏者，乞或加散官，或授金、银符。"皆从之。拨南阳府屯田地给新籍畏吾而户，俾耕以自赡，仍给粮三月。丁亥，诏："军官既受命而不时赴者、病故不行者、被差事毕不即还者，准民官例，违限六月，选人代之，被代者期年始叙。"改鄂州路为武昌路。遣使就调云南、四川、福建、广东、广西官，谕百司凡事关中书省者，毋得辄奏。权豪势要之家佃户贷粮者，听于来岁秋成还之。癸巳，分碉门、黎、雅军戍蛮夷，命陕西屯田万户也不干等将之。辛卯，夜有流星大如杯，光烛地，自北起近东分为二星，没于危宿。十一月己亥，岁星犯东井，诏谕中书，近因禁酒，闻年老需酒之人有预市而储之者，其无酿具者勿问。罢湖南转运司弘州种田提举司，以其事入有司。降容、象、横、宾路为州，平滦金丹提举司为管勾，升昭州为平乐府，省泌县入唐州。丁未，遣刘国杰及也先忽都鲁将兵万人，八剌及阿塔赤将兵五千人，征宋隆济。减直粜米，赈京师贫民，设肆三十六所，其老幼单弱不能自存者，廪给五月。选六卫扈从汉军习武事，仍禁万户以下毋令私代，犯者断罪有差。戊申，太阴犯昴。徭人蓝赖率丹阳三十六洞来降，以赖等为融州怀远县簿、尉。立长信寺，秩三品。十二月甲戌，岁星犯司怪。给安西王所部军士食，令各还其家，候春调遣。辛卯，太阴犯南斗。征东行省平章阔里吉思以不能和辑高丽罢。定强窃盗条格，凡盗人孳畜者，取一偿九，然后杖之。是岁，汴梁、归德、南阳、邓州、唐州、陈州、和州、襄阳、汝宁、高邮、扬州、常州蝗，峡州、随州、安陵、荆门、泰州、光州、扬州、滁州、高邮、安丰霖，汴梁之封丘、阳武、兰阳、中牟、延津，河南渑池，蕲州之蕲春、广济、蕲水旱，大名、宣德、奉圣、归德、宁海、济宁、般阳、登州、莱州、益都、潍州、博兴、东平、济南、滨州、保定、河间、真定、大宁水。是岁，断大辟六十一人。

六年春正月癸卯，诏千户、百户等自军逃归，先事而逃者罪死，败而后逃者，杖而罢之，没入其男女。乙巳，中书省臣言："广东宣慰副使脱欢察而收捕盗贼，屡有劳绩，近廉访司劾其私置兵仗、擅杀土寇等事，遣官鞫问，实无私罪，乞加奖谕。"命赐衣二袭。晋王甘麻剌薨，命封其王印及内史府印。丙午，京畿二十一站阙食，赐钞万二千七百余锭。陕西旱，禁民酿酒。以云南站户贫乏，增马及钞以优恤之。中书省臣以朱清、张瑄屡致人言，乞罢其职，徙其诸子官江南者于京。丁未，命江浙平章阿里专领其省财赋。庚戌，诏官吏犯罪已经赦宥者，仍从核问。海道漕运船，令探马赤军与江南水手相参教习，以防海寇。江南僧石祖进告朱清、张瑄不法十事，命御史台诘问之。帝语台臣曰："朕闻江南富户侵占民田，以致贫者流离转徙，卿等尝闻之否？"台臣言曰："富民多乞护持玺书，依倚以欺贫民，官府不能诘治，宜悉追收为便。"命即行之，毋越三日。诏自今僧官、僧人犯罪，御史台与内外宣政院同鞫，宣政院官徇情不公者，听御史台治之。增诸王塔赤铁木而岁赐银二百五十两、杂币百匹。乙卯，筑浑河堤长八十里，仍禁豪家毋侵旧河，令屯田军及民耕种。增刘国杰等军，仍令屯戍险隘，俟秋进师。命札忽而带、阿里等整治江南影占税民地土者。中书省臣言："御史台、廉访司，体察、体覆，前后不同。初立台时，止从体察，后立按察司，事无大小，一皆体覆。由是宪司之事，积不能行。请自今除水旱灾伤体覆，余依旧例体察为宜。"从之。以大都、平滦等路去年被水，其军应赴上都驻夏者，免其调遣一年。诏军官除边远出征，其余遇祖父母、父母丧，依民官例，立限奔赴。禁畜养鹰、犬、马、驼等人扰民。己未，以诸王真童诬告济南王，谪置刘国杰军中自效。壬戌，镇星犯太微垣上将。二月庚午，太阴犯昴。谪诸王孛罗于四川八剌军中自效。癸酉，增诸王出伯军三千人，人备马二匹，官给其直。丙戌，遣陕西省平章也速带而、参政汪惟勤将川陕军，湖广平章刘国杰将湖广军，征亦乞不薛，一切军务，并听也速带而、刘国杰节制。罢征八百媳妇右丞刘深等官，收其符印、驿券。以京师民乏食，命省、台委官计口验实，以钞十一万七千一百余锭赈之。癸巳，帝有疾，释京师重囚三十八人。三月丁酉，以旱、溢为灾，诏赦天下。大都、平滦被灾尤甚，免其差税三年，其余灾伤之地，已经赈恤者免一年。今年内郡包银、俸钞，江淮已南夏税，诸路乡村人户散办门摊课程，并蠲免之。壬寅，太阴犯舆鬼。命僧设水陆大会七昼夜。癸卯，岁星犯井。甲寅，太阴犯钩钤。合祭昊天上帝、皇地祇于南郊，遣中书左丞相答剌罕哈剌哈孙摄事。夏四月乙丑朔，太白犯东井。丁卯，诏曲赦云南诸部蛮夷；发通州仓粟三百石赈贫民；释轻重囚三十八人，人给钞五锭。乙亥，浚永清县南河。戊寅，太阴犯心。庚辰，上都大水民饥，减价粜粮万石赈之。戊子，修卢沟上流石径山河堤。释重囚。车驾幸上都。庚寅，太白犯舆鬼。真定、大名、河间等路蝗。五月乙巳，给贫乏汉军地，及五丁者一顷，四丁者二顷，三丁者三顷，其孤寡者存恤六年，逃散者招谕复业。戊申，太庙寝殿灾。癸丑，谪和林溃军征云南，其战伤而归及尝奉晋王令旨、诸王药木忽而免者，不遣。丁巳，福州路饥，赈以粮一万四千七百石。济南路大水，扬州、淮安路蝗，归德、徐州、邳州水。六月癸亥朔，日有食之。太史院失于推策，诏中书议罪以闻。填星犯太微西垣上将。甲子，建文宣王庙于京师。辛未，享于太庙。乙亥，太阴犯斗。安南国以驯象二及朱砂来献。甲申，赐诸王合答孙、脱欢、脱列铁木而、伯牙伦、完者所部钞四万五千八百余锭。湖州、嘉兴、杭州、广德、饶州、太平、婺州、庆元、绍兴、宁国等路饥，赈粮二十五万一千余石。大同路、宁海州亦饥，以粮一万六千石赈之。广平路大水。秋七月癸巳朔，荧惑、镇星、辰星聚井。庚子，太阴犯心。己酉，亦乞不薛土官三人弃家来归，赐金银符、衣服。戊午，太阴犯荧惑。辛酉，赐诸王八八剌、脱脱灰、也只里、也灭干等钞四万三千九百余锭。以江浙行省参知政事忽都不丁为中书右丞。建康民饥，以米二万石赈之。大都诸县及镇江、安丰、濠州蝗，顺德水。八月甲子，诏御史台凡有司婚姻、土田文案，遇赦依例检覆。乙丑，荧惑犯岁星。己巳，荧惑犯舆鬼。辛巳，太阴犯昴。壬午，太白犯轩辕。九月乙未，遣阿牙赤、撒罕秃会计称海屯田岁入之数，仍自今令宣慰司官与阿剌台共掌之。甲午，赐诸王兀鲁思不花所部钞六万锭。丙午，荧惑犯轩辕。丁未，中书省臣言："罗里等扰民，宜依例决遣置屯田所。"从之。赐诸王八撒而等钞八万六千三百余锭。己酉，龙兴民讹言括童男女，至有杀其子者，命诛其为首者三人。癸丑，太阴犯舆鬼。丁巳，太白犯右执法。赐诸王捏苦迭而等钞五千八百四十锭。冬十月甲子，改浙东宣慰司为宣慰司都元帅府，徙治庆元，镇遏海道。置大同路黄花岭屯田。罢军储所，立屯储军民总管万户府，设官六员，仍以军储所宣慰使法忽鲁丁掌之。南人林都邻告浙西廉访使张珪收藏禁书及推算帝五行，江浙运使合只亦言珪沮挠盐法，命省、台官同鞫之。丙子，车驾还大都。壬午，荧惑犯太微西垣上将。济南滨、棣、泰安、高唐州霖雨，米价腾涌，民多流移，发粟赈之，并给钞三万锭。十一月辛卯，填星犯左执法。甲午，刘国杰裨将宋光率兵大败蛇节，赐衣二袭，仍授以金符。乙未，辰星犯房。癸卯，太阴犯昴。己酉，太阴犯轩辕。庚戌，禁和林军酿酒，惟安西王阿难答、诸王忽剌出、脱脱、八不沙、也只里、驸马蛮子台、弘吉列带、燕里干许酿。辛亥，以同知枢密院事合答知枢密院事。诏江南寺观凡续置民田及民以施入为名者，并输租充役。戊午，籍河西宁夏善射军隶亲王阿木哥，甘州军隶诸王出伯。己未，诏诸驿使辄枉道者罪之。十二月庚申朔，荧惑犯填星。辛酉，御史台臣言："自大德元年以来，数有星变及风水之灾，民间乏食。陛下敬天爱民之心，无所不尽，理宜转灾为福；而今春霜杀麦，秋雨伤稼，五月太庙灾，尤古今重事。臣等思之，得非荷陛下重任者不能奉行圣意，以致如此。若不更新，后难为力。乞令中书省与老臣识达治体者共图之。"复请禁诸路酿酒，减免差税，赈济饥民。帝皆嘉纳，命中书即议行之。云南地震。戊辰，又震。甲子，衡州衮舜一等诱集二千余人侵掠郴州，湖南宣慰司发兵讨之，获舜一及其余党，命诛其首谋者三人，余者配洪泽、芍陂屯田，其胁从者招谕复业。乙丑，岁星犯舆鬼。乙亥，太阴犯舆鬼。丙子，刘国杰、也先忽都鲁来献蛇节、罗鬼等捷。庚辰，荧惑犯太微东垣上相。命中书省更定略卖良人罪例。癸未，太阴犯房。保定等路饥，以钞万锭赈之。是岁，断大辟三人。

卷二十一　本纪第二十一

成宗四

七年春正月戊戌，太阴犯昴。甲辰，太阴犯轩辕。丙午，定诸改补钞罪例，为首者杖一百有七，从者减二等；再犯，从者杖与首同，为首者流。己酉，以岁不登，禁河北、甘肃、陕西等郡酿酒。益都诸处牧马之地为民所垦者，亩输租一斗太重，减为四升。弛饥荒所在山泽河泊之禁一年，赈那海贫乏户米八千石。壬子，罢归德府括田。乙卯，诏凡为匿名书，辞语重者诛之，轻者流配，首告人赏钞有差，皆籍没其妻子充赏。命御史台、宗正府委官遣发朱清、张瑄妻子来京师，仍封籍其家赀，拘收其军器、海舶等。丁巳，令枢密院选军士习农业者十人教军前屯田。赐也梯忽而的合金五十两、银千两、钞千锭、币帛百匹。二月壬戌，诏中书省汰诸有司冗员，仍令谕枢密院，除出征将帅外，掌署院事者，定其员数以闻。辛未，以平章政事、行上都留守木八剌沙、陕西行省平章阿老瓦丁并为中书平章政事，江南行台御史中丞尚文为中书左丞，江浙行省参知政事董士珍为中书参知政事。壬申，诏："枢密院、宗正府等，自今每事与中书共议，然后奏闻；诸司不得擅奏迁调，官员虽经特旨用之，而于例未允者，亦听覆奏。"甲戌，减杭州税课提举司冗员。丙子，诏和林军以六年更戍，仍给钞以周其乏。命西京也速迭而军及大都所起军，皆以四月至上都，五月赴北。丁丑，命诸王出伯非急务者勿遣乘驿。诏中书省设官自左右丞相以下，平章二员，左右丞各一员，参知政事二员，定为八府。戊寅，太阴犯心。己卯，尽除内郡饥荒所在差税，仍令河南省赈恤流民，给北师钞三十八万锭。以安南陈益稷久居鄂州，赐钞千锭。以侍御史朵台为中书参知政事。御史台臣言："江浙行省平章阿里，左丞高翥、安祐，佥省张祐等，诡名买盐万五千引，增价转市于人，乞遣省、台官按问。"从之。太原、大同、平滦路饥，并减直粜粮以赈之。庚辰，命陕西、甘肃行省赈凤翔、秦、巩、甘州、合迷里贫乏户。监察御史杜肯构等言太傅、右丞相完泽受朱清、张瑄贿赂事，不报。壬午，帝语中书省臣曰："比有以岁课增羡希求爵赏者，此非掊刻于民，何从而出？自今除元额外，勿以增羡作正数。"罢江南财赋总管府及提举司。禁内外中书省户部转运司官，不得私买盐引。罢致用院。禁诸人毋以金银丝线等物下番。罢江南都水庸田司、行通政院。并大都盐运司入河间运司，其所掌京师酒税课，令户部领之。禁诸人非奉旨毋得以宝货进献。汰诸色人冒充宿卫及诸王、驸马、妃主部属滥请钱粮者。真定路饥，赈钞五万锭。仍谕诸王小薛及鹰师等，毋于真定近地纵猎扰民。丙戌，诏除征边军士及两都站户外，其余人户均当徭役。丁亥，诏自今除枢密院、御史台、宣政院依旧奏选，诸司毋得擅奏，其举用人员，并经中书省。三月己丑朔，保定路饥，赈钞四万锭。庚寅，诏遣奉使宣抚循行诸道：以郝天挺、塔出往江南、江北，石珪往燕南、山东，耶律希逸、刘赓往河东、陕西，铁里脱欢、戎益往两浙、江东，赵仁荣、岳叔谟往江南、湖广，木八剌、陈英往江西、福建，塔赤海牙、刘敏中往山北、辽东，并给二品银印，仍降诏戒饬之。江浙行省平章脱脱遣发朱清、张瑄家属，其家以金、珠重赂之，脱脱以闻。帝谕之曰："朕以江南任卿，果能尔，真男子事也。其益恪勤乃事。"赐以黄金五十两。都城火，命中书省与枢密院 议增巡防兵。甘肃行省供军钱粮多弊，诏徙廉访司于甘州。壬辰，定大都南北兵马司奸盗等罪，六十七以下付本路，七十七以上付也可札鲁忽赤。河间路禾稼不登，命罢修建僧寺工役。乙未，真定路饥，赈钞六百六十余锭。中书平章伯颜、梁德珪、段真、阿里浑撒里，右丞八都马辛，左丞月古不花，参政迷而火者、张斯立等，受朱清、张瑄贿赂，治罪有差，诏皆罢之。以洪君祥为中书右丞，监察御史言其曩居宥密，以贪贿罢黜，乞别选贤能代之，不报。甲辰，诏定赃罪为十二章。京朝官月俸外，增给禄米；外任官无公田者，亦量给之。乙巳，以征八百媳妇丧师，诛刘深，笞合剌带、郑祐，罢云南征缅分省。戊申，小兰禧、岳铉等进《大一统志》，赐赉有差。己酉，追收元降除免和雇和市玺书。以脱欢诬告诸王脱脱，谪置湖广省军前自效。罢甘肃行省差调民兵及取勘军民站户家属孳畜之数。庚戌，以铁哥察而所收爱牙合赤户仍隶诸王脱脱。癸丑，枢密院臣及监察御史言："中丞董士选贷朱清、张瑄钞，非义。"帝曰："台臣称贷不必问也，若言者不已，后当杖之。"甲寅，车驾幸上都。丙辰，赐诸王小薛所部等钞六万锭，赈李陵台等五站户钞一千四百余锭。辽阳等路饥，赈钞万锭。夏四月癸亥，太阴犯东井。诏省、台、枢密院、通政院，凡呼召大都总管府官吏，必用印帖，其余诸司不得辄召。征藩臣陈天祥、张孔孙、郭筠至京师，以天祥、孔孙为集贤大学士，筠为昭文馆大学士，皆同议中书省事。丙寅，太阴犯轩辕。庚午，以中书文移太繁，其二品诸司当呈省者，命止关六部。中书左丞相答剌罕言："僧人修佛事毕，必释重囚。有杀人及妻妾杀夫者，皆指名释之。生者苟免，死者负冤，于福何有？"帝嘉纳之。辛未，流朱清、张瑄子孙于远方，仍给行费。乙亥，岁星犯舆鬼，太阴犯南斗。庚辰，蛇节降，令海剌孙将兵五千守之，余众悉遣还各戍。拨硐门四川军人一千人镇罗罗斯，其土军修治道路者，悉令放还。甲申，荧惑犯太微垣右执法。丁亥，岁星犯舆鬼。诛蛇节。卫辉路、辰州螟，济南路陨霜杀麦。五月己丑，给和林军钞三十八万锭。开上都、大都酒禁，其所隶两都州县及山后、河东、山西、河南尝告饥者，仍悉禁之。诏云南行省整饬钱粮。壬辰，辰星犯东井。以大德五年战功，赏北师银二十万两、钞二十万锭、币帛各五万九千匹。赐皇侄海山及安西王阿难答，诸王脱脱、八不沙，驸马蛮子台等各金五十两、银珠锦币等物有差。丙申，遣征缅回军万四千人还各戍。癸卯，诏和林军粮，除岁支十二万石，其余非奉旨不得擅支。丁未，床兀儿来朝，以战功赐金五十两、银四百两，仍给其万户所隶贫乏军钞六十九万余锭。辛亥，奉使宣抚耶律希逸、刘赓言："平阳僧察力威犯法非一，有司惮其豪强，不敢诘问，闻臣等至，潜逃京师。"中书省臣言："宜捕送其所，令省、台、宣政院遣官杂治。"从之。甲寅，浚上都滦河。乙卯，以昌童王五户丝分给诸王塔失铁木而。令甘州站户为僧人、秃鲁花等隐藏者，依例还役。诏中外官吏无职田者，验俸给米有差，其上都、甘肃、和林诸处非产米地，惟给其价。禁诸王八不沙部于般阳等处围猎扰民。诏诸宿卫士，除官员子弟曾经奏准者留，余悉革去。禁诸王、驸马毋辄杖州县官吏，违者罪王府官。立和林宣慰司都元帅府，以忽剌出遥授中书省左丞，为宣慰使都元帅。赐诸王纳忽里钞千锭、币三十匹。济宁、东昌、济南、般阳、益都虫食麦；太原、龙兴、南康、袁、瑞、抚等路，高唐、南丰等州饥，减直粜粮五万五千石；东平、益都、济南等路蝗；般阳路陨霜。闰五月戊午朔，日有食之。以也奴铁木而、阔阔出、晃兀没于军，赐其家钞有差。壬戌，诏禁犯曲阜林庙者。丁卯，平江等十五路民饥，减直粜粮三十五万四千石。戊辰，太阴犯心。己巳，以诸王孛罗、真童皆讨贼有功，征诣京师。完泽薨。庚辰，云南行省平章也速带而入朝，以所获军中金五百两为献。帝曰："是金卿效死所获者。"赐钞千锭。丁丑，禁诸王、驸马等征北诸军以奴为代者罪之。辛巳，诏僧人与民均当差役。癸未，各道奉使宣抚言："去岁被灾人户未经赈济者，宜免其差役。"从之。命江浙行省右丞董士选发所籍朱清、张瑄货财赴京师，其海外未还商舶，至则依例籍没。甘肃行省平章合散等侵盗官钱十六万三千余锭、盐引五千余道，命省、台官征之。诏上都路、应昌府、亦乞列思、和林等处依内郡禁酒。丙戌，罢营田提举司。汴梁开封县虫食麦。六月己丑，御史台臣言："瓜、沙二州，自昔为边镇重地，今大军屯驻甘州，使官民反居边外，非宜。乞以蒙古军万人分镇险隘，立屯田以供军实为便。"从之。罢四川宣慰司，立四川行中书省，以云南行省平章脱脱、湖广行省议事平章程鹏飞并为平章政事。壬辰，武冈路饥，减价粜粮万石以赈之。给钦察千户等贫乏者钞三万七千八百余锭。癸巳，叛贼雄挫来降。乙未，以亦乞不薛就平，留探马赤军二千人讨阿永叛蛮，余悉放还。庚子，西京道宣慰使法忽鲁丁以瑟瑟二千五百余斤鬻于官，为钞一万一千九百余锭。有旨除御榻所用外，余未用者，宜悉还之。命阿伯、阿忽台等整饬河西军事。癸卯，诏凡军官子弟年及二十者，与民官子孙同，儤直一年方许袭职，万户于枢密院，千户于行省，百户于本万户。乙巳，罢行省佥省。浙西淫雨，民饥者十四万，赈粮一月，仍免今年夏税并各户酒醋课。命甘肃行省修阿合潭、曲尤壕以通漕运。大宁路蝗。秋七月辛酉，常德路饥，减直粜粮万石以赈之。壬戌，御史台臣言："前河间路达鲁花赤忽赛因、转运使术甲德寿皆坐赃罢。今忽赛因以献鹰犬，复除大宁路达鲁花赤；术甲德寿以迭里迷失妄奏其被诬，复除福宁知州；并宜改正不叙，以戢奸贪。"从之。禁僧人以修建寺宇为名，赍诸王令旨乘传扰民。汰宿卫士。丙寅，答剌罕哈剌哈孙为中书右丞相、知枢密院事。戊寅，岁星犯轩辕。丙子，给四川行省驿券十二道。诏除集贤、翰林老臣预议朝政，其余三品以下，年七十者，各升散官一等致仕。立和林兵马司，罢辽东宣慰司。丁丑，中书省臣言："大同税课，比奉旨赐乳母杨氏，其家掊敛过数，扰民为甚。"敕赐钞五百锭，其税课依例输官。御史台臣言："湖南输粮百石者，出驿马一匹，广海地狭，所输不及百石者，所出亦如之，故官以盐引助其不给。每马一匹，贵州以北给盐十七引，以南二十引。近立榷盐提举司，官价增五之三，元给二十引者，宜与钞十七锭，十七引者十五锭。"从之。罢江南白云宗摄所，其田令依例输租。都哇、察八而、灭里铁木而等遣使请息兵，帝命安西王慎饬军士，安置驿传，以俟其来。戊寅，赐诸王奴伦、伯颜、也不干等钞九万锭，罢诸王所设总管府。叛贼麻你降，贡金五百两、童男女二百人及马牛羊，却之。己卯，太阴犯井。乙酉，荧惑犯房。赐诸王曲而鲁等部钞币有差。八月己丑，罢护国仁王寺元设江南营田提举司，给安西王所部贫民米二万石。辛卯，夜地震，平阳、太原尤甚，村堡移徙，地裂成渠，人民压死不可胜计，遣使分道赈济，为钞九万六千五百余锭，仍免太原、平阳今年差税，山场河泊听民采捕。癸巳，太白犯氐。月里不花将犄吉里军赴云南，道卒，以其子普而耶代之。甲午，荧惑犯东咸，太阴犯牵牛。庚子，中书省臣言："法忽鲁丁输运和林军粮，其负欠计二十五万余石，近监察御史亦言其侵匿官钱十三万余锭。臣等议：遣官征之，不足，则籍没其财产。"从之。乙巳，岁星犯轩辕。庚戌，缅王遣使献驯象四。辛亥，荧惑犯天江。赐诸王脱铁木而之子也先博怯所部等钞六千九百余锭。九月戊午，车驾还大都。丙寅，太白昼见。以太原、平阳地震，禁诸王阿只吉、小薛所部扰民，仍减太原岁饲马之半。遣刑部尚书塔察而、翰林直学士王约使高丽，以其国相吴祈专权，征诣阙问罪。辛未，荧惑犯南斗。诏谕诸司赈恤平阳、太原。甲戌，太阴犯东井。乙亥，太白犯南斗。丙子，罢僧官有妻者。壬午，辰星犯氐。复木八剌沙平章政事。冬十月丁亥，太白经天。御史台臣劾言江浙行省平章阿里不法，帝曰："阿里朕所信任，台臣屡以为言，非所以劝大臣也。后有言者，朕当不恕。"戊子，弛太原、平阳酒禁。以江浙年谷不登，减海运粮四十万石。己丑，诏从军医工止复其妻子，户如故。辛卯，复立陕西行御史台。癸巳，御史台臣及诸道奉使言："行省官久任，与所隶编氓联姻，害政。"诏互迁之。以只而合忽知枢密院事，给大都文宣王庙洒扫户五。乙未，发云南叛寇余党未革心者来京师，留蛇节养子阿阙于本境，以抚其民。改平滦为永平路，升甘州为上路。设刑部狱吏一员，以掌囚徒。安西转运司于常课外增算五万七千四百锭，人赐衣一袭，以劝其功。诏诸司凡钱粮不经中书省议者，勿奏。庚子，改普定府为路，隶曲靖宣慰司，以故知府容苴妻适姑为总管，佩虎符。以叙州宣慰司为叙南等处诸部蛮夷宣抚司。辛丑，太阴犯东井。庚戌，翰林国史院进太祖、太宗、定宗、睿宗、宪宗五朝《实录》。辛亥，诏军户贫乏者，存恤六年。增蒙古国子生百员。十一月甲寅朔，赐诸王阿只吉所部钞二十万锭、粮万石。命鹰师围猎毋得扰民。以顺元隶湖广省，并海道运粮万户府为海道都漕运万户府，给印二。亦乞不薛贼党魏杰等降，人赐衣一袭，遣还，俾招其首乱者。丁巳，诏大同、净州、隆兴等路运粮五万石入和林。己未，太白经天。辛酉，木冰。甲子，命依十二章断僧官罪。丙寅，镇星犯进贤。戊辰，太阴犯井。辛未，升全宁府为路。己卯，太阴犯东咸。遣诸王灭怯秃、玉龙铁木而使察八而。十二月甲申朔，诏内郡比岁不登，其民已免差者，并蠲免其田租。乙酉，弛京师酒课，许贫民酿酒。丙戌，太白经天。荧惑犯垒壁阵。戊子，以平宋隆济功，增诸将秩，赐银、钞等物有差，其军士各赐钞十锭，放归存恤一年。丙申，太阴犯东井。辛丑，太阴犯明堂。诏抚谕顺元诸司，免大德七年民间逋税。命江南、浙西官田奉特旨赐赉者，许中书省回奏。赐皇姑鲁国大长公主钞一万五千锭、币帛各三百匹。加封真武为元圣仁威玄天上帝。丁未，太阴犯天江。以转输军饷劳，免思、播二州及潭、衡、辰、沅等路税粮一年，常、澧三分之一，淘金、站户无种佃者，免杂役一年。七道奉使宣抚所罢赃污官吏凡一万八千四百七十三人，赃四万五千八百六十五锭，审冤狱五千一百七十六事。是岁，断大辟十人。

八年春正月己未，以灾异故，诏天下恤民隐，省刑罚。杂犯之罪，当杖者减轻，当笞者并免；私盐徒役者减一年。平阳、太原免差税三年；隆兴、延安及上都、大同、怀孟、卫辉、彰德、真定、河南、安西等路被灾人户，免二年；大都、保定、河间路免一年。江南佃户私租太重，以十分为率减二分，永为定例。仍弛山场河泊之禁，听民采捕。庚申，以云南顺元同知宣抚事宋阿重生获其叔隆济来献，特升其官，赐衣一袭。置掌薪司，以供尚食，令宣徽院掌其事。癸亥，禁锢朱清、张瑄族属。乙丑，复置遂平、新蔡、真阳、太和、沈丘、颍上、柘城、城父、郏、舞阳十县。丙寅，以御史中丞、太仆卿塔思不花为中书右丞，江南行台中丞赵仁荣为中书参知政事，升教坊司三品。庚午，以辇真监藏为帝师。辛巳，诏："诸王、妃主及诸路有马者，十取其一，诸王、驸马往辽东捕海东鹘者，毋给驿。"自荣泽至睢州，筑河防十有八所，给其夫钞人十贯。驸马也列干住所部民饥，以粮二千石赈之。是月，平阳地震不止，已修民屋复坏。二月丙戌，增置国子生二百员，选宿卫大臣子孙充之。降庄浪路为州，并陇干县入德顺州。辛卯，命诸王出伯所部军屯田于薛出合出谷。甲午，诏父子兄弟有才者，许并居风宪。徙江东建康道廉访司治于宁国，其建康路簿书，命监察御史钩考。丙申，分军千人戍嘉定州。甲辰，翰林学士承旨撒里蛮进金书《世祖实录节文》一册、汉字《实录》八十册。减宿卫繁冗者。丙午，车驾幸上都。敕军人奸盗诈伪悉归有司。赐太祖位怯怜口户钞万八千二百锭、布帛万匹。赐秃赤及塔剌海以所籍朱清、张瑄田，人六十顷，近侍鹰坊怯怜口钞二万七千三百锭、布帛万二千匹。赐平章政事王庆端玉带，半俸终身。三月丁巳，诏："军民官已除，以地远官卑不赴者，夺其官不叙。军官擅离所部者，悉遣还翼，违者论如律。军人不告所部私归者，杖而还之。"乙丑，去岁十二月庚戌，彗星见，约盈尺，在室十一度，入紫微垣，至是灭，凡七十四日。戊辰，中书左丞尚文以疾辞，不允。诏："诸王、驸马所分郡邑，达鲁花赤惟用蒙古人，三年依例迁代，其汉人、女直、契丹名为蒙古者皆罢之。"敕军民逃奴有获者即付其主，主在他所者，赴所在官司给之，仍追逃奴钞充获者赏；逃及诱匿者，论罪有差。诏诸路牧羊及百至三十者，官取其一，不及数者勿取。中书省臣言："自内降旨除官者，果为近侍宿卫，践履年深，依已除叙。尝宿卫未官者，视散官叙，始历一考，准为初阶。无资滥进，降官二级，官高者量降。各位下再任者，从所隶用，三任之上，听入常调。蒙古人不在此限。"从之。云南黎州盗劫也速带而家属赀产，命宣政院督其郡邑捕之。给诸王出伯所部马万三千五百匹。庚辰，诏内外使以军务行者，至其地有司给馈十五日，自余重事八日，细事三日。命凡为衙兵者，皆半隶屯田，仍谕各卫屯官及屯田者，视其勤惰，以为赏罚。升分宁县为宁州，罢庐州路榷茶提举司。滦城、济阳等县陨霜杀桑。夏四月丙戌，置千户所，戍定海，以防岁至倭船。永宁路叛寇雄挫来降。命僧道为商者输税。凡诸王、驸马征索，有司非奉旨辄给者，罪且罢之。诏诸路畏吾儿、合迷里自相讼者，归都护府，与民交讼者，听有司专决。甲午，诏："朝廷、诸王、驸马进捕鹰鹞皆有定户，自今非鹰师而乘传冒进者，罪之。"庚子，以永平、清、沧、柳林屯田被水，其逋租及民贷食者皆勿征。丁未，分教国子生于上都。赐西平王奥鲁赤、合带等部民钞万锭，朵耳思等站户钞二千二百锭、银三百九十两有奇。益都临朐、德州齐河蝗。五月癸未朔，日有食之。辛酉，以所籍朱清、张瑄江南财产隶中政院。己巳，以平宋隆济功，赐诸王脱脱、亦吉里带，平章床兀而等银、钞、金、币、玉带，及大理金齿、曲靖、乌撒、乌蒙宣慰等官银、钞各有差。壬申，罢福建都转运盐使司，以其岁课并隶宣慰司，中书省臣言："吴江、松江实海口故道，潮水久淤，凡湮塞良田百有余里，况海运亦由是而出，宜于租户役万五千人浚治，岁免租人十五石，仍设行都水监以董其程。"从之。追收诸王驿券。癸酉，定馆陶等十七仓官品级：诸粮十万石以上者从七品，五万石以上者正八品。不及五万者从八品，庚辰，以去岁平阳、太原地震，宫观摧圮者千四百余区，道士死伤者千余人，命赈恤之。是月，蔚州之灵仙，太原之阳曲，隆兴之天城、怀安，大同之白登，大风雨雹伤稼，人有死者。大名之浚、滑，德州之齐河霖雨，汴梁之祥符、太康，卫辉之获嘉，太原之阳武河溢。六月癸未，开和林酒禁，立酒课提举司。丁酉，汝宁妖人李曹驴等妄言得天书惑众，事觉伏诛。益津蝗，汴梁祥符、开封、陈州霖雨，蠲其田租。扶风、岐山、宝鸡诸县旱，乌撒、乌蒙、益州、忙部、东川等路饥、疫，并赈恤之。秋七月辛酉，罢江淮等处财赋总管府。癸亥，诸王合赞自西域遣使来贡珍物。赐诸王也孙铁木而等钞二十万锭，戍北千户十五万锭，怯怜口等九万余锭，西平王奥鲁赤二万锭。以顺德、恩州去岁霖雨，免其民租四千余石。八月，太原之交城、阳曲、管州、岚州，大同之怀仁雨雹陨霜杀禾，杭州火，发粟赈之。以大名、高唐去岁霖雨，免其田租二万四千余石。九月癸丑，车驾至自上都。庚申，伯颜、梁德珪并复为中书平章政事，八都马辛复为中书右丞，迷而火者复为中书参知政事，以江浙行省平章阿里为中书平章政事。庚午，以户部尚书张祐为中书参知政事。癸酉，诸王察八而、朵瓦等遣使来附，以币帛六百匹给之。诏诸王凡泉府规营钱，非奉旨毋辄支贷。给诸王出伯所部帛四百匹。四川、云南镇戍军家居太原、平阳被灾者，给钞有差。潮州飓风起，海溢，漂民庐舍，溺死者众，给其被灾户粮两月。以冀、孟、辉、云内诸州去岁霖雨，免其田租二万二千一百石。冬十月辛卯，有事于太庙。辛巳，给诸王阿只吉所部马料价钞三千九百锭。以宣徽使、大都护长寿为中书右丞，陕西行省右丞脱欢为中书参知政事。丁亥，安南遣使入贡。诏诸王、驸马毋乘驿以猎。庚寅，封皇侄海山为怀宁王，赐金印，仍割瑞州户六万五千隶之，岁给五户丝直钞二千六百锭、币帛各千匹。戊戌，命省、台、院官鞫高丽国相吴祈及千户石天补等，以祈离间王父子，天补谋归日本，皆笞之，徙安西。十一月壬子，诏："内郡、江南人凡为盗黥三次者，谪戍辽阳；诸色人及高丽三次免黥，谪戍湖广；盗禁籞马者，初犯谪戍，再犯者死。"以平阳、太原去岁地大震，免其税课一年。遣制用院使忽邻、翰林直学士林元抚慰高丽。放辽阳民乐亦等三百九十户为兵者还民籍。丁卯，复免僧人租。戊辰，以武备卿铁古迭而为御史大夫。壬申，诏凡僧奸盗杀人者，听有司专决。宁远王阔阔出以马万五百余匹给军，命以钞五万二千五百余锭偿其直。增海漕米为百七十万石。十二月庚子，复立益都淘金总管府。辛丑，封诸王出伯为威武西宁王，赐金印。赐安西王阿难答，诸王阿只吉、也速不干等钞一万四千锭。

九年春正月丁巳，太阴犯天关。戊午，帝师辇真监藏卒，赙金五百两、银千两、币帛万匹、钞三千锭，仍建塔寺。甲子，太阴犯明堂。以瓮吉剌部民张道奴等旧权为军者复隶民籍。己巳，太阴犯东咸。壬申，弛大都酒禁。甲戌，赐诸王完泽、撒都失里、别不花等所部钞五万六千九百锭、币帛有差，鹰师等百五十万锭。二月癸未，敕军匠等户元隶东宫者，有司毋得夺之。中书省臣言："近侍自内传旨，凡除授赏罚皆无文记，惧有差违，乞自今传旨者，悉以文记付中书。"从之。甲午，免天下道士赋税。乙未，建大天寿万宁寺。丁酉，封诸王完泽为卫安王，定远王岳木忽而为威定王，并赐金印。升翰林国史院为正二品，赐朵瓦使者币帛五百匹。庚子，命中书议行郊祀礼。辛丑，诏赦天下。令御史台、翰林、集贤院、六部，于五品以上，各举廉能识治体者三人，行省、行台、宣慰司、廉访司各举五人。免大都、上都、隆兴差税、内郡包银俸钞一年。江淮以南租税及佃种官田者，均免十分之二。致仕官止有一子应承荫者，其傈使并免之，家贫者给半俸终其身。丙午，赐宿卫怯怜口钞一百万锭。以归德频岁被水民饥，给粮两月。平阳、太原地震，站户被灾，给钞一万二千五百锭。三月丁未朔，车驾幸上都。给还安西王积年所减岁赐金五百两、丝一万一千九百斤，仍赐其所部钞万锭。敕辽阳行省毋专决大辟，以和林所贮币帛给怀宁王所部军。庚戌，以吃剌思八斡节儿侄相加班为帝师。诏梁王勿与云南行省事，赐钞千锭。甲寅，荧惑犯氐。戊午，岁星犯左执法。以枢密副使高兴为平章政事，仍枢密副使。赐亲王脱脱钞二千锭，奴兀伦、孛罗等金五百两、银千两、钞二万锭。以济宁去岁霖雨伤稼，常宁州饥，并赈恤之。河间、益都、般阳属县陨霜杀桑，抚之。宜黄、兴国之大冶等县火，给被灾者粮一月。夏四月庚辰，太阴犯井。云南行省请益戍兵，不许，遣使诣诸路阅其当戍者遣之。乙酉，大同路地震，有声如雷，坏官民庐舍五千余间，压死二千余人。怀仁县地裂二所，涌水尽黑，漂出松柏朽木，遣使以钞四千锭、米二万五千余石赈之。是年租赋税课徭役一切除免。戊子，赐察八而、朵瓦所遣使者银千四百两、钞七千八百余锭。己丑，东川路蛮官阿葵以马二百五十四、金二百五十两及方物来献。壬辰，太白犯井。中书省臣言："前代郊祀，以祖宗配享。臣等议：今始行郊礼，专祀昊天为宜。"诏依所议行之。以汴梁、归德、安丰去岁被灾，潭州、郴州、桂阳、东平等路饥，并赈恤之。五月丁未，诏诸王、驸马部属及各投下，凡市佣徭役与民均输。遣官调云南、四川、福建、两广官。大都旱，遣使持香祷雨。戊申，征陕西儒学提举萧𣄒赴阙，命有司给以安车。戊午，改各道肃政廉访司为详刑观察司，听省、台辟人用之。立衍庆司，正二品。癸亥，岁星掩左执法。以地震，改平阳为晋宁，太原为冀宁。复立洪泽、芍陂屯田，令河南行省平章阿散领其事。省郁林县入贵州。以晋宁、冀宁累岁被灾，给钞三万五千锭。宝庆路饥，发粟五千石赈之。以陕西渭南、栎阳诸县去岁旱，蠲其田租。道州旱。六月丙子朔，以立皇太子，遣中书右丞相答剌罕哈剌哈孙告昊天上帝，御史大夫铁古迭而告太庙。庚辰，立皇子德寿为皇太子，诏告天下。赐高年帛，八十者一匹，九十者二匹。孝子顺孙堪从政者，量才任之。亲年七十别无侍丁者，从近迁除；外任官五品以下并减一资。诸处罪囚淹系五年以上，除恶逆外，疑不能决者释之。流窜远方之人，量移内地。甲午，潼川霖雨江溢，漂没民居，溺死者众，敕有司给粮一月，免其田租。以琼州屡经叛寇，隆兴、抚州、临江等路水，汴梁霖雨为灾，并给粮一月。桓州、宣德雨雹，凤翔、扶风旱，通、泰、静海、武清蝗。秋七月乙巳朔，禁晋宁、冀宁、大同酿酒，蠲晋宁、冀宁今年商税之半。丙午，荧惑犯氐。辛亥，筑郊坛于丽正、文明门之南丙位，设郊祀署，令、丞各一员，太祝三员，奉礼郎二员，协律郎一员，法物库官二员。癸丑，以黑水新城为靖安路。升秘书监、拱卫司并正三品，罢福建蒙古字提举司及医学提举司。赐安西王阿难答子月鲁铁木而钞二千锭。甲寅，太白经天。庚申，升太府监为太府院。壬戌，以金千两、银七万五千两、钞十三万锭，赐兴圣太后及宿卫臣，出居怀州。复置怀宁王王府官。赐威定王岳木忽而钞万锭，给大都至上都十二驿钞一万一千二百锭。丁卯，荧惑犯房。以大司徒段贞、中书右丞八都马辛并为中书平章政事，参知政事合剌蛮子为右丞，参知政事迷而火者为左丞，参议中书省事也先伯为参知政事。给脱脱所部乞而吉思民粮五月。沔阳之玉沙江溢，陈州之西华河溢，峄州水，赈米四千石。扬州之泰兴、江都，淮安之山阳水，蠲其田租九千余石。潭、郴、衡、雷、峡、滕、沂、宁海诸郡饥，减直粜粮五万一千六百石。八月乙亥朔，省孛可孙冗员。孛可孙专治刍粟，初惟数人，后以各位增入，遂至繁冗。至是存十二员，余尽革之。丙子，给大都车站户粟千四百七十余石。丁丑，给曲阜林庙洒扫户，以尚珍署田五十顷供岁祀。己卯，以冀宁岁复不登，弛山泽之禁，听民采捕。命太常卿丑闾、昭文馆大学士靳德进祭星于司天台。辛巳，太阴犯东咸。丙戌，商胡塔乞以宝货来献，以钞六万锭给其直。癸巳，复立制用院。乙未，荧惑犯天江。赐宁远王阔阔出钞万锭，及其所部三万锭。是月，涿州、东安州、河间、嘉兴蝗，象州、融州、柳州旱，归德、陈州河溢，大名大水，扬州饥。九月戊申，圣诞节，帝驻跸于寿宁宫，受朝贺。丁巳，荧惑犯斗。庚申，车驾至自上都。赐威武西宁王出伯所部钞三万锭。冬十月丁丑朔，升都水监正三品。辛巳，有事于太庙。丙戌，太白经天。己丑，命两广以南军与土人同戍。庚寅，驸马按替不花来自朵瓦，赐银五十两、钞二百锭。乙未，帝谕中书省、枢密院、御史台臣曰："省中政事，听右丞相哈剌哈孙答剌罕总裁，自今用人，非与答剌罕共议者，悉罢之。"戊戌，诏芍陂、洪泽等屯田为豪右占据者，悉令输租。辛丑，复以详刑观察司为廉访司。常州僧录林起祐以官田二百八十顷冒为己业施河西寺，敕募民耕种，输其租于官。御史台臣请增官吏俸，命与中书省共议以闻。括两淮地为豪民所占者，令输租赋。赐安南王陈益稷湖广地五百顷。诸王忽剌出及昔而吉思来贺立皇太子，赐钞及衣服、弓矢等有差。十一月丁未，以钞万锭给云南行省，命与贝参用，其贝非出本土者同伪钞论。拘收诸王、妃主驿券。置大都南城警巡院。黄胜许遣其属来献方物，请复其子官，帝不允，曰："胜许反侧不足信，如其悔罪自至，则官可得。"命赐衣服遣之。以去年冀宁地震，站户贫乏，诏诸王、驸马毋妄遣使乘驿。复立云南屯田，命伯颜察而董其事。给四川征戍军士其家居大同为地震压死者户钞五锭。庚戌，岁星、太白、镇星聚于亢。癸丑，岁星犯亢。丙寅，岁星昼见。庚午，祀昊天上帝于南郊，牲用马一、苍犊一、羊豕鹿各九，其文舞曰《崇德之舞》，武舞曰《定功之舞》。以摄太尉、右丞相哈剌哈孙、左丞相阿忽台、御史大夫铁古迭而为三献官。壬申，太白经天。十二月乙亥，赐冀宁路钞万锭、盐引万纸，以给岁费。丙子，太白犯西咸。地震。庚寅，荧惑犯垒壁阵。皇太子德寿薨。己亥，辰星犯建星。

十年春正月壬寅朔，高丽王王昛遣使来献方物。甲辰，诏询访庄圣皇后、昭睿顺圣皇后、徽仁裕圣皇后仪范中外之政，以备纪录。丙午，浚吴松江等处漕河。四川行省臣言："所在驿传，旧制以各路达鲁花赤兼督，今沿江水驿迂远，宜令所隶州县官统治之。"从之。增置甘肃行省王浑木敦等处驿传，立福建盐课提举司，隶宣慰司。庚戌，浚真、扬等州漕河，令盐商每引输钞二贯，以为佣工之费。丁巳，太白犯建星。戊午，罢江南白云宗都僧录司，汰其民归州县，僧归各寺，田悉输租。壬戌，发河南民十万筑河防。丙寅，以沙都而所部贫乏，给粮两月。丁卯，命诸王、驸马、妃主奏请钱谷者，与中书议行之。升巡检为九品，命近侍无辄驿召外郡官，弛大同路酒禁，封驸马合伯为昭武郡王，营国子学于文宣王庙西偏。诏各道禁沮扰盐法，以京畿雷家站户贫乏，给钞五百锭。奉圣州怀来县民饥，给钞九百锭。闰正月癸酉，太白犯牵牛。甲戌，赈合民所部留处凤翔者粮三月。壬午，给诸王也先铁木而所部米二千石，赈暗伯拔突军屯东地者粮两月。丁亥，免大都今年租赋。己丑，太白犯垒壁阵。甲午，以前中书平章政事铁哥、江浙行省平章阇里、河南行省平章阿散，并为中书平章政事；行宣政院使张闾、四川行省左丞杜思敬，并为中书左丞；参议中书省事刘源为参知政事。是月，以曹之禹城去岁霖雨害稼，民饥，发陵州粮二千余石赈之。晋宁、冀宁地震不止。二月壬寅，赈金兰站户不能自赡者粮两月，赈辽阳千户小薛干所部贫匮者粮三月。辛亥，中书省臣言："近侍传旨以文记至省者，凡一百五十余人，令臣擢用。其中犯法妄进者实多，宜加遴选。"制曰："可。"升行都水监为正三品，诸路提控案牍为九品。驸马济宁王蛮子带以所部用度不足，乞预贷岁得五户丝，从之。遣六卫汉军贫乏者还家休息一年。丙辰，封孛罗为镇宁王，锡以金印。朵瓦遣使来朝，赐衣币遣之。戊午，太阴犯氐。己未，江西福建道奉使宣抚塔不带坐赃遇赦，释其罪，终身不叙。丁卯，以月古不花为中书左丞。戊辰，车驾幸上都。赐安西王阿难答，西平王奥鲁赤、不里亦钞三万锭，南哥班万锭，从者三万二千锭。镇西武靖王搠思班所部民饥，发甘肃粮赈之。是月，大同路暴风大雪，坏民庐舍，明日雨沙阴霾，马牛多毙，人亦有死者。三月戊寅，岁星犯亢。己卯，崆古王遣使来贡方物。乙未，虑大都囚，释上都死囚三人。赐驸马蛮子带钞万锭。道州营道等处暴雨，江溢山裂，漂荡民庐，溺死者众，复其田租。以济州任城县民饥，赈米万石。给千家木思答伯部粮三月。柳州民饥，给粮一月。河间民王天下奴弑父，磔裂于市。夏四月庚子朔，诏凡匿鹰犬者，没家赀之半，笞三十，来献者给之以赏。甲辰，枢密院臣言："太和岭屯田，旧置屯储总管府，专督其程。人给地五十亩，岁输粮三十石，或佗役不及耕作者，悉如数征之，人致重困。乞令军官统治，以宣慰使玉龙失不花总其事，视军民所收多寡以为赏罚。"从之。丁未，命威武西宁王出伯领甘肃等地军站事。辛酉，填星犯亢。壬戌，云南罗雄州军火主阿邦龙少结豆温匡虏、普定路诸蛮为寇，右丞汪惟能进讨，贼退据越州，谕之不服，遣平章也速带而率兵万人往捕之。兵至曲靖，与惟能合，从诸王昔宝赤、亦吉里带等进压贼境，获阿邦龙少，斩之，余众皆溃。命也速带而留军二千戍之，其从军有功者皆加赏赉。癸亥，置昆山、嘉定等处水军上万户府。甲子，倭商有庆等抵庆元贸易，以金铠甲为献，命江浙行省平章阿老瓦丁等备之。赐梁王松山钞千锭。是月，以广东诸郡、吉州、龙兴、道州、柳州、汉阳、淮安民饥，赣县暴雨水溢，赈粮有差。郑州暴风雨雹，大若鸡卵，麦及桑枣皆损，蠲今年田租。真定、河间、保定、河南蝗。五月辛未，大都旱，遣使持香祷雨。壬午，增河间、山东、两浙、两淮、福建、广海盐运司岁煮盐二十五万余引。癸未，诏西番僧往还者不许驰驿，给以舟车。禁御史台、宣慰司、廉访司官毋买盐引。乙酉，以同知枢密院事塔鲁忽台、塔剌海并知枢密院事。遣高丽国王王眶还国，仍署行省以镇抚之，其国佥议、密直司等官并授以宣敕。封驸马脱铁木而为濮阳王，赐以金印，公主忙哥台为郓国大长公主。丁亥，诏命右丞相哈剌哈孙答剌罕、左丞相阿忽台等整饬庶务，凡铨选钱谷等事，一听中书裁决，百司勤怠者悉以名闻。赐威武西宁王出伯钞三万锭。辽阳、益都民饥，赈贷有差。大都、真定、河间蝗，平江、嘉兴诸郡水伤稼。六月癸卯，御史台臣言："江南行台监察御史教化劾江浙行省宣使李元不法，行省亦遣人摭拾，教化不令检核案牍。中书省臣复言，教化等不循法度，擅遣军士守卫其门，搒掠李元，诬指行省等官，实温省事。"诏省、台及也可札鲁忽赤同讯之。癸丑，太阴犯罗堰上星。己未，岁星犯亢。壬戌，来安路总管岑雄叛，湖广行省遣宣慰副使忽都鲁铁木而招谕之，雄令其子世坚来降，赐衣物遣之。复淮西道廉访司。大名、益都、易州大水，景州霖雨，龙兴、南康诸郡蝗。秋七月庚辰，太阴犯牵牛。辛巳，释诸路罪囚，常赦所不原者不与。宣德等处雨雹害稼，大同之浑源陨霜杀禾，平江大风，海溢漂民庐舍。道州、武昌、永州、兴国、黄州、沅州饥，减直赈粜米七万七千八百石。八月壬寅，岁星犯氐，荧惑犯太微垣上将。开成路地震，王宫及官民庐舍皆坏，压死故秦王妃也里完等五千余人，以钞万三千六百余锭、粮四万四千一百余石赈之。辛亥，赐皇侄阿木哥钞三千锭。丁巳，京师文宣王庙成，行释奠礼，牲用太牢，乐用登歌，制法服三袭。命翰林院定乐名、乐章。成都等县饥，减直赈粜米七千余石。九月己巳，荧惑犯太微垣右执法。壬申，以圣诞节，朵瓦遣款彻等来贺。壬午，荧惑犯太微垣左执法。冬十月甲辰，太白犯斗。丁未，有事于太庙。辛亥，太阴犯毕。甲寅，太阴犯井。丁卯，安南国遣黎亢宗来贡方物。青山叛蛮红犵獠等来附，仍贡方物，赐金币各一。吴江州大水，民乏食，发米万石赈之。十一月己巳，车驾还大都。辛未，岁星犯房。壬申，太阴犯虚。甲戌，荧惑犯亢。丁亥，武昌路火，给被灾者粮一月。戊子，荧惑犯氐。辛卯，太阴犯荧惑。丙申，安西王阿难答、西平王奥鲁赤所部皆乏食，给米有差。益都、扬州、辰州岁饥，减直赈粜米二万一千余石。十二月壬寅，太白昼见。乙巳，岁星犯东咸。壬子，速哥察而等十三站乏食，给粮三月。乙卯，帝有疾，禁天下屠宰四十二日。丙辰，遣宣政院使沙的等祷于太庙。诸王合而班答部民溃散，诏谕所在敢匿者罪之。戊午，太阴犯氐。癸亥，琼州临高县那蓬洞主王文何等作乱伏诛。磁州民田云童弑母，磔裂于市。是岁，断大辟四十四人。

十一年春正月丙寅朔，帝大渐，免朝贺。癸酉，崩于玉德殿，在位十有三年，寿四十有二。乙亥，灵驾发引，葬起辇谷，从诸帝陵。是年九月乙丑，谥曰钦明广孝皇帝，庙号成宗，国语曰完泽笃皇帝。

成宗承天下混一之后，垂拱而治，可谓善于守成者矣。惟其末年，连岁寝疾，凡国家政事，内则决于宫壸，外则委于宰臣；然其不致于废坠者，则以去世祖为未远，成宪具在故也。

卷二十二　本纪第二十二

武　宗　一

武宗仁惠宣孝皇帝，讳海山，顺宗答剌麻八剌之长子也。母曰兴圣皇太后，弘吉剌氏。至元十八年七月十九日生。

成宗大德三年，以宁远王阔阔出总兵北边，怠于备御，命帝即军中代之。四年八月，与海都军战于阔别列之地，败之。十二月，军至按台山，乃蛮带部落降。五年八月朔，与海都战于迭怯里古之地，海都军溃。越二日，海都悉合其众以来，大战于合剌合塔之地，师失利，亲出阵力战，大败之，尽获其辎重，悉援诸王、驸马众军以出。明日复战，军少却，海都乘之，帝挥军力战，突出敌阵后，全军而还。海都不得志去，旋亦死。

八年十月，封帝怀宁王，赐金印，置王傅官，食瑞州六万五千户。十年七月，自脱忽思圈之地逾按台山，追叛王斡罗思，获其妻孥辎重；执叛王也孙秃阿等及驸马伯颜。八月，至也里的失之地，受诸降王秃满、明里铁木儿、阿鲁灰等降。海都之子察八儿逃于都瓦部，尽俘获其家属营帐。驻冬按台山，降王秃曲灭复叛，与战败之，北边悉平。

十一年春，闻成宗崩，三月，自按台山至于和林。诸王勋戚毕会，皆曰今阿难答、明里铁木儿等荧惑中宫，潜有异议；诸王也只里昔尝与叛王通，今亦预谋。既辞服伏诛，乃因阖辞劝进。帝谢曰："吾母、吾弟在大都，俟宗亲毕会，议之。"先是，成宗违豫日久，政出中宫，命仁宗与皇太后出居怀州。至是，仁宗闻讣，以二月辛亥与太后俱至京师。安西王阿难答与诸王明里铁木儿已于正月庚午先至。左丞相阿忽台，平章八都马辛，前中书平章伯颜，中政院使怯烈、道兴等潜谋推成宗皇后伯要真氏称制，阿难答辅之。仁宗以右丞相哈剌哈孙之谋言于太后曰："太祖、世祖创业艰难，今大行晏驾，德寿已薨，诸王皆疏属，而怀宁王在朔方，此辈潜有异图，变在朝夕，俟怀宁王至，恐乱生不测，不若先事而发。"遂定计，诛阿忽台、怯列等，而遣使迎帝。五月，至上都。乙丑，仁宗侍太后来会，左右部诸王毕至会议，乃废皇后伯要真氏，出居东安州，赐死；执安西王阿难答、诸王明里铁木儿至上都，亦皆赐死。甲申，皇帝即位于上都，受诸王文武百官朝于大安阁，大赦天下，诏曰：

> 昔我太祖皇帝以武功定天下，世祖皇帝以文德洽海内，列圣相承，丕衍无疆之祚。朕自先朝，肃将天威，抚军朔方，殆将十年，亲御甲胄，力战却敌者屡矣。方诸藩内附，边事以宁，遽闻宫车晏驾，乃有

宗室诸王、贵戚元勋相与定策于和林，咸以朕为世祖曾孙之嫡，裕宗正派之传，以功以贤，宜膺大宝。朕谦让未遑，至于再三。还至上都，宗亲大臣复请于朕。间者，奸臣乘隙，谋为不轨，赖祖宗之灵，母弟爱育黎拔力八达禀命太后，恭行天罚。内难既平，神器不可久虚，宗祧不可乏祀，合辞劝进，诚意益坚。朕勉徇舆情，于五月二十一日即皇帝位。任大守重，若涉渊冰。属嗣服之云初，其与民更始，可大赦天下。存恤征戍军士及供给繁重州郡，免上都、大都、隆兴差税三年，其余路分，量重轻优免。云南，八番、田杨地面，免差发一年。其积年逋欠者，蠲之；逃移复业者，免三年。被灾之处，山场湖泊课程，权且停罢，听贫民采取。站赤消乏者，优之。经过军马，勿得扰民。诸处铁冶，许诸人煽办。勉励学校，蠲儒户差役；存问鳏寡孤独。

是日，追尊皇考曰皇帝，尊太母元妃曰皇太后。丁亥，升通政院秩正二品，升仪凤司为玉宸乐院，秩从二品。壬辰，加知枢密院事朵儿朵海太傅，中书右丞相哈剌哈孙答剌罕太保，并录军国重事；知枢密院事塔剌海为中书左丞相，预枢密院、宣徽院事；同知徽政院事床兀儿、也可扎鲁忽赤阿沙不花、江浙行省平章政事明里不花，并为中书平章政事；江浙行省左丞刘正为中书左丞；遥授中书左丞钦察、福建道宣慰使也先帖木儿，并为中书参知政事；中书右丞、行御史中丞塔思不花为御史大夫；平章政事床兀儿为知枢密院事。特授乞台普济中书平章政事，延庆使抄儿赤中书右丞，同知和林等处宣慰司事塔海中书右丞，阿里中书左丞，脱脱御史大夫。以大都迤北六十二驿驿户罢乏，给钞赒之。是月，封皇太子乳母李氏为寿国夫人，其夫燕家奴为寿国公。以中书平章政事合散为辽阳行省平章政事。建州大雨雹，真定、河间、顺德、保定等郡蝗。六月癸巳朔，诏立母弟爱育黎拔力八达为皇太子，受金宝。升武备寺为武备院，秩从二品。甲午，建行宫于旺兀察都之地，立宫阙为中都。丁酉，中书右丞相哈剌哈孙答剌罕、左丞相塔剌海言："臣等与翰林、集贤、太常老臣集议，皇帝嗣登宝位，诏追尊皇考为皇帝，皇考大行皇帝同母兄也，大行皇帝祔庙之礼尚未举行，二帝神主依兄弟次序祔庙为宜。今拟请谥皇考昭圣衍孝皇帝，庙号顺宗；大行皇帝曰钦明广孝皇帝，庙号成宗。太祖之室居中，睿宗西第一室，世祖西第二室，裕宗西第三室，顺宗东第一室，成宗东第二室。先元妃弘吉剌氏失怜答里宜谥曰贞慈静懿皇后，祔成宗庙室。"制曰："可。"又言："前奉旨命臣等议诸王朝会赐与，臣等议：宪宗、世祖登宝位时赏赐有数，成宗即位，承世祖府库充富，比先例，赐金五十两者增至二百五十两，银五十两者增至百五十两。"有旨："其遵成宗所赐之数赐之。"戊戌，哈剌哈孙答剌罕言："比者，诸王、驸马会于和林，已蒙赐与者，今不宜再赐。"帝曰："和林之会，国事方殷，已赐者，其再赐之。"己亥，御史大夫脱脱、翰林学士承旨三宝奴言："旧制，皇太子官属，省、台参用，请以罗罗斯宣慰使斡罗思任之中书。"诏以为中书右丞。班朝诸司，听皇太子各置一人。以拱卫直都指挥使马谋沙角觝屡胜，遥授平章政事。壬寅，塔剌海加太保、录军国重事、太子太师。癸卯，置詹事院。甲辰，枢密院请以军二千五百人缮治上都鹰坊及诸官廨，有旨："自今非奉旨，军勿辄役。"以平章政事、行和林等处宣慰使都元帅憨剌合儿，通政使、武备卿铁木儿不花，并知枢密院事。乙巳，以金二千七百五十两、银十二万九千二百两、钞万锭、币帛二万二千二百八十匹奉兴圣宫，赐皇太子亦如之。中书省臣言："中书宰臣十四员，御史大夫四员，前制所无。"诏与翰林、集贤诸老臣议拟以闻。丙午，太阴犯南斗杓星。徽政使佤头等言："别不花以私钱建寺，为国祝厘。其父为诸王斡忽所害，请赐以斡忽所得岁赐。"命以五年与之，为银四千一百余两、丝三万一千二百九十斤、织币金百两、绢七百一十匹。戊申，特授尚乘卿孛兰奚、床兀儿并平章政事，大同屯储军民总管府达鲁花赤怯里木丁中书右丞。辛亥，以中书平章政事脱虎脱为江西行省平章政事。壬子，封皇妹祥哥剌吉为鲁国大长公主，驸马琱阿不剌为鲁王。铁木儿不花、憨剌合儿等言："旧制，枢密院铨调军官，公议以闻。比者近侍自择名分，从内降旨，恐坏世祖定制，且误国事。在成宗时尝有旨，辄奏枢密事者，许本院再陈。臣等以为自今用人，宜一遵世祖成宪。"帝曰："其遵前制，余人勿辄有请。"又言："军官与民官不同，父子兄弟许其相袭，此世祖定制。比者 近侍辄有以万户、千户之职请于上者，内降圣旨，臣等未敢奉行。"帝曰："其依例行之。"甲寅，敕内郡、江南、高丽、四川、云南诸寺僧诵《藏经》，为三宫祈福。乙卯，遣也可扎鲁忽赤马剌赴北军，以印给之。丙辰，御史大夫塔思不花言："殿中司所职：中书而下奏事，必使随之以入；不在奏事之列者，听其引退；班朝百官朝会失仪者，得纠劾；病故者，必以告。请如旧制。"又言："旧制，内外风宪官有所弹劾，诸人勿预。而近有受赇为监察御史所劾者，狱具，夤缘奏请，托言事入觐，以避其罪。臣等以为今后有罪者，勿听至京，待其对辨事竟，果有所言，方许奏陈。"皆从之。塔思不花又言："皇太子有旨：有司赃罪，不须刑部定议，受敕者从廉访司处决，省、台遣人检核廉访司文案，则私意沮格，非便。"平章阿沙不花因言："此省、台同议之事，台臣不宜独奏。"帝曰："此御史台事，阿沙不花勿妄言。台臣言是也，如所奏行之。"塔思不花、脱脱并遥授左丞相。戊午，进封高丽王王昛为沈阳王，加太子太傅、驸马都尉。置皇太子家令司、府正司、延庆司、曲宝署、典膳署。己未，封宁远王阔阔出为宁王，赐金印。庚申，遥授左丞相、行御史大夫塔思不花右丞相。辛酉，汴梁、南阳、归德、江西、湖广水，保定属县蝗。秋七月癸亥朔，封诸王秃剌为越王。诸王出伯言："瓜州、沙州屯田逋户渐成丁者，乞拘隶所部。"中书省臣言："瓜州虽诸王分地，其民役于驿传，出伯言宜勿从。"升章佩监为章佩院，秩从二品，赐阿剌纳八剌钞万锭。甲子，命御史台大夫铁古迭儿、知枢密院事塔鲁忽带、中书平章政事床兀儿以即位告谢南郊。丙寅，以礼店蒙古万户属土番宣慰司非便，命仍旧隶脱思麻宣慰司，防守陕州。诸王、驸马入觐者，非奉旨不许给驿。

以中书参知政事赵仁荣为太子詹事。以阿保功，授明里大司徒，封其妻梅仙为顺国夫人。赐床兀儿军士钞六万锭、币帛二万匹。遣肥儿牙儿迷的里及铁肐胆诣西域取佛钵、舍利，肥儿牙儿迷的里遥授宣政使，铁肐胆遥授平章政事。以并命太傅右丞相哈剌哈孙答剌罕、太保左丞相塔剌海综理中书庶务，诏谕中外。己巳，太阴犯亢。置宫师府，设太子太师、少师、太傅、少傅、太保、少保，宾客，左、右谕德，赞善，庶子，洗马，率更令、丞，司经令、丞，中允，文学，通事舍人，校书，正字等官。壬申，命御史大夫铁古迭儿 中书平章政事床兀儿、枢密副使孛兰奚，以即位祇谢太庙。以安西、平江、吉州三路为皇太子分地，越州路为越王秃剌分地。赐诸王八不沙钞万锭。癸酉，罢和林宣慰司，置行中书省及称海等处宣慰司都元帅府、和林总管府。以太师月赤察儿为和林行省右丞相，中书右丞相哈剌哈孙答剌罕为和林行省左丞相，依前太傅、录军国重事。江浙水，民饥，诏赈粮三月，酒醋、门摊、课程悉免一年。乙亥，以永平路为皇妹鲁国长公主分地，租赋及土产悉赐之。赐越王秃剌钞万锭，诸王兀都思不花所部三万五千二百二十锭。丙子，以江浙行省平章政事塔失海牙、知枢密院事床兀儿，并为中书平章政事。丁丑，封诸王八不沙为齐王，朵列纳为济王，迭里哥儿不花为北宁王，太师月赤察儿为淇阳王，加平章政事脱虎脱太尉。以中书左丞相塔剌海为中书右丞相、监修国史，御史大夫塔思不花为中书左丞相，江浙行省平章政事教化、河南江北行省平章政事法忽鲁丁并为中书平章政事，平章政事铁木迭儿为江西行省平章政事。戊寅，以仪凤司大使火失海牙、铁木儿不花、教坊司达鲁花赤沙的，并遥授平章政事，为玉宸乐院使。己卯，以集贤院使别不花为中书平章政事。庚辰，以御史中丞只儿合郎为御史大夫。辛巳，加封至圣文宣王为大成至圣文宣王。右丞相塔剌海、左丞相塔思不花言："中书庶务，同僚一二近侍，往往不俟公议，即以上闻，非便。今后事无大小，请共议而后奏。"帝曰："卿等言是。自今庶政，非公议者勿奏。"置行工部于旺兀察都。以遥授左丞相、同知枢密院事也儿吉尼知枢密院事；御史中丞王寿、江浙行省左丞郝天挺，并为中书左丞。壬午，荧惑犯南斗。命御史大夫铁古迭儿、知枢密院事塔鲁忽带、中书平章政事床兀儿，以即位告社稷。癸未，升利用监为利用院，秩从二品。甲申，遣赡思丁使西域，遥授福建道宣慰使。乙酉，赐寿宁公主钞万锭。丙戌，以内郡岁歉，令诸王卫士还大都者柬汰以入。从和林省臣请，乞如甘肃省例，给钞二千锭，岁收子钱，以佐供给，仍以网罟赐贫民。御史大夫月儿鲁言："旧制，中书省、枢密院、御史台、宣政院许得自选其人，他司悉从中书铨择，近臣不得辄奏，如此则纪纲不紊。"帝嘉纳之。以同知宣徽院事孛罗答失为中书左丞，中书参知政事钦察为四川行省左丞。江浙、湖广、江西属郡饥，诏行省发粟赈之。丁亥，使完泽偕乞儿乞带亦难往征乞儿吉思部秃鲁花、騟马、鹰鹞。山东、河北蒙古军告饥，遣官赈之。赐晋王部贫民钞五万锭。己丑，塔剌海、塔思不花言："前乃颜叛，其系虏之人，奉世祖旨俱隶版籍。比者，近臣请以归之诸王脱脱，彼即遣人拘括。臣等以为此事具有先制，今已归脱脱所部，宜令辽阳省臣薛阇干等往谕之，已拘之人悉还其主。"从之。安西等郡旱饥，以粮二万八千石赈之。庚寅，置延福司，秩正三品。辛卯，诏唐兀秃鲁花户籍已定，其入诸王、驸马各部避役之人及冒匿者，皆有罪。发卒二千人为晋王也孙铁木儿治邸舍。是月，江浙、湖广、江西、河南、两淮属郡饥，于盐茶课钞内折粟，遣官赈之。诏富家能以私粟赈贷者，量授以官。保定、河间、晋宁等郡水，德州蝗。八月甲午，中书省臣言："内降旨与官者八百八十余人，已除三百，未议者犹五百余。请自今越奏者勿与。"帝曰："卿等言是。自今不由中书奏者，勿与官。"又言："外任官带相衔非制也，请勿与。"制可。又言："以朝会应赐者，为钞总三百五十万锭，已给者百七十万，未给犹百八十万，两都所储已虚。自今特奏乞赏者，宜暂停。"有旨："自今凡以赏为请者，勿奏。"御史台臣言："中书省、枢密院、御史台、宣政院得自选官，具有成宪。今监察御史、廉访司官非本台公选，而从诸臣所请，自内降旨，非祖宗成法。"帝曰："凡若此者，卿等其勿行。"浙东、浙西、湖北、江东郡县饥，遣官赈之。赐山后驿户钞，每驿五百锭。置掌仪署，秩五品，设令、丞各一员。乙未，赐诸王按灰、阿鲁灰、北宁王迭里哥儿不花金三百五十两、银三千七百两。以治书侍御史乌伯都剌为中书参知政事。戊戌，御史大夫脱脱封秦国公。辛丑，迤北之民新附者，置传输粟以赈之。癸卯，改也里合牙营田司为屯田运粮万户府。甲辰，以纳兰不剌所储粮万石，赈其旁近饥民。丙午，建佛阁于五台寺。江南饥，以十道廉访司所储赃罚钞赈之。己酉，从皇太子请，升詹事院从一品，置参议断事官如枢密院。辛亥，中书左丞孛罗铁木儿以国字译《孝经》进，诏曰："此乃孔子之微言，自王公达于庶民，皆当由是而行。其命中书省刻版模印，诸王而下皆赐之。"癸丑，唐兀秃鲁花军乏食，发粟赈之。丙辰，升阑遗监秩三品。丁巳，以中书左丞王寿为御史中丞。戊午，中书平章政事乞台普济、床兀儿、别不花并加太尉，中书右丞塔海加太尉、平章政事，以中书左丞孛罗铁木儿为中书右丞。东昌、汴梁、唐州、延安、潭、沅、归、澧、兴国诸郡饥，发粟赈之。冀宁路地震，河间、真定等郡蝗，隆平、文水、平遥、祁、霍邑、靖海、容城、束鹿等县水。九月甲子，车驾至自上都。乙丑，请谥皇考皇帝、大行皇帝于南郊，命中书右丞相塔剌海摄太尉行事。庚午，升御史台从一品。辛未，加塔剌海、塔思不花并太尉。壬申，命塔剌海奉玉册、玉宝，上皇考及大行皇帝尊谥、庙号，又上先元妃弘吉烈氏尊谥，祔于成宗庙室。升尚舍监秩正三品。癸酉，太白犯右执法。甲戌，改太常寺为太常礼仪院，秩正二品。升侍仪司秩正三品。丙子，置皇太子位典牧监，秩正三品。中书省臣言："内外选法，向者有旨一遵世祖成制。两宫近侍迁叙，惟上所命。比有应入常调者，夤缘骤迁；其已仕废黜及未尝入仕者，亦复请自内降旨。臣等奏请禁止，蒙赐允从。是后所降内旨复有百余，臣等已尝铨择奉行。第中书政务，他人又得辄请，责以整饬，其效实难。自今铨选、钱谷，请如前制，非由中书议者，毋得越奏。”制从之。又言：“比忭来木丁献宝货，敕以盐万引与之，仍许市引九万。臣等窃谓，所市宝货，既估其直，止宜给钞，若以引给之，徒坏盐法。”帝曰：“此朕自言，非臣下所请，其给之，余勿视为例。”江浙饥，中书省臣言：“请令本省官租，于九月先输三分之一，以备赈给。又两淮漕河淤涩，官议疏浚，盐一引带收钞二贯为佣费，计钞二万八千锭，今河流已通，宜移以赈饥民。杭州一郡，岁以酒糜米麦二十八万石，禁之便。河南、益都诸郡，亦宜禁之。”制可。塔剌海言：“比蒙圣恩，赐臣江南田百顷。今诸王、公主、驸马赐田还官，臣等请还所赐。”从之。仍谕诸人赐田，悉令还官。命张留孙知集贤院事，领诸路道教事。丁丑，中书省臣言：“比议省臣员数，奉旨依旧制定为十二员，右丞相塔剌海，左丞相塔思不花，平章床兀儿、乞台普济如故，余令臣等议。臣等请以阿沙不花、塔失海牙为平章政事，孛罗答失、刘正为右丞，郝天挺、也先铁木儿为左丞，于璋、兀伯都剌为参知政事。其班朝诸司冗员，并宜柬汰。”从之。已卯，太白犯左执法。壬午，改尚乘寺为卫尉院，秩从二品。甲申，诏立尚书省，分理财用。命塔剌海、塔思不花仍领中书。以脱虎脱、教化、法忽鲁丁任尚书省，仍俾其自举官属，命铸尚书省印。敕弛江浙诸郡山泽之禁。丙戌，升掌谒司秩三品。皇太子建佛寺，请买民地益之，给钞万七百锭有奇。戊子，升延庆司秩从二品。已丑，遣使录囚。晋王也孙铁木儿以诏赐钞万锭、止给八千为言，中书省臣言：“帑藏空竭，常赋岁钞四百万锭，各省备用之外，入京师者二百八十万锭，常年所支止二百七十余万锭。自陛下即位以来，已支四百二十万锭，又应求而未支者一百万锭。臣等虑财用不给，敢以上闻。”帝曰：“卿之言然。自今赐予宜暂停，诸人毋得奏请。可给晋王钞千锭，余移陕西省给之。”以中书平章政事别不花为江浙行省平章政事。辛卯，御史台臣言：“至元中阿合马综理财用，立尚书省，三载并入中书。其后桑哥用事，复立尚书省，事败又并入中书。粤自大德五年以来，四方地震水灾，岁仍不登，百姓重困，便民之政，正在今日。顷又闻为总理财用立尚书省，如是则必增置所司，滥设官吏，殆非益民之事也。且综理财用，在人为之，若止命中书整饬，未见不可。臣等隐而不言，惧将获罪。”帝曰：“卿言良是。此三臣愿任其事，姑听其行焉。”是月，襄阳霖雨，民饥，敕河南省发粟赈之。十月乙未，升典宝署为典宝监，秩正三品。庚子，中书省奏：“初置中书省时，太保刘秉忠度其地宜，裕宗为中书令，尝至省署敕。其后桑哥迁立尚书省，不四载而罢。今复迁中书于旧省，乞涓吉徙中书令位，仍请皇太子一至中书。”制可。壬寅，升典瑞监为典瑞院，秩从二品。封知枢密院事床兀儿为容国公。癸卯，以旧制诸王、驸马事务皆内侍宰臣所领，命中书右丞孛罗铁木儿领之。乙巳，太白犯亢。敕方士、日者毋游诸王、驸马之门。丙午，诏整饬台纲，布告中外。封御史大夫铁古迭儿为郓国公，以中卫亲军都指挥使买奴知枢密院事。壬子，从中书省臣言，凡事不由中书，辄遣使并移文者，禁止之。甲寅，太阴犯明堂。升集贤院秩从一品，将作院秩从二品。丙辰，以行省平章总督军马，得佩虎符，其左丞等所佩悉追纳。中书省奏：“常岁海漕粮百四十五万石，今江浙岁俭，不能如数，请仍旧例，湖广、江西各输五十万石，并由海道达京师。”从之。已未，塔思不花上疏言政事，且辞太尉职，还所降制书及印。是月，杭州、平江水，民饥，发粟赈之。十一月癸亥，封诸王牙忽都为楚王，赐金印，置王傅。建佛寺于五台山。乙丑，中书省臣言：“宿卫廪给及马驼刍料，父子兄弟世相袭者给之，不当给者，请令孛可孙汰之。今会是年十月终，马驼九万三千余，至来春二月，阙刍六百万束、料十五万石；比又增马五万余匹。此国重务，臣等敢以上闻。”有旨：“不当给者勿给。”丙寅，帝朝隆福宫，上皇太后玉册、玉宝。丁卯，太白犯房。阔儿伯牙里言：“更用银钞、铜钱，便。”命中书与枢密院、御史台、集贤、翰林诸老臣集议以闻。已巳，中书省臣阿沙不花、孛罗铁木儿言：“臣等与阔儿伯牙里面论，折银钞、铜钱，非便。”有旨：“卿等以为不便，勿行可也。”诏：“中书省官十二员，脱虎脱仍领宣政院，教化留京师，其余各任以职。”庚午，卢龙、滦河、迁安、昌黎、抚宁等县水，民饥，给钞千锭以赈之。辛未，以塔剌海领中政院事。乙亥，中书省臣言：“大都路供亿浩繁，概于属郡取之。其军、站、鹰坊、控鹤等户，恃其杂徭无与，冒占编氓。请降玺书，依祖宗旧制，悉令均当。或辄奏请者，亦宜禁止。”制可。皇太子言：“近蒙恩以安西、吉州、平江为分地，租税悉以赐臣。臣恐宗亲昆弟援例，自五户丝外，余请输之内帑。其陕西运司岁办盐十万引，向给安西王，以此钱斟酌与臣，惟陛下裁之。”中书计会三路租税及盐课所入，钞四十万锭。有旨：“皇太子所思甚善，岁以十万锭给之，不足则再赐。”乐工殴人，刑部捕之，玉宸乐院长谓玉宸与刑部秩皆三品，官皆荣禄大夫，留不遣。中书以闻，帝曰：“凡诸司，视其资级，授之散官，不可超越。其闲冗职名官高者，遵旧制降之。”建康路属州县饥，诏免今年酒醋课。丙子，太阴犯东井。丁丑，中书省臣言：“前为江南大水，以茶、盐课折收米，赈饥民。今商人输米中盐，以致米价腾涌，百姓虽获小利，终为无益。臣等议，茶、盐之课当如旧。”从之。戊寅，授皇太子玉册。已卯，以皇太子受册礼成，帝御大明殿，受诸王、百官朝贺。庚辰，中书省臣言：“皇太子谓臣等曰：吾之分地安西、平江、吉州三路，遵旧制，自达鲁花赤之外，悉从常选，其常选宜速择才能。”有旨：“其择人任之。”乙酉，太阴犯亢。诏：“皇太后军民人匠等户租赋徭役，有司勿与，并隶徽政院。”升太仆院秩从二品。丁亥，杭州、平江等处大饥，发粮五十万一千二百石赈之。庚寅，赐太师月赤察儿江南田四十顷。时赐田悉夺还官，中书省为言，有旨：“月赤察儿自世祖时积有勋劳，非余人比，宜以前后所赐，合百顷与之。”仍敕行省平章别不花领其岁入。辛卯，辰星犯岁星。从皇太子请，御史台检核詹事院文案。十二月壬辰朔，中书省臣言：“旧制，金虎符及金银符典瑞院掌之，给则由中书，事已则复归典瑞院。今出入多不由中书，下至商人，结托近侍奏请，以致泛滥，出而无归。臣等请核之，自后除官及奉使应给者，非由中书省勿给。”从之。又言：“今国用甚多，帑藏已乏，用及钞母，非宜。盐引向从运司与民为市，今权时制宜，从户部鬻盐引八十万，便。”有旨：“今岁姑从所请，后勿复行。”又言：“太府院为内藏，世祖、成宗朝，遇重赐则取给中书，今所赐有逾千锭至万锭者，皆取之太府。比者，太府取五万锭，已支二万矣，今复以乏告。请自后内府所用，数多者，仍取之中书。”帝曰：“此朕特旨，后当从所奏。”乙未，贵赤塔塔儿等扰檀州民，强取米粟六百余石，遣官讯之。辛丑，幸大圣寿万安寺。授吏部尚书察乃平章政事，领工部事。癸卯，以汉军万人屯田和林，命留守司以来岁正月十五日起灯山于大明殿后、延春阁前。庚戌，升行泉府司为泉府院，秩正二品。以蒙古万户秃监铁木儿有平内难功，加镇国上将军。升皇太子典医署为典医监，秩正三品。山东、河南、江浙饥，禁民酿酒。丁巳，以中书省言国用浩穰，民贫岁歉，诏宣政院并省佛事。大都、上都二驿，设敕授官二员，余驿一员。敕诸王、公主、驸马、使臣给玺书驿券，不许辄用圆符乘驿。中书省臣言：“驿户疲乏，宜量事给驿。今经费浩大，其收售宝货，权宜停罢。又，陛下即位诏书不许越职奏事，比者近侍奏除官丐赏者，皆自内降旨，请今不经中书省勿行。又，刑法者譬之权衡，不可偏重，世祖已有定制，自元贞以来，以作佛事之故，放释有罪，失于太宽，故有司无所遵守。今请凡内外犯法之人，悉归有司依法裁决。又，各处民饥，除行宫外，工役请悉停罢。”皆从之。又言：“律令者治国之急务，当以时损益。世祖尝有旨，金《泰和律》勿用，令老臣通法律者，参酌古今，从新定制，至今尚未行。臣等谓律令重事，未可轻议，请自世祖即位以来所行条格，校雠归一，遵而行之。”制可。庚申，诏曰：

仰惟祖宗应天抚运，肇启疆宇，华夏一统，罔不率从。逮朕嗣服丕图，缵膺景命，遵承诒训，恪慕洪规，祗扬畏兢，未知攸济。永思创业艰难之始，茕然轸念；而守成万事之统，在予一人。故自即位以来，溥从宽大，量能授官，俾勤乃职，夙夜以永康兆民为急务。间者岁比不登，流民未还，官吏并缘侵渔，上下因循，和气乖戾。是以责任股肱耳目大臣，思所以尽瘁赞襄嘉猷，朝夕入告，朕命惟允，庶事克谐，乐与率土之民，共享治安之化，迩宁远肃，顾不韪欤。可改大德十二年为至大元年。诞布惟新之令，式孚永固之休。

存恤征戍蒙古、汉军，拯治站赤消乏。弛山场、河泊、芦荡禁。围猎飞放毋得搔扰百姓，招诱流移人户。禁投属怯薛歹、鹰房避役，滥请钱粮。劝农桑，兴学校，议贡举，旌赏孝弟力田，惩戒游惰。政令得失，许诸人上书陈言。僧、道、也里可温、答失蛮，并依旧制纳税。凡选法、钱粮、刑名、造作一切公事，近侍人员毋得隔越闻奏。

敕内庭作佛事，毋释重囚，以轻囚释之。

至大元年春正月辛酉朔，曲赦御史台见系犯赃官吏，罪止征赃、罢职。癸亥，敕枢密院发六卫军万八千五百人，供旺兀察都建宫工役。甲子，授中书平章政事阿沙不花右丞相、行御史大夫。丙寅，从江浙行省请，罢行都水监，以其事隶有司。立皇太子位典幄署、承和署，秩并正五品。丁卯，以中书右丞也罕的斤为平章政事，议陕西省事。己巳，绍兴、台州、庆元、广德、建康、镇江六路饥，死者甚众，饥户四十六万有奇，户月给米六斗，以没入朱清、张瑄物货隶徽政院者，鬻钞三十万锭赈之。特授乳母夫寿国公杨燕家奴开府仪同三司。己巳，缅国进驯象六。辛未，枢密院臣言：“先奉旨以中卫亲军隶皇太子位，皇太子谓臣等曰：世祖立五卫，以应五方，去一不可。宜各翼选汉军万人，别立一卫。”帝以为然，敕知院事铁木儿不花等摘汉军万人，别立卫。甲戌，中书省臣言：“进海东青鹘者当乘驿，马五百不敷，敕遣怯列、应童括民间车马，兵部请以各驿马陆续而进，勿括为便。”从之。改徽政院人匠总管府为缮珍司，秩正三品。己卯，升中尚监为中尚院，秩从二品。豳王出伯进玉六百一十五斤，赐金千五百两、银二万两、钞万锭，从人四万锭；宽阇、也先孛可等，金二千三百两、银一万七百两、钞三万九千一百锭。甲申，敕床兀儿除登极恩例外，特赐金五百两、银千两、钞二千锭。戊子，皇太子请以阿沙不花复入中书，脱脱复入御史台。己酉，中书省臣言：“阿失铁木儿请遣教化的诣河西地采玉，驮攻玉沙需马四十余匹，采玉人千余。臣等以为不急之务劳民，乞罢之。”又言：“近百姓艰食，盗贼充斥，苟不严治，将至滋蔓。宜遣使巡行，遇有罪囚，即行决遣，与随处官吏共议弭盗方略，明立赏罚，或匿盗不闻，或期会不至，或逾期不获者，官吏连坐。”又言：“江浙行省海贼出没，杀虏军民。其已获者，例合结案待报，宜从中书省、也可扎鲁忽赤遣官，同行省、行台、宣慰司、廉访司审录无冤，弃之于市。其未获者，督责追捕，自首者原罪给粟，能禽其党者加赏。”有旨：“弭盗安民，事为至重，宜即议行之。”封诸王也先铁木儿为营王，以乳母夫斡耳朵为司徒。二月癸巳，立鹰坊为仁虞院，秩正二品。以右丞相脱脱、遥授左丞相秃剌铁木儿、也可扎鲁忽赤月里赤，并为仁虞院使。汝宁、归德二路旱、蝗，民饥，给钞万锭赈之。甲午，增泉府院副使、同佥各一员。益都、济宁、般阳、济南、东平、泰安大饥，遣山东宣慰使王佐同廉访司核实赈济，为钞十万二千二百三十七锭有奇、粮万九千三百四十八石。乙未，中书省臣言：“陛下登极以来，锡赏诸王，恤军力，赈百姓，及殊恩泛赐，帑藏空竭，豫卖盐引。今和林、甘肃、大同、隆兴、两都军粮，诸所营缮，及一切供亿，合用钞八百二十余万锭。往者或遇匮急，奏支钞本。臣等固知钞法非轻，曷敢辄动，然计无所出，今乞权支钞本七百一十余万锭，以周急用，不急之费姑后之。”帝曰：“卿等言是。泛赐者，不以何人，毋得蒙蔽奏请。”升尚舍监为尚舍寺，秩正三品。丙申，立甄用监，秩正三品，隶徽政院。淮安等处饥，从河南行省言，以两浙盐引十万贸粟赈之。戊戌，以上都卫军三千人，赴旺兀察都行宫工役。壬寅，中书省臣言：“贵赤扰害檀州民，敕遣人往讯，其辞伏者宜加罪，有旨勿问。臣等以为非宜，已辞伏者，先为决遣。”帝曰：“俟其猎毕治之。”从皇太子请，改詹事院使为詹事，副詹事为少詹事，院判为丞。立尚服院，秩从二品。中书省臣言：“陕西行省言，开成路前者地震，民力重困，已免赋二年，请再免今年。”从之。甲辰，赐国王和童金二百五十两、银七百五十两。立皇太子卫率府，发军千五百人修五台山佛寺。命有司市邸舍一区，以赐丞相赤因铁木儿，为钞万九千四百锭。丁未，用丞相佩头言，设尚冠、尚衣、尚辇、尚沐、尚辇、尚饰六奉御，秩五品，凡四十八员，隶尚服院。甲寅，和林贫民北来者众，以钞十万锭济之，仍于大同、隆兴等处籴粮以赈，就令屯田。诸内侍、太医、阴阳、乐人，毋援常选散官。以网罟给和林饥民。戊午，遣不达达思等送瓜哇使还。己未，以皇太子建佛寺，立营缮署，秩五品。三月庚申朔，中书省臣言："郯王拙忽难人户散失，诏有司括索。臣等议，昔阿只吉括索所失人户，成宗虑其为例，不许。今若括索，未免扰民。且诸王必多援例，乞寝其事。"从之。又庄圣皇后及诸王忽秃秃人户散入他郡，阿都赤、脱欢降玺书，俾括索。陕西行省及真定等路言："百姓均在国家版籍，今所遣使，辄夺军、驿、编民等户，非宜。"中书省臣以闻，帝曰："彼奏误也，卿等速追以还。"赐镇南王老章金五百两、银五千两、钞二千锭、币帛八百匹，也先不花、牙儿昔金各二百五十两、银七百五十两、钞二千锭。乙丑，太阴犯井。以北来贫民八十六万八千户，仰食于官，非久计，给钞百五十万锭、币帛准钞五十万锭，命太师月赤察儿、太傅哈剌哈孙分给之，罢其廪给。赐诸王八亦忽金百五十两、银七百五十两。丁卯，建兴圣宫，给钞五万锭、丝二万斤。遣使祀五岳、四渎、名山、大川。赐诸王八不沙金五百两、银五千两。复立白云宗摄所，秩从二品，设官三员。戊寅，车驾幸上都。建佛寺于大都城南。立骥用、资武二库，秩正五品，隶府正司。升太史院秩从二品，司天台秩正四品。封中书右丞相、行平章政事阿沙不花为康国公。以甘肃行省右丞脱脱木儿为中书平章政事，加大司徒。赐晋王所部五百四十七人，钞五万二千九百六十锭；定王药木忽儿，金千五百两、银三万两、钞万锭；卫士五十三人，钞万六百锭。乙卯，命翰林国史院纂修《顺宗》、《成宗实录》。壬午，嗣汉天师张与材来朝，加金紫光禄大夫，封留国公。夏四月戊戌，中书省臣言："请依元降诏敕，勿超越授官，泛滥赐赉。"帝曰："卿等言是。朕累有旨止之，又复蒙蔽以请，自今纵有旨，卿等其覆奏罪之。"诏以永平路盐课赐祥哥剌吉公主，中书省臣执不可，从之。赐诸王木南子金五十两、银千两、钞千锭，赐皇太子位鹰坊，钞二十万锭。戊戌，封三宝奴为渤国公，香山为宾国公；加铁木迭儿右丞相，都护买住中书右丞。立皇太子位人匠总管府，秩正三品。癸卯，加授平章政事教化太子太保、太尉、平章军国重事、魏国公。甲辰，升典瑞监为典瑞院，秩从二品。知枢密院事也儿吉尼遥授右丞相。辛亥，枢密院臣言："诸王各用其印符乘驿，使臣旁午，驿户困乏。宜准旧制，量其马数，降以玺书。"奏可。乙卯，遣米檝等使苏鲁国。丙辰，高丽国王王昛言："陛下令臣还国，复设官行征东行省事。高丽岁数不登，百姓乏食，又数百人仰食其土，则民不胜其困，且非世祖旧制。"帝曰："先请立者以卿言，今请罢亦以卿言，其准世祖旧制，速遣使往罢之。"五月丙寅，降英德路为州，知枢密院事塔鲁忽台遥授左丞相。丁卯，御史台臣言："成宗朝建国子监学，迄今未成，皇太子请毕其功。"制可。己巳，管城县大雨雹。缅国进驯象六。乙亥，知枢密院事憨剌合儿遥授左丞相。丙子，以诸王及西番僧从驾上都，途中扰民，禁之。禁白莲社，毁其祠宇，以其人还隶民籍。御史台臣言："比奉旨罢不急之役，今复为各官营私宅。臣等以为俟旺兀察都行宫及大都、五台寺毕工，然后从事为宜。"有旨："除佩头、三宝奴所居，余悉罢之。"授右丞相塔思不花上柱国，监修国史，加左丞相乞台普济太子太傅。辛巳，中书省臣言："旧制，枢密院、御史台、宣政院得自选官，诸官府必由中书省奏闻迁调，宜申严告谕。"制可。癸未，济南、般阳雨雹。甲申，立大同侍卫亲军都指挥使司，以丞相赤因铁木儿为使，摘通惠河漕卒九百余人隶之，漕事如故。渭源县旱饥，给粮一月。真定、大名、广平有虫食桑，宁夏府水，晋宁等处蝗，东平、东昌、益都蝝。六月己丑，渤国公三宝奴加录军国重事、中书右丞相，应国公、太子詹事、平章军国重事、大司农曲出加太子太保，左丞相脱脱加上柱国、太尉，遥授参知政事、行詹事丞大慈都加平章军国重事。甲午，改太子位承和署为典乐司，秩正三品。丁酉，巩昌府陇西、宁远县地震，云南乌撒、乌蒙三日之中地大震者六。戊戌，大都饥，发官廪减价粜贫民，户出印帖，委官监临，以防不均之弊。中书省臣言："江浙行省管内饥，赈米五十三万五千石、钞十五万四千锭、面四万斤。又，流民户百三十三万九百五十有奇，赈米五十三万六千石、钞十九万七千锭、盐折直为引五千。"令行省、行台遣官临视。内郡、江淮大饥，免今年常赋及夏税。益都水，民饥，采草根树皮以食，免今岁差徭，仍以本路税课及发朱汪、利津两仓粟赈之。封药木忽儿为定王，驸马阿失为昌王，并赐金印。以司徒、平章政事、领大司农李邦宁遥授左丞相。辛丑，以没入朱清、张瑄田产隶中宫，立江浙财赋总管府、提举司。己酉，减太常礼仪院官二十七员为八员。河南、山东大饥，有父食其子者，以两道没入赃钞赈之。加乞台普济录军国重事。是月，保定、真定蝗。秋七月庚申，流星起自勾陈，南行，圆若车轮，微有锐，经贯索灭。敕以金银岁入数少，自今毋问何人，以金银为请奏及托之奏者，皆抵罪。又，各处行省、宣慰司等官，多以结托来京师，今后非奉朝命毋赴阙。云南、湖广、河南、四川盗贼窃发，谕军民官用心抚治。立广武康里侍卫亲军都指挥使司，以中书平章政事阿沙不花为都指挥使。壬戌，皇子和世㻋请立总管府，领提举司四，括河南归德、汝宁境内濒河荒地约六万余顷，岁收其租，令河南省臣高兴总其事。中书省臣言："濒河之地，出没无常，遇有退滩，则为之主。先是，有亦马罕者，妄称省委括地，蚕食其民，以有主之田俱为荒地，所至骚动。民高荣等六百人，诉于都省，追其驿券，方议其罪，遇赦获免，今乃献其地于皇子。且河南连岁水灾，人方阙食，若从所请，设立官府，为害不细。"帝曰："安用多言，其止勿行！"禁鹰坊于大同、隆兴等处纵猎扰民。筑呼鹰台于漷州泽中，发军千五百人助其役。旺兀察都行宫成。立中都留守司兼开宁路都总管府。丙寅，复置泰安州之新泰县。辛卯，济宁大水入城，诏遣官以钞五千锭赈之。己巳，真定淫雨，水溢，入自南门，下及藁城，溺死者百七十七人，发米万七百石赈之。辛未，立御香局，秩正五品。壬申，太白犯左执法。香山加太子太傅。遣塔察儿等九人使诸王宽阇，遣月鲁等十二人使诸王脱脱。癸酉，诏谕安南国曰："惟我国家，以武功定天下，文德怀远人，乃眷安南，自乃祖乃父，世修方贡，朕甚嘉之。迩者，先皇帝晏驾，朕方抚军朔方，为宗室诸王、贵戚、元勋之所推戴，以谓朕乃世祖嫡孙，裕皇正派，宗藩效顺于外，臣民属望于下，人心所共，神器有归。朕俯徇舆情，大德十一年五月二十一日即皇帝位于上都。今遣少中大夫、礼部尚书阿里灰，朝请大夫、吏部侍郎李京，朝列大夫、兵部侍郎高复礼谕旨。尚体同仁之视，益坚事大之诚，辑宁尔邦，以称朕意。"又以管祝思监为礼部侍郎、朵儿只为兵部侍郎使缅国。遣脱里不花等二十人使诸王合儿班答。弛上都酒禁。壬午，置皇太子司议郎，秩正五品。封乃蛮带为寿王。癸未，枢密院臣言："世祖时枢密臣六员，成宗时增至十三员。今署事者三十二员，乞省之。"敕罢塔思带等一十一人。甲申，太师淇阳王月赤察儿请置王傅，中书省臣谓异姓王无置傅例，不许。乙酉，以豢虎人彻儿怯思为监察御史。是月，以左丞相塔思不花为中书右丞相，太保乞台普济为中书左丞相，内外大小事务并听中书省区处，诸王、公主、驸马、势要人等，毋得搅扰沮坏，近侍臣员及内外诸衙门，毋得隔越闻奏。各处行省、宣慰司及在外诸衙门等官，非奉圣旨并中书省明文，毋得擅自离职，乘驿赴京，营干私事。江南、江北水旱饥荒，已尝遣使赈恤者，至大元年差发、官税并行除免。八月戊子，大宁雨雹。丙申，御史台臣言："奉敕逮监察御史撒都丁赴上都。世祖、成宗迄于陛下，累有明旨，监察御史乃朝廷耳目，中外臣僚作奸犯科，有不职者，听其纠劾，治事之际，诸人毋得与焉。迩者，鞫问刑部尚书乌剌沙赃罪，蒙玉音奖谕，诸御史皆被锡赉，台纲益振。今撒都丁被逮，同列皆惧，所系非小，乞寝是命，申明台宪之制，诸人毋得与闻。"制可。辛丑，以中都行宫成，赏官吏有劳者，工部尚书黑马而下并升二等，赐塔剌儿银二百五十两，同知察乃、通政使塔利赤、同知留守萧珍、工部侍郎答失蛮金二百两、银一千四百两，军人金二百两、银八百两，死于木石及病没者给钞有差。癸卯，加中书右丞、领将作院吕天麟大司徒。戊申，立中都万亿库。宁夏立河渠司，秩五品，官二员，参以二僧为之。特授佩头太师。赐诸王脱欢金二百两、银二千五百两、钞二千锭，阿里不花金百两、银千两、钞千锭。己酉，大同陨霜杀禾。甲寅，李邦宁以建香殿成，赐金五十两、银四百五十两。乙卯，中书省臣言："外台、行省及诸人应诏言事，未敢一一上烦圣听。请集朝臣议，择其切于事者，小则辄行，大则以闻。"从之。扬州、淮安蝗。九月丙辰朔，以内郡岁不登，诸部人马之入都城者，减十之五。中书省臣言："夏秋之间，巩昌地震，归德暴风雨，泰安、济宁、真定大水，庐舍荡析，人畜俱被其灾。江浙饥荒之余，疫疠大作，死者相枕籍。父卖其子，夫鬻其妻，哭声震野，有不忍闻。臣等不才，猥当大任，虽欲竭尽心力，而闻见浅狭，思虑不广，以致政事多舛，有乖阴阳之和，百姓被其灾殃，愿退位以避贤路。"帝曰："灾害事有由来，非尔所致，汝等但当慎其所行。"立怯怜口提举司，秩正五品，设官四员。高丽国王王昛卒。命雪尼台铁木察使薛迷思干部。己未，升中政院秩从一品。辛酉，遣人使诸王察八儿、宽阇所。壬戌，太尉脱脱奏："泉州大商合只铁即剌进异木沉檀可构宫室者。"敕江浙行省驿致之。癸亥，万户也列门合散来自薛迷思干等城，进呈太祖时所造户口青册，赐银钞币帛有差。丙寅，蒲县地震。癸酉，升内史府为内史院，秩正二品。乙亥，车驾至自上都。弛诸路酒禁。戊寅，泉州大商马合马丹的进珍异及宝带、西域马。庚辰，以高丽国王王璋嗣高丽王。诸王秃满进所藏太宗玉玺，封秃满为阳翟王，赐金印。中书省臣言："奉旨：连岁不登，从驾四卫，一卫约四百人，所给刍粟自如常例，给各部者减半。臣等议，大都去岁饲马九万四千匹，今请减为五万匹，外路饲马十一万九千余匹，今请减为六万匹，自十月十五日为始。"又言："薛迷思干、塔剌思、塔失玄等城，三年民赋以输县官。今因薛尼台铁木察往彼，宜令以二年之赋与宽阇，给与元输之人，以一年者上进。"并从之。癸未，太阴犯荧惑。立中都虎贲司，特授承务郎、直省舍人藏吉沙资善大夫、行泉府院使。冬十月庚寅，为太师佩头建第，给钞二万锭。癸巳，蒲县、陵县地震。甲午，以阿沙不花知枢密院事。丁酉，以大都艰食，复粜米十万石，减其价以赈之，以其钞于江南和籴。罢大都榷酤，赐皇太子金千两。辛丑，太白犯南斗。癸卯，中书省臣请以湖广米十万石贮于扬州，江西、江浙海漕三十万石，内分五万石贮朱汪、利津二仓，以济山东饥民，从之。敕："凡持内降文记买河间盐及以诸王、驸马之言至运司者，一切禁之；持内降文记不由中书者，听运司以闻。"禁奉符、长清、泗水、章丘、沾化、利津、无棣七县民田猎。甲辰，从帝师请，以释教都总管朵儿只八兼领囊八地产钱物，为都总管府达鲁花赤总其财赋。以西番僧教瓦班为翰林承旨。左丞相、知枢密院事铁木儿不花加录军国重事。中书右丞、司徒秃忽鲁，河南江北行省右丞也速，内史脱孛花，并知枢密院事。乙巳，改护国仁王寺昭应规运总管府为会福院，秩从二品。丙午，立兴圣宫掌医监，秩正三品。十一月己未，中书省臣言："世祖时，省、院、台及诸司皆有定员，后略有增者，成宗已尝有旨并省。迩者诸司递升，四品者三品，三品者二品，二品者一品，一司甚至二三十员，事不改旧而官日增。请依大德十年已定员数，冗滥者从各司自与减汰。衙门既升，诸吏止从旧秩出官，果应例者，自如选格。"从之。庚申，太白昼见。以军五千人供造寺工役。增官吏俸，以至元钞依中统钞数给之，止其禄米，岁该四十万石。吏员以九十月出身，如旧制。诏免绍兴、庆元、台州、建康、广德田租，绍兴被灾尤甚，今岁又旱，凡佃户止输田主十分之四。山场、河泺、商税，截日免之。诸路小稔，审被灾者免之。乙丑，赐诸王南木忽里金印。丁卯，中书省臣言："今铨选、钱粮之法尽坏，廪藏空虚。中都建城，大都建寺，及为诸贵人营私第，军民不得休息。迩者用度愈广，每赐一人，辄至万锭，惟陛下矜察。”又言：“铨选、钱粮，诸司乞毋干预。”帝曰：“已降制书，令诸人毋干中书之政。他日或有乘朕忽忘，持内降文记及传旨至中书省，其执之以来，朕将加罪。”以也儿吉尼为御史大夫。己巳，以乞台普济为右丞相，脱脱为左丞相。既又从脱脱言，以塔思不花与乞台普济俱为右丞相。中书省臣言：“国用不给，请沙汰宣徽、太府、利用等院籍，定应给人数，其在上都、行省者，委官裁省。又，行泉院专以守宝货为任，宜禁私献宝货者。又，天下屯田百二十余所，由所用者多非其人，以致废弛，除四川、甘州、应昌府、云南为地绝远，余当选习农务者往，与行省、宣慰司亲履其地，可兴者兴，可废者废，各具籍以闻。”并从之。诏：“开宁路及宣德、云州工役，供亿浩繁，其赋税除前诏已免三年外，更免一年。”辛巳，罢益都诸处合剌赤等狩猎。以银七百五十两、钞二千二百锭、币帛三百匹施昊天寺，为水陆大会。癸未，皇太后造寺五台山，摘军六千五百人供其役。闰十一月己丑，以大都米贵，发廪十万石，减其价以粜赈贫民。北来饥民饥，有鬻子者，命有司为赎之。乙未，赐故中书右丞相完泽妻金五百两、银千五百两。丙申，罢江南进沙糖，止富民输粟赈饥补官。丁酉，禁江西、湖广、汴梁私捕鸳鹅。己亥，罢辽阳省进雕豹。贵赤卫受乌江县达鲁花赤献私户万，令隶县官。壬寅，乞台普济乞赐固安田二百余顷，从之。乙巳，中书省臣言：“回回商人持玺书，佩虎符，乘驿马，名求珍异，既而以一豹上献，复邀回赐，似此甚众。臣等议，虎符，国之信器，驿马，使臣所需，今以畀诸商人，诚非所宜，乞一概追之。”制可。罢顺德、广平铁冶提举司，听民自便，有司税之如旧。丁未，复立汴梁路之项城县。以杭州、绍兴、建康等路岁比饥馑，今年酒课免十分之三。敕河西僧户准先朝定制，从军输税，一与民同。甲寅，答剌罕哈剌哈孙卒。十二月庚申，封和郎撒为陇王，赐金印。平江路民有隶谨的里部者，依旧制，差赋与民一体均当。云南畏吾儿一千人居荆襄，云南省臣言：“世祖有旨使归云南，以佐征讨。”中书省臣议发还为是，从之。中都立开宁县，降隆兴为源州，升蔚州为蔚昌府。省河东宣慰司，以大同路隶中都留守司，冀宁、晋宁二路隶中书省。甲戌，以平章政事、商议中书省事、太子宾客王太亨行太子詹事，平章军国重事、太子少詹事大慈都为太子詹事。赐御史台官及监察御史宴服。

卷二十三　　本纪第二十三

武　宗　二

二年春正月己丑，从皇太子请，罢宫师府，设宾客、谕德、赞善如故。庚寅，越王秃剌有罪赐死。禁日者、方士出入诸王、公主、近侍及诸官之门。辛卯，皇太子、诸王、百官上尊号曰统天继圣钦文英武大章孝皇帝。乙未，恭谢太庙。丙申，诏天下弛山泽之禁，恤流移，毋令见户包纳差税；被灾百姓，内郡免差税一年，江淮免夏税；内外大小职官普覃散官一等，有出身人考满者，加散官一等。己亥，封知枢密院事容国公床兀儿为句容郡王。乙巳，塔思不花、乞台普济言：“诸人恃恩径奏，玺书不由中书，直下翰林院给与者，今核其数，自大德六年至至大元年所出，凡六千三百余道，皆干田土、户口、金银铁冶、增余课程、进贡奇货、钱谷、选法、词讼、造作等事，害及于民，请尽追夺之。今后有不由中书者，乞勿与。”制可。丙午，定制大成至圣文宣王春秋二丁释奠用太牢。戊申，迭里贴木儿不花进鹰犬，命岁以币帛千匹、钞千锭与之。二月戊午，铸金印赐句容郡王床兀儿。赈真定路饥民粮万石，塔塔境六千石。癸亥，皇太子幸五台佛寺。罢行泉府院，以市舶归之行省。乙丑，以和林屯田去秋收九万余石，其宣慰司官吏、部校、军士给赏有差。己巳，太阴犯亢。辛未，太阴犯氐。调国王部及忽里合赤、兀鲁带、朵来等军九千五百人赴和林。壬申，令各卫董屯田官三年一易。甲戌，弛中都酒禁。三月己丑，辽阳行省右丞洪重喜诉高丽国王王璋不奉国法恣暴等事，中书省臣请令重喜与高丽王辩对。敕中书毋令辩对，令高丽王从太后之五台山。梁王在云南有风疾，以诸王老的代梁王镇云南，赐金二百五十两、银七百五十两，从者币帛有差。庚寅，车驾幸上都。摘五卫军五十人隶中都虎贲司，封诸王也速不干为襄宁王。辛卯，罢杭州白云宗摄所，立湖广头陀禅录司。丙寅，赐云南王老的金印。戊戌，太阴犯氐。己亥，荧惑犯岁星。封公主阿剌的纳八剌为赵国公主，驸马注安为赵王。甲辰，中书省臣言：“国家岁赋有常，顷以岁俭，所入曾不及半，而去岁所支，钞至千万锭，粮三百万石。陛下尝命汰其求刍粟者，而宣徽院李可孙竟不能行，视去岁反多三十万石，请用知钱谷者二三员于宣徽院佐而理之。又，中书省断事官，大德十年四十三员，今皇太子位增二员，诸王阔阔出、剌马甘秃剌亦各增一员，非旧制。臣等以为皇太子位所增宜存，诸王者宜罢。”并从之。升掌医署为典医监。乙巳，中书省臣言：“中书为百司之首，宜先汰冗员。”帝曰：“百司所汰，卿等定议；省臣去留，朕自思之。”己酉，济阴、定陶雹。夏四月甲寅，中书省臣言：“江浙杭州驿，半岁之间，使人过者千二百余，有桑兀、宝合丁等进狮、豹、鸦、鹘，留二十有七日，人畜食肉千三百余斤。请自今远方以奇兽异宝来者，依驿递；其商人因有所献者，令自备资力。”从之。辛酉，立兴圣宫江淮财赋总管府，诏谕中外。癸亥，摘汉军五千，给田十万顷，于直沽沿海口屯种，又益以康里军二千，立镇守海口屯储亲军都指挥使司。壬午，诏中都创皇城角楼。中书省臣言：“今农事正殷，蝗蝝遍野，百姓艰食，乞依前旨罢其役。”帝曰：“皇城若无角楼，何以壮观！先毕其功，余者缓之。”以建新寺，铸提调、监造三品银印。益都、东平、东昌、济宁、河间、顺德、广平、大名、汴梁、卫辉、泰安、高唐、曹、濮、德、扬、滁、高邮等处蝗。五月丁亥，以通政院使憨剌合儿知枢密院事，董建兴圣宫，令大都留守养安等督其工。丁酉，以阴阳家言，自今至圣诞节不宜兴土功，敕权停新寺工役。甲辰，御史台臣言：“乘舆北幸，而京师工役正兴，加之岁旱乏食，民愚易惑，所关甚重，乞留一丞相镇京师，后为例。”制可。六月癸亥，选官督捕蝗。从皇太子言，禁诸赐田者驰驿征租扰民。庚午，中书省臣言：“奉旨既停新寺工役，其亭苑鹰坊诸役，乞并罢。又，太医院遣使取药材于陕西、四川、云南，费公帑，劳驿传。臣等议，事干钱粮，隔越中书省径行，乞禁止。”并从之。以益都、济南、般阳三路，宁海一州属宣慰司，余并令直隶省部。以大都隶儒籍者四十户充文庙乐工。从皇太子请，改典乐司提点、大使等官为卿、少卿、丞。甲戌，以宿卫之士比多冗杂，遵旧制，存蒙古、色目之有阀阅者，余皆革去。皇太子言：“宣政院先奉旨，殴西番僧者截其手，詈之者断其舌，此法昔所未闻，有乖国典，且于僧无益。僧俗相犯，已有明宪，乞更其令。”又言：“宣政院文案不检核，于宪章有碍，遵旧制为宜。”并从之。乙亥，中书省臣言：“河南、江浙省言，宣政院奏免僧、道、也里可温、答失蛮租税。臣等议，田有租，商有税，乃祖宗成法，今宣政院一体奏免，非制。”有旨，依旧制征之。是月，金城、崞州、源州雨雹，延安之神木碾谷、盘西、神川等处大雨雹，霸州、檀州、涿州、良乡、舒城、历阳、合肥、六安、江宁、句容、溧水、上元等处蝗。秋七月癸未，河决归德府境。壬辰，宣政院臣言：“武靖王搠思班与朵思麻宣慰司言：‘松潘叠宕威茂州等处安抚司管内，西番、秃鲁卜、降胡、汉民四种人杂处，昨遣经历蔡懋昭往蛇谷陇迷招之，降其八部，户万七千，皆数百年负固顽犷之人，酋长令真巴等八人已尝廷见。今令真巴谓其地邻接四川，未降者尚十余万。宣抚司官皆他郡人，不知蛮夷事宜，才至成都灌州，畏惧即返，何以抚治？宜改安抚司为宣抚司，迁治茂州，徙松州军千人镇遏为便。’臣等议，宜从其言。”诏改松潘叠宕威茂州安抚司为宣抚司，迁治茂州汶川县，秩正三品，以八儿思的斤为宣抚司达鲁花赤，蔡懋昭为副使，并佩虎符。乙未，复置赣州龙南、安远二县。以河西二十驿往来使多，马数既少，民力耗竭，命中书省、枢密院、通政院于诸部拨户增马以济之。乐实言钞法大坏，请更钞法，图新钞式以进，又与保八议立尚书省，诏与乞台普济、塔思不花、赤因铁木儿、脱虎脱集议以闻。己亥，河决汴梁之封丘。甲辰，改昔保赤八剌合孙总管府为奉时院。乙巳，保八言：“臣与塔思不花、乞台普济等集议立尚书省事，臣今窃自思之，政事得失，皆前日中书省臣所为，今欲举正，彼惧有累，孰愿行者？臣今不言，诚以大事为惧。陛下若矜怜保八、乐实所议，请立尚书省，旧事从中书，新政从尚书。尚书，请以乞台普济、脱虎脱为丞相，三宝奴、乐实为平章，保八为右丞，王罴参知政事。姓江者画钞式，以为印钞库大使。”并从之。塔思不花言：“此大事，遽尔更张，乞与老臣更议。”帝不从。是月，济南、济宁、般阳、曹、濮、德、高唐、河中、解、绛、耀、同、华等州蝗。八月壬子，中书省臣言：“甘肃省僻在边垂，城中蓄金谷以给诸王军马，世祖、成宗尝修其城池。近撒的迷失擅兴兵甲，掠豳王出伯辎重，民大惊扰。今撒的迷失已伏诛，其城若不修，虑启寇心。又，沙、瓜州摘军屯田，岁入粮二万五千石，撒的迷失叛，不令其军入屯，遂废。今乞仍旧遣军屯种，选知屯田地利色目、汉人各一员领之。”皆从之。癸丑，立尚书省，以乞台普济为太傅、右丞相，脱虎脱为左丞相，三宝奴、乐实为平章政事，保八为右丞，忙哥铁木儿为左丞，王罴为参知政事，中书左丞刘楫授尚书左丞、商议尚书省事，诏告天下。甲寅，敕以海剌孙昔与伯颜、阿术平江南，知兵事，可授平章政事，商议枢密院事。以阿速卫军五百人隶诸王怯里不花，驻和林，给钞万五千锭，人备四马。己未，立皇太子右卫率府，秩正三品，命尚书右丞相脱虎脱、御史大夫不里牙敦并领右卫率府事。尚书省臣言：“中书省尚有逋欠钱粮应追理者，宜存断事官十人，余皆并入尚书省。”又言：“往者大辟狱具，尚书省议定，令中书省裁酌以闻，宜依旧制。”从之。以江西等处行中书省参知政事郝彬为尚书省参知政事。甲戌，赐太师佩头名脱儿赤颜。丁丑，永平路陨霜杀禾。己卯，三宝奴言：“尚书省立，更新庶政，变易钞法，用官六十四员，其中宿卫之士有之，品秩未至者有之，未历仕者有之。此皆素习于事，既已任之，乞勿拘例，授以宣敕。”制可。诏天下，敢有沮挠尚书省事者，罪之。真定、保定、河间、顺德、广平、彰德、大名、卫辉、怀孟、汴梁等处蝗。九月庚辰朔，以尚书省条画诏天下，改各行中书省为行尚书省。诏：“朝廷得失，军民利害，臣民有上言者，皆得实封上闻，在外者赴所属转达。各处人民，饥荒转徙复业者，一切逋欠，并行蠲免，仍除差税三年。田野死亡，遗骸暴露，官为收拾。”颁行至大银钞，诏曰：“昔我世祖皇帝既登大宝，始造中统交钞，以便民用，岁久法隳，亦既更张，印造至元宝钞。逮今又复二十三年，物重钞轻，不能无弊，乃循旧典，改造至大银钞，颁行天下。至大银钞一两，准至元钞五贯、白银一两、赤金一钱。随路立平准行用库，买卖金银，倒换昏钞。或民间丝绵布帛，赴库回易，依验时估给价。随处路府州县，设立常平仓以权物价，丰年收籴粟麦米谷，值青黄不接之时，比附时估，减价出粜，以遏沸涌。金银私相买卖及海舶兴贩金、银、铜钱、绵丝、布帛下海者，并禁之。平准行用库、常平仓设官，皆于流官内铨注，以二年为满。中统交钞，诏书到日，限一百日尽数赴库倒换。茶、盐、酒、醋、商税诸色课程，如收至大银钞，以一当五。颁行至大银钞二两至一厘，定为一十三等，以便民用。”壬午，江南行台劾：“平章政事教化，诈言家贫，冒受赐货物，折钞二万锭。且其人素行，无一善可称。魏国公尊爵也，岂宜授之？请追夺为宜。”制可。癸未，尚书省臣言：“古者设官分职，各有攸司，方今地大民众，事益繁冗，若使省臣总挈纲领，庶官各尽厥职，其事岂有不治？顷岁省务壅塞，朝夕惟署押文案，事皆废弛。天灾民困，职此之由。自今以始，省部一切，皆令从宜处置，大事或须上请，得旨即行，用成至治，上顺天道，下安民心。”又言：“国家地广民众，古所未有。累朝格例前后不一，执法之吏轻重任意，请自太祖以来所行政令九千余条，删除繁冗，使归于一，编为定制。”并从之。以大都城南建佛寺，立行工部，领行工部事三人，行工部尚书二人，仍令尚书右丞相脱虎脱兼领之。丙戌，车驾至大都。戊子，尚书省臣言："翰林国史院，先朝御容、实录皆在其中，乡置之南省。今尚书省复立，仓卒不及营建，请买大第徙之。"制可。壬辰，赐高唐王注安金五千两、银五万两。癸巳，以薪价贵，禁权豪畜鹰犬之家不得占据山场，听民樵采。三宝奴言："冀宁、大同、保定、真定以五台建寺，所须皆直取于民，宜免今年租税。"从之。丙申，御史台臣言："顷年岁凶民疫，陛下哀矜赈之，获济者众。今山东大饥，流民转徙，乞以本台没入赃钞万锭赈救之。"制可。丁酉，御史台臣言："比者近幸为人奏请，赐江南田千二百三十顷，为租五十万石，乞拘还官。"从之。己亥，尚书省臣言："今国用需中统钞五百万锭，前者尝借支钞本至千六十万三千一百余锭，今乞罢中统钞，以至大银钞为母，至元钞为子，仍拨至元钞本百万锭，以给国用。"大都立资国院，秩正二品；山东、河东、辽阳、江淮、湖广、川汉立泉货监六，秩正三品；产铜之地立提举司十九，秩从五品。尚书省臣言："三宫内降之旨，曩中书省奏请勿行，臣等谓宜仍旧行之，傥于大事有害，则复奏请。"帝是其言。又言："中书之务，乞以尽归臣等。至元二十四年，凡宣敕亦尚书省掌之。今臣等议，乞从尚书省任人，而以宣敕散官委之中书。"从之。占八国王遣其弟扎剌奴等来贡白面象、伽蓝木。合鲁纳答思、秃坚铁木儿、桑加失里等奏请遣人使海外诸国。以秃坚、张也先、伯颜使不怜八孙，薛彻兀、李唐、徐伯颜使八昔，察罕、亦不剌金、杨忽答儿、阿里使占八。以陕西行台大夫、大司徒沙的为左丞相、行土蕃等处宣慰使都元帅。甲辰，尚书省言："每岁刍粟费钞五十万锭，请废孛可孙，立度支院，秩二品，设使、同知、佥院、佥判各二员。"从之。乙巳，以盗多，徙上都、中都、大都旧盗于水达达、亦剌思等地耕种。丁未，三宝奴言养豹者害民为甚，有旨禁之，有复犯者，虽贵幸亦加罪。冬十月庚戌朔，以皇太子为尚书令诏天下，令州县正官以九年为任诏天下，又以行铜钱法诏天下。辛亥，皇太子言："旧制，百官宣敕散官皆归中书，以臣为中书令故也。自今敕牒宜令尚书省给降，宣命仍委中书。"制可。丙辰，乐实言："江南平垂四十年，其民止输地税、商税，余皆无与。其富室有蔽占王民奴使之者，动辄百千家，有多至万家者，其力可知。乞自今有岁收粮满五万石以上者，令石输二升于官，仍质一子而军之。其所输之粮，移其半入京师以养御士，半留于彼以备凶年。富国安民，无善于此。"帝曰："如乐实言行之。"辛酉，弛酒禁，立酒课提举司。尚书省以钱谷繁剧，增户部侍郎、员外郎各一员；又增礼部侍郎、郎中各一员，凡言时政者属之。立太庙廪牺署，设令、丞各一员。癸亥，以翰林学士承旨不里牙敦为御史大夫。乙丑，以皇太后有疾，诏天下释大辟百人。丁卯，以御史大夫只儿合郎及中书左丞相脱脱、尚服院使大都，并知枢密院事。壬申，太阴犯左执法。癸酉，尚书省臣言："比来柬汰冗官之故，百官俸至今未给，乞如大德十年所设员数给之，余弗给。"从之。加知枢密院事秃忽鲁左丞相。丁丑，以辽阳行尚书省平章政事合散为左丞相、行中书省平章政事，中书参知政事伯都为平章政事、行中书右丞，商议中书省事忽都不丁为右丞、行中书省左丞，参议中书省事铁里脱欢、贾钧并中书参知政事。戊寅，御史台臣言："常平仓本以益民，然岁不登，遽立之，必反害民，罢之便。"又言："至大银钞始行，品目繁碎，民犹未悟，而又兼行铜钱，虑有相妨。"又言："民间拘铜器甚急，弗便，乞与省臣详议。"又言："岁凶乏食，不宜遽弛酒禁。"有旨："其与省臣议之。"十一月庚辰朔，以徐、邳连年大水，百姓流离，悉免今岁差税。增吏部郎中、员外郎、主事各一员，令考功以行黜陟。东平、济宁荐饥，免其民差税之半，下户悉免之。尚书省臣言："比年卫士大滥，率多无赖，请充卫士者，必廷见乃听。"从之。云南行省言："八百媳妇、大彻里、小彻里作乱，威远州谷保夺据木罗甸，诏遣本省右丞算只儿威往招谕之，仍令威楚道军千五百人护送入境。而算只儿威受谷保赂金银各三锭，复进兵攻劫，谷保弓弩乱发，遂以败还。匪惟败事，反伤我人，惟陛下裁度。"帝曰："大事也，其速择使复赍玺书往招谕，算只儿威虽遇赦，可严鞫之。"甲申，赐宁肃王脱脱金印，升皇太子府正司为从二品。乙酉，尚书省及太常礼仪院言："郊祀者，国之大礼。今南郊之礼已行而未备，北郊之礼尚未举行，今年冬至祀天南郊，请以太祖皇帝配；明年夏至祀地北郊，请以世祖皇帝配。"制可。丁亥，以湖广行省左丞散术带为平章政事、商议枢密院事。丁酉，太尉、尚书右丞相脱虎脱监修国史。己亥，太阴犯右执法。庚子，太阴犯上相。辛丑，尚书省臣言："臣等窃计，国之粮储，岁费浸广，而所入不足。今岁江南颇熟，欲遣使和籴，恐米价暴增，请以至大钞二千锭分之江浙、河南、江西、湖广四省，于来岁诸色应支粮者，视时直予以钞，可得百万，不给则听以各省钱足之。"制可。丙午，诸王孛兰奚以私怨杀人，当死，大宗正也可扎鲁忽赤议，孛兰奚贵为国族，乞杖之，流北鄙从军，从之。丁未，择卫士子弟充国子学生。十二月己卯，亲飨太庙，上太祖圣武皇帝尊谥、庙号及光献皇后尊谥，又上睿宗景襄皇帝尊谥、庙号及庄圣皇后尊谥，执事者人升散阶一等，赐太庙礼乐户钞帛有差。和林省右丞相、太师月赤察儿言："臣与哈剌哈孙答剌罕共事时，钱谷必与臣议。自哈剌哈孙没，凡出入不复关闻，予夺失当，而右丞曩家带反相凌侮，辄托故赴京师。"有旨："其锁曩家带诣和林鞫之。"武昌妇人刘氏，诣御史台诉三宝奴夺其所进亡宋玉玺一、金椅一、夜明珠二，奉旨，令尚书省臣及御史中丞冀德方、也可扎鲁忽赤别铁木儿、中政使搠只等杂问。刘氏称故翟万户妻，三宝奴谪武昌时，与刘往来，及三宝奴贵，刘托以追逃婢来京师，谒三宝奴于其家，不答，入其西廊，见榻上有逃婢所窃宝鞍及其手缝锦帕，以问，三宝奴又不答，忿恨而出，即求书状人乔瑜为状，乃因尹荣往见察院吏李节，入诉于台。狱成，以刘氏为妄。有旨，斩乔瑜，笞李节，杖刘氏及尹荣，归之元籍。丙辰，并中书省左右司。遣使往诸路分拣逋负，合征者征之，合免者免之。庚申，太阴犯参。尚书省臣言："盐价每引宜增为至大银钞四两，广西者如故，其煮盐工本，请增为至大银钞四钱。”制可。辛酉，申禁汉人执弓矢、兵仗。壬戌，阳曲县地震，有声如雷。封西僧迷不韵子为宁国公，赐金印。丁丑，诏：“增百官俸，定流官封赠等第。应封赠者，或使远死节，临阵死事，于见授散官上加之。若六品七品死节死事者，验事特赠官。封赠内外百官，三品以上者许请谥。凡请谥者，许其家具本官平日勋劳、政绩、德业、艺能，经由所在官司保勘，与本家所供相同，转申吏部考覆呈都省，都省准拟，令太常礼仪院验事迹定谥。若勋戚大臣奉旨赐谥者，不在此例。”

三年春正月癸未，省中书官吏，自客省使而下一百八十一员。赐诸王那木忽里等钞万二千锭，赐宣徽院使拙忽难所隶酒人钞万五百八十八锭。乙酉，特授李孟荣禄大夫、平章政事、集贤大学士、同知徽政院事。丁亥，白虹贯日。戊子，禁近侍诸人外增课额及进他物有妨经制。营五台寺，役工匠千四百人、军三千五百人。己丑，以纽邻参议尚书省事。庚寅，立司禋监，秩正三品，掌巫觋，以丞相厘日领之。辛卯，立皇后弘吉列氏，遣脱虎脱摄太尉持节授玉册、玉宝。壬辰，升中政院为从一品。癸巳，立中瑞司，秩正三品，掌皇后宝。甲午，太阴犯右执法。乙未，定税课法，诸色课程，并系大德十一年考较，定旧额、元增，总为正额，折至元钞作数。自至大三年为始恢办，余止以十分为率，增及三分以上为下酬，五分以上为中酬，七分以上为上酬，增及九分为最，不及三分为殿。所设资品官员，以二周岁为满。定税课官等第，万锭之上，设正提举、同提举、副提举各一员；一千锭之上，设提领、大使、副使各二员；五百锭之上，设提领、大使、副使各一员；一百锭之上，设大使、副使各一员。丙申，立资国院泉货监，命以历代铜钱与至大钱相参行用。复立广平顺德路铁冶都提举司。戊戌，诏湖广行省招谕叛人上思州知州黄胜许。辛丑，降诏招谕大彻里、小彻里。枢密院臣言：“湖广省乖西带蛮阿马等连结万人入寇，已遣万户移剌四奴领军千人，及调思、播土兵并力讨捕。臣等议，事势缓急，地里要害，四奴备知，乞听其便宜调遣。”制可。壬寅，诏谕八百媳妇，遣云南行省右丞算只儿威招抚之。癸卯，改太子少詹事为副詹事。乙巳，令中书省官吏如安童居中书时例存设，其已汰者，尚书省迁叙。省枢密院官，存知枢密院七员、同知枢密院事二员、枢密副使二员、佥枢密院事二员、同佥枢密院事一员。增御史台官二员，御史大夫、御史中丞、侍御史、治书侍御史各二员。省通政院官六员，存十二员。汰广武康里卫军，非其种者还之元籍，凡隶诸王阿只吉、火郎撒及迤南探马赤者，令枢密院遣人即其处参定为籍。去岁朝会，诸王伯铁木儿、阿剌铁木儿并赐金二百五十两、银一千两、钞四百锭。丙午，诏令知枢密院事大都、佥院合剌合孙复职。丁未，立右卫阿速亲军都指挥使司，秩正三品。二月庚戌，以皇后受册，遣官告谢太庙。辛亥，荧惑犯月星。赐鹰坊马速忽金百两、银五百两。己未，浚会通河，给钞四千八百锭、粮二万一千石以募民，命河南省平章政事塔失海牙董其役。遣商议尚书省事刘楫整治钞法。增大都警巡院二，分治四隅。壬戌，太阴犯左执法。甲子，以上皇太后尊号，告祀南郊。乙丑，复以佥枢密院事贾钧为中书参知政事。尚书省臣言：“官阶差等，已有定制，近奉圣旨、懿旨、令旨要索官阶者，率多躐等，愿依世祖皇帝旧制，次第给之。”制可。丁卯，尚书省臣言：“昔至元钞初行，即以中统钞本供亿及销其板。今既行至大银钞，乞以至元钞输万亿库，销毁其板，止以至大钞与铜钱相权通行为便。”又言：“今夏朝会上都供亿，请先发钞百万锭以往。”并从之。楚王牙忽都所隶户贫乏，以米万石、钞六千锭赈之。己巳，宁王阔阔出谋为不轨，越王秃剌子阿剌纳失里许助力，事觉，阔阔出下狱，赐其妻完者死，窜阿剌纳失里及其祖母、母、妻于伯铁木儿所。以畏吾儿僧铁里等二十四人同谋，或知谋不首，并磔于市；鞫其狱者，并升秩二等。赏牙忽都金千两、银七千五百两。三宝奴赐号答剌罕，以阔阔出食邑清州赐之，自达鲁花赤而下，并听举用。辛未，脱儿赤颜加录军国重事，赐故中书右丞相塔剌海妻也里干金七百五十两、银一千五百两、钞四百锭。壬申，乐实为尚书左丞相、驸马都尉，封齐国公。癸酉，以左丞相、行中书省平章政事合散商议辽阳行省事。甲戌，太白犯月星。以上皇太后尊号，告祀太庙。三月己卯朔，枢密院臣言：“国家设官分职，都省治金谷，枢密治军旅，各有定制。迩者尚书省弗遵成宪，易置本院官，令依大德十年员数闻奏。臣等议，以铁木儿不花、朵而赤颜、床兀儿、也速、脱脱、也儿吉尼、脱不花、大都知枢密院事，撒的迷失、史弼同知枢密院事，吴元珪枢密副使，塔海姑令为副枢。”有旨，令枢密院如旧制设官十七员。乙酉，以知枢密院事只儿合郎为陕西行尚书省平章政事。遣刑部尚书马儿往甘肃和市羊马，分赉诸王那木忽里蒙古军，给钞七万锭。庚寅，太阴犯氐。尚书省臣言：“昔世祖有旨，以叛王海都分地五户丝为币帛，俟彼来降赐之，藏二十余年。今其子察八儿向慕德化，归觐阙廷，请以赐之。”帝曰：“世祖谋虑深远若是，待诸王朝会，颁赏既毕，卿等备述其故，然后与之，使彼知愧。”辛卯，发康里军屯田永平，官给之牛。壬辰，车驾幸上都。立兴圣宫章庆使司，秩正二品。丙申，太阴犯南斗。丁未，太白犯井。夏四月己酉，兴圣宫鹰坊等户四千分处辽阳，建万户府以统之。容米洞官田墨纠合蛮酋，杀千户及戍卒八十余人，俘掠良民；改永顺保靖南渭安抚司为永顺等处军民安抚司，以安抚副使梓材为使往招之。赐高丽国王王璋功臣号，改封沈王。改大承华普庆寺总管府为崇祥监。庚戌，以钞九千一百五十八锭有奇市耕牛农具，给直沽酸枣林屯田军。戊辰，太白昼见。己巳，立怯怜口诸色人匠都总管府，秩正三品，提举司二，分治大都、上都，秩正五品；江浙等处财赋提举司，秩从五品；瑞州等路营民都提举司，秩从四品，并隶章庆使司。辛未，赐角觝者阿里银千两、钞四百锭。丙子，立管领军匠千户所，秩正五品，割左都威卫军匠八百隶之，备兴圣宫营缮。增国子生为三百员。灵寿、平阴二县雨雹，盐山、宁津、堂邑、茌平、阳穀、高唐、禹城等县蝗。五月甲申，封诸王完者为卫王。癸巳，东平人饥，赈米五千石。乙未，加尚书参知政事王罴大司徒。是月，合肥、舒城、历阳、蒙城、霍丘、怀宁等县蝗。六月丁未朔，诏太尉、尚书右丞相脱虎脱，太保、尚书左丞相三宝奴总治百司庶务，并从尚书省奏行。戊申，省上都留守司官七员。以行中书左丞忽都不丁为中书右丞。己酉，立上都、中都等处银冶提举司，秩正四品。尚书省臣言："别都鲁思云云州朝河等处产银，令往试之，得银六百五十两。"诏立提举司，以别都鲁思为达鲁花赤。庚戌，立规运都总管府，秩正三品，领大崇恩福元寺钱粮，置提举司、资用库、大益仓隶之。乙卯，太阴犯氐。和林省言："贫民自迤北来者，四年之间靡粟六十万石、钞四万余锭、鱼网三千、农具二万。"诏尚书、枢密差官与和林省臣核实，给赐农具田种，俾自耕食，其续至者，户以四口为率给之粟。丁巳，敕今岁诸王、妃主朝会，颁赉一如至大元年例。甲子，以太子詹事斡赤为中书左丞、集贤使，领典医监事。戊辰，遣使诸道，审决重囚。赐太师淇阳王月赤察儿清州民户万七千九百一十九，安吉王乞台普济安吉州民户五百。壬申，以西北诸王察八儿等来朝，告祀太庙。赐脱虎脱、三宝奴珠衣，封三宝奴为楚国公，以常州路为分地。乙亥，升晋王延庆司秩正二品。是月，襄阳、峡州路、荆门州大水，山崩，坏官廨民居二万一千八百二十九间，死者三千四百六十六人。汝州大水，死者九十二人。六安州大水，死者五十二人。沂州、莒州、兖州诸县水，没民田。威州、洺水、肥乡、鸡泽等县旱。秋七月戊寅，太阴犯右执法。己卯，太阴犯上相。庚辰，封皇伯晋王长女宝答失怜为韩国长公主。丙戌，循州大水，漂庐舍二百四十四间，死者四十三人，发米赈之。庚寅，罢称海也可扎鲁忽赤。定王药木忽儿乞如例设王府官六员，从之。癸巳，给亲民长吏考功印历，令监治官岁终验其行迹，书而上之，廉访司、御史台、尚书礼部考校以为升黜。增尚书省客省使、副各一员，直省舍人十四员。立河南打捕鹰坊、鱼课都提举司，秩正四品。乙未，中都立光禄寺。丁酉，汜水、长林、当阳、夷陵、宜城、远安诸县水，令尚书省赈恤之。己亥，禁权要商贩挟圣旨、懿旨、令旨阻碍会通河民船者。壬寅，诏禁近侍奏降御香及诸王驸马降香者。磁州、威州诸县旱、蝗。八月丁未，以江浙行尚书省左丞相忽剌出、遥授中书右丞相厘日，并为御史大夫，诏谕中外。甲寅，白虹贯日。升尚服院从一品。丙辰，以行用铜钱诏谕中外。甲子，猎于昂兀脑儿之地。己巳，以诸王只必铁木儿贫，仍以西凉府田赐之。尚书省臣言："今岁颁赉已多，凡各位下奉圣旨、懿旨、令旨赐财物者，请分汰。"有旨："卿等但具名以进，朕自分汰之。"汴梁、怀孟、卫辉、彰德、归德、汝宁、南阳、河南等路蝗。九月己卯，平伐蛮酋不老丁遣其侄与甥十人来降，升平伐等处蛮夷军民安抚司同知陈思诚为安抚使，佩金虎符。御史台臣言："江浙省丞相答失蛮于天寿节日殴其平章政事孛兰奚，事属不敬。"诏遣使诘问之。内郡饥，诏尚书省如例赈恤。辛巳，太阴犯建星。立宣慰司都元帅府于察罕脑儿之地。丙戌，车驾至大都。保八遥授平章政事。辛卯，太阴犯天廪。壬辰，皇太子言："司徒刘夔乘驿省亲江南，大扰平民，二年不归。"诏罢之。庚子，以潭州隶中宫。上都民饥，敕遣刑部尚书撒都丁发粟万石，下其价赈粜之。壬寅，敕诸司官滥设者，毋给月俸。诏谕三宝奴等："去岁中书省奏，诸司官员遵大德十年定制，滥者汰之。今闻员冗如故，有不以闻而径之任者。有旨不奏而擅令之任及之任者，并逮捕之，朕不轻释。"冬十月甲辰朔，太白经天。丙午，太白犯左执法。三宝奴及司徒田忠良等言："曩奉旨举行南郊配位从祀，北郊方丘、朝日夕月典礼。臣等议，欲祀北郊，必先南郊。今岁冬至，祀圜丘，尊太祖皇帝配享，来岁夏至，祀方丘，尊世祖皇帝配享，春秋朝日夕月，实合祀典。"有旨："所用仪物，其令有司速备之。"又言："太庙祠祭，故用瓦尊，乞代以银。"从之。戊申，帝率皇太子、诸王、群臣朝兴圣宫，上皇太后尊号册宝曰仪天兴圣慈仁昭懿寿元皇太后。庚戌，恭谢太庙。癸丑，荧惑犯亢。甲寅，敕谕中外："民户托名诸王、妃主、贵近臣僚，规避差徭，已尝禁止。自今违者，俾充军驿及筑城中都。郡县官不觉察者，罢职。"封僧亦怜真乞烈思为文国公，赐金印。御史台臣言："江浙省平章乌马儿遣人从使臣昵匝马丁枉道驰驿，取赃吏绍兴狱中释之。"敕台臣遣官往鞫，毋徇私情。山东、徐、邳等处水、旱，以御史台没入赃钞四千余锭赈之。丁巳，尚书省臣言："宣徽院廪给日增，储偫虽广，亦不能给，宜加分减。"帝曰："比见后宫饮膳，与朕无异，有是理耶？其令伯答沙与宣徽院官核实分减之。"庚申，敕："尚书省事繁重，诸司有才识明达者，并从尚书省选任，枢密院、御史台及诸有司毋辄奏用，违者论罪。其或私意请托，罢之不叙。"辛酉，以皇太后受尊号，赦天下。大都、上都、中都比之他郡，供给烦扰，与免至大三年秋税。其余去处，今岁被灾人户，曾经体覆，依上蠲免。内外不急之役，截日停罢。至大二年已前民间负欠差税、课程，并行蠲免。阔阔出余党未发觉者，并原其罪。随处官民田土各有所属，诸人勿得陈献。三宝奴言省部官不肯勤恪署事，敕："自今晨集暮退，苟或怠弛，不必以闻，便宜罪之。其到任或一再月辞以病者，杖罢不叙。"又言："故丞相和礼霍孙时，参议府左右司断事官、六部官日具一膳，不然则抱饥而还，稽误公事，今则无以为资，乞各赐钞二百锭，规运取其息钱以为食。"制可。丁卯，封诸王木八剌子买住韩为兖王。壬申，晋王也孙铁木儿言："世祖以张铁木儿所献地土、金银、铜冶赐臣，后以成宗拘收诸王所占地土民户，例输县官，乞回赐。"从之，仍赐钞三千锭赈其部贫民。江浙省臣言："曩者朱清、张瑄海漕米岁四五十万至百十万，时船多粮少，顾直均平。比岁赋敛横出，漕户困乏，逃亡者有之。今岁运三百万，漕舟不足，遣人于浙东、福建等处和顾，百姓骚动。本省左丞沙不丁，言其弟合八失及马合谋但的、澉浦杨家等皆有舟，且深知漕事，乞以为海道运粮都漕万户府官，各以己力输运官粮，万户、千户并如军官例承袭，宽恤漕户，增给顾直，庶有成效。"尚书省以闻，请以马合谋但的为遥授右丞、海外诸蕃宣慰使、都元帅、领海道运粮都漕运万户府事，设千户所十，每所设达鲁花赤一、千户三、副千户二、百户四，制可。云南省丞相铁木迭儿擅离职赴都，有旨诘问，以皇太后旨贷免，令复职。以丞相铁古迭儿为陕西行御史台御史大夫，诏谕陕西、四川、云南、甘肃。诏谕大司农司劝课农桑。十一月甲戌朔，太白犯亢。戊寅，济宁、东平等路饥，免曾经赈恤诸户今岁差税，其未经赈恤者，量减其半。诏谕厘日移文尚书省，凡宪台除官事，后勿与。庚辰，河南水，死者给槥，漂庐舍者给钞，验口赈粮两月，免今年租赋，停逋责。辛巳，尚书省臣言："今岁已印至大钞本一百万锭，乞增二十万锭，及铜钱兼行，以备侍卫及鹰坊急有所须。"又言："上都、中都银冶提举司达鲁花赤别都鲁思，去岁输银四千二百五十两，今秋复输三千五百两，且言复得新矿，银当增办，乞加授嘉议大夫。"并从之。加脱虎脱为太师、录军国重事，封义国公。壬午，改大崇恩福元寺规运总管府为隆禧院，秩从二品。丁亥，太阴犯毕。戊子，改皇太子妃怯怜口都总管府为典内司。以益都、宁海等处连岁饥，罢鹰坊纵猎，其余猎地，并令禁约，以俟秋成。尚书省臣言："云南省临安、大理等处宣慰司、丽江宣抚司及普定路所隶部曲，连结蛮寇，杀掠良民，谕之不服，且方调兵讨八百媳妇，军力消耗。今拟蒙古军人给马一，汉军十人给马二，计直与之，乞赐钞三万锭。"又言："四川行省绍庆路所隶容米洞田墨，连结诸蛮，攻劫麻寮等寨，方调兵讨捕，遣千户塔术往谕田墨施什用等来降。宜立黄沙寨，以田墨施什用为千户，塔术为河东陕西等处万户府千户所达鲁花赤，廖起龙为来宁州判官，田思远为怀德府判官，赏赉遣还。"皆从之。以朱清子虎、张瑄子文龙往治海漕，以所籍宅一区、田百顷给之。尚书省臣言："昔世祖命皇子脱欢为镇南王居扬州，今其子老章，出入导卫，僭窃上仪。敕遣官诘问，仍以所僭仪物来上。"从之。敕城中都，以牛车运土，令各部卫士助之，限以来岁四月十五日毕集，失期者罪其部长，自愿以车牛输运者别赏之。江浙省左丞相答失蛮、江西省左丞相别不花来朝。赐世祖宫人伯牙伦金七百五十两、银二千五百两、钞六百锭。丙申，有事于南郊，尊太祖皇帝配享昊天上帝。己亥，尚书省以武卫亲军都指挥使郑阿儿思兰与兄郑荣祖、段叔仁等图为不轨，置狱鞫之，皆诬服，诏叔仁等十七人并正典刑，籍没其家。十二月甲辰朔，以建大崇恩福元寺，乞失剌遥授左丞，曲列、刘良遥授参知政事，并领行工部事。立崇辉署，隶中政院。戊申，冀宁路地震。己未，谕中外应避役占籍诸王者，俾充军驿。镇南王老章僭拟仪卫，究问有验，召老章赴阙。

四年春正月癸酉朔，帝不豫，免朝贺，大赦天下。庚辰，帝崩于玉德殿，在位五年，寿三十一。壬午，灵驾发引，葬起辇谷，从诸帝陵。夏五月乙未，文武百官也先铁木儿等上尊谥曰仁惠宣孝皇帝，庙号武宗，国语曰曲律皇帝。是日，请谥南郊。闰七月丙午，祔于太庙。

武宗当富有之大业，慨然欲创治改法而有为，故其封爵太盛，而遥授之官众，锡赉太隆，而泛赏之恩溥，至元、大德之政，于是稍有变更云。

卷二十四　　本纪第二十四

仁　宗　一

仁宗圣文钦孝皇帝，讳爱育黎拔力八达，顺宗次子，武宗之弟也。母曰兴圣太后，弘吉剌氏。至元二十二年三月丙子生。

大德九年冬十月，成宗不豫，中宫秉政，诏帝与太后出居怀州。十年冬十二月，至怀州，所过郡县，供帐华侈，悉令撤去，严饬扈从毋扰于民，且谕佥事王毅察而言之，民皆感悦。

十一年春正月，成宗崩，时武宗为怀宁王，总兵北边，戊子，帝与太后闻哀奔赴。庚寅，至卫辉，经比干墓，顾左右曰："纣内荒于色，毒痡四海，比干谏，纣刳其心，遂失天下。"令祠比干于墓，为后世劝。至漳河，值大风雪，田叟有以盂粥进者，近侍却不受。帝曰："昔汉光武尝为寇兵所迫，食豆粥。大丈夫不备尝艰阻，往往不知稼穑艰难，以致骄惰。"命取食之。赐叟绫一匹，慰遣之。行次邯郸，谕县官曰："吾虑卫士不法，胥吏科敛，重为民困。"乃命王傅巡行察之。二月辛亥，至大都，与太后入内，哭尽哀，复出居旧邸，日朝夕入哭奠。左丞相阿忽台等潜谋推皇后伯要真氏称制，安西王阿难答辅之。时右丞相哈剌哈孙答剌罕称疾，守宿掖门凡三月，密持其机，阳许之，夜遣人启帝曰："怀宁王远，不能猝至，恐变生不测，当先事而发。"三月丙寅，帝率卫士入内，召阿忽台等责以乱祖宗家法，命执之，鞫问辞服，戊辰，伏诛。诸王阔阔出、牙忽都等曰："今罪人斯得，太子实世祖之孙，宜早正天位。"帝曰："王何为出此言也！彼恶人潜结宫壶，构乱我家，故诛之，岂欲作威觊望神器耶？怀宁王吾兄也，正位为宜。"乃遣使迎武宗于北边。五月乙丑，帝与太后会武宗于上都。甲申，武宗即位。六月癸巳朔，诏立帝为皇太子，受金宝。遣使四方，旁求经籍，识以玉刻印章，命近侍掌之。时有进《大学衍义》者，命詹事王约等节而译之。帝曰："治天下，此一书足矣。"因命与《图象孝经》、《列女传》并刊行，赐臣下。十一月戊寅，受玉册，领中书省、枢密院。

至大元年七月，帝谕詹事曲出曰："汝旧事吾，其与同僚协议，务遵法度，凡世祖所未尝行及典故所无者，慎勿行。"二年八月，立尚书省，诏太子兼尚书令，戒饬百官有司，振纪纲，重名器，夙夜以赴事功。詹事院臣启金州献瑟瑟洞，请遣使采之，帝曰："所宝惟贤，瑟瑟何用焉？若此者，后勿复闻。"先是，近侍言贾人有售美珠者，帝曰："吾服御雅不喜饰以珠玑，生民膏血，不可轻耗。汝等当广进贤才，以恭俭爱人相规，不可以奢靡蠹财相导。"言者惭而退。淮东宣慰使撒都献玉观音、七宝帽顶、宝带、宝鞍，却之，戒谕如初。詹事王约启事，二宦者侍侧，帝问："自古宦官坏人家国，有诸?"约对曰："宦官善恶皆有之，但恐处置失宜耳。"帝然之。九月，河间等路献嘉禾，有异亩同颖及一茎数穗者，命集贤学士赵孟頫绘图，藏诸秘书。

四年春正月庚辰，武宗崩。壬午，罢尚书省。以丞相脱虎脱、三宝奴，平章乐实，右丞保八，左丞忙哥帖木儿，参政王罴，变乱旧章，流毒百姓，命中书右丞相塔思不花、知枢密院事铁木儿不花等参鞫。丙戌，脱虎脱、三宝奴、乐实、保八、王罴伏诛，忙哥帖木儿杖流海南。壬子，日赤如赭。罢城中都。召世祖朝谙知政务素有声望老臣平章程鹏飞、董士选，太子少傅李谦，少保张驴，右丞陈天祥、尚文、刘正，左丞郝天挺，中丞董士珍，太子宾客萧𣂏，参政刘敏中、王思廉、韩从益，侍御赵君信，谦访使程钜夫，杭州路达鲁花赤阿合马，给传诣阙，同议庶务。甲午，宥阿附脱虎脱等左右司、六部官罪。乙未，禁百官役军人营造及守护私第。丁酉，以云南行中书省左丞相铁木迭儿为中书右丞相，太子詹事完泽、集贤大学士李孟并平章政事。戊戌，以塔思不花及徽政院使沙沙并为御史大夫。己亥，改行尚书省为行中书省。庚子，减价粜京仓米，日千石，以赈贫民。停各处营造。罢广武康里卫，追还印符、驿券、玺书，及其万户等官宣敕。辛丑，以塔失铁木儿知枢密院事。壬寅，禁鹰坊驰驿扰民。敕中书，凡传旨非亲奉者勿行。以诸王朝会，普赐金三万九千六百五十两、银百八十四万九千五十两、钞二十二万三千二百七十九锭、币帛四十七万二千四百八十八匹。二月，复玉宸乐院为仪凤司，改延庆司为都功德使司。乙巳，命和林、江浙行省依前设左丞相，余省唯置平章二员，遥授职事勿与。戊申，罢运江南所印佛经。辛亥，禁诸王、驸马、权豪擅据山场，听民樵采。罢阿老瓦丁买卖浙盐，供中政食羊。禁宣政院违制度僧。甲寅，遣使检核小云石不花所献河南荒田。司徒萧珍以城中都徼功毒民，命追夺其符印，令百司禁锢之，还中都所占民田。罢江南行通政院、行宣政院。甲子，太阴犯填星。升典内司为典内院，秩从三品。命中书平章李孟领国子监学，谕之曰："学校人材所自出，卿等宜数诣国学课试诸生，勉其德业。"敕："诸王、驸马户在缙山、怀来、永兴县者，与民均服徭役。诸司擅奏除官者，毋给宣敕。"御史台臣言："白云宗总摄所统江南为僧之有发者，不养父母，避役损民，乞追收所受玺书银印，勒还民籍。"从之。罢福建绣匠、河南鱼课两提举司，省宣徽院参议、断事官。丙寅，监察御史言："比者尚书省臣蠹国乱政，已正典刑，其余党附之徒布在百司，亦须次第沙汰。今中书奏用孛罗铁木儿为陕西平章、乌马儿为江浙平章、阔里吉思为甘肃平章、塔失帖木儿为河南参政、万僧为江浙参政，各人前任，皆受重赃，或挟势害民，咸乞罢黜。"制曰："可。"丁卯，命西蕃僧非奉玺书驿券及无西蕃宣慰司文牒者，勿辄至京师，仍戒黄河津吏验问禁止。罢总统所及各处僧录、僧正、都纲司，凡僧人诉讼，悉归有司。罢仁虞院，复置鹰坊总管府。庚午，命广西静江、融州军民官，镇守三载无虞者，民官减一资，军官升一阶，著为令。思州军民宣抚司招谕官唐铨以洞蛮杨正思等五人来朝，赐金帛有差。立淮安忠武王伯颜祠于杭州，仍给田以供祀事。是月，帝谓侍臣曰："郡县官有善有恶，其命台官选正直之人为廉访司官而体察之，果有廉能爱民者，不次擢用，则小人自知激厉矣。"旌表漳州长泰县民王初应孝行。三月庚辰，召前枢密副使吴元珪，左丞拜降、兀伯都剌至京师，同诸老臣议事。丙戌，太阴犯太微上相。罢五台行工部。己丑，命毋赦十恶大逆等罪。复典瑞院为典瑞监。庚寅，即皇帝位于大明殿，受诸王百官朝贺，诏曰：

> 惟昔先帝，事皇太后，抚朕眇躬，孝友天至。由朕得托顺考遗体，重以母弟之嫡，加有削平内难之功，于其践阼曾未逾月，授以皇太子宝，领中书令、枢密使，百揆机务，听所总裁，于今五年。先帝奄弃天下，勋戚元老咸谓大宝之承，既有成命，非与前圣宾天而始征集宗亲议所宜立者比，当稽周、汉、晋、唐故事，正位宸极。朕以国恤方新，诚有未忍，是用经时。今则上奉皇太后勉进之命，下徇诸王劝戴之勤，三月十八日，于大都大明殿即皇帝位。凡尚书省误国之臣，先已伏诛，同恶之徒，亦已放殛，百司庶政，悉归中书，命丞相铁木迭儿、平章政事李道复等从新拯治。可大赦天下，敢以赦前事相告言者，罪以其罪。诸衙门及近侍人等，毋隔越中书奏事。诸上书陈言者，量加旌擢。其侥幸献地土并山场、窑冶及中宝之人，并禁止之。诸王、驸马经过州郡，不得非理需索，应和顾和买，随即给价，毋困吾民。

辛卯，禁民间制金箔、销金、织金，以御史中丞李士英为中书左丞。壬辰，发京仓米，减价以粜，赈贫民。丁酉，命月赤察儿依前太师，宣徽使铁哥为太傅，集贤大学士曲出为太保。敕百司改升品级者，悉复至元旧制。己亥，增置左翼、右翼指挥各一员。宁夏路地震。是月，帝谕省臣曰："卿等裒集中统、至元以来条章，择晓法律老臣，斟酌重轻，折衷归一，颁行天下，俾有司遵行，则抵罪者庶无冤抑。"又谕太府监臣曰："财用足，则可以养万民，给军旅，自今虽一缯之微，不言于朕，毋辄与人。"以陕西行尚书省左丞兀伯都剌为中书右丞；昭文馆大学士察罕参知政事；中书平章政事、知枢密院事床兀儿，钦察亲军都指挥使脱火赤拔都儿，中书右丞相、知枢密院事铁木儿不花，录军国重事、知枢密院事也速，知枢密院事兼山东河北蒙古军都万户也先铁木儿，遥授左丞相、仁虞院使也儿吉尼，太子詹事月鲁铁木儿，并知枢密院事。赐大都路民年九十者二千三百三十一人，人帛二匹；八十者八千三百三十一人，人帛一匹。夏四月壬寅朔，诏分汰宿卫士，汉人、高丽、南人冒入者，还其元籍。癸卯，孛星于回回司天台。以即位，恩赐太师、太傅、太保，人金五十两、银三百五十两、衣四袭。行省臣预朝会者，赏银有差。丁未，以太子少保张驴为江浙平章，戒之曰："以汝先朝旧人，故命汝往。民为邦本，无民何以为国?汝其上体朕心，下爱斯民。"戊申，以即位告天地于南郊。庚戌，拘收下番将校不典兵者虎符、银牌。癸丑，诏："路、府、州、县官，三年为满。"罢典医监。甲寅，太阴犯亢，荧惑犯垒壁阵。丙辰，诏谕宣徽使亦列赤，诸蒙古民有贫乏者，发廪济之。丁巳，罢中政院。戊午，以即位告于太庙。辛酉，敕："国子监师儒之职有才德者，不拘品级，虽布衣亦选用。"癸亥，敕："诸使臣非军务急速者，毋给金字圆牌。"定四宿卫士岁赐钞二十四万二百五锭。罢中都留守司，复置隆兴路总管府，凡创置司存悉罢之。乙丑，封知枢密院事铁木儿不花为宣宁王，赐银印。丁卯，诏曰："我世祖皇帝，参酌古今，立中统、至元钞法，天下流行，公私蒙利，五十年于兹矣。比者尚书省不究利病，辄意变更，既创至大银钞，又铸大元、至大铜钱。钞以倍数太多，轻重失宜；钱以鼓铸弗给，新旧恣用；曾未再期，其弊滋甚。爰咨廷议，允协舆言，皆愿变通，以复旧制。其罢资国院及各处泉货监提举司，买卖铜器，听民自便。应尚书省已发各处至大钞本及至大铜钱，截日封贮，民间行使者，赴行用库倒换。"仍免大都、上都、隆兴差税三年。命中书省赈济甘肃过川军，罢僧、道、也里可温、答失蛮、头陀、白云宗诸司。改封亲王迭里哥儿不花为湘宁王，赐金印，食湘乡州、宁乡县六万五千户。拘还甘肃、陕西、辽阳省臣所佩虎符，禁鹰坊扰民，罢通政院，以其事归兵部。增置尚书员外郎各一员，罢回回合的司属。帝御便殿，李孟进曰："陛下御极，物价顿减，方知圣人神化之速，敢以为贺。"帝蹙然曰："卿等能尽力赞襄，使兆民乂安，庶几天心克享，至于秋成，尚未敢必。今朕践阼曾未逾月，宁有物价顿减之理？朕托卿甚重，兹言非所赖也。"孟愧谢。帝谕集贤学士忽都鲁都儿迷失曰："向召老臣十人，所言治政，汝其详译以进，仍谕中书悉心举行。"南阳等处风、雹。五月壬申朔，以宦者铁昔里为利用监卿。癸酉，八百媳妇蛮与大、小彻里蛮寇边，命云南王及右丞阿忽台以兵讨之。改封乳母夫寿国公杨德荣为云国公。丙子，命翰林国史院纂修先帝实录及累朝皇后、功臣列传，俾百司悉上事迹。丁丑，禁毋以毒药酿酒。庚辰，敕中书省裁省冗司，置高昌王傅，复度支院为监，罢泉府司、长信院、司禋监。辛巳，赐大长公主祥哥剌吉钞二万锭。壬午，制定翰林国史院承旨五员，学士、侍读、侍讲、直学士各二员。拘诸王、驸马及有司驿券，自今遣使，悉从中书省给降。置祥和署，掌伶人。金齿诸国献驯象。癸未，太阴犯氐。赐国师板的答钞万锭，以建寺于旧城。戊子，罗鬼蛮来献方物。甲午，复太常礼仪院为太常寺。是月，禁民捕鸳鹅。六月癸卯，敕宣政院："凡西番军务，必移文枢密院同议以闻。"吐蕃犯永福镇，敕宣政院与枢密院遣兵讨之。乙巳，命侍臣咨访内外，才堪佐国者，悉以名闻。仍戒敕诸王，恪恭乃职。丙午，以内侍杨光祖为秘书卿，谭振宗为武备卿，关居仁为尚乘卿，并授弘文馆学士。置湘宁王迭里哥儿不花王傅。丁未，太阴犯太微东垣上相。己酉，诏存恤军人。庚戌，太阴犯氐。壬子，敕甘肃省给过川军牛种农器，令屯田。癸丑，复太府院为太府监，省上都兵马指挥为五员。甲寅，封亦思丹为怀仁郡王，赐银印。丁巳，敕翰林国史院春秋致祭太祖、太宗、睿宗御容，岁以为常。命和林行省右丞孛里、马速忽经理称海屯田。大同路宣宁县民家产犊而死，颇类麒麟，车载以献，左右曰："古所谓瑞物也。"帝曰："五谷丰熟，百姓安业，乃为瑞也。"己未，复置长信寺。封枢密使孛罗为泽国公。庚申，敕自今诸司白事，须殿中侍御史侍侧。癸亥，赐晋王也孙铁木儿钞五千锭，币、帛各二千匹；太尉不花金百两。复云州银场提举司，置仪鸾局，秩皆五品。甲子，请大行皇帝谥于南郊，上尊谥曰仁惠宣孝皇帝，庙号武宗。丙寅，拘收泉府司元给诸商贩玺书。丁卯，罢只合赤八剌合孙所造上供酒。戊辰，敕诸王朝会后至者，如例给赐。己巳，魏王阿木哥入见，帝谕省臣曰："朕与阿木哥同父而异母，朕不抚育，彼将谁赖？其赐钞二万锭，他勿援例。"帝览《贞观政要》，谕翰林侍讲阿林铁木儿曰："此书有益于国家，其译以国语刊行，俾蒙古、色目人诵习之。"济宁、东平、归德、高唐、徐、邳诸州水，给钞赈之。河间、陕西诸县水、旱伤稼，命有司赈之，仍免其今年租。诸王塔剌马的遣使进驯象。秋七月辛未朔，拘还辽阳省官提调诸事圆符、玺书、驿券，裁减虎贲司职员，赐上都宿卫士贫乏者钞十三万九千锭。丁丑，巩昌宁远县暴雨，山土流涌。敕内外军官并覃官一等。癸未，甘州地震，大风，有声如雷。以朝会，恩赐诸王秃满金百五十两、银五千二百五十两、币帛三千匹。乙酉，赐湘宁王迭里哥儿不花所部钞三万二千锭。癸巳，太阴掩毕。甲午，置经正监，掌蒙古军牧地，秩正三品，官五员。丁酉，太阴犯鬼距星。己亥，诏谕省臣曰："朕前戒近侍毋辄以文记传旨中书，自今敢有犯者，不须奏闻，直捕其人付刑部究治。"敕御史台臣，选吏事老成者为监察御史，超授中散大夫、典内院使孛叔荣禄大夫。是月，江陵属县水，民死者众，太原、河间、真定、顺德、彰德、大名、广平等路，德、濮、恩、通等州霖雨伤稼，大宁等路陨霜，敕有司赈恤。闰七月辛丑，命国子祭酒刘赓诣曲阜，以太牢祠孔子。甲辰，车驾将还大都，太后以秋稼方盛，勿令鹰坊、驼人、卫士先往，庶免害稼扰民，敕禁止之。枢密院奏："居庸关古道四十有三，军吏防守之处仅十有三，旧置千户，位轻责重，请置隆镇万户府，俾严守备。"制曰："可。"崇五星于司天台。以故鲁王刁斡八剌嫡子阿礼嘉世礼袭其封爵、分地。乙巳，以朝会，恩赐月赤察儿、床兀儿金二百两、银二千八百两、币帛有差。丙午，奉武宗神主祔于太庙。戊申，封李孟秦国公，命亦怜真乞剌思为司徒。己酉，吐番寇礼店、文州，命总帅亦怜真等讨之。辛亥，以西僧藏不班八为国师，赐玉印。戊午，复置司禋监。己未，诏谕省臣曰："国子学，世祖皇帝深所注意，如平章不忽木等皆蒙古人，而教以成才。朕今亲定国子生额为三百人，仍增陪堂生二十人，通一经者，以次补伴读，著为定式。"敕："军官七十致仕，始听子弟承袭。其有未老即托疾引年，令幼弱子弟袭职者，除名不叙；其巧计求迁者，以违制论。"壬戌，命赈恤岭北流民。上都立通政院，领蒙古诸驿，秩正二品。甲子，宁夏地震。乙丑，鲁国大长公主祥哥剌吉进号皇姊大长公主。遣使招谕黑水、白水等蛮十二万余户来降。丙寅，太阴犯轩辕。赐诸王阿不花等金二百两、银七百五十两、钞一万三千六百三十锭、币帛各有差。丁卯，完泽、李孟等言："方今进用儒者，而老成日以凋谢，四方儒士成才者，请擢任国学、翰林、秘书、太常或儒学提举等职，俾学者有所激劝。”帝曰：“卿言是也。自今勿限资级，果才而贤，虽白身亦用之。”敕直省舍人以其半给事殿庭，半听中书差遣。禁医人非选试及著籍者，毋行医药。大同宣宁县雨雹，积五寸，苗稼尽殒。八月己巳朔，裁定京朝诸司员数，并依至元三十年旧额。楚王牙忽都所部乏食，给钞万锭，出粟五千石赈之。赐环卫圉人钞三万锭，以近侍曲列失为户部尚书。甲戌，赐皇姊大长公主钞万锭。丙戌，安南世子陈日㷃奉表，以方物来贡。敕西番军务隶宣政院。九月己亥朔，遥授左丞相不花进太尉。丙午，遥授湖广平章、安南国王陈益稷入见，言：“臣自世祖朝来归，妻子皆为国人所害，朝廷授以王爵，又赐汉阳田五百顷，俾自赡以终余年。今臣年几七十，而有司拘臣所授田，就食无所。”帝谓省臣曰：“安南国王慕义来归，宜厚其赐，以怀远人，其进勋爵、受田如故。”戊申，禁民弹射飞鸟、杀马牛羊当乳者。禁卫士不得私衣侍宴服，及以质于人。庚戌，命枢密院阅各省军马。壬子，改元皇庆，诏曰：“朕赖天地祖宗之灵，纂承圣绪，永惟治古之隆，群生咸遂，国以乂宁。朕夙兴夜寐，不敢怠遑，任贤使能，兴滞补阙，庶其臻兹敛时五福，用敷锡厥庶民，朕之志也。逾年改元，厥有彝典，其以至大五年为皇庆元年。”都水监卿木八剌沙传旨，给驿往取杭州所造龙舟，省臣谏曰：“陛下践祚，诞告天下，凡非宣索，毋得擅进。诚取此舟，有乖前诏。”诏止之。复置中宫位下怯怜口诸色民匠打捕鹰坊都总管府，秩正三品。乙卯，太阴犯毕。丁巳，奉太后旨，以永平路岁入，除经费外，悉赐鲁国大长公主。给云南王老的部属马价一万二千锭。丙寅，敕省部官，勿托以宿卫废职。罢西番茶提举司。是月，江陵路水漂民居，溺死十有八人。冬十月戊辰朔，有事于太庙。己巳，敕绘武宗御容，奉安大崇恩福元寺，月四上祭。辛未，赐大普庆寺金千两，银五千两，钞万锭，西锦、彩段、纱、罗、布帛万端，田八万亩，邸舍四百间。丁丑，禁诸僧寺毋得冒侵民田。辛巳，罢宣政院理问僧人词讼。以蕲县万户府镇庆元，绍兴沿海万户府镇处州，宿州万户府兼镇台州。戊子，省海道运粮万户为六员，千户为七所。特授故太师月儿鲁子木剌忽荣禄大夫、知枢密院事。辛卯，罢诸王断事官，其蒙古人犯盗诈者，命所隶千户鞫问。壬辰，诏收至大银钞。敕诸卫汉军练习武事。置群牧监，秩正三品，掌兴圣宫位下畜牧。癸巳，诏置汴梁、平江等处田赋提举司，掌大承华普庆寺赀产。给云南增戍军钞二万五千锭。丙申，太白犯垒壁阵。十一月戊戌朔，封司徒买僧为赵国公。辛丑，命延安、凤翔、安西军屯田红城者，还陕西屯田。敕：“商税官盗税课者，同职官赃罪。”立乖西府，以土官阿马知府事，佩金符。李孟奏：“钱粮为国之本，世祖朝量入为出，恒务撙节，故仓库充牣。今每岁支钞六百余万锭，又土木营缮百余处，计用数百万锭，内降旨赏赐复用三百余万锭，北边军需又六七百万锭；今帑藏见贮止十一万余锭，若此安能周给。自今不急浮费，宜悉停罢。”帝纳其言，凡营缮悉罢之。辛亥，诸王不里牙屯等诬八不沙以不法，诏窜不里牙屯、秃干于河南，因忽乃于扬州，纳里于湖广，太那于江西，班出兀那于云南。壬子，赈钦察卫粮五千七百五十三石。甲寅，太阴犯舆鬼。戊午，禁汉人、回回术者出入诸王、驸马及大臣家。己未，以辽阳省平章政事合撒为中书平章政事。甲子，敕增置京城米肆十所，日平粜八百石以赈贫民。丙寅，加徽政使罗源为大司徒，赈诸军粮七千六十石。十二月辛未，增置经正监官为八员。置尚牧所，秩五品，掌太官羊。癸酉，封宣政、会福院使暗普为秦国公。增置兵部侍郎、郎中各一员。庚辰，太白经天。复以陕西屯田军三千隶红城万户府。壬午，诏曰：“今岁不登，民何以堪？春蒐其勿令供亿。”癸未，太白经天。甲申，太阴犯太微西垣上将。浙西水灾，免漕江浙粮四分之一，存留赈济；命江西、湖广补运，输京师。占城遣使奉表贡方物。庚寅，申禁汉人持弓矢兵器田猎。曲赦大都大辟囚一人，并流以下罪。辛卯，裁宗正府官为二十八员，遣官监视焚至大钞。壬辰，太白经天。敕：“创设边远官员，俟到任方降敕牒。”乙未，命李孟整饬国子监学。中书省臣言：“世祖定立选法升降，以示激劝。今官未及考，或无故更代，或躐等进阶，僭受国公、丞相等职，诸司已裁而复置者有之。今春以内降旨除官千余人，其中欺伪，岂能悉知？坏乱选法，莫此为甚。”帝曰：“凡内降旨，一切勿行。”赐济王朵列纳印，以和林税课建延庆寺。诏谕安南国世子陈日㷃曰：“惟我祖宗，受天明命，抚有万方，威德所加，柔远能迩。乃者先皇帝龙驭上宾，朕以王侯臣民不释之故，于至大四年三月十八日即皇帝位，遵逾年改元之制，以至大五年为皇庆元年。今遣礼部尚书乃马台等赍诏往谕，仍颁皇庆元年历日一本。卿其敬授人时，益修臣职，毋替尔祖事大之诚，以副朕不忘柔远之意。”

皇庆元年春正月庚子，帝谕御史大夫塔思不花曰：“凡大臣不法，卿等劾奏毋避，朕自裁之。”癸卯，敕诸僧犯奸盗、诈伪、斗讼，仍令有司专治之。甲辰，授太师、录军国重事、知枢密院事脱儿赤颜开府仪同三司，嗣淇阳王。戊申，改隆镇万户府为隆镇卫。庚戌，封知枢密院事丑汉为安远王，出总北军。壬子，敕军不满五千者，勿置万户。癸丑，太阴犯太微东垣上将。旌表广州路番禺县孝子陈韶孙。戊午，制诸王设王傅六员，银印，其次设官四员。改封济王朵列纳为吴王，赐魏王阿木哥庆元路定海县六万五千户，加崇福使也里牙秦国公。己未，升崇祥监为崇祥院，秩正二品。壬戌，升翰林国史院秩从一品。帝谕省臣曰：“翰林、集贤儒臣，朕自选用，汝等毋辄拟进。人言御史台任重，朕谓国史院尤重；御史台是一时公论，国史院实万世公论。”二月丁卯朔，徙大都路学所置周宣王石鼓于国子监。敕称海屯内汉军存恤二年。庚午，西北诸王也先不花遣使贡珠宝、皮币、马驼，赐钞一万三千六百锭。辛未，改安西路为奉元路，吉州路为吉安路。壬申，以霸州文安县屯田水患，遣官疏决之。遣使赐西僧金五千两、银二万五千两、币帛三万九千九百匹。甲戌，制定封赠名爵等级，著为令。改和林省为岭北省。丙子，给称海屯田牛二千。赐晋王也孙铁木儿南康路户六万五千，世祖诸皇子忽哥赤之子也先铁木儿福州路福安县、脱欢之子不答失里福州路宁德县、忽都鲁铁木儿之子泉州路南安县、爱牙赤之子邵武路光泽县，户并一万三千六百有四，食其岁赋。己卯，置卫龙都元帅府，秩正二品，以右阿速卫隶之。八百媳妇来献驯象二。壬午，太阴犯亢。封孛罗为永丰郡王。置德安府行用钞库，罢庄浪州唐兀千户所。丙戌，省枢密断事官为八员。庚寅，敕岭北省赈给阙食流民。敕两淮民种荒田者，如例输税。遣官同江西、江浙省整治茶、盐法。赐韩国公主普达实怜钞万锭。诏勉励学校，赈山东流民至河南境者。通、漷州饥，赈粮两月。三月丁酉朔，荧惑犯东井。升给事中秩正三品，罢诸王、大臣私第营缮。戊戌，右丞相铁木迭儿言："自今左右司、六部官，有不尽心，初则论决，不悛，则黜而不叙。"制曰："可。"省女直水达达万户府冗员。敕："诸王脱脱所招户，其未籍者，俾隶有司。"己亥，以生日为天寿节。庚子，加御史大夫火尼赤开府仪同三司。罢卫龙都元帅府。壬寅，太阴犯东井。敕归德亳州，以宪宗所赐不怜吉带地一千七十三顷还其子孙。丙子，敕："北边使者，非军机毋给驿。"丁未，置内正司，秩正三品，卿、少卿、丞各一员。戊申，升典内院秩正二品。以前河南行省平章政事塔失海牙为御史大夫。改翰林国史院司直司为经历司，置经历、都事各一员。置五台寺济民局，秩从五品。赐安王完泽及其子金三百两、银一千二百五十两、钞三千五百锭，赐汴梁路上方寺地百顷。辽阳省增置滦阳、宽河驿。甲寅，西北诸王也先不花等遣使以橐驼、方物入贡。丙辰，封同知徽政院事不阑奚为赵国公。庚申，敕简汰大明宫、兴圣宫宿卫。甲子，给北军币帛二十万匹，遣户部尚书马儿经理河南屯田。乙丑，命河南省建故丞相阿术祠堂，封诸王塔思不花为恩平王。夏四月丁卯，简汰控鹤还本籍。以都水监隶大司农寺。置察罕脑儿捕盗司，秩从七品。庚午，命浙东都元帅郑祐同江浙军官教练水军。辛未，给钞万锭修香山永安寺。赵王汝安郡告饥，赈粮八百石。升保定路万户府为上万户。癸酉，车驾幸上都。丙子，太白昼见。封郓国大长公主忙哥台为大长公主，赐金印。增也可扎鲁忽赤为四十二员。壬午，荧惑犯舆鬼。敕皇子硕德八剌置四宿卫。敕："僧人田除宋之旧有并世祖所赐外，余悉输租如制。"阿速卫指挥那怀等冒增卫军六百名，盗支粮七千二百石、币帛一千二百匹、钞二百八锭，敕中书、枢密按治。封知枢密院事木剌忽为广平王。癸未，荧惑犯积尸气。庚寅，太白经天。大崇恩福元寺成，置隆禧院。龙兴新建县霖雨伤禾，彰德安阳县蝗。五月丙申朔，以中书平章政事合散为中书左丞相，江浙行省平章张驴为中书平章政事，知枢密院事也先铁木儿授开府仪同三司。壬寅，诸王脱忽思海迷失以农时出猎扰民，敕禁止之，自今十月方许出猎。改和林路为和宁路。赐诸王阿木哥钞万锭，速速迭儿、按麻思等各千锭。以蒙古驿隶通政院，置濮阳王脱脱木儿王傅官四员，给上都、滦阳驿马三百匹。丁未，缙山县行宫建凉殿。己酉，以西宁州田租、税课赐大长公主忙古台，赈宿卫士粮二万石。升回回司天台秩正四品。彰德、河南、陇西雹。六月乙丑朔，日有食之。丁卯，天雨毛。己巳，太阴犯天关。敕李孟博选中外才学之士任职翰林。给羊马钞价，济岭北、甘肃戍军之贫者。壬申，减四川盐额五千引。赐崇福寺河南官地百顷。丁亥，敕罢封赠，诫左右守法度，勤职业，忽妄侥幸加官。赐安远王丑汉金百两、银五百两、钞千锭。巩昌、河州等路饥，免常赋二分。秋七月辛丑，定内正司官为六员。禁诸王径宣旨于各路。徙中都内帑、金银器归太府监。赐新店诸驿钞三千八百锭，充使者饩廪。癸卯，诏奖励御史台。丙午，升大司农司秩从一品。帝谕司农曰："农桑衣食之本，汝等举谙知农事者用之。"敕诸王小薛部归晋宁路襄垣县民田。中书参政贾钧以病请告，赐钞三百锭，给安车还乡。戊午，太阴犯东井。八月丁卯，敕探马赤军羊马牛，依旧制百税其一。戊辰，太白犯轩辕。辛未，太阴犯填星。丁丑，罢司禋监。己卯，以吏部尚书许师敬为中书参知政事。庚辰，车驾至自上都。壬午，辰星犯右执法。置少府监，隶大都留守司。甲申，赐诸王阔阔出金束带一、银百五十两、钞二百锭。乙酉，太白犯右执法。辛卯，敕云南省右丞阿忽台等，领蒙古军从云南王讨八百媳妇蛮。滨州旱，民饥，出利津仓米二万石，减价赈粜。宁国路泾县水，赈粮二月。安南国王陈益稷来朝。九月丁酉，增江浙海漕粮二十万石。戊戌，罢征八百媳妇蛮、大、小彻里蛮，以玺书招谕之。辛丑，命司徒田忠良等诣真定玉华宫，祀睿宗御容。八百媳妇、大、小彻里蛮献驯象及方物。甲辰，升参议中书省事阿卜海牙为参知政事。拘火者等所佩国公、司徒印。丁巳，太白犯亢。壬戌，琼州黎贼啸聚，遣官招谕。冬十月甲子，有事于太庙。改隆兴路为兴和路，赐银印。云南行省右丞算只儿威有罪，国师搠思吉斡节儿奏请释之，帝斥之曰："僧人宜诵佛书，官事岂当与耶？"癸未，以中书参知政事察罕为中书平章政事，商议中书省事。丁亥，太阴犯平道。戊子，太阴犯亢。翰林学士承旨玉连赤不花等进《顺宗、成宗、武宗实录》。罢造船提举司。辛卯，赦天下。赐李孟潞州田二十顷。十一月戊戌，调汀、漳畲军代亳州等翼汉军于本处屯田。己亥，太阴犯垒壁阵。甲辰，捕沧州群盗阿失答儿等，擒之，支解以徇。丙午，谕六部官毋逾越中书奏事。丙辰，封驸马脱脱木儿为岐王。庚申，赐诸王宽彻、忽答迷失金百五十两、银一千五百两、钞三千锭、币帛有差。占城国进犀象，缅国主遣其婿及云南不农蛮酋长岑福来朝。十二月癸亥，中书平章政事李孟致仕，以枢密副使张珪为中书平章政事。癸酉，遣使分道决囚。壬申，晋王也孙铁木儿所部告饥，赈钞一万五千锭。庚辰，知枢密院事答失蛮罢。省海道运粮万户一员，增副万户为四员。甲申，荧惑、填星、辰星聚斗。鹰坊不花即列请往河南、湖广括取孔雀、珍禽，敕以扰民，不允。丁亥，遣官祈雪于社稷、岳镇、海渎。省臣言："中书职在总挈纲维，比者行省六部诸司应决不决者，往往作疑咨呈，以致文繁事弊。"诏体世祖立中书初意，定拟程式以闻，俾遵行之。敕回回合的如旧祈福，凡词讼悉归有司，仍拘还先降玺书。戊子，太阴犯荧惑。己丑，宗王女班丹给驿取江南田租，命拘还驿券。是月，诸王春丹叛。

二年春正月甲午，以察罕脑儿等处宣慰使伯忽为御史大夫。辛丑，封前尚书右丞相乞台普济为安吉王。丙午，宁王阔阔出薨。丁未，以太府卿秃忽鲁为中书右丞相。戊申，太阴犯三公。己未，置辽阳行省儒学提举司。二月壬戌，改典内院为中政院，秩正一品。甲子，以皇后受册宝，遣官祭告天地于南郊及太庙。丁丑，日赤如赭。己卯，免征益都饥民所贷官粮二十万石。各寺修佛事日用羊九千四百四十，敕遵旧制，易以蔬食。命张珪纲领国子学。庚辰，冀宁路饥，禁酿酒。辛巳，诏以钱粮、造作、诉讼等事悉归有司，以清中书之务。壬午，西北诸王也先不花进马、驼、璞玉。丁亥，敕："外任官应有公田而无者，皆以至元钞给之。"以乖西府隶播州宣抚司。功德使亦怜真等以佛事奏释重囚，不允。帝谕左右曰："回回以宝玉鬻于官，朕思此物何足为宝，唯善人乃可为宝。善人用则百姓安，兹国家所宜宝也。"三月丙申，以御史中丞脱欢答剌罕为御史大夫。庚子，荧惑犯垒壁阵。以晋宁、大同、大宁、四川、巩昌、甘肃饥，禁酒。丙午，册立皇后弘吉剌氏，诏天下。丁未，彗出东井。壬子，秃忽鲁言："臣等职专燮理，去秋至春亢旱，民间乏食，而又陨霜雨沙，天文示变，皆由不能宣上恩泽，致兹灾异，乞黜臣等以当天心。"帝曰："事岂关汝辈耶？其勿复言。"御史中丞郝天挺上疏论时政，帝嘉纳之。赐西僧搠思吉斡节儿钞万锭。丙辰，以皇后受册宝，遣官恭谢太庙。以亢旱既久，帝于宫中焚香默祷，遣官分祷诸祠，甘雨大注。诏敦谕劝课农桑。夏四月甲子，崇星于司天台。癸酉，赐寿宁公主橐驼三十六。乙亥，车驾幸上都。丙子，高丽王辞位，以其世子王焘为征东行中书省左丞相、上柱国，封高丽国王。辛巳，加御史大夫伯忽开府仪同三司、太傅。壬午，置中瑞司，秩正四品。甲申，诏遴选贤士，纂修国史。乙酉，御史台臣言："富人夤缘特旨，滥受官爵。徽政、宣徽用人，率多罪废之流。近侍托为贫乏，互奏恩赏。西僧以作佛事之故，累释重囚。外任之官，身犯刑宪，辄营求内旨以免罪。诸王、驸马、寺观、臣僚土田每岁征租，亦极为扰民。请悉革其弊。"制曰："可。"诏罢不急之役。真定、保定、河间、大宁路饥，并免今年田租十之三，仍禁酿酒。安南国遣使来贡方物。五月辛丑，升中书右丞兀伯都剌为平章政事，左丞八剌脱因为右丞，参知政事阿卜海牙为左丞，参议中书省事秃鲁花铁木儿为参知政事，顺德、冀宁路饥，辰州水，赈以米、钞，仍禁酿酒。檀州及获鹿县蝻。六月己未朔，京师地震。癸亥，秃忽鲁等以灾异乞赐放黜，不允。丙寅，京师地震。辛未，以参知政事许师敬纲领国子学。乙亥，诏谕僧俗辨讼，有司及主僧同问，续置土田，如例输税。丙子，赐诸王按灰金五十两、银七百五十两、金束带一、币帛各四十匹。己卯，河东廉访使赵简言："请选方正博洽之士，任翰林侍读、侍讲学士，讲明治道，以广圣听。"从之。御史台臣言："比年廉访司多不悉心奉职，宜令监察御史检核名实而黜陟之。广海及云南、甘肃地远，迁调者惮弗肯往，乞今后加一等官之。"制曰："可。"壬午，命监察御史检察监学官，考其殿最。癸未，命委官简汰卫士。甲申，建崇文阁于国子监。给马万匹与豳王南忽里等军士之贫乏者。以宋儒周敦颐、程颢、颢弟颐、张载、邵雍、司马光、朱熹、张栻、吕祖谦及故中书左丞许衡从祀孔子庙廷。上都民饥，出米五千石减价赈粜。河决陈、亳、睢州、开封、陈留县，没民田庐。秋七月己丑朔，岁星犯东井。辛卯，太白昼见。癸巳，以作佛事，释囚徒二十九人。赐宣宁王铁木儿不花币帛百二十匹，安远王、亦思丹等各百匹。保定、真定、河间民流不止，命所在有司给粮两月，仍悉免今年差税，诸被灾地并弛山泽之禁，猎者毋入其境。甲午，置榷茶批验所并茶由局官。乙未，太白昼见。庚子，立长秋寺，掌武宗皇后宫政，秩三品。敕魏王阿木哥岁赐外，给钞万锭。赐驸马脱铁木儿金百五十两、银七百五十两、钞二千锭、币帛五十匹。辛丑，复立四川等处儒学提举司。壬寅，京师地震。免大宁路今岁盐课。丁未，赐诸王火罗思迷、脱欢、南忽里、驸马忙兀带金二百两、银一千二百两、钞一千六百锭、币帛各有差。己酉，改淮东淮西道宣慰司为淮东宣慰司，以淮西三路隶河南省。敕守令劝课农桑，勤者升迁，怠者黜降，著为令。丙辰，太白昼见。丁巳，太白经天。云州蒙古军乏食，户给米一石。兴国属县蝻，发米赈之。八月戊午朔，太白昼见。扬州路崇明州大风，海潮泛溢，漂没民居。壬戌，岁星犯东井。丁卯，车驾至自上都。庚午，以侍御史薛居敬为中书参知政事。壬午，太阴犯舆鬼。九月，以相儿加思巴为帝师。癸巳，以宣徽院使完泽知枢密院事。戊申，封脱欢为安定王，赐金印。敕镇江路建银山寺，勿徙寺傍茔冢。京师大旱，帝问弭灾之道，翰林学士程钜夫举汤祷桑林事，帝奖谕之。冬十月己卯，敕中书省议行科举。封不答失里为安德王。辛未，徙昆山州治于太仓，昌平县治于新店。癸未，以辽阳路之懿州隶辽阳行省。复置蒙阴县，隶莒州。乙酉，旌表高州民萧义妻赵氏贞节，免其家科差。十一月壬寅，敕汉人、南人、高丽人宿卫，分司上都，勿给弓矢。甲辰，行科举。诏天下以皇庆三年八月，天下郡县兴其贤者、能者，充贡有司，次年二月，会试京师，中选者亲试于廷，赐及第出身有差。帝谓侍臣曰："朕所愿者，安百姓以图至治，然匪用儒士，何以致此。设科取士，庶几得真儒之用，而治道可兴也。"十二月辛酉，可里马丁上所编《万年历》。发米五千石，赈阿只吉部之贫乏者。海都、都哇属户内附，敕所在给衣粮。丙子，定百官致仕资格。甲申，诏饬海道漕运万户府。京师以久旱，民多疾疫，帝曰："此皆朕之责也，赤子何罪！"明日，大雪。以嘉定州、德化县民灾，发粟赈之。

卷二十五　　本纪第二十五

仁宗二

延祐元年春正月丁亥，授中书右丞刘正平章政事、商议中书省事。丙申，除四川酒禁。兴元、凤翔、泾州、邠州岁荒，禁酒。庚子，敕各省平章为首者及汉人省臣一员，专意访求遗逸，苟得其人，先以名闻，而后致之。以江浙行中书省左丞高昉为中书参知政事。丁未，诏改元延祐。释天下流以下罪囚，免上都、大都差税二年，其余被灾曾经赈济人户，免差税一年。庚戌，中书省臣秃忽鲁等以灾变乞罢免，不允。二月庚申，立印经提举司。戊辰，大宁路地震。癸酉，荧惑犯东井。甲戌，以侍御史赵世延为中书参知政事。诏免蒙古地差税二年，商贾勿免。己卯，给钞六千三百锭，赈济良乡诸驿。壬午，以合散为中书右丞相、监修国史。癸未，以中书参政高昉为集贤学士。三月壬辰，太阴掩荧惑。赐诸王塔失蒙古钞千锭、衣二袭。戊戌，真定、保定、河间民饥，给粮两月。己亥，白晕亘天，连环贯日。癸卯，暹国王遣其臣爱耽入贡。改南剑路曰延平，剑浦县曰南平。乙巳，以僧人作佛事，择释狱囚，命中书审察。丙午，封阿鲁秃为赵王。戊申，车驾幸上都。己酉，敕："奸民宫其子为阉宦，谋避徭役者，罪之。"辛亥，命参知政事赵世延纲领国子学。癸丑，中书平章政事察罕致仕。晋宁民侯喜儿昆弟五人，并坐法当死，帝叹曰："彼一家不幸而有是事，其择情轻者一人杖之，俾养父母，毋绝其祀。"闰三月甲寅朔，敕减枢密知院冗员。辛酉，太阴犯舆鬼。罢咒僧月给俸。遣人视大都至上都驻跸之地，有侵民田者，计亩给直。丙寅，太阴犯太微东垣。丁丑，畿内及诸卫屯军饥，赈钞七千五百锭。汴梁、济宁、东昌等路，陇州、开州，青城、齐东、渭源、东明、长垣等县，陨霜杀桑果禾苗，归州告饥，出粮减价赈粜。马八儿国主昔剌木丁遣其臣爱思丁贡方物。夏四月甲申朔，大宁路地震，有声如雷。丁亥，敕储称海、五河屯田粟，以备赈济。太常寺臣请立北郊，不允。升延庆寺秩正二品。西番诸驿贫乏，给钞万锭。曲鲁部畜牧毙耗，赈钞八百七十三锭。己丑，废真阳、浛光二县，入英德州。壬辰，诸王脱脱薨，以月思别袭位。己酉，敕："郡县官勤职者，加赐币帛。"以铁木迭儿录军国重事，监修国史。立回回国子监。帝以《资治通鉴》载前代兴亡治乱，命集贤学士忽都鲁都儿迷失及李孟择其切要者译写以进。武昌路饥，命发米减价赈粜。五月甲寅朔，赐营王也先铁木儿钞万锭。戊午，辰星犯舆鬼。丁卯，赐李孟孝感县地二十八顷。禁诸王支属径取分地租赋扰民。敕岭北行省瘗阵没遗骼。乙亥，赈怯鲁连地贫乏者米三千石。丁丑，徙沧州治于长芦镇。戊寅，京兆为故儒臣许衡立鲁斋书院，降玺书旌之。庚辰，卢阳、麻阳二县以土贼作耗，蠲其地税赋。营王也先铁木儿支属贫乏，赈粮两月。武陵县霖雨，水溢，溺死居民，漂没庐舍禾稼，潭州、汉阳、思州民饥，并发廪减价粜赈之。肤施县大风、雹，损禾并伤人畜。六月戊子，敕："内侍今后止授中官，勿畀文阶。"置云南行省儒学提举司。封河南省丞相卜怜吉带为河南王。壬辰，增置畿内州县同知、主簿各一员。诸王察八儿属户匮乏，给粮一岁，仍俾屯田以自赡。发军增垦河南芍陂等处屯田。乙未，荧惑犯右执法。戊申，增置两浙盐运司判官一员。甲辰，拘河西僧免输租赋玺书。敕："诸王、戚里入觐者，宜趁夏时刍牧至上都，毋辄入京师，有事则遣使奏禀。"衡州、郴州、兴国、永州路、耒阳州饥，发廪减价赈粜。宣平、仁寿、白登县雹损稼，伤人畜。秋七月乙卯，答即乃所部匮乏，户给粮二石。庚午，命中书省臣议复封赠，赐晋王也孙铁木儿部钞十万锭。诏开下番市舶之禁。赐魏王阿木哥等钞七千锭。乙亥，会福院越制奏旨除官，敕自今举人，听中书可否以闻。申饬私盐之禁。沅陵、卢溪二县水，武清县浑河堤决，淹没民田，发廪赈之。八月戊子，车驾至大都。癸卯，升太常寺为太常礼仪院，秩正二品。丁未，冀宁、汴梁及武安、涉县地震，坏官民庐舍，武安死者十四人，涉县三百二十六人。台州、岳州、武冈、常德、道州等路水，发廪减价赈粜。九月壬戌，改提点教坊司事为大使。己巳，复以铁木迭儿为右丞相，合散为左丞相。罢陕西诸道行御史台，降仪凤卿为仪凤大使。肇庆、武昌、建德、建康、南康、江州、袁州、建昌、赣州、杭州、抚州、安丰等路水，发廪减价赈粜。冬十月癸巳，升颍州万户府为中万户府。乙未，敕："吏人转官，止从七品，在选者降等注授。"申饬内侍及诸司隔越中书奏请之禁。敕："下番商贩须江浙省给牒以往，归则征税如制，私往者没其物。"遣官括淮民所佃闲田不输税者。丙申，复甘肃屯田，置沙瓜等处屯储总管万户府，秩正三品。乙巳，置恩平王塔思不花傅二人。庚戌，辰星犯东咸。监察御史言："乞命枢密院设法教练士卒，应军官袭职者，试以武事而后任之。"制曰："可。"遣张驴经理江南田粮。十一月壬子，升司天台为司天监，秩正三品，赐银印。乙卯，改大同侍卫亲军都指挥使司为中都威卫使司。置保安军于麻阳县以御徭蛮。戊辰，以通政院使萧拜住为中书右丞。辛未，以翰林学士承旨答失蛮知枢密院事。癸酉，敕："吏人贼行者黥其面。"大宁路地震，有声如雷。戊寅，铁木迭儿言："比者僚属及六部诸臣，皆晚至早退，政务废弛。今后有如此者，视其轻重杖责之。臣或自惰，亦令诸人陈奏。"帝曰："如更不悛，则罢不叙。"以前中书右丞相秃忽鲁知枢密院事。静安路饥，发粮赈之。诏检核浙西、江东、江西田税。十二月壬午，汴梁、南阳、归德、汝宁、淮安水，敕禁酿酒，量加赈恤。癸未，赈诸王铁木儿不花部米五千石，秃满部二千石。辛卯，禁诸王、驸马、权势之人增价鬻盐。壬辰，诏定官员士庶衣服车舆制度。甲午，太阴犯舆鬼。己亥，敕中书省定议孔子五十三代孙当袭封衍圣公者以名闻。庚子，遣官浚扬州、淮安等处运河，以翰林学士承旨李孟复为中书平章政事。癸卯，太阴犯房。甲辰，太阴犯天江。乙巳，敕经界诸卫屯田。沔阳、归德、汝宁、安丰等处饥，发米赈之。

二年春正月乙卯，岁星犯舆鬼。戊午，怀孟、卫辉等处饥，发米赈之。己未，太白昼见。癸亥，太阴犯轩辕。丙寅，霖雨坏浑河堤堰，没民田，发卒补之。禁民炼铁。发卒浚漷州漕河。丁卯，太阴犯进贤。戊辰，晋宁等处民饥，给钞赈之。己巳，置大圣寿万安寺都总管府，秩正三品。庚午，立行用库于江阴州。敕以江南行台赃罚钞赈恤饥民。乙亥，诏遣宣抚使分十二道问民疾苦，黜陟官吏，并给银印。命中书省臣分领庶务。禁南人典质妻子贩买为驱。御史台臣言："比年地震水旱，民流盗起，皆风宪顾忌失于纠察，宰臣燮理有所未至，或近侍蒙蔽，赏罚失当，或狱有冤滥，赋役繁重，以致乖和。宜与老成共议所由。"诏明言其事当行者以闻。诸王脱列铁木儿部阙食，以钞七千五百锭给之。益都、般阳、晋宁民饥，给钞、米赈之。二月己卯朔，会试进士。戊子，太白昼见。癸巳，太白经天。甲午，诏禁民转鬻养子。丙申，赐诸王纳忽答儿金五十两、银二百五十两、钞五百锭。庚子，诏以公哥罗古罗思监藏班藏卜为帝师，赐玉印，仍诏天下。壬寅，云南王老的来朝。辰、沅洞蛮吴千道为寇，敕调兵捕之。乙巳，赐诸王月鲁铁木儿钞万锭。丙午，太白经天。是月，晋宁、宣德等处饥，给米、钞赈之。真州扬子县火，发米减价赈粜。三月乙卯，廷试进士，赐护都沓儿、张起岩等五十六人及第、出身有差。丙辰，太阴色赤如赭。庚午，帝率诸王、百官奉玉册、玉宝，加上皇太后尊号，诏天下蠲逋欠税课。丁丑，以中书平章张驴为江浙行省平章政事。夏四月戊寅朔，日有食之。辛巳，赐进士恩荣宴于翰林院。癸巳，敕亦思丹等部出征军，有后期及逃还者，并斩以徇。甲午，谕晋王也孙铁木儿，以先朝所赐惠州银矿洞归还有司。庚子，太阴犯垒壁阵。辛丑，赐会试下第举人七十以上从七流官致仕，六十以上府、州教授，余并授山长、学正，后勿援例。敕诸王分地仍以流官为达鲁花赤，各位所辟为副达鲁花赤。命李孟等类集累朝条格，俟成书，闻奏颁行。立规运提点所，秩五品，置官四员；广贮库，秩七品，置官三员；并隶寿福院。乙巳，车驾幸上都。宣徽院以供尚膳，遣人猎于归德，敕以其扰民，特罢之。加授特进上卿、玄教大宗师张留孙开府仪同三司。丙午，封诸王察八儿为汝宁王。潭州、江州、建昌、沅州饥，发廪赈粜。五月戊申朔，改给各道廉访司银印，复立陕西诸道行御史台。贵赤张小厮等招户六千，勒还民籍。御史中丞王毅乞归养亲，不许。庚申，赐公主燕海牙钞千锭。辛酉，太阴犯天江。乙丑，秦州成纪县山移。是夜，疾风电雹，北山南移至夕河川，次日再移，平地突出土阜，高者二三丈，陷没民居。敕遣官核验赈恤。庚午，太白昼见。立海西、辽东鹰坊万户府，隶中政院。壬申，诸王撒都失里薨。甲戌，日赤如赭。加授宦者中尚卿续元晖昭文馆大学士。乙亥，日赤如赭。是月，发粟三百石，赈诸王按铁木儿等部贫民。奉元、龙兴、吉安、南康、临江、袁州、抚州、江州、建昌、赣州、南安、梅州、辰州、兴国、潭州、岳州、常德、武昌等路，南丰州、澧州等处饥，并发廪赈粜。六月辛巳，察罕脑儿诸驿乏食，给粮赈之。甲申，太白昼见，是夜太阴犯平道。乙未，徙陕西肃政廉访司于凤翔。戊戌，豳王南忽里等部困乏，给钞俾买马羊以济之。河决郑州。己亥，置汝宁王察八儿王傅官。辛丑，以济宁、益都亢旱，汰省宿卫士刍粟。癸卯，太白犯东井。丙午，辰星犯舆鬼。缅国主遣其子脱剌合等来贡方物。秋七月庚戌，增兴和路治中一员。戊申，赐宣宁王铁木儿不花及其二弟钞万锭，并玉具、鞍勒、币帛。壬子，增尚舍寺官六员为八员，云需总管府增同知二员。癸丑，复赐晋王也孙铁木儿惠州银铁洞。甲寅，置诸王斡罗温孙王傅官四员，复陈州商水镇为南顿县，省两淮屯田总管府官四员，并提领所入提举司，改只合赤八剌合孙总管府为尚供府。乙卯，赣州土贼蔡五九聚众作乱，敕遣兵捕之。敕阿速卫户贫乏者，给牛、种、耕具，于连怯烈地屯田。甲子，江南湖广道奉使温迪罕言："廉访司公田多取民租，宜复旧制。"从之。乙丑，升崇福院秩正二品。癸酉，赐魏王阿木哥钞万锭。命铁木迭儿总宣政院事，诏谕中外。是月，畿内大雨，漷州、昌平、香河、宝坻等县水，没民田庐；潭州、全州、永州路、茶陵州霖雨，江涨，没田稼，出米减价赈粜。八月丙戌，赣州贼蔡五九陷汀州宁花县，僭称王号，诏遣江浙行省平章张驴等率兵讨之。己丑，车驾至自上都。乙未，台臣言："蔡五九之变，皆由昵匝马丁经理田粮，与郡县横加酷暴，逼抑至此。新丰一县，撤民庐千九百区，夷墓扬骨，虚张顷亩，流毒居民，乞罢经理及冒括田租。"制曰："可。"庚子，改辽阳省泰州为泰宁府。壬寅，增国子生百员，岁贡伴读四员。诏江浙行省印《农桑辑要》万部，颁降有司遵守劝课。旌表贵州达鲁花赤相兀孙妻脱脱真死节，仍俾树碑任所。九月丁未，张驴以括田逼死九人，敕吏部尚书王居仁等鞫之。己酉，太阴犯房。甲寅，日色如赭。辛酉，太白犯左执法。壬戌，蔡五九众溃伏诛，余党悉平，敕赏军士讨捕功，并官其死事者子孙。己巳，徙曲尤仓于赤斤之地。赐诸王别铁木儿永昌路及西凉州田租。冬十月丙子朔，客星见太微垣。丁丑，封脱火赤为威宁郡王，赐金印，忽儿赤铁木儿不花为赵国公。庚辰，以淮西廉访使郭贯为中书参知政事。壬午，有事于太庙。给云南廉访司公田。乙未，升同知枢密院事铁木儿脱知枢密院事。授白云宗主沈明仁荣禄大夫、司空。丁酉，加授铁木迭儿太师。癸卯，八百媳妇蛮遣使献驯象二，赐以币帛。十一月丙午，客星变为彗，犯紫微垣，历轸至壁十五宿，明年二月庚寅乃灭。辛未，以星变赦天下，减免各路差税有差。甲戌，封和世㻋为周王，赐金印。左丞相合散等言："彗星之异，由臣等不才所致，愿避贤路。"帝曰："此朕之愆，岂卿等所致？其复乃职，苟政有过差，勿惮于改。凡可以安百姓者，当悉言之，庶上下交修，天变可弭也。"十二月戊寅，赐云南行省参政汪长安虎符，预军政。庚寅，增置平江路行用库。癸巳，给钞买羊马，赈北边诸军。命省臣定拟封赠通例，俾高下适宜以闻。旌表汀州宁化县民赖禄孙孝行。

三年春正月乙巳，汉阳路饥，出米赈之。特授昔宝赤八剌合孙达鲁花赤脱欢金紫光禄大夫、太尉，仍给印。丙午，封前中书左丞相忽鲁答儿寿国公，增置晋王部断事官四员，都水太监二员，省卿一员。以真定、保定荐饥，禁畋猎。改直沽为海津镇。辛酉，升同知枢密院事买闾知院事。壬戌，赐上都开元寺江浙田二百顷，华严寺百顷，赐赵王阿鲁秃部钞二万锭。二月丁丑，调海口屯储汉军千人，隶临清运粮万户府，以供转漕，给钞二千锭。戊寅，命湖广行省谕安南，归占城国主。置安远王丑汉王傅。河间、济南、滨棣等处饥，给粮两月。三月辛亥，特授高丽王世子王謜开府仪同三司、沈王，加授将作院使吕天麟大司徒。甲寅，敕萧拜住及陕西、四川省臣各一员，护送周王之云南，置周王常侍府，秩正二品，设常侍七员，中尉四员，谘议、记室各二员。置打捕鹰坊民匠总管府，设官六员，断事官八员；延福司、饮膳署官各六员；并隶周王常侍府。辛酉，升太史院秩正二品。癸亥，车驾幸上都。壬申，鹰坊孛罗等扰民于大同，敕拘还所奉玺书。禁天下春时畋猎。夏四月癸酉朔，赐皇姊大长公主钞五千锭、币帛二百匹。河南流民群聚渡江，所过扰害，命行台、廉访司以见贮赃钞赈之。横州徭蛮为寇，命湖广省发兵讨捕。壬午，谕中书省，**岁给魏王阿木哥钞万锭**。敕卫辉、昌平守臣修殷比干、唐狄仁杰祠，岁时致祭。戊子，升印经提举司为广福监。己丑，升会福院秩正二品。癸巳，赐安远王丑汉金各五百两、钞千锭、币帛二十匹。己亥，增置周王断事官二员。以淮东廉访司佥事苗好谦善课民农桑，赐衣一袭。庚子，以上都留守憨剌合儿知枢密院事，升殊祥院秩正二品。命中书省与御史台、翰林、集贤院集议封赠通制，著为令。辽阳盖州及南丰州饥，发廪赈之。五月甲辰至戊申，日赤如赭。辛亥，以江西行省右丞相斡赤为大司徒。庚申，以大都留守伯铁木儿为中书平章政事，升中书右丞萧拜住为平章政事，左丞阿卜海牙为右丞，参政郭贯为左丞，参议不花为参知政事。庚午，置甘肃儒学提举司、辽阳金银铁冶提举司，秩并从五品。赐诸王迭里哥儿不花等金三百五十两、银一千二百两、钞三千二百锭、币帛有差。潭、永、宝庆、桂阳、澧、道、袁等路饥，发米赈粜。六月乙亥，制封孟轲父为邾国公，母为邾国宣献夫人。改诸王、功臣分地郡邑同知、县丞为副达鲁花赤，中、下县及录事司增置副达鲁花赤一员。丙子，融、宾、柳州徭蛮叛，命湖广行省遣官督兵捕之。丁丑，敕："大辟罪，临刑敢有横加刲割者，以重罪论。凡鞫囚，非强盗毋加酷刑。"戊寅，吴王朵列纳等部乏食，赈粮两月。己卯，诏谕百司各勤其职，毋隳废大政。甲申，给安远王丑汉分枢密院印。丁亥，封床兀儿为句容郡王。丁酉，赐周王从卫钞四十万锭。河决汴梁，没民居，辽阳之盖州饥，并发粮赈之。秋七月壬子，命御史大夫伯忽、脱欢答剌罕拯治台纲，仍降诏宣谕中外。乙卯，封玉龙铁木儿为保恩王，赐金印。辛酉，赐普庆寺益都田百七十顷。丙寅，复以燕铁木儿知枢密院事。庚午，发高丽、女直、汉军千五百人，于滨州、辽河、庆云、赵州屯田。八月癸酉，以兵部尚书乞塔为中书参知政事。己卯，车驾至自上都。戊戌，置织佛像工匠提调所，秩七品，设官二员。九月辛丑，复五条河屯田，以中书左丞郭贯为集贤大学士，集贤大学士王毅为中书左丞。庚戌，割上都宣德府奉圣州怀来、缙山二县隶大都路，改缙山县为龙庆州，帝生是县，特命改焉。癸丑，太白昼见。己未，冀宁、晋宁路地震。丙寅，太白经天。冬十月辛未，以江南行台侍御史高昉为中书参知政事。壬申，有事于太庙。调四川军二千人、云南军三千人乌蒙等处屯田，置总管万户府，秩正三品，设官四员，隶云南省。壬午，河南路地震。甲申，太白犯斗。庚寅，敕五台灵鹫寺置铁冶提举司。乙未，赐豳王南忽里部钞四万锭。丁酉，修甘州城。申禁民有父在者，不得私贷人钱及鬻墓木。甘州、肃州等路饥，免田租。十一月壬寅，命监察御史监治岭北钩校钱粮，半岁更代。大万宁寺住持僧米普云济以所佩国公印移文有司，紊乱官政，敕禁止之。乙巳，增集宁、砂井、净州路同知、府判、提控、案牍各一员。乙卯，改旧运粮提举司为大都陆运提举司，新运粮提举司为京畿运粮提举司，澧州路安抚司为安定军民府。十二月庚午，以知枢密院事秃忽鲁为陕西行省左丞相。壬午，授嗣汉三十九代天师张嗣成太玄辅化体仁应道大真人，主领三山符箓，掌江南道教事。丁亥，立皇子硕德八剌为皇太子，兼中书令、枢密使，授以金宝，告天地宗庙。升同知枢密院事床兀儿知枢密院事。诸王按灰部乏食，给米三千一百八十六石济之。

卷二十六　　本纪第二十六

仁宗三

四年春正月庚子，帝谓左右曰："中书比奏百姓乏食，宜加赈恤。朕默思之，民饥若此，岂政有过差以致然欤？向诏百司务遵世祖成宪，宜勉力奉行，辅朕不逮，然尝思之，唯省刑薄赋，庶使百姓各遂其生也。"乙卯，诸王脱脱驻云南，扰害军民，以按灰代之。丙辰，以知枢密院事完者为云南行省平章政事。己未，给帝师寺廪食钞万锭。壬戌，冀宁路地震。戊辰，给诸王也速也不干、明安答儿部粮三月。闰月庚辰，封诸王孛罗为冀王。丙戌，以立皇太子诏天下，给赐鳏寡孤独钞，减免各路租税有差。赐诸王、宗戚朝会者，金三百两、银二千五百两、钞四万三千九百锭。辛卯，封别铁木儿为汾阳王。壬辰，给豳王南忽里部钞十二万锭买马。汴梁、扬州、河南、淮安、重庆、顺庆、襄阳民皆饥，发廪赈之。二月庚子，赐诸王买闾部钞三万锭。甲辰，敕郡县各社复置义仓。戊申，特授近侍完者不花翰林侍读学士、知制诰、同修国史。癸亥，升泰宁府为泰宁路，仍置泰宁县。乙丑，升蒙古国子监秩正三品，赐银印。丙寅，以诸王部值脱火赤之乱，百姓贫乏，给钞十六万六千锭、米万石赈之。曹州水，免今年租。三月丁卯朔，升靖州为路。庚午，给赵王阿鲁秃部粮四千石。乙酉，太阴犯箕。辛卯，车驾幸上都。夏四月戊戌，给安王兀都思不花部军粮三月。己亥，德安府旱，免屯田租。壬寅，加授太常礼仪院使拜住大司徒，赐赵王阿鲁秃金五十两、银五百两、钞千锭，割怀来县隶龙庆州。甲辰，以太宁路隶辽阳省。戊申，答合孙寇边，吴王朵列纳等败之于和怀，赐金玉束带、黄金、币帛有差。己未，诸王纽怜薨。乙丑，禁岭北酒。常尝夜坐，谓侍臣曰："雨旸不时，奈何？"萧拜住对曰："宰相之过也。"帝曰："卿不在中书耶？"拜住惶愧。顷之，帝露香默祷。既而大雨，左右以雨衣进，帝曰："朕为民祈雨，何避焉！"翰林学士承旨忽都鲁都儿迷失、刘赓等译《大学衍义》以进，帝览之，谓群臣曰："《大学衍义》议论甚嘉，其令翰林学士阿怜铁木儿译以国语。"五月辛未，授上都留守阔阔出开府仪同三司、大司徒。壬申，赐出征诸王丑汉等金银、钞币有差。乙亥，加封大长公主忙哥台为皇姑大长公主，给金印。戊寅，改卫率府为中翊府。壬午，黄州、高邮、真州、建宁等处，流民群聚，持兵抄掠，敕所在有司：“其伤人及盗者罪之，余并给粮遣归。”以翰林学士承旨赤因铁木儿为中书平章政事，中书平章兀伯都剌为集贤大学士。己丑，升中书右丞阿卜海牙为平章政事，参政乞塔为右丞，高昉为左丞，参议中书省事换住、张思明并参知政事。六月乙巳，太阴犯心。内外监察御史四十余人劾铁木迭儿奸贪不法。戊申，铁木迭儿罢，以左丞相合散为中书右丞相。己酉，兀伯都剌复为中书平章政事。壬子，以工部尚书王桂为中书参知政事。安远王丑汉、赵王阿鲁秃为叛王脱火赤所掠，各赐金银、币帛。丙辰，敕：“诸王、驸马、功臣分地，仍旧制自辟达鲁花赤。”丁巳，安南国遣使来贡。戊午，置冀王孛罗王傅二员，中尉、司马各一员，都总管府秩正三品。己未，给岭北行省经费钞九十万锭、杂彩五万匹。癸亥，禁总摄沈明仁所佩司空印毋移文有司。秋七月乙亥，李孟罢，以江浙行省左丞王毅为中书平章政事。庚辰，赐皇姑大长公主忙哥台金百两、银千两、钞二千锭、币帛各百匹。赏讨叛王有功句容郡王床兀儿等金银、币帛、钞各有差。壬午，敕赤因铁木儿颁赉诸王、驸马，及赈济所部贫乏。特授中卫亲军都指挥使孛兰奚太尉。己丑，成纪县山崩，土石溃徙，坏田稼庐舍，压死居民。辛卯，冀宁路地震。帝谕省臣曰：“比闻蒙古诸部困乏，往往鬻子女于民家为婢仆，其命有司赎之还各部。”帝出，见卫士有敝衣者，驻马问之，对曰：“戍守边镇余十五年，以故贫耳。”帝曰：“此辈久劳于外，留守臣未常以闻，非朕亲见，何由知之！自今有类此者，必言于朕。”因命赐之钱帛。八月丙申，车驾至自上都。荧惑犯舆鬼。壬子，太阴犯昴。庚申，合散奏事毕，帝问曰：“卿等日所行者何事？”合散对曰：“臣等第奉行诏旨而已。”帝曰：“卿等何尝奉行朕旨，虽祖宗遗训，朝廷法令，皆不遵守。夫法者，所以辨上下，定民志，自古及今，未有法不立而天下治者。使人君制法，宰相能守而勿失，则下民知所畏避，纲纪可正，风俗可厚。其或法弛民慢，怨言并兴，欲求治安，岂不难哉？”九月丙寅，合散言：“故事，丞相必用蒙古勋臣；合散回回人，不厌人望。”遂恳辞，制以宣徽使伯答沙为中书右丞相，合散为左丞相。己巳，大都南城产嘉禾，一茎十一穗。庚午，太阴犯斗。壬辰，诏戒饬海漕，谕诸司毋得沮挠。岭北地震三日。冬十月甲午朔，有事于太庙。戊戌，给诸王晃火铁木儿等部粮五千石。壬寅，敕刑部尚书举林柏监大都兵马司防遏盗贼，仍严饬军校，制其出入。遣御史大夫伯忽、参知政事王桂祭陕西岳镇名山，赈恤秦州被灾之民。己酉，监察御史言：“官吏丁忧起复，人情惊惑，请禁止以绝侥幸。惟朝廷耆旧特旨起复者，不在禁例。”制曰：“可。”给两淮屯田总管府职田。壬子，给钞五万锭、粮五万石，赈察罕脑儿。戊午，海外婆罗公之民往贾海番，遇风涛，存者十四人漂至温州永嘉县，敕江浙省资遣还乡。改潮州路所统梅州隶广东道宣慰司。十一月己卯，复浚扬州运河。己丑，并汧源县入陇州。壬辰，谕：“诸宿卫入直，各居其次，非有旨不得上殿，阑入禁中者坐罪。大臣许从二人，他官一人，门者讥其出入。”十二月丁酉，复广州采金银珠子都提举司，秩正四品，官三员。乙巳，置詹事院，从一品，太子詹事四员，副詹事、詹事丞并二员，家令府、延庆司设官并四员，典宝监八员。遣官即兴和路及净州发廪赈给北方流民。己酉，卢沟桥、泽畔店、琉璃河并置巡检司。壬子，置安王王傅。丁巳，赐诸王秃满铁木儿等及驸马忽剌兀带各部，金一千二百两、银七千七百两、钞一万七千七百锭、币帛二千匹。以内宰领延福司事秃满迭儿知枢密院事，特授晋王内史按摊出金紫光禄大夫、鲁国公。辛酉，改怯怜口民匠总管府为缮用司。

五年春正月辛未，赐诸王秃满铁木儿等所部钞四万锭。甲戌，懿州地震。丙子，安南国遣其臣尹世才等以方物来贡。乙酉，敕诸王位下民在大都者，与民均役。丁亥，会试进士。湖广平章买住加鲁国公、大司农。赈晋王也孙铁木儿等部贫乏者。二月癸巳朔，日有食之。和宁路地震。丁酉，敕：“广宁、开元等万户府军入侍卫，有兄弟子侄五人者，三人留，四人三人者，二人留，著为籍。”秦州秦安县山崩。封诸王晃火铁木儿为嘉王，秃满铁木儿为武平王，并赐印。丁未，敕云南、四川归还所侵顺元宣抚司民地。戊申，升内史府秩正二品。建鹿顶殿于文德殿后。辛亥，敕杭州守臣春秋祭淮安忠武王伯颜祠。王子诸王答失蛮部乏食，敕甘肃行省给粮赈之。赐诸王察吉儿钞万锭。甲寅，置宁昌府。乙卯，命中书省汰不急之役，增置河东宣慰司副使一员。敕上都诸寺、权豪商贩货物，并输税课。戊午，以者连怯耶儿万户府为右卫率府。给书西天字《维摩经》金三千两。庚申，罢封赠。赏讨叛王脱火赤战功，赐诸王部察罕等金银币钞有差。三月戊辰，御试进士，赐忽都达儿、霍希贤以下五十人及第、出身有差。己巳，赐宁海王八都儿金印。庚午，立诸王斡罗温孙部打捕鹰坊诸色人匠怯怜口总管府，秩从四品。改静安路为德宁路，静安县为德宁县。癸酉，晋王也孙铁木儿部贫乏，赈米四千一百五十石，仍赐钞二万锭买牛羊孳畜。乙亥，增给两淮运司分司印一。特授安远王丑汉开府仪同三司、录军国重事、知枢密院事。戊寅，以湖州路为安王兀都思不花分地，其户数视魏王阿木哥。癸未，和宁、净州路禁酒。赐钞万锭，命晋王也孙铁木儿赈济辽东贫民。晋王内史拾得闾加荣禄大夫，封桓国公。给金九百两、银百五十两，书金字《藏经》。甲申，免巩昌等处经赈济者差税盐课。乙酉，御史台臣言：“诸司近侍隔越中书闻奏者，请如旧制论罪。”制曰：“可。”己丑，敕以红城屯田米赈净州、平地等处流民。置汾阳王别铁木儿王傅四员，赐丑驴答剌罕平江路田百顷。夏四月壬辰，安吉王乞台普济薨。丁酉，诸王雍吉剌带部乏食，赈米三千石。己亥，耽罗捕猎户成金等为寇，敕征东行省督兵捕之。庚子，赐诸王察吉儿部钞万锭，布帛称是。给中翊府阔台顺州屯田钞万锭，置牛种农具。庚戌，敕：“安远王丑汉分地隶济宁者七县、汀州者三县，达鲁花赤听其自辟。”升印经提举司为延福监，秩正三品。遣官分汰各部流民，给粮赈济。免怀孟、河南、南阳居民所输陕西盐课。是时解州盐池为水所坏，命怀盂等处食陕西红盐；后以地远，改食沧盐，而仍输课陕西，民不堪命，故免之。木邻、铁里干驿困乏，济以马五千匹。辽阳饥，海漕粮十万石于义、锦州，以赈贫民。甲寅，枢密院臣言："各省调度军马，惟长官二人领其事。今四川省诸臣皆预，非便，请如旧制。"从之。以千奴、史弼并为中书平章政事，侍御史敬俨为中书参知政事。戊午，车驾幸上都。五月辛酉朔，顺元等处军民宣抚使阿昼以洞蛮酋黑冲子子昌奉方物来觐。丁卯，赐安王兀都思不花金五百两、银五千两。以御史中丞亦列赤为中书右丞戊辰，遣平章政事王毅崇星于司天台三昼夜。诸王按塔木儿、不颜铁木儿部乏食，赈粮两月。壬申，监察御史言："比年名爵冒滥，太尉、司徒、国公接迹于朝。昔奉诏裁罢，中外莫不欣悦。近闻礼部奉旨铸太尉、司徒、司空等印二十有六，此辈无功于国，载在史册，贻笑将来。请自今门阀贵重、勋业昭著者存留一二，余并革去。"制曰："可。"癸酉，遣官分道减决笞以下罪。己卯，德庆路地震。巩昌陇西县大雨，南土山崩，压死居民，给粮赈之。六月辛卯，御史台臣言："昔遣张驴等经理江浙、江西、河南田粮，虚增粮数，流毒生民，已尝奉旨俟三年征租。今及其期，若江浙、江西当如例输之，其河南请视乡例减半征之。"制曰："可。"癸巳，以典瑞院使斡赤为集贤大学士、领典瑞院事、大司徒。己亥，北地诸部军士乏食，给粮赈之。庚子，遣阿尼八都儿、只儿海分汰净州北地流民，其隶四宿卫及诸王、驸马者，给资粮遣还各部。癸卯，赐诸王桑哥班金束带一、银百两、钞五百锭。乙巳，术者赵子玉等七人伏诛。时魏王阿木哥以罪贬高丽，子玉言于王府司马曹脱不台等曰："阿木哥名应图谶。"于是潜谋备兵器、衣甲、旗鼓，航海往高丽取阿木哥至大都，俟时而发，行次利津县，事觉，诛之。西番土寇作乱，敕甘肃省调兵捕之。丁巳，赐安王兀都思不花等金束带及金二百两、银一千五十两、钞二千二百锭、币帛二百八十匹。秋七月己未朔，李邦宁加开府仪同三司。癸亥，赐诸王八里带等金二百两、银八百五十两、钞二千锭、币帛二百匹。甲子，给钦察卫马羊价钞一十四万五千九百九十二锭。丙寅，调军五千乌蒙等处屯田，置总管万户府，秩正三品，给银印。丁卯，给钞二十万锭、粮万石，命晋王分赉所部宿卫士。壬申，御史中丞赵简言："皇太子春秋鼎盛，宜选耆儒敷陈道义。今李铨侍东宫说书，未谙经史，请别求硕学，分进讲读，实宗社无疆之福。"制曰："可。"诸王不里牙敦之叛，诸王也舍、失列吉及卫士朵带、伯都坐持两端，不助官军进讨，敕流也舍江西，失列吉湖广，朵带衡州，伯都潭州。癸酉，拘魏王阿木哥王傅印。置饩廪司，秩正八品，隶上都留守司。丰州石泉店置巡检司。赐诸王别失帖木儿等金、银，并赈其部米万石、钞万锭。己卯，诸王雍吉剌带、曲春铁木儿来朝，赐金二百两、银一千两、钞五千锭、币帛一百匹，仍给钞万锭、米万石，分赉其所部。辛巳，立受给库，秩九品，隶工部。壬午，罢河南省左丞陈英等所括民田，止如旧例输税。戊子，巩昌路宁远县山崩。加封楚三闾大夫屈原为忠节清烈公。八月戊子，车驾至自上都。乙卯，并翁源县入曲江县。九月癸亥，大司农买住等进司农丞苗好谦所撰《栽桑图说》，帝曰："农桑衣食之本，此图甚善。"命刊印千帙，散之民间。丙寅，广西两江龙州万户赵清臣、太平路总管李兴隆率土官黄法扶、何凯，并以方物来贡，赐以币帛有差。豳王南忽里等部贫乏，命甘肃省市马万匹给之。丁卯，中书右丞、宣徽使亦列赤为中书平章政事，左丞高昉为右丞，参知政事换住为左丞，吏部尚书燕只干为参知政事。壬申，以钞给北边军为马价。甲戌，以作佛事，释重囚三人，轻囚五十三人。己卯，以江浙省所印《大学衍义》五十部赐朝臣。辛巳，置大永福寺都总管府，秩三品。壬午，敕："军官犯罪，行省咨枢密院议拟，毋擅决遣。"丙戌，以佥太常礼仪院事狗儿为中书参知政事。丁亥，立行宣政院于杭州，设官八员。大同路金城县大雨雹。冬十月己丑，以大宁路隶辽阳省，宣德府隶大都路。敕："僧人除宋旧有及朝廷拨赐土田免租税，余田与民一体科征。"播州南宁长官洛麽作乱，思州守臣换住哥招谕之，洛麽遣人以方物来觐。罢胶、莱、莒、密盐使司，复立涛洛场。辛卯，禁大同、冀宁、晋宁等路酿酒。壬辰，建帝师巴思八殿于大兴教寺，给钞万锭。癸巳，改中翊府为羽林亲军都指挥使司。甲午，有事于太庙。癸丑，赣州路雩都县里胥刘景周，以有司征括田新租，聚众作乱，敕免征新租，招谕之。十一月辛酉，开成、庄浪等处禁酒。壬戌，改黄花岭屯储军民总管府为屯储总管府，设官四员。山后民饥，增海漕四十万石。增置大都南、北两兵马司指挥使，色目、汉人各二员，给分司印二。丁卯，用监察御史乃蛮带等言，追夺建康富民王训等白身滥受宣敕，仍禁冒籍贯宿卫及巧受远方职官、不赴任求别调者，隐匿不自首者罪之。己巳，升同知枢密院事忠嘉知枢密院事。丙子，集贤大学士、太保曲出言："唐陆淳著《春秋纂例》、《辨疑》、《微旨》三书，有益后学，请令江西行省锓梓，以广其传。"从之。癸未，敕江西茶运司岁课以二十五万锭为额。敕大永福寺创殿，安奉顺宗皇帝御容。十二月壬辰，特授集贤大学士脱列大司徒。辛亥，置重庆路江津、巴县等处屯田，省成都岁漕万二千石。甲寅，敕枢密院核实蒙古军贫乏者，存恤五年。

六年春正月丁巳朔，暹国遣使奉表来贡方物。丁卯，敕："福建、两广、云南、甘肃、四川军官致仕还家，官给驿传如民官例。"戊辰，赈晋王部贫民。癸酉，特授同知徽政院事丑驴答剌罕金紫光禄大夫、太尉，给银印。甲戌，监察御史孛术鲁翀等言："皇太子位正东宫，既立詹事院以总家政，宜择年德老成、道义崇重者为师保宾赞，俾尽心辅导，以广缉熙之学。"制曰："可。"戊寅，太阴犯心。己卯，崇星于司天台。广东南恩、新州徭贼龙郎庚等为寇，命江西行省发兵捕之。帝御嘉禧殿，谓扎鲁忽赤买闾曰："扎鲁忽赤人命所系，其详阅狱辞，事无大小，必谋诸同僚，疑不能决者，与省、台臣集议以闻。"又顾谓侍臣曰："卿等以朕居帝位为安邪？朕惟太祖创业艰难，世祖混一疆宇，兢业守成，恒惧不能当天心，绳祖武，使万方百姓乐得其所，朕念虑在兹，卿等固不知也。"二月丁亥朔，日有食之。改释奠于中丁，祀社稷于中戊。崇星于回回司天台。丁酉，云南阇里爱俄、永昌蒲蛮阿八剌等并为寇，命云南省从宜剿捕。戊戌，改陕西转运盐使司为河东陕西都转运盐使司，直隶省部。己亥，太阴犯灵台。乙巳，敕："诸司不由中书奏官辄署事者悉罢之。"特授僧从吉祥荣禄大夫、大司空，加荣禄大夫、大司徒僧文吉祥开府仪同三司。三月丁巳，以天寿节，释重囚一人。己未，给钞赈济上都、西番诸驿。辛酉，斡端地有叛者入寇，遣镇西武靖王搠思班率兵讨之。诏以御史中丞秃秃合为御史大夫，谕之曰："御史大夫职任至重，以卿勋旧之裔，故特授汝。当思乃祖乃父忠勤王室，仍以古名臣为法，否则将坠汝家声，负朕委任之意矣。"丙寅，改怀孟路为怀庆路。特授翰林学士承旨八儿思不花开府仪同三司、大司徒。己巳，太阴犯明堂。敕："诸王、驸马、宗姻诸事，依旧制领于内八府官，勿径移文中书。"封诸王月鲁铁木儿为恩王，给印，置王傅官。免大都、上都、兴和、大同今岁租税。癸酉，太阴犯日星。甲戌，太阴犯心。壬午，赐大兴教寺僧斋食钞二万锭，禁甘肃行省所属郡县酿酒。夏四月壬辰，中书省臣言："云南土官病故，子侄兄弟袭之，无则妻承夫职。远方蛮夷，顽犷难制，必任土人，可以集事。今或阙员，宜从本俗，权职以行。"制曰："可。"丙辰，命京师诸司官吏运粮输上都、兴和，赈济蒙古饥民。庚子，车驾幸上都。以铁木迭儿为太子太师。内外监察御史四十余人，劾其逞私蠹政，难居师保之任，不听。诸王合赞薨。丙午，命宣政院赈给西番诸驿。壬子，伯颜铁木儿部贫乏，给钞赈之。五月辛酉，太阴犯灵台。丁卯，太阴犯房。丙子，太阴犯垒壁阵。加安南国王陈益稷仪同三司。六月戊子，以庄浪巡检司为庄浪县，移巡检司于比卜渡。癸巳，以米五千石赈大长公主所隶贫民。甲午，改缮珍司为徽仪使司，秩二品。己亥，岁星犯东咸。辛丑，置河南田赋总管府，隶内史府，设达鲁花赤、总管、同知各一员，副总管二员，秩从三品。戊申，置勇校署，以角抵者隶之。庚戌，大同县雨雹，大如鸡卵。诏以驼马牛羊分给朔方蒙古民戍守边徼者，俾牧养蕃息以自赡，仍命议兴屯田。壬子，赐大乾元寺钞万锭，俾营子钱，供缮修之费，仍升其提点所为总管府，给银印，秩正三品。给钞四十万锭，赈合剌赤部贫民；三十万锭，赈诸位怯怜口被灾者；诸有俸禄及能自赡者勿给。癸丑，以羽林亲军万人隶东宫。丙子，升广惠司秩正三品，掌回回医药。丁丑，以济宁等路水，遣官阅视其民，乏食者赈之，仍禁酒，开河泊禁，听民采食。晋阳、西凉、钧等州，阳翟、新郑、密等县大雨雹，汴梁、益都、般阳、济南、东昌、东平、济宁、泰安、高唐、濮州、淮安诸处大水。秋七月丙辰，缅国赵钦撒以方物来觐。来安路总管岑世兴叛，据唐兴州，赐玺书招谕之。诸王阔怯坚部贫乏，给粮赈之。壬戌，太阴犯心。以者连怯耶儿万户府军万人隶东宫，置右卫率府，秩正三品。丁卯，诏谕江西官吏、豪民毋沮挠茶课。甲戌，皇姊大长公主祥哥剌吉作佛事，释全宁府重囚二十七人，敕按问全宁守臣阿从不法，仍追所释囚还狱。命分简奴儿干流囚罪稍轻者，屯田肇州。乙亥，通州、漷州增置三仓。丙子，太白犯太微垣右执法。增置上都警巡院、开平县官各二员。己卯，晋王也孙铁木儿所部民，经剽掠灾伤，为盗者众，敕扎鲁忽赤囊加带往，与晋王内史审录罪囚，重者就启晋王诛之，当流配者加等杖之。庚辰，赐木怜、麦该两驿钞一万二千一百二十锭，俾市马给驿。辛巳，赐左右鹰坊及合剌赤等贫乏者钞一十四万锭。八月甲申，以河东山西道宣慰使张思明为中书参知政事。乙酉，荧惑犯舆鬼。甲午，以授皇太子玉册，告祭于南郊。庚子，车驾至自上都。丁未，告祭于太庙。是月，伏羌县山崩。闰八月丙辰，辰星犯太微垣右执法。赐嘉王晃火铁木儿部羊十万、马万匹。庚申，增置兴和路既备仓，秩正八品；升广盈库从八品。癸亥，荧惑犯轩辕。甲子，太阴犯垒壁阵。浚会通河。壬申，以太傅、御史大夫伯忽为太师。癸酉，敕："河东山西道宣慰司官，给俸同随朝。"敕："诸司有受命不之官及避繁剧托故去职者，夺其宣敕。"乙亥，太白犯东咸。并永兴县入奉圣州。九月甲申，以徽政使朵带为太傅，升参议中书省事钦察为参知政事。辛卯，铁里干等二十八驿被灾，给钞赈之。壬辰，崇星于司天台。癸巳，以作佛事，释大辟囚七人，流以下囚六人。戊戌，增海漕十万石。置云南县，隶云内州。以故昌州宝山县置宝昌州，隶兴和路。庚子，并顺德、广平两铁冶提举司为顺德广平彰德等处铁冶提举司。癸卯，御史台臣言："比者官以幸求，罪以赂免，乞凡内外官非勋旧有资望者，不许骤升。诸犯赃罪已款伏及当鞫而幸免者，悉付元问官以竟其罪；其贪污受刑，夺职不叙者，夤缘近侍，出入内庭，觊幸名爵，宜斥逐之。"帝皆纳其言。诏谓四宿卫尝受刑者，勿令造禁廷。山东诸路禁酒。浚镇江练湖。发粟赈济宁、东平、东昌、高唐、德州、济南、益都、般阳、扬州等路饥。十月甲寅，省都功德使四员，止存六员。乙卯，东平、济宁路水陆十五驿乏食，户给麦十石。中书省臣言："白云宗总摄沈明仁，强夺民田二万顷，诳诱愚俗十万人，私赂近侍，妄受名爵，已奉旨追夺，请汰其徒，还所夺民田。其诸不法事，宜令核问。"有旨："朕知沈明仁奸恶，其严鞫之。"戊午，遣中书右丞相伯答沙持节授皇太子玉册。辛酉，以扎鲁忽赤铁木儿不花为御史大夫。癸亥，荧惑犯太微垣左执法。上都民饥，发官粟万石减价赈粜。置两浙盐仓六所，秩从八品，官二员，惟杭州、嘉兴二仓设官三员，秩从七品；盐场三十四所，场设监运一员，正八品。罢检校所。乙丑，太阴犯昴。丁卯，赈北方诸驿。戊辰，太阴犯东井。庚午，太白昼见。辛未，太阴犯轩辕。丙子，以皇太子受玉册，诏天下。己卯，浚通惠河。增河东、陕西盐运司判官一员，给分司印二；置提领所二，秩从八品，官各二员；盐场二，增管勾各二员；罢漉盐户提领二十人。济南滨、棣州、章丘等县水，免其田租。十一月辛卯，荧惑犯进贤。木邦路带邦为寇，敕云南省招捕之。乙巳，以秘书卿苫思丁为大司徒。庚子，敕晋王部贫民二千居称海屯田。增京畿漕运司同知、副使各一员，给分司印。中书省臣言："曩赐诸王阿只吉钞三万锭，使营子钱以给畋猎廪膳，毋取诸民。今其部阿鲁忽等出猎，恣索于民，且为奸事，宜令宗正府、刑部讯鞫之，以正典刑。"制曰："可。"禁民匿蒙古军亡奴。帝谕台臣曰："有国家者，以民为本。比闻百姓疾苦衔冤者众，其令监察御史、廉访司审察以闻。”河间民饥，发粟赈之。十二月壬戌，命皇太子参决国政。封宋儒周惇颐为道国公。甲子，遣宗正府扎鲁忽赤二员，审决兴和、平地等处狱囚。省云南大理、大、小彻里等地同知、相副官及儒学、蒙古教授等官百二十四员。丙寅，太阴犯轩辕。己巳，复吏人出身旧制，其犯赃者止从七品。免大都、上都、兴和延祐七年差税。河西塔塔剌地置屯田，立军民万户府。壬申，太阴犯昴。平章政事王毅以亲老辞职，从之，仍赐其父币帛。癸酉，是夜风雪甚寒，帝谓侍臣曰：“朕与卿等居暖室，宗戚、昆弟远戍边陲，曷胜其苦！岁赐钱帛，可不遍及耶？”敕上都、大都冬夏设食于路，以食饥者。

七年春正月辛巳朔，日有食之。帝斋居损膳，辍朝贺。壬午，御史台臣言：“比赐不儿罕丁山场、完者不花海舶税，会计其钞，皆数十万锭，诸王军民贫乏者，所赐未尝若是，苟不撙节，渐致帑藏虚竭，民益困矣。”中书省臣进曰：“台臣所言良是，若非振理朝纲，法度愈坏。臣等乞赐罢黜，选任贤者。”帝曰：“卿等不必言，其各共乃事。”癸未，帝御大明殿，受诸王、百官朝贺。辛卯，江浙行省丞相黑驴言：“白云僧沈明仁，擅度僧四千八百余人，获钞四万余锭，既已辞伏，今遣其徒沈崇胜潜赴京师行贿求援，请逮赴江浙，并治其罪。”从之。乙未，太阴犯明堂上星。丁亥，帝不豫。辛丑，帝崩于光天宫，寿三十有六，在位十年。癸卯，葬起辇谷，从诸帝陵。五月乙未，群臣上谥曰圣文钦孝皇帝，庙号仁宗，国语曰普颜笃皇帝。

仁宗天性慈孝，聪明恭俭，通达儒术，妙悟释典，尝曰：“明心见性，佛教为深；修身治国，儒道为切。”又曰：“儒者可尚，以能维持三纲五常之道也。”平居服御质素，澹然无欲，不事游畋，不喜征伐，不崇货利。事皇太后，终身不违颜色；待宗戚勋旧，始终以礼。大臣亲老，时加恩赉；太官进膳，必分赐贵近。有司奏大辟，每惨恻移时。其孜孜为治，一遵世祖之成宪云。

卷二十七　　本纪第二十七

英宗一

英宗睿圣文孝皇帝，讳硕德八剌，仁宗嫡子也。母庄懿慈圣皇后，弘吉剌氏，以大德七年二月甲子生。仁宗欲立为太子，帝入谒太后，固辞，曰：“臣幼无能，且有兄在，宜立兄，以臣辅之。”太后不许。延祐三年十二月丁亥，立为皇太子，授金宝，开府置官属。监察御史段辅、太子詹事郭贯等，首请近贤人，择师傅，帝嘉纳之。六年十月戊午，受玉册，诏命百司庶务必先启太子，然后奏闻。帝谓中书省臣曰：“至尊委我以天下事，日夜寅畏，惟恐弗堪。卿等亦当洗心涤虑，恪勤乃职，勿有隳坏，以贻君父忧。”

七年春正月戊戌，仁宗不豫，帝忧形于色，夜则焚香，泣曰：“至尊以仁慈御天下，庶绩顺成，四海清晏。今天降大厉，不如罚殛我身，使至尊永为民主。”辛丑，仁宗崩，帝哀毁过礼，素服寝于地，日歠一粥。癸卯，太阴犯斗。甲辰，太子太师铁木迭儿以太后命为右丞相。丙午，遣使分谳内外刑狱。戊申，赈通、漷二州蒙古贫民，汰知枢密院事四员。禁巫、祝、日者交通宗戚、大官。二月壬子，罢造永福寺。赈大同、丰州诸驿饥。以江浙行省左丞相黑驴为中书平章政事。丁巳，修佛事。戊午，祭社稷。建御容殿于永福寺。汰富民窜名宿卫者，给役蒙古诸驿。己未，命储粮于宣德、开平、和林诸仓，以备赈贷供亿。复以都水监隶中书。辛丑，太阴犯轩辕御女。平章政事赤斤铁木儿、御史大夫脱欢罢为集贤大学士。壬戌，太阴犯灵台。甲子，铁木迭儿、阿散请捕逮四川行省平章政事赵世延赴京。参议中书省事乞失监坐鬻官，刑部以法当杖，太后命笞之，帝曰：“不可。法者天下之公，徇私而轻重之，非示天下以公也。”卒正其罪。丙寅，以陕西行省平章政事赵世荣为中书平章政事，江西行省右丞木八剌为中书右丞，参知政事张思明为中书左丞，中书左丞换住罢为岭北行省右丞。丁卯，太阴犯日星。白云宗总摄沈明仁为不法坐罪，诏籍江南冒为白云僧者为民。己巳，修镇雷佛事于京城四门，罢上都乾元寺规运总管府。庚午，太阴犯斗。辛未，括民间系官山场、河泊、窑冶、庐舍。壬申，召陕西行台御史大夫答失铁木儿赴阙。以辽阳、大同、上都、甘肃官牧羊马牛驼给朔方民户，仍给旷地屯种。癸酉，括勘崇祥院地，其冒以官地献者追其直，以民地献者归其主。决开平重囚。丙子，定京城环卫更番法，准五卫汉军岁例。丁丑，夺前中书平章政事李孟所受秦国公制命，仍仆其先墓碑。戊寅，中书平章政事兀伯都剌罢为甘肃行省平章政事，阿礼海牙罢为湖广行省平章政事。铁木迭儿以前御史中丞杨朵儿只、中书平章政事萧拜住违太后旨，矫命杀之，并籍其家。徽政院使失列门，以太后命请更朝官，帝曰：“此岂除官时耶？且先帝旧臣，岂宜轻动。俟予即位，议于宗亲、元老，贤者任之，邪者黜之可也。”司农卿完者不花言：“先帝以土田颁赐诸臣者，宜悉归之官。”帝问曰：“所赐为谁？”对曰：“左丞相阿散所得为多。”帝曰：“予常谕卿等，当以公心辅弼。卿于先朝尝请海舶之税，以阿散奏而止。今卿所言，乃复私憾耳，非公议也，岂辅弼之道耶？”遂出完者不花为湖南宣慰使。夺僧辇真吃剌思等所受司徒、国公制，仍销其印。三月辛巳，以中书礼部领教坊司。壬午，赈陈州、嘉定州饥。瓜哇遣使入贡。戊子，太阴犯酒旗上星，荧惑犯进贤。征诸王、驸马流窜者，给侍从，遣就分邑。庚寅，帝即位，诏曰：

> 洪惟太祖皇帝膺期抚运，肇开帝业；世祖皇帝神机睿略，统一四海。以圣继圣，迨我先皇帝，至仁厚德，涵濡群生，君临万国，十年于兹。以社稷之远图，定天下之大本，协谋宗亲，授予册宝。方春宫之与政，遽昭考之宾天。诸王贵戚，元勋硕辅，咸谓朕宜体先帝付托之重，皇太后拥护之慈，既深系于人心，讵可虚于神器，合辞劝进，诚意交孚。乃于三月十一日，即皇帝位于大明殿。可赦天下。

尊太后为太皇太后。是夜，太阴犯明堂。壬辰，太皇太后受百官朝贺于兴圣宫。铁木迭儿进开府仪同三司、上柱国、太师。敕群臣超授散官者，朝会毋越班次。赐诸王也孙铁木儿、脱脱那颜等金银、币帛有差。赈宁夏路军民饥。甲午，作佛事于宝慈殿，赈木怜、浑都儿等十一驿饥。乙未，日有晕若连环。丙申，斡罗思等内附，赐钞万四千贯，遣还其部。遣知枢密事也儿吉尼检核巩昌等路屯戍，选甘州戍卒。戊戌，汰上都留守司留守五员，定吏员秩止从七品如前制。庚子，降太常礼仪院、通政院、都护府、崇福司，并从二品；蒙古国子监、都水监、尚乘寺、光禄寺，并从三品；给事中、阑遗监、尚舍寺、司天监，并正四品；其官递降一等有差，七品以下不降。赐边戍诸王、驸马及将校士卒金银、币帛有差。市羊五十万、马十万，赡北边贫乏者。辛丑，禁擅奏玺书。以枢密院兼领左、右卫率府。壬寅，降前中书平章政事李孟为集贤侍讲学士，悉夺前所受制命。御史台臣请降诏谕百司以肃台纲，帝曰："卿等但守职尽言，善则朕当服行，否亦不汝罪也。"甲辰，诏中外毋沮议铁木迭儿。敕罢医、卜、工匠任子，其艺精绝者择用之。丙午，有事于南郊，告即位。丁未，罢崇祥院，以民匠都总管府隶将作院。夏四月庚戌朔，有事于太庙，告即位。追夺佛速司徒官。罢少府监，复仪凤、教坊、广惠诸司品秩。罢行中书省丞相，河南行省丞相也先铁木儿、湖广行省丞相朵儿只的斤、辽阳行省丞相，并降为本省平章政事，惟征东行省丞相高丽王不降。赐诸王铁木儿不花钞万五千贯。甲寅，太白犯填星。乙卯，复国子监、都水监，秩正三品。罢回回国子监、行通政院。封诸王彻彻秃为宁远王。申诏京师势家与民均役。那怀、浑都儿驿户饥，赈之。戊午，祀社稷，告即位。己未，绍庆路洞蛮为寇，命四川行省捕之。祭遁甲神于香山。命平章政事王毅等征理在京诸仓库粮帛亏额，申严和林酒禁。庚申，降百官越阶者，并依所受之职。以太常礼仪院使拜住为中书平章政事；以西僧牙八的里为元永延教三藏法师，授金印。壬戌，太阴犯房。以即位，赏宿卫军。括马三万匹，给蒙古流民，遣还其部。给通、漷二州蒙古户夏布。铁木迭儿请参决政务，禁诸臣毋隔越擅奏，从之。乙丑，仁宗丧卒哭，作佛事七日。戊辰，车驾幸上都。海运至直沽，调兵千人防戍。封王煦为鸡林郡公。议祔仁宗，以阴阳拘忌，权结彩殿于太室东南，以奉神主。己巳，河间、真定、济南等处蒙古军饥，赈之。罢市舶司，禁贾人下番。课回回散居郡县者，户岁输包银二两。增两淮、荆湖、江南东西道田赋，斗加二升。赈大都、净州等处流民，给粮马，遣还北边。戊寅，以蒙古、汉人驿传复隶通政院。有献七宝带者，因近臣以进，帝曰："朕登大位，不闻卿等荐贤而为人进带，是以利诱朕也，其还之。"是月，左卫屯田旱、蝗，左翊屯田虫食麦苗，亳州水。五月己卯朔，禁僧驰驿，仍收元给玺书。庚辰，上都留守贺伯颜坐便服迎诏弃市，籍其家。辛巳，汝宁府霖雨伤麦禾，发粟五千石赈粜之。丁亥，罢沅陵县浦口千户所。己丑，中书省臣请禁擅奏除拜，帝曰："然恐朕遗忘，或乘间奏请，滥赐名爵，汝等当复以闻。"复置称海、五条河屯田。命僧祷雨。大同云内、丰、胜诸郡县饥，发粟万三千石贷之。左丞相阿散罢为岭北行省平章政事，以拜住为中书左丞相，乃剌忽、塔失海牙并为中书平章政事，只儿哈郎为中书参知政事。庚寅，太阴犯心。辛卯，参知政事钦察罢为集贤学士。赈上都城门及驻冬卫士。遣使榷广东番货，弛陕西酒禁。壬辰，和林民阎海瘗殍死者三千余人，旌其门。癸巳，太阴犯天狗。甲午，沈阳军民饥，给钞万二千五百贯赈之。乙未，请大行皇帝谥于南郊。丙申，太白犯毕。禁宗戚权贵避徭役及作奸犯科。戊戌，有告岭北行省平章政事阿散、中书平章政事黑驴及御史大夫脱忒哈、徽政使失列门等与故要束谋妻亦列失八谋废立，拜住请鞫状，帝曰："彼若借太皇太后为词，奈何？"命悉诛之，籍其家。追封陇西公汪世显为陇右王。辛丑，以知枢密院事铁木儿脱为中书平章政事。壬寅，监察御史请罢僧、道、工、伶滥爵及建寺、豢兽之费。甲辰，以诛阿散、黑驴、贺伯颜等诏天下。敕百司日勤政务，怠者罪之。丙午，御史刘恒请兴义仓及夺僧、道官。敕捕亦列失八子江浙行省平章政事买驴，仍籍其家。丁未，封王禅为云南王，往镇其地。饶州番阳县进嘉禾，一茎六穗。以贺伯颜、失列门、阿散家赀、田宅赐铁木迭儿等。六月己酉朔，流徽政院使米薛迷于金刚山。以脱忒哈、失列门故夺人畜产归其主。甲寅，前太子詹事床兀儿伏诛。京师疫，修佛事于万寿山。乙卯，昌王阿失部饥，赐钞千万贯赈之。赏诛阿散等功，赐拜住以下金银、钞有差。丙辰，召河南行省平章政事埜仙帖穆儿至京师，收脱忒哈广平王印。丁巳，以江西行省左丞相脱脱为御史大夫，宗正扎鲁火赤铁木儿不花知枢密院事。戊午，罢徽政院。广东采珠提举司罢，以有司领其事。封知枢密院事塔失铁木儿为蓟国公。己未，定边地盗孳畜罪犯者，令给各部力役，如不悛，断罪如内地法。庚申，太阴犯斗。赐角抵百二十人钞各千贯。辛酉，诏免僧人杂役。壬戌，敕诸使至京者，大事五日、小事三日遣还。是夜，月食既。癸亥，太阴犯垒壁阵。乙丑，赈北边饥民，有妻子者钞千五百贯，孤独者七百五十贯。新作太祖幄殿。西番盗洛各目降。丁卯，太白犯井。赐诸王阿木里台宴服、珠帽。戊辰，赈雷家驿户钞万五千贯。辛未，太阴犯昴。甲戌，赐北边诸王伯要台等十人钞各二万五千贯。边民赈米三月。修宁夏钦察鲁佛事，给钞二百一十二万贯。丁丑，改红城中都威卫为忠翊侍卫亲军都指挥使司，隶枢密院。罢章庆司、延福司、群牧监、宫正司、辽阳万户府，复徽仪司为缮珍司，善政司为都总管府，内宰司、延庆司、甄用监复为正三品。益都蝗，荆门州旱，棣州、高邮、江陵水。秋七月戊寅朔，赐诸王曲鲁不花钞万五千贯. 命玄教宗师张留孙修醮事于崇真宫。壬午，立普定路屯田，分乌撒、乌蒙屯田卒二千赴之。运和林粮于扎昆仓，以便边军，市马三万、羊四万给边军贫乏者。癸未，括马于大同、兴和、冀宁三路，以颁卫士。甲申，车驾将北幸，调左右翊军赴北边浚井。以知枢院事买驴、哈丹并为辽阳行省平章政事。丙戌，赐诸王买奴等钞二十五万贯。丁亥，太阴犯斗。诸王告住等部火，赈粮三月、钞万五千贯。晋王也孙铁木儿部饥，赈钞五千万贯。壬辰，罢女直万户府及狗站脱脱禾孙，散辽阳红花万户府兵。遣扈从诸营还大都，禁践民禾。安南内附人陈岩言其国贡使多为觇伺，敕湖广行省汰遣之。乙未，赐西僧沙加钞万五千贯，以甘肃行省平章钦察台知枢密院事。回回太医进药曰打里牙，给钞十五万贯。丙申，以昌平、滦阳十二驿供亿繁重，给钞三十万贯赈之。中书平章政事乃剌忽罢。降封安王兀都不花为顺阳王。禁献珍宝制衮冕。戊戌，荧惑犯房。枢密院臣言："塔海万户部不剌兀赤与北兵战，拔军士三百人以还，弃其子于野，杀所乘马以啖士卒，请赏之。"赐钞五千贯。斡鲁思辰告诸王月儿鲁铁木儿谋变，赏钞万五千贯，敕中外希赏自请者勿予。己亥，太阴犯昴。赐女巫伯牙台钞万五千贯。庚子，以江南行御史台中丞廉恂为中书平章政事。辛丑，赐公主扎牙八剌等钞七万五千贯。晋王也孙铁木儿遣使以地七千顷，归朝廷，请有司征其租，岁给粮钞，从之。以辽阳金银铁冶归中政院。癸卯，赐伶人钞二万五千贯，酒人十五万贯。己巳，以知枢密院事也儿吉尼为江西行省平章政事。是月，后卫屯田及颍、息、汝阳、上蔡等县水，霸州及堂邑县蝻。八月丁未朔，岭北省臣忻都坐以官钱犒军免官，诏复其职。戊申，祭社稷。罢曲靖路人匠提举司。赈晋王部军民钞二百五十万贯。彗星于司天监。辛亥，赈龙居河诸军。乙卯，赐上都驻冬卫士钞四百万贯。诸王木南即部饥，兴圣宫牧驼户贫乏，并赈之。丙辰，祔仁宗圣文钦孝皇帝、庄懿慈圣皇后于太庙，铁木迭儿摄太尉，奉玉册行事。太白犯灵台。戊午，铁木迭儿以赵世延尝劾其奸，诬以不敬下狱，请杀之，并究省、台诸臣，不允。帝幸凉亭，从容谓近侍曰："顷铁木迭儿必欲置赵世延于死地，朕素闻其忠良，故每奏不纳。"左右咸称万岁。乙丑，荧惑犯天江。丁卯，太白犯太微垣右执法。宫人官奴，坐用日者请太皇太后崇星，杖之，籍其资 。脱思马部宣慰使亦怜真坐违制不发兵，杖流奴儿干之地。庚午，发米十万石赈粜京师贫民。壬申，太阴犯轩辕御女。甲戌，广东新州饥，赈之，河间路水。九月甲申，建寿安山寺，给钞千万贯。括兴和马以赡北部贫民，禁五台山樵采。罢上都、岭北、甘肃、河南诸郡酒禁 。乙酉，太阴犯垒壁阵。丙戌，荧惑犯斗。壬辰，敕议玉华宫岁享睿宗登歌大乐。土番利族、阿俄等五种寇成谷，遣巩昌总帅以兵讨之。循州溪蛮秦元吉为寇，遣守将捕之。癸巳，太阴犯昴。沈阳水旱害稼，弛其山场河泊之禁 。戊戌，太阴犯鬼。己亥，太白犯亢。庚子，常澧州洞蛮贞公合诸洞为寇，命土官追捕之。癸卯，亲王脱不花、搠思班遣使来贺登极。甲辰，云南木邦路土官给邦子忙兀等入贡，赐币有差。遣马扎蛮等使占城、占腊、龙牙门，索驯象。以廪藏不充，停诸王所部岁给。冬十月丁未，时享太庙。庚戌，太阴犯荧惑于斗。将作院使也速坐董制珠衣怠工，杖之，籍其家。壬子，作佛事于文德殿四十日。申严两淮盐禁。丁巳，酉阳耸侬洞蛮田谋远为寇，命守臣招捕之。戊午，车驾至自上都。诏太常院臣曰："朕将以四时躬祀太室，宜与群臣集议其礼。此追远报本之道，毋以朕劳于对越而有所损，其悉遵典礼。"安南国遣其臣邓恭俭来贡方物。庚申，敕译佛书。辛酉，赐旁探马赤宿卫者，遣还所部。癸亥，太阴犯井。乙丑，幸大护国仁王寺，帝师请以醮八儿监藏为土番宣慰司都元帅，从之。酉阳土官冉世昌遣其子冉朝率大、小石堤洞蛮入贡。丙寅，定恭谢太庙仪式。丁卯，为皇后作鹿顶殿于上都。己巳，罢玉华宫祀睿宗登歌乐。敕翰林院译诏，关白中书。庚午，命拜住督造寿安山寺。癸酉，流诸王阿刺铁木儿于云南。十一月丙子朔，帝斋齐宫。丁丑，恭谢太庙，至仁宗太室，即流涕，左右感动。戊寅，以海运不给，命江浙行省以财赋府租益之，还其直，归宣徽、中政二院。检勘沙、净二州流民，勒还本部。以登极，大赉诸王、百官，中书会其数，计金五千两、银七十八万两、钞百二十一万一千贯、币五万七千三百六十四匹、帛四万九千三百二十二匹、木绵九万二千六百七十二匹、布二万三千三百九十八匹、衣八百五十九袭，鞍勒、弓矢有差。给岭北驿牛马。造今年钞本，至元钞五千万贯、中统钞二百五十万贯。汰卫士冒受岁赐者。庚辰，并永平路滦邑县于石城。遣定住等括顺阳王兀都思不花邸财物，入章佩监、中政院。禁京城诸寺邸舍匿商税。辛巳，以亲祀太庙礼成，御大明殿受朝贺。甲申，敕翰林国史院纂修《仁宗实录》。丁亥，作佛事于光天殿。戊子，幸隆福宫。己丑，宣德蒙古驿饥，命通政院赈之。丁酉，诏各郡建帝师八思巴殿，其制视孔子庙有加。戊戌，交趾蛮侬志德寇脱零那乞等六洞，命守将讨之。遣使阅实各行省戍兵。己亥，计京官俸钞，给米三分。癸卯，荧惑犯垒壁阵。甲辰，铁木迭儿言："和市织币薄恶，由董事者不谨，请免右丞高昉等官，仍令郡县更造，征其元直。"不允。太常礼仪院拟进时享太庙仪式。十二月乙巳朔，诏曰："朕祗遹贻谋，获承丕绪，念付托之惟重，顾继述之敢忘。爰以延祐七年十一月丙子，被服衮冕，恭谢于太庙。既大礼之告成，宜普天之均庆。属兹逾岁，用易纪元，于以导天地之至和，于以法春秋之谨始，可以明年为至治元年。减天下租赋二分，包银五分。免大都、上都、兴和三路差税三年。优复煮盐、炼铁等户二年。开燕南、山东河泊之禁，听民采取。命官家属流落边远者，有司资给遣之；其子女典鬻于人者，听还其家。监察御史、廉访司岁举可任守令者二人。七品以上官，有伟画长策可以济世安民者，实封上之。士有隐居行义，明治体，不求闻达者，有司具状以闻。"丁未，播州蜒蛮的羊笼等来降。庚戌，铸铜为佛像，置玉德殿。壬子，赐寿宁公主钞七万五千贯。癸丑，以天寿节，预遣使修醮于龙虎山。乙卯，率百官奉玉册、玉宝，加上太皇太后尊号曰仪天兴圣慈仁昭懿寿元全德泰宁福庆徽文崇祐太皇太后。翰林学士忽都鲁都儿迷失译进宋儒真德秀《大学衍义》，帝曰："修身治国，无逾此书。"赐钞五万贯。河南饥，帝问其故，群臣莫能对，帝曰："良由朕治道未洽，卿等又不尽心乃职，委任失人，致阴阳失和，灾害荐至。自今各务勤恪，以应天心，毋使吾民重困。"太阴掩昴。丙辰，以太皇太后加号礼成，御大明殿受朝贺。丁巳，诏谕中外。戊午，太阴犯井。庚申，太阴犯鬼。辛酉，作延春阁后殿。壬戌，召西僧辇真哈剌思赴京师，敕所过郡县肃迎。乙丑，彗星于回回司天监四十昼夜。丙寅，以典瑞院使阔彻伯知枢密院事。修秘密佛事于延春阁。丁卯，铁木迭儿、拜住言："比者诏内外言得失，今上封事者，或直进御前。乞令臣等开视，乃入奏闻。"帝曰："言事者直至朕前可也，如细民辄诉讼者则禁之。"给武宗皇后钞七十五万贯。以《大学衍义》印本颁赐群臣。戊辰，以太皇太后加号礼成，告太庙。己巳，敕罢明年二月八日迎佛。中书右丞木八剌罢为江西行省右丞，以中书参知政事只儿哈郎为右丞，江南浙西道廉访使薛处敬为中书参知政事。遣使阅奉元路军需库。辛未，拜住进卤簿图，帝以唐制用万二千三百人耗财，乃定大驾为三千二百人，法驾二千五百人。上思州猺结交趾寇忠州。癸酉，帝闻贺伯颜母老，悯之，以所籍京兆田硙还其家。江浙行省平章政事伯颜察儿、江西行省平章政事白撒都并坐贪墨免官。是岁，决狱轻重七千六百三十事。河决汴梁原武，浸灌诸县；滹沱决文安、大城等县；浑河溢，坏民田庐。秦州成纪县暴雨，山崩，朽坏坟起，覆没畜产。汴梁延津县大风昼晦，桑多损。大同雨雹，大者如鸡卵。诸卫屯田陨霜害稼，益津县雨黑霜。

至治元年春正月丁丑，修佛事于文德殿。壬午，增置潮州都漕运司同知、运判各一员。甲申，召高丽王王璋赴上都。丙戌，帝服衮冕，享太庙，以左丞相拜住亚献，知枢密院事阔彻伯终献。诏群臣曰："一岁惟四祀，使人代之，不能致如在之诚，实所未安。岁必亲祀，以终朕身。"廷臣或言祀事毕宜赦天下，帝谕之曰："恩可常施，赦不可屡下。使杀人获免，则死者何辜？"遂命中书陈便宜事，行之。丁亥，帝欲以元夕张灯宫中，参议中书省事张养浩上书谏止，帝遽命罢之，曰："有臣若此，朕复何忧？自今朕凡有过，岂独台臣当谏，人皆得言。"赐养浩帛二匹。诸王忽都答儿来朝。癸巳，诸王斡罗思部饥，发净州、平地仓粮赈之。蕲州蕲水县饥，赈粮三月。奉元路饥，禁酒。乙未，太阴掩房。己亥，降延福监为延福提举司，广福监为广福提举司，秩从五品。以寿安山造佛寺，置库掌财帛，秩从七品。甲辰，辰星犯外屏。水、金、火、土四星聚奎。二月，汴梁、归德饥，发粟十万石赈粜。河南、安丰饥，以钞二万五千贯、粟五万石赈之。戊申，祭社稷。改中都威卫为忠翊侍卫亲军都指挥使司。己酉，作仁宗神御殿于普庆寺。辛亥，调军三千五百人修上都华严寺。壬子夜，金、火、土三星聚于奎。大永福寺成，赐金五百两、银二千五百两、钞五十万贯、币帛万匹。丁巳，畋于柳林，敕更造行宫。监察御史观音保、锁咬儿哈的迷失、成珪、李谦亨谏造寿安山佛寺，杀观音保、锁咬儿哈的迷失，杖珪、谦亨，窜于奴儿干地。己未，枢密院臣请授副使吴元珪荣禄大夫，以阶高不允，授正奉大夫。赈木怜道三十一驿贫户。辛酉，太白犯荧惑。癸亥，太阴犯心。甲子，置承徽寺，秩正三品，割常州、宜兴民四万户隶之。丁卯，以僧法洪为释源宗主，授荣禄大夫、司徒。禁越台、省诉事，罢先朝传旨滥选者。戊辰，赐公主扎牙八剌从者钞七十五万贯。三月甲戌朔，营王也先帖木儿部畜牧死损，赐钞五十万贯。丙子，建帝师八思巴寺于京师。丁丑，御大明殿，受缅国使者朝贡。太阴掩昴。赐公主买的钞五万贯，驸马灭怜钞二万五千贯。召诸王太平于汴。发民丁疏小直沽白河。庚辰，廷试进士泰普化、宋本等六十四人，赐及第、出身有差。辛巳，车驾幸上都。遣使赐西番撒思加地僧金二百五十两、银二千二百两、袈裟二万，币、帛、旛、茶各有差。壬午，遣咒师朵儿只往牙济、班卜二国取佛经。癸未，制御服珠袈裟。甲申，敕纂修《仁宗实录》，《后妃、功臣传》。乙酉，宝集寺金书西番《波若经》成，置大内香殿，益寿安山造寺役军。己丑，大同路麒麟生。甲午，置云南王府。己亥，宦者孛罗铁木儿坐罪，流奴儿干地。庚子，赈宁国路饥。辛丑，以铁失为御史大夫，佩金符，领忠翊侍卫亲军都指挥使。癸卯，益都、般阳饥，以粟赈之。夏四月丙午，给喃答失王府银印，秩正三品；宽彻、忽塔迷失王府铜印，秩从三品。庚戌，享太庙。江州、赣州、临江霖雨，袁州、建昌旱，民皆告饥，发米四万八千石赈之。丁巳，广德路旱，发米九千石减直赈粜。戊午，太阴犯心。己未，造象驾金脊殿。吉阳黎蛮寇宁远县。庚申，太阴犯斗。戊辰，敕赐铁木迭儿父祖碑。命宦者孛罗台为太常署令，太常官言刑人难与大祭，遂罢之。五月丙子，毁上都回回寺，以其地营帝师殿。赈益都、胶州饥。丁丑，霸州蝗。戊寅，太白犯鬼积尸气，太阴犯轩辕。庚辰，太阴犯明堂。濮州大饥，命有司赈之。壬午，迁亲王图帖穆尔于海南。禁日者毋交通诸王、驸马，掌阴阳五科者毋泄占候。以兴国路去岁旱，免其田租。丁亥，修佛事于大安阁。庚寅，赈诸王哈宾铁木儿部。沂州民张昱坐妖言，济南道士李天祥坐教人兵艺，杖之。女直蛮赤兴等十九驿饥，赈之。辛卯，海漕粮至直沽，遣使祀海神天妃。作行殿于缙山流杯池。高邮府旱。癸巳，宝定路飞虫食桑。乙未，命世家子弟成童者入国学。辛丑，太常礼仪院进太庙制图。壬寅，开元路霖雨。六月癸卯朔，日有食之。作金浮屠于上都，藏佛舍利。乙卯，以铁木迭儿领宣政院事。丁巳，参知政事敬俨罢为陕西行御史台中丞。戊午，泾州雨雹。己未，太阴犯虚梁。滁州霖雨伤稼，蠲其租。辛酉，太白经天。赵弘祚等言事，勒归乡里，仍禁妄言时政。壬戌，龙虎山张嗣成来朝，授太玄辅化体仁应道大真人。乙丑，遣使往铨江浙、江西、湖广、四川、云南五省边郡官选。丁卯，祟星于司天台。大同路雨雹。戊辰，卫辉、汴梁等处蝗。己巳，以上都留守只儿哈郎为中书平章政事。临江路旱，免其租。通济屯霖雨伤稼，霸州大水，浑河溢，被灾者二万三千三百户。秋七月壬申朔，赐晋王也孙铁木儿钞百万贯。辽阳、开元等路及顺州、邢台等县大水。癸酉，卫辉路胙城县蝗。乙亥，赈南恩、新州饥。丙子，淮安路属县水。丁丑，享太庙。戊寅，通州潞县榆棣水决。庚辰，卤簿成。滹沱河及范阳县巨马河溢。辛巳，盩厔县僧圆明作乱，遣枢密院判官章台督兵捕之。壬午，通许、临淮、盱眙等县蝗。癸未，对太尉孛兰奚为和国公。乙酉，大雨，浑河防决。庚寅，清池县蝗。癸巳，太阴犯昴。黄平府蛮卢砰为寇，削万户何之祺等官一级。遣吏部尚书教化、礼部郎中文矩使安南，颁登极诏。诸王阔别薨，赙钞万五千贯。丙申，禁服色逾制。己亥，奉仁宗及帝御容于大圣寿万安寺。蒲阴县大水。庚子，修上都城。诏河南、江浙流民复业。淮西蒙城等县饥，郃阳道士刘志先以妖术谋乱，复命章台捕之。蓟州平谷、渔阳等县大水，大都、保定、真定、大名、济宁、东平、东昌、永平等路，高唐、曹、濮等州水，顺德、大同等路雨雹，乞儿吉思部水。八月壬寅朔，修都城。安陆府水，坏民庐舍。癸卯，赈胶州饥。甲辰，高邮兴化县水，免其租。丙午，泰兴、江都等县蝗。丁未，太阴犯心。戊申，祭社稷。上都鹿顶殿成。己酉，太阴犯斗。庚戌，以军士贫乏，遣知枢密院事铁木儿不花整治，仍诏谕中外，有敢扰害者罪之。赈北部孤寡粮、钞。赐公主速哥八剌钞五十万贯。兀儿速、憨哈纳思等部贫乏，户给牝马二匹。壬子，荧惑犯轩辕。乙卯，中书平章政事铁木儿脱罢为上都留守。壬戌，淮安路盐城、山阳县水，免其租。车驾驻跸兴和，左右以寒甚，请还京师，帝曰："兵以牛马为重，民以稼穑为本。朕迟留，盖欲马得刍牧，民得刈获，一举两得，何计乎寒？"雷州路海康、遂溪二县海水溢，坏民田四千余顷，免其租。秦州成纪县山崩。九月乙亥，荧惑犯灵台。京师饥，发粟十万石减价粜之。丙子，驻跸昂兀岭。壬午，荧惑犯太微西垣上将。赐诸王撒儿蛮钞五万贯。壬辰，中书平章政事塔失海牙坐受赇杖免。丁酉，荧惑犯太微垣右执法。车驾还大都。庚子，安陆府汉水溢，坏民田，赈之。冬十月辛丑朔，修佛事于大内。妖僧圆明等伏诛。甲辰，太白经天。戊申，荧惑犯太微垣左执法。庚戌，亲享太庙。壬子，拜住献嘉禾，两茎同穗。癸丑，敕翰林、集贤官年七十者毋致仕。以内郡水，罢不急工役。敕蒙古子女鬻为回回、汉人奴者，官收养之。禁中书掾曹毋泄机事，命枢密遣官整视各郡兵马。戊午，置赵王马札罕部钱粮总管府，秩正三品。己未，肇庆路水，赈之。丙寅，河南行省参知政事你咱马丁坐残忍免官。丁卯，增置侍仪司通事舍人六员，侍仪舍人四员。己巳，遣燕铁木儿巡边。十一月辛未，荧惑犯进贤。己亥，幸大护国仁王寺。丙子，太阴犯虚梁。戊寅，御大明殿，群臣上尊号曰继天体道敬文仁武大昭孝皇帝。是夜，辰星犯房。己卯，以受尊号诏天下，拜住请释囚，不允。庚辰，益寿安山寺役卒三千人。辛巳，命御史大夫铁失领左、右阿速卫。丙戌，太阴犯井。丁亥，以教官待选者借注广海巡检。己丑，太阴犯酒旗，又犯轩辕。庚寅，拜住等言："受尊号，宜谢太庙，行一献礼。世祖亦尝议行，武宗则躬行谢礼。"诏曰："朕当亲谢。"命太史卜日，枢密选兵肆卤簿。辛卯，太阴犯明堂。癸巳，以营田提举司征酒税扰民，命有司兼榷之。甲午，以辽阳行省管内山场隶中政院。丙申，敕立故丞相安童碑于保定新城。戊戌，巩昌成州饥，发义仓赈之。己亥，太白犯西咸。十二月庚子朔，给蒙古子女冬衣。辛丑，立亦启烈氏为皇后，遣摄太尉、中书右丞相铁木迭儿持节授玉册、玉宝。癸卯，以立后诏天下。庆远路饥，真定路疫，并赈之。甲辰，荧惑犯亢。戊申，躬谢太庙。庚戌，太阴犯昴。作太庙正殿。甲寅，疏玉泉河。车驾幸西僧灌顶寺。己未，封唆南藏卜为白兰王，赐金印。真定、保定、大名、顺德等路水，民饥，禁酿酒。以金虎符颁各行省平章政事。辛酉，荧惑入氐。甲子，置田粮提举司，掌蓟、景二州田赋，以给卫士贫乏者，秩从五品。命帝师公哥罗古罗思监藏班藏卜诣西番受具足戒，赐金千三百五十两、银四千五十两、币帛万匹、钞五十万贯。以诸王怯伯使者数入朝，发兵守北口及卢沟桥。河间路饥，赈之。复以马家奴为司徒。乙丑，置中瑞司。冶铜五十万斤作寿安山寺佛像。宁海州蝗，归德、辽阳、通州等处水。

卷二十八　本纪第二十八

英宗二

二年春正月己巳朔，安南、占城各遣使来贡方物。壬申，保定雄州饥，赈之。庚午，广太庙。甲戌，禁汉人执兵器出猎及习武艺。丁丑，太阴犯昴。亲祀太庙，始陈卤簿，赐导驾耆老币帛。戊寅，敕有司存恤孔氏子孙贫乏者。己卯，山东、保定、河南、汴梁、归德、襄阳、汝宁等处饥，发米三十九万五千石赈之。庚辰，太白犯建星。公主阿剌忒纳八剌下嫁，赐钞五十万贯。辛巳，太白犯建星。敕："台宪用人，勿拘资格。"仪封县河溢伤稼，赈之。癸未，流徽政院使罗源于耽罗。建行殿于柳林。封塔察儿为兰国公。辛卯，太阴犯心。癸巳，以西僧罗藏为司徒。鄜州饥，粜米十万石赈之。甲午，荧惑犯房。丁酉，太白犯牛。二月己亥朔，荧惑犯建闭星。庚子，置左、右钦察卫亲军都指挥使司，命拜住总之。罢上都歇山殿及帝师寺役。辛丑，赐铁失父祖碑。癸卯，以江南行台御史大夫钦察为中书平章政事，江浙行省参政王居仁为中书参知政事，薛处敬罢为河南行省左丞。丙午，荧惑犯罚星。戊申，祭社稷。顺德路九县水旱，赈之。太阴犯井。庚戌，荧惑犯东咸。辛亥，太阴犯酒旗及轩辕。壬子，太白犯垒壁阵。赐诸王案忒不花钞七万五千贯。以御兀台秃忽鲁死事，赐钞三万五千贯。诸王怯伯遣使进文豹。河间路饥，禁酿酒。癸丑，太阴犯明堂。甲寅，以太庙役军造流杯池行殿。广海郡邑官旷员，敕愿往任者，升秩二等。乙卯，以辽阳行省平章政事买驴为中书平章政事。西僧亦思剌蛮展普疾，诏为释大辟囚一人、笞罪二十人。戊午，赈真定等路饥。己未，太阴犯天江。括马赐宗仁卫。壬戌，太白犯垒壁阵。诸王怯伯遣使进海东青鹘。癸亥，辽阳等路饥，免其租，仍赈粮一月。甲子，恩州水，民饥、疫，赈之。三月己巳，中书省臣言："国学废弛，请令中书平章政事廉恂、参议中书事张养浩、都事孛术鲁翀董之。外郡学校，仍命御史台、翰林院、国子监同议兴举。"从之。敕四宿卫、兴圣宫及诸王部勿用南人。斡鲁思告讦父母，斩之。辛未，禁捕天鹅，违者籍其家。壬申，复张珪司徒。临安路河西诸县饥，赈之。癸酉，河南两淮诸郡饥，禁酿酒。丙子，延安路饥，赈粮一月。罢京师诸营缮役卒四万余人。河间、河南、陕西十二郡春旱秋霖，民饥，免其租之半。戊寅，修都城。庚辰，敕："江浙僧寺田，除宋故有永业及世祖所赐者，余悉税之。"癸未，赈辽阳女直、汉军等户饥。乙酉，赈濮州水灾。丙戌，以亲祀礼成，赐与祭者币。普减内外官吏一资。万户哈剌那海以私粟赈军，赐银、币，仍酬其直。给行通政院印。赐潜邸四宿卫士钞有差。复置市舶提举司于泉州、庆元、广东三路，禁子女、金银、丝绵下番。丁亥，凤翔道士王道明妖言伏诛。己丑，有晕贯日如连环。赐诸王斡罗温孙银印。命有司建木华黎祠于东平，仍树碑。以国用匮竭，停诸王赏赉及皇后答里麻失里等岁赐。庚寅，曹州、滑州饥，赈之。命将作院更制冕旒。辛卯，遣御史录囚。置甘州八剌哈孙驿。监察御史何守谦坐赃杖免。壬辰，赈上都十一驿。给宗仁卫蒙古子女衣粮。赐诸王脱烈铁木儿钞五万贯。甲午，辽阳哈里宾民饥，赈之。丁酉，幸柳林。驸马许纳之子速怯诉曰："臣父谋叛，臣母私从人。"帝曰："人子事亲，有隐无犯，今有过不谏，乃复告讦。"命诛之。赈奉元路饥。夏四月戊戌朔，车驾幸上都。己亥，岭北蒙古军饥，给粮遣还所部。庚子，赈彰德路饥。壬寅，真州火，徽州饥，并赈之。辛亥，泾州雨雹，免被灾者租。壬子，公主失怜答里薨，赐钞五万贯。甲寅，南阳府西穰等屯风、雹，洪泽、芍陂屯田去年旱、蝗，并免其租。丙辰，恩州饥，禁酿酒。乙丑，中书省臣请节赏赉以纾民力，帝曰："朕思所出倍于所入，出纳之际，卿辈宜慎之，朕当撙节其用。"丙寅，赐边卒钞、帛。赈东昌、霸州饥民。松江府上海县水，仍旱。五月己巳，以公主速哥八剌为赵国大长公主。免德安府被灾民租，修滹沱河堤。彰德府饥，禁酿酒。庚午，泰符、临邑二县民谋逆，其首王驴儿伏诛，余杖流之。睢、许二州去年水旱，免其租。辛未，驸马脱脱薨，赐钞五万贯。丙子，荧惑退犯东咸。庚辰，赈固安州饥。置营于永平，收养蒙古子女，遣使谕四方，匿者罪之。癸未，以御史大夫脱脱为江南行台御史大夫。置宗仁蒙古侍卫亲军都指挥使司。甲申，车驾幸五台山。赈夏津、永清二县饥。以只儿哈郎为御史大夫。乙酉，以拜住领宗仁蒙古侍卫亲军都指挥使司事，佩三珠虎符。京师饥，发粟二十万石赈籴。云南行省平章答失铁木儿、朵儿只坐赃杖免。戊子，禁民集众祈神。庚寅，河南、陕西、河间、保定、彰德等路饥，发粟赈之，仍免常赋之半。调各卫汉军二千，充宗仁卫屯田卒。崇星于五台山。甲午，赈巩昌阶州饥。丙申，以吴全节为玄教大宗师，特进上卿。闰月戊戌，封诸葛忠武侯为威烈忠武显灵仁济王。辛丑，万户李英以良民为奴，擅文其面，坐罪。癸卯，禁白莲佛事。睢阳县亳社屯大水，饥，赈之。诸王阿马、承童坐擅徙脱列捏王卫士，并杖流海南。甲辰，御史台臣请黜监察御史不称职者，以示惩劝，从之。丙午，岭北戍卒贫乏，赐钞三千二百五十万贯、帛五十万匹。戊申，奉元路鄜县及成州饥，并赈之。以铁木迭儿子同知枢密院事班丹知枢密院事。己酉，也不干八秃儿戍边有功，赐以金、钞。壬子，作紫檀殿。乙卯，以淮安路去岁大水，辽阳路陨霜杀禾，南康路旱，并免其租。壬戌，安丰属县霖雨伤稼，免其租。兴元褒城县饥，赈之。甲子，真定、山东诸路饥，弛其河泊之禁。丙寅，辰州沅陵县洞蛮为寇，遣兵捕之。敕："已除不赴任者，夺其官。"封公主速哥八剌乳母为顺国夫人。六月丁卯朔，车驾至五台山，禁扈从宿卫，毋践民禾。置中庆、大理二路推官各一员。戊辰，扬州属县旱，免其租。己巳，广元路绵谷、昭化二县饥，官市米赈之。壬申，荧惑犯心。癸酉，申禁日者妄谈天象。甲戌，新平、上蔡二县水，免其租。丙子，修浑河堤。壬午，辰州江水溢，坏民庐舍。丁亥，奉元属县水，淮安属县旱，并免其租。庚寅，思州风、雹，建德路水，皆赈之。秋七月戊戌，淮安路水，民饥，免其租。己亥，荧惑犯天江。丁未，赐拜住平江田万亩。壬子，遣亲王阔阔秃总兵北边，赐金二百五十两、银二千五百两、钞五十万贯。戊午，太阴犯井宿钺星。车驾次应州，曲赦金城县囚徒。庚申，升靖州为路。辛酉，次浑源州。中书左丞张思明坐罪杖免，籍其家。甲子，录京师诸役军匠病者千人，各赐钞遣还。南康路大水，庐州六安县大雨，水暴至，平地深数尺，民饥，命有司赈粮一月。八月戊辰，祭社稷。己巳，道州宁远县民符翼轸作乱，有司讨擒之。壬申，蔚州民献嘉禾。甲戌，次奉圣州。筑宗仁卫营。给庐州流民复业者行粮。戊寅，诏画《蚕麦图》于鹿顶殿壁，以时观之，可知民事也。己卯，庐州路六安、舒城县水，赈之。庚辰，增寿安山寺役卒七千人。庚寅，铁木迭儿卒，命给直市其葬地。甲午，瑞州高安县饥，命有司赈之。九月戊戌，大宁路、水达达等驿水伤禾，赈之。给蒙古子女贫乏者钞七百五十万贯。戊申，给寿安山造寺役军匠死者钞，人百五十贯。庚戌，申禁江南典雇妻妾。辛亥，幸寿安山寺，赐监役官钞，人五千贯。甲寅，赈淮东泰兴等县饥。丙辰，太皇太后崩。戊午，赐蒙古子女钞百五十万贯。己未，太阴犯明堂。庚申，敕停今年冬祀南郊。癸亥，地震。甲子，临安河西县春夏不雨，种不入土，居民流散，命有司赈给，令复业。作层楼于涿州鹿顶殿西。丙寅，西僧班吉疾，赐钞五万贯。冬十月丁卯，太史院请禁明年兴作土功，从之。戊辰，享太庙，以国哀迎香去乐，修庙工役未毕，妨陈宫悬，止用登歌。丙子，押济思国遣使来贡方物。江南行台大夫脱脱坐请告未得旨辄去职，杖谪云南。庚辰至辛巳，太阴犯井。甲申，建太祖神御殿于兴教寺。己丑，荧惑犯垒壁阵。以拜住为中书右丞相。南恩州贼谭庚生等降。十一月甲午朔，日有食之。己亥，以立右丞相诏天下。流民复业者，免差税三年。站户贫乏鬻卖妻子者，官赎还之。凡差役造作，先科商贾末技富实之家，以优农力。免陕西明年差税十之三，各处官佃田明年租十之二，江淮创科包银全免之。御史李端言："近者京师地震，日月薄蚀，皆臣下失职所致。"帝自责曰："是朕思虑不及致然。"因敕群臣亦当修饬，以谨天戒。罢世祖以后冗置官。括江南僧有妻者为民。安南国遣使来贡方物，回赐金四百五十两、金币九，帛如之。癸卯，地震。甲辰，太白犯垒壁阵。罢徽政院。乙巳，荧惑犯垒壁阵。丙午，造龙船三艘。戊申，太阴掩井。岷州旱、疫，赈之，赐戍北边万户、千户等官金带。御史李端言："朝廷虽设起居注，所录皆臣下闻奏事目。上之言动，宜悉书之，以付史馆。世祖以来所定制度，宜著为令，使吏不得为奸，治狱者有所遵守。"并从之。乙卯，遣西僧高主瓦迎帝师。宣德府宣德县地屡震，赈被灾者粮、钞。己未，太阴犯东咸。定脱脱禾孙入流官选，给印与俸。置八番军民安抚司，改长官所二十有八为州县。庚申，太阴犯天江。辛酉，荧惑犯岁星。真人蔡道泰杀人，伏诛；刑部尚书不答失里坐受其金，范德郁坐诡随，并杖免。平江路水，损官民田四万九千六百三十顷，免其租。十二月甲子朔，南康建昌州大水，山崩，死者四十七人，民饥，命赈之。乙丑，太白、岁星、荧惑三星聚于室，太白犯垒壁阵。丁卯，中书平章政事买驴罢为大司农，廉恂罢为集贤大学士，以集贤大学士张珪为中书平章政事。戊辰，以掌道教张嗣成、吴全节、蓝道元各三授制命、银印，敕夺其二。壬申，免回回人户屯戍河西者银税。甲戌，两江来安路总管岑世兴作乱，遣兵讨之。铁木迭儿子宣政院使八思吉思，坐受刘夔冒献田地伏诛，仍籍其家。乙亥，太阴掩井。丙寅，增镇南王脱不花戍兵。戊寅，太白犯岁星。庚辰，葛蛮安抚司副使龙仁贵作乱，湖广行省督兵捕之。以知枢密院事钦察台为宣政院使，参知政事速速为中书左丞，宗仁侍卫亲军都指挥使马剌为参知政事。癸未，绍兴路柔远州洞蛮把者为寇，遣兵捕之。以御史大夫只儿哈郎知枢密院事。封阔阔秃为武宁王，授金印。以地震、日食，命中书省、枢密院、御史台、翰林、集贤院集议国家利害之事以闻。敕两都营缮仍旧，余如所议。弛河南、陕西等处酒禁。禁近侍奏取没入钱物。乙酉，杭州火，赈之。丙戌，定谥太皇太后曰昭献元圣，遣太常礼仪院使朵台以谥议告于太庙。升宁昌府为下路，增置一县。并云南西沙县入宁州。赐淮安忠武王伯颜祠祭田二十顷。己丑，荧惑犯外屏，太阴犯建星。辛卯，给蒙古流民粮、钞，遣还本部。张珪足疾免朝贺。西僧灌顶疾，请释囚，帝曰："释囚祈福，岂为师惜。朕思恶人屡赦，反害善良，何福之有？"宣徽院臣言："世祖时晃吉剌岁输尚食羊二千，成宗时增为三千，今请增五千。"帝不许，曰："天下之民，皆朕所有，如有不足，朕当济之。若加重赋，百姓必致困穷，国亦何益。"命遵世祖旧制。徽州、庐州、济南、真定、河间、大名、归德、汝宁、巩昌诸处及河南芍陂屯田水，大同、卫辉、江陵属县及丰赡署大惠屯风，河南及云南乌蒙等处屯田旱，汴梁、顺德、河间、保定、庆元、济宁、濮州、益都诸属县及诸卫屯田蝗。

三年春正月癸巳朔，暹国及八番洞蛮酋长，各遣使来贡。曹州禹城县去秋霖雨害稼，县人邢著、程进出粟以赈饥民，命有司旌其门。乙未，享太庙。己亥，思明州盗起，湖广行省督兵捕之。庚子，刑部尚书乌马儿坐赃杖免。壬寅，命太仆寺增给牝马百匹，供世祖、仁宗御容殿祭祀马湩。和林阿兰秃等驿户贫乏，给钞赈之。以行中书省平章政事复兼总军政，军官有罪，重者以闻，轻者就决。罢上都、云州、兴和、宣德、蔚州、奉圣州及鸡鸣山、房山、黄芦、三叉诸金银冶，听民采炼，以十分之三输官。授前枢密院副使吴元珪、王约集贤大学士，翰林侍讲学士韩从益昭文馆大学士，并商议中书省事。拜住言："前集贤侍讲学士赵居信、直学士吴澄，皆有德老儒，请征用之。"帝喜曰："卿言适副朕心，更当搜访山林隐逸之士。"遂以居信为翰林学士承旨，澄为学士。增置上都留守司判官二员，以汉人为之，专掌刑名。置仁宗中宫位提举司二，秩正五品，隶承徽寺。太阴犯钺星，又犯井。癸卯，太阴犯井。甲辰，镇西武宁王部饥，赈之。遣诸王忽剌出往镇云南，赐钞万五千贯。辛亥，申命铁失振举台纲。壬子，建诸王驿于京师，遣回回炮手万户赴汝宁、新蔡，遵世祖旧制，教习炮法。静江、邕、柳诸郡獠为寇，命湖广行省督兵捕之。甲寅，以宗仁卫蒙古子女额足万户，命罢收之。乙卯，征东末吉地兀者户，以貂鼠、水獭、海狗皮来献，诏存恤三岁。丙辰，泉州民留应总作乱，命江浙行省遣兵捕之。丁巳，定封赠官等秩。辛酉，禁故杀子孙诬平民者。增置兵部尚书一员。四川行省平章政事赵世延，为其弟讼不法事，系狱待对，其弟逃去，诏出之。仍著为令：逃者百日不出，则释待对者。命枢密副使完颜纳丹、侍御史曹伯启、也可扎鲁忽赤不颜、集贤学士钦察、翰林直学士曹元用，听读仁宗时纂集累朝格例。敕："常调官外不次铨用者，但升以职，勿升其阶。"二月癸亥朔，作上都华严寺、八思巴帝师寺及拜住第，役军六千二百人。定军官袭职，嫡长子孙幼者，令诸兄弟侄摄之，所受制敕书权袭，以息争讼。是夜，荧惑、太白、填星三星聚于胃。丙寅，翰林国史院进《仁宗实录》。遣教化等往西番抚初附之民，征畜牧，治邮传。戊辰，祭社稷。天寿节，宾丹、爪哇等国遣使来贡。己巳，修通惠河闸十有九所。治野狐、桑乾道。癸酉，畋于柳林，顾谓拜住曰："近者地道失宁，风雨不时，岂朕纂承大宝行事有阙欤？"对曰："地震自古有之，陛下自责固宜，良由臣等失职，不能燮理。"帝曰："朕在位三载，于兆姓万物，岂无乖戾之事？卿等宜与百官议，有便民利物者，朕即行之。"置镇远王也不干王傅官属。罢播州黄平府长官所一，徙其民隶黄平。是夜，太白犯昴。辛巳，造五辂。司徒刘夔、同佥宣政院事囊加台，坐妄献地土、冒取官钱，伏诛。格例成定，凡二千五百三十九条，内断例七百一十七、条格千一百五十一、诏赦九十四、令类五百七十七，名曰《大元通制》，颁行天下。是夜，太阴犯东咸。癸未，赈北边军钞二十五万锭、粮二万石。命宣徽院选蒙古子男四百入宿卫。罢徽政院总管府三：都总管府隶有司，怯怜口及人匠总管府隶陕西行中书省。降开成路为州。丙戌，雨土。京师饥，发粟二万石赈粜。造五辂旗。丁亥，敕金书《藏经》二部，命拜住等总之。戊午，封鹰师不花为赵国公。辛卯，以太子宾客伯都廉贫，赐钞十万贯。诸王月思别遣使来朝。罢称海宣慰司及万户府，改立屯田总管府。诸王怯伯遣使贡蒲萄酒。海漕粮至直沽，遣使祀海神天妃。三月壬辰朔，车驾幸上都。赐诸王喃答失钞二百五十万贯，复给诸王脱欢岁赐。丁酉，平江路嘉定州饥，发粟六万石赈之。戊戌，安丰芍陂屯田女直户饥，赈粮一月。庚子，崇明诸州饥，发米万八千三百石赈之。甲辰，台州路黄岩州饥，赈粮两月。丁未，西番参卜郎诸族叛，敕镇西武靖王搠思班等发兵讨之。戊申，祔太皇太后于顺宗庙室，遣摄太尉、中书右丞相拜住奉玉册、玉宝上尊谥曰昭献元圣皇后。辛亥，以圆明、王道明之乱，禁僧、道度牒、符录。丙辰，敕："医、卜、匠官，居丧不得去职，七十不听致仕，子孙无荫叙，能绍其业者，量材录用。"监察御史拜住、教化，坐举八思吉思失当，并黜免。诸王火鲁灰部军驿户饥，赈之。夏四月壬戌朔，敕天下诸司命僧诵经十万部。丙寅，察罕脑儿蒙古军驿户饥，赈之。丁卯，旌内黄县节妇王氏。己巳，浚金水河。甲戌，命张珪及右司员外郎王士熙勉励国子监学。敕都功德使阔儿鲁至京师。释囚大辟三十一人，杖五十七以上者六十九人。放笼禽十万，令有司偿其直。己卯，诏行助役法，遣使考视税籍高下，出田若干亩，使应役之人更掌之，收其岁入以助役费，官不得与。北边军饥，赈之。蒙古大千户部，比岁风雪毙畜牧，赈钞二百万贯。敕京师万安、庆寿、圣安、普庆四寺，扬子江金山寺、五台万圣祐国寺，作水陆佛事七昼夜。丁亥，故罗罗斯宣慰使述古妻漂末权领司事，遣其子娑住邦来献方物。戊子，南丰州民及巩昌蒙古军饥，赈之。五月辛卯朔，设大理路白盐城榷税官，秩正七品；中庆路榷税官，秩从七品。置安庆灊山县、云南宁远州。戊戌，太白经天。庚子，大风雨雹，拔柳林行宫内外大木二千七百。辛丑，以铁失独署御史大夫事。壬寅，云南行省平章政事忽辛坐赃杖免。诏中外开言路。置庆元路峄山县，增尉一员。徙安寨县于龙安驿。癸卯，太阴犯房。乙巳，岭北米贵，禁酿酒。戊申，监察御史盖继元、宋翼言："铁木迭儿奸险贪污，请毁所立碑。"从之，仍追夺官爵及封赠制书。帝御大安阁，见太祖、世祖遗衣皆以缣素木绵为之，重加补缀，嗟叹良久，谓侍臣曰："祖宗创业艰难，服用节俭乃如此，朕焉敢顷刻忘之！"太白犯毕。癸丑，荆湖宣慰使脱列受赂，事觉，召至京师，御史台臣请遣就鞫，不允。乙卯，赐勋旧子撒儿蛮、按灰铁木儿、也先铁木儿钞，人万五千贯。以钞千万贯，市羊马给岭北戍卒，人骟马二、牝马二、羊十五。禁驿户无质卖官地。丙辰，东安州水，坏民田千五百六十顷。戊午，真定路武邑县雨水害稼。奉元行宫正殿灾。上都利用监库火，帝令卫士扑灭之。因语群臣曰："世皇始建宫室，于今安焉。朕嗣登大宝，而值此毁，此朕不能图治之故也。"钦察卫兵戍边，有卒累功，请赏以官，帝曰："名爵岂赏人之物？"命赐钞三千贯。大名路魏县霖雨，大同路雁门屯田旱损麦，诸卫屯田及永清县水，保定路归信县蝗。六月，寇围宁都，州民孙正臣出粮饷军，旌其门。丁卯，西番参卜郎诸寇未平，遣徽政使丑驴往督师。戊辰，毁铁木迭儿父祖碑，追收元受制书，告谕中外。赠乳母忽秃台定襄郡夫人，其夫阿来追封定襄王，谥忠愍。壬申，将作院使哈撒儿不花坐罔上营利，杖流东裔，籍其家。留守司以雨请修都城，有旨："今岁不宜大兴土功，其略完之。"癸酉，置太庙夹室。赠燕赤吉台太赤为襄安王。诸王别思铁木儿统兵北部，别颁岁赐。太常请纂修累朝仪礼，从之。癸未，填星犯毕。乙酉，易、安、沧、莫、霸、祁诸州及诸卫屯田水，坏田六千余顷。诸王怯伯数寇边，至是遣使来降，帝曰："朕非欲彼土地人民，但吾民不罹边患，军士免于劳役，斯幸矣。今既来降，当厚其赐以安之。"秋七月辛卯朔，宣政使钦察台自传旨署事，中书以体制非宜，请通行禁止，从之。壬辰，占城国王遣其弟保佑八剌遮奉表来贡方物。真定路驿户饥，赈粮二千四百石。癸卯，太庙成。班丹坐赃杖免。赐剌秃屯田贫民钞四十六万八千贯市牛具。甲辰，诸王帖木儿还自云南，入宿卫，赐钞二万五千贯。乙巳，招谕左右两江黄胜许、岑世兴。己酉，封诸王忽都铁木儿为威远王，授金印。减海道岁运粮二十万石，并免江淮增科粮。甲寅，买马行宫驾车六百五十匹。丙辰，永宁王卜颜铁木儿为不法，命宗正府及近侍杂治其傅。籍铁木迭儿家资。诸王彻彻秃入朝请印，帝以其政绩未著，不允，赐钞二十五万贯。御史台请降旨开言路，帝曰："言路何尝不开，但卿等选人未当尔。"滦州雨，水害屯田稼。真定州诸路属县蝗，冀宁、兴和、大同三路属县陨霜。东路蒙古万户府饥，赈粮两月。八月癸亥，车驾南还，驻跸南坡。是夕，御史大夫铁失、知枢密院事也先帖木儿、大司农失秃儿、前平章政事赤斤铁木儿、前云南行省平章政事完者、铁木迭儿子前治书侍御史锁南、铁失弟宣徽使锁南、典瑞院使脱火赤、枢密院副使阿散、佥书枢密院事章台、卫士秃满及诸王按梯不花、孛罗、月鲁铁木儿、曲吕不花、兀鲁思不花等谋逆，以铁失所领阿速卫兵为外应，铁失、赤斤铁木儿杀丞相拜住，遂弑帝于行幄。年二十一，从葬诸帝陵。泰定元年二月，上尊谥曰睿圣文孝皇帝，庙号英宗。四月，上国语庙号曰格坚。

英宗性刚明，尝以地震减膳、彻乐、避正殿，有近臣称觞以贺，问："何为贺？朕方修德不暇，汝为大臣，不能匡辅，反为谄耶？"斥出之。拜住进曰："地震乃臣等失职，宜求贤以代。"曰："毋多逊，此朕之过也。"尝戒群臣曰："卿等居高位，食厚禄，当勉力图报。苟或贫乏，朕不惜赐汝；若为不法，则必刑无赦。"八思吉思下狱，谓左右曰："法者，祖宗所制，非朕所得私。八思吉思虽事朕日久，今其有罪，当论如法。"尝御鹿顶殿，谓拜住曰："朕以幼冲，嗣承大业，锦衣玉食，何求不得。惟我祖宗栉风沐雨，戡定万方，曾有此乐邪？卿元勋之裔，当体朕至怀，毋忝尔祖。"拜住顿首对曰："创业惟艰，守成不易，陛下睿思及此，亿兆之福也。"又谓大臣曰："中书选人署事未旬日，御史台即改除之。台除者，中书亦然。今山林之下，遗逸良多，卿等不能尽心求访，惟以亲戚故旧更相引用邪？"其明断如此。然以果于刑戮，奸党畏诛，遂构大变云。

卷二十九　　本纪第二十九

泰定帝一

泰定皇帝，讳也孙铁木儿，显宗甘麻剌之长子，裕宗之嫡孙也。初，世祖以第四子那木罕为北安王，镇北边。北安王薨，显宗以长孙封晋王代之，统领太祖四大斡耳朵及军马、达达国土。至元十三年十月二十九日，帝生于晋邸。大德六年，晋王薨，帝袭封，是为嗣晋王，仍镇北边。成宗、武宗、仁宗之立，咸与翊戴之谋，有盟书焉。王府内史倒剌沙得幸于帝，常侦伺朝廷事机，以其子哈散事丞相拜住，且入宿卫。久之，哈散归，言御史大夫铁失与拜住意相忤，欲倾害之。至治三年三月，宣徽使探忒来王邸，为倒剌沙言："主上将不容于晋王，汝盍思之。"于是倒剌沙与探忒深相要结。八月二日，晋王猎于秃剌之地，铁失密遣斡罗思来告曰："我与哈散、也先铁木儿、失秃儿谋已定，事成，推立王为皇帝。"又命斡罗思以其事告倒剌沙，且言："汝与马速忽知之，勿令旭迈杰得闻也。"于是王命囚斡罗思，遣别烈迷失等赴上都，以逆谋告，未至。癸亥，英宗南还，驻跸南坡。是夕，铁失等矫杀拜住，英宗遂遇弑于幄殿。诸王按梯不花及也先铁木儿奉皇帝玺绶，北迎帝于镇所。九月癸巳，即皇帝位于龙居河，大赦天下。诏曰：

薛禅皇帝可怜见嫡孙、裕宗皇帝长子、我仁慈甘麻剌爷爷根底，封授晋王，统领成吉思皇帝四个大斡耳朵，及军马、达达国土都付来。依着薛禅皇帝圣旨，小心谨慎，但凡军马人民的不拣甚么勾当里，遵守正道行来的上头，数年之间，百姓得安业。在后，完泽笃皇帝教我继承位次，大斡耳朵里委付了来。已委付了的大营盘看守著，扶立了两个哥哥曲律皇帝、普颜笃皇帝，侄硕德八剌皇帝。我累朝皇帝根底，不谋异心，不图位次，依本分与国家出气力行来；诸王哥哥兄弟每，众百姓每，也都理会的也者。今我的侄皇帝生天了也么道，迤南诸王大臣、军士的诸王驸马臣僚、达达百姓每，众人商量著：大位次不宜久虚，惟我是薛禅皇帝嫡派，裕宗皇帝长孙，大位次里合坐地的体例有，其余争立的哥哥兄弟也无有；这般，晏驾其间，比及整治以来，人心难测，宜安抚百姓，使天下人心得宁，早就这里即位提说上头，从著众人的心，九月初四日，于成吉思皇帝的大斡耳朵里，大位次里坐了也。交众百姓每心安的上头，赦书行有。

是日，以知枢密院事淇阳王也先铁木儿为中书右丞相，诸王月鲁铁木儿袭封安西王。甲午，以内史倒剌沙为中书平章政事，乃马台为中书右丞，铁失知枢密院事，马思忽同知枢密院事，孛罗为宣徽院使，旭迈杰为宣政院使。乙未，大理护子罗蛮为寇。以枢密副使阿散为御史中丞，内史善僧为中书左丞。丁酉，以完泽知枢密院事，秃满同佥枢密院事。戊戌，以撒的迷失知枢密院事，章台同知枢密院事。己亥，敕谕百司："凡铨授官，遵世祖旧制，惟枢密院、御史台、宣政院、宣徽院得自奏闻，余悉由中书。"辛丑，以马某沙知枢密院事，失秃儿为大司农。召诸王官属流徙远地及还元籍者二十四人还京师。是岁，大宁蒙古大千户部风雪毙畜牧，赈米十五万石。南康、漳州二路水，淮安、扬州属县饥，赈之。冬十月癸亥，修佛事于大明殿。甲子，遣使至大都，以即位告天地、宗庙、社稷，诛逆贼也先铁木儿、完者、锁南、秃满等于行在所。以旭迈杰为中书右丞相，陕西行中书左丞相秃忽鲁、通政院使纽泽并为御史大夫，速速为御史中丞。遣旭迈杰、纽泽诛逆贼铁失、失秃儿、赤斤铁木儿、脱火赤、章台等于大都，并戮其子孙，籍入家产。己巳，太白犯亢。戊辰，召亦都护高昌王铁木儿补化。壬申，以内史按答出为太师、知枢密院事。丙子，太白犯氐。诏百司遵守世祖成宪。癸未，以旭迈杰兼阿速卫达鲁花赤。丙戌，以江浙行省平章政事兀伯都剌为中书平章政事。八番顺元及静江、大理、威楚诸路猺兵为寇，敕湖广、云南二省招谕之。扬州江都县火，云南王、西平王二部卫士饥，皆赈之。十一月己丑朔，荧惑犯亢。车驾次于中都，修佛事于昆刚殿。庚寅，太白犯钩钤。丙申，次于祖妫。乙未，太白犯东咸。辛丑，车驾至大都。壬寅，荧惑犯氐。诸王怯别遣使来朝。丁未，御大明殿，受诸王、百官朝贺。庚戌，诏百司朝夕视事毋怠。辛亥，御史中丞董守庸，坐党铁失免官。壬子，敕营缮不急者罢之。癸丑，遣使诣曲阜，以太牢祀孔子。敕会福院奉北安王那木罕 像于高良河寺，祭遁甲五福神。甲寅，诸王怯别遣使来朝。乙卯，崇星于司天监。丙辰，御史中丞速速坐贪淫免官。丁巳，广州路新会县民汜长弟作乱，广东副元帅乌马儿率兵捕之。云南开南州大阿哀、阿三木、台龙买六千余人寇哀卜白盐井。诏："凡有罪自首者，原其罪。"袁州路宜春县、镇江路丹徒县饥，赈粜米四万九千石。沅州黔阳县饥，芍陂屯田旱，并赈之。十二月己未，御史台经历朵儿只班、御史撒儿塔罕、兀都蛮、郭也先忽都，并坐党铁失免官。御史言："曩者铁木迭儿专政，诬杀杨朵儿只、萧拜住、贺伯颜、观音保、锁咬儿哈的迷失，黥窜李谦亨、成珪，罢免王毅、高昉、张志弼，天下咸知其冤，请昭雪之。"诏存者召还录用，死者赠官有差。授诸王薛彻干以其父故金印。庚申，以宦者刚答里为中政院使。壬戌，赐潜邸卫士钞，人六十锭。浚镇江路漕河及练湖，役丁万三千五百人。给诸王八剌失里印。戊辰，请皇考、皇妣谥于南郊，皇考晋王曰光圣仁孝皇帝，庙号显宗，皇妣晋王妃曰宣懿淑圣皇后。己巳，辰星犯垒壁阵。庚午，以即位，大赉后妃、诸王、百官，金七百余锭、银三万三千锭，钱及币帛称是。遣使祀海神天妃。盗入太庙，窃仁宗及庄懿慈圣皇后金主。辛未，荧惑犯房。壬申，作仁宗主，仍督有司捕盗。崇星于司天监。癸酉，德庆路泷水县猺刘寅等降。甲戌，命道士吴全节修醮事。乙亥，征东夷民奉兽皮来附。太常院臣言："世祖以来，太庙岁惟一享，先帝始复古制，一岁四祭，请裁择之。"帝曰："祭祀，盛事也，朕何敢简其礼。"命仍四祭。监察御史脱脱、赵成庆等言："铁木迭儿在先朝，包藏祸心，离间亲藩，诛戮大臣，使先帝孤立，卒罹大祸。其子锁南，亲与逆谋，久逭天宪，乞正其罪，以快元元之心。月鲁、秃秃哈、速敦皆铁失之党，不宜宽宥。"遂并伏诛。丙子，命岭北守边诸王彻彻秃，月修佛事，以却寇兵。己卯，命僧作佛事于大内以厌雷。增诸王薛彻干、驸马哈伯等岁赐金、银、币、帛有差。辛巳，荧惑犯东咸。壬午，诸王月思别遣怯烈来朝，赐以金、币。癸未，广西右江来安路总管岑世兴遣其弟世元入贡。流诸王月鲁铁木儿于云南，按梯不花于海南，曲吕不花于奴儿干，孛罗及兀鲁思不花于海岛，并坐与铁失等逆谋。乙酉，云南车里于孟为寇 ，诏招谕之。谕百司借名器，各遵世祖定制。丙戌，旭迈杰言："近也先铁木儿之变，诸王买奴逃赴潜邸，愿效死力，且言不除元凶，则陛下美名不著，天下后世何从而知。上契圣衷，尝蒙奖谕。今臣等议，宗戚之中，能自拔逆党，尽忠朝廷者，惟有买奴，请加封赏，以示激劝。"遂以泰宁县五千户封买奴为泰宁王。知枢密院事、大司徒阔彻伯授开府仪同三司，以前太师拜忽商议军国重事。丁亥，议赏讨逆功，赐旭迈杰金十锭、银三十锭、钞七千锭，倒剌沙为中书左丞相，知枢密院事马某沙、御史大夫纽泽、宣政院使锁秃并加授光禄大夫，仍赐金、银、钞有差。塑马哈吃剌佛像于延春阁之徽清亭。下诏改元，诏曰："朕荷天鸿禧，嗣大历服，恻躬图治，夙夜祗畏，惟祖训是遵，乃开岁甲子，景运伊始，思与天下更新。稽诸典礼，逾年改元，可以明年为泰定元年。"免大都、兴和差税三年，八番、思、播、两广洞寨差税一年，江淮创科包银三年，四川、云南、甘肃秋粮三分，河南、陕西、辽阳丝钞三分。除虚增田税，免斡脱逋钱，赈恤云南、广海、八番等处戍军。求直言，赐高年帛，禁献山场湖泊之利。定吏员出身者秩正四品。以追尊皇考、皇妣，诏天下。云南花脚蛮为寇，诏招谕之。平江嘉定州饥，辽阳答阳失蛮、阔阔部风、雹，并赈之。澧州、归州饥，赈粜米二万石。是岁，夏，诸卫屯田及大都、河间、保定、济南、济宁五路属县霖雨伤稼。秋，忻州定襄县及忠翊侍卫屯田所营田、象食屯田所陨霜杀禾。土番岷州春疫，夏旱。西番寇巩昌府。

泰定元年春正月乙未，以乃马台为平章政事，善僧为右丞。敕诸王哈剌还本部，召江西行省平章政事也儿吉你赴阙。己亥，以诛逆臣也先铁木儿等诏天下。辛丑，诸王、大臣请立皇太子。赐诸王彻彻秃金一锭、银六十锭、币帛各百匹，塔思不花金一锭、银四十锭、币帛二百匹，阿忽铁木儿等金银各有差。壬寅，以故丞相拜住子答儿麻失里为宗仁卫亲军都指挥使，彻里哈为左右卫阿速亲军都指挥使。命僧讽西番经于光天殿。甲辰，敕译《列圣制诏》及《大元通制》，刊本赐百官。丁未，以称海屯田万户府达鲁花赤帖陈假岭北行中书省参知政事，近侍忽都帖木儿假礼部尚书，使西域诸王不赛因部。戊申，八番生蛮韦光正等及杨、黄五种人，以其户二万七千来附，请岁输布二千五百匹，置长官司以抚之。己酉，命诸王远徙者悉还其部。召亲王图帖睦尔于琼州，阿木哥于大同。定怯薛台岁给钞，人八十锭。甲寅，赐诸王太平、忽剌台、别失帖木儿等金印。敕高丽王还国，仍归其印。粜米二十万石，赈京师贫民。丙辰，赐故监察御史观音保、锁咬儿哈的迷失妻、子钞各千锭。赐司徒道住印。敕封解州盐池神曰灵富公。广德、信州、岳州、惠州、南恩州民饥，发粟赈之。二月丁巳朔，作显宗影堂。己未，修西番佛事于寿安山寺，曰星吉思吃剌，曰阔儿鲁弗卜，曰水朵儿麻，曰飒间卜里喃家，经僧四十人，三年乃罢。庚申，监察御史傅岩起、李嘉宾言："辽王脱脱乘国有隙，诛屠骨肉，其恶已彰，恐怀疑贰，如令归藩，譬之纵虎出柙。请废之，别立近族以袭其位。"不报。甲子，作佛事，命僧百八人及倡优百戏，导帝师游京城。庚午，选守令、推官。旧制，台宪岁举守令、推官二人，有罪连坐，至是言其不便，复命中书于常选择人用之。壬申，请上大行皇帝谥于南郊，曰睿圣文孝皇帝，庙号英宗。甲戌，江浙行省左丞赵简，请开经筵及择师傅，令太子及诸王大臣子孙受学，遂命平章政事张珪、翰林学士承旨忽都鲁都儿迷失、学士吴澄、集贤直学士邓文原，以《帝范》、《资治通鉴》、《大学衍义》、《贞观政要》等书进讲，复敕右丞相也先铁木儿领之。诸王怯别、孛罗各遣使来贡。高昌王亦都护帖木儿补化遣使进蒲萄酒。丁丑，监察御史宋本、赵成庆、李嘉宾言："盗窃太庙神主，由太常守卫不谨，请罪之。"不报。戊寅，御史李嘉宾劾逆党左阿速卫指挥使脱帖木儿，罢之。癸未，宣谕也里可温各如教具戒。加封广德路祠山神张真君曰普济，宁国路广惠王曰福祐。绍兴、庆元、延安、岳州、潮州五路及镇远府、河州、集州饥，发粟赈之。三月丁亥朔，罢徽政院，立詹事院，以太傅朵台、宣徽使秃满迭儿、桓国公拾得驴、太尉丑驴答剌罕，并为太子詹事；中书参知政事王居仁为太子副詹事，以同知宣政院事杨廷玉为中书参知政事，罢大同路黄华岭及崇庆屯田。赐寿宁公主金十锭、银五十锭、钞二万锭。乙未，以江西行省平章政事也儿吉你知枢密院事。置定王薛彻干总管府。给蒙古流民粮、钞，遣还所部，敕擅徙者斩，藏匿者杖之。赐诸王彻彻秃永福县户万三千六百为食邑，仍置王傅。戊戌，廷试进士，赐八剌、张益等八十四人及第、出身有差；会试下第者，亦赐教官有差。中书省臣请禁横奏赏赉及逾越奏事者，从之。庚子，钦察罢为陕西行台御史大夫。以四川行中书省平章政事囊加台兼宣政院使，往征西番寇参卜郎。癸卯，命中书平章政事乃马台摄祭南郊，知枢密院事阔彻伯摄祭太庙，以册皇后、皇太子告。丙午，御大明殿，册八八罕氏为皇后，皇子阿剌吉八为皇太子。己酉，以皇子八的麻亦儿间卜嗣封晋王。泰宁王买奴卒，以其子亦怜真朵儿赤嗣。遣湘宁王八剌失里出镇察罕脑儿，罢宣慰司，立王傅府。以知枢密院事也儿吉你为云南行省右丞相。召流人还京师。庚戌，月直延民真只海、阿答罕来献大珠。监察御史宋本、李嘉宾、傅岩起言："太尉、司徒、司空，三公之职，滥假僧人，及会福、殊祥二院，并辱名爵，请罢之。"不报。癸丑，诸王不赛因遣使朝贡。临洮狄道县，冀宁石州、离石、宁乡县旱，饥，赈米两月。广西横州徭寇永淳县。夏四月戊午，廉恂罢为集贤大学士，食其禄终身。赐乳母李氏钞千锭，赐征参卜郎军千人钞四万七千锭。太尉不花、平章政事即烈，坐矫制以寡妇古哈强配撒梯，被鞫，诏以世祖旧臣，原其罪。己未，以珠字诏赐帝师所居撒思加部。庚申，诏整饬御史台。作昭献元圣皇后御容殿于普庆寺。辛酉，命昌王八剌失里往镇阿难答昔所居地。亲王图帖睦尔至自潭州，及王禅，皆赐车帐、驼马。癸亥，以国言上英宗庙号曰格坚皇帝。修佛事于寿昌殿。甲子，车驾幸上都。以诸王宽彻不花、失剌，平章政事兀伯都剌，右丞善僧等居守。以岭北行中书省左丞泼皮为中书左丞，江南行台中丞朵朵为中书参知政事，马剌罢为太史院使，罢卫士四百人还宗仁卫。赐北庭的撒儿兀鲁军羊马。诸王不赛因遣使来贡。发兵民筑浑河堤。丙寅，赐昌王八剌失里牛马橐驼。税僧、道邸舍积货。丁卯，遣诸王捏古伯等还和林。封八剌失里继母买的为皇妹昌国大长公主，给银印。以忽咱某丁为哈赞忽咱，主西域户籍。辛未，月食既。癸酉，以太子詹事秃满迭儿为中书平章政事。甲戌，命咒师作佛事厌雷。庚辰，以风烈、月食、地震，手诏戒饬百官。辛巳，太庙新殿成。木怜撒儿蛮部及北边蒙古户饥，赈粮、钞有差。江陵路属县饥，云南中庆、昆明屯田水。五月丁亥，监察御史董鹏南、刘潜、边笥、慕完、沙班以灾异上言："平章乃蛮台、宣徽院使帖木儿不花、詹事秃满答儿党附逆徒，身亏臣节，太常守庙不谨，辽王擅杀宗亲，不花、即里矫制乱法，皆蒙宽宥，甚为失刑，乞定其罪，以销天变。"不允。己丑，帝谕倒剌沙曰："朕即位以来，无一人能执成法为朕言者。知而不言则不忠，且陷人于罪。继自今，凡有所知，宜悉以闻，使朕明知法度，断不敢自纵。非独朕身，天下一切政务，能守法以行，则众皆乂安，反是，则天下罹于忧苦。"又曰："凡事防之于小则易，救之于大则难，尔其以朕言明告于众，俾知所慎。"壬辰，御史台臣秃忽鲁、纽泽以御史言："灾异屡见，宰相宜避位以应天变，可否仰自圣裁。顾惟臣等为陛下耳目，有徇私违法者，不能纠察，慢官失守，宜先退避以授贤能。"帝曰："御史所言，其失在朕，卿等何必遽尔！"秃忽鲁又言："臣已老病，恐误大事，乞先退。"于是中书省臣兀伯都剌、张珪、杨廷玉皆抗疏乞罢。丞相旭迈杰、倒剌沙言："比者灾异，陛下以忧天下为心，反躬自责，谨遵祖宗圣训，修德慎行，敕臣等各勤乃职，手诏至大都，居守省臣皆引罪自劾。臣等为左右相，才下识昏，当国大任，无所襄赞，以致灾祲，罪在臣等，所当退黜，诸臣何罪。"帝曰："卿若皆辞避而去，国家大事，朕孰与图之？宜各相谕，以勉乃职。"戊戌，迁列圣神主于太庙新殿。辛丑，循州猺寇长乐县。甲辰，赦上都囚笞罪以下者。丙午，太白犯鬼。侍御史高奎上书，请求直言，辨邪正，明赏罚，帝善其言，赐以银币。丁未，太白犯鬼积尸气。己酉，宾州民方二等为寇，有司捕擒之。癸丑，命司天监禜星。中书平章政事秃满迭儿、领宣徽使詹事丞回回，请如裕宗故事，择名儒辅太子，敕中书省臣访求以闻。袁州火，龙庆、延安、吉安、杭州、大都诸路属县水，民饥，赈粮有差。六月乙卯朔，遣诸王阔阔出镇畏兀，赐金、银、钞千计。戊午，云南蒙化州高兰神场寨主照明罗九等寇威楚。庚申，张珪自大都至，以守臣集议事言："逆党未讨，奸恶未除，忠愤未雪，冤枉未理，政令不信，赏罚不公，赋役不均，财用不节，请裁择之。"不允。诸王阿木哥薨，赙钞千锭。诸王宽彻、亦里吉赤来朝。赐驸马铁木儿等部钞一万三千锭，北边戍兵钞万六千八十锭。赈蒙古饥民，遣还所部。延安路饥，禁 酒。癸亥，作礼拜寺于上都及大同路，给钞四万锭。丙寅，遣使招谕参卜郎。遣阔阔出等诣高丽，取女子三十人。广西左右两江黄胜许、岑世兴乞遣其子弟朝贡，许之。丁卯，大幄殿成，作镇雷坐静佛寺。庚午，置海剌秃屯田总管府。辛未，修黑牙蛮答哥佛事于水晶殿。癸酉，帝受佛戒于帝师。己卯，诸王怯别等遣其宗亲铁木儿不花等，奉驯豹、西马来朝贡。诏："疏决系囚，存恤军士，免天下和买杂役三年，蜑户差税一年。百官四品以下，普覃散官一等，三品递进一阶。远仕瘴地，身故不得归葬，妻子流落者，有司资给遣还，仍著为令。"云南大理路你囊为寇。大都，真定晋州、深州，奉元诸路及甘肃河渠营田等处，雨伤稼，赈粮二月。大司农屯田、诸卫屯田、彰德、汴梁等路雨伤稼，顺德、大名、河间、东平等二十一郡蝗，晋宁、巩昌、常德、龙兴等处饥，皆发粟赈之。大同浑源河，真定滹沱河，陕西渭水、黑水，渠州江水皆溢，并漂民庐舍。宣德府、巩昌路及八番金石番等处雨雹。河间、晋宁、泾州、扬州、寿春等路，湖广、河南诸屯田皆旱。秋七月丙戌，思州平茶杨大车、酉阳州冉世昌寇小石耶、凯江等寨，调兵捕之。诸王阿马薨，赙钞五千锭。赐云南王王禅钞二千锭，诸王阿都赤钞三千锭。作楠木殿。招谕船领、义宁、灵川等处猺。庚寅，遣使代祀岳渎。丙申，以诸王薛彻秃袭统其父完者所部，仍给故印。己亥，赈蒙古流民，给钞二十九万锭，遣还，仍禁毋擅离所部，违者斩。庚子，诸王伯颜帖木儿出镇阔连东部，阿剌忒纳失里出镇沙州，各赐钞三千锭。撒忒迷失率卫士佐太师按塔出行边，赐钞千锭。癸卯，罢广州、福建等处采珠蜑户为民，仍免差税一年。丙午，以畏兀字译西番经。丁未，禜星于上都司天监。以山东盐运司判官马合谟为吏部尚书，佩虎符，翰林修撰杨宗瑞为礼部郎中，佩金符，奉即位诏往谕安南。置长庆寺，以宦者阿亦伯为寺卿。罢中瑞司。中书省臣言："东宫卫士，先朝止三千人，今增至万七千，请命詹事院汰去，仍依旧制。"从之。戊申，以籍入铁木迭儿及子班丹、观音奴赀产给还其家。奉元路朝邑县、曹州楚丘县、大名路开州濮阳县河溢，大都路固安州清河溢，顺德路任县沙、沣、洺水溢，真定、广平、庐州等十一郡雨伤稼，龙庆州雨雹大如鸡子，平地深三尺，定州屯河溢、山崩，免河渠营田租。大都、巩昌、延安、冀宁、龙兴等处饥，赈粜有差。广西庆远猺酋潘父绢等率众来降，署为簿、尉等官有差。加封温州故平阳侯曰英烈侯。八月甲寅朔，彻彻儿、火儿火思之地五千贫乏，赈粮二月。乙卯，敕以刑狱复隶宗正府，依世祖旧制，刑部勿与。丙辰，享太庙。丁巳，赐诸王八里台、黄头钞各千五百锭。禁言赦前事。庚申，市牝马万匹取湩酒。赈帖列干、木伦等驿户粮、钞有差。辛亥，遣翰林学士承旨斡赤祀太祖、太宗、睿宗御容于普庆寺。赐亲王图帖睦尔钞三千锭。庚午，作中宫金脊殿。辛未，绘帝师八思巴像十一颁各行省，俾塑祀之。敕武官坐罪制授者以闻，敕授者从行省处决。以金泉馆酒课赐公主寿宁。丁丑，罢浚玉泉山河役。车驾至大都。癸未，敕枢密役军凡三百人以上奏闻。诏谕云南大车里、小车里。秦州成纪县大雨，山崩，水溢，壅土至来谷河成丘阜。汴梁、济南属县雨水伤稼，赈之。延安、冀宁、杭州、潭州等十二郡及诸王哈伯等部饥，赈粮有差。九月乙酉，封也速不坚为荆王，赐金印。以宣德府复隶上都留守司。辛卯，罢哈思的结鲁思伴卜总统所，更置临洮总管府。赐潜邸卫士钞万锭。丙申，葺太祖神御殿。乙巳，昭献元圣 皇后忌日修佛事饭僧万人，敕存恤武卫军一年。癸丑，以籍入阿散家赀给其子脱列。改邕州为南宁路。岑世兴遣其弟兴元来朝贡。奉元路长安县大雨，沣水溢，延安路洛水溢，濮州馆陶县及诸卫屯田水，建昌、绍兴二路饥，赈粮有差。冬十月乙卯，秦州成纪县赵氏妇一产三男。成都嘉谷生一茎九穗。丁巳，监察御史王士元请早谕教太子，帝嘉纳之。戊午，享太庙。立寿福总管府，秩正三品，典累朝神御殿祭祀及钱谷事，降大天源延圣寺总管府为提点所以隶之。庚申，命左、右相日直禁中，有事则赴中书。丙寅，太白犯斗。己巳，太白入斗，太阴犯填星。云南车里蛮为寇，遣斡耳朵奉诏招谕之。其酋塞赛子尼面雁、构木子刁零出降。庚午，太白犯斗。壬申，安南国世子陈日爌遣其臣莫节夫等来朝贡。真州珠金沙河，松江府、吴江州诸河淤塞，诏所在有司佣民丁浚之。丙子，命帝师作佛事于延春阁。丁丑，缅国王子吾者那等争立，岁贡不入，命云南行省谕之。徙封云南王王禅为梁王，食邑益阳州六万五千户，仍以其子帖木儿不花袭封云南王。封亲王图帖睦尔为怀王，食邑瑞州六万五千户，增岁赐币帛千匹，并赐金印。壬午，荧惑犯垒壁阵。肇庆徭黄宝才等降。延安路饥，发义仓粟赈之，仍给钞四千锭。广东道及武昌路江夏县饥，赈粜有差。河南廉访使买奴，坐多征公田租免官。以鲁国大长公主女适怀王。十一月己丑，命道士修醮事。癸巳，遣兵部员外郎宋本，吏部员外郎郑立、阿鲁灰，工部主事张成，太史院都事费著，分调闽海、两广、四川、云南选。诸王不赛因言其臣出班有功，请官之，以出班为开府仪同三司、翊国公，给银印、金符。赐诸王散术台、也速速儿钞各千五百锭，斡耳朵罕钞千二百锭，鲁宾钞千五百锭。甲午，祟星于回回司天监。己亥，以术温台知枢密院事。辛丑，造金宝盖，饰以七宝，贮佛舍利。甲辰，作歇山鹿顶楼于上都。丁未，释笞四十七以下囚及轻罪流人，给钞二千锭散与贫者。印明年钞本至元钞四十万锭、中统钞十万锭。己酉，诏免也里可温、答失蛮差役。庚戌，招谕融州徭般领、大、小木龙等百七十五团。河间路饥，赈粮二月。汴梁、信州、泉州、南安、赣州等路饥，赈粜有差。嘉定路龙兴县饥，赈粮一月。大都、上都、兴和等路十三驿饥，赈钞八千五百锭。十二月癸丑朔，以岑世兴为怀远大将军，遥授沿边溪洞军民安抚使，佩虎符，仍来安路总管；黄胜许为怀远大将军，遥授沿边溪洞军民安抚使，佩虎符，致仕，其子志熟袭为上思州知州。降诏宣谕，仍各赐币帛二。乙卯，云南猺阿吾及歪闹为寇，行省督兵捕之。庚申，同州地震，有声如雷。癸亥，盐官州海水溢，屡坏堤障，侵城郭，遣使祀海神，仍与有司视形势所便，还请叠石为塘，诏曰："筑塘是重劳吾民也，其增石囤扞御，庶天其相之。"乙丑，给蒙古子女孳畜。丙寅，命翰林国史院修纂《英宗、显宗实录》。敕："内外百官凡行朝贺等礼，雨雪免朝服。"庚午，荧惑犯外屏。辛未，新作棕殿成。诸王锁思的薨，赙钞五百锭。乙亥，太白经天。曲赦重囚三十八人，以为三宫祈福。夔路容米洞蛮田先什用等九洞为寇，四川行省遣使谕降五洞，余发兵捕之。陕西行省以兵讨阶州土蕃。察罕脑儿千户部饥，赈粮一月。延安路雹灾，赈粮一月。温州路乐清县盐场水，民饥，发义仓粟赈之。两浙及江东诸郡水、旱，坏田六万四千三百余顷。

二年春正月丙戌，辰星犯天鸡。乙未，以畿甸不登，罢春畋。禁后妃、诸王、驸马毋通星术之士，非司天官不得妄言祸福。敕："御史台选举，与中书合议以闻。"中书省臣言："江南民贫僧富，诸寺观田土，非宋旧置并累朝所赐者，请仍旧制与民均役。"从之，以籍八思吉思地赐故监察御史观音宝、锁咬儿哈的迷失妻子，各十顷。戊戌，造象辇。参卜郎来降，赐其酋班术儿银、钞、币、帛。辛丑，怀王图帖睦尔出居于建康。壬寅，太白犯建星。甲辰，奉安显宗像于永福寺，给祭田百顷。广西山獠为寇，命所在有司捕之。江浙行省平章政事脱欢答剌罕升为左丞相。诸王怯别遣使贡方物，赐钞四万锭。戊申，以乞剌失思八班藏卜为土蕃等路宣慰使都元帅，兼管长河西、奔不儿亦思刚、察沙加儿、朵甘思、朵思麻等管军达鲁花赤，与其属往镇抚参卜郎。庚戌，诏谕宰臣曰："向者卓儿罕察苦鲁及山后皆地震，内郡大小民饥。朕自即位以来，惟太祖开创之艰，世祖混一之盛，期与人民共享安乐，常怀祗惧，灾沴之至，莫测其由。岂朕思虑有所不及而事或僭差，天故以此示儆？卿等其与诸司集议便民之事，其思自死罪始，议定以闻。朕将肆赦，以诏天下。"肇庆、巩昌、延安、赣州、南安、英德、新州、梅州等处饥，赈粜有差。闰月壬子朔，诏赦天下，除江淮创科包银，免被灾地差税一年。庚申，修野狐岭、色泽、桑乾岭道。乙丑，命整治屯田。河南行省左丞姚炜请禁屯田吏蚕食屯户，及勿务羡增以废裕民之意，不报。丁卯，中书省臣言："国用不足，请罢不急之费。"从之。置惠远仓、永需库于海剌秃总管府。己巳，修滹沱河堰。壬申，罢永兴银场，听民采炼，以十分之二输官。罢松江都水庸田使司，命州县正官领之，仍加兼知渠堰事。癸酉，作棕毛殿。丙子，浙西道廉访司言："四方代祀之使，弃公营私，多不诚洁，以是神不歆格，请慎择之。"山南廉访使帖木哥请削降铁失所用骤升官。戊寅，诸王忽塔梯迷失等来朝，赐金、银、钞、帛有差。己卯，河间、真定、保定、瑞州四路饥，禁酿酒。阶州土蕃为寇，巩昌总帅府调兵御之。站八儿监藏叛于兀敦。保定路饥，赈钞四万锭、粮万五千石。雄州归信诸县大雨，河溢，被灾者万一千六百五十户，赈钞三万锭。南宾州、棣州等处水，民饥，赈粮二万石，死者给钞以葬。五花城宿灭秃、拙只干、麻兀三驿饥，赈粮二千石。衡州衡阳县民饥，瑞州蒙山银场丁饥，赈粟有差。山东廉访使许师敬请颁族葬制，禁用阴阳相地邪说。二月甲申，祭先农。丙戌，颁《道经》于天下名山宫观。丁亥，平伐苗酋的娘率其户十万来降，土官三百六十人请朝。湖广行省请汰其众还部，令的娘等四十六人入觐，从之。己丑，加嗣汉三十九代天师张嗣成太玄辅化体仁应道大真人。庚寅，荧惑、岁星、填星聚于毕。辛卯，赈安定王朵儿只班部军粮三月。瓜哇国遣其臣昔剌僧迦里也奉表及方物来朝贡。广西徭潘宝陷柳城县。丁酉，祟星于回回司天监。己亥，命西僧作烧坛佛事于延华阁。封阿里迷失为和国公、张珪为蔡国公，仍知经筵事。以中书右丞善僧为平章政事，参知政事泼皮为右丞；御史大夫秃忽鲁加太保，仍御史大夫。庚子，姚炜以河水屡决，请立行都水监于汴梁，仿古法备捍，仍命濒河州县正官皆兼知河防事，从之。丙午，造玉御床。戊申，命道士祭五福太一神。庚戌，通、漷二州饥，发粟赈粜。蓟州、宝坻县、庆元路象山诸县饥，赈粮二月。甘州蒙古驿户饥，赈粮三月。大都、凤翔、宝庆、衡州、潭州、全州诸路饥，赈粜有差。三月癸丑，修曹州济阴县河堤，役民丁一万八千五百人。甲寅，禁捕天鹅。丁巳，赐诸王帖木儿不花等钞有差。辛酉，咸平府清河、寇河合流，失故道，坏堤堰，敕蒙古军千人及民丁修之。乙丑，车驾幸上都。诸王搠思班部战士四百人征参卜郎有功，人赏钞四千锭。乙亥，安南国世子陈日火广遣使贡方物。荆门州旱，漷州、蓟州、凤州、延安、归德等处民及山东蒙古军饥，赈粮、钞有差。肇庆、富州、惠州、袁州、江州诸路及南恩州、梅州饥，赈粜有差。夏四月丁亥，作吾殿。癸巳，和市牝马有驹者万匹。敕宿卫驼马散牧民间者，归官厩饲之。丁酉，濮州鄄城县言城西尧冢上有佛寺，请徙之，不报。辛丑，加公主寿宁为皇姊大长公主。禁山东诸路酒。丙午，僰夷及蒐雁遮杀云南行省所遣谕蛮使者，敕追捕之。丁未，封后父火里兀察儿为威靖王。戊申，以许师敬为中书左丞；中政使冯亨为中书参知政事，仍中政使。奉元路白水县雹。巩昌路伏羌县大雨，山崩。镇江、宁国、瑞州、桂州、南安、宁海、南丰、潭州、涿州等处饥，赈粮五万余石。陇西、汉中、秦州饥，赈钞三万锭。五月壬子，车里陶剌孟及大阿哀蛮兵万人乘象寇陷朵剌等十四寨，木邦路蛮八庙率僰夷万人寇陷倒八汉寨，督边将严备之。癸丑，龙牙门蛮遣使奉表贡方物。辛未，罢京师官鬻盐肆十五。改河间盐运司为大都河间等路都转运盐使司。遣察乃使于周王和世㻋。癸酉，融州杏泉洞、吉龙洞、洞村山、黑江诸徭为寇，广西元帅府发兵讨之。丙子，旭迈杰等以国用不足，请减厩马，汰卫士，及节诸王滥赐，从之。赐潜邸怯怜口千人钞三万锭。浙西诸郡霖雨，江湖水溢，命江浙行省及都水庸田司兴役疏泄之。置谏议书院于昌平县，祀唐刘蕡。大都路檀州大水，平地深丈有五尺，汴梁路十五县河溢，江陵路江溢，洮州、临洮府雨雹，潭州、兴国属县旱，彰德路蝗，龙兴、平江等十二郡饥，赈粜米三十二万五千余石。巩昌路临洮府饥，赈钞五万五千锭。六月己卯朔，皇子生，命巫祓除于宫。葺万岁山殿。静江猺为寇，遣广西宣慰司发兵捕之。辛巳，柳州徭为寇，戍兵讨斩之。癸未，浔州平南县徭为寇，达鲁花赤都坚、都监姚泰亨死之。甲申，改封嘉王晃火帖木儿为并王。丙戌，填星犯井钺星。丙申，中书参知政事左塔不台言："大臣兼领军务，前古所无。铁失以御史大夫，也先帖木儿以知枢密院事，皆领卫兵，如虎而翼，故成逆谋。今军卫之职，乞勿以大臣领之，庶勋旧之家得以保全。"从之，仍赐币帛以旌其直。丁酉，静江义宁县及庆远安抚司蛮徭为寇，敕守将捕之。息州民赵丑厮、郭菩萨，妖言弥勒佛当有天下，有司以闻，命宗正府、刑部、枢密院、御史台及河南行省官杂鞫之。辛丑，柳州马平县徭为寇，湖广行省督所属追捕之。丙午，填星犯井。丁未，立都水庸田使司，浚吴、松二江。敕营造毋役五卫军士，止以武卫、虎贲二卫给之。开南州阿只弄、哀培蛮兵为寇，命云南行省督所属兵捕之。通州三河县大雨，水丈余，潼川府绵江、中江水溢入城郭，冀宁路汾河溢。秦州秦安山移。新州路旱，济南、河间、东昌等九郡蝗，奉元、卫辉路及永平屯田丰赡、昌国、济民等署雨伤稼，蠲其租。济宁、兴元、宁夏、南康、归州等十二郡饥，赈粜米七万余石。镇西武靖王部及辽阳水达达路饥，赈粮一月。秋七月戊申朔，大、小车里蛮来献驯象。己酉，赐诸王燕大等金、钞有差。庚戌，遣阿失伯祀宅神于北部行幄。甲寅，遣使奉诏分谕徭蛮，镇康路土官你囊、谋粘路土官赛丘罗出降；木邦路土官八庙既降复叛。孛星于上都司天监。纽泽、许师敬编类《帝训》成，请于经筵进讲，仍俾皇太子观览，有旨译其书以进。丙辰，享太庙。播州蛮黎平爱等集群夷为寇，湖广行省请兵讨之，不许，诏播州宣抚使杨也里不花招谕之。戊午，遣使代祀龙虎、武当二山。己未，置车里军民总管府，以土人寒赛为总管，佩金虎符。中书省臣言："往岁征徭，廉访司劾其滥杀，今凡出师，请廉访司官一员莅军纠正。"从之。庚申，以宫人二赐藩王怯别。癸亥，修大乾元寺。以许师敬及郎中买驴兼经筵官。广西诸徭寇城邑，遣湖广行省左丞乞住、兵部尚书李大成、中书舍人买驴将兵二万二千人讨之，仍以诸王斡耳朵罕监其军。海北猺酋盘吉祥寇阳春县，命江西行省督兵捕之。庚午，以国用不足，罢书金字《藏经》。威楚、大理诸蛮为寇，云南行省请出师，不允，遣亦剌马丹等使大理，普颜实立等使威楚，招谕之。思州洞蛮杨银千等来献方物。封驸马孛罗帖木儿、知枢密院事火沙并为郡王。辛未，立河南行都水监。申禁汉人藏执兵仗，有军籍者，出征则给之，还，复归于官。壬申，御史台臣言："廉访司莅军，非世祖旧制。贾胡鬻宝，西僧修佛事，所费不赀，于国无益，并宜除罢。"从之。敕太傅朵台、太保秃忽鲁日至禁中集议国事。徭蛮潘宝寇镡津、义宁、来宾诸县，命广西守将捕之。庆远溪洞民饥，发米二万五百石，平价粜之。敕山东州县收养流民遗弃子女。延安、鄜州、绥德、巩昌等处雨雹，般阳新城县蝗，宗仁卫屯田陨霜杀禾，睢州河决，顺德、汴梁、德安、汝宁诸路旱，免其租。梅州、饶州、镇江、邠州诸路饥，赈粜米三万余石。八月戊子，修上都香殿。辛卯，云南白夷寇云龙州。癸巳，岁星犯天樽。辛丑，遣使代祀岳渎名山大川。敕："诸王私入京者，勿供其所用；诸部曲宿卫私入京者，罪之。"命度支监汰阿塔赤所掌驼马，于外郡饲之。大都路檀州、巩昌府静宁县、延安路安塞县雨雹，卫辉路汲县河溢。南恩州、琼州饥，赈粮一月。临江路、归德府饥，赈粮二月。衡州、建昌、岳州饥，赈粜米一万三千石。九月戊申朔，分天下为十八道，遣使宣抚。诏曰："朕祗承洪业，夙夜惟寅，凡所以图治者，悉遵祖宗成宪。曩屡诏中外百司，宣布德泽，蠲赋详刑，赈恤贫民，思与黎元共享有生之乐。尚虑有司未体朕意，庶政或阙，惠泽未洽，承宣者失于抚绥，司宪者怠于纠察，俾吾民重困，朕甚悯焉。今遣奉使宣抚，分行诸道，按问官吏不法，询民疾苦，审理冤滞，凡可以兴利除害，从宜举行。有罪者，四品以上停职申请，五品以下就便处决。其有政绩尤异，暨晦迹丘园，才堪辅治者，具以名闻。"以湖广行省参知政事马合某、河东宣慰使李处恭之两浙江东道，江东道廉访使朵列秃、太史院使齐履谦之江西福建道，都功德使举林伯、荆湖宣慰使蒙弼之江南湖广道，礼部尚书李家奴、工部尚书朱赉之河南江北道，同知枢密院事阿吉剌、御史中丞曹立之燕南山东道，太子詹事别帖木儿、宣徽院判韩让之河东陕西道，吏部尚书纳哈出、董讷之山北辽东道，陕西盐运使众家奴、中书断事官韩庭茂之云南省，湖南宣慰使寒食、冀宁路总管刘文之甘肃省，山东宣慰使秃思帖木儿、陕西行省左丞廉惇之四川省，翰林侍讲学士帖木儿不花、秘书卿吴秉道之京畿道。以郡县饥，诏运粟十五万石贮濒河诸仓，以备赈救，仍敕有司治义仓。禁大都、顺德、卫辉等十郡酿酒。募富民入粟拜官，二千石从七品，千石正八品，五百石从八品，三百石正九品，不愿仕者旌其门。诸王斡即遣使贡金浮图。己酉，海运江南粮百七十万石至京师。庚戌，复尚乘寺、光禄寺为正三品，给银印。癸丑，车驾至大都。遣使祀海神天妃。甲寅，禁饥民结扁檐社，伤人者杖一百，著为令。乙卯，享太庙。己未，岑世兴上言，自明不反，请置蒙古、汉人监贰官，诏优从之。壬戌，诸王牙即贡马。丁丑，浚河间陈玉带河。广西徭寇宾州。礼部员外郎元永贞言："铁失弑逆，皆由铁木迭儿始祸，请明其罪，仍录付史馆，以为人臣之戒。"汉中道文州霖雨，山崩。檀州雨雹，开元路三河溢，琼州、南安、德庆诸路饥，赈粮、钞有差。冬十月戊寅朔，张珪归保定上冢，以病辞禄，不允。岑世兴及子铁木儿率众寇上林等州，命抚谕之。壬午，禁成都路酿酒。癸未，以倒剌沙为御史大夫。丁亥，享太庙。己丑，赐恩平王塔思不花部钞五千锭。壬辰，荧惑犯氐。癸巳，填星退犯井。播州凯黎苗率诸寨苗、獠为寇。乙未，皇后亦怜真八剌受佛戒于帝师。丁酉，广西徭酋何童降，请防边自效，从之。乙巳，宁远知州添插言，安南国土官押那攻掠其木末诸寨，请治之，敕安南世子谕押那归其俘。丙辰，宁夏路、曹州属县水，霸州、衢州路饥，赈粮二月。十一月戊申，周王和世𤣩遣使以豹来献。改长宁军为州。庚戌，旭迈杰以岁饥请罢皇后上都营缮，从之。纽泽以病乞罢，不允。丙辰，郭菩萨等伏诛，杖流其党。丁巳，幸大承华普庆寺，祀昭献元圣皇后于影堂，赐僧钞千锭。岑世兴结八番蛮班光金等合兵攻石头等寨，敕调兵御之。八番宣慰司官失备坐罪。戊午，填星退犯井宿钺星。己未，诏整饬台纲。庚申，倭舶来互市。广西道宣慰使获徭酋潘宝下狱，其弟潘见遂寇柳州，命湖广行省左丞乞住捕之。壬戌，敕军民官荫袭者，由本贯图宗支，申请铨授。丙寅，倒剌沙复为中书左丞相，加开府仪同三司、录军国重事。丁卯，罢蒙山银冶提举司，命瑞州路领之。壬申，赐诸王不赛因钞二万锭、帛百匹。诸王斡耳朵罕遣使以追捕广西徭寇上闻，帝曰："朕自即位，累诏天下悯恤黎元，惟广徭屡叛，杀掠良民，故命斡耳朵罕等讨之。今闻迎降者甚众，宜更以恩抚之。若果不悛，严兵追捕。"京师饥，赈粜米四十万石。内郡饥，赈钞十万锭、米五万石。河间诸郡流民就食通、漷二州，命有司存恤之。杭州路火，赈贫民粮一月。常德路水，民饥，赈粮万一千六百石。十二月戊寅，以塔失帖木儿为中书右丞相。癸未，加塔失帖木儿开府仪同三司、上柱国、录军国重事、监修国史，封蓟国公。诸王不赛因遣使贡珠，赐钞二万锭。乙酉，帝复受佛戒于帝师。荧惑犯天江，辰星犯建星。丁亥，修鹿顶殿。镇南王脱不花薨，遣中书平章政事乃马歹摄镇其地。中书省臣言山东、陕西、湖广地接戎夷，请议选宗室往镇，从之。申禁图谶，私藏不献者罪之。癸巳，京师多盗，塔失帖木儿请处决重囚，增调逻卒，仍立捕盗赏格，从之。甲午，太白犯垒壁阵。召张珪于保定。丁酉，加纽泽知枢密院事，与马某沙并开府仪同三司。弛瑞州路酒禁。左丞乞住、诸王斡耳朵罕征徭贼，败之。元江路土官普山为寇，命戍兵捕之。壬寅，大宁路凤翔府饥，禁酿酒。右丞赵简请行区田法于内地，以宋董煟所编《救荒活民书》颁州县。济南、延川二路饥，赈钞三千五百锭。惠州、杭州等处饥，赈粜有差。是岁，陕西府雨雹，御河水溢。以故翰林学士不花、中政使普颜笃、指挥使卜颜忽里为铁失等所系死，赠功臣号及阶勋爵谥。

卷三十　本纪第三十

泰定帝二

三年春正月丙午朔，征东行省左丞相、高丽国王王璋，遣使奉方物，贺正旦。播州宣慰使杨燕里不花招谕蛮酋黎平庆等来降。戊申，元江路总管普双叛，命云南行省招捕之。诸王薛彻秃、晃火帖木儿来朝，赐金、银、钞、币有差。壬子，封诸王宽彻不花为威顺王，镇湖广；买奴为宣靖王，镇益都；各赐钞三千锭。以山东、湖广官田赐民耕垦，人三顷，仍给牛具。诸王不赛因遣使献西马。征前翰林学士吴澄，不起。置都水庸田司于松江，掌江南河渠水利。己未，赐武平王帖古思不花部军民钞，人十五锭。以湘宁王八剌失里镇兀鲁思部。辛酉，太白犯外屏。癸亥，封朵列捏为国公，以知枢密院事撒忒迷失为岭北行中书省平章政事。戊辰，缅国乱，其主答里也伯遣使来乞师，献驯象方物。安南国阮叩寇思明路，命湖广行省督兵备之。大都路属县饥，赈粮六万石。恩州水，以粮赈之。二月丁丑，购能首告谋逆厌魅者给赏，立赏格，谕中外。庚辰，赈鲁王阿儿加失里部瓮吉剌贫民钞六万锭，命诸王鲁宾为大宗正。壬午，广西全茗州土官许文杰率诸徭以叛，寇茗盈州，杀知州事李德卿等，命湖广行省督兵捕之。以乃马台知枢密院事。甲申，祭太祖、太宗、睿宗御容于翰林国史院。丁亥，中书请罢征徭，敕斡耳朵罕等班师，其镇戍者如故。己丑，禁汴梁路酿酒。甲午，葺真定玉华宫。乙未，修佛事厌雷于崇天门。丙申，建显宗神御殿于卢师寺，赐额曰大天源延圣寺。敕以金书西番字《藏经》。甲戌，建殊祥寺于五台山，赐田三百顷。爪哇国遣使贡方物。庚子，以通政院使察乃为中书平章政事。甲辰，车驾幸上都。命诸王也忒古不花及中书省臣兀伯都剌、察乃、善僧、许师敬、朵朵居守。立典医署，秩从五品，隶詹事院。归德府属县河决，民饥，赈粮五万六千石。河间、保定、真定三路饥，赈粮四月。建昌路饥，赈粜米三万石。三月乙巳朔，帝以不雨自责，命审决重囚，遣使分祀五岳四渎、名山大川及京城寺观。安南国言为龙州万户赵雄飞等所侵，乞谕还所掠，诏广西道遣官究之。丙午，填星犯井宿钺星。丁未，敕百官集议急务。中书省臣等请汰卫士，节滥赏，罢营缮，防徭寇，诸寺官署坑冶等事归中书，并从之。壬子，荧星于司天监。癸丑，八番岩霞洞蛮来降，愿岁输布二千五百匹，设蛮夷官镇抚之。乙卯，申禁民间金龙文织币。丁巳，遣诸王失剌镇北边。戊午，诏安抚缅国，赐其主金币。甲子，命功德使司简岁修佛事一百二十七。丙寅，翰林承旨阿怜帖木儿、许师敬译《帝训》成，更名曰《皇图大训》，敕授皇太子。考试国子生。遣僧修佛事于临洮、凤翔、星吉儿宗山等处。赐诸王孛罗铁木儿、阿剌忒纳各钞二千锭。戊辰，荧惑犯垒壁阵，填星犯井。庚午，填星、太白、岁星聚于井。辛未，泉州民阮凤子作乱，寇陷城邑，军民官以失讨坐罪。永平、卫辉、中山、顺德诸路饥，赈钞六万六千余锭。宁夏、奉元、建昌诸路饥，赈粮二月。大都、河间、保定、永平、济南、常德诸路饥，免其田租之半。四月丙戌，镇安路总管岑修广为弟修仁所攻，来告，命湖广行省辨治之。戊戌，太白犯鬼。壬寅，荧惑犯垒壁阵。容米洞蛮田先什用等结十二洞蛮寇长阳县，湖广行省遣九姓长官彭忽都不花招之，田先什用等五洞降，余发兵讨之。修夏津、武城河堤三十三所，役丁万七千五百人。五月甲辰朔，藩王怯别遣使来献豹。乙巳，修镇雷佛事三十一所。甘肃行省臣言："赤斤储粟，军士度川远给不便，请复徙于曲尤之地。"从之。修上都复仁门。泾州饥，禁酿酒。罢造福建岁供蔗饧。以西僧驰驿扰民，禁之。甲寅，八百媳妇蛮招南道遣其子招三听奉方物来朝。乙卯，以帝师兄锁南藏卜领西番三道宣慰司事，尚公主，锡王爵。给寿宁公主印，仍赐田百顷、钞三万锭。甲子，中书会岁钞出纳之数，请节用以补不足，从之。监察御史劾宣抚使朵儿只班，学士李塔剌海、刘绍祖庸鄙不胜任。中书议："三人皆勋旧子孙，罪无实状，乞复其职，仍敕宪台勿以空言妄劾。"从之。丁卯，岑世兴及镇安路岑修文合山獠、角蛮六万余人为寇，命湖广、云南行省招谕之。遣指挥使兀都蛮镌西番咒语于居庸关崖石。庚午，乞住招谕永明县五洞徭来降。河西加木笼四部来降，以答儿麻班藏卜领卜剌麻沙搠部，公哥班领古笼罗乌公远宗兰宗孛儿间沙加坚部，唆南监藏卜领兰宗古卜剌卜吉里昔吉林亦木石威石部，朵儿只本剌领笼答吃列八里阿卜鲁答思阿答藏部。雄州饥，太平、兴化属县水，并赈之。庐州、郁林州及洪泽屯田旱，扬州路属县财赋官田水，并免其租。六月癸酉朔，赐藩王怯别七宝束带。以秃哈帖木儿为四川行省平章政事；请终母丧，从之。癸未，播州蛮黎平爱复叛，合谢乌穷为寇，宣抚使杨燕礼不花招平爱出降。乌穷不附，命湖广行省讨之。丁亥，命湘宁王八剌失里出镇阿难答之地。戊子，诸王脱脱等来朝，赐金、银、钞、币有差。乙未，命梁王王禅及诸王彻彻秃镇抚北军，赐王禅钞五千锭、币帛各二百匹。丁酉，遣道士吴全节修醮事于龙虎、三茅、阁皂三山。戊戌，遣使祀解州盐池神。中书省臣言："比郡县旱蝗，由臣等不能调燮，故灾异降戒。今当恐惧儆省，力行善政，亦冀陛下敬慎修德，悯恤生民。"帝嘉纳之。赈昌王八剌失里部钞四万锭，赐吴王泼皮钞万锭。己亥，纳皇姊寿宁公主女撒答八剌于中宫。道州路栎所源徭为寇，命乞住督兵捕之。奉元、巩昌属县大雨雹，峡州旱，东平属县蝗，大同属县大水，莱芜等处冶户饥，赈钞三万锭。光州水，中山安喜县雨雹伤稼，大昌屯河决，大宁、庐州、德安、梧州、中庆诸路属县水旱，并蠲其租。秋七月甲辰，车驾发上都，禁车骑践民禾。辽王脱脱请复太母月也伦宫守兵及女直屯户，不允。增给太祖四大斡耳朵岁赐银二百锭、钞八千锭。遣使祀海神天妃。造豢豹毡车三十辆。乙巳，怯怜口屯田霜，赈粮二月。丙午，享太庙。丁未，绍庆酉阳寨冉世昌及何惹洞蛮为寇。诏行宫驼马及宗戚将校驻冬北边者，毋辄至京师。辛亥，封阿都赤为绥宁王，赐钞四千锭，给金印。壬子，皇后受牙蛮答哥戒于水晶殿。甲寅，幸大乾元寺，敕铸五方佛铜像。乙卯，诏翰林侍讲学士阿鲁威、直学士燕赤译《世祖圣训》，以备经筵进讲。戊午，诸王不赛因献驼马。遣日本僧瑞兴等四十人还国。作别殿于潜邸。敕："入粟拜官者，准致仕铨格。"己未，禁诸部王妃入京告饥。以月鲁帖木儿嗣齐王，给金印。八百媳妇蛮招南通遣使来献驯象方物。乙丑，发兵修野狐、色泽、桑乾三岭道。戊辰，太白经天。己巳，大理土官你囊来献方物。庚申，广西宣慰副使王瑞请益戍兵，及以土民屯田备蛮，仍置南宁安抚司。河决郑州、阳武县，漂民万六千五百余家，赈之。永平、大都诸属县水，大风，雨雹。龙兴、辰州二路火，大名、永平、奉元诸路属县旱，汴梁路水，大名、顺德、卫辉、淮安等路，睢、赵、涿、霸等州及诸位屯田蝗，大同浑源河溢，檀、顺等州两河决，温榆水溢，赈永平、奉元钞七万锭。赈粜濠州饥民麦三万九千余石。命瘗京城外弃骸，死状不白者，有司究之。八月甲戌，兀伯都剌、许师敬并以灾变饥歉乞解政柄，不允。乙亥，遣乃马台简阅边兵，赐钞千锭。大天源延圣寺神御殿成。戊寅，修澄清石闸。甲申，享太庙。长春宫道士蓝道元以罪被黜。诏："道士有妻者，悉给徭役。"迁黄羊坡民二百五十户于鞑靼部。宁远州洞蛮刁用为寇，命云南行省备之。丁亥，遣梁王王禅整饬斡耳朵思边事。辛卯，云南行省丞相亦儿吉解、廉访副使散只兀台，以使酒相诋，状闻，诏两释之。甲午，以灾变罢猎。赈河南探马赤军，籍其余丁。罢行宣政院及功德 使司，免武备寺逋负兵器。丁酉，藩王不赛因遣使献玉及独峰驼。是夜，太白犯轩辕御女。以星变，下诏恤民。辛丑，次中都，畋于汪火察秃之地。赐太师按摊出钞二千八百锭。鹿顶殿成。罢甘肃札浑仓，徙其军储于汪古剌仓。户部尚书郭良坐赃免。作天妃宫于海津镇。西番土官撒加布来献方物，海寇黎三来附。诏谕廉州蜑户使复业。盐官州大风，海溢，坏堤防三十余里，遣使祭海神，不止，徙居民千二百五十家。大都昌平大风，坏民居九百家。龙庆路雨雹一尺，大风损稼。真定蠡州、奉元蒲城等县及无为州诸处水，河中府、永平、建昌印都、中庆、太平诸路及广西两江饥，并发粟赈之。扬州崇明州大风雨，海水溢，溺死者给棺敛之。杭州火，赈粮一月。九月丁未，增置上都留守判官一员，兼推官。辛亥，命帝师还京，修洒净佛事于大明、兴圣、隆福三宫。丁巳，弛大都、上都、兴和酒禁。庚申，车驾至大都。壬戌，以察乃领度支事。癸亥，太白犯太微垣右执法。赐大车里新附蛮官七十五人袭帽靴袜。戊辰，命懽赤等使于诸王怯别、月思别、不赛因三部。赈潜邸贫民钞二十万锭。湖广行省太平路总管郭扶、云南行省威楚路秃剌寨长哀培、景东寨长阿只弄男阿吾、大阿哀寨主弟你刀、木罗寨长哀卜利、茫施路土官阿利、镇康路土官泥囊弟陀金客、木粘路土官丘罗、大车里昭哀侄哀用、孟隆甸土官吾仲，并奉方物来献。以昭哀地置木朵路一、木来州一、甸三，以吾仲地置孟隆路一、甸一，以哀培地置甸一，并降金符、铜印，仍赐币帛、鞍勒有差。中书省臣言："今国用不继，陛下当法世祖之勤俭以为永图。臣等在职，苟有滥承恩赏者，必当回奏。"帝嘉纳之。扬州、宁国、建德诸属县水，南恩州旱，民饥，并赈之。汾州平遥县汾水溢，庐州、怀庆二路蝗。冬十月辛未朔，发卒四千治通州道，给钞千六百锭。甲戌，纽泽升右御史大夫。庚辰，享太庙。奉安显宗御容于大天源延圣寺。辛巳，太白犯进贤。天寿节，遣道士祠卫辉太一万寿宫。壬午，帝师以疾还撒思加之地，赐金、银、钞、币万计，敕中书省遣官从行，备供亿。癸酉，河水溢，汴梁路乐利堤坏，役丁夫六万四千人筑之。京师饥，发粟八十万石，减价粜之。赐大天源延圣寺钞二万锭，吉安、临江二路田千顷。中书省臣言："养给军民，必籍地利。世祖建大宣文弘教等寺，赐永业，当时已号虚费，而成宗复构天寿万宁寺，较之世祖，用增倍半。若武宗之崇恩福元、仁宗之承华普庆，租榷所入，益又甚焉。英宗凿山开寺，损兵伤农，而卒无益。夫土地祖宗所有，子孙当共惜之。臣恐兹后藉为口实，妄兴工役，徼福利以逞私欲，惟陛下察之。"帝嘉纳焉。庚子，陕西行台中丞姚炜请集世祖嘉言善行，以时省览，从之。沈阳、辽阳、大宁等路及金、复州水，民饥，赈钞五万锭。怀庆修武县旱，免其租。宁夏路万户府、庆远安抚司饥，并赈之。弛宁夏路酒禁。宣抚使马合某、李让劾浙西廉访使完者不花受赂，簿对不服，诏遣刑部郎中唆住鞫其侵辱使者，笞之。藩王不赛因遣使来献虎。十一月癸卯，中书省臣言："西僧每假元辰疏释重囚，有乖政典，请罢之。"有旨："自今当释者，敕宗正府审覆。"乙巳，梁王王禅往北边，赐钞三千锭。己酉，作鹿顶棕楼。辛亥，追复前平章政事李孟官。赐湘宁王八剌失里钞三千锭。诸王不赛因遣使来献马。乙卯，太白犯键闭。广西透江团徭为寇，宣慰使买奴谕降之。扶灵、青溪、栎头等源蛮为寇，湖南道宣慰司遣使谕降之。戊午，造中统、至元钞各十万锭。封诸王铁木儿不花为镇南王，镇扬州。辛酉，加御史大夫纽泽开府仪同三司。加封庐陵江神曰显应。弛成都酒禁。播州蛮宋王保来降。己巳，徙上都清宁殿于伯亦儿行宫。弛永平路山泽之禁。阶州土番为寇，武靖王遣临洮路元帅盏盏谕降之。广宁路属县霖雨伤稼，赈钞三万锭。沔阳府旱，免其税。永平路大水，免其租，仍赈粮四月。汴梁、建康、太平、池州诸路及甘肃亦集乃路饥，并赈之。锦州水溢，坏田千顷，漂死者百人，人给钞一锭。崇明州海溢，漂民舍五百家，赈粮一月，给死者钞二十贯。十二月丁丑，诸王月思别献文豹，赐金、银、钞、币有差。御史哈剌那海请择正人傅太子，帝嘉纳之。壬午，御史贾垕请祔武宗皇后于太庙，不报。敕以来年元夕构灯山于内廷，御史赵师鲁以水旱请罢其事，从之。甲申，师鲁又请亲祀郊庙，帝嘉纳之。丙戌，以回回阴阳家言天变，给钞二千锭，施有道行者及乞人，系囚，以禳之。丁亥，宁夏路地震，有声如雷，连震者四。庚寅，赦天下。召江浙行省右丞赵简为集贤大学士，领经筵事。壬辰，赐梁王王禅宴器金银。以皇子小薛夜啼，赐高年钞。癸巳，作鹿顶殿。己亥，命帝师修佛事，释重囚三人。置大承华普庆寺总管府，罢规运提点所。御史言："比年营缮，以卫军供役，废武事不讲。请遵世祖旧制，教习五卫亲军，以备扈从。"不报。湖广屯戍千户只干不花招谕扶灵洞蛮刘季等来降。保定路饥，赈米八万一千五百石。怀庆路饥，赈钞四万锭。亳州河溢，漂民舍八百余家，坏田二千三百顷，免其租。广西静江、象州诸路及辽阳路饥，并赈之。大宁路大水，坏田五千五百顷，漂民舍八百余家，溺死者人给钞一锭。

四年春正月甲辰，诸王买奴来朝，赐金一锭、银十锭、钞二千锭、币帛各四十匹。乙巳，御史台臣请亲祀郊庙，帝曰："朕遵世祖旧制，其命大臣摄之。"己酉，太白犯牛。庚戌，置绍庆路石门十寨巡检司，御史辛钧言："西商鬻宝，动以数十万锭，今水旱民贫，请节其费。"不报。壬子，以中政院金银铁冶归中书。靖安王阔不花出镇陕西，赐钞二千锭。癸丑，赐诸王阿剌忒纳失里等钞六千锭。甲寅，鹰师脱脱病，赐钞千锭。戊午，命市珠宝首饰。庚申，皇子允丹藏卜受佛戒于智泉寺。盐官州海水溢，坏捍海堤二千余步。甲子，武龙洞蛮寇武缘县诸堡。丁卯，燕南廉访司请立真定常平仓，不报。浚会通河，筑漷州护仓堤，役丁夫三万人。初置云南行省检校官。辽阳行省诸郡饥，赈钞十八万锭。彰德、淮安、扬州诸路饥，并赈之。大宁路水，给溺死者人钞一锭。二月辛未，祀先农。甲戌，祭太祖、太宗、睿宗御容于大承华普庆寺，以翰林院官执事。乙亥，亲王也先铁木儿出镇北边，赐金一锭、银五锭、钞五百锭、币帛各十匹。丙子，命亦烈赤领仁宗神御殿事，大司徒亦怜真乞剌思为大承华普庆寺总管府达鲁花赤，仍大司徒。壬午，狩于漷州。诸王火沙、河荣、答里出镇北边，赐金、银、钞、币有差。帝师参马亦思吉思卜长出亦思宅卜卒，命塔失铁木儿、纽泽监修佛事。丙戌，诏同金枢密院事燕帖木儿教阅诸卫军。戊子，进袭封衍圣公孔思晦阶嘉议大夫。以马思忽为云南行省平章政事，提调乌蒙屯田。庚寅，八百媳妇蛮酋招南通来献方物。辛卯，白虹贯日，以尚供总管府及云需总管府隶上都留守司。奉元、庐州、淮安诸路及白登部饥，赈粮有差。永平路饥，赈钞三万锭、粮二月。三月辛丑，皇子允丹藏卜出镇北边。

以那海赤为惠国公，商议内史府事。癸卯，和宁地震，有声如雷。丙午，廷试进士阿察赤、李黼等八十五人，赐进士及第、出身有差。命西僧作止风佛事。潮州路判官钱珍，挑推官梁楫妻刘氏，不从，诬楫下狱杀之。事觉，珍饮药死，诏戮尸传首。海北廉访副 使刘安仁，坐受珍赂除名。辛亥，诸王槊思班、不赛亦等，以文豹、西马、佩刀、珠宝等物来献，赐金、钞万计。庚申，遣使往江南求奇花异果。辛酉，以太傅朵台为太师，太保秃忽鲁为太傅，也可扎鲁忽赤伯达沙为太保。敕前太师伯忽与议大事，食其俸终身。召翰林学士承旨蔡国公张珪、集贤大学士廉恂、太子宾客王毅，悉复旧职，陕西行台中丞敬俨为集贤大学士，并商议中书省事，珪仍预经筵事。赐诸王火沙部钞四千锭。郡王朵来、兀鲁兀等部畜牧灾，赈钞三万五千锭。中书省臣请酬哈散等累朝售宝价钞十万二千锭，从之。壬戌，车驾幸上都。复设武备寺同判六员。命亲王八剌失里出镇察罕脑儿。封宽彻为国公，以阿散火者知枢密院事。浑河决，发军民万人塞之。丁卯，荧惑犯井。复置卫候直都指挥使司，秩正四品。诸王不赛因遣使献文豹、狮子，赐钞八千锭。大宁、广平二路属县饥，赈钞二万八千锭。河南行省诸州县及建康属县饥，赈粮有差。夏四月辛未，盗入太庙，窃武宗金主及祭器。大理庆甸酋阿你为寇。壬甲，作武宗主。甲戌，作棕毛鹿顶楼。己卯，道州永明县徭为寇。癸未，盐官州海水溢，侵地十九里，命都水少监张仲仁及行省官发工匠二万余人，以竹落木栅实石塞之，不止。癸巳，高州徭寇电白县，千户张恒力战，死之，邑人立祠，敕赐额曰“旌义”。甲午，以西僧公哥列思巴冲纳思监藏班藏卜为帝师，赐玉印，仍诏谕天下僧。乙未，以武备寺卿阿昔儿答剌罕为御史大夫。崇星于回回司天台。湖广徭寇全州、义宁属县，命守将捕之。河南、奉元二路及通、顺、檀、蓟等州，渔阳、宝坻、香河等县饥，赈粮两月。河间、扬州、建康、太平、衢州、常州诸路属县及云南乌撒、武定二路饥，赐粮、钞有差。永平路饥，免其租，仍赈粮两月。五月辛丑，太尉丑驴卒。癸卯，以盐官州海溢，命天师张嗣成修醮禳之。乙巳，作成宗神御殿于天寿万宁寺。己未，占城国遣使贡方物。甲子，以典守宗庙不严，罢太常礼仪院官。丁卯，修佛事于贺兰山及诸行宫。罢诸王分地州县长官世袭，俾如常调官，以三载为考。元江路总管普双坐赃免，遂结蛮兵作乱，敕复其旧职。德庆路徭来降，归所掠男女，悉给其亲。河南、江陵属县饥，赈粮有差。汴梁属县饥，免其租。常州、淮安二路，宁海州大雨雹，睢州河溢，大都、南阳、汝宁、庐州等路属县旱蝗，卫辉路大风九日，木尽偃。河南路洛阳县有蝗可五亩，群乌食之既，数日蝗再集，又食之。六月辛未，翰林侍讲学士阿鲁威、直学士燕赤等进讲，仍命译《资治通鉴》以进。参知政事史惟良请解职归养，不允。丁丑，倒剌沙等以灾变乞罢，不允。罢两都营缮工役，录诸郡系囚。己卯，永兴屯被灾，免其租。辛巳，造象舆六乘。癸未，遣察乃、伯颜赴大都铨选。甲申，广西花角蛮为寇，命所部讨之。乙未，绍庆路四洞酋阿者等降，并命为蛮夷长官，仍设巡检司以抚之。发义仓粟，赈盐官州民。庐州路饥，赈粮七万九千石。镇江、兴国二路饥，赈粜有差。中山府雨雹，汴梁路河决，汝宁府旱，大都、河间、济南、大名、峡州属县蝗。秋七月丁酉朔，元江路普双复叛。戊戌，诸王燕只吉台袭位，遣使来朝。己亥，八儿忽部晃忽来献方物。御史台臣言，内郡、江南，旱、蝗荐至，非国细故，丞相塔失帖木儿、倒剌沙，参知政事不花、史惟良，参议买奴，并乞解职。有旨：“毋多辞，朕当自儆，卿等亦宜各钦厥职。”修大明殿。占城国献驯象二。建横渠书院于郿县，祠宋儒张载。辛丑，赐齐王月鲁帖木儿钞二万锭。甲辰，播州蛮谢乌穷来献方物。丙午，享太庙。丁未，敕：“经筵讲读官，非有代不得去职。”诏谕宗正府，决狱遵世祖旧制。戊戌，遣翰林侍读学士阿鲁威还大都，译《世祖圣训》。壬子，赐诸王火儿灰、月鲁帖木儿、八剌失里及驸马买住罕钞一万五千锭，金、银、币、帛有差。甲寅，遣使市旄牛于西域。丁巳，给齐王月鲁帖木儿印。伯颜察儿、兀伯都剌以疾乞解政，优诏谕之。戊午，谋粘路土官赛丘罗招谕八百媳妇蛮招三斤来降，银沙罗土官散怯遮杀赛丘罗，敕云南王遣人谕之。癸亥，赐寿宁公主钞五千锭。岐王锁南管卜诉荆王也速也不干侵其分地，命甘肃行省阅籍归之。乙丑，周王和世㻋及诸王燕只哥台等来贡，赐金、银、钞、币有差。遣使祀海神天妃。丙寅，籍僧、道有妻者为民。塞保安镇渠，役民丁六千人。是月，籍田蝗，云州黑河水溢。衢州大雨水，发廪赈饥者，给漂死者棺。延安属县旱，免其租税。辽阳辽河、老撒加河溢，右卫率部饥，并赈之。八月戊辰，给累朝斡耳朵钞有差。癸酉，给别乞烈失宁国公印。度支监卿孛罗请辞职奉母，不允。赐皇后乳母钞千七百锭。滹沱河水溢，发丁浚治河以杀其势。奉元路治中单鹄言，令民采捕珍禽异兽不便，请罢之，敕：“应猎者其捕以进。”乙亥，赐公主不答昔你媵户钞四千锭。苗人祭伯秧寇李陀寨，命湖广行省捕之。庚辰，运粟十万石贮濒河诸仓，备内郡饥。田州洞徭为寇，遣湖广行省捕之。癸未，赐营王也先帖木儿钞三千锭。乙酉，伯亦斡耳朵作钦明殿成。壬辰，御史李昌言：“河南行省平章政事童童，世官河南，大为奸利，请徙他镇。”不报。癸巳，谥武宗皇后曰宣慈惠圣，英宗皇后曰庄静懿圣，升祔太庙。发卫军八千，修白浮、瓮山河堤。是月，扬州路崇明州、海门县海水溢，汴梁路扶沟、兰阳县河溢，没民田庐，并赈之。建德、杭州、衢州属县水，真定、晋宁、延安、河南等路屯田旱，大都、河间、奉元、怀庆等路蝗，巩昌府通渭县山崩。碉门地震，有声如雷，昼晦。天全道山崩，飞石毙人。凤翔、兴元、成都、峡州、江陵同日地震。九月丙申朔，日有食之。阿察赤的斤献木绵大行帐。敕：“国子监仍旧制岁贡生员业成者六人。”禁僧 道买民田，违者坐罪，没其直。壬寅，宁夏路地震。壬子，太白犯房。甲寅，湖广土官宋王保来献方物。壬戌，遣欢赤等使诸王怯别等部。甲子，御史言：“广海古流放之地，请以职官赃污者处之，以示惩戒。”从之。保定、真定二路饥，赈粮三万石、钞万五千锭。闰月丁卯，赐诸王彻彻秃、浑都帖木儿钞各五千锭。己巳，太白经天。车驾至大都。壬申，以灾变赦天下。广西两江徭为寇，命所部捕之。

甲戌，命祀天地，享太庙，致祭五岳四渎、名山大川。甲午，八百媳妇蛮请官守，置蒙庆宣慰司都元帅府及木安、孟杰二府于其地，以同知乌撒宣慰司事你出公、土官招南通并为宣慰司都元帅，招谕人米德为同知宣慰司事副元帅，南通之子招三斤知木安府，侄混盆知孟杰府，仍赐钞、币各有差。建昌、赣州、惠州诸路饥，赈米四万四千石。土番阶州饥，赈钞千五百锭。奉元、庆远、延安诸路饥，赈粜有差。冬十月丙申，享太庙。戊戌，诸王脱别帖木儿、哈儿蛮等献玉及蒲萄酒，赐钞六千锭。己亥，御史德住请择东宫官。癸卯，命帝师作佛事于大天源延圣寺。甲辰，改封建德路乌龙山神曰忠显灵泽普佑孚惠王。乙巳，昼有流星。己酉，以治书侍御史王士熙为参知政事。辛亥，监察御史亦怯列台卜答言，都水庸田使司扰民，请罢之。癸丑，江浙行省左丞相脱欢答剌罕、平章政事高昉，以海溢病民，请解职，不允。云南沙木寨土官马愚等来朝。丁巳，以御史中丞赵世延为中书右丞，以中书参议傅岩起为吏部尚书。御史韩镛言："尚书三品秩，岩起由吏累官四品，于法不得升。"制可。安南遣使来献方物。戊午，辰星犯东咸。监察御史冯思忠请命太常纂修累朝礼仪。壬戌，开南州土官阿只弄率蛮兵为寇，云南行省招捕之。增置肃州、沙州、亦集乃三路推官。大都路诸州县霖雨，水溢，坏民田庐，赈粮二十四万九千石。卫辉获嘉等县饥，赈钞六千锭，仍蠲丁地税。龙兴路属县旱，免其租。大名、河间二路属县饥，并赈之。十一月庚午，禁晋宁路酿酒。减价粜京仓米十万石，以赈贫民。以思州土官田仁为思州宣慰使，召云南王帖木儿不花赴上都。癸酉，太白犯垒壁阵。乙亥，荧惑犯天江。丙子，赐公主不答昔你钞千锭。平乐府徭为寇，湖广行省督兵捕之。辛卯，以降蛮谢乌穷为蛮夷官。云南蒲蛮来附，置顺宁府、宝通州、庆甸县。缅国主答里必牙请复立行省于迷郎崇城，不允。孛斯来附。给伯亦斡耳朵驼、牛。以岁饥，开内郡山泽之禁。永平路水旱，民饥，蠲其赋三年。诸王塔思不花部卫士饥，赈粮千石。冀宁路阳曲县地震。十二月庚子，发米三十万石，赈京师饥。绛州太平县赵氏妇一产三子。定捕盗令，限内不获者，偿其赃。辛丑，敕塔失铁木儿、倒剌沙领内史府四斡耳朵事。癸卯，安南遣使来贡方物。甲辰，梧州徭为寇，湖广行省督兵捕之。戊申，诸王孛罗遣使贡硇砂，赐钞二千锭。癸丑，命赵世延及中书参议韩让、左司郎中姚庸提调国子监。乙卯，爪哇遣使献金文豹、白猴、白鹦鹉各一。蔡国公张珪卒。植万岁山花木八百七十本。丙辰，赐诸王孛罗帖木儿等钞四千锭。己未，岁星退犯太微西垣上将。静江路徭兵为寇，湖广行省督兵捕之。右江诸寨土官岑世忠等来献方物。大都、保定、真定、东平、济南、怀庆诸路旱，免田租之半。河南、河间、延安、凤翔属县饥，并赈之。是岁，汴梁、延安、汝宁、峡州旱，济南、卫辉、济宁、南阳八路属县蝗。汴梁诸属县霖雨，河决。扬州路通州、崇明州大风，海溢。

致和元年春正月乙丑朔，高丽王遣使来朝贺，献方物。甲戌，享太庙。命绘《蚕麦图》。乙亥，诏谕百司："凡不赴任及擅离职者，夺其官；避差遣者，笞之。"御史邹惟亨言："时享太庙，三献官旧皆勋戚大臣，而近以户部尚书为亚献，人既疏远，礼难严肃。请仍旧制，以省、台、枢密、宿卫重臣为之。"丁丑，颁《农桑旧制》十四条于天下，仍诏励有司以察勤惰。己卯，帝将畋柳林，御史王献等以岁饥谏，帝曰："其禁卫士毋扰民家，命御史二人巡察之。诸王星吉班部饥，赈钞万锭、米五千石。占城遣使来贡方物，且言为交趾所侵，诏谕解之。禁僧、道匿商税，给宗仁卫蒙古子女粮六月。辛巳，静江徭寇灵川、临桂二县，命广西招捕之。甲申，遣使祀海神天妃。戊子，诏优护爪哇国主札牙纳哥，仍赐衣物弓矢。罢河南铁冶提举司，归有司。命帝师修佛事于禁中。免陕西捞盐一年，发卒修京城，罢益都诸属县食盐。加封幸渊龙神福应昭惠公。河间、真定、顺德诸路饥，赈钞万一千锭。大都路东安州、大名路白马县饥，并赈之。二月癸卯，弛汴梁路酒禁。乙卯，牙即遣使藏古来贡方物。庚申，诏天下改元致和。免河南自实田粮一年，被灾州郡税粮一年，流民复业者差税三年，疑狱系三岁不决者咸释之。赐辽王脱脱钞五千锭，梁王王禅钞二千锭。壬戌，太白昼见。癸亥，解州盐池黑龙堰坏，调番休盐丁修之。陕西诸路饥，赈钞五万锭。河间、汴梁二路属县及开城、乾州蒙古军饥，并赈之。三月庚午，阿速卫兵出戍者千人，人给钞四十锭；贫乏者六千一百人，人给米五石。云南安隆寨土官岑世忠与其兄世兴相攻，籍其民三万二千户来附，岁输布三千匹，请立宣抚司以总之，不允。置州一，以世兴知州事，置县二，听世忠举人用之，仍谕其兄弟共处。立万户府二，领征西红胖袄军。塔失帖木儿、倒剌沙言："灾异未弭，由官吏以罪黜罢者怨诽所致，请量才叙用。"从之。辛未，大天源延圣寺显宗神御殿成，置总管府以司财赋。壬申，雨霾。甲戌，雅济国遣使献方物。乙卯，帝御兴圣殿受无量寿佛戒于帝师。庚辰，命僧千人修佛事于镇国寺。辛巳，赐寿宁公主盐价钞万引。甲申，遣户部尚书李家奴往盐官祀海神，仍集议修海岸。丙戌，诏帝师命僧修佛事于盐官州，仍造浮屠二百一十六，以厌海溢。戊子，车驾幸上都。己丑，以赵世延知经筵事，赵简预经筵事，阿鲁威同知经筵事，曹元用、吴秉道、虞集、段辅、马祖常、燕赤、孛术鲁翀并兼经筵官。云南土官撒加布降，奉方物来献，置州一，以撒加布知州事，隶罗罗宣慰司，征其租赋。壬辰，太平路当涂县杨氏妇一产三子。晋宁、卫辉二路及泰安州饥，赈钞四万八千三百锭。冀宁路平定州饥，赈粜米三万石。陕西、四川及河南府等处饥，并赈之。夏四月丙申，钦州徭黄焱等为寇，命湖广行省备之。己亥，塔失帖木儿、倒剌沙请凡蒙古、色目人效汉法丁忧者除其名，从之。壬寅，李家奴以作石囤捍海议闻。己酉，御史杨倬等以民饥，请分僧道储粟济之，不报。甲寅，改封蒙山神曰嘉惠昭应王，盐池神曰灵富公，洞庭庙神曰忠惠顺利灵济昭佑王，唐柳州刺史柳宗元曰文惠昭灵公。戊午，禁伪造金银器皿。大都、东昌、大宁、汴梁、怀庆之属州县饥，发粟赈之。保定、冠州、德州、般阳、彰德、济南属州县饥，发钞赈之。是月，灵州、浚州大雨雹。蓟州及岐山、石城二县蝗。广宁路大水，崇明州大风，海溢。五月甲子，遣官分护流民还乡，仍禁聚至千人者杖一百。丙寅，广西普宁县僧陈庆安作乱，僭建国，改元。己巳，八百媳妇蛮遣子哀招献驯象。癸酉，籍在京流民废疾者，给粮遣还。大理怒江甸土官阿哀你寇乐辰诸寨，命云南行省督兵捕之。庚辰，有流星大如缶，其光烛地。甲申，安南国及八洞蛮酋遣使献方物。戊子，以岭北行省平章政事塔失帖木儿为中书平章政事。是月，燕南、山东东道及奉元、大同、河间、河南、东平、濮州等处饥，赈钞十四万三千余锭。峡州属县饥，赈粜粮五千石。冀宁、广平、真定诸路属县大雨雹，汝宁府颍州、卫辉路汲县蝗，泾州灵台县旱。六月，高丽世子完者秃诉取其印，遣平章政事买闾往谕高丽王，俾还之。丙午，遣使祀世祖神御殿。是月，诸王喃答失、彻彻秃、火沙、乃马台诸部风雪毙畜牧，士卒饥，赈粮五万石、钞四十万锭。奉元、延安二路饥，赈钞四千八百九十锭。彰德属县大雨雹，南宁、开元、永平诸路水，江陵路属县旱，河南德安屯蠖食桑。秋七月辛酉朔，宁夏地震。庚午，帝崩，寿三十六，葬起辇谷。己卯，大宁路地震。癸未，修佛事于钦明殿。乙酉，皇后、皇太子降旨谕安百姓。丙戌，太白犯轩辕大星。九月，倒剌沙立皇太子为皇帝，改元天顺，诏天下。

泰定之世，灾异数见，君臣之间，亦未见其引咎责躬之实，然能知守祖宗之法以行，天下无事，号称治平，兹其所以为足称也。

卷三十一　本纪第三十一

明　宗

明宗翼献景孝皇帝，讳和世㻋，武宗长子也。母曰仁献章圣皇后，亦乞烈氏。成宗大德三年，命武宗抚军北边，帝以四年十一月壬子生。成宗崩，十一年，武宗入继大统，立仁宗为皇太子，命以次传于帝。武宗崩，仁宗立，延祐三年春，议建东宫，时丞相铁木迭而欲固位取宠，乃议立英宗为皇太子，又与太后幸臣识烈门谮帝于两宫，浸润久之，其计遂行。于是封帝为周王，出镇云南。置常侍府官属，以遥授中书左丞相秃忽鲁、大司徒斡耳朵、中政使尚家奴、山北辽阳等路蒙古军万户孛罗、翰林侍讲学士教化等并为常侍，中卫亲军都指挥使唐兀、兵部尚书赛罕八都鲁为中尉，仍置谘议、记室各二员，遣就镇。是年冬十一月，帝次延安，秃忽鲁、尚家奴、孛罗及武宗旧臣厘日、沙不丁、哈八儿秃等皆来会。教化谋曰："天下者，我武皇之天下也，出镇之事，本非上意，由左右构间致然。请以其故白行省，俾闻之朝廷，庶可杜塞离间，不然，事变叵测。"遂与数骑驰去。先是，阿思罕为太师，铁木迭儿夺其位，出之为陕西行省丞相，及教化等至，即与平章政事塔察儿、行台御史大夫脱里伯、中丞脱欢，悉发关中兵，分道自潼关、河中府入。已而塔察儿、脱欢袭杀阿思罕、教化于河中，帝遂西行，至北边金山。西北诸王察阿台等闻帝至，咸率众来附。帝至其部，与定约束，每岁冬居扎颜，夏居斡罗斡察山，春则命从者耕于野泥，十余年间，边境宁谧。

延祐七年，仁宗崩，英宗嗣立。是岁夏四月丙寅，子妥懽帖木尔生，是为至正帝。至治三年八月癸亥，御史大夫铁失等弑英宗，晋王也孙铁木儿自立为皇帝，改元泰定。五月，遣使扈从皇后八不沙至自京师。二年，帝弟图帖睦尔以怀王出居于建康。三年三月癸酉，子懿璘质班生，是为宁宗。

岁戊辰七月庚午，泰定皇帝崩于上都，倒剌沙专权自用，逾月不立君，朝野疑惧。时佥枢密院事燕铁木儿留守京师，遂谋举义。八月甲午黎明，召百官集兴圣宫，兵皆露刃，号于众曰："武皇有圣子二人，孝友仁文，天下归心，大统所在，当迎立之，不从者死！"乃缚平章乌伯都剌、伯颜察儿，以中书左丞朵朵、参知政事王士熙等下于狱。燕铁木儿与西安王阿剌忒纳失里固守内廷。于是帝方远在沙漠，猝未能至，虑生他变，乃迎帝弟怀王于江陵，且宣言已遣使北迎帝，以安众心。复矫称帝所遣使者自北方来，云周王从诸王兵整驾南辕，旦夕即至矣。丁巳，怀王入京师，群臣请正大统，固让曰："大兄在北，以长以德，当有天下。必不得已，当明以朕志播告中外。"九月壬申，怀王即位，是为文宗，改元天历，诏天下曰："谨俟大兄之至，以遂朕固让之心。"时倒剌沙在上都，立泰定皇帝子为皇帝，乃遣兵分道犯大都，而梁王王禅、右丞相答失铁木儿、御史大夫纽泽、太尉不花等兵皆次于榆林，燕帖木儿与其弟撒敦、子唐其势等，帅师与战，屡败之。上都兵皆溃。十月辛丑，齐王月鲁帖木儿、元帅不花帖木儿以兵围上都，倒剌沙乃奉皇帝宝出降，两京道路始通。于是文宗遣哈散及撒迪等相继来迎，朔漠诸王皆劝帝南还京师，遂发北边。诸王察阿台、沿边元帅朵烈捏、万户买驴等，咸帅师扈行，旧臣孛罗、尚家奴、哈八儿秃皆从。至金山，岭北行省平章政事泼皮奉迎，武宁王彻彻秃、佥枢密院事帖木儿不花继至。乃命孛罗如京师，两京之民闻帝使者至，欢呼鼓舞曰："吾天子实自北来矣！"诸王、旧臣争先迎谒，所至成聚。

天历二年正月乙丑，文宗复遣中书左丞跃里帖木儿来迎。乙酉，撒迪等至，入见帝于行幄，以文宗命劝进。丙戌，帝即位于和宁之北，扈行诸王、大臣咸入贺，乃命撒迪遣人还报京师。是月，前翰林学士承旨不答失里以太府太监沙剌班辇金银币帛至。遣撒迪等还京师，帝命之曰："朕弟曩尝览观书史，迩者得无废乎？听政之暇，宜亲贤士大夫，讲论史籍，以知古今治乱得失。卿等至京师，当以朕意谕之。"二月壬辰，宣靖王买奴自京师来觐。辛丑，追尊皇妣亦乞烈氏曰仁献章圣皇后。是月，文宗立奎章阁学士院于京师，遣人以除目来奏，帝并从之。三月戊午朔，次洁坚察罕之地。辛酉，文宗遣右丞相燕铁木儿奉皇帝宝来上，御史中丞八即剌、知枢密院事秃儿哈帖木儿等，各率其属以从。壬戌，造乘舆服御及近侍诸服用。丙寅，帝谓中书左丞跃里帖木儿曰："朕至上都，宗藩诸王必皆来会，非寻常朝会比也，诸王察阿台今亦从朕远来，有司供张，皆宜豫备。卿其与中书臣僚议之。”丁亥，雨土，霾。四月癸巳，燕铁木儿见帝于行在，率百官上皇帝宝，帝嘉其勋，拜太师，仍命为中书右丞相，开府仪同三司、上柱国、录军国重事、监修国史、答剌罕、太平王并如故。复谕燕铁木儿等曰："凡京师百官，朕弟所用者，并仍其旧，卿等其以朕意谕之。”燕铁木儿奏："陛下君临万方，国家大事所系者，中书省、枢密院、御史台而已，宜择人居之。”帝然其言，以武宗旧人哈八儿秃为中书平章政事，前中书平章政事伯帖木儿知枢密院事，常侍孛罗为御史大夫。甲午，立行枢密院，命昭武王、知枢密院事火沙领行枢密院事，赛帖木儿、买奴并同知行枢密院事。是日，帝宴诸王、大臣于行殿，燕铁木儿、哈八儿秃、伯帖木儿、孛罗等侍。帝特命台臣曰："太祖皇帝尝训敕臣下云：'美色、名马，人皆悦之，然方寸一有系累，即能坏名败德。'卿等居风纪之司，亦尝念及此乎？世祖初立御史台，首命塔察儿、奔帖杰儿二人协司其政。天下国家，譬犹一人之身，中书则右手也，枢密则左手也。左右手有病，治之以良医，省、院阙失，不以御史台治之可乎？凡诸王、百司，违法越礼，一听举劾。风纪重则贪墨惧，犹斧斤重则入木深，其势然也。朕有阙失，卿亦以闻，朕不尔责也。”乙未，特命孛罗等传旨，宣谕燕铁木儿、伯答沙、火沙、哈八儿秃、八即剌等曰："世祖皇帝立中书省、枢密院、御史台及百司庶府，共治天下，大小职掌，已有定制。世祖命廷臣集律令章程，以为万世法。成宗以来，列圣相承，罔不恪遵成宪。朕今居太祖、世祖所居之位，凡省、院、台、百司庶政，询谋佥同，摽译所奏，以告于朕。军务机密，枢密院当即以闻，毋以夙夜为间而稽留之。其他事务，果有所言，必先中书、院、台，其下百司及昔御之臣，毋得隔越陈请。宜宣谕诸司，咸俾闻知。傥违朕意，必罚无赦。”丁酉，以陕西行台御史大夫铁木儿脱为上都留守。辛丑，文宗立都督府于京师，遣使来奏，又以台宪官除目来上，并从之。癸卯，遣使如京师，卜日命中书左丞相铁木儿补化摄告即位于郊庙、社稷。遣武宁王彻彻秃及哈八儿秃立文宗为皇太子，仍立詹事院，罢储庆司，以彻里铁木儿为中书平章政事，阔儿吉思为中书右丞，怯来、只儿哈郎并为甘肃行省平章政事，忽剌台为江浙行省平章政事，那海为岭北行省平章政事。甲辰，敕中书省赐官吏送宝者秩一等，从者赉以币帛。乙巳，监察御史言："岭北行省，控制一方，广轮万里，实为太祖肇基之地，国家根本系焉。方面之寄，岂可轻任。平章塔即吉素非勋旧，奴事倒剌沙，偃起宿卫，辄为右丞，俄升平章，年已七十，耄昏殊甚。左丞马谋，本晋邸部民，以女妻倒剌沙，引为都水，遂除左丞。郎中罗里，市井小人，秃鲁忽乃晋邸卫卒，不谙政务。并宜黜退。”台臣以闻，帝曰："御史言甚善，其并黜之。”又谕台臣曰："御史劾岭北省臣，朕甚嘉之。继今所当言者，毋有所惮。被劾之人，苟营求申诉，朕必罪之。或廉非其实，毋辄以闻。”五月丁巳朔，次朵里伯真之地。戊午，遣西安王阿剌忒纳失里还京师，封帖木儿为保德郡王。赐扈驾宿卫士等币帛有差。己未，皇太子遣翰林学士承旨阿邻帖木儿来觐。庚申，次斡耳罕木东。辛酉，御史大夫孛罗、中政使尚家奴，并特授开府仪同三司，以典四番宿卫。癸亥，次必忒怯秃之地，翰林学士承旨斡耳朵自京师来觐。命有司新武宗幄殿、车舆。庚午，命燕铁木儿升用岭北行省官吏，其余官吏并赐散官一级。选用潜邸旧臣及扈从士，受制命者八十有五人，六品以下二十有六人。壬申，次探秃儿海之地。封亦怜真八为柳城郡王，以八即剌为陕西行台御史大夫，众家奴为御史中丞。乙亥，次秃忽剌。敕大都省臣铸皇太子宝。时求太子故宝不知所在，近侍伯不花言宝藏于上都行幄，遣人至上都索之，无所得，乃命更铸之。西木邻等四十三驿旱灾，命中书以粮赈之，计八千二百石。丁丑，皇太子发京师。镇南王帖木儿不花，诸王也速、斡即、答来不花、朵来只班、伯颜也不干，驸马别阔里及扈卫百官，悉从行。戊寅，京师市马二百八十匹，载乘舆服御送行在所。己卯，次秃忽剌河东。加翰林学士承旨唐兀为太尉。赵王马札罕部落旱，民五万五千四百口不能自存，敕河东宣慰司赈粮两月。庚辰，赐诸王燕只哥台钞二百锭、币帛二千匹。辛巳，次斡罗斡秃之地。壬午，次不鲁通之地。是日，左丞相铁木儿补化等以帝即位，摄告南郊。甲申，次忽剌火失温之地。六月丁亥朔，次坤都也不剌之地。是日，铁木儿补化等以帝即位，摄告于宗庙、社稷。戊子，燕铁木儿等奏："中政院越中书擅奏除授，移文来征制敕，已如所请授之，然于大体非宜，乞申命禁止，庶使政权归一。”从之。庚寅，次撒里之地。陕西行省告饥，遣使还都，与诸老臣议赈救之。丁酉，次兀纳八之地。升都督府为大都督府。己亥，次阔朵之地。枢密院奏："皇太子遣使来言，近已颁赦，四川诸省兵悉遣还营，惟云南逆谋叵测，兵未可即罢，令臣等以闻。”帝曰："可仍屯戍，俟平定而后罢。”辛丑，次撒里怯儿之地。壬寅，戒近侍毋得辄有奏请。甲辰，赐驸马脱必儿钞千锭，往云南。丁未，次哈里温。戊申，次阔朵杰阿剌伦。辛亥，次哈儿哈纳秃之地。诏谕中书省臣："凡国家钱谷、铨选诸大政事，先启皇太子，然后以闻。”癸丑，次忽秃之地。甲寅，赈陕西临潼、华阴二十三驿钞一千八百锭，晋宁路十五驿钞八百锭。是月，铁木儿补化以久旱启于皇太子，辞相位，乞更选贤德，委以燮理，皇太子遣使以闻。帝谕阔儿吉思等曰："修德应天，乃君臣当为之事，铁木儿补化所言良是。天明可畏，朕未尝斯须忘于怀也。皇太子来会，当与共图其可以泽民利物者行之。卿等其以朕意谕群臣。”七月丙辰朔，日有食之。甲子，次孛罗火你之地。壬申，监察御史把的于思言："朝廷自去秋命将出师，戡定祸乱，其供给军需，赏赉将士，所费不可胜纪。若以岁入经赋较之，则其所出已过数倍。况今诸王朝会，旧制一切供亿，俱尚未给，而陕西等处饥馑荐臻，饿殍枕藉，加以冬春之交，雪雨愆期，麦苗槁死，秋田未种，民庶遑遑，流移者众。臣伏思之，此正国家节用之时也。如果有功必当赏赉者，宜视其官之崇卑而轻重之，不惟省费，亦可示劝。其近侍诸臣奏请恩赐，宜悉停罢，以纾民力。”台臣以闻，帝嘉纳之，仍敕中书省以其所言示百司。乙亥，次不罗察罕之地。丙子，文宗受皇太子宝。戊寅，次小只之地。壬午，遣使诣京师，敕中书平章政事哈八儿秃同翰林国史院官，致祭太祖、太宗、睿宗三朝御容。发诸卫军六千完京城。八月乙酉朔，次王忽察都之地。丙戌，皇太子入见。是日，宴皇太子及诸王、大臣于行殿。庚寅，帝暴崩，年三十，葬起辇谷，从诸陵。是月己亥，皇太子复即皇帝位。十二月乙巳，知枢密院事臣也不伦等议请上尊谥曰翼献景孝皇帝，庙号明宗。三年三月壬申，祔于太庙。

卷三十二　　本纪第三十二

文　宗　一

文宗圣明元孝皇帝，讳图帖睦尔，武宗之次子，明宗之弟也。母曰文献昭圣皇后，唐兀氏。大德三年，武宗总兵北边，帝以八年春正月癸亥生。

十一年，武宗入继大统。至大四年，武宗崩，传位于弟仁宗。延祐三年，丞相铁木迭儿等议立英宗为皇太子，明宗以武宗长子，乃出之，居于朔漠。及英宗即位，铁木迭儿复为丞相，怀私固宠，构衅骨肉，诸王大臣，莫不自危。至治元年五月，中政使咬住告脱欢察儿等交通亲王，于是出帝居于海南。三年六月，英宗在上都，谓丞相拜住曰："朕兄弟实相友爱，曩以小人谮诉，俾居远方，当亟召还，明正小人离间之罪。"未几，铁失、也先铁木儿等为逆，而晋王遂立为皇帝，改元泰定。召帝于海南之琼州，还至潭州，复命止之。居数月，乃还京师。十月，封怀王，赐黄金印。二年正月，又命出居于建康，以殊祥院使也先捏掌其卫士。初，晋王既为皇帝，以内史倒剌沙为中书平章政事，遂为丞相，狡愎自用，灾异数见，而帝兄弟播越南北，人心思之。

致和元年春，大驾出畋柳林，以疾还宫。诸王满秃、阿马剌台，太常礼仪使哈海，宗正扎鲁忽赤阔阔出等，与佥枢密院事燕铁木儿谋曰："今主上之疾日臻，将往上都。如有不讳，吾党扈从者执诸王、大臣杀之。居大都者，即缚大都省、台官，宣言太子已至，正位宸极，传檄守御诸关，则大事济矣。"三月，大驾至上都，满秃、阔阔出等扈从。西安王阿剌忒纳失里居守，燕铁木儿亦留大都。时也先捏私至上都，与倒剌沙等图弗利于帝，乃遣宗正扎鲁忽赤雍古台迁帝居江陵。七月庚午，泰定皇帝崩于上都。倒剌沙及梁王王禅、辽王脱脱，因结党害政，人皆不平。时燕铁木儿实掌大都枢密符印，谋于西安王阿剌忒纳失里，阴结勇士，以图举义。八月甲午，黎明，百官集兴圣宫，燕铁木儿率阿剌铁木儿、孛伦赤等十七人，兵皆露刃，号于众曰："武宗皇帝有圣子二人，孝友仁文，天下正统当归之。今尔一二臣，敢紊邦纪，有不顺者斩！"乃手缚平章政事乌伯都剌、伯颜察儿，分命勇士执中书左丞朵朵，参知政事王士熙，参议中书省事脱脱、吴秉道，侍御史铁木哥、丘世杰，治书侍御史脱欢，太子詹事丞王桓等，皆下之狱。燕铁木儿与西安王阿剌忒纳失里共守内廷，籍府库，录符印，召百官入内听命。即遣前河南行省参知政事明里董阿、前宣政使答里麻失里，驰驿迎帝于江陵，密以意谕河南行省平章政事伯颜，令简兵以备扈从。是日，前湖广行省左丞相别不花为中书左丞相，太子詹事塔失海涯为中书平章政事，前湖广行省右丞速速为中书左丞，前陕西行省参知政事王不怜吉台为枢密副使，与中书右丞赵世延、同佥枢密院事燕铁木儿、翰林学士承旨亦列赤、通政院使寒食分典机务，调兵守御关要，征诸卫兵屯京师，下郡县造兵器，出府库犒军士。燕铁木儿直宿禁中，达旦不寐，一夕或再徙，人莫知其处。乙未，以西安王令，给宿卫京城军士钞有差，调诸卫兵守居庸关及卢儿岭。丙申，遣左卫率使秃鲁将兵屯白马甸，隆镇卫指挥使斡都蛮将兵屯泰和岭。丁酉，发中卫兵守迁民镇。又遣撒里不花等往迎帝，且令塔失帖木儿矫为使者自南来，言帝已次近郊，使民毋惊疑。戊戌，征宣靖王买奴、诸王燕不花于山东。己亥，征兵辽阳。明里董阿至汴梁，执行省臣，皆下之狱，又收肃政廉访司、万户府及郡县印。庚子，发宗仁卫兵增守迁民镇。辛丑，遣万户彻里帖木儿将兵屯河中。壬寅，河南行省以郡县阙人，权署官摄其事。癸卯，燕铁木儿之弟撒敦、子唐其势，自上都来归。河南行省杀平章曲烈、右丞别铁木儿。是日，明里董阿等至江陵。甲辰，帝发江陵，遣使召镇南王铁木儿不花、威顺王宽彻不花、湖广行省平章政事高昌王铁木儿补化来会。执湖广行省左丞马合某送京师，以别薛代之。河南行省出府库金千两、银四千两、钞七万一千锭，分给官吏、将士。又命有司造乘舆、供张、仪仗等物。乙巳，遣隆镇卫指挥使也速台儿将兵守碑楼口。河南行省杀其参政脱孛台。召陕西行台侍御史马扎儿台及行省平章政事探马赤，不至。丙午，诸王按浑察至京师。遣前西台御史剌马黑巴等谕陕西。丁未，撒敦守居庸关，唐其势屯古北口。命河南行省造银符，以给军士有功者。戊申，燕铁木儿又令乃马台矫为使者北来，言周王整兵南行，闻者皆悦。帝命河南行省平章政事伯颜为本省左丞相。河南行省遣前万户孛罗等将兵守潼关。己酉，诸王满秃、阿马剌台，宗正扎鲁忽赤阔阔出，前河南行平章政事买间，集贤侍读学士兀鲁思不花，太常礼仪院使哈海赤等十八人，同谋援大都，事觉，倒剌沙杀之。庚戌，帝至汴梁，伯颜等扈从北行。以前翰林学士承旨阿不海牙为河南行省平章政事。发平滦民堑迁民镇，以御辽东军。辛亥，以燕铁木儿知枢密院事，亦列赤为御史中丞。壬子，阿速卫指挥使脱脱木儿帅其军自上都来归，即命守古北口。癸丑，铸枢密分院印。是日，上都诸王及用事臣，以兵分道犯京畿，留辽王脱脱、诸王孛罗帖木儿、太师朵带、左丞相倒剌沙、知枢密院事铁木儿脱居守。甲寅，剌马黑巴等至陕西，皆见杀。乙卯，脱脱木儿及上都诸王失剌、平章政事乃马台、詹事钦察战于宜兴，斩钦察于阵，禽乃马台送京师，戮之，失剌败走。丙辰，燕铁木儿奉法驾郊迎。丁巳，帝至京师，入居大内。贵赤卫指挥使脱迭出自上都，率其军来归，命守古北口。

戊午，以速速为中书平章政事，前御史中丞曹立为中书右丞，江浙行省参知政事张友谅为中书参知政事，河南行省左丞相伯颜为御史大夫，中书右丞赵世延为御史中丞。己未，以河南万户也速台儿同知枢密院事。罢回回掌教哈的所。上都梁王王禅、右丞相塔失铁木儿、太尉不花、平章政事买闾、御史大夫纽泽等，兵次榆林。升宜兴县为州。隆镇卫指挥使黑汉谋附上都，坐弃市，籍其家。九月庚申朔，燕铁木儿督师居庸关，遣撒敦以兵袭上都兵于榆林，击败之，追至怀来而还。隆镇卫指挥使斡都蛮以兵袭上都诸王灭里铁木儿、脱木赤于陀罗台，执之，归于京师。遣使即军中赐脱脱木儿等银各千两，以分给军士有功者。赐京师耆老七十人币帛。命有司括马。中书左丞相别不花言："回回人哈哈的，自至治间货官钞，违制别往番邦，得宝货无算，法当没官，而倒剌沙私其种人，不许，今请籍其家。"从之。燕铁木儿请释马合某，从之。陕西兵入河中府，劫行用库钞万八千锭，杀同知府事不伦秃。壬戌，遣使祭五岳、四渎。命速速宣谕中外曰："昔在世祖以及列圣临御，咸命中书省纲维百司，总裁庶政，凡钱谷、铨选、刑罚、兴造，罔不司之。自今除枢密院、御史台，其余诸司及左右近侍，敢有隔越中书奏请政务者，以违制论，监察御史其纠言之。"以高昌王铁木儿补化知枢密院事，也先捏为宣徽使。给居庸关军士糗粮，赐镇南王铁木儿不花等钞有差。征五卫屯田兵赴京师。安南国来贡方物。赐上都将士来归者钞各有差。枢密院臣言："河南行省军列戍淮西，距潼关、河中不远，湖广行省军，唯平阳、保定两万户号称精锐，请发蕲、黄戍军一万人及两万户军，为三万，命湖广参政郑昂霄、万户脱脱木儿将之，并黄河为营，以便征遣。"从之。召燕铁木儿赴阙。上都诸王也先帖木儿、平章秃满迭儿，自辽东以兵入迁民镇，诸王八剌马、也先帖木儿以所部兵入管州，杀掠吏民。丙寅，命造兵器，江浙、江西、湖广三省六万事，内郡四万事。丁卯，燕铁木儿率诸王、大臣伏阙请早正大位，以安天下，帝固辞曰："大兄在朔方，朕敢紊天序乎？"燕铁木儿曰："人心向背之机，间不容发，一或失之，噬脐无及。"帝曰："必不得已，必明著朕意以示天下而后可。"赐西安王阿剌忒纳失里、镇南王帖木儿不花、威顺王宽彻不花、宣靖王买奴等，金各五十两、银各五百两、币各三十匹。遣撒敦拒辽东兵于蓟州东流沙河，元帅阿兀剌守居庸关。上都军攻碑楼口，指挥使也速台儿御之，不克。戊辰，大司农明里董阿、大都留守阔阔台，并为中书平章政事。募勇士从军。遣使分行河间、保定、真定及河南等路，括民马。征鄜陵县河西军赴阙。命襄阳万户杨克忠、邓州万户孙节，以兵守武关。命海道万户府来年运米三百一十万石。造金符八十。己巳，铸御宝成。立行枢密院于汴梁，以同知枢密院事也速台儿知行枢密院事，将兵行视太行诸关，西击河中、潼关军，以折叠弩分给守关军士。上都诸王忽剌台等引兵犯崞州。庚午，命有司和市粟豆十六万五千石，分给居庸等关军马。遣军民守归、峡诸隘。辛未，常服谒太庙。云南孟定路土官来贡方物。乌伯都剌、铁木哥弃市，朵朵、王士熙、伯颜察儿、脱欢等各流于远州，并籍其家。同知枢密院事脱脱木儿与辽东秃满迭儿战于蓟州两家店。壬申，帝即位于大明殿，受诸王、百官朝贺，大赦，诏曰：

洪惟我太祖皇帝混一海宇，爰立定制，以一统绪，宗亲各受分地，勿敢妄生觊觎，此不易之成规，万世所共守者也。世祖之后，成宗、武宗、仁宗、英宗，以公天下之心，以次相传，宗王、贵戚，咸遵祖训。至于晋邸，具有盟书，愿守藩服，而与贼臣铁失、也先帖木儿等潜通阴谋，冒干宝位，使英宗不幸罹于大故。朕兄弟播越南北，备历艰险，临御之事，岂获与闻！

朕以叔父之故，顺承惟谨，于今六年，灾异迭见。权臣倒剌沙、乌伯都剌等，专权自用，疏远勋旧，废弃忠良，变乱祖宗法度，空府库以私其党类。大行上宾，利于立幼，显握国柄，用成其奸。宗王、大臣，以宗社之重，统绪之正，协谋推戴，属于眇躬。朕以菲德，宜俟大兄，固让再三。宗戚、将相，百僚、耆老，以为神器不可以久虚，天下不可以无主，周王辽隔朔漠，民庶遑遑，已及三月，诚恳迫切。朕姑从其请，谨俟大兄之至，以遂朕固让之心。已于致和元年九月十三日，即皇帝位于大明殿，其以致和元年为天历元年，可大赦天下。自九月十三日昧爽已前，除谋杀祖父母、父母，妻妾杀夫，奴婢杀主，谋故杀人，但犯强盗，印造伪钞不赦外，其余罪无轻重，咸赦除之。

於戏，朕岂有意于天下哉！重念祖宗开创之艰，恐隳大业，是以勉徇舆情。尚赖尔中外文武臣僚，协心相予，辑宁亿兆，以成治功。咨尔多方，体予至意！

癸酉，翰林院增给驿玺书。命燕铁木儿将兵击辽东军，封燕铁木儿为太平王，以太平路为食邑，赐金五百两、银二千五百两、钞万锭、平江官地五百顷。中书右丞曹立为江浙行省平章政事，福建廉访使易释董阿为右丞，前中书左丞张思明为左丞。诸王塔术、只儿哈郎、佛宝等自恩州来朝。赐按灰钞百锭，以祀天神。括河东马。甲戌，燕铁木儿加开府仪同三司、上柱国、录军国重事、中书右丞相、监修国史，依前知枢密院事，伯颜加太尉，以江南行台御史大夫朵儿只为江浙行省左丞相，淮西道肃政廉访使阿儿思兰海牙为江南行台御史大夫。诸王孛罗、忽都火者来朝。征左右两阿速卫军老幼赴京师，不行者斩，籍其家。乙亥，立太禧院，以奉祖宗神御殿祠祭，秩正二品，罢会福、殊祥两院。江西行省平章政事秃坚帖木儿、江浙行省右丞易释董阿并为太禧院使，中书平章速速、御史中丞亦列赤兼太禧院使。上都王禅兵袭破居庸关，将士皆溃。燕铁木儿军次三河。丙子，王禅游兵至大口，燕铁木儿还军次榆河，帝出齐化门视师。丁丑，燕铁木儿来见曰："乘舆一出，民心必惊，军旅之事，臣请以身任之。"即日还宫。命司天监禜星。戊寅，谕中外曰："近以奸臣倒剌沙、乌伯都剌潜通阴谋，变易祖宗成宪，既已明正其罪。凡回回种人不预其事者，其安业勿惧；有因而扇惑其人者，罪之。"又敕："军中逃归，及京城游民敢攘民财者斩。"命高昌僧作佛事于延春阁。又命也里可温于显懿庄圣皇后神御殿作佛事。诸王阿儿八忽、按灰、脱脱来朝。命留守司完京城，军士乘城守御。燕铁木儿与王禅前军战于榆河，败之，追奔红桥北。其枢密副使阿剌帖木儿、指挥使忽都帖木儿以兵会王禅，复来战，又败之，我师据红桥。增给大都驿马百匹。庚辰，太白犯亢宿。诏谕御史台："今后监察御史、廉访司，凡有刺举，并著其实，无则勿妄以言。廉访司书吏，当以职官、教授、吏员、乡贡进士参用。"加封汉将军关羽为显灵义勇武安英济王，遣使祠其庙。辛巳，命司天监崇星。以别不花知枢密院事，依前中书左丞相。括山东马。燕铁木儿与上都军大战白浮之野，燕铁木儿手刃七人于阵，败之。脱脱木儿与辽东军战蓟州之檀子山。壬午，大雾。王禅等遁昆山州。获上都颁诏使者及辽东征兵使者以闻，诏诛之。癸未，以同知枢密院事秃儿哈帖木儿知枢密院事，中书平章政事明里董阿为江浙行省平章政事。王禅收集散亡，复来战，我师列阵白浮之西，敌不敢犯。至夜，撒敦、脱脱木儿前后夹攻，败走之，追及于昌平北，斩首数千级，降者万余人。帝遣使赐燕铁木儿上尊，谕旨曰："丞相每临阵，躬冒矢石，脱有不虞，奈何？自今第以大将旗鼓督战可也。"燕铁木儿对曰："凡战，臣必以身先之，敢后者，论以军法。若委之诸将，万一失利，悔将何及？"甲申，庆云见。王禅单骑亡，撒敦追之不及而还。命御史台："凡各道廉访司官，用蒙古二人，畏兀、河西、回回、汉人各一人。各司书吏十六人，用职官五，各路司吏五，教授二，乡贡进士四人。本台经历品秩相当者，除各道廉访使，都事除副使。本台译史通事考满不得除御史。"靖安王阔不花等将陕西兵潜由潼关南水门入，万户孛罗弃关走，阔不花等分据陕州等县，纵兵四劫。乙酉，以明里董阿为中书平章政事，岭北行省左丞燕不邻知枢密院事。募丁壮千人守捍城郭。上都兵入古北口，将士皆溃，其知枢密院事竹温台以兵掠石槽。追封乳母完者云国夫人，其夫斡罗思赠太保，封云国公，谥忠懿；子锁乃赠司徒，封云国公，谥贞闵。燕铁木儿遣撒敦倍道趋石槽，掩其不备，击之。燕铁木儿大兵继至，转战四十余里，至牛头山，擒驸马孛罗帖木儿，平章蒙古塔失、雅失帖木儿，将作院使撒儿讨温，送阙下戮之，将校降者万人，余兵奔窜，夜遣撒敦出古北口逐之。脱脱木儿与辽东军战蓟州南，杀获无算。调河南蒙古军老幼五万人，增守京师，募丁壮守直沽。调临清万户府运粮军三千五百并御河分守，山东丁壮万人守御益都、般阳诸处海港。居庸关垒石以为固。丁亥，辽东军抵京城，燕铁木儿引兵拒之，令京城里长召募丁壮及百工合万人，与兵士为伍，乘城守御，月给钞三锭、米三斗。冀宁、晋宁两路所辖：代州之雁门关，崞州之阳武关，岚州之天涧口、皮库口，保德州之寨底、天桥、白羊三关，石州之坞堡口，汾州之向阳关，隰州之乌门关，吉州之马头、秦王岭二关，灵石县之阴地关，皆令穿堑垒石以为固，调丁壮守之。戊子，上都诸王忽剌台等兵入紫荆关，将士皆溃，行枢密院官卜颜、斡都蛮，指挥使也速台儿将兵援之。陕西行台御史大夫也先帖木儿引兵从大庆关渡河，擒河中府官，杀之。万户彻里帖木儿军溃而遁，河南廉访副使万家闾言："彻里帖木儿身为大将，纪律不严，望风奔溃，宜加重罚，以示劝惩。"不报。河东闻也先帖木儿军至，官吏皆弃城走，也先帖木儿悉以其党代之。召云南行省左丞相也儿吉尼，不至。前尚书左丞相三宝奴以罪诛，其二子上都、哈剌八都儿近侍，命以所籍家赀及制命还之。冬十月己丑朔，命西僧作佛事。燕铁木儿引兵至通州，击辽东军败之，皆渡潞水走。遣脱脱木儿等将兵四千，西援紫荆关。调江浙兵万人，西御潼关。紫荆关溃卒南走保定，因肆剽掠，同知路事阿里沙及故平章张珪子武昌万户景武等率民持梃击死数百人。河南行省调兵守虎牢关。庚寅，我师与辽东军夹潞水而阵，辽东军宵遁，我师渡而袭之。辛卯，礼官言："即位之始，当告祭郊庙、社稷，时享之礼，请改用仲月。"从之。紫荆关兵进逼涿州，同知州事教化的调丁壮御之。壬辰，也先捏以军至保定，杀阿里沙等及张景武兄弟五人，并取其家赀。倒剌沙贷其姻家长芦盐运司判官亦剌马丹钞四万锭，买盐营利于京师，诏追理之。癸巳，立寿福、会福、隆禧、崇祥四总管府，分奉祖宗神御殿，秩正三品，并隶太禧院。忽剌台游兵进逼南城，令京城居民户出壮丁一人，持兵仗从军士乘城，仍于诸门列瓮贮水以防火。燕铁木儿及阳翟王太平、国王朵罗台等战于檀子山之枣林，唐其势陷阵，杀太平，死者蔽野，余皆宵遁，遣撒敦追之，弗及。甲午，命有司市马千匹，赐军士出征者。脱脱木儿、章吉与也先捏合击敌军于良乡南，转战至泸沟桥，忽剌台被创，据桥而宿。乙未，燕铁木儿率军循北山而西，趣良乡，诸将时与忽剌台、阿剌帖木儿等战于泸沟桥，声言燕铁木儿大军至，敌兵皆遁。使者颁诏于甘肃，至陕西，行省、行台官涂毁诏书，械使者送上都。湘宁王八剌失里引兵入冀宁，杀掠吏民。时太行诸关守备皆阙，冀宁路来告急，敕万户和尚将兵由故关援之。冀宁路官募民丁迎敌，和尚以兵为殿，杀获甚众。会上都兵大至，和尚退保故关，冀宁遂破。丙申，燕铁木儿入朝，赐宴兴圣殿。赈通州被兵之家。命速速等董度支刍粟。中书省臣言："上都诸王、大臣，不思祖宗成宪，惑于奸臣倒剌沙之言，辄以兵犯京畿。赖陛下洪福，王禅遂致溃亡，生擒诸王孛罗帖木儿及诸用事臣蒙古答失、雅失帖木儿等，既已明正典刑，宜传首四方以示众。"从之。丁酉，以缙山县民十人尝为王禅向导，诛其为首者四人，余杖一百七，籍其家赀，妻子分赐守关军士。戊戌，命湖广行省平章政事乞住调兵守归、峡，左丞别薛守八番，以御四川军。诸将追阿剌帖木儿等至紫荆关，获之，送京师，皆弃市。己亥，幸大圣寿万安寺，谒世祖、裕宗神御殿。赐燕铁木儿太平王黄金印，并降制书，及赐玉盘、龙衣、珠衣、宝珠、金腰带、海东白鹘青鹘各一。河南行中书省、行枢密院，皆听便宜行事。秃满迭儿军复入古北口，燕铁木儿引军御之，大战于檀州南，败之，其万户以兵万人降，秃满迭儿遂走还辽东。使者颁诏于陕西，行省、行台官焚诏书，下使者狱，告于上都。庚子，以梁王王禅第赐诸王帖木儿不花。廷臣言："保定万户张昌，其诸父景武等既受诛，宜罢其所将兵，而夺其金虎符。"不许。辛丑，以同知枢密院事脱脱木儿、通政使也不伦并知枢密院事，御史中丞亦列赤为御史大夫。还给伯颜察儿、朵朵家赀。齐王月鲁帖木儿、东路蒙古元帅不花帖木儿等以兵围上都，倒剌沙等奉皇帝宝出降。梁王王禅遁，辽王脱脱为齐王月鲁帖木儿所杀，遂收上都诸王符印。壬寅，以宣徽使也先捏知行枢密院事，宣徽副使章吉为行枢密院副使，与知枢密院事也速台儿等将兵西击潼关军。中书省臣言："野理牙旧以赃罪除名，近复命为太医使，臣等不敢奉诏。"帝曰："往者勿咎，比兵兴之时，朕已录用，其依朕命行之。"以张珪女归也先捏。癸卯，以故徽政使失烈门妻赐燕铁木儿。以通州知州赵义能御敌，赐币二匹。也先铁木儿军至晋宁，本路官皆遁。甲辰，晋邸及辽王所辖路、府、州、县达鲁花赤并罢免禁锢，选流官代之。给淮东宣慰司银字圆符。命有司收将士所遗符印、兵仗。赈粜京城米十万石，石为钞十五贯。丙午，中书省臣言："凡有罪者，既籍其家赀，又没其妻子，非古者罪人不孥之意，今后请勿没人妻子。"制可。丁未，告祭于南郊。以中书平章政事塔失海涯为大司农，复以钦察台为中书平章政事，侍御史玥璐不花为中丞。以度支刍豆经用不足，凡诸王、驸马来朝并节其给，宿卫官已有廪禄者及内侍宫人岁给刍豆，皆权止之。籴豆二十万石于濒御河州县，以河间、山东盐课钞给其直。放还防河运粮军。陕西兵至巩县黑石渡，遂据虎牢，我师皆溃，储仗悉为所获。河南行省来告急，戒有司修城壁，严守卫。云南银沙罗甸土官哀赞等来贡方物。己酉，别不花加太保，落知枢密院事。命刑部郎中大都、前广东佥事张世荣追理乌伯都剌家赀。开居庸关。陕西军夺武关，万户杨克忠等兵溃。庚戌，帝御兴圣殿，齐王月鲁帖木儿、诸王别思帖木儿、阿儿哈失里、那海罕及东路蒙古元帅不花帖木儿等奉上皇帝宝。倒剌沙等从至京师，下之狱，分遣使者檄行省、内郡罢兵以安百姓。以宦者伯帖木儿妻及奴婢田宅赐撒敦。辛亥，云南御里路土官刁赛等来贡方物。诏："自今朝廷政务及籍没田宅赐人者，非与燕铁木儿议，诸人不许奏陈。"以宦者米薛迷奴婢家赀赐伯颜。壬子，以河南、江西、湖广入贡鸳鹅太频，令减其数以省驿传。以诸王火沙第赐燕铁木儿继母公主察吉儿。癸丑，燕铁木儿辞知枢密院事，命其叔父东路蒙古元帅不花帖木儿代之。燕铁木儿请以蒙古塔失等三十人田宅赐御里铁木儿等三十人，从之。以所括河北诸路马，四百匹给四宿卫阿塔赤，二百匹给中宫阿塔赤，余二千匹分牧于内郡。核上都仓库钱谷。御史台臣言："近北兵夺紫荆关，官军溃走，掠保定之民。本路官与故平章张珪子景武五人，率其民击官军死，也先捏不俟奏闻，辄擅杀官吏及珪五子。珪父祖三世为国勋臣，设使珪子有罪，珪之妻女又何罪焉！今既籍其家，又以其女妻也先捏，诚非国家待遇勋臣之意。"帝曰："卿等言是。"命中书革正之。命御史台择人充各道廉访司官。遣官赈良乡、涿州、定兴、保定驿户之被兵者。甲寅，罢徽政院，改立储庆使司，秩正二品。平章政事速速、明里董阿并领储庆司事，鹰坊伯撒里、河南行省左丞姚炜并为储庆使，元帅也速答儿执湘宁王八剌失里送京师。八剌失里及赵王马扎罕、诸王忽剌台，承上都之命，各起所部兵南侵冀宁，还次马邑，至是被执，其所俘男女千人，悉还其家。遣使止江浙军士之往潼关者，就还镇。也先铁木儿兵至潞州。乙卯，以倒剌沙宅赐不花帖木儿，倒剌沙子泼皮宅赐斡都蛮，内侍王伯颜宅赐唐其势。丙辰，燕铁木儿请以所没逆臣赤斤铁木儿家赀还其妻。铁木哥兵入邓州。丁巳，毁显宗室，升顺宗祔右穆第二室，成宗祔右穆第三室，武宗祔左昭第三室，仁宗祔左昭第四室，英宗祔右穆第四室。加命燕铁木儿为答剌罕，仍命子孙世袭其号。燕铁木儿请以河南平章曲列等二十三人田宅赐西安王阿剌忒纳失里等二十三人，从之。戊午，诏谕廷臣曰："凡今臣僚，唯丞相燕铁木儿、大夫伯颜许兼三职署事，余者并从简省。百司事当奏者，共议以闻，或私任己意者，不许独请。上都官吏，自八月二十一日以后擢用者，并追收其制。"敕："天下僧道有妻者，皆令为民。"也先捏军次顺德。令广平、大名两路括马。盗杀太尉不花。初，不花乘国家多事，率众剽掠，居庸以北皆为所扰，至是盗入其家杀之。兴和路当盗以死罪，刑部议以为："不花不道，众所闻知，幸遇盗杀，而本路隐其残剽之罪，独以盗闻，于法不当。"中书以闻，帝嘉其议。十一月己未朔，诏谕中外曰："诸王王禅及秃满迭儿、阿剌不花、秃坚等，兵败而逃，有能擒获者，授五品官；同党之人，若能去逆效顺，擒王禅等来归者，免本罪，依上授官；家奴获之者，得备宿卫；敢有隐匿者，事觉，与犯人同罪。"给殿中侍御史及冀宁路印，凡内外百司印，因兵兴而失者，令中书如品秩铸给之。命太保伯答沙升太傅，兼宗正扎鲁忽赤，总兵北边。中书省臣言："侍御史左吉非才，不当任风宪。"御史台臣伯颜等言："左吉，御史所荐，若既用之，又以人言而止，台纲不能振矣。必如省臣所言，臣等乞辞避。"帝曰："汝等其勿为是言。左吉果不可用，省臣何不先言之。其令左吉仍为侍御史。"帝谓中书省臣曰："朕在琼州、建康时，撒迪皆从，备极艰苦，其赐盐引六万，俾规利以赡其家。"命郡县招集被兵流亡之民，贫者赈给之。辽东降军，给行粮遣还。京畿及四方民为兵所掠而奴于人者，令有司追理送还。山北、京东驿被兵者，赈以钞二万一千五百锭。放高丽宦者米薛迷、刚答里归田里。庚申，中书录用前御史台官亦怜真、蔡文渊。用江南行台御史王琚仁言，汰近岁白身入官者。敕行御史台："凡有纠劾，必由御史台陈奏，勿径以封事闻。"命中书省追理倒剌沙及其兄马某沙，子泼皮、木八剌沙等家赀。辛酉，燕铁木儿请以纽泽田宅赐钦察台。也先捏兵至武安，也先铁木儿以军降，河东州县闻之，尽杀其所署官吏。癸亥，帝宿斋宫。甲子，服衮冕，享于太庙。陕西兵进逼汴梁，闻朝廷传檄罢兵，乃解去。乙丑，燕铁木儿请以乌伯都剌等三十人田宅赐斡鲁思等三十人，从之。丁卯，伯颜兼忠翊侍卫都指挥使。庚午，复立察罕脑儿宣慰司。命总宿卫官分简所募勇士，非旧尝宿卫者皆罢去。汴梁、河南等路及南阳府频岁蝗旱，禁其境内酿酒。日本舶商至福建博易者，江浙行省选廉吏征其税。中书省臣言："今岁既罢印钞本，来岁拟印至元钞一百一十九万二千锭、中统钞四万锭。"监察御史言："户部钞法，岁会其数，易故以新，期于流通，不出其数。迩者倒剌沙以上都经费不足，命有司刻板印钞；今事既定，宜急收毁。”从之。监察御史撒里不花、锁南八、于钦、张士弘言：“朝廷政务，赏罚为先，功罪既明，天下斯定。国家近年自铁木迭儿窃位擅权，假刑赏以遂其私，纲纪始紊。迨至泰定，爵赏益滥。比以兵兴，用人甚急，然而赏罚不可不严。夫功之高下，过之重轻，皆系天下之公论。愿命有司，务合公议，明示黜陟。功罪既明，赏罚攸当，则朝廷肃清，纪纲振举，而天下治矣。”帝嘉纳之。辛未，遣西僧作佛事于兴和新内。铁木哥兵入襄阳，本路官皆遁。襄阳县尹谷庭珪、主簿张德独不去，西军执使降，不屈，死之。时佥枢密院事塔海拥兵南阳不救。壬申，遣官告祭社稷。以故平章黑驴平江田三百顷及嘉兴芦地赐西安王阿剌忒纳失里。癸酉，八百媳妇国使者昭哀，云南威楚路土官朊放等，九十九寨土官必也姑等，各以方物来贡。燕铁木儿言：“向者上都举兵，诸王失剌、枢密同知阿乞剌等十人，南望宫阙鼓噪，其党拒命逆战，情不可恕。”诏各杖一百七，流远，籍其家赀。甲戌，居泰定后雍吉剌氏于东安州。杭州火，命江浙行省赈被灾之家。乙亥，赐西安王阿剌忒纳失里、齐王月鲁帖木儿、知枢密院事不花帖木儿金各五百两、银各二千五百两、钞各万锭，诸王朵列帖木儿金五十两、银五百两、钞千锭，从者及军士有差。丙子，速速坐受赂，杖一百七，徙襄阳；以母年老，诏留之京师。丁丑，以躬祀太庙礼成，御大明殿，受诸王、文武百官朝贺。荆王也速也不干遣使传檄至襄阳，铁木哥引兵走。戊寅，以御史中丞玥璐不花为太禧使。监察御史撒里不花等言：“玥璐不花素禀直气，操履端正，陛下欲振宪纲，非任斯人不可。”乃复以玥璐不花为中丞，兼太禧使。作佛事于五台寺。命河南、江浙两省以兵五万益湖广。己卯，中书省臣言：“内外流官年及致仕者，并依阶叙授以制敕，今后不须奏闻。”制可。以也先铁木儿、乌伯都剌珠衣赐撒迪、赵世安。诸卫汉军及州县丁壮所给甲胄兵仗，皆令还官。庚辰，遣使奉迎皇兄明宗皇帝于漠北。以中政院使敬俨为中书平章政事，同知枢密院事彻里帖木儿为中书左丞。辛巳，遣钦察百户及其军士还镇。以脱脱等三人妻赐阔阔出等三人，以朵台等十一人田宅赐驸马朵必儿等十一人。壬午，第三皇子宝宁易名太平讷，命大司农买住保养于其家。诏行枢密院罢兵还。以御史中丞玥璐不花为中书右丞。癸未，倒剌沙伏诛，磔其尸于市，王禅亦赐死，马某沙、纽泽、撒的迷失、也先铁木儿等皆弃市。以所赐速速、也先捏宅，改赐驸马谨只儿及乳媪也孙真。甲申，命威顺王宽彻不花还镇湖广。御史中丞赵世延以老疾辞职，不许，用故中丞崔彧故事，加平章政事居前职。御史台臣言：“行宣政院、行都水监宜罢。”从之。丙戌，作水陆会。以阿鲁灰帖木儿等六人在上都欲举义，不克而死，并赐赠谥，恤其家。燕铁木儿言：“晋王及辽王等所辖府县达鲁花赤既已黜罢，其所举宗正府扎鲁忽赤、中书断事官，皆其私人，亦宜革去。”从之。敕赵世延及翰林直学士虞集制御史台碑文。遣诸卫兵各还镇。别不花罢。命有司追理上都官吏预借俸。辽王脱脱之子八都聚党出剽掠，敕宣德府官捕之。四川行省平章囊加台自称镇西王，以其省左丞脱脱为平章，前云南廉访使杨静为左丞，杀其省平章宽彻等官，称兵烧绝栈道。乌蒙路教授杜岩肖谓：“圣明继统，方内大宁，省臣当罢兵入朝，庶免一方之害。”囊加台以其妄言惑众，杖一百七，禁锢之。十二月己丑朔，监察御史言，伯颜宜与燕铁木儿一体论功行赏，帝曰：“伯颜之功，朕心知之，御史不必言。”庚寅，令内外诸司，天寿节听具肉食，民间禁屠宰如旧制。命通政院整饬蒙古驿。诸关隘尝毁民屋以塞者，赐民钞，俾完之。甲午，以王禅奴婢赐镇南王铁木儿不花及燕铁木儿。乙未，以王禅弓矢赐燕铁木儿、伯颜。燕铁木儿请以马某沙等九人田宅赐燕不邻等九人，从之。丙午，幸大崇恩福元寺，谒武宗神御殿。分命诸僧于大明殿、延春阁、兴圣宫、隆福宫、万岁山作佛事。云南土官普双等来贡方物。御史台臣言：“也先捏将兵所至，擅杀官吏，俘掠子女货财。”诏刑部鞫之，籍其家，杖一百七，窜于南宁，命其妻归父母家。己亥，造皇后玉册、玉宝。庚子，赦天下。赐诸王满秃为果王，阿马剌台为毅王，宗正札鲁忽赤阔阔出等十七人并赐功臣号及阶官爵谥，仍命有司刻其功于碑，赐钞恤其家。中书省臣言：“陕西行省、行台官，焚弃诏书，坐罪当流，虽经赦宥，永不录用为宜。”制可。辛丑，立龙翊侍卫亲军都指挥使司，分掌钦察军士，秩正三品；指挥使三人，命燕铁木儿及卜兰奚、卯罕为之，余官悉听燕铁木儿选人以闻。命高昌僧作佛事于宝慈殿。江南行台御史言：“辽王脱脱，自其祖父以来，屡为叛逆，盖因所封地大物众，宜削王号，处其子孙远方，而析其元封分地。”诏中书与勋旧大臣议其事。火儿忽答等十三人从湘宁王八剌失里用兵，既伏诛，命皆籍其家赀。西僧百人作佛事于徽猷阁七日。癸卯，钦察、阿速二部，依宿卫军士例给刍豆。乙巳，伯颜加太尉、开府仪同三司，与亦列赤并为御史大夫，同振台纲，诏天下。立内宰司，隶储庆使司，秩正三品。以阿伯等六人田宅赐诸王老的等六人。云南姚州知州高明来贡方物。戊申，以潜邸所用工匠百五十人付皇子阿剌忒纳答剌，立异样局以司之，秩从六品。加伯颜为太保，知枢密院事不花帖木儿为太尉，香山为司徒。己酉，开上都酒禁。壬子，以诸路民匠提领所合为提举司，秩从五品。甲寅，复遣治书侍御史撒迪、内侍不颜秃古思奉迎皇兄于漠北。西安王阿剌忒纳失里及燕铁木儿、铁木儿补化，请各遣人送名鹰于行在所。以王禅妻金珠首饰归中宫。丙辰，升太禧院从一品，中书左丞玥璐不花为太禧使。丁巳，封西安王阿剌忒纳失里为豫王，赐南康路为食邑。彻里铁木儿升右丞，参知政事跃里铁木儿为左丞，参议省事赵世安为参知政事。戊午，诏：“被兵郡县免杂役，禁酿酒，弛山场河泺之禁；私相假贷者，俟秋成责偿。蒙古、色目人愿丁父母忧者，听如旧制。”御史台言：“囊加台拒命西南，罪不可宥，所授制敕，宜从追夺。”中书省臣言：“今方许囊加台等自新，则御史言宜勿行。”从之。教坊司达鲁花赤撒剌儿，在武宗时遥授参知政事，阶中奉大夫，诏落遥授之职，而仍其旧阶。是月，复遣使者召云南行省左丞相也儿吉你，又不至。加谥唐司徒颜真卿正烈文忠公，令有司岁时致祭。陕西自泰定二年至是岁不雨，大饥，民相食。杭州、嘉兴、平江、湖州、镇江、建德、池州、太平、广德等路水，没民田万四千余顷。河北、山东有年。

卷三十三　本纪第三十三

文宗二

天历二年春正月己未朔，立都督府，以总左、右钦察及龙翊卫。庚申，封知枢密院事火沙为昭武王。床兀儿之子答邻答里袭父封为句容郡王。高丽国遣使来朝贺。遣前翰林学士承旨不答失里北还皇兄行在所，仍命太府太监沙剌班奉金、币以往。辛酉，封朵列帖木儿复为楚王。高昌王铁木儿补化为中书左丞相，大司农王毅为平章政事，钦察台知枢密院事。皇兄遣火里忽达孙、剌剌至京师。以伯帖木儿扈从有功，遣使以币帛百匹即行在赐之。诸王浑都帖木儿薨，取其印及王傅印以赐斡即。武宁王彻彻秃遣使来言皇兄启行之期。癸亥，燕铁木儿为御史大夫，太平王如故。赐鲁国大长公主钞二万锭营第宅。甲子，太白犯垒壁阵。时享于太庙。齐王月鲁帖木儿薨。乙丑，中书省言："度支今岁刍槁不足，常例支给外，凡陈乞者，宜勿予。"从之，仍命中书右丞彻里帖木儿总其事。丙寅，帝幸大崇恩福元寺。遣使赐西域诸王燕只吉台海东鹘二。戊辰，遣使献海东鹘于皇兄行在所。己巳，赐内外军士四万二千二百七十人钞各一锭。作佛事。陕西告饥，赈以钞五万锭。辛未，以册命皇后，告于南郊。赐豫王黄金印。回回人户与民均当差役。中书省臣言："近籍没钦察家，其子年十六，请令与其母同居；仍请继今臣僚有罪致籍没者，其妻有子，他人不得陈乞，亦不得没为官口。"从之。壬申，遣近侍星吉班以诏往四川招谕囊加台。癸酉，命中书省、宣徽院臣稽考近侍、宿卫廪给，定其名籍。以辽阳省蒙古、高丽、肇州三万户将校从逆，举兵犯京畿，拘其符印制敕。罢今岁柳林田狩。复盐制每四百斤为引，引为钞三锭。四川囊加台乞师于镇西武靖王搠思班，搠思班以兵守关隘。甲戌，复命太仆卿教化献海东鹘于皇兄行在所。罢中瑞司。丙子，皇后媵臣张住童等七人授集贤侍讲学士等官。丁丑，四川囊加台攻破播州猫儿垭隘，宣慰使杨延里不花开关纳之。陕西蒙古军都元帅不花台者，囊加台之弟，囊加台遣使招之，不花台不从，斩其使。中书省臣言："朝廷赏赉，不宜滥及罔功。鹰、鹘、狮、豹之食，旧支肉价二百余锭，今增至万三千八百锭；控鹤旧止六百二十八户，今增二千四百户。又，佛事岁费，以今较旧，增多金千一百五十两、银六千二百两、钞五万六千二百锭、币帛三万四千余匹；请悉拣汰。"从之。中政院臣言，皇后日用所需，钞十万锭、币五万匹、绵五千斤。诏钞予所需之半，币给一万匹。赈大都路涿州房山、范阳等县饥民粮两月。己卯，以册命皇后，告于太庙。庚辰，赐潜邸说书刘道衡等四人官从七品，薛允等十六人官从八品。辛巳，起复中书左丞史惟良为御史中丞。上都官吏，惟初入仕及骤升者黜之，余听叙复。以御史台赃罚钞三百锭赐教坊司撒剌儿。壬午，以陕西行台御史大夫阿不海牙为中书平章政事。皇兄遣常侍孛罗及铁住讫先至京师，赏以金、币、居宅，仍遣内侍秃教化如皇兄行在所。播州杨万户引四川贼兵至乌江峰，官军败之；八番元帅脱出亦破乌江北岸贼兵，复夺关口。诸王月鲁帖木儿统蒙古、汉人、答剌罕诸军及民丁五万五千，俱至乌江。癸未，遣宣靖王买奴往行在所。丙戌，皇兄明宗即皇帝位于和宁之北。四川囊加台焚鸡武关大桥，又焚栈道。命中书省录江陵、汴梁郡县官扈从者三十四人，并升其阶秩。陕西大饥，行省乞粮三十万石、钞三十万锭，诏赐钞十四万锭，遣使往给之。大同路言，去年旱且遭兵，民多流殍，命以本路及东胜州粮万三千石，减时直十之三赈粜之。奉元蒲城县民王显政五世同居，卫辉安寅妻陈氏、河间王成妻刘氏、冀宁李孝仁妻寇氏、濮州王义妻雷氏、南阳郄二妻张氏、怀庆阿鲁辉妻翟氏皆以贞节，并旌其门。二月己丑，曲赦四川囊加台。庚寅，燕铁木儿复为中书右丞相。立缮工司，掌织御用纹绮，秩正三品。辛卯，帝御大明殿，册命皇后雍吉剌氏。广西思明路军民总管黄克顺来贡方物。壬辰，囊加台据鸡武关，夺三叉、柴关等驿。癸巳，遣翰林侍讲学士曹元用祀孔子于阙里。囊加台以书诱巩昌总帅汪延昌。丙申，命中书省、翰林国史院官祀太祖、太宗、睿宗御容于普庆寺。丁酉，遣晋邸部曲之在京师者还所部。囊加台以兵至金州，据白土关，陕西行省督军御之。枢密院言："囊加台阻兵四川，其乱未已，请命镇西武靖王搠思班等皆调军，以湖广行省官脱欢、别薛、孛罗及郑昂霄总其兵进讨。"从之。戊戌，命察罕脑儿宣慰使撒忒迷失将本部蒙古军，会镇西武靖王等讨四川。诸佣雇者，主家或犯恶逆及侵损己身，许诉官，余非干己，不许告讦，著为制。颁行《农桑辑要》及《栽桑图》。辛丑，中书省议追尊皇妣亦乞烈氏曰仁献章圣皇后，唐兀氏曰文献昭圣皇后，命有司具册宝。建游皇城佛事。云南行省蒙通蒙算甸土官阿三木，开南土官哀放，八百媳妇、金齿、九十九洞、银沙罗甸，咸来贡方物。癸卯，赐吴王木楠子、西宁王忽答的迷失、诸王那海罕、阔儿吉思金银有差。丙午，囊加台分兵逼襄阳，湖广行省调兵镇播州及归州。己酉，荧惑犯井宿。辛亥，帝谓廷臣曰："撒迪还，言大兄已即皇帝位。凡二月二十一日以前除官者，速与制敕；后凡铨选，其诣行在以闻。"庐州路合肥县地震。壬子，命有司造行在帐殿。癸丑，诸王月鲁帖木儿等至播州，招谕土官之从囊加台者，杨延里不花及其弟等皆来降。甲寅，立奎章阁学士院，秩正三品，以翰林学士承旨忽都鲁都儿迷失、集贤大学士赵世延并为大学士，侍御史撒迪、翰林直学士虞集并为侍书学士，又置承制、供奉各一员。更铸钞版，仍毁其刓者。调河南、江浙、江西、山东兵万一千，及左右翼蒙古侍卫军二千，讨四川。乙卯，置银沙罗甸等处宣慰司都元帅府。丙辰，奉元临潼、咸阳二县及畏兀儿八百余户告饥，陕西行省以便宜发钞万三千锭赈咸阳，麦五千四百石赈临潼，麦百余石赈畏兀儿，遣使以闻，从之。永平、大同二路，上都云需两府，贵赤卫，皆告饥，永平赈粮五万石，大同赈粜粮万三千石，云需府赈粮一月，贵赤卫赈粮二月。真定平山县、河间临津等县、大名魏县，有虫食桑，叶尽，虫俱死。三月辛酉，遣燕铁木儿奉皇帝宝于明宗行在所，仍命知枢密院事秃儿哈帖木儿、御史中丞八即剌，翰林直学士马哈某、典瑞使教化的、宣徽副使章吉、佥中政院事脱因、通政使那海、太医使吕廷玉、给事中咬驴、中书断事官忽儿忽答、右司郎中字别出、左司员外郎王德明、礼部尚书八剌哈赤等从行。复命有司奉金千五百两、银七千五百两、币帛各四百匹及金腰带二十，诣行在所，以备赐予。帝命廷臣曰："宝玺既北上，继今国家政事，其遣人闻于行在所。"癸亥，命有司造乘舆服御，北迎大驾。改潜邸所幸诸路名：建康曰集庆，江陵曰中兴，琼州曰乾宁，潭州曰天临。甲子，减太官羊直。丙寅，跃里帖木儿自行在还，谕旨曰："朕在上都，宗王、大臣必皆会集，有司当备供张。上都积贮，已为倒剌沙所耗，大都府藏，闻亦悉虚。供亿如有不足，其以御史台、司农司、枢密、宣徽、宣政等院所贮充之。"蒙古饥民之聚京师者，遣往居庸关北，人给钞一锭、布一匹，仍令兴和路赈粮两月，还所部。戊辰，云南诸王答失不花、秃坚不花及平章马思忽等集众五万，数丞相也儿吉尼专擅十罪，将杀之。也儿吉尼遁走八番，答失不花等伪署参知政事等官。己巳，命改集庆潜邸，建大龙翔集庆寺，以来岁兴工。辛未，监察御史与扎鲁忽赤等官录囚。壬申，以去冬无雪，今春不雨，命中书及百司官分祷山川群祀。设奎章阁授经郎二员，职正七品，以勋旧、贵戚子孙及近侍年幼者肄业。甲戌，旧赐笃麟帖木儿平江田百顷，官尝收其租米，诏特予之。开辽阳酒禁。乙亥，置行枢密院，以山东都万户也速台儿知行枢密院事，与湖广、河南两省官进兵平四川，也速台儿以病不往。命明里董阿为蒙古巫觋立祠。丁丑，文献昭圣皇后神御殿月祭，特命如列圣故事。僧、道、也里可温、术忽、答失蛮为商者，仍旧制纳税。丙戌，囊加台所遣守隘碉门安抚使布答思监等降于云南行省。丁亥，雨土，霾。夏四月己丑，时享于太庙。辛卯，命跃里铁木儿、王不怜吉台代也速台儿讨四川，不怜吉台以母老辞，同佥枢密院事傅岩起请往，从之。壬辰，匠官年七十者，许致仕。浚漷州漕运河。甲午，四番卫士各分五十人直东宫。丁酉，给钞万锭，为集庆大龙翔寺置永业。戊戌，以陕西久旱，遣使祷西岳、西镇诸祠。赐卫士万三千人钞，人八十锭。四番卫士旧以万人为率，至是增三千人。己亥，湖广行省参知政事孛罗奉诏至四川，赦囊加台等罪，囊加台等听诏，蜀地悉定，诸省兵皆罢。癸卯，明宗遣武宁王彻彻秃、中书平章政事哈八儿秃来锡命，立帝为皇太子，命仍置詹事院，罢储庆司。陕西诸路饥民百二十三万四千余口，诸县流民又数十万，先是尝赈之，不足；行省复请令商贾入粟中盐，富家纳粟补官，及发孟津仓粮八万石及河南、汉中廉访司所贮官租以赈，从之。德安府屯田饥，赈粮千石。常德、澧州、慈利州饥，赈粜粮万石。赈卫辉路饥民万七千五百余户。丙午，封孛罗不花为镇南王。占腊国来贡罗香木及象、豹、白猿。戒翰林、典瑞两院官，不许互相奏请玺书以护其家。诸王分邑达鲁花赤受代，不得仍留官所，其父兄所居官，子弟不得再任。辛亥，赈邓州诸县被兵逃户粮三千六百石。壬子，赈通州诸县被兵之民粮两月，被俘者四千五百一十人，命辽阳行省督所属簿录，护送归其家。丙辰，行在所遣只儿哈郎等至京师。河南廉访司言："河南府路以兵、旱民饥，食人肉事觉者五十一人，饿死者千九百五十人，饥者二万七千四百余人。乞弛山林川泽之禁，听民采食，行入粟补官之令，及括江淮僧道余粮以赈。"从之。江浙行省言："池州、广德、宁国、太平、建康、镇江、常州、湖州、庆元诸路及江阴州饥民六十余万户，当赈粮十四万三千余石。"从之。诸王忽剌答儿言黄河以西所部旱蝗，凡千五百户，命赈粮两月。大都、兴和、顺德、大名、彰德、怀庆、卫辉、汴梁、中兴诸路，泰安、高唐、曹、冠、徐、邳诸州，饥民六十七万六千余户，赈以钞九万锭、粮万五千石。大都宛平县，保定遂州、易州，赈粮一月，靖州赈粜粮九千八百石。濮州鄄城县蚕灾，大宁兴中州、怀庆孟州、庐州无为州蝗。广西猺寇古县。五月丁巳朔，复赐鲁国大长公主钞二万锭，以构居第。赐燕铁木儿祖父纪功碑铭。水达达路阿速古儿千户所大水。己未，遣翰林学士承旨阿邻帖木儿北迎大驾。命司天监崇星。昌王八剌失里还镇。庚申，太白犯鬼宿积尸气。癸亥，复遣翰林学士承旨斡耳朵迎大驾。乙丑，命有司给行在宿卫士衣粮及马刍豆。以储庆司所贮金三十锭、银百锭，建大承天护圣寺。给皇子宿卫之士千人钞，四番宿卫增为万三千人，至是又增千人。甲戌，命中书省臣拟注中书六部官，奏于行在所。乙亥，幸大圣寿万安寺，作佛事于世祖神御殿，又于玉德殿及大天源延圣寺作佛事。丙子，武宁王彻彻秃、中书平章政事哈八儿秃至自行在所，致立皇太子之命。赐彻彻秃金五百两，余有差。改储庆使司为詹事院。伯颜、铁木儿补化及江南行台御史大夫阿儿思兰海牙、江浙行省平章政事曹立，并为太子詹事；又除副詹事、詹事丞及断事官、家令司、典宝、典用、典医等官。丁丑，帝发京师，北迎明宗皇帝。戊寅，次于大口。征诸王鼎八入朝。庚辰，次香水园。置江淮财赋都总管府，秩正三品，隶詹事院。陕西行省言："凤翔府饥民十九万七千九百人，本省用便宜赈以官钞万五千锭。又，丰乐八屯军士饥，死者六百五十人，万户府军士饥者千三百人，赈以官钞百三十锭。"从之。给保定路定兴驿车马，又赈被兵之民百四十五户粮一月，真定路民被兵者二千七百四十八户，亦命赈之。上都迭只诸位宿卫士及开平县民被兵者，并赈以粮。大名路蚕灾。六月丁亥朔，明宗遣近侍马驹、塔台、别不花至。丁酉，铁木儿补化以旱乞避宰相位，有旨谕之曰："皇帝远居沙漠，未能即至京师，是以勉摄大位。今亢阳为灾，皆予阙失所致。汝其勉修厥职，祇修实政，可以上答天变。"仍命驰奏于行在。己亥，江浙行省言，绍兴、庆元、台州、婺州诸路饥民凡十一万八千九十户。乙巳，命中书省逮系也先捏以还。丙午，永平屯田府所隶昌国诸屯大风骤雨，平地出水。丁未，太白昼见。庚戌，次于上都之六十里店。辛亥，陕西行台御史孔思迪言："人伦之中，夫妇为重。比见内外大臣得罪就刑者，其妻妾即断付他人，似与国朝旌表贞节之旨不侔、夫亡终制之令相反。况以失节之妇配有功之人，又与前贤所谓'娶失节者以配身是己失节'之意不同。今后凡负国之臣籍没奴婢财产，不必罪其妻子。当典刑者，则孥戮之，不必断付他人，庶使妇人均得守节。请著为令。"壬子，海运粮至京师，凡百四十万九千一百三十石。是月，陕西雨。赐凤翔府岐阳书院额。书院祀周文宪王，仍命设学官，春秋释奠，如孔子庙仪。明宗遣吏部尚书别儿怯不花还京师。命中书集老臣议赈荒之策。时陕西、河东、燕南、河北、河南诸路流民十数万，自嵩、汝至淮南，死亡相藉，命所在州县官以便宜赈之。顺元、思、播州诸驿，因兵兴，马多羸毙，驿户贫乏，令有司市马补之。益都莒、密二州春水，夏旱蝗，饥民三万一千四百户，赈粮一月。陕西延安诸屯，以旱免征旧所逋粮千九百七十石。永平屯田府昌国、济民、丰赡诸署，以蝗及水灾，免今年租。汴梁蝗，卫辉蚕灾，峡州旱，淮东诸路、归德府徐、邳二州大水。秋七月丙辰朔，日有食之。丁巳，次上都之三十里店。宗仁卫屯田大水，坏田二百六十顷。戊午，大都之东安、蓟州、永清、益津、潞县，春夏旱，麦苗枯；六月壬子雨，至是日乃止，皆水灾。己未，更定迁徙法：凡应徙者，验所居远近，移之千里，在道遇赦，皆得放还；如不悛再犯，徙之本省不毛之地，十年无过，则量移之；所迁人死，妻子听归土著。著为令。征京师僧道商税。癸亥，太白经天。丙子，帝受皇太子宝。辛巳，发诸卫军六千完京城。冀宁阳曲县雨雹，大者如鸡卵。令诸王封邑达鲁花赤，推择本部年二十五以上、识达治体、廉慎无过者以充，或有冒滥，罪及王傅。遣使以上尊、腊羊、钞十锭至大都国子监，助仲秋上丁释奠。以淮安海宁州、盐城、山阳诸县去年水，免今年田租。真定、河间、汴梁、永平、淮安、大宁、庐州诸属县及辽阳之盖州蝗。八月乙酉朔，明宗次于王忽察都。丙戌，帝入见，明宗宴帝及诸王、大臣于行殿。庚寅，明宗崩，帝入临哭尽哀。燕铁木儿以明宗后之命，奉皇帝宝授于帝，遂还。壬辰，次孛罗察罕，以伯颜为中书左丞相，依前太保；钦察台、阿儿思兰海牙、赵世延并中书平章政事；甘肃行省平章朵儿只为中书右丞；中书参议阿荣、太子詹事丞赵世安并中书参知政事；前右丞相塔失铁木儿、知枢密院事铁木儿补化及上都留守铁木儿脱并为御史大夫。癸巳，帝至上都。乙未，赐护守大行皇帝山陵官、御史大夫孛罗等钞有差。焚四川伪造盐、茶引。丙申，监察御史徐奭言："天下不可一日无君，神器不可一时而旷。先皇帝奄弃臣庶已逾数日，伏望圣上早正宸极，以安亿兆之心，实宗社无疆之福。"流诸王忽剌出于海南。丁酉，命阿荣、赵世安提调通政院事，一切给驿事皆关白然后给遣。戊戌，四川囊加台以指斥乘舆，坐大不道弃市。己亥，帝复即位于上都大安阁，大赦天下，诏曰：

朕惟昔上天启我太祖皇帝肇造帝业，列圣相承。世祖皇帝既大一统，即建储贰，而我裕皇天不假年，成宗入继，才十余载。我皇考武宗归膺大宝，克享天心，志存不私，以仁庙居东宫，遂嗣宸极。甫及英皇，降割我家。晋邸违盟构逆，据有神器，天示谴告，竟陨厥身。于是宗戚旧臣，协谋以举义，正名以讨罪，揆诸统绪，属在眇躬。朕兴念大兄播迁朔漠，以贤以长，历数宜归，力拒群言，至于再四。乃曰艰难之际，天位久虚，则众志弗固，恐隳大业。朕虽从请而临御，秉初志之不移，是以固让之诏始颁，奉迎之使已遣。寻命阿剌忒纳失里、燕铁木儿奉皇帝宝玺，远迓于途。受宝即位之日，即遣使授朕皇太子宝。朕幸释重负，实获素心，乃率臣民北迎大驾。而先皇帝跋涉山川，蒙犯霜露，道里辽远，自春徂秋，怀艰阻于历年，望都邑而增慨，徒御弗慎，屡爽节宜。信使往来，相望于道路，彼此思见，交切于衷怀。八月一日，大驾次王忽察都，朕欣瞻对之有期，独兼程而先进，相见之顷，悲喜交集。何数日之间，而宫车弗驾，国家多难，遽至于斯！念之痛心，以夜继旦。诸王、大臣以为祖宗基业之隆，先帝付托之重，天命所在，诚不可违，请即正位，以安九有。朕以先皇帝奄弃方新，摧怛何忍；衔哀辞对，固请弥坚，执谊伏阙者三日，皆宗社大计，乃以八月十五日即皇帝位于上都，可大赦天下，自天历二年八月十五日昧爽以前，罪无轻重，咸赦除之。於戏！戡定之余，莫急乎与民休息；丕变之道，莫大乎使民知义。亦惟尔中外大小之臣，各究乃心，以称朕意。

庚子，命阿荣、赵世安督造建康龙翔集庆寺。辛丑，立宁徽寺，掌明宗宫分事。壬寅，以钞万锭、币帛二千匹，供明宗后八不沙费用。升奎章阁学士院秩正二品，更司籍郎为群玉署，秩正六品。癸卯，幸世祖所御幄殿祓祭。禁凡送诸王、驸马恩赐者，毋受金币，犯者以赃论；或以衣、马为赠者听。遣道士苗道一、吴全节修醮事于京师，毛颖达祭遁甲神于上都南屏山、大都西山。甲辰，命司天监及回回司天监崇星。中书省臣言："祖宗故事，即位之初，必恩赉诸王、百官。比因兵兴，经费不足，请如武宗之制，凡金银五铤以上减三之一，五铤以下全畀之，又以七分为率，其二分准时直给钞。"制可。遣钦察台先还京师，经理政务；燕铁木儿、阿荣留上都，监给恩赉金币。以仁宗、英宗潜邸宿卫士二百人还大都，备直宿。乙巳，立艺文监，秩从三品，隶奎章阁学士院；又立艺林库、广成局，皆隶艺文监。赐御史中丞史惟良沛县地五十顷。发诸卫军浚通惠河。丙子，自庚子至是日，昼雾夜晴。封牙纳失里为辽王，以故辽王脱脱印赐之。出官米五万石，赈粜京师贫民。丁未，以马扎儿台为上都留守。马扎儿台前为陕西行台侍御史，坐涂毁诏书得罪，以其兄伯颜有功，故特官之。戊申，封诸王宽彻为肃王。己酉，车驾发上都。赐明宗北来卫士千八百三十人各钞五十锭，怯薛官十二人各钞二百锭；赐诸部曲出征者币帛人各二匹，遣还。冀宁之忻州兵后荐饥，赈钞千锭。庚戌，改詹事院为储政院，伯颜兼储政使，中政使哈撒儿不花、太子詹事丞霄云世月思、前储庆使姚炜并储政使。河东宣慰使哈散托朝贺为名，敛所属钞千锭入己，事觉，虽会赦，仍征钞还其主。

敕自今有以朝贺敛钞者，依枉法论罪。癸丑，征吴王泼皮及其诸父木楠子赴京师。甲寅，置隆祥总管府，秩正三品，总建大承天护圣寺工役。监察御史劾："前丞相别不花昔以赃罢，天历初因人成功，遂居相位。既矫制以买驴家赀赐平章速速，又与速速等潜呼日者推测圣算。今奉诏已释其罪，宜窜诸海岛，以杜奸萌。"帝曰："流窜海岛，朕所不忍，其并妻子置之集庆。"河南府路旱、疫，又被兵，赈以本府屯田租及安丰务递运粮三月。莒、密、沂诸州，饥民采草木实，盗贼日滋，赈以米二万一千石，并赈晋宁路饥民钞万锭。大名、真定、河间诸属县及湖、池、饶诸路旱，保定之行唐县蝗。加封大都城隍神为护国保宁王，夫人为护国保宁王妃。九月乙卯朔，作佛事于大明殿、兴圣、隆福诸宫。市故宋太后全氏田为大承天护圣寺永业。戊午，赐武宁王彻彻秃金百两、银五百两，西域诸王燕只吉台金二千五百两、银万五千两，钞币有差。己未，立龙翔、万寿营缮提点所、海南营缮提点所，并秩正四品，隶隆祥总管府。庚申，加封故领诸路道教事张留孙为上卿、大宗师、辅成赞化保运神德真君。辛酉，凡往明宗所送宝官吏，越次超升者皆从黜降。赈甘肃行省沙州、察八等驿钞各千五百锭。癸亥，敕宣徽院所储金、银、钞、币，百司毋得奏请。甲子，赐云南乌撒土官禄余、曲靖土官举精衣各一袭。丁卯，大驾至大都。戊辰，敕翰林国史院官同奎章阁学士采辑本朝典故，准《唐、宋会要》，著为《经世大典》。召威顺王宽彻不花赴阙。敕："使者颁诏赦，率日行三百余里。既受命，逗留三日及所至饮宴稽期者治罪，取赂者以枉法论。"辛未，以控鹤士二十人赐宣靖王买奴。监察御史劾奏："知枢密院事塔失帖木儿阿附倒剌沙，又与王禅举兵犯阙。今既待以不死，而又付之兵柄，事非便。"诏罢之。壬申，怯薛官武备卿定住特授开府仪同三司。癸酉，帝御大明殿，受诸王、百官朝贺。铁木迭儿诸子锁住等，明宗尝敕流于南方，燕铁木儿言，锁住天历初有劳于国，请各遣还田里，从之。甲戌，命江浙行省明年漕运粮二百八十万石赴京师。广西思明州土官黄宗永遣其子来贡虎、豹、方物。乙亥，史惟良上疏言："今天下郡邑被灾者众，国家经费若此之繁，帑藏空虚，生民凋瘵，此政更新百废之时。宜遵世祖成宪，汰冗滥蚕食之人，罢土木不急之役，事有不便者，咸厘正之。如此，则天灾可弭，祯祥可致。不然，将恐因循苟且，其弊渐深，治乱之由，自此而分矣。"帝嘉纳之。丙子，改太禧院为太禧宗禋院。立温州路竹木场。以卫辉路旱，罢苏门岁输米二千石。铁木儿补化加录军国重事。以翰林学士承旨也儿吉尼、元帅梁国公都列捏并知行枢密院事。立卫候司，秩正四品，隶储政院。赈陕西临潼等二十三驿各钞五百锭。论也先捏以不忠不敬，伏诛。岚、管、临三州所居诸王八剌马、忽都火者等部曲，乘乱为寇，遣省、台、宗正府官往督有司捕治之。壬午，伯颜以病在告，居赤城，遣使召赴阙。封知枢密院事燕不邻为兴国公，以大司农卿燕赤为司徒。癸未，建颜子庙于曲阜所居陋巷。上都西按塔罕、阔干忽剌秃之地，以兵、旱，民告饥，赈粮一月。冬十月甲申朔，帝服衮冕，享于太庙。丙戌，命钦察台兼领度支监，遣镇南王孛罗不花还镇扬州。禁奉元、永平酿酒。戊子，知枢密院事昭武王火沙知行枢密院事。己丑，立大承天护圣寺营缮提点所，秩正五品；又立大都等处、平江等处田赋提举司二，秩从五品；皆隶隆祥总管府。辛卯，燕铁木儿率群臣请上尊号，不许。云南行省立元江等处宣慰司。申饬海道转漕之禁。籍四川囊加台家产，其党杨静等皆夺爵，杖一百七，籍其家，流辽东。封太禧宗禋使秃坚帖木儿为梁国公。甲午，以登极恭谢，遣官代祀于南郊、社稷。中书省臣言："旧制，朝官以三十月为一考，外任则三年为满。比年朝官率不久于其职，或数月即改迁，于典制不类，且治迹无从考验。请如旧制为宜。"敕："除风宪官外，其余朝官，不许二十月内迁调。"监察御史劾奏："吏部尚书八剌哈赤，先除陕西行台侍御史，避难不行。"罢之。丙申，中书省臣言："臣等谨集枢密院、御史台、翰林、集贤院、奎章阁、太常礼仪院、礼部诸臣僚，议上大行皇帝尊谥曰翼献景孝皇帝，庙号明宗，国言谥号曰护都笃皇帝。"是日，奉玉册、玉宝于太庙，如常仪。命江西、湖广分漕米四十万石，以纾江浙民力；给钞十五万锭，赈陕西饥民。己亥，加封天妃为护国庇民广济福惠明著天妃，赐庙额曰灵慈，遣使致祭。申饬都水监河防之禁。辛丑，遣使括勘内外郡邑官久次事故应代者，岁终上名于中书省。以怯怜口诸色民匠总管府及所属诸司隶徽政院者，悉隶储政院。发中政院财赋总管府粮储在江南者赴京师，以助经费，验时直以钞还之。诸王、公主、官府、寺观拨赐田租，除鲁国大长公主听遣人征收外，其余悉输于官，给钞酬其直。壬寅，弛陕西山泽之禁以与民。大宁路地震。癸卯，命道士苗道一建醮于长春宫。改琼州军民安抚司为乾宁军民安抚司，升定安县为南建州，隶海北元帅府，以南建洞主王官知州事，佩金符，领军民。监察御史劾奏："张思明在仁宗朝，阿附权臣铁木迭儿，间谍两宫，仁宗灼见其奸，既行黜降。及英宗朝铁木迭儿再相，复援为左丞，稔恶不悛，竟以罪废。今又冒居是官，宜从黜罢。"诏罢之。敕刑部尚书察民之无赖者惩治之。甲辰，畏兀僧百八人作佛事于兴圣殿。戊申，以江淮财赋都总管府隶储政院，供皇后汤沐之用。作佛事于广寒殿。征朵朵、王士熙等十二人于贬所，放还乡里。庚戌，以亲祀太庙礼成，诏天下。罢大承天护圣寺工役。囚在狱三年疑不能决者，释之。民间拖欠官钱无可追征者，尽行蠲免。命通政院官分职往所在官司，签补逃亡驿户。大都至上都并塔思哈剌、旭麦怯诸驿，自备首思，供给繁重，天历三年官为应付。免征奉元路民间商税一年，命所在官司设置常平仓。云南八番为囊加台所诖误，反侧未安者，并贳其罪。免各处煎盐灶户杂泛夫役二年。遣使代祀岳渎山川。免永平屯田总管府田租，申禁天下私杀马牛。明宗乳媪夫斡耳朵，在武宗时为大司徒，仁宗朝拘其印。燕铁木儿以为言，诏给还之。云南威楚路黄州土官哀放遣其子来朝贡。湖广常德、武昌、澧州诸路旱饥，出官粟赈粜之。陕西凤翔府饥民四万七千户，皆赈以钞。十一月乙卯，以立皇后，诏天下。受佛戒于帝师，作佛事六十日。丙辰，以句容郡王答邻答里知行枢密院事。诏列圣诸宫后妃陪从之臣，永给衣廪刍粟。后八不沙请为明宗资冥福，命帝师率群僧作佛事七日于大天源延圣寺，道士建醮于玉虚、天宝、太乙、万寿四宫及武当、龙虎二山。戊午，遣使代祀天妃。赐燕铁木儿宅一区。皇后以银五万两，助建大承天护圣寺。冠州旱。命朵耳只亦都护为河南行省丞相。近制行省不设丞相，中书省以为言，帝有旨："朵耳只先朝旧臣，不当以例拘。"武宗宿卫士岁赐，如仁宗卫士例。西夏僧总统封国公冲卜卒，其弟监藏班臧卜袭职，仍以玺书、印章与之。癸亥，以翰林学士承旨阔彻伯知枢密院事，位居众知院事上。甲子，庐州旱饥，发粮五千石赈之。止鹰坊毋猎畿甸。江西龙兴、南康、抚、瑞、袁、吉诸路旱。丙寅，升山东河北蒙古军大都督府秩从二品。改普庆修寺人匠提举司为营缮提点所，秩从五品，隶崇祥总管府。云南威楚路土官昵放来朝贡。罢功德使司，以所掌事归宣政院。己巳，撒迪为中书右丞。命中书左丞赵世安提调国子监学。庚午，诸王阔不花至自陕西，收其印，遣还。壬申，毁广平王木剌忽印，命哈班代之，更铸印以赐。癸酉，太阴犯填星。丙子，诸王阿剌忒纳失里翊戴有劳，以其父越王秃剌印与之。丁丑，复立孟定路军民总管府，复给元江路军民总管府印。湖广州县为广源等猺寇掠者二百八十余所，命行省平章刘脱欢招捕之。造青木绵衣万领，赐围宿军。乙卯，翰林国史院臣言："纂修《英宗实录》，请具倒剌沙款伏付史馆。"从之。高丽国王王焘久病，不能朝，请命其子桢袭位。以平江官田百五十顷，赐大龙翔集庆寺及大崇禧万寿寺。辛巳，迁山东河北蒙古军大都督府于濮州，仍听山东廉访司按治。钦察台兼右都威卫使。壬午，诏豫王阿剌忒纳失里镇云南，赐其卫士钞万锭，仍每岁豫给其衣廪。十二月甲申，给豳王忽塔忒迷失王傅印，以西僧辇真吃剌思为帝师。诏僧尼徭役一切无有所与。丙戌，诏百官一品至三品，先言朝政得失一事；四品以下，悉听敷陈。仍命赵世安、阿荣辑录所上章疏，善者即议举行。追封燕铁木儿曾祖班都察为溧阳王，祖土土哈为升王，父床兀儿为杨王。庚寅，祓祭于太祖幄殿。以末吉为大司徒。中书省臣言："旧制，凡有奏陈，众议定共署，乃入奏。近年，事方议拟，一二省臣辄已上请，致多乖滞。今请如旧制。"御史台臣言："风宪官赴任，毋拘远近，均给驿为宜。"并从之。辛卯，命帝师率其徒作佛事于凝晖阁。甲午，冀宁路旱饥，赈粮二千九百石。乙未，改封前镇南王帖木儿不花为宣让王。初，镇南王脱不花薨，子孛罗不花幼，命帖木儿不花袭其爵。孛罗不花既长，帖木儿不花请以王爵归之，乃特封宣让王，以示褒宠。收诸王帖古思金印。诏谕廷臣曰："皇姑鲁国大长公主，蚤寡守节，不从诸叔继尚，鞠育遗孤，其子袭王爵，女配予一人。朕思庶民若是者犹当旌表，况在懿亲乎？赵世延、虞集等可议封号以闻。"诏："诸僧寺田，自金、宋所有及累朝赐予者，悉除其租。其有当输租者，仍免其役。僧还俗者，听复为僧。"戊戌，以淮、浙、山东、河间四转运司盐引六万，为鲁国大长公主汤沐之资。己亥，遣使驿致故帝师舍利还其国，给以金五百两、银二千五百两、钞千五百锭、币五千匹。加谥汉长沙王吴芮为长沙文惠王。壬寅，命江浙行省印佛经二十七藏。癸卯，蕲州路夏秋旱饥，赈米五千石。甲辰，以明年正月武宗忌辰，命高丽、汉僧三百四十人，预诵佛经二藏于大崇恩福元寺。丁未，造至元钞四十五万锭、中统钞五万锭，如岁例。中书省臣言："在京酒坊五十四所，岁输课十余万锭。比者间以赐诸王、公主及诸官寺，诸王、公主自有封邑、岁赐，官寺亦各有常产，其酒课悉令仍旧输官为宜。"从之。开河东冀宁路、四川重庆路酒禁。罢土番巡捕都元帅府。赈上都留守司八剌哈赤二千二百余户、烛剌赤八百余户粮三月，钞有差；牙连秃杰鲁迭所居鹰坊八百七十户粮三月。戊申，以玥璐不花为御史大夫，兼领隆祥总管府事。庚戌，诏兴举中政院事。辛亥，趣内外已授官者速赴任。改上都馒头山为天历山。壬子，织武宗御容成，即神御殿作佛事。敕："凡阶开府仪同三司者，班列居一品之前。"武昌江夏县火，赈其贫乏者二百七十户粮一月。黄州路及恩州旱，并免其租。是岁，会赋入之数：金三百二十七锭，银千一百六十九锭，钞九百二十九万七千八百锭，币帛四十万七千五百匹，丝八十八万四千四百五十斤，绵七万六百四十五斤，粮千九十六万五十三石。

卷三十四　　本纪第三十四

文　宗　三

至顺元年春正月丙辰，命赵世延、赵世安领纂修《经世大典》事。怀庆路饥，赈钞四千锭。丁巳，赐明宗妃按出罕、月鲁沙、不颜忽鲁都钞币有差。以知枢密院事伯帖木儿为辽阳行省左丞相。戊午，颁玺书谕云南。辛酉，时享太庙。命回回司天监祟星。壬戌，中兴路饥，赈粜粮万石，贫者仍赒其家。甲子，燕铁木儿、伯颜并辞丞相职，不允，仍命阿荣、赵世安慰谕之。丁卯，云南诸王秃坚及万户伯忽、阿禾、怯朝等叛，攻中庆路，陷之，杀廉访司官，执左丞忻都等，迫令署诸文牍。庚午，芍陂屯及鹰坊军士饥，赈粮一月。辛未，中书省臣言："科举会试日期，旧制以二月一日、三日、五日，近岁改为十一、十三、十五。请依旧制。"从之。壬申，衡阳猺为寇，劫掠湘乡州。癸酉，以宣徽使撒敦复知枢密院事，与钦察台并领长宁卿。乙亥，赐燕铁木儿质库一。密海州文登、牟平县饥，赈以粮三千石。丙子，衡州路饥，总管王伯恭以所受制命质官粮万石赈之。丁丑，追封三宝奴为郢城王，谥荣敏。召荆王之子脱脱木儿赴阙。赵世延请致仕，不允。命中书省制玉带二十，赐臣僚官一品者。遣使赍金千五百两、银五百两，诣杭州书佛经。赐海南大兴龙普明寺钞万锭，市永业地。戊寅，赐隆禧总管府田千顷。立荆襄等处、平松等处田赋提举司，并隶太禧宗禋院。命陕西行省以盐课钞十万锭赈流民之复业者。猺贼八百余人寇石康县。己卯，封太医院使野理牙为秦国公。庚辰，升群玉署为群玉内司，秩正三品，置司尉、亚尉、佥司、司丞，仍隶奎章阁学士院。礼部尚书巎巎兼监群玉内司事。辛巳，改大都田赋提举司为宣农提举司，荆襄田赋提举司为荆襄济农香户提举司，平江提举司为平江善农提举司。遣使赍钞三千锭，往甘肃市牦牛。濠州去年旱，赈粮一月。大名路及江浙诸路俱以去年旱告，永平路以去年八月雹灾告。加封秦蜀郡太守李冰为圣德广裕英惠王，其子二郎神为英烈昭惠灵显仁祐王。二月壬午朔，以赵世安为御史中丞，史惟良为中书左丞。癸未，加知枢密院事燕不邻开府仪同三司。籍张珪子五人家资。乙酉，以西僧加瓦藏卜、蘸八儿监藏并为乌思藏土蕃等处宣慰使都元帅。云南麓川等土官来贡方物。扬州、安丰、庐州等路饥，以两淮盐课钞五万锭、粮五万石赈之。真定、蕲、黄等路，汝宁府、郑州饥，各赈粮一月。丁亥，命江南、陕西、河南等处富民输粟补官，江南万石者官正七品，陕西千五百石、河南二千石、江南五千石者从七品，自余品级有差。四川富民有能输粟赴江陵者，依河南例，其不愿仕，乞封父母者听。僧、道输己粟者，加以师号。征江浙、江西、湖广赈粜粮价钞赴京师。己丑，秃坚、伯忽等攻陷仁德府，至马龙州，调八番元帅完泽将八番答剌罕军千人、顺元土军五百人御之。庚寅，改万圣祐国、兴龙普明、龙翔万寿三提点所并为营缮都司，秩正四品；万安规运、普庆营缮等八提点所并为营缮司，秩正五品。以修《经世大典》久无成功，专命奎章阁阿邻帖木儿、忽都鲁都儿迷失等译国言所纪典章为汉语，纂修则赵世延、虞集等，而燕铁木儿如国史例监修。开元路胡里改万户府军士饥，给粮赈之。辛卯，以御史台赃罚钞万锭、金千两、银五千两付太禧宗禋院，供祭祀之需。赐燕铁木儿给驿玺书，以征其食邑租赋。奎章阁学士忽都鲁都儿迷失、撒迪、虞集辞职，诏谕之曰："昔我祖宗睿知聪明，其于致理之道，自然生知。朕以统绪所传，实在眇躬，夙夜忧惧，自惟早岁跋涉艰阻，视我祖宗，既乏生知之明，于国家治体，岂能周知？故立奎章阁，置学士员，日以祖宗明训、古昔治乱得失陈说于前，使朕乐于听闻。卿等其推所学以称朕意，其勿复辞。"帖麦赤驿户及建康、广德、镇江诸路饥，赈粮一月。卫辉、江州二路饥，赈钞二万锭。宁国路饥，尝赈粮二万石，不足，复赈万五千石。癸巳，卫辉路胙城、新乡县大风雨灾。甲午，自庚寅至是日，京师大霜昼雺。立诸色民匠打捕鹰坊都总管府，秩正二品。置奎章阁监书博士二人，秩正五品。秃坚、伯忽等攻晋宁州，秃坚自立为云南王，伯忽为丞相，阿禾、忽剌忽等为平章等官，立城栅，焚仓库以拒命。乙未，中书省言："江浙民饥，今岁海运为米二百万石，其不足者来岁补运。"从之。丙申，云南蒲蛮来朝。赈常德、澧州路饥。丁酉，帝及皇后、燕王阿剌忒纳答剌并受佛戒。己亥，命明宗皇子受佛戒。监察御史言："中书平章朵儿只，职任台衡，不思报效，铨选之际，紊乱纲纪，贪污著闻，恬不知耻，黜罢为宜。"从之。徭贼入灌阳县，劫民财。庚子，以兵兴所收诸王也先帖木儿、捌思监等印还给之。壬寅，玥璐不花辞御史大夫职，不允。土蕃等处民饥，命有司以粮赈之。新安、保定诸驿孳畜疫死，命中书给钞济其乏。癸卯，汴梁路封丘、祥符县霜灾。甲辰，流王禅之子于吉阳军。乙巳，封明宗皇子亦璘真班为鄜王。豫王阿剌忒纳失里所部千六百余人饥，赈粮二月。淮安路民饥，以两淮盐课钞五万锭赈之。丙午，复以阿儿思兰海牙为江南行台御史大夫。命中尚卿小云失以兵讨云南。御史台臣言："钦察台天历初在上都，常与阔阔出等谋执倒剌沙，事泄，同谋者皆死，钦察台以出征获免。顷台臣疑而劾之，不称事情，宜雪其枉。"制曰："可。"丁未，以伯颜知枢密院事，依前太保、录军国重事。诏谕中书曰："昔在世祖，尝以宰相一人总领庶务，故治出于一，政有所统。今燕铁木儿为右丞相，伯颜既知枢密院事，左丞相其勿复置。"太禧宗禋院所隶总管府，各置副达鲁花赤一人。赐豫王王傅官金虎符。戊申，命中书省及翰林国史院官祭太祖、太宗、睿宗三朝御容。以太禧宗禋使阿不海牙为中书平章政事，命史惟良及参知政事和尚总督建言之事。中书省臣言："旧制，正旦、天寿节，内外诸司各有贽献，顷者罢之。今江浙省臣言，圣恩公溥，覆帱无疆，而臣等殊无补报，凡遇庆礼，进表称贺，请如旧制为宜。"从之。降玺书申盐法之禁。以嘉兴路崇德县民四万户所输租税，供英宗后妃岁赐钱帛。诏谕枢密院，以屯田子粒钞万锭助建佛寺，免其军卒土木之役。庚戌，茶陵州民饥，同知万家奴、江存礼以所受敕质粮三千石赈之。辛亥，迤西蒙古驿户饥，给刍粟有差。赈河南流民复归者钞五千锭。泰安州饥民三千户，真定南宫县饥民七千七百户，松江府饥民万八千二百户，及土蕃朵里只失监万户部内饥，命所在有司从宜赈之。济宁路饥民四万四千九百户，赈以山东盐课钞万锭。杭州火，赈粮一月。命市故瀛国公赵㬎田，为大龙翔集庆寺永业。御史台臣言不必予其直，帝曰："吾建寺为子孙黎民计，若取人田而不予直，非朕志也。"察罕脑儿宣慰司所部千户察剌等卫饥者万四千四百五十六人，人给钞一锭。三月甲寅，命宣政院供显懿庄圣皇后神御殿祭祀。乖西觧蛮三千人入松梨山，烧沿边官军营堡。东平路须城县饥，赈以山东盐课钞。安庆、安丰、蕲、黄、庐五路饥，以淮西廉访司赃罚钞赈之。丁巳，徙封济阳王木楠子为吴王，吴王泼皮为济阳王。赐八番顺元、曲靖、乌撒、乌蒙、蒙庆、罗罗斯、嵩明州土官币帛各一。禁泛滥给驿。四川官吏胁从囊加台者皆复故职。戊午，封皇子阿剌忒纳答剌为燕王，立宫相府总其府事，秩正二品，燕铁木儿领之。廷试进士，赐笃列图、王文烨等九十七人及第、出身有差。命彰德路岁祭羑里周文王祠。以河南行省平章乞住为云南行省平章，八番顺元宣慰使帖木儿不华为云南行省左丞，从豫王由八番道讨云南。赐明宗近侍七十人官有差。裕宗及昭献元圣皇后位宿卫三千人，命储政院给其衣粮刍粟。发米十万石赈粜京师贫民。癸亥，遣诸王桑哥班、撒忒迷失、买哥分使西北诸王燕只吉台、不赛因、月即别等所。甲子，诏谕中外，命御史大夫铁木儿补化、玥璐不花振举台纲。丁卯，木八剌沙来贡蒲萄酒，赐钞币有差。以山东盐课钞万锭赈东昌饥民三万三千六百户。己巳，议明宗升祔，序于英宗之上，视顺宗、成宗庙迁之例。辛未，群臣请上皇帝尊号，不许，固请不已，乃许之。封知枢密院事不花帖木儿为武平郡王。录讨云南秃坚、伯忽之功，云南宣慰使土官举宗、禄余并遥授云南行省参知政事，余赐赉有差。分龙庆州隶大都路。诸王也孙台部七百余人入天山县，掠民财产，遣枢密院、宗正府官往捕之。壬申，奉玉册、玉宝，祔明宗神主于太庙。濮州临清、馆陶二县饥，赈钞七千锭。光州光山县饥，出官粟万石，下其直赈粜。信阳、息州及光之固始县饥，并以附近仓粮赈之。甲戌，封诸王速来蛮为西宁王。乙亥，西番哈剌火州来贡蒲萄酒。诸王、驸马还镇，锡赉有差。丙子，改山东都万户府为都督府。云南木邦路土官浑都来贡方物。河南登封、偃师、孟津诸县饥，赈以两淮盐课钞三万锭。巩昌、临洮、兰州、定西州饥，赈钞三千五百锭。沂、莒、胶、密、宁海五州饥，赈粮五千石。中兴、峡州、归州、安陆、沔阳饥户三十万有奇，赈粮四月。丁丑，升太常礼仪院秩正二品。敕有司供明宗后八不沙宫分币帛二百匹，及阿梯里、脱忽思币帛有差。赐燕铁木儿功勋之碑。广平路饥，以河间盐课钞万三千锭赈之。辛巳，诸王哈儿蛮遣使来贡蒲萄酒。广德、太平、集庆等路饥，凡数百万户。濮州诸县虫食桑叶将尽。夏四月壬午朔，命西僧作佛事于仁智殿，自是日始，至十二月终罢。癸未，置怯怜口钱粮都总管府，秩正三品。中书省臣言："各宫分及宿卫士岁赐钱帛，旧额万人，去岁增四千人，迩者增数益广，请依旧额为宜。"诏命阿不海牙裁省以闻。甲申，时享太庙。丙戌，封也真也不干为桓国公。燕铁木儿言："天历初，阿速军士为国有劳，请以钞十万锭、米十万石分给其家。"从之。戊子，四川行省调重庆五路万户以兵救云南。庚寅，中书省臣言："迩者诸处民饥，累常赈救，去岁赈钞百三十四万九千六百余锭、粮二十五万一千七百余石。今汴梁、怀庆、彰德、大名、兴和、卫辉、顺德、归德及高唐、泰安、徐、邳、曹、冠等州饥民六十七万六千户，一百一万二千余口，请以钞九万锭、米万五千石，命有司分赈。"制曰："可。"以陕西饥，敕有司作佛事七日。壬辰，以所籍张珪诸子田四百顷，赐大承天护圣寺为永业。沿边部落蒙古饥民八千二百，人给钞三锭、布二匹、粮二月，遣还其所部。癸巳，置豫王王傅、副尉、司马各二员。丁酉，遣诸王桑兀孙还云南。金兰等驿马牛死，赈钞五百锭。庚子，降玺书申谕太禧宗禋院。天临之醴陵、湘阴等州、台州之临海等县饥，各赈粜米五千石。辛丑，明宗后八不沙崩。壬寅，括益都、般阳、宁海闲田十六万二千九十顷，赐大承天护圣寺为永业。立益都广农提举司及益都、般阳、宁海诸提领所，并隶隆祥总管府。乌撒土官禄余杀乌撒宣慰司官吏，降于伯忽。罗罗诸蛮俱叛，与伯忽相应，平章帖木儿不花为其所害。晋宁、建昌二路民饥，赈粮五万五千石、钞二万三千锭。戊申，陕西行台言："奉元、巩昌、凤翔等路以累岁饥，不能具五谷种，请给钞二万锭，俾分籴于他郡。"从之。云南贼禄余以蛮兵七百余人拒乌撒、顺元界，立关固守。重庆五路万户军至云南境，值罗罗蛮，万余人遇害，千户祝天祥等引余众遁还。诏江浙、河南、江西三省调兵二万，命诸王云都思帖木儿及枢密判官洪浃将之，与湖广行省平章脱欢会兵讨云南。己酉，作佛事。是月，沧州、高唐州属县虫食桑叶尽。芍陂屯饥，赈粮二月。土蕃等处脱思麻民饥，命有司赈之。赈怀庆承恩、孟州等驿钞千锭。五月乙卯，遣宣徽使定住等，以受尊号告祭南郊。故四川行省平章宽彻、四川道廉访使忽都鲁养阿等，皆为囊加台所害，并赠官赐谥。榆次县主簿太帖木儿、河中府判官秃塔儿，皆为辽东军所害，并加褒赠。戊午，帝御大明殿，燕帖木儿率文武百官及僧道、耆老，奉玉册、玉宝，上尊号曰钦天统圣至德诚功大文孝皇帝。是日，改元至顺，诏天下。河南、怀庆、卫辉、晋宁四路曾经赈济人户，今岁差发全行蠲免，其余被灾路分人民已经赈济者，腹里差发、江淮夏税，亦免三分。己未，罗罗斯权土官宣慰撒加伯、阿漏土官阿剌、里州土官德益叛，附于禄余。庚申，以受尊号恭谢太庙。辛酉，四川行省讨云南，进军至乌蒙。壬戌，归德府之谯县雾伤麦。癸亥，四川军至云南之雪山峡，遇罗罗斯军，败之。德州饥，赈以山东盐课钞三千锭。武昌路饥，赈以粮五万石、钞二千锭。甲子，申命燕铁木儿为中书右丞相，诏天下。以钞四万锭分给宫人，赐鲁国大长公主钞万锭。丁卯，翰林国史院修《英宗实录》成。戊辰，车驾发大都，次大口。升尚舍寺秩正三品。命阿邻帖木儿为大司徒。遣豫王阿剌忒纳失里镇西番，授以金印。赐诸王脱欢金印，大司徒不兰奚银印。加赵世延翰林学士承旨，封鲁国公。赈卫辉、大名、庐州饥民钞六千锭、粮五千石。开元路胡里该万户府、宁夏路哈赤千户所军士饥，各赈粮二月。己巳，次龙虎台。置肃王宽彻傅、尉、司马各一员。辛未，置宣忠扈卫亲军都万户府，秩正三品，总斡罗思军士，隶枢密院。以太禧宗禋使亦列赤为中书平章政事。左、右钦察、龙翊侍卫军士五千三百七十户饥，户赈钞二锭、布一匹、粮一月。癸酉，遣使劳军于云南。时诸王秃剌率万户忽都鲁沙、怯列、孛罗等，皆领兵进讨秃坚、伯忽。甲戌，八番乖西觧苗阿马、察伯秩等万人侵扰边境，诏枢密臣分兵讨之。乙亥，置顺元宣抚司，统答剌罕军征云南，人赐钞五锭。卫辉路之辉州，以荒乏谷种，给钞三千锭，俾籴于他郡。己卯，遣使诣五台山作佛事。庚辰，命湖广行省以钞五万锭给云南军需。是月，右卫左右手屯田大水，害禾稼八百余顷。广平、河南、大名、般阳、南阳、济宁、东平、汴梁等路，高唐、开、濮、辉、德、冠、滑等州，及大有、千斯等屯田蝗。以浙东宣慰使陈天祐、湖广参知政事樊楫死于王事，赠封特加一级。龙兴张仁兴妻邹氏、奉元李郁妻崔氏以志节，汴梁尹华以孝行，皆旌其门。六月辛巳朔，燕铁木儿言："向有旨，惟许臣及伯颜兼领三职。今赵世延以平章政事兼翰林学士承旨、奎章阁大学士，引疾以辞。"帝曰："朕重老成人，其令世延仍视事中书，果病，无预铨选可也。"丙戌，大驾至上都。戊子，给左、右钦察、龙翊侍卫军士粮。壬辰，镇江饥，赈粮四万石。饶州饥，亦命有司赈之。癸巳，御史台臣言："宣徽院钱谷，出纳无经，以上供饮膳，冒昧者多，不稽其案牍，则弊日滋。宜如旧制，具实上之省部，以备考核。"从之。丙申，立行枢密院讨云南，赐给驿玺书十五、银字圆符五。以河南行省平章彻里铁木儿知行枢密院事，陕西行省平章探马赤、近侍教化为同知、副使。发朵甘思、朵思麻及巩昌诸处军万三千人，人乘马三匹。御里铁木儿同镇西武靖王搠思班等由四川，教化从豫王阿剌忒纳失里等由八番，分道进军。黄河溢，大名路之属县没民田五百八十余顷。庚子，以内侍中瑞卿撒里为大司徒，赐四川行省左丞孛罗金虎符。以盐课钞二十万锭供云南军需。命河南、湖广、江西、甘肃行省诵《藏经》六百五十部，施钞三万锭。知枢密院事阔彻伯、脱脱木儿，通政使只儿哈郎，翰林学士承旨教化的、伯颜也不干，燕王宫相教化的、斡罗思，中政使尚家奴、秃乌台，右阿速卫指挥使那海察、拜住，以谋变有罪，并弃市，籍其家。癸卯，四川孛罗以蒙古渐丁军五千往云南。乙巳，罗罗斯土官撒加伯合乌蒙蛮兵万人攻建昌县，云南行省右丞跃里帖木儿拒之，斩首四百余级，四川军亦败撒加伯于芦古驿。丙午，朵思麻蒙古民饥，赈粮一月。丁未，改东路蒙古军元帅府为东路钦察军万户府。是月，高唐、曹州及前、后、武卫屯田水灾。大都、益都、真定、河间诸路，献、景、泰安诸州，及左都威卫屯田蝗。迤北蒙古饥民三千四百人，人给粮二石、布二匹。旌表真定梁子益妻李氏等贞节，徐州胡居仁孝行。秋七月辛亥，封诸王按浑察为广宁王，授以金印。壬子，命西僧祟星。丙辰，以阔彻伯大司徒印授撒里。丁巳，命中书省、翰林国史院官祀太祖、太宗、睿宗御容于大普庆寺。命西僧为皇子燕王作佛事。西域诸王不赛因遣使来朝贺。监察御史请以所籍阔彻伯衣物分赐宿卫军士，从之。己未，以阔彻伯宅赐太禧宗禋院，衣服赐群臣。通渭山崩，压民舍，命陕西行省赈被灾者十二家。庚申，籍脱脱木儿家赀，输内府。辛酉，改哈思罕万户府为总管府，秩四品。诏："僧、道、猎户、鹰坊合得玺书者，翰林院无得越中书省以闻。"真定路之平棘，广平路之肥乡，保定路之曲阳、行唐等县，大风雨雹伤稼。许失台速怯、月谨真孛可等部献人口牧畜，命酬其直。江西建昌万户府军戍广海者，一岁更役，来往劳苦，诏仍至元旧制，二岁一更。乙丑，翰林学士承旨也儿吉尼知枢密院事。调诸卫卒筑漷州柳林海子堤堰。丙寅，蒙古百姓以饥乏至上都者，阅口数给以行粮，俾各还所部。增大都赈粜米五万石。大都之顺州、东安州大风雨雹伤稼。戊辰，寿宁公主薨，收其印。己巳，命江浙行省以钞十万锭至云南增其军需。庚午，岁星犯氐宿。开平路雨雹伤稼。中书省臣言："近岁帑廪虚空，其费有五：曰赏赐，曰作佛事，曰创置衙门，曰滥冒支请，曰续增卫士鹰坊。请与枢密院、御史台、各怯薛官同加汰减。"从之。御史台臣劾奏新除河南府总管张居敬避难不之官，有旨免所授官，加其罪笞。甲戌，赐诸王养怯帖木儿、孛栾台、征棘斯、察阿兀罕等金银钞币有差。丙子，敕中书省、御史台遣官诣江浙、江西、湖广、四川、云南诸行省，迁调三品以下官。命四川行省于明年茶盐引内给钞八万锭增军需，以讨云南。赈木邻、扎里至苦盐泊等九驿，每驿钞五百锭。增给戍居庸关军士粮。海潮溢，漂没河间运司盐二万六千七百余引。丁丑，以给驿玺书五、银字圆符二，增给陕西蒙古都万户府，以讨云南。故丞相铁木迭儿子将作使锁住与其弟观音奴、姊夫太医使野理牙，坐怨望、造符录、祭北斗、咒咀，事觉，诏中书鞫之。事连前刑部尚书乌马儿、前御史大夫孛罗、上都留守马儿及野理牙姊阿纳昔木思等，俱伏诛。云南秃坚、伯忽等势愈猖獗，乌撒禄余亦乘势连约乌蒙、东川、茫部诸蛮，欲令伯忽弟拜延等兵攻顺元。枢密臣以闻，诏即遣使督豫王阿纳忒剌失里及行枢密院、四川、云南行省亟会诸军分道进讨，以乌蒙、乌撒及罗罗斯地接西番，与碉门安抚司相为唇齿，命宣政院督所属军民严加守备，又命巩昌都总帅府调兵千人戍四川。开元、大同、真定、冀宁、广平诸路及忠翊侍卫左右屯田，自夏至于是月不雨。奉元、晋宁、兴国、扬州、淮安、怀庆、卫辉、益都、般阳、济南、济宁、河南、河中、保定、河间等路及武卫、宗仁卫、左卫率府诸屯田蝗。永平庞遵以孝行，福州王荐以隐逸，大同李文实妻齐氏、河南阎遂妻杨氏、大都潘居敬妻陈氏、王成妻高氏以志节，顺德马奔妻胡闰奴、真定民妻周氏、冀宁民妻魏益红以夫死自缢殉葬，并旌其门。闰七月庚辰朔，封诸王卯泽为永宁王，授金印，及给银字圆符、给驿玺书，并以所隶封邑岁赋赐之。癸未，遣诸王笃怜、浑秃、孛罗等赍银千两、币二百匹，赐诸王朵列铁木儿。监察御史葛明诚言："中书平章政事赵世延，年逾七十，智虑耗衰，固位苟容，无补于事，请斥归田里。"台臣以闻，诏令中书议之。云南茫部路九村夷人阿斡、阿里诣四川行省自陈："本路旧隶四川，今土官撒加伯与云南连叛，愿备粮四百石、民丁千人，助大军进征。"事闻，诏嘉其去逆效顺，厚慰谕之。卫士上都驻冬者，所给粮以三分为率，二分给钞。大驾将还，敕上都兵马司官二员，率兵士由偏岭至明安巡逻，以防盗贼。市橐驼百、牛三百，充扈从属军之用。丙戌，忠翊卫左右屯田陨霜杀稼。籍锁住、野里牙等库藏、田宅、奴仆、牧畜，给大承天护圣寺为永业。铸黄金神仙符命印，赐掌全真教道士苗道一。己丑，立掌医署，秩正五品。庚寅，以所籍野理牙宅为都督府公署。辛卯，以陕西行台御史中丞脱亦纳为中书参知政事。燕铁木儿言："赵世延向自言年老，屡乞致仕，臣等以闻，尝有旨，世延旧人，宜与共政中书。御史之言，不知前有旨也。"帝曰："如御史言，世延固难任中书矣，其仍任以翰林、奎章之职。"四川行省平章汪寿昌言："云南伯忽叛逆，兴兵进讨，调遣馈饷，皆寿昌领之。顷以市马、造器械、军官俸给、军士行粮，已给钞十五万锭。今伯忽未及殄灭，而乌撒、乌蒙相继为乱，大兵深入，去朝廷益远，元请军需，早乞颁降，从本省酌其缓急，便宜以行，庶不稽误。"从之。宁夏、奉元、巩昌、凤翔、大同、晋宁诸路属县陨霜杀稼。癸巳，以月鲁帖木儿为大司徒。赐哈剌赤军士钞一万锭、粮十万石。察罕脑儿并东、西凉亭诸卫士九百五十人，人赐钞五锭、粮二月；朔漠军士，人钞三锭、布二匹、粮二月。命燕铁木儿以钞万锭，分赐天历初诸王、群臣死事之家。行枢密院言："征戍云南军士二人逃归，捕获，法当死。"诏曰："如临战阵而逃，死宜也。非接战而逃，辄当以死，何视人命之易耶？其杖而流之。"丁酉，大驾发上都。授阿怜帖木儿大司徒印。戊戌，甘肃平章政事乃马台封宣宁郡王，授以金印；驸马谨只儿封郓国公，授以银印；并知行枢密院事。赠安南国王陈益稷仪同三司、湖广行省平章政事，王爵如故，谥忠懿。益稷在世祖时自其国来归，遂授以国王，即居于汉阳府，天历二年卒，至是加赠、谥。庚子，鲁王阿剌哥识里所部三万余人告饥，赈钞万锭、粮二万石。中书省臣言："内外佛寺三百六十七所，用金、银、钞、币不赀，今国用不充，宜从裁省。"命省人及宣政院臣裁减。上都岁作佛事百六十五所，定为百四所，令有司永为岁例。乙巳，云南使来报捷，遣使赐云南、四川省臣、行枢密院臣以上尊。丙午，诸王卜颜帖木儿请给鞍马，愿从诸军击云南，帝嘉其意，从之。戊申，加封孔子父齐国公叔梁纥为启圣王，母鲁国太夫人颜氏为启圣王夫人，颜子兖国复圣公，曾子郕国宗圣公，子思沂国述圣公，孟子邹国亚圣公，河南伯程颢豫国公，伊阳伯程颐洛国公。罗罗斯土官撒加伯及阿陋土官阿剌、里州土官德益兵八千撤毁栈道，遣把事曹通潜结西番，欲据大渡河进寇建昌。四川行省调碉门安抚司军七百人，成都、保宁、顺庆、广安诸屯兵千人，令万户周戡统领，直抵罗罗斯界，以控扼西番及诸蛮部。又遣成都、顺庆二翼万户昝定远等，以军五千同邛部知州马伯所部蛮兵，会周戡等，从便道共讨之，发成都沙糖户二百九十人防遏叙州。征重庆、夔州逃亡军八百人赴成都。广西猺于国安率千五百人寇修仁、荔浦等县，广西元帅府发兵捕之，贼众溃走，生擒国安。大都、太宁、保定、益都诸属县及京畿诸卫、大司农诸屯水，没田八十余顷。杭州、常州、庆元、绍兴、镇江、宁国诸路及常德、安庆、池州、荆门诸属县皆水，没田一万三千五百八十余顷。松江、平江、嘉兴、湖州等路水，漂民庐，没田三万六千六百余顷，饥民四十万五千五百七十余户，诏江浙行省以入粟补官钞三千锭及劝率富人出粟十万石赈之。宝庆、衡、永诸处，田生青虫，食禾稼。冠州郁世复、大都赵祥及弟英，以孝行旌其门。大都爱祖丁、塔术，潮州刘仲温，以输米赈贫旌其门。八月庚戌，河南府路新安、沔池等十五驿饥疫，人给米、马给刍粟各一月。辛亥，云南跃里铁木儿以兵屯建昌，执罗罗斯把事曹通斩之。丁巳，北边诸王月即别遣使来京师。燕铁木儿由西道田猎未至，诏以机务至重，遣使趣召之。己未，大驾至京师，劳遣人士还营。有言蔚州广灵县地产银者，诏中书、太禧院遣人莅其事，岁所得银归大承天护圣寺。辛酉，以世祖是月生，命京师率僧百七十人作佛事七日。御史台臣请立燕王为皇太子，帝曰："朕子尚幼，非裕宗为燕王时比，俟燕帖木儿至，共议之。"甲子，忠州土官黄祖显遣其子宗忠来朝，献方物。乙丑，遣使诣真定玉华宫，祀睿宗及显懿庄圣皇后神御殿。戊辰，太白犯氐宿。壬申，诏兴举蒙古字学。中书省、枢密院、御史台言："臣等比奉旨裁省卫士，今定大内四宿卫之士，每宿卫不过四百人；累朝宿卫之士，各不过二百人。鹰坊万四千二十四人，当减者四千人。内饔九百九十人，四怯薛当留者各百人。累朝旧邸宫分饔人三千二百二十四人，当留者千一百二十人。媵臣、怯怜口共万人，当留者六千人。其汰去者，斥归本部著籍应役。自裁省之后，各宿卫复有容匿汉、南、高丽人及奴隶滥充者，怯薛官与其长杖五十七，犯者与曲给散者皆杖七十七，没家赀之半，以籍入之半为告者赏。仍令监察御史察之。"制可。九月庚辰，江浙行省言："今岁夏秋霖雨大水，没民田甚多，税粮不满旧额，明年海运本省止可二百万石，余数令他省补运为便。"从之。罢入粟补官例。籴豆二十三万石于河间、保定等路，冠、恩、高唐等州，出马八万匹，令诸路分牧之。大宁路地震。甲申，授不兰奚及月鲁铁木儿大司徒印。史惟良辞中书左丞职，不允。命艺文监以《燕铁木儿世家》刻板行之。命河南行省给湖广行省钞四千锭为军需，讨云南。辽阳诸王老的、蛮子台诸部扰民，敕枢密院、宗正府及行省，每岁遣官偕往巡问，以治其狱讼。监察御史葛明诚劾奏："辽阳行省平章哈剌铁木儿，尝坐赃被杖罪，今复任以宰执，控制东藩，亦足见国家名爵之滥，黜罢为宜。"从之。丙戌，邛部州土官马伯向导征云南军有功，以为征进招讨，知本州事。江西、湖广蒙古军进征云南者，人给钞五锭。云南罗罗斯叛，与成都甚迩，而成都军马俱进征云南，诏四川邻境诸王，发藩部丁壮二千人戍成都。广源贼弗道闭覆寇龙州罗回洞，龙州万户府移文诘安南国，其国回言："本国自归顺天朝，恪共臣职，彼疆我界，尽归一统。岂以罗回元隶本国，遂起争端？此盖边吏生衅，假闭覆为名尔，本府宜自加穷治。"湖广行省备其言以闻，命龙州万户府申严边防。己丑，荧惑犯鬼宿。辛卯，赐陕西蒙古军之征云南者三十人，人钞六锭。监察御史朵罗台、王文若言："岭北行省乃太祖肇基之地，武宗时，太师月赤察儿为右丞相，太傅答剌罕为左丞相，保安边境，朝廷遂无北顾之患。今天子临御，及命哈八儿秃为平章政事，其人无正大之誉，有鄙俚之称，钱谷甲兵之事，懵无所知，岂能昭宣皇猷，赞襄国政？且以月赤察儿辈居于前，而以斯人继其后，贤不肖固不待辩而明，理宜黜罢。"制曰："可。"癸巳，白虹贯日。置麓川路军民总管府，复立总管府于哈剌火州。甲午，荧惑犯鬼宿积尸气。封魏王阿木哥子阿鲁为西靖王。乙未，以立冬祀五福十神、太一真君。御史台臣劾奏："前中书平章速速，叨居台鼎，专肆贪淫，两经杖断一百七，方议流窜，幸蒙恩宥，量徙湖广。不复畏法自守，而乃携妻娶妾，滥污百端。况湖广乃屯兵重镇，岂宜居此？乞屏之远裔，以示至公。"诏永窜雷州，湖广行省遣人械送其所。丙申，以鲁国大长公主邸第未完，复给钞万锭，命中书平章亦列赤董其役。己亥，以奎章阁纂修《经世大典》，命省、院、台诸司以次宴其官属。以平江等处官田五百顷，赐鲁国大长公主。敕："诸人非其本俗，敢有弟收其嫂、子收庶母者，坐罪。"壬寅，核实诸卫军户物力。赐鲁国大长公主钞万锭，命燕铁木儿诣其邸第送之。丙午，命西僧作佛事于大明殿。史惟良复乞辞职归养，允其请，仍赐钞二百锭。丁未，中书参知政事张友谅为左丞，知枢密院事脱别台为陕西行台御史大夫。铁里干、木邻等三十二驿，自夏秋不雨，牧畜多死，民大饥，命岭北行省人赈粮二石。至治初以白云宗田给寿安山寺为永业，至是其僧沈明琦以为言，有旨令中书省改正之。敕有司缮治南郊斋宫。辽阳行省水达达路，自去夏霖雨，黑龙、宋瓦二江水溢，民无鱼为食。至是，末鲁孙一十五狗驿，狗多饿死，赈粮两月，狗死者，给钞补市之。辰州万户图格里不花母石抹氏以志节，漳州龙溪县陈必达以孝行，并旌其门。冬十月戊申朔，降玺书申饬衍圣公崇奉孔子庙事。赐云南行省参政忽都沙三珠虎符。辛亥，命湖广行省给诸王云都思铁木儿币百匹，以赏将士捕徭贼有功者。壬子，诸王、大臣复请立燕王为皇太子，帝曰："卿等所言诚是。但燕王尚幼，恐其识虑未弘，不克负荷，徐议之未晚也。"立宣忠扈卫亲军都万户营于大都北，市民田百三十余顷赐之。戊午，致斋于大明殿。己未，遣亚献官中书右丞相燕铁木儿、终献官贴木尔补化率诸执事告庙，请以太祖皇帝配享南郊。庚申，出次郊宫。辛酉，帝服大裘、衮冕，祀昊天上帝于南郊，以太祖皇帝配，礼成，是日大驾还宫。甲子，以奉元驿马瘠死，命陕西行省给钞三千锭补市之。木纳火失温所居诸牧人三千户、濒黄河所居鹰坊五千户，各赈粮两月。乙丑，广西徭贼寇横州及永淳县，敕广西元帅府率兵捕之。枢密院臣言："每岁大驾幸上都，发各卫军士千五百人扈从，又发诸卫汉军万五千人驻山后，蒙古军三千人驻官山，以守关梁。乞如旧数调遣，以俟来年。"从之。辛未，乌蒙路土官阿朝归顺，遣其通事阿累等贡方物。壬申，御史台臣言："内外官吏令家人受财，以其干名犯义，罪止四十七、解任。今贪污者缘此犯法愈多，请依十二章计赃多寡论罪。"从之。甲戌，敕："累朝宫分官署，凡文移无得称皇后，止称某位下娘子。其委用官属，并由中书拟闻。"乙亥，改打捕鹰坊总管府为仁虞都总管府。知枢密院事撒敦、宣徽使唐其势，并赐答剌罕之号。中书省臣言："近讨云南，已给钞二十万锭为军需，今费用已尽，镇西武靖王搠思班及行省、行院复求钞如前数。臣等议，方当进讨之际，宜依所请给之。"制曰："可。"赐伯夷、叔齐庙额曰圣清，岁春秋祠以少牢。遣使趣四川、云南行省兵进讨。于是四川行省平章塔出引兵由永宁，左丞孛罗引兵由青山、茫部并进，陈兵周泥驿，及禄余等战，杀蛮兵三百余人。禄余众溃，即夺其关隘，以导顺元诸军。时云南行省平章乞住等俱失期不至。十一月庚辰，命中书赈粜粮十万石，济京师贫民。辛巳，御史台臣言："陕西行省左丞怯列，坐受人僮奴一人及鹦鹉，请论如律。"诏曰："位至宰执，食国厚禄，犹受人生口，理宜罪之。便鹦鹉微物，以是论赃，失于太苛，其从重者议罪。今后凡馈禽鸟者，勿以赃论，著为令。"癸未，赈上都滦河驻冬各宫分怯怜口万五千七百户粮二万石。甲申，荧惑退犯鬼宿。命帝师率西僧作佛事，内外凡八所，以是日始，岁终罢。丙戌，太白犯垒壁阵。中书省臣言："至元间，安丰、安庆、庐州等路有未附籍户千四百三十六，世祖命以其岁赋赐床兀儿。后既附籍，所输岁赋皆入官，别令万亿库岁给以钞二百锭。今乞停所给钞，复以其户还赐床兀儿之子燕铁木儿。"从之。罗罗斯撒加伯、乌撒阿答等合诸蛮万五千人攻建昌，跃里铁木儿等引兵追战于木托山下，败之，斩首五百余级。赈襄、邓畏兀民被西兵害者六十三户，户给钞十五锭、米二石；被西兵掠者五百七十七户，户给钞五锭、米二石。广西廉访司言："今讨叛徭，各行省官将兵二万人，皆屯驻静江，迁延不进，旷日持久，恐失事机。"诏遣使趣之。知枢密院事燕不怜，请依旧制全给鹰坊刍粟，使毋贫乏。帝曰："国用皆百姓所供，当量入为出，朕岂以鹰坊失所，重困吾民哉？"不从。辛卯，以阔阔台知枢密院事。给山东盐课钞三千锭，赈曹州济阴等县饥民。癸巳，以临江、吉安两路天源延圣寺田千顷所入租税，隶太禧宗禋院。戊戌，立打捕鹰坊红花总管府于辽阳行省，秩四品。辛丑，征河南行省民间自实田土粮税，不通舟楫之处得以钞代输。命陕西行省赈河州蒙古屯田卫士粮两月。甲辰，命司天监崇星。丙午，恩州诸王按灰，坐击伤巡检张恭，杖六十七，谪还广宁王所部充军役。十二月戊申，遣伯颜等以将立燕王阿剌忒纳答剌为皇太子，告祭于郊、庙。己酉，以董仲舒从祀孔子庙，位列七十子之下。国子生积分及等者，省、台、集贤院、奎章阁官同考试，中式者以等第试官，不中者复入学肄业。以粟十万石，米、豆各十五万石，给河北诸路牧官马之家，宣忠扈卫斡罗思屯田，给牛、种、农具。辛亥，立燕王阿剌忒纳答剌为皇太子，诏天下。甲寅，西域军士居永平、滦州、丰闰、玉田者，人给钞三锭、布二匹、粮两月。监察御史言："昔裕宗由燕邸而正储位，世祖择耆旧老臣如王颙、姚燧、萧𣂏等为之师、保、宾客。今皇太子仁孝聪睿，出自天成，诚宜慎选德望老成、学行纯正者，俾之辅导于左右，以宏养正之功，实宗社生民之福也。"帝嘉纳其言。诏："龙翔集庆寺工役、佛事，江南行台悉给之。"戊午，以十月郊祀礼成，帝御大明殿受文武百官朝贺，大赦天下。癸亥，知枢密院事阔阔台兼大都留守。乙丑，遣集贤侍读学士珠遘诣真定，以明年正月二十日祀睿宗及后于玉华宫之神御殿。丁卯，命西僧于兴圣、光天宫十六所作佛事。癸酉，诏宣忠扈卫亲军都万户府："凡立营司境内所属山林川泽，其鸟兽鱼鳖悉供内膳，诸猎捕者坐罪。"甲戌，御史中丞和尚坐受妇人为赂，遇赦原罪。监察御史言："和尚所为贪纵，有污台纲，罪虽见原，理宜追夺所受制命，禁锢元籍终其身。"台臣以闻，制可。敕各行省："凡遇边防有警，许令便宜发兵，事缓则驿闻。"赈龙庆州怀来县前岁被兵万一千八百六十户粮两月。冀宁路梁世明妻程氏、中兴路伯颜妻阿迭的以志节，大都宛平县郑珪以行义，并旌其门。赈辽阳行省所居鹰坊户粮一月。

卷三十五　　本纪第三十五

文　宗　四

二年春正月己卯，御制《奎章阁记》。行枢密臣言："十一月，仁德府权达鲁花赤曲术，纠集兵众以讨云南，首败伯忽贼兵于马龙州，以是月十一日杀伯忽弟拜延，献馘于豫王。十三日。战于马金山，获伯忽及其弟伯颜察儿、其党拜不花、卜颜帖木儿等十余人，诛之，余兵皆溃，独禄余犹据金沙江。”有旨趣进兵讨之。庚辰，住持大承天护圣寺僧宝峰加司徒。辛巳，大名魏县民曹革输粟赈陕西饥，旌其门。癸未，立侍正府以总近侍，秩从二品。乙酉，时享太庙。丙戌，伯颜、月鲁帖木儿、玥璐不花、阿卜海牙等十四人，并以本官兼侍正。旌大都大兴县郭仲安妻李氏贞节。丁亥，以寿安山英宗所建寺未成，诏中书省给钞十万锭供其费，仍命燕铁木儿、撒迪等总督其工役。命后卫指挥使史埙往四川行省调军官选。戊子，命奴都赤阿里火者按行北边牧地。以晋邸部民刘元良等二万四千余户隶寿安山大昭孝寺为永业户。中书省臣言：“四川省臣塔出、脱帖木儿等讨云南，以十一月九日领兵至乌撒周泥驿。明日，禄余、阿奴、阿答等贼兵万余，自山后间道潜出。塔出、脱帖木儿等进击，屡战败之。十五日，又战七星关，六日凡十七战，贼大败溃去。”诏遣使以银、币赏塔出、脱帖木儿等。造岁额钞本至元钞八十九万五十锭，中统钞五千锭。给钞五千锭，赈宁海州饥民。罢益都等处广农提举司，改立田赋总管府，秩从三品，仍令隆祥总管府统之。命兴和路建燕铁木儿鹰棚。枢密院臣言：“四川行省地邻乌撒，而云南未平，今戍卒单少，宜增兵防遏。请调夔路怯怜口户丁七百、重庆河东五路两营兵三百，同往戍之。俟征进军还日，悉罢遣。”从之。庚寅，改东路蒙古军万户府为东路蒙古侍卫亲军指挥使司。诸王哈儿蛮遣使来贡蒲萄酒。国制，累朝行帐设卫士、给事如在位时。近尝汰其冗滥，武宗、仁宗两朝，各定为八百人，英宗七百人。中书省臣言，旧给事人有失职者，诏复其百人。辛卯，皇太子阿剌忒纳答剌薨。壬辰，命宫相法里及给事者五十八人护灵舆北祔葬于山陵，仍令法里等守之。御史台臣劾奏：“福建宣慰副使哈只，前为广东廉访副使，贪污狼籍，宜罢黜。”从之。己亥，遣吏部尚书撒里瓦，佩虎符，礼部郎中赵期颐，佩金符，赍即位诏告安南国，且赐以《授时历》。赐武宁王彻彻秃金百两、银五百两，以淮安路之海宁州为其食邑。癸卯，以皇子古纳答剌疹疾愈，赐燕铁木儿及公主察吉儿各金百两、银五百两、钞二千锭，撒敦等金、银、钞各有差；又赐医巫、乳媪、宦官、卫士六百人金三百五十两、银三千四百两、钞五千三百四十锭。甲辰，敕每岁四祭五福太一星。建孔子庙于后卫。至元末，讨诸王乃颜之叛，获其部蒙古军，分置河南、江浙、湖广、江西诸省，命枢密院遣使括其数，得二千六百人。乙巳，封蒙古巫者所奉神为灵感昭应护国忠顺王，号其庙曰灵祐。给卫士万人岁例钞，人八十锭，内以他物及粟折五之一。镇西武靖王搠思班、豫王阿剌忒纳失里及行省、行院官同讨云南，兵十余万，以去年十一月十一日，搠思班师次罗罗斯，期跃里铁木儿俱至三泊郎，仍趣小云失会于曲靖马龙等州，同进兵。跃里铁木儿倍道兼进，夺金沙江。十二月十七日，大兵与阿禾蒙古军相值，战败之，阿禾伪降，明日，率其兵三千为三队来袭我营，搠思班、跃里铁木儿等分十三队又击败之，阿禾窜走，大兵直趋中庆。二十六日，遇贼党蒙古军于安宁州，与再战，又大败之。二十八日，阿禾来逆战，遂就禽，斩于军前。三十日，将抵中庆，贼兵七千犹拒战于伽桥、古壁口，兵交，跃里铁木儿左颊中流矢，洞耳后，拔矢复与战，大捷，遂复行省治。诸军皆会，驻于城中，分兵追捕残贼于嵩明州。枢密院臣以捷闻，诏总兵官量度缓急，从宜区处。新添安抚司瓮河寨主，诉他部徭、獠蹂其禾，民饥，命湖广行省发钞二千锭，市米赈之。二月丙戌，以上都留守乃马台行岭北行枢密院事，太禧宗禋使谨只儿、答邻答里、笃烈捏四人并知院事，遥授平章政事。戊申，立广教总管府，以掌僧尼之政，凡十六所：曰京畿山后道，曰河东山右道，曰辽东山北道，曰河南荆北道，曰两淮江北道，曰湖北湖南道，曰浙西江东道，曰浙东福建道，曰江西广东道，曰广西两海道，曰燕南诸路，曰山东诸路，曰陕西诸路，曰甘肃诸路，曰四川诸路，曰云南诸路。秩正三品，府设达鲁花赤、总管、同知府事、判官各一员，宣政院选流内官拟注以闻，总管则僧为之。四川行省招谕怀德府驴谷什用等四洞及生蛮十二洞，皆内附，诏升怀德府为宣抚司以镇之。诸洞各设长官司及巡检司，且命各还所掠生口。湖广参政彻里帖木儿与速速、班丹俱坐出怨言，鞫问得实，刑部议当彻里帖木儿、班丹杖一百七，速速处死，会赦，彻里帖木儿流广东，班丹广西，速速徙海南，皆置荒僻州郡。有旨：“此辈怨望于朕，向非赦原，俱当置之极刑，可俱籍其家，速速禁锢终身。”己酉，白虹贯日。旌巩昌金州民杜祖隆妻张氏志节。枢密院臣言：“彻里铁木儿、孛罗以正月戊寅败乌撒蛮兵，射中禄余，降其民，乌蒙、东川、易良州蛮兵、夷獠等俱款附。镇西武靖王搠思班等驻中庆，复行省事；豫王阿剌忒纳失里等至当当驿，安辑其人民。”又言：“澂江路蛮官郡容报贼古剌忽及秃坚之弟必剌都迷失等伪降于豫王而反围之，至易龙驿，古剌忽等兵掩袭官军。四川行省平章塔出顿兵不进，平章乞住妻子孳畜为贼所掠。谍知秃坚方修城堡，布兵拒守，无出降意。”诏速进兵讨之。敕探马赤军士岁以五月十日迁处山后诸州。辛亥，建燕铁木儿居第于兴圣宫之西南，诏撒迪及留守司董其役。壬子，太白昼见。中书平章政事亦列赤兼沈阳等路安抚使，燕王宫相伯撒里为中书平章政事，陕西行台中丞朵儿只班为中书参知政事，户部尚书高履亨、两淮都转运盐使许有壬并参议中书省事。甲寅，燕铁木儿言：“赛因怯列木丁，英宗时尝献宝货于昭献元圣太后，议给价钞十二万锭，故相拜住奏酬七万锭，未给，泰定间以盐引万六百六十道折钞给之，今有司以诏书夺之还官。臣等议，以为宝货太后既已用之，以盐引还之为宜。”从之。燕铁木儿又言：“安庆万户锁住，坐令家人杀人系狱，久未款伏，宜若无罪，乞释之。”制曰：“可。”乙卯，太白犯昴。祀太祖、太宗、睿宗御容。云南统兵官来报捷，诸蛮悉降，唯禄余追捕未获。命番休各卫汉军，十之二以三月一日放遣。丁巳，驸马不颜帖木儿自北边从武宁王彻彻秃来朝。己未，命西僧为皇子古纳答剌作佛事一周岁。壬戌，改封武宁王彻彻秃为郯王，赐以金印。甲子，中书省臣言：“国家钱谷，岁入有额，而所费浩繁，是以不足。天历二年，尝以盐赋十分之一折银纳之，凡得银二千余锭。今请以银易官帑钞本，给宿卫士卒。”又言：“陛下不用经费，不劳人民，创建大承天护圣寺。臣等愿上向所易钞本十万锭、银六百锭助建寺之需。”从之。丙寅，以太祖四大行帐世留朔方不迁者，其马驼孳畜多死损，发钞万锭，命内史府市以给之。行枢密院都事阿里火者来报云南之捷。庚午，给宿卫士岁例钞，诏毋出定额万人之外。占城国遣其臣高暗都剌来朝贡。创建五福太一宫于京城乾隅，修上都洪禧、崇寿等殿。诸王彻彻秃、沙哥坐妄言不道，诏安置彻彻秃广州，沙哥雷州。壬申，命辽阳行省发粟赈国王朵儿只及纳忽答儿等六部蒙古军民万五千户。旌大都民刘德仁妻王氏贞节。甲戌，给宣让王王傅印。荆王也速也不干贡犛牛。命田赋总管府税矿银输大承天护圣寺。命兴和路为玥璐不花作鹰棚。云南景东甸蛮官阿只弄遣子罕旺来朝，献驯象，乞升甸为景东军民府，阿只弄知府事，罕旺为千户，常赋外岁增输金五千两、银七百两，许之。以山东盐课钞万锭，赈胶州饥。命龙翊卫以屯田岁入粟赡卫卒孤贫者。是月，深、冀二州有虫食桑为灾。三月丙子朔，荧惑犯鬼宿。辛巳，御史台臣劾奏：“燕南廉访使卜咱儿，前为闽海廉访使，受赃计钞二万二千余锭、金五百余两、银三千余两、男女生口二十二人及它宝货无算，难遇赦原，乞追夺制命，籍没流窜。”诏如所言，仍暴其罪示天下。壬午，赐南郊侍祠文武官金、币有差。特令沙津爱护持必剌忒纳失里为三藏国师，赐玉印。以陕西盐课钞万锭，赈察罕脑儿蒙古饥民。癸未，割外府币、帛各千匹输之中宫，以供需用。甲申，绘皇太子真容，奉安庆寿寺之东鹿顶殿，祀之如累朝神御殿仪。鞫宦者拜住侍皇太子疹疾，饮食不时进，以酥拭其眼鼻，又为禳咒，杖一百七，斥出京城。冠州有虫食桑四十余万株。御史台臣言：“奎章阁参书雅琥，阿媚奸臣，所为不法，宜罢其职。”从之。丙戌，雨土，霾。伯撒里辞所兼储政使，不允。伯颜娶诸王女，赐金二百两、银千两。赐上都死事者不颜帖木儿等十一家钞各百锭，分赐燕铁木儿鹰坊百人。中书省臣言：“宣课提举司岁榷商税，为钞十万余锭，比岁数不登，乞凡僧道为商者，仍征其税。”有旨：“诚为僧者，其仍免之。”司徒香山言：“陶弘景《胡笳曲》，有‘负扆飞天历，终是甲辰君’之语，今陛下生年、纪号，实与之合，此实受命之符，乞录付史馆，颁告中外。”诏令翰林、集贤、奎章、礼部杂议之。翰林诸臣议以谓：“唐开元间，太子宾客薛让进武后鼎铭云‘上玄降鉴，方建隆基’，为玄宗受命之符。姚崇表贺，请宣示史官，颁告中外。而宋儒司马光斥其采偶合之文以为符瑞，乃小臣之谄，而宰相实之，是侮其君也。今弘景之曲，杂于生年、纪号若偶合者，然陛下应天顺人，绍隆正统，于今四年，薄海内外，罔不归心，固无待于旁引曲说以为符命。从其所言，恐启谶纬之端，非所以定民志。”事遂寝。赵王不鲁纳食邑沙、净、德宁等处蒙古部民万六千余户饥，命河东宣慰发近仓粮万石赈之。又发山东盐课钞、朱王仓粟赈登、莱饥民，兴和仓粟赈保昌饥民。戊子，以西僧旭你迭八答剌班的为三藏国师，赐金印。以龙庆州之流杯园池、水硙、土田赐燕铁木儿。命诸王阿鲁出镇陕西行省。以籍入速速、班丹、彻理帖木儿赀产赐大承天护圣寺为永业。浙西诸路比岁水旱，饥民八十五万余户，中书省臣请令官私、儒学、寺观诸田佃民，从其主假贷钱谷自赈，余则劝分富家及入粟补官，仍益以本省钞十万锭，并给僧道度牒一万道，从之。旌同知大都府事忙兀秃鲁迷失妻海迷失贞节。己丑，赈云内州饥民及察忽凉楼戍兵共七千户。庚寅，命威顺王宽彻不花还镇湖广。癸巳，诏累朝神御殿之在诸寺者，各制名以冠之：世祖曰元寿，昭睿顺圣皇后曰睿寿，南必皇后曰懿寿，裕宗曰明寿，成宗曰广寿，顺宗曰衍寿，武宗曰仁寿，文献昭圣皇后曰昭寿，仁宗曰文寿，英宗曰宣寿，明宗曰景寿。召亳州太清宫道士马道逸、汴梁朝天宫道士李若讷、河南嵩山道士赵亦然，各率其徒赴阙，修普天大醮。赈浙西盐丁五千余户。命玥璐不花作佛事于德兴府。监察御史劾江浙行省平章童童荒泆宴安，才非辅佐，诏免其官。豫王阿剌忒纳失里、镇西武靖王搠思班等禽云南诸贼也木干、罗罗、脱脱木儿、板不、阿居、澂江路总管罗罗不花、伯忽之叔怯得该、伪署万户哈剌答儿及诸将校，悉斩之，磔尸以徇。赈辽阳境内蒙古饥民万四千余户。旌山丹州郝荣妻李闰贞节。陕州诸县蝗。八番军从征云南者俱屯贵州，枢密院臣请遣使发粟给之。己亥，御史台臣劾奏：“大都总管刘原仁称疾，久不视事，及迁同知储政院事，即就职，侥幸巧官，避难就易。”有旨罢之。庚子，以将幸上都，命西僧作佛事于乘舆次舍之所。壬寅，以钦察卫军士增多，析为左右二卫。给云南行省钞十万锭，以备军资民食。癸卯，御史台臣劾奏工部尚书苏炳性行贪邪，诏罢之。大同路累岁水旱，民大饥。裁节卫士马刍粟，自四月一日始。寿王脱里出、阳翟王帖木儿赤、西平王管不八、昌王八剌失里等七部之民居辽阳境者万四千五百余户告饥，命辽阳行省发近境仓粮赈两月。命宣靖王买奴置王傅等官。立宫相都总管府，秩正三品，给银印。以儒学教授在选数多，凡仕 由内郡、江淮者，注江西、江浙、湖广；由陕西、两广者，注福建；由甘肃、四川、云南、福建者，注两广。敕河南行省右丞那海提督境内屯田。中书省臣言：“嘉兴、平江、松江、江阴芦场、荡山、沙涂、沙田等地之籍于官者，尝赐他人，今请改赐燕铁木儿。”有旨：“燕铁木儿非他臣比，其令所在有司如数给付。”发通州官粮赈檀、顺、昌平等处饥民九万余户，以山东盐课钞三千五百锭赈益都三万余户。是月，陕西行省遣官分给复业饥民七万余口行粮，赈诸王伯颜也不干部内蒙古饥民千余口。真定、汴梁二路，恩、冠、晋、冀、深、蠡、景、献等八州，俱有虫食桑为灾。旌故户部主事赵野妻柳氏贞节。夏四月丙午朔，全宁民王脱欢献银矿。诏设银场提举司，隶中政院。中书、枢密臣言：“天历兵兴，诸领军与敌战者，宜定功赏。臣等议，诸王各金百两、银五百两、金腰带一、织金等币各十八匹，诸臣四战以上者同，三战及一战者各有差。”有旨：“赏格具如卿等议。燕铁木儿首倡大义，躬擐甲胄，伯颜在河南先诛携贰，使朕道路无虞，两人功无与比，其赏不可与众同，其赐燕铁木儿七宝腰带一、金四百两、银九百两，伯颜金腰带一、金二百两、银七百两。”受赏者凡九十六人，用金二千四百两、银万五千六百两、金腰带九十一副、币帛千三百余匹。命西僧于五台及雾灵山作佛事各一月，为皇太子古纳答剌祈福。以粮五万石赈粜京师贫民。戊申，皇姑鲁国大长公主薨。以宫中高丽女子不颜帖你赐燕铁木儿，高丽国王请割国中田为资送，诏遣使往受之。发卫卒三千助大承天护圣寺工役。庚戌，诏建燕铁木儿生祠于红桥南，树碑以纪其勋。御史台臣言："平章政事曹立，累任江浙，今虽闲废，犹与富民交纳，宜遣还其本籍大同路。又，监察御史万家闾尝荐中丞和尚，脱脱尝举廉访使卜咱儿，今和尚、卜咱儿俱以赃罪除名，万家闾、脱脱难任台省之职。"并从之。真定武陟县地震，逾月不止。壬子，命燕铁木儿总制宫相都总管府事，也不伦、伯撒里俱以本官兼宫相都总管府都达鲁花赤。诸王哈儿蛮遣使来朝贡。甲寅，改宣忠扈卫亲军都万户府为宣忠斡罗思扈卫亲军诸指挥使司，赐银印。中书省臣言："越王秃剌在武宗时以绍兴路为食邑，岁割赐本路租赋钞四万锭，今其子阿剌忒纳失里袭王号，宜岁给其半。"从之。乙卯，时享太庙。镇西武靖王搠思班等已平云南，各遣使来报捷。诸王朵列捏镇云南品甸，自以赀力给军，协力讨贼，诏以袭衣赐之。丙辰，葺太祖所御大行帐。戊午，以集庆路玄妙观为大元兴崇寿宫。命兴和建屋居海青，上都建屋居鹰鹘。庚申，特命河南儒士吴炳为艺文监典簿，仍予对品阶。宁国路泾县民张道杀人为盗，道弟吉从而不加功，居囚七年不决。吉母老，无他子孙，中书省臣以闻，敕免死，杖而黜之，俾养其母。辛酉，以山东盐课钞五千锭赈博兴州饥民九千户，一千锭赈信阳等场盐丁。御史台臣言："储政使哈撒儿不花侍陛下潜邸时，受马七十九匹，又盗用官库物。天历初，领兵芦沟桥，迎敌即逃，擅闭城门，惊惑民庶。度支卿纳哈出尝匿官马，又矫增制命，又受诸王斡即七宝带一、钞百六十锭。臣等议，其罪宜杖一百七，除名，斥还乡里。"从之。壬戌，枢密院臣言："云南事已平，镇西武靖王搠思班言，蒙古军及哈剌章、罗罗斯诸种人叛者，或诛或降，虽已略定，其余党逃窜山谷，不能必其不反侧，今请留荆王也速也不干及诸王锁南等各领所部屯驻一二岁，以示威重。"从之。仍命豫王阿剌忒纳失里分兵，给探马赤三百、乞赤伯三百，共守一岁，以镇辑之，余军皆遣还所部，统兵官召赴阙。时已命探马赤为云南行省平章政事，遂命总制境内军事。潞州潞城县大水。癸亥，诸王完者也不干所部蒙古民二百八十余户告饥，命河东宣慰司发官粟赈之。甲子，陕西行省言终南屯田去年大水，损禾稼四十余顷，诏蠲其租。镇宁王那海部曲二百，以风雪损孳畜，命岭北行省赈粮两月。钦察台以名园为献，命御史台给赃罚钞千锭酬其直。诸王乞八言："臣每岁扈从时巡，为费甚广，臣兄豫王阿剌忒纳失里、弟亦失班，岁给钞五百锭、币帛各五千匹。敢视其例以请。"制可。诏："故尚书省丞相脱脱，可视三宝奴例，以所籍家赀还其家。"御史台臣言："同佥中政院事殷仲容，奸贪邪佞，冒哀居官。"诏黜之。扬州泰兴县饥民万三千余户，河南行省先赈以粮一月后以闻，许之。命辽阳行省发粟赈孛罗部内蒙古饥民。戊辰，奎章阁以纂修《经世大典》，请从翰林国史院取《脱卜赤颜》一书以纪太祖以来事迹，诏以命翰林学士承旨押不花、塔失海牙。押不花言："《脱卜赤颜》事关秘禁，非可令外人传写，臣等不敢奉诏。"从之。增置拱卫司仪仗。命武备寺诸匠官避元籍。遣使召赵世延于集庆。诏以泥金畏兀字书《无量寿佛经》千部。壬申，散遣宣忠扈卫新籍军士六百人还乡里，期以七月一日还营。衡州路属县比岁旱蝗，仍大水，民食草木殆尽，又疫疠，死者十九，湖南道宣慰司请赈粮米万石，从之。河中府蝗，晋宁、冀宁、大同、河间诸路属县，皆以旱不能种告饥。甘州阿儿思兰免古妻忽都的斤以贞节旌其门。五月丙子，皇太子影殿造祭器如裕宗故事。敕建宫相都总管府公廨。丁丑，荧惑犯轩辕左角。赐宫相都总管府给驿玺书。调卫兵浚金水河。己卯，安南世子陈日焯遣其臣段子贞来朝贡。安庆之望江县、淮安之山阳县去岁皆水灾，免其田租。丙戌，太禧宗禋院臣言："累朝所建大万安等十二寺，旧额僧三千一百五十人，岁例给粮，今其徒猥多，请汰去九百四十三人。"制可。常德府桃源州去岁水灾，免其租。丁亥，复立怯怜口提举司，仍隶中政院。命枢密院调军士修京城。己丑，置八百等处宣慰司都元帅府，以土官昭练为宣慰使都元帅。又置临安元江等处宣慰司兼管军万户府。孟定路、孟肙路并为军民总管府，秩从三品。者线、蒙庆甸、银沙罗等甸并为军民府，秩从四品。孟并、孟广、者样等甸并设军民长官司，秩从五品。益都路宋德让、赵仁各输米三百石赈胶州饥民九千户，中书省臣请依输粟补官例予官，从之。赈驻冬卫士二万一千五百户粮四月。庚寅，立云南省芦传路军民总管府，以土官为之，制授者各给金符。癸巳，云南威楚路之蒲蛮猛吾来朝贡，愿入银为岁赋，诏为置散府一及土官三十三所，皆赐金银符。甲午，太白犯毕宿。封宣政使脱因为蓟国公。以平江官田五百顷立稻田提举司，隶宫相都总管府。乙未，以陕西行台御史大夫脱别台知枢密院事。御史大夫玥璐不花累辞职，江西行省平章朵儿只以疾辞新任，并许之。脱忽思娘子继主明宗幄殿，诏赐湘潭州民户四万为汤沐。奎章阁学士院纂修《皇朝经世大典》成。诏以泥金书佛经一藏。丙申，大驾幸上都。四川行省平章汪寿昌辞职，不允。敕在京百司日集公署，自晨及暮毋废事。赈滦阳、桓州、李陵台、昔宝赤、失八儿秃五驿钞各二百锭。桓州民以所种麦献，诏赐币帛二匹，慰遣之。戊戌，次红桥，临视燕铁木儿生祠。以太禧宗禋院所隶昭孝营缮司隶崇禧总管府。赈辽阳东路蒙古万户府饥民三千五百户粮两月。己亥，也儿吉尼知行枢密院事。八番西蛮官阿马路奉方物入贡。高邮、宝应等县去岁水，免其租。庚子，太阴犯太白。辛丑，太白经天。改阿速万户府为宣毅万户府，赐银印，命伯颜领之。旌济南章丘县马万妻晋氏志节。癸卯，加也儿吉尼太尉，赐银印。以河间盐课钞四千锭赈河间属县饥民四千一百户。甲辰，诏通政院整治内外水陆驿传。宣政院臣言："旧制，列圣神御殿及诸寺所作佛事，每岁计二百十六，今汰其十六为定式。"制可。东昌、保定二路，濮、唐二州，有虫食桑。宁夏、绍庆、保定、德安、河间诸路属县大水。六月乙巳朔，征储政院钞三万锭，给中宫道路之用。敕河南行省立阿不海牙政迹碑。监察御史韩元善言："历代国学皆盛，独本朝国学生仅四百员，又复分辨蒙古、色目、汉人之额。请凡蒙古、色目、汉人，不限员额，皆得入学。”又监察御史陈守中言：“请凡仕者亲老，别无侍丁奉养，不限地方名次，宜从优附近迁调，庶广忠孝之道。”皆不报。发米五千石赈兴和属县饥民。丁未，太白昼见。乙卯，监察御史陈良劾浙东廉访使脱脱赤颜阿附权奸倒剌沙，其生母何氏本父之妾，而兄妻之，欺诳朝廷，封温国夫人，请黜罢宪职，追还赠恩为宜。御史台臣以闻，从之。旌大都右警巡院胡德妻曹氏贞节。壬戌，以钞万五千锭赈国王朵儿只等九部蒙古饥民三万三百六十二户。癸亥，诏：“诸官吏在职役或守代未任，为人行赇关说，即有所取者，官如十二章论赃，吏罢不叙终其身；虽无所取，讼起灭由已者，罪加常人一等。”甲子，太府监颁宫嫔、阉宦及宿卫士行帐资装。免控鹤卫士当驿户。丙寅，云南出征军悉还，乌撒罗罗蛮复杀戍军黄海潮等，撒加伯又杀掠良民为乱，命云南行省及行枢密院：“凡境上诸关戍兵，未可轻撤，宜视缓急以制其变。”丁卯，太阴犯毕，太白犯井。庚午，以扬州泰兴、江都二县去岁雨害稼，免今年租。枢密院臣言：“征西万户府军七百人，自泰定以来，累经优恤，放还者四百五十人，今边防军少，例当追使还营。”从之。是月，晋宁、亦集乃二路旱，济宁路虫食桑，河南、晋宁二路诸属县蝗，大都、保定、真定、河间、东昌诸路属州县及诸屯水，彰德路临漳县漳水决。秋七月甲戌朔，赐野马川等处驻冬卫士衣。艺文少监欧阳玄言：“先圣五十四代孙袭封衍圣公，爵最五等，秩登三品，而用四品铜印，于爵秩不称。”诏铸从三品印给之。德安府去年水，免今年田租。旌德安应山县高可焘孝行。己卯，以云南既平，惟禄余等惧罪窜伏，降诏曲赦之。辛巳，只儿哈答儿坐罪当流远，以唐其势舅氏故释之。壬午，祀太祖、太宗、睿宗御容于翰林国史院。监察御史张益等言：“钦察台在英宗朝，阴与中政使咬住造谋，诬告脱欢察儿将构异图，辞连潜邸，致出居海南。及天历初，倒剌沙据上都，遣钦察台以兵拒命，倒剌沙疑其有异志，复禽以归，即追言昔日咬住之谋以自解。皇上即位，不念旧恶，擢居中书，而又自贻厥咎，以致夺官籍产。旋复释宥，以为四川平章。今云南未平，与蜀接境，其人反覆，不可信任，宜削官远窜，仍没入其家产。”台臣以闻，诏夺其制命、金符，同妻孥禁锢于广东，毋籍其家。仍诏谕御史：“凡检人如钦察台者，其极言之，毋隐。”铁木儿补化辞御史大夫职，不允。乙酉，遣使代祀护国庇民广济福惠明著天妃。命西僧于大都万岁山悯忠阁作佛事，起八月八日，至车驾还大都日止。丁亥，海南黎贼作乱，诏江西、湖广两省合兵捕之。诸王搠思吉亦儿甘卜、哈儿蛮，驸马完者帖木儿遣使来献蒲萄酒。壬辰，以知枢密院事脱别台为御史大夫。癸巳，辰州、兴国二路虫伤稼，免今年租。甲午，归德府雨伤稼，免今年租。给诸卫士及蒙古户粮四月。乙未，立闵子书院于济南。杭州火，赈被灾民百九十户。丁酉，调甘州兵千人、撒里畏兀兵五百人守参卜郎，以防土番。戊戌，封伯颜为浚宁王，赐金印，仍前太保、知枢密院事。高邮府去岁水灾，免今年租。湖州安吉县大水暴涨，漂死百九十人，人给钞二十贯瘗之，存者赈粮两月。庚子，广西徭贼平，召诸王云都思帖木儿还。辛丑，怀德府洞蛮二十一洞田先什用等以方物来贡，还所虏生口八百余人给其家。癸卯，知行枢密院事彻里帖木儿以兵讨叛蛮锁力哈迷失，戮其党七百余人。是月，河南、奉元属县蝗，大都、河间、汉阳属县水，冀宁属县雨雹伤稼，庐州去年水，宁夏霜为灾，并免今年田租，赈宁夏鸣沙、兰山二驿户二百九十，定西州新军户千二百，应理州民户千三百粮各一月，又赈龙兴路饥民九百户粮一月。大宁和众县何千妻柏都赛儿，夫亡以身殉葬，旌其门。八月甲辰朔，日有食之。封脱怜忽秃鲁为靖恭王，沙蓝朵儿只为懿德王，并给以涂金银印。西域诸王卜赛因遣使忽都不丁来朝。滦阳驿户增置马牛各一，免其和市杂役。赐上都孔子庙碑。御史台臣劾奏：“宣徽副使桑哥，比奉旨给宿卫士钱粮，稽缓九日，玩法欺公，罪当黜罢。”从之。己酉，以银符二十八赐拱卫直百户，命燕铁木儿以钞万锭分赐蒙古孤寡者。辛亥，大驾南还大都。壬子，西域诸王答儿麻失里袭朵列帖木儿之位，遣诸王孛儿只吉台等来朝贡。甲寅，雪别台之孙月鲁帖木儿、买闾也先来献失剌奴，赐以金百两、银千五百两、钞五百锭、金带一。命宣课提举司毋收燕铁木儿邸舍商货税。斡儿朵思之地频年灾，畜牧多死，民户万七千一百六十，命内史府给钞二万锭赈之。乙卯，太白犯轩辕大星。丙辰，封内史怯列该为丰国公。以星变，令群臣议赦。丁巳，命郯王不颜帖木儿围猎于抚州。己未，立镇宁王总管府于抚州。公主脱脱灰来朝。以汴梁路尉氏县赐伯颜为食邑。诏刑部鞫内侍撒里不花巫蛊事，凡当死者杖一百七，流广东、西。中书省臣言：“明年海运粮二百四十万石，已令江浙运二百二十万，河南二十万。今请令江浙复增二十万，本省参政杜贞督领。”从之。复命赈粜米五万石济京城贫民。旌济宁路魏铎孝行、扬州路吕天麟妻韦氏贞节。庚申，太白犯轩辕左角。中书、枢密臣言：“西域诸王不赛因，其臣怯列木丁矫王命来朝，不赛因遣使来言，请执以归。臣等议，宗藩之国，行人往来，执以付之，不可，宜令乘驿归国以自辨。”制可。壬申，升侍正府秩正二品。是月，江浙诸路水潦害稼，计田十八万八千七百三十八顷。景州自六月至是月不雨。澧州、泗州等县去年水，免今年租。沅州饥，赈粜米二千石。金州及西和州频年旱灾，民饥，赈以陕西盐课钞五千锭。九月癸酉朔，市阿鲁浑撒里宅，命燕铁木儿奉皇子古纳答剌居之。中书省臣言：“今岁当饲马驼十四万八千四百匹，京城饲六万匹，余令外郡分饲，每匹给刍粟价钞四锭。”从之。乙亥，命留守司发军士筑驻跸台于大承天护圣寺东。御史台臣劾奏：“四川行省参政马镕，发粮六千石饷云南军，中道辄还，预借俸钞一十九锭以娶妾，又诟骂平章汪寿昌，罪虽蒙宥，难任宰辅。”帝曰：“纲常之理，尊卑之分，懵无所知，其何以居上而临下！亟罢之。”丙子，太白犯填星。枢密院臣言：“云南东川路总管普折兄那具，会禄余兵，杀乌撒宣慰使月鲁、东川路府判教化的二十余人；又会伯忽侄阿福，领蒙古兵将击罗罗斯。臣等与燕铁木儿议，遣西域指挥使锁住等发陕西都万户府兵，直抵罗罗斯，发碉门安抚司兵，绝大渡河，直抵邛部州，巡守关隘。”诏宣政院亦遣使同往督之。海南贼王周纠率十九洞黎蛮二万余人作乱，命调广东、福建兵，隶湖广行省左丞移剌四奴统领讨捕之。阿速及斡罗思新戍边者，命辽阳行省给其牛具粮食。己卯，发粟五千石赈兴和路鹰坊。庚辰，枢密院臣言："六月中，行枢密院官以兵与乌撒贼兵五战，破之，惟禄余窜伏未获。"命四川行省给其军饷。赈兴和宝昌州饥民米二千石。御史台臣言："大圣寿万安寺坛主司徒严吉祥，盗公物，畜妻孥，宜免其司徒、坛主之职。"从之。禁诸驿毋畜窜行马，免控鹤户杂役。湖州安吉县久雨，太湖溢，漂民居二千八百九十户，溺死男女百五十七人，命江浙行省赈恤之。丁亥，御史台臣言："江西行省参政李允中，乃故内侍李邦宁养子，器质庸下，误叨重选，宜黜罢。"从之。庚寅，幸大承天护圣寺。以钞五万锭及预贷四川明年盐课钞五万锭，给行枢密院军需。禄余寇顺元路。癸巳，罢供需府覆实司，置广谊司，秩正三品，以右丞撒迪领其务。御史台臣劾太禧宗禋使童童淫侈不洁，不可以奉明禋；又，奎章阁监书博士柯九思，性非纯良，行极矫谲，挟其末技，趋附权门，请罢黜之。乙未，以金虎符赐中书平章政事亦列赤。思州镇远府饥，赈米五百石。丁酉，云南行省遣都事那海、镇抚栾智等奉诏往谕禄余及授以参政制命，至撒家关，禄余拒不受，俄而贼大至，那海因与力战，贼乃退。及晚，乌撒兵入顺元境，左丞帖木儿不花御战，那海复就阵宣诏招之，遂遇害，帖木儿不花等敛兵还。壬寅，改隆祥总管府为隆祥使司，秩从二品。冬十月甲辰，遣秘书太监王珪等代祀岳镇、海渎、后土。乙巳，召行枢密院彻里铁木儿、小云失还朝。以前东川路总管普折子安乐袭其父职。己酉，时享于太庙。为皇子古纳答剌作佛事，释在京囚，死罪者二人，杖罪者四十七人。辛亥，召江南行台御史大夫阿儿思兰海牙赴阙。癸丑，幸大承天护圣寺。蒙古都元帅怯烈引兵击阿禾贼党于澂江路海中山，为云梯登山，破其栅，杀贼五百余人。秃坚之弟必剌都古象失举家赴海死。又获秃坚弟二人、子三人，诛之。甲寅，杭州火，命江浙行省赈其不能自存者。丁巳，中书省臣言："江浙平江、湖州等路水伤稼，明年海漕米二百六十万石，恐不足，若令运百九十万，而命河南发三十万，江西发十万为宜。又，遣官赍钞十万锭、盐引三万五千道，于通、漷、陵、沧四州，优价和籴米三十万石。又，以钞二万五千锭、盐引万五千道，于通、漷二州，和籴粟豆十五万石；以钞三十万锭，往辽阳懿、锦二州，和籴粟豆十万石。"并从之。烧在京积年还倒昏钞二百七十余万锭。戊午，诏还平江路大玉清昭应宫田百顷，官勿征其租。己未，给宿卫士有官者刍豆。诸王卜赛因使者还西域，诏酬其所贡药物价直。辛酉，命西僧作佛事于兴圣宫，十有五日乃罢。吴江州大风雨，太湖溢，漂没庐舍资畜千九百七十家，命江浙行省给钞千五百锭赈之。乙丑，立昭功万户都总使府，伯颜、铁木儿补化并兼昭功万户都总使。丙寅，命大都路定时估，每月朔望送广谊司，以酬物价。燕铁木儿取犛牛五千于西域来献。十一月壬申朔，日有食之。云南行省言："亦乞不薛之地所牧国马，岁给盐，以每月上寅日啖之，则马健无病。比因伯忽叛乱，云南盐不可到，马多病死。"诏令四川行省以盐给之。乙亥，李彦通、萧不兰奚等谋反，伏诛。丙子，封诸王斡即为保宁王，赐以印，以其先所受印赐诸王浑秃帖木儿之子庚兀台。诏给移剌四奴分行省印。丁丑，兴和路鹰坊及蒙古民万一千一百余户，大雪畜牧冻死，赈米五千石。戊寅，枢密院臣言："天历兵兴，以扬州重镇，尝假淮东宣慰司以兵权，今事已宁，宜以所部兵复隶河南行省。又，征西元帅府自泰定初调兵四千一百人戍龙剌、亦集乃，期以五年为代，今已七年，逃亡者众，宜加优恤，期以来岁五月代还。"并从之。己卯，封蘸班为豳国公。庚辰，左、右钦察卫军士千四百九十户饥，命上都留守司赈之。辛巳，以户部尚书耿焕为中书参知政事。癸未，诏养燕铁木儿之子塔剌海为子，赐居第及所籍李彦通赀产。荆王也速也不干献犛牛四百。诏："每岁枢密院、宗正府遣官，与辽阳行省官巡历诸郡，毋令诸王所部扰民。"隆祥司使晃忽儿不花言："海南所建大兴龙普明寺，工费浩穰，黎人不胜其扰，以故为乱。"诏湖广行省臣玥璐不花及宣慰、宣抚二司领其役，仍命廉访司莅之。辛卯，诸王撒儿蛮遣使者七十四人来。赈左钦察卫撒敦等翼顶也儿古驻冬军千五百八十户。诸盐课钞以十分之一折收银，银每锭五十两，折钞二十五锭。乙未，敕宫相都总管府勿隶昭功都总使府。丁酉，以南阳府之嵩州，更赐伯颜为食邑。十二月戊申，陕西行台御史捏古伯、高坦等劾奏："本台监察御史陈良，恃势肆毒，徇私破法，请罢职籍赃，还归田里。"有旨："虽会赦，其准风宪例，追夺敕命，余如所奏。"以黄金符镌文曰"翊忠徇义迪节同勋"，赐西域亲军副都指挥使钦察，以旌其天历初红桥战功。壬子，复命诸王忽剌出还镇云南。癸丑，撒敦献斡罗思十六户，酬以银百七锭、钞五千锭。以河间路清池、南皮县牧地赐斡罗思驻冬，仍以忽里所牧官羊给之。河南河北道廉访副使僧家奴言："自古求忠臣必于孝子之门。今官于朝者，十年不省觐者有之，非无思亲之心，实由朝廷无给假省亲之制，而有擅离官次之禁。古律，诸职官父母在三百里，于三年听一给定省假二十日；无父母者，五年听一给拜墓假十日。以此推之，父母在三百里以至万里，宜计道里远近，定立假期，其应省觐匿而不省觐者，坐以罪。若诈冒假期，规避以掩其罪，与诈奔丧者同科。"御史台臣以闻，命中书省、礼部、刑部及翰林、集贤、奎章阁议之。丁巳，雨木冰。戊午，西域诸王秃列帖木儿遣使献西马及蒲萄酒。预给四宿卫及诸潜邸卫士岁赐钞，人二十锭。庚申，遣集贤直学士答失蛮诣真定玉华宫，祀睿宗及显懿庄圣皇后神御殿。辛酉，遣兵部尚书也速不花、同佥通政院事忽纳不花迎帝师。诏中书省、御史台遣官诣各道，同廉访司录囚。癸亥，雨木冰。给征东元帅府兵仗。丁卯，御史台臣言："甘肃行省平章月鲁帖木儿，既非蒙古族姓，且暗于事机，使总兵柄，恐非所宜。"诏枢密院勿令提调军马。己巳，御史台臣言："河东道廉访副使忽哥儿不花，佥燕南道廉访司事不颜忽都、王士元、郝志善，宪纲不振，宜免官。"从之。旌宁海州崔惟孝孝行。是岁，真定路属州水，冀宁、河南二路旱，大饥。

卷三十六　　本纪第三十六

文宗五

三年春正月辛未朔，高丽国王桢遣其臣元忠奉表称贺，贡方物。癸酉，命高丽国王王焘仍为高丽国王，赐金印。初，焘有疾，命其子桢袭王爵，至是焘疾愈，故复位。甲戌，赐燕铁木儿妻公主月鲁金五百两、银五千两。丁丑，禁冒哀求叙复者。赈粜米五万石，济京师贫民。己卯，时享太庙。罢诸建造工役，惟城郭、河渠、桥道、仓库勿禁。广西罗伟里叛寇马武冲等，合龙州岭北朗龙洞韦大虫贼兵万人，攻陷那马违、那马安等寨，命广西宣慰司严军御之。月阙察儿冒请卫士刍束，当坐罪，燕铁木儿请释之。壬午，命甘肃行省为豳王不颜帖木儿建居第。封孔子妻郓国夫人并官氏为大成至圣文宣王夫人。癸未，给纳邻等十四驿粮及刍粟。赈永昌路流民。庆远南丹等处溪洞军民安抚司言，所属宜山县饥疫，死者众，乞以给军积谷二百八十石赈粜，从之。江西行省言，梅州频年水旱，民大饥，命发粟七百石以赈粜。丙戌，印造岁额钞本，至元钞九十九万六千锭，中统钞四千锭。丁亥，幸大承天护圣寺。赐诸王帖木儿及其妃阿剌赤八剌金五百两、银万两、钞二万锭、币帛各千匹。监察御史劾奏："翰林学士承旨典哈，其兄野里牙坐诛，当罢。"从之。戊子，万安军黎贼王奴罗等，集众五万人寇陵水县。己丑，赈肇庆路高要县饥民九千五百四十口。四川行省言："去年九月，左丞帖木儿不花与禄余贼兵战被创，贼遂侵境，乞调重庆、叙州兵二千五百人往救之。"顺元宣抚司亦言："贼列行营为十六所，乞调兵分道备御。"诏上都留守司为燕铁木儿建居第。御史台言："选除云南廉访司官，多托故不行，继今有如是者，风宪勿复用。"制可。戊戌，命中书省以钞三千锭、币帛各三千匹，给皇子古纳答剌岁例鹰犬回赐。诸王章吉献斡罗思百七十人，酬以银七十二锭、钞五千锭。己亥，给斡罗思千人衣粮。山南道廉访副使秃坚董阿劾："荆湖北道宣慰使别列怯都常贷内府钞，威逼部民代偿，不足则以宣慰司公帑钞偿之。又，副使驴驹，以修治沿江堤岸，纵家奴掊敛民财。二人罪虽遇赦，宜从黜退。"御史台臣以闻，从之。庚子，封公主不纳为郓安大长公主。夔路忠信寨洞主阿具什用，合洞蛮八百余人寇施州。二月辛丑朔，八番苗蛮骆度来贡方物。癸卯，诸王也先帖木儿薨。甲辰，诸王答儿马失里、哈儿蛮各遣使来贡蒲萄酒、西马、金鸦鹘。乙巳，以湖广行省平章玥璐不华为陕西行台御史大夫。给豳王及其王傅禄。戊申，云南行省言："会通州土官阿赛及河西阿勒等与罗罗贼兵千五百人寇会州路之卜龙村；又，禄余将引兵与茫部合寇罗罗斯，截大渡河、金沙江以攻东川、会通等州。臣等敢奉先所降诏书招谕之，不奉命则从宜进军。"制可。己酉，赐怯薛官完者帖木儿及阿昔儿珠衣帽。德宁路去年旱，复值霜雹，民饥，赈以粟三千石。旌晋宁路沁州刘玮妻张氏志节。禄余言于四川行省："自父祖世为乌撒土官宣慰使，佩虎符，素无异心。曩为伯忽诱胁，比闻朝廷招谕，而今期限已过，乞再降诏赦，即率四路土官出降。仍乞改属四川省，隶永宁路，冀得休息。"四川行省以闻，诏中书、枢密、御史诸大臣杂议之。己未，旌宁夏路赵那海孝行。辛酉，燕铁木儿兼奎章阁大学士，领奎章阁学士院事。己巳，命燕铁木儿集翰林、集贤、太禧宗禋院，议立太祖神御殿。诏修曲阜宣圣庙。邛州有二井，宋旧名曰金凤、茅池。天历初，九月地震，盐水涌溢，州民侯坤愿作什器煮盐而输课于官，诏四川转运盐司主之。旌济州任城县王德妻秦氏、婺州路金华县吴埙妻宋氏、庐州路高仁妻张氏、甘州路岳忽南妻失林、盖州完颜帖哥住妻李氏志节。三月庚午朔，帝师至京师。遣使往西域，赐诸王不赛因绣彩币帛二百四十匹。中书省臣言："凡远戍军官死而归葬者，宜视民官例，给道里之费。又，四川驿户比以军兴消乏，宜遣官同行省量济之。"制可。燕铁木儿言："平江、松江淀山湖圩田方五百顷有奇，当入官粮七千七百石，其总佃者死，颇为人占耕。今臣愿增粮为万石入官，令人佃种，以所得余米赡臣弟撒敦。"从之。洛水溢。爪哇国遣其臣僧伽剌等八十三人，奉金书表及方物来朝贡。己卯，诏："以西宁王速来蛮镇御有劳，其如安定王朵儿只班例，置王傅官四人，铸印给之。"庚辰，以安陆府赐并王晃火儿不花为食邑。旌大都良乡县韦安妻张氏贞节。丁亥，诸王伯岳兀、完者帖木儿来朝。戊子，占城国遣其臣阿南那那里沙等四人，奉金书表及方物来朝贡。己丑，复立功德使司。癸巳，皇子古纳答剌更名燕帖古思。置兴瑞司，掌中宫岁作佛事，秩正三品。乙未，命燕铁木儿依旧例以钞万锭分给蒙古孤寡者。以帝师泛舟于西山高梁河，调卫士三百挽舟。丙申，赐怯薛官笃怜铁木儿玺书，申饬其所部。赈木怜、苦盐泺、札哈、扫怜九驿之贫者凡四百五十二户。丁酉，缅国遣使者阿落等十人，奉方物来朝贡。己亥，赐行枢密院钞四万锭，分给征乌撒、乌蒙所调陕西、四川蒙古军及渐丁万人。高唐、德、冀诸州，大名、汴梁、广平诸路，有虫食桑叶尽。夏四月壬寅，中书省臣言："去岁宿卫士给钞者万五千人，今减去千四百人，余当给者万三千六百人。又，太府监岁支币帛二万匹，不足于用，请再给二百匹。"并从之。四川师壁、散毛、盘速出三洞蛮野王等二十三人来贡方物。戊申，大宁路地震。四川大盘洞谋者什用等十四人来贡方物。丙辰，诸王不别居法郎遣使者要忽难等，及西域诸王不赛因使者也先帖木儿等，皆来贡方物。戊午，命奎章阁学士院以国字译《贞观政要》，锓板模印，以赐百官。四川行省平章汪寿昌辞职，不允。以作佛事祈福，释御史台所囚定兴刘县尹及刑部囚二十六人。乙丑，安南国世子陈日焯遣其臣邓世延等二十四人来贡方物。安西王阿难答之子月鲁帖木儿，坐与畏兀僧玉你达八的刺板的、国师必剌忒纳失里沙津爱护持谋不轨，命宗王、大臣杂鞫之，狱成，三人皆伏诛，仍籍其家。以必剌忒纳失里沙津爱护持妻丑丑赐通政副使伯蓝，玉鞍赐撒敦，余人畜、土田及七宝衣具、金珠、宝玉、钞币，并没入大承天护圣寺。免四川行省境内今年租。命有司为伯颜建生祠，立纪功碑于涿州，仍别建祠、立碑于汴梁。戊辰，免云南行省田租三年。安州饥，给河间盐课钞万锭赈之。东昌、济宁二路及曹、濮诸州，皆有虫食桑。五月己巳朔，高昌王藏吉薨，其弟太平奴袭位。壬申，赈木怜、七里等二十三驿，人米二石。癸酉，荧惑犯东井。赐燕铁木儿宴于流杯池。云南大理、中庆等路大饥，赈钞十万锭。甲戌，升尚舍寺为从三品。撒迪请备录皇上登极以来固让大凡、往复奏答，其余训敕、辞命及燕铁木儿等宣力效忠之迹，命朵来续为《蒙古脱卜赤颜》一书，置之奎章阁，从之。赐湖广行省平章政事脱亦纳金虎符。旌保定路郭寿孝行、探忒妻灵保贤孝。戊寅，幸大承天护圣寺。京师地震有声。己卯，命诸王也失班还镇。浙西道廉访司劾副使三宝凶恶阴险，紊乱纪纲，诏罢之。壬午，复赈粜米五万石，济京城贫民。戊子，唐其势以疾先住上都，赐药价钞千锭。遣使往帝师所居撒思吉牙之地，以珠织制书宣谕其属，仍给钞四千锭、币帛各五千匹，分赐之。赈帖里干、不老、也不彻温等十九驿，人米二石。庚寅，大驾发大都，时巡于上都。置山东益都等处金银铜铁提举司。辛卯，复以司徒印给万安寺僧严吉祥。诏给钞五万锭，修帝师巴思八影殿。壬辰，太常博士王瓒言："各处请加封神庙，滥及淫祠。按《礼经》，以劳定国，以死勤事，能御大灾，能捍大患，则祀之。其非祀典之神，今后不许加封。"制可。丁酉，白虹并日出，长竟天。追封颜子父颜无繇为杞国公，谥文裕；母齐姜氏杞国夫人，谥端献；妻宋戴氏兖国夫人，谥贞素。甘州大雹，扬州之江都、泰兴，德安府之云梦、应城县水，汴梁之睢州、陈州、开封、兰阳、封丘诸县河水溢，滹沱河决，没河间清州等处屯田四十三顷。常宁州饥，赈粜米二千四百石。杭州火，被灾九十一户，池州火，被灾七十三户，命江浙行省量赈之。六月己亥朔，以月鲁帖木儿等罪诏告中外，赦天下。免四川行省今年差税、陕西行省今年商税。录用朵朵、王士熙、脱欢等。己酉，以御史中丞赵世安为中书左丞。癸丑，遣使分祀岳镇海渎。戊午，给钞五万锭，赐云南行省为公储。己未，燕铁木儿言："顷伯颜封浚宁王，赐食邑嵩州，今请于濒汴择一州赐之。"诏改赐陈州。癸亥，加授知枢密院事也卜伦开府仪同三司。乙丑，御史台臣劾辽阳行省参政赛甫丁庸鄙不胜任，罢之。监察御史陈思谦言："内外官非文武全才、出处系天下安危、能拯金革之难者，勿许夺情起复。"制可。禁诸卜筮、阴阳人，毋出入诸王公大臣家。晋宁、冀州桑灾，益都、济宁大雨，无为州、和州水。旌归德府永城县民张氏孝节。秋七月戊辰朔，诸王答里麻失里等遣使来贡虎豹。云南行省言："本省旧降给驿玺书六十九、金字圆符四，伯忽之乱，散失殆尽，乞更赐为宜。"敕更赐玺书三十二、圆符四，仍究诘所失者。辛未，以车坊官园赐伯颜。赐从征云南将校三百四十七人钞币有差。调军士修柳林海子桥道。乙亥，命僧于铁幡竿修佛事，施金百两、银千两、币帛各五百匹、布二千匹、钞万锭。丁丑，赈蒙古军流离至陕西者四百六十七户粮三月，遣复其居，户给钞五十锭。湖广行省言："黎贼势猖獗，乞益兵三千以备调用。"有旨："依前诏，促移剌四奴克日进兵。"壬午，江西行省造螺钿儿榻遗燕铁木儿，诏赐匠者币帛各一。甲申，燕铁木儿献斡罗思二千五百人。旌裕州民李庭瑞孝行。庚寅，给钞万锭，命燕铁木儿分赐累朝宫分嫔御之贫乏者。壬辰，西域诸王不赛因遣哈只怯马丁以七宝水晶等物来贡。给蒙古民及各部卫士钞币有差，仍赈粮五月。甲午，北边诸王月即别遣南忽里等来朝贡。燕铁木儿言："诸王彻彻秃、沙哥，曩坐罪流南荒，乞赐矜闵，俾还本部。"从之。赈宗仁卫军士九百户各钞一锭。滕州民饥，赈粜米二万石。庆都县大饥，以河间盐课钞万锭赈之。八月辛丑，诸王阿儿加失里献斡罗思三十人、浙丁百三人。赈大都宝坻县饥民，以京畿运司粮万石。癸卯，吴王木喃子及诸王答都河海、锁南管卜、帖木儿赤、帖木迭儿等来朝。赐护守上都宫殿卫卒二千二百二十九人，人钞二十五锭。乙巳，天鼓鸣于东北。丙午，遣官祭社稷。丁未，有事于太庙。海道漕运粮六十九万余石至京师。己酉，陇西地震。帝崩，寿二十有九，在位五年。癸丑，灵驾发引，葬起辇谷，从诸帝陵。元统二年正月己酉，太师右丞相伯颜率文武百官等议，上尊谥曰圣明元孝皇帝，庙号文宗，国言谥号曰札牙笃皇帝，请谥于南郊。三月己酉，祔于太庙。后至元六年六月，以帝谋为不轨，使明宗饮恨而崩，诏除其庙主。放燕帖古思于高丽，未至，月阔察儿害之于中道。

卷三十七　　本纪第三十七

宁　宗

宁宗冲圣嗣孝皇帝，讳懿璘质班，明宗第二子也。母曰八不沙皇后，乃蛮真氏。初，武宗有子二人，长明宗，次文宗。延祐中，明宗封周王，出居朔漠。泰定之际，正统遂偏。天历元年，文宗入绍大统，内难既平，即遣使奉皇帝玺绶，北迎明宗。明宗崩，文宗复即皇帝位。明宗有子二人，长妥懽帖木耳，次即帝也。天历三年二月乙巳，封帝为鄜王。

至顺三年八月己酉，文宗崩于上都，皇后导扬末命，申固让初志，传位于明宗之子。时妥懽帖木耳出居静江，帝以文宗眷爱之笃，留京师。太师、太平王、右丞相燕铁木儿，请立帝以继大统。于是遣使征诸王会京师，中书百司政务，咸启中宫取进止。甲寅，中书省臣奉中宫旨，预备大朝会赏赐金银币帛等物。乙卯，燕铁木儿奉中宫旨，赐驸马也不干子欢忒哈赤、太尉孛兰奚、句容郡王答邻答里、佥事小薛、呵麻剌台之子秃帖木儿、公主本答里、诸王丑汉妃公主台忽都鲁、诸王卯泽妃公主完者台及公主本答里、彻里帖木儿等金、银、币、钞有差。是月，浑源、云内二州陨霜杀禾，冀宁路之阳曲、河曲二县及荆门州皆旱，江水又溢，高邮府之宝应、兴化二县，德安府之云梦、应城二县大雨，水。九月丁丑，填星犯太微垣左执法。辛巳，修皇太后仪仗。是夜，地震有声来自北。是月，益都路之莒、沂二州，泰安州之奉符县，济宁路之鱼台、丰县，曹州之楚丘县，平江、常州、镇江三路，松江府、江阴州，中兴路之江陵县，皆大水。河南府之洛阳县旱。十月庚子，帝即位于大明殿，大赦天下，诏曰：

洪惟太祖皇帝，启辟疆宇；世祖皇帝，统一万方；列圣相承，法度明著。我曲律皇帝入纂大统，修举庶政，动合成法，授大宝位于普颜笃皇帝以及格坚皇帝。历数之归，实当在我忽都笃皇帝、扎牙笃皇帝，而各播越辽远。时则有若燕铁木儿，建义效忠，戡平内难，以定邦国，协恭推戴扎牙笃皇帝。登极之始，即以让兄之诏明告天下。随奉玺绂，远迓忽都笃皇帝，朔方言还，奄弃臣庶。扎牙笃皇帝，荐正宸极，仁义之至，视民如伤，恩泽旁被，无间远迩。顾育眇躬，尤笃慈爱。宾天之日，皇后传顾命于太师、太平王、右丞相、答剌罕燕帖木儿，太保、浚宁王、知枢密院事伯颜等，谓圣体弥留，益推固让之初志，以宗社之重，属诸大兄忽都笃皇帝之世嫡。乃遣使召诸王宗亲，以十月一日来会于大都，与宗王、大臣同奉遗诏。揆诸成宪，宜御神器，以至顺三年十月初四日，即皇帝位于大明殿，可大赦天下。自至顺三年十月初四日昧爽以前，除谋反大逆、谋杀祖父母父母、妻妾杀夫、奴婢杀主、谋故杀人、但犯强盗、印造伪钞、蛊毒魇魅犯上者不赦外，其余一切罪犯，咸赦除之。大都、上都、兴和三路，差税免三年。腹里差发并其余诸郡不纳差发去处，税粮十分为率，免二分。江淮以南，夏税亦免二分。土木工役，除仓库必合修理外，毋复创造，以纾民力。民间在前应有逋欠差税课程，尽行蠲免。监察御史、肃政廉访司官并内外三品以上正官，岁举才堪守令者一人，申达省部，先行录用。如果称职，举官优加旌擢。一任之内，或犯赃私者，量其轻重黜罚。其不该原免重囚，淹禁三年以上、疑不能决者，申达省部，详谳释放。学校农桑、孝义贞节、科举取士、国学贡试，并依旧制。广海、云南梗化之民，诏书到日，限六十日内出官，与免本罪，许以自新。於戏！肆予冲人，托于天下臣民之上，任大守重，若涉渊冰。尚赖宗王大臣、百司庶府，交修乃职，思尽厥忠。嘉与亿兆之民，共保承平之治。咨尔多方，体予至意！故兹诏示，想知悉。

辛丑，以知枢密院事撒敦为御史大夫，中书右丞撒迪为中书平章政事，宣政使阔里吉思为中书左丞，中书平章政事秃儿哈铁木儿知枢密院事。乙巳，造皇太后玉册、玉宝。丁未，皇太后命作两宫幄殿、车乘、供帐。戊申，赏赉诸王金、币，其数如文宗即位之制。立徽政、中政二院。己酉，太白犯斗宿。敕："诸王、驸马、勋旧大臣及中书省、枢密院、御史台秩正二品，百司庶府秩至一品者，阙门之内，得施绳床以坐，余皆禁之。"庚戌，修郊祀法服。以宦者铁古思、哈里兀答儿、黑狗者、阔阔出并为中政院使。辛亥，以江浙岁比不登，其海运粮不及数，俟来岁补运。壬子，定妇人犯私盐罪，著为令。甲寅，诸王不赛因遣使贡塔里牙八十八斤、佩刀八十，赐钞三千三百锭。乙卯，以即位告祭南郊。丙辰，给宿卫士、蒙古、汉军三万人御寒衣。命江浙行省范铜造和宁宣圣庙祭器，凡百三十有五事。己未，告祭太庙。庚申，告祭社稷。以伯颜为徽政使，依前开府仪同三司、浚宁王、太保、录军国重事、知枢密院事。提调忠翊侍卫亲军都指挥使司事伯撒里、右都威卫都指挥使常不兰奚，并为徽政使。赐诸妃后大朝会赏赉有差。甲子，以诸王忽剌台贫乏，赐钞五百锭。皇弟燕帖古思受戒于西僧加儿麻哇。敕："百官及宿卫士有只孙衣者，凡与宴飨，皆服以侍。其或质诸人者，罪之。"丙寅，楚丘县河堤坏，发民丁二千三百五十人修之。十一月己巳，诏翰林国史、集贤院、奎章阁学士院集议先皇帝庙号、神主、升祔武宗皇后及改元事。庚午，赐郯王彻彻秃以海宁州朐山、赣榆、沭阳三县。壬申，命郯王彻彻秃镇辽阳。甲戌，遣宿卫官阿察赤以上皇太后玉册告祭南郊，中书平章政事伯撒里告祭太庙。戊寅，奉玉册、玉宝尊皇后曰皇太后，皇太后御兴圣殿受朝贺。己卯，帝御大明殿受朝贺。庚寅，赐诸王宽彻币帛各二千匹，以周其贫。左钦察卫士饥，赈粮二月。壬辰，帝崩，年七岁。甲午，葬起辇谷，从诸陵。明年六月己巳，明宗长子妥懽帖木耳即位。至元四年三月辛酉，谥曰冲圣嗣孝，庙号宁宗。四月乙酉，祔于太庙。

卷三十八　　本纪第三十八

顺　帝　一

顺帝名妥懽帖睦尔，明宗之长子。母罕禄鲁氏，名迈来迪，郡王阿儿厮兰之裔孙也。初，太祖取西北诸国，阿儿厮兰率其众来降，乃封为郡王，俾领其部族。及明宗北狩，过其地，纳罕禄鲁氏。延祐七年四月丙寅，生帝于北方。

当泰定帝之崩，太师燕铁木儿与诸王、大臣迎立文宗。文宗既即位，以明宗嫡长，复遣使迎立之。明宗即位于和宁之北，而立文宗为皇太子。及明宗崩，文宗复正大位。至顺元年四月辛丑，明宗后八不沙被谗遇害，遂徙帝于高丽，使居大青岛中，不与人接。阅一载，复诏天下，言明宗在朔漠之时，素谓非其己子，移于广西之静江。

三年八月己酉，文宗崩，燕铁木儿请文宗后立太子燕帖古思，后不从，而命立明宗次子懿璘只班，是为宁宗。十一月壬辰，宁宗崩，燕铁木儿复请立燕帖古思，文宗后曰："吾子尚幼，妥懽贴睦尔在广西，今年十三矣，且明宗之长子，礼当立之。"乃命中书右丞阔里吉思迎帝于静江。至良乡，具卤簿以迓之。燕铁木儿既见帝，并马徐行，具陈迎立之意。帝幼且畏之，一无所答。于是燕铁木儿疑之，故帝至京，久不得立。适太史亦言帝不可立，立则天下乱，以故议未决。迁延者数月，国事皆决于燕铁木儿，奏文宗后而行之。俄而燕铁木儿死，后乃与大臣定议立帝，且曰："万岁之后，其传位于燕帖古思，若武宗、仁宗故事。"诸王宗戚奉上玺绶劝进。

四年六月己巳，帝即位于上都，诏曰：

> 洪惟我太祖皇帝，受命于天，肇造区夏；世祖皇帝，奄有四海，治功大备；列圣相传，丕承前烈。我皇祖武宗皇帝入纂大统，及致和之季，皇考明宗皇帝远居朔漠，札牙笃皇帝戡定内难，让以天下。我皇考宾天，札牙笃皇帝复正宸极。治化方隆，奄弃臣庶。今皇太后召大臣燕铁木儿、伯颜等曰："昔者阔彻伯、脱脱木儿、只儿哈郎等谋逆，以明宗太子为名，又先为八不沙始以妒忌，妄构诬言，疏离骨肉。逆臣等既正其罪，太子遂迁于外。札牙笃皇帝后知其妄。寻至大渐，顾命有曰：'朕之大位，其以朕兄子继之。'"时以朕远征南服，以朕弟懿璘只班登大位，以安百姓，乃遽至大故。皇太后体承札牙笃皇帝遗意，以武宗皇帝之元孙，明宗皇帝之世嫡，以贤以长，在予一人，遣使迎还。征集宗室诸王来会，合辞推戴。今奉皇太后勉进之笃，宗亲大臣恳请之至，以至顺四年六月初八日，即皇帝位于上都。於戏！惟天、惟祖宗全付予有家，栗栗危惧，若涉渊冰，罔知攸济。尚赖宗亲臣邻，交修不逮，以底隆平。其赦天下。

时有阿鲁辉帖木儿者，明宗亲臣也，言于帝曰："天下事重，宜委宰相决之，庶可责其成功；若躬自听断，则必负恶名。"帝信之，由是深居宫中，每事无所专焉。辛未，命伯颜为太师、中书右丞相、上柱国、监修国史，兼奎章阁大学士，领学士院、太史院、回回、汉人司天监事；撒敦为太傅、左丞相。是月，大霖雨，京畿水平地丈余，饥民四十余万，诏以钞四万锭赈之。泾河溢，关中水灾。黄河大溢，河南水灾。两淮旱，民大饥。秋七月，霖雨。潮州路水。己亥，太阴犯房宿。八月壬申，巩昌徽州山崩。是月，立燕铁木儿女伯牙吾氏为皇后。九月甲午，太阴犯填星。乙未，太阴犯天江。甲寅，中书省臣言："官员递升，窒碍选法。今请自省、院、台官外，其余不许递升。"从之。丁巳，太阴犯填星。己未，太阴犯氐宿。庚申，诏太师、右丞相伯颜，太傅、左丞相撒敦，专理国家大事，其余官不得兼领三职。秦州山崩。赈恤宁夏饥民五万三千人一月。诏免儒人役。冬十月甲子，太阴犯斗宿。丙寅，凤州山崩。戊辰，改元，诏曰："在昔世祖皇帝，绍开丕图，稽古建元，立经陈纪，列圣相承，恪遵成宪。肆予冲人，嗣大历服，兹图治之云初，嘉与民而更始。乃新纪号，诞告多方，其以至顺四年为元统元年。於戏！一元运于四时，惟裁成之有道；大统绵于万世，思保佑于无疆。"中书省臣言："凡朝贺遇雨，请便服行礼。"从之。己巳，加知枢密院事、答剌罕答里金紫光禄大夫。庚午，诏以察罕脑儿宣慰司人民，止令应当徽政院差发。癸酉，云南傀罗土官浑邓马弄来贡方物，诏以其地升立散府。丁丑，依皇太后行年之数，释放罪囚二十七人。庚辰，奉文宗皇帝及太皇太后御容于大承天护圣寺，命左丞相撒敦为隆祥使，奉其祭祀。乙酉，诏以高邮府为伯颜食邑。戊子，封撒敦为荣王，食邑庐州。唐其势袭父封为太平王，进阶金紫光禄大夫。庚寅，中书省臣请集议武宗、英宗、明宗三朝皇后升祔。十一月辛卯朔，罢富州金课。甲午，太阴犯垒壁阵。丙申，巩昌成纪县地裂山崩，令有司赈被灾人民。丁酉，享于太庙。辛丑，起棕毛殿。丙午，申饬盐运司。辛亥，江西、湖广、江浙、河南复立榷茶运司。追谥札牙笃皇帝为圣明元孝皇帝，庙号文宗。时寝庙未建，于英宗室次权结彩殿，以奉安神主。封伯颜为秦王，锡金印。是日，秦州山崩地裂。夜，太阴犯太微东垣上相。壬子，太阴犯填星。癸丑，太阴犯亢宿。乙卯，以燕铁木儿平江所赐田五百顷，复赐其子唐其势。罢河间大报恩寺诸色人匠总管府。江浙旱饥，发义仓粮、募富人入粟以赈之。诏秦王、右丞相伯颜，荣王、左丞相撒敦，统百官，总庶政。十二月庚申朔，命伯颜提调彰德威武卫。乙丑，广西徭寇湖南，陷道州，千户郭震战死，寇焚掠而去。壬申，遣省、台官分理天下囚，罪状明者处决，冤者辨之，疑者谳之，淹滞者罪其有司。以奴列你他代其父塔剌赤为耽罗国军民安抚使司达鲁花赤，锡三珠虎符。癸酉，太阴犯鬼宿。甲戌，秃坚帖木儿致仕，锡太尉印，置僚属。乙亥，为皇太后置徽政院，设官属三百六十有六员。太白犯垒壁阵，太阴犯轩辕。己卯，太阴犯进贤。癸未，太阴犯东咸。

元统二年春正月庚寅朔，雨血于汴梁，着衣皆赤。辛卯，东平须城县、济宁济州、曹州济阴县水灾，民饥，诏以钞六万锭赈之。以御史大夫脱别台为中书平章政事，阿里海牙为河南行省左丞相。丁酉，享于太庙。戊戌，四川大盘洞蛮谋谷什用遣男谋者什用来贡方物，即其地立盘顺府，命谋谷什用为知府。遣吏部尚书帖住、礼部郎中智熙善使交趾，以《授时历》赐之。太阴犯轩辕。癸卯，敕僧道与民一体充役。己酉，以上文宗皇帝谥号，遣官告祭于南郊。庚戌，太阴犯房宿。甲寅，罢广教总管府，立行宣政院。乙卯，云南土酋姚安路总管高明来献方物，锡符印遣之。二月己未朔，诏内外兴举学校。癸亥，广西徭寇边，杀官吏。广海官已除而未上者罪之。甲子，塞北东凉亭雹，民饥，诏上都留守发仓廪赈之。乙丑，命有司以时给宿卫冬衣。以燕不邻为太保，置僚属。戊辰，封也真也不干为昌宁王，锡金印。癸酉，太阴犯太微上相。丁丑，封皇姑妥妥辉为英寿大长公主。癸未，安丰路旱饥，敕有司赈粜麦万六千七百石。甲申，太庙木陛坏，遣官告祭。丁亥，太白经天。是月，滦河、漆河溢，永平诸县水灾，赈钞五千锭。瑞州路水，赈米一万石。三月己丑朔，诏："科举取士，国子学积分、膳学钱粮，儒人免役，悉依累朝旧制；学校官选有德行学问之人以充。"辛卯，以阴阳家言，罢造作四年。太阴犯填星。癸巳，广西徭贼复起，杀同知元帅吉列思，掠库物，遣右丞脱鲁迷失将兵讨之。复立西番巡捕都元帅府。罢广谊司，复立覆实司。赠吉烈思官，令其子孙袭职。庚子，杭州、镇江、嘉兴、常州、松江、江阴水旱疾疫，敕有司发义仓粮，赈饥民五十七万二千户。癸卯，月食既。甲辰，中书省臣言："兴和路起建佛事，一路所费，为钞万三千五百三十余锭。请依上都、大都例，给膳僧钱，节其冗费。”从之。乙巳，中书省臣言：“益都、真定盗起，请选省、院官往督捕之，仍募能擒获者倍其赏，获三人者与一官。”从之。丁未，以河南行省左丞相阿里海牙为江浙行省左丞相。壬子，广西庆远府徭贼寇全州，诏平章政事探马赤统兵二万人击之。丁巳，诏：“蒙古、色目犯奸盗诈伪之罪者，隶宗正府；汉人、南人犯者，属有司。”是月，山东霖雨，水涌，民饥，赈粜米二万二千石。淮西饥，赈粜米二万石。湖广旱，自是月不雨至于八月。夏四月戊午朔，日有食之。庚申，封宗室蛮子为文济王。乙丑，命顺元等处军民宣抚使、八番等处沿边宣慰使伯颜溥花承袭父职。丙寅，罢龙庆州黑峪道上胜火儿站。庚午，诏：“云南出征军士亡殁者，人赐钞二锭以葬。”壬申，命唐其势为总管高丽女直汉军万户府达鲁花赤，与马札儿台并为御史大夫。丁丑，太白经天。戊寅，太白昼见。己卯，奉圣明元孝皇帝文宗神主祔于太庙，躬行告祭之礼，乐用宫悬，礼三献。先是，御史台臣言：“郊庙，国之大典，王者必行亲祀之礼，所以尽尊尊、亲亲之诚，宜因升祔，有事于太庙。”帝从之。是日，罢夏季时享。诏加荣王、左丞相撒敦开府仪同三司、上柱国、录军国重事，食邑庐州。复立杭州四隅录事司。太白昼见。壬午，复如之。帝嘉许衡辅世祖以不杀一天下，特录其孙从宗为章佩监异珍库提点。癸未，立盐局于京师南北城，官自卖盐，以革专利之弊。乙酉，中书省臣言：“佛事布施，费用太广，以世祖时较之，岁增金三十八锭、银二百三锭四十两、缯帛六万一千六百余匹、钞二万九千二百五十余锭。请除累朝期年忌日之外，余皆罢。”从之。是月，车驾时巡上都。益都、东平路水，设酒禁。大名路桑麦灾。成州旱饥，诏出库钞及发常平仓米赈之。河南旱，自是月不雨至于八月。五月己丑，诏威武西宁王阿哈伯之子亦里黑赤袭其父封。宦者孛罗帖木儿传皇后旨，取盐一十万引入中政院。辛卯，以唐其势代撒敦为中书左丞相，撒敦仍商量中书省事。壬辰，命中书平章政事撒的领蒙古国子监。癸巳，罢洪教提点所。戊申，诏文济王蛮子镇大名，云南王阿鲁镇云南，给银字团牌。是月，中书省臣言：“江浙大饥，以户计者五十九万五百六十四，请发米六万七百石、钞二千八百锭，及募富人出粟，发常平、义仓赈之，并存海运粮七十八万三百七十石以备不虞。”从之。诏：“王侯宗戚军站、人匠、鹰坊、控鹤，但隶京师诸县者，令所在一体役之。”赠故中书平章政事王泰亨谥清宪。旧令，三品以上官，立朝有大节及有大功勋于王室者，得赐功臣号及谥。时寖冗滥失实，惟泰亨在中书时，安南请佛书，乞以《九经》赐之，使高丽不受礼遗，为尚书贫不能自给，故特赐是谥。赠漳州万户府知事阚文兴英毅侯，妻王氏贞烈夫人，庙号双节。六月丁巳朔，中书省臣言：“云南大理、中庆诸路，曩因脱肩、败狐反叛，民多失业，加以灾伤，民饥，请发钞十万锭，差官赈恤。”从之。戊午，淮河涨，淮安路山阳县满浦、清冈等处民畜房舍多漂溺。丙寅，宣德府水灾，出钞二千锭赈之。乙亥，唐其势辞左丞相不拜，复命撒敦为左丞相。辛巳，诏蒙古、色目人行父母丧。癸未，复立缮工司，造缯帛。乙酉，赠燕铁木儿公忠开济弘谟同德翊运佐命功臣、开府仪同三司、太师、中书右丞相，追封德王，谥忠武。是月，彰德雨白毛。大宁、广宁、辽阳、开元、沈阳、懿州水旱蝗，大饥，诏以钞二万锭，遣官赈之。秋七月丁亥，戒阴阳人毋得于贵戚之家妄言祸福。辛卯，祭太祖、太宗、睿宗三朝御容。罢秋季时享。壬辰，帝幸大安阁。是日，宴侍臣于奎章阁。甲午，太白昼见。己亥，太白经天。壬寅，诏：“蒙古、色目人犯盗者免刺。”甲辰，太白经天，丙午，复如之。帝幸楠木亭。己酉，太白昼见。夜，有流星大如酒杯，色赤，长五尺余，光明烛地，起自天津，没于离宫之南。庚戌，太白经天，壬子，复如之。夜，荧惑犯鬼宿。癸丑、甲寅，太白复经天。是月，池州青阳、铜陵饥，发米一千石及募富民出粟赈之。八月丙辰朔，太白经天，凡四日。戊午，祭社稷。癸亥，太白经天。丙寅至戊辰，太白复经天。辛未，赦天下。京师地震。鸡鸣山崩，陷为池，方百里，人死者甚众。自是日至甲戌，太白经天，丁丑、己卯，复如之；夜，犯轩辕。庚辰至壬午，太白复经天。癸未，中书平章政事阿里海牙罢。是月，南康路诸县旱蝗，民饥，以米十二万三千石赈粜之。九月庚寅，太白经天。辛卯，车驾还自上都。壬辰，太阴入南斗。癸巳，太白犯灵台。甲午，太白经天。徭贼陷贺州，发河南、江浙、江西、湖广诸军及八番义从军，命广西宣慰使、都元帅章伯颜将以击之。乙未，太白经天，己亥、壬寅，复如之。乙巳，太白犯太微垣。壬子，吉安路水灾，民饥，发粮二万石赈粜。夜，太白犯太微垣。冬十月乙卯朔，正内外官朝会仪班次，一依品从。戊午，享于太庙。辛酉，以侍御史许有壬为中书参知政事。癸亥，太白犯太微上相，复犯进贤。丁卯，立湖广黎兵屯田万户府，统千户一十三所，每所兵千人，屯户五百，皆土人为之，官给田土、牛、种、农器，免其差徭。又创立武安县。移石山寨巡检司于清水寨，立霍丘县淮阴乡临水山巡检司，改乾宁军民安抚司曰乾宁安抚司。乙亥，太阴犯轩辕，太白犯填星。己卯，奉玉册、玉宝，上皇太后尊号曰赞天开圣仁寿徽懿昭宣皇太后，诏曰：“朕登大宝，君临万方，永惟大母拥佑之勤；神器奠安，海宇宁谧，实慈训之致然也。爰协众议，再举徽称，而皇太后以文宗皇帝未祔于庙，至诚谦抑，弗赐俞允。今告祔礼成，亦既阅岁，始徇所请。乃以吉日奉上尊号，思与普天同兹大庆，其赦天下。”免今年民租之半，内外官四品以下减一资。却天鹅之献。癸未，命台宪部官各举材堪守令者一人。十一月戊子，中书省臣请发两艅船下番，为皇后营利。济南莱芜县饥，罢官冶铁一年。辛卯，赐行宣政院废寺钱一千锭以营公廨。乙未，填星犯亢宿。庚戌，荧惑犯太微垣。是月，镇南王孛罗不花来朝。十二月，立道州永明县白面墟、江华县涛墟巡检司各一，以镇遏徭贼。甲戌，诏整治学校。是岁，禁私创寺观庵院。僧道入钱五十贯，给度牒，方听出家。

至元元年春正月癸巳，申命廉访司察郡县劝农官勤惰，达大司农司以凭黜陟。乙未，立徽政院属官侍正府。丙午，云南妇人一产三男。二月甲寅朔，革冗官。乙卯，车驾将田于柳林，御史台臣谏曰："陛下春秋鼎盛，宜思文皇付托之重，致天下于隆平。况今赤县之民，供给繁劳，农务方兴，而驰骋冰雪之地，倘有衔橛之变，奈宗庙社稷何！"遂止。丁巳，立缥甸散府一，穆由甸、范陵甸军民长官司二。以蓟州宝坻县稻田提举司所辖田土赐伯颜。戊午，祭社稷。甲戌，荧惑逆行入太微。己卯，以上皇太后册、宝，遣官告祭天地。三月癸未朔，诏遣五府官决天下囚。御史台臣言："丞相已领军国重事，省、院、台官俱不得兼领各卫。"从之。平伐、都云、定云、酋长宝郎、天都虫等来降，即其地复立宣抚司，参用其土酋为官。辛卯，以上皇太后宝、册，遣官告祭太庙。壬辰，河州路大雪十日，深八尺，牛羊驼马冻死者十九，民大饥。丙申，中书省臣言："甘肃甘州路十字寺奉安世祖皇帝母别吉太后于内，请定祭礼。"从之。丁酉，以沾益州所辖罗山、石梁、交水三县并归巡检司。月食。己亥，龙兴路饥，出粮九万九千八百石赈其民。庚子，御史台臣言："高丽为国首效臣节，而近年屡遣使往选取媵妾，至使生女不举，女长不嫁，乞赐禁止。"从之。中书省臣言，帝生母太后神主宜于太庙安奉，命集议其礼。甲辰，山东、河间、两淮、福建四处增盐课一十八万五千引，中书请权罢征，止令催办正额。乙巳，以中书左丞王结、参知政事许有壬知经筵事。封安南世子陈端午为安南国王。是月，益都路沂水、日照、蒙阴、莒县旱饥，赈米一万石。夏四月癸丑朔，诏："诸官非节制军马者，不得佩金虎符。"辛酉，享于太庙。以江南行御史台中丞不花为中书省参知政事。壬戌，太阴犯左执法。丙寅，诏以钞五十万锭，命徽政院散给达达兀鲁思、怯薛丹、各爱马。己巳，加唐其势开府仪同三司。己卯，诏翰林国史院纂修累朝实录及后妃、功臣列传。庚辰，罢功德、典瑞、营缮、集庆、翊正、群玉、缮工、金玉珠翠诸提举司。以撒的为御史大夫。禁犯御名。是月，河南旱，赈恤芍陂屯军粮两月。五月壬午朔，皇太后以膺受宝、册，恭谢太庙。丙戌，占城国遣其臣剌忒纳瓦儿撒来献方物，且言交趾遏其贡道，诏遣使宣谕交趾。戊子，车驾时巡上都。遣使者诣曲阜孔子庙致祭。加伯撒里金紫光禄大夫。壬辰，命严谥法，以绝冒滥。京畿民饥，诏有司议赈恤。癸卯，太阴犯垒壁阵。甲辰，伯颜请以右丞相让唐其势，诏不允，命唐其势为左丞相。是月，永新州饥，赈之。六月辛酉，有司言甘肃撒里畏兀产金银，请遣官税之。壬戌，太阴犯心宿。癸酉，禁服色不得僭上。乙亥，罢江淮财赋总管府所管杭州、平江、集庆三处提举司，以其事归有司。诏湖南宣慰使司兼都元帅府，总领所辖诸路镇守军马。庚辰，伯颜奏唐其势及其弟塔剌海谋逆，诛之。执皇后伯牙吾氏幽于别所。大霖雨。秋七月辛巳朔，以马札儿台、阿察赤并为御史大夫。壬午，伯颜杀皇后伯牙吾氏于开平民舍。丁亥，享于太庙。壬辰，加马札儿台银青荣禄大夫、开府仪同三司，领承徽寺。乙未，太阴犯垒壁阵。壬寅，专命伯颜为中书右丞相，罢左丞相不置。癸卯，立脱脱禾孙于察罕脑儿之地。乙巳，罢燕铁木儿、唐其势举用之人。戊申，诛答里及剌剌等于市，诏曰："曩者文宗皇帝以燕铁木儿尝有劳伐，父子兄弟显列朝廷，而辄造事衅，出朕远方。文皇寻悟其妄，有旨传次于予。燕铁木儿贪利幼弱，复立朕弟懿璘质班，不幸崩殂。今丞相伯颜，追奉遗诏，迎朕于南，既至大都，燕铁木儿犹怀两端，迁延数月，天陨厥躬。伯颜等同辞翊戴，乃正宸极。后撒敦、答里、唐其势相袭用事，交通宗王晃火帖木儿，图危社稷，阿察赤亦尝与谋，赖伯颜等以次掩捕，明正其罪。元凶构难，贻我皇太后震惊，朕用兢惕。永惟皇太后后其所生之子，一以至公为心，亲挈大宝，畀予兄弟，迹其定策两朝，功德隆盛，近古罕比。虽尝奉上尊号，揆之朕心，犹为未尽，已命大臣特议加礼。伯颜为武宗捍御北边，翼戴文皇，兹又克清大憝，明饬国宪，爰赐答剌罕之号，至于子孙，世世永赖。可赦天下。"是月西和州、徽州雨雹，民饥，发米赈贷之。八月辛亥朔，荧惑犯氐宿。戊午，祭社稷。癸亥，诏以岐阳王完者帖木儿、知枢密院事帖木儿不花并为御史大夫。甲子，加完者帖木儿太傅。戊寅，道州、永兴水灾，发米五千石及义仓粮赈之。己卯，议尊皇太后为太皇太后，许有壬谏以为非礼，不从。是月，广西猺反，命湖广行省右丞完者讨之。沅州等处民饥，赈米二万七千七百石。九月庚辰朔，车驾驻扼胡岭。丙戌，赦。丁亥，封知枢密院事阔里吉思为宜国公，太保、中书平章政事定住为宣德王。夜，太阴犯斗宿。庚寅，太阴犯垒壁阵。庚子，加中书平章政事彻里帖木儿银青荣禄大夫。命有司造太皇太后玉册、玉宝。御史台臣言："国朝初用宦官，不过数人，今内府执事不下千余。乞依旧制，裁减冗滥，广仁爱之心，省糜费之患。"从之。丙午，诏以乌撒、乌蒙之地隶四川行省。是月，耒阳、常宁、道州民饥，以米万六千石并常平米赈粜之。车驾还自上都。以京畿盐换羊二万口。冬十月甲寅，荧惑犯南斗。丙辰，以大司农塔失海牙为太尉，置僚属，商议中书省事。丁巳，以塔失帖木儿为太禧院使，议军国重事；流晃火帖木儿、答里、唐其势子孙于边地。诏海道都漕运万户府船户与民一体充役。壬戌，加御史大夫帖木儿不花银青荣禄大夫。癸亥，流御史大夫完者帖木儿于广海安置。完者帖木儿乃贼臣也先铁木儿骨肉之亲，监察御史以为言，故斥之。选省、院、台、宗正府通练刑狱之官，分行各道，与廉访司审决天下囚。甲子，太阴犯昴宿。丁卯，太阴犯斗宿。戊辰，太白昼见。以宗王亦思干儿弟撒昔袭其兄封。监察御史吕思诚等十九人劾奏彻里帖木儿之罪，不听，皆辞去，惟陈允文以不署名留。辛未，太皇太后玉册、玉宝成，遣官告祭于太庙。是月，以伯颜独任中书右丞相诏天下。十一月庚辰，敕以所在儒学贡士庄田租给宿卫衣粮，诏罢科举。甲申，太白经天。乙酉，伯颜请内外官悉循资铨注，今后毋得保举，涩滞选法，从之。癸巳，命知枢密院事马札儿台领武备寺。丙戌，太白经天。己丑，辰星犯房宿。甲午，以燕铁木儿、唐其势、答里所夺高丽田宅，还其王阿剌忒纳失里。丁酉，以户部尚书徐奭、吏部尚书定住参议中书省事。戊戌，召前知枢密院事福丁、失剌不花、撒儿的哥还京师。初，二人以帝未立，谋诛燕铁木儿，为所诬贬，故正之。己亥，太阴犯太微垣。庚子，太阴犯左执法。辛丑，下诏改元，诏曰：

朕祗绍天明，入纂丕绪，于今三年，夙夜寅畏，罔敢怠荒。兹者年谷顺成，海宇清谧，朕方增修厥德，日以敬天恤民为务，属太史上言，星文示儆。将朕德菲薄，有所未逮欤？天心仁爱，俾予以治，有所告戒欤？弭灾有道，善政为先。更号纪年，实惟旧典。惟世祖皇帝在位长久，天人协和，诸福咸至，祖述之志，良切朕怀。今特改元统三年仍为至元元年。遹遵成宪，诞布宽条，庶格祯祥，永绥景祚。赦天下。

立常平仓。丁未，赐知枢密院事彻里帖木儿三珠虎符。十二月己酉朔，荆门州献紫芝。以廪给司属通政院。加知枢密院事阔里吉思银青荣禄大夫，兼左翊蒙古侍卫亲军都指挥使。壬子，太阴犯垒壁阵。乙卯，命云南行省造军士钱粮新旧之籍。丙辰，制省诸王、公主、驸马饮膳之费。诏征高丽王阿剌忒纳失里入朝。丁巳，诏伯颜领宫相府。戊午，日赤如赭。辛酉，太白犯垒壁阵。壬戌，拨庐州、饶州牧地一百顷，赐宣让王帖木儿不花。命四川、云南、江西行省保选蛮夷官以俟铨注。乙丑，奉玉册、玉宝，上太皇太后尊号曰赞天开圣徽懿宣昭贞文慈佑储善衍庆福元太皇太后，诏曰："钦惟太皇太后，承九庙之托，启两朝之业，亲以大宝，付之眇躬。尚依拥佑之慈，恪遵仁让之训，爰极尊崇之典，以昭报本之忱。庸上徽称，宣告中外。"命宣政使末吉以司徒就第。太白犯轩辕夫人星。丙寅，太白经天，丁卯，复如之。夜，太阴犯右执法。庚午，太白经天，壬申，复如之。癸酉，岁星昼见。乙亥，太白、岁星皆昼见。丙子，安庆、蕲、黄地震。丁丑，西番贼起，遣兵击之。戊寅，蒙古国子监成。是日，太白经天，岁星昼见。是月，宝庆路饥，赈粜米三千石。闰月乙酉，诏："四川盐运司于盐井仍旧造盐，余井听民煮造，收其课十之三。"荧惑犯垒壁阵。丁亥，日赤如赭，凡三日。戊子，复以宗正府为大宗正府。壬辰，诏宗室脱脱木儿袭封荆王，赐金印，命掌忙来诸军，设立王府官属。丁酉，御史大夫撒的加银青荣禄大夫，领奎章阁，知经筵事。戊戌，御史台臣复劾奏中书平章政事彻里帖木儿罪，罢之。庚子，太阴犯心星。壬寅，流彻里帖木儿于南安。太阴犯箕宿。癸卯，太阴犯南斗。丙午，诏平章政事塔失海牙领都水、度支二监。是年，江西大水，民饥，赈粜米七万七千石。赐天下田租之半。凡有妻室之僧，令还俗为民，既而复听为僧。移犍为县还旧治。

卷三十九　　本纪第三十九

顺　帝　二

二年春正月壬戌，太阴犯右执法。甲子，太阴犯角宿。乙丑，宿松县地震，山裂。丁卯，太阴犯房宿。是月，置都水庸田使司于平江。二月戊寅朔，祭社稷。辛巳，太阴犯昴宿。甲申，太白经天。戊子，诏以世祖所赐王积翁田八十顷还其子都中。初，积翁赍诏谕日本，死于王事，尝受赐，后收入官，故复赐之。己丑，立穆陵关巡检司。壬辰，日赤如赭，乙未、丙申，复如之。丁酉，追尊帝生母迈来迪为贞裕徽圣皇后。庚子，分衡州路衡阳县，立新城县。进封宣靖王买奴为益王。甲辰，宗王也可札鲁忽赤添孙薨，赐钞一百锭以葬。乙巳，诏赏劳广海征徭将卒，有官者升散阶，殁于王事者优加褒赠，金山甘肃兵士在逃者，听复业，免其罪。三月戊申，以阿里海牙家藏书尽赐伯颜。甲寅，以按灰为大宗正府也可札鲁忽赤，总掌天下奸盗诈伪。丁巳，以累朝御服珠衣、七宝项牌赐伯颜。庚申，日赤如赭，壬戌，复如之。赐征东元帅府军士冬衣及甲。诸军讨广西徭，久无功，敕行省、行台、廉访司官共督之。顺州民饥，以钞四千锭赈之。夜，太阴犯心宿。癸亥，日赤如赭。甲子，太阴犯箕宿。乙丑，太阴犯南斗。赐宗王火儿灰母答里钞一千锭。以撒敦上都居第赐太保定住，仍敕有司籍撒敦家财。甲戌，复四川盐井之禁。以按答木儿家人田宅赐太保定住。以汪家奴为宣政院使，加金紫光禄大夫。造武宗、英宗、明宗三朝皇后玉册、玉宝。是月，陕西暴风，旱，无麦。夏四月丁丑朔，日赤如赭。禁民间私造格例。戊寅，封驸马孛罗帖木儿为毓德王。丙戌，太阴犯角宿。丁亥，禁服麒麟、鸾凤、白兔、灵芝、双角五爪龙、八龙、九龙、万寿、福寿字、赭黄等服。庚寅，以知枢密院事帖木儿不华为中书平章政事，撒迪为御史大夫。甲午，遣使以香、币赐武当、龙虎二山。诏以太平路为郯王彻彻秃食邑；以集庆、庐州、饶州秃秃哈民户赐伯颜，仍于句容县设长官所领之。戊戌，车驾时巡上都。拜中书左丞耿焕为侍御史，王懋德为中书左丞。赐宗室灰里王金一锭、钞一千锭，毓德王孛罗帖木儿钞三千锭，公主八八钞二千锭。五月丙午朔，黄河复于故道。庚戌，太阴犯灵台。乙卯，南阳、邓州大霖雨，自是日至于六月甲申，湍河、白河大溢，水为灾。丙辰，太白昼见，丁巳，亦如之。壬申，秦州山崩。是月，婺州不雨，至于六月。六月丁丑，禁诸王、驸马从卫服只孙衣，系絛环。赠宗王忽都答儿为云安王，谥忠武；罗罗歹为保宁王，谥昭勇。庚辰，命中书平章政事阿吉剌知经筵事。戊子，以铁木儿补化为江浙行省左丞相。太白犯井宿。辛卯，以汴梁、大名诸路脱别台地土赐伯颜。礼部侍郎忽里台请复科举取士之制，不听。庚子，泾水溢。辛丑，以钞五千锭赐吴王搠失江。秋七月丙午，诏以公主奴伦引者思之地五千顷赐伯颜。以卫辉路赐卫王宽彻哥为食邑。己酉，太白犯鬼宿。庚戌，以定住、锁南参议中书省事。壬子，发阿鲁哈、不兰奚骆驼一百一十上供太皇太后乘舆之用。乙卯，太白犯荧惑。庚申，禁隔越中书口传敕旨，冒支钱粮。甲子，命有司以所籍撒敦宝器分赐伯颜及太保定住。乙丑，中书平章政事孛罗徙宅，赐金二锭、银十锭。庚午，敕赐上都孔子庙碑，载累朝尊崇之意。省诸王、公主、驸马从卫粮赐之数。癸酉，命宗王不兰奚，驸马月鲁不花、帖古思、教化镇薛连哥、怯鲁连之地，各赐钞六百锭及银牌遣之。是月，黄州蝗，督民捕之，人日五斗。以钞二千锭赈新收阿速军扈从车驾者，每户钞二锭，死者人一锭。八月甲戌朔，日有食之。高邮大雨雹。诏："云南、广海、八番及甘肃、四川边远官死而不能归葬者，有司给粮食舟车护送还乡。去乡远者，加钞二十锭；无亲属者，官为瘞之。"命威顺王宽彻不花还镇湖广。先是，伯颜矫制召之至京，至是帝遣归藩。戊寅，祭社稷。大都至通州霖雨，大水，敕军人修道。己卯，太阴犯心宿。辛巳，太阴犯箕宿。辛卯，以徽政院、中政院财赋府田租六万三千三百石补本年海运未敷之数，令有司归其直。壬辰，立屯卫于马札罕之地。庚子，诏："强盗皆死，盗牛马者劓，盗驴骡者黥额，再犯劓，盗羊豕者墨项，再犯黥，三犯劓；劓后再犯者死。盗诸物者，照其数估价。省、院、台、五府官三年一次审决。著为令。"辛丑，减马湖路泥溪、平夷、蛮夷、夷都、沐川、雷坡六长官司，并为三。九月庚戌，荧惑犯太微垣。癸亥，弛巩昌总帅府汉人军器之禁。戊辰，车驾还自上都。海运粮至京，遣官致祭天妃。是月，台州路饥，发义仓、募富人出粟赈之。沅州路卢阳县饥，赈粜米六千石。冬十月丙子，荧惑犯左执法。己卯，享于太庙。丙申，命参知政事纳麟监绘明宗皇帝御容。丁酉，太阴犯昴宿。己亥，诏："每日，右丞相伯颜，太保定住，中书平章政事孛罗、阿吉剌聚议于内廷。平章政事塔失海牙，右丞巩卜班，参知政事纳麟、许有壬等聚议于中书。"太阴犯进贤。是月，抚州、袁州、瑞州诸路饥，发米六万石赈粜之。十一月己酉，太阴犯垒壁阵。壬子，以那海为湖广行省平章政事，讨广西叛徭。武宗、英宗、明宗三朝皇后升祔入庙，命官致祭。丁巳，遣河南行省平章政事玥璐普华于西番为僧。己未，太阴犯垒壁阵。辛酉，赐宣让王帖木儿不花市宅钱四千锭，诏帖木儿不花王府官属，朝贺班次列于有司之右。壬戌，命同知枢密院事者燕不花兼宫相都总管府达鲁花赤，领隆镇卫、左阿速卫诸军。癸亥，安置宗王不兰奚于梧州。丁卯，太阴犯房宿。辛未，禁弹弓、弩箭、袖箭。壬申，国公买住卒，赐钞三百锭。印造至元三年钞本一百五十万锭。是月，松江府上海县饥，发义仓粮及募富人出粟赈之。安丰路饥，赈粜麦四万二千四百石。十二月甲戌，日赤如赭。丙子，命兴元府凤州留坝镇及晋宁路辽山县十八盘各立巡检司。宗王也孙帖木儿进西马三匹。赐文济王蛮子金印、驿券及从卫者衣并粮五千石。诏省、院、台、翰林、集贤、奎章阁、太常礼仪院、礼部官定议宁宗皇帝尊谥、庙号。是月，江州诸县饥，总管王大中贷富人粟以赈贫民，而免富人杂徭以为息，约年丰还之，民不病饥。庆元慈溪县饥，遣官赈之。是岁，诏整治驿传。以甘肃行省白城子屯田之地赐宗王喃忽里。以燕铁木儿居第赐灌顶国师曩哥星吉，号大觉海寺，塑千佛于其内。江浙旱，自春至于八月不雨，民大饥。

三年春正月癸卯，广州增城县民朱光卿反，其党石昆山、钟大明率众从之，伪称大金国，改元赤符。命指挥狗札里、江西行省左丞沙的讨之。戊申，大都南北两城设赈粜米铺二十处。辛亥，升祔懿璘只班皇帝于庙，谥冲圣嗣孝皇帝，庙号宁宗。豫王阿剌忒纳失里买池州铜陵产银地一所，请用私财煅炼，输纳官课，从之。癸丑，立宣镇侍卫屯田万户府于宁夏。丙辰，月食。丁巳，日有交晕，左右珥上有白虹贯之。戊午，帝猎于柳林，凡三十五日。监察御史丑的、宋绍明进谏，帝嘉纳之，赐金、币。丑的等固辞，帝曰："昔魏征进谏，唐太宗未尝不赏，汝其受之。"是月，临江路新淦州、新喻州，瑞州民饥，赈粜米二万石。封晋郭璞为灵应侯。二月壬申朔，日有食之。棒胡反于汝宁信阳州。棒胡本陈州人，名闰儿，以烧香惑众，妄造妖言作乱，破归德府鹿邑，焚陈州，屯营于杏冈，命河南行省左丞庆童领兵讨之。绍兴路大水。丙子，立船户提举司十处，提领二十处。定船户科差，船一千料之上者，岁纳钞六锭，以下递减。壬午，以上太皇太后玉册、玉宝，恭谢太庙。甲申，定服色、器皿、舆马之制。己丑，汝宁献所获棒胡弥勒佛、小旗、伪宣敕并紫金印、量天尺。辛卯，发钞四十万锭，赈江浙等处饥民四十万户，开所在山场、河泊之禁，听民樵采。广西徭贼复反，命湖广行省平章那海、江西行省平章秃儿迷失海牙总兵捕之。丙申，太保定住薨，给赐殡葬诸物。庚子，中书参知政事纳麟等请立采珠提举司。先是，尝立提举司，泰定间以其烦扰罢去，至是纳麟请复立之，且以采珠户四万赐伯颜。是月，发义仓米赈蕲州及绍兴饥民。三月辛亥，太阴犯灵台。发钞一万锭，赈大都宝坻饥民。戊午，以玉宝、玉册立弘吉剌氏伯颜忽都为皇后，因雨辍贺。诏以完者帖木儿苏州之田二百顷赐郯王彻彻秃。己未，大都饥，命于南北两城赈粜糙米。癸亥，加封晋周处为英义武惠正应王。己丑，命宗王燕帖木儿为大宗正府札鲁忽赤。是月，天雨线。发义仓粮赈溧阳州饥民六万九千二百人。夏四月壬申，遣使降香于龙虎、三茅、阁皂诸山。癸酉，禁汉人、南人、高丽人不得执持军器，凡有马者拘入官。甲戌，有星孛于王良，至七月壬寅没于贯索。皇后以受玉册、玉宝，恭谢太庙。命伯颜领宣镇侍卫军，赐钞三千锭，建宣镇侍卫府。以太皇太后受册、宝诏天下。己卯，车驾时巡上都。壬午，高丽王阿剌忒纳失里朝贺还国，赐金一锭、钞二千锭，从官赐与有差。辛卯，合州大足县民韩法师反，自称南朝赵王。太阴犯垒壁阵。丁酉，谥唐杜甫为文贞。己亥，惠州归善县民聂秀卿、谭景山等造军器，拜戴甲为定光佛，与朱光卿相结为乱，命江西行省左丞沙的捕之。庚子，太白昼见。是月，诏："省、院、台、部、宣慰司、廉访司及郡府幕官之长，并用蒙古、色目人。禁汉人、南人不得习学蒙古、色目文字。"以米八千石、钞二千八百锭赈哈剌奴儿饥民。龙兴路南昌、新建县饥，太皇太后发徽政院粮三万六千七百七十石赈粜之。五月辛丑朔，民间讹言朝廷拘刷童男、童女，一时嫁娶殆尽。壬寅，太白犯鬼宿。癸卯，给平伐、都云定云二处安抚司达鲁花赤暗都剌等虎符。乙巳，以兴州、松州民饥，禁上都、兴和造酒。太阴犯轩辕。戊申，诏："汝宁棒胡，广东朱光卿、聂秀卿等，皆系汉人。汉人有官于省、台、院及翰林、集贤者，可讲求诛捕之法以闻。"太白昼见。壬子，太阴犯心宿。甲寅，诏哈八儿秃及秃坚帖木儿为太尉，各设僚属幕官。西番贼起，杀镇西王子党兀班，立行宣政院，以也先帖木儿为院使，往讨之。戊午，太白昼见。己未，太阴犯垒壁阵。辛酉，太白昼见。壬戌，命四川行省参知政事举理等捕反贼韩法师。丁卯，彗星见于东北，大如天船星，色白，约长尺余，彗指西南，至八月庚午始灭。六月庚午朔，太白经天，辛未、甲戌，复如之。乙亥，太白犯灵台。戊寅，赠丞相安童推忠佐运开国元勋、东平忠宪王，于所封城内建立祠庙，官为致祭。己卯，太白经天。夜，太白犯太微垣。辛巳，大霖雨，自是日至癸巳不止。京师、河南、北水溢，御河、黄河、沁河、浑河水溢，没人畜、庐舍甚众。壬午，太白昼见，太阴犯斗宿。癸未，设醮长春宫。丁亥，太白犯太微垣。戊子，加封文始尹真人为无上太初博文文始真君，徐甲为垂玄感圣慈化应御真君，庚桑子洞灵感化超蹈混然真君，文子通玄光畅升元敏秀真君，列子冲虚至德遁世游乐真君，庄子南华至极雄文弘道真君。己丑，太白昼见，庚寅，复如之，至七月辛酉方息。壬辰，彰德大水，深一丈。立高密县潍川乡景芝社巡检司。秋七月己亥朔，漳河泛溢至广平城下。赐巩卜班西平王印。癸卯，车驾出猎。太白经天。乙巳，复如之。丙午，车驾幸失剌斡耳朵。太白复经天。丁未，车驾幸龙冈，洒马乳以祭。戊申，召朵儿只国王入朝。庚戌，太白昼见。河南武陟县禾将熟，有蝗自东来，县尹张宽仰天祝曰："宁杀县尹，毋伤百姓。"俄有鱼鹰群飞啄食之。壬子，车驾幸乾元寺。甲寅，太白经天。乙卯，怀庆水。庚申，诏："除人命重事之外，凡盗贼诸罪，不须候五府官审录，有司依例决之。"辛酉，太白昼见。壬戌，赐宗王桑哥八剌七宝系腰。太白经天。癸亥、甲子，复如之。是月，狗札里、沙的擒朱光卿，寻追擒石昆山、钟大明。八月戊辰朔，祭社稷。遣使赈济南饥民九万户。庚午，彗星不见，自五月丁卯始见，至是凡六十三日，自昴至房，凡历一十五宿而灭。甲戌，太阴犯心宿。辛巳，京畿盗起。壬午，京师地大震，太庙梁柱裂，各室墙壁皆坏，压损仪物，文宗神主及御床尽碎；西湖寺神御殿壁仆，压损祭器。自是累震，至丁亥方止，所损人民甚众。癸未，日有交晕，左右珥白虹贯之。河南地震。弛高丽执持军器之禁，仍令乘马。戊子，汉人镇遏生番处，亦开军器之禁。修理文宗神主并庙中诸物。是月，车驾至自上都。九月己亥，荧惑犯斗宿。甲辰，太阴犯斗宿。丁未，太阴犯垒壁阵。己酉，立皮货所于宁夏，设提领使、副主之。立四川、湖广江西、江浙行枢密院。文宗新主、玉册及一切神御之物皆成，诏依典礼祭告。太阴犯垒壁阵。辛亥，太阴犯轩辕。丙寅，大都南北两城添设赈粜米铺五所。冬十月庚午，太白昼见。癸酉，日赤如赭。乙亥，命江浙行省丞相搠思监提调海运。丙子，太阴犯垒壁阵。壬午，太阴犯昴宿。丁亥，太白昼见，太阴犯鬼宿。庚寅，太白昼见，辛卯，亦如之，丙申，复如之。十一月丁酉朔，太白经天。戊戌，太白犯亢宿。己亥，太白经天。壬寅，太阴犯荧惑。癸卯，太阴犯垒壁阵。丙午，立屯田于雄州。丁未，填星犯键闭。辛亥，太阴犯五车。甲寅，太阴犯鬼宿。丙辰，太阴犯轩辕。丁巳，太白经天，太阴犯太微垣。诏脱脱木儿袭脱火赤荆王位，仍命其妃忽剌灰同治兀鲁思事。戊午，太白经天。癸亥，发钞万五千锭，赈宣德等处地震死伤者。太白经天。甲子、乙丑，复如之。十二月己巳，享于太庙。岁星退犯天樽，填星犯罚星。甲戌，荧惑犯垒壁阵，太白犯东咸。乙亥，吏部仍设考功郎中、员外郎、主事各一员。庚辰，命阿鲁图袭广平王爵。壬午，集贤大学士羊归等言："太上皇、唐妃影堂在真定玉华宫，每年宜于正月二十日致祭。"从之。丙戌，命阿速卫探马赤军屯田。是月，以马札儿台为太保，分枢密院镇北边。是岁，诏赐孝子靳昺碑。伯颜请杀张、王、刘、李、赵五姓汉人，帝不从。征西域僧加剌麻至京师，号灌顶国师，赐玉印。

四年春正月丙申朔，以地震，赦天下。诏："内外廉能官，父母年七十无侍丁者，附近铨注，以便侍养。"以宣政院使不兰奚年七十致仕，授大司徒，给全俸终身。癸卯，太白犯建星，甲辰，复如之。丙午，太阴犯五车。辛亥，太阴犯轩辕。己未，填星犯东咸。江浙海运粮数不足，拨江西、河南五十万石补之。庚申，太阴入南斗，太白犯牛宿。辛酉，分命宗王乃马歹为知行枢密院事。癸亥，印造钞本百二十万锭。是月，诏修曲阜孔子庙。二月丁卯，罢河南、江浙、湖广江西、四川等处行枢密院。戊辰，祭社稷。庚午，车驾猎于柳林。戊寅，太阴犯轩辕。己卯，太阴犯灵台。乙酉，奉圣州地震。是月，赈京师、河南、北被水灾者。龙兴路南昌州饥，以江西海运粮赈粜之。三月戊申，填星退犯东咸。辛酉，命中书平章政事阿吉剌监修《至正条格》。告祭南郊。以国王朵儿只为辽阳行省左丞相，宗王玉里不花为知枢密院事，赐钞一千锭、金一锭、银十锭。夏四月辛未，京师天雨红沙，昼晦。以探马赤、只儿瓦歹为中书平章政事。癸酉，以脱脱为御史大夫。乙亥，命阿吉剌为奎章大学士兼知经筵事。己卯，车驾时巡上都。河南执棒胡至京师，诛之。癸巳，车驾薄暮至八里塘，雨雹，大如拳，其状有小儿、环玦、狮、象、龟、卵之形。五月乙未朔，立五台山等处巡检司。庚戌，升两淮屯田打捕总管府为正三品。甲寅，赠湖广行省平章政事燕赤推诚翊戴安边制胜功臣、太傅、开府仪同三司、上柱国，追封永平王，谥忠襄。辛酉，诏："土番宣慰司军士，许令乘马，执兵器。"湖广行省元领新化洞、古州、潭溪、龙里、洪州诸洞三百余处，洞民六万余户，分隶靖州，立叙南、横江巡检司。是月，命佛家闾为考功郎中，乔林为考功员外郎，魏宗道为考功主事，考较天下郡县官属功过。命阿剌吉复为中书平章政事。彰德献瑞麦，一茎三穗。临沂、费县水，发米三万石赈粜之。六月庚午，广东廉访司佥事恩莫绰言："处决重囚，宜命五府官斟酌地里远近，预选官分行各道，比到秋分时毕事。"从之。辛巳，袁州民周子旺反，僭称周王，伪改年号，寻擒获，伏诛。填星退犯键闭。壬午，立重庆路垫江县。己丑，邵武路大雨，水入城郭，平地二丈。是月，信州路灵山裂。漳州路南胜县民李志甫反，围漳城，守将搠思监与战，失利。诏江浙行省平章别不花，总浙闽、江西、广东军讨之。秋七月壬寅，诏以伯颜有功，立生祠于涿州、汴梁。己酉，奉圣州地大震，损坏人民庐舍。丙辰，巩昌府山崩，压死人民。戊午，为伯颜立打捕鹰房诸色人户总管府。八月癸亥朔，日有食之。戊辰，祭社稷。己巳，申取高丽女子及阉人之禁。赠伯颜察儿守诚佐治安惠世美功臣、太师、开府仪同三司、上柱国，追封奉元王，谥忠宣。辛未，宣德府地大震。癸酉，山东盐运司于济南历城立滨洛盐仓东西二场。丙子，京师地震，日二三次，至乙酉乃止。丁丑，白虹贯天。癸未，改宣德府为顺宁府，奉圣州为保安州。赠太保曲出推忠翊运保宁一德功臣、太师、开府仪同三司、上柱国，追封广阳王，谥忠惠。赠平章伯帖木儿宣忠济美协诚正德功臣、太傅、开府仪同三司、上柱国，追封文安王，谥忠宪。甲申，云南老告土官八那遣侄那赛赍象马来朝，为立老告军民总管府。是月，车驾还自上都。闰八月戊戌，日赤如赭，己亥，复如之。填星犯罚星，太阴犯斗宿。壬寅，日赤如赭。庚戌，太阴犯斗宿。乙卯，太阴犯鬼宿。九月丙寅，太阴犯斗宿。戊辰，太白犯东咸。癸酉，奔星如杯大，色白，起自右旗之下，西南行，没于近浊。甲申，太阴犯轩辕。乙酉，太阴犯灵台。庚寅，日赤如赭，太白犯斗宿。冬十月辛卯朔，享于太庙。辛亥，太阴犯酒旗。十一月丙寅，改英宗殿名昭融。丁卯，立绍熙府军民宣抚都总使司，命御史大夫脱脱兼都总使，治书侍御史吉当普为副都总使，世袭其职。本府元领六州、二十县、一百五十二镇，国初，以其地荒而废之；至是居民二十余万，故立府治之。乙巳，命平章政事孛罗领太常礼仪院使。荧惑犯氐宿。丁丑，太阴犯鬼宿。戊寅，太白犯垒壁阵。壬午，四川散毛洞蛮反，遣使赈被寇人民。十二月甲午，大都南城等处设米铺二十，每铺日粜米五十石，以济贫民，俟秋成乃罢。戊戌，立邦牙等处宣慰司都元帅府并总管府。先是，世祖既定缅地，以其处云南极边，就立其酋长为帅，令三年一入贡，至是来贡，故立官府。庚子，荧惑犯房宿。壬寅，以宣徽使别儿怯不花为御史大夫。癸卯，太白经天，己酉，复如之。庚戌，加荆王脱脱木儿元德上辅广忠宣义正节振武佐运功臣之号。太白经天。辛亥，复如之。壬子，荧惑犯东咸。乙卯，太白犯外屏，太阴犯斗宿。丙辰，太白经天。

卷四十　　本纪第四十

顺　帝　三

五年春正月癸亥，禁滥予僧人名爵。庚午，太阴犯井宿。乙亥，荧惑犯天江。濮州鄄城、范县饥，赈钞二千一百八十锭。冀宁路交城等县饥，赈米七千石。桓州饥，赈钞二千锭。云需府饥，赈钞五千锭。开平县饥，赈米两月。兴和宝昌等处饥，赈钞万五千锭。二月庚寅朔，信州雨土。甲午，太阴犯昴宿。戊戌，祭社稷。庚子，免广海添办盐课万五千引，止办元额。壬寅，太阴犯灵台。三月辛酉，八鲁剌思千户所民被灾，遣太禧宗禋院断事官塔海发米赈之。戊辰，滦河住冬怯怜口民饥，每户赈粮一石、钞二十两。夏四月辛卯，革兴州兴安县。癸巳，立伯颜南口过街塔二碑。乙未，加封孝女曹娥为慧感灵孝昭顺纯懿夫人。壬寅，太阴犯日星及房宿。己酉，申汉人、南人、高丽人不得执军器、弓矢之禁。是月，车驾时巡上都。五月己未朔，晃火儿不剌、赛秃不剌、纽阿迭烈孙、三卜剌等处六爱马大风雪，民饥，发米赈之。庚午，太阴犯心宿。壬申，太阴犯斗宿。丙子，太白犯昴宿。丙戌，加封浏阳州道吾山龙神崇惠昭应灵显广济侯。六月壬寅，月食。甲辰，荧惑退入南斗。庚戌，汀州路长汀县大水，平地深可三丈余，没民庐八百家，坏民田二百顷，户赈钞半锭，死者一锭。乙卯，达达民饥，赈粮三月。是月，沂、莒二州民饥，发粮赈粜之。秋七月辛酉、壬戌，荧惑犯南斗。甲子，荧惑犯南斗，太阴犯房宿。甲戌，太白经天。丙子，开上都、兴和等处酒禁。丁丑，封皇姊月鲁公主为昌国大长公主。戊寅，太白经天。诏："诸王位下官毋入常选。"甲申，常州宜兴山水出，势高一丈，坏民庐。乙酉，太白经天。丙戌，太白复经天。八月丁亥朔，车驾至自上都。戊子，太白经天。祭社稷。己丑，太白复经天。庚寅，宗王脱欢脱木尔各爱马人民饥，以钞三万四千九百锭赈之。宗王脱怜浑秃各爱马人民饥，以钞万一千三百五十七锭赈之。太白经天。辛卯，太白复经天。甲午，太阴犯斗宿。丁酉，太白犯轩辕。戊戌、己亥，太白经天。壬寅至甲辰，太白复经天。乙巳，太阴犯昴宿。九月丁巳，沈阳饥，民食木皮，赈粜米一千石。戊午，太白经天。己未，太白复经天。冬十月辛卯，享于太庙。壬辰，禁倡优盛服，许男子裹青巾，妇女服紫衣，不许戴笠、乘马。甲午，诏命伯颜为大丞相，加元德上辅功臣之号，赐七宝玉书龙虎金符。己亥，荧惑犯垒壁阵。是月，衡州饥，赈粜米五千石。辽阳饥，赈米五百石。文登、牟平二县饥，赈粜米一万石。十一月丁巳，荧惑犯垒壁阵。禁宰杀。戊辰，开封杞县人范孟反，伪传帝旨，杀河南行省平章政事月禄帖木儿、左丞劫烈、廉访使完者不花等，已而捕诛之。癸酉，瑞州路新昌州雨木冰，至明年二月始解。是月，八番顺元等处饥，赈钞二万二十锭。十二月辛卯，复立都水庸田使司于平江。先是尝置而罢，至是复立。甲午，太阴犯昴宿。癸卯，荧惑犯外屏。是岁，敕赐曲阜宣圣庙碑。工部厅梁上出芝草，一本七茎。袁州饥，赈粜米五千石。胶、密、莒、潍等州饥，赈钞二万锭。

六年春正月丁卯，太阴犯鬼宿。甲戌，立司禋监，奉太祖、太宗、睿宗三朝御容于石佛寺。乙亥，太阴犯房宿。戊寅，追封阔儿吉思宣诚戡难翊运致美功臣、太师、开府仪同三司、上柱国，追封晋宁王，谥忠襄。是月，察忽、察罕脑儿等处马灾，赈钞六千八百五十八锭。邳州饥，赈米两月。二月甲申朔，诏权止今年印钞。戊子，祭社稷。己丑，太阴犯昴宿。丙申，太阴犯太微垣。己亥，黜中书大丞相伯颜为河南行省左丞相，诏曰："朕践位以来，命伯颜为太师、秦王、中书大丞相，而伯颜不能安分，专权自恣，欺朕年幼，轻视太皇太后及朕弟燕帖古思，变乱祖宗成宪，虐害天下。加以极刑，允合舆论。朕念先朝之故，尚存悯恤，今命伯颜出为河南行省左丞相。所有元领诸卫亲军并怯薛丹人等，诏书到时，即许散还。"以太保马札儿台为太师、中书右丞相，太尉塔失海牙为太傅，知枢密院事塔马赤为太保，御史大夫脱脱为知枢密院事，汪家奴为中书平章政事，岭北行省平章政事也先帖木儿为御史大夫。增设京城米铺，从便赈粜。壬寅，诏："除知枢密院事脱脱之外，诸王侯不得悬带弓箭、环刀辄入内府。"癸卯，太阴犯心宿。乙巳，罢各处船户提举、广东采珠提举二司。丁未，太阴犯罗堰。立延徽寺，以奉宁宗祀事。罢司禋监。罢通州、河西务等处抽分按利房，大都东里山查提领所。戊申，荧惑犯月星。己酉，彗星如房星大，色白，状如粉絮，尾迹约长五寸余。彗指西南，渐向西北行。是月，福宁州大水，溺死人民。京畿五州十一县水，每户赈米两月。三月甲寅朔，漳州义士陈君用袭杀反贼李志甫，授君用同知漳州路总管府事。乙卯，益都、般阳等处饥，赈之。丙辰，赦漳、潮二州民为李志甫、刘虎仔胁从之罪，褒赠军将死事者。丁巳，大斡耳朵思风雪为灾，马多死，以钞八万锭赈之。癸亥，四怯薛役户饥，赈米一千石、钞二千锭。成宗潜邸四怯薛户饥，赈米二百石、钞二百锭。以知枢密院事脱脱、御史大夫别儿怯不花、知枢密院事牙不花知经筵事，中书参议阿鲁佛住兼经筵官。太阴犯轩辕。丁卯，诏赐江南行台御史中丞史惟良、御史中丞耿焕、山东廉访使张友谅、中书参知政事许有壬上尊、束帛。庚午，太阴犯房宿。辛未，诏徙伯颜于南恩州阳春县安置。壬申，太阴犯南斗。丁丑，以治书侍御史达识帖睦迩为奎章阁大学士，翰林直学士揭傒斯为奎章阁供奉学士。戊寅，太白犯月星。辛巳，彗星见，自二月己酉至三月庚辰，凡三十二日。是月，淮安路山阳县饥，赈钞二千五百锭，给粮两月。顺德路邢台县饥，赈钞三千锭。夏四月己丑，享于太庙。庚寅，诏大天源延圣寺立明宗神御殿碑。以同知枢密院事铁木儿塔识为中书右丞。丙午，诏封马札儿台为忠王及加答剌罕之号，马札儿台辞。五月癸丑朔，禁民间藏军器。乙卯，监察御史普鲁台言："右丞相马札儿台辞答剌罕及王爵名号，宜示天下，以劝廉让。"从之。己未，诏以党兀巴太子擒贼阿答理胡，殁于王事，追封凉王，谥忠烈。漳州龙岩尉黄佐才获李志甫余党郑子箕，佐才因与贼战，妻子四十余口皆遇害，以佐才为龙岩县尹。丁卯，太阴犯斗宿。辛未，降钞万锭，给守卫宫阙内外门禁唐兀，左、右阿速，贵赤，阿儿浑，钦察等卫军。丙子，车驾时巡上都。置月祭各影堂香于大明殿，遇行礼时，令省臣就殿迎香祭之。以宦者伯不花为长宁寺卿。是月，济南饥，赈钞万锭。六月丙申，诏撤文宗庙主，徙太皇太后不答失里东安州安置，放太子燕帖古思于高丽，其略曰：

> 昔我皇祖武宗皇帝升遐之后，祖母太皇太后惑于 俭慝，俾皇考明宗皇帝出封云南。英宗遇害，正统寖偏，我皇考以武宗之嫡，逃居朔漠，宗王大臣同心翊戴，肇启大事，于时以地近，先迎文宗，暂总机务。继知天理人伦之攸当，假让位之名，以宝玺来上，皇考推诚不疑，即授以皇太子宝。文宗稔恶不悛，当躬迓之际，乃与其臣月鲁不花、也里牙、明里董阿等谋为不轨，使我皇考饮恨上宾。归而再御宸极，思欲自解于天下，乃谓夫何数日之间，宫车弗驾。海内闻之，靡不切齿。又私图传子，乃构邪言，嫁祸于八不沙皇后，谓朕非明宗之子，遂俾出居遐陬。祖宗大业，几于不继。内怀愧慊，则杀也里牙以杜口。上天不佑，随降殒罚。叔婶不答失里，怙其势焰，不立明考之冢嗣，而立孺稚之弟懿璘质班，奄复不年，诸王大臣以贤以长，扶朕践位。国之大政，属不自遂者，讵能枚举。每念治必本于尽孝，事莫先于正名，赖天之灵。权奸屏黜，尽孝正名，不容复缓，永惟鞠育罔极之恩，忍忘不共戴天之义。既往之罪，不可胜诛，其命太常彻去脱脱木儿在庙之主。不答失里本朕之婶，乃阴构奸臣，弗体朕意，僭膺太皇太后之号，迹其闺门之祸，离间骨肉，罪恶尤重，揆之大义，削去鸿名，徙东安州安置。燕帖古思昔虽幼冲，理难同处，朕终不陷于覆辙，专务残酷，惟放诸高丽，当时贼臣月鲁不花、也里牙已死，其以明里董阿等明正典刑。

监察御史崔敬言燕帖古思不宜放逐，不报。己亥，秦州成纪县山崩地拆。癸卯，太白昼见。己酉，太白复昼见。辛亥，太白昼见，夜犯岁星。是月，济南路历城县饥，赈钞二千五百锭。秋七月甲寅，太白昼见。诏封微子为仁靖公，箕子为仁献公，比干加封为仁显忠烈公。乙卯，奉元路盩厔县河水溢，漂流人民。丁巳，太白昼见。戊午，以星文示异，地道失宁，蝗旱相仍，颁罪己诏于天下。享于太庙。己未，以亦怜真班为御史大夫。庚申，太阴犯心宿。壬戌至癸亥，太白昼见。甲子，太阴犯罗堰。乙丑至丙寅，太白复昼见。丁卯，燕帖古思薨，诏以钞一百锭备物祭之。癸酉，太白昼见。戊寅，命翰林学士承旨腆哈、奎章阁学士巎巎等删修《大元通制》。庚辰，达达之地大风雪，羊马皆死，赈军士钞一百万锭；并遣使赈怯烈干十三站，每站一千锭。是月，禁色目人勿妻其叔母。八月壬午朔，以也先帖木儿为御史大夫。戊子，祭社稷。是月，车驾至自上都。九月辛亥朔，明里董阿伏诛。癸丑，加封汉张飞武义忠显英烈灵惠助顺王。辛酉，太阴犯虚梁。丙寅，诏："今后有罪者，毋籍其妻女以配人。"丁卯，太阴犯昴宿，荧惑犯岁星。甲戌，太阴犯轩辕。冬十月甲申，奉玉册、玉宝尊皇考为顺天立道睿文智武大圣孝皇帝，亲祼太室。庚寅，奉符、长清、元城、清平四县饥，诏遣制国用司官验而赈之。辛卯，各爱马人不许与常选。壬辰，立曹南王阿剌罕、淮安王伯颜、河南王阿术祠堂。丁酉，太白入南斗。己亥，太白犯斗宿。壬寅，马札儿台辞右丞相职，仍为太师。以脱脱为中书右丞相，宗正札鲁忽赤铁木儿不花为中书左丞相。是月，河南府宜阳等县大水，漂没民庐，溺死者众，人给殡葬钞一锭，仍赈义仓粮两月。十一月甲寅，监察御史世图尔言，宜禁答失蛮、回回、主吾人等叔伯为婚姻。乙卯，太阴犯虚梁。以亲祼大礼庆成，御大明殿受群臣朝。戊午，荧惑犯氐宿。甲子，月食，辰星犯东咸。辛未，以孔克坚袭封衍圣公。戊寅，辰星犯天罡。是月，处州、婺州饥，以常平、义仓粮赈之。十二月，复科举取士制。国子监积分生员，三年一次，依科举例入会试，中者取一十八名。癸未，太阴犯虚梁。乙酉，太阴犯土公。丁亥，荧惑犯钩钤。戊子，罢天历以后增设太禧宗禋等院及奎章阁。乙未，荧惑犯东咸。戊戌，太阴犯明堂。是月，东平路民饥，赈之。宝庆路大雪，深四尺五寸。

至正元年春正月己酉朔，改元，诏曰：

朕惟帝王之道，德莫大于克孝，治莫大于得贤。朕早历多难，入绍大统，仰思祖宗付托之重，战兢惕励，于兹八年。慨念皇考，久劳于外，甫即大命，四海觖望，夙夜追慕，不忘于怀。乃以至元六年十月初四日，奉玉册、玉宝，追上皇考曰顺天立道睿文智武大圣孝皇帝，被服衮冕，裸于太室，式展孝诚。十有一月六日，勉徇大礼庆成之请，御大明殿受群臣朝。爰自去春，畴咨于众，以知枢密院事马札儿台为太师、右丞相，以正百官，以亲万民。寻即控辞，养疾私第，再三谕旨，勉令就位，自春徂秋，其请益固。朕悯其劳日久，察其至诚，不忍烦之以政，俾解机务，仍为太师。而知枢密院事脱脱，早岁辅朕，克著忠贞，乃命为中书右丞相；宗正札鲁忽赤帖木儿不花，尝历政府，嘉绩著闻，为中书左丞相，并录军国重事。夫三公论道，以辅予德，二相总政，以弼予治，其以至元七年为至正元年，与天下更始。

甲寅，荧惑犯天江。丁巳，享于太庙。庚申，太阴犯井宿。癸亥，诏天寿节禁屠宰六日。辛未，太阴犯心宿。癸酉，太阴犯斗宿。甲戌，太白昼见，凡四日。是月，命脱脱领经筵事。命永明寺写金字经一藏。免天下税粮五分。湖南诸路饥，赈粜米十八万九千七十六石。二月戊寅朔，祭社稷。己卯，太白昼见。庚辰，太白复昼见。辛巳，立广福库，罢藏珍等库。乙酉，济南滨州霑化等县饥，以钞五万三千锭赈之。丙戌，太白昼见。癸巳，太阴犯明堂。乙未，加封皇姊不答昔你明惠贞懿大长公主。是月，大都宝坻县饥，赈米两月。河间莫州、沧州等处饥，赈钞三万五千锭。晋州饶阳、阜平、安喜、灵寿四县饥，赈钞二万锭。印造至元钞九十九万锭、中统钞一万锭。三月庚戌，罢两淮屯田手号打捕军役，令属本所领之。癸丑，命屯储御军于河南芍陂、洪泽、德安三处屯种。甲寅，给还帖木儿不花宣让王印，镇淮西。己未，汴梁地震。大都路涿州范阳、房山饥，赈钞四千锭。丙子，以行省平章政事燕 帖木儿就佩虎符，提调屯田。是月，般阳路长山等县饥，赈钞万锭。彰德路安阳等县饥，赈钞万五千锭。夏四月丁丑朔，道州土贼蒋丙等反，破江华县，掠明远县。戊寅，彰德有赤风自西北起，昼晦如夜。甲申，享于太庙。丁亥，临贺县民被徭寇钞掠，发义仓粮赈之。庚寅，帝幸护圣寺。命中书右丞铁木儿塔识为平章政事，阿鲁为右丞，许有壬为左丞。癸巳，立富昌库，隶资正院。复立卫候司。丁酉，以两浙水灾，免岁办余盐三万引。己亥，立吏部司绩官。庚子，复封太师马札儿台为忠王。罢潮州河西务。彰德饥，赈钞万五千锭。是月，车驾时巡上都。五月戊申，以崇文监属翰林国史院。己未，罢河西务行用库。壬戌，月食。是月，赈阿剌忽等处被灾之民三千九百一十三户，给钞二万一千七百五锭。闰五月丁丑朔，改封徽州土神汪华为昭忠广仁武烈灵显王。甲午，赏赐扈从明宗诸王官属八百七人金、银、钞、币各有差。壬寅，诏刻宣文、至正二宝。六月戊午，禁高丽及诸处民以亲子为宦者，因避赋役。戊辰，改旧奎章阁为宣文阁。庚午，太阴犯井宿。是月，扬州路崇明、通、泰等州，海潮涌溢，溺死一千六百余人，赈钞万一千八百二十锭。秋七月己卯，享于太庙。乙酉，太阴犯填星。庚寅，太阴犯云雨。八月戊申，祭社稷。是月，车驾至自上都。九月庚辰，太阴犯建星。壬午，赐文臣燕于拱辰堂。己丑，冀宁路嘉禾生，异亩同颖。壬辰，太阴犯钺星，又犯井宿。壬寅，许有壬进讲明仁殿，帝悦，赐酒宣文阁中，仍赐貂裘、金织文币。冬十月丁未，享于太庙。己酉，封阿沙不花顺宁王，昔宝赤寒食顺国公。甲寅，中书省臣奏："海运不给，宜令江浙行省于中政院财赋府拨赐诸人寺观田粮，总运二百六十万石。"从之。乙卯，岁星犯氐宿。丁巳，太阴犯月星。戊午，月食既。十一月丙子，道州路贼何仁甫等反。戊寅，彰德属县各添设县尉一员。庚辰，分吏部、礼部、兵部、刑部为二库，户部、工部为二库，各设管勾一员。己亥，太阴犯东井。庚子，太阴犯天江。徭贼寇边，诏湖广行省平章政事巩卜班总兵讨平之，定赏有差。十二月乙卯，诏："民年八十以上，蒙古人赐缯帛二表里，其余州县，旌以高年耆德之名，免其家杂役。"丁巳，太白犯垒壁阵。己未，立四川安岳县。增设嘉兴等处盐仓。壬戌，云南车里寒赛、刀等反，诏云南行省平章政事脱脱木儿讨平之。癸亥，以在库至元、中统钞二百八十二万二千四百八十八锭可支二年，住造明年钞本。诏革王伯颜察儿等所献檀、景等处产金地土。山东、燕南强盗纵横，至三百余处，选官捕之。复立拱仪局。己巳，以翰林学士承旨张起岩知经筵事。是月，复立司禋监。加封真定路滹沱河神为昭佑灵源侯。

二年春正月丁丑，享于太庙。丙戌，开京师金口河，深五十尺，广一百五十尺，役夫一十万。戊子，太阴犯明堂。癸巳，遣翰林学士三保等代祀五岳四渎。甲午，荧惑犯月星。是月，大同饥，人相食，运京师粮赈之。顺宁保安饥，赈钞一万锭。广平磁、威州饥，赈钞五万锭。降咸平府为县；升懿州为路，以大宁路所辖兴中、义州属懿州。二月壬寅朔，颁《农桑辑要》。戊申，祭社稷。乙卯，李沙的伪造御宝圣旨，称枢密院都事，伏诛。己巳，织造明宗御容。是月，彰德路安阳、临漳等县饥，赈钞二万锭。大同路浑源州饥，以钞六万二千锭、粮二万石兼赈之。大名路饥，以钞万二千锭赈之。河间路饥，以钞五万锭赈之。三月戊寅，亲试进士七十八人，赐拜住、陈祖仁及第，其余出身有差。辛巳，冀宁路饥，赈粜米三万石。戊子，太阴犯房宿。是月，顺德路平乡县饥，赈钞万五千锭。卫辉路饥，赈钞万五千锭。杭州路火灾，给钞万锭赈之。夏四月辛丑朔，冀宁路平晋县地震，声鸣如雷，裂地尺余，民居皆倾。乙巳，享于太庙。己酉，罢云南蒙庆宣慰司。庚申，太阴犯罗堰。是月，车驾时巡上都。五月甲申，太白经天。丁亥，以江浙行省平章政事只而瓦台为河南行省平章政事。东平雨雹如马首。六月戊申，命江浙拨赐僧道田还官征粮，以备军储。壬子，济南山崩，水涌。乙丑，罢邦牙宣慰司。是月，汾水大溢。秋七月庚午朔，惠州路罗浮山崩。辛未，享于太庙。乙未，太阴掩太白。丁酉，太白昼见。己亥，庆远路莫八聚众反，攻陷南丹、左右两江等处，命脱脱赤颜讨平之。立司狱司于上都，比大都兵马司。是月，拂郎国贡异马，长一丈一尺三寸，高六尺四寸，身纯黑，后二蹄皆白。八月庚子朔，日有食之。癸卯，罢上都事产提举司。丙午，太白昼见。戊申，祭社稷。是月，冀宁路饥，赈粜米万五千石。九月己巳朔，诏遣湖广行省平章政事巩卜班领河南、江浙、湖广诸军讨道州贼，平之，复平嵠峒堡寨二百余处。辛未，车驾至自上都。丁丑，太阴犯罗堰。京城强贼四起。戊子，太阴犯井宿。是月，归德府睢阳县因黄河为患，民饥，赈粜米万三千五百石。冬十月己亥朔，日有食之。癸卯，太阴犯建星。陕西行省平章政事朵朵辞职侍亲，不允。丁未，享于太庙。甲寅，太阴犯天关。壬戌，诏遣官致祭孔子于曲阜。罢织染提举司。甲子，杭州、嘉兴、绍兴、温州、台州等路各立检校批验盐引所，权免两浙额盐十万引，福建余盐三万引。十一月甲申，诏免云南明年差税。辛卯，岁星、荧惑、太白聚于尾宿。十二月壬寅，申服色之禁。丙午，命中书右丞太平、枢密副使姚庸、御史中丞张起岩知经筵事。己酉，京师地震。辛亥，封晃火帖木儿之子彻里帖木儿为抚宁王。丙辰，赐云南行省参知政事不老三珠虎符，以兵讨死可伐。癸亥，阿鲁、秃满等以谋害宰臣，图为叛逆，伏诛。

卷四十一　　本纪第四十一

顺帝四

三年春正月丙子，中书左丞许有壬辞职。丁丑，享于太庙。乙酉，中书平章政事纳麟辞职。庚寅，沙汰怯薛丹名数。二月戊戌，祭社稷。甲辰，太阴犯井宿，填星犯牛宿，荧惑犯罗堰。丁未，立四川省检校官。辽阳吾者野人叛。乙卯，太阴犯氐宿。是月，汴梁路新郑、密二县地震。宝庆路饥，判官文殊奴以所受敕牒贷官粮万石赈之。秦州成纪县，巩昌府宁远、伏羌县山崩，水涌，溺死人无算。三月壬申，造鹿顶殿。监察御史成遵等言："可用终场下第举人充学正、山长，国学生会试不中者，与终场举人同。"戊寅，诏："作新风宪。在内之官有不法者，监察御史劾之；在外之官有不法者，行台监察御史劾之。岁以八月终出巡，次年四月中还司。"壬午，太阴犯氐宿。是月，诏修辽、金、宋三史，以中书右丞相脱脱为都总裁官，中书平章政事铁木儿塔识、中书右丞太平、御史中丞张起岩、翰林学士欧阳玄、侍御史吕思诚、翰林侍讲学士揭傒斯为总裁官。夏四月丙申朔，日有食之。乙巳，享于太庙。是月，两都桑果叶皆生黄色龙文。车驾时巡上都。五月，河决白茅口。六月壬子，命经筵官月进讲者三。是月，回回剌里五百余人渡河寇掠解、吉、隰等州。中书户部以国用不足，请撙节浮费。秋七月丁卯，享于太庙。戊辰，修大都城。戊寅，立永昌等处宣慰司。庚辰，太白犯右执法。是月，兴国路大旱，河南自四月至是月霖雨不止。户部复言撙节钱粮。八月甲午朔，晋宁路临汾县献嘉禾，一茎有八穗者。命朵思麻同知宣慰司事锁儿哈等讨四川上蓬琐吃贼。戊戌，祭社稷。山东有贼焚掠兖州。是月，车驾还自上都。九月甲子，湖广行省平章政事巩卜班擒道州、贺州猺贼首唐大二、蒋仁五至京，诛之。其党蒋丙，自号顺天王，攻破连、桂二州。甲申，修理太庙，遣官告祭，奉迁神主于后殿。冬十月乙未，增立巡防捕盗所于永昌。丁酉，告祭太庙，奉安神主。戊戌，帝将祀南郊，告祭太庙。至宁宗室，问曰："朕，宁宗兄也，当拜否？"太常博士刘闻对曰："宁宗虽弟，其为帝时，陛下为之臣。春秋时，鲁闵公弟也，僖公兄也，闵公先为君，宗庙之祭，未闻僖公不拜。陛下当拜。"帝乃拜。丁未，月食。己酉，帝亲祀上帝于南郊，以太祖配。癸丑，命佥枢密院事韩元善为中书参知政事，中书参议买木丁同知宣徽院事。己未，以郊祀礼成，诏大赦天下，文官普减一资，武官升散官一等，蠲民间田租五分，赐高年帛。以湖广行省平章政事巩卜班为宣徽院使，行枢密院知院剌剌为翰林学士承旨。十一月辛未，享于太庙。十二月丙申，诏写金字《藏经》。丁未，以别儿怯不花为中书左丞相。是月，胶州及属邑高密地震。河南等处民饥，赈粜麦十万石。是岁，诏立常平仓，罢民间食盐。征遗逸脱因、伯颜、张瑾、杜本，本辞不至。

四年春正月辛未，享于太庙。辛巳，诏："定守令黜陟之法，六事备者升一等，四事备者减一资，三事备者平迁，六事俱不备者降一等。"庚寅，河决曹州，雇夫万五千八百修筑之。是月，河又决汴梁。二月戊戌，祭社稷。辛丑，四川行省立惠民药局。是月，中书右丞太平升平章政事。闰月辛酉朔，永平、澧州等路饥，赈之。乙亥，月食。三月丁酉，复立武功县。壬寅，特授八秃麻朵儿只征东行省左丞相，嗣高丽国王。癸丑，以河南行省平章政事纳麟为中书平章政事，集贤大学士姚庸为中书左丞。夏四月丁亥，复立广样局。是月，车驾时巡上都。五月乙未，右丞相脱脱辞职，不许；甲辰，许之，以阿鲁图为中书右丞相。乙巳，封脱脱为郑王，食邑安丰，赐金印及海青、文豹等物，俱辞不受。是月，大霖雨，黄河溢，平地水二丈，决白茅堤、金堤，曹、濮、济、兖皆被灾。六月戊辰，巩昌陇西县饥，每户贷常平仓粟三斗，俟年丰还官。己巳，赐脱脱松江田，为立松江等处稻田提领所。秋七月戊子朔，温州飓风大作，海水溢，地震。益都濒海盐徒郭火你赤作乱。己丑，享于太庙。是月，滦河水溢。八月戊午，祭社稷。丁卯，山东霖雨，民饥相食，赈之。丙戌，赐脱脱金十锭、银五十锭、钞万锭、币帛二百匹，辞不受。是月，陕西行省立惠民药局。莒州蒙阴县地震。郭火你赤上太行，由陵川入壶关，至广平，杀兵马指挥，复还益都。车驾还自上都。九月丁亥朔，日有食之。丙午，命太平提调都水监。辛亥，以南台治书侍御史秦从德为江浙行省参知政事，提调海运。癸丑，命御史大夫也先帖木儿、平章政事铁木儿塔识知经筵事，右丞达识帖睦迩提调宣文阁、知经筵事。冬十月乙酉，议修黄河、淮河堤堰。十一月丁亥朔，以各郡县民饥，不许抑配食盐。复令民入粟补官，以备赈济。戊子，禁内外官民宴会不得用珠花。己亥，保定路饥，以钞八万锭、粮万石赈之。戊申，河南民饥，禁酒。十二月己未，四川廉访司建言："广元等五路，广安等三府，永宁等两宣抚司，请依内郡设置推官一员。"从之。壬戌，太阴犯外屏。癸亥，汉阳地震。戊寅，猺贼寇靖州。是月，东平地震。禁淫祠。赈东昌、济南、般阳、庆元、抚州饥民。是岁，徭贼寇浔州，同知府事保童率民兵击走之。

五年春正月辛卯，享于太庙。是月，蓟州地震。二月戊午，祭社稷。三月辛卯，帝亲试进士七十有八人，赐普颜不花、张士坚进士及第，其余赐出身有差。是月，以陈思谦参议中书省事。先是，思谦建言："所在盗起，盖由岁饥民贫，宜大发仓廪赈之，以收人心，仍分布重兵镇抚中夏。"不听。大都、永平、巩昌、兴国、安陆等处并桃温万户府各翼人民饥，赈之。夏四月丁卯，大都流民，官给路粮，遣其还乡。是月，汴梁、济南、邠州、瑞州等处民饥，赈之。募富户出米五十石以上者，旌以义士之号。车驾时巡上都。五月己丑，诏以军士所掠云南子女一千一百人放还乡里，仍给其行粮，不愿归者听。丁未，河间转运司灶户被水灾，诏权免余盐二万引，候年丰补还官。六月，庐州张顺兴出米五百余石赈饥，旌其门。秋七月丁亥，河决济阴。己丑，享于太庙。丙午，命也先帖木儿、铁木儿塔识并为御史大夫。诏作新风纪。八月戊午，祭社稷。是月，车驾还自上都。九月辛巳朔，日有食之。戊戌，开酒禁。辛丑，以中书右丞达识帖睦迩为翰林学士承旨，中书参知政事搠思监为右丞，资政院使朵儿直班为中书参知政事。是月，革罢奥鲁。冬十月壬子，以中书平章政事太平为御史大夫。乙卯，享于太庙。辛酉，命奉使宣抚巡行天下，诏曰：

> 朕自践祚以来，至今十有余年，托身亿兆之上，端居九重之中，耳目所及，岂能周知?故虽夙夜忧勤，覬安黎庶，而和气未臻，灾眚时作，声教未洽，风俗未淳，吏弊未祛，民瘼滋甚。岂承宣之寄，纠劾之司，奉行有所未至欤？若稽先朝成宪，遣官分道奉使宣抚，布朕德意，询民疾苦，疏涤冤滞，蠲除烦苛。体察官吏贤否，明加黜陟，有罪者，四品以上停职申请，五品以下就便处决。民间一切兴利除害之事，悉听举行。

命江西行省左丞忽都不丁、吏部尚书何执礼巡两浙江东道，前云南行省右丞散散、将作院使王士弘巡江西福建道，大都路达鲁花赤拔实、江浙行省参知政事秦从德巡江南湖广道，吏部尚书定僧、宣政佥院魏景道巡河南江北道，资政院使蛮子、兵部尚书李献巡燕南山东道，兵部尚书不花、枢密院判官靳义巡河东陕西道，宣政院同知伯家奴、宣徽佥院王也速迭儿巡山北辽东道，荆湖北道宣慰使阿乞剌、两淮运使杜德远巡云南省，上都留守阿牙赤、陕西行省左丞王绅巡甘肃永昌道，大都留守答尔麻失里、河南行省参知政事王守诚巡四川省，前西台中丞定定、集贤侍讲学士苏天爵巡京畿道，平江路达鲁花赤左答纳失里、都水监贾惟贞巡海北海南广东道。黄河泛滥。辛未，辽、金、宋三史成，右丞相阿鲁图进之，帝曰："史既成书，前人善者，朕当取以为法，恶者取以为戒，然岂止激劝为君者，为臣者亦当知之。卿等其体朕心，以前代善恶为勉。"己卯，监察御史不答失里请罢造作不急之务。是月，以吕思诚为中书参知政事。十一月甲午，《至正条格》成。奉元路陈望叔伪称燕帖古思太子，伏诛。十二月丁巳，诏定荐举守令法。是岁，宣徽院使笃怜铁穆迩知枢密院事，冯思温为御史中丞。

六年春二月庚戌朔，日有食之。辛未，兴国雨雹，大者如马首。是月，山东地震，七日乃止。三月辛未，盗扼李开务之闸河，劫商旅船。两淮运使宋文瓒言："世皇开会通河千有余里，岁运米至京者五百万石。今骑贼不过四十人，劫船三百艘而莫能捕，恐运道阻塞，乞选能臣率壮勇千骑捕之。"不听。戊申，京畿盗起，范阳县请增设县尉及巡警兵，从之。山东盗起，诏中书参知政事锁南班至东平镇遏。八番龙宜进马。夏四月壬子，辽阳为捕海东青烦扰，吾者野人及水达达皆叛。癸丑，以长吉为皇太子宫傅官。颁《至正条格》于天下。甲寅，以中书参知政事吕思诚为左丞。乙卯，享于太庙。丁卯，车驾时巡上都。发米二十万石赈粜贫民。万户买住等讨吾者野人遇害，诏恤其家。以中书左丞吕思诚知经筵事。命左右二司、六部吏属于午后讲习经史。五月壬午，陕西饥，禁酒。象州盗起。江西田赋提举司扰民，罢之。丁亥，盗窃太庙神主。遣火儿忽答讨吾者野人。丁酉，以黄河决，立河南山东都水监。六月己酉，汀州连城县民罗天麟、陈积万叛，陷长汀县，福建元帅府经历真宝、万户廉和尚等讨之。丁巳，诏以云南贼死可伐盗据一方，侵夺路甸，命亦秃浑为云南行省平章政事讨之。秋七月己卯，享于太庙。丙戌，以辽阳吾者野人等未靖，命太保伯撒里为辽阳行省左丞相镇之。丁亥，降诏招谕死可伐。散毛洞蛮覃全在叛，招降之，以为散毛誓厓等处军民宣抚使，置官属，给宣敕、虎符，设立驿铺。癸巳，诏选怯薛官为路、府、县达鲁花赤。丙申，以朵儿直班为中书右丞，答儿麻为参知政事。壬寅，以御史大夫亦怜真班等知经筵事。甲辰，京畿奉使宣抚定定奏言御史撒八儿等罪，杖黜之。时诸道奉使，皆与台宪互相掩蔽，惟定定与湖广道拔实纠举无避。八月丙午朔，命江浙行省右丞忽都不花、江西行省右丞秃鲁统军合讨罗天麟。戊申，祭社稷。是月，车驾还自上都。九月乙酉，克复长汀。戊子，邵武地震，有声如鼓，至夜复鸣。冬十月，思、靖猺寇犯武冈，诏湖广省臣及湖南宣慰元帅完者帖木儿讨之，俘斩数百级，猺贼败走。闰月乙亥朔，诏赦天下，免差税三分，水旱之地全免。靖州猺贼吴天保陷黔阳。癸未，汀州贼徒罗德用杀首贼罗天麟、陈积万，以首级送官，余党悉平。十二月丁丑，省臣改拟明宗母寿童皇后徽号曰庄献嗣圣皇后。己卯，改立山东东西道宣慰使司都元帅府，开设屯田，驻军马。甲申，诏复立大护国仁王寺昭应宫财用规运总管府，凡贷民间钱二十六万余锭。辛卯，有司以赏赉泛滥，奏请恩赐必先经省、台、院定拟。甲午，设立海剌秃屯田二处。诏："犯赃罪之人，常选不用。"复立八百宣慰司，以土官韩部袭其父爵。辛丑，以吉剌班为太尉，开府，置僚属。壬寅，山东、河南盗起，遣左、右阿速卫指挥不儿国等讨之。是岁，黄河决。尚书李絅请躬祀郊庙，近正人，远邪佞，以崇阳抑阴，不听。

七年春正月甲辰朔，日有食之。大寒而风，朝官仆者数人。己酉，享于太庙。壬子，命中书左丞相别儿怯不花为右丞相，寻辞职。丁巳，复立东路都蒙古军都元帅府。庚申，云南老丫等蛮来降，立老丫耿冻路军民总管府。丙寅，以广西宣慰使章伯颜讨徭、獠有功，升湖广行省左丞。诏以怯薛丹支给浩繁，除累朝定额外，悉罢之。二月甲戌朔，兴圣宫作佛事，赐钞二千锭。己卯，山东地震，坏城郭，棣州有声如雷。河南、山东盗蔓延济宁、滕、邳、徐州等处。庚辰，以中书参知政事锁南班为中书右丞，道童为中书参知政事。丙戌，以宦者伯帖木儿为司徒。是月，徭贼吴天保寇沅州。以阿吉剌为知枢密院事，整治军务。三月甲辰，中书省臣言："世祖之朝，省、台、院奏事，给事中专掌之，以授国史纂修。近年废弛，恐万世之后，一代成功无从稽考，乞复旧制。"从之。乙巳，遣使铨选云南官员。修光天殿。庚戌，试国子监，会食弟子员，选补路府及各卫学正。戊午，诏编《六条政类》。庚申，监察御史王士点劾集贤大学士吴直方躐进官阶，夺其宣命，乙丑，云南王孛罗来献死可伐之捷。壬申，遣使修上都大乾元寺。命有司定吊赙诸王、公主、驸马礼仪之数。夏四月乙亥，命江浙省臣讲究役法。己卯，享于太庙。辛巳，遣达本、贺方使于占城。以通政院使朵郎吉儿为辽阳行省参知政事，讨吾者野人。己丑，发米二十万石赈粜贫民。以翰林学士承旨定住为中书右丞。庚寅，复命别儿怯不花为中书右丞相。以中书平章政事铁木儿塔识为左丞相。临清、广平、滦河等处盗起，遣兵捕之。通州盗起，监察御史言："通州密迩京城，而盗贼蜂起，宜增兵讨之，以杜其源。"不听。是月，河东大旱，民多饥死，遣使赈之。车驾时巡上都。五月庚戌，徭贼吴天保陷武冈路，诏遣湖广行省右丞沙班统军讨之。乙丑，右丞相别儿怯不花，以调燮失宜、灾异迭见罢，诏以太保就第。是月，临淄地震，七日乃止。六月，诏免太师马札儿台官，安置西宁州，其子脱脱请与父俱行。以御史大夫太平为中书平章政事。彰德路大饥，民相食。秋七月甲寅，召隐士完者图、执礼哈琅为翰林待制，张枢、董立为翰林修撰，李孝光为著作郎。张枢不至。丙辰，太阴犯垒壁阵。丁巳，以江南行台大夫纳麟为御史大夫。是月，徭贼吴天保复寇沅州，陷溆浦、辰溪县，所在焚掠无遗。徙马札儿台于甘肃，以别儿怯不花之谮也。九月癸卯，八怜内哈剌那海、秃鲁和伯贼起，断岭北驿道。甲辰，辽阳霜早伤禾，赈济驿户。戊申，车驾还自上都。癸丑，上都斡耳朵成，用钞九千余锭。甲寅，诏举材能学业之人，以备侍卫。丁巳，中书左丞相铁木儿塔识薨。辛酉，以御史大夫朵儿只为中书左丞相。甲子，集庆路盗起，镇南王孛罗不花讨平之。丁卯，徭寇吴天保复陷武冈，延及宝庆，杀湖广行省右丞沙班于军中。冬十月辛未，享于太庙。丁丑，诏："左右丞相、平章、枢密知院、御史大夫，得赐玉押字印，余官不与。"庚辰，诏建木华黎、伯颜祠堂于东平。丙戌，亦怜只答儿反，遣兵讨之。辛卯，开东华射圃。戊戌，西蕃盗起，凡二百余所，陷哈剌火州，劫供御蒲萄酒，杀使臣。是月，徭贼吴天保复寇沅州，州兵击走之。十一月辛丑，监察御史曲曲，以宦者陇普凭藉宠幸，骤升荣禄大夫，追封三代，田宅逾制，上疏劾之。甲辰，沿江盗起，剽掠无忌，有司莫能禁。两淮运使宋文瓒上言："江阴、通、泰，江海之门户，而镇江、真州次之，国初设万户府以镇其地。今戍将非人，致使贼舰往来无常。集庆花山劫贼才三十六人，官军万数，不能进讨，反为所败，后竟假手盐徒，虽能成功，岂不贻笑！宜亟选智勇，以任兵柄，以图后功。不然，东南五省租赋之地，恐非国家之有。"不听。拨山东地土十六万二千余顷属大承天护圣寺。乙巳，中书户部言："各处水旱，田禾不收，湖广、云南盗贼蜂起，兵费不给，而各位怯薛冗食甚多，乞赐分拣。"帝牵于众请，令三年后减之。庚戌，太阴犯天廪。怀庆路饥。徭贼吴天保复陷武冈，命湖广行省平章政事苟尔领兵讨之。以河决，命工部尚书迷儿马哈谟行视金堤。甲寅，徭贼吴天保陷靖州，命威顺王宽彻不花、镇南王孛罗不花及湖广、江西二省以兵讨之。丁巳，命中书平章政事太平为左丞相，辞，不允。戊午，命河南、山东都府发兵讨湖广洞蛮。己未，以中书省平章政事韩嘉讷为陕西行台御史大夫。迤北荒旱缺食，遣使赈济驿户。丁卯，海北、湖南徭贼窃发，两月余，有司不以闻，诏罪之，并降散官一等。是月，马札儿台薨，召脱脱还京师。十二月庚午，以中书左丞相朵儿只为右丞相，平章政事太平为左丞相，诏天下。丙子，以连年水旱，民多失业，选台阁名臣二十六人出为郡守县令，仍许民间利害实封呈省。壬午，晋宁、东昌、东平、恩州、高唐等处民饥，赈钞十四万锭、米六万石。丙戌，中书省臣建议，以河南盗贼出入无常，宜分拨达达军与扬州旧军于河南水陆关隘戍守，东至徐、邳，北至夹马营，遇贼掩捕，从之。是月，陕西行御史台臣劾奏，别儿怯不花乃逆臣之亲子，不可居太保之职，不从。是岁，置中书议事平章四人。隆福宫三皇后弘吉剌氏木纳失里薨。

八年春正月戊戌朔，命也先帖木儿知枢密院事。丁未，享于太庙。辛亥，黄河决，迁济宁路于济州。诏："各官府谙练事务之人，毋得迁调。"诏翰林国史院纂修后妃、功臣列传，学士承旨张起岩、学士杨宗瑞、侍讲学士黄溍为总裁官，左丞相太平、左丞吕思诚领其事。甲子，木怜等处大雪，羊马冻死，赈之。是月，诏给铜虎符，以宫尉完者不花、贵赤卫副指挥使寿山监湖广军。命湖广行省右丞秃赤、湖南宣慰都元帅完者帖木儿讨莫磐洞诸蛮，斩首数百级，其余二十余洞，缚其洞首杨鹿五赴京师。二月癸酉，御史大夫纳麟加太尉致仕。乙亥，以北边沙土苦寒，罢海剌秃屯田。丙子，命太子爱猷识理达腊习读畏吾儿文字。庚辰，太阴犯轩辕。癸未，太阴犯平道。甲申，命星吉为江南行台御史大夫。壬辰，太平言："孛答、乃秃、忙兀三处屯田，世祖朝以行营旧站拨属虎贲司，后为豪有力者所夺，遂失其利，今宜仍前拨还。"从之。是月，以前奉使宣抚贾惟贞称职，特授永平路总管。会岁饥，惟贞请降钞四万余锭赈之。诏济宁郓城立行都水监，以贾鲁为都水。三月丁酉朔，诏以束帛旌郡县守令之廉勤者。辽东锁火奴反，诈称大金子孙，水达达路脱脱禾孙唐兀火鲁火孙讨擒之。壬寅，土番盗起，有司请不拘资级，委官讨之。福建盗起，地远，难于讨捕，诏汀、漳二州立分元帅府辖之。癸卯，帝亲试进士七十有八人，赐阿鲁辉帖木儿、王宗哲进士及第，余出身有差。已酉，湖广行省遣使献石壁洞蛮捷。丙辰，太阴犯建星。已未，遣使诣江浙、江西、湖广、四川、云南铨福建、番、广蛮夷等处官员选。辛酉，辽阳兀颜拨鲁欢妄称大金子孙，受玉帝符文，作乱，官军讨斩之。壬戌，《六条政类》书成。京畿民饥。徽州路达鲁花赤哈剌不花以政绩闻，诏赐金帛旌之。是月，徭贼吴天保复寇沅州。夏四月辛未，河间等路以连年河决，水旱相仍，户口消耗，乞减盐额，诏从之。乙亥，帝幸国子学，赐衍圣公银印，升秩从二品。定弟子员出身及奔丧、省亲等法。诏："守令选立社长，专一劝课农桑。"诏："京官三品以上，岁举守令一人，守令到任三月，亦举一人自代。其玉典赤、拱卫百户，不得授县达鲁花赤，止授佐贰，久著廉能则用之。"平江、松江水灾，给海运粮十万石赈之。丁丑，辽阳董哈剌作乱，镇抚钦察讨擒之。已卯，海宁州沭阳县等处盗起，遣翰林学士秃坚不花讨之。是月，享于太庙。车驾时巡上都。命脱脱为太傅。湖广章伯颜引兵捕土寇莫万五、蛮雷等，已而广西峒贼乘隙入寇，伯颜退走。五月丁酉朔，大霖雨，京城崩。庚子，广西山崩，水涌，漓江溢，平地水深二丈余，屋宇、人畜漂没。壬子，宝庆大水。丁巳，四川旱，饥，禁酒。六月丙寅朔，升徐州为总管府，以邳、宿、滕、峄四州隶之。丙戌，立司天台于上都。是月，山东大水，民饥，赈之。秋七月丙申朔，日有食之。辛丑，复立五道河屯田。乙巳，享于太庙。旌表大都节妇巩氏门。戊申，西北边军民饥，遣使赈之。壬子，量移窜徙官于近地安置，死者听归葬。乙卯，遣使祭曲阜孔子庙。江州路总管刘恒有政绩，升授山东宣慰使。丙辰，以阿剌不花为大司徒。八月丙子，太阴犯垒壁阵。己卯，山东雨雹。是月，车驾还自上都。九月已未，太阴犯灵台。冬十月丁亥，广西蛮掠道州。十一月辛亥，徭贼吴天保率众六万掠全州。是岁，诏赐高年帛，设分元帅府于沂州，以买列的为元帅，备山东寇。台州方国珍为乱，聚众海上，命江浙行省参知政事朵儿只班讨之。监察御史张桢劾太尉阿乞剌欺罔之罪，又言："明里董阿、也里牙、月鲁不花，皆陛下不共戴天之仇，伯颜贼杀宗室嘉王、郯王一十二口，稽之古法，当伏门诛，而其子、兄弟尚仕于朝，宜急诛窜。别儿怯不花阿附权奸，亦宜远贬。今灾异迭见，盗贼蜂起，海寇敢于要君，阃帅敢于玩寇，若不振举，恐有唐末藩镇噬脐之祸。"不听。监察御史李泌言："世祖誓不与高丽共事，陛下践世祖之位，何忍忘世祖之言，乃以高丽奇氏亦位皇后。今灾异屡起，河决地震，盗贼滋蔓，皆阴盛阳微之象，乞仍降为妃，庶几三辰奠位，灾异可息。"不听。

卷四十二　　本纪第四十二

顺帝五

九年春正月丁酉，享于太庙。癸卯，立山东河南等处行都水监，专治河患。乙巳，广西徭贼复陷道州，万户郑均击走之。丙午，命中书平章政事太不花提调会同馆。庚戌，太白犯建星。辛亥，太白犯平道。

二月戊辰，祭社稷。辛巳，太不花辞职，不允。甲申，太阴犯建星。

三月丁酉，坝河浅涩，以军士、民夫各一万浚之。己亥，太白犯垒壁阵。已巳，命大司农达识帖睦迩为湖广行省平章政事。是月，河北溃。陈州麒麟生，不乳而死。徭贼吴天保复寇沅州。夏四月丁卯，享于太庙。丁丑，以知枢密院事钦察台为中书平章政事。已卯，以燕南廉访使韩元善为中书左丞。立镇抚司于直沽海津镇。壬午，以河间盐运司水灾，住煎盐三万引。是月，车驾时巡上都。五月戊戌，命太傅脱脱提调斡耳朵内史府。庚子，诏修黄河金堤，民夫日给钞三贯。辛丑，罢瑞州路上高县长官司。庚戌，命翰林国史院等官荐举守令。丙辰，定守令督摄之法，路督摄府，府督摄州，州督摄县。是月，白茅河东注沛县，遂成巨浸。蜀江大溢，浸汉阳城，民大饥。六月丙子，刻小玉印，以"至正珍秘"为文，凡秘书监所掌书，尽皆识之。秋七月庚寅朔，监察御史斡勒海寿劾奏殿中侍御史哈麻及其弟雪雪罪恶，御史大夫韩嘉讷以闻，不省，章三上，诏夺哈麻、雪雪官，出海寿为陕西廉访副使，韩家讷为宣政院使。壬辰，诏命太子爱猷识理达腊习学汉人文书，以李好文为谕德，归旸为赞善，张仲为文学。李好文等上书辞，不许。赐公主不答昔你平江田五十顷。甲午，以也先帖木儿为御史大夫。乙未，以湖广行省左丞相亦怜真班知枢密院事。丙午，太阴犯垒壁阵。癸丑，太阴犯天关。甲寅，以柏颜为集贤大学士。乙卯，罢右丞相朵儿只，依前为国王，左丞相太平为翰林学士承旨。是月，大霖雨，水没高唐州城；江、汉溢，漂没民居、禾稼。闰月辛酉，诏脱脱为中书左丞相，仍太傅；韩家讷为江浙行省平章政事。庚午，以也可札鲁忽赤搠思监为中书右丞，同知枢密院事，玉枢虎儿吐华为中书参知政事。辛巳，诏赦湖广猺贼诖误者。戊子，命岐王阿剌乞镇西番。八月甲辰，以集贤大学士柏颜为中书平章政事，河南行省平章政事月鲁不花为宣政院使。庚戌，以司徒雅普化提调太史院、知经筵事。是月，车驾还自上都。九月甲子，凡建言中外利害者，诏委官选其可行之事以闻。丙寅，命平章政事柏颜提调留守司。丙子，中书平章政事定住以疾辞职，不允。辛巳，命知枢密院事亦怜真班提调武备寺。丙戌，荧惑犯灵台。是月，遣御史中丞李献代祀河渎。冬十月辛卯，享于太庙。丁酉，命皇太子爱猷识理达腊自是日为始入端本堂肄业。命脱脱领端本堂事，司徒雅普化知端本堂事。端本堂虚中座，以俟至尊临幸，太子与师傅分东西向坐授书，其下僚属以次列坐。十一月戊午朔，日有食之。戊辰，太阴犯毕宿。庚辰，太白犯垒壁阵。十二月戊戌，太白复犯垒壁阵。丁未，徭贼吴天保陷辰州。是岁，诏汰冗官，均俸禄，赐致仕官及高年帛。漕运使贾鲁建言便益二十余事，从其八事：其一曰京畿和籴，二曰优恤漕司旧领漕户，三曰接运委官，四曰通州总治豫定委官，五曰船户困于坝夫、海粮坏于坝户，六曰疏浚运河，七曰临清运粮万户府当隶漕司，八曰宜以宣忠船户付本司节制。冀宁平遥等县曹七七反，命刑部郎中八十、兵马指挥沙不丁讨平之。

十年春正月丙辰朔，以中书右丞搠思监为平章政事，玉枢虎儿吐华为中书右丞。壬戌，立四川容美洞军民总管府。壬申，太阴犯荧惑。甲戌，陨石棣州，色黑，中微有金星；先有声自西北来，至州北二十里乃陨。二月丙戌朔，诏加封天妃父种德积庆侯，母育圣显庆夫人。辛丑，太阴犯平道。甲辰，太阴犯键闭。三月己卯，荧惑犯太微垣。是月，奉化州山石裂，有禽鸟、草木、山川、人物之形。夏四月己丑，左司都事武祺建言更钞法。丁酉，赦天下，其略曰："朕纂承洪业，抚临万邦，夙夜厉精，靡遑暇逸。比缘倚注失当，治理乖方，是用图任一相，俾赞万机。爰命脱脱为中书右丞相，统正百官，允厘庶绩，曾未期月，百度具举，中外协望，朕甚嘉焉。尚虑军国之重，民物之繁，政令有未孚，生息有未遂，可赦天下。"丙午，太白犯鬼宿。是月，车驾时巡上都。六月壬子，星大如月，入北斗，震声若雷，三日复还。秋七月辛酉，太阴犯房宿。癸亥，以大护国仁王寺昭应宫财用规运总管府仍属宣政院。辛未，太白昼见。丁丑，太白复昼见。八月壬寅，车驾还自上都。九月癸丑朔，太白昼见。辛酉，祭三皇，如祭孔子礼。先是，岁祀以医官行事，江西廉访使文殊讷建言，礼有未备，乃敕工部具祭器，江浙行省造雅乐，太常定仪式，翰林撰乐章，至是用之。壬戌，荧惑犯天江。庚午，命枢密院以军士五百修筑白河堤。壬午，脱脱以吏部选格条目繁多，莫适据依，铨选者得以高下之，请编类为成书，从之。冬十月癸巳，岁星犯轩辕。乙未，吏部尚书偰哲笃建言更钞法，命中书省、御史台、集贤、翰林两院之臣集议之。丙申，太阴犯昴宿。辛丑，置诸路宝泉都提举司于京城。是月，大名、东平、济南、徐州各立兵马指挥司以捕上马贼。十一月壬子朔，日有食之。丙辰，以高丽沈王之孙脱脱不花等为东宫怯薛官。辛酉，罢辽阳滨海民煎熬野盐。戊辰，太阴犯鬼宿。己巳，诏天下以中统交钞壹贯文权铜钱壹千文，准至元宝钞贰贯，仍铸至正通宝钱并用，以实钞法，至元宝钞通行如故。是月，三星陨于耀州，化为石，如斧形，削之有屑，击之有声。十二月壬午朔，修大都城。辛卯，以大司农秃鲁等兼领都水监，集河防正官议黄河便益事。命前同知枢密院事不颜不花等讨广西徭贼。乙未，太阴犯鬼宿。己酉，方国珍攻温州。是岁，京师丽正门楼上忽有人妄言灾祸，鞫问之，自称蓟州人，已而不知所往。

十一年春正月乙卯，享于太庙。丙辰，辰星犯牛宿。庚申，命江浙行省左丞孛罗帖木儿讨方国珍。丁卯，兰阳县有红星大如斗，自东南坠西北，其声如雷。己卯，命搠思监提调大都留守司。二月庚寅，太阴犯鬼宿。乙未，太阴犯太微。丁酉，太阴犯亢宿。是月，命游皇城，中书省臣谏止之，不听。立湖南元帅府分府于宝庆路。三月庚戌朔，立山东分元帅府于登州。丙辰，亲策进士八十三人，赐朵烈图、文允中进士及第，其余赐出身有差。壬戌，征建宁处士彭炳为端本堂说书，不至。丁卯，太阴犯东咸。戊辰，太阴犯天江。是月，遣使赈湖南、北被寇人民，死者钞五锭，伤者三锭，毁所居屋者一锭。夏四月壬午，诏开黄河故道，命贾鲁以工部尚书为总治河防使，发汴梁、大名十三路民十五万，庐州等戍十八翼军二万，自黄陵冈南达白茅，放于黄固、哈只等口，又自黄陵西至阳青村，合于故道，凡二百八十里有奇，仍命中书右丞玉枢虎儿吐华、同知枢密院事黑厮以兵镇之。冀宁路属县多地震，半月乃止。乙酉，享于太庙。诏加封河渎神为灵源神佑弘济王，仍重建河渎及西海神庙。改永顺安抚司为宣抚司。丁酉，孟州地震。庚子，罢海西辽东道巡防捕盗所，立镇宁州。辛丑，师壁安抚司土官田驴什用、盘顺府土官墨奴什用降，立长官司四、巡检司七。乙巳，彰德路雨雹，形如斧，伤人畜。是月，罢沂州分元帅府，改立兵马指挥使司，复分司于胶州。车驾时巡上都。五月己酉朔，日有食之。辛亥，颍州妖人刘福通为乱，以红巾为号，陷颍州。初，栾城人韩山童祖父，以白莲会烧香惑众，谪徙广平永年县。至山童，倡言天下大乱，弥勒佛下生，河南及江淮愚民皆翕然信之。福通与杜遵道、罗文素、盛文郁、王显忠、韩咬儿复鼓妖言，谓山童实宋徽宗八世孙，当为中国主。福通等杀白马、黑牛，誓告天地，欲同起兵为乱，事觉，县官捕之急，福通遂反。山童就擒，其妻杨氏，其子韩林儿，逃之武安。癸丑，文水县雨雹。壬申，命同知枢密院事秃赤以兵讨刘福通，授以分枢密院印。丙子，命大都至汴梁二十四驿，凡马一匹助给钞五锭。六月，发军一千，从直沽至通州，疏浚河道。是月，刘福通据朱皋，攻破罗山、真阳、确山，遂犯武阳、叶县等处。江浙左丞孛罗帖木儿为方国珍所败。秋七月丙辰，广西大水。丁巳，罢四川大奴管勾洞长官司，改立忠孝军民府。己未，太阴犯斗宿。壬戌，太白犯右执法，己巳，太白犯左执法。荧惑入鬼宿。是月，开河功成，乃议塞决河。命大司农达识帖睦迩及江浙行省参知政事樊执敬、浙东廉访使董守悫同招谕方国珍。八月丁丑朔，中兴地震。戊寅，祭社稷。乙酉，太阴犯天江。丙戌，萧县李二及老彭、赵君用攻陷徐州。李二号芝麻李，与其党亦以烧香聚众而反。是月，车驾还自上都。蕲州罗田县人徐贞一，名寿辉，与黄州麻城人邹普胜等，以妖术阴谋聚众，遂举兵为乱，以红巾为号。九月戊申，以中书平章政事朵儿直班提调宣文阁、知经筵事，平章政事定住提调会同馆事。壬子，命御史大夫也先帖木儿知枢密院事，及卫王宽彻哥总率大军出征河南妖寇，各赐钞一千锭，从征者赐予有差。乙卯，辰星犯左执法。丁巳，太白犯房宿。壬戌，诏以高丽国王不答失里之弟伯颜帖木儿袭其王封，不答失里之子遂废。戊辰，太阴犯鬼宿。是月，刘福通陷汝宁府及息州、光州，众至十万。徐寿辉陷蕲水县及黄州路。冬十月戊寅，荧惑犯太微垣。己卯，享于太庙。辛巳，太阴犯斗宿。癸未，立宝泉提举司于河南行省及济南、冀宁等路凡九，江浙、江西、湖广行省等处凡三。命知枢密院事老章以兵同也先帖木儿讨河南妖寇。乙酉，太白犯斗宿。己丑，太白昼见，荧惑犯岁星。辛卯，太白犯斗宿。立中书分省于济宁。癸巳，岁星犯右执法。癸卯，以宗王神保克复睢宁、虹县有功，赐金带一，从征者赏银有差。丙午，荧惑犯左执法。是月，天雨黑子于饶州，大如黍菽。徐寿辉据蕲水为都，国号天完，僭称皇帝，改元治平，以邹普胜为太师。十一月癸酉，有星孛于娄宿。甲寅，孛星见于胃宿。乙卯、丙辰，亦如之。丁巳，太阴犯填星，孛星微见于毕宿。黄河堤成，散军民役夫。庚午，监察御史彻彻帖木儿等言，右丞相脱脱治河功成，宜有异数以旌其劳。甲戌，江西妖人邓南二作乱，攻瑞州，总管禹苏福擒斩之。是月，遣使以治河功成告祭河伯，召贾鲁还朝。超授荣禄大夫、集贤大学士，赐金系腰一、银十锭、钞千锭、币帛各二十匹。都水监并有司官有功者三十七员，皆升迁其职。诏赐脱脱答剌罕之号，俾世袭之，以淮安路为其食邑。命立《河平碑》。十二月丙子朔，太白昼见。丁丑，太白经天。己卯，立河防提举司，隶行都水监。庚辰，太白经天，是夜，犯垒壁阵。甲申，太阴犯填星。丙戌，太白复经天，是夜，复犯垒壁阵。以治书侍御史乌古孙良桢为中书参知政事。辛卯，太白经天，壬辰，复如之。丁酉，太白昼见，太阴犯荧惑。命脱脱于淮安立诸路打捕鹰房民匠钱粮总管府，秩从三品。庚子，太白经天，辰星犯天江。辛丑，太白经天。也先帖木儿复上蔡县，擒韩咬儿等至京师，诛之。壬寅，太白昼见。是岁，括马。

十二年春正月丙午朔，诏印造中统元宝交钞一百九十万锭、至元钞十万锭。戊申，竹山县贼陷襄阳路，总管柴肃死之。是日，荆门州亦陷。己酉，时享太庙。庚戌，以宣政院使月鲁不花为中书平章政事。壬子，中书省臣言："河南、陕西、腹里诸路，供给繁重，调兵讨贼，正当春首耕作之时，恐农民不能安于田亩，守令有失劝课，宜委通晓农事官员，分道巡视，督勒守令，亲诣乡都，省谕农民，依时播种，务要人尽其力，地尽其利。其有曾经盗贼、水患、供给之处，贫民不能自备牛、种者，所在有司给之。仍令总兵官，禁止屯驻军马，毋得踏践，以致农事废弛。"从之。乙卯，淮东宣慰司添设同知宣慰司事及都事各一员。丙辰，徐寿辉遣伪将丁普郎、徐明远陷汉阳。丁巳，陷兴国府。己未，徐寿辉遣邹普胜陷武昌，威顺王宽彻普化、湖广行省平章政事和尚弃城走。刑部尚书阿鲁收捕山东贼，给敕牒十一道，使分赏有功者。辛酉，徐寿辉伪将曾法兴陷安陆府，知府丑驴战不胜，死之。癸亥，刑部添设尚书、侍郎、郎中、员外郎各一员，五爱马添设忽剌罕赤二百名。乙丑，太阴犯荧惑。丙寅，以河复故道，大赦天下。己巳，岁星犯右执法。辛未，徐寿辉兵陷沔阳府。壬申，中兴路陷，山南宣慰司同知月古轮失领兵出战，众溃，宣慰使锦州不花、山南廉访使卜礼月敦皆遁走。是月，命逯鲁曾为淮东添设元帅，统领两淮所募盐丁五千讨徐州。拘刷河南、陕西、辽阳三省及上都、大都、腹里等处汉人马。命四川行省平章政事月鲁帖木儿为总兵官，与四川行省右丞长吉讨兴元、金州等处贼；宣政院同知桑哥率领亦都护畏吾儿军与荆湖北道宣慰使朵儿只班同守襄阳；济宁兵马指挥使宝童统领右都卫军，从知枢密院事月阔察儿讨徐州。二月乙亥朔，诏许溪洞蛮猺自新。丁丑，以集贤大学士贾鲁为中书添设左丞；以河南廉访使哈蓝朵儿只为荆湖北道宣慰使都元帅，守襄阳。癸未，命诸王秃坚领从官百人，驰驿守扬州，赐金一锭、钞一千锭。命西宁王牙安沙镇四川。赐镇南王孛罗不花钞一万锭。甲申，邹平县马子昭为乱，捕斩之。乙酉，徐寿辉兵陷江州，总管李黼死之，遂陷南康路。丙戌，霍州灵石县地震。徐寿辉兵陷岳州，房州贼陷归州。戊子，诏："徐州内外群聚之众，限二十日，不分首从，并与赦原。"置安东、安丰分元帅府。己丑，游皇城。庚寅，太阴犯太微垣。癸巳，太阴犯氐宿。辛丑，邓州贼王权、张椿陷澧州，龙镇卫指挥使俺都剌哈蛮等帅师复之。褒赠伏节死义宣徽使帖木儿等二十七人。壬寅，以御史大夫纳麟为江南行台御史大夫，仍太尉。命翰林学士承旨八剌与诸王孛兰奚领军守大名。癸卯，命中书平章政事月鲁不花知经筵事，左丞贾鲁、参知政事帖理帖木儿、乌古孙良桢并同知经筵事。是月，贼侵滑、猺，命德住为河南右丞，守东明。德住时致仕于家，闻命，驰至东明，浚城隍，严备御，贼不敢犯。徐寿辉伪将欧普祥陷袁州。命帖理帖木儿以中书参知政事分省济宁。三月乙巳朔，追封太师、忠王马扎儿台为德王。丁未，徐寿辉伪将许甲攻衡州，洞官黄安抚败之。徐寿辉伪将陶九陷瑞州，总管禹苏福、万户张岳败之。壬子，河南左丞相太不花克复南阳等处。癸丑，中书省臣请行纳粟补官之令："凡各处士庶，果能为国宣力，自备粮米供给军储者，照依定拟地方实授常选流官，依例升转、封荫；及已除茶盐钱谷官有能再备钱粮供给军储者，验见授品级，改授常流。"从之。戊午，太阴犯进贤。辛酉，命亲王阿儿麻以兵讨商州等处贼。以巩卜班知行枢密院事。壬戌，太阴犯东咸。甲子，徐寿辉伪将项普略陷饶州路，遂陷徽州、信州。四川未附生蛮向亚甲洞主墨得什用出降，立盘顺府。丁卯，江南行台御史大夫帖木哥乞致仕，不允，以为甘肃行省平章政事。以出征马少，出币帛各一十万匹，于迤北万户、千户所易马。戊辰，太白昼见。诏："南人有才学者，依世祖旧制，中书省、枢密院、御史台皆用之。"中书省臣言："张理献言，饶州德兴三处，胆水浸铁，可以成铜，宜即其地各立铜冶场，直隶宝泉提举司，宜以张理就为铜冶场官。"从之。以江浙行省左丞相亦怜真班为江西行省左丞相，领兵收捕饶、信贼。庚午，诏："随朝一品职事及省、台、院、六部、翰林、集贤、司农、太常、宣政、宣徽、中政、资正、国子、秘书、崇文、都水诸正官，各举循良材干、智勇兼全、堪充守令者二人。知人多者，不限员数。各处试用守令，并授兼管义兵防御诸军奥鲁劝农事，所在上司不许擅差。守令既已优升，其佐贰官员，比依入广例，量升二等。任满，验守令全治者，与真授；不治者，全削二等，依本等叙；半治者，减一等叙。杂职人员，其有知勇之士，并依上例。凡除常选官于残破郡县及迫近贼境之处，升四等；稍近贼境，升二等。"是月，方国珍复劫其党下海，入黄岩港，台州路达鲁花赤泰不花率官军与战，死之。陇西地震百余日，城郭颓夷，陵谷迁变，定西、会州、静宁、庄浪尤甚。会州公宇中墙崩，获弩五百余张，长者丈余，短者九尺，人莫能挽。改定西为安定州，会州为会宁州。诏定军民官不守城池之罪。闰三月辛巳，以台州路达鲁花赤泰不花为江浙行省参知政事，行台州路事，命下，泰不花已死。壬午，以大理宣慰使答失八都鲁为四川行省添设参知政事，与本省平章政事咬住讨山南、湖广等处贼。乙酉，徐寿辉伪将陈普文陷吉安路，乡民罗明远起义兵复之。命工部尚书朵来、兵部侍郎马某火者，分诣上都、察罕脑儿、集宁等处，给散出征河南达达军口粮。立淮南江北等处行中书省，治扬州，辖扬州、高邮、淮安、滁州、和州、庐州、安丰、安庆、蕲州、黄州。壬辰，以大都留守兀忽失为江浙行省添设右丞，讨饶、信贼。丙申，阿速爱马里纳忽台擒滑州、开州贼韩兀奴罕有功，授资用库大使。丁酉，湖广行省参知政事铁杰，以湖南兵复岳州。戊戌，诏淮南行省设官二十五员，以翰林学士承旨晃火儿不花、湖广平章政事失列门并为平章政事，淮东元帅蛮子为右丞，燕南廉访使秦从德为左丞，陕西行台侍御史答失秃、山北廉访使赵琏并为参知政事。庚子，以枢密副使悟良哈台为中书添设参知政事、同知经筵事。辛丑，命淮南行省平章政事晃火儿不花提调镇南王傅事。是月，诏四川行省平章政事咬住以兵东讨荆襄贼，克复忠、万、夔、云阳等州；命江西行省左丞相亦怜真班以兵守江东、西关隘；命诸王亦怜真班、爱因班，参知政事也先帖木儿与陕西行省平章政事月鲁帖木儿讨南阳、襄阳贼，刑部尚书阿鲁讨海宁贼，江西行省右丞火你赤与参知政事朵䚟讨江西贼；以浙东宣慰使恩宁普代江浙行省左丞左答纳失里守芜湖。命江西行省右丞兀忽失、江浙行省左丞老老与星吉、不颜帖木儿、蛮子海牙同讨饶、信等处贼。方国珍不受招安之命，命江浙左丞左答纳失里讨之。命典瑞院给淮南行省银字圆牌三面、驿券五十道。诏江西行省左丞相亦怜真班、淮南行省平章政事晃火儿不花、江浙行省左丞左答纳失里、湖广行省平章政事也先帖木儿、四川行省平章政事八失忽都及江南行台御史大夫纳麟与江浙行省官，并以便宜行事。也先帖木儿驻军沙河，军中夜惊，军溃，退屯朱仙镇。诏以中书平章政事蛮子代总其兵，也先帖木儿还京师，仍命为御史大夫。夏四月癸卯朔，日有食之。江西临川贼邓忠陷建昌路。己酉，时享太庙。甲寅，以御史大夫搠思监为中书平章政事，提调留守司。乙卯，铁杰及万户陶梦桢复武昌、汉阳，寻再陷。丙辰，江西宜黄贼涂佑与邵武建宁贼应必达等攻陷邵武路，总管吴按摊不花以兵讨之，千户魏淳以计擒涂佑、应必达，复其城。辛酉，翰林学士承旨浑都海牙乞致仕，不允，以为中书平章政事。四川行省参知政事桑哥失里复渠州。甲子，翰林学士承旨欧阳玄以湖广行省右丞致仕，锡玉带及钞一百锭，给全俸终其身。戊辰，诸王秃坚帖木儿、平章政事也先帖木儿讨和州有功，各赐金系腰并钞一千锭。辛未，荆门知州聂炳复荆门州。平章政事忽都海牙年老有疾，诏免其朝贺。是月，大驾时巡上都。永怀县贼陷桂阳。咬住复归州，进攻峡州，与峡州总管赵余褫大破贼兵，诛贼将李太素等，遂平之。诏天下完城郭，筑堤防。命亦都护月鲁帖木儿领畏吾儿军马，同豫王阿剌忒纳失里、知枢密院事老章讨襄阳、南阳、邓州贼。陕西行台监察御史蒙古鲁海牙、范文等纠言也先帖木儿丧师辱国，乞明正其罪，诏不允。左迁西台御史大夫朵尔直班为湖广行省平章政事，蒙古鲁海牙十二人为各路添设佐贰官。五月癸酉朔，太白犯镇星。戊寅，命龙虎山张嗣德为三十九代天师，给印章。海道万户李世安建言权停夏运，从之。命江南行台御史大夫纳麟给宣敕与台州民陈子由、杨恕卿、赵士正、戴甲，令其集民丁夹攻方国珍。己卯，咬住复中兴路。庚辰，监察御史彻彻帖木儿等言："河南诸处群盗，辄引亡宋故号以为口实，宜以瀛国公子和尚赵完普及亲属徙沙州安置，禁勿与人交通。"从之。罢茋儿棚等处金银场课。癸未，建昌民戴良起乡兵克复建昌路。乙酉，命留守帖木哥与诸王朵儿只守口北龙庆州。是月，答失八都鲁至荆门，增募兵，趋襄阳，与贼战，大败克之。命左答纳失里仍守芜湖险隘。六月丙午，中书省臣言，大名路开、滑、濬三州，元城十一县水旱虫蝗，饥民七十一万六千九百八十口，给钞十万锭赈之。戊申，命治书侍御史杜秉彝、中书参议李稷并兼经筵官。辛亥，太白犯井宿。河南行省左丞匝纳禄、参知政事王也速迭儿，并以失误军需，左迁添设淮西宣慰使，随军供给。命河南行省平章政事秃鲁、参知政事李献供给汝宁军需。丁巳，赐中书参知政事悟良哈台珠衣并帽。乙丑，宣让王帖木儿不花，诸王乞塔歹、曲怜帖木儿及淮南廉访使班祝儿并平贼有功，赐金系腰、银、钞有差。绍庆宣慰使杨延礼不花遥授湖广左丞，杨伯颜卜花为绍庆宣慰使，换文资；杨城为沿边溪洞招讨使兼征行万户，回赐先所拘收牌面。丙寅，红巾周伯颜陷道州。修太庙西神门。秋七月丁丑，时享太庙。庚辰，饶、徽贼犯昱岭关，陷杭州路。辛巳，命通政院使答儿麻失里与枢密副使秃坚不花讨徐州贼，给敕牒三十道以赏功。己丑，湘乡贼陷宝庆路。庚寅，以杀获西番首贼功，锡岐王阿剌乞巴钞一千锭，邠王嵬厘、诸王班的失监、平章政事锁南班各金系腰一。以征西元帅斡罗为章佩添设少监，讨徐州。脱脱请亲出师讨徐州，诏许之。辛卯，命脱脱台为行枢密院使，提调二十万户，赐金系腰一、银钞币帛有差。丁酉，辰星犯灵台。以杜秉彝为中书添设参知政事。湖南元帅副使小云失海牙、总管兀颜思忠复宝庆路。是月，徐寿辉伪将王善、康寿四、江二蛮等陷福安、宁德等县。八月癸卯，命中书参知政事帖理帖木尔、淮南行省右丞蛮子供给脱脱行军一应所需。方国珍率其众攻台州城，浙东元帅也忒迷失、福建元帅黑的儿击退之。甲辰，以同知枢密院事哈麻为中书添设右丞。齐王失列门献马一万五千匹于京师。赐脱脱金三锭，银三十锭，钞一万锭，币、帛各一千匹。丁未，日本国白高丽贼过海剽掠，身称岛居民，高丽国王伯颜帖木儿调兵剿捕之，赐金系腰一、钞二千锭。己酉，命知枢密院事咬咬、中书平章政事搠思监、也可扎鲁忽赤福寿，并从脱脱出师征徐州，锡金系腰及银、钞、币、帛有差。翰林学士承旨阔怯镇遏五投下百姓，赐金系腰一。壬子，以扎撒温孙为河南行省右丞，偰哲笃为淮南行省左丞，各赐钞五十锭。丙辰，以秃思迷失为淮南行省平章政事。丁巳，命中书平章政事普化知经筵事。脱脱将出师，六部尚书密迩麻和谟等上言："大臣天子之股肱，中书庶政之根本，不可以一日离。乞诏留贤相，弼亮天工，如此则内外有兼治之宜，社稷有倚重之寄。"不报。脱脱言，皇后斡耳朵思支用不敷，自今为始，每年宜给金一十锭、银五十锭。以同知枢密院事雪雪出军南阳，同知枢密院事秃赤出军河南，皆有功，各进阶荣禄大夫。中书右丞哈麻进阶荣禄大夫。庚申，命哈麻等提调各怯薛、各爱马口粮。丁卯，太白犯岁星。诏："脱脱以答剌罕、太傅、中书右丞相分省于外，督制诸处军马，讨徐州。中书省、枢密院、御史台分官属从行，禀受节制，爵赏有功，诛杀有罪，绥顺讨逆，悉听便宜从事。"是日，发京师。是月，大驾还大都。安陆贼将俞君正复陷荆门州，知州聂炳死之。贼将党仲达复陷岳州。九月乙亥，俞君正复陷中兴，咬住领兵与战于楼台，败绩，奔松滋，本路判官上都死之。己卯，监察御史及河南分御史台、行枢密院、河南廉访司、巩昌总帅府、陕西都府、义兵万户府等官，交章言御史大夫也先帖木儿出征河南功绩。庚辰，赐也先帖木儿金系腰一、金一锭、银一十锭、钞五千锭、币帛各一百匹。癸未，中兴义士范中，偕荆门僧李智率义兵复中兴路，俞君正败走，龙镇卫指挥使俺都剌哈蛮领兵入城，咬住自松滋还，屯兵于石马。乙酉，脱脱至徐州。丁亥，命知行枢密院事阿剌吉从脱脱讨徐州，赐金系腰一，金一锭，银五锭，钞、币有差。辛卯，脱脱复徐州，屠其城，芝麻李等遁走。壬辰，太阴犯轩辕。戊戌，赐哈麻李三百锭买玉带。己亥，贼攻辰州，达鲁花赤和尚击走之。庚子，诏加脱脱为太师，班师还京。冬十月丁未，时享太庙。庚戌，知枢密院事老章进阶金紫光禄大夫。命平章定住、右丞哈麻同知经筵事。癸丑，命和籴粟豆五十万石于辽阳。甲寅，拜知行枢密院事阿乞剌为太尉、淮南行省平章政事。戊午，太阴犯鬼宿。甲子，太阴犯岁星。乙丑，太阴犯亢宿。十一月辛未，命江浙行省平章政事庆童收捕常州贼。乙亥，以星吉为江西行省平章政事，出师湖广。丙子，中书省臣请为脱脱立《徐州平寇碑》及加封王爵。癸未，命江浙行省右丞帖里帖木儿总兵讨方国珍。己丑，以脱脱平徐功，锡金一十锭、银一百锭、钞五万锭、币帛各三千匹，上表辞，从之。庚寅，太阴犯太微垣。十二月壬寅，答失八都鲁复襄阳。辛亥，诏以杭、常、湖、信、广德诸路皆克复，赦诖误者，蠲其夏税、秋粮，命有司抚恤其民。辛酉，以湖广行省参知政事卜颜不花、右丞阿儿灰讨徭贼，复湖南潭、岳等处有功，卜颜不花升散阶从一品，阿儿灰升正二品。癸未，脱脱言："京畿近地水利，召募江南人耕种，岁可得粟麦百万余石，不烦海运而京师足食。"帝曰："此事有利于国家，其议行之。"是岁，海运不通。立都水庸田使司于汴梁，掌种植之事。颍州沈丘人察罕帖木儿与信阳州罗山人李思齐同起义兵，破贼有功，授察罕帖木儿中顺大夫、汝宁府达鲁花赤，李思齐知汝宁府。

卷四十三　　本纪第四十三

顺　帝　六

十三年春正月庚午朔，用帝师请，释放在京罪囚。以中书添设平章政事哈麻为平章政事，参知政事悟良哈台为右丞，参知政事乌古孙良桢为左丞。诏印造中统元宝交钞一百九十万锭、至元钞一十万锭。辛未，命悟良哈台、乌古孙良桢兼大司农卿，给司农分司印。西自西山，南至保定、河间，北至檀、顺州，东至迁民镇，凡系官地及元管各处屯田，悉从司农分司立法佃种，合用工价、牛具、农器、谷种、召募农夫诸费，给钞五百万锭，以供其用。旌表真定路藁城县董氏妇贞节。壬申，命陕西行省平章政事卜答失里为总兵官。癸酉，享于太庙。以皇第二子育于太尉众家奴家，赐众家奴及乳母钞各一千锭。甲戌，重建穆清阁。乙亥，命中书右丞秃秃以兵讨商州贼。丙子，方国珍复降。以司农司旧署赐哈麻。庚辰，中书省臣言："近立司农分司，宜于江浙、淮东等处召募能种水田及修筑围堰之人各一千名为农师，教民播种。宜降空名添设职事敕牒一十二道，遣使赍往其地，有能募农民一百名者授正九品，二百名者正八品，三百名者从七品，即书填流官职名给之，就令管领所募农夫，不出四月十五日，俱至田所，期年为满，即放还家。其所募农夫，每名给钞十锭。"从之。以杜秉彝为中书参知政事。乙酉，太阴犯太微垣。丙戌，以武卫所管盐台屯田八百顷，除军见种外，荒闲之地，尽付分司农司。答失八都鲁克复襄阳、樊城有功，升四川行省右丞，赐金系腰一。庚寅，知枢密院事老章克复南阳唐州，赐金一锭、银一十锭、钞一千锭、币帛各五十匹。戊戌，荧惑、太白、辰星聚于奎宿。二月丁未，祭先农。己酉，太阴犯轩辕。庚戌，太白犯荧惑。壬子，太阴犯太微垣。甲寅，中书省臣言徐州民愿建庙宇，生祠右丞相脱脱，从之，诏仍立脱脱《平徐勋德碑》。壬戌，以宣政院使笃怜帖木儿知经筵事，中书右丞悟良哈台、左丞乌古孙良桢、参知政事杜秉彝并同知经筵事。三月己卯，命脱脱领大司农司。甲申，诏修大承天护圣寺，赐钞二万锭。丁亥，命脱脱以太师开府，提调太史院、回回、汉儿司天监。己丑，以各衙门系官田地并宗仁等卫屯田地土，并付司农分司播种。是月，会州、定西、静宁、庄浪等州地震。命江浙行省左丞帖里帖木儿、江南行台侍御史左答纳失里招谕方国珍。夏四月戊戌朔，命南北兵马司各分官一员，就领通州、漷州、直沽等处巡捕官兵，往来巡逻，给分司印，一同署事，半载一更。特命乌古孙良桢得用军器。

庚子，以礼部所辖掌薪司并地土给付司农分司。以甘肃行省平章政事锁南班为永昌宣慰使，总永昌军马，仍给平章政事俸。先是，永昌愚鲁罢等为乱，锁南班讨平之，至是复起，故有是命。辛丑，太白犯井宿。乙巳，时享太庙。己酉，诏取勘徐州、汝宁、南阳、邓州等处荒田并户绝籍没入官者。立司牧署，掌司农分司耕牛。又立玉田屯署。降徐州路为武安州，以所辖县属归德府，其滕州、峄州仍属益都路。辛亥，太阴犯房宿。是月，车驾时巡上都。五月己巳，命东安州、武清、大兴、宛平三县正官添给河防职名，从都水监官巡视浑河堤岸，或有损坏，即修理之。辛未，江西行省左丞相亦怜真班、江浙行省左丞老老引兵取道自信州，元帅韩邦彦、哈迷取道由徽州、浮梁，同复饶州，蕲、黄等贼闻风皆奔溃。癸酉，以太尉阿剌吉为岭北行省左丞相。知行枢密院事伯家奴封武国公，与诸王孛罗帖木儿同出军。甲戌，行枢密院添设佥院二员。乙亥，太阴犯岁星。乙未，泰州白驹场亭民张士诚及其弟士德、士信为乱，陷泰州及兴化县，遂陷高邮，据之，僭国号大周，自称诚王，建元天祐。六月丙申朔，立詹事院，设詹事三员、同知二员、副詹事二员、丞二员。命四川行省平章政事玉枢虎儿吐华便宜行事。丁酉，立皇子爱猷识理达腊为皇太子、中书令、枢密使，授以金宝，告祭天地、宗庙。命右丞相脱脱兼詹事。乙亥，诏征西都元帅汪只南发本处精锐勇敢军一千人从征讨，以千户二员、百户一十员领之。庚子，知枢密院事失剌把都总河南军，平章政事答失八都鲁总四川军，自襄阳分道而下，克复安陆府。辛丑，罢宫傅府，以所掌钱帛归詹事院。癸卯，诏以敕牒二十道、钞五万锭，给付淮南行省平章政事达世帖睦迩，于淮南、淮北等处召募壮丁，并总领汉军、蒙古守御淮安。辽东搠羊哈及乾帖困、术赤术等五十六名吾者野人以皮货来降，给搠羊哈等三人银牌一面，管领吾者野人。甲辰，以立皇太子诏天下，大赦。己酉，亦都护高昌王月鲁帖木儿薨于南阳军中，命其子桑哥袭亦都护高昌王爵。辛亥，亲王完者秃泰州阵亡，八秃亳州阵亡，各赙钞五百锭。命前河西廉访副使也先不花为淮西添设宣慰副使，讨泰州。丙辰，诏皇太子位下立仪卫司，设指挥二员，给二珠金牌，副指挥二员，一珠金牌。赐吴王搠思监金二锭、银五锭、钞二千锭、币帛各九匹。以资政院所辖左、右都威卫属詹事院。是月，命淮南行省平章政事达世帖睦迩便宜行事。诏淮南行省平章政事福寿讨兴化。是夏，蓟州大水。秋七月丁卯，泉州天雨白丝，海潮日三至。时享太庙。戊辰，太白昼见。宦官至一品二品者，依常例给俸禄。壬申，湖广行省参知政事阿鲁辉复武昌及汉阳府。癸酉，诏詹事院自行铨注本院属官。壬辰，亲王只儿哈忽薨于海宁军中，以其子宝童继袭王爵。八月癸卯，亲王阔儿吉思、帖木儿献马。辛亥，赐脱脱东泥河田一十二顷。亲王只儿哈郎讨捕金山贼，薨于军中，命其子秃鲁帖木儿入备宿卫。庚申，命不花帖木儿袭封文济王。是月，车驾还自上都。资政院使脱火赤以兵复江州路。以四川行省平章政事玉枢虎儿吐华、右丞完者不花守镇中兴路。左迁平章政事咬住为淮西元帅，供给乌撒军，进讨蕲、黄。九月乙丑朔，日有食之。乙亥，以怯薛官广平王咬咬征讨慢功，削其王爵，降为河南行省平章政事。己丑，广宁王浑都帖木儿薨，赙钞一千锭。建皇太子鹿顶殿于圣安殿西。歪剌歹桑哥失里献马一百匹，赐金系腰一、币帛各九。庚寅，太阴犯荧惑。辛卯，扎你别之地献大撒哈剌、察亦儿、米西儿刀、弓、锁子甲及青、白西马各二匹，赐钞二万锭。壬辰，太白经天，荧惑犯左执法。南台御史大夫纳麟以老疾辞职，从之，命太尉如故。冬十月丁酉，享于太庙。庚子，太白经天。癸卯，以江浙行省参知政事买住丁升本省右丞，提调明年海运。甲辰，岁星犯氐宿。丁未，广西元帅甄崇福复道州，诛贼将周伯颜。庚戌，从帖里帖木儿、左答纳失里之请，授方国珍徽州路治中，国璋广德路治中，国瑛信州路治中，督遣之任，国珍疑惧，不受命。立水军都万户府于昆山州，以浙东宣慰使纳麟哈剌为正万户，宣慰使董抟霄为副万户。庚申，赐皇太子妃钞十万锭。壬戌，赐皇太子五爱马怯薛丹二百五十人钞各一百一十锭。癸亥，太白犯亢宿。是月，撤世祖所立毡殿，改建殿宇。十一月壬申，太阴犯垒壁阵。乙酉，立典藏库，贮皇太子钱帛。丁亥，江西左丞火你赤以兵平富州、临江，遂引兵复瑞州。是月，立义兵千户、水军千户所于江西，事平，愿还为民者听。十二月丁酉，太白犯东咸。己亥，宁王旭灭该还大斡耳朵思，赐金系腰一、钞一千锭。庚子，荧惑入氐宿。癸卯，脱脱请以赵完普家产田地赐知枢密院事桑哥失里。庚戌，京城天无云而雷鸣，少顷，有火坠于东南。淮庆路及河南府西北有声如击鼓者数四，已而雷声震地。癸丑，以西安王阿剌忒纳失里为豫王；弟答儿麻讨南阳贼有功，以西安王印与之，命镇宠吉儿之地。丁巳，太阴犯心宿。西宁王牙罕沙镇四川，还沙州，赐钞一千锭。是月，大同路疫，死者大半。江浙行省平章政事卜颜帖木儿、南台御史中丞蛮子海牙及四川行省参知政事哈临秃、左丞桑秃失里、西宁王牙罕沙，合军讨徐寿辉于蕲水，败之，寿辉遁走，获其伪官四百余人。陕西行省平章政事孛罗、四川行省右丞答失八都鲁复均、房等州，诏孛罗等守之，答失八都鲁讨东正阳。是岁，自六月不雨至于八月。造清宁殿前山子、月宫诸殿宇，以宦官留守也先帖木儿、留守同知也速迭儿及都水少监陈阿木哥等董其役。哈麻及秃鲁帖木儿等阴进西天僧于帝，行房中运气之术，号演揲儿法，又进西番僧善秘密法，帝皆习之。

十四年春正月甲子朔，汴梁城东汴河冰，皆成五色花草如绘画，三日方解。乙丑，荧惑犯岁星。丁卯，太白犯建星。辛未，享于太庙。壬申，命帖木儿不花袭封广宁王，赐钞一千锭。癸酉，荧惑犯房宿。立辽阳等处漕运庸田使司，属分司农司。丁丑，帝谓脱脱曰："朕尝作朵思哥儿好事，迎白伞盖游皇城，实为天下生灵之故。今命剌麻选僧一百八人，仍作朵思哥儿好事，凡所用物，官自给之，毋扰于民。"丙戌，以答儿麻监藏遥授陕西行省平章政事，实授行宣政院使，整治西番人民。是月，命桑哥失里、哈临秃守中兴。答失八都鲁复峡州。二月戊戌，祭社稷。乙卯，命中书平章政事搠思监提调规运总管府。戊午，太白犯垒壁阵。己未，以湖广行省平章政事苟儿为淮南行省平章政事，以兵攻高邮。是月，以吕思诚为湖广行省左丞。命湖广行省右丞伯颜普化、江南行台中丞蛮子海牙、江浙行省平章政事卜颜帖木儿、参知政事阿里温沙，会合湖广行省平章政事也先帖木儿讨沿江贼。立镇江水军万户府，命江浙行省右丞佛家闾领之。诏河南、淮南两省并立义兵万户府。建清河大寿元忠国寺，以江浙废寺田归之。三月癸亥朔，日有食之。己巳，廷试进士六十二人，赐薛朝晤、牛继志进士及第，余授官出身有差。壬申，以皇太子行幸，和买驼马。甲戌，命亲王速哥帖木儿以兵讨宿州贼。丙子，颍州陷。是月，中书定拟义兵立功者权任军职，事平授以民职，从之。命四川行省右丞答失八都鲁升本省平章政事兼知行枢密院事，总荆、襄诸军，从宜调遣。诏和买马于北边以供军用，凡有马之家，十匹内和买二匹，每匹给钞一十锭。夏四月癸巳朔，汾州介休县地震，泉涌。以武祺参议中书省事。是月，车驾时巡上都。江西、湖广大饥，民疫疠者甚众。御史台臣纠言江浙行省左丞帖里帖木儿等罪。先是，帖里帖木儿与江南行台侍御史左答纳失里奉旨招谕方国珍，报国珍已降，乞立巡防千户所，朝廷授以五品流官，令纳其船，散遣徒众，国珍不从，拥船一千三百余艘，仍据海道，阻绝粮运，以故归罪二人。以江浙行省参知政事阿儿温沙升本省右丞，浙东宣慰使恩宁普为江浙行省参知政事，皆总兵讨方国珍。发陕西军讨河南贼，给钞令自备鞍马军器，合二万五千人，马七千五百匹，永昌、巩昌沿边人匠杂户亦在遣中。造过街塔于芦沟桥，命有司给物色人匠，以御史大夫也先不花督之。复立应昌、全宁二路。先是，有诏罢之，以拨属鲁王马某沙王傅府，至是有司以为不便，复之。诏复起永昌、巩昌、喃巴、临洮等处军。命各卫军人修白浮、瓮山等处堤堰。五月甲子，安丰、正阳贼围庐州。是月，诏修砌北巡所经色泽岭、黑石头河西沿山道路，创建龙门等处石桥。皇太子徙居宸德殿，命有司修葺之。立南阳、邓州等处毛胡芦义兵万户府，募土人为军，免其差役，令讨贼自效。因其乡人自相团结，号毛胡芦，故以名之。诏以玉枢虎儿吐华募兵万人下蜀江，代答失八都鲁守中兴、荆门；命答失八都鲁以兵赴汝宁。升湖广行省参知政事阿儿灰为右丞，讨庐州。募宁夏善射者及各处回回、术忽殷富者赴京师从军。复发秃卜军万人，命太傅阿剌吉领之。命荆王答儿麻失里代阔端阿合镇河西，讨西番贼。六月辛卯朔，蓟州雨雹。高邮张士诚寇扬州。丙申，达识帖睦迩以兵讨张士诚，败绩，诸军皆溃。诏江浙行省参知政事佛家闾会达识帖睦迩，复进兵讨之。甲辰，太阴入斗宿。己酉，盱眙县陷。庚戌，陷泗州，官军溃。秋七月甲子，潞州襄垣县大风拔木偃禾。乙丑，太阴犯角宿。壬申，诏免大都、上都、兴和三路今年税粮。命刑部尚书阿鲁于海宁州等处募兵讨泗州。壬午，太阴犯昴宿。是月，汾州孝义县地震。八月，冀宁路榆次县桃李花。车驾还自上都。九月己未朔，赐亲王撒蛮答失金二锭、银二十锭、钞一万锭、币帛表里各三百匹。创设奥剌赤二十名，仍给衣粮草料。庚申，以湖广行省左丞吕思诚复为中书左丞。辛酉，以知枢密院事月阔察儿为中书平章政事。诏脱脱以太师、中书右丞相，总制诸王各爱马、诸省各翼军马，董督总兵、领兵大小官将，出征高邮。甲子，封高丽国王脱脱不花为沈王。丁卯，普颜忽都皇后母殁，赙钞三百锭。立宁宗影堂。戊子，免河南蒙古军人杂泛差役。是月，赐穆清阁工匠皮衣各一领。盖海青鹰房。禁河南、淮南酒。阶州西番贼起，遣兵击之。方国珍拘执元帅也忒迷失、黄岩州达鲁花赤宋伯颜不花、知州赵宜浩，以俟诏命。冬十月甲午，享于太庙。戊戌，诏答失八都鲁及泰不花等会军讨安丰。甲辰，诏加号海神为辅国护圣庇民广济福惠明著天妃。壬子，太阴犯太微垣。十一月丙寅，敕：“中书省、枢密院、御史台，凡奏事先启皇太子。”诏：“江浙应有诸王、公主、后妃、寺观、官员拨赐田粮，及江淮财赋、稻田、营田各提举司粮，尽数赴仓，听候海运，以备军储，价钱依本处十月时估给之。”丁卯，脱脱领大兵至高邮，辛未，战于高邮城外，大败贼众。丙子，太阴犯鬼宿。癸未，赐亲王喃答失金镀银印。乙酉，脱脱遣兵平六合县。是月，答失八都鲁复苗军所据郑、均、许三州。皇太子修佛事，释京师死罪以下囚。十二辛卯，绛州北方有红气如火蔽天。丙申，以中书平章政事定住为左丞相；宣政院使哈麻、永昌宣慰锁南班并为中书平章政事，进阶光禄大夫。监察御史袁赛因不花等劾奏：“脱脱出师三月，略无寸功，倾国家之财以为己用，半朝廷之官以为自随。又其弟也先帖木儿，庸材鄙器，玷污清台，纲纪之政不修，贪淫之心益著。”章三上，诏令也先帖木儿出都门听旨，以宣徽使汪家奴为御史大夫。丁酉，诏以脱脱老师费财，已逾三月，坐视寇盗，恬不为意，削脱脱官爵，安置淮安路，弟御史大夫也先帖木儿安置宁夏路。以河南行省平章政事泰不花为本省左丞相，中书平章政事月阔察儿加太尉，集贤大学士雪雪知枢密院事，一同总兵，总领诸处征进军马，并在军诸王、驸马、省、院、台官及大小出军官员，其灭里、卜亦失你山、哈八儿秃、哈怯来等拔都儿、云都赤、秃儿怯里兀、孛可、西番军人、各爱马朵怜赤、高丽、回回民义丁壮等军人，并听总兵官节制。诏：“被灾残破之处，令有司赈恤，仍蠲租税三年。赐高年帛。”罢庸田、茶运、宝泉等司。戊戌，以定住领经筵事，中政院使桑哥失里为中书添设右丞。己亥，太阴掩昴宿。庚子，以桑哥失里同知经筵事。冀国公秃鲁加太尉，进阶金紫光禄大夫。癸卯，命哈麻提调经正监、都水监、会同馆，知经筵事，就带元降虎符。甲辰，以桑哥失里提调宣文阁；哈麻兼大司农，吕思诚兼司农卿，提调农务。己酉，绍兴路地震。是月，命织造世祖御容。诏威顺王宽彻普化还镇湖广。先是以贼据湖广，命夺其王印，至是宽彻普化讨贼累立功，故诏还其印，仍守旧镇。命甘肃右丞嵬的讨捕西番贼。答失八都鲁复河阴、巩县。徭贼自耒阳寇衡州，万户许脱因死之。是岁，诏谕：“民间私租太重，以十分为率普减二分，永为定例。”降钞十万锭赏江西守城官吏军民。京师大饥，加以疫疠，民有父子相食者。帝于内苑造龙船，委内官供奉少监塔思不花监工。帝自制其样，船首尾长一百二十尺，广二十尺，前瓦帘棚、穿廊、两暖阁，后吾殿楼子，龙身并殿宇用五彩金妆，前有两爪。上用水手二十四人，身衣紫衫，金荔枝带，四带头巾，于船两旁下各执篙一。自后宫至前宫山下海子内，往来游戏，行时，其龙首眼口爪尾皆动。又自制宫漏，约高六七尺，广半之，造木为匮，阴藏诸壶其中，运水上下。匮上设西方三圣殿，匮腰立玉女捧时刻筹，时至，辄浮水而上。左右列二金甲神，一悬钟，一悬钲，夜则神人自能按更而击，无分毫差。当钟钲之鸣，狮凤在侧者皆翔舞。匮之西东有日月宫，飞仙六人立宫前，遇子午时，飞仙自能耦进，度仙桥，达三圣殿，已而复退立如前。其精巧绝出，人谓前代所鲜有。时帝怠于政事，荒于游宴，以宫女三圣奴、妙乐奴、文殊奴等一十六人按舞，名为十六天魔，首垂发数辫，戴象牙佛冠，身被缨络、大红绡金长短裙、金杂袄、云肩、合袖天衣、绶带鞋袜，各执加巴剌般之器，内一人执铃杵奏乐。又宫女一十一人，练槌髻，勒帕，常服，或用唐帽、窄衫，所奏乐用龙笛、头管、小鼓、筝、纂、琵琶、笙、胡琴、响板、拍板。以宦者长安迭不花管领，遇宫中赞佛，则按舞奏乐。宫官受秘密戒者得入，余不得预。

卷四十四　　本纪第四十四

顺　帝　七

十五年春正月戊午朔，以中书平章政事搠思监提调留守司，宣徽使黑厮为中书平章政事，河南行省左丞许有壬为集贤大学士，辽阳行省左丞奇伯颜不花升本省平章政事。壬戌，以宣政院副使忻都为太子詹事。癸亥，享于太庙。甲子，亲王秃坚帖木儿殁于军中，赐钞五百锭。江西行省平章政事道童加大司徒。戊辰，太阴犯五车。辛未，太阴犯鬼宿。大斡耳朵儒学教授郑咺建言："蒙古乃国家本族，宜教之以礼，而犹循本俗，不行三年之丧，又收继庶母、叔婶、兄嫂，恐贻笑后世，必宜改革，绳以礼法。"不报。丙子，上都饥，赈粜米二万石。丁丑，徐寿辉伪将倪文俊复陷沔阳府，威顺王宽彻普化令王子报恩奴等同湖南元帅阿思蓝水陆并进讨之。至汉川，水浅，文俊用火筏烧船，报恩奴遇害。庚辰，复设仁虞、云需、尚供三总管府。丙戌，大同路饥，出粮一万石减价粜之。是月，诏以湖广行省平章政事乞剌班慢功，削其官爵，令从军自效。诏安置脱脱于亦集乃路，收所赐田土。命河南行省参知政事洪丑驴守御河南，陕西行省参知政事述律朵儿只守御潼关，宗王扎牙失里守御兴元，陕西行省参知政事阿鲁温沙守御商州，通政院使朵来守御山东。诏豫王阿剌忒纳失里与陕西行省平章政事搠思监从宜商议军事。闰月壬寅，以各卫军人屯田京畿，人给钞五锭，以是日入役，日支钞二两五钱，仍给牛、种、农器，命司农司令本管万户督其勤惰。丙午，太阴犯心宿。丙辰，太白经天。是月，上都路饥，诏严酒禁。命河南行省参知政事塔失帖木尔领元管陕西军马，守御河南。二月己未，刘福通等自砀山夹河迎韩林儿至，立为皇帝，又号小明王，建都亳州，国号宋，改元龙凤。以其母杨氏为皇太后，杜遵道、盛文郁为丞相，罗文素、刘福通为平章，刘六知枢密院事；拆鹿邑县太清宫材建宫阙，遵道等各遣子入侍。遵道得宠专权，刘福通疾之，命甲士挝杀遵道，福通遂为丞相，后称太保。丙寅，以中书平章政事黑厮、左丞许有壬并知经筵事。戊辰，命太傅、御史大夫汪家奴为中书右丞相，中书平章政事定住为左丞相，诏天下。庚午，以河南行省平章政事咬咬为辽阳行省左丞相。壬申，立淮东等处宣慰使司都元帅府于天长县，统濠、泗义兵万户府并洪泽等处义兵，听富民愿出丁壮义兵五千名者为万户，五百名者为千户，一百名者为百户，仍降宣敕牌面。丙子，以达识帖睦迩为中书平章政事，提调留守司；平章政事黑厮兼大司农。是月，命刑部尚书董铨等与江西行省平章政事火你赤专任征讨之务，便宜从事，遣使先降曲赦，谕以祸福，如能出降，释其本罪，执迷不悛，克日进讨。三月庚寅，太阴犯五车。癸巳，徐寿辉兵陷襄阳路。甲午，命汪家奴摄太尉，持节授皇太子爱猷识理达腊玉册，锡以冕服九旒，祗谒太庙。丙申，太阴犯房宿。辛丑，以监察御史言，安置脱脱于云南镇西路，也先帖木儿于四川碉门，脱脱长男哈剌章安置肃州，次男三宝奴安置兰州，仍籍其家产。己酉，命知枢密院事众家奴知经筵事，知枢密院事捏兀失该提调内史府。癸丑，太白经天。夏四月壬戌，中书省臣言："江南因盗贼阻隔，所在阙官，宜遣人与各省及行台官以广东、广西、海北、海南三品以下通行迁调，五品以下先行照会之任，江浙行省三年一次迁调，福建等处阙官亦依前例。"从之。命彰德等处分枢密院添设同知、副使、都事各一员。癸亥，以中书平章政事达识帖睦迩知经筵事，命枢密院添设佥院一员、判官二员，直沽分枢密院添设副使一员、都事一员。以御史中丞扎撒兀孙同知经筵事。乙丑，以中书右丞臧卜、左丞乌古孙良桢分省彰德。辛未，命御史中丞伯家奴同知经筵事，中书参议成遵兼经筵官。癸酉，以左丞相定住为右丞相，平章政事哈麻为左丞相，太子詹事桑哥失里为中书平章政事，雪雪为御史大夫。丁丑，加知枢密院事众家奴太傅。辛巳，亲王脱脱薨，赐钞二百锭。是月，车驾时巡上都。诏翰林待制乌马儿、集贤待制孙㧑招安高邮张士诚，仍赍宣命、印信、牌面，与镇南王孛罗不花及淮南行省、廉访司等官商议给付之。御史台劾奏中书左丞吕思诚，罢之。诏四川等处立宣化镇南军民府，改四川忠孝军民府为忠孝军民安抚司；罢盘顺府，改立盘顺军民安抚司；罢四川羊毋甲洞、臭南王洞长官司，改立忠义军民安抚司，立汴梁等处义兵万户府。五月壬辰，复襄阳路。监察御史也里忽都等劾奏河南行省左丞相太不花慢功虐民，诏削其官职，仍令率领火赤温，从总兵官、平章政事答失八都鲁征进，答失八都鲁管领太不花一应军马。庚戌，倪文俊自沔阳陷中兴路，元帅朵儿只班死之。是月，命淮南行省平章政事咬住、淮东廉访使王也先迭儿抚谕高邮。六月丙辰，命御史大夫雪雪提调端本堂。癸亥，太白经天。丁卯，监察御史哈林秃劾奏脱脱之师集贤大学士吴直方及其参军黑汉、长史火里赤等并宜追夺，从之。监察御史歪哥等辩明中书左丞吕思诚，给付元追所授宣命、玉带。戊辰，命中书平章政事搠思监兼大司农，桑哥失里知经筵事。己巳，靖安王阔不花薨，无后，命其侄袭封靖安王。癸酉，以四川行省平章政事答失八都鲁为河南行省平章政事。乙亥，命将作院判官乌马儿招安濠、泗等处，章佩监丞普颜帖木儿招安沔阳等处。诸王倒吾没于军中，赙钞二百锭。丁丑，保德州地震。己卯，陕西行省平章政事秃秃加答剌罕。庚辰，征徽州隐士郑玉为翰林待制，不至。江浙省臣言："至正十五年税课等钞，内除诏书已免税粮等钞，较之年例，海运粮并所支钞不敷，乞减海运，以苏民力。"户部定拟本年税粮，除免之外，其寺观并拨赐田粮，十月开仓，尽行拘收；其不敷粮，拨至元折中统钞一百五十万锭，于产米处籴一百五十万石，贮濒河之仓，以听拨运，从之。癸未，中书参知政事实理门言："旧立蒙古国子监，专教四怯薛并各爱马官员子弟，今宜谕之，依先例入学，俾严为训诲。"从之。是月，大明皇帝起兵，自和州渡江，取太平路。自红巾妖寇倡乱之后，南北郡县多陷没，故大明从而取之。荆州大水。命湖广行省平章政事阿鲁灰领军，与淮南行省平章政事蛮子海牙、淮西道宣慰使完者不花以兵攻和州等处。命郡王只儿瞰伯、湖广行省右丞卜兰奚攻讨河南。以湖广行省平章政事咬住为总兵官，领本省军马并江州杨完者、黄州李胜等军，守御湖广。江浙行省参知政事纳麟哈剌统领水军万户等军，会本省平章政事定定，进攻常州、镇江等处。命将作院判官乌马儿、利用监丞八十奴招谕濠、泗，淮南行省左丞相太平助之；章佩监丞普颜帖木儿、翰林修撰烈瞻招谕沔阳，四川行省平章政事玉枢虎儿吐华等助之。以怯薛丹泼皮等六十名从江南行御史台大夫福寿守御集庆路。国王朵儿只薨于扬州军中，命郡王只儿瞰伯管领其所部军马。秋七月辛卯，享于太庙。壬寅，倪文俊复陷武昌、汉阳等处。是月，命亲王失里门以兵守曹州，山东宣慰马某火者以兵分府沂州、莒州等处。命知枢密院事答儿麻监藏及四川行省左丞沙剌班、湖南同知宣慰使刘答儿麻失里，以兵屯中兴，招谕诸处，有不降者，与亲王秃鲁及玉枢虎儿吐华讨之。命湖广行省平章政事桑哥、亦秃浑及秃秃守御襄阳，参知政事哈林秃及王塔失帖木尔守御沔阳，如贼徒不降，即进兵讨之。升台州海道巡防千户所为海道防御运粮万户府。八月庚申，命南阳等处义兵万户府召募毛胡芦义兵万人，进攻南阳。戊辰，以中书平章政事达识帖睦迩为江浙行省左丞相，便宜行事，赐钞一千锭。甲戌，以大宗正府扎鲁忽赤迭里迷失为甘肃行省平章政事。戊寅，太白经天。云南死可伐等降，令其子莽三以方物来贡，乃立平缅宣抚司。四川向思胜降，以安定州改立安定军民安抚司。是月，车驾还自上都。诏淮南行省左丞相太平统淮南诸军讨所陷郡邑，仍命湖广行省平章政事阿鲁灰以所部苗军听其节制。立吾者野人乞列迷等处诸军万户府于哈儿分之地。命亲王宽彻班守兴元，永昌宣慰使完者帖木儿讨西番贼 。以淮南行省平章政事蛮子海牙与同知枢密院事绊住马等，自芜湖至镇江南岸守御，同阿鲁灰所部军马协力卫护江南行台。命答失八都鲁从便调度湖广行省左丞卜兰奚所领苗军，江浙行省平章政事卜颜帖木儿守御蕲、黄、兰溪等处。九月癸未朔，命搠思监提调武卫。以知岭北行枢密院事纽的该为中书平章政事。乙酉，立分海道防御运粮万户府于平江路。己丑，太白犯太微垣。辛卯，命秘书卿答兰提调别吉太后影堂祭祀，知枢密院事野仙帖木儿提调世祖影堂祭祀，宣政院使蛮子提调裕宗、英宗影堂祭祀。己亥，倪文俊围岳州路。壬子，命桑哥失里提调宣文阁，吕思诚知经筵事，集贤大学士许有壬兼太子谕德。是月，移置脱脱于阿轻乞之地，命答失八都鲁移军住陈留。冬十月丁巳，立淮南行枢密院于扬州。己未，太阴犯垒壁阵。甲子，命兵、工二部尚书撒八儿、王安童，以金银牌一百六十五面，给淮东宣慰使司等处义兵官员。命哈麻领大司农司。帝谓右丞相定住等曰："敬天地，尊祖宗，重事也。近年以来，阙于举行，当选吉日，朕将亲祀郊庙，务尽诚敬，不必繁文，卿等其议典礼，从其简者行之。"遂命右丞斡栾、左丞吕思诚领其事。以中书右丞拜住为平章政事。庚午，以袭封衍圣公孔克坚同知太常礼仪院事，以克坚子希学为袭封衍圣公。癸酉，太阴犯轩辕。哈麻奏言："郊祀之礼，以太祖配。皇帝出宫，至郊祀所，便服乘马，不设内外仪仗、教坊队子，斋戒七日，内散斋四日于别殿，致斋三日，二日于大明殿西幄殿，一日在南郊祀所。"丙子，以郊祀，命皇太子爱猷识理达腊祭告太庙。己卯，以翰林学士承旨庆童为淮南行省平章政事。立黄河水军万户府于小清口。十一月甲申，荧惑犯氐宿。庚寅，填星犯井宿。壬辰，亲祀上帝于南郊，以皇太子爱猷识理达腊为亚献，摄太尉、右丞相定住为终献。甲午，以太不花为湖广行省左丞相，总兵招捕湖广、沔阳等处，湖广、荆襄诸军悉听节制，给还元追夺河南行省丞相宣命，仍给以功赏宣敕、金银牌面。戊戌，介休县桃杏花。己亥，太阴犯鬼宿。戊申，右丞相定住以病辞职，命以太保就第治病。庚戌，贼陷饶州路。辛亥，赐高丽国王伯颜帖木儿为亲仁辅义宣忠奉国彰惠靖远功臣。是月，答失八都鲁攻夹河贼，大破之。贼陷怀庆，命河南行省右丞不花讨之。以湖广归州改隶四川行省。十二月壬子朔，荧惑犯房宿。给湖广行省分省印。丁巳，命中书参知政事月伦失不花、陈敬伯分省彰德。癸亥，立忠义、忠勤万户府于宿州、武安州。己巳，以诸郡军储供饷繁浩，命户部印造明年钞本六百万锭给之。壬申，以平章政事帖里帖木儿、右丞斡栾并知经筵事，参议丁好礼兼经筵官。乙亥，以天下兵起，下诏罪己，大赦天下。是月，答失八都鲁大败刘福通等于太康，遂围亳州，伪宋主遁于安丰。立兴元等处宣慰使司都元帅府于兴元路。是岁，蓟州雨血。诏："凡有水田之处，设大兵农司，招集人夫，有警乘机进讨，无事栽植播种。"诏浚大内河道，以宦官同知留守埜先帖木儿董其役。埜先帖木儿言："自十一年以来，天下多事，不宜兴作。"帝怒，命往使高丽，改命宦官答失蛮董之。以中书平章政事拜住分省济宁，设四部。是岁，察罕帖木儿与贼战于河南北，屡有功，除中书刑部侍郎。

十六年春正月壬午朔，改福建宣慰使司都元帅府为福建行中书省。戊子，亲享太庙。命中书平章政事帖里帖木儿提调国子监。己丑，太阴犯昴宿。丁酉，太保定住以病辞职，太尉、太宗正府扎鲁忽赤月阔察儿以出军中伤辞职，皆不允。乙亥，诏命太尉阿吉剌开府设官属。乙巳，以辽阳行省左丞相咬咬为太子詹事，翰林学士承旨朵列帖木儿同知詹事院事。丙子，以知枢密院事实理门兼大府监卿。戊申，云南土官阿芦降，遣侄腮斡以方物来贡。庚戌，左丞相哈麻罢。辛亥，御史大夫雪雪亦罢，以搠思监为御史大夫。复以定住为右丞相。是月，蓟州地震。倪文俊建伪都于汉阳，迎徐寿辉据之。二月癸酉，秃鲁帖木儿辞职，不允。搠思监纠言哈麻及其弟雪雪等罪恶，帝曰："哈麻兄弟虽有罪，然侍朕日久，与朕弟懿璘质班皇帝实同乳，且缓其罚，令之出征自效。"甲寅，命右丞相定住依前太保，中书一切机务，悉听总裁，诏天下。丙辰，以镇南王孛罗不花自兵兴以来率怯薛丹讨贼，累立战功，赐钞一万锭。定住及平章政事桑哥失里等复奏哈麻兄弟罪恶，遂命贬哈麻惠州安置，雪雪肇州安置，寻杖杀之。壬戌，詹事伯撒里辞职。乙丑，禁销毁、贩卖铜钱。丙寅，命翰林国史院、太常礼仪院定拟皇后奇氏三代功臣谥号、王爵。甲戌，命六部、大司农司、集贤翰林国史两院、太常礼仪院、秘书、崇文、国子、都水监、侍仪司等正官，各举才堪守令者一人，不拘蒙古、色目、汉、南人，从中书省斟酌用之，或任内害民受赃者，举官量事轻重降职。命蛮蛮为靖安王，赐金印，置王傅等官。己卯，命集贤直学士杨俊民致祭曲阜孔子庙，仍葺其庙宇。诏谕："山东盐法，军民毋得沮坏。"赐定住笃怜赤、怯薛丹三十名，给衣粮、马匹、草料。是月，高邮张士诚陷平江路，据之，改平江路为隆平府，遂陷湖州、松江、常州。三月辛巳朔，复立酒课提举司。命中书平章政事帖里帖木儿、参知政事成遵等议钞法。壬午，徐寿辉复寇襄阳。癸未，台臣言："系官牧马草地，俱为权豪所占。今后除规运总管府见种外，余尽取勘，令大司农召募耕垦，岁收租课以资国用。"从之。丁亥，以今秋出师，诏和买马六万匹。戊子，命宣让王帖木儿不花、威顺王宽彻普化以兵镇遏怀庆路，各赐金一锭、银五锭、币帛九匹、钞二千锭。庚寅，大明兵取集庆路，江南行台御史大夫福寿死之。丙申，倪文俊陷常德路，总兵官俺都剌道。命搠思监提调承徽寺。丁酉，立行枢密院于杭州。命江浙行省左丞相达识帖睦迩兼知行枢密院事，节制诸军，省、院等官并听调遣，凡赏功、罚罪、招降、讨逆，许以便宜行事。大明兵取镇江路。戊申，方国珍复降，以为海道运粮漕运万户，兼防御海道运粮万户。其兄方国璋为衢州路总管，兼防御海道事。是月，有两日相荡。夏四月辛亥朔，以搠思监为中书左丞相。丙辰，以资正院使普化为御史大夫。丁巳，命左丞相搠思监领经筵事，中书平章政事悟良哈台、御史大夫普化并知经筵事。庚申，以河南行省左丞卜兰奚为湖广行省平章政事，答失八都鲁加金紫光禄大夫。丙寅，命阿因班太子与陕西行省官同讨均、房、南阳。辽阳行省平章政事奇伯颜不花加大司徒。丁卯，以陕西行台御史大夫朵朵为陕西行省左丞相，大司农咬咬为辽阳行省左丞相。以知枢密院事实理门分院济宁，翰林学士承旨脱脱同知詹事院事。壬申，命豫王阿剌忒纳失里与陕西行省官商议军机，从宜攻讨。己卯，命悟良哈台兼太子谕德。是月，车驾时巡上都。五月壬辰，太白犯鬼宿，癸巳，亦如之。甲午，太阴入斗宿。丙申，倪文俊陷澧州路。丁酉，太阴犯垒壁阵。乙巳，贼寇辰州，守将和尚以乡兵击败之。六月甲寅，江浙行省平章政事三旦八、参知政事杨完者以兵守嘉兴路，御张士诚。乙丑，大明兵取广德路。秋七月癸未，以翰林学士秃鲁帖木儿为侍御史。丁酉，太阴犯垒壁阵。是月，张士诚遣兵陷杭州，江浙行省平章政事左答纳失里战死，丞相达识帖睦迩遁，杨完者及万户普贤奴击败之，复其城。八月丙辰，奉元路判官王渊等以义兵复商州，升渊同知关商襄邓等处宣慰司事。己未，贼侵河南府路，参知政事洪丑驴以兵败之。丁卯，太阴犯昴宿。庚午，倪文俊陷衡州路，元帅甄崇福战死。甲戌，彗星见张宿，色青白，彗指西南，长尺余，至十二月戊午始灭。是月，车驾还自上都。黄河决，山东大水。九月庚辰，汝、颍贼李武、崔德等破潼关，参知政事述律杰战死。壬午，豫王阿剌忒纳失里、同知枢密院事定住引兵复潼关，河南行省平章政事伯家奴以兵守之。丙申，潼关复陷，伯家奴兵溃，豫王阿剌忒纳失里复以兵取之，李武、崔德败走。戊戌，贼陷陕州及虢州。诏以太尉纳麟复为江南行台御史大夫，迁行台治绍兴。是月，察罕帖木儿复陕州及虢州，复袭败贼兵于平陆、安邑，以功由兵部尚书升佥河北行枢密院事。冬十月丁未朔，大名路有星如火，从东南流，芒尾如曳箒，堕地有声，火焰蓬勃，久之乃息，化为石，青黑色，光莹，形如狗头，其断处如新割者，命藏于库。壬辰，太阴犯井宿。是月，诏罢太尉也先帖木儿。十一月丙戌，以老的沙、答里麻失里并为詹事。丁亥，流星大如酒杯，色青白，尾迹约长五尺余，光明烛地，起自东北，东南行，没于近浊，有声如雷。壬辰，太阴犯井宿。是月，河南陷，河南廉访副使俺普遁。置河南廉访司于沂州，又于沂州设分枢密院，以兵马指挥使司隶之。十二月，倪文俊陷岳州路，杀威顺王子歹帖木儿。湖广参知政事也先帖木儿与左江义兵万户邓祖胜合兵复衡州。是岁，诏："沿海州县为贼所残掠者，免田租三年。赐高年帛。"河南行省左丞相太不花驻军于南阳嵩、汝等州，叛民皆降，军势大振。陕西行台监察御史李尚䌹上《关中形胜急论》，凡十有二事。命大司农司屯种雄、霸二州以给京师，号京粮。

卷四十五　　本纪第四十五

顺帝八

十七年春正月丙子朔，日有食之。以伯颜秃古思为大司徒。辛卯，命山东分省团结义兵，每州添设判官一员，每县添设主簿一员，专率义兵以事守御，仍命各路达鲁花赤提调，听宣慰使司节制。丙申，监察御史哈剌章言："淮东道廉访使褚不华，徇忠尽节，宜加褒赠，优恤其家。"从之。二月壬子，贼犯七盘、蓝田，命察罕帖木儿以军会答儿麻亦儿守陕州、潼关；哈剌不花由潼关抵陕西，会豫王阿剌忒纳失里及定住等同进讨。癸丑，太阴犯五车。以征河南许、亳、太康、嵩、汝大捷，诏赦天下。戊辰，知枢密院事脱脱复邳州，调客省使撒儿答温等攻黄河南岸贼，大破之。壬申，刘福通遣其党毛贵陷胶州，佥枢密院事脱欢死之。甲戌，倪文俊陷峡州。是月，李武、崔德陷商州，察罕帖木儿与李思齐以兵自陕、虢援陕西，以察罕帖木儿为陕西行省左丞，李思齐为四川行省左丞。诏以高宝为四川行省参知政事，将兵取中兴，不克，贼遂破辘轳关。三月乙亥朔，义兵万户赛甫丁、阿迷里丁叛据泉州。庚辰，毛贵陷莱州，守臣山东宣慰副使释嘉讷死之。壬午，大明兵取常州路。甲申，太阴犯鬼宿。壬辰，岁星犯垒壁阵。甲午，毛贵陷益都路，益王买奴遁，自是山东郡邑皆陷。乙未，以江淮行枢密院副使董抟霄为山东宣慰使。丁酉，毛贵陷滨州。戊戌，以中书平章政事帖里帖木儿为御史大夫，悟良哈台、斡栾并为中书平章政事。夏四月丙午，监察御史五十九言："今京师周围，虽设二十四营，军卒疲弱，素不训练，诚为虚设，傥有不测，诚可寒心。宜速选择骁勇精锐，卫护大驾，镇守京师，实当今奠安根本、固坚人心之急务。况武备莫重于兵，而养兵莫先于食。今朝廷拨降钞锭，措置农具，命总兵官，于河南克复州郡，且耕且战，甚合寓兵于农之意。为今之计，权命总兵官，从宜于军官内选委能抚字军民者，兼路府州县之职，务要农事有成，军民得所，则扰民之害亦除，而匮乏之忧亦释矣。"帝嘉纳之。乙卯，毛贵陷莒州。丙辰，京师立便民六库，倒易昏钞。辛酉，以咬咬为甘肃行省左丞相。答失八都鲁加太尉、四川行省左丞相。汉中道廉访司纠陕西行省左丞萧家奴遇贼逃窜，失陷所守郡邑，诏正其罪。是月，车驾时巡上都。封江西行省平章政事火你赤为营国公。大明兵取宁国路。五月乙亥朔，命知枢密院事李兰奚进兵讨山东。戊寅，平章政事亦老温帖木儿复武安州等三十余城。丙申，命搠思监为右丞相，太平为左丞相，诏天下。免民今岁税粮之半。诏以永昌宣慰司属詹事院。六月甲辰朔，以实理门为中书分省右丞，守济宁。丙辰，监察御史脱脱穆而言："去岁河南之贼窥伺河北，惟河南与山东互相策应，为害尤大。为今之计，中书当遴选能将，就太不花、答失八都鲁、阿鲁三处军马内，择其精锐，以守河北，进可以制河南之侵，退可以攻山东之寇，庶几无虞。"从之。己未，以帖里帖木儿、老的沙并为御史大夫。庚申，大明兵取江阴州。壬申，帖里帖木儿纠陕西知行枢密院事也先帖木儿，遂命罢陕西行枢密院，令也先帖木儿居于草地。癸酉，温州路乐清江中龙起，飓风作，有火光如球。是月，刘福通犯汴梁，其军分三道，关先生、破头潘、冯长舅、沙刘二、王士诚寇晋、冀，白不信、大刀敖、李喜喜趋关中，毛贵据山东，其势大振。秋七月己卯，帖里帖木儿奏续集《风宪宏纲》。庚辰，大明兵取徽州路。癸未，太白犯鬼宿。甲申，太阴犯斗宿。乙酉，命右丞相搠思监领宣政院事，平章政事臧卜知经筵事，参知政事李稷同知经筵事，参知政事完者帖木儿兼太府卿。丁亥，填星犯鬼宿。戊子，以李稷为御史中丞。中书省臣言："山东般阳、益都相次而陷，济南日危，宜选将练卒，信赏必罚，为保燕、赵计，以卫京师。"不报。己丑，镇守黄河义兵万户田丰叛，陷济宁路，分省右丞实理门遁，义兵万户孟本周攻之，田丰败走，本周还守济宁。甲午，以御史中丞完者帖木儿为中书右丞，河南廉访使俺普为中书参知政事。监察御史迭里弥实、刘杰言："疆域日蹙，兵律不严，陕西、汴梁、淮颍、山东之寇有窥伺燕、赵之志，宜俯询大臣，共图克复之宜，预定守备之策。"不报。是月，立四方献言详定使司，秩正三品。归德府知府林茂、万户时公权叛，以城降于贼，归德府及曹州皆陷。八月癸卯朔，填星犯鬼宿，太白犯轩辕。癸丑，刘福通兵陷大名路，遂自曹、濮陷卫辉路，答失八都鲁之子孛罗帖木儿与万户方脱脱击之。甲子，太阴犯五车。乙丑，以陕西行台御史中丞伯嘉讷为陕西行省平章政事；淮南行省参知政事余阙为淮南行省左丞；江浙行省参知政事杨完者升左丞；方国珍为江浙行省参知政事，海道运粮万户如故。丙寅，庆阳府镇原州大雹。是月，大驾还自上都。蓟州大水。诏知枢密院事纽的该进讨山东。大明兵取扬州路。平江路张士诚，俾前江南行台御史中丞蛮子海牙为书请降，江浙左丞相达识帖睦迩承制令参知政事周伯琦等至平江抚谕之，诏以士诚为太尉，士德为淮南行省平章政事，时士德已为大明兵所擒。九月丙子，命同知枢密院事寿童以兵讨冠州。以老的沙为中书省平章政事兼兀良海牙指挥使。甲午，泽州陵川县陷，县尹张辅死之。戊戌，太不花复大名路并所属郡县。辛丑，诏中书右丞也先不花、御史中丞成遵奉使宣抚彰德、大名、广平、东昌、东平、曹、濮等处，奖厉将帅。是月，命纽的该加太尉，总诸军守御东昌。时田丰据济、濮，率众来寇，击走之。倪文俊谋杀其主徐寿辉，不果，自汉阳奔黄州，寿辉伪将陈友谅袭杀之，友谅遂自称平章。闰九月癸卯，有飞星如盂，青色，光烛地，尾约长尺余，起自王良，没于勾陈。监察御史朵儿只等劾奏知枢密院使哈剌八秃儿失陷所守郡县，诏正其罪。丙午，太阴犯斗宿。右丞相搠思监、左丞相太平并加开府仪同三司。平章政事完者不花兼大司农。庚申，太阴犯井宿。乙丑，潞州陷。丙寅，贼攻冀宁，察罕帖木儿以兵击走之。冬十月乙亥，荧惑犯氐宿。戊寅，设分詹事院。甲申，太阴掩昴宿。戊戌，曹州贼入太行山。是月，白不信、大刀敖、李喜喜陷兴元，遂入凤翔，察罕帖木儿、李思齐屡击破之，其党走入蜀。答失八都鲁与知枢密院事答里麻失里以军讨曹州贼，官军败溃，答里麻失里死之。静江路山崩，地陷，大水。十一月辛丑朔，山东道宣慰使董抟霄建言："请令江淮等处各枝官军，分布连珠营寨于隘口，屯驻守御，宜广屯田，以足军食。"从之。汾州桃杏花。壬寅，贼侵壶关，察罕帖木儿大破之。戊午，以河南行省平章政事答兰为中书平章政事，御史中丞李献为中书左丞，陕西行台中丞卜颜帖木儿、枢密院副使哈剌那海、司农少卿崔敬、侍御史陈敬伯皆为参知政事。癸亥，豫王阿剌忒纳失里与陕西行省左丞相朵朵、陕西行台御史中丞伯嘉讷，分道攻讨关陕。己巳，以中书参知政事八都麻失里为右丞。十二月庚午朔，荧惑犯天江。辛未，山东道廉访使伯颜不花建言：严保伍，集勇健，汰冗官。戊寅，太白犯岁星。甲申，太阴犯鬼宿。丁亥，岁星犯垒壁阵。庚寅，太白犯垒壁阵。癸巳，太阴犯心宿。丁酉，庆元路象山县鹅鼻山崩。己亥，流星如金星大，尾约长三尺余，起自太阴，近东而没，化为青白气。庚子，答失八都鲁卒于军中。是岁，诏天下团结义兵，路、府、州、县正官俱兼防御事。诏淮南知行枢密院事脱脱领兵讨淮南。诏谕济宁李秉彝、田丰等，令其出降，叙复元任；啸乱士卒，仍给资粮，欲还乡者听。倪文俊陷川蜀诸郡，命伪元帅明玉珍守据之。赵君用及彭大之子早住同据淮安，赵僭称永义王，彭僭称鲁淮王。义兵千户余宝杀其知枢密院事宝童以叛，降于毛贵。余宝遂据棣州。河南大饥。

十八年春正月辛丑，填星犯鬼宿。乙巳，察罕帖木儿、李思齐合兵于凤翔。丙午，太阴犯昴宿。陈友谅陷安庆路，守将余阙死之。庚戌，大明兵取婺源州。甲子，以不兰奚知枢密院事。乙丑，大风起自西北，益都土门万岁碑仆而碎。丙寅，田丰陷东平路。丁卯，不兰奚与毛贵战于好石桥，败绩，走济南。是月，诏答失八都鲁子孛罗帖木儿为河南行省平章政事，总领其父元管军马。诏察罕帖木儿屯陕西，李思齐屯凤翔。二月己巳朔，议团结西山寨大小十一处以为保障，命中书右丞塔失帖木儿、左丞乌古孙良桢等总行提调，设万夫长、千夫长、百夫长，编立牌甲，分守要害，互相策应。毛贵陷清、沧州，遂据长芦镇。中书省臣奏以陕西军旅事剧务殷，去京师道远，供费艰难，请就陕西印造宝钞为便，遂分户部宝钞库等官，置局印造。仍命诸路拨降钞本，畀平准行用库倒易昏币，布于民间。癸酉，毛贵陷济南路，守将爱的战死。毛贵立宾兴院，选用故官，以姬宗周等分守诸路；又于莱州立三百六十屯田，每屯相去三十里，造大车百辆，以挽运粮储，官民田十止收二分，冬则陆运，夏则水运。乙亥，填星犯鬼宿。辛巳，诏以太不花为中书右丞相，总兵山东。壬午，田丰复陷济宁路。甲申，辉州陷。丙戌，纽的该闻田丰逼近东昌，弃城走。丁亥，察罕帖木儿调兵复泾州、平凉，保巩昌。戊子，田丰陷东昌路。庚寅，王士诚自益都犯怀庆路，周全击败之。辛卯，以安童为中书参知政事。丁酉，兴元路陷。三月己亥朔，日色如血。加右丞相搠思监太保。庚子，毛贵陷般阳路。辛丑，大同路夜黑气蔽西方，有声如雷；少顷，东北方有云如火，交射中天，遍地俱见火，空中有兵戈之声。癸卯，王士诚陷晋宁路，总管杜赛因不花死之。甲辰，察罕帖木儿遣赛因赤等复晋宁路。己酉，刘福通遣兵犯卫辉，孛罗帖木儿击走之。庚戌，毛贵陷蓟州，诏征四方兵入卫。乙卯，毛贵犯漷州，至枣林，枢密副使达国珍战死，遂略柳林，同知枢密院事刘哈剌不花以兵击败之，贵走据济南。丙辰，大明兵取建德路。以周全为湖广行省参知政事，统奥鲁等军，移镇嵩州白龙寨。冀宁路陷。丁巳，田丰陷益都路。辛酉，大同诸县陷，察罕帖木儿遣关保等往击之。是时贼分二道犯晋、冀，一出沁州，一侵绛州。乙丑，以老章为太子少保。夏四月甲申，陈友谅陷龙兴路，省臣道童、火你赤弃城遁。壬午，田丰陷广平路，大掠，退保东昌。诏令元帅方脱脱以兵复广平。癸未，以诸处捷音屡至，诏颁军民事宜十一条。庚寅，以翰林学士承旨蛮子为岭北行省平章政事。辛卯，太白犯鬼宿。甲午，陈友谅遣王奉国陷瑞州路。是月，车驾时巡上都。察罕帖木儿、李思齐会宣慰张良弼、郎中郭择善、宣慰同知拜帖木儿、平章政事定住、总帅汪长生奴，各以所部兵讨李喜喜于巩昌，李喜喜败入蜀。察罕帖木儿驻清湫，李思齐驻斜坡，张良弼驻秦州，郭择善驻崇信，拜帖木儿等驻通渭，定住驻临洮，各自除路府州县官，征纳军需。李思齐、张良弼又同袭杀拜帖木儿，分总其兵。五月戊戌朔，察罕帖木儿遣董克昌等以兵复冀宁。以方国珍为江浙行省左丞，兼海道运粮万户。诏察罕帖木儿还兵镇冀宁。李思齐杀同佥枢密院事郭择善。庚子，贼兵逾太行，察罕帖木儿部将关保击败之。以察罕帖木儿为陕西行省右丞兼陕西行台侍御史、同知河南行枢密院事。刘福通攻汴梁。壬寅，太白犯填星。汴梁守将竹贞弃城遁，福通等遂入城，乃自安丰迎其伪主居之以为都。陈友谅遣康泰、赵琮、邓克明等以兵寇邵武路。甲辰，命太尉阿吉剌为甘肃行省左丞相。乙巳，关保与贼战于高平，大败之。庚戌，陈友谅陷吉安路。壬子，太阴犯斗宿。癸丑，监察御史七十等，纠劾太保、中书右丞相太不花。乙卯，诏削太不花官爵，安置盖州。时太不花总兵山东，以知行枢密院悟良哈台代之。命悟良哈台节制河北诸军，河南行省平章政事周全节制河南诸军。辛酉，陈友谅兵陷抚州路。甲子，监察御史七十、燕赤不花等劾中书参知政事燕只不花。是月，辽州蝗。山东地震，天雨白毛。察罕帖木儿自以刘尚质为冀宁路总管。六月戊辰朔，太不花伏诛。察罕帖木儿调虎林赤、关保同守潞州。拜察罕帖木儿陕西行省平章政事，便宜行事。庚辰，关先生、破头潘等陷辽州，虎林赤以兵击走之，关先生等遂陷冀宁路。乙酉，命左丞相太平督诸军守御京城，便宜行事。是月，汾州大疫。秋七月丁酉朔，周全据怀庆路以叛，附于刘福通。时察罕帖木儿驻军洛阳，遣伯帖木儿以兵守盌子城。周全来战，伯帖木儿为其所杀，周全遂尽驱怀庆民渡河，入汴梁。丁未，太阴犯斗宿。不兰奚以兵复般阳路，已而复陷。戊申，太白昼见。癸丑，有贼兵犯京城，刑部郎中不花守西门，夜，开门击退之。己未，刘福通遣周全引兵攻洛阳，守将登城，以大义责全，全愧谢退兵，刘福通杀之。丙寅，以完卜花、脱脱帖木儿为中书平章政事。是月，京师大水，蝗，民大饥。八月丁卯朔，江浙行省平章政事三旦八遁于福建。先是，三旦八讨饶州，贪财玩寇，久而无功，遂妄称迁职福建行省。至福建，为廉访佥事般若帖木儿所劾，拘之兴化路。壬申，太阴掩心宿。庚辰，陈友谅兵陷建昌路。辛巳，义兵万户王信以滕州叛，降于毛贵。甲申，太阴掩昴宿。庚寅，以老的沙为御史大夫。诏作新风纪。九月丁酉朔，诏授昔班帖木儿同知河东宣慰司事，其妻剌八哈敦云中郡夫人，子观音奴赠同知大同路事，仍旌表其门闾。先是，昔班帖木儿为赵王位下同知怯怜口总管府事，其妻尝保育赵王，及是部落灭里叛，欲杀王，昔班帖木儿与妻谋，以其子观音奴服王平日衣冠居王宫，夜半，夫妻卫赵王微服遁去。比贼至，遂杀观音奴，赵王得免。事闻，故旌其忠焉。褒封唐赠谏议大夫刘蕡为文节昌平侯。关先生攻保定路，不克，遂陷完州，掠大同、兴和塞外诸郡。中书左丞张冲请立团练安抚劝农使司二道，一奉元延安等处，一巩昌等处，从之。壬寅，诏命中书参知政事普颜不花、治书侍御史李国凤经略江南。癸卯，诏以福建行中书省平章政事庆童为江南行台御史大夫。丙午，贼兵攻大同路。壬戌，平定州陷。乙丑，陈友谅陷赣州路，江西行省参知政事全普庵撒里及总管哈海赤死之。冬十月丙寅朔，诏豫王阿剌忒纳失里徙居白海，寻迁六盘。壬申，大明兵取兰溪州。己卯，太阴犯昴宿。壬午，监察御史燕赤不花劾右丞相搠思监罪状，诏收其印绶。乙酉，监察御史答儿麻失里、王彝等复劾之，请正其罪，帝不听。壬辰，大同路陷，达鲁花赤完者帖木儿弃城遁。十一月乙未朔，以普化帖木儿为福建行省平章政事。癸卯，陈友谅陷汀州路。丙午，太阴犯昴宿，太白犯房宿。丁未，田丰陷顺德路。先是，枢密院判官刘起祖守顺德，粮绝，劫民财，掠牛马，民强壮者令充军，弱者杀而食之。至是城陷，起祖遂尽驱其民走于广平。辛酉，太阴掩心宿。十二月乙丑朔，日有食之。癸酉，关先生、破头潘等陷上都，焚宫阙，留七日，转略往辽阳，遂至高丽。戊寅，太白经天。庚辰，察罕帖木儿遣枢密院判官琐住进兵于辽阳。癸未，太白经天。甲申，大明兵取婺州路，达鲁花赤僧住、浙东廉访使杨惠死之。戊子，太阴犯房宿。

十九年春正月甲午朔，陈友谅兵陷信州路，守臣江东廉访副使伯颜不花的斤力战死之。大明兵取诸暨州。辛丑，太阴犯昴宿。乙巳，以朵儿只班为中书平章政事。丙午，辽阳行省陷，懿州路总管吕震死之，赠震河南行省左丞，追封东平郡公。察罕帖木儿遣枢密院判官陈秉直、八不沙将兵二万守冀宁。癸丑，流星如酒杯大，有声如雷。二月辛巳，枢密副使朵儿只以贼犯顺宁，命张立将精锐由紫荆关出讨，命鸦鹘由北口出迎敌。甲申，叛将梁炳攻辰州，守将和尚击败之，以和尚为湖广行省参知政事。贼由飞狐、灵丘犯蔚州。庚寅，御史台臣言："先是召募义兵，费用银钞一百四十万锭，多近侍、权幸冒名关支，率为虚数。乞令军士，凡已领官钱者，立限出征。"诏从之，已而复止不行。是月，诏孛罗帖木儿移兵镇大同，以为京师捍蔽。置大都督兵农司，仍置分司十道，专督屯种，以孛罗帖木儿领之，所在侵夺民田，不胜其扰。太不花溃散之兵数万钞掠山西，察罕帖木儿遣陈秉直分兵驻榆次招抚之，其首领悉送河南屯种。三月癸巳朔，陈友谅遣兵由信州略衢州，复遣兵陷襄阳路。辛丑，京城北兵马司指挥周哈剌歹与林智和等谋叛，事觉，伏诛。庚戌，太阴犯房宿。壬戌，诏定科举流寓人名额，蒙古、色目、南人各十五名，汉人二十名。夏四月癸亥朔，汾水暴涨。贼陷金、复等州，司徒、知枢密院事佛家奴调兵平之。甲子，毛贵为赵君用所杀。帝以天下多故，却天寿节朝贺，诏群臣曰："朕方今宜敬天地，法祖宗，以自修省。朕初度之日，群臣毋贺。"庚午，左丞相太平暨文武百官奏曰："天寿节朝贺，乃臣子报本，实合礼典。今谦让不受，固陛下盛德，然今军旅征进，君臣名分，正宜举行。"不允。壬申，皇太子复率群臣上奏曰："朝贺祝寿，是祖宗以来旧行典故，今不行，有乖于礼。"帝曰："今盗贼未息，万姓荼毒，正朕恐惧、修省、敬天之时，奈何受贺以自乐！"乙亥，御史大夫帖里帖木儿复奏曰："天寿朝贺之礼，盖出臣子之诚，伏望陛下曲徇所请。若朝贺之后，内庭燕集，特赐除免，亦古者人君减膳之意，仍乞宣示中书，使内外知圣天子忧勤惕厉至于如此。"帝曰："为朕缺于修省，以致万姓涂炭，今复朝贺燕集，是重朕之不德。当候天下安宁，行之未晚。卿等其毋复言。"卒不听。己丑，贼陷宁夏路，遂略灵武等处。五月壬辰朔，以陕西行台御史大夫完者帖木儿为陕西行省左丞相，便宜行事。丙申，荧惑犯鬼宿。丁酉，皇太子奏请巡北边以抚绥军民，御史台臣上疏固留，诏从之。壬寅，察罕帖木儿请今岁八月乡试河南举人及避兵儒士，不拘籍贯，依河南省元定额数，就陕州置贡院应试，诏从之。丙午，太阴犯天江。丁未，太阴犯斗宿。是月，察罕帖木儿大发秦、晋诸军讨汴梁，围其城。山东、河东、河南、关中等处蝗飞蔽天，人马不能行，所落沟堑尽平，民大饥。六月辛巳，诏以宣徽使燕古儿为御史大夫。秋七月壬辰朔，出搠思监为辽阳行省左丞相，便宜行事。丁酉，太白犯上将。庚子，诏以察罕脑儿宣慰司之地属资正院，有司毋得差占。察罕脑儿之地，在世祖时隶忙哥歹太子四千户，今从皇后奇氏请，故以属之资正院。甲辰，太白犯右执法。戊申，命国王囊加歹、中书平章政事佛家奴、也先不花、知枢密院事黑驴等，统领探马赤军进征辽阳。己酉，太白犯左执法。丙辰，赵君用既杀毛贵，其党续继祖自辽阳入益都，杀君用，遂与其所部自相仇敌。是月，霸州及介休、灵石县蝗。八月辛酉朔，倪文俊余党陷归州。戊寅，察罕帖木儿督诸将阎思孝、李克彝、虎林赤、赛因赤、答忽、脱因不花、吕文、完哲、贺宗哲、孙翥等攻破汴梁城，刘福通奉其伪主遁，退据安丰。己卯，蝗自河北飞渡汴梁，食田禾一空。诏以察罕帖木儿为河南行省平章政事，兼同知河南行枢密院事、陕西行台御史中丞，依前便宜行事，仍赐御衣、七宝腰带，以旌其功。是月，大同路蝗，襄垣县螟蝝。九月癸巳，以中书平章政事帖里帖木儿为陕西行省左丞相，便宜行事。乙巳，以湖南、北，江东、西四道廉访司所治之地皆陷，诏任其所便之地置司。丙午，夜，白虹贯天。丁未，禁军人不得私杀牛马。甲寅，太白犯天江。是月，大明兵取衢州路。诏遣兵部尚书伯颜帖木儿、户部尚书曹履亨，以御酒、龙衣赐张士诚，征海运粮。冬十月庚申朔，诏京师十一门皆筑瓮城，造吊桥。以方国珍为江浙行省平章政事。壬申，太白犯斗宿。辛巳，流星大如桃。十一月癸卯，大明兵取处州路。戊申，陈友谅兵陷杉关。十二月戊辰，太白犯垒壁阵。是月，知枢密院事兀良哈台领太不花军，其所部方脱脱与弟方伯帖木儿时保辽州，兀良哈台同唐琰、高脱因等屯孟州，与察罕帖木儿部将八不沙等交兵。已而兀良哈台独引达达军还京师，方脱脱等乃从孛罗帖木儿。皇太子憾太平忤己，以中书左丞成遵、参知政事赵中皆太平所用，使监察御史诬成遵、赵中以赃罪，杖杀之。是岁以后，因上都宫阙尽废，大驾不复时巡。陈友谅以江州为都，迎伪主徐寿辉居之，自称汉王。

二十年春正月己丑朔，察罕帖木儿请以巩县改立军州万户府，招民屯种，从之。御史大夫老的沙、御史中丞咬住奏："今后各处从宜行事官员，毋得阴挟私仇，明为举索，辄将风宪官吏擅自迁除，侵扰行事，沮坏台纲。"从之。己亥，太阴犯井宿。癸卯，大宁路陷。壬子，以危素为参知政事。乙卯，会试举人，知贡举平章政事八都麻失里、同知贡举翰林学士承旨李好文、礼部尚书许从宗、考试官国子祭酒张翥、同考官太常博士傅亨等奏："旧例，各处乡试举人，三年一次，取三百名，会试取一百名。今岁乡试所取，比前数少，止有八十八名，会试三分内取一分，合取三十名，如于三十名外，添取五名为宜。"从之。丙辰，五色云见移时。二月戊午朔，左丞相太平罢为太保，守上都。三月戊子朔，田丰陷保定路。彗星见东方。甲午，廷试进士三十五人，赐买住、魏元礼进士及第，其余出身有差。乙巳，冀宁路陷。壬子，以搠思监为中书右丞相。夏四月庚申，命大司农司都事乐元臣招谕田丰，至其军，为丰所害。丁卯，太阴犯明堂。辛未，佥行枢密院事张居敬复兴中州。癸酉，太阴犯东咸。五月丁亥朔，日有食之。雨雹。陈友谅杀其伪主徐寿辉于太平路，遂称皇帝，国号大汉，改元大义，已而回驻于江州。乙未，陈友谅遣罗忠显陷辰州。己亥，以绊住马为中书平章政事。壬寅，太阴犯建星。是月，张士诚海运粮十一万石至京师。闰月己未，以太尉也先帖木儿知经筵事，以甘肃行省左丞相阿吉剌为太尉。乙亥，流星大如桃。六月己丑，命孛罗帖木儿部将方脱脱守御岚、兴、保德州等处。诏："今后察罕帖木儿与孛罗帖木儿部将，毋得互相越境，侵犯所守信地，因而仇杀，方脱脱不得出岚、兴州境界，察罕帖木儿亦不得侵其地。"癸巳，太白犯井宿。戊戌，太阴犯建星。是月，大明兵取信州路。秋七月辛酉，命辽阳行省参知政事张居敬讨义州贼。孛罗帖木儿败贼王士诚于台州。乙丑，太阴犯井宿。乙亥，诏孛罗帖木儿总领达达、汉儿军马，为总兵官，仍便宜行事。八月戊子，命孛罗帖木儿守石岭关以北，察罕帖木儿守石岭关以南。辛卯，太阴犯天江。壬辰，加封福建镇闽王为护国英仁武烈忠正福德镇闽尊王。乙未，永平路陷。壬寅，填星犯太微。甲辰，太阴犯井宿。诏："诸处所在权摄官员，专务渔猎百姓，今后非朝廷允许，不得之任。"庚戌，诏江浙行省左丞相达识帖睦迩加太尉兼知江浙行枢密院事，提调行宣政院事，便宜行事。九月乙卯朔，诏遣参知政事也先不花往谕孛罗帖木儿、察罕帖木儿，令讲和。时孛罗帖木儿调兵自石岭关直抵冀宁，围其城三日，复退屯交城。察罕帖木儿调参政阎奉先引兵与战，已而各于石岭关南北守御。壬戌，贼陷孟州，又陷赵州，攻真定路。癸未，贼复犯上都，右丞忙哥帖木儿引兵击之，败绩。冬十月甲申朔，甘露降于国子监大成殿前柏木。以张良弼为湖广行省参知政事，讨南阳、襄樊。诏孛罗帖木儿守冀宁，孛罗帖木儿遣保保、殷兴祖、高脱因倍道趋冀宁，守者不纳。丙戌，命迭儿必失为太尉，守卫大斡耳朵思。戊子，荧惑犯井宿。己亥，察罕帖木儿遣陈秉直、琐住等，以兵攻孛罗帖木儿之军于冀宁，与孛罗帖木儿部将脱列伯战，败之。时帝有旨以冀宁畀孛罗帖木儿，察罕帖木儿以为用兵数年，惟藉冀、晋以给其军，而致盛强，苟奉旨与之，则彼得以足其兵食，乃托言用师汴梁，寻渡河就屯泽、潞拒之，调延安军交战于东胜州等处，再遣八不沙以兵援之。八不沙谓彼军奉旨而来，我何敢抗王命，察罕帖木儿怒，杀之。十一月甲寅朔，黄河清，凡三日。孛罗帖木儿以兵侵汾州，察罕帖木儿以兵拒之。癸酉，贼犯易州。十二月丙戌，诏："太庙、影堂祭祀，乃子孙报本重事。近兵兴岁歉，品物不能丰备，累朝四祭，减为春秋二祭，今宜复四祭。"后竟不行。辛卯，广平路陷。是岁，阳翟王阿鲁辉帖木儿拥兵数十万，屯于木儿古彻兀之地，将犯京畿，使来言曰："祖宗以天下付汝，汝已失其太半；若以国玺付我，我当自为之。"帝遣报之曰："天命有在，汝欲为则为之。"命知枢密院事秃坚帖木儿等将兵击之，不克，军士皆溃，秃坚帖木儿走上都。

卷四十六　　本纪第四十六

顺帝九

二十一年春正月癸丑朔，诏赦天下。命中书参知政事七十往谕孛罗帖木儿罢兵还镇，复遣使往谕察罕帖木儿，亦令罢兵。孛罗帖木儿纵兵掠冀宁等处，察罕帖木儿以兵拒之，故有是命。庚申，太阴犯岁星。乙丑，河南贼犯杞县，察罕帖木儿讨平之。丁卯，李思齐进兵平伏羌县等处。癸酉，石州大风拔木，六畜俱鸣，民所持枪，忽生火焰，抹之即无，摇之即有。二月癸未朔，填星退犯太微垣。甲申，同佥枢密院事迭里帖木儿复永平、滦州等处。己丑，察罕帖木儿驻兵霍州，攻孛罗帖木儿。壬寅，太阴犯天江。是月，江南行台侍御史八撒剌不花杀广东廉访使完者笃、副使李思诚、佥事迭麦赤，以兵自卫，据广州。时八撒剌不花以廉访使久居广东，专恣自用，诏乃以完者笃等为廉访司官，而除八撒剌不花侍御史。八撒剌不花不受命，怒完者笃等代己，即诬以罪，尽杀之，惟廉访使董钥哀请得免。三月丙辰，太阴犯井宿。癸酉，察罕帖木儿调兵讨永城县，又驻兵宿州，擒贼将梁绵住。庚辰，荧惑犯鬼宿。是月，张士诚海运粮一十一万石至京师。孛罗帖木儿罢兵还，遣脱列伯等引兵据延安，以谋入陕。张良弼出南山义谷，驻蓝田，受节制于察罕帖木儿。良弼又阴结陕西行省平章政事定住，听丞相帖里帖木儿调遣，营于鹿台。夏四月辛巳朔，日有食之。是月，以张良弼为陕西行省参知政事。察罕帖木儿遣其子副詹事扩廓帖木儿贡粮至京师，皇太子亲与定约，遂不复疑。五月癸丑，四川明玉珍陷嘉定等路，李思齐遣兵击败之。壬戌，太阴犯房宿。癸酉，太白犯轩辕。甲戌，荧惑犯太白。乙亥，察罕帖木儿以兵侵孛罗帖木儿所守之地。是月，李思齐受李武、崔德等降。六月乙未，荧惑、岁星、太白聚于翼宿。丙申，察罕帖木儿总兵讨山东，发晋军，下井陉，出邯郸，过磁、相、怀、卫，逾白马津，发其军之在汴梁者继之，水陆并进。戊戌，太阴犯云雨。甲辰，太白昼见。秋七月辛亥，察罕帖木儿平东昌。己巳，沂州西北有赤气蔽天如血。是月，察罕帖木儿进兵复冠州。八月乙酉，大同路北方夜有赤气蔽天，移时方散。庚子，以福建行省平章政事普化帖木儿为江南行台御史大夫。癸卯，大明兵取江州路。时伪汉陈友谅据江州为都，至是退都武昌。是月，察罕帖木儿遣其子扩廓帖木儿、阎思孝等，会关保、虎林赤等，将兵由东河造浮桥以济，贼以二万余众夺之，关保、虎林赤且战且渡，拔长清，讨东平，东平伪丞相田丰遣崔世英等出战，大破之。乃遣使招谕田丰，丰降，东平平，令丰为前锋，从大军东讨。棣州俞宝降，东平王士诚、东昌杨诚等皆降，鲁地悉定。进兵济南，刘珪降，遂围益都。九月戊午，阳翟王阿鲁辉帖木儿伏诛。阿鲁辉帖木儿以宗亲，见天下盗贼并起，遂乘间隙，肆为异图，诏少保、知枢密院事老章率诸军讨之。老章遂败其众，寻为部将同知太常礼仪院事脱驩所擒，送阙下，诏诛之。于是诏加老章太傅、和宁王，以阿鲁辉帖木儿之弟忽都帖木儿袭封阳翟王。宗王囊加、玉枢虎儿吐华与脱驩悉议加封。壬戌，四川贼兵陷东川郡县，李思齐调兵击之。壬申，命孛罗帖木儿于保定以东，河间以南，从便屯种。是月，命兵部尚书彻彻不花、侍郎韩祺征海运粮于张士诚。大明取建昌、饶州二路。冬十月癸巳，绛州有赤气见北方如火。以察罕帖木儿为中书平章政事，兼知河南、山东等处行枢密院事、陕西行御史台中丞。察罕帖木儿调参知政事陈秉直、刘珪等守御河南。十一月戊申朔，温州乐清县雷。庚戌，太阴犯建星。癸亥，太阴犯井宿。戊辰，黄河自平陆三门碛下至孟津，五百余里皆清，凡七日。命秘书少监程徐祀之。壬申，太阴犯氐宿。是月，察罕帖木儿、李思齐遣兵围鹿台，攻张良弼，诏和解之，俾各还信地，兵乃解。是岁，京师大饥，屯田成，收粮四十万石。赐司农丞胡秉彝尚尊、金币，以旌其功。

二十二年春正月戊申朔，太白犯建星。甲寅，诏李思齐讨四川，张良弼平襄汉。时两军不和，故有是命。乙卯，填星退犯左执法。庚申，大明取江西龙兴诸路。时江西诸路皆陈友谅所据。丁卯，诏以太尉完者帖木儿为陕西行省左丞相。仍命察罕帖木儿屯种于陕西。申谕李思齐、张良弼等各以兵自效。以也先不花为中书右丞。二月丁丑朔，盗杀陕西行省右丞塔不歹。己卯，太白犯垒壁阵。乙酉，彗星见于危宿，光芒长丈余，色青白。丁酉，彗星犯离宫西星，至二月终，光芒长二丈余。是月，知枢密院事秃坚帖木儿奉诏谕李思齐讨四川。时思齐退保凤翔，使至，思齐进兵益门镇；使还，思齐复归凤翔。三月戊申，彗星不见星形，惟有白气，形曲竟天，西指扫大角。壬子，彗星行过太阳前，惟有星形，无芒，在昴宿，至戊午始灭。甲寅，四川明玉珍陷云南省治，屯金马山，陕西行省参知政事车力帖木儿等击败之，擒明玉珍弟明二。己未，御史大夫老的沙辞职，不许。是月，命孛罗帖木儿为中书平章政事，位第一，加太尉。张良弼受节制于孛罗帖木儿。李思齐遣兵攻良弼，至于武功，良弼以伏兵大破之。夏四月丙子朔，长星见，其形如练，长数十丈，在虚、危之间，后四十余日乃灭。丁亥，荧惑离太阳三十九度，不见，当出不出。己丑，诏诸王、驸马、御史台各衙门，不许占匿人民不当差役。乙未，贼新桥张陷安州，孛罗帖木儿来请援兵。是月，绍兴路大疫。五月乙巳朔，泉州赛甫丁据福州路，福建行省平章政事燕只不花击败之，余众航海还据泉州。福建行省参知政事陈有定复汀州路。己未，中书参知政事陈祖仁上章，乞罢修上都宫阙。辛酉，太阴犯建星。辛未，明玉珍据成都，自称陇蜀王，遣伪将杨尚书守重庆，分兵寇龙州、青州，犯兴元、巩昌等路。是月，张士诚海运粮一十三万石至京师。六月辛巳，彗星见紫微垣，光芒长尺余，东南指，西南行。戊子，彗星光芒扫上宰。田丰及王士诚刺杀察罕帖木儿，遂走入益都城，众乃推察罕帖木儿之子扩廓帖木儿为总兵官，复围益都。诏赠察罕帖木儿推诚定远宣忠亮节功臣、开府仪同三司、上柱国、河南行省左丞相，追封忠襄王，谥献武，食邑沈丘县；令河南、山东等处立庙，长吏岁时致祭。其父司徒阿都温赐良田二百顷；其子扩廓帖木儿授光禄大夫、中书平章政事，兼知河南山东等处行枢密院事、同知詹事院事，一应军马，并听节制。仍诏谕其将士曰："凡尔将佐，久为察罕帖木儿从事，惟恩与义，实同骨肉，视彼逆党，不共戴天，当力图报复，以伸大义。"己亥，益都贼兵出战，扩廓帖木儿生擒六百余人，斩首八百余级。秋七月乙卯，彗星灭迹。丙辰，荧惑见西方，须臾，成白气如长蛇，光炯有文，横亘中天，移时乃灭。是月，河决范阳县，漂民居。八月己亥，扩廓帖木儿言："孛罗帖木儿、张良弼据延安，掠黄河上下，欲东渡以夺晋宁，乞赐诏谕。"癸巳，太阴犯毕宿。九月癸卯朔，刘福通以兵援田丰，至火星埠，扩廓帖木儿遣关保邀击，大破之。甲辰，以山北廉访司权置于惠州。丁未，太白犯亢宿。己酉，太阴犯斗宿。癸亥，岁星犯轩辕。丙寅，荧惑犯鬼宿。戊辰，以也速为辽阳行省左丞相，依前总兵，抚安迤东郡县。己巳，有流星如酒杯，色青白，光明烛地。荧惑犯鬼宿积尸气。冬十月壬申朔，江西行省平章朵列不花移檄讨八撒剌不花。时朵列不花分省广州，适邵宗愚陷广州，执八撒剌不花，杀之。甲戌，孛罗帖木儿南侵扩廓帖木儿所守之地，遂据真定路。己卯，太阴犯牛宿。丁亥，辰星犯亢宿。戊子，太阴犯毕宿。十一月乙巳，扩廓帖木儿复益都，田丰等伏诛。自扩廓帖木儿既袭父职，身率将士，誓必复仇，人心亦思自奋，围城益急。贼悉力拒守，乃以壮士穴地通道而入，遂克之，尽诛其党，取田丰、王士诚之心以祭察罕帖木儿。庚戌，扩廓帖木儿遣关保复莒州，山东悉平。庚申，诏授扩廓帖木儿太尉、银青荣禄大夫、中书平章政事、知枢密院事、太子詹事，便宜行事，袭总其父兵；将校、士卒，论赏有差；察罕帖木儿父阿鲁温进封汝阳王，察罕帖木儿改赠宣忠兴运弘仁效节功臣，追封颍川王，改谥忠襄。癸亥，四川贼兵陷清州。十二月壬辰，太阴犯角宿。庚子，以中书平章政事佛家奴为御史大夫。是岁，枢密副使李士瞻上疏极言时政，凡二十条：一曰悔己过，以诏天下；二曰罢造作，以快人心；三曰御经筵，以讲圣学；四曰延老成，以询治道；五曰去姑息，以振乾刚；六曰开言路，以求得失；七曰明赏罚，以厉百司；八曰公选举，以息奔竞；九曰察近幸，以杜奸弊；十曰严宿卫，以备非常；十一曰省佛事，以节浮费；十二曰绝滥赏，以足国用；十三曰罢各宫屯种，俾有司经理；十四曰减常岁计置，为诸宫用度；十五曰招集散亡，以实八卫之兵；十六曰广给牛具，以备屯田之用；十七曰奖励守令，以劝农务本；十八曰开诚布公，以礼待藩镇；十九曰分遣大将，急保山东；二十曰依唐广宁故事，分道进取。先是蓟国公脱火赤上言乞罢三宫造作，帝为减军匠之半，还隶宿卫，而造作如故，故士瞻疏首及之。皇太子尝坐清宁殿，分布长席，列坐西番、高丽诸僧。皇太子曰："李好文先生教我儒书多年，尚不省其义。今听佛法，一夜即能晓焉。"于是颇崇尚佛学。帝以谗废高丽王伯颜帖木儿，立塔思帖木儿为王。国人上书言旧王不当废、新王不当立之故。初，皇后奇氏宗族在高丽，恃宠骄横，伯颜帖木儿屡戒饬不悛，高丽王遂尽杀奇氏族。皇后谓太子曰："尔年已长，何不为我报仇！"时高丽王昆弟有留京师者，乃议立塔思帖木儿为王，而以奇族子三宝奴为元子，以将作同知崔帖木儿为丞相，以兵万人送之国，至鸭绿江，为高丽兵所败，仅余十七骑还京师。诏加封唐抚州刺史南庭王危全讽为南庭忠烈灵惠王。

二十三年春正月壬寅朔，四川明玉珍僭称皇帝，建国号曰大夏，纪元曰天统。乙巳，大宁陷。庚戌，岁星犯轩辕。二月戊戌，太白昼见。庚子，亦如之。是月，扩廓帖木儿自益都领兵还河南，留锁住以兵守益都，以山东州县立屯田万户府。三月辛丑朔，彗星见东方，经月乃灭。诏中书平章政事爱不花分省冀宁，扩廓帖木儿遣兵据之。丙午，大赦天下。丁未，亲试进士六十二人，赐宝宝、杨輗进士及第，余出身有差。丙辰，太阴犯氐宿。壬戌，大同路夜有赤气亘天，中侵北斗。是月，立广西行中书省，以廉访使也儿吉尼为平章政事。时南方郡县多陷没，惟也儿吉尼独保广西者十五年。立胶东行中书省及行枢密院，总制东方事。以袁宏为参知政事。是春，关先生余党复自高丽还寇上都，孛罗帖木儿击降之。夏四月辛丑，荧惑犯岁星。孛罗帖木儿、李思齐互相交兵。庚申，岁星犯轩辕。是月，扩廓帖木儿遣貊高等以兵击张良弼。五月己巳朔，张士诚海运粮十三万石至京师。壬午，太白昼见。甲午，亦如之。乙未，荧惑犯右执法。是月，爪哇遣使淡濛加加殿进金表，贡方物。六月戊戌朔，孛罗帖木儿遣方脱脱迎匡福于彰德，扩廓帖木儿遣兵追之，败还。匡福遂据保定路。己亥，扩廓帖木儿部将歹驴等驻兵蓝田、七盘，李思齐攻围兴平，遂据盩厔。孛罗帖木儿时奉诏进讨襄汉，而歹驴阻道于前，思齐踵袭于后，乃请催督扩廓帖木儿东出潼关，道路既通，即便南讨。戊申，孛罗帖木儿遣竹贞等入陕西，据其省治。时陕西行省右丞答失铁木儿与行台有隙，且恐陕西为扩廓帖木儿所据，阴结于孛罗帖木儿，请竹贞入城，劫御史大夫完者帖木儿及监察御史张可遵等印。其后屡使召完者帖木儿，贞拘留不遣。扩廓帖木儿遣部将貊高与李思齐合兵攻之，竹贞出降，遂从扩廓帖木儿。庚戌，星陨于济南龙山，入地五尺。甲寅，诏授江南下第及后期举人为路、府、州儒学教授。乙卯，太白犯井宿。丁巳，绛州有白虹二道，冲斗牛间。庚申，平阳路有白气三道，一贯北极，一贯北斗，一贯天汉，至夜分乃灭。壬戌，太白昼见，夜犯井宿。秋七月戊辰朔，京师大雹，伤禾稼。丁丑，以马良为中书参知政事。乙酉，太白昼见。有星坠于庆元路西北，声如雷，光芒数十丈，久之乃灭。八月丁酉朔，倭人寇蓬州，守将刘暹击败之。自十八年以来，倭人连寇濒海郡县，至是海隅遂安。辛丑，扩廓帖木儿遣兵侵孛罗帖木儿所守之境。壬寅，太白犯轩辕。乙巳，太阴犯建星。丁未，太白犯轩辕。己酉，太白昼见。丙辰，太阴犯毕宿。沂州有赤气亘天，中有白色如蛇形，徐徐西行，至夜分乃灭。戊午，孛罗帖木儿言："扩廓帖木儿踵袭父恶，有不臣之罪，乞赐处置。"己未，太白昼见。辛酉，太白犯岁星。乙丑，太白犯右执法。是月，大明兵与伪汉兵大战于鄱阳湖，陈友谅败绩而死。其子理自立，仍据武昌为都，改元德寿，大明兵遂进围武昌。九月丁卯朔，遣爪哇使淡濛加加殿还国，诏赐其国主三珠金虎符及织金纹币。辛未，太白犯左执法。乙亥，岁星犯右执法。丁丑，辰星犯填星，丁亥，太白犯填星。辰星犯亢宿。是月，张士诚自称吴王，来请命，不报。遣户部侍郎博罗帖木儿等征海运于张士诚，士诚不与。冬十月丙申朔，青齐一方赤气千里。癸卯，太白犯氐宿。甲辰，湖广伪姚平章、张知院阴遣人言于扩廓帖木儿，设计擒杀伪汉主陈理及伪夏主明玉珍，不果。己酉，监察御史米只儿海牙劾奏太傅太平罪状，诏安置太平于陕西之西，仍拘收宣命并御赐等物。戊午，太白犯房宿。是月，扩廓帖木儿遣佥枢密院事任亮复安陆府。孛罗帖木儿遣兵攻冀宁，至石岭关，扩廓帖木儿大破走之，擒其将乌马儿、殷兴祖。孛罗帖木儿军由是不振。十一月壬申，御史台臣言："故右丞相脱脱有大臣之体，向在中书，政务修举，深惧满盈，自求引退，加封郑王，固辞不受。再秉钧轴，克济艰危，统军进征，平徐州，收六合，大功垂成，浮言构难，奉诏谢兵，就贬以没。已蒙录用其子，还所籍田宅，更乞悯其勋旧，还其所授宣命。"从之。癸未，太阴犯轩辕，岁星犯左执法。是岁，御史大夫老的沙与知枢密院事秃坚帖木儿，得罪于皇太子，皆奔大同，孛罗帖木儿匿之营中。

二十四年春正月戊寅，太阴犯轩辕。庚辰，保德州民家产猪一头两身。二月壬子，岁星犯右执法。癸丑，太阴犯西咸池。是月，大明灭伪汉，其所据湖南北、江西诸郡皆降于大明。三月乙亥，监察御史王朵列秃、崔卜颜帖木儿等谏皇太子勿亲征。辛卯，诏以孛罗帖木儿匿老的沙，谋为悖逆，解其兵权，削其官爵，候道路开通，许还四川田里。孛罗帖木儿拒命不受。夏四月甲午朔，命扩廓帖木儿讨孛罗帖木儿。乙未，太阴犯西咸池。孛罗帖木儿悉知诏令调遣之事非出帝意，皆右丞相搠思监所为，遂令秃坚帖木儿举兵向阙。壬寅，秃坚帖木儿兵入居庸关。癸卯，知枢密院事也速、詹事不兰奚迎战于皇后店。不兰奚力战，也速不援而退，不兰奚几为所获，脱身东走。甲辰，皇太子率侍卫兵出光熙门，东走古北口，趋兴、松。乙巳，秃坚帖木儿兵至清河列营。时都城无备，城中大震，令百官吏卒分守京城，使达达国师至其军问故，以必得搠思监及宦官朴不花为对，诏慰解之，不听。丁未，诏屏搠思监于岭北，窜朴不花于甘肃，执而与之。复孛罗帖木儿前官，仍总兵。以也速为左丞相。庚戌，秃坚帖木儿陈兵自健德门入，觐帝于延春阁，恸哭请罪，帝就宴赉之。加孛罗帖木儿太保，依前守御大同，秃坚帖木儿为中书平章政事。辛亥，秃坚帖木儿军还。皇太子至路儿岭。诏追及之，还宫。癸丑，太白犯井宿。五月甲子朔，黄河清。戊辰，扩廓帖木儿奉命讨孛罗帖木儿，屯兵冀宁，其东道以白锁住领兵三万，守御京师，中道以貊高、竹贞领兵四万，西道以关保领军五万，合击之。关保等兵逼大同，孛罗帖木儿留兵守大同，而自率兵与秃坚帖木儿、老的沙复大举向阙。甲戌，太白犯鬼宿。乙亥，又犯积尸气，岁星犯右执法。六月癸卯，三星昼见，白气横突其中。甲辰，河南府有大星夜见南方，光如昼。丁未，大星陨，照夜如昼，及旦，黑气晦暗如夜。甲寅，白锁住以兵至京师，请皇太子西行。丁巳，太白犯右执法。是月，保德州黄龙见井中。秋七月癸亥，太白与岁星合于翼宿。甲子，岁星犯左执法。丙戌，孛罗帖木儿前锋军入居庸关，皇太子亲率军御于清河，也速军于昌平，军士皆无斗志。皇太子驰还都城，白锁住引兵入平则门。丁亥，白锁住扈从皇太子出顺承门，由雄、霸、河间，取道往冀宁。戊子，孛罗帖木儿驻兵健德门外，与秃坚帖木儿、老的沙入见帝于宣文阁，诉其非罪，皆泣，帝亦泣，乃赐宴。孛罗帖木儿欲追袭皇太子，老的沙止之。庚寅，诏以孛罗帖木儿为中书左丞相，老的沙为中书平章政事，秃坚帖木儿为御史大夫，其部属布列省台百司。以也速知枢密院事。诏谕："孛罗帖木儿、扩廓帖木儿俱朕股肱，视同心膂，自今各弃宿忿，弼成大勋。"是月，大明兵取庐州路。八月壬辰朔，日有食之。乙未，荧惑犯鬼宿。壬寅，诏以孛罗帖木儿为中书右丞相、监修国史，节制天下军马。乙巳，皇太子至冀宁。乙卯，张士诚自以其弟士信代达识帖睦迩为江浙行省左丞相。是月，孛罗帖木儿请诛狎臣秃鲁帖木儿、波迪哇儿祃，罢三宫不急造作，沙汰宦官，减省钱粮，禁止西番僧人好事。九月辛酉朔，宦官思龙宜潜送宫女伯忽都出自顺承门，以达于皇太子。乙丑，太白昼见。癸酉，夜，天西北有红光，至东而散。甲申，太阴犯轩辕。是月，大明兵取中兴及归、峡、潭、衡等路。冬十月丙午，太阴犯毕宿。己酉，太阴犯井宿。己未，诏皇太子还京师。命也速、老的沙分道总兵。十二月乙卯，太阴犯太白。

二十五年春正月癸亥，封李思齐为许国公。丙寅，太白昼见。戊辰，亦如之。己巳，大明兵取宝庆路，守将唐隆道遁走。伪汉守将熊天瑞以赣州及韶州、南雄降于大明。甲戌，太白犯建星。壬午，监察御史孛罗帖木儿、贾彬等辩明哈麻、雪雪之罪。二月辛丑，汴梁路见日傍有一月一星。丙午，太阴犯填星。戊午，皇太子在冀宁，命甘肃行省平章政事朵儿只班以岐王阿剌乞儿军马，会平章政事臧卜、李思齐，各以兵守宁夏。三月庚申，皇太子下令于扩廓帖木儿军中曰："孛罗帖木儿袭据京师，余既受命总督天下诸军，恭行显罚，少保、中书平章政事扩廓帖木儿，躬勒将士，分道进兵，诸王、驸马及陕西平章政事李思齐等，各统军马，尚其奋义戮力，克期恢复。"丙寅，孛罗帖木儿幽置皇后奇氏于诸色总管府。丁卯，命老的沙、别帖木儿并为御史大夫。戊辰，太白犯垒壁阵。夏四月庚寅，孛罗帖木儿至诸色总管府见皇后奇氏，令还宫取印章，作书遗皇太子，遣内侍官完者秃持往冀宁，复出皇后，幽之。乙巳，关保等兵进围大同。壬子，荧惑犯灵台。乙卯，关保入大同。五月辛酉，荧惑犯太微垣。甲子，京师天雨氂，长尺许，或言于帝曰："龙丝也。"命拾而祀之。乙亥，大明兵破安陆府，守将任亮迎战，被执。己卯，大明兵破襄阳路。是月，侯卜延答失奉威顺王自云南经蜀转战而出，至成州，欲之京师，李思齐俾屯田于成州。六月戊子朔，以黎安道为中书参知政事。辛丑，湖广行省左丞周文贵复宝庆路。乙巳，皇后奇氏自幽所还宫。乙卯，以太尉火你赤为御史大夫。是月，皇太子加李思齐银青荣禄大夫、邠国公、中书平章政事、皇太子詹事，兼四川行枢密院事、虎符招讨使。分中书四部。秋七月丁丑，填星、岁星、荧惑聚于角、亢。己卯，太阴犯毕宿。乙酉，孛罗帖木儿伏诛，秃坚帖木儿、老的沙皆遁走。丙戌，遣使函孛罗帖木儿首往冀宁，召皇太子还京师。大赦天下。黎安道、方脱脱、雷一声皆伏诛。是月，京师大水。河决小流口，达于清河。八月丁亥朔，京城门至是不开者三日。竹贞、貊高军至城外，命军士缘城而上，碎平则门键，悉以军入，占民居，夺民财。乙未，太阴犯建星。己亥，太阴犯垒壁阵。癸卯，诏命皇太子分谴将帅，戡定未复郡邑，即还京师，行事之际，承制用人，并准正授。丁未，皇后弘吉剌氏崩。壬子，以洪宝宝、帖古思不花、捏烈秃并为中书平章政事。九月，扩廓帖木儿扈从皇太子至京师。丁丑，太阴犯井宿。壬午，诏以伯撒里为太师、中书右丞相、监修国史；扩廓帖木儿为太尉、中书左丞相、录军国重事、同监修国史、知枢密院事，兼太子詹事。是月，以方国珍为淮南行省左丞相，分省庆元。冬十月辛卯，荧惑犯天江。壬寅，以哈剌章为知枢密院事。丁未，益王浑都帖木儿、枢密副使观音奴擒老的沙，诛之。秃坚帖木儿以余兵往八儿思之地，命岭北行省左丞相山僧及知枢密院事魏赛因不花同讨之。戊申，以资政院使秃鲁为御史大夫。己酉，荧惑犯斗宿。太阴犯右执法。庚戌，太阴犯太微垣。闰月庚申，以宾国公五十八为知枢密院事。诏张良弼、俞宝、孔兴等悉听调于扩廓帖木儿。戊辰，太白、辰星、荧惑聚于斗宿。太阴犯毕宿。辛未，诏封扩廓帖木儿河南王，代皇太子亲征，总制关陕、晋冀、山东等处并迤南一应军马，诸王各爱马应该总兵、统兵、领兵等官，凡军民一切机务、钱粮、名爵、黜陟、予夺，悉听便宜行事。壬申，太白犯辰星。辛巳，以脱脱木儿为中书右丞，达识帖木儿为参知政事。十一月己丑，太白犯荧惑，太阴犯垒壁阵。丙申，太阴犯毕宿。癸卯，太阴犯太微垣。是月，大明兵取泰州。

时泰州、通州、高邮、淮安、徐州、宿州、泗州、濠州、安丰诸郡，皆张士诚所据。十二月乙卯，诏立次皇后奇氏为皇后，改奇氏为肃良合氏，诏天下，仍封奇氏父以上三世皆为王爵。癸亥，太阴犯毕宿。以帖林沙为中书参知政事。庚午，岁星掩房宿。辛未，太阴犯右执法。是月，秃坚帖木儿伏诛。

卷四十七　　本纪第四十七

顺　帝　十

二十六年春正月己酉，以崇政院使孛罗沙为御史大夫。壬子，以完者木知枢密院事。是月，以沙蓝答里为中书左丞相。命燕南、河南、山东、陕西、河东等处举人会试者，增其额数，进士及第以下递升官一级。二月癸丑朔，立河淮水军元帅府于孟津县。甲戌，诏天下，以比者逆臣孛罗帖木儿、秃坚帖木儿、老的沙等干纪乱伦，内外之民经值军马，致使困乏，与免一切杂泛差徭。是月，扩廓帖木儿还河南，分立省部以自随，寻居怀庆，又居彰德，调度各处军马，陕西张良弼拒命。三月癸未朔，罢洛阳嵩县宣慰司。丁亥，白虹五道亘天，其第三道贯日，又有气横贯东南，良久始灭。甲午，扩廓帖木儿遣关保、虎林赤以兵西攻张良弼于鹿台。李思齐、脱烈伯、孔兴等兵皆与良弼合。以蛮子、脱脱木儿知枢密院事。乙未，廷试进士七十二人，赐赫德溥化、张栋进士及第，余出身有差。监察御史玉伦普建言八事：一曰用贤，二曰申严宿卫，三曰保全臣子，四曰八卫屯田，五曰禁止奏请，六曰培养人才，七曰罪人不孥，八曰重惜名爵。帝嘉纳之。是月，大明兵取高邮府。夏四月辛酉，诏立皇太子妃瓦只剌孙答里氏。是月，大明兵取淮安路、徐州、宿州、濠州、泗州、颍州、安丰路。五月壬午朔，洛阳瑞麦生，一茎四穗。甲辰，以脱脱不花为御史大夫。六月壬子朔，汾州介休县地震。平遥县大雨雹。绍兴路山阴县卧龙山裂。己未，命知枢密院事买闾以兵守直沽，命河间盐运使拜住、曹履亨抚谕沿海灶户，俾出丁夫从买闾征讨。丙寅，诏："英宗时谋为不轨之臣，其子孙或成丁者，可安置旧地，幼者随母居草地，终身不得入京城及不得授官，止许于本爱马应役。"皇后肃良合氏生日，百官进笺，皇后谕沙蓝答里等曰："自世祖以来，正宫皇后寿日，不曾进笺，近年虽行，不合典故。"却之。秋七月辛巳朔，日有食之。徐沟县地震，介休县大水，石州大星如斗自西南而落。甲申，以李思齐为太尉。甲午，太白经天。丙申，扩廓帖木儿遣朱珍、卢旺屯兵河中，遣关保、虎林赤合兵渡河，会竹贞、商暠，且约李思齐以攻张良弼。良弼遣子弟质于思齐，与良弼拒守。关保等不利，思齐请诏和解之。丙午，太白经天。八月戊寅，以李国凤为中书左丞，陈有定为福建行省平章政事。九月甲申，李思齐兵下盐井，获川贼余继隆，诛之。礼部侍郎满尚宾、吏部侍郎掩笃剌哈自凤翔还京师。先是，尚宾等持诏谕思齐开通川蜀道路，思齐方兵争，不奉诏，尚宾等留凤翔一年，至是始还。丙戌，以方国珍为江浙行省左丞相，弟国瑛、国珉，侄明善，并为江浙行省平章政事。己亥，以中书平章政事失列门为御史大夫。辛丑，孛星见东北方。冬十月甲子，扩廓帖木儿遣其弟脱因帖木儿及貊高、完哲等驻兵济南，以控制山东。十一月甲申，大明兵取湖州路。丙申，大明兵取杭州路及绍兴路。辛丑，大明兵取嘉兴路。时湖州、杭州、绍兴、嘉兴、松江、平江诸路及无锡州皆张士诚所据。十二月庚午，蒲城洛水和顺崖崩。

二十七年春正月乙未，绛州夜闻天鼓鸣，将旦复鸣，其声如空中战斗者。庚子，大明兵取松江府。癸卯，大明兵取沅州路。是月，李思齐、张良弼、脱列伯自会于含元殿基，推李思齐为盟主，同拒扩廓帖木儿。二月庚申，以买住为云国公，七十为中书平章政事，月鲁不花为御史大夫。乙丑，以詹事月鲁帖木儿为御史大夫。三月丁丑朔，莱州大风，有大鸟至，其翅如席。扩廓帖木儿遣兵屯滕州以御王信。庚子，京师大风自西北起，飞砂扬砾，白日昏暗。夏五月丙子朔，白气二道亘天。以去岁水潦霜灾，严酒禁。戊寅，以空名宣敕遣付福建行省，命平章政事曲出、陈有定同验有功者给之。辛巳，大同陨霜杀麦。癸未，福建行宣政院以废寺钱粮由海道送京师。乙酉，以完者帖木儿为中书右丞相，辞以老病，不许。辛卯，以知枢密院事失列门为岭北行省左丞相，提调分通政院。己亥，以俺普为中书平章政事。辛丑，扩廓帖木儿定拟其所属官员二千六百一十人，从之。是月，山东地震，雨白氂。李思齐遣张良弼部将郭谦等守黄连寨，扩廓帖木儿部将关保、虎林赤、商暠、竹贞引兵拔其寨，郭谦走；会貊高等为变，关保、虎林赤夜遁，李思齐遂解而西。六月丙午朔，日有食之，昼晦。丁巳，皇太子寝殿后新甃井中有龙出，光焰烁人，宫人震慑仆地。又长庆寺有龙缠绕槐树飞去，树皮皆剥。丁卯，沂州山崩。是月，知枢密院事寿安，奉空名宣敕与侯伯颜达世，令其以兵援扩廓帖木儿。时李思齐据长安，与商暠拒战，侯伯颜达世进兵攻李思齐，秦州守将萧公达降思齐。思齐知关保等兵退，遣蔡琳等破其营，侯伯颜达世奔溃。秋七月甲申，命也速提调武备寺。丁酉，绛州星陨，光耀如昼。是月，李思齐遣许国佐、薛穆飞会张良弼、脱列伯兵屯于华阴。时命秃鲁为陕西行省左丞相，思齐不悦，遣其部将郑应祥守陕西，而自还凤翔。龙见于临朐龙山，大石起立。八月丙午，诏命皇太子总天下兵马，其略曰："元良重任，职在抚军，稽古征今，卓有成宪。曩者障塞决河，本以拯民昏垫，岂期妖盗横造讹言，簧鼓愚顽，涂炭郡邑，殆遍海内，兹逾一纪。故察罕帖木儿仗义兴师，献功敌忾，汛扫汴洛，克平青齐，为国捐躯，深可哀悼。其子扩廓帖木儿克继先志，用成骏功。爰献识理达腊计安宗社，累请出师。朕以国本至重，讵宜轻出，遂授扩廓帖木儿总戎重寄，畀以王爵，俾代其行。李思齐、张良弼等，各怀异见，构兵不已，以致盗贼愈炽，深遗朕忧。况全齐密迩辇毂，傥失早计，恐生异图，询诸众谋，佥谓皇太子聪明仁孝，文武兼资，聿遵旧典，爰命以中书令、枢密使，悉总天下兵马，诸王、驸马、各道总兵、将吏，一应军机政务，生杀予夺，事无轻重，如出朕裁。其扩廓帖木儿，总领本部军马，自潼关以东，肃清江淮；李思齐总统本部军马，自凤翔以西，与侯伯颜达世进取川蜀；以少保秃鲁为陕西行中书省左丞相，本省驻札，总本部及张良弼、孔兴、脱列伯各枝军马，进取襄樊；王信本部军马，固守信地，别听调遣。诏书到日，汝等悉宜洗心涤虑，同济时艰。"庚戌，貊高杀卫辉守御官余仁辅、彰德守御官范国英，引军至清化，闻怀庆有备，遂还彰德，上疏言："人臣以尊君为本，以尽忠为心，以爱民为务。今总兵官扩廓帖木儿，岁与官军仇杀，臣等乃朝廷培养之人，素知忠义，焉能俯首听命。乞降明诏，别选重臣，以总大兵。"诏以扩廓帖木儿不遵君命，宜黜其兵权，就命貊高讨之。辛亥，帖木儿不花进封淮王，赐金印，设王傅等官。壬子，为皇太子立大抚军院，秩从一品，知院四员，同知二员，副使、同佥各一员，经历、都事各二员，管勾一员。癸丑，封太师伯撒里永平王。甲寅，以右丞相完者帖木儿、翰林承旨答尔麻、平章政事完者帖木儿并知大抚军院事。丙辰，完者帖木儿言："大抚军院专掌军机，今后迤北军务，仍旧制枢密院管，其余内外诸王、驸马、各处总兵、统兵、行省、行院、宣慰司一应军情，不许隔越，径行移大抚军院。"詹事院同知李国凤同知大抚军院事，参政完者帖木儿为副使，左司员外郎咬住、枢密参议王弘远为经历。庚申，完者帖木儿言："诸军将士有能用命效力建立奇功者，请所赏宣敕依常制外，加以忠义功臣之号。"从之。辛酉，以完者帖木儿仍前少师、知枢密院事，也速仍前太保、中书右丞相，帖里帖木儿以太尉、添设中书左丞相。丙寅，立行枢密院于阿难答察罕脑儿，命陕西行省左丞相秃鲁仍前少保兼知行枢密院事。壬申，命帖里帖木儿仍前太尉、左丞相，为知大抚军院事；中书右丞陈敬伯为中书平章政事。九月甲戌朔，义士戴晋生上皇太子书，言治乱之由。命右丞相也速以兵往山东，命参知政事法都忽剌分户部官，一同供给。丁亥，以兵兴，迤南百姓供给繁重，其真定、河南、陕西、山东、冀宁等处，除军人自耕自食外，与免民间今年田租之半，其余杂泛一切住罢。辛巳，大明兵取平江路，执张士诚。乙酉，大明兵取通州。丁亥，大明兵取无锡州。己丑，诏也速以中书右丞相分省山东，沙蓝答里以中书左丞相分省大同。丙申，太师汪家奴追封兖王，谥忠靖。己亥，命帖里帖木儿提调端本堂及领经筵事。辛丑，大明兵取台州路。时台州、温州、庆元三路皆方国珍所据。冬十月甲辰朔，貊高以兵入山西，定孟州、忻州，下潞州，遂攻真定。诏也速自河间以兵会貊高取真定，已而不克，命也速还河间，貊高还彰德。乙巳，皇太子奏以淮南行省平章政事王信为山东行省平章政事兼知行枢密院事。立中书分省于真定路。丙午，加司徒、淮南行省平章政事王宣为沂国公。丁未，享于太庙。壬子，诏扩廓帖木儿落太傅、中书左丞相并诸兼领职事，仍前河南王，锡以汝州为其食邑；其弟脱因帖木儿以集贤学士同扩廓帖木儿于河南府居。其帐前诸军，命琐住、虎林赤一同统之。其河南诸军，命中书平章政事、内史李克彝统之。关保本部诸军仍旧统之。山东诸军，命太保、中书右丞相也速统之。山西诸军，命少保、中书左丞相沙蓝答里统之。河北诸军，命知枢密院事貊高统之。赦天下。甲寅，以火里赤为中书平章政事。乙丑，命集贤大学士丁好礼为中书添设平章政事。丙寅，平章、内史关保封许国公。己巳，大明兵取温州。十一月壬午，大明兵取沂州，守臣王信遁，其父宣被执。癸未，大明兵取庆元路。丙戌，以平章政事月鲁帖木儿，知枢密院事完者帖木儿，平章政事伯颜帖木儿、帖林沙并知抚军院事。戊子，大明兵取峄州。乙未，以知枢密院事貊高为中书平章政事。命太尉、中书左丞相帖里帖木儿为抚军院使。丁酉，命帖里帖木儿同监修国史。命关保分省于晋宁。辛丑，大明兵取益都路，平章政事保保降，宣慰使普颜不花、总管胡濬、知院张俊皆死之。十二月癸卯朔，日有食之。丁未，大明兵取般阳路。戊申，大明兵取济宁路，陈秉直遁。己酉，大明兵取莱州，遂取济南及东平路。丁巳，大明兵入杉关，取邵武路。时邵武、建宁、延平、福州、兴化、泉、漳、汀、潮诸路，皆陈友定所据。庚申，以杨诚、陈秉直并为国公、中书平章政事。甲子，命右丞相也速，太尉知院脱火赤，中书平章政事忽林台，平章政事貊高，知枢密院事小章、典坚帖木儿、江文清、驴儿等会杨诚、陈秉直、伯颜不花、俞胜各部诸军同守御山东，又命关保往援山东。丙寅，以庄家为中书参知政事。庚午，大明兵由海道取福州，守臣平章政事曲出遁，行宣政院使朵耳死之。是月，方国珍归于大明。诏命陕西行省左丞相秃鲁总统张良弼、脱列伯、孔兴各枝军马，以李思齐为副总统，御关中，抚安军民。脱列伯、孔兴等出潼关，及取顺便山路，渡黄河合势东行，共勤王事。思齐等皆不奉命。是岁，诏分潼关以西属李思齐，以东属扩廓帖木儿，各罢兵还镇。于是关保退屯潞州，商暠留屯潼关。

二十八年春正月壬申朔，皇太子命关保固守晋宁，总统诸军，如扩廓帖木儿拒命，当以大义相裁，就便擒击。以中书平章政事不颜帖木儿为御史大夫。辛巳，诏谕扩廓帖木儿曰："比者也速上奏，卿以书陈情，深自悔悟，及省来意，良用恻然。朕视卿犹子，卿何惑于佥言，不体朕心，隳其先业！卿今能自悔，固朕所望。卿其思昔委任肃清江淮之意，即将冀宁、真定诸军，就行统制渡河，直捣徐沂，以康靖齐鲁，则职任之隆，当悉还汝。卫辉、彰德、顺德，皆为王城，卿无以貊高为名，纵军侵暴。其晋宁诸军，已命关保总制策应，戡定山东，将帅各宜悉心。"庚寅，彗星见于昴、毕之间。是月，大明兵取建宁、延平二路，陈有定被执。二月壬寅朔，诏削扩廓帖木儿爵邑，命秃鲁、李思齐等讨之，诏曰："扩廓帖木儿本非察罕帖木儿之宗，俾嗣职任，冀承遗烈，畀以相位，陟以师垣，崇以王爵，授以兵柄，顾乃凭藉宠灵，遂肆跋扈，构兵关陕，专事吞并。貊高倡明大义，首发奸谋，关保弗信邪言，乃心王室，陈其罪恶，请正邦典。今秃鲁、李思齐，其率兵东下，共行天讨。"癸卯，武库灾。癸丑，大明兵取东昌路，守将申荣、王辅元死之。丙辰，扩廓帖木儿自泽州退守晋宁，关保守泽、潞二州，与貊高军合。己未，大明兵取宝庆路。甲子，汀州路总管陈谷珍以城降于大明。丙寅，大明兵取棣州。是月，大明兵至河南，李思齐、张良弼等解兵西还。诏命知枢密院事脱火赤、平章政事魏赛因不花进兵攻晋宁。李思齐次渭南，张良弼次栎阳。兴化、泉州、漳州、潮州四路皆降于大明。三月庚寅，彗星见于西北。壬辰，翰林学士承旨王时、太常院使陈祖仁上章，乞抚谕扩廓帖木儿，以兵勤王赴难。是月，有星流于东北，众小星随之，其声大震。大明兵取河南。李思齐、张良弼会兵驻潼关，火焚良弼营，思齐移军葫芦滩，调其所部张德敛、穆薛飞守潼关。大明兵入潼关，攻李思齐营，思齐弃辎重，奔于凤翔。是月，大明兵取永州路，又取惠州路。夏四月辛丑朔，大明兵取英德州。丙午，陨霜杀菽。戊申，大明兵取广州路，又取嵩、陕、汝等州。五月庚午朔，大明兵取道州。李克彝弃河南城，奔陕西，推李思齐为总兵，驻兵岐山。是月，李思齐部将忽林赤、脱脱、张意据盩厔，高畐据武功，李克彝据岐山，任从政据陇州。六月庚子朔，徐沟县地震。癸丑，大明兵取全州、郴州、梧州、藤州、浔州、贵、象、郁林等郡。甲寅，雷雨中有火自天坠，焚大圣寿万安寺。壬戌，临州、保德州地震，五日不止。大明兵取静江路。是月，广西诸郡县皆附于大明。秋七月癸酉，京城红气满空，如火照人，自旦至辰方息。乙亥，京城黑气起，百步内不见人，从寅至巳方消。貊高、关保以兵攻晋宁。是月，李思齐会李克彝、商畐、张意、脱列伯等于凤翔。海南、海北诸郡县皆降于大明。闰月己亥朔，扩廓帖木儿与貊高、关保战，败之，擒关保、貊高，遣其断事官以闻。诏："关保、貊高，间谍构兵，可依军法处治。"关保、貊高皆被杀。辛丑，大明兵取卫辉路。癸卯，大明兵取彰德路。乙巳，左江、右江诸路皆降于大明。丁未，大明兵取广平路。丁巳，诏罢大抚军院，诛知大抚军院事伯颜帖木儿等。诏复命扩廓帖木儿仍前河南王、太傅、中书左丞相，统领见部军马，由中道直抵彰德、卫辉；太保、中书右丞相也速统率大军，经由东道，水陆并进；少保、陕西行省左丞相秃鲁统率关陕诸军，东出潼关，攻取河洛；太尉、平章政事李思齐统率军马，南出七盘、金、商，克复汴洛。四道进兵，掎角剿捕，毋分彼此。秦国公、平章、知院俺普，平章琐住等军，东西布列，乘机扫殄。太尉、辽阳左丞相也先不花，郡王、知院厚孙等军，捍御海口，藩屏畿辅。皇太子爱猷识理达腊悉总天下兵马，裁决庶务，具如前诏。壬戌，白虹贯日。癸亥，罢内府河役。甲子，扩廓帖木儿自晋宁退守冀宁。大明兵至通州。知枢密院事卜颜帖木儿力战，被擒死之。左丞相失列门传旨，令太常礼仪院使阿鲁浑等，奉太庙列室神主与皇太子同北行。阿鲁浑等即至太庙，与署令王嗣宗、太祝哈剌不华袭护神主毕，仍留室内。乙丑，白虹贯日。罢内府兴造。诏淮王帖木儿不花监国，庆童为中书左丞相，同守京城。丙寅，帝御清宁殿，集三宫后妃、皇太子、皇太子妃，同议避兵北行。失列门及知枢密院事黑厮、宦者赵伯颜不花等谏，以为不可行，不听。伯颜不花恸哭谏曰："天下者，世祖之天下，陛下当以死守，奈何弃之！臣等愿率军民及诸怯薛歹出城拒战，愿陛下固守京城。"卒不听。至夜半，开健德门北奔。八月庚午，大明兵入京城，国亡。

后一年，帝驻于应昌府，又一年，四月丙戌，帝因痢疾殂于应昌，寿五十一，在位三十六年。太尉完者、院使观音奴奉梓宫北葬。五月癸卯，大明兵袭应昌府，皇孙买的里八剌及后妃并宝玉皆被获，皇太子爱猷识礼达腊从十数骑遁。大明皇帝以帝知顺天命，退避而去，特加其号曰顺帝，而封买的里八剌为崇礼侯。

卷四十八　　志第一

天　文　一

司天之说尚矣，《易》曰："天垂象，见吉凶，圣人象之。"又曰："观乎天文，以察时变。"自古有国家者，未有不致谨于斯者也。是故尧命羲、和，历象日月星辰，舜在璇玑、王衡，以齐七政，天文于是有测验之器焉。然古之为其法者三家：曰周髀，曰宣夜，曰浑天。周髀、宣夜先绝，而浑天之学至秦亦无传，汉洛下闳始得其术，作浑仪以测天。厥后历世递相沿袭，其有得有失，则由乎其人智术之浅深，未易遽数也。

宋自靖康之乱，仪象之器尽归于金。元兴，定鼎于燕，其初袭用金旧，而规环不协，难复施用。于是太史郭守敬者，出其所创简仪、仰仪及诸仪表，皆臻于精妙，卓见绝识，盖有古人所未及者。其说以谓：昔人以管窥天，宿度余分约为太半少，未得其的。乃用二线推测，于余分纤微皆有可考。而又当时四海测景之所凡二十有七，东极高丽，西至滇池，南逾朱崖，北尽铁勒，是亦古人之所未及为者也。自是八十年间，司天之官遵而用之，靡有差忒。而凡日月薄食、五纬凌犯、彗孛飞流、晕珥虹霓、精祲云气等事，其系于天文占候者，具有简册存焉。

若昔司马迁作《天官书》，班固、范晔作《天文志》，其于星辰名号、分野次舍、推步候验之际详矣。及晋、隋二《志》，实唐李淳风撰，于夫二十八宿之躔度，二曜五纬之次舍，时日灾祥之应，分野休咎之别，号极详备，后有作者，无以尚之矣。是以欧阳修志《唐书·天文》，先述法象之具，次纪日月食、五星凌犯及星变之异；而凡前史所已载者，皆略不复道。而近代史官志宋《天文》者，则首载仪象诸篇；志金《天文》者，则唯录日月五星之变。诚以玑衡之制载于《书》，日星、风雨、霜雹、雷霆之灾异载于《春秋》，慎而书之，非史氏之法当然，固所以求合于圣人之经者也。今故据其事例，作元《天文志》。

简仪

简仪之制，四方为趺，纵一丈八尺，三分去一以为广。趺面上广六寸，下广八寸，厚如上广。中布横辄三、纵辄三。南二，北抵南辄；北一，南抵中辄。趺面四周为水渠，深一寸，广加五分。四隅为础，出趺面内外各二寸。绕础为渠，深广皆一寸，与四周渠相灌通。又为础于卯酉位，广加四维，长加广三之二，水渠亦如之。北极云架柱二，径四寸，长一丈二尺八寸。下为鳌云，植于乾艮二隅础上，左右内向，其势斜准赤道，合贯上规。规环径二尺四寸，广一寸五分，厚倍之。中为距，相交为斜十字，广厚如规。中心为窍，上广五分，方一寸有半，下二寸五分，方一寸，以受北极枢轴。自云架柱斜上，去趺面七尺二寸，为横辄。自辄心上至窍心六尺八寸。又为龙柱二，植于卯酉础中分之北，皆饰以龙，下为山形，北向斜植，以柱北架。南极云架柱二，植于卯酉础中分之南，广厚形制，一如北架。斜向坤巽二隅，相交为十字，其上与百刻环边齐，在辰巳、未申之间，南倾之势准赤道，各长一丈一尺五寸。自趺面斜上三尺八寸为横辄，以承百刻环。下边又为龙柱二，植于坤巽二隅础上，北向斜柱，其端形制，一如北柱。

四游变环，径六尺，广二寸，厚一寸，中间相离一寸，相连于子午卯酉。当子午为圆窍，以受南北极枢轴。两面皆列周天度分，起南极，抵北极，余分附于北极。去南北枢窍两旁四寸，各为直距，广厚如环。距中心各为横关，东西与两距相连，广厚亦如之。关中心相连，厚三寸，为窍方八分，以受窥衡枢轴。窥衡长五尺九寸四分，广厚皆如环，中腰为圆窍，径五分，以受枢轴。衡两端为圭首，以取中缩。去圭首五分，各为侧立横耳，高二寸二分，广如衡面，厚三分，中为圆窍，径六分。其中心，上下一线界之，以知度分。

百刻环，径六尺四寸，面广二寸，周布十二时、百刻，每刻作三十六分，厚二寸，自半已上广三寸。又为十字距，皆所以承赤道环也。百刻环内广面卧施圆轴四，使赤道环旋转无涩滞之患。其环陷入南极架一寸，仍钉之。赤道环径广厚皆如四游，环面细刻列舍、周天度分。中为十字距，广三寸，中空一寸，厚一寸。当心为窍，窍径一寸，以受南极枢轴。界衡二，各长五尺九寸四分，广三寸。衡首斜剡五分，刻度分以对环面。中腰为窍，重置赤道环、南极枢轴。其上衡两端，自长窍外边至衡首底，厚倍之，取二衡运转，皆着环面，而无低昂之失，且易得度分也。二极枢轴皆以钢铁为之，长六寸，半为本，半为轴。本之分寸一如上规距心，适取能容轴径一寸。北极轴中心为孔，孔底横穿，通两旁，中出一线，曲其本，出横孔两旁结之。孔中线留三分，亦结之．上下各穿一线，贯界衡两端，中心为孔，下洞衡底，顺衡中心为渠以受线，直入内界长窍中。至衡中腰，复为孔，自衡底上出结之。

定极环，广半寸，厚倍之，皆势穹窿，中径六度，度约一寸许。极星去不动处三度，仅容转周。中为斜十字距，广厚如环，连于上规。环距中心为孔，径五厘。下至北极轴心六寸五分，又置铜板，连于南极云架之十字，方二寸，厚五分。北面剡其中心，存一厘以为厚，中为圜孔，径一分，孔心下至南极轴心亦六寸五分。又为环二：其一阴纬环，面刻方位，取趺面纵横辄北十字为中心，卧置之。其一曰立运环，面刻度分，施于北极云架柱下，当卧环中心，上属架之横辄，下抵趺辄之十字，上下各施枢轴，令可旋转。中为直距，当心为窍，以施窥衡，令可俯仰，用窥日月星辰出地度分。右四游环，东西运转，南北低昂，凡七政、列舍、中外官去极度分皆测之。赤道环旋转，与列舍距星相当，即转界衡使两线相对，凡日月五星、中外官入宿度分皆测之。百刻环，转界衡令两线与日相对，其下直时刻，则昼刻也，夜则以星定之。比旧仪测日月五星出没，而无阳经阴纬云柱之映。

其浑象之制，圜如弹丸，径六尺，纵横各画周天度分。赤道居中，去二极，各周天四之一。黄道出入赤道内外，各二十四度弱。月行白道，出入不常，用竹篾均分天度，考验黄道所交，随时迁徙。先用简仪测到入宿去极度数，按于其上，校验出入黄赤二道远近疏密，了然易辨，仍参以算数为准。其象置于方匮之上，南北极出入匮面各四十度太强，半见半隐，机运轮牙隐于匮中。

仰仪

仰仪之制，以铜为之，形若釜，置于砖台。内画周天度，唇列十二辰位，盖俯视验天者也。其《铭》辞云："不可体形，莫天大也。无竞维人，仰釜载也。六尺为深，广自倍也。兼深广倍，絜釜兑也。环凿为沼，准以溉也。辨方正位，曰子卦也。衡缩度中，平斜再也。斜起南极，平釜镦也。小大必周，入地画也。始周浸断，浸极外也。极入地深，四十太也。北九十一，赤道齘也。列刻五十，六时配也。衡竿加卦，巽坤内也。以负缩竿，子午对也。首旋玑板，窾纳芥也。上下悬直，与镦会也。视日透光，何度在也。旸谷朝宾，夕饯昧也。寒暑发敛，验进退也。薄蚀起自，鉴生杀也。以避赫曦，夺目害也。南北之偏，亦可概也。极浅十五，林邑界也。黄道夏高，人所载也。夏永冬短，犹少差也。深五十奇，铁勒塞也。黄道浸平，冬昼晦也。夏则不没，永短最也。安浑宣夜，昕穹盖也。六天之书，言殊话也。一仪一揆，孰善悖也。以指为告，无烦喙也。暗资以明，疑者沛也。智者是之，胶者怪也。古今巧历，不亿辈也。非让不为，思不逮也。将窥天朕，造化爱也。其有俊明，昭圣代也。泰山砺乎，河如带也。黄金不磨，悠久赖也。鬼神禁诃，勿铭坏也。"

大明殿灯漏

灯漏之制，高丈有七尺，架以金为之。其曲梁之上，中设云珠，左日右月。云珠之下，复悬一珠。梁之两端，饰以龙首，张吻转目，可以审平水之缓急。中梁之上，有戏珠龙二，随珠俯仰，又可察准水之均调。凡此皆非徒设也。灯球杂以金宝为之，内分四层，上环布四神，旋当日月参辰之所在，左转日一周。次为龙虎乌龟之象，各居其方，依刻跳跃，铙鸣以应于内。又次周分百刻，上列十二神，各执时牌，至其时，四门通报。又一人当门内，常以手指其刻数。下四隅，钟鼓钲铙各一人，一刻鸣钟，二刻鼓，三钲，四铙，初正皆如是。其机发隐于柜中，以水激之。

正方案

正方案，方四尺，厚一寸。四周去边五分为水渠。先定中心，画为十字，外抵水渠。去心一寸，画为圆规，自外寸规之，凡十九规。外规内三分，画为重规，遍布周天度。中为圆，径二寸，高亦如之。中心洞底植臬，高一尺五寸，南至则减五寸，北至则倍之。

凡欲正四方，置案平地，注水于渠，眂平，乃植臬于中。自臬景西入外规，即识以墨影，少移辄识之，每规皆然，至东出外规而止。凡出入一规之交，皆度以线，屈其半以为中，即所识与臬相当，且其景最短，则南北正矣。复遍阅每规之识，以审定南北。南北既正，则东西从而正。然二至前后，日轨东西行，南北差少，即外规出入之景以为东西，允得其正。当二分前后，日轨东西行，南北差多，朝夕有不同者，外规出入之景或未可凭，必取近内规景为定，仍校以累日则愈真。

又测用之法，先测定所在北极出地度，即自案地平以上度，如其数下对南极入地度，以墨斜经中心界之，又横截中心斜界为十字，即天腹赤道斜势也。乃以案侧立，悬绳取正。凡置仪象，皆以此为准。

圭表

圭表以石为之，长一百二十八尺，广四尺五寸，厚一尺四寸，座高二尺六寸。南北两端为池，圆径一尺五寸，深二寸，自表北一尺，与表梁中心上下相直。外一百二十尺，中心广四寸，两旁各一寸，画为尺寸分，以达北端。两旁相去一寸为水渠，深广各一寸，与南北两池相灌通以取平。表长五十尺，广二尺四寸，厚减广之半，植于圭之南端圭石座中，入地及座中一丈四尺，上高三十六尺。其端两旁为二龙，半身附表上擎横梁，自梁心至表颠四尺，下属圭面，共为四十尺。梁长六尺，径三寸，上为水渠以取平。两端及中腰各为横窍，径二分，横贯以铁，长五寸，系线合于中，悬锤取正，且防倾垫。

按表短则分寸短促，尺寸之下所谓分秒太半少之数，未易分别；表长则分寸稍长，所不便者景虚而淡，难得实影。前人欲就虚景之中考求真实，或设望筒，或置小表，或以木为规，皆取端日光，下彻表面。今以铜为表，高三十六尺，端挟以二龙，举一横梁，下至圭面共四十尺，是为八尺之表五。圭表刻为尺寸，旧一寸，今申而为五，厘毫差易分别。

景符

景符之制，以铜叶，博二寸，长加博之二，中穿一窍，若针芥然。以方阃为趺，一端设为机轴，令可开阖，榰其一端，使其势斜倚，北高南下，往来迁就于虚梁之中。窍达日光，仅如米许，隐然见横梁于其中。旧法一表端测晷，所得者日体上边之景。今以横梁取之，实得中景，不容有毫末之差。至元十六年己卯夏至晷景，四月十九日乙未景一丈二尺三寸六分九厘五毫。至元十六年己卯冬至晷景，十月二十四日戊戌景七丈六尺七寸四分。

窥几

窥几之制，长六尺，广二尺，高倍之。下为趺，广三寸，厚二寸，上阃广四寸，厚如趺。以板为面，厚及寸，四隅为足，撑以斜木，务取正方。面中开明窍，长四尺，广二寸。近窍两旁一寸分画为尺，内三寸刻为细分，下应圭面。几面上至梁心二十六尺，取以为准。窥限各各长二尺四寸，广二寸，脊厚五分，两刃斜剎，取其于几面相符，着限两端，厚广各存二寸，衔入几阃。俟星月正中，从几下仰望，视表梁南北以为识，折取分寸中数，用为直景。又于远方同日窥测取景数，以推星月高下也。

西域仪象

世祖至元四年，扎马鲁丁造西域仪象：

咱秃哈剌吉，汉言混天仪也。其制以铜为之，平设单环，刻周天度，画十二辰位，以准地面。侧立双环而结于平环之子午，半入地下，以分天度。内第二双环，亦刻周天度，而参差相交，以结于侧双环，去地平三十六度以为南北极，可以旋转，以象天运为日行之道。内第三、第四环，皆结于第二环，又去南北极二十四度，亦可以运转。凡可运三环，各对缀铜方钉，皆有窍以代衡箫之仰窥焉。

咱秃朔八台，汉言测验周天星曜之器也。外周圆墙，而东面启门，中有小台，立铜表高七尺五寸，上设机轴，悬铜尺，长五尺五寸，复加窥测之箫二，其长如之，下置横尺，刻度数其上，以准挂尺。下本开图之远近，可以左右转而周窥，可以高低举而遍测。

鲁哈麻亦渺凹只，汉言春秋分晷影堂。为屋二间，脊开东西横罅，以斜通日晷。中有台，随晷影南高北下，上仰置铜半环，刻天度一百八十，以准地上之半天，斜倚锐首铜尺，长六尺，阔一寸六分，上结半环之中，下加半环之上，可以往来窥运，侧望漏屋晷影，验度数，以定春秋二分。

鲁哈麻亦木思塔余，汉言冬夏至晷影堂也。为屋五间，屋下为坎，深二丈二尺，脊开南北一罅，以直通日晷。随罅立壁，附壁悬铜尺，长一丈六寸。壁仰画天度半规，其尺亦可往来规运，直望漏屋晷影，以定冬夏二至。

苦来亦撒麻，汉言浑天图也。其制以铜为丸，斜刻日道交环度数于其腹，刻二十八宿形于其上。外平置铜单环，刻周天度数，列于十二辰位以准地。而侧立单环二，一结于平环之子午，以铜丁象南北极，一结于平环之卯酉，皆刻天度。即浑天仪而不可运转窥测者也。

苦来亦阿儿子，汉言地理志也。其制以木为圆球，七分为水，其色绿，三分为土地，其色白。画江河湖海，脉络贯串于其中。画作小方井，以计幅圆之广袤、道里之远近。

兀速都儿剌不，定汉言，昼夜时刻之器。其制以铜如圆镜而可挂，面刻十二辰位、昼夜时刻，上加铜条缀其中，可以圆转。铜条两端，各屈其首为二窍以对望，昼则视日影，夜则窥星辰，以定时刻，以测休咎。背嵌镜片，三面刻其图凡七，以辨东西南北日影长短之不同、星辰向背之有异，故各异其图，以画天地之变焉。

四海测验

南海，北极出地一十五度，夏至景在表南，长一尺一寸六分，昼五十四刻，夜四十六刻。

衡岳，北极出地二十五度，夏至日在表端，无景，昼五十六刻，夜四十四刻。

岳台，北极出地三十五度，夏至晷景长一尺四寸八分，昼六十刻，夜四十刻。

和林，北极出地四十五度，夏至晷景长三尺二寸四分，昼六十四刻，夜三十六刻。

铁勒，北极出地五十五度，夏至晷景长五尺一分，昼七十刻，夜三十刻。

北海，北极出地六十五度，夏至晷景长六尺七寸八分，昼八十二刻，夜一十八刻。

大都，北极出地四十度太强，夏至晷景长一丈二尺三寸六分，昼六十二刻，夜三十八刻。

上都，北极出地四十三度少。

北京，北极出地四十二度强。

益都，北极出地三十七度少。

登州，北极出地三十八度少。

高丽，北极出地三十八度少。

西京，北极出地四十度少。

太原，北极出地三十八度少。

安西府，北极出地三十四度半强。

兴元，北极出地三十三度半强。

成都，北极出地三十一度半强。

西凉州，北极出地四十度强。

东平，北极出地三十五度太。

大名，北极出地三十六度。

南京，北极出地三十四度太强。

河南府阳城，北极出地三十四度太弱。

扬州，北极出地三十三度。

鄂州，北极出地三十一度半。

吉州，北极出地二十六度半。

雷州，北极出地二十度太。

琼州，北极出地一十九度太。

日薄食晕珥及日变

世祖中统二年三月壬戌朔，日有食之。三年十一月辛丑，日有背气，重晕三珥。至元二年正月辛未朔，日有食之。四年五月丁亥朔，日有食之。五年十月戊寅朔，日有食之。七年三月庚子朔，日有食之。八年八月壬辰朔，日有食之。九年八月丙戌朔，日有食之。十二年六月庚子朔，日有食之。十四年十月丙辰朔，日有食之。十九年六月己丑朔，日有食之。七月戊午朔，日有食之。二十四年七月癸丑，日晕连环，白虹贯之。十月戊午朔，日有食之。二十六年三月庚辰朔，日有食之。二十七年八月辛未朔，日有食之。二十九年正月甲午朔，日有食之。有物渐侵入日中，不能既，日体如金环然，左右有珥，上有抱气。三十一年六月庚辰朔，日食。

成宗大德三年八月己酉朔，日食。四年二月丁未朔，日食。六年六月癸亥朔，日食。七年闰五月戊午朔，日食。八年五月壬子朔，日食。

武宗至大三年正月丁亥，白虹贯日。八月甲寅，白虹贯日。四年正月壬辰，日赤如赭。

仁宗皇庆元年六月乙丑朔，日有食之。延祐元年三月己亥，白晕亘天，连环贯日。二年四月戊寅朔，日有食之。五月甲戌，日赤如赭。乙亥，亦如之。九月甲寅，日赤如赭。戊午，亦如之。三年五月戊申，日赤如赭。五年二月癸巳朔，日有食之。六年二月丁亥朔，日有食之。七年正月辛巳朔，日有食之。三月乙未，日有晕若连环然。

英宗至治元年三月己丑，交晕如连环贯日。六月癸卯朔，日有食之。二年十一月甲午朔，日有食之。

泰定帝泰定四年二月辛卯，白虹贯日。九月丙申朔，日食。

文宗天历二年七月丙辰朔，日有食之。至顺元年九月癸巳，白虹贯日。二年正月己酉，白虹贯日。八月甲辰朔，日有食之。十一月壬申朔，日有食之。三年五月丁酉，白虹并日出，长竟天。

顺帝元统元年三月癸巳，日赤如赭。闰三月丙申、癸丑、甲寅，皆如之。二年四月戊午朔，日有食之。至元元年十二月戊午，日赤如赭。闰十二月丁亥、戊子、己丑，皆如之。二年二月壬辰，日赤如赭。乙未、丙申，亦如之。三月庚申、壬戌、癸亥，四月丁丑朔，皆如之。八月甲戌朔，日有食之。十二月甲戌，日赤如赭。三年正月丁巳，日有交晕，左右珥上有白虹贯之。二月壬申朔，日有食之。八月癸未，日有交晕，左右珥上有白虹贯之。十月癸酉，日赤如赭。四年闰八月戊戌，日赤如赭。己亥、壬寅，亦如之。九月庚寅，皆如之。五年正月丙寅，日有交晕，左右珥上有白虹贯之。二月辛亥，日赤如赭。三月庚申、辛酉，四月丁未，皆如之。至正元年三月壬申，日赤如赭。三年四月丙申朔，日有食之。四年九月丁亥朔，日有食之。十年十一月壬子朔，日有食之。十三年九月乙丑朔，日有食之。十四年三月癸亥朔，日有食之。十五年二月丙子，日赤如赭。十七年七月己丑，日有交晕，连环贯之。十八年六月戊辰朔，日有食之。十二月乙丑朔，日有食之。二十一年四月辛巳朔，日有食之。二十五年三月壬戌，日有晕，内赤外青，白虹如连环贯之。二十六年二月丁卯，日有晕，左珥上有背气一道。七月辛巳朔，日有食之。二十七年十二月癸卯朔，日有食之。

月五星凌犯及星变上

宪宗六年六月，太白昼见。

世祖中统元年五月乙未，荧惑入南斗，留五十余日。

二年二月丁酉，太阴掩昴。六月戊戌，太阴犯角。八月丙午，太白犯岁星。十一月庚午，太阴犯昴。十二月辛卯，荧惑犯房。壬寅，荧惑犯钩钤。

三年十一月乙酉，太白犯钩钤。

至元元年二月丁卯，太阴犯南斗。四月辛亥，太阴犯轩辕御女星。五月丙戌，太阴犯房。己亥，太阴犯昴。七月甲戌，彗星出舆鬼，昏见西北，贯上台，扫紫微、文昌及北斗，旦见东北，凡四十余日。十二月甲子，太阴犯房。

二年六月丙子，太阴犯心宿大星。

四年八月庚申，填星犯天罇距星。壬午，太白犯轩辕大星。甲子，岁星犯轩辕大星。十一月乙巳，填星犯天罇距星。

五年正月甲午，太阴犯井。二月戊子，太阴犯天关。己丑，太阴犯井。

六年十月庚子，太阴犯辰星。

七年正月己酉，太阴犯毕。九月丁巳，太阴犯井。十月庚午，太白犯右执法。十一月壬寅，荧惑犯太微西垣上将。

八年正月辛未，太阴犯毕。三月丁亥，荧惑犯太微西垣上将。九月丙子，太阴犯毕。

九年五月乙酉，太白犯毕距星。九月戊寅，太阴犯御女。十月戊戌，荧惑犯填星。十一月丁卯，太阴犯毕。

十年三月癸酉，客星青白如粉絮，起毕，度五车北，复自文昌贯斗杓，历梗河，至左摄提，凡二十一日。

十一年二月甲寅，太阴犯井宿。十月壬戌，岁星犯垒壁阵。

十二年七月癸酉，太白犯井。辛卯，太阴犯毕。九月己巳，太白犯少民。己卯，太白犯太微西垣上将。十月癸丑，太阴犯毕。十一月丙戌，太阴犯轩辕大星。十二月戊戌，填星犯亢。戊申，太阴犯毕。

十三年九月辛亥，太白犯南斗。甲寅，太白入南斗。十一月乙卯，太阴犯填星。十二月辛酉朔，荧惑掩钩钤。

十四年二月癸亥，彗出东北，长四尺余。

十五年二月丁丑，荧惑犯天街。三月丁亥，太阴犯太白。戊子，太阴犯荧惑。闰十一月辛亥，太白、荧惑、填星聚于房。

十六年四月癸卯，填星犯键闭。七月丙寅，填星犯键闭。八月庚辰，太阴犯房宿距星。庚子，岁星犯轩辕大星。十月丙申，太阴犯太微西垣上将。十一月癸丑，太阴犯荧惑。

十七年四月庚子，岁星犯轩辕大星。七月戊申，太阴掩房宿距星。己酉，太阴犯南斗。八月丙子，太阴犯心宿东星。九月甲子，太阴犯右执法并犯岁星。

十八年七月癸卯，太阴犯房宿距星。闰八月癸巳朔，荧惑犯司怪南第二星。庚戌，太阴犯昴。九月甲申，太阴犯轩辕大星。十一月甲戌，太阴犯五车次南星。丁丑，太阴犯鬼。丁亥，太阴掩心。十二月丙午，太阴犯轩辕大星。

二十年正月己巳，太阴犯轩辕御女。庚辰，太阴入南斗，犯距星。二月庚寅，太阴掩昴。庚子，太白犯昴。壬寅，太白犯昴。乙巳，太阴犯心。三月己未，岁星犯键闭。庚申，太阴犯井。壬戌，太阴犯鬼。己巳，岁星犯房。癸酉，岁星掩房。四月己亥，太阴犯房。壬寅，太阴犯南斗。五月丙寅，太阴掩心。七月丙辰，太白犯井。癸亥，太阴犯南斗。乙丑，太白犯井。庚午，荧惑犯司怪。八月丙午，太白犯轩辕。丁未，岁星犯钩钤。九月壬子，太白犯轩辕少女。戊午，太阴犯斗。己巳，太白犯右执法。壬申，太阴掩井。癸酉，荧惑犯鬼。甲戌，太阴犯鬼，荧惑犯积尸气，太白犯左执法。十月丙申，太阴犯昴。十一月戊寅，太白、岁星相犯。十二月甲辰，太阴掩荧惑。

二十一年闰五月戊寅朔，填星犯斗。七月甲申，太白犯荧惑。九月癸巳，太白犯南斗第四星。乙未，太阴犯井。十月己酉，太阴犯轸。十一月丙戌，太阴犯昴。己丑，太阴掩舆鬼。庚子，太阴犯心。

二十二年二月辛亥，太阴犯东井。癸丑，太阴犯鬼。壬戌，太阴犯心。八月癸丑，太阴入东井。十二月己亥，岁星犯填星。

二十三年正月壬午，太阴犯轩辕太民。乙酉，太阴犯氐。二月丙午，太阴犯井。三月己巳，太阴犯娄。五月己巳，荧惑犯太微西垣上将。庚辰，岁星犯垒壁阵。乙酉，荧惑犯太微右执法。六月丙申朔，太白犯御女。八月乙卯，太白犯轩辕右角星。九月甲申，太阴犯天关。十月甲午朔，太白犯右执法。戊戌，太阴犯建星。辛亥，太阴犯东井。甲寅，太白犯进贤。十一月戊辰，太白犯亢。己卯，太阴犯东井。辛巳，岁星犯垒壁阵。十二月戊戌，太白犯东咸。丁未，太阴犯东井。丁巳，太阴犯氐。

二十四年正月甲戌，太阴犯东井。乙酉，太阴犯房。二月庚子，太阴犯天关。辛丑，太阴犯东井。闰二月癸亥，太阴犯辰星。甲申，太阴犯牵牛。三月丙申，太阴犯东井。四月癸酉，太阴犯氐。甲戌，太阴犯房。七月戊戌，太阴犯南斗。辛丑，太阴犯牵牛。壬寅，荧惑犯舆鬼积尸气。甲辰，荧惑犯舆鬼。壬子，太阴犯司怪。八月癸亥，太白犯亢。丙子，填星南犯垒壁阵。己卯，太阴犯天关。辛巳，太阴犯东井。甲申，太白犯房。九月丁酉，荧惑犯长垣。庚子，太白犯天江。乙巳，太阴犯毕。辛亥，荧惑犯太微西垣上将。壬子，太白犯南斗。十月壬戌，太阴犯牵牛大星。乙酉，荧惑犯左执法。十一月壬辰，太白犯垒壁阵，太阴晕太白、填星。丙申，荧惑犯太微东垣上将。庚子，太白昼见。丙辰，荧惑犯进贤。十二月丙寅，太阴犯毕，太白昼见。

二十五年正月乙巳，太阴犯角。戊申，太阴犯房。三月丁亥，荧惑犯太微东垣上相。戊子，太阴犯毕。己亥，太阴掩角。四月戊午，太阴犯井。五月戊申，太白犯毕。六月甲戌，太白犯井。丁丑，太阴犯岁星。七月己亥，荧惑犯氐。庚子，太白犯鬼。乙巳，太阴掩毕。八月丙辰，荧惑犯房。己未，太白犯轩辕大星。九月癸未朔，荧惑犯天江。庚子，太阴犯毕。癸卯，荧惑犯南斗。十二月辛酉，太阴犯毕。甲子，太阴犯井。甲戌，太阴犯亢，荧惑犯垒壁阵。

二十六年正月辛丑，太阴犯氐。三月甲午，太阴犯亢。五月壬辰，太白犯鬼。七月戊子，太白经天四十五日。辛卯，太阴犯牛。乙未，太阴犯岁星。八月辛未，岁星昼见。九月戊寅，岁星犯井。乙未，太阴犯毕。丙申，荧惑犯太微西垣上将。十月癸丑，太阴犯牛宿距星。甲寅，荧惑犯右执法。闰十月丁亥，辰星犯房。己丑，太阴犯毕，荧惑犯进贤，太阴犯井。十一月丁巳，荧惑犯亢。戊辰，太阴犯亢。

二十七年正月庚戌，太白犯牛。癸丑，太阴犯井。丁卯，荧惑犯房。壬申，荧惑犯键闭。二月戊寅，太阴犯毕。庚寅，太阴犯亢。三月壬子，荧惑犯钩钤。四月丙子，太阴犯井。壬辰，荧惑守氐十余日。五月乙丑，太阴犯填星。六月己丑，荧惑犯房。七月辛酉，荧惑犯天江。九月癸卯，岁星犯鬼。十月辛巳，太白犯斗。十一月戊申，太阴掩填星。辛酉，太阴掩左执法。十二月辛卯，太阴犯亢。

二十八年正月壬寅，太白、荧惑、填星聚奎。二月癸未，太阴犯左执法。甲申，太白犯昴。三月丁未，太阴犯御女。己酉，太阴犯右执法。庚戌，太阴犯太微东垣上相。

乙卯，太白犯五车。四月乙未，岁星犯舆鬼积尸气。五月壬寅，太阴犯少民。甲寅，太阴犯牛。六月辛卯，太阴犯毕。七月己亥，太白犯井。八月丙寅，太白犯舆鬼。丙子，太阴犯牵牛。癸未，岁星犯轩辕大星。戊子，太白犯轩辕大星，并犯岁星。癸巳，太阴掩荧惑。九月丙辰，荧惑犯左执法。戊午，太白犯荧惑。辛酉，岁星犯少民。十月丙戌，太阴犯轩辕大星并御女。己丑，太阴犯太微东垣上相。十一月甲辰，太白犯房。丙午，荧惑犯亢。丁未，太阴犯毕。庚申，荧惑犯氐。十二月庚辰，太阴犯御女。癸未，太阴犯东垣上相。己丑，荧惑犯房。庚寅，荧惑犯钩钤。

二十九年正月戊申，太阴犯岁星及轩辕左角。二月己巳，太阴犯毕。四月丙子，太阴犯氐。六月己丑，太白犯岁星。闰六月戊申，荧惑犯狗国。七月辛未，太阴犯牛。八月丁酉，辰星犯右执法。己亥，太白犯房。乙巳，岁星犯右执法。九月壬戌，荧惑犯垒壁阵。辛巳，太白犯南斗。十月乙巳，太阴犯井。丁未，太阴犯鬼。乙卯，太阴犯氐。十一月壬戌，太阴犯垒壁阵。己卯，太阴犯太微东垣上将。十二月庚子，太阴犯井。甲辰，太阴犯太微西垣上将。

三十年正月丙寅，太阴犯毕。丁丑，太阴犯氐。庚辰，岁星犯左执法。二月壬辰，太阴犯毕。乙巳，荧惑犯天街。庚戌，太阴犯牛。癸丑，太白犯垒壁阵。三月辛未，太阴犯氐。四月癸丑，太白犯填星。六月己丑，岁星犯左执法。丙申，太阴犯斗。七月甲子，太阴犯建星。辛巳，太阴犯鬼。八月甲午，辰星犯太微西垣上将。甲辰，太阴犯毕。戊申，太阴犯鬼。九月丁卯，太阴犯毕。十月庚寅，彗星入紫微垣，抵斗魁，光芒尺许，凡一月乃灭。丙申，荧惑犯亢。己亥，太阴犯天关。辛丑，太阴犯井。十一月乙丑，太阴犯毕。丁卯，太阴犯井。庚午，太阴犯鬼。丙子，荧惑犯钩钤。戊寅，岁星犯亢。十二月乙未，太阴犯井。

三十一年四月戊申，太白昼见，又犯鬼。五月庚戌朔，太白犯舆鬼。六月丙午，太阴犯井。八月庚辰，太白昼见。戊戌，太阴犯毕，太白犯轩辕。九月丁巳，太白经天。丙寅，太阴掩填星。辛未，太阴犯轩辕。乙亥，太白犯右执法，太阴犯平道。十月壬午，太白犯左执法。癸巳，太阴掩填星。乙未，太阴犯井。十一月己酉，太阴犯亢。庚申，太阴犯毕。癸酉，太白犯房。十二月癸未，岁星犯房。丁亥，岁星犯钩钤。壬辰，太阴犯鬼。庚子，太阴犯房，又犯岁星。

成宗元贞元年正月乙卯，太阴犯填星，又犯毕。癸酉，岁星犯东咸。二月癸未，荧惑犯太阴。壬辰，太阴犯平道。癸卯，太阴犯岁星。三月庚戌，太阴犯填星。壬戌，太阴犯房。四月庚寅，太阴犯东咸。闰四月癸丑，岁星犯房。甲寅，太阴犯平道。乙卯，太阴犯亢。丁巳，太阴掩房。五月丁亥，太阴犯南斗。七月丁丑，太阴犯亢。甲申，岁星犯房。八月乙酉，太阴犯牛。壬子，太阴犯垒壁阵。九月甲午，太阴犯轩辕。戊戌，太阴犯平道。十月辛酉，辰星犯房。壬戌，辰星犯键闭。戊辰，太白昼见，太阴犯房。十一月甲戌，太白经天及犯垒壁阵。乙酉，太阴犯井。丁亥，太阴犯鬼。十二月丙辰，太阴犯轩辕。甲子，太阴犯天江。

二年正月壬午，太阴犯舆鬼。丙戌，太白昼见。丁亥，太阴犯平道。庚寅，太阴犯钩钤。二月丁未，太阴犯井。三月乙酉，太阴犯钩钤。五月丁丑，太阴犯平道。六月乙巳，太白犯天关。丁巳，太白犯填星。癸亥，太阴犯井。七月壬午，填星犯井，太白犯舆鬼。八月庚子，太阴犯亢，太白犯轩辕。癸卯，太阴犯天江。乙卯，太阴犯天街，太白犯上将。九月戊辰，太白犯左执法。壬申，太阴掩南斗。丁丑，太阴犯垒壁阵。己丑，太阴犯轩辕。十一月丁丑，太阴犯月星，又犯天街。庚辰，太阴犯井。丁亥，太阴犯上相。戊子，太阴犯平道。壬辰，太阴犯天江。十二月丁未，太阴犯井。乙卯，太阴犯进贤。

大德元年三月戊辰，荧惑犯井。癸酉，太阴掩轩辕大星。五月癸酉，太白犯鬼积尸气。乙亥，太阴犯房。六月乙未，太白昼见。七月庚午，太阴犯房。八月丁巳，祆星出奎。九月辛酉朔，祆星复犯奎。十月戊午，太白经天。十一月戊子，太白经天。十二月甲辰，太白经天，又犯东咸。丙午，太阴犯轩辕。甲寅，太阴犯心。闰十二月癸酉，太白犯建星。丙子，太白犯建星。

二年二月辛酉，岁星、荧惑、太白聚危，荧惑犯岁星。辛未，太阴犯左执法。丙子，太阴犯心。五月戊戌，太阴犯心。六月壬戌，太阴犯角。七月癸巳，太阴犯心。八月壬戌，太阴犯箕。九月辛丑，太阴犯五车南星。癸卯，太阴犯五诸侯。己酉，太阴犯左执法。十月壬戌，太白犯牵牛。戊寅，太阴犯角宿距星。十一月己亥，太阴犯舆鬼。辛丑，辰星犯牵牛。壬寅，太阴犯右执法。十二月戊午，太白经天。己未，填星犯舆鬼。乙丑，太白犯岁星，太阴犯荧惑。庚午，填星入舆鬼，太阴犯上将。甲戌，彗出子孙星下。己卯，太阴犯南斗。

三年正月丙戌，太阴犯太白。丁酉，太阴犯西垣上将。戊戌，太阴犯右执法。乙巳，太白经天。三月乙巳，荧惑犯五诸侯。戊戌，荧惑犯舆鬼。四月己未，太阴犯上将。丙寅，填星犯舆鬼，太阴犯心。五月丙申，太阴犯南斗。己亥，太白犯毕。六月庚申，太阴掩房。丁卯，荧惑犯右执法。壬申，岁星昼见。七月己卯朔，太白犯井。丁未，太阴犯舆鬼。八月丁巳，太阴犯箕。戊辰，太白犯轩辕大星。己巳，太阴犯五车星。九月壬辰，流星色赤，尾长尺余，其光烛地，起自河鼓，没于牵牛之西，有声如雷。乙未，太阴犯昴宿距星。丁酉，太白犯左执法。十月丙子，太阴犯房。十一月乙酉，太白犯房。

四年二月戊午，太阴犯轩辕。五月甲午，太阴犯垒壁阵。辛丑，太白犯舆鬼，太阴犯昴。六月丁巳，太白犯填星。七月辛卯，荧惑犯井。八月癸丑，太阴犯井。甲子，辰星犯灵台上星。闰八月庚辰，荧惑犯舆鬼。九月戊午，太白犯斗。壬戌，太阴犯舆鬼。甲子，太白犯斗。十二月庚寅，荧惑犯轩辕。癸巳，太阴犯房宿距星。

五年正月己酉，太阴犯五车。壬子，太阴犯舆鬼积尸气。辛酉，太阴犯心。二月己卯，太阴犯舆鬼。三月戊申，太阴犯御女。丁卯，荧惑犯填星。己巳，荧惑、填星相合。四月壬申，太阴犯东井。五月癸丑，太阴犯南斗。乙卯，荧惑犯右执法。丁卯，太白犯井。六月甲申，岁星犯司怪。

己酉，太白犯舆鬼，岁星犯井。甲午，太白犯舆鬼。七月丙午，岁星犯井。辛亥，太阴犯垒壁阵。庚申，辰星犯太白。八月壬辰，太阴犯轩辕御女。乙未，填星犯太微上将。九月乙丑，自八月庚辰，彗出井二十四度四十分，如南河大星，色白，长五尺，直西北，后经文昌斗魁，南扫太阳，又扫北斗、天机、紫微垣、三公、贯索，星长丈余，至天市垣巴蜀之东、梁楚之南、宋星上，长盈尺，凡四十六日而灭。十月癸未，太阴犯东井。辛卯，夜有流星，大如杯，色赤，尾长丈余，光烛地，自北起，近东徐徐而行，分为二星，前大后小，相离尺余，没于危宿。十一月己亥，岁星犯东井。戊申，太阴犯昴。十二月甲戌，岁星犯司怪。辛卯，太阴犯南斗。

六年正月壬戌，填星犯太微西垣上将。二月庚午，太阴犯昴。三月壬寅，太阴犯舆鬼。癸卯，岁星犯井。甲寅，太阴犯钩钤。四月乙丑朔，太白犯东井。戊寅，太阴犯心。庚寅，太白犯舆鬼。六月癸亥朔，填星犯太微西垣上将。乙亥，太阴犯斗。七月癸巳朔，荧惑、填星、辰星聚井。庚子，太阴犯心。戊午，太阴犯荧惑。八月乙丑，荧惑犯岁星。己巳，荧惑犯舆鬼。辛巳，太阴犯昴。壬午，太白犯轩辕。九月丙午，荧惑犯轩辕。癸丑，太阴犯舆鬼。丁巳，太白犯右执法。十月壬午，荧惑犯太微西垣上将。十一月辛卯，填星犯左执法。乙未，辰星犯房。癸卯，太阴犯昴。己酉，太阴犯轩辕。十二月庚申朔，荧惑犯填星。乙丑，岁星犯舆鬼。乙亥，太阴犯舆鬼。庚辰，荧惑犯太微东垣上相。癸未，太阴犯房。

七年正月戊戌，太阴犯昴。甲辰，太阴犯轩辕。二月戊寅，太阴犯心。四月癸亥，太阴犯东井。丙寅，太阴犯轩辕。乙亥，岁星犯舆鬼，太阴犯南斗。甲申，荧惑犯太微垣右执法。丁亥，岁星犯舆鬼。五月壬辰，辰星犯东井。闰五月戊辰，太阴犯心。七月戊寅，岁星犯轩辕。己卯，太阴犯井。乙酉，荧惑犯房。八月癸巳，太白犯氐。甲午，荧惑犯东咸，太阴犯牵牛。乙巳，岁星犯轩辕。辛亥，荧惑犯天江。九月丙寅，太白昼见。辛未，荧惑犯南斗。甲戌，太阴犯东井。乙亥，太白犯南斗。壬午，辰星犯氐。十月丁亥，太白经天。辛丑，太阴犯东井。十一月己未，太白经天。丙寅，填星犯进贤。戊辰，太阴犯东井。己卯，太阴犯东咸。十二月丙戌，太白经天。夜，荧惑犯垒壁阵。丙申，太阴犯东井。辛丑，太阴犯明堂。丁未，太阴犯天江。

八年三月乙丑，自去岁十二月庚戌，彗星见，约盈尺，指东南，色白，测在室十一度，渐长尺余，复指西北，扫腾蛇，入紫微垣，至是灭，凡七十四日。

九年正月丁巳，太阴犯天关。甲子，太阴犯明堂。己巳，太阴犯东咸。三月甲寅，荧惑犯氐。戊午，岁星犯左执法。四月庚辰，太阴犯井。壬辰，太白犯井。五月癸亥，岁星掩左执法。七月丙午，荧惑犯氐。甲寅，太白经天。丁卯，荧惑犯房。八月辛巳，太阴犯东咸。乙未，荧惑犯天江。九月丁巳，荧惑犯斗。十月丙戌，太白经天。十一月庚戌，岁星、太白、填星聚于亢。癸丑，岁星犯亢。丙寅，岁星昼见。壬申，太白经天。十二月丙子，太白犯西咸。庚寅，荧惑犯垒壁阵。己亥，辰星犯建星。

十年正月丁巳，太白犯建星。闰正月癸酉，太白犯牵牛。己丑，太白犯垒壁阵。二月戊午，太阴犯氐。三月戊寅，岁星犯亢。四月辛酉，填星犯亢。六月癸丑，太阴犯罗堰上星。己未，岁星犯亢。七月庚辰，太阴犯牵牛。八月壬寅，岁星犯氐，荧惑犯太微垣上将。九月己巳，荧惑犯太微垣右执法。壬午，荧惑犯太微垣左执法。十月甲辰，太白犯斗。辛亥，太阴犯毕。甲寅，太阴犯井。十一月辛未，岁星犯房。壬申，太阴犯虚。甲戌，荧惑犯亢。戊子，荧惑犯氐。辛卯，太阴犯荧惑。十二月壬寅，太白昼见。乙巳，岁星犯东咸。戊午，太阴犯氐。

十一年六月丙午，太阴犯南斗杓星。七月己巳，太阴犯亢。壬午，荧惑犯南斗。九月癸酉，太白犯右执法。己卯，太白犯左执法。十月乙巳，太白犯亢。己酉，荧惑犯垒壁阵。甲寅，太阴犯明堂。己未，太阴犯太白。十一月丁卯，太白犯房。丙子，太阴犯东井。乙酉，太阴犯亢。辛卯，辰星犯岁星。十二月丁巳，填星犯键闭。

武宗至大元年正月辛未，太阴犯井。甲申，太阴犯填星。二月丁未，太阴犯亢。甲寅，太阴犯牛距星。三月乙丑，太阴犯井。五月癸未，太白犯舆鬼。七月庚申，流星起自勾陈，南至于大角傍，尾迹约三尺，化为白气，聚于七公，南行，圆若车轮，微有锐，经贯索灭。壬申，太白犯左执法。八月壬子，太阴犯轩辕太民。九月壬申，填星犯房。丙子，太阴犯井。癸未，太阴犯荧惑。十月辛丑，太白犯南斗。十一月庚申，太白昼见。癸亥，荧惑犯亢。己巳，太阴掩毕。甲戌，荧惑犯氐。乙亥，辰星犯填星。闰十一月壬寅，荧惑犯房。丁未，太阴犯亢。十二月甲子，太阴犯毕。丙子，太阴犯氐。戊寅，太白掩建星。

二年二月己巳，太阴犯亢。辛未，太阴犯氐。庚辰，太阴犯太白。三月戊戌，太阴犯氐。己亥，荧惑犯岁星。丙午，荧惑犯垒壁阵。五月辛卯，太阴犯亢。六月乙卯，太白犯井。癸酉，辰星犯舆鬼。乙亥，太阴掩毕。八月乙亥，太阴犯轩辕。丁丑，太阴犯右执法。九月丙午，太阴犯进贤。十月壬申，太阴犯左执法。十一月己亥，太阴右执法。庚子，太阴犯上相。辛丑，荧惑犯外屏。十二月庚申，太阴犯参。癸亥，辰星犯岁星。辛未，太白犯垒壁阵。

三年正月壬辰，太阴犯轩辕御女。甲午，太阴犯右执法。丙申，太阴犯平道。二月辛亥，荧惑犯月星。庚申，荧惑犯天街，太阴犯轩辕少民。壬戌，太阴犯左执法。甲戌，太白犯月星。三月甲申，太阴犯井。庚寅，太阴犯氐。丙申，太阴犯南斗。丁未，太白犯井。甲寅，太阴犯轩辕御女。戊辰，太白昼见。五月乙酉，太阴犯平道。癸巳，荧惑犯舆鬼。六月乙卯，太阴犯氐。七月戊寅，太阴右执法。己卯，太阴犯上相。八月甲子，太白犯轩辕太民。乙丑，太阴掩毕大星。九月辛巳，太阴犯建星。辛卯，太阴犯天廪。十月甲辰朔，太白经天。丙午，太白犯左执法。癸丑，荧惑犯亢。十一月甲戌朔，太白犯亢。丁亥，太阴犯毕。十二月甲辰朔，太阴犯罗堰。庚申，太阴犯轩辕大星。辛酉，太白犯填星。丙寅，太白犯氐。

四年二月甲子，太阴犯填星。三月丙戌，太阴犯太微上将。四月甲寅，太阴犯亢，荧惑犯垒壁阵。五月癸未，太阴犯氐。乙未，太阴犯太微东垣上相。六月庚戌，太阴犯氐。七月癸巳，太阴掩毕。丁酉，太阴犯鬼宿距星。闰七月丙寅，太阴犯轩辕。九月乙卯，太阴犯毕。十月丙申，太白犯垒壁阵。十一月甲寅，太阴犯舆鬼。十二月庚辰，太白经天。癸未，亦如之。甲申，太阴犯太微西垣上将。壬辰，太白经天。

仁宗皇庆元年正月癸丑，太阴犯太微东垣上相。二月壬午，太阴犯亢。三月丁酉朔，荧惑犯东井。壬寅，太阴犯东井。四月丙子，太白昼见。壬午，荧惑犯舆鬼。癸未，荧惑犯积尸气。庚寅，太白经天。六月己巳，太阴犯天关。七月戊午，太阴犯东井。八月戊辰，太白犯轩辕。辛未，太阴犯填星。壬午，辰星犯右执法。乙酉，太白犯右执法。丁亥，辰星犯左执法。九月丁巳，太白犯亢。十月丁亥，太阴犯平道。戊子，太阴犯亢。十一月己亥，太阴掩垒壁阵。十二月甲申，荧惑、填星、辰星聚斗。戊子，太阴犯荧惑。

二年正月戊申，太阴犯三公。三月庚子，荧惑犯垒壁阵。丁未，彗出东井。七月己丑朔，岁星犯东井。辛卯，太白昼见。乙未、丙辰，皆如之。丁巳，太白经天。八月戊午朔，太白昼见。壬戌，岁星犯东井。壬午，太阴犯舆鬼。

延祐元年二月癸酉，荧惑犯东井。三月壬辰，太阴掩荧惑。闰三月辛酉，太阴犯舆鬼。丙寅，太阴犯太微东垣。五月戊午，辰星犯舆鬼。六月乙未，荧惑犯右执法。十月庚戌，辰星犯东咸。十二月甲午，太阴犯舆鬼。癸卯，太阴犯房。甲辰，太阴犯天江。

二年正月乙卯，岁星犯舆鬼。己未，太白昼见。癸亥，太阴犯轩辕。丁卯，太阴犯进贤。二月戊子，太白昼见。癸巳，太白经天。丙午，亦如之。三月丙辰，太阴色赤如赭。四月庚子，太阴犯垒壁阵。五月辛酉，太阴犯天江。庚午，太白昼见。六月甲申，太白昼见。是夜，太阴犯平道。癸卯，太白犯东井。丙午，辰星犯舆鬼。九月己酉，太阴犯房。辛酉，太白犯左执法。十月丙子朔，客星见太微垣。十一月丙午，客星变为彗，犯紫微垣，历轸至壁十五宿，明年二月庚寅乃灭。

三年九月癸丑，太白昼见。丙寅，太白经天。十月甲申，太白犯斗。

四年三月乙酉，太阴犯箕。六月乙巳，太阴犯心。八月丙申，荧惑犯舆鬼。壬子，太阴犯昴。九月庚午，太阴犯斗。

六年正月戊寅，太阴犯心。二月己亥，太阴犯灵台。三月己巳，太阴犯明堂。癸酉，太阴犯日星。甲戌，太阴犯心。五月辛酉，太阴犯灵台。丁卯，太阴犯房。丙子，太阴犯垒壁阵。六月己亥，岁星犯东咸。七月壬戌，太阴犯心。丙子，太白犯太微垣右执法。八月乙酉，荧惑犯舆鬼。闰八月丙辰，辰星犯太微垣右执法。丁巳，太阴犯心。癸亥，荧惑犯轩辕。甲子，太阴犯垒壁阵。乙亥，太白犯东咸。十月癸亥，荧惑犯太微垣左执法。乙丑，太阴犯昴。戊辰，太阴犯东井。庚午，太白昼见。辛未，太阴犯轩辕。辛卯，荧惑犯进贤。庚子，太阴犯明堂。十二月丙寅，太阴犯轩辕。

七年正月乙未，太阴犯明堂上星。癸卯，太阴犯斗宿东星。二月辛酉，太阴犯轩辕御女。壬戌，太阴犯灵台。丁卯，太阴犯日星。庚午，太阴犯斗宿距星。三月戊子，太阴犯酒旗上星，荧惑犯进贤。庚寅，太阴犯明堂上星。四月甲寅，太白犯填星。壬戌，太阴犯房宿距星。五月庚寅，太阴犯心宿东星。癸巳，太阴犯狗宿东星。丙申，太白犯毕宿距星。六月庚申，太阴犯斗宿东星。癸亥，太阴犯垒壁阵西二星。丁卯，太白犯井宿东扇第三星。辛未，太阴犯昴宿。七月丁亥，太阴犯斗宿东三星。戊戌，荧惑犯房宿上星。己亥，太阴犯昴宿距星。八月丙辰，太白犯灵台上星。乙丑，荧惑犯天江。丁卯，太白犯太微垣右执法。壬申，太阴犯轩辕御女。九月乙酉，太阴犯垒壁阵西二星。丙戌，荧惑犯斗宿。癸巳，太阴犯昴宿东星。己亥，太白犯亢星。十月庚戌，太阴犯荧惑于斗。癸亥，太阴犯井宿。十一月癸卯，荧惑犯垒壁阵。乙卯，太阴掩昴宿。戊午，太阴犯井宿东星。庚申，太阴犯鬼宿。

英宗至治元年正月乙未，太阴掩房宿距星。甲辰，辰星犯外屏西第一星，辰星、太白、荧惑、填星聚于奎宿。二月壬子，太白、荧惑、填星聚于奎宿。辛酉，太白犯荧惑。癸亥，太阴犯心宿大星，又犯心宿东星。三月丁丑，太阴掩昴宿。四月戊午，太阴犯心宿大星。庚申，太阴犯斗宿东第三星。五月戊寅，太白犯鬼宿积尸气，太阴犯轩辕右角。庚辰，太阴犯明堂中星。六月己未，太阴犯虚梁东第二星。辛酉，太白经天。七月癸巳，太阴犯昴宿。八月丁未，太阴犯心宿前星。己酉，太阴犯斗宿西第二星。壬子，荧惑犯轩辕大星。九月乙亥，荧惑犯灵台东北星。壬午，荧惑犯太微西垣上将。丁酉，荧惑犯太微垣右执法。十月甲辰，太白经天。戊申，荧惑犯太微垣左执法。十一月辛未，荧惑犯进贤。丙子，太阴犯虚梁东第一星。戊寅，辰星犯房宿上星。丙戌，太阴犯井宿东扇北第二星。己丑，太阴犯酒旗西星，又犯轩辕右角。辛卯，太阴犯明堂中星。己亥，太白犯西咸南第一星。十二月甲辰，荧惑犯亢宿南第一星。庚戌，太阴犯昴宿东第一星。辛酉，荧惑入氐宿。

二年正月丁丑，太阴犯昴宿距星。庚辰，太白犯建星西第二星。辛巳，太白犯建星西第三星。辛卯，太阴犯心宿大星。甲午，荧惑犯房宿上星。丁酉，太白犯牛宿南第一星。二月己亥朔，荧惑犯键闭星。丙午，荧惑犯罚星南一星。戊申，太阴犯井宿东扇北第二星。庚戌，荧惑犯东咸北第二星。辛亥，太阴犯酒旗西第一星及轩辕右角星。壬子，太白犯垒壁阵西方第二星。癸丑，太阴犯明堂中星。己未，太阴犯天江南第一星。壬戌，太白犯垒壁阵第六星。五月丙子，荧惑退犯东咸南第一星。六月壬申，荧惑犯心宿距星。七月己亥，荧惑犯天江南第一星。戊午，太阴犯井宿钺星。九月己未，太阴犯明堂中星。十月庚辰，太阴犯井宿距星。辛巳，太阴犯井宿东扇北第二星及第三星。己丑，荧惑犯垒壁阵西第六星。十一月甲辰，太白犯垒壁阵第一星。乙巳，荧惑犯垒壁阵西第八星。戊申，太阴掩井宿东扇北第二星。己未，太阴犯东咸南第一星。庚申，太阴犯天江上第二星。辛酉，荧惑犯岁星。十二月乙丑，太白、岁星、荧惑聚于室，太白犯垒壁阵西第八星。乙亥，太阴掩井宿距星。戊寅，太白犯岁星。己丑，荧惑犯外屏西第三星，太阴犯建星西第二星。

三年正月壬寅，太阴犯钺星，又犯井宿距星。癸卯，太阴犯井宿东扇南第二星。二月癸亥朔，荧惑、太白、填星聚于胃宿。癸酉，太白犯昴宿。辛巳，太阴犯东咸南第一星、第二星。五月戊戌，太白经天。癸卯，太阴犯房宿第二星。庚戌，太白犯毕宿右股第三星。六月癸未，填星犯毕宿距星。九月辛卯，填星退犯毕。十月己巳，太白犯亢。丙子，太白犯氐。十一月己丑朔，荧惑犯亢。庚寅，太白犯钩钤。乙未，太白犯东咸。壬寅，荧惑犯氐。十二月己巳，辰星犯垒壁阵。辛未，荧惑犯房。辛巳，荧惑犯东咸。

泰定帝泰定元年五月丙午，太白犯鬼宿。丁未，太白又犯鬼宿积尸气。十月丙寅，太白犯斗宿距星。己巳，太白入斗宿魁，太阴犯填星。庚午，太白犯斗。壬午，荧惑犯垒壁阵。十二月庚午，荧惑犯外屏。乙亥，太白经天。

二年正月丙戌，辰星犯天鸡。壬寅，太白犯建星。二月庚寅，荧惑、岁星、填星聚于毕宿。六月丙戌，填星犯井宿钺星。丙午，填星犯井宿。八月癸巳，岁星犯天罇。十月壬辰，荧惑犯氐宿。癸巳，填星退犯井宿。十一月戊午，填星退犯井宿钺星。十二月乙酉，荧惑犯天江，辰星犯建星。甲午，太白犯垒壁阵。

三年正月辛酉，太白犯外屏。三月丙午，填星犯井宿钺星。戊辰，荧惑犯垒壁阵，填星犯井宿。庚午，填星、太白、岁星聚于井。四月戊戌，太白犯鬼宿。壬寅，荧惑犯垒壁阵。七月戊辰，太白经天，至于十二月。九月壬戌，太白犯太微垣右执法。十月辛巳，太白犯进贤。

四年正月己酉，太白犯牛宿。三月丁卯，荧惑犯井宿。九月壬子，太白犯房宿。闰九月己巳，太白经天，至十二月。十月乙巳，昼有流星。戊午，辰星犯东咸。十一月癸酉，太白犯垒壁阵，荧惑犯天江。十二月己未，岁星退犯太微西垣上将。

致和元年二月壬戌，太白昼见。五月庚辰，流星如缶大，光明烛地。七月丙戌，太白犯轩辕大星。

文宗天历元年九月庚辰，太白犯亢宿。

二年正月甲子，太白犯垒壁阵。二月己酉，荧惑犯井宿。五月庚申，太白犯鬼宿积尸气。六月丁未，太白昼见。七月癸亥，太白经天。十一月癸酉，太阴犯填星。

至顺元年七月庚午，岁星犯氐宿。八月戊辰，太白犯氐宿。九月己丑，荧惑犯鬼宿。甲午，荧惑犯鬼宿。十一月甲申，荧惑退犯鬼宿。丙戌，太白犯垒壁阵。

二年二月壬子，太白昼见。三月丙子朔，荧惑犯鬼宿。己卯，荧惑犯鬼宿积尸气。五月丁丑，荧惑犯轩辕左角。甲午，太白犯毕宿。庚子，太阴犯太白。辛丑，太白经天。六月丁未，太白昼见。丁卯，太阴犯毕，太白犯井。八月乙卯，太白犯轩辕大星。庚申，太白犯轩辕左角。九月丙子，太白犯填星。十一月壬申朔，太白犯钩钤。

三年五月癸酉，荧惑犯东井。

卷四十九　　志第二

天　文　二

月五星凌犯及星变下

顺帝元统元年正月癸酉，太白昼见。二月戊戌，亦如之。己亥，填星退犯太微东垣上相。丙辰，太阴犯天江下星。三月戊寅，太阴犯太微东垣上相。五月丁酉，荧惑犯太微垣右执法。六月丁丑，太阴犯垒壁阵西第二星。七月己亥，太阴犯房宿北第二星。九月甲午，太阴犯东咸西第一星，填星犯进贤。乙未，太阴犯天江下星。丁巳，太阴犯填星。己未，太阴犯氐宿距星。十月甲子，太阴入犯斗宿魁东北星。十一月甲午，太阴犯垒壁阵西方第二星。辛亥，太阴犯太微东垣上相。壬子，太阴犯填星。癸丑，太阴犯亢宿南第一星。十二月癸酉，太阴犯鬼宿东北星。乙亥，太白犯垒壁阵西第八星，太阴犯轩辕夫人星。己卯，太阴犯进贤。癸未，太阴犯东咸西第二星。

二年正月壬寅，太阴犯轩辕夫人星。庚戌，太阴犯房宿北第二星。二月癸酉，太阴犯太微东垣上相。丁亥，太白经天。三月辛丑，太阴犯进贤，又犯填星。四月丁丑，太白经天。戊寅，太白昼见。辛巳、壬午，皆如之。壬午夜，太白犯鬼宿积尸气。七月己亥，太白经天。甲辰，亦如之。丙午，复如之。己酉，太白昼见。夜，流星如酒杯大，色赤，尾迹约长五尺余，光明烛地，起自天津之侧，没于离宫之南。庚戌，太白经天。壬子，荧惑入犯鬼宿积尸气。癸丑，太白经天。甲寅，亦如之。八月丙辰朔，太白经天。丁巳、戊午、己未，亦如之。癸亥、丙寅、戊辰、辛未、壬申、癸酉、甲戌、丁丑、己卯，皆如之。己卯夜，太白犯轩辕御女星。庚辰，太白经天。壬午，亦如之。九月庚寅，太白经天。壬辰，太阴入南斗魁。癸巳，太阴犯狗国东星，太白犯灵台中星。甲午，太白经天。乙未，亦如之。己亥、壬寅，皆如之。乙巳，太白犯太微垣右执法。壬子，太白犯太微垣左执法。十月癸亥，荧惑犯太微西垣上将，太白犯进贤。乙亥，太阴犯轩辕夫人星，太白犯填星。十一月乙未，填星犯亢宿距星。庚戌，荧惑犯太微东垣上相。

仍改至元元年二月甲戌，荧惑逆行入太微垣。四月壬戌，太阴犯太微垣左执法。五月癸卯，太阴犯垒壁阵东方第四星。六月壬戌，太阴犯心宿大星。七月乙未，太阴犯垒壁阵西方第二星。八月辛亥，荧惑犯氐宿东南星。九月丁亥，太阴入魁，犯斗宿东南星。庚寅，太阴犯垒壁阵西方第二星。十月甲寅，荧惑犯斗宿西第二星。庚申，太阴犯垒壁阵东方东第二星。甲子，太阴犯昴宿西第二星。丁卯，太白犯斗宿魁第三星。戊辰，太白昼见。十一月甲申，太白经天。丙戌，亦如之。己丑，辰星犯房宿上星及钩钤星。丙申，太阴犯鬼宿东北星。己亥，太阴犯太微西垣上将。庚子，太阴犯太微垣左执法。十二月壬子，太阴犯垒壁阵西方第二星。辛酉，太白犯垒壁阵东方第六星。甲子，太白经天。乙丑，太阴犯轩辕夫人星。丙寅，太白经天。丁卯，亦如之。太阴犯太微垣右执法。庚午，太白经天。壬申，亦如之。癸酉，岁星昼见。乙亥，太白、岁星皆昼见。戊寅，太白经天，岁星昼见。闰十二月乙酉，荧惑犯垒壁阵西第八星。庚子，太阴犯心宿大星。壬寅，太阴犯箕宿距星。癸卯，太阴犯斗宿魁东南星。

二年正月壬戌，太阴犯太微垣右执法。甲子，太阴犯角宿距星。丁卯，太阴犯房宿距星。二月辛巳，太阴犯昴宿距星。甲申，太白经天。己丑，太阴犯太微西垣右执法。三月壬戌，太阴犯心宿距星。甲子，太阴犯箕宿距星。乙丑，太阴犯斗宿东南星。四月丙戌，太阴犯角宿距星。五月庚戌，太阴犯灵台西第一星。丙辰，太白昼见。丁巳，亦如之。六月戊子，太白犯井宿东扇北第二星。七月己酉，太白犯鬼宿东南星。乙卯，太白犯荧惑。八月己卯，太阴犯心宿东第一星。辛巳，太阴犯箕宿东北星。九月庚戌，荧惑犯太微西垣上将。十月丙子，荧惑犯太微垣左执法。丁亥，太阴犯昴宿。己亥，荧惑犯进贤。十一月己酉，太阴犯垒壁阵西第八星。己未，太阴犯鬼宿积尸气。丁卯，太阴犯房宿距星。

三年三月辛亥，太阴犯灵台上星。四月辛卯，太阴犯垒壁阵西方第五星。庚子，太白昼见。五月壬寅，太白犯鬼宿东北星。乙巳，太阴犯轩辕左角。戊申，太白昼见。壬子，太阴犯心宿后星。戊午，太白昼见。己未，太阴犯垒壁阵西方第六星。辛酉，太白昼见。丁卯，彗星见于东北，如天船星大，色白，约长尺余，彗指西南，测在昴五度。六月庚午，太白经天。辛未，亦如之。甲戌，复如之。乙亥，太白犯灵台上星。己卯，太白经天。夜，太白犯太微西垣上将。壬午，太白昼见，太阴犯斗宿魁尖星。丁亥，太白犯太微垣右执法。己丑，太白昼见。庚寅，亦如之。七月癸卯，太白经天。乙巳，亦如之。丙午，复如之。庚戌，太白昼见。甲寅，太白经天。辛酉，太白昼见。壬戌，太白经天。癸亥、甲子，皆如之。八月庚午，彗星不见。其星自五月丁卯始见，戊辰往西南行，日益渐速，至六月辛未，芒彗愈长，约二尺余，丁丑扫上丞，己卯光芒愈甚，约长三尺余，入閫卫，壬午扫华盖、杠星，乙酉扫钩陈大星及天皇大帝，丙戌贯四辅，经枢心，甲午出閫卫，丁酉出紫微垣，戊戌犯贯索，扫天纪，七月庚子扫河间，癸卯经郑、晋，入天市垣，丙午扫列肆，己酉太阴光盛，微辨芒彗，出天市垣，扫梁星，至辛酉，光芒微小，瞻在房宿键闭之上、罚星中星正西，难测，日渐南行，至是凡见六十有三日，自昴至房，凡历一十五宿而灭。甲戌，太阴犯心宿后星。九月己亥，荧惑犯斗宿西第二星。甲辰，太阴犯斗宿魁第二星。丁未，太阴犯垒壁阵西第一星。己酉，太阴犯垒壁阵西第八星。辛酉，太阴犯轩辕大星。十月庚午，太白昼见。丙子，太阴犯垒壁阵西方第七星。壬午，太阴犯昴宿上行星。丁亥，太白昼见，太阴犯鬼宿积尸气。庚寅，太白昼见。辛卯，亦如之。丙申，复如之。十一月丁酉，太白经天，戊戌，太白犯亢宿距星。己亥，太白经天。壬寅，太阴犯荧惑。癸卯，太阴犯垒壁阵西第六星。丁未，填星犯键闭。辛亥，太阴犯五车东南星。甲寅，太阴犯鬼宿西北星。丙辰，太阴犯轩辕左角。丁巳，太白经天，太阴犯太微垣三公东南星。戊午，太白经天。癸亥，亦如之。甲子、乙丑，皆如之。十二月己巳，岁星退犯天罇东北星，填星犯罚星南第一星。甲戌，荧惑犯垒壁阵东第五星，太白犯东咸上星。

四年正月癸卯，太白犯建星西第二星。甲辰，太白犯建星西第三星。丙午，太阴犯五车东南星。辛亥，太阴犯轩辕左角。己未，填星犯东咸上星。庚申，太阴入斗魁，太白犯牛宿。二月戊寅，太阴犯轩辕大星。己卯，太阴犯灵台中星。三月戊申，填星退犯东咸上星。六月辛巳，填星退犯键闭星。闰八月己亥，填星犯罚星南第一星，太阴犯斗宿南第二星。庚戌，太阴犯昴宿南第二星。乙卯，太阴犯鬼宿东南星。九月丙寅，太阴犯斗宿距星。戊辰，太白犯东咸上第二星。癸酉，奔星如酒杯大，色白，起自右旗之下，西南行，没于近浊。甲申，太阴犯轩辕御女。乙酉，太阴犯灵台南第一星。庚寅，太白犯斗宿北第二星。十月辛亥，太阴犯酒旗上星。十一月辛未，荧惑犯氐宿距星。丁丑，太阴犯鬼宿东南星。戊寅，太白犯垒壁阵西第六星。十二月庚子，荧惑犯房宿上星。癸卯，太白经天。己酉、庚戌、辛亥，皆如之。壬子，荧惑犯东咸上第二星。乙卯，太白犯外屏西第二星，太阴犯斗宿距星。丙辰，太白经天。

五年正月庚午，太阴犯井宿东扇上星。乙亥，荧惑犯天江上星。二月甲午，太阴犯昴宿上西第一星。壬寅，太阴犯灵台下星。四月壬寅，太阴犯日星及犯房宿距星。五月庚午，太阴犯心宿后星。壬申，太阴犯斗宿西第四星。丙子，太白犯毕宿右股西第三星。六月甲辰，荧惑退入南斗魁内。七月辛酉，荧惑犯南斗魁尖星。壬戌，亦如之。甲子，复如之。太阴犯房宿距星。甲戌，太白经天。乙亥、丙子，亦如之。戊寅、乙酉、丙戌，皆如之。八月戊子，太白经天。己丑、庚寅、辛卯，皆如之。甲午，太阴犯斗宿西第四星。丁酉，太白犯轩辕大星。戊戌，太白经天。己亥，亦如之。壬寅、甲辰，皆如之。乙巳，太阴犯昴宿上行西第三星。九月戊午，太白经天。己未，亦如之。十月己亥，荧惑犯垒壁阵西方第六星。十一月丁巳，荧惑犯垒壁阵东方第五星。十二月甲午，太阴犯昴宿距星。癸卯，荧惑犯外屏西第三星。

六年正月丁卯，太阴犯鬼宿距星。乙亥，太阴犯房宿距星。二月己丑，太阴犯昴宿。丙申，太阴犯太微西垣上将。癸卯，太阴犯心宿大星。丁未，太阴犯罗堰南第一星。戊申，荧惑犯月星。己酉，彗星如房星大，色白，状如粉絮，尾迹约长五寸余，彗指西南，测在房七度，渐往西北行。太阴犯虚梁南第二星。三月癸亥，太阴犯轩辕右角。庚午，太阴犯房宿距星。壬申，太阴犯南斗杓第二星。丙子，太阴犯虚梁南第一星。戊寅，太白犯月星。辛巳，是夜彗星不见。自二月己酉至三月庚辰，凡见三十二日。四月乙巳，太阴犯云雨西北星。五月丁卯，太阴犯斗宿西第二星。辛未，太阴犯虚梁西第二星。六月癸卯，太白昼见。己酉，亦如之。辛亥，复如之。辛亥夜，太白犯岁星。又，太白、岁星皆犯右执法。七月甲寅，太白昼见。丁巳，亦如之。庚申，太阴犯心宿距星，又犯心中央大星。壬戌，太白昼见。癸亥，亦如之。甲子，太阴犯罗堰。乙丑，太白昼见。丙寅，亦如之。癸酉，复如之。九月辛酉，太阴犯虚梁北第一星。丁卯，太阴犯昴宿距星，荧惑犯岁星。甲戌，太阴犯轩辕右角。十月丁酉，太白入南斗魁。己亥，太白犯斗宿中央东星。十一月乙卯，太阴犯虚梁西第一星。戊午，荧惑犯氐宿距星。丙寅，辰星犯东咸上第一星。戊寅，辰星犯天江北第一星。十二月癸未，太阴犯虚梁北第一星。乙酉，太阴犯土公东星。丁亥，荧惑犯钩钤南星。乙未，荧惑犯东咸北第二星。戊戌，太阴犯明堂星。

至正元年正月甲寅，荧惑犯天江上星。庚申，太阴犯井宿东扇北第二星。辛未，太阴犯心宿距星。癸酉，太阴犯斗宿北第二星。甲戌，太白昼见。乙亥、丙子、丁丑，皆如之。二月己卯，太白昼见。庚辰，亦如之。丙戌，复如之。癸巳，太阴犯明堂东南星。三月癸酉，太阴犯云雨西北星。六月庚午，太阴犯井宿距星。七月乙酉，太阴犯填星。庚寅，太阴犯云雨西北星。九月庚辰，太阴犯建星南第二星。壬辰，太阴犯钺星，又犯井宿距星。十月乙卯，岁星犯氐宿距星。丁巳，太阴犯月星。十一月己亥，太阴犯东咸南第一星。庚子，太阴犯天江北第二星。十二月丁巳，太白犯垒壁阵东方第五星。

二年正月戊子，太阴犯明堂北第二星。甲午，荧惑犯月星。三月戊子，太阴犯房宿北第二星。四月庚申，太阴犯罗堰上星。五月甲申，太白经天。七月乙未，太阴掩太白。丁酉，太白昼见。八月丙午，太白昼见。九月丁丑，太阴犯罗堰北第一星。戊子，太阴犯井宿东扇南第一星。十月癸卯，太阴犯建星北第三星。甲寅，太阴犯天关。十一月辛卯，岁星、荧惑、太白聚于尾宿。

三年二月甲辰，太阴犯井宿西扇北第二星，填星犯牛宿南第一星，荧惑犯罗堰南第一星。乙卯，太阴犯氐宿东南星。三月壬午，太阴犯氐宿东南星。七月庚辰，太白犯右执法。

四年十二月壬戌，太阴犯外屏西第二星。

七年七月丙辰，太阴犯垒壁阵东第四星。十一月庚戌，太阴犯天廪西北星。

八年二月庚辰，太阴犯轩辕左角。癸未，太阴犯平道东星。三月丙辰，太阴犯建星西第一星。八月丙子，太阴犯垒壁阵西方第五星。九月己未，太阴犯灵台东北星。

九年正月庚戌，太白犯建星东第三星。辛亥，太阴犯平道西星。二月甲申，太阴犯建星西第二星。三月己亥，太白犯垒壁阵东方第六星。七月丙午，太阴犯垒壁阵东方南第一星。癸丑，太阴犯天关。九月丙戌，荧惑犯灵台上星。十一月戊辰，太阴犯毕宿左股北第三星。庚辰，太白犯垒壁阵西方第二星。十二月戊戌，太白犯垒壁阵东方第五星。

十年正月壬申，太阴犯荧惑。二月辛丑，太阴犯平道东星。甲辰，太阴犯键闭。三月己卯，荧惑犯太微西垣上将。四月丙午，太白犯鬼宿西北星。七月辛酉，太阴犯房宿北第一星。辛未，太白昼见。壬申、丁丑、壬午，皆如之。八月癸未朔，太白昼见。丁酉，亦如之。九月癸丑朔，太白昼见。壬戌，荧惑犯天江南第二星。十月癸巳，岁星犯轩辕大星。丙申，太阴犯昴宿右股东第二星。十一月戊辰，太阴犯鬼宿东北星。十二月乙未，太阴犯鬼宿西北星。

十一年正月丙辰，辰星犯牛宿西南星。二月庚寅，太阴犯鬼宿东北星。乙未，太阴犯太微东垣上相。丁酉，太阴犯亢宿距星。三月丁卯，太阴犯东咸第二星。戊辰，太阴天江西第一星。七月己未，太阴犯斗宿东第三星。壬戌，太白犯右执法。甲子，太阴犯垒壁阵东方第一星。己巳，太白犯太微垣左执法，荧惑入犯鬼宿积尸气。八月乙酉，太阴犯天江南第二星。九月乙卯，辰星犯太微垣左执法。丁巳，太白犯房宿第二星。戊辰，太阴犯鬼宿东北星。十月戊寅，荧惑犯太微西垣上将。辛巳，太阴犯斗宿距星。乙酉，太白犯斗宿西第二星。己丑，太白昼见，荧惑犯岁星。辛卯，太白犯斗宿西第四星。癸巳，岁星犯右执法。丙午，荧惑犯太微垣左执法。十一月辛亥，孛星见于奎宿。癸丑，孛星见于娄宿。甲寅，孛星见于胃宿。乙卯，亦如之。丙辰，孛星见于昴宿。丁巳，太阴犯填星，孛星微见于毕宿。丁卯，太白昼见。庚午，岁星昼见。十二月丙子，太白昼见。丁丑，太白经天。庚辰，亦如之。夜，太白犯垒壁阵西第六星。甲申，太阴犯填星。丙戌，太白经天。夜，太白犯垒壁阵西第七星。辛卯，太白经天。壬辰，亦如之。甲午，复如之。丁酉，太白昼见，太阴犯荧惑。庚子，太白经天，辰星犯天江西第二星。辛丑，太白经天。壬寅，太白昼见。

十二年正月乙丑，太阴犯荧惑。己巳，岁星犯右执法。二月庚寅，太阴犯太微东垣上相。癸巳，太阴犯氐宿距星。三月戊午，太阴犯进贤。壬戌，太阴犯东咸西第一星。戊辰，太白昼见。五月癸酉，太白犯填星。六月辛亥，太白犯井宿东第二星。七月丁酉，辰星犯灵台北第二星。八月丁卯，太白犯岁星。九月壬辰，太阴犯轩辕南第三星。十月戊午，太阴犯鬼宿东北星。甲子，太阴犯岁星。乙丑，太阴犯亢宿南第一星。十一月庚寅，太阴犯太微东垣上相。

十三年正月乙酉，太阴犯太微东垣上相。戊戌，荧惑、太白、辰星聚于奎宿。二月己酉，太阴犯轩辕南第三星。庚戌，太白犯荧惑。壬子，太阴犯太微东垣上相。四月辛丑，太白犯井宿东扇北第一星。辛亥，太阴犯房宿北第二星。五月乙亥，太阴犯岁星。七月戊辰，太白昼见。九月庚寅，太阴犯荧惑。壬辰，太白经天，荧惑犯左执法。十月庚子，太白经天。甲辰，岁星犯氐宿距星。癸亥，太白犯亢宿距星。十一月壬申，太阴犯垒壁阵东方第四星。十二月丁酉，太白犯东咸北第一星。庚子，荧惑入氐宿。丁巳，太阴犯心宿距星。

十四年正月乙丑，荧惑犯岁星。丁卯，太白犯建星西第二星。癸酉，荧惑犯房宿北第一星。二月戊午，太白犯垒壁阵西第八星。六月甲辰，太阴入斗宿南第一星。七月乙丑，太阴犯角宿距星。壬午，太阴犯昴宿距星。十月壬子，太阴犯太微垣右执法。十一月丙子，太阴犯鬼宿东北星。十二月己亥，太阴掩昴宿。

十五年正月戊辰，太阴犯五车东南星。辛未，太阴犯鬼宿东北星。闰正月丁未，太阴犯心宿后星。丙辰，太白经天。三月庚寅，太阴犯五车东南星。五月丙申，太阴犯房宿距星。癸丑，太白经天。六月癸亥，太白经天。八月戊寅，太白昼见。九月己丑，太白昼见。夜，太白入犯太微垣左执法。庚寅，太白昼见。十月己未，太阴犯垒壁阵西方第二星。癸酉，太阴犯轩辕大星。十一月乙酉，荧惑犯氐宿距星。庚寅，填星退犯井宿东扇北第二星。己亥，太阴犯鬼宿东北星。十二月癸丑，荧惑犯房宿北第一星。

十六年正月己丑，太阴犯昴宿西第一星。四月癸亥，荧惑犯垒壁阵西方第四星。五月壬辰，太白犯鬼宿西北星。癸巳，太白犯鬼宿积尸气。甲午，太阴入犯斗宿南第二星。丁酉，太阴犯垒壁阵西方第一星。八月丁卯，太阴犯昴宿西北星。甲戌，彗星见于正东，如轩辕左角大，色青白，彗指西南，约长尺余，测在张宿十七度一十分，至十月戊午灭迹，西北行四十余日。十一月丁亥，流星如酒杯大，色青白，尾迹约长五尺余，光明烛地，起自西北，东南行，没于近浊，有声如雷。壬辰，太阴犯井宿东扇上星。

十七年二月癸丑，太阴犯五车东南星。三月甲申，太阴入犯鬼宿积尸气，又犯东南星。壬辰，岁星犯垒壁阵西南第六星。七月癸未，太白入犯鬼宿积尸气。甲申，太阴入犯斗宿距星。丁亥，填星入犯鬼宿距星。八月癸卯，填星犯鬼宿东南星，太白犯轩辕大星。己酉，岁星犯垒壁阵西方第六星。甲子，太阴犯五车尖星。闰九月癸卯，飞星如酒盂大，色青白，光明烛地，尾迹约长尺余，起自王良，没于勾陈之下。丙午，太阴犯斗宿南第三星。庚申，太阴犯井宿东扇北第一星。十月乙亥，荧惑犯氐宿距星。甲申，太阴掩昴宿。十二月庚午朔，荧惑犯天江北第一星。戊寅，太白犯岁星。庚辰，太白犯垒壁阵东方第五星。甲申，太阴犯鬼宿距星。丁亥，岁星犯垒壁阵东方第五星。癸巳，太阴犯心宿后星。己亥，申时流星如金星大，尾迹约长三尺余，起自太阴近东，往南行，没后化为青白气。

十八年正月辛丑，填星退入犯鬼宿积尸气。丙午，太阴犯昴宿。二月乙亥，填星入守鬼宿积尸气。三月丁卯，太白在井宿，失行于北，生芒角。荧惑犯垒壁阵东方第六星。四月辛卯，太白入犯鬼宿积尸气。五月壬寅，太白犯填星。壬子，太阴犯斗宿东第三星。七月丁未，太阴犯斗宿南第三星。戊申，太白昼见。八月壬申，太阴掩心宿大星。甲申，太阴掩昴宿距星。十月己卯，太阴犯昴宿距星。十一月丙午，太阴犯昴宿距星，太白犯房宿上第一星。辛酉，太阴掩心宿大星。十二月戊寅，太白生黑芒，环绕太白，乍东乍西，乍动乍静。癸未，太白生黑芒，忽明忽暗，乍东乍西。戊子，太阴犯房宿南第二星。

十九年正月辛丑，太阴犯昴宿东第一星。癸丑，流星如酒盂大，色赤，尾迹约长五尺余，起自南河，没于腾蛇，其星将没，迸散随落处有声如雷。三月庚戌，太阴犯房宿距星。五月丙申，荧惑入犯鬼宿积尸气。丙午，太阴犯天江南第一星。丁未，太阴犯斗宿北第二星。七月丁酉，太白犯上将。甲辰，太白犯右执法。己酉，太白犯左执法。九月甲寅，太白入犯天江南第一星。十月壬申，太白入犯斗宿南第三星。辛巳，流星如桃大，色黄润，后离一尺又一小星相随，色赤，尾迹通约长三尺余，起自危宿之东，缓缓东行，没于毕宿之西。十二月戊辰，太白犯垒壁阵西方第七星。

二十年正月己亥，太阴犯井宿东扇北第二星。丙辰，荧惑犯牛宿东角星。四月丁卯，太阴犯明堂中星。癸酉，太阴犯东咸西第一星。五月癸卯，太阴犯建星西第二星。闰五月乙亥，流星如桃大，色赤，尾迹约长丈余，起自房宿之侧，缓缓西行，没于近浊。六月癸巳，太白犯井宿东扇北第二星。戊戌，太阴犯建星西第三星。七月丁丑，太阴犯井宿距星。八月辛卯，太阴犯天江北第二星。壬寅，填星犯太微西垣上将。甲辰，太阴犯井宿钺星。十月戊子，荧惑犯井宿东扇北第一星。

二十一年正月庚申，太阴犯岁星。二月癸未，填星退犯太微西垣上将。壬寅，太阴犯天江北第一星。三月丙辰，太阴犯井宿西扇第二星。庚辰，荧惑入犯鬼宿西北星。五月壬戌，太阴犯房宿北第二星。癸酉，太白犯轩辕左角。甲戌，荧惑犯太白。六月乙未，荧惑、岁星、太白聚于翼宿。戊戌，太阴犯云雨上二星。甲辰，太白昼见。七月丙辰，太阴犯氐宿东南星。十月甲申，太阴犯牛宿距星。十一月庚戌，太阴犯建星西第四星。癸亥，太阴犯井宿东扇北第四星。壬申，太阴犯氐宿东南星。

二十二年正月戊申朔，太白犯建星西第二星。乙卯，填星退犯左执法。二月己卯，太白犯垒壁阵西方第二星。乙酉，彗星见，光芒约长尺余，色青白，测在危七度二十分。丁酉，彗星犯离宫西星，至二月终，光芒约长二丈余。三月戊申，彗星不见星形，惟有白气，形曲竟天，西指，扫大角。壬子，彗星行过太阳前，惟有星形，无芒，如酒杯大，昏蒙，色白，测在昴宿六度，至戊午始灭迹焉。四月丁亥，荧惑离太阳三十九度，不见，当出不出。五月辛酉，太阴犯建星西第四星。六月辛巳，彗星见于紫微垣，测在牛二度九十分，色白，光芒约长尺余，东南指，西南行。戊子，彗星光芒扫上宰。七月乙卯，彗星灭迹。八月癸巳，太阴犯毕宿右股第二星。九月丁未，太白犯亢宿南第一星。己酉，太阴犯斗宿北第一星。癸亥，岁星犯轩辕大星。丙寅，荧惑犯鬼宿西北星。己巳，流星如酒杯大，色青白，光明烛地。荧惑入犯鬼宿积尸气。十月己卯，太阴犯牛宿距星。丁亥，辰星犯亢宿南第一星。戊子，太阴犯毕宿距星。十二月壬辰，太阴犯角宿距星。

二十三年正月庚戌，岁星退犯轩辕大星。二月戊戌，太白昼见。庚子，亦如之。三月丙辰，太阴犯氐宿距星。四月辛丑，荧惑犯岁星。庚申，岁星犯轩辕大星。五月壬午，太白昼见。甲午，亦如之。乙未，荧惑犯右执法。六月乙卯，太白犯井宿西扇北第二星。壬戌，太白昼见。夜，太白入犯井宿东扇南第二星。七月乙酉，太白昼见。丙戌、辛卯，皆如之。八月壬寅，太白入犯轩辕大星。乙巳，太阴犯建星东第二星。丁未，太白犯轩辕左角。己酉，太白昼见。壬子，亦如之。丙辰，太阴犯毕宿右股北第二星。己未，太白昼见。辛酉，太白犯岁星。乙丑，太白入犯右执法。九月辛未，太白入犯左执法。乙亥，岁星入犯右执法。丁丑，辰星犯填星，丁亥，太白犯填星。辰星犯亢宿南第一星。十月癸卯，太白犯氐宿距星。戊午，太白犯房宿北第一星。十一月癸未，太阴犯轩辕右角，岁星犯太微垣左执法。

二十四年正月癸酉，太阴犯毕宿大星。戊寅，太阴犯轩辕右角。二月壬子，岁星自去年九月九日东行，入右掖门，犯右执法，出端门，留守三十余日，犯左执法。今逆行入端门，西出右掖门，又犯右执法。太阴犯西咸南第一星。四月丁未，太阴犯西咸南第一星。癸丑，太白入犯井宿东扇北第一星。五月甲戌，太白犯鬼宿西北星。乙亥，又犯积尸气。岁星入犯右执法。六月丁巳，太白犯右执法。七月癸亥，太白与岁星相合于翼宿，二星相去八寸余。甲子，岁星犯左执法。八月丁未，荧惑入犯鬼宿积尸气。九月乙丑，太白昼见。甲申，太阴犯轩辕右角。戊子，荧惑入犯轩辕大星。十月丙午，太阴犯毕宿大星。己酉，太阴犯井宿东扇南第一星。丙辰，太白犯斗宿西第二星。十二月乙卯，太阴犯太白。

二十五年正月丁卯，太白昼见。戊辰，亦如之。太阴犯毕宿右股东第四星。甲戌，太白犯建星西第四星。二月丙午，太阴犯填星。三月戊辰，太白犯垒壁阵东方第五星。四月壬子，荧惑犯灵台东北星。五月辛酉，荧惑犯太微西垣上将。流星如酒杯大，色青白，光明烛地，起自房宿之侧，缓缓西行，没于太微垣右执法之下。七月丁丑，填星、岁星、荧惑聚于角、亢。己卯，太阴犯毕宿左股北第二星。八月乙未，太阴犯建星东第三星。己亥，太阴犯垒壁阵东方第六星。九月丁丑，太阴犯井宿东扇南第一星。十月辛卯，荧惑犯天江东第二星。己酉，荧惑犯斗宿杓星西第二星，太阴犯右执法。庚戌，太阴犯太微东垣上相。闰十月戊辰，太白、辰星、荧惑聚于斗宿。太阴犯毕宿右股北第四星，又犯左股北第三星。壬申，太白犯辰星。十一月己丑，太白犯荧惑。太阴犯垒壁阵东方第五星。丙申，太阴犯毕宿大星。癸卯，太阴犯太微西垣上将。十二月丙辰，太阴犯太白。癸亥，太阴犯毕宿右股第二星。庚午，岁星掩房宿北第一星。辛未，太阴犯太微垣右执法。

二十六年正月戊戌，太阴犯太微西垣上将。辛丑，太阴犯亢宿距星。二月戊午，太阴犯毕宿大星。丁丑，岁星退行，犯房宿北第一星。岁星守钩钤。三月甲午，太阴犯左执法。四月己未，太阴犯轩辕大星。乙丑，太阴犯西咸西第一星。丙子，太白入犯鬼宿积尸气。六月癸酉，流星如酒杯大，色青白，尾迹约长尺余，起自心宿之侧，东南行，光明烛地，没于近浊。七月丁酉，荧惑犯鬼宿积尸气。甲辰，太白昼见。丙午、丁未、戊申，皆如之。八月辛亥，太白昼见。己未，太阴掩牛宿南三星。庚午，岁星犯钩钤。乙亥，太阴掩轩辕大星。九月壬辰，太白犯太微垣右执法。庚子，孛星见于紫微垣北斗权星之侧，色如粉絮，约斗大，往东南行，过犯天棓星。辛丑，孛星测在尾十八度五十分。壬寅，孛星测在女二度五十分。癸卯，孛星测在女九度九十分。甲辰，孛星测在虚初度八十分。太阴犯太微西垣上将。乙巳，孛星出紫微垣北斗权星、玉衡之间，在于轸宿，东南行，过犯天棓，经渐台、辇道，去虚宿、垒壁阵西方星，始消灭焉。丙午，荧惑犯太微西垣上将。十一月乙酉，太白犯填星。丁亥，太白犯房宿北第一星。戊子，荧惑犯太微东垣上相，太白犯键闭。己丑，流星如酒杯大，分为三星，紧相随，前星色青明，后二星色赤，尾迹约长二丈余，起自东北，缓缓往西南行，没于近浊。庚寅，太阴犯毕宿右股北第四星。丙申，太白、岁星、辰星聚于尾宿。庚子，太阴犯太微东垣上相。辛丑，填星犯房宿北第一星。甲辰，太白犯岁星。十二月戊午，太阴犯毕宿大星。庚申，太阴犯井宿西扇北第二星。乙丑，太阴犯轩辕左角。丙寅，太阴犯太微西垣上将。辛未，太阴犯西咸西第一星。甲戌，太阴犯建星西第三星。

二十七年正月癸巳，太阴犯太微西垣上将。二月乙卯，太阴犯井宿西扇北第二星。三月辛巳，填星退犯键闭星。四月丙寅，太阴犯垒壁阵西方第四星。六月乙卯，太阴犯氐宿东北星。辛未，太阴犯井宿西扇北第二星。七月壬辰，荧惑犯氐宿东南星。丙申，太阴犯毕宿大星。己亥，太阴犯井宿东扇南第二星。八月庚戌，荧惑犯房宿北第二星。癸丑，太阴犯建星西第二星。九月丁丑，填星犯房宿北第一星，荧惑犯天江南第二星。乙酉，太阴犯垒壁阵东方第六星。辛卯，填星犯键闭，太阴犯毕大星。癸巳，太阴犯井宿西扇北第二星。丁酉，荧惑犯斗宿西第二星。十月戊午，太阴犯毕宿右股西第二星。辛酉，太阴犯井宿东扇南第三星。癸亥，太阴犯鬼宿西南星。丁卯，岁星、太白、荧惑聚于斗宿。十一月戊寅，太白昼见。庚辰，太阴犯垒壁阵东方南东第一星。

余见本纪。

卷五十　　志第三上

五　行　一

人与天地，参为三极，灾祥之兴，各以类至。天之五运，地之五材，其用不穷，其初一阴阳耳，阴阳一太极耳。而人之生也，全付畀有之，具为五性，著为五事，又著为五德，修之则吉，不修则凶，吉则致福焉，不吉则致极焉。征之于天，吉则休征之所应也，不吉则咎征之所应也。天地之气，无感不应，天地之气应，亦无物不感，而况天子建中和之极，身为神人之主，而心范围天地之妙，其精神常与造化相流通，若桴鼓然。故轩辕氏治五气，高阳氏建五官，夏后氏修六府，自身而推之于国，莫不有政焉。其后箕子因之，以衍九畴，其言天人之际备矣。汉儒不明其大要，如夏侯胜、刘向父子，竞以灾异言之，班固以来采为《五行志》，又不考求向之论著本于伏生。生之《大传》言："六沴作见，若是共御，五福乃降；若不共御，六极其下。禹乃共辟厥德，爰用五事，建用王极。"后世君不建极，臣不加省，顾乃执其类而求之，惑矣。否则判而二焉，如宋儒王安石之论，亦过也。天人感应之机，岂易言哉！故无变而无不修省者，上也；因变而克自修省者，次之；灾变既形，修之而莫知所以修，省之而莫知所以省，又次之；其下者，灾变并至，败亡随之，讫莫修省者，刑戮之民是已。历考往古存亡之故，不越是数者。

元起朔漠，方太祖西征，角端见于东印度，为人语云“汝主宜早还”，意者天告之以止杀也。宪宗讨八赤蛮于宽田吉思海，会大风，吹海水尽涸，济师大捷，宪宗以为“天导我也”。以此见五方不殊性，其于畏天，有不待教而能者。世祖兼有天下，方地既广，郡邑灾变，盖不绝书，而妖孽祸眚，非有司言状，则亦不得具见。

昔孔子作《春秋》，所纪灾异多矣，然不著其事应；圣人之知犹天也，故不妄意天，欲人深自谨焉。乃本《洪范》，仿《春秋》之意，考次当时之灾祥，作《五行志》。

五行，一曰水。润下，水之性也。失其性为沴，时则雾水暴出，百川逆溢，坏乡邑，溺人民，及凡霜雹之变，是为水不润下。其征恒寒，其色黑，是为黑眚黑祥。

至元元年，真定、顺天、河间、顺德、大名、东平、济南等郡大水。四年五月，应州大水。五年八月，亳州大水。六年十二月，献、莫、清、沧四州及丰州、浑源县大水。九年九月，南阳、怀孟、卫辉、顺天等郡，洺、磁、泰安、通、滦等州淫雨，河水并溢，圮田庐，害稼。十三年十二月，济宁及高丽沈州水。十四年六月，济宁路雨水，平地丈余，损稼。曹州定陶、武清二县，濮州、堂邑县雨水，没禾稼。十二月，冠州、永年县水。十六年十二月，保定等路水。十七年正月，磁州、永平县水。八月，大都、北京、怀孟、保定、东平、济宁等路水。十八年二月，辽阳懿州、盖州水。十一月，保定清苑县水。二十年六月，太原、怀孟、河南等路沁河水涌溢，坏民田一千六百七十余顷。卫辉路清河溢，损稼。南阳府唐、邓、裕、嵩四州河水溢，损稼。十月，涿州巨马河溢。二十一年六月，保定、河间、滨、棣大水。二十二年秋，南京、彰德、大名、河间、顺德、济南等路河水坏田三千余顷。高邮、庆元大水，伤人民七百九十五户，坏庐舍三千九十区。二十三年六月，安西路华州华阴县大雨，潼谷水涌，平地三丈余。杭州、平江二路属县水，坏民田一万七千二百顷。大都涿、漷、檀、顺、蓟五州，汴梁、归德七县水。二十四年六月，霸州益津县雨水。九月，东京义、静、威远、婆娑等处水。二十五年七月，胶州大水，民采橡为食。十二月，太原、汴梁二路河溢，害稼。二十六年二月，绍兴大水。十月，平滦路水，坏田稼一千一百顷。二十七年正月，甘州、无为路大水。五月，江阴州大水。六月，河溢太康县，没民田三十一万九千亩。八月，沁水溢。广州清远县大水。十一月，河决祥符义唐湾，太康、通许二县，陈、颍二州，大被其患。二十八年二月，常德路水。八月，浙东婺州水。九月，平滦、保定、河间三路大水。二十九年五月，龙兴路南昌、新建、进贤三县水。六月，镇江、常州、平江、嘉兴、湖州、松江、绍兴等路府水。扬州、宁国、太平三郡大水。岳州华容县水。三十年五月，深州静安县大水。十月，平滦路水。三十一年八月，赵州宁晋县水。十月，辽阳路水。

元贞元年五月，建康溧阳州，太平当涂县，镇江金檀、丹徒等县，常州无锡州，平江长洲县，湖州乌程县，鄱阳余干州，常德沅江、澧州安乡等县水。六月，泰安州奉符、曹州济阴、兖州嵫阳等县水。历城县大清河水溢，坏民居。七月，辽东和州、大都武卫屯田水。九月，庐州、平江二郡大水。二年五月，太原平晋县，献州交河、乐寿二县，莫州任丘、莫亭等县，湖南醴陵州水。六月，大都路益津、保定、大兴三县水，损田稼七千余顷。真定鼓城、获鹿、藁城等县，保定葛城、归信、新安、束鹿等县，汝宁颍州，济宁沛县，扬、庐、岳、澧四郡，建康、太平、镇江、常州、绍兴五郡水。八月，棣州、曹州水。九月，河决河南杞、封丘、祥符、宁陵、襄邑五县。十月，河决开封县。十二月，江陵潜江县，沔阳玉沙县，淮安海宁朐山、盐城等县水。

大德元年三月，归德徐州，邳州宿迁、睢宁，鹿邑三县，河南许州临颍、郾城等县，睢州襄邑，太康、扶沟、陈留、开封、杞等县，河水大溢，漂没田庐。五月，河决汴梁，发民夫三万五千塞之。漳水溢，害稼。龙兴、南康、澧州、南雄、饶州五郡水。六月，和州历阳县江水溢，漂庐舍一万八千五百区。七月，郴州耒阳县、衡州酃县大水，溺死三百余人。九月，温州平阳、瑞安二州水，溺死六千八百余人。十一月，常德武陵县大水。二年六月，河决蒲口，凡九十六所，泛溢汴梁、归德二郡。大名、东昌、平滦等路水。三年八月，河间郡水。四年五月，保定、真定二郡，通、蓟二州水。六月，归德睢州大水。五年五月，宣德、保定、河间属州水。宁海州水。六月，济宁、般阳、益都、东平、济南、襄阳、平江七郡水。七月，江水暴风大溢，高四五丈，连崇明、通、泰、真州定江之地，漂没庐舍，被灾者三万四千八百余户。辽阳大宁路水。八月，平滦郡雨，滦河溢。顺德路水。六年四月，上都大水。五月，济南路大水。归德府徐州、邳州睢宁县雨五十日，沂、武二河合流，大水溢。东安州浑河溢，坏民田一千八十余顷。六月，广平路大水。七年五月，济南、河间等路水。六月，辽阳、大宁、平滦、昌国、沈阳、开元六郡雨水，坏田庐，男女死者百十有九人。修武、河阳、新野、兰阳等县赵河、湍河、白河、七里河、沁河、潦河皆溢。台州风水大作，宁海、临海二县死者五百五十人。八年五月，太原阳武县、卫辉获嘉县、汴梁祥符县河溢。大名滑州、濬州雨水，坏民田六百八十余顷。八月，潮阳飓风海溢，漂民庐舍。九年六月，汴梁阳武县思齐口河决。东昌博平、堂邑二县雨水。潼川郪县雨，绵江、中江溢，水决入城。龙兴、抚州、临川三郡水。七月，沔阳玉沙县江溢。峄州水。扬州泰兴县，淮安山阳县水。八月，归德府宁陵，陈留、通许、扶沟、太康、杞县河溢。大名元城县大水。十年五月，雄州、漷州水。平江、嘉兴二郡水，害稼。六月，保定满城、清苑二县雨水。大名、益都、定兴等路大水。七月，平江路大风，海溢。吴江州大水。十一年六月，靖海、容城、束鹿、隆平、新城等县水。七月，冀宁文水县汾水溢。十一月，卢龙、滦河、迁安、昌黎、抚宁等县水。

至大元年七月，济宁路雨水，平地丈余，暴决入城，漂庐舍，死者十有八人。真定路淫雨，大水入南门，下注藁城，死者百七十人。彰德、卫辉二郡水，损稻田五千三百七十顷。二年七月，河决归德府，又决汴梁封丘县。三年六月，洧川、鄄城、汶上三县水。峡州大雨，水溢，死者万余人。七月，循州、惠州大水，漂庐舍二百九十区。四年六月，大都三河县、潞县，河东祁县、怀仁县，永平丰盈屯雨水害稼。七月，东平、济宁、般阳、保定等路大水。江陵松滋县、桂阳临武县水。

皇庆元年五月，归德睢阳县河溢。六月，大宁、水达达路雨，宋瓦江溢，民避居亦母儿乞岭。八月，松江府大风，海水溢。二年五月，辰州沅陵县水。六月，涿州范阳县，东安州，宛平县，固安州，霸州益津、永清、永安等县雨水，坏田稼七千六百九十余顷。河决陈、亳、睢三州，开封、陈留等县。八月，崇明、嘉定二州大风，海溢。

延祐元年五月，常德路武陵县雨水，坏庐舍，溺死者五百人。六月，涿州范阳、房山二县浑河溢，坏民田四百九十余顷。七月，沅陵、卢溪二县水。八月，肇庆、武昌、建康、杭州、建德、南康、江州、临江、袁州、建昌、赣州、安丰、抚州等路水。二年六月，河决郑州，坏汜水县治。七月，京师大雨。漷州、昌平、香河、宝坻等县水。全州、永州江水溢，害稼。三年四月，颍州太和县河溢。七月，婺源州雨水，溺死者五千三百余人。四年正月，解州盐池水。五年四月，庐州合肥县大雨水。六年六月，河间路漳河水溢，坏民田二千七百余顷。益都、般阳、济南、东昌、东平、济宁等路，曹、濮、泰安、高唐等州大雨水害稼。辽阳、广宁、沈阳、永平、开元等路水。大名路属县水，坏民田一万八千顷。汴梁、归德、汝宁、彰德、真定、保定、卫辉、南阳等郡大雨水。七年四月，安丰、庐州淮水溢，损禾麦一万顷。城父县水。五月，江陵县水。六月棣州、德州大雨水，坏田四千六百余顷。七月，上蔡、汝阳、西平等县水。八月，霸州文安、文成二县滹沱河溢，害稼。汾州平遥县水。是岁，河决汴梁原武县。

至治元年六月，霸州大水，浑河溢，被灾者三万余户。七月，蓟州平谷、渔阳二县，顺州邢台、沙河二县，大名魏县，永平石城县大水。彰德临漳县漳水溢。大都固安州，真定元氏县，东安，宝坻县，淮安清河、山阳等县水。东平、东昌二路，高唐、曹、濮等州雨水害稼。乞里吉思部江水溢。八月，安陆府雨七日，江水大溢，被灾者三千五百户。雷州海康、遂溪二县海水溢，坏民田四千顷。九月，京山、长寿二县汉水溢。十月，辽阳、肇庆等郡水。二年正月，仪封县河溢。二月，濮州大水。闰五月，睢阳县亳社屯大水。六月，奉元郿县，邠州新平、上蔡二县水。八月，庐州六安、舒城二县水。十一月，平江路大水，损民田四万九千六百顷。三年五月，东安州水，坏民田一千五百余顷。真定武邑县水害稼。六月，大都永清县雨水，损田四百顷。七月，漷州雨水害稼。九月，漳州、建昌、南康等郡水。

泰定元年五月，漷州、固安州水。陇西县大雨水，漂死者五百余家。龙庆路雨水伤稼。六月，益都、济南、般阳、东昌、东平、济宁等郡二十有二县，曹、濮、高唐、德州等处十县淫雨，水深丈余，漂没田庐。大同浑源河溢。陈、汾、顺、晋、恩、深六州雨水害稼。真定滹沱河溢，漂民庐舍。陕西大雨，渭水及黑水河溢，损民庐舍。渠州江水溢。七月，真定、河间、保定、广平等郡三十有七县大雨水五十余日，害稼。大都路固安州清河溢。顺德路任县沙、沣、洺水溢。奉元朝邑县、曹州楚丘县、开州濮阳县河溢。九月，延安路洛水溢。奉元长安县大雨，沣水溢。濮州馆陶县水。十二月，杭州盐官州海水大溢，坏堤堑，侵城郭，有司以石囤木柜捍之不止。二年正月，大都宝坻县、肇庆高要县雨水。巩昌路水。闰正月，雄州归信县大水。二月，甘州路大雨水，漂没行帐孳畜。三月，咸平府清、寇二河合流，失故道，隳堤堰。四月，涿州房山、范阳二县水。岷、洮、文、阶四州雨水。五月，檀州大水，平地深丈有五尺。高邮兴化、江陵公安二县水。河溢汴梁，被灾者十有五县。六月，冀宁路汾河溢。潼川府绵江、中江水溢入城，深丈余。卫辉汲县、归德宿州雨水。济宁路虞城、砀山、单父、丰、沛五县水。七月，睢州河决。八月，霸州，涿州，永清、香河二县大水，伤稼九千五十余顷。九月，开元路三河溢，没民田，坏庐舍。十月，宁夏鸣沙州大雨水。三年正月，恩州水。二月，归德府河决。六月，大同县大水。汝宁光州水。七月，河决郑州，漂没阳武等县民一万六千五百余家。东安、檀、顺、漷四州雨，浑河决，温榆水溢，伤稼。延安路肤施县水，漂民居九十余户。八月，盐官州大风，海溢，捍海堤崩，广三十余里，袤二十里，徙居民千二百五十家以避之。真定蠡州，奉元蒲城县，无为州，历阳、含山等县水。九月，平遥县汾水溢。十一月，崇明州三沙镇海溢，漂民居五百家。十二月，辽阳大水。大宁路瑞州大水，坏民田五千五百顷，庐舍八百九十所，溺死者百五十人。四年正月，盐官州潮水大溢，捍海堤崩二千余步。四月，复崩十九里，发丁夫二万余人，以木栅竹落砖石塞之，不止。六月，大都东安、固安、通、顺、蓟、檀、漷七州，永清、良乡等县雨水。七月，上都云州大雨。北山黑水河溢。云安县水。八月，汴梁扶沟、兰阳二县河溢，漂民居一千九百余家。济宁虞城县河溢，伤稼。十二月，夏邑县河溢。汴梁中牟、开封、陈留三县，归德邳、宿二州雨水。

致和元年三月，盐官州海堤崩，遣使祷祀，造浮图二百十六，用西僧法压之。河决砀山、虞城二县。四月，盐官州海溢，益发军民塞之，置石囤二十九里。六月，南宁、开元、永平等路水。河间临邑县雨水。益都、济南、般阳、济宁、东平等郡三十县，濮、德、泰安等州九县雨水害稼。七月，广西两江诸州水。

天历元年八月，杭州、嘉兴、平江、湖州、建德、镇江、池州、太平、广德九郡水，没民田万四千余顷。二年六月，大都东安、通、蓟、霸四州，河间靖海县雨水害稼。永平昌国诸屯水。

至顺元年六月，河决大名路长垣、东明二县，没民田五百八十余顷。曹州、高唐州水。七月，海潮溢，漂没河间运司盐二万六千七百引。闰七月，平江、嘉兴、湖州、松江三路一州大水，坏民田三万六千六百余顷，被灾者四十万五千五百余户。杭州、常州、庆元、绍兴、镇江、宁国等路，望江、铜陵、长林、宝应、兴化等县水，没民田一万三千五百余顷。大都、保定、大宁、益都属州县水。二年四月，潞州潞城县大雨水。五月，河间莫亭县、宁夏河渠县、绍庆彭水县及德安屯田水。六月，彰德属县漳水决。十月，吴江州大风，太湖水溢，漂民居一千九百七十余家。十二月，深州、晋州水。三年三月，奉元朝邑县洛水溢。五月，汴梁河水溢。江都、泰兴、云梦、应城等县水。六月，汾州大水。

至元十四年九月，湖州长兴县金沙泉，自唐、宋以来，用以造茶，其泉不常有，今瀵然涌出，溉田可数百顷。有司以闻，锡名瑞应泉。十五年十二月，河水清，自孟津东柏谷至汜水县蓼子谷，上下八十余里，澄莹见底，数月始如故。

元贞元年闰四月，兰州上下三百余里，河清三日。

中统二年五月，西京陨霜杀禾。三年五月，宣德、威宁等路陨霜。八月，河间、平滦等路陨霜害稼。四年四月，武州陨霜杀麦禾。

至元二年八月，太原陨霜。七年四月，檀州陨霜。八年七月，巩昌会、兰等州霜杀稼。十七年四月，益都陨霜。二十一年三月，山东陨霜杀桑，蚕尽死，被灾者三万余家。二十七年七月，大同、平阳、太原陨霜杀禾。二十九年三月，济南、般阳等郡及恩州属县霜杀桑。

元贞二年八月，金、复州陨霜杀禾。

大德五年三月，汤阴县霜杀麦。五月，商州霜杀麦。六年八月，大同、太原霜杀禾。七年四月，霜杀麦。八年三月，济阳、滦城二县霜杀桑。八月，陨霜杀稼。九年三月，河间、益都、般阳三郡属县陨霜杀桑。清、莫、沧、献四州霜杀桑二百四十一万七千余本，坏蚕一万二千七百余箔。十年七月，大同浑源县霜杀禾。八月，绥德州米脂县霜杀禾二百八十顷。

至大元年八月，大同陨霜杀禾。

皇庆二年三月，济宁霜杀桑。

延祐元年三月，东平、般阳等郡，泰安、曹、濮等州大雨雪三日，陨霜杀桑。闰三月，济宁、汴梁等路及陇州、开州、青城、渭源诸县霜杀桑，无蚕。七月，冀宁陨霜杀稼。四年夏，六盘山陨霜杀稼五百余顷。五年五月，雄州归信县陨霜。六年三月，奉元路同州陨霜。七年八月，益津县雨黑霜。

至治三年七月，冀宁阳曲县、大同路大同县、兴和路威宁县陨霜。八月，袁州宜春县陨霜害稼。

泰定二年三月，云需府大雪，民饥。

天历三年二月，京师大霜，昼雺。

至顺元年闰七月，奉元西和州，宁夏应理州、鸣沙州，巩昌静宁、邠、会等州，凤翔麟游，大同山阴，晋宁潞城、隰川等县陨霜杀稼。

中统二年四月，雨雹，大如弹丸。三年五月，顺天、平阳、真定、河南等郡雨雹。四年七月，燕京昌平县，景州蓨县，开平路兴、松、云三州雨雹害稼。

至元二年八月，彰德、大名、南京、河南、济南、太原等郡雨雹。四年三月，夏津县大雨雹。五年六月，中山大雨雹。六年七月，西京大同县雨雹。七年五月，河内县大雨雹。十五年闰十一月，海州赣榆县雨雹伤稼。十九年八月，雨雹，大如鸡卵。二十年四月，河南风雷雨雹伤稼。五月，安西路风雷雨雹。八月，真定元氏县大风雹，禾尽损。二十二年七月，冠州雨雹。二十四年九月，大定、金源、高州、武平、兴中等处雨雹。二十五年三月，灵璧、虹县雨雹，如鸡卵，害麦。十二月，灵寿、阳曲、天成等县雨雹。二十六年夏，平阳、大同、保定等郡大雨雹。二十七年四月，灵寿县大风雹。六月，棣州厌次，济阳二县大风雹，伤禾黍菽麦桑枣。二十九年闰六月，辽阳、沈州，广宁、开元等路雨雹。三十一年四月，即墨县雨雹。八月，德州安德县大风雨雹。

元贞元年五月，巩昌金州、会州、西和州雨雹大，无麦禾。七月，隆兴路雨雹。二年五月，河中猗氏县雨雹。六月，隆兴威宁县，顺德邢台县，太原交城、离石、寿阳等县雨雹。八月，怀孟武陟县雨雹。

大德元年六月，太原崞州雨雹害稼。二年二月，檀州雨雹。八月，彰德安阳县雨雹。四年三月，宣州泾县、台州临海县风雹。八年五月，大宁路建州、蔚州灵仙县雨雹。太原、大同、隆兴属县阳曲、天成、怀安、白登风雹害稼。八月，管州、岚州，交城、阳曲、怀仁等县雨雹。九年六月，晋宁、冀宁、宣德、隆兴、大同等郡大雨雹，害稼。十年四月，郑州管城县风雹，大如鸡卵，积厚五寸。五月，大雨雹。七月，宣德县雨雹。十一年五月，建州雨雹。

至大元年四月，般阳新城县、济南厌次县、益都高苑县风雹。五月，管城县大雹，深一尺，无麦禾。八月，大宁县雨雹害稼，毙畜牧。二年三月，济阴、定陶等县雨雹。六月，崞州、源州、金城县雨雹。延安神木县大雹一百余里，击死人畜。三年四月，灵寿、平阴等县雨雹。四年四月，南阳雨雹。闰七月，宣宁县雨雹。

皇庆元年四月，大名濬州、彰德安阳县、河南孟津县雨雹。六月，开元路风雹害稼。二年七月，冀宁平定州雨雹。景州阜城县风雹。八月，大同怀仁县雨雹。

延祐元年五月，肤施县大风雹，损稼并伤人畜。六月，宣平、仁寿、白登等县雨雹。二年五月，大同、宣德等郡雷雹害稼。三年五月，蓟州雹深一尺。五年四月，凤翔府雹伤麦禾。六年六月，大同县雨雹，大如鸡卵。七月，巩昌陇西县雹害稼。七年八月，大同路雷风雨雹。

至治元年六月，武州雨雹害稼。永平路大雹深一尺，害稼。七月，真定、顺德等郡雨雹。二年四月，泾州泾川县雨雹。六月，思州大风雨雹。三年五月，大风雨雹，拔柳林行宫大木。

泰定元年五月，冀宁阳曲县雨雹伤稼。思州龙泉平雨雹伤麦。六月，顺元、太平军、定西州雨雹。七月，龙庆路雨雹，大如鸡卵，平地深三尺余。八月，大同白登县雨雹。二年四月，奉元白水县雨雹。五月，洮州路可当县、临洮府狄道县雨雹。六月，兴州、鄜州、静宁州及成纪、通渭、白水、肤施、安塞等县雨雹。七月，檀州雨雹。三年六月，巩昌路大雨雹。中山府安喜县、乾州永寿县雨雹。七月，房山、宝坻、玉田、永平等县大风雹，折木伤稼。八月，龙庆州雨雹一尺，大风损稼。四年七月，彰德汤阴县，冀宁定襄县，大同武、应二州雨雹害稼。

致和元年四月，濬州、泾州大雹伤麦禾。五月，冀宁阳曲县、威州井陉县雨雹。六月，泾川、汤阴等县大雨雹。大宁、永平属县雨雹。

天历二年七月，大宁惠州雨雹。八月，冀宁阳曲县大雹如鸡卵，害稼。三年七月，顺州、东安州及平棘、肥乡、曲阳、行唐等县风雹害稼。开元路雨雹。

至顺二年十二月，冀宁清源县雨雹。三年五月，甘州雨雹。乙巳，天鼓鸣于西北。

中统二年九月，河南民王四妻靳氏一产三男。《唐志》云："物反常为妖，阴气盛则母道壮也。"

至元元年八月，武城县王氏妻崔一产三男。十年八月甲寅，凤翔宝鸡县刘铁牛妻一产三男。二十年二月，高州张丑妻李氏一产四子，三男一女。四月，固安州王得林妻张氏怀孕五月生一男，四手四足，圆头三耳，一耳附脑后，生而即死，具状有司上之。二十八年九月，襄阳南漳县民李氏妻王一产三子。

大德元年五月，遂宁州军户任福妻一产三男。十一月，辽阳打雁孛兰奚户那怀妻和里迷一产四男。四年，宝应县民孙奕妻朱氏一产三男。十年正月，江州湖口县方丙妻甘氏一产四男。

泰定元年十月乙卯，秦州成纪县赵思直妻张氏一产三子。

致和元年三月壬辰，太平当涂县杨太妻吴氏一产三子。

五行，二曰火。炎上，火之性也，失其性为沴。董仲舒云："阳失节，则火灾出。"于是而滥炎妄起，灾宗庙，烧宫馆，虽兴师众弗能救也。是为火不炎上。其征恒燠，其色赤，是为赤眚赤祥。

定宗三年戊申，野草自焚，牛马十死八九，民不聊生。

至元十一年十二月，淮西正阳火，庐舍、铠仗悉毁。十八年二月，扬州火。

元贞二年，杭州火，燔七百七十家。

大德八年五月，杭州火，燔四百家。九年三月，宜黄县火。十年十一月，武昌路火。

延祐元年二月，真州扬子县火。三年六月，重庆路火，郡舍十焚八九。六年四月，扬州火，燔官民庐舍一万三千三百余区。

至治二年四月，扬州、真州火。十二月，杭州火。三年五月，奉元路行宫正殿火，上都利用监库火。九月，扬州江都县火，燔四百七十余家。

泰定元年五月，江西袁州火，燔五百余家。三年六月，龙兴路宁州高市火，燔五百余家。七月，龙兴奉新县、辰州辰溪县火。八月，杭州火，燔四百七十余家。四年八月，龙兴路火。十二月，杭州火，燔六百七十家。

天历二年三月，四川绍庆彭水县火。四月，重庆路火，延二百四十余家。七月，武昌路江夏县火，延四百家。十二月，江夏县火，燔四百余家。三年二月，河内诸县火。

皇庆元年，冬无雪，诏祷岳渎。

延祐元年，大都檀、蓟等州冬无雪，至春草木枯焦。

至元二年八月丙寅，济南邹平县进芝一本。八年八月癸酉，益都济州进芝二本。十五年四月，济南历城县进芝。十九年六月，芝生眉州青神县景德寺。二十三年四月丁未，江东宣慰司进芝一本。十月，济宁进芝一本。二十六年三月癸未，东流县献芝。四月，池州贵池县民王逸进紫芝十二本。六月，汲县民朱良进紫芝。二十八年三月，芝生钧州阳翟县。二十九年六月，芝生贺州。

大德五年十二月，兴元西乡县进芝一本，色如珊瑚。六年正月，济南邹平县进芝一本，五枝五叶，色皆赤。

至大四年八月，芝生国学大成殿。

延祐二年三月，芝生大成殿。五年七月，芝生大成殿。

中统二年正月辛未，御帐殿受朝贺，是夜，东北有赤气照人，大如席。

五行，三曰木。曲直，木之性也，失其性为沴，故生不畅茂，为变异者有之，是为木不曲直。其征恒雨，其色青，是为青眚青祥。

大德七年十一月辛酉，木冰。

至顺二年十一月丁巳，雨木冰。十二月癸亥，雨木冰。

元贞元年，太平路芜湖县进榆木，有文曰"天下太平年"。

至治三年五月庚子，柳林行宫大木风拔三千七百株。

至元十七年二月，真定七郡桑有虫食之。二十九年五月，沧州、潍州，中山，元氏、无棣等县桑虫食叶，蚕不成。

元贞元年四月，真定中山、灵寿二县桑有虫食之。

大德五年四月，彰德、广平、真定、顺德、大名等郡虫食桑。

至大元年五月，大名、广平、真定三郡虫食桑。

致和元年六月，河南德安屯蠖食桑。

天历二年三月，沧州、高唐州及南皮、盐山、武城等县桑，虫食之如枯株。

至顺二年三月，冠州虫食桑四万株。晋、冀、深、蠡等州及郓城、延津二县虫夜食桑，昼匿土中，人莫捕之。五月，曹州禹城、保定博野、东昌封丘等县虫食桑，皆既。

至元九年六月丁亥，京师大雨。二十四年九月，太原、河间、河南等路霖雨害稼。二十五年七月，保定郡，霸、漷二州淫雨害稼。八月，嘉祥、鱼台、金乡三县淫雨，九月，莫、献二州淫雨。保定路淫雨。二十六年六月，济宁、东平、汴梁、济南、顺德、真定、平滦、棣州霖雨害稼。二十八年八月，大名、清河、南乐诸县霖雨为灾。九月，河间郡淫雨。

至大四年七月，河间、顺德、大名、彰德、广平等路，德、濮、恩、通等州及河东祁县霖雨害稼。

皇庆元年，龙兴路新建县雨害稼。

延祐四年四月，辽阳盖州雨水害稼。六年七月，霸州文成县雨害稼三千余顷。

至治元年，江州、赣州淫雨。二年闰五月，安丰路雨伤稼。三年五月，大名魏县淫雨。保定定兴县，济南无棣、厌次县，济宁砀山县，河间齐东县霖雨害稼。

泰定元年七月，真定、广平、庐州十一郡雨伤稼。八月，汴梁考城、仪封，济南沾化、利津等县霖雨，损禾稼。

五行，四曰金。从革，金之性也，失其性为沴，时则冶铸不成，变异者有之，是为金不从革。金石同类，故古者以类附见。其征恒旸，其色白，是为白眚白祥。

至元十三年，雾灵山伐木官刘氏言，檀州大峪锥山出铁矿，有司覆视之，寻立四冶。

大德元年，云州聚阳山等冶言，矿石煽炼银货不出，诏减其课额。二年六月，抚州崇仁县辛陂村有星陨于地，为绿色陨石，邑人张椿以状闻。

泰定四年八月，天全道山崩，飞石击人，中者辄死。

庶征之恒旸，刘向以为《春秋》大旱也。京房《易传》曰："欲得不用，兹谓张，厥灾荒。"荒，旱也。

中统三年五月，滨、棣二州旱。四年八月，真定郡及洺、磁等州旱。

至元元年二月，东平、太原、平阳旱，分命西僧祷雨。五年十二月，京兆大旱。八年四月，蔚州灵仙、广灵二县旱。九年六月，高丽旱。十三年十二月，平阳路旱。十六年七月，赵州旱。十八年二月，广宁、北京大定州旱。二十三年五月，汴梁旱，京畿旱。二十四年春，平阳旱，二麦枯死。二十五年，东平路须城等六县，安西路商、耀、乾、华等十六州旱。二十六年，绛州大旱。

元贞元年六月，环州、葭州及咸宁、伏羌、通渭等县旱。七月，河间肃宁、乐寿二县旱，泗州、贺州旱。二年八月，大名开州、怀孟武陟县、河间肃宁县旱。九月，莫州、献州旱。十月，化州旱。十二月，辽东、开元二路旱。

大德元年六月，汴梁、南阳大旱，民鬻子女。九月，镇江丹阳、金坛二县旱。十二月，平阳曲沃县旱。二年五月，卫辉、顺德、平滦等路旱。三年五月，荆湖诸郡及桂阳、宝庆、兴国三路旱。十月，扬、庐、随、黄等州旱。四年，平棘、白马二县旱。五年六月，汴梁、南阳、卫辉、大名等路旱。九月，江陵旱。八年六月，凤翔扶风、岐山、宝鸡三县旱。九年七月，晋州饶阳县、汉阳汉川县旱。八月，象州、融州、柳州属县旱。十年五月，京畿旱。安西春夏大旱，二麦枯死。

至大三年夏，广平亢旱。

皇庆元年六月，滨、棣、德三州及蒲台、阳信等县旱。二年九月，京畿大旱。

延祐二年春，檀、蓟、濠三州旱。夏，巩昌兰州旱。四年四月，德安府旱。五年七月，真定、河间、广平、中山大旱。七年六月，黄、蕲二郡及荆门州旱。

至治元年六月，大同路旱。二年十一月，岷州旱。三年夏，顺德、真定、冀宁大旱。

泰定元年六月，景、清、沧、莫等州，临汾、泾川、灵台、寿春、六合等县旱。九月，建昌郡旱。二年五月，潭州、茶陵州、兴国永兴县旱。七月，随州、息州旱。三年夏，燕南、河南州县十有四亢阳不雨。七月，关中旱。四年二月，奉元醴泉、顺德唐山、邠州淳化等县旱。六月，潞、霍、绥德三州旱。八月，藤州旱。

致和元年二月，广平、彰德等郡旱。

天历元年八月，陕西大旱，人相食。二年夏，真定、河间、大名、广平等四州四十一县旱。峡州二县旱。八月，浙西湖州，江东池州、饶州旱。十二月，冀宁路旱。

至顺元年七月，肇州、兴州、东胜州及榆次、滏阳等十三县旱。二年，霍、隰、石三州，阜城、平地二县旱。

恒旸，则有介虫之孽。释者谓小虫有甲飞扬之类，阳气所生也，于《春秋》为螽，今谓之蝗。按刘歆云，贪虐取民则螽与鱼同占。刘向以为介虫之孽，当属言不从。今仿之。

中统三年五月，真定、顺天、邢州蝗。四年六月，燕京、河间、益都、真定、东平蝗。八月，滨、棣等州蝗。

至元二年七月，益都大蝗。十二月，西京、北京、顺德、徐、宿、邳等州郡蝗。五年六月，东平等郡蝗。七年七月，南京、河南诸路大蝗。八年六月，上都、中都、大名、河间、益都、顺天、怀孟、彰德、济南、真定、卫辉、平阳、归德、顺德等路，淄、莱、洺、磁等州蝗。十六年四月，大都十六路蝗。十七年五月，忻州及涟、海、邳、宿等州蝗。十九年四月，别十八里部东三百余里蝗害麦。二十五年七月，真定、汴梁蝗。八月，赵、晋、冀三州蝗。二十七年四月，河北十七郡蝗。二十九年六月，东昌、济南、般阳、归德等郡蝗。三十一年六月，东安州蝗。

元贞元年六月，汴梁陈留、太康、考城等县，睢、许等州蝗。二年六月，济宁任城、鱼台县，东平须城、汶上县，开州长垣、清丰县，德州齐河县，滑州，太和县，内黄县蝗。八月，平阳、大名、归德、真定等郡蝗。

大德元年六月，归德邳州、徐州蝗。二年四月，燕南、山东、两淮、江浙、燕南属县百五十处蝗。三年五月，淮安属县蝗，有鹙食之。十月，陇、陕蝗。五年六月，顺德路、淇州蝗。七月，广平、真定等路蝗。八月，河南、淮南、睢、陈、唐、和等州，新野、汝阳、江都、兴化等县蝗。六年四月，真定、大名、河间等路蝗。七月，大都涿、顺、固安三州及濠州钟离、镇江丹徒二县蝗。七年五月，益都、济南等路蝗。六年，大宁路蝗。八年四月，益都临朐、德州齐河县蝗。六月，益津县蝗。九年六月，通、泰、靖海、武清等州县蝗。八月，涿州，良乡、河间南皮、泗州天长等县及东安、海盐等州蝗。十年四月，大都、真定、河间、保定、河南等郡蝗。六月，龙兴、南康等郡蝗。

至大元年五月，晋宁路蝗。六月，保定、真定二郡蝗。八月，淮东蝗。二年四月，益都、东平、东昌、顺德、广平、大名、汴梁、卫辉等郡蝗。六月，檀、霸、曹、濮、高唐、泰安等州，良乡、舒城、历阳、合肥、六安、江宁、句容、溧水、上元等县蝗。七月，济南，济宁，般阳，河中，解、绛、耀、同、华等州蝗。八月，真定、保定、河间、怀孟等郡蝗。三年四月，宁津、堂邑、茌平、阳穀、平原、齐河、禹城七县蝗。七月，磁州、威州，饶阳、元氏、平棘、滏阳、元城、无棣等县蝗。

皇庆元年，彰德安阳县蝗。

延祐七年六月，益都路蝗。

至治元年五月，霸州蝗。六月，卫辉、汴梁等处蝗。七月，江都、泰兴、胙城、通许、临淮、盱眙、清池等县蝗。十二月，宁海州蝗。二年，汴梁祥符县蝗，有群鹙食蝗，既而复吐，积如丘垤。三年五月，保定路归信县蝗。

泰定元年六月，大都、顺德、东昌、卫辉、保定、益都、济宁、彰德、真定、般阳、广平、大名、河间、东平等郡蝗。二年五月，彰德路蝗。六月，德、濮、曹、景等州，历城、章丘、淄川、柳城、茌平等县蝗。九月，济南、归德等郡蝗。三年六月，东平须城县、兴国永兴县蝗。七月，大名、顺德、广平等路，赵州，曲阳、满城、庆都、修武等县蝗。淮安、高邮二郡，睢、泗、雄、霸等州蝗。八月，永平、汴梁、怀庆等郡蝗。四年五月，洛阳县有蝗五亩，群乌尽食之，越数日，蝗又集，又食之。七月，籍田蝗。八月，冠州、恩州蝗。十二月，保定、济南、卫辉、济宁、庐州五路，南阳、河南二府蝗。博兴、临淄、胶西等县蝗。

致和元年四月，大都蓟州、永平路石城县蝗。凤翔岐山县蝗，无麦苗。五月，颍州及汲县蝗。六月，武功县蝗。

天历二年四月，大宁兴中州、怀庆孟州、庐州无为州蝗。六月，益都莒、密二州蝗。七月，真定、汴梁、永平、淮安、庐州、大宁、辽阳等郡属县蝗。三年五月，广平、大名、般阳、济宁、东平、汴梁、南阳、河南等郡，辉、德、濮、开、高唐五州蝗。

至顺元年六月，漷、蓟、固安、博兴等州蝗。七月，解州、华州及河内、灵宝、延津等二十二县蝗。二年三月，陕州诸路蝗。六月，孟州济源县蝗。七月，河南阌乡、陕县，奉元蒲城、白水等县蝗。

至元十五年四月，济南无棣县获白雉以献。

元贞三年正月，宁海州牟平县获白鹿于圣水山以献。

至元二十四年七月癸丑，日晕连环，白虹贯之。

至大元年七月，流星起勾陈，化为白气，员如车轮，至贯索始灭。

皇庆元年六月丁卯，天雨毛。

延祐元年二月己亥，白晕亘天，连环贯日。

至顺三年五月丁酉，白虹并日出，其长竟天。

五行，五曰土。土，中央生万物者也，而莫重于稼穑。土气不养，则稼穑不成，金木水火沴之，冲气为异，为地震，为天雨土。其征恒风，其色黄，是为黄眚黄祥。

中统元年五月，泽州、益州饥。二年六月，塔察儿部饥。七月，桓州饥。三年五月，甘州饥。闰九月，济南郡饥。

至元二年四月，辽东饥。五年九月，益都饥。六年十一月，济南饥。十一月，固安、高唐二州饥。七年五月，东京饥。七月，山东淄、莱等州饥。八年正月，西京、益都饥。九年四月，京师饥。七月，水达达部饥。十七年三月，高邮郡饥。十八年二月，浙东饥。四月，通、泰、崇明等州饥。十九年九月，真定路饥，民流徙鄂州。二十三年七月，宣宁县饥。二十四年九月，平滦路饥。十二月，苏、常、湖、秀四州饥。二十五年十一月，兀良合部饥。二十六年二月，合木里部饥。三月，安西、甘州等路饥。四月，辽阳路饥。闰十月，武平路饥，檀州饥。十二月，蠡州饥，河间、保定二路饥。二十七年二月，开元路宁远县饥。四月，浙东婺州饥，河间任丘、保定定兴二县饥。九月，河东山西道饥。二十八年三月，真定、河间、保定、平滦、太原、平阳等路饥，杭州、平江、镇江、广德、太平、徽州饥。九月，武平路饥。十二月，洪宽女直部饥，大都内郡饥。二十九年正月，清州、兴州饥。三月，辉州龙山县、里州和中县饥，东安、固安、蓟、棣四州饥。三月，威宁、昌州饥。闰六月，南阳、怀孟、卫辉等路饥。三十年十月，京师饥。

元贞二年四月，平阳绛州、太原阳曲、台州黄岩饥。

大德元年六月，广德路饥。七月，宁海州文登、牟平等县饥。三年八月，扬州、淮安等郡饥。四年二月，湖北饥。三月，宁国、太平二路饥。九月，建康、常州、江陵等郡饥。六年五月，福州饥。六月，杭州、嘉兴、湖州、广德、宁国、饶州、太平、绍兴、庆元、婺州等郡饥，大同路饥。七月，建康路饥。十一月，保定路饥。七年二月，真定路饥。五月，太原、龙兴、南康、袁州、瑞州、抚州等路，高唐、南丰等州饥。六月，浙西饥。七月，常德路饥。八年六月，乌撒、乌蒙、益州、忙部、东川等路饥。九年三月，常宁州饥。五月，宝庆路饥。八月，扬州饥。十年三月，济州任城饥。四月，汉阳、淮安、道州、柳州饥。七月，黄州、沅州、永州饥。八月，成都饥。十一月，扬州、辰州饥。

至大元年二月，益都、般阳、济宁、济南、东平、泰安大饥。六月，山东、河南、江淮等郡大饥。二年七月，徐州、邳州饥。

皇庆元年六月，巩昌、河州路饥。二年三月，晋宁、大同、大宁、四川、巩昌、甘肃等郡饥。四月，真定、保定、河间等路饥。五月，顺德、冀宁二路饥。六月，上都饥。

延祐元年六月，衡州饥。七月，台州饥。十二月，归德、汝宁、沔阳、安丰等郡饥。二年正月，晋宁、宣德、怀孟、卫辉、益都、般阳等路饥。二年十二月，汉阳路饥。三年二月，河间，济南滨、棣等处饥。四月，辽阳盖州及南丰州饥。五月，宝庆、桂阳、澧州、潭州、永州、道州、袁州饥。四年正月，汴梁饥。五年四月，上都饥。六年八月，山东济宁饥。七年五月，大同、云内、丰、胜诸郡邑饥，沈阳路饥。八月，广东新州新兴县饥。

至治元年正月，蕲州蕲水县饥。二月，河南汴梁、归德、安丰等路饥。五月，胶州、濮州饥。七月，南恩、新州饥。十一月，巩昌成州饥。十二月，庆远、真定二路饥。二年三月，河南、淮东、淮西诸郡饥，延安延长、宜川二县饥，奉元路饥。四月，东昌、霸州饥。九月，临安河西县饥。三年二月，京师饥。三月，平江嘉定州饥。崇明、黄岩二州饥。十一月，镇江丹徒、沅州黔阳县饥。十二月，归、澧二州饥。

泰定元年正月，惠州、新州、南恩州，信州上饶县，广德路广德县，岳州临湘、华容等县饥。二月，庆元、绍兴二路，绥德州米脂、清涧二县饥。三月，临洮狄道县、石州离石县饥。四月，江陵、荆门军、监利县饥。五月，赣州、吉安、临江等郡，昆山、南恩等州饥。八月，冀宁、延安、江州、安陆、杭州、建昌、常德、全州、桂阳、辰州、南安等路属州县饥。九月，绍兴、南康二路饥。十一月，泉州饥，中牟、延津二县饥。二年正月，梅州饥，禄施、英德二州饥。闰正月，河间、真定、保定、瑞州四郡饥。二月，凤翔路饥。三月，蓟、漷、徐、邳等州饥，济南、肇庆、江州、惠州饥。四月，杭州、镇江、宁国、南安、浔州、潭州等路饥。五月，广德、袁州、抚州饥。六月，宁夏路饥。九月，琼州、成州饥，德庆路饥。十二月，济南、延川等郡饥。三年三月，河间、保定、真定三路饥。三月，大都、永平、奉元饥。十一月，沈阳、大宁、永平、广宁，金、复州，甘肃亦集乃路饥。四年正月，辽阳诸郡饥。二月，奉符、长清、莱芜三县饥，建康、淮安、蕲州属县饥。四月，通、蓟等州，渔阳、永清等县饥。七月，武昌江夏县饥。

致和元年二月，乾州饥。三月，晋宁、冀宁、奉元、延安等路饥。四月，保定、东昌、般阳、彰德、大宁五路属县饥。五月，河南、东平、大同等郡饥。七月，威宁、长安县、泾州灵台县饥。

天历二年正月，大同及东胜州饥，涿州房山、范阳等县饥。四月，奉元耀州、乾州、华州及延安、邠、宁诸县饥，流民数十万。大都、兴和、顺德、大名、彰德、怀庆、卫辉、汴梁、中兴等路，泰安、高唐、曹、冠、徐、邳等州饥。江东、浙西二道饥。八月，忻州饥。十月，汉阳、武昌、常德、澧州等路饥，凤翔府大饥。三年正月，宁海州文登、牟平县饥，怀庆、衡州二路饥，真定、汝宁、扬、庐、蕲、黄、安丰等郡饥。二月，河南大饥。三月，东昌须城、堂邑县饥。沂、莒、胶、密、宁海五州，临清、定陶、光山等县饥。巩昌兰州、定西州饥。四月，德州清平县饥。

至顺二年二月，集庆、嘉兴二郡及江阴州饥，檀、顺、维、密、昌平五州饥。六月，兴和路高原，咸平等县饥。九月，思州镇远府饥。十二月，河南大饥。三年四月，大理、中庆路饥。五月，常宁州饥。七月，胜州饥。八月，大都宝坻县饥。

至大元年春，绍兴、庆元、台州疫死者二万六千余人。

皇庆二年冬，京师大疫。《唐志》云："国将有恤，则邪乱之气先被于民，故疫。"

太宗五年癸巳十二月，大风霾，凡七昼夜。

至元二十年正月，汴梁延津、封丘二县大风，麦苗尽拔。

延祐七年八月，延津县大风，昼晦，桑陨者十八九。

至治元年三月，大同路大风，走沙土，壅没麦田一百余顷。三年三月，卫辉路大风，桑雕蚕死。

泰定三年七月，宝坻、房山二县大风折木。八月，大都昌平等县大风一昼夜，坏民居九百余家。四年五月，卫辉路辉州大风九日，禾尽偃。

天历三年二月，胙城县、新乡县大风。

按《汉志》云："温而风则生螟螣，有裸虫之孽。"

至元八年六月，辽州和顺县、解州闻喜县虸蚄生。十八年，高唐、夏津、武城县蝝。二十三年五月，霸州、漷州螨。二十四年，巩昌虸蚄为灾。二十七年四月，婺州螟害稼，雷雨大作，螟尽死，岁乃大稔。

元贞元年六月，利州龙山县、盖州明山县螟。二年五月，济州任城县螟。随州野蚕成茧，亘数百里，民取为纩。

大德七年五月，济南、东昌、般阳、益都等路虫食麦。闰五月，汴梁开封县虫食麦。九年七月，桂阳郡蝝。

至大元年五月，东平、东昌、益都等郡蝝。

皇庆二年五月，檀州及获鹿县螨。

延祐七年七月，霸州及堂邑县螨。

泰定四年七月，奉元路咸阳、兴平、武功三县，凤翔府岐山等县虸蚄害稼。

天历二年，淮安、庐州、安丰三路属县螨。

至元十六年四月，益都乐安县朱五十家，牛生牸犊，两头四耳三尾，其色黄，既生即死。

大德九年二月，大同平地县迷儿的斤家，牛生麒麟而死。

至大四年，大同宣宁县民灭的家，牛生一犊，其质有鳞无毛，其色青黄，类若麟者，以其鞹上之。

泰定三年九月，湖州长兴州民王俊家，牛生一兽，鳞身牛尾，口目皆赤，堕地即大鸣，母不乳之。具图以上，不知何兽，或曰："此瑞也，宜俾史臣纪录。"

至元二十四年，诸王薛彻都部雨土七昼夜，没死牛畜。

大德十年二月，大同平地县雨沙黑霾，毙牛马二千。

至治三年二月丙戌，雨土。

致和元年三月壬申，雨霾。

天历二年三月丁亥，雨土霾。

至顺二年三月丙戌，雨土霾。

至元二十一年九月戊子，京师地震。按《传》云："阳伏而不能出，阴迫而不能升，于是有地震。"二十六年正月丙戌，地震。二十七年二月癸未，泉州地震。丙戌，泉州地复震。八月癸未，武平路地大震。二十八年八月己丑，平阳路地震，坏庐舍万八百区。

元贞元年三月壬戌，地震。

大德六年十二月辛酉，云南地震，戊辰亦如之。七年八月辛卯夕，地震，太原、平阳尤甚，坏官民庐舍十万计。平阳赵城县范宣义郇堡徙十余里。太原徐沟、祁县及汾州平遥、介休、西河、孝义等县地震成渠，泉涌黑沙。汾州北城陷，长一里，东城陷七十余步。八年正月，平阳地震不止。九年四月己酉，大同路地震，有声如雷，坏庐舍五千八百，压死者一千四百余人。怀仁县地震，二所涌水尽黑，其一广十八步，深十五丈，其一广六十六步，深一丈。五月癸亥，以地震，改平阳路为晋宁，太原路为冀宁。十一月壬子，大同地震。十二月丙子，地震。十年正月，晋宁、冀宁地震不止。十一年三月，道州营道县暴雨，山裂百三十余处。八月壬寅，开成路地震。

至大元年六月丁酉，巩昌陇西、宁远县地震。云南乌撒、乌蒙地三日而大震者六。九月己酉，蒲县地震。十月癸巳，蒲县、灵县地震。二年十二月壬戌，阳曲县地震有声。三年十二月戊申，冀宁路地震。四年三月己亥，宁夏路地震。七月癸未，甘州地震，大风，有声如雷。闰七月甲子，宁夏地震。

皇庆二年六月，京师地震。己未，京师地震，丙寅又震，壬寅又震。

延祐元年二月戊辰，大宁路地震。四月甲申朔，大宁地震，有声如雷。八月丁未。冀宁、汴梁等路，涉县、武安县地震。十一月戊辰，大宁地震如雷。二年五月乙丑，秦州成纪县北山移至夕川河，明日再移，平地突如土阜，高者二三丈，陷没民居。三年八月己未，冀宁、晋宁等郡地震。十月壬午，河南地震。四年正月壬戌，冀宁地震。七月己丑，成纪县山崩。辛卯，冀宁地震。九月，岭北地震三日。五年正月甲戌，懿州地震。二月癸巳，和宁路地震。丁酉，秦安县山崩。三月己卯，德庆路地震。七月戊子，宁远县山崩。八月，伏羌县山崩。秦州成纪县暴雨，山崩，朽壤坟起，覆没畜产。

至治二年九月癸亥，地震。十一月癸卯，地震。

泰定元年八月，成纪县大雨，山崩水溢，壅土至来谷河成丘阜。十二月庚申，奉元路同州地震，有声如雷。三年十二月丁亥，宁夏路地震如雷，发自西北，连震者三。四年三月癸卯，和宁路地震如雷。八月，巩昌通渭县山崩。碉门地震，有声如雷，昼晦。凤翔、兴元、成都、陕州、江陵等郡地同日震。九月壬寅，宁夏地震。

致和元年七月辛酉朔，宁夏地震。己卯，大宁路地震。十月壬寅，大宁路地震。

至顺二年四月丁亥，真定涉县地一日五震或三震，月余乃止。四年四月戊申，大宁路地震。五月戊寅，京师地震有声。八月己酉，陇西地震。

至元元年十月壬子，恩州历亭县进嘉禾，一茎九穗。十一月丁酉，太原临州进嘉禾二茎。四年十月庚午，太原进嘉禾二本，异亩同颖。六年九月癸丑，恩州进嘉禾，一茎三穗。七年夏，东平府进瑞麦，一茎五穗。十一年，兴元凤州进麦，一茎七穗；谷一茎三穗。十四年八月，嘉禾生襄阳。十七年十月，太原坚州进嘉禾六茎。十八年八月壬寅，瓜州屯田进瑞麦，一茎五穗。二十年十月癸巳，斡端宣慰司刘恩进嘉禾，同颖九穗、七穗、六穗者各一。二十三年五月，广元路阆中麦秀两岐。二十四年八月，濬州进瑞麦，一茎五穗。二十五年八月，袁州萍乡县进嘉禾。二十六年十二月，宁州民张安世进嘉禾二本。三十一年，嘉禾生京畿，一茎九穗。

大德元年十一月辛未，曹州禹城县进嘉禾，一茎九穗。大德九年，嘉禾生应州山阴县。

至大三年九月，河间路献嘉禾，有异亩同颖及一茎数穗者，敕绘为图。

皇庆二年八月，嘉禾生浑源州，一茎四穗。

延祐四年七月，南城产嘉禾。七年五月，鄱阳进嘉禾，一茎六穗。

至治二年八月，蔚州献嘉禾。

泰定元年十月，成都县谷一茎九穗。

卷五十一　志第三下

五　行　二

水不润下

元统元年五月，汴梁阳武县河溢害稼。六月，京畿大霖雨，水平地丈余。泾河溢，关中水灾。黄河大溢，河南水灾。泉州霖雨，溪水暴涨，漂民居数百家。七月，潮州大水。二年正月，东平须城县、济宁济州、曹州济阴县水灾。二月，滦河、漆河溢，永平路属县皆水。瑞州路水。三月，山东霖雨，水涌。四月，东平、益都水。五月，镇江路水，宣德府大水。六月，淮河涨，漂山阳县境内民畜房舍。九月，吉安路水。至元元年，河决汴梁封丘县。二年五月，南阳邓州大水。六月，泾水溢。八月，大都至通州霖雨，大水。三年二月，绍兴大水。五月，广西贺州大水害稼。六月，卫辉淫雨至七月，丹、沁二河泛涨，与城西御河通流，平地深二丈余，漂没人民房舍田禾甚众，民皆栖于树木，郡守僧家奴以舟载饭食之，移老弱居城头，日给粮饷，月余水方退。汴梁兰阳、尉氏二县，归德府皆河水泛溢。黄州及衢州常山县皆大水。四年五月，吉安永丰县大水。六月，邵武大水，城市皆洪流，漂沿溪民居殆尽。五年六月庚戌，汀州路长汀县大水，平地深三丈许，损民居八百家，坏民田二百顷，溺死者八千余人。七月，沂州沂、沭二河暴涨，决堤防，害田稼。邵武光泽县大水。常州宜兴县山水出，势高一丈，坏民居。六年二月，京畿五州十一县及福州路福宁州大水。五月甲子，庆元奉化州山崩，水涌出平地，溺死人甚众。六月，衢州西安、龙游二县大水。庚戌，处州松阳、龙泉二县积雨，水涨入城中，深丈余，溺死五百余人；遂昌县尤甚，平地三丈余。桃源乡山崩，压溺民居五十三家，死者三百六十余人。七月壬子，延平南平县淫雨，水泛涨，溺死百余人，损民居三百余家，坏民田二顷七十余亩。乙卯，奉元路盩厔县河水溢，漂溺居民。八月甲午，卫辉大水，漂民居一千余家。十月，河南府宜阳县大水，漂民居，溺死者众。至正元年，汴梁钧州大水，扬州路崇明、通、泰等州海潮涌溢，溺死一千六百余人。二年四月，睢州仪封县大水害稼。六月癸丑夜，济南山水暴涨，冲东西二关，流入小清河，黑山、天麻、石固等寨及卧龙山水通流入大清河，漂没上下民居千余家，溺死者无算。三年二月，巩昌宁远、伏羌、成纪三县山崩水涌，溺死者无算。五月，黄河决白茅口。七月，汴梁中牟、扶沟、尉氏、洧川四县，郑州荥阳、汜水、河阴三县大水。四年五月，霸州大水。六月，河南巩县大雨，伊、洛水溢，漂民居数百家。济宁路兖州，汴梁鄢陵、通许、陈留、临颍等县大水害稼，人相食。七月，滦河水溢，出平地丈余，永平路禾稼庐舍漂没甚众。东平路东阿、阳穀、汶上、平阴四县，衢州西安县大水。温州飓风大作，海水溢，漂民居，溺死者甚众。五年七月，河决济阴，漂官民亭舍殆尽。十月，黄河泛溢。七年五月，黄州大水。八月壬午，杭州、上海浦中午潮退而复至。八年正月辛亥，河决，陷济宁路。四月，平江、松江大水。五月庚子，广西山崩水涌，漓江溢，平地水深二丈余，屋宇人畜漂没。壬子，宝庆大水。乙卯，钱塘江潮比之八月中高数丈余，沿江民皆迁居以避之。六月己丑，中兴路松滋县骤雨，水暴涨，平地深丈有五尺余，漂没六十余里，死者一千五百人。是月，胶州大水。七月，高密县大水。九年七月，中兴路公安、石首、潜江、监利等县及沔阳府大水。夏秋，蕲州大水伤稼。十年五月，龙兴瑞州大水。六月乙未，霍州灵石县雨水暴涨，决堤堰，漂民居甚众。七月，汾州平遥县汾水溢，静江荔浦县大水害稼。十一年夏，龙兴南昌、新建二县大水。安庆桐城县雨水泛涨，花崖、龙源二山崩，冲决县东大河，漂民居四百余家。七月，冀宁路平晋、文水二县大水，汾河泛溢东西两岸，漂没田禾数百顷。河决归德府永城县，坏黄陵冈岸。静江路大水，决南北二陡渠。十二年六月，中兴路松滋县骤雨，水暴涨，漂民居千余家，溺死七百人。七月，衢州西安县大水。十三年夏，蓟州丰润、玉田、遵化、平谷四县大水。七月丁卯，泉州海水日三潮。十四年六月，河南府巩县大雨，伊、洛水溢，漂没民居，溺死三百余人。秋，蓟州大水。十五年六月，荆州大水。十六年，河决郑州河阴县，官署民居尽废，遂成中流。山东大水。十七年六月，暑雨，漳河溢，广平郡邑皆水。秋，蓟州四县皆大水。十八年秋，京师及蓟州、广东惠州、广西四县、贺州皆大水。十九年九月，济州任城县河决。二十年七月，通州大水。二十二年三月，邵武光泽县大水。二十三年，孟州济源、温县水。七月，河决东平寿张县，圮城墙，漂屋庐，人溺死甚众。二十四年三月，益都县井水溢而黄。怀庆路孟州、河内、武陟县水。七月，益都路寿光县、胶州高密县水。二十五年秋，蓟州大水。东平须城、东阿、平阴三县河决小流口，达于清河，坏民居，伤禾稼。二十六年二月，河北徙，上自东明、曹、濮，下及济宁，皆被其害。六月，河南府大霖雨，瀍水溢，深四丈许，漂东关居民数百家。秋七月，汾州介休县汾水溢。蓟州四县、卫辉、汴梁钧州大水害稼。八月，棣州大清河决，滨、棣二州之界，民居漂流无遗。济宁路肥城县西黄水泛溢，漂没田禾民居百有余里，德州齐河县境七十里亦如之。

至正二十年十一月，汴梁原武、荥泽二县黄河清三日。二十一年十一月，河南孟津县至绛州垣曲县二百里河清七日，新安县亦如之。十二月，冀宁路石州河水清，至明年春冰泮，始如故。二十四年夏，卫辉路黄河清。

至正六年九月，彰德雨雪，结冻如琉璃。七年八月，卫辉陨霜杀稼。九年三月，温州大雪。十年春，彰德大寒，近清明节，雨雪三尺，民多冻馁而死。十一年三月，汴梁路钧州大雷雨雪，密县平地雪深三尺余。十三年秋，邵武光泽县陨霜杀稼。二十三年三月，东平路须城、东河、阳穀三县陨霜杀桑，废蚕事。八月，钧州密县陨霜杀菽。二十七年三月，彰德大雪，寒甚于冬，民多冻死。五月辛巳，大同陨霜杀麦。秋，冀宁路徐沟、介休二县雨雪。十二月，奉元路咸宁县井水冰。二十八年四月，奉元陨霜杀菽。

元统元年三月戊子，绍兴萧山县大风雨雹，拔木仆屋，杀麻麦，毙伤人民。二年二月甲子，塞北东凉亭雨雹。至元元年七月，西和州、徽州雨雹。二年八月甲戌朔，高邮宝应县大雨雹。是时，淮、浙皆旱，唯本县濒河，田禾可刈，悉为雹所害，凡田之旱者无一雹及之。四年四月癸巳，清州八里塘雨雹，大过于拳，其状有如龟者，有如小儿形者，有如狮象者，有如环玦者，或椭如卵，或圆如弹，玲珑有窍，色白而坚，长老云："大者固常见之，未有奇状若是也。"至正二年五月，东平路东阿县雨雹，大者如马首。三年六月，东平阳穀县雨雹。六年二月辛未，兴国路雨雹，大如马首，小者如鸡子，毙禽畜甚众。五月辛卯，绛州雨雹，大者二尺余。八年四月庚辰，钧州密县雨雹，大如鸡子，伤麦禾。龙兴奉新县大雨雹，伤禾折木。八月己卯，益都临淄县雨雹，大如杯盂，野无青草，赤地如赭。九年二月，龙兴大雨雹。十年五月，汾州平遥县雨雹。十一年四月乙巳，彰德雨雹，大者如斧，时麦熟将刈，顷刻亡失，田畴坚如筑场，无稽粒遗留者，地广三十里，长百有余里，树木皆如斧所劈，伤行人、毙禽畜甚众。五月癸丑，文水县雨雹。十三年四月，益都高苑县雨雹，伤麦禾及桑。十四年六月，蓟州雨雹。十七年四月，济南大风雨雹。十九年四月，莒州蒙阴县雨雹。五月，通州及益都临朐县雨雹害稼。二十年五月，蓟州遵化县雨雹终日。二十一年五月，东平雨雹害稼。二十二年八月，南雄雨雹如桃李实。二十三年五月，鄜州宜君县雨雹，大如鸡子，损豆麦。七月，京师及隰州永和县大雨雹害稼。二十五年五月，东昌聊城县雨雹，大如拳，小者如鸡子，二麦不登。二十六年六月，汾州平遥县雨雹。二十七年二月乙丑，永州城中昼晦，鸡栖于埘，人举灯而食，既而大雨雹，逾时方明。五月，益都大雷雨雹。七月，冀宁徐沟县大风雨雹，拔木害稼。二十八年六月，庆阳府雨雹，大如盂，小者如弹丸，平地厚尺余，杀苗稼，毙禽兽。

至正三年秋，兴国路永兴县雷，击死粮房贴书尹章于县治。时方大旱，有朱书在其背云："有旱却言无旱，无灾却道有灾，未庸歼厥渠魁，且击庭前小吏。"七年五月庚戌，台州路黄岩州海滨无云而雷。冬，卫辉路天鼓鸣。十年六月戊申，广西临桂县无云而雷，震死邑民廖广达。十二月庚子，汾州孝义县雷雨。十一年十二月，台州大雨震电。十二年三月丙午，宁国路无云而雷。十三年十二月庚戌，京师无云而雷，少顷有火坠于东南。怀庆路河内县及河南府天鼓鸣于西北。是日怀庆之修武、潞州之襄垣县皆无云而雷，声震天地。是月，汾州雷雨。十四年十二月，孝义县雷雨。十九年十二月，台州大雷电。二十一年十一月戊申，温州乐清县雷。二十七年正月乙未夜，晋宁路绛州天鼓鸣空中，如闻战斗之声。十月，奉元路雷电。

至正二十五年六月戊申，京师大雨，有鱼随雨而落，长尺许，人取而食之。

至元五年六月庚戌，汀州长汀县山蛟出，大雨骤至，平地涌水，深三丈余，漂没民居八百余家，坏田二百余顷。至正十七年六月癸酉，温州有龙斗于乐清江中，飓风大作，所至有光如球，死者万余人。八月癸丑，祥符县西北有青白二龙见，若相斗之势，良久而散。二十三年正月甲辰，广西贵州江中有物登岸，蛇首四足而青色，长四尺许，军民聚观而杀之。二十四年六月，保德州有黄龙见于咸宁井中。二十七年六月丁巳，皇太子寝殿新甃井成，有龙自井而出，光焰烁人，宫人震慑仆地。又宫墙外长庆寺所掌成宗斡耳朵内大槐树，有龙缠绕其上，良久飞去，树皮皆剥。七月，益都临朐县有龙见于龙山，巨石重千斤，浮空而起。二十八年十一月，大同路怀仁县河岸崩，有蛇大小相绾结，可载数车。

至正三年秋，建宁浦城县民家豕生豚，二尾八足。十五年，镇江民家豕生豚如象形。二十四年正月，保德州民家豕生豚，一首二身八蹄二尾。

至元元年正月，广西师宗州步生妻适和，一产三男。汴梁祥符县市中一乞丐妇人，忽生髭须。至正九年四月，枣阳民张氏妇生男，甫及周岁，长四尺许，容貌异常，皤腹拥肿，见人辄嬉笑，如世俗所画布袋和尚云。二十三年五月，霸州民王马驹妻赵氏，一产三男。六月，亳家务李闰妻张氏，一产三男。

至正元年四月戊寅，彰德有赤风自西北来，忽变为黑，昼晦如夜。十三年冬，袁州路每日暮，有黑气环绕郡城。十七年正月己丑，杭州降黑雨，河池水皆黑。二十八年七月乙亥，京师黑雾，昏暝不辨人物，自旦近午始消，如是者旬有五日。

火不炎上

元统元年六月甲申，杭州火。至正元年四月辛卯，台州火。乙未，杭州火，燔官舍民居公廨寺观，凡一万五千七百余间，死者七十有四人。二年四月，杭州又火。六年八月己巳，延平路火，燔官舍民居八百余区，死者五人。十年，兴国路自春及夏，城中火灾不绝，日数十起。二十年，惠州路城中火灾屡见。二十三年正月乙卯夜，广西贵州火，同知州事韩帖木不花、判官高万章及家人九口俱死焉，居民死者三百余人，牛五十头，马九匹，公署、仓库、案牍焚烧皆尽。二十八年二月癸卯，京师武器库灾。己巳，陕西有飞火自华山下，流入张良弼营中，焚兵库器仗。六月甲寅，大都大圣寿万安寺灾。是日未时，雷雨中有火自空而下，其殿脊东鳌鱼口火焰出，佛身上亦火起。帝闻之泣下，亟命百官救护，唯东西二影堂神主及宝玩器物得免，余皆焚毁。此寺旧名白塔，自世祖以来，为百官习仪之所，其殿陛阑楯一如内庭之制。成宗时，置世祖影堂于殿之西，裕宗影堂于殿之东，月遣大臣致祭。

至元六年冬，京师无雪。至正八年九月，奉元路桃杏花。十四年八月，冀宁路榆次县桃李花。十五年十一月，汾州介休县桃杏花。十七年十一月，汾州桃杏花。

至正十一年十月，衢州东北雨米如黍。十一月，建宁浦城县雨黑子如稗实；邵武大雨震电，雨黑黍如芦穄，信州雨黑黍；鄱阳县雨菽豆。郡邑多有，民皆取而食之。十六年六月，彰德路苇叶顺次倚叠而生，自编成若旗帜，上尖叶聚粘如枪，民谣云："苇生成旗，民皆流离；苇生成枪，杀伐遭殃。"又有黍自生成文，红稭黑字，其上节云"天下太平"，其下节云"天下刀兵"。十八年，处州山谷中小竹结实如小麦，饥民采食之。二十一年，明州象山县竹穗生实如小米，可食。

至正十一年，广西庆远府有异禽双飞，见于述昆乡，飞鸟千百随之，盖凤凰云。其一飞去，其一留止者，为僮人射死，首长尺许，毛羽五色，有藏之以献于帅府者，久而其色鲜明如生云。五月，兴国有大鸟百余，飞至郡西白朗山颠，状如人立，去而复至者数次。十九年，京师鸱鸮夜鸣达旦，连月乃止，有杜鹃啼于城中，居庸关亦如之。二十七年三月丁丑朔，莱州招远县大社里黑风大起，有大鸟自南飞至，其色苍白，展翅如席，状类鹤，俄顷飞去，遗下粟、黍、稻、麦、黄黑豆、荞麦于张家屋上，约数升许，是岁大稔。

元统二年正月庚寅朔，河南省雨血。是日众官晨集，忽闻燔柴烟气，既而黑雾四塞，咫尺不辨，腥秽逼人，逾时方息。及行礼毕，日过午，骤雨随至，沾洒垩墙及裳衣皆赤。至元四年四月辛未，京师雨红沙，昼晦。至正五年四月，镇江丹阳县雨红雾，草木叶及行人裳衣皆濡成红色。十三年三月丙戌，彰德路西南，有火自天而下，如在城外，觅之无有。十二月庚戌，潞州襄垣县有火坠于东南。十四年，卫辉路有天光见于西方。十二月辛卯，绛州有红气，起自北方，蔽天几半，移时方散。十五年春，蓟州雨血。十八年三月辛丑夜，大同路有黑气蔽于西方，声如雷然。俄顷，有云如火，交射中天，遍地俱见火光，以物触地，辄有火起，至夜半，空中如有兵戈相击之声。二十一年七月己巳，冀宁路忻州西北，有赤气蔽空如血，逾时方散。八月壬午，棣州夜半有赤气亘天，起西北至于东北。癸未，彰德西北，夜有红气亘天，至明方息。乙酉，大同路北方，夜有赤气蔽天，直过天庭，自东而西，移时方散，如是者三。**十月癸己昧爽**，绛州有红气见于北方，如火。二十三年三月壬戌，大同路夜有赤气亘天，中侵北斗。六月丁己，绛州日暮有红光见于北方，如火，中有黑气相杂，又有白虹二，直冲北斗，逾时方散。庚申，晋宁路北方，日暮天赤，中有白气如虹者三，一贯北斗，一贯北极，一贯天潢，至夜分方灭。八月丙辰，忻州东北，夜有赤气亘天，中有白色如蛇形，徐徐而行，逾时方散。十月丙申朔，大名路向青、齐一方，有赤气照耀千里。二十四年九月癸酉，冀宁平晋县西北方，至夜天红半壁，有顷，从东而散。二十八年六月壬寅，彰德路天宁寺塔忽变红色，自顶至踵，表里透彻，如煅铁初出于炉，顶上有光焰迸发，自二更至五更乃止。癸卯、甲辰，亦如之。先是，河北有童谣云："塔儿黑，北人作主南人客；塔儿红，朱衣人作主人公。"七月癸酉，京师赤气满天，如火照人，自寅至辰，气焰方息。

至元元年十二月，芝草生于荆门州当阳县覆船山，一本五干，高尺有二寸，一本二干，高五寸有半，干皆两岐；二本相依附，扶疏瑰奇，如珊瑚枝，其高者结为华盖庆云之状。五年秋，芝草生于中书工部之屋梁，一本七干。

木不曲直

至元五年十一月癸酉，瑞州路新昌州雨木冰，至明年二月壬寅冰始解。至正四年正月，汴梁路郑州尉氏、洧川、河阴三县及龙兴靖安县雨木冰。十一月，东平雨木冰。十二年九月壬午，冀宁保德州雨木冰。十四年冬，龙兴雨木冰。二十五年二月辛亥，汴梁雨木冰，状如楼阁、人物、冠带、鸟兽、花卉，百态具备，羽幢珠葆，弥望不绝，凡五日始解。

至正三年夏，上都、大都桑果叶，皆有黄色龙文。九年秋，奉元桃杏实。十二年五月，汴梁祥符县椿树结实如木瓜。十六年七月，彰德李树结实如小黄瓜。民谣云："李生黄瓜，民皆无家。"二十一年，明州松树结实，其大有盈尺者。八月，汴梁祥符县邑中树木，一夕皆有湿泥涂之。

至元二年五月乙卯，南阳邓州大霖雨，自是日至于六月甲申乃止。三年六月，卫辉路淫雨。至正二年秋，彰德路霖雨。三年四月至七月，汴梁路荥泽县，钧州新郑、密县霖雨害稼。四年夏，汴梁兰阳县，许州长葛、郾城、襄城，睢州，归德府亳州之鹿邑，济宁之虞城淫雨害蚕麦，禾皆不登。八月，益都霖雨，饥民有相食者。五年夏秋，汴梁祥符、尉氏、洧川，郑州、钧州、亳州久雨害稼，二麦禾豆俱不登。河间路淫雨，妨害盐课。八年五月，京师大霖雨，都城崩圮。钧州新郑县淫雨害麦。九年七月，高唐州大霖雨，坏官署民居。归德府淫雨浃十旬。十年二月，彰德路大雨害麦。二十年七月，益都高苑县、陕州黾池县大雨害稼。二十三年七月，怀庆路河内、修武、武陟三县及孟州淫雨害稼。二十四年秋，密州安丘县大雨。二十五年秋，密州安丘县，潞州，汴梁许州及钧州之密县淫雨害稼。二十七年秋，彰德路淫雨。

至正六年八月，龙兴进贤县甘露降。二十年十月，国子学大成殿松柏树有甘露降其上。

至正十年春，丽正门楼斗栱内，有人伏其中，不知何自而至，远近聚观之。门尉以白留守，达于都堂，上闻，有旨令取付法司鞫问。但云蓟州人，问其姓名，诘其所从来，皆惘若无知，唯妄言祸福而已，乃以不应之罪笞之，忽不知所在。

至正二十年八月，庆阳，延安，宁、安等州野鼠食稼，初由鹑卵化生，既成牝牡，生育日滋，百亩之田，一夕俱尽。二十六年，泗州濒淮两岸，有灰黑色鼠，暮夜出穴，成群覆地食禾。

金不从革

至正十年正月甲戌，棣州白昼空中有声自西北而来，距州二十里陨于地，化为石，其色黑，微有金星散布其上。有司以进，遂藏之司天监。十一月冬至夜，陕西耀州有星坠于西原，光耀烛地，声如雷鸣者三，化为石，形如斧，一面如铁，一面如锡，削之有屑，击之有声。十六年冬十一月，大名路大名县有星如火，自东南流，尾如曳篲，坠入于地，化为石，青黑光莹，状如狗头，其断处类新割者。有司以进，太史验视云"天狗也"，命藏于库。十九年四月己丑，建宁路瓯宁县有星坠于营山前，其声如雷，化为石。二十三年六月庚戌，益都临朐县龙山有星坠入于地，掘之深五尺，得石如砖，褐色，上有星如银，破碎不完。

至正九年，龙兴靖安县山石迸裂，涌水，人多死者。十年三月，庆元奉化州南山石突开，其碎而大者，有山川人物禽鸟草木之文。二十七年六月丁卯，沂州东苍山有巨石，大如屋，崩裂坠地，声震如雷。七月丙戌，广西灵川县临江石崖崩。

元统元年夏，绍兴旱，自四月不雨至于七月。淮东、淮西皆旱。二年三月，湖广旱，自是月不雨至于八月。四月，河南旱，自是月不雨至于八月。秋，南康旱。至元元年夏，河南及邵武大旱。二年，蕲州、黄州、浙东衢州、婺州、绍兴、江东信州、江西瑞州等路及陕西皆旱。是年四月，黄州黄冈县周氏妇产一男即死，狗头人身，咸以为旱魃云。六年夏，广东南雄路旱，自二月不雨至于五月，种不入土。至正二年，彰德、大同二郡及冀宁平晋、榆次、徐沟县，汾州孝义县，忻州皆大旱，自春至秋不雨，人有相食者。秋，卫辉大旱。三年秋，兴国大旱。四年，福州大旱，自三月不雨至于八月。兴化、邵武、镇江及湖南之桂阳皆旱。五年，曹州禹城县大旱。夏，胶州高密县旱。六年，镇江及庆元奉化州旱。七年，怀庆、卫辉、河东及凤翔之岐山、汴梁之祥符、河南之孟津皆大旱。八年三月，益都临淄县大旱。五月，四川旱。十年夏秋，彰德旱。十一年，镇江旱。十二年，蕲州、黄州大旱，人相食。浙东绍兴旱。台州自四月不雨至于七月。十三年，蕲州、黄州及浙东庆元、衢州、婺州，江东饶州，江西龙兴、瑞州、建昌、吉安，广东南雄，湖南永州、桂阳皆大旱。十四年，怀庆河内县、孟州，汴梁祥符县，福建泉州，湖南永州、宝庆，广西梧州皆大旱。祥符旱魃再见，泉州种不入土，人相食。十五年，卫辉大旱。十六年，婺州、处州皆大旱。十八年春，蓟州旱。莒州、滨州、般阳淄川县、霍州、鄜州、凤翔岐山县春夏皆大旱。莒州家人自相食，岐山人相食。十九年，晋宁、凤翔，广西梧州、象州皆大旱。二十年，通州旱。汾州介休县自四月至秋不雨。广西宾州大旱，自闰五月不雨至于八月。二十二年，河南洛阳、孟津、偃师三县大旱，人相食。二十三年，山东济南、广西贺州皆大旱。

至元五年八月，京师童谣云："白雁望南飞，马札望北跳。"至正五年，淮、楚间童谣云："富汉莫起楼，穷汉莫起屋，但看羊儿年，便是吴家国。"十年，河南、北童谣云："石人一只眼，挑动黄河天下反。"十五年，京师童谣云："一阵黄风一阵沙，千里万里无人家，回头雪消不堪看，三眼和尚弄瞎马。"此皆诗妖也。至元三年，郡邑皆相传朝廷欲括童男女，于是市井乡里竞相嫁娶，仓卒成言，贫富长幼多不得其宜者，此民讹也。

至正十年，彰德境内狼狈为害，夜如人形，入人家哭，就人怀抱中取小儿食之。二十三年正月，福州连江县有虎入于县治。二十四年七月，福州白昼获虎于城西。

至元二年七月，黄州蝗。三年六月，怀庆、温州、汴梁阳武县蝗。五年七月，胶州即墨县蝗。至正四年，归德府永城县及亳州蝗。十七年，东昌茌平县蝗。十八年夏，蓟州、辽州、潍州昌邑县、胶州高密县蝗。秋，大都、广平、顺德及潍州之北海、莒州之蒙阴、汴梁之陈留、归德之永城皆蝗。顺德九县民食蝗，广平人相食。十九年，大都霸州、通州，真定，彰德，怀庆，东昌，卫辉，河间之临邑，东平之须城、东阿、阳穀三县，山东益都、临淄二县，潍州、胶州、博兴州，大同、冀宁二郡，文水、榆次、寿阳、徐沟四县，沂、汾二州，及孝义、平遥、介休三县，晋宁潞州及壶关、潞城、襄垣三县，霍州赵城、灵石二县，隰之永和，沁之武乡，辽之榆社，奉元，及汴梁之祥符、原武、鄢陵、扶沟、杞、尉氏、洧川七县，郑之荥阳、汜水，许之长葛、郾城、襄城、临颍，钧之新郑、密县，皆蝗，食禾稼草木俱尽，所至蔽日，碍人马不能行，填坑堑皆盈。饥民捕蝗以为食，或曝干而积之。又罄，则人相食。七月，淮安清河县飞蝗蔽天，自西北来，凡经七日，禾稼俱尽。二十年，益都临朐、寿光二县，凤翔岐山县蝗。二十一年六月，河南巩县蝗，食稼俱尽。七月，卫辉及汴梁荥泽县、郑州蝗。二十二年秋，卫辉及汴梁开封、扶沟、洧川三县，许州及钧之新郑、密二县蝗。二十五年，凤翔岐山县蝗。

元统二年六月，彰德雨白毛，俗呼云“老君髯”。民谣曰：“天雨氂，事不齐。”至元三年三月，彰德雨毛，如线而绿，俗呼云“菩萨线”。民谣云：“天雨线，民起怨，中原地，事必变。”六年七月，延安路鄜州雨白毛，如马鬃，所属邑亦如之。至正十三年四月，冀宁榆次县雨白毛，如马鬃。七月，泉州路雨白丝。十八年五月，益都雨白氂。十九年三月，兴化路连日雨氂。二十五年五月甲子，京师雨氂，长尺许，如马鬃。二十七年五月，益都雨白氂。

至元四年八月丁丑，京师白虹亘天。至正二十二年，京师有白气如小索，起危宿，长五百丈，扫太微。二十四年六月癸卯，冀宁路保德州三星昼见，有白气横突其中。二十六年三月丁亥，白虹五道亘天，其第三道贯日。又气横贯东南，良久乃灭。二十七年五月，大名路有白气二道。二十八年闰七月乙丑，冀宁文水县有白虹贯日，自东北直绕西南，云影中似日非日，如镜者三，色青白，逾时方没。

稼穑不成

元统元年夏，两淮大饥。二年春，淮西饥。七月，池州饥。十一月，济南、莱芜县饥。至元元年春，益都路沂水、日照、蒙阴、莒四县及龙兴路饥。夏，京师饥。是岁，沅州、道州、宝庆及邵武、建宁饥。二年，顺州及淮西安丰，浙西松江，浙东台州，江西江、抚、袁、瑞，湖北沅州卢阳县饥。三年，大都及济南、蕲州、杭州、平江、绍兴、溧阳、瑞州、临江饥。五年，上都开平县、桓州，兴和宝昌州，濮州之鄄城，冀宁之交城，益都之胶、密、莒、潍四州，辽东沈阳路，湖南衡州，江西袁州，八番顺元等处皆饥。六年，顺德之邢台，济南之历城，大名之元城，德州之清平，泰安之奉符、长清，淮安之山阳等县，归德邳州，益都、般阳、处州、婺州四郡皆饥。至正元年春，京畿州县、真定、河间、济南及湖南饥。夏，彰德及温州饥。二年，保德州大饥。三年，卫辉、冀宁、忻州大饥，人相食。四年，霸州大饥，人相食。东平路东阿、阳穀、汶上、平阴四县皆大饥。冬，保定、河南饥。五年春，东平路须城、东阿、阳穀三县及徐州大饥，人相食。夏，济南、汴梁、河南、邠州、瑞州、温州、邵武饥。六年五月，陕西饥。七年，彰德、怀庆、东平、东昌、晋宁等处饥。九年春，胶州大饥，人相食。钧州新郑、密县饥。十四年春，浙东台州，江东饶，闽海福州、邵武、汀州，江西龙兴、建昌、吉安、临江，广西静江等郡皆大饥，人相食。十七年，河南大饥。十八年春，莒州蒙阴县大饥，斗米金一斤。冬，京师大饥，人相食，彰德、山东亦如之。十九年正月至五月，京师大饥，银一锭得米仅八斗，死者无算。通州民刘五杀其子而食之。保定路莩死盈道，军士掠孱弱以为食。济南及益都之高苑，莒之蒙阴，河南之孟津、新安、黾池等县皆大饥，人相食。二十一年，霸州饥，民多莩死。

至正四年，福州、邵武、延平、汀州四郡，夏秋大疫。五年春夏，济南大疫。十二年正月，冀宁保德州大疫。夏，龙兴大疫。十三年，黄州、饶州大疫。十二月，大同路大疫。十六年春，河南大疫。十七年六月，莒州蒙阴县大疫。十八年夏，汾州大疫。十九年春夏，鄜州并原县，莒州沂水、日照二县及广东南雄路大疫。二十年夏，绍兴山阴、会稽二县大疫。二十二年，又大疫。

至正元年七月，广西雷州飓风大作，涌潮水，拔木害稼。二年十月，海州飓风作，海水涨，溺死人民。十三年五月乙丑，浔州飓风大作，坏官舍民居，屋瓦门扉皆飘扬七里之外。十四年七月甲子，潞州襄垣县大风拔木偃禾。二十一年正月癸酉，石州大风拔木，六畜皆鸣，人持枪矛，忽生火焰，抹之即无，摇之即有。二十四年，台州路黄岩州海溢，飓风拔木，禾尽偃。二十七年三月庚子，京师有大风，起自西北，飞砂扬砾，昏尘蔽天，逾时，风势八面俱至，终夜不止，如是者连日。自后，每日寅时风起，万窍争鸣，戌时方息，至五月癸未乃止。

至正三年六月，梧州青虫食稼。十年七月，同州虫食稼，郡守石亨祖祷于玄妙观，寒雨三日，虫尽死。十九年五月，济南章丘、邹平二县蛹，五谷不登。二十二年春，卫辉路螟。六月，莱州胶水县虸蚄生。七月，掖县虸蚄生，害稼。二十三年六月，宁海文登县虸蚄生。七月，莱州招远、莱阳二县及登州、宁海州虸蚄生。

至正九年三月，陈州杨家庄上牛生黄犊，火光满室，麻顶绿角，间生绿毛，不食乳，二日而死。十年秋，襄阳车城民家牛生犊，五足，前三后二。十六年春，汴梁祥符县牛生犊，双首，不及二日死。二十八年五月，东昌聊城县钱镇抚家牛生黄犊，六足，前二后四。

至元五年二月，信州雨土。至正三年三月至四月，忻州风霾尽晦。二十六年四月乙丑，奉元路黄雾四塞。

元统元年八月，巩昌、徽州山崩。九月庚申，秦州山崩。十月丙寅，凤州山崩。十一月丙申，巩昌成纪县地裂山崩。癸卯，安庆灊山县地震。辛亥，秦州地裂山崩。十二月，饶州德兴县，余干、乐平二州地震。二年五月，信州地震。八月辛未，京师地震。鸡鸣山崩，陷为池，方百里，人死者众。至元元年十一月壬寅，兴国路地震。十二月丙子，安庆路地震，所属宿松、太湖、灊山三县同时俱震。庐州、蕲州、黄州亦如之。是月，饶州亦地震。二年正月乙丑，宿松地震。五月壬申，秦州山崩。三年八月辛巳夜，京师地震。壬午，又大震，损太庙神主；西湖寺神御殿壁仆，祭器皆坏。顺州、龙庆州及怀来县皆以辛巳夜地震，坏官民房舍，伤人及畜牧。宣德府亦如之，遂改为顺宁云。四年春，保安州及瑞州路新昌州地震。六月，信州路灵山裂。七月己酉，保安州地大震。丙辰，巩昌府山崩。八月丙子，京师地震，日凡二三，至乙酉乃止。密州安丘县地震。六年六月己亥，秦州成纪县山崩地裂。至正元年二月，汴梁路地震。二年四月辛丑，冀宁路平晋县地震，声如雷鸣，裂地尺余，民居皆倾仆。七月，惠州雨水，罗浮山崩，凡二十七处，坏民居，塞田涧。十二月己酉，京师地震。三年二月，钧州新郑、密县地震。六月乙巳，秦州秦安县南坡崩裂，压死人畜。七月戊辰，巩昌山崩，人畜死者众。十二月，胶州及属邑高密地震。四年八月，莒州蒙阴县地震。十二月，东平路东阿、阳穀、平阴三县及汉阳地震。五年春，蓟州地震，所领四县及东平汶上县亦如之。十二月乙丑，镇江地震。六年二月，益都路益都、昌乐、寿光三县，潍州北海县、胶州即墨县地震。三月，高苑县地震，坏民居。六月，广州增城县罗浮山崩，水涌溢，溺死百余人。九月戊午，邵武地震。翌日，地中有声如鼓，夜复如之。七年二月，益都临淄、临朐，潍州之昌邑、胶州之高密、济南之棣州地震。三月，东平路东阿、阳穀、平阴三县地震，河水动摇。五月，临淄地又震，七日乃止。河东地拆泉涌，崩城陷屋，伤人民。十一月，镇江丹阳县地震。九年六月，台州地震。七月庚寅，泉州大风雨。永春县南象山崩，压死者甚众。十年，冀宁徐沟县地震。五月甲子，龙兴宁州大雨，山崩数十处。丙寅，瑞州上高县蒙山崩。十月乙酉，泉州安溪县侯山鸣。十一年四月，冀宁路汾、忻二州，文水、平晋、榆次、寿阳四县，晋宁辽州之榆社，怀庆河内、修武二县及孟州皆地震，声如雷霆，圮房屋，压死者甚众。八月丁丑，中兴路公安、松滋、枝江三县，峡、荆门二州地震。十二年二月丙戌，霍州灵石县地震。闰三月丁丑，陕西地震，庄浪、定西、静宁、会州尤甚，移山湮谷，陷没庐舍，有不见其迹者。会州公廨墙圮，得弩五百余张，长丈余，短者九尺，人莫能开挽。十月丙午，霍州赵城县霍山崩，涌石数里，前三日，山鸣如雷，禽兽惊散。十三年三月，庄浪、定西、静宁、会州地震。七月，汾州白彪山坼。十四年四月，汾州介休县地震，泉涌。七月，孝义县地震。十一月，宁国路地震，所领宁国、旌德二县亦如之。淮安路海州地震。十二月己酉，绍兴地震。十五年四月，宁国敬亭、麻姑、华阳诸山崩。六月丁丑，冀宁保德州地震。十六年春，蓟州地震，凡十日，所领四县亦如之。六月，雷州地大震。十七年十月，静江路东门地陷，城东石山崩。十二月丁酉，庆元路象山县鹅鼻山崩，有声如雷。十八年二月乙亥，冀宁临州地震。五月，益都地震。十九年正月甲午，庆元地震。二十年二月，延平顺昌县地震。二十二年三月，南雄路地震。二十三年十二月丁巳，台州地震。二十五年十月壬申，兴化路地震，有声如雷。二十六年三月，海州地震如雷，赣榆县吴山崩。六月，汾州介休县地震。绍兴山阴县卧龙山裂。七月辛亥，冀宁路徐沟县，石、忻、临三州，汾之孝义、平遥二县同日地震，有压死者。丙辰，泉州同安县大雷雨，三秀山崩。是月，河南府巩县大霖雨，地震山崩。十一月辛丑，华州蒲城县洛岸崩，壅水，绝流三日。十二月庚午，华州之蒲城县洛水和顺崖崩，其崖戴石，有岩穴可居，是日压死辟乱者七十余人。二十七年五月，山东地震。六月，沂州山石崩裂，有声如雷。七月丙戌，静江灵川县大藏山石崖崩。十月丙辰，福州雷雨，地震。十二月庚午，又震，有声如雷。二十八年六月，冀宁文水、徐沟二县，汾州孝义、介休二县，临州、保德州，隰之石楼县及陕西皆地震。十月辛巳，陕西地又震。

至元四年五月，彰德临彰县麦秀两岐，有三穗者。至正元年，延平顺昌县嘉禾生，一茎五穗。冀宁太原县有嘉禾，异亩同颖。三年八月，晋宁临汾县嘉禾生，有五穗至八穗者。十年，彰德路谷麦双穗。十六年，大同路秦城乡嘉禾生，一茎二穗五穗，有九穗者，有异茎而同穗者。二十六年五月，洛阳县康家庄有瑞麦，一茎四穗双穗三穗者甚众。

卷五十二　志第四

历　一

夫明时治历，自黄帝、尧、舜与三代之盛王，莫不重之，其文备见于传记矣。虽去古既远，其法不详，然原其要，不过随时考验，以合于天而已。汉刘歆作《三统历》，始立积年日法，以为推步之准。后世因之，历唐而宋，其更元改法者，凡数十家，岂故相为乖异哉？盖天有不齐之运，而历为一定之法，所以既久而不能不差，既差则不可不改也。

元初承用金《大明历》，庚辰岁，太祖西征，五月望，月蚀不效；二月、五月朔，微月见于西南。中书令耶律楚材以《大明历》后天，乃损节气之分，减周天之秒，去交终之率，治月转之余，课两曜之后先，调五行之出没，以正《大明历》之失。且以中元庚午岁，国兵南伐，而天下略定，推上元庚午岁天正十一月壬戌朔，子正冬至，日月合璧，五星联珠，同会虚宿六度，以应太祖受命之符。又以西域、中原地里殊远，创为里差以增损之，虽东西万里，不复差忒。遂题其名曰《西征庚午元历》，表上之，然不果颁用。

至元四年，西域札马鲁丁撰进《万年历》，世祖稍颁行之。十三年，平宋，遂诏前中书左丞许衡、太子赞善王恂、都水少监郭守敬改治新历。衡等以为金虽改历，止以宋《纪元历》微加增益，实未尝测验于天，乃与南北日官陈鼎臣、邓元麟、毛鹏翼、刘巨渊、王素、岳铉、高敬等参考累代历法，复测候日月星辰消息运行之变，参别同异，酌取中数，以为历本。十七年冬至，历成，诏赐名曰《授时历》。十八年，颁行天下。二十年，诏太子谕德李谦为《历议》，发明新历顺天求合之微，考证前代人为附会之失，诚可以贻之永久，自古及今，其推验之精，盖未有出于此者也。今衡、恂、守敬等所撰《历经》及谦《历议》故存，皆可考据，是用具著于篇。惟《万年历》不复传，而《庚午元历》虽未尝颁用，其为书犹在，因附著于后，使来者有考焉。作《历志》。

授时历议上

验气

天道运行，如环无端，治历者必就阴消阳息之际，以为立法之始。阴阳消息之机，何从而见之？惟候其日晷进退，则其机将无所遁。候之之法，不过植表测景，以究其气至之始。智作能述，前代诸人为法略备，苟能精思密索，心与理会，则前人述作之外，未必无所增益。

旧法择地平衍，设水准绳墨，植表其中，以度其中晷。然表短促，尺寸之下所为分秒太、半、少之数，未易分别。表长，则分寸稍长，所不便者，景虚而淡，难得实景。前人欲就虚景之中考求真实，或设望筒，或置小表，或以木为规，皆取表端日光下彻圭面。今以铜为表，高三十六尺，端挟以二龙，举一横梁，下至圭面，共四十尺，是为八尺之表五。圭表刻为尺寸，旧寸一，今申而为五，厘毫差易分。别创为景符，以取实景。其制以铜叶，博二寸，长加博之二，中穿一窍，若针芥然，以方阃为趺，一端设为机轴，令可开阖，榰其一端，使其势斜倚，北高南下，往来迁就于虚景之中，窍达日光，仅如米许，隐然见横梁于其中。旧法以表端测晷，所得者日体上边之景，今以横梁取之，实得中景，不容有毫末之差。

地中八尺表景，冬至长一丈三尺有奇，夏至尺有五寸。今京师长表，冬至之景七丈九尺八寸有奇，在八尺表则一丈五尺九寸六分；夏至之景一丈一尺七寸有奇，在八尺表则二尺三寸四分。虽晷景长短所在不同，而其景长为冬至，景短为夏至，则一也。惟是气至时刻考求不易，盖至日气正，则一岁气节从而正矣。刘宋祖冲之尝取至前后二十三四日间晷景，折取其中，定为冬至，且以日差比课，推定时刻。宋皇祐间，周琮则取立冬、立春二日之景，以为去至既远，日差颇多，易为推考。《纪元》以后诸历，为法加详，大抵不出冲之之法。新历积日累月，实测中晷，自远日以及近日，取前后日率相埒者，参考同异，初非偏取一二日之景，以取数多者为定，实减《大明历》一十九刻二十分。仍以累岁实测中晷日差分寸，定拟二至时刻于后。

推至元十四年丁丑岁冬至

其年十一月十四日己亥，景长七丈九尺四寸八分五厘五毫；至二十一日丙午，景长七丈九尺五寸四分一厘；二十二日丁未，景长七丈九尺四寸五分五厘。以己亥、丁未二日之景相校，余三分五毫为晷差，进二位；以丙午、丁未二日之景相校，余八分六厘为法；除之，得三十五刻；用减相距日八百刻，余七百六十五刻；折取其中，加半日刻，共为四百三十二刻半；百约为日，得四日；余以十二乘之，百约为时，得三时，满五十又作一时，共得四时；余以十二收之，得三刻；命初起距日己亥算外，得癸卯日辰初三刻为丁丑岁冬至。此取至前后四日景。

十一月初九日甲午，景七丈八尺六寸三分五厘五毫；至二十六日辛亥，景七丈八尺七寸九分三厘五毫；二十七日壬子，景七丈八尺五寸五分。以甲午、壬子景相减，复以辛亥、壬子景相减，准前法求之，亦得癸卯日辰初三刻。至二十八日癸丑，景七丈八尺三寸四厘五毫，用壬子、癸丑二日之景与甲午景，准前法求之，亦合。此取至前后八九日景。

十一月丙戌朔，景七丈五尺九寸八分六厘五毫；二日丁亥，景七丈六尺三寸七分七厘；至十二月初六日庚申，景七丈五尺八寸五分一厘。准前法求之，亦在辰初三刻。此取至前后一十七日景。

十月二十一日丙子，景七丈九寸七分一厘；至十二月十六日庚午，景七丈七寸六分；十七日辛未，景七丈一寸五分六厘五毫。准前法求之，亦得辰初三刻。此取至前后二十七日景。

六月初五日癸亥，景一丈三尺八分；距十五年五月癸未朔，景一丈三尺三分八厘五毫；初二日甲申，景一丈二尺九寸二分五毫。准前法求之，亦合。此取至前后一百六十日景。

推十五年戊寅岁夏至

五月十九日辛丑，景一丈一尺七分七厘五毫；距二十八日庚戌，景一丈一尺七寸八分；二十九日辛亥，景一丈一尺八寸五厘五毫。用辛丑、庚戌二日之景相减，余二厘五毫，进二位为实；复用庚戌、辛亥景相减，余二分五厘五毫为法；除之，得九刻，用减相距日九百刻，余八百九十一刻；半之，加半日刻，百约，得四日；余以十二乘之，百约，得十一时；余以十二收为刻，得三刻；命初起距日辛丑算外，得乙巳日亥正三刻夏至。此取至前后四日景。

十四年十二月十五日己巳，景七丈一尺三寸四分三厘；距十五年十一月初二日辛巳，景七丈七寸五分九厘五毫；初三日壬午，景七丈一尺四寸六厘。用己巳、壬午景相减，以辛巳、壬午景相减除之，亦合。此用至前后一百五十六日景。

十四年十二月十二日丙寅，景七丈二尺九寸七分二厘五毫；十三日丁卯，景七丈二尺四寸五分四厘五毫；十四日戊辰，景七丈一尺九寸九厘；距十五年十一月初四日癸未，景七丈一尺九寸五分七厘五毫；初五日甲申，景七丈二尺五寸五厘；初六日乙酉，景七丈三尺三分三厘五毫。前后互取，所得时刻皆合。此取至前后一百五十八九日景。

十四年十二月初七日辛酉，景七丈五尺四寸一分七厘；初八日壬戌，景七丈四尺九寸五分九厘五毫；初九日癸亥，景七丈四尺四寸八分六厘；距十五年十一月初九日戊子，景七丈四尺五寸二分五毫；初十日己丑，景七丈五尺三厘五毫；十一日庚寅，景七丈五尺四寸四分九厘五毫。以壬戌、己丑景相减为实，以辛酉、壬戌景相减为法，除之；或以壬戌、癸亥景相减，或以戊子、己丑景相减，若己丑、庚寅景相减，推前法求之，皆合。此取至前后一百六十三四日景。

推十五年戊寅岁冬至

其年十一月十九日戊戌，景七丈八尺三寸一分八厘五毫；距闰十一月初九日戊午，景七丈八尺三寸六分三厘五毫；初十日己未，景七丈八尺八分二厘五毫。用戊戌、戊午二日景相减，余四分五厘为晷差，进二位，以戊午、己未景相减，余二寸八分一厘为法，除之，得一十六刻，加相距日二千刻，半之，加半日刻，百约，得十日；余以十二乘之，百约为时，满五十又进一时，共得七时；余以十二收为刻；命初起距日己亥算外，得戊申日未初三刻为戊寅岁冬至。此取至前后十日景。

十一月十二日辛卯，景七丈五尺八寸八分一厘五毫；十三日壬辰，景七丈六尺三寸一厘五毫；闰十一月十五日甲子，景七丈六尺三寸六分六厘五毫；十六日乙丑，景七丈五尺九寸五分三厘；十七日丙寅，景七丈五尺五寸四厘五毫。用壬辰、甲子景相减为实，以辛卯、壬辰景相减为法，除之，亦得戊申日未初三刻。或用甲子、乙丑景相减，推之，亦合。若用辛卯、乙丑景相减为实，用乙丑、丙寅景相减，除之，并同。此取至前后十六七日景。

十一月初八日丁亥，景七丈四尺三分七厘五毫；闰十一月二十日己巳，景七丈四尺一寸二分；二十一日庚午，景七丈三尺六寸一分四厘五毫。用丁亥、己巳景相减为实，以己巳、庚午景相减，除之，亦同。此取至前后二十一日景。

六月二十六日戊寅，景一丈四尺四寸五分二厘五毫；二十七日己卯，景一丈四尺六寸三分八厘；至十六年四月二日戊寅，景一丈四尺四寸八分一厘。以二戊寅景相减，用后戊寅、己卯景相减，推之，亦同。此取至前后一百五十日景。

五月二十八日庚戌，景一丈一尺七寸八分；至十六年四月二十九日乙巳，景一丈一尺八寸六分三厘；三十日丙午，景一丈一尺七寸八分三厘。用庚戌、丙午景相减，以乙巳、丙午景相减，推之，亦同。此取至前后百七十八日景。

推十六年己卯岁夏至

四月十九日乙未，景一丈二尺三寸六分九厘五毫；二十日丙申，景一丈二尺二寸九分三厘五毫；至五月十九日乙丑，景一丈二尺二寸六分四厘。以丙申、乙丑景相减，余二分九厘五毫为晷差，进二位；以乙未、丙申景相减，得七分六厘为法；除之，得三十八刻；加相距日二千九百刻，半之，加半日刻，百约，得十五日；余以十二乘之，百约，得二时；余以十二收之，得二刻；命初起距日丙申算外，得辛亥日寅正二刻为夏至。此取至前后十五日景。

三月二十一日戊辰，景一丈六尺三寸九分五毫；六月十六日壬辰，景一丈六尺九分九厘五毫；十七日癸巳，景一丈六尺三寸一分一厘。用戊辰、癸巳景相减，以壬辰、癸巳景相减，准前法推之，亦合。此取至前后四十二日景。

三月初二日己酉，景二丈一尺三寸五厘；至七月初七日壬子，景二丈一尺一寸九分五厘五毫；初八日癸丑，景二丈一尺四寸八分六厘五毫。用己酉、壬子景相减，以壬子、癸丑景相减，如前法推之，亦合。此取至前后六十一二日景。

三月戊申朔，景二丈一尺六寸一分一厘；至七月初八日癸丑，景二丈一尺四寸八分六厘五毫；初九日甲寅，景二丈一尺九寸一分五厘五毫。用戊申、癸丑景相减，以癸丑、甲寅景相减，准前法推之，亦同。此取至前后六十二三日景。

二月十八日乙未，景二丈六尺三分四厘五毫；至七月二十一日丙寅，景二丈五尺八寸九分九厘；二十二日丁卯，景二丈六尺二寸五分九厘。用乙未、丙寅景相减，以丙寅、丁卯景相减，如前法推之，亦同。此取至前后七十五六日景。

二月三日庚辰，景三丈二尺一寸九分五厘五毫；至八月初五日庚辰，景三丈一尺五寸九分六厘五毫；初六日辛巳，景三丈二尺二分六厘五毫。用前庚辰与辛巳景相减，以后庚辰、辛巳景相减，如前推之，亦同。此取至前后九十日景。

正月十九日丁卯，景三丈八尺五寸一厘五毫；至八月十八日癸巳，景三丈七尺八寸二分三厘；十九日甲午，景三丈八尺三寸一分五毫。用丁卯、甲午景相减，以癸巳、甲午景相校，如前推之，亦同。此取至前后一百三四日景。

推十六年己卯岁冬至

十月二十四日戊戌，景七丈六尺七寸四分；至十一月二十五日己巳，景七丈六尺五寸八分；二十六日庚午，景七丈六尺一寸四分二厘五毫。用戊戌、己巳景相减，余一寸六分为晷差，进二位；以己巳、庚午景相减，余四寸三分七厘五毫为法；除之，得三十六刻；以相减距日三千一百刻，余三千六十四刻；半之，加五十刻，百约，得一十五日；余以十二乘之，百约为时，满五十，又进一时，共得十时；余以十二收之为刻，得二刻；命初起距日戊戌算外，得癸丑日戌初二刻冬至。此取至前后十五六日景。

十月十八日壬辰，景七丈四尺五分二厘五毫；十九日癸巳，景七丈四尺五寸四分五厘；二十日甲午，景七丈五尺二分五厘；至十一月二十八日壬申，景七丈五尺三寸二分；二十九日癸酉，景七丈四尺八寸五分二厘五毫；十二月甲戌朔，景七丈四尺三寸六分五厘；初二日乙亥，景七丈三尺八寸七分一厘五毫。用甲午、癸酉景相减，癸巳、甲午景相减，如前推之，亦同。若以壬申、癸酉景相减为法，推之亦同。此取至前后十八九日景。

若用癸巳与甲戌景相减，以壬辰、癸巳景相减，推之，或癸巳、甲午景相减，推之，或用甲戌、癸酉景相减，推之，或甲戌、乙亥景相减，推之，或以壬辰、乙亥景相减，用壬辰、癸巳景相减，推之并同。此取至前后二十日景。

十月十六日庚寅，景七丈三尺一分五厘；十二月初三日丙子，景七丈三尺三寸二分；初四日丁丑，景七丈二尺八寸四分二厘五毫。用庚寅、丁丑景相减，以丙子、丁丑景相减，推之亦同。此取至前后二十三日景。

十月十四日戊子，景七丈一尺九寸二分二厘五毫；十五日己丑，景七丈二尺四寸六分九厘；十二月初五日戊寅，景七丈二尺二寸七分二厘五毫。用己丑、戊寅景相减，以戊子、己丑景相减，推之，或用己丑、庚寅相减，推之亦同。此取至前后二十四日景。

十月初七日辛巳，景六丈七尺七寸四分五厘；初八日壬午，景六丈八尺三寸七分二厘五毫；初九日癸未，景六丈八尺九寸七分七厘五毫；十二月十二日乙酉，景六丈八尺一寸四分五厘。用壬午、乙酉景相减，以辛巳、壬午相减，推之，壬午、癸未景相减，推之亦同。此取至前后三十一二日景。

十月乙亥朔，景六丈三尺八寸七分；十二月十八日辛卯，景六丈四尺二寸九分七厘五毫；十九日壬辰，景六丈三尺六寸二分五厘。用乙亥、壬辰景相减，以辛卯、壬辰景相减，推之亦同。此取至前后三十八日景。

九月二十二日丙寅，景五丈七尺八寸二分五厘；十二月二十八日辛丑，景五丈七尺五寸八分；二十九日壬寅，景五丈六尺九寸一分五厘。用丙寅、辛丑景相减，以辛丑、壬寅景相减，推之亦同。此取至前后四十七八日景。

九月二十日甲子，景五丈六尺四寸九分二厘五毫；至十二月二十九日壬寅，景五丈六尺九寸一分五厘；至十七年正月癸卯朔，景五丈六尺二寸五分。用甲子、癸卯相减，壬寅、癸卯景相减，推之亦同。此取至前后五十日景。

右以累年推测到冬夏二至时刻为准，定拟至元十八年辛巳岁前冬至，当在己未日夜半后六刻，即丑初一刻。

岁余岁差

周天之度，周岁之日，皆三百六十有五。全策之外，又有奇分，大率皆四分之一。自今岁冬至距来岁冬至，历三百六十五日，而日行一周，凡四周，历千四百六十，则余一日，析而四之，则四分之一也。然天之分常有余，岁之分常不足，其数有不能齐者，惟其所差至微，前人初未觉知。迨汉末刘洪，始觉冬至后天，谓岁周余分太强，乃作《乾象历》，减岁余分二千五百为二千四百六十二。至晋虞喜，宋何承天、祖冲之，谓岁当有差，因立岁差之法。其法损岁余，益天周，使岁余浸弱，天周浸强，强弱相减，因得日躔岁退之差。岁余、天周，二者实相为用，岁差由斯而立，日躔由斯而得，一或损益失当，讵能与天叶哉？

今自刘宋大明壬寅以来，凡测景验气得冬至时刻真数者有六，取相距积日时刻，以相距之年除之，各得其时所用岁余。复自大明壬寅距至元戊寅积日时刻，以相距之年除之，得每岁三百六十五日二十四分二十五秒，比《大明历》减去一十一秒，定为方今所用岁余。余七十五秒，用益所谓四分之一，共为三百六十五度二十五分七十五秒，定为天周。余分强弱相减，余一分五十秒，用除全度，得六十六年有奇，日却一度，以六十六年除全度，适得一分五十秒，定为岁差。

复以《尧典》中星考之，其时冬至日在女、虚之交。及考之前史，汉元和二年，冬至日在斗二十一度；晋太元九年，退在斗十七度；宋元嘉十年，在斗十四度末；梁大同十年，在斗十二度；隋开皇十八年，犹在斗十二度；唐开元十二年，在斗九度半；今退在箕十度。取其距今之年、距今之度较之，多者七十余年，少者不下五十年，辄差一度。宋庆元间，改《统天历》，取《大衍》岁差率八十二年及开元所距之差五十五年，折取其中，得六十七年，为日却行一度之差。施之今日，质诸天道，实为密近。

然古今历法，合于今必不能通于古，密于古必不能验于今。今《授时历》，以之考古，则增岁余而损岁差；以之推来，则增岁差而损岁余；上推春秋以来冬至，往往皆合；下求方来，可以永久而无弊；非止密于今日而已。仍以《大衍》等六历，考验春秋以来冬至疏密，凡四十九事，具列如后。

冬至刻

《大衍》	《宣明》	《纪元》
《统天》	《大明》	《授时》

献公十五年戊寅岁，正月甲寅朔旦冬至。

丙辰二十二	乙卯八十八	丁巳三十三
乙卯二	丁巳三十五	甲寅九十九

僖公五年丙寅岁，正月辛亥朔旦冬至。

辛亥九十四	辛亥六十六	壬子七十四
辛亥二十七	壬子八十九	辛亥十四

昭公二十年己卯岁，正月己丑朔旦冬至。

己丑四十五	己丑二十	庚寅二十五
戊子九十二	庚寅二十九	戊子八十三

宋元嘉十二年乙亥岁，十一月十五日戊辰景长。

戊辰三十五	戊辰三十二	戊辰三十九
戊辰五十一	戊辰四十一	戊辰四十七

元嘉十三年丙子岁，十一月二十六日甲戌景长。

癸酉五十九	癸酉五十七	癸酉六十三
癸酉七十五	癸酉六十五	癸酉七十一

元嘉十五年戊寅岁，十一月十八日甲申景长。

甲申八	甲申六	甲申十二
甲申二十四	甲申十四	甲申十九

元嘉十六年己卯岁，十月二十九日己丑景长。

己丑三十三	己丑三十	己丑三十七
己丑四十八	己丑三十七	己丑四十四

元嘉十七年庚辰岁，十一月初十日甲午景长。

甲午五十七	甲午五十五	甲午六十一
甲午七十二	甲午六十三	甲午六十八

元嘉十八年辛巳岁，十一月二十一日己亥景长。

己亥八十二	己亥七十九	己亥八十五
己亥九十七	己亥八十七	己亥九十三

元嘉十九年壬午岁，十一月初三日乙巳景长。

乙巳六	乙巳四	乙巳十
乙巳二十一	乙巳一十一	乙巳一十七

大明五年辛丑岁，十一月乙酉冬至。

甲申七十	甲申六十八	甲申七十三
甲申八十九	甲申七十四	甲申七十九

陈天嘉六年乙酉岁，十一月庚寅景长。

庚寅十二	庚寅十三	庚寅五
庚寅二十四	庚寅八	庚寅十七

光大二年戊子岁，十一月乙巳景长。
乙巳八十 乙巳八十六 乙巳七十九
乙巳九十七 乙巳八十一 乙巳九十
太建四年壬辰岁，十一月二十九日丁卯景长。
丙寅八十三 丙寅七十八 丙寅七十七
丙寅九十五 丙寅九十八 丙寅八十七
太建六年甲午岁，十一月二十日丁丑景长。
丁丑三十二 丁丑三十三 丁丑二十五
丁丑四十三 丁丑二十七 丁丑三十六
太建九年丁酉岁，十一月二十三日壬辰景长。
癸巳四 癸巳六 壬辰九十九
癸巳十六 癸巳空 癸巳八
太建十年戊戌岁，十一月五日戊戌景长。
戊戌三十 戊戌三十 戊戌二十三
戊戌四十 戊戌二十四 戊戌三十三
隋开皇四年甲辰岁，十一月十一日己巳景长。
己巳七十七 己巳七十八 己巳六十九
己巳八十六 己巳七十一 己巳八十六
开皇五年乙巳岁，十一月二十二日乙亥景长。
乙亥一 乙亥二 甲戌九十二
乙亥十一 甲戌五十五 乙亥一十
开皇六年丙午岁，十一月三日庚辰景长。
庚辰二十五 庚辰二十六 庚辰十八
庚辰三十四 庚辰十九 庚辰三十四
开皇七年丁未岁，十一月十四日乙酉景长。
乙酉五十 乙酉五十一 乙酉四十二
乙酉五十九 乙酉四十四 乙酉五十九
开皇十一年辛亥岁，十一月二十八日丙午景长。
丙午四十八 丙午四十九 丙午四十三
丙午五十七 丙午四十一 丙午五十六
开皇十四年甲寅岁，十一月辛酉朔旦冬至。
壬戌二十一 壬戌二十二 壬戌十三
壬戌三十 壬戌十四 壬戌二十九
唐贞观十八年甲辰岁，十一月乙酉景长。
甲申四十三 甲申四十五 甲申三十一
甲申五十 甲申三十二 甲申四十四
贞观二十三年己酉岁，十一月辛亥景长。
庚戌六十五 庚戌六十八 庚戌五十三
庚戌七十二 庚戌五十四 庚戌六十六
龙朔二年壬戌岁，十一月四日己未至戊午景长。
戊午八十三 戊午八十六 戊午六十九
戊午八十八 戊午七十一 戊午八十二
仪凤元年丙子岁，十一月壬申景长。
壬申二十五 壬申二十八 壬申十
壬申二十八 壬申十二 壬申二十二
永淳元年壬午岁，十一月癸卯景长。
癸卯七十二 癸卯七十五 癸卯五十七
癸卯七十六 癸卯五十八 癸卯六十八
开元十年壬戌岁，十一月癸酉景长。
癸酉四十九 癸酉五十四 癸酉三十一
癸酉五十 癸酉三十二 癸酉四十六
开元十一年癸亥岁，十一月戊寅景长。
戊寅七十四 戊寅七十七 戊寅五十五
戊寅七十四 戊寅五十六 戊寅七十
开元十二年甲子岁，十一月癸未冬至。
癸未九十八 甲申三 癸未八十
癸未九十九 癸未八十一 癸未九十五
宋景德四年丁未岁，十一月戊辰日南至。
戊辰十五 戊辰二十六 丁卯七十四
丁卯八十二 丁卯七十四 丁卯八十
皇祐二年庚寅岁，十一月三十日癸丑景长。
癸丑六十五 癸丑七十九 癸丑二十二
癸丑二十五 癸丑二十二 癸丑二十三
元丰六年癸亥岁，十一月丙午景长。
丙午七十三 丙午八十五 丙午二十六
丙午二十七 丙午二十六 丙午二十六
元丰七年甲子岁，十一月辛亥景长。
辛亥九十七 壬子一十 辛亥五十
辛亥五十一 辛亥五十 辛亥五十一
元祐三年戊辰岁，十一月壬申景长。
壬申九十四 癸酉八 壬申四十八
壬申四十八 壬申四十八 壬申四十八
元祐四年己巳岁，十一月丁丑景长。
戊寅十九 戊寅三十二 丁丑七十二
丁丑七十二 丁丑七十二 丁丑七十二
元祐五年庚午岁，十一月壬午冬至。
癸未四十四 癸未五十六 壬午九十六
壬午九十七 壬午九十六 壬午九十六
元祐七年壬申岁，十一月癸巳冬至。
癸巳九十二 甲午五 癸巳四十五
癸巳四十五 癸巳四十五 癸巳四十五
元符元年戊寅岁，十一月甲子冬至。
乙丑三十九 乙丑五十二 甲子九十一
甲子九十一 甲子九十一 甲子九十一
崇宁三年甲申岁，十一月丙申冬至。
丙申八十六 丙申九十九 丙申三十七
丙申三十六 丙申三十七 丙申三十七
绍熙二年辛亥岁，十一月壬申冬至。
癸酉十二 癸酉二十七 壬申五十七
壬申四十七 壬申五十七 壬申四十六
庆元三年丁巳岁，十一月癸卯日南至。
甲辰五十九 甲辰七十四 甲辰三
癸卯九十二 甲辰三 癸卯九十二
嘉泰三年癸亥岁，十一月甲戌日南至。
丙子五 丙子二十一 乙亥四十九
乙亥三十七 乙亥四十九 乙亥三十七
嘉定五年壬申岁，十一月壬戌日南至。
癸亥二十五 癸亥四十一 壬戌六十九
壬戌五十六 壬戌六十八 壬戌五十六
绍定三年庚寅岁，十一月丙申日南至。

丁酉六十五	丁酉八十三	丁酉七
丙申六十三	丁酉七	丙申九十二

淳祐十年庚戌岁，十一月辛巳日南至。

壬午九十四	壬午七十一	辛巳九十六
辛巳七十七	辛巳九十四	辛巳七十八

本朝至元十七年庚辰岁，十一月己未夜半后六刻冬至。

己未八十七	庚申五	己未二十五
己未四	己未二十四	己未六

右自春秋献公以来，凡二千一百六十余年，用《大衍》、《宣明》、《纪元》、《统天》、《大明》、《授时》六历推算冬至，凡四十九事。《大衍历》合者三十二，不合者十七；《宣明历》合者二十六，不合者二十三；《纪元历》合者三十五，不合者十四；《统天历》合者三十八，不合者十一；《大明历》合者三十四，不合者十五；《授时历》合者三十九，不合者十事。

今按献公十五年戊寅岁正月甲寅朔旦冬至，《授时历》得甲寅，《统天历》得乙卯，后天一日；至僖公五年丙寅岁正月辛亥朔旦冬至，《授时》、《统天》皆得辛亥，与天合；下至昭公二十年己卯岁正月己丑朔旦冬至，《授时》、《统天》皆得戊子，并先一日，若曲变其法以从之，则献公、僖公皆不合矣。以此知《春秋》所书昭公冬至，乃日度失行之验。一也。《大衍历》考古冬至，谓刘宋元嘉十三年丙子岁十一月甲戌日南至，《大衍》与《皇极》、《麟德》三历皆得癸酉，各先一日，乃日度失行，非三历之差。今以《授时历》考之，亦得癸酉。二也。大明五年辛丑岁十一月乙酉冬至，诸历皆得甲申，殆亦日度之差。三也。陈太建四年壬辰岁十一月丁卯景长，《大衍》、《授时》皆得丙寅，是先一日；太建九年丁酉岁十一月壬辰景长，《大衍》、《授时》皆得癸巳，是后一日；一失之先，一失之后，若合于壬辰，则差于丁酉，合于丁酉，则差于壬辰，亦日度失行之验。五也。开皇十一年辛亥岁十一月丙午景长，《大衍》、《统天》、《授时》皆得丙午，与天合；至开皇十四年甲寅岁十一月辛酉冬至，而《大衍》、《统天》、《授时》皆得壬戌，若合于辛亥，则失于甲寅，合于甲寅，则失于辛亥，其开皇十四年甲寅岁冬至，亦日度失行。六也。唐贞观十八年甲辰岁十一月乙酉景长，诸历得甲申，贞观二十三年己酉岁十一月辛亥景长，诸历皆得庚戌，《大衍历议》以永淳、开元冬至推之，知前二冬至乃史官依时历以书，必非候景所得，所以不合，今以《授时历》考之亦然。八也。自前宋以来，测景验气者凡十七事，其景德丁未岁戊辰日南至，《统天》、《授时》皆得丁卯，是先一日；嘉泰癸亥岁甲戌日南至，《统天》、《授时》皆得乙亥，是后一日；一失之先，一失之后，若曲变其数以从景德，则其余十六事多后天，从嘉泰，则其余十六事多先天，亦日度失行之验。十也。

前十事皆《授时历》所不合，以此理推之，非不合矣，盖类其同则知其中，辨其异则知其变。今于冬至略其日度失行及史官依时历书之者凡十事，则《授时历》三十九事皆中，《统天历》与今历不合者仅有献公一事，《大衍历》推献公冬至后天二日，《大明》后天三日，《授时历》与天合。下推至元庚辰冬至，《大衍》后天八十一刻，《大明》后天一十九刻，《统天历》先天一刻，《授时历》与天合。以前代诸历校之，《授时》为密，庶几千岁之日至，可坐而致云。

古今历参校疏密

《授时历》与古历相校，疏密自见，盖上能合于数百载之前，则下可行之永久，此前人定说。古称善治历者，若宋何承天，隋刘焯，唐傅仁均、僧一行之流，最为杰出。今以其历与至元庚辰冬至气应相校，未有不舛戾者，而以新历上推往古，无不吻合，则其疏密从可知已。

宋文帝元嘉十九年壬午岁十一月乙巳日十一刻冬至，距本朝至元十七年庚辰岁，计八百三十八年。其年十一月，气应己未六刻冬至，《元嘉历》推之，得辛酉，后《授时》二日，《授时》上考元嘉壬午岁冬至，得乙巳，与元嘉合。

隋大业三年丁卯岁十一月庚午日五十二刻冬至，距至元十七年庚辰岁，计六百七十三年。《皇极历》推之，得庚申冬至，后《授时》一日；《授时》上考大业丁卯岁冬至，得庚午，与《皇极》合。

唐武德元年戊寅岁十一月戊辰日六十四刻冬至，距至元十七年庚辰岁，计六百六十二年。《戊寅历》推之，得庚申冬至，后《授时》一日；《授时历》上考武德戊寅岁，得戊辰冬至，与《戊寅历》合。

开元十五年丁卯岁十一月己亥日七十二刻冬至，距至元十七年庚辰岁，计五百五十三年。《大衍历》推之，得己未冬至，后《授时》八十一刻；《授时历》上考开元丁卯岁，得己亥冬至，与《大衍历》合，先四刻。

长庆元年辛丑岁十一月壬子日七十六刻冬至，距至元十七年庚辰岁，计四百五十九年。《宣明历》推之，得庚申冬至，后《授时》一日；《授时历》上考长庆辛丑岁，得壬子冬至，与《宣明历》合。

宋太平兴国五年庚辰岁十一月丙午日六十三刻冬至，距至元十七年庚辰岁，计三百年。《乾元历》推之，得庚申冬至，后《授时》一日；《授时历》上考太平兴国庚辰岁，得丙午冬至，与《乾元》合。

咸平三年庚子岁十一月辛卯日五十三刻冬至，距至元十七年庚辰岁，计二百八十年。《仪天历》推之，得庚申冬至，后《授时》一日；《授时》上考咸平庚子岁，得辛卯冬至，与《仪天》合。

崇宁四年乙酉岁十一月辛丑日六十二刻冬至，距至元十七年庚辰岁，计一百七十五年。《纪元历》推之，得己未日冬至，后《授时》十九刻；《授时历》上考崇宁乙酉岁，得辛丑日冬至，与《纪元历》合，先二刻。

金大定十九年己亥岁十一月己巳日六十四刻冬至，距至元十七年庚辰岁，计一百一年。《大明历》推之，得己未冬至，后《授时》一十九刻；《授时历》上考大定己亥岁，己巳冬至，与《大明历》合，先九刻。(《大明》冬至盖测验未密故也。)

庆元四年戊午岁十一月己酉日一十七刻冬至，距至元十七年庚辰岁，计八十二年。《统天历》推之，得己未冬至，先《授时》一刻；《授时历》上考庆元戊午岁，得己酉日冬至，与《统天历》合。

周天列宿度

列宿著于天，为舍二十有八，为度三百六十五有奇。非日躔无以校其度，非列舍无以纪其度，周天之度，因二者以得之。天体浑圆，当二极南北之中，络以赤道，日月五星之行，常出入于比。天左旋，日月五星溯而右转，昔人历象日月星辰，谓此也。然列舍相距度数，历代所测不同，非微有动移，则前人所测或有未密。古用窥管，今新制浑仪，测用二线，所测度数分秒与前代不同者，今列于左。

汉洛下闳所测 **唐一行所测**	**宋皇祐所测** **元丰所测**	**崇宁所测** **至元所测**
角十二度		
		十二度一十分
亢九度		九度少
		九度二十分
氐十五度	十六度	
		十六度三十分
房五度		五度太
	六度	五度六十分
心五度	六度	六度少
		六度五十分
尾十八度	十九度	十九度少
		十九度一十分
箕十一度	十度	十度半
	十一度	十度四十分
东方七十五度	七十七度	（七十八度）
	七十九度	七十九度二十分
斗二十六度及分	二十五度	
二十六度		二十五度二十分
牛八度	七度	七度少
		七度二十分
女十二度	十一度	十一度少
		十一度三十五分
虚十度		
十度少强	九度少强	八度九十五分
危十七度	十六度	十五度半
		十五度四十分
室十六度	十七度	
十六度		十七度一十分
壁九度		八度太
		八度六十分
北方九十八度	九十五度	九十四度
及分	二十五分	七十五分
九十八度	九十四度	九十三度
二十五分	二十五分	八十分太
奎十六度		十六度半
		十六度六十分
娄十二度		
		十一度八十分
胃十四度	十五度	
		十五度六十分
昴十一度		十一度少
		十一度三十分
毕十六度	十八度	十七度少
十七度	十七度	十七度四十分
觜二度		半度
一度		五分
参九度		十度半
十度		十一度一十分
西方八十度	八十三度	八十三度
八十一度	八十二度	八十三度
		八十五分
井三十三度	三十四度	三十三度少
		三十三度三十分
鬼四度	二度	二度半
三度		二度二十分
柳十五度	十四度	十三度太
		十三度三十分
星七度		六度太
		六度三十分
张十八度		十七度少
	十七度	十七度二十五分
翼十八度		十八度太
	十九度	十八度七十五分
轸十七度		
		十七度三十分
南方一百一十二度	一百一十度	一百九度
		二十五分
一百一十一度	一百一十度	一百八度四十分

日躔

日之丽天，县象最著，大明一生，列宿俱熄。古人欲测躔度所在，必以昏旦夜半中星衡考其所距，从考其所当；然昏旦夜半时刻未易得真，时刻一差，则所距、所当，不容无舛。晋姜岌首以月食冲检，知日度所在；《纪元历》复以太白志其相距远近，于昏后明前验定星度，因得日躔。今用至元丁丑四月癸酉望月食既，推求得冬至日躔赤道箕宿十度，黄道九度有奇。仍自其年正月至己卯岁终，三年之间，日测太阴所离宿次及岁星、太白相距度，定验参考，共得一百三十四事，皆躔箕宿，适与月食所冲允合。以金赵知微所修《大明历法》推之，冬至犹躔斗初度三十六分六十四秒，比新测实差七十六分六十四秒。

日行盈缩

日月之行，有冬有夏，言日月行度，冬夏各不同也。人徒知日行一度，一岁一周天，曾不知盈缩损益，四序有不同者。北齐张子信积候合蚀加时，觉日行有入气差，然损益未得其正。赵道严复准晷景长短，定日行进退，更造盈缩以求亏食。至刘焯立躔度，与四序升降，虽损益不同，后代祖述用之。

夫阴阳往来，驯积而变，冬至日行一度强，出赤道二十四度弱，自此日轨渐北，积八十八日九十一分，当春分前三日，交在赤道，实行九十一度三十一分而适平。自后其盈日损，复行九十三日七十一分，当夏至之日，入赤道内二十四度弱，实行九十一度三十一分，日行一度弱，向之盈分尽损而无余。自此日轨渐南，积九十三日七十一分，当秋分后三日，交在赤道，实行九十一度三十一分而复平。自后其缩日损，行八十八日九十一分，出赤道外二十四度弱，实行九十一度三十一分，复当冬至，向之缩分尽损而无余。盈缩均有损益，初为益，末为损。自冬至以及春分，春分以及夏至，日躔自北陆转而西，西而南，于盈为益，益极而损，损至于无余而缩。自夏至以及秋分，秋分以及冬至，日躔自南陆转而东，东而北，于缩为益，益极而损，损至于无余而复盈。盈初缩末，俱八十八日九十一分而行一象；缩初盈末，俱九十三日七十一分而行一象；盈缩极差，皆二度四十分。由实测晷景而得，仍以算术推考，与所测允合。

月行迟疾

古历谓月平行十三度十九分度之七。汉耿寿昌以为日月行至牵牛、东井，日过度，月行十五度，至娄、角，始平行，赤道使然。贾逵以为今合朔、弦、望、月食加时，所以不中者，盖不知月行迟疾意。李梵、苏统皆以月行当有迟疾，不必在牵牛、东井、娄、角之间，乃由行道有远近出入所生。刘洪作《乾象历》，精思二十余年，始悟其理，列为差率，以囿进退损益之数。后之作历者，咸因之。至唐一行，考九道委蛇曲折之数，得月行疾徐之理。

先儒谓月与五星，皆近日而疾，远日而迟。历家立法，以入转一周之日，为迟疾二历，各立初末二限，初为益，末为损。在疾初迟末，其行度率过于平行；迟初疾末，率不及于平行。自入转初日行十四度半强，从是渐杀，历七日，适及平行度，谓之疾初限，其积度比平行余五度四十二分。自是其疾日损，又历七日，行十二度微强，向之益者尽损而无余，谓之疾末限。自是复行迟度，又历七日，适及平行度，谓之迟初限，其积度比平行不及五度四十二分。自此其迟日损，行度渐增，又历七日，复行十四度半强，向之益者亦损而无余，谓之迟末限。入转一周，实二十七日五十五刻四十六分，迟疾极差皆五度四十二分。旧历日为一限，皆用二十八限。今定验得转分进退时各不同，今分日为十二，共三百三十六限，半之为半周限，析而四之为象限。

白道交周

当二极南北之中，横络天体以纪宿度者，赤道也。出入赤道，为日行之轨者，黄道也。所谓白道，与黄道交贯，月行之所由也。古人随方立名，分为八行，与黄道而九，究而言之，其实一也。惟其随交迁徙，变动不居，故强以方色名之。

月道出入日道，两相交值，当朔则日为月所掩，当望则月为日所冲，故皆有食。然涉交有远近，食分有深浅，皆可以数推之。所谓交周者，月道出入日道一周之日也。日道距赤道之远，为度二十有四。月道出入日道，不逾六度；其距赤道也，远不过三十度，近不下十八度。出黄道外为阳，入黄道内为阴，阴阳一周，分为四象。月当黄道为正交，出黄道外六度为半交，复当黄道为中交，入黄道内六度为半交，是为四象。象别七日，各行九十一度，四象周历，是谓一交之终，以日计之，得二十七日二十一刻二十二分二十四秒。每一交，退天一度二百分度之九十三，凡二百四十九交，退天一周有奇，终而复始。正交在春正，半交出黄道外六度，在赤道内十八度。正交在秋正，半交出黄道外六度，在赤道外三十度。中交在春正，半交入黄道内六度，在赤道内三十度。中交在秋正，半交入黄道内六度，在赤道外十八度。月道与赤道正交，距春秋二正黄赤道正交宿度，东西不及十四度三分度之二。夏至在阴历内，冬至在阳历外，月道与赤道所差者多；夏至在阳历外，冬至在阴历内，月道与赤道所差者少。盖白道二交，有斜有直，阴阳二历，有内有外，直者密而狭，斜者疏而阔，其差亦从而异。今立象置法求之，差数多者不过三度五十分，少者不下一度三十分，是为月道与赤道多少之差。

昼夜刻

日出为昼，日入为夜，昼夜一周，共为百刻。以十二辰分之，每辰得八刻三分刻之一。无间南北，所在皆同。昼短则夜长，夜短则昼长，此自然之理也。春秋二分，日当赤道出入，昼夜正等，各五十刻。自春分以及夏至，日入赤道内，去极浸近，夜短而昼长。自秋分以及冬至，日出赤道外，去极浸远，昼短而夜长。以地中揆之，长不过六十刻，短不过四十刻。地中以南，夏至去日出入之所为远，其长有不及六十刻者；冬至去日出入之所为近，其短有不止四十刻者。地中以北，夏至去日出入之所为近，其长有不止六十刻者；冬至去日出入之所为远，其短有不及四十刻者。今京师冬至日出辰初二刻，日入申正二刻，故昼刻三十八，夜刻六十二；夏至日出寅正二刻，日入戌初二刻，故昼刻六十二，夜刻三十八。盖地有南北，极有高下，日出入有早晏，所以不同耳。今《授时历》昼夜刻，一以京师为正，其各所实测北极高下，具见《天文志》。

卷五十三　志第五

历　二

授时历议下

交食

历法疏密，验在交食，然推步之术难得其密，加时有早晚，食分有浅深，取其密合，不容偶然。推演加时，必本于躔离朓朒；考求食分，必本于距交远近；苟入气盈缩、入转迟疾未得其正，则合朔不失之先，必失之后。合朔失之先后，则亏食时刻，其能密乎？日月俱东行，而日迟月疾，月追及日，是为一会。交值之道，有阳历阴历；交会之期，有中前中后；加以地形南北东西之不同，人目高下邪直之各异，此食分多寡，理不得一者也。今合朔既正，则加时无早晚之差；气刻适中，则食分无强弱之失；推而上之，自《诗》、《书》、《春秋》及三国以来所载亏食，无不合焉者。合于既往，则行之悠久，自可无弊矣。

《诗》、《书》所载日食二事

《书·胤征》："惟仲康肇位四海。乃季秋月朔，辰弗集于房。"

今按《大衍历》作仲康即位之五年癸巳，距辛巳三千四百八年，九月庚戌朔，泛交二十六日五千四百二十一分入食限。

《诗·小雅·十月之交》，大夫刺幽王也。"十月之交，朔日辛卯，日有食之，亦孔之丑。"

今按梁太史令虞门云：十月辛卯朔，在幽王六年乙丑朔。《大衍》亦以为然。以《授时历》推之，是岁十月辛卯朔，泛交十四日五千七百九分入食限。

《春秋》日食三十七事

隐公三年辛酉岁，春王二月己巳，日有食之。

杜预云："不书朔，史官失之。"《公羊》云："日食或言朔或不言朔，或日或不日，或失之前或失之后，失之前者朔在前也，失之后者朔在后也。"《谷梁》云："言日不言朔，食晦日也。"姜岌校《春秋》日食云："是岁二月己亥朔，无己巳，似失一闰。三月己巳朔，去交分入食限。"《大衍》与姜岌合。今《授时历》推之，是岁三月己巳朔，加时在昼，去交分二十六日六千六百三十一入食限。

桓公三年壬申岁，七月壬辰朔，日有食之。

姜岌以为是岁七月癸亥朔，无壬辰，亦失闰。其八月壬辰朔，去交分入食限。《大衍》与姜岌合。以今历推之，是岁八月壬辰朔，加时在昼，食六分一十四秒。

桓公十七年丙戌岁，冬十月朔，日有食之。

《左氏》云："不书日，史官失之。"《大衍》推得在十一月交分入食限，失闰也。以今历推之，是岁十一月加时在昼，交分二十六日八千五百六十入食限。

庄公十八年乙巳岁，春王三月，日有食之。

《谷梁》云："不言日，不言朔，夜食也。"《大衍》推是岁五月朔，交分入食限，三月不应食。以今历推之，是岁三月朔，不入食限。五月壬子朔，加时在昼，交分入食限，盖误五为三。

庄公二十五年壬子岁，六月辛未朔，日有食之。

《大衍》推之，七月辛未朔，交分入食限。以今历推之，是岁七月辛未朔，加时在昼，交分二十七日四百八十九入食限，失闰也。

庄公二十六年癸丑岁，冬十有二月癸亥朔，日有食之。

今历推之，是岁十二月癸亥朔，加时在昼，交分十四日三千五百五十一入食限。

庄公三十年丁巳岁，九月庚午朔，日有食之。

今历推之，是岁十月庚午朔，加时在昼，去交分十四日四千六百九十六入食限，失闰也。《大衍》同。

僖公十二年癸酉岁，春王三月庚午朔，日有食之。

姜氏云："三月朔，交不应食，在误条；其五月庚午朔，去交分入食限。"《大衍》同。今历推之，是岁五月庚午朔，加时在昼，去交分二十六日五千一百九十二入食限，盖五误为三。

僖公十五年丙子岁，夏五月，日有食之。

《左氏》云："不书朔与日，史官失之也。"《大衍》推四月癸丑朔，去交分入食限，差一闰。今历推之，是岁四月癸丑朔，去交分一日一千三百一十六入食限。

文公元年乙未岁，二月癸亥朔，日有食之。

姜氏云："二月甲午朔，无癸亥。三月癸亥朔，入食限。"《大衍》亦以为然。今历推之，是岁三月癸亥朔，加时在昼，去交分二十六日五千九百十七分入食限，失闰也。

文公十五年己酉岁，六月辛丑朔，日有食之。

今历推之，是岁六月辛丑朔，加时在昼，交分二十六日四千四百七十三分入食限。

宣公八年庚申岁，秋七月甲子，日有食之。

杜预以七月甲子晦食。姜氏云："十月甲子朔，食。"《大衍》同。今历推之，是岁十月甲子朔，加时在昼，食九分八十一秒，盖十误为七。

宣公十年壬戌岁，夏四月丙辰，日有食之。

今历推之，是月丙辰朔，加时在昼，交分十四日九百六十八分入食限。

宣公十七年己巳岁，六月癸卯，日有食之。

姜氏云："六月甲辰朔，不应食。"《大衍》云："是年五月在交限，六月甲辰朔，交分已过食限，盖误。"今历推之，是岁五月乙亥朔，入食限。六月甲辰朔，泛交二日已过食限，《大衍》为是。

成公十六年丙戌岁，六月丙寅朔，日有食之。

今历推之，是岁六月丙寅朔，加时在昼，去交分二十六日九千八百三十五分入食限。

成公十七年丁亥岁，十有二月丁巳朔，日有食之。

姜氏云："十二月戊子朔，无丁巳，似失闰。"《大衍》推十一月丁巳朔，交分入食限。今历推之，是岁十一月丁巳朔，加时在昼，交分十四日二千八百九十七分入食限，与《大衍》同。

襄公十四年壬寅岁，二月乙未朔，日有食之。

今历推之，是岁二月乙未朔，加时在昼，交分十四日一千三百九十三分入食限也。

襄公十五年癸卯岁，秋八月丁巳朔，日有食之。

姜氏云："七月丁巳朔，食，失闰也。"《大衍》同。今历推之，是岁七月丁巳朔，加时在昼，去交分二十六日三千三百九十四分入食限。

襄公二十年戊申岁，冬十月丙辰朔，日有食之。

今历推之，是岁十月丙辰朔，加时在昼，交分十三日七千六百分入食限。

襄公二十一年己酉岁，秋七月庚戌朔，日有食之。

今历推之，是月庚戌朔，加时在昼，交分十四日三千六百八十二分入食限。

冬十月庚辰朔，日有食之。

姜氏云："比月而食，宜在误条。"《大衍》亦以为然。

今历推之，十月已过交限，不应频食，姜说为是。

襄公二十三年辛亥岁，春王二月癸酉朔，日有食之。

今历推之，是月癸酉朔，加时在昼，交分二十六日五千七百三分入食限。

襄公二十四年壬子岁，秋七月甲子朔，日有食之，既。

今历推之，是月甲子朔，加时在昼，日食九分六秒。

八月癸巳朔，日有食之。

《汉志》："董仲舒以为比食又既。"《大衍》云："不应频食，在误条。"今历推之，立分不叶，不应食，《大衍》说是。

襄公二十七年乙卯岁，冬十有二月乙亥朔，日有食之。

姜氏云："十一月乙亥朔，交分入限，应食。"《大衍》同。今历推之，是岁十一月乙亥朔，加时在昼，交分初日八百二十五分入食限。

昭公七年丙寅岁，夏四月甲辰朔，日有食之。

今历推之，是月甲辰朔，加时在昼，交分二十七日二百九十八分入食限。

昭公十五年甲戌岁，六月丁巳朔，日有食之。

《大衍》推五月丁巳朔，食，失一闰。今历推之，是岁五月丁巳朔，加时在昼，交分十三日九千五百六十七分入食限。

昭公十七年丙子岁，夏六月甲戌朔，日有食之。

姜氏云："六月乙巳朔，交分不叶，不应食，当误。"《大衍》云："当在九月朔，六月不应食，姜氏是也。"今历推之，是岁九月甲戌朔，加时在昼，交分二十六日七千六百五十分入食限。

昭公二十一年庚辰岁，七月壬午朔，日有食之。

今历推之，是月壬午朔，加时在昼，交分二十六日八千七百九十四分入食限。

昭公二十二年辛巳岁，冬十有二月癸酉朔，日有食之。

今历推之，是月癸酉朔，交分十四日一千八百入食限。杜预以长历推之，当为癸卯，非是。

昭公二十四年癸未岁，夏五月乙未朔，日有食之。

今历推之，是月乙未朔，加时在昼，交分二十六日三千八百三十九分入食限。

昭公三十一年庚寅岁，十有二月辛亥朔，日有食之。

今历推之，是月辛亥朔，加时在昼，交分二十六日六千一百二十八分入食限。

定公五年丙申岁，春三月辛亥朔，日有食之。

今历推之，三月辛卯朔，加时在昼，交分十四日三百三十四分入食限。

定公十二年癸卯岁，十一月丙寅朔，日有食之。

今历推之，是岁十月丙寅朔，加时在昼，交分十四日二千六百二十二分入食限，盖失一闰。

定公十五年丙午岁，八月庚辰朔，日有食之。

今历推之，是月庚辰朔，加时在昼，交分十三日七千六百八十五分入食限。

哀公十四年庚申岁，夏五月庚申朔，日有食之。

今历推之，是月庚申朔，加时在昼，交分二十六日九千二百一分入食限。

右《诗》、《书》所载日食二事，《春秋》二百四十二年间，凡三十有七事，以《授时历》推之，惟襄公二十一年十月庚辰朔及二十四年八月癸巳朔不入食限，盖自有历以来，无比月而食之理。其三十五食，食皆在朔，《经》或不书日，不书朔，《公羊》、《穀梁》以为食晦，二者非；《左氏》以为史官失之者，得之。其间或差一日二日者，盖由古历疏阔，置闰失当之弊，姜岌、一行已有定说。孔子作书，但因时历以书，非大义所关，故不必致详也。

三国以来日食

蜀章武元年辛丑，六月戊辰晦，时加未。

《授时历》，食甚未五刻。

《大明历》，食甚未五刻。

右皆亲。二历推戊辰皆七月朔。

魏黄初三年壬寅，十一月庚申晦食，时加西南维。

《授时历》，食甚申二刻。

《大明历》，食甚申三刻。

右《授时》亲，《大明》次亲。二历推庚申皆十二月朔。

梁中大通五年癸丑，四月己未朔食，在丙。

《授时历》，亏初午四刻。

《大明历》，亏初午四刻。

右皆亲。

太清元年丁卯，正月己亥朔食，时加申。

《授时历》，食甚申一刻。

《大明历》，食甚申三刻。

右《授时》次亲，《大明》亲。

陈太建八年丙申，六月戊申朔食，于卯甲间。

《授时历》，食甚卯二刻。

《大明历》，食甚卯四刻。

右《授时》次亲，《大明》疏远。

唐永隆元年庚辰，十一月壬申朔食，巳四刻甚。

《授时历》，食甚巳七刻。

《大明历》，食甚巳五刻。

右《授时》疏，《大明》亲。

开耀元年辛巳，十月丙寅朔食，巳初甚。

《授时历》，食甚辰正三刻。

《大明历》，食甚辰正一刻。

右《授时》亲，《大明》疏。

嗣圣八年辛卯，四月壬寅朔食，卯二刻甚。

《授时历》，食甚寅八刻。

《大明历》，食甚卯初刻。

右皆次亲。

十七年庚子，五月己酉朔食，申初甚。

《授时历》，食甚申初二刻。

《大明历》，食甚申正初刻。

右《授时》次亲，《大明》疏远。

十九年壬寅，九月乙丑朔食，申三刻甚。

《授时历》，食甚申一刻。
《大明历》，食甚申四刻。
右《授时》次亲，《大明》亲。
景龙元年丁未，六月丁卯朔食，午正甚。
《授时历》，食甚午正二刻。
《大明历》，食甚未初初刻。
右《授时》次亲，《大明》疏远。
开元九年辛酉，九月乙巳朔食，午正后三刻甚。
《授时历》，食甚午正一刻。
《大明历》，食甚午正二刻。
右《授时》次亲，《大明》亲。
宋庆历六年丙戌，三月辛巳朔食，申正三刻复满。
《授时历》，复满申正三刻。
《大明历》，复满申正一刻。
右《授时》密合，《大明》次亲。
皇祐元年己丑，正月甲午朔食，午正甚。
《授时历》，食甚午初三刻。
《大明历》，食甚午正初刻。
右《授时》亲，《大明》密合。
五年癸巳岁，十月丙申朔食，未一刻甚。
《授时历》，食甚未三刻。
《大明历》，食甚未初刻。
右《授时》次亲，《大明》亲。
至和元年甲午，四月甲午朔食，申正一刻甚。
《授时历》，食甚申正一刻。
《大明历》，食甚申正二刻。
右《授时》密合，《大明》亲。
嘉祐四年己亥，正月丙申朔食，未三刻复满。
《授时历》，复满未初二刻。
《大明历》，复满未初二刻。
右皆亲。
六年辛丑，六月壬子朔食，未初亏初。
《授时历》，亏初未初刻。
《大明历》，亏初未一刻。
右《授时》亲，《大明》次亲。
治平三年丙午，九月壬子朔食，未二刻甚。
《授时历》，食甚未三刻。
《大明历》，食甚未四刻。
右《授时》亲，《大明》次亲。
熙宁二年己酉，七月乙丑朔食，辰三刻甚。
《授时历》，食甚辰五刻。
《大明历》，食甚辰四刻。
右《授时》次亲，《大明》亲。
元丰三年庚申，十一月己丑朔食，巳六刻甚。
《授时历》，食甚巳五刻。
《大明历》，食甚巳二刻。
右《授时》亲，《大明》疏远。
绍圣元年甲戌，三月壬申朔食，未六刻甚。
《授时历》，食甚未五刻。
《大明历》，食甚未五刻。
右皆亲。
大观元年丁亥，十一月壬子朔食，未二刻亏初，未八刻甚，申六刻复满。
《授时历》，亏初未三刻，食甚申初刻，复满申六刻。
《大明历》，亏初未初刻，食甚未七刻，复满申五刻。
右《授时历》亏初、食甚皆亲，复满密合；《大明》亏初次亲，食甚、复满皆亲。
绍兴三十二年壬午，正月戊辰朔食，申初亏初。
《授时历》，亏初申一刻。
《大明历》，亏初未七刻。
右皆亲。
淳熙十年癸卯，十一月壬戌朔食，巳正二刻甚。
《授时历》，食甚巳正二刻。
《大明历》，食甚巳正一刻。
右《授时》密合，《大明》亲。
庆元元年乙卯，三月丙戌朔食，午初二刻亏初。
《授时历》，亏初午初一刻。
《大明历》，亏初午初二刻。
右《授时》亏初亲，《大明》亏初密合。
嘉泰二年壬戌，五月甲辰朔食，午初一刻亏初。
《授时历》，亏初巳正三刻。
《大明历》，亏初午初三刻。
右皆亲。
嘉定九年丙子，二月甲申朔食，申正四刻甚。
《授时历》，食甚申正三刻。
《大明历》，食甚申正二刻。
右《授时》亲，《大明》次亲。
淳祐三年癸卯，三月丁丑朔食，巳初二刻甚。
《授时历》，食甚巳初一刻。
《大明历》，食甚巳初初刻。
右《授时》亲，《大明》次亲。
本朝中统元年庚申，三月戊辰朔食，申正二刻甚。
《授时历》，食甚申正一刻。
《大明历》，食甚申初三刻。
右《授时》亲，《大明》疏。
至元十四年丁丑，十月丙辰朔食，午正初刻亏初，未初一刻食甚，未正二刻复满。
《授时历》，亏初午正初刻，食甚未初一刻，复满未正一刻。
《大明历》，亏初午正三刻，食甚未正一刻，复满申初二刻。
右《授时》亏初、食甚皆密合，复满亲；《大明》亏初疏，食甚、复满皆疏远。
前代考古交食，同刻者为密合，相较一刻为亲，二刻为次亲，三刻为疏，四刻为疏远。今《授时》、《大明》校古日食，上自后汉章武元年，下讫本朝，计三十五事。密合者，《授时》七，《大明》二。亲者，《授时》十有七，《大明》十有六。次亲者，《授时》十，《大明》八。疏者，《授时》一，《大明》三。疏远者，《授时》无，《大明》六。

前代月食

宋元嘉十一年甲戌，七月丙子望食，四更二唱亏初，四更四唱食既。

《授时历》，亏初四更三点，食既在四更四点。

《大明历》，亏初在四更二点，食既在四更五点。

右《授时》亏初亲，食既密合；《大明》亏初密合，食既亲。

十三年丙子，十二月癸巳望食，一更三唱食既。

《授时历》，食既在一更三点。

《大明历》，食既在一更四点。

右《授时》密合，《大明》亲。

十四年丁丑，十一月丁亥望食，二更四唱亏初，三更一唱食既。

《授时历》，亏初在二更五点，食既在三更二点。

《大明历》，亏初在二更四点，食既在三更二点。

右《授时》亏初、食既皆亲；《大明》亏初密合，食既亲。

梁中大通二年庚戌，五月庚寅望月食，在子。

《授时历》，食甚在子正初刻。

《大明历》，食甚在子正初刻。

右皆密合。

大同九年癸亥，三月乙巳望食，三更三唱亏初。

《授时历》，亏初三更一点。

《大明历》，亏初三更三点。

右《授时》次亲，《大明》密合。

隋开皇十二年壬子，七月己未望食，一更三唱亏初。

《授时历》，亏初在一更四点。

《大明历》，亏初在一更五点。

右《授时》亲，《大明》次亲。

十五年乙卯，十一月庚午望食，一更四点亏初，二更三点食甚，三更一点复满。

《授时历》，亏初在一更三点，食甚在二更二点，复满在二更五点。

《大明历》，亏初在一更五点，食甚在二更三点，复满在二更五点。

右《授时》亏初、食甚、复满皆亲；《大明》亏初、复满皆亲，食甚密合。

十六年丙辰，十一月甲子望食，四更三筹复满。

《授时历》，复满在四更四点。

《大明历》，复满在四更五点。

右《授时》亲，《大明》次亲。

后汉天福十二年丁未，十二月乙未望食，四更四点亏初。

《授时历》，亏初四更五点。

《大明历》，亏初四更一点。

右《授时》亲，《大明》次亲。

宋皇祐四年壬辰，十一月丙辰望食，寅四刻亏初。

《授时历》，亏初在寅二刻。

《大明历》，亏初在寅一刻。

右《授时》次亲，《大明》疏。

嘉祐八年癸卯，十月癸未望食，卯七刻甚。

《授时历》，食甚在辰初刻。

《大明历》，食甚在辰初刻。

右皆亲。

熙宁二年己酉，闰十一月丁未望食，亥六刻亏初，子五刻食甚，丑四刻复满。

《授时历》，亏初在亥六刻，食甚在子五刻，复满在丑三刻。

《大明历》，亏初在子初刻，食甚在子六刻，复满在丑四刻。

右《授时》亏初、食甚密合，复满亲；《大明》亏初次亲，食甚亲，复满密合。

四年辛亥，十一月丙申望食，卯二刻亏初，卯六刻甚。

《授时历》，亏初在卯初刻，食甚在卯五刻。

《大明历》，亏初在卯四刻，食甚在卯七刻。

右亏初皆次亲，食甚皆亲。

六年癸丑，三月戊午望食，亥一刻亏初，亥六刻甚，子四刻复满。

《授时历》，亏初在戌七刻，食甚在亥五刻，复满在子三刻。

《大明历》，亏初在亥二刻，食甚在亥七刻，复满在子四刻。

右《授时》亏初次亲，食甚、复满皆亲；《大明》亏初、食甚皆亲，复满密合。

七年甲寅，九月己酉望食，四更五点亏初，五更三点食既。

《授时历》，亏初在四更五点，食既在五更三点。

《大明历》，亏初在四更三点，食既在五更二点。

右《授时》亏初、食既皆密合；《大明》亏初次亲，食既亲。

崇宁四年乙酉，十二月戊寅望食，酉三刻甚，戌初刻复满。

《授时历》，食甚在酉一刻，复满在酉七刻。

《大明历》，食甚在酉三刻，复满在戌二刻。

右《授时》食甚、复满皆次亲；《大明》食甚密合，复满次亲。

本朝至元七年庚午，三月乙卯望食，丑三刻亏初，寅初刻食甚，寅六刻复满。

《授时历》，亏初在丑二刻，食甚在寅初刻，复满在寅六刻。

《大明历》，亏初在丑四刻，食甚在寅一刻，复满在寅七刻。

右《授时》亏初亲，食甚、复满密合；《大明》亏初、食甚、复满皆亲。

九年壬申，七月辛未望食，丑初刻亏初，丑六刻食甚，寅三刻复满。

《授时历》，亏初在子七刻，食甚在丑四刻，复满在寅一刻。

《大明历》，亏初在丑二刻，食甚在丑六刻，复满在寅二刻。

右《授时》亏初亲，食甚、复满皆次亲；《大明》亏初次亲，食甚密合，复满亲。

十四年丁丑，四月癸酉望食，子六刻亏初，丑三刻食既，丑五刻甚，丑七刻生光，寅四刻复满。

《授时历》，亏初在子六刻，食既在丑四刻，食甚在丑五刻，生光丑六刻，复满寅四刻。

《大明历》，亏初在丑初刻，食既丑七刻，食甚在丑七刻，生光在丑八刻，复满寅六刻。

右《授时》亏初、食甚、复满皆密合，食既、生光皆亲；《大明》亏初、食甚、复满皆次亲，食既疏远，生光亲。

十六年己卯，二月癸酉望食，子五刻亏初，丑二刻甚，丑七刻复满。

《授时历》，亏初在子五刻，食甚在丑二刻，复满在丑七刻。

《大明历》，亏初在子七刻，食甚在丑三刻，复满在丑七刻。

右《授时》亏初、食甚、复满皆密合；《大明》亏初次亲，食甚亲，复满密合。

八月己丑望食，丑五刻亏初，寅初刻甚，寅四刻复满。

《授时历》，亏初在丑三刻，食甚在寅初刻，复满在寅四刻。

《大明历》，亏初在丑七刻，食甚在寅二刻，复满在寅四刻。

右《授时》亏初次亲，食甚、复满皆密合；《大明》亏初、食甚皆次亲，复满密合。

十七年庚辰，八月甲申望食，在昼，戌一刻复满。

《授时历》，复满在戌一刻。

《大明历》，复满在戌四刻。

右《授时》密合，《大明》疏。

已上四十五事，密合者，《授时》十有八，《大明》十有一；亲者，《授时》十有八，《大明》十有七；次亲者，《授时》九，《大明》十有四；疏者，《授时》无，《大明》二；疏远者，《授时》无，《大明》一。

定朔

日平行一度，月平行十三度十九分度之七，一昼夜之间，月先日十二度有奇，历二十九日五十三刻，复追及日，与之同度，是谓经朔。经朔云者，谓合朔大量不出此也。日有盈缩，月有迟疾，以盈缩迟疾之数损益之，始为定朔。

古人立法，简而未密，初用平朔，一大一小，故日食有在朔二，月食有在望前后者。汉张衡以月行迟疾，分为九道；宋何承天以日行盈缩，推定小余；故月有三大二小。隋刘孝孙、刘焯欲遵用其法，时议排抵，以为迂怪，卒不能行。唐傅仁均始采用之，至贞观十九年九月后，四月频大，复用平朔。讫麟德元年，始用李淳风《甲子元历》，定朔之法遂行。淳风又以晦月频见，故立进朔之法，谓朔日小余在日法四分之三已上者，虚进一日，后代皆循用之。然虞𠘨尝曰："朔在会同，苟躔次既合，何疑于频大；日月相离，何拘于间小。"一行亦曰："天事诚密，虽四大三小，庸何伤。"今但取辰集时刻所在之日以为定朔，朔虽小余在进限，亦不之进，甚矣，人之安于故习也。

初历法用平朔，止知一大一小，为法之不可易，初闻三大二小之说，皆不以为然。自有历以来，下讫麟德，而定朔始行，四大三小，理数自然，唐人弗克若天，而止用平朔。迨本朝至元，而常议方革。至如进朔之意，止欲避晦日月见，殊不思合朔在酉戌亥，距前日之卯十八九辰矣，若进一日，则晦不见月，此论诚然。苟合朔在辰申之间，法不当进，距前日之卯已逾十四五度，则月见于晦，庸得免乎？且月之隐见，本天道之自然，朔之进退，出入为之牵强，孰若废人用天，不复虚进，为得其实哉。至理所在，奚恤乎人言，可为知者道也。

不用积年日法

历法之作，所以步日月之躔离，候气朔之盈虚，不揆其端，无以测知天道，而与之吻合；然日月之行迟速不同，气朔之运参差不一，昔人立法，必推求往古生数之始，谓之演纪上元。当斯之际，日月五星同度，如合璧连珠然。惟其世代绵远，驯积其数至逾亿万，后人厌其布算繁多，互相推考，断截其数而增损日法，以为得改宪之术，此历代积年日法所以不能相同者也。然行之未远，浸复差失，盖天道自然，岂人为附会所能苟合哉？夫七政运行于天，进退自有常度，苟原始要终，候验周匝，则象数昭著，有不容隐者，又何必舍目前简易之法，而求亿万年宏阔之术哉？

今《授时历》以至元辛巳为元，所用之数，一本诸天，秒而分，分而刻，刻而日，皆以百为率，比之他历积年日法，推演附会，出于人为者，为得自然。

或曰："昔人谓建历之本，必先立元，元正然后定日法，法定然后度周天以定分至，然则历之有积年日法尚矣。自黄帝以来，诸历转相祖述，殆七八十家，未闻舍此而能成者。今一切削去，无乃昧于本原，而考求未得其方欤？"是殆不然。晋杜预有云："治历者，当顺天以求合，非为合以验天。"前代演积之法，不过为合验天耳。今以旧历颇疏，乃命厘正，法之不密，在所必更，奚暇踵故习哉。遂取汉以来诸历积年日法及行用年数，具列于后，仍附演积数法，以释或者之疑。

《三统历》（西汉太初元年丁丑邓平造，行一百八十八年，至东汉元和乙酉，后天七十八刻。）

积年，十一四万四千五百一十一。

日法，八十一。

《四分历》，（东汉元和二年乙酉编䜣造，行一百二十一年，至建安丙戌，后天七刻。）

积年，一万五百六十一。

日法，四。

《乾象历》（建安十一年丙戌刘洪造，行三十一年，魏景初丁巳，后天七刻。）

积年，八千四百五十二。

日法，一千四百五十七。

《景初历》（魏景初元年丁巳杨伟造，行二百六年，至宋元嘉癸未，先天五十刻。）

积年，五千八十九。

日法，四千五百五十九。

《元嘉历》（宋元嘉二十年癸未何承天造，行二十年，至大明七年癸卯，先天五十刻。）

积年，六千五百四十一。

日法，七百五十二。

《大明历》（宋大明七年癸卯宋祖冲之造，行五十八年，至魏正光辛丑，后天二十九刻。）

积年，五万二千七百五十七。

日法，三千九百三十九。

《正光历》（后魏正光二年辛丑李业兴造，行一十九年，至兴和庚申，先天十三刻。）

积年，一十六万八千五百九。

日法，七万四千九百五十二。

《兴和历》（兴和二年庚申李业兴造，行一十年，至齐天保庚午，先天九十九刻。）

积年，二十万四千七百三十七。

日法，二十万八千五百三十。

《天保历》（北齐天保元年庚午宋景业造，行一十七年，至周天和丙戌，后天一日八十七刻。）

积年，一十一万一千二百五十七。

日法，二万三千六百六十。

《天和历》（后周天和元年丙戌甄鸾造，行一十三年，至大象己亥，先天四十刻。）

积年，八十七万六千五百七。

日法，二万三千四百六十。

《大象历》（大象元年己亥马显造，行五年，至隋开皇甲辰，后天十刻。）

积年，四万二千二百五十五。

日法，一万二千九百九十二。

《开皇历》（隋开皇四年甲辰张宾造，行二十四年，至大业戊辰，后天七刻。）

积年，四百一十二万九千六百九十七。

日法，一十万二千九百六十。

《大业历》（大业四年戊辰张胄玄造，行一十一年，至唐武德己卯，后天七刻。）

积年，一百四十二万八千三百一十七。

日法，一千一百四十四。

《戊寅历》（唐武德二年己卯道士傅仁均造，行四十六年，至麟德乙丑，后天四十七刻。）

积年，一十六万五千三。

日法，一万三千六。

《麟德历》（麟德二年乙丑李淳风造，行六十三年，至开元戊辰，后天一十二刻。）

积年，二十七万四百九十七。

日法，一千三百四十。

《大衍历》（开元十六年戊辰僧一行造，行三十四年，至宝应壬寅，先天一十三刻。）

积年，九千六百九十六万二千二百九十七。

日法，三千四十。

《五纪历》（宝应元年壬寅郭献之造，行二十三年，至贞元乙丑，后天二十四刻。）

积年，二十七万四百九十七。

日法，一千三百四十。

《贞元历》（贞元元年乙丑徐承嗣造，行三十七年，至长庆壬寅，先天十五刻。）

积年，四十万三千三百九十七。

日法，一千九十五。

《宣明历》（长庆二年壬寅徐昂造，行七十一年，至景福癸丑，先天四刻。）

积年，七百七万五百九十七。

日法，八千四百。

《崇玄历》（景福二年癸丑边冈造，行十四年，后六十三年，至周显德丙辰，先天四刻。）

积年，五千三百九十四万七千六百九十七。

日法，一万三千五百。

《钦天历》（五代周显德三年丙辰王朴造，行五年，至宋建隆庚申，先天二刻。）

积年，七千二百六十九万八千七百七十七。

日法，七千二百。

《应天历》（宋建隆元年庚申王处讷造，行二十一年，至太平兴国辛巳，后天二刻。）

积年，四百八十二万五千八百七十七。

日法，一万单二。

《乾元历》（太平兴国六年辛巳吴昭素造，行二十年，至咸平辛丑，合。）

积年，三千五十四万四千二百七十七。

日法，二千九百四十。

《仪天历》（咸平四年辛丑史序造，行二十三年，至天圣甲子，合。）

积年，七十一万六千七百七十七。

日法，一万一百。

《崇天历》（天圣二年甲子宋行古造，行四十年，至治平甲辰，后天五十四刻。）

积年，九千七百五十五万六千五百九十七。

日法，一万五百九十。

《明天历》（治平元年甲辰周琮造，行一十年，至熙宁甲寅，合。）

积年，七十一万一千九百七十七。

日法，三万九千。

《奉元历》（熙宁七年甲寅卫朴造，行十八年，至元祐壬申，后天七刻。）

积年，八千三百一十八万五千二百七十七。

日法，二万三千七百。

《观天历》（元祐七年壬申皇居卿造，行一十一年，至崇宁癸未，先天六刻。）

积年，五百九十四万四千九百九十七。

日法，一万二千三十。

《占天历》（崇宁二年癸未姚舜辅造，行三年，至丙戌，后天四刻。）

积年，二千五百五十万一千九百三十七。

日法，二万八千八十。

《纪元历》(崇宁五年丙戌姚舜辅造，行二十一年，至金天会丁未，合。)

积年，二千八百六十一万三千四百六十七。

日法，七千二百九十。

《大明历》(金天会五年丁未杨级造，行五十三年，至大定庚子，合。)

积年，三亿八千三百七十六万八千六百五十七。

日法，五千二百三十。

《重修大明历》(大定二十年庚子赵知微重修，行一百一年，至元朝至元辛巳，后天一十九刻。)

积年，八千八百六十三万九千七百五十七。

日法，五千二百三十。

《统元历》(后宋绍兴五年乙卯陈得一造，行三十二年，至乾道丁亥，合。)

积年，九千四百二十五万一千七百三十七。

日法，六千九百三十。

《乾道历》(乾道三年丁亥刘孝荣造，行九年，至淳熙丙申，后天一刻。)

积年，九千一百六十四万五千九百三十七。

日法，三万。

《淳熙历》(淳熙三年丙申刘孝荣造，行一十五年，至绍熙辛亥，合。)

积年，五千二百四十二万二千七十七。

日法，五千六百四十。

《会元历》(绍熙二年辛亥刘孝荣造，行八年，至庆元己未，后天一十刻。)

积年，二千五百四十九万四千八百五十七。

日法，三万八千七百。

《统天历》(庆元五年己未杨忠辅造，行八年，至开禧丁卯，先天六刻。)

积年，三千九百一十七。

日法，一万二千。

《开禧历》(开禧三年丁卯鲍澣之造，行四十四年，至淳祐辛亥，后天七刻。)

积年，七百八十四万八千二百五十七。

日法，一万六千九百。

《淳祐历》(淳祐十年庚戌李德卿造，行一年，至壬子，合。)

积年，一亿二千二十六万七千六百七十七。

日法，三千五百三十。

《会天历》(宝祐元年癸丑谭玉造，行十八年，至咸淳辛未，后天一刻。)

积年，一千一百三十五万六千一百五十七。

日法，九千七百四十。

《成天历》(咸淳七年辛未陈鼎造，行四年，至至元辛巳，后天一刻。)

积年，七千一百七十五万八千一百五十七。

日法，七千四百二十。

此下不曾行用，见于典籍经进者二历。

《皇极历》(大业间刘焯造，阻难不行，至唐武德二年己卯，先天四十三刻。)

积年，一百万九千五百一十七。

日法，一千二百四十二。

《乙未历》(大定二十年庚子耶律履造，不曾行用，至辛巳，后天一十九刻。)

积年，四千四十五万三千一百二十六。

日法，二万六百九十。

《授时历》(元至元十八年辛巳为元。)

积年、日法不用。

实测到至元十八年辛巳岁。

气应，五十五日六百分。

闰应，二十日一千八百五十分。

经朔，三十四日八千七百五十分。

日法，二千一百九十，演纪上元己亥，距至元辛巳九千八百二十五万一千四百二十二算。

气应，五十五日六百二分。

闰应，二十日一千八百五十三分。

经朔，三十四日八千七百四十九分。

日法，八千二百七十，演纪上元甲子，距辛巳五百六十七万五百五十七算，日命甲子。

气应，五十五日五百三十三分。

闰应，二十日一千八百八分。

经朔，三十四日八千七百二十五分。

日法，六千五百七十，演纪上元甲子，距辛巳三千九百七十五万二千五百三十七算。

气应，五十五日六百三十一分。

闰应，二十日一千九百一十九分。

经朔，三十四日八千七百一十二分。

卷五十四　志第六

历　三

授时历经上

步气朔第一

至元十八年岁次辛巳为元。(上考往古，下验将来，皆距立元为算。周岁消长，百年各一，其诸应等数，随时推测，不用为元。)

日周，一万。

岁实，三百六十五万二千四百二十五分。

通余，五万二千四百二十五分。

朔实，二十九万五千三百五分九十三秒。

通闰，十万八千七百五十三分八十四秒。

岁周，三百六十五日二千四百二十五分。

朔策，二十九日五千三百五分九十三秒。

气策，十五日二千一百八十四分三十七秒半。

望策，十四日七千六百五十二分九十六秒半。

弦策，七日三千八百二十六分四十八秒少。

气应，五十五万六百分。

闰应，二十万一千八百五十分。

没限，七千八百一十五分六十二秒半。

气盈，二千一百八十四分三十七秒半。

朔虚，四千六百九十四分七秒。

旬周，六十万。

纪法，六十。

推天正冬至

置所求距算，以岁实（上推往古，每百年长一；下算将来，每百年消一。）乘之，为中积。加气应，为通积。满旬周，去之；不尽，以日周约之为日，不满为分。其日命甲子算外，即所求天正冬至日辰及分。（如上考者，以气应减中积，满旬周，去之；不尽，以减旬周。余同上。）

求次气

置天正冬至日分，以气策累加之，其日满纪法，去之，外命如前，各得次气日辰及分秒。

推天正经朔

置中积，加闰应，为闰积。满朔实，去之不尽，为闰余，以减通积，为朔积。满旬周，去之；不尽，以日周约之，为日，不满为分，即所求天正经朔日及分秒。（上考者，以闰应减中积，满朔实，去之不尽，以减朔实，为闰余。以日周约之为日，不满为分，以减冬至日及分，不及减者，加纪法减之，命如上。）

求弦望及次朔

置天正经朔日及分秒，以弦策累加之，其日满纪法，去之，各得弦望及次朔日及分秒。

推没日

置有没之气分秒，（如没限已上为有没之气。）以十五乘之，用减气策，余满气盈而一，为日，并恒气日，命为没日。

推灭日

置有灭之朔分秒，（在朔虚分已下为有灭之朔。）以三十乘之，满朔虚而一，为日，并经朔日，命为灭日。

步发敛第二

土王策，三日四百三十六分八十七秒半。

月闰，九千六十二分八十二秒。

辰法，一万。

半辰法，五千。

刻法，一千二百。

推五行用事

各以四立之节，为春木、夏火、秋金、冬水首用事日。以土王策减四季中气，各得其季土始用事日。

气候

正月

立春，正月节　东风解冻　蛰虫始振

鱼陟负冰

雨水，正月中　獭祭鱼　候雁北

草木萌动

二月

惊蛰，二月节　桃始华　仓鹒鸣

鹰化为鸠

春分，二月中　玄鸟至　雷乃发声

始电

三月

清明，三月节　桐始华　田鼠化为鴽

虹始见

谷雨，三月中　萍始生　鸣鸠拂其羽

戴胜降于桑

四月

立夏，四月节　蝼蝈鸣　蚯蚓出

王瓜生

小满，四月中　苦菜秀　靡草死

麦秋至

五月

芒种，五月节　螳螂生　鵙始鸣

反舌无声

夏至，五月中　鹿角解　蜩始鸣

半夏生

六月

小暑，六月节　温风至　蟋蟀居壁

鹰始挚

大暑，六月中　腐草为萤　土润溽暑

大雨时行

七月

立秋，七月节　凉风至　白露降

寒蝉鸣

处暑，七月中　鹰乃祭鸟　天地始肃

禾乃登

八月

白露，八月节　鸿雁来　玄鸟归

群鸟养羞

秋分，八月中　雷始收声　蛰虫坏户

水始涸

九月

寒露，九月节　鸿雁来宾　雀入大水为蛤

菊有黄华

霜降，九月中　豺乃祭兽　草木黄落

蛰虫咸俯

十月

立冬，十月节　水始冰　地始冻

雉入大水为蜃

小雪，十月中　虹藏不见　天气上升，地气下降

闭塞而成冬

十一月

大雪，十一月节　鹖鴠不鸣　虎始交

荔挺出

冬至，十一月中　蚯蚓结　麋角解

水泉动

十二月

小寒，十二月节　雁北乡　鹊始巢

雉雊

大寒，十二月中　鸡乳　征鸟厉疾

水泽腹坚

推中气去经朔

置天正闰余，以日周约之，为日，命之，得冬至去经朔。以月闰累加之，各得中气去经朔日算。（满朔策，去之，乃全置闰，然俟定朔无中气者裁之。）

推发敛加时

置所求分秒，以十二乘之，满辰法而一，为辰数；余以刻法收之，为刻；命子正算外，即所在辰刻。（如满半辰法，通作一辰，命起子初。）

步日躔第三

周天分，三百六十五万二千五百七十五分。

周天，三百六十五度二十五分七十五秒。

半周天，一百八十二度六十二分八十七秒半。

象限，九十一度三十一分四十三秒太。

岁差，一分五十秒。

周应，三百一十五万一千七十五分。

半岁周，一百八十二日六千二百一十二分半。

盈初缩末限，八十八日九千九十二分少。

缩初盈末限，九十三日七千一百二十分少。

推天正经朔弦望入盈缩历

置半岁周，以闰余日及分减之，即得天正经朔入缩历。（冬至后盈，夏至后缩。）以弦策累加之，各得弦望及次朔入盈缩历日及分秒。（满半岁周去之，即交盈缩。）

求盈缩差

视入历盈者，在盈初缩末限已下，为初限，已上，反减半岁周，余为末限；缩者，在缩初盈末限已下，为初限，已上，反减半岁周，余为末限。其盈初缩末者，置立差三十一，以初末限乘之，加平差二万四千六百，又以初末限乘之，用减定差五百一十三万三千二百，余再以初末限乘之，满亿为度，不满退除为分秒。缩初盈末者，置立差二十七，以初末限乘之，加平差二万二千一百，又以初末限乘之，用减定差四百八十七万六百，余再以初末限乘之，满亿为度，不满退除为分秒，即所求盈缩差。

又术：置入限分，以其日盈缩分乘之，万约为分，以加其下盈缩积，万约为度，不满为分秒，亦得所求盈缩差。

赤道宿度

角十二一十　亢九二十　氐十六三十　房五六十

心六五十　尾十九一十　箕十四十

右东方七宿，七十九度二十分。

斗二十五二十　牛七二十　女十一三十五　虚八九十五太

危十五四十　室十七一十　壁八六十

右北方七宿，九十三度八十分太。

奎十六六十　娄十一八十　胃十五六十　昴十一三十

毕十七四十　觜初五　参十一一十

右西方七宿，八十三度八十五分。

井三十三三十　鬼二二十　柳十三三十　星六三十

张十七二十五　翼十八七十五　轸十七三十

右南方七宿，一百八度四十分。

右赤道宿次，并依新制浑仪测定，用为常数，校天为密。若考往古，即用当时宿度为准。

推冬至赤道日度

置中积，以加周应为通积，满周天分，（上推往古，每百年消一；下算将来，每百年长一。）去之，不尽，以日周约之为度，不满，退约为分秒。命起赤道虚宿六度外，去之，至不满宿，即所求天正冬至加时日躔赤道宿度及分秒。（上考者，以周应减中积，满周天，去之；不尽，以减周天，余以日周约之为度；余同上。如当时有宿度者，止依当时宿度命之。）

求四正赤道日度

置天正冬至加时赤道日度，累加象限，满赤道宿次，去之，各得春夏秋正日所在宿度及分秒。

求四正赤道宿积度

置四正赤道宿全度，以四正赤道日度及分减之，余为距后度；以赤道宿度累加之，各得四正后赤道宿积度及分。

黄赤道率

积度 至后黄道 分后赤道	度率	积度 至后赤道 分后黄道 积差	度率 差率
初	一		一〇八六五
			八十二秒
一	一	一〇八六五	一〇八六三
		八十二秒	二分四六
二	一	二一七二八	一〇八六〇
		三分二八	四分一一
三	一	三二五八八	一〇八五七
		七分三九	五分七六
四	一	四三四四五	一〇八四九
		十三分一五	七分四一
五	一	五四二九四	一〇八四三
		二十分五六	九分〇七
六	一	六五一三七	一〇八三三
		二十九分（三六）[六三]	十分七（一）[三]
七	一	七五九七〇	一〇八二三

		四十分三六	十二分四〇
八	一	八六七九三 五十二分七六	一〇八一二 十四分〇八
九	一	九七六〇五 六十六分八四	一〇八〇一 十五分七六
十	一	十八四〇六 八十二分六〇	一〇七八六 十七分四五
十一	一	十一九一九二 一〇〇〇五	一〇七七二 十九分一六
十二	一	十二九九六四 一一九二一	一〇七五五 二十分八七
十三	一	十四〇七一九 一四〇〇八	一〇七四〇 二十二分五八
十四	一	十五一四五九 一六二六六	一〇七二〇 二十四分三〇
十五	一	十六二一七九 一(六八)[八六]九六	一〇七〇四 二十六分〇五
十六	一	十七二八八三 二一三〇[一]	一〇六八四 二十七分七九
十七	一	十八三五六七 二四〇八〇	一〇六六三 二十九分五五
十八	一	十九四二三〇 二七〇三五	一〇六四二 三十一分三(一)[〇]
十九	一	二十四八七二 三〇一六五	一〇六二二 三十三分〇七
二十	一	二十一五四九四 三三四七二	一〇五九九 三十四分八五
二十一	一	二十二六〇九三 三六九五七	一〇五七五 三十六分六三
二十二	一	二十三六六六八 四〇六二〇	一〇五五四 三十八分四二
二十三	一	二十四七二二二 四四四六二	一〇五三〇 四十分二〇
二十四	一	二十五七七五二 四八四八二	一〇五〇六 四十三分
二十五	一	二十六八二五八 五二六八二	一〇四八二 四十三分七九
二十六	一	二十七八七四〇 五七〇六一	一〇四五六 四十五分五九
二十七	一	二十八九一九六 六一六二〇	一〇四三二 四十七分三八
二十八	一	二十九九六二八 六六三五八	一〇四〇八 四十九分一七
二十九	一	三十一〇〇(六三)[三六] 七一二七五	一〇三八二 五十分九五
三十	一	三十二〇四一八 七六三七〇	一〇三五五 五十二分(三七)[七三]
三十一	一	三十三〇七七三 八一六四三	一〇三三(三)[二] 五十四分五〇
三十二	一	三十四一一〇五 八七〇九三	一〇三〇六 五十六分二六
三十三	一	三十五一四一一 九二七一九	一〇二八〇 五十八分〇一
三十四	一	三十六一六九一 九八五二〇	一〇二八〇 五十九分七四
三十五	一	三十七一九四五	一〇二二九

		十四四九四	六十一分四五
三十六	一	三十八二一七四	一〇二〇三
		十[一]〇六三九	六十三分一四
三十七	一	三十九二三七七	一〇一七七
		十一六九五三	六十四分八一
三十八	一	四十二五五四	一〇一五二
		十二三四三四	六十六分四七
三十九	一	四十一二七〇六	一〇一二六
		十三〇〇八一	六十八分〇八
四十	一	四十二二八三二	一〇一〇(一)[二]
		十三六八八九	六十九分六七
四十一	一	四十三二九三四	一〇〇七五
		十四三八五六	七十一分二四
四十二	一	四十四三〇〇九	一〇〇四九
		十五〇九八〇	七十二分七六
四十三	一	四十五三〇五八	一〇〇二七
		十五八二五六	七十四分二六
四十四	一	四十六三〇八五	一〇〇〇〇
		十六五(二)[六]八(六)[二]	七十五分(一七)[七一]
四十五	一	四十七三〇八五	九九七四
		十七三二五三	七十七分一(三)[二]
四十六	一	四十八三〇五九	九九五一
		十八〇九六五	七十八分五〇
四十七	一	四十九三〇一〇	九九二五
		十八八八一五	七十九分八四
四十八	一	五十二九三五	九九〇一
		十九六七九九	八十分一二
四十九	一	五十一二八三六	九八七六
		二十四九一一	八十二分三七
五十	一	五十二二七一二	九八五一
		二十一三一四八	八十三分五七
五十一	一	五十三二五六三	九八二七
		二十二一五〇五	八十四分七二
五十二	一	五十四二三九〇	九八〇三
		二十二九九七七	八十五分八三
五十三	一	五十五二一九三	九七八〇
		二十三八五六〇	八十六分八八
五十四	一	五十六一九七三	九七五五
		二十四七二四八	八十七分八九
五十五	一	五十七一七二八	九七三一
		二十五六〇三七	八十八分八五
五十六	一	五十八一四五九	九七〇八
		二十六四九二二	八十九分七七
五十七	一	五十九一一六七	九六八五
		二十七三八九九	九十分六三
五十八	一	六十〇八五二	九六六一
		二十八二九六二	九十一分四四
五十九	一	六十一〇五一三	九六三九
		二十九二一〇六	九十二分二二
六十	一	六十二〇一五二	九六一六
		三十一三二八	九十二分九四
六十一	一	六十二九七六八	九五九四
		三十一〇六二二	九十三分六一
六十二	一	六十三九三六二	九五(二七)[七二]
		三十一九九八三	九十四分二六
六十三	一	六十四八九(四三)[三四]	九五五一

		三十二九四〇九	九十四分(五八)[八五]
六十四	一	六十五八四八五	九五二九
		三十三八八九四	九十五分三八
六十五	一	六十六八〇一四	九五〇九
		三十四八四三二	九十五分九〇
六十六	一	六十七七五二三	九四八七
		三十五八〇二二	九十六分三八
六十七	一	六十八七〇一〇	九四七〇
		三十六七六六〇	九十六分八一
六十八	一	六十九六四八〇	九四五〇
		三十七七三四一	九十七分一九
六十九	一	七十五九三〇	九四二七
		三十八七〇六〇	九十七分五六
七十	一	七十一五三五七	九四一二
		三十九六八一六	九十七分八九
七十一	一	七十二四七六九	九三九二
		四十六六〇五	九十八分一八
七十二	一	七十三四一六一	九三八五
		四十一六四二三	九十八分四五
七十三	一	七十四三五四六	九三五三
		四十二六二六八	九十八分六八
七十四	一	七十五二八九九	九三四三
		四十三六一三六	九十八分(六)[九]
七十五	一	七十六二二四二	九三二九
		四十四六〇二七	九十九分一〇
七十六	一	七十七一五七一	九三一五
		四十五五九三七	九十九分二五
七十七	一	七十八〇八八六	九三〇四
		四十六五八六二	九十九分四〇
七十八	一	七十九〇一九〇	九二八六
		四十七五八〇二	九十九分五二
七十九	一	七十九九四七六	九二七五
		四十八五七五四	九十九分六二
八十	一	八十八七五一	九二六五
		四十九五七一六	九十九分七二
八十一	一	八十一八〇九二	九二五五
		五十五六八八	九十九分七九
八十二	一	八十二七二七一	九二四四
		五十一五六六七	九十九分八四
八十三	一	八十三六五一五	九二三八
		五十二五六五一	九十九分八九
八十四	一	八十四五七五三	九二二八
		五十三五六四〇	九十九分九三
八十五	一	八十五四九八一	九二二二
		五十四五六三三	九十九分九六
八十六	一	八十六四二〇三	九二一五
		五十五五六二九	九十九分九七
八十七	一	八十七三四一八	九二一二
		五十六五六二六	九十九分九九
八十八	一	八十八二六三〇	九二一〇
		五十七五六二五	一
八十九	一	八十九一八四〇	九二〇四
		五十八五六二五	一
九十	一	九十一〇四四	九二〇四
		五十九五六二五	一
九十一	三一	九十一〇二四八	二八七七

六十五六二五　　三一二五

九十一　　九十一三一二五

六十八七五〇

推黄道宿度

置四正后赤道宿积度，以其赤道积度减之，余以黄道率乘之，如赤道率而一；所得，以加黄道积度，为二十八宿黄道积度；以前宿黄道积度减之，为其宿黄道度及分。（其秒就近为分。）

黄道宿度

角十二八十七　　亢九五十六　　氐十六四十　　房五四十八

心六二十七　　尾十七九十五　　箕九五十九

右东方七宿，七十八度一十二分。

斗二十三四十七　　牛六九十　　女十一十二　　虚九分空太

危十五九十五　　室十八三十二　　壁九三十四

右北方七宿，九十四度一十分太。

奎十七八十七　　娄十二三十六　　胃十五八十一　　昴十一〇八

毕十六五十　　觜初〇五　　参十二十八

右西方七宿，八十三度九十五分。

井三十一〇三　　鬼二一十一　　柳十三　　星六三十一

张十七七十九　　翼二十〇九　　轸十八七十五

右南方七宿，一百九度八分。

右黄道宿度，依今历所测赤道准冬至岁差所在算定，以凭推步。若上下考验，据岁差每移一度，依术推变，各得当时宿度。

推冬至加时黄道日度

置天正冬至加时赤道日度，以其赤道积度减之，余以黄道率乘之，如赤道率而一；所得，以加黄道积度，即所求年天正冬至加时黄道日度及分秒。

求四正加时黄道日度

置所求年冬至日躔黄赤道差，与次年黄赤道差相减，余四而一，所得，加象限，为四正定象度。置冬至加时黄道日度，以四正定象度累加之，满黄道宿次，去之，各得四正定气加时黄道度及分。

求四正晨前夜半日度

置四正恒气日及分秒，（冬夏二至，盈缩之端，以恒为定。）以盈缩差命为日分，盈减缩加之，即为四正定气日及分。置日下分，以其日行度乘之，如日周而一；所得，以减四正加时黄道日度，各得四正定气晨前夜半日度及分秒。

求四正后每日晨前夜半黄道日度

以四正定气日距后正定气日为相距日，以四正定气晨前夜半日度距后正定气晨前夜半日度为相距度，累计相距日之行定度，与相距度相减；余如相距日而一，为日差；（相距度多为加，相距度少为减。）以加减四正每日行度率，为每日行定度；累加四正晨前夜半黄道日度，满宿次，去之，为每日晨前夜半黄道日度及分秒。

求每日午中黄道日度

置其日行定度，半之，以加其日晨前夜半黄道日度，得午中黄道日度及分秒。

求每日午中黄道积度

以二至加时黄道日度距所求日午中黄道日度，为二至后黄道积度及分秒。

求每日午中赤道日度

置所求日午中黄道积度，满象限，去之，余为分后；内减黄道积度，以赤道率乘之，如黄道率而一；所得，以加赤道积度及所去象限，为所求赤道积度及分秒；以二至赤道日度加而命之，即每日午中赤道日度及分秒。

黄道十二次宿度

危，十二度六十四分九十一秒。　　入娵訾之次，辰在亥。

奎，一度七十三分六十三秒。　　入降娄之次，辰在戌。

胃，三度七十四分五十六秒。　　入大梁之次，辰在酉。

毕，六度八十八分五秒。　　入实沈之次，辰在申。

井，八度三十四分九十四秒。　　入鹑首之次，辰在未。

柳，三度八十六分八十秒。　　入鹑火之次，辰在午。

张，十五度二十六分六秒。　　入鹑尾之次，辰在巳。

轸，十度七分九十七秒。　　入寿星之次，辰在辰。

氐，一度一十四分五十二秒。　　入大火之次，辰在卯。

尾，三度一分一十五秒。　　入析木之次，辰在寅。

斗，三度七十六分八十五秒。　　入星纪之次，辰在丑。

女，二度六分三十八秒。　　入玄枵之次，辰在子。

求入十二次时刻

各置入次宿度及分秒，以其日晨前夜半日度减之，余以日周乘之，为实；以其日行定度为法；实如法而一，所得，依发敛加时求之，即入次时刻。

步月离第四

转终分，二十七万五千五百四十六分。

转终，二十七日五千五百四十六分。

转中，十三日七千七百七十三分。

初限，八十四。

中限，一百六十八。

周限，三百三十六。

月平行，十三度三十六分八十七秒半。

转差，一日九千七百五十九分九十三秒。

弦策，七日三千八百二十六分四十八秒少。

上弦，九十一度三十一分四十三秒太。

望，一百八十二度六十二分八十七秒半。

下弦，二百七十三度九十四分三十一秒少。

转应，一十三万一千九百四分。

推天正经朔入转

置中积，加转应，减闰余，满转终分，去之，不尽，以日周约之为日，不满为分，即天正经朔入转日及分。（上考者，中积内加所求闰余，减转应，满转终，去之，不尽，以减转终，余同上。）

求弦望及次朔入转

置天正经朔入转日及分，以弦策累加之，满转终，去之，即弦望及次朔入转日及分秒。（如径求次朔，以转差加之。）

求经朔弦望入迟疾历

各视入转日及分秒，在转中已下，为疾历；已上，减去转中，为迟历。

迟疾转定及积度

入转日	初末限 转定度	迟疾度 转积度
初	初	疾初
	十四$^{六七}_{六四}$	初
一	一十二二十	疾一$^{三〇}_{七七}$
	十四$^{五五}_{七三}$	十四$^{六七}_{六四}$
二	二十四四十	疾二$^{四九}_{六三}$
	十四$^{四〇}_{二九}$	二十九$^{二三}_{三七}$
三	三十六六十	疾三$^{五三}_{〇五}$
	十四$^{二一}_{三〇}$	四十三$^{六三}_{六六}$
四	四十八八十	疾四$^{三七}_{四八}$
	十三$^{九八}_{七七}$	五十七$^{八四}_{九六}$
五	六十一	疾四$^{九九}_{三八}$
	十三$^{七二}_{七一}$	七十一$^{八三}_{七三}$
六	七十三二十	疾五$^{三五}_{二二}$
	十三$^{四四}_{四六}$	八十五$^{五六}_{四四}$
七	末八十二六十	疾五$^{四二}_{八一}$
	十三$^{二三}_{五三}$	九十九$^{〇〇}_{九〇}$
八	七十四十	疾五$^{二九}_{四七}$
	十二$^{九四}_{七五}$	一百一十二$^{二四}_{四三}$
九	五十八二十	疾四$^{八七}_{三五}$
	十二$^{六九}_{四八}$	一百二十五$^{一九}_{一八}$
十	四十六	疾四$^{一九}_{九六}$
	十二$^{四七}_{七七}$	一百三十七$^{八八}_{六六}$
十一	三十三八十	疾三$^{三〇}_{八六}$
	十二$^{二九}_{六〇}$	一百五十$^{三六}_{四三}$
十二	二十一六十	疾二$^{二三}_{五九}$
	十二$^{一四}_{九六}$	一百六十二$^{六六}_{〇三}$
十三	九四十	疾一$^{〇一}_{六八}$
	十二$^{〇四}_{六二}$	一百七十四$^{八〇}_{九九}$
十四	初二八十	迟初$\left[^{三〇}_{八八}\right]$
	十二$^{〇八}_{五二}$	一百八十六$^{八五}_{六一}$
十五	一十五	迟一$^{五九}_{二三}$
	十二$^{二一}_{二二}$	一百九十八$^{九四}_{一三}$
十六	二十七二十	迟二$^{七四}_{八八}$
	十二$^{三七}_{五二}$	二百一十五$^{一五}_{三五}$
十七	三十九四十	迟三$^{七四}_{二二}$
	十二$^{五七}_{三〇}$	二百二十三$^{五二}_{八七}$
十八	五十一六十	迟四$^{五三}_{八〇}$
	十二$^{八〇}_{六(二)[三]}$	二百三十六$^{一〇}_{一七}$
十九	六十三八十	迟五$^{一〇}_{〇四}$
	十三$^{〇七}_{五三}$	二百四十八$^{九〇}_{八〇}$
二十	七十六	迟五$^{三九}_{三八}$

	十三三三/七七	二百六十一九八/三三
二十一	末七十九八十	迟五四二/四八
	十三五七/一二	二百七十五三二/一〇
二十二	六十七六十	迟五二二/二三
	十三八五/一一	二百八十八八九/二二
二十三	五十五四十	迟四七三/九九
	十四〇九/五五	三百二七四/三三
二十四	四十三二十	迟四〇一/三一
	十四三〇/四六	三百一十六八三/八八
二十五	三十一	迟三〇七/七二
	十四四七/八二	三百三十一一四/三四
二十六	一十八八十	迟一九六/七七
	十四六一/六三	三百四十五六二/一六
二十七	六六十	迟七二/〇一
	十四七一/五四	三百六十二三/七九

求迟疾差

置迟疾历日及分，以十二限二十分乘之，在初限已下为初限，已上覆减中限，余为末限。置立差三百二十五，以初末限乘之，加平差二万八千一百，又以初末限乘之，用减定差一千一百一十一万，余再以初末限乘之，满亿为度，不满退除为分秒，即迟疾差。

又术：置迟疾历日及分，以迟疾历日率减之，余以其下损益分乘之，如八百二十而一，益加损减其下迟疾度，亦为所求迟疾差。

求朔弦望定日

以经朔弦望盈缩差与迟疾差，同名相从，异名相消，（盈迟缩疾为同名，盈疾缩迟为异名。）以八百二十乘之，以所入迟疾限下行度除之，即为加减差，（盈迟为加，缩疾为减。）以加减经朔弦望日及分，即定朔弦望日及分。若定弦望分在日出分已下者，退一日，其日命甲子算外，各得定朔弦望日辰。定朔干名与后朔干同者，其月大；不同者，其月小；内无中气者，为闰月。

推定朔弦望加时日月宿度

置经朔弦望入盈缩历日及分，以加减差加减之，为定朔弦望入历，在盈，便为中积，在缩，加半岁周，为中积；命日为度，以盈缩差盈加缩减之，为加时定积度；以冬至加时日躔黄道宿度加而命之，各得定朔弦望加时日度。

凡合朔加时，日月同度，便为定朔加时月度，其弦望各以弦望度加定积，为定弦望月行定积度，依上加而命之，各得定弦望加时黄道月度。

推定朔弦望加时赤道月度

各置定朔弦望加时黄道月行定积度，满象限，去之，以其黄道积度减之，余以赤道率乘之，如黄道率而一，用加其下赤道积度及所去象限，各为赤道加时定积度；以冬至加时赤道日度加而命之，各为定朔弦望加时赤道月度及分秒。（象限已下及半周，去之，为至后；满象限及三象，去之，为分后。）

推朔后平交入转迟疾历

置交终日及分，内减经朔入交日及分，为朔后平交日；以加经朔入转，为朔后平交入转；在转中已下，为疾历；已上，去之，为迟历。

求正交日辰

置经朔，加朔后平交日，以迟疾历依前求到迟疾差，迟加疾减之，为正交日及分，其日命甲子算外，即正交日辰。

推正交加时黄道月度

置朔后平交日，以月平行度乘之，为距后度；以加经朔中积，为冬至距正交定积度；以冬至日躔黄道宿度加而命之，为正交加时月离黄道宿度及分秒。

求正交在二至后初末限

置冬至距正交积度及分，在半岁周已下，为冬至后；已上，去之，为夏至后。其二至后，在象限已下，为初限，已上，减去半岁周，为末限。

求定差距差定限度

置初末限度，以十四度六十六分乘之，如象限而一，为定差；反减十四度六十六分，余为距差。以二十四乘定差，如十四度六十六分而一；所得，交在冬至后名减，夏至后名加，皆加减九十八度，为定限度及分秒。

求四正赤道宿度

置冬至加时赤道度，命为冬至正度；以象限累加之，各得春分、夏至、秋分正积度；各命赤道宿次去之，为四正赤道宿度及分秒。

求月离赤道正交宿度

以距差加减春秋二正赤道宿度，为月离赤道正交宿度及分秒。（冬至后，初阴限加，末限减，视春正；夏至后，初限减，末限加，视秋正）

求正交后赤道宿积度入初末限

各置春秋二正赤道所当宿全度及分，以月离赤道正交宿度及分减之，余为正交后积度；以赤道宿次累加之，满象限去之，为半交后；又去之，为中交后；再去之，为半交后；视各交积度在半象已下，为初限；已上，用减象限，余为末限。

求月离赤道正交后半交白道（旧名九道）出入赤道内外度及定差

置各交定差度及分，以二十五乘之，如六十一而一；所得，视月离黄道正交在冬至后宿度为减，夏至后宿度为加，皆加减二十三度九十分，为月离赤道后半交白道出入赤道内外度及分；以周天六之一，六十度八十七分六十二秒半，除之，为定差。（月离赤道正交后为外，中交后为内。）

求月离出入赤道内外白道去极度

置每日月离赤道交后初末限，用减象限，余为白道积；用其积度减之，余以其差率乘之；所得，百约之，以加其下积差，为每日积差；用减周天六之一，余以定差乘之，为每日月离赤道内外度；内减外加象限，为每日月离白道去极度及分秒。

求每交月离白道积度及宿次

置定限度，与初末限相减相乘，退位为分，为定差；（正交、中交后为加，半交后为减。）以差加减正交后赤道积度，为月离白道定积度；以前宿白道定积度减之，各得月离白道宿次及分。

推定朔弦望加时月离白道宿度

各以月离赤道正交宿度距所求定朔弦望加时月离赤道宿度，为正交后积度；满象限，去之，为半交后；又去之，为中交后；再去之，为半交后；视交后积度在半象已下，为初限；已上，用减象限，为末限；以初末限与定限度相减相乘，退位为分，分满百为度，为定差；（正交中交后为加，半交后为减。）以差加减月离赤道正交后积度，为定积度，以正交宿度加之，以其所当月离白道宿次去之，各得定朔弦望加时月离白道宿度及分秒。

求定朔弦望加时及夜半晨昏入转

置经朔弦望入转日及分，以定朔弦望加减差加减之，为定朔弦望加时入转；以定朔弦望日下分减之，为夜半入转；以晨分加之，为晨转；昏分加之，为昏转。

求夜半月度

置定朔弦望日下分，以其入转日转定度乘之，万约为加时转度，以减加时定积度，余为夜半定积度；依前加而命之，各得夜半月离宿度及分秒。

求晨昏月度

置其日晨昏分，以夜半入转日转定度乘之，万约为晨昏转度；各加夜半定积度，为晨昏定积度；加命如前，各得晨昏月离宿度及分秒。

求每日晨昏月离白道宿次

累计相距日数转定度，为转积度；与定朔弦望晨昏宿次前后相距度相减，余以相距日数除之，为日差；（距度多为加，距度少为减。）以加减每日转定度，为行定度；以累加定朔弦望晨昏月度，加命如前，即每日晨昏月离白道宿次。（朔后用晨，望后用昏，朔望晨昏俱用。）

卷五十五　　志第七

历　四

授时历经下

步中星第五

大都北极，出地四十度太强。

冬至，去极一百一十五度二十一分七十三秒。

夏至，去极六十七度四十一分一十三秒。

冬至昼，夏至夜，三千八百一十五分九十二秒。

夏至昼，冬至夜，六千一百八十四分八秒。

昏明，二百五十分。

黄道出入赤道内外去极度及半昼夜分

黄道积度	内外度	内外差	冬至前后去极	夏至前后去极
	冬昼夏夜	夏昼冬夜	昼夜差	
初	二十三 九0 三0	三三	一百一十五度(三)[二]一 七三	六十七度 四一 一三
	一千九百 0七 九六	三千 九二 0四	0九	
一	二十三 八九 九七	九九	一百一十五 二一 四0	六十七 四一 四六
	一千九百 0八 0五	三千 九一 九五	二九	
二	二十三 八八 九八	一分 六六	一百一十五 二0 四一	六十七 四二 四五
	一千九百 0八 三四	三千 九一 六六	四七	
三	二十三 八七 三二	二分 三一	一百一十五 一八 七五	六十七 四四 一一
	一千九百 0八 八一	三千 九一 一九	六六	
四	二十三 八五 0一	二分 九九	一百一十五 一六 四四	六十七 四六 四二
	一千九百 0九 四七	三千 九0 五三	八五	

五	二十三	三分	一百一十五	六十七
	八二	六五	一三	四九
	0二		四五	四一
	一千九百	三千0	一分0四	
	一0	八九		
	三二	六八		
六	二十三	四分	一百一十五	六十七
	七八	三二	0九	五三
	三七		八0	0六
	一千九百	三千0	一分二二	
	一一	八八		
	三六	六四		
七	二十三	四分	一百一十五	六十七
	七四	九八	0五	五七
	0五		四八	三八
	一千九百	三千0	一分四二	
	一二	八七		
	五八	四二		
八	二十三	五分	一百一十五	六十七
	六九	六五	00	六二
	0七		五0	三六
	一千九百	三千0	一分六一	
	一四	八六		
	00	00		
九	二十三	六分	一百一十四	六十七
	六三	三六	九四	六八
	(二四)		八(一)[五]	0(五)[一]
	[四二]			
	一千九百	三千0	一分七九	
	一五	八四		
	六(七)[一]	三九		
十	二十三	七分	一百一十四	六十七
	五七	0二	八八	七四
	0六		四九	三七
	一千九百	三千0	一分九九	
	一(四)七	八二		
	[四]0	六0		
十一	二十三	七分	一百一十四	六十七
	五0	六九	八一	八一
	0四		四七	三九
	一千九百	三千0	二分一八	
	一九	八0		
	三九	六一		
十二	二十三	八分	一百一十四	六十七
	四二	三九	七三	八九
	三五		七八	0八
	一千九百	三千0	二分三七	
	二一	七八		
	五七	四三		
十三	二十三	九分	一百一十四	六十七
	三三	0八	六五	九(四)
	九六		三九	[七]
				四七
	一千九百	三千0	二分五六	
	二三	七六		
	九四	0六		
十四	二十三	九分	一百一十四	六十八
	二四	七五	五六	0六
	八八		三一	五五
	一千九百	三千0	二分七四	
	二六	七三		
	五0	五0		
十五	二十三	十分	一百一十四	六十八
	一五	四七	四六	一六
	一三		五六	三0
	一千九百	三千0	二分九四	
	二九	七0		
	二四	七六		
十六	二十三	十一分	一百一十四	六十八
	0四	一四	三六	二六
	六六		0九	七七
	一千九百	三千0	三分一四	
	三二	六七		
	一八	八二		
十七	二十二	十一分	一百一十四	六十八
	九三	八五	二四	三七
	五二		九五	九一
	一千九百	三千0	三分三0	
	三五	六四		
	三二	六八		
十八	二十二	十二分	一百一十四	六十八
	八一	五四	一三	四九
	六七		一0	七六
	一千九百	三千0	三分五一	
	三八	六一		
	六二	三八		
十九	二十二	十三分	一百一十四	六十八
	六九	二五	00	六二
	一三		五六	三0
	一千九百	三千0	三分六九	
	四二	五七		
	一(二)	八七		
	[三]			
二十	二十二	十三分	一百一十三	六十八
	五五	九五	八七	七五
	八八		三一	五五
	一千九百	三千0	三分八八	
	四五	五四		
	八二	一八		
二十一	二十二	十四分	一百一十三	六十八
	四一	六六	七三	八九
	(五)[九]		三六	五0
	三			
	一千九百	三千0	四分0七	
	四九	五0		
	七0	三0		

二十二	二十二	十五分	一百一十三	六十九
	二七	三七	五八	0四
	二七		七0	一六
	一千九百	三千0	四分二六	
	五三	四六		
	七七	二三		
二十三	二十二	十六分	一百一十三	六十九
	一一	0六	四三	一九
	九0		三三	五三
	一千九百	三千0	四分四三	
	五八	四一		
	0三	九七		
二十四	二十一	十六分	一百一十三	六十九
	九五	七八	二七	三五
	八四		二七	五九
	一千九百	三千0	四分六二	
	六二	三七		
	四六	五四		
二十五	二十一	十七分	一百一十三	六十九
	七九	四七	一0	五二
	0六		四九	三七
	一千九百	三千	四分八0	
	六七	三二		
	0八	九二		
二十六	二十一	十八分	一百一十二	六十九
	六一	二0	九三	六九
	五九		0二	八四
	一千九百	三千	四分九八	
	七一	二八		
	八八	一二		
二十七	二十一	十八分	一百一十二	六十九
	四三	九0	七四	八八
	三九		八二	0四
	一千九百	三千	五分一六	
	七六	二三		
	八六	一四		
二十八	二十一	十九分	一百一十二	七十
	二四	六0	五五	0六
	四九		九二	九四
	一千九百	三千	五分三五	
	八二	一七		
	0二	九八		
二十九	二十一	二十分	一百一十二	七十
	0四	二七	三六	二六
	八九		三二	五四
	一千九百	三千	五分四九	
	八七	一二		
	三七	六三		
三十	二十	二十分	一百一十二	七十
	八四	九九	一六	四六
	六二		0五	八一
	一千九百	三千	五分六七	
	九二	0七		
	八六	一四		
三十一	二十	二十一分	一百一十一	七十
	六三	六八	九五	六七
	六三		0六	八0
	一千九百	三千	五分八五	
	九八	0一		
	五三	四七		
三十二	二十	二十二分	一百一十一	七十
	四一	三五	七三	八九
	九五		三八	四八
	二千	二千九百	六分0一	
	0四	九五		
	三八	六二		
三十三	二十	二十三分	一百一十一	七十一
	一九	0三	五一	一一
	六0		0三	八三
	二千	二千九百	六分一六	
	一0	八九		
	三九	六一		
三十四	十九	二十三分	一百一十一	七十一
	九六	七一	二八	三四
	五七		00	八六
	二千	二千九百	六分三三	
	一六	八三		
	五五	四五		
三十五	十九	二十四分	一百一十一	七十一
	七二	三七	0四	五八
	八六		二九	五七
	二千	二千九百	六分四八	
	二二	七七		
	八八	一二		
三十六	十九	二十五分	一百一十	七十一
	四八	0三	七九	八二
	四九		九二	九四
	二千	二千九百	六分六三	
	二九	七0		
	三六	六四		
三十七	十九	二十五分	一百一十	七十二
	二三	六六	五四	0七
	四六		八九	九七
	二千0	二千九百	六分七八	
	三五	六四		
	九九	0一		
三十八	十八	二十六分	一百一十	七十二
	九七	三一	二九	三三
	八0		二三	六三
	二千0	二千九百	六分九二	
	四二	五七		
	七七	二三		
三十九	十八	二十六分	一百一十	七十二
	七一	九三	0二	五九
	四九		九二	九四
	二千0	二千九百	七分0五	
	四九	五0		
	六九	三一		

四十	十八	二十七分	一百0九	七十二
	四四	五二	七五	八六
	五六		九九	八七
	二千0	二千九百	七分一九	
	五六	四三		
	七四	二六		
四十一	十八	二十八分	一百0九	七十三
	一七	一四	四八	一四
	0四		四七	三九
	二千0	二千九百	七分三二	
	六三	三六		
	九三	0七		
四十二	十七	二十八分	一百0九	七十三
	八八	七二	二0	四二
	九0		三三	五三
	二千0	二千九百	七分四四	
	七一	二八		
	二五	七五		
四十三	十七	二十九分	一百0八	七十三
	六0	二九	九一	七一
	一八		六一	二五
	二千0	二千九百	七分五六	
	七八	二一		
	六九	三一		
四十四	十七	二十九分	一百0八	七十四
	三0	八四	六二	00
	八九		三二	五八
	二千0	二千九百	七分六八	
	八六	一三		
	二五	七五		
四十五	十七	三十分	一百0八	七十四
	0一	三八	三二	三0
	0五		四八	三八
	二千0	二千九百	七分七八	
	九三	0六		
	九三	0七		
四十六	十六	三十分	一百0八	七十四
	七0	九0	0二	六0
	六七		一0	六七
	二千一百	二千八百	七分八九	
	0一	九八		
	七一	二九		
四十七	十六	三十一分	一百0七	七十四
	三九	四一	七一	九一
	七七		二0	六六
	二千一百	二千八百	七分九八	
	0九	九0		
	六0	四0		
四十八	十六	三十一分	一百0七	七十五
	0八	九一	三九	二三
	三六		七九	0七
	二千一百	二千八百	八分0八	
	一七	八二		
	五八	四二		

四十九	十五	三十二分	一百0七	七十五
	七六	三六	0七	五四
	四五		八八	九八
	二千一百	二千八百	八分一七	
	二五	七四		
	六六	三四		
五十	十五	三十二分	一百0六	七十五
	四四	八五	七五	八七
	0九		五二	三四
	二千一百	二千八百	八分二六	
	三三	六六		
	八三	一七		
五十一	十五	三十三分	一百0六	七十六
	一一	二六	四二	二0
	二四		六七	一九
	二千一百	二千八百	八分三二	
	四二	五七		
	0九	九一		
五十二	十四	三十三分	一百0六	七十六
	七七	六四	0九	五三
	九八		四一	四五
	二千一百	二千八百	八分四0	
	五0	四九		
	四一	五九		
五十三	十四	三十四分	一百0五	七十六
	四四	0七	七五	八七
	三四		七七	0九
	二千一百	二千八百	八分四六	
	五八	四一		
	八一	一九		
五十四	十四	三十四分	一百0五	七十七
	一0	四五	四一	二一
	二七		七0	一六
	二千一百	二千八百	八分五四	
	六七	三二		
	二七	七三		
五十五	十三	三十四分	一百0五	七十七
	七五	八一	0七	五五
	八二		二五	六一
	二千一百	二千八百	八分五九	
	七五	二四		
	八一	一九		
五十六	十三	三十五分	一百0四	七十七
	四一	一五	七二	九0
	0一		四四	四二
	二千一百	二千八百	八分六四	
	八四	一五		
	四0	六0		
五十七	十三	三十五分	一百0四	七十八
	0五	四七	三七	二五
	八六		二九	五七
	二千一百	二千八百	八分六九	
	九三	0六		
	0四	九六		

五十八	十二 七0 三九	三十五分 七八	一百0四 0一 八二	七十八 六一 0四
	二千二百 0一 七三	二千七百 九八 二七	八分七五	
五十九	十二 三四 六一	三十六分 0七	一百0三 六六 0四	七十八 九六 八(一) [二]
	二千二百 一0 四八	二千七百 八九 五二	八分七八	
六十	十一 九八 五四	三十六分 三三	一百0三 二九 九七	七十九 三二 八九
	二千二百 一九 二六	二千七百 八0 七四	八分八一	
六十一	十一 六二 二一	三十六分 五九	一百0二 九三 六四	七十九 六九 二二
	二千二百 二八 0七	二千七百 七一 九三	八分八四	
六十二	十一 二五 六二	三十六分 八三	一百0二 五七 0五	八十0 0(六) [五] [八]一 (五)
	二千二百 三六 九一	二千七百 六三 0九	八分八九	
六十三	十 八八 七九	三十七分 0五	一百0二 二0 二二	八十0 四二 六四
	二千二百 四五 八0	二千七百 (四五) [五四] 二0	八分九0	
六十四	十 五一 七四	三十七分 二四	一百0一 八三 一七	八十0 七九 六九
	二千二百 (四五) [五四] 七0	二千七百 四五 三0	八分九二	
六十五	十 一四 五0	三十七分 四四	一百0一 四五 九三	八十一 一(九) [六] 九三
	二千二百 六三 六二	二千七百 三六 三八	八分九四	
六十六	九 七七 0六	三十七分 六一	一百0一 0八 四九	八十一 五四 三七
	二千二百 七二 五六	二千七百 二七 四四	八分九七	
六十七	九 三九 四五	三十七分 七六	一百00 七0 八八	八十一 九一 九八
	二千二百 八一 五三	二千七百 一八 四七	八分九七	
六十八	九 0一 六九	三十七分 九一	一百00 三三 一二	八十二 二九 七四
	二千二百 九0 五0	二千七百 0九 五0	八分九八	
六十九	八 六三 七八	三十八分 0七	九十九 九五 二一	八十二 六七 六五
	二千二百 九九 四(七) [八]	二千七百 00 五二	九分00	
七十	八 二五 七一	三十八分 一七	九十九 五七 一四	八十三 0五 七二
	二千三百 0八 四八	二千六百 九一 五二	九分00	
七十一	七 八七 五四	三十八分 二八	九十九 一八 九七	八十三 四三 八九
	二千三百 一七 四八	二千六百 八二 五二	九分0一	
七十二	七 四九 二六	三十八分 三八	九十八 八0 六九	八十三 八二 一七
	二千三百 二六 四九	二千六百 七三 五一	九分0一	
七十三	七 一0 八八	三十八分 四七	九十八 四二 三一	八十四 二0 五五
	二千三百 (二) [三]五 五0	二千六百 六四 五0	九分0一	
七十四	六 七二 四一	三十八分 五四	九十八 0三 八四	八十四 五九 0二

	二千三百	二千六百	九分0一	
	四四	五五		
	五一	四九		
七十五	六	三十八分	九十七	八十四
	三三	六二	六五	九七
	八七		三0	五六
	二千三百	二千六百	九分0一	
	五三	四六		
	五二	四八		
七十六	五	三十八分	九十七	八十五
	九五	六七	二六	三六
	二五		六八	一八
	二千三百	二千六百	九分0一	
	六二	三七		
	五三	四七		
七十七	五	三十八分	九十[六]	八十五
	五六	七三	八八	七四
	五八		0一	八五
	二千三百	二千六百	九分00	
	七一	二八		
	五四	四六		
七十八	五	三十八分	九十六	八十六
	一七	七七	四九	一三
	八五		二八	五八
	二千三百	二千六百	九分00	
	八0	一九		
	五四	四六		
七十九	四	三十八分	九十六	八十六
	七九	八一	一0	五二
	0八		五一	三五
	二千三百	二千六百	九分00	
	八九	一0		
	五四	四六		
八十	四	三十八分	九十五	八十六
	四0	八五	七一	九一
	二七		七0	一六
	二千三百	二千六百	九分00	
	九八	一0		
	五四	四六		
八十一	四	三十八分	九十五	八十七
	0一	八八	三二	三0
	四二		八五	0一
	二千四百	二千五百	九分00	
	0七	九二		
	五四	四六		
八十二	三	三十八分	九十四	八十七
	六二	八九	九(四)	六八
	五四		[三]	(二二)
			(六四)	[八九]
			[九七]	
	二千四百	二千五百	八分九七	
	一六	八三		
	五四	四六		
八十三	三	三十八分	九十四	八十八
	二三	九0	五五	0七
	六五		0(九)	七(七)
			[八]	[八]
	二千四百	二千五百	八分九七	
	二五	七四		
	五一	四九		
八十四	二	三十八分	九十四	八十八
	八四	九二	一六	四六
	七五		一八	六八
	二千四百	二千五百	八分九七	
	三四	六五		
	四八	五二		
八十五	二	三十八分	九十三	八十八
	四五	九三	七七	(六)
	八三		二六	[八]五
				六0
	二千四百	二千五百	八分九七	
	四三	五六		
	四五	五五		
八十六	二	三十八分	九十三	八十九
	0六	九四	三八	二四
	九0		三三	五三
	二千四百	二千五百	八分九六	
	五二	四七		
	四二	五八		
八十七	一	三十八分	九十二	八十九
	六七	九四	九九	六三
	九六		三九	四七
	二千四百	二千五百	八分九六	
	六一	三八		
	三八	六二		
八十八	一	三十八分	九十二	九十0
	二九	九五	六0	0二
	0二		四五	四一
	二千四百	二千五百	八分九六	
	七0	二九		
	三四	六六		
八十九	九0	三十八分	九十二	九十0
	0七	九五	二一	四一
			五0	三六
	二千四百	二千五百	八分九六	
	七九	二0		
	三0	七0		
九十	五一	三十八分	九十一	九十0
	一二	九五	八二	八0
			五五	三一
	二千四百	二千五百	八分九五	
	八八	一一		
	二六	七四		
九十一	一二	一十二分	九十一	九十一
	一七	一七	四三	一九
			六0	二六

	二千四百九七二一	二千五百0二七九	二分七九	
九十一三一	空	空	九十一三一四三	九十一三一四三
	二千五百	二千五百	空	

求每日黄道出入赤道内外去极度

置所求日晨前夜半黄道积度，满半岁周，去之，在象限已下，为初限；已上，复减半岁周，余为入末限；满积度，去之，余以其段内外差乘之，百约之，所得，用减内外度，为出入赤道内外度；内减外加象限，即所求去极度及分秒。

求每日半昼夜及日出入晨昏分

置所求入初末限，满积度，去之，余以昼夜差乘之，百约之，所得，加减其段半昼夜分，为所求日半昼夜分；（前多后少为减，前少后多为加。）以半夜分便为日出分，用减日周，余为日入分；以昏明分减日出分，余为晨分；加日入分，为昏分。

求昼夜刻及日出入辰刻

置半夜分，倍之，百约，为夜刻；以减百刻，余为昼刻；以日出入分依发敛求之，即得所求辰刻。

求更点率

置晨分，倍之，五约，为更率；又五约更率，为点率。

求更点所在辰刻

置所求更点数，以更点率乘之，加其日昏分，依发敛求之，即得所求辰刻。

求距中度及更差度

置半日周，以其日晨分减之，余为距中分；以三百六十六度二十五分七十五秒乘之，如日周而一，所得，为距中度；用减一百八十三度一十二分八十七秒半，倍之，五除，为更差度及分。

求昏明五更中星

置距中度，以其日午中赤道日度加而命之，即昏中星所临宿次，命为初更中星；以更差度累加之，满赤道宿次去之，为逐更及晓中星宿度及分秒。其九服所在昼夜刻分及中星诸率，并准随处北极出地度数推之。（已上诸率，与晷漏所推自相符契。）

求九服所在漏刻

各于所在以仪测验，或下水漏，以定其处冬至或夏至夜刻，与五十刻相减，余为至差刻。置所求日黄道，去赤道内外度及分，以至差刻乘之，进一位，如二百三十九而一，所得内减外加五十刻，即所求夜刻；以减百刻，余为昼刻。（其日出入辰刻及更点等率，依术求之。）

步交会第六

交终分，二十七万二千一百二十二分二十四秒。

交终，二十七日二千一百二十二分二十四秒。

交中，十三日六千六十一分一十二秒。

交差，二日三千一百八十三分六十九秒。

交望，十四日七千六百五十二分九十六秒半。

交应，二十六万一百八十七分八十六秒。

交终，三百六十三度七十九分三十四秒。

交中，一百八十一度八十九分六十七秒。

正交，三百五十七度六十四分。

中交，一百八十八度五分。

日食阳历限，六度。　　定法，六十。

阴历限，八度。　　定法，八十。

月食限，十三度五分。　　定法，八十七。

推天正经朔入交

置中积，加交应，减闰余，满交终分，去之；不尽，以日周约之为日，不满为分秒，即天正经朔入交泛日及分秒。（上考者，中积内加所求闰余，减交应，满交终去之，不尽，以减交终，余如上。）

求次朔望入交

置天正经朔入交泛日及分秒，以交望累加之，满交终日，去之，即为次朔望入交泛日及分秒。

求定朔望及每日夜半入交

各置入交泛日及分秒，减去经朔望小余，即为定朔望夜半入交。若定日有增损者，亦如之。否则因经为定，大月加二日，小月加一日，余皆加七千八百七十七分七十六秒，即次朔夜半入交；累加一日，满交终日，去之，即每日夜半入交泛日及分秒。

求定朔望加时入交

置经朔望入交泛日及分秒，以定朔望加减差加减之，即定朔望加时入交日及分秒。

求交常交定度

置经朔望入交泛日及分秒，以月平行度乘之，为交常度；以盈缩差盈加缩减之，为交定度。

求日月食甚定分

日食：视定朔分在半日周已下，去减半周，为中前；已上，减去半周，为中后；与半周相减、相乘，退二位，如九十六而一，为时差；中前以减，中后以加，皆加减定朔分，为食甚定分；以中前后分各加时差，为距午定分。

月食：视定望分在日周四分之一已下，为卯前；已上，覆减半周，为卯后；在四分之三已下，减去半周，为酉前；已上，覆减日周，为酉后。以卯酉前后分自乘，退二位，如四百七十八而一，为时差；子前以减，子后以加，皆加减定望分，为食甚定分；各依发敛求之，即食甚辰刻。

求日月食甚入盈缩历及日行定度

置经朔望入盈缩历日及分，以食甚日及定分加之，以经朔望日及分减之，即为食甚入盈缩历；依日躔术求盈缩差，盈加缩减之，为食甚入盈缩历定度。

求南北差

视日食甚入盈缩历定度，在象限已下，为初限；已上，用减半岁周，为末限；以初末限度自相乘，如一千八百七十而一，为度，不满，退除为分秒；用减四度四十六分，余为南北泛差；以距午定分乘之，以半昼分除之，所得，以减泛差，为定差。（泛差不及减者，反减之为定差，应加者减之，应减者加之。）在盈初缩末者，交前阴历减，阳历加，交后阴历加，阳历减；在缩初盈末者，交前阴历加，阳历减，交后阴历减，阳历加。

求东西差

视日食甚入盈缩历定度，与半岁周相减相乘，如一千八百七十而一，为度，不满，退除为分秒，为东西泛差；以距午定分乘之，以日周四分之一除之，为定差。（若在泛差已上者，倍泛差减之，余为定差，依其加减。）在盈中前者，交前阴历减，阳历加；交后阴历加，阳历减；中后者，交前阴历加，阳历减；交后阴历减，阳历加。在缩中前者，交前阴历加，阳历减；交后阴历减，阳历加；中后者，交前阴历减，阳历加；交后阴历加，阳历减。

求日食正交中交限度

置正交、中交度，以南北东西差加减之，为正交、中交限度及分秒。

求日食入阴阳历去交前后度

视交定度，在中交限已下，以减中交限，为阳历交前度；已上，减去中交限，为阴历交后度；在正交限已下，以减正交限，为阴历交前度；已上，减去正交限，为阳历交后度。

求月食入阴阳历去交前后度

视交定度，在交中度已下，为阳历；已上，减去交中，为阴历。视入阴阳历，在后准十五度半已下，为交后度；前准一百六十六度三十九分六十八秒已上，覆减交中，余为交前度及分。

求日食分秒

视去交前后度，各减阴阳历食限，（不及减者不食。）余如定法而一，各为日食之分秒。

求月食分秒

视去交前后度，（不用南北东西差者。用减食限，不及减者不食。）余如定法而一，为月食之分秒。

求日食定用及三限辰刻

置日食分秒，与二十分相减、相乘，平方开之，所得，以五千七百四十乘之，如入定限行度而一，为定用分；以减食甚定分，为初亏；加食甚定分，为复圆；依发敛求之，为日食三限辰刻。

求月食定用及三限五限辰刻

置月食分秒，与三十分相减、相乘，平方开之；所得，以五千七百四十乘之，如入定限行度而一，为定用分；以减食甚定分，为初亏；加食甚定分，为复圆；依发敛求之，即月食三限辰刻。

月食既者，以既内分与一十分相减、相乘，平方开之，所得，以五千七百四十乘之，如入定限行度而一，为既内分；用减定用分，为既外分；以定用分减食甚定分，为初亏；加既外，为食既；又加既内，为食甚；再加既内，为生光；复加既外，为复圆；依发敛求之，即月食五限辰刻。

求月食入更点

置食甚所入日晨分，倍之，五约，为更法；又五约更法，为点法。乃置初末诸分，昏分已上，减去昏分，晨分已下，加晨分，以更法除之，为更数；不满，以点法收之，为点数；其更点数，命初更初点算外，各得所入更点。

求日食所起

食在阳历，初起西南，甚于正南，复于东南；食在阴历，初起西北，甚于正北，复于东北；食八分已上，初起正西，复于正东。（此据午地而论之。）

求月食所起

食在阳历，初起东北，甚于正北，复于西北；食在阴历，初起东南，甚于正南，复于西南；食八分已上，初起正东，复于正西。（此亦据午地而论之。）

求日月出入带食所见分数

视其日日出入分，在初亏已上、食甚已下者，为带食。各以食甚分与日出入分相减，余为带食差；以乘所食之分，满定用分而一，（如月食既者，以既内分减带食差，余进一位，如既外分而一，所得，以减既分，即月带食出入所见之分；不及减者，为带食既出入。）以减所食分，即日月出入带食所见之分。（其食甚在昼，晨为渐进，昏为已退；其食甚在夜，晨为已退，昏为渐进。）

求日月食甚宿次

置日月食甚入盈缩历定度，在盈，便为定积；在缩，加半岁周，为定积。（望即更加半周天度。）以天正冬至加时黄道日度，加而命之，各得日月食甚宿次及分秒。

步五星第七

历度

三百六十五度二十五分七十五秒。

历中

一百八十二度六十二分八十七秒半。

历策

一十五度二十一分九十秒六十二微半。

木星

周率，三百九十八万八千八百分。

周日，三百九十八日八十八分。

历率，四千三百三十一万二千九百六十四分八十六秒半。

度率，一十一万八千五百八十二分。

合应，一百一十七万九千七百二十六分。

历应，一千八百九十九万九千四百八十一分。

盈缩立差，二百三十六加。

平差，二万五千九百一十二减。

定差，一千八十九万七千。

伏见，一十三度。

段目	**段日** **限度**	**平度** **初行率**
合伏	一十六日八十六 二度九十三	三度八十六 二十三分
晨疾初	二十八日 四度六十四	六度一十一 二十二分
晨疾末	二十八日 四度一十九	五度五十一 二十一分
晨迟初	二十八日 三度二十八	四度三十一 一十八分
晨迟末	二十八日	一度九十一

	一度四十五	一十二分
晨留	二十四日	
晨退	四十六日五十八	四度八十八 一十二半
	空三十二 八十七半	
夕退	四十六日五十八	四度八十八 一十二半
	空三十二 八十七半	一十六分
夕留	二十四日	
夕迟初	二十八日	一度九十一
	一度四十五	
夕迟末	二十八日	四度三十一
	三度二十八	一十二分
夕疾初	二十八日	五度五十一
	四度一十九	一十八分
夕疾末	二十八日	六度一十一
	四度六十四	二十一分
夕伏	一十六日八十六	三度八十六
	二度九十三	二十二分

火星

周率，七百七十九万九千二百九十分。

周日，七百七十九日九十二分九十秒。

历率，六百八十六万九千五百八十分四十三秒。

度率，一万八千八百七分半。

合应，五十六万七千五百四十五分。

历应，五百四十七万二千九百三十八分。

盈初缩末立差，一千一百三十五减。

平差，八十三万一千一百八十九减。

定差，八千八百四十七万八千四百。

缩初盈末立差，八百五十一加。

平差，三万二百三十五负减。

定差，二千九百九十七万六千三百。

伏见，一十九度。

段目	段日 限度	平度 初行率
合伏	六十九日	五十度
	四十六度五十	七十三分
晨疾初	五十九日	四十一度八十
	三十八度八十七	七十二分
晨疾末	五十七日	三十九度〇八
	三十六度三十四	七十分
晨次疾初	五十三日	三十四度一十六
	三十一度七十七	六十七分
晨次疾末	四十七日	二十七度〇(六)[四]
	二十五度一十五	六十二分
晨迟初	三十九日	一十七度七十二
	一十六度四十八	五十三分
晨迟末	二十九日	六度二十
	五度七十七	三十八分
晨留	八日	
晨退	二十八日九十六 四十五	八度六十五 六十七半
	六度四十六 三十二半	
夕退	二十八日九十六 四十五	八度六十五 六十七半
	六度四十六 三十二半	四十四分
夕留	八日	
夕迟初	二十九日	六度二十
	五度七十七	
夕迟末	三十九日	一十七度七十二
	一十六度四十八	三十八
夕次疾初	四十七日	二十七度〇四
	二十五度一十五	五十三分
夕次疾末	五十三日	三十四度一十六
	三十一度七十七	六十二分
夕疾初	五十七日	三十九度〇八
	三十六度三十四	六十七分
夕疾末	五十九日	四十一度八十
	三十八度八十七	七十分
夕伏	六十九日	五十度
	四十六度五十	七十二分

土星

周率，三百七十八万九百一十六分。

周日，三百七十八日九分一十六秒。

历率，一亿七百四十七万八千八百四十五分六十六秒。

度率，二十九万四千二百五十五分。

合应，一十七万五千六百四十三分。

历应，五千二百二十四万五百六十一分。

盈立差，二百八十三加。

平差，四万一千二十二减。

定差，一千五百一十四万六千一百。

缩立差，三百三十一加。

平差，一万五千一百二十六减。

定差，一千一百一万七千五百。

伏见，一十八度。

段目	段日 限度	平度 初行率
合伏	二十日四十	二度四十
	一度四十九	一十二分
晨疾	三十一日	三度四十

	二度一十一	一十一分
晨次疾	二十九日 一度七十一	二度七十五 一十分
晨迟	二十六日 初八十三	一度五十 八分
晨留	三十日	
晨退	五十二日六十四 五十八 初二十八 四十五半	三度六十二 五十四半
夕退	五十二日六十四 五十八 初二十八 四十五半	三度六十二 五十四半 一十分
夕留	三十日	
夕迟	二十六日 初八十三	一度五十
夕次疾	二十九日 一度七十一	二度七十五 八分
夕疾	三十一日 二度一十一	三度四十 一十分
夕伏	二十日四十 一度四十九	二度四十 一十一分

金星

周率，五百八十三万九千二十六分。

周日，五百八十三日九十分二十六秒。

历率，三百六十五万二千五百七十五分。

度率，一万。

合应，五百七十一万六千三百三十分。

历应，一十一万九千六百三十九分。

盈缩立差，一百四十一加。

平差，三减。

定差，三百五十一万五千五百。

伏见，一十度半。

段目	段日 限度	平度 初行率
合伏	三十九日 四十七度六十四	四十九度五十 一度二十七 分半
夕疾初	五十二日 六十三度〇四	六十五度五十 一度二十六 分半
夕疾末	四十九日 五十八度七十[一]	六十一度 一度二十五 分半
夕次疾初	四十二日 四十八度三十六	五十度二十五 一度二十三 分半
夕次疾末	三十九日 四十度九十	四十二度五十 一度一十六 分
夕迟初	三十三日 二十五度九十九	二十七度 一度二分
夕迟末	一十六日 四度〇九	四度二十五 六十二分
夕留	五日	
夕退	一十日九十五 一十三 一度五十九 一十三	三度六十九 八十七
夕退伏	六日 一度六十三	四度三十五 六十一分
合退伏	六日 一度六十(二)[三]	四度三十五 八十二分
晨退	一十日九十五 一十三 一度五十九 一十三	三度六十九 八十七 六十一分
晨留	五日	
晨迟初	一十六日 四度〇九	四度二十五
晨迟末	三十三日 二十五度九十九	二十七度 一度六十二分
晨次疾初	三十九日 四十度九十	四十二度五十 一度二分
晨次疾末	四十二日 四十八度三十六	五十度二十五 一度一十六 分
晨疾初	四十九日 五十八度七十一	六十一度 一度二十(二)[三] 分半
晨疾末	五十二日 六十三度〇四	六十五度五十 一度二十五 分半
晨伏	三十九日 四十七度六十四	四十九度五十 一度二十六 分半

水星

周率，一百一十五万八千七百六十分。

周日，一百一十五日八十七分六十秒。

历率，三百六十五万二千五百七十五分。

度率，一万。

合应，七十万四百三十七分。

历应，二百五万五千一百六十一分。

盈缩立差，一百四十一加。

平差，二千一百六十五减。

定差，三百八十七万七千。

晨伏夕见，一十六度半。

夕伏晨见，一十九度。

段目	段日 限度	平度 初行率
合伏	一十七日七十五 二十九度〇八	三十四度二十五 二度一十五分五十八
夕疾	一十五日 一十八度一十六	二十一度三十八 一度七十分三十四
夕迟	一十二日 八度五十九	一十度一十二 一度一十四分七十二
夕留	二日	
夕退伏	一十一日一十八八十 二度一十八十	七度八十一二十(八)
合退伏	一十一日一十八八十 二度一十八十	七度八十一二十 一度三分四十六
晨留	二日	
晨迟	一十二日 八度五十九	一十度一十二
晨疾	一十五日 一十八度一十六	二十一度三十八 一度一十四分七十二
晨伏	一十七日七十五 二十九度〇八	三十四度二十五 一度七十分三十四

推天正冬至后五星平合及诸段中积中星

置中积，加合应，以其星周率去之，不尽，为前合；复减周率，余为后合；以日周约之，得其星天正冬至后平合中积中星。(命为日，日中积；命为度，日中星。)以段日累加中积，即诸段中积；以平度累加中星，经退则减之，即为诸段中星。(上考者，中积内减合应，满周率去之，不尽，便为所求后合分。)

推五星平合及诸段入历

各置中积，加历应及所求后合分，满历率，去之；不尽，如度率而一为度，不满，退除为分秒，即其星平合入历度及分秒；以诸段限度累加之，即诸段入历。(上考者，中积内减历应，满历率去之，不尽，反减历率，余加其年后合，余同上。)

求盈缩差

置入历度及分秒，在历中已下，为盈；已上，减去历中，余为缩。视盈缩历，在九十一度三十一分四十三秒太已下，为初限；已上，用减历中，余为末限。

其火星，盈历在六十度八十七分六十二秒半已下，为初限；已上，用减历中，余为末限。

置各星立差，以初末限乘之，去加减平差，得，又以初末限乘之，去加减定差，再以初末限乘之，满亿为度，不满退除为分秒，即所求盈缩差。

又术：置盈缩历，以历策除之，为策数，不尽为策余；以其下损益率乘之，历策除之，所得，益加损减其下盈缩积，亦为所求盈缩差。

求平合诸段定积

各置其星其段中积，以其盈缩差盈加缩减之，即其段定积日及分秒；以天正冬至日分加之，满纪法去之，不满，命甲子算外，即得日辰。

求平合及诸段所在月日

各置其段定积，以天正闰日及分加之，满朔策，除之为月数，不尽，为入月已来日数及分秒。其月数，命天正十一月算外，即其段入月经朔日数及分秒；以日辰相距，为所在定朔月日。

求平合及诸段加时定星

各置其段中星，以盈缩差盈加缩减之，(金星倍之，水星三之。)即诸段定星；以天正冬至加时黄道日度加而命之，即其星其段加时所在宿度及分秒。

求诸段初日晨前夜半定星

各以其段初行率，乘其段加时分，百约之，乃顺减退加其日加时定星，即其段初日晨前夜半定星；加命如前，即得所求。

求诸段日率度率

各以其段日辰距后段日辰为日率，以其段夜半宿次与后段夜半宿次相减，余为度率。

求诸段平行分

各置其段度率，以其段日率除之，即其段平行度及分秒。

求诸段增减差及日差

以本段前后平行分相减，为其段泛差；倍而退位，为增减差；以加减其段平行分，为初末日行分。(前多后少者，加为初，减为末；前少后多者，减为初，加为末。)倍增减差，为总差；以日率减一，除之，为日差。

求前后伏迟退段增减差

前伏者，置后段初日行分，加其日差之半，为末日行分。

后伏者，置前段末日行分，加其日差之半，为初日行分；以减伏段平行分，余为增减差。

前迟者，置前段末日行分，倍其日差，减之，为初日行分。

后迟者，置后段初日行分，倍其日差，减之，为末日行分；以迟段平行分减之，余为增减差。(前后近留之迟段。)

木火土三星，退行者，六因平行分，退一位，为增减差。

金星，前后退伏者，三因平行分，半而退位，为增减差。

前退者，置后段初日行分，以其日差减之，为末日行分。

后退者，置前段末日行分，以其日差减之，为初日行分；乃以本段平行分减之，余为增减差。

水星，退行者，半平行分，为增减差；皆以增减差加减平行分，为初末日行分。（前多后少者，加为初，减为末；前少后多者，减为初，加为末。）又倍增减差，为总差；以日率减一，除之，为日差。

求每日晨前夜半星行宿次

各置其段初日行分，以日差累损益之，后少则损之，后多则益之，为每日行度及分秒；乃顺加退减，满宿次去之，即每日晨前夜半星行宿次。

求五星平合见伏入盈缩历

置其星其段定积日及分秒，（若满岁周日及分秒，去之，余在次年天正冬至后。）如在半岁周已下，为入盈历；满半岁周，去之，为入缩历；各在初限已下，为初限；已上，反减半岁周，余为末限；即得五星平合见伏入盈缩历日及分秒。

求五星平合见伏行差

各以其星其段初日星行分，与其段初日太阳行分相减，余为行差。若金、水二星退行在退合者，以其段初日星行分，并其段初日太阳行分，为行差；内水星夕伏晨见者，直以其段初日太阳行分为行差。

求五星定合定见定伏泛积

木火土三星，以平合晨见夕伏定积日，便为定合伏见泛积日及分秒。

金水二星，置其段盈缩差度及分秒，（水星倍之。）各以其段行差除之，为日，不满，退除为分秒。在平合夕见晨伏者，盈减缩加；在退合夕伏晨见者，盈加缩减；各以加减定积为定合伏见泛积日及分秒。

求五星定合定积定星

木火土三星，各以平合行差除其段初日太阳盈缩积，为距合差日；不满，退除为分秒，以太阳盈缩积减之，为距合差度。各置其星定合泛积，以距合差日盈减缩加之，为其星定合定积日及分秒；以距合差度盈减缩加之，为其星定合定星度及分秒。

金水二星，顺合退合者，各以平合退合行差，除其日太阳盈缩积，为距合差日；不满，退除为分秒，顺加退减太阳盈缩积，为距合差度。顺合者，盈加缩减其星定合泛积，为其星定合定积日及分秒；退合者，以距合差日盈减缩加、距合差度盈加缩减其星退定合泛积，为其星退定合定积日及分秒；命之，为退定合定星度及分秒。以天正冬至日及分秒，加其星定合定积日及分秒，满旬周，去之，命甲子算外，即得定合日辰及分秒。以天正冬至加时黄道日度及分秒，加其星定合定星度及分秒，满黄道宿次，去之，即得定合所躔黄道宿度及分秒。（径求五星合伏定日：木、火、土三星，以夜半黄道日度，减其星夜半黄道宿次，余在其日太阳行分已下，为其日伏合；金、水二星，以其星夜半黄道宿次，减夜半黄道日度，余在其日金、水二星行分已下者，为其日伏合。金、水二星伏退合者，视其日太阳夜半黄道宿次，未行到金、水二星宿次，又视次日太阳行过金、水二星宿次，金、水二星退行过太阳宿次，为其日定合伏退定日。）

求木火土三星定见伏定积日

各置其星定见定伏泛积日及分秒，晨加夕减九十一日三十一分六秒，如在半岁周已下，自相乘，已上，反减岁周，余亦自相乘，满七十五，除之为分，满百为度，不满，退除为秒；以其星见伏度乘之，一十五除之；所得，以其段行差除之，为日，不满，退除为分秒；见加伏减泛积，为其星定见伏定积日及分秒；加命如前，即得定见定伏日辰及分秒。

求金水二星定见伏定积日

各以伏见日行差，除其段初日太阳盈缩积，为日，不满，退除为分秒；若夕见晨伏，盈加缩减；如晨见夕伏，盈减缩加；以加减其星定见定伏泛积日及分秒，为常积。如在半岁周已下，为冬至后；已上，去之，余为夏至后。各在九十一日三十一分六秒已下，自相乘，已上，反减半岁周，亦自相乘。冬至后晨，夏至后夕，一十八而一，为分；冬至后夕，夏至后晨，七十五而一，为分；又以其星见伏度乘之，一十五除之；所得，满行差，除之，为日，不满，退除为分秒，加减常积，为定积。在晨见夕伏者，冬至后加之，夏至后减之；夕见晨伏者，冬至后减之，夏至后加之；为其星定见定伏定积日及分秒；加命如前，即得定见定伏日晨及分秒。

卷五十六　　志第八

历　五

庚午元历上

演纪上元庚午，距太祖庚辰岁，积年二千二十七万五千二百七十算外，上考往古，每年减一算，下验将来，每年加一算。

步气朔术

日法，五千二百三十。

岁实，一百九十一万二百二十四。

通余，二万七千四百二十四。

朔实，一十五万四千四百四十五。

通闰，五万六千八百八十四。

岁策，三百六十五，余一千二百七十四。

朔策，二十九，余二千七百七十五。

气策，一十五，余一千一百四十二，秒六十。

望策，一十四，余四千二，秒四十五。

象策，七，余二千一，秒二十二半。

没限，四千八十七，秒三十。

朔虚分，二千四百五十五。

旬周，三十一万三千八百。

纪法，六十。

秒母，九十。

求天正冬至

置上元庚午以来积年，以岁实乘之，为通积分；满旬周，去之，不尽，以日法约之，为日，不盈，为余；命壬戌算外，即得所求天正冬至大小余也。（先以里差加减通积分，然后求之。求里差术，具《月离》篇中。）

求次气

置天正冬至大小余，以气策及余累加之，秒盈秒母从分，分满日法从日，即得次气日及余分秒。

求天正经朔

置通积分，满朔实去之，不尽，为闰余；以减通积分，为朔积分；满旬周，去之，不尽，如日法而一，为日，不尽，为余，即得所求天正经朔大小余也。

求弦望及次朔

置天正经朔大小余，以象策累加之，即各得弦望及次朔经日及余秒也。

求没日

置有没之气恒气小余，如没限以上，为有没之气；以秒母乘之，内其秒，用减四十七万七千五百五十六；余，满六千八百五十六而一；所得，并入恒气大余内，命壬戌算外，即得为没日也。

求灭日

置有灭之朔小余，（经朔小余不满朔虚分者。）六因之，如四百九十一而一；所得，并经朔大余，命为灭日。

步卦候发敛术

候策，五，余三百八十，秒八十。

卦策，六，余四百五十七，秒六。

贞策，三，余二百二十八，秒四十八。

秒母，九十。

辰法，二千六百一十五。

半辰法，一千三百七半。

刻法，三百一十三，秒八十。

辰刻，八，分一百四，秒六十。

半辰刻，四，分五十二，秒三十。

秒母，一百。

求七十二候

置节气大小余，命之为初候；以候策累加之，即得次候及末候也。

求六十四卦

置中气大小余，命之为公卦；以卦策累加之，得辟卦；又加，得侯内卦；以贞策加之，得节气之初，为侯外卦；又以贞策加之，得大夫卦；又以卦策加之，为卿卦也。

求土王用事

以贞策减四季中气大小余，即得土王用事日也。

求发敛

置小余，以六因之，如辰法而一，为辰数；不尽，以刻法除为刻，命子正算外，即得加时所在辰刻分也。（如加半辰法，即命子初。）

求二十四气卦候

恒气	月中节 四正卦	初候 始卦	次候 中卦	末候 终卦
冬至	十一月中 坎初六	蚯蚓结 公中孚	麋角解 辟复	水泉动 侯屯内
小寒	十二月节 坎九二	雁北向 侯屯外	鹊始巢 大夫谦	野鸡始鸲 卿睽
大寒	十二月中 坎六三	鸡始乳 公升	鸷鸟厉疾 辟临	水泽腹坚 侯小过内
立春	正月节 坎六四	东风解冻 侯小过外	蛰虫始振 大夫蒙	鱼上冰 卿益
雨水	正月中 坎九五	獭祭鱼 公渐	鸿雁来 辟泰	草木萌动 侯需内
警蛰	二月节 坎上六	桃始华 侯需外	鸧鹒鸣 大夫随	鹰化为鸠 卿晋
春分	二月中 震初九	玄鸟至 公解	雷乃发声 辟大壮	始电 侯豫内
清明	三月节 震六二	桐始华 侯豫外	田鼠化为鴽 大夫讼	虹始儿 卿蛊
谷雨	三月中 震六三	萍始生 公革	鸣鸠拂其羽 辟夬	戴胜降于桑 侯旅内
立夏	四月节 震九四	蝼蝈鸣 侯旅外	蚯蚓出 大夫师	王瓜生 卿比
小满	四月中 震六五	苦菜秀 公小畜	靡草死 辟乾	小暑至 侯大月内
芒种	五月节 震上六	螳螂生 侯大有外	鵙始鸣 大夫家人	反舌无声 卿井
夏至	五月中 离初九	鹿角解 公咸	蜩始鸣 辟姤	半夏生 侯鼎内
小暑	六月节 离六二	温风至 侯鼎外	蟋蟀居壁 大夫丰	鹰乃学习 卿涣
大暑	六月中 离九三	腐草化为萤 公履	土润溽暑 辟遯	大雨时行 侯恒内
立秋	七月节 离九四	凉风至 侯恒外	白露降 大夫节	寒蝉鸣 卿同人
处暑	七月中 离六五	鹰乃祭鸟 公损	天地始肃 辟否	禾乃登 侯巽内
白露	八月节 离上九	鸿雁来 侯巽外	玄鸟归 大夫萃	群鸟养羞 卿大畜
秋分	八月中 兑初九	雷乃收声 公贲	蛰虫坯户 辟观	水始涸 侯归妹内
寒露	九月节 兑九二	鸿雁来宾 侯归妹外	雀入大水化为蛤 大夫无妄	菊有黄花 卿明夷
霜降	九月中 兑六三	豺乃祭兽 公困	草木黄落 辟剥	蛰虫咸俯 侯艮内
立冬	十月节 兑九四	水始冰 侯艮外	地始冻 大夫既济	野鸡入水化为蜃 卿噬嗑
小雪	十月中 兑九五	虹藏不见 公大过	天气上腾地气下降 辟坤	闭塞成冬 侯未济内

大雪	十一月节 兑上六	鹖鸟不鸣 侯未济外	虎始交 大夫蹇	荔挺出 卿颐

步日躔术

周天分，一百九十一万二百九十二，秒九十八。

岁差，六十八，秒九十八。

秒母，一百。

周天度，三百六十五，分二十五，秒六十七。

象限，九十一，分三十一，秒九。

分秒母，一百。

二十四气日积度盈缩

恒气	**日积度** 分秒 **日差**	**损益率** **盈缩积**	**初末率**
冬至	空	益七千五十九	初四百九十八 八十 六十五 末四百(七)[二]十八 八十八 一十一
	四九十一 七十九	盈空	
小寒	一十五 九十二 四十三	益五千九百二十	初四百二十五 八十九 七十二 末三百(二十五)[五十二] 一十 四十一
	五一十八 九十九	益七千五十九	
大寒	三十一 七十三 四十八	益四千七百一十八	初三百四十八 八十四 八十 末二百七十一 一十八 七十四
	五四十六 一十九	盈一万二千九百七十九	
立春	四十七 四十二 五十一	益三千四百五十三	初二百六十七 六十二 八十六 末一百八十六 一十六 一十六
	五七十二 九十六	盈一万七千六百九十七	
雨水	六十二 九十八 八十九	益二千一百二十六	初一百八十二 二十七 三十八 末九十七 一十二 三十二
	五九十八 八十七	盈二万一千一百五十	
惊蛰	七十八 四十二 空	益七百三十九	初九十一 一十三 四十六 末五 九十八 四十
	五九十八 八十七	盈二万三千二百七十六	
春分	九十三 七十一 二十四	损七百三十九	初五 九十八 四十 末九十一 一十三 四十六
	五九十八 八十七	盈二万四千一十五	
清明	一百八 八十五 六十九	损二千一百二十六	初九十八 九十六 五十 末一百八十 四十三 二十
	五七十二 (六十九)[九十六]	盈二万三千二百七十六	
谷雨	一百二十三 八十六 二十八	损三千四百五十三	初一百八十八 六 四十八 末二百六十五 七十二 五十四
	五四十六 一十九	盈二万一千一百五十	
立夏	一百三十八 七十三 六十	损四千七百一十八	初二百七十三 一十一 九十七 末三百四十六 九十一 四十三
	五一十八 九十(七)[九]	盈一万七千六百九十七	
小满	一百五十三 四十八 二十七	损五千九百二十	初三百五十四 三 七十九 末四百二十三 九十六 三十二
	四九十一 七十九	盈一万二千九百七十九	
芒种	一百六十八 一十 九十二	损七千五十九	初四百二十八 八十八 一十一 末四百九十[八] 八十 六十五
	四九十一 七十九	盈七千五十九	
夏至	一百八十二 六十二 一十八	益七千五十九	初四百九十八 八十 六十五 末四百二十八 八十八 一十一
	四九十一 七十九	缩空	
小暑	一百九十七 一十三 四十三	益五千九百二十	初四百二十五 八十九 七十二 末三百五十二 一十 四十一
	五一十八 九十九	缩七千五十九	
大暑	二百一十一 七十六 八	益四千七百一十八	初三百四十八 八十四 八十 末二百七十一 一十八 七十四

	五四十六 一十九	缩一万二千九百七十九	
立秋	二百二十六 五十 七十五	益三千四百五十三	初二百六十七 六十二　八十六 末一百八十六 一十六　一十六
	五七十二 九十六	缩一万七千六百九十七	
处暑	二百四十一 三十八 七	益二千一百二十六	初一百八十二 二十七　三十八 末九十七　一十二　三十二
	五九十八 八十七	缩(一)[二]万一千一百五十	
白露	二百五十六 三十八 六十六	益七百三十九	初九十一　一十三　四十六 末五　九十八 四十
	五九十八 八十七	缩(一)[二]万三千二百七十六	
秋分	二百七十一 五十三 一十二	损七百三十九	初五　九十八 四十 末九十一　一十三　四十六
	五九十八 八十七	缩二万四千一十五	
寒露	二百八十六 八十二 (二)[三]十五	损二千一百二十六	初九十八　九十六　五十 末一百八十　四十三　二十
	五七十二 九十六	缩二万三千二百七十六	
霜降	三百二 二十五 四十六	损三千四百五十三	初一百八十八 六　四十八 末二百六十五 七十二　五十四
	五四十六 一十九	缩二万一千一百五十	
立冬	三百一十七 八十一 八十四	损四千七百一十八	初二百七十三 一十一　九十七 末三百四十六 九十一　四十三
	五一十八 九十九	缩一万七千六百九十七	
小雪	三百三十三 五十 八十七	损五千九百二十	初三百五十四 三(十)[七]十九 末四百二十三 九十六　三十二
	四九十一 七十九	缩一万二千九百七十九	
大雪	三百四十九 三十一 九十二	损七千五十九	初四百二十八 八十八　一十一 末四百九十八 八十　六十五
	四九十一 七十九	缩七千五十九	

二十四气中积及朓朒

恒气	中积经分 约分 日差	损益率 朓朒积	初末率
冬至	空	益二百七十六	初一十九　四十(九)[八]　六十四 末一十六　七十八　五十二
	一十九	朒空	
小寒	十五 一千一百四十二　六十 二十一　八十四	益二百三十二	初一十六　六十八　七十四 末一十三　八十一十九
	二十二十九	朒二百七十六	
大寒	三十二千二百八十五　三十四十三　六十九	益一百八十五	初一十三　六十九　一十一 末一十　六十二一十四
	二十一五十九	朒五百八	
立春	四十五三千四百二十八 六十五　五十四	益一百三十五	初一十　四十六七十 末七　二十七 四十(三)[五]
	二十二四十五	朒六百九十三	
雨水	六十四千五百七十　六十 八十七　三十九	益八十三	初七　一十一一十四 末三　七十九 六十三
	二十三三十二	朒八百(三)[二]十八	
惊蛰	七十六四百八十三　三十 九　二十四	益二十九	初三　五十六 三十一 末空　二十四 八十
	二十三三十二	朒九百一十一	
春分	九十一一千六百二十六 三十一　九	损二十九	初空　二十四 八十 末三　五十六 三十一
	二十三三十二	朒九百四十	

清明	一百六二千七百六十八　六十 五十二　九十三	损八十三	初三　八十五七十六 末七　五　一
	二十二四十五	朒九百一十一	
谷雨	一百二十一三千九百一十一　三十 七十四　七十八	损一百三十五	初七　(二)[三]十(五)[三]　五十九 末一十　四十五十六
	二十一五十九	朒八百二十八	
立夏	一百三十六五千五十四 九十六　六十三	损一百八十五	初一十　七十一三十六 末一十三　五十九　九十一
	二十二十九	朒六百九十三	
小满	一百五十二九百九十六　六十 一十八　四十八	损二百三十二	初一十三　八十九　四十 末一十六　五十九　五十二
	一十九	朒五百八	
芒种	一百六十七二千一百九　三十 四十　三十(二)[三]	损二百七十六	初一十六　七十八　五十二 末一十九　四十九　六十四
	一十九	朒二百七十六	
夏至	一百八十二三千二百五十二 六十二　一十八	益二百七十六	初一十九　四十(九)[八]　六十四 末一十六　七十八　五十二
	一十九	朒空	
小暑	一百九十七四千三百九十四　六十 八十四　二	益二百三十二	初一十六　六十八　七十四 末一十三　八十一十九
	二十二十九	朒二百七十六	
大暑	二百一十三三百七　三十 五　八十七	益一百八十五	初一十三　六十九　(八)[一]十一 末一十　六十二一十四
	二十一五十九	朒五百八	
立秋	二百二十八一千四百五十 二十七　七十二	益一百三十五	初一十　四十六七十 末七　二十七四十五
	二十二四十五	朒六百九十三	

处暑	二百四十三二千五百九十(三)[二]　六十 四十九　五十七	益八十三	初七　一十一一十四 末三　七十九六十三
	二十三三十二	朒八百二十八	
白露	二百五十八(二)[三]千七百(二)[三]十五　三十　七十一　四十二	益二十九	初三　五十六三十一 末空　二十四八十
	二十三三十二	朒九百一十一	
秋分	二百七十三四千八百七十八 九十三　二十七	损二十九	初空　二十四　八十 末三　五十六三十一
	二十三三十二	朒九百四十	
寒露	二百八十九七百九十　六十 一十五　一十二	损八十三	初三　八十五七十六 末七　(一十一)[五]　一
	二十二四十五	朒九百一十一	
霜降	三百四一千九百三十三　三十 三十六　九十六	损一百三十五	初七　二十五五十九 末一十　四十五十六
	二十一五十九	朒八百二十八	
立冬	三百一十九三千七十六 五十八　八十一	损一百八十五	初一十　七十一三十六 末一十三　五十九　九十一
	二十二十九	朒六百九十三	
小雪	三百三十四四千二百十八 六十 八十　六十六	损二百三十二	初一十三　八十九　四十 末一十六　五十九　五十二
	一十九	朒五百八	
大雪	三百五十一百三十一　三十二　(三)[五]十一	损二百七十六	初一十六　七十八　五十二 末一十九　四十九　六十四
	一十九	朒二百七十六	

求每日盈缩朓朒

各置其气损益率，（求盈缩，用盈缩之损益；求朓朒，用朓朒之损益。）六因，如象限而一，为其气中率；与后气中率相减，为合差；半合差，加减其气中率，为初末泛率，（至后，加初减末；分后，减初加末。）又置合差，六因，如象限而一，为日差；半之，加减初末泛率，为初末定率；（至后，减初加末；分后，加初减末。）以日差累加减气初定率，为每日损益分；（至后，减；分后，加。）各以每日损益分加减气下盈缩朓朒，为每日盈缩朓朒。（二分前一气无后率相减为合差者，皆用前气合差。）

求经朔弦望入气

置天正闰余，以日法除为日，不满，为余。如气策以下，以减气策，为入大雪气；以上，去之，余亦以减气策，为入小雪气；即得天正经朔入气日及余也。以象策累加之，满气策去之，即为弦望入次气日及余；因加得后朔入气日及余也。（便为中朔望入气。）

求每日损益盈缩朓朒

以日差益加损减其气初损益率，为每日损益率；驯积损益其气盈缩朓朒积，为每日盈缩朓朒积。

求经朔弦望入气朓朒定数

以各所求入气小余，以乘其日损益率，如日法而一；所得，损益其下朓朒积，为定数。（便为中朔弦望朓朒定数。）

赤道宿度

斗二十五　牛七（少）　女十一（少）　虚九（少六十七秒）　危十五度半　室十七　壁八（太）

右北方七宿，九十四度（六十七秒）。

奎十六半　娄十二　胃十五　昴十一（少）　毕十七（少）　觜半　参十半

右西方七宿，八十三度。

井三十三（少）　鬼二半　柳十三（太）　星六（太）　张十七（少）　翼十八　轸十七

右南方七宿，一百九度（少）。

角十二　亢九（少）　氐十六　房五（太）　心六（少）　尾十九（少）　箕十半

右东方七宿，七十九度。

求冬至赤道日度

置通积分，以周天分去之；余，日法而一，为度，不满，退除为分秒；以百为母，命起赤道虚宿七度外，去之，不满宿，即得所求年天正冬至加时日躔赤道宿度及分秒。（其在寻斯干之东西者，先以里差加减通积分。）

求春分夏至秋分赤道日度

置天正冬至加时赤道日度，累加象限，满赤道宿次，去之，即各得春分、夏至、秋分加时日在宿度及分秒。

求四正赤道宿积度

置四正赤道宿全度，以四正赤道日度及分秒减之，余为距后度；以赤道宿度累加之，各得四正后赤道宿积度及分秒。

求赤道宿积度入初末限

视四正后赤道宿积度及分，在四十五度六十五分五十四秒半以下，为入初限；以上者，用减象限，余为入末限。

求二十八宿黄道度

置四正后赤道宿入初末限度及分，减一百一度；余，以初末限度及分乘之，进位，满百为分，分满百为度；至后以减、分后以加赤道宿积度，为其宿黄道积度；以前宿黄道积度减之，（其四正之宿，先加象限，然后以前宿减之。）为其宿黄道度及分。（其分就近约为太半少。）

黄道宿度

斗二十三　牛七　女十一　虚九（少六十七秒）　危十六　室十八（少）　壁九半

右北方七宿，九十四度（六十七秒）。

奎十七（太）　娄十二（太）　胃十五半　昴十一　毕十六半　觜半　参九（太）

右西方七宿，八十三度（太）。

井三十半　鬼二半　柳十三（少）　星六（太）　张十七（太）　翼二十　轸十八半

右南方七宿，一百九度（少）。

角十二（太）　亢九（太）　氐十六（少）　房五（太）　心六　尾十八（少）　箕九半

右东方七宿，七十八度（少）。

前黄道宿度，依今历岁差所在算定。如上考往古，下验将来，当据岁差，每移一度，依术推变当时宿度，然后可步七曜，知其所在。

求天正冬至加时黄道日度

以冬至加时赤道日度分秒，减一百一度，余以冬至加时赤道日度及分秒乘之，进位，满百为分，分满百为度，命曰黄赤道差；用减冬至加时赤道日度及分秒，即得所求年天正冬至加时黄道日度及分秒。

求二十四气加时黄道日度

置所求年冬至日躔黄赤道差，以次年黄赤道差减之，余以所求气数乘之，二十四而一；所得，以加其气中积度及约分，以其气初日盈缩数盈加缩减之，用加冬至加时黄道日度，依宿次去之，即各得其气加时黄道日躔宿度及分秒。（如其年冬至加时赤道宿度空分秒在岁差以下者，即加前宿全度，然求黄赤道差，余依术算。）

求二十四气及每日晨前夜半黄道日度

副置其恒气小余，以其气初日损益率乘之，（盈缩之损益。）万约之，应益者盈加缩减，应损者盈减缩加，其副日法除之，为度，不满，退除为分秒，以减其气加时黄道日度，即得其气初日晨前夜半黄道日度。每日加一度，以万乘之，又以每日损益数，（盈缩之损益。）应益者盈加缩减，应损者盈减缩加，为每日晨前夜半黄道日度及分秒。

求每日午中黄道日度

置一万分，以所求入气日损益数加减，（益者，盈加缩减；损者，盈减缩加。）半之，满百为分，不满为秒，以加其日晨前夜半黄道日度，即其日午中日躔黄道宿度及分秒。

求每日午中黄道积度

以二至加时黄道日度，距至所求日午中黄道日度，为入二至后黄道日积度及分秒。

求每日午中黄道入初末限

视二至后黄道积度，在四十三度一十二分八十七秒之以下为初限；以上，用减象限，余为入末限。其积度，满象限去之，为二分后黄道积度；在四十八度一十八分二十一秒之以下，为初限；以上，用减象限，余为入末限。

求每日午中赤道日度

以所求日午中黄道积度，入至后初限、分后末限度及分秒，进三位，加二十万二千五十少，开平方除之，所得减去四百四十九半，余在初限者，直以二至赤道日度加而命之；在末限者，以减象限，余以二分赤道日度加而命之，即每日午中赤道日度。

以所求日午中黄道积度，入至后末限、分后初限度及分秒，进三位，用减三十万三千五十少，开平方除之，所得，以减五百五十半，其在初限者，以所减之余，直以二分赤道日度加而命之；在末限者，以减象限，余以二至赤道日度加而命之，即每日午中赤道日度。

太阳黄道十二次入宫宿度

危　十三度三十九分五十九秒外入卫分陬訾之次，辰在亥。

奎　二度三十五分八十五秒外入鲁分降娄之次，辰在戌。

胃　四度二十四分三十三秒外入赵分大梁之次，辰在酉。

毕　七度九十五分二十秒外入晋分实沈之次，辰在申。

井　九度四十七分一十秒外入秦分鹑首之次，辰在未。

柳　四度九十五分一十六秒外入周分鹑火之次，辰在午。

张　十五度五十六分三十五秒外入楚分鹑尾之次，辰在巳。

轸　十度四十四分五秒外入郑分寿星之次，辰在辰。

氐　一度七十七分七十七秒外入宋分大火之次，辰在卯。

尾　三度九十七分七十二秒外入燕分析木之次，辰在寅。

斗　四度三十六分六十六秒外入吴越分星纪之次，辰在丑。

女　二度九十一分九十一秒外入齐分玄枵之次，辰在子。

求入宫时刻

各置入宫宿度及分秒，以其日晨前夜半日度减之，（相近一度之间者求之。）余以日法乘其分，（其秒从于下，亦通乘之。）为实；以其日太阳行分为法；实如法而一，所得，依发敛加时求之，即得其日太阳入宫时刻及分秒。

步晷漏术

中限，一百八十二日六十二分一十八秒。

冬至初限、夏至末限，六十二日二十分。

夏至初限、冬至末限，一百二十日四十二分。

冬至永安晷影常数，一丈二尺八寸三分。

夏至永安晷影常数，一尺五寸六分。

周法，一千四百二十八。

内外法，一万八百九十六。

半法，二千六百一十五。

日法四分之三，三千九百二十二半。

日法四分之一，一千三百七半。

昏明分，一百三十分七十五秒。

昏明刻，二刻一百五十六分九十秒。

刻法，三百一十三分八十秒。

秒母，一百。

求午中入气中积

置所求日大余及半法，以所入气大小余减之，为其日午中入气；以加其气中积，为其日午中中积。（小余以日法除，为约分。）

求二至后午中入初末限

置午中中积及分，如中限以下，为冬至后；以上，去中限，为夏至后。其二至后，如在初限以下，为初限；以上，覆减中限，余为入末限也。

求午中晷影定数

视冬至后初限、夏至后末限，百通日内分，自相乘，副置之，以一千四百五十除之；所得，加五万三百八，折半限分并之，除其副为分，分满十为寸，寸满十为尺，用减冬至地中晷影常数，为所求晷影定数。

视夏至后初限、冬至后末限，百通日内分，自相乘，为上位；下置入限分，以二百二十五乘之，百约之，加一十九万八千七十五，为法；（夏至前后半限以上者，减去半限，列于上位，下置半限，各百通日内分，先相减，后相乘，以七千七百除之，所得以加其法。）反除上位为分，分满十为寸，寸满十为尺，用加夏至地中晷影常数，为所求晷影定数。

求四方所在晷影

各于其处测冬夏二至晷数，乃相减之，余为其处二至晷差；亦以地中二至晷数相减，为地中二至晷差。其所求日在冬至后初限、夏至后末限者，如在半限以下，倍之；半限以上，覆减全限，余亦倍之；并入限日，三因，折半，以日为分，十分为寸，以减地中二至晷差，为法；置地中冬至晷影常数，以所求日地中晷影定数减之，余以其处二至晷差乘之，为实；实如法而一，所得，以减其处冬至晷数，即得其处其日晷影定数。所求日在夏至后初限、冬至后末限者，如在半限以下，倍之；半限以上，覆减全限，余亦倍之；并入限日，三因，四除，以日为分，十分为寸，以加地中二至晷差，为法；置所求日地中晷影定数，以地中夏至晷影常数减之，余以其处二至晷差乘之，为实；实如法而一，所得，以加其处夏至晷数，即得其处其日晷影定数。

二十四气陟降及日出分

恒气	**增损差** **初末率**	**加减差** **日出分**	**陟降率**
冬至	增初九　二十六 末七　九十六 初空　五　五十 末一　二十六　四	减十 一千五百六十七 九十(三)[二]	陟十四十
小寒	增初七　八十九 末六　五十九 初一　三十六 末二　三十七(二) [三]十六	减十 一千五百五十七 五十二	陟二十八 七十三
大寒	增初六　五十二 末五　二十二	减十	陟四十三 五十六

节气	损益	加减	陟降
	初二　四十三	一千五百二十八	
	末三　二十五　一十八	七十九	
立春	增初五　一十八	减十	陟五十五
	末三　八十八		一十九
	初三　二十九	一千四百八十五	
	末三　九十二　四十二	二十三	
雨水	增初三　八十二	减十	陟六十三
	末二　五十二		九十
	初三　九十五　五十	一千四百三十四	
	末四　三十九　八十八		
惊蛰	增初二　四十八	减十	陟六十九
	末一　三十八		一十八
	初四　四十四	一千三百六十六	
	末四　六十七　一十六	一十四	
春分	损初一　三十(八)[六]	(减十)[加八]	陟六十四
	末二　四十(八)		六十九
	初四　三十七　末四一十　六十八	一千二百九十六九十六	
清明	损初(三)[二]　五十	加八	陟五十九九
	末三　五十四		
	初四　八　五十	一千二百三十二	
	末三　六十六　二十二	二十七	
谷雨	损初三　六十五	加八	陟五十八
	末四　六十九		十四
	初三　六十二	一千一百七十三	
	末三　三　六十二	一十八	
立夏	损初四　八十	加八	陟三十九
	末五　八十四		八十六
	初二　九十八		
	末二　二十四　五十	一千一百二十二三十四	
小满	损初五　九十八	加八	陟二十六
	末七　二		四十八
	初(一)[二]　一十六	一千八十二四十八	
	末一　二十五		
芒种	损初七　一十九	加八	陟九三十五
	末八　二十三		
	初一　一十五	一千五十六四十二	
	末空　七　六		
夏至	增初八　三十七	减八	降九三十五
	末七　三十三		
	初空　四　五十	一千四十七七	
	末一　一十四　四十		
小暑	增初七　二十	减八	降二十六
	末六　一十六		六
	初一　二十三	一千五十六四十二	
	末二　一十六　五十二		
大暑	增初六	减八	降三十九
	末四　九十六		八十六
	初二　二十二　五[十]	一千八十二四十八	
	末二　九十九　二十二		
立秋	增初四　八十	减八	降五十八
	末三　七十六		十四
	初三　三	一千一百二十二	
	末三　六十二　九十二	三十四	
处暑	增初三　六十	减八	降五十九
	末二　五十六		九
	初三　六十五　五十	一千一百七十	
	末四　八　六十二	(二)[三]一十八	
白露	增初二　四十	减八	降六十四
	末一　三十六		六十九
	初四　一十　五十	一千二百三十二	
	末四　三十六　八十二	二十七	
秋分	损　初一　六十	加十	降六十九
	末(一)[二]　六十		一十八
	初四　六十八	一千二百九十六	
	末四　四十四　九十	九十六	
寒露	损初二　六十二	加十	降六十三
	末三　九十二		九十
	初四　四十二	一千三百六十六	
	末三　九十六　二十二	一十四	
霜降	损初三　九十八	加十	降五十五
	末五　二十八		一十九
	初三　九十四	一千四百三十四	
	末三　二十九　一十八		
立冬	损初五　三十二	加十	降四十三
	末六　六十二		五十六
	初(二)[三]　二十七	一千四百八十五	
	末二　四十三　四十(三)[二]	二十三	
小雪	损初六　六十六	加十	降二十八
	末七　九十六		七十三
	初二　三十九　五十	一千五百二十八	
	末一　三十七　一十六	七十九	
大雪	损初八　三	加十	降十四十
	末九　三十二		
	初一　二十八　五十	一千五百五十七	
	末空　七　一十二	五十二	

二分前后陟降率

春分前三日，太阳入赤道内，秋分后三日，太阳出赤道外，故其陟降与他日不伦，今各别立数而用之。

惊蛰，十二日陟四。（六十七、一十六。）此为末率，于此用毕。（其减差亦止于此也。）

十三日陟四。（四十一、六。）十四日陟四。（三十八、九十。）

十五日陟四。

秋分，初日降四。（三十八。）一日降四。（三十九。）

二日降四。（五十九）。三日降四。（六十八。）

此为初率，始用之。（其加差亦始于此也。）

求每日日出入晨昏半昼分

各以陟降初率，陟减降加其气初日日出分，为一日下日出分；以增损差（仍加减加减差。）增损陟降率，驯积而加减之，即为每日日出分；覆减日法，余为日入分；以日出分减日入分，半之，为半昼分；以昏明分减日出分，为晨分；加日入分，为昏分。

求日出入辰刻

置日出入分，以六因之，满辰法而一，为辰数；不尽，刻法除之，为刻，不满为分。命子正算外，即得所求。

求昼夜刻

置日出分，十二乘之，刻法而一，为刻，不满为分，即为夜刻；覆减一百，余为昼刻及分秒。

求更点率

置晨分，四因之，退位，为更率；二因更率，退位，为点率。

求更点所在辰刻

置更点率，以所求更点数因之，又六因之，内加昏明分，满辰法而一，为辰数；不尽，满刻法，除之，为刻数；不满，为分；命其日辰刻算外，即得所求。

求四方所在漏刻

各于所在下水漏，以定其处冬至或夏至夜刻，乃与五十刻相减，余为至差刻。置所求日黄道去赤道内外度及分，以至差刻乘之，进一位，如二百三十九而一，为刻；不尽，以刻法乘之，退除为分；内减外加五十刻，即得所求日夜刻；以减百刻，余为昼刻。（其日出入辰刻及更点差率等，并依前术求之。）

求黄道内外度

置日出之分，如日法四分之一以上，去之，余为外分；如日法四分之一以下，覆减之，余为内分。置内外分，千乘之，如内外法而一，为度，不满，退除为分秒，即为黄道去赤道内外度；内减外加象限，即得黄道去极度。

求距中度及更差度

置半法，以晨分减之，余为距中分；百乘之，如周法而一，为距中度；用减一百八十三度一十二分八十三秒半，余四因，退位，为每更差度。

求昏明五更中星

置距中度，以其日午中赤道日度加而命之，即昏中星所格宿次，因为初更中星；以更差度累加之，满赤道宿次，去之，即得逐更及明中星。

步月离术

转终分，一十四万四千一百一十，秒六千二十，微六十。

转终日，二十七，余二千九百，秒六千二十，微六十。

转中日，一十三，余四千六十五，秒三千一十，微三十。

朔差日，一，余五千一百四，秒三千九百七十九，微四十。

象策，七，余二千一，秒二千五百。

秒母，一万。

微母，一百。

上弦度，九十一，分三十一，秒四十一（太）。

望度，一百八十二，分六十二，秒八十三半。

下弦度，二百七十三，分九十四，秒二十五（少）。

月平行度，十三，分三十六，秒八十七半。

分秒母，一百。

七日初数，四千六百四十八，末数，五百八十二。

十四日初数，四千六十五，末数，一千一百六十五。

二十一日初数，三千四百八十三，末数，一千七百四十七。

二十八日初数，二千九百一。

求经朔弦望入转（凡称秒者，微从之，他仿此。）

置天正朔积分，以转终分及秒去之，不尽，如日法而一，为日，不满为余秒，即天正十一月经朔入转日及余秒；以象策累加之，去命如前，得弦望经日加时入转及余秒；径求次朔入转，即以朔差加之。（加减里差，即得中朔弦望入转及余秒。）

求转定分及积度朓朒

一日	一千四百六十八 益五百一十三	度初 朓初	疾初
二日	一千四百五十七 益四百六十九	一十四度六十八 朓五百一十三	疾一度三十一
三日	一千四百四十二 益四百一十一	二十九度二十五 朓九百八十二	疾二度五十一
四日	一千四百二十二 益三百三十二	四十三度六十七 朓一千三百九十三	疾三度五十六
五日	一千三百九十九 益二百四十三	五十七度八十九 朓一千七百二十五	疾四度四十一
六日	一千(七)[三]百七十三 益一百四十一	七十一度八十八 朓一千九百六十八	疾五度三
七日	一千三百四十七 初益四十三 末损四	八十五度六十一 朓二千一百九	疾五度三十九

八日	一千三百二十一	九十九度八	疾五度四十九
	损六十三	朓二千一百四十八	
九日	一千二百九十五	一百十二度二十九	疾五度三十三
	损一百六十四	朓二千八十五	
十日	一千二百七十一	一百二十五度二十四	疾四度九十一
	损二百五十八	朓一千九百二十一	
十一日	一千二百四十七	一百三十七度九十五	疾四度二十五
	损三百(二十五)[五十二]	朓一千六百六十三	
十二日	一千二百二十八	一百五十度四十二	疾三度三十五
	损四百二十(五)[七]	朓一千三百一十一	
十三日	一千二百一十四	一百六十二度七十	疾二度二十六
	损四百八十一	朓八百八十四	
十四日	一千二百四	一百七十四度八十四	疾一度三
	初损四百三 末益一百一十七	朓四百三	
十五日	一千二百八	一百八十六度八十八	迟空三十
	益五百五	朒一百一十七	
十六日	一千二百一十九	一百九十八度九十六	迟一度五十九
	益四百六十二	朒六百二十二	
十七日	一千二百三十六	二百一十一度一十五	迟二度七十七
	益三百九十五	朒一千八十四	
十八日	一千二百五十八	二百二十三度五十一	迟三度七十八
	益三百九	朒一千四百七十九	
十九日	一千二百八十一	二百三十六度九	迟四度五十(六)[七]
	益二百一十九	朒一千七百八十八	
二十日	一千三百七	二百四十八度九十	迟五度一十三
	益一百一十七	朒二千七	
二十一日	一千三百三十三	二百六十一度九十七	迟五度四十三
	初益二十七 末损一十一	朒二千一百四十	
二十二日	一千三百五十九	二百七十五度三十	迟五度四十七
	损八十六	朒二千一百四十	
二十三日	一千三百八十四	二百八十八度八十九	迟五度二十五
	损一百八十四	朒二千五十四	
二十四日	一千四百八	三百二度七十三	迟四度七十八
	损二百七十八	朒一千八百七十	
二十五日	一千四百三十一	三百一十六度八十一	迟四度七
	损三百六十八	朒一千五百九十二	
二十六日	一千四百四十九	三百三十一度十(一)[二]	迟三度一十三
	损四百三十八	朒一千二百二十四	
二十七日	一千四百六十三	三百四十五度(八)[六]十一	迟二度二
	损四百九十三	朒七百八十六	
二十八日	一千四百七十二	三百六十度二十四	迟空七十五
	损二百九十三	朒二百九十(二)[三]	

求中朔弦望入转朓朒定数

置入转小余，以其日算外损益率乘之，如日法而一，所得，以损益朓朒积，为定数。其四七日下余，如初数以下，初率乘之，如初数而一，以损益朓朒积，为定数；如初数以上，以初数减之，余乘末率，如末数而一，用减初率，余如朓朒积，为定数。其十四日下余，如初数以上，以初数减之，余乘末率，如末数而一，为朓朒定数。

求朔弦望中日

以寻斯干城为准，置相去地里，以四千三百五十九乘之，退位，万约为分，曰里差；以加减经朔弦望小余，满与不足，进退大余，即中朔弦望日及余。（以东加之，以西减之。）

求朔弦望定日

置中朔弦望小余，朓减朒加入气入转朓朒定数，满与不足，进退大余，命壬戌算外，各得定朔弦望日辰及余。定朔干名与后朔同者，其月大；不同者，其月小；月内无中气者，为闰。视定朔小余，秋分后在日法四分之三以上者，进一日；春分后，定朔日出分与春分日出分相减之，余者，三约之，用减四分之三；定朔小余及此分以上者，亦进一日；或有交，亏初于日入前者，不进之。定弦望小余，在日出分以下者，退一日；或有交，亏初于日出前者，小余虽在日出后，亦退之。如望在十七日者，又视定朔小余在四分之三以下之数，（春分后用减定之数。）与定望小余在日出分以上之数相校之，朔少望多者，望不退，而朔犹进之；望少朔多者，朔不进，而望犹退之。（日月之行，有盈缩迟疾；加减之数，或有四大三小。若循常当察加时早晚，随所近而进退之，使不过四大三小。）

求定朔弦望中积

置定朔弦望小余，与中朔弦望小余相减之，余以加减经朔弦望入气日余，（中朔弦望，少即加之，多即减之。）即为定朔弦望入气；以加其气中积，即为定朔弦望中积。（其余，以日法退除为分秒。）

求定朔弦望加时日度

置定朔弦望约余，以所入气日损益率乘之，（盈缩之损益。）万约之，以损益其下盈缩积，乃盈加缩减定朔弦望中积，又以冬至加时日躔黄道宿度加之，依宿次去之，即得定朔弦望加时日所在度分秒。

又法：置定朔弦望约余，副之，以乘其日盈缩之损益率，万约之，应益者盈加缩减，应损者盈减缩加，其副满百为分，分满百为度，以加其日夜半日度，命之，各得其日加时日躔黄道宿次。（若先于历中注定每日夜半日度，即用此法为准也。）

求定朔弦望加时月度

凡合朔加时日月同度，其定朔加时黄道日度即为定朔加时黄道月度；弦望，各以弦望度加定朔弦望加时黄道日度，依宿次去之，即得定朔弦望加时黄道月度及分秒。

求夜半午中入转

置中朔入转，以中朔小余减之，为中朔夜半入转。又中朔小余，与半法相减之，余以加减中朔加时入转，（中朔少如半法，加之；多如半法，减之。）为中朔午中入转。若定朔大余有进退者，亦加减转日，否则因中为定，每日累加一日，满转终日及余秒，去命如前，各得每日夜半午中入转。（求夜半，因定朔夜半入转累加之；求午中，因定朔午中入转累加之；求加时入转者，如求加时入气之术法。）

求加时及夜半月度

置其日入转算外转定分，以定朔弦望小余乘之，如日法而一，为加时转分；（分满百为度。）减定朔弦望加时月度，为夜半月度。以相次转定分累加之，即得每日夜半月度。（或朔至弦望，或至后朔，皆可累加之。然近则差少，远则差多。置所求前后夜半相距月度为行度，计其日相距入转积度，与行度相减，余以相距日数除之，为日差行度。多日差加每日转定分行度，少日差减每日转定分而用之可也。欲求速，即用此数。欲究其微，而可用后术。）

求晨昏月度

置其日晨分，乘其日算外转定分，日法而一，为晨转分；用减转定分，余为昏转分。又以朔望定小余，乘转定分，日法而一，为加时分，以减晨昏转分，为前；不足，覆减之，为后；乃前加后减加时月度，即晨昏月度所在宿度及分秒。

求朔弦望晨昏定程

各以其朔昏定月减上弦昏定月，余为朔后昏定程。以上弦昏定月，减望昏定月，余为上弦后昏定程。以望晨定月，减下弦晨定月，余为望后晨定程。以下弦晨定月，减后朔晨定月，余为下弦后晨定程。

求每日转定度

累计每定程相距日下转积度，与晨昏定程相减，余以相距日数除之，为日差；（定程多，加之；定程少，减之。）以加减每日转定分，为转定度；因朔弦望晨昏月，每日累加之，满宿次去之，为每日晨昏月度及分秒。（凡注历，朔日已后注昏月，望后一日注晨月。）古历有九道月度，其数虽繁，亦难削去，具其术如后。

求平交日辰

置交终日及余秒，以其月经朔加时入交泛日及余秒减之，余为平交入其月经朔加时后日算及余秒；（中朔同。）以加其月中朔大小余，其大余命壬戌算外，即得平交日辰及余秒。（求次交者，以交终日及余秒加之，如大余满纪法，去之，命如前，即得次平交日辰及余秒也。）

求平交入转朓朒定数

置平交小余，加其日夜半入转，余以乘其日损益率，日法而一，所得，以损益其日下朓朒积，为定数。

求正交日辰

置平交小余，以平交入转朓朒定数朓减朒加之，满与不足，进退日辰，即得正交日辰及余秒；与定朔日辰相距，即得所在月日。

求中朔加时中积

各以其月中朔加时入气日及余，加其气中积及余，其日命为度，其余，以日法退除为分秒，即其月中朔加时中积度及分秒。

求正交加时黄道月度

置平交入中朔加时后日算及余秒，以日法通日内余进二位，如三万九千一百二十一为度，不满，退除为分秒，以加其月中朔加时中积，然后以冬至加时黄道日度加而命之，即得其月正交加时月离黄道宿度及分秒。如求次交者，以交中度及分秒加而命之，即得所求。

求黄道宿积度

置正交加时黄道宿全度，以正交加时月离黄道宿度及分秒减之，余为距后度及分秒；以黄道宿度累加之，即各得正交后黄道宿积度及分秒。

求黄道宿积度入初末限

置黄道宿积度及分秒，满交象度及分秒去之，余在半交象以下为初限；以上者，减交象度，余为末限。（入交积度、交象度，并在《交会篇》中。）

求月行九道宿度

凡月行所交，冬入阴历，夏入阳历，月行青道；（冬至夏至后，青道半交在春分之宿，当黄道东；立冬立夏后，青道半交在立春之宿，当黄道东南；至所冲之宿，亦皆如之也。宜细推。）冬入阳历，夏入阴历，月行白道；（冬至夏至后，白道半交在秋分之宿，当黄道西；立冬立夏后，白道半交在立秋之宿，当黄道西北；至所冲之宿，亦如之也。）春入阳历，秋入阴历，月行朱道；（春分秋分后，朱道半交在夏至之宿，当黄道南；立春立秋后，朱道半交在立夏之宿，当黄道西南；至所冲之宿，亦如之也。）春入阴历，秋入阳历，月行黑道。（春分秋分后，黑道半交在冬至之宿，当黄道北；立春立秋后，黑道半交在立冬之宿，当黄道东北；至所冲之宿，亦如之也。）四时离为八节，至阴阳之所交，皆与黄道相会，故月行有九道。各以所入初入初末限度及分，减一百一度，余以所入初入初末限度及分乘之，半而退位为分，分满百为度，命为月道与黄道泛差。

凡日以赤道内为阴，外为阳；月以黄道内为阴，外为阳。故月行正交，入夏至后宿度内为同名，入冬至后宿度内为异名。其在同名者，置月行与黄道泛差，九因之，八约之，为定差；半交后，正交前，以差减；正交后，半交前，以差加；（此加减出入六度，正如黄赤道相交同名之差，若较之渐异，则随交所在迁变不常。）仍以正交度距秋分度数，乘定差，如象限而一，所得，为月道与赤道定差；前加者为减，减者为加。其在异名者，置月行与黄道泛差，七因之，八约之，为定差；半交后，正交前，以差加；正交后，半交前，以差减；（此加减出入六度，异如黄赤道相交异名之差，若较之渐同，则随交所在迁变不常。）仍以正交度距春分度数，乘定差，如象限而一，所得，为月道与赤道定差；前加者为减，减者为加，各加减黄道宿积度，为九道宿积度；以前宿九道积度减之，为其宿九道度及分秒。（其分就近约为太、半、少，论春夏秋冬，以四时日所在宿度为正。）

求正交加时月离九道宿度

以正交加时黄道日度及分，减一百一度，余以正交度及分乘之，半而退位为分，分满百为度，命为月道与黄道泛差。其在同名者，置月行与黄道泛差，九因之，八约之，为定差，以加；仍以正交度距秋分度数乘定差，如象限而一，所得，为月道与赤道定差，以减。其异名者，置月行与黄道泛差，七因之，八约之，为定差，以减；仍以正交度距春分度数，乘定差，如象限而一，所得，为月道与赤道定差，以加。置正交加时黄道月度及分，以二差加减之，即为正交加时月离九道宿度及分。

求定朔弦望加时月所在度

置定朔加时日躔黄道宿次，凡合朔加时，月行潜在日下，与太阳同度，是为加时月离宿次；各以弦望度及分秒，加其所当弦望加时日躔黄道宿度，满宿次，去之，命如前，各得定朔弦望加时月所在黄道宿度及分秒。

求定朔弦望加时九道月度

各以定朔弦望加时月离黄道宿度及分秒，加前宿正交后黄道积度，为定朔弦望加时正交后黄道积度；如前求九道积度，以前宿九道积度减之，余为定朔弦望加时九道月离宿度及分秒。（其合朔加时，若非正交，则日在黄道，月在九道，所入宿度虽多少不同，考其两极若绳准。故云月行潜在日下，与太阳同度，即为加时。九道月度，求其晨昏夜半月度，并依前术。）

卷五十七　　志第九

历　六

庚午元历下

步交会术

交终分，一十四万二千三百一十九，秒九千三百六，微二十。

交终日，二十七，余一千一百九，秒九千三百六，微二十。

交中日，一十三，余三千一百六十九，秒四千六百五十三，微一十。

交朔日，二，余一千六百六十五，秒六百九十三，微八十。

交望日，一十四，余四千二，秒五千。

秒母，一万。

微母，一百。

交终度，三百六十三，分七十九，秒三十六。

交中度，一百八十一，分八十九，秒六十八。

交象度，九十，分九十四，秒八十四。

半交象度，四十五，分四十七，秒四十二。

日食既前限，二千四百。定法，二百四十八。

日食既后限，三千一百。定法，三百二十。

月食限，五千一百。

月食既限，一千七百。定法，三百四十。

分秒母，皆一百。

求朔望入交（先置里差，半之，如九而一，所得依其加减天正朔积分，然后求之。）

置天正朔积分，以交终分去之，不尽，如日法而一，为日，不满为余，即得天正十一月中朔入交泛日及余秒。（便为中朔加时入交泛日及余。）交朔加之，得次朔；交望加之，得望；再加交望，亦得次朔；各为朔望入交泛日及余秒。（凡称余秒者，微亦从之，余仿此。）

求定朔及每日夜半入交

各置入交泛日及余秒，减去中朔望小余，即为定朔望夜半入交泛日及余秒。若定朔望有进退者，亦进退交日，否则因中为定，大月加二日，小月加一日，余皆加四千一百二十，秒六百九十三，微八十，即次朔夜半入交；累加一日，满交终日及余秒，去之，即每日夜半入交泛日及余秒。

求定朔望加时入交

置中朔望加时入交泛日及余秒，以入气入转朓朒定数朓减朒加之，即得定朔望加时入交泛日及余秒。

求定朔望加时入交积度及阴阳历

置定朔望加时入交泛日，以日法通之，内余进二位，如三万九千一百二十一而一，为度，不满，退除为分秒，即得定朔望加时月行入交积度；以定朔望加时入转迟疾度迟减疾加之，即为月行入定交积度；如交中度以下，为入阳历积度，以上，去之，为入阴历积度。（每日夜半准此求之。）

求月去黄道度

视月入阴阳历积度及分，交象以下，为少象；以上，覆减交中，余为老象。置所入老少象度于上位，列交象度于下，相减，相乘，倍之，退位为分，分满百为度，用减所入老少象度及分；余，又与交中度相减、相乘，八因之，以一百一十除之，为分，分满百为度，即得月去黄道度及分。

求朔望加时入交常日及定日

置朔望入交泛日，以入气朓朒定数朓减朒加，为入交常日。又置入转朓朒定数，进一位，以一百二十七而一，所得，朓减朒加交常日，为入交定日及余秒。

求入交阴阳历交前后分

视入交定日，如交中以下，为阳历；以上，去之，为阴历。如一日上下，以日法通日内分，内余为交后分；十三日上下，覆减交中日，余为交前分。

求日月食甚定余

置朔望入气入转朓朒定数，同名相从，异名相消，以一千三百三十七乘之，以定朔望加时入转算外转定分除之，所得，以朓减朒加中朔望小余，为泛余。日食，视泛余，如半法以下，为中前，半法以上，去之，为中后。置中前后分，与半法相减、相乘，倍之，万约为分，曰时差。中前以时差减泛余，为定余；覆减半法，余为午前分；中后以时差加泛余，为定余；减去半法，余为午后分。月食，视泛余，在日入后夜半前，如日法四分之三以下，减去半法，为酉前分；四分之三以上，覆减日法，余为酉后分。又视泛余，在夜半后日出前者，如日法四分之一以下，为卯前分；四分之一以上，覆减半法，余为卯后分。其卯酉前后分，自相乘，四因，退位，万约为分，以加泛余，为定余。各置定余，以发敛加时法求之，即得日月食甚辰刻及分秒。

求日月食甚日行积度

置定朔望食甚大小余，与中朔望大小余相减之，余以加减中朔望入气日余，（以中朔望少加多减。）即为食甚入气；以加其气中积，为食甚中积。又置食甚入气余，以所入气日损益率（盈缩之损益。）乘之，如日法而一，以损益其日盈缩积，盈加缩减食甚中积，即为食甚日行积度及分。先以食甚中积经分为约分，然后加减之，余类此者，依而求之。

求气差

置日食食甚日行积度及分，满中限去之，余在象限以下，为初限；以上，覆减中限，为末限；皆自相乘，进二位，以四百七十八而一，所得，用减一千七百四十四，余为气差恒数；以午前后分乘之，半昼分除之，所得，以减恒数，为定数。（如不及减者，覆减为定数，应加者减之，应减者加之。）春分后，阳历减阴历加；秋分后，阳历加阴历减。（春分前秋分后，各二日二千一百分为定气，于此宜加减之。）

求刻差

置日食食甚日行积度及分，满中限去之，余与中限相减、相乘，进二位，如四百七十八而一，所得，为刻差恒数；以午前后分乘之，日法四分之一除，所得，为定数。（若在恒数以上者，倍恒数，以所得之数减之，为定数，依其加减。）冬至后，午前阳加阴减，午后阳减阴加；夏至后，午前阳减阴加，午后阳加阴减。

求日食去交前后定分

置气刻二差定数，同名相从，异名相消，为食差；依其加减去交前后分，为去交前后定分。视其前后定分，如在阳历，即不食；如在阴历，即有食之。如交前阴历不及减，反减之，（反减食差。）为交后阳历；交后阴历不及减，反减之，为交前阳历；即不食。交前阳历不及减，反减之，为交后阴历；交后阳历不及减，反减之，为交前阴历；即日有食之。

求日食分

视去交前后定分，如二千四百以下，为既前分；以二百四十八除，为大分；二千四百以上，覆减五千五百，（不足减者不食。）为既后分；以三百二十除，为大分，不尽，退除为秒。（其一分以下者，涉交太浅，太阳光盛，或不见食。）

求月食分

视去交前后分，（不用气刻差者。）一千七百以下者，食既；以上，覆减五千一百，（不足减者不食。）余以三百四十除之，为大分；不尽，退除为秒，即月食之分秒。去交分在既限以下，覆减既限，亦以三百四十除之，为既内之大分。

求日食定用分

置日食之大分，与二十分相减、相乘，又以二千四百五十乘之，如定朔入转算外转定分而一，所得，为定用分；减定余，为初亏分；加定余，为复圆分；各以发敛加时法求之，即得日食三限辰刻也。

求月食定用分

置月食之大分，与三十五分相减、相乘，又以二千一百乘之，如定望入转算外转定分而一，所得，为定用分；加减定余，为初亏复圆分。各如发敛加时法求之，即得月食三限辰刻。

月食既者，以既内大分，以一十五分相减相乘，又以四千二百乘之，如定望入转算外转定分而一，所得为既内分；用减定用分，为既外分。置月食定余，减定用分，为初亏分；因加既外分，为食既分；又加既内分，为食甚分；（即定余分是也。）再加既内分，为生光分；复加既外分，为复圆分。各以发敛加时法求之，即得月食五限辰刻及分。（如月食既者，以十分并既内大分，如其法而求其定用分也。）

求月食所入更点

置食甚所入日晨分，倍之，五约之，为更法；又五约之，为点法。乃置月食初末诸分，昏分以上者，减昏分；晨分以下者，加晨分；如不满更法，为初更；不满点法，为一点。依法以次求之，即得更点之数。

求日食所起

食在既前，初起西南，甚于正南，复于东南。食在既后，初起西北，甚于正北，复于东北。其食八分以上者，皆起正西，复正东。（此据正午地而论之。）

求月食所起

月在阳历，初起东北，甚于正北，复于西北。月在阴历，初起东南，甚于正南，复于西南。其食八分以上，皆起正东，复正西。（此亦据正午地而论之。）

求日月出入带食所见分数

各以食甚小余，与日出入分相减，余为带食差；以乘所食之分，满定用分而一，（月食既者，以既内分减带食差，余乘所食分，如既外分而一，不及减者，为带食既出入。）以减所食分，即日月出入带食所见之分。（其食甚在昼，晨为渐进，昏为已退；食甚在夜，晨为已退，昏为渐进也。）

求日月食甚宿次

置日月食甚日行积度，（望即更加望度。）以天正冬至加时黄道日度加而命之，依黄道宿次去之，即各得日月食甚宿度及分秒。

步五星术

木星

周率，二百八万六千一百四十二，秒九。

历率，二千二百六十五万五百五十七。

历度法，六万二千一十四。

周日，三百九十八日八十八分。

历度，三百六十五度二十四分九十秒。

历中，一百八十二度六十二分四十五秒。

历策，一十五度二十一分八十七秒。

伏见，一十三度。

段目	段日	平度
	限度	初行率
合伏	一十六日八十六	三度八十六
	二度九十三	二十三
晨顺疾	二十八日	六度一十一
	四度六十四	二十二
晨次疾	二十八日	五度五十一
	四度一十九	二十一
晨顺迟	二十八日	四度三十一
	三度二十八	一十八
晨末迟	二十八日	一度九十一
	一度四十五	一十二
晨留	二十四日	
晨退	四十六日五十八	四度八十八 一十八
	空度三十二 八十二	
夕退	四十六日五十八	四度八十八 一十八
	空度三十二 八十二	一十六
夕留	二十四日	
夕末迟	二十八日	一度九十一
	一度四十五	
夕顺迟	二十八日	四度三十一
	三度二十八	一十二
夕次疾	二十八日	五度五十一
	四度一十九	一十八
夕顺疾	二十八日	六度一十一
	四度六十四	二十一
夕伏	一十六日八十六	三度八十六
	二度九十三	二十二

策数	损益率	盈积度
	损益率	缩积度
一	益一百五十九	初
	益一百五十九	初
二	益一百四十二	一度五十九
	益一百四十二	一度五十九
三	益一百二十	三度一
	益一百二十	三度一
四	益九十三	四度二十一
	益九十三	四度二十一
五	益六十一	五度一十四
	益六十一	五度一十四
六	益二十四	五度七十五
	益二十四	五度七十五
七	损二十四	五度九十九
	损二十四	五度九十九
八	损六十一	五度七十五
	损六十一	五度七十五
九	损九十三	(四)〔五〕度一十四
	损九十三	五度一十四
十	损一百二十	四度二十一
	损一百二十	四度二十一
十一	损一百四十二	三度一
	损一百四十二	三度一
十二	损一百五十九	一度五十九
	损一百五十九	一度五十九

火星

周率，四百七万九千四十二，秒一十四半。

历率，三百五十九万二千七百五十七，秒四十四少。

历度法，九千八百三十六半。

周日，七百七十九日九十三分一十六秒。

历度，三百六十五度二十四分七十五秒。

历中，一百八十二度六十二分三十七秒半。

历策，一十五度二十一分八十六秒。

伏见，一十九度。

段目	段日	平度
	限度	初行率

合伏	六十七日	四十八度
	四十五度四十八	七十二
晨顺疾	六十三日	四十四度六十
	四十二度二十六	七十(二)〔一〕
晨次疾	五十八日	四十度九
	三十七度九十九	七十
晨中疾	五十二日	三十六度六
	三十二度三十二	六十八
晨末疾	四十五日	二十六度三十二
	二十四度九十九	六十三
晨顺迟	三十七日	一十六度六十八
	一十五度八十	五十四
晨末迟	二十八日	五度七十五
	五度四十五	三十七
晨留	一十一日	
晨退	二十八日九十六 五十八	八度一十五 六十
	三度五 四十	
夕退	二十八日九十六 五十八	八度一十五 六十
	三度五 四十	四十一
夕留	一十一日	
夕末迟	二十八日	五度七十五
	五度四十五	
夕顺迟	三十七日	一十六度六十八
	一十五度八十	三十七
夕末疾	四十五日	二十六度三十二
	二十四度九十九	五十四
夕中疾	五十二日	三十四度六
	三十二度三十二	六十三
夕次疾	五十八日	四十度九
	三十七度九十九	六十八
夕顺疾	六十三日	四十四度六十
	四十二度二十六	七十
夕伏	六十七日	四十八度
	四十五度四十八	七十一

策数	**损益率**	**盈积度**
	损益率	**缩积度**
一	益一千一百六十	初
	益四百五十八	初
二	益八百	一十〔一〕度六十
	益四百五十三	四度五十八
三	益四百六十四	一十九度六十
	益四百三十三	九度一十一
四	益一百五十二	二十四度二十四
	益三百九十六	一十三度四十四
五	损五十七	二十五度七十六
	益三百四十一	一十七度四十
六	损一百七十二	二十五度一十九
	益二百六十六	二十度八十一
七	损二百六十六	二十三度四十七
	益一百七十二	二十三度四十七
八	损三百四十一	二十度八十一
	损五十七	二十五度一十九
九	损三百九十六	一十七度四十
	损一百五十二	二十五度七十六
十	损四百三十三	一十三度四十四
	损四百六十四	二十四度二十四
十一	损四百五十三	九度一十一
	损八百	一十九度〔六十〕
十二	损四百五十八	四度五十八
	损一千一百六十	一十〔一〕度六十

土星

周率,一百九十七万七千四百一十一,秒六十九。

历率,五千六百二十二万三千二百四十八半。

历度法,一十五万三千九百二十八。

周日,三百七十八日九分二秒。

历度,三百六十五度二十五分六十八秒。

历中,一百八十二度六十二分八十四秒。

历策,一十五度二十一分九十秒。

伏见,一十七度。

段目	**段日**	**平度**
	限度	**初行率**
合伏	一十九日四十八	二度四十八
	一度五十六	一十三
晨顺疾	二十七日五十	三度二十二
	二度二	一十二
晨次疾	二十七日五十	二度六十四
	一度六十五	一十一
晨迟	二十七日五十	一度四十八
	空度九十一	八
晨留	三十六日	
晨退	五十一日六 五十一	三度三十九 六十六
	空度二十八 三十三	
夕退	五十一日六 五十一	三度三十九 六十六
	空度二十八 三十三	九七十五
夕留	三十六日	
夕迟	二十七日五十	一度四十八
	空度九十一	
夕次疾	二十七日五十	二度六十四

	一度六十五	八
夕顺疾	二十七日五十	三度二十二
	二度二	一十一
夕伏	一十九日四十八	(四)〔二〕度四十八
	一度五十六	一十二

策数	**损益率**	**盈积度**
	损益率	**缩积度**
一	益二百一十三	初
	益一百六十三	初
二	益一百九十七	二度一十三
	益一百四十九	一度六十三
三	益一百六十八	四度一十
	益一百二十八	三度一十二
四	益一百二十八	五度七十八
	益一百	四度四十
五	益八十一	七度六
	益六十五	五度四十
六	益三十三	七度八十七
	益二十三	六度五
七	损三十三	八度二十(二)
	损二十三	六度二十八
八	损八十一	七度八十七
	损六十五	六度五
九	损一百二十八	七度六
	损一百	五度四十
十	损一百六十八	五度七十八
	损一百二十八	四度四十
十一	损一百九十七	四度一十
	损一百四十九	三度一十二
十二	损二百一十三	二度一十三
	损一百六十三	一度六十三

金星

周率,三百五万三千八百四,秒六十三太。

历率,一百九十一万二百四十,秒七十六半。

历度法,五千二百三十。

周日,五百八十三日九十分一十四秒。

合日,二百九十一日九十五分七秒。

历度,三百六十五度二十四分六十八秒。

历中,一百八十二度六十二分三十四秒。

历策,一十五度二十一分八十六秒。

伏见,一十度半。

段目	**段日**	**平度**
	限度	**初行率**
合伏	三十九日二十五	四十九度七十五
	四十七度七十六	一百二十七
夕顺疾	四十七日七十五	六十度一十六五十
	五十七度七十六	一百二十六
夕次疾	四十七日七十五	五十九度三十九
	五十七度一	一百二十五
夕中疾	四十七日七十五	五十七度
	五十四度七十二	一百二十三
夕末疾	三十九日二十五	四十二度二十九
	四十度六十	一百一十五
夕顺迟	二十九日二十五	二十四度七十二
	二十三度七十(二)〔三〕	一百
夕末迟	一十八日二十五	六度九十三五十
	六度六十六	六十九
夕留	七日	
夕退	九日七十七	三度七十九九十三
	一度六十九七	
夕退伏	六日	四度五十
	二度二	六十八
合退伏	六日	四度五十
	二度二	八十二
晨退	九日七十七	三度七十九九十三
	一度六十九七	六十八
晨留	七日	
晨末迟	一十八日二十五	六度九十三五十
	六度六十六	
晨顺迟	二十九日二十五	二十四度七十二
	二十三度七十三	六十九
晨末疾	三十九日二十五	四十二度二十九
	四十度六十	一百
晨中疾	四十七日七十五	五十七度
	五十四度七十二	一百一十五
晨次疾	四十七日七十五	五十九度三十九
	五十七度一	一百二十三
晨顺疾	四十七日七十五	六十度一十六五十
	五十七度七十六	一百二十五
晨伏	三十九日二十五	四十九度七十(六)〔五〕
	四十七度七十(五)〔六〕	一百二十六

策数	**损益率**	**盈积度**
	损益率	**缩积度**
一	益五十二	初
	益五十二	初
二	益四十八	空度五十二
	益四十八	空度五十二

三	益四十(八)〔一半〕	一度
	益四十一半	一度
四	益三十二半	一度四十一半
	益三十二半	一度四十一半
五	益二十一	一度七十四
	益二十一	一度七十四
六	益七	一度九十五
	益七	一度九十五
七	损七	二度二
	损七	二度二
八	损二十一	一度九十五
	损二十一	一度九十五
九	损三十二半	一度七十四
	损三十二半	一度七十四
十	损四十一半	一度四十一半
	损四十一半	一度四十一半
十一	损四十八	一度
	损四十八	一度
十二	损五十二	空度五十二
	损五十二	空度五十二

水星

周率,六十万六千三十一,秒七十七半。

历率,一百九十一万二百四十二,秒一十三半。

历度法,五千二百三十。

周日,一百一十五日八十七分六十秒。

合日,五十七日九十三分八十秒。

历度,三百六十五度二十四分七十秒。

历中,一百八十二度六十二分三十五秒。

历策,一十五度二十一分八十五秒。

晨伏夕见,一十四度。

夕伏晨见,一十九度。

段目	**段日**	**平度**
	限度	**初行率**
合伏	一十五日	二十九度
	二十四度三十六	二百五
夕顺疾	一十五日	二十三度七十五
	一十九度九十五	一百八十一
夕顺迟	一十五日	一十三度二十五
	一十一度一十三	一百三十五
夕留	二日	
夕退伏	一十日九十三八十	八度六二十
	二度四十九八十	
合退伏	一十日九十三八十	八度六二十
	二度四十九八十	一百八
晨留	二日	
晨顺迟	一十五日	一十三度二十五
	一十一度一十三	
晨顺疾	一十五日	二十三度七十五
	一十九度九十五	一百三十五
晨伏	一十五日	二十九度
	二十四度三十六	一百八十一

策数	**损益率**	**盈积度**
	损益率	**缩积度**
一	益五十七	初
	益五十七	初
二	益五十三	空度五十七
	益五十三	空度五十七
三	益四十五	一度一十
	益四十五	一度一十
四	益三十五	一度五十五
	益三十五	一度五十五
五	益二十二	一度九十
	益二十二	一度九十
六	益八	二度一十二
	益八	二度一十二
七	损八	二度二十
	损八	二度二十
八	损二十二	二度一十二
	损二十二	二度一十二
九	损三十五	一度九十
	损三十五	一度九十
十	损四十五	一度五十五
	损四十五	一度五十五
十一	损五十三	一度一十
	损五十三	一度一十
十二	损五十七	空度五十七
	损五十七	空度五十七

求五星天正冬至后平合及诸段中积中星

置通积分,(先以里差加减之。)各以其星周率去之,不尽,为前合分;覆减周率,余为后合分;如日法而一,不满,退除为分秒,即得其星天正冬至后平合中积中星。(命为日,日中积;命为度,日中星。)以段日累加中积,即为诸段中积;以平度累加中星,经退则减之,即为诸段中星。

求五星平合及诸段入历

置通积分,各加其星后合分,以历率去之,不尽,各以其历度法除为度,不满,退除为分秒,即为其星平合入历度及分秒;以诸段限度累加之,即得诸段入历度及分秒。

求五星平合及诸段盈缩定差

各置其星段入历度及分秒,如在历中以下,为盈;以上,减去历中,余为缩。以其星历策除之,为策数;不尽,为入策度及分。命策数算外,以其策损益率乘之,余历策而一，为分，以损益其下盈缩积度，即为其星段盈缩定差。

求五星平合及诸段定积

各置其星段中积，以其段盈缩定差盈加缩减之，即得其段定积日及分；加天正冬至大余及约分，满纪法，去之，不满，命壬戌算外，即得日辰也。

求五星平合及诸段所在月日

各置其段定积，以加天正闰日及约分，以朔策及约分除之，为月数；不尽，为入月以来日数及分。其月数，命天正十一月算外，即得其段入月中朔日数及分；乃以日辰相距，为所在定朔月日。

求五星平合及诸段加时定星

各置中星，以盈缩定差盈加缩减，（金星倍之，水星三之，然后加减。）即为五星诸段定星；以加天正冬至加时黄道日度，依宿次命之，即其星其段加时所在宿度及分秒。

求五星诸段初日晨前夜半定星

各以其段初行率，乘其段定积日下加时分，百约之，乃顺减退加其日加时定星，即其段初日晨前夜半定星所在宿度及分秒。

求诸段日率度率

各以其段日辰，距后段日辰为日率。以其段夜半宿次，与后段夜半宿次相减，余为度率。

求诸段平行分

各置其段度率及分秒，以其段日率除之，即得其段平行度及分秒。

求诸段总差及日差

本段前后平行分相减，为其段泛差；（假令求木星次疾泛差，乃以顺疾顺迟平行分相减，余为次疾泛差，他皆仿此。）倍而退位，为增减差；加减其段平行分，为初末日行分；（前多后少者，加为初，减为末；前少后多者，减为初，加为末。）倍增减差，为总差；以日率减一除之，为日差。

求前后伏迟退段增减差

前伏者，置后段初日行分，加其日差之半，为末日行分；后伏者，置前段末日行分，加其日差之半，为初日行分；以减伏段平行分，余为增减差。前迟者，置前段末日行分，倍其日差减之，为初日行分；后迟者，置后段初日行分，倍其日差减之，为末日行分；以迟段平行分减之，余为增减差。（前后近留迟段。）木火土三星，退行者，六因平行分，退一位，为增减差。金星，前后伏退者，三因平行分，半而退位，为增减差。前退者，置后段初日之行分，以其日差减之，为末日行分。后退者，置前段末日之行分，以其日差减之，为初日行分；以本段平行分减之，余为增减差。水星，半平行分为增减差，皆以增减差加减平行分，为初末日行分。（前多后少，加初减末；前少后多，减初加末。）又倍增减差为总差，以日率减一，除之，为日差。

求每日晨前夜半星行宿次

各置其段初日行分，以日差累损益之，（后少则损之，后多则益之。）为每日行度及分秒；乃顺加退减之，满宿次去之，即得每日晨前夜半星行宿次。（视前段末日后段初日行分相较之数，不过一二日差为妙；或多日差数倍，或颠倒不伦，当类同前后增减差稍损益之，使其有伦，然后用之。或前后平行分俱多俱少，则平注之；或总差之秒不盈一分，亦平注之；若有不伦而平注得伦者，亦平注之。）

求五星平合及见伏入气

置定积，以气策及约分除之，为气数；不满，为入气日及分秒；命天正冬至算外，即得所求平合及见伏入气日及分秒。

求五星平合及见伏行差

各以其段初日星行分与太阳行分相减，余为行差。若金在退行、水在退合者，相并为行差。如水星夕伏晨见者，直以太阳行分为行差。

求五星定合及见伏泛积

木火土三星，各以平合晨疾夕伏定积，为定合定见定伏泛积。金水二星，置其段盈缩定差，（水星倍之。）各以行差除之，为日，不满，退除为分秒；若在平合夕见晨伏者，盈减缩加；如在退合夕伏晨见，盈加缩减；皆以加减定积为定合定见定伏泛积。

求五星定合定积定星

木火土三星，各以平合行差除其日太阳盈缩差，为距合差日；以太阳盈缩差减之，为距合差度；日在盈历，以差日差度减之；在缩历，加之；加减其星定合泛积，为定合定积定星。金水二星，顺合退合，各以平合退合行差，除其日太阳盈缩差，为距合差日；顺加退减太阳盈缩差，为距合差度；顺在盈历，以差日差度加之；在缩历，减之；退在盈历，以差日减之，差度加之；在缩历，以差日加之，差度减之；皆以加减其定星定合再定合泛积，为定合再定合定积定星；以冬至大余及约分加定积，满纪法，去之，命得定合日辰；以冬至加时黄道日度加定星，满宿次，去之，即得定合所在宿次。（其顺退所在盈缩，即太阳盈缩。）

求木火土三星定见伏定日

各置其星定见伏泛积，晨加夕减象限日及分秒；（半中限为象限。）如中限以下，自相乘；以上，覆减岁周日及分秒，余亦自相乘；满七十五而一，所得，以其星伏见度乘之，一十五除之，为差。其差，如其段行差而一，为日，不满，退除为分秒；见加伏减泛积，为定积；加命如前，即得日辰。

求金水二星定见伏定日

各以伏见日行差，除其日太阳盈缩差，为日。若晨伏夕见，日在盈历，加之；在缩历，减之；如夕伏晨见，日在盈缩，减之，在缩历，加之；加减其星泛积，为常积。视常积，如中限以下，为冬至后；以上，去之，余为夏至后。其二至后，如象限以下，自相乘；以上，覆减中限，余亦自相乘；各如法而一为分，（冬至后晨，夏至后夕，以一十八为法；冬至后夕，夏至后晨，以七十五为法。）以伏见度乘之，一十五除之，为差。其差，满行差而一，为日，不满，退除为分秒；加减常积，为定积；（冬至后，晨见夕伏，加之；夕见晨伏，减之。夏至后，晨见夕伏，减之；夕见晨伏，加之。）加命如前，即得定见伏日辰。

其水星，夕疾在大暑气初日至立冬气九日三十五分以下者，不见；晨留在大寒气初日至立夏气九日三十五分以下者，不见。春不晨见，秋不夕见者，亦旧历有之。

卷五十八　志第十

地理一

自封建变为郡县，有天下者，汉、隋、唐、宋为盛，然幅员之广，咸不逮元。汉梗于北狄，隋不能服东夷，唐患在西戎，宋患常在西北。若元，则起朔漠，并西域，平西夏，灭女真，臣高丽，定南诏，遂下江南，而天下为一，故其地北逾阴山，西极流沙，东尽辽左，南越海表。盖汉东西九千三百二里，南北一万三千三百六十八里，唐东西九千五百一十一里，南北一万六千九百一十八里，元东南所至不下汉、唐，而西北则过之，有难以里数限者矣。

初，太宗六年甲午，灭金，得中原州郡。七年乙未，下诏籍民，自燕京、顺天等三十六路，户八十七万三千七百八十一，口四百七十五万四千九百七十五。宪宗二年壬子，又籍之，增户二十余万。世祖至元七年，又籍之，又增三十余万。十三年，平宋，全有版圆。二十七年，又籍之，得户一千一百八十四万八百有奇。于是南北之户总书于策者，一千三百一十九万六千二百有六，口五千八百八十三万四千七百一十有一，而山泽溪洞之民不与焉。立中书省一，行中书省十有一：曰岭北，曰辽阳，曰河南，曰陕西，曰四川，曰甘肃，曰云南，曰江浙，曰江西，曰湖广，曰征东，分镇藩服，路一百八十五，府三十三，州三百五十九，军四，安抚司十五，县一千一百二十七。文宗至顺元年，户部钱粮户数一千三百四十万六百九十九，视前又增二十万有奇，汉、唐极盛之际，有不及焉。盖岭北、辽阳与甘肃、四川、云南、湖广之边，唐所谓羁縻之州，往往在是，今皆赋役之，比于内地；而高丽守东藩，执臣礼惟谨，亦古所未见。地大民众，后世狃于治安，而不知诘戎兵、慎封守，积习委靡，一旦有变，而天下遂至于不可为。呜呼！盛极而衰，固其理也。

唐以前以郡领县而已，元则有路、府、州、县四等。大率以路领州、领县，而腹里或有以路领府、府领州、州领县者，其府与州又有不隶路而直隶省者，具载于篇，而其沿革则溯唐而止焉。作《地理志》。（凡路，低于省一字。府与州直隶省者，亦低于省一字。其有宣慰司、廉访司，亦止低于省一字。各路录事司与路所亲领之县与府、州之隶路者，低于路一字。府与州所领之县，低于府与州一字。府领州、州又领县者，又低于县一字。路所亲领之县若府若州，曰领县若干、府若干、州若干；府与州所领之县，则曰若干县，所以别之也。）

中书省统山东西、河北之地，谓之腹里，为路二十九，州八，属府三，属州九十一，属县三百四十六。（各路立站，总计一百九十八处。）

大都路，唐幽州范阳郡。辽改燕京。金迁都，为大兴府。元太祖十年，克燕，初为燕京路，总管大兴府。太宗七年，置版籍。世祖至元元年，中书省臣言："开平府阙庭所在，加号上都，燕京分立省部，亦乞正名。"遂改中都，其大兴府仍旧。四年，始于中都之东北置今城而迁都焉。（京城右拥太行，左挹沧海，枕居庸，奠朔方。城方六十里，十一门：正南曰丽正，南之右曰顺承，南之左曰文明，北之东曰安贞，北之西曰健德，正东曰崇仁，东之右曰齐化，东之左曰光熙，正西曰和义，西之右曰肃清，西之左曰平则。海子在皇城之北、万寿山之阴，旧名积水潭，聚西北诸泉之水，流入都城而汇于此，汪洋如海，都人因名焉。恣民渔采无禁，拟周之灵沼云。）九年，改大都。十九年，置留守司。二十一年，置大都路总管府。户一十四万七千五百九十，口四十万一千三百五十。（用至元七年抄籍数。）领院二、县六、州十。州领十六县。

右警巡院。

左警巡院。（初设警巡院三，至元四年，省其一，止设左右二院，分领坊市民事。）

县六

大兴，（赤。）宛平，（赤。与大兴分治郭下。金水河源出玉泉山，流入皇城，故名金水。）良乡，（下。）永清，（下。）宝坻（下。至元十六年，于县立屯田所，收子粒赴太仓及醴源仓输纳。）昌平。（下。）

州十

涿州，（下。）唐范阳县，复改涿州。宋因之。元太宗八年，为涿州路。中统四年，复为涿州。领二县：

范阳，（下。倚郭。）房山。（下。金奉先县，至元二十七年，改今名。）

霸州，（下。）唐隶幽州。周始置霸州。宋升永清郡。金置信安军。元仍为霸州。领四县：

益津，（下。倚郭。中统四年省，至元二年置。）文安，（下。）大城，（下。）保定。（下。至元二年，省入益津，四年置。）

通州，（下。）唐为潞县。金改通州，取漕运通济之义，有丰备、通济、太仓以供京师。领二县：

潞县，（倚郭。）三河。（下。）

蓟州，（下。）唐置，后改渔阳郡，仍改蓟州。宋为广川郡。金为中都。元太祖十年，定其地，仍为蓟州。领五县：

渔阳，（下。倚郭。）丰闰，（下。至元二年，省入玉田，四年，以路当冲要复置。二十二年，立丰闰署，领屯田八百三十七户。）玉田，（下。）遵化，（下。）平谷。（下。至元二年，省入渔阳，十三年复置。）

漷州，（下。）辽、金为漷阴县。元初为大兴府属邑，至元十三年，升漷州，割大兴府之武清、香河二邑来属。领二县：

香河，（下。）武清。

顺州，（下。）唐初改燕州，复为归德郡，复为顺州，复为归顺州。辽为归化军。宋为顺兴军。金仍为顺州，置温阳县。元废县存州。

檀州，（下。）唐改密云郡，又复为檀州。辽为武威军。宋为镇远军。金仍为檀州。元因之。

东安州，（下。）唐以前为安次县。辽、金因之，元初隶大兴府。太宗七年，隶霸州。中统四年，升为东安州，隶大都路。

固安州，（下。）唐仍隋旧为固安县，隶幽州。宋隶涿水郡。金隶涿州。元宪宗九年，隶霸州，又改隶大兴府。中统四年，升固安州。

龙庆州，唐为妫川县。金为缙山县。元至元三年，省入怀来县，五年复置，本属上都路宣德府奉圣州。二十二年，仁宗生于此。延祐三年，割缙山、怀来来隶大都，升缙山为龙庆州。领一县：

怀来。（下。）

上都路，唐为奚、契丹地。金平契丹，置桓州。元初为札剌儿部、兀鲁郡王营幕地。宪宗五年，命世祖居其地，为巨镇。明年，世祖命刘秉忠相宅于桓州东、滦水北之龙冈。中统元年，为开平府。五年，以阙庭所在，加号上都，岁一幸焉。至元二年，置留守司。五年，升上都路总管府。十八年，升上都留守司，兼行本路总管府事。户四万一千六十二，口一十一万八千一百九十一。领院一、县一、府一、州四，州领三县，府领三县、二州，州领六县。

警巡院。

县一

开平。（上。）

府一

顺宁府，唐为武州。辽为德州。金为宣德州。元初为宣宁府。太宗七年，改山东路总管府。中统四年，改宣德府，隶上都路。仍至元三年，以地震改顺宁府。领三县、二州。

三县

宣德，（下。倚郭。至元二年，省本府之录事司并龙门县并入焉。二十八年，又割龙门去属云州。）宣平，（下。）顺圣。（下。本隶弘州，今来属。）

二州

保安州，（下。）唐新州。辽改奉圣州。金为德兴府。元初因之。旧领永兴、缙山、怀来、矾山四县。至元二年，省矾山入永兴。三年，省缙山入怀来，仍改为奉圣州，隶宣德府。五年，复置缙山。延祐三年，以缙山、怀来隶大都。仍至元三年，以地震改保安州。领一县：永兴。（下。倚郭。）

蔚州，（下。）唐改为安边郡，又改为兴唐县，又仍为蔚州。辽为忠顺军。金仍为蔚州。元至元二年，省州为灵仙县，隶弘州。其年，复改为蔚州，隶宣德府。领五县：灵仙，（下。）灵丘，（下。）飞狐，（下。）定安，（下。）广灵。（下。）

州四

兴州，（下。）唐为奚地。金初为兴化军，隶北京，后为兴州。元中统三年，属上都路。领二县：

兴安，（下。至元二年置。）宜兴。（中。至元二年置。）

松州，（下。）本松林南境，辽置松山州。金为松山县，隶北京路大定府。元中统三年，升为松州，仍存县。至元二年，省县入州。

桓州，（下。）本上谷郡地，金置桓州。元初废，至元二年复置。

云州，（下。）古望云川地，契丹置望云县。金因之。元中统四年，升县为云州，治望云县。至元二年，州存县废。二十八年，复升宣德之龙门镇为望云县，隶云州。领一县：

望云。

兴和路，（上。）唐属新州。金置柔远镇，后升为县，又升抚州，属西京。元中统三年，以郡为内辅，升隆兴路总管府，建行宫。户八千九百七十三，口三万九千四百九十五。领县四、州一。

县四

高原，（下。倚郭。中统二年隶宣德府，三年来属。）怀安，（下。元初隶宣德府，中统三年来属。）天成，（下。元初隶宣德府，中统三年来属。）威宁。（下。元初隶宣德府，中统三年来属。）

州一

宝昌州，（下。）金置昌州。元初隶宣德府，中统三年隶本路，置盐使司。延祐六年，改宝昌州。

永平路，（下。）唐平州。辽为卢龙军。金为兴平军。元太祖十年，改兴平府。中统元年，升平滦路，置总管府，设录事司。大德四年，以水患改永平路。户一万三千五百一十九，口三万五千三百。领司一、县四、州一。州领二县。

录事司。

县四

卢龙，（下。倚郭。）迁安，（下。至元二年，省入卢龙县，后复置。）抚宁，（下。至元二年，与海山俱省入昌黎。三年复置。四年，又与海山俱入昌黎。七年复置，仍省昌黎、海山入焉。十一年，复置昌黎，以属滦州，今昌黎属本县。）昌黎。（下。至元十二年复置，仍并海山入焉。详见抚宁县。）

州一

滦州，（下。）在卢龙塞南，金领义丰、马城、石城、乐亭四县。元至元二年，省义丰入州。三年复置，先以石城省入乐亭，其年改入义丰。四年，马城亦省。领二县：

义丰，（下。倚郭。至元二年省入州，三年复置。）乐亭。（下。）元初尝于县置漠州，寻废，复为乐亭县，隶滦州。

德宁路，（下。）领县一：德宁。（下。）

净州路，（下。）领县一：天山。（下。）

泰宁路，（下。）领县一：泰宁。（下。）

集宁路，（下。）领县一：集宁。（下。）

应昌路，（下。）领县一：应昌。（下。）

全宁路，（下。）领县一：全宁。（下。）

宁昌路，（下。）领县一：宁昌。（下。）

砂井总管府，领县一：砂井。

以上七路、一府、八县皆阙。

保定路，（上。）本清苑县，唐隶鄚州。宋升保州。金改顺天军。元太宗十三年，升顺天路，置总管府。至元十二年，改保定路，设录事司。户七万五千一百八十二，口一十三万九百四十。领司一、县八、州七。州领十一县。

录事司。

县八

清苑，（中。附郭。）满城，（中。）唐县，（下。金隶定州，后来属。）庆都，（下。元初隶真定府，太宗十一年来属。）行唐，（下。）曲阳，（中。古恒州地，唐为曲阳县。宋属中山府。金因之。元初改恒州，立元帅府，割阜平、灵寿、行唐、庆都、唐县以隶之。逮移镇归德，还隶中山府，复为曲阳县，后隶保定，北岳恒山在焉。）新安，（下。金置新安州渥城县。元至元二年，州县俱废，改为新安镇，入归信县。四年，割入容城。九年，置新安县来属。）博野。（下。至元三十一年立。）

州七

易州，（中。）唐改上谷郡，又复为易州。元太宗十一年，割隶顺天府。至元十年，隶大都路。二十三年，还隶保定。领三县：

易县，（中。倚郭。元初存州废县，至元三年复置。）涞水，（下。）定兴。（下。金隶涿州，今来属。）

祁州，（中。）唐为义丰县，属定州。宋改为蒲阴县。金于县置祁州，属真定路。元至元三年，立附郭蒲阴县及以束鹿、深泽二县来属，隶保定。领三县：

蒲阴，（中。倚郭。）深泽，（下。至元二年，并入束鹿县，三年又来属。）束鹿。（中。）

雄州，（下。）唐归义县。五代为瓦桥关，周世宗克三关，于关置雄州。宋为易阳郡。金为永定军。元太宗十一年，割雄州三县属顺天路。至元十年，改属大都路。十二年改顺天路为保定路，二十三年，复以雄州隶之。领三县：

归信，（下。）容城，（下。金隶安肃州，今来属。）新城。（太宗二年，改新泰州。七年，复为县，隶大都路。十一年，隶顺天路。至元二年，隶雄州。十年，隶大都。二十三年复来属。）

安州，（下。）唐为唐兴县，隶鄚州。宋升顺安军。金改安州，治渥城县。元初移治葛城。至元二年，废为镇，入高阳县，后复改安州，隶保定。领二县：

葛城，（下。倚郭。）高阳。（下。）

遂州，（下。）唐为遂城县，属易州。宋改广信军。金废为遂城县，隶保州。元至元二年，省入安肃州为镇，后复置州而县废，隶保定。

安肃州，（下。）本易州宥戎镇地，宋创立静戎军，又改安肃军。金为安肃州。元隶保定。

完州，（下。）唐为北平县，隶定州。宋升北平军。金更为永平县，又改完州。元至元二年，改永平县，后复为完州。

燕南河北道肃政廉访司

真定路，唐恒山郡，又改镇州。宋为真定府。元初置总管府，领中山府，赵、邢、洺、磁、滑、相、浚、卫、祁、威、完十一州。后割磁、威隶广平，浚、滑隶大名，祁、完隶保定，又以邢入顺德，洺入广平，相入彰德，卫入卫辉；又以冀、深、晋、蠡四州来属。户一十三万四千九百八十六，口二十四万六百七十。领司一、县九、府一、州五。府领三县，州领十八县。

录事司。

县九

真定，（中。倚郭。）藁城，（中。太宗六年，为永安州，无极、宁晋、新乐、平棘四县隶焉。七年，废州为藁城县，属真定。）栾城，（下。）元氏，（中。）获鹿，（中。太宗在潜邸改西宁州，既即位七年，复为获鹿县，隶真定。）平山。（下。）灵寿，（下。）阜平，（下。）涉县。（元初为崇州，隶真定路，后废州复置涉县。至元二年，省入磁州，后复来属。）

府一

中山府，唐定州。宋为中山郡。金为中山府。元初因之。旧领祁、完二州，太宗十一年，割二州隶顺天府，后为散府，隶真定。领三县：

安喜，（中。）新乐，（下。）无极。（中。）

州五

赵州，（中。）唐赵州。宋为庆源军。金改沃州。元仍为赵州。旧领平棘、临城、栾城、元氏、高邑、赞皇、宁晋、隆平、柏乡九县，太祖十五年，割栾城、元氏隶真定。领七县：

平棘，（中。）宁晋，（下。）隆平，（下。）临城，（中。）柏乡，（下。）高邑，（下。）赞皇。（下。至元二年，并入高邑。七年复置。）

冀州，（上。）唐改魏州，后仍为冀州。宋升安武军。元仍为冀州。领五县：

信都，（中。至元初与冀州录事司俱省入冀州，后复置。三年，省录事司入焉，为冀州治所。）南宫，（上。）枣强，（中。）武邑（中。）新河。（中。太宗四年置。）

深州，（下。）唐改饶阳郡，后仍为深州。元初隶河间，置帅府。太宗十年，隶真定路，领饶阳、安平、武强、束鹿、静安五县。后割安平、饶阳、武强隶晋州，束鹿隶祁州，以冀州之衡水来属。领二县：

静安，（中。）衡水。（下。）

晋州，唐、宋皆为鼓城县。元太祖十年，改晋州。太宗十年，立鼓城等处军民万户府。中统二年，复为晋州。领四县：

鼓城，（中。倚郭。）饶阳，（中。）安平，（下。太祖十九年，为南平州，于此行千户总管府事，领饶阳一县。太宗七年，复改为县，隶深州。宪宗在潜，隶鼓城等处军民万户府。中统二年，改立晋州，仍为安平县隶焉。）武强。（下。元初创立东武州，领武邑、静安。太宗六年，废州复为县，改隶深州。十一年，割属祁州。宪宗在潜，隶鼓城等处军民万户府。中统二年，置晋州，县隶焉。）

蠡州，（下。）唐始置。宋改永宁军。金仍为蠡州。元初隶真定，领司候司、博野县。至元三年，省司候司、博野县入蠡州。十七年，直隶省部。二十一年，仍属真定。

顺德路，（下。）唐邢州。宋为信德府。金改邢州。元初置元帅府，后改安抚司。宪宗分洺水民户之半于武道镇，置司总管。五年，以武道镇置广宗县，并以来属。中统三年，升顺德府。至元元年，以洺州、磁州来属。二年，洺、磁自为一路，以顺德为顺德路总管府。户三万五百一，口一十二万四千四百六十五。领司一、县九。

录事司。

县九

邢台，（中。倚郭。）钜鹿，（中。）内丘，（中。至元二年，并唐山县入焉，后复置唐山，与内丘并。）平乡，（中。）广宗，（中。宪宗五年置。中统三年以后属顺德府。至元二年，省入平乡县，后复置，隶顺德路。）沙河，（下。至元二年，省南和县入焉。后复置南和，与沙河并。）南河，（下。）唐山。（下。）任县。（下。至元二年，省入邢台县，后复置。）

广平路，（下。）唐洺州，又为广平郡。元太宗八年，置邢洺路总管府，以邢、磁、威隶之。宪宗二年，为洺磁路，止领磁、威二州。至元十五年，升广平路总管府。户四万一千四百四十六，口六万九千八十二。领司一、县五、州二。州领六县。

录事司。

县五

永平，（中。倚郭。）曲周，（中。）肥乡，（中。）鸡泽，（下。元初并入永年，后复置。）广平。（下。）

州二

磁州，（中。）唐磁州。宋为滏阳郡。金以隶彰德。元太祖十年，升为滏源军节度，隶真定路。太宗八年，隶邢洺路。宪宗二年，改邢洺路为洺磁路。至元二年，以真定之涉县及成安县并入滏阳，武安县并入邯郸，止以滏阳、邯郸二县及录事司来属。后复置涉县归真定，以滏阳、武安、邯郸、成安、录事司隶焉。至元三年，并录事司入滏阳县。至元十五年，改洺磁路为广平路总管府，磁州仍隶焉。领四县：

滏阳，（中。倚郭。）武安，（中。）邯郸，（下。）成安。（下。）

威州，（中。）旧无此州，金始置。元太宗六年，割隶邢洺路，以洺水县来属。宪宗二年，隶洺磁路，徙州治于洺水。领二县：

洺水，（中。倚郭。太宗八年，隶洺州。定宗二年，改隶威州。宪宗二年，徙威州治此。）井陉。（下。威州本治此，宪宗二年，移州治于洺水县，井陉为属县。）

彰德路，（下。）唐相州，又改邺郡。石晋升彰德军。金升彰德府。元太宗四年，立彰德总帅府，领卫、辉二州。宪宗二年，割出卫、辉，以彰德为散府，属真定路。至元二年，复立彰德总管府，领怀、孟、卫、辉四州，及本府安阳、临漳、汤阴、辅岩、林虑五县。四年，又割出怀、孟、卫、辉，仍立总管，以林虑升为林州，复立辅岩县隶之。六年，并辅岩入安阳。户三万五千二百四十六，口八万八千二百六。领司一、县三、州一。

录事司。

县三

安阳，（上。至元六年，并辅岩入焉。）汤阴，（中。）临漳。（中。）

州一

林州，（下。）本林虑县，金升为州。元太宗七年，行县事。宪宗二年，复为州。至元二年，复为县，又并辅岩入焉。未几复为州，割辅岩入安阳，仍以州隶彰德路。

大名路（上。）唐魏州。五代南汉改大名府。金改安武军。元因旧名，为大名府路总管府。户六万八千六百三十九，口一十六万三百六十九。领司一、县五、州三。州领六县。

录事司。

县五

元城，（中。倚郭。至元二年，并入大名县，后复置。）大名，（中。倚郭。太宗六年，立县治。宪宗二年，迁县事于府城内。至元二年，省元城来属，寻析大名、元城为二县。九年，还县治于故所。）南乐，（中。）魏县，（中。）清河。（本恩州地，太宗七年，籍为清河县，隶大名路。）

州三

开州，（上。）唐澶州。宋升开德府。金为开州。元割开封之长垣、曹州之东明来属。领四县：

濮阳，（上。倚郭。）东明，（中。太宗七年，割隶大名路。至元二年来属。）长垣，（中。初隶大名路，至元二年始隶开州。）清丰。（中。）

滑州，（中。）唐改灵昌郡。宋改武成军。元仍为滑州。领二县：

白马，（上。为州治所。）内黄。

浚州，（下。）唐置黎州，后废。石晋置浚州。宋为通利军，又改平川军。金复为浚州。元初隶真定。至元二年，隶大名。

怀庆路，（下。）唐怀州，复改河内郡，又仍为怀州。宋升为防御。金改南怀州，又改沁南军。元初复为怀州。太宗四年，行怀孟州事。宪宗六年，世祖在潜邸，以怀孟二州为汤沐邑。七年，改怀孟路总管府。至元元年，以怀孟路隶彰德路。二年，复以怀孟自为一路。延祐六年，以仁宗潜邸改怀庆路。户三万四千九百九十三，口一十七万九百二十六。领司一、县三、州一。州领三县。

录事司。

县三

河内，（中。）修武，（中。）武陟。（中。）

州一

孟州，（下。）唐置河阳军，又升孟州。宋隶河北道。金大定中，为河水所害，北去故城十五里，筑今城，徙治焉。故城谓之下孟州，新城谓之上孟州。元初治下孟州。宪宗八年，复立上孟州，河阳、济源、王屋、温四县隶焉，设司候司。至元三年，省王屋入济源，并司候司入河阳。领三县：

河阳，（下。）济源，（下。太宗六年，改济源为原州。七年，州废，复为县。至元三年，省王屋县入焉。）温县。

卫辉路，（下。）唐义州，又为卫州，又为汲郡。金改河平军。元中统元年，升卫辉路总管府，设录事司。户二万二千一百一十九，口一十二万七千二百四十七。领司一、县四、州二。

录事司。

县四

汲县，（下。倚郭。）新乡，（中。）获嘉，（下。）胙城。（下。旧以胙城为倚郭。宪宗元年，还州治于汲，以胙城为属邑。）

州二

辉州，（下。）唐以共城县置共州。宋隶卫州。金改为河平县，又改苏门县，又升苏门县为辉州，置山阳县属焉。至元三年，省苏门县，废山阳为镇，入本州。

淇州，（下。）唐、宋、金并为卫县之域，曰鹿台乡。元宪宗五年，以大名、彰德、卫辉籍余之民，立为淇州，因又置县曰临淇，为倚郭。中统元年，隶大名路宣抚司。至元三年，立卫辉路，以州隶之，而临淇县省。

河间路，（上。）唐瀛州。宋河间府。元至元二年，置河间路总管府。户七万九千二百六十六，口一十六万八千五百三十六。领司一、县六、州六。州领十七县。

录事司。

县六

河间，（中。倚郭。）肃宁，（下。至元二年，废为镇，入河间县，后复旧。）齐东，（下。宪宗三年，隶济南路。至元二年，还属河间路。）宁津，（下。宪宗二年，属济南路，至元二年，隶河间。）临邑，（下。本属济南府，太宗七年，割属河间。宪宗三年，还属济南。至元二年，复属河间。）青城。（下。本青平镇，太宗七年，析临邑、宁津地置县，隶济南。中统置青城县，隶陵州。至元二年，隶河间。）

州六

沧州，（中。）唐改景城郡，复仍为沧州。金升横海军。元复为沧州。领五县：

清池，（中。）乐陵，（中。）南皮，（下。）无棣，（下。至元二年，并入乐陵县，以县治入济南之棣州，寻复置。）盐山。（下。）

景州，（中。）唐观州，又改景州。宋改永静军。金仍改观州。元因之。至元二年，复为景州。领五县：

蓨县，（中。旧属观州，元初升元州，后复为蓨县。）故城，（中。元初隶河间路。至元二年，并为故城镇，属景州。是年，复置县还来属。）阜城，（下。）东光，（下。）吴桥。（中。）

清州，（下。）五代置乾宁军。宋为乾宁郡，大观间以河清，改清州。金为乾宁军。元太宗二年，改清宁府。七年，又改清州。至元二年，以靖海、兴济两县及本州司候司并为会川县，后复置清州。领三县：

会川，（中。）靖海，（下。）兴济。（下。）

献州，（下。）本乐寿县，宋隶瀛州，又隶河间府。金改为寿州，又改献州。元至元二年，以州并入乐寿，直隶河间路，未几复旧。领二县：

乐寿，（中。附郭。）交河。（中。至元二年，入乐寿，未几如故。）

莫州，（下。）唐置鄚州，寻改为莫。旧领二县，至元二年，省入河间，未几仍领二县：

莫亭，（下。倚郭。至元二年，与任丘俱省入河间县，后复置。）任丘。（下。）

陵州，（下。）本将陵县，宋、金皆隶景州。宪宗三年，割隶河间府。是年升陵州，隶济南路。至元二年，复为县。三年，复为州，仍隶河间路。

东平路，（下。）唐郓州，又改东平郡，又号天平军。宋改东平府，隶河南道。金隶山东西路。元太祖十五年，严实以彰德、大名、磁、洺、恩、博、浚、滑等户三十万来归，以实行台东平，领州县五十四。实没，子忠济为东平路管军万户总管，行总管府事，州县如旧。至元五年，以东平为散府。九年，改下路总管府。户四万四千七百三十一，口五万二百四十七。领司一、县六。

录事司。

县六

须城，（下。为东平治所。）东阿，（中。）阳谷，（中。）汶上，（中。）寿张，（下。）平阴。（下。至元十一年，以县之辛镇寨、孝德等四乡分析他属。明年，改寨为肥城，作中县，隶济宁路，以平阴为下县，仍属东平。）

东昌路，（下。）唐博州。宋隶河北东路。金隶大名府。元初隶东平路。至元四年，析为博州路总管府。十三年，改东昌路，仍置总管府。户三万三千一百二，口一十二万五千四百六。领司一、县六。

录事司。

县六

聊城，（中。倚郭。）堂邑，（中。）莘县，（中。宋隶大名府，元割以来属。）博平，（中。）茌平，（中。）丘县。（下。本为镇，隶曲周。至元二年，并入堂邑。二十六年，山东宣慰司言："丘县并入堂邑，差税词诉相去二百余里，往复非便。平恩有户二千七百，升县为宜。"遂立丘县，隶东昌。）

济宁路，（下。）唐麟州。周于此置济州。元太宗七年，割属东平府。至元六年，以济州还治巨野，仍析郓城之四乡来属。八年，升济宁府，治任城，寻还治巨野。十二年，复立济州，治任城，属济宁府。十五年，迁府于济州，却以巨野行济州事。其年又以府治归巨野，而济州仍治任城，但为散州。十六年，济宁升为路，置总管府。户一万五百四十五，口五万九千八百一十八。领司一、县七、州三。州领九县。

录事司。

县七

巨野，（中。倚郭。金废，属郓州。至元六年复立。）郓城，（上。金以水患，徙置盘沟村。元至元八年，复来属。）肥城，（中。宋、金为平阴县。元至元十二年，以平阴莘镇寨东北十五里旧城改设今县。）金乡，（下。初隶济州，至元二年来属。）砀山，（金为水荡没。元宪宗七年，始复置县治，隶东平路。至元二年，以户口稀少，并入单父县。三年复置，属济州。八年，属济宁路。）虞城，（下。金圮于水。元宪宗二年，始复置县，隶东平路。至元二年，以户口稀少，并入单父。三年，复立县，属济州。八年，隶济宁路。）丰县。（唐属徐州。元宪宗二年，属济州。至元二年，以沛县并入丰县。三年，复立沛县。八年，以丰县直隶济宁路。）

州三

济州，（下。）唐以前为济北郡，治单父。唐初为济州，又为济阳郡，仍改济州。周濒济水立济州。宋因之。金迁州治任城，以河水湮没故也。元至元二年，以户不及千数，并隶任城。六年，迁州于巨野，而任城为属邑。八年，升州为济宁府，治任城，复还府治巨野。十二年，以任城当江淮水陆冲要，复立济州，属济宁府而任城废。十五年，迁府于济州，以巨野行济州事。其年复于巨野立府，仍于此为州。二十三年，复置任城，隶州。领三县：

任城，（倚郭。）鱼台，（太宗七年，属济州。至元二年，并入金乡。三年复故。八年，属济宁府。十三年来属。）沛县。（太宗七年，移滕州治此。宪宗二年，州废，复为县。至元二年，省入丰县。三年复置。八年，隶济宁府。十三年来属。）

兖州，（下。）唐初为兖州，复升泰宁军。宋改袭庆府。金改泰定军。元初复为兖州，属济州。宪宗二年，分隶东平路。至元五年，复属济州。十六年，隶济宁路总管府。（二十三年，立尚珍署，领屯田四百五十六户，收子粒赴济州官仓输纳，余粮粜卖，所入钞纳于光禄寺。）领四县：

嵫阳，曲阜，泗水，（至元二年，省入曲阜。三年复置。）宁阳。（至元二年，省入嵫阳。大德元年复置。）

单州，（下。）唐置辉州，治单父。后唐改为单州。宋升团练州。金隶归德府。元初属济州。宪宗二年，属东平府。至元五年，复属济州。十六年，隶济宁路。领二县：

单父，（县在郭下。元初与单州并属济州。宪宗二年，隶东平府。至元二年，复立单父县。五年，还属济州，今属单州。）嘉祥。（旧属济州。宪宗二年，割隶东平路。至元三年，还属济州。今为单州属县。）

曹州，（上。）唐初为曹州，后改济阴郡，又仍为曹州。宋改兴仁府。金复为曹州。元初隶东平路总管府。至元二年，直隶省部。户三万七千一百五十三，口一十九万五千三百三十五。领县五：

济阴，（上。）成武，（中。）定陶，（中。）禹城，（中。）楚丘。（中。）

濮州，（上。）唐初为濮州，后改濮阳郡，又仍为濮州。宋升防御郡。金为刺史州。元初隶东平路，后割大名之馆陶、朝城，恩州之临清，开州之观城来属。至元五年，析隶省部。户一万七千三百一十六，口六万四千二百九十三。领县六：

鄄城，（上。）朝城，（中。初隶东平府，至元五年来属。）馆陶。（中。初属东平路，至元三年来属。）临清，观城，（下。金属开州，元初来属。）范县。（下。初属东平府路，至元二年来属。）

高唐州，（中。）唐为县，属博州。宋、金因之。元初隶东平，至元七年升州。户一万九千一百四，口二万三千一百二十一。领县三：

高唐，（中。）夏津，（中。初隶东平，至元七年来属。）武城。（中。初隶东平，至元七年来属。）

泰安州，（中。）本博城县，唐初于县置东泰州，后废州，改为乾封县，属兖州。宋改奉符县。金置泰安州。元初属东平路。至元二年，省新泰县入莱芜县。五年，析隶省部。三十一年，复立新泰县。（东岳泰山在焉。）户九千五百四十，口一万七百九十五。领县四：

奉符，（中。）长清，（中。旧属济南府，元初来属。）

莱芜，（下。）新泰。（金属泰安州，至元二年，省入莱芜，三十一年复立。）

德州，唐初为德州，后改平原郡，又仍为德州。金属山东西路。元初隶东平路总管府，割大名之清平、济南之齐河县来属。户二万四千四百二十四，口一十五万六千九百五十二。领县五：

安德，（下。）平原，（下。）齐河，（金创置此县，隶济南府，至元二年来属。）清平，（宋、金隶大名府，元初来属。）德平。

恩州，（中。）唐贝州，又为清河郡。宋改恩州。金隶大名府路。元初割清河县隶大名府，以武城隶高唐，惟存历亭一县及司候司。至元二年，县及司俱省入州。七年，自东平析隶省部。户一万五百四十五，口三万七千四百七十九。

冠州，本冠氏县，唐因隋旧，置毛州，后州废，县属魏州。宋、金并属大名府。元初属东平路。至元六年，升冠州，直隶省。户五千六百九十七，口二万三千四十。

山东东西道宣慰司

益都路，唐青州，又升卢龙军。宋改镇海军。金为益都路总管府。户七万七千一百六十四，口二十一万二千五百二。领司一、县六、州八。州领十五县。

录事司。

县六

益都，（中。倚郭。至元二年，以行淄州及行淄川县并入。三年，又并临淄、临朐二县入焉。十五年，割临淄、临朐复置县，并属本路。）临淄，（下。）临朐，（下。）高苑，（下。旧属淄州。）乐安，（下。）寿光。（下。）

州八

潍州，（下。）唐初为潍州，后废。宋为北海军，复升潍州。金属益都路。元初领北海、昌邑、昌乐三县及司候司。宪宗三年，省司候司入北海。至元三年，省昌乐县入北海。领二县：

北海，（下。）昌邑。（下。）

胶州，（下。）唐初为胶西县。宋置临海军。金仍改为胶西县，属密州。元太祖于县置胶州。领三县：

胶西，（中。）即墨，（下。宋、金皆隶莱州，元太祖二十二年来属。）高密。（下。宋、金并隶密州。）

密州，唐初改为高密郡，后仍为密州。宋为临海军，复为密州。元初因之，以胶西、高密属胶州。宪宗三年，省司候司入诸城县，隶益都。领二县：

诸城，（州治所。）安丘。（下。）

莒州，（下。）唐废莒州，以莒县隶密州。宋沿其旧。金复为莒州，隶益都府。元初因之。领四县：

莒县，（下。州治所。宪宗三年，省司候司入焉。）沂水，（下。有沂山，为东镇。）日照，（下。）蒙阴。（下。元初，因旧名为新泰县。中统三年，以李璮乱，人民逃散，省入沂水。皇庆二年，复置为蒙阴县。）

沂州，（下。）唐初改为琅邪郡，后仍为沂州。宋属京东东路。金属山东东路。元属益都路。领二县：

临沂，（中。州治所。宪宗三年，省司候司入焉。）费县。（下。）

滕州，（下。）唐为滕县，属徐州。宋仍旧。金改为滕州，属兖州。元隶益都路。领二县：

滕县，（下。宪宗三年，省司候司入焉。）邹县。（下。）

峄州，（下。）唐置鄫州，又改兰陵县为承县，后州废，以县属沂州。宋仍旧。金改兰陵县，于县置峄州。元初以峄州隶益都路，至元二年，省兰陵入本州。

博兴州，（下。）唐博昌县。后唐改博兴。宋属青州。金属益都府。元初升为州。

山东东西道肃政廉访司

济南路，（上。）唐齐州，又改临淄郡，又改济南郡，又为齐州。宋为济南府。金因之。元初改济南路总管府，旧领淄、陵二州。至元二年，淄州割入淄莱路，陵州割入河间路，又割临邑县隶河间路，长清县入泰安州，禹城县隶曹州，齐河县入德州，割淄州之邹平县来属，置总管府。户六万三千二百八十九，口一十六万四千八百八十五。领司一、县四、州二。州领七县。

录事司。

县四

历城，（中。倚郭。）章丘，（上。）邹平，（上。唐、宋皆属淄州，至元间来属。）济阳。（中。）

州二

棣州，（上。）唐析沧州之阳信、商河、乐陵、厌次置棣州。宋、金因之。元初滨、棣自为一道，中统三年，改置滨棣路安抚司。至元二年，与滨州俱隶济南路。领四县：

厌次，（中。倚郭。初立司候司，至元二年，省入本县。）商河，（中。）阳信，（中。）无棣。（下。宋、金属沧州，元初割无棣之半属沧州，半以来属。）

滨州，（中。）唐属棣州。周始置滨州。金隶益都。元初以棣州为滨棣路。至元二年，省路为州，隶济南路。领三县：

渤海，（中。初设司候司，至元二年，省入此县。）利津，（下。）霑化。（下。）

般阳府路，（下。）唐淄州，宋属河南道。金属山东东路。元初太宗在潜，置新城县。中统四年，割滨州之蒲台来属。先是，淄州隶济南路总管府；五年，升淄州路，置总管府。是岁改元至元，割邹平属济南路、高苑属益都路。二年，改淄州路为淄莱路。二十四年，改般阳路，取汉县以为名。户二万一千五百三十，口一十二万三千一百八十五。领司一、县四、州二。州领八县。

录事司。

县四

淄川，（中。倚郭。）长山，（中。初属济南路，中统三年来属。）新城，（中。本长山县驿台，太宗在潜，以人民完聚，创置城曰新城，以田、索二镇属焉。）蒲台。（下。金属滨州，元初隶滨棣路。中统五年，属淄州。至元二年，改属淄莱路，升中县。）

州二

莱州，（中。）唐初改东莱郡为莱州。宋为防御州。金升定海军，属山东东路。元初属益都路。中统五年，属淄州路。旧设录事司。至元二年，省入掖县，又省即墨入掖与胶水，仍隶般阳路。领四县：

掖县，（中。倚郭。至元二年，省录事司，析即墨县入焉。）胶水，（下。至元二年，析即墨县入焉。）招远，（下。）莱阳。（下。）

登州，（下。）唐初为牟州，复改登州，宋属河南道。元初属益都路。中统五年，别置淄州路，以登州隶之。至元二十四年，改属般阳路。领四县：

蓬莱，（下。）黄县，（下。）福山，（下。伪齐以登州之两水镇为福山县，杨疃镇为栖霞县。）栖霞。（下。）

宁海州，（下。）伪齐刘豫以登州之文登、牟平二县立宁海军。金升宁海州。元初隶益都路。至元九年，直隶省部。户五千七百一十三，口一万五千七百四十三。领县二：

牟平，（中。）文登。（下。）

河东山西道宣慰使司

大同路，（上。）唐为北恒州，又为云州，又改云中郡。辽为西京大同府。金改总管府。元初置警巡院。至元二十五年，改西京为大同路。户四万五千九百四十五，口一十二万八千四百九十六。领司一、县五、州八。州领四县。（大德四年，于西京黄华岭立屯田。六年，立万户府，所属山阴、雁门、马邑、鄯阳、洪济、金城、宁武凡七屯。）

录事司。

县五

大同，（中。倚郭。至元二年，省西县入焉。）白登，（下。至元二年，废为镇，属大同县，寻复置。）宣宁，（下。）平地，（下。本号平地泉，至元二年，省入丰州。三年，置县，曰平地。）怀仁。（下。）

州八

弘州，（下。）唐为清塞军，隶蔚州。辽置弘州。金仍旧。旧领襄阴、顺圣二县。元至元中，割顺圣隶宣德府，惟领襄阴及司候司，后并省入州。

浑源州，（下。）唐为浑源县，隶应州。金升为州，仍置县在郭下，并置司候司。元至元四年省入州。

应州，（下。）唐末置。后唐升彰国军。元初仍为应州。领二县：

金城，（下。州治所。）山阴。（下。至元二年，并入金城，后复置。）

朔州，（下。）唐改马邑郡为朔州。后唐升振武军。宋为朔宁府。金为朔州。元因之。领二县：

鄯阳，（下。至元四年，省录事司入焉。）马邑。（下。）

武州，（下。）唐隶定襄、马邑二郡。辽置武州宣威军。元至元二年，割宁边州之半来属。旧领宁边一县及司候司，四年省入州。

丰州，（下。）唐初为丰州，又改九原郡，又仍为丰州。金为天德军。元复为丰州。旧有录事司并富民县，元至元四年省入州。

东胜州，（下。）唐胜州，又改榆林郡，又复为胜州。张仁愿筑三受降城，东城南直榆林，后以东城滨河，徙置绥远峰南郡今东胜州是也。金初属西夏，后复取之。元至元二年，省宁边州之半入焉。旧有东胜县及录事司，四年省入州。

云内州，（下。）唐初立云中都督府，复改横塞军，又改天德军，即中受降城之地。金为云内州。旧领云川、柔服二县，元初废云川，设录事司。至元四年，省司、县入州。

河东山西道肃政廉访司

冀宁路，（上。）唐并州，又为太原府。宋、金因之。元太祖十三年，立太原路总管府。大德九年，以地震改冀宁路。户七万五千四百四，口一十五万五千三百二十一。领司一、县十、州十四。州领九县。

录事司。

县十

阳曲，（中。倚郭。）文水，（中。）平晋，（下。）祁县，（下。旧隶晋州，后州废，隶太原路。）榆次，（下。至元二年，隶太原路。）太谷，（下。）清源，（下。）寿阳，（下。）交城，（下。）徐沟。（下。）

州十四

汾州，（中。）唐改西河郡为浩州，又改汾州，又改西河郡，又为汾州。金置汾阳军。元初立汾州元帅府，割灵石县隶平阳路之霍州，仍析置小灵石县，后废府。至元二年，复行州事，省小灵石入介休。三年，并温泉入孝义。领四县：

西河，（中。）孝义，（下。至元三年，割温泉县之半置巡检司，隶本县。）平遥，（下。元初属太原府，至元二年来属。）

介休。（下。元初置，隶太原府，至元二年来属，仍省小灵石县入焉。）

石州，（下。）唐初改离石郡为石州，又改昌化郡，又仍为石州。宋、金因其名。元中统二年，省离石县入本州。三年，复立。至元三年，省温泉入孝义，以临泉为临州。旧置司候司，后与孟门、方山俱省入离石。领二县：

离石，（下。倚郭。）宁乡。（下。太宗九年，隶太原府。定宗三年，隶石州。宪宗九年，又隶太原府。至元三年，复来属。）

忻州，（下。）唐初置新兴郡，后改忻州，又改定襄郡，又为忻州。金隶太原府。元因之。领二县：

秀容，（下。倚郭。至元二年，省入忻州。四年复置。）定襄。（下。）

平定州，（下。）唐为广阳县。宋为平定军。金为平定州。元至元二年，省倚郭平定、乐平二县入本州。七年，复立乐平。领一县：

乐平。（下。倚郭。至元二年，省县为乡，入本州，立巡检司。七年复立。）

临州，（下。）唐置临泉县，又置北和州，后州废，隶石州。宋置晋宁军。金废军，置临水县，隶石州。元中统二年，仍改临泉县，直隶太原府。三年，升临州。

保德州，（下。）本岚州地，宋始置州。旧有倚郭县，元宪宗七年废县。至元二年，省隩州、芭州入本州。三年，又并岢岚军入焉。四年，割岢岚隶管州，隩州仍来属。

崞州，（下。）本崞县，元太祖十四年升崞州。

管州，（下。）唐以静乐县置，后州废，属岚州。后又为宪州。宋为静乐军。金为静乐郡，又改为管州。元太祖十六年，以岚州之岢岚、宁化、楼烦并入本州。至元二十二年，割岢岚隶岚州，而宁化、楼烦并入本州。

代州，（下。）唐置代州总管府。金改都督府。元中统四年，并雁门县入州。

台州，（下。）唐为五台县，隶代州。金升台州，隶太原路。元因之。

兴州，（下。）唐临津县，隶岚州，又改合河县。金升兴州，隶太原路。元因之。

坚州，（下。）唐繁畤县。金为坚州，隶太原路。元因之。

岚州，（下。）唐、宋并为岚州。金升镇西节度。至元二年，省入管州。五年复立。

盂州，（下。）本盂县，金升为州。元因之。

晋宁路，（上。）唐晋州。金为平阳府。元初为平阳路，大德九年，以地震改晋宁路。户一十二万六百三十，口二十七万一百二十一。领司一、县六、府一、州九。府领六县，州领四十县。

录事司。

县六

临汾，（中。倚郭。）襄陵，（中。）洪洞，（中。）浮山，（下。）汾西，（下。）岳阳。（下。本冀氏县，属平阳府。至元三年，省入岳阳县。四年，以县当东西驿路之要复置，并岳阳、和川二县入焉。后复改为岳阳县。）

府一

河中府，唐蒲州，又改河中府，又改河东郡，又仍为河中府。宋为护国军。金复为河中府。元宪宗在潜，置河解万户府，领河、解二州。河中府领录事司及河东、临晋、虞乡、猗氏、万泉、河津、荣河七县。至元三年，省虞乡入临晋，省万泉入猗氏，并录事司入河东，罢万户府，而河中府仍领解州。八年，割解州直隶平阳路，河中止领五县。十五年，复置万泉县来属。领六县：

河东，（下。府治所。）万泉，（下。）猗氏，（下。）荣河，（下。金隶荣州，元初废荣州，复为荣河县。）临晋，（下。）河津。（下。）

州九

绛州，（中。）唐初为绛郡，又改绛州。宋置防御。金改晋安府。元初为绛州行元帅府，河、解二州诸县皆隶焉。后罢元帅府，仍为绛州，隶平阳路。领七县：

正平，（下。倚郭。至元二年，省录事司入焉。）太平，（中。）曲沃，（下。）翼城，（下。金为翼州，元初复为翼城县，隶绛州。）稷山，（下。）绛县，（下。至元二年，省垣曲县入焉。十六年，复立垣曲县，绛县如故。）垣曲。（下。）

潞州，（下。）唐初为潞州，后改上党郡，又仍为潞州。宋改隆德军。金复为潞州。元初为隆德府，行都元帅府事。太宗三年，复为潞州，隶平阳路。至元三年，以涉县割入真定府，以录事司并入上党县。领七县：

上党，（下。）壶关，（下。）长子，（下。）潞城，（下。）屯留，（下。至元三年，省入襄垣。十五年复置。）襄垣，（下。）黎城。（下。至元二年，并涉县偏城等十三村入焉。）

泽州，（下。）唐初为泽州，后为高平郡，又仍为泽州。宋属河东道。金为平阳府。元初置司候司及领晋城、高平、阳城、沁水、端氏、陵川六县。至元三年，省司候司、陵川县入晋城，省端氏入沁水。后复置陵州。领五县：

晋城，（下。）高平，（下。）阳城，（下。）沁水，（下。）陵川。（下。至元三年，省入晋城，后复置。）

解州，（下。）本唐蒲州之解县。五代汉乾祐中置解州。宋属京兆府。金升宝昌军。元至元四年，并司候司入解县。（有盐池，方一百二十里。）领六县：

解县，（下。）安邑，（下。）闻喜，（下。）夏县，（下。）平陆，（下。）芮城。（下。）

霍州，（下。）唐初为霍山郡，又改吕州，又废州而以县隶晋州。金改霍州。元因之。领三县：

霍邑，（下。倚郭。有霍山为中镇。）赵城，（旧属平阳府。）灵石。（下。旧属汾州。）

隰州，（下。）唐初为隰州，又改大宁郡，又仍为隰州。元以州隶晋宁路。领五县：

隰川，（中。州治所。至元三年，省大宁、蒲、温泉三县入焉。）大宁，（下。至元三年，省入隰川，二十三年复置。）石楼，（下。）永和，（下。）蒲县。（下。）

沁州，（下。）唐初为沁州，又改阳城郡，又仍为沁州。宋置威胜军。金仍为沁州。元因之。领三县：

铜鞮，（下。州治所。至元三年，省录事司、武乡县入焉。）沁源，（下。）至元三年，省绵上县入焉。）武乡。（下。至元三年，省入铜鞮，后复立。）

辽州，（下。）唐初置辽州，又改箕州，又改仪州。

宋复为辽州。元隶晋宁路。领三县：

辽山，（下。倚郭。）榆社，（下。至元三年，省入辽山，六年复立。）和顺。（下。至元三年，省仪城县入焉。）

吉州，（下。）唐初为西汾州，又为南汾州，又改慈州。宋置吉乡军。金改耿州，又改吉州。元初领司候司、吉乡、乡宁二县。中统二年，并司候司入吉乡县。至元二年，省吉乡。三年，又省乡宁并入州。后复置乡宁。领一县：

乡宁。（下。）

岭北等处行中书省统和宁路总管府

和宁路，（上。）始名和林，以西有哈剌和林河，因以名城。太祖十五年，定河北诸郡，建都于此。初立元昌路，后改转运和林使司，前后五朝都焉。（太宗乙未年，城和林，作万安宫。丁酉，治迦坚茶寒殿，在和林北七十余里。戊戌，营图苏胡迎驾殿，去和林城三十余里。）世祖中统元年，迁都大兴，和林置宣慰司都元帅府。后分都元帅府于金山之南，和林止设宣慰司。至元二十六年，诸王叛兵侵轶和林，宣慰使怯伯等乘隙叛去。二十七年，立和林等处都元帅府。大德十一年，立和林等处行中书省，以淇阳王月赤察儿为右丞相，太傅答剌罕为左丞相，罢和林宣慰司都元帅府，置和林总管府。至大二年，改行中书省为行尚书省。四年，罢尚书省，复为行中书省。皇庆元年，改岭北等处行中书省，改和林路总管府为和宁路总管府。（至元二十年，令西京宣慰司送牛一千，赴和林屯田。二十二年，并和林屯田入五条河。三十年，命戍和林汉军四百，留百人，余令耕屯杭海。元贞元年，于六卫汉军内拨一千人赴青海屯田。北方立站帖里干、木怜、纳怜等一百一十九处。）

卷五十九　　志第十一

地理二

辽阳等处行中书省，为路七、府一，属州十二，属县十。徒存其名而无城邑者，不在此数。（本省计站一百二十处。）

辽阳路，（上。）唐以前为高句骊及渤海大氏所有。梁贞明中，阿保机以辽阳故城为东平郡。后唐升为南京。石晋改为东京。金置辽阳府，领辽阳、鹤野二县；后复改为东京，宜丰、澄、复、盖、沈、贵德州、广宁府、来远军并属焉。元初废贵德、澄、复州、来远军，以广宁府、婆娑府、懿州、盖州作四路，直隶省。至元六年，置东京总管府，降广宁为散府隶之。十五年，割广宁仍自行路事，直隶省。十七年，又以婆娑府、懿州、盖州来属。二十四年，始立行省。二十五年，改东京为辽阳路，后废婆娑府为巡检司。户三千七百八，口三万三千二百三十一。（壬子年抄籍数。）领县一、州二。

县一

辽阳。（下。倚郭。至元六年，以鹤野县、警巡院入焉。）

州二

盖州，（下。）初为盖州路。至元六年，并为东京支郡，并熊岳、汤池二县入建安县。八年，又并建安县入本州。

懿州，（下。）初为懿州路。至元六年为东京支郡，所领豪州及同昌、灵山二县省入顺安县，入本州。

广宁府路，（下。）金为广宁府。元封孛鲁古歹为广宁王，旧立广宁行帅府事；后以地远，迁治临潢，立总管府。至元六年，以户口单寡，降为东京路总管府属郡。十五年，复分为路，行总管府事。（有医巫闾山为北镇，在府城西北一十里。至顺钱粮户数四千五百九十五。）领县二：

闾阳，（下。初立千户所，至元十五年，以户口繁夥，复立行千户所。后复为闾阳县。）望平。（至元六年，省钟秀县入焉。十五年，为望平军民千户所，今复为县。）

肇州。（按《哈剌八都鲁传》至元三十年，世祖谓哈剌八都鲁曰："乃颜故地曰阿八剌忽者产鱼，吾今立城，而以兀速、憨哈纳思、乞里吉思三部人居之，名其城曰肇州，汝往为宣慰使。"既至，定市里，安民居，得鱼九尾皆千斤来献。又《成宗纪》元贞元年，立肇州屯田万户府，以辽阳行省左丞阿散领其事。而《大一统志》与《经世大典》皆不载此州，不知其所属所领之详。今以广宁为乃颜分地，故府注于广宁府之下。乃颜，孛鲁古歹之孙也。）

山北辽东道肃政廉访司

大宁路，（上。）本奚部，唐初其地属营州，贞观中奚酋可度内附，乃置饶乐郡。辽为中京大定府。金因之。元初为北京路总管府，领兴中府及义、瑞、兴、高、锦、利、惠、川、建、和十州。中统三年，割兴州及松山县属上都路。至元五年，并和州入利州为永和乡。七年，兴中府降为州，仍隶北京，改北京为大宁。二十五年，改为武平路，后复为大宁。户四万六千六，口四十四万八千一百九十三。（壬子年数。）领司一、县七、州九。

录事司。（初置警巡院，至元二年，改置录事司。）

县七

大定，（下。中统二年，省长兴入焉。）龙山，（下。初属大定府。至元四年，属利州，后复来属。）富庶，（下。至元三年，省入兴中州，后复置。）和众，（下。）金源，（下。）惠和，（下。）武平。（下。）

州九

义州。（下。）

兴中州，（下。）元初因旧为兴中府，后省。至元七年，又降府为州。

瑞州。（下。至元二十三年，伯颜奏准以唆都、哈斛等拘收户计，种田立屯于瑞州之西，拨濒海荒闲地及时开耕，设打捕屯田总管府，仍以唆都、哈斛等为屯田官。）

高州。（下。）

锦州。（下。）

利州。（下。）

惠州。（下。）

川州。（下。）

建州。（下。）

东宁路，本高句骊平壤城，亦曰长安城。汉灭朝鲜，置乐浪、玄菟郡，此乐浪地也。晋义熙后，其王高琏始居平壤城。唐征高丽，拔平壤，其国东徙，在鸭绿水之东南千余里，非平壤之旧。至王建，以平壤为西京。元至元六年，李延龄、崔垣、玄元烈等以府州县镇六十城来归。八年，改西京为东宁府。十三年，升东宁路总管府，设录事司，割静州、义州、麟州、威远镇隶婆娑府。本路领司一，余城堙废，不设司存，今姑存旧名。

录事司。土山县。中和县。铁化镇。

都护府，自唐之季，地入高丽，置府州县镇六十余城，此为都护府，虽仍唐旧名，而无都护府之实。至元六年，李延龄等以其地来归，后城治废毁，仅存其名，属东宁路。

定远府。郭州。抚州。黄州。（领安岳、三和、龙冈、咸从、江西五县，长命一镇。）灵州。慈州。嘉州。顺州。殷州。宿州。德州。（领江东、永清、通海、顺化四县，宁远、柔远、安戎三镇。）昌州。铁州。（领定戎一镇。）泰州。价州。朔州。宣州。（领宁朔、席岛二镇。）成州。（领树德一镇。）熙州。孟州。（领三登一县，椒岛、椴岛、宁德三镇。）延州。（领阳岩一镇。）云州。

沈阳路，本挹娄故地，渤海大氏建定理府，都督沈、定二州，此为沈州地。契丹为兴辽军，金为昭德军，又更显德军，后皆毁于兵火。元初平辽东，高丽国麟州神骑都领洪福源率西京、都护、龟州四十余城来降，各立镇守司，设官以抚其民。后高丽复叛，洪福源引众来归，授高丽军民万户，徙降民散居辽阳沈州，初创城郭，置司存，侨治辽阳故城。中统二年，改为安抚高丽军民总管府。及高丽举国内附，四年，又以质子綧为安抚高丽军民总管，分领二千余户，理沈州。元贞二年，并两司为沈阳等路安抚高丽军民总管府，仍治辽阳故城，辖总管五、千户二十四、百户二十五。（至顺钱粮户数五千一百八十三。）

开元路，古肃慎之地，隋、唐曰黑水靺鞨。唐初，渠长阿固郎始来朝，后乃臣服，以其地为燕州，置黑水府。其后渤海盛，靺鞨皆役属之。又其后渤海浸弱，为契丹所攻，黑水复擅其地，东濒海，南界高丽，西北与契丹接壤，即金鼻祖之部落也。初号女真，后避辽兴宗讳，改曰女直。太祖乌古打既灭辽，即上京设都，海陵迁都于燕，改为会宁府。金末，其将蒲鲜万奴据辽东。元初癸巳岁，出师伐之，生禽万奴，师至开元、恤品，东土悉平。开元之名，始见于此。乙未岁，立开元、南京二万户府，治黄龙府。至元四年，更辽东路总管府。二十三年，改为开元路，领咸平府，后割咸平为散府，俱隶辽东道宣慰司。（至顺钱粮户数四千三百六十七。）

咸平府，古朝鲜地，箕子所封，汉属乐浪郡，后高丽侵有其地。唐灭高丽，置安东都护以统之，继为渤海大氏所据。辽平渤海，以其地多险隘，建城以居流民，号咸州安东军，领县曰咸平。金升咸平府，领平郭、安东、新兴、庆云、清安、归仁六县，兵乱皆废。元初因之，隶开元路，后复割出，隶辽东宣慰司。

合兰府水达达等路，土地旷阔，人民散居。元初设军民万户府五，抚镇北边。一曰桃温，距上都四千里。一曰胡里改，距上都四千二百里、大都三千八百里。（有胡里改江并混同江，又有合兰河流入于海。）一曰斡朵怜。一曰脱斡怜。一曰孛苦江。各有司存，分领混同江南北之地。其居民皆水达达、女直之人，各仍旧俗，无市井城郭，逐水草为居，以射猎为业。故设官牧民，随俗而治，有合兰府水达达等路，以相统摄焉。（有俊禽曰海东青，由海外飞来，至奴儿干，土人罗之，以为土贡。至顺钱粮户数二万九百六。）

河南江北等处行中书省，为路十二、府七、州一，属州三十四，属县一百八十二。（本省陆站一百六处，水站九十处。）

河南江北道肃政谦访司

汴梁路，（上。）唐置汴州总管府。石晋为开封府。宋为东京，建都于此。金改南京，宣宗南迁，都焉。金亡，归附。旧领归德府，延、许、裕、唐、陈、亳、邓、汝、颍、徐、邳、嵩、宿、申、郑、钧、睢、蔡、息、卢氏行襄樊二十州。至元八年，令归德自为一府，割亳、徐、邳、宿四州隶之；升申州为南阳府，割裕、唐、汝、郑、嵩、卢氏行襄樊隶之。九年，废延州，以所领延津、阳武二县属南京路，统蔡、息、郑、钧、许、陈、睢、颍八州，开封、祥符倚郭，而属邑十有五。旧有警巡院，十四年改录事司。二十五年，改南京路为汴梁路。二十八年，以濒河而南、大江以北，其地冲要，又新入版图，置省南京以控治之。三十年，升蔡州为汝宁府，属行省，割息、颍二州以隶焉。本路户三万一十八，口一十八万四千三百六十七。（壬子年数。）领司一、县十七、州五。州领二十一县。

录事司

县十七

开封，（下。倚郭。）祥符，（下。倚郭。）中牟，（下。）原武，（下。旧以此县隶延州，元初隶开封府，后复为延州，县如旧。至元九年，州废，后来属。）鄢陵，（中。）

荥泽，（下。旧隶郑州，至元二年来属。）封丘，（中。金大定中，河水湮没，迁治新城。元初，新城又为河水所坏，乃因故城遗址，稍加完葺而迁治焉。）扶沟，（下。）阳武，（下。旧隶延州，至元九年，州废来属。）杞县，（中。元初河决，城之北面为水所圮，遂为大河之道，乃于故城北二里河水北岸，筑新城置县，继又修故城，号南杞县。盖黄河至此分为三，其大河流于二城之间，其一流于新城之北郭睢河中，其一在故城之南，东流，俗称三叉口。）延津，（下。旧为延州，隶河南路。至元九年，州废，以县来属。）兰阳，（下。）通许，（下。）尉氏，（下。）太康，（下。）洧川，（下。）陈留。（下。）

州五

郑州，（下。）唐初为郑州，又改荥阳郡。宋为奉宁军。金仍为郑州。元初领管城、荥阳、汜水、河阴、原武、新郑、密、荥泽八县及司候司，后割新郑、密属钧州，荥泽、原武隶开封府，并司候司入管城。领四县：

管城，（下。倚郭。）荥阳，（下。）汜水，（下。）河阴，（下。）

许州，（下。）唐初为许州，后改颍川郡，又仍为许州。宋升颍昌府。金改昌武军。元初复为许州。领五县：

长社，（下。）长葛，（下。）郾城，（下。）襄城，（下。）临颍。（下。）

陈州，（下。）唐初为陈州，后改淮阳郡，又仍为陈州。宋升怀德府。金复为陈州。元初因之。旧领宛丘、南顿、项城、商水、西华、清水六县。至元二年，南顿、项城、清水皆废，后复置南顿、项城。领五县：

宛丘，西华，商水，（至元二年，省南顿、项城入焉，后复置。）南顿，项城。

钧州，（下。）唐、宋皆不置郡，伪齐置颍顺军。金改颍顺州，又改钧州。元至元二年，又割郑州密县来属。领三县：

阳翟，（下。）新郑，（下。）密县。（下。）

睢州，（下。）唐属曹州。宋改拱州，又升保庆军。金改睢州。元因之。领四县：

襄邑，（下。倚郭。）考城，（下。）仪封，（下。）柘城。（下。）

河南府路，唐初为洛州，后改河南府，又改东京。宋为西京。金为中京金昌府。元初为河南府，府治即周之王城。旧领洛阳、宜阳、永宁、登封、巩、偃师、孟津、新安、渑池九县，后割渑池隶陕州。户九千五百二，口六万五千七百五十一。（壬子年数。）领司一、县八、州一。州领四县。

录事司。

县八

洛阳，宜阳，（下。）永宁，（下。）登封，（下。中岳嵩山在焉。）巩县，（下。）孟津，（下。）新安，偃师。（下。）

州一

陕州，（下。）唐初为陕州，又改陕府，又改陕郡。宋为保义军。元仍为陕州。领四县：

陕县，（下。）灵宝，（下。至元三年，省入陕县，八年，废虢州为虢略，隶陕州。并虢略治灵宝，以虢略为巡检司，并朱阳县入焉。）阌乡，（下。至元二年，省湖城县入焉。）渑池。（下。金升为韶州，置渑池司候司。元至元三年，省司候司。八年，省韶州，复为县，隶河南府路，后割以来属。）

南阳府，唐初为宛州，而县名南阳，后州废，以县属邓州。历五代至宋皆为县。金升为申州。元至元八年，升为南阳府，以唐、邓、裕、嵩、汝五州隶焉。二十五年，改属汴梁路，后直隶行省。户六百九十二，口四千八百九十三。（壬子年数。）领县二、州五。州领十一县。

县二

南阳，（下。倚郭。）镇平。（下。）

州五

邓州，（下。）唐初为邓州，后改南阳郡，又仍为邓州。宋属京西南路。金属南京开封府。旧领穰县、南阳、内乡、淅川、顺阳五县。元初以淅川、顺阳省入内乡。旧设录事司，至元二年并入穰县。领三县：

穰县，（下。倚郭。）内乡，（下。至元二年，以顺阳来属。）新野。（下。）

唐州，（下。）唐初为显州，后改唐州。宋属京西南路。金改裕州。元初复为唐州。至元三年，以民力不及，废湖阳、比阳、桐柏三县。领一县：

泌阳。（倚郭。）

嵩州，（下。）唐为陆浑、伊阙二县。宋升顺州。金改嵩州，领伊阳、福昌二县。元初以福昌隶河南。至元三年，省伊阳入州。领一县：

卢氏。（下。至元二年，隶南京路。八年，属南阳府。十一年来属。）

汝州，（下。）唐初为伊州，又改汝州。宋属京西北路。元至元三年，废郏城、宝丰二县入梁县，后复置郏县。领三县：

梁县，（下。）鲁山。（下。）郏县。（下。）

裕州，（下。）唐初置北澧州，又改鲁州，后废为县，属唐州。金升为裕州。旧领方城、舞阳、叶县。元初即叶县行随州事，就置昆阳县为属邑。至元三年，罢州，并昆阳、舞阳二县入叶县，后复置舞阳。领三县：

方城，（下。倚郭。）叶县，（下。）舞阳。（下。）

汝宁府，唐蔡州。上蔡、西平、确山、遂平、平舆为属邑。至元七年，省遂平、平舆入汝阳，隶汴梁路。三十年，河南江北行省平章伯颜言："蔡州去汴梁地远，，凡事稽误，宜升散府。"遂升汝宁府，直隶行省，以息、颍、信阳、光四州隶焉，复置遂平县。（抄籍户口阙，至顺钱粮户数七千七十五。）领县五、州四。州领十县。

县五

汝阳，（下。元初废，后置蔡州治此，仍复置县。）上蔡，（下。）西平，（下。）确山。（下。）遂平。（下。元初省入汝阳，后复置。）

州四

颍州，（下。）唐初为信州，后改汝阴郡，又改颍州。宋升顺昌府。金复为颍州。旧领汝阴、太和、沈丘、颍上四县。元至元二年，省四县及录事司入州。后复领三县：

太和，（下。）沈丘，（下。）颍上。（下。）

息州，（下。）唐初为息州，后为新息县，隶蔡州。五代至宋皆因之。金复置息州。旧领新息、新蔡、真阳、褒信四县。元中统三年，以李璮叛，废州。四年，复置。至元三年，以四县并入州。后复领二县：

新蔡，（下。）真阳。（下。）

光州，（下。）唐初为光州，后改弋阳郡，又复为光州。宋升光山军。元至元十二年归附，属蕲黄宣慰司。二十三年，同蕲、黄等州，直隶行省。三十年，隶汝宁府。领三县：

定城，固始，（下。宋末兵乱，徙治无常。至元十二年复旧治。）光山。（下。兵乱地荒，至元十二年复立旧治。）

信阳州，（下。）唐初为申州，又改义阳郡。宋改信阳军，端平间，兵乱地荒，凡四十余年。元至元十四年，改立信阳府，领罗山、信阳二县。十五年，改为信阳州。二十年，以罗山县当驿置要冲，徙州治此，而移县治于西南，号曰罗山新县，今州治即旧县。户三千四百一十四，口二万三千七百五十一。（至元七年数。）领二县：

罗山。（倚郭。）信阳。

归德府，唐宋州，又为睢阳郡。后唐为归德军。宋升南京。金为归德府。金亡，宋复取之。旧领宋城、宁陵、下邑、虞城、谷熟、砀山六县。元初与亳之酂县同时归附，置京东行省，未几罢。岁壬子，又立司府州县官，以绥定新居之民。中统二年，审民户多寡，定官吏员数。至元二年，以虞城、砀山二县在枯黄河北，割属济宁府，又并谷熟入睢阳，酂县入永州，降永州为永城县，与宁陵、下邑隶本府。八年，以宿、亳、徐、邳并隶焉。壤地平坦，数有河患。府为散郡，设知府、治中、府判各一员，直隶行省。（抄籍户数阙，至顺钱粮户数二万三千三百一十七。）领县四、州四。州领八县。

县四

睢阳，（下。倚郭。唐曰宋城，亦曰睢阳。金曰睢阳。宋曰宋城。元仍曰睢阳。）永城，（下。）下邑，（下。）宁陵。（下。）

州四

徐州，（下。）唐初为徐州，又改彭城郡，又升武宁军。宋因之。金属山东西路。金亡，宋复之。元初归附后，凡州县视民多少设官吏。至元二年，例降为下州。旧领彭城、萧、永固三县及录事司，至是永固并入萧县，彭城并录事司并入州。领一县：

萧县。（下。至元二年，并入徐州，十二年复立。）

宿州，（中。）唐置，宋升保静军，金置防御使。金亡，宋复之。元初隶归德府，领临涣、蕲、灵壁、符离四县并司候司。至元二年，以四县一司并入州。四年，以灵壁入泗州，十七年复来属。领一县：

灵壁。（下。）

邳州，（下。）唐初为邳州，后废属泗州，又属徐州。宋置淮阳军。金复为邳州。金亡，宋暂有之。元初以民少，并三县入州。至元八年，以州属归德府。十二年，复置睢宁、宿迁两县，属淮安。十五年，还来属。领三县：

下邳，（下。州治所。）宿迁，（下。）睢宁。（下。）

亳州，（下。）唐初为亳州，后改谯郡，又仍为亳州。宋升集庆军。金复为亳州。金亡，宋复之。元初领县六：谯、酂、鹿邑、城父、卫真、谷熟。后以民户少，并城父入谯，卫真入鹿邑，谷熟入睢阳，酂入永城，其睢阳、永城去隶归德。后复置城父。领三县：

谯县，（下。）鹿邑。（下。此邑数有水患，历代民不宁居。）城父。（下。）

襄阳路，唐初为襄州，后改襄阳郡。宋为襄阳府。元至元十年，兵破樊城，襄阳守臣吕文焕降，罢宋京西安抚司，立河南等路行中书省，更襄阳府为散府，未几罢省。十一年，改襄阳府为总管府，又立荆湖等路行枢密院。十二年，立荆湖行中书省，后复罢。本府领四县、一司，十九年割均、房二州，光化、枣阳二县来属。（抄籍户口数阙，至顺钱粮户数五千九十。）领司一、县六、州二。州领四县。

录事司。

县六

襄阳，（下。倚郭。）南漳，（下。）宜城，（下。）谷城，（下。）光化，（至元十三年南伐，明年设官置县，属南阳，十九年来属。）枣阳。（至元十四年，属南阳，十九年来属。）

州二

均州，（下。）唐初为均州，又为武当郡。宋为武当军。元至元十二年，江陵归附，割隶湖北道宣慰司。十九年，还属襄阳。领二县：

武当，（下。兵乱迁治无常，至元十四年复置。）郧县。（下。兵后侨治无常，至元十四年复置。）

房州，（下。）唐初为迁州，后为房州，又改房陵郡。宋置保康军。德祐中，知州黄思贤纳土，命千户镇守，仍令思贤领州事。至元十九年，隶襄阳路。领二县：

房陵，（下。）竹山。（下。）

蕲州路，（下。）唐初为蕲州，后改蕲春郡，又仍为蕲州。宋为防御州。至元十二年，立淮西宣抚司。十四年，改总管府，设录事司。户三万九千一百九十，口二十四万九千三百二十一。（自此以后至德安府，皆用至元二十七年数。)领司一、县五。

录事司。

县五

蕲春,(中。倚郭。)蕲水,(中。)广济,(中。宋嘉熙兵乱,徙治大江中洲,归附后复旧治。)黄梅,(中。嘉熙兵乱,侨治中洲,后复旧。)罗田。(下。兵乱县废,归附后始立。)

黄州路,(下。)唐初为黄州,后改齐安郡,又仍为黄州。宋为团练军州。元至元十二年归附。十四年,立总管府。十八年,又为黄蕲州宣慰司治所。二十三年,罢宣慰司,直隶行省。户一万四千八百七十八,口三万六千八百七十九。领司一、县三。

录事司。

县三

黄冈,(中。州治所。)黄陂,(下。兵乱侨治鄂州青山矶,归附还旧治。)麻城。(下。兵乱徙治什子山,归附还旧治。)

淮西江北道肃政廉访司

庐州路,(上。)唐改庐江郡,又仍为庐州。宋为淮南西路。元至元十三年,设淮西总管府。明年,于本路立总管府,隶淮西道。二十八年,以六安军为县来属,后升六安县为州。户三万一千七百四十六,口二十二万九千四百五十七。领司一、县三、州三。州领八县。

录事司。

县三

合肥,(上。倚郭。)梁县,(中。)舒城。(中。)

州三

和州,(中。)唐改历阳郡,后仍为和州。宋隶淮南西路。元至元十三年,置镇守万户府。明年,改立安抚司。又明年,升和州路。二十八年,降为州,隶庐州路。旧设录事司,后入州自治。领三县:

历阳,(上。倚郭。)含山,(中。)乌江。(中。)

无为州,(中。)唐初隶光州。宋始以城口镇置无为军,思与天下安于无事,取"无为而治"之意以名之。元至元十四年,升为路。二十八年,降为州,罢巢州为县以属焉。领三县:

无为,(上。倚郭。)庐江,(中。)巢县。(下。)

六安州,(下。)唐以霍山县置霍州,后州废仍为县。梁改灊山县。宋改六安军。元至元十二年归附,二十八年降为县,隶庐州路,后升为州。领二县:

六安,(中。)英山。(中。)

安丰路,(下。)唐初为寿州,后改寿春郡。宋为寿春府,又以安丰县为安丰军,继迁安丰军于寿春府。元至元十四年,改安丰路总管府。十五年,定为散府,领寿春、安丰、霍丘三县。二十八年,复升为路,以临濠府为濠州,与下蔡、蒙城俱来属。户一万七千九百九十二,口九万七千六百一十一。领司一、县五、州一。州领三县。

录事司。

县五

寿春,(中。倚郭。)安丰,(下。至元二十一年,江淮行省言:"安丰之芍陂可溉田万顷,若立屯开耕,实为便益。"从之。于安丰县立万户府,屯户一万四千八百有奇。)霍丘,(下。)下蔡,(下。至元十三年,隶寿春府。二十八年罢府,与蒙城皆来属。)蒙城。(下。)

州一

濠州,(下。)唐初为濠州,后改钟离郡,又仍为濠州。阻淮带山,与寿阳俱为淮南之险郡,名初从豪,后加水为濠。南唐置定远军。宋为团练州,初隶淮南路,后隶淮南西路。元至元十三年归附,设濠州安抚司。十五年,定为临濠府。二十八年,复为濠州,革怀远为下县来属。领三县:

钟离,(下。倚郭。)定远,(下。)怀远。(下。宋为怀远军,领荆山一县。至元二十八年,以军为县,隶濠州,省荆山入焉。)

安庆路,(下。)唐初为东安州,又改舒州,又改同安郡,又复为舒州。宋为安庆府。元至元十三年,立安抚司。十四年,改安庆路总管府,属蕲黄宣慰司。二十三年,罢宣慰司,直隶行省。户三万五千一百六,口二十一万九千四百九十。领司一、县六。

录事司。

县六

怀宁,(中。)宿松,(中。)望江,(下。)太湖,(中。)桐城,(中。)灊山。(至治三年初立。)

淮东道宣慰使司

江北淮东道肃政廉访司

扬州路,(上。)唐初改南兖州,又改邗州,又改广陵郡,又复为扬州。宋为淮南东路。元至元十三年,初建大都督府,置江淮等处行中书省。十四年,改为扬州路总管府。十五年,置淮东道宣慰司,本路属焉。十九年,省宣慰司,以本路总管府直隶行省。二十一年,行省移杭州,复立淮东道宣慰司,止统本路属淮安二郡,而本路领高邮府及真、滁、通、泰、崇明五州。二十三年,行省复迁,宣慰司遂废,所属如故。后改立河南江北等处行中书省,移治汴梁路,复立淮东道宣慰司,割出高邮府为散府,直隶宣慰司。户二十四万九千四百六十六,口一百四十七万一千一百九十四。领司一、县二、州五。州领九县。

录事司。

县二

江都,(上。倚郭。)泰兴。(上。)

州五

真州,(中。)五代以前地属扬州,宋以迎銮镇置建安军,又升为真州。元至元十三年,初立真州安抚司。十四年,改真州路总管府。二十一年,复为州,隶扬州路。领二县：

扬子，（上。倚郭。至元二十年，省录事司入焉。）六合。（下。）

滁州，（下。）唐初析扬州地置，又改永阳郡，又复为滁州。元至元十五年，改滁州路总管府。二十年，仍为州，隶扬州路。领三县：

清流，（中。至元十四年，省录事司入焉。）来安，（下。）全椒。（中。）

泰州，（上。）唐更海陵县曰吴陵，置吴州，寻废。南唐升泰州。元至元十四年，立泰州路总管府。二十一年，改为州，隶扬州路。领二县：

海陵，（上。倚郭。）如皋。（上。）

通州，（中。）唐属扬州。南唐于海陵东境置静海镇。周平淮南，改为通州。宋改静海郡。元至元十五年，改通州路总管府。二十一年，复为州，隶扬州路。领二县：

静海，（上。倚郭。）海门。（中。）

崇明州，（下。）本通州海滨之沙洲，宋建炎间有升州句容县姚、刘姓者，因避兵于沙上，其后稍有人居焉，遂称姚刘沙。嘉定间置盐场，属淮东制司。元至元十四年，升为崇明州。

淮安路，（上。）唐楚州，又改临淮郡，又仍为楚州。宋为淮安州。元至元十三年，行淮东安抚司。十四年，改立总管府，领山阳、盐城、淮安、淮阴、新城、清河、桃园七县，设录事司。二十年，升为淮安府路，并淮安、新城、淮阴三县入山阳，兼领临淮府、海宁、泗、安东四郡，其盱眙、天长、临淮、虹、五河、赣榆、朐山、沭阳各归所隶。二十七年，革临淮府，以盱眙、天长隶泗州。户九万一千二十二，口五十四万七千三百七十七。领司一、县四、州三。州领八县。（至元二十三年，于本路之白水塘、黄家疃等处立洪泽屯田万户府。）

录事司。

县四

山阳，（上。至元十二年，安东州归附，以本县马罗军寨作山阳县。十三年，淮安路归附，仍存淮安县。二十年，省淮安、新城入焉。）盐城，（上。）桃园，（下。）清河。（下。本泗州之清河口，宋立清河军，至元十五年为县。）

州三

海宁州，（下。）唐海州。宋隶淮南东路。元至元十五年，升为海州路总管府，复改为海宁府，未几降为州，隶淮安路。初设录事司，二十年，与东海县并入朐山。领三县：

朐山，（中。）沭阳，（下。）赣榆。（下。）

泗州，（下。）唐改临淮郡，后复为泗州。宋隶淮南东路。元至元十三年，降为下州。旧领临淮、淮平、虹、灵壁、睢宁五县。十六年，割睢宁属邳州。十七年，割灵壁入宿州，以五河县来属。二十一年，并淮平入临淮。二十七年，废临淮府，以盱眙、天长二县隶焉。领五县：

临淮，（下。）虹县，（下。）五河，（下。元隶临淮府，十七年来属。）盱眙，（上。宋招信军。至元十三年，行招信军安抚司事，领盱眙、天长、招信、五河四县。明年，升招信路总管府。十五年，改为临淮府。十七年，以五河县在淮之北，改属泗州。二十年，并招信入盱眙。二十七年，废临淮府为盱眙县。）天长。（中。）

安东州。（下。）

高邮府，唐为县。宋升为军。元至元十四年，升为高邮路总管府，领录事司及高邮、兴化二县。二十年，废安宜府为宝应县来属，又并录事司，改高邮路为府，属扬州路。今隶宣慰司。（抄籍户口数阙，至顺钱粮户数五万九十有八。）领县三：

高邮，（上。）兴化，（中。）宝应。（上。旧为宝应军，至元十六年为安宜府。二十年，废府为县，来属本府。）

荆湖北道宣慰司

山南江北道肃政廉访司

中兴路，（上。）唐荆州，复为江陵府。宋为荆南府。元至元十三年，改上路总管府，设录事司。天历二年，以文宗潜藩，改为中兴路。户一十七万六百八十二，口五十九万九千二百二十四。领司一、县七。

录事司。

县七

江陵，（上。）公安，（中。）石首，（中。）松滋，（中。）枝江，（下。）潜江，（中。）监利。（中。宋末兵乱民散，收附后始复旧。）

峡州路，（下。）唐改夷陵郡，又为峡州。宋隶荆湖北路，后徙治江南。元至元十三年归附，十七年升为峡州路。户三万七千二百九十一，口九万三千九百四十七。领县四：

夷陵，（中。宋末随州迁治不常，归附后，复归江北旧治。）宜都，（下。）长阳，（下。）远安。（下。）

安陆府，唐郢州，又改富水郡，又为郢州。宋隶京西南路。元至元十三年归附，十五年升为安陆府。户一万四千六百六十五，口三万三千五百五十四。领县二：

长寿，（中。）京山。（中。兵乱移治汉滨，至元十三年还旧治。）

沔阳府，唐复州，又改竟陵郡，又为复州。宋端平间，移州治于沔阳镇。至元十三年归附，改为复州路，十五年升为沔阳府。户一万七千七百六十六，口三万九百五十五。领县二：

玉沙，（中。倚郭。）景陵。（中。兵乱徙治无常，归附后还旧治。）

荆门州，(下。)唐为县。宋升为军，端平间移治当阳县。元至元十三年归附，十四年升为府，十五年迁府治于古城，降为州。户二万九千四百七十一，口一十六万五千四百三十五。领县二：

长林，(上。)当阳。(中。)

德安府，唐安州，又改安陆郡，又仍为安州。宋为德安府，咸淳间徙治汉阳。元至元十三年还旧治，隶湖北道宣慰司。十八年罢宣慰司，直隶鄂州行省，为散府，后割以来属。户一万九百二十三，口三万六千二百一十八。领县四、州一。州领二县。

县四

安陆。(下。)孝感，(下。)应城，(中。)云梦。(下。)

州一

随州，(下。)唐初为随州，又改汉东郡，又复为随州。宋为崇信军，又为枣阳军，后因兵乱迁徙无常。元至元十二年归附。十三年，即黄仙洞为州治。户一万五千九百六十六，口五万二千六十四。领二县：

随县，(下。)应山。(下。)

卷六十　志第十二

地理三

陕西诸道行御史台

陕西等处行中书省，为路四、府五、州二十七，属州十二，属县八十八。(本省陆站八十处，水站一处。)

奉元路，(上。)唐初为雍州，后改关内道，又改京兆府，又以京城为西京，又曰中京，又改上都。宋分陕西永兴、秦凤、熙河、泾原、环庆、鄜延为六路。金并陕西为四路。元中统三年，立陕西四川行省，治京兆。至元初，并云阳县入泾阳，栎阳县入临潼，终南县入盩厔。十六年，改京兆为安西路总管府。二十三年，四川置行省，改此省为陕西等处行中书省。大德元年，移云南行台于此，为陕西行台。皇庆元年，改安西为奉元路。户三万三千九百三十五，口二十七万一千三百九十九。(壬子年数。)领司一、县十一、州五。州领十五县。

录事司。

县十一

咸宁，(下。)长安，(下。)咸阳，(下。)兴平，(下。)临潼，(下。屯田一千二十顷有奇。)蓝田，(下。)泾阳，(下。至元二年，并入高陵县。三年复立。屯田一千三十顷有奇。)高陵，(下。)鄠县，(下。)盩厔，(下。屯田九百四十三顷有奇。)郿县。(下。旧为郿州，添置柿林县。至元元年，省郿州为郿县，废柿林。)

州五

同州，(下。)唐初为同州，又改冯翊郡，又复为同州。宋为定国军。金因之。元仍为同州。领五县：

朝邑，(下。)白水，(下。)郃阳，(下。)澄城，(下。)韩城。(下。唐、宋为韩城县，金曰桢州。至元元年，州废。二年再立。六年，州又废，止设县。)

华州，(下。)唐改镇国军。宋改镇潼军。金改金安军。元复为华州。(西岳华山在焉。)领三县：

华阴，(下。)蒲城，(下。)渭南。(下。屯田一千二百二十二顷有奇。)

耀州，(下。)唐初立宜州，后为华原县，后又为耀州。宋为感义军，又改感德军，又为耀州如故。金因之。元至元元年，并华原县入州，又并美原入富平。领三县：

三原，(下。)富平，(下。)同官。(下。)

乾州，(下。)唐以高宗乾陵所在，改醴泉县为奉天，又升为乾州。宋改醴州。金复改乾州。元至元元年，并奉天县入州。五年，复置奉天，省好畤入焉，又割永寿来属，后又改奉天为醴泉。领三县：

醴泉，(下。)武功，(下。)永寿。(下。宋、金属邠州。至元十五年，徙县治于麻亭。)

商州，(下。)唐初为商州，又改上洛郡，又复为商州。宋及元皆因之。领一县：

洛南。(下。)

延安路，(下。)唐初为延州，又改延安郡，又为延州。宋为延安府。金为鄜延路。元改延安路。户六千五百三十九，口九万四千六百四十一。(壬子年数。)领县八、州三。州领八县。(本路屯田四百八十余顷。)

县八

肤施，(下。)甘泉，(下。)宜川，(下。元初置司候司。至元六年，省入宜川。)延长，(下。)延川，(下。)安定，(下。本宋旧堡，元壬子年升为安定县。至元元年，析置丹头县。四年，并丹头入本县。)安塞，(下。本金旧堡，壬子年升为县。)保安。(下。金为保安州，至元六年，降为县。)

州三

鄜州，(下。)唐初为鄜州，又改洛交郡，又复为鄜州。宋、金因之。旧领洛交、洛川、鄜城、直罗四县。元至元四年，并鄜城入洛川，又并洛交、直罗入州。六年，废坊州，以中部、宜君二县来属。领三县：

洛川，(下。)中部，(下。)宜君。(下。)

绥德州，(下。)唐绥州，又改上郡，又为绥州。宋为绥德军。金为州，领八县。归附后，并嗣武入米脂，绥平入怀宁。至元四年，并定戎入米脂，怀宁入青涧，又并义合、绥德入本州。领二县：

青涧，(下。)米脂。(下。)

葭州，(下。)唐银州。宋为晋宁军。金改为葭州。元至元六年，并通秦、弥川、葭卢入州，并太和入神木，建宁入府谷。领三县：

神木，（下。元初创立云州于古麟州之神木寨。至元六年，废州为县。）吴堡，（下。）府谷。（下。后唐为府州。元初建州治。至元六年，废为县。）

兴元路，（下。）唐为梁州，又改汉中郡，又为兴元府。宋仍旧名。元立兴元路总管府，久之，以凤、金、洋三州隶焉。宋时领南郑、西县、褒城、廉水、城固五县，后废廉水入南郑。元初割出西县属沔州，以洋州西乡县来属。户二千一百四十九，口一万九千三百七十八。（至元二十七年数。）领县四、州三。

县四

南郑，（下。）城固，（下。）褒城，（下。）西乡，（下。）

州三

凤州，（下。）唐初为凤州，后升节度府。宋为团练州。至元五年，以在郭梁泉县并入州，隶兴元路。

洋州，（下。）唐改洋川郡，又复为洋州，后更革不常。宋复为洋州。元至元二年，省兴道、真符二县入州。

金州，（下。）唐改西城郡为金州。宋升为金房开达四州路。元为散州。

陕西汉中道肃政廉访司

凤翔府，唐为扶风郡，又为凤翔府，号西京。宋、金因其名。元初割平凉府、秦、陇、德顺、西宁、镇原州隶巩昌路，废恒州，以所领盩厔县隶安西府路，寻立凤翔路总管府。至元九年，更为散府。户二千八十一，口一万四千九百八。（壬子年数。）领县五：

凤翔，（下。屯田九十顷有奇。）扶风，（下。）岐山，（下。）宝鸡，（下。）麟游。（下。）

邠州，（下。）唐豳州，以字类幽，改为邠。宋、金以来皆因之。领县二：

新平，（下。）淳化。（下。至元七年，并三水入本县。）

泾州，（下。）唐改安定郡，后仍为泾州。宋改彰化军。旧领保定、长武、灵台、良原四县。金改保定县为泾川。元初以隶都元帅府，立总司辖邠州，后属巩昌都总帅府，或隶平凉府、陕西省，所隶不一，今直隶省。领县二：

泾川，（下。泾州治此，即保定。）灵台。（下。至元七年，并归泾川。十一年复立，以良原并入，而长武仍并于泾川。）

开成州，（下。）唐原州。宋为镇戎军。金升镇戎州。元初仍为原州。至元十年，皇子安西王分治秦、蜀，遂立开成府，仍视上都，号为上路。至治三年，降为州。领县一、州一。

县一

开成。

州一

广安州。（本镇戎地，金升为县，隶镇戎州，经乱荒废。元至元十年，安西王封守西土，既立开成路，遂改为广安县，募民居止，未几户口繁夥。十五年升为州，仍隶本路。）

庄浪州。（下。沿革阙。成宗大德八年二月，降庄浪路为州。）

巩昌等处总帅府

巩昌府，唐初置渭州，后曰陇西郡，寻陷入吐蕃。宋复得其地，置巩州。金为巩昌府。元初改巩昌路便宜都总帅府，统巩昌、平凉、临洮、庆阳、隆庆五府及秦、陇、会、环、金、德顺、徽、金洋、安西、河、洮、岷、利、巴、沔、龙、大安、褒、泾、邠、宁、定西、镇原、阶、成、西和、兰二十七州，又于成州行金洋州事。至元五年，割安西州属脱思麻路总管府。六年，以河州属吐蕃宣慰司都元帅府。七年，并洮州入安西州。八年，割岷州属脱思麻路。十三年，立巩昌路总管府。十四年，复行便宜都总帅府事，其年割隆庆府，利、巴、大安、褒、沔、龙等州隶广元路。二十一年，又以泾、邠二州隶陕西汉中道宣慰司，而帅府所统者，巩昌、平凉、临洮、庆阳，府凡四；秦、陇、宁、定西、镇原、阶、成、西和、兰、会、环、金、德顺、徽、金洋，州凡十有五。户四万五千一百三十五，口三十六万九千二百七十二。（壬子年数。）领司一、县五。

录事司。

县五

陇西，（下。）宁远，（下。）伏羌，（下。本旧寨，至元十三年升县。）通渭，（下。）鄣县。（下。宋名盐川寨，金为镇，至元十七年，置今县。）

平凉府，唐为马监，隶原州。宋为泾原路，升平凉军。金立平凉府。元初并潘原县入平凉，化平入华亭，隶巩昌帅府。领县三：

平凉，（下。屯田一百一十五顷。）崇信，（下。）华亭。（下。）

临洮府，唐临洮军。宋为镇洮军，又为熙州。金为临洮府。元至元十三年，复以渭源堡升为县。领县二：

狄道，（下。）渭源，（下。）

庆阳府，唐庆州。宋环庆路，改庆阳军，又升府。金为庆原路。元初改为庆阳散府，至元七年，并安化、彭原入焉。领县一：

合水。（下。）

秦州，（中。）唐初为秦州。宋为天水郡。金为秦州。旧领六县。元至元七年，并鸡川、陇城入秦安，治坊入清水。领县三：

成纪，（中。）清水，（中。）秦安。（下。）

陇州，（中。）唐改汧阳郡，复为陇州。宋、金置防御使。旧领四县。元至元七年，省吴山、陇安入汧源，十三年，罢防御使为散郡。（有吴山为西镇。）领县二：

汧源，（中。）汧阳。（下。）

宁州，（下。）唐初改北地郡为宁州。宋、金因之。元至元七年，并襄乐、安定、定平入州。领县一：

真宁。（下。）

定西州，（下。）本唐渭州西市，五代沦于先零。宋置定西城。金改定西县，复升为州，仍置安西县，倚郭，通西二寨，并置县来属。元至元三年，并三县入本州。（屯田四百六十七顷。）

镇原州，（下。）唐原州，又为平凉郡。宋、金因之。元改镇原州，以镇戎州之东山、三川二县来属。至元七年，例并州县，遂以临泾、彭阳及东山、三川四县入本州。（屯田四百二十六顷有奇。）

西和州，（下。）唐岷州，又改和政郡，又仍为岷州。宋改曰西和。旧领县三，大潭、祐川军兴久废，惟有长道一县，元至元七年，亦并入本州。

环州，（下。）唐改威州。宋复为环州，后与庆州定为环庆路。金隶庆阳府。元初为散郡。旧领通远一县，元至元七年并入本州。

金州，（下。）本兰州龛谷寨，金升寨为县，以龛谷为金州治所。元至元七年，并县入州。

静宁州，（下。）宋庆历中，以渭州陇干城置德顺军，复置陇干县。金升为州。元初并治平、水洛入陇干，后复省陇干，改为静宁州。领县一：

隆德。（下。）

兰州，（下。）唐初置，后改金城郡，又仍为兰州。宋、金因之。元初领阿干一县及司候司，至元七年并司县入本州。

会州，（下。）唐初改西会州，又为粟州，又为会宁郡，又为会州。宋置敷川县。金置保川县，陷于河西，侨治州西南百里会川城，名新会州。元初弃新会州，迁于所隶西宁县。至元七年，并县入州。

徽州，（下。）元兵入蜀，凤州二县首降，以凤州仍治梁泉，别置南凤州治于河池。后又升永宁乡为县，与两当同为属邑。至元元年，改为徽州。七年，并河池、永宁二县入州。领县一：

两当。（下。）

阶州，（下。）唐初置武州，又改武都郡，又更名阶州。宋因之。今州治在柳树城，距旧城东八十里。旧领福津、将利二县，至元七年并入本州。

成州，（下。）唐初为成州，又改同谷郡，后仍为成州。宋因之。旧领同谷、栗亭二县。元初岁壬寅，以田世显挈成都府归附，今迁于栗亭，行栗亭管民司事，不隶成州，割天水县来属。至元七年，并同谷、天水二县入州。

金洋州，本隶兴元路，戊戌岁，有雷、李二将挈民户归附，令迁至成州，自行金洋州事。

土蕃等处宣慰司都元帅府（至元九年，于土蕃西川界立宁河站。）

河州路。（下。）领县三：

定羌，（下。）宁河，（下。）安乡，（下。）

雅州。（下。宪宗戊午岁，攻破雅州，石泉守将赵顺以城降。）领县五：

名山。（下。）泸山，（下。）百丈，（下。）荣经，（下。）严道。（下。）

黎州。（下。至元十八年，给黎、雅州民千一百五十四户、钞二千三百八锭，以资牛具种实。）领县一：

汉源。（下。）

洮州。（下。）领县一：

可当。（下。）

贵德州。（下。）

茂州。（下。）领县二：

汶山，（下。）汶川。（下。）

脱思麻路。

岷州。（下。）

铁州。（下。）

碉门鱼通黎雅长河西宁远等处宣抚司，（至元二年，授雅州碉门安抚使高保四虎符，高保四言："碉门旧有城邑，中统初为宋人所废，众依山为栅，去碉门半舍，欲复戍故城，便于守佃。"敕秦蜀行省："彼中缓急，卿等相度，须得其宜，城如可复，当助成之。"三年，谕四川行枢密院，遣人于碉门、岩州西南沿边，丁宁告谕官吏军民，有愿来归者，方便接纳，用意存恤，百姓贫者赈之，愿徙近里城邑者以屋舍给之。）

礼店文州蒙古汉儿军民元帅府（自河州以下至此多阙，其余如朵甘思、乌思藏、积石州之类尚多，载籍疏略，莫能详录也。）

四川等处行中书省，为路九、府三，属府二，属州三十六，军一，属县八十一。蛮夷种落，不在其数。（本省陆站四十八处，水站八十四处。盐场十二处，俱盐井所出。井凡九十五眼，在成都、夔府、重庆、叙南、嘉定、顺庆、广元、潼川、绍庆等路所管州县万山之间。）

西蜀四川道肃政廉访司

成都路，（上。）唐改蜀郡为益州，又改成都府。宋为益州路，又为成都府路。元初抚定，立总管府，设录事司。至元十三年，领成都、嘉定、崇庆三府，眉、邛、隆、黎、雅、威、茂、简、汉、彭、绵十一州，后嘉定自为一路，以眉、雅、黎、邛隶之。二十年，又割黎、雅属吐蕃招讨司，降崇庆为州，隆州并入仁寿县，隶本府。户三万二千九百一十二，口二十一万五千八百八十八。（至元二十七年数。）领司一、县九、州七。州领十一县。

录事司。

县九

成都，（下。唐、宋为成都府治所。至元十三年，以本县元管大城内西北隅并入录事司。）华阳，（下。）新都，（下。）郫县，（下。）温江，（下。）双流，（下。）新繁，（下。）仁寿，（下。唐为陵州。宋为隆州。元至元二十年，以此州地荒民散，并为仁寿县，隶成都府路。）金堂。（下。宋属怀安军。元初升为怀州，而县属如故。至元二十年，并州入金堂县，隶成都府路。）

州七

彭州，（下。）唐置蒙州，又为彭州。宋及元因之。领二县：

蒙阳，（下。）崇宁。（下。）

汉州，（下。）唐为德阳郡，又为汉州。自唐至宋，苦于兵革，民不聊生。元中统元年，复立汉州。领三县：

什邡，（下。）德阳，（下。至元八年，升为德州。十三年，仍为县，隶成都路。十八年，复来属。）绵竹。（下。至元十三年，以户少并入州，后复置。）

安州，（下。）唐置石泉县。宋升为军。元中统五年，升为安州。领一县：

石泉。（下。）

灌州，（下。）唐导江县。五代为灌州。宋为永康军，后废为灌口寨。元初复立灌州。至元十三年，以导江、青城二县户少，省入州。（青城陶坝立屯田万户府。）

崇庆州，（下。）唐为唐安郡，又为蜀州。宋为崇庆军。元至元十二年，立总管府。二十年，改为崇庆州，并江原县入州。（本州有屯田万户府。）领二县：

晋原，（下。）新津。（下。）

威州，（下。）唐维州。宋改威州，领保宁、通化二县。元至元十九年，并保宁入州。领一县：

通化。（下。）

简州，（下。）唐析益州置。宋因之。元至元二十年，并附郭阳安县入州。二十二年，并成都府所属灵泉县来隶。而本州有平泉，以地荒，竟废之。

嘉定府路，（下。）唐初为嘉州，又改犍为郡，又仍为嘉州。宋升嘉定府。元至元十三年，立总管府。旧领龙游、夹江、峨眉、犍为、洪雅五县。二十年，并洪雅入夹江。领司一、县四、州二。州领三县。（户口数阙。）

录事司。

县四

龙游，（下。）夹江，（下。）峨眉，（下。）犍为。（下。）

州二

眉州，（下。）唐改嘉州，又仍为眉州。元至元十四年，隶嘉定路。领二县：

彭山，（下。）青神。（下。）

邛州，唐初置邛州，又改临邛郡，又仍为邛州。元至元十四年，立安抚司，兼行州事。二十一年，并临邛、依政、蒲江三县入州。领一县：

大邑。（下。）

广元路，（下。）唐初为利州，又改益昌郡，又复为利州。宋为利州路，端平后兵乱无宁岁，地荒民散者十有七年，元宪宗三年，立利州治，设都元帅府。至元十四年，罢帅府，改为广元路。户一万六千四百四十二，口九万六千四百六。（至元二十七年数。）领县二、府一、州四。府领三县，州领七县。（本路屯田九顷有奇。）

县二

绵谷，（下。）昭化。（下。元初并葭萌入焉。）

府一

保宁府，（下。）唐隆州，又改阆州，又为阆中郡。后唐为保宁军。元初立东川路元帅府。至元十三年，升保宁府。二十年，罢元帅府，改保宁路。初领新得、小宁二州，后并入阆中县，又并奉国入苍溪县，新井、新政、西水总入南部县，仍改为府，隶广元路。（本府屯田一百一十八顷有奇。）领三县：

阆中，（下。倚郭。）苍溪，（下。）南部。（下。）

州四

剑州，（下。）唐为始州，后改剑州。宋升普安军，又为隆庆府。元至元二十年，改剑州。领二县：

普安，（下。至元二十年，并普城、剑门入焉。）梓潼。（下。）

龙州，（下。）唐初为龙门郡，又改龙州，又改江油郡，又改应灵郡。宋改政州，继复旧。元宪宗岁戊午，宋守将王知府以城降。至元二十二年，并江油、清川二县入焉。

巴州，（下。）唐初改巴州，又改清化郡，又为巴州。宋领化城、难江、恩阳、曾口、上通江、下通江六县。元至元二十年，并难江、恩阳二县入化城，上、下通江二县入曾口。领二县：

化城，(下。)曾口。(下。)

沔州，(下。)唐初为兴州，又为顺政郡，又改兴州。宋改沔州。元至元十四年，隶广元路。二十年，废褒州，止设铎水县，迁沔州而治焉。领三县：

铎水，(下。倚郭。)大安，(下。本大安州，至元二十年，降为县以来属。)略阳。(下。至元二十年，并长举及西县入焉。)

顺庆路，(下。)唐为南充郡，又改果州，又改充州。宋升顺庆府。元中统元年，立征南都元帅府。至元四年，置东川路统军司，后改东川府。十五年，复为顺庆。二十年，升为路，设录事司。户二千八百二十一，口九万五千一百五十六。(至元二十七年数。)领司一、县二、府一、州二。府领二县，州领五县。

录事司。

县二

南充，(下。至元二十年，并汉初入焉。)西充。(下。至元二十年，并流溪旧县入焉。)

府一

广安府，唐属宕渠、巴西、洛陵三郡。宋置广安军，又改宁西军。元至元十五年，废宁西军。二十年，升为广安府。旧领渠江、岳池、和溪、新明四县，后并和溪、新明入岳池。领二县：

渠江，(下。倚郭。)岳池。(下。)

州二

蓬州，(下。)唐改蓬山郡，又仍为蓬州。元初立宣抚都元帅府，后罢。至元二十年，立蓬州路总管府，后复为蓬州。领三县：

相如，(至元二十年，以金城寨入焉。)营山，(下。至元二十年，并良山入焉。)仪陇。(下。至元二十年，并蓬池、伏虞入焉。)

渠州，(下。)唐初为渠州，又改潾山郡，又为渠州。宋属潼川府。元至元十一年，立渠州安抚司。二十年，罢安抚司，以渠州为散郡。领二县：

流江，(下。)大竹。(下。至元二十年，并邻山、邻水入焉。)

潼川府，唐梓州，又改梓潼郡，又为梓州。宋改静戎军，又改静安军，又升潼川府。兵后地荒，元初复立府治。至元二十年，并涪城及录事司入郪县，通泉入射洪，东关入盐亭，铜山入中江。领县四、州二。(户口阙。)

县四

郪县，(下。倚郭。)中江，(下。)射洪，(下。)盐亭。(下。)

州二

遂宁州，(下。)唐遂州，又改遂宁郡。宋为遂宁府。元初因之。至元十九年，并遂宁、青石二县入小溪，长江入蓬溪，后复改为州。领二县：

小溪，(下。)蓬溪。(下。)

绵州，(下。)唐更改不常。元初隶成都路。元至元二十年，并魏城入本州，改隶潼川路。领二县：

彰明，(下。)罗江。(下。)

永宁路。(下。阙。)领州一。

筠连州。(下。阙。至元十七年，枢密院言："四川行省参政行诸蛮夷部宣慰司昝顺言，先是奉旨以高州，筠连州腾川县隶安抚郭汉杰立站，今汉杰已并蛮洞五十六。有旨昝顺所陈，卿等与中书议，臣等以为宜遣使行视之。"帝曰："此五十六洞如旧隶高州、筠连，则与郭汉杰立站，否则还之昝顺。")领一县：

腾川。(下。)

四川南道宣慰司(至元十六年立。)

重庆路，(上。)唐渝州。宋更名恭州，又升重庆府。元至元十六年，立重庆路总管府。二十一年，升为上路，割忠、涪二州为属郡。二十二年，又割泸、合来属，省壁山入巴县，废南平军入南川县为属邑，置录事司。户二万二千三百九十五，口九万三千五百三十五。(至元二十七年数。)领司一、县三、州四。州领十县。(本路三堆、中嶆、赵市等处屯田四百二十顷。)

录事司。

县三

巴县，(下。倚郭。)江津，(下。至元十六年，赐四川行省参政昝顺田民百八十户于江津县。)南川。(下。)

州四

泸州，(下。)唐改泸川郡为泸州。宋为泸川军。元至元二十年，并泸川县入焉。二十二年，隶重庆路。领三县：

江安，(下。)纳溪，(下。)合江。(下。)

忠州，(下。)唐改为南宾郡，又为忠州。宋升咸淳府。元仍为忠州。领三县：

临江，(下。)南宾，(下。)丰都。(下。)

合州，(下。)唐为合州，又改巴川郡，又仍为合州。宋因之。元至元十五年，宋安抚使王立以城降。二十年，为散郡，并录事司、赤水入石照县。二十二年，改为州，隶重庆路。领三县：

铜梁，(下。元初并巴川入焉。)定远，(下。本宋地，名女菁平。元至元四年，便宜都总帅部兵创为武胜军，后为定远州。二十四年，降为县。)石照。(下。)

涪州，(下。)唐改为涪陵郡，又改涪州。宋因之。元至元二十年，并涪陵、乐温二县入焉。领一县：

武龙。(下。)

绍庆府，(下。)唐黔州，又黔中郡。宋升为绍庆府。元至元二十年，仍置府。户三千九百四十四，口一万五千一百八十九。(至元二十七年数。)领县二：

彭水，(下。)黔江。(下。)

怀德府。领州四。(阙。)

来宁州,(下。)柔远州,(下。)酉阳州,(下。)服州。(下。皆阙。)

夔路,(下。)唐初为信州,又为夔州,又为云安郡,又仍为夔州。宋升为帅府。元至元十五年,立夔州路总管府,以施、云安、万、大宁四州隶焉。二十二年,又以开、达、梁山三州来属。户二万二十四,口九万九千五百九十八。(至元二十七年数。)领司一、县二、州七。州领五县。(本路屯田五十六顷。)

录事司。

县二

奉节,(下。)巫山。(下。)

州七

施州,(下。)唐改清江郡,又改清化郡,又复为施州。宋因之。旧领清江、建始二县。元至元二十二年,并清江入州。领一县:

建始。(下。)

达州,(下。)唐为通州,又改通川郡,又仍为通州。宋更名达州。元至元十五年,隶四川东道宣慰司。二十二年,改隶夔路。领二县:

通川,(下。)新宁。(下。)

梁山州,(下。)本梁山县,宋升梁山军。元至元二十年,升为州。领一县:

梁山。(下。)

万州,(下。)唐改浦州为万州,又改南浦郡。宋为浦州,元至元二十年,以南浦为万州。领一县:

武宁。

云阳州,(下。)唐云安监。宋置安义县,后复为监。元至元十五年,立云安军。二十年,升云阳州,并云阳县入焉。

大宁州,(下。)旧大昌县,宋置监。元至元二十年,升为州,并大昌县入焉。

开州,(下。)唐改为盛山郡,又复为开州。宋及元皆因之。

叙南等处蛮夷宣抚司

叙州路,古僰国,唐戎州。贞观初徙治僰道,在蜀江之西三江口。宋升为上州,属东川路,后易名叙州,咸淳中城登高山为治所。元至元十二年,郭汉杰挈城归附。十三年,立安抚司。未几,毁山城,复徙治三江口,罢安抚司,立叙州。十八年,复升为路,隶诸部蛮夷宣抚司。领县四、州二。

县四

宜宾,(下。)庆符,(下。)南溪,(下。)宣化。(下。元贞二年,于本县置万户府,领军屯田四十余顷。)

州二

富顺州,(下。)唐富义县。宋富义监,后改富顺县。元至元十二年,改立富顺监安抚司。二十年,罢安抚司,升富顺州。

高州,(下。)古夜郎之属境,邻乌蛮,与长宁军地相接,均为西南羌族,前代以为化外,置而不论。唐开拓边地,于本部立高州。宋设长宁军,十州族姓俱效顺。元至元十五年,云南行省遣官招谕内附。十七年,知州郭安复行州事,蛮人散居村囤,无县邑乡镇。

马湖路,(下。)古牂牁属地,汉、唐以下名马湖部。宋时蛮主屯湖内。元至元十三年内附后,立总管府,迁于夷部溪口,濒马湖之南岸创府治。其民散居山箐,无县邑乡镇。领军一、州一。(初,马湖蛮来朝,尝以独本葱为献,由是岁至,郡县疲于递送,元贞二年敕罢之。)

军一

长宁军,唐置长宁等羁縻十四州、五十六县,并隶泸州都督府。宋以长宁地当冲要,升为长宁军,立安宁县。元至元十二年,郡守黄立挈城效顺。二十二年,设录事司,后与安宁县俱省入本军。

州一

戎州,(下。)本夜郎国西南蛮种,号大坝都掌,分族十有九,前代以化外,置而弗论。唐武后时,恢拓蛮徼,设十四州、五团、二十九县,于本部置晏州。元至元十三年,以昝顺为蛮夷部宣抚司,遣官招谕。十七年,本部官得兰纽来见,授以大坝都总管。二十二年,升为戎州。叛服不常,州治在箐前。所领俱村囤,无县邑乡镇。

上罗计长官司,领蛮地罗计、罗星,乃古夜郎境,为西南种族,前代置之化外。宋设长宁军,十州族姓俱效顺,各命之官。其后分姓他居,遂有上、下罗计之分,盖亦如唐羁縻之,以为西蜀后户屏蔽。元至元十三年,蛮夷部宣抚昝顺引本部夷酋得赖阿当归顺。十五年,授得赖阿当千户。十八年,黎州同知李奇以武略将军来充罗星长官。二十二年,夷人叛,诱讨上罗星夷,行枢密院讨平之。其民人散居村箐,无县邑乡镇。

下罗计长官司,领蛮地。其境近乌蛮,与叙州、长宁军相接,均为西南夷族,与上罗计同。至元十二年,长宁知军率先内附。十三年,昝顺引本部夷酋得颜个诣行枢密院降,奏充下罗计蛮夷千户。二十二年,诸蛮皆叛,惟本部无异志。

四十六囤蛮夷千户所,领豖蛾夷地,在庆符向南抵定川,古夜郎之属,唐羁縻定州之支江县也。至元十三年收附,于庆符县侨置千户所,领四十六囤:

黄水口上下落骨,山落牟许满吴,麽落财,麽落贤,腾息奴,屯莫面,落播,麽落梅,麽得幸,上落松,麽得会,麽得恶,落魂,落昧下村,落岛,麽得享,落燕,落得虑,麽得了,麽腾斛,许宿,麽九色,落播屯右,麽得晏,落能,山落寡,水落寡,落得播,麽得具,麽得渊,腾日彲,落昧上村,赖扇,许焰,腾郎,周头,卖落炎,落女,爱答落,爱答速,麽得奸,阿郎头,下得辛,上得辛,爱得娄,落鸥。

诸部蛮夷：

秦加大散等洞。（以下各设蛮夷官。）

斜崖冒朱等洞。

陇堤纣皮等洞。

石耶洞。

散毛洞。

彭家洞。

黑土石等处。

市备洞。

乐化兀都剌布白享罗等处。

洪望册德等族。

大江九姓罗氏。

水西。

鹿朝。

阿永蛮部。（至元二十一年，酋长阿泥入觐，自言阿永邻境乌蒙等蛮悉隶皇太子位，原依例附属。诏从其请，以阿永蛮隶宫府。）

师壁洞安抚司。

永顺等处军民安抚司。

阿者洞。（以下各设蛮夷官。）

谢甲洞。

上安下坝。

阿渠洞。

下役洞。

驴虚洞。

钱满等处。

水洞下曲等寨。

必藏等处。

酌宜等处。

雍邦等寨。

崖笄等寨。

冒朱洞。

麻峡柘歌等寨。

新附嵬罗金井。

沙溪等处。

宙窄洞。

新容米洞。

甘肃等处行中书省，为路七、州二，属州五。（本省马站六处。）

河西陇北道肃政廉访司

甘州路，（上。）唐为甘州，又为张掖郡，宋初为西夏所据，改镇夷郡，又立宣化府。元初仍称甘州。至元元年，置甘肃路总管府。八年，改甘州路总管府。十八年，立行中书省，以控制河西诸郡。户一千五百五十，口二万三千九百八十七。（至元二十七年数。本路黑山、满峪、泉水渠、鸭子翅等处屯田，计一千一百六十余顷。）

永昌路，（下。）唐凉州。宋初为西凉府，景德中陷入西夏。元初仍为西凉府。至元十五年，以永昌王宫殿所在，立永昌路，降西凉府为州隶焉。

西凉州。（下。）

肃州路，（下。）唐为肃州，又为酒泉郡。宋初为西夏所据。元太祖二十一年，西征，攻肃州下之。世祖至元七年，置肃州路总管府。户一千二百六十二，口八千六百七十九。（至元二十七年数。）

沙州路，（下。）唐为沙州，又为敦煌郡。宋仍为沙州，景祐初，西夏陷瓜、沙、肃三州，尽得河西故地。金因之。元太祖二十二年，破其城以隶八都大王。至元十四年，复立州。十七年，升为沙州路总管府，瓜州隶焉。（沙州去肃州千五百里，内附贫民欲乞粮沙州，必须白之肃州，然后给与，朝廷以其不便，故升沙州为路。）

瓜州，（下。）唐改为晋昌郡，复为瓜州。宋初陷于西夏。夏亡，州废。元至元十四年复立。二十八年徙居民于肃州，但名存而已。

亦集乃路，（下。）在甘州北一千五百里，城东北有大泽，西北俱接沙碛，乃汉之西海郡居延故城，夏国尝立威福军。元太祖二十一年内附。至元二十三年，立总管府。（二十三年，亦集乃总管忽都鲁言："所部有田可以耕作，乞以新军二百人凿合即渠于亦集乃地，并以傍近民西僧余户助其力。"从之。计屯田九十余顷。）

宁夏府路，（下。）唐属灵州。宋初废为镇，领番部。自唐末有拓拔思恭者镇夏州，世有银、夏、绥、宥、静五州之地。宋天禧间，传至其孙德明，城怀远镇为兴州以居，后升兴庆府，又改中兴府。元至元二十五年，置宁夏路总管府。（至元八年，立西夏中兴等路行尚书省。元贞元年，革宁夏路行中书省，并其事于甘肃行省。）领州三。（本路枣园、纳怜站等处屯田一千八百顷。）

灵州，（下。）唐为灵州，又为灵武郡。宋初陷于夏国，改为翔庆军。

鸣沙州，（下。）隋置环州，立鸣沙县。唐革州以县隶灵州。宋没于夏国，仍旧名。元初立鸣沙州。（屯田四百四十余顷。）

应理州，（下。）与兰州接境，东阻大河，西据沙山。考之图志，乃唐灵武郡地。其州城未详建立之始，元初仍立州。

山丹州，（下。）唐为删丹县，隶甘州。宋初为夏国所有，置甘肃军。元初为阿只吉大王分地。至元六年，行山丹城事，删讹为山。二十二年，升为州，隶甘肃行省。

西宁州，（下。）唐置鄯州，理湟水县，上元间没于土蕃，号青唐城。宋改为西宁州。元初为章吉驸马分地。至元二十三年，立西宁州等处拘榷课程所。二十四年，封章吉为宁濮郡王，以镇其地。

兀剌海路。（阙。太祖四年，由黑水城北兀剌海西关口入河西，获西夏将高令公，克兀剌海城。）

卷六十一　志第十三

地理四

云南诸路行中书省，为路三十七、府二，属府三，属州五十四，属县四十七。其余甸寨军民等府不在此数。（马站七十四处，水站四处。）

云南诸路道肃政廉访司（大德三年，罢云南行御史台，立肃政廉访司。）

中庆路，（上。）唐姚州。阁罗凤叛，取姚州，其子凤伽异增筑城曰柘东，六世孙券丰祐改曰善阐，历五代迄宋，羁縻而已。元世祖征大理，凡收府八，善阐其一也。郡四，部三十有七。其地东至普安路之横山，西至缅地之江头城。，凡三千九百里而远；南至临安路之鹿沧江，北至罗罗斯之大渡河，凡四千里而近。宪宗五年，立万户府十有九，分善阐为万户府四。至元七年，改为路。（八年，分大理国三十七部为南北中三路，路设达鲁花赤并总管。）十三年，立云南行中书省，初置郡县，遂改善阐为中庆路。领司一、县三、州四。州领八县。（本路军民屯田二万二千四百双有奇。）

录事司。

县三

昆明，（中。倚郭。唐置。元宪宗四年，分其地立千户二。至元十二年，改善州，领县。二十一年，州革，县如故。其地有昆明池，五百余里，夏潦必冒城郭。张立道为大理等处劝农使，求泉源所出，泄其水，得地万余顷，皆为良田云。）富民，（下。至元四年，立黎瀼千户。十二年，即黎瀼立县。）宜良。（下。唐匡州，即其地。蛮酋罗氏于此立城居之，名曰罗裒龙，乃今县也。元宪宗六年，立太池千户，隶嵩明万户。至元十三年，升宜良州，治太池县。二十一年，州罢为县，后废太池来属。）

州四

嵩明州，（下。）州在中庆东北，治沙札卧城。乌蛮车氏所筑，白蛮名为嵩明。昔汉人居之，后乌、白蛮强盛，汉人徙去，盟誓于此，因号嵩盟，今州南有土台，盟会处也。汉人尝立长州，筑金城、阿葛二城。蒙氏兴，改长州为嵩盟部，段氏因之。元宪宗六年，立嵩明万户。至元十二年，复改长州。十五年，升嵩明府。二十二年，降为州。领二县：

杨林，（下。在州东南，治杨林城，乃杂蛮枳氏、车氏、斗氏、麽氏四种所居之地，城东门内有石如羊形，故又作羊。唐有羊林部落，即此地。元宪宗七年，立羊林千户。至元十二年，改为县。）邵甸。（下。在州西，治白邑村，无城郭，车蛮、斗蛮旧地，名为束甸，以束为邵，宪宗七年，立邵甸千户。至元十二年，改为县。）

晋宁州，（下。）唐晋宁县，蒙氏、段氏皆为阳城堡部。元宪宗七年，立阳城堡万户。至元十二年，改晋宁州。领二县：

呈贡，（下。西临滇泽之滨，在路之南，州之北，其间相去六十里，有故城曰呈贡，世为些莫强宗部蛮所居。元宪宗六年，立呈贡千户。至元十二年，割诏营、切龙、呈贡、雌甸、塔罗、和罗忽六城及乌纳山立呈贡县。）归化。（下。在州东北，呈贡县南，西宾滇泽，地名大吴龙，昔吴氏所居，后为些莫徒蛮所有，世隶善阐。宪宗六年，分隶呈贡千户。至元十二年，割大吴龙、安江、安淜立归化县。）

昆阳州，（下。）在滇池南，僰、狆杂夷所居，有城曰巨桥，今为州治。阁罗凤叛唐，令曲㖽蛮居之。段氏兴，隶善阐。元宪 宗并罗畐等十二城，立巨桥万户。至元十二年，改昆阳州。领二县：

三泊，（下。至元十三年，于那龙城立县。）易门。（下。在州之西，治市坪村，世为乌蛮所居。段氏时，高智昇治善阐，奄而有之。至元四年，立洟门千户。十二年，改为县。县西有泉曰洟源。讹作易门。）

安宁州，（下。）唐初置安宁县，隶昆州。阁罗凤叛唐后，乌、白蛮迁居。蒙氏终，善阐酋孙氏为安宁城主，及袁氏、高氏互有其地。元宪宗七年，隶阳城堡万户。至元三年，立安宁千户。十二年，改安宁州。领二县：

禄丰，（下。在州西，治白村，其地瘴热，非大酋所居，惟乌、杂蛮居之，迁徙不常。至元十二年，割安宁千户之碌琫、化泥、驥琮笼三处立禄丰县。因江中有石如甑，俗名碌琫，译谓碌为石，琫为甑，讹为今名。）罗次。（下。在州北，治压磨吕白村，本乌蛮罗部，地险俗悍。至元十二年，因罗部立罗次州，隶中庆路。二十四年，改州为县。二十七年，隶安宁州。）

威楚开南等路，（下。）为杂蛮耕牧之地，夷名俄碌，历代无郡邑，后爨酋威楚筑城俄碌睒居之。唐时蒙舍诏阁罗凤合六诏为一，侵俄碌，取和子城，今镇南州是也。后阁罗凤叛，于本境立郡县，诸爨尽附。蒙氏立二都督、六节度，银生节度即今路也。及段氏兴，银生隶姚州，又名当筋睒。及高昇泰执大理国柄，封其侄子明量于威楚，筑外城，号德江城，传至其裔长寿。元宪 宗三年征大理，平之。六年，立威楚万户。至元八年，改威楚路，置总管府。领县二、州四。州领一县。（本路军民屯田共七千一百双。）

县二

威楚，（下。倚郭。至元十五年，升威州，仍立富民、净乐二县。二十一年，降州为威楚县，革二县为乡来属。）定远。（下。在路北，地名目直睒，杂蛮居之。

诸葛孔明征南中，经此睒，后号为牟州。唐蒙氏遣爨蛮酋抬萼镇牟州，筑城曰耐笼。至高氏专大理国政，命云南些莫徒酋夷羡徙民二百户于黄蓬阱，其抬萼故城隶高氏。元宪宗四年，立牟州千户，黄蓬阱为百户。至元十二年，改为定远州，黄蓬阱为南宁县，后革县为乡，改州为县，隶本路。）

州四

镇南州，（下。）州在路北，昔朴、落蛮所居。川名欠舍，中有城曰鸡和。至唐时，蒙氏并六诏，征东蛮，取和子、鸡和二城，置石鼓县，又于沙却置俗富郡。沙却即今州治。至段氏封高明量为楚公，欠舍、沙却皆隶之。元宪宗三年，其酋内附。七年，立欠舍千户、石鼓百户。至元二十二年，改欠舍千户为镇南州，立定边、石鼓二县。二十四年，革二县为乡，仍隶本州。

南安州，（下。）州在路东南，山岭稠叠，内一峰竦秀，林麓四周，其顶有泉。昔黑爨蛮祖瓦晟吴立栅居其上，子孙渐盛，不隶他部，至高氏封威楚方隶焉。宪宗立摩刍千户，隶威楚万户。至元十二年，改千户为南安州，隶本路。领一县：

广通。（下。县在州之北，夷名为路睒，杂蛮居之。南诏阁罗凤曾立路睒县，至段氏封高明量于威楚，其后宜州酋些莫徒裔易衮等附之，至高长寿遂处于路睒，易衮去旧堡二十里，山上筑城白龙戏新栅。宪宗七年，长寿内附，立路睒千户。至元十二年改为广通县，隶南安州。）

开南州，（下。）州在路西南，其川分十二甸，昔朴、和泥二蛮所居也。庄蹻王滇池，汉武开西南夷，诸葛孔明定益州，皆未尝涉其境。至蒙氏兴，立银生府，后为金齿、白蛮所陷，移府治于威楚，开南遂为生蛮所据。自南诏至段氏，皆为徼外荒僻之地。元中统三年平之，以所部隶威楚万户。至元十二年，改为开南州。

威远州，（下。）州在开南州西南，其川有六，昔扑、和泥二蛮所居。至蒙氏兴，开威楚为郡，而州境始通。其后金齿、白夷蛮酋阿只步等夺其地。中统三年征之，悉降。至元十二年，立开南州及威远州，隶威楚路。

武定路军民府，（下。）唐隶姚州，在滇北，昔狆鹿等蛮居之。至段氏使乌蛮阿𠿟治纳洟肥共龙城于共甸，又筑城名曰易龙，其裔孙法瓦浸盛，以其远祖罗婺为部名。元宪宗四年内附。七年，立为万户，隶威楚。至元八年，并仁德、于矢入本部为北路。十一年，割出二部，改本路为武定。领州二。州领四县。（本路屯田七百四十八双。）

州二

和曲州，（下。）州在路西南，蛮名叵簉甸，僰、㺐诸种蛮所居。地多汉冢，或谓汉人曾居。蒙氏时，白蛮据其地，至段氏以乌蛮阿𠿟并吞诸蛮聚落三十余处，分兄弟子侄治之，皆隶罗婺部。元宪宗六年，改叵簉甸曰和曲。至元二十六年，升为州。领二县：

南甸，（下。路治本县，蛮曰濮甸，又称洟陬笼。至元二十六年改为县。）元谋。（下。夷中旧名环州，元治五甸，至元十六年改为县。）

禄劝州，（下。）州在路东北，甸名洪农碌券，杂蛮居之，无郡所。至元二十六年，立禄劝州。领二县：

易笼，（下。易笼者，城名，在州北，地名倍场。县境有二水，蛮语谓洟为水，笼为城，因此为名。昔罗婺部大酋居之，为群酋会集之所。至元二十六年，立县。）石旧。（下。县在州东，有四甸：曰掌鸠，曰法块，曰抹捻，曰曲蔽。掌鸠甸有溪绕其三面，凡数十渡，故名，今讹名石旧。至元二十六年，立县。）

鹤庆路军民府，（下。）府治在丽江路东南，大理路东北，夷名其地曰鹤川、样共。昔隶越析诏，汉、唐未建城邑。开元末，阁罗凤合六诏为一，称南诏，徙治羊苴咩城，地近龙尾、鹤柘，今府即其地也。大和中，蒙劝封祐于样共立谋统郡。蒙氏后，经数姓如故。元宪宗三年内附，为鹤州。七年，立二千户，仍称谋统，隶大理上万户。至元十一年，罢谋统千户，复为鹤州。二十年，为燕王分地，隶行省。二十三年，升为鹤庆府。领一县：

剑川。（下。县治在剑川湖西，夷云罗鲁城。按《唐史》南诏有六节度，剑川其一也。初蒙氏未合六诏时，有浪穹诏与南诏战，不胜，遂保剑川，更称剑浪。贞元中，南诏击破之，夺剑、共诸川地，其酋徙居剑睒西北四百里，号剑羌。蒙氏终，至段氏，改剑川为义督睑。宪宗四年内附。七年，立义督千户。至元十一年，罢千户，立剑川县，隶鹤州。军民屯田共一千余双。）

云远路军民总管府，元贞二年置。

彻里军民总管府，大德中置。（大德中，云南省言："大彻里地与八百媳妇犬牙相错，势均力敌。今大彻里胡念已降，小彻里复控扼地利，多相杀掠，胡念日与相拒，不得离，遣其弟胡伦入朝，指画地形，乞别立彻里军民宣抚司，择通习蛮夷情状者为之帅，招其来附，以为进取之地。"乃立彻里军民总管府。）

广南西路宣抚司。（阙。）

丽江路军民宣抚司，路因江为名，谓金沙江出沙金，故云。源出吐蕃界。今丽江即古丽水，两汉至隋、唐皆为越嶲郡西徼地，昔麽蛮、些蛮居之，遂为越析诏。二部皆乌蛮种，居铁桥。贞元中，其地归南诏。元宪宗三年，征大理，从金沙济江，麽、些负固不服。四年春，平之，立茶罕章管民官。至元八年，立宣慰司。十三年，改为丽江路，立军民总管府。二十二年，府罢，于通安、巨津之间立宣抚司。领府一、州七。州领一县。

府一

北胜府，在丽江之东。唐南诏时，铁桥西北有施蛮者，贞元中为异牟寻所破，迁其种居之，号剑羌，名其地曰成偈睒，又改名善巨郡。蒙氏终，段氏时，高智昇使其孙高大惠镇此郡。后隶大理。元宪宗三年，其酋高俊内附。至元十五年，立为施州。十七年，改为北胜州。二十年，升为府。

州七

顺州，在丽江之东，俗名牛睒。昔顺蛮种居剑、共川。唐贞元间，南诏异牟寻破之，徙居铁桥、大婆、小婆、三探览等川。其酋成斗族渐盛，自为一部，迁于牛睒。至十三世孙自瞠犹隶大理。元宪宗三年内附。至元十五年，改牛睒为顺州。

蒗蕖州，治罗共睒，在丽江之东，北胜、永宁南北之间，罗落、麽、些三种蛮世居之。宪宗三年，征大理。至元九年内附。十六年，改罗共睒为蒗蕖州。

永宁州，昔名楼头睒，接吐蕃东徼，地名答蓝，麽、些蛮祖泥月乌逐出吐蕃，遂居此睒，世属大理。宪宗三年，其三十一世孙和字内附。至元十六年，改为州。

通安州，治在丽江之东，雪山之下。昔名三睒。仆獬蛮所居，其后麽、些蛮叶古乍夺而有之，世隶大理。宪宗三年，其二十三世孙麦良内附。中统四年，以麦良为察罕章管民官。至元九年，其子麦兀袭父职。十四年，改三睒为通安州。

兰州，在兰沧水之东。汉永平中始通博南山道，渡兰沧水，置博南县。唐为卢鹿蛮部。至段氏时，置兰溪郡，隶大理。元宪宗四年内附，隶茶罕章管民官。至元十二年，改兰州。

宝山州，在雪山之东，丽江西来，环带三面。昔麽、些蛮居之。其先自楼头徙居此，二十余世。世祖征大理，自卞头济江，由罗邦至罗寺，围大匮等寨，其酋内附，名其寨曰察罕忽鲁罕。至元十四年，以大匮七处立宝山县，十六年升为州。

巨津州，昔名罗波九睒，北接三川、铁桥，西邻吐蕃。按《唐书》，南诏居铁桥之南，西北与吐蕃接。今州境实大理西北陬要害地，麽、些大酋世居之。宪宗三年内附。至元十四年，于九睒立巨津州，盖以铁桥自昔为南诏、吐蕃交会之大津渡，故名。领一县：

临西。（下。县在州之西北，乃大理极边险僻之地，夷名罗裒间，居民皆麽、些二种蛮。至元十四年，立大理州县，于罗裒间立临西县，以西临吐蕃境故也，隶巨津州。）

东川路，（下。）至元二十八年立。

茫部路军民总管府。（下。）

益良州。（下。）强州。（下。）

孟杰路。（自东川路以下阙。泰定三年，八百媳妇蛮请官守，置木安、孟杰二府于其地。）

普安路，（下。）治在盘町山阳，巴盘江东。古夜郎地。秦为黔中地，两汉隶牂牁郡，蜀隶兴古郡，隋立牂州。唐置西平州，后改兴古郡为盘州。蒙氏叛唐，其地为南诏东鄙，东爨乌蛮七部落居之。其后爨酋阿宋逐诸蛮据其地，号于失部，世为酋长。元宪宗七年，其酋内附，命为于失万户。至元十三年，改普安路总管府。明年，更立招讨司。十六年，改为宣抚司。二十二年，罢司为路。

曲靖等路宣慰司军民万户府，曲、靖二州在汉为夜郎味县地。蜀分置兴古郡。隋初为恭州、协州。唐置南宁州。东、西爨分乌、白蛮二种，自曲靖州西南昆川距龙和城，通谓之西爨白蛮。自弥鹿、升麻二川南至步头，通谓之东爨乌蛮。贞观中，以西爨归王为南宁都督，袭杀东爨首领盖聘。南诏阁罗凤以兵胁西爨，徙之至龙和，皆残于兵。东爨乌蛮复振，徙居西爨故地，世与南诏为婚，居故曲靖州。天宝末，征南诏，进次曲靖州，大败，其地遂没于蛮。元宪宗六年，立磨弥部万户。至元八年，改为中路。十三年，改曲靖路总管府。二十年，以隶皇太子。二十五年，升宣抚司。领县一、州五。州领六县。（本路屯田四千四百八十双，岁输金三千五百五十两、马一百八十四。）

县一

南宁。（下。倚郭。唐以爨归王为南宁州都督，治石城。及阁罗凤叛，州废，蒙氏改石城郡。至段氏，乌蛮莫 㳽部酋据石城。元宪宗三年内附。六年，立千户，隶莫㳽部万户。至元十三年，升南宁州。二十二年，革为县。）

州五

陆凉州，（下。）即汉牂牁郡之平夷县。南诏叛后，落温部蛮世居之。宪宗三年内附，立落温千户，属落蒙万户。至元十三年，改为陆凉州。领二县：

芳华，（下。在州西。）河纳。（下，在州南，治蔡村。）

越州，（下。）在路之南，其川名鲁望，普麽部蛮世居之。宪宗四年内附。六年，立千户，隶末迷万户。至元十二年，改越州，隶曲靖路。

罗雄州，（下。）与溪洞蛮獠接壤，历代未尝置郡，夷名其地为塔敝纳夷甸。俗传盘瓠六男，其一曰蒙由丘，后裔有罗雄者居此甸。至其孙普恐，名其部曰罗雄。宪宗四年内附。七年，隶普摩千户。至元十三年，割夜苴部为罗雄州，隶曲靖路。

马龙州，（下。）夷名曰撒匡。昔僰、剌居之，盘瓠裔纳垢逐旧蛮而有其地。至罗苴内附，于本部立千户。至元十三年，改为州，即旧马龙城也。领一县：

通泉。（下。在州西南，与嵩明州杨林县接壤，纳垢之孙易陬分居其地。元初为易龙百户，隶马龙千户。至元十三年，改名通泉县，隶马龙州。）

沾益州，（下。）在本路之东北，据南盘江、北盘江之间。唐初置州，天宝末，没于蛮，为僰、剌二种所居。后磨弥部夺之。元初其孙普垢刑内附。宪宗七年，以本部隶曲靖磨弥万户府。至元十三年，改沾益州。领三县：

交水，（下。治易陬龙城。其先磨弥部酋蒙提居之，后大理国高护军逐其子孙为私邑。宪宗五年内附。至元十三年，即其城立县。）石梁，（下。系磨弥部，又名伍勒部。其酋世为巫，居石梁原山。至元十三年为县。）罗山。（下。夷名落蒙山，乃磨弥部东境。）

澂江路，（下。）治在滇池东南。唐属牂州，隶黔州都督府。开元中，降为羁縻州。今夷中名其地曰罗伽甸。初，麽、些蛮居之，后为僰蛮所夺。南诏蒙氏为河阳郡，至段氏，麽、些蛮之裔复居此甸，号罗伽部。元宪宗四年内附，六年以罗伽部为万户。至元三年，改万户为中路。十六年，升为澂江路。领县三、州二。州领三县。（本路屯田四千一百双。）

县三

河阳，（下。内附后为千户。至元十六年，为河阳州。二十六年，降为县。）江川，（下。在澂江路南，星云湖之北。蒙氏叛唐，使白蛮居之。至段氏，些麽徒蛮之裔居此城。更名步雄部。其后弄景内附，即本部为千户。至元十三年，改千户为江川州。二十年，降为县。）阳宗。（下。在本路西北，明湖之南。昔麽、些蛮居之，号曰强宗部，其酋卢舍内附，立本部千户。至元十三年，改为县。）

州二

新兴州，（下。）汉新兴县。唐初隶牂州，后南诏叛，降为羁縻州。蒙氏为温富州。段氏时麽、些蛮分居其地。内附后，立为千户。至元十三年，改新兴州，隶澂江路。领二县：

普舍，（下。在州西北。昔有强宗部蛮之裔，长曰部傍，据普具龙城，次曰普舍，据普札龙城。二城之西有白城，汉人所筑。二酋屡争其地，莫能定。后普舍孙苴朋内附，立本部为千户。十三年，改千户为普舍县，治普札龙城，隶新兴州。）研和。（下。麽些徒蛮步雄居之，其孙龙镭内附，立百户。至元十三年，改为县。）

路南州，（下。）州在本路之东，夷名路甸，有城曰撒吕，黑爨蛮之裔落蒙所筑，子孙世居之，因名落蒙部。宪宗朝内附，即本部立万户。至元七年，并落蒙、罗伽、末迷三万户为中路。十三年，分中路为二路，改罗伽为澂江路，落蒙为路南州，隶澂江路。领一县：

邑市。（下。至元十三年，即邑市、弥歪二城立邑市县，弥沙等五城立弥沙县。二十四年，并弥沙入本县，隶路南州。）

普定路，本普里部，归附后改普定府。（至元二十七年，初斡罗思、吕国瑞入贿丞相桑哥及要束木等，请创罗甸宣慰司。至是，言招到罗甸国札哇并龙家、宋家、犵狫、猫人诸种蛮夷四万六千六百户。阿卜、阿牙者来朝，为曲靖路宣慰同知脱因及普安路官所阻。会云南行省言："罗甸即普里也，归附后改普定府，印信具存，隶云南省三十余年，赋役如期。今所创罗甸宣慰安抚司，隶湖南省。斡罗思等擅以兵胁降普定土官矣资男、札哇、希古等，勒令同其入觐，邀功希赏。乞罢之，仍以其地隶云南。"制可。）大德七年，改为路。（大德七年，中书省臣言："蛇节、宋隆济等作乱，普定知府容苴率众效顺。容苴没，其妻适姑亦能宣力戎行，乞令袭其夫职。仍改普定为路，隶曲靖宣慰司，以适姑为本路总管，虎符。"）

仁德府，昔僰、剌蛮居之，无郡县。其部曰仲扎溢源，后乌蛮之裔新丁夺而有之。至四世孙，因其祖名新丁，以为部号，语讹为仁地。宪宗五年内附。明年，立本部为仁地万户。至元初复叛，四年降之，仍为万户。十三年，改万户为仁德府。（本府屯田五百六十双。）领县二：

为美，（下。县治在府北，地名溢浦适侣瞇甸，即仁地故部。至元二十四年置县。）归厚。（下。县治在府西，地名易浪 浦龙，旧隶仁地部。至元二十四年，分立二县，曰倘俸，曰为美。二十五年，改倘俸曰归厚。）

罗罗蒙庆等处宣慰司都元帅府

建昌路，（下。）本古越嶲地，唐初设中都督府，治越嶲。至德中，没于吐蕃。贞元中复之。懿宗时，蒙诏立城曰建昌府，以乌、白二蛮实之。其后诸酋争强，不能相下，分地为四，推段兴为长。其裔浸强，遂并诸酋，自为府主，大理不能制。传至阿宗，娶落兰部建蒂女沙智。元宪宗朝，建蒂内附，以其婿阿宗守建昌。至元十二年，析其地置总管府五、州二十三，建昌其一路也，设罗罗宣慰司以总之。本路领县一、州九。州领一县。（本路立军民屯田。）

县一

中县。（县治在住头回甸，盖越嶲之东境也。所居乌蛮自别为沙麻部，以酋长所立处为中州。至元十年内附。十四年，仍为中州。二十二年，降为县。隶建昌路。）

州九

建安州，（下。）即总府所治。建蒂既平，分建昌府为万户二，又置千户二。至元十五年，割建乡城十四村及建蒂四村立宝安州。十七年，改本千户为建安州。二十六年，革宝安州，以其乡村来属。

永宁州，（下。）在建昌之东郭。唐时南诏立建昌郡，领建安、永宁二州。元至元九年，西平王平建蒂。十六年，分建昌为二州，在城曰建安，东郭曰永宁，俱隶建昌路。

泸州，（下。）州在路西，昔名沙城睑，即诸葛武侯禽孟获之地。有泸水，深广而多瘴，鲜有行者，冬夏常热，其源可焊鸡豚。至段氏时，于热水甸立城。名溁笼，隶建昌。宪宗时，建蒂内附，复叛，至元九年平之。十五年，改溁笼为泸州。

礼州，（下。）州在路西北，泸沽水东，所治曰笼麽城。南诏末，诸蛮相侵夺，至段氏兴，并有其地。裔孙阿宗内附，复叛，至元九年平之，设千户。十五年，改为礼州。领一县：

泸沽。（县在州北。昔罗落蛮所居，至蒙氏霸诸部，以乌蛮酋守此城，后渐盛，自号曰落兰部，或称罗落。其裔蒲德遣其侄建蒂内附。建蒂继叛，杀蒲德，自为酋长，并有诸部。至元九年平之，设千户。十三年升万户，十五年改县。）

里州，（下。）唐隶巂州都督。蒙诏时落兰部小酋阿都之裔居此，因名阿都部。传至纳空，随建蒂内附。中统三年叛。至元十年，其子耶吻效顺，隶乌蒙。十八年，设千户。二十二年，同乌蛮叛，奔罗罗斯。二十三年，升军民总管府。二十六年，府罢为州，隶建昌路。

阔州，（下。）州治密纳甸。古无城邑，乌蒙所居。昔仲由蒙之裔孙名科居此，因以名为部号，后讹为阔。至三十七世孙僰罗内附。至元九年，设千户。二十六年，改为州。

邛部州，（下。）州在路东北，大渡河之南，越巂之东北。君长十数，筰都最大。唐立邛部县，后没于蛮。至宋岁贡名马土物，封其酋为邛都王。今其地夷称为邛部川，治乌弄城，昔麽、些蛮居之，后仲由蒙之裔夺其地。元宪宗时内附。中统五年，立邛部川安抚招讨使，隶成都元帅府。至元十年，割属罗罗斯宣慰司。二十一年，改为州。

隆州，（下。）州在路之西南，与汉邛都县接境，唐会川县之西北。蒙氏改会川为会同逻，立五睑，本州为边府睑。其后睑主杨大兰于睑北岜上立城，分派而居，名曰大隆城，即今州治也。元至元十三年内附。十四年，设千户。十七年，改隆州。

姜州，（下。）姜者蛮名也。乌蛮仲牟由之裔阿坛绛始居闷畔部，其孙阿罗仕大理国主高泰，是时会川有城曰龙纳，罗落蛮世居焉。阿罗挟高氏之势，攻拔之，遂以祖名曰绛部。宪宗时，随闷畔内附，因隶焉。至元八年，为落兰部酋建蒂所破。九年平之，遂隶会川，后属建昌。十五年，改为姜州。二十七年，复属闷畔部，后又属建昌。

德昌路军民府，（下。）汉邛都县地，唐没于南诏。路在建昌西南，所居蛮号屈部。元至元九年内附。十二年，立定昌路，以本部为昌州。二十三年，罢定昌路，并入德昌路，治本州葛鲁城。领州四。（本路立军民屯田。）

昌州，（下。）路治本州。初，乌蛮阿屈之裔浸强，用祖名为屈部。其孙乌则，至元九年内附。十二年，改本部为州，兼领普济、威龙，隶定昌路。二十三年，罢定昌路，并隶德昌。

德州，（下。）在路之北。其地今名吾越甸，城曰亦苴龙，所居蛮苴郎，以远祖名部曰赪 绖。宪宗时内附。至元十二年，立千户。十三年，改为德州，隶德平路。二十三年，改隶德昌。

威龙州，（下。）州在路西南，夷名巴翠部，领小部三，一曰沙娲普宗，二曰乌鸡泥祖，三曰娲诸龙菖蒲，皆狏鲁蛮种也。至元十五年，合三部立威龙州，隶德昌。

普济州，（下。）州在路西北，夷名玗甸。昔为荒僻之地，狏鲁蛮世居之，后属屈部。至元九年，随屈部内附。十五年，于玗甸立定昌路。二十三年，路革，改隶德昌。

会川路，（下。）路在建昌南。唐移邛都于此。其地当征蛮之要冲，诸酋听会之所，故名。天宝末，没于南诏，立会川都督府，又号清宁郡。至段氏仍为会川府。元至元九年内附。十四年立会川路，治武安州。领州五。（本路立军民屯田。）

武安州，（下。）蛮称龙泥城。至元十四年，立管民千户。十七年，改为武安州。

黎溪州，（下。）古无城邑，蛮云黎弜，讹为今名。初，乌蛮与汉人杂处，及南诏阁罗凤叛，徙白蛮守之。蒙氏终，罗罗逐去白蛮。段氏兴，令罗罗蛮乞夷据其地。至元九年，其裔阿夷内附，改其部为黎溪州。

永昌州，（下。）州在路北，治故归依城，即古会川也。唐天宝末，没于南诏，置会川都督。至蒙氏改会同府，置五睑，徙张、王、李、赵、杨、周、高、段、何、苏、龚、尹十二姓于此，以赵氏为府主，居今州城。赵氏弱，王氏据之。及段氏兴高氏专政，逐王氏，以其子高政治会川。元宪宗三年，征大理，高氏逃去。九年，故酋王氏孙阿龙率众内附。至元八年，以其男阿禾领会川。十四年，改管民千户。十七年，立永昌州，隶会川路。

会理州，（下。）州在会川府东南。唐时南诏属会川节度，地名昔陀。有蛮名阿坛绛，亦仲由蒙之遗种。其裔罗于则，得昔陀地居之，取祖名曰绛部，后强盛，尽有四州之地，号蒙歪。元宪宗八年，其孙亦芦内附，隶闷畔万户。至元四年，属落兰部。十三年，改隶会川路。十五年，置会理州，仍隶会川。二十七年，复属闷畔部。

麻龙州，（下。）麻龙者，城名也，地名棹罗能。乌蛮蒙次次之裔，祖居闷畔东川，后普恐迁苗卧龙，其孙阿麻内附。至元五年，为建蒂所并。十二年，属会川。十四年，立管民千户，隶会川路。十七年，立为州。二十七年，割属闷畔部。

柏兴府，昔摩沙夷所居。汉为定笮县，隶越巂郡。唐立昆明县。天宝末没于吐蕃。后复属南诏，改香城郡。元至元十年，其盐井摩沙酋罗罗将 犍鹿、茹库内附。十四年，立盐井管民千户。十七年，改为闰盐州，以 犍鹿部为普乐州，俱隶德平路。二十七年，并普乐、闰盐二州为闰盐县，立柏兴府，隶罗罗宣慰司。领县二：

闰盐，（下。倚郭。夷名为贺头甸，以县境有盐井故名。）金县。（下。县在府北，夷名利宝揭勒。所居蛮因茹库，乃汉越巂郡北境，与吐蕃接。至元十五年，立为金州，后降为县，以县境斛僰和山出金，故名焉。）

临安广西元江等处宣慰司兼管军万户府

临安路，(下。)唐隶牂州，天宝末没于南诏。蒙氏立都督府二，其一曰通海郡，段氏改为秀山郡，阿僰部蛮居之。元宪宗六年内附，以本部为万户。至元八年改为南路，十三年又改为临安路。领县二、千户一、州三。州领二县。(宣慰司所领屯田六百双，本路有司所管三千四百双，爨僰军千户所管一千一百五十双有奇。)

县二

河西，(下。县在杞麓湖之南，又名其地曰休腊。昔庄蹻王其地。唐初于姚州之南置西宗州，领三县，河西其一也。天宝后没于蛮，为步雄部，后阿僰蛮易渠夺而居之。元宪宗六年内附。七年，即阿僰部立万户，休腊隶之。至元十三年，改为河西州，隶临安路。二十六年，降为县。)蒙自。(下。县界南邻交趾，西近建水州。县境有山名目则，汉语讹为蒙自，上有故城。白夷所筑，即今县治，下临巴甸。南诏时以赵氏镇守，至段氏，阿僰蛮居之。宪宗六年内附，继叛，七年平之，立千户，隶阿僰万户。至元十三年，改阿僰万户为临安路，以本千户为县。)

舍资千户。(蒙自县之东，阿僰蛮所居地。昔名褒古，又曰部枭踵甸。传至裔孙舍资，因以为名。内附后，隶蒙自千户。至元十三年，改蒙 自为县，其地近交趾，遂以舍资为安南道防送军千户，隶临安路。)

州三

建水州，(下。)在本路之南，近接交趾，为云南极边。治故建水城，唐元和间蒙氏所筑，古称步头，亦云巴甸。每秋夏溪水涨溢如海，夷谓海为惠，川为大，故名惠川，汉语曰建水，历赵、杨、李、段数姓，皆仍旧名，些麽徒蛮所居。内附后，立千户，隶阿僰万户。至元十三年，改建水州，隶临安路。

石平州，(下。)在路之西南，阿僰蛮据之，得石坪，聚为居邑，名曰石坪。至元七年，改邑为州，隶临安路。

宁州，(下。)在本路之东。唐置黎州，天宝末没于蛮。地号浪旷，夷语谓旱龙也。步雄部蛮些麽徒据之，后属爨蛮酋阿几，以浪旷割与宁酋豆圭。元宪宗四年，宁酋内附。至元十三年，改为宁州，隶临安路。旧领三县：通海，嶍峨，西沙。西沙在州东，宁部蛮世居之。其裔孙西沙筑城于此，因名西沙笼。宪宗四年，其酋普提内附，就居此城为万户。至元十三年，立为西沙县。二十六年，以隶宁州。至治二年，并入州。领二县：

通海，(下。倚郭。元初立通海千户，隶善阐万户。至元十三年，改通海县，隶宁海府。二十七年，府革，直隶临安路，今割隶宁州。)嶍峨。(下。县在河西县之西，控扼山谷，北接滇池，亦属滇国。昔嶍猊蛮居之，后阿僰酋逐嶍猊据其地。至其孙阿次内附，以其部立千户。至元十三年，改为州，领邛洲、平甸二县。二十六年，降为县，并二县为乡，隶临安路。今割隶宁州。)

广西路，(下。)东爨乌蛮弥鹿等部所居。唐为羁縻州，隶黔州都督府。后师宗、弥勒二部浸盛，蒙氏、段氏莫能制。元宪宗七年，二部内附，隶落蒙万户。至元十二年，籍二部为军，立广西路。十八年，复为民。领州二。

师宗州，(下。)在路之东南。昔爨蛮逐獠、僰等居之，其后师宗据匿弄甸，故名师宗部。至元十二年，立为千户。十八年，复为民。二十七年，改为州。

弥勒州，(下。)在路南。昔些莫徒蛮之裔弥勒得郭甸、巴甸、部笼而居之，故名其部曰弥勒。至元十二年，为千户。十八年，复为民。二十七年，改为州。

元江路，(下。)古西南夷地。今元江在梁州之西南，又当在黑水之西南也。阿僰诸部蛮自昔据之。宪宗四年内附，七年复叛，率诸部筑城以拒命。至元十三年，遥立元江府以羁縻之。二十五年，命云南王讨平之，割罗盘、马笼、步日、思麽、罗丑、罗陀、步腾、步竭、台威、台阳、设栖、你陀十二部于威远，立元江路。

步日部。(在本路之西。蒙氏立此甸，徙白蛮镇之，名步日睑。)

马笼部。(因马笼山立寨，在本路之北，所居蛮阿僰。元初立为千户，属宁州万户。至元十三年，改隶元江万户。二十五年，属元江路。)

大理金齿等处宣慰司都元帅府

大理路军民总管府，(上。)本汉楪榆县地。唐于昆明之梇栋川置姚州都督府，治楪榆洱河蛮。后蒙舍诏皮罗阁逐河蛮取太和城，至阁罗凤号大蒙国。云南先有六诏，至是请于朝，求合为一，从之。蒙舍在其南，故称南诏。徙治太和城。至异牟寻又迁于喜郡史城，又徙居羊苴咩城，即今府治。改号大礼国。其后郑、赵、杨三氏互相篡夺，至石晋时，段思平更号大理国。元宪宗三年收附。六年，立上下二万户。至元七年，并二万户为大理路。(有点苍山在大理城西，周广四百里，为云南形胜要害之地。城中有五花楼，唐大中十年，南诏王劵丰佑所建。楼方五里，高百尺，上可容万人。世祖征大理时，驻兵楼前。至元三年，尝赐金重修焉。)领司一、县一、府二、州五。府领一县，州领二县。

录事司。(宪宗七年，立中千户，属大理万户。至元十一年，罢千户，立录事司。十二年，升理州。二十一年，州罢，复立录事司。)

县一

太和。(倚郭。宪宗七年，于城内外立上中下三千户。至元二十六年，即中千户立录事司，上下二千户立县。)

府二

永昌府，唐时蒙氏据其地，历段氏、高氏皆为永昌府。元宪宗七年，分永昌之永平立千户。至元十一年，立永昌州。十五年升为府，隶大理路。领一县：

永平。（下。县在府东，鹿沧江之东，即汉博平县。唐蒙氏改胜乡郡，属永昌。至元十一年，改永平县，隶永昌府。）

腾冲府，在永昌之西，即越睒地。唐置羁縻郡。蒙氏九世孙异牟寻取越睒，逐诸蛮有其地，为软化府。其后白蛮徙居之，改腾冲府。元宪宗三年，府酋高救内附。至元十一年，改藤越州，又立藤越县。十四年，改腾冲府。二十五年，罢州县，府如故。（永昌、腾冲二府军民屯田共二万二千一百五双。）

州五

邓川州，（下。）在本路北。夷有六诏，邆睒其一也。唐置邆川州，治大厘。蒙氏袭而夺之，后改德原城，隶大理。段氏因之。元宪宗三年内附。七年，立德原千户，隶大理上万户。至元十一年，改德原城为邓川州。领一县：

浪穹。（下。本名弥茨，乃浪穹诏所居之地。唐初，其王铎罗望与南诏战，不胜，保剑川，更称剑浪。贞元中，南诏破之，以浪穹、施浪、邓睒总三浪为浪穹州。元宪宗七年内附，立浪穹千户，隶大理上万户。至元十一年降为县，隶邓川州。）

蒙化州，（下。）本蒙舍城。唐置阳瓜州。天宝间，凤伽异为州刺史。段氏为开南县。元宪宗七年，以蒙舍立千户，属大理上万户。至元十一年，立蒙化府。十四年，升为路。二十年，降为州，复隶大理路。

赵州，（下。）昔为罗落蛮所居地。蒙氏立国，有十睑，赵川睑其一也。夷语睑若州。皮罗阁置赵郡，阁罗凤改为州，段氏改天水郡。宪宗七年立赵睑千户，隶大理下万户。至元十一年改为州，又于白崖睑立建宁县，隶本州，即古勃弄地。二十五年县革入州，隶大理路。

姚州，（下。）唐于梇栋川置姚州都督府。天宝间，阁罗凤叛，取姚州，附吐蕃。终段氏为姚州。元宪宗三年内附。七年，立统矢千户、大姚堡千户。至元十二年，罢统矢，立姚州，隶大理路。领一县：

大姚，（下。唐置西濮州，后更名髳州，南接姚州，统县四，一曰青蛉，即此地。夷名大姚堡，与梇栋川相接。元宪宗七年，立千户，隶大理下万户。至元十一年，罢千户立大姚县，隶姚州。）

云南州，（下。）唐以汉云南县置郡。蒙氏至段氏并为云南州。元宪宗七年立千户，隶大理下万户。至元十一年，立云南州。

蒙怜路军民府。（至元二十七年，从云南行省请，以蒙怜甸为蒙怜路军民总管府，蒙莱甸为蒙莱路军民总管府。其余阙。）

蒙莱路军民府。（阙。）

金齿等处宣抚司。其地在大理西南，兰沧江界其东，与缅地接其西。土蛮凡八种：曰金齿，曰白夷，曰僰，曰峨昌，曰骠，曰𧍞，曰渠罗，曰比苏。按《唐史》，茫施蛮本关南种，在永昌之南，楼居，无城郭。或漆齿，或金齿，故俗呼金齿蛮。自汉开西南夷后，未尝与中国通。唐南诏蒙氏兴，异牟寻破群蛮，尽虏其人以实其南东北，取其地，南至青石山缅界，悉属大理。及段氏时，白夷诸蛮渐复故地，是后金齿诸蛮浸盛。元宪宗四年，平定大理，继征白夷等蛮。中统初，金齿、白夷诸酋各遣子弟朝贡。二年，立安抚司以统之。至元八年，分金齿、白夷为东西两路安抚使。十二年，改西路为建宁路，东路为镇康路。十五年，改安抚为宣抚，立六路总管府。二十三年，罢两路宣抚司，并入大理金齿等处宣抚司。

柔远路，在大理之西，永昌之南。其地曰潞江，曰普坪睑，曰申睑僰寨，曰乌摩坪。僰蛮即《通典》所谓黑爨也。中统初，僰酋阿八思入朝。至元十三年，与茫施、镇康、镇西、平缅、麓川俱立为路，隶宣抚司。

茫施路，在柔远路之南，泸江之西。其地曰怒谋，曰大枯睒，曰小枯睒。即《唐史》所谓茫施蛮也。中统初内附。至元十三年，立为路，隶宣抚司。

镇康路，在柔远路之南，兰江之西。其地曰石睒，亦黑僰所居。中统初内附。至元十三年，立为路，隶宣抚司。

镇西路，在柔远路正西，东隔麓川。其地曰于赖睒，曰渠澜睒，白夷蛮居之。中统初内附，至元十三年立为路，隶宣抚司。

平缅路，北近柔远路。其地曰骠睒，曰罗必四庄，曰小沙摩弄，曰骠睒头，白夷居之。中统初内附，至元十三年立为路，隶宣抚司。

麓川路，在茫施路东。其地曰大布茫。曰睒头附赛，曰睒中弹吉，曰睒尾福禄培，皆白夷所居。中统初内附，至元十三年立为路，隶宣抚司。

南睒，在镇西路西北。其地有阿赛睒、午真睒，白夷、峨昌所居。元初内附，至元十五年隶宣抚司。（金齿六路一睒，岁赋金银各有差。）

乌撒乌蒙宣慰司，在本部巴的甸。乌撒者蛮名也。其部在中庆东北七百五十里，旧名巴凡兀姑，今曰巴的甸，自昔乌杂蛮居之。今所辖部六，曰乌撒部、阿头部、易溪部、易娘部、乌蒙部、闷畔部。其东西又有芒布、阿晟二部。后乌蛮之裔折怒始强大，尽得其地，因取远祖乌撒为部名。宪宗征大理，累招不降。至元十年始附。十三年，立乌撒路。十五年，为军民总管府。二十一年，改军民宣抚司。二十四年，升乌撒乌蒙宣慰司。

木连路军民府。(以下阙。)

蒙光路军民府。

木邦路军民府。

孟定路军民府。

谋粘路军民府。

南甸军民府。

六难路甸军民府。

陋麻和管民官。

云龙甸军民府。

缥甸军民府。

二十四寨达鲁花赤。

孟隆路军民府。

木朵路军民总管府。(至元三十年,以金齿木朵甸户口增殖,立下路总管府,其为长者给两珠虎符。)

金齿孟定各甸军民官。

孟爱等甸军民府。(至元三十一年,金齿新附孟爱甸酋长遣其子来朝,即其地立军民总管府。)

蒙兀路。

通西军民总管府。(大德元年,蒙阳甸酋领缅吉纳款,遣其弟阿不剌等赴阙进方物,且请岁贡银千两及置郡县驿传,遂立通西军民府。)

木来军民府。(至元二十九年,云南省言:"新附金齿适当忙兀秃儿迷失出征军马之冲,资其刍粮,拟立为木来路。"中书省奏置散府,以布伯为达鲁花赤,用其土人马列知府事。)

卷六十二　志第十四

地理五

江浙等处行中书省,为路三十、府一、州二,属州二十六,属县一百四十三。(本省陆站一百八十处,水站八十二处。)

江南浙西道肃政廉访司

杭州路,(上。)唐初为杭州,后改余杭郡,又仍为杭州。五代钱镠据两浙,号吴越国。宋高宗南渡,都之,为临安府。元至元十三年,平江南,立两浙都督府,又改为安抚司。十五年,改为杭州路总管府。二十一年,自扬州迁江淮行省来治于杭,改曰江浙行省。本路户三十六万八百五十,口一百八十三万四千七百一十。(至元二十七年抄籍数。)领司二、县八、州一。

左、右录事司。(宋高宗建炎三年,迁都杭州,设九厢。元至元十四年,分为四隅录事司。泰定二年,并为左右二录事司。)

县八

钱塘,(上。)仁和,(上。与钱塘分治城下。)余杭,(中。)临安,(中。)新城,(中。)富阳,(中。)于潜,(中。)昌化。(中。)

州一

海宁州,(中。)唐以来为盐官县。元元贞元年,以户口繁多,升为盐官州。(是年,升江南平阳等县为州,以户为差,户至四万五万者为下州,五万至十万者为中州。凡为中州者二十八,下州者十五。)泰定四年,海圮盐官。天历二年,改海宁州。海宁东南皆滨巨海,自唐、宋常有水患,大德、延祐间亦尝被其害。泰定四年春,其害尤甚,命都水少监张仲仁往治之,沿海三十余里下石囤四十四万三千三百有奇,木柜四百七十余,工役万人。文宗即位,水势始平,乃罢役,故改曰海宁云。

湖州路,(上。)唐改吴兴郡,又改湖州。宋改安吉州。至元十三年,升湖州路。户二十五万四千三百四十五。(抄籍户口数阙,用至顺钱粮数。)领司一、县五、州一。

录事司。(旧设东西南北四厢。至元十三年,立总督四厢。十四年,改录事司。)

县五

乌程,(上。)归安,(上。与乌程皆为倚郭。)安吉,(中。)德清,(下。)武康。(中。)

州一

长兴州,(中。)唐为绥州,又更名雉州,又为长城县。朱梁改曰长兴。宋因之。元元贞元年,升为州。

嘉兴路,(上。)唐为嘉兴县。石晋置秀州。宋为嘉禾郡，又升嘉兴府。户四十二万六千六百五十六，口二百二十四万五千七百四十二。领司一、县一、州二。

录事司。（旧置厢官，元初改为兵马司。至元十四年，置录事司。）

县一

嘉兴。（上。倚郭。）

州二

海盐州，（中。）唐为县，宋因之。元元贞元年升州。

崇德州，（中。）石晋置，宋因之。元元贞元年升州。

平江路，（上。）唐初为苏州，又改吴郡，又仍为苏州。宋为平江府。元至元十三年升平江路。户四十六万六千一百五十八，口二百四十三万三千七百。领司一、县二、州四。

录事司。

县二

吴县，（上。）长洲。（上。与吴县并为倚郭。）

州四

昆山州，（中。）唐以来为县，元元贞元年升州。

常熟州，（中。）唐以来为县，元元贞元年升州。

吴江州，（中。）唐以来为县，元元贞元年升州。

嘉定州，（中。）本昆山县地，宋置县，元元贞元年升州。

常州路，（上。）唐初为常州，又改晋陵郡，又复为常州，宋因之。元至元十四年升为路。户二十万九千七百三十二，口一百二万一十一。领司一、县二、州二。

录事司。

县二

晋陵，（中。倚郭。）武进。（中。倚郭。）

州二

宜兴州，（中。）唐义兴县。宋改义为宜。元至元十五年，升宜兴府。二十年，仍为县。二十一年，复升为府，仍置宜兴县以隶之。元贞元年，府县俱废，止立宜兴州。

无锡州，（中。）唐无锡县。元元贞元年升州。

镇江路，（下。）唐润州，又改丹阳郡，又为镇海军。宋为镇江府。元至元十三年，升为镇江路。户一十万三千三百一十五，口六十二万三千六百四十四。领司一、县三。

录事司。

县三

丹徒，（中。倚郭。）丹阳，（中。）金坛。（中。）

建德路，（上。）唐睦州，又为严州，又改新定郡。宋为建德军，又为遂安军，后升建德府。元至元十三年，改建德府安抚司。十四年，改建德路。户一十万三千四百八十一，口五十万四千二百六十四。领司一、县六。

录事司。

县六

建德，（中。倚郭。）淳安，（中。）遂安，（下。）桐庐，（中。）分水，（中。）寿昌。（中。）

松江府，唐为苏州属邑。宋为秀州属邑。元至元十四年，升为华亭府。十五年，改松江府，仍置华亭县以隶之。户一十六万三千九百三十一。（至顺钱粮数。）领县二：

华亭，（上。倚郭。）上海。（上。本华亭县地，至元二十七年，以户口繁多，置上海县，属松江府。）

江阴州，（上。）唐初为暨州，后为江阴县，隶常州。宋为军。元至元十二年，依旧置军，行安抚司事。十四年，升为江阴路总管府，今降为江阴州。户五万三千八百二十一，口三十万一百七十七。

浙东道宣慰司都元帅府（元治婺州，大德六年移治庆元。）

庆元路，（上。）唐为鄞州，又为明州，又为余姚郡。宋升庆元府。元至元十三年，改置宣慰司。十四年，改为庆元路总管府。户二十四万一千四百五十七，口五十一万一千一百一十三。领司一、县四、州二。

录事司。

县四

鄞县，（上。倚郭。）象山，（中。）慈溪，（中。）定海。（中。）

州二

奉化州，（下。）唐析鄮县地置奉化县，隶明州。元元贞元年，升为奉化州，隶庆元。

昌国州，（下。）宋置昌国县。元至元十四年，升为州，仍置昌国县以隶之。后止立昌国州，隶庆元。

衢州路，（上。）本太末地，唐析婺州之西境置衢州，又改信安郡，又改为衢州。元至元十三年，改衢州路总管府。户一十万八千五百六十七，口五十四万三千六百六十。领司一、县五。

录事司。

县五

西安，（中。倚郭。）龙游，（上。）江山，（下。）常山，（下。宋改信安，今复旧名。）开化。（中。）

浙东海右道肃政廉访司

婺州路，（上。）唐初为婺州，又改东阳郡。宋为保宁军。元至元十三年，改婺州路。户二十二万一千一百一十八，口一百七万七千五百四十。领司一、县六、州一。

录事司。

县六

金华，（上。倚郭。）东阳，（上。）义乌，（上。）永康，（中。）武义，（中。）浦江。（中。）

州一

兰溪州,(下。)本金华之西部三河戍,唐析置兰溪县,宋因之。元元贞元年,升州。

绍兴路,(上。)唐初为越州,又改会稽郡,又仍为越州。宋为绍兴府。元至元十三年,改绍兴路。户一十五万一千二百三十四,口五十二万一千五百八十八。领司一、县六、州二。

录事司。

县六

山阴,(上。)会稽,(中。与山阴俱倚郭。有会稽山为南镇。)上虞,(上。)萧山,(中。)嵊县,(上。)新昌。(中。)

州二

余姚州,(下。)唐余姚县,宋因之。元元贞元年升州。

诸暨州,(下。)宋诸暨县。元元贞元年升州。

温州路,(上。)唐初为东嘉州,又改永嘉郡,又为温州。宋升瑞安府。元至元十三年,置温州路。户一十八万七千四百三,口四十九万七千八百四十八。领司一、县二、州二。

录事司。

县二

永嘉,(上。倚郭。)乐清。(下。)

州二

瑞安州,(下。)唐瑞安县,宋因之。元元贞元年升州。

平阳州,(下。)唐平阳县,宋因之。元元贞元年升州。

台州路,(上。)唐初为海州,复改台州,又改临海郡,又为德化军,宋因之。元至元十三年,置安抚司。十四年,改台州路总管府。户一十九万六千四百一十五,口一百万三千八百三十三。领司一、县四、州一。

录事司。

县四

临海,(上。倚郭。)仙居,(上。)宁海,(上。)天台。(中。)

州一

黄岩州,(下。)唐为县,宋因之。元元贞元年升州。

处州路,(上。)唐初为括州,又改缙云郡,又为处州,宋因之。元至元十三年,立处州路总管府。户一十三万二千七百五十四,口四十九万三千六百九十二。领司一、县七。

录事司。

县七

丽水,(中。倚郭。)龙泉,(中。)松阳,(中。)遂昌,(中。)青田,(中。)缙云,(中。)庆元。(中。)

江东建康道肃政廉访司

宁国路,(上。)唐为宣州,又为宣城郡,又升宁国军。宋升宁国府。元至元十四年,升宁国路总管府。户二十三万二千五百三十八,口一百一十六万二千六百九十。领司一、县六。

录事司。(旧立四厢,元至元十四年,废四厢创立。)

县六

宣城,(上。倚郭。)南陵,(中。)泾县,(中。)宁国,(中。)旌德,(中。)太平。(中。)

徽州路,(上。)唐歙州。宋改徽州。元至元十四年,升徽州路。户一十五万七千四百七十一,口八十二万四千三百四。领司一、县五、州一。

录事司。(旧设四厢,至元十四年改置。)

县五

歙县,(上。倚郭。)休宁,(中。)祈门,(中。)黟县,(下。)绩溪。(中。)

州一

婺源州,(下。)本休宁县之回玉乡,唐析之置婺源县。元元贞元年升州。

饶州路,(上。)唐改鄱阳郡,仍改饶州,宋因之。元至元十四年,升饶州路总管府。户六十八万二百三十五,口四百三万六千五百七十。领司一、县三、州三。

录事司。(旧设三厢,至元十四年改立。)

县三

鄱阳,(上。倚郭。)德兴,(上。)安仁。(中。)

州三

余干州,(中。)唐以来为县,元元贞元年升州。

浮梁州,(中。)唐以来为县,元元贞元年升州。

乐平州,(中。)唐以来为县,元元贞元年升州。

江南诸道行御史台

集庆路,(上。)唐武德初,置扬州东南道行台尚书省。后复为蒋州,罢行台,移扬州江都,改金陵曰白下,以其地隶润州。贞观中,更白下曰江宁。至德中,置江宁郡。乾元中,改昇州。其后杨氏有其地,改为金陵府。南唐李氏又改为江宁府。宋平南唐,复为昇州。仁宗以昇王建国,升建康军。高宗改建康府,建行都,又为沿江制置司治所。元至元十二年归附。十四年,升建康路。初立行御史台于扬州,既而徙杭州,又徙江州,又还杭州;二十三年,自杭州徙治建康。天历二年,以文宗潜邸,改建康路为集庆路。户二十一万四千五百三十八,口一百七万二千六百九十。领司一、县三、州二。

录事司。

县三

上元,(中。倚郭。)江宁,(中。倚郭。)句容。(中。)

州二

溧水州,(中。)唐以来皆为县,元元贞元年升州。

溧阳州,(中。)唐以来并为县,元至元十六年,升为溧阳路。二十七年,复降为县,后复升为州。

太平路,(下。)唐置南豫州。宋为太平州。至元十四年,升为太平路。户七万六千二百二,口四十四万六千三百七十一。领司一、县三。

录事司。(旧设四厢,至元十四年改立。)

县三

当涂,(中。倚郭。)芜湖,(中。)繁昌。(下。)

池州路,(下。)唐于秋浦县置池州,后废,以县隶宣州,未几复置。宋仍为池州。元至元十四年,升为路。户六万八千五百四十七,口三十六万六千五百六十七。领司一、县六。

录事司。

县六

贵池,(下。倚郭。即秋浦县,吴改为贵池。)青阳,(下。)建德,(下。)铜陵,(下。)石埭,(中。)东流。(下。)

信州路,(上。)唐乾元以前,为衢、饶、抚、建四州之地。乾元元年,始割衢之玉山、常山,饶之弋阳及抚、建二州之地置信州。宋因之。元至元十四年,升为路。户一十三万二千二百九十,口六十六万二千二百五十八。领司一、县五。

录事司。

县五

上饶,(上。倚郭。)玉山,(中。)弋阳,(中。)贵溪,(中。)永丰。(中。)

广德路,(下。)唐初,以绥安县置桃州,后废州,改绥安为广德县。宋为广德军。元至元十四年,升为路。户五万六千五百一十三,口三十三万九千七百八十。领司一、县二。

录事司。

县二

广德,(中。倚郭。)建平。(中。)

铅山州,(中。)本建、抚二州之地,山产铜铅。后唐析上饶、弋阳五乡为铜场,继升为县,属信州。宋因之。元至元二十九年,割上饶之乾元、永乐二乡,弋阳之新政、善政二乡来属,升为铅山州,直隶行省。户二万六千三十五。(至顺钱粮数。)

福建道宣慰使司都元帅府(大德元年立。)

福建闽海道肃政廉访司

福州路,(上。)唐为闽州,后改福州,又为长乐郡,又为威武军。宋为福建路。元至元十五年,为福州路。十八年,迁泉州行省于本州。十九年,复还泉州。二十年,仍迁本州。二十二年,并入杭州。户七十九万九千六百九十四,口三百八十七万五千一百二十七。领司一、县九、州二。州领二县。

录事司。(至元十五年,行中书省于在城十二厢分四隅,置录事司。十六年,并其二,置东西二司。二十年,复并为一。)

县九

闽县,(中。倚郭。)侯官,(中。倚郭。)怀安,(中。)古田,(上。)闽清,(中。)长乐,(中。)连江,(中。)罗源,(中。)永福。(中。)

州二

福清州,(下。)唐析长乐八乡置万安县,又改福唐,又改福清。元元贞元年升为州。

福宁州,(上。)唐长溪县,元升为福宁州。领二县:

宁德,(中。)福安。(中。)

建宁路,(下。)唐初为建州,又改建安郡。宋升建宁军。元至元二十六年,升为路。户一十二万七千二百五十四,口五十万六千九百二十六。领司一、县七。

录事司。

县七

建安,(中。)瓯宁,(中。与建安俱倚郭。)浦城,(中。)建阳,(中。)崇安,(中。)松溪,(下。)政和。(下。)

泉州路,(上。)唐置武荣州,又改泉州。宋为平海军。元至元十四年,立行宣慰司,兼行征南元帅府事。十五年,改宣慰司为行中书省,升泉州路总管府。十八年,迁行省于福州路。十九年,复还泉州。二十年,仍迁福州路。户八万九千六十,口四十五万五千五百四十五。领司一、县七。

录事司。(至元十五年,立南北二司。十六年,并为一。)

县七

晋江,(中。倚郭。)南安,(中。)惠安,(下。)同安,(下。)永春,(下。)安溪,(下。)德化。(下。)

兴化路,(下。)宋置太平军,又改兴化军,先治兴化,后迁莆田。元至元十四年,升兴化路。户六万七千七百三十九,口三十五万二千五百三十四。领司一、县三。

录事司。

县三

莆田,(中。宋置兴化军,迁治莆田。元至元十三年,割左右二厢属录事司,县如故。)仙游,(下。)兴化。(下。军治元在此,后移于莆田,此县为属邑。)

邵武路,(下。)唐邵武县,属建州。宋置邵武军。元至元十三年,为邵武路。户六万四千一百二十七,口二十四万八千七百六十一。领司一、县四。

录事司。

县四

邵武，（中。倚郭。）光泽，（中。）泰宁，（中。）建宁。（中。）

延平路，（下。）五代为延平镇，王延政始以镇为镡州。南唐置剑州。宋以利州路亦有剑州，乃称此为南剑州。元至元十五年，升南剑路，后改延平路。户八万九千八百二十五，口四十三万五千八百六十九。领司一、县五。

录事司。

县五

南平，（中。倚郭。）尤溪，（中。）沙县，（中。）顺昌，（中。）将乐。（中。）

汀州路，（下。）唐开福、抚二州山洞置州，治新罗，后改临汀郡，又仍为汀州。宋隶福建路。元至元十五年，升为汀州路。户四万一千四百二十三，口二十三万八千一百二十七。领司一、县六。（本路屯田二百二十五顷。）

录事司。

县六

长汀，（中。倚郭。）宁化，（中。）清流，（下。）莲城，（下。）上杭，（下。）武平。（下。）

漳州路，（下。）唐析闽州西南境置，后改漳浦郡，又复为漳州。宋因之。元至元十六年，升漳州路。户二万一千六百九十五，口一十万一千三百六。领司一、县五。（本路屯田二百五十顷。）

录事司。

县五

龙溪，（下。倚郭。）漳浦，（下。）龙岩，（下。）长泰，（下。）南靖。（下。本南胜，改今名。）

江西等处行中书省，为路一十八、州九，属州十三，属县七十八。（本省马站八十五处，水站六十九处。）

江西湖东道肃政廉访司

龙兴路，（上。）唐初为洪州，又为豫章郡，又仍为洪州。宋升隆兴府。元至元十二年，设行都元帅府及安抚司，仍领南昌、新建、丰城、进贤、奉新、靖安、分宁、武宁八县，置录事司。十四年，改元帅府为江西道宣慰司，本路为总管府，立行中书省。十五年，立江西湖东道提刑按察司，移省于赣州。十六年，复还隆兴。十七年，并入福建行省，止立宣慰司。十九年复立，罢宣慰司，隶皇太子位。二十一年，改隆兴府为龙兴。二十三年，丰城县升富州，武宁县置宁州，领武宁、分宁二县。大德八年，以分宁县置宁州，武宁县隶龙兴路。户三十七万一千四百三十六，口一百四十八万五千七百四十四。（至元二十七年抄籍数。）领司一、县六、州二。

录事司。（宋以南昌、新建二县分置九厢。元至元十三年，废城内六厢，置录事司。）

县六

南昌，（上。倚郭。至元二十年，割录事司所领城外二厢、东南两关来属。）新建，（上。倚郭。）进贤，（中。）奉新，（中。）靖安，（中。）武宁。（中。至元二十三年，置宁州，县为倚郭。大德八年，于分宁县置宁州，武宁直隶本路。）

州二

富州，（上。）本富城县，又曰丰城。唐自丰水之西徙治章水东，即今治所。宋属隆兴府。元至元十九年，隶皇太子位。二十三年，升为富州。

宁州，（中。）唐分宁县。宋因之。元至元二十三年，于武宁县置宁州，武宁为倚郭县。大德八年，割武宁直隶本路，遂徙州治于分宁。

吉安路，（上。）唐为吉州，又为庐陵郡。宋升为上州。元至元十四年，升吉州路总管府，置录事司，领一司、八县。元贞元年，吉水、安福、太和、永新四县升州，改吉州为吉安路。户四十四万四千八十三，口二百二十二万四百一十五。领司一、县五、州四。（大德二年，吉、赣立屯田。）

录事司。

县五

庐陵，（上。倚郭。）永丰，（上。）万安，（中。）龙泉，（中。）永宁。（下。至顺间，分永新州立。）

州四

吉水州，（中。）旧为县。元元贞元年升州。

安福州，（中。）唐初以县置颍州，后废，复为县。元元贞元年升州。

太和州，（下。）唐初置南平州，后废为县。元元贞元年升州。

永新州，（下。）唐为县。元元贞元年升州。

瑞州路，（上。）唐改建成县曰高安，即其地置靖州，又改筠州。宋为高安郡，又改瑞州。元至元十四年，升瑞州路，领一司、三县。元贞元年，升新昌县为州。户一十四万四千五百七十二，口七十二万二千三百二。领司一、县二、州一。

录事司。（至元十四年始立。）

县二

高安，（上。倚郭。）上高。（中。）

州一

新昌州，（下。）唐为建成县，属靖州，后省入高安。宋割高安、上高二县地，升盐步镇为新昌县。元元贞元年升州。

袁州路，（上。）唐为袁州，又为宜春郡。元至元十三年，置安抚司。十四年，改总管府，领四县，设录事司，隶湖南行省。十九年，升路，隶江西行省。元贞元年，萍乡县升州。户一十九万八千五百六十三，口九十九万二千八百一十五。领司一、县三、州一。

录事司。（至元十三年，设兵马司。十四年，改录事司。）

县三

宜春，（上。倚郭。）分宜，（上。）万载。（中。）

州一

萍乡州，（中。）本为县。元贞元年升州。

临江路，（上。）唐改建成为高安，而萧滩镇实高安境内。南唐升镇为清江县，属洪州，后又属筠州。宋即清江县置临江军，隶江南西道。元至元十三年，隶江西行都元帅府。十四年，改临江路总管府。元贞元年，新淦、新喻二县升州。户一十五万八千三百四十八，口七十九万一千七百四十。领司一、县一、州二。

录事司。（宋隶都监司。元至元十三年，设兵马司。十五年，改录事司。）

县一

清江。（上。宋即县治置临江军。元至元十四年，升军为路，而县为倚郭。）

州二

新淦州，（中。）唐以来为县。元元贞元年升州。

新喻州，（中。）唐以来为县。元元贞元年升州。

抚州路，（上。）唐初为抚州，又为临川郡，又仍为抚州。元至元十二年，复为抚州。十四年，升抚州路总管府。户二十一万八千四百五十五，口一百九万二千二百七十五。领司一、县五。

录事司。（至元十四年，废宋三厢立。）

县五

临川，（上。）崇仁，（上。）金溪，（上。）宜黄，（中。）乐安。（中。）

江州路，（下。）唐初为江州，又改浔阳郡，又仍为江州。宋为定江军。元至元十二年，置江东西宣抚司。十三年，改为江西大都督府，隶扬州行省。十四年，罢都督府，升江州路，隶龙兴行都元帅府，后置行中书省，江州直隶焉。十六年，隶黄蕲等路宣慰司。二十二年，复隶行省。户八万三千九百七十七，口五十万三千八百五十二。领司一、县五。

录事司。（宋隶都监司。元至元十二年，设兵马司。十四年，置录事司。）

县五

德化，（中。唐浔阳县。）瑞昌，（中。）彭泽，（中。）湖口，（中。）德安。（中。）

南康路，（下。）唐属江州。宋置南康军，治星子县。元至元十四年，升南康路，隶江淮行省。二十二年，割属江西，领一司、三县。户九万五千六百七十八，口四十七万八千三百九十。领司一、县二、州一。

录事司。

县二

星子，（下。南康治所。）都昌。（上。）

州一

建昌州，（下。）唐初置南昌州，后废，属洪州。宋属南康军。元元贞元年升州。

赣州路，（上。）唐初为虔州，又为南康郡，又仍为虔州。宋改赣州。元至元十四年，升赣州路总管府。十五年，设录事司，领一司、十县，隶江西省。二十四年，并龙南入信丰，安远入会昌。大德元年，宁都、会昌二县升州，割瑞金隶会昌。至大三年，复置龙南、安远二县，属宁都。户七万一千二百八十七，口二十八万五千一百四十八。领司一、县五、州二。州领三县。（本路屯田五百二十余顷。）

录事司。

县五

赣县，（上。州治所。）兴国，（中。）信丰，（下。）雩都，（下。）石城。（下。）

州二

宁都州，（下。）唐为县。元大德元年，升宁都州。领二县：

龙南，（下。至元二十四年，并入信丰县。至大三年复置。）安远。（下。至元二十四年，省入会昌县。至大三年复置。）

会昌州，（下。）本雩都地。唐属虔州。宋升县之九州镇为会昌县，复升为军。元大德元年，升会昌州。领一县：

瑞金。（下。旧属虔州，大德元年来属。）

建昌路，（下。）本南城县，属抚州。南唐升建武军。宋升建昌军。元至元十四年，改建昌路总管府，割南城置录事司。十九年，南丰县升州，直隶行省。户九万二千二百二十三，口五十五万三千三百三十八。领司一、县三。

录事司。（至元十四年立。）

县三

南城，（上。）新城，（中。）广昌。（中。）

南安路，（下。）唐升大庾镇为县，属虔州。宋以县置南安军。元至元十四年，改南安路总管府。十五年，割大庾县在城四坊，设录事司。十六年，废录事司。户五万六百一十一，口三十万三千六百六十六。领县三：

大庾，（中。倚郭。）南康，（中。）上犹。（下。南唐为上犹。宋改南安。至元十六年，改永清，后复为上犹。）

南丰州，（下。）唐为南丰县，隶抚州。宋改隶建昌军。元至元十九年，升为州，直隶行省。户二万五千七十八，口一十二万八千九百。

广东道宣慰使司都元帅府

海北广东道肃政廉访司

广州路，（上。）唐以广州为岭南五府节度五管经略使治所，又改南海郡，又仍为广州。宋升为帅府。元至元十三年内附，后又叛。十五年克之，立广东道宣慰司，立总管府并录事司。元领八县，而怀集一县割属贺州。户一十七万二百一十六,口一百二万一千二百九十六。领司一、县七。

录事司。(至元十六年立,以州之东城、西城、子城并番禺、南海二县在城民户隶之。)

县七

南海,(中。)番禺,(下。与南海俱倚郭。)东莞,(中。)增城,(中。)香山,(下。)新会,(下。)清远。(下。)

韶州路,(下。)唐初为番州,又更名东衡州,又改韶州,又为始兴郡,又仍为韶州。元至元十三年内附,未几广人叛,十五年始定,立总管府,设录事司。户一万九千五百八十四,口一十七万六千二百五十六。领司一、县四。

录事司。

县四

曲江,(中。元初分县城西厢地及城外三厢,属录事司。)乐昌,(下。)仁化,(下。)乳源。(下。)

惠州路,(下。)唐循州。宋改惠州,又改博罗郡,又复为惠州。元至元十六年,改惠州路总管府。户一万九千八百三,口九万九千一十五。领县四:

归善,(下。倚郭。)博罗,(下。)海丰,(下。)河源。(下。)

南雄路,(下。)本始兴县。唐初属韶州。五代刘氏割韶之浈昌、始兴二县置雄州。宋以河北有雄州,改为南雄州。元至元十五年,改南雄路总管府。户一万七百九十二,口五万三千九百六十。领县二:

保昌,(下。本浈昌,宋改今名。)始兴。(下。)

潮州路,(下。)唐初为潮州,又改潮阳郡,又复为潮州。元至元十五年归附。十六年,改为总管府,以孟招讨镇守,未几移镇漳州,土豪各据其地。二十一年,广东道宣慰使月的迷失以兵来招谕。二十三年,复为江西等处行枢密院副使兼广东道宣慰使以镇之,始定。户六万三千六百五十,口四十四万五千五百五十。领司一、县三。

录事司。(至元二十二年始立。)

县三

海阳,(下。倚郭。)潮阳,(下。)揭阳。(下。)

德庆路,(下。)唐初为南康州,又名康州,又改晋康郡。宋升德庆府。元至元十三年,徇广东,既取广州,而德庆未下。十四年,广西宣慰司以兵取之,改隶广西道。十七年,立德庆路总管府,后仍属广东道。户一万三千七百五,口三万二千九百九十七。领县二:

端溪,(下。)泷水。(下。)

肇庆路,(下。)唐初为端州,又改高要郡,又仍为端州。宋升肇庆府。元至元十三年,徇广东,惟肇庆未附。十六年,广南西道宣慰司定之,因隶广西。十七年,改为下路总管府,仍属广东。户三万三千三百三十八,口五万五千四百二十九。领县二:

高要,(中。倚郭。)四会。(中。)

英德州,(下。)唐浈州。五代南汉为英州。宋升英德府。元至元十三年归附。十五年,立英德路总管府。二十三年,降为散州。大德四年,复为路。(本州素为寇盗渊薮。大德四年,达鲁花赤脱欢察儿此岁招降群盗至二千余户,遂升英德为路,命脱欢察儿为达鲁花赤兼万户以镇之。)至大元年,复降为州。领县一:

翁源。(大德五年置。)

梅州,(下。)唐为程乡县,属潮州。五代南汉置敬州。宋改梅州。元至元十三年归附。十六年,置总管府。二十三年,改为散州。户二千四百七十八,口一万四千八百六十五。领县一:

程乡。

南恩州,(下。)唐恩州,又为齐安郡。宋改南恩州。元至元十三年置南恩路总管府,十九年降为散州。户一万九千三百七十三,口九万六千八百六十五。领县二:

阳江,(下。)阳春。(下。)

封州,(下。)唐改为临封郡,后复为封州。元至元十三年归附。明年,广人叛,广西宣慰司以兵定之,遂隶西道。十六年,立封州路总管府,后又降为散州,仍属东道。户二千七十七,口一万七百四十二。领县二:

封川,(下。)开建。(下。)

新州,(下。)唐改为新昌郡,后复为新州。元至元十六年,置新州路总管府。十九年,降为散州。户一万一千三百一十六,口六万七千八百九十六。领县一:

新兴。(下。)

桂阳州,(下。)本桂阳县,唐、宋因之。元至元十三年内附。十九年,升桂阳县为散州,割连州阳山县来属,为蒙古解忽都虎郡王分地,元隶湖南道宣慰司,后隶广东道。户六千三百五十六,口二万五千六百五十五。领县一:

阳山。(下。唐属连州,宋因之。至元十九年割以来属。)

连州,(下。)唐改连山郡,复改连州。元至元十三年,置安抚司,直隶行中书省。十七年,废安抚司,升为连州路总管府,隶湖南道宣慰司。十九年,降为散州,隶广东道。户四千一百五十四,口七千一百四十一。领县一:

连山,(下。)

循州,(下。)唐改为海丰郡,仍改循州。宋为博罗郡。元至元十三年,立总管府。二十三年,降为散州。户一千六百五十八,口八千二百九十。领县三:

龙川，（下。）兴宁，（下。）长乐。（下。）

卷六十三　志第十五

地　理　六

湖广等处行中书省，为路三十、州十三、府三、安抚司十五、军三，属府三，属州十七，属县一百五十，管番民总管一。（本省陆站一百处，水站七十三处。）

江南湖北道肃政廉访司

武昌路，（上。）唐初为鄂州，又改江夏郡，又升武昌军。宋为荆湖北路。元宪宗末年，世祖南伐，自黄州阳罗洑，横桥梁，贯铁锁，至鄂州之白鹿矶，大兵毕渡，进薄城下，围之数月，既而解去，归即大位。至元十一年，丞相伯颜从阳罗洑南渡，权州事张晏然以城降，自是湖北州郡悉下。是年，立荆湖等路行中书省，并本道安抚司。十三年，设录事司。十四年，立湖北宣慰司，改安抚司为鄂州路总管府，并鄂州行省入潭州行省。十八年，迁潭州行省于鄂州，移宣慰司于潭州。十九年，随省处例罢宣慰司，本路隶行省。大德五年，以鄂州首来归附，又世祖亲征之地，改武昌路。户一十一万四千六百三十二，口六十一万七千一百一十八。（至元二十七年抄籍数。）领司一、县七。

录事司。

县七

江夏，（中。倚郭。）咸宁，（下。）嘉鱼，（下。）蒲圻，（中。）崇阳，（中。）通城，（中。）武昌。（下。宋升寿昌军，以其为江西冲要地也。元因之。至元十四年，升散府，治本县。后革府，以县属本路。户一万五千八百五，口六万四千五百九十八。）

岳州路，（上。）唐巴州，又改岳州。宋为岳阳军。元至元十二年归附。十三年，立岳州路总管府。户二十三万七千五百八，口七十八万七千七百四十三。领司一、县三、州一。

录事司。

县三

巴陵，（上。倚郭。）临湘，（中。）华容。（中。）

州一

平江州，（下。）唐平江县，宋因之。元元贞元年升州。

常德路，（上。）唐朗州。宋常德府。元至元十二年，置常德府安抚司。十四年，改为总管府。户二十万六千四百二十五，口一百二万六千四十二。领司一、县一、州二。州领一县。

录事司。

县一

武陵。（上。）

州二

桃源州，（中。）宋置县，元元贞元年升州。

龙阳州，（下。）宋辰阳县，元元贞元年升州。领一县：

沅江。（下。本属朗州。后来属。）

澧州路，（上。）唐改澧阳郡，复改澧州。元至元十二年，立安抚司。十四年，改澧州路总管府。户二十万九千九百八十九，口一百一十一万一千五百四十三。领司一、县三、州二。

录事司。

县三

澧阳，（上。倚郭。）石门，（上。）安乡。（下。）

州二

慈利州，（中。）唐、宋皆为县，元元贞元年升州。

柿溪州。（下。）

辰州路，（下。）唐改卢溪郡，复改辰州。宋因之。元改辰州路。户八万三千二百二十三，口一十一万五千九百四十五。领县四：

沅陵，（中。）辰溪，（下。）卢溪。（下。）叙浦。（下。）

沅州路，（下。）唐巫州，又改沅州，又为潭阳郡，又改叙州。宋为镇远州。元至元十二年，立沅州安抚司。十四年，改沅州路总管府。户四万八千六百三十二，口七万九千五百四十五。领县三：

卢阳，（下。）黔阳，（下。）麻阳。（下。）

兴国路，（下。）本隋永兴县。宋置永兴军，又改兴国军。元至元十四年，升兴国路总管府，旧隶江西。三十年，自江西割隶湖广。户五万九百五十二，口四十万七千六百一十六。领司一、县三。

录事司。（至元十七年立。）

县三

永兴，（下。倚郭。）大冶，（下。）通山。（下。）

汉阳府，唐初为沔州，又改沔阳郡。宋为汉阳军。咸淳十年，郡守孟琦以城来归。元至元十四年，升汉阳府。户一万四千四百八十六，口四万八百六十六。领县二：

汉阳，（至元二十二年，升中县。）汉川。（下。）

归州，（下。）唐初为归州，又改巴东郡，又复为归州。宋端平三年，元兵至江北，遂迁郡治于江南曲沱，次新滩，又次白沙南浦，今州治是也。德祐初归附。元至元十二年，立安抚司。十四年，改归州路总管府。十六年，降为州。户七千四百九十二，口一万九百六十四。领县三：

秭归，（下。倚郭。）巴东，（下。）兴山。

靖州路，(下。)唐为夷、播、叙三州之境。宋为诚州，复改靖州。元至元十二年，立安抚司，明年，改靖州路总管府。户二万六千五百九十四，口六万五千九百五十五。领县三：

永平，(下。)会同，(下。)通道。(下。)

湖南道宣慰司

岭北湖南道肃政廉访司

天临路，(上。)唐为潭州长沙郡。宋为湖南安抚司。元至元十三年，立安抚司。十四年，立行省，改潭州路总管府。十八年，迁行省于鄂州，徙湖南道宣慰司治潭州。天历二年，以潜邸所幸，改天临路。户六十万三千五百一，口一百八万一千一十。领司一、县五、州七。

录事司。(宋有兵马司，都监领之。元至元十四年改置。)

县五

长沙，(上。倚郭。)善化，(倚郭。)衡山，(上。南岳衡山在焉。)宁乡，(上。)安化。(下。)

州七

醴陵州，(中。)唐、宋皆为县。元元贞元年升州。

浏阳州，(中。)唐、宋皆为县。元元贞元年升州。

攸州，(中。)唐为县，属南云州。宋属潭州。元元贞元年升州。

湘乡州，(下。)唐、宋皆为县。元元贞元年升州。

湘潭州，(中。)唐、宋皆为县。元元贞元年升州。

益阳州，(中。)唐新康县。宋安化县。元元贞元年，升为益阳州。

湘阴州，(下。)唐、宋皆为县。元元贞元年升州。

衡州路，(上。)唐初为衡州，又改衡阳郡，又仍为衡州。宋因之。元至元十三年，置安抚司。十四年，改衡州路总管府。十五年，置湖南宣慰司，以衡州为治所。十八年，移司于潭，衡州隶焉。户一十一万三千三百七十三，口二十万七千五百二十三。领司一、县三。(本路屯田一百二十顷。)

录事司。(宋立兵马司，分在城民户为五厢。元至元十三年改立。)

县三

衡阳，(上。倚郭。)安仁，(下。)酃县。

道州路，(下。)唐为南营州，复改道州，复为江华郡。宋仍为道州。元至元十三年，置安抚司。十四年，改道州路总管府。户七万八千一十八，口一十万九百八十九。领司一、县四。

录事司。

县四

营道，(中。倚郭。)宁远，(中。)江华，(中。)永明。(下。)

永州路，(下。)唐改零陵郡为永州，宋因之。元至元十三年，置安抚司。十四年，改永州路总管府。户五万五千六百六十六，口一十万五千八百六十四。领司一、县三。(本路屯田一百三顷。)

录事司。

县三

零陵，(上。倚郭。)东安，(上。)祁阳。(中。)

郴州路，(下。)唐改桂阳郡为郴州，宋因之。元至元十三年，置安抚司。十四年，改郴州路总管府。户六万一千二百五十九，口九万五千一百一十九。领司一、县六。

录事司。(旧有兵马司，至元十四年改立。)

县六

郴阳，(中。倚郭。旧为敦化县，至元十三年，改今名。)宜章，(中。)永兴，(中。)兴宁，(下。)桂阳，(下。)桂东。(下。)

全州路，(下。)石晋于清湘县置全州，宋因之。元至元十三年，置安抚司。十四年，改全州路总管府。户四万一千六百四十五，口二十四万五百一十九。领司一、县二。

录事司。(旧有兵马司，至元十五年改立。)

县二

清湘，(上。倚郭。)灌阳。(下。)

宝庆路，(下。)唐邵州，又为邵阳郡。宋仍为邵州，又升宝庆府。元至元十三年，立安抚司。十四年，改宝庆路总管府。户七万二千三百九，口一十二万六千一百五。领司一、县二。

录事司。

县二

邵阳，(上。倚郭。)新化。(中。)

武冈路，(下。)唐武冈县。宋升为军。元至元十三年，置安抚司。十四年，升武冈路总管府。户七万七千二百七，口三十五万六千八百六十三。领司一、县三。(本路屯田八十六顷。)

录事司。(旧有兵马司，领四厢，至元十五年改立。)

县三

武冈，(上。倚郭。)新宁，(下。)绥宁。(下。)

桂阳路，(下。)唐郴州。宋升桂阳军。元至元十三年，置安抚司。十四年，升桂阳路总管府。户六万五千五十七，口一十万二千二百四。领司一、县三。

录事司。

县三

平阳，(上。)临武，(中。)蓝山。(下。)

茶陵州，(下。)唐为县，隶南云州。宋隶衡州，升为军，复为县。元至元十九年，升为州。户三万六千六百四十二，口一十七万七千二百二。

耒阳州，（下。）唐、宋皆为县，隶湘东郡。元至元十九年，升为州。户二万五千三百一十一，口一十一万一十。

常宁州，（下。）唐为县，隶衡州。宋因之。元至元十九年，升为州。户一万八千四百三十一，口六万九千四百二。

广西两江道宣慰使司都元帅府（大德二年，广西两江道宣慰司都元帅府言："比者黄圣许叛乱，逃窜交趾，遗弃水田五百四十五顷，请募溪洞徭、獞民丁，于上浪、忠州诸处开屯耕种，缓急则令击贼，深为便益。"从之。）

岭南广西道肃政廉访司

静江路，（上。）唐初为桂州，又改始安郡，又改建陵郡，又置桂管，又升静江军。宋仍为静江军。元至元十三年，立广西道宣抚司。十四年，改宣慰司。十五年，为静江路总管府。元贞元年，并左右两江宣慰司都元帅府为广西两江道宣慰司都元帅府，仍分司邕州。户二十一万八百五十二，口一百三十五万二千六百七十八。领司一、县十。

录事司。

县十

临桂，（上。倚郭。）兴安，（下。）灵川，（下。）理定，（下。）义宁，（下。）修仁，（下。）荔浦，（下。）阳朔，（下。）永福，（下。）古县。（下。）

南宁路，（下。）唐初为南晋州，又改邕州，又为永宁郡。元至元十三年，立安抚司。十六年，改为邕州路总管府兼左右两江溪洞镇抚。泰定元年，改为南宁路。户一万五百四十二，口二万四千五百二十。领司一、县二。

录事司。

县二

宣化，（下。）武缘。（下。）

梧州路，（下。）唐改苍梧郡，又仍为梧州。宋因之。元至元十四年，置安抚司。十六年，改梧州路总管府。户五千二百，口一万九百一十。领县一：

苍梧。（下。）

浔州路，（下。）唐改浔江郡，又仍为浔州。元至元十三年，置安抚司。十六年，改为总管府。户九千二百四十八，口三万八十九。领县二：

桂平，（下。）平南。（下。）

柳州路，（下。）唐改龙城郡，又改柳州。元至元十三年，置安抚司。十六年，改柳州路总管府。户一万九千一百四十三，口三万六百九十四。领县三：

柳城，（下。倚郭。）马平，（下。）洛容。（下。）

庆远南丹溪洞等处军民安抚司，唐为龙水郡，又改粤州。宋为庆远府。元至元十三年，置安抚司。十六年，改庆远路总管府。大德元年，中书省臣言："南丹州安抚司及庆远路相去为近，所隶户少，请省之。"遂立庆远南丹溪洞等处军民安抚司。户二万六千五百三十七，口五万二百五十三。领县五：

宜山，（下。）忻城，（下。）天河，（下。）思恩，（下。）河池。（下。）

平乐府，唐以平乐县置乐州，复改昭州，又为平乐郡，又仍为昭州。宋因之。元改为平乐府。户七千六十七，口三万三千八百二十。领县四：

平乐，（下。倚郭。）恭城，（下。）立山，（下。）龙平。（下。）

郁林州，（下。）唐为南尹州，又改贵州，又为郁林州。宋因之。元至元十四年，仍行州事。户九千五十三，口五万一千五百二十八。领县三：

南流，（下。）兴业，（下。）博白。（下。）

容州，（下。）唐改铜州为容州，又改普宁郡，又置管内经略使。宋为宁远军。至元十三年，改安抚司。十六年，改容州路总管府。户二千九百九十九，口七千八百五十四。领县三：

普宁，（下。）北流，（下。）陆川。（下。）

象州，（下。）唐改为象郡，又改象州。元至元十三年，立安抚司。十五年，改象州路总管府。户一万九千五百五十八，口九万二千一百二十六。领县三：

阳寿，（下。）来宾，（下。）武仙。（下。）

宾州，（下。）唐以岭方县地置南方州，又为宾州，又改安城郡，又改岭方郡，又仍为宾州。元至元十三年，置安抚司。十六年，改下路总管府。户六千二百四十八，口三万八千八百七十九。领县三：

岭方，（下。倚郭。）上林，（下。）迁江。（下。）

横州，（下。）唐初为简州，又改南简州，又改横州，又为宁浦郡。元至元十四年，立安抚司。十六年，改总管府。户四千九十八，口三万一千四百七十六。领县二：

宁浦，（下。倚郭。）永淳。（下。）

融州，（下。）唐初为融州，又改融水郡，后仍为融州。宋为清远军。元至元十四年，置安抚司。十六年，改融州路总管府。二十二年，改散州。户二万一千三百九十三，口三万九千三百三十四。领县二：

融水，（下。）怀远。（下。）

藤州，（下。）唐改感义郡，后仍为藤州。宋徙州治于大江西岸。元至元十三年，仍行州事。户四千二百九十五，口一万一千二百一十八。领县二：

镡津，（下。）岑溪。（下。）

贺州，(下。)唐改临贺郡，后仍为贺州。宋因之。元至元十三年，仍行州事。户八千六百七十六，口三万九千二百三十五。领县四：

临贺，(下。倚郭。)富川，(下。)桂岭，(下。)怀集，(下。宋属广州，至元十五年，以隶本州。)

贵州，(下。)唐改怀泽郡，后仍为贵州。元至元十四年，领郁林县。大德九年，省县，止行州事。户八千八百九十一，口二万八百一十一。(贵州地接八番，与播州相去二百余里，乃湖广、四川、云南喉衿之地。大德六年，云南行省右丞刘深征八百媳妇，至贵州科夫，致宋隆济等纠合诸蛮为乱，水东、水西、罗鬼诸蛮皆叛，刘深伏诛。)

左江。(左江出源州界，至合江镇与右江水合为一，流入横州号郁江。)

思明路，户四千二百二十九，口一万八千五百一十。

太平路，户五千三百一十九，口二万二千一百八十六。

右江。(右江源出峨利州，与大理大盘水通。大盘在大理之威楚州。)

田州路军民总管府，户二千九百九十一，口一万六千九百一。

来安路军民总管府。

镇安路。(以上并阙。)

海北海南道宣慰司

海北海南道肃政廉访司(至元三十年立。)

雷州路，(下。)唐初为南合州，又更名东合州，又为海康郡，又改雷州。元至元十五年，平章政事阿里海牙南征海外四州，雷州归附，初置安抚司。十七年，即此州为海北海南道宣慰司治所，改安抚司为总管府，隶宣慰司。户八万九千五百三十五，口一十二万五千三百一十。(本路屯田一百六十五顷有奇。)领县三：

海康，(中。)徐闻，(下。)遂溪。(下。)

化州路，(下。)唐置罗州、辩州。宋废罗州入辩州。复改辩州曰化州。元至元十五年，立安抚司。十七年，改总管府。户一万九千七百四十九，口五万二千三百一十七。(本路屯田五十五顷有奇。)领县三：

石龙，(下。)吴川，(下。)石城。(下。)

高州路，(下。)唐为高凉郡，又为高州。宋废高州入窦州，后复置。元至元十五年，置安抚司。十七年，改总管府。户一万四千六百七十五，口四万三千四百九十三。(本路屯田四十五顷。)领县三：

电白，(下。)茂名，(下。)信宜。(下。)

钦州路，(下。)唐为宁越郡，又为钦州。宋因之。元至元十五年，置安抚司。十七年，改总管府。户一万三千五百五十九，口六万一千三百九十三。领县二：

安远，(下。)灵山。(下。)

廉州路，(下。)唐为合浦郡，又改廉州。元至元十七年，设总管府。户五千九百九十八，口一万一千六百八十六。(本路屯田四顷有奇。)领县二：

合浦，(下。倚郭。)石康。(下。)

乾宁军民安抚司，唐以崖州之琼山置琼州，又为琼山郡。宋为琼管安抚都监。元至元十五年，隶海北海南道宣慰司。天历二年，以潜邸所幸，改乾宁军民安抚司。户七万五千八百三十七，口一十二万八千一百八十四。(本路屯田二百九十余顷。)领县七：

琼山，(下。倚郭。)澄迈，(下。)临高，(下。)文昌，(下。)乐会，(下。)会同，(下。)定安。(下。)

南宁军，唐儋州，改昌化郡。宋改昌化军，又改南宁军。元至元十五年，隶海北海南道宣慰司。户九千六百二十七，口二万三千六百五十二。领县三：

宜伦，(下。)昌化，(下。)感恩。(下。)

万安军，唐万安州。宋更为军。元至元十五年，隶海北海南道宣慰司。户五千三百四十一，口八千六百八十六。领县二：

万安，(下。倚郭。)陵水。(下。)

吉阳军，唐振州。宋改崖州，又为朱崖军，又改吉阳军。元至元收附后，隶海北海南道宣慰司。户一千四百三十九，口五千七百三十五。领县一：

宁远。(下。)

八番顺元蛮夷官。(至元十六年，潭州行省遣两淮招讨司经历刘继昌招降西南诸番，以龙方零为小龙番静蛮军安抚使，龙文求卧龙番南宁州安抚使，龙延三大龙番应天府安抚使，程延随程番武盛军安抚使，洪延畅洪番永盛军安抚使，韦昌盛方番河中府安抚使，石延异石番太平军安抚使，卢延陵卢番静海军安抚使，罗阿资罗甸国遏蛮军安抚使，并怀远大将军、虎符，仍以兵三千戍之。是年，宣慰使塔海以西南八番、罗氏等国已归附者，具以来上，洞寨凡千六百二十有六，户凡十万一千一百六十有八。西南五番千一百八十六寨，户八万九千四百。西南番三百一十五寨，大龙番三百六十寨。二十八年，从杨胜请，割八番洞蛮，自四川行省隶湖广行省。三十年，四川行省官言："思、播州元隶四川，近改入湖广，今土人愿仍其旧。"有旨遣问，还云，田氏、杨氏言，昨赴阙廷，取道湖广甚便，况百姓相邻，驿传已立，愿隶平章答剌罕。）

罗番遏蛮军安抚司。

程番武盛军安抚司。

金石番太平军安抚司。

卧龙番南宁州安抚司。

小龙番静蛮军安抚司。

大龙番应天府安抚司。

木瓜犵狫蛮夷军民长官。

韦番蛮夷长官。

洪番永盛军安抚司。

方番河中府安抚司。

卢番静海军安抚司。

卢番蛮夷军民长官。

定远府。
　　桑州。
　　章龙州。
　　必化州。
　　小罗州。
　　下思同州。
　　　朝宗县。　上桥县。　新安县。　麻峡县。　瓮蓬县。　小罗县。　章龙县。　乌山县。　华山县。　都云县。　罗博县。

管番民总管。
　　小程番。（以下各设蛮夷军民长官。）
　　中嶆百纳等处。
　　底窝紫江等处。
　　瓮眼纳八等处。
　　独塔等处。
　　客当刻地等处。
　　天台等处。
　　梯下。
　　党兀等处。
　　勇都朱砂古坻等处。
　　大小化等处。
　　洛甲洛屯等处。
　　低当低界等处。
　　独石寨。
　　百眼佐等处。
　　罗来州。
　　那历州。
　　重州。
　　阿孟州。
　　上龙州。
　　峡江州。
　　罗赖州。
　　桑州。
　　白州。
　　北岛州。
　　罗那州。
　　龙里等寨。
　　六寨等处。
　　帖犵狫等处。
　　本当三寨等处。
　　山斋等处。
　　羡塘带夹等处。
　　都云桑林独立等处。
　　六洞柔远等处。
　　竹古弄等处。
　　中都云板水等处。
　　金竹府。（古坻县。）
　　都云军民府。
　　万平等处。
　　南宁。
　　丹竹等处。
　　陈蒙。
　　李稍李殿等处。
　　阳安等处。
　　八千蛮。
　　恭焦溪等处。
　　都镇。
　　平溪等处。
　　平月。
　　李崖等处。
　　阳并等处。
　　卢山等处。
　　乖西军民府。（皇庆元年立，以土官阿马知府事，佩金符。）

顺元等路军民安抚司。（至元二十年，四川行省讨平九溪十八洞，以其酋长赴阙，定其地之可以设官者与其人之可以入官者，大处为州，小处为县，并立总管府，听顺元路宣慰司节制。）
　　雍真乖西葛蛮等处。
　　葛蛮雍真等处。
　　曾竹等处。（大德七年，顺元同知宣抚事阿重尝为曾竹蛮夷长官，以其叔父宋隆济结诸蛮为乱，弃家朝京师，陈其事宜，深入乌撒、乌蒙，至于水东，招谕木楼苗、犵，生获隆济以献。）

龙平寨。

骨龙等处。

底寨等处。

茶山百纳等处。

纳坝紫江等处。

磨坡雷波等处。

漕泥等处。

青山远地等处。

木窝普冲普得等处。

武当等处。

养龙坑宿徵等处。

骨龙龙里清江木楼雍眼等处。

高桥青塘鸭水等处。

落邦札佐等处。

平迟安德等处。

六广等处。

贵州等处。

施溪样头。

朵泥等处。

水东。

市北洞。

思州军民安抚司。（婺川县。）

镇远府。

楠木洞。

古州八万洞。

偏桥中寨。

野鸡平。

德胜寨偏桥四甲等处。

思印江等处。

石千等处。

晓爱泸洞赤溪等处。

卑带洞大小田等处。

黄道溪。

省溪坝场等处。

金容金达等处。

台蓬若洞住溪等处。

洪安等处。

葛章葛商等处。

平头著可通达等处。

溶江芝子平茶等处。

亮寨。

沿河。

龙泉平。（思州旧治龙泉，及火其城，即移治清江。至元十七年，敕徙安抚司还旧治。）

佑溪。

水特姜。

杨溪公俄等处。

麻勇洞。

恩勒洞。

大万山苏葛办等处。

五寨铜人等处。

铜人大小江等处。

德明洞。

乌罗龙干等处。

西山大洞等处。

秃罗。

浦口。

高丹。

福州。

永州。

逦州。

銮州。

程州。

三旺州。

地州。

忠州。

天州。

文州。

合凤州。

芝山州。

安习州。

茆虀等团。

荔枝。

安化上中下蛮。

曹滴等洞。

洛卜寨。

麦着土村。

衙迪洞。

会溪施容等处。

感化州等处。

契锄洞。

腊惹洞。

劳岩洞。

驴迟洞。

来化州。

客团等处。

中古州乐墩洞。

上里坪。

洪州泊李等洞。

张家洞。

沿边溪洞宣慰使司。（至元二十八年，播州杨赛因不花言："洞民近因籍户，怀疑窜匿，乞降诏招集。"又言："向所授安抚职任，隶顺元宣慰司，其所管地，于四川行省为近，乞改为军民宣抚司，直隶四川行省。"从之。以播州等处管军万户杨汉英为绍庆珍州南平等处沿边宣慰使，行播州军民宣抚使、播州等处管军万户，仍虎符。汉英即赛因不花也。仍颁所请诏旨，诏曰："爰自前宋归附，十五余年，阅实户数，乃有司当知之事，诸郡皆然，非独尔播。自今以往，咸奠厥居，流移失所者，招谕复业，有司常加存恤，毋致烦扰，重困吾民。"）

播州军民安抚司。
黄平府。
平溪上塘罗骆家等处。
水车等处。
石粉罗家永安等处。
六洞柔远等处。
锡乐平等处。
白泥等处。
南平綦江等处。
珍州思宁等处。
水烟等处。
溱洞涪洞等处。
洞天观等处。
葛浪洞等处。
赛坝垭黎焦溪等处。
小姑单张。
倒柞等处。
乌江等处。
旧州草堂等处。
恭溪杳洞。
水囤等处。
平伐月石等处。
下坝。
寨章。
横坡。
平地寨。
寨劳。
寨勇。
上塘。
寨坦。
哮奔。
平莫。
林种密秀。
沿河佑溪等处。

新添葛蛮安抚司。（大德元年，授葛蛮安抚驿券一。）
南渭州。
落葛谷鹅罗椿等处。
昔不梁骆杯密约等处。
乾溪吴地等处。
哝耸古平等处。
瓮城都桑等处。
都镇马乃等处。
平普乐重墺等处。
落同当等处。
平族等处。
独禄。
三陂地蓬等处。
小葛龙洛邦到骆豆虎等处。
罗月和。
麦傲。
大小田陂带等处。
都云洞。
洪安画剂等处。
谷霞寨。
刺客寨。
吾狂寨。
割利寨。
必郎寨。
谷底寨。
都谷郎寨。
犵狫寨。
平伐等处。（大德元年，平伐酋领内附，乞隶于亦奚不薛，从之。）
安剌速。
思楼寨。
落暮寨。
梅求望怀寨。
甘长寨。
桑州郎寨。
永县寨。
平里县寨。
锁州寨。
双隆。
思母。
归仁。
各丹。
木当。
雍郎客都等处。
雍门犵狫等处。
栖求等处仲家蛮。
娄木等处。
乐赖蒙囊吉利等处。
华山谷津等处。
青塘望怀甘长不列独娘等处。
光州。
者者寨。
安化思云等洞。
北遐洞。
茅难思风北郡都变等处。
必际县。
上黎平。
潘乐盈等处。
诚州富盈等处。

赤畬洞。
罗章特团等处。
福水州。
允州等处。
钦村。
硬头三寨等处。
颜村。
水历吾洞等处。
顺东。
六龙图。
推寨。
橘叩寨。
黄顶寨。
金竹等寨。
格慢等寨。
客芦寨。
地省等寨。
平魏。
白崖。
雍门客当乐赖蒙囊大化木瓜等处。
嘉州。
分州。
平硃。
洛河洛脑等处。
宁溪。
瓮除。
麦穰。
孤顶得同等处。
瓮包。
三陂。
控州。
南平。
独山州。
木洞。
瓢洞。
窨洞。
大青山骨记等处。
百佐等处。
九十九寨蛮。
当桥山齐朱谷列等处。
虎列谷当等处。
真滁杜珂等处。
杨坪杨安等处。
棣甫都城等处。
杨友阆。
百也客等处。
阿落传等寨。
蒙楚。
公洞龙木。
三寨猫犵剌等处。
黑土石。
洛宾洛咸。
益轮沿边蛮。
割和寨。
王都谷浪寨。
王大寨。
只蛙寨。
黄平下寨。
林拱章秀拱江等处。
密秀丹张。
林种拱帮。
西罗剖盆。
杉木箐。
各郎西。
恭溪望成崖岭等处。
孤把。
焦溪笃住等处。
草堂等处。
上桑直。
下桑直。
米坪。
令其平尾等处。
保靖州。
特团等处。

征东等处行中书省，领府二、司一、劝课使五。（大德三年，立征东行省，未几罢。至治元年复立，命高丽国王为左丞相。）

高丽国。（事迹见《高丽传》。至元十八年，王賰言："本国置站凡四十，民畜凋弊。"敕并为二十站。三十年，沿海立水驿，自耽罗至鸭绿江并杨村、海口凡十三所。）

沈阳等路高丽军民总管府。

征东招讨司。

各道劝课使。
庆尚州道。
东界交州道。
全罗州道。
忠清州道。
西海道。

耽罗军民总管府。（大德五年立。）

河源附录

河源古无所见。《禹贡》导河，止自积石。汉使张骞持节，道西域，度玉门，见二水交流，发葱岭，趋于阗，汇盐泽，伏流千里，至积石而再出。唐薛元鼎使吐蕃，访河源，得之于闷磨黎山。然皆历岁月，涉艰难，而其所得不过如此。世之论河源者，又皆推本二家。其说怪迂，总其实，皆非本真。意者汉、唐之时，外夷未尽臣服，而道未尽通，故其所往，每迂回艰阻，不能直抵其处而究其极也。

元有天下，薄海内外，人迹所及，皆置驿传，使驿往来，如行国中。至元十七年，命都实为招讨使，佩金虎符，往求河源。都实既受命，是岁至河州。州之东六十里，有宁河驿。驿西南六十里，有山曰杀马关，林麓穹隘，举足浸高，行一日至巅。西去愈高，四阅月，始抵河源。是冬还报，并图其城传位置以闻。其后翰林学士潘昂霄从都实之弟阔阔出得其说，撰为《河源志》。临川朱思本又从八里吉思家得帝师所藏梵字图书，而以华文译之，与昂霄所志，互有详略。今取二家之书，考定其说，有不同者，附注于下。按河源在土蕃朵甘思西鄙，有泉百余泓，沮洳散涣，弗可逼视，方可七八十里，履高山下瞰，灿若列星，以故名火敦脑儿。火敦，译言星宿也。（思本曰："河源在中州西南，直四川马湖蛮部之正西三千余里，云南丽江宣抚司之西北一千五百余里，帝师撒思加地之西南二千余里。水从地涌出如井。其井百余，东北流百余里，汇为大泽，曰火敦脑儿。"）群流奔辏，近五七里，汇二巨泽，名阿剌脑儿。自西而东，连属吞噬，行一日，迤逦东骛成川，号赤宾河。又二三日，水西南来，名亦里出，与赤宾河合。又三四日，水南来，名忽阑。又水东南来，名也里术，合流入赤宾，其流浸大，始名黄河，然水犹清，人可涉。（思本曰："忽阑河源，出自南山。其地大山峻岭，绵亘千里，水流五百余里，注也里出河。也里出河源，亦出自南山。西北流五百余里，始与黄河合。"）又一二日，歧为八九股，名也孙斡论，译言九渡，通广五七里，可度马。又四五日，水浑浊，土人抱革囊，骑过之。聚落纠木干象舟，傅髦革以济，仅容两人。自是两山峡束，广可一里、二里或半里，其深叵测。朵甘思东北有大雪山，名亦耳麻不莫剌，其山最高，译言腾乞里塔，即昆仑也。山腹至顶皆雪，冬夏不消。土人言，远年成冰时，六月见之。自八九股水至昆仑，行二十日。（思本曰："自浑水东北流二百余里，与怀里火秃河合。怀里火秃河源自南山，水正北偏西流八百余里，与黄河合，又东北流一百余里，过郎麻哈地。又正北流一百余里，乃折而西北流二百余里，又折而正北流一百余里，又折而东流，过昆仑山下，番名亦耳麻不莫剌。其山高峻非常，山麓绵亘五百余里，河随山足东流，过撒思加阔即、阔提地。"）河行昆仑南半日，又四五日，至地名阔即及阔提，二地相属。又三日，地名哈剌别里赤儿，四达之冲也，多寇盗，有官兵镇之。近北二日，河水过之。（思本曰："河过阔提，与亦西八思今河合。亦西八思今河源自铁豹岭之北，正北流凡五百余里，而与黄河合。"）昆仑以西，人简少，多处山南。山皆不穹峻，水亦散漫，兽有髦牛、野马、狼、狍、羱羊之类。其东，山益高，地亦渐下，岸狭隘，有狐可一跃而越之处。行五六日，有水西南来，名纳邻哈剌，译言细黄河也。（思本曰："哈剌河自白狗岭之北，水西北流五百余里，与黄河合。"）又两日，水南来，名乞儿马出。二水合流入河。（思本曰："自哈剌河与黄河合，正北流二百余里，过阿以伯站，折而西北流，经昆仑之北二百余里，与乞里马出河合。乞里马出河源自威、茂州之西北，岷山之北，水北流，即古当州境，正北流四百余里，折而西北流，又五百余里，与黄河合。"）河水北行，转西流，过昆仑北，一向东北流，约行半月，至贵德州，地名必赤里，始有州治官府。州隶吐蕃等处宣慰司，司治河州。又四五日，至积石州，即《禹贡》积石。五日，至河州安乡关。一日，至打罗坑。东北行一日，洮河水南来入河。（思本曰："自乞里马出河与黄河合，又西北流，与鹏拶河合。鹏拶河源自鹏拶山之西北，水正西流七百余里，过札塞塔失地，与黄河合。折而西北流三百余里，又折而东北流，过西宁州、贵德州、马岭凡八百余里，与邈水合。邈水源自青唐宿军谷，正东流五百余里，过三巴站与黄河合，又东北流，过土桥站古积石州来羌城、廓州构米站界都城凡五百余里，过河州与野庞河合。野庞河源自西倾山之北，水东北流凡五百余里，与黄河合。又东北流一百余里，过踏白城银川站与湟水、浩亹河合。湟水源自祁连山下，正东流一千余里，注浩亹河。浩亹河源自删丹州之南删丹山下，水东南流七百余里，注湟水，然后与黄河合。又东北流一百余里，与洮河合。洮河源自羊撒岭北，东北流，过临洮府凡八百余里，与黄河合。"）又一日，至兰州，过北卜渡。至鸣沙州，过应吉里州，正东行。至宁夏府南，东行，即东胜州，隶大同路。自发源至汉地，南北涧溪，细流傍贯，莫知纪极。山皆草石，至积石方林木畅茂。世言河九折，彼地有二折，盖乞儿马出及贵德必赤里也。（思本曰："自洮水与河合，又东北流，过达达地，凡八百余里。过丰州西受降城，折而正东流，过达达地古天德军中受降城、东受降城凡七百余里。折而正南流，过大同路云内州、东胜州与黑河合。黑河源自渔阳岭之南，水正西流，凡五百余里，与黄河合。又正南流，过保德州、葭州及兴州境，又过临州，凡一千余里，与吃那河合。吃那河源自古宥州，东南流，过陕西省绥德州，凡七百余里，与黄河合。又南流三百里，与延安河合。延安河源自陕西芦子关乱山中，南流三百余里，过延安府，折而正东流三百里，与黄河合。又南流三百里，与汾河合。汾河源自河东朔、武州之南乱山中，西南流，过管州，冀宁路汾州，霍州，晋宁路绛州，又西流，至龙门，凡一千二百余里，始与黄河合。又南流二百里，过河中府，遇潼关与太华大山绵亘，水势不可复南，乃折而东流。大概河源东北流，所历皆西番地，至兰州凡四千五百余里，始入中国。又东北流，过达达地，凡二千五百余里，始入河东境内。又南流至河中，凡一千八百余里。通计九千余里。"）

西北地附录

笃来帖木儿

途鲁吉。

柯耳鲁地。

畏兀儿地。（至元二十年，立畏兀儿四处站及交钞库。）

哥疾宁。

可不里。

巴达哈伤。

途思。

忒耳迷。

不花剌。

那黑沙不。

的里安。

撒麻耳干。

忽毡。

麻耳亦囊。

可失哈耳。

忽炭。

柯提。

兀提剌耳。

巴补。

讹迹邗。

倭赤。

苦叉。

柯散。

阿忒八失。

八里茫。

察赤。

也云赤。

亦剌八里。

普剌。

也迷失。

阿里麻里。(诸王海都行营于阿力麻里等处,盖其分地也。自上都西北行六千里,至回鹘五城,唐号北庭,置都护府。又西北行四五千里,至阿力麻里。至元五年,海都叛,举兵南来,世祖逆败之于北庭,又追至阿力麻里,则又远遁二千余里。上令勿追,以皇子北平王统诸军于阿力麻里以镇之,命丞相安童往辅之。)

合剌火者。

鲁古尘。

别失八里。(至元十五年,授八撒察里虎符,掌别失八里畏兀城子里军站事。十七年,以万户綦公直戍别失八里。十八年,从诸王阿只吉请,自大和岭至别失八里置新站三十。二十年,立别失八里和州等处宣慰司。二十一年,阿只吉使来言:"元隶只必帖木儿二十四城之中,有察带二城置达鲁花赤,就付阔端,遂不隶省。"至是奉旨:"诚如所言,其还正之。"二十三年,遣侍卫新附兵千人屯田别失八里,置元帅府,即其地以总之。)

他古新。

仰吉八里。

古塔巴。

彰八里。(至元十五年,授朵鲁知金符,掌彰八里军站事。)

月祖伯

撒耳柯思。

阿兰阿思。

钦察。(太宗甲午年,命诸王拔都征西域钦叉、阿速、斡罗思等国。岁乙未,亦命宪宗往焉。岁丁酉,师至宽田吉思海傍,钦叉酋长八赤蛮逃避海岛中,适值大风,吹海水去而干,生禽八赤蛮,遂与诸王拔都征斡罗思,至也列赞城,七日破之。岁丁巳,出师南征,以驸马剌真之子乞歹为达鲁花赤,镇守斡罗思、阿思。岁癸丑,括斡罗思、阿思户口。)

阿罗思。

不里阿耳。

撒吉剌。

花剌子模。

赛兰。

巴耳赤邗。

毡的。

不赛因。

八哈剌因。

怯失。

八吉打。

孙丹尼牙。

忽里模子。

可咱隆。

设剌子。

泄剌失。

苦法。

瓦夕的。

兀乞八剌。

毛夕里。

设里汪。

罗耳。

乞里茫沙杭。

兰巴撒耳。

那哈完的。

亦思法杭。

撒瓦。

柯伤。

低廉。

胡瓦耳。

西模娘。

阿剌模忒。

可疾云。

阿模里。

撒里牙。

塔米设。

赞章。

阿八哈耳。

撒里茫。

朱里章。

的希思丹。

巴耳打阿。

打耳班。

巴某。

塔八辛。

不思忒。

法因。

乃沙不耳。

撒剌哈歹。

巴瓦儿的。

麻里兀。

塔里干。

巴里黑。

吉利吉思、撼合纳、谦州、益兰州等处。（吉利吉思者，初以汉地女四十人，与乌斯之男结婚，取此义以名其地。南去大都万有余里。相传乃满部始居此，及元朝析其民为九千户。其境长一千四百里，广半之，谦河经其中，西北流。又西南有水曰阿浦，东北有水曰玉须，皆巨浸也，会于谦，而注于昂可剌河，北入于海。俗与诸国异。其语言则与畏吾儿同。庐帐而居，随水草畜牧，颇知田作，遇雪则跨木马逐猎。土产名马、白黑海东青。昂可剌者，因水为名，附庸于吉利吉思，去大都二万五千余里。其语言与吉利吉思特异。昼长夜短，日没时炙羊肋熟，东方已曙矣，即《唐史》所载骨利干国也。乌斯亦因水为名，在吉利吉思东，谦河之北。其俗每岁六月上旬，刑白马牛羊，洒马湩，咸就乌斯沐涟以祭河神，谓其始祖所从出故也。撼合纳犹言布囊也，盖口小腹巨，地形类此，因以为名。在乌斯东，谦河之源所从出也。其境上惟有二山口可出入，山水林樾，险阻为甚，野兽多而畜字少。贫民无恒产者，皆以桦皮作庐帐，以白鹿负其行装，取鹿乳，采松实，及劚山丹、芍药等根为食。冬月亦乘木马出猎。谦州亦以河为名，去大都九千里，在吉利吉思东南，谦河西南，唐麓岭之北，居民数千家，悉蒙古、回纥人。有工匠数局，盖国初所徙汉人也。地沃衍宜稼，夏种秋成，不烦耘耔。或云汪罕始居此地。益兰者，蛇之称也。初，州境山中居人，见一巨蛇，长数十步，从穴中出饮河水，腥闻数里，因以名州。至元七年，诏遣刘好礼为吉利吉思撼合纳谦州益兰州等处断事官，即于此州修库廪，置传舍，以为治所。先是，数部民俗，皆以杞柳为杯皿，刳木为槽以济水，不解铸作农器，好礼闻诸朝，乃遣工匠，教为陶冶舟楫，土人便之。）

安南郡县附录

安南，古交趾也。陈氏叛服之迹，已见本传，今取其城邑之可纪者，录于左方。

大罗城路，汉交趾郡。唐置安南都护府。宋时郡人李公蕴立国于此。及陈氏立，以其属地置龙兴、天长、长安府。

龙兴府，本多冈乡。陈氏有国，置龙兴府。

天长府，本多墨乡，陈氏祖父所生之地。建行宫于此，岁一至，示不忘本，故改曰天长。

长安府，本华闾洞，丁部领所生之地。五代末，部领立国于此。

归化江路，地接云南。

宣化江路，地接特磨道。

沱江路，地接金齿。

谅州江路，地接左右两江。

北江路，在罗城东岸，泸江水分入北江，江有六桥。

如月江路。

南册江路。

大黄江路。

烘路。

快路。

国威州，在罗城南。（此以下州，多接云南、广西界，虽名州，其实洞也。）

古州，在北江。

仙州，古龙编。

富良。

司农。（一云杨舍。）

定边。（一云明媚。）

万涯。（一云明黄。）

文周。（一云门州。）

七源。

思浪。

太原。（一云黄源。）

通农。

罗顺。（一云来神。）

梁舍。（一云梁个。）

平源。

光州。（一云明苏。）

渭龙。（一云乙舍。）

道黄。（即平林场。）

武宁。（此以下县，接云南、广西界，虽名县，其实洞也。）

万载。

丘温。

新立。

恍县。

纸县。

历县。

阑桥。

乌延。

古勇。

供县。

窟县。

上坡。

门县。

清化府路，汉九真。隋、唐为爱州。其属邑更号曰江、曰场、曰甲、曰社。

梁江。

波龙江。

古农江。

宋舍江。

茶江。

安暹江。

分场。古文场。

古藤甲。

支明甲。

古弘甲。

古战甲。

缘甲。

乂安府路，汉日南。隋、唐为驩州。

倍江。

恶江。

偈江。

尚路社。

唐舍社。

张舍社。

演州路，本日南属县，曰扶演、安仁。唐改演州。

孝江。

多壁场。

巨赖社。

他袁社。

布政府路，本日南郡象林县，东滨海，西际真蜡，南接扶南，北连九德。东汉末，区连杀象林令，自立国，称林邑。唐时有环王者，徙国于占，曰占城。今布政乃林邑故地。

自安南大罗城至燕京，约一百一十五驿，计七千七百余里。

边氓服役

占城。

王琴。

蒲伽。

道览。

渌淮。

稔婆逻。

獠。

卷六十四　志第十六

河渠一

水为中国患，尚矣。知其所以为患，则知其所以为利，因其患之不可测而能先事而为之备，或后事而有其功，斯可谓善治水而能通其利者也。昔者禹堙洪水，疏九河，陂九泽，以开万世之利，而《周礼·地官》之属，所载潴防沟遂之法甚详。当是之时，天下盖无适而非水利也。自先王疆理井田之制坏，而后水利之说兴。魏史起凿漳河，秦郑国引泾水，汉郑当时、王安世辈或献议穿漕渠，或建策防水决，是数君子者，皆尝试其术而卒有成功，太史公《河渠》一书犹可考。自时厥后，凡好事喜功之徒，率多为兴利之言，而其患顾有不可胜言者矣。夫润下，水之性也，而欲为之防，以杀其怒，遏其冲，不亦甚难矣哉。惟能因其势而导之，可蓄则储水以备旱暵之灾，可泄则泻水以防水潦之溢，则水之患息，而于是盖有无穷之利焉。

元有天下，内立都水监，外设各处河渠司，以兴举水利、修理河堤为务。决双塔、白浮诸水为通惠河，以济漕运，而京师无转饷之劳；导浑河，疏滦水，而武清、平滦无垫溺之虞；浚冶河，障滹沱，而真定免决啮之患。开会通河于临清，以通南北之货；疏陕西之三白，以溉关中之田；泄江湖之淫潦，立捍海之横塘，而浙右之民得免于水患。当时之善言水利，如太史郭守敬等，盖亦未尝无其人焉。一代之事功，所以为不可泯也。今故著其开修之岁月，工役之次第，历叙其事而分纪之，作《河渠志》。

通惠河

通惠河，其源出于白浮、瓮山诸泉水也。世祖至元二十八年，都水监郭守敬奉诏兴举水利，因建言："疏凿通州至大都河，改引浑水溉田，于旧闸河踪迹导清水，上自昌平县白浮村引神山泉，西折南转，过双塔、榆河、一亩、玉泉诸水，至西水门入都城，南汇为积水潭，东南出文明门，东至通州高丽庄入白河，总长一百六十四里一百四步。塞清水口一十二处，共长三百一十步。坝闸一十处，共二十座，节水以通漕运，诚为便益。"从之。首事于至元二十九年之春，告成于三十年之秋，赐名曰通惠。凡役军一万九千一百二十九，工匠五百四十二，水手三百一十九，没官囚隶百七十二，计二百八十五万工，用楮币百五十二万锭，粮三万八千七百石，木石等物称是。役兴之日，命丞相以下皆亲操畚锸为之倡。置闸之处，往往于地中得旧时砖木，时人为之感服。船既通行，公私两便。先时通州至大都五十里，陆挽官粮，岁若干万，民不胜其悴，至是皆罢之。

其坝闸之名曰：广源闸；西城闸二，上闸在和义门外西北一里，下闸在和义水门西三步；海子闸，在都城内；文明闸二，上闸在丽正门外水门东南，下闸在文明门西南一里；魏村闸二，上闸在文明门东南一里，下闸西至上闸一里；籍东闸二，在都城东南王家庄；郊亭闸二，在都城东南二十五里银王庄；通州闸二，上闸在通州西门外，下闸在通州南门外；杨尹闸二，在都城东南三十里；朝宗闸二，上闸在万亿库南百步，下闸去上闸百步。

成宗元真元年四月，中书省臣言："新开运河闸，宜用军一千五百，以守护兼巡防往来船内奸宄之人。"从之。七月，工部言："通惠河创造闸坝，所费不赀，虽已成功，全藉主守之人，上下照略修治。今拟设提领三员，管领人夫，专一巡护，降印给俸。其西城闸改名会川，海子闸改名澄清，文明闸仍用旧名，魏村闸改名惠和，籍东闸改名庆丰，郊亭闸改名平津，通州闸改名通流，河门闸改名广利，杨尹闸改名溥济。"

武宗至大四年六月，省臣言："通州至大都运粮河闸，始务速成，故皆用木，岁久木朽，一旦俱败，然后致力，将见不胜其劳。今为永固计，宜用砖石，以次修治。"从之。后至泰定四年，始修完焉。

文宗天历三年三月，中书省臣言："世祖时，开挑通惠河，安置闸座，全藉上源白浮、一亩等泉之水以通漕运。今各枝及诸寺观权势，私决堤堰，浇灌稻田、水碾、园圃，致河浅妨漕事，乞禁之。"奉旨：白浮、瓮山直抵大都运粮河堤堰泉水，诸人毋挟势偷决，大司农司、都水监可严禁之。

坝　河

坝河，亦名阜通七坝。成宗大德六年三月，京畿漕运司言："岁漕米百万，全藉船坝夫力。自冰开发运至河冻时止，计二百四十日，日运粮四千六百余石，所辖船夫一千三百余人，坝夫七百三十，占役俱尽，昼夜不息。今岁水涨，冲决坝堤六十余处，虽已修毕，恐霖雨冲圮，走泄运水，以此点视河堤浅涩低薄去处，请加修理。"自五月四日入役，六月十二日毕，深沟坝九处，计一万五千一百五十三工。王村坝二处，计七百十三工；郑村坝一处，计一千一百二十五工；西阳坝三处，计一千二百六十二工；郭村坝三处，计一千九百八十七工。千斯坝下一处，计一万工；总用工三万二百四十。

金 水 河

金水河，其源出于宛平县玉泉山，流至和义门南水门入京城，故得金水之名。

至元二十九年二月，中书右丞马速忽等言："金水河所经运石大河及高良河、西河俱有跨河跳槽，今已损坏，请新之。"是年六月兴工，明年二月工毕。

至大四年七月，奉旨引金水河水注之光天殿西花园石山前旧池，置闸四以节水。闰七月兴工，九月成，凡役夫匠二十九，为工二千七百二十三，除妨工，实役六十五日。

隆福宫前河

隆福宫前河，其水与太液池通。英宗至治二年五月，奉敕云："昔在世祖时，金水河濯手有禁，今则洗马者有之。比至秋疏涤，禁诸人毋得污秽。"于是会计修浚，三年四月兴工，五月工毕，凡役军八百，为工五千六百三十五。

海 子 岸

海子岸，上接龙王堂，以石甃其四周。海子一名积水潭，聚西北诸泉之水，流行入都城而汇于此，汪洋如海，都人因名焉。

仁宗延祐六年二月，都水监计会前后，兴元修旧石岸相接，凡用石三百五，各长四尺，阔二尺五寸，厚一尺，石灰三千斤，该三百五工，丁夫五十，石工十，九月五日兴工，十一日工毕。

至治三年三月，大都河道提举司言："海子南岸东西道路，当两城要冲，金水河浸润于其上，海子风浪冲啮于其下，且道狭，不时溃陷泥泞，车马艰于往来，如以石砌之，实永久之计也。"

泰定元年四月，工部应副工物，七月兴工，八月工毕，凡用夫匠二百八十七人。

双 塔 河

双塔河，源出昌平县孟村一亩泉，经双塔店而东，至丰善村，入榆河。至元三年四月六日，巡河官言："双塔河时将泛溢，不早为备，恐至溃决，临期卒难措手。乃计会闭水口工物，开申都水监，创开双塔河，未及坚久。今已及水涨之时，倘或决坏，走泄水势，误运船不便。"省准制国用司给所需，都水监差夫修治焉。凡合闭水口五处，用工二千一百五十五。

卢 沟 河

卢沟河，其源出于代地，名曰小黄河，以流浊故也。自奉圣州界流入宛平县境，至都城四十里东麻谷，分为二派。

太宗七年岁乙未八月敕："近刘冲禄言：'率水工二百余人，已依期筑闭卢沟河元破牙梳口，若不修堤固护，恐不时涨水冲坏，或贪利之人盗决溉灌，请令禁之。'刘冲禄可就主领，毋致冲塌盗决，犯者以违制论，徒二年，决杖七十。如遇修筑时，所用丁夫器具，应差处调发之。其旧有水手人夫内，五十人差官存留不妨。已委管领，常切巡视体究，岁一交番，所司有不应副者罪之。"

白浮瓮山

白浮瓮山，即通惠河上源之所出也。白浮泉水在昌平县界，西折而南，经瓮山泊，自西水门入都城焉。

成宗大德七年六月，瓮山等处看闸提领言："自闰五月二十九日始，昼夜雨不止，六月九日夜半，山水暴涨，漫流堤上，冲决水口。"于是都水监委官督军夫，自九月二十一日入役，至是月终辍工，实役军夫九百九十三人。十一年三月，都水监言："巡视白浮瓮山河堤，崩三十余里，宜编荆笆为水口，以泄水势。"计修笆口十一处，四月兴工，十月工毕。

仁宗皇庆元年正月，都水监言："白浮瓮山堤，多低薄崩陷处，宜修治。"来春二月入役，八月修完，总修长三十七里二百十五步，计七万三千七百七十三工。延祐元年四月，都水监言："自白浮瓮山下至广源闸堤堰，多淤淀浅塞，源泉微细，不能通流，拟疏涤。"由是会计工程，差军千人疏治。

泰定四年八月，都水监言："八月三日至六日，霖雨不止，山水泛溢，冲坏瓮山诸处笆口，浸没民田。"计料工物，移文工部关支修治。自八月二十六日兴工，九月十二日工毕，役军夫二千名，实役九万工，四十五日。

浑　河

浑河，本卢沟水，从大兴县流至东安州、武清县，入漷州界。至大二年十月，浑河水决左都威卫营西大堤，泛溢南流，没左右二翊及后卫屯田麦，由是左都威卫言："十月五日，水决武清县王甫村堤，阔五十余步，深五尺许，水西南漫平地流，环圆营仓局，水不没者无几。恐来春冰消，夏雨水作，冲决成渠，军民被害，或迁置营司，或多差军民修塞，庶免垫溺。”三年二月十二日，省准下左右翊及后卫、大都路委官督工修治，至五月二十日工毕。

皇庆元年二月十七日，东安州言：“浑河水溢，决黄埚堤一十七所。”都水监计工物移文工部。二十七日，枢密知院塔失帖木儿奏：“左卫言浑河决堤口二处，屯田浸不耕种，已发军五百修治。臣等议，治水有司职耳，宜令中书戒所属用心修治。”从之。七月，省委工部员外郎张彬言：“巡视浑河，六月三十日霖雨，水涨及丈余，决堤口二百余步，漂民庐，没禾稼，乞委官修治，发民丁刘杂草兴筑。”

延祐元年六月十七日，左卫言：“六月十四日，浑河决武清县刘家庄堤口，差军七百与东安州民夫协力同修之。”三年三月，省议：“浑河决堤堰，没田禾，军民蒙害，既已奏闻。差官相视，上自石径山金口，下至武清县界旧堤，长计三百四十八里，中间因旧修筑者大小四十七处，涨水所害合修补者一十九处，无堤创修者八处，宜疏通者二处，计工三十八万一百，役军夫三万五千，九十六日可毕。如通筑则役大难成，就令分作三年为之，省院差官先发军民夫匠万人，兴工以修其要处。”是月二十日，枢府奏拨军三千，委中卫佥事督修治之。七年五月，营田提举司言：“去岁十二月二十一日，屯户巡视广武屯北浑河堤二百余步将崩，恐春首土解水涨，浸没为患，乞修治。”都水监委濠寨，会营田提举司官、武清县官，督夫修完广武屯北陷薄堤一处，计二千五百工；永兴屯北堤低薄一处，计四千一百六十六工；落垡村西冲圮一处，计三千七百三十三工；永兴屯北崩圮一处，计六千五百十八工；北王村庄西河东岸至白坟儿，南至韩村西道口，计六千九十三工；刘邢庄西河东岸北至宝僧百户屯，南至白坟儿，计三万七百十二工。总用工五万三千七百二十二。

泰定四年四月，省议：“三年六月内霖雨，山水暴涨，泛没大兴县诸乡桑枣田园，移文枢府，于七卫屯田及见有军内，差三千人修治。”

白　河

白河，在漷州东四里，北出通州潞县，南入于通州境，又东南至香河县界，又流入于武清县境，达于静海县界。

至元三十年九月，漕司言：“通州运粮河全仰白、榆、浑三河之水，合流名曰潞河，舟楫之行有年矣。今岁新开闸河，分引浑、榆二河上源之水，故自李二寺至通州三十余里，河道浅涩。今春夏天旱，有止深二尺处，粮船不通，改用小料船搬载，淹延岁月，致亏粮数。先是，都水监相视白河，自东岸吴家庄前，就大河西南，斜开小河二里许，引榆河合流至深沟坝下，以通漕舟。今丈量，自深沟、榆河上湾，至吴家庄龙王庙前白河，西南至坝河八百步。及巡视，知榆河上源筑闭，其水尽趋通惠河，止有白佛、灵沟、一子母三小河水入榆河，泉脉微，不能胜舟。拟自吴家庄就龙王庙前闭白河，于西南开小渠，引水自坝河上湾入榆河，庶可漕运。又深沟乐岁五仓，积贮新旧粮七十余万石，站车挽运艰缓，由是访视通州城北通惠河积水，至深沟村西水渠，去乐岁、广储等仓甚近，拟自积水处由旧渠北开四百步，至乐岁仓西北，以小料船运载甚便。”都省准焉。通惠河自通州城北，至乐岁西北，水陆共长五百步，计役八万六百五十工。

大德二年五月，中书省札付都水监：运粮河堤自杨村至河西务三十五处，用苇一万九千一百四十束，军夫二千六百四十九名，度三十日毕。于是本监分官率濠寨至杨村历视坏堤，督巡河夫修理，以霖雨水溢，故工役倍元料，自寺洵口北至蔡村、清口、孙家务、辛庄、河西务堤，就用元料苇草，修补卑薄，创筑月堤，颇有成功。其杨村两岸相对出水河口四处，苇草不敷，就令军夫采刈，至九月住役。杨村河上接通惠诸河，下通滹沱入江淮，使官民舟楫直达都邑，利国便民。奈杨村堤岸随修随圮，盖为用力不固，徒烦工役，其未修者，候来春水涸土干，调军夫修治。

延祐六年十月，省臣言：“漕运粮储及南来诸物商贾舟楫，皆由直沽达通惠河。今岸崩泥浅，不早疏浚，有碍舟行，必致物价翔涌。都水监职专水利，宜分官一员，以时巡视，遇有颓圮浅涩，随宜修筑，如功力不敷，有司差夫助役，怠事者究治。”从之。

至治元年正月十一日，漕司言：“夏运海粮一百八十九万余石，转漕往返，全藉河道通便，今小直沽议河口潮汐往来，淤泥壅积七十余处，漕运不能通行，宜移文都水监疏涤。”工部议：“时农作方兴，兼民多艰食，若不差军助役，民力有所不逮。”枢密院言：“军人不敷。”省议：“若差民丁，方今东作之时，恐妨岁事。其令大都募民夫三千，日给佣钞一两、糙粳米一升，委正官提调，验日支给，令都水监暨漕司官同督其事。”四月十一日入役，五月十日工毕。

泰定元年二月，枢府臣奏：“临清万户府言，至治元年霖雨，决坏运粮河岸，宜差军修筑。臣等议，诚利益事，令本府差军三百执役。”从之。三年三月，都水监言：“河西务菜市湾水势冲啮，与仓相近，将来为患，宜于刘二总管营相对河东岸，截河筑堤，改水道与旧河合，可杜后患。”四年正月，省臣奏准，枢府差军五千，大都路募夫五千人，日支糙米五升、中统钞一两，本监工部委官与前卫董指挥同监役，是年三月十八日兴工，六月十一日工毕。

致和元年六月六日，临清御河万户府言：“泰定四年八月二日，河溢，坏营北门堤约五十步，漂旧桩木百余，崩圮犹未已。”工部议：“河岸崩摧，理宜修治，既都水监会计工物，各处支给，其役夫三千人，若拟差民，方春恐妨农务，宜移文枢密院拨军。”省准修旧堤岸，展阔新河口东岸，计工五万九千九百三十七，用军三千、木匠十人。

天历二年三月，漕司言：“元开刘二总管营相对河，比旧河运粮迂远，乞委官相视，复开旧河便。”四月九日，奏准，差军七千，委兵部员外郎邓衡、都水监丞阿里、漕使太不花等督工修浚。后以冬寒，候冻解兴役。三年，工部移文大都，于近甸募民夫三千，日支糙粳米三升、中统钞一两，兵部改委辛侍郎暨元委官修辟。

至顺元年六月，都水监言：“二十三日夜，白河水骤涨丈余，观音寺新修护仓堤，已督有司差夫救护，今水落尺余，宜候伏槽兴作。”

御　河

御河，自大名路魏县界经元城县泉源乡于村度，南北约十里，东北流至包家渡，下接馆陶县界三口。御河上从交河县，下入清池县界。又永济河在清池县西三十里，自南皮县来，入清州，今呼为御河也。

至元三年七月六日，都水监言："运河二千余里，漕公私物货，为利甚大。自兵兴以来，失于修治，清州之南，景州以北，颓阙岸口三十余处，淤塞河流十五里。至癸巳年，朝廷役夫四千，修筑浚涤，乃复行舟。今又三十余年，无官主领。沧州地分，水面高于平地，全藉堤堰防护。其园圃之家掘堤作井，深至丈余，或二丈，引水以溉蔬花。复有濒河人民就堤取土，渐至阙破，走泄水势，不惟涩行舟，妨运粮，或致漂民居，没禾稼。其长芦以北，索家马头之南，水内暗藏桩橛，破舟船，坏粮物。"部议以滨河州县佐贰之官兼河防事，于各地分巡视，如有阙破，即率众修治，拔去桩橛，仍禁园圃之家毋穿堤作井，栽树取土。都省准议。七年，省臣言："御河水泛武清县，计疏浚役夫一十，工八十日可毕。"从之。

至大元年六月二十九日，左翼屯田万户府呈："五月十八日申时，水决会川县孙家口岸约二十余步，南流灌本管屯田，已移文河间路、武清县、清州有司，多发丁夫，管领修治。"由是枢密院檄河间路、左翊屯田万户府，差军并工筑塞。十月，大名路浚州言："七月十一日连雨至十七日，清、石二河水溢李家道，东南横流。询社长高良辈，称水源自卫辉路汲县东北，连本州淇门西旧黑荡泊，溢流出岸，漫黄河古堤，东北流入本州齐贾泊，复入御河，漂及门民舍。窃计今岁水势逆行，及下流漳水涨溢遏绝不能通，以致若此，实非人力可胜。又西关水手佐聚称，七月十二日卯时，御河水骤涨三尺，十八日复添四尺，其水逆流，明是下流涨水壅逆，拟差官巡治。"

延祐三年七月，沧州言："清池县民告，往年景州吴桥县诸处御河水溢，冲决堤岸，万户千奴为恐伤其屯田，差军筑塞旧泄水郎儿口，故水无所泄，浸民庐及已熟田数万顷，乞遣官疏辟，引水入海。及七月四日，决吴桥县柳斜口东岸三十余步，千户移僧又遣军闭塞郎儿口，水壅不得泄，必致漂荡张管、许河、孟村三十余村黍谷庐舍，故本州摘官相视，移文约会开辟，不从。"四年五月，都水监遣官与河间路官相视元塞郎儿口，东西长二十五步，南北阔二十尺，及堤南高一丈四尺，北高二丈余，复按视郎儿口下流故河，至沧州约三十余里，上下古迹宽阔，及减水故道，名曰盘河。今为开辟郎儿口，增浚故河，决积水，由沧州城北达滹沱河，以入于海。

泰定元年九月，都水监遣官督丁夫五千八百九十八人，是月二十八日兴工，十月二日工毕。

滦　河

滦河，源出金莲川中，由松亭北，经迁安东、平州西，濒滦州入海也。王曾《北行录》云："自偏枪岭四十里，过乌滦河，东有滦州，因河为名。"

至元二十八年八月，省臣奏："姚演言，奉敕疏浚滦河，漕运上都，乞应副沿河盖露囷工匠什物，仍预备来岁所用漕船五百艘，水手一万，牵船夫二万四千。臣等集议，近岁东南荒歉，民力凋弊，造舟调夫，其事非轻，一时并行，必致重困。请先造舟十艘，量拨水手试行之，如果便，续增益。"制可其奏，先以五十艘行之，仍选能人同事。

大德五年八月十三日，平滦路言："六月九日霖雨，至十五日夜，滦河与淝、洳三河并溢，冲圮城东西二处旧护城堤、东西南三面城墙，横流入城，漂郭外三关濒河及在城官民屋庐粮物，没田苗，溺人畜，死者甚众，而雨犹不止。至二十四日夜，滦、漆、淝、洳诸河水复涨入城，余屋漂荡殆尽。"乃委吏部马员外同都水监官修之，东西二堤，计用工三十一万一千五十，钞八千八十七锭十五两，糙粳米三千一百一十石五斗，桩木等价钞二百七十四锭二十六两四钱。

延祐四年六月十六日，上都留守司言："正月一日，城南御河西北岸为水冲啮，渐至颓圮，若不修治，恐来春水泛涨，漂没民居。又开平县言，四月二十六日霖雨，至二十八日夜，东关滦河水涨，冲损北岸，宜拟修筑。本司议，即目仲夏霖雨，其水复溢，必大为害，乃委官督夫匠兴役。开平发民夫，幼小不任役，请调军供作，庶可速成。"五月二十一日，留守司言："滦河水涨决堤，计修筑用军六百，宜令枢密院差调，官给其食。"制曰："今维其时，移文枢密院发军速为之。"虎贲司发军三百治焉。

泰定二年三月十三日，永平路屯田总管府言："国家经费咸出于民，民之所生，无过农作。本屯辟田收粮，以供亿内府之用，不为不重。访马城东北五里许张家庄龙湾头，在昔有司差夫筑堤，以防滦水，西南连清水河，至公安桥，皆本屯地分。去岁霖雨，水溢，冲荡皆尽，浸死屯民田苗，终岁无收。方今农隙，若不预修，必致为害。"工部移文都水监，差濠寨泊本屯官及滦州官亲诣相视，督令有司差夫补筑。三年五月十日，上都留守司及本路总管府言："巡视大西关南马市口滦河递北堤，侵啮渐崩，不预治，恐夏霖雨水泛，贻害居民。"于是送都城所丈量，计用物修治，工部移文上都分部施行。七月二日，右丞相塔失帖木儿等奏："斡耳朵思住冬营盘，为滦河走凌河水冲坏，将筑护水堤，宜令枢密院发军千二百人以供役。"从之。枢密院请遣军千二百人。

河间河

河间河，在河间路界。泰定三年三月，都水监言："河间路水患，古俭河，自北门外始，依旧疏通，至大成县界，以泄上源水势，引入盐河，古陈玉带河，自军司口浚治，至雄州归信县界，以导淀泺积潦，注之易河。黄龙港，自锁井口开凿，至文安县玳瑁口，以通泺水，经火烧淀，转流入海。计河宜疏者三十处，总役夫三万，三十日可毕。"是月省臣奏准，遣断事官定住同元委都水孙监丞泊本处有司官，于旁近州县发丁夫三万，日给钞一两、米一升，先诣古陈玉带河。寻以岁旱民饥，役兴人劳罢，候年登为之。

冶　河

冶河，在真定路平山县西门外，经井陉县流来本县东北十里，入滹沱河。

元贞元年正月十八日，丞相完泽等言："往年先帝尝命开真定冶河，已发丁夫人役，适值先帝升遐，以聚众罢之。今请遵旧制，俾卒其事。"从之。

皇庆元年七月二日，真定路言："龙花、判官庄诸处坏堤，计工物，申请省委都水监及本路官，自平山县西北，历视滹沱、冶河合流，急注真定西南关，由是再议，照冶河故道，自平山县西北河内，改修滚水石堤，下修龙塘堤，东南至水碾村，改引河道一里，蒲吾桥西，改辟河道一里。上至平山县西北，下至宁晋县，疏其淤淀，筑堤分其上源入旧河，以杀其势。复有程同、程章二石桥阻咽水势，拟开减水月河二道，可久且便。下相栾城县，南视赵州宁晋县，诸河北之下源，地形低下，恐水泛，经栾城、赵州，坏石桥，阻河流为害。由是议于栾城县北，圣母堂东冶河东岸，开减水河，可去真定之患。"省准，于二年二月都水监委官与本路及廉访司官，同诣平山县相视，会计修治，总计冶河，始自平山县北关西龙神庙北独石，通长五千八百六步，共役夫五千，为工十八万八百七，无风雨妨工，三十六日可毕。

滹沱河

滹沱河，源出于西山，在真定路真定县南一里，经藁城县北一里，经平山县北十里，《寰宇记》载经灵寿县西南二十里。此河连贯真定诸郡，经流去处，皆曰滹沱水也。

延祐七年十一月，真定路言："真定县城南滹沱河，北决堤，浸近城，每岁修筑。闻其源本微，与冶河不相通，后二水合，其势遂猛，屡坏金大堤为患。本路达鲁花赤哈散于至元三十年言，准引辟冶河自作一流，滹沱河水十退三四。至大元年七月，水漂南关百余家，淤塞冶河口，其水复滹河。自后岁有溃决之患，略举大德十年至皇庆元年，节次修堤，用卷扫苇草二百余万，官给夫粮备佣直百余万锭。及延祐元年三月至五月，修堤二百七十余步，其明堂、判官、勉村三处，就用桥木为桩，征夫五百余人，执役月余不能毕。近年米价翔贵，民匮于食，有丁者正身应役，单丁者必须募人，人日佣直不下三五贯，前工未毕，后役迭至。至七月八日，又冲塌李玉飞等庄及木方、胡营等村三处堤，长一千二百四十步，申请委官相视，差夫筑月堤。延祐二年，本路前总管马思忽尝辟冶河，已复湮塞。今岁霖雨，水溢北岸数处，浸没田禾。其河元经康家庄村南流，不记岁月，徙于村北。数年修筑，皆于堤北取土，故南高北低，水愈就下侵啮。西至木方村，东至护城堤，数约二千余步，比来春，必须修治。用桩梢筑土堤，亦非永久之计。若浚木方村南旧湮枯河，引水南流，闸闭北岸河口，于南岸取土筑堤，下至合头村北与本河合，如此去城稍远，庶可无患。"都水监差官相视，截河筑堤，阔千余步，新开古岸，止阔六十步，恐不能制御千步之势。若于北岸阙破低薄处，比元料，增夫力，苇草卷扫补筑，便计苇草丁夫，若令责办民间，缘今岁旱涝相仍，民食匮乏，拟均料各州县上中户，价钱及食米于官钱内支给。限二月二十日兴工，役夫五千，为工十六万七百一十九，度三十二日可毕。总计补筑滹沱河北岸防水堤十处，长一千九百一十步，高阔不一，计三百四十万七千七百五十尺，用推扫梯二十五，每梯用大檩三、小檩三，计大小檩一百五十，草三十五万八百束，苇二十八万六百四十束，梢柴七千二百束。

至治元年三月，真定路言："真定县滹沱河，每遇水泛，冲堤岸，浸没民田，已差募丁夫修筑，与廉访司官相视讲究，如将木方村南旧堙河道疏辟，导水东南行，闸闭北岸，却于河南取土，修筑至合头村，合入本河，似望可以民安。"都水监与真定路官相视议："夫治水者，行其所无事，盖以顺其性也。闸闭滹沱河口，截河筑堤一千余步，开掘故河老岸，阔六十步，长三十余里，改水东南行流，霖雨之时，水拍两岸，截河堤堰，阻逆水性，新开故河，止阔六十步，焉能吞授千步之势？上咽下滞，必致溃决，徒糜官钱，空劳民力。若顺其自然，将河北岸旧堤比之元料，增添工物，如法卷扫，坚固修筑，诚为官民便益。"省准补筑滹沱河北岸缕水堤一十处，通长一千九百一十步，役夫五百名，计一十六万七百三十九工。

泰定四年八月七日，省臣奏："真定路言，滹沱河水连年泛溢为害，都水监、廉访司、真定路及濒河州县官洎耆老会议，其源自五台诸山来，至平山县王母村山口下，与平定州娘子庙石泉冶河合。夏秋霖雨水涨，弥漫城郭，每年劳民筑堤，莫能除害，宜自王子村、辛安村凿河，长四里余，接鲁家湾旧涧，复开二百余步，合入冶河，以分杀其势。又木方村滹沱河南岸故道，疏涤三十里，北岸下桩卷扫，筑堤捍水，令东流。今岁储材，九月兴役，期十一月功成。所用石铁石灰诸物，夫匠工粮，官为供给，力省功多，可永无害。工部议，若从所请，二河并治，役大民劳，拟先开冶河，其真定路征民夫，如不敷，可于邻郡顺德路差募人夫，日给中统钞一两五钱，如侵碍民田，官酬其直。中书省都水监差官，率知水利濠寨，督本路及当该州县用工，廉访司添力咸就，滹河近后再议。"从之。九月，委都水监官洎本道廉访司真定路同监督有司并工修治。后真定路言："闰九月五日为始兴工间，据赵州临城诸县申，天寒地冻，难于用工，候春暖开辟便，已于十月七日放散人民。"部议，人夫既散，宜准所拟。凡已给夫钞二万六千八百三十二锭，地价钱六百三十锭。

会通河

会通河，起东昌路须城县安山之西南，由寿张西北至东昌，又西北至于临清，以逾于御河。

至元二十六年，寿张县尹韩仲晖、太史院令史边源相继建言，开河置闸，引汶水达舟于御河，以便公私漕贩。省遣漕副马之贞与源等按视地势，商度工用，于是图上可开之状。诏出楮币一百五十万缗、米四万石、盐五万斤，以为佣直，备器用，征旁郡丁夫三万，驿遣断事官忙速儿、礼部尚书张孔孙、兵部尚书李处巽等董其役。首事于是年正月己亥，起于须城安山之西南，止于临清之御河，其长二百五十余里，中建闸三十有一，度高低，分远迩，以节蓄泄。

六月辛亥成，凡役工二百五十一万七百四十有八，赐名曰会通河。

二十七年，省以马之贞言霖雨岸崩，河道淤浅，宜加修浚，奏拨放罢输运站户三千，专供其役，仍俾采伐木石等以充用。是后，岁委都水监官一员，佩分监印，率令史、奏差、濠寨官往职巡视，且督工，易闸以石，而视所损缓急为后先。至泰定二年，始克毕事。

会通镇闸三、土坝二，在临清县北。头闸长一百尺，阔八十尺，两直身各长四十尺，两雁翅各斜长三十尺，高二尺，闸空阔二丈，自至元三十年正月一日兴工，凡役夫匠六百六十名，至十月二十九日工毕。中闸南至隘船闸三里，元贞二年七月二十三日兴工，至大德二年三月十三日工毕，夫匠四百四十三，长广与上闸同。隘船闸南至李海务闸一百五十二里，延祐元年八月十五日兴工，九月二十五日工毕，夫匠五百，闸空阔九尺，长广同上。土坝二。

李海务闸南至周家店闸一十二里，元贞二年二月二日兴工，五月二十日工毕，夫匠五百二十七名，长广与会通镇闸同。

周家店闸南至七级闸一十二里，大德四年正月二十一日兴工，八月二十日工毕，夫匠四百四十二，长广与上同。

七级闸二：北闸南至南闸三里，大德元年五月一日兴工，十月六日工毕，夫匠四百四十三名，长广如周家店闸。南闸南至阿城闸一十二里，元贞二年正月二十日兴工，十月五日工毕，夫匠四百五十名，长广同北闸。

阿城闸二：北闸南至南闸三里，大德三年三月五日兴工，七月二十八日工毕，夫匠四百四十一名，长广上同。南闸南至荆门北闸一十里，大德二年正月二十五日兴工，十月一日工毕，夫匠四百四十六名，长广上同。

荆门闸二：北闸南至荆门南闸二里半，大德三年六月初一日兴工，至十月二十五日工毕，役夫三百一十名，长广同。南闸南至寿张闸六十五里，大德六年正月二十三日兴工，六月二十九日工毕，长广同北闸。

寿张闸南至安山闸八里，至元三十一年正月一日兴工，五月二十日工毕。

安山闸南至开河闸八十五里，至元二十六年建。

开河闸南至济州闸一百二十四里。

济州闸三：上闸南至中闸三里，大德五年三月十二日兴工，七月二十八日工毕。中闸南至下闸二里，至治元年三月一日兴工，六月六日工毕。下闸南至赵村闸六里，大德七年二月十三日兴工，五月二十一日工毕。

赵村闸南至石佛闸七里，泰定四年二月十八日兴工，五月二十日工毕。

石佛闸南至辛店闸一十三里，延祐六年二月十日兴工，四月二十九日工毕。

辛店闸南至师家店闸二十四里，大德元年正月二十七日兴工，四月一日工毕。

师家店闸南至枣林闸一十五里，大德二年二月三日兴工，五月二十三日工毕。

枣林闸南至孟阳泊闸九十五里，延祐五年二月四日兴工，五月二十二日工毕。

孟阳泊闸南至金沟闸九十里，大德八年正月四日兴工，五月十七日工毕。

金沟闸南至隘船闸一十二里，大德十年闰正月二十五日兴工，四月二十三日工毕。

沽头闸二：北隘船闸南至下闸二里，延祐二年二月六日兴工，五月十五日工毕。南闸南至徐州一百二十里，大德十一年二月兴工，五月十四日工毕。

三汊口闸入盐河，南至土山闸一十八里，泰定二年正月十九日兴工，四月十三日工毕。土山闸南至三汊口闸二十五里，入盐河。

兖州闸。

堽城闸。

延祐元年二月二十日，省臣言："江南行省起运诸物，皆由会通河以达于都，为其河浅涩，大船充塞于其中，阻碍余船不得来往。每岁省台差人巡视，其所差官言，始开河时，止许行百五十料船，近年权势之人，并富商大贾，贪嗜货利，造三四百料或五百料船，于此河行驾，以致阻滞官民舟楫，如于沽头置小石闸一，止许行百五十料船便。臣等议，宜依所言，中书及都水监差官于沽头置小闸一，及于临清相视宜置闸处，亦置小闸一，禁约二百料之上船，不许入河行运。"从之。

至治三年四月十日，都水分监言："会通河沛县东金沟、沽头诸处，地形高峻，旱则水浅舟涩，省部已准置二滚水堰。近延祐二年，沽头闸上增置隘闸一，以限巨舟，每经霖雨，则三闸月河、截河土堰，尽为冲决。自秋摘夫刈薪，至冬水落，或来岁春首修治，工夫浩大，动用丁夫千百，束薪十万之余，数月方完，劳费万倍。又况延祐六年雨多水溢，月河、土堰及石闸雁翅日被冲啮，土石相离，深及数丈，其工倍多，至今未完。今若运金沟、沽头并隘闸三处见有石，于沽头月河内修堰闸一所，更将隘闸移置金沟闸月河、或沽头闸月河内，水大则大闸俱开，使水得通流，小则闭金沟大闸，上开隘闸，沽头则闭隘闸，而启正闸行舟。如此岁省修治之费，亦可免丁夫冬寒入水之苦，诚为一劳永逸。"移文工部，令委官与有司同议。于是差濠寨约会济宁路官相视，就问金沟闸提领周德兴，言每岁夏秋霖雨，冲失闸堤，必候水落，役夫采薪修治，不下三两月方毕，冬寒水作，苦不胜言。会验监察御史言："延祐初，元省臣亦尝请置隘闸以限巨舟，臣等议，其言当，请从之。"于是议：梭板等船乃御河、江、淮可行之物，宜遣出任其所之，于金沟、沽头两闸中置隘闸二，各阔一丈，以限大船。若欲于通惠、会通河行运者，止许一百五十料，违者罪之，仍没其船。其大都、江南权势红头花船，一体不许来往，准拟拆移沽头隘闸，置于金沟大闸之南，仍作运环闸，其间空地北作滚水石堰，水涨即开大小三闸，水落即锁闭大闸，止于隘闸通舟。果有小料船及官用巨物，许申禀上司，权开大闸，仍添金沟闸板积水，以便行舟。其沽头截河土堰，依例改修石堰，尽除旧有土堰三道。金沟闸月河内创建滚水石堰，长一百七十尺，高一丈，阔一丈。沽头闸月河内修截河堰，长一百八十尺，高一丈一尺，底阔二丈，上阔一丈。

泰定四年四月，御史台臣言："巡视河道，自通州至真、扬，会集都水分监及濒河州县官民，询考利病，不出两端，一曰壅决，二曰经行。卑职参详，自古立国，引漕皆有成式。自世祖屈群策，济万民，疏河渠，引清、济、汶、泗，立闸节水，以通燕蓟、江淮，舟楫万里，振古所无。后人笃守成规，苟能举其废坠而已，实万世无穷之利也。盖水性流变不常，久废不修，旧规渐坏，虽有智者，不能善后。以故详历考视，酌古准今，参会众议，辄有管见，倘蒙采录，责任水监，谨守勿失，能事毕矣。不穷利病之源，频岁差人，具文巡视，徒为烦扰，无益于事。都水监元立南北隘闸，各阔九尺，二百料下船梁头八尺五寸，可以入闸。愚民嗜利无厌，为隘闸所限，改造减舷添仓长船至八九十尺，甚至百尺，皆五六百料，入至闸内，不能回转，动辄浅阁，阻碍余舟，盖缘隘闸之法，不能限其长短。今卑职至真州，问得造船作头，称过闸船梁八尺五寸船，该长六丈五尺，计二百料。由是参详，宜于隘闸下岸立石则，遇船入闸，必须验量，长不过则，然后放入，违者罪之。闸内旧有长船，立限遣出。"省下都水监，委濠寨官约会济宁路委官同历视议拟，隘闸下约八十步河北立二石则，中间相离六十五尺，如舟至彼，验量如式，方许入闸，有长者罪遣退之。又与东昌路官亲诣议拟，于元立隘闸西约一里，依已定丈尺，置石则验量行舟，有不依元料者罪之。

天历三年三月，诏谕中外："都水监言：世祖费国家财用，开辟会通河，以通漕运。往来使臣、下番百姓及随从使臣、各枝斡脱权势之人，到闸不候水则，恃势捶挞看闸人等，频频启放。又漕运粮船，凡遇水浅，于河内筑土坝，积水以渐行舟，以故坏闸。乞禁治事。命后诸王驸马各枝往来使臣及斡脱权势之人、下番使臣等，并运官粮船，如到闸，依旧定例启闭。若似前不候水则，恃势捶拷守闸人等，勒令启闸，及河内用土筑坝坏闸之人，治其罪。如守闸之人，恃有圣旨，合启闸时，故意迟延，阻滞使臣客旅，欺要钱物，乃不畏常宪也。"仍令监察御史、廉访司常加体察。

兖州闸

兖州闸已见前。至元二十七年四月，都漕运副使马之贞言：

> 准山东东西道宣慰使司牒文，相视兖州闸堰事。先于至元十二年蒙丞相伯颜访问自江淮达大都河道，之贞乃言，宋、金以来，汶、泗相通河道，郭都水按视，可以通漕。于二十年中书省奏准，委兵部李尚书等开凿，拟修石闸十四。二十一年，省委之贞与尚监察等同相视，拟修石闸八、石堰二，除已修毕外，有石闸一、石堰一、堽城石堰一，至今未修。据济州以南，徐、邳沿河纤道桥梁，二十三年添立邳州水站，移文沿河州县，修治已完。二十三年调之贞充漕运副使，委管闸接放纲船。沿河纤道，元无崩损去处，在前年例，当麻麦盛时，差官修理纤道，督责地主割刈麻麦，并滕州开决稻堰，泗源磨堰，差人于吕梁百步等guan，及济州闸监督江淮纲运船只，过guan出闸，不令阻滞客旅，苟取钱物。据新开会通并济州汶、泗相通河，非自然长流河道，于兖州立闸堰，约泗水西流堽城立闸堰，分汶水入河，南会于济州，以六闸撙节水势，启闭通放舟楫，南通淮、泗，以入新开会通河，至于通州。近去岁四月，江淮都漕运使司言，本司粮运，经济河至东阿交割，前者济州运司，不时移文濒河官司，修治纤道，若有缓急处所，正官取招呈省，路经历、县达鲁花赤以下就便断罪。今济州漕司革罢，其河道拨属都漕运司管领，本司粮运未到东阿，凡有阻滞，并是本司迟慢。迤南河道，从此无人管领，不时水势泛溢，堤岸摧塌，涩滞河道。又济州闸，前济州运司正官亲临监视，其押纲船户不敢分争。即目各处官司差人管领，与纲官船户各无统摄，争要水势，及搀越过闸，互相殴打，以致损坏船只，浸没官粮。拟将东阿河道拨付江淮都漕运司提调管领，庶几不误粮运，都省准焉。又准江淮都漕运司副使言，除委官看管闸堰外，据汶、泗、堽城二闸一堰、泗河兖州闸堰、济州城南闸，乃会通河上源之喉衿，去岁流水冲坏堽城汶河土堰、兖州泗河土堰，必须移文兖州、泰安州差夫修闭。又被涨水冲破梁山一带堤堰，走泄水势，通入旧河，以致新河水小，涩粮船，乞移文断事等官，转下东平路修闭，上流拨属江淮漕运司，下流属之贞管领。若已后新河水小，直下济州监闸官，并泰安、兖州、东平修理。据兖州石闸一所、石堰一道，堽城石闸一道，合用材物已行措置完备，必须修理，虽初经之贞相视会计，即今不隶管领，乞移文江淮漕司修治。其泰安州堽城安、梁山一带堤岸，济州闸等处，虽是拨属江淮漕司，今后倘若水涨，冲坏堤堰，亦乞照会东平、济宁、泰安，如承文字，亦仰奉行。又东阿、须城界安山闸，为粮船不由旧河来往，江淮所委监闸官已去，目今无人看管，必须之贞修理，以此权委人守焉。

卷六十五　志第十七上

河渠二

黄河

黄河之水，其源远而高，其流大而疾，其为患于中国者莫甚焉，前史载河决之患详矣。

世祖至元九年七月，卫辉路新乡县广盈仓南河北岸决五十余步。八月，又崩一百八十三步，其势未已，去仓止三十步。于是委都水监丞马良弼与本路官同诣相视，差丁夫并力修完之。二十五年，汴梁路阳武县诸处河决二十二所，漂荡麦禾房舍，委宣慰司督本路差夫修治。

成宗大德三年五月，河南省言："河决蒲口儿等处，浸归德府数郡，百姓被灾，差官修筑计料，合修七堤二十五处，共长三万九千九十二步，总用苇四十万四千束，径尺桩二万四千七百二十株，役夫七千九百二人。”

武宗至大三年十一月，河北河南道廉访司言：

黄河决溢，千里蒙害，浸城郭，漂室庐坏禾稼，百姓已罹其毒。然后访求修治之方，而且众议纷纭，互陈利害，当事者疑惑不决，必须上请朝省，比至议定，其害滋大，所谓不预已然之弊。大抵黄河伏槽之时，水势似缓，观之不足为害，一遇霖潦，湍浪迅猛。自孟津以东，土性疏薄，兼带沙卤，又失导泄之方，崩溃决溢，可翘足而待。

近岁亳、颍之民，幸河北徙，有司不能远虑，失于规画，使陂泺悉为陆地。东至杞县三汊口，播河为三，分杀其势，盖亦有年。往岁归德、太康建言，相次湮塞南北二汊，遂使三河之水合而为一，下流既不通畅，自然上溢为灾。由是观之，是自夺分泄之利，故其上下决溢，至今莫除。即今水势趋下，有复钜野、梁山之意，盖河性迁徙无常，苟不为远计预防，不出数年，曹、濮、济、郓蒙害必矣。

今之所谓治水者，徒尔议论纷纭，咸无良策，水监之官，既非精选，知河之利害者百无一二。虽每年累驿而至，名为巡河，徒应故事，问地形之高下，则懵不知；访水势之利病，则非所习。既无实才，又不经练。乃或妄兴事端，劳民动众，阻逆水性，翻为后患。为今之计，莫若于汴梁置都水分监，妙选廉干、深知水利之人，专职其任，量存员数，频为巡视，谨其防护，可疏者疏之，可堙者堙之，可防者防之。职掌既专，则事功可立。较之河已决溢，民已被害，然后卤莽修治以劳民者，乌可同日而语哉？

于是省令都水监议，检照大德十年正月省臣奏准，昨都水监升正三品，添官二员，铸分监印，巡视御河，修缺溃，疏浅涩，禁民船越次乱行者，令拟就令分巡提点修治。本监议：“黄河泛涨，止是一事，难与会通河有坝闸漕运分监守治为比。先为御河添官降印，兼提点黄河，若使专一，分监在彼，则有妨御河公事。况黄河已有拘该有司正官提调，自今莫若分监官吏以十月往，与各处官司巡视缺破，会计工物督治，比年终完，来春分监新官至，则一一交割，然后代还，庶不相误。”

工部照大德九年黄河决徙，逼近汴梁，几至浸没。本处官司权宜开辟董盆口，分入巴河，以杀其势，遂使正河水缓，并趋支流。缘巴河旧隘不足吞伏，明年急遣萧都水等闭塞，而其势愈大，卒无成功，致连年为害，南至归德诸处，北至济宁地分，至今不息。本部议：“黄河为害，难同余水，欲为经远之计，非用通知古今水利之人专任其事，终无补益。河南宪司所言详悉，今都水监别无他见，止依旧例议拟未当。如量设官，精选廉干奉公、深知地形水势者，专任河防之职，往来巡视，以时疏塞，庶可除害。”省准令都水分监官专治河患，任满交代。

仁宗延祐元年八月，河南等处行中书省言：“黄河涸露旧水泊汙池，多为势家所据，忽遇泛溢，水无所归，遂致为害。由此观之，非河犯人，人自犯之。拟差知水利都水监官，与行省廉访司同相视，可以疏辟堤障，比至泛溢，先加修治，用力少而成功多。又汴梁路睢州诸处，决破河口数十，内开封县小黄村计会月堤一道，都水分监修筑障水堤堰，所拟不一。宜委请行省官与本道宪司、汴梁路都水分监官及州县正官，亲历按验，从长讲议。”由是委太常丞郭奉政、前都水监丞边承务、都水监卿朵儿只、河南行省右丞、本道廉访副使站木赤、汴梁判官张承直，上自河阴，下至陈州，与拘该州县官一同沿河相视。开封县小黄村河口，测量比旧浅减六尺。陈留、通许、太康旧有蒲苇之地，后因闭塞西河、塔河诸水口，以便种莳，故他处连年溃决。各官公议：“治水之道，惟当顺其性之自然。尝闻大河自阳武、胙城由白马河间东北入海，历年既久，迁徙不常。每岁泛溢两岸，时有冲决，强为闭塞，正及农忙，科桩梢，发丁夫，动至数万，所费不可胜纪，其弊多端，郡县嗷嗷，民不聊生。盖黄河善迁徙，惟宜顺下疏泄。今相视上自河阴，下抵归德，经夏水涨，甚于常年，以小黄口分泄之故，并无冲决，此其明验也。详视陈州，最为低洼，濒河之地，今岁麦禾不收，民饥特甚，欲为拯救，奈下流无可疏之处。若将小黄村河口闭塞，必移患邻郡；决上流南岸，则汴梁被害；决下流北岸，则山东可忧。事难两全，当遗小就大。如免陈村差税，赈其饥民，陈留、通许、太康县被灾之家，依例取勘赈恤，其小黄村河口仍旧通流外，据修筑月堤，并障水堤，闭河口，别难拟议。”于是凡汴梁所辖州县河堤，或已修治，及当疏通与补筑者，条列具备。

至五年正月，河北河南道廉访副使奥屯言：“近年河决杞县小黄村口，滔滔南流，莫能御遏，陈、颍濒河膏腴之地浸没，百姓流散。今水迫汴城，远无数里，傥值霖雨水溢，仓卒何以防御！方今农隙，宜为讲究，使水归故道，达于江、淮，不惟陈、颍之民得遂其生，窃恐将来浸灌汴城，其害匪轻。”于是大司农司下都水监移文汴梁分监修治，自六年二月十一日兴工，至三月九日工毕，总计北至槐疙疸两旧堤，南至窑务汴堤，通长二十里二百四十三步。创修护城堤一道，长七千四百四十三步，下地修堤，下广十六步，上广四步，高一丈，六十尺为一工。堤东二十步外取土，内河沟七处，深浅高下阔狭不一，计工二十五万三千六百八十，用夫八千四百五十三，除风雨妨工，三十日毕。内流水河沟，南北阔二十步，水深五尺。河内修堤，底阔二十四步，上广八步，高一丈五尺，积十二万尺，取土稍远，四十尺为一工，计三万工，用夫百人。每步用大桩二，计四十，各长一丈二尺，径四寸。每步杂草千束，计二万。每步签桩四，计八十，各长八尺，径三寸。水手二十，木匠二，大船二艘，梯钁一副，绳索毕备。

七年七月，汴梁路言：“荥泽县六月十一日河决塔海庄东堤十步余，横堤两重，又缺数处。二十三日夜，开封县苏村及七里寺复决二处。”本省平章站马赤亲率本路及都水监官，并工修筑，于至治元年正月兴工，修堤岸四十六处，该役一百二十五万六千四百九十四工，凡用夫三万一千四百一十三人。

文宗至顺元年六月，曹州济阴县河防官本县尹郝承务言：“六月五日，魏家道口黄河旧堤将决，不可修筑，以此差募民夫，创修护水月堤，东西长三百九步，下阔六步，高一丈。又缘水势瀚漫，复于近北筑月堤，东西长一千余步，下广九步，其功未竟。至二十一日，水忽泛溢，新旧三堤一时咸决，明日外堤复坏，急率民闭塞，而湍流迅猛，有蛇时出没于中，所下桩土，一扫无遗。又旧堤岁久，多有缺坏，差夫并工筑成二十余步。其魏家道口缺堤，东西五百余步，深二丈余，外堤缺口，东西长四百余步。又磨子口护水堤，低薄不足御水，东西长一千五百步。魏家道口卒未易修，先差夫补筑。磨子口七月十六日兴工，二十八日工毕。二十二日，按视至朱从马头西，旧堤缺坏，东西长一百七十余步，计料堤外贴筑五步，增高一丈二尺，与旧堤等，上广二步。于磨子口修堤夫内，摘差三百一十人，于是月二十三日入役，至闰七月四日工毕。"郝承务又言："魏家道口砖堌等村，缺破堤堰，累下桩土，冲洗不存，若复闭筑，缘缺堤周回皆泥淖，人不可居，兼无取土之处。又沛郡安乐等保，去岁旱灾，今复水涝，漂禾稼，坏室庐，民皆缺食，难于差倩。其不经水害村保民人，先已遍差补筑黄家桥、磨子口诸处堤堰，似难重役。如候秋凉水退，倩夫修理，庶苏民力。今冲破新旧堤七处，共长一万二千二百二十八步，下广十二步，上广四步，高一丈二尺，计用夫六千三百四人，桩九百九十，苇箔一千三百二十，草一万六千五束。六十尺为一工，无风雨妨工，度五十日可毕。"本县准言，至八月三十日差夫二千四百二十，关请郝承务督役。郝承务又言："九月三日兴工修筑，至十八日大风，十九日雨，二十四日复雨，缘此辛马头、孙家道口障水堤堰又坏，计工役倍于元数，移文本县，添差二千人同筑。二十六日，元与成武定、陶二县分筑魏家道口八百二十步修完。十月二日，至辛马头、孙家道口，从实丈量元缺堤，南北阔一百四十步，内水地五十步，深者至二丈，浅者不下八九尺，依元料用桩箔补筑，至七日完。又于本处创筑月堤一道，西北东南斜长一千六百二十七步，内成武、定陶分筑一百五十步，实筑一千四百七十七步，外有元料堌头魏家道口外堤未筑。即欲兴工，缘冬寒土冻，拟候来春，并工修理，官民两便。

济州河

济州河者，新开以通漕运也。世祖至元十七年七月，耿参政、阿里尚书奏："为姚演言开河事，令阿合马与耆旧臣集议，以钞万锭为佣直，仍给粮食。"世祖从之。十八年九月，中书丞相火鲁火孙等奏："姚总管等言，请免益都、淄莱、宁海三州一岁赋，入折佣直，以为开河之用。平章阿合马与诸老臣议，以为一岁民赋虽多，较之官给佣直，行之甚便。"遂从之。十月，火鲁火孙等奏："阿八失所开河，经济州，而其地又有一河，傍有民田，开之甚便。臣等议，若开此河，阿八失所管一方屯田，宜移之他处，不阻水势。"世祖令移之。十二月，差奥鲁赤、刘都水及精算数者一人，给宣差印，往济州，定开河夫役，令大名、卫州新附军亦往助工。

三十一年，御史台言："胶、莱海道浅涩，不能行舟。"台官玉速帖木儿奏："阿八失所开河，省遣牙亦速失来，谓漕船泛河则失少，泛海则损多。"既而漕臣囊加䚟、万户孙伟又言："漕海舟疾且便。"右丞麦术丁又奏："斡奴兀奴䚟凡三移文，言阿八失所开河，益少损多，不便转漕。水手军人二万，舟千艘，见闲不用，如得之，可岁漕百万石。昨奉旨，候忙古䚟来共议，海道便，则阿八失河可废。今忙古䚟已自海道运粮回，有一二南人自愿运粮万石，已许之。"囊加䚟、孙万户复请用军验试海运，省院官暨众议："阿八失河所用水手五千、军五千、船千艘，畀扬州省教习漕运。今拟以此水手军人，就用平滦船，从利津海漕运。"世祖从之。阿八失所开河遂废。

滏河

滏河者，引滏水以通洺州城濠者也。

至元五年十月，洺磁路言："洺州城中，井泉咸苦，居民食用，多作疾，且死者众。请疏涤旧渠，置坝闸，引滏水分灌洺州城濠，以济民用。计会河渠东西长九百步，阔六尺，深三尺，二尺为工，役工四百七十五，民自备用器，岁二次放闸，且不妨漕事。"中书省准其言。

广济渠

广济渠在怀孟路，引沁水以达于河。世祖中统二年，提举王允中、大使杨端仁奉诏开河渠，凡募夫千六百五十一人，内有相合为夫者，通计使水之家六千七百余户，一百三十余日工毕。所修石堰，长一百余步，阔三十余步，高一丈三尺。石斗门桥，高二丈，长十步，阔六步。渠四道，长阔不一，计六百七十七里，经济源、河内、河阳、温、武陟五县，村坊计四百六十三处，渠成甚益于民，名曰广济。三年八月，中书省臣忽鲁不花等奏："广济渠司言，沁水渠成，今已验工分水，恐久远权豪侵夺。"乃下诏依本司所定水分，已后诸人毋得侵夺。

至文宗天历三年三月，怀庆路同知阿合马言："天久亢旱，夏麦枯槁，秋谷种不入土，民匮于食。近因访问耆老，咸称丹水浇溉近山田土，居民深得其利，有沁水亦可溉田，中统间王学士亦为天旱，奉诏开此渠，募自愿人户，于太行山下沁口古迹，置分水渠口，开浚大河四道，历温、陟入黄河，约五百余里，渠成名曰广济。设官提调，遇旱则官为斟酌，验工多寡，分水浇溉，济源、河内、河阳、温、武陟五县民田三千余顷咸受其赐。二十余年后，因豪家截河起堰，立碾磨，壅遏水势，又经霖雨，渠口淤塞，堤堰颓圮。河渠司寻亦革罢，有司不为整治，因致废坏。今五十余年，分水渠口及旧渠迹，俱有可考，若蒙依前浚治，引水溉田，于民大便。可令河阳、河内、济源、温、武陟五县，使水人户自备工力，疏通分水渠口，立闸起堰，仍委谙知水利之人，多方区画。遇旱，视水缓急，撤闸通流，验工分水以灌溉；若霖雨泛涨，闭闸退还正流。禁治不得截水置碾磨，栽种稻田。如此，则涝旱有备，民乐趋利。请移文孟州、河内、武陟县委官讲议。"寻据孟州等处申，亲诣沁口，咨询耆老，言旧日沁水正河内筑土堰，遮水入广济渠，岸北虽有减水河道，不能吞伏，后值霖雨，荡没田禾，以此堵闭。今若枋口上连土岸，及于沁水正河置立石堰，与枋口相平，如遇水溢，闭塞闸口，使水漫流石堰，复还本河，又从减水河分杀其势，如此庶不为害。约会河阳、武陟县尹与耆老等议，若将旧广济渠依前开浚，减水河亦增开深阔，禁安磨碾，设立闸堰，自下使水，遇旱放闸浇田，值涝闭闸退水，公私便益。怀庆路备申工部牒，都水监回文本路，委官相视施行。

三白渠

京兆旧有三白渠，自元伐金以来，渠堰缺坏，土地荒芜。陕西之人虽欲种莳，不获水利，赋税不足，军兴乏用。太宗之十二年，梁泰奏："请差拨人户牛具一切种莳等物，修成渠堰，比之旱地，其收数倍，所得粮米，可以供军。"太宗准奏，就令梁泰佩元降金牌，充宣差规措三白渠使，郭时中副之，直隶朝廷，置司于云阳县；所用种田户及牛畜，别降旨，付塔海绀不于军前应副。是月，敕喻塔海绀不："近梁泰奏修三白渠事，可于汝军前所获有妻少壮新民，量拨二千户，及木工二十人，官牛内选肥腯齿小者一千头，内乳牛三百，以畀梁泰等。如不敷，于各千户、百户内贴补，限今岁十一月内交付数足，趁十二月入工。其耕种之人，所收之米，正为接济军粮。如发遣人户之时，或阙少衣装，于各千户、百户内约量支给，差军护送出境，沿途经过之处，亦为防送，毋致在逃走逸，验路程给以行粮，大口一升，小者半之。"

洪口渠

洪口渠在奉元路。英宗至治元年十月，陕西屯田府言：

自秦、汉至唐、宋，年例八月差使水户，自泾阳县西仲山下截河筑洪堰，改泾水入白渠，下至泾阳县北白公斗，分为三限，并平石限，盖五县分水之要所。北限入三原、栎阳、云阳，中限入高陵，南限入泾阳，浇溉官民田七万余亩。近至大三年，陕西行台御史王承德言，泾阳洪口展修石渠，为万世之利。由是会集奉元路三原、泾阳、临潼、高陵诸县，洎泾阳、渭南、栎阳诸屯官及耆老议，如准所言，展修石渠八十五步，计四百二十五尺，深二丈，广一丈五尺，计用石十二万七千五百尺，人日采石积方一尺，工价二两五钱，石工二百，丁夫三百，金火匠二，用火焚水淬，日可凿石五百尺，二百五十五日工毕。官给其粮食用具，丁夫就役使水之家，顾匠佣直使水户均出。陕西省议，计所用钱粮，不及二年之费，可谓一劳永逸，准所言便。都省准委屯田府达鲁花赤只里赤督工，自延祐元年二月十日发夫匠入役，至六月十九日委官言，石性坚厚，凿仅一丈，水泉涌出，近前续展一十七步，石积二万五千五百尺，添夫匠百人，日凿六百尺，二百四十二日可毕。

文宗天历二年三月，屯田总管兼管河渠司事郭嘉议言："去岁六月三日骤雨，泾水泛涨，元修洪堰及小龙口尽圮，水归泾，白渠内水浅，为此计用十四万九千五百十一工，役丁夫一千六百，度九十三日毕。于使水户内差拨，每夫就持麻一斤，铁一斤，系囤取泥索各一，长四十尺，草苫一，长七尺，厚二寸。"陕西省准屯田府照，洪口自秦至宋一百二十激，经由三限，自泾阳下至临潼五县，分流浇溉民田七万余顷，验田出夫千六百人，自八月一日修堰，至十月放水溉田，以为年例。近因奉元亢旱，五载失稔，人皆相食，流移疫死者十七八。今差夫又令就出用物，实不能办集。窃详泾阳水利，虽分三限引水溉田，缘三原等县地理遥远，不能依时周遍，泾阳北近，俱在上限，并南限中限，用水最便。今次修堰，除见在户依例差役，其逃亡之家合出夫数，宜令泾阳县近限水利户添差一人，官日给米一升，并工修治。省准出钞八百锭，委耀州同知李承事，洎本府总管郭嘉议及各处正官，计工役照时直籴米给散。李承事督夫修筑，至十一月十六日毕。

扬州运河

运河在扬州之北，宋时尝设军疏涤，世祖取宋之后，河渐壅塞。至元末年，江淮行省尝以为言，虽有旨浚治，有司奉行，未见实效。

仁宗延祐四年十一月，两淮运司言："盐课甚重，运河浅涩无源，止仰天雨，请加修治。"明年二月，中书移文河南省，选官洎运司有司官相视，会计工程费用。于是河南行省委都事张奉政及淮东道宣慰司官、运司官，会州县仓场官，遍历巡视，集议：河长二千三百五十里，有司差濒河有田之家，顾倩丁夫，开修一千八百六十九里；仓场盐司不妨办课，协济有司，开修四百八十二里。运司言："近岁课额增多，而船灶户日益贫苦，宜令有司通行修治，省减官钱。"省臣奏准：诸色户内顾募丁夫万人，日支盐粮钱二两，计用钞二万锭，于运司盐课及减驳船钱内支用。差官与都水监、河南行省、淮东宣慰司官专董其事，廉访司体察，枢密院遣官镇遏，乘农隙并工疏治。

练湖

练湖在镇江。元有江南之后，豪势之家于湖中筑堤围田耕种，侵占既广，不足受水，遂致泛溢。世祖末年，参政暗都剌奏请依宋例，委人提调疏治，其侵占者验亩加赋。

至治三年十二月，省臣奏："江浙行省言，镇江运河全藉练湖之水为上源，官司漕运，供亿京师，及商贾贩载，农民来往，其舟楫莫不由此。宋时专设人夫，以时修浚。练湖潴蓄潦水，若运河浅阻，开放湖水一寸，则可添河水一尺。近年淤浅，舟楫不通，凡有官物，差民运递，甚为不便。委官相视，疏治运河，自镇江路至吕城坝，长百三十一里，计役夫万五百十三人，六十日可毕。又用三千余人浚涤练湖，九十日可完，人日支粮三升、中统钞一两。行省、行台分官监督。所用船物，今岁预备，来春兴工。合行事宜，依江浙行省所拟。"既得旨，都省移文江浙行省，委参政董中奉率合属正官亲临督役。于是董中奉言："所委前都水少监崇明州知州任奉政、镇江路总管毛中议等议：练湖、运河此非一事，宜依假山诸湖农民取泥之法，用船千艘，船三人，用竹籥捞取淤泥，日可三载，月计九万载，三月之间，通取二十七万载，就用所取泥增筑湖岸。自镇江在城程公坝，至常州武进县吕城坝，河长百三十一里一百四十六步，拟开河面阔五丈，底阔三丈，深四尺，与见有水二尺，可积深六尺。所役夫于平江、镇江、常州、江阴州及建康路所辖溧阳州田多上户内差倩。若浚湖开河，二役并兴，卒难办集。宜趁农隙，先开运河，工毕就浚练湖。”省准所言，与都事王徵事等于泰定元年正月至镇江丹阳县，洎各监工官沿湖相视，上湖沙冈黄土，下湖茭根丛杂，泥亦坚硬，不可簾取。又议两役并兴，相离三百余里，往来监督，供给为难，愿以所督夫一万三千五百十二人，先开运河，期四十七日毕，次浚练湖，二十日可完。继有江南行台侍御史及浙西廉访司副使俱至，乃议首事运河，备文咨禀，遂于是月十七日入役。

二月十八日，省臣奏：“开浚运河、练湖，重役也，宜依行省所议，仍令便宜从事。”后各监工官言：“已分运河作三坝，依元料深阔丈尺开浚，至三月四日工毕。数内平江昆山、嘉定二州，实役二十六日，常熟、吴江二州，长洲、吴县，实役二十八日，余皆役三十日，已于三月七日积水行舟。”又监修练湖官言：“任奉议指划元料，增筑堤堰及旧有土基，共增阔一丈二尺，平面至高底滩脚，增筑共量斜高二丈五尺。依中堰西石硊东旧堤卧羊滩修筑，如旧堤高阔已及所料之上者，遇有崩缺，修筑令完。中堰西石硊至五百婆堤西上增高土一尺，有缺亦补之。五百婆堤至马林桥堤水势稍缓，不须修治，其堤底间有渗漏者，窒塞之。三月六日破土，九日入役，至十一日工毕，实役三日。归勘任少监元料，开运河夫万五百十三人，六十日毕，浚练湖夫三千人，九十日毕，人日支钞一两、米三升，共该钞万八千一十四锭二十两，米二万七千二十一石六斗，实征夫万三千五百十二人，共役三十三日，支钞八千六百七十九锭三十六两，粮万三千十九石五斗八升。比附元料，省钞九千三百三十四锭三十四两，粮万四千二石二升。其练湖未毕，相视地形水势再议。”

参政董中奉又言：“练湖旧有湖兵四十三人，添补五十七名，共百人，于本路州县苗粮三石之下、二石之上差充，专任修筑湖岸，设提领二员、壕寨二人、司吏三人，于有出身人内选用。”工部议：“练湖所设提领人等印信，即同湖兵，宜咨本省遍行议拟。”又镇江路言：“运河、练湖今已开浚，若不设法关防，徒劳民力。除关本路达鲁花赤兀鲁失海牙总治其事，同知哈散、知事程郇专管启闭斗门。”行省从之。

吴松江

浙西诸山之水受之太湖，下为吴松江，东汇淀山湖以入海，而潮汐来往，逆涌浊沙，上湮河口，是以宋时设置撩洗军人，专掌修治。元既平宋，军士罢散，有司不以为务，势豪租占为荡为田，州县不得其人，辄行许准，以致湮塞不通，公私俱失其利久矣。

至治三年，江浙省臣方以为言，就委嘉兴路治中高朝列、湖州路知事丁将仕同本处正官，体究旧曾疏浚通海故道，及新生沙涨碍水处所，商度开涤图呈。据丁知事等官按视讲究，合开浚河道五十五处。内常熟州九处，十三段，该工百三十二万一千五百六十二，昆山州十一处，九十五里，用工二万七千四，役夫四百五十六，宜于本州有田一顷之上户内，验田多寡，算量里步均派，自备粮赴功疏浚。正月上旬兴工，限六十日工毕，二年一次举行。嘉定州三十五处，五百三十八里，该工百二十六万七千五十九，日支粮一升，计米万二千六百七十石五斗九升，日役夫二万一千一百一十七，六十日毕。工程浩大，米粮数多，乞依年例，劝率附河有田用水之家，自备口粮，佃户佣力开浚。奈本州连年被灾，今岁尤甚，力有不逮，宜从上司区处。高治中会集松江府各州县官按视，议合浚河渠，华亭县九处，计五百二十八里，该工九百六十八万四千八百八十二，役夫十六万一千四百一十四，人日支粮二升，计米十九万三千六百九十七石六斗四升。上海县十四处，计四百七十一里，该工千二百三十六万八千五十二，日役夫二万六千一百三十四，人日支粮二升，计二十四万七千三百六十一石四升，六十日工毕。官给之粮，佣民疏治。如下年丰稔，劝率有田之家，五十亩出夫一人，十亩之上验数合出，止于本保开浚。其权势之家，置立鱼簖并沙涂栽苇者，依上出夫。

其上海、嘉定连年旱涝，皆缘河口湮塞，旱则无以灌溉，涝则不能流泄，累致凶歉，官民俱病。至元三十年以后，两经疏辟，稍得丰稔。比年又复壅闭，势家愈加租占，虽得征赋，实失大利。上海县岁收官粮一十七万石，民粮三万余石，略举似延祐七年灾伤五万八千七百余石，至治元年灾伤四万九千余石，二年十万七千余石，水旱连年，殆无虚岁，不惟亏欠官粮，复有赈贷之费。近委官相视地形，讲议疏浚，其通海大江，未易遽治；旧有河港联络官民田土之间、藉以灌溉者，今皆填塞，必须疏通，以利耕种。欲令有田人户自为开浚，而工役浩繁，民力不能独成。由是议，上海、嘉定河港，宜令本处所管军民站灶僧道诸色有田者，以多寡出夫，自备粮修治，州县正官督役。其豪势租占荡田、妨水利者，并与除辟。本处民田税粮全免一年，官租减半。今秋收成，下年农隙举行，行省、行台、廉访司官巡镇。外据华亭、昆山、常熟州河港，比上海、嘉定缓急不同，难为一体，从各处劝农正官督有田之家，备粮并工修治。若遽兴工，阴阳家言癸亥年动土有忌，预为咨禀可否。

至泰定元年十月十九日，右丞相旭迈杰等奏：“江浙省言，吴松江等处河道壅塞，宜为疏涤，仍立闸以节水势。计用四万余人，今岁十二月为始，至正月终，六十日可毕，用二万余人，二年可毕。其丁夫于旁郡诸色户内均差，依练湖例，给佣直粮食，行省、行台、廉访司并有司官同提调。臣等议，此事官民两便，宜从其请。若丁夫有余，止令一年毕。命脱欢答剌罕诸臣同提调，专委左丞朵儿只班及前都水任少监董役。”得旨，移文行省，准拟疏治。江浙省下各路发夫入役，至二年闰正月四日工毕。

淀山湖

太湖为浙西巨浸，上受杭、湖诸山之水，潴蓄之余，分汇为淀山湖，东流入海。

世祖末年，参政暗都剌言：“此湖在宋时委官差军守之，湖旁余地，不许侵占，常疏其壅塞，以泄水势。今既无人管领，遂为势豪绝水筑堤，绕湖为田，湖狭不足潴蓄，每遇霖潦，泛溢为害。昨本省官忙古䚟等兴言疏治，因受曹总管金而止。张参议、潘应武等相继建言，识者咸以为便。臣等议，此事可行无疑。然虽军民相参，选委廉干官提督，行省山住子、行院董八都儿子、行台哈剌䚟令亲诣相视，会计合用军夫拟禀。"世祖曰："利益美事，举行已晚，其行之。"既而平章铁哥言："委官相视，计用夫十二万，百日可毕。昨奏军民共役，今民丁数多，不须调军。"世祖曰："有损有益，咸令均齐，毋自疑惑，其均科之。"

至元三十一年，世祖崩，成宗即位。平章铁哥奏："太湖、淀山湖昨尝奏过先帝，差倩民夫二十万疏掘已毕。今诸河日受两潮，渐致沙涨，若不依旧宋例，令军屯守，必致坐隳成功。臣等议，常时工役拨军，枢府犹且吝惜，屯守河道用军八千，必辞不遣。淀山湖围田赋粮二万石，就以募民夫四千，调军士四千与同屯守。立都水防田使司，职掌收捕海贼，修治河渠围田。"命伯颜察儿暨枢密院议毕闻奏。于是枢府言："尝奏淀山湖在宋时设军屯守，范殿帅、朱、张辈必知其故，拟与省官集议定禀奏，有旨从之。乃集枢府官及范殿帅等共议，朱、张言：'宋时屯守河道，用手号军，大处千人，小处不下三四百，隶巡检司管领。'范殿帅言：'差夫四千，非动摇四十万户不可，若令五千军屯守，就委万户一员提调，事或可行。'臣等亦以为然，与都水巡防万户府职名，俾隶行院。"枢府官又言："若与知源委之人询其详，候至都定议。"从之。

盐官州海塘

盐官州去海岸三十里，旧有捍海塘二，后又添筑咸塘，在宋时亦尝崩陷。成宗大德三年，塘岸崩，都省委礼部郎中游中顺，洎本省官相视，虚沙复涨，难于施力。至仁宗延祐己未、庚申间，海汛失度，累坏民居，陷地三十余里。其时省宪官共议，宜于州后北门添筑土塘，然后筑石塘，东西长四十三里，后以潮汐沙涨而止。

至泰定即位之四年二月间，风潮大作，冲捍海小塘，坏州郭四里。杭州路言："与都水庸田司议，欲于北地筑塘四十余里，而工费浩大，莫若先修咸塘，增其高阔，填塞沟港，且浚深近北备塘濠堑，用桩密钉，庶可护御。"江浙省准下本路修治。都水庸田司又言："宜速差丁夫，当水入冲堵闭，其不敷工役，于仁和、钱塘及嘉兴附近州县诸色人户内斟酌差倩，即目沦没不已，旦夕诚为可虑。"工部议："海岸崩摧重事也，宜移文江浙行省，督催庸田使司、盐运司及有司发丁夫修治，毋致侵犯城郭，贻害居民。"五月五日，平章秃满迭儿、茶乃、史参政等奏："江浙省四月内，潮水冲破盐官州海岸，令庸田司官征夫修堵，又令僧人诵经，复差人令天师致祭。臣等集议，世祖时海岸尝崩，遣使命天师祈祀，潮即退，今可令直省舍人伯颜奉御香，令天师依前例祈祀。"制曰："可。"既而杭州路又言："八月以来，秋潮汹涌，水势愈大，见筑沙地塘岸，东西八十余步，造木柜石囤以塞其要处。本省左丞相脱欢等议，安置石囤四千九百六十，抵御馊啮，以救其急，拟比浙江立石塘，可为久远。计工物，用钞七十九万四千余锭，粮四万六千三百余石，接续兴修。"

致和元年三月，省臣奏："江浙省并庸田司官修筑海塘，作竹篷篨，内实以石，鳞次垒叠以御潮势，今又沦陷入海，见图修治，倘得坚久之策，移文具报。臣等集议，此重事也，旦夕驾幸上都，分官扈从，不得圆议。今差户部尚书李家奴、工部尚书李嘉宾、枢密院属卫指挥青山、副使洪灏、宣政佥院南哥班与行省左丞相脱欢及行台、行宣政院、庸田使司诸臣，会议修治之方。合用军夫，除戍守州县关津外，酌量差拨，从便添支口粮。合役丁力，附近有田之民，及僧、道、也里可温、答失蛮等户内点倩。凡工役之时，诸人毋或沮坏，违者罪之。合行事务，提调官移文禀奏施行。"有旨从之。四月二十八日，朝廷所委官，洎行省台院及庸田司等官议："大德、延祐欲建石塘未就。泰定四年春，潮水异常，增筑土塘，不能抵御，议置板塘，以水涌难施工，遂作篷篨木柜，间有漂沉，欲踵前议，叠石塘以图久远。为地脉虚浮，比定海、浙江、海盐地形水势不同，由是造石囤于其坏处叠之，以救目前之急。已置石囤二十九里余，不曾崩陷，略见成效。"庸田司与各路官同议，东西接垒石囤十里，其六十里塘下旧河，就取土筑塘，凿东山之石以备崩损。

文宗天历元年十一月，都水庸田司言："八月十日至十九日，正当大汛，潮势不高，风平水稳。十四日，祈请天妃入庙，自本州岳庙东海北护岸鳞鳞相接。十五日至十九日，海岸沙涨，东西长七里余，南北广或三十步，或数十百步，渐见南北相接。西至石囤，已及五都，修筑捍海塘与盐塘相连，直抵岩门，障御石囤。东至十一都六十里塘，东至东大尖山嘉兴、平湖三路所修处海口。自八月一日至二日，探海二丈五尺；至十九日、二十日探之，先二丈者今一丈五尺，先一丈五尺者今一丈。西自六都仁和县界赭山、雷山为首，添涨沙涂，已过五都四都，盐官州廊东西二都，沙土流行，水势俱浅。二十日，复巡视自东至西岸脚涨沙，比之八月十七日渐增高阔。二十七日至九月四日大汛，本州岳庙东西，水势俱浅，涨沙东过钱家桥海岸，元下石囤木植，并无颓圮，水息民安。"于是改盐官州曰海宁州。

龙山河道

龙山河在杭州城外，岁久淤塞。武宗至大元年，江浙省令史裴坚言："杭州钱塘江，近年以来为沙涂壅涨，潮水远去，离北岸十五里，舟楫不能到岸。商旅往来，募夫搬运十七八里，使诸物翔涌，生民失所，递运官物，甚为烦扰。访问宋时并江岸有南北古河一道，名龙山河，今浙江亭南至龙山闸约一十五里，粪坏填塞，两岸居民间有侵占。迹其形势，宜改修运河，开掘沙土，对闸搬载，直抵浙江，转入两处市河，免担负之劳，生民获惠。"省下杭州路相视，钱塘县城南上隅龙山河至横河桥，委系旧河，居民侵占，起建房屋，若疏辟以接运河，公私大便。计工十五万七千五百六十六，日役夫五千二百五十二，度可三十日毕。所役夫于本路录事司、仁和、钱塘县富实之家差倩，就持筐檐锹镬应役。人日支官粮二升，该米三千一百五十一石三斗二升。河长九里三百六十二步，造石桥八，立上下二闸，计用钞一百六十三锭二十三两四钱七分七厘。省准咨请丞相脱脱总治其事，于仁宗延祐三年三月七日兴工，至四月十八日工毕。

卷六十六　志第十七下

河渠三

黄河

至正四年夏五月，大雨二十余日，黄河暴溢，水平地深二丈许，北决白茅堤。六月，又北决金堤，并河郡邑济宁、单州、虞城、砀山、金乡、鱼台、丰、沛、定陶、楚丘、武城，以至曹州、东明、钜野、郓城、嘉祥、汶上、任城等处皆罹水患，民老弱昏垫，壮者流离四方。水势北侵安山，沿入会通、运河，延袤济南、河间，将坏两漕司盐场，妨国计甚重。省臣以闻，朝廷患之，遣使体量，仍督大臣访求治河方略。

九年冬，脱脱既复为丞相，慨然有志于事功，论及河决，即言于帝，请躬任其事，帝嘉纳之。乃命集群臣议廷中，而言人人殊，唯都漕运使贾鲁，昌言必当治。先是，鲁尝为山东道奉使宣抚首领官，循行被水郡邑，具得修捍成策；后又为都水使者，奉旨诣河上相视，验状为图，以二策进献：一议修筑北堤以制横溃，其用功省；一议疏塞并举，挽河使东行以复故道，其功费甚大。至是复以二策对，脱脱韪其后策。议定，乃荐鲁于帝，大称旨。

十一年四月初四日，下诏中外，命鲁以工部尚书为总治河防使，进秩二品，授以银印。发汴梁、大名十有三路民十五万人，庐州等戍十有八翼军二万人供役，一切从事大小军民，咸禀节度，便宜兴缮。是月二十二日鸠工，七月疏凿成，八月决水故河，九月舟楫通行，十一月水土工毕，诸扫诸堤成。河乃复故道，南汇于淮，又东入于海。帝遣贵臣报祭河伯，召鲁还京师，论功超拜荣禄大夫、集贤大学士，其宣力诸臣迁赏有差，赐丞相脱脱世袭答剌罕之号，特命翰林学士承旨欧阳玄制河平碑文，以旌劳绩。

玄既为河平之碑，又自以为司马迁、班固记河渠沟洫，仅载治水之道，不言其方，使后世任斯事者无所考则，乃从鲁访问方略，及询过客，质吏牍，作《至正河防记》，欲使来世罹河患者按而求之。其言曰：

治河一也，有疏、有浚、有塞，三者异焉。酾河之流，因而导之，谓之疏。去河之淤，因而深之，谓之浚。抑河之暴，因而扼之，谓之塞。疏浚之别有四：曰生地，曰故道，曰河身，曰减水河。生地有直有纡，因直而凿之，可就故道。故道有高有卑，高者平之以趋卑，高卑相就，则高不壅，卑不潴，虑夫壅生溃，潴生堙也。河身者，水虽通行，身有广狭，狭难受水，水益悍，故狭者以计辟之；广难为岸，岸善崩，故广者以计御之。减水河者，水放旷则以制其狂，水隳突则以杀其怒。

治堤一也，有创筑、修筑、补筑之名，有刺水堤，有截河堤，有护岸堤，有缕水堤，有石船堤。

治扫一也，有岸扫、水扫，有龙尾、栏头、马头等扫。其为扫台及推卷、牵制、薶挂之法，有用土、用石、用铁、用草、用木、用杙、用絙之方。

塞河一也，有缺口，有豁口，有龙口。缺口者，已成川。豁口者，旧常为水所豁，水退则口下于堤，水涨则溢出于口。龙口者，水之所会，自新河入故道之泐也。

此外不能悉书，因其用功之次第，而就述于其下焉。

其浚故道，深广不等，通长二百八十里百五十四步而强。功始自白茅，长百八十二里。继自黄陵冈至南白茅，辟生地十里。口初受，广百八十步，深二丈有二尺，已下停广百步，高下不等，相折深二丈及泉。曰停、曰折者，用古算法，因此推彼，知其势之低昂，相准折而取匀停也。南白茅至刘庄村，接入故道十里，通折垦广八十步，深九尺。刘庄至专固，百有二里二百八十步，通折停广六十步，深五尺。专固至黄固，垦生地八里，面广百步，底广九十步，高下相折，深丈有五尺。黄固至哈只口，长五十一里八十步，相折停广垦六十步，深五尺。乃浚凹里减水河，通长九十八里百五十四步。凹里村缺河口生地，长三里四十步，面广六十步，底广四十步，深一丈四尺。自凹里生地以下旧河身至张赞店，长八十二里五十四步。上三十六里，垦广二十步，深五尺；中三十五里，垦广二十八步，深五尺；下十里二百四十步，垦广二十六步，深五尺。张赞店至杨青村，接入故道，垦生地十有三里六十步，面广六十步，底广四十步，深一丈四尺。

其塞专固缺口，修堤三重，并补筑凹里减水河南岸豁口，通长二十里三百十有七步。其创筑河口前第一重西堤，南北长三百三十步，面广二十五步，底广三十三步，树置桩橛，实以土牛、草苇、杂梢相兼，高丈有三尺，堤前置龙尾大扫。言龙尾者，伐大树连梢系之堤旁，随水上下，以破啮岸浪者也。筑第二重正堤，并补两端旧堤，通长十有一里三百步。缺口正堤长四里，两堤相接旧堤，置桩堵闭河身，长百四十五步，用土牛、草苇、梢土相兼修筑，底广三十步，修高二丈。其岸上土工修筑者，长三里二百十有五步有奇，高广不等，通高一丈五尺。补筑旧堤者，长七里三百步，表里倍薄七步，增卑六尺，计高一丈。筑第三重东后堤，并接修旧堤，高广不等，通长八里。补筑凹里减水河南岸豁口四处，置桩木，草土相兼，长四十七步。

于是塞黄陵全河，水中及岸上修堤长三十六里百三十六步。其修大堤刺水者二，长十有四里七十步。其西复作大堤刺水者一，长十有二里百三十步。内创筑岸上土堤，西北起李八宅西堤，东南至旧河岸，长十里百五十步，颠广四步，趾广三之，高丈有五尺。仍筑旧河岸至入水堤，长四百三十步，趾广三十步，颠杀其六之一，接修入水。

两岸扫堤并行。作西扫者夏人水工，征自灵武；作东扫者汉人水工，征自近畿。其法以竹络实以小石，每扫不等，以蒲苇绵腰索径寸许者从铺，广可一二十步，长可二三十步。又以曳扫索绹径三寸或四寸、长二百余尺者衡铺之。相间复以竹苇麻檾大綷，长三百尺者为管心索，就系绵腰索之端于其上，以草数千束，多至万余，匀布厚铺于绵腰索之上，櫜而纳之，丁夫数千，以足踏实，推卷稍高，即以水工二人立其上，而号于众，众声力举，用小大推梯，推卷成扫，高下长短不等，大者高二丈，小者不下丈余。又用大索或五为腰索，转致河滨，选健丁操管心索，顺扫台立踏，或挂之台中铁猫大橛之上，以渐缒之下水。扫后掘地为渠，陷管心索渠中，以散草厚覆，筑之以土，其上复以土牛、杂草、小扫梢土，多寡厚薄，先后随宜。修叠为扫台，务使牵制上下，缜密坚壮，互为掎角，扫不动摇。日力不足，火以继之。积累既毕，复施前法，卷扫以压先下之扫，量水浅深，制扫厚薄，叠之多至四扫而止。两扫之间置竹络，高二丈或三丈，围四丈五尺，实以小石、土牛。既满，系以竹缆，其两旁并扫，密下大桩，就以竹络上大竹腰索系于桩上。东西两扫及其中竹络之上，以草土等物筑为扫台，约长五十步或百步，再下扫，即以竹索或麻索长八百尺或五百尺者一二，杂厕其余管心索之间，俟扫入水之后，其余管心索如前薶挂，随以管心长索，远置五七十步之外，或铁猫，或大桩，曳而系之，通管束累日所下之扫，再以草土等物通修成堤，又以龙尾大扫密挂于护堤大桩，分析水势。其堤长二百七十步，北广四十二步，中广五十五步，南广四十二步，自颠至趾，通高三丈八尺。

其截河大堤，高广不等，长十有九里百七十七步。其在黄陵北岸者，长十里四十一步。筑岸上土堤，西北起东西故堤，东南至河口，长七里九十七步，颠广六步，趾倍之而强二步，高丈有五尺，接修入水。施土牛、小扫梢草杂土，多寡厚薄随宜修叠，及下竹络，安大桩，系龙尾扫，如前两堤法。唯修叠扫台，增用白阑小石。并扫上及前洊修扫堤一，长百余步，直抵龙口。稍北，栏头三扫并行，扫大堤广与剌水二堤不同，通前列四扫，间以竹络，成一大堤，长二百八十步，北广百一十步，其颠至水面高丈有五尺，水面至泽腹高二丈五尺，通高三丈五尺；中流广八十步，其颠至水面高丈有五尺，水面至泽腹高五丈五尺，通高七丈。并创筑缕水横堤一，东起北截河大堤，西抵西剌水大堤。又一堤东起中剌水大堤，西抵西剌水大堤，通长二里四十二步，亦颠广四步，趾三之，高丈有二尺。修黄陵南岸，长九里百六十步，内创岸土堤，东北起新补白茅故堤，西南至旧河口，高广不等，长八里二百五十步。

乃入水作石船大堤，盖由是秋八月二十九日乙巳道故河流，先所修北岸西中剌水及截河三堤犹短，约水尚少，力未足恃。决河势大，南北广四百余步，中流深三丈余，益以秋涨，水多故河十之八。两河争流，近故河口，水刷岸北行，洄漩湍激，难以下扫。且扫行或迟，恐水尽涌入决河，因淤故河，前功遂隳。鲁乃精思障水入故河之方，以九月七日癸丑，逆流排大船二十七艘，前后连以大桅或长桩，用大麻索、竹絙绞缚，缀为方舟。又用大麻索、竹絙周船身缴绕上下，令牢不可破，乃以铁猫于上流硾之水中。又以竹絙绝长七八百尺者，系两岸大橛上，每絙或硾二舟或三舟，使不得下，船腹略铺散草，满贮小石，以合子板钉合之，复以扫密布合子板上，或二重，或三重，以大麻索缚之急，复缚横木三道于头桅，皆以索维之，用竹编笆，夹以草石，立之桅前，约长丈余，名曰水帘桅。复以木榰拄，使帘不偃仆，然后选水工便捷者，每船各二人，执斧凿，立船首尾，岸上捶鼓为号，鼓鸣，一时齐凿，须臾舟穴，水入，舟沉，遏决河。水怒溢，故河水暴增，即重树水帘，令后复布小扫土牛白阑长梢，杂以草土等物，随以填垛以继之。石船下诣实地，出水基趾渐高，复卷大扫以压之。前船势略定，寻用前法，沉余船以竟后功。昏晓百刻，役夫分番甚劳，无少间断。船堤之后，草扫三道并举，中置竹络盛石，并扫置桩，系缆四扫及络，一如修北截水堤之法。第以中流水深数丈，用物之多，施功之大，数倍他堤。船堤距北岸才四五十步，势迫东河，流峻若自天降，深浅叵测。于是先卷下大扫约高二丈者，或四或五，始出水面。修至河口一二十步，用工尤艰。薄龙口，喧豗猛疾，势撼扫基，陷裂欹倾，俄远故所，观者股弁，众议腾沸，以为难合，然势不容已。鲁神色不动，机解捷出，进官吏工徒十余万人，日加奖谕，辞旨恳至，众皆感激赴功。十一月十一日丁巳，龙口遂合，决河绝流，故道复通。又于堤前通卷栏头扫各一道，多者或三或四，前扫出水，管心大索系前扫，硾后阑头扫之后，后扫管心大索亦系小扫，硾前阑头扫之前，后先羁縻，以锢其势。又于所交索上及两扫之间，压以小石白阑土牛，草土相半，厚薄多寡，相势措置。

扫堤之后，自南岸复修一堤，抵已闭之龙口，长二百七十步。船堤四道成堤，用农家场圃之具曰辘轴者，穴石立木如比栉，薶前扫之旁，每步置一辘轴，以横木贯其后，又穴石，以径二寸余麻索贯之，系横木上，密挂龙尾大扫，使夏秋潦水、冬春凌簿，不得肆力于岸。此堤接北岸截河大堤，长二百七十步，南广百二十步，颠至水面高丈有七尺，水面至泽腹高四丈二尺；中流广八十步，颠至水面高丈有五尺，水面至泽腹高五丈五尺；通高七丈。仍治南岸护堤扫一道，通长百三十步，南岸护岸马头扫三道，通长九十五步。修筑北岸堤防，高广不等，通长二百五十四里七十一步。白茅河口至板城，补筑旧堤，长二十五里二百八十五步。曹州板城至英贤村等处，高广不等，长一百三十三里二百步。梢冈至砀山县，增培旧堤，长八十五里二十步。归德府哈只口至徐州路三百余里，修完缺口一百七处，高广不等，积修计三里二百五十六步。亦思剌店缕水月堤，高广不等，长六里三十步。

其用物之凡，桩木大者二万七千，榆柳杂梢六十六万六千，带梢连根株者三千六百，藁秸蒲苇杂草以束计者七百三十三万五千有奇，竹竿六十二万五千，苇席十有七万二千，小石二千艘，绳索小大不等五万七千，所沉大船百有二十，铁缆三十有二，铁猫三百三十有四，竹篾以斤计者十有五万，硾石三千块，铁钻万四千二百有奇，大钉三万三千二百三十有二。其余若木龙、蚕椽木、麦稭、扶桩、铁叉、铁吊、枝麻、搭火钩、汲水、贮水等具皆有成数。官吏俸给，军民衣粮工钱，医药、祭祀、赈恤、驿置马乘及运竹木、沉船、渡船、下桩等工，铁、石、竹、木、绳索等匠佣赀，兼以和买民地为河，并应用杂物等价，通计中统钞百八十四万五千六百三十六锭有奇。

鲁尝有言："水工之功，视土工之功为难；中流之功，视河滨之功为难；决河口视中流又难；北岸之功视南岸为难。用物之效，草虽至柔，柔能狎水，水渍之生泥，泥与草并，力重如碇。然维持夹辅，缆索之功实多。"盖由鲁习知河事，故其功之所就如此。

玄之言曰："是役也，朝廷不惜重费，不吝高爵，为民辟害。脱脱能体上意，不惮焦劳，不恤浮议，为国拯民。鲁能竭其心思智计之巧，乘其精神胆气之壮，不惜劬瘁，不畏讥评，以报君相知人之明。宜悉书之，使职史氏者有所考证也。"

先是岁庚寅，河南北童谣云："石人一只眼，挑动黄河天下反。"及鲁治河，果于黄陵冈得石人一眼，而汝、颍之妖寇乘时而起。议者往往以谓天下之乱，皆由贾鲁治河之役，劳民动众之所致。殊不知元之所以亡者，实基于上下因循，狃于宴安之习，纪纲废弛，风俗偷薄，其致乱之阶，非一朝一夕之故，所由来久矣。不此之察，乃独归咎于是役，是徒以成败论事，非通论也。设使贾鲁不兴是役，天下之乱，讵无从而起乎？今故具录玄所记，庶来者得以详焉。

蜀　堰

江水出蜀西南徼外，东至于岷山，而禹导之。秦昭王时，蜀太守李冰凿离堆，分其江以灌川蜀，民用以饶。历千数百年，所过冲薄荡啮，又大为民患。有司以故事，岁治堤防，凡一百三十有三所，役兵民多者万余人，少者千人，其下犹数百人。役凡七十日，不及七十日，虽事治，不得休息。不役者，日出三缗为庸钱。由是富者屈于赀，贫者屈于力，上下交病，会其费，岁不下七万缗。大抵出于民者，十九藏于吏，而利之所及，不足以偿其费矣。

元统二年，佥四川肃政廉访司事吉当普巡行周视，得要害之处三十有二，余悉罢之。召灌州判官张弘，计曰："若甃之以石，则岁役可罢，民力可苏矣。"弘曰："公虑及此，生民之福，国家之幸，万世之利也。"弘遂出私钱，试为小堰，堰成，水暴涨而堰不动。乃具文书，会行省及蒙古军七翼之长、郡县守宰，下及乡里之老，各陈利害，咸以为便。复祷于冰祠，卜之吉。于是征工发徒，以仍改至元元年十有一月朔日，肇事于都江堰，即禹凿之处，分水之源也。盐井关限其西北，水西关据其西南，江南北皆东行。北旧无江，冰凿以辟沫水之害，中为都江堰，少东为大、小钓鱼，又东跨二江为石门，以节北江之水，又东为利民台，台之东南为侍郎、杨柳二堰，其水自离堆分流入于南江。

南江东至鹿角，又东至金马口，又东过大安桥，入于成都，俗称大皂江，江之正源也。北江少东为虎头山，为斗鸡台。台有水则，以尺画之，凡十有一。水及其九，其民喜，过则忧，没其则则困。又书"深淘滩，高作堰"六字其旁，为治水之法，皆冰所为也。又东为离堆，又东过凌虚、步云二桥，又东至三石洞，酾为二渠。其一自上马骑东流，过郫，入于成都，古谓之内江，今府江是也；其一自三石洞北流，过将军桥，又北过四石洞，折而东流，过新繁，入于成都，古谓之外江。此冰所穿二江也。

南江自利民台有支流，东南出万工堰，又东为骆驼，又东为碓口，绕青城而东，鹿角之北涯，有渠曰马坝，东流至成都，入于南江。渠东行二十余里，水决其南涯四十有九，每岁疲民力以塞之。乃自其北涯凿二渠，与杨柳渠合，东行数十里，复与马坝渠会，而渠成安流。自金马口之西凿二渠，合金马渠，东南入于新津江，罢蓝淀、黄水、千金、白水、新兴至三利十二堰。

北江三石洞之东为外应、颜上、五斗诸堰，外应、颜上之水皆东北流，入于外江。五斗之水，南入马坝渠，皆内江之支流也。外江东至崇宁，亦为万工堰。堰之支流，自北而东，为三十六洞，过清白堰东入于彭、汉之间。而清白堰水溃其南涯，延袤三里余，有司因溃以为堰。堰辄坏，乃疏其北涯旧渠，直流而东，罢其堰及三十六洞之役。

嘉定之青神，有堰曰鸿化，则授成其长吏，应期而功毕。若成都之九里堤，崇宁之万工堰，彭之堋口、丰润、千江、石洞、济民、罗江、马脚诸堰，工未及施，则召长吏免谕，使及农隙为之。诸堰都江及利民台之役最大，侍郎、杨柳、外应、颜上、五斗次之，鹿角、万工、骆驼、碓口、三利又次之。而都江又居大江中流，故以铁万六千斤，铸为大龟，贯以铁柱，而镇其源，然后即工。

诸堰皆甃以石，范铁以关其中，取桐实之油，和石灰，杂麻丝，而捣之使熟，以苴罅漏。岸善崩者，密筑江石以护之，上植杨柳，旁种蔓荆，栉比鳞次，赖以为固，盖以数百万计。所至或疏旧渠以导其流，或凿新渠以杀其势。遇水之会，则为石门，以时启闭而泄蓄之，用以节民力而资民利，凡智力所及，无不为也。初，郡县及兵家共掌都江之政，延祐七年，其兵官奏请独任郡县，民不堪其役，至是复合焉。常岁获水之利仅数月，堰辄坏，至是，虽缘渠所置碓硙纺绩之处以千万计，四时流转而无穷。

其始至都江，水深广莫可测，忽有大洲涌出其西南，方可数里，人得用事其间。入山伐石，崩石已满，随取而足。蜀故多雨，自初役至工毕，无雨雪，故力省而功倍，若有相之者。五越月，功告成，而吉当普以监察御史召，省台上其功，诏揭傒斯制文立碑以旌之。

是役也，凡石工、金工皆七百人，木工二百五十人，役徒三千九百人，而蒙古军居其二千。粮为石千有奇，石之材取于山者百万有奇，石之灰以斤计者六万有奇，油半之，铁六万五千斤，麻五千斤。撮其工之直、物之价，以缗计者四万九千有奇，皆出于民之庸，而在官之积者，尚余二十万一千八百缗，责灌守以贷于民，岁取其息，以备祭祀及淘滩修堰之费。仍蠲灌之兵民所常徭役，俾专其力于堰事。

泾　渠

泾渠者，在秦时韩使水工郑国说秦，凿泾水，自仲山西抵瓠口为渠，并北山，东注于洛三百余里以溉田，盖欲以罢秦之力，使无东伐。秦觉其谋，欲杀之，郑曰："臣为韩延数年之命，而为秦建万世之利。"秦以为然，使迄成之，号郑渠。汉时有白公者，奏穿渠引泾水，起谷口，入栎阳，注渭中，袤二百里，溉田四千五百余顷，因名曰白渠。历代因之，皆享其利。至宋时，水冲啮，失其故迹。熙宁间，诏赐常平息钱，助民兴作，自仲山旁开凿石渠，从高泻水，名丰利渠。

元至元间，立屯田府督治之。大德八年，泾水暴涨，毁堰塞渠，陕西行省命屯田府总管夹谷伯颜帖木儿及泾阳尹王琚疏道之，起泾阳、高陵、三原、栎阳用水人户及渭南、栎阳、泾阳三屯所人夫，共三千余人兴作，水通流如旧。其制编荆为囤，贮之以石，复填以草以土为堰，岁时葺理，未尝废止。

至大元年，王琚为西台御史，建言于丰利渠上更开石渠五十一丈，阔一丈，深五尺，积一十五万三千工，每方一尺为一工。自延祐元年兴工，至五年渠成。是年秋，改堰至新口。泰定间，言者谓石渠岁久，水流渐穿逾下，去岸益高。至正三年，御史宋秉亮相视其堰，谓渠积年坎取淤土，叠垒于岸，极为高崇，力难送土于上，因请就岸高处开通鹿巷，以便夫行，廷议允可。四年，屯田同知牙八胡、泾尹李克忠发丁夫开鹿巷八十四处，削平土垒四百五十余步。二十年，陕西行省左丞相帖里帖木儿遣都事杨钦修治，凡溉农田四万五千余顷。

金口河

至正二年正月，中书参议孛罗帖木儿、都水傅佐建言，起自通州南高丽庄，直至西山石峡铁板开水古金口一百二十余里，创开新河一道，深五丈，广十五丈，放西山金口水东流至高丽庄，合御河，接引海运至大都城内输纳。是时，脱脱为中书右丞相，以其言奏而行之。廷臣多言其不可，而左丞许有壬言尤力，脱脱排群议不纳，务于必行。有壬因条陈其利害，略曰：

> 大德二年，浑河水发为民害，大都路都水监将金口下闭闸板。五年间，浑河水势浩大，郭太史恐冲没田薛二村、南北二城，又将金口已上河身，用砂石杂土尽行堵闭。至顺元年，因行都水监郭道寿言，金口引水过京城至通州，其利无穷，工部官并河道提举司、大都路及合属官员耆老等相视议拟，水由二城中间窒碍。又卢沟河自桥至合流处，自来未尝有渔舟上下，此乃不可行船之明验也。且通州去京城四十里，卢沟止二十里，此时若可行船，当时何不于卢沟立马头，百事近便，却于四十里外通州为之？又西山水势高峻，亡金时，在都城之北流入郊野，纵有冲决，为害亦轻。今则在都城西南，与昔不同。此水性本湍急，若加以夏秋霖潦涨溢，则不敢必其无虞，宗庙社稷之所在，岂容侥幸于万一？若一时成功，亦不能保其永无冲决之患。且亡金时此河未必通行，今所有河道遗迹，安知非作而复辍之地乎？又地形高下不同，若不作闸，必致走水浅涩，若作闸以节之，则沙泥浑浊，必致淤塞，每年每月专人挑洗，盖无穷尽之时也。且郭太史初作通惠河时，何不用此水，而远取白浮之水，引入都城，以供闸坝之用？盖白浮之水澄清，而此水浑浊不可用也。此议方兴，传闻于外，万口一辞，以为不可。若以为成大功者不谋于众，人言不足听，则是商鞅、王安石之法，当今不宜有此。

议既上，丞相终不从，遂以正月兴工，至四月功毕。起闸放金口水，流湍势急，沙泥壅塞，船不可行，而开挑之际，毁民庐舍坟茔，夫丁死伤甚众，又费用不赀，卒以无功。继而御史纠劾建言者，孛罗帖木儿、傅佐俱伏诛。今附载其事于此，用为妄言水利者之戒。

卷六十七　志第十八

礼乐一

《传》曰："礼者，天地之序也；乐者，天地之和也。"致礼以治躬，外貌斯须不庄不敬，则慢易之心入之矣；致乐以治心，中心斯须不和不乐，则鄙诈之心入之矣。古之礼乐，壹本于人君之身心，故其为用，足以植纲常而厚风俗；后世之礼乐，既无其本，唯属执事者从事其间，故仅足以美声文而侈观听耳。此治之所以不如古也。

前圣之制，至周大备。周公相成王，制礼作乐，而教化大行，邈乎不可及矣。秦废先代典礼，汉因秦制，起朝仪，作宗庙乐。魏、晋而后，五胡云扰，秦、汉之制亦复不存矣。唐初袭用隋礼，太常多肄者，教坊俗乐而已。至宋，承五季之衰，因唐礼，作《太常因革礼》，而所制《大晟乐》，号为古雅。及乎靖康之变，礼文乐器，扫荡无遗矣。元之有国，肇兴朔漠，朝会燕飨之礼，多从本俗。太祖元年，大会诸侯王于阿难河，即皇帝位，始建九斿白旗。世祖至元八年，命刘秉忠、许衡始制朝仪。自是，皇帝即位、元正、天寿节，及诸王、外国来朝，册立皇后、皇太子，群臣上尊号，进太皇太后、皇太后册宝，暨郊庙礼成、群臣朝贺，皆如朝会之仪；而大飨宗亲、锡宴大臣，犹用本俗之礼为多。

若其为乐，则自太祖征用旧乐于西夏，太宗征金太常遗乐于燕京，及宪宗始用登歌乐，祀天于日月山，而世祖命宋周臣典领乐工，又用登歌乐享祖宗于中书省。既又命王镛作《大成乐》，诏括民间所藏金之乐器。至元三年，初用宫县、登歌、文武二舞于太庙，烈祖至宪宗八室，皆有乐章。三十年，又撰社稷乐章。成宗大德间，制郊庙曲舞，复撰宣圣庙乐章。仁宗皇庆初，命太常补拨乐工，而乐制日备。大抵其于祭祀，率用雅乐，朝会飨燕，则用燕乐，盖雅俗兼用者也。

元之礼乐，揆之于古，固有可议。然自朝仪既起，规模严广，而人知九重大君之尊，至其乐声雄伟而宏大，又足以见一代兴王之象，其在当时，亦云盛矣。今取其可书者著于篇，作《礼乐志》。

制朝仪始末

世祖至元八年秋八月己未，初起朝仪。先是，至元六年春正月甲寅，太保刘秉忠、大司农孛罗奉旨，命赵秉温、史杠访前代知礼仪者肄习朝仪。既而秉忠奏曰："二人习之，虽知之，莫能行也。"得旨，许用十人。遂征儒生周铎、刘允中、尚文、岳忱、关思义、侯祐贤、萧琬、徐汝嘉，从亡金故老乌古伦居贞、完颜复昭、完颜从愈、葛从亮、于伯仪及国子祭酒许衡、太常卿徐世隆，稽诸古典，参以时宜，沿情定制，而肄习之，百日而毕。秉忠复奏曰："无乐以相须，则礼不备。"奉旨，搜访旧教坊乐工，得杖鼓色杨皓、笛色曹楫、前行色刘进、教师郑忠，依律运谱，被诸乐歌，六月而成，音声克谐，陈于万寿山便殿，帝听而善之。秉忠及翰林太常奏曰："今朝仪既定，请备执礼员。"有旨，命丞相安童、大司农孛罗择蒙古宿卫士可习容止者二百余人，肄之期月。七年春二月，奏以丙子观礼。前期一日，布绵𫄨金帐殿前，帝及皇后临观于露阶，礼文乐节，悉无遗失。冬十有一月戊寅，秉忠等奏请建官典朝仪，帝命与尚书省论定以闻。

八年春二月，立侍仪司，以忽都于思、也先乃为左右侍仪，奉御赵秉温为礼部侍郎兼侍仪司事，周铎、刘允中为左右侍仪使，尚文、岳忱为左右直侍仪事，关思义、侯祐贤为左右侍仪副使，萧琬、徐汝嘉为佥左右侍仪事，乌古伦居贞为承奉班都知，完颜复昭为引进副使，葛从亮为侍仪署令，于伯仪为尚衣局大使。夏四月，侍仪司奏请制内外仗，如历代故事，从之。秋七月，内外仗成。遇八月帝生日，号曰天寿圣节，用朝仪自此始。

元正受朝仪

前期三日，习仪于圣寿万安寺。（或大兴教寺。）前二日，陈设于殿庭。至期大昕，侍仪使引导从护尉，各服其服，入至寝殿前，捧牙牌跪报外办。内侍入奏，出传制曰"可"，侍仪使俯伏兴。皇帝出阁升辇，鸣鞭三。侍仪使并通事舍人，分左右，引擎执护尉、劈正斧中行，导至大明殿外。劈正斧直正门北向立，导从倒卷序立，惟扇置于锜。侍仪使导驾时，引进使同内侍官，引宫人擎执导从，入至皇后宫庭，捧牙牌跪报外办。内侍入启，出传旨曰"可"，引进使俯伏兴。皇后出阁升辇，引进使引导从导至殿东门外，引进使分退押直至垩涂之次，引导从倒卷出。俟两宫升御榻，鸣鞭三，劈正斧退立于露阶东。司晨报时鸡唱毕，尚引引殿前班，皆公服，分左右入日精、月华门，就起居位，相向立。通班舍人唱曰"左右卫上将军兼殿前都点检臣某以下起居"，尚引唱曰"鞠躬"，曰"平身"，引至丹墀拜位，知班报班齐。宣赞唱曰"拜"，通赞赞曰"鞠躬"，曰"拜"，曰"兴"，曰"拜"，曰"兴"，曰"都点检稍前"。宣赞报曰"圣躬万福"，通赞赞曰"复位"，曰"拜"，曰"兴"，曰"拜"，曰"兴"，曰"平身"，曰"搢笏"，曰"鞠躬"，曰"三舞蹈"，曰"跪左膝，三叩头"，曰"山呼"，曰"山呼"，曰"再山呼"，（凡传"山呼"，控鹤呼噪应和曰"万岁"，传"再山呼"，应曰"万万岁"。后仿此。）曰"出笏"，曰"就拜"，曰"兴"，曰"拜"，曰"兴"，曰"拜"，曰"兴"，曰"平立"，宣赞唱曰"各恭事"。两班点检、宣徽将军分左右升殿，宿直以下分立殿前，尚厩分立仗南，管旗分立大明门南楹。

俟后妃、诸王、驸马以次贺献礼毕，典引引丞相以下，皆公服，入日精、月华门，就起居位。通班唱曰"文武百僚、开府仪同三司、录军国重事、监修国史、右丞相（具官无常。）臣某以下起居"，典引赞曰"鞠躬"，曰"平身"，引至丹墀拜位，知班报班齐。宣赞唱曰"拜"，通赞赞曰"鞠躬"，曰"拜"，曰"兴"，曰"拜"，曰"兴"，曰"平身"，曰"搢笏"，曰"鞠躬"，曰"三舞蹈"，曰"跪左膝，三叩头"，曰"山呼"，曰"山呼"，曰"再山呼"，曰"出笏"，曰"就拜"，曰"兴"，曰"拜"，曰"兴"，曰"拜"，曰"兴"，曰"平身"。侍仪使诣丞相前请进酒，双引升殿。前行乐工分左右，引登歌者及舞童舞女，以次升殿门外露阶上。登歌之曲各有名，音中本月之律。（先期，仪凤司运谱，翰林院撰辞肄之。）丞相至宇下褥位立，侍仪使分左右北向立。俟前行色曲将半，舞旋列定，通赞唱曰"分班"，乐作。侍仪使引丞相由南东门入，宣徽使奉随至御榻前。丞相跪，宣徽使立于东南，曲终。丞相祝赞曰："溥天率土，祈天地之洪福，同上皇帝、皇后亿万岁寿。"宣徽使答曰："如所祝。"丞相俯伏兴，退诣进酒位。尚酝官以觞授丞相，丞相搢笏捧觞，北面立，宣徽使复位。前行色降，舞旋至露阶上。教坊奏乐，乐舞至第四拍，丞相进酒，皇帝奉觞。宣赞唱曰"殿上下侍立臣僚皆再拜"，通赞赞曰"鞠躬"，曰"拜"，曰"兴"，曰"拜"，曰"兴"，曰"平身"。丞相三进酒毕，以觞授尚酝官，出笏，侍仪使双引自南东门出，复位，乐止。（至元七年进酒仪：班首至殿前褥位立，前行进曲，尚酝官执空杯，自正门出，授班首。班首搢笏执空杯，由正门入，至御榻前跪。俟曲终，以杯授尚酝官，出笏祝赞。宣徽使曰"诺"，班首俯伏兴。班首、宣徽使由南东门出，各复位。班首以下舞蹈山呼五拜，百官分班，教坊奏乐，尚酝官进酒，殿上下侍立臣僚皆再拜。三进酒毕，班首降至丹墀。至元十八年十二月二十八日改今仪。）

通赞赞曰"合班"。礼部官押进奏表章、礼物二案至横阶下，宣礼物舍人进读礼物目，至第二重阶。俟进读表章官等，（翰林国史院属官一人。）至宇下齐跪。宣表目舍人先读中外百司表目，翰林院官读中书省表毕，皆俯伏兴，退，降第一重阶下立。俟进读礼物舍人升阶，至宇下，跪读礼物目毕，俯伏兴，退。同降至横阶，随表章西行，至右楼下，侍仪仍领之，礼物东行至左楼下，太府受之。宣赞唱曰"拜"，通赞赞曰"鞠躬"，曰"拜"，曰"兴"，曰"平身"，曰"搢笏"，曰"鞠躬"，曰"三舞蹈"，曰"跪左膝，三叩头"，曰"山呼"，曰"山呼"，曰"再山呼"，曰"出笏"，曰"就拜"，曰"兴"，曰"拜"，曰"兴"，曰"拜"，曰"兴"，曰"平立"。僧、道、耆老、外国藩客，以次而贺。

礼毕，大会诸王宗亲、驸马、大臣，宴飨殿上，侍仪使引丞相等升殿侍宴。凡大宴，马不过一，羊虽多，必以兽人所献之鲜及脯鱐，折其数之半。预宴之服，衣服同制，谓之质孙。（宴飨乐节，见宴乐篇。）四品以上，赐酒殿上。典引引五品以下，赐酒于日精、月华二门之下。宴毕，鸣鞭三。侍仪使导驾，引进使导后，还寝殿，如来仪。

天寿圣节受朝仪(如元正仪)

郊庙礼成受贺仪(如元正仪)

皇帝即位受朝仪

前期三日,习仪于万安寺;前二日,陈设于殿庭;前一日,设宣诏位于阙前。至期大昕,侍仪使引导从护尉,各服其服,至皇太子寝阁前,捧牙牌跪报外办。内侍传旨曰"可",侍仪使俯伏兴。皇太子出阁,侍仪使前导,由崇天门入,升大明殿。引进使引导从至皇太子妃阁前,跪报外办。内侍出传旨曰"可",引进使俯伏兴,前导由凤仪门入。俟诸王以国礼扶皇帝登宝位毕,鸣鞭三。尚引引点检以下,皆公服,入就起居位。(起居赞拜,如元正朝仪。)两班点检、宣徽将军、宿直、尚厩、管旗,各恭事。俟后妃、诸王、驸马以次贺献礼毕,参议中书省事四人,以篚奉诏书,由殿左门入,至御榻前。参议中书省事跪奏诏文,俯伏兴,以诏授典瑞使押宝毕,置于篚,对举由正门出,乐作,至阙前,以诏置于案,文武百僚各公服就位北向立。侍仪使称有制,宣赞唱曰"拜",通赞赞曰"鞠躬",曰"拜",曰"兴",曰"拜",曰"兴",曰"平身",曰"班首稍前",典引引班首至香案前。通赞赞曰"跪",曰"在位官皆跪",司香赞曰"搢笏",通赞赞曰"上香",曰"上香",曰"三上香",曰"出笏",曰"就拜",曰"兴",曰"复位",宣赞唱曰"拜",通赞赞曰"鞠躬",曰"拜",曰"兴",曰"拜",曰"兴",曰"平身"。侍仪使以诏授左司郎中,郎中跪受,同译史稍西,升木榻,东向宣读。通赞赞曰"在位官皆跪"。读诏,先以国语宣读,随以汉语译之。读毕,降榻,以诏授侍仪使,侍仪使置于案。通赞赞曰"就拜",曰"兴",曰"拜",曰"兴",曰"拜",曰"兴",曰"搢笏",曰"鞠躬",曰"三舞蹈",曰"跪左膝,三叩头",曰"山呼",曰"山呼",曰"再山呼",曰"出笏",曰"就拜",曰"兴",曰"拜",曰"兴",曰"拜",曰"兴",曰"平立"。典引引丞相以下皆公服入起居位。(起居拜舞,祝颂,进酒,献表,赐宴,并同元正受朝仪。)宴毕,鸣鞭三。侍仪使导驾,引进使导后,入寝殿,如来仪。次日,以诏颁行。

群臣上皇帝尊号礼成受朝贺仪

前期二日,仪鸾司设大次于大明门外,又设进册案于殿内御座前之西,进宝案于其东,设受册案于御座上之西,受宝案于其东。侍仪司设册案于香案南,宝案又于其南。礼仪使位于前,册使、册副位于廷中,北面。引册、奉册、举册、读册、捧册官,位于右,引宝、奉宝、举宝、读宝、捧宝官位于左,以北为上。百官自金玉府迎册宝,奉安中书省,如常仪。

前期一日,右丞相率公卿朝服,仪卫音乐,导册宝二案出自中书,至阙前,控鹤舁案,方舆中道。册使等奉随入大次内,方舆舁案。侍仪使引册使以下,由左门以出,百官趋退。

至其大昕,右丞相以下百官,各公服集阙廷,仪仗护尉就位。侍仪使、礼仪使引导从导皇帝升大明殿,引进使引导从导皇后升殿。尚引引殿前班入起居位,起居山呼拜舞毕,宣赞唱曰"各恭事"。皇太子、诸王、后妃、公主以次升殿,鸣鞭三。侍仪使、引册、引宝导册宝由正门入,乐作。奉册使、右丞相率册官由右门入,奉宝使、御史大夫率宝官由左门入,至殿下,置册案于香案南,宝案又奠于其南,乐止。侍仪使引册使以下就起居位,典引引群臣入就位。通班舍人唱曰"文武百僚具官臣某以下起居",典引赞曰"鞠躬",曰"平身",引至丹墀拜位。宣赞唱曰"拜",通赞赞拜、舞蹈、山呼,如常仪。

毕,承奉班都知唱曰"奉册使以下进上册宝",侍仪司引册使以下进就位,乐作。掌仪赞曰"奉册宝官稍前,搢笏,捧册宝",侍仪使前导,由中道升正阶,立宇下。俟奉册使诸册官由右阶跻,奉宝使诸宝官由左阶跻毕,俱由左门入,奉册宝至御榻褥位前,册西宝东,乐止。掌仪赞曰"捧册宝官稍前,以册宝跪置于案",曰"出笏",曰"就拜",曰"兴",曰"平身",曰"复位",曰"奉册使以下皆跪",曰"举册官兴,俱至案前跪",曰"搢笏,取册于匣,置于盘,对举",曰"读册官兴,俱至案前跪",曰"读册"。读册官称臣某谨读册。读毕,举册官纳册于匣,兴,以授典瑞使,出笏,立于册案西南,典瑞使置于受册案。掌仪赞曰"举宝官兴,俱至案前跪",曰"搢笏,取宝于盝,对举",曰"读宝官兴,俱至案前跪",曰"读宝"。读宝官称臣某谨读宝。读毕,举宝官纳宝于盝,兴,以授典瑞使,出笏,立于宝案东南,典瑞使置于受宝案。掌仪赞曰"奉册使以下皆就拜",曰"兴",曰"平身"。参议中书省事四人,以篚奉诏书,由殿左门入,至御榻前,跪读诏文,如常仪,授典瑞使押宝毕,置于篚,对举,由正门出,至丹墀北,置于诏案。册使以下由南东门出,就位听诏,如仪。仪鸾使四人,舁进册宝案,由左门出。

侍仪使引班首由左阶跻,前行色乐作,至宇下,乐止,舞旋至露阶立。班首入殿,宣徽使奉随,班首跪,宣徽使西北向立。班首致词曰:"册宝礼毕,愿上皇帝、皇后万万岁寿。"宣徽使应曰:"如所祝。"乐作。通赞唱曰"分班"。进酒毕,班首由南东门出,降阶,复位,乐止。通赞唱曰"合班"。奏进表章礼物,赞拜、舞蹈、山呼、锡宴,并如元正之仪。

册立皇后仪

前期二日,仪鸾司设发册宝案于大明殿御座前稍西,设发宝案稍东。掌谒设香案于皇后殿前,设册案于殿内座榻前稍西,宝案稍东,设受册案于座塌上稍西,设受宝案于稍东。侍仪司设板位,册使副位于廷中,北面,册官位于右,宝官位于左,礼仪使位于册案前,主节位于太尉左。皇后殿廷亦如之。

至期大昕,引赞叙太尉以下于阙廷,各公服。侍仪使、礼仪使、引册使,引册、奉册、举册、读册、捧册官,由月华门入;侍仪使、礼仪使、引册副,引宝、奉宝、举宝、读宝、捧宝官,由日精门入。至露阶下,依板位立。侍仪使捧牙牌入至寝殿前,跪报外办。内侍入奏,出传制曰"可",侍仪使俯伏兴。皇帝出阁升辇,鸣鞭三。侍仪使引导从导皇帝入大明殿,升御座,鸣鞭三。

司晨报时鸡唱毕,尚引引殿前班入起居位,(起居、赞拜、舞蹈、山呼，如仪。）宣赞唱曰“各恭事”。引赞引册使以下入就位，掌仪舍人引承奉班都知、侍仪使、礼仪使、主节、捧册、捧宝官，升自左阶，由南东门入，至御座前，分左右相向立。掌仪赞曰“礼仪使稍前跪”，曰“太尉以下皆跪”。礼仪使跪奏请进发皇后册宝。掌仪赞曰“就拜”，曰“兴”，曰“平身”，曰“太尉以下皆兴”，曰“复位”。掌仪赞曰“内谒者稍前”，曰“搢笏”，曰“捧册宝跪进皇帝”，曰“以册宝授捧册宝官”，捧册宝官跪受，兴。掌仪赞曰“主节官搢笏持节”，礼仪使引节导册宝由正门出，至露阶，南向立。礼仪使称有制，承奉班都知唱曰“太尉以下皆再拜”，通赞曰“鞠躬”，曰“拜”，曰“兴”，曰“拜”，曰“兴”，曰“平身”。礼仪使宣制曰“命太尉某等持节授皇后册宝”，通赞赞曰“鞠躬”，曰“拜”，曰“兴”，曰“拜”，曰“兴”，曰“平身”。降至露阶下，依次就位。掌仪唱曰“以册宝置于案”，曰“出笏”，曰“复位”。方舆舁以行，乐作。侍仪使、礼仪使引太尉及册宝官，奉随至皇后宫庭奠案，乐止。掌仪唱曰“捧册宝官稍前，搢笏”。捧册宝使、太尉以下奉随由正阶跻，至案前。掌仪赞曰“以册宝置于案”，曰“出笏”，曰“复位”。侍仪使稍前跪报外办，内侍入启，出传旨曰“可”，侍仪使俯伏兴。

皇后出阁，诣褥位。太尉称制遣臣某等恭授皇后册宝。内侍赞礼曰“跪”，掌仪赞曰“太尉以下皆跪”。内侍赞皇后曰“上香”，曰“上香”，曰“三上香”，曰“拜”，曰“兴”，曰“拜”，曰“兴”。掌仪赞曰“太尉以下皆兴”。皇后升殿，立于座榻前。承奉班都知唱曰“太尉以下进册宝”，掌仪唱曰“捧册宝官稍前，搢笏”。捧册宝由正门至殿内。掌仪赞曰“以册宝跪置于案”，曰“捧册宝官出笏，兴，复位”，曰“太尉以下皆跪”，曰“举册官兴，至案前跪”，曰“搢笏，取册于匣，置于盘，对举”，曰“读册官兴，至案前跪”，曰“读册”。读册官称臣某谨读册，读毕，纳册于匣。掌仪赞曰“出笏，举宝官兴，至案前跪，搢笏，取宝于盝，对举”，曰“读宝官兴，至案前跪”，曰“读宝”。读宝官称臣某谨读宝，读毕，纳宝于盝。掌仪赞曰“出笏”，曰“太尉以下皆就拜”，曰“兴”，曰“平身”。捧册宝官以册宝授太尉，太尉以授掌谒，掌谒以册宝置于受册宝案。掌仪唱曰“太尉以下跪”，曰“众官皆跪”。太尉致祝辞曰：“册宝礼毕，伏愿皇后与天同算。”司徒应曰：“如所祝。”就拜，兴，平身。太尉进酒，乐作；皇后饮毕，乐止。礼仪使引节引主节由正门以出。侍仪使引太尉以下，由左门至阶下，北面立。承奉班都知唱曰“太尉以下皆再拜”，通赞曰“鞠躬”，曰“拜”，曰“兴”，曰“拜”，曰“兴”，曰“平立”。侍仪使引太尉以下还诣皇帝御座前，跪奏曰：“奉制授皇后册宝，谨以礼毕。”就拜，兴，由左门出，降诣旁折位。

侍仪使引导从导皇后诣大明殿前谢恩，掌谒赞曰“拜”，曰“兴”，曰“拜”，曰“兴”。侍仪使分退，掌谒导皇后升御座。典引引丞相以下入起居位，（起居赞拜如仪。）侍仪使诣右丞相前请进酒，双引升殿，至宇下褥位立。侍仪使分左右北向立，俟前行色曲将半，舞旋列定，通赞唱曰“分班”乐作。侍仪使引右丞相由南东门入，宣徽使奉随至御榻前，右丞相跪，宣徽使立于东南，曲终。右丞相祝赞曰：“册宝礼毕，臣等不胜庆抃，同上皇帝、皇后万万岁寿。”宣徽使应曰：“如所祝。”右丞相俯伏兴，退诣进酒位。（进酒、进表章礼物、赞拜、僧道贺献、大宴殿上，并如元正仪。）宴毕，鸣鞭三。侍仪使导驾，引进使导后，还寝殿，如来仪。

册立皇太子仪

前期三日，右丞相率百僚至金玉局册宝案前，舍人赞曰“鞠躬”，曰“拜”，曰“兴”，曰“拜”，曰“兴”，曰“平身”。曰“班首稍前”，曰“跪”，曰“在位官皆跪”，曰“搢笏”，曰“上香”，曰“上香”，曰“三上香”，曰“出笏”，曰“就拜”，曰“兴”，曰“拜”，曰“兴”，曰“拜”，曰“兴”，曰“平身”。侍仪使、舍人分引群臣，仪卫音乐导至中书省，正位安置。

前期二日，仪鸾司设发册案于大明殿御座西，发宝案于东。典宝官设香案于太子殿前阶上，设册案于西，宝案于东；又设受册案于殿内座榻之西，受宝案于东。侍仪司设板位，太尉、册使副位于大明殿廷，太尉位居中，册官位于右，宝官位于左，礼仪使位于前，主节官位于太尉之左。太子殿廷亦如之，乐位布置亦如之。右丞相率百僚朝服，至中书省册宝案前，叙立定。舍人赞曰“鞠躬”，曰“拜”，曰“兴”，曰“拜”，曰“兴”，曰“平身”。曰“班首稍前”，曰“跪”，曰“搢笏”，曰“在位官皆跪”，曰“上香”，曰“上香”，曰“三上香”，曰“出笏”，曰“就拜”，曰“兴”，曰“拜”，曰“兴”，曰“拜”，曰“兴”，曰“平立”。舍人分引群臣，仪卫导从，音乐伞扇，导至阙前。控鹤奠案，方舆官舁之，由中道入崇天门，册使以下奉随至露阶下。方舆官置册案于西，宝案于东，分退立于两庑。册使副北面，引册官举册官、读册官、捧册官位于册案西，东向；引宝官、举宝官、读宝官、捧宝官位于宝案东，西向。掌仪舍人赞曰“捧册官稍前”，曰“搢笏”，曰“捧册”。又赞曰“捧宝官稍前”，曰“搢笏”，曰“捧宝”。侍仪使、引进使、引册官、引宝官前导，捧册宝官次之，册使副以下奉随升大明殿午阶，由正门入，至进发册宝案前，册使副北面立，引册官、引宝官、举册官、举宝官以下，分左右夹册宝案立。掌仪赞曰“以册宝置于案”，曰“出笏”，曰“复位”。侍仪使引奉册使以下由左门出，百辟趋退。

至期大昕，引赞引册使以下，皆公服，叙位于阙廷。侍仪使导从皇帝出阁，鸣鞭三，升大明殿，登御座。尚引引殿前班入起居位，起居赞拜如仪，宣赞唱曰“各恭事”。引赞引册使以下入就位，掌仪舍人引承奉班都知、侍仪使、礼仪使、主节郎、捧册、捧宝官，升自左阶，由左门入，至御座前，分左右立。掌仪赞曰“礼仪使稍前”，曰“跪”，曰“众官皆跪”。礼仪使奏请发皇太子册宝，掌仪唱曰“就拜”，曰“兴”，曰“平身”，曰“众官皆兴”，曰“复位”。曰“内谒者稍前”，曰“搢笏”，曰“捧册宝跪进皇帝”，曰“以册宝授捧册宝官”，捧册宝官跪受，兴。掌仪赞曰“主节郎搢笏持节”，礼仪使引节导册宝由正门以出，至露阶南向立。礼仪使称有制，承奉班都知唱曰“太尉以下皆再拜”，掌仪赞曰“鞠躬”，曰“拜”，曰“兴”，曰“拜”，曰“兴”，曰“平身”。礼仪使宣制曰“上命太尉等持节授皇太子册宝”，掌仪赞曰“鞠躬”，曰“拜”，曰“兴”，曰“拜”，曰“兴”，曰“平身”。礼仪使引节导册宝，降至露阶下，依次就位。掌仪赞曰“以册宝置于案”，曰“出笏”，曰“复位”。方舆舁以行，乐作。侍仪使、礼仪使、主节前导，册使以下奉随由正门出。至阙前，方舆奠案，控鹤舁以行。至皇太子殿廷，控鹤奠案，方舆舁以行。入至露阶下奠案，方舆退，乐止。册使以下以次立，掌仪赞曰“捧册宝官稍前，搢笏，捧册宝”。侍仪使引节，主节导册宝以行，册使以下由正阶跻，节立于香案之西。掌仪赞曰“捧册宝官跪，以册宝置于案”，曰“出笏”，曰“兴”，曰“就位”。右庶子跪报外备，内侍入启，出传旨曰“可”，右庶子俯伏兴。

皇太子出阁，立于香案前。掌仪赞曰“皇太子跪”，曰“上香”，曰“上香”，曰“三上香”，曰“拜”，曰“兴”，曰“拜”，曰“兴”。太尉前称制遣臣某等恭授皇太子册宝，复位。掌仪赞曰“皇太子拜”，曰“兴”，曰“拜”，曰“兴”。请皇太子诣褥位，南向立。曰“皇太子跪”，曰“诸执事官皆跪”。曰“举册官兴，至案前”，曰“跪”，曰“读册”。读毕，曰“纳册于匣”，曰“出笏”。掌仪唱曰“举宝官兴，至案前”，曰“跪”，曰“读宝”。读毕，曰“纳宝于盝”，曰“出笏”，曰“举册宝官、读册宝官皆兴，复位。”掌仪赞曰“太尉进授册宝”，侍仪使引太尉、司徒至册宝案前，搢笏，以册宝跪进。皇太子恭受，以授左、右庶子，左、右庶子搢笏跪受。掌仪赞曰“皇太子兴，册使以下皆兴”。右庶子捧册，左庶子捧宝，导皇太子入殿。右庶子奠册于受册案，左庶子奠宝于受宝案。引节引主节立于殿西北，引赞引太尉以下降阶复位，北向立。承奉班都知唱曰“太尉以下皆再拜”，掌仪赞曰“鞠躬”，曰“拜”，曰“兴”，曰“拜”，曰“兴”，曰“平身”，乐作。侍仪使诣太尉前请进酒，太尉入至殿内，进酒毕，降复位，乐止。

侍仪使、礼仪使、主节导太尉以下还诣大明殿御座前，跪奏曰：“奉制授皇太子册宝，谨以礼毕。”俯伏兴，降诣位。侍仪使、左右庶子导皇太子诣大明殿御座前谢恩，右庶子赞曰“拜”，曰“兴”，曰“拜”，曰“兴”。进酒，又赞曰“拜”，曰“兴”，曰“拜”，曰“兴”。降殿，还府。

侍仪使诣右丞相前请进酒，双引升殿，至宇下褥位立，侍仪使分左右，北向立。俟前行色曲将半，舞旋列定，通赞唱曰“分班”，乐作。侍仪使、右丞相由南东门入，宣徽使奉随至御榻前。右丞相跪，宣徽使立于东南，曲终。右丞相祝赞曰：“皇太子册宝礼毕，臣等不胜庆抃，同上皇帝、皇后万万岁寿。”宣徽使应曰：“如所祝。”右丞相俯伏兴，退诣进酒位。进酒、进表章礼物、赞拜，如元正仪。驾兴，鸣鞭三。侍仪使导驾还寝殿，如来仪。

皇太子还府，升殿。典引引群臣入就起居位，通班，自班西行至中道，唱曰“具官某以下起居”，典引赞曰“鞠躬”，曰“平身”。进就拜位，宣赞唱曰“拜”，通赞赞曰“鞠躬”，曰“拜”，曰“兴”，曰“拜”，曰“兴”，曰“平身”。侍仪使诣班首前请进酒，双引由左阶至殿宇下褥位立，侍仪分左右，北向立。俟前行色曲将半，舞旋列定，通赞唱曰“分班”。班首入自左门，右庶子随至座前。班首跪，右庶子立于东南。俟曲终，班首致祝词曰：“册宝礼毕，愿上殿下千秋之寿。”右庶子应曰：“如所祝。”班首俯伏兴，退至进酒位，搢笏，捧觞，北向立，右庶子退复位。俟舞旋至露阶，乐舞至第四拍，班首进酒。宣赞唱曰“文武百僚皆再拜”，通赞赞曰“鞠躬”，曰“拜”，曰“兴”，曰“拜”，曰“兴”，曰“平身”。班首自东门出，复位，乐止。通赞唱曰“合班”。中书押进笺及礼物案至横阶下，进读笺官由左阶跻，进读礼物官至阶下。俟进读笺官至宇下，先读笺目，次读笺，读毕，俯伏兴，降至阶下。进读礼物官升阶，至宇下，跪读礼物状毕，俯伏兴，退，同读笺官至横阶，随笺案西行，至右庑下，礼物案东行，至左庑下，各付所司。宣赞唱曰“拜”，通赞赞曰“鞠躬”，曰“拜”，曰“兴”，曰“拜”，曰“兴”，曰“平立”。右庶子导皇太子还阁。

太皇太后上尊号进册宝仪

前期二日，仪鸾司设进发册宝案于大明殿御座之前，掌谒设进册宝案于太皇太后殿座榻前，设受册宝案于座榻上，并册西宝东。侍仪司设册使副位于廷中，北面，册官位右，宝官位左，礼仪使位于前，以北为上。太皇太后殿廷亦如之。

至期大昕，群臣皆公服，叙位阙前。侍仪使、礼仪使、引册使，引册、奉册、举册、读册、捧册官，由月华门入，侍仪使、礼仪使、引册副，引宝、奉宝、举宝、读宝、捧宝官，由日精门入。至露阶下，依板位立。侍仪使捧牙牌入至寝殿前，跪报外办，内侍入奏，出传制曰“可”，侍仪使俯伏兴。皇帝出阁升辇，鸣鞭三；入大明殿，升御座，鸣鞭三。司晨报时鸡唱毕，侍仪使、礼仪使、引册使以下升自东阶，由左门入，至御榻前，相向立。掌仪赞曰“奏中严”，侍仪使捧牙牌跪奏曰“中严”，又赞曰“就拜”，曰“兴”，曰“平身”，曰“复位”，曰“礼仪使稍前跪”，曰“册使以下皆跪”。礼仪使奏请进发太皇太后册宝，掌仪赞曰“就拜”，曰“兴”，曰“平身”，曰“复位”，曰“内谒者稍前”，曰“搢笏，奉册宝上进”，曰“册使副、捧册宝官稍前”，曰“搢笏”，曰“内谒者跪进册宝”。皇帝兴，以册授册使，册使跪受，兴，以授捧册官，出笏；以宝授册副，册副跪受，兴，以授捧宝官，出笏。侍仪使、礼仪使、引册、引宝官，导册宝由正门出，册使以下奉随，至阶下。掌仪赞曰“以册宝置于案”，曰“出笏，复位”。方舆舁行，乐作。侍仪使、礼仪使、引册、引宝前导，册使以下奉随，至兴圣宫前，奠案，乐止。

侍仪使以导从入至太皇太后寝殿前，跪报外办。掌谒入启，出传旨曰“可”，侍仪使俯伏兴。侍仪使、掌谒前导太皇太后升殿。导太皇太后时，侍仪使入至大明殿，跪奏册宝至兴圣宫，请行礼。驾兴，鸣鞭三，侍仪使前引导从至兴圣宫，升御座。侍仪使出，至案所，乐作。方舆入，至露阶下奠案。册使副立于案前，册官东向，宝官西向。方舆分退，立于两庑，乐止。

尚引引殿前班入起居位，相向立，起居拜舞，如元正仪。礼毕，宣赞唱曰“各恭事”，赞引册使以下退至起居位。通班舍人唱曰“摄某官具官（或太尉，具官无常。）臣某以下起居”，引赞赞曰“鞠躬”，曰“平身”。进入丹墀，知班唱曰“班齐”，宣赞唱曰“拜”，通赞赞曰“鞠躬”，曰“拜”，曰“兴”，曰“拜”，曰“兴”，曰“平身”，宣赞唱曰“各恭事”。进至案前，依位立。宣赞唱曰“太尉以下进上册宝”，掌仪赞曰"捧册宝官稍前,搢笏,捧册宝"。侍仪使引册宝官前导,册使奉随,至御榻,进册宝案前。掌仪唱曰"跪",捧册宝官不跪,曰"以册宝置于案",曰"捧册宝官出笏复位",曰"太尉以下皆跪",曰"读、举册宝官兴,俱至案前跪"。掌仪赞曰"举册官搢笏,取册于匣,置于盘,对举"。曰"读册",读册官称臣某谨读册。读毕,举册官纳册于匣。掌仪赞曰"出笏",曰"举宝官搢笏,取宝于盝,对举"。曰"读宝",读宝官称臣某谨读宝。读毕,举宝官纳宝于盝。掌仪赞曰"出笏",曰"就拜",曰"兴",曰"平身",曰"众官皆兴",曰"复位"。曰"太尉、司徒、奉册宝官稍前",曰"捧册宝官稍前",曰"搢笏",曰"捧册宝上进",曰"皇帝躬授太皇太后册宝",太皇太后以册宝授内掌谒,内掌谒置于案。皇帝兴,进酒。太皇太后举觞饮毕,皇帝复御座毕,掌仪赞曰"众官皆复位"。侍仪使、引册使以下,分左右,出就位。皇帝率皇后及后妃、公主,降丹墀,北面拜贺,升殿。皇太子及诸王拜贺,升殿。典引引百官入就起居位,通班舍人唱曰"文武百僚具官臣某以下起居",曰"鞠躬",曰"平身",引至丹墀拜位。知班报班齐,宣赞唱曰"拜",通赞赞曰"鞠躬",曰"拜",曰"兴",曰"拜",曰"兴",曰"平身"。侍仪使诣班首前请进酒,双引至殿宇下褥位立,俟舞旋列定,通赞唱曰"分班",乐作。侍仪使引班首由南东门入,宣徽使奉随,至御榻前,班首跪,曲终。班首祝赞曰:"册宝礼毕,臣等不胜欣抃,愿上太皇太后、皇帝亿万岁寿。"宣徽使应曰:"如所祝。"班首俯伏兴,退诣进酒位。(以下并同元正仪。)

皇太后上尊号进册宝仪(同前仪)

太皇太后加上尊号进册宝仪(同前仪)

进发册宝导从

清道官二人,警跸二人,并分左右,皆摄官,服本品朝服。

云和乐一部:署令二人,分左右。次前行戏竹二,次排箫四,次箫管四,次板二,次歌四,并分左右。前行内琵琶二十,次筝十六,次箜篌十六,次蓁十六,次方响八,次头管二十八,次龙笛二十八,为三十三重。(重四人。)次杖鼓三十,为八重。次板八,为四重。板内大鼓二,工二人,舁八人。乐工服并与卤簿同。法物库使二人,服本品服。次朱团扇八,为二重。次小雉扇八,次中雉扇八,次大雉扇八,分左右,为十二重。次朱团扇八,为二重。次大伞二,次华盖二,次紫方伞二,次红方伞二,次曲盖二,并分左右。执伞扇所服,并同立仗。

围子头一人,中道。次围子八人,分左右。服与卤簿内同。

安和乐一部:署令二人,服本品服。札鼓六,为二重,前四后二。次和鼓一,中道。次板二,分左右。次龙笛四,次头管四,并为二重。次羌管二,次笙二,并分左右。次云璈一,中道。次箫二,分左右。乐工服与卤簿内同。

伞一,中道。椅左,踏右。执人,皂巾,大团花绯锦袄,金涂铜束带,行縢鞋袜。

拱卫使一人,服本品服。

舍人二人,次引宝官二人,并分左右,服四品服。

香案,中道。舆士控鹤八人,服同立仗内表案舆士。侍香二人,分左右,服四品服。

宝案,中道。舆士控鹤十有六人,服同香案舆士。方舆官三十人,夹香案宝案,分左右而趋。至殿门,则控鹤退,方舆官舁案以升。唐巾,紫罗窄袖衫,金涂铜束带,乌靴。

引册二人,四品服。

香案,中道。舆士控鹤八人,服同宝案舆士。侍香二人,分左右,服四品服。

册案,中道。舆士控鹤十有六人,服同宝案舆士。方舆官三十人,夹香案册案,分左右而趋。至殿门,则控鹤退,方舆官舁案以升。巾服与宝案方舆官同。

葆盖四十人,次阅仗舍人二人,服四品服。次小戟四十人,次仪锽四十人,夹云和乐伞扇,分左右行,服同立仗。

拱卫使二人,服本品朝服。次班剑十,次梧杖十二,次斧十二,次镫杖二十,次列丝十,皆分左右。次水瓶左,金盆右。次列丝十,次立瓜十。次金杌左,鞭桶右,蒙鞍左,繖手右。次立瓜十,次卧瓜三十,并夹葆盖、小戟、仪锽,分左右行。服并同卤簿内。

拱卫外舍人二人,服四品服,引导册诸官。次从九品以上,次从七品以上,次从五品以上,并本品朝服。

金吾折冲二人,牙门旗二,每旗引执五人。次青稍四十人,赤稍四十人,黄稍四十人,白稍四十人,紫稍四十人,并兜鍪甲靴,各随稍之色,行导册官外。

册案后舍人二人,服四品服。次太尉右,司徒左。次礼仪使二人,分左右。次举册官四人右,举宝官四人左。次读册官二人右,读宝官二人左。次阁门使四人,分左右,并本品服。

知班六人,分左右,服同立仗,往来视诸官之失仪者而行罚焉。

册宝摄官

上尊号册宝,凡摄官二百五十有六人:奉册官四人,奉宝官四人,捧册官二人,捧宝官二人,读册官二人,读宝官二人,引册官五人,引宝官五人,典瑞官三人,纠仪官四人,殿中侍御史二人,监察御史四人,阁门使三人,清道官四人,点试仪卫五人,司香四人,备顾问七人,代礼官三十人,拱卫使二人,押仗二人,方舆官一百六十人。

上皇太后册宝,凡摄官二百五十人:摄太尉一人,摄司徒一人,礼仪使四人,奉册官二人,奉宝官二人,引册官二人,引宝官二人,举册官二人,举宝官二人,读册官二人,读宝官二人,捧册官二人,捧宝官二人,奏中严一人,主当内侍十人,阁门使六人,充内臣十三人,纠仪官四人,代礼官四十二人,掌谒四人,司香十二人,折冲都尉二人,拱卫使二人,清道官四人,警跸官四人,方舆官百二十人。

上太皇太后册宝摄官,同前。

授皇后册宝,凡摄官百八十人:摄太尉一人,摄司徒一人,主节官二人,礼仪使四人,奉册官二人,奉宝官二人,引册官二人,引宝官二人,举册官二人,举宝官二人,读册官二人,读宝官二人,内臣职掌十人,宣徽使二人,阁门使四人，代礼官三十七人，侍香二人，清道官四人，折冲都尉二人，警跸官四人，中宫内臣九人，纠仪官四人，接册内臣二人，接宝内臣二人，方舆官七十四人。

授皇太子册，凡摄官四十有九人：摄太尉一人，奉册官二人，持节官一人，捧册官二人，读册官二人，引册官二人，摄礼仪使二人，主当内侍六人，副持节官五人，侍从官十一人，代礼官十六人。

摄行告庙仪（如受尊号，上太皇太后、皇太后册宝，册立皇后、皇太子，凡国家大典礼，皆告宗庙。）

前期二日，太庙令扫除内外，翰林国史院学士撰写祝文；前一日，告官等致斋一日。其日，告官等各服紫服，奉祝版，进请御署讫，差控鹤，用红罗销金案抬舁，覆以黄罗帕，并奉御香、御酒，如常仪，迎至祀所斋宿。告日质明前三刻，礼直官引太庙令，率其属入庙殿，开室，陈设如仪。礼直官引告官等，各服紫服，以次入就位，东向立定。礼直官稍前，赞曰"有司谨具，请行事"。赞者曰"再拜"，在位者皆再拜。礼直官先引执事者各就位，次引告官诣盥洗、爵洗位，北向立。搢笏，盥手，帨手，洗爵、拭爵讫，执笏，请诣酒尊所，搢笏，执爵，司尊者举幂，良酝令酌酒，以爵授奉爵官，执笏，诣太祖室，再拜。执事者奉香，告官搢笏跪，三上香，执爵三祭酒，以虚爵授奉爵官，执笏，俯伏兴。举祝官搢笏跪，对举祝版，读祝官跪读祝文讫，奠祝于案，执笏，俯伏兴。礼直官、赞告官再拜毕，每室并如上仪。告毕，引告官以下降，复位。再拜讫，诣望瘗燔祝，再拜，半燎，告官以下皆退。

国史院进先朝实录仪

是日大昕，诸司官具公服，立于光天门外，侍仪使引《实录》案以入，监修国史以下奉随，至光天殿前，分班立，皇帝升御座。宣赞唱曰"拜"，通赞赞曰"鞠躬"，曰"拜"，曰"兴"，曰"拜"，曰"兴"，曰"平身"。待制四人奉《实录》，升自午阶，监修国史以下奉随，至御前香案南立，众官降，复位。应奉翰林文字升，至《实录》前，跪读表，读毕，俯伏兴，复位。翰林学士承旨升，至御前，分班立，俟御览毕，降复位。宣赞唱曰"监修国史以下皆再拜"，通赞赞曰"鞠躬"，曰"拜"，曰"兴"，曰"拜"，曰"兴"，曰"平身"。待制升，取《实录》，降自午阶，置于案，由光天门以出，音乐仪从前导，还国史院，置于堂上。通赞赞曰"鞠躬"，曰"拜"，曰"兴"，曰"拜"，曰"兴"，曰"平身"，曰"搢笏"，曰"上香"，曰"上香，曰"三上香"，曰"出笏"，曰"就拜"，曰"兴，"曰"拜"，曰"兴"，曰"拜"，曰"兴"，曰"平立"。百僚趋退。

卷六十八　志第十九

礼　乐　二

制乐始末

太祖初年，以河西高智耀言，征用西夏旧乐。太宗十年十一月，宣圣五十一代孙衍圣公元措来朝，言于帝曰："今礼乐散失，燕京、南京等处，亡金太常故臣及礼册、乐器多存者，乞降旨收录。"于是降旨，令各处管民官，如有亡金知礼乐旧人，可并其家属徙赴东平，令元措领之，于本路税课所给其食。十一年，元措奉旨至燕京，得金掌乐许政、掌礼王节及乐工翟刚等九十二人。十二年夏四月，始命制登歌乐，肄习于曲阜宣圣庙。十六年，太常用许政所举大乐令苗兰诣东平，指授工人，造琴十张，一弦、三弦、五弦、七弦、九弦者各二。

宪宗二年三月五日，命东平万户严忠济立局，制冠冕、法服、钟磬、笋簴、仪物肄习。五月十三日，召太常礼乐人赴日月山。八月七日，学士魏祥卿、徐世隆，郎中姚枢等，以乐工李明昌、许政、吴德、段楫、寇忠、杜延年、赵德等五十余人，见于行宫。帝问制作礼乐之始，世隆对曰："尧、舜之世，礼乐兴焉。"时明昌等各执钟、磬、笛、箫、篪、埙、巢笙，于帝前奏之，曲终，复合奏之，凡三终。十一日，始用登歌乐祀昊天上帝于日月山。祭毕，命驿送乐工还东平。

三年，时世祖居潜邸，命勾当东平府公事宋周臣兼领大乐礼官、乐工人等，常令肄习，仍令万户严忠济依已降旨存恤。六年夏五月，世祖以潜邸次滦州，下教命严忠济督宋周臣以所得礼乐旧人肄习，宜如故事勉行之，毋忽。冬十有一月，敕乐工老不堪任事者，以子孙代之，不足者，以他户补之。

中统元年春正月，命宣抚廉希宪等，召太常礼乐人至燕京。夏六月，命许唐臣等制乐器、公服、法服，秋七月七日，工毕。十一日，用新制雅乐，享祖宗于中书省。礼毕，赐预祭官及礼乐人百四十九人钞有差。八月，命太常礼乐人复还东平。二年秋九月，敕太常少卿王镛领东平乐工，常加督视肄习，以备朝廷之用。

五年，太常寺言："自古帝王功成作乐，乐各有名，盛德形容，于是乎在。伏睹皇上践阼以来，留心至治，声名文物，思复承平之旧，首敕有司，修完登歌、宫县、八佾乐舞，以备郊庙之用。若稽古典，宜有徽称。谨案历代乐名，黄帝曰《咸池》、《龙门》、《大卷》、少昊《大渊》，颛顼《六茎》，高辛《五英》，唐尧《大咸》、《大章》，虞舜《大韶》，夏禹《大夏》，商汤《大濩》，周武《大武》。降及近代，咸有厥名，宋总名曰《大晟》，金总名曰《大和》。今采舆议，权以数名，伏乞详定。曰《大成》，按《尚书》'箫韶九成，凤凰来仪'。《乐记》曰‘王者功成作乐’,《诗》云‘展也大成’。曰《大明》,按《白虎通》言‘如唐尧之德,能大明天人之道’。曰《大顺》,《易》曰‘天之所助者顺’,又曰‘顺乎天而应乎人’。曰《大同》,《乐记》曰‘乐者为同,礼者为异’。《礼运》曰‘大道之行也,故人不独亲其亲,不独子其子,是之谓大同’。曰《大豫》,《易》曰‘豫顺以动,故天地如之’。《象》曰‘雷出地奋,豫。先王以作乐崇德,殷荐之上帝,以配祖考’。”中书省遂定名曰《大成之乐》,乃上表称贺。表曰:“离日中天,已睹文明之化;豫雷出地,又闻正大之音。神人以和,祖考来格。钦惟皇帝陛下,润色洪业,游意太平,爰从龙邸之潜,久敬凤仪之奏。及登宝位,申命鼎司,谓虽陈堂上之登歌,而尚阙庭前之佾舞。方严禋祀,当备声容。属天语之一宣,乃春官之毕会。臣等素无学术,徒有汗颜。聿求旧署之师工,仍讨累朝之典故。按图索器,永言和声,较钟律于积黍之中,续琴调于绝弦之后。金而模,石而琢,簴斯竖,笋斯横,合八音而克谐,阅三岁而始就。列文武两阶之干羽,象帝王四面之宫庭,一洗哇淫之声,可谓盛大之举。既完雅器,未锡嘉名。盖闻轩、昊以来,俱有《咸》、《云》之号,《茎》、《英》、《章》、《韶》以象德,《夏》、《濩》、《武》、《勺》以表功。洪惟国朝,诞受天命,地大物巨,人和岁丰。宜符古记之文,称曰《大成之乐》。汉庭聚议,作章敢望于一夔;舜殿鸣弦,率舞愿观于百兽。”

至元元年冬十有一月,括金乐器散在寺观民家者。先是,括到燕京钟、磬等器,凡三百九十有九事,下翟刚辨验给价。至是,大兴府又以所括钟、磬乐器十事来进。太常因言:“亡金散失乐器,若止于燕京拘括,似为未尽,合于各路寺观民家括之,庶省铸造。”于是奏檄各道宣慰司,括到钟三百六十有七,磬十有七,錞一,送于太常。又中都、宣德、平滦、顺天、河东、真定、西京、大名、济南、北京、东平等处,括到大小钟、磬五百六十有九,其完者,景钟二,镈钟十六,大声钟十,中声钟一,少声钟二十有七,编钟百五十有五,编磬七;其不完者,景钟四,镈钟二十有三,大声钟十有三,中声钟一,少声钟四十有五,编钟二百五十有一,编磬十有四。

三年,初用宫县、登歌乐、文武二舞于太庙。先是,东平万户严忠范奏:“太常登歌乐器乐工已完,宫县乐、文武二舞未备,凡用人四百一十二,请以东平漏籍户充之,合用乐器,官为置备。”制可,命中书省臣议行。于是中书命左三部、太常寺、少府监,于兴禅寺置局,委官杨天祐、太祝郭敏董其事,大乐正翟刚辨验音律,充收受乐器官。丞相耶律铸又言:“今制宫县大乐,内编磬十有二簴,宜于诸处选石材为之。”太常寺以新拨宫县乐工、文武二舞四百一十二人,未习其艺,遣大乐令许政往东平教之。大乐署言:“堂上下乐舞官员及乐工,合用衣服、冠冕、靴履等物,乞行制造。”中书礼部移准太常博士,议定制度,下所属制造。宫县乐器既成,大乐署郭敏开坐名数以上:编钟、磬三十有六簴,树鼓四,(建鞞、应同一座。)晋鼓一,路鼓二,鼗鼓二,相鼓二,雅鼓二,柷一,敔一,笙二十有七,(巢和竽。)埙八,篪、箫、籥、笛各十,琴二十有七,瑟十有四,单铎、双铎、铙、錞、钲、麾、旌、纛各二,补铸编钟百九十有二,灵壁石磬如其数。省臣言:“太庙殿室向成,宫县乐器咸备,请征东平乐工,赴京师肄习,以俟享庙。”制可。秋七月,新乐服成,乐工至自东平,敕翰林院定撰八室乐章,大乐署编运舞节,俾肄习之。

冬十有一月,有事于太庙,宫县、登歌乐、文武二舞咸备。其迎送神曲曰《来成之曲》,烈祖曰《开成之曲》,太祖曰《武成之曲》,太宗曰《文成之曲》,皇伯考术赤曰《弼成之曲》,皇伯考察合带曰《协成之曲》,睿宗曰《明成之曲》,定宗曰《熙成之曲》,宪宗曰《威成之曲》。初献、升降曰《肃成之曲》,司徒奉俎曰《嘉成之曲》,文舞退、武舞进曰《和成之曲》,亚终献、酌献曰《顺成之曲》,彻豆曰《丰成之曲》。文舞曰《武定文绥之舞》,武舞曰《内平外成之舞》。第一成象灭王罕,二成破西夏,三成克金,四成收西域、定河南,五成取西蜀、平南诏,六成臣高丽、服交趾。(详见《乐舞篇》。)

十有二月,籍近畿儒户三百八十四人为乐工。先是,召用东平乐工凡四百一十二人。中书以东平地远,惟留其户九十有二,余尽遣还,复入民籍。

十一年秋八月,制内庭曲舞。中书以上皇帝册宝,下太常太乐署编运无射宫《大宁》等曲,及上寿曲谱。(当时议殿庭用雅乐,后不果用。)

十三年,以近畿乐户多逃亡,仅得四十有二,复征用东平乐工。十六年冬十月,命太常卿忽都于思召太常乐工。是月十一日,大乐令完颜椿等以乐工见于香阁,文郎魏英舞迎神黄钟宫曲,武郎安仁舞亚献无射宫曲。十八年冬十月,昭睿顺圣皇后将祔庙,制昭睿顺圣皇后室曲舞。

十九年,王积翁奏请征亡宋雅乐器至京师,置于八作司。二十一年,大乐署言“宜付本署收掌”,中书命八作司与之。镈钟二十有七,编钟七百二十有三,特磬二十有二,编磬二十有八,铙六,单铎、双铎各五,钲、錞各八。二十二年冬闰十有一月,太常卿忽都于思奏:“大乐见用石磬,声律不协。稽诸古典,磬石莫善于泗滨,女直未尝得此。今泗在封疆之内,宜取其石以制磬。”从之。选审听音律大乐正赵荣祖及识辨磬材石工牛全,诣泗州采之,得磬璞九十,制编磬二百三十。命大乐令陈革等料简,应律者百有五。二十三年,忽都于思又奏:“太庙乐器,编钟、笙匏,岁久就坏,音律不协。”遂补铸编钟八十有一,合律者五十,造笙匏三十有四。二十九年四月,太常太卿香山请采石增制编磬,遣孔铸驰驿往泗州,得磬璞五十八,制磬九十。大乐令毛庄等审听之,得应律磬五十有八,于是编磬始备。

三十年夏六月,初立社稷,命大乐许德良运制曲谱,翰林国史院撰乐章,其降送神曰《镇宁之曲》,初献、盥洗、升坛、降坛、望瘗位皆《肃宁之曲》,正配位奠玉币曰《亿宁之曲》,司徒奉俎彻豆曰《丰宁之曲》,正配位酌献曰《保宁之曲》,亚终献曰《咸宁之曲》。(按祭社稷、先农及大德六年祀天地五方帝,乐章皆用金旧名。释奠宣圣,亦因宋不改。详《乐章篇》。)三十一年,世祖、裕宗祔庙,命大乐署编运曲谱舞节,翰林定撰乐章。世祖室曰《混成之曲》,裕宗室曰《昭成之曲》。

成宗大德九年,新建郊坛既成,命大乐署编运曲谱舞节，翰林撰乐章。十一月二十八日，祀圜丘用之。其迎送神曰《天成之曲》，初献奠玉币曰《钦成之曲》，酌献曰《明成之曲》，登降曰《隆成之曲》，亚终酌献曰《和成之曲》，奉馔彻豆曰《宁成之曲》，望燎如登降，（惟用黄钟宫。）文舞曰《崇德之舞》，武舞曰《定功之舞》。十年，命江浙行省制造宣圣庙乐器，以宋旧乐工施德仲审较应律，运至京师。秋八月，用于庙祀宣圣。先令翰林新撰乐章，命乐工习之，降送神曰《凝安之曲》，初献、盥洗、升殿、降殿、望瘗皆《同安之曲》，奠币曰《明安之曲》，奉俎曰《丰安之曲》，酌献曰《成安之曲》，亚终献曰《文安之曲》，彻豆曰《娱安之曲》。盖旧曲也，新乐章不果用。

十一年，武宗即位，祭告天地，命大乐署编运皇地祇酌献大吕宫一曲及舞节，翰林撰乐章。（无曲名。）九月，顺宗、成宗二室祔庙，下大乐署编运曲谱舞节，翰林撰乐章，顺宗室曰《庆成之曲》，成宗室曰《守成之曲》。

至大二年，亲享太庙。皇帝入门奏《顺成之曲》，盥洗、升殿用至元中初献升降《肃成之曲》，亦曰《顺成之曲》，出入小次奏《昌宁之曲》，迎神用至元中《来成之曲》，改曰《思成》，初献、摄太尉盥洗、升殿奏《肃宁之曲》，酌献太祖室仍用旧曲，改名《开成》，（《开成》本至元中烈祖曲名，其词则太祖旧曲也。）睿宗室仍用旧曲，改名《武成》，（此亦至元中太祖曲名，其词则"神祖创业"以下仍旧。）皇帝饮福、登歌奏《厘成之曲》，（新制曲。）文舞退、武舞进仍用旧曲，改名《肃宁》，（旧名《和成》，其词"天生五材，孰能去兵"以下是也。）亚终献、酌献仍用旧曲，改名《肃宁》，（旧名《顺成》，其词"幽明精禋"以下是也。）彻豆曰《丰宁之曲》，（旧名《丰成》，词语亦异。）送神曰《保成之曲》，皇帝出庙廷亦曰《昌宁之曲》。（《太常集礼》曰："乐章据孔思逮本录之。国朝乐章皆用成字，凡用宁字者，全曲也。国初礼乐之事，悉用前代旧工，循习故常，遂有用其旧者。亦有不用其词，而冒以旧号者，如郊祀先农等乐是也。"）

冬十有二月，始制先农乐章，以太常登歌乐祀之。先是，有命祀先农以登歌乐，如祭社稷之制。大乐署言"《礼》祀先农如社"，遂录祭社林钟宫《镇宁》等曲以上，盖金曲也。三年冬十月，置曲阜宣圣庙登歌乐。初，宣圣五十四代孙左三部照磨思逮言："阙里宣圣祖庙，释奠行礼久阙，祭服登歌之乐，未蒙宠赐。如蒙移咨江浙行省，于各处赡学祭余子粒内，制造登歌乐器及祭服，以备祭祀，庶尽事神之礼。"中书允其请，移文江浙制造。至是，乐器成，运赴阙里用之。十有一月，敕以二十三日冬至，祀昊天上帝于南郊，配以太祖，令大乐署运制配位及亲祀曲谱舞节，翰林撰乐章。皇帝出入中壝黄钟宫曲二，盥洗黄钟宫曲一，升殿登歌大吕宫曲一，酌献黄钟宫曲一，饮福登歌大吕宫曲一，出入小次黄钟宫曲一。（皆无曲名。）四年夏六月，武宗祔庙，命乐正谢世宁等编曲谱舞节，翰林侍讲学士张士观撰乐章，曲名《威成之曲》。

仁宗皇庆二年秋九月，用登歌乐祀太上皇（睿宗。）于真定玉华宫。自是岁用之，至延祐七年春三月奏罢。延祐五年，命各路府宣圣庙置雅乐，选择习古乐师教肄生徒，以供春秋祭祀。六年秋八月，议置三皇庙乐，不果行。七年，仁宗祔庙，命乐正刘琼等编运酌献乐谱舞节，翰林撰乐章，曲名曰《歆成之曲》。

英宗至治二年冬十月，用登歌乐于太庙。是月，英宗祔庙，下大乐署编运乐谱舞节，翰林撰乐章，曲曰《献成之曲》。文宗天历二年春三月，明宗祔庙，下大乐署编运乐谱舞节，翰林定撰乐章，曲曰《永成之曲》。

登歌乐器

金部

编钟一簴，钟十有六，范金为之。笋簴（横曰笋，植曰簴。）皆雕绘树羽，涂金双凤五，中列博山，崇牙十有六，县以红绒组。簴趺青龙籍地，以绿油卧梯二，加两跗焉。笋两端金螭首，衔鍮石璧翣，五色销金流苏，绦以红绒维之。铁杙者四，所以备攲侧。在太室以碍地甓，因易以石麟。簴额识以金饰篆字。击钟者以茱萸木为之，合竹为柄。凡钟，未奏，覆以黄罗；雨，覆以油绢。磬亦然。元初，钟用宋、金旧器，其识曰"大晟"、"大和"、"景定"者是也。后增制，兼用之。

石部

编磬一簴，磬十有六，石为之。县以红绒紃，簴跗狻猊。拊磬者，以牛角为之。余笋簴、崇牙、树羽、璧翣、流苏之制，并与钟同。元初，磬亦用宋、金旧器。至元中，始采泗滨灵壁石为之。

丝部

琴十，一弦、三弦、五弦、七弦、九弦者各二。斫桐为面，梓为底，冰弦，木轸，漆质，金徽，长三尺九寸。首阔五寸二分，通足中高二寸七分，旁各高二寸；尾阔四寸一分，通足中高二寸，旁各高一寸五分。俱以黄绮夹囊贮之。琴卓髹以绿。

瑟四，其制，底面皆用梓木，面施采色，两端绘锦，长七尺。首阔尺有一寸九分，通足中高四寸，旁各高三寸；尾阔尺有一寸七分，通足中高五寸，旁各高三寸五分。朱丝为弦，凡二十有五，各设柱，两头有孔，疏通相连，以黄绮夹囊贮之。架四，髹以绿，金饰凤首八。

竹部

箫二，编竹为之，每架十有六管，阔尺有六分。黑枪金鸾凤为饰，鍮石钉铰。以黄绒紃维于人项，左右复垂红绒绦结。架以木为之，高尺有二寸，亦号排箫，韬以黄囊。

笛二，断竹为之，长尺有四寸，七孔，亦号长笛。缠以朱丝，垂以红绒绦结，韬以黄囊。

籥二，制如笛，三孔。缠以朱丝，垂以红绒绦结，韬以黄囊。

篪二，髹色如桐叶，七孔。缠以朱丝，垂以红绒绦结，韬以黄囊。

匏部

巢笙四，和笙四，七星匏一，九曜匏一，闰余匏一，皆以班竹为之。玄髹底，置管匏中，施簧管端，参差如鸟翼。大者曰巢笙，次曰和笙，管皆十九，簧如之。十三簧者曰闰余匏，九簧者曰九曜匏，七簧者曰七星匏，皆韬以黄囊。

土部

埙二，陶土为之，围五寸半，长三寸四分，形如称锤，六孔，上一，前二，后三，韬以黄囊。

革部

搏拊二，制如鼓而小，中实以糠，外髹以朱，绘以绿云，系以青绒絛。两手用之，或搏或拊，以节登歌之乐。

木部

柷一，以桐木为之，状如方桶，绘山于上，髹以粉，旁为圆孔，纳椎于中。椎以杞木为之，撞之以作乐。

敔一，制以桐木，状如伏虎，彩绘为饰，背有二十七鉏铻刻，下承以盘。用竹长二尺四寸，破为十茎，其名曰籈，栎其背以止乐。

宫县乐器

金部

镈钟十有二簴，簴一钟，制视编钟而大，依十二辰位特县之，亦号辰钟。笋簴朱髹、涂金，彩绘飞龙，跗东青龙，西白虎，南赤豸，北玄麟，素罗五色流苏。余制并与编钟同。

编钟十有二簴，簴十有六钟，制见《登歌》。（此下乐器制与《登歌》同者，皆不重载。）

石部

编磬十有六簴，簴十有二磬，制见《登歌》。笋簴与镈钟同。

丝部

琴二十有七，一弦者三，三弦、五弦、七弦、九弦者各六。

瑟十有二。

竹部

箫十，籥十，篪十，笛十。

匏部

巢笙十。

竽十，竹为之。与巢笙皆十九簧，惟指法各异。

七星匏一，九曜匏一，闰余匏一。

土部

埙八。

革部

晋鼓一，长六尺六寸，面径四尺，围丈有二尺，穹隆者居鼓面三之一，穹径六尺六寸三分寸之一，面绘云龙为饰，其皋陶以朱髹之，下承以彩绘趺座，并鼓高丈余。在郊祀者，鞔以马革。

树鼓四，每树三鼓。其制高六尺六寸，中植以柱，曰建鼓。柱末为翔鹭，下施小圆轮。又为重斗，方盖，并缭以彩绘。四角有竿，各垂璧翣流苏，下以青狻猊四为趺。建旁挟二小鼓，曰鞞、曰应，树乐县之四隅。踏床、鼓桴，并髹以朱。

雷鼓二，制如鼓而小，鞔以马革，持其柄播之，旁耳自击，郊祀用之。

雷鼗二，亦以马革鞔之，为大小鼓三，交午贯之以柄，郊祀用之。

路鼓二，制如雷鼓，惟非马革，祀宗庙用之。

路鼗二，其制为大小二鼓，午贯之，旁各有耳，以柄摇之，耳往还自击，不以马革，祀宗庙用之。

木部

柷一，敔一。

节乐之器

麾一，制以绛缯，长七尺，画升龙于上，以涂金龙首朱杠县之。乐长执之，举以作乐，偃以止乐。

照烛二，以长竿置绛罗笼于其末，然烛于中。夜暗，麾远难辨，乐正执之，举以作乐，偃以止乐。

文舞器

纛二，制若旌幢，高七尺，杠首刻象牛首，下施朱缯盖为三重，以导文舞。

籥六十有四，木为之。象籥之制，舞人所执。

翟六十有四，木柄，端刻龙首，饰以雉羽，缀以流苏，舞人所执。

武舞器

旌二，制如纛，杠首栖以凤，以导武舞。

干六十有四，木为之，加以彩绘，舞人所执。

戚六十有四，制若剑然，舞人所执。（《礼记注》："戚，斧也。"今制与古异。）

金錞二，范铜为之，中虚，鼻象狻猊，木方趺。二人举錞，筑于趺上。

金钲二，制如铜盘，县而击之，以节乐。

金铙二，制如火斗，有柄，以铜为匡，疏其上如铃，中有丸。执其柄而摇之，其声铙铙然，用以止鼓。

单铎、双铎各二，制如小钟，上有柄，以金为舌，用以振武舞。两铎通一柄者，号曰双铎。

雅鼓二，制如漆筒，鞔以羊革，旁有两纽。工人持之，筑地以节舞。

相鼓二，制如搏拊，以韦为表，实之以糠。拊其两端，以相乐舞节。

鼗鼓二。

舞表

表四，木杆，凿方石树之，用以识舞人之兆缀。

卷六十九　志第二十

礼乐三

郊祀乐章

成宗大德六年，合祭天地五方帝乐章：

降神，奏《乾宁之曲》，六成：

圜钟宫三成

惟皇上帝，监德昭明。祀考承天，治底隆平。孝思维则，禋祀荐诚。神其降格，万福来并。

黄钟角一成（词同前。）

太簇徵一成（词同前。）

姑洗羽一成（词同前。）

初献盥洗，奏《肃宁之曲》：

黄钟宫

明水在下，钟鼓既奏。有孚颙若，陟降左右。辟公处之，多士裸将。吉蠲以祭，上帝其飨。

初献升降，奏《肃宁之曲》：

大吕宫

禋祀孔肃，盥荐初升。摄齐恭敬，以荐惟馨。肃雝多士，来格百灵。降福受厘，万世其承。

奠玉币，奏：

大吕宫

宗祀配飨，肇举明禋。嘉玉既设，量币斯陈。惟德格天，惟诚感神。于万斯年，休命用申。

迎俎，奏《丰宁之曲》：

黄钟宫

有硕斯俎，有涤斯牲。銮刀屡奏，血膋载升。礼崇茧栗，气达尚腥。上帝临止，享于克诚。

酌献，奏《嘉宁之曲》：

大吕宫

崇崇泰畤，穆穆昊穹。神之格思，肸蚃斯通。牺尊载列，黄流在中。酒既和止，万福攸同。

亚献，奏《咸宁之曲》：

黄钟宫

六成既阕，三献云终。神其醉止，穆穆雍雍。和风庆云，贲我郊宫。受兹祉福，亿载无穷。

终献（词同前。）

彻笾豆，奏《丰宁之曲》：

大吕宫

禋礼既备，神具宴娭。笾豆有楚，废彻不迟。多士骏奔，乐且有仪。乃锡纯嘏，永佐丕基。

送神奏：

圜钟宫

殷祀既毕，灵驭载旋。礼洽和应，降福自天。动植咸若，阴阳不愆。明明天子，亿万斯年。

望燎奏：

黄钟宫

享申百礼，庆洽百灵。奠玉高坛，燔柴广庭。祥光达曙，灿若景星。神之降福，万国咸宁。

大德九年以后，定拟亲祀乐章：

皇帝入中壝：

黄钟宫

赫赫有临，洋洋在上。克配皇祖，于穆来飨。肇此大禋，乾文弘朗。被衮圜丘，巍巍玄象。

皇帝盥洗：

黄钟宫

翼翼孝思，明德洽礼。功格玄穹，有光帝始。著我精诚，洁兹荐洗。币玉攸奠，永集嘉祉。

皇帝升坛：（降同。）

大吕宫

天行惟健，盛德御天。日月龙章，笋簴宫县。藁秸尚明，礼璧苍圜。神之格思，香升燔烟。

降神，奏《天成之曲》：

圜钟宫三成

烝哉皇元，丕承帝眷。报本贵诚，于郊殷荐。藁秸载陈，云门六变。神之格思，来处来燕。

黄钟角一成

大簇徵一成

姑洗羽一成（词并同前。）

初献盥洗，奏《隆成之曲》：

黄钟宫

肇禋南郊，百神受职。齐洁惟先，匪馨于稷。乃沃乃盥，祠坛是陟。上帝监观，其仪不忒。

初献升坛，（降同。）奏《隆成之曲》：

大吕宫

于穆圜坛，阳郊奠位。孔惠孔时，吉蠲为饎。降登祗若，百礼既至。愿言居歆，允集熙事。

奠玉币，（正配位同。）奏《钦成之曲》：

黄钟宫

谓天盖高，至诚则格。克祀克禋，骏奔百辟。制币斯陈，植以苍璧。神其降康，俾我来益。

司徒捧俎，奏《宁成之曲》：

黄钟宫

我牲既洁，我俎斯实。笙镛克谐，笾豆有铋。神来宴娭，歆兹明德。永锡繁禧，如几如式。

昊天上帝位酌献，奏《明成之曲》：

黄钟宫

于昭昊天，临下有赫。陶匏荐诚，声闻在德。酌言献之，上灵是格。降福孔偕，时万时亿。

皇地祇位酌献：

大吕宫

至哉坤元，与天同德。函育群生，玄功莫测。合飨圜坛，旧典时式。申锡无疆，聿宁皇国。

太祖位酌献：

黄钟宫

礼大报本，郊定天位。皇皇神祖，反始克配。至德难名，玄功宏济。帝典式敷，率育攸塈。

皇帝饮福：

大吕宫

特牲享诚，备物循质。上帝居歆，百神受职。皇武昭宣，孝祀芬苾。万福攸同，下民阴骘。

皇帝出入小次：

黄钟宫

惟天为大，惟帝飨帝。以配祖考，肃赞灵祉。定极崇功，永我昭事。升中于天，象物毕至。

文舞退，武舞进，奏《和成之曲》：

黄钟宫

羽籥既竣，载扬玉戚。一弛一张，匪舒匪棘。八音克谐，万舞有奕。永观厥成，纯嘏是锡。

亚终献，奏《和成之曲》：

黄钟宫

有严郊禋，恭陈币玉。大糦是承，载祗载肃。上帝居歆，馨香既饫。惠我无疆，介以景福。

彻笾豆，奏《宁成之曲》：

大吕宫

三献攸终，六乐斯遍。既右享之，彻其有践。洋洋在上，默默灵眷。明禋告成，于皇锡羡。

送神，奏《天成之曲》：

圜钟宫

神之来歆，如在左右。神保聿归，灵斿先后。恢恢上圆，无声无臭。日监孔昭，思皇多祐。

望燎，奏《隆成之曲》：

黄钟宫

熙事备成，礼文郁郁。紫烟聿升，灵光下烛。神人乐康，永膺戬谷。祚我丕平，景命有仆。

皇帝出中壝：

黄钟宫

泰坛承光，寥廓玄暧。畅我扬明，飨仪惟大。九服敬宣，声教无外。皇拜天祐，照临斯届。

宗庙乐章

世祖中统四年至至元三年，七室乐章：（《太常集礼稾》云，此系卷牍所载。）

太祖第一室：

天垂灵顾，地献中方。帝力所拓，神武莫当。阳溪昧谷，咸服要荒。昭孝明禋，神祖皇皇。

太宗第二室：

和林胜域，天邑地宫。四方宾贡，南北来同。百司分置，胄教肇崇。润色祖业，德仰神宗。

睿宗第三室：

珍符默授，畴昔自天。爰生圣武，宝祚开先。霓旌回狩，龙驾游仙。追远如生，皇慕颙然。

皇伯考术赤第四室：

威武鹰扬，冢位克当。从龙远拓，千万里疆。诞总虎旅，驻压西方。航海梯山，东西来王。

皇伯考察合带第五室：

雄武军威，滋多历年。深谋远略，协赞惟专。流沙西域，饯日东边。百国畏服，英声赫然。

定宗第六室：

三朝承休，恭已优游。钦绳祖武，其德聿修。帝慭锡寿，德泽期周。蠲馆惟芗，祈飨于幽。

宪宗第七室：

龙跃潜居，风云会通。知民病苦，轸念宸衷。夔门之旅，继志图功。俎豆敬祭，华仪孔隆。

至元四年至十七年，八室乐章：（《太常集礼》云，周驭所藏《仪注》所录舞节同。）

迎神，奏《来成之曲》，九成：

黄钟宫三成

齐明盛服，翼翼灵眷。礼备多仪，乐成九变。烝烝孝心，若闻且见。肸蚃端临，来宁来燕。

大吕角二成（词同黄钟。）

大簇徵二成（词同黄钟。）

应钟羽二成（词同黄钟。）

初献盥洗，奏《肃成之曲》：（再诣盥洗同。至大以后，名《顺成之曲》，词律同。）

无射宫

天德维何，如水之清。维水内耀，配彼天明。以涤以濯，牺象光晶。孝思维则，式荐忱诚。

初献升殿，登歌乐奏《肃成之曲》：（降同。）

夹钟宫

祀事有严，太官有侐。陟降靡违，礼容翼翼。笾豆旅陈，钟磬翕绎。于昭吉蠲，神保是格。

司徒捧俎，奏《嘉成之曲》：（别本所录亲祀乐章词同。）

无射宫

色纯体全，三牺五牲。鸾刀屡奏，毛炰胾羹。神具厌饫，听我磬声。居歆有永，胡考之宁。

烈祖第一室，奏《开成之曲》：

无射宫

于皇烈祖，积厚流长。大勋未集，燮伐用张。笃生圣嗣，奄有多方。锡我景福，万世无疆。

太祖第二室，奏《武成之曲》：

无射宫

天扶昌运，混一中华。爰有真人，奋起龙沙。祭天开宇，亘海为家。肇修禋祀，万世无涯。

太宗第三室，奏《文成之曲》：

无射宫

纂成前烈，底定丕图。礼文简省，禁网宽疏。还风太古，跻世华胥。三灵顺协，四海无虞。

皇伯考术赤第四室，奏《弼成之曲》：

无射宫

神支挺秀，右壤疏封。创业艰难，相我祖宗。叙亲伊迩，论功亦崇。春秋祭祀，万世攸同。

皇伯考察合带第五室，奏《协成之曲》：

无射宫

玉牒期亲，神支懿属。论德疏封，展亲分玉。相我祖宗，风栉雨沐。昔同其劳，今共兹福。

睿宗第六室，奏《明成之曲》：

无射宫

神祖创业，爰著戎衣。圣考抚军，代行天威。河南底定，江北来归。贻谋翼子，奕叶重辉。

定宗第七室，奏《熙成之曲》：

无射宫

嗣承丕祚，累洽重熙。堂构既定，垂拱无为。边庭闲暇，田里安绥。歆兹禋祀，万世攸宜。

宪宗第八室，奏《威成之曲》：

无射宫

羲驭未出，萤爝腾光。大明丽天，群阴披攘。百神受职，四海宁康。愔愔灵韶，德音不忘。

文舞退，武舞进，奏《和成之曲》：（别本所录亲祀乐章词同。）

无射宫

天生五材，孰能去兵。恢张弘业，我祖天声。干戈曲盘，濯濯厥灵。于赫七德，展也大成。

亚献行礼，奏《顺成之曲》：（终献词律同。）

无射宫

幽通神明，所重精禋。清宫肃肃，百礼具陈。九韶克谐，八佾兟兟。灵光昭答，天休日申。

彻笾豆，登歌乐奏《丰成之曲》：

夹钟宫

豆笾苾芬，金石锵铿。礼终三献，乐奏九成。有严执事，进彻无声。神保聿归，万福来宁。

送神，奏《来成之曲》：（或作《保成》。）

黄钟宫

神主在室，神灵在天。礼成乐阕，神返幽玄。降福冥冥，百顺无愆。于皇孝思，于万斯年。

至元十八年冬十月，世祖皇后祔庙酌献乐章：（《太常集礼》云，卷牍所载。）

黄钟宫

徽柔懿哲，温默靖恭。范仪宫闱，任姒同风。敷天宁谧，内助多功。淑德祔庙，万世昌隆。

亲祀禘祫乐章：（未详年月。《太常集礼》云，别本所录。以时考之，疑至元三年以前拟用，详见《制乐始末》。）

皇帝入门，宫县奏《顺成之曲》：

无射宫

熙熙雍雍，六合大同。维皇有造，典礼会通。金奏王夏，祇款神宫。感格如响，嘉气来丛。

皇帝升殿，奏《顺成之曲》：

夹钟宫

皇明烛幽，沿时制作。宗庙之威，降登时若。趋以采茨，声容有恪。曰艺曰文，监兹衎乐。

皇帝诣罍洗，宫县奏《顺成之曲》：（《太常集礼》云，至元四年用此曲，名曰《肃成》。至大以后用此，词律同。）

无射宫

酌彼行潦，维挹其清。洁齐以祀，祀事昭明。肃肃辟公，沃盥乃升。神之至止，歆于克诚。

皇帝诣酌尊所，宫县奏《顺成之曲》：

无射宫

灵庭愔愔，乃神攸依。文为在礼，载斟匪祈。皇皇穆穆，玉佩声希。列侯百辟，济济宣威。

迎神，宫县奏《思成之曲》。（至元四年，名《来成之曲》，词律同。）

司徒捧俎，宫县奏《嘉成之曲》。（至元四年，词律同。）

酌献始祖，宫县奏《庆成之曲》：

无射宫

启运流光，幅员既长。敬恭祀事，郁鬯芬芗。德以舞象，功以歌扬。式歌且舞，神享是皇。

诸庙奏《熙成》、《昌成》、《鸿成》、《乐成》、《康成》、《明成》等曲。（词阙。）

文舞退，武舞进，宫县奏《肃成之曲》。（至元四年，名《和成之曲》，词律同。）

亚终献，宫县奏《肃成之曲》。（至元四年，名《顺成之曲》，词律同。）

皇帝饮福，登歌奏《厘成之曲》：

夹钟宫

诚通恩降，灵慈昭宣。左右明命，六合大全。晬饮椒馨，纯嘏如川。皇人寿谷，亿万斯年。

彻豆，登歌奏《丰成之曲》：

夹钟宫

三献九成，礼毕乐阕。于豆于登，于焉靖彻。多士密勿，乐且有仪。能事脱颖，孔惠孔时。

送神，奏《保成之曲》：

黄钟宫

云车之来，不疾而速。风驭言还，阒其恍惚。神心之欣，孝孙之禄。燕翼无疆，景命有仆。

武宗至大以后，亲祀摄乐章：（《太常集礼》云，孔思逮本所录。）

皇帝入门，奏《顺成之曲》。（别本，亲祀禘祫乐章，词律同。）

皇帝盥洗，奏《顺成之曲》。（至元四年，名《肃成之曲》，词律同。）

皇帝升殿，登歌乐奏《顺成之曲》。（别本，亲祀乐章，词律同。）

皇帝出入小次，奏《昌宁之曲》：（《太常集礼》云，此金曲，思逮取之。详见《制乐始末》。）

无射宫

于皇神宫，象天清明。肃肃来止，相维公卿。威仪孔彰，君子攸宁。神之休之，绥我思成。

迎神，奏《思成之曲》：（至元四年，名《来成之曲》，词律同。）

黄钟宫三成

齐明盛服，翼翼灵眷。礼备多仪，乐成九变。烝烝孝心，若闻且见。肸蚃端临，来宁来燕。

大吕角二成

太簇征二成

应钟羽二成（词并同上。）

初献盥洗，奏《肃成之曲》。（别本，亲祀乐章，名《顺成之曲》，词律同。）

初献升殿，（降同。）登歌乐奏《肃宁之曲》。（至元四年，名《肃成之曲》，词律同。）

司徒捧俎，奏《嘉成之曲》。（至元四年，曲名词律同。）

太祖第一室，奏《开成之曲》。（至元四年，名《武成之曲》，词同。）

睿宗第二室，奏《武成之曲》。（至元四年，名《明成之曲》，词同。）

世祖第三室，奏《混成之曲》：

无射宫

于昭皇祖，体健乘乾。龙飞应运，盛德光前。神功耆定，泽被垓埏。诒厥孙谋，何千万年。

裕宗第四室，奏《昭成之曲》：

无射宫

天启深仁，须世而昌。追惟显考，敢后光扬。徽仪肇举，礼备音锵。皇灵鉴止，降厘无疆。

顺宗第六室，奏《庆成之曲》：

无射宫

龙潜于渊，德昭于天。承休基命，光被纮埏。洋洋如临，笾豆牲栓。惟明惟馨，皇祚绵延。

成宗第七室，奏《守成之曲》：

无射宫

天开神圣，继世清宁，泽深仁溥，乐协《韶英》。宗枝嘉会，气和惟馨。繁禧来格，永被皇灵。

武宗第八室，奏《威成之曲》：

无射宫

绍天鸿业，继世隆平。惠孚中国，威靖边庭。厥功惟茂，清庙妥灵。歆兹明祀，福禄来成。

仁宗第九室，奏《歆成之曲》：

无射宫

绍隆前绪，运启文明。深仁及物，至孝躬行。惟皇建极，盛德难名。居歆万祀，福禄崇成。

英宗第十室，奏《献成之曲》：

无射宫

神圣继作，式是宪章。诞兴礼乐，躬事烝尝。翼翼清庙，烨有耿光。于千万年，世仰明良。

皇帝饮福，登歌乐奏《厘成之曲》：

夹钟宫

穆穆天子，禋祀太宫。礼成乐备，敬彻诚通。神胥乐止，锡之醇酎。天子万世，福禄无穷。

文舞退，武舞进，奏《肃成（孔本作《肃宁》。）之曲》。（至元四年，名《和成之曲》，词律同。）

亚终献行礼，宫县奏《肃成之曲》。（至元四年，名《顺成之曲》，词律同。）

彻笾豆，登歌乐奏《丰宁之曲》。（至元四年，名《丰成之曲》，词律同。）

送神，奏《保成之曲》。（至元四年，名《来成之曲》，词律同。）

皇帝出庙廷，奏《昌宁之曲》：

无射宫

缉熙维清，吉蠲致诚。上仪具举，明德荐馨。已事而竣，欢通三灵。先祖是皇，来燕来宁。

文宗天历三年，明宗祔庙酌献，奏《永成之曲》：

无射宫

猗那皇明，世缵神武。敬天弗违，时潜时旅。龙旗在涂，言受率土。不遐有临，永锡多嘏。

社稷乐章

降神，奏《镇宁之曲》：

林钟宫二成

以社以方，国有彝典。大哉元德，基祚绵远。农功万世，于焉报本。显相默祐，降监坛墠。

太簇角二成

锡民地利，厥功甚溥。昭代典礼，清声律吕。谷旦于差，洋洋来下。相此有年，根本日固。

姑洗徵二成

平厥水土，百谷用成。长扶景运，宜歆德馨。五祀为大，千古举行。感通肹蚃，登歌镇宁。

南宫羽二成

币齐虔修，粢盛告备。仓庾坻京，繄谁之赐。崇坛致恭，幽光孔迩。享于精诚，休祥毕至。

初献盥洗，奏《肃宁之曲》：

太簇宫

礼备乐陈，辰良日吉。挹彼樽罍，馨哉黍稷。濯溉揭虔，维巾及幂。万年严祀，跄跄受职。

初献升坛，奏《肃宁之曲》：（降同。）

应钟宫

春祈秋报，古今彝章。民天是资，神灵用彰。功崇礼严，人阜时康。雍雍为仪，燔芬苾香。

正配位奠玉币，奏《亿宁之曲》：

太簇宫

地祇向德，稽古美报。币帛斯陈，圭璋式缫。载烈载燔，肴羞致告。雨旸时若，丕图永保。

司徒捧俎，奏《丰宁之曲》：

太簇宫

我稼既同，群黎遍德。我祀如何，牲栓孔硕。有翼有严，随方布色。报功求福，其仪不忒。

正位酌献，奏《保宁之曲》：

太簇宫

异世同德，于皇圣昭。降兹嘉祥，卫我大宝。生乃烝民，俾德覆焘。厥作裸将，有相之道。

配位酌献，奏《保宁之曲》：

太簇宫

以御田祖，皇家秩祀。有民人焉，盍究本始。惟叙惟修，谁实介止。酒旨且多，盛德宜配。

亚终献，奏《咸宁之曲》：

太簇宫

以引以翼，来处来燕。豆笾牲牢，有楚有践。膚答神休，神亦锡羡。土谷是依，成此酬献。

彻豆，奏《丰宁之曲》：

应钟宫

文治修明，相成田功。功为特殊，仪为特隆。终如其初，诚则能通。明神毋忘，时和岁丰。

送神，奏《镇宁之曲》：

林钟宫

不屋受阳，国所崇敬。以兴来岁，苞秀坚颖。云軿莫驻，神其谛听。景命有仆，与国同永。

望瘗位，奏《肃宁之曲》：

太簇宫

雅奏肃宁，繁厘降格。篚厥玄黄，丹诚烜赫。肇祀以归，瞻言咫尺。万年攸介，丕承帝德。

先农乐章

降神，奏《镇宁之曲》：

林钟宫二成

民生斯世，食为之天。恭惟大圣，尽心于田。仲春劭农，明祀吉蠲。馨香感神，用祈丰年。

太簇角二成

耕种务农，振古如兹。爰粒烝庶，功德茂垂。降嘉奏艰，国家攸宜。所依惟神，庯洁明粢。

姑洗徵二成

俶载平畴，农功肇敏。千耦耕耘，同徂隰畛。田祖丕灵，为仁至尽。丰岁穰穰，延洪有引。

南吕羽二成

群黎力耕，及兹方春。维时东作，笃我农人。我黍既华，我稷宜新。由天降康，永赖明神。

初献盥洗，奏《肃宁之曲》：

太簇宫

泂酌行潦，真足为荐。奉兹洁清，神在乎前。分作甘霖，沾溉芳甸。慎于其初，诚意攸见。

初献升坛，奏《肃宁之曲》：

应钟宫

有椒其馨，维多且旨。式慎尔仪，降登庭止。黍稷稻粱，民无渴饥。神嗜饮食，永绥嘉祉。

正配位奠玉币，奏《亿宁之曲》：

太簇宫

奉币维恭，前陈嘉玉。聿昭盛仪，肃雝纯如。南亩深耕，麻麦禾菽。用祈三登，膺受多福。

司徒捧俎，奏《丰宁之曲》：

太簇宫

奉牲孔嘉，登俎丰备。地官骏奔，趋进光辉。肥硕蕃孳，歆此诚意。有年斯今，均被神赐。

正位酌献，奏《保宁之曲》：

太簇宫

宝坛巍煌，神应如响。备腯咸有，牲体苾芳。洋洋如在，降格来享。秉诚罔怠，群生瞻仰。

配位酌献，奏《保宁之曲》：

太簇宫

酒清斯香，牲硕斯大。具列觞俎，精意先会。民命维食，稗莠毋害。我仓万亿，神明攸介。

亚终献，奏《咸宁之曲》：

太簇宫

至诚攸感，肸蚃潜通。百谷嘉种，爰降时丰。祈年孔夙，稼穑为重。俯歆醴齐，载扬歌颂。

彻豆，奏《丰宁之曲》：

应钟宫

有来雍雍，存诚敢匮。废彻不迟，灵神攸嗜。孔惠孔时，三农是宜。眉寿万岁，谷成丕乂。

送神，奏《镇宁之曲》：

林钟宫

焄蒿凄怆，万灵来唉。灵神具醉，聿言旋归。岁丰时和，风雨应期。皇图万年，永膺洪禧。

望瘗位，奏《肃宁之曲》：

太簇宫

礼成文备，歆受清祀。加牲兼币，陈玉如仪。灵驭言旋，面阴昭瘗。集兹嘉祥，常致丰岁。

宣圣乐章

迎神，奏《凝安之曲》：

黄钟宫三成

大哉宣圣，道尊德崇。维持王化，斯文是宗。典祀有常，精纯并隆。神其来格，于昭盛容。

大吕角二成

生而知之，有教无私。成均之祀，威仪孔时。惟兹初丁，洁我盛粢。永言其道，万世之师。

太簇徵二成

巍巍堂堂，其道如天。清明之象，应物而然。时维上丁，备物荐诚。维新礼典，乐谐中声。

应钟羽二成

圣王生知，阐乃儒规。《诗》《书》文教，万世昭垂。良日惟丁，灵承丕爽。揭此精虔，神其来享。

初献盥洗，奏《同安之曲》：

姑洗宫

右文兴化，宪古师经。明祀有典，吉日惟丁。丰牺在俎，雅奏在庭。周回陟降，福祉是膺。

初献升殿，奏《同安之曲》：（降同。）

南吕宫

诞兴斯文，经天纬地。功加于民，实千万世。笙镛和鸣，粢盛丰备。肃肃降登，歆兹秩祀。

奠币，奏《明安之曲》：

南吕宫

自生民来，谁底其盛。惟王神明，度越前圣。粢币具成，礼容斯称。黍稷惟馨，惟神之听。

捧俎，奏《丰安之曲》：

姑洗宫

道同乎天，人伦之至。有享无穷，其兴万世。既洁斯牲，粢明醑旨。不懈以忱，神之来塈。

大成至圣文宣王位酌献，奏《成安之曲》：

南吕宫

大哉圣王，实天生德。作乐以崇，时祀无斁。清酤惟馨，嘉牲孔硕。荐羞神明，庶几昭格。

兖国复圣公位酌献，奏《成安之曲》：

南吕宫

庶几屡空，渊源深矣。亚圣宣猷，百世宜祀。吉蠲斯辰，昭陈尊簋。旨酒欣欣，神其来止。

邹国宗圣公酌献，奏《成安之曲》：

南吕宫

心传忠恕，一以贯之。爰述《大学》，万工训彝。惠我光明，尊闻行知。继圣迪后，是享是宜。

沂国述圣公酌献，奏《成安之曲》：

南吕宫

公传自曾，孟传自公。有嫡绪承，允得其宗。提纲开蕴，乃作《中庸》。侑于元圣，亿载是崇。

邹国亚圣公酌献，奏《成安之曲》：

南吕宫

道之由兴，于皇宣圣。维公之传，人知趋正。与飨在堂，情文斯称。万年承休，假哉天命。

亚献，奏《文安之曲》：（终献同。）

姑洗宫

百王宗师，生民物轨。瞻之洋洋，神其宁止。酌彼金罍，惟清且旨。登献惟三，于嘻成礼。

饮福受胙。（与盥洗同，惟国学释奠亲祀用之，摄事则不用，外路州县并皆用之。）

彻豆，奏《娱安之曲》：

南吕宫

牺象在前，豆笾在列。以享以荐，既芬既洁。礼成乐备，人和神悦。祭则受福，率尊无越。

送神，奏《凝安之曲》：

黄钟宫

有严学宫，四方来崇。恪恭祀事，威仪雍雍。歆兹惟馨，飙驭回复。明禋斯毕，咸膺百福。

望瘗。（与盥洗同。）

右释奠乐章，皆旧曲。元朝尝拟撰易，而未及用，今并附于此。

迎神，奏《文明之曲》：

天纵之圣，集厥大成。立言垂教，万世准程。庙庭孔硕，尊俎既盈。神之格思，景福来并。

盥洗，奏《昭明之曲》：

神既宁止，有孚颙若。罍洗在庭，载盥载濯。匪惟洁修，亦新厥德。对越在兹，敬恭惟则。

升殿，奏《景明之曲》：（降同。）

大哉圣功，薄海内外。礼隆秩宗，光垂昭代。陟降在庭，摄齐委佩。莫不肃雝，洋洋如在。

奠币，奏《德明之曲》：

圭衮尊崇，佩绅列侑。笾豆有楚，乐具和奏。式陈量币，骏奔左右。天睠斯文，繄神之佑。

文宣王酌献，奏《诚明之曲》：

惟圣监格，享于克诚。有乐在县，有硕斯牲。奉醴以告，嘉荐惟馨。绥以多福，永底隆平。

兖国公酌献，奏《诚明之曲》：

潜心好学，不违如愚。用舍行藏，乃与圣俱。千载景行，企厥步趋。庙食作配，祀典弗渝。

郕国公酌献。（阙。）

沂国公酌献。（阙。）

邹国公酌献，奏《诚明之曲》：

洙泗之传，学穷性命。力距杨墨，以承三圣。遭时之季，孰识其正。高风仰止，莫不肃敬。

亚献，奏《灵明之曲》：（终献同。）

庙成奕奕，祭祀孔时。三爵具举，是飨是宜。于昭圣训，示我民彝。纪德报功，配于两仪。

送神，奏《庆明之曲》：

礼成乐备，灵驭其旋。济济多士，不懈益虔。文教兹首，儒风是宣。佑我（阙。）

卷七十　　志第二十一

礼乐四

郊祀乐舞

降神文舞，（崇德之舞。）《乾宁之曲》六成。

圜钟宫三成。始听三鼓，（一声钟，一声鼓，凡三作，后仿此。）一鼓稍前，开手立；二鼓合手，退后；三鼓相顾蹲。三鼓毕，间声作。（二声钟，一声鼓。）一鼓稍前，舞蹈；二鼓举左手，收，左揖；三鼓举右手，收，右揖；四鼓高呈手；五鼓两两相向蹲；六鼓稍前，开手立；七鼓退后，俯伏；八鼓举左手，收，左揖；九鼓举右手，收，右揖；十鼓稍前，开手立；十一鼓合手，退后，躬身；十二鼓伏，兴，仰视；十三鼓舞蹈，相向立；十四鼓复位，交籥，正蹲；十五鼓躬身，受。终听三鼓。（止。）

黄钟角一成。始听三鼓。一鼓稍前，舞蹈；二鼓合手，退后；三鼓相顾蹲。三鼓毕，间声作。一鼓稍前，舞蹈；二鼓高呈手；三鼓两两相向蹲；四鼓举左手，收，左揖；五鼓举右手，收，右揖；六鼓稍前，开手；七鼓复位，正揖；八鼓两两相向，交籥，正蹲；九鼓复位立；十鼓稍前，开手立；十一鼓合手，退后，躬身；十二鼓伏，兴，仰视；十三鼓举左手，收，开手，正蹲；十四鼓举右手，收，开手，正蹲；十五鼓躬身，受。终听三鼓。（止。）

太簇徵一成。始听三鼓，一鼓稍前，开手立；二鼓合手，退后；三鼓相顾蹲。三鼓毕，间声作，一鼓稍前，舞蹈；二鼓复位，躬身；三鼓高呈手；四鼓举左手，收，左揖；五鼓举右手，收，右揖；六鼓两两相向，交籥，正蹲；七鼓复位，躬身；八鼓舞蹈，相向立；九鼓复位，俯伏；十鼓举左手，收，左揖；十一鼓举右手，收，右揖；十二鼓伏，兴，仰视；十三鼓舞蹈，相向立；十四鼓复位，交籥，正蹲；十五鼓躬身，受。终听三鼓。（止。）

姑洗羽一成。始听三鼓，一鼓稍前，开手立；二鼓合手，退后；三鼓相顾蹲。三鼓毕，间声作，一鼓稍前，舞蹈；二鼓复位，正揖；三鼓高呈手；四鼓推左手，收，左揖；五鼓推右手，收，右揖；六鼓两两相向，交籥，正蹲；七鼓复位，俯伏；八鼓舞蹈，相向立；九鼓复位，躬身；十鼓伏，兴，仰视；十一鼓举左手，收，左揖；十二鼓举右手，收，右揖；十三鼓舞蹈，相向立；十四鼓复位，交籥，正蹲；十五鼓躬身，受。终听三鼓。（止。）

昊天上帝位酌献文舞，（崇德之舞。）《明成之曲》，黄钟宫一成。始听三鼓，一鼓稍前，开手立；二鼓合手，退后；

三鼓相顾蹲。三鼓毕，间声作，一鼓稍前，舞蹈，相向立；二鼓复位，相顾蹲；三鼓复位，开手立；四鼓合手，正揖；五鼓举左手，收，左揖；六鼓举右手，收，右揖；七鼓两两相向，交籥，正蹲；八鼓复位，正揖；九鼓稍前，开手立；十鼓退后，俯伏；十一鼓稍前，开手立；十二鼓推左手，收；十三鼓推右手，收；十四鼓三叩头，拜舞；十五鼓躬身，受。终听三鼓。（止。）

皇地祇酌献，大吕宫一成。始听三鼓，一鼓稍前，开手立；二鼓合手，退后；三鼓相顾蹲。三鼓毕，间声作，一鼓稍前，舞蹈，相向立；二鼓复位，正揖；三鼓举左手，收，左揖；四鼓举右手，收，右揖；五鼓高呈手；六鼓两两相向，交籥，正蹲；七鼓复位，俯伏；八鼓舞蹈，相向立；九鼓复位，躬身；十鼓交籥，正蹲；十一鼓两两相向，开手，正蹲；十二鼓伏，兴，仰视；十三鼓舞蹈，相向立；十四鼓三叩头，拜舞；十五鼓躬身，受。终听三鼓。（止。）

太祖位酌献，黄钟宫一成。始听三鼓，一鼓稍前，开手立；二鼓合手，退后；三鼓相顾蹲。三鼓毕，间声作。一鼓稍前，舞蹈；二鼓复位，正揖；三鼓举左手，收，左揖；四鼓举右手，收，右揖；五鼓高呈手；六鼓两两相向，交籥，正蹲；七鼓复位，俯伏；八鼓舞蹈，相向立；九鼓复位，躬身；十鼓交籥，正蹲；十一鼓两两相向，开手，正蹲；十二鼓伏，兴，仰视；十三鼓合手，正揖；十四鼓叩头，拜舞；十五鼓躬身，受。终听三鼓。（止。）

亚献、酌献武舞，（定功之舞。）黄钟宫一成。始听三鼓，一鼓稍前，开手立；二鼓合手，退后，按腰立；三鼓相顾蹲。三鼓毕，间声作，一鼓稍前，左右扬干戚；二鼓退后，相顾蹲；三鼓举左手，收；四鼓举右手，收；五鼓左右扬干戚，相向立；六鼓复位，相顾蹲；七鼓呈干戚；八鼓复位，按腰立；九鼓刺干戚；十鼓复位，推左手，收；十一鼓推右手，收；十二鼓稍前，开手立；十三鼓左右扬干戚；十四鼓复位，按腰，相顾蹲；十五鼓躬身，受。终听三鼓。（止。）

终献武舞，黄钟宫一成。始听三鼓，一鼓稍前，开手立；二鼓合手，退后，按腰立；三鼓相顾蹲。三鼓毕，间声作，一鼓稍前，左右扬干戚；二鼓退后，高呈手；三鼓复位，相顾蹲；四鼓左右扬干戚，相向立；五鼓复位，举左手，收；六鼓举右手，收；七鼓面向西，开手，正蹲；八鼓呈干戚；九鼓复位，按腰立；十鼓刺干戚；十一鼓两两相向立；十二鼓复位，左右扬干戚；十三鼓退后，相顾蹲；十四鼓三叩头，拜舞；十五鼓躬身，受。终听三鼓。（止。）

宗庙乐舞

世祖至元三年，八室时享，文舞（武定文绥之舞。）降神，《来成之曲》九成。黄钟宫三成。始听三鼓，一鼓稍前，开手立；二鼓退后，合手；三鼓相顾蹲。三鼓毕，间声作，一鼓稍前，舞蹈，次合手而立；二鼓正面高呈手，住；三鼓退后，收手蹲；四鼓正面躬身，兴身立；五鼓推左手，右相顾，左揖；六鼓皆推右手，左相顾，右揖；七鼓稍前，正面开手立；八鼓举左手，右相顾，左揖；九鼓举右手，左相顾，右揖；十鼓稍退后，俯身而立；十一鼓稍前，开手立；十二鼓合手，退后，相顾蹲；十三鼓稍进前，舞蹈；十四鼓退后，合手，相顾蹲；十五鼓正面躬身，受。终听三鼓。（止。）

大吕角二成。始听三鼓，一鼓稍前，开手立；二鼓退后，合手；三鼓相顾蹲。三鼓毕，间声作，一鼓稍进前，舞蹈，合手立；二鼓举左手，住，收右足；三鼓举右手，住，收左足；四鼓两两相向而立；五鼓稍前，高呈手，住；六鼓舞蹈，退后立；七鼓稍前，开手立；八鼓合手，退后蹲；九鼓正面归佾立；十鼓推左手，收右足，推右手，收左足；十一鼓举左手，收右足，举右手，收左足；十二鼓稍进前，正面仰视；十三鼓稍退后，相顾蹲；十四鼓合手，俯身立；十五鼓正面躬身，受。终听三鼓。（止。）

太簇徵二成。始听三鼓。一鼓稍前，开手立；二鼓退后，合手；三鼓相顾蹲。三鼓毕，间声作，一鼓稍进前，舞蹈，次合手立；二鼓俯身而正面揖；三鼓稍进前，高呈手立；四鼓收手，正面蹲；五鼓举左手，住，收右足；六鼓举右手，收左足，收手；七鼓两两相向而立；八鼓稍前，高仰视；九鼓稍退，收手蹲；十鼓举左手，住而蹲；十一鼓举右手，收手而蹲；十二鼓正面归佾，舞蹈；十三鼓俯身，正揖；十四鼓交籥翟，相顾蹲；十五鼓正面躬身，受。终听三鼓。（止。）

应钟羽二成。始听三鼓，一鼓稍前，开手立；二鼓退后，合手；三鼓相顾蹲。三鼓毕，间声作，一鼓稍进前，舞蹈，次合手立；二鼓两两相向立；三鼓举左手，收右足，左揖；四鼓举右手，收左足，右揖；五鼓归佾，正面立；六鼓稍进前，高呈手，住；七鼓收手，稍退，相顾蹲；八鼓两两相向立；九鼓稍前，开手蹲；十鼓退后，合手对揖；十一鼓正面归佾立；十二鼓稍进前，舞蹈，次合手立；十三鼓垂左手而右足应；十四鼓垂右手而左足应；十五鼓正面躬身，受。终听三鼓。（止。）

烈祖第一室文舞，《开成之曲》，无射宫一成。始听三鼓，一鼓稍前，开手立；二鼓稍退，合手；三鼓相顾蹲。三鼓毕，间声作，一鼓稍进前，舞蹈，合手立；二鼓稍退，俯身，开手立；三鼓垂左手，住，收右足；四鼓垂右手，住，收左足；五鼓左侧身相顾，左揖；六鼓右侧身相顾，右揖；七鼓正面躬身，兴身立；八鼓两两相向，合手立；九鼓相顾高呈手，住；十鼓收手，舞蹈；十一鼓舞左而收手立；十二鼓舞右而收手立；十三鼓扬左手，相顾蹲；十四鼓扬右手，相顾蹲；十五鼓稍前，正面躬身，受。终听三鼓。（止。）

太祖第二室文舞，《武成之曲》，无射宫一成。始听三鼓，一鼓稍前，开手立；二鼓退后，合手；三鼓相顾蹲。三鼓毕，间声作，一鼓稍前，舞蹈，次合手立；二鼓正面高呈手，住；三鼓两两相向而对揖；四鼓正面归佾，舞蹈，次合手立；五鼓稍前，开手蹲，收手立；六鼓稍退，合手蹲，收手立；七鼓举左手而左揖；八鼓举右手而右揖；九鼓推左手住而正蹲；十鼓推右手正蹲；十一鼓开手执籥翟，正面俯视；十二鼓垂左手，收右足；十三鼓垂右手，收左足；十四鼓稍前，正面仰视而立；十五鼓稍前，正面躬身，受。终听三鼓。（止。）

太宗第三室文舞，《文成之曲》，无射宫一成。始听三鼓。一鼓稍前，开手立；二鼓退后，合手；三鼓相顾蹲。三鼓毕，间声作。一鼓稍进前，舞蹈；二鼓两相向而高呈手立；

三鼓稍前，开手立，相顾蹲；四鼓退后，合手立，相顾蹲；五鼓垂左手而右足应；六鼓垂右手而左足应；七鼓推左手，住，左揖；八鼓推右手，住，右揖；九鼓稍前，仰视，正揖；十鼓举左手，住，收右足；十一鼓举右手，住，收左足；十二鼓稍前，舞蹈；十三鼓稍前，开手而相顾立；十四鼓退后，合手立；十五鼓稍前，正面躬身，受。终听三鼓。（止。）

皇伯考术赤第四室文舞，《弼成之曲》，无射宫一成。始听三鼓，一鼓稍前，开手立；二鼓退后，合手；三鼓相顾蹲。三鼓毕，间声作，一鼓稍进前，舞蹈；二鼓合手，俯身相顾蹲；三鼓正面高呈手，住；四鼓稍前，舞蹈，次合手立；五鼓垂左手，右相顾，收手立；六鼓垂右手，左相顾，收手立；七鼓稍前，高仰视，收手，正面立；八鼓再退，高执籥翟，相顾蹲；九鼓舞蹈，次合手而立；十鼓举左手，住，收右足；十一鼓举右手，住，收左足；十二鼓稍前，开手立，收手蹲；十三鼓稍前，退后，合手立；十四鼓俯身，合手而立；十五鼓稍前，正面躬身，受。终听三鼓。（止。）

皇伯考察合带第五室文舞，《协成之曲》，无射宫一成。始听三鼓，一鼓稍前，开手立；二鼓退后，合手；三鼓相顾蹲。三鼓毕，间声作，一鼓稍进前，舞蹈，次合手立；二鼓开手，相顾蹲；三鼓合手，相顾蹲；四鼓稍前，高呈手，住；五鼓举左手，右相顾，左揖；六鼓举右手，左相顾，右揖；七鼓推左手，住，收右足；八鼓推右手，住，收左足；九鼓稍前，舞蹈，次合手立；十鼓开手，正蹲，收，合手立；十一鼓稍前，正面仰视立；十二鼓交籥翟，相顾蹲；十三鼓各尽举左手而住；十四鼓各尽举右手，收手立；十五鼓稍前，正面躬身，受。终听三鼓。（止。）

睿宗第六室文舞，《明成之曲》，无射宫一成。始听三鼓，一鼓稍前，开手立；二鼓退后，合手；二鼓相顾蹲。三鼓毕，间声作，一鼓稍前，舞蹈；二鼓稍前，开手立；三鼓退后，合手立；四鼓垂左手，相顾蹲；五鼓垂右手，相顾蹲；六鼓稍前，正面仰视立；七鼓舞左手，住，收右足，收手；八鼓舞右手，住，收左足，收手；九鼓两相向，合手而立；十鼓推左手，推右手；十一鼓皆举左右手；十二鼓正面高呈手，立；十三鼓退后，合手，俯身；十四鼓开手，高呈籥翟，相顾蹲；十五鼓正面稍前，躬身，受。终听三鼓。（止。）

定宗第七室文舞，《熙成之曲》，无射宫一成。始听三鼓，一鼓稍前，开手立；二鼓退后，合手；三鼓相顾蹲。三鼓毕，间声作，一鼓稍前，舞蹈；二鼓两相向，高呈手立；三鼓垂左手而右足应；四鼓垂右手而左足应；五鼓稍前，开手立，相顾蹲；六鼓退后，合手立，相顾蹲；七鼓举左手，住，收右足；八鼓举右手，住，收左足；九鼓推左手，左揖；十鼓推右手，右揖；十一鼓稍前，舞蹈；十二鼓退后，正揖；十三鼓稍前，开手相顾立；十四鼓退后，合手立；十五鼓稍前，正面躬身，受。终听三鼓。（止。）

宪宗第八室文舞，《威成之曲》，无射宫一成。始听三鼓，一鼓稍前，开手；二鼓退后，合手；三鼓相顾蹲。三鼓毕，间声作，一鼓进前，舞蹈，次合手立；二鼓高呈手，住；三鼓举左手，右顾；四鼓举右手，左顾；五鼓推左手，右揖；六鼓推右手，左揖；七鼓两相向，交籥翟，立；八鼓正面归佾，合手立；九鼓稍前，舞蹈，收手立；十鼓退后，正揖；十一鼓俯身，正面揖；十二鼓高仰视；十三鼓垂左手；十四鼓垂右手；十五鼓正面躬身，受。终听三鼓。（止。）

亚献文舞，（内平外成之舞。）《顺成之曲》，无射宫一成。始听三鼓，一鼓侧身开手，二鼓合手，三鼓相顾蹲。三鼓毕，间声作，一鼓皆稍进前，舞蹈，次按腰立；二鼓按腰，相顾蹲；三鼓左右扬干戚，收手按腰；（右以象灭王罕。）四鼓稍退，舞蹈，按腰立；五鼓两两相向，按腰立；六鼓归佾，开手，蹲；七鼓面西，收手按腰立；八鼓侧身击干戚，收，立；（右以象破西夏。）九鼓正面归佾，躬身，次兴身立；十鼓稍进前，舞蹈，次按腰立；十一鼓左右推手，次按腰立；十二鼓跪左膝，叠手，呈干戚，住；（右以象克金国。）十三鼓收手，按腰，兴身立；十四鼓两相向而相顾，蹲；十五鼓正面躬身，受。终听三鼓。（止。）

终献武舞，《顺成之曲》，无射宫一成。始听三鼓，一鼓侧身，开手立；二鼓合手，按腰；三鼓相顾蹲。三鼓毕，间声作，一鼓稍进前，舞蹈，次按腰立；二鼓开手，正面蹲，收手按腰；三鼓面西，舞蹈，次按腰立；四鼓面南，左右扬干戚，收手按腰；五鼓侧身击干戚，收手按腰，立；（右以象收西域、定河南。）六鼓两两相向立；七鼓归佾，正面开手，蹲，收手按腰；八鼓东西相向，躬身，受；（右以象收西蜀、平南诏。）九鼓归佾，舞蹈，退后，次按腰立；十鼓推左右手，躬身，次兴身立；十一鼓进前，舞蹈，次按腰立；（右以象臣高丽、服交趾。）十二鼓两两相向，按腰蹲；十三鼓归佾，左右扬手，按腰立；十四鼓正面开手，俯视；十五鼓收手按腰，躬身，受。终听三鼓。（止。）

泰定十室乐舞

迎神文舞，《思成之曲》。

黄钟宫三成。始听三鼓，一鼓稍前，开手立；二鼓合手，退后；三鼓相顾蹲。三鼓毕，间声作，一鼓稍前，舞蹈；二鼓高呈手；三鼓举左手，收，左揖；四鼓举右手，收，右揖；五鼓退后，相顾蹲；六鼓两两相向立；七鼓复位，俯伏；八鼓举左手，开手，正蹲；九鼓举右手，开手，正蹲；十鼓稍前，开手立；十一鼓合手，退后，躬身；十二鼓伏，兴，仰视；十三鼓舞蹈，相向立；十四鼓复位，交籥，正蹲；十五鼓躬身，受。终听三鼓。（止。）

大吕角二成。始听三鼓，一鼓稍前，舞蹈；二鼓合手，退后；三鼓相顾蹲。三鼓毕，间声作，一鼓稍前，舞蹈；二鼓举左手，收，左揖；三鼓举右手，收，右揖；四鼓高呈手；五鼓两两相顾蹲；六鼓稍前，开手立；七鼓复位，正揖；八鼓两两相向，交籥，正蹲；九鼓复位，正揖；十鼓举左手，收，左揖；十一鼓举右手，收，右揖；十二鼓伏，兴，仰视；十三鼓舞蹈，相向立；十四鼓复位，立；十五鼓躬身，受。终听三鼓。（止。）

太簇徵二成。始听三鼓，一鼓稍前，开手立；二鼓合手，退后；三鼓相顾蹲。三鼓毕，间声作，一鼓稍前，舞蹈；二鼓复位，躬身；三鼓高呈手；四鼓两两相向，交籥，正蹲；五鼓复位立；六鼓舞蹈，相向立；七鼓举左手，收，左揖；八鼓举右手，收，右揖；九鼓稍前，舞蹈；十鼓退后，俯伏；十一鼓稍前，开手立；十二鼓推左手，收；十三鼓推右手，收；十四鼓三叩头，拜舞；十五鼓躬身，受。终听三鼓。（止。）

应钟羽二成。始听三鼓，一鼓稍前，开手立；二鼓合手，退后；三鼓相顾蹲。三鼓毕，间声作，一鼓稍前，舞蹈；二鼓复位，正揖；三鼓高呈手；四鼓稍前，开手立；五鼓退后，躬身；六鼓推左手，收；七鼓推右手，收；八鼓舞蹈，相向立；九鼓复位，躬身；十鼓交籥，正蹲；十一鼓两两相向，开手，正蹲；十二鼓举左手，收，左揖；十三鼓举右手，收，右揖；十四鼓三叩头，拜舞；十五鼓躬身，受。终听三鼓。（止。）

初献、酌献太祖第一室文舞，《开成之曲》，无射宫一成。始听三鼓，一鼓稍前，开手立；二鼓合手，退；三鼓相顾蹲。三鼓毕，间声作，一鼓稍前，舞蹈，相向立；二鼓复位，正揖；三鼓推左手，收；四鼓推右手，收；五鼓三叩头，拜舞；六鼓两两相向，交籥，正蹲；七鼓复位立；八鼓稍前，舞蹈；九鼓复位，俯伏；十鼓高呈手，正揖；十一鼓两两相向蹲；十二鼓复位，开手立；十三鼓合手，正揖；十四鼓伏，兴，仰视；十五鼓躬身，受。终听三鼓。（止。）

睿宗第二室文舞，《武成之曲》，无射宫一成。始听三鼓。一鼓稍前，开手立；二鼓合手，退后；三鼓相顾蹲。三鼓毕，间声作，一鼓稍前，舞蹈；二鼓复位，正揖；三鼓高呈手；四鼓稍前，开手立；五鼓退后，躬身；六鼓举左手，收，左揖；七鼓举右手，收，右揖；八鼓舞蹈，相向立；九鼓复位立；十鼓推左手，收；十一鼓推右手，收；十二鼓伏，兴，仰视；十三鼓两两相向蹲；十四鼓复位，交籥，正蹲；十五鼓躬身，受。终听三鼓。（止。）

世祖第三室文舞，《混成之曲》，无射宫一成。始听三鼓，一鼓稍前，开手立；二鼓合手，退后；三鼓相顾蹲。三鼓毕，间声作，一鼓稍前，舞蹈；二鼓高呈手；三鼓交籥，正蹲；四鼓两两相向，开手，正蹲；五鼓伏，兴，仰视；六鼓举左手，收，左揖；七鼓举右手，收，右揖；八鼓退后，躬身；九鼓稍前，开手立；十鼓举左手，收，左揖；十一鼓举右手，收，右揖；十二鼓高呈手，正揖；十三鼓舞蹈，相顾蹲；十四鼓三叩头，拜舞；十五鼓躬身，受。终听三鼓。（止。）

裕宗第四室文舞，《昭成之曲》，无射宫一成。始听三鼓，一鼓稍前，开手立；二鼓合手，退后；三鼓相顾蹲。三鼓毕，间声作，一鼓稍前，舞蹈；二鼓退后，高呈手；三鼓举左手，收，左揖；四鼓举右手，收，右揖；五鼓稍前，开手立；六鼓退后，躬身；七鼓两两相向，交籥，正蹲；八鼓伏，兴，仰视；九鼓推左手，收，左揖；十鼓推右手，收，右揖；十一鼓稍前，舞蹈；十二鼓退后，相顾蹲；十三鼓高呈手；十四鼓三叩头，拜舞；十五鼓躬身，受。终听三鼓。（止。）

显宗第五室文舞，《德成之曲》，无射宫一成。始听三鼓，一鼓稍前，开手立；二鼓合手，退后；三鼓相顾蹲。三鼓毕，间声作，一鼓稍前，舞蹈，相向立；二鼓复位，正揖；三鼓举左手，收；四鼓举右手，收；五鼓伏，兴，仰视；六鼓两两相向立；七鼓复位，交籥，正蹲；八鼓退后，躬身；九鼓稍前，开手立；十鼓举左手，收，左揖；十一鼓举右手，收，右揖；十二鼓高呈手；十三鼓复位，正蹲；十四鼓三叩头，拜舞；十五鼓躬身，受。终听三鼓。（止。）

顺宗第六室文舞，《庆成之曲》，无射宫一成。始听三鼓，一鼓稍前，开手立；二鼓合手，退后；三鼓相顾蹲。三鼓毕，间声作。一鼓稍前，舞蹈；二鼓复位，相顾蹲；三鼓稍前，开手立；四鼓合手，正揖；五鼓举左手，收，左揖；六鼓举右手，收，右揖；七鼓两两相向，交籥，正蹲；八鼓复位立；九鼓稍前，开手立；十鼓伏，兴，仰视；十一鼓举左手，收，相顾蹲；十二鼓举右手，收，相顾蹲；十三鼓高呈手，正揖；十四鼓三叩头，拜舞；十五鼓躬身，受。终听三鼓。（止。）

成宗第七室文舞，《守成之曲》，无射宫一成。始听三鼓，一鼓稍前，开手立；二鼓合手，退后；三鼓相顾蹲。三鼓毕，间声作，一鼓稍前，舞蹈；二鼓退后，躬身；三鼓举左手，收，左揖；四鼓举右手，收，右揖；五鼓伏，兴，仰视；六鼓两两相向，交籥，正蹲；七鼓复位，正揖；八鼓高呈手；九鼓举左手，收，左揖；十鼓举右手，收，右揖；十一鼓开手立；十二鼓合手，正揖；十三鼓稍前，舞蹈；十四鼓三叩头，拜舞；十五鼓躬身，受。终听三鼓。（止。）

武宗第八室文舞，《威成之曲》，无射宫一成。始听三鼓，一鼓稍前，开手立；二鼓合手，退后；三鼓相顾蹲。三鼓毕，间声作，一鼓稍前，舞蹈；二鼓退后，正揖；三鼓高呈手；四鼓稍前，开手立；五鼓退后，躬身；六鼓举左手，收，左揖；七鼓举右手，收，右揖；八鼓舞蹈，相向立；九鼓复位立；十鼓举左手，收，左揖；十一鼓举右手，收，右揖；十二鼓伏，兴，仰视；十三鼓两两相向立；十四鼓复位，交籥，正蹲；十五鼓躬身，受。终听三鼓。（止。）

仁宗第九室文舞，《歆成之曲》，无射宫一成。始听三鼓，一鼓稍前，开手立；二鼓合手，退后；三鼓相顾蹲。三鼓毕，间声作，一鼓稍前，舞蹈，相向立；二鼓复位，正揖；三鼓高呈手；四鼓推左手，收；五鼓推右手，收；六鼓稍前，开手立；七鼓退后，躬身；八鼓两两相向立；九鼓复位，交籥，正蹲；十鼓举左手，收，左揖；十一鼓举右手，收，右揖；十二鼓稍前，舞蹈；十三鼓复位，正揖；十四鼓伏，兴，仰视；十五鼓躬身，受。终听三鼓。（止。）

英宗第十室文舞，《献成之曲》，无射宫一成。始听三鼓，一鼓稍前，开手立；二鼓合手，退后；三鼓相顾蹲。三鼓毕，间声作，一鼓稍前，舞蹈，相向立；二鼓举左手，收，左揖；三鼓举右手，收，右揖；四鼓高呈手；五鼓伏，兴，仰视；六鼓两两相向蹲；七鼓退后，俯伏；八鼓复位，交籥，正蹲；九鼓稍前，开手立；十鼓复位，躬身；十一鼓稍前，舞蹈；十二鼓复位，正揖；十三鼓舞蹈，两两相向立；十四鼓三叩头，拜舞；十五鼓躬身，受。终听三鼓。（止。）

亚献武舞，《肃宁之曲》，无射宫一成。始听三鼓，一鼓稍前，开手立；二鼓合手，退后，按腰立；三鼓相顾蹲。三鼓毕，间声作，一鼓稍前，左右扬干戚；二鼓退后，相顾蹲；三鼓高呈手；四鼓左右扬干戚；五鼓呈干戚；六鼓复位，按腰立；七鼓刺干戚；八鼓两两相向，开手，正蹲；九鼓复位，举左手，收；十鼓举右手，收；十一鼓稍前，开手立；十二鼓退后，按腰立；十三鼓左右扬干戚，相向立；十四鼓复位，按腰，相顾蹲；十五鼓躬身，受。终听三鼓。（止。）

终献武舞，《肃宁之曲》，无射宫一成。始听三鼓，一鼓稍前，开手立；二鼓合手，退后，按腰立；三鼓相顾蹲。三鼓毕，间声作，一鼓稍前，左右扬干戚；二鼓退后，高呈手；三鼓举左手，收；四鼓举右手，收；五鼓面向西，开手，正蹲；六鼓复位，左右扬干戚；七鼓躬身，受；八鼓呈干戚；九鼓复位，按腰立；十鼓刺干戚；十一鼓两两相向立；十二鼓复位，按腰立；十三鼓退后，相顾蹲；十四鼓三叩头，拜舞；十五鼓躬身，受。终听三鼓。（止。）

天历三年新制乐舞。明宗酌献文舞，《永成之曲》，无射宫一成。始听三鼓，一鼓合手稍前，开手立；二鼓退后立；三鼓相顾蹲。三鼓毕，间声作，一鼓向前，舞蹈，相向立；二鼓复位，三叩头，拜舞；三鼓两两开手，正蹲；四鼓复位，俯伏；五鼓交籥，正蹲；六鼓伏，兴，仰视；七鼓躬身；八鼓稍前，开手立；九鼓复位，正揖，高呈手；十鼓举左手，收，左揖；十一鼓举右手，收，右揖；十二鼓正揖；十三鼓两两交籥，相揖；十四鼓复位；十五鼓躬身，受。终听三鼓。（止。）

卷七十一　　志第二十二

礼乐五

乐服

乐正副四人，舒脚幞头，紫罗公服，乌角带，木笏，皂靴。

照烛二人，服同前，无笏。

乐师二人，服绯，冠、笏同前。

运谱二人，服绿，冠、笏同前。

舞师二人，舒脚幞头，黄罗绣抹额，紫服，金铜荔枝带，皂靴，各执仗。（仗，牙仗也。）

执旌二人，平冕，前后各九旒五就，青生色鸾袍，黄绫带，黄绢袴，白绢袜，赤革履。（平冕鸾袍，皆仿金制，惟冕之旒数不同，详见后至元二年博士议。）

执纛二人，青罗巾，余同执旌。

乐工，介帻冠，绯罗生色鸾袍，黄绫带，皂靴。（冠以皮为之，黑油如熊耳，亦金制也。）

歌工，服同乐工。

执麾，服同上，惟加平巾帻。（状若笼金帻，以革为之。）

舞人，青罗生色义花鸾袍，缘以皂绫，平冕冠。（冠前后有旒，青白硝石珠相间。）

执器二十人，服同乐工，绿油母追冠，（革为之，一名武弁。）加红抹额。

至元二年闰五月，大乐署言，堂上下乐舞官员及乐工，合用衣服冠冕靴履等物，乞行制造。太常寺下博士议定：乐正副四人、乐师二人、照烛二人、运谱二人，皆服紫罗公服，皂纱幞头舒脚，红鞓角带，木笏，皂靴。引舞色长四人，紫罗公服，皂纱幞头展脚，黄罗绣南花抹额，金铜带，皂靴。乐工二百四十有六人，绯绣义花鸾袍，县黄插口，介帻冠，紫罗带，全黄罗抹带，黄绢夹裤，白绫袜，朱履。（金太常寺掌故张珍所著《叠代世范》载金制：舞人服黑衫，皆四衽，有黄插口，左右垂之，黄绫抹带，其衫以绸为之，胸背二答、两肩二答，前后和一答，皆彩色，绣二鸾盘飞之状，缀之于衫。冠以平冕，亦有天板、口圈，天门纳言以紫绢褾背，铜裹边圈，前后各五旒，以青白硝石珠相间。《大备集》所载，二舞人皂绣义花鸾衫，县紫插口，黄绫抹带，朱履，平冕。其冠有口圈，亦有天门纳言系带，口圈高一尺许，天板长二尺，阔一尺，前微高后低，里外紫绢糊，铜楞道妆钉，无旒。）执器二十人，绯绣义花鸾袍，县黄插口，绿油革冠，黄罗抹带，黄绢夹裤，白绫袜，朱履。旌纛四人，青绣义花鸾袍，县紫插口，平冕冠二，青包巾二，黄罗抹带，黄绢夹裤，白绫袜，朱履。七月，中书吏部再准太常博士议定，行下所司制造。三年九月服成，绯鸾袍二百六十有七，青鸾袍一百三十二，黄绢裤一百五十二，紫罗公服一十四，黄绫带三百九十七，介帻冠二百四十有四，平冕冠百三十，簪全，木笏十有六，幞头十有四，平巾帻二，绿油革冠二十，荔枝铜带四，角带十，皂靴二百六十对，朱履百五十对。

宣圣庙乐工，黑漆冠三十五，绿罗生色胸背花袍三十五，皂靴三十五对，黄绢囊三十五，黄绢夹袱三十五。

大乐职掌

大乐署，令一人，丞一人，掌郊社、宗庙之乐。凡乐，郊社、宗庙则用宫县，工三百六十有一人；社稷，则用登歌，工五十有一人；二乐用工三百一十有二人，代事故者五十人。前祭之月，召工习乐及舞。祀前一日，宿县于庭中。东方西方设十二镈钟，各依辰位。编钟处其左，编磬处其右。黄钟之钟起子位，在通街之西。蕤宾之钟居午位，在通街之东。每辰三簴，谓之一肆，十有二辰，凡三十六簴。树建鞞应于四隅，左柷右敔，设县中之北。歌工次之，（三十二人，重行相向而坐。）巢笙次之，箫次之，竽次之，籥次之，篪次之，埙次之，长笛又次之。夹街之左右，瑟翼柷敔之东西，在前行。路鼓、路鼗次之。（郊祀则雷鼓、雷鼗。）闰余匏在箫之东，七星匏在西，九曜匏次之。一弦琴列路鼓之东西，（东一，西二。）三弦、五弦、七弦、九弦次之。晋鼓一，处县中之东南，以节乐。（一弦琴三，三弦以下皆六。凡坐者，高以机，地以毡。）立四表于横街之南，少东。设舞位于县北。文郎左执籥，右秉翟；武郎左执干，右执戚；皆六十有四人。享日，与工人先入就位。舞师二人，执纛二人，引文舞分立于表南。武舞及执器者，俟立于宫县之左右。器鼗二，双铎二，单铎二，铙二，錞二，（二錞用六人。）钲二，相鼓二，雅鼓二，凡二十人。文舞退，舞师二人、执旌二人，引武舞进，立其处，文舞还立于县侧。又设登歌乐于殿之前楹，（殿陛之旁，设乐床二，乐工列于上。）搏拊二，歌工六，柷一，敔一，在门内，相向而坐。钟一簴，在前楹之东。一弦、三弦、五弦、七弦、九弦琴五，次之。瑟二，在其东，笛一、籥一、篪一在琴之南，巢笙、和笙各二次之。埙一，在笛之南。闰余匏、排箫各一，次之，皆西上。磬一簴，在前楹之西。一弦、三弦、五弦、七弦、九弦琴五，次之。埙一，在笛之南。七星匏、九曜匏、排箫各一，次之，皆东上。凡宗庙之乐九成，舞九变。黄钟之宫，三成，三变。大吕之角，二成，二变。太簇之徵，二成，二变。应钟之羽，二成，二变。圜丘之乐六成，舞六变。夹钟之宫，三成，三变。黄钟之角，一成，一变。太簇之徵，一成，一变。姑洗之羽，一成，一变。社稷之乐八成：林钟之宫二成，太簇之角二成，姑洗之征二成，南吕之羽二成。凡有事于宗庙，大乐令位于殿楹之东，西向；丞位于县北，通街之东，西向；以肃乐舞。

协律郎二人，掌和律吕，以合阴阳之声。阳律六：黄钟子，太簇寅，姑洗辰，蕤宾午，夷则申，无射戌。阴吕六：大吕丑，夹钟卯，仲吕巳，林钟未，南吕酉，应钟亥。文之以宫、商、角、征、羽、变宫、变征，播之以金、石、丝、竹、匏、土、革、木。凡律管之数九，九九相乘，八十一以为宫；三分去一，五十四以为徵；三分益一，七十二以为商；三分去一，四十八以为羽；三分益一，六十四以为角。如黄钟为宫，则林钟为征，太簇为商，南吕为羽，姑洗为角，应钟为变宫，蕤宾为变征，是为七声十二律，还相为宫，为八十四调。凡大祭祀皆法服，一人立于殿楹之西，东向；一人立于县北通街之西，东向；以节乐。（堂上者主登歌，堂下者主宫县。）凡乐作，则跪，俯伏，举麾以兴，工鼓柷以奏；乐止则偃麾，工戛敔而乐止。（今执麾者代执之，协律郎特拜而已。）

乐正二人，副二人，掌肄乐舞、展乐器、正乐位。凡祭，二人立于殿内，二人立于县间，以节乐。殿内者视献者奠献用乐作止之节，以笏示照烛，照烛举偃以示堂下。若作登歌，则以笏示柷敔而已。县间者视堂上照烛。及引初献，照烛动，亦以笏示柷敔。

乐师一人，运谱一人，掌以乐教工人。凡祭，立于县间，皆北上，相向而立。

舞师四人，皆执梃，（梃，牙仗也。）执纛二人，执旌二人，祭则前舞以为舞容。舞人从南表向第一表，为一成，则一变；从第二至第三，为二成；从第三至北第四表，为三成；舞人各转身南向于北表之北，还从第一至第二，为四成；从第二至第三，为五成；从第三至南第一表，为六成；若八变者，更从南北向第二，为七成；又从第二至第三，为八成；若九变者，又从第三至北第一，为九变。

执麾一人，从协律郎以麾举偃而节乐。

照烛二人，掌执笼烛而节乐。凡乐作止，皆举偃其笼烛。一人立于堂上门东，视殿内献官礼节，麾烛以示县间。一人立于堂下县间，俟三献入导初献至位，立于其左。（初献行，皆前导，亚、终则否。）凡殿下礼节，则麾其烛以示上下。初献诣盥洗位，乃偃其烛，止亦如之。俟初献动为节，宫县乐作，诣盥洗位，洗拭瓒讫，乐止。诣阶，登歌乐作，升自东阶，至殿门，乐止，乃立于陛侧以俟。晨祼讫，初献出殿，登歌乐作，至版位，乐止。司徒迎馔至横街，转身北向，宫县乐作，司徒奉俎至各室遍奠讫，乐止。酌献，初献诣盥洗位，宫县乐作，诣爵洗位，洗拭爵讫，乐止。出笏，登歌乐作，升自东阶，至殿门，乐止。初献至酒尊所，酌讫，宫县乐作，诣神位前，祭酒讫，拜、兴、读祝，乐止。读讫，乐作，再拜讫，乐止。次诣每室，作止如初。每室各奏本室乐曲，俱献毕，还至殿门，登歌乐作，降自东阶，至版位，乐止。文舞退，武舞进，宫县乐作，舞者立定，乐止。亚献行礼，无节步之乐，至酒尊所，酌酒讫，出笏，宫县乐作，诣神位前，奠献毕，乐止。次诣每室，作止如初。俱毕，还至版位，皆无乐。终献乐作，同亚献，助奠以下升殿，奠马湩，至神位，蒙古巫祝致词讫，宫县乐作，同司徒进馔之曲，礼毕，乐止。出殿，登歌乐作，各复位，乐止。太祝彻笾豆，登歌乐作，卒彻，乐止。奉礼赞拜，众官皆再拜讫，送神，宫县乐作，一成而止。

宴乐之器

兴隆笙，制以楠木，形如夹屏，上锐而面平，缕金雕镂枇杷、宝相、孔雀、竹木、云气，两旁侧立花板，居背三之一，中为虚柜，如笙之匏。上竖紫竹管九十，管端实以木莲苞。柜外出小橛十五，上竖小管，管端实以铜杏叶。下有座，狮象绕之，座上柜前立花板一，雕镂如背，板间出二皮风口，用则设朱漆小架于座前，系风囊于风口，囊面如琵琶，朱漆杂花，有柄，一人援小管，一人鼓风囊，则簧自随调而鸣。中统间，回回国所进。以竹为簧，有声而无律。玉宸乐院判官郑秀乃考音律，分定清浊，增改如今制。其在殿上者，盾头两旁立刻木孔雀二，饰以真孔雀羽，中设机。每奏，工三人，一人鼓风囊，一人按律，一人运动其机，则孔雀飞舞应节。

殿庭笙十，延祐间增制，不用孔雀。

琵琶，制以木，曲首，长颈，四轸，颈有品，阔面，四弦，面饰杂花。

筝，如瑟，两头微垂，有柱，十三弦。

火不思，制如琵琶，直颈，无品，有小槽，圆腹如半瓶榼，以皮为面，四弦，皮绑同一孤柱。

胡琴，制如火不思，卷颈，龙首，二弦，用弓捩之，弓之弦以马尾。

方响，制以铁，十六枚，悬于磬簴，小角槌二。廷中设，下施小交足几，黄罗销金衣。

龙笛，制如笛，七孔，横吹之，管首制龙头，衔同心结带。

头管，制以竹为管，卷芦叶为首，窍七。

笙，制以匏为底，列管于上，管十三，簧如之。

箜篌，制以木，阔腹，腹下施横木，而加轸二十四，柱头及首并加凤喙。

云璈，制以铜，为小锣十三，同一木架，下有长柄，左手持，而右手以小槌击之。

箫，制如笛，五孔。

戏竹，制如籈，长二尺余，上系流苏香囊，执而偃之，以止乐。

鼓，制以木为匡，冒以革，朱漆杂花，面绘复身龙，长竿二。廷中设，则有大木架，又有击挝高座。

杖鼓，制以木为匡，细腰，以皮冒之，上施五彩绣带，右击以杖，左拍以手。

札鼓，制如杖鼓而小，左持而右击之。

和鼓，制如大鼓而小，左持而右击之。

𥱧，制如筝而七弦，有柱，用竹轧之。

羌笛，制如笛而长，三孔。

拍板，制以木为板，以绳联之。

水盏，制以铜，凡十有二，击以铁箸。

乐　队

乐音王队：（元旦用之。）引队大乐礼官二员，冠展角幞头，紫袍，涂金带，执笏。次执戏竹二人，同前服。次乐工八人，冠花幞头。紫窄衫，铜束带。龙笛三，杖鼓三，金鞚小鼓一，板一，奏《万年欢》之曲。从东阶升，至御前，以次而西，折绕而南，北向立。（后队进，皆仿此。）次二队，妇女十人，冠展角幞头，紫袍，随乐声进至御前，分左右相向立。次妇女一人，冠唐帽，黄袍，进北向立定，乐止，念致语毕，乐作，奏《长春柳》之曲。次三队，男子三人，戴红发青面具，杂彩衣，次一人，冠唐帽，绿襕袍，角带，舞蹈而进，立于前队之右。次四队，男子一人，戴孔雀明王像面具，披金甲，执叉，从者二人，戴毗沙神像面具，红袍，执斧。次五队，男子五人，冠五梁冠，戴龙王面具，绣氅，执圭，与前队同进，北向立。次六队，男子五人，为飞天夜叉之像，舞蹈以进。次七队，乐工八人，冠霸王冠，青面具，锦绣衣，龙笛三，觱栗三，杖鼓二，与前大乐合奏《吉利牙》之曲。次八队，妇女二十人，冠广翠冠，销金绿衣，执牡丹花，舞唱前曲，与乐声相和，进至御前，北向，列为九重，重四人，曲终，再起，与后队相和。次九队，妇女二十人，冠金梳翠花钿，绣衣，执花鞚稍子鼓，舞唱前曲，与前队相和。次十队，妇女八人，花髻，服销金桃红衣，摇日月金鞚稍子鼓，舞唱同前。次男子五人，作五方菩萨梵像，摇日月鼓。次一人，作乐音王菩萨梵像，执花鞚稍子鼓，齐声舞前曲一阕，乐止。次妇女三人，歌《新水令》、《沽美酒》、《太平令》之曲终，念口号毕，舞唱相和，以次而出。

寿星队：（天寿节用之。）引队礼官乐工大乐冠服，并同乐音王队。次二队，妇女十人，冠唐巾，服销金紫衣，铜束带。次妇女一人，冠平天冠，服绣鹤氅，方心曲领，执圭，以次进至御前，立定，乐止，念致语毕，乐作，奏《长春柳》之曲。次三队，男子三人，冠服舞蹈，并同乐音王队。次四队，男子一人，冠金漆弁冠，服绯袍，涂金带，执笏；从者二人，锦帽，绣衣，执金字福禄牌。次五队，男子一人，冠卷云冠，青面具，绿袍，涂金带，分执梅、竹、松、椿、石，同前队而进，北向立。次六队，男子五人，为乌鸦之像，作飞舞之态，进立于前队之左，乐止。次七队，乐工十有二人，冠云头冠，销金绯袍，白裙，龙笛三，觱栗三，札鼓三，和鼓一，板一，与前大乐合奏《山荆子》带《袄神急》之曲。次八队，妇女二十人，冠凤翘冠，翠花钿，服宽袖衣，加云肩、霞绶、玉佩，各执宝盖，舞唱前曲。次九队，妇女三十人，冠玉女冠，翠花钿，服黄销金宽袖衣，加云肩，霞绶、玉佩，各执棕毛日月扇，舞唱前曲，与前队相和。次十队，妇女八人，服杂彩衣，被槲叶、鱼鼓、简子。次男子八人，冠束发冠，金掩心甲，销金绯袍，执戟。次为龟鹤之像各一。次男子五人，冠黑纱帽，服绣鹤氅，朱履，策龙头藜杖，齐舞唱前曲一阕，乐止。次妇女三人，歌《新水令》、《沽美酒》、《太平令》之曲终，念口号毕，舞唱相和，以次而出。

礼乐队：（朝会用之。）引队礼官乐工大乐冠服，并同乐音王队。次二队，妇女十人，冠黑漆弁冠，服青素袍，方心曲领，白裙，束带，执圭；次妇女一人，冠九龙冠，服绣红袍，玉束带，进至御前，立定，乐止，念致语毕，乐作，奏《长春柳》之曲。次三队，男子三人，冠服舞蹈同乐音王队。次四队，男子三人，皆冠卷云冠，服黄袍，涂金带，执圭。次五队，男子五人，皆冠三龙冠，服红袍，各执劈正金斧，同前队而进，北向立。次六队，童子五人，三髻，素衣，各执香花，舞蹈而进，乐止。次七队，乐工八人，皆冠束发冠，服锦衣白袍，龙笛三，觱栗三，杖鼓二，与前大乐合奏《新水令》、《水仙子》之曲。次八队，妇女二十人，冠笼巾，服紫袍，金带，执笏，歌《新水令》之曲，与乐声相和，进至御前，分为四行，北向立，鞠躬拜，兴，舞蹈，叩头，山呼，就拜，再拜，毕，复趁声歌《水仙子》之曲一阕，再歌《青山口》之曲，与后队相和。次九队，妇女二十人，冠车髻冠，服销金蓝衣，云肩，佩绶，执孔雀幢，舞唱与前队相和。次十队，妇女八人，冠翠花唐巾，服锦绣衣，执宝盖，舞唱前曲。次男子八人，冠凤翅兜牟，披金甲，执金戟。次男子一人，冠平天冠，服绣鹤氅，执圭，齐舞唱前曲一阕，乐止。次妇女三人，歌《新水令》、《沽美酒》、《太平令》之曲终，念口号毕，舞唱相和，以次而出。

说法队：引队礼官乐工大乐冠服，并同乐音王队。次二队，妇女十人，冠僧伽帽，服紫禅衣，皂绦；次妇女一人，服锦袈裟，余如前，持数珠，进至御前，北向立定，乐止，念致语毕，乐作，奏《长春柳》之曲。次三队，男子三人，冠、服、舞蹈，并同乐音王队。次四队，男子一人，冠隐士冠，服白纱道袍，皂绦，执麈拂；从者二人，冠黄包巾，服锦绣衣，执令字旗。次五队，男子五人，冠金冠，披金甲，锦袍，执戟，同前队而进，北向立。次六队，男子五人，为金翅雕之像，舞蹈而进，乐止。次七队，乐工十有六人，冠五福冠，服锦绣衣，龙笛六，觱栗六，杖鼓四，与前大乐合奏《金字西番经》之曲。次八队，妇女二十人，冠珠子菩萨冠，服销金黄衣，缨络，佩绶，执金浮屠白伞盖，舞唱前曲，与乐声相和，进至御前，分为五重，重四人，曲终，再起，与后队相和。次九队，妇女二十人，冠金翠菩萨冠，服销金红衣，执宝盖，舞唱与前队相和。次十队，妇女八人，冠青螺髻冠，服白销金衣，执金莲花。次男子八人，披金甲，为八金刚像。次一人，为文殊像，执如意；一人为普贤像，执西番莲花；一人为如来像；齐舞唱前曲一阕，乐止。次妇女三人，歌《新水令》、《沽美酒》、《太平令》之曲终，念口号毕，舞唱相和，以次而出。

凡吉礼，郊祀、享太庙、告谥，见《祭祀志》。军礼，见《兵志》。丧礼五服，见《刑法志》。水旱赈恤，见《食货志》。内外导从，见《仪卫志》。

卷七十二　志第二十三

祭祀一

礼之有祭祀，其来远矣。天子者，天地宗庙社稷之主，于郊社禘尝有事守焉，以其义存乎报本，非有所为而为之。故其礼贵诚而尚质，务在反本修古，不忘其初而已。汉承秦弊，郊庙之制，置《周礼》不用，谋议巡守封禅，而方士祠官之说兴，兄弟相继共为一代，而统绪乱。迨其季世，乃合南北二郊为一。虽以唐、宋盛时，皆莫之正，盖未有能反其本而求之者。彼笾豆之事，有司所职，又岂足以尽仁人孝子之心哉！

元之五礼，皆以国俗行之，惟祭祀稍稽诸古。其郊庙之仪，礼官所考日益详慎，而旧礼初未尝废，岂亦所谓不忘其初者欤？然自世祖以来，每难于亲其事。英宗始有意亲郊，而志弗克遂。久之，其礼乃成于文宗。至大间，大臣议立北郊而中辍，遂废不讲。然武宗亲享于庙者三，英宗亲享五。晋王在帝位四年矣，未尝一庙见。文宗以后，乃复亲享。岂以道释祷祠荐禳之盛，竭生民之力以营寺宇者，前代所未有，有所重则有所轻欤。或曰，北陲之俗，敬天而畏鬼，其巫祝每以为能亲见所祭者，而知其喜怒，故天子非有察于幽明之故、礼俗之辨，则未能亲格，岂其然欤？

自宪宗祭天日月山，追崇所生与太祖并配，世祖所建太庙，皇伯术赤、察合带皆以家人礼祔于列室。既而太宗、定宗以世天下之君俱不获庙享，而宪宗亦以不祀。则其因袭之弊，盖有非礼官之议所能及者。而况乎不祢所受国之君，而兄弟共为一世，乃有征于前代者欤？夫郊庙，国之大祀也，本原之际既已如此，则中祀以下，虽有阙略，无足言者。

其天子亲遣使致祭者三：曰社稷，曰先农，曰宣圣。而岳镇海渎，使者奉玺书即其处行事，称代祀。其有司常祀者五：曰社稷，曰宣圣，曰三皇，曰岳镇海渎，曰风师雨师。其非通祀者五：曰武成王，曰古帝王庙，曰周公庙，曰名山大川、忠臣义士之祠，曰功臣之祠，而大臣家庙不与焉。其仪皆礼官所拟，而议定于中书。日星始祭于司天台，而回回司天台遂以崇星为职事。五福太乙有坛畤，以道流主之，皆所未详。

凡祭祀之事，其书为《太常集礼》，而《经世大典》之《礼典篇》尤备。参以累朝《实录》与《六条政类》，序其因革，录其成制，作《祭祀志》。

郊祀上

元与朔漠，代有拜天之礼，衣冠尚质，祭器尚纯，帝后亲之，宗戚助祭。其意幽深古远，报本反始，出于自然，而非强为之也。宪宗即位之二年秋八月八日，始以冕服拜天于日月山。其十二日，又用孔氏子孙元措言，合祭昊天后土，始大合乐作牌位，以太祖、睿宗配享。岁甲寅，会诸王于颗颗脑儿之西，丁巳秋，驻跸于军脑儿，皆祭天于其地。世祖中统二年，亲征北方。夏四月己亥，躬祀天于旧桓州之西北，洒马湩以为礼，皇族之外无得而与，皆如其初。

至元十二年十二月，以受尊号，遣使豫告天地，下太常检讨唐、宋、金旧仪，于国阳丽正门东南七里建祭台，设昊天上帝、皇地祇位二，行一献礼。自后国有大典礼，皆即南郊告谢焉。十三年五月，以平宋，遣使告天地，中书下太常议定仪物以闻。制若曰："其以国礼行事。"

三十一年，成宗即位。夏四月壬寅，始为坛于都城南七里。甲辰，遣司徒兀都带率百官为大行皇帝请谥南郊，为告天请谥之始。大德六年春三月庚戌，合祭昊天上帝、皇地祇、五方帝于南郊，遣左丞相哈剌哈孙摄事，为摄祀天地之始。

大德九年二月二十四日，右丞相哈剌哈孙等言："去年地震星变，雨泽愆期，岁比不登。祈天保民之事，有天子亲祀者三：曰天，曰祖宗，曰社稷。今宗庙、社稷，岁时摄官行事。祭天，国之大事也，陛下虽未及亲祀，宜如宗庙、社稷，遣官摄祭，岁用冬至，仪物有司豫备，日期至则以闻。"制若曰："卿言是也，其豫备仪物以待事。"于是翰林、集贤、太常礼官皆会中书集议。博士疏曰："冬至，圜丘惟祀昊天上帝，至西汉元始间，始合祭天地。历东汉至宋千有余年，分祭合祭，迄无定论。"集议曰："《周礼》，冬至圜丘礼天，夏至方丘礼地，时既不同，礼乐亦异。王莽之制，何可法也。今当循唐、虞、三代之典，惟祀昊天上帝。其方丘祭地之礼，续议以闻。"按《周礼》，坛壝三成，近代增外四成，以广天文从祀之位。集议曰："依《周礼》三成之制。然《周礼》疏云每成一尺，不见纵广之度。恐坛上狭隘，器物难容，拟四成制内减去一成，以合阳奇之数。每成高八尺一寸，以合乾之九九。上成纵广五丈，中成十丈，下成十五丈。四陛，陛十有二级。外设二壝，内壝去坛二十五步，外壝去内壝五十四步，壝各四门。坛设于丙巳之地，以就阳位。"按古者，亲祀冕无旒，服大裘而加衮。臣下从祀，冠服历代所尚，其制不同。集议曰："依宗庙见用冠服制度。"按《周礼·大司乐》云："凡乐，圜钟为宫，黄钟为角，太簇为征，姑洗为羽，雷鼓雷鼗，孤竹之管，云和之琴瑟，云门之舞，冬至日于地上之圜丘奏之。若乐六变，则天神皆降，可得而礼矣。"集议曰："乐者所以动天地，感鬼神，必访求深知音律之人，审五声八音，以司肄乐。"

夏四月壬辰，中书复集议。博士言："旧制神位版用木。"中书议，改用苍玉金字，白玉为座。博士曰："郊祀尚质，合依旧制。"遂用木主，长二尺五寸，阔一尺二寸，上圆下方，丹漆金字，木用松柏，贮以红漆匣，黄罗帕覆之。造毕，有司议所以藏。议者复谓，神主庙则有之，今祀于坛，对越在上，非若他神无所见也。所制神主遂不用。

七月九日，博士又言："古者祀天，器用陶匏，席用藁秸。自汉甘泉雍畤之祀，以迄后汉、魏、晋、南北二朝、隋、唐，其坛壝玉帛礼器仪仗，日益繁缛，浸失古者尚质之意。宋、金多循唐制，其坛壝礼器，考之于经，固未能全合，其仪法具在。当时名儒辈出，亦未尝不援经而定也，酌古今以行礼，亦宜焉。今检讨唐、宋、金亲祀、摄行仪注，并雅乐节次，合从集议。”太常议曰：“郊祀之事，圣朝自平定金、宋以来，未暇举行，今欲修严，不能一举而大备。然始议之际，亦须酌古今之仪，垂则后来。请从中书会翰林、集贤、礼官及明礼之士，讲明去取以闻。”中书集议曰：“合行礼仪，非草创所能备。唐、宋皆有摄行之礼，除从祀受胙外，一切仪注，悉依唐制修之。”

八月十二日，太常寺言：“尊祖配天，其礼仪乐章别有常典，若俟至日议之，恐匆遽有误。”于是中书省臣奏曰：“自古汉人有天下，其祖宗皆配天享祭，臣等与平章何荣祖议，宗庙已依时祭享，今郊祀止祭天。”制曰：“可。”是岁南郊，配位遂省。

十一年，武宗即位。秋七月甲子，命御史大夫铁古迭儿即南郊告谢天地，主用柏素，质玄书，为即位告谢之始。

至大二年冬十月乙酉，尚书省臣及太常礼官言：“郊祀者国之大礼，今南郊之礼已行而未备，北郊之礼尚未举行。今年冬至南郊，请以太祖圣武皇帝配享；明年夏至北郊，以世祖皇帝配。”帝皆是之。十二月甲辰朔，尚书太尉右丞相、太保左丞相、田司徒、郝参政等复奏曰：“南郊祭天于圜丘，大礼已举。其北郊祭皇地祇于方泽，并神州地祇、五岳四渎、山林川泽及朝日夕月，此有国家所当崇礼者也。当圣明御极而弗举行，恐遂废弛。”制若曰：“卿议甚是，其即行焉。”

至大三年春正月，中书礼部移太常礼仪院，下博士拟定北郊从祀、朝日夕月礼仪。博士李之绍、蒋汝砺疏曰：“按方丘之礼，夏以五月，商以六月，周以夏至，其丘在国之北。礼神之玉以黄琮，牲用黄犊，币用黄缯，配以后稷。其方坛之制，汉去都城四里，为坛四陛。唐去宫城北十四里，为方坛八角三成，每成高四尺，上阔十六步，设陛。上等陛广八尺，中等陛一丈，下等陛广一丈二尺。宋至徽宗始定为再成。历代制虽不同，然无出于三成之式。今拟取坤数用六之义，去都城北六里，于壬地选择善地，于中为方坛，三成四陛，外为三壝。仍依古制，自外壝之外，治四面稍令低下，以应泽中之制。宫室、墙围、器皿色，并用黄。其再成八角八陛，非古制，难用。其神州地祇以下从祀，自汉以来，历代制度不一，至唐始因隋制，以岳镇海渎、山林川泽、丘陵坟衍原隰，各从其方从祀。今盍参酌举行。”秋九月，太常礼仪院复下博士，检讨合用器物。十一月丙申，有事于南郊，以太祖配，五方帝日月星辰从祀。

仁宗延祐元年夏四月丁亥，太常寺臣请立北郊。帝谦逊未遑，北郊之议遂辍。

英宗至治二年九月，有旨议南郊祀事。中书平章买闾，御史中丞曹立，礼部尚书张埜，学士蔡文渊、袁桷、邓文原，太常礼仪院使王纬、田天泽，博士刘致等会都堂议：

一曰年分，按前代多三年一祀，天子即位已及三年，常有旨钦依。

二曰神位。《周礼·大宗伯》，“以禋祀祀昊天上帝”。注谓：“昊天上帝，冬至圜丘所祀天皇大帝也。”又曰“苍璧礼天”。注云：“此礼天以冬至，谓天皇大帝也。在北极，谓之北辰。”又云：“北辰天皇耀魄宝也，又名昊天上帝，又名太一帝君，以其尊大，故有数名。”今按《晋书·天文志·中宫》“钩陈口中一星曰天皇大帝，其神耀魄宝”。《周礼》所祀天神，正言昊天上帝。郑氏以星经推之，乃谓即天皇大帝。然汉、魏以来，名号亦复不一。汉初曰上帝，曰太一，曰皇天上帝。魏曰皇皇帝天。梁曰天皇大帝。惟西晋曰昊天上帝，与《周礼》合。唐、宋以来，坛上既设昊天上帝，第一等复有天皇大帝，其五天帝与太一、天一等，皆不经见。本朝大德九年，中书圆议，止依《周礼》，祀昊天上帝。至大三年圆议，五帝从享，依前代通祭。

三曰配位。《孝经》曰：“孝莫大于严父，严父莫大于配天。”又曰：“郊祀后稷以配天。”此郊之所以有配也。汉、唐已下，莫不皆然。至大三年冬十月三日，奉旨十一月冬至合祭南郊，太祖皇帝配，圆议取旨。

四曰告配。《礼器》曰：“鲁人将有事于上帝，必先有事于頖宫。”注：“告后稷也，告之者，将以配天也。”告用牛一。《宋会要》于致斋二日，宿庙告配，凡遣官牺尊豆笾，行一献礼。至大三年十一月二十一日，质明行事。初献摄太尉同太常礼仪院官赴太庙奏告，圆议取旨。

五曰大裘冕。《周礼》司裘“掌为大裘，以共王祀天之服”，郑司农云，黑羊裘，服以祀天，示质也。弁师“掌王之五冕”，注：“冕服有六，而言五者，大裘之冕盖无旒，不联数也。”《礼记·郊特牲》曰：“郊之祭也，迎长日之至也。祭之日，王被衮以象天，戴冕璪十有二旒，则天数也。”陆佃曰：“礼不盛服不充，盖服大裘以衮袭之也。谓冬至服大裘，被之以衮。开元及开宝《通礼》，鸾驾出宫，服衮冕至大次，质明改服大裘冕而出次。《宋会要》绍兴十三年，车驾自庙赴青城，服通天冠、绛纱袍，祀日服大裘衮冕。圆议用衮冕，取旨。

六曰匏爵。《郊特牲》曰：“郊之祭也，器用陶匏，以象天地之性也。”注谓：“陶瓦器，匏用酌献酒。”《开元礼》、《开宝礼》皆有匏爵。大德九年，正配位用匏爵有坫。圆议正位用匏，配位饮福用玉爵，取旨。

七曰戒誓。唐《通典》引《礼经》，祭前期十日亲戒百官及族人，太宰总戒群官。唐前祀七日，《宋会要》十日。《纂要》太尉南向，司徒、亚终献、一品、二品从祀北向，行事官以次北向，礼直官以誓文授之太尉读。今天子亲行大礼，止令礼直局管勾读誓文。圆议令管勾代太尉读誓，刑部尚书莅之。

八曰散斋、致斋。《礼经》前期十日，唐、宋、金皆七日，散斋四日，致斋三日。国朝亲祀太庙七日，散斋四日于别殿，致斋三日于大明殿。圆议依前七日。

九曰藉神席。《郊特牲》曰：“莞簟之安，而蒲越稾鞂之尚。”注：“蒲越稾鞂，藉神席也。”《汉旧仪》高帝配天绀席，祭天用六彩绮席六重。成帝即位，丞相衡、御史大夫谭以为天地尚质，宜皆勿修，诏从焉。唐麟德二年，诏曰：“自处以厚，奉天以薄，改用裀褥。上帝以苍，其余各视其方色。”宋以褥加席上，礼官以为非礼。元丰元年，奉旨不设。国朝大德九年，正位藁秸，配位蒲越，冒以青缯。至大三年，加青绫褥，青锦方座。圆议合依至大三年于席上设褥，各依方位。

十曰牺牲。《郊特牲》曰："郊特牲而社稷太牢。"又曰："天地之牛角茧栗。"秦用骝驹。汉文帝五帝共一牲，武帝三年一祀，用太牢。光武采元始故事，天地共犊。隋上帝、配帝，苍犊二。唐开元用牛。宋正位用苍犊一，配位太牢一。国朝大德九年，苍犊二，羊豕各九。至大三年，马纯色肥腯一，牲正副一，鹿一十八，野猪一十八，羊一十八，圆议依旧仪。神位配位用犊外，仍用马，其余并依旧日已行典礼。

十一曰香鼎。大祭有三，始烟为歆神，始宗庙则焫萧裸鬯，所谓臭阳达于墙屋者也。后世焚香，盖本乎此，而非《礼经》之正。至大三年，用陶瓦香鼎五十，神座香鼎、香盒案各一。圆议依旧仪。

十二曰割牲。《周礼·司士》"凡祭祀，帅其属而割牲，羞俎豆"。又《诸子》，"大祭祀正六牲之体"。《礼运》云"腥其俎，熟其殽，体其犬豕牛羊"。注云："腥其俎，谓豚解而腥之，为七体也。熟其殽，谓体解而爓之，为二十一体也。体其犬豕牛羊，谓分别骨肉之贵贱，以为众俎也。"七体，谓脊、两肩、两拍、两髀。二十一体，谓肩、臂、臑、膊、骼、正脊、脡脊、横脊、正胁、短胁、代胁并肠三、胃三、拒肺一、祭肺三也。宋元丰三年，详定礼文所言，古者祭祀用牲，有豚解，有体解。豚解则为七，以荐腥；体解则为二十一，以荐熟。盖犬豕牛羊，分别骨肉贵贱，其解之为体，则均也。皇朝马牛羊豕鹿，并依至大三年割牲用国礼。圆议依旧仪。

十三曰大次、小次。《周礼·掌次》，"王旅上帝，张毡按皇邸。"唐《通典》前祀三日，尚舍直长施大次于外壝东门之内道北，南向。《宋会要》前祀三日，仪鸾司帅其属，设大次于外壝东门之内道北，南向；小次于午阶之东，西向。《曲礼》曰："践阼，临祭祀。"《正义》曰："阼主阶也。天子祭祀履主阶行事，故云践阼。"宋元丰详定礼文所言，《周礼》宗庙无设小次之文。古者人君临位于阼阶。盖阼阶者，东阶也。惟人主得位主阶行事。今国朝太庙仪注，大次、小次皆在西，盖国家尚右，以西为尊也。圆议依祀庙仪注。

续具末议：一曰礼神玉。《周礼·大宗伯》，"以禋祀祀昊天上帝"。注："禋之言烟也。周人尚臭，烟气之臭闻者。积柴实牲体焉，或有玉帛。"《正义》曰："或有玉帛，或不用玉帛，皆不定之辞也。"崔氏云，天子自奉玉帛牲体于柴上，引《诗》"圭璧既卒"，是燔牲玉也。盖卒者，终也。谓礼神既终，当藏之也。正经即无燔玉明证。汉武帝祠太乙，胙余皆燔之，无玉。晋燔牲币，无玉。唐、宋乃有之。显庆中，许敬宗等修旧礼，乃云郊天之有四圭，犹宗庙之有圭瓒也，并事毕收藏，不在燔列。宋政和礼制局言："古祭祀无不用玉，《周官》典瑞掌玉器之藏，盖事已则藏焉，有事则出而复用，未尝有燔瘗之文。今后大祀，礼神之玉时出而用，无得燔瘗。"从之。盖燔者取其烟气之臭闻。玉既无烟，又且无气，祭之日但当奠于神座，既卒事，则收藏之。

二曰饮福。《特牲馈食礼》曰，尸九饭，亲嘏主人。《少牢馈食礼》尸十一饭，尸嘏主人。嘏，长也，大也。行礼至此，神明已飨，盛礼俱成，故膺受长大之福于祭之末也。自汉以来，人君一献才毕而受嘏。唐《开元礼》太尉未升堂，而皇帝饮福。宋元丰三年，改从亚终献，既行礼，皇帝饮福受胙。国朝至治元年亲祀庙仪注，亦用一献毕饮福。

三曰升烟。禋之言烟也，升烟所以报阳也。祀天之有禋柴，犹祭地之瘗血，宗庙之裸鬯。历代以来，或先燔而后祭，或先祭而后燔，皆为未允。祭之日，乐六变而燔牲首，牲首亦阳也。祭终，以爵酒馔物及牲体，燎于坛。天子望燎，柴用柏。

四曰仪注。《礼经》出于秦火之后，残阙脱漏，所存无几。至汉，诸儒各执所见。后人所宗，惟郑康成、王子雍，而二家自相矛盾。唐《开元礼》、杜祐《通典》，五礼略完。至宋《开宝礼》并《会要》与郊庙奉祠礼文，中间讲明始备。金国大率依唐、宋制度。圣朝四海一家，礼乐之兴，政在今日。况天子亲行大礼，所用仪注，必合讲求。大德九年，中书集议，合行礼仪依唐制。至治元年已有祀庙仪注，宜取大德九年、至大三年并今次新仪，与唐制参酌增损修之。侍仪司编排卤簿，太史院具报星位，分献官员数及行礼并诸执事官，合依至大三年仪制亚终献官，取旨。

是岁，太皇太后崩，有旨冬至南郊祀事，可权止。

泰定四年春正月，御史台臣言："自世祖迄英宗，咸未亲郊，惟武宗、英宗亲享太庙，陛下宜躬祀郊庙。"制曰："朕当遵世祖旧典，其命大臣摄行祀事。"闰九月甲戌，郊祀天地，致祭五岳四渎、名山大川。

至顺元年，文宗将亲郊。十月辛亥，太常博士言："亲祀仪注已具，事有未尽者，按前代典礼。亲郊七日，百官习仪于郊坛。今既与受戒誓相妨，合于致斋前一日，告示与祭执事者，各具公服赴南郊习仪。亲祀太庙虽有防禁，然郊外尤宜严戒，往来贵乎清肃。凡与祭执事斋郎乐工，旧不设盥洗之位，殊非涓洁之道。今合于馔殿齐班厅前及斋宿之所，随宜设置盥洗数处，俱用锅釜温水置盆杓巾帨，令人掌管省谕，必盥洗然后行事，违者治之。祭日，太常院分官提调神厨，监视割烹。上下灯烛粆燎，已前虽有翦烛提调粆盆等官，率皆虚应故事；或减刻物料，烛燎不明。又尝见奉礼赞赐胙之后，献官方退，所司便服彻俎，坛上灯烛一时俱灭，因而杂人登坛攘夺，不能禁止，甚为亵慢。今宜禁约，省牲之前，凡入壝门之人，皆服窄紫，有官者公服。禁治四壝红门，宜令所司添造关木锁钥，祭毕即令关闭，毋使杂人得入。其稿秸匏爵，事毕合依大德九年例焚之。"壬子，御史台臣言："祭日，宜敕股肱近臣及诸执事人毋饮酒。"制曰："卿言甚善，其移文中书禁之。"丙辰，监察御史杨彬等言："礼，享帝必以始祖为配，今未闻设配位，窃恐礼文有阙。又，先祀一日，皇帝必备法驾出宿郊次，其扈从近侍之臣未尝经历，宜申加戒敕，以达孚诚。”命与中书议行。十月辛酉，始服大裘衮冕，亲祀昊天上帝于南郊，以太祖配。自世祖混一六合，至文宗凡七世，而南郊亲祀之礼始克举焉，盖器物仪注至是益加详慎矣。

自至元十二年冬十二月，用香酒脯臡行一献礼。而至治元年冬二祭告，泰定元年之正月，咸用之。自大德九年冬至，用纯色马一，苍犊一，羊鹿野豕各九。十一年秋七月，用马一，苍犊正副各一，羊鹿野豕各九。而至大中告谢五，皇庆至延祐告谢七，与至治三年冬告谢二，泰定元年之二月，咸如大德十一年之数。泰定四年闰九月，特加皇地祇黄犊一，将祀之夕敕送新猎鹿二。惟至大三年冬至，正配位苍犊皆一，五方帝犊各一，皆如其方之色，大明青犊、夜明白犊皆一，马一，羊鹿野豕各十有八，兔十有二，而四年四月如之。其牺牲品物香酒，皆参用国礼，而丰约不同。告谢非大祀，而用物无异，岂所谓未能一举而大备者乎？

南郊之礼，其始为告祭，继而有大祀，皆摄事也，故摄祀之仪特详。

坛壝：地在丽正门外丙位，凡三百八亩有奇。坛三成，每成高八尺一寸，上成纵横五丈，中成十丈，下成十五丈。四陛午贯地子午卯酉四位陛十有二级。外设二壝。内壝去坛二十五步，外壝去内壝五十四步。壝各四门，外垣南櫺星门三，东西櫺星门各一。圜坛周围上下俱护以甓，内外壝各高五尺，壝四面各有门三，俱涂以赤。至大三年冬至，以三成不足以容从祀版位，以青绳代一成。绳二百，各长二十五尺，以足四成之制。燎坛在外壝内丙巳之位，高一丈二尺，四方各一丈，周圜亦护以甓，东西南三出陛，开上南出户，上方六尺，深可容柴。香殿三间，在外壝南门之外，少西，南向。馔幕殿五间，在外壝南门之外，少东，南向。省馔殿一间，在外壝东门之外，少北，南向。

外壝之东南为别院。内神厨五间，南向；祠祭局三间，北向；酒库三间，西向。献官斋房二十间，在神厨南垣之外，西向。外壝南门之外，为中神门五间，诸执事斋房六十间以翼之，皆北向。两翼端皆有垣，以抵东西周垣，各为门，以便出入。齐班厅五间，在献官斋房之前，西向。仪鸾局三间，法物库三间，都监库五间，在外垣内之西北隅，皆西向。雅乐库十间，在外垣西门之内，少南，东向。演乐堂七间，在外垣内之西南隅，东向。献官厨三间，在外垣内之东南隅，西向。涤养牺牲所，在外垣南门之外，少东，西向。内牺牲房三间，南向。

神位：昊天上帝位天坛之中，少北，皇地祇位次东，少却，皆南向。神席皆缘以缯，绫褥素座，昊天上帝色皆用青，皇地祇色皆用黄，藉皆以稿秸。配位居东，西向。神席绫褥锦方座，色皆用青，藉以蒲越。

其从祀圜坛，第一等九位。青帝位寅，赤帝位巳，黄帝位未，白帝位申，黑帝位亥，主皆用柏，素质玄书；大明位卯，夜明位酉，北极位丑，天皇大帝位戌，用神位版，丹质黄书。神席绫褥座各随其方色，藉皆以稿秸。

第二等内官位五十有四。钩星、天柱、玄枵、天厨、柱史位于子，其数五；女史、星纪、御女位于丑，其数三；自子至丑，神位皆西上。帝座、岁星、大理、河汉、析木、尚书位于寅，帝座居前行，其数六，南上。阴德、大火、天枪、玄戈、天床位于卯，其数五，北上。太阳守、相星、寿星、辅星、三师位于辰，其数五，南上。天一、太一、内厨、荧惑、鹑尾、势星、天理位于巳，天一、太一居前行，其数七，西上。北斗、天牢、三公、鹑火、文昌、内阶位于午，北斗居前行，其数六；填星、鹑首、四辅位于未，其数三；自午至未，皆东上。太白、实沈位于申，其数二，北上。八谷、大梁、杠星、华盖位于酉，其数四；五帝内座、降娄、六甲、传舍位于戌，五帝内座居前行，其数四；自酉至戌，皆南上。紫微垣、辰星、陬訾、钩陈位于亥，其数四，东上。神席皆藉以莞席，内壝外诸神位皆同。

第三等中官百五十九位。虚宿、女宿、牛宿、织女、人星、司命、司非、司危、司禄、天津、离珠、罗堰、天桴、奚仲、左旗、河鼓、右旗位于子，虚宿、女宿、牛宿、织女居前行，其数十有七；月星、建星、斗宿、箕宿、天鸡、辇道、渐台、败瓜、扶筐、匏瓜、天弁、天棓、帛度、屠肆、宗星、宗人、宗正位于丑，月星、建星、斗宿、箕宿居前行，其数十有七；自子至丑，皆西上。日星、心宿、天纪、尾宿、罚星、东咸、列肆、天市垣、斛星、斗星、车肆、天江、宦星、市楼、候星、女床、天籥位于寅，日星、心宿、天纪、尾宿居前行，其数十有七，南上。房宿、七公、氐宿、帝席、大角、亢宿、贯索、键闭、钩钤、西咸、天乳、招摇、梗河、亢池、周鼎位于卯，房宿、七公、氐宿、帝席、大角、亢宿居前行，其数十有五，北上。太子星、太微垣、轸宿、角宿、摄提、常陈、幸臣、谒者、三公、九卿、五内诸侯、郎位、郎将、进贤、平道、天田位于辰，太子星、太微垣、轸宿、角宿、摄提居前行，其数十有六，南上。张宿、翼宿、明堂、四帝座、黄帝座、长垣、少微、灵台、虎贲、从官、内屏位于巳，张宿、翼宿、明堂居前行，其数十有一，西上。轩辕、七星、三台、柳宿、内平、太尊、积薪、积水、北河位于午，轩辕、七星、三台、柳宿居前行，其数九；鬼宿、井宿、参宿、天尊、五诸侯、钺星、座旗、司怪、天关位于未，鬼宿、井宿、参宿居前行，其数九；自午至未，皆东上。毕宿、五车、诸王、觜宿、天船、天街、砺石、天高、三柱、天潢、咸池位于申，毕宿、五车、诸王、觜宿居前行，其数十有一，北上。月宿、昴宿、胃宿、积水、天谗、卷舌、天河、积尸、太陵、左更、天大将军、军南门位于酉，月宿、昴宿、胃宿居前行，其数十有二；娄宿、奎宿、壁宿、右更、附路、阁道、王良、策星、天厩、土公、云雨、霹雳位于戌，娄宿、壁宿居前行，其数十有二；自酉至戌，皆南上。危宿、室宿、车府、坟墓、虚梁、盖屋、臼星、杵星、土公吏、造父、离宫、雷电、腾蛇位于亥，危宿、室宿居前行，其数十有三，东上。

内壝内外官一百六位。天垒城、离瑜、代星、齐星、周星、晋星、韩星、秦星、魏星、燕星、楚星、郑星位于子，其数十有二；越星、赵星、九坎、天田、狗国、天渊、狗星、鳖星、农丈人、杵星、糠星位于丑，其数十有一；自子至丑，皆西上。骑阵将军、天辐、从官、积卒、神宫、傅说、龟星、鱼星位于寅，其数八，南上。阵车、车骑、骑官、颉颃、折威、阳门、五柱、天门、衡星、库楼位于卯，其数十，北上。土司空、长沙、青丘、南门、平星位于辰，其数五，南上。酒旗、天庙、东瓯、器府、军门、左右辖位于巳，其数六，西上。天相、天稷、爟星、天记、外厨、天狗、南河位于午，其数七；天社、矢星、水位、阙丘、狼星、弧星、老人星、四渎、野鸡、军市、水府、孙星、子星位于未，其数十有三；自午至未，皆东上。天节、九州殊口、附耳、参旗、九斿、玉井、军井、屏星、伐星、天厕、天矢、丈人位于申，其数十有二，北上。天园、天阴、天廪、天苑、天囷、刍藁、天庾、天仓、铁锧、天溷位于酉，其数十；外屏、大司空、八魁、羽林位于戌，其数四；自酉至戌，皆南上。哭星、泣星、天钱、天纲、北落师门、败臼、斧钺、垒壁阵位于亥，其数八，东上。

内壝外众星三百六十位，每辰神位三十自第二等以下，神位版皆丹质黄书。内官、中官、外官则各题其星名；内壝外三百六十位，惟题曰众星位。凡从祀位皆内向，十二次微左旋，子居子陛东，午居午陛西，卯居卯陛南，酉居酉陛北。

器物之等，其目有八：

一曰圭币。昊天上帝苍璧一，有缫藉，青币一，燎玉一。皇地祇黄琮一，有缫藉，黄币一。配帝青币一，黄帝黄琮一，青帝青圭一，赤帝赤璋一，白帝白琥一，黑帝玄璜一，币皆如其方色。大明青圭有邸，夜明白圭有邸，天皇大帝青圭有邸，北极玄圭有邸，币皆如其玉色。内官以下皆青币。

二曰尊罍。上帝大尊、著尊、牺尊、山罍各一，在坛上东南隅，皆北向，西上；设而不酌者，象尊、壶尊各二，山罍四，在坛下午陛之东，皆北向，西上。皇地祇亦如之，在上帝酒尊之东，皆北向，西上。配帝著尊、牺尊、象尊各二，在地祇酒尊之东，皆北向，西上。设而不酌者，牺尊、壶尊各二，山罍四，在坛下酉陛之北，东向，北上。五帝、日月、北极、天皇，皆太尊一，著尊二。内官十二次，各象尊二。中官十二次，各壶尊二。外官十二次，各概尊二。众星十二次，各散尊二。凡尊各设于神座之左而右向，皆有坫，有勺，加幂，幂之绘以云，惟设而不酌者无勺。

三曰笾豆登俎。昊天上帝、皇地祇及配帝，笾豆皆十二，登三，簠二，簋二，俎八，皆有匕箸，玉币篚二，匏爵一，有坫，沙池一，青瓷牲盘一。从祀九位。笾豆皆八，簋一，簠一，登一，俎一，匏爵一，有坫，沙池一，玉币篚一。内官位五十四，笾豆皆二，簠一，簋一，登一，俎一，匏爵有坫，沙池，币篚，十二次各一。中官百五十八，皆笾一，豆一，簠一，簋一，俎一，匏爵有坫，沙池，币篚，十二次各一。外官位一百六，皆笾一，豆一，簠一，簋一，俎一，匏爵，沙池，币篚，十二次各一。众星位三百六十，皆笾一，豆一，簠一，簋一，俎一，匏爵，沙池，币篚，十二次各一。此笾、豆、簋、簠、登、爵、篚之数也。凡笾之设，居神位左，豆居右，登、簋簠居中，俎居后，笾皆有巾，巾之绘以斧。

四曰酒齐。以太尊实泛齐，著尊实醴齐，牺尊实盎齐，山罍实三酒，皆有上尊。马湩设于尊罍之前，注于器而幂之。设而不酌者，以象尊实醍齐，壶尊实沈齐，山罍二实三酒，皆有上尊，以祀昊天上帝。皇地祇亦如之。以著尊实泛齐，牺尊实醴齐，象尊实盎齐，山罍实清酒，皆有上尊。马湩如前设之。设而不酌者，以牺尊实醍齐，壶尊实沈齐，山湩三实清酒，皆有上尊，以祀配帝。以太尊实泛齐，以著尊实醍齐，皆有上尊，九位同，以祀五帝、日月、北极、天皇大帝。以象尊实醴齐，有上尊，十二次同，以祀内官。以壶尊实沈齐，有上尊，十二次同，以祀中官。以概尊实清酒，有上尊，十二次同，以祀外官。以散尊实昔酒，有上尊，十二次同，以祀众星。凡五齐之上尊，必皆实明水；山罍之上尊，必皆实玄酒；散尊之上尊，亦实明水。

五曰牲齐庶器。昊天上帝苍犊，皇地祇黄犊，配位苍犊，大明青犊，夜明白犊，天皇大帝苍犊，北极玄犊皆一，马纯色一，鹿十有八，羊十有八，野豕十有八，兔十有二，盖参以国礼。割牲为七体：左肩臂臑兼代胁、长胁为一体，右肩臂臑、代胁、长胁为一体，左髀肫胳为一体，右髀肫胳为一体，脊连背肤短胁为一体，膺骨脐腹为一体，项脊为一体，马首报阳升烟则用之。毛血盛以豆，或青瓷盘，馔未入置俎上，馔入彻去之。笾之实，鱼鱐、糗饵、粉糍、枣、干橑、形盐、鹿脯、榛、桃、菱、芡、栗。豆之实，芹菹、韭菹、菁菹、笋菹、脾折菹、酏食、鱼醢、兔醢豚拍、鹿臡、醓醢、糁食。凡笾之用八者，无糗饵、粉糍、菱、栗。豆之用八者，无脾折菹、酏食、兔醢、糁食。用皆二者，笾以鹿脯、干枣，豆以鹿臡、菁菹。用皆一者，笾以鹿脯，豆以鹿臡。凡簠簋用皆二者，簋以黍、稷，簠以稻、粱；用皆一者，簋以稷，簠以黍。实登以大羹。

六曰香祝。洗位正位香鼎一，香合一，食案一，祝案一，皆有衣，拜褥一，盥爵洗位一，罍一，洗一，白罗巾一，亲祀匜二，盘二。地祇配位咸如之。香用龙脑沉香。祝版长各二尺四寸，阔一尺二寸，厚三分，木用楸柏。从祀九位，香鼎、香合、香案、绫拜褥皆九，褥各随其方之色，盥爵洗位二，罍二，洗二，巾二。第二等，盥爵洗位二，罍二，洗二，巾二。第三等亦如之。内壝内，盥爵洗位一，罍一，洗一，巾一。内壝外亦如之。凡巾，皆有篚。从祀而下，香用沈檀降真，鼎用陶瓦。第二等十二次而下，皆紫绫拜褥十有二。亲祀御板位一，饮福位及大小次盥洗爵洗板位各一，皆青质金书。亚献、终献饮福板位一，黑质黄书。御拜褥八，亚终献饮福位拜褥一，黄道裀褥宝案二，黄罗销金案衣，水火鉴。

七曰烛燎。天坛椽烛四，皆销金绛纱笼。自天坛至内壝外及乐县南北通道，绛烛三百五十，素烛四百四十，皆绛纱笼。御位椽，烛六，销金绛纱笼。献官椽烛四，杂用烛八百，粗盆二百二十，有架。黄桑条去肤一车，束之置燎坛，以焚牲首。

八曰献摄执事。亚献官一，终献官一，摄司徒一，助奠官二，大礼使一，侍中二，门下侍郎二，礼仪使二，殿中监二，尚辇官二，太仆卿二，控马官六，近侍官八，导驾官二十有四，典宝官四，侍仪官五，太常卿丞八，光禄卿丞二，刑部尚书二，礼部尚书二，奉玉币官一，定撰祝文官一，书读祝册官二，举祝册官二，太史令一，御奉爵官一，奉匜盘官二，御爵洗官二，执巾官二，割牲官二，温酒官一，太官令一，太官丞一，良酝令丞二，廪牺令丞二，纠仪御史四，太常博士二，郊祀令丞二，太乐令一，太乐丞一，司尊罍二，亚终献盥洗官二，爵洗官二，巾篚官二，奉爵官二，祝史四，太祝十有五，奉礼郎四，协律郎二，翦烛官四，礼直官管勾一，礼部点视仪卫官二，兵部清道官二，拱卫使二，大都兵马使二，斋郎百，司天生二，看守粆盆军官一百二十。

卷七十三　　　志第二十四

祭祀二

郊祀下

仪注之节，其目有十：

一曰斋戒。祀前七日，皇帝散斋四日于别殿，致斋三日，其二日于大明殿，一日于大次，有司停奏刑罚文字。致斋前一日，尚舍监设御幄于大明殿西序，东向。致斋之日质明，诸卫勒所部屯门列仗。昼漏上水一刻，通事舍人引侍享执事文武四品以上官，俱公服诣别殿奉迎。昼漏上水二刻，侍中版奏请中严，皇帝服通天冠、绛纱袍。昼漏上水三刻，侍中版奏外办，皇帝结佩出别殿，乘舆华盖伞扇侍卫如常仪，奉引至大明殿御幄，东向坐，侍臣夹侍如常。一刻顷，侍中前跪奏"臣某言，请降就斋"，俯伏兴。皇帝降座入室，解严。侍享执事官各还本司，宿卫者如常。凡侍祠官受誓戒于中书省，散斋四日，致斋三日。守壝门兵卫与大乐工人，俱清斋一宿。光禄卿以阳燧取明火供爨，以方诸取明水实尊。

二曰告配。祀前二日，摄太尉与太常礼仪院官恭诣太庙，以一献礼奏告太祖法天启运圣武皇帝之室。寅刻，太尉以下公服自南神门东偏门入，至横街南，北向立定。奉礼郎赞曰"拜"，礼直官承传曰"鞠躬"，曰"拜"，曰"兴"，曰"拜"，曰"兴"，曰"平立"。又赞曰"各就位"。礼直官诣太尉前曰"请诣盥洗位"，引太尉至盥洗位，曰"盥手"，曰"帨手"，曰"诣爵洗位"，曰"涤爵"，曰"拭爵"，曰"请诣酒尊所"，曰"酌酒"，曰"请诣神座前"，曰"北向立"，曰"稍前"，曰"搢笏"，曰"跪"，曰"上香"，曰"再上香"，曰"三上香"，曰"授币"，曰"奠币"，曰"执爵"，曰"祭酒"，曰"祭酒"，曰"三祭酒"。祭酒于沙池讫，曰"读祝"。举祝官搢笏，跪对举祝版。读祝官跪读祝文毕，举祝官奠祝版于案，执笏兴，读祝官俯伏兴。礼直官赞曰"出笏"，曰"俯伏兴"，曰"拜"，曰"兴"，曰"拜"，曰"兴"，曰"平立"，曰"复位"。司尊彝、良酝令从降复位，北向立。奉礼郎赞曰"拜"，礼直官承传再拜毕，太祝捧祝币降自太阶，诣望瘗位。太尉以下俱诣坎位焚瘗讫，自南神门东偏门以次出。

三曰车驾出宫。祀前一日，所司备仪从内外仗，侍祠官两行序立于崇天门外，太仆卿控御马立于大明门外，诸侍臣及导驾官二十有四人，俱于斋殿前左右分班立俟。通事舍人引侍中，奏请中严，俯伏兴。皇帝服通天冠、绛纱袍。少顷，侍中版奏外办，皇帝出斋室，即御座。群臣起居讫，尚辇进舆，侍中奏请皇帝升舆，华盖伞扇侍卫如常仪。导驾官导至大明门外，侍中进当舆前，跪奏请降舆乘马，导驾官分左右步导。门下侍郎跪奏请进发，俯伏兴，前称警跸。至崇天门外，门下侍郎奏请权停，敕众官上马，侍中承旨称"制可"，门下侍郎传制称"众官上马"，赞者承传"众官出棂星门外上马"。门下侍郎奏请进发，前称警跸。华盖伞扇仪仗与众官分左右前引，教坊乐鼓吹不作。至郊坛南棂星门外，侍中传制"众官下马"，赞者承传"众官下马"。下马讫，自卑而尊，与仪仗倒卷而北，两行驻立。驾至棂星门，侍中奏请皇帝降马，步入棂星门，由西偏门稍西。侍中奏请升舆。尚辇奉舆，华盖伞扇如常仪。导驾官前导皇帝乘舆至大次前，侍中奏请降舆。皇帝降舆入就次，帘降，侍卫如式。通事舍人承旨，敕众官各还斋次。尚食进膳讫，礼仪使以祝册奏请御署讫，奉出，郊祀令受之，各奠于坫。

四曰陈设。祀前三日，尚舍监陈大次于外壝西门之外道北，南向。设小次于内壝西门之外道南，东向。设黄道裀褥，自大次至于小次，版位及坛上皆设之。所司设兵卫，各具器服，守卫壝门，每门兵官二员。外垣东西南棂星门外，设跸街清路诸军，诸军旗服各随其方之色。去坛二百步，禁止行人。祀前一日，郊祀令率其属扫除坛之上下。太乐令率其属设登歌乐于坛上，稍南，北向；设宫县二舞，位于坛南内壝南门之外，如式。奉礼郎设御版位于小次之前，东向；设御饮福位于坛上，午陛之西，亚终献饮福位于午陛之东，皆北向。又设亚终献、助奠、门下侍郎以下版位坛下御版位之后，稍南东向，异位重行，以北为上。又设司徒太常卿以下位于其东，相对北上，皆如常仪。又分设纠仪御史位于其东西二壝门之外，相向而立。又设御盥洗、爵洗位于内壝南门之内道西，北向。又设亚终献、盥洗、爵洗位于内壝南门之外道西，北向。又设省牲馔等位，如常仪。未后二刻，郊祀令同太史令俱公服，升设昊天上帝位于坛上北方，南向，席以藁秸，加神席褥座。又设配位于坛上西方，东向，席以蒲越，加神席褥座。礼神苍璧置于缫藉，青币设于篚，正位之币加燎玉，置尊所。俟告洁毕，权彻。祀日丑前重设。执事者实柴于燎坛，及设笾豆、簠簋、尊罍匏爵、俎坫等事，如常仪。

五曰省牲器。祀前一日未后二刻，郊祀令率其属又扫除坛之上下，司尊罍、奉礼郎率祠祭局以祭器入设于位。郊祀令率执事者以礼神之玉，置于神位前。未后三刻，廪牺令与诸太祝、祝史以牲就位，礼直官分引太常卿、光禄卿丞、监祭、监礼官、太官令丞等诣省牲位，立定。礼直官引太常卿、监祭、监礼由东壝北偏门入，自卯陛升坛，视涤濯。司尊罍跪举幂曰"洁"。告洁毕，俱复位。礼直官稍前曰"请省牲"。太常卿稍前，省牲毕，退复位。次引廪牺令巡牲一匝，西向折身曰"充"。告充毕，复位。诸太祝俱巡牲一匝，复位。上一员出班，西向折身曰"腯"。告腯毕，复位。礼直官引太常卿、光禄卿丞、太官令丞、监祭、监礼诣省馔位，东西相向坐。礼直官请太常卿省馔毕，退还斋所。廪牲令与诸太祝、祝史以次牵牲诣厨，授太官令。次引光禄卿、监祭、监礼等诣厨，省鼎镬，视涤溉毕，还斋所。晡后一刻，太官令率宰人以鸾刀割牲，祝史各取血及左耳毛实于豆，仍取牲首贮于盘，（用马首。）俱置于馔殿，遂烹牲。刑部尚书莅之，监实水纳烹之事。

六曰习仪。祀前一日未后三刻，献官诸执事各服其服，习仪于外壝西南隙地。其陈设、乐架、礼器等物，并如行事之仪。

七曰奠玉币。祀日丑前五刻，太常卿设烛于神座，太史令、郊祀令各服其服，升设昊天上帝及配位神座，执事者陈玉币于篚，置尊所。礼部尚书设祝册于案。光禄卿率其属，入实笾豆、簠簋、尊罍如式。祝史以牲首盘设于坛，大乐令率工人二舞入就位。礼直官分引监祭礼、郊祀令及诸执事官、斋郎入就位。礼直官引监祭礼按视坛之上下，退复位。奉礼赞再拜。礼直官承传，监祭礼以下皆再拜讫，又赞各就位。太官令率斋郎出诣馔殿，俟于门外；礼直官分引摄太尉及司徒等官入就位；符宝郎奉宝陈于宫县之侧，随地之宜。太尉之将入也，礼直官引博士，博士引礼仪使，对立于大次前。侍中板奏请中严，皇帝服大裘衮冕。侍中奏外办，礼仪使跪奏礼仪使臣某请皇帝行礼，俯伏兴。（凡奏二人皆跪，一人赞之。）帘卷出次，礼仪使前导，华盖伞扇如常仪。至西壝门外，殿中监进大圭，礼仪使奏请执大圭，皇帝执圭。华盖伞扇停于门外。近侍官与大礼使皆后从皇帝入门，宫县乐作。请就小次，释圭，乐止。礼仪使以下分立左右。少顷，礼仪使奏有司谨具，请行事。降神乐作，《天成之曲》六成。太常卿率祝史捧马首，诣燎坛升烟讫，复位。礼仪使跪奏请就板位，俯伏兴。皇帝出次，请执大圭，至位东向立，再拜。皇帝再拜，奉礼赞众官皆再拜讫，奉玉币官跪取玉币于篚，立于尊所。礼仪使奏请行事。遂前导，宫县乐作，由南壝西偏门入，诣盥洗位，北向立，乐止。搢大圭，盥手。奉匜官奉匜沃水，奉盘官奉盘承水，执巾官奉巾以进。盥帨手讫，执大圭，乐作，至午陛，乐止。升阶，登歌乐作，至坛上，乐止。宫县《钦成之乐》作，殿中监进镇圭，（殿中监二员，一员执大圭，一员执镇圭。）礼仪使奏请搢大圭，执镇圭，请诣昊天上帝神位前，北向立。内侍先设缫席于地，礼仪使奏请跪奠镇圭于缫席。奉玉币官加玉于币以授侍中，侍中西向跪进，礼仪使奏请奠玉币。皇帝受奠讫，礼仪使奏请执大圭，俯伏兴，少退再拜。皇帝再拜兴，平立。内侍取镇圭授殿中监，又取缫藉置配位前。礼仪使前导，请诣太祖皇帝神位前，西向立，奠镇圭及币，并如上仪，乐止。礼仪使前导，请还版位。登歌乐作，降阶，乐止。宫县乐作，殿中监取镇圭、缫藉以授有司。皇帝至版位，东向立，乐止。请还小次，释大圭。祝史奉毛血豆。升自午陛，以进正位，升自卯陛，以进配位。太祝各迎奠于神座前，俱退立尊所。

八曰进馔。皇帝奠玉币还位，祝史取毛血豆以降，礼直官引司徒、太官令率斋郎奉馔入自正门，升殿如常仪。礼仪使跪奏请行礼，俯伏兴。皇帝出次，宫县乐作。请执大圭，前导由正门西偏门入，诣盥洗位，北向立，乐止。搢圭盥手如前仪。执圭，诣爵洗位，北向立，搢圭。奉爵官跪取匏爵于篚，以授侍中，侍中以进皇帝，受爵。执罍官酌水洗爵，执巾官授巾拭爵讫，侍中受之，以授捧爵官。执圭，乐作，至午陛，乐止；升阶，登歌乐作，至坛上，乐止。诣正位酒尊所，东向立，搢圭。捧爵官进爵，皇帝受爵。司尊者举幂，侍中赞酌太尊之泛齐。以爵授捧爵官，执圭。宫县乐作，奏《明成之曲》。请诣昊天上帝神座前北向立，搢圭跪，三上香，侍中以爵跪进皇帝。执爵，三祭酒，以爵授侍中。太官丞注马湩于爵，以授侍中，侍中跪进皇帝。执爵，亦三祭之，（今有蒲萄酒与尚酝马湩各祭一爵，为三爵。）以爵授侍中，执圭，俯伏兴，少退立。读祝，举祝官搢笏跪举祝册，读祝官西向跪读祝文，读讫，俯伏兴。举祝官奠祝于案，奏请再拜。皇帝再拜兴，平立。请诣配位酒尊所，西向立。司尊者举幂，侍中赞酌著尊之泛齐。以爵授捧爵官，执圭。请诣太祖皇帝神位前西向立。宫县乐作。侍中赞搢圭跪、三上香、三祭酒及马湩讫，赞执圭，俯伏兴，少退立。举祝官举祝，读祝官北向跪读祝文，读讫，俯伏兴。奠祝版讫，奏请再拜。皇帝再拜兴，平立。乐止。请诣饮福位北向立，登歌乐作。太祝各以爵酌上尊福酒，合置一爵以授侍中，侍中西向以进。礼仪使奏请再拜，皇帝再拜兴。奏请搢圭、跪受爵。祭酒啐酒以爵授侍中，侍中再以温酒跪进。礼仪使奏请受爵。皇帝饮福酒讫，侍中受虚爵兴，以授太祝。太祝又减神前胙肉加于俎，以授司徒。司徒以俎西向跪进皇帝，受以授左右。奏请执圭，俯伏兴，平立，少退。奏请再拜，皇帝再拜讫，乐止。礼仪使前导，还版位。登歌乐作，降自午陛，乐止。宫县乐作，至位，东向立，乐止。请还小次，至次释圭。文舞退，武舞进，宫县乐作，奏《和成之曲》，乐止。礼直官引亚终献官升自卯陛，行礼如常仪，惟不读祝，皆饮福而无胙俎。降自卯陛，复位。礼直官赞太祝彻笾豆。登歌乐作，奏《宁成之曲》，卒彻，乐止。奉礼赞赐胙，众官再拜，在位者皆再拜。礼仪使奏请诣版位，出次执圭，至位东向立，再拜。皇帝再拜。奉礼赞曰"再拜"，赞者承传"在位者皆再拜"。送神乐作，《天成之曲》一成，止。礼仪使奏礼毕，遂前导皇帝还大次。宫县乐作，出门乐止，至大次释圭。

九曰望燎。皇帝既还大次，礼直官引摄太尉以下监祭礼诣望燎位，太祝各捧篚诣神位前，进取燔玉、祝币、牲俎并黍稷、饭笾、爵酒，各由其陛降诣燎坛，以祝币、馔物置柴上，礼直官赞"可燎半柴"，又赞"礼毕"，摄太尉以下皆出。礼直官引监祭礼、祝史、太祝以下从坛南，北向立定，奉礼赞曰"再拜"，监祭礼以下皆再拜讫，遂出。

十曰车驾还宫。皇帝既还大次，侍中奏请解严。皇帝释衮冕，停大次。五刻顷，所司备法驾，序立于棂星门外，以北为上。侍中版奏请中严，皇帝改服通天冠、绛纱袍。少顷，侍中版奏外办，皇帝出次升舆，导驾官前导，华盖伞扇如常仪。至棂星门外，太仆卿进御马如式。侍中前奏请皇帝降舆乘马讫，太仆卿执御，门下侍郎奏请车驾进发，俯伏兴退。车驾动，称警跸。至棂星门外，门下侍郎跪奏曰："请权停，敕众官上马。"侍中承旨曰"制可"，门下侍郎传制，赞者承传。众官上马毕，导驾官及华盖伞扇分左右前导。门下侍郎跪请车驾进发，俯伏兴。车驾动，称警跸。教坊乐鼓吹振作。驾至崇天门棂星门外，门下侍郎跪奏曰

"请权停，敕众官下马"，侍中承旨曰"制可"，门下侍郎俯伏兴，退传制，赞者承传。众官下马毕，左右前引入内，与仪仗倒卷而北驻立。驾入崇天门至大明门外，降马升舆以入。驾既入，通事舍人承旨敕众官皆退，宿卫官率卫士宿卫如式。

摄祀之仪，其目有九：

一曰斋戒。祀前五日质明，奉礼郎率仪鸾局，设献官诸执事版位于中书省。献官诸执事位俱藉以席，仍加紫绫褥。初献摄太尉设位于前堂阶上，稍西，东南向。监察御史二位，一位在甬道上，西稍北，东向；一位在甬道上，东稍北，西向。监礼博士二位，各次御史，以北为上。次亚献官、终献官、摄司徒位于其南。次助奠官，次太常太卿、太常卿、光禄卿，次太史令、礼部尚书、刑部尚书，次奉璧官、奉币官、读祝官、太常少卿、拱卫直都指挥使，次太常丞、光禄丞、太官令、良酝令、司尊罍，次廪牺令、举祝官、奉爵官，次太官丞、盥洗官、爵洗官、巾篚官，次翦烛官，次与祭官。其礼直官分直于左右，东西相向。西设版位四列，皆北向，以东为上：郊祀令、太乐令、太祝、祝史，次斋郎。东设版位四列，皆北向，以西为上：郊祀丞、太乐丞、协律郎、奉礼郎，次斋郎、司天生。礼直官引献官诸执事各就位。献官诸执事俱公服，五品以上就服其服，六品以下皆借紫服。礼直局管勾进立于太尉之右，宣读誓文曰："某年某月某日，祀昊天上帝于圜丘，各扬其职，其或不敬，国有常刑。"散斋三日宿于正寝，致斋二日于祀所。散斋日治事如故，不吊丧问疾，不作乐，不判署刑杀文字，不决罚罪人，不与秽恶事。致斋日惟祀事得行，其余悉禁。凡与祀之官已斋而阙者，通摄行事。读毕，稍前唱曰"七品以下官先退"，复赞曰"对拜"，太尉与余官皆再拜乃退。凡与祭者，致斋之宿，官给酒馔。守壝门兵卫及太乐工人，皆清斋一宿。

二曰告配。祀前二日，初献官与太常礼仪院官恭诣太庙，奏告太祖皇帝本室，即还斋次。

三曰迎香。祝祀前二日，翰林学士赴礼部书写祝文，太常礼仪院官亦会焉。书毕于公廨严洁安置。祀前一日质明，献官以下诸执事皆公服，礼部尚书率其属捧祝版，同太常礼仪院官俱诣阙廷，以祝版授太尉，进请御署讫，同香酒迎出崇天门外。香置于舆，祝置香案，御酒置輂楼，俱用金复覆之。太尉以下官比上马，清道官率京官行于仪卫之先，兵马司巡兵执矛帜夹道次之，金鼓又次之，京尹仪从左右成列前导，诸执事官东西二班行于仪仗之外，次仪凤司奏乐，礼部官点视成列，太常礼仪院官导于香舆之前，然后控鹤舁舆案行，太尉等官从行至祀所。舆案由南棂星门入，诸执事官由左右偏门入，奉安御香、祝版于香殿。

四曰陈设。祀前三日，枢密院设兵卫各具器服守卫壝门，每门兵官二员，及外垣东西南棂星门外，设跸街清路诸军，诸军旗服，各随其方色。去坛二百步，禁止行人。祀前一日，郊祀令率其属扫除坛上下。大乐令率其属设登歌乐于坛上，稍南，北向。编磬一簴在西，编钟一簴在东。击钟磬者，皆有坐杌。大乐令位在钟簴东，西向。协律郎位在磬簴西，东向。执麾者立于后。柷一，在钟簴北，稍东。敔一，在磬簴北，稍西。搏拊二，一在柷北，一在敔北。歌工八人，分列于午陛左右，东西相向坐，以北为上，凡坐者皆藉以席加毡。琴一弦、三弦、五弦、七弦、九弦者各二，瑟四，籥二，篪二，笛二，箫二，巢笙四，和笙四，闰余匏一，九曜匏一，七星匏一，埙二，各分立于午陛东西乐榻上。琴瑟者分列于北，皆北向坐；匏竹者分立于琴瑟之后，为二列重行，皆北向相对为首。又设圜宫悬乐于坛南，内壝南门之外。东方西方，编磬起北，编钟次之。南方北方，编磬起西，编钟次之。又设十二镈钟于编悬之间，各依辰位。每辰编磬在左，编钟在右，谓之一肆。每面三辰，共九架，四面三十六架。设晋鼓于悬内通街之东，稍南，北向。置雷鼓、单鼗、双鼗各二柄于北悬之内，通街之左右，植四楹雷鼓于四隅，皆左鼙右应。北悬之内，歌工四列。内二列在通街之东，二列于通街之西。每列八人，共三十二人，东西相向坐，以北为上。柷一在东，敔一在西，皆在歌工之南。大乐丞位在北悬之外，通街之东，西向。协律郎位于通街之西，东向。执麾者立于后，举节乐正立于东，副正立于西，并在歌工之北。乐师二员，对立于歌工之南。运谱二人，对立于乐师之南。照烛二人，对立于运谱之南，祀日分立于坛之上下，掌乐作乐止之标准。琴二十七，设于东西悬内：一弦者三，东一，西二，俱为第一列；三弦、五弦、七弦、九弦者各六，东西各四列，每列三人，皆北向坐。瑟十二，东西各六，共为列，在琴之后坐。巢笙十、箫十、闰余匏一在东，七星匏一、九曜匏一，皆在竽笙之侧。竽笙十、籥十、篪十、埙八、笛十，每色为一列，各分立于通街之东西，皆北向，又设文舞位于北悬之前，植四表于通街之东，舞位行缀之间。导文舞执衙仗舞师二员，执旌二人，分立于舞者行缀之外。舞者八佾，每佾八人，共六十四人，左手执籥，右手秉翟，各分四佾，立于通街之东西，皆北向。又设武舞，俟立位于东西县外。导武舞执衙仗舞师二员，执纛二人，执器二十人，内单鼗二、单铎二、双铎二、金铙二、钲二、金錞二，执扃者四人，扶錞二、相鼓二、雅鼓二，分立于东西县外。舞者如文舞之数，左手执干，右手执戚，各分四佾，立于执器之外。俟文舞自外退，则武舞自内进，就立文舞之位，惟执器者分立于舞人之外。文舞亦退于武舞俟立之位。太史令、郊祀令各公服，率其属升设昊天上帝神座于坛上，北方，南向；席以藁秸，加褥座，置璧于缫藉，设币于篚，置酌尊所。皇地祇神座，坛上稍东，北方，南向；席以藁秸，加褥座，置玉于缫藉，设币于篚，置酌尊所。配位神座，坛上东方，西向；席以蒲越，加褥座，置璧于缫藉，设币于篚，置酌尊所。设五方五帝、日、月、天皇大帝、北极等九位，在坛之第一等；席以莞，各设玉币于神座前。设内官五十四位于圜坛第二等，设中官一百五十九位于圜坛第三等，设外官一百六位于内壝内，设众星三百六十位于内壝外，席皆以莞，各设青币于神座之首，皆内向。候告洁毕，权彻第一等玉币，至祀日丑前重设。执事者实柴于燎坛，仍设苇炬于东西。执炬者东西各二人，皆紫服。奉礼郎率仪鸾局，设献官以下及诸执事官版位，设三献官版位于内壝西门之外道南，东向，以北为上。次助奠位稍却，次第一等至第三等分献官，第四等、第五等分奠官，次郊祀令、太官令、良酝令、廪牺令、司尊罍，次郊祀丞、读祝官、举祝官、奉璧官、奉币官、奉爵官、太祝、盥洗官、爵洗官、巾篚官、祝史，次斋郎，位于其后。每等异位重行，俱东向，北上。摄司徒位于内壝东门之外道南，与亚献相对。次太常礼仪使、光禄卿、同知太常礼仪院事、太史令、分献分奠官、佥太常礼仪院事、拱卫直都指挥使、太常礼仪院同佥院判、光禄丞，位于其南，皆西向，北上。监察御史二位，一位在内壝西门之外道北，东向；一位在内壝东门之外道北，西向。博士二位，各次御史，以北为上。设奉礼郎位于坛上稍南，午陛之东，西向；司尊罍位于尊所，北向。又设望燎位于燎坛之北，南向。设牲榜于外壝东门之外，稍南，西向；太祝、祝史位于牲后，俱西向。设省牲位于牲北，太常礼仪使、光禄卿、太官令、光禄丞、太官丞位于其北，太官令以下位皆少却。监祭、监礼位在太常礼仪使之西，稍却，南向。廪牺令位于牲西南，北向。又设省馔位于牲位之北，馔殿之南。太常礼仪使、光禄卿丞、太官令丞位在东，西向；监祭、监礼位在西，东向；俱北上。祠祭局设正配三位，各左十有二笾，右十有二豆，俱为四行。登三，铏三，铏、簠各二，在笾豆间。登居神前，铏又居前，簠左、簋右，居簠前，皆藉以席。设牲首俎一，居中；牛羊豕俎七，次之。香案一，沙池、爵坫各一，居俎前。祝案一，设于神座之右。又设天地二位各太尊二、著尊二、牺尊二、山罍二于坛上东南，俱北向，西上。又设配位著尊二、牺尊二、象尊二、山罍二，在二尊所之东，皆有坫，加勺幂，惟玄酒有幂无勺，以北为上。马湩三器，各设于尊所之首，加幂勺。又设玉币篚二于尊所西，以北为上。又设正位象尊二、壶尊二、山罍四于坛下午陛之西。又设地祇尊罍，与正位同，于午陛之东，皆北向，西上。又设配位牺尊二、壶尊二、山罍四在酉陛之北，东向，北上，皆有坫、幂，不加勺，设而不酌。又设第一等九位各左八笾，右八豆，登一，在笾豆间，簠、簋各一，在登前，俎一，爵、坫各一，在簠、簋前。每位太尊二、著尊二，于神之左，皆有坫，加勺、幂，沙池、玉币篚各一。又设第二等诸神每位笾二，豆二，簠、簋各一，登一，俎一，于神座前。每陛间象尊二，爵、坫、沙池、币篚各一，于神中央之座首。又设第三等诸神，每位笾、豆、簠、簋各一，俎一，于神座前。每陛间设壶尊二，爵尊二，爵、坫、沙池、币篚各一，于神中央之座首。又设内壝内诸神，每位笾、豆各一，簠、簋各一，于神座前。每道间概尊二，爵、坫、沙池、币篚各一，于神中央之座首。又设内壝外众星三百六十位，每位笾、豆、簠、簋、俎各一，于神座前。每道间散尊二，爵、坫、沙池、币篚各一，于神中央之座前。自第一等以下，皆用匏爵洗涤讫，置于坫上。又设正配位各笾一，豆一，簠一，簋一，俎四，及毛血豆各一，牲首盘一。并第一等神位，每位俎二，于馔殿内。又设盥洗、爵洗于坛下，卯阶之东，北向，罍在洗东加勺，篚在洗西南肆，实以巾，爵洗之篚实以匏，爵加坫。又设第一等分献官盥洗、爵洗位，第二等以下分献官盥洗位，各于陛道之左，罍在洗左，篚在洗右，俱内向。凡司尊罍篚位，各于其后。

五曰省牲器，见亲祀仪。

六曰习仪，见亲祀仪。

七曰奠玉币。祀日丑前五刻，太常卿率其属，设椽烛于神座四隅，仍明坛上下烛、内外枳燎。太史令、郊祀令各服其服升，设昊天上帝神座，藁秸、席褥如前。执事者陈玉币于篚，置于尊所。礼部尚书设祝版于案。光禄卿率其属入实笾、豆、簠、簋。笾四行，以右为上。第一行鱼鳙在前，糗饵、粉糍次之；第二行干枣在前，干橑形盐次之；第三行鹿脯在前，榛实、干桃次之；第四行菱在前，芡、栗次之。豆四行，以左为上。第一行芹菹在前，笋菹、葵菹次之。第二行菁菹在前，韭菹、饱食次之。第三行鱼醢在前，兔醢、豚拍次之。第四行鹿臡在前，醓醢、糁食次之。簠实以稻、粱，簋实以黍、稷，登实以大羹。良酝令率其属入实尊、罍。太尊实以泛齐，著尊醴齐，牺尊盎齐，象尊醍齐，壶尊沈齐；山罍为下尊，实以玄酒；其酒、齐皆以尚酝酒代之。太官丞设革囊马湩于尊所。祠祭局以银盒贮香，同瓦鼎设于案。司香官一员立于坛上。祝史以牲首盘，设于坛上。献官以下执事官，各服其服，就次所，会于齐班幕。拱卫直都指挥使率控鹤，各服其服，擎执仪仗，分立于外壝内东西，诸执事位之后；拱卫使亦就位。大乐令率工人二舞，自南壝东偏门以次入，就坛上下位。奉礼郎先入就位。礼直官分引监祭御史、监礼博士、郊祀令、太官令、良酝令、廪牺令、司尊罍、太官丞、读祝官、举祝官、奉玉币官、太祝、祝史、奉爵官、盥爵洗官、巾篚官、斋郎，自南壝东偏门入，就位。礼直官引监祭、监礼，按视坛之上下祭器，纠察不如仪者。及其按视也，太祝先彻去盖幂，按视讫，礼直官引监祭、监礼退复位。奉礼郎赞"再拜"，礼直官承传曰"拜"，监祭礼以下皆再拜。奉礼郎赞曰"各就位"，太官令率斋郎以次出诣馔殿，俟立于南壝门外。礼直官分引三献官、司徒、助奠官、太常礼仪院使、光禄卿、太史令、太常礼仪院同知佥院、同佥院判、光禄丞，自南壝东偏门，经乐县内入就位。礼直官进太尉之左，赞曰"有司谨具，请行事"，退复位。宫县乐作降神《天成之曲》六成，内圜钟宫三成，黄钟角、太簇征、姑洗羽各一成。文舞《崇德之舞》。初乐作，协律郎跪，俯伏举麾兴，工鼓柷，偃麾，戛敔而乐止。凡乐作、乐止，皆仿此。礼直官引太常礼仪院使率祝史，自卯陛升坛，奉牲首降自午陛，由南壝正门经宫县内，诣燎坛北，南向立。祝史奉牲首升自南陛，置于户内柴上。东西执炬者以火燎柴，升烟燔牲首讫，礼直官引太常礼仪院使祝史捧盘血，诣坎位瘗之。礼直官引太常礼仪院使、祝史，各复位。奉礼郎赞"再拜"，礼直官承传曰"拜"，太尉以下皆再拜讫，其先拜者不拜。执事者取玉币于篚，立于尊所。礼直官引太尉诣盥洗位，宫县乐奏黄钟宫《隆成之曲》，至位北向立，乐止。搢笏，盥手、帨手讫，执笏诣坛，升自午陛，登歌乐作大吕宫《隆成之曲》，至坛上，乐止。诣正位神座前，北向立，宫县乐奏黄钟宫《钦成之曲》，搢笏跪，三上香。执事者加璧于币，西向跪，以授太尉，太尉受玉币奠于正位神座前，执笏，俯伏兴，少退立，再拜讫，乐止。次诣皇地祇位，奠献如上仪。次诣配位神主前，奠币如上仪。降自午陛，登歌乐作如升坛之曲，至位乐止。祝史奉毛血豆，入自南壝门诣坛，升自午陛。诸太祝迎取于坛上，俱跪奠于神座前，执笏，俯伏兴，退立于尊所。

至大三年大祀，奠玉币仪与前少异，今存之，以备互考。祀日丑前五刻，设坛上及第一等神位，陈其玉币及明烛，实笾、豆、尊、罍。乐工各入就位毕，奉礼郎先入就位。礼直官分引分献官、监祭御史、监礼博士、诸执事、太祝、祝史、斋郎，入自中壝东偏门，当坛南重行西上，北向立定。奉礼郎赞曰"再拜"，分献官以下皆再拜讫，奉礼赞曰"各就位"。礼直官引子丑寅卯辰巳陛道分献官，诣版位，西向立，北上；午未申酉戌亥陛道分献官，诣版位，东向立，北上。礼直官分引监祭礼点视陈设，按视坛之上下，纠察不如仪者，退复位。太史令率斋郎出俟。礼直官引三献官并助奠等官入就位，东向立，司徒西向立。礼直官赞曰"有司谨具，请行事"，降神六成乐止。太常礼仪使率祝史二员，捧马首诣燎坛，升烟讫，复位。奉礼郎赞曰"再拜，三献"，司徒等皆再拜讫，奉礼郎赞曰"诸执事者各就位"，立定。礼直官请初献官诣盥洗位，乐作，至位，乐止。盥毕诣坛，乐作，升自卯陛，至坛，乐止。诣正位神座前，北向立，乐作，搢笏跪，太祝加玉于币，西向跪以授初献，初献受玉币奠讫，执笏俯伏兴，再拜讫，乐止。次诣配位神座前立，乐作，奠玉币如上仪，乐止。降自卯陛，乐作，复位，乐止。初献将奠正位之币，礼直官分引第一等分献官诣盥洗位，盥毕，执笏各由其陛升，诣各神位前，搢笏跪，太祝以玉币授分献官，奠讫，俯伏兴，再拜讫，还位。初第一等分献官将升，礼直官分引第二等内壝内、内壝外分献官盥毕，盥洗官俱从至酌尊所立定，各由其陛道诣各神首位前奠，并如上仪。退立酌尊所，伺候终献酌奠，诣各神首位前酌奠。祝史奉正位毛血豆由午陛升，配位毛血豆由卯陛升，太祝迎于坛上，进奠于正配位神座前，太祝与祝史俱退于尊所。

八曰进熟。太尉既升奠玉币，太官令丞率进馔斋郎诣厨，以牲体设于盘，马牛羊豕鹿各五盘，宰割体段，并用国礼。各对举以行至馔殿，俟光禄卿出实笾、豆、簠、簋。笾以粉糍，豆以糁食，簠以粱，簋以稷。斋郎上四员，奉笾、豆、簠、簋者前行，举盘者次之。各奉正配位之馔，以序立于南壝门之外，俟礼直官引司徒出诣馔殿，斋郎各奉以序从司徒入自南壝正门。配位之馔，入自偏门。宫县乐奏黄钟宫《宁成之曲》，至坛下，俟祝史进彻毛血豆讫，降自卯陛以出。司徒引斋郎奉正位馔诣坛，升自午陛，太官令丞率斋郎奉配位及第一等之馔，升自卯陛，立定。奉礼赞诸太祝迎馔，诸太祝迎于坛陛之间，斋郎各跪奠于神座前。设笾于糗饵之前，豆于醓醢之前，簠于稻前，簋于黍前。又奠牲体盘于俎上，斋郎出笏，俯伏兴，退立定，乐止。礼直官引司徒降自卯陛，太官令率斋郎从司徒亦降自卯陛，各复位。其第二等至内壝外之馔，有司陈设。礼直官赞，太祝搢笏，立茅苴于沙池，出笏，俯伏兴，退立于本位。礼直官引太尉诣盥洗位，宫县乐作，奏黄钟宫《隆成之曲》，至位北向立，乐止。搢笏、盥手、帨手讫，出笏诣爵洗位，北向立。搢笏，执事者奉匏爵以授太尉，太尉洗爵、拭爵讫，以爵授执事者。太尉出笏，诣坛，升自午陛，（一作卯陛。）登歌乐作，奏黄钟宫《明成之曲》，至坛上，乐止。诣酌尊所，西向立，搢笏，执事者以爵授太尉，太尉执爵，司尊罍举幂，良酝令酌太尊之泛齐，凡举幂、酌酒，皆跪。以爵授执事者。太尉出笏，诣正位神座前，北向立，宫县乐作，奏黄钟宫《明成之曲》，文舞《崇德之舞》。太尉搢笏跪，三上香。执事者以爵授太尉，太尉执爵三祭酒于茅苴，以爵授执事者，执事者奉爵退，诣尊所。太官丞倾马湩于爵，跪授太尉，亦三祭于茅苴，复以爵授执事者，执事者受虚爵以兴。太尉出笏，俯伏兴，少退，北向立，乐止。举祝官搢笏跪，对举祝版，读祝官搢笏跪，读祝文。读讫，举祝官奠版于案，出笏兴，读祝官出笏，俯伏兴，宫县乐奏如前曲。举祝、读祝官俱先诣皇地祇位前，北向立。太尉再拜讫，乐止。次诣皇地祇位，并如上仪，惟乐奏大吕宫。次诣配位，并如上仪，惟乐奏黄钟宫。降自午陛，（一作卯陛。）登歌乐作如前降神之曲，至位，乐止。读祝、举祝官降自卯陛，复位。文舞退，武舞进，宫县乐作，奏黄钟宫《和成之曲》，立定，乐止。礼直官引亚献官诣盥洗位，北向立。搢笏、盥手、帨手讫，出笏诣爵洗位，北向立。搢笏、执爵、洗爵、拭爵，以爵授执事者。出笏诣坛，升自卯陛，至坛上酌尊所，东向（一作西向。）立。搢笏授爵执爵，司尊罍举幂，良酝令酌著尊之醴齐，以爵授执事者。出笏，诣正位神座前，北向立。宫县乐奏黄钟宫《熙成之曲》，武舞《定功之舞》。搢笏跪，三上香，授爵执爵，三祭酒于茅苴，复祭马湩如前仪，以爵授执事者。出笏，俯伏兴，少退立，再拜讫，次诣皇地祇位、配位，并如上仪讫，乐止，降自卯陛，复位。礼直官引终献官诣盥洗位，盥手、帨手讫，诣爵洗位，授爵执爵，洗爵拭爵，以爵授执事者。出笏，升自卯陛，至酌尊所，搢笏授爵执爵，良酝令酌牺尊之盎齐，以爵授执事者。出笏，诣正位神座前，北向立。宫县乐作，奏黄钟宫《熙成之曲》，武舞《定功之舞》。上香、祭酒、马湩，并如亚献之仪，降自卯陛。初终献将升坛时，礼直官分引第一等分献官诣盥洗位，搢笏、盥手、帨手、涤爵、拭爵讫，以爵授执事者。出笏，各由其陛诣酌尊所，搢笏，执事者以爵授分献官，执爵，酌太尊之泛齐，以爵授执事者。各诣诸神位前，搢笏跪，三上香、三祭酒讫，出笏，俯伏兴，少退，再拜兴，降复位。第一等分献官将升坛时，礼直官引第二等、第三等、内壝内、内壝外众星位分献官，各诣盥洗位，搢笏、盥手、帨手，酌奠如上仪讫，礼直官各引献官复位，诸执事者皆退复位。礼直官赞太祝彻笾豆。登歌乐作大吕宫《宁成之曲》，太祝跪以笾豆各一少移故处，卒彻，出笏，俯伏兴，乐止。奉礼郎赞曰"赐胙"，众官再拜，礼直官承传曰"拜"，在位者皆再拜，平，立定。送神宫县乐作，奏圜钟宫《天成之曲》一成止。

九曰望燎。礼直官引太尉，亚献助奠一员，太常礼仪院使，监祭、监礼各一员等，诣望燎位。又引司徒，终献助奠、监祭、监礼各一员，及太常礼仪院使等官，诣望瘗位。乐作，奏黄钟宫《隆成之曲》，至位，南向立，乐止。上下诸执事各执篚进神座前，取燔玉及币祝版。日月已上，斋郎以俎载牲体黍稷，各由其陛降，南行，经宫县乐，出东，诣燎坛。升自南陛，以玉币、祝版、馔食致于柴上户内。诸执事又以内官以下之礼币，皆从燎。礼直官赞曰"可燎"，东西执炬者以炬燎火半柴。执事者亦以地祇之玉币、祝版、牲体、黍稷诣瘗坎。焚瘗毕，礼直官引太尉以下官以次由南壝东偏门出，礼直官引监祭、监礼、奉玉币官、太祝、祝史、斋郎俱复坛南，北向立。奉礼郎赞曰"再拜"，礼直官承传曰"拜"，监祭、监礼以下皆再拜讫，各退出。太乐令率工人二舞以次出。礼直官引太尉以下诸执事官至齐班幕前立，礼直官赞曰"礼毕"，众官圆揖毕，各退于次。太尉等官、太常礼仪院使、监祭、监礼展视胙肉酒醴，奉进阙庭，余官各退。

祭告三献仪，大德十一年所定。告前三日，三献官、诸执事官具公服赴中书省受誓戒。前一日未正二刻，省牲器。告日质明，三献官以下诸执事官各具法服。礼直官引监祭礼以下诸执事官，先入就位，立定。监祭礼点视陈设毕，复位，立定。太官令率斋郎出，礼直官引三献司徒、太常礼仪院使、光禄卿入就位，立定。礼直官赞曰"有司谨具，请行事"，降神乐作六成止。太常礼仪院使燔牲首，复位，立定。奉礼赞三献以下皆再拜，就位。礼直官引初献诣盥洗位，盥手讫，升坛诣昊天上帝位前，北向立。搢笏跪，三上香，奠玉币，出笏，俯伏兴，再拜讫，降复位。礼直官引初献诣盥洗位，盥手讫，诣爵洗位，洗拭爵讫，诣酒尊所，酌酒讫，请诣昊天上帝神位前，北向，搢笏跪，三上香，执爵三祭酒于茅苴，出笏，俯伏兴，俟读祝讫，再拜，平立。请诣皇地祇酒尊所，酌献并如上仪，俱毕，复位。礼直官引亚献，并如初献之仪，惟不读祝，降复位。礼直官引终献，并如亚献之仪，降复位。奉礼赞"赐胙"，众官再拜，在位者皆再拜。礼直官引三献司徒、太常卿、光禄卿、监祭、监礼等官请诣望燎位，南向立定，俟燎玉币祝版。礼直官赞"可燎"，礼毕。

祭告一献仪，至元十二年所定。告前二日，郊祀令扫除坛壝内外，翰林国史院学士撰写祝文。前一日，告官等各公服捧祝版，进请御署讫，同御香上尊酒如常仪，迎至祠所斋宿。告日质明前三刻，礼直官引郊祀令率其属诣坛，铺筵陈设如仪。礼直官二员引告官等各具紫服，以次就位，东向立定。礼直官稍前曰"有司谨具，请行事"，赞者曰"鞠躬"，曰"拜"，曰"兴"，曰"拜"，曰"兴"，曰"平身"。礼直官先引执事官各就位，次诣告官前曰"请诣盥爵洗位"。至位，北向立，曰"搢笏"，曰"盥手"，曰"帨手"，曰"洗爵"，曰"拭爵"，曰"出笏"，曰"诣酒尊所"，曰"搢笏"，曰"执爵"，曰"司尊者举幂"，曰"酌酒"。良酝令酌酒，曰"以爵授执事者"，告官以爵授执事者。曰"出笏"，曰"诣昊天上帝、皇地祇神位前，北向立"，曰"稍前"，曰"搢笏"，曰"跪"，曰"上香"，曰"上香"，曰"三上香"，曰"祭酒"，曰"祭酒"，曰"三祭酒"，曰"以爵授捧爵官"，曰"出笏"，曰"俯伏兴"，曰"举祝官跪"，曰"举祝"，曰"读祝官跪"，曰"读祝"。读讫，曰"举祝官奠祝版于案"，曰"俯伏兴"。告官再拜，曰"鞠躬"，曰"拜"，曰"兴"，曰"拜"，曰"兴"，曰"平身"，引告官以下降复位。礼直官赞曰"再拜"，曰"鞠躬"，曰"拜"，曰"兴"，曰"拜"，曰"兴"，曰"平身"，曰"诣望燎位"，燔祝版半燎，告官以下皆退。瘗之其坎于祭所壬地，方深足以容物。

卷七十四　　志第二十五

祭祀三

宗庙上

其祖宗祭享之礼，割牲、奠马湩，以蒙古巫祝致辞，盖国俗也。世祖中统元年秋七月丁丑，设神位于中书省，用登歌乐，遣必阇赤致祭焉。必阇赤，译言典书记者。十二月，初命制太庙祭器、法服。二年九月庚申朔，徙中书署，奉迁神主于圣安寺。辛巳，藏于瑞像殿。三年十二月癸亥，即中书省备三献官，大礼使司徒摄祀事。礼毕，神主复藏瑞像殿。四年三月癸卯，诏建太庙于燕京。十一月丙戌，仍寓祀事中书，以亲王合丹、塔察儿、王磐、张文谦摄事。

至元元年冬十月，奉安神主于太庙，初定太庙七室之制。皇祖、皇祖妣第一室，皇伯考、伯妣第二室，皇考、皇妣第三室，皇伯考、伯妣第四室，皇伯考、伯妣第五室，皇兄、皇后第六室，皇兄、皇后第七室。凡室以西为上，以次而东。二年九月，初命涤养牺牲，取大乐工于东平，习礼仪。冬十月己卯，享于太庙，尊皇祖为太祖。三年秋九月，始作八室神主，设祏室。冬十月，太庙成。丞相安童、伯颜言："祖宗世数、尊谥庙号、配享功臣、增祀四世、各庙神主、七祀神位、法服祭器等事，皆宜以时定"。乃命平章政事赵璧等集议，制尊谥庙号，定为八室。烈祖神元皇帝、皇曾祖妣宣懿皇后第一室，太祖圣武皇帝、皇祖妣光献皇后第二室，太宗英文皇帝、皇伯妣昭慈皇后第三室，皇伯考术赤、皇伯妣别土出迷失第四室，皇伯考察合带、皇伯妣也速伦第五室，皇考睿宗景襄皇帝、皇妣庄圣皇后第六室，定宗简平皇帝、钦淑皇后第七室，宪宗桓肃皇帝、贞节皇后第八室。十一月戊申，奉安神主于祏室，岁用冬祀，如初礼。

四年二月，初定一岁十二月荐新时物。六年冬，时享毕，十二月，命国师僧荐佛事于太庙七昼夜，始造木质金表牌位十有六，设大榻金椅奉安祏室前，为太庙荐佛事之始。七年十月癸酉，敕宗庙祝文书以国字。八年九月，太庙柱朽，从张易言，告于列室而后修，奉迁栗主金牌位与旧神主于馔幕殿，工毕安奉。自是修庙皆如之。丙子，敕冬享毋用牺牛。

十二年五月，检讨张谦呈："昔者因修太庙，奉迁金牌位于馔幕殿，设以金椅，其栗主却与旧主牌位各贮箱内，安置金椅下，礼有非宜。今拟合以金牌位迁于八室内，其祏室栗主宜用彩舆迁纳，旧主并牌位安置于箱为宜。"九月丁丑，敕太庙牲复用牛。十月己未，迁金牌位于八室内。太祝兼奉礼郎申屠致远言："窃见木主既成，又有金牌位，其日月山神主及中统初中书设祭神主，安奉无所。"博士议曰："合存祏室栗主，旧置神主牌位，俱可随时埋瘗，不致神有二归。"太常少卿以闻，制曰："其与张仲谦诸老臣议行之。"十三年九月丙申，荐佛事于太庙，命即佛事处便大祭。已亥，享于太庙，加荐羊鹿野豕。是岁，改作金主，太祖主题曰"成吉思皇帝"，睿宗题曰"太上皇也可那颜"，皇后皆题名讳。

十四年八月乙丑，诏建太庙于大都。博士言："古者庙制率都宫别殿，西汉亦各立庙，东都以中兴崇俭，故七室同堂，后世遂不能革。"十五年五月九日，太常卿还自上都，为议庙制，据博士言同堂异室非礼，以古今庙制画图贴说，令博士李天麟赍往上都，分议可否以闻。

一曰都宫别殿，七庙、九庙之制。《祭法》曰："天子立七庙，三昭三穆与太祖之庙而七，诸侯、大夫、士降杀以两。"晋博士孙毓以谓外为都宫，内各有寝庙，别有门垣。太祖在北，左昭右穆，以次而南是也。前庙后寝者，以象人君之居，前有朝而后有寝也。庙以藏主，以四时祭；寝有衣冠几杖象生之具，以荐新物。天子太祖百世不迁，宗亦百世不迁，高祖以上，亲尽则递迁。昭常为昭，穆常为穆，同为都宫，则昭常在左，穆常在右，而外有以不失其序。一世自为一庙，则昭不见穆，穆不见昭，而内有以各全其尊，必祫享而会于太祖之庙，然后序其尊卑之次。盖父子异宫，祖祢异庙，所以尽事亡如事存之义。然汉儒论七庙、九庙之数，其说有二。韦玄成等以谓周之所以七庙者，以后稷始封，文王、武王受命而王，是以三庙不毁，与亲庙四而七也。如刘歆之说，则周自武王克商，以后稷为太祖，即增立高圉、亚圉二庙于公叔、太王、王季、文王二昭二穆之上，已为七庙矣。至懿王时始立文世室于三穆之上，至孝王时始立武世室于三昭之上，是为九庙矣。然先儒多是刘歆之说。

二曰同堂异室之制。后汉明帝遵俭自抑，遗诏无起寝庙，但藏其主于光武庙中更衣别室。其后章帝又复如之，后世遂不敢加。而公私之庙，皆用同堂异室之制。先儒朱熹以谓至使太祖之位，下同孙子，而更僻处于一隅，无以见为七庙之尊；群庙之神，则又上厌祖考，不得自为一庙之主。以人情论之，生居九重，穷极壮丽，而设祭一室，不过寻丈，甚或无地以容鼎俎，而阴损其数，子孙之心，于此宜亦有所不安矣。且如命士以上，其父子妇姑，犹且异处，谨尊卑之序，不相亵渎。况天子贵为一人，富有四海，而祖宗神位数世同处一堂，有失人子事亡如事存之意矣。

十六年八月丁酉，以江南所获玉爵及坫，凡四十九事，纳于太庙。十七年十二月甲申，告迁于太庙。癸巳，承旨和礼霍孙，太常卿太出、秃忽思等，以祏室内栗主八位并日月山板位、圣安寺木主俱迁。甲午，和礼霍孙、太常卿撒里蛮率百官奉太祖、睿宗二室金主于新庙安奉，遂大享焉。乙未，毁旧庙。

十八年二月，博士李时衍等议："历代庙制，俱各不同。欲尊祖宗，当从都宫别殿之制；欲崇俭约，当从同堂异室之制。"三月十一日，尚书段那海及太常礼官奏曰："始议七庙，除正殿、寝殿、正门、东西门已建外，东西六庙不须更造，余依太常寺新图建之。"遂为前庙、后寝，庙分七室。二十一年三月丁卯，太庙正殿成，奉安神主。九月，庙室挂铁网钉鏊笼门告成。

二十二年十二月丁未，皇太子薨。太常博士议曰："前代太子薨，梁武帝谥统曰昭明，齐武帝谥长懋曰文惠，唐宪宗谥宁曰惠昭，金世宗谥允恭曰宣孝，又建别庙以奉神主，准中祀以陈登歌，例设令丞，岁供洒扫。斯皆累代之典，莫不追美洪休。"时中书、翰林诸老臣，亦议宜加谥，立别庙奉祀。遂谥曰明孝太子，作主用金。二十五年冬享，制送白马一。三十年十月朔，皇太子祔于太庙。

三十一年，成宗即位，追尊皇考为皇帝，庙号裕宗。元贞元年冬十月癸卯，有事于太庙。中书省臣言："去岁世祖、皇后、裕宗祔庙，以绫代玉册。今玉册、玉宝成，请纳诸各室。"帝曰："亲飨之礼，祖宗未尝行之。其奉册以来，朕躬祝之。"命献官迎导入庙。大德元年十一月，太保月赤察儿等奏请庙享增用马，制可。二年正月，特祭太庙，用马一，牛一，羊鹿野豕天鹅各七，余品如旧，为特祭之始。四年八月，以皇妣、皇后祔。六年五月戊申，太庙寝殿灾。

十一年，武宗即位，追尊皇考为皇帝，庙号顺宗。太祖室居中，睿宗西第一室，世祖西第二室，裕宗西第三室，顺宗东第一室，成宗东第二室。追尊先元妃为皇后，祔成宗室。至大二年春正月乙未，以受尊号，恭谢太庙，为亲祀之始。十月，以将加谥太祖、睿宗，择日请太祖、睿宗尊谥于天，择日请光献皇后、庄圣皇后尊谥于庙，改制金表神主，题写尊谥庙号。十二月乙卯，亲享太庙，奉玉册、玉宝。加上太祖圣武皇帝尊谥曰法天启运，庙号太祖，光献皇后曰翼圣。加上睿宗景襄皇帝曰仁圣，庙号睿宗，庄圣皇后曰显懿。其旧制，金表神主，以椟贮两旁，自是主皆范金作之，如金表之制。

延祐七年，仁宗升祔，增置庙室。太常礼仪院下博士检讨历代典故，移书礼部、中书集议曰："古者天子祭七代，兄弟同为一代，庙室皆有神主，增置庙室。"又议："大行皇帝升祔太庙，七室皆有神主，增室不及。依前代典故，权于庙内止设幄座，面南安奉。今相视得第七室近南对室地位，东西一丈五尺，除设幄座外，余五尺，不妨行礼。"乃结彩为殿，置武宗室南，权奉神主。十月戊子，英宗将以四时躬祀太庙，命太常礼官与中书、翰林、集贤等官集议其礼制，曰："此追远报本之道也，毋以朕劳而有所损焉，其一遵典礼。"丙寅，中书以躬谢太庙仪注进。十一月丙子朔，帝御斋宫。丁丑，备法驾仪卫，躬谢太庙，至棂星门驾止，有司进辇不御，步至大次，服衮冕端拱以俟。礼仪使请署祝，帝降御座正立书名。及读祝，敕高赞御名。至仁宗室，辄歔欷流涕，左右莫不感动。退至西神门，殿中监受圭，出降没阶乃授。甲辰，太常进时享太庙仪式。

至治元年正月乙酉，始命于太庙垣西北建大次殿。丙戌，始以四孟月时享，亲祀太室。礼成，坐大次谓群臣曰："朕缵承祖宗丕绪，夙夜祗栗，无以报称，岁惟四祀，使人代之，不能至如在之诚，实所未安。自今以始，岁必亲祀，以终朕身。"五月，中书省臣言："以庙制事，集御史台、翰林院、太常院臣议。谨按前代庙室，多寡不同。晋则兄弟同为一室，正室增为十四间，东西各一间。唐九庙，后增为十一室。宋增室至十八，东西夹室各一间，以藏祧主。今太庙虽分八室，然兄弟为世，止六世而已。世祖所建前庙后寝，往岁寝殿灾。请以今殿为寝，别作前庙十五间，中三间通为一室，以奉太祖神主，余以次为室，庶几情文得宜。谨上太常庙制。"制曰："善，期以来岁营之。"

二年春正月丁丑，始陈卤簿，亲享太庙。三月二十三日，以新作太庙正殿，夏秋二祭权止。秋八月丙辰，太皇太后崩，太常院官奏："国哀以日易月，旬有二日外，乃举祀事。有司以十月戊辰，有事于太庙，取圣裁。"制曰："太庙礼不可废，迎香去乐可也。"又言："太庙兴工未毕，有妨陈宫县乐，请止用登歌。"从之。

三年春三月戊申，祔昭献元圣皇后于顺宗室。夏四月六日，上都分省参议速速，以都堂旨，太庙夹室未有制度，再约台院等官议定。博士议曰："按《尔雅》曰'室有东西厢曰庙'，《注》：'夹室前堂。'同礼曰'西夹南向'，《注》曰'西厢夹室'。此东西夹室之正文也。贾公彦曰：'室有东西厢曰庙，其夹皆在序。'是则夹者，犹今耳房之类也。然其制度，则未之闻。东晋太庙正室一十六间，东西储各一间，共十有八。所谓储者，非夹室与？唐贞观故事，迁庙之主，藏于夹室西壁，南北三间。又宋哲宗亦尝于东夹室奉安，后虽增建一室，其夹室仍旧。是唐、宋夹室，与诸室制度无大异也。五帝不相沿乐，三王不相袭礼。今庙制皆不合古，权宜一时。宜取今庙一十五间，南北六间，东西两头二间，准唐南北三间之制，垒至栋为三间，壁以红泥，以准东西序，南向为门，如今室户之制，虚前以准厢，所谓夹室前堂也。虽未尽合于古，于今事为宜。"六月，上都中书省以闻，制若曰"可"。壬申，敕以太庙前殿十有五间，东西二间为夹室，南向。秋七月辛卯，太庙落成。俄，国有大故，晋王即皇帝位。十二月戊辰，追尊皇考晋王为皇帝，庙号显宗，皇妣晋王妃为皇后。庚午，盗入太庙，失仁宗及慈圣皇后神主。壬申，重作仁庙二金主。丙午，御史赵成庆言："太庙失神主，乃古今莫大之变。由太常礼官不恭厥职，宜正其罪，以谢宗庙，以安神灵。"制命中书定罪。

泰定元年春正月甲午，奉安仁宗及慈圣皇后二神主。丁丑，御史宋本、赵成庆、李嘉宾言："太庙失神主，已得旨，命中书定太常失守之罪。中书以为事在太庙署令，而太常官属居位如故。昔唐陵庙皆隶宗正。盗斫景陵门戟架，既贬陵令丞，而宗正卿亦皆贬黜。且神门戟架比之太庙神主，孰为轻重？宜定其罪名，显示黜罚，以惩不恪。"不报。

先是，博士刘致建议曰：

窃以礼莫大于宗庙。宗庙者，天下国家之本，礼乐刑政之所自出也。唐、虞、三代而下，靡不由之。圣元龙兴朔陲，积德累功，百有余年，而宗庙未有一定之制。方圣天子继统之初，定一代不刊之典，为万世法程，正在今日。

周制，天子七庙，三昭三穆，昭处于东，穆处于西，所以别父子亲疏之序，而使不乱也。圣朝取唐、宋之制，定为九世，遂以旧庙八室而为六世，昭穆不分，父子并坐，不合《礼经》。新庙之制，一十五间，东西二间为夹室，太祖室既居中，则唐、宋之制不可依，惟当以昭穆列之。父为昭，子为穆，则睿宗当居太祖之东，为昭之第一世，世祖居西，为穆之第一世。裕宗居东，为昭之第二世。兄弟共为一世，则成宗、顺宗、显宗三室皆当居西，为穆之第二世。武宗、仁宗二室皆当居东，为昭之第三世。英宗居西，为穆之第三世。昭之后居左，穆之后居右，西以左为上，东以右为上也。苟或如此，则昭穆分明，秩然有序，不违《礼经》，可为万世法。

若以累朝定制，依室次于新庙迁安，则显宗跻顺宗之上，顺宗跻成宗之上。以礼言之，春秋闵公无子，庶兄僖公代立，其子文公遂跻僖公于闵公之上，史称逆祀。及定公正其序，书曰"从祀先公"。然僖公犹是有位之君，尚不可居故君之上，况未尝正位者乎？

国家虽曰以右为尊，然古人所尚，或左或右，初无定制。古人右社稷而左宗庙，国家宗庙亦居东方。岂有建宗庙之方位既依《礼经》，而宗庙之昭穆反不应《礼经》乎？且如今朝贺或祭祀，宰相献官分班而立，居西则尚左，居东则尚右。及行礼就位，则西者复尚右，东者复尚左矣。至职居博士，宗庙之事所宜建明，然事大体重，宜从使院移书集议取旨。

四月辛巳，中书省臣言："世祖皇帝始建太庙。太祖皇帝居中南向，睿宗、世祖、裕宗神主以次祔西室，顺宗、成宗、武宗、仁宗以次祔东室。迩者集贤、翰林、太常诸臣言，国朝建太庙遵古制，古尚左，今尊者居右为少屈，非所以示后世。太祖皇帝居中南向，宜奉睿宗皇帝神主祔左一室，世祖祔右一室，裕宗祔睿宗室之左。显宗、顺宗、成宗兄弟也，以次祔世祖室之右，武宗、仁宗亦兄弟也，以祔裕宗室之左，英宗祔成宗室之右。臣等以其议近是，谨绘室次为图以献，惟陛下裁择。"从之。五月戊戌，祔显宗、英宗凡十室。

四年夏四月辛未，盗入太庙，失武宗神位及祭器。壬申，重作武宗金主及祭器。甲午，奉安武宗神主。天历元年冬十月丁亥，毁显宗室。重改至元之六年六月，诏毁文宗室。其宗庙之事，本末因革，大概如此。

凡大祭祀，尤贵马湩。将有事，敕太仆寺挏马官，奉尚饮者革囊盛送焉。其马牲既与三牲同登于俎，而割奠之馔，复与笾豆俱设。将奠牲盘酹马湩，则蒙古太祝升诣第一座，呼帝后神讳，以致祭年月日数、牲齐品物，致其祝语。以次诣列室，皆如之。礼毕，则以割奠之余，撒于南棂星门外，名曰抛撒茶饭。盖以国礼行事，尤其所重也。始至元初，金大祝魏友谅者仕于朝，诣中书言太常寺奉祀宗庙礼不备者数事。礼部移太常考前代典礼，以勘友谅所言，皆非是，由是礼官代有讨论。割奠之礼，初惟太常卿设之。桑哥为初献，乃有三献等官同设之仪。博士议曰："凡陈设祭品、实樽罍等事，献官皆不与也，独此亲设之，然后再升殿，恐非诚悫专一之道。且大礼使等官，尤非其职。"大乐署长言："割奠之礼，宜别撰乐章。"博士议曰："三献之礼，实依古制。若割肉，奠葡萄酒、马湩，别撰乐章，是又成一献也。”又议:“燔膋膟与今烧饭礼合,不可废。形盐、糗饵、粉糍、酏食、糁食非古。雷鼓、路鼓,与播鼗之制不同。摄祀大礼使终夕坚立,无其义。”知礼者皆有取于其言。英宗之初,博士又言:“今冬祭即烝也。天子亲祼太室,功臣宜配享。”事亦弗果行。

庙制:至元十七年,新作于大都。前庙后寝。正殿东西七间,南北五间,内分七室。殿陛二成三阶,中曰泰阶,西曰西阶,东曰阼阶。寝殿东西五间,南北三间。环以宫城,四隅重屋,号角楼。正南、正东、正西宫门三,门各五门,皆号神门。殿下道直东西神门曰横街,直南门曰通街,甓之。通街两旁井二,皆覆以亭。宫城外,缭以崇垣。馔幕殿七间,在宫城南门之东,南向。齐班厅五间,在宫城之东南,西向。省馔殿一间,在宫城东门少北,南向。初献斋室在宫城之东,东垣门内少北,西向。其南为亚终献、司徒、大礼使、助奠、七祀献官等斋室,皆西向。雅乐库在宫城西南,东向。法物库、仪鸾库在宫城之东北,皆南向。都监局在其东少南,西向。东垣之内,环筑墙垣为别院。内神厨局五间,在北,南向。井在神厨之东北,有亭。酒库三间,在井亭南,西向。祠祭局三间,对神厨局,北向。院门西向。百官厨五间,在神厨院南,西向。宫城之南,复为门,与中神门相值,左右连屋六十余间,东掩齐班厅,西值雅乐库,为诸执事斋房。筑崇墉以环其外,东西南开棂星门三,门外驰道,抵齐化门之通衢。

至治元年,诏议增广庙制。三年,别建大殿一十五间于今庙前,用今庙为寝殿,中三间通为一室,余十间各为一室,东西两旁际墙各留一间,以为夹室。室皆东西横阔二丈,南北入深六间,每间二丈。宫城南展后,凿新井二于殿南,作亭。东南隅、西南隅角楼,南神门、东西神门,馔幕殿、省馔殿、献官百执事斋室,中南门、齐班厅、雅乐库、神厨、祠祭等局,皆南徙。建大次殿三间于宫城之西北,东西棂星门亦南徙。东西棂星门之内,卤簿房四所,通五十间。

神主:至元三年,始命太保刘秉忠考古制为之,高一尺二寸,上顶圜径二寸八分,四厢合剡一寸一分。上下四方穿,中央通孔,径九分,以光漆题尊谥于背上。匮趺底盖俱方。底自下而上,盖从上而下。底齐趺,方一尺,厚三寸。皆准元祐古尺图。主及匮趺皆用栗木,匮趺并用玄漆,设祏室以安奉。帝主用曲几,黄罗帕覆之。后主用直几,红罗帕覆之;祏室,每室红锦厚褥一,紫锦薄褥一,黄罗复帐一,龟背红帘一,缘以黄罗带饰。六年十二月十八日,国师奉旨造木质金表牌位十有六,亦号神主。设大榻金椅位,置祏室前。帝位于右,后位于左,题号其面,笼以销金绛纱,其制如椟。

祝有二:祝册,亲祀用之。制以竹,每副二十有四简,贯以红绒绦。面用胶粉涂饰,背饰以绛金绮。藏以楠木缕金云龙匣。涂金锁钥,韬以红锦囊,蒙以销金云龙绛罗覆。拟撰祝文、书祝、读祝,皆翰林词臣掌之。至大二年亲祀,竹册长一尺二寸,广一寸二分,厚三分。至治二年正月亲祀,竹册八副,每册二十有四简,长一尺一寸,广一寸,厚一分二厘。

祝版,摄祀用之,制以楸木,长二尺四寸,广一尺二寸,厚一分。其面背饰以精洁楮纸。

祝文,至元时,享于太祖室,称孝孙嗣皇帝臣某;睿宗室,称孝子嗣皇帝臣某。天历时,享自太祖至裕宗四室,皆称孝曾孙嗣皇帝臣某;顺宗室,称孝孙嗣皇帝臣某;成宗至英宗三室,皆称嗣皇帝臣某;武宗室,称孝子嗣皇帝臣某。

币:以白缯为之,每段长一丈八尺。

牲齐庶品:大祀,马一,用色纯者,有副;牛一,其角握,其色赤,有副;羊,其色白;豕,其色黑;鹿。凡马、牛、羊、豕、鹿牲体,每室七盘,单室五盘。太羹,每室三登;和羹,每室三铏。笾之实,每室十有二品;豆之实,每室十有二品。凡祀,先期命贵臣率猎师取鲜獐鹿兔,以供脯臡醓醢。稻粱为饭,每室二簠;黍稷为饭,每室二簋。彝尊之实,每室十有一。明水玄酒,用阴监取水于月,与井水同,鬯用郁金为之。五齐三酒,醖于光禄寺。膟膋萧蒿,至元十八年五月弗用,后遂废。茅香以缩酒,至元十七年,始用沅州麻阳县包茅。天鹅、野马、塔剌不花、(其状如獾。)野鸡、鸧、黄羊、胡寨儿、(其状如鸠。)湩乳、葡萄酒,以国礼割奠,皆列室用之。羊一,豕一,笾之实二栗、鹿脯,豆之实二菁菹、鹿臡,簠之实黍,簋之实稷,爵尊之实酒,皆七祀位各用之。荐新鲔、野彘,孟春用之。雁、天鹅,仲春用之。葑韭、鸭鸡卵,季春用之。冰、羔羊,孟夏用之。樱桃、竹笋、蒲笋、羊,仲夏用之。瓜、豚、大麦饭、小麦面,季夏用之。雏鸡,孟秋用之。菱芡、栗、黄鼠,仲秋用之。梨、枣、黍、粱、鹚老,季秋用之。芝麻、兔、鹿、稻米饭,孟冬用之。麕、野马,仲冬用之。鲤、黄羊、塔剌不花,季冬用之。至大元年春正月,皇太子言荐新增用影堂品物,羊羔、炙鱼、馒头、馔子、西域汤饼、圜米粥、砂糖饭羹,每月用以配荐。

祭器:笾十有二,幂以青巾,巾绘彩云。豆十有四,一实毛血,一实膟膋。登三,铏三,有柶。簠二,簋二,有匕箸。俎七,以载牲体,皆有鼎。后以盘贮牲体,盘置俎上,鼎不用。香案一。销金绛罗衣。银香鼎一,银香奁一,茅苴盘一,实以沙。已上并陈室内。燎炉一,实以炭。篚一,实以萧蒿黍稷。祝案一,紫罗衣,置祝文于上,销金绛罗覆之。鸡彝一,有舟;鸟彝一,有舟,加勺;春夏用之。斝彝一,有舟;黄彝一,有舟,加勺;秋冬用之。虎彝一,有舟;蜼彝一,有舟,加勺;特祭用之。凡鸡彝、斝彝、虎彝以实明水,鸟彝、黄彝、蜼彝以实鬯。牺尊二,象尊二,春夏用之。著尊二,壶尊二,秋冬用之。太尊二,山尊二,特祭用之。尊皆有坫勺,幂以白布巾,巾绘黼文。著尊二,山罍二,皆有坫加幂。已上并陈室外。壶尊二,太尊二,山罍四,皆有坫加幂,藉以莞席,并陈殿下,北向西上,设而不酌,每室皆同。通廊御香案一,销金黄罗衣,银香奁一,贮御祝香,销金帕覆之,并陈殿中央。罍洗所罍二,洗二,一以供爵涤,一以供盥洁。篚二,实以璋瓒巾、涂金银爵。七祀神位,笾二,豆二,簠一,簋一,俎一,爵一有坫,香案一,沙池一,壶尊二有坫加幂,七祀皆同。罍一、洗一、篚一,中统以来,杂金、宋祭器而用之。至治初,始造新器于江浙行省,其旧器悉置几阁。

亲祀时享仪,其目有八:

一曰斋戒。前祀七日，皇帝散斋四日于别殿，治事如故，不作乐，停奏刑名事，不行刑罚。致斋三日，惟专心祀事，其二日于大明殿，一日于大次。致斋前一日，尚舍监设御幄于大明殿西序，东向。致斋之日质明，诸卫勒所部屯列。昼漏下一刻，通事舍人引侍享执事文武四品以上官，俱公服诣别殿奉迎。二刻，侍中版奏请中严，皇帝服通天冠、绛纱袍。三刻，侍中版奏外办，皇帝结佩出别殿，乘舆，华盖伞扇侍卫如常仪，奉引至大明殿御幄，东向坐，侍臣夹侍如常。一刻顷，侍中前跪奏言请降就斋，俯伏兴。皇帝降座入室，侍享执事官各还所司，宿卫者如常。凡应祀官受誓戒于中书省。散斋四日，致斋三日。光禄卿鉴取明水、火。火以供爨，水以实尊。

二曰陈设。祀前三日，尚舍监陈大次于西神门外道北，南向。设小次于西阶西，东向。设版位于西神门内，横街南，东向。设饮福位于太室尊彝所，稍东，西向。设黄道裀褥于大次前，至西神门，至小次版位西阶及殿门之外。设御洗位于御板位东，稍北，北向。设亚终献位于西神门内御板位稍南，东向。以北为上，罍洗在其东北。设亚终献饮福位于御饮福位后，稍南，西向。陈设八宝黄罗案于西阶西，随地之宜。设享官宫县乐、省牲位、诸执事公卿御史位，并如常仪。殿上下及各室，设簠、簋、笾、豆、尊、罍、彝、斝等器，并如常仪。

三曰车驾出宫。祀前一日，所司备法驾卤簿于崇天门外，太仆卿率其属备玉辂于大明门外。千牛将军执刀于辂前，北向。其日质明，诸侍享执事官，先诣太庙祀所。诸侍臣直卫及导驾官于致斋殿前，左右分班立。通事舍人引侍中跪奏请中严，俯伏兴。皇帝服通天冠、绛纱袍。少顷，侍中版奏外办，皇帝出斋室，即御座。群臣起居讫，尚辇进舆，侍中奏请皇帝升舆。皇帝升舆，华盖伞扇侍卫如常仪。导驾官前导至大明门外，侍中进当舆前，跪奏请皇帝降舆升辂。皇帝升辂，太仆执御，导驾官分左右步导。门下侍郎进当辂前，跪奏请车驾进发。车驾动，称警跸。千牛将军夹而趋至崇天门外，门下侍郎跪奏请车驾少驻，敕众官上马。侍中承旨退，称曰"制可"。门下侍郎退，传制称众官上马。赞者承传敕众官上马。上马讫，门下侍郎奏请敕车右升，侍中前承制，退称曰"制可"。千牛将军升讫，门下侍郎奏请车驾进发。车驾动，称警跸。符宝郎奉八宝与殿中监部从在黄钺内，教坊乐前引，鼓吹不振作。将至太庙，礼直官引诸侍享执事官于庙门外，左右立班，奉迎驾至庙门，回辂南向。将军降立于辂左，侍中于辂前奏称侍中臣某请皇帝降辂，步入庙门。皇帝降辂，导驾官前导，皇帝步入庙门稍西。侍中奏请皇帝升舆，尚辇奉舆，华盖伞扇如常仪。皇帝乘舆至大次，侍中奏请皇帝降舆入就大次。皇帝入就次，帘降，宿卫如式，尚食进膳如仪。礼仪使以祝版奏御署讫，奉出，太庙令受之，各奠于坫，置各室祝案上。通事舍人承旨，敕众官各还斋次。

四曰省牲器。祀前一日未后三刻，廪牺令丞、太官令丞、太祝以牲就位。礼直官引太常卿、光禄卿丞、监祭礼等官就位。礼直官请太常、监祭、监礼由东神门北偏门入，升自东阶。每位视涤祭器，司尊彝举幂曰"洁"。俱毕，降自东阶，由东神门北偏门出，复位，立定。礼直官稍前曰"请省牲"，引太常卿视牲，退复位。次引廪牺令出班，巡牲一匝，西向折身曰"充"。诸太祝巡牲一匝，上一员出班西向折身曰"腯"毕，俱复位。蒙古巫祝致词讫，礼直官稍前曰"请诣省馔位"，引太常卿、光禄卿、监祭、监礼、光禄丞、大官令丞诣省馔位，东西相向立定，以北为上。礼直官引太常卿诣馔殿内省馔。视馔讫，礼直官引太常卿还斋所。次引廪牺令丞、诸太祝以次牵牲诣厨，授太官令。次引光禄卿丞、监祭、监礼诣厨省鼎镬，视涤溉讫，各还斋所。太官令帅宰人以鸾刀割牲，祝史各取毛血，每位共实一豆，以肝洗于郁鬯及取膟膋，每位共实一豆，置于各位。馔室内，庖人烹牲。

五曰晨祼。祀日丑前五刻，诸享陪位官各服其服。光禄卿、良酝令、太官令入，实笾、豆、簠、簋、尊、罍，各如常仪。太乐令率工人二舞，以次入。奉礼郎赞者先入就位，礼直官引御史、博士及执事者以次各入，就位，并如常仪。礼直官引司徒以下官升殿，分香设酒，如常仪。礼直官引太常官、御史、博士升殿，视陈设，就位。复与太庙令、太祝、宫闱令升殿。太祝出帝主，宫闱令出后主讫，御史及以上升殿官于当陛近西，北向立。奉礼于殿上赞奉神主讫，奉礼曰"再拜"，赞者承传，诸官及执事者皆再拜，各就位。礼直官引亚终献等官，由南神门东偏门入，就位，立定。礼直官赞有司谨具，请行事。协律郎俯伏兴，举麾，工鼓柷，宫县乐作《思成之曲》，以黄钟为宫，大吕为角，太簇为征，应钟为羽，作文舞九成止。乐奏将终，通事舍人引侍中版奏请中严。皇帝服衮冕，坐少顷，礼直官引博士，博士引礼仪使，对立于大次门外，当门北向。侍中奏外办，礼仪使跪奏请皇帝行礼，俯伏兴，帘卷。符宝郎奉宝陈于西陛之西黄罗案上。皇帝出大次，博士、礼仪使前导，华盖伞扇如仪，大礼使后从。至西神门外，殿中监跪进镇圭，皇帝执圭，华盖伞扇停于门外，近侍从入门。协律郎跪俯伏兴，举麾，工鼓柷，宫县《顺成之乐》作。至版位东向，协律郎偃麾，工戛敔，乐止。引礼官分左右侍立，礼仪使前奏请再拜，皇帝再拜。奉礼曰"众官再拜"，赞者承传，凡在位者皆再拜。礼仪使奏请皇帝诣盥洗位，宫县乐作，至洗位，乐止。内侍跪取匜，兴，沃水。又内侍跪取盘，兴，承水。礼仪使奏请搢镇圭，皇帝搢圭，盥手讫，内侍跪取巾于篚，兴，以进，帨手讫，皇帝诣爵洗位，奉瓒官以瓒跪进，皇帝受瓒，内侍奉匜沃水。又内侍跪，奉盘承水，洗瓒讫，内侍奉巾以进，皇帝拭瓒讫，内侍奠盘匜，又奠巾于篚，奉瓒官跪受瓒。礼仪使奏请执镇圭，前导皇帝升殿，宫县乐作，至西阶下，乐止。皇帝升自西阶，登歌乐作，礼仪使前导皇帝诣太祖室尊彝所，东向立，乐止。奉瓒官以瓒莅鬯，司尊者举幂，侍中跪酌郁鬯讫，礼仪使前导，入诣太祖神座前，北向立。礼仪使奏请搢镇圭跪，奉瓒官西向立，以瓒跪进。礼仪使奏请执瓒、以鬯祼地，皇帝执瓒以鬯祼地，以瓒授奉瓒官。礼仪使奏请执镇圭、俯伏兴。皇帝俯伏兴，礼仪使前导出户外褥位。礼仪使奏请再拜。皇帝再拜讫，礼仪使前导诣第二室以下，祼鬯并如上仪。祼讫，礼仪使奏请还版位。登歌乐作，皇帝降自西阶，乐止。宫县乐作，至版位东向立，乐止。礼仪使奏请还小次，前导皇帝行，宫县乐作。将至小次，礼仪使奏请释镇圭，殿中监跪受，皇帝入小次，帘降，乐止。

六曰进馔。皇帝祼将毕，光禄卿诣馔殿视馔，复位。太官令率斋郎诣馔幕，以牲体设于盘，各对举以行，自南神门入。司徒出迎馔，宫县乐作，奏无射宫《嘉成之曲》。礼直官引司徒、斋郎奉馔升自太阶，由正门入。诸太祝迎于阶上，各跪奠于神座前。斋郎执笏俯伏兴，遍奠讫，乐止。礼直官引司徒、太官令率斋郎降自东阶，各复位。馔之升殿也，太官丞率七祀斋郎奉馔，以序跪奠于七祀神座前，退从殿上斋郎以次复位。诸太官令率割牲官诣各室，进割牲体置俎上，皆退。

七曰酌献。礼直官于殿上赞太祝立茅苴，礼仪使奏请诣盥洗位。帘卷，出次，宫县乐作。殿中监跪进镇圭，皇帝执镇圭至盥洗位，乐止，北向立。礼仪使奏请搢镇圭，执事者跪取匜，兴，沃水，又跪取盘，承水。礼仪使奏请皇帝盥手，执事者跪取巾于篚，兴，进。帨手讫，礼仪使奏请执镇圭，请诣爵洗位，北向立。礼仪使奏请搢镇圭，奉爵官以爵跪进。皇帝受爵，执事者奉匜沃水，奉盘承水。皇帝洗爵讫，执事者奉巾跪进。皇帝拭爵，执事者奠盘匜，又奠巾于篚，奉爵官受爵。礼仪使奏请执镇圭，升殿。宫县乐作，至西阶下，乐止。升自西阶，登歌乐作，礼仪使前导诣太祖室尊彝所，东向立，乐止。礼仪使奏请搢镇圭执爵，奉爵官以爵跪进。皇帝受爵，司尊者举幂，良酝令跪酌牺尊之泛齐，以爵授执事者。礼仪使奏请执镇圭，皇帝执圭，入诣太祖神位前，北向立。宫县乐作，奏《开成之曲》。礼仪使跪奏请搢镇圭跪，又奏请三上香。三上香讫，奉爵官以爵授进酒官，进酒官东向以爵跪进。礼仪使奏请执爵，三祭酒于茅苴，以虚爵授进酒官，进酒官以授奉爵官，奉爵官退立尊彝所。进酒官进取神案上所奠玉爵马湩，东向跪进，礼仪使奏请执爵祭马湩。祭讫，以虚爵授进酒官，进酒官进奠神案上，退。礼仪使奏请执圭，俯伏兴，司徒搢笏跪于俎前，奉牲西向以进。礼仪使奏请搢镇圭，皇帝搢圭，俯受牲盘，北向跪奠神案上。蒙古祝史致辞讫，礼仪使奏请执镇圭兴，前导，出户外褥位，北向立，乐止。举祝官搢笏跪，对举祝版，读祝官北向跪，读祝文讫，俯伏兴，举祝官奠祝版讫，先诣次室。礼仪使奏请再拜。拜讫，礼仪使前导诣各室，各奏本室之乐。其酌献、进牲、祭马湩，并如第一室之仪。既毕，礼仪使奏请诣饮福位。登歌乐作，至位，西向立，乐止。登歌《釐成之乐》作，礼直官引司徒立于饮福位侧，太祝以爵酌上尊饮福酒，合置一爵，以奉侍中，侍中受爵，奉以立。礼仪使奏请皇帝再拜。拜讫，奏请搢镇圭跪。侍中东向以爵跪进，礼仪使奏请执爵，三祭酒，又奏请啐酒。啐酒讫，以爵授侍中。礼仪使奏请受胙，太祝以黍稷饭笾授司徒，司徒东向跪进。皇帝受，以授左右。太祝又以胙肉俎跪授司徒，司徒跪进。皇帝受，以授左右。礼直官引司徒退立。侍中再以爵酒跪进，礼仪使奏请皇帝受爵饮福。饮福讫，侍中受虚爵，兴，以授太祝。礼仪使奏请执镇圭，俯伏兴，又奏请再拜。拜讫，乐止。礼仪使前导还版位，登歌乐作，降自西阶，乐止。宫县乐作，至位乐止。礼仪使奏请还小次，宫县乐作。将至小次，礼仪使奏请释镇圭，殿中监跪受。入小次，帘降，乐止。文舞退，武舞进。先是皇帝酌献讫，将至小次，礼直官引亚献官诣盥洗位。盥洗讫，升自阼阶，酌献并如常仪。酌献讫，礼直官引亚献官诣东序，西向立。诸太祝各以罍酌福酒，合置一爵，一太祝捧爵进亚献之左，北向立。亚献再拜受爵，跪祭酒，遂啐饮。太祝进受爵，退，复于坫上。亚献兴再拜，礼直官引亚献官降复位。终献如亚献之仪。初终献既升，礼直官引七祀献官各诣盥洗位，搢笏盥帨讫，执笏诣神位，搢笏跪执爵，三祭酒，奠爵执笏，俯伏兴，再拜讫，诣次位，如上仪。终献毕，赞者唱"太祝彻笾豆"。诸太祝进彻笾豆，登歌《丰成之乐》作，卒彻乐止。奉礼曰"赐胙"，赞者唱"众官再拜"，在位者皆再拜。礼仪使奏请诣版位。帘卷，出次，殿中监跪进镇圭。皇帝执圭行，宫县乐作，至位乐止。送神《保成之乐》作，一成止。礼仪使奏请皇帝再拜，赞者承传，凡在位者皆再拜。礼仪使前奏礼毕，前导皇帝还大次。宫县《昌宁之乐》作，出门乐止。礼仪使奏请释镇圭，殿中监跪受，华盖伞扇引导如常仪。入大次，帘降。礼直官引太常卿、御史、太庙令、太祝、宫闱令升殿纳神主，降就拜位，奉礼赞升纳神主讫，再拜，御史以下诸执事者皆再拜，以次出。礼直官各引享官以次出，太乐令率工人二舞以次出，太庙令阖户以降乃退。祝册藏于匮。

八曰车驾还宫。皇帝既还大次，侍中奏请解严。皇帝释衮冕，停大次。五刻顷，尚食进膳。所司备法驾卤簿，与侍祠官序立于太庙棂星门外，以北为上。侍中版奏请中严，皇帝改服通天冠、绛纱袍。少顷，侍中版奏皇帝出次升舆，导驾官前导，华盖伞扇如仪。至庙门外，太仆卿率其属进金辂如式。侍中前奏请皇帝降舆升辂。升辂讫，太仆御。门下侍郎奉请车驾进发，俯伏兴，退。车驾动，称警跸。至棂星门外，门下侍郎奉请车驾权停，敕众官上马。侍中承旨退称曰"制可"。门下侍郎退传制，赞者承传。众官上马毕，门下侍郎奏请敕车右升。侍中承旨退称"制可"，千牛将军升讫，导驾官分左右前导，门下侍郎奏请车驾进发。车驾动，称警跸。符宝郎奉八宝与殿中监从，教坊乐鼓吹振作。驾至崇天门外垣棂星门外，门下侍郎奏请车驾权停，敕众官下马。赞者承传，众官下马。车驾动，众官前引入内石桥，与仪仗倒卷而北，驻立。驾入崇天门，至大明门外降驾，升舆以入。驾既入，通事舍人承旨敕众官皆退，宿卫官率卫士宿卫如式。

卷七十五　志第二十六

祭祀四

宗庙下

亲谢仪，其目有八：

一曰斋戒。前享三日，皇帝散斋二日于别殿，致斋一日于大次。应享官员受誓戒于中书省，如常仪。

二曰陈设，如前亲祀仪。

三曰车驾出宫。前享一日，所司备仪从、内外仗，与应享之官两行序立于崇天门外，太仆卿控御马立于大明门外，诸侍臣及导驾官二十四人，俱于斋殿前左右分班立俟。通事舍人引侍中跪奏请中严，俯伏兴。少顷，侍中版奏外办，皇帝即御座。四品以上应享执事官起居讫，侍中奏请升舆。皇帝出斋殿，降自正阶，乘舆，华盖伞扇如常仪。导驾官前导至大明门外，侍中进当舆前，奏请降舆，乘马讫，导驾官分左右步导。门下侍郎跪奏请进发，俯伏兴，前称警跸。至崇天门，门下侍郎奏请权停，敕众官上马。侍中承旨退，称制可，门下侍郎退传制，称众官上马，赞者承传，众官出棂星门外，上马讫，门下侍郎奏请进发，前称警跸，华盖伞扇仪仗与众官左右前引，教坊乐鼓吹不振作。至太庙棂星门外，红桥南，赞者承传众官下马。下马讫，自卑而尊与仪仗倒卷而北，两行驻立。驾至庙门，侍中奏请皇帝下马，步入庙门。入庙门讫，侍中奏请升舆，尚辇奉舆，华盖伞扇如常仪。导驾官前导，皇帝乘舆至大次前，侍中奏请降舆。皇帝降舆入就位，帘降，侍卫如式。尚食进膳，如常仪。礼仪使以祝册奏御署讫，奉出，太庙令受之，各奠于坫，置各室祝案上。通事舍人承旨，敕众官各还斋次。

四曰省牲器，见前亲祀仪。

五曰晨祼。享日丑前五刻，光禄卿、良酝令、太官令入实笾豆簠簋尊罍，各如常仪。太乐令率工人二舞，以次入就位。礼直官引御史及执事者以次入就位。礼直官引太常卿、御史升殿点视陈设，退复位。礼直官引司徒等官诣各室，分香设酒如常仪。礼直官复引太常卿及御史、太庙令、太祝、宫闱令升殿、奉出帝后神主讫，各退降就拜位，立定。奉礼于殿上赞奉神主讫，奉礼赞曰"再拜"，赞者承传，御史以下皆再拜讫，各就位。礼直官引摄太尉由南神门东偏门入就位，立定。协律郎跪俯伏，举麾兴，工鼓柷，宫县乐作《思成之曲》，以黄钟为宫，大吕为角，太簇为征，应钟为羽，作文舞九成止。太尉以下皆再拜讫，礼直官引太尉诣盥洗位，宫县乐作《肃宁之曲》，至位乐止，北向立，搢笏、盥手、帨手，执笏诣爵洗位，北向立，搢笏、洗瓒、拭瓒，以瓒授执事者。执笏升殿，宫县乐作，至阼阶下，乐止。升自阼阶，登歌乐作，诣太祖尊彝所，西向立，乐止。执事者以瓒奉太尉，太尉搢笏执瓒。司尊者举幂酌郁鬯讫，太尉以瓒授执事者，执笏诣太祖神位前，搢笏跪，三上香，执事者以瓒奉太尉，太尉执瓒以鬯祼地讫，以虚瓒授执事者。执笏俯伏兴，退出户外，北向再拜讫，次诣各室，并如上仪。礼毕，降自阼阶，复位。

六曰进馔。太尉祼将毕，进馔如前仪。

七曰酌献。太尉既升祼，礼直官引博士，博士引礼仪使至大次前，北向立。通事舍人引侍中诣大次前，版奏请中严，皇帝服衮冕。坐少顷，侍中奏外办，礼仪使跪奏请皇帝行礼，俯伏兴。帘卷出次，礼仪使前导至西神门，华盖伞扇停于门外，近侍从入，太礼使后从。殿中监跪进镇圭，皇帝执圭入门，协律郎跪，俯伏兴，举麾，宫县《顺成之乐》作，至版位东向立，乐止。引礼官分左右侍立，礼仪使奏请皇帝再拜。奉礼曰"众官再拜"，赞者承传，凡在位者皆再拜。礼仪使奏请皇帝诣盥洗位，宫县乐作，至位乐止。内侍跪取匜，兴，沃水，又内侍跪取盘，承水。礼仪使奏请搢镇圭，皇帝搢圭盥手。内侍跪取巾于篚，兴，进。帨手讫，奉爵官以爵跪进。皇帝受爵，内侍奉匜沃水，又内侍奉盘承水。皇帝洗爵讫，内侍奉巾跪进。皇帝拭爵讫，内侍奠盘匜，又奠巾于篚，奉爵官受爵。礼仪使奏请执镇圭，导升殿，宫县乐作，至西阶下，乐止。升自西阶，登歌乐作。礼仪使前导诣太祖室尊彝所，东向立，乐止。宫县乐作，奏《开成之曲》，奉爵官以爵莅尊，执事者举幂，侍中跪酌牺尊之泛齐，以爵授执事者。礼仪使前导，入诣太祖神位前，北向立。礼仪使奏请搢镇圭，跪，又奏请三上香。上香讫，奉爵官以爵授进酒官，进酒官东向以爵跪进，礼仪使奏请执爵祭酒。执爵三祭酒于茅苴讫，以虚爵授进酒官，进酒官受爵以授奉爵官，退立尊彝所。进酒官进彻神案上所奠玉爵马湩，东向跪进，礼仪使奏请执爵祭马湩。祭讫以虚爵授进酒官，进酒官进奠神案上讫，退。礼仪使奏请执圭，俯伏兴，司徒搢笏跪俎前，举牲盘西向以进。礼仪使奏请搢镇圭，皇帝搢圭，俯受牲盘，北向跪，奠神案上讫，礼仪奏请执圭兴，前导出户外褥位，北向立，乐止。举祝官搢笏跪，对举祝版。读祝官北向跪，读祝文讫，俯伏兴。举祝官奠祝版讫。先诣次室。次蒙古祝史诣室前致辞讫，礼仪使奏请再拜。拜讫，礼仪使前导诣各室，奏各室之乐。其酌献、进牲体、祭马湩，并如第一室之仪。既毕，礼仪使奏请诣饮福位。登歌乐作，至位，西向立，乐止。宫县《厘成之乐》作，礼直官引司徒立于饮福位侧，太祝以爵酌上尊福酒，合置一爵，以奉侍中，侍中受爵奉以立。礼仪使奏请皇帝再拜。拜讫，奏搢镇圭跪，侍中东向以爵跪进。礼仪使奏请执爵三祭酒，又奏请啐酒。啐讫，以爵授侍中。礼仪使奏请受胙，太祝以黍稷饭笾授司徒，司徒东向跪进，皇帝受，以授左右。太祝又以胙肉俎跪授司徒，司徒跪进，皇帝受，以授左右，礼直官引司徒退立。侍中再以爵酒跪进，礼仪使奏请皇帝受爵，饮福酒讫，侍中受虚爵兴，以授太祝。礼仪使奏请执镇圭，俯伏兴，又奏请再拜。拜讫，乐止。礼仪使前导还版位。登歌乐作，降自西阶，乐止。宫县乐作，至位乐止。奉礼于殿上唱太祝彻笾豆。宫县《丰宁之乐》作，卒彻，乐止。奉礼曰“赐胙”，赞者唱“众官再拜”，在位者皆再拜。送神乐作，《保成之曲》作，一成止。礼仪使奏请皇帝再拜，赞者承传，在位者皆再拜。拜讫，礼仪使前奏礼毕，皇帝还大次。宫县《昌宁之乐》作，出门，乐止。礼仪使奏请释镇圭，殿中监跪受，华盖伞扇如常仪。入次，帘降。礼直官引太常卿、御史、太庙令、太祝、宫闱令升殿纳神主讫，各降就位。赞者于殿上唱升纳神主讫，奉礼曰“再拜”，御史以下诸执事者皆再拜讫，以次出。通事舍人、礼直官各引享官以次出，太乐令率工人二舞以次出，太庙令阖户以降乃退。祝版藏于匮。

八曰车驾还宫。皇帝既还大次，侍中奏请解严。皇帝释衮冕，停大次。五刻顷，尚食进膳，如常仪。所司备仪从、内外仗，与从祀诸执事官两行序立太庙棂星门外。侍中版奏外办，皇帝出次升舆，导驾官前导，华盖伞扇如常仪。至庙门，太仆卿进御马，侍中奏请皇帝降舆乘马。乘马讫，门下侍郎奏请进发，俯伏兴退，前称警跸。至棂星门外，门下侍郎奏请权停，敕众官上马。侍中承旨退称曰“制可”，门下侍郎退传制，赞者承传，众官上马毕，导驾官及华盖伞扇分左右前导，称警跸，教坊乐鼓吹振作。至崇天门棂星门外，门下侍郎奏请权停，敕众官下马。赞者承传，众官下马讫，左右前引入内石桥北，与仪仗倒卷而北，驻立。驾入崇天门，至大明门外降马，升舆以入，驾既入，通事舍人承旨敕众官皆退，宿卫官率卫士宿卫如式。

摄祀仪，其目有九：

一曰斋戒。享前三日，三献官以下凡与祭员，皆公服受誓戒于中书省。是日质明，有司设金椅于省庭，一人执红罗伞立于其左。奉礼郎率仪鸾局陈设版位，献官诸执事位，俱藉以席，仍加紫绫褥。设初献太尉位于省阶少西，南向；大礼使位于其东，少南，西向；监祭御史位二，于通道之西，东向；监礼博士位二，于通道之东，西向；俱北上。设司徒亚终献位于其南，北向，西上。次助奠七祀献官，次太常卿、光禄卿、光禄丞、书祝官、读祝官、太官令、良酝令、廪牺令、司尊彝、举祝官、太官丞、廪牺丞、奉爵官、奉瓒官、盥爵官二、巾篚官、蒙古太祝、巫祝、点视仪卫、清道官及与祭官，依品级陈设，皆异位重行。太庙令、太乐令、郊社令、太祝位于通道之西，北向，东上。太庙丞、太乐丞、郊社丞、奉礼郎、协律郎、司天生位于通道之东，北向，西上。斋郎位于其后。赞者引行事等官，各就位，立定。次引初献官立定。礼直官播笏，读誓文曰“某年某月某日，享于太庙，各扬其职，其或不敬，国有常刑”。散斋二日宿于正寝，致斋一日宿于祠所。散斋日治事如故，不吊丧问病，不作乐，不判署刑杀文字，不决罚罪人，不与秽恶事。致斋日惟享事得行，余悉禁。凡与享之官，已斋而阙者，通摄行事。七品以下官先退，余官再拜。礼直官赞“鞠躬”、“拜”、“兴”、“拜”、“兴”、“平立”、“礼毕”。守庙兵卫与太乐工人，俱清斋一宿。赴祝所之日，官给酒馔。

二曰陈设。享前二日，所司设兵卫于庙门，禁断行人。仪鸾局设幄幔于馔殿，所司设三献官以下行事执事官次于斋房之所。前一日，太乐令率其属设宫县之乐于庭中。东方西方磬簴起北，钟簴次之；南主北方磬簴起西，钟簴次之。设十二镈钟于编县之间。各依辰位。树建鼓于四隅，置柷敔于北县之内。柷一在道东，敔一在道西。路鼓一在柷之东南，晋鼓一在其后，又路鼓一在柷之西南。诸工人各于其后。东方西方，以北为上；南方北方，以西为上。文舞在北，武舞在南，立舞表于酂缀之间。又设登歌之乐于殿上前楹间。玉磬一簴在西，金钟一簴在东，柷一在金钟北稍西，敔一在玉磬北稍东。搏拊二，一在敔北，一在柷北，东西相向。歌工次之，余工各位于县后。其匏竹者立于阶间，重行北向，相对为首。

享前一日，太庙令率其属扫除庙庭之内外；枢密院军官一员，率军人铲除草秽，平治道路。又设七祀燎柴于庙门之外。又于室内铺设神位于北牖下，当户南向。每位设黼扆一，紫绫厚褥一，薄褥一，莞席一，缫席二，虎皮次席二。时暄则用桃枝竹席，几在筵上。又设三献官拜跪褥位二，一在室内，一在室外。学士院定撰祝册讫，书祝官于馔幕具公服书祝讫，请初献官署御名讫，以授太庙令。又设祝案于室户外之右。又设三献官位于殿下横街之南，稍西，东向；亚献终献位稍却，助奠七祀献官又于其南；书祝官、读祝官、举祝官、太庙令、太官令、良酝令、廪牺令、太庙丞、太官丞位，又于其南；司尊彝、奉瓒官、奉爵官、盥洗巾篚、爵洗巾篚、蒙古太祝、蒙古巫祝、太祝、宫闱令及七祀司尊彝、盥洗巾篚，以次而南。又设斋郎位于其后。每等异位，重行，东向，北上。又设大礼使位于南神门东偏门稍北，北向。又设司徒、太常卿等位于横街之南，稍东，西向，与亚终献相对，司徒位在北，太常卿稍却；太常同知、光禄卿、佥院、同佥院判、光禄丞、拱卫使，以次而南。又设监祭御史位二、监礼博士位二于横街之北，西向，以北为上。又设协律郎位在宫县乐簴西北，东向，大乐丞在乐簴之间。又设大乐令、协律郎位于登歌乐簴之间。又设牲榜于东神门外，南向。设太常卿位于牲位，南向。监祭御史位在太常卿之左，太官令次之，光禄丞、太官丞又次之，廪牺令位在牲西南，廪牺丞稍却，俱北向，以右为上。又设诸太祝位于牲东，西向，以北为上。又设蒙古巫祝位于牲东南，北向。又设省馔位于省馔殿前，太常卿、光禄卿、光禄丞、太官令位于东，西向；监祭、监礼位于西，东向；皆北上。太庙令陈祝版于室右之祝案，又率祠祭局设笾豆簠簋。每室左十有二笾，右十有二豆，俱为四行。登三在笾豆之间，铏三次之，簠二、簋二又次之，簠左簋右，俎七在簠簋之南，香案一次之，沙池又次之。又设每室尊罍于通廊，斝彝、黄彝各一，春夏用鸡彝、鸟彝、牺尊二、象尊二，秋冬用著尊、壶尊，太尊二、山罍二，以次在本室南之左，皆加勺幂。为酌尊所，北向，西上。彝有舟坫幂。又设壶尊二、太尊二、山罍四，在殿下阶间，俱北向，望室户之左，皆有坫加幂，设而不酌。凡祭器，皆藉以席。又设七祀位于横阶之南道东，西向，以北为上。席皆以莞。设神版位，各于座首。又设祭器，每位左二笾，右二豆，簠一、簋一在笾豆间，俎一在笾前，爵坫一次之，壶尊二在神位之西，东向以北为上，皆有坫勺幂。又设三献盥洗、爵洗在通街之西，横街之南，北向。罍在洗西加勺，篚在洗东，皆实以巾。爵洗仍实以瓒，爵加盘坫。执罍篚者各位于后。又设七祀献官盥洗位于七祀神位前，稍北。罍在洗西，篚在洗东，实以巾。又实爵于坫。执罍篚者各位于后。

三曰习仪。享前二日，三献以下诸执事官员赴太庙习仪。次日早，各具公服乘马赴东华门，迎接御香至庙省牲。

四曰迎香。享前一日，有司告谕坊市，洒扫经行衢路，祗备香案。享前一日质明，三献官以下及诸执事官，各具公服，六品以下官皆借紫服，诣崇天门下。太常礼仪院官一员奉御香，一员奉酒，二员奉马湩，自内出；监祭、监礼、奉礼郎、太祝，分两班前导；控鹤五人，一人执伞，从者四人，执仪仗在前行。至大明门，由正门出，教坊大乐作。至崇天门外，奉香、酒、马湩者安置腰舆，导引如前。行至外垣棂星门外，百官上马，分两班行于仪仗之外，清道官行于仪卫之先，兵马司巡兵夹道次之，金鼓又次之，京尹仪从又次之，教坊大乐为一队次之。控鹤弩手各服其服，执仪仗左右成列次之，拱卫使居其中，仪凤司细乐又次之。太常卿与博士、御史导于舆前，献官、司徒、大礼使、助奠官从于舆后。至庙，入自南门。至神门外，百官及仪卫皆止。太常卿、博士、御史导舆，三献、司徒、大礼使、助奠官从入至殿下。献官奉香酒马湩升自东阶，入殿内通廊正位安置。礼直官引献官降自东阶，由东神门北偏门出，释服。

五曰省牲器，见亲祀仪。

六曰晨祼。祀日丑前五刻，太常卿、光禄卿、太庙令率其属设烛于神位，遂同三献官、司徒、大礼使等每室一人，分设御香酒醴，以金玉爵斝，酌马湩、葡萄尚酝酒奠于神案。又陈笾豆之实。笾四行，以右为上。第一行，鱼鳙在前，糗饵、粉糍次之。第二行，干薐在前，干枣、形盐次之。第三行，鹿脯在前，榛实、干桃次之。第四行，菱在前，芡、栗次之。豆四行，以左为上。第一行，芹菹在前，笋菹、葵菹次之。第二行，菁菹在前，韭菹、酏食次之。第三行，鱼醢在前，兔醢、豚拍次之。第四行，鹿臡在前，醓醢、糁食次之。簠实以稻粱，簋实以黍稷，登实以太羹，铏实以和羹，尊彝、斝彝实以明水，黄彝实以郁鬯，牺尊实以泛齐，象尊实以醴齐，著尊实以盎齐，山罍实以三酒，壶尊实以醍齐，太尊实以沈齐。凡齐之上尊实以明水，酒之上尊实以玄酒，其酒齐皆以上酝代之。又实七祀之祭器，每位左二笾，栗在前，鹿脯次之；右二豆，菁菹在前，鹿臡次之。簠实以黍，簋实以稷，壶尊实以醍齐，其酒齐亦以上酝代之。陈设讫，献官以下行事执事官，各服其服，会于齐班厅。礼直官引太常卿、侯监祭、监礼、太庙令、太祝、宫闱令、诸执事官、斋郎，自南神门东偏门入就位，东西相向立定。侯监祭、监礼按视殿之上下，彻去盖幂，纠察不如仪者，退复位。礼直官引太常卿、监祭、监礼、太庙令、太祝、宫闱令升自东阶，诣太祖室。蒙古太祝起帝主神幂，宫闱令起后主神幂。次诣每室，并如常仪毕，礼直官引太常卿以下诸执事官，当横街间，重行，以西为上，北向立定。奉礼郎赞曰“奉神主讫，再拜”。礼直承传，太常卿以下皆再拜讫，奉礼郎又赞曰“各就位”。礼直官引诸执事官各就位，次引太官令率斋郎由南神门东偏门以次出。赞者引三献官、司徒、大礼使、七祀献官、诸行事官，由南神门东偏门入，各就位，立定。礼直官进于初献官之左，赞曰“有司谨具，请行事”，退复位。协律郎跪，俯伏兴，举麾工鼓柷，宫县乐奏《思成之曲》九成，文舞九变。奉礼郎赞再拜，在位者皆再拜。奉礼又赞诸执事者各就位，礼直官引奉瓒、奉爵、盥爵、洗巾篚执事官各就位，立定。礼直官引初献官诣盥洗位，宫县乐作无射宫《肃宁之曲》，至位北向立定；搢笏、盥手、帨手，执笏诣爵洗位，至位北向立定；搢笏、执瓒、洗瓒、拭瓒，以瓒授执事者。执笏，乐止。登歌乐作，奏夹钟宫《肃宁之曲》，升自东阶，乐止。诣太祖酌尊所，西向立，搢笏，执事者以瓒授初献官，执瓒。司尊彝跪举幂，良酝令跪酌黄彝郁鬯，初献以瓒授执事者，执笏诣太祖神位前，北向立，搢笏跪，三上香。执事者以瓒授初献，初献执瓒以鬯灌于沙池，以瓒授执事者，执笏，俯伏兴，出室户外，北向立。再拜讫，诣每室祼鬯如上仪。俱毕，礼直官引初献降自东阶，登歌乐作，奏夹钟宫《肃宁之曲》。复位，乐止。

七曰馈食。初献既祼，如前进馔仪。

八曰酌献。太祝立茅苴于盘。礼直官引初献诣盥洗位，宫县乐作，奏无射宫《肃宁之曲》，至位北向立；搢笏、盥手、帨手，执笏诣爵洗位；至位，搢笏、执爵、洗爵、拭爵、以爵授执事者，执笏，乐止。登歌乐作，奏夹钟宫《肃宁之曲》。升自东阶，乐止。诣太祖酒尊所，西向立，搢笏执爵。司尊彝搢笏跪举幂，良酝令搢笏跪酌牺尊之泛齐，以爵授执事者，执笏。宫县乐作，奏无射宫《开成之曲》。诣太祖神座前，北向立，稍前，搢笏跪，三上香。执爵，三祭酒于茅苴，以爵授执事者，执笏，俯伏兴，平立。请出室户外，北向立，乐止，俟读祝。举祝官搢笏跪，对举祝版，读祝官跪读祝文。读讫，举祝官奠祝版于案，执笏兴，读祝官俯伏兴。礼直官赞再拜讫，次诣每室，酌献如上仪，各奏本室之乐。献毕，宫县乐止。降自东阶，登歌乐作，奏夹钟宫《肃宁之曲》。初献复位，立定。文舞退，武舞进，宫县乐作，奏无射宫《肃宁之曲》。舞者立定，乐止。礼直官引亚献诣盥洗位，至位北向立，搢笏、执爵、洗爵、拭爵，以爵授执事者。升自东阶，诣太祖酌尊所，西向立，搢笏，执爵。司尊彝搢笏跪举幂，良酝令搢笏跪酌象尊之醴齐，以爵授执事者，执笏。宫县乐作，奏无射宫《肃宁之曲》。诣太祖神座前，北向立，稍前，搢笏跪，三上香，执爵三祭酒于茅苴，以爵授执事者，执笏俯伏兴，平立，请出室户外，北向立。再拜讫，次诣每室，酌献并如上仪。献毕，乐止。降自东阶，复位立定。礼直官引终献，如亚献之仪，唯酌著尊之盎齐。礼毕，降复位。初终献将行，赞者引七祀献官诣盥洗位，搢笏、盥手、帨手讫，执笏诣酒尊所，搢笏、执爵、酌酒，以爵授执事者，执笏诣首位神座前，东向立，稍前，搢笏跪执爵，三祭酒于沙池，奠爵于案，执笏俯伏兴，少退立，再拜讫，每位并如上仪。俱毕，七祀献官俟终献官降复位，立定。

九曰祭马湩。终献酌献将毕，礼直官分引初献亚献官、司徒、大礼使、助奠官、七祀献官、太常卿、监祭、监礼、太庙令丞、蒙古庖人、巫祝等升殿。每室献官一员，各立于户外，太常卿、监祭、监礼以下立于其后。礼直官引献官诣神座前，蒙古庖人割牲体以授献官。献官搢笏跪奠于帝主神位前，次奠于后主神位前讫，出笏退就拜位，搢笏跪。太庙令取案上先设金玉爵斝马湩，蒲萄尚酝酒，以次授献官，献官皆祭于沙池。蒙古巫祝致词讫，宫县乐作同进馔之曲。初献出笏就拜兴，请出室户外，北向立。俟众献官毕立，礼直官通赞曰"拜"、"兴"，凡四拜。监祭、监礼以下从拜。皆作本朝跪礼。拜讫退，登歌乐作，降阶，乐止。太祝彻笾豆，登歌乐作，奏夹钟宫《丰宁之曲》。奉礼赞赐胙，赞者承传，众官再拜兴。送神乐作，奏黄钟宫《保成之曲》，一成而止。太祝各奉每室祝版，降自太阶望瘗位，礼直官引三献、司徒、大礼使、助奠、七祀献官、太常卿、光禄卿、监祭、监礼视燔祝版，至位坎北南向跪，以祝版奠于柴，就拜兴。俟半燎，礼直官赞可瘗。礼直官引三献以下及诸执事者斋郎等，由南神门东偏门出至揖位，圆揖。乐工二舞以次从出。三献之出也，礼直官分引太常卿、太庙令、监祭、监礼、蒙古太祝、宫闱令及各室太祝，升自东阶，诣太祖神座前，升纳神主，每室如仪。俱毕，降自东阶，至横街南，北向西上立定。奉礼赞曰"升纳神主讫，再拜"。赞者承传，再拜讫，以次出。礼毕，三献官、司徒、大礼使、太常礼仪院使、光禄卿等官，奉胙进于阙庭。驾幸上都，则以驿赴奉进。

摄行告谢仪：告前三日，三献官以下诸执事官，各具公服赴中书省受誓戒。告前一日未正二刻，省牲器。至期质明，三献官以下诸执事者各服法服，礼直官引太常卿、监祭御史、监礼博士、五令诸执事官先入就位。礼直官引监祭、监礼点视陈设毕，复位。礼直官引太常卿、监祭、监礼、太庙令、太祝、宫闱令奉迁各室神主讫，降自横街，北向立定。奉礼郎赞再拜，在位官皆再拜讫，奉礼郎赞各就位讫，太官令、斋郎出。礼直官引三献、司徒、光禄卿、捧瓒、爵盥、爵洗官入就位，立定。礼直官赞"有司谨具，请行事"，降神乐作，九成止。奉礼郎赞再拜，三献以下再拜讫，奉礼郎赞诸执事者各就位，立定。礼直官引初献诣盥洗位，盥手，诣爵洗位，洗瓒。诣第一室酒尊所，酌郁鬯。诣神座前北向跪，搢笏三上香，奠币执瓒，以鬯灌于沙池，执笏俯伏兴。出室户外，再拜讫，次诣各室，并如上仪。俱毕，降复位。司徒率斋郎进馔，如常仪。奠毕，降复位。礼直官引初献诣盥洗位，盥手，诣爵洗位，洗爵。诣第一室酒尊所，酌酒。诣神座前，北向搢笏跪，三上香，执爵三祭酒于茅苴，以爵授执事者，执笏俯伏兴，出室户外，北向立。俟读祝官读祝文讫，再拜。诣每室，并如上仪。俱毕，降复位。礼直官引亚献官盥手、洗爵、酌献，并如初献仪，惟不读祝。俱毕，降复位。礼直官引终献，并如亚献仪。俱毕，复位。太祝彻笾豆，奉礼郎赞赐胙，众官再拜。在位官皆再拜讫，礼直官引三献官、司徒、太常卿、监祭、监礼视焚祝版币帛，礼直官赞可瘗。礼毕，太常卿、监祭、监礼升纳神主讫，降自横阶。奉礼郎赞再拜，在位官皆再拜讫，退。

荐新仪：至日质明，太常礼仪院官属赴庙所，皆公服俟于次。太庙令率其属升殿，开室户，不出神主，设笾豆俎、酒醴、马湩及室户内外褥位。又设盥洗位于阶下，少东，西向。奉礼郎率仪鸾局设席褥版位于横街南，又设盥盆巾帨二所于齐班幕前。凡与祭执事官皆盥手讫，太常官诣神厨点视神馔。执事者奉所荐馔物，各陈馔幕内。太常官以下入就位，东西重行，北向立定。礼直官赞"皆再拜"，"鞠躬"，"拜"，"兴"，"拜"，"兴"，"平立"，"各就位"。礼直官引太常次官一员，率执事者出诣馔所，奉馔入自正门，升自太阶，奠各室神位前。执事者进时食，院官搢笏受而奠之。礼直官引太常礼仪使诣盥洗位，盥手帨手。升殿诣第一室神位前，搢笏，执事者注酒于杯，三祭酒，又注马湩于杯，亦三祭之，奠杯于案。出笏，就拜兴，出室户外，北向立，再拜。每室俱毕，降复位，执事者皆降。礼直官赞"再拜"，"鞠躬"，"拜"，"兴"，"拜"，"兴"，"平立"，余官率执事者升彻馔，出殿阖户。礼直官引太常官以下俱出东神门外，圆揖。

神御殿

神御殿，旧称影堂。所奉祖宗御容，皆纹绮局织锦为之。影堂所在：世祖帝后大圣寿万安寺，裕宗帝后亦在焉；顺宗帝后大普庆寺，仁宗帝后亦在焉；成宗帝后大天寿万宁寺；武宗及二后大崇恩福元寺，为东西二殿；明宗帝后大天源延圣寺；英宗帝后大永福寺；也可皇后大护国仁王寺。世祖、武宗影堂，皆藏玉册十有二牒，玉宝一钮。仁宗影堂，藏皇太子玉册十有二牒，皇后玉册十有二牒，玉宝一钮。英宗影堂，藏皇帝玉册十有二牒，玉宝一钮，皇太子玉册十有二牒。凡帝后册宝，以匣匮金锁钥藏于太庙，此其分置者。

其祭器，则黄金瓶斝盘盂之属以十数，黄金涂银香合碗楪之属以百数，银壶釜杯匜之属称是。玉器、水晶、玛瑙之器为数不同，有玻璃瓶、琥珀勺。世祖影堂有真珠帘，又皆有珊瑚树、碧甸子山之属。

其祭之日，常祭每月初一日、初八日、十五日、二十三日，节祭元日、清明、蕤宾、重阳、冬至、忌辰。其祭物，常祭以蔬果，节祭忌辰用牲。祭官便服，行三献礼。加荐用羊羔、炙鱼、馒头、馔子、西域汤饼、圜米粥、砂糖饭羹。

泰定二年，亦作显宗影堂于大天源延圣寺，天历元年废。旧有崇福、殊祥二院，奉影堂祀事，乃改为泰禧院。二年，又改为太禧宗禋院，秩二品。既而复以祖宗所御殿尚称影堂，更号神御殿。殿皆制名以冠之：世祖曰元寿，昭睿顺圣皇后曰睿寿，南必皇后曰懿寿，裕宗曰明寿，成宗曰广寿，顺宗曰衍寿，武宗曰仁寿，文献昭圣皇后曰昭寿，仁宗曰文寿，英宗曰宣寿，明宗曰景寿。且命学士拟其祭祀仪注，今阙。

又有玉华宫孝思殿在真定，世祖所立。以忌日享祀太上皇、皇太后御容。本路官吏祭奠，太常博士按《宋会要》定其仪。所司前期置办茶食、香果。质明，礼直官、引献官与陪位官以下，并公服入庙庭；西向立。俱再拜讫，引献官诣殿正阶下再拜，升阶至案前褥位，三上香，三奠酒讫，就拜兴。又再拜讫，引献官复位，与陪位官以下俱再拜，退。仁宗皇庆二年秋八月庚辰，命大司徒田忠良诣真定致祭，依岁例给御香酒并牺牲祭物钱中统钞一百锭。延祐四年，始用登歌乐，行三献礼。七年，太常博士言影堂用太常礼乐非是，制罢之，岁时本处依旧礼致祭。

其太祖、太宗、睿宗御容在翰林者，至元十五年十一月，命承旨和礼霍孙写太祖御容。十六年二月，复命写太上皇御容，与太宗旧御容，俱置翰林院，院官春秋致祭。二十四年二月，翰林院言旧院屋敝，新院屋才六间，三朝御容宜于太常寺安奉，后仍迁新院。至大四年，翰林院移署旧尚书省，有旨月祭。中书平章完泽等言："祭祀非小事，太庙岁一祭，执事诸臣受戒誓三日乃行事，今此轻易非宜。旧置翰林院御容，春秋二祭，不必增益。"制若曰"可"。至治三年迁置普庆寺，祀礼废。泰定二年八月，中书省臣言当祭如故，乃命承旨斡赤赍香酒至大都，同省臣祭于寺。四年，造影堂于石佛寺，未及迁。至顺元年七月，即普庆寺祭如故事。二年，复祀于翰林国史院。重改至元之六年，翰林院言三朝御容祭所甚隘，兼岁久屋漏，于石佛寺新影堂奉安为宜。中书省臣奏，此世祖定制，当仍其旧，制可。

卷七十六　志第二十七上

祭祀五

太社太稷

至元七年十二月，有诏岁祀太社太稷。三十年正月，始用御史中丞崔彧言，于和义门内少南，得地四十亩，为壝垣，近南为二坛，坛高五丈，方广如之。社东稷西，相去约五丈。社坛土用青赤白黑四色，依方位筑之，中间实以常土，上以黄土覆之。筑必坚实，依方面以五色泥饰之。四面当中，各设一陛道。其广一丈，亦各依方色。稷坛一如社坛之制，惟土不用五色，其上四周纯用一色黄土。坛皆北向，立北墉于社坛之北，以砖为之，饰以黄泥；瘗坎二于稷坛之北，少西，深足容物。

二坛周围壝垣，以砖为之，高五丈，广三十丈，四隅连饰。内壝垣棂星门四所，外垣棂星门二所，每所门三，列戟二十有四。外壝内北垣下屋七间，南望二坛，以备风雨，曰望祀堂。堂东屋五间，连厦三间，曰齐班厅。厅之南，西向屋八间，曰献官幕。又南，西向屋三间，曰院官斋所。又其南，屋十间，自北而南，曰祠祭局，曰仪鸾库，曰法物库，曰都监库，曰雅乐库。又其南，北向屋三间，曰百官厨。外垣南门西壝垣西南，北向屋三间，曰太乐署。其西，东向屋三间，曰乐工房。又其北，北向屋一间，曰馔幕殿。又北，南向屋三间，曰馔幕。又北稍东，南向门一间。院内南，南向屋三间，曰神厨。东向屋三间，曰酒库。近北少却，东向屋三间，曰牺牲房。井有亭。望祀堂后自西而东，南向屋九间，曰执事斋郎房。自北折而南，西向屋九间，曰监祭执事房。此坛壝次舍之所也。

社主用白石，长五尺，广二尺，剡其上如钟，于社坛近南，北向，埋其半于土中。稷不用主。后土氏配社，后稷氏配稷。神位版二，用栗，素质黑书。社树以松，于社稷二坛之南各一株。此作主树木之法也。

祝版四，以楸木为之，各长二尺四寸，阔一尺二寸，厚一分。文曰："维年月日，嗣天子敬遣某官某，敢昭告于太社之神。"配位曰后土之神。稷曰太稷之神，配位曰后稷之神。玉币，社稷皆黝圭一，缫藉瘗玉一，以黝石代之，玄币一。配位皆玄币一，各长一丈八尺。此祝文玉币之式也。

牛一，其色黝，其角握，有副。羊四，野豕四。笾之实皆十，无糗饵、粉糍。豆之实亦十，无饱食、糁食。簠簋之实皆四，铏之实和羹五，齐皆以尚酝代之。香用沉龙涎。神席一，缘以黑绫，黑绫褥方七尺四寸。太尊、著尊、牺尊、山罍各二，有坫，加勺幂。象尊、壶尊、山罍各二，有坫幂，设而不酌。笾豆各十有一，其一设于馔幕。铏三，簠三，簋三，其一设于馔幕。俎八，其二设于馔幕。盘一，毛血豆一，爵一，有坫。沙池一，玉币篚一，木柶一，勺一，香鼎一，香盒一，香案一，祝案一，皆有衣。红髹器一，以盛马湩。盥洗位二，罍二，洗二。白罗巾四，实以篚。朱漆盘五。已上，社稷皆同。配位有象尊，无太尊。设而不酌者，无象尊。余皆与正位同。此牲齐祭器之等也。

馔幕、省馔殿、香殿，黄罗幕三，黄罗额四，黄绢帷一百九十五幅，献摄板位三十有五，紫绫拜褥百，蒲、苇席各二百，木灯笼四十，绛罗灯衣百一十，红挑灯十，剪烛刀二，铁柈盆三十有架，黄烛二百，杂用烛二百，麻籸三百，松明、清油各百斤。此馔幕板位烛燎之用也。

初献官一，亚献官一，终献官一，摄司徒一，助奠官二，太常卿一，光禄卿一，廪牺令一，太官令一，巾篚官四，祝史四，监祭御史二，监礼博士二，司天监二，良酝令一，奉爵官一，司尊罍二，盥洗官二，爵洗官二，太社令一，太社丞一，太乐令一，太乐丞一，协律郎二，奉礼郎二，读祝官一，举祝官二，奉币官四，剪烛官二，太祝七，斋郎四十有八，赞者一，礼直官三，与祭官无定员。此献摄执事之人也。

凡祭之日，以春秋二仲月上戊。延祐六年改用中戊。其仪注之节有六：

一曰迎香。前一日，有司告谕坊市，洒扫经行衢路，设香案。至日质明，有司具香酒楼舆，三献官以下及诸执事官各具公服，五品以下官、斋郎等皆借紫，诣崇天门。三献官及太常礼仪院官入，奉祝及御香、尚尊酒、马湩自内出。监祭御史、监礼博士、奉礼郎、太祝分左右两班前导。控鹤五人，一人执伞，四人执仪仗，由大明门正门出。教坊大乐作。至崇天门外，奉香酒、马湩者各安置于舆，导引如仪。至红门外，百官乘马分班行于仪仗之外，清道官行于仪卫之先，兵马司巡兵夹道次之，金鼓又次之，京尹仪从左右成列又次之，教坊大乐一队次之。控鹤弩手各服其服，执仪仗左右成列次之。拱卫使行其中，仪凤司细乐又次之。太常卿与博士御史导于舆前，献官、司徒、助奠官从于舆后。若驾幸上都，三献官以下及诸执事官则诣健德门外，皆具公服于香舆前北向立，异位重行。俟奉香酒官驿至，太常官受而奉之，各置于舆。礼直官赞"班齐"，"鞠躬"，"再拜兴"，"平立"。班首稍前搢笏跪，众官皆跪，三上香，出笏就拜兴，平立退复位，北向立，鞠躬，再拜兴，平立。众官上马，分班前导如仪。至社稷坛北神门外皆下马，分左右入自北门，序立如仪。太常卿、博士、御史前导，献官、司徒、助奠等官后从。至望祀堂下，三献奉香、酒、马湩升阶，置于堂中黄罗幕下。礼直官引三献官以次而出，各诣斋次，释服。

二曰斋戒。前期三日质明，有司设三献官以下行事执事官位于中书省。太尉南向，监祭御史位二于其西，东向，监礼博士位二于其东，西向，俱北上。司徒、亚献、终献位于其南，北向。次助奠，稍却。次太常卿、光禄卿、太官令、司尊彝、良酝令、太社令、廪牺令、光禄丞、太乐令、太社丞。次读祝官、奉爵官、太祝、祝史、奉礼郎、协律郎、司天生、诸执事斋郎。每等异位重行，俱北向，西上。赞者引行事执事官各就位，立定。礼直官引太尉、初献就位，读誓曰："某年某月某日上戊日，祭于太社太稷，各扬其职，其或不敬，国有常刑。"散斋二日，宿于正寝，致斋一日于祠所。散斋日治事如故，不吊丧问疾，不作乐，不判署刑杀文字，不决罚罪人，不与秽恶事。致斋日，惟祭事得行，其余悉禁。凡与祭之官已斋而阙者，通摄行事。七品以下官先退，余官对拜。守壝门兵卫与大乐工人，俱清斋一日。行礼官，前期习仪于祠所。

三曰陈设。前期三日，所司设三献以下行事执事官次于斋房之内，又设馔幕四于西神门之外，稍南，西向，北上。今有馔幕殿在西壝门外，近北，南向。陈设如仪。前祭二日，所司设兵卫，各以其方色器服守卫壝门，每门二人，每隅一人。大乐令帅其属设登歌之乐于两坛上，稍北，南向。磬簴在东，钟簴在西，柷一在钟簴南稍东，敔一在磬簴南稍西。搏拊二，一在柷南，一在敔南，东西相向。歌工次之，余工位在县后。其匏竹者位于坛下，重行南向，相对为首。太社令帅其属扫除坛之上下，为瘗坎二于壬地，方深足以容物，南出陛。前祭一日，司天监、太社令帅其属升，设太社、太稷神座各于坛上，近南，北向。设后土神座于太社神座之左，后稷神座于太稷神座之左，俱东向。席皆以莞，裀褥如币之色，设神位版各于座首。奉礼郎设三献官位于西神门之内道南，亚献、终献位稍却。司徒位道北，太常卿、光禄卿次之，稍却。司天监、光禄丞又次之。太社令、太官令、良酝令、廪牺令、太社丞、读祝官、奉爵官、太祝以次位于其北，诸执事者及祝史、斋郎位于其后。每等异位重行，俱东向，南上。又设监祭御史位二，监礼博士位二，于太社坛子陛之东北，俱西向，南上。设奉礼郎位于稷坛之西北隅，赞者位于北稍却，俱东向。协律郎位二，于各坛上乐簴东北，俱西向。太乐令位于两坛乐簴之间南向，司尊彝位于酌尊所，俱南向。设望瘗位于坎之南，北向。又设牲榜于西神门外，东向。诸太祝位于牲西，祝史次之，东向。太常卿、光禄卿、太官令位在南，北向，东上。监祭、监礼位于太常卿之东稍却，俱北向，东上。廪牺令位于牲东北，南向。又设礼馔于牲东，设省馔于礼馔之北，今有省馔殿设位于其北，东西相向，南上。太常卿、光禄卿、太官令位于西，东向，监祭、监礼位于东，西向，俱南上，礼部设版案各于神位之侧，司尊彝、奉礼郎帅执事者设玉币篚于酌尊所。次设笾豆之位，每位各笾十、豆十、簠二、簋二、铏三、俎五、盘一。又各设笾一、豆一、簠一、簋一、俎三于馔幕内。毛血别置一豆。设尊罍之位，社稷正位各太尊二、著尊二、牺尊二、山罍二，于坛上西陛之西北隅，南向，东上。设配位各著尊二、牺尊二、象尊二、山罍二，在正位酒尊之西，俱南向，东上。又设正位各象尊二、壶尊二、山罍二，于坛下子陛之东，南向，东上。配位各壶尊二、山罍二，在卯陛之南，西向，南上。又设洗位二，于各坛子陛之西北，南向。篚在洗东北肆，执罍篚者各位于其后。祭日丑前五刻，司天监、太社令各服其服，帅其属升，设正配位神位版于坛上。又陈玉币，正位礼神之玉一，两圭有邸，置于匣。正配位币皆以玄，各长一丈八尺，陈于篚。太祝取瘗玉加于币，实于篚，瘗玉以玉石为之，及礼神之玉各置于神座前。光禄卿帅其属，入实笾豆簠簋。每位笾三行，以右为上。第一行，干薐在前，干枣、形盐、鱼鱐次之。第二行，鹿脯在前，榛实、干桃次之。第三行，菱在前，芡、栗次之。豆三行，以左为上。第一行，芹菹在前，笋菹、葵菹、菁菹次之。第二行，韭菹在前，鱼醢、兔醢次之。第三行，豚拍在前，鹿臡、醓醢次之。簠实以稻粱，簋实以黍稷，铏实以羹。良酝令帅其属，入实尊罍。正位太尊为上，实以泛齐，著尊实以醴齐，牺尊实以盎齐，象尊实以醍齐，壶尊实以沈齐，山罍实以三酒。配位著尊为上，实以泛齐，牺尊实以醴齐，象尊实以盎齐，壶尊实以醍齐，山罍实以三酒。凡齐之上尊实以明水，酒之上尊实以玄酒，酒齐皆以尚酝代之。太常卿设烛于神座前。

四曰省牲器。前期一日午后八刻，诸卫之属禁止行人。未后二刻，太社令帅其属，扫除坛之上下。司尊彝、奉礼郎帅执事者，以祭器入设于位。司天监、太社令升，设神位版及礼神之玉币如仪。俟告洁毕，权彻，祭日重设。未后二刻，廪牺令与诸太祝、祝史以牲就位，礼直官、赞者分引太常卿、监祭、监礼、太官令于西神门外省牲位，立定。礼直官引太常卿，赞者引监祭、监礼，入自西神门，诣太社坛，自西陛升，视涤濯于上，执事者皆举幂曰"洁"。次诣太稷坛，如太社之仪讫，降复位。礼直官稍前曰"告洁毕，请省牲"，引太常卿稍前省牲讫，退复位。次引廪牺令出班巡牲一匝，东向折身曰"充"，复位。诸太祝俱巡牲一匝，上一员出班东向折身曰"腯"，复位。礼直官稍前曰"省牲毕，请就省馔位"，引太常卿以下各就位，立定。省馔毕，还斋所。廪牺令与太祝、祝史以次牵牲诣厨，授太官令。次引光禄卿以下诣厨省鼎镬，视涤溉毕，乃还斋所。晡后一刻，太官令帅宰人以鸾刀割牲，祝史以豆取毛血各置于馔幕。祝史又取瘗血贮于盘，遂烹牲。

五曰奠玉币。祭日丑前五刻，三献官以下行事执事官，各服其服。有司设神位版，陈玉币，实笾豆簠簋尊罍。俟监祭、监礼按视坛之上下，及彻去盖幂。未明二刻，大乐令帅工人入，奉礼郎、赞者入就位，礼直官、赞者入就位。礼直官、赞者分引监祭、监礼、诸太祝、祝史、斋郎及诸执事官，自西神门南偏门入，当太社坛北墉下，重行南向立，以东为上。奉礼曰"再拜"，赞者承传，监祭、监礼以下皆再拜。次赞者分引各就坛上下位，祝史奉盘血，太祝奉玉币，由西阶升坛，各于尊所立。次引监祭、监礼按视坛之上下，纠察不如仪者，退复位。质明，礼直官、赞者各引三献以下行礼执事官入就位，皆由西神门南偏门以入。礼直官进初献之左，曰“有司谨具，请行事”，退复位。协律郎跪，俯伏举麾兴，工鼓柷，乐作八成，偃麾，戛敔乐止。礼直官引太常卿瘗血于坎讫，复位，祝史以盘还馔幕，以俟奉毛血豆。奉礼曰“众官再拜”，在位者皆再拜。又赞诸执事者各就位，礼直官、赞者分引执事官各就坛上下位。诸太祝各取玉币于篚，立于尊所。礼直官引初献诣太社坛盥洗位，乐作，至位南向立，乐止。搢笏，盥手，帨手，执笏诣坛，乐作，升自北陛，至坛上，乐止。诣太社神座前，南向立，乐作，搢笏跪。太祝加玉于币，东向跪以授初献，初献受玉币奠讫，执笏俯伏兴，少退，再拜讫，乐止。礼直官引初献降自北陛，诣太稷坛盥洗位，乐作，至位乐止。盥洗讫，升坛奠玉币，并如太社后土之仪。奠毕，降自北陛，乐作，复位乐止。初献奠玉币将毕，祝史各奉毛血豆立于西神门外，俟奠玉币毕，乐止。祝史奉正位毛血入自中门，配位毛血入自偏门，至坛下，正位者升自北陛，配位者升自西陛，诸太祝迎取于坛上，各进奠于神位前，太祝、祝史俱退立于尊所。

六曰进熟。初献既奠玉币，有司先陈鼎入于神厨，各在于镬右。大官令出，帅进馔者诣厨，以匕升羊豕于镬，各实于一鼎，幂之。祝史以扃对举鼎，有司执匕以从，各陈于馔幕内。俟光禄卿出，帅其属实笾豆簠簋讫，乃去鼎之扃幂，匕加于鼎。太官令以匕升羊豕，各载于俎，俟初献还位，乐止。礼直官引司徒出诣馔所，帅进馔者各奉正配位之馔，太官令引以次自西神门入。正位之馔入自中门，配位之馔入自偏门。馔初入门，乐作，馔至陛，乐止。祝史俱进，彻毛血豆，降自西陛以出。正位之馔升自北陛，配位之馔升自西陛，诸太祝迎取于坛上，各跪奠于神座前讫，俯伏兴。礼直官引司徒、太官令及进馔者，自西陛各复位。诸太祝还尊所，赞者曰“太祝立茅苴于沙池”。礼直官引初献官诣太社坛盥洗位，乐作，至位南向立，乐止。搢笏，盥手，帨手，执笏诣爵洗位，至位南向立，搢笏，洗爵、拭爵，以爵授执事者，执笏诣坛，乐作，升自北陛，至坛上，乐止。诣太社酌尊所，东向立，执事者以爵授初献，初献搢笏执爵，司尊者举幂，良酝令跪酌太尊之泛齐，乐作。初献以爵授执事者，执笏诣太社神座前，南向立，搢笏跪。执事者以爵授初献，初献执爵三祭酒，奠爵，执笏俯伏兴，少退立，乐止。举祝官跪，对举祝版。读祝官西向跪，读祝文。读讫，俯伏兴，举祝官奠祝版于案，兴。初献再拜讫，乐止。次诣后土氏酌尊所，东向立。执事者以爵授初献，初献搢笏执爵，司尊彝举幂，良酝令跪酌著尊之泛齐，乐作。初献以爵授执事者，执笏诣后土神座前，西向立，搢笏跪。执事者以爵授初献，初献执爵三祭酒，奠爵讫，执笏俯伏兴，少退立，乐止。举祝官跪，对举祝版。读祝官南向跪，读祝文。读讫，俯伏兴，举祝官奠祝版于案，兴。初献再拜讫，乐止。降自北陛，诣太稷坛盥洗位，乐作，至位乐止。盥洗升献并如太社后土之仪。降自北陛，乐作，复位，乐止。读祝、举祝官亦降复位。亚献诣两坛盥洗升献，并如初献之仪。终献盥洗升献，并如亚献之仪。终献奠献毕，降复位，乐止，执事者亦复位。太祝各进彻笾豆，乐作，卒彻乐止。奉礼曰“赐胙，众官再拜”。赞者承传，在位者皆再拜讫，送神乐作，一成止。礼直官进初献之左，曰“请诣望瘗位”，御史、博士从，乐作，至位北向立，乐止。初在位官将拜，诸太祝各执篚进于神座前，取瘗玉及币，斋郎以俎载牲体并黍稷爵酒，各由其陛降，置于坎讫，赞者曰“可瘗”，东西各二人置土半坎。礼直官进初献之左，曰“礼毕”，礼直官各引献官以次出。礼直官引监祭、太祝以下执事官，俱复于坛北壝下，南向立定。奉礼曰“再拜”，监祭以下皆再拜讫，出。祝史、斋郎及工人以次出。祝版燔于斋所。光禄卿、监祭、监礼展视酒胙讫，乃退。

其告祭仪，告前三日，三献官以下诸执事官，各具公服，赴中书省受誓戒。告前一日，省牲器。告日质明，三献官以下诸执事各服其服，礼直官引监祭、监礼以下诸执事官入自北壝下，南向立定。奉礼郎赞曰“再拜”。在位官皆再拜讫，奉礼郎赞曰“各就位”，“立定”。监祭、监礼视陈设毕，复位立定。礼直官引三献、司徒、太常卿、光禄卿入就位，立定。礼直官赞“有司谨具，请行事”。降神乐作，八成止。太常卿瘗血，复位立定。奉礼郎赞“再拜”。皆再拜讫，礼直官引初献官诣盥洗位，盥手讫，诣社坛正位神座前南向，搢笏跪，三上香，奠玉币，执笏俯伏兴。再拜讫，诣配位神座前西向，搢笏跪，三上香，奠币，执笏俯伏兴。再拜讫，诣稷坛盥洗位，盥手讫，升坛，并如上仪。俱毕，降复位。司徒率斋郎进馔，奠讫，降复位。礼直官引初献官诣盥洗位，盥手讫，诣爵洗位，洗爵讫，诣酒尊所酌酒讫，诣社坛神位座前，南向立，搢笏跪，三上香，执爵，三祭酒于茅苴，爵授执事者，执笏俯伏兴。俟读祝官读祝文讫，再拜兴，诣酒尊所酌酒讫，诣配位神座前，西向，搢笏跪，三上香，执爵，三祭酒于茅苴，爵授执事者，执笏俯伏兴。俟读祝文讫，再拜兴，诣稷坛盥洗位，盥手，洗爵，酌献，并如上仪。俱毕，降复位。礼直官引亚献，并如初献之仪，惟不读祝。俱毕，降复位。礼直官引终献，并如亚献之仪。俱毕，降复位。太祝彻笾豆讫，奉礼郎赞“赐胙”。众官再拜讫，礼直官引三献、司徒、太常卿诣瘗坎位，南向立定。礼直官赞“可瘗”，礼毕出。礼直官引监祭、监礼、太祝、斋郎至北壝下，南向立定。奉礼赞“再拜”，皆再拜讫，出。

先　农

先农之祀，始自至元九年二月，命祭先农如祭社之仪。十四年二月戊辰，祀先农东郊。十五年二月戊午，祀先农，以蒙古胄子代耕籍田。二十一年二月丁亥，又命翰林学士承旨撒里蛮祀先农于籍田。武宗至大三年夏四月，从大司农请，建农、蚕二坛。博士议：二坛之式与社稷同，纵广一十步，高五尺，四出陛，外壝相去二十五步，每方有棂星门。今先农、先蚕坛位在籍田内，若立外壝，恐妨千亩，其外壝勿筑。是岁命祀先农如社稷，礼乐用登歌，日用仲春上丁，后或用上辛或甲日。祝文曰：“维某年月日，皇帝敬遣某官，昭告于帝神农氏。”配神曰“于后稷氏”。

祀前一日未后，礼直官引三献、监祭礼以下省牲馔如常仪。祀日丑前五刻，有司陈灯烛，设祝币，太官令帅其属入实笾豆尊罍。丑正，礼直官引先班入就位，立定，次引监祭礼按视坛之上下，纠察不如仪者。毕，退复位，东向立。奉礼曰“再拜”。赞者承传再拜讫，奉礼又赞“诸执事者各就位”。礼直官各引执事官各就位，立定。次引三献官并与祭等官以次入就位，西向立。礼直官于献官之右，赞“请行事”，乐作三成止。奉礼赞“再拜”，在位者皆再拜。太祝跪取币于篚，立于尊所。礼直官引初献官诣盥洗位，北向立，盥手帨手毕，升自东阶，诣神位前北向立，搢笏跪，三上香，受币奠币，执笏俯伏兴，少退，再拜讫，降复位，立定。太官令率斋郎设馔于神位前毕，俯伏兴，退复位。礼直官引初献再诣盥洗位，北向立，盥手、帨手，诣爵洗位，洗爵拭爵，诣酒尊所酌酒毕，诣正位神位前，北向立。搢笏跪，三上香，三祭酒于沙池，爵授执事者，执笏俯伏兴，北向立。俟读祝毕，再拜兴。次诣配位酒尊所，酌酒讫，诣神位前，东向立。搢笏跪，三上香，三祭酒于沙池，爵授执事者，执笏俯伏兴，东向立。俟读祝毕，再拜，退复位。次引亚终献行礼，并如初献之仪，惟不读祝，退复位，立定。礼直官赞彻笾豆，乐作，卒彻，乐止。奉礼赞赐胙，众官再拜。赞者承传，在位者皆再拜讫，乐作送神之曲，一成止。礼直官引斋郎升自东阶，太祝跪取币祝，斋郎捧俎载牲体及笾豆簠簋，各由其阶至坎位，北向立。俟三献毕，至立定。各跪奠讫，执笏俯伏兴。礼直官赞“可瘗”，乃瘗。焚瘗毕，三献以次诣耕地所，耕讫而退。此其仪也。先蚕之祀未闻。

宣　圣

宣圣庙，太祖始置于燕京。至元十年三月，中书省命春秋释奠，执事官各公服如其品，陪位诸儒襕带唐巾行礼。成宗始命建宣圣庙于京师。大德十年秋，庙成。至大元年秋七月，诏加号先圣曰大成至圣文宣王。延祐三年秋七月，诏春秋释奠于先圣，以颜子、曾子、子思、孟子配享。封孟子父为邾国公，母为邾国宣献夫人。皇庆二年六月，以许衡从祀，又以先儒周惇颐、程灏、程颐、张载、邵雍、司马光、朱熹、张栻、吕祖谦从祀。至顺元年，以汉儒董仲舒从祀。齐国公叔梁纥加封启圣王，鲁国太夫人颜氏启圣王夫人；颜子，兖国复圣公；曾子，郕国宗圣公；子思，沂国述圣公；孟子，邹国亚圣公；河南伯程灏，豫国公；伊阳伯程颐，洛国公。

其祝币之式，祝版三，各一尺二寸，广八寸，木用楸梓柏，文曰：“维年月日，皇帝敬遣某官等，致祭于大成至圣文宣王。”于先师曰：“维年月日，某官等致祭于某国公。”币三，用绢，各长一丈八尺。

其牲齐器皿之数，牲用牛一、羊五、豕五。以牺尊实泛齐，象尊实醴齐，皆三，有上尊，加幂有勺，设堂上。太尊实泛齐，山罍实醴齐，有上尊。著尊实盎齐，牺尊实醴齐，象尊实沈齐，壶尊实三酒，皆有上尊，设堂下。盥洗位，在阼阶之东。以象尊实醴齐，有上尊，加幂有勺，设于两庑近北。盥洗位，在阶下近南。笾十，豆十，簠二，簋二，登三，铏三，俎三，有毛血豆，正配位同。笾豆皆二，簋一，簠一，俎一，从祀皆同。凡铜之器六百八十有一，宣和爵坫一，豆二百四十有八，簠簋各一百一十有五，登六，牺尊、象尊各六，山尊二，壶尊六，著尊、太尊各二，罍二，洗二。龙杓二十有七，坫二十有八，爵一百一十有八。竹木之器三百八十有四，笾二百四十有八，篚三，俎百三十有三。陶器三，瓶二，香炉一。笾巾二百四十有八，簠簋巾二百四十有八，俎巾百三十有三，黄巾蒙单十。

其乐用登歌。其日用春秋二仲月上丁，有故改用中丁。

其释奠之仪，省牲前期一日晡时，三献官、监祭官各具公服，诣省牲所阼阶，东西向立，以北为上。少顷，引赞者引三献官、监祭官巡牲一匝，北向立，以西为上。俟礼牲者折身曰“充”，赞者曰“告充”毕，礼牲者又折身曰“腯”，赞者曰“告腯”毕，赞者复引三献官、监祭官诣神厨，视涤溉毕，还斋所，释服。释奠，是日丑前五刻，初献官及两庑分奠官二员，各具公服于幕次，诸执事者具儒服，先于神门外西序东向立，以北为上。明赞、承传赞先诣殿庭前再拜毕，明赞升露阶东南隅西向立，承传赞立于神门阶东南隅西向立。掌仪先引诸执事者各司其事，引赞者引初献官、两庑分奠官点视陈设。引赞者进前曰“请点视陈设”。至阶，曰“升阶”，至殿檐下，曰“诣大成至圣文宣王神位前”，至位，曰“北向立”。点视毕，曰“诣兖国公神位前”。至位，曰“东向立”。点视毕，曰“诣邹国公神位前”。至位，曰“西向立”。点视毕，曰“诣东从祀神位前”。至位，曰“东向立”。点视毕，曰“诣西从祀神位前”。至位，曰“西向立”。点视毕，曰“诣酒尊所”，曰“西向立”。点视毕，曰“诣三献爵洗位”。至阶，曰“降阶”，至位，曰“北向立”。点视毕，曰“诣三献官盥洗位”。至位，曰“北向立”。点视毕，曰“请就次”。

方初献点视时，引赞二人各引东西庑分奠官曰“请诣（东西）庑神位前”，至位（东曰东，西曰西）向立。点视毕，曰“诣先儒神位前”。至位，曰“南向立”。点视毕，曰“退诣酒尊所”。至酒尊所，东西向立。点视毕，曰“退诣分奠官爵洗位”。至位，曰“南向立”。点视毕，曰“请就次”。两庑分奠官点视毕，引赞曰“请诣望瘗位”。至位，曰“北向立”。点视毕，曰“请就次”。初献官释公服，司钟者击钟，初献以下各服其服，齐班于幕次。

掌仪点视班齐，诣明赞报知，引礼者引监祭官、监礼官就位。进前曰“请就位”。至位，曰“就位，西向立。”明赞唱曰“典乐官以乐工进，就位”，承传赞曰“典乐官以乐工进，就位”。明赞唱曰“诸执事者就位”，承传赞曰“诸执事者就位”。明赞唱曰“诸生就位”，承传赞曰“诸生就位”，引班者引诸生就位。明赞唱曰“陪位官就位”。承传赞曰“陪位官就位”，引班者引陪位官就位。明赞唱曰“献官就位”，承传赞曰“献官就位”，引赞者进前曰“请就位”，至位，曰“西向立”。明赞唱曰“辟户”，俟户辟，迎神之曲九奏。乐止，明赞唱曰“初献官以下皆再拜”，承传赞曰“鞠躬，拜，兴，拜，兴，平身”。明赞唱曰“诸执事者各司其事”。俟执事者立定，明赞唱曰“初献官奠币”。引赞者进前曰“请诣盥洗位”。盥洗之乐作，至位，曰“北向立”。搢笏，盥手，帨手，出笏，乐止。及阶，曰“升阶”。升殿之乐作。乐止，入门，曰“诣大成至圣文宣王神位前”。至位，曰“就位，北向立，稍前”。奠币之乐作。搢笏跪，三上香，奉币者以币授初献，初献受币奠讫，出笏就拜兴，平身少退，再拜，鞠躬，拜兴，拜兴，平身。曰“诣兖国公神位前”。至位，曰“就位，东向立”，奠币如上仪。曰“诣邹国公神位前”。至位，曰“就位，西向立”，奠币如上仪。乐止，曰“退复位”。及阶，降殿之乐作。乐止，至位，曰“就位，西向立”。

俟立定，明赞唱曰“礼馔官进俎”。奉俎之乐作，乃进俎，乐止，进俎毕。明赞唱曰“初献官行礼”，引赞者进前曰“请诣盥洗位”。盥洗之乐作，至位，曰“北向立”。搢笏，盥手、帨手，出笏。请诣爵洗位，至位，曰“北向立”。搢笏，执爵、涤爵、拭爵，以爵授执事者，如是者三，出笏。乐止，曰“请诣酒尊所”。及阶，升殿之乐作，曰“升阶”。乐止，至酒尊所，曰“西向立”。搢笏，执爵举幂，司尊者酌牺尊之泛齐，以爵授执事者，如是者三，出笏。曰“诣大成至圣文宣王神位前”。至位，曰“就位，北向立”。酌献之乐作，稍前，搢笏跪，三上香，执爵三祭酒，奠爵，出笏，乐止。祝人东向跪读祝，祝在献官之左。读毕兴，先诣左配位，南向立。引赞曰“就拜兴”，“平身”，“少退”，“再拜”，“鞠躬”，“拜，兴”，“拜，兴”，“平身”。曰“诣兖国公神位前”。至位，曰“就位，东向立”，酌献之乐作。乐止，读祝如上仪。曰“诣邹国公神位前”。至位，曰“就位，西向立”，酌献之乐作。乐止，读祝如上仪。曰“退，复位”。至阶，降殿之乐作。乐止，至位，曰“就位，西向立”。

俟立定，明赞唱曰“亚献官行礼”，引赞者进前曰“请诣盥洗位”。至位，曰“北向立”。搢笏，盥手，出笏。请诣爵洗位，至位，曰“北向立”。搢笏，执爵、涤爵、拭爵，以爵授执事者，如是者三，出笏。请诣酒尊所，曰“西向立”。搢笏，执爵举幂，司尊者酌象尊之醴齐，以爵授执事者，如是者三，出笏。曰“诣大成至圣文宣王神位前”。至位，曰“就拜，北向立”。酌献之乐作。稍前，搢笏跪，三上香，执爵三祭酒，奠爵出笏，就拜兴，平身少退，鞠躬，拜兴，拜兴，平身。曰“诣兖国公神位前”。至位，曰“东向立”，酌献如上仪。曰“诣邹国公神位前”。至位，曰“西向立”，酌献如上仪。乐止，曰“退，复位”。及阶，曰“降阶”，至位，曰“就位，西向立”。明赞唱曰“终献官行礼”，引赞者进前曰“请诣盥洗位”，至位，曰“北向立”。搢笏，盥手，帨手，出笏。请诣爵洗位，至位，曰“北向立”。搢笏，执爵、涤爵、拭爵，以爵授执事者，如是者三，出笏。请诣酒尊所，至阶，曰“升阶”，至酒尊所，曰“西向立”。搢笏，执爵举幂，司尊者酌象尊之醴齐，以爵授执事者，如是者三，出笏。曰“诣大成至圣文宣王神位前”。至位，曰“就位，北向立，稍前”。酌献之乐作。搢笏跪，三上香，执爵三祭酒，奠爵，出笏，就拜兴，平身少退，鞠躬，拜兴，拜兴，平身。曰“诣兖国公神位前”。至位，曰“东向立”，酌献如上仪。曰“诣邹国公神位前”。至位，曰“西向立”，酌献如上仪。乐止，曰“退复位”。及阶，曰“降阶”，至位，曰“就位，西向立”。

俟终献将升阶，明赞唱曰“分献官行礼”。引赞者分引东西从祀分献官进前曰“诣盥洗位”。至位，曰“北向立”。搢笏，盥手，帨手，出笏，诣爵洗位，至位，曰“北向立”。搢笏，执爵、涤爵、拭爵，以爵授执事者，出笏，诣酒尊所。至阶，曰“升阶”，至酒尊所，曰“西向立”。搢笏，执爵举幂，司尊者酌象尊之醴齐，以爵授执事者，出笏，诣东从祀神位前。至位，曰“就位，东向立，稍前”。搢笏跪，三上香，执爵三祭酒，奠爵，出笏，就拜兴，平身少退，鞠躬，拜兴，拜兴，平身，退复位。及阶，曰“降阶”，至位，曰“就位，西向立”。

引西从祀分献官同上仪，唯至神位前东向立。俟十哲分献官离位，明赞唱曰“两庑分奠官行礼”。引赞者进前曰“诣盥洗位”，至位，曰“南向立”。搢笏，盥手、帨手，出笏，诣爵洗位。至位，曰“南向立”。搢笏，执爵、涤爵、拭爵，以爵授执事者，出笏。曰“诣东庑酒尊所”。及阶，曰“升阶”，至酒尊所，曰“北向立”。搢笏，执爵举幂，酌象尊之醴齐，以爵授执事者，出笏，诣东庑神位前，至位，曰“东向立，稍前”。搢笏跪，三上香，执爵三祭酒，奠爵，出笏，就拜兴，平身稍退，鞠躬，拜兴，拜兴，平身，退复位。至阶，曰“降阶”，至位，曰“就位，西向立”。

引西庑分奠官同上仪，唯至神位前，东向立作西向立。俟终献十哲，两庑分奠官同时复位。明赞唱曰“礼馔者彻笾豆”。彻豆之乐作，礼馔者跪，移先圣前笾豆，略离席，乐止。明赞唱曰“诸执事者退复位”。俟诸执事者至版位立定，送神之乐作。明赞唱曰“初献官以下皆再拜”，承传赞曰“鞠躬，拜，兴，拜，兴，平身”。乐止。明赞唱曰“祝人取祝，币人取币，诣瘗坎”。俟彻祝币者出殿门，北向立。望瘗之乐作。明赞唱曰“三献官诣望瘗位”，引赞者进前曰“请诣望瘗位”。至位，曰“就位，北向立”，曰“可瘗”。埋毕，曰“退，复位”。至殿庭前，候乐止，明赞唱曰“典乐官以乐工出就位”，明赞唱曰“阖户”。又唱曰“初献官以下退诣圆揖位”，引赞者引献官退诣圆揖位。至位，初献在西，亚终献及分献以下在东，陪位官东班在东，西班在西。俟立定，明赞唱曰“圆揖”。礼毕，退复位，引赞者各引献官诣幕次更衣。

其饮福受胙，除国学外，诸处仍依常制。

阙里之庙，始自太宗九年，令先圣五十一代孙袭封衍圣公元措修之，官给其费。而代祠之礼，则始于武宗。牲用太牢，礼物别给白金一百五十两，彩币表里各十有三匹。四年冬，复遣祭酒刘赓往祀，牲礼如旧。延祐之末，泰定、天历初载，皆循是典，锦币杂彩有加焉。

岳镇海渎

岳镇海渎代祀，自中统二年始。凡十有九处，分五道。后乃以东岳、东海、东镇、北镇为东道，中岳、淮渎、济渎、北海、南岳、南海、南镇为南道，北岳、西岳、后土、河渎、中镇、西海、西镇、江渎为西道。既而又以驿骑迂远，复为五道，道遣使二人，集贤院奏遣汉官，翰林院奏遣蒙古官，出玺书给驿以行。中统初，遣道士，或副以汉官。至元二十八年正月，帝谓中书省臣言曰：“五岳四渎祠事，朕宜亲往，道远不可。大臣如卿等又有国务，宜遣重臣代朕祠之，汉人选名儒及道士习祀事者。”

其礼物，则每处岁祀银香合一重二十五两，五岳组金幡二、钞五百贯，四渎织金幡二、钞二百五十贯，四海、五镇销金幡二、钞二百五十贯，至则守臣奉诏使行礼。皇帝登宝位，遣官致祭，降香幡合如前礼，惟各加银五十两，五岳各中统钞五百贯，四渎、四海、五镇各中统钞二百五十贯。或他有祷，礼亦如之。

其封号，至元二十八年春二月，加上东岳为天齐大生仁圣帝，南岳司天大化昭圣帝，西岳金天大利顺圣帝，北岳安天大贞玄圣帝，中岳中天大宁崇圣帝。加封江渎为广源顺济王，河渎灵源弘济王，淮渎长源溥济王，济渎清源善济王，东海广德灵会王，南海广利灵孚王，西海广润灵通王，北海广泽灵佑王。成宗大德二年二月，加封东镇沂山为元德东安王，南镇会稽山为昭德顺应王，西镇吴山为成德永靖王，北镇医巫闾山为贞德广宁王，中镇霍山为崇德应灵王，敕有司岁时与岳渎同祀。

郡县社稷

至元十一年八月甲辰朔，颁诸路立社稷坛壝仪式。十六年春三月，中书省下太常礼官，定郡县社稷坛壝、祭器制度、祀祭仪式，图写成书，名《至元州郡通礼》。元贞二年冬，复下太常，议置坛于城西南二坛，方广视太社、太稷，杀其半。壶尊二，笾豆皆八，而无乐。牲用羊豕，余皆与太社、太稷同。三献官以州长贰为之。

郡县宣圣庙

中统二年夏六月，诏宣圣庙及所在书院有司，岁时致祭，月朔释奠。八月丁酉，命开平守臣释奠于宣圣庙。成宗即位，诏曲阜林庙，上都、大都诸路府州县邑庙学、书院，赡学土地及贡士庄田，以供春秋二丁、朔望祭祀，修完庙宇。自是天下郡邑庙学，无不完葺，释奠悉如旧仪。

郡县三皇庙

元贞元年，初命郡县通祀三皇，如宣圣释奠礼。太皞伏羲氏以勾芒氏之神配，炎帝神农氏以祝融氏之神配，轩辕黄帝氏以风后氏、力牧氏之神配。黄帝臣俞跗以下十人，姓名载于医书者，从祀两庑。有司岁春秋二季行事，而以医师主之。

岳镇海渎常祀

至元三年夏四月，定岁祀岳镇海渎之制。正月东岳、镇、海渎，土王日祀泰山于泰安州，沂山于益都府界，立春日祀东海于莱州界，大淮于唐州界。三月南岳、镇、海渎，立夏日遥祭衡山，土王日遥祭会稽山，皆于河南府界，立夏日遥祭南海、大江于莱州界。六月中岳、镇，土王日祀嵩山于河南府界，霍山于平阳府界。七月西岳、镇、海渎，土王日祀华山于华州界，吴山于陇县界，立秋日遥祭西海、大河于河中府界。十月北岳、镇、海渎，土王日祀恒山于曲阳县界，医巫闾于辽阳广宁路界，立冬日遥祭北海于登州界，济渎于济源县。祀官，以所在守土官为之。既有江南，乃罢遥祭。

风雨雷师

风、雨、雷师之祀，自至元七年十二月，大司农请于立春后丑日，祭风师于东北郊；立夏后申日，祭雷、雨师于西南郊。仁宗延祐五年，乃即二郊定立坛壝之制，其仪注阙。

武成王

武成王立庙于枢密院公堂之西，以孙武子、张良、管仲、乐毅、诸葛亮以下十人从祀。每岁春秋仲月上戊，以羊一、豕一、牺尊、象尊、笾、豆、俎、爵，枢密院遣官，行三献礼。

古帝王庙

尧帝庙在平阳。舜帝庙，河东、山东济南历山、濮州、湖南道州皆有之。禹庙在河中龙门。至元元年七月，龙门禹庙成，命侍臣持香致敬，有祝文。十二年二月，立伏羲、女娲、舜、汤等庙于河中解州、洪洞、赵城。十五年四月，修会川县盘古王祠，祀之。二十四年闰二月，敕春秋二仲丙日，祀帝尧庙。致和元年，礼部移太常送博士议，舜、禹之庙合依尧祠故事，每岁春秋仲月上旬卜日，有司蠲洁致祭，官给祭物。至顺元年三月，从太常奉礼郎薛元德言，彰德路汤阴县北故羑里城周文王祠，命有司奉祀如故事。

周公庙

周公庙在凤翔府岐山之阳。天历二年六月，以岐阳庙为岐阳书院，设学官，春秋释奠周文宪王如孔子庙仪。凡有司致祭先代圣君名臣，皆有牲无乐。

名山大川忠臣义士之祠

凡名山大川、忠臣义士在祀典者，所在有司主之。惟南海女神灵惠夫人，至元中，以护海运有奇应，加封天妃神号，积至十字，庙曰灵慈。直沽、平江、周泾、泉、福、兴化等处，皆有庙。皇庆以来，岁遣使赍香遍祭，金幡一合，银一铤，付平江官漕司及本府官，用柔毛酒醴，便服行事。祝文云："维年月日，皇帝特遣某官等，致祭于护国庇民广济福惠明著天妃。"

功臣祠

功臣之祠，惟故淮安忠武王立庙于杭，春秋二仲月次戊，祀以少牢，用笾豆簠簋，行酌献礼。若魏国文正公许衡庙在大名，顺德忠献王哈剌哈孙庙在顺德、武昌者，皆岁时致祭。自古帝王而下，祭器不用笾豆簠簋，仪非酌奠者，有司便服行礼，三上香奠酒而已。

大臣家庙

大臣家庙，惟至治初右丞相拜住得立五庙，同堂异室，而牲器仪式未闻。

卷七十七　志第二十七下

祭祀六

至正亲祀南郊

至正三年十月十七日，亲祀昊天上帝于圆丘，以太祖皇帝配享，如旧行仪制。右丞相脱脱为亚献官，太尉、枢密知院阿鲁秃为终献官，御史大夫伯撒里为摄司徒，枢密知院汪家奴为大礼使，中书平章也先帖木儿、铁木儿达识二人为侍中，御史大夫也先帖木儿、中书右丞太平二人为门下侍郎，宣徽使达世帖睦尔、太常同知李好文二人为礼仪使，宣徽院使也先帖木儿执劈正斧，其余侍祀官依等第定拟。

前期八月初七日，太常礼仪院移关礼部，具呈都省，会集翰林、集贤、礼部等官，讲究典礼。九月内，承奉班都知孙玉铉具录《亲祀南郊仪注》云：致斋日停奏刑杀文字，应享执事官员莅誓于中书省。享前一日质明，所司备法驾仪仗暨侍享官分左右叙立于崇天门外，太仆卿控御马立于大明门外，侍仪官、导驾官各具公服，备擎执，立于致斋殿前。通事舍人二员引门下侍郎、侍中入殿相向立。侍中跪奏请皇帝中严，就拜兴，退出。少顷，引侍中跪奏外办，就拜兴。皇帝出致斋殿，侍中跪奏请皇帝升舆，侍仪官、导驾官引擎执前导，巡辇路至大明殿西陛下。侍中跪奏请皇帝降舆升殿，就拜兴。皇帝入殿，即御座。舍人引执事等官，叙于殿午陛下，相向立。通班舍人赞起居，引班赞鞠躬平身。引门下侍郎、侍中入殿至御座前，门下侍郎、侍中相向立。侍中跪奏请皇帝降殿升舆，就拜兴。侍仪官前导，至大明殿门外，侍中跪奏请皇帝升舆，就拜兴。至大明门外，侍中跪奏请皇帝降舆乘马，门下侍郎跪奏请车驾进发，就拜兴，动称警跸。至崇天门外，门下侍郎跪奏请车驾少驻，敕众官上马，就拜兴。侍中承旨，退称曰“制可”，门下侍郎退传制，敕众官上马，赞者承传，敕众官于棂星门外上马。少顷，门下侍郎跪奏请车驾进发，就拜兴，动称警跸。华盖伞扇仪仗百官左右前导，教坊乐鼓吹不作。至郊坛南棂星门外，门下侍郎跪奏请皇帝权停，敕众官下马。侍中传制，敕众官下马，自卑而尊与仪仗倒卷而北，左右驻立。驾至内棂星门，侍中跪奏请皇帝降马，步入棂星门，由右偏门入。稍西，侍中跪奏请皇帝升舆，就拜兴。侍仪官暨导驾官引擎执前导，至大次殿门前，侍中跪奏请皇帝降舆，入就大次殿，就拜兴。皇帝入就大次，帘降，宿卫如式。侍中入跪奏，敕众官各退斋次，就拜兴。通事舍人承旨，敕众官各还斋次。尚食进膳讫，礼仪使以祝册奏御署讫，奉出，郊祀令受而奠于坫。

其享日丑时二刻，侍仪官备擎执，同导驾官列于大次殿前。通事舍人引侍中、门下侍郎入大次殿。侍中跪奏请皇帝中严，服衮冕，就拜兴，退。少顷，舍人再拜引侍中跪版奏外办，就拜兴，退出。礼仪使入跪奏皇帝行礼，就拜兴。帘卷出大次，侍仪官备擎执，同导驾官前导。皇帝至西壝门，侍仪官、导驾官擎执止于壝门外，近侍官、代礼官皆后从入。殿中监跪进大圭，礼仪使跪请皇帝执大圭，皇帝入行礼，礼节一如旧制。行礼毕，侍仪官备擎执，同导驾官前导，皇帝还至大次。通事舍人引侍中入跪奏，请皇帝解严，释衮冕。停五刻顷，尚食进膳如仪。所司备法驾仪仗，同侍享等官分左右，叙立于郊南棂星门外，以北为上。引侍中入跪奏，请皇帝中严，就拜兴，退。少顷，再引侍中跪版奏外办，就拜兴。皇帝出大次，侍中跪奏请皇帝升舆，侍仪官备擎执，同导驾官前导，至棂星门外，太仆卿进御马，侍中跪奏请皇帝降舆乘马，就拜兴。门下侍郎跪奏请车驾进发，就拜兴，动称警跸。至棂星门外，门下侍郎跪请皇帝少驻，敕众官上马，就拜兴。侍中承旨退称曰“制可”，门下侍郎传制，敕众官上马，赞者承传，敕众官上马。少顷，门下侍郎跪奏请车驾进发，就拜兴。侍仪官备擎执，同导驾官前导，动称警跸，华盖仪仗伞扇众官左右前导，教坊乐鼓吹皆作。至丽正门里石桥北，引门下侍郎下马，跪奏请皇帝权停，敕众官下马，赞者承传，敕众官下马，舍人引众官分左右，先入红门内，倒卷而北驻立。引甲马军士于丽正门内石桥大北驻立，依次倒卷至棂星门外，左右相向立。仗立于棂星门内，倒卷亦如之。门下侍郎跪奏请车驾进发，侍仪官备擎执，导驾官导由崇天门入，至大明门外。引侍中跪奏请皇帝降马升舆，就拜兴。至大明殿，引众官相向立于殿陛下。俟皇帝入殿升座，侍中跪奏请皇帝解严，敕众官皆退，通事舍人承旨敕众官皆退，郊祀礼成。

至正亲祀太庙

至元六年六月，监察御史呈：“尝闻《五行传曰》，简宗庙，废祭祀，则水不润下。近年雨泽愆期，四方多旱，而岁减祀事，变更成宪，原其所致，恐有感召。钦惟国家四海乂安，百有余年，列圣相承，典礼具备，莫不以孝治天下。古者宗庙四时之祭，皆天子亲享，莫敢使有司摄也。盖天子之职，莫大于礼，礼莫大于孝，孝莫大于祭。世祖皇帝自新都城，首建太庙，可谓知所本矣。《春秋》之法，国君即位，逾年改元，必行告庙之礼。伏自陛下即位以来，于今七年，未尝躬诣太庙，似为阙典。方今政化更新，并遵旧制，告庙之典，理宜亲享。”时帝在上都，台臣以闻，奉旨若曰：“俟到大都，亲自祭也。”

九月二十七日，中书省奏以十月初四日皇帝亲祀太庙，制曰：“可。”前期，告示以太师、右丞相马扎儿台为亚献官，枢密知院阿鲁秃为终献官，知院泼皮、翰林承旨老章为助奠官，大司农爱牙赤为七祀献官，侍中二人，门下侍郎二人，大礼使一人，执劈正斧一人，礼仪使四人，余各如故事。有司具仪注云：享前一日质明，所司备法驾于崇天门外，侍仪官引擎执，同导驾官具公服，于致斋殿前左右分班侍立。承奉舍人引门下侍郎、侍中入殿门下，侍郎相向立，侍中跪奏臣某等官请皇帝中严，就拜兴，退出。少顷，引侍中版奏外办，就拜兴，退。皇帝出斋室，侍中跪奏请皇帝升舆，巡辇路，由正门至大明殿西陛下。侍中跪奏请皇帝降舆升殿，就拜兴，引皇帝即御座。执事官于午陛下起居讫，舍人引侍中、门下侍郎入殿，至御榻前，门下侍郎相向立。侍中跪奏请皇帝降殿升舆，就拜兴，导至大明殿外。侍中跪奏请皇帝升舆，就拜兴。至大明门外，太仆卿进御马。侍中跪奏请皇帝降舆乘马讫，门下侍郎跪奏请车驾进发，就拜兴，进发时称警跸。至崇天门外，门下侍郎跪奏请车驾少驻，敕众官上马，就拜兴。侍中承旨退称曰“制可”，赞者承传，敕众官上马。少顷，门下侍郎跪奏请车驾进发，就拜兴，进发时称警跸。导至太庙外红门内，门下侍郎跪奏请车驾权停，敕众官下马，就拜兴。赞者承传，敕众官下马。门下侍郎跪奏请车驾进发，至石桥南，侍中跪奏请皇帝下马，步入神门，就拜兴。皇帝下马，侍仪官同导驾官前导，皇帝步入神门稍西，侍中跪奏请皇帝升舆，就拜兴。至大次殿门前，侍中跪奏请皇帝降舆，入就大次，就拜兴。帘降，宿卫如式。侍中入跪奏，敕众官各还斋次，承旨赞者承传，敕众官各还斋次，俟行礼时至丑时二刻顷，侍仪官备辇执，同导驾官于大次殿门前，舍人引侍中、门下侍郎入大次座前，侍中跪奏请皇帝中严，服衮冕，就拜兴，退。少顷，再引侍中跪奏外办，就拜兴，退。礼仪使跪奏请皇帝行礼，侍仪官同导驾官导引皇帝至西神门，辇执侍仪官同导驾官止。行礼毕，皇帝由西神门出，侍仪官备辇执，同导驾官引导皇帝还至大次。舍人引侍中入跪奏，请皇帝解严，释衮冕。尚食进膳如式毕，侍中跪版奏外办，就拜兴，退。导皇帝出大次，侍中跪奏请皇帝升舆，就拜兴。侍仪官同导驾官前导，至神门外，太仆卿进御马，侍中跪奏请皇帝降舆乘马，就拜兴。乘马讫，门下侍郎跪奏请车驾进发，就拜兴，退，进发时称警跸。至棂星门外，门下侍郎跪奏请车驾少驻，敕众官上马，就拜兴。侍中承旨退称曰“制可”，赞者承传，敕众官上马。少顷，门下侍郎跪奏请车驾进发，就拜兴，进发时称警跸，教坊乐振作。至丽正门里石桥北，引门下侍郎跪奏请车驾权停，敕众官下马，就拜兴。赞者承传，敕众官下马。门下侍郎跪奏请车驾进发，侍仪官引辇执，同导驾官前导，执事官后从，皇帝由红门里辇路至大明门外。侍中跪奏请皇帝降马乘舆，就拜兴。侍仪官辇执，同导驾官导至大明殿，诸执事殿下相向立。俟皇帝入殿升座，侍中跪奏敕众官皆退，赞者承传，敕众官皆退。

三皇庙祭祀礼乐

至正九年，御史台以江西湖东道肃政廉访使文殊讷所言具呈中书。其言曰：“三皇开天立极，功被万世。京师每岁春秋祀事，命太医官主祭，揆礼未称。请如国子学、宣圣庙春秋释奠，上遣中书省臣代祀，一切仪礼仿其制。”中书付礼部集礼官议之。是年十月二十四日，平章政事太不花、定住等以闻，制曰“可”。于是命太常定仪式，工部范祭器，江浙行省制雅乐器。复命太常博士定乐曲名，翰林国史院撰乐章十有六曲。明年，祭器、乐器俱备，以医籍百四十有八户充庙户礼乐生。御药院大使卢亨素习音律，受命教乐工四十有二人，各执其技，乃季秋九月九日蒇事。宣徽供礼馔，光禄勋供内酝，太府供金帛，广源库供芗炬，大兴府尹供牺牲、制币、粢盛、肴核。中书奏拟三献官以次定，诸执事并以清望充。前一日，内降御香，三献官以下公服备大乐仪仗迎香，至开天殿庋置。退习明日祭仪，习毕就庙斋宿。京朝文武百司与祭官如之，各以礼助祭。翰林词臣具祝文，曰“皇帝敬遣某官某致祭”。

乐章（前卷祀社稷乐章，俱在礼乐类中，今附于此。）

降神，奏《咸成之曲》：

黄钟宫三成

于皇三圣，神化无方。继天立极，垂宪百王。聿崇明祀，率由旧章。灵兮来下，休有烈光。

降神，奏《宾成之曲》：

大吕角二成

帝德在人，日用不知。神之在天，矧可度思。辰良日吉，蒇事有仪。感以至诚，尚右享之。

降神，奏《顾成之曲》：

太簇徵二成

大道之行，肇自古先。功烈所加，何千万年。是尊是奉，执事孔虔。神哉沛兮，泠风驭然。

降神，奏《临成之曲》：

应钟羽二成

雅奏告成，神斯降格。妥安有位，清庙奕奕。肸蚃潜通，丰融烜赫。我其承之，百世无斁。

初献盥洗，奏《蠲成之曲》：

姑洗宫

灵旂戾止，式燕以宁。吉蠲致享，惟寅惟清。挹彼注兹，沃盥而升。有孚颙若，交于神明。

初献升殿，奏《恭成之曲》：

南吕宫

齐明盛服，恪恭命祀。洋洋在上，匪远具迩。左右周旋，陟降庭止。式礼莫愆，用介多祉。

奠币，奏《祇成之曲》：

南吕宫

骏奔在列，品物咸备。礼严载见，式陈量币。惟兹篚实，肃将忱意。灵兮安留，成我熙事。

初献降殿。（与升殿同。）

捧俎，奏《（阙）成之曲》：

姑洗宫

我祀如何，有牲在涤。既全且洁，为俎孔硕。以将以享，其仪不忒。神其迪尝，纯嘏是锡。

初献盥洗。（与前同。）

初献升殿。（与前同。）

大皞伏羲氏位酌献，奏《（阙）成之曲》：

南吕宫

五德之首，巍巍圣神。八卦有作，诞开我人。物无能称，玄酒在尊。歆监在兹，惟德是亲。

炎帝神农氏位酌献，奏《（阙）成之曲》：

南吕宫

耒耜之利，人赖以生。鼓腹含哺，帝力难名。欲报之德，黍稷非馨。眷言顾之，享于克诚。

黄帝有熊氏位酌献，奏《(阙)成之曲》：

南吕宫

为衣为裳，法乾效坤。三辰顺序，万国来宾。典祀有常，多仪具陈。纯精邕达，匪藉弥文。

配位酌献，奏《(阙)成之曲》

南吕宫

三圣俨临，孰侑其食。惟尔有神，同功合德。丕拥灵休，留娱嘉席。历世昭配，永永无极。

初献降殿。(与前同。)

亚献，奏《(阙)成之曲》：(终献同。)

姑洗宫

缓节安歌，载升贰觞。礼成三终，申荐令芳。凡百有职，罔敢怠遑。神具醉止，欣欣乐康。

彻豆，奏《(阙)成之曲》：

南吕宫

笾豆有践，殷荐亶时。礼文疏洽，废彻不迟。慎终如始，进退无违。神其祚我，绥以繁釐。

送神，奏《(阙)成之曲》：

黄钟宫

夜如何其，明星煌煌。灵逝弗留，飙举云翔。瞻望靡及，德音不忘。庶回景贶，发为祯祥。

望瘗，奏《(阙)成之曲》：

姑洗宫

工祝致告，礼备乐终。加牲兼币，讫蕴愈恭。精神斯罄，惠泽无穷。储休锡美，万福来崇。

颜子考妣封谥

至顺元年冬十一月望，曲阜兖国复圣公新庙落成。元统二年，改封颜子考曲阜侯为杞国公，谥文裕；妣齐姜氏为杞国夫人，谥端献；夫人戴氏兖国夫人，谥贞素。又割益都邹县牧地三十顷，征其岁入，以给常祀。

宋五贤从祀

至正十九年十一月，江浙行省据杭州路申备本路经历司呈，准提控案牍兼照磨承发架阁胡瑜牒，尝谓：

文治兴隆，宜举行于旷典；儒先褒美，期激励于将来。凡在闻知，讵容缄默。盖国家化民成俗，莫先于学校；而学校之设，必崇先圣先师之祀者，所以报功而示劝也。我朝崇儒重道之意，度越前古。既已加封先圣大成之号，又追崇宋儒周敦颐等封爵，俾从祀庙庭，报功示劝之道，可谓至矣。然有司讨论未尽，尚遗先儒杨时等五人，未列从祀，遂使盛明之世，犹有阙典。惟故宋龙图阁直学士、谥文靖、龟山先生杨时，亲得程门道统之传，排王氏经义之谬，南渡后，朱、张、吕氏之学，其源委脉络，皆出于时者也。故宋处士、延平先生李侗，传河洛之学，以授朱熹，凡《集注》所引师说，即其讲论之旨也。故宋中书舍人、谥文定胡安国，闻道伊洛，志在《春秋》，纂为《集传》，羽翼正经，明天理而扶世教，有功于圣人之门者也。故宋处士、赠太师荣国公、谥文正、九峰先生蔡沈，从学朱子，亲承指授，著《书集传》，发明先儒之所未及，深有功于圣经者也。故宋翰林学士、参知政事、谥文忠、西山先生真德秀，博学穷经，践履笃实。当时立伪学之禁，以锢善类，德秀晚出，独以斯文为己任，讲习躬行，党禁解而正学明。此五人者，学问接道统之传，著述发儒先之秘，其功甚大。况科举取士，已将胡安国《春秋》、蔡沈《尚书集传》表章而尊用之，真德秀《大学衍义》亦备经筵讲读，是皆有补于国家之治道者矣。各人出处，详见《宋史》本传，俱应追锡名爵，从祀先圣庙庭，可以敦厚儒风，激劝后学。如蒙备呈上司，申达朝省，命礼官讨论典礼，如周敦颐等例，闻奏施行，以补阙典，吾道幸甚。

本省以其言具咨中书省，仍遣胡瑜赴都投呈。至正二十一年七月，中书判送礼部，行移翰林、集贤、太常三院会议，俱准所言，回呈中书省。二十二年八月，奏准送礼部定拟五先生封爵谥号。俱赠太师。杨时追封吴国公，李侗追封越国公，胡安国追封楚国公，蔡沈追封建国公，真德秀追封福国公。各给词头宣命，遣官赍往福建行省，访问各人子孙给付。如无子孙者，于其故所居乡里郡县学，或书院祠堂内，安置施行。

朱熹加封齐国父追谥献靖

至正二十二年十二月，追谥朱熹父为献靖，其制词云："考德而论时，灼见风仪之俊；观子而知父，追闻《诗》、《礼》之传。久闷幽堂，丕昭公论。故宋左承议郎、守尚书吏部员外郎、兼史馆校勘、累赠通议大夫朱松，仕不躁进，德合中行。溯邹鲁之渊源，式开来学；开图书之蕴奥，妙契玄机。奏对虽忤于权奸，嗣续笃生于贤哲。化民成俗，著书满家。既继志述事之光前，何节惠易名之孔后。才高弗展，嗟沉滞于下僚；道大莫容，竟昌明于永世。神灵不昧，休命其承。可谥献靖。"

其改封熹为齐国公，制词云："圣贤之蕴载诸经，义理实明于先正；风节之厉垂诸世，褒崇岂间于异时。不有巨儒，孰膺宠数？故宋华文阁待制、累赠宝谟阁直学士、太师、追封徽国公、谥文朱熹，挺生异质，蚤擢科名。试用于郡县，而善政孔多；回翔于馆阁，而直言无隐。权奸屡挫，志虑不回。著书立言，嘉乃简编之富；爱君忧国，负其经济之长。正学久达于中原，涣号申行于仁庙。询诸佥议，宜易故封。国启营丘，爰锡太公之境土；壤邻洙泗，尚观尼父之宫墙。缅想英风，载钦新命。可追封齐国公，余并如故。"

国俗旧礼

每岁，太庙四祭，用司禋监官一员，名蒙古巫祝。当省牲时，法服，同三献官升殿，诣室户告腯，还至牲所，以国语呼累朝帝后名讳而告之。明旦，三献礼毕，献官、御史、太常卿、博士复升殿，分诣各室，蒙古博儿赤跪割牲，太仆卿以朱漆盂奉马乳酌奠，巫祝以国语告神讫，太祝奉祝币诣燎位，献官以下复版位载拜，礼毕。

每岁，驾幸上都，以六月二十四日祭祀，谓之洒马嬭子。用马一，羯羊八，彩段练绢各九匹，以白羊毛缠若穗者九，貂鼠皮三，命蒙古巫觋及蒙古、汉人秀才达官四员领其事，再拜告天，又呼太祖成吉思御名而祝之，曰："托天皇帝福荫，年年祭赛者。"礼毕，掌祭官四员，各以祭币表里一与之；余币及祭物，则凡与祭者共分之。

每岁，九月内及十二月十六日以后，于烧饭院中，用马一，羊三，马湩，酒醴，红织金币及里绢各三匹，命蒙古达官一员，偕蒙古巫觋，掘地为坎以燎肉，仍以酒醴、马湩杂烧之。巫觋以国语呼累朝御名而祭焉。

每岁，十二月下旬，择日，于西镇国寺内墙下，洒扫平地，太府监供彩币，中尚监供细毡针线，武备寺供弓箭环刀，束秆草为人形一，为狗一，剪杂色彩段为之肠胃，选达官世家之贵重者交射之。非别速、札剌尔、乃蛮、忙古、台列班、塔达、珊竹、雪泥等氏族，不得与列。射至糜烂，以羊酒祭之。祭毕，帝后及太子嫔妃并射者，各解所服衣，俾蒙古巫觋祝赞之。祝赞毕，遂以与之，名曰脱灾。国俗谓之射草狗。

每岁，十二月十六日以后，选日，用白黑羊毛为线，帝后及太子，自顶至手足，皆用羊毛线缠系之，坐于寝殿。蒙古巫觋念咒语，奉银槽贮火，置米糠于其中，沃以酥油，以其烟薰帝之身，断所系毛线，纳诸槽内。又以红帛长数寸，帝手裂碎之，唾之者三，并投火中。即解所服衣帽付巫觋，谓之脱旧灾、迎新福云。

凡后妃妊身，将及月辰，则移居于外毡帐房。若生皇子孙，则锡百官以金银彩段，谓之撒答海。及弥月，复还内寝。其帐房则以颁赐近臣云。

凡帝后有疾危殆，度不可愈，亦移居外毡帐房。有不讳，则就殡殓其中。葬后，每日用羊二次烧饭以为祭，至四十九日而后已。其帐房亦以赐近臣云。

凡宫车晏驾，棺用香楠木，中分为二，刳肖人形，其广狭长短，仅足容身而已。殓用貂皮袄、皮帽，其靴袜、系腰、盒钵，俱用白粉皮为之。殉以金壶瓶二，盏一，碗碟匙箸各一。殓讫，用黄金为箍四条以束之。舆车用白毡青缘纳失失为帘，覆棺亦以纳失失为之。前行，用蒙古巫媪一人，衣新衣，骑马，牵马一匹，以黄金饰鞍辔，笼以纳失失，谓之金灵马。日三次，用羊奠祭。至所葬陵地，其开穴所起之土成块，依次排列之。棺既下，复依次掩覆之。其有剩土，则远置他所，送葬官三员，居五里外。日一次烧饭致祭，三年然后返。

世祖至元七年，以帝师八思巴之言，于大明殿御座上置白伞盖一，顶用素段，泥金书梵字于其上，谓镇伏邪魔获安国刹。自后每岁二月十五日，于大明殿启建白伞盖佛事，用诸色仪仗社直，迎引伞盖，周游皇城内外，云与众生祓除不祥，导迎福祉。岁正月十五日，宣政院同中书省奏，请先期中书奉旨移文枢密院，八卫拨伞鼓手一百二十人，殿后军甲马五百人，抬舁监坛汉关羽神轿军及杂用五百人。宣政院所辖官寺三百六十所，掌供应佛像、坛面、幢幡、宝盖、车鼓、头旗三百六十坛，每坛擎执抬舁二十六人，钹鼓僧一十二人。大都路掌供各色金门大社一百二十队，教坊司云和署掌大乐鼓、板杖鼓、筚篥、龙笛、琵琶、筝、纂七色，凡四百人。兴和署掌妓女杂扮队戏一百五十人，祥和署掌杂把戏男女一百五十人，仪凤司掌汉人、回回、河西三色细乐，每色各三队，凡三百二十四人。凡执役者，皆官给铠甲袍服器仗，俱以鲜丽整齐为尚，珠玉金绣，装束奇巧，首尾排列三十余里。都城士女，闾阎聚观。礼部官点视诸色队仗，刑部官巡绰喧闹，枢密院官分守城门，而中书省官一员总督视之。先二日，于西镇国寺迎太子游四门，舁高塑像，具仪仗入城。十四日，帝师率梵僧五百人，于大明殿内建佛事。至十五日，恭请伞盖于御座，奉置宝舆，诸仪卫队仗列于殿前，诸色社直暨诸坛面列于崇天门外，迎引出宫。至庆寿寺，具素食，食罢起行，从西宫门外垣海子南岸，入厚载红门，由东华门过延春门而西。帝及后妃公主，于玉德殿门外，搭金脊吾殿彩楼而观览焉。及诸队仗社直送金伞还宫，复恭置御榻上。帝师僧众作佛事，至十六日罢散。岁以为常，谓之游皇城。或有因事而辍，寻复举行。夏六月中，上京亦如之。

卷七十八　志第二十八

舆服一（仪卫附）

若稽往古，黄帝、尧、舜垂衣裳而天下治，盖取诸乾坤；服牛乘马，引重致远，盖取诸大壮。冕服车舆之制，其来尚矣。《虞书》舜作十二章，五服以命有德，车服以赏有功。《礼记》虞鸾车，夏钩车，商大辂。至周，损益前代，弁师掌王之五冕，巾车掌王之五辂，而仪文始备。然孔子论治天下之大法，于殷辂取其质而得中，周冕取其文而得中也。至秦并天下，兼收六国车旗服御，穷极侈靡，有大驾、法驾以及卤簿。汉承秦后，多因其旧。由唐及宋，亦效秦法，以为盛典。于文质适中之义，君子或得而议焉。

元初立国，庶事草创，冠服车舆，并从旧俗。世祖混一天下，近取金、宋，远法汉、唐。至英宗亲祀太庙，复置卤簿。今考之当时，上而天子之冕服，皇太子冠服，天子之质孙，天子之五辂与腰舆、象轿，以及仪卫队仗，下而百官祭服、朝服，与百官之质孙，以及于士庶人之服色，粲然其有章，秩然其有序。大抵参酌古今，随时损益，兼存国制，用备仪文。于是朝廷之盛，宗庙之美，百官之富，有以成一代之制作矣。作《舆服志》，而仪卫附见于后云。

冕　服

天子冕服：衮冕，制以漆纱，上覆曰綖，青表朱里。綖之四周，匝以云龙。冠之口围，萦以珍珠。綖之前后，旒各十二，以珍珠为之。綖之左右，系黈纩二，系以玄紞，承以玉瑱，纩色黄，络以珠。冠之周围，珠云龙网结，通翠柳调珠。綖上横天河带一，左右至地。珠钿窠网结，翠柳朱丝组二，属诸笄，为缨络，以翠柳调珠。簪以玉为之，横贯于冠。

衮龙服，制以青罗，饰以生色销金帝星一、日一、月一、升龙四、复身龙四、山三十八、火四十八、华虫四十八、虎蜼四十八。

裳，制以绯罗，其状如裙，饰以文绣，凡一十六行，每行藻二、粉米一、黼二、黻二。

中单，制以白纱，绛缘，黄勒帛副之。

蔽膝，制以绯罗，有褾。绯绢为里，其形如襜，袍上着之，绣复身龙。

玉佩，珩一、琚一、瑀一、冲牙一、璜二。冲牙以系璜，珩下有银兽面，涂以黄金，双璜夹之。次又有衡，下有冲牙。傍别施双的以鸣，用玉。

大带，制以绯白二色罗，合缝为之。

玉环绶，制以纳石失。（金锦也。）上有三小玉环，下有青丝织网。

红罗靴，制以红罗为之，高勒。

履，制以纳石失，有双耳二，带钩，饰以珠。

袜，制以红绫。

右按《太常集礼》，至元十二年十一月，博士议拟：冕天版长一尺六寸，广八寸，前高八寸五分，后高九寸五分，身围一尺八寸三分，并纳言，用青罗为表，红罗为里，周回缘以黄金。天版下四面，珠网结子，花素坠子，前后共二十有四旒，以珍珠为之。青碧线织天河带，两头各有珍珠金翠旒三节，玉滴子节花全。红线组带二，上有珍珠金翠旒，玉滴子，下有金铎二。梅红绣款幔带一，黈纩二，珍珠垂系，上用金萼子二。簪窠款幔组带钿窠各二，内组带窠四，并镂玉为之。玉簪一，顶面镂云龙。衮衣，用青罗夹制，五采间金，绘日、月、星辰、山、龙、华虫、宗彝。正面日一，月一，升龙四，山十二，上下襟华虫、火各六对，虎蜼各（阙）对，背星一，升龙四，山十二，华虫、火各十二对，虎蜼各六对。中单，用白罗单制，罗领褾 襈。裳一，带褾 襈全，红罗八幅夹造。上绣藻、粉米、黼、黻，藻三十二，粉米十六，黼三十二，黻三十二。蔽膝一，带褾 襈，红罗夹造八幅，上绣升龙二。绶一幅，六采织造，红罗托里。小绶三，色同大绶，销金黄罗绶头全，上间施三玉环，并碾云龙。绯白大带一，销金黄带头，钿窠二十有四。红罗勒帛一，青罗抹带一。佩二，玉上、中、下璜各一，半月各二，并碾玉为云龙文。玉滴子各二，并珍珠穿造。金篦钩，兽面，水叶环钉全。凉带一，红罗里，镂金为之；上为玉鹅七，挞尾束各一，金攀龙口，玳瑁衬钉。舄一，重底，红罗面，白绫托里，如意头，销金黄罗缘口，玉鼻，人饰以珍珠。金绯罗锦袜一两。

大德十一年九月，博士议：唐制，天子衮冕，垂白珠十有二旒，以组为缨，色如其绶，黈纩充耳，玉簪导。玄衣纁裳，凡十二章。八章在衣，日、月、星辰、山、龙、华虫、火、宗彝；四章在裳，藻、粉米、黼、黻。褾领为升龙，皆织成之。龙章以下，每章一行，每行十二。白纱中单，黼领，青襈褾裾，黻加龙、山、火三章。毳冕以上，火、山二章。绣冕，山一章。玄冕无章。革带、大带、玉佩、绶、袜，与上同。舄加金饰。享庙、谒庙及朝遣上将、征还饮至、践阼加元服、纳后、元日受朝及临轩册拜王公则服之。又宋制，天子服有衮冕，广尺二寸，长二尺四寸，前后十有二旒，二纩，并贯珍珠。又有翠旒十二，碧凤衔之，在珠旒外。冕板，以龙鳞锦表，上缀玉为七星，傍施琥珀瓶、犀瓶各二十四，周缀金丝网钿，以珍珠杂宝玉，加紫云白鹤锦里。四柱饰以七宝，红绫里。金饰玉簪导，红丝绦组带。亦谓之平天冠。衮服青色，日、月、星、山、龙、雉、虎蜼七章。红裙，藻、火、粉米、黼、黻五章。红蔽膝，升龙二，并织成，间以云彩，饰以金钑花钿窠，装以珍珠、琥珀、杂宝玉。红罗襦裙，绣五章，青褾襈裾。六采绶一，小绶三，结三，玉环三。素大带，朱里。青罗四神带二，绣四神盘结。（绶带饰并同衮服。）白罗中单，青罗抹带，红罗勒帛，鹿卢玉具剑，玉镖首镂白玉双佩，金饰，贯珍珠。金龙凤革带，红袜赤舄，金钑花，四神玉鼻。祭天地宗庙、受册尊号、元日受朝、册皇太子则服之。事未果行。

至延祐七年七月，英宗命礼仪院使八思吉斯传旨，令省臣与太常礼仪院速制法服。八月，中书省会集翰林、集贤、太常礼仪院官讲议，依秘书监所藏前代帝王衮冕法服图本，命有司制如其式。

镇圭，制以玉，长一尺二寸，有袋副之。

皇太子冠服：衮冕，玄衣，纁裳，中单，蔽膝，玉佩，大绶，朱袜，赤舄。

按《太常集礼》，至元十二年，博士拟衮冕制，用白珠九旒，红丝组为缨，青纩充耳，犀簪导。青衣、朱裳，九章。五章在衣，山、龙、华虫、火、宗彝；四章在裳，藻、粉米、黼、黻。白纱中单，青褾襈裾。革带，涂金银钩鰈。蔽膝，随裳色，为火、山二章。瑜玉双佩，四采织成大绶，间施玉环三。白袜朱舄，舄加金涂银扣。

大德十一年九月，照拟前代制度。唐制，皇太子衮冕，垂白珠九旒，红丝组为缨，青纩充耳，犀簪导。玄衣、纁裳，九章。五章在衣，山、龙、华虫、火、宗彝；四章在裳，藻、粉米、黼、黻，织成之，每行一章，黼、黻重以为等，每行九。白纱中单，黼领，青褾襈裾。革带，金钩鰈，大带。蔽膝，随裳色，火、山二章。玉具剑，金宝饰玉镖首，瑜玉双佩。朱组带大绶，四采赤白缥绀，纯朱质，长丈八尺，首广九寸。小双绶，长二尺六寸，色同大绶，而首半之，间施玉环三。朱袜赤舄，加金饰。侍从祭祀及谒庙、加元服、纳妃服之。宋制，皇太子衮冕，垂白珠九旒，红丝组为缨，青纩充耳，犀簪导。青衣、朱裳，九章。五章在衣，山、龙、华虫、火、宗彝；四章在裳，藻、粉米、黼、黻。白纱中单，青褾襈裾。革带，涂金银钩鰈。蔽膝，随裳色，火、山二章。瑜玉双佩，四采织成大绶，间施玉环三。白袜、朱舄，舄加涂金银饰。加元服、从祀、受册、谒庙、朝会服之。已拟其制，未果造。

三献官及司徒、大礼使祭服：笼巾貂蝉冠五，青罗服五，（领、袖、襕俱用皂绫。）红罗裙五，（皂绫为襕。）红罗蔽膝五，（其罗花样俱系牡丹。）白纱中单五，（黄绫带。）红组金绶绅五，（红组金译语言纳石失，各佩玉环二。）象笏五，银束带五，玉佩五，白罗方心曲领五，赤革履五对，白绫袜五对。

助奠以下诸执事官冠服：貂蝉冠、獬豸冠、七梁冠、六梁冠、五梁冠、四梁冠、三梁冠、二梁冠二百，青罗服二百，（领、袖、襕俱用皂绫。）红绫裙二百，（皂绫为襕。）红罗蔽膝二百，紫罗公服二百，（用梅花罗。）白纱中单二百，（黄绫带。）织金绶绅二百，（红一百九十八，青二，各佩铜环二。）铜束带二百，白罗方心曲领二百，铜佩二百，展角幞头二百，涂金荔枝带三十，乌角带一百七十，皂靴二百对，赤革履二百对，白绫袜二百对，象笏三十，银杏木笏一百七十。

凡献官诸执事行礼，俱衣法服。惟监察御史二，冠獬豸，服青绶。凡迎香、读祝及祀日遇阴雨，俱衣紫罗公服。六品以下，皆得借紫。

都监库、祠祭局、仪鸾局、神厨局头目长行人等：交角幞头五十，窄袖紫罗服五十，涂金束带五十，皂靴五十对。

初宪宗壬子年秋八月，祭天于日月山，用冕服自此始。成宗大德六年春三月，祭天于丽正门外丙地，命献官以下诸执事，各具公服行礼。是时，大都未有郊坛，大礼用公服自此始。九年冬至祭享，用冠服，依宗庙见用者制。其后节次祭祀，或合祀天地，增配位从祀，献摄职事，续置冠服，于法服库收掌。法服二百九十有九，公服二百八十，窄紫二百九十有五。至大间，太常博士李之绍、王天祐疏陈，亲祀冕无旒，服大裘而加衮，裘以黑羔皮为之。臣下从祀冠服，历代所尚，其制不同。集议得依宗庙见用冠服制度。

社稷祭服：青罗袍一百二十三，白纱中单一百二十三，红梅花罗裙一百二十三，蓝织锦铜环绶绅二，红织锦铜环绶绅一百一十七，红织锦玉环绶绅四，红梅花罗蔽膝一百二十三，革履一百二十三，白绫袜一百二十三，白罗方心曲领一百二十三，黄绫带一百二十三，佩一百二十三，铜珩璜者一百一十九，玉珩璜者四，蓝素苧丝带一百二十三，银带四，铜带一百一十九，冠一百二十三，水角簪金梁冠一百七，纱冠一十，獬豸冠二，笼巾纱冠四，木笏一百二十三，紫罗公服一百二十三，黑漆幞头一百二十三，展角全二色罗插领一百二十三，镀金铜荔枝带一十，角带一百二十三，象笏一十三枝，木笏一百一十枝，黄绢单包复一百二十三，紫苧丝抹口青毡袜一百二十三，皂靴一百二十三，窄紫罗衫三十，黑漆幞头三十，铜束带三十，黄绢单包复三十，皂靴三十，紫苧丝抹口青毡袜三十。

宣圣庙祭服：献官法服，七梁冠三，（簪全。）鸦青袍三，绒锦绶绅三，（各带青绒网并铜环二。）方心曲领三，蓝结带三，铜佩三，红罗裙三，白绢中单三，红罗蔽膝三，革履三。（白绢袜全。）

执事儒服，软角唐巾，白襕插领，黄鞓角带，皂靴，各九十有八。

曲阜祭服，连蝉冠四十有三，七梁冠三，五梁冠三十有六，三梁冠四，皂苧丝鞋三十有六緉，舒角幞头二，软角唐巾四十，角簪四十有三，冠缨四十有三副，（凡八十有六条。）象牙笏七，木笏三十有八，玉佩七，（凡十有四系。）铜佩三十有六，（凡七十有二系。）带八十有五，蓝鞓带七，红鞓带三十有六，乌角带二，黄鞓带、乌角偏带四十，大红金绶结带七，（上用玉环十有四。）青罗大袖夹衣七，紫罗公服二，褐罗大袖衣三十有六，白罗衫四十，白绢中单三十有六，白纱中单七，大红罗夹蔽膝七，大红夹裳、绯红罗夹蔽膝三十有六，绯红夹裳四，黄罗夹裳三十有六，黄罗大带七，白罗方心曲领七，红罗绶带七，黄绢大带三十有六，皂靴、白羊毳袜各四十有二对，大红罗鞋七緉，白绢夹袜四十有三緉。

质孙，汉言一色服也，内庭大宴则服之。冬夏之服不同，然无定制。凡勋戚大臣近侍，赐则服之。下至于乐工卫士，皆有其服。精粗之制，上下之别，虽不同，总谓之质孙云。

天子质孙，冬之服凡十有一等，服纳石失、（金锦也。）怯绵里，（翦茸也。）则冠金锦暖帽。服大红、桃红、紫蓝、绿宝里，（宝里，服之有襕者也。）则冠七宝重顶冠。服红黄粉皮，则冠红金褡子暖帽。服白粉皮，则冠白金褡子暖帽。服银鼠，则冠银鼠暖帽，其上并加银鼠比肩。（俗称曰襻子答忽。）夏之服凡十有五等，服答纳都纳石失，（缀大珠于金锦。）则冠宝顶金凤钹笠。服速不都纳石失，（缀小珠于金锦。）则冠珠子卷云冠。服纳石失，则帽亦如之。服大红珠宝里红毛子答纳，则冠珠缘边钹笠。服白毛子金丝宝里，则冠白藤宝贝帽。服驼褐毛子，则帽亦如之。服大红、绿、蓝、银褐、枣褐、金绣龙五色罗，则冠金凤顶笠，各随其服之色。服金龙青罗，则冠金凤顶漆纱冠。服珠子褐七宝珠龙褡子，则冠黄牙忽宝贝珠子带后檐帽。服青速夫金丝襕子，（速夫，回回毛布之精者也。）则冠七宝漆纱带后檐帽。

百官质孙，冬之服凡九等，大红纳石失一，大红怯绵里一，大红冠素一，桃红、蓝、绿官素各一，紫、黄、鸦青各一。夏之服凡十有四等，素纳石失一，聚线宝里纳石失一，枣褐浑金间丝蛤珠一，大红官素带宝里一，大红明珠褡子一，桃红、蓝、绿、银褐各一，高丽鸦青云袖罗一，驼褐、茜红、白毛子各一，鸦青官素带宝里一。

百官公服：

公服，制以罗，大袖，盘领，俱右衽。一品紫，大独科花，径五寸。二品小独科花，径三寸。三品散答花，径二寸，无枝叶。四品、五品小杂花，径一寸五分。六品、七品绯罗小杂花，径一寸。八品、九品绿罗，无文。

幞头，漆纱为之，展其角。

笏，制以牙，上圆下方。或以银杏木为之。

偏带，正从一品以玉，或花，或素。二品以花犀。三品、四品以黄金为荔枝。五品以下以乌犀。并八胯，鞓用朱革。

靴，以皂皮为之。

仪卫服色：

交角幞头，其制，巾后交折其角。

凤翅幞头，制如唐巾，两角上曲，而作云头，两旁覆以两金凤翅。

学士帽，制如唐巾，两角如匙头下垂。

唐巾，制如幞头，而撱其角，两角上曲作云头。

控鹤幞头，制如交角，金镂其额。

花角幞头，制如控鹤幞头，两角及额上，簇象生杂花。

锦帽，制以漆纱，后幅两旁，前拱而高，中下，后画连钱锦，前额作聚文。

平巾帻，黑漆革为之，形如进贤冠之笼巾，或以青，或以白。

武弁，制以皮，加漆。

甲骑冠，制以皮，加黑漆，雌黄为缘。

抹额，制以绯罗，绣宝花。

巾，制以绝，五色，画宝相花。

兜鍪，制以皮，金涂五色，各随其甲。

衬甲，制如云肩，青锦质，缘以白锦，衷以毡，里以白绢。

云肩，制如四垂云，青缘，黄罗五色，嵌金为之。

裲裆，制如衫。

衬袍，制用绯锦，武士所以裼裲裆。

士卒袍，制以绢绝，绘宝相花。

窄袖袍，制以罗或绝。

辫线袄，制如窄袖衫，腰作辫线细折。

控鹤袄，制以青绯二色锦，圆答宝相花。

窄袖袄，长行舆士所服，绀缬色。

乐工袄，制以绯锦，明珠琵琶窄袖，辫线细折。

甲，覆膊、掩心、扞背、扞股，制以皮，或为虎文、狮子文，或施金铠锁子文。

臂鞲，制以锦，绿绢为里，有双带。

锦螣蛇，束麻长一丈一尺，裹以红锦。

束带，红鞓双獭尾，黄金涂铜胯，余同腰带而狭小。

绦环，制以铜，黄金涂之。

汗胯，制以青锦，缘以银褐锦，或绣扑兽，间以云气。

行縢，以绢为之。

鞋，制以麻。

鞠鞋，制以皮为履，而长其勒，缚于行縢之内。

云头靴，制以皮，帮嵌云朵，头作云象，鞠束于胫。

服色等第：仁宗延祐元年冬十有二月，定服色等第，诏曰："比年以来，所在士民，靡丽相尚，尊卑混淆，僭礼费财，朕所不取。贵贱有章，益明国制，俭奢中节，可阜民财。"命中书省定立服色等第于后。

一，蒙古人不在禁限，及见当怯薛诸色人等，亦不在禁限，惟不许服龙凤文。（龙谓五爪二角者。）

一，职官除龙凤文外，一品、二品服浑金花，三品服金褡子，四品、五品服云袖带襕，六品、七品服六花，八品、九品服四花。（职事散官从一高。）系腰，五品以下许用银，并减铁。

一，命妇衣服，一品至三品服浑金，四品、五品服金褡子，六品以下惟服销金，并金纱褡子。首饰，一品至三品许用金珠宝玉，四品、五品用金玉珍珠，六品以下用金，惟耳环用珠玉。（同籍不限亲疏，期亲虽别籍，并出嫁同。）

一，器皿，（谓茶酒器。）除钑造龙凤文不得使用外，一品至三品许用金玉，四品、五品惟台盏用金，六品以下台盏用镀金，余并用银。

一，帐幕，除不得用赭黄龙凤文外，一品至三品许用金花刺绣纱罗，四品、五品用刺绣纱罗，六品以下用素纱罗。

一，车舆，除不得用龙凤文外，一品至三品许用间金妆饰银螭头、绣带，青幔，四品、五品用素狮头、绣带、青幔，六品至九品用素云头、素带、青幔。

一，鞍辔，一品许饰以金玉，二品、三品饰以金，四品、五品饰以银，六品以下并饰以鍮石铜铁。

一，内外有出身，考满应入流，见役人员服用，与九品同。

一，授各投下令旨、钧旨，有印信，见任勾当人员，亦与九品同。

一，庶人除不得服赭黄，惟许服暗花苎丝䌷绫罗毛毳，帽笠不许饰用金玉，靴不得裁制花样。首饰许用翠花，并金钗錍各一事，惟耳环用金珠碧甸，余并用银。酒器许用银壶瓶台盏盂镟，余并禁止。帐幕用纱绢，不得赭黄，车舆黑油，齐头平顶皂幔。

一，诸色目人，除行营帐外，其余并与庶人同。

一，诸职官致仕，与见任同。解降者，依应得品级，不叙者，与庶人同。

一，父祖有官，既没年深，非犯除名不叙之限，其命妇及子孙与见任同。

一，诸乐艺人等服用，与庶人同。凡承应妆扮之物，不拘上例。

一，皂隶公使人，惟许服䌷绢。

一，娼家出入，止服皂褙子，不得乘坐车马，余依旧例。

一，今后汉人、高丽、南人等投充怯薛者，并在禁限。

一，服色等第，上得兼下，下不得僭上。违者，职官解见任，期年后降一等叙，余人决五十七下。违禁之物，付告捉人充赏。有司禁治不严，从监察御史、廉访司究治。

御赐之物，不在禁限。

舆　辂

玉辂。青质，金装，青绿藻井，栲栳轮盖。外施金装雕木云龙，内盘碾玉福海圆龙一，顶上匝以金涂鍮石耀叶八十一。上围九者二，中围九者三，下围九者四。顶轮衣三重，上二重青绣云龙瑞草，下一重无文。轮衣内黄屋一，黄素苎丝沥水，下周垂朱丝结网，青苎丝绣小带四十八，带头缀金涂小铜铃，青苎丝绣络带二。顶轮平素面夹用青苎丝。盖四周垂流苏八，饰以五色茸线结网五重，金涂铜钹五，金涂木珠二十有五。又系玉杂佩八，珩璜冲瑀全，金涂鍮石钩挂十六，黄茸贯顶天心直下十字绳二，各长三丈。盖下立朱漆柱四。柱下直平盘，虚柜，中棂三十，下外桄二。漆绘犀、象、鹦鹉、锦雉、孔雀，隔窠嵌装花板。柜周朱漆勾阑，云拱地霞叶百七十有九，下垂牙护泥虚板，并朱漆画瑞草。勾阑上玉行龙十，碾玉蹲龙十，孔雀羽台九，水精面火珠七，金圈焰铜照八。舆下周垂朱丝结网，饰以金涂输石铎三百，彩画输石梅萼嵌网眼中。舆之长辕三，界辕勾心各三，上下龙头六。前辕引手玉螭头三，并系以蹲龙。后辕方罨头三，桄头十六，绖以蹲龙三。辕头衡一，两端玉龙头二，上列金涂铜凤十二，含以金涂铜铃。舆之轴一，轮二。轴之挙罗二，明辖蹲龙绖，并青漆。轮之辐各二十四，毂首压贴金涂铜毂叶八十一，金涂输石擎耳恋攀四。柜之前，朱漆金装云龙辂牌一，牌字以玉装缀。辂之箱，四壁雕镂漆画填心隔窠龟文华板。上层左画青龙，右画白虎，前画朱雀，后画玄武。辂之前额，玉行龙二，奉一水精珠，后额如之。前两柱青茸铃索五，贴金鸾和大响铜铃十，金涂输石双鱼五。下朱漆轼柜一，柜上金香球、金香宝、金香合、银灰盘各一，并黄丝绶带。辂之后，朱漆后梢一，金涂曲戌，黄苧丝销金云龙门帘一，绯苧丝绣云龙带二。辂之中，金涂输石铰碾玉龙椅一，靠背上金涂圈焰玉明珠一。右建太常旗，十有二斿，青罗绣日、月、五星、升龙。右建阘戟一，九斿，青罗绣云龙。中央黄罗绣青黑黼文两旗，绸杠，并青罗，旗首金涂输石龙头二，金涂铜铃二，金涂输石钹青缨绥十二重，金涂木珠流苏十二重。龙椅上，方坐一，绿褥一，皆锦。销金黄罗夹帕一，方舆地褥二，勾阑内褥八，皆用杂锦绮。青漆金涂输石铰叶踏道一，小褥五重。青漆雕木涂金龙头行马一，小青漆梯一，青漆柄金涂长托叉二，短托叉二，金涂首青漆推竿一，青茸引辂索二，各长六丈余，金涂铜环二，黄茸执绥一。辂马、诞马，并青色。鞍辔鞦勒缨拂靷，并青韦，金饰。诞马青织金苧丝屉四副。青罗销金绢里笼鞍六。盖辂黄绢大蒙帕一，黄油绢帕一。驾士平巾大袖，并青绘苧丝为之。

至治元年，英宗亲祀太庙，诏中书及太常礼仪院、礼部定拟制卤簿五辂。以平章政事张珪、留守王伯胜、将作院使明里董阿、侍仪使乙剌徒满董其事。是年，玉辂成。明年，亲祀御之。后复命造四辂，工未成而罢。

金辂。赤质，金妆，青绿藻井，栲栳轮盖。外施金妆雕木云龙，内盘真金福海圆龙一，顶上匝以金涂输石耀叶八十一。上围九者二，中围九者三，下围九者四。顶轮衣三重，上二重大红绣云龙瑞草，下一重无文。轮衣内黄屋一，黄素纻丝沥水，下垂朱丝结网一周，大红纻丝绣小带四十八，带头缀金涂小铜铃三百，大红纻丝绣络带二。顶轮平素面夹用绯纻丝。盖之四周垂流苏八，饰以五色茸线结网五重，金涂输石杂佩八，珩璜冲璃全，金涂输石钩挂十有六，黄绒贯顶天心直下十字绳二。盖下立朱漆柱四，柱下直平盘，虚柜，中棂三十，其下外桄二，漆绘犀、象、鹦鹉、锦雉、孔雀，隔窠嵌妆花板。柜上周遭朱漆勾阑，云拱地霞叶一百七十有九，下垂牙护泥虚板，并朱漆画瑞草。勾阑上金涂输石行龙十二，金涂输石蹲龙十，孔雀羽台九，水精面火珠七，金圈焰铜照八。舆下垂朱丝结网一遭，饰以金涂输石铎子三百，彩画输石梅萼嵌网眼中。舆之长辕三，界辕勾心各三，上下龙头六。前辕引手金涂输石螭头三，并系以蹲龙。后辕方罨头三，桄头十六，系以蹲龙三。辕头衡一，两端金涂输石龙头二，上列金涂铜凤十二，含以金涂铜铃。舆之轴一，轮二。轴之挙罗二，明辖蹲龙绖，并漆以赤。轮之辐各二十有四，毂首压贴金涂铜毂叶八十有一，金涂输石擎耳恋攀四。柜之前，朱漆金妆云龙辂牌一，金涂铁曲戌。辂之箱，四壁雕镂漆画填心隔窠龟文花板，上层左画青龙，右画白虎，前画朱雀，后画玄武。辂之前额，金行龙二，奉一水精珠，后额亦如之。前两柱绯绒铃索五，贴金鸾和大响铜铃十，金涂输石双鱼五。下朱漆轼柜一，柜上金香球一，金香宝一，金香合，银灰盘一，并黄纻丝绶带。辂之后，朱漆后梢一，金涂曲戌，黄纻丝销金云龙门帘一，绯纻丝绣云龙带二。辂之中，黄金妆铰龙椅一，靠背上金涂圈焰玉明珠一。左建太常旗，十有二斿，绯罗绣日、月、五星、升龙。右建阘戟一，九斿，绯罗绣云龙。中央黄罗绣青黑黼文两旗，绸杠，并大红罗。旗首金涂输石龙头二，金涂铜铃二，金涂输石钹朱缨绥十二重，金涂木珠流苏十二重。龙椅上，金锦方坐子一，绿可贴（金锦也。）褥一，销金黄罗夹帕一，方舆地金锦褥一，绿可贴褥一。勾阑内，可贴条褥四，蓝纻丝条褥四，朱漆金涂输石铰叶踏道一，小可贴条褥五重。朱漆雕木涂金龙头行马一，小朱漆梯一，朱漆柄金涂长托叉二，短托叉二，金涂首朱漆推竿一，红绒引辂索二，金涂铜环二，黄绒执绥一。辂马、诞马，并赤色。鞍辔鞦勒缨拂套项，并赤韦，金妆。诞马红织金苧丝屉四副，红罗销金红绢里笼鞍六。盖辂黄绢大蒙帕一，黄油绢帕一。驾士平巾大袖，并绯绣纻丝为之。

象辂。黄质，金妆，青绿藻井，栲栳轮盖。外施金妆雕木云龙，内盘描金象牙雕福海圆龙一，顶上匝以金涂输石耀叶八十有一。上围九者二，中围九者三，下围九者四。顶轮衣三重，上二重黄绣云龙瑞草，下一重无文。轮衣内黄屋一，黄素纻丝沥水，下垂朱丝结网一遭，黄纻丝绣小带四十有八，带头缀金涂小铜铃三百，黄纻丝绣络带二。顶轮平素面夹用黄纻丝。盖之四周垂流苏八，饰以五色茸线结网五重，金涂铜钹五，金涂木珠二十有五。又系金涂输石杂佩八，珩璜冲璃全，金涂输石钩挂十有六，黄绒贯顶天心直下十字绳二。盖下立朱漆柱四，柱下直平盘，虚柜，中棂三十，下外桄二，漆绘犀、象、鹦鹉、锦雉、孔雀，隔窠嵌妆花板。柜上周遭朱漆勾阑，云拱地霞叶百七十有九，下垂牙护泥虚板，并朱漆画瑞草。勾阑上描金象牙雕行龙十，蹲龙十，孔雀羽台九，水精面火珠七，金圈焰铜照八。舆下垂朱丝结网一遭，饰以金涂输石铎子三百，采画输石梅萼嵌网眼中。舆之长辕三，界辕勾心各三，上下龙头六。前辕引手描金象牙雕螭头三，并系以蹲龙。后辕方罨头三，桄头十有六，系以蹲龙三。辕头衡一，两端描金象牙雕龙头二，上列金涂铜凤十二，含以金涂铜铃。舆之轴一，轮二。轴之挙罗二，明辖蹲龙绖，并漆以黄。轮之辐各二十有四，毂首压贴金涂铜毂叶八十有一，金涂输石擎耳恋攀四。柜之前，朱漆金妆云龙辂牌一，金涂铁曲戌。辂之箱，四傍雕镂漆画填心隔窠龟文花板，上层左画青龙，右画白虎，前画朱雀，后画玄武。辂之前额，描金象牙雕行龙二，奉一水精珠，后额如之。前两柱黄绒铃索五，贴金鸾和大响铜铃十，金涂输石双鱼五。下朱漆轼柜一，柜上金香球一，金香宝一，金香合一，银灰盘一，并黄纻丝绶带。辂之后，朱漆后轫一，金涂曲戌，黄纻丝销金云龙门帘一，绯纻丝绣云龙带二。辂之中，黄金妆铰描金象牙雕龙椅一，靠背上金涂圈焰玉明珠一。左建太常旗一，十有二斿，黄罗绣日、月、五星、升龙。右建阘戟一，九斿，黄罗绣云龙。中央黄罗绣青黑黼文两旗，绸杠，并黄罗。旗首金涂输石龙头二，金涂铜铃二，金涂输石钹黄缨绫十二重，金涂木珠流苏十二重。龙椅上，金锦方坐一，绿可贴褥一。勾阑内，可贴条褥四，蓝纻丝条褥四，黄漆金涂输石铰叶踏道一，小可贴条褥五重。黄漆木涂金龙头行马一，小黄漆梯一，黄漆柄金涂长托叉二，短托叉二，金涂首黄漆推竿一，黄绒引辂索二，金涂铜环二，黄绒执绥一。辂马、诞马，皆黄色。鞍辔鞽勒缨拂套项，并金妆，黄韦。诞马银褐织金纻丝屉四副，黄罗销金黄绢里笼鞍六。盖辂黄绢大蒙帕一，黄油绢帕一。驾士平巾大袖，并黄绣纻丝为之。

革辂。白质，金妆，青绿藻井，栲栳轮盖。外施金妆雕木云龙，内盘描金白檀雕福海圆龙一，顶上匝以金涂输石耀叶八十有一。上围九者二，中围九者三，下围九者四。顶轮衣三重，上二重素白绣云龙瑞草，下一重无文。轮衣内黄屋一，黄素纻丝沥水，下垂朱丝结网一遭，素白纻丝绣小带四十有八，带头缀金涂小铜铃三百，素白纻丝绣络带二。顶轮平素面夹用白素纻丝。盖之四周垂流苏八，饰以五色绒线结网五重，金涂铜钹五，金涂木珠二十有五。又系金涂输石杂佩八，珩璜冲瑀全，金涂输石钩挂十有六，黄绒贯顶天心直下十字绳二。盖下立朱漆柱四，柱下直平盘，虚柜，中桯三十，下外桄二，漆绘革鞔犀、象、鹦鹉、锦雉、孔雀，隔窠嵌妆花板。柜上周遭朱漆勾阑，云拱地霞叶百七十有九，下垂牙护泥虚板，并朱漆画瑞草。勾阑上描金白檀行龙十，摆白蹲龙十，孔雀羽台九，水精面火珠七，金圈焰铜照八。舆下垂朱丝结网一遭，饰以金涂输石铎子三百，彩画输石梅萼嵌网眼中。舆之长辕三，界辕勾心各三，上下龙头六。前辕引手摆白螭头三，并系以蹲龙。后辕方罨头三，桄头十有六，系以蹲龙三。辕头衡一，两端摆白龙头二，上列金涂铜凤十二，含以金涂铜铃。舆之轴一，轮二。轴之聿罗二，明辖蹲龙绖，皆漆以白。其轮之辐各二十有四，毂首压贴金涂铜毂叶八十有一，金涂输石擎耳恋攀四。柜之前，朱漆金妆云龙辂牌一，金涂铁曲戌。辂箱之四傍，雕锼革鞔漆画填心，隔窠龟文花板，上层左画青龙，右画白虎，前画朱雀，后画玄武。辂之前额，白檀行龙二，奉一水精珠，后额如之。前两柱素白绒铃索五，帖金鸾和大响铜铃十，金涂输石双鱼五。下朱漆革鞔轼柜一，柜上金香球一，金香宝一，金香合一，银灰盘一，皆黄纻丝绶带。辂之后，朱漆革鞔后轫一，金涂曲戌，黄纻丝销金云龙门帘一，绯纻丝绣云龙带二。辂之中，金妆铰白檀雕龙椅一，靠背上金涂圈焰玉明珠一。右建太常旗一，十有二斿，白罗绣日、月、五星、升龙。右建阘戟一，九斿，素白罗绣云龙。中央黄罗绣青黑黼文两旗，绸杠，并素白罗，旗首金涂输石龙头二，金涂铜铃二，金涂输石钹素白缨绫十有二重，金涂木珠流苏十有二重。龙椅上，金锦方座一，绿可贴褥一，销金黄罗夹帕一，方舆地金锦褥一，绿可贴褥一。勾阑内，可贴条褥五重。素白漆雕木涂金龙头行马一，小白漆梯一，白漆柄金涂长托叉二，短托叉二，金涂首白漆推竿一，白绒引辂索二，金涂铜环二，黄绒执绥一。辂马、诞马，皆白色。鞍辔鞦勒缨拂套项，皆白围，金妆。诞马白织金纻丝屉四副，白罗销金白绢里笼鞍六。盖辂黄绢大蒙帕一，黄油绢帕一。驾士平巾大袖，皆白绣纻丝为之。

木辂。黑质，金妆，青绿藻井，栲栳轮盖。外施金妆雕木云龙，内盘描金紫檀雕福海圆龙一，顶上匝以金涂输石耀叶八十有一。上围九者二，中围九者三，下围九者四。顶轮衣三重，上二重皂绣云龙瑞草，下一重无文。轮衣内黄屋一，黄素纻丝沥水，下垂朱丝结网一遭，皂纻丝绣小带四十有八，带头缀金涂小铜铃三百，皂纻丝绣络带二。顶轮平素面夹用檀褐纻丝。盖之四周垂流苏八，饰以五色绒线结网五重，金涂铜钹五，金涂木珠二十五。又系金涂输石杂佩八，珩璜冲瑀全，金涂输石钩挂十有六，黄绒贯顶天心直下十字绳二。盖下立朱漆柱四，柱下直平盘，虚柜，中桯三十，下外桄二，漆绘犀、象、鹦鹉、锦雉、孔雀，隔窠嵌妆花板，柜上周遭朱漆勾阑，云拱地霞叶百七十有九，下垂牙护泥虚板，皆朱漆画瑞草。勾阑上金嵌镔铁行龙十，蹲龙十，孔雀羽台九，水精面火珠七，金圈焰铜照八。舆下垂朱丝结网一遭，饰以金涂输石铎子三百，彩画输石梅萼嵌网眼中。舆之长辕三，界辕勾心各三，上下龙头六。前辕引手金嵌镔铁螭头三，皆绖以蹲龙。后辕方罨头三，桄头十有六，系以蹲龙三。辕头衡一，两端金嵌镔铁龙头二，上列金涂铜凤十二，含以金涂铜铃。舆之轴一，轮二。轴之聿罗二，明辖蹲龙绖，并漆以黑。轮之辐各二十有四，毂首压贴金涂铜毂叶八十有一，金涂输石擎耳恋攀四。柜之前，朱漆金妆云龙辂牌一，金涂铁曲戌。辂之箱，四傍雕锼漆画填心，隔窠龟文花板，上层左画青龙，右画白虎，前画朱雀，后画玄武。辂之前额，金嵌镔铁行龙二，奉一水精珠，后额如之。前两柱皂绒铃索五，贴金鸾和大响铜铃十，金涂输石双鱼五。下朱漆轼柜一，柜上金香球一，金香宝一，金香合一，银灰盘一，皆黄纻丝绶带。辂之后，朱漆后轫一，金涂曲戌，黄纻丝销金云龙门帘一，绯纻丝绣云龙带二。辂之中，金妆乌木雕龙椅一，靠背上金涂圈焰玉明珠一。左建太常旗一，十有二斿，皂罗绣日、月、五星、升龙。右建阘戟一，九斿，皂罗绣云龙。中央黄罗绣青黑黼文两旗，绸杠，并皂罗，旗首金涂输石钹紫缨绫十有二重，金涂流苏十有二重。龙椅上，金锦方座一，绿可贴褥一，销金黄罢夹帕一，方舆地金锦褥一，绿可贴褥一。勾阑内，可贴条褥四，蓝纻丝条褥四，黑漆金涂输石铰叶踏道一，小可贴条褥五重。黑漆雕木涂金龙头行马一，小黑漆梯一，黑漆柄金涂长托叉二，短托叉二，金涂首黑漆推竿一，皂绒引辂索二，金涂铜环二，黄绒执绥一。辂马、诞马，并黑色。鞍辔纻勒缨拂套项，皆以浅黑韦，金妆。诞马紫织金纻丝屉四副，紫罗销金紫绢里笼鞍六。盖辂黄绢大蒙帕一，黄油绢帕一。驾士平巾大袖，皆紫绣纻丝为之。

腰舆。制以香木，后背作山字牙，嵌七宝妆云龙屏风，上施金圈焰明珠，两傍引手。屏风下施雕镂云龙床。坐前有踏床，可贴锦褥一。坐上貂鼠缘金锦条褥，绿可贴方坐。

象轿。驾以象，凡巡幸则御之。

卷七十九　　志第二十九

舆服二

仪仗

皂纛，(国语读如秃。)建缨于素漆竿。凡行幸，则先驱建纛，夹以马鼓，居则置纛于月华门西之隅室。

绛麾，金涂竿，上施圆盘朱丝拂，三层，紫罗袋韬之。

金节，制如麾，八层，韬以黄罗云龙袋。

又引导节，金涂龙头朱漆竿，悬五色拂，上施铜钹。

朱雀幢，制如节而五层，韬以红绣朱雀袋。

青龙幢，制如前，韬以碧绣青龙袋。

白虎幢，制如前，韬以素绣白虎袋。

玄武幢，制如前，韬以皂绣玄武袋。

犦矟，制如节，顶刻犦牛首，有袋，上加碧油。

绛引幡，四角，朱绿盖，每角垂罗文杂佩，系于金铜钩竿，竿以朱饰，悬五色间晕罗，下有横木板，作碾玉文。

告止旛，绯帛错彩为告止字，承以双凤，立仗者红罗销金升龙，余如绛引。

传教旛，制如告止旛，错彩为传教字，承以双白虎，立仗者白罗绘云龙。

信旛，制如传教旛，错彩为信字，承以双龙，立仗者绘飞凤。

黄麾旛，制如信旛，错彩为黄麾篆。

龙头竿绣氅，竿如戟，无钩，下有小横木，刻龙头，垂朱绿盖，每角缀珠佩一带，带末有金铜铃。

围子，制以金涂攒竹杖，首贯铜钱，而以紫绢冒之。

副竿，制以木，朱漆之。

火轮竿，制以白铁，为小车轮，建于白铁竿首。轮及竿皆金涂之，上书西天咒语，帝师所制。常行为亲卫中道，正行在劈正斧之前，以法佛卫，以袪邪僻，以镇轰雷焉。盖辟恶车之意也。

豹尾竿，制如戟，系豹尾，朱漆竿。

宝舆方案，绯罗销金云龙案衣，绯罗销金蒙衬复，案傍有金涂铁鞠四，龙头竿结绶二副之。

香镫朱漆案，黄罗销金云龙案衣，上设金涂香炉一、烛台二，案旁金涂铁鞠四，龙头竿结绶二副之。

香案朱漆案，绯罗销金云龙案衣，上设金香炉、合各一，余同香镫，殿庭陈设，则除龙头竿结绶。

诏案，制如香案。

册案，制如前。

宝案，制如前。

表案，制如香案，上加矮阑，金涂铁鞠四，竿二副之，绯罗销金蒙复。

礼物案，制如表案。

交椅，银饰之，涂以黄金。

杌子，四脚小床，银饰之，涂以黄金。

鸣鞭，绿柄，鞭以梅红丝为之，梢用黄茸而渍以蜡。

鞭桶，制以紫纯表，白绢里，皮缘两末。

蒙鞍，青锦绿，绯锦复。

水瓶，制如汤瓶，有盖，有提，有觜，银为之，涂以黄金。

鹿卢，制如乂字，两头卷，涂金妆钑，朱丝绳副之。

水盆，黄金涂银妆钑为之。

净巾，绯罗销金云龙，有里。

香球，制以银，为座上插莲花炉，炉上罩以圆球，镂氤氲旋转文于上，黄金涂之。

香合，制以银，径七寸，涂黄金钑云龙于上。

金拂，红犛牛尾为之，黄金涂龙头柄。

唾壶，制以银，宽缘，虚腹，有盖，黄金涂之。

唾盂，制以银，形圆如缶，有盖，黄金涂之。

外办牌，制以象牙，书国字，背书汉字，填以金。

外备牌，制如前。

中严牌，制如前。

时牌，制同外备而小。

板位，制以木，长一尺二寸，阔一尺，厚六分，白髹黑字。

大伞，赤质，正方，四角铜螭首，涂以黄金，紫罗表，绯绢里。诸伞盖，宋以前皆平顶，今加金浮屠。

紫方伞，制如大伞而表以紫罗。

红方伞，制如大伞而表以绯罗。

华盖，制如伞而圆顶隆起，赤质，绣杂花云龙，上施金浮屠。

曲盖，制如华盖，绯沥水，绣瑞草，曲柄，上施金浮屠。

导盖，制如曲盖，绯罗沥水，绣龙，朱漆直柄。

朱伞，制如导盖而无文。

黄伞，制如朱伞而色黄。

葆盖，金涂龙头竿，悬以缨络，销金圆裙，六角葆盖。

孔雀盖，朱漆，竿首建小盖，盖顶以孔雀毛，径尺许，下垂孔雀尾，檐下以青黄红沥水围之，上施金浮屠，盖居竿三之一，竿涂以黄金，书西天咒语，与火轮竿义同。

朱团扇，绯罗绣盘龙，朱漆柄，金铜饰，导驾团扇，蹙金线。

大雉扇，制稍长，下方而上㩧，绯罗绣象雉尾，中有双孔雀，间以杂花，下施朱漆横木连柄，金铜装。

中雉扇，制如大雉扇而减小。

小雉扇，制如中雉扇而减小。

青沥水扇，制圆而青色，四周沥水以青绢。

罼，朱縢结网，二螭首，衔红丝拂，中有兽面，朱漆柄，金铜装。

罕，制形如扇，朱縢网，中有兽面，朱漆柄，金铜装。

旗、扇锜，即坐也。旗锜，制十字木于下，上四枝交拱，置窍于其上以树旗。扇锜，制如桅，形小，六木拱于上，而制作精于旗锜，并漆以朱。

风伯旗，青质，赤火焰脚，画神人，犬首，朱发，鬼形，豹汗胯，朱袴，负风囊，立云气中。

雨师旗，青质，赤火焰脚，画神人，冠五梁冠，朱衣，黄袍，黑襕，黄带，白袴，皂舄，右手仗剑，左手捧钟。

雷公旗，青质，赤火焰脚，画神人，犬首，鬼形，白拥项，朱犊鼻，黄带，右手持斧，左手持凿，运连鼓于火中。

电母旗，青质，赤火焰脚，画神人为女子形，纁衣，朱裳，白袴，两手运光。

金星旗，素质，赤火焰脚，画神人，冠五梁冠，素衣，皂襕，朱裳，秉圭。

水星旗，黑质，赤火焰脚，画神人，冠五梁冠，皂衣，皂襕，绿裳，秉圭。

木星旗，青质，赤火焰脚，画神人，冠五梁冠，青衣，皂襕，朱裳，秉圭。

火星旗，赤质，青火焰脚，画神人，冠五梁冠，朱衣，皂襕，绿裳，秉圭。

土星旗，黄质，赤火焰脚，画神人，冠五梁冠，黄衣，皂襕，绿裳，秉圭。

摄提旗，赤质，赤火焰脚，画神人，冠五梁冠，素中单，黄衣，朱蔽膝，绿裳，杖剑。

北斗旗，黑质，赤火焰脚，画七星。

角宿旗，青质，赤火焰脚，画神人为女子形，露发，朱袍，黑襕，立云气中，持莲荷，外仗角、亢以下七旗，并青质，青火焰脚。角宿绘二星，下绘蛟。

亢宿旗，青质，赤火焰脚，画神人，冠五梁冠，素衣，朱袍，皂襕，皂带，黄裳，持黑笏子。外仗绘四星，下绘龙。

氐宿旗，青质，赤火焰脚，画神人，冠小冠，衣金甲，朱衣，绿包肚，朱拥项，白袴，左手杖剑，乘一鳖。外仗绘四星，下绘貉。

房宿旗，青质，赤火焰脚，画神人，乌巾，白中单，碧袍，黑襕，朱蔽膝，黄带，黄裙，朱舄，左手仗剑。外仗绘四星，下绘兔。

心宿旗，青质，赤火焰脚，画神人，冠五梁冠，朱袍，皂襕，右手持杖。外仗绘三星，下绘狐。

尾宿旗，青质，赤火焰脚，画神人，冠束发冠，素衣，黄袍，朱裳，青带，右手杖剑，左手持弓。外仗绘九星，下绘虎。

箕宿旗，青质，赤火焰脚，画神人，乌巾，衣浅朱袍，皂襕，杖剑，乘白马于火中。外仗绘四星，下绘豹。

斗宿旗，青质，赤火焰脚，画神人，被发，素腰裙，朱带，左手持杖。外仗斗牛以下七旗，并黑质，黑火焰脚。斗宿绘六星，下绘獬。

牛宿旗，青质，赤火焰脚，画神人，牛首，皂襕，黄裳，皂舄。外仗绘六星，下绘牛。

女宿旗，青质，赤火焰脚，画神人，乌牛首，衣朱服，皂襕，黄带，乌靴，左手持莲。外仗绘四星，下绘蝙。

虚宿旗，青质，赤火焰脚，画神人，被发裸形，坐于瓮中，右手持一珠。外仗绘二星，下绘鼠。

危宿旗，青质，赤火焰脚，画神人，虎首，金甲，衣朱服，貔皮汗胯，青带，乌靴。外仗上绘三星，下绘燕。

室宿旗，青质，赤火焰脚，画神人，丫发，朱服，乘舟水中。外仗绘二星，下绘猪。

壁宿旗，青质，赤火焰脚，绘神人为女子形，被发，朱服，皂襕，绿带，白裳，乌舄。外仗绘二星，下绘貐。

奎宿旗，青质，赤火焰脚，画神人，狼首，朱服，金甲，绿包肚，白汗胯，黄带，乌靴，仗剑。外仗奎、娄以下七旗，并素质，素火焰脚。奎宿绘十六星，下绘狼。

娄宿旗，青质，赤火焰脚，绘神人，乌巾，素衣，皂袍，朱蔽膝，黄带，绿裳，乌舄，左手持乌牛角，右手杖剑。外仗绘三星，下绘狗。

胃宿旗，青质，赤火焰脚，绘神人，被发，裸形，披豹皮白腰裙，黄带，右手杖剑。外仗绘三星，下绘雉。

昴宿旗，青质，赤火焰脚，绘神人，黄牛首，朱服，皂襕，黄裳，朱舄，左手持如意。外仗绘七星，下绘鸡。

毕宿旗，青质，赤火焰脚，绘神人，作鬼形，朱裩，持黑杖，乘赤马，行于火中。外仗上绘八星，下绘乌。

觜宿旗，青质，赤火焰脚，绘神人，冠缁布冠，朱服，皂襕，绿裳，持一莲，坐于云气中。外仗绘三星，下绘猴。

参宿旗，青质，赤火焰脚，绘神人，被发，衣黄袍，绿裳，朱带，朱舄，左手持珠。外仗上绘十星，下绘猿。

井宿旗，青质，赤火焰脚，绘神人，乌巾，素衣，朱袍，皂襕，坐于云气中，左手持莲。外仗井、鬼以下七旗，并赤质，赤火焰脚。井宿绘八星，下绘犴。

鬼宿旗，青质，赤火焰脚，绘神人作女子形，被发，素衣，朱袍，黄带，黄裳，乌舄，右手持杖。外仗绘五星，下绘羊。

柳宿旗，青质，赤火焰脚，绘神人作女子形，露髻，朱衣，黑襕，黄裳，皂舄，抚一青龙。外仗绘八星，下绘獐。

星宿旗，青质，赤火焰脚，绘神人，冠五梁冠，浅朱袍，皂襕，青带，黄裳，乌舄，持黄称。外仗绘七星，下绘马。

张宿旗，青质，赤火焰脚，绘神人，衣豹皮，朱带，素靴，右手杖剑，坐于云气中。外仗绘六星，下绘鹿。

翼宿旗，青质，赤火焰脚，绘神人，冠道冠，皂袍，黄裳，朱蔽膝，仗剑，履火于云气中。外仗绘二十二星，下绘蛇。

轸宿旗，青质，赤火焰脚，绘神人，冠道冠，衣朱袍，黄带，黄裳，左手持书。外仗绘四星，下绘蚓。

日旗，青质，赤火焰脚，绘日于上，奉以云气。

月旗，青质，赤火焰脚，绘月于上，奉以云气。

祥云旗，青质，赤火焰脚，绘五色云气。

合璧旗，青质，赤火焰脚，绘云气日月。

连珠旗，青质，赤火焰脚，绘五星。

东岳旗，青质，赤火焰脚，绘神人，冠七梁冠，黄襕，青袍，绿裳，白中单，素蔽膝，执圭。

南岳旗，赤质，青火焰脚，绘神人，冠七梁冠，黑襕，绯袍，绿裳，黄中单，朱蔽膝，执圭。

中岳旗，黄质，青火焰脚，绘神人，冠七梁冠，皂襕，黄袍，绿裳，白中单，朱蔽膝，执圭。

西岳旗，白质，赤火焰脚，绘神人，冠七梁冠，青襕，白袍，绯裳，白中单，素蔽膝，执圭。

北岳旗，黑质，赤火焰脚，绘神人，冠七梁冠，红襕，皂袍，绿裳，白中单，素蔽膝，执圭。

江渎旗，赤质，青火焰脚，绘神人，冠七梁冠，青襕，朱袍，跨赤龙。

河渎旗，黑质，赤火焰脚，绘神人，冠七梁冠，皂襕，黄袍，跨青龙。

淮渎旗，素质，赤火焰脚，绘神人，冠七梁冠，皂襕，素袍，乘青鲤。

济渎旗，青质，赤火焰脚，绘神人，冠七梁冠，皂襕，青袍，乘一鳖。

天下太平旗，赤质，青火焰脚，错采为字。

皇帝万岁旗，赤质，青火焰脚，错采为字。

吏兵旗，黑质，赤火焰脚，绘神人，具甲兜鍪、绿臂鞲，杖剑。

力士旗，白质，赤火焰脚，绘神人，武士冠，绯袍，金甲，汗胯，皂履，执戈盾。

东天王旗，青质，赤火焰脚，绘神人，武士冠，衣金甲，绯裲裆，右手执戟，左手捧塔，履石。

南天王旗，赤质，青火焰脚，绘神人，冠服同前。

西天王旗，白质，赤火焰脚，绘神人，冠服同前。

北天王旗，黑质，赤火焰脚，绘神人，冠服同前。

大神旗，黄质，黄火焰脚，详见牙门旗下。

牙门旗，赤质，赤火焰脚，绘神人，冠武士冠，铠甲，裲裆，衬肩，包脚，汗胯，束带，长带，大口袴，执戈戟。

金鼓旗，黄质，黄火焰脚，书金鼓字。

朱雀旗，赤质，赤火焰脚，绘朱雀，其形如鸾。

玄武旗，黑质，黑火焰脚，绘龟蛇。

青龙旗，青质，赤火焰脚，绘蹲龙。

白虎旗，白质，赤火焰脚，绘蹲虎。

龙君旗，青质，赤火焰脚，绘神人，冠通真冠，服青绣衣，白裙，朱履，执戟，引青龙。

虎君旗，白质，赤火焰脚，绘神人，冠流精冠，服素罗绣衣，朱裙，朱履，执斩蛇剑，引白虎。

大黄龙负图旗，青质，青火焰脚，绣复身黄龙，背八卦。

小黄龙负图旗，赤质，青火焰脚，绘复身黄龙，背八卦。

五色龙旗，五色质，五色直脚，无火焰。

大四色龙旗，青赤黄白四色质，具火焰脚。

小四色龙旗，制同大四色，直脚，无火焰脚。

应龙旗，赤质，赤火焰脚，绘飞龙。

金鸾旗，赤质，火焰脚，绘鸾而金色。

鸾旗，制同前，而绘以五采。

金凤旗，赤质，青火焰脚，绘凤而金色。

凤旗，制同前，而绘以五采。

五色凤旗，五色质，五色直脚，无火焰。

大四色凤旗，青赤黄白四色质，火焰脚，色随其质，绘凤。

小四色凤旗，制同前，直脚，无火焰。

玉马旗，赤质，青火焰脚，绘白马，两膊有火焰。

駃騠旗，赤质，青火焰脚，绘白马。

飞黄旗，赤质，赤火焰脚，形如马，色黄，有两翼。

䮷䮫旗，青质，青火焰脚，绘兽形如马，白首，虎文，赤尾。

龙马旗，赤质，青火焰脚，绘龙马。

麟旗，赤质，青火焰脚，绘麒麟。

飞麟旗，赤质，青火焰脚，绘飞麟，其形五色身，朱翼，两角，长爪。

黄鹿旗，赤质，青火焰脚，绘兽如鹿，而色深黄。

兕旗，赤质，青火焰脚，绘兽似牛，一角，青色。

犀牛旗，赤质，青火焰脚，绘犀牛。

金牛旗，赤质，青火焰脚，绘兽形如牛，金色。

白狼旗，赤质，青火焰脚，绘白狼。

辟邪旗，赤质，赤火焰脚，绘兽形似鹿，长尾，二角。

赤熊旗，赤质，赤火焰脚，绘兽如熊，色黄。

三角兽旗，赤质，赤火焰脚，绘兽，其首类白泽，绿发，三角，青质，白腹，跋尾绿色。

角端旗，赤质，赤火焰脚，绘兽如羊而小尾，顶有独角。

驺牙旗，赤质，青火焰脚，绘兽形似麋，齿前后一齐。

太平旗，赤质，青火焰脚，金描莲花四，上金书天下太平字。

鵔𪆟旗，赤质，青火焰脚，绘鸟似山鸡而小，冠背黄，腹赤，项绿，尾红。

苍乌旗，赤质，青火焰脚，绘鸟如乌而色苍。

白泽旗，赤质，赤火焰脚，绘兽虎首朱发而有角，龙身。

东方神旗，绿质，赤火焰脚，绘神人，金兜牟，金铠甲，杖剑。（已下四旗，所绘神同。）

西方神旗，白质，赤火焰脚。

中央神旗，黄质，赤火焰脚。

南方神旗，赤质，青火焰脚。

北方神旗，黑质，赤火焰脚。

凡立仗诸旗，各火焰脚三条，色与质同，长一丈五尺，杠长二丈一尺。牙门、太平、万岁，质长一丈，横阔五尺。日、月、龙君、虎君，横竖并八尺。余旗并竖长八尺，横阔六尺。

车辐，朱漆，八稜，施以铜钉，形如柯舒。

吾杖，朱漆，金饰两末。

镫杖，朱漆棒首，标以金涂马镫。

殳，制如矟而短，黑饰两末，中画云气，上缀朱丝拂。

骨朵，朱漆棒首，贯以金涂铜锤。

列丝骨朵，制如骨朵，加纽丝丈。

卧瓜，制形如瓜，涂以黄金，卧置，朱漆棒首。

立瓜，制形如瓜，涂以黄金，立置，朱漆棒首。

长刀，长丈有奇，阔上窄下，单刃。

仪刀，制以银，饰紫丝吩锴。

横刀，制如仪刀而曲，鞘以沙鱼皮，饰絛革吩锴。

千牛刀，制如长刀。

剑，班鞘，饰以沙鱼皮，剑口两刃。

班剑，制剑，鞘黄质，紫班文，金铜装，紫丝吩锴。

刀盾之刀，制如长刀而柄短，木为之，青质有环，紫丝吩锗。

刀盾之盾，制以木，赤质，画异兽，执人右刀左盾。

朱滕络盾，制同而朱其质。

绿滕络盾，制同而绿其质。

戟，制以木，有枝，涂以黄金，竿以朱漆。

小戟飞龙掌，制如戟，画云气，上缀飞掌，垂五色带，末有铜铃，掌下方而上两角微撱，绘龙于其上。

钑戟，制如戟，无飞掌而有横木。

矟，制以木，黑质，画云气，上刻刃，涂以青，五色矟并同而质异。

檟，制如戟，锋两旁微起，下有镈锐。

叉，制如戟而短，青饰两末，中白，画云气，上缀红丝拂。

斧，双刃，斧贯于朱漆竿首。

钺，金涂铁钺，单刃，脑后系朱拂，朱漆竿。

劈正斧，制以玉，单刃，金涂柄，银镈。

仪锽斧，制如斧，刻木为之，柄以朱，上缀小锦旛，五色带。

弓矢。

弩，制如弓而有臂。

服，制以虎豹皮，或暴绿文，金铜装。

鞎，制以黑革。

箙，弩矢室。

象鞴鞍，五采装明金木莲花座，绯绣攀鞍绦，紫绣襜褥红锦屉，鍮石莲花跋尘，锦缘毡盘，红犛牛尾缨拂，并胸攀鞦。攀上各带红犛牛尾缨拂，鍮石胡桃钹子，杏叶铰具，绯皮辔头铰具。莲花座上，金涂银香炉一。元初，既定占城、交趾、真腊，岁贡象，育于析津坊海子之阳。行幸则蕃官骑引，以导大驾，以驾巨辇。

驼鼓，设金装铰具，花罽鞍褥橐篋，前峰树皂纛，或施采旗，后峰树小旗，络脑、当胸、后鞦，并以毛组为辔勒，五色瓘玉，毛结缨络，周缀 铜铎小镜，上施一面有底铜㧜小鼓，一人乘之，系以毛绳。凡行幸，先鸣鼓于驼，以威振远迩，亦以试桥梁伏水而次象焉。

骡鼓，制似驼而小。

马鼓，辔勒、后勒、当胸，皆缀红缨拂铜铃，杏叶铰具，金涂钯，上插雉尾，上负四足小架，上施以华鼓一面，一人前引。凡行幸，负鼓于马以先驰，与纛并行。

诞马，缨辔绯凉铁。

御马，鞍辔缨复全。

珂马，铜面，雉尾鼻拂，胸上缀铜杏叶、红丝拂，又胸前腹下，皆有攀，缀铜铃，后有跋尘，锦包尾。

崇天卤簿

中道。

顿递队：象六，饰以金装莲座，香宝鞍韂韬辔罽勒，犛牛尾拂，跋尘，铰具。导者六人，驭者南越军六人，皆弓花角唐帽，绯絁销金襖衫，镀金束带，乌靴，横列而前行。次驼鼓九，饰以镀金铰具，辔饰罽笼旗鼓缨枪。驭者九人，服同驭象者，中道相次而行。次舍人二人，四品服，骑分左右，夹驼而行。次青衣二人，武弁，青絁衫，青勒帛，青靴，执青杖。次清道官四人，本品服，骑。次信旛二，执者二人，引护者四人，武弁，黄絁生色宝相花袍，黄勒帛，黄靴。次骡鼓六，饰骡以镀金铰具，辔罽笼旗鼓缨枪。驭者六人，服同驭驼者。次告止旛二，执者二人，引护者四人，武弁，绯絁生色宝相花袍，红勒帛，红靴。次传教旛二，执者二人，引护者四人，武弁，黄絁生色宝相花袍，黄勒帛，黄靴，并分左右。次桥道顿递使一人，本品服，骑。中道，舍人、清道官、桥道顿递使从者凡七人，锦帽，紫襖衫，小银束带，行滕鞋袜。（后凡从者之服，皆同此。）

纛矟队：金吾将军二人，交角幞头，绯罗绣抹额，紫罗绣辟邪裲裆，红锦衬袍，锦螣蛇，金带，乌靴，横刀，佩符，骑，分左右。次弩而骑者五人，锦帽，青絁生色宝相花袍，铜带，绿云靴。次矟而骑者五人，锦帽，绯絁生色宝相花袍，铜带，朱云靴。次纛一，执者一人，夹者四人，护者二人，皆锦帽，紫生色宝相花袍，镀金带，紫云靴。押纛官二人，皆骑，本品服。次马鼓四，饰如骡鼓，驭者四人，服同御骡。次佩弓矢而骑者五人，服同执弩者。押衙四人，骑而佩剑，锦帽，紫絁生色宝相花袍，镀金带，云头靴，稯矟者四人，骑，锦帽，绯絁生色宝相花袍，铜带，朱靴。控马八人，锦帽，紫衫，银带，乌靴。次矟而骑者五人，服佩同执弩者。金吾将军、押纛官从者四人，服同前队。

朱雀队：舍人一人，四品服，骑而前。次朱雀旗一，执者一人，引护者四人，锦帽，绯絁生色凤花袍，铜带，朱云靴，皆佩剑而骑，护者加弓矢。次金吾折冲一人，交角幞头，绯絁绣抹额，紫罗绣辟邪裲裆，红锦衬袍，金带，锦螣蛇，乌靴，横刀，佩弓矢而骑，帅甲骑凡二十有五，弩五人，次弓五人，次矟五人，次弓五人，次矟五人，皆冠甲骑冠，朱画甲，青勒甲绦，镀金环，白绣汗胯，束带，红靴，带弓箭器仗，马皆朱甲、具装珂饰全。舍人、金吾折冲从者凡二人，服同前队。

十二旗队：舍人一人，四品服，骑而前。金吾果毅二人，交角幞头，绯罗绣抹额，紫罗绣辟邪裲裆，红锦衬袍，金带锦螣蛇，乌靴，横刀，佩弓矢，骑分左右。帅引旗骑士五，皆锦帽，黄生色宝相花袍，银带，乌靴。次风伯旗左，雨师旗右，雷公旗左，电母旗右，执者四人，骑，青甲骑冠，绿甲，青勒甲绦，镀金环，白绣汗胯，束带，青云靴，马皆青甲珂饰。次五星旗五，执者五人，甲骑冠，五色画甲，青勒甲绦，镀金环，白绣汗胯，束带，五色靴，马甲如其甲之色，珂饰。次北斗旗一，执者一人，甲骑冠，紫画甲，青勒甲绦，镀金环，白绣汗胯，束带，紫云靴，马甲随其甲之色，珂饰。左右摄提旗二，执者二人，甲骑冠，朱画甲，青勒甲绦，镀金环，白绣汗胯，束带，红云靴，马朱甲，珂饰。执副竿者二人，骑，锦帽，黄生色宝相花袍，银带，乌靴。执矟而护者五人，骑，服同执副竿者。舍人、金吾果毅从者凡三人，服同前队。

门旗队：舍人二人，四品服。监门将军二人，皆交角幞头，绯絁绣抹额，紫罗绣狮子裲裆，红锦衬袍，金带，乌靴，横刀，佩弓矢，骑，马甲、珂饰全。次门旗二，执者二人，锦帽，绯絁生色狮子文袍，铜革带，红云靴，剑而骑。引护者四人，服佩同执人，而加弓矢，骑。次监门校尉二人，骑，服佩同监门将军，分左右行。次鸾旗一，执者一人，引护者四人，锦帽，五色絁生色瑞鸾花袍，束带，五色云靴，佩剑，护人加弓矢，皆骑。舍人、监门将军、监门校尉从者凡六人，服同前队。

云和乐：云和署令二人，朝服，骑，分左右。引前行，凡十有六人，戏竹二，排箫四，箫管二，龙笛二，板二，歌工四，皆展角花幞头，紫絁生色云花袍，镀金带，紫靴。次琵琶二十，筝十有六，箜篌十有六，纂十有六，方响八，头管二十有八，龙笛二十有八，已上工百三十有二人，皆花幞头，绯絁生色云花袍，镀金带，朱靴。次杖鼓三十，工人花幞头，黄生色花袄，红生色花袍，锦臂鞲，镀金带，乌靴。次板八，工人服色同琵琶工人。次大鼓二，工十人，服色同杖鼓工人。云和署令从者二人，服同前队。

殿中黄麾队：舍人二人，四品服。殿中侍御史二人，本品服，皆骑。次黄麾一，执者一人，夹者二人，骑，武弁，绯絁生色宝相花袍，红勒帛，红云靴。舍人、殿中侍御史从者凡四人，服同前队。

太史钲鼓队：太史一人，本品服，骑。引交龙䃥鼓左，金钲右，舁四人，工二人，皆武弁，绯絁生色宝相花袍，红勒帛，红靴。次司辰郎一人，左，典事一人，右，并四品服，骑。太史、司辰郎、典事从者三人，服同前队。

武卫钑戟队：武卫将军一人，交角幞头，绯罗绣抹额，紫罗绣瑞鹰裲裆，红锦衬袍，锦䐐蛇，金带，横刀，骑。领五色绣旛一，金节八，罕右，罼左，朱雀、青龙、白虎幢三，横布导盖一，中道叉四。武卫果毅二人，服佩同武卫将军。钑二十，戟二十，徒五十有九人，武弁，绯絁生色宝相花袍，红勒帛，红靴。武卫将军、武卫果毅从者凡三人，服同前队。

龙墀旗队：舍人二人，四品服。中郎将二人，服佩同钑戟队武卫将军，骑，分左右。帅骑士凡二十有四人，执旗者八人。天下太平旗，中道，中岳帝旗左，中央神旗右。次日旗左，月旗右。次祥云旗二，分左右。次皇帝万岁旗，中道。执人皆黄絁巾，黄絁生色宝相花袍，黄勒帛，黄云靴，横刀，引者八人，青絁巾，青絁生色宝相花袍，青勒帛，青云靴，横刀，执弓矢。护者八人，绯絁巾，绯絁生色宝相花袍，红勒帛，红云靴，横刀，执弓矢。舍人、中郎将从者凡四人，服同前队。

御马队：舍人二人，四品服。引左右卫将军二人，绯罗绣抹额，紫罗绣瑞马裲裆，红锦衬袍，锦䐐蛇，金带，乌靴，横刀，皆骑，分左右行。御马十有二匹，分左右，饰以缨辔鞍复。驭士控鹤二十有四人，交角金花幞头，红锦控鹤袄，金束带，鞠鞋。次尚乘奉御二人，四品服，骑，分左右行。舍人、左右卫将军从者四人，服同前队。

拱卫控鹤第一队：拱卫指挥使二人，本品服，骑，分左右。帅步士凡二百五十有二人，负剑者三十人，次执吾杖者五十人，次执斧者五十人，次执镫杖者六十人，次执列丝骨朵者三十人，皆分左右。次携金水瓶者一人，左，金盆者一人，右。次执列丝骨朵者三十人，皆分左右，皆金缕额交角幞头，青质孙控鹤袄，涂金荔枝束带，鞠鞋。拱卫指挥使从者二人，服同前队。

安和乐：安和署令二人，本品服，骑，分左右行。领押职二人，弓角凤翅金花幞头，红质孙加襕袍，金束带，花靴。次扎鼓八，为二重，次和鼓一，中道，次板二，次龙笛四，次头管二，次羌笛二，次笙二，次綏二，左右行，次云璈一，中道，工二十有四人，皆弓角凤翅金花幞头，红锦质孙袄，金荔枝束带，花靴。从者二人，服同前队。

金吾援宝队：舍人二人，四品服。引金吾将军二人，交角幞头，绯罗绣抹额，紫罗绣辟邪裲裆，红锦衬袍，锦䐐蛇，横刀，佩弓矢，皆骑，分左右。前引驾十二重，甲士一十二骑，弩四，次弓四，次矟四，为三重。次香案二，金炉、合各二，分左右，舁士十有六人，侍香二人，骑而从。次典瑞使二人，本品服，骑而左右引八宝。受命宝左，传国宝右，次天子之宝左，皇帝之宝右，次天子行宝左，皇帝行宝右，次天子信宝左，皇帝信宝右。每舆宝盝，销金蒙复，衬复，案舆红销金衣，龙头竿，结绶，舁士八人，朱团扇四人，凡九十有六人，皆交角金花幞头，青红锦质孙袄，每舆前青后红，金束带，鞠鞋。援宝三十人，交角金花幞头，窄紫衫，销金红汗胯，金束带，乌鞋，执金缕黑杖。次符宝郎二人，四品服，骑，分左右。次金吾果毅二人，服佩同金吾将军，骑，分左右。次矟四人，次弓四人，次弩四人，为三重。舍人、金吾将军、侍香、典瑞使、符宝郎、金吾果毅从者凡十有二人，服同前队。

殿中伞扇队：舍人二人，四品服，骑，分左右。领骑而执旗者四人，日月合璧旗左，五星连珠旗右，次金龙旗左，金凤旗右，黄絁巾，黄絁生色宝相花袍，黄勒帛，黄靴，佩剑。骑而引旗者四人，青絁巾，青絁生色宝相花袍，青勒帛，青靴，佩剑，执弓矢。骑而护旗者四人，红絁巾，红絁生色宝相花袍，红勒帛，红靴，佩剑，执弓矢。次朱团扇十有六，次小雉扇八，次中雉扇八，次大雉扇八，为十重，重四人。次曲盖二，红方伞二，次紫方伞二，次华盖二，次大伞二，执者五十人，武弁，红絁生色宝相花袍，红勒帛，红靴。舍人从者二人，服同前队。

控鹤围子队：围子头一人，执骨朵，由中道，交角幞头，绯锦质孙袄，镀金荔枝带，鞠鞋。领执围子十有六人，分左右，交角金花幞头，白衬肩，青锦质孙袄，镀金荔枝带，鞠鞋。次朱伞，中道，次金脚踏左，金椅右，服如围子头。拱卫指挥使一人，本品服，骑，中道。控鹤二十人，服同上。拱卫指挥使从者二人，服同前队。

天乐一部：天乐署令二人，本品服，骑，分左右。领押职二人，弓角凤翅金花幞头，红锦质孙袄，加襕，金束带，花靴。次琵琶二，箜篌二，火不思二，板二，筝二，胡琴二，笙二，头管二，龙笛一，响铁一，工十有八人，徒二人，皆弓角凤翅金花幞头，红锦质孙袄，镀金束带，花靴。

控鹤第二队：佥拱卫司事二人，本品服，骑，分左右。帅步士凡七十有四人，执立瓜者三十有六人，分左右，次捧金杌一人左，鞭桶一人右，次蒙鞍一人左，伞手一人右，次执立瓜者三十有四人，分左右，皆交角金花幞头，绯锦质孙袄，镀金荔枝带，鞠鞋。佥拱卫司事从者二人，服同前队。

殿中导从队：舍人二人，四品服，骑，左右。引香镫案一，黄销金盘龙衣，金炉合，结绶，龙头竿，舁者十有二人，交角金花幞头，红锦质孙控鹤袄，镀金束带，鞾鞋。侍香二人，骑，分左右。次警跸三人，交角幞头，紫窄袖衫，镀金束带，乌靴。次舍人二人，四品服，骑。引天武官二人，执金钺，金凤翅兜牟，金锁甲，青勒甲绦，金环绣汗胯，金束带，马珂饰。次金骨朵二，次幢二，次节二，分左右。次金水盆左，金椅右，次蒙复左，副执椅右，次金水瓶、鹿卢左，销金净巾右。次金香球二，金香合二，分左右。次金唾壶左，金唾盂右。金拂四，扇十，分左右。次黄伞，中道，伞衣从。凡骑士三十人，服如警跸，加白绣汗胯。步卒四人，（执椅二人，蒙复一人，伞衣一人。）服如舁香镫徒。舍人、天武官从者凡六人，服同前队。

控鹤第三队：拱卫直钤辖二人，本品服，骑。引执卧瓜八十人，服如第二队。

导驾官：引进使二人，分左右前行。次给事中一人左，起居注一人右，侍御史一人左，殿中侍御史一人右，次翰林学士一人左，集贤学士一人右，次御史中丞一人左，同知枢密院事一人右，次御史大夫一人左，知枢密院事一人右。次侍仪使四人，中书侍郎二人，黄门侍郎二人，侍中二人，皆分左右。次仪仗使一人左，卤簿使一人右。次礼仪使二人，分左右。持劈正斧一人，中道。次大礼使一人左，太尉一人右，皆本品服，骑。从者三十人，惟执劈正斧官从者二人，服同前队。

羽林宿卫：舍人二人，四品服，前行。次羽林将军二人，交角幞头，绯罗绣抹额，紫罗绣瑞鹰裲裆，红锦衬袍，锦螣蛇，金带，乌靴，横刀，佩弓矢，皆骑，分左右。领宿卫骑士二十人，执骨朵六人，次执短戟六人，次执斧八人，皆弓角金凤翅幞头，紫袖细褶辫线袄，束带，乌靴，横刀。舍人、羽林将军从者凡四人，服同前队。

检校官：（分布中道之外，外仗之内。）顿递队，监察御史二人，本品服。次纛矟队，循仗检校官二人。次朱雀队，金吾中郎将二人，皆交角幞头，绯罗绣抹额，紫罗绣辟邪裲裆，红锦衬袍，锦螣蛇，金带，乌靴，佩仪刀，加弓矢。次十二旗队，兵部侍郎二人，本品服。次门旗队，纠察仪仗官二人，本品服。次云和乐部，金吾将军二人，服佩如金吾中郎将。知队仗官二人，本品服。次武卫钑戟队，监察御史二人，本品服。次外道左右牙门巡仗，监门中郎将二人，交角幞头，绯罗绣抹额，紫罗绣狮子裲裆，红锦衬袍，锦螣蛇，金带，乌靴，佩仪刀，弓矢。次金吾援宝队，兵部尚书二人，次巡仗检校官二人。次殿中伞扇队，监察御史二人，次礼部尚书二人，皆本品服．次围子队，知队仗官二人．次金吾大将军二人，服同金吾将军，各犦矟从。次殿中导从队，纠察仪仗官二人。次巡仗检校官二人。次羽林宿卫队，左点检一人左，右点检一人右，紫罗绣瑞麟裲裆，余同金吾大将军。领大黄龙负图旗二，执者二人，夹者八人，骑，锦帽，五色絁巾，五色絁生色云龙袍，涂金束带，五色云靴，佩剑，夹者加弓矢，并行中道。控鹤外，外仗内。前后检校，仗内知班六人，展角幞头，紫窄衫，涂金束带，乌靴。承奉班都知一人，太常博士一人，皆朝服，骑，同检校官。前后巡察宿直将军八人，服佩同左右点检，夹辂检校三卫。

陪辂队：诞马二匹，珂饰，缨辔，青屉。乘黄令二人，本品服，分左右。次殿前将军二人，交角幞头，绯罗绣抹额，紫罗绣辟邪裲裆，红锦衬袍，锦螣蛇，金带，乌靴，横刀，骑。玉辂，太仆卿驭，本品服。千牛大将军骖乘，交角幞头，红抹额，绣瑞牛裲裆，红锦衬袍，锦螣蛇，金带，乌靴，横刀。左右卫将军，服如千牛大将军，惟裲裆绣瑞虎文。陪辂辂马六匹，珂饰，缨辔，青屉，牵套鞶带。步卒凡八十有二人，驭士四人，驾士六十有四人，行马二人，踏道八人，推竿二人，托叉一人，梯一人，皆平巾，青帻，青绣云龙花袍，涂金束带，青靴。教马官二人，进辂职长二人，皆本品服。夹辂将军二人，金凤翅兜牟，金锁甲，绦环，绣汗胯，金束带，绿云花靴。青沥水扇二。次千牛备身二人，皆分左右，交角幞头，绯罗绣抹额，紫罗绣瑞牛裲裆，红锦衬袍，金带，乌靴，横刀，佩弓矢。献官二人，殿中监六人，内侍十人，皆本品朝服，骑，分左右。千牛备身后，骑而执弓矢者十人，尚衣奉御四人，尚食奉御二人，尚药奉御二人，皆骑，本品服。次腰舆，黄纻丝销金云龙蒙复，步卒凡十有三人，舁八人，道扇四人，黄伞一人，皆交角金花幞头，红质孙控鹤袄，金束带，鞾鞋。尚舍奉御二人，骑左，尚辇奉御二人，骑右，皆朝服。从者三十有四人，服同前队。

大神牙门旗队：都点检一人，骑，交角幞头，绯罗绣抹额，紫罗绣瑞麟裲裆，红锦衬袍。次监门大将军二人，分左右，骑，服如都点检，惟裲裆紫绣狮文。门凡三重。亲卫郎将帅甲士，分左右，夹辂而阵，绕出辂后，合执氅者二，为第一门。翊卫郎将帅护尉，夹亲卫而阵，绕出辂后，合为第二门，监门校尉二人，骑。左右卫大将军帅甲士，执五色龙凤旗，夹护尉而阵，绕出辂后，合牙门旗二，为第三门，监门校尉二人主之。服色详见外仗。

云和乐后部：云和署丞二人，本品服，骑，分左右。领前行，戏竹二，排箫二，箫管二，歌工二，凡十人，皆骑，花幞头，紫絁生色花袍，涂金带，乌靴。次琵琶四，筝四，箜篌四，纂四，头管六，方响二，龙笛六，杖鼓十，工四十人，皆骑，服同上，惟絁色红。从者二人，服同前队。

后黄麾队：玄武幢一，绛麾二，徒三人，皆武弁，紫絁生色龟云花袍，紫罗勒帛，紫靴。次黄麾，执者一人，夹者二人，皆骑。豹尾一，执者一人，夹者二人，皆骑，武弁，紫生色宝相花袍，紫勒帛，紫靴。

玄武黑甲掩后队：金吾将军一人，骑，中道，交角幞头，绯罗绣抹额，紫罗绣辟邪裲裆，红锦衬袍，金带，锦螣蛇，乌靴，佩刀。后卫指挥使二人，骑，分左右，服同各卫指挥使，帅甲骑五十有七人。玄武旗一，执者一人，夹者二人。小金龙凤黑旗二，执者二人，皆黑兜牟，金饰，黑甲绦环，汗胯，束带，靴，带弓矢器仗，马黑金色狮子甲，珂饰。矟四十人，弩十人，黑兜牟，黑甲绦环，汗胯，束带，靴，带弓矢器仗，马黑甲，珂饰。执卫司犦矟二人，锦帽，紫生色辟邪文袍，镀金带，乌靴。从者三人，服同前队。

外　仗

金鼓队：金鼓旗二，执者二人，引护者八人，皆五色絁巾，生色宝相花五色袍，五色勒帛，靴，佩剑，引护者加弓矢，分左右。次折冲都尉二人，交角幞头，绯罗绣抹额，紫罗绣辟邪裲裆，红锦衬袍，金带，锦螣蛇，骑。帅步士凡百二十人，鼓二十四人，钲二十四人，并黄絁巾黄絁生色宝相花袍，黄勒帛，黄靴。角二十四人，红絁巾，红絁生色宝相花袍，红勒帛，红靴。车辐棒二十四人，长刀二十四人，并金饰青兜牟，青甲條环，白绣汗胯，束带，青云靴。

清游队：舍人二人，四品服，骑导。金吾折冲二人，交角幞头，绯罗绣抹额，紫罗绣辟邪裲裆，红锦衬袍，金带，锦螣蛇，横刀，佩弓矢，骑，分左右，帅步士凡百有十人。白泽旗二，执者二人，引护者八人。次执弩二十人，次执矟二十人，次执弓二十人，次执矟二十人，次执弓二十人，皆甲骑冠，金饰，绿画甲條环，白绣汗胯，束带，绿云靴，佩弓矢器仗，马金饰朱画甲，珂饰，分左右。

佽飞队：铁甲佽飞，执矟者十有二人，甲骑冠，铁甲，佩弓矢器仗，马铁甲，珂饰。次金吾果毅二人，交角幞头，绯絁绣抹额，紫罗绣辟邪裲裆，红锦衬袍，金带，锦螣蛇，横刀，弓矢，骑。次虞候佽飞，执弩二十人，锦帽，红生色宝相花袍，涂金带，乌靴。

殳仗前队：领军将军二人，交角幞头，绯絁绣抹额，紫罗绣白泽裲裆，红锦衬袍，金带，锦螣蛇，乌靴，横刀，骑。帅步士五十人，执殳二十五人，执叉二十五人，错分左右，皆五色絁生色巾，宝相花五色袍，五色勒帛，五色云头靴。领军将军从者二人，锦帽，紫褛衫，小银束带，行縢，鞋袜。

诸卫马前队：舍人二人，四品服骑导。左右卫郎将二人，交角幞头，绯絁绣抹额，紫绣瑞马裲裆，红锦衬袍，金带，锦螣蛇，乌靴，横刀，佩弓矢，骑，分左右，帅骑士百五十有六人。前辟邪旗左，应龙旗右，次玉马旗左，三角旗右，次黄龙负图旗左，黄鹿旗右，次飞麟旗左，駃騠旗右，次鸾旗左，凤旗右，次飞黄旗左，麒麟旗右，执旗十有二人，生色黄袍，巾，勒帛，靴。引旗十有二人，服同执人，惟袍色青。护旗十有二人，生色红袍，巾，勒帛，靴。执弓六十人，锦帽，青生色宝相花袍，涂金带，乌靴。执矟六十人，服如执弓者，惟袍色红。每旗，弓五，矟五。从者四人，服同前队。

二十八宿前队：舍人二人，四品服，骑导。领军将军二人，紫罗绣白泽裲裆，余如前队。左右卫郎将皆骑，帅步士百十有二人。前井宿旗左，参宿旗右，各五盾从。次鬼宿旗左，觜宿旗右，各五弓从。次柳宿旗左，毕宿旗右，各五盾从。次星宿旗左，昴宿旗右，各五盾从。次张宿旗左，胃宿旗右，各五弓从。次翼宿旗左，娄宿旗右，各五矠从。次轸宿旗左，奎宿旗右，各五盾从。执旗十有四人，生色黄袍，巾，勒帛，靴。引旗十有四人，服如执人，惟袍巾色青。护旗十有四人，服如执人，惟袍巾色红。执刀盾者三十人，弓矢者二十人，矠者二十人，皆五色兜牟，甲條环，白绣汗胯，束带，五色云靴。舍人、领军将军从者四人，服同前队。

左右领军黄麾仗前队：舍人二人，四品服，骑导。领军将军二人，服佩如二十八宿旗队领军将军，骑，分左右，帅步士凡一百五十人。绛引旛十，次龙头竿绣氅十，皆分左右。次江渎旗左，济渎旗右。次小戟十，次弓十，皆分左右。次南方神旗左，四方神旗右。次锽十，次绿縢络盾加刀十，皆分左右。次南岳帝旗左，西岳帝旗右。次龙头竿氅十，次朱縢络盾加刀十，皆分左右。次南天王旗左，西天王旗右。次小戟十，次弓十，皆分左右。次龙君旗左，虎君旗右。次锽十，次绿縢络盾加刀十，皆分左右。执人一百三十人，武弁，五色生色宝相花袍，勒帛，靴。引旗十人，青生色宝相花袍，巾，勒帛，靴。护旗十人，服同，惟袍巾色红。

殳仗后队：领军将军二人，骑，帅步士凡五十人。殳二十有五，叉二十有五，错分左右，服佩同前队。

左右牙门旗队：监门将军二人，骑，紫绣狮子裲裆，余如殳仗队领军将军之服佩。次牙门旗四，每旗执者一人，引夹者二人，并黄絁巾，黄絁生色宝相花袍，黄勒帛，黄云靴，皆骑。次监门校尉二人，骑，服佩同监门将军。从者四人，服同前队。

左右青龙白虎队：舍人二人，四品服，骑导。领军将军二人，服佩同殳仗队之领军将军，骑，分左右，帅甲士凡五十有六人，骑。青龙旗左，执者一人，夹者二人，从以执弩五人，弓十人，矟十人，皆冠青甲骑冠，青铁甲，青條金环，束带，白绣汗胯，青云靴。白虎旗右，执者一人，夹者二人，从以执弩五人，弓十人，矟十人，皆冠白甲骑冠，白铁甲，青條金环，束带，白绣汗胯，白云靴。舍人、领军将军从者四人，服同前队。

二十八宿后队：舍人二人，四品服，骑导。领军将军二人，骑，分左右，帅步士百十有二人。角宿旗左，壁宿旗右，各从以执弓者五人。次亢宿旗左，室宿旗右，各从以执矠者五人。次氐宿旗左，危宿旗右，各从以执盾者五人。次房宿旗左，虚宿旗右，各从以执弓者五人。次心宿旗左，女宿旗右，各从以执矠者五人。次尾宿旗左，牛宿旗右，各从以执盾者五人。次箕宿旗左，斗宿旗右，各从以执弓者五人。舍人、领军将军从者四人，执夹、引从服佩，皆同前队。

诸卫马后队：舍人二人，四品服，骑导。左右卫果毅都尉二人，骑，分左右，帅卫士百五十有六人。角端旗左，赤熊旗右，次兕旗左，太平旗右，次驨䴁旗左，驺牙旗右，次犀牛旗左，鵔鸡旗右，次苍乌旗左，白狼旗右，次龙马旗左，金牛旗右。舍人、左右卫果毅都尉从者四人，执夹、引从服佩，同前队。

左右领军黄麾后队：舍人二人，四品服，骑导。领军将军二人，骑，分左右，帅步士百六十人。龙头氅十，次朱縢络盾加刀十，皆分左右。次吏兵旗左，力士旗右。次小戟十，次弓十，皆分左右。次东天王旗左，北天王旗右。次锽十，次绿縢络盾加刀十，皆分左右。次东岳帝旗左，北岳帝旗右。次龙头竿氅十，次朱縢络盾加刀十，皆分左右。次东方神旗左，北方神旗右。次小戟十，次弓十，皆分左右。淮渎旗左，河渎旗右。次锽十，次绿縢络盾加刀十，皆分左右。次绛引旛十，分左右，掩后。舍人、领军将军从者四人，执夹服佩，并同前队。

左右卫仪刀班剑队：舍人二人，四品服，骑导。左右卫中郎将二人，交角幞头，绯罗绣抹额，紫罗绣瑞马裲裆，红锦衬袍，锦螣蛇，金带，乌靴，骑，分左右。帅步士凡四十人，班剑二十人，仪刀二十人，并锦帽，红生色宝相花袍，涂金束带，乌靴。舍人、左右卫中郎将从者四人，服同前队。

供奉宿卫步士队：供奉中郎将二，交角幞头，绯絁绣抹额，紫罗绣瑞马裲裆，红锦衬袍，锦螣蛇，金带，乌靴，横刀，佩弓矢，骑，分左右，帅步士凡五十有二人，执短戟十有二人，次执列丝十有二人，次叉戟十有二人，次斧十有六人，分左右，夹玉辂行。皆弓角金凤翅幞头，紫细折辫线袄，涂金束带，乌靴。

亲卫步士队：亲卫郎将二人，服同供奉中郎将，骑，分左右，帅步士凡百四十有八人。执龙头竿氅四人，次小戟十人，次氅二人，次仪锽十人，次氅二人，次小戟十人，次氅二人，次仪锽十人，次氅二人，次小戟十人，次氅二人，次仪锽十人，次氅二人，次小戟十人，次氅二人，次仪锽十人，次氅二人，次小戟十人，皆分左右，夹供奉宿卫队。次氅二人，次仪锽十人，次氅二人，次小戟十人，次氅二人，次仪锽十人，次氅二人，折绕宿卫队后，而合其端为第一门。士皆金兜牟，甲，青勒甲絛，金环，绿云靴。

翊卫护尉队：翊卫郎将二人，服同亲卫郎将，骑。帅护尉骑士百有二人，皆交角金花幞头，窄袖紫衫，红销金汗胯，涂金束带，乌靴。执金装骨朵，分左右，夹亲卫队行，折绕队后，而合其端为第二门。

左右卫甲骑队：左右卫大将军二人，服如翊卫郎将，帅骑士百人。执青龙旗五人左，青凤旗五人右。次青龙旗五人左，赤凤旗五人右。次黄龙旗五人左，黄凤旗五人右。次白龙旗五人左，白凤旗五人右。次黑龙旗五人左，黑凤旗五人右。次五色凤旗二十五居左，五色龙旗二十五居右，曲绕辂后，合牙门旗为第三门。士皆冠甲骑冠，金饰，朱画甲，青勒甲絛，镀金环，白绣汗胯，红靴，佩弓矢器仗，马青金毛狮子甲，珂饰。

左卫青甲队：左卫指挥使二人，骑，服紫罗绣雕虎裲裆，余同左右卫大将军，帅骑士三十有八人。执大青龙旗一人左，大青凤旗一人右，次小青龙旗一人左，小青凤旗一人右，次大青凤旗一人左，大青龙旗一人右，每旗从以持青矟者四人。次小青凤旗一人左，小青龙旗一人右，皆从以持青矟者三人。皆青兜牟，金饰青画甲，青绦，涂金环，汗胯，束带，靴，佩弓矢器仗，马青金毛狮子甲，珂饰。折绕陪门。

前卫赤甲队：前卫指挥使二人，骑，服佩同左卫指挥使，帅骑士凡四十有八人。执大赤凤旗一人左，大赤龙旗一人右。次小赤凤旗一人左，小赤龙旗一人右，次大赤龙旗一人左，大赤凤旗一人右，次小赤龙旗一人左，小赤凤旗一人右，每旗从以持朱矟者四人。次执大赤凤旗一人左，大赤龙旗一人右，皆从以持朱矟者三人。皆朱兜牟，金饰朱画甲，絛环，汗胯，束带，靴，佩弓矢器仗，马朱甲，珂饰。从者二人，服同前队。折绕陪门。

中卫黄甲队：中卫指挥使二人，骑，服同前卫指挥使，帅骑士凡五十有八人。执大黄龙旗一人左，大黄凤旗一人右，次小黄龙旗一人左，小黄凤旗一人右，次大黄凤旗一人左，大黄龙旗一人右，次小黄凤旗一人左，小黄龙旗一人右，次大黄龙旗一人左，大黄凤旗一人右，每旗从以持黄矟者四人。次小黄龙旗一人左，小黄凤旗一人右，皆从以持黄矟者三人。皆黄兜牟，金饰黄甲，絛环，汗胯，束带，靴，佩弓矢器仗，马黄甲，珂饰。从者二人，服同前队。折绕陪门。

右卫白甲队：右卫指挥使二人，骑，服同中卫指挥使，帅骑士凡七十有四人。执大白凤旗一人左，大白龙旗一人右，次小白凤旗一人左，小白龙旗一人右，次大白龙旗一人左，大白凤旗一人右，次小白龙旗一人左，小白凤旗一人右，次大白凤旗一人左，大白龙旗一人右，每旗从以持白矟者四人。次小白凤旗一人左，小白龙旗一人右，次大白龙旗一人左，大白凤旗一人右，皆从以持白矟者五人。皆兜牟，金饰白甲，絛环，汗胯，束带，靴，佩弓矢器仗，马白甲，珂饰。从者二人，服同前队。折绕陪门。

牙门四：监门中郎将二人，服佩同各卫指挥使，骑，分左右。次左卫，次前卫，次中卫，次右卫。牙门旗各二，色并赤。监门校尉各二人，骑，服佩同各卫之执旗者。从者十人，服同前队。

卷八十　　志第三十

舆服三

仪卫

殿上执事

挈壶郎二人，掌直漏刻，冠学士帽，服紫罗窄袖衫，涂金束带，乌靴。漏刻直御榻南。

司香二人，掌侍香，以主服御者（国语曰速古儿赤。）摄之，冠服同挈壶。香案二，在漏刻东西稍南。司香侍案侧，东西相向立。

酒人，凡六十人，主酒（国语曰答剌赤。）二十人，主湩（国语曰邻剌赤。）二十人，主膳（国语曰博儿赤。）二十人。冠唐帽，服同司香。酒海直漏南，酒人北面立酒海南。

护尉四十人，以质子在宿卫者摄之。（质子，国语曰睹鲁花。）冠交角幞头，紫梅花罗窄袖衫，涂金束带，白锦汗胯，带弓矢，佩刀，执骨朵，分立东西宇下。

警跸三人，以控鹤卫士为之。冠交角幞头，服紫罗窄袖衫，涂金束带，乌靴，捧立于露阶。每乘舆出入，则鸣其鞭以警众。

殿下执事

司香二人，亦以主服御者摄之，冠服同殿上司香。香案直露阶南，司香东西相向立。

护尉，凡四十人，以户郎（国语曰玉典赤。）二十人、质子二十人摄之，服同宇下护尉，夹立阶陛。

右阶之下，伍长凡六人，都点检一人，右点检一人，左点检一人。凡宿卫之人及诸门者、户者，皆属焉。（如怯薛歹、八剌哈赤、玉典赤之类是也。）殿内将军一人，凡殿内佩弓矢者、佩刀者、诸司御者皆属焉。（如火儿赤、温都赤之类是也。）殿外将军一人，宇下护尉属焉。宿直将军一人，黄麾立仗及殿下护尉属焉。右无常官，凡朝会，则以近侍重臣摄之。服白帽，白衲袄，行縢，履袜，或服其品之公服，恭事则侍立。舍人授以骨朵而易笏，都点检以玉，右点检以玛瑙，左点检以水精，殿内将军以玛瑙，殿外将军以水精，宿直将军以金。

左阶之下，伍长凡三人，殿内将军一人，殿外将军一人，宿直将军一人，冠服同右，恭事则侍立。舍人授以骨朵而易笏，殿内将军以玛瑙，殿外将军以水精，宿直将军以金。

司辰郎二人，一人立左楼上，服视六品，候时，北面而鸡唱；一人立楼下，服视八品，候时，捧牙牌趋丹墀跪报。露阶之下，左黄麾仗内，设表案一，礼物案一，舆士凡八人，每案四人。前二人冠缕金额交角幞头，绯锦宝相花窄袖袄，涂金束带，行縢，鞋袜。后二人冠服同前，惟袄色青。

圉人十人，（国语曰阿塔赤。）冠唐巾，紫罗窄袖衫，青锦缘白锦汗胯，铜束带，乌靴，驭立仗马十，覆以青锦缘绯锦鞍复，分左右，立黄麾仗南。

侍仪使二人，引进使一人，通班舍人一人，尚引舍人一人，阅仗舍人一人，奉引舍人一人，先舆舍人一人。纠仪官凡四人，尚书一人，侍郎一人，监察御史二人。知班三人，视班内失仪者，白纠仪官而行罚焉。皆东向，立右仗之东，以北为上。

侍仪使二人，引进使一人，承奉班都知一人，宣表目舍人一人，宣表修撰一人，宣礼物舍人一人，奉表舍人一人，奉币舍人一人，尚引舍人一人，阅仗舍人一人，奉引舍人一人，先舆舍人一人。押礼物官凡二人，工部侍郎一人，礼部侍郎一人。纠仪官凡四人，尚书一人，侍郎一人，监察御史二人。知班三人，视班内如左右辇路。宣赞舍人一人，通赞舍人一人，户郎二人，承传赞席前，皆西向，立左仗之西，以北为上。凡侍仪使、引进使、尚书、侍郎、御史，各服其本品之服。承奉班都知、舍人，借四品服。知班，冠展角幞头，服紫罗窄袖衫，涂金束带，乌靴。

护尉三十人，以质子在宿卫者摄之，立大明门阑外，冠服同宇下护尉。

承传二人，控鹤卫士为之，立大明门楹间，以承传于外仗。冠服同警跸，执金柄小骨朵。

殿下黄麾仗

（黄麾仗凡四百四十有八人，分布于丹墀左右，各五行。）

右前列，执大盖二人，执华盖二人，执紫方盖二人，执红方盖二人，执曲盖二人，冠展角幞头，服绯絁生色宝相花袍，勒帛，乌靴。

次二列，执朱团扇八人，执大雉扇八人，执中雉扇八人，执小雉扇八人，执朱团扇八人，冠武弁，服同前执盖者。

次三列，执黄麾幡十人，武弁，青絁生色宝相花袍，青勒帛，乌靴。执绛引幡十人，武弁，绯絁生色宝相花袍，绯勒帛，乌靴。执信旛十人，冠服同上，其色黄。执传教旛十人，冠服同上，其色白。执告止旛十人，冠服同上，其色紫。

次四列以下，执葆盖四十人，武弁，服绯絁生色宝相花袍，勒帛，乌靴。执仪锽斧四十人，冠服同上，其色黄。执小戟蛟龙掌四十人，冠服同上，其色青。左列亦如之。皆以北为上。押仗四人，行视仗内而检校之，冠服同警跸者。

殿下旗仗

（旗仗执护引屏，凡五百二十有八人，分左右以列。）

左前列，建天下太平旗第一，牙门旗第二，每旗执者一人，护者四人，皆五色绯巾，五色絁生色宝相花袍，勒帛，云头靴，执人佩剑，护人加弓矢；后屏五人，执矟，朱兜鍪，朱甲，云头靴。

左二列，日旗第三，龙君旗第四，每旗执者一人，护者四人，后屏五人，巾服执佩同前列。

右前列，建皇帝万岁旗第一，牙门旗第二，每旗执者一人，护者四人，后屏五人，巾服执佩同左前列。

右二列，月旗第三，虎君旗第四，每旗执者一人，护者四人，后屏五人，巾服执佩同前列。

左次三列，青龙旗第五，执者一人，黄絁巾，黄絁生色宝相花袍，勒帛，花靴，佩剑；护者二人，朱白二色絁巾，二色絁生色宝相花袍，勒帛，花靴，佩剑，加弓矢。天王旗第六，执者一人，巾服同上；护者二人，青白二色絁巾，二色生色宝相花袍，勒帛，花靴，佩剑，加弓矢。后屏五人，执矟，朱兜鍪，朱甲，云头靴。风伯旗第七，执者一人，护者二人，后屏五人，巾服佩执同天王旗。雨师旗第八，执者一人，护者二人，后屏五人，巾服佩执同青龙旗。雷公旗第九，执者一人，巾服佩同上；护者二人，青紫二色絁巾，二色絁生色宝相花袍，勒帛，花靴，佩剑，加弓矢；后屏五人，执矟，白兜鍪，白甲，云头靴。电母旗第十，执者一人，护者二人，后屏五人，巾服执佩同风伯旗。吏兵旗第十一，执者一人，护者二人，巾服佩同雷公旗；后屏五人，执矟，黄兜鍪，黄甲，云头靴。

右次三列，白虎旗第五，执者一人，黄絁巾，黄絁生色宝相花袍，勒帛，花靴，佩剑；护者二人，青朱二色絁巾，二色絁生色宝相花袍，勒帛，花靴，佩剑，加弓矢。后屏五人，执矟，朱兜鍪，朱甲，云头靴。江渎旗第七，执者一人，护者二人，后屏五人，巾服佩执同天王旗。河渎旗第八，执者一人，巾服佩同上；护者二人，青紫二色絁巾，二色絁生色宝相花袍，勒帛，花靴，佩剑，加弓矢；后屏五人，执矟，黄兜鍪，黄甲，云头靴。淮渎旗第九，执者一人，巾服佩同上；护者二人，青朱二色絁巾，二色絁生色宝相花袍，勒帛，花靴，佩剑，加弓矢；后屏五人，巾服佩执同白虎旗。济渎旗第十，执者一人，巾服佩同上；护者二人，朱白二色絁巾，二色絁生色宝相花袍，勒帛，花靴，佩剑，加弓矢；后屏五人，执矟，青兜鍪，青甲，云头靴。力士旗第十一，执者一人，护者二人，后屏五人，巾服佩执同河渎旗。二十二旗内，拱卫直指挥使二人，分左右立，服本品朝服，执玉斧。次卧瓜一列，次立瓜一列，次列丝一列，冠缕金额交角幞头，绯锦宝相花窄袖袄，涂金荔枝束带，行縢，履袜。次镫仗一列，次吾仗一列，次班剑一列，并分左右立，冠缕金额交角幞头，青锦宝相花窄袖袄，涂金荔枝束带，行縢，履袜。

左次四列，朱雀旗第十二，执者一人，黄绝巾，黄绝生色宝相花袍，勒帛，花靴，佩剑，护者二人，青白二色绝巾，二色绝生色宝相花袍，勒帛，花靴，佩剑，加弓矢；后屏五人，执矟，朱兜鍪，朱甲，云头靴。木星旗第十三，执者一人，巾服佩同上；护者二人，青朱二色绝巾，二色绝生色宝相花袍，勒帛，花靴，佩剑，加弓矢，后屏五人，执矟，青兜鍪，青甲，云头靴。荧惑旗第十四，执者一人，巾服佩同上；护者二人，青紫二色绝巾，二色绝生色宝相花袍，勒帛，花靴，佩剑，加弓矢；后屏五人，巾服执佩同朱雀旗。土星旗第十五，执者一人，护者二人，巾服佩同荧惑旗；后屏五人，执矟，黄兜鍪，黄甲，云头靴。太白旗第十六，执者一人，护者二人，巾服佩同木星旗；后屏五人，执矟，白兜鍪，白甲，云头靴。水星旗第十七，执者一人，护者二人，巾服佩同太白旗；后屏五人，执矟，紫兜鍪，紫甲，云头靴。鸾旗第十八，执者一人，巾服佩同上；护者二人，朱白二色绝巾，二色绝生色宝相花袍，勒帛，花靴，佩剑，加弓矢；后屏五人，巾服执同木星旗。

右次四列，玄武旗第十二，执者一人，黄绝巾，黄绝生色宝相花袍，勒帛，花靴，佩剑，护者二人，朱白二色绝巾，二色绝生色宝相花袍，勒帛，花靴，佩剑，加弓矢；后屏五人，紫兜鍪，紫甲，云头靴，执矟。东岳旗第十三，执者一人，护者二人，巾服佩同玄武旗；后屏五人，执矟，青兜鍪，青甲，云头靴。南岳旗第十四，执者一人，巾服佩同上；护者二人，青白二色绝巾，二色绝生色宝相花袍，勒帛，花靴，佩剑，加弓矢；后屏五人，执矟，朱兜鍪，朱甲。中岳旗第十五，执者一人，巾服佩同上；护者二人，紫青二色绝巾，二色绝生色宝相花袍，勒帛，花靴，佩剑，加弓矢；后屏五人，执矟，黄兜鍪，黄甲，云头靴。西岳旗第十六，执者一人，巾服佩同上；护者二人，朱青二色绝巾，二色绝生色宝相花袍，勒帛，花靴，佩剑，加弓矢；后屏五人，执矟，白兜鍪，白甲。北岳旗第十七，执者一人，护者二人，巾服佩同南岳旗；后屏五人，巾服执同玄武旗。麟旗第十八，执者一人，护者二人，后屏五人，巾服执佩同西岳旗。

左次五列，角宿旗第十九，亢宿旗第二十，氐宿旗第二十一，房宿旗第二十二，心宿旗第二十三，尾宿旗第二十四，箕宿旗第二十五。每旗，执者一人，黄绝巾，黄绝生色宝相花袍，勒帛，花靴，佩剑；护者二人，青朱二色绝巾，二色绝生色宝相花袍，勒帛，花靴，佩剑，加弓矢；后屏五人，青兜鍪，青甲，执矟。

右次五列，奎宿旗第十九，娄宿旗第二十，胃宿旗第二十一，昴宿旗第二十二，毕宿旗第二十三，觜宿旗第二十四，参宿旗第二十五。每旗，执者一人，黄绝巾，黄绝生色宝相花袍，勒帛，花靴，佩剑；护者二人，青朱二色绝巾，二色绝生色宝相花袍，勒帛，花靴，佩剑，加弓矢；后屏五人，执矟，白兜鍪，白甲。

左次六列，斗宿旗第二十六，牛宿旗第二十七，女宿旗第二十八，虚宿旗第二十九，危宿旗第三十，室宿旗第三十一，壁宿旗第三十二。每旗，执者一人，黄绝巾，黄绝生色宝相花袍，勒帛，花靴，佩剑；护者二人，朱白二色绝巾，二色绝生色宝相花袍，勒帛，花靴，佩剑，加弓矢；后屏五人，执矟，紫兜鍪，紫甲。

右次六列，井宿旗第二十六，鬼宿旗第二十七，柳宿旗第二十八，星宿旗第二十九，张宿旗第三十，翼宿旗第三十一，轸宿旗第三十二。每旗，执者一人，黄绝巾，黄绝生色宝相花袍，勒帛，花靴，佩剑；护者二人，朱白二色绝巾，二色绝生色宝相花袍，勒帛，花靴，佩剑，加弓矢；后屏五人，执矟，朱兜鍪，朱甲。

宫内导从

警跸三人，以控鹤卫士为之，并列而前行，掌鸣其鞭以警众。（服见前。）天武二人，执金钺，分左右行，金兜鍪，金甲，蹙金素汗胯，金束带，绿云靴。

舍人二人，服视四品。

主服御者凡三十人，（速古儿赤也。）执骨朵二人，执幢二人，执节二人，皆分左右行。携金盆一人，由左；负金椅一人，由右。携金水瓶、鹿卢一人，由左；执巾一人，由右。捧金香球二人，捧金香合二人，皆分左右行。捧金唾壶一人，由左；捧金唾盂一人，由右。执金拂四人，执升龙扇十人，皆分左右行。冠交角幞头，服紫罗窄袖衫，涂金束带，乌靴。

劈正斧官一人，由中道，近侍重臣摄之。侍仪使四人，分左右行。

佩弓矢十人，（国语曰火儿赤。）分左右，由外道行，服如主服御者。

佩宝刀十人，（国语曰温都赤。）分左右行，冠凤翅唐巾，服紫罗辫线袄，金束带，乌靴。

中宫导从

舍人二人，引进使二人，中政院判二人，同佥中政院事二人，佥中政院事二人，中政院副使二人，同知中政院事二人，中政院使二人，皆分左右行，各服其本品公服。内侍二人，分左右行，服视四品。

押直二人，冠交角幞头，紫罗窄袖衫，涂金束带，乌靴。小内侍凡九人，执骨朵二人，执葆盖四人，皆分左右行；执伞一人，由中道行；携金盆二人由左，负金椅二人由右。服紫罗团花窄袖衫，冠、带、靴如押直。

中政使一人，由中道，捧外办象牌，服本品朝服。

宫人，凡二十二人。携水瓶、金鹿卢一人，由右；执销金净巾一人，由左。捧金香球二人，捧金香合二人，分左右。捧金唾壶一人，由左；捧金唾盂一人，由右。执金拂四人，执雉扇十人，各分左右行。冠凤翅缕金帽，销金绯罗袄，销金绯罗结子，销金绯罗系腰，紫罗衫，五色嵌金黄云扇，璀玉束带。

进发册宝

清道官二人，警跸二人，并分左右，皆摄官，服本品朝服。

云和乐一部，署令二人，分左右。次前行戏竹二，次排箫四，次箫管四，次板二，次歌四，并分左右。前行内琵琶二十，次筝十六，次箜篌十六，次篥十六，次方响八，次头管二十八，次龙笛二十八，为三十三重。(重四人。)次杖鼓三十，为八重。次板八，为四重。板内大鼓二，工二人，舁八人。本工服并与卤簿同。法物库使二人，服本品服。次朱团扇八，为二重。次小雉扇八，次中雉扇八，次大雉扇八，分左右，为十二重。次朱团扇八，为二重。次大伞二，次华盖二，次紫方伞二，次红方伞二，次曲盖二，并分左右。执伞扇所服，并同立仗。

围子头一人，中道。次围子八人，分左右。服与卤簿内同。

安和乐一部，署令二人，服本品服。札鼓六，为二重，前四，后二。次和鼓一，中道。次板二，分左右。次龙笛四，次头管四，并为二重。次羌管二，次笙二，并分左右。次云璈一，中道。次篥二，分左右。乐工服与卤簿内同。

伞一，中道，椅左，踏右，执人皂巾，大团花绯锦袄，金涂铜束带，行縢，鞋袜。

拱卫使一人，服本品服。

舍人二人，次引宝官二人，并分左右，服四品服。

香案，中道，舆士控鹤八人，服同立仗内表案舆士。侍香二人，分左右，服四品服。

宝案，中道，舆士控鹤十有六人，服同香案舆士。方舆官三十人，夹香案宝案，分左右而趋，至殿门，则控鹤退，方舆官舁案以升。唐巾，紫罗窄袖衫，金涂铜束带，乌靴。

引册二人，四品服。

香案，中道，舆士控鹤八人，服同宝案舆士。侍香二人，分左右，服四品服。

册案，中道，舆士控鹤十有六人，服同宝案舆士。方舆官三十人，夹香案册案，分左右而趋，至殿门，则控鹤退，方舆官舁案以升。巾服与宝案方舆官同。

葆盖四十人，次阅仗舍人二人，服四品服。次小戟四十人，次仪锽四十人，夹云和乐伞扇，分左右行，服同立仗。

拱卫使二人，服本品朝服。次班剑十，次吾仗十二，次斧十二，次镫仗二十，次列丝十，皆分左右。次水瓶左，金盆右。次列丝十，次立瓜十。次金杌左，鞭桶右；蒙鞍左，伞手右。次立瓜十，次卧瓜三十。并夹葆盖、小戟、仪锽，分左右行。服并同卤簿内。

拱卫外舍人二人，服四品服，引导册诸官。次从九品以上，次从七品以上，次从五品以上，并本品朝服。

金吾折冲二人，牙门旗二，每旗引执五人。次青矟四十人，赤矟四十人，黄矟四十人，白矟四十人，紫矟四十人，并兜鍪甲靴，各随矟之色，行导册官外。

册案后，舍人二人，服四品服。次太尉右，司徒左。次礼仪使二人，分左右。次举册官四人右，举宝官四人左；次读册官二人右，读宝官二人左。次阁门使四人，分左右。并本品服。

知班六人，分左右，服同立仗，往来视诸官之失仪者而行罚焉。

册宝摄官

上尊号册宝，凡摄官二百五十有六人，奉册官四人，奉宝官四人，捧宝官二人，读册官二人，读宝官二人，引册官五人，引宝官五人，典瑞官三人，纠仪官四人，殿中侍御史二人，监察御史四人，阁门使三人，清道官四人，点试仪卫五人，司香四人，备顾问七人，代礼三十人，拱卫使二人，押仗二人，方舆一百六十人。

上皇太后册宝，凡摄官二百五十人，摄太尉一人，摄司徒一人，礼仪使四人，奉册官二人，奉宝官二人，引册官二人，引宝官二人，举册官二人，举宝官二人，读册官二人，读宝官二人，捧册官二人，捧宝官二人，奏中严一人，主当内侍十人，阁门使六人，充内臣十三人，纠仪官四人，代礼官四十二人，掌谒四人，司香十二人，折冲都尉二人，拱卫使二人，清道官四人，警跸官四人，方舆官百二十人。

太皇太后册宝，摄官同前。

授皇后册宝，凡摄官百八十人，摄太尉一人，摄司徒一人，主节官二人，礼仪使四人，奉册官二人，奉宝官二人，引册官二人，引宝官二人，举册官二人，举宝官二人，读册官二人，读宝官二人，内臣职掌十人，宣徽使二人，阍门使四人，代礼官三十七人，侍香二人，清道官四人，折冲都尉二人，警跸官四人，中宫内臣九人，纠仪官四人，接册内臣二人，接宝内臣二人，方舆官七十四人。

授皇太子册，凡摄官四十有九人，摄太尉一人，奉册官二人，持节官一人，捧册官二人，读册官二人，引册官二人，摄礼仪使二人，主当内侍六人，副持节官五人，侍从官十一人，代礼官十六人。

班序

先期，侍仪使纠庀陈设。

殿内两楹北，香案二。

殿门内，殿内将军板位二。其外，殿外将军板位二。宇下，斜界护尉板位二。轩溜前斜外出画白莲六，右点检板位三，左宣徽板位三。莲南一步，横列鸣鞭板位三。左右阶南两隅，天武板位二。宇下左右第二第三重，斜界导从板位二。

殿东门两磌斜界出导从二道三层，各圈十五，先扇锜各五，宝盖锜各二。

殿东阶下各圈十，直至东门阶下，为回倒导从位。

正阶下二十四甓，香案一。护尉席内各吪迤内第四螭首取直，边北，左右护尉第五席相向布席，北二席宿直。次殿中，次典瑞，次起居，每席函丈五尺。设殿前板位八，各以左右吪道内边丹墀迤内第五甓纵直，北空路五丈五尺，东西走路各违四丈九尺，中布席四十，席函九尺，设护尉板位二。

辇路东西各五道，袤二丈一仞五寸。南北两道，广丈有奇。北至道当中，第一北三南一，自两端各函六丈。第二北起十一，各函丈咫，南起九，各函丈三尺。第三北起十三，各函丈五尺，南起十二，各函丈五寸。第四北起十六，各函丈二尺，南起十四，各函九尺。第五北起，同上南起，各函八尺，北头曲尺路内，各函九尺，设黄麾仗锜二百二十。仗南画阑约丈许，左右同，中央置席，设尚厩板位二。仗内丹墀横界一十八道，道函五尺，纵引横引三丈，中设九品板位一十八。尚厩南左右纵画各一十八道，道函仞，左右向，设起居旁折板位三十六，以内为上。

大明门中两楹外，斜界二道，护尉板位二，外设管旗板位二。门下左右阙边各六丈，南北各画一道，广一引七丈一仞六寸，空各二丈一仞，内横二引二丈五寸，空各三丈五尺。每锜后丈五尺屏风渠一道，长五尺，坐各违四壁丈五尺，设牙旗锜七十四。阙下两观内各六丈，纵各界一十八道，道违仞，左右设外序班板位三十六。自序班北入阙左右门边两外仗往北折，西至月华门，东至日精门，道中央入至起居旁折界一道导引。

卷八十一　志第三十一

选举一

选举之法尚矣。成周庠序学校，以乡三物教万民而宾兴之，举于乡，升于司徒、司马论定，而后官之。两汉有贤良方正、孝弟力田等科，或奉对诏策，事犹近古。隋、唐有秀才、明经、进士、明法、明算等科，或兼用诗赋，士始有弃本而逐末者。宋大兴文治，专尚科目，虽当时得人为盛，而其弊遂至文体卑弱，士习委靡，识者病焉。辽、金居北方，俗尚弓马，辽景宗、道宗亦行贡试，金太宗、世宗屡辟科场，亦粗称得士。

元初，太宗始得中原，辄用耶律楚材言，以科举选士。世祖既定天下，王鹗献计，许衡立法，事未果行。至仁宗延祐间，始斟酌旧制而行之，取士以德行为本，试艺以经术为先，士褎然举首应上所求者，皆彬彬辈出矣。然当时仕进有多岐，铨衡无定制，其出身于学校者，有国子监学，有蒙古字学、回回国学，有医学，有阴阳学。其策名于荐举者，有遗逸，有茂异，有求言，有进书，有童子。其出于宿卫、勋臣之家者，待以不次。其用于宣徽、中政之属者，重为内官。又荫叙有循常之格，而超擢有选用之科。由直省、侍仪等入官者，亦名清望。以仓庾、赋税任事者，例视冗职。捕盗者以功叙，入粟者以赀进，至工匠皆入班资，而舆隶亦跻流品。诸王、公主，宠以投下，俾之保任。远夷、外徼，授以长官，俾之世袭。凡若此类，殆所谓吏道杂而多端者欤！矧夫儒有岁贡之名，吏有补用之法，曰掾史、令史，曰书写、铨写，曰书吏、典吏，所设之名，未易枚举，曰省、台、院、部，曰路、府、州、县，所入之途，难以指计。虽名卿大夫，亦往往由是跻要官，受显爵；而刀笔下吏，遂致窃权势，舞文法矣。故其铨选之备，考核之精，曰随朝、外任，曰省选、部选，曰文官、武官，曰考数，曰资格，一毫不可越。而或援例，或借资，或优升，或回降，其纵情破律，以公济私，非至明者不能察焉。是皆文繁吏弊之所致也。

今采摭旧编，载于简牍，或详或略，条分类聚，殆有不胜其纪述者，姑存一代之制，作《选举志》。

科　目

太宗始取中原，中书令耶律楚材请用儒术选士，从之。九年秋八月，下诏命断事官术忽䚟与山西东路课税所长官刘中，历诸路考试。以论及经义、词赋分为三科，作三日程，专治一科，能兼者听，但以不失文义为中选。其中选者，复其赋役，令与各处长官同署公事，得东平杨奂等凡若干人，皆一时名士，而当世或以为非便，事复中止。

世祖至元初年，有旨命丞相史天泽条具当行大事，尝及科举，而未果行。四年九月，翰林学士承旨王鹗等，请行选举法，远述周制，次及汉、隋、唐取士科目，近举辽、金选举用人，与本朝太宗得人之效，以为："贡举法废，士无入仕之阶，或习刀笔以为吏胥，或执仆役以事官僚，或作技巧贩鬻以为工匠商贾。以今论之，惟科举取士，最为切务，矧先朝故典，尤宜追述。"奏上，帝曰："此良法也，其行之。"中书左三部与翰林学士议立程式，又请："依前代立国学，选蒙古人诸职官子孙百人，专命师儒教习经书，俟其艺成，然后试用，庶几勋旧之家，人材辈出，以备超擢。"十一年十一月，裕宗在东宫时，省臣复启，谓"去年奉旨行科举，今将翰林老臣等所议程式以闻"。奉令旨，准蒙古进士科及汉人进士科，参酌时宜，以立制度，事未施行。至二十一年九月，丞相火鲁火孙与留梦炎等言，十一月中书省臣奏，皆以为天下习儒者少，而由刀笔吏得官者多。帝曰："将若之何？"对曰："惟贡举取士为便。凡蒙古之士及儒吏、阴阳、医术，皆令试举，则用心为学矣。"帝可其奏。继而许衡亦议学校科举之法，罢诗赋，重经学，定为新制。事虽未及行，而选举之制已立。

至仁宗皇庆二年十月，中书省臣奏："科举事，世祖、裕宗累尝命行，成宗、武宗寻亦有旨，今不以闻，恐或有沮其事者。夫取士之法，经学实修己治人之道，词赋乃摛章绘句之学，自隋、唐以来，取人专尚词赋，故士习浮华。今臣等所拟将律赋省题诗小义皆不用，专立德行明经科，以此取士，庶可得人。"帝然之。十一月，乃下诏曰："惟我祖宗以神武定天下，世祖皇帝设官分职，徵用儒雅，崇学校为育材之地，议科举为取士之方，规模宏远矣。朕以眇躬，获承丕祚，继志述事，祖训是式。若稽三代以来，取士各有科目，要其本末，举人宜以德行为首，试艺则以经术为先，词章次之。浮华过实，朕所不取。爰命中书，参酌古今，定其条制。其以皇庆三年八月，天下郡县，兴其贤者能者，充赋有司，次年二月会试京师，中选者朕将亲策焉。具合行事宜于后：科场，每三岁一次开试。举人从本贯官司于诸色户内推举，年及二十五以上，乡党称其孝悌，朋友服其信义，经明行修之士，结罪保举，以礼敦遣，贡诸路府。其或徇私滥举，并应举而不举者，监察御史、肃政廉访司体察究治。考试程式：蒙古、色目人，第一场经问五条，《大学》、《论语》、《孟子》、《中庸》内设问，用朱氏章句集注。其义理精明，文辞典雅者为中选。第二场策一道，以时务出题，限五百字以上。汉人、南人，第一场明经经疑二问，《大学》、《论语》、《孟子》、《中庸》内出题，并用朱氏章句集注，复以己意结之，限三百字以上；经义一道，各治一经，

《诗》以朱氏为主，《尚书》以蔡氏为主，《周易》以程氏、朱氏为主，已上三经，兼用古注疏，《春秋》许用《三传》及胡氏《传》，《礼记》用古注疏，限五百字以上，不拘格律。第二场古赋诏诰章表内科一道，古赋诏诰用古体，章表四六，参用古体。第三场策一道，经史时务内出题，不矜浮藻，惟务直述，限一千字以上成。蒙古、色目人，愿试汉人、南人科目，中选者加一等注授。蒙古、色目人作一榜，汉人、南人作一榜。第一名赐进士及第，从六品，第二名以下及第二甲，皆正七品，第三甲以下，皆正八品，两榜并同。所在官司迟误开试日期，监察御史、肃政廉访司纠弹治罪。流官子孙荫叙，并依旧制，愿试中选者，优升一等。在官未入流品，愿试者听。若中选之人，已有九品以上资级，比附一高，加一等注授；若无品级，止依试例从优铨注。乡试处所，并其余条目，命中书省议行。於戏！经明行修，庶得真儒之用；风移俗易，益臻至治之隆。咨尔多方，体予至意。"

中书省所定条目：

乡试中选者，各给解据、录连取中科文，行省移咨都省，送礼部，腹里宣慰司及各路关申礼部，拘该监察御史、廉访司，依上录连科文申台，转呈都省，以凭照勘。

乡试，八月二十日，蒙古、色目人，试经问五条；汉人、南人，明经经疑二问，经义一道。二十三日，蒙古、色目人，试策一道；汉人、南人，古赋诏诰章表内科一道。二十六日，汉人、南人，试策一道。

会试，省部依乡试例，于次年二月初一日试第一场，初三日第二场，初五日第三场。

御试，三月初七日，前期奏委考试官二员、监察御史二员、读卷官二员，入殿廷考试。

每举子一名，怯薛歹一人看守。汉人、南人，试策一道，限一千字以上成。蒙古、色目人，时务策一道，限五百字以上成。

选考试官，行省与宣慰司及腹里各路，有行台及廉访司去处，与台宪官一同商议选差。上都、大都从省部选差在内监察御史、在外廉访司官一员监试。每处差考试官、同考试官各一员，并于见任并在闲有德望文学常选官内选差；封弥官一员、誊录官一员，选廉干文资正官充之。凡誊录试卷并行移文字，皆用朱书，仍须设法关防，毋致容私作弊。省部会试，都省选委知贡举、同知贡举官各一员，考试官四员，监察御史二员，弥封、誊录、对读官、监门等官各一员。

乡试，行省一十一：河南，陕西，辽阳，四川，甘肃，云南，岭北，征东，江浙，江西，湖广。宣慰司二：河东，山东。直隶省部路分四：真定，东平，大都，上都。

天下选合格者三百人赴会试，于内取中选者一百人，内蒙古、色目、汉人、南人分卷考试，各二十五人，蒙古人取合格者七十五人：大都十五人，上都六人，河东五人，真定等五人，东平等五人。山东四人，辽阳五人，河南五人，陕西五人，甘肃三人，岭北三人，江浙五人，江西三人，湖广三人，四川一人，云南一人，征东一人。色目人取合格者七十五人：大都十人，上都四人，河东四人，东平等四人，山东五人，真定等五人，河南五人，四川三人，甘肃二人，陕西三人，岭北二人，辽阳二人，云南二人，征东一人，湖广七人，江浙一十人，江西六人。汉人取合格者七十五人：大都一十人，上都四人，真定等十一人，东平等九人，山东七人，河东七人，河南九人，四川五人，云南二人，甘肃二人，岭北一人，陕西五人，辽阳二人，征东一人。南人取合格者七十五人：湖广一十八人，江浙二十八人，江西二十二人，河南七人。

乡试、会试，许将《礼部韵略》外，余并不许怀挟文字。差搜检怀挟官一员，每举人一名差军一名看守，无军人处，差巡军。

提点掰掠试院，差廉干官一员，度地安置席舍，务令隔远，仍自试官入院后，常川妨职，监押外门。

乡试、会试，弥封、誊录、对读官下吏人，于各衙门从便差设。

试卷不考格，犯御名庙讳及文理纰缪、涂注乙五十字以上者，不考。誊录所承受试卷，并用朱书誊录正文，实计涂注乙字数，标写对读无差，将朱卷逐旋送考试所。如朱卷有涂注乙字，亦皆标写字数，誊录官书押。候考校合格，中选人数已定，抄录字号，索上元卷，请监试官、知贡举官、同试官，对号开拆。

举人试卷，各人自备三场文卷并草卷，各一十二幅，于卷首书三代、籍贯、年甲，前期半月于印卷所投纳。置簿收附，用印钤缝讫，各还举人。

凡就试之日，日未出入场，黄昏纳卷。受卷官送弥封所，撰字号，封弥讫，送誊录所。

科举既行之后，若有各路岁贡及保举儒人等文字到官，并令还赴本乡应试。

倡优之家及患废疾、若犯十恶奸盗之人，不许应试。

举人于试场内，毋得喧哗，违者治罪，仍殿二举。

举人与考试官有五服内亲者，自须回避，仍令同试官考卷。若应避而不自陈者，殿一举。

乡试、会试，若有怀挟及令人代作者，汉人、南人有居父母丧服应举者，并殿二举。

国子监学岁贡生员及伴读出身，并依旧制，愿试者听。中选者，于监学合得资品上从优铨注。

别路附籍蒙古、色目，汉人，大都、上都有恒产、住经年深者，从两都官司，依上例推举就试，其余去处冒贯者治罪。

知贡举以下官会集至公堂，议拟合行事目云：

诸辄于弥封所取问举人试卷封号姓名及漏泄者，治罪。诸试题未出而漏泄者，许人告首。诸对读试卷官不躬亲而辄令人吏对读，其对读讫而差误有碍考校者，有罚。诸誊录人书写不慎及错误有碍考校者，重事责罚。诸官司故纵举人私将试卷出院，及祗应人知而为传送者，许人告首。诸监试官掌试院事，不得干预考校。诸试院官在帘内者，不许与帘外官交语。诸色人无故不得入试厅。诸举人谤毁主司，率众喧竞，不服止约者，治罪。诸举人就试，无故不冠及擅移坐次者，或偶与亲姻邻坐而不自陈者，怀挟代笔传义者，并扶出。诸拆毁试卷首家状者，推治。诸举人于试卷书他语者，驳放；涉谤讪者，推治。诸试日，为举人传送文书，及因而受财者，并许人告。诸举人于别纸上起草者，出榜退落。诸科文内不得自叙苦辛门第，委誊录所点检得，如有违犯，更不誊录，移文考试院出榜退落。诸冒名就试，别立姓名，及受财为人怀挟代笔传义者，并许人告。诸被黜而妄诉者，治罪。诸监门官讥察出入，其物应入者，拆封点检。诸巡铺官及兵级，不得喧扰，及辄视试文，并容纵举人无故往来，非因公事，不得与举人私语。诸试卷弥封用印讫，以三不成字为号标写，仍于涂注乙处用印。

每举人一名，给祗应巡军一人，隔夜入院，分宿席房。试日，击钟为节。一次，院官以下皆盥漱。二次，监门官启钥，举人入院，搜检讫，就将解据呈纳。礼生赞曰"举人再拜"，知贡举官隔帘受一拜，跪答一拜，试官受一拜，答一拜。钟三次，颁题，就次。日午，赐膳。其纳卷首，赴受卷所揖而退，不得交语。受卷官书举人姓名于历，举人揖而退，取解据出院，巡军亦出。至晚，鸣钟一次，锁院门。第二场，举人入院，依前搜检，每十人一甲，序立至公堂下，作揖毕，颁题就次。第三场，如前仪。

其受卷官具受到试卷，逐旋关发弥封官，将家状草卷，腰封用印，蒙古、色目、汉人、南人分卷，以三不成字撰号。每名累场同用一号，于卷上亲书，及于历内标附讫，牒送誊录官置历，分给吏人，并用朱书誊录正文，仍具元卷涂注乙及誊录涂注乙字数，卷末书誊录人姓名，誊录官具衔书押，用印钤缝，牒送对读所。翰林掾史具誊录讫试卷总数，呈报监察御史。对读官以元卷与朱卷躬亲对读无差，具衔书押，呈解贡院，元卷发还弥封所。各所行移，并用朱书，试卷照依元号附簿。

试官考卷，知贡举居中，试官相对向坐，公同考校，分作三等，逐等又分上中下，用墨笔批点。考校既定，收掌试卷官于号簿内标写分数，知贡举官、同试官、监察御史、弥封官，公同取上元卷对号开拆，知贡举于试卷家状上亲书省试第几名。拆号既毕，应有试卷并付礼部架阁，贡举诸官出院。中书省以中选举人分为二榜，揭于省门之左右。

三月初四日，中书省奏准，以初七日御试举人于翰林国史院，定委监试官及诸执事。初五日，各官入院。初六日，撰策问进呈，俟上采取。初七日，执事者望阙设案于堂前，置策题于上。举人入院，搜检讫，蒙古人作一甲，序立，礼生导引至于堂前，望阙两拜，赐策题，又两拜，各就次。色目人作一甲，汉人、南人作一甲，如前仪。每进士一人，差蒙古宿卫士一人监视。日午，赐膳。进士纳卷毕，出院。监试官同读卷官，以所对策第其高下，分为三甲进奏。作二榜，用敕黄纸书，揭于内前红门之左右。

前一日，礼部告谕中选进士，以次日诣阙前，所司具香案，侍仪舍人唱名，谢恩，放榜。择日赐恩荣宴于翰林国史院，押宴以中书省官，凡预试官并与宴。预宴官及进士并簪华至所居。择日恭诣殿廷，上谢恩表。次日，诣中书省参见。又择日，诸进士诣先圣庙行舍菜礼，第一人具祝文行事，刻石题名于国子监。

延祐二年春三月，廷试进士，赐护都答儿、张起岩等五十有六人及第、出身有差。五年春三月，廷试进士护都达儿、霍希贤等五十人。

至治元年春三月，廷试进士达普化、宋本等六十有四人。

泰定元年春三月，廷试进士捌剌、张益等八十有六人。

四年春三月，廷试进士阿察赤、李黼等八十有六人。

天历三年春三月，廷试进士笃列图、王文烨等九十有七人。

元统癸酉科，廷试进士同同、李齐等，复增名额，以及百人之数。稍异其制，左右榜各三人，皆赐进士及第，余赐出身有差。科举取士，莫盛于斯。后三年，其制遂罢。又七年而复兴，遂稍变程式，减蒙古、色目人明经二条，增本经义；易汉、南人第一场《四书》疑一道为本经疑，增第二场古赋外，于诏诰、章表内又科一道。此有元科目取士之制，大略如此。

若夫会试下第者，自延祐创设之初，丞相帖木迭儿、阿散及平章李孟等奏："下第举人，年七十以上者，与从七品流官致仕；六十以上者，与教授；元有出身者，于应得资品上稍优加之；无出身者，与山长、学正。受省札，后举不为例。今有来迟而不及应试者，未曾区用。取旨。"帝曰："依下第例恩之，勿著为格。"

泰定元年三月，中书省臣奏："下第举人，仁宗延祐间，命中书省各授教官之职，以慰其归。今当改元之初，恩泽宜溥。蒙古、色目人，年三十以上并两举不第者，与教授；以下，与学正、山长。汉人、南人，年五十以上并两举不第者，与教授；以下，与学正、山长。先有资品出身者，更优加之；不愿仕者，令备国子员。后勿为格。"从之。自余下第之士，恩例不可常得，间有试补书吏以登仕籍者。惟已废复兴之后，其法始变，下第者悉授以路府学正及书院山长。又增取乡试备榜，亦授以郡学录及县教谕。于是科举取士，得人为盛焉。

学　校

世祖至元八年春正月，始下诏立京师蒙古国子学，教习诸生，于随朝蒙古、汉人百官及怯薛歹官员，选子弟俊秀者入学，然未有员数。以《通鉴节要》用蒙古语言译写教之，俟生员习学成效，出题试问，观其所对精通者，量授官职。成宗大德十年春二月，增生员廪膳，通前三十员为六十员。武宗至大二年，定伴读员四十人，以在籍上名生员学问优长者补之。仁宗延祐二年冬十月，以所设生员百人，蒙古五十人，色目二十人，汉人三十人，而百官子弟之就学者，常不下二三百人，宜增其廪饩，乃减去庶民子弟一百一十四员，听陪堂学业，于见供生员一百名外，量增五十名。元置蒙古二十人，汉人三十人，其生员纸札笔墨止给三十人，岁凡二次给之。

至元六年秋七月，置诸路蒙古字学。十二月，中书省定学制颁行之，命诸路府官子弟入学，上路二人，下路二人，府一人，州一人。余民间子弟，上路三十人，下路二十五人。愿充生徒者，与免一身杂役。以译写《通鉴节要》

颁行各路，俾肄习之。至成宗大德五年冬十月，又定生员，散府二十人，上、中州十五人，下州十人。元贞元年，命有司割地，给诸路蒙古学生员饩廪。其学官，至元十九年，定拟路府州设教授，以国字在诸字之右，府州教授一任，准从八品，再历路教授一任，准正八品，任回本等迁转。大德四年，添设学正一员，上自国学，下及州县，举生员高等，从翰林考试，凡学官译史，取以充焉。

世祖至元二十六年夏五月，尚书省臣言："亦思替非文字宜施于用，今翰林院益福的哈鲁丁能通其字学，乞授以学士之职，凡公卿大夫与夫富民之子，皆依汉人入学之制，日肄习之。"帝可其奏。是岁八月，始置回回国子学。至仁宗延祐元年四月，复置回回国子监，设监官，以其文字便于关防取会数目，令依旧制，笃意领教。泰定二年春闰正月，以近岁公卿大夫子弟与夫凡民之子入学者众，其学官及生员五十余人，已给饮膳者二十七人外，助教一人、生员二十四人廪膳，并令给之。学之建置在于国都，凡百司庶府所设译史，皆从本学取以充焉。

太宗六年癸巳，以冯志常为国子学总教，命侍臣子弟十八人入学。世祖至元七年，命侍臣子弟十有一人入学，以长者四人从许衡，童子七人从王恂。至二十四年，立国子学，而定其制。设博士，通掌学事，分教三斋生员，讲授经旨，是正音训，上严教导之术，下考肄习之业。复设助教，同掌学事，而专守一斋；正、录，申明规矩，督习课业。凡读书必先《孝经》、《小学》、《论语》、《孟子》、《大学》、《中庸》，次及《诗》、《书》、《礼记》、《周礼》、《春秋》、《易》。博士、助教亲授句读、音训，正、录、伴读以次传习之。讲说则依所读之序，正、录、伴读亦以次而传习之。次日，抽签，令诸生复说其功课。对属、诗章、经解、史评，则博士出题，生员具稿，先呈助教，俟博士既定，始录附课簿，以凭考校。其生员之数，定二百人，先令一百人及伴读二十人入学。其百人之内，蒙古半之，色目、汉人半之。许衡又著诸生入学杂仪，及日用节目。七年，命生员八十人入学，俾永为定式而遵行之。

成宗大德八年冬十二月，始定国子生，蒙古、色目、汉人三岁各贡一人。十年冬闰十月，国子学定蒙古、色目、汉人生员二百人，三年各贡二人。

武宗至大四年秋闰七月，定生员额三百人。冬十二月，复立国子学试贡法，蒙古授官六品，色目正七品，汉人从七品。试蒙古生之法宜从宽，色目生宜稍加密，汉人生则全科场之制。

仁宗延祐二年秋八月，增置生员百人，陪堂生二十人，用集贤学士赵孟頫、礼部尚书元明善等所议国子学贡试之法更定之。一曰升斋等第。六斋东西相向，下两斋左曰游艺，右曰依仁，凡诵书讲说、小学属对者隶焉。中两斋左曰据德，右曰志道，讲说《四书》、课肄诗律者隶焉。上两斋左曰时习，右曰日新，讲说《易》、《书》、《诗》、《春秋》科，习明经义等程文者隶焉。每斋员数不等，每季考其所习经书课业，及不违规矩者，以次递升。二曰私试规矩。汉人验日新、时习两斋，蒙古色目取志道、据德两斋，本学举实历坐斋二周岁以上，未尝犯过者，许令充试。限实历坐斋三周岁以上，以充贡举。汉人私试，孟月试经疑一道，仲月试经义一道，季月试策问、表章、诏诰科一道。蒙古、色目人，孟、仲月各试明经一道，季月试策问一道。辞理俱优者为上等，准一分；理优辞平者为中等，准半分。每岁终，通计其年积分，至八分以上者升充高等生员，以四十名为额，内蒙古、色目各十名，汉人二十名。岁终试贡，员不必备，惟取实才。有分同阙少者，以坐斋月日先后多少为定。其未及等，并虽及等无阙未补者，其年积分，并不为用，下年再行积算。每月初二日蚤旦，圆揖后，本学博士、助教公座，面引应试生员，各给印纸，依式出题考试，不许怀挟代笔，各用印纸，真楷书写，本学正、录弥封誊录，余并依科举式，助教、博士以次考定。次日，监官覆考，于名簿内籍记各得分数，本学收掌，以俟岁终通考。三曰黜罚科条。应私试积分生员，其有不事课业及一切违戾规矩者，初犯罚一分，再犯罚二分，三犯除名，从学正、录纠举，正、录知见而不纠举者，从本监议罚之。应已补高等生员，其有违戾规矩者，初犯殿试一年，再犯除名，从学正、录纠举之，正、录知见而不纠举者，亦从本监议罚之。应在学生员，岁终实历坐斋不满半岁者，并行除名。除月假外，其余告假，并不准算。学正、录岁终通行考校应在学生员，除蒙古、色目别议外，其余汉人生员三年不能通一经及不肯勤学者，勒令出学。其余责罚，并依旧规。

泰定三年夏六月，更积分而为贡举，并依世祖旧制。其贡试之法，从监学所拟，大概与前法略同，而防闲稍加严密焉。其本学正、录各二员，司乐一员，典籍二员，管勾一员，及侍仪舍人，旧例举积分生员充之，后以积分既革，于上斋举年三十以上、学行堪范后学者为正、录，通晓音律、学业优赡者为司乐，干局通敏者为典籍、管勾。其侍仪舍人，于上、中斋举礼仪习熟、音吐洪畅、曾掌春秋释奠、每月告朔明赞、众与其能者充之。文宗天历二年春三月，惟伴读员数，自初二十人岁贡二人，后于大德七年定四十人岁贡六人，至大四年定四十人岁贡四人，延祐四年岁贡八人为淹滞，既额设四十名，宜充部令史者四人、路教授者四人。是后，又命所贡生员，每大比选士，与天下士同试于礼部，策于殿廷，又增至备榜而加选择焉。

国初，燕京始平，宣抚王檝请以金枢密院为宣圣庙。太宗六年，设国子总教及提举官，命贵臣子弟入学受业。宪宗四年，世祖在潜邸，特命修理殿廷；及即位，赐以玉斝，俾永为祭器。至元十三年，授提举学校官六品印，遂改为大都路学，署曰提举学校所。二十四年，既迁都北城，立国子学于国城之东，乃以南城国子学为大都路学，自提举以下，设官有差。仁宗延祐四年，大兴府尹马思忽重修殿门堂庑，建东西两斋。泰定三年，府尹曹伟增建环廊。文宗天历二年，复增广之，提举郝义恭又增建斋舍。自府尹郝朵而别至曹伟，始定生员凡百人，每名月饩，京畿漕运司及本路给之。泰定四年夏四月，诸生始会食于学焉。

太宗始定中原，即议建学，设科取士。世祖中统二年，始命置诸路学校官，凡诸生进修者，严加训诲，务使成材，以备选用。至元十九年夏四月，命云南诸路皆建学以祀先圣。二十三年二月，帝御德兴府行宫，诏江南学校旧有学田，复给之以养士。二十八年，令江南诸路学及各县学内，设立小学，选老成之士教之，或自愿招师，或自受家学于父兄者，亦从其便。其他先儒过化之地，名贤经行之所，与好事之家出钱粟赡学者，并立为书院。凡师儒之命于朝廷者，曰教授，路府上中州置之。命于礼部及行省及宣慰司者，曰学正、山长、学录、教谕，路州县及书院置之。路设教授、学正、学录各一员，散府上中州设教授一员，下州设学正一员，县设教谕一员，书院设山长一员。中原州县学正、山长、学录、教谕，并受礼部付身。各省所属州县学正、山长、学录、教谕，并受行省及宣慰司札付。凡路府州书院，设直学以掌钱谷，从郡守及宪府官试补。直学考满，又试所业十篇，升为学录、教谕。凡正、长、学录、教谕，或由集贤院及台宪等官举充之。谕、录历两考，升正、长。正、长一考，升散府上中州教授。上中州教授又历一考，升路教授。教授之上，各省设提举二员，正提举从五品，副提举从七品，提举凡学校之事。后改直学考满为州吏，例以下第举人充正、长，备榜举人充谕、录，有荐举者，亦参用之。自京学及州县学以及书院，凡生徒之肄业于是者，守令举荐之，台宪考核之，或用为教官，或取为吏属，往往人材辈出矣。

世祖中统二年夏五月，太医院使王猷言："医学久废，后进无所师授。窃恐朝廷一时取人，学非其传，为害甚大。"乃遣副使王安仁授以金牌，往诸路设立医学。其生员拟免本身检医差占等役，俟其学有所成，每月试以疑难，视其所对优劣，量加劝惩。后又定医学之制，设诸路提举纲维之。凡宫壶所需，省台所用，转入常调，可任亲民，其从太医院自迁转者，不得视此例，又以示仕途不可以杂进也。然太医院官既受宣命，皆同文武正官五品以上迁叙，余以旧品职递升，子孙荫用同正班叙。其掌药，充都监直长，充御药院副使，升至大使，考满依旧例于流官铨注。诸教授皆从太医院定拟，而各路主善亦拟同教授皆从九品。凡随朝太医，及医官子弟，及路府州县学官，并须试验。其各处名医所述医经文字，悉从考校。其诸药所产性味真伪，悉从辨验。其随路学校，每岁出降十三科疑难题目，具呈太医院，发下诸路医学，令生员依式习课医义，年终置簿解纳送本司，以定其优劣焉。

世祖至元二十八年夏六月，始置诸路阴阳学。其在腹里、江南，若有通晓阴阳之人，各路官司详加取勘，依儒学、医学之例，每路设教授以训诲之。其有术数精通者，每岁录呈省府，赴都试验，果有异能，则于司天台内许令近侍。延祐初，令阴阳人依儒、医例，于路府州设教授一员，凡阴阳人皆管辖之，而上属于太史焉。

举遗逸以求隐迹之士，擢茂异以待非常之人。世祖中统间，征许衡，授怀孟路教官，诏于怀孟等处选子弟之俊秀者教育之。是年，又诏征金进士李冶，授翰林学士。征刘因为集贤学士，不至。又用平章咸宁王野仙荐，征萧𣂏不起，即授陕西儒学提举。至元十八年，诏求前代圣贤之后，儒医卜筮，通晓天文历数，并山林隐逸之士。二十年，复召拜刘因右赞善大夫，辞，不允。未几以亲老，乞终养，俸给一无所受。后遣使授命于家，辞疾不起。二十八年，复诏求隐晦之士，俾有司具以名闻。成宗大德六年，征临川布衣吴澄，擢应奉翰林文字，拜命即归。九年，诏求山林间有德行文学、识治道者，遣使征萧𣂏，且曰："或不乐于仕，可试一来，与朕语而遣归。"至大三年，复召吴澄，拜国子司业，以病还；延祐三年，召拜集贤直学士，以疾不赴；至治三年，召拜翰林学士。武宗、仁宗累征萧𣂏，授集贤学士、国子司业，未赴，改集贤侍讲学士。又以太子右谕德征，始至京师，授集贤学士、国子祭酒，谕德如故。仁宗延祐七年十一月，诏曰："比岁设立科举，以取人材，尚虑高尚之士，晦迹丘园，无从可致。各处其有隐居行义、才德高迈、深明治道、不求闻达者，所在官司具姓名，牒报本道廉访司，覆奏察闻，以备录用。"又屡诏求言于下，使得进言于上，虽指斥时政，并无谴责，往往采择其言，任用其人，列诸庶位，以图治功。其他著书立言、裨益教化、启迪后人者，亦斟酌录用，著为常式云。

童子举，唐、宋始著于科，然亦无常员。成宗大德三年，举童子杨山童、海童。五年，大都提举学校所举安西路张秦山，江浙行省举张升甫。武宗至大元年，举武福安。仁宗延祐三年，江浙行省举俞傅孙、冯怙哥。六年，河南路举张答罕，学士完者不花举丁顽顽。七年，河间县举杜山童，大兴县举陈聃。英宗至治元年，福州路连江县举陈元麟。至治三年，河南行省举张英。泰定四年，福州举叶留畊。文宗天历二年，举杜夙灵。至顺二年，制举答不歹子买来的。皆以其天资颖悟，超出儿辈，或能默诵经文，书写大字，或能缀缉辞章，讲说经史，并令入国子学教育之。惟张秦山尤精篆籀，陈元麟能通性理，叶留畊问以《四书》大义，则对曰："无过事父母能竭其力，事君能致其身。"时人以远大期之。

卷八十二　　志第三十二

选　举　二

铨　法　上

凡怯薛出身：元初用左右宿卫为心膂爪牙，故四怯薛子孙世为宿卫之长，使得自举其属。诸怯薛岁久被遇，常加显擢，惟长官荐用，则有定制。至元二十年议："久侍禁闼、门地崇高者，初受朝命散官，减职事一等，否则量减二等。"至大四年，诏蒙古人降一等，色目人降二等，汉人降三等。

凡台宪选用：大德元年，省议："台官旧无选法，俱于民职选取，后互相保选，省、台各为一选。宜令台官，幕官听自选择，惟廉访司官，则省、台共选。若台官于省部选人，则与省官共议之；省官于台宪选人，亦与台官共议之。"至元八年，定监察御史任满，在职无异政，元系七品以下者例加一等，六品以上者升擢。其有不顾权势，弹劾非违，及利国便民者，别议升除。或有不称者，斟酌铨注。

凡选举守令：至元八年，诏以户口增、田野辟、词讼简、盗贼息、赋役均五事备者，为上选。九年，以五事备者为上选，升一等。四事备者，减一资。三事有成者为中选，依常例迁转。四事不备者，添一资。五事俱不举者，黜降一等。二十三年，诏："劝课农桑，克勤奉职者，以次升奖。其怠于事者，笞罢之。"二十八年，诏："路府州县，除达鲁花赤外，长官并宜选用汉人素有声望，及勋臣故家，并儒吏出身，资品相应者，佐贰官遴选色目、汉人参用，庶期于政平讼理，民安盗息，而五事备矣。"

凡进用武官：至元十五年，诏："军官有功而升职者，旧以其子弟袭职，阵亡者许令承袭，若罢去者，以有功者代之。"十七年，诏："渡江总把、百户有功升迁者，总把依千户降等承袭，百户无递降职名，则从其本等。"十九年，奏拟："万户、千户、百户物故，视其子孙堪承袭者，依例承袭外，都元帅、招讨使、总管、总把，视其子孙堪承袭者，止令管其元军。元帅、招讨子孙为万户，总管子孙为千户，总把子孙为百户，给元佩金银符。病故者降等，惟阵亡者本等承袭。"二十一年，诏："万户、千户、百户分上中下三等，定立条格，通行迁转。以三年为满，理算资考，升加品级。若年老病故者，令其子弟依例荫叙。"是年，以旧制父子相继，管领元军，不设蒙古军官，故定立资考，三年为满，通行迁转。后各翼大小军官俱设蒙古军官，又兼调遣征进，俱已离翼，难与民官一体迁转荫叙，合将万户、千户、镇抚自奏准日为始，以三年为满，通行迁转。百户以下，不拘此例。凡军官征战有功过者，验实迹升降。又定蒙古奥鲁官，大翼万户下设奥鲁总管府，从四品。小翼万户下设奥鲁官，从五品。各千户奥鲁，亦设奥鲁官，受院札。各千户奥鲁，不及一千户者，或二百户、三百户，以远就近，以小就大，合并为千户翼奥鲁官，受院札。若干碍投下，难以合并，宜再议之。又定首领官受敕牒，元帅、招讨司经历、知事，就充万户府经历、知事，换降敕牒，如元翼该革，别与迁除。若王令旨、并行省札付、枢密院札付经历，充中、下万户府知事。行省诸司札付，充提领案牍，并各翼万户自设经历、知事，一例俱作提控案牍，受院札。又议："随朝各卫千户镇抚所提控案牍，已拟受院札，外任千户镇抚所提控案牍，合从行省许准，受万户府付身。"二十四年，诏："诸求袭其父兄之职者，宜察其人而用之。凡旧臣勋阀及有战功者，其子弟当先任以小职，若果有能，则大用之。"二十五年，军官阵亡者，本等承袭，病故者，降二等。虽阵亡，其子弟无能，勿用。虽病故，其子弟果能，不必降等，于本等用之。大德四年，以上都虎贲司并武卫内万户、千户、百户达鲁花赤亡殁，而无奏准承袭定例，似为偏负。今后各翼达鲁花赤亡殁，宜察其子弟有能者用之，无能则止。五年，诏："军官有不赴任者，有患病因事不行者，有已赴任、被差委而出、公事已办为私事称故不回者，今后宜限以六月。越限者以他人代之，期年后以他职授之。"十一年，诏："色目镇抚已殁，其子有能，依例用之。子幼，则取其兄弟之子有能者用之，俟其子长，即以其职还之。"至大二年，议："各卫翼首领官，至经历以上，不得升除，似与官军一体，其子孙乃不得承袭。今后年逾七十，而散官至正从四品者，宜正从五品军官内任用。"四年，诏："军官有故，令其嫡长子，亡殁，令嫡长孙为之。嫡长孙亡殁，则令嫡长孙之嫡长子为之。若嫡长俱无，则以其兄弟之子相应者为之。"

太禧院。天历元年，罢会福、殊祥二院而立之，秩正二品。其所辖诸司，则从其擢用。

宣徽院。皇庆二年，省臣奏："其所辖仓库、屯田官员，半由都省，半由本院用之。"奉旨，宜俱从省臣用之。

中政院。至大四年言："诸司钱粮选法，悉令中书省掌之，可更选人任用，移文中书，给降宣敕。"延祐七年，院臣启："皇后位下中政院用人，奉懿旨，依枢密院、御史台等例行之。"

直省舍人，内则侍相臣之兴居，外则传省闼之命令，选宿卫及勋臣子弟为之。又择其高等二人，专掌奏事。至元二十五年，省臣奏："其充是职者，俾受宣命。"大德八年，拟历六十月者，始令从政。

凡礼仪诸职：有太常寺检讨，至元十三年，拟历一百月，除从八品。有御史台殿中司知班，十五年，拟历九十月，除正八品。有通事舍人，二十年，议："从本司选已入流品职官为之，考满验应得资品，升一等迁用。未入流官人员，拟充侍仪舍人，受中书省札，一考除从九品。"三十年，议："于二品、三品官子内选用，不限荫叙，两考从七品迁叙。"有侍仪舍人，三十年，议："于四品、五品官子内选用，不限荫叙，一考从九品。"大德三年，议："有阙，宜令侍仪司于到部正从九品流官内选用，仍受省札，三十月为满，依朝官内升转，如不敷，于应得府州儒学教授内选用，历一考，正九品叙。"有礼直管勾，大德三年，省选合用到部人员，俱从太常寺举保，非常选除充者，任回止于本衙门叙用。有郊坛库藏都监二人，至大三年，议："受省札者历一考之上，受部札者历两考之上，再历本院属官一任，拟于从九品内叙。"天历二年，拟在朝文翰衙门，于国子生员内举充。

至元九年，部议："巡检流外职任，拟三十月为一考，任回于从九品迁叙。"二十年，议："巡检六十月，升从九品。"大德七年，议："各处所委巡检，自立格月日为始，已历两考之上者，循旧例九十月出职；不及两考者，须历一百二十月，方许出职迁转。"十年，省奏："奉旨腹里巡检，任回及考者，止于巡检内注授。所历未及者，于钱谷官内定夺，通理巡检月日。各处行省所设巡检，考满者，咨省定夺；未及考满者，行省于钱谷官等职内委用，通理月日，依旧升转；不及一考，如系告荫并提控案牍例应转充者，于杂职内委用，考满各理本等月日，依例升转。"

腹里诸路行用钞库，至元十九年，部拟："州县民官内选充，系八品、九品人员，三十月为满，任回验元资品，减一资历，通理迁叙。库使，受都省札付，任满从优迁叙。库副，受本路札付，二十月为满，于本处上户内公选交替。陕西、四川、西夏中兴等路提举司钞库，俱系行省管领，合就令依上选拟库官，移文都省，给降敕牒札付。"省议："除钞库使副咨各省选拟外，提领省部选注。"腹里官员，二十六年，定选充仓库等官，拟于应得资品上升一等，通理月日升转。江南官员，若曾腹里历仕，前资相应依例升转。迁去江淮历仕人员，所历月日一考之上者，除一考准为根脚，余有月日，后任通理；不及考者，添一资。若选充仓库等官，拟于应得资品上，例升一等，任回依上于腹里升转。接连官员选充仓库等官，应本地面从七品者，准算腹里从七资品。历过一考者，为始理算月日，后任通理；一考之上，余有月日，后任通理；不及考者，添一资升转。福建、两广官员选充仓库等官，应得本地面从七品者，准算江南从七资品。历过一考者，为始理算月日；一考之上，余有月日，后任通理；不及考者，添一资升转。元系流官，任回，止于流官内任用；杂职者，杂职内迁叙。万亿库、宝钞总库、八作司，以一年满代，钱物甚多，未易交割，宜以二年为满，少者以一年为满。上都税务官，止依上例迁转。都省所辖去处，二周岁为满者：各处都转运使司官、司属官、首领官，各处都漕运使司官、首领官，诸路宝钞都提举司官，腹里、江南随路平准行用库官，印造宝钞库官，铁冶提举司官、首领官，采金提举司官、首领官，银场提举司官、首领官，新旧运粮提举司官、首领官，都提举万亿库、八作司、宝钞总库首领官。一周岁为满者：泉府司所辖富藏库官，廪给司、四宾库、薄敛库官，大都税课提举司官、首领官，酒课提举司官、首领官，提举太仓官、首领官，提举醴源仓官、首领官，大都省仓官，河仓官，通州等处仓官、应受省部札付管钱谷院务杂职等官，大都平准行用库官，烧钞四库官，抄纸坊官，币源库官。行省所辖去处，二周岁为满者：各处都转运使司官、司属官、首领官，各处都漕运使司官、首领官，行诸路宝钞都提举司官，腹里、江南随路平准行用库官，甘州、宁夏府等处都转运使司官，市舶提举司官、首领官，榷茶提举司官、首领官。一周岁为满者：行泉府司所辖阜通库官，各处行省收支钱帛诸物库官。三十年，部议："凡内外平准行用库官，提领从七品，大使从八品，副使从九品。若流官内选充者，任回减一资升转。杂职人员，止理本等月日。"元贞二年，部议："凡仓官有阙，于到选相应职官，并诸衙门有出身令译史、通事、知印、宣使、奏差两考之上人内选用，依验难易收粮多寡升等，任回于应去地方迁叙。通州、河西务、李二寺等仓官，于应德资品上升一等，任满，交割别无短少，减一资通理。在都并城外仓分，收粮五万石之上仓官，于应得资品上升一等，任满，交割别无短少，依例迁叙；收粮一万石之上仓官，止依应得品级除授，任满，交割别无短少，减一资通理。"大德元年，省拟："大都万亿四库、富宁库、宝钞总库、上都万亿库官，止依合德资品选注，须二周岁满日，别无短少，拟同随朝例升一等。"二年，省议："上都、应昌仓官，比同万亿库官例，二周岁为满，于应得资品上拟升一等。"六年，部议："在都平准行用库官，拟合与外路一体二周岁为满，元系流官内选充者，任回减一资升转。万亿四库知事例升一等，提控案牍减资迁转。和林、昔宝赤八剌哈孙、孔古烈仓改立从五品提举司。提举一员，从五品，同提举一员，从六品，副提举一员，从七品，周岁为满，于到选人内选充，应得资品上拟升二等，任回迁用，所历月日通理。甘、肃二路，每处设监支纳一员，正六品，仓使一员，从六品，仓副一员，正七品，二周岁为满，于到选人内铨注，入仓先升一等，任满交割，别无短少，又升一等。受给库提领，从九品，使、副受省札，攒典、合干人各设二名。"七年，部拟："大都路永丰库提领从七，大使从八，副使从九，于到选相应人内铨注。江西省英德路、河西务两处，设立平准行用库，拟合设官员，系从七以下人员，依例铨注。英德路平准行用库，提领一员，从七，大使一员，从八，副使一员，从九品。河西务行用库，大使一员，从八品，副使一员，吏部札。甘肃行省丰备库，提领一员，从七品，大使一员，正八品，于到选迤西资品人内升等铨注。大同仓官，拟二周岁交代，永盈仓例升一等，其余六仓，任回拟减一资升转。"八年，部议："湖广行省所辖散府司吏充仓官，依河南行省散府司吏充仓官，比总管府司吏取充者，降等定夺。"至大二年，部呈："凡平准行用库设官二员，常平仓设官三员，于流官内铨注，以二年为满，依例减资。"四年，部议："上都两仓，二周岁为满，于应得资品上升一等，历过月日，今后比例通理。"皇庆元年，部议："上都平盈库，二周岁为满，减一资升转。"延祐四年，部议："江浙行省各路见役司吏，已及两考，选充仓官，五万石之上，比同考满出身充典史，一考升吏目。五万石之下者，于典史添一考，依例迁叙。湖广行省仓官，如系路吏及两考，选充仓官一界，同考满出身充典史，一考升吏目，迁叙库官，周岁准理本等月日，考满依例升转。"

凡税务官升转：至元二十一年，省议："应叙办课官分三等：一百锭之上，设提领一员、使一员。五十锭之上，设务使一员。五十锭之下，设都监一员。十锭以下，从各路差人管办。都监历三界，升务使，一周岁为满，月日不及者通理。务使历三界，升提领。提领历三界，受省札钱谷官，再历三界，始于资品钱谷官并杂职任用。各处就差相副官，增及两酬者，听各处官司再差。增及三酬以上及后界又增者，申部定夺。"二十九年，省判所办诸课增亏分数，升降人员。增六分升二等，增三分升一等。其增不及分数，比全无增者，到选量与从优。亏兑一分，降一等。三十年，省拟："提领二年为满，省部于流官内铨注，一万锭之上拟从六品，五千锭之上拟正七品，二千锭之上拟从七品，一千锭之上正八品，五百锭之上从八品。大使、副使俱周岁交代，大使从行省吏部于解由合叙相应人内迁调，副使从各路于本处系籍近上户内公选。"至大三年，诏定立办课例。一百锭之下院务官分为三等：五十锭之上为上等，设提领一员，受省札，大使一员，受部札；二十锭之上为中等，设大使、副使各一员；二十锭之下为下等，设都监、同监各一员，俱受部札，并以一年为满，齐界交代。都监、同监四界升副使，又四界升大使，又三界升提领，又三界入资品钱谷官并杂职内迁用。行省差设人员，各添两界升转，仍自立界以后为始，理算月日，并于有升转出身人员内定夺，不许滥用白身。议得例前部札，提领于大使内铨注，都监、同监本等拟注，止依历一十二界。至大三年例后，创入钱谷人员，及正从六品七品取荫子孙，亦依先例升转，不须添界外，其余杂进之人，依今次定例迁用，通历一十四界，依上例升转。

至元九年，部议："凡总府续置提控案牍，多系入仕年深，似比巡检例同考满转入从九。缘从九系铨注巡检阙，提领案牍吏员文资出职，难应捕捉，兼从九员多阙少，本等人员不敷铨注。凡升转资考，从九三任升从八，正九两任升从八，巡检提领案牍等考满转入从九，从九再历三考升从八，通理一百二十月升。巡检依已拟，提领案牍权拟六十月正九，再历两任，通理一百二十月升从九，较之升转资考，即比巡检庶员阙易就。都、吏目，拟吏目一考，转充都目，一考，转充提领案牍，考满依上转入流品。都、吏目应升无阙，止注本等职名，验理升转。"二十年，部拟："提控案牍九十月升九品。"二十五年，部拟："各路司吏实历六十月，吏目两考升都目，历一考升提控案牍，两考升正九。若依路司吏九十月，吏目历一考与都目，余皆依上升转。"省议："江南提控案牍，除各路司吏比附腹里路司吏至元二十五年呈准定例迁除，其余已行直补，并自行踏逐历案牍两考者，再添资迁除。"三十年，省准："提控案牍补注巡检，升转资品，不相争悬，如已历提控案牍月日者，任回止于提控案牍内迁叙。"三十一年，省议："都目、巡检员阙，虽不相就，若不从宜调用，似涉壅滞，下部先尽到选巡检，余阙准告铨注，任回各理本等月日。"大德二年，省准："京城内外省仓典吏，例于大都路州司吏、县典史内勾补，二周岁转升吏目。除行省所辖外，腹里下州并杂职等衙门，计设吏目一百余处，其籍记未注者，以次铨注，俱拟三十月为满，任回本等内不次铨注。"三年，部拟："提控案牍、都吏目有三周岁、二周岁、一周岁为满者，俱以三十月为满。"八年，省准："和林兵马司掌管案牍人等，比依下州，合设吏目一员，于籍记吏目外发补，任回从九品迁用，添一资升转。司吏量拟四名，从本司选补通吏业者，六十月，提控案牍内任用。"九年，部呈："都、吏目已于典史内铨注，宜将籍记案牍验历仕，以远就近，于吏目阙内参注，各理本等月日。"十一年，江浙省臣言："各路提控案牍改受敕牒，不见通例。"部照："江北提控案牍，皆自府州司县转充路吏，请俸九十月方得吏目，一考升都目，都目一考，升提控案牍，两考正九品，通理二百一十月入流，其行省所委者，九十月与从九品。今议行省委用例革提控案牍，合于散府诸州案牍、都吏目并杂职钱谷官内，行省依例铨注，通理月日升转。之后行省所设提控案牍、都吏目，合依江北由司县府州转充路吏，通理月日，考满方许入流。"

凡选取宣使奏差：至元十九年，部拟："六部奏差额设数目，每一十名内，令各部选取四名，九十月与从九品，余外合设数目，俱于到部巡检、提领案牍、都吏目内选取，候考满日，验下项资品铨注。"省准："解由到部，关会完备人员内选取。应入吏目，选充奏差，三考与从九品。吏目一考应入都目人员，选充奏差，两考与从九品。都目一考应入提领案牍人员，选充奏差，一考与从九品。巡检、提领案牍一考，选充奏差，一考与正九品。"二十六年，省准："上都留守司兼本路都总管府典吏出身，历九十月，比通政院例，合转补本司宣使，考满依例定夺。"二十九年，省议："行省、行院宣使于正从九品有解由职官内选取，如是不敷，于各道宣慰司一考之上奏差、本衙门三考典吏内选取。行台止于正从九品职官内选取，不敷，于各道廉访司三考奏差内并本衙门三考典吏内选取，仍须色目、汉人相参选取。自行踏逐者，亦须相应人员，考满例降一等，须历九十月，方许出职。内外诸衙门宣使，以色目、汉人相参，九十月为满，自行踏逐者降一等。凡内外诸衙门宣使、通事、知印、奏差，都省宣使有阙，于台、院等衙门一考之上宣使、并有解由正从八品职官内选补，如系都省直选人员，不拘此例，仍须色目、汉人相参选取。自行踏逐者，考满例降一等，须历九十月，方许出职。枢密院宣使，正从九品职官内选取，仍须色目、汉人相参选用。自行踏逐者，亦须相应人员，考满例降一等，须历九十月，方许出职。御史台宣使，正从九品职官内选取。自行踏逐者，考满例降一等，须历九十月，方许出职。宣政院宣使，选补同。宣慰司奏差，于本衙门三考典吏内选取。自行踏逐者，考满降等叙，须色目、汉人参用，历九十月，方许出职。山东运司奏差，九十月，于近下钱谷官内任用。大都运司，一体定夺。"七年，省准："巩昌等处便宜都总帅府令史人等，已拟依各道宣慰司令史人等一体出身，自行踏逐者降等叙，有阙于本司三考典吏内选取。"八年，部呈："各寺监保本处典吏补奏差，若元系请俸典吏、本把人等补充者，考满同自行踏逐者，降等叙。"九年，拟宣徽院典吏九十月补宣使，并所辖寺监令史。十年，省拟："中政院宣使于本衙门三考之上典吏及正从九品职官内选用，以色目、汉人相参，自行踏逐者降等。"十一年，省拟："燕南廉访司奏差，州吏内选补，考满于都目内迁用。"延祐三年，省议："各衙门典吏，须历九十月，方许转补奏差。"

凡匠官：至元九年，工部验各管户数，二千户之上至一百户之上，随路管匠官品级。省议："除在都总提举司去处，依准所拟。东平杂造提举司并随路织染提举司，二千户之上，提举正五品，同提举从六品，副提举从七品。一千户之上，提举从五品，同提举正七品，副提举正八品。五百户之上至一千户之下，提举正六品，同提举从七品，副提举从八品。三百户之上，大使正七品，副使正八品。一百户之上，大使从七品，副使从八品。一百户之下，院长一员，同院务，例不入流品，量给食钱。凡一百户之下管匠官资品，受上司札付者，依已拟充院长。已受宣牌充局使者，比附一百户之上局使资品递降，量作正九资品。"二十二年，凡选取升转匠官资格，元定品给员数，提举司二千户之上者，无之。一千户之上，提举从五品，同提举正七品，副提举正八品。五百户之上、一千户之下，提举正六品，同提举从七品，副提举从八品。使副，三百户之上，局使正七品，副使正八品。一百户之上，局使从七品，副使从八品。一百户之下，院长一员，比同务院，例不入流品。工部议："三百户之上局副从八，一百户之上局副正九，遇有阙，于一百户之下院长内选充。院长一百二十月升正九，正九两考升从八，从八三考、正八两考，俱升从七。如正八有阙，别无资品相应人员，于已授从八匠官内选注，通历九十月，升从七；从七三考升正七，正七两考升从六；从六三考、正六两考，俱升从五。如所辖司属无从六，名阙，如已历正七两考，拟升加从六散官，止于正七匠官内迁转，九十月升从五。如正六匠官有阙，于已授从六散官人员内选注，通历九十月升从五。从五三考拟升正五，别无正五匠官，名阙，升加正五散官，止于从五匠官内迁转。如历仕年深，至日斟酌定夺。至元十二年以前受宣敕省札人员，依管民官例，拟准已受资品。十三年以后受宣敕省札人员，若有超升越等者，验实历俸月定拟，合得资品上例存一等迁用。管匠官遇有阙员去处，如无资品相应之人，拟于杂职资品相应到选人内铨用。凡中原、江淮匠官，正从五品子从九品匠官内荫叙，六品、七品子于院长内叙用。以匠官无从九，名阙，拟正从五品子应荫者，于正九匠官内铨注，任回，理算从九月日。"二十三年，诏："管匠官，其造作有好恶亏少，勿令迁转。"二十四年，部言："管匠衙门首领官，宜于本衙门内选委知会造作相应人员区用，勿令迁转，合依旧例，从本部于常选内选差相应人员掌管案牍，任满交代迁叙。"元贞元年，准湖广行省所拟："三千户之上提举司从五品，提举从五品，同提举正七品，副提举正八品。二千户之上提举司正六品，提举正六品，同提举从七品，副提举从八品。一千户之上局，局使正七品，副使正八品。五百户之上局，局使从七品，副使正九品。五百户之下，院长一员。"

凡诸王分地与所受汤沐邑，得自举其人，以名闻朝廷，而后授其职。至元二年，诏以各投下总管府长官不迁外，其所属州县长官，于本投下分到城邑内迁转。四年，省札："应给印官员，若受宣命及诸王令旨、或投下官员批札、省府密院制府左右部札付者，验户给印。"五年，诏："凡投下官，必须有蒙古人员。"六年，以随路见任并各投下创差达鲁花赤内，多女直、契丹、汉人，除回回、畏吾儿、乃蛮、唐兀同蒙古例许叙用，其余拟合革罢，曾历仕者，于管民官内叙用。十九年，诏："各投下长官，宜依例三年一次迁转。"省臣奏："江南诸王分地长官，已令如例迁转，其间若有兼管军镇守为达鲁花赤者，一体代之，似为不宜。合令于投下长官之上署字，一同莅事。"二十年，议："诸王各投下千户，于江南分地已于长官内委用，其州县长官，亦令如之，似为相宜。"二十三年，诸王、驸马并百官保送人员，若曾仕者，验资历于州县内相间用，如无历仕，从本投下自用。三十年，各投下州县长官，三年一次给由互相迁转，如无可迁转，依例给由申呈省部，仍牒廉访司体访。大德元年，诸投下达鲁花赤从七以下者，依例显选。十年，议："各投下官员，非奉省部明文，毋得擅自离职。"皇庆二年，诏："各投下分地城邑长官，其常选所用者，居众人之上，投下所委者为添设，其常选内路府州及各县内减一员。"三年，以中下县主簿、录事司录判掌钱粮捕盗等事，不宜减去，并增置副达鲁花赤一员。四年，凡投下郡邑，令自置达鲁花赤，其为副者罢之。各投下有阙用人，自于其投下内选用，不许冒用常选内人。

凡壕寨官：至元十九年，省部拟："都水监并入本部，其壕寨官比依各部奏差出身。"大德二年，拟考满除从九品。

凡入粟补官：天历三年，河南、陕西等处民饥，省臣议："江南、陕西、河南等处富实之家愿纳粟补官者，验粮数等第，从纳粟人运至被灾处所，随即出给勘合朱钞，实授茶盐流官，咨申省部除授。凡钱谷官隶行省者行省铨注，腹里省者吏部注拟，考满依例升转。其愿折纳价钞者，并以中统钞为则。江南三省每石四十两，陕西省每石八十两，河南并腹里每石六十两。其实授茶盐流官，如不愿仕而让封父母者听。陕西省：一千五百石之上，从七品。一千石之上，正八品。五百石之上，从八品。三百石之上，正九品。二百石之上，从九品。一百石之上，上等钱谷官。八十石之上，中等钱谷官。五十石之上，下等钱谷官。三十石之上，旌表门闾。河南并腹里：二千石之上，从七品。一千五百石之上，正八品。一千石之上，从八品。五百石之上，正九品。三百石之上，从九品。二百石之上，上等钱谷官。一百五十石之上，中等钱谷官。一百石之上，下等钱谷官。江南三省：一万石之上，正七品。五千石之上，从七品。三千石之上，正八品。二千石之上，从八品。一千石之上，正九品。五百石之上，从九品。三百石之上，上等钱谷官。二百五十石之上，中等钱谷官。二百石之上，下等钱谷官。凡先尝入粟遥授虚名者，今再入粟，则依验粮数，照依资品，令实授茶盐流官。陕西省：一千石之上，从七品。六百六十石之上，正八品。三百三十石之上，从八品。二百石之上，正九品。一百三十石之上，从九品。河南并腹里：一千三百三十石之上，从七品。一千石之上，正八品。六百六十石之上，从八品。三百三十石之上，正九品。二百石之上，从九品。江南三省：六千六百六十石之上，正七品。三千三百三十石之上，从七品。二千石之上，正八品。一千三百三十石之上，从八品。六百六十石之上，正九品。三百三十石之上，从九品。先尝入粟实授茶盐流官者，今再入粟，则依验粮数，加等升职。陕西省：七百五十石之上，五百石之上，二百五十石之上，一百五十石之上，一百石之上。河南并腹里：一千石之上，七百五十石之上，五百石之上，二百五十石之上，一百五十石之上。僧道能以自己衣钵济饥民者，三百石之上，六字师号，都省出给。二百石之上，四字师号；一百石之上，二字师号；俱礼部出给。四川省所辖地分富实民户，有能入粟赴江陵者，依河南省入粟补官例行之。其粮合用之时，从长处置。江浙、江西、湖广三省已粜官粮，见在价钞于此差人赴河南省别与收贮，合用之时，从长处置。"

凡获盗赏官：大德五年，诏："获强盗五人，与一官。捕盗官及应捕人，本境失盗而获他境盗者，听功过相补。获强盗过五人，捕盗官减一资，至十五人升一等，应捕人与一官，不在论赏之列。"

凡控鹤伞子：至元二十二年，拟："控鹤受省札，保充御前伞子者，除充拱卫直都指挥使司钤辖，官进义副尉。"二十八年，控鹤提控受敕进义副尉，管控鹤百户，及一考，拟元除散官从八，职事正九，于从八内迁注。元贞元年，控鹤提控奉旨充速古儿赤一年，受省札充御前伞子，历三百三十二月，诏于从六品内迁用。大德六年，控鹤百户，部议于巡检内任用。其离役百户人等拟从八品，伞子从七品。延祐三年，控鹤百户历两考之上，拟于正九品迁用。

凡玉典赤：至元二十七年，定拟历三十月至九十月者，并与县达鲁花赤、进义副尉。一百月以上者，官敦武校尉。至大二年，令玉典赤权于州判、县丞内铨注。三年，令依旧例，九十月除从七下县达鲁花赤，任回添一资。

凡蛮夷官：议："播州宣抚司保蛮夷军民副长官，系远方蛮夷，不拘常调之职，合准所保。其蛮夷地分，虽不拘常调之处，而所保之人，多有泛滥。今后除袭替土官外，急阙久任者，依例以相应人举用，不许预报，违者罪及所由官司。"

卷八十三　志第三十三

选　举　三

铨　法　中

至元四年，诏："诸官品正从分等，职官用荫，各止一名。诸荫官不以居官、去任、致仕、身故，其承荫之人，年及二十五以上者听。诸用荫者，以嫡长子。若嫡长子有废疾，立嫡长子之子孙，曾玄同。如无，立嫡长子同母弟，曾玄同。如无，立继室所生。如无，立次室所生。如无，立婢子。如绝嗣者，傍荫其亲兄弟，各及子孙。如无，傍荫伯叔及其子孙。诸用荫者，孙降子、曾孙降孙、婢生子及傍荫者，皆于合叙品从降一等。诸荫子入品职，循其资考，流转升迁。廉慎干济者，依格超升。特恩擢用者，不拘此例。其有不务廉慎，违犯礼法者，依格降罚，重者除名。诸自九品依例迁至正三品，止于本等流转，二品以上选自特旨。诸职官荫子之后，若有余子，不得于诸官府自求职事，诸官府亦不许任用。"五年，诏："诸荫官各具父祖历仕缘由、去任身故岁月并所受宣敕札付、彩画宗支，指实该承荫人姓名年甲，本处官司体勘房亲，揭照籍册，别无诈冒，及无废疾过犯等事，上司审验相同，保结申覆，令亲赍文解赴部。诸荫叙人员，除蒙古及已当秃鲁花人数别行定夺外，三品以下、七品以上、年二十五之上者，当傔使一年，并不支俸。满日，三品至五品子孙量材叙用外，六品七品子准上铨注监当差使，已后通验各界增亏定夺。"十六年，部拟："管匠官止于管匠官内迁用。其身故匠官之子，若依管民官品级承荫，缘匠官至正九品以下，止有院长、同院务，例不入流品，似难一例荫用。比附承荫例，量拟正从五品子于九品匠官内叙，六品、七品子于院长内叙。凡傔直曾当怯薛身役，已经历仕及止有一子，五十以上者，并免。"二十七年，诏："凡军民官阵亡，军官袭父职，民官阵亡者，其子比父职降二等叙，其孙若弟复降一等。"大德四年，省议："诸职官子孙荫叙，正一品子，正五品叙。从一品子，从五品叙。正二品子，正六品叙。从二品子，从六品叙。正三品子，正七品叙。从三品子，从七品叙。正四品子，正八品叙。从四品子，从八品叙。正五品子，正九品叙。从五品子，从九品叙。正六品子，（流官于巡检内用，杂职于省札钱谷官内用。）从六品子，近上钱谷官。正七品子，酌中钱谷官。从七品子，近下钱谷官。诸色目人比汉人优一等荫叙，达鲁花赤子孙与民官子孙一体荫叙，傍荫照例降叙。"至大四年，诏："诸职官子孙承荫，须试一经一史，能通大义者免傔使，不通者发还习学，蒙古、色目愿试者听，仍量进一阶。"延祐六年，部呈："福建、两广、海北、海南、左右两江、云南、四川、甘肃等处荫叙之人，如父祖始仕本处，止以本地方叙用。据腹里、江南历仕升等迁往者，其子孙弟侄承荫，又注远方，诚可怜悯。今将承荫人等量拟叙用，福建、两广、八番官员拟江南荫叙，海北、海南、左右两江官员拟接连荫叙，云南官员拟四川荫叙，四川、甘肃官员拟陕西荫叙。"

凡迁调闽广、川蜀、云南官员：每三岁，遣使与行省铨注，而以监察御史往莅之。至元十九年，省议："江淮州郡远近险易不同，似难一体，今量分为三等，若腹里常调官员迁入两广、福建溪洞州郡者，于本等资历上，例升二等，其余州郡，例升一等。福建、两广官员五品以上，照勘员阙，移咨都省铨注，六品以下，就便委用，开具咨省。"二十年，部拟："迁叙江淮官员，拟定应得资品，若于接连福建、两广溪洞州郡任用，升一等。甘肃、中兴行省所辖系西夏边地，除本处籍贯见任官外，腹里迁去甘肃者，拟升二等，中兴府拟升一等。"二十二年，诏："管民官腹里迁去四川升一等，接连溪洞升二等。四川见任官迁往接连溪洞升一等，若迁去溪洞诸蛮夷，别议定夺。达鲁花赤就彼处无军蒙古军官内选拟，不为常例。"二十二年，江淮官员迁于龙南、安远县地分者，拟升二等，仍以三十月为满升转。二十八年，诏："腹里官员迁去云南近里城邑，拟升二等，若极边重地，更升一等。行省咨保人员，比依定夺。其蒙古、土人及招附百姓有功之人，不拘此例。"省臣奏准："福建、两广官员多阙，都省差人与彼处行省、行台官，一同以本土周回相应人员委用。"部议："云南六品以下任满官员，依御史台所拟，选资品相应人，拟定名阙，具历仕脚色，咨省奏准，敕牒到日，许令之任。若有急阙，依上选取，权令之任，历过月日，依上准理。"二十九年，诏："福建、两广官员历两任满者，迁于接连去处，一任满日，历江南一任，许入腹里通行迁转，愿于两广、福建者听，依例升等。"至治元年，省臣奏："江浙、江西、湖广、四川、云南五处行省所辖边远地分官员，三年一次差人与行省、行台官一同迁调。"泰定四年，部拟："诸职官子孙承荫，已有元定荫叙地方通例，别难议拟，如愿于广海荫叙者，听其所请，依例升等迁叙。其已咨到都省，应合本省地分荫叙而未受除者，依例咨行省，令差去迁调官就便铨注。广海阙官，于任满得代，有由应得路府州县儒学教授、学正、山长内愿充者，借注正九品以下名阙，任回，止理本等月日。广海应设巡检，于本省应得常选上等钱谷官选拟，权设，理本等月日。行省自用并不应之人，不许委用，如受敕巡检到彼，即听交代。"

凡迁调循行：各省所辖路府州县诸司，应合迁调官员，先尽急阙，次及满任。急阙须凭各官在任解由、依验月日、应得资品、及解由到行省月日，依次就便迁调。若有急阙，委无相应之人，或员阙不能相就者，于应叙职官内选用，验合得资品上，虽有超越，不过一等。本管地面，若有遐荒烟瘴险恶重地，除土官外，依例公选铨注，其有超用人员，多者不过二等。军官、匠官、医官、站官、各投下人等，例不转入流品者，虽资品相应，不许铨注。都省已除人员，例应到任，若有违限一年者，听别行补注。应有合就彼迁叙人员，如在前给由已咨都省听除，未经迁注照会，不曾咨到本省者，即听就便开咨。无解由人员，不许铨注。诸犯赃经断应叙人员，照例铨注。令译史、奏差人等，须验实历月日已满，方许铨注。边远重难去处，如委不可阙官，从差去官与本省官公同选注能干人员，开具历仕元由，并所注职名，拟咨都省，候回准明文，方许之任。应迁调官员，三品、四品拟定咨呈，五品以下先行照会之任。

凡文武散官：多采用金制，建官之初，散官例降职事二等。至元二十年，始升官职对品，九品无散官，谓之平头敕。蒙古、色目，初授散官或降职事，再授职，虽不降，必俟官资合转，然后升职。汉人初授官，不及职，再授则降职授官。惟封赠荫叙官职，各从一高，必历官至二品，则官必从职，不复用理算法矣。至治初，稍改之，寻复其旧。此外月日不及者，惟历繁剧得优，获功赏则优，由内地入边远则优，宪台举廉能政迹则优，以选出使绝域则优，然亦各有其格也。

凡保举职官：大德二年制：“各廉访司所按治城邑内，有廉慎干济者，岁举二人。”九年，诏：“台、院、部五品以上官，各举廉能识治体者三人，行省台、宣慰司、廉访司各举五人。”

凡翰林院、国子学官：大德七年议：“文翰师儒难同常调，翰林院宜选通经史、能文辞者，国子学宜选年高德邵、能文辞者，须求资格相应之人，不得预保布衣之士。若果才德素著，必合不次超擢者，别行具闻。”

凡迁官之法：从七以下属吏部，正七以上属中书，三品以上非有司所与夺，由中书取进止。自六品至九品为敕授，则中书牒署之。自一品至五品为宣授，则以制命之。三品以下用金宝，二品以上用玉宝，有特旨者，则有告词。其理算论月日，迁转凭散官，内任以三十月为满，外任以三岁为满，钱谷典守以二岁为满。而理考通以三十月为则。内任官率一考升一等，十五月进一阶。京官率一考，视外任减一资。外任官或一考进一阶，或两考升一等，或三考升二等。四品则内外考通理。此秋毫不可越。然前任少，则后任足之，或前任多，则后任累之。一考者及二十七月，两考者及五十七月，三考者及八十一月以上，遇升则借升，而补以后任。此又其权衡也。

凡选用不拘常格：省参议、都司郎中、员外高第者，拜参预政事、六曹尚书、侍郎，及台幕官、监察御史出为宪司官。外补官已制授，入朝或用敕除，朝迹秩视六品，外任或为长伯。在朝诸院由判官至使，寺监由丞至卿，馆阁由属官至学士，有递升之法，用人重于用法如此。又覃官，或准实授，或普减资升等，或内升等，或外减资，或外减内不减，斯则恩数之不常有者，惟四品以下者有之。三品则递进一阶，至正议大夫而止。若夫勋臣世胄、侍中贵人，上命超迁，则不可以选格论。亦有传敕中书，送部覆奏，或致缴奏者，斯则历代以来封驳之良法也。

凡吏部月选：至元十九年议：“到部解由即行照勘，合得七品者呈省，从七以下本部注拟，其余流外人员，不拘多寡，并以一月一次铨注。”

凡官吏迁叙：至元十年，议：“旧以三十月迁转太速，以六十月迁转太迟。”二十八年，定随朝以三十月为满，在外以三周岁为满，钱谷官以得代为满，吏员以九十月日出职，职官转补，与职官同。

凡覃官：至大二年，诏：“内外官四品以下，普覃散官一等，服色、班次、封荫皆凭散官。三品者递进一阶，至正三品上阶而止。其应入流品者，有出身吏员译史等，考满加散官一等。”三年，蒙古儒学教授，一体普覃。四年，诏在任官员，普覃散官一等。泰定元年，诏：“内外流官已带覃官，准理实授。所有军官及其余未覃人员，四品以下并覃散官一等，三品递进一阶，至三品上阶止，服色、班次、封荫，悉从一高。其有出身应入流品人等，如在恩例之前入役支俸者，考满亦依上例覃授。”二年，省议：“应覃人员，依例先理月日，后准实授，其正五品任回已历一百三十五月者，九十月该升从四，余有四十五月，既循行旧例，覃官三品，拟合准理实授，月日未及者，依验散官，止于四品内迁用，所有月日，任回，四品内通行理算。”

凡减资升等：大德九年，诏：“外任流官，升转甚迟，但历在外两任，五品以下并减一资。”部议：“外任五品以下职官，若历过随朝及在京仓库官盐铁等职，曾经升等减资外，以后至大德九年格前，历及在外两任或一任、六十月之上者，并与优减，未及者不拘此格。”至治二年，太常礼仪院臣奏：“皇帝亲祭太庙，恩泽未加。”诏四品以下诸职官，不分内外，普减一资，有出身应入流品者，考满任回，依上优减。天历元年，诏：“以兵兴，内外官吏供给繁劳，在京者升一等，至三品止，在外者减一资。”

凡注官守阙：至元八年，议：“已除官员，无问月日远近，许准守阙外，未奏未注者，许注六月满阙，六月以上不得预注。”二十二年，诏：“员多阙少，守阙一年，年月满者照阙注授，余无阙者令候一年。”大德元年，以员多阙少，宜注二年。

凡注官避籍：至元五年，议：“各路地里阔远，若更避路，恐员阙有所碍，止宜斟酌避籍铨选。”

凡除官照会：至元十年，议：“受除民官，若有守阙人员，当前官任满，预期一月检举照会。钱谷官候见界官任满，至日行下合属照会。”二十四年，议：“受除官员省札到部照勘，急阙任满者，比之满期，预先一月照会。”

凡赴任程限：大德八年，定赴任官在家装束假限，二千里内三十日，三千里内四十日，远不过五十日。马日行七十里，车日行四十里。乘驿者日两驿，百里以上止一驿。舟行，上水日八十里，下水百二十里。职当急赴者，不拘此例。违限百日外，依例作阙。

凡赴任公参：至元二年，定散府州县赴任官，去上司百里之内者公参，百里之外者申到任月日，上司官不得非理勾扰，失误公事。

凡官员给假：中统三年，省议："职官在任病假及缘亲病假满百日，所在官司勘当申部作阙，仍就任所给据，期年后给由求叙，自愿休闲者听。"至元八年，省准："在任因病求医并告假侍亲者，拟自离职住俸日为始，限一十二月后听仕。其之任官果因病患事故，不能赴任，自受除日为始，限一十二月后听仕。"部拟："凡外任官日久不行赴任，除行程并装束假限外，违者计日断罪。"二十七年，议："祖父母、父母丧亡并迁葬者，许给假限，其限内俸钞，拟合支给，违例不到，停俸定罪。"二十八年，部议："官吏远离乡土，不幸患病，难议截日住俸，果有患病官吏，百日内给俸，百日外停俸作阙。"大德元年，议："云南官员，如遇祖父母、父母丧葬，其家在中原者，并听解任奔赴。"二年，诏："凡值丧，除蒙古、色目人员各从本俗外，管军官并朝廷职不可旷者，不拘此例。"五年，枢密院臣议："军官宜限以六月，越限日以他人代之，期年后，授以他职。"七年，议："已除官员，若有病故及因事不能赴任者，即牒所在官司，否则亲邻主首，呈报上司，别行铨注。"八年，吏部言："赴任官即将署事月日飞申，以凭标附，有犯赃事故，并仰申闻。"天历二年，诏："官吏丁忧，各依本俗，蒙古、色目仿效汉人者，不用。"部议："蒙古、色目人愿丁父母忧者听。"

凡官员便养：至大三年，诏："铨选官员，父母衰老气力单寒者，得就近迁除，尤为便益。果有亲年七十以上，别无以次侍丁，合从元籍官司保勘明白，斟酌定夺。"

凡远年求叙：元贞元年，部拟："自至元二十八年三月为限，于本处官司明具实迹保勘，申覆上司迁叙。"大德七年，议："求叙人员，具由陈告，州县体覆相同，明白定夺，依例叙用。"

铨 法 下

凡省部令史、译史、通事等：至元六年，省议："旧例一百二十月出职，今案牍繁冗，难同旧日，会量作九十月为满。其通事、译史繁剧，合与令史一体。近都省未及两考省令史译史授宣，注六品职事，部令史已授省札，注从七品职事。今拟省令译史、通事，由六部转充者，中统四年正月已前，合与直补人员一体，拟九十月考满，注六品职事，回降正七一任，还入六品。中统四年正月已后，将本司历过月日，三折二，验省府月日考满通理，九十月出职，与正七职事，并免回降。职官充省令译史，旧例文资右职参注，一考满，合得从七品，注从六品，未合得从七品，注正七品，如更勒留一考，合同随朝升一等。一考满，未得从七注正七品者，回降从七，还入正七。一考满，合得从七注从六品，合得正七注正六品者，免回降。正从六品人员不合收补省令史、译史，如有已补人员，合同随朝一考升一等注授。中统四年正月已前，收补部令史、译史、通事，拟九十月为考满，照依已除部令史例，注从七品，回降正八一任，还入从七。中统四年正月已后，充部令译史、通事人员，亦拟九十月为考满，依旧例正八品职事，仍免回降。省宣使，旧例无此职名，中统以来，初立中书省，曾受宣命充宣使者，拟出职正七品职，外有非宣授人员，拟九十月为考满，与正八品。"至元二十年，吏部言："准内外诸衙门令译史、通事、知印、宣使、奏差等，病故作阙，未及九十月，并令贴补，值例革者，比至元九年例定夺。"省准："宣使、各部令史出职同，三考从七。一考之上，验月日定夺。一考之下，二十月以上者正九，十五月以上者从九，十五月以下拟充巡检。台院、大司农司译史、令史出身同，三考正七。一考之上，验月日定夺。一考之下，二十月以上从八，十五月以上正九，十五月以下、十月之上从九，添一资，十月以下巡检。宣使三考正八品。一考之上，验月日定夺。一考之下，二十月以上从九，十五月以上巡检，十五月以下酒税醋使。部令史、译史、通事三考从七。一考之上，验月日定夺。一考之下，二十月以上者正九，十五月以上从九，十五月以下令史提控案牍，通事、译史巡检。奏差三考从八品。一考之上，验月日定夺。一考之下，二十月以上巡检，十五月之上酒税醋使，十五月之下酒税醋都监。"大德四年，中书省准："吏部拟腹里、江南都吏目、提控案牍升转通例，凡腹里提控案牍、都吏目：京畿漕运司令史，元拟六十月考满，今准九十月考满，都漕运司令史九十月。诸路宝钞提举司司吏，元拟六十月考满，今准九十月考满。万亿四库司吏，元拟六十月考满，今准九十月考满。大都路令史，元拟六十月考满，任回减资升转，今准六十月考满，不须减资。大都运司令史，九十月考满都目。宝钞总库司吏，元拟六十月都目，九十月提控案牍，今准九十月都目。富宁库司吏，元拟六十月提控案牍，今准九十月都目。左右八作司司吏，元拟六十月，今准九十月都目。"又议："已经改拟出职人员，各路司吏转充提控案牍、都目，比同升用，其余直补人数，并循至元二十一年之例迁用。江南提控案牍、都吏目：至元二十五年呈准，各路司吏六十月吏目，两考升都目，一考升提控案牍，两考正九。路司吏九十月吏目，一考转都目，余皆依上升转。江南提控案牍除各路司吏，比腹里路司吏至元二十五年呈准例迁除，其余已行直补，并自行保举，自呈准月日立格，实历案牍两考者，止依至元二十一年定例，九十月入流。未及两考者，再添一资迁除。例后违越创补者，虽历月日不准。"大德十一年，省臣奏："凡内外诸司令史、译史、通事、知印、宣使有出身者，一半于职官内选用，依旧一百二十月为满，外任减一资。"又议："选补吏员，除都省自行选用外，各部依元设额数，遇阙职官，与籍记内相参发补，合用一半职官，从各部自行选用。通事、知印从长官选用。译史则从翰林院试发都省书写典吏考满人内，挨次上名补用，其有不敷，从翰林发补。奏差亦于职官内选一半，余于籍记应例人内发补。岁贡人吏，依已拟在役听候。"省议："六部令史如正从九品不敷，从八品内亦听选取。省掾，正从七品得代有解由并见任未满、已除未任文资流官内选取，考满于应得资品上升一等，除元任地方，杂职不预。院台令史如元系七品之人，亦在选补之例。译史、通事选识蒙古、回回文字，通译语正从七品流官，考满验元资升一等，注元任地方，杂职不预。知印于正从七品流官内选取，考满并依上例注授，杂职不预。宣使于正从八品流官内选取，仍须色目、汉人相参，历一考，于应得资品上升一等，除元任地方，杂职不预。”

凡岁贡吏员：至元十九年，省议：“中书省掾于枢密院、御史台令史内取，台、院令史于六部令史内取，六部令史以诸路岁贡人吏补充，内外职官材堪省掾及院、台、部令史者，亦许擢用。省掾考满，资品既高，责任亦重，皆自岁贡中出，若不教养铨试，必致人材失真，今拟定例于后：诸州府隶省部者，儒学教授选本管免差儒户子弟入学读书习业，非儒户而愿学者听。遇按察司、本路总管府岁贡之时，于学生内选行义修明、文学优赡、通经史、达时务者，保申解贡。各路司吏有阙，于所属衙门人吏内选取。委本路长官参佐，同儒学教授考试，习行移算术，字画谨严，语言辩利，《诗》、《书》、《论》《孟》内通一经者为中式，然后补充。按察司书吏有阙，府州司吏内勾补，至岁贡时，本州本路以上，再试贡解。诸岁贡吏，当该官司于见役人内公选，以性行纯谨、儒吏兼通者为上，才识明敏、吏事熟闲者次之，月日虽多、才能无取者不许呈贡。”二十二年，省拟：“呈试吏员，先有定立贡法，各道按察司上路总管府凡三年一贡，儒、吏各一人，下路二年贡一人，以次籍记，遇各部令史有阙补用。若随路司吏及岁贡儒人，先补按察书吏，然后贡之于部，按察书吏依先例选取考试，唯以经史吏业不失章指者为中选。随路贡举元额，自至元二十三年为始，各道按察司每岁于书吏内，以次贡二名，儒人一名必谙吏事，吏人一名必知经史者，遇各部令史有阙，以次勾补。”元贞元年，诏：“诸路有儒通吏事、吏通经术、性行修谨者，各路荐举，廉访司试选。每道岁贡二人，省台委官立法考试，必中程式，方许录用。”大德二年，贡部人吏，拟宣慰司、廉访司每道岁贡二人儒吏兼通者，自大德三年为始，依例岁贡，应合转补各部寺监令史，依《至元新格》发遣，到部之日，公座试验收补。九年，省判：“凡选府州教授，年四十已下，愿试吏员程式，许补各部令史。除南人已试者，别无定夺到部，未试之人，依例考试。”至治二年，省准：“各道廉访司书吏，先尽儒人，不敷者吏员内充贡，各历一考，依例试贡。”

凡补用吏员：至元十一年，省议：“有出身人员，遇省掾有阙，拟合于正从七品文资职官并台、院、六部令史内，从上名转补。翰林两院拟同六部令史，有阙于随路儒学教授通吏事人内选补。枢密院、御史台令史、省掾有阙，从上转补，考满依例除授，又于正从八品文资官及六部令史内转补。省断事官令史与六部令史一体三考出身，于部令史内发补。少府监令史，拟于六部并诸衙门考满典吏内补用。”十三年，省议：“行工部令史与六部令史一体，于应补人内挨次填补。”十四年，诏：“诸站都统领使司令史拟同各部令史，今既改通政院，与台院令史一体出身，于各部令史内选补。”十五年，部拟：“翰林兼国史院令史同台令史一体出身，于各部令史内选取。”二十一年，省议：“江淮、江西、荆湖等处行省令史，拟将至元十九年咨发各省贴补人员先行收补，不许自行踏逐，移咨都省，于六部见役令史内补充。或参用职官，则从行省新除正从八品职官内选取，杂职官不预。”二十二年，宣徽院令史，考满正七品迁叙，于六部请俸令史内选取。总制院与御史台同品，令译史、通事一体如之。二十四年，省准：“大都留守司兼少府监令史，依宣徽院、大司农司例迁。”二十八年，省议：“陕西行省令史，于各部及考令史并正从八品流官内选补。”二十九年，大司农司令史，于各部一考之上令史及正从八品职官内选取。省掾有阙，于正七品文资出身人员内选。吏员于枢密院、御史台令史元系六部令史内发充，历二十月以上者选，如无，于上名内选。三十一年，省准：“内史府令史，于各部下名令史内选。”大德三年，省准：“辽阳省令史宜从本省选正从八品文资职官补用。复令各部见役令史内，不限岁月，或愿充、或籍贯附近、或选到职官，逐旋选解。国子监令译史，于籍记寺监令史内发补。上都留守司令史，于籍记各部令史内，或于正八品职官内选用，考满从七品迁用。宣徽院阑遗监令史，准本院依验元准月日挨补，考满同，自行踏逐者降等。遇阙如系籍记令史并常调提控案牍内及本院两考之上典吏内补充者，考满依例迁叙，自行选用者，止于本衙门就给付身，不入常调。”四年，部拟：“上都留守司令史，仍听本司于正从八品流官内，或于上都见役寺监令史、河东、山北二道廉访司上名书吏内，就便选用。上都兵马司司吏，发补附近隆兴、大同、大宁路司吏相应。”部拟：“各处行省令史，除云南、甘肃、征东外，其余合依至元二十一年定例，于六部见役上名令史、或正从八品流官参补。不敷，听于各道宣慰司元系廉访按察司转补见役两考之上令史内选充，以宣慰司役过月日，折半准算，通理一百二十月，方许出职。”大德五年，拟：“檀景等处采金铁冶都提举司人吏，于附近州县司吏内遴选。”六年，省拟：“太医院令史，于各部令史并相应职官内选取。长信寺令史，于元保内选补，考满降等叙用，有阙于籍记令史内发补。”七年，拟：“刑部人吏，于籍记令史内公选，不许别行差补，考满离役，依例选取，余者依次发补。礼部省判，许于籍记部令史内选取儒吏一名，续准一名，于籍记部令史内从上选补。户部令史，于籍记部令史内从上以通晓书算、练达钱谷者发遣，从本部试验收补。”八年，省准：“随路补用吏员，令各路先以州吏入役月日籍为一簿。府吏有阙，从上勾补；州吏有阙，则于本州籍记司县人吏内从上勾补。各道宣慰司令史，遇阙以籍记部令史下名发补，新除正从九品流官内选取。”九年，省准：“都城所系在京五品衙门司吏，历两考转补京畿都漕运两司令史。遇阙以仓库攒典历一考者选充，及两考则京畿都漕运两司籍名，遇阙依次收补。上都寺监令史有阙，先尽省部籍记常调人员发补，仍于正从九品流官内、并应得提控案牍内选取。不敷，就取元由路吏考满升充都吏目典史准吏目月日及大同、大宁、隆兴三路司吏历两考之上者参用。”十年，省准：“司县司吏有阙，于巡尉司吏内依次勾补。巡尉司吏有阙，从本处耆老上户循众推举，仍将祗应月日均以岁为满。州吏有阙，县吏内勾补。路吏有阙，州吏内勾补。若无所辖府州，于附近府州吏内勾补，县吏发补附近府州司吏。户、刑、礼部合选令史有阙，于籍记令史上十名内、并职官到选正从九品文资流官内试选。”十一年，省准：“县吏如历一考，取充库子一界，再发县吏，准理州吏月日，路吏有阙，依次勾补。”至大元年，省准：“典宝监令史，就用前典宝署典书蒙古必阇赤一名，例从翰林院试补，知印、通事各一名，从长官选保。”二年，立资国院二品，及司属衙门令史一十名，半用职官，从本院选，半于上名部令史内发补。译史二名，内职官一名，从本院选，外一名翰林院发。通事、知印各一名，从本院长官选。宣使八名，半参用职官，余许本院自用一名，外三名常选相应人内发。典吏六名，从本院选。所辖库二处，每处司库六名，本把四名，于常选人内发。泉货监六处，各设令史八名，于各路上名司吏内选；译史一名，从翰林院发；通事二名，从本监长官选；奏差六名，各州司吏内选；典吏二名，本监选。以上考满，同都漕运司吏出身，所辖一十九处，两提举司设吏目一人，常选内选，司吏五名，县司吏内选。三年，省准：“泉货监令史，于各处行省应得提控案牍人内选，参用正从九品流官。山东、河东二监，从本部于相应人内发补，考满依例迁用，见役自用之人，考满降等叙，有阙以相应人补。”四年，省准：“江西等处儒学提举司司吏，旧从本司公选，事从国子监发补，宜从本司选补。典瑞监首领官、令译史等，依典宝监例选用，考满迁叙。”部议：“长信寺通事一名，例从所保。译史、知印、令史、奏差，从本衙门选一半职官，余相应人内选，考满同自用迁叙。典吏二名，就便定夺，其自用者降等叙。”皇庆元年，省准：“群牧监令译史、知印、怯里马赤、奏差人等，据诸色译史例，从翰林院发补。知印、通事，长官选。令史、奏差、典吏俱有发补定例。其已选人，考满降等叙，有阙于相应人内选发。大都路令史，历六十月，依至元二十九年例升提控案牍，减一资升转。有过者，虽贴满月日，不减资。遇阙于所辖南北两兵马司并各州见役上名司吏内勾补，有阙从本路于左右巡院、大兴、宛平与其余县吏通籍从上挨补，月日虽多，不得无故替罢，违例补用者不准，除已籍记外，有阙依上勾补。覆实司司吏，于诸州见役司吏内选，不敷则以在都仓库见役上名攒典发充，历九十月除都目，年四十五之下历一考之上，亦许转补京畿都漕运司令史，违例收补，别无定夺。”二年，省准：“中瑞司译史，从翰林院发，知印长官选保，令史、奏差参取职官一半所选相应，考满依例迁叙，奉懿旨委用者，考满本司区用，有阙以相应人补。征东行省令译史、宣使人等，旧考满从本省区用，若经省部拟发，相应之人依例迁用，如不应者，虽省发亦从本省区用。”延祐二年，省准：“河间等路都转盐运使司所辖场，分二十九处，二处改升从七品，司吏有阙，依各县人吏，一体于附近各处巡尉捕盗司吏依次以上名勾补，再历一考，与各场邻县吏互相迁调。和林路总管府司吏，以本处兵马司吏历一考者转补，再历一考，转称海宣慰令史，考满除正八品。补不尽者，六十月受部札充提控案牍。沙、瓜二州屯储总管万户府边远比例，一体出身相应。会福院令译史、通事、宣使人等，若省部发去者依例迁叙，自用者考满同二品衙门出身例，降一等添一资升转。于常选教授儒人职官并见役各部令史内取补，宣使于常选职官内参补，通事、知印从长官选用，仍须参用职官，典吏从本衙门补用。”五年，省准：“詹事院立家令司、府正司，知印、怯里马赤俱令长官选用。令史六名，内取教授二名，职官二名，廉访司书吏二名。译史一名，于蒙古字教授及都省见役蒙古书写内选补。奏差二名，以相应人补。

凡宣使、奏差、委差、巡盐官出身：中书省宣使，至元九年，曾受宣命补充者，九十月考满正七品。省札宣使，九十月考满比依部令史例从七品。其台院宣使、各部奏差，比例定拟。二十三年，省准：“省部台院令译史、通事、宣使、奏差人等，未满九十月，不许预告迁转。都省元定六部奏差迁转格例，应入吏目选充者，三考从八品。应入提控案牍人员选充者，三考从八品，任回减一资升转。巡检提控案牍选充者，一考正九品。”二十四年，省准：“大都留守司兼少府监奏差改充宣使，合于各部奏差内选取，改升宣使月日为始，考满比依宣徽院、大司农司一体出身，自行踏逐者降等迁叙。大司农司所辖各道劝农营田内书吏，于各路司吏内选取，考满提控案牍内任用。奏差就令本司选委。”二十九年，省准：“各道廉访司通事、译史出身，比依书吏一体，考满正九。奏差考满，依通事、译史降二等量拟，于钱谷官并巡检内任用。”三十年，省准：“延庆司奏差，比依家令司奏差一体，考满正九品，自行踏逐者降一等。”大德四年，省准：“诸路宝钞提举司奏差，改称委差，九十月为满，于酌中钱谷官内任用。”五年，部议：“山东运司奏差，九十月近下钱谷官内任用。大都运司，一体定夺。”六年，部拟：“河间运司巡盐官，依奏差出身，九十月近下钱谷官内任用。”七年，部拟：“凡奏差自改立廉访司为始，九十月历巡检三考，转从九。”皇庆元年，各道廉访司奏差出身，于本道所辖上名州司吏内选取，九十月都目内任用。若有路吏并典吏内取充者，历两考，比依上例，都目内升转。

凡库藏司吏库子等出身：至元二十六年，省准：“上都资乘库库子、本把，九十月近上钱谷官内任用。卫尉院利器库、寿武库库子，踏逐者九十月近上钱谷官内任用。”二十八年，省拟：“泉府司富藏库本把、库子，六十月近下钱谷官内任用。太府监行内藏库子，三周年为满，省札钱谷官内迁叙。备用库提控三十月，库子、本把三周岁，近上钱谷官内任用。”三十年，省准：“大都留守司兼少府监器备库库子、本把，六十月近下钱谷官内任用。”三十年，省准：“宣徽院生料库库子、本把并太医院所辖御药局院本把出身，例六十月，近上钱谷官一体迁叙。”大德元年，部拟：“中御府奉宸库库子，以三周岁为满，拟受省札钱谷官。本把六十月，近上钱谷官内任用。”三年，省拟：“万亿四库、左右八作司、富宁、宝源等库，各设色目司库二名，俱于枢密院各卫色目军内选差，考满巡检内任用，自行踏逐者一考并同，循行如此。又汉人司库，于院务提领、大使、都监内发补，二周岁满日，减一界升转；其色目司库于到选钱谷官内选发，考满优减两界。都提举万亿库提控案牍，比常选人员，任回减一资升用。司吏三十五人，除色目四人外，汉人有阙，于大都总管府、转运司、漕运司下名司吏内选取，三十月拟充吏目，四十五月之上、六十月之下都目，六十月以上转提控案牍。省拟六十月以上、四十五月以下，愿充寺监令史者听。司库五十人，除色目一十四人另行定夺外，汉人于大都路人户内选用，二周岁为满，院务提领内任用；都监内充司库，二年为满，于受省札钱谷官内任用；务使充司库，二年为满，于从九品杂职内任用。秤子五人，于大都人户内选充，二年为满，于近下钱谷官内任用。太医院御药局本把，六十月近上钱谷官内任用。"四年，受给库依油磨坊设攒典、库子，从工部选。会同馆收支库攒典，与长秋库同。上都广积、万盈二仓系正六品，永丰系正七品，比之大都平准库品级尤高，拟各仓攒典转寺监本把，并万亿库司吏相应。提举广惠司库子，考满近下钱谷官内任用。侍仪司法物库所设攒典、库子，依平准行用库例补用。五年，大都尚食局本把，拟于钱谷官内迁叙，本院自行踏逐者，就给付身，考满不入常调。都提举万亿宝源库色目司库，拟于巡检内任用，添一资升转。京畿都漕运司司仓，于到选钱谷官内选发。六年，部呈："凡路府诸州提控案牍、都吏目等，诸衙门吏员出身，应得案牍、都吏目，如系路府司吏转充之人，依旧迁除。其由仓库攒典杂进者，得提控案牍改省札钱谷官，都目近上钱谷官，吏目改酌中钱谷官。提控案牍，都吏目月日考满，于流官内迁用。广胜库子，合从武备寺给付身，考满本衙门定夺。大积等仓典吏，与四库案牍所掌事同，任回减一资升用。"七年，各路攒典、库子，部议："江北及行省所辖路分库子，依已拟于司县司吏内差补，周岁发充县司吏，遇州司吏有阙，挨次勾补。诸仓库攒典有阙，于各部籍记典吏内发补。左右八作司等五品衙门内司吏有阙，却于各仓库上名攒典内发补。若万亿库四品衙门司吏有阙，亦于上项司吏内从上转补，将役过五品衙门月日，五折四准算，通理九十月考满，提控案牍内迁用。如转补不尽，五品衙门司吏考满，止于都目内任用。油磨坊、抄纸坊攒典有阙，并依上例。回回药物院本把，六十月酌中钱谷内定夺。"九年，省准："提举和林仓、昔宝赤八剌哈孙仓、孔古列仓司吏，六十月酌中钱谷官内委用。资成库库子出身，部议比依太府、利用、章佩、中尚等监。武备寺库有阙，如系本衙门典吏请俸一考转补者，六十月为近上钱谷官，其余补充之人，九十月依上迁用。和林等处宣慰司都元帅府所辖广济库库子、攒典，自行踏逐者比依三仓例，六十月于近下钱谷官内定夺。"至大二年，省准："广禧库库子，依奉宸库例出身，如系本把一考之上转充者，四十五月受省札钱谷官，其余补充之人，六十月依上例迁用。本把元系本衙门请俸一考典吏转补者，六十月近上钱谷官，其余补充者，九十月亦依上例迁用。上都东西万盈、广积二仓司仓，与仓官一体，二周岁为满。"三年，省准："各路库子于各处钱谷官内发补，拟不减界，考满从优定夺。江北库子，止依旧例。和林设立平准行用库库子，宜从本省相应人内量选二名，二周岁为满，近下钱谷官内定夺。"皇庆元年，部议："文成、供须、藏珍三库本把、库子，依太府监库子例，常选内委用，考满比例迁除，有阙于常调人内发补，自行选用者，考满从本院定夺，若系常选任用者，考满依例迁叙。"二年，殊祥院所辖万圣库库子、攒典，依崇祥院诸物库例出身。部议："如比上例，三十月转补五品衙门司吏，再历三十月，于四品衙门司吏内补用，其库子合于常调籍记仓库攒典人内发补，六十月为满，于务都监内任用，自行委用者，考满本衙门定夺。"延祐元年，省议："腹里路分司仓库子，于州县司吏内勾补，满日同旧例升转。"

凡书写、铨写、书吏、典吏转补：至元二十五年，省准："通政等二品衙门典吏，九十月补本院宣使。各寺监典吏，比依上例，考满转补本衙门奏差。户部填写勘合典吏，与管勘合令史一体，考满从优定夺。参议府、左右司、客省使令史、书写，四十五月转补，如补不尽，于提控案牍内任用，于各部铨写及典吏内收补。会总房、承发司、照磨所、架阁库典吏，各部铨写，六十月转补，已上，都目内任用。各部典吏并左右部照磨所、架阁库典吏，于都省参议府、左右司、客省使令史、书写内以次转补，如补不尽，六十月转补各监令史，已上，吏目内任用。枢密院典吏、铨写，依御史台典吏一体，六十月转部，转补不尽，六十月已上，于都目内任用。御史台典吏，遇察院书吏有阙，从上挨次转补，通理六十月，补各道按察司书吏，部令史有阙，亦行收补。"二十六年，省准："上都留守司兼本路都总管府典吏，九十月补本司宣使，考满依例定夺。"二十七年，省准："漕运使司令史，九十月提控案牍内任用，如年四十五以下，愿充寺监令史者听。省院台部书写、铨写、典吏人等出身，与各道宣慰司、按察司、随路总管府岁贡吏员一体转部，书写人等止令转寺监等衙门令史。"二十八年，省准："参议府、左右司、客省使令史，各房书写有阙，拟于都省典吏内选补，五折四令史、书写月日，通折四十月转部。及六部铨写、典吏一考之上选充，三折二令史、书写月日，通折四十五月转补各部令史。如已行选用者，四十五月补寺监令史。参议府、左右司、客省使令史，各房书写有阙，拟于都省典吏内选补，五折四令史、书写月日，通折四十五月转部。及六部铨写、典吏一考之上选充，三折二令史、书写月日，通折四十五月转补各部令史。如自行选用者，四十五月补寺监令史。"部议："执总会总房、照磨所、承发司、架阁库典吏，一考之上转补参议府、左右司、客省使令史，补不尽者，四十五月补寺监令史。有阙，于六部铨写、典吏一考之上选充，三折二省典吏月日，通折六十月转补各部令史。若转充参议府、左右司、客省使令史、都省书写，五折四令史、书写月日，通折四十五月转部。如自行选用者，六十月补寺监令史。六部铨写、典吏并左右部照磨所、架阁库典吏，一考之上，遇省书写、典吏月日补不尽者，六十月转补寺监令史。"省议："除见役外，后有阙，拟于都省各房写发人内公举发补，除转充参议府、左右司、客省使令史、都省书写、典吏者，依前例转补，不尽者六十月充都目。"二十九年，部拟："御史台典吏三十月，依廉访司书吏转补察院，三十月转部，补不尽者，考满从八品迁用外，行台典吏三十月转补行台察院书吏，再历三十月发补各道宣慰司令史。参议府令史，四十五月转部令史。光禄寺典吏，考满转补本衙门奏差。"元贞元年，省准："省部见役典吏实历俸月，名排籍记，遇都省书写、典吏有阙，从上挨次发补。枢密院铨写，一考之上补都省书写，通折月日升转外，本院铨写有阙，补请俸上名典吏。"大德元年,省准:"两淮本道书吏,转补行台察院书吏、江南宣慰司令史。云南、四川、河西三道书吏,在边远者三十月为格,依上迁补。江浙行省检校书吏,于行省请俸典吏内选补,以典吏月日五折四,通折书吏六十月转各道宣慰司。"四年,省准:"徽政院掌仪、掌膳、掌医署书吏宜从本院通定名排,若本院典吏有阙,以次转补。"八年,省议:"院台以下诸司吏员,俱从吏部发补,据曾经省发并省判籍定典吏、令史,从吏部依次试补,元籍记典吏,见在写发者,遇各库攒典试补。省掾每名,设贴书二名,就用已籍记者,呈左右司关吏部籍定,遇部典吏阙收补,历两考从上名转省典吏,除一考外,余者折省典吏月日,两考升补参议府、左右司、客省使令史、书写、检校、书吏,通折四十五月。补不尽省典吏,六十月,遇寺监令史、宣慰司令史有阙,依次发补。除宣慰司令史,已有贡部定例,寺监令史历一考,与籍记部令史通籍发补各部令史。寺监见役人等,虽经准设,未曾补阙,不许转部,考满依旧例迁叙,其省部典吏、书写人等转入寺监、宣慰司,愿守考满者听。御史台令史一名,选贴书二名,依次选试相应充架阁库子,转补典吏,三十月发充各道廉访司书吏,再历一考,依例岁贡。三品衙门典吏,历三考升宣使,补不尽,本衙门于相应阙内委用。部典吏一考之上,转省典吏,补不尽者,三考补本衙门奏差,两考之上发寺监宣慰司奏差外,据六部系名贴书合与都省写发人相参转补各部典吏,补不尽者,发各库攒典。都省写发人有阙,于六部系名贴书内参选,不尽者依旧发各库攒典。"九年,省准:"狱典历一考之上,转各部典吏。翰林国史院书写考满,除从七品,有阙从本院于籍记教授试准应补部令史内指名选用。太常寺典吏,历九十月注吏目。工部符牌局典吏,三十月转各部典吏。翰林国史院蒙古书写,四十五月转补寺监蒙古必阇赤。宣徽院所辖寺监令史有阙,于到部籍记寺监令史与本院考满典吏挨次发补。"十年,省准:"陕西诸道行御史台察院书吏,若系腹里岁贡廉访司见役书吏选取人数,须历一考,以上名贡部,下名转补察院。总管府狱典转州司吏,府州者补县吏,须历一考,方许转补。江浙行省运司书吏,九十月升都目,添一资升转,如非各路散府上州司吏补充,役过月日,别无定夺。"十一年,省准:"左司言照磨所典吏遇阙,宜于左右部照磨所典吏内从上发补。各路府州狱典遇阙,于廉访司写发人及各路通晓刑名贴书内参补。"至大元年,省准:"各部蒙古必阇赤,如系翰林院选发之人,四十五月遇各衙门译史有阙,依次与职官相参补用,不敷从翰林院发补。"三年,省准:"詹事院蒙古书写,如系翰林院选发之人,四十五月遇典用等监衙门译史有阙,依次与职官相参补用,不敷从翰林院选发。和林行省典吏,转理问所令史,四十五月发补称海宣慰司令史,转补不尽典吏,须历六十月依上发补。中瑞司、掌谒司典书,九十月与寺监令史一体除正八品。行台察院书吏,俱历九十月依旧出身叙,任回添一资升转。内台察院转部、行台察院转江南宣慰司令史,北人贡内台察院各道廉访司书吏,先役书吏历九十月,拟正九品,任回添一资升转。"省议:"廉访司书吏,上名贡部,下名转察院,不尽者通九十月,除正九品。察院书吏三十月转部,不尽者九十月除从八品,非廉访司取充则四十五月转部,不尽者考满除正九品。"二年,议:"廉访司书吏、贡察院书吏不尽者九十月除正九品,行台察院书吏转补不尽者如之。内台察院书吏转部,年高不愿转部者,九十月除从八品。"皇庆元年,部议:"廉访司职官书吏,合依通例选取,不许迁叙,候书吏考满,通理叙用。职官先尝为廉访司书吏者,避元役道分,并其余相应职官,历三十月,减一资。又教授、学正、学录并府州提控案牍、都吏目内委充职官,各理本等月日,其余岁贡儒吏,依例选用。又廉访司奏差、内台行台典吏有能者,历一考之上选充书吏,通儒书者充儒人数,通吏业者充吏员数。参议府、左右司、客省使令史、书写、检校书吏,依至元二十八年例,以省典吏选充,五折四令史、书写、书吏月日,通折五十五月转部。省典吏系六部铨写、典吏转充,三折二省典吏月日,通折六十月转各部令史。自用之人并转补不尽省典吏,考满发补寺监、各道宣慰司令史。"二年,省准:"河东宣慰司选河东山西道廉访司书吏充令史,合回避按治道分选取,其余亦合一体。"延祐三年,部拟:"行台察院书吏、各道廉访司掌书,元系吏员出身者,并依旧例,以九十月为满,依汉人吏员降等于散府诸州案牍内选用,任回依例升转。大宗正府蒙古书写,四十五月依枢密院转各卫译史除正八品例,籍定发补诸寺监译史。察院书吏与宣慰司令史,皆系八品出身转部者,宜以五折四理算,宣慰司令史出身正八品,察院从八品,其转补到部者以五折四准算太优,今三折二。其廉访司径发贡部及已除者,难议理算。"天历元年,台议:"各道书吏,额设一十六人,有阙宜用终场下第举子四人,教授四人,各路司吏四人,通吏职官四人,委文资正官试验相应,方许入部。"

凡卫翼吏员升转:皇庆元年,枢密院议:"各处都府并总管高丽、女直、汉军万户府及临清万户府秩三品,本府令史有阙,于一考都目、两考吏目并各卫三考典吏内,呈院发补,九十月历提控案牍一任,于各万户府知事内选用。"延祐六年,枢密院议:"各卫翼都目得代两考者,拟受院札提控案牍内铨注,三考升千户所知事,月日不及者,各卫翼挨次前后得代日期,于都目内贴补。各卫提控案牍,年过五旬已历四考者,升千户所知事。及两考年四十五以下,发补各卫令史。不及两考者,止于案牍内铨注,受院札,通理一百二十月,于千户所知事内选用。各处蒙古都元帅府额设令史有阙,于本府所辖万户府并奥鲁府上名司吏年四十以下者选取,呈院准设,历一百二十月,再历提控案牍一任,于万户府知事内迁用。"泰定三年,枢密院议:"行省所辖万户府司吏有阙,于本翼上千户所上名司吏内取补,须行省准设,九十月充吏目,一考转都目,一考除千户所提领案牍,一考升万户府提控案牍,历两考,通历省除一百五十月,行省照勘相同,咨院于万户府知事内区用。"

凡各万户府司吏:蒙古都万户府司吏有阙,于千户所司吏内选补,历一百二十月,升千户所提领案牍,一考万户府案牍,通理九十月,转万户府知事。汉军万户府并所辖万户府及奥鲁府司吏,于千户所司吏内补用,呈院准设，九十月充吏目，一考都目，一考升千户所或都千户所、奥鲁府提控案牍，再历万户府或都府、奥鲁府提控案牍两任，于万户府知事内用。各处都府令史，于一考都目、两考吏目并各卫请俸三考典吏内，呈院发补，九十月为满，再历提控案牍一任，于各万户府知事内选用。各处蒙古军元帅府令史，大德十年拟于本府所辖万户府并奥鲁府上名司吏内，年四十以下者选补，呈院准设，历一百二十月，再历提控案牍一任，于万户府知事内迁用。各省镇抚司令史，于各万户府上名六十月司吏内选取，受行省札，三十月为满，再于各万户府提控案牍内，历一百二十月知事内定夺。各卫翼令史，有出身转补者，九十月正八，无出身者从八内定夺。

凡提控案牍、都目：至元二十一年三月已后受院札，九十月为满，行省、行院札一百二十月为满，于万户府知事内用。大德四年，案牍年过五旬，已历四考者，于千户所知事内定夺外，及两考四十五以下发补各卫令史，若不及考者，止于案牍内铨注，受院札，通理一百二十月，于千户所知事内用。各卫翼都目，延祐六年，请俸两考者，院札提控案牍内铨注，历三考，升千户所知事，月日不及者，各卫翼都目内贴补。如各卫典吏转充者，六十月直隶本院万户府提控案牍、弩军屯田千户所、镇抚司提控案牍内铨注。无俸人转充者，九十月依上升转。镇抚司、屯田弩军千户所都目，依中州例，改设案牍，止请都目俸，三十月为满，依例注代。

卷八十四　志第三十四

选举四

考课

凡随朝职官：至元六年格，一考升一等，两考通升二等止。六部侍郎正四品，依旧例通理八十月，升三品。左右司郎中、员外郎、都事，考满升二等。六部郎中、员外郎、主事，三十月考满升一等，两考通升二等。

凡官员考数：省部定拟：从九品拟历三任，升从八。正九品历两任，升从八。正八品历三任，升从七。从七历三任，呈省。正七历两任，升从六。从六品通历三任，升从五。正六历两任，升从五。从五转至正五，缘四品阙少，通历两任，须历上州尹一任，方入四品。内外正从四品，通理八十月，升三品。

凡取会行止：中统三年，诏置簿立式，取会各官姓名、籍贯、年甲、入仕次第。至元十九年，诸职官解由到省部，考其功过，以凭黜陟。大德元年，外任官解由到吏部，止于刑部照过，将各人所历，立行止簿，就检照定拟。

凡职官回降：至元十九年，定江淮官已受宣敕，资品相应，例升二等迁去。江淮官员依旧于江淮任用。其已考满者，并免回降。不及考者，例存一等。有出身未合入流品受宣者，任回，三品拟同六品，四品拟同七品，正从五品同正八品；受敕者，正从六品同从八品，七品、八品同正从九品，正从九品同提领案牍、巡检。无出身及白身人受宣者，三品同七品，四品同八品，正从五品同正九品；受敕者，正从六品同从九品，七品、八品同提领案牍、巡检，正从九品拟院务监当官。其上项有资品人员，再于接连福建、两广溪洞州郡任用，拟升一等。两广、福建，别议升转。至元十四年，都省未注江淮官已前，创立官府，招抚百姓，实有劳绩者，其见受职名，若应受宣者，三品同七品，四品、五品拟同八品；若应受敕者，正从六品同正从九品，其七品、八品拟同提控案牍、巡检，正从九品拟同院务监当官。无出身不应叙白身人，其见受职名，应受宣者，三品同八品，四品、五品同九品；应受敕者，正从六品同提控案牍、巡检，七品以下拟院务监当官。其上项人员，若再于接连福建、两广溪洞州郡任用，拟升一等。两广、福建，别议升转。至元十四年已后，新收抚州郡，准上例定夺。前资不应又升二等迁去江淮官员，任回，拟定前资合得品级，于上例升二等，止于江淮迁转，若于腹里任用，并依上例。七品以下，已历三品、四品者，比附上项有出身未入流品人员例，从一高。前三件于见拟资品上增一等铨注。二十一年，诏："军官转入民职，已受宣敕不曾之任者，拟自准定资品换授，从礼任月日为始，理算资考升转。若先受宣敕已经礼任，资品相应者，通理月日升转外，据骤升人员前任所历月日除一考外，余月日与后任月日依准定资品通理升转，不及考者，拟自准定资品换授，从礼任月日为始，理算资考升转。腹里常调官，除资品相应者依例升转外，有前资未应入流品受宣敕者，六品以下人员，照勘有无出身，依验职事品秩，自受敕以后历一考者，同江淮例定拟，不及考者，更升一等。五品以上人员，斟酌比附议拟，呈省据在前已经除授者，任回通理定夺。"

凡吏属年劳差等：至元六年，吏部呈："省部译史、通事，旧以一百二十月出职，今案牍繁冗，合以九十月为满。"十九年，部拟："行省通事、译史、令史、宣使或经例革替罢，所历月日不等，如元经省掾发去，不及一考者，拟令贴补；及一考之上者，比台院令史出身例定夺。自行踏逐者，降一等叙，不及一考者，发还本省区用。宣慰司人吏，经省院发，不及一考者，拟贴补；及一考之上者，比部令史出身降一等定夺。自行踏逐者，又降一等；不及一考者，别无定夺。"二十年，省拟："云南行省极边重地令译史人等，六十月考满。甘肃行省令译史人等，六十五月考满，本土人员，依旧例用。"二十五年，省准："缅中行省令史，依云南行省一体出身。"大德元年，省臣奏："以省、台、院诸衙门令译史、通事、知印、宣使等，旧以九十月为满，升迁太骤，今以一百二十月为满，于应得职事内升用。又写圣旨、掌奏事选法、应办刑名文字必阇赤等，以八月折十月，今后毋令折算。"四年，制以诸衙门令译史、宣使人等一百二十月为满。部议："远方令译史人等，甘肃、福建、四川于此发去，九十月为满。两广、海北海南道于此发去，八十月满，云南省八十月满。土人一百二十月满。"都省议："俱以九十月为考满，土人依例一百二十月为满。”至大元年，部议：“和林行省即系远方，其人吏比四川、甘肃行省九十月出职。”二年，诏：“中外吏员人等，依世祖定制，以九十月满，参详，历一百二十月已受除者，依大德十一年内制，外任减一资。所有诏书已后在选未曾除受，并见告满之人，历一百二十月者，合同四考理算，外任一资不须再减。”省拟：“以九十月为满，余有月日，后任理算。应满而不离役者，虽有役过月日，不准。”三年，省准：“河西廉访司书吏人等月日。”部议：“合准旧例，云南六十月，河西、四川六十五月，土人九十月为满。”皇庆二年，部议：“凡内外诸司吏员，旧以九十月为满，大德元年改一百二十月为满，至大二年复旧制。一纪之间，受除者众。其元除有以三十月为一考者，亦有四十月为一考者，以所除不等，往往援例陈诉，有碍选法。拟合依已降诏条为格，系大德元年三月七日以后入役，至未复旧制之前，已除未除俱以四十月为一考，通理一百二十月为满，减资升转。其未满受除者，一体理考定拟，余二十六月已上，准升一等，十五月之上，减外任一资，十五月之下，后任理算。改格之后应满而不离役者，役过月日，别无定夺。”

凡吏员考满授从六品：至元九年，省准：“省令史出身，中统四年已前，六品升迁，已后七品除授，至元之后，事繁责重，宜依准中统四年已前考满一体注授。”三十一年，省议：“三师僚属，蒙古必阇赤、掾史、宣使等，依都省设置，若不由台院转补者，降等叙。”元贞元年，省议：“监修国史僚属，依三师所设，非台院转补者，降等叙。”大德五年，部呈考满省掾各各资品。省议：“今后院台并行省令史选充省掾者，虽理考满，须历三十月方许出职，仍分省发、自行踏逐者，各部令史毋得直理省掾月日。”

凡吏员考满授正七品：至元九年，部拟：“院、台、大司农司令史出身，三考正七品。一考之上，验月日定夺。一考之下，二十月以上为从八品；十五月以上正九品；十五月以下，十月之上为从九品，添一资，历十月以下为巡检。”十一年，部议：“扎鲁火赤令史、译史考满，合依枢密院、御史台令史、译史出身，三考出为正七品，自用者降一等，有阙于部令史内选取。”十四年，部拟：“前诸站统领使司令史，同部令史出身，今既改通政院从二品，通事、译史、令史人等，宜同台、院人吏一体出身。”十五年，翰林国史院言：“本院令史系省准人员，其出身与御史台一体，遇阙省掾时，亦合勾补。准吏部牒，本院令史以九十月考满，同部令史出身，本院与御史台皆随朝二品，令史亦合与台令史一体出身，有阙于部令史内选用。”十九年，部拟：“泉府司随朝从二品，令史、译史人等，由省部发者，考满依通政院例定夺，自行用者降一等。”二十年，定拟安西王王相府首领官令史，与台、院吏属一体迁转。二十二年，部拟：“宣徽院升为二品，与台、院品秩相同，令史出身合依正七品迁除贡补，省、院有阙，于部令史内选取。”总制院与御史台俱为正二品，部拟：“令译史考满，亦合一体出身。”二十三年，省准：“詹事院掾史，若六部选充者，考满出为正七品，自用者降等。”二十四年，集贤院言：“本院与翰林国史院品级相同。”省议：“令史考满，一体定夺。”二十五年，省议：“上都留守司兼本路总管府令史出身，三考正八品，其自部令史内选取者，同宣徽院、太医院令史一体出身。上都留守司升为正二品，见设令史，自行踏逐者，考满不为例，从七品内选用；部令史内选取，考满宣徽院、大司农司令史一体出身。”部议：“都护府人吏依通政院令译史人等出身，由省部发者，考满出为正七品，自用者降一等。”二十六年，省准：“都功德使司随朝二品，令译史人等，比台、院人吏一体升转。”二十九年，部呈：“大司徒令史，若各部选发者，三考出为正七，自用者降等。崇福司与都护府、泉府司品秩相同，所设人吏，由省部发者，考满出为正七品，自用者降一等。福建省征瓜哇所设人吏，出征回还，俱同考满。”三十年，省准：“将作院令史，依通政院等衙门令史，考满除正七品。”部议：“如系六部选发，考满除正七品，自用者本衙门叙。”元贞元年，内史府秩正二品，令史亦于部令史内收补，考满除正七品，自用者降等。大德九年，部拟：“阔阔出大司徒令史，若各部选发，考满正七，自用者降等。” 至大四年，省准：“会福院令史、知印、通事、译史、宣使、典吏俱自用，前拟不拘常调，考满本衙门区用。隆禧院令史人等，如常选者，考满依例迁叙，自用者不入常调，于本衙门区用。“皇庆二年，部议：“崇祥院人吏，系部令史发补者，依例迁用，不应者降等叙。”延祐四年，部议：“隆禧院令史、译史、通事、知印、典吏同五台殊祥院人吏一体，常选内委付。其出身若有曾历寺监并籍记各部令史人等，考满同二品衙门出身，降等叙，白身者降等，添一资升转；省部发去者，依例迁叙。后有阙，令史须于常选教授儒人职官并部令史见役上名内取补；宣使于职官并相应内参补；通事、知印从长官保选，仍参用职官，违例补充，别无定夺。殊祥院人吏，先未定拟，亦合一体。”

凡吏员考满授从七品：至元六年，省拟：“部令史、译史、通事人等，中统四年正月以前收补者，拟九十月为满，注从七品，回降正八一任，还入从七。以后充者，亦拟九十月为满，正八品，仍免回降。”九年，吏、礼部拟：“凡部令史二考，注从七品。一考之上，验月日定夺。一考之下，二十月以上者正九品。十五月以上从九品，十五月以下，令史提控案牍，通事、译史巡检。太府监改拟正三品，与六部同，人吏自行踏逐，将已历月日准为资考，似为不伦，拟自改升月日为始，九十月为满，同部令史出职，有阙于籍记部令史内挨次收补。”十一年，省议：“省断事官令史，与六部令史一体出身，若是实历俸月九十月，考满迁除，有阙于应补部令史人内挨次补用。”省议：“中御府正三品，拟同太府监令史出身，九十月于从七品内除授，自行踏逐者降一等，歇下名阙，于应补部令史人内补填。”十三年，省议：“行工部令史，与六部令史一体出身。四怯薛令史，九十月同部令史出身，有阙以籍记部令史内补填。”二十年，部呈：“行省令、译史人等，比台、院一体出身。行台、行院令译史、通事人等，九十月考满，元系都省台院发去及应补之人，合降台院一等。”二十三年，省判：“大都留守司兼少府监令史，如系省部发去相应人员，同部令史出身，九十月考满，从七品，自行踏逐者降等。”二十四年，省判：“中尚监令史人等，若系省部发去人员，同太府监令译史等出身，自行踏逐者降等。"太史院令史，部议："如省部发去人员，从七品内迁除，自行踏逐者，降等叙用。"部拟："行省台院令史，九十月考满，若系都省台院发去腹里请俸人员，行省令史同台院令史出身，行台、行院降一等，俱于腹里选用，自行踏逐递降一等，于江南任用。"二十九年，省判："巩昌等处便宜都总帅府令史人等出身，拟与各道宣慰司一体，自行踏逐者降等叙用。"大德三年，省准："上都留守司令史，旧以见役部令史发补，以籍居悬远，拟于籍记部令史内选发，与六部见役令史一体转升二品衙门令史，转补不尽者，考满从七品叙用。"八年，部拟："利用监自大德三年八月已前入役者，若充各衙门有俸令史，及本监奏差、典吏转补，则于应得资品内选用；由库子、本把就升，并白身人，于杂职内通理定夺；自用之人，本监委用。"皇庆元年，制："典瑞监人吏俱与七品出身。"部议："太府、利用等四监同。省发者考满与六部一体叙，其余寺监令译史正八品，奏差正九品。令典瑞监、前典宝监人吏出身同大府等监，系奉旨事理。"省议："已除者，依旧例定夺。"三年，省准："章庆使司秩正二品，见役人吏，若同随朝二品衙门，考满除正七品，缘系徽政院所辖司属，量拟考满除从七品，自用者降等，如系及考部令史转充，考满正七品，未及考者止除从七品。有阙须依例补，不许自用。"

凡吏员考满授正八品：至元十一年，省议："秘书监从三品，令史拟九十月出为正八品，自用者降一等，有阙诸衙门考满典吏内补填。"省议："太常寺正三品，令史以九十月出为从八品，有阙于应补监令史内取用。"省议："少府监正四品，准军器监令史出身，是省部发去者，三考于正八品任用，自行踏逐人员，考满降一等。"省议："尚牧监正四品，省部发去令史，拟九十月出为正八品，自用者降一等，有阙于诸衙门典吏内选补。"部拟："河南等路宣慰司系外任从二品，与随朝各部正三品衙门相同，准令史以九十月同部令史迁转。开元等路宣抚司外任正三品，令译史比前例降一等，九十月于正八品内迁转。"十四年，部拟："枢密院断事官令史，拟以九十月出为从八品，有阙于诸衙门考满典吏内补用。"十六年，部拟："枢密院断事官今改从三品，所设人吏，若系上司发去人员，历九十月，比省断事官令史降等于正八品内迁除，自用者降一等，遇阙于相应人内发遣。"二十一年，部拟："广西、海北海南道宣慰司令史、译史、奏差人等，与岭南广西道等处按察司书吏人等一体，二十月理算一考，拟六十月同考满。"省准："广东宣慰司其地倚山濒海，极边烟瘴，令史议合优升，依泉州行省令译史等，以二十月理算一考。"二十二年，省准："詹事院府正、家令二司，给侍宫闱，正班三品，令史即非各司自用人员，俸秩与六部同，若遇院掾史有阙，于两司令史内选补，拟定资品出身，依枢密院所辖各卫令史出身，考满出为正八品。尚酝监令史，与六部令史同议，诸监令史考满，正八品内迁用，及非省部发去者例降一等，尚酝监令史亦合一体。"二十三年，省准："太常寺令史，历九十月，正八品内任用，有阙于呈准籍记人内选取。云南省罗罗斯宣慰司兼管军万户府首领官、令史人等，依云南行省令史例，六十月考满，首领官受敕，例以三十月为一考。武备寺正三品，令译史等出身，拟先司农寺令译史人等，依各监例，考满出为正八品，武备寺令史亦合依例迁叙。尚舍监令史，拟同诸寺监令史，考满授正八品，自行用者降一等，尚舍监亦如之。陕西四川行省顺元等路军民宣慰司，依云南令译史人等，六十月为满迁转。"二十四年，部拟："太史院、武备寺、光禄寺等令史，九十月正八品内迁用，自用者降一等。太医院系宣徽院所辖，令史人等，若系省部发去，考满同诸监令史，拟正八品，自用者降等任用。"二十六年，省准："给事中兼修起居注人吏，依诸寺监令史出身例，考满一体定夺。侍仪司令史，依给事中兼起居注人吏迁转。"二十七年，省准："延庆司令史，九十月，依已准家令、府正两司例，由省部发者出为正八品，自用者降等叙。"二十八年，省准："太仆寺拟比尚乘等寺令史，以九十月出为正八品，自用者降一等。拱卫直都指挥使司与武备寺同品，令史考满，出为从八品，自用者降一等迁用。蒙古等卫令史，即系在先考满令史，合于正八品内迁叙，各卫令史有阙，由省部籍记选发者，考满出为正八品。枢密院所辖都元帅府、万户府各卫并屯田等司官吏，俱从本院定夺、迁调，见役令史，自用者考满，合从本院定夺。宣政院断事官令史，与枢密院及蒙古必阇赤，由翰林院发者，以九十月为从七品，通事、令史以九十月为正八品，奏差以九十月为正九品，典吏九十月转本府奏差，自用者降等。"二十九年，部拟："左右两江宣慰司都元帅府令译史人等，依云南、两广、福建人吏，六十月为满。两广叙用译史，除从七品，非翰林院选发，别无定夺。令史省发，考满正八品，奏差省发，考满正九品，自用者降等叙。仪凤司令史，比同侍仪司令史，考满为正八品，自用者降一等。哈迷为头只哈赤八剌哈孙达鲁花赤令史，吏部议，与阿速拔都儿达鲁花赤必阇赤考满正八品任用，虽必阇赤、令史月俸不同，各官随朝近侍一体，比依例出身相应。"三十年，省准："孛可孙系正三品，令译史人等，比依各寺监令译史出身相应。都水监从三品，令译史等寺监令史一体出身，考满正八品叙，自用者降等。只儿哈忽昔宝赤八剌哈孙达鲁花赤本处随朝正三品，与只哈赤八剌哈孙达鲁花赤令史等即系一体，拟合依例，考满出为正八品。"元贞元年，省准："阑遗监令译史人等，省部发去者，考满正八品内任用，自行踏逐者降等。家令司、府正司改内宰、宫正，其人吏依元定为当。拱卫直都指挥使司升为正三品，其令译史等俸，俱与光禄寺相同，拟系相应人内发补者考满与正八品，奏差正九，自用者降等叙。"大德三年，部议："鹰坊总管府人吏，依随朝三品，考满正八品内迁用。"五年，部拟："和林宣慰司都元帅府人吏，合与随朝二品衙门一体，及量减月日。"部议："各道宣慰司令史，一百二十月正八品叙，自用者降等迁用。其和林宣慰司无应取司属，又系酷寒之地，人吏已蒙都省从优以九十月为满，今拟考满，不分自用，俱于正八品内迁用。"八年，部言："行都水监准设人吏，令史八人，奏差六人，壕寨一十人，通事、知印各一人，译史一人，公使人二十人。都水监令译史、通事、知印考满，俱于正八品迁用，奏差考满，正九品，自用者降等，壕寨出身并俸给同奏差。行都水监系江南创立衙门，令史比例，合于行省所辖常调提控案牍内选取，奏差、壕寨人等亦须选相应人，考满比都水监人吏降等江南迁用，典吏公使人，从本监自用。”九年，部言：“尚乘寺援武备寺、大府、章佩等监例，求升加其人吏出身俸给。议得，各监人吏皆系奉旨升加，尚乘寺人吏合依已拟。”至大三年，部言：“和林系边远酷寒之地，兵马司司吏历一考余，转本路总管府司吏。补不尽者，六十月升都目。总管府吏，再历一考，转称海宣慰司令史，考满除正八品，不系本路司吏转补者，降等叙，补不尽者，六十月，部札提控案牍内任用，蒙古必瑄赤比上例定夺。”部议：“晋王位下断事官正三品，除怯里马赤、知印例从长官所保，蒙古必阇赤翰林院发，令史以内史府考满典吏并籍记寺监令史发补，九十月除正八品，与职官相参用。奏差亦须选相应人，九十月依例迁用，自用者，考满本衙门定夺。”皇庆元年，部言：“卫率府勾当人员，令都省与常选出身。议得，令史系军司勾当之人，未有转受民职定夺，合自奏准日为格，系皇庆元年二月九日以前者，同典牧监一体迁叙，以后者若系籍记寺监令史，常选提控案牍补充，依上铨除，自用者不入常调。”部议：“徽政院缮珍司见役令史，若系籍记寺监令史、常调提控案牍、院两考之上典吏补充，内宰司令史例，考满除正八，通事、译史、知印亦依上迁叙，自用者降等。后有阙，须依例发补，违例补充，别无定夺。”二年，部议：“徽政院延福司见役令史，若系籍记寺监令史、常调提控案牍、本院两考之上典吏补充者，依内宰司令史例，考满除正八品，通事、译史、知印依上迁叙，自用者降等。后有阙，须依例发补，不许自用。”延祐三年，省准：“徽政院所辖卫候司，奉旨升正三品，与拱卫直都指挥使司同品，合设令译史，考满除正八，自用者降等。卫候司就用前卫候司人吏，拟自呈准月日理算，考满同自用迁叙，后有阙，以相应人补，考满依例叙。徽政院掌饮司人吏，部议常选发补令译史，考满从八，奏差从九，自用者降等，后有阙须以相应人补，违例补充，考满本衙门用。”四年，省准：“屯储总管万户府司吏译史出身，至大三年尚书省札，和林路司吏未定出身，和林系边远酷寒去处，兵马司司吏如历一考之上，转补本路司吏并总管府司吏，再历一考之上，转补青海宣慰司令史，考满正八品迁除，补不尽人数，从优，拟六十月于部札提控案牍内任用，蒙古必阇赤比依上例定夺。其沙州、瓜州立屯储总管万户府衙门，即系边远酷寒地面，依和林路总管府司吏人员一体出身。”

凡吏员考满授正九品：至元二十年，省准：“宫籍监系随朝从五品，令史拟九十月正九品，例革人员，验月日定夺，自行踏逐，降一等。”二十八年，省拟：“廉访司所设人吏，拟选取书吏，止依按察司旧例，上名者依例贡部，下名转补察院，贡补不尽人数，廉访司月日为始理算，考满者正九品叙，须令回避本司分治及元籍路分。”部议：“察院书吏出身，除见役人三十月，转补不尽者，九十月出为从八品。察院书吏有阙，止于各道廉访司书吏内选取，依上三十月转部，九十月从八品。如非廉访司书吏取充者，四十五月转部，补不尽者，九十月考满，降一等，出为正九品。”三十年，省准：“行台察院书吏历一考之上者，转江南宣慰司令史，并内台察院书吏，于见役人内用之。若有用不尽人数，以九十月出为正九品。江南有阙，依内台察院书吏，于各道廉访司书吏内选取，依例转补。”大德四年，省拟：“各道廉访司书吏，至元二十八年七月元定出身，上名贡部，下名转补察院书吏。贡补不尽者，廉访司为始理算月日，考满正九品用。今议廉访司先役书吏，历九十月依已定出身，正九品注，任回，添一资升转。大德元年三月七日已后充廉访司人吏，九十月考满，须历提控案牍一任，于从九品内用。通事、译史，比依上例。察院书吏，至元二十八年十二月元定出身，于各道廉访司书吏内选取，三十月转部，九十月从八品内用。如非廉访司书吏取充者，四十五月转部。补用不尽者，九十月考满，降一等，正九品用。今议先役书吏，九十月依已定出身迁用，任回，添一资升转。大德元年三月七日为始创入役者，止依旧例转部。行台察院书吏，至元三十年正月元定出身，于廉访司书吏内选取，历一考之上，转补江南宣慰司令史、并内台察院书吏，用不尽者，九十月正九品，江南用。省议先役书吏，历俸九十月，依已定出身，任回，添一资升转。大德元年三月七日为始创入者，止依旧例，转补江南宣慰司令史，北人贡内台察院。”

凡吏员考满除钱谷官、案牍、都吏目：至元十三年，吏、礼部言：“各路司吏四十五以下，以次转补按察司书吏。补不尽者，历九十月，于都目内任用；六十月以上，于吏目内任用。”省议：“上都、大都路司吏，难同其余路分出身，依按察司书吏迁用。”十四年，省准：“覆实司司吏，俱授吏部札付，如历九十月，拟于中州都目内迁，若不满考及六十月，于下州吏目内任用，有阙以相应人发充。”二十一年，省准：“诸色人匠总管府与少府监不同，又其余相体管匠衙门人吏，俱未定拟出身，量拟比外路总管府司吏，考满于都目内任用。”二十二年，省准：“大都等路都转运使司令史，与河间等路都转运盐使司书吏出身同。外路总管府司吏三名，贡举儒吏二名，贡不尽，年四十五之上，考满都目内任用。”二十三年，省准：“各路司吏、转运司书吏，年四十五以上，历俸六十月充吏目，九十月充都目，余有役过月日不用。奏差宜从行省斟酌月日，量于钱谷官内就便铨用。”省准：“覆实司系正五品，令史出身比交钞提举司司吏出身，九十月务使，六十月都监，六十月之下、四十五月之上都监添一界迁用，四十五月之下转补运司令史。”部拟：“京畿漕运司司吏转补察院书吏，不尽，四十五以上，九十月依例于都目内任用。”二十四年，部议：“各道巡行劝农官书吏，于各路总管府上名司吏内选取，考满于提控案牍内任用，奏差从大司农司选委。”省准：“诸司局人匠总管府令史，于都目内任用。”二十五年，省准：“大护国仁王寺、昭应宫财用规运总管府令译史人等，比大都路总管府正三品司吏，九十月提控案牍内任用。”部议：“甘肃、宁夏等处巡行劝农司系边陲远地，人吏依甘肃行省并河西陇北道提刑按察司，以二十二月准一考，六十五月为满。”省准：“供膳司司吏，比覆实司司吏，九十月出身，于务使内任用。”二十六年，省准：“巡行劝农司书吏，役过路司吏月日，三折二准算，通理九十月，于提控案牍内迁叙。尚书省右司郎中、管领大都等路打捕民匠等户总管令史，比依诸司局人匠总管府令史例，九十月，于都目内任用。”省准：“诸路宝钞都提举司司吏，有阙于诸路转运司、漕运司上名司吏内选取，三十月充吏目，四十五月之上、六十月之下都目，六十月已上转提控案牍，充寺监令史者听。诸路宝钞提举司同。”奏准：“大都路都总管府添设司吏一十名，委差五名。司吏六十月，于提控案牍内任用，委差于近上钱谷官内委用，有阙以有根脚请俸人补充，不及考满，不许无故替换。”二十七年，省准：“京畿都漕运司令史，九十月充提控案牍，年四十五之上，比依都提举万亿库司吏，愿充寺监令史者听。”二十九年，部拟：“大都路令史四十五以上，六十月提控案牍内任用，任回减一资升转，四十五以下、六十月之上选举贡部，每岁二名。奏差六十月，酌中钱谷官内任用。”省准：“京畿都漕运司令史，比依诸路宝钞提举司司吏出身例，三十月吏目，四十五月之上、六十月之下都目，六十月之上提控案牍。”三十年，省准：“提举八作司系正六品，司吏四十五月之上吏目，六十月之上都目。”元贞元年，省准：“大都等路都转运司令史，九十月提控案牍。”大德三年，省准：“诸路宝钞提举司、都提举万亿四库司吏，九十月提控案牍内任用，如六十月之上，自愿告叙者，于都目内迁除，有阙于平准行用库攒典内挨次转补。”省准：“宝钞总库司、提举富宁库司俱系从五品，其司吏九十月，都目内任用。如六十月之上，自愿告叙，于吏目内迁除。有阙须于在京五品衙门及左右巡院、大兴、宛平二县，及诸州司吏并籍记各部典吏内选。”省准：“提举左右八作司吏，九十月都目内任用，六十月之上，自愿告叙，于吏目内迁除，有阙于在都诸仓攒典内选补。京畿都漕运使司令史，六十月之上，于提控案牍内用，遇阙于路府诸州并在京五品等衙门上名司吏内选。大都路司吏改为令史，六十月之上，年及四十五以下，贡部不过二名，四十五以上，六十月提控案牍内迁用，任回减资升转。大都路都总管府令史，依旧六十月，于提控案牍内迁叙，不须减资，有阙于府州兵马司、左右巡院、大兴、宛平二县上名司吏内选补。”大德五年，省准：“河东宣慰使司军储所司吏、译史，九十月为满，译史由翰林院发补，司吏由州县司吏取充，与各路总管府译史、司吏一体升转，自用译史，别无定夺，司吏除酌中钱谷官，委差近下钱谷官。”七年，部拟：“济南、莱芜等处铁冶都提举司及广平、彰德等处铁冶都提举司秩四品，司吏九十月比散府上州例，升吏目。蒙古必阇赤拟酌中钱谷官，奏差近下钱谷官，典吏三考，转本司奏差。”省准：“陕西省叙州等处诸部蛮夷宣抚司正三品，其令译史考满，比各路司吏人等一体迁用奏差，行省定夺。”九年，宣慰司大同等处屯储军民总管万户府从三品，司吏、译史、委差人等，九十月为满，司吏除酌中钱谷官，委差近下钱谷官。大德十年，省准：“诸路吏六十月，须历五万石之上仓官一界，升吏目，一考升都目，一考升中州案牍或钱谷官，通理九十月入流。五万石之下仓官一界，升吏目，两考都目，一考依上升转。补不尽路吏，九十月升吏目，两考升都目，依上流转，如非州县司吏转补者，役过月日，别无定夺。”

凡通事、译史考满迁叙：至元二年，部议：“云南行省极边重地，令译史等人员，拟二十月为一考，历六十月，准考满叙用。”九年，省准：“省部台院所设知印人等，所请俸给，元拟出身，俱在勾当官之上，既将勾当官升作从八品，其各部知印考满，亦合升正八品，据例减知印除有前资人员，验前资定夺，无前资者，各验实历月日，定拟迁叙。”二十年，各道按察司奏差、通事、译史、奏差已有定例，通事九十月考满，拟同译史一体迁叙。部议：“行省、行台、行院五品以下官员并首领官，亦合比依台院例，一考升一等任用。据行省人吏比同台院人吏出身，已有定例，行院、行台令史、译史、通事、宣使人等，九十月满考，元系都省台院发及应补者，拟降台院一等定夺。”部拟：“甘肃行省令译史、通事、宣使人等，量拟以六十五月迁叙，若系都省发去人员，如部议，自用者仍旧例。”二十一年，部议：“四川行省人吏，比甘肃行省所历月日，一体迁除。”二十三年，部拟：“福建、两广行省令译史、通事、宣使人等，拟历六十月同考满，止于江南迁用，若行省咨保福建、两广必用人员，于资品上升一等。”二十四年，部议：“行省、行台、行院令史，九十月考满，若系都省台院发去腹里相应人员，行省令史同台院令史出身，行台、行院降台院一等，俱于腹里迁用，自用者递降一等，止于江南任用。”二十七年，省议：“中书省蒙古必阇赤俱系正从五品迁除，今蒙古字教授拟比儒学教授例高一等，其必阇赤拟高省掾一等，内外诸衙门蒙古译史，一体升等迁叙。”二十八年，部拟：“诸路宝钞都提举司蒙古必阇赤，三十月吏目，四十五月都目，六十月提控案牍，役过月日，拟于巡检内叙用。奏差九十月，近上钱谷官，六十月，酌中钱谷官内任用。翰林院写圣旨必阇赤内管宣敕者，八月算十月迁转正六品。”部议：“写圣旨必阇赤比依管宣敕蒙古必阇赤一体，亦合八折十准算月日外据出身已有定例。崇福司令译史、知印，省部发补者，考满出为正七品，自用者降一等。宣使省部发去者，考满出为正八品，自用者降一等。各道廉访司通事、译史出身，比依书吏拟合一体考满正九。奏差考满，依通事、译史降二等量拟，于省札钱谷官并巡检内任用。”三十年，省准：“将作院令译史人等，由省部选发者，考满正七品迁叙，自用者止从本衙门定夺。大都路蒙古必阇赤若系例后入役人员，拟六十月于巡检内迁用，任回减一资升转。”大德三年，省议：“各路译史如系翰林院选发人员，九十月考满。除蒙古人依准所拟外，其余色目、汉人先历务使一界，升提控一界，于巡检内迁用。”省议：“大都运司通事比依本司令史，满考者于巡检内任用。”四年，省准：“云南诸路廉访司寸白通事、译史出身，比依书吏出身，九十月为满，历巡检一任，转升从九品，云南地面迁用。”七年，宣慰司奏差，除应例补者，一百二十月考满，依例自行保举者降等，任回，添资定夺任用。廉访司通事、译史，大德元年三月七日已后创入补者，九十月历巡检一任，转从九，如书吏役九十月，充巡检者听，如违不准。各路译史，如系各道提举学校官选发腹里各路译史，九十月考满，先历务使一界升提领，再历一界充巡检，三考从九，违者虽历月日，不准。会同馆蒙古必阇赤，九十月务提领内迁用。十年，省准："中政院写懿旨必阇赤，依写圣旨必阇赤一体出身。八番顺元、海北海南宣慰司都元帅府极边重地令译史人等，考满依两广、福建例，于江南迁用。"

凡官员致仕：至元二十八年，省议："诸职官年及七十，精力衰耗，例应致仕。今到选官员，多有年已七十或七十之上者，合令依例致仕。"大德七年，省臣言："内外官员年至七十者，三品以下，于应授品级，加散官一等，令致仕。"十年，省臣言："官员年老不堪仕宦者，于应得资品，加散官、遥授职事，令致仕。"皇庆二年，省臣言："蒙古、色目官员所授散官，卑于职事，拟三品以下官员，职事、散官俱升一等，令致仕。"

凡封赠之制：至元初，唯一二勋旧之家以特恩见褒，虽略有成法，未悉行之。至元二十年，制："考课虽以五事责办管民官，为无激劝之方，徒示虚文，竟无实效。自今每岁终考课，管民官五事备具，内外诸司官职任内各有成效者，为中考。第一考，对官品加妻封号。第二考，令子弟承荫叙仕。第三考，封赠祖父母、父母。品格不及封赠者，量迁官品，其有政绩殊异者，不次升擢，仰中书参酌旧制，出给诰命。"至大二年，诏："流官五品以上父母、正妻，七品以上正妻，令尚书省议行封赠之制。"礼部集吏部、翰林国史院、集贤院、太常等官，议封赠谥号等第，制以封赠非世祖所行，其令罢之。至治三年，省臣言："封赠之制，本以激劝将来，比因泛请者众，遂致中辍。"诏从新设法议拟与行，毋致冗滥。礼部从新分立等第：正从一品封赠三代，爵国公，勋正上柱国，从柱国母、妻并国夫人。正从二品封赠二代，爵郡公，勋正上护军，从护军，母、妻并郡夫人。正从三品封赠二代，爵郡侯，勋正上轻车都尉，从轻车都尉母、妻并郡夫人。正从四品封赠父母，爵郡伯，勋正上骑都尉，从骑都尉，母、妻并郡君。正五品封赠父母，爵县子，勋骁骑尉，母、妻并县君。从五品封赠父母，爵县男，勋飞骑尉，母、妻并县君。正从六品封赠父母，父止用散官，母、妻并恭人。正从七品封赠父母，父止用散官，母、妻并宜人。正从一品至五品宣授，六品至七品敕牒。如应封赠三代者，曾祖父母一道，祖父母一道，父母一道，生者各另给降。封赠者，一品至五品并用散官勋爵，六品七品止用散官职事，从一高。封赠曾祖，降祖一等，祖降父一等，父母妻并与夫、子同。父母在仕者不封，已致仕并不在仕者封之，虽在仕弃职就封者听。父母应封，而让曾祖父母、祖父母者听。诸子应封父母，嫡母在，所生之母不得封。嫡母亡，得并封。若所生母未封赠者，不得先封其妻。诸职官曾受赃，不许申请，封赠之后，但犯取受之赃，并行追夺。其父祖元有官进一阶，不在追夺之例。父祖元有官者，随其所带文武官上封赠，若已是封赠之官，止于本等官上许进一阶，阶满者更不在封赠之限。（如子官至四品，其父祖已带四品上阶之类。）或两子当封者，从一高。文武不同者，从所请。妇人因其夫、子封赠，而夫、子两有官者，从一高。封赠曾祖母、祖母并母，生封并加太字，若已亡殁或曾祖、祖父、父在者，不加太字。职官居丧，应封赠曾祖父母、祖父母、父母者听。其应受封之人，居曾祖父母、祖父母、父母、舅姑、夫丧者，服阕申请。应封赠者，有使远死节，有临陈死事者，验事特议加封。应封妻者，止封正妻一人，如正妻已殁，继室亦止封一人，余不在封赠之例。妇人因夫、子得封者，不许再嫁，如不遵守，将所受宣敕追夺，断罪离异。父祖曾任三品以上官，亡殁，生前有勋劳，为上知遇者，子孙虽不仕，具实迹赴所在官司保结申请，验事迹可否，量拟封赠。无后者，许有司保结申请。曾祖父母、祖父母、父母曾犯十恶奸盗除名等罪，及例所封妻不是以礼娶到正室，或系再醮倡优婢妾，并不许申请。凡告请封赠者，随朝并京官行省、行台、宣慰司、廉访司见任官，各于任所申请。其余官员，见任并已除未任，至得替日，随其解由申请。致仕官于所在官司申请。正从七品至正从六品，止封一次。升至正从五品，封赠一次。升至正从四品，封赠一次。升至正从三品，封赠一次。升至正从二品，封赠一次。升至正从一品，封赠一次。凡封赠流官父祖曾任三品以上者，许请谥。如立朝有大节，功勋在王室者，许加功臣之号。至治三年，诏："封赠之典，本以激劝忠孝，今后散官职事勋爵，依例加授，外任官员并许在任申请，其余合行事理，仰各依旧制。"泰定元年，诏："犯赃官员，不得封赠，沉郁既久，宜许自新，有能涤虑改过，再历两任无过者，许所管上司正官从公保明，监察御史、廉访司覆察是实，并听依例申请。"

卷八十五　　志第三十五

百　官　一

王者南面以听天下之治，建邦启土，设官分职，其制尚矣。汉、唐以来，虽沿革不同，恒因周、秦之故，以为损益，亦无大相远。大要欲得贤才用之，以佐天子、理万民也。

元太祖起自朔土，统有其众，部落野处，非有城郭之制，国俗淳厚，非有庶事之繁，惟以万户统军旅，以断事官治政刑，任用者不过一二亲贵重臣耳。及取中原，太宗始立十路宣课司，选儒臣用之。金人来归者，因其故官，若行省，若元帅，则以行省、元帅授之。草创之初，固未暇为经久之规矣。

世祖即位，登用老成，大新制作，立朝仪，造都邑，遂命刘秉忠、许衡酌古今之宜，定内外之官。其总政务者曰中书省，秉兵柄者曰枢密院，司黜陟者曰御史台。体统既立，其次在内者，则有寺，有监，有卫，有府；在外者，则有行省，有行台，有宣慰司，有廉访司。其牧民者，则曰路，曰府，曰州，曰县。官有常职，位有常员，其长则蒙古人为之，而汉人、南人贰焉。于是一代之制始备，百年之间，子孙有所凭藉矣。

大德以后，承平日久，弥文之习胜，而质简之意微，侥幸之门多，而方正之路塞。官冗于上，吏肆于下，言事者屡疏论列，而朝廷讫莫正之，势固然也。

大抵元之建官，繁简因乎时，得失系乎人，故取其简牍所载，而论次之。若其因事而置，事已则罢，与夫异教杂流世袭之属，名类实繁，亦姑举其大概。作《百官志》。

三公，太师、太傅、太保各一员，正一品，银印，以道燮阴阳，经邦国。有元袭其名号，特示尊崇。太祖十二年，以国王置太师一员。太宗即位，建三公，其拜罢岁月，皆不可考。世祖之世，其职常缺，而仅置太保一员。至成宗、武宗而后，三公并建，而无虚位矣。又有所谓大司徒、司徒、太尉之属，或置，或不置。其置者，或开府，或不开府。而东宫尝置三师、三少，盖亦不恒有也。

中书令一员，银印，典领百官，会决庶务。太宗以相臣为之，世祖以皇太子兼之。至元十年，立皇太子，行中书令。大德十一年，以皇太子领中书令。延祐三年，复以皇太子行中书令。置属，监印二人。

右丞相、左丞相各一员，正一品，银印，统六官，率百司，居令之次。令缺，则总省事，佐天子，理万机。国初，职名未创，太宗始置右丞相一员、左丞相一员。世祖中统元年，置丞相一员。二年，复置右丞相二员、左丞相二员。至元二年，增置丞相五员。七年，立尚书省，置丞相二员。八年，罢尚书省，乃置丞相二员。二十四年，复立尚书省，其中书省丞相二员如故。二十九年，以尚书再罢，专任一相。武宗至大二年，复置尚书省，丞相二员，中书丞相二员。四年，尚书省仍归中书，丞相凡二员，自后因之不易。文宗至顺元年，专任右相，其一或置或不置。

平章政事四员，从一品，掌机务，贰丞相，凡军国重事，无不由之。世祖中统元年，置平章二员。二年，置平章四员。至元七年，置尚书省，设尚书平章二员。八年，尚书并入中书，平章复设三员。二十三年，诏清冗职，平章汰为二员。二十四年，复尚书省，中书、尚书两省平章各二员。二十九年，罢尚书省，增中书平章为五员，而一员为商议省事。三十年，又增平章为六员。成宗元贞元年，改商议省事为平章军国重事。武宗至大二年，再立尚书省，平章三员，中书五员。四年，罢尚书省归中书，平章仍五员。文宗至顺元年，定置四员，自后因之。

右丞一员，正二品，左丞一员，正二品，副宰相裁成庶务，号左右辖。世祖中统二年，置左、右丞各一员。三年，增为四员。至元七年，立尚书省，中书右丞、左丞仍四员。八年，尚书并入中书省，右、左丞各一员。二十三年，汰冗职，右、左丞如故。二十四年，复立尚书省，右、左丞各一，而中书省缺员。二十八年，复罢尚书省。三十年，设右丞二员，而一员为商议省事。成宗元贞元年，右丞商议省事者，又以昭文大学士与中书省事。武宗至大二年，复立尚书省，右、左丞二员，中书右、左丞五员。四年，罢尚书右、左丞，中书右、左丞止设四员。文宗至顺元年，定置右丞一员、左丞一员，而由是不复增损。

参政二员，从二品，副宰相以参大政，而其职亚于右、左丞。世祖中统元年，始置参政一员。二年，增为二员。至元七年，立尚书省，参政三员。八年，尚书并入中书，参政二员。二十三年，汰冗职，参政二员如故。二十四年，复立尚书省，参政二员，中书参政二员。二十八年，罢尚书省参政。武宗至大二年，复置尚书省，参政二员，中书参政二员。四年，并尚书省入中书，参政三员。文宗至顺元年，定参政为二员，自后因之。

参议中书省事，秩正四品，典左右司文牍，为六曹之管辖，军国重事咸预决焉。中统元年，始置一员。至元二十二年，累增至六员。大德元年，止置四员，后遂为定额。其治曰参议府，令史二人。

左司，郎中二员，正五品；员外郎二员，正六品；都事二员，正七品。中统元年，置左右司。至元十五年，分置两司。左司所掌：吏礼房之科有九，一曰南吏，二曰北吏，三曰贴黄，四曰保举，五曰礼，六曰时政记，七曰封赠，八曰牌印，九曰好事。知除房之科有五，一曰资品，二曰常选，三曰台院选，四曰见阙选，五曰别里哥选。户杂房之科有七，一曰定俸，二曰衣装，三曰羊马，四曰置计，五曰田土，六曰太府监，七曰会总。科粮房之科有六，一曰海运，二曰儧运，三曰边远，四曰赈济，五曰事故，六曰军匠。银钞房之科有二，一曰钞法，二曰课程。应办房之科有二，一曰饮膳，二曰草料。令史二人，蒙古书写二十人，回回书写一人，汉人书写七人，典吏十五人。

右司，郎中二员，正五品；员外郎二员，正六品；都事二员，正七品。中统元年，置左右司。至元十五年，分置两司。右司所掌：兵房之科有五，一曰边关，二曰站赤，三曰铺马，四曰屯田，五曰牧地。刑房之科有六，一曰法令，二曰弭盗，三曰功赏，四曰禁治，五曰枉勘，六曰斗讼。工房之科有六，一曰横造军器，二曰常课段匹，三曰岁赐，四曰营造，五曰应办，六曰河道。令史二人，蒙古书写三人，回回书写一人，汉人书写一人，典吏五人。

中书省掾属：

监印二人，掌监视省印，有中书令则置。

知印四人，掌执用省印。

怯里马赤四人。

蒙古必阇赤二十二人，左司十六人，右司六人。

汉人省掾六十人，左司三十九人，右司二十一人。

回回省掾十四人，左司九人，右司五人。

宣使五十人。

省医三人。

玉典赤四十一人。

断事官，秩正三品，掌刑政之属。国初，尝以相臣任之。其名甚重，其员数增损不常，其人则皆御位下及中宫、东宫、诸王各投下怯薛丹等人为之。中统元年，一十六位下置三十一员。至元六年，十七位下置三十四员。七年，十八位下置三十五员。八年，始给印。二十七年，分立两省，而断事官随省并置。二十八年，十八位下置三十六员，并入中书。三十一年，增二员。后定置，自御位下及诸王位下共置四十一员。首领官:经历一员,知事一员。吏属:蒙古必阇赤二人,令史一十二人,回回令史一人,怯里马赤二人,知印二人,奏差八人,典吏一人。

客省使,秩正五品,使四员,正五品;副使二员,正六品;令史二人,掌直省舍人、宣使等员选举差遣之事。至元九年,置使二员,一员兼通事,一员不兼。大德元年,增置四员,副二员。直省舍人二员,至元七年始置,后增至三十三员,掌奏事给使差遣之役。检校官四员,正七品,掌检校左右司、六部公事程期、文牍稽失之事,书吏六人,大德元年置。

照磨一员,正八品,掌磨勘左右司钱谷出纳、营缮料例,凡数计、文牍、簿籍之事。中统元年,置二员。至元八年,省为一员,典吏八人。

管勾一员,正八品,掌出纳四方文移缄縢启拆之事,邮递之程期,曹属之承受,兼主之。中统元年,置二员。至元三年,定为一员,典吏八人。

架阁库管勾二员,正八品,掌庋藏省府籍帐案牍,凡备稽考之文,即掌故之任。至元三年,始置三员,其后增置员数不一。至顺初,定为二员,典吏十人。蒙古架阁库兼管勾一员,典吏二人。回回架阁库管勾一员,典吏二人。

吏部,尚书三员,正三品;侍郎二员,正四品;郎中二员,从五品;员外郎二员,从六品,掌天下官吏选授之政令。凡职官铨综之典,吏员调补之格,封勋爵邑之制,考课殿最之法,悉以任之。世祖中统元年,以吏、户、礼为左三部,尚书一员,侍郎二员,郎中四员,员外郎六员。至元元年,以吏礼自为一部,尚书三员,侍郎仍二员,郎中仍四员,员外郎三员。三年,复为左三部。五年,又合为吏礼部,尚书仍二员,侍郎、郎中、员外郎各一员。七年,始列尚书六部。吏部尚书一员,侍郎一员,郎中二员,员外郎二员。八年,仍为吏礼部,尚书、侍郎、郎中各一员,员外郎仍二员。十三年,分置吏部,尚书增置七员,侍郎三员,郎中二员,员外郎四员。十九年,尚书裁为二员,侍郎一员,郎中一员,员外郎二员。二十一年,尚书三员,侍郎一员,郎中、员外郎如故。二十三年,定六部尚书、侍郎、郎中、员外郎员额各二员。二十八年,增尚书为三员,主事三员,蒙古必阇赤三人,令史二十五人,回回令史二人,怯里马赤一人,知印二人,奏差六人,蒙古书写二人,铨写五人,典吏一十九人。

户部,尚书三员,正三品;侍郎二员,正四品;郎中二员,从五品;员外郎三员,从六品,掌天下户口、钱粮、田土之政令。凡贡赋出纳之经,金币转通之法,府藏委积之实,物货贵贱之直,敛散准驳之宜,悉以任之。中统元年,以吏、户、礼为左三部,尚书二员,侍郎二员,郎中四员,员外郎六。至元元年,分立户部,尚书三员,侍郎、郎中四员,员外郎省为三员。三年,复为左三部。五年,复分为户部,尚书一员,侍郎、郎中各一员,员外郎又省为二员。七年,始列尚书六部,尚书一员,侍郎二员,郎中二员,员外郎如故。十三年,尚书增置一员,侍郎、郎中、员外郎如故。十九年,郎中、员外郎俱增至四员。二十三年,六部尚书、侍郎、郎中定以二员为额。明年,以户部所掌,视他部特为繁剧,增置二员。成宗大德五年,省尚书一员,员外郎亦省一员,各设三员,主事八员,蒙古必阇赤七人,令史六十一人,回回令史六人,怯里马赤一人,知印二人,奏差三十二人,蒙古书写一人,典吏二十二人,司计官四人。其属附见于后:

都提举万亿宝源库,掌宝钞、玉器,至元二十五年始置。都提举一员,正四品;提举一员,正五品;同提举一员,从五品;副提举一员,从六品;知事一员,从八品,提控案牍一员,司吏二十三人,译史二人,司库四十六人,内以色目二人参之。

都提举万亿广源库,掌香药、纸札诸物,设置同上。提控案牍二员,司吏一十二人,译史一人,司库一十三人。

都提举万亿绮源库,掌诸色段匹,设置并同上,而副提举则增一员。提控案牍设三员,后省二员,司吏二十二人,译史一人,司库二十六人,内参用色目二人。

都提举万亿赋源库,掌丝绵、布帛诸物,设置并同上。提控案牍二员,其后省一员,司吏一十七人,译史一人,司库一十五人,内参用色目二人。

四库照磨兼架阁库,管勾一员,从九品。世祖至元二十八年,以四库钱帛事繁,始置一员,仍给印。

提举富宁库,至元二十七年始创。提举一员,从五品;同提举一员,从六品;副提举一员,从七品,分掌万亿宝源库出纳金银之事。吏目一人,其后司吏增至六人,译史一人,司库八人。

诸路宝钞都提举司,达鲁花赤一员,正四品;都提举一员,正四品;副达鲁花赤一员,正五品;提举一员,正五品;同提举一员,从五品;副提举二员,从六品;知事一员,从八品;照磨一员,从九品。国初,户部兼领交钞公事。世祖至元,始设交钞提举司,秩正五品。二十四年,改诸路宝钞都提举司,升正四品,增副达鲁花赤、提控案牍各一员。其后定置已上官员,提控案牍又增一员。设司吏十二人,蒙古必阇赤一人,回回令史一人,奏差七人。

宝钞总库,达鲁花赤一员,从五品;大使一员,从五品;副使三员,正七品。世祖至元二十五年,改元宝库为宝钞总库,秩正六品。二十六年,升从五品,增大使、副使,设司库。其后遂定置已上官员。司吏七人,译史一人,司库五十人。

印造宝钞库,达鲁花赤一员,正七品;大使一员,从七品;副使二员,正八品。中统四年始置,秩从八品。至元二十四年,升从七品,增达鲁花赤一人。其后遂定置已上官员。

烧钞东西二库,达鲁花赤一员,正八品;大使一员,从八品;副使一员,从九品。至元元年,始置昏钞库,用正九品印,置监烧昏钞官。二十四年,分立烧钞东西二库，秩从八品，各置达鲁花赤、大使、副使等员。

行用六库。中统元年，初立中都行用库，秩从七品，提领一员，从七品；大使一员，从八品；副使一员，从九品。至元二十四年，京师改置库者三：曰光熙，曰文明，曰顺承。因城门之名为额。二十六年，又置三库：曰健德，曰和义，曰崇仁。并因城门以为名。

大都宣课提举司，掌诸色课程，并领京城各市。提举二员，从五品；同提举一员，从六品；副提举一员，从七品；提控案牍一员，司吏六人。世祖至元十九年，并大都旧城两税务为大都税课提举司。至武宗至大元年，改宣课提举司。其属四：

马市、猪羊市，秩从七品。提领一员，从七品；大使一员，从八品；副使一员，从九品。世祖至元三十年始置。

牛驴市、果木市，品秩、设官同上。

角蟹市，大使一员，副使二员。至大元年始置。

煤木所，提领一员，从八品；大使一员，从九品；副使一员。至元二十二年始置。

大都酒课提举司，掌酒醋榷酤之事，至元十九年始置。提举一员，从五品；同提举二员，从六品；副提举二员，从七品；提控案牍二员，司吏五人。二十八年，省同提举一员、副提举一员，余如故。

抄纸坊，提领一员，正八品；大使一员，从八品；副使二员，从九品。中统四年始置，用九品印，止设大使、副使各一员。至元二十七年，升正八品，增置提领、副使各一员。

印造茶盐等引局，大使一员，副使一员，至元二十四年置，掌印造腹里、行省盐、茶、矾、铁等引。仍置攒典、库子各一人。

右以上属户部。其万亿四库，国初以太府掌内帑之出纳，既设左藏等库，而国计之领在户部，仍置万亿等库，为收藏之府。中统元年，置库官六员，而未有品秩俸给。至元十六年，始为提举万亿库，秩正五品。二十四年，改升都提举万亿库，秩正四品。二十五年，分立四库，以分掌出纳。至二十七年，又别立富宁库焉。

京畿都漕运使司，秩正三品。运使二员，正三品；同知二员，正四品；副使二员，正五品；判官二员，正六品；经历一员，正七品；知事一员，从八品，提控案牍兼照磨二员，掌凡漕运之事。世祖中统二年，初立军储所，寻改漕运所。至元五年，改漕运司，秩五品。十二年，改都漕运司，秩五品。十九年，改京畿都漕运使司，秩正三品。二十四年，内外分立两运司，而京畿都漕运司之额如旧。止领在京诸仓出纳粮斛，及新运粮提举司站车攒运公事。省同知、运判、知事各一员，而押纲官隶焉。延祐六年，增同知、副使、运判各一员。其后定置官员已上正官各二员，首领官四员。吏属：令史二十一人，译史二人，回回令史一人，通事一人，知印二人，奏差一十六人，典吏二人。其属二十有四：

新运粮提举司，秩正五品。至元十六年始置，管站车二百五十辆，隶兵部。开设运粮坝河，改隶户部。定置达鲁花赤一员，都提举一员，同提举二员，副提举一员，吏目一员，司吏八人，奏差十二人。

京师二十二仓，秩正七品。

万斯北仓，（中统二年置。）万斯南仓，（至元二十四年置。）千斯仓，（中统二年置。）永平仓，（至元十六年置。）永济仓，（至元四年置。）惟亿仓，既盈仓，大有仓，（并系皇庆元年置。）屡丰仓，积贮仓。（并系皇庆元年增置。）

已上十仓，每仓各置监支纳一员，正七品；大使二员，从七品；副使二员，正八品。

丰穰仓，（皇庆元年置。）广济仓，（皇庆元年置。）广衍仓，（至元二十九年置。）大积仓，（至元二十八年置。）既积仓，盈衍仓，（至元二十六年置。）相因仓，（中统二年置。）顺济仓。（至元二十九年置。）

已上八仓，每仓各置监支纳一员，正七品；大使一员，从七品；副使二员，正八品。

通济仓，（中统二年置。）广贮仓，（至元四年置。）丰润仓，（至元十六年置。）丰实仓。

已上四仓，每仓各置监支纳一员，正七品；大使一员，从七品；副使一员，正八品。

通惠河运粮千户所，秩正五品，掌漕运之事。至元三十一年始置，中千户一员，中副千户二员。

都漕运使司，秩正三品，掌御河上下至直沽、河西务、李二寺、通州等处儧运粮斛。至元二十四年，自京畿运司分立都漕运司，于河西务置总司，分司临清。运使二员，正三品；同知二员，正四品；副使二员，正五品；运判三员，正六品；经历一员，从七品；知事一员，从八品。提控案牍二员，内一员兼照磨，司吏三十三人，通事、译史各一人，奏差一十六人，典吏一人。其属七十有五：

河西务十四仓，秩正七品。

永备南仓，永备北仓，广盈南仓，广盈北仓，充溢仓。

已上五仓，各置监支纳一员，正七品；大使二员，从七品；副使二员，正八品。

崇墉仓，大盈仓，大京仓，大稔仓，足用仓，丰储仓，丰积仓，恒足仓，既备仓。

已上九仓，各置监支纳一员，正七品；大使一员，从七品；副使一员，正八品。

通州十三仓，秩正七品。

有年仓，富有仓，广储仓，盈止仓，及秭仓，乃积仓，乐岁仓，庆丰仓，延丰仓。

已上九仓，各置监支纳一员，正七品；大使二员，从七品；副使二员，正八品。

足食仓，富储仓，富衍仓，及衍仓。

已上四仓，各置监支纳一员，正七品；大使一员，从七品；副使一员，正八品。

河仓一十有七，用从七品印。

馆陶仓，旧县仓，陵州仓，傅家池仓。

已上各置监支纳一员，从七品；大使一员，从八品；副使一员。

秦家渡仓，尖冢西仓，尖冢东仓，长芦仓，武强仓，夹马营仓，上口仓，唐宋仓，唐村仓，安陵仓，四柳树仓，淇门仓，伏恩仓。

已上各置监支纳一员，从八品；大使一员，从九品；副使一员。

直沽广通仓，秩正七品，大使一员。

荥阳等纲，凡三十：曰济源，曰陵州，曰献州，曰白马，曰滏阳，曰完州，曰河内，曰南宫，曰沂莒，曰霸州，曰东明，曰获嘉，曰盐山，曰武强，曰胶水，曰东昌，曰武安，曰汝宁，曰修武，曰安阳，曰开封，曰仪封，曰蒲台，曰邹平，曰中牟，曰胶西，曰卫辉，曰浚州，曰曹濮州，每纲皆设押纲官二员，计六十员。秩正八品。每编船三十只为一纲。船九百余只，运粮三百余万石，船户八千余户，纲官以常选正八品为之。

檀景等处采金铁冶都提举司，秩正四品。提举一员，正四品；同提举一员，正五品；副提举一员，从六品，掌各冶采金炼铁，榷货以资国用。国初，中统始置景州提举司，管领景州、滦阳、新匠三冶。至元十四年，又置檀州提举司，管领双峰、暗峪、大峪五峰等冶。大德五年，檀州、景州三提举司，并置檀州等处采金铁冶都提举司，而滦阳、双峰等冶悉隶焉。他如河东、山西、济南、莱芜等处铁冶提举司，及益都、般阳等处淘金总管府，其沿革盖不一也。

大都河间等路都转运盐使司，秩正三品，掌场灶榷办盐货，以资国用。使二员，正三品；同知一员，正四品；副使一员，正五品；运判二员，正六品。首领官：经历一员，从七品；知事一员，从八品；照磨一员，从九品。国初，立河间税课达鲁花赤清沧盐使所，后创立运司，立提举盐榷所，又改为河间路课程所，提举沧清课盐使所。中统三年，改都提领拘榷沧清课盐所。至元二年，以刑部侍郎、右三部郎中兼沧清课盐使司，寻改立河间都转运盐使司，立清、沧课三盐司。十二年，改为都转运使司。十九年，以户部尚书行河间等路都转运使司事，寻罢，改立清、沧二盐使司。二十三年，改立河间等路都转运司。二十七年，改令户部尚书行河间等路都转运使司事。二十八年，改河间等路都转运司。延祐六年，颁分司印，巡行郡邑，以防私盐之弊。

盐场二十二所，每场设司令一员，从七品；司丞一员，从八品。办盐各有差。

利国场，利民场，海丰场，阜民场，阜财场，益民场，润国场，海阜场，海盈场，海润场，严镇场，富国场，兴国场，厚财场，丰财场，三叉沽场，芦台场，越支场，石碑场，济民场，惠民场，富民场。

山东东路转运盐使司，品秩、职掌同上，运判止一员。国初，始置益都课税所，管领山东盐场，以总盐课，后改置运司。中统四年，诏以中书左右部兼诸路都转运司。至元二年，命有司兼办其课，改立山东转运司。至元十二年，改立都转运司。延祐五年，以盐法涩滞，降分司印，巡行各场，督收课程，罢胶莱盐司所属盐场。

盐场一十九所，每场设司令一员，从七品；司丞一员，从八品；管勾一员，从八品。

永利场，宁海场，官台场，丰国场，新镇场，丰民场，富国场，高家港场，永阜场，利国场，固堤场，王家冈场，信阳场，涛洛场，石河场，海沧场，行村场，登宁场，西由场。

河东陕西等处转运盐使司，品秩、职掌同前，运判增一员。国初，设平阳府以征课程之利。中统二年，改置转运司，置提举解盐司。至元二年，罢运司，命有司掌其务，寻复置转运司。二十二年，立陕西都转运司，诸色税课悉隶焉。二十九年，置盐运司，专掌盐课，其余课税归有司，解盐司亦罢。延祐六年，更为河东陕西等处都转运盐使司，隶省部。其属三：

解盐场，管勾一员，正九品；同管勾一员，从九品。

河东等处解盐管民提领所，正提领一员，从八品；副提领一员，从九品。

安邑等处解盐管民提领所，正提领一员，从八品；副提领一员，从九品。

礼部，尚书三员，正三品；侍郎二员，正四品；郎中二员，从五品；员外郎二员，从六品，掌天下礼乐、祭祀、朝会、燕享、贡举之政令。凡仪制损益之文，符印简册之信，神人封谥之法，忠孝贞义之褒，送迎聘好之节，文学僧道之事，婚姻继续之辨，音艺膳供之物，悉以任之。世祖中统元年，以吏、户、礼为左三部，置尚书二员，侍郎二员，郎中四员，员外郎六员，总领三部之事。至元元年，分立为吏礼部，尚书三员，侍郎仍二员，郎中仍四员，员外郎四员。七年，别立礼部，尚书三员，侍郎一员，郎中二员，员外郎如旧。明年，又合为吏礼部。十三年，又别为礼部。二十三年，六部尚书、侍郎、郎中、员外郎定以二员为额。成宗元贞元年，复增尚书一员，领会同馆事。主事二员，蒙古必阇赤二人，令史一十九人，回回令史二人，怯里马赤一人，知印二人，奏差十二人，典吏三人。其属附见：

左三部照磨所，秩正八品，照磨一员，掌吏、户、礼三部钱谷计帐之事。典吏八人。

侍仪司，秩正四品，掌凡朝会、即位、册后、建储、奉上尊号及外国朝觐之礼。至元八年始置。左右侍仪奉御二员，礼部侍郎知侍仪事一员，引进使知侍仪事一员，左右侍仪使二员，左右直侍仪使二员，左右侍仪副使二员，左右侍仪佥事二员，引进副使、侍仪令、承奉班都知、尚衣局大使各一员。十二年，省左侍仪奉御，通曰左右侍仪。省引进副使及侍仪令、尚衣使等员，改置通事舍人十四员。三十年，减通事舍人七员为侍仪舍人。大德十一年，升秩正三品。至大二年，置典簿一员。延祐七年，定置侍仪使四员。至治元年，增置通事舍人六员、侍仪舍人四员。其后定置侍仪使四员，正三品；引进使知侍仪事二员，正四品。首领官：典簿一员，从七品。属官：承奉班都知一员，正七品；通事舍人一十六员，从七品；侍仪舍人十四员，从九品。吏属：令史二人，译史一人，通事一人，知印一人。其属法物库，秩五品，掌大礼法物。提点一员，从五品；大使一员，从六品；副使一员，从七品；直长二员，正八品。

拱卫直都指挥使司，秩从四品，掌控鹤六百余户，及仪卫之事。至元三年始置。都指挥使一员，副使一员，钤辖一员，提控案牍一员。十六年，升正三品，降虎符，增置达鲁花赤一员，隶宣徽院。二十年，复为从四品。二十五年，归隶礼部。元贞元年，复升正三品。皇庆元年，置经历一员。二年，改钤辖为佥事。至顺二年，拨隶侍正府，定置达鲁花赤一员，正三品；都指挥使四员，正三品；副指挥使二员，从三品；佥事二员，正四品。首领官：经历一员，从七品；知事一员，从八品。吏属：令史四人，译史一人，通事、知印各一人，奏差二人。其属控鹤百户所，秩从七品。色目百户一十三员，汉人百户一十三员。总十三所。

仪从库，秩从七品，掌收仪卫器仗。大使一员，从七品；副使一员，从八品。

仪凤司，秩正四品，掌乐工、供奉、祭飨之事。至元八年，立玉宸院，置乐长一员，乐副一员，乐判一员。二十年，改置仪凤司，隶宣徽院，置大使、副使各一员，判官三员。二十五年，归隶礼部，省判官三员。三十一年，置达鲁花赤一员，副使一员。大德十一年，改升玉宸乐院，秩从二品，置院使、副使、佥事、同佥、院判。至大四年，复为仪凤司，秩正三品。延祐七年，降从三品。定置大使五员，从三品；副使四员，从四品。首领官：经历一员，从七品；知事一员，从八品。吏属：令史二人，译史、通事、知印各一人。其属五：

云和署，秩正七品，掌乐工调音律及部籍更番之事。至元十二年始置。至大二年，拨隶玉宸乐院。皇庆元年，升正六品。二年，升从五品。署令二员，署丞二员，管勾二员，协音一员，协律一员，书史二人，书吏四人，教师二人，提控四人。

安和署，秩正七品，职掌与云和同。至元十三年始置。皇庆二年，升从五品。署令二员，署丞二员，管勾二员，协音一员，协律一员，书史二人，书吏四人，教师二人，提控四人。

常和署，初名管勾司，秩正九品，管领回回乐人。皇庆元年初置。延祐三年，升从六品。署令一员，署丞二员，管勾二员，教师二人，提控二人。

天乐署，初名昭和署，秩从六品，管领河西乐人。至元十七年始置。大德十一年，升正六品。至大四年，改为天乐署。皇庆元年，升从五品。署令二员，署丞二员，管勾二员，协音一员，协律一员，书史二人，书吏四人，教师二人，提控四人。

广乐库，秩从九品，掌乐器等物。大使一员，副使一员。皇庆元年始置。

教坊司，秩从五品，掌承应乐人及管领兴和等署五百户。中统二年始置。至元十二年，升正五品。十七年，改提点教坊司，隶宣徽院，秩正四品。二十五年，隶礼部。大德八年，升正三品。延祐七年，复正四品。达鲁花赤一员，正四品；大使三员，正四品；副使四员，正五品；知事一员，从八品。令史四人，译史、知印、奏差各二人，通事一人。其属三：

兴和署，秩从六品。署令二员，署丞二员，管勾二员。

祥和署，秩从六品。署令一员，署丞一员，管勾一员。

广乐库，秩从九品。大使一员，副使一员。

会同馆，秩从四品，掌接伴引见诸番蛮夷峒官之来朝贡者。至元十三年始置。二十五年罢之。二十九年复置。元贞元年，以礼部尚书领馆事，遂为定制。礼部尚书领会同馆事一员，正三品；大使二员，正四品；副使二员，从六品。提控案牍一员，掌书四人，蒙古必阇赤一人，典给官八人。其属有收支诸物库，秩从九品，大使一员，副使一员。至元二十九年，以四宾库改置。

铸印局，秩正八品，掌凡刻印销印之事。大使一员，副使一员，直长一员。至元五年始置。

白纸坊，秩从八品，掌造诏旨宣敕纸札。大使一员，副使一员。至元九年始置。

掌薪司，秩正七品。司令一员，正七品；司丞二员，正八品；典吏一人。

兵部，尚书三员，正三品；侍郎二员，正四品；郎中二员，从五品；员外郎二员，从六品，掌天下郡邑邮驿屯牧之政令。凡城池废置之故，山川险易之图，兵站屯田之籍，远方归化之人，官私刍牧之地，驼马、牛羊、鹰隼、羽毛、皮革之征，驿乘、邮运、祗应、公廨、皂隶之制，悉以任之。世祖中统元年，以兵、刑、工为右三部，置尚书二员，侍郎二员，郎中五员，员外郎五员，总领三部之事。至元元年，别置工部，以兵刑自为一部，尚书四员，侍郎三员，郎中如旧，员外郎五员。三年，并为右三部。五年，复为兵刑部，尚书二员，省侍郎二员，郎中如故，员外郎一员。七年，始列六部，尚书一员，侍郎仍旧，郎中一员，员外郎仍一员。明年，又合为兵刑部。十三年，复析兵部。二十三年，定尚书、侍郎、郎中、员外郎以二员为额。至治三年，增尚书一员。主事二员，蒙古必阇赤二人，令史十四人，回回令史一人，怯里马赤一人，知印二人，奏差八人，典吏三人。其属附见：

大都陆运提举司，秩从五品，掌两都陆运粮斛之事。至元十六年，始置运粮提举司。延祐四年，改今名。提举二员，从五品；副提举一员，从七品。吏目一员，司吏六人，委差一十人。海王庄、七里庄、魏家庄、腊八庄四所，各设提领一人，用从九品印。

管领随路打捕鹰房民匠总管府，秩从三品。达鲁花赤一员，总管一员，副总管二员，经历、知事各一员，提控案牍一员，吏属令史六人。初，太祖以随路打捕鹰房民户七千余户拨隶旭烈大王位下。中统二年始置。至元十二年，阿八合大王遣使奏归朝廷，隶兵部。

管领本投下大都等路打捕鹰房诸色人匠都总管府，秩正三品，掌哈赞大王位下事。大德八年始置，官吏皆王选用。至大四年，省并衙门，以哈儿班答大王远镇一隅，别无官属，存设不废。定置府官，达鲁花赤二员，总管一员，同知一员，副总管一员，知事一员，提控案牍一员，令史四人，译史二人，奏差二人，典吏一人。其属东局织染提举司，秩从五品。达鲁花赤一员，提举一员，副达鲁花赤一员，副提举一员，提控案牍一员，司吏二人。

随路诸色民匠打捕鹰房等户都总管府，秩从三品。达鲁花赤一员，总管一员，同知一员，经历一员，知事一员，提控案牍兼照磨一员，令史六人，译史一人，知印通事一人，奏差二人，掌别吉大营盘事及管领大都路打捕鹰房等户。至元三十年置。延祐四年，升正三品。

管领本位下打捕鹰房民匠等户都总管府，秩正三品。达鲁花赤一员，总管一员，副达鲁花赤一员，同知一员，副总管一员，判官一员，经历一员，知事一员，提控案牍兼照磨一员，令史六人，译史、通事、知印各一人，掌别吉大营盘城池阿哈探马儿一应差发、薛彻干定王位下事。泰定元年始置。

刑部，尚书三员，正三品；侍郎二员，正四品；郎中二员，从五品；员外郎二员，从六品，掌天下刑名法律之政令。凡大辟之按覆，系囚之详谳，孥收产没之籍，捕获功赏之式，冤讼疑罪之辨，狱具之制度，律令之拟议，悉以任之。世祖中统元年，以兵、刑、工为右三部，置尚书二员，侍郎二员，郎中五员，员外郎五员。以郎中、员外郎各一员，专署刑部。至元元年，析置工部，而兵刑仍为一部。尚书四员，侍郎仍二员，郎中四员，员外郎置五员。三年，复为右三部。七年，始别置刑部。尚书一员，侍郎一员，郎中一员，员外郎二员。八年，改为兵刑部。十三年，又为刑部。二十三年，六部尚书、侍郎、郎中、员外郎定以二员为额。大德四年，尚书增置一员。其首领官则主事三员。吏属则蒙古必阇赤四人，令史三十人，回回令史二人，怯里马赤一人，知印二人，奏差十人，书写三人，典吏七人。其属附见：

司狱司，司狱一员，正八品；狱丞一员，正九品；狱典一人。初以右三部照磨兼刑部系狱之任，大德七年始置专官。部医一人，掌调视病囚。

司籍所，提领一员，同提领一员。至元二十年，改大都等路断没提领所为司籍所，隶刑部。

工部，尚书三员，正三品；侍郎二员，正四品；郎中二员，从五品；员外郎二员，从六品，掌天下营造百工之政令。凡城池之修浚，土木之缮葺，材物之给受，工匠之程式，铨注局院司匠之官，悉以任之。世祖中统元年，右三部置尚书二员，侍郎二员，郎中五员，员外郎五员，内二员专署工部事。至元元年，始分立工部。尚书四员，侍郎三员，郎中四员，员外郎五员。三年，复合为右三部。七年，仍自为工部。尚书二员，侍郎仍二员，郎中三员，员外郎如旧。二十三年，定尚书、侍郎、郎中、员外郎各以二员为额。明年，以曹务系冗，增尚书二员。二十八年，省尚书一员。首领官：主事五员。蒙古必阇赤六人，令史四十二人，回回令史四人，怯里马赤一人，知印一人，奏差三十人，蒙古书写一人，典吏七人。又司程官四员，右三部照磨一员，典吏七人。其属附见：

左右部架阁库，秩正八品。管勾二员，典吏十二人，掌六部文卷簿籍架阁之事。中统元年，左右部各置。二十三年，并为左右部架阁库。

诸色人匠总管府，秩正三品，掌百工之技艺。至元十二年始置，总管、同知、副总管各一员。十六年，置达鲁花赤一员，增同知、副总管各一员。二十八年，省同知一员。三十年，省副总管一员。后定置达鲁花赤一员，总管一员，同知二员，副总管二员，经历一员，知事一员，提控案牍一员，令史五人，译史一人，奏差四人。其属十有一：

梵像提举司，秩从五品。提举一员，同提举一员，副提举一员，吏目一员，董绘画佛像及土木刻削之工。至元十二年，始置梵像局。延祐三年，升提举司，设今官。

出蜡局提举司，秩从五品。提举一员，同提举一员，副提举一员，吏目一员，掌出蜡铸造之工。至元十二年，始置局。延祐三年，升提举司，设今官。

铸泻等铜局，秩从七品。大使一员，副使一员，掌铸泻之工。至元十年，始置官三员。二十八年，省管勾一员，后定置二员。

银局，秩从七品。大使一员，直长一员，掌金银之工。至元十二年始置。

镔铁局，秩从八品。大使一员，掌镂铁之工。至元十二年始置。

玛瑙玉局，秩从八品。直长一员。掌琢磨之工。至元十二年始置。

石局，秩从七品。大使一员，管勾一员，董攻石之工。至元十二年始置。

木局，秩从七品。大使一员，直长一员，董攻木之工。至元十二年始置。

油漆局，副使一员，用从七品印，董髹漆之工。至元十二年始置。

诸物库，秩正九品。提领一员，副使一员，掌出纳诸物之事。至元十二年始置。

管领随路人匠都提领所，提领一员，大使一员，俱受省檄，掌工匠词讼之事。至元十二年始置。

诸司局人匠总管府，秩正三品。达鲁花赤一

员，总管一员，副达鲁花赤一员，同知一员，副总管一员，经历一员，知事一员，提控案牍一员，令史四人，领两都金银器盒及符牌等一十四局事。至元十四年置。二十四年，以八局改隶工部及金玉府，止领五局一库，掌毡毯等事。其属有六：

收支库，秩正九品。大使一员，掌出纳之物。

大都毡局，秩从七品。大使、副使各一员，管人匠一百二十有五户。

大都染局，秩从九品。大使一员，管人匠六千有三户。

上都毡局，秩从五品。大使一员，副使一员，管人匠九十有七户。

隆兴毡局，大使一员，副使一员，管人匠一百户。

剪毛花毯蜡布局，大使一员，副使一员，管人匠一百一十有八户。

提举右八作司，秩正六品。提举二员，同提举一员，副提举一员，吏目一人，司吏九人，司库十三人，译史一人，秤子一人，掌出纳内府漆器、红瓮、捎只等，并在都局院造作镔铁、铜、钢、鍮石，东南简铁，两都支持皮毛、杂色羊毛、生熟斜皮、马牛等皮、鬃尾、杂行沙里陀等物。中统三年，始置提领八作司，秩正九品。至元二十五年，改升提举八作司，秩正六品。二十九年，以出纳委积，分为左右两司。

提举左八作司，秩正六品，掌出纳内府毡货、柳器等物。其设置官员同上。

诸路杂造总管府，秩正三品。至元元年，改提领所为提举司。十四年，又改工部尚书行诸路杂造局总管府。定置达鲁花赤一员，总管一员，同知一员，副总管一员，知事一员，提控案牍一员，令史六人，译史一人。其属二：

帘网局，大使一员，副使一员，并受省札。至元元年始置。

收支库，大使一员，副使一员，至元三十年始置。

茶迭儿局总管府，秩正三品，管领诸色人匠造作等事。宪宗朝置。至元十六年，始设总管一员。二十七年，置同知一员。后定置府官，达鲁花赤一员，总管一员，同知一员，知事一员，提控案牍一员，司吏四人。其属二：

诸司局，用从七品印。提领一员，相副官二员，中统三年始置。

收支库，提领一员，大使、副使各一员。掌造作出纳之物。

大都人匠总管府，秩从三品。至元六年始置。达鲁花赤一员，总管一员，同知一员，经历一员，提控案牍一员，令史十人，通事一人。其属四：

绣局，用从七品印。大使一员，副使一员，掌绣造诸王百官段匹。

纹锦总院，提领一员，大使一员，副使一员，掌织诸王百官段匹。

涿州罗局，提领一员，大使一员，掌织造纱罗段匹。

尚方库，提领一员，大使、副使各一员，掌出纳丝金颜料等物。

随路诸色民匠都总管府，秩正三品，掌仁宗潜邸诸色人匠。延祐六年，拨隶崇祥院，后又属将作院。至治三年，归隶工部。后定置达鲁花赤一员，总官一员，同知一员，副总管一员，经历一员，知事一员，提控案牍一员，照磨一员，令史八人，译史二人，知印、通事各一人，奏差四人。其属五：

织染人匠提举司，秩从七品。至大二年设。达鲁花赤一员，提举一员，同提举一员，副提举一员，吏目一员。

杂造人匠提举司，秩从七品，设置官属同上。

大都诸色人匠提举司，秩从五品。达鲁花赤一员，提举一员，同提举一员，副提举一员，吏目一员。

大都等处织染提举司，秩从五品，管阿难答王位下人匠一千三百九十八户。达鲁花赤一员，提举一员，同提举一员，副提举一员，吏目一员。

收支诸物库，秩从七品。提领一员，大使一员，副使一员，库子二人。

提举都城所，秩从五品。提举二员，同提举二员，副提举二员，吏目一员，照磨一员，掌修缮都城内外仓库等事。至元三年置。其属一：

左右厢，官四员，用从九品印。至元十三年置。

受给库，秩正八品。提领一员，大使一员，副使一员，掌京城内外营造木石等事。至元十三年置。

符牌局，秩正八品。大使一员，副使一员，直长一员，掌造虎符等。至元十七年置。

旋匠提举司，秩从五品。提举一员，副提举一员。至元九年置。

撒答剌欺提举司，秩正五品。提举一员，副提举一员，提控案牍一员。至元二十四年，以札马剌丁率人匠成造撒答剌欺，与丝细同局造作，遂改组练人匠提举司为撒答剌欺提举司。

别失八里局，秩从七品。大使一员，副使一员，掌织造御用领袖纳失失等段。至元十三年始置。

忽丹八里局，大使一员，给从七品印。至元三年置。

平则门窑场，提领一员，大使一员，副使一员，给从六品印。至元十三年置。

光熙门窑场，提领一员，大使一员，副使一员，给从八品印。至元二十五年置。

大都皮货所，提领一员，大使一员，副使一员，用从九品印。至元二十九年置。

通州皮货所，提领一员，大使一员，副使一员，用从九品印。延祐六年置。

晋宁路织染提举司，提举一员，照略案牍一员，其属：

提领所一，系官织染人匠局一，云内人匠东、西局二，本路人匠局一，河中府、襄陵、翼城、潞州、隰州、泽州、云州等局七。每局各设提领一员，副提领一员，惟泽州、云州则止设提领一员。

冀宁路织染提举司、真定路织染提举司，各置提举一员，同提举一员，副提举一员，照略案牍一员。其属二：

开除局，大使一员，副使一员，照略案牍一员。

真定路纱罗兼杂造局，大使一员，副使一员。

南宫、中山织染提举司，各设提举一员，同提举、副提举一员，照略案牍一员。

中山刘元帅局，大使一员，副使一员。

中山察鲁局，大使一员，副使一员。

深州织染局，大使一员，副使一员，照略案牍一员。

深州赵良局，大使一员，副使一员。

弘州人匠提举司，提举一员，同提举一员，副提举一员，照略案牍一员。

纳失失毛段二局，院长一员。

云内州织染局，大使一员，副使一员，照略案牍一员。

大同织染局，大使一员，副使一员，照略案牍一员。

朔州毛子局，大使一员。

恩州织染局，大使一员，副使一员，照略案牍一员。

恩州东昌局，提领一员。

保定织染提举司，提举一员，同提举一员，副提举一员，照略案牍一员。

大名人匠提举司，提举一员，同提举一员，副提举一员，照略案牍一员。

永平路纹锦等局提举司，提举一员，同提举一员，副提举一员，照略案牍一员。

大宁路织染局，大使一员，副使一员，照略案牍一员。

云州织染提举司，提举一员，同提举一员，副提举一员，照略案牍一员。

顺德路织染局，大使一员，副使一员，照略案牍一员。

彰德路织染人匠局，大使一员，副使一员，照略案牍一员。

怀庆路织染局，大使一员，副使一员，照略案牍一员。

别失八里局，官一员。

宣德府织染提举司，提举一员，同提举一员，副提举一员，照略案牍一员。

东圣州织染局，院长一员，局副一员。

宣德八鲁局，提领一员，副使一员。

东平路疃局，直长一员。

兴和路荨麻林人匠提举司，提举一员，同提举一员，副提举一员，照略案牍一员。

阳门天城织染局，提领一员，副使一员，照磨案牍一员。

巡河提领所，提领二员，副提领一员。

卷八十六　志第三十六

百　官　二

枢密院，秩从一品，掌天下兵甲机密之务。凡宫禁宿卫，边庭军翼，征讨戍守，简阅差遣，举功转官，节制调度，无不由之。世祖中统四年，置枢密副使二员，佥书枢密事一员。至元七年，置同知枢密院事一员，院判一员。二十八年，始置知院一员，增院判一员，又以中书平章商量院事。大德十年，增置知院二员，同知五员，副枢五员，佥院五员，同佥三员，院判二员。至大三年，知院七员，同知二员，副枢二员，佥院一员，同佥一员，院判二员，革去议事平章。延祐四年，以分镇北边，增知院一员。五年，增同知一员。后定置知院六员，从一品；同知四员，正二品；副枢二员，从二品；佥院二员，正三品；同佥二员，正四品；院判二员，正五品；参议二员，正五品；经历二员，从五品；都事四员，正七品；承发兼照磨二员，正八品；架阁库管勾一员，正九品；同管勾一员，从九品；掾史二十四人，译史一十四人，通事三人，司印二人，宣使一十九人，铨写二人，蒙古书写二人，典吏一十七人，院医二人。

客省使，秩从五品。大使二员，副使二员。至元十四年，置大使一员。十六年，增一员。二十一年，置副使一员。延祐五年，增一员。天历元年，又增一员。寻定置大使二员，从五品；副使二员，从六品；令史二人。

断事官，秩正三品，掌处决军府之狱讼。至元元年，始置断事官二员。八年，增二员。十九年，又增一员。二十年，又增二员。大德十一年，又增四员。皇庆元年，省二员。后定置断事官八员，正三品；经历一员，从七品；令史六人，译史一人，通事、知印、奏差、典吏各一人。

行枢密院。国初有征伐之事，则置行枢密院。大征伐，则止曰行院。为一方一事而设，则称某处行枢密院，或与行省代设，事已则罢。

西川行枢密院，中统四年始置，设官二员，管四川军民课税交钞、打捕鹰房人匠，及各投下应管公事，节制官吏诸色人等，并军官迁授征进等事。始置于成都。至元十年，又于重庆别置东川行枢密院，设官一员。十三年，并为一院，寻复分东川行院。十六年，罢两川行院。二十八年，复立四川行院于成都。

江南行枢密院。至元十年，罢河南省统军司、汉军都元帅、山东行院，置荆湖等路行院，设官三员；淮西行院，设官二员。掌调度军马之事。十二年，罢行院。十九年，诏于杨州、岳州俱立行院，各设官五员。二十一年，立沿江行院。二十二年，立江西行院，马军戍江州，步军戍抚州。二十八年，徙岳州行院于鄂州，徙江淮行院于建康，其后行院悉并归行省。

甘肃行枢密院。至大四年，置行院于甘州，为甘肃等处行枢密院，设官四员，提调西路军马。后以甘肃省丞相提调，遂罢行院。

河南行枢密院，致和元年分置，专管调遣之事。天历元年罢。

岭北行枢密院，天历二年置。知院一员，同知二员，副枢一员，佥院二员，同佥一员，院判二员，经历一员，都事二员，蒙古必阇赤四人，掾史二人，怯里马赤一人，知印一人，宣使四人。掌边庭军务，凡大小事宜，悉从裁决。

右卫，秩正三品。中统三年，初置武卫。至元元年，改为侍卫。八年，改为左、右、中三卫，掌宿卫扈从，兼屯田。国有大事，则调度之。二十年，增都指挥使一员、副都指挥使一员。二十一年，置佥事二员。大德十一年，增都指挥使二员、副都指挥使一员。至大元年，增都指挥使三员、副都指挥使一员。四年，省都指挥使五员、副都指挥使二员。后定置都指挥使三员，正三品；副都指挥使二员，从三品；佥事二员，正四品；经历二员，从七品；知事二员，照磨一员，俱从八品；令史七人，译史、通事、知印各一人。又其属十有五：

镇抚所，镇抚二员。

行军千户所十，秩正五品。达鲁花赤十员，副达鲁花赤十员，千户十员，副千户十员，弹压二十员，百户二百员，知事十员。

弩军千户所一，秩正五品。达鲁花赤一员，千户一员，弹压二员，百户十员。

屯田左右千户所二，秩正五品。达鲁花赤二员，千户二员，弹压二员，百户四十员。

教官二，蒙古字教授一员，儒学教授一员。掌诸屯卫行伍耕战之暇，使之习学国字，通晓书记。初由枢府选举，后归吏部。

左卫，秩正三品。至元八年，以侍卫改置。掌宿卫扈从，兼屯田。国有大事，则调度之。是年，增副指挥使一员。十六年，增副都指挥使一员。二十年，置佥事一员。二十二年，增佥事一员。二十四年，省都指挥使、副都指挥使一员。大德十一年，增都指挥使五员、副都指挥使二员、佥事二员。至大四年，省都指挥使六员、副都指挥使二员。其后定制，卫官：都指挥使三员，正三品；副都指挥使二员，从三品；佥事二员，正四品；经历二员，从七品；知事二员，照磨一员，俱从八品；令史七人，译史、通事、知印各一人。其属十有五：

镇抚所，镇抚二员。

行军千户所凡十，秩正五品。达鲁花赤十员，副达鲁花赤十员，千户十员，副千户十员，弹压二十员，百户二百员，知事十员。

弩军千户所一，秩正五品。达鲁花赤一员，千户一员，弹压二员，百户十员。

屯田左右千户所二，秩正五品。达鲁花赤一员，千户二员，弹压二员，百户四十员。

教官二，蒙古字教授一员，儒学教授一员。

中卫，秩正三品。至元八年，以侍卫改置。掌宿卫扈从，兼营屯田。国有大事，则调度之。是年，置都指挥使一员、副都指挥使一员。二十年，增副都指挥使一员。二十一年，置佥事二员。二十三年，增都指挥使一员。大德十一年，增都指挥使二员、副使三员。至大元年，增都指挥使一员。四年，省都指挥使三员、副都指挥使三员。其后定置都指挥使三员，正三品；副都指挥使二员，从三品；佥事二员，正四品；经历二员，从七品；知事二员，承发架阁照磨一员，俱从八品；令史七人，译史、通事、知印各一人。其属十有五：

镇抚所，镇抚二员。

行军千户所十，秩正五品。达鲁花赤十员，副达鲁花赤十员，千户十员，副千户十员，弹压二十员，百户二百员，知事十员。

弩军千户一，秩正五品。达鲁花赤一员，千户一员，弹压二员，百户十员。

屯田左右千户所二，秩正五品。达鲁花赤二员，千户二员，弹压二员，百户四十员。

教官二，蒙古字教授一员，儒学教授一员。

前卫，秩正三品。至元十六年，以侍卫亲军创置前、后二卫。掌宿卫扈从，兼营屯田。国有大事，则调度之。是年，置都指挥使一员、副都指挥使二员。十八年，增都指挥使二员。二十年，置佥事一员。大德十一年，增都指挥使五员、副都指挥使一员、佥事三员。至大四年，省都指挥使五员、副都指挥使一员、佥事三员。后定置卫官，都指挥使三员，正三品；副都指挥使二员，从三品；佥事二员，正四品；经历二员，从七品；知事二员，承发架阁照磨一员，俱从八品；令史七人，译史、通事、知印各一人。又其属十有七：

镇抚所，镇抚二员。

行军千户所十，秩正五品。达鲁花赤十员，副达鲁花赤十员，千户十员，副千户十员，弹压二十员，百户二百员。

弩军千户一，秩正五品。达鲁花赤一员，千户一员，弹压二员，百户十员。

屯田千户所二，秩正五品。达鲁花赤二员，千户二员，弹压二员，百户四十员。

门尉二，平则门尉一员，顺承门尉一员。

教官二，蒙古字教授一员，儒学教授一员。

后卫，秩正三品。至元十六年，以侍卫亲军创置。掌宿卫扈从，兼营屯田。国有大事，则调度之。是年，置都指挥使二员、副都指挥使二员，后增设副都指挥使一员。十八年，增都指挥使二员。二十年，置佥事二员。大德十一年，增都指挥使五员、副都指挥使一员、佥事二员。至大四年，省都指挥使五员、副指挥使二员、佥事二员。后定置都指挥使三员，正三品；副都指挥使二员，从三品；佥事二员，正四品；经历二员，从七品；知事二员，照磨一员，俱从八品；令史七人，译史二人，知印一人，通事二人。其属十有四：

镇抚所，镇抚二员。

行军千户所十，秩正五品。达鲁花赤十员，副达鲁花赤十员，千户十员，副千户十员，弹压二十员，百户二百员。

弩军千户所一，秩正五品。达鲁花赤一员，千户一员，弹压二员，百户十员。

屯田千户所一，秩正五品。达鲁花赤一员，千户二员，弹压二员，百户四十员。

教官二，蒙古字教授一员，儒学教授一员。

武卫亲军都指挥使司，秩正三品，掌修治城隍及京师内外工役，兼大都屯田等事。至元二十六年，枢密院以六卫六千人，大都屯田三千人，近路迤南万户府一千人，总一万人，立武卫，设官五员。元贞、大德年间，累增都指挥使四员。至大三年，省都指挥使四员、副都指挥使一员。后定置卫官，达鲁花赤一员，正三品；都指挥使三员，正三品；副都指挥使二员，从三品；佥事二员，正四品；经历二员，从七品；知事二员，照磨一员，俱从八品；令史七人，译史、通事、知印各一人。其属十有五：

镇抚所，镇抚二员。

行军千户所七，秩正五品。达鲁花赤七员，副达鲁花赤七员，千户七员，副千户七员，百户一百四十员，弹压一十四员。

屯田千户所六，秩正五品。达鲁花赤各一员，千户六员，百户六十员，弹压六员。

教官二，蒙古字教授一员，儒学教授一员。

隆镇卫亲军都指挥使司，秩正三品，掌屯军徼巡盗贼于居庸关南、北口，统领钦察、阿速护军三千六百九十三人，屯驻东西四十三处。皇庆元年，升隆镇万户府为隆镇卫，置都指挥使三员、副都指挥使二员、佥事二员。延祐二年，又以哈儿鲁军千户所，并隶东卫。四年，置色目经历一员。至治二年，置爱马知事一员。后定置卫官，都指挥使三员，正三品；副指挥使二员，从三品；佥事二员，正四品；经历二员，从七品；知事二员，承发兼照磨一员，俱从八品；令史七人，译史、通事、知印各一人。其属十有二：

镇抚所，镇抚二员。

北口千户所，秩正五品。达鲁花赤一员，千户一员，百户七员。于上都路龙庆州东口置司。

南口千户所，秩正五品。达鲁花赤一员，千户一员，百户一员，弹压一员。于大都路昌平县居庸关置司。

白羊口千户所，秩正五品。达鲁花赤一员，千户一员，百户二员，弹压一员。于大都路昌平县东口置司。

碑楼口千户所，秩正五品。达鲁花赤一员，千户一员，百户一员，弹压一员。于应州金城县东口置司。

古北口千户所，秩正五品。达鲁花赤一员，千户一员，百户六员，弹压一员。于檀州北面东口置司。

迁民镇千户所，秩正五品。达鲁花赤一员，千户一员，百户六员，弹压一员。于大宁路东口置司。

黄花镇千户所，秩正五品。达鲁花赤一员，千户一员，百户六员，弹压一员。于昌平县东口置司。

芦儿岭千户所，秩五品。达鲁花赤一员，千户一员，百户六员，弹压一员。于昌平县本口置司。

太和岭千户所，秩五品。达鲁花赤一员，千户一员，百户六员，弹压一员。于大同路马邑县本隘置司。

紫荆关千户所，秩五品。达鲁花赤一员，千户一员，百户六员，弹压一员。于易州易县本隘置司。

隆镇千户所，秩五品。达鲁花赤一员，千户一员，百户八员，弹压一员。于龙庆州北口置司。

左右翼屯田万户府二，秩从三品，分掌斡端、别十八里回还汉军，及大名、卫辉新附之军，并迤东回军，合为屯田。至元二十六年置。延祐五年，隶詹事院，并入卫率府。复改隶枢密院。定置两府达鲁花赤各一员，万户各一员，副万户各一员，经历各一员，知事各一员，提控案牍各一员，令史各五人，属官镇抚各二员。

千户八所，达鲁花赤八员，千户八员，副千户八员，百户五十九员，弹压一十六员。

千户四所，达鲁花赤四员，千户四员，副千户四员，百户五十二员，弹压八员。

左卫率府，秩正三品。至大元年，拨江南行省万户府精锐汉军为东宫卫军，立卫率府，设官十一员。延祐四年，始改为忠翊府，又改为御临亲军指挥司，又以御临非古典，改为羽林。六年，复隶东宫，仍为左卫率府。定置率使三员，正三品；副使二员，从三品；佥事二员，正四品；经历一员，从七品；知事一员，照磨一员，俱从八品；令史七人，译史、通事、知印各二人。其属十有五：

镇抚所，镇抚二员。

行军千户所十，秩正五品。达鲁花赤十员，千户十员，副千户十员，百户二百员，弹压二十员。

弩军千户所一，秩正五品。达鲁花赤一员，千户一员，百户十员。

屯田千户所三，秩正五品。达鲁花赤三员，千户三员，百户六十员，弹压三员。

教官三员，蒙古字教授一员，儒学教授一员，阴阳教授一员。

右卫率府，秩正三品。延祐五年，以速怯那儿万户府、迤东女直两万户府、右翼屯田万户府兵，合为右卫率府，置官十二员。后定置率使二员，正三品；副使二员，从三品；佥事二员，正四品；经历二员，从七品；知事二员，照磨一员，俱从八品；令史七人，译史、通事、知印各二人。其属七：

镇抚所，镇抚二员。

千户所五，秩正五品。千户五员，百户四十五员，弹压二员。

教官一，儒学教授一员。

河南淮北蒙古军都万户府，秩正三品。至元二十四年，以四万户奥鲁赤改为蒙古军都万户府，设府官四员、奥鲁官四员。大德七年后，改为河南淮北蒙古军都万户府。延祐五年，罢奥鲁官、副镇抚等员，定置都万户一员，正三品；副都万户一员，从三品；经历一员，从七品；知事一员，提控案牍一员，俱从八品；令史七人，译史、通事各一人。属官镇抚二员。

八撒儿万户府，万户一员，副万户一员，经历、知事、提控案牍各一员。镇抚一员。

千户所一十翼，达鲁花赤一十员，千户十员，副千户十员，百户七十三员，弹压一十员。

札忽儿台万户府，万户一员，经历、知事、提控案牍各一员，镇抚一员。

千户所七翼，千户七员，百户三十八员，弹压七员。

脱烈都万户府，万户一员，副万户一员，经历一员，知事一员，提控案牍一员，镇抚一员。

千户所九翼，千户九员，百户六十二员，弹压九员。

和尚万户府，万户一员，副万户一员，经历一员，知事、提控案牍各一员，镇抚一员。

千户所六翼，达鲁花赤四员，千户六员，副千户四员，百户四十七员，弹压六员。

炮手千户所一翼，千户一员，百户六员，弹压一员。

哨马千户所一翼，达鲁花赤一员，千户一员，副千户一员，弹压二员，百户九员，奥鲁官二员。

右阿速卫亲军都指挥使司，秩正三品，掌宿卫城禁，兼营潮河、苏沽两川屯田，供给军储。至元九年，初立阿速拔都达鲁花赤，置属官。二十三年，遂名为阿速之军。至大二年，改立右阿速卫亲军都指挥使司，置达鲁花赤三员、都指挥使三员、副都指挥使二员、佥事二员。四年，省达鲁花赤三员。后定置达鲁花赤一员，正三品；都指挥使三员，正三品；副都指挥使二员，从三品；佥事二员，正四品；经历二员，从七品；知事二员，承发架阁照磨一员，从八品；令史七人，译史、通事、知印各一人，镇抚二员。其属五：

行军千户所，千户七员，百户九员。

把门千户二员，百户五员，门尉一员。

本投下达鲁花赤一员，长官一员，副长官一员。

庐江县达鲁花赤一员，主簿一员。

教官，儒学教授一员。

左阿速卫亲军都指挥使司，品秩职掌同右阿速卫。至元九年，初立阿速拔都达鲁花赤，置属官。二十三年，遂名为阿速之军。至大二年，改立左卫阿速亲军都指挥使司，置达鲁花赤二员、都指挥使六员、副都指挥使四员、佥事二员。四年，省达鲁花赤一员、都指挥使三员。后定置达鲁花赤一员，都指挥使三员，副都指挥使二员，佥事二员，经历二员，知事二员，照磨一员，镇抚二员。其属四：

本投下达鲁花赤二员，长官二员。

镇巢县达鲁花赤二员，主簿一员。

围宿把门千户所一十三翼，千户二十六员，百户一百三十员，弹压一十三员。

教官，儒学教授一员。

回回炮手军匠上万户府，秩正三品。至元十一年，置炮手总管府。十八年，始立为都元帅府。二十二年，改为万户府。后定置达鲁花赤一员，万户一员，副万户一员，经历、知事、提控案牍各一员，令史四人，译史一人。镇抚二员。

千户所三翼，达鲁花赤三员，千户三员，副千户三员，百户三十二员，弹压六员。

唐兀卫亲军都指挥使司，秩正三品。总领河西军三千人，以备征讨。至元十八年始立，置都指挥使二员、副都指挥使二员。二十二年，增都指挥使一员、佥事一员。大德五年，增指挥使二员。至大元年，增都指挥一员。四年，省都指挥使三员，副都指挥使一员。后定置都指挥使三员，正三品；副都指挥使二员，从三品；佥事二员，正四品；经历一员，从七品；知事一员，照磨一员，俱从八品；令史七人，通事、译史、知印各一人，镇抚二员，奥鲁官正副各一员。

千户所九翼，正千户九员，副千户九员，百户七十五员，弹压九员，奥鲁官正副各九员。

门尉三，建德门一，和义门一，肃清门一。

教官二，儒学教授一员，蒙古字教授一员。

贵赤卫亲军都指挥使司，秩正三品。至元二十四年立，置都指挥使二员、副都指挥二员、佥事二员。二十九年，置达鲁花赤一员。大德十一年，增达鲁花赤一员、都指挥使四员、副都指挥一员。至大元年，省达鲁花赤一员、都指挥使四员、副都指挥使三员。后定置达鲁花赤一员，正三品；都指挥使二员，正三品；副都指挥使二员，从三品；佥事二员，正四品；经历二员，从七品；知事二员，照磨一员，令史七人，知印一人，通事、译史各一人，镇抚二员。

千户所八翼，每所置达鲁花赤一员，千户一十六员，百户八十员，弹压八员，门尉二员。

延安屯田打捕总管府，秩从三品。管析居放良人户，并兀里吉思田地北来蒙古人户。至元十八年始设，定置达鲁花赤一员，总管一员，同知一员，经历、知事各一员。属官打捕屯田官一十二员。

大宁海阳等处屯田打捕所，秩从七品，掌北京、平滦等路析居放良不兰奚等户。至元二十二年，置总管府。元贞元年，罢总管府，置打捕所。定置达鲁花赤一员，长官一员。教官，蒙古字教授一员，儒学教授一员。

忠翊侍卫亲军都指挥使司，秩正三品。至元二十九年，始立屯田府。大德十一年，增军数，立为大同等处指挥使司。至大四年，属徽政院。延祐元年，改中都威卫使司，仍隶徽政院，寻复改属枢密院。至治元年，改为忠翊侍卫。后定置都指挥使三员，正三品；副都指挥使二员，从三品；佥事二员，正四品；经历二员，从七品；知事二员，照磨一员，俱从八品；令史七人，译史、通事、知印各一人，镇抚二员。

行军千户所一十翼，达鲁花赤一十员，副达鲁花赤一十员，千户一十员，副千户一十员，百户二百六员，弹压二十员。

弩军千户所一翼，达鲁花赤一员，千户一员，百户一十员，弹压一十员。

屯田左右手千户所二翼，达鲁花赤二员，千户二员，百户四十员，弹压四员。

西域亲军都指挥使司，秩正三品。元贞元年始立，设官十一员。大德十一年，增都指挥使二员，又增指挥使三员、副都指挥使二员、佥事二员。至大四年，省都指挥使五员、副都指挥使二员、佥事二员。后定置达鲁花赤一员，正三品；都指挥使二员，正三品；副都指挥使二员，从三品；佥事二员，正四品；经历二员，从七品；知事二员，承发架阁兼照磨一员，并从八品；令史七人，通事、译史、知印各一人，镇抚二员。

行军千户所，千户一十三员，百户二十九员。

把门千户二员，百户八员，门尉一员。

教官，儒学教授一员。

宗仁蒙古侍卫亲军都指挥使司，秩正三品。至治二年，以亦乞列思人氏一百户，与所收蒙古子女通三千户，及清州匠二千户，屯田汉军二千户，立宗仁卫以统之。定置都指挥使三员，正三品；副都指挥使二员，从三品；佥事二员，正四品；经历二员，从七品；知事二员，照磨一员，俱从八品；令史七人，知印二人，怯里马赤二人，译史二人，镇抚二员。

蒙古军千户所一十翼，千户二十员，百户一百员，弹压一十员。

屯田千户所，千户四员，百户四十员，弹压四员。

教官二，儒学教授一员，蒙古字教授一员。

山东河北蒙古军大都督府，秩从二品，掌各路军民科差征进，及调遣总摄军马公事。至元二十一年，罢统军司都元帅府，立蒙古军都万户府。大德七年，改山东河北蒙古军都万户府。延祐五年罢。天历二年，改立为大都督府。定置正官大都督三员，从二品；同知一员，从三品；副使一员，从四品；经历一员，从六品；都事二员，从七品；承发兼照磨一员，正八品；令史八人，译史、通事、知印各二人，宣使五人，典吏三人，镇抚二员。

左手万户府，万户一员，副万户一员，经历一员，知事一员，提控案牍一员，镇抚一员。

千户九翼，千户一十一员，百户七十四员，弹压一十一员。

右手万户府，万户一员，副万户一员，经历一员，知事一员，提控案牍一员，镇抚一员。

千户九翼，千户九员，百户六十三员，弹压九员。

拔都万户府，达鲁花赤一员，万户一员，副万户一员，经历一员，知事一员，提控案牍一员，镇抚一员。

千户六翼，千户七员，百户四十一员，弹压五员。

哈答万户府，达鲁花赤一员，万户一员，经历一员，知事一员，提控案牍一员，镇抚一员。

千户八翼，千户八员，百户二十四员，弹压八员。

蒙古回回水军万户府，达鲁花赤一员，万户一员，副万户一员，经历、知事、提控案牍各一员，镇抚二员。

千户八翼，达鲁花赤二员，千户六员，百户四十六员，弹压九员。

玭都哥万户府，初隶都府七千户翼，延祐三年枢密院奏，改立万户府。达鲁花赤一员，万户一员，副万户一员，经历、知事、提控案牍各一员，镇抚二员。

千户七翼，千户九员，百户三十五员，弹压八员。

哈必赤千户翼，千户一员，百户四员，弹压一员，直隶大都督府。

洪泽屯田千户赵国宏翼，达鲁花赤一员，千户一员，副千户一员，百户一十四员，弹压二员，直隶大都督府。

左翊蒙古侍卫亲军都指挥使司，秩正三品。至元十八年，以蒙古侍卫总管府依五卫之例，为指挥使司，设官十二员，奥鲁官二员。大德七年，奏改为左翼蒙古侍卫亲军都指挥使司。延祐五年，罢奥鲁官。后定置司官，都指挥使三员，正三品；副都指挥使二员，从三品；佥事二员，正四品；经历二员，从七品；知事二员，承发架阁兼照磨一员，并从八品；令史七人，译史、通事、知印各一人，典吏二人，镇抚二员。

千户所七翼，正千户七员，副千户七员，知事七员，弹压七员，百户六十二员。

教官二，蒙古字教授一员，儒学教授一员。

右翊蒙古侍卫亲军都指挥使司，品秩同左卫。至元十八年，以蒙古侍卫总管府依五卫例，为指挥使司，设官十二员，奥鲁官二员。大德七年，奏改为右翊蒙古侍卫亲军都指挥使司。延祐五年，罢奥鲁官。后定置司官，都指挥使三员，正三品；副都指挥使二员，从三品；佥事二员，正四品；经历二员，从七品；知事二员，承发兼照磨架阁一员，并从八品；令史七人，译史、通事、知印各一人，典吏二人，镇抚二员。

千户所一十二翼，正千户一十二员，副千户一十二员，知事一十二员，弹压一十二员，百户一百九员。

教官，蒙古字教授一员，儒学教授一员。

虎贲亲军都指挥使司，秩正三品，管领上都路元籍军人，兼奥鲁之事。至元十六年，立虎贲军，设官二员。十七年，置都指挥使二员、副都指挥使一员，又增置副都指挥使一员。元贞三年，以虎贲军改为虎贲亲军都指挥使司。十一年，增置都指挥使六员。至大四年，省都指挥使九员。后定置司官，都指挥使三员，正三品；副都指挥使二员，从三品；佥事二员，正四品；经历一员，从七品；知事、照磨兼承发各一员，并从八品；令史七人，译史、通事、知印各一人，典吏二人，镇抚二员，都目一员。

撒的赤千户翼，正达鲁花赤一员，副达鲁花赤一员，正千户一员，副千户一员，知事一员，百户二十员，弹压二员。

不花千户翼，正达鲁花赤一员，副达鲁花赤一员，正千户一员，副千户一员，百户二十二员，弹压二员。

脱脱木千户翼，正达鲁花赤一员，副达鲁花赤一员，正千户一员，副千户一员，知事一员，百户二十八员，弹压二员。

大忽都鲁千户翼，正达鲁花赤一员，副达鲁花赤一员，正千户一员，副千户一员，知事一员，百户二十四员，弹压二员。

杨千户翼，正达鲁花赤一员，副达鲁花赤一员，正千户一员，副千户一员，知事一员，百户二十二员，弹压二员。

迷里火者千户翼，正达鲁花赤一员，副达鲁花赤一员，正千户一员，副千户一员，知事一员，百户二十员，弹压二员。

大都督府，正二品，管领左右钦察两卫、龙翊侍卫、东路蒙古军元帅府、东路蒙古军万户府、哈剌鲁万户府。天历二年，始立钦察亲军都督府，秩从二品。后改大都督府。置大都督三员，正二品；同知二员，正三品；副都督三员，从三品；佥都督事二员，正四品；经历二员，从六品；都事二员，从七品；管勾一员，照磨一员，俱正八品；令史八人，蒙古必阇赤二人，怯里马赤二人，知印二人，宣使六人。

右钦察卫，秩正三品。至元二十三年，依河西等卫例，立钦察卫，设官十员。至治二年，分为左右卫。天历二年，拨隶大都督府。定置达鲁花赤一员，正三品；都指挥二员，正三品；副使二员，从三品；佥事二员，正四品；经历二员，从七品；知事二员，照磨二员，并从八品；令史七人，译史、通事、知印各一人，镇抚一员。

行军千户十八所，达鲁花赤各一员，千户三十六员，百户一百八十员，弹压一十八员。

屯田千户所二，达鲁花赤二员，千户二员，百户二十员，弹压二员。

门尉二员。

儒学教授一员，至大四年始置；蒙古字教授一员，延祐四年始置。

左钦察卫，秩正三品。至治二年，依阿速卫例，分为两卫，设官十员。天历二年，拨隶大都督府。定置卫官，都指挥使三员，正三品；副都指挥二员，从三品；佥事二员，正四品；经历二员，从七品；知事二员，照磨一员，从八品；令史七人，译史、通事、知印各一人，属官镇抚二员。

行军千户所一十翼，千户一十员，百户八十二员，弹压九员，奥鲁官四员。

守城千户所一翼，达鲁花赤一员，千户一员，百户九员，弹压一员。

屯田千户所一翼，达鲁花赤一员，千户一员，百户十员，弹压一员。

教官，儒学教授一员。

龙翊侍卫亲军都指挥使司，秩正三品。天历元年始立，设官十四员。二年，又置爱马知事一员，又以左钦察 卫唐吉失九千户隶本卫。定置官，都指挥使三员，正三品；副都指挥使二员，从三品；佥事二员，正四品；经历一员，从七品；知事二员，照磨一员，并从八品；令史七人，译史二人，怯里马赤二人，知印二人，镇抚二员。

行军千户所九翼，达鲁花赤一员，千户六员，副千户一员，百户四十五员，弹压五员。

屯田一翼钦察千户所，达鲁花赤一员，千户一员，百户二十二员，弹压二员。

教官二，蒙古字教授一员，儒学教授一员。

哈剌鲁万户府，掌守禁门等处应直宿卫。至元二十四年，招集哈剌鲁军人，立万户府。寻移屯襄阳，后征交趾。大德二年置司南阳。天历二年，奏隶大都督府。定置官，达鲁花赤一员，万户一员，经历、知事各一员，提控案牍一员，镇抚一员，吏目一员。

千户所三翼，千户三员，百户九员，弹压三员。

御史台，秩从一品。大夫二员，从一品；中丞二员，正二品；侍御史二员，从二品；治书侍御史二员，正三品，掌纠察百官善恶、政治得失。至元五年，始立台建官，设官七员。大夫从二品，中丞从三品，侍御史从五品，治书侍御史从六品，典事从七品，检法二员，狱丞一员。七年，改典事为都事。十九年，罢检法、狱丞。二十一年，升大夫为从一品，中丞为正三品，侍御史为正五品，治书为正六品。二十七年，大夫以下品从各升一等，始置蒙古经历一员。大德十一年，升中丞为正二品，侍御史为从二品，治书侍御史为正三品。皇庆元年，增中丞为三员。二年，减一员。至治二年，大夫一员。后定置御史大夫二员、中丞二员、侍御史二员、治书侍御史二员，品秩如上；经历一员，从五品；都事二员，正七品；照磨一员，正八品；承发管勾兼狱丞一员，正八品；架阁库管勾兼承发一员，正九品；掾史一十五人，译史四人，知印二人，通事二人，宣使十人，台医二人，蒙古书写二人，典吏六人，库子二人。其属有二：

殿中司，殿中侍御史二员，正四品。至元五年始置，秩正七品，后升正四品。凡大朝会，百官班序，其失仪失列，则纠罚之；在京百官到任假告事故，出三日不报者，则纠举之；大臣入内奏事，则随以入，凡不可与闻之人，则纠避之。知班四人，通事、译史各一人。

察院，秩正七品，监察御史三十二员，司耳目之寄，任刺举之事。至元五年，始置御史十二员，悉以汉人为之。八年，增置六员。十九年，增置一十六员，始参用蒙古人为之。至元二十二年，参用南儒二人。书吏三十二人。

江南诸道行御史台，设官品秩同内台。至元十四年，始置江南行御史台于杨州，寻徙杭州，又徙江州。二十三年，迁于建康，以监临东南诸省，统制各道宪司，而总诸内台。初置大夫、中丞、侍御史、治书侍御史各一员，统淮东、淮西、湖北、浙东、浙西、江东、江西、湖南八道提刑按察司。十五年，增江南湖北、岭南广西、福建广东三道。二十三年，以淮东、淮西、山南三道，拨隶内台。三十年，增海北海南一道。大德元年，定为江南诸道行御史台，设官九员，以监江浙、江西、湖广三省，统江东、江西、浙东、浙西、湖南、湖北、广东、广西、福建、海南十道。大夫一员，中丞二员，侍御史二员，治书侍御史二员，经历一员，都事二员，照磨一员，架阁库管勾一员，承发管勾兼狱丞一员，令史一十六人，译史四人，回回掾史、通事、知印各二人，宣使十人，典吏、库子、台医各有差。

察院，品秩如内察院。至元十四年，置监察御史十员，书吏十员。二十三年，增蒙古御史十四员、书吏十四人，又增汉人御史四员、书吏四人。后定置御史二十八员、书吏二十八人。

陕西诸道行御史台，设官品秩同内台。至元二十七年，始置云南诸路行御史台，官止四员。大德元年，移云南行台于京兆，为陕西行台，而云南改立廉访司。延祐元年罢。二年复立，统汉中、陇北、四川、云南四道。定置大夫一员、御史中丞二员、侍御史二员、治书侍御史二员、经历一员、都事二员、照磨一员、架阁库管勾一员、承发司管勾兼狱丞一员、掾史一十二人、蒙古必阇赤二人、回回掾史一人、通事二人、知印一人、宣使十人、典吏五人、库子二人。

察院，品秩同内察院。监察御史二十员，书吏二十人。

肃政廉访司。国初，立提刑按察司四道：曰山东东西道，曰河东陕西道，曰山北东西道，曰河北河南道。至元六年，以提刑按察司兼劝农事。八年，置河东山西道、陕西四川道。十二年，分置燕南河北道。十三年，以省并衙门，罢按察司。十四年复置，增立八道：曰江北淮东道，曰淮西江北道，曰山南江北道，曰浙东海右道，曰江南浙西道，曰江东建康道，曰江西湖东道，曰岭北湖南道。十五年，复增三道：曰江南湖北道，曰岭南广西道，曰福建广东道。十九年，增西蜀四川道。二十年，增海北广东道，改福建广东道曰福建闽海道。以云南七路，置云南道。以女直之地，置海西辽东道。二十三年，以淮东、淮西、山南三道，拨隶内台。二十四年，增河西陇右道。是年，罢云南道。二十五年，罢海西辽东。二十七年，以云南按察司所治，立云南行御史台。二十八年，改按察司曰肃政廉访司。大德元年，徙云南行台于陕西，复立云南道。三十年，增海北海南道，其后遂定为二十二道。每道廉访使二员，正三品；副使二员，正四品；佥事四员，两广、海南止二员，正五品；经历一员，从七品；知事一员，正八品；照磨兼管勾一员，正九品；书吏十六人，译史、通事各一人，奏差五人，典吏二人。

内道八，隶御史台：
山东东西道，济南路置司。
河东山西道，冀宁路置司。
燕南河北道，真定路置司。
江北河南道，汴梁路置司。
山南江北道，中兴路置司。
淮西江北道，庐州路置司。
江北淮东道，杨州路置司。
山北辽东道，大宁路置司。
江南十道，隶江南行台：
江东建康道，宁国路置司。
江西湖东道，龙兴路置司。
江南浙西道，杭州路置司。
浙东海右道，婺州路置司。
江南湖北道，武昌路置司。
岭北湖南道，天临路置司。
岭南广西道，静江府置司。
海北广东道，广州路置司。
海北海南道，雷州路置司。
福建闽海道，福州路置司。
陕西四道，隶陕西行台：
陕西汉中道，凤翔府置司。
河西陇北道，甘州路置司。
西蜀四川道，成都路置司。
云南诸路道，中庆路置司。

卷八十七　　志第三十七

百官三

大宗正府，秩从一品。国初未有官制，首置断事官，曰札鲁忽赤，会决庶务。凡诸王驸马投下蒙古、色目人等，应犯一切公事，及汉人奸盗诈伪、蛊毒厌魅、诱掠逃驱、轻重罪囚，及边远出征官吏、每岁从驾分司上都存留住冬诸事，悉掌之。至元二年，置十员。三年，置八员。九年，降从一品银印，止理蒙古公事。以诸王为府长，余悉御位下及诸王之有国封者。又有怯薛人员，奉旨署事，别无颁受宣命。十四年，置十四员。十五年，置十三员。二十一年，置二十一员。二十二年，增至三十四员。二十八年，增至四十六员。大德四年，省五员。十一年，四十一员。皇庆元年，省二员，以汉人刑名归刑部。泰定元年，复命兼理，置札鲁忽赤四十二员，令史改为掾史。致和元年，以上都、大都所属蒙古人并怯薛军站色目与汉人相犯者，归宗正府处断，其余路府州县汉人、蒙古、色目词讼，悉归有司刑部掌管。正官札鲁忽赤四十二员，从一品；郎中二员，从五品；员外郎二员，从六品；都事二员，从七品；承发架阁库管勾一员，从八品；掾史十人，蒙古必阇赤十三人，通事、知印各三人，宣使十人，蒙古书写一人，典吏三人，库子一人，医人一人，司狱二员。

大司农司，秩正二品，凡农桑、水利、学校、饥荒之事，悉掌之。至元七年始立，置官五员。十四年罢，以按察司兼领劝农事。十八年，改立农政院，置官六员。二十年，又改立务农司，秩从三品，置达鲁花赤一员、务农使一员、同知二员。是年，又改司农寺，达鲁花赤一员，司农卿二员，司丞一员。二十三年，仍为大司农司，秩仍正二品。大德元年，增领大司农事一员。皇庆二年，升从一品，增大司农一员。定置大司农四员，从一品；大司农卿二员，正二品；少卿二员，从二品；大司农丞二员，从三品；经历一员，从五品；都事二员，从七品；架阁库管勾一员，照磨一员，并正八品；掾史十二人，蒙古必阇赤二人，回回掾史一人，知印二人，通事一人，宣使八人，典吏五人。

籍田署，秩从六品，掌耕种籍田，以奉宗庙祭祀。至元七年始立，隶大司农。十四年，罢司农，隶太常寺。二十三年，复立大司农司，仍隶焉。署令一员，从六品；署丞一员，从七品；司吏一人。

供膳司，秩从五品。掌供给应需，货买百色生料，并桑哥籍入赀产。至元二十二年始置，隶司农。置达鲁花赤一员，提点一员，并从五品；司令一员，正六品；丞一员，正七品；吏一人。

辅用库，秩正九品。掌规运息钱，以给供需。大使一员，副使一员。

兴中州等处油户提领所，秩从九品。提领一员，大使一员，副使一员。岁办油十万斤，以供内庖。至元二十九年始置。

蔚州面户提领所，提领一员，副使一员。掌办白面葱菜，以给应办，岁计十余万斤。

右属供膳。

永平屯田总管府，秩从三品。达鲁花赤一员，总管一员，同知一员，知事一员，司吏四人。至元二十四年，始立于永平路南马城县，以北京采木三千人隶之。所辖昌国、济民、丰赡三署，各置署令一员、署丞一员、直长一人、吏目二人、吏二人。

翰林兼国史院，秩正二品。中统初，以王鹗为翰林学士承旨，未立官署。至元元年始置，秩正三品。六年，置承旨三员、学士二员、侍读学士二员、侍讲学士二员、直学士二员。八年，升从二品。十四年，增承旨一员。十六年，增侍读学士一员。十七年，增承旨二员。二十年，省并集贤院为翰林国史集贤院。二十一年，增学士二员。二十二年，复分立集贤院。二十三年，增侍讲学士一员。二十六年，置官吏五员，掌管教习亦思替非文字。二十七年，增承旨一员。大德九年，升正二品，改典簿为司直，置都事一员。至大元年，置承旨九员。皇庆元年，升从一品，改司直为经历。延祐元年，别置回回国子监学，以掌亦思替非官属归之。五年，置承旨八员。后定置承旨六员，从一品；学士二员，正二品；侍读学士二员，从二品；侍讲学士二员，从二品；直学士二员，从三品。属官：待制五员，正五品；修撰三员，从六品；应奉翰林文字五员，从七品；编修官十员，正八品；检阅四员，正八品；典籍二员，正八品；经历一员，从五品；都事一员，从七品；掾史四人，译史、通事、知印各二人，蒙古书写五人，书写十人，接手书写十人，典吏三人，典书二人。

蒙古翰林院，秩从二品，掌译写一切文字，及颁降玺书，并用蒙古新字，仍各以其国字副之。至元八年，始立新字学士于国史院。十二年，别立翰林院，置承旨一员、直学士一员、待制二员、修撰一员、应奉四员、写圣旨必阇赤十有一人、令史一人、知印一人。十八年，增承旨一员、学士三员，省汉儿令史，置蒙古必阇赤四人。二十九年，增承旨一员、侍读学士一员、知印一人。三十年，增管勾一员。大德五年，升正二品。九年，置司直一员、都事一员。皇庆元年，改升从一品，设官二十有八，吏属二十有四。延祐二年，改司直为经历。后定置承旨七员、学士二员、侍读学士二员、侍讲学士二员、直学士二员、待制四员、修撰二员、应奉五员、经历一员、都事一员，品秩并同翰林国史院。承发架阁库管勾一员，正九品；必阇赤一十四人，掾史三人，通事一人，译史一人，知印二人，书写一人，典吏三人。

蒙古国子监，秩从三品。至元十四年始立，置司业一员。二十九年，准汉人国学例，置祭酒、司业、监丞。延祐四年，升正三品。七年，复降为从三品。后定置祭酒一员，从三品；司业二员，正五品；监丞一员，正六品；令史一人，必阇赤一人，知印一人。

蒙古国子学，秩正七品，博士二员，助教二员，教授二员，学正、学录各二员，掌教习诸生。于随朝百官、怯薛台、蒙古、汉儿官员家，选子弟俊秀者入学。至元八年，置官五员。后以每岁从驾上都，教习事繁，设官员少，增学正二员、学录二员。三十一年，增助教一员、典给一人。后定置博士二员，正七品；助教二员，教授二员，并正八品；学正、学录各二员，典书一人，典给一人。

内八府宰相，掌诸王朝觐傧介之事。遇有诏令，则与蒙古翰林院官同译写而润色之。谓之宰相云者，其贵似侍中，其近似门下，故特宠之以是名。虽有是名，而无授受宣命，品秩则视二品焉。大德九年，以灭怯秃等八人为之。天历元年，为内八府宰之职，故附见于此云。

集贤院，秩从二品，掌提调学校、征求隐逸、召集贤良，凡国子监、玄门道教、阴阳祭祀、占卜祭遁之事，悉隶焉。国初，集贤与翰林国史院同一官署。至元二十二年，分置两院，置大学士三员、学士一员、直学士二员、典簿一员、吏属七人。二十四年，增置学士一员、侍读学士一员、待制一员。寻升正二品，置院使一员，正二品；大学士二员，从二品；学士三员，从二品；侍读学士一员，从三品；侍讲学士一员，从三品；直学士二员，从四品；司直一员，从五品；待制一员，正五品。二十五年，增都事一员，从七品；修撰一员，从六品。元贞元年，增院使一员。大德十一年，升从一品，置院使六员、经历二员。至大四年，省院使六员。皇庆二年，省汉人经历一员。后定置大学士五员，从一品；学士二员，正二品；侍读学士二员，侍讲学士二员，并从二品；直学士二员，从三品；经历一员，从五品；都事二员，从七品；待制一员，正五品；修撰一员，从六品；兼管勾承发架阁库一员，正八品；掾史六人，译史、知印各二人，通事一人，宣使七人，典吏三人。

国子监。至元初，以许衡为集贤馆大学士、国子祭酒，教国子与蒙古大姓四怯薛人员。选七品以上朝官子孙为国子生，随朝三品以上官得举凡民之俊秀者入学，为陪堂生伴读。至元二十四年，始置监祭酒一员，从三品，司业二员，正五品，掌学之教令，皆德尊望重者为之。监丞一员，正六品，专领监务。典簿一员，令史二人，译史、知印、典吏各一人。

国子学，秩正七品。置博士二员，掌教授生徒、考较儒人著述、教官所业文字。助教四员，分教各斋生员。大德八年，为分职上都，增置助教二员、学正二员、学录二员，督习课业。典给一员，掌生员膳食。至元二十四年，定置生员额二百人、伴读二十人。至大四年，生员三百人。延祐二年，增置生员一百人、伴读二十人。

兴文署，秩从六品。署令一员，以翰林修撰兼之。署丞一员，以翰林应奉兼之。至治二年罢，置典簿一员，从七品，掌提调诸生饮膳，与凡文牍簿书之事。仍置典吏一人。

宣政院，秩从一品，掌释教僧徒及吐蕃之境而隶治之。遇吐蕃有事，则为分院往镇，亦别有印。如大征伐，则会枢府议。其用人则自为选。其为选则军民通摄，僧俗并用。至元初，立总制院，而领以国师。二十五年，因唐制吐蕃来朝见于宣政殿之故，更名宣政院。置院使二员、同知二员、副使二员、参议二员、经历二员、都事四员、管勾一员、照磨一员。二十六年，置断事官四员。二十八年，增佥院、同佥各一员。元贞元年，增院判一员。大德四年，罢断事官。至大初，省院使一员。至治三年，置院使六员。天历二年，罢功德使司归宣政，定置院使一十员，从一品；同知二员，正二品；副使二员，从二品；佥院二员，正三品；同佥三员，正四品；院判三员，正五品；参议二员，正五品；经历二员，从五品；都事三员，从七品；照磨一员，管勾一员，并正八品；掾史十五人，蒙古必阇赤二人，回回掾史二人，怯里马赤四人，知印二人，宣使十五人，典吏有差。

断事官四员，从三品，经历、知事各一员，令史五人，知印、奏差、译史、通事各一人。至元二十五年始置。

客省使，秩从五品，大使二员，副使一员。至元二十五年置。

大都规运提点所，秩正四品，达鲁花赤一员，提点一员，大使一员，副使一员。至元二十八年置。

上都规运提点所，秩正四品，达鲁花赤一员，提点一员，大使一员，副使一员，知事一员。至元二十八年置。

大都提举资善库，秩从五品，达鲁花赤一员，提举一员，同提举一员，副提举一员，掌钱帛之事。至元二十六年置。

上都利贞库，秩从七品，提领一员，副使一员，掌饮膳好事金银诸物。元贞元年置。

大济仓，监支纳一员，大使一员。

兴教寺，管房提领一员。

吐蕃等处宣慰司都元帅府，秩从二品，宣慰使五员，经历二员，都事二员，照磨一员，捕盗官二员，儒学教授一员，镇抚二员。其属二：

脱思麻路军民万户府，秩正三品，达鲁花赤一员，万户一员，副达鲁花赤一员，副万户一员，经历一员，知事一员，镇抚一员。

西夏中兴河州等处军民总管府，秩正三品，达鲁花赤一员，总管一员，同知一员，治中一员，府判一员，经历一员，知事一员。属官：税务提领，宁河县官，宁河脱脱禾孙五员，宁河弓甲匠达鲁花赤。

洮州元帅府，秩从三品，达鲁花赤一员，元帅二员，知事一员。

十八族元帅府，秩从三品，达鲁花赤一员，元帅一员，同知一员，知事一员。

积石州元帅府，达鲁花赤一员，元帅一员，同知一员，知事一员，脱脱禾孙一员。

礼店文州蒙古汉军西番军民元帅府，秩正三品，达鲁花赤一员，元帅一员，同知一员，经历、知事各一员，镇抚二员，蒙古奥鲁官一员，蒙古奥鲁相副官一员。

礼店文州蒙古汉军奥鲁军民千户所，秩从五品，达鲁花赤一员，千户一员，副千户一员，总把五员，百户八员。

礼店文州蒙古汉军西番军民上千户所，秩正四品，达鲁花赤一员，千户一员，百户一员，新附千户二员。

礼店阶州西水蒙古汉军西番军民总把二员。

吐蕃等处招讨使司，秩正三品，招讨使二员，知事一员，镇抚一员。其属附：

脱思麻探马军四万户府，秩正三品，万户五员，千户八员，经历一员，镇抚一员。

脱思麻路新附军千户所，秩从五品，达鲁花赤一员，千户一员，副千户一员。

文扶州西路南路底牙等处万户府，秩从三品，达鲁花赤一员，万户二员。

凤翔等处千户所，秩从五品，达鲁花赤一员，千户一员，百户二员。

庆阳宁环等处管军总把一员。

文州课程仓粮官一员。

岷州十八族周回捕盗官二员。

常阳贴城阿不笼等处万户府，秩从三品，达鲁花赤一员，千户一员。

阶文扶州等处番汉军上千户所，秩正五品，达鲁花赤一员，千户二员。

贵德州，达鲁花赤、知州各一员，同知、州判各一员，脱脱禾孙一员，捕盗官一员。

必呈万户府，达鲁花赤二员，万户四员。

松潘宕叠威茂州等处军民安抚使司，秩正三品，达鲁花赤一员，安抚使一员，同知一员，佥事一员，经历、知事、照磨各一员，镇抚一员。威州保宁县，茂州汶山县、汶川县皆隶焉。

静州茶上必里溪安乡等二十六族军民千户所，达鲁花赤一员，千户一员。

龙木头都留等二十二族军民千户所，达鲁花赤一员，千户一员。

岳希蓬萝亶村等处二十二族军民千户所，达鲁花赤一员，千户一员。

折藏万户府，达鲁花赤一员，万户一员。

吐蕃等路宣慰使司都元帅府，宣慰使四员，同知二员，副使一员，经历、都事各二员，捕盗官三员，镇抚二员。

朵甘思田地里管军民都元帅府，都元帅一员，经历一员，镇抚一员。

剌马儿刚等处招讨使司，达鲁花赤一员，招讨使一员，经历一员。

奔不田地里招讨使司，招讨使一员，经历一员，镇抚一员。

奔不儿亦思刚百姓，达鲁花赤二员。

碉门鱼通黎雅长河西宁远等处军民安抚使司，秩正三品，达鲁花赤一员，安抚使一员，同知一员，副使一员，佥事一员，经历、知事、照磨各一员，镇抚二员。

六番招讨使司，达鲁花赤一员，招讨使一员，经历一员，知事一员。雅州严道县、名山县隶之。

天全招讨使司，达鲁花赤一员，招讨二员，经历、知事各一员。

鱼通路万户府，达鲁花赤一员，万户二员，经历、知事各一员。黎州隶之。

碉门鱼通等处管军守镇万户府，达鲁花赤一员，万户二员，经历、知事各一员，镇抚二员，千户八员，百户二十员，弹压四员。

长河西管军万户府，达鲁花赤一员，万户二员。

长河西里管军招讨使司，招讨使二员，经历一员。

朵甘思招讨使一员。

朵甘思哈答李唐鱼通等处钱粮总管府，达鲁花赤一员，总管一员，副总管一员，答剌答脱脱禾孙一员，哈里脱脱禾孙一员，朵甘思瓮吉剌灭吉思千户一员。

亦思马儿甘万户府，达鲁花赤一员，万户二员。

乌思藏纳里速古鲁孙等三路宣慰使司都元帅府，宣慰使五员，同知二员，副使一员，经历一员，镇抚一员，捕盗司官一员。其属附见：

纳里速古儿孙元帅二员。

乌思藏管蒙古军都元帅二员。

担里管军招讨使一员。

乌思藏等处转运一员。

沙鲁田地里管民万户一员。

搽里八田地里管民万户一员。

乌思藏田地里管民万户一员。

速儿麻加瓦田地里管民官一员。

撒剌田地里管民官一员。

出蜜万户一员。

嗸笼答剌万户一员。

思答笼剌万户一员。

伯木古鲁万户一员。

汤卜赤八千户四员。

加麻瓦万户一员。

札由瓦万户一员。

牙里不藏思八万户府，达鲁花赤一员，万户一员，千户一员，担里脱脱禾孙一员。

迷儿军万户府，达鲁花赤一员，万户一员，初厚江八千户一员，卜儿八官一员。

宣徽院，秩正三品，掌供玉食。凡稻粱牲牢酒醴蔬果庶品之物，燕享宗戚宾客之事，及诸王宿卫、怯怜口粮食，蒙古万户、千户合纳差发，系官抽分，牧养孳畜，岁支刍草粟菽，羊马价直，收受阑遗等事，与尚食、尚药、尚酝三局，皆隶焉。所辖内外司属，用人则自为选。至元十五年置院使一员，同知、同佥各二员，主事二员，照磨一员。二十年，升从二品，增院使一员，置经历二员、典簿三员。二十三年，升正二品，置院判二员，省典簿，置都事三员。三十一年，院使四员。大德二年，增同知二员。三年，升从一品。四年，置副使二员。皇庆元年，增院使三员，始定怯薛丹一万人，本院掌其给授。后定置院使六员，从一品；同知二员，正二品；副使二员，从二品；佥院二员，正三品；同佥二员，正四品；院判二员，正五品；经历二员，从五品；都事三员，从七品；照磨一员，承发架阁库一员，并正八品；掾史二十人，蒙古必阇赤六人，回回掾史二人，怯里马赤二人，知印二人，典吏六人，蒙古书写二人。其属附见：

光禄寺，秩正三品，掌起运米曲诸事，领尚饮、尚酝局，沿路酒坊，各路布种事。至元十五年，罢都提点，置寺，设卿一员、少卿三员、主事一员、照磨一员、管勾一员。二十年，改尚酝监，正四品。二十三年，复为光禄寺，卿二员，少卿、丞各一员。二十四年，增少卿一员。二十五年，拨隶省部。三十一年，复隶宣徽。延祐七年，降从三品。后复正三品。定置卿四员，正三品；少卿二员，从四品；丞二员，从五品；主事二员，从七品；令史八人，译史、知印各二人，通事一人，奏差二十四人，典吏三人，蒙古书写一人。

大都尚饮局，秩从六品。中统四年始置，设大使、副使各一员，俱带金符，掌酝造上用细酒。至元十二年，增副使二员。十五年，升从五品，置提点一员。后定置提点一员，从五品；大使一员，正六品；副使二员，正七品。

上都尚饮局，秩正五品。皇庆中始置，提点一员，大使、副使各一员，品秩同上。

大都尚酝局，秩从六品，掌酝造诸王百官酒醴。中统四年，立御酒库，设金符宣差。至元十一年，始设提点。十六年，改尚酝局，从五品。置提点一员，从五品；大使一员，正六品；副使二员，正七品；直长一员，正八品。

上都尚酝局，秩从五品。至元二十九年始置，设提点一员，大使一员，副使、直长各一员，品秩同上。

大都醴源仓，秩从六品，掌受香莎苏门等酒材糯米，乡贡曲药，以供上酝及岁赐诸王百官者。至元二十五年始置，设提举一员，从六品；大使一员，从七品；副使一员，正八品。

上都醴源仓，秩从九品，掌受大都转输米麴，并酝造车驾临幸次舍供给之酒。至元二十五年始置，设大使一员，直长一员。

尚珍署，秩从五品。掌收济宁等处田土子粒，以供酒材。至元十三年始立。十五年，罢入有司。二十三年复置。设达鲁花赤一员，令一员，并从五品；丞二员，正七品；吏目一员。

安丰怀远等处稻田提领所，秩从九品，掌稻田布种，岁收子粒，转输醴源仓。定置提领二员。

尚舍寺，秩正四品，掌行在帷幕帐房陈设之事，牧养骆驼，供进爱兰乳酪。至元三十一年始置监。至大元年，改为寺，升正三品。四年，仍为监，寻复为寺。延祐三年，复降为正四品。定置太监二员，少监二员、监丞二员、知事一员。

诸物库，秩从七品，掌出纳。大德四年置，设提领一员、大使一员、副使一员。

阑遗监，秩正四品，掌不阑奚人口、头匹诸物。至元二十年，初立阑遗所，秩九品。二十五年，改为监，正四品。二十八年，升正三品。至大四年，复正四品，寻复正三品。延祐七年，复为正四品。定置太监一员，正四品；少监二员，正五品；监丞二员，正六品；知事一员，从八品；提控案牍一员，从九品；令史五人，译史一人，知印兼通事一人，奏差五人。

尚食局，秩从五品，掌供御膳，及出纳油面酥蜜诸物。至元二年置提点，领进纳百色生料。二十年，省并尚药局为尚食局，别置生料库。本局定置提点一员，从五品；大使一员，正六品；副使二员，正七品；直长一员，正八品。

大都生料库，秩从五品。至元十一年，置生料野物库，隶尚食局。二十年，别置库，拟内藏库例，置提点二员，从五品；大使二员，正六品；副使三员，正七品。

上都生料库，秩从五品，掌受弘州、大同虎贲、司农等岁办油面，大都起运诸物，供奉内府，放支宫人宦者饮膳。提点一员，大使一员，副使二员，品秩同上；直长一员，正八品。

大都大仓、上都大仓，秩正六品，掌内府支持米豆，及酒材米曲药物。至元五年初立，设官三员，俱受制国用使司札付。十二年，改立提举大仓，设官三员，隶宣徽。二十五年，升正六品。定置二仓各设提举一员，正六品；大使一员，从六品；副使一员，从七品。

大都、上都柴炭局各一，至元十二年置，秩从六品。十六年，改提举司，升五品。大德八年，仍为局，降正七品。置达鲁花赤各一员，正七品；大都大使一员，上都大使二员，各正七品；副使各二员，正八品；直长各一人，掌苇场；典吏各一人。

尚牧所，秩从五品。至大四年始置，设提举二员，从五品；同提举一员，从六品；副提举一员，从七品；吏目一员。

沙糖局，秩从五品，掌沙糖、蜂蜜煎造，及方贡果木。至元十三年始置，秩从六品。十七年，置提点一员。十九年，升从五品，置达鲁花赤一员，从五品；提点一员，从五品；大使一员，正六品；副使一员，正七品。

永备仓，秩从五品。至元十四年始置，给从九品印，掌受两都仓库起运省部计置油面诸物，及云需府所办羊物，以备车驾行幸膳羞。二十四年，升从五品，置提点一员，从五品；大使一员，正六品；副使一员，正七品。

丰储仓，秩从九品，大使一员，掌出纳车驾行幸支持膳羞。

淮东淮西屯田打捕总管府，秩正三品，掌献田岁入，以供内府，及湖泊山场渔猎，以供内膳。至元十四年，始立总管府，并管连海高邮河泊提举司、沂州等处提举司事。十六年，置扬州鹰房打捕达鲁花赤总管府。二十二年，省并为淮东淮西屯田打捕总管府。二十五年，以两淮新附手号军千户所隶本府，及分置提举司一十处。定置达鲁花赤一员，正三品；总管一员，正三品；同知一员，正五品；府判一员，正六品；经历一员，从七品；知事一员，从八品；提控案牍一员，从九品；司吏六人。

淮安州屯田打捕提举司，高邮屯田打捕提举司，招泗屯田打捕提举司，安东海州屯田打捕提举司，扬州通泰屯田打捕提举司，安丰庐州等处打捕提举司，镇巢等处打捕提举司，塔山徐邳沂州等处山场屯田提举司，凡九处，秩俱从五品。每司各设达鲁花赤一员，提举一员，并从五品；同提举一员，从六品；副提举一员，从七品；吏目二人。

抽分场提领所，凡十处：曰柴墟东西口，曰海州新坝，曰北砂太仓，曰安河桃源，曰大湖东西口，曰时堡兴化，曰高邮宝应，曰汶湖等处，曰云山白水，曰安东州。每所各设提领一员、同提领一员、副提领一员，俱受宣徽院劄付。

满浦仓，秩正八品，掌收受各处子粒米面等物，以待转输京师。至元二十五年始置，设大使一员，正八品；副使一员，正九品。

圆米棋子局、软皮局，各置提领一员、同提领一员、副提领一员，俱受宣徽院札付。

手号军人打捕千户所，秩从四品，管军人打捕野物皮货。至元二十五年始置，设达鲁花赤一员、上千户一员、上副千户一员、弹压一员。

上百户七所，各置百户二员。

钟离县，定远县，真扬州，安庆，安丰，招泗，和州。

下百户二所，各置百户一员。

琏海，怀远军。

龙庆栽种提举司，秩从五品，管领缙山岁输粱米，并易州、龙门、净边官园瓜果桃梨等物，以奉上供。至元十七年，始置提举司。延祐七年，缙山改为龙庆州，因以名之。定置达鲁花赤一员，提举一员，并从五品；同提举一员，从六品；副提举一员，从七品。

弘州种田提举司，秩正六品，掌输纳麦面之事，以供内府。定置达鲁花赤一员，提举一员，并正六品；同提举一员，正七品；副提举一员，正八品；直长一员。

丰闰署，秩从五品，掌岁入刍粟，以给饲养驼马之事。定置达鲁花赤一员，令一员，并从五品；丞一员，从六品；直长一员，正八品。

常湖等处茶园都提举司，秩正四品，掌常、湖二路茶园户二万三千有奇，采摘茶芽，以贡内府。至元十三年置司，统提领所凡十有三处。十六年，升都提举司。又别置平江等处榷茶提举司，掌岁贡御茶。二十四年，罢平江提举司，并掌其职。定置达鲁花赤一员，提举一员，俱从五品；同提举一员，从六品；副提举一员，从七品；提控案牍一员，都目一员。

提领所七处，每所各设正、同、副提领各一员，俱受宣徽院札付，掌九品印。

乌程，武康德清，长兴，安吉，归安，湖汶，宜兴。

建宁北苑武夷茶场提领所，提领一员，受宣徽院札，掌岁贡茶芽。直隶宣徽。

太禧宗禋院，秩从一品，掌神御殿朔望岁时讳忌日辰禋享礼典。天历元年，罢会福、殊祥二院，改置太禧院以总制之。初，院官秩正二品，升从一品，置参议二员，改令史为掾史。二年，改太禧宗禋院，置院使六员，增副使二员，立诸总管府为之属。凡钱粮之出纳，营缮之作辍，悉统之。定置院使都典制神御殿事六员，同知兼佐仪神御殿事二员，副使兼奉赞神御殿事二员，佥院兼祗承神御殿事二员，同佥兼肃治神御殿事二员，院判供应神御殿事二员，参议二员，经历二员，都事二员，管勾、照磨各一员，掾史二十人，译史四人，知印二人，怯里马赤二人，宣使一十五人，断事官四员，客省使大使、副使各二员。

隆禧总管府，秩正三品。至大元年，建立南镇国寺，初立规运提点所。二年，改为规运都总管府。三年，升为隆禧院。天历元年，罢会福、殊祥二院，以隆禧、殊祥并立殊祥总管府，寻又改为隆禧总管府。定置达鲁花赤一员，总管一员，副达鲁花赤一员，同知一员，治中一员，判官一员，经历一员，知事、照磨各一员，令史六人，译史、知印各一人，怯里马赤一人，奏差四人。

福元营缮司，秩正五品。达鲁花赤一员，司令一员，大使一员，副使一员，吏目一人，司吏一人。天历元年，以南镇国寺所立怯怜口事产提举司，改为崇恩福元提点所。三年，又改为福元营缮司。

普安智全营缮司，秩五品。达鲁花赤一员，司令一员，大使、副使各一员，吏目一人，司吏一人。天历元年，以太玉山普安寺、大智全寺两规运提点所并为一，置提点二员。三年，又改为营缮司。

祐国营缮都司，秩正四品。达鲁花赤一员，司令一员，大使、副使各一员，知事一员，提控案牍一员。天历元年，初置万圣祐国营缮提点所。三年，改为营缮都司。

平松等处福元田赋提举司，秩五品。置达鲁花赤一员，提举一员，同提举、副提举各一员。

田赋提举司，秩五品。置提举一员、同提举一员、副提举一员。

资用库，提领一员，大使一员。

万圣库，提领一员，大使一员，副使一员。

会福总管府，秩正三品。至元十一年，建大护国仁王寺及昭应宫，始置财用规运所，秩正四品。十六年，改规运所为总管府。至大元年，改都总管府，从二品。寻升会福院，置院使五员。延祐三年，升正二品。天历元年，改为会福总管府，正三品。定置达鲁花赤一员，总管一员，同知一员，治中一员，府判一员，经历、知事、提控案牍各一员，令史八人，译史、通事、知印各一人，奏差四人。

仁王营缮司，正五品。至元八年，立护国仁王寺镇遏提举司。十九年，改镇遏所。二十八年，并三提领所为诸色人匠提领所。天历元年，改为镇遏民匠提领所。三年，改为仁王营缮司。置达鲁花赤一员，司令一员，大使一员，副使一员。

襄阳营田提举司，秩从五品。初置襄阳等处水陆地土人户提领所，设官四员。大德元年，改提举司。天历二年，仍为襄阳营田提举司。定置达鲁花赤一员，提举一员，同提举一员、副提举一员。

江淮等处营田提举司，秩从五品。至元二十七年始置。达鲁花赤一员，提举一员，同提举一员，副提举一员。

大都等路民佃提领所，至元二十九年，以武清等一十处，并立大都水陆地土种田人民提领所。十五年，又设随路管民都提领所。天历元年，并为大都等路民佃提领所。定置提领一员，大使、副使各一员。

会福财用所，秩从七品。掌大护国仁王寺粮草诸物。至元十七年，始立财用库。二十六年，立盈益仓。天历元年，并财用、盈益为所。提领一员，大使一员，副使二员。

崇祥总管府，秩正三品。至大元年，立大承华普庆寺都总管府。二年，改延禧监，寻改崇祥监。四年，升为崇祥院，秩正二品。泰定四年，复改为大承华普庆寺总管府。天历元年，改为崇祥总管府。定置达鲁花赤一员，总管一员，副达鲁花赤一员，同知、治中、府判各一员，经历、知事、提控案牍兼照磨各一员，令史六人，译史、知印各一人，怯里马赤一人，奏差四人。

永福营缮司，秩正五品。延祐三年，以起建新寺，始置营缮提点所。天历元年，改为永福营缮提点所。三年，改营缮司。设达鲁花赤一员，司令一员，大使一员，副使一员，都目一员。

昭孝营缮司，秩正五品。天历元年，立寿安山规运提点所。三年，改昭孝营缮司。定置达鲁花赤一员，司令一员，大使、副使各一员。

普庆营缮司，秩正五品。天历元年，始置普庆营缮提点所。三年，改为营缮司。定置达鲁花赤一员，司令一员，大使、副使各一员。

崇祥财用所，至大二年，始置诸物库。四年，置普赡仓。天历二年，并诸物库、普赡仓，改为崇祥财用所。定置官，提领一员，大使、副使各一员。

永福财用所，掌出纳颜料诸物。延祐三年，始置诸物库，又置永积仓。天历二年，以诸物库、永积仓并改置为所，设提领、大使、副使各一员。

镇江稻田提举司，达鲁花赤、提举、同提举、副提举各一员。

汴梁稻田提举司，达鲁花赤、提举、同提举、副提举各一员。

平江等处田赋提举司，达鲁花赤、提举、同提举、副提举各一员。

冀宁提领所，提领二员。

隆祥使司，秩正三品。天历二年，中宫建大承天护圣寺，立隆祥总管府，设官八员。至顺二年，升为隆祥使司，秩从二品。置官：司使四员，同知、副使、司丞各二员，经历一员，都事二员，照磨兼架阁一员，令史十人，译史、通事、知印各二人，宣使十人，典吏六人。

普明营缮都司，秩正四品。天历元年，创大龙兴普明寺于海南，置规运提点所，设官六员。二年，拨隶隆祥总管府。三年，改为都司，品秩仍旧，以掌营造出纳钱粮之事。定置达鲁花赤、司令、大使、副使各一员，知事一员，提控案牍一员。

集庆万寿营缮都司，秩正四品。天历二年，建龙翔、万寿两寺于建康，立龙翔万寿营缮提点所，为隆祥总管府属。三年，改为营缮都司，秩仍旧，以掌营造钱粮之事。定置达鲁花赤、司令、大使、副使各一员，知事、提控案牍各一员。

元兴营缮都司，秩正四品。掌营造钱粮之事。天历元年，始置大元兴规运提点所，置官五员。三年，改都司，置达鲁花赤一员，司令、大使、副使各一员，知事、提控案牍各一员。

宣农提举司，秩从五品，达鲁花赤、提举、同提举、副提举各一员，掌征收田赋子粒之事。天历二年，以大都等处田赋提举司隶隆祥总管府。三年，改提举司。

护圣营缮司，秩正五品，达鲁花赤、司令、大使、副使各一员，掌营造工匠、寺僧衣粮、收征房课之事。天历二年，始立大承天护圣营缮提点所。三年，改为司。

平江善农提举司，秩从五品，达鲁花赤、提举、同提举、副提举各一员，天历二年，立田赋提举司，设官四员。三年，改为善农提举司。

善盈库，天历二年，隶隆祥总管府，置提领一员，大使、副使各一员，掌金银钱粮之事。

荆襄等处济农香户提举司，秩正五品。天历三年，以荆襄提举司所领河南、湖广田土为大承天护圣寺常住，改为荆襄济农香户提举司，隶隆祥总管府，置达鲁花赤、司令、提举、同提举、副提举各一员。

龙庆州等处田赋提领所，秩九品，提领、副提领各一员。天历二年置，掌龙庆州所有土田岁赋。

平江集庆崇禧田赋提领所，提领、同提领、副提领各一员。天历三年始置。

集庆崇禧财用所，大使、副使各一员。天历三年始置。

寿福总管府，掌祭供钱粮之事，秩正三品。至大四年，因建大圣寿万安寺，置万安规运提点所，秩正五品。延祐二年，升都总管府，秩正三品。寻升为寿福院，正二品。天历元年，改立总管府，仍正三品。定置官：达鲁花赤、总管、副达鲁花赤、同知、治中、府判各一员，经历、知事、案牍照磨各一员，令史六人，知印、通事、译史各一人，奏差四人，典吏二人。

万安营缮司，秩正五品。天历三年，以万安规运提点所既废，复立万安营缮司，定置达鲁花赤、司令、大使、副使、都目各一人。

万宁营缮司，秩正四品。大德十年，始置万宁规运提点所。天历元年，改营缮司，定置达鲁花赤、司令、大使、副使、都目各一员。

收支库，提领一员，大使一员。

延圣营缮司，秩正五品。初立天源营缮提点所，天历三年，改营缮司。定置达鲁花赤、司令、大使、副使、都目各一员。

诸物库，提领一员，大使一员。

卷八十八　志第三十八

百官四

太常礼仪院，秩正二品，掌大礼乐、祭享宗庙社稷、封赠谥号等事。中统元年，中都立太常寺，设寺丞一员。至元二年，翰林兼摄太常寺。九年，立太常寺，设卿一员，正三品；少卿以下五员，品秩有差。十三年，省并衙门，以侍仪司并入太常寺。十四年，增博士一员。十六年，又增法物库子，掌公服法服之藏。二十年，升正三品，别置侍仪司。至大元年，改升院，设官十二员，正二品。四年，复为太常寺，正三品。延祐元年，复改升院，正二品，以大司徒领之。七年，降从二品。天历二年，复升正二品。定置院使二员，正二品；同知二员，正三品；佥院二员，从三品；同佥二员，正四品；院判二员，正五品；经历一员，从五品；都事一员，从七品；照磨兼管勾承发架阁一员，正八品。属官：博士二员，正七品；奉礼郎二员，奉礼兼检讨一员，并从八品；协律郎二员，从八品；太祝十员，从八品；礼直管勾一员，从九品；令史四人，通事、知印、译史各二人，宣使四人，典吏三人。

太庙署，秩从六品，掌宗庙行礼，兼廪牺署事。至元三年始置。令二员，从六品；丞一员，从七品。

郊祀署，秩从六品。大德九年始置。掌郊祀行礼，兼廪牺署事。令二员，从六品；丞二员，从七品。

社稷署，秩从六品。大德元年始置。令二员，从六品；丞一员，从七品。

大乐署，秩从六品。中统五年始置。令二员，从六品；丞一员，从七品。掌管礼生乐工四百七十九户。

典瑞院，秩正二品。掌宝玺、金银符牌。中统元年，始置符宝郎二员。至元十六年，立符宝局，给六品印。十七年，升正五品。十八年，改典瑞监，秩正三品。二十年，降为正四品，省卿二员。二十九年，复正三品，仍置监卿二员。大德十一年，升典瑞院，正二品。置院使四员，正二品；同知二员，正三品；佥院二员，从三品；同佥二员，正四品；院判二员，正五品；经历二员，从五品；都事二员，从七品；照磨兼管勾承发架阁库一员，正八品；令史四人，译史四人，知印、通事各一人，宣使四人，典吏三人。

太史院，秩正二品，掌天文历数之事。至元十五年，始立院，置太史令等官一员。至大元年，升从二品，设官十员。延祐三年，升正二品，设官十五员。后定置院使五员，正二品；同知二员，正三品；佥院二员，从三品；同佥二员，正四品；院判二员，正五品；经历一员，从五品；都事一员，从七品；管勾一员，从九品；令史三人，译史一人，知印二人，通事一人，宣使二人，典吏二人。

春官正兼夏官正一员，正五品。
秋官正兼冬官正中官正一员，正五品。
保章正五员，正七品。
保章副五员，正八品。
掌历二员，正八品。
腹里印历管勾一员，从九品。
各省司历十二员，正九品。
印历管勾二员，从九品。
灵台郎一员，正七品。
监候六员，从八品。
副监候六员，正九品。
星历生四十四员。
挈壶正一员，从八品。
司辰郎二员，正九品。
灯漏直长一人。
教授一员，从八品。
学正一员，从九品。
校书郎二员，正八品。

太医院，秩正二品，掌医事，制奉御药物，领各属医职。中统元年，置宣差，提点太医院事，给银印。至元二十年，改为尚医监，秩正四品。二十二年，复为太医院，给银印，置提点四员，院使、副使、判官各二员。大德五年，升正二品，设官十六员。十一年，增院使二员。皇庆元年，增院使二员。二年，增院使一员。至治二年，定置院使一十二员，正二品；同知二员，正三品；佥院二员，从三品；同佥二员，正四品；院判二员，正五品；经历二员，从七品；都事二员，从七品；照磨兼承发架阁库一员，正八品；令史八人，译史二人，知印二人，通事二人，宣使七人。

广惠司，秩正三品，掌修制御用回回药物及和剂，以疗诸宿卫士及在京孤寒者。至元七年，始置提举二员。十七年，增置提举一员。延祐六年，升正三品。七年，仍正五品。至治二年，复为正三品，置卿四员，少卿、丞各二员。后定置司卿四员，少卿二员，司丞二员，经历、知事、照磨各一员。

大都、上都回回药物院二，秩从五品，掌回回药事。至元二十九年始置。至治二年，拨隶广惠司，定置达鲁花赤一员、大使二员、副使一员。

御药院，秩从五品，掌受各路乡贡、诸蕃进献珍贵药品，修造汤煎。至元六年始置。达鲁花赤一员，从五品；大使二员，从五品；副使三员，正七品；直长一员，都监二员。

御药局，秩从五品，掌两都行箧药饵。至元十年始置。大德九年，分立行御药局，掌行箧药物。本局但掌上都药仓之事。定置达鲁花赤一员，从五品；局使二员，从五品；副使二员，正七品。

行御药局，秩从五品。达鲁花赤一员，大使二员，副使三员，品秩同上。掌行箧药饵。大德九年始置。

御香局，秩从五品，提点一员，司令一员，掌修合御用诸香。至大元年始置。

大都惠民局，秩从五品，掌收官钱，经营出息，市药修剂，以惠贫民。中统二年始置，受太医院劄。至元十四年，定从六品秩。二十一年，升从五品。

上都惠民司，提点一员，司令一员。中统四年始置，品秩并同上。

医学提举司，秩从五品。至元九年始置。十三年罢，十四年复置。掌考校诸路医生课义，试验太医教官，校勘名医撰述文字，辨验药材，训诲太医子弟，领各处医学。提举一员，副提举一员。

官医提举司，秩从五品，掌医户差役、词讼。至元二十五年置。

大都、保定、彰德、东平四路，设提举、同提举、副提举各一员。

河间、大名、晋宁、大同、济宁、广平、冀宁、济南、辽阳、兴和十路，设提举、副提举各一员。

卫辉、怀庆、大宁，设提举一员。

奎章阁学士院，秩正二品。天历二年，立于兴圣殿西，命儒臣进经史之书，考帝王之治。大学士二员，正三品。寻升为学士院。大学士，正二品；侍书学士，从二品；承制学士，正三品；供奉学士，正四品；参书，从五品。多以它官兼领其职。至顺元年，增大学士二员，共四员。侍书学士二员，承制学士二员，供奉学士二员。首领官：参书二员，典签二员，照磨一员，内掾四人，译文内掾二人，知印二人，怯里马赤一人，宣使四人，典书五人。属官：授经郎二员。

群玉内司，秩正三品，天历二年始置，掌奎章图书宝玩，及凡常御之物。监司一员，正三品；司尉一员，从三品；亚尉一员，正四品；佥司二员，从四品；司丞二员，正五品；典簿一员，正七品；令史二人，知印一人，怯里马赤一人，奏差、典吏各二人，给使八人，司膳四人。

艺文监，秩从三品。天历二年置，专以国语敷译儒书，及儒书之合校雠者俾兼治之。大监检校书籍事二员，从三品；少监同检校书籍事二员，从四品；监丞参检校书籍事二员，从五品；典簿一员，照磨一员，令史四人，译史一人，怯里马赤一人，奏差二人，典吏三人。

监书博士，秩正五品。天历二年始置。品定书画，择朝臣之博识者为之。博士二员，正五品；书吏一人。

艺林库，秩从六品。提点一员，从六品；大使一员，副使一员，正七品；库子二人，本把二人。掌藏贮书籍。天历二年始置。

广成局，秩七品，掌传刻经籍及印造之事。天历二年始置。大使一员，从七品；副使一员，正八品；直长二人，正九品；司吏二人。

侍正府，秩正二品。至顺二年置。侍正一十四员，正二品；同知二员，正三品；佥府二员，从三品；侍判二员，正四品；经历一员，从六品；都事一员，从七品；照磨一员，从八品。掌内廷近侍之事，领速古儿赤四百人、奉御二十四员，拱卫直都指挥使司为其属。掾史八人，译史四人，通事、知印各二人，宣使八人，典吏五人。

奉御二十四员，秩五品。尚冠奉御二员，从五品；尚冠副奉御二员，从六品；尚衣奉御二员，从五品；尚衣副奉御二员，从六品；尚衣奉御二员，从五品；尚辇副奉御二员，从六品；尚沐奉御二员，从五品；尚沐副奉御二员，从六品；尚饰兼尚辇奉御二员，正六品；尚饰兼尚辇副奉御二员，正七品；奉御掌簿四员，从七品。天历初置，以四怯薛之速古儿赤为之。

给事中，秩正四品。至元六年，始置起居注、左右补阙，掌随朝省、台、院、诸司凡奏闻之事，悉纪录之，如古左右史。十五年，改升给事中兼修起居注，左右补阙改为左右侍仪奉御兼修起居注。皇庆元年，升正三品。延祐七年，仍正四品。后定置给事中兼修起居注二员，右侍仪奉御同修起居注一员，左侍仪奉御同修起居注一员，令史一人，译史四人，通事兼知印一人。

将作院，秩正二品，掌成造金玉珠翠犀象宝贝冠佩器皿，织造刺绣段匹纱罗，异样百色造作。至元三十年始置。院使一员，经历、都事各一员。三十一年，增院使二员。元贞元年，又增二员。延祐七年，省院使二员。后定置院使七员，正二品；同知二员，正三品；同佥二员，正四品；院判二员，正五品；经历一员，从五品；都事一员，从七品；照磨管勾一员，正八品；令史六人，译史、知印各二人，宣使四人。

诸路金玉人匠总管府，秩正三品，掌造宝贝金玉冠帽、系腰束带、金银器皿，并总诸司局事。中统二年，初立金玉局，秩正五品。至元三年，改总管府，置总管一员，经历、提控案牍各一员。十二年，又置同知、副总管各一员。二十五年，置达鲁花赤一员。大德四年，又置副达鲁花赤、副总管各一员。后定置达鲁花赤二员，正三品；总管二员，正三品；副达鲁花赤二员，正四品；同知二员，从四品；副总管二员，正五品；经历一员，从七品；知事一员，从八品；照磨、管勾各一员，令史五人，译史一人，奏差二人。

玉局提举司，秩从五品。提举一员，正七品；同提举一员，从七品；副提举一员，正八品。中统二年，以和林人匠置局造作，始设直长。至元三年，立玉匠局，用正七品印。十五年，改提举司。

金银器盒提举司，秩从五品。提举一员，同提举一员，副提举一员，品秩同上；吏目一员。至元十五年，始置金银局，秩从七品。二十四年，改为提举司，秩正六品。大德间，升从五品。

玛瑙提举司，秩从五品。提举一员，同提举一员，吏目一员。至元九年，置大都等处玛瑙局，秩从七品，管领玛瑙匠户五百有奇，置提举三员，受金玉府札。十五年，改立提举司，领大都、弘州两处造作，升从五品。三十年，减副提举一员，定置如上。

阳山玛瑙提举司，秩从五品。至元十五年置。提举一员，同提举一员，副提举一员，品秩同前。

金丝子局，秩从五品。大使一员，从五品；副使一员，正七品；直长一员。中统二年，设二局。二十四年，并为一。

鞓带斜皮局，秩从八品，至元十五年置，大使、副使各一员。

瓘玉局，秩从八品，至元十五年置，大使一员。

浮梁磁局，秩正九品，至元十五年立，掌烧造磁器，并漆造马尾棕藤笠帽等事，大使、副使各一员。

画局，秩从八品，掌描造诸色样制。至元十五年置，大使一员。

管领珠子民匠官，正七品，掌采捞蛤珠于杨村、直沽等处。中统二年立，管领官子孙世袭。

装钉局，从八品，至元十五年置，大使一员。

大小雕木局，秩从八品，至元十五年置，大使一员。

宣德隆兴等处玛瑙人匠提举司，秩正六品。至元十五年置。提举一员，从七品；副提举一员，从八品。

温犀玳瑁局，秩从八品，至元十五年置，大使一员。

上都金银器盒局，秩从六品，至元十六年置，大使一员，副使一员，直长一员。

漆纱冠冕局，至元十五年置，大使、副使各一员。

大同路采砂所，至元十六年置，管领大同路拨到民一百六户，岁采磨玉夏水砂二百石，起运大都，以给玉工磨砻之用。大使一员。

管匠都提领所，秩从七品，至元十三年置，掌金玉府诸人匠词讼，都提领一员。

监造诸般宝贝官，秩正五品，至元二十一年置，达鲁花赤二员。

收支诸物库，秩从八品，至元十五年置，大使、副使各一员。

行诸路金玉人匠总管府，秩从三品。至大间，始置于杭州路。达鲁花赤、总管各一员，并从三品；同知一员，正五品；副总管一员，从五品；经历一员，从七品；知事一员，从八品；提控案牍一员。

异样局总管府，秩正三品。中统二年，立提点所。至元六年，改为总管府，总管一员。十四年，置同知、副总管各一员。二十一年，增总管一员。二十九年，置达鲁花赤一员。三十年，减同知、副总管各一员。后定置达鲁花赤一员，总管一员，并正三品；同知一员，从四品；副总管一员，从五品；经历一员，从七品；知事一员，从八品。

异样纹绣提举司，秩从五品。中统二年立局。至元十四年，改提举司。提举一员，从五品；同提举一员，正七品；副提举一员，正八品。

绫锦织染提举司，秩从五品。至元二十四年，改局置提举司。提举一员，同提举一员，副提举一员，品秩同上。

纱罗提举司，秩从五品。至元十二年，改局置提举司。提举、同提举、副提举各一员，品秩同上。

纱金颜料总库，秩从九品。中统二年置，大使、副使各一员，从九品。

大都等路民匠总管府，秩正三品。府官：总管一员，从三品；同知一员，正五品；副总管一员，从五品；经历一员，从七品；知事一员，从八品；提控案牍一员。至元七年，初立府，秩从三品。十四年，改升正三品。

备章总院，秩正六品，大使、副使各一员。至元十三年，省并杨蔺等八局为总局。

尚衣局，秩从五品。至元二年置。达鲁花赤一员，从五品；提举一员，从五品；同提举一员，正七品；副提举一员，正八品；都目一人。

御衣局，秩从五品。至元二年置。达鲁花赤、提举各一员，从五品；同提举一员，正七品；副提举一员，正八品；都目一人。

御衣史道安局，秩从六品。至元二年置。以史道安掌其职，因以名之。大使、副使各一员。

高丽提举司，秩从五品，至元二十二年置，提举一员。

织佛像提举司，秩从五品。延祐四年，改提领所为提举司。提举、副提举各二员。

通政院，秩从二品。国初，置驿以给使传，设脱脱禾孙以辨奸伪。至元七年，初立诸站都统领使司以总之，设官六员。十三年，改通政院。十四年，分置大都、上都两院；二十九年，又置江南分院；大德七年罢。至大元年，升正二品。四年罢，以其事归兵部。是年，两都仍置，止管达达站赤。延祐七年，复从二品，仍兼领汉人站赤。大都院使四员，从二品；同知二员，正三品；副使二员，从三品；佥院一员，正四品；同佥一员，从四品；院判一员，正五品；经历一员，从五品；都事一员，从七品；照磨兼管勾承发架阁一员，正八品；令史十三人，通事一人，知印二人，宣使十人。上都院使、同知、副使、佥院、判官各一员，经历、都事各一员，品秩并同大都；令史四人，译史三人，通事一人，知印一人，宣使十人。

廪给司，秩从七品，掌诸王诸蕃各省四方边远使客饮食供张等事。至元十九年置，提领、司令、司丞各一员。

中政院，秩正二品。院使七员，正二品；同知二员，正三品；佥院二员，从三品；同佥二员，正四品；院判二员，正五品。掌中宫财赋营造供给，并番卫之士，汤沐之邑。元贞二年，始置中御府，秩正三品。大德四年，升中政院，秩正二品。至大三年，升从一品，院使七员，同知、佥院、同佥、院判各二员。四年，省并入典内院。皇庆二年，复为中政院，设官如旧。其幕职则司议二员，从五品；长史二员，正六品；照磨兼管勾承发架阁一员，正八品。吏属：蒙古必阇赤四人，掾史十二人，回回掾史二人，怯里马赤二人，知印二人，宣使十人。

中瑞司，秩正三品，掌奉宝册。卿五员，正三品；丞二员，正四品；典簿二员，从七品；写懿旨必阇赤四人，译史一人，令史四人，知印一人，通事一人，奏差二人，典吏二人。

内正司，秩正三品，掌百工营缮之役，地产孳畜之储，以供膳服，备赐予。卿四员，正三品；少卿二员，正四品；丞二员，从五品；典簿二员，从七品；照磨兼管勾一员，正九品。吏属各有差。领署二、提举司一，及其司属凡十有六。岁赋之额，工作之程，终岁则会其数以达焉。

尚工署，秩从五品。令一员，从五品；丞二员，从六品；书史一人，书吏四人。掌营缮杂作之役，凡百工名数，兴造程式，与其材物，皆经度之，而责其成功。皇庆元年始置，隶内正司。

玉列赤局，秩从七品，提领一员，大使一员，副使一员，直长二员，掌裁制缝线之事。延祐六年始置，隶尚工署。

赞仪署，秩正五品，提领一员，大使一员，副使一员，直长二员，掌车舆器备杂造之事。皇庆二年始置，隶内正司。

管领六盘山等处怯怜口民匠都提举司，秩正四品。达鲁花赤一员，都提举一员，同提举二员，副提举二员，知事一员，提控案牍一员，吏四人，奏差二人。至大四年始置。国初，未有官署，赋无所稽。后遣使核实，始著为籍，设司以领之。

奉元等路、平凉等处、开城等处、甘肃宁夏等路、察罕脑儿等处长官司，凡五处，秩正五品。各设达鲁花赤一员，长官一员，副长官一员，提控案牍一员，都目一员，吏十人。延祐二年，以民匠提举司所领，地里阔远，人户散处，于政不便，乃酌远近众寡，立长官司提领所，以分理之。

提领所凡十，并正七品，奉元等路、凤翔等处、平凉宁环等处、开城等处、察罕脑儿等处、甘州等路、肃沙等路、永昌宁夏等路、长城等路，各设提领一员、同提领一员、副提领一员、典史一人，分掌怯怜口地方隶各长官司。

翊正司，秩正三品。令五员，正三品；丞四员，正四品；典簿二员，从七品；照磨一员，从八品；译史二人，令史六人，知印二人，通事、奏差、典吏各二人。掌怯怜口民匠五千余户，岁办钱粮造作，以供公上。至元三十一年，始置御位下管领随路民匠打捕鹰房纳绵等户总管府，正三品，复隶正宫位下。延祐六年，改翊正司。岁终，会其出纳以达于院，而纠其弊。领提举司二、提领所一：

管领上都等处诸色人匠提举司，秩从五品。达鲁花赤一员，提举一员，并从五品；同提举一员，从六品；副提举一员，从七品；直长一员，都目一员，吏目一员，司吏四人，部役二人。元贞元年始置，管户二千五百有奇，隶翊正司。

管领随路打捕鹰房纳绵等户提举司，秩从五品。达鲁花赤一员，提举一员，同提举一员，副提举一员，品秩同上；直长一员，都目一员，吏目一员，司吏四人，部役二人。元贞元年始置，隶翊正司。

管领归德亳州等处管民提领所，秩从七品。提领一员，同提领一员，副提领一员，典史一员，司吏一人。国初平江南，收附归德楚通等三百五十六户，令脱忽伯管领。大德二年，始置提领所，隶翊正司。

典饮局，秩正七品，大使二员，副使二员，典史一员，攒典二人，掌酝造酒醴，以供内府，及祭祀宴享宾客赐颁之给。初置嘉酝局，秩六品，隶家令。至大二年，改典饮，两都分置。皇庆元年，拨隶中宫。

管领大都等路打捕民匠等户总管府，秩正三品。达鲁花赤一员，总管一员，并正三品；同知一员，正四品；副总管一员，正五品；经历一员，从七品；知事一员，从八品；提控案牍照磨一员，译史一人，令史、奏差各四人。掌钱粮造作之事。国初平定河南诸郡，收聚人户一万五千有奇，置官管领。至元八年，属有司。二十年，改隶中尚监。二十六年，始置总管府。领提举司十有一，提领所二十有五。

在京提举司二，秩从五品。达鲁花赤一员，提举一员，从五品；同提举一员，从六品；副提举一员，从七品；都目一员。分管各处人户。至元十六年，给从七品印。大德四年，省并为十一处，改提举司，升从五品。

涿州、保定、真定、冀宁、河南、大名、东平、东昌、济南等路提举司，凡九处，各设达鲁花赤一员、提举一员、同提举一员、副提举一员、都目一员。

提领所凡二十五处：大都等路、东安州、济宁、曹州、沂州、完州、河间、济南、济阳、大同、元氏、冀宁、晋宁、归德、南阳、怀孟、汝宁、卫辉、曹州、涿州、真定、中山、平山、大名、高唐等，每处各设提领一员、同提领一员、副提领一员、典史一员。

管领诸路打捕鹰房民匠等户总管府，秩正三品。达鲁花赤一员，总管一员，正三品；同知一员，正五品；副总管二员，从五品；经历一员，从七品；知事一员，从八品；提控案牍一员，照磨一员，译史一人，令史四人，奏差二人。掌钱粮造作之事。大德三年始置。元贞元年，拨隶中宫位下，领提举司四、提领所十有一。

管民提举司，大都等路、冀宁等路、南阳唐州等处、河南路府等处，凡四司，秩从五品，每司设达鲁花赤一员、提举一员、同提举一员、副提举一员、都目一员、吏二人。

提领所凡十有一：大都保定、河间真定、南阳邓州、济南嵩汝、汴梁裕州、汝济陈州、唐州泌阳、襄阳湖阳、晋宁、冀宁等处各设所，秩正七品。每所提领二员，同提领一员，副提领一员，典史一员，司吏二人。至元十六年置。至大元年，改提领所。

江浙等处财赋都总管府，秩正三品。达鲁花赤一员，都总管一员，并正三品；同知一员，正五品；

副总管一员，从五品；经历一员，从七品；知事一员，从八品；照磨一员，提控案牍一员，从九品；译史一人，令史一十五人，奏差一十五人，典吏二人。掌江南没入赀产，课其所赋，以供内储。至大元年置。领提举司三，库、局各一。

平江、松江、建康等处提举司凡三处，秩并正五品，每司各设达鲁花赤一员、提举一员、同提举一员、副提举一员、都目一员、吏目一员、司吏六人。

丰盈库，提领一员，大使一员，副使一员，典吏一人，掌收本府钱帛。

织染局，局使一员，典吏一人，掌织染岁造段匹。

管领种田打捕鹰房民匠等户万户府，秩正三品，掌归德、亳州、永、宿二十余城各蒙古、汉军种田户差税。中统二年置。初隶塔察儿王位下，其后改属中宫。万户一员，经历一员，知事一员，提控案牍一员，令史四人。领司属凡十处。

管领大名等处种田诸色户总管府，秩正五品，总管一员，副总管一员，都目一员。中统二年置。至元二十三年，置府大名。

管领本投下大都等处诸色户计都达鲁花赤，秩正五品，达鲁花赤一员，提控案牍一员，都目一员。中统三年置。至元十五年，置司大都。

管领大都河间等路打捕鹰房总管府，秩正五品，总管一员，副总管一员，都目一员，司吏二人。中统二年置，三年给印。

管领东平等路管民官，秩正五品，总管一员，相副官一员，都目一员，吏一人。中统二年置，至元二十二年给印。

管领大名等路宣抚司、燕京路管民千户所，秩从七品，提领一员，副提领一员。中统二年置。

管领曹州等处本投下民户、管领东明等处本投下户计、管领蒲城等处本投下诸色户计、管领汴梁等路本投下种田打捕躯户四提领所，秩正七品。提领各二员，同提领、副提领各一员，典史各一人，司吏各一人。中统二年置，至元十四年颁印。

海西辽东哈思罕等处鹰房诸色人匠怯怜口万户府，秩正三品，达鲁花赤一员，万户一员，副万户一员，经历一员，知事一员，提控案牍兼照磨一员，译史一人。掌钱粮造作之事，管领哈思罕等处、肇州、朵因温都儿诸色人匠四千户，仍领镇抚所、千户所。

镇抚司，镇抚一员，吏一人。延祐四年始置。

哈思罕等处打捕鹰房怯怜口千户所，秩从五品，达鲁花赤一员，千户一员，副千户一员，吏目一员，司吏四人，弹压一人，部役二人。至大二年，置提举司。延祐六年，改千户所。

诸色人匠怯怜口千户所，秩从五品，达鲁花赤一员，千户一员，副千户一员，都目一员，司吏四人，部役二人。初为提举司，后改千户所。

肇州等处女直千户所，达鲁花赤一员，千户一员，副千户一员，吏目一员，司吏四人。延祐三年置。

朵因温都儿兀良哈千户所，延祐三年置。

灰亦儿等处怯怜口千户所，至治元年置。

开元等处怯怜口千户所，至治元年置。

古州等处怯怜口千户所，延祐七年置。

沈阳等处怯怜口千户所，至治元年置。

辽阳等处怯怜口千户所，至治二年置。

盖州等处怯怜口千户所，延祐五年置。

千盘等处怯怜口千户所，至治元年置。

辽阳等处金银铁冶都提举司，秩正四品，都提举一员，同提举一员，副提举一员，提控案牍一员，译史一人，吏六人，奏差二人。掌办金银硔铁等课，分纳中书省及中政院。延祐七年，以其赋尽归中宫。

管领本位下怯怜口随路诸色民匠打捕鹰房都总管府，秩正三品。达鲁花赤一员，都总管一员，并正三品；同知一员，正五品；副总管一员，从五品。掌怯怜口二万九千户，田万五千余顷，出赋以备供奉营缮之事。中统二年置府。大德十年，隶詹事院。至大三年，隶徽政院。延祐三年，改善政司。至治二年，徽政院及其属尽废。天历三年，复立府，仍正三品，设官如上。其首领官则经历一员，从七品；知事一员，从八品；照磨一员，从九品。吏属：令史一十二人，译史四人，通事、知印各二人，奏差一十人，典吏六人。

管领诸路打捕鹰房民匠等户总管府，秩正三品。达鲁花赤一员，总管一员，同知一员，副总管一员，品秩如上；经历一员，知事一员，提控案牍一员，照磨一员，令史四人，译史一人，奏差二人。大德三年置。其属附见：

大都等路管民提举司，达鲁花赤一员，同提举一员，副提举一员，都目一员。

大都保定提领所，提领二员，同提领一员，副提领一员，典史一员。

河间真定提领所，提领二员，同提领一员，副提领一员，典史一员。

唐州提举司，达鲁花赤一员，提举一员，同提举一员，副提举一员，都目一员。

南阳邓州提领所，提领二员，同提领一员，副提领一员，典史一员。

唐州泌阳提领所，提领二员，同提领一员，副提领一员，典史一员。

襄阳湖阳提领所，提领二员，同提领一员，副提领一员，典史一员。

汝宁陈州提领所，提领二员，同提领一员，副提领一员，典史一员。

河南提举司，达鲁花赤一员，提举一员，同提举一员，都目一员。

汴梁裕州提领所，提领二员，同提领一员，副提领一员，典史一员。

河南嵩汝提领所，提领二员，同提领一员，副提领一员，典史一员。

南阳唐州提领所，提领二员，同提领一员，副提领一员，典史一员。

冀宁提举司，达鲁花赤一员，提举一员，都目一员。

冀宁提领所，提领二员，同提领一员，副提领一员，典史一员。

晋宁提领所，提领二员，同提领一员，副提领一员，典史一员。

宝昌库，提领一员，大使一员，掌受金银甜铁之课，以待储运。

金银场提领所凡七，梁家寨银场、明世银场、密务银场、宝山银场、烧炭峪银场、胡宝峪金场、七宝山甜炭场，俱从七品，每所各设提领一员、同提领一员、副提领一员。

铁冶管勾所凡二处，各设管勾一员、同管勾一员、副管勾一员。

奉宸库，秩五品，提点四员，副使二员，提控案牍一员，库子六人，掌中藏宝货钱帛给纳之事。大德元年置。

广禧库，达鲁花赤一员，提举一员，大使一员，副使二员，提控案牍一员，库子四人，大德八年置，掌收支御膳野物，职视生料库。

卷八十九　　志第三十九

百　官　五

储政院，秩正二品。至元十九年，立詹事院，备左右辅翼皇太子之任，置左、右詹事各一员，副詹事、詹事丞、院判各二员，吏属六十有二人，别置宫臣宾客二员，左右谕德、左右赞善各一员，校书郎二员，中庶子、中允各一员。三十一年，太子裕宗既薨，乃以院之钱粮选法工役，悉归太后位下，改为徽政院以掌之。大德九年，复立詹事院，寻罢。十一年，更置詹事院，秩从一品，设官十二员。至大四年罢。延祐四年复立，七年罢。泰定元年，罢徽政院，改立詹事如前。天历元年，改詹事院为储庆使司。二年罢，复立詹事院。未几，改储政院，院使六员，正二品；同知二员，正三品；佥院二员，从三品；同佥二员，正四品；院判二员，正五品；司议二员，从五品；长史二员，正六品；照磨二员，管勾二员，俱正八品；掾史一十二人，译史四人，回回掾史二人，通事、知印各二人，宣使十人，典吏六人。其属附见：

家令司，秩三品，家令、家丞各二员，典簿二员，照磨一员，掌太子饮膳供帐仓库。至元二十年置。三十一年，改内宰司，隶徽政。大德十一年复立，秩升从二。至大四年罢。延祐四年复立，秩正三品。七年罢。泰定元年，复以内宰司为家令司。天历元年罢，未几复立。二年又罢。

典幄署，掌太子供帐，令、丞各二员，书史、书吏各二人。

府正司，秩从三品，掌鞍辔弓矢等物。至元二十年置。府正、府丞各二员，典簿二员，照磨一员。三十一年，改官正司。大德十一年，复为府正司。至大四年罢。延祐四年复立，七年罢。泰定元年复立。天历二年，增府正、府丞各二员，寻罢。

资武库，掌军器，提点一员，大使一员。

骥用库，掌鞍辔，提点一员，大使一员。

延庆司，秩正三品，掌修建佛事，使二员，同知一员，副使、典簿各二员，照磨一员。至元二十一年始立，隶詹事院。三十一年，隶徽政院。大德十一年，立詹事院，别立延庆司，秩仍正三品，置卿、丞等员。泰定元年，改隶詹事院。天历元年罢，二年复立，增丞二员。

典用监，卿四员，太监二员，少监二员，丞二员，经历、知事各一员，照磨一员，掌供须、文成、藏珍三库，内府供给段匹宝货等物。至大元年立。天历二年，设官如故，以三库隶内宰司。

典医监，秩正三品，领东宫太医，修合供进药饵。至元十九年，置典医署，秩从五品。三十一年，改掌医署，寻罢。大德十一年，复立典医监。至大四年罢，泰定四年，复立署。天历二年，改典医监，秩正三品。置达鲁花赤二员，卿三员，太监二员，少监二员，丞二员，经历、知事各一员，吏属凡十八人。其属司一、局二。

广济提举司，达鲁花赤一员，提举，同提举、副提举各一员，掌修合药饵，以施贫民。

行典药局，达鲁花赤一员，大使、副使各二员，掌供奉东宫药饵。

典药局，达鲁花赤一员，大使、副使、直长各二员，掌修制东宫药饵。

典牧监，秩正三品，卿二员，太监二员，少监二员，丞二员，经历、知事各一员，照磨一员，吏属凡十六人，掌孳畜之事。天历二年始置。

储膳司，秩正三品，卿四员，少卿二员，丞二员，主事二员，照磨一员，令史六人，译史、通事、知印各二人，奏差六人，典吏四人，掌皇太子饮膳之事。天历二年立。

典宝监，秩正三品，卿、太监、少监、丞各二员，经历、知事各一员，吏属八人。至元十九年，立典宝署，从五品。二十年，升正五品。三十一年罢。大德十一年立监，秩正三品。至大四年罢。延祐四年复立，七年罢。泰定元年复置。天历元年罢，二年复置。

以上俱系詹事院司属。

掌谒司，秩正三品，司卿四员，少卿四员，丞二员，典簿二员，典书九人，奏差二人，知印、译史、通事各一人。至元三十一年，改典宝署为掌谒司，秩从五品，设官如之。元贞元年，升四品，设官四员。大德十一年，升正三品。至治三年罢。

甄用监，秩正三品，卿三员，太监、少监、丞各二员，经历、知事、照磨各一员，掌供须、文成、藏珍三库出纳之事。至大元年设，至治三年罢。

延福司，秩正三品，令、丞各四员，典簿二员，照磨一员，掌供帐及扈从盖造之人。大德十一年置，后并入群牧监。

章庆使司，秩正三品，司使四员，同知、副使、司丞各二员，经历、都事各二员，照磨、管勾各一员。至大三年立，至治三年罢。

奉徽库，秩从五品，提点、大使各二员，副使四员，库子六人，掌内府供给。至治三年罢，并入文成等库。

寿和署，秩正五品，署令四员，署丞六员。旧隶仪凤司，皇庆元年，改隶徽政院，遂为章庆使司之属。至治二年罢。

上都掌设署，秩正五品，署令五员，署丞二员。至大四年立，至治三年罢。

掌医监，秩正五品，领监官一员、达鲁花赤一员、卿四员、太卿五员、太监五员、少监六员、丞二员。至元三十一年，改典医为掌医署，秩五品。至大元年升监，设已上官员。至治三年罢。

修合司药正司，秩从五品，达鲁花赤一员，副使、直长各二员，掌药六人，掌修合御用药饵。至治三年罢。

行箧司药局，秩从五品，达鲁花赤一员，使、副使各二员，掌供奉御用药饵。至治三年罢。

广济提举司，秩从五品，达鲁花赤、提举、同提举、副提举各一员，掌修合药饵，以济贫民。

群牧监，秩正二品，掌中宫位下孳畜，卿三员，太卿、少卿、监丞各二员。至大四年立，至治三年罢。

掌仪署，秩正五品，令、丞各二员，掌户口房舍等。至元二十年立，隶詹事院。三十一年，改隶徽政院。泰定元年，改典设署。

上都掌仪署，秩五品，令、丞各一员，掌户口房舍等。大德十一年立，至治三年罢。

江西财赋提举司，秩从五品，达鲁花赤一员，提举、同提举、副提举各一员，掌事产户口钱粮造作等事。至元二十七年立，至治二年罢。

织染局，局使、副使、局副各一员，相副官一员。

桑落娥眉洲管民提领所，提领、副提领各一员。

封郭等洲管民提领所，提领、同提领、副提领各一员。

龙兴打捕提领所，提领、副提领各一员。

鄂州等处民户水陆事产提举司，达鲁花赤一员，提举、同提举、副提举各一员，掌太子位下江南园囿地土庄宅人户。至元二十一年立，隶詹事，后改隶徽政。至治三年罢。

瑞州上高县户计长官司，秩从五品，达鲁花赤一员，长官、副长官各一员，领本处户八千。后隶徽政院，至治三年罢。

以上俱系徽政院司属。

左都威卫使司，秩正三品，使三员，副使二员，佥事二员，经历、知事、照磨各一员。至元十六年，以侍卫亲军一万户拨属东宫，立侍卫都指挥使司。三十一年，改隆福宫左都威卫使司，隶中宫。至大三年，选造作军士八百人，立千户所一、百户翼八以领之，而分局造作。延祐二年，置教授二。至治三年，罢军匠千户所。

镇抚所，镇抚二员，都目一员。

行军千户所，千户二员，副千户二员，知事、弹压各一员，百户二十员。

屯田左右千户二所，千户二员，都目一员，弹压一员，百户每所二十员。

弩军千户所，千户二员，都目一员，弹压一员。

资食仓，大使一员，副使一员。

右都威卫使司，秩正三品，卫使三员，副使二员，佥事二员，经历、知事、照磨各一员。中统三年，世祖以五投下探马赤立总管府，秩四品，设总管一员。二十一年，拨属东宫。二十二年，改蒙古侍卫亲军都指挥使司，秩正三品。三十一年，改隆福宫右都威卫使司，秩仍旧。延祐二年，置儒学教授一员。四年，增蒙古字教授一员。其属附见：

镇抚司，镇抚二员，都目一员。

行军千户凡五所，秩正四品，千户五员，副千户五员，知事五员，百户五十员，弹压五员。

屯田千户所，秩正五品，千户二员，弹压一员，百户七员，都目一人。

广贮仓，秩从九品，大使一员，副使一员，攒典一人。

卫候直都指挥使司，秩正四品。至元二十年，以控鹤一百三十五人，隶府正司。三十年，隶家令司。三十一年，增控鹤六十五人，立卫候司以领之，兼掌东宫仪从金银器物，置卫候一员，副卫候二员，及仪从库百户。大德十一年，复增怀孟从行控鹤二百人，升都指挥使司，秩正四品。延祐元年，升正三品。七年，降正四品。至治三年罢。四年，以控鹤六百三十人，归中宫位下。泰定四年，复立司，秩仍正四品。达鲁花赤二员，佩三珠虎符；都指挥使二员，佩三珠虎符；副指挥使二员，佩双珠虎符；知事一员，提控案牍一员，令史四人，译史、通事各一人，奏差二人。其属附见：

百户所凡六，秩从七品，每所置百户二员。

仪从库，秩从七品，大使二员，副使一员。

内宰司，秩三品。至元三十一年，既立徽政院，改家令为内宰司。泰定元年，复为家令司。天历元年罢，未几复立。二年罢，复改内宰司。内宰六员，司丞四员，典簿二员，照磨一员，令史十有二人，译史、知印、通事各二人，奏差六人，典吏四人。其属附见：

典膳署，秩五品，令二员，丞二员，书吏二员，仓赤三十五人,掌内府饮膳之事。至元十九年始立,隶家令司。三十一年,改掌膳,隶内宰。泰定元年,复改为典膳。

洪济镇,提领三员,掌办纳雁只,隶典膳署。

柴炭局,秩从七品,提领一员,大使一员,副使一员。至元二十年,以东宫位下民一百户烧炭二月,军一百人采薪二月,供内府岁用,立局以主其出纳,设官三员,俱受詹事院札。大德十一年,隶徽政院。

藏珍、文成、供须三库,秩俱从五品,各设提点二员、大使二员、副使二员,分掌金银珠玉宝货、段匹丝绵、皮毡鞍辔等物。国初,詹事出纳之事,未有官署印信,至元二十七年分为三库,各设官六员,及库子有差。

提举备用库,秩从五品,达鲁花赤一员,提举一员,大使一员,提控案牍一员,掌出纳田赋财赋、差发课程、一切钱粮规运等事。至元二十年置。二十二年,设达鲁花赤及首领官。

嘉酝局,秩五品。至元十七年,立掌饮局。大德十一年,改掌饮司,秩升正四品。延祐六年,降掌饮司为局。至治三年罢。泰定四年复立。天历二年,改嘉酝局,提点二员,大使二员,副使二员,书史一员,书吏四人。

西山煤窑场,提领一员,大使一员,副使二员,俱受徽政院札。至元二十四年置。领马安山大峪寺石灰煤窑办课,奉皇太后位下。

保定等路打捕提领所,秩从七品,提领四员,典史一员。至元十一年,收集人户为打捕户计,及招到管丝银差发税粮等户,立提领所。

广平彰德课麦提领所,秩从七品。至元三十年,以二路渡江时驻跸之地,召民种佃,遂立所,置官统之。

广惠库,大使一员,副使一员。至元三十年,以钞本五千锭立库,放典收息,纳于备用库。

丰裕仓,秩从七品,掌收贮中宫位下糯米。至治二年,设提领等官。三年罢。天历二年,立储政院,复给印,置监支纳一员、仓使一员、攒典二人。

备物库,秩从七品,掌东宫造作颜料及杂器等物。至元二十五年置,隶詹事院。大德元年给印。十一年,置官四员。至治三年罢,泰定三年复立。大使二员,副使二员,库子二人,攒典二人。

管领怯怜口诸色民匠都总管府,秩正三品,达鲁花赤一员,总管一员,并正三品;同知一员,正四品;副总管二员,正五品;经历一员,从七品;知事一员,从八品;提控案牍、照磨、管勾各一员,令史十人,知印二人,通事一人,译史二人,奏差六人,典吏四人,领怯怜口人匠造作等事。至大三年,立总管府。至治三年罢。天历元年复立,隶储政院。其属附见:

管领大都怯怜口诸色人匠提举司,秩正五品,达鲁花赤一员,提举一员,同提举、副提举各一员,首领官一员,司吏四人,部役二人。

管领上都怯怜口诸色人匠提举司,秩正五品,达鲁花赤一员,提举一员,同提举、副 提举各一员,首领官一员,司吏四人,部役二人。

典制局,秩从七品,大使、副使各一员,直长二员。

典设署,秩从五品,令、丞各四员,书史一员,书吏四人,掌内府术剌赤二百二十户。至元二十年置。三十一年,改掌仪署,隶内宰司。泰定元年,复为典设。天历二年,隶本府。

杂造人匠提举司,秩从四品,达鲁花赤一员,提举一员,同提举、副提举各一员,都目一员,司吏二人,部役二人。至元八年置。初隶缮珍司,至大三年改隶章庆司。章庆罢,凡造作之事悉归之。天历二年,隶本府。

杂造局,秩正九品,院长一员,直长一员,管勾一员。

随路诸色人匠都总管府,秩正三品。中统五年,命招集析居放良还俗僧道等户,习诸色匠艺,立管领怯怜口总管府,以司其造作,秩正四品。至元九年,升正三品。大德十一年,改缮珍司。延祐六年,升徽仪使司,秩正二品。七年,仍为缮珍司,官属如旧。至治三年,复改都总管府。达鲁花赤一员,总管二员,并正三品;同知一员,正五品;副总管二员,从五品;经历、知事、照磨、提控案牍各一员,令史四人,译史一人,奏差二人,典吏一人。其属附见:

上都诸色民匠提举司,秩从五品,提举一员,同提举、副提举、吏目各一员。至元十九年立。至大元年,增达鲁花赤一员。至治三年,省增置之员,设官如旧。

金银器盒局,秩从八品,大使一员,副使一员。至元七年置。

染局,秩正八品,大使一员,副使一员。至元七年置。

杂造局,正八品,大使、副使各一员。至元七年置。

泥瓦局,大使、副使各一员。至元七年置。

铁局,大使一员,副使一员。至元七年置。

上都葫芦局,大使一员,副使一员。至元七年置。

器物局,副使一员。中统五年置。

斫金局,大使一员。至元二十年置。

鞍子局,大使一员。至元七年置。

云州管纳色提领所,提领一员,掌纳色人户。至元七年置。

大都等路诸色人匠提举司,秩从五品,提举、同提举、副提举各一员。至元十六年置。其属附见:

双线局,提领一员,副使一员。至元十八年置,受詹事院札。

大小木局,大使一员,副使一员,直长一员。至元十八年置,受詹事院札。元贞元年,并领皇后位下木局。

盒钵局，大使一员，副使一员，直长一员。至元七年立，受府札。

管纳色提领一员，受府札，管铜局、筋局、锁儿局、妆钉局、雕木局。至元三十年置。

成制提举司，秩从五品，达鲁花赤一员，提举一员，同提举、副提举各一员，吏目一员，司吏四人，部役二人，掌缝制之事。至元二十九年置，设官四员，受院札。大德三年，升提举司。至治三年罢，泰定四年复置。

上都、大都貂鼠软皮等局提领所，提领二员。至元九年置，受府札。二十七年，给从七品印，改受省札。大德十一年，给从六品印，改受敕牒。至治三年，仍改受省札。其属附见：

大都软皮局，使一员，副使一员。至元十三年置。

斜皮局，局使一员，副使一员。至元十三年置。

上都软皮局，局使一员，副使一员。至无十三年置。

牛皮局，大使一员。至元十三年置。

金丝子局，大使一员，副使一员，直长一员。至元十二年置，掌金丝子匠造作之事。

画油局，大使一员，副使一员，直长一员。至元二十年置，受詹事院札。

毡局，提领一员，大使一员，副使一员，直长一员。至元十三年，收集人户为毡匠。二十六年，始立局。

材木库，大使、副使各二员。至元十六年置，掌造作材木。

玛瑙玉局，大使、副使各一员，直长二员。至元十四年置。

大都奥鲁提领所，提领一员，掌理人匠词讼。至元十八年置，受詹事院札。

上都奥鲁提领所，提领一员，同提领一员，掌理人匠词讼。至元十八年置，受詹事院札。

上都异样毛子局，大使一员，副使一员。至元二十年置，受詹事院札。

上都毡局，大使一员，副使一员，直长一员。至元二十年置，受詹事院札。

上都斜皮等局，大使一员，副使一员。至元二十年置，受詹事院札。

蔚州定安等处山场采木提领所，秩正八品，提领一员，大使一员，副使二员。至元十二年置。

上都隆兴等路杂造鞍子局，提领一员，大使一员，直长二员。至元二十三年置，受詹事院札。

真定路冀州杂造局，大使一员，副使一员，掌造作之事。至元十九年置。

珠翠局，大使、副使各一员，直长一员。至元三十年置。

管领大都等路打捕鹰房胭粉人户总管府，秩正四品。至元十四年，打捕鹰房达鲁花赤，招集平滦散逸人户。二十九年，立总管府。大德十一年，拨隶皇太后位下。延祐六年，升正四品，置达鲁花赤一员，总管一员，首领官一员，令史四人，译史一人，奏差二人。

管领本投下大都等路怯怜口民匠总管府，国初招集怯怜口哈赤民匠一千一百余户，中统元年，立总管府。二年，给六品印，掌户口钱帛差发等事。至元九年，拨隶安西王位下。皇庆元年，又属公主皇后位下。延祐元年，改隶章庆司。天历二年，又改隶储政院。达鲁花赤一员，总管一员，俱受御宝圣旨；同知一员，副总管一员，俱受安西王令旨；知事一员，令史二人。其属附见：

织染提举司，秩正七品，掌织造段匹。提举一员，受安西王令旨；同提举一员，本府拟人；副提举一员，都目一员，俱受安西王傅札；司吏一人。

管民提领所，凡三，大都路兼奉圣州提领六员，曹州提领二员，河间路提领三员，受本府札。

管地提领所，凡二，奉圣州提领三员，东安州提领三员，受本府札。

管领诸路怯怜口民匠都总管府，秩正三品。至元七年，招集析居从良还俗僧道，编籍人户为怯怜口，立总管府以领之。十四年，以所隶户口善造作，属中宫。十六年，立织染、杂造二局以司造作，立提领所以司徭役。二十五年，改升正三品。延祐六年，改缮用司，仍三品。七年，复改府。达鲁花赤一员，总管一员，并正三品；同知二员，正五品；副总管二员，从五品；经历、知事、提控案牍兼照磨各一员，令史五人，译史一人。其属附见：

各处管民提领所，秩正七品。

河间，益都，保定，冀宁，晋宁，大名，济宁，卫辉，宣德。

以上九所，提领、副提领各一员，相副官二员，典史一人，司吏二人。

汴梁，曹州，大同，开元，大宁，上都，济南，真定。

以上八所，提领、副提领、相副官各一员，典史一人，司吏一人。

大都，归德，鄂汉。

以上三所，提领、同提领、副提领各一员，相副官一员，大都增一员，典史、司吏各一人。

织染局，秩正七品，大使、副使、相副官各一员，典史、司吏各一人。

杂造局，秩正七品，大使、副使、相副官各一员，典史、司吏各一人。

弘州衣锦院，秩正七品，大使、副使、直长各一员，典史、司吏各一人。

丰州毛子局，秩正七品，大使、副使各一员，典史、司吏各一人。

缙山毛子旋匠局，秩正七品，大使一员，典史、司吏各一人。

徐邳提举司，秩正五品，提举、同提举、副提举各一员，吏目、司吏各一人。

广备库，大使、副使各一员，俱受院札。

汴梁等路管民总管府，秩正三品，达鲁花赤、总管、同知、府判各一员，经历、知事、提控案牍各一员。国初，立息州总管府，领归附六千三百余户。元贞元年，又并寿颍归附民户二千四百余户，改汴梁等路管民总管府，掌各屯佃户差发子粒，隶徽政院。泰定元年，改隶詹事院，后隶储政院，其属库一，提领所八，管佃提领十二。

常盈库，大使、副使各一员。

提领所：

新降户，真阳，新蔡，息州，汝宁，陈州，汴梁，郑州，真定。

以上八所，每所提领各一员，副提领、相副官有差。

管佃提领：

汝阳五里冈，许州郾城县，青龙宋冈，陈州项城商水等屯，分山曲堰，许州临颍屯，许州襄城屯，汝阳金乡屯，颍丰堰，遂平横山屯，上蔡浮召屯，汝阳县烟亭屯。

以上十有二处，各设提领二员。

江淮等处财赋都总管府，秩正三品。达鲁花赤、总管各一员，并正三品；同知一员，正五品；副总管二员，从五品；经历、知事、照磨兼提控案牍各一员，令史十五人，奏差十五人，译史一人，典吏三人。至元十六年，以宋谢太后、福王所献事产，及贾似道地土、刘坚等田，立总管府以治之。大德四年罢，命有司掌其赋。天历二年复立，其赋复归焉。

储用库，提领、大使、副使各一员。

杭州织染局，大使、副使、相副官各一员。

扬州等处财赋提举司，达鲁花赤、提举、同提举、副提举各一员，提控案牍、都目各一员。其属附见：

安庆等处河泊所，提领、大使、副使各一员。

建康等处财赋提举司，达鲁花赤、提举、同提举、副提举各一员，提控案牍、都目各一员。

建康织染局，大使、副使、相副官各一员。

黄池织染局，大使、副使、相副官各一员。

建康等处三湖河泊所，提领、大使、副使、相副官各一员。

池州等处河泊所，提领、大使、副使各一员。

平江等处财赋提举司，达鲁花赤、提举、同提举、副提举各一员，提控案牍、都目各一员。

杭州等处财赋提举司，设官同上。

陕西等处管领毛子匠提举司，达鲁花赤、提举各一员。国初，收集织造毛子人匠。至元三年，置官二员，皆世袭。

昭功万户都总使司，秩正三品。都总使二员，正三品；同知一员，从三品；副使二员，正四品；经历、知事、照磨各一员，令史六人，译史六人，知印二人，怯里马赤二人，奏差六人，典吏四人。至顺二年立，凡文宗潜邸扈从之臣，皆领于是府。其属则宫相、膳工等司。

宫相都总管府，秩正三品，达鲁花赤二员，都总管一员，副达鲁花赤二员，同知二员，副总管二员，经历、知事、提控案牍承发架阁各一员。至顺二年，罢宫相府并鹤驭司，改怯怜口钱粮总管府为本府。

织染杂造人匠都总管府，秩正三品，达鲁花赤一员，总管一员，同知一员，副总管二员，经历、知事、提控案牍、照磨各一员。至元二十年，为管领织染段匹匠人设总管府。元贞二年，以营缮浩繁，事务冗滞，升为都总管府，隶徽政院。天历元年，改隶储庆使司。三年，改属宫相。

织染局，秩从七品，大使一员，副使一员。至元二十三年，改织染提举司为局。

绫锦局，秩从七品，大使一员，副使一员。至元八年置。九年，以招收析居放良还俗僧道为工匠，二百八十有二户，教习织造之事，遂定置以上官。

纹锦局，秩从七品，大使一员，副使一员。国初，以招收漏籍人户，各管教习立局，领送纳丝银物料织造段匹。至元八年，设长官。十二年，以诸人匠赐东宫。十三年，罢长官，设以上官掌之。

中山局，秩从七品，大使一员，副使一员。国初，以招收随路漏籍不当差人户，立局管领，教习织造。至元十二年，以赐东宫，遂定置局官如上。

真定局，秩从七品，大使一员。国初，招收户计。中统元年置，掌织染造作。至正十六年，以赐东宫，设官悉如旧。

弘州、荨麻林纳失失局，秩从七品，二局各设大使一员、副使一员。至元十五年，招收析居放良等户，教习人匠织造纳失失，于弘州、荨麻林二处置局。十六年，并为一局。三十一年，徽政院以两局相去一百余里，管办非便，后为二局。

大名织染杂造两提举司，秩正六品。至元二十一年置，掌大名路民户内织造人匠一千五百四十有奇，各置提举、同提举、副提举一员。三十年，增置杂造达鲁花赤一员。

供用库，秩从九品，大使、副使各一员，受徽政院札。国初，为绫锦总库。至元二十一年，改为供用库。

管领诸路打捕鹰房纳绵等户总管府，秩正三品，达鲁花赤、都总管、同知、治中、府判各一员，经历、知事、提控案牍各一员。掌人匠一万三千有奇，岁办税粮皮货，采捕野物鹰鹞，以供内府。至元十二年，赐东宫位下，遂以真定所立总管府移置大都，隶詹事。十六年，合并所管之户，置都总管以总治之。三十一年，詹事院罢，隶徽政。至大四年，隶崇祥院。延祐六年，又隶詹事。天历元年，隶储庆使司。至顺元年，改属宫相府。

管领上都等处打捕鹰房纳绵等户大使司，大使、副使各一员。

管领顺德等处打捕鹰房纳绵等户提领所，达鲁花赤、提领、副提领各一员。

管领冀宁等处打捕鹰房纳绵等户提领所，提领、副提领各一员。

管领大都左右巡院等处打捕鹰房纳绵等户提领所，提领、副提领各一员。

管领固安等处打捕鹰房纳绵等户提领所，提领、副提领各一员。

管领中山等处打捕鹰房纳绵等户提领所，提领、副提领各一员。

管领济南等处打捕鹰房纳绵等户提领所，提领、副提领各一员。

管领德州等处打捕鹰房纳绵等户提领所，提领、副提领各一员。

管领益都等处打捕鹰房纳绵等户提领所，提领、副提领各一员。

管领大同等处打捕鹰房纳绵等户提领所，提领、副提领各一员。

管领济宁等处打捕鹰房纳绵等户提领所，提领、副提领各一员。

管领兴和等处打捕鹰房纳绵等户提领所，提领、副提领各一员。

管领晋宁等处打捕鹰房纳绵等户提领所，提领、副提领各一员。

管领顺州稻田提领所，提领、副提领各一员。

管领怀庆稻田提领所，提领一员。

管领檀州等处打捕鹰房纳绵等户提领所，提领、副提领各一员。

管领大宁等处打捕鹰房纳绵等户提领所，提领、副提领各一员。

管领蓟州等处打捕鹰房纳绵等户提领所，提领、副提领各一员。

管领真定等处打捕鹰房纳绵等户提领所，设官同上。

管领赵州等处打捕鹰房纳绵等户提领所，设官同上。

管领保定等处打捕鹰房纳绵等户提领所，设官同上。

管领冀州等处打捕鹰房纳绵等户提领所，设官同上。

管领汴梁等处打捕鹰房纳绵等户提领所，设官同上。

广衍库，大使一员。

管领滑山炭场所，大使一员。

缮工司，秩正三品，卿二员，少卿二员，丞二员，经历、知事、照磨兼提控案牍、管勾承发架阁各一员，令史四人，译史二人，知印二人，怯里马赤一人，典吏三人，掌人匠营造之事。天历二年置。其属附见：

金玉珠翠提举司，达鲁花赤、提举、同提举、副提举各一员，吏目一员，司吏四人。

大都织染提举司，提举二员，同提举、副提举各一员，吏目一员，司吏四人。

大都杂造提举司，达鲁花赤、提举、同提举、副提举各一员，吏目一员，司吏四人。

富昌库，大使一员，副使一员，库子二人，攒典一人。

内史府，秩正二品。内史九员，正二品；中尉六员，正三品；司马四员，正四品；谘议二员，从五品；记室二员，从六品；照磨兼管勾承发架阁库，从八品；掾史八人，译史四人，知印、通事各二人，宣使五人，典吏二人。至元二十九年，封晋王于太祖四斡耳朵之地，改王傅为内史，秩从二，置官十四员。延祐五年，升正二品，给印，分司京师，并分置官属。

延庆司，秩正三品，掌王府祈禳之事。使三员，正三品；同知二员，正四品；典簿一员，从七品；令史二人，译史、知印、通事各一人，奏差二人。至元二十七年置。

断事官，秩正三品，理王府词讼之事。断事官一十六员，正三品；经历、知事各一员，令史三人。

典军司，秩从七品，掌控鹤百二十有六人，典军二员，副使二员。大德四年置。

随路诸色民匠打捕鹰房都总管府，秩正二品，总四斡耳朵位下户计民匠造作之事。达鲁花赤二员，都总管一员，同知一员，副总管二员，经历、知事、提控案牍各一员，令史四人，奏差二人。至元二十四年置。官吏不入常调，凡斡耳朵之事，复置四总管以分掌之。

管领保定等路阿哈探马儿诸色人匠总管府，秩从二品，掌太祖大斡耳朵一切事务。达鲁花赤、总管、同知、副总管各一员，知事一员，吏二人。至元十七年置。

管领曹州东平等路民匠提举司，秩从五品，达鲁花赤、提举、同提举、副提举各一员。至元十七年置。

管领大都纳绵提举司，秩从六品，达鲁花赤、提举、副提举各一员。至元十七年置。

管领上都大都奉圣州长官司，秩从六品，管领出征军五十有一户，达鲁花赤、长官各一员。至元十七年置。

管领保定织染局，秩从六品，管匠一百有一户，达鲁花赤、提举、同提举、副提举各一员。至元十七年置。

管领丰州捏只局，头目一员，掌织造花毯。至元十七年置。

管领打捕鹰房民匠达鲁花赤总管府，秩正四品，掌二皇后斡耳朵位下岁赐财物造作等事，达鲁花赤、总管、同知、副总管、知事各一员，吏二人。至元二十一年置。

管领口子迤北长官司，秩从五品，掌领户计二百有六，达鲁花赤、长官、副长官各一员。至元二十一年置。

管领随路诸色民匠达鲁花赤等官，秩正五品，统民匠一千五百二十有五户，达鲁花赤、总管、同知、副总管各一员。至元二十一年置。

管领随路打捕纳绵民匠长官司，秩从五品，掌民匠一百七十有九户，达鲁花赤、长官各一员。至元二十一年置。

管领大都民匠提举司，秩正七品，掌民匠二百有二户，提举、同提举、副提举各一员。至元二十一年置。

管领涿州成锦局人匠提举司，秩从五品，领匠一百有二户，达鲁花赤、提举、同提举、副提举各一员。至元二十一年置。

管领河间民匠提举司，秩从四品，掌民匠二百一十户，达鲁花赤、提举、同提举、副提举各一员。至元二十一年置。

管领河间沧州等处长官司，秩正五品，领户计五百四十有八，达鲁花赤、长官、副长官各一员。至元二十一年置。

管领河间临邑等处军民长官司，秩正七品，掌军民二百有二户，达鲁花赤、长官、副长官各一员。至元二十一年置。

管领随路诸色民匠打捕鹰房等户总管府，秩从四品，掌太祖斡耳朵四季行营一切事务，达鲁花赤、总管、同知、副总管、知事各一员，司吏二人。大德二年置。

管领涿州等处民匠异锦局，秩正五品，掌民匠一百五十户，达鲁花赤、提举、同提举、副提举各一员。大德二年置。

管领上用织染局，秩从七品，掌工匠七十有八户，提举、同提举、副提举各一员。大德二年置。

管领上都大都曲米等长官司，秩从七品，领民匠七十有九户，达鲁花赤、长官、副长官各一员。大德二年置。

管领彰德等处长官司，秩从七品，掌民一百一十有七户，达鲁花赤、长官、副长官各一员。大德二年置。

管领上都大都等处长官司，秩从五品，掌民二百六十有一户，达鲁花赤、长官、副长官各一员。大德二年置。

管领泰安等处长官司，秩正七品，掌民一百有一户，达鲁花赤、长官、副长官各一员。大德二年置。

管领曹州等处长官司，秩从五品，管民一百有五户，达鲁花赤、长官、副长官各一员。大德二年置。

管领随路打捕鹰房诸色民匠怯怜口总管府，秩从三品。掌太祖四皇后位下四季行营并岁赐造作之事，达鲁花赤、总管、同知、副总管各一员，经历、知事、提控案牍兼照磨各一员，司吏二人。延祐五年置。

管领大都上都打捕鹰房纳米面提举司，秩从五品，统领一百九十有五户，达鲁花赤、提举各一员。延祐五年置。

管领大都涿州织染提举司，秩从七品，掌领九十有六户，达鲁花赤、提举各一员。延祐五年置。

管领河间路清州人匠提举司，秩从五品，掌户计二百三十有四户，达鲁花赤、提举各一员。延祐五年置。

随路打捕鹰房诸色民匠总管府，秩正 四品，掌北安王位下岁赐钱粮之事，达鲁花赤、总管、同知、副总管、知事各一员。至元二十二年置。

管领大都等处纳绵提举司，秩正七品，掌纳绵户计七百有三户，达鲁花赤、提举、副提举各一员。至元二十二年置。

管领大都等处金玉民匠稻田提举司，秩从五品，掌纳绵人匠五百二十有一户，达鲁花赤、提举、副提举各一员。至元二十二年置。

管领大都蓟州等处打捕提举司，秩从五品。掌打捕户及民匠六百余户。达鲁花赤、提举、副提举各一员。至元二十二年置。

杂造局，秩正六品，达鲁花赤一员，提举、同提举、副提举各一员。至元十六年置。

怯怜口诸色民匠达鲁花赤并管领上都纳绵提举司，秩正五品，掌迭只斡耳朵位下怯怜口诸色民匠及岁赐钱粮等事，达鲁花赤、长官、同知、副长官各一员，提控案牍一员。

上都人匠提领所，秩从七品，达鲁花赤、提领、同提领、副提领各一员。至元二十四年置。

上都大都提领所，秩从七品，掌本位下怯怜口等事，达鲁花赤、大使、副使各一员。至元二十七年置。

归德长官司，秩从六品，达鲁花赤、长官、副长官各一员。至治三年置。

管领上都大都诸色人匠纳绵户提举司，秩从五品。掌斡耳朵位下岁赐等事。达鲁花赤、提举、同提举各一员。至元十七年置。

致用库，秩从七品，提领、大使各一员，副使二员。至元二十七年置。

提领司，秩从八品，提领三员，副提领一员。至元十一年置。

上都人匠局，秩从七品，达鲁花赤二员，副使二员。至元二十七年置。

诸王傅官，宽彻不花太子至齐王位下，凡四十五王，每位下各设王傅、傅尉、司马三员。傅尉，唯宽彻不花、也不干、斡罗温孙三王有之。自此以下，皆称府尉，别于王傅之下，司马之上。而三员并设，又多寡不同，或少至一员，或多至三员者。齐王则又独设王傅一员。

都护府，秩从二品，掌领旧州城及畏吾儿之居汉地者，有词讼则听之。大都护四员，从二品；同知二员，从三品；副都护二员，从四品；经历一员，从六品；都事一员，从七品；照磨兼承发架阁库管勾一员，正八品；令史四人，译史二人，通事、知印各一人，宣使四人，典吏二人。至元十一年，初置畏吾儿断事官，秩三品。十七年，改领北庭都护府，秩从二品，置官十二员。二十年，改大理寺，秩正三品。二十二年，复为大都护，品秩如旧。延祐三年，升正二品。七年，复从二品，定官制如上。

崇福司，秩从二品，掌领马儿哈昔列班也里可温十字寺祭享等事。司使四员，从二品；同知二员，从三品；副使二员，从四品；司丞二员，从五品；经历一员，从六品；都事一员，从七品；照磨一员，正八品；令史二人，译史、通事、知印各一人，宣使二人。至元二十六年置。延祐二年，改为院，置领院事一员，省并天下也里可温掌教司七十二所，悉以其事归之。七年，复为司，后定置已上官员。

卷九十　志第四十

百　官　六

大都留守司，秩正二品，掌守卫宫阙都城，调度本路供亿诸务，兼理营缮内府诸邸、都宫原庙、尚方车服、殿庑供帐、内苑花木，及行幸汤沐宴游之所，门禁关钥启闭之事。留守五员，正二品；同知二员，正三品；副留守二员，正四品；判官二员，正五品；经历一员，从六品；都事二员，从七品；管勾承发架阁库一员，正八品；照磨兼覆料官一员，部役官兼壕寨一员，令史十八人，宣使十七人，典吏五人，知印二人，蒙古必阇赤三人，回回令史一人，通事一人。至元十九年，罢宫殿府行工部，置大都留守司，兼本路都总管，知少府监事。二十一年，别置大都路都总管府治民事，并少府监归留守司。皇庆元年，别置少府监。延祐七年，罢少府监，复以留守兼监事。其属附见：

修内司，秩从五品，领十四局人匠四百五十户，掌修建宫殿及大都造作等事，提点一员，大使一员，副使一员，直长五员，吏目一员，照磨一员，部役七员，司吏六人。中统二年置。至元中，增工匠，计一千二百七十有二户。其属附见：

大木局，提领七员，管勾三员，掌殿阁营缮之事。中统二年置。

小木局，提领二员，同提领一员，副提领三员，管勾二员，提控四员。中统四年置。

泥厦局，提领八员，管勾二员。中统四年置。

车局，提领二员，管勾一员。中统五年置。

妆钉局，提领二员，同提领二员。中统四年置。

铜局，提领一员，同提领一员，管勾一员。中统四年置。以上六局，秩从八品。

竹作局，提领二员，提控一员。中统四年置。

绳局，提领二员。中统五年始置。

祗应司，秩从五品，掌内府诸王邸第异巧工作，修禳应办寺观营缮，领工匠七百户。大使一员，从五品；副使一员，正七品；直长三员，正八品；吏目一员，司吏二人。国初，建两京殿宇，始置司以备工役。其属附见：

油漆局，提领五员，同提领、副提领各一员，掌两都宫殿髹漆之工。中统元年置。

画局，提领五员，管勾一员，掌诸殿宇藻绘之工。中统元年置。

销金局，提领一员，管勾二员，掌诸殿宇装銮之工。中统四年置。

裱褙局，提领一员，掌诸殿宇装潢之工。中统二年置。

烧红局，提领二员，掌诸宫殿所用心红颜料。至元元年置。

器物局，秩从五品，掌内府宫殿、京城门户、寺观公廨营缮，及御用各位下鞍辔、忽哥轿子、帐房车辆、金宝器物，凡精巧之艺，杂作匠户，无不隶焉。大使一员，从五品；副使一员，正七品；直长二员，正八品；吏目一员，司吏二人。中统四年，始立御用器物局，受省札。至元七年，改为器物局，秩如上。其属附见：

铁局，提领三员，管勾三员，提控一人，掌诸殿宇轻细铁工。中统四年置。

减铁局，管勾一员，提控二人，掌造御用及诸宫邸系腰。中统四年置。

盒钵局，提领二员，掌制御用系腰。中统四年置。

成鞍局，提领三员，掌造御用鞍辔、象轿。中统四年置。

羊山鞍局，提领一员，提控一员。掌造常课鞍辔诸物。至元十八年置。

网局，提领二员，管勾一员，掌成造宫殿网扇之工。中统四年置。

刀子局，提控二员，掌造御用及诸宫邸宝贝佩刀之工。中统四年置。

旋局，提领二员，掌造御用异样木植器物之工。中统四年置。

银局，提领一员，掌造御用金银器盒系腰诸物。中统四年置。

轿子局，提领一员，掌造御用异样木植鞍子诸物。中统四年置。

采石局，秩从七品，大使、副使各一员，掌夫匠营造内府殿宇寺观桥闸石材之役。至元四年，置石局总管。十一年，拨采石之夫二千余户，常任工役，置大都等处采石提举司。二十六年罢，立采石局。

山场，提领一员，管勾五员。至元四年置。

大都城门尉，秩正六品，尉二员，副尉一员，掌门禁启闭管钥之事。至元二十年置，以四怯薛八剌哈赤为之。二十四年，复以六卫亲军参掌。凡十有一门：曰丽正，曰文明，曰顺承，曰平则，曰和义，曰肃清，曰安贞，曰健德，曰光熙，曰崇仁，曰齐化。每门设官如上。

犀象牙局，秩从六品，大使、副使、直长各一员，司吏一人，掌两都宫殿营缮犀象龙床卓器系腰等事。中统四年置，设官一员。至元五年，增副使一员，管匠户一百有五十。其属附见：

雕木局，提领一员，掌宫殿香阁营缮之事。至元十一年置。

牙局，提领一员，管勾一员，掌宫殿象牙龙床之工。至元十一年置。

大都四窑场，秩从六品，提领、大使、副使各一员，领匠夫三百余户，营造素白琉璃砖瓦，隶少府监。至元十三年置。其属三：

南窑場，大使、副使各一员。中统四年置。

西窑場，大使、副使各一员。至元四年置。

琉璃局，大使、副使各一员。中统四年置。

凡山采木提举司，秩从五品，掌采伐车辆等杂作木植，及造只孙系腰刀把诸物。达鲁花赤、提举各一员，并从五品；同提举一员，正七品；副提举一员，正八品；吏目一员，司吏六人。至元十四年置。

上都采山提领所，秩从八品，提领、副提领、提控各一员。至元九年，以采伐材木，炼石为灰，征发夫匠一百六十三户，遂置官以统之。

凡山宛平等处管夫匠所，提领二员，同提领二员，管领催车材户提领一员。至元十五年置。

器备库，秩从五品，提点一员，从五品；大使一员，从六品；副使二员，正七品；直长四员，正八品，掌殿阁金银宝器二千余事。至元二十七年置。

甸皮局，秩正七品，大使一员，管匠三十余户。至元七年置。十四年，始定品秩。二十一年，改隶留守司。岁办熟造红甸羊皮二千有奇。

上林署，秩从七品，署令、署丞各一员，直长一员，掌宫苑栽植花卉，供进蔬果，种苜蓿以饲驼马，备煤炭以给营缮。至元二十四年置。

养种园，提领二员，掌西山淘煤，羊山烧造黑白木炭，以供修建之用。中统三年置。

花园，管勾二员，掌花卉果木。至元二十四年置。

苜蓿园，提领三员，掌种苜蓿，以饲马驼膳羊。

仪鸾局，秩正五品，掌殿庭灯烛张设之事，及殿阁浴室门户锁钥，苑中龙舟，圈槛珍异禽兽，给用内府诸宫太庙等处祭祀庭燎，缝制帘帷，洒扫掖庭，领烛剌赤、水手、乐人、禁蛇人等二百三十余户。轮直怯薛大使四员，正五品；副使二员，从六品；直长二员，正八品；都目一员，书吏二人，库子一人。至元十一年置局，秩正七品。二十三年，升正五品。至大四年，仁宗御西宫，又别立仪鸾局，设置亦同。延祐七年，增大使二员，以宦者为之。领四提领所：

烛剌赤，提领八员，提控四员。

水手，提领二员。

针工，提领一员。

蜡烛局，提领一员。

木场，提领一员，大使一员，副使一员，掌受给营造宫殿材木。至元四年，置南东二木场。十七年，并为一场。

大都路管领诸色人匠提举司，秩从五品，掌大都诸色匠户理断昏田词讼等事。提举一员，从五品；同提举一员，正七品；副提举一员，正八品；吏目一人，司吏二人。中统四年，置人匠奥鲁总管府，秩从四品。至元十二年，改提举司。十五年，兼管采石人户，秩如旧。

真定路、东平路管匠官，秩从七品，每路大使一员，副使一员。中统四年置。

保定路、宣德府管匠官，秩从七品。保定大使一员，副使一员，管匠官一员；宣德二员。中统四年置。

大名路管匠官，秩从七品，大使一员，管匠官三员。中统四年置。

晋宁、冀宁、大同、河间四路管匠官，秩从七品，每路大使、副使各一员。中统四年置。

收支库，秩正九品，掌受给营缮，提点一员，大使一员，副使二员，直长二员，库子二人。至元四年置。

诸色库，秩从八品，掌修内材木，及江南征索异样木植，并应办官寺斋事，大使一员，副使一员，司库二人。至大四年置。

太庙收支诸物库，秩从八品，大使、副使各一员，司库四人。至治二年，以营治太庙始置。

南寺、北寺收支诸物二库，秩从七品，提领、大使各一员，副使二员，司库之属凡十人。至治元年，以建寿安山寺始置。

广谊司，秩正三品。司令二员，正三品；同知二员，正四品；副使二员，正五品；判官二员，正六品；经历、知事各二员，照磨一员。总和顾和买、营缮织造工役、供亿物色之务。至元十四年，改覆实司辨验官，兼提举市令司。大德五年，又分大都路总管府官属，置供需府。至顺二年罢之，立广谊司。

武备寺，秩正三品，掌缮治戎器，兼典受给。卿四员，正三品；同判六员，从三品；少卿四员，从四品；丞四员，从五品；经历、知事各一员，照磨兼提控案牍一员，承发架阁库管勾一员，辨验弓官二员，辨验筋角翎毛等官二员，令史十有三人。至元五年，始立军器监，秩四品。十九年，升正三品。二十年，立卫尉院。改军器监为武备监，秩正四品，隶卫尉院。二十一年，改监为寺，与卫尉并立。大德十一年，升为院。至大四年，复为寺，设官如旧。其所辖属官，则自为选择其匠户之能者任之。

寿武库，秩从五品，提点二员，从五品；大使二员，正六品；副使四员，正七品；库子一十人。至元十年，以衣甲库改置。

利器库，秩从五品，提点三员，大使二员，副使三员，秩品同寿武库，库子一十人。至元五年，始立军器库。十年，通掌随路军器，改利器库。

广胜库，秩从五品，掌平阳、太原等处岁造兵器，以给北边征戍军需。达鲁花赤一员，大使、副使各一员，库子一人。

大同路军器人匠提举司，秩从五品，达鲁花赤一员，提举一员，并从五品；同提举一员，正七品；副提举一员，正八品。其属：丰州甲局，院长一员。应州甲局，院长一员。平地县甲局，院长一员。山阴县甲局，院长一员。白登县甲局，头目一人。丰州弓局，使一员。赛甫丁弓局，头目一人。

平阳路军器人匠提举司，秩正六品，达鲁花赤一员，提举、同提举、副提举各一员。其属：本路投下杂造局，大使一员，副使一员。绛州甲局，大使一员。

太原路军器人匠局，秩正七品，达鲁花赤一员，局使一员，副使一员，吏目一员。

保定军器人匠提举司，秩从六品，达鲁花赤、提举、同提举、副提举各一员。其属：河间甲局，院长一员。祈州安平县甲局，院长一员。陵州箭局，头目一人。

真定路军器人匠提举司，秩从六品，达鲁花赤、提举、同提举、副提举各一员。其属：冀州甲局，院长一人。

怀孟河南等路军器人匠局，秩正七品，局使、局副各一员。其属：怀孟路弓局，院长一员。汴梁路军器局，秩正七品，局使、局副各一员。其属：常课弓局，院长一员。常课甲局，院长一员。

益都济南箭局，秩正七品，局使一员。

彰德路军器人匠局，秩正七品，大使一员，副使一员。

大名军器局，秩正七品，大使、副使各一员。

上都甲匠提举司，秩从五品，提举、同提举、副提举各一员。其属：兴州白局子甲局，院长一员。兴州千户寨甲局，院长一员。松州五指崖甲局，院长一员。松州胜安甲局，院长一员。

辽河等处诸色人匠提举司，秩从五品，达鲁花赤、提举、同提举各一员。其属：辽盖弓局，大使、副使各一员。盖州甲局，局使一员。

上都杂造局，秩正七品，大使、副使各一员。

奉圣州军器局，秩从七品，大使、副使各一员。

蔚州军器人匠提举司，秩正六品，达鲁花赤、提举、同提举、副提举各一员。

宣德府军器人匠提举司，秩正六品，达鲁花赤、提举、同提举、副提举各一员。

广平路甲局，院长一员。

东平等路军器人匠提举司，秩从五品，达鲁花赤、提举、同提举、副提举各一员。

通州甲匠提举司，秩正六品，达鲁花赤、提举、同提举、副提举各一员。

蓟州甲匠提举司，秩正五品，达鲁花赤、提举、同提举、副提举各一员。

欠州武器局，秩从五品，大使、副使各一员。

大都甲匠提举司，秩正六品，达鲁花赤、提举、同提举、副提举各一员。

大都箭局，秩从七品，大使、副使各一员。

大宁路军器人匠提举司，秩从六品，达鲁花赤、提举、同提举、副提举各一员。

丰州杂造局，秩正六品，达鲁花赤、大使、副使各一员。

归德府军器局，院长一员。

汝宁府军器局，院长一员。

陈州军器局，院长一员。

许州军器局，秩从七品，大使、副使各一员。

咸平府军器人匠局，秩从七品，达鲁花赤、大使、副使各一员。

大都弓匠提举司，秩正五品，达鲁花赤、提举、同提举、副提举各一员。其属：双搭弓局，大使、副使各一员。成吉里弓局，大使、副使各一员。通州弓局，院长一员。

大都弦局，大使、副使各一员。至元三十年，改提举司置局。

隆兴路军器人匠局，达鲁花赤、大使、副使各一员。至元三十年置。

平滦路军器人匠局，大使、副使各一员。至元三十年置。

大都杂造局，提领二员。元贞二年置。

太仆寺，秩从二品，掌阿塔思马匹，受给造作鞍辔之事。中统四年，设群牧所。至元十六年，改尚牧监。十九年，又改太仆院。二十年，改卫尉院。二十四年，罢院，立太仆寺。又别置尚乘寺以管鞍辔，而本寺止管阿塔思马匹。二十五年，隶中书，置提调官二员。大德十一年，复改太仆院。至大四年，仍为寺。卿二员，从二品；少卿二员，从四品；丞二员，从五品；经历、知事、照磨、管勾各一员，令史七人，译史、知印、通事各二人，奏差四人，回回令史一人，典吏二人。

尚乘寺，秩正三品，掌上御鞍辔舆辇。阿塔思群牧骟马驴骡，及领随路局院鞍辔等造作，收支行省岁造鞍辔，理四怯薛阿塔赤词讼，起取南北远方马匹等事。卿四员，正三品；少卿二员，从四品；丞二员，从五品；经历、知事、照磨、管勾各一员，令史六人，译史二人，知印二人，通事二人，奏差五人，典吏二人。至元二十四年，罢卫尉院，始设尚乘寺，领资乘库。大德十一年，升为院，秩从二品。至大四年，复为寺。延祐七年，降从三品。

资乘库，秩从五品，提点四员，从五品；大使三员，正六品；副使四员，正七品；库子四人。掌收支鞍辔等物。至元十三年置。二十年，隶卫尉。二十四年，隶尚乘寺。

长信寺，秩正三品，领大斡耳朵怯怜口诸事。卿四员，正三品；少卿二员，从四品；寺丞二员，从五品；经历、知事各一员，令史六人，译史、知印各二人，通事一人，奏差四人。大德五年置。至大元年，改升为院。四年，仍为寺，卿五员，增少卿一员，以宦者为之。延祐七年，省寺卿、少卿各一员，定置如上。

怯怜口诸色人匠提举司，秩从五品，领大都、上都二铁局并怯怜口人匠，以材木铁炭皮货诸色，备斡耳朵各枝房帐之需。达鲁花赤一员，提举、同提举、副提举各一员，吏目一人，司吏四人。至元二十五年置。

大都铁局，秩从五品，掌斡耳朵上下往来造作妆钉房车，大使一员，副使一员，直长一员。至元十二年置。

上都铁局，大使一员，副使一员。至元十六年置。掌职如前。

长秋寺，秩正三品，掌武宗五斡耳朵户口钱粮营缮诸事。寺卿五员，正三品；少卿二员，从四品；寺丞二员，从五品；经历、知事各一员，令史六人，译史、知印各二人，通事一人，奏差四人。皇庆二年置。其属二：

怯怜口诸色人匠提举司，秩从五品，掌正宫造作之役，达鲁花赤一员，同提举、副提举各一员，吏目一人，司吏四人。至大元年，斡耳朵三位下拨到人匠五百九十三户，始置提举司，隶中政院，后属长信寺。

怯怜口诸色人匠提举司，秩从五品，掌领武宗军上北来人匠，达鲁花赤一员，提举一员，同提举、副提举各一员，吏目一人，司吏二人。至大元年置。

承徽寺，秩正三品，掌答儿麻失里皇后位下钱粮营缮等事。寺卿五员，正三品；少卿二员，从四品；寺丞二员，从五品；经历、知事各一员，令史六人，译史、知印各二人，通事一人，奏差四人。至治元年置。其属二：

怯怜口诸色人匠提举司二，秩正五品，各设达鲁花赤一员，提举、同提举、副提举各一员，吏目一人，司吏三人。至治三年置。

长宁寺，秩正三品，掌英宗速哥八剌皇后位下户口钱粮营缮等事。寺卿六员，正三品；少卿二员，从四品；寺丞二员，从五品；经历、知事各一员，吏属令史六人，译史、知印各二人，怯里马赤一人，奏差四人。至治三年置。

长庆寺，秩正三品，掌成宗斡耳朵及常岁管办禾失房子、行幸怯薛台人等衣粮之事。寺卿六员，少卿二员，寺丞二员，品秩同长宁寺；经历、知事各一员，令史六人，译史、知印各二人，怯里马赤一人，奏差四人。泰定元年置。

宁徽寺，秩正三品，隶八不沙皇后位下。寺卿六员，少卿四员，丞二员，品秩同长庆寺；经历、知事各一员。天历二年置。

太府监，秩正三品，领左、右藏等库，掌钱帛出纳之数。太卿六员，正三品；太监六员，从三品；少监五员，从四品；丞五员，正五品；经历、知事、照磨各一员，令史八人，译史三人，通事、知印各一人，奏差四人。中统四年置。至元四年，为宣徽太府监，凡内府藏库悉隶焉。八年，升正三品。大德九年，改为院，秩从二品，院判参用宦者。至大四年，复为监，定置如上。

内藏库，秩从五品，掌出纳御用诸王段匹纳失失纱罗绒锦南绵香货诸物。提点四员，从五品；大使二员，正六品；副使二员，正七品。至元二年，置署上都。十九年，始署大都，以宦者领之。复有行内藏，二十八年省之，止存内藏及左右二库。

右藏，提点四员，大使二员，副使二员，品秩同上，掌收支金银宝钞、只孙段匹、水晶玛瑙玉璞诸物。至元十九年置。

左藏，提点四员，大使二员，副使二员，品秩同上，掌收支常课和买纱罗布绢丝绵绒锦木绵铺陈衣服诸物。至元十九年置。

度支监，秩正三品，掌给马驼刍粟。卿三员，正三品；太监二员，从三品；少监三员，从四品；监丞二员，从五品；经历二员，知事一员，提控案牍一员，照磨兼管勾一员，令史十四人，译史四人，通事、知印三人，奏差四人，典吏五人。国初，置孛可孙。至元八年，以重臣领之。十三年，省孛可孙，以宣徽兼其任。至大二年，改立度支院。四年，改为监。

利用监，秩正三品，掌出纳皮货衣物之事。监卿八员，正三品；太监五员，从三品；少监五员，从四品；监丞四员，正五品；经历、知事、照磨、管勾各一员，令史八人，译史二人，通事、知印各一人，奏差六人，典吏三人。至元十年置。二十年罢，二十六年复置。大德十一年，改为院。至大四年，复为监。

资用库，秩从五品，提点二员，从五品；大使三员，正六品；副使五员，正七品；库子五人。至元二年置，隶太府。十年，隶利用。

怯怜口皮局人匠提举司，秩正五品，提举二员，同提举一员，提控案牍一员。中统元年置局。至元六年，改提举司。

杂造双线局，秩从八品，造内府皮货鹰帽等物，大使、副使、直长、典史各一员。

熟皮局，掌每岁熟造野兽皮货等物，大使、副使、直长各一员。至元二十年置。

软皮局，掌内府细色银鼠野兽诸色皮货，大使、副使、直长各一员。至元二十五年置。

斜皮局，掌每岁熟造内府各色野马皮胯，副使二员。至元二十年置。

貂鼠局提举司，秩从五品，提举一员，同提举、副提举各一员。至元二十年置。

貂鼠局，副使二员，直长一员。至元十九年立。

染局，副使一员，直长一员，管勾一员，掌每岁变染皮货。至元二十年始置。

熟皮局，秩从七品，大使一员，副使一员，典史一人，司吏一人。至元六年置。

中尚监，秩正三品，掌大斡耳朵位下怯怜口诸务，及领资成库毡作，供内府陈设帐房帘幕车舆雨衣之用。监卿八员，正三品；太监二员，从三品；少监二员，从四品；监丞二员，正五品；经历、知事、照磨各一员，令史七人，译史三人，通事二人，知印二人，奏差五人。至元十五年，置尚用监。二十年罢。二十四年，改置中尚监。三十年，分置两都滦河三库怯怜口杂造等九司局而总领之。至大元年，升为院。四年，复为监，参用宦者三人。

资成库，秩从五品，掌造毡货。提点三员，从五品；大使三员，正六品；副使三员，正七品。至元二年置，隶太府。二十三年，始归于监。

章佩监，秩正三品，掌宦者速古儿赤所收御服宝带。监卿五员，正三品；太监四员，从三品；少监二员，从四品；监丞二员，正五品；经历、知事、照磨各一员，令史七人，译史二人，通事二人，奏差四人。至元二十二年置。至大元年，升为院，秩从二品。四年，复为监，定置如上。

御带库，秩从五品，掌系腰偏束等带并絛环诸物，供奉御用，以备赐予。提点三员，大使三员，副使二员，品秩同资成。至元二十八年置，俱以中官为之。元贞二年，增二员，兼署上都之事。

异珍库，秩从五品，掌御用珍宝、后妃公主首饰宝贝。提点三员，大使三员，副使二员，品秩同上。至元二十八年置。

经正监，秩正三品，掌营盘纳钵及标拨投下草地，有词讼则治之。太卿一员，正三品；太监二员，从三品；少监二员，从四品；监丞二员，正五品；经历、知事各一员，令史八人，译史四人。至大四年置。监卿、太监、少监并奴都赤为之，监丞流官为之。

都水监，秩从三品，掌治河渠并堤防水利桥梁闸堰之事。都水监二员，从三品；少监一员，正五品；监丞二员，正六品；经历、知事各一员，令史十人，蒙古必阇赤一人，回回令史一人，通事、知印各一人，奏差十人，壕寨十六人，典吏二人。至元二十八年置。二十九年，领河道提举司。大德六年，升正三品。延祐七年，仍从三品。

大都河道提举司，秩从五品，提举一员，从五品；同提举一员，从六品；副提举一员，从七品。

秘书监，秩正三品，掌历代图籍并阴阳禁书。卿四员，正三品；太监二员，从三品；少监二员，从四品；监丞二员，从五品；典簿一员，从七品；令史三人，知印、奏差各二人，译史、通事各一人，典书二人，典吏一人。属官：著作郎二员，从六品；著作佐郎二员，正七品；秘书郎二员，正七品；校书郎二员，正八品；辨验书画直长一员，正八品。至元九年置。其监丞皆用大臣奏荐，选世家名臣子弟为之。大德九年，升正三品，给银印。延祐元年，定置卿四员，参用宦者二人。

司天监，秩正四品，掌凡历象之事。提点一员，正四品；司天监三员，正四品；少监五员，正五品；丞四员，正六品；知事一员，令史二人，译史一人，通事兼知印一人。属官：提学二员，教授二员，并从九品；学正二员，天文科管勾二员，算历科管勾二员，三式科管勾二员，测验科管勾二员，漏刻科管勾二员，并从九品；阴阳管勾一员，押宿官二员，司辰官八员，天文生七十五人。中统元年，因金人旧制，立司天台，设官属。至元八年，以上都承应阙官，增置行司天监。十五年，别置太史院，与台并立，颁历之政归院，学校之设隶台。二十三年，置行监。二十七年，又立行少监。皇庆元年，升正四品。延祐元年，特升正三品。七年，仍正四品。

回回司天监，秩正四品，掌观象衍历。提点一员，司天监三员，少监二员，监丞二员，品秩同上；知事一员，令史二员，通事兼知印一人，奏差一人。属官：教授一员，天文科管勾一员，算历科管勾一员，三式科管勾一员，测验科管勾一员，漏刻科管勾一员，阴阳人一十八人。世祖在潜邸时，有旨征回回为星学者，札马剌丁等以其艺进，未有官署。至元八年，始置司天台，秩从五品。十七年，置行监。皇庆元年，改为监，秩正四品。延祐元年，升正三品，置司天监。二年，命秘书卿提调监事。四年，复正四品。

上都留守司兼本路都总管府，品秩职掌如大都留守司，而兼治民事。车驾还大都，则领上都诸仓库之事。留守六员，正二品；同知二员，正三品；副留守二员，正四品；判官二员，正五品；经历二员，都事四员，照磨兼管勾一员，令史四十四人，译史六人，回回令史三人，通事、知印各二人，宣使一十二人。国初，置开平府。中统四年，改上都路总管府。至元三年，又给留守司印。十九年，并为上都留守司兼本路都总管府。其属附见：

修内司，秩从五品，掌营修内府之事。大使一员，从五品；副使三员，正七品；直长三员，正八品。至元八年置。

祗应司，秩从五品，掌妆銮油染裱褙之事。大使一员，从五品；副使二员，正七品；直长三员，正八品。

器物局，秩从五品，掌造铁器，内府营造钉线之事，大使一员，副使一员，直长二员。

仪鸾局，秩正五品，大使二员，副使三员，直长二员。至大四年，罢典设署，改置为局。

兵马司，秩正四品，指挥使三员，副指挥使二员，知事一员，提控案牍一员，司吏八人。至元二十九年置。

警巡院，秩正六品，达鲁花赤一员，警巡使一员，副使二员，判官二员，司吏八人。

开平县，秩正六品，达鲁花赤一员，尹一员，丞一员，主簿一员，尉一员，典史一员，司吏八人。

平盈库，大使一员，副使一员。至元三十年置。

万盈库，达鲁花赤、监支纳、大使、副使各一员。中统初置。

广积仓，达鲁花赤、监支纳、大使、副使各一员。中统初，置永盈仓。大德间，改为广积仓。

万亿库，秩正五品，达鲁花赤一员，提举一员，同提举、副提举各一员，提控案牍一员，司吏六人，译史一人。至元二十三年置。

行用库，提点一员，大使一员，副使一员。

税课提举司，秩正五品，提举二员，同提举、副提举、提控案牍各一员。元贞元年置。

八作司，品秩职掌，悉与大都左右八作司同，达鲁花赤一员，提领、大使、副使各一员。至元十七年置。

饩廪司，掌诸王驸马使客饮食，大使一员，副使一员。至元二年，置上都应办所。延祐五年，改为饩廪司。

尚供总管府，秩正三品，掌守护东凉亭行宫，及游猎供需之事。达鲁花赤一员，总管一员，并正三品；同知一员，从四品；副总管一员，从五品；判官一员，正六品；经历、知事、提控案牍各一员，令史、译史、知印、奏差有差。至元十三年，置只哈赤八剌哈孙达鲁花赤。延祐二年，改总管府。其属附见。

香河等处巡检司，巡检一员，司吏一人。

景运仓，秩从五品，提点一员，从五品；大使一员，正六品；副使一员，正七品。至元二十一年置。

法物库，秩从九品，大使、副使各一员。至元二十九年置。

云需总管府，秩正三品，掌守护察罕脑儿行宫，及行营供办之事。达鲁花赤一员，总管一员，并正三品；同知一员，从四品；副总管一员，从五品；判官一员，正六品；经历一员，知事一员，提控案牍一员。延祐二年置。

大都路都总管府，秩正三品，达鲁花赤二员，都总管一员，副达鲁花赤二员，同知二员，治中二员，判官二员，推官二员，经历二员，知事二员，提控案牍四员，照磨兼管勾一员，令史九十有五人，译史二人，回回令史一人，通事、知印各二人，奏差二十一人。国初，为燕京路，总管大兴府。中统五年，称中都路。至元九年，改号大都。二十一年，始专置大都路总管府，秩从三品，置都达鲁花赤、都总管等官。二十七年，升为都总管府，进秩正三品，领府一、州十有一。凡本府官吏，唯达鲁花赤一员及总管、推官专治路政，其余皆分任供需之事，故又号曰供需府焉。其属附见：

大都路兵马都指挥使司，凡二，秩正四品，掌京城盗贼奸伪鞫捕之事，都指挥使二员，副指挥使五员，知事一员，提控案牍一员，吏十四人。至元九年，改千户所为兵马司，隶大都路。而刑部尚书一员提调司事，凡刑名则隶宗正，且为宗正之属。二十九年，置都指挥使等官，其后因之。一置司于北城，一置司于南城。

司狱司，凡三，秩正八品，司狱一员，狱丞一员，狱典二人，掌囚系狱具之事。一置于大都路，一置于北城兵马司，通领南城兵马司狱事。皇庆元年，以两司异禁，遂分置一司于南城。

左、右警巡二院，秩正六品，达鲁花赤各一员，使各一员，副使、判官各三员，典史各三人，司吏各二十五人。至元六年置。领民事及供需，视大都路。大德五年，分置供需院，以副使、判官、典史各一员主之。

大都警巡院，品职分置如左、右院，达鲁花赤一员，使一员，副使二员，判官二员，典史二员，司吏二十人。大德九年置，以治都城之南。

大都路提举学校所，秩正六品。提举一员，教授二员，学正二员，学录一员。至元二十四年，既立国学，以故孔子庙为京学，而提举学事者，仍以国子祭酒系衔。

管领诸路打捕鹰房总管府，秩正三品，达鲁花赤一员，总管一员，副达鲁花赤一员，同知一员，副总管一员，经历、知事各一员。至元十七年置。

宛平县，秩正六品，达鲁花赤一员，尹一员，丞三员，主簿三员，尉一员，典史三员，司吏二十六人。至元十一年置，治大都丽正门以西。

大兴县，秩正六品，达鲁花赤一员，尹一员，丞一员，主簿二员，尉一员，典史三员，司吏一十五人。至元十一年置，治大都丽正门以东。

东关厢巡检司，秩从九品，巡检三员，司吏一人，掌巡捕盗贼奸宄之事。至元二十一年置。

西北、南关厢两巡检司，设置并同上。

卷九十一　　志第四十一上

百　官　七

行中书省，凡十一，秩从一品，掌国庶务，统郡县，镇边鄙，与都省为表里。国初，有征伐之役，分任军民之事，皆称行省，未有定制。中统、至元间，始分立行中书省，因事设官，官不必备，皆以省官出领其事。其丞相，皆以宰执行某处省事系衔。其后嫌于外重，改为某处行中书省。凡钱粮、兵甲、屯种、漕运、军国重事，无不领之。至元二十四年，改行尚书省，寻复如旧。至大二年，又改行尚书省，二年复如旧。每省丞相一员，从一品；平章二员，从一品；右丞一员，左丞一员，正二品；参知政事二员，从二品，甘肃、岭北二省各减一员；郎中二员，从五品；员外郎二员，从六品；都事二员，从七品；掾史、蒙古必阇赤、回回令史、通事、知印、宣使，各省设员有差。旧制参政之下，有佥省、有同佥之属，后罢不置。丞相或置或不置，尤慎于择人，故往往缺焉。

河南江北等处行中书省。至元五年，罢随路奥鲁官，诏参政阿里佥行省事，于河南等路立省。二十八年，以河南、江北系要冲之地，又新入版图，宜于汴梁立省以控治之，遂署其地，统有河南十二路、七府。

江浙等处行中书省。至元十三年，初置江淮行省，治扬州。二十一年，以地理民事非便，迁于杭州。二十二年，割江北诸郡隶河南，改曰江浙行省，统有三十路、一府。

江西等处行中书省，至元十四年置。十五年，并入福建行省。十七年，仍置省于龙兴府，而福建自为行省，治泉州。二十二年，以福建行省并入江西。二十三年，又以福建省并入江浙。本省统有十八路。

湖广等处行中书省。至元十一年，右丞相伯颜伐宋，行中书省事于襄阳，寻以别将分省鄂州，为荆湖等路行中书省。十三年，取潭州，即署省治之。十八年，复徙置鄂州，统有三十路、三府。

陕西等处行中书省。中统元年，以商挺领秦蜀五路四川行省事。三年，改立陕西四川行中书省，治京兆。至元三年，移治利州。十七年，复还京兆。十八年，分省四川，寻改立四川宣慰司。二十一年，仍合为陕西四川行省。二十三年，四川立行枢密院。本省所辖之地，惟陕西四路、五府。

四川等处行中书省。国初，其地总于陕西。至元十八年，以陕西行中书分省四川。二十三年，始置四川行省，署成都，统有九路、五府。

辽阳等处行中书省，至元二十四年置，治辽阳路，统有七路、一府。

甘肃等处行中书省。中统二年，立行省于中兴。至元十年，罢之。十八年复立，二十二年复罢，改立宣慰司。二十三年，徙置中兴省于甘州，立甘肃行省。三十一年，分省按治宁夏，寻并归之。本省治甘州路，统有七路、二州。

岭北等处行中书省。国初，太祖定都于哈剌和林河之西，因名其城曰和林，立元昌路。中统元年，世祖迁都中兴，始置宣慰司都元帅府。大德十一年，改立和林等处行中书省，右丞相、左丞相各一员。至大四年，省右丞相。皇庆元年，改岭北等处行中书省，设官如上，治和宁路，统有北边等处。

云南等处行中书省，即古南诏之地。初，世祖征取以为郡县，尝封建宗王镇抚其军民。至元十一年，始置行省，治中庆路，统有三十七路、五府。

征东等处行中书省。至元二十年，以征日本国，命高丽王置省，典军兴之务，师还而罢。大德三年，复立行省，以中国之法治之。既而王言其非便，诏罢行省，从其国俗。至治元年复置，以高丽王兼领丞相，得自奏选属官，治沈阳，统有二府、一司、五道。

各省属官：

检校所，检校一员，从七品；书吏二人。

照磨所，照磨一员，正八品。

架阁库，管勾一员，正八品。

理问所，理问二员，正四品；副理问二员，从五品；知事一员，提控案牍一员。

都镇抚司，都镇抚一员，副都镇抚一员。

宣慰司，掌军民之务，分道以总郡县，行省有政令则布于下，郡县有请则为达于省。有边陲军旅之事，则兼都元帅府，其次则止为元帅府。其在远服，又有招讨、安抚、宣抚等使，品秩员数，各有差等。

宣慰使司，秩从二品。每司宣慰使三员，从二品；同知一员，从三品；副使一员，正四品；经历一员，从六品；都事一员，从七品；照磨兼架阁管勾一员，正九品。凡六道：山东东西道，（益都路置。）河东山西道，（大同路置。）淮东道，（扬州置。）浙东道，（庆元路置。）荆湖北道，（中兴路置。）湖南道。（天临路置。）

宣慰使司都元帅府，秩从二品，使三员，同知二员，副使二员，经历二员，知事二员，照磨兼架阁管勾一员。

广东道，（广州置。）大理金齿等处，蒙庆等处。

右二府，设官如上。唯蒙庆一府，使二员，同知、副使各一员，经历、都事亦减一员。

广西两江道，（静江路置。）海北海南道，福建道，八番顺元等处，察罕脑儿等。

右五府，宣慰使都元帅三员，副都元帅、佥都元帅事各二员，余同上。

宣慰使兼管军万户府，每府宣慰使三员，同知、副使各一员，经历一员，都事二员，照磨兼管勾一员。

曲靖等路，罗罗斯，临安广西道元江等处。

都元帅府，都元帅二员，副元帅二员，经历、知事各一员。

北庭、（隶土番宣慰司。）曲先塔林，（都元帅三员。）蒙古军，征东。（二府，都元帅各一员，副一员。）

元帅府，秩正三品，达鲁花赤一员，元帅一员，经历、知事各一员。

李店文州，帖城河里洋脱，朵甘思，常阳，岷州，积石州，洮州路，脱思马路，十八族。

右九府，唯李店文州增置同知、副元帅各一员；其余八府，隶土蕃宣慰司，设官并同。

宣抚司，秩正三品，每司达鲁花赤一员，宣抚一员，同知、副使各二员，佥事一员，计议、经历、知事各一员，提控案牍架阁一员。损益不同者，各附见于后。

广南西道，（不置副使、佥事。）丽江路，（以上隶云南省。）顺元等处，播州，思州，（以上隶湖广省。）叙南等处。（隶四川行省，不置佥事、计议。）

安抚司，秩正三品。每司达鲁花赤一员，安抚使一员，同知、副使、佥事各一员，经历、知事各一员。损益不同者，各附见于后。

师壁洞，（不置达鲁花赤。）永顺等处，散毛洞，（以上隶四川省。）罗番遏蛮军，（不置达鲁花赤。）程番武盛军，金石番太平军，卧龙番南宁州，小龙番静蛮军，（不置同知、副使。）大龙番应天府，洪番永盛军，方番河中府，芦番静海军，（不置知事。）新添葛蛮。（以上隶湖广省。）

招讨司，秩正三品，达鲁花赤一员，招讨使一员，经历一员。

土番，剌马刚等处，天全，脩不思，沿边溪洞，（以下各置副使一员，无达鲁花赤。）唆尼，诸番，征沔，长河西里管军，檐里管军，脱思马田地。

诸路万户府：

上万户府，管军七千之上。达鲁花赤一员，万户一员，俱正三品，虎符；副万户一员，从三品，虎符。

中万户府，管军五千之上。达鲁花赤一员，万户一员，俱从三品，虎符；副万户一员，正四品，金牌。

下万户府，管军三千之上。达鲁花赤一员，万户一员，俱从三品，虎符；副万户一员，从四品，金牌。其官皆世袭，有功则升之。每府设经历一员，从七品；知事一员，从八品；提控案牍一员。

镇抚司，镇抚二员，蒙古、汉人参用。上万户府正五品，中万户府从五品，俱金牌；下万户府正六品，银牌。

上千户所，管军七百之上。达鲁花赤一员，千户一员，俱从四品，金牌；副千户一员，正五品，金牌。

中千户所，管军五百之上。达鲁花赤一员，千户一员，俱正五品，金牌；副千户一员，从五品，金牌。

下千户所，管军三百之上。达鲁花赤一员，千户一员，俱从五品，金牌；副千户一员，正六品，银牌。

弹压二员，蒙古、汉人参用。上千户所从八品，中下二所正九从九品内铨注。

上百户所，百户二员，蒙古一员，汉人一员，俱从六品，银牌。

下百户所，百户一员，从七品，银牌。

儒学提举司，秩从五品。各处行省所署之地，皆置一司，统诸路、府、州、县学校祭祀教养钱粮之事，及考校呈进著述文字。每司提举一员，从五品；副提举一员，从七品；吏目一人，司吏二人。

蒙古提举学校官，秩从五品。提举一员，从五品；同提举一员，从七品。至元十八年置。惟江浙、湖广、江西三省有之，余省不置。

官医提举司，秩从六品，提举一员，同提举一员，副提举一员，掌医户差役词讼。至元二十五年置。河南、江浙、江西、湖广、陕西五省各立一司，余省并无。

两淮都转运盐使司，秩正三品。国初，两淮内附，以提举马里范章专掌盐课之事。至元十四年，始置司于扬州。使二员，正三品；同知二员，正四品；副使一员，正五品；运判二员，正六品；经历一员，从七品；知事一员，从八品；照磨一员，从九品。三十年，悉罢所辖盐司，以其属置场官。大德四年，复置批验所于真州、采石等处。

盐场二十九所，每场司令一员，从七品；司丞一员，从八品；管勾一员，从九品。办盐各有差。

吕四场，余东场，余中场，余西场，西亭场，金沙场，石垰场，掘港场，丰利场，马塘场，拼茶场，角斜场，富安场，安丰场，梁垛场，东台场，河垛场，丁溪场，小海场，草堰场，白驹场，刘庄场，五祐场，新兴场，庙湾场，莞渎场，板浦场，临洪场，徐渎浦场。

批验所，每所提领一员，正七品；大使一员，正八品；副使一员，正九品。掌批验盐引。

两浙都转运盐使司，秩正三品，使二员，同知二员，运判二员，经历、知事各一员，照磨一员。至元十四年，置司杭州。大德三年，定其产盐之地，立场有差，仍于杭州、嘉兴、绍兴、温、台等处，设检校四所，专验盐袋，毋过常度。

盐场三十四所，每所司令一员，从七品；司丞一员，从八品；管勾一员，从九品。

仁和场，许村场，西路场，下沙场，青村场，表部场，浦东场，横浦场，芦沥场，海沙场，鲍郎场，西兴场，钱清场，三江场，曹娥场，石堰场，鸣鹤场，清泉场，长山场，穿山场，岱山场，玉泉场，芦花场，大嵩场，昌国场，永嘉场，双穗场，天富南监，长林场，黄岩场，杜渎场，天富北监，长亭场，龙头场。

福建等处都转运盐使司，秩正三品，使二员，同知二员，运判二员，经历、知事各一员，照磨一员。至元十四年，始置市舶司，领煎盐征课之事。二十四年，改立盐运司。二十九年罢，立提举司。大德四年，复为运司。九年复罢，并入元帅府兼掌之。十年，复立都提举司。至大四年，复升运司，径隶行省。凡置盐场七所：

盐场七所，每所司令一员，从七品；司丞一员，从八品；管勾一员，从九品。

海口场，牛田场，上里场，惠安场，浔美场，浯洲场，洒洲场。

广东盐课提举司。至元十三年，始从广州煎办盐课。十六年，隶江西盐铁茶都转运司。二十二年，并入宣慰司。二十三年，置市舶提举司。大德四年，改广东盐课提举司。提举一员，从五品；同提举一员，从六品；副提举一员，从七品。其属附见：

盐场十三所，每所司令一员，从七品；司丞一员，从八品；管勾一员，从九品。

靖康场，归德场，东莞场，黄田场，香山场，矬峒场，双恩场，咸水场，淡水场，石桥场，隆井场，招收场，小江场。

四川茶盐转运司。成都盐井九十五处，散在诸郡山中。至元二年，置兴元四川转运司，专掌煎熬办课之事。八年罢之。十六年，复立转运司。十八年，并入四道宣慰司。十九年，复立陕西四川转运司，通辖诸课程事。二十二年，置四川茶盐运司，秩从三品，使一员，同知、副使、运判各一员，经历、知事、照磨各一员。

盐场一十二所，每所司令一员，从七品；司丞一员，从八品；管勾一员，从九品。

简盐场，隆盐场，绵盐场，潼川场，遂实场，顺庆场，保宁场，嘉定场，长宁场，绍庆场，云安场，大宁场。

广海盐课提举司，至元三十一年置，专职盐课，秩正四品。都提举二员，从四品；同提举二员，从五品；副提举二员，从六品；知事一员，提控案牍一员。

市舶提举司。至元二十三年，立盐课市舶提举司，隶广东宣慰司。三十年，立海南博易提举司。至大四年罢之，禁下番船只。延祐元年，弛其禁，改立泉州、广东、庆元三市舶提举司。每司提举二员，从五品；同提举二员，从六品；副提举二员，从七品；知事一员。

海道运粮万户府，至元二十年置，秩正三品，掌每岁海道运粮供给大都。达鲁花赤一员，万户一员，并正三品；副万户四员，从三品；经历一员，从七品；知事一员，从八品；照磨一员，从九品；镇抚二员，正五品。其属附见：

海运千户所，秩正五品。达鲁花一员，千户二员，并正五品；副千户三员，从五品。若温台，若庆元绍兴，若杭州嘉兴，若昆山崇明、常熟江阴等处，凡五所，而平江又有海运香莎糯米千户所。

诸路总管府，至元初置。二十年，定十万户之上者为上路，十万户之下者为下路，当冲要者，虽不及十万户亦为上路。上路秩正三品，达鲁花赤一员，总管一员，并正三品，兼管劝农事，江北则兼诸军奥鲁，同知、治中、判官各一员。下路秩从三品，不置治中员，而同知如治中之秩，余悉同上。至元二十三年，置推官二员，专治刑狱，下路一员。经历一员，知事一员或二员，照磨兼承发架阁一员，司吏无定制，随事繁简以为多寡之额；译史、通事各一人。其属附见：

儒学教授一员，秩九品。诸路各设一员，及学正一员、学录一员。其散府、上中州，亦设教授一员，下州设学正一员。

蒙古教授一员，正九品。

医学教授一员。

阴阳教授一员。

司狱司，司狱一员，丞一员。

平准行用库，提领、大使、副使各一员。

织染局，局使一员，副使一员。

杂造局，大使一员，副使一员。

府仓，大使一员，副使一员。

惠民药局，提领一员。

税务，提领一员，大使、副使各一员。

录事司，秩正八品。凡路府所治，置一司，以掌城中户民之事。中统二年，诏验民户，定为员数。二千户以上，设录事、司候、判官各一员；二千户以下，省判官不置。至元二十年，置达鲁花赤一员，省司候，以判官兼捕盗之事，典史一员。若城市民少，则不置司，归之倚郭县。在两京，则为警巡院。独杭州置四司，后省为左、右两司。

散府，秩正四品，达鲁花赤一员，知府或府尹一员，领劝农奥鲁与路同；同知一员，判官一员，推官一员，知事一员，提控案牍一员。所在有隶诸路及宣慰司、行省者，有直隶省部者，有统州县者，有不统县者，其制各有差等。

诸州。中统五年，并立州县，未有等差。至元三年，定一万五千户之上者为上州，六千户之上者为中州，六千户之下者为下州。江南既平，二十年，又定其地五万户之上者为上州，三万户之上者为中州，不及三万户者为下州。于是升县为州者四十有四。县户虽多，附路府者不改。上州：达鲁花赤、州尹秩从四品，同知秩正六品，判官秩正七品。中州：达鲁花赤、知州并正五品，同知从六品，判官从七品。下州：达鲁花赤、知州并从五品，同知正七品，判官正八品，兼捕盗之事。参佐官：上州，知事、提控案牍各一员；中州，吏目、提控案牍各一员；下州，吏目一员或二员。

诸县。至元三年，合并江北州县。六千户之上者为上县，二千户之上者为中县，不及二千户者为下县。二十年，又定江淮以南，三万户之上者为上县，一万户之上者为中县，一万户之下者为下县。上县，秩从六品，达鲁花赤一员，尹一员，丞一员，簿一员，尉一员，典史二员。中县，秩正七品，不置丞，余悉如上县之制。下县，秩从七品，置官如中县，民少事简之地，则以簿兼尉。后又别置尉，尉主捕盗之事，别有印。典史一员。巡检司，秩九品，巡检一员。

诸军，唯边远之地有之，各统属县，其秩如下州，其设官置吏亦如之。

诸蛮夷长官司。西南夷诸溪洞各置长官司，秩如下州，达鲁花赤、长官、副长官，参用其土人为之。

各处脱脱禾孙，掌辨使臣奸伪。正一员，从五品；副一员，正七品。

勋一十阶：

上柱国(正一品)	轻车都尉(从三品)
柱国(从一品)	上骑都尉(正四品)
上护军(正二品)	骑都尉(从四品)
护军(从二品)	骁骑尉(正五品)
上轻车都尉(正三品)	飞骑尉(从五品)

爵八等：

王(正一品)	郡侯(从三品)
郡王(从一品)	郡伯(正四品)
国公(正二品)	郡伯(从四品)
郡公(从二品)	县子(正五品)
郡侯(正三品)	县男(从五品)

右勋爵，若上柱国、郡王、国公，时有除拜者，余则止于封赠用之。

文散官四十二：

开府仪同三司	中宪大夫
仪同三司	中顺大夫(以上正四品)
特进	朝请大夫
崇进	朝散大夫
金紫光禄大夫	朝列大夫(以上从四品)
银青荣禄大夫(以上俱正一品)	奉政大夫
光禄大夫	奉议大夫(以上正五品)
荣禄大夫(以上从一品)	奉直大夫
资德大夫	奉训大夫(以上从五品)
资政大夫	承德郎
资善大夫(以上正二品)	承直郎(以上正六品)
正奉大夫	儒林郎
通奉大夫	承务郎(以上从六品)
中奉大夫(以上从二品)	文林郎
正议大夫	承事郎(以上正七品)
通议大夫	征事郎

嘉议大夫(以上正三品)
太中大夫
中大夫
亚中大夫(以上从三品,旧为少中,延祐改亚中。)
中议大夫
从事郎(以上从七品)
登仕郎
将仕郎(以上正八品)
登仕佐郎
将仕佐郎(以上从八品)

右文散官四十二阶,由一品至五品为宣授,六品至九品为敕授。敕授则中书署牒,宣授则以制命之。一品至五品者服紫,六品至七品者服绯,八品至九品者服绿,武官以下皆如之。其官常对品,惟九品无散官,则但举其职而已,武官杂职亦如之。

武散官三十四阶:

龙虎卫上将军
金吾卫上将军
骠骑卫上将军(以上正二品)
奉国上将军
辅国上将军
镇国上将军(以上从二品)
昭武大将军
昭勇大将军
昭毅大将军(以上正三品)
安远大将军
定远大将军
怀远大将军(以上从三品)
广威将军
宣威将军
明威将军(以上正四品)
信武将军
显武将军
宣武将军(以上从四品)
武节将军
武德将军(以上正五品)
武义将军
武略将军(以上从五品)
承信校尉
昭信校尉(以上正六品)
忠武校尉
忠显校尉(以上从六品)
忠勇校尉
忠翊校尉(以上正七品)
修武校尉
敦武校尉(以上从七品)
保义校尉
进义校尉(以上正八品)
保义副尉
进义副尉(以上从八品)

右武散官三十四阶,自龙虎卫上将军至进义副尉,由正二品至从八品,其除授具前。

内侍散官一十四:

中散大夫(正二品)
中引大夫(从二品)
中御大夫(正三品)
侍中大夫(从三品)
中卫大夫(正四品)
中涓大夫(从四品)
通侍郎(正五品)
通御郎(从五品)
侍直郎(正六品)
内直郎(从六品)
司谒郎(正七品)
司阍郎(从七品)
司奉郎(正八品)
司引郎(从八品)

右内侍品秩一十四阶,自中散至司引,由正二品至从八品,其除授具前。

司天散官一十四:

钦象大夫(从三品)
明时大夫
颁朔大夫(以上正四品)
保章大夫(从四品)
司玄大夫(正五品)
授时郎(从五品)
灵台郎(正六品)
候仪郎(从六品)
司正郎(正七品)
平秩郎(从七品)
正纪郎
挈壶郎(以上正八品)
司历郎
司辰郎(以上从八品)

右司天品秩一十四阶,自钦象至司辰,由从三品至从八品,其除授具前。

太医散官一十五:

保宜大夫
保康大夫(以上从三品)
保安大夫
保和大夫(以上正四品)
保顺大夫(从四品)
保冲大夫(正五品)
保全郎(从五品)
成安郎(正六品)
成和郎(从六品)
成全郎(正七品)
医正郎(从七品)
医效郎
医候郎(以上正八品)
医痊郎
医愈郎(以上从八品)

右太医品秩一十五阶,自保宜至医愈,亦由从三品至从八品,其除授具前。

教坊司散官十五:

云韶大夫
仙韶大夫(以上从三品)
长宁大夫
德和大夫(以上正四品)
协律大夫(从四品)
嘉成大夫(正五品)
纯和郎(从五品)
调音郎(正六品)
司乐郎(从六品)
协乐郎(正七品)
和乐郎(从七品)
司音郎
司律郎(以上正八品)
和声郎
和节郎(以上从八品)

右教坊品秩一十五阶,自云韶至和节,由从三品至从八品,其除授具前。

卷九十二　志第四十一下

百　官　八

元之官制,其大要具见于前,自元统、至元以来,颇有沿革增损之异。至正兵兴,四郊多垒,中书、枢密,俱有分省、分院;而行中书省、行枢密院增置之外,亦有分省、分院。自省院以及郡县,又各有添设之员。而各处总兵官以便宜行事者,承制拟授,具姓名以军功奏闻,则宣命敕牒随所索而给之,无有考核其实者。于是名爵日滥,纪纲日紊,疆宇日蹙,而遂至于亡矣。惜其掌故之文,缺轶不完,今据有司所送上者,缉而载之,以附前志,庶览者得以参考其得失治乱之概云。

中书省。元统三年七月,中书省奏请自今不置左丞相。十月,命伯颜独长台司,诏天下。至元五年十月,加右丞相伯颜为大丞相。六年十月,命脱脱为右丞相,复置左丞相。至正七年，置议事平章四人。十二年二月，以贾鲁为添设左丞。三月，以悟良哈台为添设参知政事。七月，又以杜秉彝为添设参政。八月，以哈麻为添设右丞。十三年六月，命皇太子领中书令，如旧制。十四年九月，以吕思诚为添设左丞。二十七年八月，以枢密知院蛮子为添设第三平章，以太尉帖里帖木儿为添设左丞相。

中书分省。至正十一年，置中书分省于济宁，以松寿为参知政事。十二年二月，中书右丞玉枢虎儿吐华、左丞韩大雅开分省于彰德。十四年，升济宁分省参政帖里帖木儿为平章政事，是后尝置右丞以守御焉。十五年四月，彰德分省除右丞、左丞各一员。十七年七月，以平章答兰，参政俺普、崔敬分省陵州。十一月，平章臧卜分省冀宁。十八年三月，扫地王、沙刘陷冀宁，臧卜遁。五月，王、刘北行，总兵官察罕帖木儿遣琐住院判来冀宁镇守，臧卜复回。十九年，臧卜卒。二十年正月，以右丞不花、参政王时分省冀宁。三月，铁甲韩至，分省官皆遁。二十一年，以平章答兰镇守。二十二年，答兰还京师，以左丞剌马乞剌、参政脱禾儿领分省事。二十三年三月，又以平章爱不花镇之。八月，扩廓帖木儿兵至，冀宁分省遂罢。二十七年八月，以添设平章蛮子兼知院，分省保定。九月，命太保、右丞相也速统领军马，分省山东；沙蓝答里仍中书左丞相、知枢密院，分省大同。以哈剌那海为大同分省平章，阿剌不花为参知政事。又置分省于冀宁，升冀宁总管为参政，铸印与之，凡事必咨大同分省而后行之。十月，又置分省于真定。

六部。至元三年十二月，伯颜太师等奏准，吏部考功郎中、员外郎、主事各设一员。至正元年四月，吏部置司绩一员，正七品，掌百官行止，以凭叙用荫袭。六月，中书奏准，户部事繁，见设司计四员，宜依前至元二十八年例，添设二员。十一月，吏、礼、兵、刑分为二库，户、工二部分二库，各设管勾一员。十二年正月，刑部添设尚书、侍郎、郎中、员外郎各一员。十五年十月，济宁分省置兵、刑、工、户四部。

枢密院。至正七年，知枢密院阿吉剌奏："枢密院故事，亦设议事平章二人。"有旨令复置。十三年六月，令皇太子领枢密使，如旧制。十五年四月，添设佥院一员、院判二员。

枢密分院。至正十五年三月，置枢密分院于卫辉。四月，彰德分院添设同知、副枢各一员，都事一员。直沽分院添设副枢一员、都事一员。十六年，又置分枢密院于沂州，以指挥使司隶焉。

大宗正府。至元元年闰十二月，中书省奏准，世祖时立大宗正府，至仁宗时减去大字，今宜遵世祖旧制，仍为大宗正府。至正十年十二月，大宗正府添设掌判二员。

宣文阁。至元六年十一月，罢奎章阁学士院。至正元年九月，立宣文阁，不置学士，唯授经郎及监书博士以宣文阁系衔云。

崇文监。至元六年十二月，改艺文监为崇文监。至正元年三月，奉旨，令翰林国史院领之。

详定使司。至正十七年七月，置四方献言详定使司，正三品，掌考其所陈之言，择其善者以闻于上而举行之。详定使二员，正三品；副使二员，正四品；掌书记二员，正七品。中书官提调之。

司禋监。至正元年十二月，奉旨，依世祖故事，复立司禋监，给四品印，掌师翁祭祀祈禳之事。置内监、少监、监丞各二员，知事一员，译史、令史、奏差各二名。自后复升为三品。

延徽寺。至元六年二月，中书省奉旨，依累朝故事，起盖懿璘质班皇帝斡耳朵，置延徽寺以掌之。

规运提点所。至元六年十一月，罢太禧宗禋院隆祥使司。十二月，中书奏以宗禋院所辖会福、崇祥、隆禧、寿福四总管府，并隆祥使司，俱改为规运提点所，正五品，仍添置万宁提点所一处，并隶宣政院。

诸路宝泉都提举司，至正十年十月置。其属有鼓铸局，正七品；永利库，从七品。掌鼓铸至正铜钱，印造交钞。

徽政院。元统元年十二月，依太皇太后故事，为皇太后置徽政院，设立官属三百六十有六员。

资正院。至元六年十二月，中书省奉旨为完者忽都皇后置资正院，正二品。院使六员，同知、佥院、同佥、院判各二员。首领官：经历、都事各二员，管勾、照磨各一员。将昭功万户府司属，除已罢缮工司外，集庆路钱粮并入，有司每年验数，拨付资正院。其余司属，并付资正院领之。自后正宫皇后崩，册立完者忽都为皇后，改置崇政院。

东宫官属。至正六年四月，立皇太子宫傅府，以长吉等为宫傅官，时太子犹未受册宝。至九年冬，立端本堂为皇太子学宫。置谕德一员，正二品；赞善二员，正三品；文学二员，正五品；正字二员，正七品；司经二员，正七品。十三年六月，册立皇太子，定置皇太子宾客二员，正二品；左、右谕德各一员，从二品；左、右赞善各一员，从三品；文学二员，从五品；中庶子、中允各一员，从六品。

詹事院。至正十三年六月，立詹事院，罢宫傅府。置詹事三员，从一品；同知詹事二员，正二品；副詹事二员，从二品；詹事丞二员，正三品；首领官四员，中议二员，从五品；长史二员，从六品；管勾、照磨各一员，正八品；蒙古必阇赤六人，回回掾史二人，掾史十人，知印二人，怯里马赤二人，宣使十人。其属有家令司，家令二员，正三品，二员，正四品；家丞二员，正五品；典簿二员，从七品；照磨一员，正九品。有府正司，府正二员，正三品；府丞二员，正五品；典簿二员，从七品；照磨一员，正九品。有典宝监，典宝卿二员，正三品；太监二员，从三品；少监二员，从四品；监丞二员，正五品；经历一员，从七品；知事一员，从八品；照磨一员，正九品。有仪卫司，指挥二员，从四品；副二员，从五品；知事一员，从八品。十一月，置典藏库，从五品，掌收皇太子钱帛。十七年十月，置分詹事院，詹事一员，同知、副使各一员，詹事丞二员，经历一员，都事二员，照磨兼架阁一员，断事官二员，知事一员。

大抚军院。至正二十七年八月乙巳，命皇太子总天下军马。九月，皇太子置大抚军院，从一品。知院四员，同知二员，副使一员，同佥一员。首领官：经历、都事各二员，照磨兼管勾一员。二十八年闰七月，诏罢之。

大都分府。至正十八年三月，东安、漷州、柳林日有警报，京师备御四隅，俱立大都分府。其官吏数，视都府减半。

警巡院。至正十一年七月，升左、右两巡院为正五品。十八年，又于大都在城四隅各立警巡分院，官吏视本院减半。

行中书省。至正十二年正月，江西、江浙行省皆除添设平章，陕西行省除添设右丞。闰三月，置淮南江北等处行中书省于扬州，以淮西宣慰司、两淮盐运司、扬州、淮安、徐州、唐州、安丰、蕲、黄皆隶焉。除平章二员，右丞、左丞各一员，参政二员，及首领官、属官共二十五员。为头平章，兼提调镇南王傅府事。至十一月，始铸淮南江北等处行中书省印给之。是年，江浙行省添设右丞、参政，四川行省添设参政。十六年五月，置福建等处行中书省于福州，铸印设官，一如各处行省之制。以江浙行中书省平章左答纳失里、南台中丞阿鲁温沙为福建行中书省平章政事，福建闽海道廉访使庄嘉为右丞，福建元帅吴铎为左丞，司农丞讷都赤、益都路总管卓思诚为参政。以九月至福州，罢帅府，开省署。十七年九月，置山东行省，以大司农哈剌章为平章政事，铸印与之。十八年，福建行省右丞朵歹分省建宁，参政讷都赤分省泉州。二十三年三月，置广西行中书省，以廉访使也儿吉尼为平章政事。又置胶东行省于莱阳，总制东方事。二十六年八月，置福建江西等处行中书省。

行枢密院。至元三年，伯颜右丞相奏准，于四川及湖广、江西之境，及江浙，凡三处，各置行枢密院，以镇遏好乱之民。每处设知院一员，同知、佥院、院判各一员。湖广、江西二省所辖地里险远，添设同佥一员。各院经历一员，都事二员，照磨一员，客省副使一员，断事官二员，蒙古必阇赤二人，掾史六人，宣使六人，知印、怯里马赤各一人，断事官译史一人，令史二人，怯里马赤、知印各一人，奏差二人。至四年二月，遂罢之。至正十三年五月，岭北行枢密院添设断事官二员，先已设四员，共六员。又立镇抚司，除镇抚二员。立管勾所，置管勾一员，兼照磨。后又添设佥院二员、都事一员。十五年十月，置淮南江北等处行枢密院于扬州。十二月，河南行枢密院添设院判一员。十六年三月，置江浙行枢密院于杭州，知院二员，同知二员，副枢二员，佥院二员，同佥二员，院判二员。首领官：经历、知事各一员，断事官二员，经历一员。十八年，以参政崔敬为山东等处行枢密院副使，分院于潮州，兼领屯田事。十九年八月，以察罕帖木儿为河南行省平章政事，兼河南山东等处行枢密院知院。二十六年八月，置福建江西等处行枢密院。

行御史台。至正十六年九月二十八日，命太尉纳麟为江南诸道行御史台御史大夫，以次官员，各依等第选用。是日，御史台奉旨，移置行台于绍兴。十二月，合台官属，开台署事。是年，置河南廉访司于沂州。十八年，御史台奏准，江西湖东道肃政廉访司，权于建宁路开司署事。二十二年九月，权置山北廉访司于惠州。二十三年六月，济南路复置肃政廉访司。二十五年闰十月，御史大夫完者帖木儿奏："江南诸道行御史台衙门，尝奉旨于绍兴路开设，近因道梗，湖南、湖北、广东、广西、海北、江西、福建等处，凡有文书，北至南台，风信不便，径申内台，未委事情虚实。宜于福建置分台，给降印信，俾湖南、湖北、广东、广西、海北、江西、福建各道文书，由分台以达内台，于事体为便。"有旨从之。十一月，仍置河东廉访司于冀宁。

行宣政院。元统二年正月，革罢广教总管府一十六处，置行宣政院于杭州。除院使二员，同知二员，副使二员，同佥、院判各一员。首领官：经历二员，都事、知事、照磨各一员，令史八人，译史二人，宣使八人。至元二年五月，西番寇起，置行宣政院，以也先帖木儿为院使往讨之。至正二年，江浙行宣政院设崇教所，拟行中书省理问官，秩四品，以理僧民之事。

河南山东都水监。至正六年五月，以连年河决为患，置都水监，以专疏塞之任。

行都水监。至正八年二月，河水为患，诏于济宁郓城立行都水监。九年，又立山东河南等处行都水监。十一年十二月，立河防提举司，隶行都水监，掌巡视河道，从五品。十二年正月，行都水监添设判官二员。十六年正月，又添设少监、监丞、知事各一员。

都水庸田使司。至元二年正月，置都水庸田使司于平江，既而罢之。至五年，复立。至正十二年，因海运不通，京师阙食，诏河南洼下水泊之地，置屯田八处，于汴梁添立都水庸田使司，正三品，掌种植稻田之事。庸田使二员，副使二员，佥事二员。首领官：经历、知事、照磨各一员，司吏十二人，译史二人。

都总制庸田使司。至正十年，置河南江北等处都总制庸田使司，定置都总制庸田使二员，从二品；副使二员，从三品；佥司六员，从四品。首领官：经历二员，从六品；都事二员，从七品；照磨兼管勾承发架阁一员，从八品；蒙古必阇赤、回回令使、怯里马赤、知印各一人，令史十八人，宣使十八人，壕寨十八人，典吏四人。其属官，则有军民屯田总管府，凡五处，置达鲁花赤各一员，从三品；总管各一员，正五品；同知各一员，正六品；府判各一员，从七品。首领官：经历各一员，从八品；知事各一员，从九品；提控案牍兼管勾承发架阁各一员，蒙古译史各一人，司吏各六人，典吏各二人。又有农政司，置农政一员，正五品；农丞一员，正六品；提控一员，司吏二人。又有丰盈库，置提领一员，正八品；大使、副使各一员，正九品。

分司农司。至正十三年正月，命中书右丞悟良哈台、左丞乌古孙良桢兼大司农卿，给分司农司印。西自西山，南至保定、河间，北至檀、顺州，东至迁民镇，凡系官地，及元管各处屯田，悉从分司农司立法募民佃种之。

大兵农司。至正十五年，诏有水田去处，置大兵农司，招诱夫丁，有事则乘机招讨，无事则栽植播种。所置司之处，曰保定等处大兵农使司、河间等处大兵农使司、武清等处大兵农使司、景蓟等处大兵农使司。其属，有兵农千户所，共二十四处；百户所，共四十八处；镇抚司各一。

大都督兵农司。至正十九年二月，置大都督兵农司于西京，以孛罗帖木儿领之，从其所请也。仍置分司十道，专掌屯种之事。

茶运司。元统元年十一月，复置湖广江西榷茶都转运司。

盐运司。至正二年十一月，中书省奉旨讲究盐法，奏准于杭州、嘉兴、绍兴、温台四处，各置检校批验所，直隶运司，专掌批验盐商引目，均平袋法称盘等事。每所置检校批验官一员，从六品；相副官一员，正七品。

漕运司。至元二年五月，京畿都漕运司添设提调官、运副、运判各一员。至正九年，添设海道巡防官，给降正七品印信，掌统领军人水手，防护粮船。巡防官二员，相副官二员。

防御海道运粮万户府。至正十五年七月，升台州海道巡防千户所为防御海道运粮万户府。九月，置分府于平江。

添设兵马司。至正十年十月，中书省奏："东南千里外，妖气见，合立兵马司四处，掌防御之职。"遂置大名兵马司、东平兵马司、济南兵马司、徐州兵马司。每司置都指挥、指挥各二员，副指挥各四员，经历、知事、提控案牍各一员，译史各二人，司吏各十二人，奏差各八人，贴书各二十四人，忽剌罕赤各三十人，司狱各一员，狱丞各一员。十一年，罢沂州分元帅府，改立兵马指挥使司。十五年十月，济宁兵马司添设副指挥二员。

各处宝泉提举司。至正十一年十月，置宝泉提举司于河南行省及济南、冀宁等处，凡九所。江浙、江西、湖广行省各一所。十二年三月，置铜冶场于饶州路德兴县、信州路铅山州、韶州岑水，凡三处。每所置提领一员，正八品；大使一员，从八品；副使一员，正九品；流官内铨注。直隶宝泉提举司，掌浸铜事。

湖南道宣慰使司都元帅府。至元元年六月奏准，湖南道宣慰使司兼都元帅府，总领所辖路分镇守万户军马。

邦牙等处宣慰使司都元帅府，至元四年十二月置。先是，以缅地处云南极边，就立其酋长为帅，三年一贡方物。至是来贡，故改立官府以奖异之。

永昌等处宣慰使司都元帅府。至正三年七月，中书省奏："阔端阿哈所分地方，接连西番，自脱脱木儿既没之后，无人承嗣。达达人口头匹，时被西番劫夺杀伤，深为未便。"遂定置永昌等处宣慰使司都元帅府以治之，置宣慰使三员、同知二员、副使二员。首领官：经历、知事、照磨各一员，令史十人，蒙古译史四人，知印二人，怯里马赤一人，奏差八人，典吏二人。

山东东西道宣慰使司都元帅府，至正六年十二月改立，掌开设屯田、屯驻军马之事。

荆湖北道宣慰使司都元帅府。至正十一年十一月奏准，荆湖北道宣慰使司兼都元帅府。

浙东宣慰司。至正十二年正月，添设宣慰使一员、同知一员、都事二员。

淮东等处宣慰使司都元帅府，至正十五年二月置。统率濠泗义兵万户府，并洪泽等处义兵。招诱富民，出丁壮五千名者为万户，五百名者为千户，一百名者为百户，降宣敕牌面与之，命置司于泗州天长县。

兴元等处宣慰使司都元帅府，至正十五年十二月置。

江州等处宣慰使司都元帅府，至正十六年九月奏准，宣慰使都元帅廷授，佐贰僚属，命江西行省平章政事道童、火你赤承制署之。

河南宣慰司。至正十九年十月，罢洛阳招讨军民万户府，置宣慰司，以张俊为宣慰使。

东路都蒙古军都元帅府，至正八年正月置。

分元帅府。至正八年十二月，以福建盗起，诏汀、漳二州立分元帅府，以讨捕之。十一月，命买列的开分元帅府于沂州，以镇御东海群盗。十一年正月，湖南宝庆路置分元帅府，又置宝武分元帅府。三月，置山东分元帅府于登州，提调登、莱、宁海三州三十六处海口事。十二年二月，置安东、安丰二处分元帅府。

水军元帅府。至正二十六年二月，置河淮水军元帅府于孟津县。

绍熙军民宣抚司。至元四年，因监察御史言："四川在宋时，有绍熙一府，统六州、二十县、一百五十二镇。近年雍、梁、淮甸人民，见彼中田畴广阔，开垦成业者，凡二十余万户。"省部议定，遂奏准置绍熙等处军民宣抚司。正官六员，宣抚使、同知、副使各二员。首领官三员，经历、知事、提控案牍各一员。司狱一员，蒙古、儒学教授各一员，令史八人，译吏、知印、怯里马赤各一人，奏差四人。所隶资、普、昌、隆下州四处，盘石、内江、安岳、昌元、贵平下县五处，巡检司一十三处，各设官如制。又置都总使司，命御史大夫脱脱兼都总使，治书侍御史吉当普为副都总使。至元六年十一月，中书又因台臣言裁减冗官事，遂罢绍熙军民宣抚司。

永顺宣抚司。至正十一年四月，改升永顺安抚司为宣抚司。

平缅宣抚司。至正十五年八月，以云南死可伐等降，令其子莽三入贡方物，乃置平缅宣抚司以羁縻之。

忠孝军民安抚司。至正十一年七月，革罢四川省所辖大奴管勾等洞长官司，立忠孝军民府。至十五年四月，诏改为忠孝军民安抚司。

忠义军民安抚司。至正十五年四月，罢四川羊母甲洞、臭南王洞长官司，置忠义军民安抚司。又罢盘顺府，置盘顺军民安抚司。

宣化镇南五路军民府。至正十五年四月，命于四川置立提调军民镇抚所、蛮夷军民千户所。

团练安抚劝农使司。至正十八年九月，置奉元延安等处团练安抚劝农使司于耀州，巩昌等处团练安抚劝农使司于邠州，以行省丞相朵朵、行台大夫完者帖木儿领之，各设参谋一人。每道置使二人，同知、副使各二人，检督六人，经历、知事、照磨各一人。

防御使。至正十七年正月，准山东分省咨，团结义兵，每州添设州判一员，每县添设主簿一员，诏有司正官俱兼防御使事，听宣慰使司节制。

屯田使司。至正十五年十二月，置军民屯田使司于沛县，正三品。

屯田打捕总管府。至元四年五月，升两淮屯田打捕总管府为正三品。

黎兵万户府。元统二年十月，湖广行省咨："海南僻在极边，南接占城，西邻交趾，环海四千余里，中盘百洞，黎、獠杂居，宜立万户府以镇之。"中书省奏准，依广西屯田万户府例，置黎兵万户府。万户三员，正三品。千户所一十三处，正五品。每所领百户所八处，正七品。

水军万户府。至正十三年十月，置水军都万户府于昆山州，以浙东宣慰使纳麟哈剌为正万户，宣慰使董抟霄为副万户。十四年二月，立镇江水军万户府，命江浙行省右丞佛家闾领之。十五年十月，置水军万户府于黄河小清口。

义兵万户府。至正十四年二月，诏河南、淮南两省并立义兵万户府。五月，置南阳、邓州等处毛胡芦义兵万户府，募土人为军，免其差役，令讨贼自效。先是，乡人自相团结，号毛胡芦，故因以名之。十五年四月，置汴梁等处义兵万户府。十二月，置忠义、忠勤万户府于宿州及武安州。

招讨军民万户府。至正二十年，以巩县为招讨军民万户府。二十六年三月，置嵩州军民招讨万户府。

义兵千户所。至正十年七月中书奏准，于广西平乐等古城竹山院、桑江隘、尊化乡、剌场岭，湖南道州路、武冈路、湖北靖州路等处，置义兵千户所，每所置千户一员、弹压一员、百户十员。仍于义兵内推选才勇功能，充千户、弹压、百户之职。首领官、都目各一员，于本省都吏目选内注授，并从本道帅府节制。湖南道州二处千户所，于帅府分司处设立，本司调遣。湖北靖州一处，从本省摽拨镇守调遣。总定九十六员，给降宣敕牌面印信。十三年十一月，立义兵千户水军千户所于江西。

奉使宣抚。至正五年十月，遣官分道奉使宣抚，布宣德意，询民疾苦，疏涤冤滞，蠲除烦苛，体察官吏贤否，明加黜陟。有罪者，四品以上停职申请，五品以下就便处决，民间一切兴利除害之事，悉听举行。其余必合上闻者，条具入告。两浙江东道，以江西行省左丞忽都不丁、吏部尚书何执礼为之，宣政院都事吴密为首领官。江西福建道，以云南行省右丞散散、将作院使王士弘为之，国子典簿孟昉为首领官。江南湖广道，以大都路达鲁花赤拔实、江浙参政秦从德为之，留守司都事月忽难为首领官。海北广东道，以平江路达鲁花赤左答纳失理、都水使贾惟贞为之，都水照磨杨文在为首领官。燕南山东道，以资正院使蛮子、兵部尚书李献为之，太医院都事贾鲁为首领官。河东陕西道，以兵部尚书不花、枢密院判官靳义为之，翰林应奉王继善为首领官。山北辽东道，以宣政院同知伯家奴、宣徽佥院王也速迭儿为之，工部主事明理不花为首领官。云南省，以荆湖宣慰阿乞剌、两浙盐运使杜德远为之，通政院都事杨矩为首领官。甘肃永昌道，以上都留守阿牙赤、陕西行省左丞王绅为之，沁源县尹乔逊为首领官。四川省，以大都留守答尔麻失里、河南参政王守诚为之，宣政院都事武祺为首领官。京畿道，以西台中丞定定、集贤侍讲学士苏天爵为之，太史院都事留思诚为首领官。河南江北道，以吏部尚书定僧、宣政院佥院魏景道为之，中书检校哈尔丹为首领官。至正十七年九月，诏以中书右丞也先不花、御史中丞成遵奉使宣抚彰德、大名、广平、东昌、东平、曹、濮等处，奖厉将帅。

经略使。至正十八年九月初六日，命经略使问民疾苦，招谕叛逆，果有怙终不悛，总督一应大小官吏，治兵裒粟，精练士卒，审用成算，申明纪律。先定江西、湖广、江浙、福建诸处，并力掎角，务收平复之效，不尚屠戮之威。江南各省民义，忠君亲上，姓名不能上达者，优加抚存，量才验功，授以官爵。旌表孝子顺孙、义夫节妇、高年耆德，常令有司存恤鳏寡孤独。选官二员为经略使参谋官，辟名士一人掌案牍。设行军司马一员，秩正五品，掌军律。

选举附录

科　目

元以科目取士，自延祐至元统凡七科，具见前志。既罢复兴之后，至正二年三月戊寅，廷试举人，赐拜住、陈祖仁等进士及第、进士出身、同进士出身有差，凡七十有八人。国子生员十有八人：蒙古人六名，从六品出身；色目人六名，正七品出身；汉人、南人共六名，从七品出身。五年三月辛卯，廷试举人，赐普颜不花、张士坚等进士及第、进士出身、同进士出身有差，如前科之数。国子生员亦如之。八年三月癸卯，廷试举人，赐阿鲁辉帖穆而、王宗哲等进士及第、进士出身、同进士出身有差，如前科之数。国子生员亦如之。是年四月，中书省奏准，监学生员每岁取及分生员四十人，三年应贡会试者，凡一百二十人。除例取十八人外，今后再取副榜二十人，于内蒙古、色目各四名，前二名充司钥，下二名充侍仪舍人。汉人取一十二人，前三名充学正、司乐，次四名充学录、典籍管勾，以下五名充舍人。不愿者，听其还斋。十一年三月丙辰，廷试举人，赐朵列图、文允中等进士及第、进士出身、同进士出身有差，凡八十有三人。国子生员如旧制。

十二年三月，有旨："省院台不用南人，似有偏负。天下四海之内，莫非吾民，宜依世祖时用人之法，南人有才学者，皆令用之。"自是累科南方之进士，始有为御史，为宪司官，为尚书者矣。十四年三月己巳，廷试举人，赐薛朝晤、牛继志等进士及第、进士出身、同进士出身有差，凡六十有二人。国子生员如旧制。十七年三月，廷试举人，赐倪征、王宗嗣等进士及第、进士出身、同进士出身有差，凡五十有一人。国子生员如旧制。

十九年，中书左丞成遵建言："宋自景祐以来，百五十年，虽无兵祸，常设寓试名额，以待四方游士。今淮南、河南、山东、四川、辽阳等处，及江南各省所属州县，避兵士民，会集京师。如依前代故事，别设流寓乡试之科，令避兵士民就试，许在京官员及请俸掾译史人等，系其乡里亲戚者，结罪保举，行移大都路印卷，验其人数，添差试官，别为考校，依各处元额，选合格者充之，则国有得人之效，野无遗贤之叹矣。"既而监察御史亦建言此事，中书送礼部定拟："曾经残破处所，其乡试元额，蒙古、色目、汉人、南人总计一百三十有二人。如今流寓儒人，应试名数，难同全盛之时，其寓试解额，合照依元额减半量拟，取合格蒙古、色目各十五名，汉人二十名，南人十五名，通六十有五名。”中书省奏准，如所拟行之。而是岁福建行中书省初设乡试，定取七人为额，而江西流寓福建者亦与试焉，通取十有五人，充贡于京师。而陕西行省平章政事察罕帖木儿又请：“今岁八月乡试，河南举人及避兵儒士，不拘籍贯，依河南省元额数，就陕州置贡院应试。”诏亦从之。二十年三月，廷试举人，赐买住、魏元礼等进士及第、进士出身、同进士出身有差，凡三十有五人。国子生员如旧制。二十三年三月丁未，廷试举人，赐宝宝、杨輗等进士及第、进士出身、同进士出身有差，凡六十有二人。国子生员如旧制。是年六月，中书省奏：“江浙、福建举人，涉海道以赴京，有六人者，已后会试之期，宜授以教授之职；其下第三人，亦以教授之职授之。非徒慰其跋涉险阻之劳，亦及激劝远方忠义之士。”

二十五年，皇太子抚军河东，适当大比之岁，扩廓帖木儿以江南、四川等处皆阻于兵，其乡试不废者，唯燕南、河南、山东、陕西、河东数道而已，乃启皇太子倍增乡贡之额。二十六年三月，廷试举人，赐赫德溥化、张栋等进士及第、进士出身、同进士出身有差，凡七十有三人，优其品秩，第一甲，授承直郎，正六品，第二甲，授承务郎，从六品；第三甲，授从仕郎，从七品。国子生员：蒙古七名，正六品；色目六名，从六品；汉人七名，正七品；通二十人。兵兴已后，科目取士，莫盛于斯；而元之设科，亦止于是岁云。

卷九十三　志第四十二

食货一

《洪范》八政，食为首而货次之，盖食货者养生之源也。民非食货则无以为生，国非食货则无以为用。是以古之善治其国者，不能无取于民，亦未尝过取于民，其大要在乎量入为出而已。《传》曰：“生财有大道，生之者众，食之者寡，为之者疾，用之者舒。”此先王理财之道也。后世则不然，以汉、唐、宋观之，当其立国之初，亦颇有成法，及数传之后，骄侈生焉，往往取之无度，用之无节。于是汉有告缗、算舟车之令，唐有借商、税间架之法，宋有经、总制二钱，皆掊民以充国，卒之民困而国亡，可叹也已。

元初，取民未有定制。及世祖立法，一本于宽。其用之也，于宗戚则有岁赐，于凶荒则有赈恤，大率以亲亲爱民为重，而尤惓惓于农桑一事，可谓知理财之本者矣。世祖尝语中书省臣曰：“凡赐与虽有朕命，中书其斟酌之。”成宗亦尝谓丞相完泽等曰：“每岁天下金银钞币所入几何？诸王驸马赐与及一切营建所出几何？其会计以闻。”完泽对曰：“岁入之数，金一万九千两，银六万两，钞三百六十万锭，然犹不足于用，又于至元钞本中借二十万锭矣。自今敢以节用为请。”帝嘉纳焉。世称元之治以至元、大德为首者，盖以此。

自时厥后，国用浸广。除税粮、科差二者之外，凡课之入，日增月益。至于天历之际，视至元、大德之数，盖增二十倍矣，而朝廷未尝有一日之蓄，则以其不能量入为出故也。虽然，前代告缗、借商、经总等制，元皆无之，亦可谓宽矣。其能兼有四海，传及百年者，有以也夫。故仿前史之法，取其出入之制可考者：一曰经理，二曰农桑，三曰税粮，四曰科差，五曰海运，六曰钞法，七曰岁课，八曰盐法，九曰茶法，十曰酒醋课，十有一曰商税，十有二曰市舶，十有三曰额外课，十有四曰岁赐，十有五曰俸秩，十有六曰常平义仓，十有七曰惠民药局，十有八曰市籴，十有九曰赈恤，具著于篇，作《食货志》。

经　理

经界废而后有经理，鲁之履亩，汉之核田，皆其制也。夫民之强者田多而税少，弱者产去而税存，非经理固无以去其害；然经理之制，苟有不善，则其害又将有甚焉者矣。

仁宗延祐元年，平章章闾言：“经理大事，世祖已尝行之，但其间欺隐尚多，未能尽实。以熟田为荒地者有之，惧差而析户者有之，富民买贫民田而仍其旧名输税者亦有之。由是岁入不增，小民告病。若行经理之法，俾有田之家，及各位下、寺观、学校、财赋等田，一切从实自首，庶几税入无隐，差徭亦均。”于是遣官经理。以章闾等往江浙，尚书你咱马丁等往江西，左丞陈士英等往河南，仍命行御史台分台镇遏，枢密院以军防护焉。

其法先期揭榜示民，限四十日，以其家所有田，自实于官。或以熟为荒，以田为荡，或隐占逃亡之产，或盗官田为民田，指民田为官田，及僧道以田作弊者，并许诸人首告。十亩以下，其田主及管干佃户皆杖七十七。二十亩以下，加一等。一百亩以下，一百七；以上，流窜北边，所隐田没官。郡县正官不为查勘，致有脱漏者，量事论罪，重者除名。此其大略也。

然期限猝迫，贪刻用事，富民黠吏，并缘为奸，以无为有，虚具于籍者，往往有之。于是人不聊生，盗贼并起，其弊反有甚于前者。仁宗知之，明年，遂下诏免三省自实田租。二年，时汴梁路总管塔海亦言其弊，于是命河南自实田，自延祐五年为始，每亩止科其半，汴梁路凡减二十二万余石。至泰定、天历之初，又尽革虚增之数，民始获安。今取其数之可考者，列于后云：

河南省，总计官民荒熟田一百一十八万七百六十九顷。

江西省，总计官民荒熟田四十七万四千六百九十三顷。

江浙省，总计官民荒熟田九十九万五千八十一顷。

农　桑

农桑，王政之本也。太祖起朔方，其俗不待蚕而衣，不待耕而食，初无所事焉。世祖即位之初，首诏天下，国以民为本，民以衣食为本，衣食以农桑为本。于是颁《农桑辑要》之书于民，俾民崇本抑末。其睿见英识，与古先帝王无异，岂辽、金所能比哉？

中统元年，命各路宣抚司择通晓农事者，充随处劝农官。二年，立劝农司，以陈邃、崔斌等八人为使。至元七年，立司农司，以左丞张文谦为卿。司农司之设，专掌农桑水利。仍分布劝农官及知水利者，巡行郡邑，察举勤惰。所在牧民长官提点农事，岁终第其成否，转申司农司及户部，秩满之日，注于解由，户部照之，以为殿最。又命提刑按察司加体察焉。其法可谓至矣。

是年，又颁农桑之制一十四条，条多不能尽载，载其所可法者：县邑所属村疃，凡五十家立一社，择高年晓农事者一人为之长。增至百家者，别设长一员。不及五十家者，与近村合为一社。地远人稀，不能相合，各自为社者听。其合为社者，仍择数村之中，立社长官司长以教督农民为事。凡种田者，立牌橛于田侧，书某社某人于其上，社长以时点视劝诫。不率教者，籍其姓名，以授提点官责之。其有不敬父兄及凶恶者，亦然。仍大书其所犯于门，俟其改过自新乃毁，如终岁不改，罚其代充本社夫役。社中有疾病凶丧之家不能耕种者，众为合力助之。一社之中灾病多者，两社助之。凡为长者，复其身，郡县官不得以社长与科差事。农桑之术，以备旱暵为先。凡河渠之利，委本处正官一员，以时浚治。或民力不足者，提举河渠官相其轻重，官为导之。地高水不能上者，命造水车。贫不能造者，官具材木给之。俟秋成之后，验使水之家，俾均输其直。田无水者凿井，井深不能得水者，听种区田。其有水田者，不必区种。仍以区田之法，散诸农民。种植之制，每丁岁种桑枣二十株。土性不宜者，听种榆柳等，其数亦如之。种杂果者，每丁十株，皆以生成为数，愿多种者听。其无地及有疾者不与。所在官司申报不实者，罪之。仍令各社布种苜蓿，以防饥年。近水之家，又许凿池养鱼并鹅鸭之数，及种莳莲藕、鸡头、菱角、蒲苇等，以助衣食。凡荒闲之地，悉以付民，先给贫者，次及余户。每年十月，令州县正官一员，巡视境内，有虫蝗遗子之地，多方设法除之。其用心周悉若此，亦仁矣哉！

九年，命劝农官举察勤惰。于是高唐州官以勤升秩，河南陕县尹王仔以惰降职。自是每岁申明其制。十年，令探马赤随处入社，与编民等。二十五年，立行大司农司及营田司于江南。二十八年，颁农桑杂令。是年，又以江南长吏劝课扰民，罢其亲行之制，命止移文谕之。二十九年，以劝农司并入各道肃政廉访司，增佥事二员，兼察农事。是年八月，又命提调农桑官帐册有差者，验数罚俸。故终世祖之世，家给人足。天下为户凡一千一百六十三万三千二百八十一，为口凡五千三百六十五万四千三百三十七，此其敦本之明效可睹也已。

成宗大德元年，罢妨农之役。十一年，申扰农之禁，力田者有赏，游惰者有罚，纵畜牧损禾稼桑枣者，责其偿而后罪之。由是大德之治，几于至元。然旱暵霖雨之灾迭见，饥毁荐臻，民之流移失业者亦已多矣。

武宗至大二年，淮西廉访佥事苗好谦献种莳之法。其说分农民为三等，上户地一十亩，中户五亩，下户二亩或一亩，皆筑垣墙围之，以时收采桑椹，依法种植。武宗善而行之。其法出《齐民要术》等书，兹不备录。三年，申命大司农总挈天下农政，修明劝课之令，除牧养之地，其余听民秋耕。

仁宗皇庆二年，复申秋耕之令，惟大都等五路许耕其半。盖秋耕之利，掩阳气于地中，蝗蝻遗种皆为日所曝死，次年所种，必盛于常禾也。延祐三年，以好谦所至，植桑皆有成效，于是风示诸道，命以为式。是年十一月，令各社出地，共莳桑苗，以社长领之，分给各社。四年，又以社桑分给不便，令民各畦种之。法虽屡变，而有司不能悉遵上意，大率视为具文而已。五年，大司农司臣言："廉访司所具栽植之数，书于册者，类多不实。"观此，则惰于劝课者，又不独有司为然也。致和之后，莫不申明农桑之令。天历二年，各道廉访司所察勤官内丘何主簿等凡六人，惰官濮阳裴县尹等凡四人。其可考者，盖止于此云。

税粮

元之取民，大率以唐为法。其取于内郡者，曰丁税，曰地税，此仿唐之租庸调也。取于江南者，曰秋税，曰夏税，此仿唐之两税也。

丁税、地税之法，自太宗始行之。初，太宗每户科粟二石，后又以兵食不足，增为四石。至丙申年，乃定科征之法，令诸路验民户成丁之数，每丁岁科粟一石，驱丁五升，新户丁驱各半之，老幼不与。其间有耕种者，或验其牛具之数，或验其土地之等征焉。丁税少而地税多者纳地税，地税少而丁税多者纳丁税。工匠僧道验地，官吏商贾验丁。虚配不实者杖七十，徒二年。仍命岁书其数于册，由课税所申省以闻，违者各杖一百。逮及世祖，申明旧制，于是输纳之期、收受之式、关防之禁、会计之法，莫不备焉。

中统二年，远仓之粮，命止于沿河近仓输纳，每石带收脚钱中统钞三钱，或民户赴河仓输纳者，每石折输轻赍中统钞七钱。五年，诏僧、道、也里可温、答失蛮、儒人凡种田者，白地每亩输税三升，水地每亩五升。军、站户除地四顷免税，余悉征之。至元三年，诏窎户种田他所者，其丁税于附籍之郡验丁而科，地税于种田之所验地而取。漫散之户逃于河南等路者，依见居民户纳税。八年，又定西夏中兴路、西宁州、兀剌海三处之税，其数与前僧道同。

十七年，遂命户部大定诸例：全科户丁税，每丁粟三石，驱丁粟一石，地税每亩粟三升。减半科户丁税，每丁粟一石。新收交参户，第一年五斗，第三年一石二斗五升，第四年一石五斗，第五年一石七斗五升，第六年入丁税。协济户丁税，每丁粟一石，地税每亩粟三升。随路近仓输粟，远仓每粟一石，折纳轻赍钞二两。富户输远仓，下户输近仓，郡县各差正官一员部之，每石带纳鼠耗三升，分例四升。凡粮到仓，以时收受，出给朱钞。权势之徒结揽税石者罪之，仍令倍输其数。仓官、攒典、斗脚人等飞钞作弊者，并置诸法。输纳之期，分为三限：初限十月，中限十一月，末限十二月。违者，初犯笞四十，再犯杖八十。成宗大德六年，申明税粮条例，复定上都、河间输纳之期：上都，初限次年五月，中限六月，末限七月。河间，初限九月，中限十月，末限十一月。

秋税、夏税之法，行于江南。初，世祖平宋时，除江东、浙西，其余独征秋税而已。至元十九年，用姚元之请，命江南税粮依宋旧例，折输绵绢杂物。是年二月，又用耿左丞言，令输米三之一，余并入钞以折焉。以七百万锭为率，岁得羡钞十四万锭。其输米者，止用宋斗斛，盖以宋一石当今七斗故也。二十八年，又命江淮寺观田，宋旧有者免租，续置者输税，其法亦可谓宽矣。

成宗元贞二年，始定征江南夏税之制。于是秋税止命输租，夏税则输以木绵布绢丝绵等物。其所输之数，视粮以为差。粮一石或输钞三贯、二贯、一贯，或一贯五百文、一贯七百文。输三贯者，若江浙省婺州等路、江西省龙兴等路是已。输二贯者，若福建省泉州等五路是已。输一贯五百文者，若江浙省绍兴路、福建省漳州等五路是已。皆因其地利之宜，人民之众，酌其中数而取之。其折输之物，各随时估之高下以为直，独湖广则异于是。初，阿里海牙克湖广时，罢宋夏税，依中原例，改科门摊，每户一贯二钱，盖视夏税增钞五万余锭矣。大德二年，宣慰张国纪请科夏税，于是湖、湘重罹其害。俄诏罢之。三年，又改门摊为夏税而并征之，每石计三贯四钱之上，视江浙、江西为差重云。其在官之田，许民佃种输租。江北、两淮等处荒闲之地，第三年始输。大德四年，又以地广人稀更优一年，令第四年纳税。凡官田，夏税皆不科。

泰定之初，又有所谓助役粮者。其法命江南民户有田一顷之上者，于所输税外，每顷量出助役之田，具书于册，里正以次掌之，岁收其入，以助充役之费。凡寺观田，除宋旧额，其余亦验其多寡令出田助役焉。民赖以不困，因并著于此云。

天下岁入粮数，总计一千二百十一万四千七百八石。

腹里，二百二十七万一千四百四十九石。

行省，九百八十四万三千二百五十八石。

辽阳省七万二千六十六石。

河南省二百五十九万一千二百六十九石。

陕西省二十二万九千二十三石。

四川省一十一万六千五百七十四石。

甘肃省六万五百八十六石。

云南省二十七万七千七百一十九石。

江浙省四百四十九万四千七百八十三石。

江西省一百一十五万七千四百四十八石。

湖广省八十四万三千七百八十七石。

江南三省天历元年夏税钞数，总计中统钞一十四万九千二百七十三锭三十三贯。

江浙省五万七千八百三十锭四十贯。

江西省五万二千八百九十五锭一十一贯。

湖广省一万九千三百七十八锭二贯。

科　差

科差之名有二，曰丝料，曰包银，其法各验其户之上下而科焉。丝料之法，太宗丙申年始行之。每二户出丝一斤，并随路丝线、颜色输于官；五户出丝一斤，并随路丝线、颜色输于本位。包银之法，宪宗乙卯年始定之。初汉民科纳包银六两，至是止征四两，二两输银，二两折收丝绢、颜色等物。逮及世祖，而其制益详。

中统元年，立十路宣抚司，定户籍科差条例。然其户大抵不一，有元管户、交参户、漏籍户、协济户。于诸户之中，又有丝银全科户、减半科户、止纳丝户、止纳钞户；外又有摊丝户、储也速解儿所管纳丝户、复业户，并渐成丁户。户既不等，数亦不同。元管户内，丝银全科系官户，每户输系官丝一斤六两四钱、包银四两；全科系官五户丝户，每户输系官丝一斤、五户丝六两四钱，包银之数与系官户同；减半科户，每户输系官丝八两、五户丝三两二钱、包银二两；止纳系官丝户，若上都、隆兴、西京等路十户十斤者，每户输一斤，大都以南等路十户十四斤者，每户输一斤六两四钱；止纳系官五户丝户，每户输系官丝一斤、五户丝六两四钱。交参户内，丝银户每户输系官丝一斤六两四钱、包银四两。漏籍户内，止纳丝户每户输丝之数，与交参丝银户同；止纳钞户，初年科包银一两五钱，次年递增五钱，增至四两，并科丝料。协济户内，丝银户每户输系官丝十两二钱、包银四两；止纳丝户，每户输系官丝之数，与丝银户同。摊丝户，每户科摊丝四斤。储也速解儿所管户，每户科细丝，其数与摊丝同。复业户并渐成丁户，初年免科，第二年减半，第三年全科，与旧户等。然丝料、包银之外，又有俸钞之科，其法亦以户之高下为等，全科户输一两，减半户输五钱。于是以合科之数，作大门摊，分为三限输纳。被灾之地，听输他物折焉，其物各以时估为则。凡儒士及军、站、僧、道等户皆不与。

二年，复定科差之期，丝料限八月，包银初限八月，中限十月，末限十二月。三年，又命丝料无过七月，包银无过九月。及平江南，其制益广。至元二十八年，以《至元新格》定科差法，诸差税皆司县正官监视人吏置局均科。诸夫役皆先富强，后贫弱；贫富等者，先多丁，后少丁。

成宗大德六年，又命止输丝户每户科俸钞中统钞一两，包银户每户科二钱五分，摊丝户每户科摊丝五斤八两；丝料限八月，包银、俸钞限九月，布限十月。大率因世祖之旧而增损云。

科差总数：

中统四年，丝七十一万二千一百七十一斤，钞五万六千一百五十八锭。

至元二年，丝九十八万六千九百一十二斤，包银等钞五万六千八百七十四锭，布八万五千四百一十二匹。

至元三年，丝一百五万三千二百二十六斤，包银等钞五万九千八十五锭。

至元四年，丝一百九万六千四百八十九斤，钞七万八千一百二十六锭。

天历元年，包银差发钞九百八十九锭，𧴩一百一十三万三千一百一十九索，丝一百九万八千八百四十三斤，绢三十五万五百三十四，绵七万二千一十五斤，布二十一万一千二百二十三匹。

海　运

元都于燕，去江南极远，而百司庶府之繁，卫士编民之众，无不仰给于江南。自丞相伯颜献海运之言，而江南之粮分为春夏二运。盖至于京师者一岁多至三百万余石，民无挽输之劳，国有储蓄之富，岂非一代之良法欤！

初，伯颜平江南时，尝命张瑄、朱清等，以宋库藏图籍，自崇明州从海道载入京师。而运粮则自浙西涉江入淮，由黄河逆水至中滦旱站，陆运至淇门，入御河，以达于京。后又开济州泗河，自淮至新开河，由大清河至利津，河入海，因海口沙壅，又从东阿旱站运至临清，入御河。又开胶、莱河道通海，劳费不赀，卒无成效。至元十九年，伯颜追忆海道载宋图籍之事，以为海运可行，于是请于朝廷，命上海总管罗璧、朱清、张瑄等，造平底海船六十艘，运粮四万六千余石，从海道至京师。然创行海洋，沿山求嶼，风信失时，明年始至直沽。时朝廷未知其利，是年十二月立京畿、江淮都漕运司二，仍各置分司，以督纲运。每岁令江淮漕运司运粮至中滦，京畿漕运司自中滦运至大都。二十年，又用王积翁议，令阿八赤等广开新河。然新河候潮以入，船多损坏，民亦苦之。而忙兀觯言海运之舟悉皆至焉。于是罢新开河，颇事海运，立万户府二，以朱清为中万户，张瑄为千户，忙兀觯为万户府达鲁花赤。未几，又分新河军士水手及船，于扬州、平滦两处运粮，命三省造船三千艘于济州河运粮，犹未专于海道也。

二十四年，始立行泉府司，专掌海运，增置万户府二，总为四府。是年遂罢东平河运粮。二十五年，内外分置漕运司二。其在外者于河西务置司，领接运海道粮事。二十八年，又用朱清、张瑄之请，并四府为都漕运万户府二，止令清、瑄二人掌之。其属有千户、百户等官，分为各翼，以督岁运。

至大四年，遣官至江浙议海运事。时江东宁国、池、饶、建康等处运粮，率令海船从扬子江逆流而上。江水湍急，又多石矶，走沙涨浅，粮船俱坏，岁岁有之。又湖广、江西之粮运至真州泊入海船，船大底小，亦非江中所宜。于是以嘉兴、松江秋粮，并江淮、江浙财赋府岁办粮充运。海漕之利，盖至是博矣。

凡运粮，每石有脚价钞。至元二十一年，给中统钞八两五钱，其后递减至于六两五钱。至大三年，以福建、浙东船户至平江载粮者，道远费广，通增为至元钞一两六钱，香糯一两七钱。四年，又增为二两，香糯二两八钱，稻谷一两四钱。延祐元年，斟酌远近，复增其价。福建船运糙粳米每石一十三两，温、台、庆元船运糙粳、香糯每石一十一两五钱，绍兴、浙西船每石一十一两，白粳价同，稻谷每石八两，黑豆每石依糙白粮例给焉。

初，海运之道，自平江刘家港入海，经扬州路通州海门县黄连沙头、万里长滩开洋，沿山嶼而行，抵淮安路盐城县，历西海州、海宁府东海县、密州、胶州界，放灵山洋投东北，路多浅沙，行月余始抵成山。计其水程，自上海至杨村马头，凡一万三千三百五十里。至元二十九年，朱清等言其路险恶，复开生道。自刘家港开洋，至撑脚沙转沙觜，至三沙、洋子江，过匾担沙、大洪，又过万里长滩，放大洋至青水洋，又经黑水洋至成山，过刘岛，至芝罘、沙门二岛，放莱州大洋，抵界河口，其道差为径直。明年，千户殷明略又开新道，从刘家港入海，至崇明州三沙放洋，向东行，入黑水大洋，取成山转西至刘家岛，又至登州沙门岛，于莱州大洋入界河。当舟行风信有时，自浙西至京师，不过旬日而已，视前二道为最便云。然风涛不测，粮船漂溺者无岁无之，间亦有船坏而弃其米者。至元二十三年始责偿于运官，人船俱溺者乃免。然视河漕之费，则其所得盖多矣。

岁运之数：

至元二十年，四万六千五十石，至者四万二千一百七十二石。二十一年，二十九万五百石，至者二十七万五千六百一十石。二十二年，一十万石，至者九万七百七十一石。二十三年，五十七万八千五百二十石，至者四十三万三千九百五石。二十四年，三十万石，至者二十九万七千五百四十六石。二十五年，四十万石，至者三十九万七千六百五十五石。二十六年，九十三万五千石，至者九十一万九千九百四十三石。二十七年，一百五十九万五千石，至者一百五十一万三千八百五十六石。二十八年，一百五十二万七千二百五十石，至者一百二十八万一千六百一十五石。二十九年，一百四十万七千四百石，至者一百三十六万一千五百一十三石。三十年，九十万八千石，至者八十八万七千五百九十一石。三十一年，五十一万四千五百三十三石，至者五十万三千五百三十四石。

元贞元年，三十四万五百石。二年，三十四万五百石，至者三十三万七千二十六石。

大德元年，六十五万八千三百石，至者六十四万八千一百三十六石。二年，七十四万二千七百五十一石，至者七十万五千九百五十四石。三年，七十九万四千五百石。四年，七十九万五千五百石，至者七十八万八千九百一十八石。五年，七十九万六千五百二十八石，至者七十六万九千六百五十石。六年，一百三十八万三千八百八十三石，至者一百三十二万九千一百四十八石。七年，一百六十五万九千四百九十一石，至者一百六十二万八千五百八石。八年，一百六十七万二千九百九石，至者一百六十六万三千三百一十三石。九年，一百八十四万三千三石，至者一百七十九万五千三百四十七石。十年，一百八十万八千一百九十九石，至者一百七十九万七千七十八石。十一年，一百六十六万五千四百二十二石，至者一百六十四万四千六百七十九石。

至大元年，一百二十四万一百四十八石，至者一百二十万二千五百三石。二年，二百四十六万四千二百四石，至者二百三十八万六千三百石。三年，二百九十二万六千五百三十三石，至者二百七十一万六千九百十三石。四年，二百八十七万三千二百一十二石，至者二百七十七万三千二百六十六石。

皇庆元年，二百八万三千五百五石，至者二百六万七千六百七十二石。二年，二百三十一万七千二百二十八石，至者二百一十五万八千六百八十五石。

延祐元年，二百四十万三千二百六十四石，至者二百三十五万六千六百六石。二年，二百四十三万五千六百八十五石，至者二百四十二万二千五百五石。三年，二百四十五万八千五百一十四石，至者二百四十三万七千七百四十一石。四年，二百三十七万五千三百四十五石，至者二百三十六万八千一百一十九石。五年，二百五十五万三千七百一十四石，至者二百五十四万三千六百一十一石。六年，三百二万一千五百八十五石，至者二百九十八万六千一十七石。七年，三百二十六万四千六石，至者三百二十四万七千九百二十八石。

至治元年，三百二十六万九千四百五十一石，至者三百二十三万八千七百六十五石。二年，三百二十五万一千一百四十石，至者三百二十四万六千四百八十三石。三年，二百八十一万一千七百八十六石，至者二百七十九万八千六百一十三石。

泰定元年，二百八万七千二百三十一石，至者二百七万七千二百七十八石。二年，二百六十七万一千一百八十四石，至者二百六十三万七千五十一石。三年，三百三十七万五千七百八十四石，至者三百三十五万一千三百六十二石。四年，三百一十五万二千八百二十石，至者三百一十三万七千五百三十二石。

天历元年，三百二十五万五千二百二十石，至者三百二十一万五千四百二十四石。二年，三百五十二万二千一百六十三石，至者三百三十四万三百六石。

钞　法

钞始于唐之飞钱、宋之交会、金之交钞。其法以物为母，钞为子，子母相权而行，即《周官》质剂之意也。元初仿唐、宋、金之法，有行用钞，其制无文籍可考。

世祖中统元年，始造交钞，以丝为本。每银五十两易丝钞一千两，诸物之直，并从丝例。是年十月，又造中统元宝钞。其文以十计者四：曰一十文、二十文、三十文、五十文。以百计者三：曰一百文、二百文、五百文。以贯计者二：曰一贯文、二贯文。每一贯同交钞一两，两贯同白银一两。又以文绫织为中统银货。其等有五：曰一两、二两、三两、五两、十两。每一两同白银一两，而银货盖未及行云。五年，设各路平准库，主平物价，使相依准，不至低昂，仍给钞一万二千锭，以为钞本。至元十二年，添造厘钞。其例有三：曰二文、三文、五文。初，钞印用木为版，十三年铸铜易之。十五年，以厘钞不便于民，复命罢印。

然元宝、交钞行之既久，物重钞轻。二十四年，遂改造至元钞，自二贯至五文，凡十有一等，与中统钞通行。每一贯文当中统钞五贯文。依中统之初，随路设立官库，贸易金银，平准钞法。每花银一两，入库其价至元钞二贯，出库二贯五分，赤金一两，入库二十贯，出库二十贯五百文。伪造钞者处死，首告者赏钞五锭，仍以犯人家产给之。其法为最善。

至大二年，武宗复以物重钞轻，改造至大银钞，自二两至二厘定为一十三等。每一两准至元钞五贯，白银一两，赤金一钱。元之钞法，至是盖三变矣。大抵至元钞五倍于中统，至大钞又五倍于至元。然未及期年，仁宗即位，以倍数太多，轻重失宜，遂有罢银钞之诏。而中统、至元二钞，终元之世，盖常行焉。

凡钞之昏烂者，至元二年，委官就交钞库，以新钞倒换，除工墨三十文。三年，减为二十文。二十二年，复增如故。其贯伯分明，微有破损者，并令行用，违者罪之。所倒之钞，每季各路就令纳课正官，解赴省部焚毁，隶行省者就焚之。大德二年，户部定昏钞为二十五样。泰定四年，又定焚毁之所，皆以廉访司官监临，隶行省者，行省官同监。其制之大略如此。

若钱，自九府圜法行于成周，历代未尝或废。元之交钞、宝钞虽皆以钱为文，而钱则弗之铸也。武宗至大三年，初行钱法，立资国院、泉货监以领之。其钱曰至大通宝者，一文准至大银钞一厘；曰大元通宝者，一文准至大通宝钱一十文。历代铜钱，悉依古例，与至大钱通用。其当五、当三、折二，并以旧数用之。明年，仁宗复下诏，以鼓铸弗给，新旧资用，其弊滋甚，与银钞皆废不行，所立院、监亦皆罢革，而专用至元、中统钞云。

岁印钞数：

中统元年，中统钞七万三千三百五十二锭。二年，中统钞三万九千一百三十九锭。三年，中统钞八万锭。四年，中统钞七万四千锭。

至元元年，中统钞八万九千二百八锭。二年，中统钞一十一万六千二百八锭。三年，中统钞七万七千二百五十二锭。四年，中统钞一十万九千四百八十八锭。五年，中统钞二万九千八百八十锭。六年，中统钞二万二千八百九十六锭。七年，中统钞九万六千七百六十八锭。八年，中统钞四万七千锭。九年，中统钞八万六千二百五十六锭。十年，中统钞一十一万一百九十二锭。十一年，中统钞二十四万七千四百四十锭。十二年，中统钞三十九万八千一百九十四锭。十三年，中统钞一百四十一万九千六百六十五锭。十四年，中统钞一百二万一千六百四十五锭。十五年，中统钞一百二万三千四百锭。十六年，中统钞七十八万八千三百二十锭。十七年，中统钞一百一十三万五千八百锭。十八年，中统钞一百九万四千八百锭。十九年，中统钞九十六万九千四百四十四锭。二十年，中统钞六十一万六百二十锭。二十一年，中统钞六十二万九千九百四锭。二十二年，中统钞二百四万三千八十锭。二十三年，中统钞二百一十八万一千六百锭。二十四年，中统钞八万三千二百锭，至元钞一百万一千一十七锭。二十五年，至元钞九十二万一千六百一十二锭。二十六年，至元钞一百七十八万九十三锭。二十七年，至元钞五十万二百五十锭。二十八年，至元钞五十万锭。二十九年，至元钞五十万锭。三十年，至元钞二十六万锭。三十一年，至元钞一十九万三千七百六锭。

元贞元年，至元钞三十一万锭。二年，至元钞四十万锭。

大德元年，至元钞四十万锭。二年，至元钞二十九万九千九百一十锭。三年，至元钞九十万七十五锭。四年，至元钞六十万锭。五年，至元钞五十万锭。六年，至元钞二百万锭。七年，至元钞一百五十万锭。八年，至元钞五十万锭。九年，至元钞五十万锭。十年，至元钞一百万锭。十一年，至元钞一百万锭。

至大元年，至元钞一百万锭。二年，至元钞一百万锭。三年，至大银钞一百四十五万三百六十八锭。四年，至元钞二百一十五万锭，中统钞一十五万锭。

皇庆元年，至元钞二百二十二万二千三百三十六锭，中统钞一十万锭。二年，至元钞二百万锭，中统钞二十万锭。

延祐元年，至元钞二百万锭，中统钞一十万锭。二年，至元钞一百万锭，中统钞一十万锭。三年，至元钞四十万锭，中统钞一十万锭。四年，至元钞四十八万锭，中统钞一十万锭。五年，至元钞四十万锭，中统钞一十万锭。六年，至元钞一百四十八万锭，中统钞一十万锭。七年，至元钞一百四十八万锭，中统钞一十万锭。

至治元年，至元钞一百万锭，中统钞五万锭。二年，至元钞八十万锭，中统钞五万锭。三年，至元钞七十万锭，中统钞五万锭。

泰定元年，至元钞六十万锭，中统钞一十五万锭。二年，至元钞四十万锭，中统钞一十万锭。三年，至元钞四十万锭，中统钞一十万锭。四年，至元钞四十万锭，中统钞一十万锭。

天历元年，至元钞三十一万九百二十锭，中统钞三万五百锭。二年，至元钞一百一十九万二千锭，中统钞四万锭。

卷九十四　志第四十三

食货二

岁课

山林川泽之产，若金、银、珠、玉、铜、铁、水银、朱砂、碧甸子、铅、锡、矾、硝、碱、竹、木之类，皆天地自然之利，有国者之所必资也，而或以病民者有之矣。元兴，因土人呈献，而定其岁入之课，多者不尽收，少者不强取，非知理财之道者，能若是乎？

产金之所，在腹里曰益都、檀、景，辽阳省曰大宁、开元，江浙省曰饶、徽、池、信，江西省曰龙兴、抚州，湖广省曰岳、澧、沅、靖、辰、潭、武冈、宝庆，河南省曰江陵、襄阳，四川省曰成都、嘉定，云南省曰威楚、丽江、大理、金齿、临安、曲靖、元江、罗罗、会川、建昌、德昌、柏兴、乌撒、东川、乌蒙。

产银之所，在腹里曰大都、真定、保定、云州、般阳、晋宁、怀孟、济南、宁海，辽阳省曰大宁，江浙省曰处州、建宁、延平，江西省曰抚、瑞、韶，湖广省曰兴国、郴州，河南省曰汴梁、安丰、汝宁，陕西省曰商州，云南省曰威楚、大理、金齿、临安、元江。

产珠之所，曰大都，曰南京，曰罗罗，曰水达达，曰广州。

产玉之所，曰于阗，曰匪力沙。

产铜之所，在腹里曰益都，辽阳省曰大宁，云南省曰大理、澄江。

产铁之所，在腹里曰河东、顺德、檀、景、济南，江浙省曰饶、徽、宁国、信、庆元、台、衢、处、建宁、兴化、邵武、漳、福、泉，江西省曰龙兴、吉安、抚、袁、瑞、赣、临江、桂阳，湖广省曰沅、潭、衡、武冈、宝庆、永、全、常宁、道州，陕西省曰兴元，云南省曰中庆、大理、金齿、临安、曲靖、澄江、罗罗、建昌。

产朱砂、水银之所，在辽阳省曰北京，湖广省曰沅、潭，四川省曰思州。

产碧甸子之所，曰和林，曰会川。

产铅、锡之所，在江浙省曰铅山、台、处、建宁、延平、邵武，江西省曰韶州、桂阳，湖广省曰潭州。

产矾之所，在腹里曰广平、冀宁，江浙省曰铅山、邵武，湖广省曰潭州，河南省曰庐州、河南。

产硝、碱之所，曰晋宁。若竹、木之产，所在有之，不可以所言也。

初，金课之兴，自世祖始。其在益都者，至元五年，命于从刚、高兴宗以漏籍民户四千，于登州栖霞县淘焉。十五年，又以淘金户二千签军者，付益都、淄莱等路淘金总管府，依旧淘金。其课于太府监输纳。在辽阳者，至元十年，听李德仁于龙山县胡碧峪淘采，每岁纳课金三两。十三年，又于辽东双城及和州等处采焉。在江浙者，至元二十四年，立提举司，以建康等处淘金夫凡七千三百六十五户隶之，所辖金场凡七十余所。未几以建康无金，革提举司，罢淘金户，其徽、饶、池、信之课，皆归之有司。在江西者，至元二十三年，抚州乐安县小曹周岁办金一百两。在湖广者，至元二十年，拨常德、澧、辰、沅、靖民万户，付金场转运司淘焉。在四川者，元贞元年，以其病民罢之。在云南者，至元十四年，诸路总纳金一百五锭。此金课之兴革可考者然也。

银在大都者，至元十一年，听王庭璧于檀州奉先等洞采之。十五年，令关世显等于蓟州丰山采之。在云州者，至元二十七年，拨民户于望云煽炼，设从七品官掌之。二十八年，又开聚阳山银场。二十九年，遂立云州等处银场提举司。在辽阳者，延祐四年，惠州银洞三十六眼，立提举司办课。在江浙者，至元二十一年，建宁南剑等处立银场提举司煽炼。在湖广者，至元二十三年，韶州路曲江县银场听民煽炼，每年输银三千两。在河南者，延祐三年，李允直包罗山县银场，课银三锭。四年，李珪等包霍丘县豹子崖银洞，课银三十锭，其所得矿，大抵以十分之三输官。此银课之兴革可考者然也。

珠在大都者，元贞元年，听民于杨村、直沽口捞采，命官买之。在南京者，至元十一年，命灭怯、安山等于宋阿江、阿爷苦江、忽吕古江采之。在广州者，采于大步海。他如兀难、曲朵剌、浑都忽三河之珠，至元五年，徙凤哥等户捞焉。胜州、延州、乃延等城之珠，十三年，命朵鲁不解等捞焉。此珠课之兴革可考者然也。

玉在匪力沙者，至元十一年，迷儿、麻合马、阿里三人言，淘玉之户旧有三百，经乱散亡，存者止七十户，其力不充，而匪力沙之地旁近有民户六十，每同淘焉。于是免其差徭，与淘户等所淘之玉，于忽都、胜忽儿、舍里甫丁三人所立水站，递至京师。此玉课之兴革可考者然也。

铜在益都者，至元十六年，拨户一千，于临朐县七宝山等处采之。在辽阳者，至元十五年，拨采木夫一千户，于锦、瑞州鸡山、巴山等处采之。在澄江者，至元二十二年，拨漏籍户于萨矣山煽炼，凡一十有一所。此铜课之兴革可考者然也。

铁在河东者，太宗丙申年，立炉于西京州县，拨冶户七百六十煽焉。丁酉年，立炉于交城县，拨冶户一千煽焉。至元五年，始立洞冶总管府。七年罢之。十三年，立平阳等路提举司。十四年又罢之。其后废置不常。大德十一年，听民煽炼，官为抽分。至武宗至大元年，复立河东都提举司掌之。所隶之冶八：曰大通，曰兴国，曰惠民，曰利国，曰益国，曰闰富，曰丰宁，丰宁之冶盖有二云。在顺德等处者，至元三十一年，拨冶户六千煽焉。大德元年，设都提举司掌之，其后亦废置不常。至延祐六年，始罢两提举司，并为顺德广平彰德等处提举司。所隶之冶六：曰神德，曰左村，曰丰阳，曰临水，曰沙窝，曰固镇。在檀、景等处者，太宗丙申年，始于北京拨户煽焉。中统二年，立提举司掌之，其后亦废置不常。大德五年，始并檀、景三提举司为都提举司，所隶之冶有七：曰双峰，曰暗峪，曰银崖，曰大峪，曰五峪，曰利贞，曰锥山。在济南等处者，中统四年，拘漏籍户三千煽焉。至元五年，立洞冶总管府，其后亦废置不常。至至大元年，复立济南都提举司，所隶之监有五：曰宝成，曰通和，曰昆吾，曰元国，曰富国。其在各省者，独江浙、江西、湖广之课为最多。凡铁之等不一，有生黄铁，有生青铁，有青瓜铁，有简铁，每引二百斤。此铁课之兴革可考者然也。

朱砂、水银在北京者，至元十一年，命蒙古都喜以恤品人户于吉思迷之地采炼。在湖广者，沅州五寨萧雷发等每年包纳朱砂一千五百两，罗管赛包纳水银二千二百四十两。潭州安化县每年办朱砂八十两、水银五十两。碧甸子在和林者，至元十年，命乌马儿采之。在会川者，二十一年，输一千余块。此朱砂、水银、碧甸子课之兴革可考者然也。

铅、锡在湖广者，至元八年，辰、沅、靖等处转运司印造锡引，每引计锡一百斤，官收钞三百文，客商买引，赴各冶支锡贩卖。无引者，比私盐减等杖六十，其锡没官。此铅、锡课之兴革可考者然也。

矾在广平者，至元二十八年，路鹏举献磁州武安县矾窑一十所，周岁办白矾三千斤。在潭州者，至元十八年，李日新自具工本，于浏阳永兴矾场煎烹，每十斤官抽其二。在河南者，二十四年，立矾课所于无为路，每矾一引重三十斤，价钞五两。此矾课之兴革可考者然也。

竹之所产虽不一，而腹里之河南、怀孟，陕西之京兆、凤翔，皆有在官竹园。国初，皆立司竹监掌之，每岁令税课所官以时采斫，定其价为三等，易于民间。至元四年，始命制国用使司印造怀孟等路司竹监竹引一万道，每道取工墨一钱，凡发卖皆给引。至二十二年，罢司竹监，听民自卖输税。明年，又用郭畯言，于卫州复立竹课提举司，凡辉、怀、嵩、洛、京襄、益都、宿、蕲等处竹货皆隶焉。在官者办课，在民者输税。二十三年，又命陕西竹课提领司差官于辉、怀办课。二十九年，丞相完泽言："怀孟竹课，频年斫伐已损。课无所出，科民以输。宜罢其课，长养数年。"世祖从之。此竹课之兴革可考者也。若夫硝、碱、木课，其兴革无籍可考，故不著焉。

天历元年岁课之数：

金课：

腹里，四十锭四十七两三钱。

江浙省，一百八十锭一十五两一钱。

江西省，二锭四十两五钱。

湖广省，八十锭二十两一钱。

河南省，三十八两六钱。

四川省，麸金七两二钱。

云南省，一百八十四锭一两九钱。

银课：

腹里，一锭二十五两。

江浙省，一百一十五锭三十九两二钱。

江西省，四百六十二锭三两五钱。

湖广省，二百三十六锭九两。

云南省，七百三十五锭三十四两三钱。

铜课：

云南省二千三百八十斤。

铁课：

江浙省，额外铁二十四万五千八百六十七斤，课钞一千七百三锭一十四两。

江西省，二十一万七千四百五十斤，课钞一百七十六锭二十四两。

湖广省，二十八万二千五百九十五斤。

河南省，三千九百三十斤。

陕西省，一万斤。

云南省，一十二万四千七百一斤。

铅锡课：

江浙省，额外铅粉八百八十七锭九两五钱，铅丹九锭四十二两二钱，黑锡二十四锭一十两二钱。

江西省，锡一十七锭七两。

湖广省，铅一千七百九十八斤。

矾课：

腹里，三十三锭二十五两八钱。

江浙省，额外四十二两五钱。

河南省，额外二千四百一十四锭三十三两一钱。

硝碱课：

晋宁路，二十六锭七两四钱。

竹木课：

腹里，木六百七十六锭一十五两四钱，额外木七十三锭二十五两三钱；竹二锭四十两，额外竹一千一百三锭二两二钱。

江浙省，额外竹木九千三百五十五锭二十四两。

江西省，额外竹木五百九十锭二十三两三钱。

河南省，竹二十六万九千六百九十五竿，板木五万八千六百条，额外竹木一千七百四十八锭三十两一钱。

盐　法

国之所资，其利最广者莫如盐。自汉桑弘羊始榷之，而后世未有遗其利者也。元初，以酒醋、盐税、河泊、金、银、铁冶六色，取课于民，岁定白银万锭。太宗庚寅年，始行盐法，每盐一引重四百斤，其价银一十两。世祖中统二年，减银为七两。至元十三年既取宋，而江南之盐所入尤广，每引改为中统钞九贯。二十六年，增为五十贯。元贞丙申，每引又增为六十五贯。至大己酉至延祐乙卯，七年之间，累增为一百五十贯。凡伪造盐引者皆斩，籍其家产，付告人充赏。犯私盐者徒二年，杖七十，止籍其财产之半；有首告者，于所籍之内以其半赏之。行盐各有郡邑，犯界者减私盐罪一等，以其盐之半没官，半赏告者。然岁办之课，难易各不同。有因自凝结而取者，解池之颗盐也。有煮海而后成者，河间、山东、两淮、两浙、福建等处之末盐也。惟四川之盐出于井，深者数百尺，汲水煮之，视他处为最难。今各因其所产之地言之。

大都之盐：太宗丙申年，初于白陵港、三叉沽、大直沽等处置司，设熬煎办，每引有工本钱。世祖至元二年，又增宝坻三盐场，灶户工本，每引为中统钞三两，与清、沧等。八年，以大都民户多食私盐，因亏国课，验口给以食盐。十九年，罢大都及河间、山东三盐运司，设户部尚书、员外郎各一员，别给印，令于大都置局卖引，盐商买引，赴各场关盐发卖。每岁灶户工本，省台遣官逐季分给之。十九年，改立大都芦台越支三叉沽盐使司一。二十五年，复立三叉沽、芦台、越支三盐使司。二十八年，增灶户工本，每引为中统钞八两。二十九年，以岁饥减盐课一万引，入京兆盐运司添办。大德元年，遂罢大都盐运司，并入河间。

河间之盐：太宗庚寅年，始立河间税课所，置盐场，拨灶户二千三百七十六隶之，每盐一袋，重四百斤。甲午年，立盐运司。庚子年，改立提举盐榷所，岁办三万四千七百袋。癸卯年，改立提举沧清盐课使所，岁办盐九万袋。定宗四年，改真定河间等路课程所为提举盐榷沧清盐使所。宪宗二年，又改河间课程所为提举沧清深盐使所。八年，每袋增盐至四百五十斤。世祖中统元年，改立宣抚司提领沧清深盐使所。四年，改沧清深盐提领所为转运司。是年，办银七千六十五锭，米三万三千三百余石。至元元年，又增三之一焉。二年，改立河间都转运司，岁办九万五千袋。七年，始定例岁煎盐十万引，办课银一万锭。十二年，改立都转运使司，添灶户九百余，增盐课二十万引。十八年，以河间灶户劳苦，增工本为中统钞三贯。是年，又增灶户七百八十六。十九年，罢河间都转运司，改立清、沧盐使司二。二十二年，复立河间等路都转运盐使司，增盐课为二十九万六百引。二十三年，改立河间都转运司，通办盐酒税课。二十五年，增工本为中统钞五贯。二十七年，增灶户四百七十，办盐三十五万引。至大元年，又增至四十五万引。延祐元年，以亏课，停煎五万引。自是至天历，皆岁办四十万引，所隶之场，凡二十有二。

山东之盐：太宗庚寅年，始立益都课税所，拨灶户二千一百七十隶之，每银一两，得盐四十斤。甲午年，立山东盐运司。中统元年，岁办银二千五百锭。三年，命课税隶山东都转运司。四年，令益都山东民户，月买食盐三斤；灶户逃亡者，招民户补之。是岁，办银三千三百锭。至元二年，改立山东转运司，办课银四千六百锭一十九两。是年，户部造山东盐引。六年，增岁办盐为七万一千九百九十八引，自是每岁增之。至十二年，改立山东都转运司，岁办盐一十四万七千四百八十七引。十八年，增灶户七百，又增盐为一十六万五千四百八十七引，灶户工本钱亦增为中统钞三贯。二十三年，岁办盐二十七万一千七百四十二引。二十六年，减为二十二万引。大德十年，又增为二十五万引。至大元年之后，岁办正、余盐为三十一万引，所隶之场，凡一十有九。

河东之盐：出解州盐池，池方一百二十里，每岁五月，场官伺池盐生结，令夫搬 摝盐花。其法必值亢阳，池盐方就，或遇阴雨，则不能成矣。太宗庚寅年，始立平阳府征收课税所，从实办课，每盐四十斤，得银一两。癸巳年，拨新降户一千，命盐使姚行简等修理盐池损坏处所。宪宗壬子年，又增拨一千八十五户，岁捞盐一万五千引，办课银三千锭。世祖中统二年，初立陕西转运司，仍置解盐司于路村。三年，以太原民户自煎小盐，岁办课银一百五十锭。五年，又增小盐课银为二百五十锭。至元三年，谕陕西四川，以所办盐课赴行制国用使司输纳，盐引令制国用使司给降。四年，立陕西四川转运司。六年，立太原提举盐使司，直隶制国用使司。十年，命捞盐户九百八十余，每丁捞盐一石，给工价钞五钱。岁办盐六万四千引，计中统钞一万一千五百二十锭。二十三年，改立陕西都转运司，兼办盐、酒、醋、竹等课。二十九年，减大都盐课一万引，入京兆盐司添办。是年五月，又革京兆盐司一，止存盐运司。大德十一年，增岁额为八万二千引。至大元年，又增煎余盐为二万引，通为一十万二千引。延祐三年，以池为雨所坏，止办课钞八万二千余锭。于是晋宁、陕西之民改食常仁红盐，怀孟、河南之民改食沧盐。五年，乃免河南、怀孟、南阳三路今岁陕西盐课，仍授盐运使暨所临路府州县正官兼知渠堰事，责以疏通壅塞。六年，改陕西运司为河东解盐等处都转运盐使司，直隶中书省。十月，罢陕西行省所委巡盐官六十八员，添设通判一员，别铸分司印二。又罢捞盐提领二十员，改立提领所二，增余盐五百料。是年，实捞盐一十八万四千五百引。天历二年，办课钞三十九万五千三百九十五锭。

四川之盐：为场凡一十有二，为井凡九十有五，在成都、夔府、重庆、叙南、嘉定、顺庆、潼川、绍庆等路万山之间。元初，设拘摧课税所，分拨灶户五千九百余隶之，从实办课。后为盐井废坏，四川军民多食解盐。至元二年，立兴元四川盐运司，修理盐井，仍禁解盐不许过界。八年，罢四川茶盐运司。十六年，复立之。十八年，并盐课入四川道宣慰司。十九年，复立陕西四川转运司，通办盐课。二十二年，改立四川盐茶运司，分京兆运司为二，岁煎盐一万四百五十一引。二十六年，一万七千一百五十二引。皇庆元年，以灶户艰辛，减煎余盐五千引。天历二年，办盐二万八千九百一十引，计钞八万六千七百三十锭。

辽阳之盐：太宗丁酉年，始命北京路征收课税所，以大盐泊硬盐立随车随引载盐之法，每盐一石，价银七钱半，带纳匠人米五升。癸卯年，合懒路岁办课白布二千匹，恤品路布一千匹。至元四年，立开元等路运司。五年，禁东京懿州乞石儿硬盐，不许过涂河界。是年，谕各位下盐课如例输纳。二十四年，滦州四处盐课，旧纳羊一千者，亦令如例输钞。延祐二年，又命食盐人户，岁办课钞，每两率加五焉。

两淮之盐：至元十三年命提举马里范张依宋旧例办课，每引重三百斤，其价为中统钞八两。十四年，立两淮都转运使司，每引始改为四百斤。十六年，额办五十八万七千六百二十三引。十八年，增为八十万引。二十六年，减一十五万引。三十年，以襄阳民改食扬州盐，又增八千二百引。大德四年，谕两淮盐运司设关防之法，凡盐商经批验所发卖者，所官收批引牙钱，其不经批验所者，本仓就收之。八年，以灶户艰辛，遣官究议，停煎五万余引。天历二年，额办正余盐九十五万七十五引，计中统钞二百八十五万二百二十五锭，所隶之场凡二十有九，其工本钞亦自四两递增至十两云。

两浙之盐：至元十四年，立运司，岁办九万二千一百四十八引。每引分作二袋，每袋依宋十八界会子，折中统钞九两。十八年，增至二十一万八千五百六十二引。十九年，每引于旧价之上增钞四贯。二十一年，置常平局，以平民间盐价。二十三年，增岁办为四十五万引。二十六年，减十万引。三十年，置局卖盐鱼盐于海滨渔所。三十一年，并煎盐地四十四所为三十四场。大德三年，立两浙盐运司检校所四。五年，增额为四十万引。至大元年，又增余盐五万引。延祐六年，罢四检校所，立嘉兴、绍兴等处盐仓官，三十四场各场盐运官一员，岁办五十万引。七年，各运司盐课以十分为率，收白银一分，每银一锭，准盐课四十锭。其工本钞，浙西一十一场正盐每引递增至二十两，余盐至二十五两；浙东二十三场正盐每引递增至二十五两，余盐至三十两云。

福建之盐：至元十三年，始收其课，为盐六千五十五引。十四年，立市舶司，兼办盐课。二十年，增至五万四千二百引。二十四年，改立福建等处转运盐使司，岁办盐六万引。二十九年，罢福建盐运司及盐使司，改立福建盐课提举司，增盐为七万引。大德四年，复立盐运司。九年，又罢之，并入本道宣慰司。十年，又立盐课都提举司，增盐至十万引。至大元年，又增至十三万引。四年，改立福建盐运司。至顺元年，实办课三十八万七千七百八十三锭。其工本钞，煎盐每引递增至二十贯，晒盐每引至一十七贯四钱。所隶之场有七。

广东之盐：至元十三年，克广州，因宋之旧，立提举司，从实办课。十六年，立江西盐铁茶都转运司，所辖盐使司六，各场立管勾。是年，办盐六百二十一引。二十二年，分江西盐隶广东宣慰司，岁办一万八百二十五引。二十三年，并广东盐司及市舶提举司为广东盐课市舶提举司，每岁办盐一万一千七百二十五引。大德四年，增至正余盐二万一千九百八十二引。十年，又增至三万引。十一年，三万五千五百引。至大元年，又增余盐一万五千引。延祐二年，岁煎五万五百引。五年，又增至五万五百五十二引。所隶之场凡十有三。

广海之盐：至元十三年，初立广海盐课提举司，办盐二万四千引。三十年，又立广西石康盐课提举司。大德十年，增一万一千引。至大元年，又增余盐一万五千引。延祐二年，正余盐通为五万一百六十五引。

凡天下一岁总办之数，唯天历为可考，今并著于后：

盐，总二百五十六万四千余引。

盐课钞，总七百六十六万一千余锭。

茶　法

榷茶始于唐德宗，至宋遂为国赋，额与盐等矣。元之茶课，由约而博，大率因宋之旧而为之制焉。

世祖至元五年，用运使白赓言，榷成都茶，于京兆、巩昌置局发卖，私自采卖者，其罪与私盐法同。六年，始立西蜀四川监榷茶场使司掌之。十三年，既平宋，复用左丞吕文焕言，榷江西茶，以宋会五十贯准中统钞一贯。十三年，定长引短引之法，以三分取一。长引每引计茶一百二十斤，收钞五钱四分二厘八毫。短引计茶九十斤，收钞四钱二分八毫。是岁，征一千二百余锭。十四年，取三分之半，增至二千三百余锭。十五年，又增至六千六百余锭。十七年，置榷茶都转运司于江州，总江淮、荆湖、福广之税，而遂除长引，专用短引。每引收钞二两四钱五分，草茶每引收钞二两二钱四分。十八年，增额至二万四千锭。十九年，以江南茶课官为置局，令客买引，通行货卖。岁终，增二万锭。二十一年，廉运使言："各处食茶课程，抑配于民，非便。"于是革之。而以其所革之数，于正课每引增一两五分，通为三两五钱。二十三年，又以李起南言，增为五贯。是年征四万锭。二十五年，改立江西等处都转运司。二十六年，丞相桑哥增引税为一十贯。三十年，又改江南茶法。凡管茶提举司一十六所，罢其课少者五所，并入附近提举司。每茶商货茶，必令赍引，无引者与私茶同。引之外，又有茶由，以给卖零茶者。初，每由茶九斤，收钞一两，至是自三斤至三十斤分为十等，随处批引局同，每引收钞一钱。

元贞元年有献利者言："旧法江南茶商至江北者又税之，其在江南卖者，亦宜更税，如江北之制。"于是朝议复增江南课三千锭，而弗税。是年凡征八万三千锭。至大元年，以龙兴、瑞州为皇太后汤沐邑，其课入徽政院。四年，增额至一十七万一千一百三十一锭。皇庆二年，更定江南茶法，又增至一十九万二千八百六十六锭。延祐元年，改设批验茶由局官。五年，用江西茶副法忽鲁丁言，立减引添课之法，每引增税为一十二两五钱，通办钞二十五万锭。七年，遂增至二十八万九千二百一十一锭。

天历二年，始罢榷司而归诸州县，其岁征之数，盖与延祐同。至顺之后，无籍可考。他如范殿帅茶、西番大叶茶、建宁胯茶，亦无从知其始末，故皆不著。

酒醋课

元之有酒醋课，自太宗始。其后皆著定额，为国赋之一焉，利之所入亦厚矣。初，太宗辛卯年，立酒醋务坊场官，榷沽办课，仍以各州府司县长官充提点官，隶征收课税所，其课额验民户多寡定之。甲午年，颁酒曲醋货条禁，私造者依条治罪。世祖至元十六年，以大都、河间、山东酒醋商税等课并入盐运司。二十二年，诏免农民醋课。是年二月，命随路酒课依京师例，每石取一十两。三月，用右丞卢世荣等言，罢上都醋课，其酒课亦改榷沽之制，令酒户自具工本，官司拘卖，每石止输钞五两。二十八年，诏江西酒醋之课不隶茶运司，福建酒醋之课不隶盐运司，皆依旧令有司办之。二十九年，丞相完泽等言："杭州省酒课岁办二十七万余锭，湖广、龙兴岁办止九万锭，轻重不均。"于是减杭州省十分之二，令湖广、龙兴、南京三省分办。

大德八年，大都酒课提举司设槽房一百所。九年，并为三十所，每所一日所酝，不许过二十五石之上。十年，复增三所。至大三年，又增为五十四所。其制之可考者如此。若夫累朝以课程拨赐诸王公主及各寺者，凡九所云。

天下每岁总入之数：

酒课：

腹里，五万六千二百四十三锭六十七两一钱。

辽阳行省，二千二百五十锭一十一两二钱。

河南行省，七万五千七十七锭一十一两五钱。

陕西行省，一万一千七百七十四锭三十四两四钱。

四川行省，七千五百九十锭二十两。

甘肃行省，二千七十八锭三十五两九钱。

云南行省，𧴩二十万一千一百一十七索。

江浙行省，一十九万六千六百五十四锭二十一两三钱。

江西行省，五万八千六百四十锭一十六两八钱。

湖广行省，五万八千八百四十八锭四十九两八钱。

醋课：

腹里，三千五百七十六锭四十八两九钱。

辽阳行省，三十四锭二十六两五钱。

河南行省，二千七百四十锭三十六两四钱。

陕西行省，一千五百七十三锭三十九两二钱。

四川行省，六百一十六锭一十二两八钱。

江浙行省，一万一千八百七十锭一十九两六钱。

江西行省，九百五十一锭二十四两五钱。

湖广行省，一千二百三十一锭二十七两九钱。

商税

商贾之有税，本以抑末，而国用亦资焉。元初，未有定制。太宗甲午年，始立征收课税所，凡仓库院务官并合干人等，命各处官司选有产有行之人充之。其所办课程，每月赴所输纳。有贸易借贷者，并徒二年，杖七十；所官扰民取财者，其罪亦如之。世祖中统四年，用阿合马、王光祖等言，凡在京权势之家为商贾，及以官银卖买之人，并令赴务输税，入城不吊引者同匿税法。至元七年，遂定三十分取一之制，以银四万五千锭为额，有溢额者别作增余。是年五月，以上都商旅往来艰辛，特免其课。凡典卖田宅不纳税者，禁之。二十年，诏各路课程，差廉干官二员提调，增羡者迁赏，亏兑者陪偿降黜。凡随路所办，每月以其数申部，违期不申及虽申不圆者，其首领官初犯罚俸，再犯决一十七，令史加一等，三犯正官取招呈省。其院务官俸钞，于增余钱内给之。是年，始定上都税课六十分取一；旧城市肆院务迁入都城者，四十分取一。二十二年，又增商税契本，每一道为中统钞三钱。减上都税课，于一百两之中取七钱半。二十六年，从丞相桑哥之请，遂大增天下商税，腹里为二十万锭，江南为二十五万锭。二十九年，定诸路输纳之限，不许过四孟月十五日。三十一年，诏天下商税有增余者，毋作额。元贞元年，用平章剌真言，又增上都之税。至大三年，契本一道复增作至元钞三钱。逮至天历之际，天下总入之数，视至元七年所定之额，盖不啻百倍云。

商税额数：

大都宣课提举司，一十万三千六锭一十一两四钱。

大都路，八千二百四十二锭九两七钱。

上都留守司，一千九百三十四锭五两。

上都税课提举司，一万五百二十五锭五两。

兴和路，七百七十锭一十七两一钱。

永平路，二千二百七十二锭四两五钱。

保定路，六千五百七锭二十三两五钱。

嘉定路，一万七千四百八锭三两九钱。

顺德路，二千五百七锭九两九钱。

广平路，五千三百七锭二十两二钱。

彰德路，四千八百五锭四十二两八钱。

大名路，一万七百九十五锭八两八钱。

怀庆路，四千九百四十九锭二两。

卫辉路，三千六百六十三锭七两。

河间路，一万四百六十六锭四十七两二钱。

东平路，七千一百四十一锭四十八两四钱。

东昌路，四千八百七十九锭三十二两。

济宁路，一万二千四百三锭四两一钱。

曹州，六千一十七锭四十六两三钱。

濮州，二千六百七十一锭七钱。

高唐州，四千二百五十九锭六两。

泰安州，二千一十三锭二十五两四钱。

冠州，七百三十八锭一十九两七钱。

宁海州，九百四十四锭三钱。

德州，二千九百一十九锭四十二两八钱。

益都路，九千四百七十七锭一十五两。

济南路，一万二千七百五十二锭三十六两六钱。

般阳路，三千四百八十六锭九两。

大同路，八千四百三十八锭一十九两一钱。

冀宁路，一万七百一十四锭三十四两六钱。

晋宁路，二万一千三百五十九锭四十两二钱。

岭北行省，四百四十八锭四十五两六钱。

辽阳行省，八千二百七十三锭四十一两四钱。

河南行省，一十四万七千四百二十八锭三十二两三钱。

陕西行省，四万五千五百七十九锭三十九两二钱。

四川行省，一万六千六百七十六锭四两八钱。

甘肃行省，一万七千三百六十一锭三十六两一钱。

江浙行省，二十六万九千二十七锭三十两三钱。

江西行省，六万二千五百一十二锭七两三钱。

湖广行省，六万八千八百四十四锭九两九钱。

市　舶

互市之法，自汉通南粤始，其后历代皆尝行之，至宋置市舶司于浙、广之地，以通诸蕃货易，则其制为益详矣。

元自世祖定江南，凡邻海诸郡与蕃国往还互易舶货者，其货以十分取一，粗者十五分取一，以市舶官主之。其发舶回帆，必著其所至之地，验其所易之物，给以公文，为之期日，大抵皆因宋旧制而为之法焉。于是至元十四年，立市舶司一于泉州，令忙古䚟领之。立市舶司三于庆元、上海、澉浦，令福建安抚使杨发督之。每岁招集舶商，于蕃邦博易珠翠香货等物。及次年回帆，依例抽解，然后听其货卖。

时客船自泉、福贩土产之物者，其所征亦与蕃货等，上海市舶司提控王楠以为言，于是定双抽、单抽之制。双抽者蕃货也，单抽者土货也。十九年，又用耿左丞言，以钞易铜钱，令市舶司以钱易海外金珠货物，仍听舶户通贩抽分。二十年，遂定抽分之法。是年十月，忙古䚟言，舶商皆以金银易香木，于是下令禁之，唯铁不禁。

二十一年，设市舶都转运司于杭、泉二州，官自具船、给本，选人入蕃，贸易诸货。其所获之息，以十分为率，官取其七，所易人得其三。凡权势之家，皆不得用己钱入蕃为贾，犯者罪之，仍籍其家产之半。其诸蕃客旅就官船卖买者，依例抽之。

二十二年，并福建市舶司入盐运司，改曰都转运司，领福建漳、泉盐货市舶。二十三年，禁海外博易者，毋用铜钱。二十五年，又禁广州官民，毋得运米至占城诸蕃出粜。二十九年，命市舶验货抽分。是年十一月，中书省定抽分之数及漏税之法。凡商旅贩泉、福等处已抽之物，于本省有市舶司之地卖者，细色于二十五分之中取一，粗色于三十分之中取一，免其输税。其就市舶司买者，止于卖处收税，而不再抽。漏舶物货，依例断没。三十年，又定市舶抽分杂禁，凡二十二条，条多不能尽载，择其要者录焉。泉州、上海、澉浦、温州、广东、杭州、庆元市舶司凡七所，独泉州于抽分之外，又取三十分之一以为税。自今诸处，悉依泉州例取之，仍以温州市舶司并入庆元，杭州市舶司并入税务。凡金银铜铁男女，并不许私贩入蕃。行省行泉府司、市舶司官，每年于回帆之时，皆前期至抽解之所，以待舶船之至，先封其堵，以次抽分，违期及作弊者罪之。

三十一年，成宗诏有司勿拘海舶，听其自便。元贞元年，以舶船至岸，隐漏物货者多，命就海中逆而阅之。二年，禁海商以细货于马八儿、呗喃、梵答剌亦纳三蕃国交易，别出钞五万锭，令沙不丁等议规运之法。大德元年，罢行泉府司。二年，并澉浦、上海入庆元市舶提举司，直隶中书省。是年，又置制用院，七年，以禁商下海罢之。至大元年，复立泉府院，整治市舶司事。二年，罢行泉府院，以市舶提举司隶行省。四年，又罢之。延祐元年，复立市舶提举司，仍禁人下蕃，官自发船贸易，回帆之日，细物十分抽二，粗物十五分抽二。七年，以下蕃之人将丝银细物易于外国，又并提举司罢之。至治二年，复立泉州、庆元、广东三处提举司，申严市舶之禁。三年，听海商贸易，归征其税。泰定元年，诸海舶至者，止令行省抽分。其大略如此。

若夫中买宝货之制，泰定三年命省臣依累朝呈献例给价。天历元年，以其蠹耗国财，诏加禁止，凡中献者以违制论云。

额外课

元有额外课。谓之额外者，岁课皆有额，而此课不在其额中也。然国之经用，亦有赖焉。课之名凡三十有二：其一曰历日，二曰契本，三曰河泊，四曰山场，五曰窑冶，六曰房地租，七曰门摊，八曰池塘，九曰蒲苇，十曰食羊，十一曰荻苇，十二曰煤炭，十三曰撞岸，十四曰山查，十五曰曲，十六曰鱼，十七曰漆，十八曰酵，十九曰山泽，二十曰荡，二十一曰柳，二十二曰牙例，二十三曰乳牛，二十四曰抽分，二十五曰蒲，二十六曰鱼苗，二十七曰柴，二十八曰羊皮，二十九曰磁，三十曰竹苇，三十一曰姜，三十二曰白药。其岁入之数，唯天历元年可考云。

历日：总三百一十二万三千一百八十五本，计中统钞四万五千九百八十锭三十二两五钱。内腹里，七万二千一十本，计钞八千五百七十锭三十一两一钱；行省，二百五十五万一千一百七十五本，计钞三万七千四百一十锭一两四钱。大历，二百二十万二千二百三本，每本钞一两，计四万四千四十四锭三两。小历，九十一万五千七百二十五本，每本钞一钱，计一千八百三十一锭三十二两五钱。回回历，五千二百五十七本，每本钞一两，计一百五锭七两。

契本：总三十万三千八百道，每道钞一两五钱，计中统钞九千一百一十四锭。内腹里，六万八千三百三十二道，计钞二千四十九锭四十八两；行省，二十三万五千四百六十八道，计钞七千六十四锭二两。

河泊课：总计钞五万七千六百四十三锭二十三两四钱。内腹里，四百六锭四十六两二钱；行省，五万七千二百三十六锭二十七两一钱。

山场课：总计钞七百一十九锭四十九两一钱。内腹里，二百三十九锭一十三两四钱；行省，四百八十锭三十五两六钱。

窑冶课：总计钞九百五十六锭四十五两九钱。内腹里，一百九十七锭三十二两四钱；行省，七百五十九锭一十三两。

房地租钱：总计钞一万二千五十三锭四十八两四钱。内腹里，九百六十六锭五两三钱；行省，一万一千八十七锭四十三两一钱。

门摊课：总计钞二万六千八百九十九锭一十九两一钱。内湖广省，二万六千一百六十七锭三两四钱；江西省，三百六十锭一两五钱；河南省，三百七十二锭一十四两一钱。

池塘课：总计钞一千九锭二十六两五钱。内江浙省，二十四锭二十二两七钱；江西省，九百八十五锭三两八钱。

蒲苇课：总计钞六百八十六锭三十三两四钱。内腹里，一百四十一锭五两八钱；行省，五百四十五锭二十七两六钱。

食羊等课：总计钞一千七百六十锭二十九两七钱。内大都路，四百三十八锭；上都路，三百锭；兴和路，三百锭；大同路，三百九十三锭；羊市，二百二十九锭二十九两七钱；煤木所，一百锭。

荻苇课：总计钞七百二十四锭六两九钱。内河南省，六百四十四锭五两八钱；江西省，八十锭一两八钱。

煤炭课：总计钞二千六百一十五锭二十六两四钱。内大同路，一百二十九锭一两九钱；煤木所，二千四百九十六锭二十四两五钱。

撞岸课：总计钞一百八十六锭三十七两五钱。内般阳路，一百六十锭二十四两；宁海州，二十六锭一十三两五钱；恩州，一十三两八钱。

山查课：总计钞七十五锭二十六两四钱。内真定路一锭二十五两八钱；广平路，四十锭五两一钱；大同路，三十三锭四十五两四钱。

曲课：江浙省钞五十五锭三十七两四钱。

鱼课：江浙省钞一百四十三锭四十两四钱。

漆课：总计钞一百一十二锭二十六两。内四川省广元路一百一十一锭二十五两八钱。

酵课：总计钞二十九锭三十七两八钱。内腹里永平路二十三锭二十五两四钱；江西行省，六锭一十二两五钱。

山泽课：总计钞二十四锭二十一两一钱。内彰德路，一十三锭四十两；怀庆路，一十锭三十一两一钱。

荡课：平江路，八百八十六锭七钱。

柳课：河间路，四百二锭一十四两八钱。

牙例课：河间路，二百八锭三十三两八钱。

乳牛课：真定路，二百八锭三十两。

抽分课：黄州路，一百四十四锭四十四两五钱。

蒲课：晋宁路，七十二锭。

鱼苗课：龙兴路，六十五锭八两五钱。

柴课：安丰路，三十五锭一十一两七钱。

羊皮课：襄阳路，一十锭四十八两八钱。

磁课：冀宁路，五十八锭。

竹苇课：奉元路，三千七百四十六锭三两六钱。

姜课：兴元路，一百六十二锭二十七两九钱。

白药课：彰德路，一十四锭二十五两。

卷九十五　　志第四十四

食货三

岁赐

自昔帝王于其宗族姻戚必致其厚者，所以明亲亲之义也。元之为制，其又厚之至者欤！凡诸王及后妃公主，皆有食采分地。其路府州县得荐其私人以为监，秩禄受命如王官，而不得以岁月通选调。其赋则五户出丝一斤，不得私征之，皆输诸有司之府，视所当得之数而给与之。其岁赐则银币各有差，始定于太宗之时，而增于宪宗之日。及世祖平江南，又各益以民户。时科差未定，每户折支中统钞五钱，至成宗复加至二贯。其亲亲之义若此，诚可谓厚之至矣。至于勋臣亦然，又所以大报功也。故详著其所赐之人，及其数之多寡于后。

诸王

太祖叔答里真官人位：

岁赐，银三十锭，段一百匹。

五户丝，丙申年，分拨宁海州一万户。延祐六年，实有四千五百三十二户，计丝一千八百一十二斤。

江南户钞，至元十八年，拨南丰州一万一千户，计钞四百四十锭。

太祖弟搠只哈撒儿大王子淄川王位：

岁赐，银一百锭，段三百匹。

五户丝，丙申年，分拨般阳路二万四千四百九十三户。延祐六年，实有七千九百五十四户，计丝三千六百五十六斤。

江南户钞，至元十三年，分拨信州路三万户，计钞一千二百锭。

太祖弟哈赤温大王子济南王位：

岁赐，银一百锭，绵六百二十五斤，小银色丝五千斤，段三百匹，羊皮一千张。

五户丝，丙申年，分拨济南路五万五千二百户。延祐六年，实有二万一千七百八十五户，计丝九千六百四十八斤。

江南户钞，至元十八年，分拨建昌路六万五千户，计钞二千六百锭。

太祖弟斡真那颜位：

岁赐，银一百锭，绢五千九十八匹，绵五千九十八斤，段三百匹，诸物折中统钞一百二十锭，羊皮五百张，金一十六锭四十五两。

五户丝，丙申年，分拨益都路等处六万二千一百五十六户。延祐六年，实有二万八千三百一户，计丝一万一千四百二十五斤。

江南户钞，至元十八年，分拨建宁路七万一千三百七十七户，计钞二千八百五十五锭。

太祖弟孛罗古艄大王子广宁王位：

岁赐，银一百锭，段三百匹。

五户丝，丙申年，分拨恩州一万一千六百三户。延祐六年，实有二千四百二十户，计丝一千三百五十九斤。

江南户钞，至元十八年，分拨铅山州一万八千户，计钞七百二十锭。

太祖长子术赤大王位：

岁赐，段三百匹，常课段一千匹。

五户丝，丙申年，分拨平阳四万一千三百二户。戊戌年，真定晋州一万户。

江南户钞，至元十八年，分拨永州六万户，计钞二千四百锭。

太祖次子茶合艄大王位：

岁赐，银一百锭，段三百匹，绵六百二十五斤，常课金六锭六两。

五户丝，丙申年，分拨太原四万七千三百三十户。戊戌年，真定深州一万户。延祐六年，实有一万七千二百一十一户，计丝六千八百三十八斤。

江南户钞，至元十八年，分拨澧州路六万七千三百三十户，计钞二千六百九十三锭。

太祖第三子太宗子定宗位：

岁赐，银一十六锭三十三两，段五十匹。

五户丝，丙申年，分拨大名六万八千五百九十三户。延祐六年，实有一万二千八百三十五户，计丝五千一百九十三斤。

太祖第四子睿宗子阿里不哥大王位：

岁赐，银一百锭，段三百匹。

五户丝，丙申年，分拨真定路八万户。延祐六年，实有一万五千二十八户，计丝五千一十三斤。

江南户钞，至元十八年，分拨抚州路一十万四千户，计钞四千一百六十锭。

太祖第五子兀鲁赤太子。（无嗣）。

太祖第六子阔列坚太子子河间王位：

岁赐，银一百锭，段三百匹。

五户丝，丙申年，分拨河间路四万五千九百三十户。延祐六年，实有一万一百四十户，计丝四千四百七十九斤。

江南户钞，至元十八年，分拨衡州路五万三千九百三十户，计钞二千一百五十七锭。

太宗子合丹大王位：

岁赐，银一十六锭三十三两，段五十匹。

五户丝，丁巳年，分拨汴梁在城户。至元三年，改拨郑州。延祐六年，实有二千三百五十六户，计丝九百三十六斤。

江南户钞，至元十八年，分拨常宁州二千五百户，计钞一百锭。

太宗子灭里大王位：

岁赐，银一十六锭三十三两，段五十匹。

五户丝，丁巳年，分拨汴梁在城户。至元三年，改拨钧州一千五百八十四户。延祐六年，实有二千四百九十六户，计丝九百九十七斤。

太宗子合失大王位：

岁赐，银一十六锭三十三两，段五十匹。

五户丝，丁巳年，分拨汴梁路在城户。至元三年，改拨蔡州三千八百一十六户。延祐六年，实有三百八十八户，计丝一百五十四斤。

太宗子阔出太子位：

岁赐，银六十六锭三十三两，段一百五十匹。

五户丝，丁巳年，分拨汴梁路在城户。至元三年，改拨睢州五千二百一十四户。延祐六年，实有一千九百三十七户，计丝七百六十四斤。

太宗子阔端太子位：

岁赐，银一十六锭三十三两，段五十匹。

五户丝，丙申年，分拨东平路四万七千七百四十一户。延祐六年，实有一万七千八百二十五户，计丝三千五百二十四斤。

江南户钞，至元十八年，分拨常德路四万七千七百四十户，计钞一千九百九锭。

睿宗长子宪宗子阿速台大王位：

岁赐，银八十二锭，段三百匹。

又泰定二年，晃兀帖木儿大王改封并王，增岁赐银一十锭，班秃大王银八锭。

又泰定三年，明里忽都鲁皇后位下，添岁赐中统钞一千锭，段五十匹，绢五十匹。

五户丝，癸丑年，查过卫辉路三千三百四十二户。延祐六年，实有二千二百八十户，计丝九百一十六斤。

睿宗子世祖次子裕宗位：

裕宗妃伯蓝也怯赤：

岁赐，银五十锭。

江南户钞，延祐三年，分拨江州路德化县二万九千七百五十户，计钞一千一百九十锭。

裕宗子顺宗子武宗：

五户丝，丁巳年，分拨怀孟一万一千二百七十三户。

江南户钞，大德八年，分拨瑞州路六万五千户，计钞二千六百锭。

睿宗子旭烈大王位：

岁赐，银一百锭，段三百匹。

五户丝，丁巳年，分拨彰德路二万五千五十六户。延祐六年，实有二千九百二十九户，计丝二千二百一斤。

睿宗子阿里不哥大王位。（见前。）

睿宗子末哥大王位：

岁赐，银五十锭，段三百匹。

五户丝，丁巳年，分拨河南府五千五百五十二户。延祐六年，实有八百九户，计丝三百三十三斤。

江南户钞，至元十八年，分拨茶陵州八千五十二户，计钞三百二十四锭。

睿宗子拨绰大王位：

岁赐，银五十锭，段三百匹。

五户丝，丁巳年，分拨真定蠡州三千三百四十七户。延祐六年，实有一千四百七十二户，计丝六百一十二斤。

江南户钞，至元十八年，分拨耒阳州五千三百四十七户，计钞二百一十三锭。

睿宗子岁哥都大王位：

五户丝，壬子年，元查认济南等处五千户。延祐六年，实有五十户，计丝二十斤。

世祖长子朵儿只太子位：

腹里、江南无分拨户。

世祖次子裕宗后位：

岁赐，段一千匹，绢一千匹。

江南户钞，至元十八年，分拨龙兴路一十万五千户，计钞四千二百锭。

又四怯薛伴当江南户钞，至元十八年，拨瑞州上高县八千户，计钞三百三十锭。

世祖次子安西王忙哥剌位：

岁赐，段一千匹，绢一千匹。

江南户钞，至元十八年，分拨吉州路六万五千户，计钞二千六百锭。

世祖次子北安王那木罕位：

岁赐，段一千匹，绢一千匹。

江南户钞，至元二十二年，分拨临江路六万五千户，计钞二千六百锭。

世祖次子宁远王阔阔出位：

岁赐，段匹物料，折钞一千六百五十六锭；银五十锭，折钞一千锭。

江南户钞，泰定元年，分拨永福县一万三千六百四户，计钞五百四十四锭。

世祖次子西平王奥鲁赤位：

岁赐，段匹物料，折钞一千六百五十六锭；银五十锭，折钞一千锭。

江南户钞，大德七年，分拨南恩州一万三千六百四户，计钞五百四十四锭。

世祖次子爱牙赤大王位：

岁赐，银五十锭，折钞一千锭；段匹物料，折钞一千六百五十六锭。

江南户钞，皇庆元年，分拨邵武路光泽县一万三千六百四户，计钞五百四十四锭。

世祖次子镇南王脱欢位：

岁赐，银五十锭；段匹物料，折钞一千六百五十六锭。

江南户钞，皇庆元年，分拨福州路宁德县一万三千六百四户，计钞五百四十四锭。

世祖次子云南王忽哥赤位：

岁赐，银五十锭，折钞一千锭；段匹物料，折钞一千六百五十六锭。

江南户钞，皇庆元年，分拨福州路福安县一万三千六百四户，计钞五百四十四锭。

世祖次子忽都怗木儿太子位：

岁赐，银五十锭，折钞一千锭；段匹物料，折钞一千六百五十六锭。

江南户钞，皇庆元年，分拨泉州路南安县一万三千六百四户，计钞五百四十四锭。

裕宗长子晋王甘麻剌位：

岁赐，段一千匹，绢一千匹。

又朵儿只，延祐元年为始，年例支中统钞一千锭。

五户丝，阔阔不花所管益都二十九户。

江南户钞，皇庆元年，分拨南康路六万五千户。

又迭里哥儿不花湘宁王分拨湘乡州、宁乡县六万五千户，计钞二千六百锭。

顺宗子阿木哥魏王位：

江南户钞，皇庆元年，分拨庆元路六万五千户，计钞二千六百锭。

顺宗子武宗子明宗位：

江南户钞，延祐二年，分拨湘潭州六万五千户，计钞二千六百锭。

合丹大王位：

五户丝，戊午年，分拨济南漏籍二百户。延祐六年，实有一百九十三户，计丝七十七斤。

阿鲁浑察大王：

五户丝，丁巳年，分拨广平三十户。延祐三年，实有五户，计丝二斤。

霍里极大王：

五户丝，丁巳年，分拨广平等处一百五十户。延祐三年，实有八十七户，计丝三十四斤。

阿剌忒纳失里豫王：

天历元年，分拨江西行省南康路。

后妃公主

太祖四大斡耳朵：

大斡耳朵：

岁赐，银四十三锭，红紫罗二十匹，染绢一百匹，杂色绒五千斤，针三千个，段七十五匹，常课段八百匹。

五户丝，乙卯年，分拨保定路六万户。延祐六年，实有一万二千六百九十三户，计丝五千二百七斤。

江南户钞，至元十八年，分拨赣州路二万户，计钞八百锭。

第二斡耳朵：

岁赐，银五十锭，段七十五匹，常课段一千四百九十匹。

五户丝，丁巳年，分拨河间青城县二千九百户。延祐六年，实有一千五百五十六户，计丝六百五十七斤。

江南户钞，至元十八年，分拨赣州路一万五千户，计钞六百锭。

第三斡耳朵：

岁赐，银五十锭，段七十五匹，常课段六百八十二匹。

五户丝，壬子年，查认过真定等处畸零三百一十八户。延祐六年，实有一百二十一户，计丝四十八斤。

江南户钞，至元十八年，分拨赣州路二万一千户，计钞八百四十锭。

第四斡耳朵：

岁赐，银五十锭，段七十五匹。

五户丝，壬子年，分拨真定等处二百八十三户。延祐六年，实有一百一十六户，计丝四十六斤。

又八不别及妃子位，至元二十五年，分拨河间清州五百一十户，计丝二百四斤。

世祖四斡耳朵：

大斡耳朵：

岁赐，银五十锭。

江南户钞，大德三年，分拨袁州路宜春县一万户，计钞一千六百锭。

第二斡耳朵：

岁赐，银五十锭，又七锭，段一百五十匹。

江南户钞，至元二十一年，分拨袁州路分宜县四千户，计钞一百六十锭。大德四年，分拨袁州路萍乡州四万二千户，计钞一千六百八十锭。

第三斡耳朵：

岁赐，银五十锭。

江南户钞，大德十年，分拨袁州路宜春县二万九千七百五十户，计钞一千一百九十锭。

第四斡耳朵：

岁赐，银五十锭。

江南户钞，大德十年，分拨袁州路万载县二万九千七百五十户，计钞一千一百九十锭。

顺宗后位：

岁赐，段五百匹。

江南户钞，大德二年，分拨三万二千五百户。

武宗斡耳朵：

真哥皇后位：

岁赐，银五十锭，钞五百锭。

江南户钞，延祐二年，分拨湘阴州四万二千户，计钞一千六百八十锭。

完者台皇后位：

岁赐，银五十锭。

江南户钞，延祐二年，分拨潭州路衡山县二万九千七百五十户，计钞一千一百九十锭。

阿昔伦公主位：

至元六年，分拨葭州等处种田三百户。

赵国公主位：

五户丝，丙申年，分拨高唐州二万户。延祐六年，实有六千七百二十九户，计丝二千三百九十九斤。

江南户钞，至元十八年，分拨柳州路二万七千户，计钞一千八十锭。

鲁国公主位：

五户丝，丙申年，分拨济宁路三万户。延祐六年，实有六千五百三十户，计丝二千二百九斤。

江南户钞，至元十八年，分拨汀州四万户，计钞一千六百锭。

昌国公主位：

五户丝，丙申年，分拨一万二千六百五十二户。延祐六年，实有三千五百三十一户，计丝二千七百六十六斤。

江南户钞，至元十八年，分拨广州路二万七千户，计钞一千八十锭。

郓国公主位：

五户丝，丙申年，分拨濮州三万户。延祐六年，实有五千九百六十八户，计丝一千八百三十六斤。

江南户钞，至元十八年，分拨横州等处四万户，计钞一千六百锭。

塔出驸马：

五户丝，壬子年，元查真定等处畸零二百七十户。延祐六年，实有二百三十二户，计丝九十五斤。

带鲁罕公主位：

岁赐，银四锭八两，段一十二匹。

五户丝，延祐六年，实有代支户六百三十户，计丝二百五十四斤。

火雷公主位：

五户丝，丙申年，分拨延安府九千七百九十六户。延祐六年，实有代支户一千八百九户，计丝七百二十二斤。

奔忒古儿驸马：

五户丝，庚辰年，分拨眼户五百七十三户。延祐六年，实有五十六户，计丝二十二斤。

独木干公主位：

五户丝，丁巳年，分拨平阳一千一百户。延祐六年，实有五百六十户，计丝二百二十四斤。

江南户钞，至元十八年，分拨梅州程乡县一千四百户，计钞五十六锭。

勋臣

木华黎国王：

五户丝，丙申年，分拨东平三万九千一十九户。延祐六年，实有八千三百五十四户，计丝三千三百四十三斤。

江南户钞，至元十八年，分拨韶州等路四万一千一十九户，计钞一千六百四十锭。

孛罗先锋：

五户丝，丙申年，分拨广平等处种田一百户。延祐六年，实有七十户，计丝二十八斤。

行丑儿：

五户丝，丙申年，分拨大名种田一百户。延祐六年，实有三十八户，计丝一十五斤。

阔阔不花先锋：

五户丝，壬子年，元查益都等处畸零二百七十五户。延祐六年，实有一百二十七户，计丝一十五斤。

撒吉思不花先锋：

五户丝，壬子年，元查汴梁等处二百九十一户。延祐六年，实有一百二十七户，计丝一十五斤。

阿里侃断事官：

五户丝，壬子年，元查济宁等处三十五户，计丝一十四斤。

乞里歹拔都：

五户丝，丙申年，分拨东平一百户，计丝四十斤。

孛罗海拔都：

五户丝，壬子年，元查德州等处一百五十三户，计丝六十一斤。

拾得官人：

五户丝，壬子年，元查东平等处畸零一百一十二户，计丝八十四斤。

伯纳官人：

五户丝，壬子年，元查东平三十二户。延祐六年，实有四十五户，计丝一十八斤。

笑乃带先锋：

五户丝，丙申年，分拨东平一百户。延祐六年，实有七十八户，计丝三十一斤。

带孙郡王：

五户丝，丙申年，分拨东平东阿县一万户。延祐六年，实有一千六百七十五户，计丝七百二十斤。

江南户钞，至元十八年，分拨韶州路乐昌县一万七千户，计钞四百二十八锭。

愠里答儿薛禅：

五户丝，丙申年，分拨泰安州二万户。延祐六年，实有五千九百七十一户，计丝二千四百二十五斤。

江南户钞，至元十八年，分拨桂阳州二万一千户，计钞八百四十锭。

术赤台郡王：

五户丝，丙申年，分拨德州二万户。延祐六年，实有七千一百四十六户，计丝二千九百四十八斤。

江南户钞，至元十八年，分拨连州路二万一千户，计钞八百四十锭。

阿儿思兰官人：

江南户钞，至元十八年，分拨浔州路三千户，计钞一百二十锭。

孛鲁古妻佟氏：

五户丝，丙申年，分拨真定一百户。延祐六年，实有三十九户，计丝一十五斤。

八答子：

五户丝，丙申年，分拨顺德路一万四千八十七户。延祐六年，实有四千四百四十六户，计丝二千四百六斤。

江南户钞，至元十八年，分拨钦州路一万五千八十七户，计钞六百三锭。

右手万户三投下孛罗台万户：

五户丝，丙申年，分拨广平路洺水县一万七千三百三十三户。延祐六年，实有四千七百三十三户，计丝一千七百三十八斤。

江南户钞，至元十八年，分拨全州路清湘县一万七千九百一十九户，计钞七百一十六锭。

忒木台驸马：

五户丝，丙申年，分拨广平路磁州九千四百五十七户。延祐六年，实有二千四百七户，计丝九百八十九斤。

江南户钞，至元二十二年，分拨全州路录事司九千八百七十六户，计钞三百九十五锭。

斡阔烈阇里必：

五户丝，丙申年，分拨广平路一万五千八百七户。延祐六年，实有一千七百三户，计丝六百八十斤。

江南户钞，至元二十年，分拨全州路灌阳县一万六千一百五十七户，计钞六百四十六锭。

左手九千户合丹大息千户：

五户丝，丙申年，分拨河间路齐东县一千二十三户。延祐六年，实有三百六十六户，计丝一百六十斤。

江南户钞，至元十八年，分拨藤州、苍梧县一千二百四十四户，计钞九锭。

也速不花等四千户：

五户丝，丙申年，分拨河间路陵州一千三百一十七户。延祐六年，实有五百五十九户，计丝二百二十三斤。

也速兀儿等三千户：

五户丝，丙申年，分拨河间路宁津县一千七百七十五户。延祐六年，实有七百二十二户，计丝二百八十八斤。

江南户钞，至元十八年，分拨藤州等处三千七百三十二户，计丝二百八十八斤。

帖柳兀秃千户：

五户丝，丙申年，分拨河间路临邑县一千四百五十户。延祐六年，实有三百五十四户，计丝二百六斤。

江南户钞，至元十八年，分拨藤州一千二百四十四户，计钞四十九锭。

和斜温两投下一千二百户：

五户丝，丙申年，分拨曹州一万户。延祐六年，实有一千九百二十八户，计丝七百四十八斤。

江南户钞，至元十八年，分拨贵州一万五百户，计钞四百二十锭。

忽都虎官人：

五户丝，壬子年，查认过广平等处四千户。

江南户钞，至元十八年，分拨韶州曲江县五千三百九户，计钞二百一十二锭。

灭古赤：

五户丝，丙申年，分拨凤翔府实有一百三十户。

江南户钞，至元二十二年，分拨永州路祁阳县五千户，计钞二百锭。

塔思火儿赤：

五户丝，丙申年分拨东平种田户，并壬子年续查户，共六百八十户。延祐六年，实有三百八十九户，计丝一百五十五斤。

塔丑万户：

五户丝，壬子年，元查平阳等处一百八十六户。延祐六年，实有八十一户，计丝三十七斤。

察罕官人：

五户丝，壬子年，元查怀孟等处三千六百六户。延祐六年，实有五百六十户，计丝二百二十四斤。

孛罗浑官人：

五户丝，壬子年，元查保定等处四百一十五户。丁巳年，分拨卫辉路淇州一千一百户。延祐六年，实有一千九十九户，计丝四百四十九斤。

江南户钞，至元二十七年、大德六年，分拨四千户，计钞一百六十锭。

速不台官人：

五户丝，丁巳年，分拨汴梁等处一千一百户。延祐六年，实有五百七十七户，计丝二百三十斤。

江南户钞，至元二十年，分拨钦州灵山县一千六百户，计钞六十四锭。

宿敦官人：

五户丝，丁巳年，分拨真定一千一百户。延祐六年，实有六十四户，计丝二十八斤。

也苦千户：

五户丝，丁巳年，分拨东平等处一千一百户。延祐六年，实有二百九十五户，计丝一百一十八斤。

江南户钞，至元十八年，分拨梅州一千四百户，计钞五十六锭。

阿可儿：

五户丝，癸丑年，分拨益都路高苑县一千户。延祐六年，实有一百九十六户，计丝七十八斤。

伯八千户：

五户丝，丁巳年，分拨太原一千一百户。延祐六年，实有三百五十一户，计丝一百四十斤。

兀里羊哈歹千户：

五户丝，戊午年，分拨东平等处一千户。延祐六年，实有四百七十九户，计丝一百九十一斤。

秃薛官人：

五户丝，丁巳年，分拨兴元等处种田六百户。延祐六年，实有二百户，计丝八十斤。

塔察儿官人：

五户丝，壬子年，元查平阳二百户。延祐六年，实有二百户，计丝八十斤。

折米思拔都儿：

五户丝，丙申年，分拨怀孟等处一百户。延祐六年，实有五十户，计丝二十斤。

猱虎官人：

五户丝，丁巳年，分拨平阳一千户。延祐六年，实有六百户，计丝二百四十斤。

孛哥帖木儿：

五户丝，丙申年，分拨真定等处五十八户，计丝二十三斤。

也速鲁千户：

五户丝，壬子年，分拨真定路一百六十九户。延祐六年，实有四十户，计丝一十六斤。

镇海相公：

五户丝，壬子年，元查保定九十五户。延祐六年，实有五十三户，计丝二十一斤。

按察儿官人：

五户丝，壬子年，分拨太原等处五百五十户。延祐六年，实有九十八户，计丝二十九斤。

按摊官人：

五户丝，中统元年，元查平阳路种田户六十户。延祐六年，实有四十户，计丝一十六斤。

阿术鲁拔都：

五户丝，壬子年，查大名等处三百一十户。延祐六年，实有三百一户，计丝一百二十斤。

孛罗口下裴太纳：

五户丝，壬子年，元查广平等处八十二户。延祐六年，实有三十户，计丝一十二斤。

忒木台行省：

五户丝，壬子年，元查大同等处七百五十一户。延祐六年，实有二百五十五户，计丝一百一十斤。

撒秃千户：

江南户钞，至元二十年，分拨浔州三千户，计钞一百二十锭。

也可太傅：

五户丝，壬子年，元查上都五百四十户。延祐六年，实有三百户，计丝一百二十斤。

迭哥官人：

五户丝，丙申年，分拨大名清丰县一千七百一十三户。延祐六年，实有一千三百七户，计丝五百七斤。

卜迭捏拔都儿：

五户丝，壬子年，元查怀孟八十八户。延祐六年，实有四十户，计丝一十六斤。

黄兀儿塔海：

五户丝，丙申年，分拨平阳一百四十四户。延祐六年，实有一百户，计丝四十斤。

怯来千户：

江南户钞，至元二十年，分拨浔州路三千户，计钞一百二十锭。

哈剌口温：

五户丝，壬子年，元查真定三十二户。

曳剌中书兀图撒罕里：

五户丝，壬子年，元查大都等处八百七十户。延祐六年，实有四百四十九户，计丝一百一十七斤。

欠帖木：

五户丝，壬子年，元查曹州三十四户。延祐六年，实有三十四户。

欠帖温：

岁赐绢一百匹，弓弦一千条。

江南户钞，至元十九年，分拨梅州、安仁县四千户，计钞一百六十锭。

扎八忽娘子：

岁赐常课段四百七十匹。

鱼儿泊八剌千户：

五户丝，大德元年，分拨真定等处一千户。延祐三年，实有六百户，计丝二百四十斤。

昔宝赤：

江南户钞，至元二十一年，分拨衡州路安仁县四千户，计钞一百六十锭。

八剌哈赤：

江南户钞，至元二十一年，分拨台州路天台县四千户，计钞一百六十锭。

阿塔赤：

江南户钞，至元二十一年，分拨常德路沅江县四千户，计钞一百六十锭。

必阇赤：

江南户钞，至元二十一年，分拨袁州路万载县三千户，计钞一百二十锭。

贵赤：

江南户钞，至元二十一年，分拨和州历阳县四千户，计钞一百六十锭。

厥列赤：

江南户钞，至元二十一年，分拨婺州永康县五十户，计钞二十锭。

八儿赤、不鲁古赤：

江南户钞，至元二十一年，分拨衡州路酃县六百户，计钞二十四锭。

阿速拔都：

江南户钞，至元二十一年，分拨卢州等处三千四百九户，计钞一百三十六锭。

也可怯薛：

江南户钞，至元二十一年，分拨武冈路武冈县五千户，计钞二百锭。

忽都答儿怯薛：

江南户钞，至元二十一年，分拨武冈路新宁县五千户，计钞二百锭。

怙古迭儿怯薛：

江南户钞，至元二十一年，分拨常德路龙阳县五千户，计钞二百锭。

月赤察儿怯薛：

江南户钞，至元二十一年，分拨武冈路绥宁县五千户，计钞二百锭。

玉龙怙木儿千户：

江南户钞，至元二十年，分拨浔州三千户，计钞一百二十锭。

别苦千户：

江南户钞，至元二十年，分拨浔州三千户，计钞一百二十锭。

憧兀儿王：

江南户钞，延祐二年为始，支中统钞二百锭，无城池。

霍木海：

五户丝，壬子年，元查大名等处三十三户。

哈剌赤秃秃哈：

江南户钞，至元二十一年，分拨饶州路四千户，计钞一百六十锭。

添都虎儿：

五户丝，丙申年，分拨真定一百户。

贾答剌罕：

五户丝，壬子年，元查大都一十四户。

阿剌博儿赤：

五户丝，壬子年，元查真定五十五户。

忽都那颜：

五户丝，壬子年，元查大名二十户。

忽辛火者：

五户丝，壬子年，元查真定二十七户。

大忒木儿：

五户丝，壬子年，元查真定二十二户。

布八火儿赤：

五户丝，壬子年，元查大都八十四户。

塔兰官人：

五户丝，壬子年，元查大宁三户。

憨剌哈儿：

五户丝，壬子年，元查保定二十一户。

昔里吉万户：

五户丝，壬子年，元查大都七十九户。

清河县达鲁花赤也速：

五户丝，壬子年，元查大名二十户。

塔剌罕刘元帅：

五户丝，壬子年，元查顺德一十九户。

怯薛台蛮子：

五户丝，壬子年，元查泰安州七户。

必阇赤汪古台：

五户丝，壬子年，元查汴梁等处四十六户。

阿剌罕万户：

五户丝，壬子年，元查保定一户。

徐都官人：

五户丝，壬子年，元查大都三十一户。

西川城左翼蒙古汉军万户脱力失：

岁赐，常课段三十三匹。

伯要歹千户：

岁赐，段二十四匹。

典迭儿：

岁赐，常课段六十四匹。

燕帖木儿太平王：

岁赐，天历元年，定金十锭、银五十锭、钞一万锭，分拨江东道太平路地五百顷。

卷九十六　　志第四十五上

食货四

俸秩

官必有禄，所以养廉也。元初未置禄秩，世祖即位之初，首命给之。内而朝臣百司，外而路府州县，微而府史胥徒，莫不有禄。大德中，以外有司有职田，于是无职田者，复益之以俸米。其所以养官吏者，不亦厚乎！

禄秩之制，凡朝廷职官，中统元年定之；六部官，二年定之；随路州县官，是年十月定之。至元六年，又分上中下县，为三等。提刑按察司官吏，六年定之。自经历以下，七年复增之。转运司官及诸匠官，七年定之。其运司依民官例，于差发内支给。至十七年，定夺俸禄，凡内外官吏皆住支。十八年，更命公事毕而无罪者给之，公事未毕而有罪者逐之。二十二年，重定百官俸，始于各品分上中下三例，视职事为差，事大者依上例，事小者依中例。二十三年，又命内外官吏俸以十分为率，添支五分。二十九年，定各处儒学教授俸，与蒙古、医学同。

成宗大德三年，诏益小吏俸米。六年，又定各处行省、宣慰司、致用院、宣抚司、茶盐运司、铁冶都提举司、淘金总管府、银场提举司等官循行俸例。七年，始加给内外官吏俸米。凡俸一十两以下人员，依小吏例，每一两给米一斗。十两以上至二十五两，每员给米一石。余上之数，每俸一两给米一升。无米，则验其时直给价，虽贵每石不过二十两。上都、大同、隆兴、甘肃等处，素非产米之地，每石权给中统钞二十五两，俸三锭以上者不给。至大二年，诏随朝官员及军官等俸改给至元钞，而罢其俸米。延祐七年，又命随朝官吏俸以十分为率，给米三分。

凡诸官员上任者不过初二日，罢任者已过初五日，给当月俸。各路官擅割官吏俸者罪之。诸职官病假百日之外，及因病求医、亲老告侍者，不给禄。后官已至，而前官被差者，其俸两给之。随朝官吏每月给俸，如告假事故，当官立限者全给，违限托故者追罚。军官差出者许借俸，殁于王事者借俸免征。各投下保充路府州县等官，其俸与王官等。

职田之制，路府州县官至元三年定之，按察司官十四年定之，江南行省及诸司官二十一年定之，其数减腹里之半。至武宗至大二年，外官有职田者，三品给禄米一百石，四品给六十石，五品五十石，六品四十五石，七品以下四十石；俸钞改支至元钞，其田拘收入官。四年，又诏公田及俸皆复旧制。延祐三年，外官无职田者，量给粟麦。凡交代官芒种已前去任者，其租后官收之，已后去任者前官分收。后又以争竞者多，俾各验其俸月以为多寡。

其大略如此。今取其制之可考者，具列于后。

至元二十二年百官俸例，各品分上中下三等：

从一品	六锭	五锭	
正二品	四锭二十五两	四锭一十五两	
从二品	四锭	三锭三十五两	三锭二十五两
正三品	三锭二十五两	三锭一十五两	三锭
从三品	三锭	二锭三十五两	二锭二十五两
正四品	二锭二十五两	二锭一十五两	二锭
从四品	二锭	一锭四十五两	一锭四十两
正五品	一锭四十两	一锭三十两	
从五品	一锭三十两	一锭二十两	
正六品	一锭二十两	一锭一十五两	
从六品	一锭一十五两	一锭一十两	
正七品	一锭一十两	一锭五两	
从七品	一锭五两	一锭	
正八品	一锭	四十五两	
从八品	四十五两	四十两	
正九品	四十两	三十五两	
从九品	三十五两		

内外官俸数：

太师府：太师，俸一百四十贯，米一十五石。谘议、参军，俸四十五贯，米四石五斗。长史，俸三十四贯六钱六分，米三石。太傅、太保府同。监修国史、参军、长史同。

中书省：右丞相，俸一百四十贯，米一十五石；左丞相同。平章政事，俸一百二十八贯六钱六分六厘，米一十二石。右丞，俸一百一十八贯六钱六分六厘，米一十二石；左丞同。参知政事，俸九十五贯三钱三分三厘，米九石五斗。参议，俸五十九贯，米六石。郎中，俸四十二贯，米四石五斗。员外郎，俸三十四贯六钱六分六厘，米三石。都事，俸二十八贯，米三石。承发管勾，俸二十五贯三钱三分三厘，米二石；照磨、省架阁库管勾、回回架阁库管勾并同。检校官，俸二十八贯，米三石五斗。断事官，内一十八员俸各八十二贯六钱六分六厘，米八石五斗；一十四员俸各五十九贯三钱三分三厘，米六石；一员俸五十四贯六钱六分六厘，米五石五斗；一员俸四十贯六钱六分六厘，米四石。经历，俸二十三贯六钱六分六厘，米二石五斗。知事，俸二十二贯，米二石。客省使，俸三十九贯三钱三分三厘，米三石五斗；副使，俸二十八贯，米三石。直省舍人，俸三十四贯六钱六分六厘，米三石。六部尚书，俸七十八贯，米八石。侍郎，俸五十三贯三钱三分三厘，米五石。郎中，俸三十四贯六钱六分六厘，米三石。员外郎，俸二十八贯，米三石。主事，俸二十六贯六钱六分六厘，米二石五斗。户部司计，俸二十八贯，米三石。工部司程，俸一十八贯，米二石五斗。刑部狱丞，俸一十一贯，米一石。司籍提领，俸一十二贯六钱六分六厘，米一石。同提领，俸一十一贯三钱三分三厘，米五斗。

枢密院：知院，俸一百二十九贯三钱三分三厘，米一十三石五斗。同知，俸一百六贯，米一十一石。副枢，俸九十五贯三钱三分三厘，米九石五斗。佥院，俸九十贯一钱八分六厘，米九石五斗。同佥，俸五十九贯三钱三分三厘，米六石。院判，俸四十二贯，米四石五斗。参议，俸三十九贯三钱三分三厘，米三石五斗。经历，俸三十四贯六钱六分六厘，米三石。都事，俸二十八贯，米二石。照磨，俸二十二贯，米二石；管勾同。断事官，俸五十九贯三钱三分三厘，米六石。经历，俸二十五贯三钱三分三厘，米二石。知事，俸二十贯六钱六分六厘，米一石五斗。客省使，俸三十一贯三钱三分三厘，米三石；副使俸二十二贯，米二石。右卫都指挥使，俸七十贯，米七石五斗。副都指挥使，俸五十九贯三钱三分三厘，米六石。佥事，俸四十八贯六钱六分六厘，米四石五斗。经历，俸二十五贯三钱三分三厘，米二石。知事，俸二十贯六钱六分六厘，米一石五斗。照磨，俸一十八贯六钱六分六厘，米一石五斗。镇抚，俸二十贯六钱六分六厘，米一石五斗。行军官：千户，俸二十五贯三钱三分三厘，米二石。副千户，俸二十贯六钱六分六厘，米一石五斗。百户，俸一十七贯三钱三分三厘，米一石五斗。弹压，俸一十二贯六钱六分六厘，米一石。知事，俸一十一贯三钱三分三厘，米一石。弩军官：千户，俸二十贯六钱六分六厘，米一石五斗。百户，俸一十二贯六钱六分六厘，米一石。弹压，俸一十一贯三钱三分三厘，米五斗。都目，俸一十贯，米五斗。屯田千户所同弩军官例。左卫、前卫、后卫、中卫、武卫、左阿速卫、右阿速卫、左都威卫、右都威卫、左钦察卫、右钦察卫、左卫率府、宗仁卫、西域司、唐兀司、贵赤司并同右卫例。忠翊侍卫都指挥使，俸一百贯。副使，俸八十三贯三钱三分三厘。佥事，俸六十六贯六钱六分六厘。经历，俸三十三贯三钱三分三厘。知事，俸二十六贯六钱六分六厘。照磨，俸二十四贯六钱六分六厘。行军官：千户，俸三十三贯三钱三分三厘。副千户，俸二十六贯六钱六分六厘。百户，俸二十三贯三钱三分三厘。弹压，俸一十六贯六钱六分六厘。知事，俸一十五贯三钱三分三厘。弩军官：千户，俸二十六贯六钱六分六厘。百户，俸一十六贯六钱六分六厘。弹压，俸一十三贯三钱三分三厘。右手屯田千户所：千户，俸二十六贯六钱六分六厘。百户，俸一十六贯六钱六分六厘。左手屯田千户所同。隆镇卫、右翊蒙古侍卫并同忠翊侍卫例。

御史台：御史大夫，俸一百一十八贯六钱六分，米一十二石。中丞，俸一百六贯，米一十一石。侍御史，俸九十六贯三钱五分，米九石五斗。治书侍御史，俸九十贯一钱八分，米九石五斗。经历，俸三十四贯六钱六分，米三石。都事，俸二十八贯，米三石。殿中，俸四十八贯六钱六分，米四石五斗。知班，俸一十四贯，米一石五斗。监察御史，俸二十八贯，米三石。

奎章阁学士院：大学士，俸一百一贯三钱三分三厘，米一十石五斗。侍书学士，俸九十五贯三钱三分三厘，米九石五斗。承制学士，俸七十八贯，米八石。供奉学士，俸五十九贯三钱三分三厘，米六石。参书，俸三十四贯三钱三分三厘，米三石。典签，俸二十八贯，米三石。鉴书博士，俸四十一贯，米四石五斗。授经郎，俸二十八贯，米三石。

太禧宗禋院：院使，俸一百一十八贯六钱六分六厘，米一十二石。同知，俸一百贯，米一十石。副使，俸九十五贯三钱三分三厘，米九石五斗。佥院，俸九十贯一钱八分，米九石。同佥，俸五十九贯三钱三分三厘，米六石。院判，俸四十二贯，米四石五斗。参议，俸三十九贯三钱三分三厘，米三石五斗。经历，俸三十四贯六钱六分六厘，米三石。都事，俸二十八贯，米三石。照磨，俸二十二贯，米二石；管勾同。断事官，俸五十九贯三钱三分，米六石。经历，俸二十五贯三钱三分，米二石。知事，俸二十贯六钱六分，米一石五斗。客省使，俸三十一贯三钱三分，米三石。副使，俸二十二贯，米二石。

宣政院：院使，俸一百一十八贯六钱六分，米一十二石。同知，俸一百六贯，米一十一石。副使，俸九十五贯三钱三分，米九石五斗。佥院，俸九十贯一钱八分，米九石五斗。同佥，俸五十九贯三钱三分，米六石。院判，俸四十二贯，米四石五斗。参议，俸三十九贯三钱三分，米三石五斗。经历，俸三十四贯六钱六分，米三石五斗。都事，俸二十八贯，米三石。照磨，俸二十二贯，米二石；管勾同。断事官、客省使并同太禧宗禋院例。宣徽院同。

翰林国史院：承旨，俸一百一十八贯六钱六分，米一十二石。学士，俸一百六贯，米一十一石。侍读学士，俸九十五贯三钱三分，米九石五斗；侍讲学士同。直学士，俸五十九贯三钱三分三厘，米六石。经历，俸三十四贯六钱六分六厘，米三石。都事，俸二十八贯，米三石。待制，俸三十九贯三钱三分三厘，米三石五斗。修撰，俸二十八贯，米三石。应奉，俸二十五贯三钱三分三厘，米二石。编修，俸二十二贯，米二石；检阅同。典籍，俸二十贯六钱六分六厘，米一石五斗。翰林院、集贤院，大学士同承旨，余并同上例。

中政院：院使，俸一百一贯三钱三分三厘，米一十石五斗。同知，俸八十二贯六钱六分六厘，米八石五斗。佥院，俸七十贯，米七石五斗。同佥，俸五十九贯三钱三分三厘，米六石。院判，俸四十三贯，米四石五斗。司议，俸三十四贯六钱六分六厘，米三石。长史，俸二十八贯，米三石。照磨，俸二十二贯，米二石；管勾同。太医院、典瑞院、将作院、太史院、储政院并同。

太常礼仪院：院使，俸八十二贯六钱六分，米八石五斗。同知，俸七十二贯，米七石五斗。佥院，俸四十八贯六钱六分六厘，米四石五斗。同佥，俸四十二贯，米四石五斗。院判，俸三十七贯三钱三分三厘，米四石。经历，俸二十八贯，米三石。都事，俸二十五贯三钱三分，米二石。照磨，俸二十二贯，米二石。太祝，俸二十贯六钱六分，米一石五斗；奉礼、协律同。

通政院：院使，俸八十二贯六钱六分六厘，米八石五斗。同知，俸七十贯，米七石五斗。副使，俸五十九贯三钱三分三厘，米六石。佥院，俸四十八贯六钱六分六厘，米四石五斗。同佥，俸四十四贯，米四石五斗。院判，俸三十九贯三钱三分三厘，米三石五斗。经历，俸三十四贯六钱六分六厘，米三石。都事，俸二十六贯六钱六分六厘，米二石五斗。照磨，俸二十二贯，米二石。

大宗正府：也可扎鲁忽赤，内一员俸一百一十八贯六钱六分六厘，米一十二石；二十七员俸八十二贯六钱六分六厘，米八石；五员俸六十七贯三钱三分三厘，米六石五斗。郎中，俸三十六贯，米三石五斗。员外郎，俸三十一贯三钱三分三厘，米三石。都事，俸二十六贯六钱六分六厘，米二石五斗。照磨，俸二十二贯，米二石；管勾同。

大司农司：大司农，俸一百一十八贯六钱六分，米一十二石。大司农卿，俸一百三贯，米一十一石。大司农少卿，俸九十五贯三钱三分，米九石五斗。大司农丞，俸九十贯一钱八分，米九石五斗。经历，俸三十四贯六钱六分，米三石。都事，俸二十八贯，米三石。照磨，俸二十二贯，米二石；管勾同。

内史府：内史，俸一百四十三贯三钱三分。中尉，俸一百一十六贯六钱六分六厘。司马，俸八十三贯三钱三分三厘。谘议，俸四十六贯六钱六分六厘。记室，俸四十贯。照磨，俸三十贯。

大都留守司：留守，俸一百一贯三钱三分，米一十石五斗。同知，俸八十二贯六钱六分，米八石五斗。副留守，俸五十九贯三钱三分三厘，米六石。留判，俸四十二贯，米四石五斗。经历，俸三十四贯六钱六分六厘，米三石。都事，俸二十八贯，米三石。照磨，俸二十二贯，米二石。

都护府：大都护，俸八十二贯六钱六分六厘，米八石五斗。同知，俸七十二贯，米七石五斗。副都护，俸五十九贯三钱三分三厘，米六石。经历，俸二十八贯，米三石。都事，俸二十六贯六钱六分六厘，米二石五斗。照磨，俸二十二贯，米二石。

崇福司：司使，俸八十二贯六钱六分六厘，米八石。同知，俸七十贯，米七石五斗。副使，俸五十九贯三钱三分，米六石。司丞，俸三十九贯三钱三分，米三石五斗。经历，俸二十八贯，米三石。都事，俸二十六贯六分六厘，米二石五斗。照磨，俸二十二贯，米二石。

给事中，俸五十三贯三钱三分三厘，米五石。左右侍仪奉御，俸四十八贯六钱六分六厘，米四石五斗。

武备寺：卿，俸七十贯，米七石五斗。同判，俸五十九贯三钱三分三厘，米六石。少卿，俸四十二贯，米四石五斗。寺丞，俸三十九贯三钱三分三厘，米三石五斗。经历，俸二十五贯三钱三分三厘，米二石。知事，俸二十四贯，米二石。照磨，俸二十二贯，米二石。

太仆寺：卿，俸七十贯，米七石五斗。少卿，俸四十二贯，米四石五斗。寺丞，俸三十九贯三钱三分，米三石五斗。经历，俸二十五贯三钱三分三厘，米二石。知事，俸二十二贯，米二石。照磨，俸二十贯六钱六分，米一石五斗。光禄、长庆、长新、长秋、承徽、长宁、尚乘、长信等寺并同。

尚舍寺：太监，俸四十八贯六钱六分，米四石。少监，俸三十九贯三钱三分，米三石五斗。监丞，俸三十一贯三钱三分，米二石。知事，俸二十二贯，米二石。

侍仪司：侍仪使，俸七十贯，米七石五斗。引进使，俸四十八贯六钱六分，米四石五斗。典簿，俸二十五贯三钱三分，米二石。承奉班都知，俸二十六贯六钱六分，米二石五斗。通事舍人，俸二十五贯三钱三分，米二石。侍仪舍人，俸一十七贯三钱三分，米一石五斗。

拱卫司：都指挥使，俸七十贯，米七石五斗。副都指挥使，俸五十九贯三钱三分三厘，米六石。佥事，俸四十八贯六钱六分六厘，米四石五斗。经历，俸二十五贯三钱三分三厘，米二石。知事，俸二十贯六钱六分六厘，米一石五斗。

内宰司：内宰，俸七十贯，米七石五斗。司丞，俸四十五贯，米四石五斗。典簿，俸二十五贯三钱三分，米二石。照磨，俸二十贯六钱六分，米一石五斗。翊正司同。

延庆司：延庆使，俸一百贯。同知，俸六十三贯三钱三分三厘。副使，俸四十六贯六钱六分六厘。司丞，俸三十四贯六钱六分六厘，米三石。典簿，俸二十五贯三钱三分三厘，米二石。照磨，俸二十贯六钱六分六厘，米一石五斗。

内正司：司卿，俸七十贯，米七石五斗。少卿，俸四十七贯，米四石五斗。司丞，俸三十九贯三钱三分三厘，米三石五斗。典簿，俸二十五贯三钱三分三厘，米二石。照磨，俸二十贯六钱六分，米一石五斗。中瑞司同。

京畿运司：运使，俸五十六贯，米六石。同知，俸三十九贯三钱三分，米三石五斗。运副，俸三十四贯六钱六分，米三石。运判，俸二十六贯六钱六分，米二石五斗。经历，俸二十贯六钱六分，米一石五斗。知事，俸一十四贯，米一石五斗。提控案牍，俸一十四贯六钱六分，米一石。

太府监：卿，俸七十贯，米七石五斗。太监，俸五十九贯三钱三分，米六石。少监，俸四十二贯，米四石五斗。监丞，俸三十九贯三钱三分，米三石五斗。经历，俸二十五贯三钱三分，米二石。知事，俸二十四贯，米二石。照磨，俸二十二贯，米二石。秘书、章佩、利用、中尚、度支等监并同。

国子监：祭酒，俸五十九贯三钱三分，米六石。司业，俸三十九贯三钱三分，米三石五斗。监丞，俸三十贯三钱三分，米三石。典簿，俸一十五贯三钱三分，米二石。博士，俸二十六贯六钱六分，米二石五斗；太常博士、回回国子博士同。助教，俸二十二贯，米二石；教授同。学录，俸一十一贯三钱三分，米五斗。蒙古国子监同。

经正监：卿，俸七十贯，米七石五斗。太监，俸五十贯，米五石。少监，俸四十二贯，米四石五斗。监丞，俸三十四贯六钱六分六厘，米三石。经历，俸二十五贯三钱三分三厘，米二石。知事，俸二十二贯，米二石。

阑遗监：太监，俸四十八贯六钱六分，米四石。少监，俸三十九贯三钱三分三厘，米三石。监丞，俸三十一贯三钱三分，米三石。知事，俸二十二贯，米二石。提控案牍，俸二十贯六钱六分，米一石五斗。

司天监：提点，俸五十九贯三钱三分，米六石。司天监，俸五十三贯三钱三分，米五石。监丞，俸三十一贯三钱三分，米三石。知事，俸二十贯六钱六分六厘，米一石五斗。教授，俸一十贯六钱六分，米一石；管勾同。司辰，俸八贯六钱六分，米五斗；学正、押宿并同。回回司天监：少监，俸四十二贯，米四石五斗；余同上。

都水监：都水卿，俸五十三贯，米六石。少监，俸三十九贯三钱三分，米三石五斗。监丞，俸三十贯，米三石。经历，俸二十五贯三钱三分，米二石。知事，俸二十二贯，米二石。

大都路达鲁花赤，俸一百三十贯；总管同。副达鲁花赤，一百二十贯。同知八十贯；治中同。判官，五十五贯。推官，五十贯。经历，四十贯。知事，三十贯。提控案牍，二十五贯；照磨同。并中统钞。

行省：左丞相，俸二百贯。平章政事，一百六十六贯六钱六分六厘；右丞、左丞同。参知政事，一百三十三贯三钱三分三厘。郎中，四十六贯六钱六分六厘。员外郎，三十贯。都事，二十六贯六钱六分六厘；检校同。管勾，二十三贯三钱三分三厘。理问所：理问，俸四十六贯六钱六分六厘。副理问，俸三十贯。知事，俸一十六贯六钱六分六厘；提控案牍同。

宣慰司：腹里宣慰使，俸中统钞五百八十贯三钱三分。同知，五百贯。副使，四百一十六贯六钱六分。经历，四百贯。都事，一百八十三贯三钱三分。照磨，一百五十贯。行省宣慰使，俸至元钞八十七贯五钱。同知，四十九贯。副使，四十二贯。经历，二十八贯。都事，二十四贯。照磨，一十七贯五钱。

廉访司：廉访使，俸中统钞八十贯。副使，四十五贯。佥事，三十贯。经历，二十贯。知事，一十五贯。照磨，一十二贯。

盐运司：腹里运使，俸一百二十贯。同知，五十贯。副使，三十五贯。判官，三十贯。经历，二十贯。知事，一十五贯。照磨，一十三贯。行省运使，八十贯。同知，五十贯。运副，四十贯。判官，三十贯。经历，二十五贯。知事，一十七贯。提控案牍，一十五贯。

上路达鲁花赤，俸八十贯；总管同。同知，四十贯。治中，三十贯。判官，二十贯。推官，一十九贯。经历，一十七贯。知事，一十二贯。提控案牍，一十贯。下路达鲁花赤，俸七十贯；总管同。同知，三十五贯。判官，二十贯。推官，一十九贯。经历，一十七贯。知事，一十二贯。提控案牍，一十贯。

散府达鲁花赤，俸六十贯；知府同。同知，三十贯。判官，一十八贯；推官同。知事，一十二贯。提控案牍，一十贯。

上州达鲁花赤，俸五十贯；州尹同。同知，二十五贯。判官，一十八贯。知事，一十二贯。提控案牍，一十贯。中州达鲁花赤，俸四十贯；知州同。同知，二十贯。判官，一十五贯。提控案牍，一十贯。都目，八贯。下州达鲁花赤，俸三十贯；知州同。同知，一十八贯。判官，一十三贯。吏目，四十贯。

上县达鲁花赤，俸二十贯；县尹同。县丞，一十五贯。主簿，一十三贯。县尉，一十二贯。典史，三十五贯。巡检，一十贯。中县达鲁花赤，俸一十八贯；县尹同。主簿，一十三贯。县尉，一十二贯。典史，三十五贯。下县达鲁花赤，俸一十七贯；县尹同。主簿，一十二贯；县尉同。典史，三十五贯。

诸署、诸局、诸库等官及掾吏之属，其目甚多，不可胜书。然其俸数之多寡，亦皆以品级之高下为则。观者可以类推，故略而不录。

职田数：

至元三年，定随路府州县官员职田：上路达鲁花赤一十六顷，总管同，同知八顷，治中六顷，府判五顷。下路达鲁花赤一十四顷，总管同，同知七顷，府判五顷。散府达鲁花赤一十二顷，知府同，同知六顷，府判四顷。上州达鲁花赤一十顷，州尹同，同知五顷，州判四顷。中州达鲁花赤八顷，知州同，同知四顷，州判三顷。下州达鲁花赤六顷，知州同，州判三顷。警巡院达鲁花赤五顷，警使同，警副四顷，警判三顷。录事司达鲁花赤三顷，录事同，录判二顷。县达鲁花赤四顷，县尹同，县丞三顷，主簿二顷，县尉、主簿兼尉并同，经历四顷。

至元十四年，定按察司职田：各道按察使一十六顷，副使八顷，佥事六顷。

至元二十一年，定江南行省及诸司职田比腹里减半。上路达鲁花赤八顷，总管同，同知四顷，治中三顷，府判二顷五十亩。下路达鲁花赤七顷，总管同，同知三顷五十亩，府判二顷五十亩，经历二顷，知事一顷，提控案牍同。散府达鲁花赤六顷，知府同，同知三顷，府判二顷，提控案牍一顷。上州达鲁花赤五顷，知州同，同知二顷，州判同，提控案牍一顷。中州达鲁花赤四顷，知州同。同知二顷，州判一顷五十亩，都目五十亩。下州达鲁花赤三顷，知州同，同知二顷，州判一顷五十亩。上县达鲁花赤二顷，县尹同，县丞一顷五十亩，主簿一顷，县尉同。中县同上。（无县丞）。下县达鲁花赤一顷五十亩，县尹同，主簿兼尉一顷。录事司达鲁花赤一顷五十亩，录事同，录判一顷。司狱一顷，巡检同。

按察司使八顷，副使四顷，佥事三顷，经历二顷，知事一顷。运司官：运使八顷，同知四顷，运副三顷，运判同，经历二顷，知事二顷，提控案牍同。盐司官：盐使二顷，盐副二顷，盐判一顷，各场正、同、管勾各一顷。

常平义仓

常平起于汉之耿寿昌，义仓起于唐之戴胄，皆救荒之良法也。元立义仓于乡社，又置常平于路府，使饥不损民，丰不伤农，粟直不低昂，而民无菜色，可谓善法汉、唐者矣。

今考其制，常平仓世祖至元六年始立。其法：丰年米贱，官为增价籴之；歉年米贵，官为减价粜之。于是八年以和籴粮及诸河仓所拨粮贮焉。二十三年定铁法，又以铁课籴粮充焉。义仓亦至元六年始立。其法：社置一仓，以社长主之，丰年每亲丁纳粟五斗，驱丁二斗，无粟听纳杂色，歉年就给社民。于是二十一年新城县水，二十九年东平等处饥，皆发义仓赈之。皇庆二年，复申其令。然行之既久，名存而实废，岂非有司之过与？

惠民药局

《周官》有医师，掌医之政令，凡邦有疾病疕疡者造焉，则使医分而治之，此民所以无夭折之患也。元立惠民药局，官给钞本，月营子钱，以备药物，仍择良医主之，以疗贫民，其深得《周官》设医师之美意者与。

初，太宗九年，如于燕京等十路置局，以奉御田阔阔、太医王璧、齐楫等为局官，给银五百锭为规运之本。世祖中统二年，又命王祐开局。四年，复置局于上都，每中统钞一百两，收息钱一两五钱。至元二十五年，以陷失官本，悉罢革之。至成宗大德三年，又准旧例，于各路置焉。凡局皆以各路正官提调，所设良医，上路二名，下路府州各一名，其所给钞本，亦验民户多寡以为等差。今并著于后：

腹里，三千七百八十锭。

河南行省，二百七十锭。

湖广行省，一千一百五十锭。

辽阳行省，二百四十锭。

四川行省，二百四十锭。

陕西行省，二百四十锭。

江西行省，三百锭。

江浙行省，二千六百一十五锭。

云南行省，真贝八一万一千五百索。

甘肃行省，一百锭。

市　籴

和籴自唐始，所以备边庭军需也，其弊至于害民者，盖有之矣。元和籴之名有二，曰市籴粮，曰盐折草，率皆增其直而市于民。于是边庭之兵不乏食，京师之马不乏刍，而民亦用以不困，其为法不亦善乎！

市籴粮之法，世祖中统二年，始以钞一千二百锭，于上都、北京、西京等处籴三万石。四年，以解盐引一万五千道，和中陕西军储。是年三月，又命扎马剌丁籴粮，仍敕军民官毋沮。五年，谕北京、西京等路市籴军粮。至元三年，以南京等处和籴四十万石。四年，命沔州等处中纳官粮，续还其直。八年，验各路粮粟价直，增十分之一，和籴三十九万四千六百六十十石。十六年，以两淮盐引五万道，募客旅中粮。十九年，以钞三万锭，市籴于隆兴等处。二十年，以钞五千锭市于北京，六万锭市于上都，二千锭市于应昌。二十一年，以河间、山东、两浙、两淮盐引，募诸人中粮。是年四月，以钞四千锭，于应昌市籴。九月，发盐引七万道、钞三万锭，于上都和籴。二十二年，以钞五万锭，令木八剌沙和籴于上都。是年二月，诏江南民田秋成，官为定例收籴，次年减价出粜。二十三年，发钞五千锭，市籴沙、净、隆兴军粮。二十四年，官发盐引，听民中粮。是年十二月，以扬州、杭州盐引五十万道，兑换民粮。二十七年，和籴西京粮，其价每一十两之上增一两。延祐三年，中籴和林粮二十三万石。五年、六年，又各和中二十万石。

盐折草之法，成宗大德八年，定其则例。每年以河间盐，令有司于五月预给京畿郡县之民，至秋成，各验盐数输草，以给京师秣马之用。每盐二斤，折草一束，重一十斤。岁用草八百万束，折盐四万引云。

赈　恤

救荒之政，莫大于赈恤。元赈恤之名有二：曰蠲免者，免其差税，即《周官·大司徒》所谓薄征者也；曰赈贷者，给以米粟，即《周官·大司徒》所谓散利者也。然蠲免有以恩免者，有以灾免者。赈贷有以鳏寡孤独而赈者，有以水旱疫疠而赈者，有以京师人物繁凑而每岁赈粜者。若夫纳粟补官之令，亦救荒之一策也。其为制各不同，今并著于后，以见其仁厚爱民之意云。

恩免之制：世祖中统元年，量减丝料、包银分数。二年，免西京、北京、燕京差发。是年二月，以真定、大名、河南、陕西、东平、益都、平阳等路，兵兴之际，劳于转输，其差发减轻科取。三年，北京等路以兵兴供给繁重，免本岁丝料、包银。是年闰九月，以济南路遭李璮之乱，军民皆饥，尽除差发。四年，以西凉民户值浑都海、阿蓝解儿之乱，人民流散，免差税三年。至元元年，诏减明年包银十分之三，全无业者十之七。是年四月，逃户复业者，免差税三年。三年，减中都包银四分之一。十二年，蠲免包银、丝线、俸钞。是年八月，免河南路包银三分之二，其余路府亦免十之五。十九年，免诸路民户明年包银、俸钞，及逃移户差税。二十年，免大都、平滦民户丝线、俸钞。二十二年，除民间包银三年，不使带纳俸钞，尽免大都军民地税。二十四年，免东京军民丝线、包银、俸钞。是年九月，除北京马五百匹。二十五年，免辽阳、武平等处差发。二十七年，减河间、保定、平滦三路丝线之半，大都全免。二十八年，诏免腹里诸路包银、俸钞；其大都、上都、隆兴、平滦、大同、太原、河间、保定、武平、辽阳十路丝线并除之。二十九年，免上都、隆兴、平滦、保定、河间五路包银、俸钞。三十年，免大都差税。三十一年，成宗即位，诏免天下差税有差。是年六月，免腹里军、站、匠、船、盐、铁等户税粮，及江南夏税之半。元贞元年，除大都民户丝线、包银、税粮。大德元年，以改元免大都、上都、隆兴民户差税三年。三年，诏免腹里包银、俸钞，及江南夏税十分之三。四年，诏免上都、大都、隆兴明年丝银税粮，其数亦如之，江南租税减十分之一。九年，又下宽免之令，以恤大都、上都、隆兴、腹里、江淮之民。十年，逃移民户复业者，免差税三年。十一年，武宗即位，诏免内外郡县差税有差。至大二年，上尊号，诏免腹里、江淮差税。三年，又免大都、上都、中都秋税，及民间差税之负欠者。四年，免腹里包银及江南夏税十分之三。是年四月，免大都、上都、中都差税三年。延祐元年，以改元免大都、上都差税二年，其余被灾经赈者免一年，流民复业者免差税三年。二年，免各路差税、丝料。七年，免腹里丝绵十分之五，外郡十分之三，江淮夏税所免之数，与外郡丝绵同，民间逋欠差税并除之。是年，免丁地税粮、包银、丝料各有差。至治二年，宽恤军民站户。三年，免临清万户府军民船户差税三年，福建蜑户差税一年。泰定三年，罢江淮以南包银。天历元年，免诸路差税、丝料有差，及海北盐课三年。二年，免达达军站之贫乏者及各路差税有差。是年十月，免人民逋欠官钱，及奉元商税，各处灶户杂役。至顺元年，以改元免诸路差税有差，减方物之贡，免河南府、怀庆路门摊、海北盐课，存恤红城儿屯田军三年。

灾免之制：世祖中统元年，以各处被灾，验实减免科差。三年，以蛮寇攻掠，免三叉沽灶户一百六十五户其年丝料、包银。四年，以秋旱霜灾，减大名等路税粮。至元三年，以东平等处蚕灾，减其丝料。五年，以益都等路禾损，蠲其差税。六年，以济南、益都、怀孟、德州、淄莱、博州、曹州、真定、顺德、河间、济州、东平、恩州、南京等处桑蚕灾伤，量免丝料。七年，南京、河南蝗旱，减差徭十分之六。十九年，减京师民户科差之半。二十年，以水旱相仍，免江南税粮十分之二。二十四年，免北京饥民差税。是年，扬州及浙西水，其地税在扬州者全免，浙西减二分。二十五年，南安等处被寇兵者，税粮免征。二十六年，绍兴路水，免地税十之三。是年六月，以禾稼不收，免辽阳差税。二十七年，大都、辽阳被灾，免其包银、俸钞。是年六月，以霖雨免河间等路丝料之半。十月，以兴、松二州霜，免其地税。二十八年，辽阳被灾者，税粮皆免征，其余量征其半。是年五月，以太原去岁不登，杭州被水，其太原丁地税粮、杭州地税并除之。九月，又免州路所负岁粮。二十九年，以北京地震，量减岁课。是年，以大都去岁不登，流移者众，免其税粮及包银、俸钞。元贞元年，以供给繁重及水伤禾稼，免咸平府边民差税。大德三年，以旱蝗，除扬州、淮安两路税粮。五年，各路被灾重者，其差税并除之。六年，免大都、平滦差税。七年，以内郡饥，荆湖、川蜀供给军饷，其差税减免各有差。八年，以平阳、太原地震，免差税三年。至大元年，以江南、江北水旱民饥，其科差、夏税并免之。二年，以腹里、江淮被灾，其科差、夏税亦并免之。皇庆二年，免益都饥民贷粮。延祐二年，河南、归德、南阳、徐、邳、陈、蔡、许州、荆门、襄阳等处水，三年，肃州等处连岁被灾，皆免其民户税粮。天历元年，陕西霜旱，免其科差一年；盐官州海潮，免其秋粮夏税。是年十二月，诏经寇盗剽掠州县，免差税一年。二年，以关陕旱，免差税三年。至顺元年，以河南、怀庆旱，其门摊课程及逋欠差税皆免征。

鳏寡孤独赈贷之制：世祖中统元年，首诏天下，鳏寡孤独废疾不能自存之人，天民之无告者也，命所在官司，以粮赡之。至元元年，又诏病者给药，贫者给粮。八年，令各路设济众院以居处之，于粮之外，复给以薪。十年，以官吏破除入己，凡粮薪并敕于公厅给散。十九年，各路立养济院一所，仍委宪司点治。二十年，给京师南城孤老衣粮房舍。二十八年，给寡妇冬夏衣。二十九年，给贫子柴薪，日五斤。三十一年，特赐米绢。元贞二年，诏各处孤老，凡遇宽恩，人给布帛各一。大德三年，诏遇天寿节，人给中统钞二贯，永为定例。六年，给死者棺木钱。

水旱疫疠赈贷之制：中统元年，平阳旱，遣使赈之。二年，迁曳捏即地贫民就食河南、平阳、太原。三年，济南饥，以粮三万石赈之。是年七月，以课银一百五十锭济甘州贫民。四年，以钱粮币帛赈东平济河贫民，钞四千锭赈诸王只必帖木儿部贫民。至元二年，以钞百锭赈阔阔出所部军。五年，益都民饥，验口赈之。六年，东平、河间一十五处饥，亦验口赈之。八年，以粮赈西京路急递铺兵卒。十二年，濮州等处饥，贷粮五千石。十六年，以江南所运糯米不堪用者赈贫民。十九年，真定饥，赈粮两月。二十年，以帛千匹、钞三百锭，赈水达达地贫民。二十三年，大都属郡六处饥，赈粮三月。二十四年，斡端民饥，赈钞万锭。是年四月，以陈米给贫民。七月，以粮给诸王阿只吉部贫民，大口二斗，小口一斗。二十六年，京兆旱，以粮三万石赈之。是年，又赈左右翼屯田蛮军及月儿鲁部贫民粮，各三月。二十七年，大都民饥，减直粜粮五万石。二十八年，以去岁陨霜害稼，赈宿卫士怯怜口粮二月，以饥赈徽州、溧阳等路民粮三月。三十一年，复赈宿卫士怯怜口粮三月。元贞元年，诸王阿难答部民饥，赈粮二万石。是年六月，以粮一千三百石赈隆兴府饥民，二千石赈千户灭秃等军。七月，以辽阳民饥，赈粮二月。大德元年，以饥赈辽阳、水达达等户粮五千石，公主囊加真位粮二千石。是年，临江、扬州等路亦饥，赈粮有差；腹里并江南灾伤之地赈粮三月。二年，赈龙兴、临江两路饥民，又赈金复州屯田军粮二月。四年，鄂州等处民饥，发湖广省粮十万石赈之。七年，以钞万锭赈归德饥民。九年，澧阳县火，赈粮二月。十一年，以饥赈安州高阳等县粮五千石，潮州谷一万石，奉符等处钞二千锭，两浙、江东等处钞三万余锭、粮二十万余石。又劝率富户赈粜粮一百四十余万石，凡施米者，验其数之多寡，而授以院务等官。是年，又以钞一十四万七千余锭、盐引五千道、粮三十万石，赈绍兴、庆元、台州三路饥民。皇庆元年，宁国饥，赈粮两月。自延祐之后，腹里、江南饥民岁加赈恤，其所赈或以粮，或以盐引，或以钞。

京师赈粜之制：至元二十二年始行。其法于京城南城设铺各三所，分遣官吏，发海运之粮，减其市直以赈粜焉。凡白米每石减钞五两，南粳米减钞三两，岁以为常。成宗元贞元年，以京师米贵，益广世祖之制，设肆三十所，发粮七万余石粜之，白粳米每石中统钞一十五两，白米每石一十二两，糙米每石六两五钱。二年，减米肆为一十所，其每年所粜，多至四十余万石，少亦不下二十余万石。至大元年，增两城米肆为一十五所，每肆日粜米一百石。四年，增所粜米价为中统钞二十五贯。自是每年所粜，率五十余万石。泰定二年，减米价为二十贯。致和元年，又减为一十五贯云。赈粜粮之外，复有红贴粮。红贴粮者，成宗大德五年始行。初，赈粜粮多为豪强嗜利之徒，用计巧取，弗能周及贫民。于是令有司籍两京贫乏户口之数，置半印号簿文贴，各书其姓名口数，逐月封贴以给。大口三斗，小口半之。其价视赈粜之直，三分常减其一，与赈粜并行。每年拨米总二十万四千九百余石，闰月不与焉。其爱民之仁，于此亦可见矣。

入粟补官之制：元初未尝举行。天历三年，内外郡县亢旱为灾，于是用太师答剌罕等言，举而行之。凡江南、陕西、河南等处定为三等，令其富实民户依例出米，无米者折纳价钞。陕西每石八十两，河南并腹里每石六十两，江南三省每石四十两，实授茶盐流官，如不仕让封父母者听。钱谷官考满，依例升转。陕西省：一千五百石之上，从七品；一千石之上，正八品；五百石之上，从八品；三百石之上，正九品；二百石之上，从九品；一百石之上，上等钱谷官；八十石之上，中等钱谷官；五十石之上，下等钱谷官；三十石之上，旌表门闾。河南并腹里：二千石之上，从七品；一千五百石之上，正八品；一千石之上，从八品；五百石之上，正九品；三百石之上，从九品；二百石之上，上等钱谷官；一百五十石之上，中等钱谷官；一百石之上，下等钱谷官。江南三省：一万石之上，正七品；五千石之上，从七品；三千石之上，正八品；二千石之上，从八品；一千石之上，正九品；五百石之上，从九品；三百石之上，上等钱谷官；二百五十石之上，中等钱谷官；二百石之上，下等钱谷官。先已入粟，遥授虚名，今再入粟者，验其粮数，照依资品，实授茶盐流官。陕西：一千石之上，从七品；六百六十石之上，正八品；三百三十石之上，从八品；二百石之上，正九品；一百三十石之上，从九品。河南并腹里：一千三百三十石之上，从七品；一千石之上，正八品；六百六十石之上，从八品；三百三十石之上，正九品；二百石之上，从九品。江南三省：六千六百六十石之上，正七品；三千三百三十石之上，从七品；二千石之上，正八品；一千三百三十石之上，从八品；六百六十石之上，正九品；三百三十石之上，从九品。先已入粟，实授茶盐流官，今再入粟者，验其粮数，加等升除。陕西：七百五十石之上，五百石之上，二百五十石之上，一百五十石之上，一百石之上。河南并腹里：一千石之上，七百五十石之上，五百石之上，二百五十石之上，一百五十石之上。僧道入粟：三百石之上，赐六字师号，都省给之；二百石之上，四字师号，一百石之上，二字师号，礼部给之。四川省富实民户，有能入粟赴江陵者，依河南省补官例行之。夫入粟补官，虽非先王之政，然荒札之余，民赖其助者多矣，故特识于篇末而不敢略云。

卷九十七　　志第四十五下

食货五

食货前志，据《经世大典》为之目，凡十有九，自天历以前，载之详矣。若夫元统以后，海运之多寡，钞法之更变，盐茶之利害，其见于《六条政类》之中，及有司采访事迹，凡有足征者，具录于篇，以备参考；而丧乱之际，其亡逸不存者，则阙之。

海运

元自世祖用伯颜之言，岁漕东南粟，由海道以给京师，始自至元二十年，至于天历、至顺，由四万石以上增而为三百万以上，其所以为国计者大矣。历岁既久，弊日以生，水旱相仍，公私俱困，疲三省之民力，以充岁运之恒数，而押运监临之官，与夫司出纳之吏，恣为贪黩，脚价不以时给，收支不得其平，船户贫乏，耗损益甚。兼以风涛不测，盗贼出没，剽劫覆亡之患，自仍改至元之后，有不可胜言者矣。由是岁运之数，渐不如旧。至正元年，益以河南之粟，通计江南三省所运，止得二百八十万石。二年，又令江浙行省及中政院财赋总管府，拨赐诸人寺观之粮，尽数起运，仅得二百六十万石而已。及汝、颍倡乱，湖广、江右相继陷没，而方国珍、张士诚窃据浙东、西之地，虽縻以好爵，资为藩屏，而贡赋不供，剥民以自奉，于是海运之舟不至京师者积年矣。

至十九年，朝廷遣兵部尚书伯颜帖木儿、户部尚书齐履亨征海运于江浙，由海道至庆元，抵杭州。时达识帖睦迩为江浙行中书省丞相，张士诚为太尉，方国珍为平章政事，诏命士诚输粟，国珍具舟，达识帖睦迩总督之。既达朝廷之命，而方、张互相猜疑，士诚虑方氏载其粟而不以输于京也，国珍恐张氏掣其舟而因乘虚以袭己也。伯颜帖木儿白于丞相，正辞以责之，巽言以谕之，乃释二家之疑，克济其事。先率海舟俟于嘉兴之澉浦，而平江之粟展转以达杭之石墩，又一舍而后抵澉浦，乃载于舟。海滩浅涩，躬履艰苦，粟之载于舟者，为石十有一万。二十年五月赴京。是年秋，又遣户部尚书王宗礼等至江浙。二十一年五月，运粮赴京，如上年之数。九月，又遣兵部尚书彻彻不花、侍郎韩祺往征海运一百万石。二十二年五月，运粮赴京，视上年之数，仅加二万而已。九月，遣户部尚书脱脱欢察尔、兵部尚书帖木至江浙。二十三年五月，仍运粮十有三万石赴京。九月，又遣户部侍郎博罗帖木儿、监丞赛因不花往征海运。士诚托辞以拒命，由是东南之粟给京师者，遂止于是岁云。

钞法

至正十年，右丞相脱脱欲更钞法，乃会中书省、枢密院、御史台及集贤、翰林两院官共议之。先是，左司都事武祺尝建言云："钞法自世祖时已行之后，除拨支料本、倒易昏钞以布天下外，有合支名目，于宝钞总库料钞转拨，所以钞法疏通，民受其利。比年以来，失祖宗元行钞法本意。不与转拨，故民间流转者少，致伪钞滋多。"遂准其所言，凡合支名目，已于总库转支。至是，吏部尚书偰哲笃及武祺，俱欲迎合丞相之意。偰哲笃言更钞法，以楮币一贯文省权铜钱一千文为母，而钱为子。众人皆唯唯，不敢出一语，惟集贤大学士兼国子祭酒吕思诚独奋然曰："中统、至元自有母子，上料为母，下料为子。比之达达人乞养汉人为子，是终为汉人之子而已，岂有故纸为父，而以铜为过房儿子者乎！"一坐皆笑。思诚又曰："钱钞用法，以虚换实，其致一也。今历代钱及至正钱，中统钞及至元钞、交钞，分为五项，若下民知之，藏其实而弃其虚，恐非国之利也。"偰哲笃、武祺又曰："至元钞多伪，故更之尔。"思诚曰："至元钞非伪，人为伪尔，交钞若出，亦有伪者矣。且至元钞犹故戚也，家之童稚皆识之矣。交钞犹新戚也，虽不敢不亲，人未识也，其伪反滋多尔。况祖宗成宪，岂可轻改。"偰哲笃曰："祖宗法弊，亦可改矣。"思诚曰："汝辈更法，又欲上诬世皇，是汝又欲与世皇争高下也。且自世皇以来，诸帝皆谥曰孝，改其成宪，可谓孝乎？"武祺又欲钱钞兼行，思诚曰："钱钞兼行，轻重不伦，何者为母，何者为子？汝不通古今，道听途说，何足以行，徒以口舌取媚大臣，可乎？"偰哲笃曰："我等策既不可行，公有何策？"思诚曰："我有三字策，曰行不得，行不得。"又曰："丞相勿听此言。如向日开金口河，成则归功汝等，不成则归罪丞相矣。"脱脱见其言直，犹豫未决。御史大夫也先帖木儿言曰："吕祭酒言有是者，有非者，但不当坐庙堂高声厉色。若从其言，此事终不行耶！"明日，讽御史劾之，思诚归卧不出，遂定更钞之议而奏之。下诏云："朕闻帝王之治，因时制宜，损益之方，在乎通变。惟我世祖皇帝，建元之初，颁行中统交钞，以钱为文，虽鼓铸之规未遑，而钱币兼行之意已具。厥后印造至元宝钞，以一当五，名曰子母相权，而钱实未用。历岁滋久，钞法偏虚，物价腾踊，奸伪日萌，民用匮乏。爰询廷臣，博采舆论，佥谓拯弊必合更张。其以中统交钞壹贯文省权铜钱一千文，准至元宝钞二贯，仍铸至正通宝钱与历代铜钱并用，以实钞法。至元宝钞，通行如故。子母相权，新旧相济，上副世祖立法之初意。"

十一年，置宝泉提举司，掌鼓铸至正通宝钱、印造交钞，令民间通用。行之未久，物价腾踊，价逾十倍。又值海内大乱，军储供给，赏赐犒劳，每日印造，不可数计。舟车装运，轴轳相接，交料之散满人间者，无处无之。昏软者不复行用。京师料钞十锭，易斗粟不可得。既而所在郡县，皆以物货相贸易，公私所积之钞，遂俱不行，人视之若弊楮，而国用由是遂乏矣。

盐　法

大都之盐：元统二年四月，御史台备监察御史言："窃睹京畿居民繁盛，日用之中，盐不可阙。大德中，因商贩把握行市，民食贵盐，乃置局设官卖之。中统钞一贯，买盐四斤八两。后虽倍其价，犹敷民用。及泰定间，因所任局官不得其人，在上者失于钤束，致有短少之弊。于是巨商趋利者营属当道，以局官侵盗为由，辄奏罢之，复从民贩卖。自是钞一贯，仅买盐一斤。无籍之徒，私相犯界，煎卖独受其利，官课为所侵碍。而民食贵盐益甚，贫者多不得食，甚不副朝廷恤小民之意。如朝廷仍旧设局，官为发卖，庶课不亏，而民受赐矣。"

既而大都路备三巡院及大兴、宛平县所申，又户部尚书建言，皆如御史所陈。户部乃言，以谓"榷盐之法，本以裕国而便民。始自大德七年罢大都运司，令河间运司兼办。每岁存留盐数，散之米铺，从其发卖。后因富商专利，遂于南北二城设局，凡十有五处，官为卖之。当时立法严明，民甚便益。泰定二年，因局官纲船人等多有侵盗之弊，复从民贩卖，而罢所置之局。未及数载，有司屡言富商高抬价直之害。运司所言纲船作弊，盖因立法不严，失于关防所致。且各处俱有官设盐铺，与商贾贩卖并无窒碍，岂有京城之内，乃革罢官卖之局。宜准本部尚书所言，及大都路所申，依旧制于南北二城置局十有五处。每局日卖十引，设卖盐官二员，以岁一周为满，责其奉公发卖。每中统钞一贯，买盐二斤四两，毋令杂灰土其中，及权衡不得其平。凡买盐过十贯者禁之，不及贯者从所买与之。如满岁无短少失陷及元定分数者，减一界升用之；若有侵盗者，依例追断其合卖盐数。令河间运司分为四季，起赴京廒，用官定法物，两平称收，分给各局。其所卖价钞，逐旬起解，委本部官轮次提调之。仍委官巡视，如有豪强兼利之徒，频买局盐而增价转卖于外者，从提调巡督官痛治之。仍令运司严督押运之人，设法防禁，毋致纵令纲船人等作弊。其客商盐货，从便相参发卖。"四月二十六日，中书省上奏，如户部所拟行之。

至元三年三月，大都京廒申户部云："近奉文帖，起运至元二年京廒发卖食盐一万五千引，令两平称收，如数具实申部。除各纲淹没短少盐计八百四十八引，本廒实收一万四千一百五十有二引，已支一万一百引付各局发卖，见存盐四千五十有二引，支拨欲尽。所据至元三年食盐，宜依例于河间运司起运一万五千引赴都，庶民间食用不阙。"户部准其所言，乃议："京廒食盐，今岁宜从河间运一万五千引，其脚价席索等费，令运司于盐课钱内通算支用。仍召募有产业船户，互相保识，每一千引为一纲，就差各该场官一员，并本司奏差或监运巡盐官，每名管押一纲，于大都兴国等场见收盐内验数，分派分司官监视，如数两平支收，限三月内赴京廒交卸，取文凭赴部销照。但有杂和沙土，湿润短少数，并令本纲船户、押运场官、奏差监运诸人，如数均赔，依例坐罪。"中书如户部所议行之。

至正三年，监察御史王思诚、侯思礼等建言："京师自大德七年罢大都盐运司，设官卖盐，置局十有五处，泰定二年以其不便罢之，元统二年又复之，迨今十年，法久弊生。在船则有侵盗渗溺之患，入局则有和杂灰土之奸。名曰一贯二斤四两，实不得一斤之上。其洁净不杂，而斤两足者，唯上司提调数处耳。又常白盐一千五百引，用船五十艘，每岁以四月起运，官盐二万引，用船五十艘，每岁以七月起运，而运司所遣之人，擅作威福，南抵临清，北自通州，所至以索截河道，舟楫往来，无不被扰。名为和顾，实乃强夺。一岁之中，千里之内，凡富商巨贾之载米粟者，达官贵人之载家室者，一概遮截，得重贿而放行，所拘留者，皆贫弱无力之人耳。其舟小而不固，渗溺侵盗，弊病多端。既达京廒，又不得依时交收，淹延岁月，困守无聊，鬻妻子、质舟楫者，往往有之。此客船所以狼顾不前，使京师百物涌贵者，实由于此。窃计官盐二万引，每引脚价中统钞七贯，总为钞三千锭，而十五局官典俸给，以一岁计之又五百七十六锭，其就支赁房之资，短脚之价，席草诸物，又在外焉。当时置局设官，但为民食贵盐，殊不料官卖之弊，反不如商贩之贱，岂忍徒费国家，而使百物贵也。宜从宪台具呈中书省，议罢其盐局，及来岁起运之时，出榜文播告盐商，从便入京兴贩。若常白盐所用船五十艘，亦宜于江南造小料船处如数造之。既成之后，付运司顾人运载，庶舟楫通而商贾集，则京师百物贱，而盐亦不贵矣。"御史台以其言具呈中书，而河间运司所申，亦如前议。

户部言："运司及大都路讲究，即同监察御史所言，元设盐局，合准革罢，听从客旅兴贩。其常白盐系内府必用之物，起运如故，宜从都省闻奏。"二月初五日，中书省上奏，如户部所拟行之。

河间之盐：至正二年，河间运司申户部云："本司岁办额余盐共三十八万引，计课钞一百一十四万锭，以供国用，不为不重。近年以来，各处私盐及犯界盐贩卖者众，盖因军民官失于禁治，以致侵碍官课，盐法涩滞，实由于此。乞转呈都省，颁降诏旨，宣谕所司，钦依规办。"本部具呈中书省，遂于四月十七日上奏，降旨戒饬之。

七月，又据河间运司申："本司办课，全藉郡县行盐地方买食官盐。去岁河间等路旱蝗阙食，累蒙赈恤，民力未苏，食盐者少。又因古北口等处，把隘官及军人不为用心诘捕，大都路所属有司，亦不奉公巡禁，致令诸人装载疙疸盐于街市卖之，或量以斗，或盛以盘，明相馈送。今紫荆关捕获犯人张狡群等所载疙疸盐，计一千六百余斤。自至元六年三月迄今犯者，将及百起。若不申闻，恐年终课不如数，虚负其咎。"本部具呈中书省，照会枢密院给降榜文禁治之。

三年，又据河间运司申："生财节用，固治国之常经；薄赋轻徭，实理民之大本。本司岁额盐三十五万引，近年又添余盐三万引，元签灶户五千七百七十四户，除逃亡外，止存四千三百有一户。每年额盐，勒令见在疲乏之户勉强包煎。今岁若依旧煎办，人力不足。又兼行盐地方旱蝗相仍，百姓焉有买盐之资。如蒙矜闵，自至正二年为始，权免余盐三万引，俟丰稔之岁，煎办如旧。"本部以钱粮支用不敷，权拟住煎一万引，具呈中书省。正月二十八日上奏，如户部所拟行之。

既而运司又言："至元三十一年，本司办盐额二十五万引，自后累增至三十有五万。元统元年，又增余盐三万引，已经具呈。蒙都省奏准，住煎一万引。外有二万引，若依前勒令见户包煎，实为难堪。如并将余盐二万引住煎，诚为便益。"户部又以所言具呈中书省，权拟余盐二万引住煎一年，至正四年煎办如故。四月十二日上奏，如户部所拟行之。

山东之盐：元统二年，户部呈："据山东运司准济南路牒，依副达鲁花赤完者、同知阇里帖木儿所言，比大都、河间运司，改设巡盐官一十二员，专一巡禁本部。详山东运司，岁办钞七十五万余锭，行盐之地，周围三万余里，止是运判一员，岂能遍历，恐私盐来往，侵碍国课。本司既与济南路讲究便益，宜准所言。"中书省令户部复议之，本部言："河间运司定设奏差一十二名，巡盐官一十六名，山东运司设奏差二十四名，今既比例添设巡盐官外，据元设奏差内减去一十二名。"具呈中书省，如所拟行之。

三年二月，又据山东运司备临朐、沂水等县申："本县十山九水，居民稀少，元系食盐地方，后因改为行盐，民间遂食贵盐，公私不便。如蒙仍旧改为食盐，令居民验户口多寡，以输纳课钞，则官民俱便，抑且可革私盐之弊。"运司移文分司，并益都路及下滕、峄等州，从长讲究，互言食盐为便。及准本司运使辛朝列牒云："所据零盐，拟依登、莱等处，铨注局官，给印置局，散卖于民，非惟大课无亏，官释私盐之忧，民免刑配之罪。"户部议："山东运司所言，于滕、峄等处增置十有一局，如登、莱三十五局之例，于钱谷官内通行铨注局官，散卖食盐，官民俱便。既经有司讲究，宜从所议。"具呈中书省，如所拟行之。

至元二年，御史台据山东肃政廉访司申："准济南路备章丘县申'见奉山东运司为本司额办盐课二十八万引，除客商承办之外，见存十三万引，绝无买者，将及年终，岁课不能如数。所据新城、章丘、长山、邹平、济南俱近盐场，与大、小清河相接，客旅兴贩，宜依商河、滕、峄等处，改为食盐，权派八千引，责付本处有司自备席索脚力，赴已拟固堤等场，于元统三年依例支出，均散于民'等事，窃照山东运司，初无上司明文，辄擅散民食盐，追纳课钞，使民不得安业。今于至元元年正月、二月，两次奉到中书户部符文，行盐食盐地分已有定例，毋得桩配于民。本司不遵省部所行，寝匿符文，依前差人驰驿，督责州县，临逼百姓，追征食盐课钞，不无扰害。据本司恣意行事，玩法扰民，理应取问，缘系办课之时，宜从宪台区处。又据监察御史所呈，亦为兹事。若便行取问，即系办课时月，具呈中书省区处。"户部议呈："行盐食盐已有定所，宜从改正。若准御史台所呈，取问运司，却缘盐法例应从长规画，似难别议。"中书省如所拟行之。

陕西之盐：至元二年九月，御史台准陕西行台咨备监察御史帖木儿不花建言："近蒙委巡历奉元东道，至元元年各州县户口额办盐课，其陕西运司官不思转运之方，每年豫期差人，分道赍引，遍散州县，甫及旬月，杖限追钞，不问民之无有。窃照诸处运司之例，皆运官召商发卖，惟陕西等处盐司，近年散于民户。且如陕西行省食盐之户，该办课二十万三千一百六十四锭有余。于内巩昌、延安等处认定课钞一万六千二百七十一锭，庆阳、环州、凤翔、兴元等处岁办课一万七千九百八十五锭，其余课钞，先因关陕旱饥，民多流亡，准中书省咨，至顺三年盐课，十分为率，减免四分，于今三载，尚有亏负。盖因户口凋残，十亡八九，纵或有复业者，家产已空，尔来岁颇丰收，而物价甚贱，得钞为艰。本司官皆勒有司征办，无分高下，一概给散，少者不下二三引，每一引收价三锭，富家无以应办，贫下安能措画？粜终岁之粮，不酬一引之价，缓则输息而借贷，急则典鬻妻子。纵引目到手，力窘不能装运，止从各处盐商，勒价收买。旧债未偿，新引又至，民力有限，官赋无穷。又宁夏所产韦红盐池，不办课程，除巩昌等处循例认纳乾课，从便食用外，其池邻接陕西环州百余里，红盐味甘而价贱，解盐味苦而价贵，百姓私相贩易，不可禁约。以此参详，河东盐池，除捞盐户口食盐外，办课引数，今后宜从运官设法，募商兴贩。但遇行盐之处，诸人毋得侵扰韦红盐法。运司每岁分轮官吏监视，听民采取，立法抽分，依例发卖，每引收价钞三锭。自黄河以西，从民食用，通办运司元额课钞。因时夹带至黄河东南者，同私盐法罪之，陕西兴贩解盐者不禁。如此庶望官民两便，而课亦无亏矣。"

又据陕西汉中道肃政廉访使胡通奉所陈云："陕西百姓，许食解盐，近脱荒俭，流移渐复，正宜安辑，而盐吏不察民瘼，止以恢办为名，不论贫富，散引收课，或纳钱入官，动经岁月，犹未得盐。盖因地远，脚力艰涩。今后若令大河以东之民，分定课程，买食解盐，其以西之民，计口摊课，任食韦红之盐，则官不被扰，民无荡产之祸矣。且解盐结之于风，韦红之盐产之于地，东盐味苦，西盐味甘，又岂肯舍其美而就其恶乎？使陕西百姓，一概均摊解盐之课，令食韦红之盐，则盐吏免巡禁之劳，而民亦受惠矣。"本台详所言盐法，宜从省部定拟，具呈中书省，送户部议之。本部议云："陕西行台所言盐事，宜从都省选官，前赴陕西，与行省、行台及河东运司官一同讲究，是否便益，明白咨呈。"

三年，都省移咨陕西行省，仍摘委河东运司正官一员赴省，一同再行讲究。三月初二日，陕西行省官及李御史、运司同知郝中顺会巩昌、延安、兴元、奉元、凤翔、邠州等官，与总帅汪通议等，俱称当从御史帖木儿不花及廉使胡通奉所言，限以黄河为界，令陕西之民从便食用韦红二盐，解盐依旧西行，红盐不许东渡。其咸宁、长安录事司三处未散者，依已散州县，一体斟酌，认纳乾课，与运司已散食盐引价同。见纳乾课，办钞七万锭，通行按季输纳，运司不须散引。如此则民不受害，而课以无亏矣。郝同知独言："运司每岁办课四十五万锭，陕西该办二十万锭，今止认七万锭，余十三万锭，从何处恢办？"议不合而散。本省检照运司逐年申报文册，陕西止办七万二千六十余锭，郝遂称疾不出，其后讫无定论。

户部参照至顺二年中书省尝遣兵部郎中井朝散，与陕西行省官一同讲究，以泾州白家河永为定界，听民食用。仍督所在军民官严行禁约，毋致韦红二盐犯境侵课。中书如所拟行之。

两淮之盐：至元六年八月，两淮运司准行户部尚书运使王正奉牒："本司自至元十四年创立，当时盐课未有定额，但从实恢办，自后累增至六十五万七十五引。客人买引，自行赴场支盐，场官逼勒灶户，加其斛面，以通盐商，坏乱盐法。大德四年，中书省奏准，改法立仓，设纲攒运，拨袋支发，以革前弊。本司行盐之地，江浙、江西、河南、湖广所辖路分，上江下流，盐法通行。至大间，煎添正额余盐三十万引，通九十五万七十五引。客商运至扬州东关，俱于城河内停泊，听候通放，不下三四十万余引，积叠数多，不能以时发放。至顺四年，前运使韩大中等又言：'岁卖额盐九十五万七十五引。客商买引，关给勘合，赴仓支盐，雇船脚力，每引远仓该钞十二三贯，近仓不下七八贯，运至扬州东关，俟候以次通放。其船梢人等，恃以盐主不能照管，视同己物，恣为侵盗，弊病多端。及事败到官，非不严加惩治，莫能禁止。其所盗盐，以钞计之，不过折其旧船以偿而已，安能如数征之？是以里河客商，亏陷资本，外江兴贩，多被欺侮，而百姓高价以买不洁之盐，公私俱受其害。'窃照扬州东关城外，沿河两岸，多有官民空闲之地。如蒙听从盐商自行赁买基地，起造仓房，支运盐袋到场，籍定资次，贮置仓内，以俟通放。临期用船，载往真州发卖，既防侵盗之患，可为悠久之利，其于盐法非小补也。"

既申中书户部及河南行省，照勘议拟，文移往复，纷纭不决。久之，户部乃定议，令运司于已收在官客商带纳挑河钱内，拨钞一万锭，起盖仓房，仍从都省移咨河南行省，委官与运司偕往，相视空地，果无违碍，而后行之。

两浙之盐：至元五年，两浙运司申中书省云：

本司自至元十三年创立，当时未有定额。至十五年始立额，办盐十五万九千引。自后累增至四十五万引，元统元年又增余盐三万引，每岁总计四十有八万。每引初定官价中统钞五贯，自后增为九贯、十贯，以至三十、五十、六十、一百，今则为三锭矣。每年办正课中统钞一百四十四万锭，较之初年，引增十倍，价增三十倍。课额愈重，煎办愈难，兼以行盐地界所拘户口有限。前时听从客商就场支给，设立检校所，称检出场盐袋。又因支查停积，延祐七年，比两淮之例，改法立仓，纲官押船到场，运盐赴仓收贮，客旅就仓支盐。始则为便，经今二十余年，纲场仓官任非其人，惟务掊克。况淮、浙风土不同，两淮跨涉四省，课额虽大，地广民多，食之者众，可以办集。本司地界，居江枕海，煎盐亭灶，散漫海隅，行盐之地，里河则与两淮邻接，海洋则与辽东相通，番舶往来，私盐出没，侵碍官课，虽有刑禁，难尽防御。盐法隳坏，亭民消废，其弊有五：

本司所辖场司三十四处，各设令、丞、管勾、典史，管领灶户火丁。用工之时，正当炎暑之月，昼夜不休。才值阴雨，束手彷徨。贫穷小户，余无生理，衣食所资，全籍工本，稍存抵业之家，十无一二。有司不体其劳，又复差充他役。各场元签灶户一万七千有余，后因水旱疫疠，流移死亡，止存七千有余。即今未蒙签补，所据抛下额盐，唯勒见户包煎而已。若不早为签补，优加存恤，将来必致损见户而亏大课。此弊之一也。

又如所设三十五纲监运纲司，专掌召募船户，照依随场日煎月办课额，官给水脚钱，就场支装所煎盐袋，每引元额四百斤，又加折耗等盐十斤，装为二袋，纲官押运前赴所拨之仓而交纳焉。客人到仓支盐，如自二月至于十月河冻之时，以运足为度，其立法非不周密也。今各纲运盐船户，经行岁久，奸弊日滋。凡遇到场装盐之时，私属盐场官吏司秤人等，重其斤两，装为硬袋，出场之后，沿途盗卖，杂以灰土，补其所亏。及到所赴之仓，而仓官司秤人又各受贿，既不加辨，秤盘又不如法。在仓日久，又复消折。袋法不均，诚非细故。不若仍旧令客商就场支给，既免纲运俸给水脚之费，又盐法一新。此弊之二也。

本司岁办额盐四十八万引，行盐之地，两浙、江东凡一千九百六万余口。每日食盐四钱一分八厘，总而计之，为四十四万九千余引。虽卖尽其数，犹剩盐三万一千余引。每年督勒有司，验户口请买。又值荒歉连年，流亡者众，兼以濒江并海，私盐公行，军民官失于防御，所以各仓停积累岁未卖之盐，凡九十余万引，无从支散。如蒙早降定制，以凭遵守，赏罚既明，私盐减少，户口食盐，不致废弛。此弊之三也。

又每季拘收退引，凡遇客人运盐到所卖之地，先须住报水程及所止店肆，缴纳退引。岂期各处提调之官，不能用心检举，纵令吏胥坊里正等，需求分例钱，不满所欲，则多端留难。客人或因发卖迟滞，转往他所，水程虽住，引不拘纳，遂有埋没，致容奸民藏匿在家，影射私盐，所司亦不检勘拘收。其懦善者，卖过官盐之后，即将引目投之乡胥。又有狡猾之徒，不行纳官，通同盐徒，执以为凭，兴贩私盐。如蒙将有司官吏，明定黜降罪名，使退引尽实还官，不致影射私盐。此弊之四也。

本司自延祐七年改立杭州等七仓，设置部辖，掌收各纲船户，运到盐袋，贮顿在仓，听候客人，依次支盐，俱有定制。比年以来，各仓官攒，肆其贪欲，出纳之间，两收其利。凡遇纲船到仓，必受船户之贿，纵其杂和灰土，收纳入仓。或船户运至好盐，无钱致贿，则故生事留难，以致停泊河岸，侵欺盗卖。其仓官与盐运人等为弊多端，是以各仓积盐九十余万引，新旧相并，充溢廊屋，不能支发，走卤消折，利害非轻。虽系客人买过之物，课钞入官，实恐年复一年，为患益甚。若仍旧令客商自备脚力，就场支装，庶免停积。此弊之五也。

五者之中，各仓停积，最为急务。验一岁合卖之数，止该四十四万余引，尽卖二年，尚不能尽，又复煎运到仓，积累转多。如蒙特赐奏闻，选委德望重臣，与拘该官府，从长讲究，参酌时宜，更张法制，定为良规，惠济黎元，庶望大课无亏。见为住煎余盐三万引，差人赍江浙行省咨文赴中书省，请照详焉。

户部详运司所言，除余盐三万引别议外，其余事理，未经行省明白定拟，呈省移咨，从长讲究。六年五月，中书省奏，选官整治江浙盐法，命江浙行省右丞纳麟及首领官赵郎中等提调，既而纳麟又以他故辞。

至正元年，运使霍亚中又言："两淮、福建运司，俱有余盐，已行住免。本司系同一体，如蒙依例住煎三万引，庶大课易为办集。"中书省上奏，得旨权将余盐三万引倚阁，俟盐法通行而后办之。

二年十月，中书右丞相脱脱、平章铁木儿塔识等奏："两浙食盐，害民为甚，江浙行省官、运司官屡以为言。拟合钦依世祖皇帝旧制，除近盐地十里之内，令民认买，革罢见设盐仓纲运，听从客商赴运司买引，就场支盐，许于行盐地方发卖，革去派散之弊。及设检校批验所四处，选任廉干之人，直隶运司，如遇客商载盐经过，依例秤盘，均平袋法，批验引目，运司官常行体究。又自至元十三年岁办盐课，额少价轻，今增至四十五万，额多价重，转运不行。今户部定拟，自至正三年为始，将两浙额盐量减一十万引，俟盐法流通，复还元额，散派食盐，拟合住罢。"有旨从之。

福建之盐：至元六年正月，江浙行省据福建运司申："本司岁办额课盐，十有三万九引一百八十余斤，今查勘得海口等七场，至元四年闰八月终，积下附余增办等盐十万一千九百六十二引二百六十二斤。看详，既有积攒附余盐数，据至元五年额盐，拟合照依天历元年住煎正额五万引，不给工本，将上项余盐五万，准作正额，省官本钞二万锭，免致亭民重困。本年止办额盐八万九引一百八十余斤，计盐十有三万九引有奇，通行发卖，办纳正课。除留余盐五万余引，预支下年军民食盐，实为官民便益。"本省如所拟，咨呈中书省。送户部参详，亦如所拟。其下余盐五万一千九百六十二引，发卖为钞，通行起解。回咨本省，从所拟行之。

至正元年，诏："福建、山东表卖食盐，病民为甚。行省、监察御史、廉访司拘该有司官，宜公同讲究。"二年六月，江浙行省左丞与行台监察御史、福建廉访司官及运使常山李鹏举、漳州等八路正官讲究得食盐不便，其目有三：一曰余盐三万引，难同正额，拟合除免。二曰盐额太重，比依广海例，止收价二锭。三曰住罢食盐，并令客商通行。

福建盐课始自至元十三年，见在盐六千五十五引，每引钞九贯。二十年，煎卖盐五万四千二百引，每引钞十四贯。二十五年，增为一锭。三十一年，始立盐运司，增盐额为七万引。元贞二年，每引增价十五贯。大德八年，罢运司，并入宣慰使司恢办。十年，立都提举司，增盐额为十万引。至大元年，各场煎出余盐三万引。四年，复立运司，遂定额为十三万引，增价钞为二锭。延祐元年，又增为三锭，运司又从权改法，建、延、汀、邵仍旧客商兴贩，而福、兴、漳、泉四路桩配民食，流害迄今三十余年。本道山多田少，土瘠民贫，民不加多，盐额增重。八路秋粮，每岁止二十七万八千九百余石，夏税不过一万一千五百余锭，而盐课十三万引，该钞三十九万锭。民力日弊，每遇催征，贫者质妻鬻子以输课，至无可规措，往往逃移他方。近年漳寇扰攘，亦由于此。运司官耳闻目见，盖因职专恢办，惠无所施。如蒙钦依诏书事意，罢余盐三万引，革去散卖食盐之弊，听从客商八路通行发卖，诚为官民两便。其正额盐，若依广海盐价，每引中统钞二锭，宜从都省区处。

江浙行省遂以左丞所讲究，咨呈中书省，送户部定拟，自至正三年为始，将余盐三万引，权令减免，散派食盐拟合住罢。其减正额盐价，即与广海提举司事例不同，别难更议。十月二十八日，右丞相脱脱、平章帖木儿达失等，以所拟奏而行之。

广东之盐：至元二年，御史台准江南诸道行御史台咨备监察御史韩承务建言："广东道所管盐课提举司，自至元十六年为始，止办盐额六百二十一引，自后累增至三万五千五百引，延祐间又增余盐，通正额计五万五百五十二引。灶户窘于工程，官民迫于催督，呻吟愁苦，已逾十年。泰定间，蒙宪台及奉使宣抚，交章敷陈，减免余盐一万五千引。元统元年，都省以支持不敷，权将已减余盐，依旧煎办，今已三载，未蒙住罢。窃意议者，必谓广东控制海道，连接诸蕃，船商辏集，民物富庶，易以办纳，是盖未能深知彼中事宜。本道所辖七路八州，平土绝少，加以岚瘴毒疠，其民刀耕火种，巢颠穴岸，崎岖辛苦，贫穷之家，经岁淡食，额外办盐，卖将谁售。所谓富庶者，不过城郭商贾与舶船交易者数家而已。灶户盐丁，十逃三四，官吏畏罪，止将见存人户，勒令带煎。又有大可虑者，本道密迩蛮獠，民俗顽恶，诚恐有司责办太严，敛怨生事，所系非轻。如蒙捐此微利，以示大信，疲民幸甚。"具呈中书省，送户部定拟，自元统三年为始，广东提举司所办余盐，量减五千引。十月初九日，中书省以所拟奏闻，得旨从之。

广海之盐：至元五年三月，湖广行省咨中书省云："广海盐课提举司额盐三万五千一百六十五引，余盐一万五千引。近因黎贼为害，民不聊生，正额积亏四万余引，卧收在库。若复添办余盐，困苦未苏，恐致不安。事关利害，如蒙怜悯，闻奏除免，庶期元额可办，不致遗患边民。"户部议云："上项余盐，若全恢办，缘非元额，兼以本司僻在海隅，所辖灶民，累遭劫掠，死亡逃窜，民物凋弊，拟于一万五千引内，量减五千引，以舒民力。"中书以所拟奏闻，得旨从之。

四川之盐：元统三年，四川行省据盐茶转运使司申："至顺四年，中书坐到添办余盐一万引外，又带办两浙运司五千引，与正额盐通行煎办，已后支用不阙，再行议拟。卑司为各场别无煎出余盐，不免勒令灶户承认规划，幸已足备。以后年分，若不申覆，诚恐灶户逃窜，有妨正课。如蒙怜悯，备咨中书省，于所办余盐一万引内，量减带办两浙之数。"又准分司运官所言云："四川盐井，俱在万山之间，比之腹里、两淮，优苦不同，又行带办余盐，灶民由此而疲矣。"行省咨呈中书省，上奏得旨，权以带办余盐五千引倚阁之。

茶　法

至元二年，江西、湖广两行省具以茶运司同知万家闾所言添印茶由事，咨呈中书省云："本司岁办额课二十八万九千二百余锭，除门摊批验钞外，数内茶引一百万张，每引十二两五钱，共为钞二十五万锭。末茶自有官印简袋关防，其零斤草茶由帖，每年印造一千三百八万五千二百八十九斤，该钞二万九千八十余锭。茶引一张，照茶九十斤，客商兴贩。其小民买食及江南产茶去处零斤采卖，皆须由帖为照。春首发卖茶由，至于夏秋，茶由尽绝，民间阙用。以此考之，茶由数少课轻，便于民用而不敷，茶引课重数多，止于商旅兴贩，年终尚有停闲未卖者。每岁合印茶由，以十分为率，量添二分，计二百六十一万七千五十八斤。算依引目内官茶，每斤收钞一钱三分八厘八毫八丝，计增钞七千二百六十九锭七两，比验减去引目二万九千七十六张，庶几引不停闲，茶无私积。中书户部定拟，江西茶运司岁办公据十万道，引一百万，计钞二十八万九千二百余锭。茶引便于商贩，而山场小民全凭茶由为照，岁办茶由一千三百八万五千二百八十九斤，每斤一钱一分一厘一毫二丝，计钞五千八百一十六锭七两四钱一分，减引二万三千二百六十四张。茶引一张，造茶九十斤，纳官课十二两五钱。如于茶由量添二分，计二百六十一万七千五十八斤，每斤添收钞一钱三分八厘八毫八丝，计钞七千二百六十九锭七两，积出余零钞数，官课无亏，而便于民用。”合准本省所拟，具呈中书省，移咨行省，如所拟行之。

至正二年，李宏陈言内一节，言江州茶司据引不便事云：“榷茶之制，古所未有，自唐以来，其法始备。国朝既于江州设立榷茶都转运司，仍于各路出茶之地设立提举司七处，专任散据卖引，规办国课，莫敢谁何。每至十二月初，差人勾集各处提举司官吏，关领次年据引。及其到司，旬月之间，司官不能偕聚。吏贴需求，各满所欲，方能给付据引。此时春月已过。及还本司，方欲点对给散，又有分司官吏，到各处验户散据卖引。每引十张，除正纳官课一百二十五两外，又取要中统钞二十五两，名为搭头事例钱，以为分司官吏馈饫之资。提举司虽以榷茶为名，其实不能专散据卖引之任，不过为运司官吏营办资财而已。上行下效，势所必然。提举司既见分司官吏所为若是，亦复仿效迁延。及茶户得据还家，已及五六月矣。中间又存留茶引二三千本，以茶户消乏为名，转卖与新兴之户。每据又多取中统钞二十五两，上下分派，各为己私。不知此等之钱，自何而出，其为茶户之苦，有不可言。至如得据在手，碾磨方兴，吏卒踵门，催并初限。不知茶未发卖，何从得钱？间有充裕之家，必须别行措办。其力薄者，例被拘监，无非典鬻家私，以应官限。及终限不能足备，上司紧并，重复勾追，非法苦楚。此皆由运司给引之迟，分司苛取之过。茶户本图求利，反受其害，日见消乏逃亡，情实堪悯。今若申明旧制，每岁正月，须要运司尽将据引给付提举司，随时派散，无得停留在库，多收分例，妨误造茶时月；如有过期，别行定罪。仍不许运司似前分司自行散卖据引，违者从肃政廉访司依例纠治。如此，庶茶司少革贪黩之风，茶户免损乏之害。”中书省以其言送户部定拟，复移咨江西行省，委官与茶运司讲究，如果便益，如所言行之。

卷九十八　志第四十六

兵一

兵者，先王所以威天下，而折夺奸宄、戡定祸乱者也。三代之制远矣，汉、唐而下，其法变更不一。大抵用得其道，则兵力富，而国势强；用失其宜，则兵力耗，而国势弱。故兵制之得失，国势之盛衰系焉。

元之有国，肇基朔漠。虽其兵制简略，然自太祖、太宗，灭夏剪金，霆轰风飞，奄有中土，兵力可谓雄劲者矣。及世祖即位，平川蜀，下荆襄，继命大将帅师渡江，尽取南宋之地，天下遂定于一，岂非盛哉！

考之国初，典兵之官，视兵数多寡，为爵秩崇卑，长万夫者为万户，千夫者为千户，百夫者为百户。世祖时，颇修官制，内立五卫，以总宿卫诸军，卫设亲军都指挥使；外则万户之下置总管，千户之下置总把，百户之下置弹压，立枢密院以总之。遇方面有警，则置行枢密院，事已则废，而移都镇抚司属行省。万户、千户、百户分上中下。万户佩金虎符，符趺为伏虎形，首为明珠，而有三珠、二珠、一珠之别。千户金符，百户银符。万户、千户死阵者，子孙袭爵，死病则降一等。总把、百户老死，万户迁他官，皆不得袭。是法寻废，后无大小，皆世其官，独以罪去者则否。

若夫军士，则初有蒙古军、探马赤军。蒙古军皆国人，探马赤军则诸部族也。其法，家有男子，十五以上、七十以下，无众寡尽签为兵。十人为一牌，设牌头，上马则备战斗，下马则屯聚牧养。孩幼稍长，又籍之，曰渐丁军。既平中原，发民为卒，是为汉军。或以贫富为甲乙，户出一人，曰独户军，合二三而出一人，则为正军户，余为贴军户。或以男丁论，尝以二十丁出一卒，至元七年十丁出一卒。或以户论，二十户出一卒，而限年二十以上者充。士卒之家，为富商大贾，则又取一人，曰余丁军，至十五年免。或取匠为军，曰匠军。或取诸侯将校之子弟充军，曰质子军，又曰秃鲁华军。是皆多事之际，一时之制。

天下既平，尝为军者，定入尺籍伍符，不可更易。诈增损丁产者，觉则更籍其实，而以印印之。病死戍所者，百日外役次丁；死阵者，复一年。贫不能役，则聚而一之，曰合并；贫甚者、老无子者，落其籍。户绝者，别以民补之。奴得纵自便者，俾为其主贴军。其户逃而还者，复三年，又逃者杖之，投他役者还籍。其继得宋兵，号新附军。又有辽东之纠军、契丹军、女直军、高丽军，云南之寸白军，福建之畲军，则皆不出戍他方者，盖乡兵也。又有以技名者，曰炮军、弩军、水手军。应募而集者，曰答剌罕军。

其名数，则有宪宗二年之籍、世祖至元八年之籍、十一年之籍，而新附军有二十七年之籍。以兵籍系军机重务，汉人不阅其数。虽枢密近臣职专军旅者，惟长官一二人知之。故有国百年，而内外兵数之多寡，人莫有知之者。

今其典籍可考者，曰兵制，曰宿卫，曰镇戍，而马政、屯田、站赤、弓手、急递铺兵、鹰房捕猎，非兵而兵者，亦以类附焉，作《兵志》。

兵　制

太宗元年十一月，诏："兄弟诸王诸子并众官人等所属去处签军事理，有妄分彼此者，达鲁花赤并官员皆罪之。每一牌子签军一名，限年二十以上、三十以下者充，仍定立千户、百户、牌子头。其隐匿不实及知情不首并隐藏逃役军人者，皆处死。"

七年七月，签宣德、西京、平阳、太原、陕西五路人匠充军，命各处管匠头目，除织匠及和林建宫殿一切合干人等外，应有回回、河西、汉儿匠人，并札鲁花赤及札也、种田人等，通验丁数，每二十人出军一名。

八年七月，诏："燕京路保州等处，每二十户签军一名，令答不叶儿统领出军。真定、河间、邢州、大名、太原等路，除先签军人外，于断事官忽都虎新籍民户三十七万二千九百七十二人数内，每二十丁起军一名，亦令属答不叶儿领之。"

十三年八月，谕总管万户刘黑马，据斜烈奏，忽都虎等元籍诸路民户一百万四千六百五十六户，除逃户外，有七十二万三千九百一十户，随路总签军一十万五千四百七十一名，点数过九万七千五百七十五人，余因近年蝗旱，民力艰难，往往在逃。有旨，今后止验见在民户签军，仍命逃户复业者免三年军役。

世祖中统元年六月，诏罢解盐司军一百人。初，解盐司元籍一千盐户内，每十户出军一人，后阿蓝答儿倍其役。世祖以重困其民，罢之。七月，以张荣实从南征，多立功，命为水军万户兼领霸州民户。诸水军将吏河阴县达鲁花赤胡玉、千户王端臣军七百有四人，八柳树千户斡来军三百六十一人，孟州庞抄儿赤、张信军一百九十人，滨棣州海口总把张山军一百人，沧州海口达鲁花赤塔剌海军一百人，睢州李总管麾下孟春等五十五人，霸州萧万户军一百九十五人，悉听命焉。

三年三月，诏："真定、彰德、邢州、洺磁、东平、大名、平阳、太原、卫辉、怀孟等路各处，有旧属按札儿、孛罗、笑乃䚟、阔阔不花、不里合拔都儿等官所管探马赤军人，乙卯岁籍为民户，亦有签充军者。若壬寅、甲寅两次签定军，已入籍册者，令随各万户依旧出征；其或未尝为军，及蒙古、汉人民户内作数者，悉签为军。"六月，以军士诉贫乏者众，命贫富相兼应役，实有不能自存者优恤三年。十月，谕山东东路经略司："益都路匠军已前曾经签把者，可遵别路之例，俾令从军。"以凤翔府屯田军人准充平阳军数，仍于凤翔屯田，勿遣从军。刁国器所管重签军九百一十五人，即日放罢为民。陕西行省言："士卒戍金州者，诸奥鲁已尝服役，今重劳苦。"诏罢之。并罢山东、大名、河南诸路新签防城戍卒。

四年二月，诏："统军司及管军万户、千户等，可遵太祖之制，令各官以子弟入朝充秃鲁花。"其制：万户，秃鲁花一名，马一十匹，牛二具，种田人四名。千户见管军五百或五百已上者，秃鲁花一名，马六匹，牛一具，种田人二名。虽所管军不及五百，其家富强子弟健壮者，亦出秃鲁花一名，马匹、牛具、种田人同。万户、千户子弟充秃鲁花者，挈其妻子同至，从人不拘定数，马匹、牛具，除定去数目已上，复增余者听。若有贫乏不能自备者，于本万户内不该出秃鲁花之人，通行津济起发，不得因而科及众军。万户、千户或无亲子、或亲子幼弱未及成人者，以弟侄充，候亲子年及十五，却行交换。若委有亲子，不得隐匿代替，委有气力，不得妄称贫乏，及虽到来，气力却有不完者，并罪之。是月，帝以太宗旧制，设官分职，军民之事，各有所司。后多故之际，不暇分别，命阿海充都元帅，专于北京、东京、平滦、懿州、盖州路管领见管军人，凡民间之事毋得预焉。五月，立枢密院，凡蒙古、汉军并听枢密节制。统军司、都元帅府，除遇边面紧急事务就便调度外，其军情一切大小公事，并须申覆。合设奥鲁官，并从枢密院设置。七月，诏免河南保甲丁壮、射生军三千四百四十一户杂泛科差，专令守把巡哨。八月，谕成都路行枢密院："近年军人多逃亡事故者，可于各奥鲁内尽实签补，自乙卯年定入军籍之数，悉签起赴军。"十一月，女直、水达达及乞烈宾地合签镇守军，命亦里不花签三千人，付塔匣来领之；并达鲁花赤官之子及其余近上户内，亦令签军，听亦里不花节制。

至元二年八月，陕西五路西蜀四川行省言："新签军七千人，若发民户，恐致扰乱。今巩昌已有旧军三千，诸路军二千，余二千人亦不必发民户，当以便宜起补。"从之。十一月，省院官议，收到私走间道、盗贩马匹、曾过南界人三千八百四户，悉令充军，以一千九百七十八人与山东路统军司，一千人与蔡州万户，余八百二十六户，有旨留之军中。

三年七月，添内外巡军，外路每百户选中产者一人充之，其赋令余户代输，在都增武卫军四百。

四年正月，签蒙古军，每户二丁、三丁者一人，四丁、五丁者二人，六丁、七丁者三人。二月，诏遣官签平阳、太原人户为军，除军、站、僧、道、也里可温、答失蛮、儒人等户外，于系官、投下民户、运司户、人匠、打捕鹰房、金银铁冶、丹粉锡碌等，不以是何户计，验酌中户内丁多堪当人户，签军二千人，定立百户、牌子头，前赴陕西五路西蜀四川行中书省所辖东川出征。复于京兆、延安两路签军一千人，如平阳、太原例。五月，诏："河南路验酌中户内丁多堪当军人户，签军四百二十名，归之枢密院，俾从军，复其徭役。南京路，除邳州、南宿州外，依中书省分间定应签军人户，验丁数，签军二千五百八十名，管领出征。"十二月，签女直、水达达军三千人。

五年闰正月，诏益都李璮元签军，仍依旧数充役。二月，诏诸路奥鲁毋隶总管府，别设总押所官，听枢密院节制。六月，省臣议："签起秃鲁花官员，皆已迁转，或物故黜退者，于内复有贫难蒙古人氏，除随路总管府达鲁花赤、总管及掌兵万户，合令应当，其次官员秃鲁花，宜放罢，其自愿留质者听之。"十月，禁长军之官不得侵渔士卒，违者论罪。十一月，签山东、河南沿边州城民户为军，遇征进，则选有力之家同元守边城汉军一体出征，其无力之家代守边城及屯田勾当。

六年二月，签怀孟、卫辉路丁多人户充军，益都、淄莱所辖登、莱州李璮旧军内，起签一万人，差官部领出征。其淄莱路所辖淄、莱等处有非李璮旧管者，签五百二十六人，其余诸色人户，亦令酌验丁数，签军起遣，至军前赴役。十月，从山东路统军司言，应系逃军未获者，令其次亲丁代役，身死军人亦令亲丁代补，无亲丁则以少壮驱丁代之。

七年三月，定军官等级，万户、千户、百户、总把以军士为差。六月，成都府括民三万一千七十五户，签义士军八千六十七人。七月，分拣随路炮手军。始太祖、太宗征讨之际，于随路取发，并攻破州县，招收铁木金火等人匠充炮手，管领出征，壬子年俱作炮手附籍。中统四年拣定，除正军当役外，其余户与民一体当差。后为出军正户烦难，至元四年取元充炮手民户津贴，其间有能与不能者，影占不便，至是分拣之。

八年二月，以瓜州、沙州鹰房三百人充军。

九年正月，河南省请益兵，敕诸路签军三万，诏元帅府、统军司、总管万户府阅实军籍。二月，命阿术典行省蒙古军，刘整、阿里海牙典汉军。四月，诏："诸路军户驱丁，除至元六年前从良入民籍者当差。七年后，凡从良文书写从便为民者，亦如之。余虽从良，并令津助本户军役。"七月，阅大都、京兆等处探马赤户名籍。九月，诏枢密："诸路正军贴户及同籍亲戚僮奴，丁年堪役，依诸王权要以避役者，并还之军，惟匠艺精巧者以名闻。"十二月，命府州司县达鲁花赤及治民长官，不妨本职，兼管诸军奥鲁。各路总管府达鲁花赤、总管，别给宣命印信，府州司县达鲁花赤长官止给印信，任满则别具解由，申枢密院。

十年正月，合剌请于渠江之北云门山及嘉陵西岸虎头山立二戍，以其图来上，仍乞益兵二万，敕给京兆新签军五千人益之。陕西京兆、延安、凤翔三路诸色人户，约六万户内，签军六千。五月，禁乾讨虏人，其愿充军者，于万户、千户内结成牌甲，与大军一体征进。八月，禁军吏之长举债，不得重取其息，以损军力，违者罪之。九月，襄阳生券军至都释械系免死，听自立部伍，俾征日本，仍于蒙古、汉人内选官率领之。

十一年正月，初立军官以功升散官格。五月，便宜总帅府言："本路军经今四十年间，或死或逃，无丁不能起补，见在军少，乞选择堪与不堪丁力，放罢贫乏无丁者，于民站内别选充役。"从之。诏延安府、沙井、净州等处种田白达达户，选其可充军者，签起出征。六月，颍州屯田总管李珣言："近为签军事，乞依徐、邳州屯田例，每三丁内，一丁防城，二丁纳粮，可签丁壮七百余人，并元拨保甲丁壮，令珣通领，镇守颍州，代见屯纳合监战军马别用。"从之。

十二年三月，遣官往辽东，签拣蒙古达鲁花赤、千户、百户等官子弟出军。诏随处所置襄阳生券军之为农者，或自愿充军，具数以闻。五月，正阳万户刘复亨言："新下江南三十余城，俱守以兵，及江北、淮南、润、扬等处未降，军力分散，调度不给，以致镇巢军、滁州两处复叛。乞签河西等户为军，并力剿除，庶无后患。"有旨，命肃州达鲁花赤，并遣使同往验各色户计物力富强者签起之。六月，签平阳、西京、延安等路达鲁花赤弟男为军。莱州酒税官王贞等上言："国家讨平残宋，吊伐为事，何尝以贿利为心。彼不绍事业小人，贪图货利，作乾讨虏名目，侵掠彼地，所得人口，悉皆货卖，以充酒食之费，胜则无益朝廷，败则实为辱国。其招讨司所收乾讨虏人，可悉罢之，第其高下，籍为正军，命各万户管领征进，一则得其实用，二则正王师吊伐之名，实为便益。"从之。

十四年正月，诏："上都、隆兴、西京、北京四路编民捕猎等户，签选丁壮军二千人，防守上都。"中书省议："从各路搭配，二十五户内取军一名，选善骑射者充，官给行资中统钞一锭，仍自备鞍马衣装器仗，编立牌甲，差官部领，前来赴役。"十二月，枢密院臣言："收附亡宋州城，新附请粮官军，并通事马军人等，军官不肯存恤，多逃散者，乞招诱之。"命左丞陈岩等，分拣堪当军役者，收系充军，依旧例月支钱粮。其生券不堪当军者，官给牛具粮食，屯田种养。

十五年正月，定军官承袭之制。凡军官之有功者升其秩，元受之职，令他有功者居之，不得令子侄复代。阵亡者始得承袭，病死者降一等。总把、百户老病死，不在承袭之例。凡将校临阵中伤、还营病创者，亦令与阵亡之人一体承袭。禁长军之官不恤士卒，及士卒亡命避役，侵扰初附百姓者，俱有罪。云南行省言："云南旧屯驻蒙古军甚少，遂取渐长成丁怯困都等军，以备出征。云南阔远，多未降之地，必须用兵，已签爨、僰人一万为军，续取新降落落、和泥等人，亦令充军。然其人与中原不同，若赴别地出征，必致逃匿，宜令就各所居一方未降处用之。"九月，并军士。初，至元九年签军三万，止择精锐年壮者，不复问其赀产，且无贴户之助，岁久多贫乏不堪。枢密院臣奏，宜纵为民，遂并为一万五千。诸军户投充诸侯王怯怜口、人匠，或托为别户以避其役者，复令为军，有良匠则别而出之。枢密臣又言："至元八年，于各路军之为富商大贾者一百四十三户，各增一军，号余丁军。今东平等路诸奥鲁总管府言，往往人死产乏，不能充二军，乞免余丁充役者。"制可。十二月，枢密院官议："诸军官在军籍者，除百户、总把权准军役，其元帅、招讨、万户、总管、千户或首领官，俱合再当正军一名。"

十六年正月，罢五翼探马赤重役军。三月，括两淮造回回炮新附军匠六百人，及蒙古、回回、汉人、新附人能造炮者，至京师。五月，淮西道宣慰司官昂吉儿请招谕亡宋通事军，俾属之麾下。初，亡宋多招纳北地蒙古人为通事军，遇之甚厚，每战皆列于前行，愿效死力。及宋亡，无所归。朝议欲编入版籍未暇也，人人疑惧，皆不自安。至是，昂吉儿请招集，列之行伍，以备征戍。从之。九月，诏河西地未签军之官，及富强户有物力者，签军六百人。十月，寿州等处招讨使李铁哥，请召募有罪亡命之人充军，其言："使功不如使过。始南宋未平时，蒙古、诸色人等，因得罪皆亡命往依焉，今已平定，尚逃匿林薮。若释其罪而用之，必能效力，无不一当十者矣。"十一月，罢太原、平阳、西京、延安路新签军还籍。

十七年七月，诏江淮诸路招集答剌罕军。初平江南，募死士愿从军者，号答剌罕，属之刘万户麾下。南北既混一，复散之，其人皆无所归，率群聚剽掠。至是，命诸路招集之，令万奴部领如故，听范左丞、李拔都二人节制。

十八年二月，并贫乏军人三万户为一万五千，取帖户津帖正军充役。四月，置蒙古、汉人、新附军总管。六月，枢密院议："正军贫乏无丁者，令富强丁多帖户权充正军应役，验正军物力，却令津济贴户，其正军仍为军头如故。或正军实系单丁者，许佣雇练习之人应役，丁多者不得佣雇，军官亦不得以亲从人代之。"

十九年二月，诸侯王阿只吉遣使言："探马赤军凡九处出征，各奥鲁内复征杂泛徭役，不便。"诏免之，并诏有司毋重役军户。六月，禁长军之官，毋得占役士卒。散定海答剌罕军还各营，及归戍城邑。十月，签发浙丁军士。遵旧制，家止一丁者不作数，凡二丁至五丁、六丁之家，止存一人，余皆充军。

二十年二月，命各处行枢密院造新附军籍册。六月，从丞相伯颜议，所括宋手号军八万三千六百人，立牌甲，设官以统之。十月，定出征军人亡命之罪，为首者斩，余令减死一等。

二十一年八月，江东道佥事马奉训言："刘万奴乾讨虏军，私相纠合，结为徒党，张弓挟矢，或诈称使臣，莫若散之各翼万户、千户、百户、牌甲内管领为便。"省院官以闻，有旨，可令问此军："欲从脱欢出征虏掠耶？欲且放散还家耶？"回奏："众军皆言，自围襄樊渡江以来，与国效力，愿令还家少息。"遂从之。籍亡宋手记军。宋时有是军，死则以兄弟若子承代。有旨，依汉军例籍之，毋涅其手。

二十二年正月，立行枢密院于江南三省，其各处行省见管军马悉以付焉。九月，诏福建黄华畲军，有恒产者放为民，无恒产与妻子者编为守城军。征交趾蒙古军五百人、汉军二千人，除留蒙古军百人、汉军四百人，为镇南王脱欢宿卫，余悉遣还，别以江淮行枢密院蒙古军戍江西。十月，从月的迷失言，以乾讨虏军七百人，籍名数，立牌甲，命将官之无军者领之。十一月，御史台臣言："昔宋以无室家壮士为盐军，内附之初，有五千人，除征占城运粮死亡者，今存一千一百二十二人。此徒皆性习凶暴，民患苦之，宜给以衣粮，使屯田自赡，庶绝其扰。"从之。十二月，从枢密院请，严立军籍条例，选壮士及有力之家充军。旧例，丁力强者充军，弱者出钱，故有正军、贴户之籍。行之既久，而强者弱，弱者强，籍亦如故。其同户异居者，私立年期，以相更代，故有老稚不免从军，而强壮家居者，至是革焉。江浙省募盐徒为军，得四千七百六十六人，选军官麾下无士卒者，相参统之，以备各处镇守。

二十四年闰二月，枢密院臣言："诸军贴户，有正军已死者，有充工匠者，放为民者，有元系各投下户回付者，似此歇闲一千三百四十户，乞差人分拣贫富，定贴户、正军。"制可。

二十六年八月，枢密院议："诸管军官万户、千户、百户等，或治军有法、镇守无虞、铠仗精完、差役均平、军无逃窜者，许所司荐举以闻，不次擢用。诸军吏之长，非有上司之命，毋擅离职。诸长军者，及蒙古、汉军，毋得妄言边事。"

成宗大德二年十二月，定各省提调军马官员。凡用随从军士，蒙古长官三十名，次官二十名，汉人一十名；万户、千户、百户人等，俱不得占役。行省镇抚止用听探外，亦不得多余役占。

十一年四月，诏礼店军还属土番宣慰司。初，西川也速迭儿、按住奴、帖木儿等所统探马赤军，自壬子年属籍礼店，隶王相府，后王相府罢，属之陕西省，桑哥奏属土番宣慰司，咸以为不便，大德十年命依壬子之籍，至是复改属焉。

武宗至大元年正月，以通惠河千户刘粲所领运粮军九百二十人，属万户赤因帖木尔兵籍。十二月，丞相三宝奴等言："国制，行省佐贰及宣慰使不得提调军马，若遥授平章、扬州宣慰使阿怜帖木儿者，尝与成宗同乳母，故得行之，非常宪也。今命沙的代之，宜遵国制，勿令提调。"制可。

仁宗皇庆元年三月，中书省臣奏李马哥等四百户为民。初，李马哥等四百户属诸侯王脱脱，乙未年定籍为民，高丽林衍及乃颜叛，皆尝签为军。至元八年置军籍，以李马哥等非七十二万户内军数，复改为民。至大四年，枢密院复奏为军。至是，省官以为言，命遵乙未年已定之籍。后枢密复奏，竟以为军户。十二月，省臣言："先是枢密院奏准，云南省宜遵各省制，其省官居长者二员，得佩虎符，提调军马，余佐贰者不得预，已受虎符者悉收之。今云南省言，本省籍军士之力，以办集钱谷，遇有调遣，则省官亲率众上马，故旧制虽牧民官亦得佩虎符，领军务，视他省为不同。臣等议，已受虎符者依故事，未受者宜颁赐之。"制可。

二年正月，诏："云南省镇远方，掌边务，凡事涉军旅者，自平章至僚佐须同署押，其长官二员，复与哈必赤。"

延祐元年二月，四川省军官阙员，诏："依民官迁调之制，差人与本省提调官及监察御史同铨注。"

三年三月，命伯颜都万户府及红胖袄总帅府各调军九千五百人，往诸侯王所，更代守边士卒。其属都万户府者，军一名，马三匹；属总帅府者，军一名，马二匹。令人自为计，其贫不能自备者，则命行伍之长及百户、千户等助之。悉遣精锐练习骑射之士。每军一百名，百户一员；五百名，千户一员。复命买住、囊加䚟二人分左右部领之。

卷九十九　　志第四十七

兵　二

宿　卫

宿卫者，天子之禁兵也。元制，宿卫诸军在内，而镇戍诸军在外，内外相维，以制轻重之势，亦一代之良法哉。方太祖时，以木华黎、赤老温、博尔忽、博尔术为四怯薛，领怯薛歹分番宿卫。及世祖时，又设五卫，以象五方，始有侍卫亲军之属，置都指挥使以领之。而其后增置改易，于是禁兵之设，殆不止于前矣。夫属橐鞬，列宫禁，宿卫之事也，而其用非一端。用之于大朝会，则谓之围宿军；用之于大祭祀，则谓之仪仗军；车驾巡幸用之，则曰扈从军；守护天子之帑藏，则曰看守军；或夜以之警非常，则为巡逻军；或岁漕至京师用之以弹压，则为镇遏军。今总之为宿卫，而以余者附见焉。

四怯薛：太祖功臣博尔忽、博尔术、木华黎、赤老温，时号掇里班曲律，犹言四杰也，太祖命其世领怯薛之长。怯薛者，犹言番直宿卫也。凡宿卫，每三日而一更。申、酉、戌日，博尔忽领之，为第一怯薛，即也可怯薛。博尔忽早绝，太祖命以别速部代之，而非四杰功臣之类，故太祖以自名领之。其云也可者，言天子自领之故也。亥、子、丑日，博尔术领之，为第二怯薛。寅、卯、辰日，木华黎领之，为第三怯薛。巳、午、未日，赤老温领之，为第四怯薛。赤老温后绝，其后怯薛常以右丞相领之。

凡怯薛长之子孙，或由天子所亲信，或由宰相所荐举，或以其次序所当为，即袭其职，以掌环卫。虽其官卑勿论也，及年劳既久，则遂擢为一品官。而四怯薛之长，天子或又命大臣以总之，然不常设也。其它预怯薛之职而居禁近者，分冠服、弓矢、食饮、文史、车马、庐帐、府库、医药、卜祝之事，悉世守之。虽以才能受任，使服官政，贵盛之极，然一日归至内庭，则执其事如故，至于子孙无改，非甚亲信，不得预也。

其怯薛执事之名：则主弓矢、鹰隼之事者，曰火儿赤、昔宝赤、怯怜赤。书写圣旨，曰扎里赤。为天子主文史者，曰必阇赤。亲烹饪以奉上饮食者，曰博尔赤。侍上带刀及弓矢者，曰云都赤、阔端赤。司阍者，曰八剌哈赤。掌酒者，曰答剌赤。典车马者，曰兀剌赤、莫伦赤。掌内府尚供衣服者，曰速古儿赤。牧骆驼者，曰帖麦赤。牧羊者，曰火你赤。捕盗者，曰忽剌罕赤。奏乐者，曰虎儿赤。又名忠勇之士，曰霸都鲁。勇敢无敌之士，曰拔突。其名类盖不一，然皆天子左右服劳侍从执事之人，其分番更直，亦如四怯薛之制，而领于怯薛之长。

若夫宿卫之士，则谓之怯薛歹，亦以三日分番入卫。其初名数甚简，后累增为万四千人。揆之古制，犹天子之禁军。是故无事则各执其事，以备宿卫禁庭；有事则惟天子之所指使。比之枢密各卫诸军，于是为尤亲信者也。

然四怯薛歹，自太祖以后，累朝所御斡耳朵，其宿卫未尝废。是故一朝有一朝之怯薛，总而计之，其数滋多，每岁所赐钞币，动以亿万计，国家大费每敝于此焉。

右卫：中统三年，以侍卫亲军都指挥使董文炳兼山东东路经略使，共领武卫军事。命益都行省大都督撒吉思验壬子年已定民籍，及照李璮总籍军数，每千户内选练习军士二人充侍卫军，并海州、东海、涟州三处之军属焉。至元元年，改武卫为侍卫亲军，分左右翼，置都指挥使。八年，改立左、右、中三卫，掌宿卫扈从，兼屯田，国有大事，则调度之。

左卫、中卫：并至元八年侍卫亲军改立。

前卫：至元十六年，以侍卫亲军创置前、后二卫，掌宿卫扈从，兼营屯田，国有大事，则调度之，置都指挥使。

后卫：亦至元十六年置。

武卫：至元二十五年，尚书省奏，那海那的以汉军一万人，如上都所立虎贲司，营屯田，修城隍。二十六年，枢密院官暗伯奏，以六卫六千人，塔剌海孛可所掌大都屯田三千人，及近路迤南万户府一千人，总一万人，立武卫亲军都指挥使司，掌修治城隍及京师内外工役之事。

左都威卫：至元十六年，世祖以新取到侍卫亲军一万户，属之东宫，立侍卫亲军都指挥使司。三十一年，复以属皇太后，改隆福宫左都威卫使司。至大三年，选其军之善造作者八百人，立千户所一及百户翼八以掌之，而分局造作。皇庆元年，以王平章旧所领军一千人，立屯田。至治三年，罢匠军千户所。

右都威卫：国初，木华黎奉太祖命，收扎剌儿、兀鲁、忙兀、纳海四投下，以按察儿、孛罗、笑乃斛、不里海拔都儿、阔阔不花五人领探马赤军。既平金，随处镇守。中统三年，世祖以五投下探马赤立蒙古探马赤总管府。至元十六年，罢其军，各于本投下应役。十九年，仍令充军。二十一年，枢密院奏，以五投下探马赤军俱属之东宫，复置官属如旧。二十二年，改蒙古侍卫亲军指挥使司。三十一年，改隆福宫右都威卫使司。

唐兀卫：至元十八年，阿沙、阿束言："今年春，奉命总领河西军三千人，但其所带虎符金牌者甚众，征伐之重，若无官署，何以防闲之。"枢密院以闻，遂立唐兀卫亲军都指挥使司以总之。

贵赤卫：至元二十四年立。

西域亲军：元贞元年，依贵赤、唐兀二卫例，始立西域亲军都指挥使司。

卫候直都指挥使司：至元元年，裕宗招集控鹤一百三十五人。三十一年，徽政院增控鹤六十五人，立卫候司以领之，且掌仪从金银器物。元贞元年，皇太后复以晋王校尉一百人隶焉。大德十一年，益以怀孟从行控鹤二百人，升卫候直都指挥使司。至大元年，复增控鹤百人，总六百人，设百户所六，以为其属。至治三年罢之。四年，以控鹤六百三十人，归于皇后位下，后复置立。

右阿速卫：至元九年，初立阿速拔都达鲁花赤，后招集阿速正军三千余名，复选阿速揭只揭了温怯薛丹军七百人，扈从车驾，掌宿卫城禁，兼营潮河、苏沽两川屯田，并供给军储。二十三年，为阿速军南攻镇巢，残伤者众，遂以镇巢七百户属之，并前军总为一万户，隶前后二卫。至大二年，始改立右卫阿速亲军都指挥使司。

左阿速卫：亦至大二年改立。

隆镇卫：睿宗在潜邸，尝于居庸关立南、北口屯军，徼巡盗贼，各设千户所。至元二十五年，以南、北口上千户所总领之。至大四年，改千户所为万户府，分钦察、唐兀、贵赤、西域、左右阿速诸卫军三千人，并南、北口、太和岭旧隘汉军六百九十三人，屯驻东西四十三处，立十千户所，置隆镇上万户府以统之。皇庆元年，始改为隆镇卫亲军都指挥使司。延祐二年，又以哈儿鲁军千户所隶焉。至治元年，置蒙古、汉军籍。

左卫率府：至大元年，命以中卫兵万人立卫率府，属之东宫。时仁宗为皇太子，曰："世祖立五卫，象五方也，其制犹中书之六部，殆不可易。"遂命江南行省万户府，选汉军之精锐者一万人，为东宫卫兵，立卫率府。延祐四年，改为中翊府，未几复改为御临亲军都指挥使司，又以御临非古典，改为羽林。六年，英宗立为皇太子，复以隶东宫，仍为左卫率府。

右卫率府：延祐五年，以詹事秃满迭儿所管速怯那儿万户府，及迤东、女直两万户府，右翼屯田万户府兵，合为右卫率府，隶皇太子位下。

康礼卫：武宗至大三年，定康礼军籍。凡康礼氏之非者，皆别而黜之，验其实，始得入籍。及诸侯王阿只吉、火郎撒所领探马赤，属康礼氏者，令枢密院康礼卫遣人乘传，往置籍焉。

忠翊侍卫：至元二十九年，始立屯田府。大德十一年，增军数，立为大同等处侍卫亲军都指挥使司。至大四年四月，皇太后修五台寺，遂移属徽政院，并以京兆军三千人增入。延祐元年，改中都威卫使司，仍隶徽政院。至治元年，始改为忠翊侍卫亲军都指挥使司。

宗仁卫：至治二年，右丞相拜住奏："先脱别铁木叛时，没入亦乞列思人一百户，与今所收蒙古子女三千户，清州匠二千户，合为行军五千，请立宗仁卫以统之。"于是命右丞相拜住总卫事，给降虎符牌面，如右卫率府，又置行军千户所隶焉。

右钦察卫：至元二十三年，依河西等卫例，立钦察卫。至治二年，分为左右两卫。天历二年，以本卫属大都督府。

左钦察卫：亦至治二年立。始至元中立卫时，设行军千户十有九所，屯田三所。大德中，置只儿哈郎、铁哥纳两千户所。至大元年，复设四千户所。至是始分为左右二卫，亦属大都督府。

龙翊侍卫：天历元年十二月，立龙翊卫亲军都指挥使司，以左钦察卫唐吉失等九千户隶焉。

虎贲亲军都指挥使司。

左翊蒙古侍卫亲军都指挥使司。

右翊蒙古侍卫亲军都指挥使司。

宣忠斡罗思扈卫亲军都指挥使司。

威武阿速卫亲军都指挥使司。

东路蒙古侍卫亲军都指挥使司。

女直侍卫亲军万户府。

高丽女直汉军万户府管女直侍卫亲军万户府。

镇守海口侍卫亲军屯储都指挥使司。

宣镇侍卫。

世祖中统元年四月，谕随路管军万户，有旧从万户三哥西征军人，悉遣至京师充防城军：忙古䚟军三百一十九人，严万户军一千三百四十五人，济南路军一百四十人，脱赤剌军一百四十九人，纟乚查剌军一百四十五人，马总管军一百四十四人。

三年十月，谕益都大小管军官及军人等："先李璮怀逆，蒙蔽朝廷恩命，驱驾尔等以为己惠，尔等虽有效过功劳，殊无闻报，一旦泯绝，此非尔等不忠之愆，实李璮怀逆之罪也。今侍卫亲军都指挥使董文炳来奏其详，言尔等各有愿为朝廷出力之语，此复见尔等存忠之久也。今命董文炳仍为山东东路经略使，收集尔等，直隶朝廷，充武卫军近侍勾当。比及应职，且当守把南边，堤防外隙，庶内境军民各得安业。尔等宜益尽心，以图勋效。"

至元二年十二月，增侍卫亲军一万人，内选女直军三千，高丽军三千，阿海三千，益都路一千。每千人置千户一员，百人置百户一员，以领之。仍选丁力壮锐者，以应役焉。

三年五月，帝谓枢密臣曰："侍卫亲军，非朕命不得发充夫役。修琼华岛士卒，即日放还。"

四年七月，谕东京等路宣抚司，命于所管户内，以十等为率，于从上第三等户，签选侍卫亲军一千八百名。若第三等户不敷，于第二等户内签补。仍定立千户、百户、牌子头，并其家属同来，赴中都应役。

十四年五月，以蒙古军与汉军相参，备都城内外及万寿山宿卫，仍以也速不花领围宿事。

十五年五月，总管胡翔请还侍卫军。先是，宿州蕲县等万户府士卒百人，有旨俾充侍卫军，后从金省严忠范征西川，既而嘉定、重庆、夔府皆下，忠范回军，留西道。翔上言，从之。九月，以总管张子良所匿军二千二百三十二人，充侍卫军士。

十六年四月，选扬州省新附军二万人，充侍卫亲军，并其妻子，迁赴京师。

二十四年十月，总帅汪惟和选麾下锐卒一千人，请择昆弟中一人统之，以备侍卫，从之。

成宗元贞四年八月，诏："蒙古侍卫所管探马赤军人子弟，投充诸王位下身役者，悉遵世祖成宪，发还元役充军。"

大德六年二月，调蒙古侍卫等军一万人，往官山住夏。

仁宗延祐六年九月，知枢密院事塔失铁木儿言："诸汉人不得点围宿军士，图籍系军数者，虽御史亦不得预知，此国制也。比者，领围宿官言，中书命司计李处恭巡视守仓库军卒，有旷役者则罪之，以惩其后，使无怠而已。而李司计擅取军数，棰士卒，在法为过。臣等议，宜自中书与枢密遣人案之，验实以闻。"制可。七年六月，以红城中都威卫系掌军务之司，属徽政院不便，命遵旧制，俾枢密总之。

围宿军

世祖至元二十六年七月，命大都侍卫军内，复起一万人赴上都，以备围宿。

成宗元贞二年十月，枢密院臣言："昔大朝会时，皇城外皆无墙垣，故用军环绕，以备围宿。今墙垣已成，南北西三畔皆可置军，独御酒库西，地窄不能容。臣等与丞相完泽议，各城门以蒙古军列卫，及于周桥南置戍楼，以警昏旦。”从之。

武宗至大四年正月，省臣等传皇太子命，以大朝会调蒙古、汉军三万人备围宿，仍遣使发山东、河北、河南、淮北诸路军至京师。复命都府、左右翼、右都威卫整器仗车骑。六月，以诸侯王、驸马等来朝，命发各卫色目、汉军八百二十六人至上京，复命指挥使也干不花领之。

仁宗皇庆元年六月，命卫率府军士备围宿，守隆福宫内外禁门。十一月，枢密院臣言：“皇太后有旨，禁掖门可严守卫。臣等议，增置百户一员，及于钦察、贵赤、西域、唐兀、阿速等卫调军士九十人，增守诸掖门，复命千户一员，帅领百户一员，备巡逻。”从之。延祐三年十月以诸侯王来朝，命围宿军士六千人增至一万人；复命也了干、秃鲁分左右部领其事。十一月，诏围宿军士，除旧有者，更增色目军万人，以备禁卫。十二月，枢密院臣言：“围宿军士不及数，其已发各卫者，地远至不能如期，可迁刈苇草及青塔寺工役军先备守卫。其各卫还家军士，亦发二万五千人，令备车马器械，俱会京师。”制可。六年闰八月，命知枢密院事众嘉领围宿，发五卫军代羽林军士，仍以千户二员、百户十员，择士卒精锐者二百人属之。

英宗至治元年正月，帝诣石佛寺，以其墙垣疏坏，命副枢术温台、佥院阿散领围宿士卒，以备巡逻。八月，东内皇城建宿卫屋二十五楹，命五卫内摘军二百五十人居之，以备禁卫。

文宗天历二年二月，枢密院臣言：“去岁尝奉旨，依先制调军守把围宿，此时各翼军人，皆随处出征，亦有溃散者，故不及依次调遣，止于右翼侍卫及右都威卫内，发军一千一百二十六名以备围宿。今岁车驾行幸，臣等议于河南、山东两都府内，起遣未差军士一千三名，以备扈从。”制可。五月，枢密臣又言：“比奉令旨，放散军人。臣等议，常制以三月一日放散，六月一日赴限，今放散既迟，可令于八月一日赴限。”从之。

仪 仗 军

世祖至元十二年十二月，上尊号、受册，告祭天地宗庙，调左、右、中三卫军五十人为跸街清路军。

武宗至大二年十二月，上尊号，百官行朝贺礼，枢密院调军一千人备仪仗。三年十月，上皇太后尊号，行册宝礼，用内外仪仗军数，及防护五色甲马军二百人。四年二月，合祭天地、太庙、社稷，用跸街清道及守内外壝门军一百八十人，命以围宿军为之，事毕还役。七月，以奉迎武宗玉册祔庙，用清路跸街军一百五十人，管军千户、百户各一员。九月，以祭享太庙，用跸街清路军一百五十人，千户、百户各一员。

仁宗皇庆元年三月，天寿节行礼，用内外仪仗军一千人。

英宗至治元年十一月，命有司选控鹤卫士，及色目、汉军以备卤簿仪仗。十二月，定卤簿队仗，用军士二千三百三十人，万户、千户、百户四十五员。仍议用军士一千九百五十人，万户、千户、百户五十九员，以备仪仗。

致和元年六月，以享太庙，用跸街清路军一百名，看糁盆军一百名，管军官千户、百户各一员。九月，行大礼，用擎执仪仗蒙古、汉军一千名。

文宗天历元年十一月，亲祭太庙，内外用仪仗并五色甲马军一千六百五十名，仍命指挥青山及洪副使摄折冲都尉提调。二年，正旦行礼，用仪仗军一千人。享太庙，用跸街清路军一百名，看守糁盆军一百名，管军千户、百户各一员。天寿节行礼，用仪仗军一千名。皇后册宝擎执仪仗，用军一千二百名，军官四员。

扈 从 军

世祖至元十七年三月，发忙古䚟、抄儿赤所领河西军士，及阿鲁黑麾下二百人，入备扈从。

武宗至大二年，太后将幸五台，徽政院官请调军扈从。省臣议：“昔大太后尝幸五台，于住夏探马赤及汉军内，各起扈从军三百人，今遵故事。”从之。十一月，枢密院臣言：“去岁六卫汉军内，以诸处兴建工役，故用六千军士于上都。臣等议，来岁车驾行幸，复令骑卒六千人，备车马器仗，与步卒二千人扈从。”制可。

看 守 军

世祖至元二十五年十一月，以军守都城外仓。初，大都城内仓敖有军守之，城外丰闰、丰实、广贮、通济四仓无守者。至是收粮颇多，丞相桑哥以为言，乃依都城内仓例，每仓发军五人守之。十二月，中书省臣言：“枢密院公廨后，有仓贮粮，乞调军五人看守。”从之。

成宗大德四年二月，调军五百人，于新浚河内看闸。

武宗至大四年六月，帝御大安阁，枢密院官奏：“尝奉旨，令各门置军守备。臣等议，探马赤军士去其所戍地远，卒莫能至，拟发阿速、唐兀等军，参汉军用之，各门置五十人。”制可。

仁宗延祐元年闰三月，隆禧院官言：“初，世祖影殿，有军士守之。今武宗御容于大崇恩福元寺安置，宜依例调军守卫。”从之。三年二月，岭北省乞军守卫仓库，命于五汉所属万户三千探马赤军内，摘军三百人与之。

英宗至治元年，增守太庙墙垣军。初，以卫士军人共守围宿，故止用蒙古军四百人，至是以卫士守内墙垣，其外墙止用军士，乃增至八百人，复命佥院哈散、院判阿剌铁木儿领之。四月，敕捌思吉斡节儿八哈失寺内，常令军士五人守卫。

巡 逻 军

仁宗皇庆元年三月，丞相铁木迭儿奏：“每岁既幸上京，于各宿卫中留卫士三百七十人，以备巡逻，今岁多盗贼，宜增百人，以严守御。”制可。仍命枢密与中书分领之。延祐七年五月，诏留守司及虎贲司官，亲率众于夜巡逻。

镇遏军

仁宗延祐元年闰三月，枢密院官奏："中书省言，江浙春运粮八十三万六千二百六十石，取日开洋，前来直沽，请预差军人镇遏。"诏依年例，调军一千名，命右卫副都指挥使伯颜往镇遏之。三年四月，海运至直沽，枢密院官奏："今岁军数不敷，乞调军士五百人巡镇。"从之。七年四月，调海运镇遏军一千人，如旧制。

镇戍

元初以武功定天下，四方镇戍之兵亦重矣。然自其始而观之，则太祖、太宗相继以有西域、中原，而攻取之际，屯兵盖无定向，其制殆不可考也。世祖之时，海宇混一，然后命宗王将兵镇边徼襟喉之地，而河洛、山东据天下腹心，则以蒙古、探马赤军列大府以屯之。淮、江以南，地尽南海，则名藩列郡，又各以汉军及新附等军戍焉。皆世祖宏规远略，与二三大臣之所共议，达兵机之要，审地理之宜，而足以贻谋于后世者也。故其后江南三行省，尝以迁调戍兵为言，当时莫敢有变其法者，诚以祖宗成宪，不易于变更也。然卒之承平既久，将骄卒惰，军政不修，而天下之势遂至于不可为，夫岂其制之不善哉，盖法久必弊，古今之势然也。今故著其调兵屯守之制，而列之为镇戍焉。

世祖中统元年五月，诏汉军万户，各于本管新旧军内摘发军人，备衣甲器仗，差官领赴燕京近地屯驻：万户史天泽一万四百三十五人，张马哥二百四十人，解成一千七百六十人，纥叱剌四百六十六人，斜良拔都八百九十六人，扶沟马军奴一百二十九人，内黄铁木儿一百四十四人，赵奴怀四十一人，鄢陵胜都古六十五人。十一月，命右三部尚书怯烈门、平章政事赵璧领蒙古、汉军，于燕京近地屯驻；平章塔察儿领武卫军一万人，屯驻北山；汉军、质子军及签到民间诸投下军，于西京、宣德屯驻。复命怯烈门为大都督，管领诸军勾当，分达达军为两路，一赴宣德、德兴，一赴兴州。其诸万户汉军，则令赴潮河屯守。后复以兴州达达军合入德兴、宣德，命汉军各万户悉赴怀来、缙山川中屯驻。

三年十月，诏田德实所管固安质子军九百十六户，及平滦州刘不里剌所管质子军四百户，还元管地面屯驻。

至元七年，以金州军八百隶东川统军司，还成都，忽朗吉军戍东川。十一年正月，以忙古带等新旧军一万一千人戍建都。调襄阳府生券军六百人、熟券军四百人，由京兆府镇戍鸭池，命金州招讨使钦察部领之。十二月，调西川王安抚、杨总帅军与火尼赤相合，与丑汉、黄兀剌同镇守合答之城。

十二年二月，诏以东川新得城寨，逼近夔府，恐南兵来侵，发巩昌路补签军三千人戍之。三月，海州丁安抚等来降，选五州丁壮四千人，守海州、东海。

十三年十月，命别速斛、忽别列八都儿二人为都元帅，领蒙古军二千人、河西军一千人，守斡端城。

十五年三月，分扬州行省兵于隆兴府。初，置行省，分兵诸路调遣，江西省军为最少，至是以南广地阔，阻山溪之险，命铁木儿不花领兵一万人赴之，合元帅塔出军，以备战守。四月，诏以伯颜、阿术所调河南新签军三千人，还守庐州。六月，命荆湖北道宣慰使塔海调遣夔府诸军士。七月，诏以塔海征夔军之还戍者，及扬州、江西舟师，悉付水军万户张荣实将之，守御江中。八月，命江南诸路戍卒，散归各所属万户屯戍。初，渡江所得城池，发各万户部曲士卒以戍之，久而亡命死伤者众，续至者多不着行伍，至是纵还各营，以备屯戍。安西王相府言："川蜀既平，城邑山寨洞穴凡八十三所，其渠州礼义城等处凡三十三所，宜以兵镇守，余悉撤去。"从之。九月，诏发东京、北京军四百人，往戍应昌府，其应昌旧戍士卒，悉令散归。十一月，定军民异属之制，及蒙古军屯戍之地。先是，以李璮叛，分军民为二，而异其属，后因平江南，军官始兼民职，遂因之。凡以千户守一郡，则率其麾下从之，百户亦然，不便。至是，令军民各异属，如初制。士卒以万户为率，择可屯之地屯之，诸蒙古军士，散处南北及还各奥鲁者，亦皆收聚。令四万户所领之众屯河北，阿术二万户屯河南，以备调遣，余丁定其版籍，编入行伍，俾各有所属，遇征伐则遣之。

十六年二月，命万户孛术鲁敬，领其麾下旧有士卒守湖州。先是，以唐、邓、均三州士卒二百八十八人属敬麾下，后迁戍江陵府，至是还之。四月，定上都戍卒用本路元籍军士。国制，郡邑镇戍士卒，皆更相易置，故每岁以他郡兵戍上都，军士罢于转输。至是，以上都民充军者四千人，每岁令备镇戍，罢他郡戍兵。六月，碉门、鱼通及黎、雅诸处民户，不奉国法，议以兵戍其地。发新附军五百人、蒙古军一百人、汉军四百人，往镇戍之。七月，以西川蒙古军七千人、新附军三千人，付皇子安西王。命阇里铁木儿以戍杭州军六百九十人赴京师，调两淮招讨小厮蒙古军，及自北方回探马赤军代之。八月，调江南新附军五千驻太原，五千驻大名，五千驻卫州。又发探马赤军一万人，及夔府招讨张万之新附军，俾四川西道宣慰使也罕的斤将之，戍斡端。

十七年正月，诏以他令不罕守建都，布吉斛守长河西之地，无令迁易。三月，同知浙东道宣慰司事张铎言："江南镇戍军官不便，请以时更易置之。"国制，既平江南，以兵戍列城，其长军之官，皆世守不易，故多与富民树党，因夺民田宅居室，蠹有司政事，为害滋甚。铎上言，以为皆不迁易之弊，请更其制，限以岁月迁调之。庶使初附之民，得以安业也。五月，命枢密院调兵六百人，守居庸关南、北口。七月，敕更代广州镇戍士卒。初以丞相伯颜等麾下合必赤军二千五百人，从元帅张弘范征广王，因留戍焉。岁久皆贫困，多死亡者。至是，命更代之。复以扬州行省四万户蒙古军，更戍潭州。十月，发炮卒千人入甘州，备战守。十二月，八番罗甸宣慰司请增戍卒。先是，以三千人戍八番，后征亦奚不薛，分摘其半。至是师还，宣慰司复请益兵，以备战守，从之。

十八年正月，命万户张珪率麾下往就潭州，还其祖父所领亳州士卒，并统之。二月，以合必赤军三千戍扬州。十月，高丽王并行省皆言，金州、合浦、固城、全罗州等处，沿海上下，与日本正当冲要，宜设立镇边万户府屯镇，从之。

十一月，诏以征东留后军，分镇庆元、上海、澉浦三处上船海口。

十九年二月，命唐兀䚟于沿江州郡，视便宜置军镇戍，及谕鄂州、扬州、隆兴、泉州等四省，议用兵戍列城。徙浙东宣慰司于温州，分军戍守江南，自归州以及江阴至三海口，凡二十八所。四月，调扬州合必赤军三千人镇泉州。又潭州行省以临川镇地接占城及未附黎洞，请立总管府，一同镇戍，从之。七月，以隆兴、西京军士代上都戍卒，还西川。先是，上都屯戍士卒，其奥鲁皆在西川，而戍西川者，多隆兴、西京军士，每岁转饷，不胜劳费，至是更之。

二十年八月，留蒙古军千人戍扬州，余悉纵还。扬州所有蒙古士卒九千人，行省请以三分为率，留一分镇戍。史塔剌浑曰："蒙古士卒悍勇，孰敢当，留一千人足矣。"从之。十月，发乾讨虏军千人，增戍福建行省。先是，福建行省以其地险，常有盗负固为乱，兵少不足战守，请增蒙古、汉军千人。枢密院议以刘万奴所领乾讨虏军益之。

二十一年四月，诏潭州蒙古军依扬州例，留一千人，余悉放还诸奥鲁。十月，增兵镇守金齿国，以其地民户刚狠，旧尝以汉军、新附军三千人戍守，今再调探马赤、蒙古军二千人，令药剌海率赴之。

二十二年二月，诏改江淮、江西元帅招讨司为上、中、下三万户府，蒙古、汉人、新附诸军，相参作三十七翼。上万户：宿州、蕲县、真定、沂郯、益都、高邮、沿海，七翼。中万户：枣阳、十字路、邳州、邓州、杭州、怀州、孟州、真州，八翼。下万户，常州、镇江、颍州、庐州、亳州、安庆、江阴水军、益都新军、湖州、淮安、寿春、扬州、泰州、弩手、保甲、处州、上都新军、黄州、安丰、松江、镇江水军、建康，二十二翼。每翼设达鲁花赤、万户、副万户各一人，以隶所在行院。

二十四年五月，调各卫诸色军士五百人于平滦，以备镇戍。十月，诏以广东系边徼之地，山险人稀，兼江西、福建贼徒聚集，不时越境作乱，发江西行省忽都铁木儿麾下军五千人，往镇守之。

二十五年二月，调扬州省军赴鄂州，代镇戍士卒。三月，诏黄州、蕲州、寿昌诸军还隶江淮省。始三处旧置镇守军，以近鄂州省，尝分隶领之，至是军官以为言，遂仍其旧。辽阳行省言，懿州地接贼境，请益兵镇戍，从之。四月，调江淮行省全翼一下万户军，移镇江西省。从皇子脱欢士卒及刘二拔都麾下一万人，皆散归各营。十一月，增军戍咸平府，以察忽、亦儿思合言其地实边徼，请益兵镇守，以备不虞故也。

二十六年二月，命万户刘得禄以军五千人，镇守八番。

二十七年六月，调各行省军于江西，以备镇戍，俟盗贼平息，而后纵还。九月，以元帅那怀麾下军四百人守文州。调江淮省下万户府军于福建镇戍。十一月，江淮行省言："先是丞相伯颜及元帅阿术、阿塔海等守行省时，各路置军镇戍，视地之轻重，而为之多寡，厥后忙古䚟代之，悉更其法，易置将吏士卒，殊失其宜。今福建盗贼已平，惟浙东一道，地极边恶，贼所巢穴，请复还三万户以镇守之。合剌带一军戍沿海、明、台，亦怯烈一军戍温、处，札忽带一军戍绍兴、婺州。其宁国、徽州初用土兵，后皆与贼通，今尽迁之江北，更调高邮、泰州两万户汉军戍之。扬州、建康、镇江三城，跨据大江，人民繁会，置七万户府。杭州行省诸司府库所在，置四万户府。水战之法，旧止十所，今择濒海沿江要害二十二所，分兵阅习，伺察诸盗。钱塘控扼海口，旧置战舰二十艘，今增置战舰百艘，海船二十艘。"枢密院以闻，悉从之。

二十八年二月，调江淮省探马赤军及汉军二千人，于脱欢太子侧近扬州屯驻。

二十九年，以咸平府、东京所屯新附军五百人，增戍女直地。

三十年正月，诏西征探马赤军八千人，分留一千或二千，余令放还。皇子奥鲁赤、大王术伯言，切恐军散衅生，宜留四千，还四千，从之。五月，命思播黄平、镇远拘刷亡宋避役手号军人，以增镇守。七月，调四川行院新附军一千人，戍松山。

成宗元贞元年七月，枢密院官奏："刘二拔都儿言，初鄂州省安置军马之时，南面止是潭州等处，后得广西海外四州、八番洞蛮等地，疆界阔远，阙少戍军，复增四万人。今将元属本省四翼万户军分出，军力减少。臣等谓刘二拔都儿之言有理，虽然江南平定之时，沿江安置军马，伯颜、阿术、阿塔海、阿里海牙、阿剌罕等，俱系元经攻取之人，又与近臣月儿鲁、孛罗等枢密院官同议安置者。乞命通军事、知地理之人，同议增减安置，庶后无弊。"从之。

二年五月，江浙行省言："近以镇守建康、太平保定万户府全翼军马七千二百一十二名，调属湖广省，乞分两淮戍兵，于本省沿海镇遏。"枢密院官议："沿江军马，系伯颜、阿术安置，勿令改动，止于本省元管千户、百户军内，发兵镇守之。"制可。九月，诏以两广海外四州城池戍兵，岁一更代，往来劳苦。给俸钱，选良医，往治其疾病者。命三二年一更代之。

三年二月，调扬州翼邓新万户府全翼军马，分屯蕲、黄。

大德元年三月，陕西平章政事脱烈伯领总帅府军三千人，收捕西番回，诏留总帅军百人及阶州旧军、秃思马军各二百人守阶州，余军还元翼。湖广省请以保定翼万人，移镇郴州，枢密院官议："此翼乃张柔所领征伐旧军，宜迁入鄂州省屯驻，别调兵守之。"七月，招收亡宋左右两江土军千人，从思明上思等处都元帅昔剌不花言也。十一月，河南行省言："前扬州立江淮行省，江陵立荆湖行省，各统军马，上下镇遏。后江淮省移于杭州，荆湖省迁于鄂州，黄河之南，大江迤北，汴梁古郡设立河南江北行省，通管江淮、荆湖两省元有地面。近来并入军马，通行管领，所属之地，大江最为紧要，两淮地险人顽，宋亡之后，始来归顺。当时沿江一带，斟酌缓急，安置定三十一翼军马镇遏，后迁调十二翼前去江南，余有一十九翼，于内调发，止存元额十分中一二。况两淮、荆襄自古隘要之地，归附至今，虽即宁静，宜虑未然。乞照沿江元置军马，迁调江南翼分，并各省所占本省军人，发还元翼，仍前镇遏。"省院官议，以为"沿江安置三十一翼军马之说，本院无此簿书，问之河南省官孛鲁欢，其省亦无枢密院文卷，内但称至元十九年，伯颜、玉速铁木儿等共拟其地安置三万二千军，后增二千，总三万四千，今悉令各省差占及逃亡事故者还充役足矣。又孛鲁欢言，去年伯颜点视河南省见有军五万二百之上，又若还其占役事故军人，则共有七八万人。此数之外，脱欢太子位下有一千探马赤、一千汉军，阿剌八赤等哈剌鲁亦在其地，设有非常，皆可调用。据各省占役，总计军官、军人一万三千八百八十一名，军官二百九名，军人一万三千六百七十二名，内汉军五千五百八十名，新附军八千二十八名，蒙古军六十四名。江浙省占役军官、军人四千九百五十七名，湖广省占役军官、军人七千六百三名，福建省占役军官、军人一千二百七十二名，江西省出征收捕未回新附军四十九名，悉令还役。"江浙省亦言："河南行省见占本省军人八千八百三十三名，亦宜遣还镇遏。"有旨，两省各差官赴阙辨议。

二年正月，枢密院臣言："阿剌䚟、脱忽思所领汉人、女直、高丽等军二千一百三十六名内，有称海对阵者，有久戍四五年者，物力消乏，乞于六卫军内分一千二百人，大同屯田军八百人，彻里台军二百人，总二千二百人往代之。"制可。三月，诏各省合并镇守军，福建所置者合为五十三所，江浙所置者合为二百二十七所，江西元立屯军镇守二百二十六所，减去一百六十二所，存六十四所。

三年三月，沅州贼人啸聚，命以毗阳万户府镇守辰州，镇巢万户府镇守沅州、靖州，上均万户府镇守常德、澧州。

五年三月，诏河南省占役江浙省军一万一千四百七十二名，除洪泽、芍陂屯田外，余令发还元翼。

七年四月，调碉门四川军一千人，镇守罗罗斯。

八年二月，以江南海口军少，调蕲县王万户翼汉军一百人、宁万户翼汉军一百人、新附军三百人守庆元，自乃颜来者蒙古军三百人守定海。

武宗至大二年七月，枢密院臣言："去年日本商船焚掠庆元，官军不能敌。江浙省言，请以庆元、台州沿海万户府新附军往陆路镇守，以蕲县、宿州两万户府陆路汉军移就沿海屯镇。臣等议，自世祖时，伯颜、阿术等相地之势，制事之宜，然后安置军马，岂可轻动。前行省忙古䚟等亦言，以水陆军互换迁调，世祖有训曰：'忙古䚟得非狂醉而发此言！以水路之兵习陆路之伎，驱步骑之士而从风水之役，难成易败，于事何补。'今欲御备奸宄，莫若从宜于水路沿海万户府新附军三分取一，与陆路蕲县万户府汉军相参镇守。"从之。

四年十月，以江浙省尝言："两浙沿海濒江隘口，地接诸番，海寇出没，兼收附江南之后，三十余年，承平日久，将骄卒惰，帅领不得其人，军马安置不当，乞斟酌冲要去处，迁调镇遏。"枢密院官议："庆元与日本相接，且为倭商焚毁，宜如所请，其余迁调军马，事关机务，别议行之。"十二月，云南八百媳妇、大、小彻里等作耗，调四川省蒙古、汉军四千人，命万户囊加䚟部领，赴云南镇守。其四川省言："本省地方，东南控接荆湖，西北襟连秦陇，阻山带江，密迩蕃蛮，素号天险，古称极边重地，乞于存恤歇役六年军内，调二千人往。"从之。

仁宗皇庆元年十一月，诏江西省瘴地内诸路镇守军，各移近地屯驻。

延祐四年四月，河南行省言："本省地方宽广，关系非轻，所属万户府俱于临江沿淮上下镇守方面，相离省府，近者千里之上，远者二千余里，不测调度，卒难相应。况汴梁系国家腹心之地，设立行省，别无亲临军马，较之江浙、江西、湖广、陕西、四川等处，俱有随省军马，惟本省未蒙拨付。"枢密院以闻，命于山东河北蒙古军、河南淮北蒙古军两都万户府，调军一千人与之。十一月，陕西都万户府言："碉门探马赤军一百五十名，镇守多年，乞放还元翼。"枢密院臣议："彼中亦系要地，不宜放还，止令于元翼起遣一百五十名，三年一更镇守。元调四川各翼汉军一千名，镇守碉门、黎、雅，亦令一体更代。"

泰定四年三月，陕西行省尝言："奉元建立行省、行台，别无军府，唯有蒙古军都万户府，远在凤翔置司，相离三百五十余里，缓急难用。乞移都万户府于奉元置司，军民两便。"及后陕西都万户府言："自大德三年命移司酌中安置，经今三十余年，凤翔离大都、土番、甘肃俱各三千里，地面酌中，不移为便。"枢密议："陕西旧例，未尝提调军马，况凤翔置司三十余年，不宜移动。"制可。十二月，河南行省言："所辖之地，东连淮、海，南限大江，北抵黄河，西接关陕，洞蛮草贼出没，与民为害。本省军马俱在濒海沿江安置，远者二千，近者一千余里，乞以炮手、弩军两翼，移于汴梁，并各万户府摘军五千名，设万户府随省镇遏。"枢密院议："自至元十九年，世祖命知地理省院官共议，于濒海沿江六十三处安置军马。时汴梁未尝置军，扬州冲要重地，置五翼军马并炮手、弩军。今亲王脱欢太子镇遏扬州，提调四省军马，此军不宜更动。设若河南省果用军，则不塔剌吉所管四万户蒙古军内，三万户在黄河之南、河南省之西，一万户在河南省之南，脱别台所管五万户蒙古军俱在黄河之北、河南省东北，阿剌铁木儿、安童等两侍卫蒙古军在河南省之北，共十一卫翼蒙古军马，俱在河南省周围屯驻。又本省所辖一十九翼军马，俱在河南省之南，沿江置列。果用兵，即驰奏于诸军马内调发。"从之。

卷一百　　志第四十八

兵三

马政

西北马多天下，秦、汉而下，载籍盖可考已。元起朔方，俗善骑射，因以弓马之利取天下，古或未之有。盖其沙漠万里，牧养蕃息，太仆之马，殆不可以数计，亦一代之盛哉。

世祖中统四年，设群牧所，隶太府监。寻升尚牧监，又升太仆院，改卫尉院。院废，立太仆寺，属之宣徽院。后隶中书省，典掌御位下、大斡耳朵马。其牧地，东越耽罗，北踰火里秃麻，西至甘肃，南暨云南等地，凡一十四处，自上都、大都以至玉你伯牙、折连怯呆儿，周回万里，无非牧地。

马之群，或千百，或三五十，左股烙以官印，号大印子马。其印有兵古、贬古、阔卜川、月思古、斡栾等名。牧人曰哈赤、哈剌赤；有千户、百户，父子相承任事。自夏及冬，随地之宜，行逐水草，十月各至本地。朝廷岁以九月、十月遣寺官驰驿阅视，较其多寡，有所产驹，即烙印取勘，收除见在数目，造蒙古、回回、汉字文册以闻，其总数盖不可知也。凡病死者三，则令牧人偿大牝马一，二则偿二岁马一，一则偿牝羊一，其无马者以羊、驼、牛折纳。

太庙祀事暨诸寺影堂用乳酪，则供牝马；驾仗及宫人出入，则供尚乘马。车驾行幸上都，太仆卿以下皆从，先驱马出健德门外，取其肥可取乳者以行，汰其羸瘦不堪者还于群。自天子以及诸王百官，各以脱罗毡置撒帐，为取乳室。车驾还京师，太仆卿先期遣使征马五十酝都来京师。酝都者，承乳车之名也。既至，俾哈赤、哈剌赤之在朝为卿大夫者，亲秣饲之，日酿黑马乳以奉玉食，谓之细乳。每酝都，牝马四十。每牝马一，官给刍一束、菽八升。驹一，给刍一束、菽五升。菽贵，则其半以小稻充。自诸王百官而下，亦有马乳之供，酝都如前之数，而马减四之一，谓之粗乳。刍粟要旬取给于度支，寺官亦以旬诣闲厩阅肥瘠。又自世祖而下山陵，各有酝都，取马乳以供祀事，号金陵挤马，越五年，尽以与守山陵使者。

凡御位下、正宫位下、随朝诸色目人员，甘肃、土番、耽罗、云南、占城、芦州、河西、亦奚卜薛、和林、斡难、怯鲁连、阿剌忽马乞、哈剌木连、亦乞里思、亦思浑察、成海、阿察脱不罕、折连怯呆儿等处草地，内及江南、腹里诸处，应有系官孳生马、牛、驼、骡、羊点数之处，一十四道牧地，各千户、百户等名目如左：

东路折连怯呆儿等处，玉你伯牙、上都周围，哈剌木连等处，阿剌忽马乞等处，斡斤川等处，阿察脱不罕，甘州等处，左手永平等处，右手固安州等处，云南亦奚卜薛，芦州，益都，火里秃麻，高丽耽罗国。

一，折连怯呆儿等处御位下：折连怯呆儿地哈剌赤千户买买、买的、撒台、怯儿八思、阔阔来、塔失铁木儿、哈剌那海、伯要䚟、也儿的思、撒的迷失、教化、太铁木儿、塔都、也先、木薛肥、不思塔八、不儿都、麻失不颜台、撒敦。按赤、忽里哈赤千户下百户脱脱木儿。兀鲁兀内土阿八剌哈赤阔阔出。彻彻地撒剌八。薛里温你里温斡脱忽赤哈剌铁木儿。哈思罕地僧家奴。玉你伯牙断头山百户哈只。

一，玉你伯牙等处御位下：玉你伯牙地哈剌赤百户忽儿秃哈、兀都蛮、燕铁木儿、暗出忽儿、也先秃满、玉龙铁木儿、月思哥、明里不兰。

大斡耳朵位下：乞剌里郭罗赤马某等。哈里牙儿苟赤别铁木儿。伯只剌苟赤阿蓝答儿。阿察儿伯颜苟赤教化的等。塔鲁内亦儿哥赤、塔里牙赤等。伯只剌阿塔赤忽儿秃哈。桃山太师月赤察儿分出铁木儿等。伯颜只鲁干阿塔赤秃忽鲁等。玉你伯牙奴秃赤、火你赤。

一，哈剌木连等处御位下：阿失温忽都地八都儿。希彻秃地吉儿䚟。哈察木敦。火石脑儿哈塔、咬罗海牙、撒的。换撒里真按赤哈答。须知忽都哈剌赤别乞。军脑儿哈剌赤火罗思。玉龙鞊彻。云内州拙里牙赤昌罕。察罕脑儿欠昔思。棠树儿安鲁罕。石头山秃忽鲁。牙不罕你里温脱脱木儿。开成路黑水河不花。

大斡耳朵位下：完者。

一，阿剌忽马乞等处御位下：阿剌忽马乞地哈剌赤百户按不怜、乾铁哥、火石铁木儿、末赤、卯罕、不兰奚、孛罗罕。怯鲁连地哈剌赤千户床八失，百户怯儿的、小薛干、别铁列不作、孛罗、串都、也速、典列、坦的里、也里迷失、忙兀䚟。斡难地兰盏儿、未者、哈只不花等。

大斡耳朵位下：阿剌忽马乞按灰等。阔苦地阔赤斤等。

一，斡斤川等处御位下：斡斤川地哈剌赤千户月鲁、阿剌铁木儿、塔塔塔察儿。拙里牙赤斡罗孙，马塔哈儿哈地哈剌赤千户当失、燕忽里，欢差太难。阔阔地兀奴忽赤忙兀䚟。怯鲁连八剌哈赤八儿麻思。

大斡耳朵位下：马塔哈儿哈怯连口只儿哈忽。

一，阿察脱不罕等处御位下：阿察脱不罕地哈赤守纳。斡川札马昔宝赤忙哥撒儿。火罗罕按赤秃忽赤。成海后火义罕塔儿罕、按赤也先。黄兀儿不剌按赤未儿哥、忽林失。应里哥地按赤哈丹、忽台迷失。应吉列古哈剌赤不鲁。亦儿浑察西哈剌赤。答兰速鲁哈剌赤八只吉儿。哈儿哈孙不剌哈剌赤阿儿秃。

大斡耳朵位下：怯鲁连火你赤塔剌海。

一，甘州等处御位下：口千子哈剌不花一所。奥鲁赤一所。阿剌沙阿兰山兀都蛮。亦不剌金一所。宽彻干。塔塔安地普安。胜回地刘子总管。阔阔思地太铁木儿等。甘州等处杨住普。拨可连地撒儿吉思。只哈秃屯田地安童一所。哈剌班忽都拙里牙赤耳眉。

一，左手永平等处御位下：永平地哈剌赤千户六十。乐亭地拙里牙赤、阿都赤、答剌赤迷里迷失，亦儿哥赤马某撒儿答。香河按赤定住、亦马赤速哥铁木儿。河西务爱牙赤孛罗觧。潮州哈剌赤脱忽察。桃花岛青昔宝赤赤班等。

大斡耳朵位下:河西务玉提赤百户马札儿。

一,右手固安州四怯薛八剌哈赤平章那怀为长:固安州哈剌赤脱忽察,哈赤忽里哈赤、按赤不都儿。真定昔宝赤脱脱。左卫哈剌赤塔不觧。青州哈剌赤阿哈不花。涿州哈剌赤不鲁哈思。

一,云南亦奚卜薛铁木儿不花为长。

一,芦州。

一,益都哈剌赤忽都铁木儿。

一,火里秃麻太胜忽儿为长。

一,高丽耽罗。

屯　田

古者寓兵于农,汉、魏而下,始置屯田为守边之计。有国者善用其法,则亦养兵息民之要道也。国初,用兵征讨,遇坚城大敌,则必屯田以守之。海内既一,于是内而各卫,外而行省,皆立屯田,以资军饷。或因古之制,或以地之宜,其为虑盖甚详密矣。大抵芍陂、洪泽、甘、肃、瓜、沙,因昔人之制,其地利盖不减于旧;和林、陕西、四川等地,则因地之宜而肇为之,亦未尝遗其利焉。至于云南八番,海南、海北,虽非屯田之所,而以为蛮夷腹心之地,则又因制兵屯旅以控扼之。由是而天下无不可屯之兵,无不可耕之地矣。今故著其建置增损之概,而内外所辖军民屯田,各以次列焉。

枢密院所辖

左卫屯田:世祖中统三年三月,调枢密院二千人,于东安州南、永清县东荒土及本卫元占牧地,立屯开耕,分置左右手屯田千户所,为军二千名,为田一千三百一十顷六十五亩。

右卫屯田:世祖中统三年三月,调本卫军二千人,于永清、益津等处立屯开耕,分置左右手屯田千户所。其屯军田亩之数,与左卫同。

中卫屯田:世祖至元四年,于武清、香河等县置立。十一年,以各屯地界,相去百余里,往来耕作不便,迁于河西务、荒庄、杨家口、青台、杨家白等处。其屯军之数,与左卫同,为田一千三十七顷八十二亩。

前卫屯田:世祖至元十五年九月,以各省军人备侍卫者,于霸州、保定、涿州荒闲地土屯种,分置左右手屯田千户所。屯军与左卫同,为田一千顷。

后卫屯田:置立岁月与前卫同。后以永清等处田亩低下,迁昌平县之太平庄。泰定三年五月,以太平庄乃世祖经行之地,营盘所在,春秋往来,牧放卫士头匹,不宜与汉军立屯,遂罢之,止于旧立屯所,耕作如故。屯军与左卫同,为田一千四百二十八顷一十四亩。

武卫屯田:世祖至元十八年,发迤南军人三千名,于涿州、霸州、保定、定兴等处置立屯田,分设广备、万益等六屯,别立农政院以领之。二十二年,罢农政院为司农寺,自后与民相参屯种。二十五年,别立屯田万户府,分管屯种军人。二十六年,以屯军属武卫亲军都指挥使司,兼领屯田事。仁宗皇庆元年,改属卫率府,后复归之武卫。英宗至治元年,命以广备、利民二千户军人所耕地土,与左卫率府忙古觧屯田千户所互相更易。屯军三千名,为田一千八百四顷四十五亩。

左翼屯田万户府:世祖至元二十六年二月,罢蒙古侍卫军从人之屯田者,别以斡端、别十八里回还汉军,及大名、卫辉两翼新附军,与前、后二卫迤东还戍士卒合并屯田,设左、右翼屯田万户府以领之。遂于大都路霸州及河间等处立屯开耕,置汉军左右手二千户、新附军六千户所,为军二千五十一名,为田一千三百九十九顷五十二亩。

右翼屯田万户府:其置立岁月与左翼同。成宗大德元年十一月,发真定军人三百名,于武清县崔黄口增置屯田。仁宗延祐五年四月,立卫率府,以本府屯田并属詹事院,后复归之枢密,分置汉军千户所三,别置新附军千户所一,为军一千五百四十人,为田六百九十九顷五十亩。

忠翊侍卫屯田:世祖至元二十九年十一月,命各万户府,摘大同、隆兴、太原、平阳等处军人四千名,于燕只哥赤斤地面及红城周回,置立屯田,开耕荒田二千顷,仍命西京宣慰司领其事,后改立大同等处屯储万户府以领之。成宗大德十一年,改侍卫亲军都指挥使司,仍领屯田。武宗至大四年,以黄华岭新附屯田军一千人并归本卫,别立屯署。是年,改大同侍卫为中都威卫,属之徽政院,分屯军二千置弩军翼,止以二千人分置左右手屯田千户所,黄华岭新附军屯如故。仁宗延祐二年,迁红城屯军于古北口、太平庄屯种。五年,复签中都威卫军八百人,于左都威卫所辖地内别立屯署。七年十二月,罢左都威卫及太平庄、白草营等处屯田,复于红城周回立屯,仍属中都威卫。英宗至治元年,始改为忠翊侍卫,屯田如故,为田二千顷。后移置屯所,不知其数。

左、右钦察卫屯田:世祖至元二十四年,发本卫军一千五百一十二名,分置左右手屯田千户所及钦察屯田千户所,于清州等处屯田。英宗至治二年,始分左、右钦察卫,以左右手屯田千户所分属之。文宗天历二年,创立龙翊侍卫,复以隶焉。为军左手千户所七百五名,右手千户所四百三十七名,钦察千户所八百名。为田左手千户所一百三十七顷五十亩,右手千户所二百一十八顷五十亩,钦察千户所三百顷。

左卫率府屯田:武宗至大元年六月,命于大都路漷州武清县及保定路新城县置立屯田。英宗至治元年,以武卫与左卫率府屯田地界相离隔绝,不便耕作,命以两卫屯地互更易之,分置三翼屯田千户所,为军三千人,为田一千五百顷。

宗仁卫屯田:英宗至治二年八月,发五卫汉军二千人,于大宁等处创立屯田,分置两翼屯田千户所,为田二千顷。

宣忠扈卫屯田:文宗至顺元年十二月,命收聚讫一万斡罗斯,给地一百顷,立宣忠扈卫亲军万户府屯田,依宗仁卫例。

大司农司所辖

永平屯田总管府：世祖至元二十四年八月，以北京采取材木百姓三千余户，于滦州立屯，设官署以领其事，为户三千二百九十，为田一万一千六百一十四顷四十九亩。

营田提举司：不详其建置之始，其设立处所在大都漷州之武清县，为户军二百五十三，民一千二百三十五，析居放良四百八十，不兰奚二百三十二，火者一百七十口，独居不兰奚一十二口，黑瓦木丁八十二名，为田三千五百二顷九十三亩。

广济署屯田：世祖至元二十二年正月，以崔黄口空城屯田，岁涝不收，迁于清、沧等处。后大司农寺以尚珍署旧领屯夫二百三十户归之，既又迁济南、河间五百五十户，平滦、真定、保定三路屯夫四百五十户，并入本屯，为户共一千二百三十，为田一万二千六百顷三十八亩。

宣徽院所辖

淮东淮西屯田打捕总官府：世祖至元十六年，募民开耕涟、海州荒地，官给禾种，自备牛具，所得子粒官得十之四，民得十之六，仍免屯户徭役，屡欲中废不果。二十七年，所辖提举司一十九处并为十二。其后再并，止设八处，为户一万一千七百四十三，为田一万五千一百九十三顷三十九亩。

丰闰署：世祖至元二十二年，创立于大都路蓟州之丰闰县，为户八百三十七，为田三百四十九顷。

宝坻屯：世祖至元十六年，签大都属邑编民三百户，立屯于大都之宝坻县，为田四百五十顷。

尚珍署：世祖至元二十三年，置立于济宁路之兖州，为户四百五十六，为田九千七百一十九顷七十二亩。

腹里所辖军民屯田

大同等处屯储总管屯田：成宗大德四年，以西京黄华岭等处田土颇广，发军民九千余人，立屯开耕。六年，始设屯储军民总管万户府。十一年，放罢汉军还红城屯所，止存民夫在屯。仁宗时，改万户府为总管府，为户军四千二十，民五千九百四十五，为田五千顷。

虎贲亲军都指挥使司屯田：世祖至元十七年十二月，月儿鲁官人言："近于灭捏怯土、赤纳赤、高州、忽兰若班等处，改置驿传，臣等议，可于旧置驿所设立屯田。"从之。二十八年，发虎贲亲军二千人入屯。二十九年，增军一千，凡立三十四屯，于上都置司，为军三千人，佃户七十九，为田四千二百二顷七十九亩。

岭北行省屯田

世祖至元二十一年，并和林阿剌觯元领军一千人入五条河。成宗元贞元年，摘六卫汉军一千名，赴称海屯田。大德三年，以五条河汉军悉并入称海。仁宗延祐三年，罢称海屯田，复立屯于五条河。六年，分拣蒙古军五千人，复屯田称海。七年，命依世祖旧制，称海、五条河俱设屯田，发军一千人于五条河立屯。英宗时，立屯田万户府，为户四千六百四十八，为田六千四百余顷。

辽阳等处行中书省所辖屯田

大宁路海阳等处打捕屯田所：世祖至元二十三年，以大宁、辽阳、平滦诸路拘刷漏籍、放良、孛兰奚人户，及僧道之还俗者，立屯于瑞州之西濒海荒地开耕，设打捕屯田总管府。成宗大德四年，罢之，止立打捕屯田所，为户元拨并召募共一百二十二，为田二百三十顷五十亩。

浦峪路屯田万户府：世祖至元二十九年十月，以蛮军三百户、女直一百九十户，于咸平府屯种。三十年，命本府万户和鲁古觯领其事，仍于茶剌罕、剌怜等处立屯。三十一年，罢万户府屯田。仁宗大德二年，拨蛮军三百户属肇州蒙古万户府，止存女直一百九十户，依旧立屯，为田四百顷。

金复州万户府屯田：世祖至元二十一年五月，发新附军一千二百八十一户，于忻都察置立屯田。二十六年，分京师应役新附军一千人，屯田哈思罕关东荒地。三十年，以玉龙帖木儿、塔失海牙两万户新附军一千三百六十户，并入金复州，立屯耕作，为户三千六百四十一，为田二千五百二十三顷。

肇州蒙古屯田万户府：成宗元贞元年七月，以乃颜不鲁古赤及打鱼水达达、女直等户，于肇州旁近地开耕，为户不鲁古赤二百二十户，水达达八十户，归附军三百户，续增渐丁五十二户。

河南行省所辖军民屯田

南阳府民屯：世祖至元二年正月，诏孟州之东，黄河之北，南至八柳树、枯河、徐州等处，凡荒闲地土，可令阿朮、阿剌罕等所领士卒，立屯耕种，并摘各万户所管汉军屯田。六年，以攻襄樊军饷不足，发南京、河南、归德诸路编民二万余户，于唐、邓、申、裕等处立屯。八年，散还元屯户，别签南阳诸色户计，立营田使司领之。寻罢，改立南阳屯田总管府。后复罢，止隶有司，为户六千四十一，为田一万六百六十二顷七亩。

洪泽万户府屯田：世祖至元二十三年，立洪泽南北三屯，设万户府以统之。先是，江淮行省言："国家经费，粮储为急，今屯田之利，无过两淮，况芍陂、洪泽皆汉、唐旧尝立屯之地，若令江淮新附汉军屯田，可岁得粮百五十余万石。"至是从之。三十一年，罢三屯万户，止立洪泽屯田万户府以统之。其置立处所，在淮安路之白水塘、黄家疃等处，为户一万五千九百九十四名，为田三万五千三百一十二顷二十一亩。

芍陂屯田万户府：世祖至元二十一年二月，江淮行省言："安丰之芍陂，可溉田万余顷，乞置三万人立屯。"中书省议："发军士二千人，姑试行之。"后屯户至一万四千八百八名。

德安等处军民屯田总管府：世祖至元十八年，以各翼取到汉军，及各路拘收手号新附军，分置十屯，立屯田万户府。三十一年，改立总管府，为民九千三百七十五名，军五千九百六十五名，为田八千八百七十九顷九十六亩。

陕西等处行中书省所辖军民屯田

陕西屯田总管府：世祖至元十一年正月，以安西王府所管编民二千户，立栎阳、泾阳、终南、渭南屯田。十八年，立屯田所。十九年，以军站屯户拘收为怯怜口户计，放还而无所归者，籍为屯户，立安西、平凉屯田，设提领所以领之。二十九年，立凤翔、镇原、彭原屯田，放罢至元十年所签接应成都、延安军人，置立民屯，设立屯田所，寻改为军屯，令千户所管领。三十年，复更为民屯，为户凤翔一千一百二十七户；镇原九百一十三户；栎阳七百八十六户，后存六百五十户；泾阳六百九十六户，后存六百五十八户；彭原一千二百三十八户；安西七百二十四户，后存二百六十二户；平凉二百八十八户；终南七百七十一户，后存七百一十三户；渭南八百一十一户，后存七百六十六户。为田凤翔九十顷一十二亩，镇原四百二十六顷八十五亩，栎阳一千二十顷九十九亩，泾阳一千二十顷九十九亩，彭原五百四十五顷六十八亩，安西四百六十七顷七十八亩，平凉一百一十五顷二十亩，终南九百四十三顷七十六亩，渭南一千二百二十二顷三十一亩。

陕西等处万户府屯田：世祖至元十九年二月，以盩厔南系官荒地，发归附军，立孝子林、张马村军屯。二十年，以南山把口子巡哨军人八百户，于盩厔县之杏园庄、宁州之大昌原屯田。二十一年，发文州镇戍新附军九百人，立亚柏镇军屯，复以燕京戍守新附军四百六十三户，于德顺州之威戎立屯开耕。为户孝子林屯三百一户，张马村屯三百一十三户，杏园庄屯二百三十三户，大昌原屯四百七十四户，亚柏镇屯九百户，威戎屯四百六十三户。为田孝子林二十三顷八十亩，张马村七十三顷八十亩，杏园庄一百一十八顷三十亩，大昌原一百五十八顷七十九亩，亚柏镇二百六十八顷五十九亩，威戎一百六十四顷八十亩。

贵赤延安总管府屯：世祖至元十九年，以拘收赎身、放良、不兰奚及漏籍户计，于延安路探马赤草地屯田，为户二千二十七，为田四百八十六顷。

甘肃等处行中书省所辖军民屯田

宁夏等处新附军万户府屯田：世祖至元十九年三月，发迤南新附军一千三百八十二户，往宁夏等处屯田。二十一年，遣塔塔里千户所管军人九百五十八户屯田，为田一千四百九十八顷三十三亩。

管军万户府屯田：世祖至元十八年正月，命肃州、沙州、瓜州置立屯田。先是，遣都元帅刘恩往肃州诸郡，视地之所宜，恩还言宜立屯田，遂从之。发军于甘州黑山子、满峪、泉水渠、鸭子翅等处立屯，为户二千二百九十，为田一千一百六十六顷六十四亩。

宁夏营田司屯田：世祖至元八年正月，签发己未年随州、鄂州投降人民一千一百七户，往中兴居住。十一年，编为屯田户，凡二千四百丁。二十三年，续签渐丁，得三百人，为田一千八百顷。

宁夏路放良官屯田：世祖至元十一年，从安抚司请，以招收放良人民九百四户，编聚屯田，为田四百四十六顷五十亩。

亦集乃屯田：世祖至元十六年，调归附军人于甘州，十八年，以充屯田军。二十二年，迁甘州新附军二百人，往屯亦集乃合即渠开种，为田九十一顷五十亩。

江西等处行中书省所辖屯田

赣州路南安寨兵万户府屯田：成宗大德二年正月，以赣州路所辖信丰、会昌、龙南、安远等处，贼人出没，发寨兵及宋旧役弓手，与抄数漏籍人户，立屯耕守，以镇遏之，为户三千二百六十五，为田五百二十四顷六十八亩。

江浙等处行中书省所辖屯田

汀、漳屯田：世祖至元十八年，以福建调军粮储费用，依腹里例，置立屯田，命管军总管郑楚等，发镇守士卒年老不堪备征战者，得百有十四人，又募南安等县居民一千八百二十五户，立屯耕作。成宗元贞三年，命于南诏、黎、畲各立屯田，摘拨见戍军人，每屯置一千五百名，及将所招陈吊眼等余党入屯，与军人相参耕种。为户汀州屯一千五百二十五名，漳州屯一千五百一十三名。为田汀州屯二百二十五顷，漳州屯二百五十顷。

高丽国立屯

高丽屯田：世祖至元七年创立，是时东征日本，欲积粮饷，为进取之计，遂以王綧、洪茶丘等所管高丽户二千人，及发中卫军二千人，合婆娑府、咸平府军各一千人，于王京东宁府、凤州等一十处，置立屯田，设经略司以领其事，每屯用军五百人。

四川行省所辖军民屯田二十九处

广元路民屯：世祖至元十三年，从利州路元帅言，广元实东西两川要冲，支给浩繁，经理系官田亩，得九顷六十亩，遂以褒州刷到无主人口，偶配为十户，立屯开种。十八年，发新得州编民七十七户屯田，为户共八十七。

叙州宣抚司民屯：世祖至元十一年，命西蜀四川经略使起立屯田。十五年，签长宁军、富顺州等处编民四百七十五户，立屯耕种。十九年，续签一百六十户。二十年，叙州签民一千九百户。二十五年，富顺州复签民六百八户，增人旧屯。二十七年，取勘析出屯户，得二百八十四。成宗元贞二年，复放罢站户一千一十七户，依旧屯田。总之为户四千四百四十四。

绍庆路民屯：世祖至元十九年，于本路未当差民户内，签二十三户，置立屯田。二十年，于彭水县籍管万州寄户内，签拨二十户。二十一年，签彭水县未当差民户三十二户增入。二十六年，屯户贫乏者多负逋，复签彭水县编民一十六户补之。为户九十一。

嘉定路民屯：世祖至元十九年，签亡宋编民四户，置立屯田。成宗元贞元年，拨成都义士军八户增入。为户一十二。

顺庆路民屯：世祖至元十二年，签顺庆民三千四百六十八户，置立屯田。十九年，复于民户内差拨一千三百三十六户置民屯。二十年，复签二百一十二户增入。总之五千一十六户。

潼川府民屯：世祖至元十一年，签本府编民及义士军二千二百二十四户，立屯。十三年，复签民一百四十二户。二十一年，行省遣使于遂宁府择监夫之老弱废疾者，得四十六户，签充屯户。总之二千四百一十二户。

夔路总管府民屯：世祖至元十一年置，累签本路编民至五千二十七户，续于新附军内签老弱五十六户增入。

重庆路民屯：世祖至元十一年置，累于江津、巴县、泸州、忠州等处，签拨编民二千三百八十七户，并召募，共三千五百六十六户。

成都路民屯：世祖至元十三年，签阴阳人四十户，办纳屯粮。二十二年，续签泸州编民九十七户，充屯田户。三十一年，续签千户高德所管民一十四户。

保宁万户府军屯：世祖至元二十六年，保宁府言："本管军人，一户或二丁三丁，父兄子弟应役，实为重并，若又迁于成都屯种，去家隔远，逃匿必多。乞令本府在营士卒，及夔路守镇军人，止于保宁沿江屯种。"从之。签军一千二百名。二十七年，发屯军一百二十九人，从万户也速迭儿西征，别签渐丁军人入屯，为户一千三百二十九名，为田一百一十八顷二十七亩。

叙州等处万户府军屯：成宗元贞二年，改立叙州军屯，迁遂宁屯军二百三十九人，于叙州宣化县喁口上下荒地开耕，为田四十一顷八十三亩。

重庆五路守镇万户府军屯：仁宗延祐七年，发军一千二百人，于重庆路三堆、中嶆、赵市等处屯耕，为田四百二十顷。

夔路万户府军屯：世祖至元二十一年，从四川行省议，除沿边重地，分军镇守，余军一万人，命官于成都诸处择膏腴地，立屯开耕，为户三百五十一人，为田五十六顷七十亩，凡创立十四屯。

成都等路万户府军屯：于本路崇庆州义兴乡楠木园置立，为户二百九十九人，为田四十二顷七十亩。

河东陕西等路万户府军屯：置立于灌州之青城、陶坝及崇庆州之大棚头等处，为户一千三百二十八名，为田二百八顷七亩。

广安等处万户府军屯：置立于成都路崇庆州之七宝坝，为户一百五十名，为田二十六顷二十五亩。

保宁万户府军屯：置立于崇庆州晋原县之金马，为户五百六十四名，为田七十五顷九十五亩。

叙州万户府军屯：置立于灌州之青城，为户二百二十一名，为田三十八顷六十七亩。

五路万户府军屯：置立于成都路崇庆州之大栅镇孝感乡及灌州青城县之怀仁乡，为户一千一百六十一名，为田二百三顷一十七亩。

兴元金州等处万户府军屯：置立于崇庆州晋原县孝感乡，为户三百四十四名，为田五十六顷。

随路八都万户府军屯：置立于灌州青城、温江县，为户八百三十二名，为田一百六十二顷五十七亩。

旧附等军万户府军屯：置立于灌州青城县、崇庆州等处，为户一千二名，为田一百二十九顷五十亩。

炮手万户府军屯：置立于灌州青城县龙池乡，为户九十六名，为田一十六顷八十亩。

顺庆军屯：置立于晋原县义兴乡、江源县将军桥，为户五百六十五名，为田九十八顷八十七亩。

平阳军屯：置立于灌州青城、崇庆州大栅头，为户三百九十八名，为田六十九顷六十五亩。

遂宁州军屯：为户二千名，为田三百五十顷。

嘉定万户府军屯：世祖至元二十一年，摘蒙古、汉军及嘉定新附军三百六十人，于崇庆州、青城等处屯田。二十八年，还之元翼，止余屯军一十三名，为田二顷二十七亩。

顺庆等处万户府军屯：世祖至元二十六年，发军于沿江下流汉初等处屯种，为户六百五十六名，为田一百一十四顷八十亩。

广安等处万户府军屯：世祖至元二十七年，拨广安旧附汉军一百一十八名，于新明等处立屯开耕，为田二十顷六十五亩。

云南行省所辖军民屯田一十二处

威楚提举司屯田：世祖至元十五年，于威楚提举盐使司拘刷漏籍人户充民屯，本司就领其事，与中原之制不同，为户三十三，为田一百六十五双。

大理金齿等处宣尉司都元帅府军民屯：世祖至元十二年，命于所辖州县拘刷漏籍人户，得二千六十有六户，置立屯田。十四年，签本府编民四百户益之。十八年，续签永昌府编民一千二百七十五户增入。二十六年，立大理军屯，于爨僰军内拨二百户。二十七年，复签爨僰军人二百八十一户增入。二十八年，续增一百一十九户。总之民屯三千七百四十一户，军屯六百户，为田军民已业二万二千一百五双。

鹤庆路军民屯田：世祖至元十二年，签鹤庆路编民一百户立民屯。二十七年，签爨僰军一百五十二户立军屯，为田军屯六百八双，民屯四百双，俱已业。

武定路总管府军屯：世祖至元二十七年，以云南戍军粮饷不足，于和曲、禄劝二州爨僰军内，签一百八十七户，立屯耕种，为田七百四十八双。

威楚路军民屯田：世祖至元十二年，立威楚民屯，拘刷本路漏籍人户，得一千一百一户，内八百六十六户官给无主荒田四千三百三十双，余户自备已业田一千一百七十五双。二十七年，始立屯军，于本路爨僰军内签三百九十九户，内一十五户官给荒田六十双，余户自备已业田一千五百三十六双。

中庆路军民屯田：世祖至元十二年，置立中庆民屯，于所属州县内拘刷漏籍人户，得四千一百九十七户，官给田一万七千二十二双，自备已业田二千六百二双。二十七年，始立军屯，用爨僰军人七百有九户，官给田二百三十四双，自备已业田二千六百一双。

曲靖等处宣慰司兼管军万户府军民屯田：世祖至元

十二年，立曲靖路民屯，拘刷所辖州郡诸色漏籍人户七百四十户立屯。十八年，续签民一千五百户增入，其所耕之田，官给一千四百八十双，自备已业田三千双。十二年，立澂江民屯，所签屯户，与曲靖同，凡一千二百六十户。二十六年，始立军屯，于爨僰军内签一百六十九户。二十七年，复签二百二十六户增入。十二年，立仁德府民屯，所签屯户，与澂江同，凡八十户，官给田一百六十双。二十六年，始立军屯，签爨僰军四十四户。二十七年，续签五十六户增入，所耕田亩四百双，俱系军人已业。

乌撒宣慰司军民屯田：世祖至元二十七年，立乌撒路军屯，以爨僰军一百一十四户屯田。又立东川路民屯，屯户亦系爨僰军人，八十六户，皆自备已业。

临安宣慰司兼管军万户府军民屯田：世祖至元十二年，立临安民屯二处，皆于所属州县拘刷漏籍人户开耕。宣慰司所管民屯三百户，田六百双。本路所管民屯二千户，田三千四百双。二十七年，续立爨僰军屯，为户二百八十八，为田一千一百五十二双。

梁千户翼军屯：世祖至元三十年，梁王遣使诣云南行省言，以汉军一千人置立屯田。三十一年，发三百人备镇戍巡逻，止存七百人，于乌蒙屯田，后迁于新兴州，为田三千七百八十九双。

罗罗斯宣慰司兼管军万户府军民屯田：世祖至元二十七年，立会通民屯，屯户系爨僰土军二户。十六年，立建昌民屯，拨编民一百四户。二十三年，发爨僰军一百八十户，立军屯。是年，又立会川路民屯，发本路所辖州邑编民四十户。十六年，立德昌路民屯，发编民二十一户。二十年，始立军屯，发爨僰军人一百二十户。

乌蒙等处屯田总管府军屯：仁宗延祐三年，立乌蒙军屯。先是云南行省言："乌蒙乃云南咽喉之地，别无屯戍军马，其地广阔，土脉膏腴，皆有古昔屯田之迹，乞发畏吾儿及新附汉军屯田镇遏。"至是从之。为户军五千人，为田一千二百五十顷。

湖广等处行中书省所辖屯田三处

海北海南道宣慰司都元帅府民屯：世祖至元三十年，召募民户并发新附士卒，于海南、海北等处置立屯田。成宗元贞元年，以其地多瘴疠，纵屯田军二千人还各翼，留二千人与召募民之屯种。大德三年，罢屯田万户府，屯军悉令还役，止令民户八千四百二十八户屯田，琼州路五千一十一户，雷州路一千五百六十六户，高州路九百四十八户，化州路八百四十三户，廉州路六十户。为田琼州路二百九十二顷九十八亩，雷州路一百六十五顷五十一亩，高州路四十五顷，化州路五十五顷二十四亩，廉州路四顷八十八亩。

广西两江道宣慰司都元帅撞兵屯田：成宗大德二年，黄圣许叛，逃之交趾，遗弃水田五百四十五顷七亩。部民有吕瑛者，言募牧兰等处及融庆溪洞徭、撞民丁，于上浪、忠州诸处开屯耕种。十年，平大任洞贼黄德宁等，以其地所遗田土，续置藤州屯田。为户上浪屯一千二百八十二户，忠州屯六百一十四户，那扶屯一千九户，雷留屯一百八十七户，水口屯一千五百九十九户。续增藤州屯，二百八顷一十九亩。

湖南道宣慰司衡州等处屯田：世祖至元二十五年，调德安屯田万户府军士一千四百六十七名，分置衡州之清化、永州之乌符、武冈之白仓，置立屯田。二十七年，募衡阳县无土产居民，得九户，增入清化屯。为户清化屯军民五百九户；乌符屯军民五百户，白仓屯同。为田清化屯一百二十顷一十九亩，乌符屯一百三顷五十亩，白仓屯八十六顷九十二亩。

卷一百一　志第四十九

兵　四

站　赤

元制站赤者，驿传之译名也。盖以通达边情，布宣号令，古人所谓置邮而传命，未有重于此者焉。凡站，陆则以马以牛，或以驴，或以车，而水则以舟。其给驿传玺书，谓之铺马圣旨。遇军务之急，则又以金字圆符为信，银字者次之；内则掌之天府，外则国人之为长官者主之。其官有驿令，有提领，又置脱脱禾孙于关会之地，以司辨诘，皆总之于通政院及中书兵部。而站户阙乏逃亡，则又以时签补，且加赈恤焉。于是四方往来之使，止则有馆舍，顿则有供帐，饥渴则有饮食，而梯航毕达，海宇会同，元之天下，视前代所以为极盛也。今故著其驿政之大者，然后纪各省水陆凡若干站，而辽东狗站，亦因以附见云。

太宗元年十一月，敕："诸牛铺马站，每一百户置汉车一十具。各站俱置米仓，站户每年一牌内纳米一石，令百户一人掌之。北使臣每日支肉一斤、面一斤、米一升、酒一瓶。"

四年五月，谕随路官员并站赤人等："使臣无牌面文字，始给马之驿官及元差官，皆罪之。有文字牌面，而不给驿马者，亦论罪。若系军情急速，及送纳颜色、丝线、酒食、米粟、段匹、鹰隼，但系御用诸物，虽无牌面文字，亦验数应付车牛。"

世祖中统四年三月，中书省定议乘坐驿马，长行马使臣、从人及下文字曳剌、解子人等分例。乘驿使臣换马处，正使臣支粥食、解渴酒，从人支粥。宿顿处，正使臣白米一升，面一斤，酒一升，油盐杂支钞一十文，冬月一行日支炭五斤，十月一日为始，正月三十日终住支；从人白米一升，面一斤。长行马使臣赍圣旨、令旨及省部文字，干当官事者，其一二居长人员，支宿顿分例，次人与粥饭，仍支给马一匹、草一十二斤、料五升，十月为始，至三月三十日终止，白米一升，面一斤，油盐杂用钞一十文。投呈公文曳剌、解子，依部拟宿顿处批支。五月，云州设站户，取迤南州城站户籍内，选堪中上户应当。马站户，马一匹，牛站户，牛二只，于各户选堪当站役之人，不问亲躯，每户取二丁，及家属于立站去处安置。

五年八月，诏："站户贫富不等，每户限四顷，除免税石，以供铺马祗应；已上地亩，全纳地税。"

至元六年二月，诏："各道宪司，如总管府例，每道给铺马劄子三道。"

七年正月，省部官定议："各路总管府在城驿，设官二员，于见役人员内选用；州县驿，设头目二名，如见役人即是相应站户，就令依上任事，不系站户，则就本站马户内别行选用；除脱脱禾孙依旧存设，随路见设总站官罢之。"十一月，立诸站都统领使司，往来使臣，令脱脱禾孙盘问。

八年正月，中书省议："铺马劄子，初用蒙古字，各处站赤未能尽识，宜绘画马匹数目，复以省印覆之，庶无疑惑。"因命今后各处取给铺马标附文籍，其马匹数付译史房书写毕，就左右司用墨印，印给马数目，省印印讫，别行附籍发行墨印，左右司封掌。

九年八月，诸站都统领使司言："朝省诸司局院，及外路诸官府应差驰驿使臣所赍劄子，从脱脱禾孙辨诘，无脱脱禾孙之处，令总管府验之。"

十一年十月，命随处站赤，直隶各路总管府，其站户家属，令元籍州县管领。

十三年正月，改诸站都统领使司为通政院，命降铸印信。

十七年二月，诏："江淮诸路增置水站。除海青使臣，及事干军务者，方许驰驿。余者自济州水站为始，并令乘船往来。"

十八年闰八月，诏："除上都、榆林迤北站赤外，随路官钱，不须支给，验其闲剧，量增站户，协力自备首思当站。"

十九年四月，诏给各处行省铺马圣旨，扬州行省、鄂州行省、泉州行省、隆兴行省、占城行省、安西行省、四川行省、西夏行省、甘州行省，每省五道。南方验田粮及七十石者，准当站马一匹。九月，通政院臣言："随路站赤三五户，共当正马一匹，十三户供车一辆，自备一切什物公用。近年以来，多为诸王公主及正宫太子位下头目识认招收，或冒入投下户计者，遂致站赤损弊，乞换补站户。"从之。十月，增给各省铺马圣旨，西川、京兆、泉州十道，甘州、中兴各五道。

二十年二月，和林宣慰司给铺马圣旨二道。五月，江淮行省增给十道，都省遣使繁多，亦增二十道给之。七月，免站户和顾和买、一切杂泛差役，仍令自备首思。十一月，增给甘州行省铺马圣旨十道，总之为二十道。十二月，增各省及转运司、宣慰司铺马圣旨三十五道：江淮行省十道，四川行省十道，安西转运司分司二道，荆湖行省所辖湖南宣慰司三道，福建行省十道。

二十一年二月，增给各处铺马劄子：荆湖、占城等处本省一十道，荆湖北道宣慰司二道，所辖路分一十六处，每处二道；山东运司二道；河间运司七道；宣德府三道；江西行省五道；福建行省所辖路分七处，每处二道；司农司五道；四川行省所辖顺元路宣慰司三道，思州、播州两处宣抚司各三道；都省二十道。四月，定增使臣分例：正使宿顿支米一升、面一斤、羊肉一斤、酒一升、柴一束、油盐杂支增钞二分，通作三分，经过减半。从者每名支米一升，经过减半。九月，给阿里海牙所治之省铺马圣旨十道，所辖宣慰司二处，各三道。

二十二年四月，给陕西行省并各处宣慰司、行工部等处铺马劄子一百二十六道。

二十三年四月，福建、东京两行省各给圆牌二面。奥鲁赤出使交趾，先给圆牌二面，今再增二面，于脱欢太子位下给发。南京行省起马三十匹，给圆牌二面。创立三处宣慰司，给劄子起马三十匹。

二十四年四月，增给尚书省铺马圣旨一百五十道，并先给降一百五十道，共三百道。五月，扬州省言："徐州至扬州水马站，两各分置，夏月水潦，使臣劳苦。请徙马站附并水站一处安置，驰驿者白日马行，夜则经由水路，况站户皆是水滨居止者，庶几官民两便。"从之。七月，给中兴路、陕西行省、广东宣慰司、沙不丁等官铺马圣旨一十三道。

二十五年正月，腹里路分三十八处，年销祗应钱不敷，增给钞三千九百八十一锭，并元额七千一百六十九锭，总中统钞一万一千一百五十锭，分上下半年给降。二月，命南方站户，以粮七十石出马一匹为则，或十石之下八九户共之，或二三十石之上两三户共之，惟求税粮仅足当站之数，不至多余，却免其一切杂泛差役。若有纳粮百石之下、七十石之上，自请独当站马一匹者听之。五月，增给辽阳行省铺马劄子五道。十一月，福建行省元给铺马圣旨二十四道，增给劄子六道。

二十六年正月，给光禄寺铺马劄子四道。二月，从沿海镇守官蔡泽言，以旧有水军二千人，于海道置立水站。三月，给海道运粮万户府铺马圣旨五道。四月，四川绍庆路给铺马劄子二道，成都府六道。龙兴行省增给铺马圣旨五道，太原府宣慰司及储峙提举司给降二道。八月，给辽东宣慰司铺马圣旨五道，大理、金齿宣慰司四道。九月，增给西京宣慰司铺马劄子五道，江淮行省所辖浙东道宣慰司三道，绍兴路总管府给降二道，甘肃行省所辖亦集乃总管府、沙州、肃州三路给六道。十一月，增给甘肃行省铺马圣旨七道。

二十七年正月，增给陕西行省铺马圣旨五道。二月，都省增给铺马圣旨一百五十道，江淮行省一十五道。六月，给营田提举司铺马圣旨二道。九月，江淮行省所辖徽州路水道不通，给铺马圣旨二道。

二十八年六月，随处设站官二员，大都至上都置司吏三名，余设二名，祗应头目、攒典各一名。站户及百者，设百户一名。七月，诏各路府州县达鲁花赤长官，依军户例，兼管站赤奥鲁，非奉通政院明文，不得擅科差役。十二月，增给省除之任官铺马圣旨三百五十道。

二十九年三月，命通政院分官四员，于江南四省整理站赤，给印与之。

三十年正月，南丹州洞蛮来朝，立安抚司于其地，给铺马圣旨二道。三月，两淮都转运盐使司增给铺马圣旨起马五匹。五月,给淘金运司铺马圣旨起马五匹,大司农司起马二十匹。六月,江浙行省言:"各路递运站船,若止以六户供船一艘,除苗不过十四五石,力寡不能当役。请令各路除苗不过元额二十四石,自六户之上,或至十户,通融签拨。"从之。八月,给刘二拔都儿圆牌三面,铺马圣旨一十五道。十月,增给济南府盐运司铺马圣旨一道。

三十一年六月,给福建运司铺马圣旨起马五匹。

成宗大德八年正月,御史台臣言:"各处站赤合用祗应官钱,多不依时拨降,又或数少不给,遂令站户轮当库子,陪备应办。莫若验使臣起数,实支官钱,所在官司,依时拨降,令各站提领收掌祗待,毋得科配小民,似为便益。"诏都省定议行之。

十年,从江浙省言,命站官仍领祗待,选站户之有余粮者,以充库子,止设一名,上下半年更代,就准本户里正、主首身役。

武宗至大三年五月,给嘉兴、松江、瑞州三路及汴梁等处管民总管府铺马圣旨各三道。

四年三月,诏拘收各衙门铺马圣旨,命中书省定议以闻。省臣言:"始者站赤隶兵部,后属通政院,今通政院怠于整治,站赤消乏,合依旧命兵部领之。"制可。四月,中书省臣又言:"昨奉旨以站赤属兵部,今右丞相铁木迭儿等议,汉地之驿,命兵部领之,其铁烈干、纳邻、末邻等处蒙古站赤,仍付通政院。"帝曰:"何必如此,但令罢通政院,悉隶兵部可也。"闰七月,复立通政院,领蒙古站赤。八月,诏:"大都至上都,每站除设驿令、丞外,设提领三员、司吏三名。腹里路分,冲要水陆站赤,设提领二员、司吏二名。其余闲慢驿分,止设提领一员、司吏一名。如无驿令,量拟提领二员。每一百户,设百户一名,从拘该路府州县提调正官,于站户内选用,三岁为满。凡滥设官吏头目人等,尽罢之。"十一月,给中政院铺马圣旨二十道。

仁宗皇庆二年四月,增给陕西行台铺马圣旨八道。

延祐元年六月,中书省臣言:"典瑞监掌金字圆牌及铺马圣旨三百余道。至大四年,凡圣旨皆纳之于翰林院,以金字圆牌不敷,增置五十面。盖圆牌遣使,初为军情大事而设,不宜滥给,自今求给牌面,不经中书省、枢密院者,宜勿与。"从之。十月,沙、瓜州立屯储总管万户府,给铺马圣旨六道。

五年十月,中书兵部言:"各站设置提领,止受部劄,行九品印,职专车马之役,所领站赤多者三二千,少者五七百户,比之军民,体非轻细。奈何俸禄不给,三年一更,贪邪得以自纵。今拟各处馆驿,除令、丞外,见役提领不许交换。"从之。

七年四月,诏蒙古、汉人站,依世祖旧制,悉归之通政院。十一月,从通政院官请,诏腹里、江南汉地站赤,依旧制,命各路达鲁花赤、总管提调,州县官勿得预。

泰定元年三月,遣官赈给怗里干、木怜、纳怜等一百一十九站钞二十一万三千三百锭,粮七万六千二百四十四石八斗。北方站赤,每加津济,至此为最盛。

中书省所辖腹里各路站赤,总计一百九十八处:

陆站一百七十五处,马一万二千二百九十八匹,车一千六十九辆,牛一千九百八十二只,驴四千九百八头。水站二十一处,船九百五十只,马二百六十六匹,牛二百只,驴三百九十四头,羊五百口。牛站二处,牛三百六只,车六十辆。

河南江北等处行中书省所辖,总计一百七十九处,该一百九十六站:

陆站一百六处,马三千九百二十八匹,车二百一十七辆,牛一百九十二只,驴五百三十四头。水站九十处,船一千五百一十二只。

辽阳等处行中书省所辖,总计一百二十处:

陆站一百五处,马六千五百一十五匹,车二千六百二十一辆,牛五千二百五十九只。狗站一十五处,元设站户三百,狗三千只,后除绝亡倒死外,实在站户二百八十九,狗二百一十八只。

江浙等处行中书省所辖,总计二百六十二处:

马站一百三十四处,马五千一百二十三匹。轿站三十五处,轿一百四十八乘。步站一十一处,递运夫三千三十二户。水站八十二处,船一千六百二十七只。

江西等处行中书省所辖,总计一百五十四处:

马站八十五处,马二千一百六十五匹,轿二十五乘。水站六十九处,船五百六十八只。

湖广等处行中书省所辖,总计一百七十三处:

陆站一百处,马二千五百五十五匹,车七十辆,牛五百四十五只,坐轿一百七十五乘,卧轿三十乘。水站七十三处,船五百八十只。

陕西行中书省所辖八十一处:

陆站八十处,马七千六百二十九匹。水站一处,船六只。

四川行中书省所辖:

陆站四十八处,马九百八十六匹,牛一百五十头。水站八十四处,船六百五十四只,牛七十六头。

云南诸路行中书省所辖站赤七十八处:

马站七十四处,马二千三百四十五匹,牛三十只。水站四处,船二十四只。

甘肃行中书省所辖三路:

脱脱禾孙马站六处,马四百九十一匹,牛一百四十九头,驴一百七十一头,羊六百五十口。

弓 手

元制,郡邑设弓手,以防盗也。内而京师,有南北两城兵马司,外而诸路府所辖州县,设县尉司、巡检司、捕盗所,皆置巡军弓手,而其数则有多寡之不同。职巡逻,专捕获。官有纲运及流徙者至,则执兵仗导送,以转相授受。外此则不敢役,示专其职焉。

世祖中统五年,随州府驿路设置巡马及马步弓手,验民户多寡,定立额数。除本管头目外,本处长官兼充提控官。其夜禁之法,一更三点,钟声绝,禁人行;五更三点,钟声动,听人行。有公事急速及丧病产育之类,则不在此限。

违者笞二十七下，有官者笞七下，准赎元宝钞一贯。州县城池相离远处，其间五七十里，所有村店及二十户以上者，设立巡防弓手，合用器仗，必须完备，令本县长官提调。不及二十户者，依数差补。若无村店去处，或五七十里，创立聚落店舍，亦须及二十户数。其巡军别设，不在户数之内。关津渡口，必当设立店舍弓手去处，不在五七十里之限。于本路不以是何投下当差户计，及军站人匠、打捕鹰房、斡脱、窑冶诸色人等户内，每一百户内取中户一名充役，与免本户合着差发，其当户推到合该差发数目，却于九十九户内均摊。若有失盗，勒令当该弓手，定立三限盘捉，每限一月。如限内不获，其捕盗官，强盗停俸两月，窃盗一月。外据弓手，如一月不获，强盗决一十七下，窃盗七下；两月不获，强盗二十七下，窃盗一十七下；三月不获者，强盗三十七下，窃盗二十七下。如限内获贼，数及一半者，全免正罪。

至元三年，省部议："随路户数，多寡不同，兼军站不该差发，似难均摊。拟合斟酌京府司县合用人数，止于本处包银丝线，并止纳包银户计内，每一百户选差中户一名当役，本户合当差发税银，却令九十九户包纳。"从之。

四年，除上都、中都已有巡军，其所辖州县合设弓手，俱于本路包银等户选丁多强壮者充，验各处州县户数多寡、驿程紧慢设置，合用器仗，各人自备。

八年，御史台言："诸路宜选年壮熟闲弓马之人，以备巡捕之职。弓手数少者，亦宜增置。除捕盗防转，不得别行差占。"

十六年，分大都南北两城兵马司，各主捕盗之任。南城三十二处，弓手一千四百名；北城一十七处，弓手七百九十五名。

二十三年，省台官言："捕贼巡马，先令执持闷棍以行，贼众多有弓箭，反致巡军被伤。今议给各路弓箭十副，府州七副，司县五副，各令置备防盗。"从之。

仁宗延祐二年，从江南行御史台请，以各处弓手人等，往往致害人命，役三年者罢之，还当民役，别于相应户内补换。

急递铺兵

古者置邮而传命，示速也。元制，设急递铺，以达四方文书之往来，其所系至重，其立法盖可考焉。

世祖时，自燕京至开平府，复自开平府至京兆，始验地里远近，人数多寡，立急递站铺。每十里或十五里、二十五里，则设一铺，于各州县所管民户及漏籍户内，签起铺兵。

中统元年，诏："随处官司，设传递铺驿，每铺置铺丁五人。各处县官，置文簿一道付铺，遇有转递文字，当传铺所即注名件到铺时刻，及所辖转递人姓名，置簿，令转送人取下铺押字交收时刻还铺。本县官司时复照刷，稽滞者治罪。其文字，本县官司绢袋封记，以牌书号。其牌长五寸，阔一寸五分，以绿油黄字书号。若系边关急速公事，用匣子封锁，于上重别题号，及写某处文字，发遣时刻，以凭照勘迟速。其匣子长一尺，阔四寸，高三寸，用黑油红字书号。已上牌匣俱系营造小尺，上以千字文为号，仍将本管地境、置立铺驿卓望地名，递相传报。"铺兵一昼夜行四百里。各路总管府委有俸正官一员，每季亲行提点。州县亦委有俸末职正官，上下半月照刷。如有怠慢，初犯事轻者笞四十，赎铜，再犯罚俸一月，三犯者决。总管府提点官比总管减一等，仍科三十，初犯赎铜，再犯罚俸半月，三犯者决。铺兵铺司，痛行断罪。

至元八年，申命州县官，用心照刷及点视阙少铺司铺兵。凡有递转文字到，铺司随即分明附籍，速令当该铺兵，裹以软绢包袱，更用油绢卷缚，夹版束系，赍小回历一本，作急走递，到下铺交割附历讫，于回历上令铺司验到铺时刻，并文字总计角数，及有无开拆、磨擦损坏，或乱行批写字样，如此附写一行，铺司画字，回还。若有违犯，易为挨问。随路铺兵，不许顾人领替，须要本户少壮人力正身应役。每铺安置十二时轮子一枚、红绰屑一座，并牌额及上司行下、诸路申上铺历二本。每遇夜，常明灯烛。其铺兵每名备夹版、铃攀各一付，缨枪一，软绢包袱一，油绢三尺，蓑衣一领，回历一本。各处往来文字，先用净检纸封裹于上，更用厚夹纸印信封皮。各路承发文字人吏，每日逐旋发放，及将承发到文字，验视有无开拆、磨擦损坏、批写字样，分朗附簿。

九年，左补阙祖立福合言："诸路急递铺名，不合人情。急者急速也，国家设官署名字，必须吉祥者为美，宜更定之。"遂更为通远铺。

二十年，留守司官言："初立急递铺时，取不能当差贫户，除其差发充铺兵，又不敷者，于漏籍户内贴补。今富人规避差发，求充铺兵，乞择其富者，令充站户，站户之贫者，却充铺兵。"从之。

二十八年，中书省定议："近年入递文字，封缄杂乱，发遣无时，今后省部并诸衙门入递文字，其常事皆付承发司随所投下去处，类为一缄。如往江淮行省者，凡江淮行省不以是何文字，通为一缄。其他官府同。省部台院，凡有急速之事，别置匣子发遣，其匣子入递，随到即行。铺司须能附写文历，辨定时刻，铺兵须壮健善走者，不堪之人，随即易换。"

三十一年，大都设置总急递铺提领所，降九品铜印，设提领三员。

英宗至治三年，各处急递铺，每十铺设一邮长，于州县籍记司吏内差充，使之专督其事。一岁之内，能尽职者，从优补用；不能者，提调官量轻重罪之。

凡铺卒皆腰革带，悬铃，持枪，挟雨衣，赍文书以行。夜则持炬火，道狭则车马者，负荷者，闻铃避诸旁，夜亦以惊虎狼也。响及所之铺，则铺人出以俟其至。囊板以护文书不破碎、不襞积，折小漆绢以御雨雪，不使濡湿之。及各铺得之，则又展转递去。

鹰房捕猎

元制，自御位及诸王，皆有昔宝赤，盖鹰人也。是故捕猎有户，使之致鲜食以荐宗庙，供天庖，而齿革羽毛，又皆足以备用，此殆不可阙焉者也。然地有禁，取有时，而违者则罪之。冬春之交，天子或亲幸近郊，纵鹰隼搏击，以为游豫之度，谓之飞放。故鹰房捕猎，皆有司存。而打捕鹰房人户，多取析居、放良及漏籍孛兰奚、还俗僧道与凡旷役无赖者，及招收亡宋旧役等户为之。其差发，除纳地税、商税，依例出军等六色宣课外，并免其杂泛差役。自太宗乙未年，抄籍分属御位下及诸王公主驸马各投下。及世祖时，行尚书省尝重定其籍，厥后永为定制焉。

御位下打捕鹰房官：一所，权官张元，大都路宝坻县置司，元额七十七户。一所，王阿都赤，世袭祖父职，掌十投下、中都、顺天、真定、宣德等路诸色人匠打捕等户，元额一百四十七户。一所，管领大都等处打捕鹰房民户达鲁花赤石抹也先，世袭祖父职，元额一百一十七户。一所，管领大都路打捕鹰房等官李脱欢怗木儿，世袭祖父职，元额二百二十八户。一所，宣授管领大都等处打捕鹰房人匠等户达鲁花赤黄也速觪儿，世袭祖父职，元额五十户。一所，管领鹰房打捕人匠等户达鲁花赤移剌怗木儿，世袭祖父职，元额一百五十七户。一所，宣授管领打捕鹰房等户达鲁花赤阿八赤，世袭祖父职，元额三百五十五户。一所，宣授管领大都等路打捕鹰房人户达鲁花赤寒食，世袭祖父职，元额二百四十三户。

诸王位下：汝宁王位下，管领民匠打捕鹰房等户官，元额二百一户。普赛因大王位下，管领本投下大都等路打捕鹰房诸色人匠达鲁花赤都总管府，元额七百八十户。

天下州县所设猎户：腹里打捕户，总计四千四百二十三户。河东宣慰司打捕户，五百九十八户。晋宁路打捕户，三百三十二户。大同路打捕户，一十五户。冀宁路打捕户，二百五十一户。上都留守司打捕户，三百九十七户。宣德提领所打捕户，一百八十二户。山东宣慰司打捕户，三百九十七户。宣德提领所打捕户，一百八十二户。山东宣慰司打捕户，一百户。益都路打捕户，四十三户。济南路打捕户，三十六户。般阳路二十一户。东平路三十四户。曹州八十四户。德州一十户。濮州三十一户。泰安州五户。东昌路一户。真定路九十一户。顺德路一十九户。广平路一十九户。冠州五户。恩州二户。彰德三十七户。卫辉路一十六户。大名路二百八十六户。保定路三十一户。河间路二百五十二户。随路提举司一千一百九十一户。河间鹰房府二百七十六名。都总管府七百五十六户。

辽阳大宁等处打捕鹰房官捕户，七百五十九户。东平等路打捕鹰房官捕户，三百九户。随州德安河南襄阳怀孟等处打捕鹰房官捕户，一百七十二户。扠捕提领所捕户，四十户。高丽鹰房总管捕户，二百五十户。河南等路打捕鹰房官捕户，一千一百四十二户。益都等处打捕鹰房官捕户，五百二十一户。河北河南东平等处打捕鹰房官捕户，三百户。随路打捕鹰房总管捕户，一百五十九户。真定保定等处打捕鹰房官捕户，五十户。淮安路鹰房官捕户，四十七户。扬州等处打捕鹰房官捕户，七十二户。

宣徽院管辖淮东淮西屯田打捕总管府司属打捕衙门，提举司十处，千户所一处，总一万四千三百二户。淮安提举司八百五十八户。安东提举司九百一十二户。招泗提举司四百六十五户。镇巢提举司二千五百四十户。蕲黄提举司一千一百一十二户。通泰提举司七百四十九户。塔山提举司六百四十四户。鱼网提举司二千五百一十九户。打捕手号军上千户所打捕军，六百四户。

卷一百二　志第五十

刑法一

自古有天下者，虽圣帝明王，不能去刑法以为治，是故道之以德义，而民弗从，则必律之以法，法复违焉，则刑辟之施，诚有不得已者。是以先王制刑，非以立威，乃所以辅治也。故《书》曰："士制百姓于刑之中，以教祗德。"后世专务黩刑任法以为治者，无乃昧于本末轻重之义乎！历代得失，考诸史可见已。

元兴，其初未有法守，百司断理狱讼，循用金律，颇伤严刻。及世祖平宋，疆理混一，由是简除繁苛，始定新律，颁之有司，号曰《至元新格》。仁宗之时，又以格例条画有关于风纪者，类集成书，号曰《风宪宏纲》。至英宗时，复命宰执儒臣取前书而加损益焉，书成，号曰《大元通制》。其书之大纲有三：一曰诏制，二曰条格，三曰断例。凡诏制为条九十有四，条格为条一千一百五十有一，断例为条七百十有七，大概纂集世祖以来法制事例而已。其五刑之目：凡七下至五十七，谓之笞刑；凡六十七至一百七，谓之杖刑；其徒法，年数杖数，相附丽为加减，盐徒盗贼既决而又镣之；流则南人迁于辽阳迤北之地，北人迁于南方湖广之乡；死刑，则有斩而无绞，恶逆之极者，又有凌迟处死之法焉。盖古者以墨、劓、剕、宫、大辟为五刑，后世除肉刑，乃以笞、杖、徒、流、死备五刑之数。元因之，更用轻典，盖亦仁矣。世祖谓宰臣曰："朕或怒，有罪者使汝杀，汝勿杀，必迟回一二日乃覆奏。"斯言也，虽古仁君，何以过之。自后继体之君，惟刑之恤，凡郡国有疑狱，必遣官覆谳而从轻，死罪审录无冤者，亦必待报，然后加刑。而大德间，王约复上言："国朝之制，笞杖十减为七，今之杖一百者，宜止九十七，不当又加十也。"此其君臣之间，唯知轻典之为尚，百年之间，天下乂宁，亦岂偶然而致哉！然其弊也，南北异制，事类繁琐，挟情之吏，舞弄文法，出入比附，用谲行私，而凶顽不法之徒，又数以赦宥获免；至于西僧岁作佛事，或恣意纵囚，以售其奸宄，俾善良者喑哑而饮恨，识者病之。然而元之刑法，其得在仁厚，其失在乎缓弛而不知检也。今按其实，条列而次第之，使后世有以考其得失，作《刑法志》。

名例

五刑

笞刑：

七下， 十七， 二十七， 三十七， 四十七，五十七。

杖刑：

六十七， 七十七， 八十七， 九十七， 一百七。

徒刑：

一年，杖六十七；一年半，杖七十七；二年，杖八十七；二年半，杖九十七；三年，杖一百七。

流刑：

辽阳， 湖广， 迤北。

死刑：

斩， 凌迟处死。

五服

斩衰： 三年。

子为父、妇为夫之父之类。

齐衰： 三年， 杖期， 期， 五月， 三月。

子为母，妇为夫之母之类。

大功： 九月， 长殇九月， 中殇七月。

为同堂兄弟、为姑姊妹适人者之类。

小功： 五月， 殇。

为伯叔祖父母、为再从兄弟之类。

缌麻： 三月， 殇。

为族兄弟、为族曾祖父母之类。

十恶

谋反：

谓谋危社稷。

谋大逆：

谓谋毁宗庙、山陵及宫阙。

谋叛：

谓谋背国从伪。

恶逆：

谓殴及谋杀祖父母、父母，杀伯叔父母、姑、兄、姊、外祖父母、夫、夫之祖父母、父母者。

不道：

谓杀一家非死罪三人，及支解人、造畜蛊毒、魇魅。

大不敬：

谓盗大祀神御之物、乘舆服御物；盗及伪造御宝；合和御药，误不如本方，及封题误；若造御膳，误犯食禁；御幸舟船，误不牢固；指斥乘舆，情理切害，及对捍制使，而无人臣之礼。

不孝：

谓告言诅詈祖父母、父母，及祖父母、父母在，别籍异财，若供养有阙；居父母丧，身自嫁娶，若作乐释服从吉；闻祖父母、父母丧，匿不举哀；许称祖父母、父母死。

不睦：

谓谋杀及卖缌麻以上亲，殴告夫及大功以上尊长、小功尊属。

不义：

谓杀本属府主、刺史、县令、见受业师，吏卒杀本部五品以上官长，及闻夫丧匿不举哀，若作乐释服从吉及改嫁。

内乱：

谓奸小功以上亲、父祖妾，及与和者。

八议

议亲：

谓皇帝袒免以上亲，及太皇太后、皇太后缌麻以上亲，皇后小功以上亲。

议故：

谓故旧。

议贤：

谓有大德行。

议能：

谓有大才业。

议功：

谓有大功勋。

议贵：

谓职事官三品以上，散官二品以上，及爵一品者。

议勤：

谓有大勤劳。

议宾：

谓承先代之后，为国宾者。

赎刑 附

诸牧民官，公罪之轻者，许罚赎。

诸职官犯夜者，赎。

诸年老七十以上，年幼十五以下，不任杖责者，赎。

诸罪人癃笃残疾，有妨科决者，赎。

卫　禁

诸掌宿卫，三日一更直，掌四门之钥，昏闭晨启，毋敢不慎。诸欲言事人，阑入宫殿，呼冀上闻，杖一百七，发元籍。诸擅带刀阑入殿庭者，杖八十七，流远。诸登皇城角楼，因为盗者，处死。诸阑入禁卫，盗金玉宝器者，处死。诸辄入禁苑，盗杀官兽者，为首杖八十七，徒二年，为从减一等，并刺字；知见不首者，笞四十七；掌门卫受财纵放者，五十七；坐铺守把军人不诃问，二十七。诸汉人、南人投充宿卫士，总宿卫官辄收纳之，并坐罪。诸大都、上都诸城门，夜有急务须出入者，遣官以夜行象牙圆符及织成圣旨启门，门尉辨验明白，乃许启。虽有牙符而无织成圣旨者，不以何人，并勿启，违者处死。

职 制 上

诸官府印章，长官掌收，次官封之，差故即以牒发次官，次其下者第封之，不得付其私人。诸郡县城门锁钥，并从有司掌之。诸有司，凡荐举刑名出纳等文字，非有故，并须圆署行之。诸职官到任，距上司百里之内者公参，百里之外者免；上司辄非理征会，稽失公务者，禁之。诸内外百司呈署文字，并须由下而上论定而后行之。诸省府以下百司，凡行公务，置朱销簿，按治官以时考之。诸职官公坐，同职者以先到任居上，辄越次而坐者，正之。诸有司公事，各官连衔申禀其上司者，并自书其名。有故，从对读首领官代书之，具述其故于名下，曹吏辄代书其名者，罪之。诸职官受代听除之处，从所便，具载解由。私赴都者，禁之。诸有司案牍籍帐，编次架阁。各路，提控案牍兼架阁库官与经历、知事同掌之；散府州县，知事、提控案牍、都史目、典史掌之。任满相沿交割，毋敢不慎。诸枢密院行省文卷，除军数及边关兵机不在考阅，余并从监察御史考阅之。诸职官承上司他委，所治阙官者，许回申。不得擅令首领官吏摄事。诸职官押运官物赴都，除常所不差者，余并置籍轮差。徇私不均者，罪其上司。诸吏员迁调，廉访司书吏，奏差避道，路府州县吏避贯。诸有司遗失印信，随即寻获者，罚俸一月；追寻不获者，具申礼部别铸。元掌印官解职坐罪，非获元印，不得给由求叙。诸毁匿边关文字者，流。诸蒙古人居官犯法论罪既定，必择蒙古官断之，行杖亦如之。诸四怯薛及诸王、驸马、蒙古、色目之人，犯奸盗诈伪，从大宗正府治之。诸以亲女献当路权贵求进用，已得者追夺所受命，仍没入其家。诸官吏在任，与亲戚故旧及礼应追往之人追往者听，余并禁之。

诸职官到任，辄受所部贽见仪物，比受赃减等论。诸职官受部民事后致谢食用之物者，笞二十七，记过。诸上司及出使官，于使所受其燕飨馈遗者，准不枉法减二等论，经过而受者各减一等，从台宪察之。诸职官及有出身人，因事受财枉法者，除名不叙；不枉法者，殿三年，再犯不叙，无禄者减一等。以至元钞为则，枉法：一贯至十贯，笞四十七，不满贯者，量情断罪，依例除名；一十贯以上至二十贯，五十七；二十贯以上至五十贯，杖七十七；五十贯以上至一百贯，八十七；一百贯之上，一百七。不枉法：一贯至二十贯，笞四十七，本等叙，不满贯者，量情断罪，解见任，别行求仕；二十贯以上至五十贯，五十七，注边远一任；五十贯以上至一百贯，杖六十七，降一等；一百贯以上至一百五十贯，七十七，降二等；一百五十贯以上至二百贯，八十七，降三等；二百贯以上至三百贯，九十七，降四等；三百贯以上，一百七，除名不叙。诸内外百司官吏，受赃悔过自首，无不尽不实者免罪，有不尽不实，止坐不尽之赃。若知人欲告而首及以赃还主，并减罪二等。闻知他处事发首者，计其日程虽不知，亦以知人欲告而首论。诡名代首者勿听。犯人实有病故，许亲属代首。台宪官吏受赃，不在准首之限。有司受人首告者，罪之。诸职官恐吓有罪人求赂，未得财者，笞二十七。诸告官吏赃，有实取之者，有为过度人所讳而官吏初不知者，有官吏已知而姑付过度之家、事毕而后取之者，有本未尝言而故以钱物置人家、指作过度而诬陷人者，止以钱物所在坐之，与钱人俱坐。诸职官但犯赃私，有罪状明白者，停职听断。诸奴贱为官，但犯赃罪，除名。诸职官犯赃，生前赃状明白，虽死犹责家属纳赃。诸官吏犯赃罪，遇原免，或自首免罪，过钱人即因人致罪，不坐。诸官吏赃罚，台官问者归台，省官问者归省。诸职官犯脏，罪状已明，反诬告临问官者，断后仍徒。诸官吏家人受赃，减官吏法二等坐。官吏初不知，及知即首，官吏家人俱免；不即首，官吏减家人法二等坐，家人依本法。若官吏知情，故令家人受财，官吏依本法，家人免坐。官吏实不知者，止坐家人。诸职官受除未任，因承差而犯赃者，同见任论。边远迁转官，已任而未受文凭犯赃者，亦如之。吏未出职受赃，既出职事发，罢所受职。诸钱谷官吏受赃，不枉法者，止计赃论罪，不殿年叙。诸职官受赃，闻知事发，回付到主，同知人欲告自首论，减二等科罪。枉法者降先职三等叙，不枉法者解职别叙。诸职官侵用官钱者，以枉法论，虽会赦，仍除名不叙。诸职官在任犯赃，被问赃状已明而称疾者，停其职归对。诸职官所将亲属傔从，受所部财而无入己之赃，会赦还职。诸外任牧守受赃，被问垂成，近臣奏征入朝者，执付元问官。诸职官犯赃在逃者，同狱成。诸职官受赃，丁忧，终制日究问。军官不丁忧者，不在终制之限。诸职官犯赃，已承伏会赦者，免罪征赃，黜降如条；未承伏者勿论。诸职官受赃，即改悔还主，其主犹执告者勿论。诸职官受财为人请托者，计赃论罪。诸小吏犯赃，并断罪除名。诸库子等职，已有出身，无添给禄米者，不与小吏犯赃同论。诸掾吏出身应入流，或以职官转补，但犯赃，并同吏员坐除名。府州县首领官非朝命者，同吏员。诸吏员取受非真犯者，不除名。

诸流外官越受民词者，笞一十七，首领官二十七，记过。诸临民官于无职田州县，虚征其入于民者，断罪解职，记过。诸职官频入茶酒市肆及倡优之家者，断罪罢职。诸监临官私役弓手，笞二十七，三名已上加一等。占骑弓手马，笞一十七，并记过名。本管官吏辄应付者，各减一等。诸内外官吏疾病满百日者，作阙，期年后仕。诸职官连犯二罪，轻罪已断，重罪始发，罪从已断，殿降从后发。诸有过被问，诈死逃罪者，杖六十七，有官者罢职不叙，赃多者从重论。诸行省以下大小司存长官，非理折辱其首领官者，禁之。首领官有过失，听申上司，不得擅问。长官处决不公，首领官执覆不从，许直申上司。诸随朝官无故不公聚者，坐罪选待。

诸职官已受宣敕，以地远官卑，辄称故不赴者，夺所受命，谪种田。或在任诈称病而去者，三年后降二等叙，其同僚徇私与文书者，降一等叙。诸受命职官，阙期已及，或有辨证勾稽丧葬疾病公私诸务，妨阻不能之任者，许具始末诣本处有司自陈，保勘给据再叙，并任元注地方。有司保勘不实者，并坐之。诸受除官员，阙次未及，辄先往任所居住守代者，从本管上司究之。诸各衙门，辄将听除及罢闲无禄私已之人差遣者，禁。诸职官亲死不奔丧，杖六十七，降先职二等，杂职叙。未终丧赴官，笞四十七，降一等，终制日叙。若有罪诈称亲丧，杖八十七，除名不叙。亲久没称始死，笞五十七，解见任，杂职叙。凡不丁父母忧者，罪与不奔丧同。诸官吏私罪被逮，无问已招未招，罹父母大故者，听其奔赴丁忧，终制日追问，公罪并矜恕之。诸职官父母亡，匿丧纵宴乐，遇国哀，私家设音乐，并罢不叙。诸外任官员谒告，应有假故，具曹状报所属，仍置籍以记之。有托故者，风宪官纠而罪之。诸官吏迁葬祖父母、父母，给假二十日，并除马程日七十里，限内俸钱仍给之，违限不至者勒停。诸职官任满解由，应给而不给，不应给而给，及有过而不开写者，罪及有司。解由到部，增损功罪不以实者，亦如之。诸罢免官吏，叙复给由而匿其过名者，罪及初给由有司。诸匿过求仕，已除事觉者，笞四十七，追夺不叙。诸职官年及致仕而不知止者，廉访司纠黜之。诸职官被罪，理算殿年，以被问停职月日为始。诸远方官员亲年七十以上者，许元籍有司保勘，量注近阙便养，冒滥者坐罪。诸职官没于王事者，其应继之人，降二等荫叙。

诸内外百司五品以上进上表章，并以蒙古字书，毋敢不敬，仍以汉字书其副。诸内外百司，凡进贺表笺，缮写誊籍印识各以式，其辄犯庙讳御名者，禁之。诸内外百司应出给劄付，有额设译史者，并以蒙古字书写。诸内外百司有兼设蒙古、回回译史者，每遇行移及勘合文字，标译关防，仍兼用之。诸内外百司公移，尊卑有序，各守定制，惟执政出典外郡，申部公文，书姓不书名。诸人臣口传圣旨行事者，禁之。

诸大小机务，必由中书，惟枢密院、御史台、徽政、宣政诸院许自言所职，其余不由中书而辄上闻，既上闻而又不由中书径下所司行之者，以违制论。所司亦不禀白而辄受以行之者，从监察御史、廉访司纠之。诸中书机务，有泄其议者，量所泄事，闻奏论罪。诸省部官名隶宿卫者，昼出治事，夜入番直。诸检校官勾检中书及六曹之务，其有稽违，省掾呈省论罚，部吏就录罪名开呈。

诸行省擅役军人营缮，虽公廨，不奏请，犹议罪。诸行省差使军官，非军情者，禁之。诸行省长官二员，给金虎符典军，惟云南行省官皆给符。诸各处行省所辖军官，军情怠慢，从提调军马长官断遣。其余杂犯，受宣官以上咨禀，受敕官以下就断。诸行省岁支钱粮，各处正官季一照勘，岁终会其成于行省，以式稽考，滥者征之，实者籍之，总其概，咨都省台宪官阅实之。诸方面大臣，受金纵贼成乱者斩，僚佐受金，或阿顺不能匡正，并坐罪，会赦仍除名。诸枢密院及各省所部军官，其麾下征者、戍者、出者、处者、饥寒不赡，役使不均，代以私人，举债倍息，在家曰逃，有力曰乏，惟单穷是使，惟货贿是图，以苦士卒，以耗兵籍，百户有罪，罪及千户，千户有罪，罪及万户。万户有罪，从枢密院及行省帅府以其状闻，随事论罪。诸宣徽院所抽分马牛羊，官严其程期，制其供亿，谨其钤束之法，以讥察之。其有欺官扰民者，廉访司纠之。诸翰林院应译写制书，必呈中书省，共议其稿。其文卷非边远军情重事，并从监察御史考阅之。诸宣政院文卷，除修佛事不在照刷外，其余文卷及所隶内外司存，并照刷之。诸徽政院及怯怜口人匠，旧设诸府司文卷，并从台宪照刷。

诸台官职掌，饬官箴，稽吏课，内秩群祀，外察行人，与闻军国奏议，理达民庶冤辞，凡有司刑名、赋役、铨选、会计、调度、征收、营缮、鞫勘、审谳、勾稽，及庶官廉贪，厉禁张弛，编民茕独流移，强暴兼并，悉纠举之。诸行台官，主察行省宣慰司已下诸军民官吏之作奸犯科者，穷民之流离失业者，豪强家之夺民利者，按察官之不称职任者，余视内台立法同。诸御史台所辖各道宪司，民有冤滞赴诉于台者，咸著于籍，岁终则会以考其各道之殿最，而黜陟之。诸台宪所察天下官吏赃污、欺诈、稽违，罪入于刑书者，岁会其数及其罪状上之，藏于中书。诸内外台，岁遣监察御史刷磨各省文卷，并察各道廉访司官吏臧否，官弗称者呈台黜罚，吏弗称者就罢之。诸风宪，荐举必考其最绩，弹劾必著其罪状，举劾失当，并坐之。诸殿中侍御史，凡遇廷臣奏事，必随入内，在廷有不可与闻之人，即纠斥之；朝会祭祀，一切行礼，失仪越次及托故不至者，即纠罚之；文武百官谒假事故，三日以外者，以曹状报之。凡官府创置，百官礼任，及被差往还，报曹状并同。诸廉访分司官，每季孟夏初旬，出录囚，仲秋中旬，出按治，明年孟夏中旬还。其惮远违期、托故避事者，从监察御史劾之。诸廉访司分巡各路军民，官吏有过，得罪状明白者，六品以下牒总司论罪，五品以上申台闻奏。诸廉访司官，擅封点军器库者，笞三十七，解职别叙。诸官吏受赃，事主虽不告言，监察御史廉访司察之，实者纠之。诸行省官及首领官受赂，随省廉访司察知者，上之台，已下就问。诸行省理问所见问公事，廉访司辄逮问者，禁之。诸职官受赃，廉访司必亲临听决，有必不能亲临者，摘敌品有司老成廉能正官问之。诸被按官吏，有冤抑者，诣御史台陈理。所言实，罪被告，所言虚，罪告者，仍加等。其有故摭按问官吏以事者，禁之。诸按问职官赃，毋遽施刑，惟众证已明而不款伏者，加刑问之，军官则先夺所佩符而问之。诸风宪官吏但犯赃，加等断罪，虽不枉法亦除名。诸方面之臣入觐，辄敛所部官吏俸钱备礼物者，禁之。违者罪之。

诸湖南北、江西、两广接境溪洞蛮獠窃发，诸监临禁治不严及故纵者，军官笞三十七，管民官二十七，并削所受阶一等，记过。诸边隅镇守不严，他盗辄入境杀掠者，军官坐罪，民官不坐。诸军民官镇抚边陲，三年无啸聚之盗者，民官减一资，军官升散官一阶；五年无者，军民官各升散官一等。诸郡县版籍，所司谨庋置之，正官相沿掌之。

诸劭农官，每岁终则上其所治农桑水利之成绩于本属上司，本属上司会所部之成绩，以上于大司农。若部，部考其勤惰成否，以上于省而殿最之。其在官怠其事隳其法者，罪之。诸职官行田，受民户齐敛钱者，以一多科断。诸受财占民差徭者，以枉法论。诸额课所在，管民正官董其事，若以他故出，次官通摄之。诸额收钱粮，各处计吏，岁一诣省会之。有齐敛者，从按治官举劾。诸郡县岁以三限征收税粮，初限十月终，中限十一月终，末限十二月终。违者初限笞四十，再犯杖八十，但结揽及自愿与结揽人等，并没入其家财，仍依元科之数倍征之。若不差正官部粮，而以权官部之，或致失陷及输不足者，达鲁花赤管民官同坐。诸州县义仓粮数不实，监临失举察者，罪之。

诸职官于禁刑之日决断公事者，罚俸一月，吏笞二十七，记过。诸有司断诸小罪，辄以杖头非法杖人致死，罪坐判署官吏。诸曾诉官吏之人有罪，其被诉官吏勿推。诸有司辄凭妄言帷薄私事逮系人者，笞四十七，解职，期年后叙。诸职官得代及休致，凡有追会，并同见任。其婚姻田债诸事，止令子孙弟侄陈诉，有司辄相侵陵者究之。诸职官告吏民毁骂，非亲闻者勿问，违者罪之。诸职官听讼者，事关有服之亲并婚姻之家及曾受业之师与所仇嫌之人，应回避而不回避者，各以其所犯坐之。有辄以官法临决尊长者，虽会赦，仍解职降叙。

诸有司事关蒙古军者，与管军官约会问。诸管军官、奥鲁官及盐运司、打捕鹰坊军匠、各投下管领诸色人等，但犯强窃盗贼、伪造宝钞、略卖人口、发塚放火、犯奸及诸死罪，并从有司归问。其斗讼、婚田、良贱、钱债、财产、宗从继绝及科差不公自相告言者，从本管理问。若事关民户者，从有司约会归问，并从有司追逮，三约不至者，有司就便归断。诸州县邻境军民相关词讼，元告就被论官司归断，不在约会之例。断不当理，许赴上司陈诉，罪及元断官吏。诸僧、道、儒人有争，有司勿问，止令三家所掌会问。诸哈的大师，止令掌教念经，回回人应有刑名、户婚、钱粮、词讼并从有司问之。诸僧人但犯奸盗诈伪，致伤人命及诸重罪，有司归问。其自相争告，从各寺院住持本管头目归问。若僧俗相争田土，与有司约会；约会不至，有司就便归问。诸各寺院税粮，除前宋所有常住及世祖所赐田土免纳税粮外，已后诸人布施并己力典买者，依例纳粮。诸管民官以公事摄所部，并用信牌，其差人扰众者，禁之。

诸掩骼埋胔，有司之职。或饥岁流莩，或中路暴死，无亲属收认，应闻有司检覆者，检覆既毕，就付地主邻人收葬；不须检覆者，亦就收葬。诸救灾恤患，邻邑之礼。岁饥辄闭籴者，罪之。诸郡县灾伤，过时而不申，或申不以实，及按治官不以时检踏，皆罪之。诸虫蝗为灾，有司失捕，路官各罚俸一月，州官各笞一十七，县官各二十七，并记过。诸水旱为灾，人民艰食，有司不以时申报赈恤，以致转徙饥莩者，正官笞三十七，佐官二十七，各解见任，降先职一等叙。诸有司检覆灾伤，或以熟作荒，或以可救为不可救，一顷已上者罚俸，二十顷者笞一十七，二百顷已上者笞二十七，五百顷已上笞三十七，惟以荒作熟，抑民纳粮者，笞四十七，罢之。托故不行，妨误检覆者，笞三十七。

诸义夫、节妇、孝子、顺孙，其节行卓异，应旌表者，从所属有司举之，监察御史廉访司察之，但有冒滥，罪及元举。诸赐高年帛，应受赐而有司不以实报者，正官笞四十七，解职别叙。诸州县举茂异秀才，非经监察御史廉访司体察者，不得开申。

诸民犯弑逆，有司称故不听理者，杖六十七，解见任，殿三年，杂职叙。诸检尸，有司故迁延及检覆牒到不受，以致尸变者，正官笞三十七，首领官吏各四十七。其不亲临或使人代之，以致增减不实，移易轻重，及初覆检官相符同者，正官随事轻重论罪黜降，首领官吏各笞五十七罢之，仵作行人杖七十七，受财者以枉法论。诸有司，在监囚人因病而死，虚立检尸文案及关覆检官者，正官笞三十七，解职别叙。已代会赦者，仍记其过。诸职官覆检尸伤，尸已焚瘗，止傅会初检申报者，解职别叙。若已改除，仍记其过。

诸藩王及军马经过，郡县委积馆劳，并许于应给官物内支遣，随申行省知会，或擅移易齐敛者，禁之。诸郡县非遇圣旨令旨，诸王驸马大臣经过，官吏并免郊迎，妨夺公务，仍不得赆以钱物，按治官常纠察之。诸职官但犯军情违误，受敕官各路就断，受宣官从都省行省处分。其余公罪，各路并不得辄断。

诸部送囚徒，中路所次州县，不寄囚于狱而监收旅舍，以致反禁而亡者，部送官笞二十七，还职本处，防护官笞四十七，就责捕贼，仍通记过名。诸有司各处递至流囚，辄主意故纵者，杖六十七，解职，降先品一等叙，刑部记过。

诸和顾和买，依时置估，对物给价。官吏权豪，因缘结揽，营私害公者，罪之。诸有司和买诸物，多余估计，分受其价者，准盗官钱论，不分受，以冒估多寡论。监临及当该官吏诡名中纳者，物价全没之。克落价钞者，准不枉法赃论。不即支价者，台宪官纠之。诸职官辄以亲故人事之物，为散之民，鸠敛钱财者，计其时直，以余利为坐，减不枉法赃二等科罪，钱物各归其主。诸职官私用民力者，笞二十七，记过，追顾直给其民。诸克除所属官吏俸钱，为公用及备进上礼物，既去职者，并勿论。诸在任官敛属吏俸赠去官者，笞四十七，还职。诸职官辄借骑所部内驿马者，笞三十七，降先职一等叙，记过。诸职官于所部非亲故及理应往复之家，辄行庆吊之礼者，禁之。违者罪之。

卷一百三　　志第五十一

刑　法　二

职　制　下

诸职官户在军籍，管军官辄追逮其身者，禁之。诸中外大小军官，不能以法抚循军人而又害之者，从监察御史廉访司纠察之；行省官及宣慰司元帅府官无故以军官自卫者，亦如之。诸军官不法，各处宪司就问之，枢府不得委官同问。诸管军官，辄以所佩金银符充典质者，笞五十七，降散官一等，受质者减二等。诸军官犯赃，应罢职殿降者，上所佩符，再叙日给之。诸军官役使军人，万户八名，千户减万户之半，弹压减千户之半，过是数者坐罪。诸军官驱役军人，致死非命者，量事断罪并罢职，征烧埋银给苦主。诸管军官擅放正军，及分受雇役钱者，以枉法论，除名不叙。诸管军官吏克除军人衣粮盐菜钱，并全未给散，会赦，克除已招者追给，未招者免征，未给散者给散。其私役军人官牛，带种官地，并管民官占种官地，所收子粒，已招者追没，未招者免征。诸军官役其出征军人家属，又借之钱而多取息者，并坐之。诸军官辄纵军人诬民以罪，吓取钱物而分赃自厚者，计赃科罪，除名不叙。诸民间失火，镇守军官坐视不救，而反纵军剽掠者，从台宪官纠之。诸军官辄断民讼者，禁之，违者罪之。诸军官挟仇犯分，辄持刃欲杀连帅者，杖六十七，解职别叙。

诸投下官吏受赃，与常选官同论。诸投下杂职犯赃罪者罢之，不以常调殿降论。诸投下妄称上旨，影占民站，除其徭役，故纵为民害者，杖七十七，没其家财之半，所占民杖一百七，还元籍。诸王傅文卷，监察御史考阅，与有司同。诸位下置财赋营田等司，岁终则会；会毕，从廉访司考阅之。诸投下轻重囚徒，并从廉访司审录。诸藩邸事务，大者奏裁，小者移中书，擅以教令行者，禁之。

诸仓庾官吏与府州司县官吏人等，以百姓合纳税粮，通同揽纳，接受折价飞钞者，十石以上，各刺面，杖一百七；十石以下，九十七；官吏除名不叙。退闲官吏、豪势富户、行铺人等违犯者，十石之上，杖九十七；十石之下，八十七。其部粮官吏知情分受，笞五十七，除名不叙。有失觉察者，监临部粮官吏，二十七；府州总部粮官吏，一十七。若能捕获犯人者，与免本罪。若仓官人吏等盗粜官粮，与揽纳飞钞同论。知情籴买，十石以上，杖一百七；十石之下，九十七。其漕运官吏有失觉察者，验粮数多寡治罪。其盗粜粮价，结揽飞钞，追征没官，正粮于仓官，并结揽籴买人均征还官。诸仓库官吏人等盗所主守钱粮，一贯以下，决五十七，至十贯杖六十七，每二十贯加一等；一百二十贯，徒一年，每三十贯加半年；二百四十贯，徒三年；三百贯处死。计赃以至元钞为则，诸物以当时价估折计之。诸仓库官、知库子、攒典、斗脚人等，侵盗移易官物，匿不举发者，与犯人同罪；失觉察者，减犯人罪四等。诸仓库钱粮出纳，所设首领官及提举监支纳以下攒典合干人以上，互相觉察，若有违法短少，一体均陪，任内收支钱粮，正收倒除皆完，方许给由。诸典守钞库官，已倒昏钞，不用退印，笞五十七，解见任。提调官失计点，笞一十七，并记过名。诸钞库官，辄以自己昏钞诡名倒换者，笞三十七，记过。诸平准行用库倒换昏钞，多取工墨钱，库官知而不曾分赃者，减一等，并解职别叙。主谋又受赃者，以枉法论，除名不叙。诸白纸坊典守官，私受桑楮皮折价者，计赃以枉法论，除名不叙，仍追赃，收买本色还官。诸京仓受粮，部官董之，外仓收粮，州县长官董之。收不如法致腐败者，按治官通究之。诸仓官委任亲属为家丁，致盗粜官粮者，笞五十七，解职殿叙；同僚相容隐，四十七，解职。诸仓官辄翻钉官斛，多收民租，主谋者笞五十七，同僚初不知情，既知而不能改正者，三十七，并解职别叙。诸京师每日散粜官米，人止一斗，权豪势要及有禄之家，辄籴买者，笞二十七，追中统钞二十五贯，付告人充赏。诸官局造作典守，辄克除材料者，计赃以枉法论，除名不叙。

诸运司办课官，取受事发，办课毕日追问；受代离职者，就问之。诸盐场官勘问人致死者，从转运司差官摄其职，发犯人归有司。诸税务官，辄以民到务文契，枉作匿税，私其罚钱者，以枉法论，除名不叙。诸财赋总管淘金提举司存，虽有护持制书，事应纠劾者，监察御史廉访司准法行之。诸守库藏军官，夜不直宿，致有盗者，笞三十七，还职。捕盗不获者，围宿军官军人追陪所失物货，俟获盗征赃给还。若遇强劫，军官军人力所不及者，不在追断之限。诸杂造局院，辄与诸人带造军器者，禁之。诸两浙财赋府隶徽政者，掌治钱谷造作，岁终报成，以次年正月至于二月，从廉访司稽其文书，违者纠之。

诸有司桥梁不修，道途不治，虽修治而不牢强者，按治及监临官究治之。诸有司不以时修筑堤防，霖雨既降，水潦并至，漂民庐舍，溺民妻子，为民害者，本郡官吏各罚俸一月，县官各笞二十七，典史各一十七，并记过名。

诸漕运官，辄拘括水陆舟车，阻滞商旅者，禁之。诸漕运官，辄受赃，纵水手人等以稻糠盗换官粮者，以枉法计赃论罪，除名不叙。诸海道都漕运万户府所辖千户已下有罪，万户问之；万户有罪，行省问之。徇情者，监察御史廉访司察之，漕事毕，然后廉访司考其案牍。诸海道运粮船户，盗粜官粮，诈称遭风覆没者，计赃刺断，虽会赦，仍刺之。

诸使臣行李，脱脱禾孙及驿吏辄敢搜检者，禁之。诸使臣行橐过重，压损驿马，而脱脱禾孙与使臣交赠为好，不以法称盘者，笞二十七，记过。诸急递铺，辄开所递实封文书，妄入无名文字者，笞五十七。诸急递铺，每上下半月，府州判官县主簿亲临检视，所递文字但有稽违、磨擦、沉匿，铺司铺兵即验事重轻论罪，各路正官一员总之，廉访司察之。其有弗职，亲临官初犯笞一十七，再犯加一等，三犯呈省别议，总提调官减亲临官一等。每季具申上司，有无稽违，仍于各官任满日，解由开写，而黜陟之。诸使臣辄骑怀驹马者，取与各笞五十七，及以车易马者，俱坐之。诸公主下嫁，迎送往还，并不得由传置。诸使臣在城，辄骑占驿马者禁之，违者罪之。诸驿使在道，夺回马易所乘马，驰至死者，偿其直。若以私事故选良马驰至死者，笞二十七，仍偿其直。诸使臣多取分例，笞一十七，追所多还官，记过。使还人员，除军情急务外，日不过三驿，驿官仍于关文标写起止程期，违者各笞二十七，再犯罢役。诸乘驿使臣，或枉道营私，横索祗待，或访旧逸游，饿损马乘，并申闻断治。诸使臣枉道驰驿者，笞五十七；脱脱禾孙擅依随给驿者，依例科罚。诸驿使诈改公牒，多起马者，杖八十七；其部押官马，辄夹带私马，多取草料者，并没入其私马。诸朝廷军情大事，奉旨遣使者，佩以金字圆符给驿，其余小事，止用御宝圣旨。诸王公主驸马亦为军情急务遣使者，佩以银字圆符给驿，其余止用御宝圣旨。若滥给者，从台宪官纠察之。诸高丽使臣，所带徒从，来则俱来，去则俱去，辄留中路郡邑买卖者，禁之；易马出界者，禁之。诸出使官员，所至辄受官吏筵宴，及官吏辄相邀请，并从风宪纠察。诸使臣所过州县，无故不得入城。有故入城者，止于公馆安宿，辄宿于官民之家者，从风宪纠之。诸遣使开读诏书，所过州郡就便开读者听，非所经由而辄往者禁之。若本宗事须亲往者，不在此限。诸使臣所至之处，有亲戚故旧，礼应追往者听。诸受命出使还，匿给驿文字符节及锡贡之物，久不进者，杖六十七，记过。诸进表使臣，五日外不还职，托故稽留，他有营者，止所给驿，籍其姓名，罢黜之。诸出使郡国，使事之外，毋有所与，有必须上闻者，实封以闻。诸衔命出使，辄将有司刑囚审断者，罪之。诸奉使循行郡县，有告廉访司官不法者，若其人尝为风宪所黜罢，则与监察御史杂问之，余听专问。诸官吏公差，辄受人赆行礼物者，随事论罪，官还职，吏发邻道贴补。

诸捕盗，境内若失过盗贼，却获他境盗贼，许令功过相补。如获他境强盗，或伪造宝钞二起，各准境内强盗一起，无强者准窃盗二起。如获窃盗，准亦如之。如境内无失，但获强窃盗贼，依例理赏。若应捕之人，及事主等告指捕获者，不赏。诸捕盗官，不得差遣，违者台宪官纠之。诸捕盗官，任内失过盗贼，除获别境盗准折外，三限不获，强盗三起，窃盗五起，各笞一十七；强盗五起，窃盗十起，各笞二十七；强盗十起，窃盗十五起，各笞三十七。镇守军官一体捕限者同罪，亲民提控捕盗官，减罪二等。其限内获贼及半者免罪，若诸人获盗应赏者，赏之。诸南北兵马司，职在巡警非违，捕逐盗贼，辄理民讼者，禁之。诸南北兵马司，罪囚八十七以下，决遣；应刺配者，就刺配之。诸各路在城录事录判，分番巡捕，若有失盗，止坐巡捕官。诸职官非应捕之人，告获反贼者，升二等用。诸告获强盗，每名官给赏钱至元钞五十贯，窃盗二十五贯，亲获者倍之，获强盗至五人与一官。诸捕获弑逆凶徒，比获强盗给赏。诸随处镇守军官军人，亲获强窃盗贼者，减半给赏。诸都城失盗，一年不获者，勒巡军陪偿所盗财物，其敢差占巡军者禁之。诸捕盗官捕获强窃盗贼，不即牒发，淹禁死亡者，杖七十七，罢职。诸盗牛马，悔过放还者，以窃盗已行不得财论，不征倍赃赏钱；有司辄以常盗刺断者，以刑名违错科罚。诸捕盗官，辄受人递至匿名文字，枉勘平人为盗，致囚死狱中者，杖九十七，罢职不叙；正问官六十七，降先职二等叙；首领官笞四十七，注边远一任；承吏杖六十七，罢役不叙；主意写匿名文书者，杖一百七，流远；递送匿名文书者，减二等；受命主事递送者，减三等。诸捕盗官搜捕逆贼，辄将平人审问踪迹，乘怒殴之，邂逅致死者，杖六十七，解职别叙，记过，征烧埋银给苦主。诸捕盗官受财故纵贼囚者，与犯人同罪，已败获者，徒杖并减一等。诸父有罪，不坐其子；兄有罪，不坐其弟。

诸大宗正府理断人命重事，必以汉字立案牍，以公文移宪台，然后监察御史审覆之。诸有司非法用刑者，重罪之。已杀之人，辄脔割其肉而去者禁之，违者重罪之。诸鞫狱不能正其心，和其气，感之以诚，动之以情，推之以理，辄施以大披挂及王侍郎绳索，并法外惨酷之刑者，悉禁止之。诸鞫问罪囚，除朝省委问大狱外，不得寅夜问事，廉访司察之。诸各路推官专掌推鞫刑狱，平反冤滞，董理州县刑名之事，其余庶务，毋有所与，按治官岁录其殿最，秩满则上其事而黜陟之。凡推官若受差不闻上司，辄离职者，亦坐罪。诸处断重囚，虽叛逆，必令台宪审录，而后斩于市曹。诸内外囚禁，从各路正官及监察御史廉访司以时审录，轻者断遣，重者结案，其有冤滞，就纠察之。诸正蒙古人，除犯死罪，监禁依常法，有司毋得拷掠，仍日给饮食。犯真奸盗者，解束带佩囊，散收。余犯轻重者，以理对证，有司勿执拘之，逃逸者监收。诸奏决天下囚，值上怒，勿辄奏。上欲有所诛，必迟回一二日，乃覆奏。诸有司因公依理决罚，邂逅身死者，不坐。诸累过不悛，年七十以上，应罚赎者，仍减等科决。诸犯罪，二罪俱发，以重者论，罪等从一。若一罪先发，已经论决，余罪后发，其轻若等，勿论；重者，更论之，通计前罪，以充后数。诸职官辄以微故，乘怒不取招词，断决人邂逅致死，又诱苦主焚瘗其尸者，笞五十七，解职别叙，记过。诸鞫狱辄以私怨暴怒，去衣鞭背者，禁之。诸鞫问囚徒，重事须加拷讯者，长贰僚佐会议立案，然后行之，违者重加其罪。诸弓兵祗候狱卒，辄殴死罪囚者，为首杖一百七，为从减一等，均征烧埋银给苦主，其枉死应征倍赃者，免征。诸有司辄收禁无罪之人者，正官并笞一十七，记过。无招枉禁，致自缢而死者，笞三十七，期年后叙。诸有司辄将无辜枉禁，瘐死者，解职，降先品一等叙。诸有司承告被盗，辄将警迹人，非理枉勘身死，却获正贼者，正问官笞五十七，解职，期年后，降先职一等叙；首领官及承吏，各五十七，罢役不叙；均征烧埋银给苦主，通记过名。诸有司受财故纵正贼，诬执非罪，非法拷讯，连逮妻子，衔冤赴狱，事未晓白，身已就死，正官杖一百七，除名，佐官八十七，降二等杂职叙，仍均征烧埋银。诸有司故入人罪，若未决者及囚自死者，以所入罪减一等论，入人全罪，以全罪论，若未决放，仍以减等论。诸故出人之罪，应全科而未决放者，从减等论，仍记过。诸失入人之罪者，减三等，失出人罪者减五等，未决放者又减一等，并记过。诸有司失出人死罪者，笞五十七，解职，期年后，降先品一等叙，记过，正犯人追禁结案。诸有司辄将革前杂犯，承问断遣者，以故入论。诸监临挟仇，违法枉断所监临职官者，抵罪不叙。诸审囚官强愎自用，辄将蒙古人刺字者，杖七十七，除名，将已刺字去之。诸为盗，并从有司归问，各投下辄擅断遣者，坐罪。诸斗殴杀人，无轻重，并结案上省部详谳。有司辄任情擅断者，笞五十七，解职，期年后，降先品一等叙。诸禁囚因械梏不严，致反狱者，直日押狱杖九十七，狱卒各七十七，司狱及提牢官皆坐罪，百日内全获者不坐。诸罪在大恶，官吏受赃纵令私和者，罢之。诸司狱受财，纵犯奸囚人，在禁疏枷饮酒者，以枉法科罪，除名。

诸流囚，强盗持杖不曾伤人，但得财，若得财至二十贯，为从；不持仗，不曾伤人，得财四十贯，为从；及窃盗，割车剜房，伤事主，为从；不曾伤事主，但曾得财；不曾得财，内有旧贼；初犯怯烈司盗驼马牛，为从；略卖良人为奴婢一人；诈雕都省、行省印；套画省官押字，动支钱粮，干碍选法；或妄造妖言犯上：并杖一百七，流奴儿干。初犯盗驼马牛，为首；及盗财三百贯以上；盗财十贯以下，经断再犯；发塚开棺伤尸，内应流者；挑剜裨凑宝钞，以真作伪，再犯；知情买使伪钞，三犯：并杖一百七，发肇州屯种。诸犯罪流远逃归，再获，仍流。若中路遭乱而逃，不再犯，及已老病并会赦者，释之。诸流囚居役，非遇元正、寒食、重午等节，并勿给假。诸配役囚徒，遇闰月，通理之。诸应徒流，未行，会赦者释之；已行未至，会赦者亦释之。诸囚徒配役，役所停罢者，会赦，免放。诸有罪，奉旨流远，虽会赦，非奏请不得放还。诸徒罪，昼则带镣居役，夜则入囚牢房。其流罪发各处屯种者，止令监临关防屯种。诸流远囚徒，惟女直、高丽二族流湖广，余并流奴儿干及取海青之地。诸徒罪，无配役之所者，发盐司居役。诸主守失囚者，减囚罪三等，长押流囚官中路失囚者，视提牢官减主守罪四等，既断还职。诸大小刑狱应监系之人，并送司狱司，分轻重监收。诸掌刑狱，辄纵囚徒在禁饮博，及带刀刃纸笔阴阳文字入禁者，罪之。

诸狱具，枷长五尺以上，六尺以下，阔一尺四寸以上，一尺六寸以下，死罪重二十五斤，徒流二十斤，杖罪一十五斤，皆以干木为之，长阔轻重各刻志其上。杻长一尺六寸以上，二尺以下，横三寸，厚一寸。锁长八尺以上，一丈二尺以下，镣连环重三斤。笞大头径二分七厘，小头径一分七厘，罪五十七以下用之。杖大头径三分二厘，小头径二分二厘，罪六十七以上用之。讯杖大头径四分五厘，小头径三分五厘，长三尺五寸，并刊削节目，无令筋胶诸物装钉。应决者，并用小头，其决笞及杖者，臀受；拷讯者，臀若股分受，务令均停。

诸郡县佐贰及幕官，每月分番提牢，三日一亲临点视，其有枉禁及淹延者，即举问。月终则具囚数牒次官，其在上都囚禁，从留守司提之。诸南北兵马司，每月分番提牢，仍令提控案牍兼掌囚禁。诸盐运司监收盐徒，每月佐贰官分番董视，与有司同。

诸内郡官仕云南者，有罪依常律；土官有罪，罚而不废。诸左右两江所部土官，辄兴兵相仇杀者，坐以叛逆之罪。其有妄相告言者，以其罪罪之。有司受财妄听者，以枉法论。诸土官有能爱抚军民，境内宁谧者，三年一次，保勘升官。其有勋劳，及应升赏承袭，文字至帅府，辄非理疏驳，故为难阻者，罢之。

祭　令

诸国家有事于郊庙，凡献官及百执事之人，受誓戒之后，散齐宿于正寝，致齐于祀所。散齐日治事如故，不吊丧问疾，不作乐，不判署刑杀文字，不决罚罪人，不与秽恶事。致齐日惟祀事得行，余悉禁之。诸岳镇名山，国家之所秩祀，小民辄僭礼犯义，以祈祷亵渎者，禁之。诸五岳、四渎、五镇，国家秩祀有常，诸王公主驸马辄遣人降香致祭者，禁之。

诸郡县宣圣庙，凡官员使臣军马，辄敢馆谷于内，有司辄敢听讼宴饮于内，工官辄敢营造于内，并行禁之。诸书院同。诸每月朔望，郡县长吏率其参佐僚属，诣孔子庙拜谒礼毕，从学官升堂讲说。其乡村市镇，亦择有学问德行可为师长者，于农隙之时，以教导民。其有视为迂缓而不务者，纠之。

学　规

诸蒙古、汉人国子监学官任内，验其教养出格生员多寡，以为升迁。博士教授有阙，从监察御史举之，其不称职者黜之，坐及元举之官。诸国子生悖慢师长、及行礼失仪、言行不谨、讲诵不熟、功课不办、无故废学、有故不告辄出、告假违限、执事失误、忿戾斗争，并委正、录纠举。除悖慢师长别议，余者初犯戒谕，再犯、三犯约量责罚。其厨人、仆夫、门子，常切在学，供给使令，违者就便决责。诸国学居首善之地，六馆诸生，以次升斋，毋或躐等。其有未应升而求升，及曾犯学规者，轻者降之，重者黜之。其教之不以道者，监察御史纠之。诸国子监私试积分生员，其有不事课业，及一切违戾规矩，初犯罚一分，再犯罚二分，三犯除名。已补高等生员，其有违戾规矩，初犯殿试一年，再犯除名，并从学正、录纠举。正、录知见不纠举者，从本监议罚。在学生员，岁终实历坐斋不满半周岁者，并除名。除月假外，其余告假，不用准算，学正、录岁终通行考较。汉人生员，三年不能通一经，及不肯笃勤者，勒令出学。诸奎章阁授经郎生员，每月朔望上弦下弦，给假四日；当入宿卫者，给假三日；余有故须请假者，于授经郎禀说，附历给假。无故不入学，第一次罚当日会食，第二次于师席前罚拜及当日会食，第三次于学士院及师席前罚拜及当日会食，三次不改，奏闻惩戒黜退。

诸随路学校，计其钱粮多寡，养育生徒，提调正官时一诣学督视，必使课讲有程，训迪有法，赏勤罚惰，作成人材，其学政不举者究之。诸教官在任，侵盗钱粮，荒废庙宇，教养无实，行止不臧，有忝师席，从廉访司纠之；任满，有司辄朦胧给由者究之。诸赡学田土，学官职吏或卖熟为荒，减额收租，或受财纵令豪右占佃，陷没兼并，及巧名冒支者，提调官究之。诸贫寒老病之士，必为众所尊敬者，保申本路体覆无异，下本学养赡，仍移廉访司察之；但有冒滥，从提调官改正。诸各处学校，为讲习作养之地，有司辄侵借其钱粮者，禁之。教官不称职者，廉访司纠之。诸在任及已代教官，辄携家入学，亵渎居止者，从廉访司纠之。

诸各路医学大小生员，不令坐斋肄业，有名无实，及在学而训诲无法，课讲卤莽，苟应故事者，教授、正、录、提调官罚俸有差。诸医人于十三科内，不能精通一科者，不得行医。太医院不精加考试，辄以私妄举充随朝太医及内外郡县医官，内外郡县医学不依法考试，辄纵人行医者，并从监察御史廉访司察之。

军　律

诸军官离职、屯军离营、行军离其部伍者，皆有罪。诸军官不得擅离部署。赴阙言事，有必合言者，实封附递以闻。诸随处军马，有久远营屯，或时暂经过，并从官给粮食，辄妨扰农民、阻滞客旅者，禁之。诸临阵先退者，处死。诸统军捕逐寇盗，分守要害，约相为声援，稽留失期，致杀死将士，仍不即追袭者，处死，虽会赦，罢职不叙。诸军民官，镇守边陲，帅兵击贼，纪律无统，变易号令，背约失期，形分势格，致令破军杀将，或未战逃归，或弃城退走，复能建招徕之功者，减其罪，无功者，各以其罪罪之。诸防戍军人于屯所逃者，杖一百七，再犯者处死。若科定出征，逃匿者，斩以徇。诸军户贫乏已经存恤而复逃者，杖八十七，发遣当军。隐藏者减二等，两邻知而不首者，又减隐藏罪二等。诸军户告乏求替者，从有司覆实之，其诈妄者，廉访司究之。诸各卫扈从汉军，每户选练习壮丁一人常充，仍于贴户内选两人轮番供役，其有故必合替换者，自万户至于百户，相视所换之可用，然后用之。百户、千户、万户私换者，验名数多寡，论罪解降。诸管军官吏，受钱代替军空名者，验入己钱数，以枉法科罪除名。令兄弟子侄驱丁代替者，验名数多寡，论罪解降。诸军马征伐，虏掠良民，凶徒射利，略卖人口，或自贼杀，或以病亡弃尸道路、暴骸沟壑者，严行禁止。

户　婚

诸匠户子女，使男习工事，女习黹绣，其辄敢拘刷者，禁之。诸系官当差人户，非奉朝省文字，辄投充诸王及各投下给使者，论罪。诸僧道还俗，兄弟析居，奴放为良，未入于籍者，应诸王诸子公主驸马毋拘藏之。民有敢隐藏者，罪之。诸庶民有妄以漏籍户及土田于诸王公主驸马呈献者，论罪；诸投下辄滥收者，亦罪之。诸官吏占人户供给私用者，治罪。

诸有司治赋敛急，致贫民鬻男女为输者，追还所鬻男女，而正有司罪，价勿偿。诸生女溺死者，没其家财之半以劳军。首者为奴，即以为良。有司失举者，罪之。诸民户流移，所在有司起遣复业，辄以阑遗人收之者，禁之。诸鳏寡孤独，老弱残疾，穷而无告者，于养济院收养。应收养而不收养，不应收养而收养者，罪其守宰，按治官常纠察之。诸被灾流民，有司招谕复业。其年深不能复业及失所在者，蠲其赋。辄抑民包纳者，从台宪官纠之。诸年谷不熟，人民转徙，所至既经赈济，复聚党持仗，剽劫财物，殴伤平民者，除孤老残疾不能自赡，任便居住，有司依前存养，其余有子弟者，验其家口，计程远近，支与行粮，次第押还元籍，沿路复为民害者，从所在有司断遣。

诸蒙古、回回、契丹、女直、汉人军前所俘人口，留家者为奴婢，居外附籍者即为良民，已居外复认为奴婢者，没入其家财。诸收捕叛乱军人，掠取生口，并从按治官及军民官一同审阅，实为贼党妻属者，给公据付之，无公据者，以掠良民之罪罪之。诸群盗降附，以所劫掠男女充收捕官馈献者，勿受，仍还为民。无亲属可收系者，使男女相配，听为民。其留贼所者，悉纵之。诸收到被掠妇人，忘其乡里，并无亲属可归者，有司与之嫁聘，所得聘财，与资妆束。诸军民官辄隐藏降附人民，不令复业者，罪之。诸籍没人口，元主私典卖者，追收入官，征价还主。诸投下官员，招占已籍系官民匠户计者，没其家财，所占户归本籍。诸投下所籍户，令出五户丝，余悉勿与。其有横敛于民，从台宪究之。

诸愿弃俗出家为僧道，若本户丁多，差役不阙，及有兄弟足以侍养父母者，于本籍有司陈请，保勘申路，给据簪剃，违者断罪归俗。诸河西僧人有妻子者，当差发、税粮、铺马、次舍与庶民同。其无妻子者，蠲除之。诸父母在，分财异居，父母困乏，不共子职，及同宗有服之亲，鳏寡孤独，老弱残疾，不能自存，寄食养济院，不行收养者，重议其罪。亲族亦贫不能给者，许养济院收录。

诸典卖田宅，从有司给据立契，买主卖主随时赴有司推收税粮。若买主权豪，官吏阿徇，不即过割，止令卖主纳税，或为分派别户包纳，或为立诡名，但受分文之赃，笞五十七，仍于买主名下，验元价追征，以半没官，半付告者。首领官及所掌吏，断罪罢役。诸典卖田宅，须从尊长书押，给据立帐，历问有服房亲及邻人典主，不愿交易者，限十日批退，违限不批退者，笞一十七。愿者限十五日议价，立契成交，违限不酬价者，笞二十七。任便交易，亲邻典主故相邀阻，需求书字钱物者，笞二十七。业主虚张高价，不相由问成交者，笞三十七，仍听亲邻典主百日收赎，限外不得争诉。业主欺昧，故不交业者，笞四十七。亲邻典主在他所者，百里之外，不在由问之限。若违例事觉，有司不以理听断者，监察御史廉访司纠之。诸军官军人不归营屯，到任官员不归官舍，往来使臣不归馆驿，辄于民家居止，为民害者，行省行台起遣究治。到任官无官舍，出私钱僦居者听。诸造谋以已卖田宅，诬买主占夺，胁取钱物者，计赃论罪，仍红泥粉壁书过于门。诸婚田诉讼，必于本年结绝，已经务停而不结绝者，从廉访司及本管上司，正官吏之罪。累经务停，而不结绝者，即与归结，不在务停之限，违者罪亦如之。其所争田内租入，纳税之外，并从有司收贮，断后随田给付。

诸以女子典雇于人，及典雇人之子女者，并禁止之。若已典雇，愿以婚嫁之礼为妻妾者，听。诸受钱典雇妻妾者，禁。其夫妇同雇而不相离者，听。诸受财嫁卖妻妾及过房弟妹者，禁。诸乞养过房男女者，听；转卖为奴婢者，禁之。奴婢过房良民者，禁之。诸守宰抑取部民男女为奴婢者，杖七十七，期年后降二等杂职叙。诸妄认良人为奴，非理残虐者，杖八十七，有官者罢之。诸诉良得实，给据居住，候元籍亲属收领，无亲属者听令自便。诸奴婢背主在逃，杖七十七。

诸男女议婚，有以指腹割衿为定者，禁之。诸嫁娶之家，饮食宴好，求足成礼，以华侈相尚，暮夜不休者，禁之。诸男女婚姻，媒氏违例多索聘财，及多取媒利者，谕众决遣。诸女子已许嫁而未成婚，其夫家犯叛逆，应没入者，若其夫为盗及犯流远者，皆听改嫁。已成婚有子，其夫虽为盗受罪，勿改嫁。诸男女既定婚，其女犯奸事觉，夫家欲弃，则追还聘财，不弃则减半成婚。若夫家辄诡以风闻奸事，恐胁成亲者，笞五十七，离之。诸遭父母丧，忘哀拜灵成婚者，杖八十七，离之，有官者罢之，仍没其聘财，妇人不坐。诸服内定婚，各减服内成亲罪二等，仍离之，聘财没官。诸有女许嫁，已报书及有私约，或已受聘财而辄悔者，笞三十七；更许他人者，笞四十七；已成婚者，五十七；后娶知情者，减一等，女归前夫。男家悔者，不坐，不追聘财，五年无故不娶者，有司给据改嫁。诸有女纳婿，复逐婿，纳他人为婿者，杖六十七。后婿同其罪，女归前夫，聘财没官。诸职官娶娼为妻者，笞五十七，解职，离之。诸有妻妾复娶妻妾者，笞四十七，离之。在官者，解职记过，不追聘财。诸先通奸被断，复娶以为妻妾者，虽有所生男女，犹离之。诸转嫁已归未成婚男妇者，杖六十七，妇归宗，聘财没官。诸受财以妻转嫁者，杖六十七，追还聘财；娶者不知情，不坐，妇人归宗。诸以书币娶人女为妾，复受财转嫁他人者，笞五十七，聘财没官，妾归宗，有官者罢之。诸僧道悖教娶妻者，杖六十七，离之，僧道还俗为民，聘财没官。诸典卖佃户者，禁。佃户嫁娶，从其父母。诸兄收弟妇者，杖一百七，妇九十七，离之。虽出首，仍坐。主婚笞五十七，行媒三十七。诸居父母丧，奸收庶母者，各杖一百七，离之，有官者除名。诸汉人、南人，父没子收其庶母，兄没弟收其嫂者，禁之。诸姑表兄弟嫂叔不相收，收者以奸论。诸奴收主妻者，以奸论；强收主女者，处死。诸为子辄以亡父之妾与人，人辄受而私之，与者杖七十七，受者笞五十七。诸受财强嫁所监临妻，以枉法论，杖七十七，除名，追财没官，妻还前夫。诸良家女愿与人奴为婚者，即为奴婢。娶良家女为妻，以为奴婢卖之者，即改正为良，卖主买主同罪，价没官。诸以童养未成婚男妇转配其奴者，笞五十七，妇归宗，不追聘财。诸逃奴有女，嫁为良人妻，已有男女，而本主觉察者，追其聘财归本主，妇人不离。诸弃妻，已归宗改嫁者，从其后夫。诸弃妻改嫁，后夫亡，复纳以为妻者，离之。诸夫妇不相睦，卖休买休者禁之，违者罪之，和离者不坐。诸出妻妾，须约以书契，听其改嫁。以手模为征者，禁之。诸妇人背夫、弃舅姑出家为尼者，杖六十七，还其夫。诸卖买良人为倡，卖主买主同罪，妇还为良，价钱半没官，半付告者。或妇人自陈，或因事发觉，全没入之。良家妇犯奸，为夫所弃，或倡优亲属，愿为倡者听。诸倡女孕，勒令堕胎者，犯人坐罪，倡放为良。诸勒妻妾为倡者，杖八十七。以乞养良家女，为人歌舞，给宴乐，及勒为倡者，杖七十七，妇人并归宗。勒奴婢为倡者，笞四十七，妇人放从良。诸受财纵妻妾为倡者，本夫与奸妇奸夫各杖八十七，离之。其妻妾随时自首者，不坐；若日月已久才自首者，勿听。

卷一百四　志第五十二

刑　法　三

食　货

诸犯私盐者，杖七十，徒二年，财产一半没官，于没物内一半付告人充赏。盐货犯界者，减私盐罪一等。提点官禁治不严，初犯笞四十，再犯杖八十，本司官与总管府官一同归断，三犯闻奏定罪。如监临官及灶户私卖盐者，同私盐法。诸伪造盐引者斩，家产付告人充赏。失觉察者，邻佑不首告，杖一百。商贾贩盐，到处不呈引发卖，及盐引数外夹带，盐引不相随，并同私盐法。盐已卖，五日内不赴司县批纳引目，杖六十，徒一年，因而转用者同卖私盐法。犯私盐及犯界断后，发盐场充盐夫，带镣居役，役满放还。诸给散煎盐灶户工本，官吏通同克减者，计赃论罪。诸大都南北两城关厢，设立盐局，官为发卖，其余州县乡村并听盐商兴贩。诸卖盐局官、煎盐灶户、贩盐客旅行铺之家，辄插和灰土硝硷者，笞五十七。诸蒙古人私煮盐者，依常法。诸犯私盐，会赦，家产未入官者，革拨。诸私盐再犯，加等断徒如初犯，三犯杖断同再犯，流远，妇人免徒，其博易诸物，不论巨细，科全罪。诸转买私盐食用者，笞五十七，不用断没之令。诸捕获私盐，止理见发之家，勿听攀指平民。有榷货，无犯人，以榷货解官；无榷货，有犯人，勿问。诸巡捕私盐，非承告报明白，不得辄入人家搜检。诸犯私盐，被获拒捕者，断罪流远，因而伤人者处死。诸巡盐军官，辄受财脱放盐徒者，以枉法计赃论罪，夺所佩符及所受命，罢职不叙。

诸茶法，客旅纳课买茶，随处验引发卖毕，三日内不赴所在官司批纳引目者，杖六十；因而转用，或改抹字号，或增添夹带斤重，及引不随茶者，并同私茶法。但犯私茶，杖七十，茶一半没官，一半付告人充赏，应捕人同。若茶园磨户犯者，及运茶船主知情夹带，同罪。有司禁治不严，致有私茶生发，罪及官吏。茶过批验去处不批验者，杖七十。其伪造茶引者斩，家产付告人充赏。诸私茶，非私自入山采者，不从断没法。

诸产金之地，有司岁征金课，正官监视人户，自执权衡，两平收受。其有巧立名色，广取用钱，及多称金数，克除火耗，为民害者，从监察御史廉访司纠之。

诸出铜之地，民间敢私炼者禁之。

诸铁法，无引私贩者，比私盐减一等，杖六十，铁没官，内一半折价付告人充赏。伪造铁引者，同伪造省部印信论罪，官给赏钞二锭付告人。监临正官禁治私铁不严，致有私铁生发者，初犯笞三十，再犯加一等，三犯别议黜降。客旅赴冶支铁引后，不批月日出给，引铁不相随，引外夹带，铁没官。铁已卖，十日内不赴有司批纳引目，笞四十；因而转用，同私铁法。凡私铁农器锅釜刀镰斧杖及破坏生熟铁器，不在禁限。江南铁货及生熟铁器，不得于淮、汉以北贩卖，违者以私铁论。

诸卫辉等处贩卖私竹者，竹及价钱并没官，首告得实者，于没官物约量给赏。犯界私卖者，减私竹罪一等。若民间住宅内外并阑槛竹不成亩，本主自用外货卖者，依例抽分。有司禁治不严者罪之，仍于解由内开写。

诸私造唆鲁麻酒者，同私酒法，杖七十，徒二年，财产一半没官，有首告者，于没官物内一半给赏。诸蒙古、汉军辄酝造私酒醋曲者，依常法。诸犯禁饮私酒者，笞三十七。诸犯界酒，十瓶以下，罚中统钞一十两，笞二十，七十瓶以上，罚钞四十两，笞四十七，酒给元主。酒虽多，罚止五十两，罪止六十。

诸匿税者，物货一半没官，于没官物内一半付告人充赏，但犯笞五十，入门不吊引，同匿税法。诸办课官，估物收税而辄抽分本色者，禁之。其监临官吏辄于税课务求索什物者，以盗官物论，取与同坐。诸办课官所掌应税之物，并三十分中取一，辄冒估直，多收税钱，别立名色，巧取分例，及不应收税而收税者，各以其罪罪之，廉访司常加体察。诸在城及乡村有市集之处，课税有常法。其在城税务官吏，辄于乡村妄执经过商贾匿税者，禁之。诸办课官，侵用增余税课者，以不枉法赃论罪。诸职官，印契不纳税钱者，计应纳税钱，以不枉法论。

诸市舶金银铜钱铁货、男女人口、丝绵段匹、销金绫罗、米粮军器等，不得私贩下海，违者舶商、船主、纲首、事头、火长各杖一百七，船物没官，有首告者，以没官物内一半充赏，廉访司常加纠察。诸市舶司于回帆物内，三十分抽税一分，辄以非理受财者，计赃，以枉法论。诸舶商、大船给公验，小船给公凭，每大船一，带柴水船、八橹船各一，验凭随船而行。或有验无凭，及数外夹带，即同私贩，犯人杖一百七，船物并没官，内一半付告人充赏。公验内批写物货不实，及转变渗泄作弊，同漏舶法，杖一百七，财物没官；舶司官吏容隐，断罪不叙。诸番国遣使奉贡，仍具贡物，报市舶司称验，若有夹带，不与抽分者，以漏舶论。诸海门镇守军官，辄与番邦回舶头目等人，通情渗泄舶货者，杖一百七，除名不叙。诸中卖宝货，耗蠹国财者，禁之。诸云南行使𧴩法，官司商贾辄以他𧴩入境者，禁之。

大　恶

诸大臣谋危社稷者诛。诸无故议论谋逆，为倡者处死，和者流。诸潜谋反乱者处死，安主及两邻知而不首者同罪，内能悔过自首者免罪给赏，不应捕人首告者官之。诸谋反已有反状，为首及同情者凌迟处死，为从者处死，知情不首者减为从一等流远，并没入其家。其相须连坐者，各以其罪罪之。诸父谋反，子异籍不坐。诸谋反事觉，捕治得实，行省不得擅行诛杀，结案待报。诸匿反叛不首者，处死。诸妖言惑众，啸聚为乱，为首及同谋者处死，没入其家；为所诱惑相连而起者，杖一百七。诸假托神异，狂谋犯上者，处死。诸乱言犯上者处死，仍没其家。诸指斥乘舆者，非特恩，必坐之。诸妄撰词曲，诬人以犯上恶言者，处死。诸职官辄指斥诏旨乱言者，虽会赦，仍除名不叙。

诸子孙弑其祖父母、父母者，凌迟处死，因风狂者处死。诸醉后殴其父母，父母无他子，告乞免死养老者，杖一百七，居役百日。诸子弑其继母者，与嫡母同。诸部内有犯恶逆，而邻佑、社长知而不首，有司承告而不问，皆罪之。诸子弑其父母，虽瘐死狱中，仍支解其尸以徇。诸殴伤祖父母、父母者，处死。诸谋杀已改嫁祖母者，仍以恶逆论。诸挟仇殴死义父，及杀伤幸获生免者，皆处死。诸图财杀伤义母者，处死。诸为人子孙，或因贫困，或信巫觋说诱，发掘祖宗坟墓，盗其财物，卖其茔地者，验轻重断罪；移弃尸骸，不为祭祀者，同恶逆结案。买者知情，减犯人罪二等，价钱没官；不知情，临事详审，有司仍不得出给卖坟地公据。诸为人子孙，为首同他盗发掘祖宗坟墓，盗取财物者，以恶逆论，虽遇大赦原免，仍刺字徙远方屯种。诸妇殴舅姑者，处死。诸因奸殴死其夫及其舅姑者，凌迟处死。诸弟杀其兄者，处死。诸父子同谋杀其兄，欲图其财而收其嫂者，父子并凌迟处死。诸兄因争，殴其弟，弟还殴其兄，邂逅致死，会赦，仍以故杀论。诸嫂叔争，杀死其嫂者，处死。诸因争虐杀其兄者，虽死仍戮其尸。诸因争移怒，戳伤其兄者，于市曹杖一百七，流远。诸挟仇殴死其伯叔母者，处死。诸因争，兄弟同谋殴死诸父者，皆处死。诸挟仇故杀其从父，偶获生免者，罪与已死同。诸妻因争杀其夫者，处死。诸妇人问医人买毒药杀其夫者，医人同处死。诸妻杀伤其夫，幸获生免者，同杀死论。诸婿因醉杀其妇翁，偶获生免者，罪与已死同。

诸奴杀伤本主者，处死。诸奴诟詈其主不逊者，杖一百七，居役二年，役满日归其主。诸奴故杀其主者，凌迟处死。诸奴殴死主婿者，处死。

诸挟仇杀伤人一家，俱获生免者，与已死同。其同谋悔过不至者，减等论。诸以奸尽杀其母党一家者，凌迟处死。诸兄挟仇，与子同谋杀其弟一家者，皆处死。

诸支解人，煮以为食者，以不道论，虽瘐死，仍征烧埋银给苦主。诸魇魅大臣者，处死。诸妻魇魅其夫，子魇魅其父，会大赦者，子流远，妻从其夫嫁卖。诸造蛊毒中人者，处死。诸采生人支解以祭鬼者，凌迟处死，仍没其家产。其同居家口，虽不知情，并徙远方。已行而不曾杀人者，比强盗不曾伤人、不得财，杖一百七，徒三年。谋而未行者，九十七，徒二年半。其应死之人，能自首，或捕获同罪者，给犯人家产，应捕者减半。

奸　非

诸和奸者，杖七十七；有夫者，八十七。诱奸妇逃者，加一等，男女罪同，妇人去衣受刑。未成者，减四等。强奸有夫妇人者死，无夫者杖一百七，未成者减一等，妇人不坐。其媒合及容止者，各减奸罪三等，止理见发之家，私和者减四等。诸指奸不坐。诸无夫妇人有孕，称与某人奸，即同指奸，罪止本妇。诸宿卫士与宫女奸者，出军。诸翁欺奸男妇，已成者处死，未成者杖一百七，男妇归宗。和奸者皆处死。男妇虚执翁奸已成，有司已加翁拷掠，男妇招虚者，处死；虚执翁奸未成，已加翁拷掠，男妇招虚者，杖一百七，发付夫家从其嫁卖。妇告或翁告同。若男妇告翁强奸已成，却问得翁欲欺奸未成，男妇妄告重事，笞三十七，归宗。诸欺奸义男妇，杖一百七，欺奸不成，杖八十七，妇并不坐。妇及其夫异居当差，虽会赦，仍异居。诸男妇与奸夫谋诬翁欺奸，买休出离者，杖一百七，从夫嫁卖，奸夫减一等，买休钱没官。诸与弟妻奸者，各杖一百七，奸夫流远，奸妇从夫所欲。诸嫂寡守志，叔强奸者，杖九十七。诸与同居侄妇奸，各杖一百七，有官者除名。诸强奸侄妇未成者，杖一百七。诸与兄弟之女奸，皆处死；与从兄弟之女奸，减一等；与族兄弟之女奸，减二等。诸居父母丧欺奸父妾者，各杖九十七，妇人归宗。诸奸私再犯者，罪加二等，妇人听其夫嫁卖。诸因奸偷递家财，止以奸论。诸雇人之妻为妾，年满而归，雇主复与通，即以奸论。因又与杀其夫者，皆处死。诸子犯奸，父出首，仍坐之，诸奸不理首原。诸奸生男女，男随父，女随母。诸僧尼道士女冠犯奸，断后并勒还俗，诸强奸人幼女者处死，虽和同强，女不坐。凡称幼女，止十岁以下。诸年老奸人幼女，杖一百七，不听赎。诸十五岁未成丁男，和奸十岁以下女，虽和同强，减死，杖一百七，女不坐。诸强奸十岁以上女者，杖一百七。诸强奸妻前夫男妇未成，及强奸妻前夫女已成，并杖一百七，妻离之。诸三男强奸一妇者，皆处死，妇人不坐。

诸职官犯奸者，如常律，仍除名，但有禄人犯者同。诸职官求奸未成者，笞五十七，解见任，杂职叙。诸职官因谑部民妻，致其夫弃妻者，杖六十七，罢职，降二等杂职叙，记过。诸职官强奸部民妻未成，杖一百七，除名不叙。诸职官因奸，买部民妾，奸非奸所捕获，止以买部民妾论，笞三十七，解职别叙。诸监临官与所监临囚人妻奸者，杖九十七，除名。诸职官与倡优之妻奸，因娶为妾者，杖七十七，罢职不叙。诸监临令人奸污所部寡妇者，杖八十七，除名。

诸蛮夷官擅以籍没妇人为妻者,杖八十七,罢职记过,妇人笞四十七。

诸主奸奴妻者,不坐。诸奴有女,已许嫁为良人妻,即为良人,其主辄欺奸者,杖一百七,其妻纵之者,笞五十七,其女夫家仍愿为婚者,减元议财钱之半,不愿者,追还元下聘财,令父收管,为良改嫁。诸奴奸主女者,处死。诸以傔从与命妇奸,以命妇从奸夫逃者,皆处死。诸强奸主妻者,处死。诸奴与主妾奸者,各杖九十七。诸良民窃奴婢生子,子随母还主,奴窃良民生子,子随母为良,仍异籍当差。诸奴婢相奸,笞四十七。

诸夫受财,纵妻为倡者,夫及奸妇、奸夫各杖八十七,离之。若夫受财,勒妻妾为倡者,妻量情论罪。诸和奸,同谋以财买休,却娶为妻者,各杖九十七,奸妇归其夫。诸夫妻不睦,夫以威虐,逼其妻指与人奸者,杖七十七,妻不坐,离之。诸婿诬妻父与女奸者,杖九十七,妻离之。诸夫指奸而弃其妻,所指奸夫辄停妻而娶之者,两离之。

诸奸夫奸妇同谋杀其夫者,皆处死,仍于奸夫家属征烧埋银。诸因奸杀其本夫,奸妇不知情,以减死论。诸妻与人奸,同谋药死其夫,偶获生免者,罪与已死同,依例结案。诸妇人为首,与众奸夫同谋,亲杀其夫者,凌迟处死,奸夫同谋者如常法。诸夫获妻奸,妻拒捕,杀之无罪。诸与无夫妇奸,约为妻,却殴死正妻者,处死。诸与奸妇同谋药死其正妻者,皆处死。诸妻妾与人奸,夫于奸所杀其奸夫及其妻妾,及为人妻杀其强奸之夫,并不坐。若于奸所杀其奸夫,而妻妾获免,杀其妻妾,而奸夫获免者,杖一百七。诸奸夫杀死奸妇者,与故杀常人同。诸求奸不从,殴死其妇,以强盗持仗杀人论。诸两奸夫与一奸妇皆有宿约,其先至者因斗,杀其后至者,以故杀论。

盗　贼

诸盗贼共盗者,并赃论,仍以造意之人为首,随从者各减一等。或二罪以上俱发,从其重者论之。诸窃盗初犯,刺左臂,谓已得财者。再犯刺右臂,三犯刺项。强盗初犯刺项,并充警迹人,官司以法拘检关防之。其蒙古人有犯,及妇人犯者,不在刺字之例。诸评盗赃者,皆以至元钞为则,除正赃外,仍追倍赃。其有未获贼人,及虽获无可追偿,并于有者名下追征。诸犯徒者,徒一年,杖六十七;一年半,杖七十七;二年,杖八十七;二年半,杖九十七;三年,杖一百七。皆先决讫,然后发遣合属,带镣居役。应配役人,随有金银铜铁洞冶、屯田、堤岸、桥道一切等处就作,令人监视,日计工程,满日放还,充警迹人。诸盗未发而自首者,原其罪;能捕获同伴者,仍依例给赏。其于事主有所损伤,及准首再犯,不在原免之例。诸杖罪以下,府州追勘明白,即听断决。徒罪,总管府决配,仍申合干上司照验。流罪以上,须牒廉访司官,审覆无冤,方得结案,依例待报。其徒伴有未获,追会有不完者,如复审既定,赃验明白,理无可疑,亦听依上归结。

诸强盗持仗但伤人者,虽不得财,皆死。不曾伤人,不得财,徒二年半;但得财,徒三年;至二十贯,为首者死,余人流远。不持仗伤人者,惟造意及下手者死。不曾伤人,不得财徒一年半,十贯以下徒二年;每十贯加一等,至四十贯,为首者死,余人各徒三年。若因盗而奸,同伤人之坐,其同行人止依本法,谋而未行者,于不得财罪上,各减一等坐之。

诸窃盗始谋而未行者,笞四十七;已行而不得财者,五十七;得财十贯以下,六十七;至二十贯,七十七。每二十贯加一等,一百贯,徒一年,每一百贯加一等,罪止徒三年。诸盗库藏钱物者,比常盗加一等,赃满至五百贯以上者流。

诸盗驼马牛驴骡,一陪九。盗骆驼者,初犯为首九十七,徒二年半,为从八十七,徒二年;再犯加等;三犯不分首从,一百七,出军。盗马者,初犯为首八十七,徒二年,为从七十七,徒一年半;再犯加等,罪止一百七,出军。盗牛者,初犯为首七十七,徒一年半,为从六十七,徒一年;再犯加等,罪止一百七,出军。盗驴骡者,初犯为首六十七,徒一年,为从五十七,刺放;再犯加等,罪止徒三年。盗羊猪者,初犯为首五十七,刺放,为从四十七,刺放;再犯加等,罪止徒三年。盗系官驼马牛者,比常盗加一等。

诸剧贼既款附得官,复以捕贼为由,虐取民财者,计赃论罪,流远。诸强盗再犯,仍刺。

诸强盗杀伤事主,不分首从,皆处死。诸强夺人财,以强盗论。诸以药迷瞀人,取其财者,以强盗论。诸白昼持仗,剽掠得财,殴伤事主;若得财,不曾伤事主,并以强盗论。诸官民行船,遭风著浅,辄有抢虏财物者,比同强盗科断。若会赦,仍不与真盗同论,征赃免罪。诸强盗出外国,其边臣执以来献者,赐金帛以旌之。诸盗乘舆服御器物者,不分首从,皆处死。知情领卖,克除价钱者,减一等。

诸盗官钱,追征未尽,到官禁系既久,实无可折偿者,除之。诸守库军,但盗库中财物者,处死,会赦者仍刺之。诸内藏典守,辄盗库中财物者,处死。诸造钞库工匠,私藏合毁之钞出库者,杖一百七。监临失关防者,笞三十七。诸盗印钞库钞者,处死。诸检昏钞行人,盗取昏钞,为监临搜获,不得财者,以盗库藏钱物不得财加等论,杖七十七。诸烧钞库合干检钞行人,辄盗昏钞出库分使者,刺断。诸盗局院官物,虽赃不满贯,仍加等,杖七十七,刺字。诸工匠已关出库物料,成造及额余外,不曾还官,因盗出局者,断罪,免刺。诸盗已到仓官粮,而未离仓事觉者,以不得财论,免刺。诸盗官员符节,比常盗加一等,计赃坐罪。诸盗官府文卷作故纸变卖者,杖七十七,同窃盗,刺字;买卷人,笞四十七。

诸图财谋故杀人多者,凌迟处死,仍验各贼所杀人数,于家属均征烧埋银。诸图财陷溺人于死,幸获生免者,罪与已死同。诸图财杀死他人奴婢,即以图财杀人论。诸奴盗主财而逃,送其逃者,辄杀其奴而取其财,即以强盗杀人论。

诸发塚,已开塚者同窃盗,开棺椁者同强盗,毁尸骸者同伤人,仍于犯人家属征烧埋银。诸挟仇发塚,盗弃其尸者,处死。诸发塚得财不伤尸,杖一百七,刺配。诸盗发诸王驸马坟寝者,不分首从,皆处死。看守禁地人,杖一百七,三分家产,一分没官,同看守人杖六十七。

诸事主杀死盗者，不坐。诸寅夜潜入人家，被殴伤而死者，勿论。

诸于迥野盗伐人材木者，免刺，计赃科断。诸被胁从上盗，至盗所，复逃去，不以为从论。诸窃盗赃不满贯，断罪，免刺。诸子为盗，父杀之，不坐。诸为盗，初经刺断，再犯奸私，止以奸为坐，不以为盗再犯论。诸奴婢数为盗，应识过于门者，其主不知情，不得辄书于其主之门。诸被诱胁上盗，不曾分赃，而容隐不首者，杖六十七，免刺。诸先盗亲属财，免刺，再盗他人财，止作初犯论。诸先犯诱奸妇人在逃，后犯窃盗，二事俱发，以诱奸为重，杖从奸，刺从盗。诸瘖哑为盗，不论瘖哑。诸诈称搜税，拦头剽夺行李财物者，以盗论，刺断，充警迹人。诸盗米粮，非因饥馑者，仍刺断。诸盗塔庙神像服饰，无人看守者，断罪，免刺。诸事主及盗私相休和者，同罪；所盗钱物头匹、倍赃等，没官。诸窃盗应徒，若有祖父母、父母年老，无兼丁侍养者，刺断免徒；再犯而亲尚存者，候亲终日，发遣居役。诸女直人为盗，刺断同汉人。诸年饥民穷，见物而盗，计赃断罪，免刺配及征倍赃。诸窃盗，一岁之中频犯者，从一重，论刺断。诸为盗为所得赃与人博不胜，失所得赃，事觉追正赃，仍坐博者罪。诸父以子同盗，子年未出幼，不曾分赃，免罪。诸年饥，迫其子若婿同持仗行劫，子若婿减死一等，坐免刺，充警迹人。诸父为人诱为盗，疾不能往，命其子从之，而分其赃者，父减为从一等，免刺，子以为从论。诸兄逼未成丁弟同上盗，减为从一等论，仍罚赎。诸兄弟同盗，罪皆至死，父母老而乏养者，内以一人情罪可逭者，免死养亲。诸兄弟同盗，皆刺。诸父子兄弟频同上盗，从凡盗首从论。诸父子兄弟同为强盗者，皆处死。诸夫谋为强盗，妻不谏，反从之盗者，减为从一等论罪。

诸亲属相盗，谓本服缌麻以上亲，及大功以上共为婚姻之家，犯盗止坐其罪，并不在刺字、倍赃、再犯之限。其别居尊长于卑幼家窃盗，若强盗及卑幼于尊长家行窃盗者，缌麻小功减凡人一等，大功减二等，期亲减三等，强盗者准凡盗论，杀伤者各依故杀伤法。若同居卑幼将人盗己家财物者，五十贯以下，笞二十七，每五十贯加一等，罪止五十七，他人依常盗减一等。诸姑表侄盗姑夫财，同亲属相盗论。诸女在室，丧其父，不能自存，有祖父母而不之恤，因盗祖父母钱者，不坐。诸弟为首强劫从兄财，即以强盗论。诸尝过房他人子孙以为子孙，辄盗所过房之家财物者，即以亲属相盗论。

诸奴盗主财，应流远，而主求免者听。诸奴盗主财，断罪，免刺。诸盗雇主财者，免刺，不追倍赃。盗先雇主财者，同常盗论。诸佃客盗地主财，同常盗论。诸同主奴相盗，断罪，免刺配，不追倍赃。诸盗同受雇人财，不以同居论。诸赁屋与房主同居，而盗房主财者，与常盗论。诸盗同本财者，笞五十七，不以真盗计赃论。

诸巡捕军兵因自为盗者，比常盗加一等论罪；若自相觉察，告捕到官，或曾共为盗，首获同伴者，免罪给赏。诸军人为盗，刺断，免充警迹人，仍追赏钱给告者。诸守库藏军人，辄为首诱引外人偷盗官物，但经二次三次入库为盗，及提铃把门军人，受赃纵贼者，皆处死。为从者杖一百七，刺字流远。诸见役军人在逃，因为窃盗得财，杖一百七，仍刺字，杖从逃军，刺从盗。诸军人在路夺人财物，又追逐人致死非命者，为首杖一百七，为从七十七，征烧埋银给苦主。

诸为人为盗，断罪，免刺配及充警迹人，免征倍赃，再犯并坐其夫。诸妇人寡居与人奸，盗舅姑财与奸夫，令娶己为妻者，奸非奸所捕获，止以同居卑幼盗尊长财为坐，笞五十七，归宗，奸夫杖六十七。

诸为僧窃取佛像腹中装者，以盗论。诸僧道为盗，同常盗，刺断，征倍赃，还俗充警迹人。诸僧道盗其亲师祖、师父及同师兄弟财者，免刺，不追倍赃，断罪还俗。

诸幼小为盗，事发长大，以幼小论。未老疾为盗，事发老疾，以老疾论。其所当罪，听赎，仍免刺配，诸犯罪亦如之。诸年未出幼，再犯窃盗者，仍免刺赎罪，发充警迹人。诸窃盗年幼者为首，年长者为从，为首仍听赎免刺配，为从依常律。诸掏摸人身上钱物者，初犯、再犯、三犯，刺断徒流，并同窃盗法，仍以赦后为坐。诸以七十二局欺诱良家子弟、富商大贾，博塞钱物者，以窃盗论，计赃断配。诸夜发同舟橐中装，取其财者，与窃盗真犯同论。

诸略卖良人为奴婢者，略卖一人，杖一百七，流远；二人以上，处死；为妻妾子孙者，一百七，徒三年；因而杀伤人者，同强盗法。若略而未卖者，减一等，和诱者又各减一等，及和同相卖为奴婢者，各一百七。略诱奴婢，货卖为奴婢者，各减诱略良人罪一等；为妻妾子孙者，七十七，徒一年半；知情娶买及藏匿受钱者，各递减犯人罪一等。假以过房乞养为名，因而货卖为奴婢者，九十七，引领牙保知情，减二等，价没官，人给亲。如无元买契券，有司辄给公据者，及承告不即追捕者，并笞四十七。关津主司知而受财纵放者，减犯人罪三等，除名不叙，失检察者笞二十七。如能告获者，略人每人给赏三十贯，和诱每人二十贯，以至元钞为则，于犯人名下追征，无财者征及知情安主，牙保应捕人减半。其事未发而自首者，若同党能悔过自首，擒获其徒党者，并原其罪，仍给赏之半。再犯及因略伤人者，不在首原之例。诸妇人诱卖良人，罪应徒者，免徒。诸职官诱略良人为奴，革后不首，仍除名不叙，所诱略人给亲。

诸兄盗牛，胁其弟同宰杀者，弟不坐。诸白昼剽夺驿马，为首者处死，为从减一等流远。诸盗亲属马牛，事未觉自首，愿偿价，不从，既送官，仍以自首论免刺。诸强盗行劫，为主所逐，分散奔走，为首者杀伤邻人，为从者不知，不以杀伤事主不分首从论，为首者处死，为从者杖一百七，刺配。诸窃盗弃财拒捕，殴伤事主者，杖一百七，免刺。诸为盗先窃后强，会赦，其下手杀伤事主者，不赦，余仍刺而释之。诸盗贼分赃不均，从贼欲首，为首贼所杀者，仍以谋故杀人论。诸盗贼闻赦，故杀捕盗之人者，不赦。

诸藏匿强窃盗贼，有主谋纠合，指引上盗，分受赃物者，身虽不行，合以为首论。若未行盗，及行盗之后，知情藏匿之家，各减强窃从贼一等科断，免刺，其已经断，怙终不改者，与从贼同。诸谋欲图人所质之田，辄遣人强劫赎田之价者，主谋、下手一体刺断，其卑幼为尊长驱役者免刺。

诸盗贼应征正赃及烧埋银，贫无以备，令其折庸。凡折庸，视各处庸价而会之。庸满发元籍，充警迹人。妇人日准男子工价三分之二，官钱役于旁近之处，私钱役于事主之家。诸盗贼得财，用于酒肆倡优之家，不知情，止于本盗追征。其所盗即官钱，虽不知情，于所用之家追征。若用买货物，还其货物，征元赃。诸奴婢盗人牛马，既断罪，其赃无可征者，以其人给物主，其主愿赎者听。诸盗官钱，追征未尽，到官禁系既久，实无可折偿者，除之。诸系官人口盗人牛马，免征倍赃。诸盗贼正赃已征给主，倍赃无可追理者，免征。诸盗贼正赃，或典质于人，典主不知情，而归其赃，仍征还元价。诸遐荒盗贼，盗驼马牛驴羊，倍赃无可征者，就发配役出军。

诸盗先犯后发，与后犯先发罪同者，勿论。诸先犯强盗刺断，再犯窃盗，止依再犯窃盗刺配。诸出军贼徒在逃，初犯杖六十七，再犯加二等，罪止一百七，仍发元流所出军。

诸强窃盗充警迹人者，五年不犯，除其籍。其能告发，及捕获强盗一名，减二年，二名比五年，窃盗一名减一年，应除籍之外，所获多者，依常人获盗理赏，不及数者，给凭通理。籍既除，再犯，终身拘籍之。凡警迹人缉捕之外，有司毋差遣出入，妨其理生。诸警迹人，有不告知邻佑辄离家经宿，及游惰不事生产作业者，有司究之，邻佑有失觉察者，亦罪之。诸警迹人受命捕盗，既获其盗，却挟恨杀其盗而取其财，不以平人杀有罪贼人论。诸色目人犯盗，免刺科断，发本管官司设法拘检，限内改过者，除其籍。无本管官司发付者，从有司收充警迹人。

诸为盗经刺，自除其字，再犯非理者，补刺。五年不再犯，已除籍者，不补刺，年未满者仍补刺。诸盗贼赦前擅去所刺字，不再犯，赦后不补刺。诸应刺左右臂，而臂有雕青者，随上下空歇之处刺之。诸犯窃盗已经刺臂，却遍文其身，覆盖元刺，再犯窃盗，于手背刺之。诸累犯窃盗，左右项臂刺遍，而再犯者，于项上空处刺之。

诸子盗父首、弟盗兄首、婿盗翁首，并同自首者免罪。诸奴盗主首者，断罪免刺，不征倍赃，仍付其主为奴。诸胁从上盗，而不受赃者，止以不首之罪罪之，杖六十七，不刺。诸为盗悔过，以所盗赃还主者免罪。诸为盗得财者，闻有涉疑根捕，却以赃还主者，减二等论罪，免徒刺及倍赃。诸窃盗因事主盘诘，而自首服，其赃未还主者，计赃减二等论罪，刺字。诸盗赃，为首者自首，免罪，为从不首仍全科。诸无服之亲，相首为盗，止科其罪，免刺配倍赃。诸窃盗悔过，以赃还主不尽，其余赃犹及刺罪者，仍刺之。

卷一百五　　志第五十三

刑法四

诈伪

诸主谋伪造符宝，及受财铸造者，皆处死。同情转募工匠，及受募刻字者，杖一百七。伪造制敕者，与符宝同。诸妄增减制书者，处死。诸近侍官辄诈传上旨者，杖一百七，除名不叙。诸伪造省府印信文字，但犯制敕者处死。若伪造省府札付者，杖一百七，再犯流远。知情不首者，八十七。其文理讹谬不堪行用者，九十七。若伪造司县印信文字，追呼平民，勒取财物者，初犯杖七十七，累犯不悛者一百七。诸伪造宣慰司印信契本，及商税务青由欺冒商贾者，杖一百七。诸赦前伪造省印，赦后不曾销毁，杖七十七，有官者夺所受宣敕，除名不叙。诸掾属辄造省官押字，盗用省印，卖放官职者，虽会赦，流远。诸伪造税物杂印，私熬颜色，伪税物货者，杖八十七。告捕得实者，征中统钞一百贯充赏。物主知情，减犯人罪一等，其匿税之物，一半没官，于没官物内一半付告人充赏；不知情者不坐，物给元主。其捕获人擅自脱放者，减犯人罪二等，受财者与犯人同罪。诸省部小史，为人误毁行移检扎，辄自刻印信，伪补署押，求盖本罪，无他情弊者，杖七十七，发元籍。诸僧道伪造诸王印信及令旨抄题者，处死。诸盘获伪造印信之人，同获强盗给赏。诸告获私造历日者，赏银一百两。如无太史院历日印信，便同私历造者，以违制论。诸受财卖他人敕牒，及收买转卖者，杖一百七，刺面发元籍，买者杖八十七，发元籍。诸职官被差，以疾辄令人代乘驿传而往者，杖六十七，代者笞五十七。诸公差，于官船夹带从人，冒支分例者，笞一十七，记过，支过分例米，追征还官。

诸诈称使臣，伪写给驿文字，起马匹舟船者，杖一百七。有司失觉察，辄凭无印信关牒倒给者，判署官笞三十七，首领官吏四十七。诸职官诈传上司言语，擅起驿马者，杖六十七。脱脱禾孙依随擅给驿马者，笞五十七，并解职别叙，记过；驿官二十七，还职。诸诈称按部官，恐吓官吏者，杖六十七。诸诈称监临长官署置差遣，欺取钱物者，杖八十七，钱物没官。诸诈称奉使所委官，听理民讼者，杖九十七。诈称随行令史者，笞五十七。

诸伪造宝钞，首谋起意，并雕板抄纸，收买颜料，书填字号，窝藏印造，但同情者皆处死，仍没其家产。两邻知而不首者，杖七十七。坊里正、主首、社长失觉察，并巡捕军兵各笞四十七。捕盗官及镇守巡捕军官各三十七，未获贼徒，依强盗立限缉捕。买使伪钞者，初犯杖一百七，再犯加徒一年，三犯科断流远。诸捕获伪钞，赏银五锭，给银不给钞。诸父子同造伪钞者，皆处死。诸父造伪钞，子听给使，不与父同坐；子造伪钞，父不同造，不与子同坐。诸夫伪造宝钞者，妻不坐。诸伪造宝钞，印板不全者，杖一百七。诸伪造宝钞，没其家产，不及其妻子。诸赦前收藏伪钞，赦后行使者，杖一百七。不曾行使而不首者，减一等。诸伪造钞罪应死者，虽亲老无兼丁，不听上请。诸捕获伪造宝钞之人，虽已身故，其应得赏钱，仍给其亲属。诸奴婢买使伪钞，其主陈首者，不在理赏之例。诸挑剜裨辏宝钞者，不分首从，杖一百七，徒一年，再犯流远。年七十以上者，呈禀定夺，毋辄听赎。买使者减一等。诸烧造伪银者，徒。诸造卖伪银，买主不知情，价钱给主，伪银内销，提真银没官，依本犯科罪。诸伪造各仓支发粮筹者，笞五十七，已支出官粮者，准盗系官钱物科罪。仓官人等有犯者，依监主自盗法，赃重者从重论。诸冒支官钱，计赃以枉法论，并除名不叙。

诸冒名入仕者，杖六十七，夺所受命，追俸发元籍，会赦不首，笞四十七，仍追夺之。诸奴受主命冒充职官者，杖九十七。其主及同僚相容隐者，八十七。诸子冒父官居职任事者，杖七十七，犯在革前，革后不出首者，笞四十七，并追回所受宣敕，及支过俸禄还官。诸边臣，辄以子婿诈称招徕蛮獠，保充土官者，除名不叙，拘夺所授官。诸军官承袭，伪增年者，监察御史廉访司纠察之，滥保官吏，并坐罪。诸职官妄报出身履历者，除名不叙。诸译史、令史，有过不叙。诈称作阙，别处补用者，笞五十七，罢役不叙。

诸输纳官物，辄增改朱钞者，杖六十七，罢之。诸有司长官，辄以追到盗赃支使，却虚立给主文案者，虽会赦，解职，降先职二等叙。承吏，除名不叙。诸帅府上功文字，诈添有功军人名数，主谋者杖八十七，除名不叙，随从书写者笞五十七。诸诈以军功受举入仕者，罢之，仍夺所受命。诸擅改已奏官员选目姓名者，虽会赦，除名发元籍。诸曹吏辄于公牍改易年月，图逭罪责者，笞五十七，罢役别叙，记过。诸哗强之人，辄为人伪增籍面者，杖八十七，红泥粉壁识过其门。诸蒙古译史，能辨出诈伪文字二起以上者，减一资升转。

诉　讼

诸告人罪者，须明注年月，指陈实事，不得称疑。诬告者抵罪反坐，越诉者笞五十七。本属官司有过，及有冤抑，屡告不理，或理断偏屈，并应合回避者，许赴上司陈之。诸诉讼本争事外，别生余事者，禁。其本争事毕，别诉者听。诸军民风宪官有罪，各从其所属上司诉之。诸民间杂犯，赴有司陈首者，听。诸告言重事实，轻事虚，免坐；轻事实，重事虚，反坐。诸中外有司，发人家录私书，辄兴狱讼者，禁之。若本宗事须引用证验者，仍听追照。其搆饰傅会，以文致人罪者，审辨之。除本宗外，余事并勿听理。诸教令人告缌麻以上亲，及奴婢告主者，各减告者罪一等。若教令人告子孙，各减所告罪二等。其教令人告事虚应反坐，或得实应赏者，皆以告者为首，教令为从。诸老废笃疾，事须争诉，止令同居亲属深知本末者代之。若谋反大逆，子孙不孝，为同居所侵侮，必须自陈者，听。诸致仕得代官，不得已与齐民讼，许其亲属家人代诉，所司毋侵挠之。诸妇人辄代男子告辨争讼者，禁之。若果寡居，及虽有子男，为他故所妨，事须争讼者，不在禁例。诸子证其父，奴讦其主，及妻妾弟侄不相容隐，凡干名犯义，为风化之玷者，并禁止之。诸亲属相告，并同自首。诸妻讦夫恶，比同自首原免。凡夫有罪，非恶逆重事，妻得相容隐，而辄告讦其夫者，笞四十七。诸妻曾背夫而逃，被断复诬告其夫以重罪者，抵罪反坐，从其夫嫁卖。诸职官同僚相言者，并解职别叙，记过。诸告人罪者，自下而上，不得越诉。诸府州司县应受理而不受理，虽受理而听断偏屈，或迁延不决者，随轻重而罪罚之。诸诉官吏受赂不法，径赴宪司者，不以越诉论。诸陈诉有理，路府州县不行，诉之省部台院，省部台院不行，经乘舆诉之。未诉省部台院，辄经乘舆诉者，罪之。诸职官诬告人枉法赃者，以其罪罪之，除名不叙。诸奴婢诬告其主者处死，本主求免者，听减一等。诸以奴告主私事，主同自首，奴杖七十七。

斗　殴

诸斗殴，以手足击人伤者，笞二十七，以他物者三十七。伤及拔发方寸以上，四十七。若血从耳目出及内损吐血者，加一等。折齿、毁缺耳鼻、眇一目及折手足指，若破骨及汤火伤人者，杖六十七。折二齿二指以上，及髡发，并刃伤、折人肋、眇人两目、堕人胎，七十七。以秽物污人头面者，罪亦如之。折跌人肢体，及瞎其目者，九十七。辜内平复者，各减二等。即损二事以上，及因旧患，令至笃疾，若断舌及毁败人阴阳者，一百七。诸诉殴詈，有阑告者勿听，违者究之。诸保辜者，手足殴伤人，限十日。以他物殴伤者，二十日。以刃及汤火伤人者，三十日，折跌肢体及破骨者，五十日。殴伤不相须，余条殴伤，及杀伤者准此。限内死者，各依杀人论。其在限外，及虽在限内，以他故死者，各依本殴伤法。他故，谓别增余患而死者。诸倡女斗伤良人，辜限之外死者，杖七十七，单衣受刑。诸殴伤人，辜限外死者，杖七十七。诸以非理殴伤妻妾者，罪以本殴伤论，并离之。若妻不为父母悦，以致非理殴伤者，罪减三等，仍离之。诸职官殴妻堕胎者，笞三十七，解职，期年后降先品一等，注边远一任，妻离之。诸以非理苦虐未成婚男妇者，笞四十七，妇归宗，不追聘财。诸舅姑非理陵虐无罪男妇者，笞四十七，男妇归宗，不追聘财。诸蒙古人与汉人争，殴汉人，汉人勿还报，许诉于有司。诸蒙古人斫伤他人奴，知罪愿休和者听。诸以他物伤人，致成废疾者，杖七十七，仍追中统钞一十锭，付被伤人，充养济之资。诸因斗殴，斫伤人成废疾者，杖八十七，征中统钞一十锭，付被伤人，充养济之资。为父还殴致伤者，征其钞之半。诸豪横辄诬平人为盗，捕其夫妇男女，于私家拷讯监禁，非理陵虐者，杖一百七，流远。其被害有致残废者，人征中统钞二十锭，充养赡之赀。诸职官辄将义男去势，以充阉官进纳者，杖一百七，除名不叙，记过，义男归宗。诸以微故残伤义男肢体废疾者，加凡人折跌肢体一等论，义男归宗，仍征中统钞五百贯，充养赡之赀。诸尊长辄以微罪刺伤弟侄双目者，与常人同罪，杖一百七，追征赡养钞二十锭给苦主，免流，识过于门；无罪者，仍流。诸弟虽听其兄之仇，同谋剜其兄之眼，即以弟为首，各杖一百七，流远，而弟加远。诸卑幼挟仇，辄刺伤尊长双目成废疾者，杖一百七，流远。诸以刃刺破人两目成笃疾者，杖一百七，流远，仍征中统钞二十锭，充养赡之赀，主使者亦如之。诸挟仇伤人之目者，若一目元损，又伤其一目，与伤两目同论，虽会赦，仍流。诸因争误瞎人一目者，杖七十七，征中统钞五十两，充医药之赀。

诸脱脱禾孙辄殴伤往来使臣者，笞四十七，解职记过。诸职官辄以他物殴伤使臣者，杖六十七。诸司属官辄殴本管上司幕官者，笞四十七，解职记过。诸方镇僚属辄以他物殴伤主帅者，杖六十七，幕官使酒骂长官者，笞四十七，并解职别叙，记过。诸按部官因争辩，辄殴有司官，有司官还殴者，各笞三十七，解职。诸监临官挟怨，当厅扯捽属官，属官辄殴之者，笞四十七，解职。诸方面大臣，不能以正率下，辄与幕属公堂斗争，虽会赦，并罢免记过，赦前无招者还职。诸职官辄殴伤所监临，以所殴伤法论罪，记过。诸职官殴伤同署长官者，笞五十七，解见任，降先品一等叙，仍记过名。诸有司长官，辄殴同位正官者，笞三十七，殴佐贰官者，二十七，并解职记过。诸同僚改除，复以私忿相殴詈者，皆罢其所受新命。诸在闲职官，辄殴詈本籍在任长官者，杖六十七。诸职官相殴，其官等，从所伤轻重论罪。诸军官纵酒，因戏而怒，故殴伤有司官者，笞三十七，记过。诸幕僚因公辄以恶言詈长官者，笞四十七，长官辄还殴者，笞一十七，并记过名。诸职官乘醉当街殴伤平人者，笞四十七，记过。诸职官闲居与庶民相殴者，职官减一等，听罚赎。诸以他物殴伤职官者，加一等，笞五十七。诸小民恃年老殴詈所属官长者，杖六十七，不听赎。诸恶少无赖辄殴伤禁近之人者，杖七十七。

杀　伤

诸杀人者死，仍于家属征烧埋银五十两给苦主，无银者征中统钞一十锭，会赦免罪者倍之。诸部民殴死官长，主谋及下手者皆处死，同殴伤非致命者，杖一百七，流远，均征烧埋银。诸杀人还自杀不死者，仍处死。诸杀人从而加功，无故杀之情者，会赦仍释之。诸斗殴杀人，先误后故者，即以故杀论。诸因斗殴，以刃杀人，及他物殴死人者，并同故杀。诸因争以刃伤人，幸获生免者，杖一百七。诸持刃方杀人，人觉而逃，却移怒杀所解劝者，与故杀同。诸有司征科急，民弗堪，致杀其征科者，仍以故杀论。诸醉中欲杀其妻不得，移怒杀死其解纷之人者，处死。诸欲诱倡女逃，不从辄杀之者，与杀常人同。诸斗殴杀人者，结案待报。诸人杀死其父，子殴之死者，不坐，仍于杀父者之家征烧埋银五十两。诸蒙古人因争及乘醉殴死汉人者，断罚出征，并全征烧埋银。诸因哄争，一人误踩死小儿，一人殴人致死，殴者结案，踩者杖一百七，并征烧埋银。诸有人戏调其妻，夫遇而殴之，因伤而死者，减死一等论罪，仍征烧埋银。诸殴死应捕杀恶逆之人者，免罪，不征烧埋银。诸以他物伤人，伤毒流注而死，虽在辜限之外，仍减杀人罪三等坐之。诸因争，以头触人，与人俱仆，肘抵其心，邂逅致死者，杖一百七，全征烧埋银。诸出使从人，殴死馆夫者，以殴杀论。诸因戏言相殴，致伤人命者，杖一百七。诸父亡，母复纳他人为夫，即为义父。若逐其子出居于外，即同凡人，其有所斗殴杀伤，即以凡人斗殴杀伤论。诸彼此有罪之人，相格致死者，与杀常人同。

诸职官以微故殴死齐民者，处死，诸职官受赃，为民所告，辄殴死告者，以故杀论。诸军官因公乘怒，辄命麾下殴人致死者，杖八十七，解职，期年后降先品一等叙，征烧埋银给苦主，若会赦，仍殿降征银。诸阃帅侵盗系官钱粮，怒吏发其奸，辄令人殴死者，以故杀论，虽会大赦，仍追夺不叙，倍征烧埋银。诸局院官辄以微故殴死匠人者，处死。

诸父无故以刃杀其子者，杖七十七。诸子不孝，父与弟侄同谋置之死地者，父不坐，弟侄杖一百七。诸女已嫁，闻女有过，辄杀其女者，笞五十七，追还元受聘财，给夫别娶。诸父有故殴其子女，邂逅致死者，免罪。诸后夫殴死前夫之子者，处死。诸妻故杀妾子者，杖九十七，从其夫嫁卖。诸男妇虽有过，舅姑辄加残虐致死者，杖一百七。诸子不孝，父杀其子，因及其妇者，杖七十七，妇元有妆奁之物，尽归其父母。诸以细故杀其弟者，处死。诸兄以立继之子，主谋杀其嫡弟者，主谋下手皆处死，其田宅人口财物尽归死者妻子，其子归宗。诸弟先殴其兄，兄还杀其弟，即兄杀有罪之弟，不以凡人斗杀论。诸因争误殴死异居弟者，杖七十七，征烧埋银之半。诸因争故杀族弟者，与杀常人同。诸妹为尼与人私，兄闻而谏之，不从，反诟詈扯捽其兄，兄杀之，即兄杀有罪之妹，不以凡人斗杀论。诸兄殴弟妻，因伤而死者，杖一百七，征烧埋银。诸嫂溺死其小姑者，以故杀论。诸因争殴死族兄弟之子者，杖一百七；故以刃杀之者，处死，并征烧埋银。诸殴死兄弟之子而图其财者，处死。诸夫妇同谋，杀其兄弟之子者，皆处死。诸尊长误殴卑幼致死者，杖七十七，异居者仍征烧埋银。诸以微过辄杀其妻者，处死。诸因夫妻反目，辄药死其妻者，与故杀常人同。诸妻悖慢其舅姑，其夫殴之致死者，杖七十七。诸夫卧疾，妻不侍汤药，又诟詈其舅姑，以伤其夫之心，夫殴之，邂逅致死者，不坐。诸夫恶妻而爱妾，辄求妻微罪而杀之者，处死。诸风闻涉疑，故杀定婚妻者，与杀凡人同论。诸妻以残酷殴死其妾者，杖一百七，去衣受刑。诸舅以无实之罪故杀其甥者，与杀常人同论。诸因争挟仇殴死其婿者，与杀常人同。

诸奴殴詈其主，主殴伤奴致死者，免罪。诸故杀无罪奴婢，杖八十七，因醉杀之者，减一等。诸殴死拟放良奴婢者，杖七十七。诸谋杀已放良奴婢者，与故杀常人同。诸良人以斗殴杀人奴，杖一百七，征烧埋银五十两。诸良人戏杀他人奴者，杖七十七，征烧埋银五十两。诸奴殴死其弟，弟亦为同主奴，主乞贷死者听。诸异主奴婢相犯死者，同常人；同主相犯至重刑者，仍依例结案。诸地主殴死佃客者，杖一百七，征烧埋银五十两。

诸醉中误认他人为仇人，故杀致命者，虽误同故。诸奴受本主命，执仇杀人者，减死流远。诸挟仇杀人会赦，为首下手者不赦，为从不曾下手者免死，徒一年。诸以老病杀人者，不以老病免。诸谋故杀人年七十以上，并枷禁归勘结案。诸两家之子，昏暮奔还，中路相迎，撞仆于地，因伤致死者，不坐，仍征钞五十两给苦主。诸十五以下小儿，过失杀人者，免罪，征烧埋银。诸十五以下小儿，因争毁伤人致死者，听赎，征烧埋银给苦主。诸瞽者殴人，因伤致死，杖一百七，征烧埋银给苦主。诸病风狂，殴伤人致死，免罪，征烧埋银。诸庸医以针药杀人者，杖一百七，征烧埋银。诸扬砖石剥邻之果，误伤人致死者，杖八十七，征烧埋银。诸军士习射，招箭者不谨，致被伤而死，射者不坐，仍征烧埋银。诸过误踏死小儿，杖七十七，征烧埋银给苦主。诸昏夜驰马，误触人死，杖七十七，征烧埋银。诸驱车走马，致伤人命者，杖七十七，征烧埋银。诸昏夜行车，不知有人在地，误致轹死者，笞三十七，征烧埋银之半给苦主。诸幼小自相作戏，误伤致死者，不坐。诸戏伤人命，自愿休和者听。诸两人作戏争物，一人放手，一人失势跌死，放者不坐。诸以物戏惊小儿，成疾而死者，杖六十七，追征烧埋银五十两。诸以戏与人相逐，致人跌伤而死者，其罪徒，仍征烧埋银给苦主。诸骆驼在牧，啮人而死者，牧人笞一十七，以骆驼给苦主。诸驿马在野，啮人而死者，以其马给苦主，马主别买当役。诸奴故杀其子女，以诬其主者，杖一百七。诸因争，以妻前夫男女溺死，诬赖人者，以故杀论。诸后夫置毒饮食，与前夫子女食而死者，与药死常人同。诸故杀无罪子孙，以诬赖仇人者，以故杀常人论。诸杀人无苦主者，免征烧埋银，犯人财产人口并付其妻子，仍为民当差。诸杀有罪之人，免征烧埋银。诸图财谋故杀人多者，皆凌迟处死，验各贼所杀人数，于家属均征烧埋银。诸同居相殴而死，及杀人罪未结正而死者，并不征烧埋银。诸杀人者，被杀之人或家住他所，官征烧埋银移本籍，得其家属给之。诸斗殴杀人，应征烧埋银，而犯人贫窭，不能出备，并其余亲属无应征之人，官与支给。诸致伤人命，应征烧埋银者，止征银价中统钞一十锭。诸因争同殴死人，会赦应倍征烧埋银者，为首致命征中统钞一十锭，为从均征一十锭。诸殴死人，虽不见尸，招证明白者，仍征烧埋银。诸僧道杀人，烧埋银于常住追征。诸庸作殴伤人命，征烧埋银，不及庸作之家。诸奴殴人致死，犯在主家，于本主征烧埋银；不犯在主家，烧埋银无可征者，不征于其主。

禁　令

诸度量权衡不同者，犯人笞五十七。司县正官，初犯罚俸一月，再犯笞二十七，三犯别议，仍记过名。路府州县达鲁花赤长官提调失职，初犯罚俸二十日，再犯别议。诸奏目及官府公文，并用国字，其有袭用畏兀字者，禁之。诸但降诏旨条画，民间辄刻小本卖于市者，禁之。诸内外应佩符职官，辄以符付其傔从佩服者，禁之。诸官员朝会，服其朝服，私致敬于人臣者罚。诸随朝文武百官，朝贺不至者，罚中统钞十贯，失仪者罚中统钞八贯。诸宰相出入，辄敢冲犯者，罪之。

诸章服，惟蒙古人及宿卫之士，不许服龙凤文，余并不禁。谓龙，五爪二角者。职官一品、二品许服浑金花，三品服金答子，四品、五品服云袖带襕，六品、七品服六花，八品、九品服四花，职事散官从一高。命妇一品至三品服浑金，四品、五品服金答子，六品以下惟服销金并金纱答子。首饰，一品至三品许用金珠宝玉，四品、五品用金玉真珠，六品以下用金，惟耳环用珠玉。同籍者，不限亲疏，期亲虽别籍并出嫁同。车舆并不得用龙凤文，一品至三品许用间金妆饰、银螭头、绣带、青幔，四品、五品用素狮头、绣带、青幔，六品至九品用素云头、素带、青幔。内外有出身考满应入流见役人员，服用与九品同。受各投下令旨钧旨，有印信见任人员，亦与九品同。庶人惟许服暗花纻丝、丝䌷绫罗、毛毳，不许用赭黄，冒笠不得饰以金玉，靴不得裁置花样。首饰许用翠花金钗篦各一事，惟耳环许用金珠碧甸，余并用银。车舆，黑油齐头平顶皂幔。诸色目人，除行营帐外，余并与庶人同。职官致仕与见任同，解降者依应得品级；不叙者与庶人同。父祖有官，既殁年深，非犯除名不叙，其命妇及子孙与见任同。诸乐人工艺人等服用，与庶人同，凡承应妆扮之物，不拘上例。皂隶公使人，惟许服䌷绢。倡家出入，止服皂褙，不许乘坐车马。应服色等第，上得兼下，下不得僭上，违者，职官解见任，期年后降一等叙，余人笞五十七，违禁之物，付告捉人充赏。御赐之物，不在禁限。诸官员以黄金饰甲者禁之，违者甲匠同罪。诸常人鞍辔，画虎兔者听，画云龙犀牛者，禁之。诸段匹织造周身大龙者，禁之，胸背小龙者勿禁。诸市造鞍辔箭镞靴履及诸杂带，用金为饰者，禁之。

诸郡县达鲁花赤及诸投下，擅造军器者，禁之。诸神庙仪仗，止以土木纸彩代之，用真兵器者禁。诸都城小民，造弹弓及执者，杖七十七，没其家财之半，在外郡县不在禁限。诸打捕及捕盗巡马弓手、巡盐弓手，许执弓箭，余悉禁之。诸汉人持兵器者，禁之；汉人为军者不禁。诸卖军器者，卖与应执把之人者不禁。诸民间有藏铁尺、铁骨朵，及含刀铁拄杖者，禁之。诸私藏甲全副者，处死；不成副者，笞五十七，徒一年；零散甲片不堪穿系御敌者，笞三十七。枪若刀若弩私有十件者，处死；五件以上，杖九十七，徒三年；四件以上，七十七，徒二年；不堪使用，笞五十七。弓箭私有十副者，处死；五副以上，杖九十七，徒三年；四副以下，七十七，徒二年；不成副，笞五十七。凡弓一，箭三十，为一副。

诸岳渎祠庙，辄敢触犯作践者，禁之。诸伏羲、娲皇、尧、舜、禹、汤、后土等庙，军马使臣敢沮坏者，禁之。诸名山大川寺观祠庙，并前代名人遗迹，敢拆毁者，禁之。诸改寺为观，改观为寺者，禁之。诸祠庙寺观，模勒御宝圣旨及诸王令旨者，禁之。

诸为子行孝，辄以割肝、刲股、埋儿之属为孝者，并禁止之。诸民间丧葬，以纸为屋室，金银为马，杂彩衣服帷帐者，悉禁之。诸坟墓以砖瓦为屋其上者，禁之。诸家庙春秋祭祀，辄用公服行礼者，禁之。诸民间祖宗神主，称皇字者，禁之。诸小民房屋，安置鹅项衔脊，有鳞爪瓦兽者，笞三十七，陶人二十七。诸职官居见任，虽有善政，不许立碑，已立而犯赃污者毁之，无治状以虚誉立碑者毁之。

诸夜禁，一更三点，钟声绝，禁人行。五更三点，钟声动，听人行。违者笞二十七，有官者听赎。其公务急速，及疾病死丧产育之类不禁。诸有司晓钟未动，寺观辄鸣钟者，禁之。诸江南之地，每夜禁钟以前，市井点灯买卖，晓钟之后，人家点灯读书工作者，并不禁。其集众祠祷者，禁之。诸犯夜拒捕，斫伤徼巡者，杖一百七。

诸城郭人民，邻甲相保，门置水甕，积水常盈，家设火具，每物须备，大风时作，则传呼以徇于路。有司不时点视，凡救火之具不备者，罪之。诸遗火延烧系官房舍，杖七十七；延烧民房舍，笞五十七；因致伤人命者，杖八十七；所毁房舍财畜，公私俱免征偿。烧自己房舍者，笞二十七，止坐失火之人。诸煎盐草地，辄纵野火延烧者，杖八十七，因致阙用者，奏取圣裁。邻接管民官，专一关防禁治。诸纵火围猎，延烧民房舍钱谷者，断罪勒偿，偿未尽而会赦者，免征。诸故烧太子诸王房舍者，处死。诸故烧官府廨宇，及有人居止宅舍，无问舍宇大小，财物多寡，比同强盗，免刺，杖一百七，徒三年；因伤人命，同杀人。其无人居止空房，并损坏财物，及田场积聚之物，同窃盗，免刺，计赃断罪。因盗取财物者，同强盗，刺断，并追陪所烧物价；伤人命者，仍征烧埋银。再犯者决配，役满，徙千里之外。诸挟仇放火，随时扑灭，不曾延燎者，比强盗不曾伤人不得财，杖七十七，徒一年半，免刺，虽亲属相犯，比同常人。

诸每月朔望二弦，凡有生之物，杀者禁之。诸郡县岁正月五月，各禁宰杀十日，其饥馑去处，自朔日为始，禁杀三日。诸每岁，自十二月至来岁正月，杀母羊者，禁之。诸宴会，虽达官，杀马为礼者，禁之。其有老病不任鞍勒者，亦必与众验而后杀之。诸私宰牛马者，杖一百，征钞二十五两，付告人充赏。两邻知而不首者，笞二十七。本管头目失觉察者，笞五十七。有见杀不告，因胁取钱物者，杖七十七。若老病不任用者，从有司辨验，方许宰杀。已病死者，申验开剥，其筋角即付官，皮肉若不自用，须投税货卖，违者同匿税法。有司禁治不严者，纠之。诸私宰官马牛，为首杖一百七，为从八十七。诸助力私宰马牛者，减正犯人二等论罪。诸牛马驴骡死，而筋角不尽实输官者，一副以上，笞二十七；五副以上，四十七；十副以上，杖六十七，仍征所犯物价，付告人充赏。

诸毁伤体肤以行丐于市者，禁之。诸城郭内外放鸽带铃者，禁之。诸诸王驸马及诸权贵豪右，侵占山场，阻民樵采者，罪之。诸关讥不严，受财故纵者，罪之。诸江河津渡，或明知潮信已到，及风涛将起，贪索渡钱，淹延不渡，以致中流覆溺，伤害人命者，为首处死，为从减一等。

诸弃俗出家，不从有司体覆，辄度为僧道者，其师笞五十七，受度者四十七，发元籍。诸以白衣善友为名，聚众结社者，禁之。诸色目僧尼女冠，辄入民家强行抄化者，禁之。诸僧道伪造经文，犯上惑众，为首者斩，为从者各以轻重论刑。诸以非理迎赛祈祷，惑众乱民者，禁之。诸俗人集众鸣铙作佛事者，禁之。诸军官鸠财聚众，张设仪卫，鸣锣击鼓，迎赛神社，以为民倡者，笞五十七，其副二十七，并记过。诸阴阳家天文图谶应禁之书，敢私藏者罪之。诸阴阳家伪造图谶，释老家私撰经文，凡以邪说左道诬民惑众者，禁之，违者重罪之。在寺观者，罪及主守，居外者，所在有司察之。诸妄言禁书者，徒。诸阴阳家者流，辄为人燃灯祭星，蛊惑人心者，禁之。诸妄言星变灾祥，杖一百七。诸阴阳法师，辄入诸王公主驸马家者，禁之。诸以阴阳相法书符咒水，凡异端之术，惑乱人听，希求仕进者，禁之，违者罪之。

诸写匿名文书，所言重者处死，轻者流，没其妻子，与捕获人充赏。事主自获者不赏。诸写匿名文字，讦人私罪，不涉官事者，杖七十七。诸投匿名文字于人家，胁取钱物者，杖八十七，发元籍。诸见匿名文书，非随时败获者，即与烧毁；辄以闻官者，减犯人二等论罪。凡匿名文字，其言不及官府，止欲讦人罪者，如所讦论。

诸民间子弟，不务生业，辄于城市坊镇演唱词话，教习杂戏，聚众淫谑，并禁治之。诸弄禽蛇、傀儡，藏擫撇钹、倒花钱、击鱼鼓，惑人集众，以卖伪药者，禁之，违者重罪之。诸弃本逐末，习用角觝之戏，学攻刺之术者，师弟子并杖七十七。诸乱制词曲为讥议者，流。

诸赌博钱物，杖七十七，钱物没官，有官者罢见任，期年后杂职内叙。开张博房之家，罪亦如之，再犯加徒一年。应捕故纵，笞四十七，受财者同罪。有司纵令攀指平人，及在前同赌人，罪及官吏。赌饮食者，不坐。诸赌博钱物，同赌之人自首者，勿论。诸赌博，因事发露，追到摊场，赌具赃证明白者，即以本法科论，不以展转攀指革拨。

诸故纵牛马食践田禾者，禁之。诸所在镇守蒙古、汉军，各立营所。无故辄入人家，求索酒食，及纵头匹食践田禾桑果，罪及主将。诸藩王无都省文书，辄于各处征收差发，强取饮食草料，为民害者，禁之。

诸有虎豹为害之处，有司严勒官兵及打捕之人，多方捕之。其中不应捕之人，自能设机捕获者，皮肉不须纳官，就以充赏。诸职官违例放鹰，追夺当日所服用鞍马衣物没官。诸所拨各官围猎山场，并毋禁民樵采，违者治之。诸年谷不登，人民愁困，诸王达官应出围猎者，并禁止之。诸田禾未收，毋纵围猎，于迤北不耕种之地围猎者听。诸军人受财，伪造火印，将所管官马盗换与人者，杖九十七，追赃没官。诸年谷不登，百姓饥乏，遇禁地野兽，搏而食之者，毋辄没入。诸打捕鹰坊官，以合进御膳野物卖价自私者，计赃以枉法论，除名不叙。诸舟车之靡、器服之奇，方面大臣非锡贡不得擅进。

诸阑遗人口到监，即移所称籍贯，召主识认。半年之上无主识认者，匹配为户，付有司当差。残疾老病，给以文引，而纵遣之。头匹有主识认者，征还已用草料价钱，然后给主；无主识认，则籍其毛齿而收养之。诸阑遗奴婢，私相配合，虽生育子女，有主识认者，各归其主，无本主者官与收系。诸隐藏阑遗鹰犬者，笞三十七，没其家财之半。其收拾阑遗鹰犬之人，因以为民害者，罪之。

诸锄获宿藏之物，在他人地内者，与地主中分，在官地内者一半纳官，在己地内者即同业主。得古器珍宝之物者，闻官进献，约量给价，若有诈伪隐匿，断罪追没。

诸监临官辄举贷于民者，取与俱罪之。诸称贷钱谷，年月虽多，不过一本一息，有辄取赢于人，或转换契券，息上加息，或占人牛马财产，夺人子女以为奴婢者，重加之罪，仍偿多取之息，其本息没官。诸典质，不设正库，不立信帖，违例取息者，禁之。

诸关厢店户，居停各旅，非所知识，必问其所奉官府文引，但有可疑者，不得容止，违者罪之。诸官户行钱商船，辄竖旗号，置弓箭锣鼓，揭钱主衙门职名，往来江河者，禁之。诸经商及因事出外，必从有司会问邻保，出给文引，违者究治。诸投下并其余有印信衙门，并不得滥给文引。

诸有毒之药，非医人辄相卖买，致伤人命者，买者卖者皆处死。不曾伤人者，各杖六十七，仍追至元钞一百两，与告人充赏。不通医术，制合伪药，于市井货卖者，禁之。

诸下海使臣及舶商，辄以中国生口、宝货、戎器、马匹遗外番者，从廉访司察之。诸商贾收买金银下番者，禁之，违者罪之。诸海滨豪民，辄与番商交通贸易铜钱下海者，杖一百七。

诸倡妓之家，所生男女，每季不过次月十日，会其数以上于中书省。有未生堕其胎、已生辄残其命者，禁之。诸倡妓之家，辄买良人为倡，而有司不审，滥给公据，税务无凭，辄与印税，并严禁之，违者痛绳之。

杂　犯

诸斗争折辨，辄提大名字者，罪之。诸职官因公失口乱言者，笞二十七。诸快意中或酒后及害风狂疾，失口乱言，别无情理者，免罪。

诸恶少无赖，结聚朋党，陵轹善良，故行斗争，相与罗织者，与木偶连锁，巡行街衢，得后犯人代之，然后决遣。诸恶少白昼持刀剑于都市中，欲杀本部官长者，杖九十七。诸无赖军人，辄受财殴人，因夺取钱物者，杖八十七，红泥粉壁识过其门，免徒。诸先作过犯，曾经红泥粉壁，后犯未应迁徙者，于元置红泥粉壁添录过名。

诸豪右权移官府，威行乡井，淫暴贪虐，累犯不悛者，徙远恶之地屯种。诸频犯过恶，累断不改者，流远。诸凶人残害良善，强将男子去势，绝灭人后，幸获生免者，杖一百七，流远。诸贵势之家，奴隶有犯，辄私置铁枷，钉项禁锢，及擅刺其面者，禁之。诸获逃奴，辄刺面劓鼻，非理残苦者，禁之。诸无故擅刺其奴者，杖六十七。诸啰哩、回回为民害者，从所在有司禁治。

捕　亡

诸失盗，捕盗官不立限捕盗，却令他户陪偿事主财物者，罚俸两月，仍立限追捕。诸强盗杀人，三限不获，会赦，捕盗官合得罪罚革拨，仍令捕盗，任满不获，解由内通行开写，依例黜降。诸他境盗入境逃藏，捕盗官辄分彼疆此界，不即捕捉者，笞四十七，解职别叙，记过。

诸已断流囚，在禁未发，反狱殴伤禁子，已逃复获者，处死；未出禁者杖一百七，发已拟流所。诸解发囚徒，经过州县止宿，不寄收牢房，辄于逆旅监系，以致脱监在逃者，长押官笞二十七，还役；防送官四十七，记过。诸囚徒反狱而逃，主守减犯人罪二等，提牢官又减主守四等。随时捉获及半以上者，罚俸一月。

诸奴婢背主而逃，杖七十七；诱引窝藏者，六十七。邻人、社长、坊里正知不首捕者，笞三十七；关讥应捕人受赃脱放者，以枉法论。寺观、军营、势家影蔽，及投下冒收为户者，依藏匿论，自首者免罪。诸告获逃奴者，于所将财物内，三分取一，付告获人充赏。诸逃奴拒捕，不曾致伤人命者，仗一百七。

恤　刑

诸狱囚，必轻重异处，男女异室，毋或参杂。司狱致其慎，狱卒去其虐，提牢官尽其诚。诸在禁囚徒，无亲属供给，或有亲属而贫不能给者，日给仓米一升，三升之中，给粟一升，以食有疾者。凡油炭席荐之属，各以时具。其饥寒而衣粮不继，疾患而医疗不时，致非理死损者，坐有司罪。诸各处司狱司看守囚徒，夜支清油一斤。诸路府州县，但停囚去处，于鼠耗粮内放支囚粮。诸在禁无家属囚徒，岁十二月至于正月，给羊皮为披盖，裤袜及薪草为暖匣熏炕之用。诸狱讼，有必听候归对之人，召保知在，如无保识，有司给粮养济，勿寄养于民家。诸流囚在路，有司日给米一升，有疾命良医治之，疾愈随时发遣。诸狱医，囚之司命，必试而后用之，若有弗称，坐掌医及提调官之罪。诸狱囚病至二分申报，渐增至九分，为死证，若以重为轻，以急为缓，误伤人命者，究之。诸狱囚有病，主司验实，给医药，病重者去枷锁杻，听家人入侍。职事散官五品以上，听二人入侍。犯恶逆以上，及强盗至死，奴婢杀主者，给医药而已。诸有司，在禁囚徒饥寒，衣食不时，病不督医看候，不脱枷杻，不令亲人入侍，一岁之内死至十人以上者，正官笞二十七，次官三十七，还职；首领官四十七，罢职别叙，记过。诸孕妇有罪，产后百日决遣，临产之月，听令召保，产后二十日，复追入禁。无保及犯死罪者，产时令妇人入侍。诸犯死罪，有亲年七十以上，无兼丁侍养者，许陈请奏裁。诸有罪年七十以上、十五以下，及笃废残疾罚赎者，每笞杖一，罚中统钞一贯。诸疑狱，在禁五年之上不能明者，遇赦释免。

平　反

诸官吏平反冤狱，应赏者，从有司保勘，廉访司体覆，而后议之。其有冒滥不实者，罪及保勘体覆官吏。诸路府军民长官，因收捕反叛，辄罗织平民，强奸室女，杀虏人口财产，并覆人之家，其同僚能理平民之冤，正犯人之罪，归其俘虏，活其死命者，于本官上优升一等迁用。凡职官能平反重刑一起以上，升等同。诸职官能平反冤狱一起之上，与减一资。诸路府曹吏，能平反冤狱者，于各道宣慰司部令史补用。

卷一百六至卷一百一十三从略。

卷一百一十四　　列传第一

后妃　一

太祖光献翼圣皇后，名孛儿台旭真，弘吉剌氏，特薛禅之女也。特薛禅与子按陈从太祖征伐有功，赐号国舅，封王爵，以统其部族。有旨："生女为后，生男尚公主，世世不绝。"世祖至元二年十二月，追谥光献翼圣皇后。册文曰："尊祖宗，致诚孝，实王政之攸先；法天地，建鸿名，亦母仪之克称。肆先虔于太室，庸昭示于后昆，体兹至公，节以大惠。钦惟光献皇后，宅心渊静，禀德柔嘉，当圣神创业之初，有夙夜求贤之助。功施社稷，垂慈训于景襄；庆衍宫闱，流徽音于庄圣。协赞龙飞之运，永诒燕翼之谋。惟周人著称《思齐》，亦推本兴王之迹；在汉世始谥光烈，盖笃申追远之情。是用稽迪旧章，增崇遗美。谨遣摄太尉某，奉玉册玉宝，加上尊谥曰光献翼圣皇后。伏惟淑灵降格，典礼备膺，于亿万年，茂隆丕祚。"升祔太祖庙。其余后妃，有四斡耳朵四十余人，不记氏族，其名悉见于《表》。后皆仿此。

太宗昭慈皇后，名脱列哥那，乃马真氏，生定宗。岁辛丑十一月，太宗崩，后称制摄国者五年。丙午，会诸王百官，议立定宗。朝政多出于后。至元二年崩，追谥诏慈皇后，升祔太宗庙。

定宗钦淑皇后，名斡兀立海迷失。定宗崩，后抱子失列门垂帘听政者六月。至元二年，追谥钦淑皇后。

宪宗贞节皇后，名忽都台，弘吉剌氏，特薛禅孙忙哥陈之女也，蚤崩，后妹也速儿继为妃。至元二年，追谥贞节皇后，升祔宪宗庙。

世祖昭睿顺圣皇后，名察必，弘吉剌氏，济宁忠武王按陈之女也。生裕宗。中统初，立为皇后。至元十年三月，授册宝，上尊号贞懿昭圣顺天睿文光应皇后。一日，四怯薛官奏割京城外近地牧马，帝既允，方以图进，后至帝前，将谏，先阳责太保刘秉忠曰："汝汉人聪明者，言则帝听，汝何为不谏？向初到定都时，若以地牧马则可，今军蘸俱分业已定，夺之可乎？"帝默然，命寝其事。后尝于太府监支缯帛表里各一，帝谓后曰："此军国所需，非私家物，后何可得支？"后自是率宫人亲执女工，拘诸旧弓弦练之，缉为绌，以为衣，其韧密比绫绮。宣徽院羊臑皮置不用，后取之，合缝为地毯。其勤俭有节而无弃物，类如此。十三年，平宋，幼主朝于上都。大宴，众皆欢甚，唯后不乐。帝曰："我今平江南，自此不用兵甲，众人皆喜，尔独不乐，何耶？"后跪奏曰："妾闻自古无千岁之国，毋使吾子孙及此，则幸矣。"帝以宋府库故物各聚置殿庭上，召后视之，后遍视即去。帝遣宦者追问后，欲何所取。后曰："宋人贮蓄以遗其子孙，子孙不能守，而归于我，我何忍取一物耶！"时宋太后全氏至京，不习北方风土，后为奏令回江南。帝不允，至三奏，帝乃答曰："尔妇人无远虑，若使之南还，或浮言一动，即废其家，非所以爱之也。苟能爱之，时加存恤，使之便安可也。"后退，益厚待之。胡帽旧无前檐，帝因射日色炫目，以语后，后即益前檐。帝大喜，遂命为式。又制一衣，前有裳无衽，后长倍于前，亦无领袖，缀以两襻，名曰比甲，以便弓马，时皆仿之。后性明敏，达于事机，国家初政，左右匡正，当时与有力焉。

十八年二月崩。三十一年，成宗即位，五月，追谥昭睿顺圣皇后，其册文曰："奉先思孝，臣子之至情；节惠勿名，古今之大典。惟殷娀有明德之号，而周任著《思齐》之称。爰考旧章，式崇尊谥。恭惟先皇后，厚德载物，正位承天。隆内治于公宫，纲大伦于天下。曩事龙潜之邸，及乘虎变之秋。鄂渚班师，洞识事机之会；上都践祚，居多辅佐之谋。先物之明，独断于衷；进贤之志，允叶于上。左右我圣祖，建帝王之极功；抚育我前人，嗣社稷之重托。臣下之勤劳灼见，生民之疾苦周知。俪宸极二十年，垂慈范千万世。惟全美圣而益圣，宜显册书而屡书。不胜惓惓恳恳之诚，敬展尊尊亲亲之义，以扬盛烈，以对耿光。谨遣某官某奉玉册玉宝，上尊谥曰昭睿顺圣皇后。钦惟淑灵在天，明鉴逮下。增辉炜管，茂扬徽懿之音；合飨太宫，益衍寿昌之福。"升祔世祖庙。

南必皇后，弘吉剌氏，纳陈孙仙童之女也。至元二十年，纳为皇后，继守正宫。时世祖春秋高，颇预政，相臣常不得见帝，辄因后奏事焉。有子一人，名铁蔑赤。

成宗贞慈静懿皇后，名失怜答里，弘吉剌氏，斡罗陈之女也。大德三年十月，立为后。生皇子德寿，早薨。武宗至大三年十月，追尊谥贞慈静懿皇后，其册文曰："宗祧定位，象天地之有阴阳；今古同符，通幽明以行典礼。哀荣斯备，孝敬兼陈。恭惟先元妃弘吉剌氏，庆毓仙源，德昭彤史。春宫主馈，共瞻采翟之辉；椒掖正名，莫际飞龙之会。惟贞协在中之美，而慈推成物之仁。静既合夫坤元，懿益彰于壸则。虽小星之逮下，岂众曜之敢齐。嗣服云初，追怀曷已。是用究成先志，式阐徽称。谨遣某官某，上尊谥曰贞慈静懿皇后，升祔于成宗皇帝殿室。伏惟淑灵，永伸配侑，介以景福，佑我无疆。"

卜鲁罕皇后，伯岳吾氏，驸马脱里思之女。元贞初，立为皇后。大德三年十月，授册宝。成宗多疾，后居中用事，信任相臣哈剌哈孙，大德之政，人称平允，皆后处决。京师创建万宁寺，中塑秘密佛像，其形丑怪，后以手帕蒙覆其面，寻传旨毁之。省院台臣奏上尊号，帝不允。车驾幸上都，后方自奏请。帝曰："我病日久，国家大事多废不举，尚宁理此等事耶！"事遂寝。大德十年，后尝谋贬顺宗妃答吉与其子仁宗往怀州。明年，成宗崩。时武宗在北边，恐其归，必报前怨，后乃命取安西王阿难答失里来京师，谋立之。仁宗自怀州入清宫禁，既诛安西王，并构后以私通事，出居东安州。

武宗宣慈惠圣皇后，名真哥，弘吉剌氏，脱怜子进不剌之女。至大三年四月，册为皇后，其文曰："乾为天，坤为地，四时由是以相成，日宗阳，月宗阴，万象以之而并著。后职有关于世教，先猷具载于邦彝。惟慈旨之亲承，亦佥言之允若。咨尔皇后弘吉剌氏，睿聪淑哲，端懿诚庄。宝婺分辉，源天潢之自出；缨徽迪庆，系绂组以相仍。（后逸）”皇庆二年，立长秋寺，掌皇后宫政，秩三品。泰定四年十一月崩，上尊谥曰宣慈惠圣皇后，升祔武宗庙。

速哥失里皇后，按陈从曾孙哈儿只之女、真哥皇后之从妹也。

妃二人：亦乞烈氏，奴兀伦公主之女，实生明宗，天历二年追谥仁献章圣皇后；唐兀氏，生文宗，天历二年追谥文献昭圣皇后。

仁宗庄懿慈圣皇后，名阿纳失失里，弘吉剌氏，生英宗。皇庆二年三月，册为皇后，上册宝，遣官祭告天地于南郊及太庙。改典内院为中政院，秩正二品。

英宗即位，上尊号皇太后，其册文曰：“坤承乾德，所以著两仪之称；母统父尊，所以崇一体之号。故因亲而立爱，宜考礼以正名。恭惟圣母，温慈惠和，淑哲端懿。上以奉宗祏之重，下以叙伦纪之常。恢王化于二南，嗣徽音于三母。辅佐先考，忧勤警戒之虑深；拥佑眇躬，抚育提携之恩至。迨于今日，绍我丕基。规摹一出于慈闱，付托益彰于祖训。致天下之养以为乐，未足尽于孝心；极域中之大以为尊，庶可称其懿美。式遵贵贵之义，用罄亲亲之情。谨遣某官某奉册，上尊号曰皇太后。伏惟周宗绵绵，长信穆穆，备《洛书》之锡福，絜坤极之仪天。启佑后人，永锡胤祚。”明日，受百官朝贺于兴圣宫。至治二年崩，上谥庄懿慈圣皇后，其册文曰：“致孝所以扬亲，易名所以表行。矧为天下母而养弗逮，履天子位而报则丰。曷胜孺慕之心，必尽钦崇之礼。钦惟先皇太后，夙明壸则，克嗣徽音。辅佐先朝，有恭俭节用之实；诞育眇质，有劬劳顾复之恩。九族咸育于仁，四海仰遵其化。昊天不吊，景命靡融。怆圣善之长违，念风猷之未泯。是用揄扬于彤史，正宜敷绎于宝慈。爰据彝经，追严徽号。谨遣摄太尉某官某奉玉册玉宝，上尊号曰庄懿慈圣皇后。伏惟淑灵如在，合飨太宫。鉴格孔昭，膺兹巨典。阴相丕祚，亿万斯年。”升祔仁宗庙。

英宗庄静懿圣皇后，名速哥八剌，亦启烈氏，昌国公主益里海涯女也。至治元年，册为皇后。泰定四年六月崩，谥曰庄静懿圣皇后。

泰定帝八不罕皇后，弘吉剌氏，按陈孙斡留察儿之女。泰定元年，册为皇后。

妃二人：一曰必罕，一曰速哥答里，皆弘吉剌氏，兖王买住罕之女也。文宗天历初，俱安置东安州。

明宗贞裕徽圣皇后，名迈来迪，生顺帝而崩。文宗立，谥贞裕徽圣皇后。

八不沙皇后，成宗甥寿宁公主之女也。侍明宗潜邸，生宁宗。天历二年，立宁徽寺，掌明宗皇后宫事，以钞万锭、币帛二千匹，供后宫费用。十一月，后请为明宗资冥福，命帝师率诸僧作佛事七日于大天源延圣寺，道士建醮于玉虚、天宝、太乙、万寿四宫，及武当、龙虎二山。至顺元年，敕有司供明宗后宫币帛二百匹。是年四月崩。

文宗卜答失里皇后，弘吉剌氏，父驸马鲁王雕阿不剌，母鲁国公主桑哥剌吉。文宗居建业，后亦在行。天历元年，文宗即位，立为皇后。二年，授册宝。十一月，后以银五万两助建大承天护圣寺。至顺元年，以籍没张珪家田四百顷，赐护圣寺为永业。后与宦者拜住谋杀明宗后八不沙。三年八月，文宗崩于上都，后导扬末命，申帝初志，遂立明宗次子懿璘质班，是为宁宗。十一月，奉玉册玉宝尊皇后为皇太后。十二月，御兴圣殿受朝贺。宁宗崩，大臣请立太子燕帖古思。后曰：“天位至重，吾子尚幼，明宗长子妥欢帖睦尔在广西，今十三岁矣，理当立之。”于是奉旨迎至京师，以明年六月即位，是为顺帝。元统元年，尊为太皇太后，仍称制临朝。至元六年六月，诏去尊号，安置东安州，寻崩。

宁宗答里也忒迷失皇后，弘吉剌氏。至顺三年十月，立为后。至正二十八年崩，升祔宁宗庙。

顺帝答纳失里皇后，钦察氏，太师太平王燕铁木儿之女。至顺四年，立为后。元统二年，授册宝，其册文曰：“天之元统二气，配莫厚于坤仪；月之道循右行，明同贞于乾曜。若昔帝王之宅后，居多辅相之世勋。盖选德于亢宗，亦畴庸于先正。造周资任、姒之化，兴汉表马、邓之功。咨尔皇后钦察氏，雍肃惠慈，谦裕静淑。乃祖乃父，夙坚翼亮之心；于国于家，实获修齐之助。朕缵丕图之初载，亲承太后之睿谟。眷我元臣，简兹硕媛。相严禋而率典，奉慈极以愉颜。用彰袆翟之华，式著旂常之旧。令摄太尉某官授以玉册宝章，命尔为皇后。备成嘉礼，宏赉大猷。於戏！嵩高生贤，予笃怀于良佐；《关雎》正始，尔勉嗣于徽音。永锡寿康，昭示悠久。”三年，后兄御史大夫唐其势以谋逆诛，弟塔剌海走匿后宫，后以衣蔽之，因迁后出宫，丞相伯颜鸩后于开平民舍。

伯颜忽都皇后，弘吉剌氏，宣慈惠圣皇后真哥侄毓德王孛罗帖木儿之女也。至元三年三月，立为皇后。其册文曰：“帝王之道，齐其家而天下平；风教所基，正乎位而人伦厚。爰择配以承宗事，若稽古以率典常。咨尔弘吉剌氏，淑哲温恭，齐庄贞一。属选贤于中壸，躬受命于慈闱。勖帅来嫔，蹈椝仪之有度；动容中礼，谨夙夜以无违。兹表式于宫庭，宜推崇其位号。乃蠲吉旦，庸举彝章，遣摄太尉某持节授以玉册宝章，命尔为皇后。於戏！乾施坤承，克顺成于四序；日明月俪，久照临于万方。朕欲跻世于乂安，尔其助予之德化，共御亨嘉之运，益延昌炽之期。勉尔徽音，聿修内治。”生皇子真金，二岁而夭。后性节俭，不妒忌，动以礼法自持。第二皇后奇氏素有宠，居兴圣西宫，帝希幸东内。后左右以为言，后无几微怨望意。从帝时巡上京，次中道，帝遣内官传旨，欲临幸，后辞曰：“暮夜非至尊往来之时。”内官往复者三，竟拒不纳，帝益贤之。帝尝问后：“中政院所支钱粮，皆传汝旨，汝还记之否？”后对曰：“妾当用则支。关防出入，必已选人司之，妾岂能尽记耶？”居坤德殿，终日端坐，未尝妄逾户阈。至正二十五年八月崩，年四十二。奇氏后见其所遗衣服弊坏，大笑曰："正宫皇后，何至服此等衣耶！"其朴素可知。逾月，皇太子自冀宁归，哭之甚哀。

完者忽都皇后奇氏，高丽人，生皇太子爱猷识理达腊。家微，用后贵，三世皆追封王爵。初，徽政院使秃满迭儿进为宫女，主供茗饮，以事顺帝。后性颖黠，日见宠幸。后答纳失里皇后方骄妒，数箠辱之。答纳失里既遇害，帝欲立之，丞相伯颜争不可。伯颜罢相，沙剌班遂请立为第二皇后，居兴圣宫，改徽政院为资正院。后无事，则取《女孝经》、史书，访问历代皇后之有贤行者为法。四方贡献，或有珍味，辄先遣使荐太庙，然后敢食。至正十八年，京城大饥，后命官为粥食之。又出金银粟帛，命资正院使朴不花于京都十一门置冢，葬死者遗骼十余万，复命僧建水陆大会度之。时帝颇怠于政治，后与皇太子爱猷识理达腊遽谋内禅，遣朴不花谕意丞相太平，太平不答。复召太平至宫，举酒赐之，自申前请，太平依违而已，由是后与太子衔之。而帝亦知后意，怒而疏之，两月不见。朴不花因后而宠幸，既被劾黜，后讽御史大夫佛家奴为之辩明。佛家奴乃谋再劾朴不花，后知之，反嗾御史劾佛家奴，谪居潮河。初，奇氏之族在高丽者，怙势骄横，高丽王怒，尽杀之。二十三年，后谓皇太子曰："汝何不为我复仇耶？"遂立高丽王族人留京师者为王，以奇族之子三宝奴为元子。遣同知枢密院事崔帖木儿为丞相，用兵一万，并招倭兵，共往纳之。过鸭绿水，伏兵四起，乃大败，余十七骑而还，后大惭。二十四年七月，孛罗帖木儿称兵犯阙，皇太子出奔冀宁，下令讨孛罗帖木儿。孛罗帖木儿怒，嗾监察御史武起宗言后外挠国政，奏帝宜迁后出于外，帝不答。二十五年三月，遂矫制幽于诸色总管府，令其党姚伯颜不花守之。四月庚寅，孛罗帖木儿逼后还宫，取印章，伪为后书召太子。后仍回幽所，后又数纳美女于孛罗帖木儿，至百日，始还宫。及孛罗帖木儿死，召皇太子还京师，后传旨令廓扩帖木儿以兵拥皇太子入城，欲胁帝禅位。廓扩帖木儿知其意，至京城三十里外，即遣军还营，皇太子复衔之。事见《扩廓帖木儿传》。会伯颜忽都皇后崩，十二月，中书省臣奏言，后宜正位中宫，帝不答。又奏改资正院为崇政院，而中政院亦兼主之，帝乃授之册宝，其册文曰："坤以承乾元，人道莫先于夫妇；后以母天下，王化实始于家邦。典礼之常，古今攸重。咨尔肃良合氏，笃生名族，来事朕躬。儆戒相成，每勤于夙夜；恭俭率下，多历于岁年。既发祥元子于储闱，复流庆孙枝于甲观。眷若中宫之位，允宜淑配之贤。宗戚大臣，况佥言而敷请；掖庭诸御，咸倾望以推尊。乃屡逊辞，尤可嘉尚。今遣摄太尉某持节授以玉册玉宝，命尔为皇后。於戏！慎修壼政，益勉尔辅佐之心；昭嗣徽音，同保我延洪之福。其钦宠命，以衍寿祺。"二十八年，从帝北奔。

卷一百一十五　　列传第二

睿　宗

睿宗景襄皇帝，讳拖雷，太祖第四子，太宗母弟也。方太祖崩时，太宗留霍博之地，国事无所属，拖雷实身任之。闻燕京盗贼白昼剽掠富民财物，吏不能禁，遂遣塔察、吾图撒合里往穷治之，杀十有六人，盗始屏息。

己丑夏，太宗还京。八月，即位。明年庚寅秋，太宗伐金，命拖雷帅师以从，破天城堡，拔蒲城县，闻金平章合达、参政蒲阿守西边，遂渡河，攻凤翔。会前兵战不利，从太宗援之，合达乃退。辛卯春，破洛阳、河中诸城。太宗还官山，大会诸侯王，谓曰："人言耗国家者，实由寇敌。今金未殄，实我敌也。诸君宁无计乎？"拖雷进曰："臣有愚计，非众可闻。"太宗屏左右，亟临问之，其言秘，人莫知也。凤翔既下，有降人李昌国者言："金主迁汴，所恃者黄河、潼关之险尔。若出宝鸡，入汉中，不一月可达唐、邓。金人闻之，宁不谓我师从天而下乎！"拖雷然之，言于太宗。太宗大喜，语诸王大臣曰："昔太祖尝有志此举，今拖雷能言之，真赛因也。"赛因，犹华言大好云。遂大发兵。

太宗以中军自碗子城南下，渡河，由洛阳进；斡陈那颜以左军由济南进；而拖雷总右军自凤翔渡渭水，过宝鸡，入小潼关，涉宋人之境，沿汉水而下。期以明年春，俱会于汴。遣搠不罕诣宋假道，且约合兵。宋杀使者，拖雷大怒曰："彼昔遣苟梦玉来通好，遽自食言背盟乎！"乃分兵攻宋诸城堡，长驱入汉中，进袭四川，陷阆州，过南部而还。遂由金取房，前锋三千人破金兵十余万于武当山，趋均州。乘骑浮渡汉水，遣夔曲涅率千骑驰白太宗。太宗方诣汉水，将分兵应之，会夔曲涅至，即遣慰谕拖雷，亟合兵焉。

拖雷既渡汉，金大将合达设伏二十余万于邓州之西，据隘待之。时拖雷兵不满四万，及得谍报，乃悉留辎重，轻骑以进。十二月丙子，及金人战于禹山，佯北以诱之，金人不动。拖雷举火夜行，金合达闻其且至，退保邓州，攻之，三日不下。遂将而北，以三千骑命札剌等率之为殿。明旦，大雾迷道，为金人所袭，杀伤相当。拖雷以札剌失律，罢之，而以野里知给歹代焉。未几，败金军。壬辰春，合达等知拖雷已北，合步骑十五万蹑其后。拖雷按兵，遣其将忽都忽等诱之。日且暮，令军中曰："毋令彼得休息，宜夜鼓噪以扰之。"太宗时亦渡河，遣亲王口温不花等将万余骑来会。天大雨雪，金人僵冻无人色，几不能军，拖雷即欲击之，诸将请俟太宗至破之未晚，拖雷曰："机不可失，彼脱入城，未易图也。况大敌在前，敢以遗君父乎！"遂奋击于三峰山，大破之，追奔数十里，流血被道，资仗委积，金之精锐尽于此矣。余众迸走睢州，伏兵起，又败之。合达走钧州，仅遗数百骑。蒲阿走汴，至望京桥，复禽获之。太宗寻至，按行战地，顾谓拖雷曰："微汝，不能致此捷也。"诸侯王进曰："诚如圣谕，然拖雷之功，著在社稷。"盖又指其定册云尔。拖雷从容对曰："臣何功之有，此天之威，皇帝之福也。"闻者服其不伐。从太宗攻钧州，拔之，获合达。攻许州，又拔之，遂从太宗收定河南诸郡。四月，由半渡入真定，过中都，出北口，住夏于官山。

五月，太宗不豫。六月，疾甚。拖雷祷于天地，请以身代之，又取巫觋祓除衅涤之水饮焉。居数日，太宗疾愈，拖雷从之北还，至阿剌合的思之地，遇疾而薨，寿四十有（阙）。妃怯烈氏。子十一人，长宪宗，次四则世祖也。宪宗立，追谥曰英武皇帝，庙号睿宗。二年，合祭昊天后土，以太祖、睿宗配享。世祖至元二年，改谥景襄皇帝。

裕　宗

裕宗文惠明孝皇帝，讳真金，世祖嫡子也。母昭睿顺圣皇后，弘吉烈氏。少从姚枢、窦默受《孝经》，及终卷，世祖大悦，设食飨枢等。中统三年，封燕王，守中书令。丞相史天泽入启事，王曰："我幼，未尝习祖宗典则，闲于政体，一旦当大任，惟汝耆德赖焉。"复谕赞善王恂曰："省臣所启，等国事也。尔宜入与闻之。"四年，兼判枢密院事。至元初，省臣奏请王署敕，每月必再至中书。于是王将入中书，乳母进新衣，笑却之曰："吾何事美观也。"尝从幸宜兴，世祖违豫，忧形于色，夕不能寐。闻母皇后暴得风疾，即悲泣，衣不及带而行。七年秋，受诏巡抚称海，至冬还京。间谓诸王札剌忽及从官伯颜等曰："吾属适有兹暇，宜各悉乃心，慎言所守，俾吾闻之。"于是撒里蛮曰："太祖有训：欲治身，先治心；欲责人，先责己。"伯颜曰："皇上有训：欺罔盗窃，人之至恶。一为欺罔，则后虽出善言，人终弗信；一为盗窃，则事虽未觉，心常惴惴，若捕者将至。"札剌忽曰："我祖有训：长者梢，深者底。盖言贵有终始，长必极其杪，深必究其底，不可中辍也。"王曰："皇上有训：毋持大心。大心一持，事即隳败。吾观孔子之语，即与圣训合也。"至王恂陈说尤多，事见恂传。

十年二月，立为皇太子，仍兼中书令，判枢密院事。受玉册："皇帝若曰：咨尔皇太子真金，仰惟太祖皇帝遗训，嫡子中有克嗣服继统者，豫选定之。是用立太宗英文皇帝，以绍隆丕构。自时厥后，为不显立冢嫡，遂启争端。朕上遵祖宗宏规，下协昆弟佥同之议，乃从燕邸，即立尔为皇太子，积有日矣。比者儒臣敷奏，国家定立储嗣，宜有册命，此典礼也。今遣摄太尉、左丞相伯颜持节授尔玉册金宝。於戏！圣武燕谋，尔其承奉。昆弟宗亲，尔其和协。使仁孝显于躬行，抑可谓不负所托矣。尚其戒哉，勿替朕命。"九月丙戌，诏立宫师府，设官属三十有八员。起处士杨恭懿于京兆。

太子尝有疾，世祖临幸，亲和药以赐之。遣侍臣李众驰祀岳渎名山川，太子戒其所至郡邑，毋烦吏迎送，重扰民也。诏以侍卫亲军万人益隶东宫，太子命王庆端、董士亨选其骁勇者，教以兵法，时阅试焉。太子服绫袷，为瀋所渍，命侍臣重加染治，侍臣请织绫更制之，太子曰："吾欲织百端，非难也。顾是物未敝，岂宜弃之。"东宫香殿成，工请凿石为池，如曲水流觞故事。太子曰："古有肉林酒池，尔欲吾效之耶！"不许。每与诸王近臣习射之暇，辄讲论经典，若《资治通鉴》、《贞观政要》，王恂、许衡所述辽、金帝王行事要略，下至《武经》等书，从容片言之间，苟有允惬，未尝不为之洒然改容。时侍经幄者，如王恂、白栋皆朝夕不出东宫，而待制李谦、太常宋衜尤加咨访，盖无间也。

十八年正月，昭睿顺圣皇后崩，太子自猎所奔赴，勺饮不入口者终日，设庐帐居之。命宋衜择可备顾问者，衜以郭祐、何玮、徐琰、马绍、杨居宽、何荣祖、杨仁风等为言。太子曰："是数人者，尽为我致之，宜自近者始。"遂召玮于易州、琰于东平。赞善王恂卒，太子闻之嗟悼，赙钞二千五百缗。一日，顾谓左右曰："王赞善当言必言，未尝顾惜，随事规正，良多裨补，今鲜有其匹也。"时阿合马擅国重柄，太子恶其奸恶，未尝少假颜色。盗知阿合马所畏惮者，独太子尔，因为伪太子，夜入京城，召而杀之。及和礼霍孙入相，太子曰："阿合马死于盗手，汝任中书，诚有便国利民者，毋惮更张。苟或沮挠，我当力持之。"中书启以何玮参议省事，徐琰为左司郎中。玮、琰入见，太子谕之曰："汝等学孔子之道，今始得行，宜尽平生所学，力行之。"辟杨仁风于潞州、马绍于东平，复辟杨恭懿置省中议事，以卫辉总管董文用练达官政，与恭懿同置省中。按察副使王恽进《承华事略》：一曰《广孝》，二曰《立爱》，三曰《端本》，四曰《进学》，五曰《择术》，六曰《谨习》，七曰《听政》，八曰《达聪》，九曰《抚军》，十曰《明分》，十一曰《崇儒》，十二曰《亲贤》，十三曰《去邪》，十四曰《纳诲》，十五曰《几谏》，十六曰《从谏》，十七曰《推恩》，十八曰《尚俭》，十九曰《戒逸》，二十曰《审官》。太子闻汉成帝不绝驰道，唐肃宗改绛纱袍为朱明服，大喜曰："使吾行之，亦当若此。"及说邢峙止齐太子食邪蒿，顾宫臣曰："菜名邪蒿，未必果邪也。虽食之，岂遽使人不正邪？"张九思对曰："古人设戒，义固当尔。"

诏割江西龙兴路为太子分地，太子谓左右曰："安得治民如邢州张耕者乎！诚使之往治，俾江南诸郡取法，民必安集。"于是召宋衜大选署守长。江西行省以岁课羡余钞四十七万缗献，太子怒曰："朝廷令汝等安治百姓，百姓安，钱粮何患不足，百姓不安，钱粮虽多，安能自奉乎！"尽却之。阿里以民官兼课司，请岁附输羊三百，太子以其越例，罢之。参政刘思敬遣其弟思恭以新民百六十户来献，太子问民所从来，对曰："思敬征重庆时所俘获者。"太子蹙然曰："归语汝兄，此属宜随所在放遣为民，毋重失人心。"乌蒙宣抚司进马，逾岁献之额，即谕之曰："去岁尝俾勿多进马，恐道路所经，数劳吾民也。自今其勿复然。"

二十年春，辟刘因于保定，因以疾辞，固辟之，乃至，拜右赞善大夫，以吏部郎中夹谷之奇为左赞善大夫。是时已立国子学，李栋、宋衜、李谦皆以东宫僚友，继典教事，至是，命因专领之，而以衜等仍备咨访。尝曰："吾闻金章宗时，有司论太学生廪费太多，章宗谓养出一范文正公，所偿顾岂少哉。其言甚善。"会因复以疾乞去。二十二年，以长史耶律有尚为国子司业。中庶子伯必以其子阿八赤入见，谕令入学，伯必即令其子入蒙古学。逾年又见，太子问读何书，其子以蒙古书对，太子曰："我命汝学汉人文字耳，其亟入胄监。"遣使辟宋工部侍郎倪坚于开元，既至，访以古今成败得失，坚对言："三代得天下以仁，其失也以不仁。汉、唐之亡也，以外戚阉竖。宋之亡也，以奸党权臣。"太子嘉纳，赐酒，日昃乃罢。谕德李谦、夹谷之奇尝进言曰："殿下睿性夙成，阅理久熟，方遵圣训，参决庶务，如视膳问安之礼，固无待于赞谕。至于军民之利病，政令之得失，事关朝廷，责在台院，有非宫臣所宜言者。独有澄原固本，保守成业，殿下所当留心，臣等不容缄口者也。敬陈十事：曰正心，曰睦亲，曰崇俭，曰亲贤，曰几谏，曰戢兵，曰尚文，曰定律，曰正名，曰革敝。"其论正心有云："太子之心，天下之本也。太子心正，则天心有所属，人心有所系矣。唐太宗尝言，人主一心，攻之者众，或以勇力，或以辨口，或以谄谀，或以奸诈，或以嗜欲，辐凑攻之，各求自售。人主少懈，而受其一，则其害有不可胜言者。殿下至尊之储贰，人求自售者亦不为少，须常唤醒此心，不使为物欲所挠，则宗社生灵之福。固本澄原，莫此为切。"论睦亲，以"宗亲为王室之藩屏，人主之所自卫者也。大分既定，尊卑悬殊，必恩意俯逮，然后得尽其欢心。宗亲之欢心得，则远近之欢心得矣"。其论正名、革敝，尤切中时政。太子在中书日久，明于听断，四方州郡科征、挽漕、造作、和市，有系民休戚者，闻之，即日奏罢。右丞卢世荣以言利进，太子意深非之。尝曰："财非天降，安得岁取赢乎！恐生民膏血，竭于此也。岂惟害民，实国之大蠹。"其后世荣果坐罪。桑哥素主世荣，闻太子有言，讫箝口不敢救。

至元以来，天下臻于太平，人材辈出，太子优礼遇之，在师友之列者，非朝廷名德，则布衣节行之士，德意未尝少衰。宋衢目疾，赐钞千五百缗。王磐告老而归，官其婿于东平，以终养。孔洙自江南入觐，则责张九思学圣人之道，不知有圣人之后。其大雅不群，本于天性，中外归心焉。于是世祖春秋高，江南行台监察御史言事者请禅位于太子，太子闻之，惧。台臣寝其奏，不敢遽闻，而小人以台臣隐匿，乘间发之。世祖怒甚，太子愈益惧，未几，遂薨，寿四十有三。成宗即位，追谥曰文惠明孝皇帝，庙号裕宗，祔于太庙。

显宗

显宗光圣仁孝皇帝，讳甘麻剌，裕宗长子也。母曰徽仁裕圣皇后，弘吉剌氏。甘麻剌少育于祖母昭睿顺圣皇后，日侍世祖，未尝离左右，畏慎不妄言，言必无隐。至元中，奉旨镇北边，叛王岳木忽儿等闻其至，望风请降。既而都阿、察八儿诸王遣使求和，边境以宁。尝出征驻金山，会大雪，拥火坐帐内，欢甚，顾谓左右曰："今日风雪如是，吾与卿处犹有寒色，彼从士亦人耳，腰弓矢、荷刃周庐之外，其苦可知。"遂命饔人大为肉糜，亲尝而遍赐之。抚循部曲之暇，则命也灭坚以国语讲《通鉴》。戒其近侍太不花曰："朝廷以藩屏寄我，事有不逮，正在汝辈辅助。其或依势作威，不用我命，轻者论遣，大者奏闻耳，宜各慎之。使百姓安业，主上无北顾之忧，则予与卿等亦乐处于此，乃所以报国家也。"

二十六年，世祖以其居边日久，特命猎于柳林之地。率众至漷州，恐廪膳不均，令左右司之，分给从士，仍饬其众曰："汝等饮食既足，若复侵渔百姓，是汝自取罪谪，无悔。"众皆如约，民赖以安。北还，觐世祖于上京，世祖劳之曰："汝在柳林，民不知扰，朕实嘉焉。"明年冬，封梁王，授以金印，出镇云南。过中山，又明年春过怀、孟，从卒马驼之属不下千百计，所至未尝横取于民。

二十九年，改封晋王，移镇北边，统领太祖四大斡耳朵及军马、达达国土，更铸晋王金印授之。中书省臣言于世祖曰："诸王皆置傅，今晋王守太祖肇基之地，视诸王宜有加，请置内史。"世祖从之，遂以北安王傅秃归、梁王傅木八剌沙、云南行省平章赛阳并为内史。明年，置内史府。又明年，世祖崩，晋王闻讣，奔赴上都。诸王大臣咸在，晋王曰："昔皇祖命我镇抚北方，以卫社稷，久历边事，愿服厥职。母弟铁木耳仁孝，宜嗣大统。"于是成宗即帝位，而晋王复归藩邸。

元贞元年，塔塔儿部年谷不熟，檄宣徽院赈之。又答答剌民饥，请朝廷赈之。诏赐王钞千万贯，及银帛有差。皇太后复以云南所贡金器，遣朵年来赐。是岁冬，奉诏以知枢密院事札散、同知徽政院事阿里罕为内史。大德二年，诏给秫米五百石。五年，成宗以边士贫乏，分给钞一千万贯。

六年正月乙巳，王薨，年四十。王天性仁厚，御下有恩。元贞初，藩邸属官审伯年老，请以其子代之。内史言于王，王曰："惟天子所命。"其自守如此，故尤为朝廷所重。然崇尚浮屠，命僧作佛事，岁耗财不可胜计。子三人：曰也孙帖木儿，曰松山，曰迭里哥儿不花。王薨后十年，仁宗即位，谥王献武。又十一年，英宗遇弑，也孙帖木儿以嗣晋王即皇帝位，追尊曰光圣仁孝皇帝，庙号显宗，祔享太室。又六年，文宗即位，乃毁其庙室。

顺宗

顺宗昭圣衍孝皇帝，讳答剌麻八剌，裕宗第二子也。母曰徽仁裕圣皇后，弘吉剌氏。至元初，裕宗为燕王，答剌麻八剌生于燕邸。明年，诏裕宗居潮河。八月，召至京师。凡乘舆巡幸及岁时朝贺，未尝不侍裕宗以行。稍长，世祖赐女侍郭氏，其后乃纳弘吉剌氏为妃。二十二年，裕宗薨，答剌麻八剌以皇孙钟爱，两宫优其出阁之礼。二十八年，始诏出镇怀州，以侍卫都指挥使梭都、尚书王倚从行，至赵州，从卒有伐民桑枣者，民庶诉于道，答剌麻八剌怒，杖从卒以惩众，遣王倚入奏，世祖大悦。未至，以疾召还。明年春，世祖北幸，留治疾京师，越两月而薨，年二十有九。

子三人：长曰阿木哥，封魏王，郭出也；妃所生者曰海山，是为武宗；曰爱育黎拔力八达，是为仁宗。大德十一年秋，武宗即位，追谥曰昭圣衍孝皇帝，庙号顺宗，祔享太庙。

卷一百一十六　列传第三

后　妃　二

睿宗显懿庄圣皇后，名唆鲁和帖尼，怯烈氏，生子宪宗、世祖，相继为帝。至元二年，追上尊谥庄圣皇后，升祔睿宗庙。至大二年十二月，加谥显懿庄圣皇后。三年十月，又上玉册，其文曰："祖功宗德，称诔于天。内则阃仪，受成于庙。行之大者名必显，恩之隆者报则丰。上以增佐定之光，下以伸遹追之孝。钦惟庄圣皇后，英明溥博，圣善柔嘉。尊俪景襄，阴教纯被。逮事光献，妇职勤修。勋聿著于承天，祥两占于梦日。迹圣绪洪源之有渐，知深仁厚泽之无垠。玄符肇自涂山，顾前徽之未称；苍箓兴于文母，岂后嗣之能忘。是用参考彝经，丕扬景铄。敷绎宝慈之谊，形容青史之规。谨遣摄太尉某奉玉册玉宝，加上尊谥曰显懿庄圣皇后。伏惟睿灵，昭垂鉴格。礼严闷宫，乐歌夷则。亿万斯年，承休无斁。"

裕宗徽仁裕圣皇后伯蓝也怯赤，一名阔阔真，弘吉剌氏，生顺宗、成宗。先是，世祖出田猎，道渴，至一帐房，见一女子缉驼茸，世祖从觅马湩。女子曰："马湩有之，但我父母诸兄皆不在，我女子难以与汝。"世祖欲去之。女子又曰："我独居此，汝自来自去，于理不宜。我父母即归，姑待之。"须臾果归。出马湩饮世祖。世祖既去，叹息曰："得此等女子为人家妇，岂不美耶！"后与诸臣谋择太子妃，世祖俱不允。有一老臣尝知向者之言，知其未许嫁，言于世祖。世祖大喜，纳为太子妃。后性孝谨，善事中宫，世祖每称之为贤德媳妇。侍昭睿顺圣皇后，不离左右，至溷厕所用纸，亦以面擦，令柔软以进。一日，裕宗有病，世祖往视，见床上设织金卧褥。世祖愠而语之曰："我尝以汝为贤，何乃若此耶？"后跪答曰："常时不曾敢用，今为太子病，恐有湿气，因用之。"即时彻去。

世祖崩，成宗至上都，诸王毕会。先是，御史中丞崔彧得玉玺于木华黎国王曾孙世德家，其文曰"受命于天，既寿永昌"，上之于后，至是，后手授成宗。即皇帝位，尊后为皇太后，册文曰："自家而国，治道必有所先；立爱惟亲，君德莫先于孝。况恩深于鞠我，而礼重于正名。历代以来，令仪可考。人子之职所在，天下之母宜尊。恭惟圣母，圣善本乎天资，静专法乎地道。上以奉宗祏之重，下以叙伦纪之常。助我前人，守《卷耳》忧勤之志；保予冲子，成《思齐》雍肃之风。肆神器之有归，知孙谋之素定。畀付虽由于历数，规摹一出于庭闱。是用率吁众心，章明巨度，不胜拳拳大愿。谨奉册宝，上尊称曰皇太后。伏惟长信穆穆，周宗绵绵。备《洛书》之锡福，粲慈极之仪天。瑶图宝运，于万斯年。"命设官属，置徽政院。后院官有受献浙西田七百顷，籍于位下，太后曰："我寡居妇人，衣食自有余，况江南率土，皆国家所有，我曷敢私之。"即命中书省尽易院官之受献者。后之弟欲因后求官，后语之曰："若欲求官耶？汝自为之，勿以累我也。"其后，弟果被黜，人皆服后之先见。大德四年二月崩，祔葬先陵，谥曰裕圣皇后，升祔裕宗庙。至大三年十月，又追尊谥曰徽仁裕圣皇后。

显宗宣懿淑圣皇后，名普颜怯里迷失，弘吉剌氏，显宗居晋邸，纳为元妃，生泰定帝。泰定元年，追尊宣懿淑圣皇后，其册文曰："祗缵皇图，方弘仁孝之化；追崇圣母，永怀鞠育之恩。匪建鸿名，畴彰厚德。钦惟皇妣晋王妃弘吉剌氏，淑侔周姒，贤迈虞嫔。俪我先王，恪守肇基之地；昭其懿范，益恢正始之风。顺坤道以承乾，炯月辉以溯日。阴功久积，衍圣绪于无疆；神器攸归，知庆源之有自。仰徽音之如在，慨至养之莫加。聿选休辰，爰修缛典。谨遣摄太尉某奉玉册玉宝，上尊谥曰宣懿淑圣皇后。伏惟淑灵在上，式垂鉴临，合享太宫，永锡繁祉。"升祔皇考显宗庙。天历初，复祧显宗庙祀。

顺宗昭献元圣皇后，名答己，弘吉剌氏，按陈孙浑都帖木儿之女。裕宗居燕邸及潮河，顺宗俱在侍，稍长，世祖赐女侍郭氏，后乃纳后为妃，生武宗及仁宗。大德九年，成宗不豫，卜鲁罕皇后秉政，遣仁宗母子出居怀州。十年十二月，后至怀州。十一年正月，成宗崩。时武宗总兵北边，右丞相答剌罕哈剌哈孙阴遣使报仁宗，与后奔还京师。后与仁宗入内哭，复出居旧邸，朝夕入奠。即遣使迎武宗还，以五月即位。先是，太后以两太子星命付阴阳家推算，问所宜立，对曰："重光大荒落有灾，旃蒙作噩长久。"重光为武宗生年，旃蒙为仁宗生年。太后颇惑其言，遣近臣朵耳谕旨武宗曰："汝兄弟二人，皆我所出，岂有亲疏。阴阳家所言，运祚修短，不容不思也。"武宗闻之默然，进康里脱脱而言曰："我捍北边十年，又胤次居长，太后以星命为言，茫昧难信。使我设施合于天心民望，虽一日之短，亦足垂名万世。何可以阴阳家言，而乖祖宗之托哉！"脱脱以闻，太后愕然曰："修短之说，虽出术家，吾为太子远虑，所以深爱太子也。太子既如是言，今当速来耳。"详见《康里脱脱传》中。

五月，武宗既立，即日尊太后为皇太后。立仁宗为皇太子。三宫协和。十一月，帝朝太后于隆福宫，上皇太后玉册玉宝。至大元年三月，帝为太后建兴圣宫，给钞五万锭、丝二万斤。二年正月，太后幸五台山作佛事，诏高丽王璋从之。四月，立兴圣宫江淮财赋总管府，以司太后钱粮。三年二月，以上皇太后尊号，告祀南郊。四月，以兴圣宫鹰坊等户四千，分处辽阳，建万户府统之。十月戊申，帝率皇太子诸王群臣朝兴圣宫，上皇太后尊号册宝曰仪天兴圣慈仁昭懿寿元皇太后。庚戌，后恭谢太庙，以皇太后受尊号，诏赦天下。四年，仁宗即位。延祐二年三月，帝率诸王百官奉玉册玉宝，加上皇太后尊号曰仪天兴圣慈仁昭懿寿元全德泰宁福庆皇太后。延祐七年，英宗即位，十二月，上尊号太皇太后，册文云："王政之先，无以加孝，人伦之本，莫大尊亲。肆予临御之初，首举推崇之典。恭惟太皇太后陛下，仁施溥博，明烛幽微。爰自居渊潜之宫，已有母天下之望。方武宗之北狩，适成庙之宾天。旋克振于乾纲，谅再安于宗祏。虽有在躬之历数，实司创业之艰难。仪式表于慈闱，动协谋于先帝。莫究补天之妙，允如扶日之升。位履至尊，两翼成于圣子；嗣登大宝，复拥佑于眇躬。矧德迈涂山，功高文母。是宜加于四字，式益衍于徽称。谨奉玉册玉宝，加上尊号曰仪天兴圣慈仁昭懿寿元全德泰宁福庆徽文崇佑太皇太后。於戏！兹虽涉于强名，庶庸申于善颂。九州四海，养未足于孝心；万岁千秋，愿永膺于寿祉。"丙辰，太后御大明殿，受朝贺。戊辰，告太庙。太后见明宗少时有英气，而英宗稍柔懦，诸群小以立明宗必不利于已，遂拥立英宗。及既即位，太后来贺，英宗即毅然见于色，后退而悔曰："我不拟养此儿耶！"遂饮恨成疾。至治三年二月崩，升祔顺宗庙配食。

后性聪慧，历佐三朝，教宫中侍女皆执治女功，亲操井臼。然不事检饬，自正位东朝，淫恣益甚，内则黑驴母亦烈失八用事，外则幸臣失烈门、纽邻及时宰迭木帖儿相率为奸，以至箠辱平章张珪等，浊乱朝政，无所不至。及英宗立，群幸伏诛，而后势焰顿息焉。

卷一百一十七　　列传第四

别里古台

宗王别里古台者，烈祖之第五子，太祖之季弟也。天性纯厚，明敏多智略，不喜华饰，躯干魁伟，勇力绝人。幼从太祖平诸部落，掌从马。国法：常以腹心遇败则牵从马。其子孙最多，居处近太祖行在所，南接按只台营地。尝从太祖宴诸部族，或潜图害别里古台，以刀斫其臂，伤甚。帝大怒，欲索而诛之。别里古台曰："今将举大事于天下，其可以臣故而生衅隙哉！且臣虽伤甚，幸不至死，请勿治。"帝尤贤之。当创业之初，征取诸国，王未尝不在军中，摧锋陷阵，不避艰险。帝尝曰："有别里古台之力，哈撒儿之射，此朕之所以取天下也。"其见称如此。尝立为国相，又长扎鲁火赤，别授之印。赐以蒙古百姓三千户，及广宁路、恩州二城户一万一千六百三，以为分地；又以斡难、怯鲁连之地建营以居。江南平，加赐信州路及铅山州二城户一万八千。王薨。子曰罕秃忽，曰也速不花，曰口温不花。

罕秃忽，性刚猛，知兵。从宪宗征伐，多立战功，及攻钓鱼山而还，道由河南，招来流亡百余户，悉以入籍。罕秃忽子曰霍历极，以疾废，不能军，世祖俾居于恩，以统其藩人。至大三年，霍历极薨，子塔出嗣。塔出性温厚，谦恭好学，通经史，能抚恤其民云。

也速不花子曰爪都，中统三年，始以推戴功，封广宁王。至元十三年，赐银印。

口温不花，领兵河南，屡建大功，子曰灭里吉台、瓮吉剌台。

术　赤

术赤者，太祖长子也。国初，以亲王分封西北。其地极远，去京师数万里，驿骑急行二百余日，方达京师，以故其地郡邑风俗皆莫得而详焉。术赤薨，子拔都嗣。拔都薨，弟撒里答嗣。撒里答薨，弟忙哥帖木儿嗣。忙哥帖木儿薨，弟脱脱忙哥嗣。脱脱忙哥薨，弟脱脱嗣。脱脱薨，弟伯忽嗣。伯忽薨，弟月即别嗣。至元二年，月即别遣使来求分地岁赐，以赈给军站，京师元无所领府治。三年，中书请置总管府，给正三品印。至大元年，月即别薨，子札尼别嗣。其位下旧赐平阳、晋州、永州分地，岁赋中统钞二千四百锭，自至元五年己卯岁始给之。

秃　剌

秃剌，太祖次子察合台四世孙也。少以勇力闻。大德十一年春，成宗崩，左丞相阿忽台等潜谋立安西王阿难答，而推皇后伯岳吾氏称制，中外汹汹。仁宗归自怀孟，引秃剌入内，缚阿忽台等以出，诛之，大事遂定。武宗即位，第功，封越王，锡金印，以绍兴路为其分地。秃剌居常怏怏，有怨望意。至大元年秋，武宗幸凉亭，将御舟，秃剌前止之。帝曰："尔何如？朕欲登舟。"秃剌曰："人有常言：一箭中麋，毋曰自能；百兔未得，未可遽止。"此盖国俗侪辈相靳之语，而秃剌言之，武宗由是衔焉。既而大宴万岁山，秃剌醉起，解其腰带掷诸地，瞋目谓帝曰："尔与我者，止此尔！"帝益疑其有异志。二年春，命楚王牙忽都、丞相脱脱、平章赤因铁木儿鞫之，辞服，遂伏诛。

子西安王阿剌忒纳失里，天历初以推戴功，进封豫王。

牙　忽　都

牙忽都，祖父拨绰，睿宗庶子也。拨绰之母曰马一实，乃马真氏。拨绰骁勇善骑射，宪宗命大将军，北征钦察有功，赐号拔都。岁丁巳，分土诸侯王，赐蠡州三千三百四十七户，为其食邑。拨绰娶察浑灭儿乞氏，生薛必烈杰儿。薛必烈杰儿娶弘吉剌氏，生牙忽都。

牙忽都年十三，世祖命袭其祖父统军。至元十二年，从北安王北征。十三年，失列吉叛，遣人诱胁之，牙忽都不从，事王益忠谨。八鲁浑拔都儿、粘闾与海都通，相率引去，王遣牙忽都将兵追之，擒八鲁浑等以献。未几，失列吉、约木忽儿、脱帖木儿等反，以兵攻王。脱帖木儿生致牙忽都，使失列吉拘系之。牙忽都与王亲臣那台等谋逃归，事觉，那台等被杀，复系牙忽都，困辱备至。十四年，兀鲁兀台、伯颜帅师讨叛，失列吉、约木忽儿迎战，牙忽都潜结赤斤帖木儿、秃秃哈乱其阵。失列吉军乱，因得脱走。见帝，须发尽白。帝闵之，赏赉甚厚。至元十八年，加封耒阳州五千三百四十七户。

二十一年，命与秃秃哈同讨海都，牙忽都先进，逻得谍人，知其虚实，直前冲敌阵，破其精兵，海都败走，得所俘掠军民而还。朵儿朵哈上其功，诏赐钞币、铠甲、弓矢。其后北安王驻帖木儿河。乃颜、也不坚有异图，也不坚引兵趋怯绿怜河大帐。王遣阔阔出、秃秃哈率众追之。那怀之民扰攘不知所从。牙忽都将三百骑，进至阿赤怯地。会王帐下逊笃思部兵逃去，牙忽都谕之使还。时怯必秃忽儿霍台诱蒙古军二万从乃颜，牙忽都知之，夜袭其河上军，突入帐中，遇忽都灭儿坚，几获之，间道逸去。二十七年，海都入寇。时朵儿朵哈方居守大帐，诏遣牙忽都同力备御。军未战而溃，牙忽都妻帑辎重驻不思哈剌岭上，悉为药木忽儿、明理帖木儿所掠。牙忽都与其子脱列帖木儿相失，独与十三骑奔还。世祖抚慰嘉叹，赐爵镇远王，涂金银印，以弘吉剌氏女赐之，资装特厚。复命纳里忽、彻彻不花往锡命其部属同时被剽掠者，以故相桑哥家财分赐之，仍各赐白金五十两、珠子一酒卮，钞币称是。又命牙忽都居北安王第二帐。王薨，帝命掌大帐，固辞。成宗立，命牙忽都常侍左右。武宗抚兵漠北，请以子脱列帖木儿从。大德五年，海都、笃哇合军入寇，脱列帖木儿将兵千人拥护，先后力战，功多，在军十年。

成宗崩，安西王阿难答与明理帖木儿窥望神器。牙忽都曰："世祖皇帝之嫡孙在，神器所当属。安西，藩王也，入继非制。"武宗即位，以其父子劳效忠勤，益厚遇之，进封楚王，赐金印，置王傅，以驸马都尉都剌哈之女弟弘吉烈氏为楚王妃，又以叛王察八儿亲属赐之。脱列帖木儿袭封镇远王。

至大三年，察八儿来归，宗亲皆会。牙忽都进曰："太祖皇帝削平四方，惟南土未定，列圣嗣位，未遑统一。世祖皇帝混一四海，顾惟宗室诸王，弗克同堂而燕。今陛下洪福齐天，拔都罕之裔，首已附顺，叛王察八儿举族来归，人民境土，悉为一家。地大物众，有可恃者焉，有不可恃者焉。昔我太祖有训，世祖诵之，臣与有闻，治乱国者，宜以法齐之，所以辨上下，定民志。今请有以整饬之，则人将有所劝惩，惟陛下鉴之。"帝嘉纳其言。

牙忽都薨，仁宗命脱列帖木儿嗣楚王。延祐中，明宗西出，脱列帖木儿坐累，徙西番，没入其家赀之半。明宗即位，制曰："脱列帖木儿何罪，其转徙籍没，岂不以我故耶。其复故号，人民赀帑悉归之。"脱列帖木儿薨，子八都儿立。八都儿薨，有子三人：曰燕帖木儿，曰速哥帖木儿，曰朵罗不花。燕帖木儿嗣，时年十有二，妃弘吉剌氏，哈只儿驸马之女孙，速哥失里皇后之从妹也。

宽彻普化

宽彻普化，世祖之孙，镇南王脱欢子也。泰定三年，封威顺王，镇武昌，赐金印，拨付怯薛丹五百名，又自募至一千名。设王傅官属。湖广行省供亿钱粮衣装，岁支米三万石，钱三万二千锭，又日给王子诸妃饮膳。文宗天历初，赐宽彻普化金银各五十两、币三十匹，仍镇湖广，而宽彻普化纵怯薛等官侵夺民利，民颇患苦之。至元五年，太师伯颜矫制召赴京，贬之。及脱脱为相，始明其无辜，命复还镇。至正二年，湖北廉访司纠言，宽彻普化恃以宗室，恣行不法。不报。

十一年，徐寿辉为乱，起蕲、黄，宽彻普化与其子别帖木儿、答帖木儿引兵至金刚台，寿辉部将倪文俊败之，执别帖木儿。十二年，寿辉伪将邹普胜陷武昌，宽彻普化与湖广行省平章和尚弃城走，诏追夺宽彻普化印，而诛和尚。十三年，湖广行省参知政事阿鲁辉克复武昌及汉阳。宽彻普化复率领王子并本部怯薛丹，屡讨贼立功。十四年，诏宽彻普化复镇武昌，还其印。十六年，命宽彻普化与宣让王帖木儿不花以兵镇遏怀庆，各赐黄金一锭、白金五锭、币帛九匹、钞二十锭。未几，复还武昌，命其子报恩奴、接待奴、佛家奴以大船四十余只水陆并进，至沔阳攻徐寿辉伪将倪文俊，且载妃妾以行。兵至汉川县鸡鸣汊，水浅船阁，不能行，文俊以火筏尽焚其船，接待奴、佛家奴皆遇害，而报恩奴自死，妃妾皆陷，宽彻普化走陕西。二十五年，侯伯颜答失奉宽彻普化自云南经蜀转战而去，至成州，欲之京师，李思齐以取蜀为名，扼不令行，俾屯田于成州以没。

其子曰和尚者，封义王，侍从顺帝左右，多著劳效，帝出入常与俱。至正二十四年，孛罗帖木儿称兵犯阙，遂为中书右丞相，总握国柄，恣为淫虐。和尚心忿其无君，数为帝言之。受密旨，与儒士徐士本谋，交结勇士上都马、金那海、伯颜达儿、帖古思不花、火你忽都、洪宝宝、黄哈剌八秃、龙从云，阴图刺孛罗帖木儿。帝期以事济，放鸽铃为号，徐士本掌之。明年七月，孛罗帖木儿入奏事，行至延春阁李树下，伯颜达儿自众中奋出，斫孛罗帖木儿，中其脑，上都马等竞前斫死之。详见《孛罗帖木儿传》。二十八年，顺帝将北奔，诏淮王帖木儿不花监国，而以和尚佐之，及京城将破，即先遁，不知所之。

帖木儿不花

帖木儿不花，世祖孙，镇南王脱欢第四子也。初，世祖第九子脱欢以讨安南无成功，终身不许见，遂封镇南王，出镇扬州。脱欢薨，子老章袭封镇南王。老章薨，弟脱不花袭封镇南王。脱不花薨，子孛罗不花幼，帖木儿不花乃嗣为镇南王。文宗天历初，赐帖木儿不花黄金五十两、白金五十两、币三十匹。二年，孛罗不花已长，帖木儿不花请以其位复还孛罗不花。朝廷以其让而不居也，改封宣让王，赐金印，移镇于庐州。顺帝至元元年，拨庐州、饶州牧地一百顷赐之。二年，赐市宅钱四千锭，命其王府官凡班次列于有司之右。五年，伯彦擅权，矫制贬帖木儿不花及威顺王宽彻普化。至脱脱为相，始言于帝，明此两王者皆无辜，诏令复还镇。至正十二年，庐州境内贼起，淮西廉访使陈思谦言于帖木儿不花曰："王以帝室之胄，镇抚淮甸，岂宜坐视。且府中官属及怯薛丹人等数甚多，必有可使摧锋陷阵者，惟王图之。"帖木儿不花大悟其言，曰："此吾责也。"即命以所部兵及诸王乞塔歹等，分道击贼，擒其渠帅，庐州境内皆平。帝闻之，赐金带、银钞，以赏其功。十六年，命帖木儿不花与宽彻普化以兵镇遏怀庆路，赐金银各一锭、币帛九匹、钞二十锭。既而汝、颍之寇南渡淮，帖木儿不花复以便宜，调芍陂屯军拒之。及庐州不守，乃挈身北归，留京师。二十七年，进封淮王，赐金印，设王傅等官。二十八年，大明兵逼京师，顺帝北奔，诏以帖木儿不花监国，而拜庆童中书左丞相辅之。俄而城破，帖木儿不花死之，年八十三。

卷一百一十八　　列传第五

特薛禅

特薛禅，姓孛思忽儿，弘吉剌氏，世居朔漠。本名特，因从太祖起兵有功，赐名薛禅，故兼称曰特薛禅。女曰孛儿台，太祖光献翼圣皇后。子曰按陈，从太祖征伐，凡三十二战，平西夏，断潼关道，取回纥寻斯干城，皆与有功。岁丁亥，赐号国舅按陈那颜。壬辰，赐银印，封河西王，以统其国族。丁酉，赐钱二十万缗，有旨："弘吉剌氏生女世以为后，生男世尚公主，每岁四时孟月，听读所赐旨，世世不绝。"又赐所俘获军民五千二百，仍授万户以领之。按陈薨，葬官人山。元贞元年二月，追封济宁王，谥忠武；妻哈真，追封济宁王妃。

子斡陈，岁戊戌授万户，尚睿宗女也速不花公主。斡陈薨，葬不海韩。

弟纳陈，岁丁巳袭万户，奉旨伐宋，攻钓鱼山。又从世祖南涉淮甸，下大清口，获船百余艘。又率兵平山东济、兖、单等州。及阿里不哥叛，中统二年与诸王北伐，以其子哈海、脱欢、斡罗陈等十人自从，至于莽来，由失木鲁与阿里不哥之党八儿哈八儿思等战，追北至孛罗克秃，复战，自旦及夕，斩首万级，僵尸被野。薨，葬末怀秃。斡罗陈袭万户，尚完泽公主。完泽公主薨，继尚囊加真公主。至元十四年薨，葬拓剌里。无子。

弟曰帖木儿，至元十八年袭万户。二十四年，乃颜叛，从帝亲征，以功封济宁郡王，赐白伞盖以宠之。二十五年，诸王哈丹秃鲁干叛，与诸王及统兵官玉速帖木儿等率兵讨之，由龟剌儿河与哈丹等遇，转战至恼木连河，歼其众。帝赐名按答儿秃那颜，以旌其功。薨，葬末怀秃。

子二人：长曰雕阿不剌，次曰桑哥不剌，皆幼。至元二十七年，以其弟蛮子台袭万户，亦尚囊加真公主。成宗即位，封皇姑鲁国大长公主，以金印封蛮子台为济宁王。奉旨率本部兵讨叛王海都、笃哇，既与之遇，方约战，行伍未定，单骑突入阵中，往复数四，敌兵大扰，一战遂大捷。时武宗在藩邸，统大军以镇朔方，有旨令蛮子台总领蒙古军民官，辅武宗守莽来，以遏北方。囊加真公主薨，继尚裕宗女喃哥不剌公主。蛮子台薨，年五十有二。

大德十一年三月，按答儿秃长子雕阿不剌袭万户，尚祥哥剌吉公主，六月，封大长公主，赐雕阿不剌金印，加封鲁王。至大二年，赐平江稻田一千五百顷。皇庆间，加封皇姊大长公主。天历间，加号皇姑徽文懿福贞寿大长公主。至大三年，雕阿不剌薨，葬末怀秃。

阿里嘉室利，雕阿不剌嫡子也。至大三年，甫八岁，袭万户。四年七月，袭封鲁王，尚朵儿只班公主。元统元年，阿里嘉失利薨。至顺间，封朵儿只班号肃雍贤宁公主。

桑哥不剌者，鲁王雕阿不剌之弟、阿里嘉室利之叔也。自幼奉世皇旨，养于斡可珍公主所，是为不只儿驸马，后袭统其本部民四百户。成宗时，奉旨尚普纳公主；至顺间，封郓安大长公主，授桑哥不剌金印，封郓安王，职千户。元统元年，授万户。二年三月，加封郓安公主号皇姑大长公主；加封桑哥不剌鲁王。以疾薨，年六十一。此皆以驸马袭封王爵者也。

唆儿火都者，亦按陈之子，以从征功，在太祖朝遥授左丞相，为千户，仍赐以涂金银章，及金银字海青圆符五、驿马券六。其子曰阿哈驸马，当宪宗朝尝率兵破徐州，以功受赏黄金一铤、白金十铤及银鞍勒，仍命袭父官。至世祖时，有昭"弘吉剌万户所受驿券、圆符皆仍其旧，凡唆儿火都所受者，宜皆收之"，而唆儿火都之诸孙若孛罗沙、伯颜、蛮子、添寿不花、大都不花、掌吉等，及阿哈千户之孙曰也速达儿与按陈之弟名册者，在太祖世授官本藩蒙古军站千户。册之子曰哈儿哈孙，以平金功，赐号拔都儿。哈儿哈孙之孙曰都罗儿，至元四年，授光禄大夫，以银章封懿国公。

有脱怜者，亦按陈之裔孙也，世祖授本藩千户，仍赐驿券、圆符各四，令以兵守朔土之怯鲁连。二十四年，从族父按答儿秃征叛王乃颜有功，亦赐号拔都儿。脱怜卒，子迸不剌嗣。迸不剌卒，子买住罕嗣。买住罕尚拜答沙公主。卒，弟孛罗帖木儿嗣，以金章封毓德王。孛罗帖木儿薨，买住罕孙阿失袭千户。

有名丑汉者，按陈次子必哥之裔孙，尚台忽鲁都公主。仁宗朝，封安远王，以兵守莽来。

有答儿罕者，亦特薛禅之裔孙也，以从军功，世祖亦赐以拔都儿之号，加赐黄金一铤。其子曰不只儿，从征乃颜，禽其党金家奴，帝赏以金带。其后有曰伯奢者，即其孙也。

又按陈之孙纳合，尚太宗唆儿哈罕公主。火忽之孙不只儿，尚斡可真公主。又特薛禅诸孙有名脱罗禾者，尚不鲁罕公主，继尚阔阔伦公主。此皆尚公主为驸马者也。

凡其女之为后者，自光献翼圣皇后以降，宪宗贞节皇后讳忽都台，及后妹也速儿，皆按陈从孙忙哥陈之女。世祖昭睿顺圣皇后讳察必，济宁忠武王按陈之女；其讳帖古伦者，按陈孙脱怜之女；讳喃必册继守正宫者，纳陈孙仙童之女。成宗贞慈静懿皇后讳实怜答里，斡罗陈之女也。顺宗昭献元圣皇后讳答吉，大德十一年十一月，武宗册上皇太后，至大三年十月，加上尊号曰仪天兴圣慈仁昭懿寿元皇太后，仁宗延祐二年，加上尊号曰仪天兴圣慈仁昭懿寿元全德泰宁福庆皇太后，延祐七年，又加徽文崇祐四字，尊号太皇太后，则按陈孙浑都帖木儿之女。武宗宣慈惠圣皇后讳真哥，脱怜子迸不剌之女；其讳速哥失里者，按陈从孙哈儿只之女。泰定皇后讳八不罕，按陈孙斡留察儿之女；其讳必罕、讳速哥答里者，皆脱怜孙买住罕之女。文宗皇后讳不答失里，雕阿不剌鲁王之女。此则弘吉剌氏之为后者也。

初，弘吉剌氏族居于苦烈儿、温都儿斤、迭烈木儿、也里古纳河之地。岁甲戌，太祖在迭蔑可儿时，有旨分赐按陈及其弟火忽、册等农土，（农土犹言经界也。）若曰"是苦烈儿、温都儿斤，以与按陈及哈撒儿为农土"。申谕按陈曰："可木儿温都儿、答儿脑儿、迭蔑可儿等地，汝则居之。"谕册曰："阿剌忽马乞迤东，蒜吉纳秃山、木儿速拓、哈海斡连直至阿只儿哈温都、哈老哥鲁等地，汝则居之。当以胡卢忽儿河北为邻，按赤台为界。"又谕火忽曰："哈老温迤东，涂河、潢河之间，火儿赤纳庆州之地，与亦乞列思为邻，汝则居之。"又谕按陈之子唆鲁火都曰："以汝父子能输忠于国，可木儿温都儿迤东，络马河至于赤山，涂河迤南，与国民为邻，汝则居之。"至至元七年，斡罗陈万户及其妃囊加真公主请于朝曰："本藩所受农土，在上都东北三百里答儿海子，实本藩驻夏之地，可建城邑以居。"帝从之。遂名其城为应昌府。二十二年，改为应昌路。元贞元年，济宁王蛮子台亦尚囊加真公主，复与公主请于帝，以应昌路东七百里驻冬之地创建城邑，复从之。大德元年，名其城为全宁路。

弘吉剌之分邑，得任其陪臣为达鲁花赤者，有济宁路及济、兖、单三州，巨野、郓城、金乡、虞城、砀山、丰县、肥城、任城、鱼台、沛县、单父、嘉祥、磁阳、宁阳、曲阜、泗水一十六县。此丙申岁之所赐也。至元六年，升古济州为济宁府，十八年始升为路，而济、兖、单三州隶焉。又汀州路长汀、宁化、清流、武平、上杭、连城六县，此至元十三年之所赐也。又有永平路滦州、卢龙、迁安、抚宁、昌黎、石城、乐亭六县，此至大元年之所赐也。若平江稻田一千五百顷，则至大二年所赐也。其应昌、全宁等路则自达鲁花赤总管以下诸官属，皆得专任其陪臣，而王人不与焉。

此外，复有王傅府，自王傅六人而下，其群属有钱粮、人匠、鹰房、军民、军站、营田、稻田、烟粉千户、总管、提举等官，以署计者四十余，以员计者七百余，此可得而稽考者也。其五户丝、金钞之数，则丙申岁所赐济宁路之三万户，至元十八年所赐汀州路之四万户，丝以斤计者，岁二千二百有奇；钞以锭计者，岁一千六百有奇。此则所谓岁赐者也。

孛秃

孛秃，亦乞列思氏，善骑射。太祖尝潜遣术儿彻丹出使，至也儿古纳河。孛秃知其为帝所遣，值日暮，因留止宿，杀羊以享之。术儿彻丹马疲乏，复假以良马。及还，孛秃待之有加。术儿彻丹具以白帝，帝大喜，许妻以皇妹帖木伦。孛秃宗族乃遣也不坚歹等诣太祖，因致言曰："臣闻威德所加，若云开见日、春风解冻，喜不自胜。"帝问："孛秃孳畜几何？"也不坚歹对曰："有马三十匹，请以马之半为聘礼。"帝怒曰："婚姻而论财，殆若商贾矣。昔人有言，同心实难，朕方欲取天下，汝亦乞列思之民，从孛秃效忠于我可也，何以财为！"竟以皇妹妻之。既而札赤剌歹札木哈、脱也等以兵三万入寇。孛秃闻之，遣波栾歹、磨里秃秃来告，乃与哈剌里、札剌兀、塔儿哈泥等讨脱也等，掠其辎重，降其民。乃蛮叛，帝召孛秃以兵至，大战败之。皇妹薨，复妻以皇女火臣别吉，而命哈儿八台之子也可忽林图带弓矢为之侍。哈儿八台曰："吾儿岂能为人臣仆，宁死不为也！"帝令孛秃与之敌，哈儿八台令月列等拒战于碗图河。孛秃直前擒月列，刺杀也可忽林图，哈儿八台走渡拙赤河，又擒之，尽杀其众。从太师国王木华黎略地辽东、西，以功封冠懿二州。从征西夏，病薨。赠推忠宣力佐命功臣、太师、开府仪同三司、驸马都尉、上柱国，进封昌王，谥忠武。子锁儿哈袭爵。

锁儿哈，事太宗。与木华黎取嘉州，降其民，遣伯秃儿哈拙赤碣来献捷，帝曰："若父宣力国家，朕昔见之。今锁儿哈克光前烈。"赐以金锦、金带、七宝鞍，召至中都，以疾薨。锁儿哈娶皇子斡赤女安秃公主，生女，是为宪宗皇后。

子札忽儿臣，从定宗出讨万奴有功，太宗命亲王安赤台以女也孙真公主妻之。薨，赠推诚靖宣佐运赞治功臣、太师、开府仪同三司、驸马都尉、上柱国，袭封昌王，谥忠靖。

札忽儿臣有子二人：长月列台，娶皇子赛因主卜女哈答罕公主，生脱别台，与乃颜战，有功。次忽怜。

忽怜，尚宪宗女伯牙鲁罕公主。后脱黑帖木儿叛，世祖命忽怜与失列及等讨之，大战终日，脱黑帖木儿败走，帝嘉之，复令尚宪宗孙女不兰奚公主。宋平，封以广州。乃颜、声剌哈儿叛，世祖亲征，薛彻坚等与哈答罕屡战，帝召忽怜至。值薛彻坚等战于程火失温之地，哈答罕众甚盛，忽怜以兵二百迎敌，败之。哈答罕等走度猱河，还其巢穴。逾年夏，帝命忽怜复征之。至曲列儿、塔兀儿二河之间，大战，其众皆度塔兀河遁去。余百人逃匿山谷，忽怜即率兵二百徒步追之。薛彻坚止之曰："彼亡命者，安得徒行。"忽怜不听，往杀其众。薛彻坚以闻，赐金一铤、银五铤。又逾年，复往征之，与哈答罕遇于兀剌河。忽怜夜率千人潜入其军，尽杀之。帝赐钞五万贯、金一铤、银十铤。忽怜薨，赠效忠保德辅运佐理功臣、太师、开府仪同三司、驸马都尉、上柱国，追封昌王，谥忠宣。

子阿失，事成宗。笃哇叛于海都，帝遣晋王甘麻剌并武宗帅师讨之。大德五年，战哈剌答山，阿失射笃哇，中其膝，擒杀甚多，笃哇号哭而遁，武宗赐之衣。成宗加赐珠衣，封为昌王，置王府官属。仁宗朝，复赐以宁昌县税入。阿失尚成宗女亦里哈牙公主，复尚宪宗曾孙女买的公主。阿失薨，子八剌失里袭封昌王。忽怜从弟不花，尚世祖女兀鲁真公主；其弟锁郎哈，娶皇子忙哥剌女奴兀伦公主，生女，是为武宗仁献章圣皇后，实生明宗。

阿剌兀思剔吉忽里

阿剌兀思剔吉忽里，汪古部人，系出沙陀雁门之后。远祖卜国，世为部长。金源氏堑山为界，以限南北，阿剌兀思剔吉忽里以一军守其冲要。时西北有国曰乃蛮，其主太阳可汗遣使来约，欲相亲附，以同据朔方。部众有欲从之者，阿剌兀思剔吉忽里弗从，乃执其使，奉酒六尊，具以其谋来告太祖。时朔方未有酒，太祖饮三爵而止，曰："是物少则发性，多则乱性。"使还，酬以马五百、羊一千，遂约同攻太阳可汗。阿剌兀思剔吉忽里先期而至。既平乃蛮，从下中原，复为向导，南出界垣。太祖留阿剌兀思剔吉忽里归镇本部，为其部众昔之异议者所杀，长子不颜昔班并死之。

其妻阿里黑携幼子孛要合与侄镇国逃难，夜遁至界垣，告守者，缒城以登，因避地云中。太祖既定云中，购求得之，赐与甚厚，乃追封阿剌兀思剔吉忽里为高唐王，阿里黑为高唐王妃，以其子孛要合尚幼，先封其侄镇国为北平王。镇国薨，子聂古台袭爵，尚睿宗女独木干公主，略地江淮，薨于军，赐兴州民千余户，给其葬。

孛要合幼从攻西域，还封北平王，尚阿剌海别吉公主。公主明睿有智略，车驾征伐四出，尝使留守，军国大政，谘禀而后行，师出无内顾之忧，公主之力居多。孛要合未有子，公主为进姬妾，以广嗣续，生三子：曰君不花，曰爱不花，曰拙里不花。公主视之，皆如己出。孛要合薨，追封高唐王，谥武毅。后加赠宣忠协力翊卫果毅功臣、太傅、仪同三司、上柱国、驸马都尉，追封赵王。公主阿剌海别吉追封皇祖姑齐国大长公主，加封赵国。

子君不花，尚定宗长女叶里迷失公主。爱不花，尚世祖季女月烈公主。中统初，总兵讨阿里不哥，败阔不花于按檀火尔欢之地。三年，围李璮于济南，独当一面。事平，又从征西北，败叛王之党撒里蛮于孔古烈。爱不花卒。子阔里吉思。

阔里吉思，性勇毅，习武事，尤笃于儒术，筑万卷堂于私第，日与诸儒讨论经史，性理、阴阳、术数，靡不该贯。尚忽答的迷失公主，继尚爱牙失里公主。宗王也不干叛，率精骑千余，昼夜兼行，旬日追及之。时方暑，将战，北风大起，左右请待之，阔里吉思曰："当暑得风，天赞我也。"策马赴战，骑士随之，大杀其众，也不干以数骑遁去。阔里吉思身中三矢，断其发。凯还，诏赐黄金三斤、白金千五百斤。成宗即位，封高唐王。西北不安，请于帝，愿往平之，再三请，帝乃许。及行，且誓曰："若不平定西北，吾马首不南。"大德元年夏，遇敌于伯牙思之地，众谓当俟大军毕至，与战未晚，阔里吉思曰："大丈夫报国，而待人耶！"即整众鼓躁以进，大败之，擒其将卒百数以献。诏赐世祖所服貂裘、宝鞍，及缯锦七百、介胄、戈戟、弓矢等物。二年秋，诸王将帅共议防边，咸曰："敌往岁不冬出，且可休兵于境。"阔里吉思曰："不然，今秋候骑来者甚少，所谓鸷鸟将击，必匿其形，备不可缓也。"众不以为然，阔里吉思独严兵以待之。是冬，敌兵果大至，三战三克，阔里吉思乘胜逐北，深入险地，后骑不继，马蹶陷敌，遂为所执。敌诱使降，惟正言不屈，又欲以女妻之，阔里吉思毅然曰："我帝婿也，非帝后面命，而再娶可乎！"敌不敢逼。帝尝遣其家臣阿昔思特使敌境，见于人众中，阔里吉思一见辄问两宫安否，次问嗣子何如，言未毕，左右即引其去。明日，遣使者还，不复再见，竟不屈死焉。九年，追封高唐忠献王，加赠推忠宣力崇文守正亮节保德功臣、太师、开府仪同三司、上柱国、驸马都尉，追封赵王。公主忽答的迷失追封齐国长公主，爱牙失里封齐国公主，并加封赵国。

子术安幼，诏以弟术忽难袭高唐王。术忽难才识英伟，谨守成业，抚民御众，境内乂安。痛其兄死节，遣使如京师，表请恤典，又请翰林承旨阎复铭诸石。教养术安过于己子，命家臣之谨厚者掌其兄之珍服秘玩，待术安成立，悉以付之。至大二年，术忽难加封赵王，即以让术安。三年，术安袭赵王，尚晋王女阿剌的纳八剌公主。一日，召王傅脱欢、司马阿昔思谓曰："先王旅殡卜罗，荒远之地，神灵将何依，吾痛心欲无生，若请于上，得归葬先茔，瞑目无憾矣。"二人言之知枢密院事也里吉尼以闻，帝嗟悼久之，曰："术安孝子也。"即赐阿昔思黄金一瓶，得脱欢之子失忽都鲁、王傅术忽难之子阿鲁忽都、断事官也先等一十九人，乘驿以往，复赐从者钞五百贯。淇阳王月赤察儿、丞相脱禾出八都鲁差兵五百人，护其行至殡所，奠告启视，尸体如生，遂得归葬。

卷一百一十九　　列传第六

木华黎

木华黎，札剌儿氏，世居阿难水东。父孔温窟哇，以戚里故，在太祖麾下，从平篾里吉，征乃蛮部，数立功。后乃蛮又叛，太祖与六骑走，中道乏食，擒水际橐驼杀之，燔以啖太祖。追骑垂及，而太祖马毙，五骑相顾骇愕，孔温窟哇以所乘马济太祖，身当追骑，死之。太祖获免。有子五人，木华黎其第三子也。生时有白气出帐中。神巫异之，曰："此非常儿也。"及长，沉毅多智略，猿臂善射，挽弓二石强。与博尔术、博尔忽、赤老温事太祖，俱以忠勇称，号掇里班曲律，犹华言四杰也。

太祖军尝失利，会大雪，失牙帐所在，夜卧草泽中。木华黎与博尔术张裘毡，立雪中，障蔽太祖，达旦竟不移足。一日，太祖从三十余骑行溪谷间，顾谓曰："此中或遇寇，当奈何？"对曰："请以身当之。"既而，寇果自林间突出，矢下如雨。木华黎引弓射之，三发中三人。其酋呼曰："尔为谁？"曰："木华黎也。"徐解马鞍持之，捍卫太祖以出，寇遂引去。克烈王可汗与乃蛮部仇战，求援于太祖。太祖遣木华黎及博尔术等救之，尽杀乃蛮之众于按台之下，获甲仗、马牛而还。既而王可汗谋袭太祖，其下拔台知之，密告太祖。太祖遣木华黎选精骑夜斫其营，王可汗走死，诸部大人闻风款附。岁丙寅，太祖即皇帝位，首命木华黎、博尔术为左右万户。从容谓曰："国内平定，汝等之力居多。我与汝犹车之有辕，身之有臂也。汝等切宜体此，勿替初心。"

金之降者，皆言其主璟杀戮宗亲，荒淫日恣。帝曰："朕出师有名矣。"辛未，从伐金，薄宣德，遂克德兴。壬申，攻云中、九原诸郡，拔之，进围抚州。金兵号四十万，阵野狐岭北。木华黎曰："彼众我寡，弗致死力战，未易破也。"率敢死士，策马横戈，大呼陷阵，帝麾诸军并进，大败金兵，追至浍河，僵尸百里。癸酉，攻居庸关，壁坚，不得入，遣别将阇别统兵趋紫荆口，金左监军高琪引兵来拒，不战而溃，遂拔涿州。因分兵攻下益都、滨、棣诸城，遂次霸州，史天倪、萧勃迭率众来降，并奏为万户。甲戌，从围燕，金主请和，北还。命统诸军征辽东，次高州，卢琮、金朴以城降。乙亥，裨将萧也先以计平定东京。进攻北京，金守将银青率众二十万拒花道逆战，败之，斩首八万余级。城中食尽，契丹军斩关来降，进军逼之，其下杀银青，推寅答虎为帅，遂举城降。木华黎怒其降缓，欲坑之，萧也先曰："北京为辽西重镇，既降而坑之，后岂有降者乎？"从之。奏寅答虎留守北京，以吾也而权兵马都元帅镇之。遣高德玉、刘蒲速窝儿招谕兴中府，同知兀里卜不从，杀蒲速窝儿，德玉走免。未几，吏民杀兀里卜，推土豪石天应为帅，举城降，奏为兴中尹、兵马都提控。

锦州张鲸聚众十余万，杀节度使，称临海郡王，至是来降。诏木华黎以鲸总北京十提控兵，从掇忽阑南征未附州郡。木华黎密察鲸有反侧意，请以萧也先监其军。至平州，鲸称疾逗留，复谋遁去，监军萧也先执送行在，诛之。鲸弟致愤其兄被诛，据锦州叛，略平、滦、瑞、利、义、懿、广宁等州。木华黎率蒙古不花等军数万讨之，州郡多杀致所署长吏降。进逼红罗山，主将杜秀降，奏为锦州节度使。丙子，致陷兴中府。七月，进兵临兴中。先遣吾也而等攻溜石山，谕之曰："今若急攻，贼必遣兵来援，我断其归路，致可擒也。"又遣蒙古不花屯永德县东候之。致果遣鲸子东平将骑兵八千、步卒三万，援溜石。蒙古不花引兵趋之，驰报，木华黎夜半引兵疾驰，遇于神水县东，夹击之。分麾下兵之半，下马步战。选善射者数千，令曰："贼步兵无甲，疾射之！"乃麾骑兵齐进，大败之，斩东平及士卒万二千八百余级。拔开义县，进围锦州。致遣张太平、高益出战，又败之，斩首三千余级，溺死者不可胜数。围守月余，致愤将校不戮力，杀败将二十余人。高益惧，缚致出降，伏诛。广宁刘琰、懿州田和尚降，木华黎曰："此叛寇，存之无以惩后。"除工匠优伶外，悉屠之。拔苏、复、海三州，斩完颜众家奴。咸平宣抚蒲鲜等率众十余万，遁入海岛。

丁丑八月，诏封太师、国王、都行省承制行事，赐誓券、黄金印曰："子孙传国，世世不绝。"分弘吉剌、亦乞烈思、兀鲁兀、忙兀等十军，及吾也而契丹、蕃、汉等军，并属麾下。且谕曰："太行之北，朕自经略，太行以南，卿其勉之。"赐大驾所建九斿大旗，仍谕诸将曰："木华黎建此旗以出号令，如朕亲临也。"乃建行省于云、燕，以图中原，遂自燕南攻遂城及蠡州诸城，拔之。冬，破大名府，遂东定益都、淄、登、莱、潍、密等州。戊寅，自西京由太和岭入河东，攻太原、忻、代、泽、潞、汾、霍等州，悉降之。遂徇平阳，金守臣弃城遁，以前锋拓拔按察儿统蒙古军镇之拒金兵，以义州监军李廷植之弟守忠权河东南路帅府事。己卯，以萧特末儿等出云、朔，攻降岢岚火山军。以谷里夹打为元帅达鲁花赤，攻拔石、隰州，击绛州，克之。庚辰，复由燕徇赵，至满城。武仙举真定来降。权知河北西路兵马事史天倪进言曰："今中原粗定，而所过犹纵兵抄掠，非王者吊民之意也。"木华黎曰："善。"下令禁无剽掠，所获老稚，悉遣还田里，军中肃然，吏民大悦。兵至滏阳，金邢州节度使武贵迎降，进攻天平寨，破之。遣蒙古不花分兵略定河北卫、怀、孟州，入济南。严实籍所隶相、魏、磁、洺、恩、博、滑、濬等州户三十万，诣军门降。

时金兵屯黄陵冈，号二十万，遣步兵二万袭济南。木华黎以轻兵五百击走之。遂会大军，薄黄陵冈。金兵阵河南岸，示以死战。木华黎曰："此不可用长兵，当以短兵取胜。"令骑下马，引满齐发，亦下马督战，果大败之，溺死者众。进攻楚丘。楚丘城小而固，四面皆水，令诸军以草木填堑，直抵城下。严实率所部先登，拔之。攻下单州，围东平，以实权山东西路行省，戒之曰："东平粮尽，必弃城走，汝伺其去，即入城安辑之，勿苦郡县，以败事也。"留梭鲁忽秃以蒙古军三千屯守之。辛巳四月，东平粮尽，金行省忙古奔汴，梭鲁忽秃邀击之，斩七千余级，忙古引数百骑遁去。实入城，建行省，抚其民。先是，郡王带孙攻洺不下，至是遣石天应拔之。五月，还军野狐岭。宋涟水忠义统辖石珪来降，以为济、兖、单三州都总管，予绣衣玉带，劳之曰："汝不惮跋涉数千里，慕义而来，寻当列奏，赐汝高爵，尔其勉之。"京东安抚使张琳皆来降，以琳行山东东路益都沧景滨棣等州都元帅府事。郑遵亦以枣乡、蓨县降，升为元州，以遵为节度使，行元帅府事。

秋八月，从驻青冢，监国公主遣使来劳，大飨将士，由东胜渡河，西夏国李王请以兵五万属焉。冬十月，复由云中历太和寨，入葭州，金将王公佐遁，以石天应权行台兵马都元帅。进取绥德，破马蹄寨，距延安三十里止舍。金行省完颜合达出兵三万阵于城东，蒙古不花以骑三千觇之，驰报曰："彼见吾兵少，有轻敌心，明日合战，当佯败，可以伏兵取胜也。"从之。夜半以大军衔枚齐进，伏于城东十五里两谷间。明日，蒙古不花进兵，望见金兵，即弃鼓旗走。金兵果追之，伏发，鼓声震天地，万矢齐下，金兵大败，斩七千级，获马八百。合达走保延安，围之旬日，不下，乃南徇洛川，克鄜州。

北京权帅石天应擒送金骁将张铁枪，木华黎责其不降，厉声答曰："我受金朝厚恩二十余年，今事至此，有死而已！"木华黎义之，欲解其缚，诸将怒其不屈，竟杀之。遂降坊州，大飨士卒。闻金复取隰州，以轩成为经略使，于是复由丹州渡河围隰，克之。留合丑统蒙古军镇石、隰间，以田雄权元帅府事。壬午秋七月，令蒙古不花引兵出秦陇，以张声势。视山川险夷，大兵道云中，攻下孟州四蹄寨，迁其民于州。拔晋阳义和寨，进克三清岩，入霍邑山堡，迁其人于赵城县。薄青龙堡，金平阳公胡天作拒守，裨将蒲察定住、监军王和开壁降，迁天作于平阳。

八月，有星昼见，隐士乔静真曰："今观天象，未可征进。"木华黎曰："主上命我平定中原，今河北虽平，而河南、秦、巩未下，若因天象而不进兵，天下何时而定耶？且违君命，得为忠乎！"冬十月，过晋至绛，拔荣州胡瓶堡，所至望风归附，河中久为金有，至是复来归。木华黎召石天应谓曰："蒲为河东要害，我择守者，非君不可。"乃以天应权河东南北路陕右关西行台，平阳李守忠、太原攸哈剌拔都、隰州田雄，并受节制。命天应造浮梁，以济归师，乃渡河拔同州，下蒲城，径趋长安。金京兆行省完颜合达拥兵二十万固守，不下。乃分麾下兀胡乃、太不花兵六千屯守之。遣按赤将兵三千断潼关，遂西击凤翔。月余不下，谓诸将曰："吾奉命专征，不数年取辽西、辽东、山东、河北，不劳余力；前攻天平、延安，今攻凤翔皆不下，岂吾命将尽耶！"乃驻兵渭水南，遣蒙古不花南越牛岭关，徇宋凤州而还。

时中条山贼侯七等聚众十余万，伺大兵既西，谋袭河中。石天应遣别将吴权府引兵五百夜出东门，伏两谷间，戒之曰："候贼过半，急击之，我出其前，尔攻其后，可克也。"吴权府醉酒失期，天应战死。城陷，贼烧毁庐舍，杀掠人民，还走中条。先锋元帅按察儿邀击，败之，斩数万级，侯七复遁去。木华黎以天应子斡可袭领其众。癸未春，师还，浮梁未成，顾诸将曰："桥未毕工，安可坐待乎！"复攻下河西堡寨十余。三月，渡河，还闻喜县，疾笃，召其弟带孙曰："我为国家助成大业，擐甲执锐垂四十年，东征西讨，无复遗恨，第恨汴京未下耳，汝其勉之！"薨，年五十四。厥后太祖亲攻凤翔，谓诸将曰："使木华黎在，朕不亲至此矣。"至治元年，诏封孔温窟哇推忠效节保大佐运功臣、太师、开府仪同三司、上柱国、鲁国王，谥忠宣；木华黎体仁开国辅世佐命功臣、太师、开府仪同三司、上柱国、鲁国王，谥忠武。子孛鲁嗣。

孛鲁，沈毅魁杰，宽厚爱人，通诸国语，善骑射，年二十七，入朝行在所。时太祖在西域，夏国主李王阴结外援，蓄异图，密诏孛鲁讨之。甲申秋九月，攻银州，克之，斩首数万级，获生口马驼牛羊数十万，俘监府塔海，命都元帅蒙古不华将兵守其要害而还。乙酉春，复朝行在所。同知真定府事武仙叛，杀都元帅史天倪，胁居民遁于双门寨。仙弟质于军中，挈家逃归，遣撒寒追及于紫荆关，斩之，命天倪弟天泽代领帅府事。丙戌夏，诏封功臣户口为食邑，曰十投下，孛鲁居其首。

宋将李全陷益都，执元帅张琳送楚州。秋九月，郡王带孙率兵围全于益都。冬十二月，孛鲁引兵入齐，先遣李喜孙招谕全，全欲降，部将田世荣等不从，杀喜孙。丁亥春三月，全突围欲走，邀击大败之，斩首七千余级，自相蹂践溺死不可胜计。夏四月，城中食尽，全降。诸将皆曰："全势穷出降，非心服也，今若不诛，后必为患。"孛鲁曰："不然，诛一人易耳。山东未降者尚多，全素得人心，杀之不足以立威，徒失民望。"表闻，诏孛鲁便宜处之。乃以全为山东淮南楚州行省，郑衍德、田世荣副之，郡县闻风款附，山东悉平。

时滕州尚为金守，诸将或言炎暑未可进攻，孛鲁曰："主上亲督大军，平定西域数年，未闻当暑不战，我等安敢自逸乎！"遂促进兵。金兵出战，败之，斩三千余级，其余老幼开门出降，以州属石天禄。俾先锋元帅萧乃台统蒙古军屯济、兖，课课不花以兵三千屯潍、沂、莒，以备宋。千户按札统大军驻河北，备金。九月，师还，至燕，猎于昌平，民持牛酒以献，却之。及还，赐馆人银数百两。闻太祖崩，趋赴北庭，哀毁遘疾。戊子夏五月薨，年三十二。至治元年，诏封纯诚开济保德辅运功臣、太师、开府仪同三司、上柱国、鲁国王，谥忠定。

子七人：长塔思，次速浑察，次霸都鲁，次伯亦难，次野蔑干，次野不干，次阿里乞失。

塔思，一名查剌温，幼与常儿异，英才大略，绰有祖风。木华黎常曰："成吾志必此儿也。"及长，每语必先忠孝，曰："大丈夫受天子厚恩，当效死行阵间，以图报称，安能委靡苟且目前，以隳先世勋业哉！"年十八袭爵，遂至云中。庚寅秋九月，叛将武仙围潞州，太宗命塔思救之，仙闻之，退军十余里。大兵未至，塔思率十余骑觇贼形势，仙恐有伏，不敢犯。塔思曰："日暮矣，待明旦击之。"是夜五鼓，金将移剌蒲瓦来袭，我师与战不利，退守沁南。贼还攻潞州，城陷，主将任存死之。冬十月，帝亲征，遣万户因只吉台与塔思复取潞州，仙夜遁，邀击之，斩首七千余级，以任存侄代领其众。十一月，帝攻凤翔，命塔思守潼关以备金兵。河中自石天应死，复为金有。辛卯，帝亲攻拔之，金元帅完颜火燎遁，塔思追斩之。壬辰春，睿宗与金兵相拒于汝、汉间，金步骑二十万，帝命塔思与亲王按赤台、口温不花合军先进渡河，以为声援。至三峰山，与睿宗兵合。金兵成列，将战，会大雪，分兵四出，塔思冒矢石先挫其锋，诸军继进，大败金兵，擒移剌蒲瓦。完颜合达单骑走钧州，追斩之，遂拔钧州。三月，帝北还，诏塔思与忽都虎统兵，略定河南，诸郡皆降，惟汴京、归德、蔡州未下。塔思遣使请曰："臣之祖父，佐兴大业，累著勋伐。臣袭世爵，曾无寸效，去岁复失利上党，罪当万死，愿分攻汴城一隅，以报陛下。"帝壮其言，命卜之，不利，乃止。癸巳秋九月，从定宗于潜邸，东征，擒金咸平宣抚完颜万奴于辽东。万奴自乙亥岁率众保东海，至是平之。

甲午秋七月，朝行在所。时诸王大会，帝顾塔思曰："先皇帝肇开大业，垂四十年。今中原、西夏、高丽、回鹘诸国皆已臣附，惟东南一隅，尚阻声教。朕欲躬行天讨，卿等以为何如？"群臣未对，塔思对曰："臣家累世受恩，图报万一，正在今日。臣虽驽钝，愿仗天威，扫清淮、浙，何劳大驾亲临不测之地哉！"帝悦曰："塔思虽年少，英风美绩，简在朕心，终能成我家大事矣。"赐黄金甲、玻璃带及良弓二十，命与王子曲出总军南征。乙未冬，拔枣阳。曲出别徇襄、邓，塔思引兵攻郢。郢濒汉江，城坚兵精，且多战舰。塔思命造木筏，遣汶上达鲁花赤刘拔都儿将死士五百，乘筏进击。引骑兵沿岸迎射，大破之，溺死者过半，余皆走郢，壁坚，不能下，俘生口、马牛数万而还。丙申冬十月，复出邓州，遂至蕲、黄。蕲州遣使献金帛、牛酒犒师，请曰："宋小国也，进贡大朝有年矣。惟王以生灵为念。"乃舍之。遂进拔符镇、六安县焦家寨。丁酉秋九月，由八柳渡河，入汴京。守臣刘甫置酒大庆殿。塔思曰："此故金主所居，我人臣也，不可处此。"遂宴于甫家。冬十月，复与口温不花攻光州，主将黄舜卿降。口温不花别略黄州。塔思攻大苏山，斩首数千级，获生口、牛马以千数。戊戌春正月，至安庆府，官民皆遁于江东。至北峡关，宋汪统制率兵三千降，迁之尉氏。三月，朝行在所。秋九月，帝宴群臣于行宫，塔思大醉。帝语侍臣曰："塔思神已逝矣，其能久乎！"冬十二月，还云中。己亥春三月，薨，年二十八。

子硕笃儿幼，弟速浑察袭。硕笃儿既长，诏别赐民三千户为食邑，得建国王旗帜，降五品印一、七品印二，付其家臣，置官属如列侯故事。硕笃儿薨，子忽都华袭。忽都华薨，子忽都帖木儿袭。忽都帖木儿薨，子宝哥袭。宝哥薨，子道童袭。

速浑察，性严厉，赏罚明信，人莫敢犯。与兄塔思从太宗攻凤翔有功。将兵抵潼关，与金人战屡捷。既灭金，皇子阔出攻宋枣阳，入郢，速浑察皆与焉。岁己亥，塔思薨，速浑察袭爵，即上京之西阿儿查秃置营，总中都行省蒙古、汉军。凡他行省监镇事，必先白之，定其可否，而后上闻。帝尝遣使至，见其威容凛然，倜傥有奇气，所部军士纪纲整肃，还朝以告。帝曰："真木华黎家儿也。"他国使有至者，每见皆仓皇失次，不能措辞，必慰抚良久，始得尽其所欲言。左右或谏曰："诸王百司既莫敢越，而复示之以威，使人怖畏，盍少加宽恕以待之。"速浑察曰："尔言诚是也，然时有不同，宽猛各有所宜施。天下初附，民心未安，万一守者自纵，事变忽起，悔之晚矣。"寻薨。延祐三年，赠宣忠同德翊运功臣、太师、开府仪同三司、上柱国，追封为东平郡王，谥忠宣。

子四人：曰忽林池，袭王爵；曰乃燕；曰相威；曰撒蛮。相威自有传。

乃燕，性谦和，好学，以贤能称。速浑察既薨，宪宗择于诸子，命乃燕袭爵。乃燕力辞曰："臣有兄忽林池当袭。"帝曰："朕知之，然柔弱不能胜。"忽林池亦固让，乃燕顿首涕泣力辞，不得命，既而曰："若然，则王爵必不敢受，愿代臣兄行军国之事。"于是忽林池袭为国王，事无巨细，必与乃燕谋议，剖决精当，无所拥滞。世祖在潜藩，常与论事。乃燕敷陈大义，又明习典故。世祖谓左右曰："乃燕后必可大用。"因号之曰薛禅，犹华言大贤也。乃燕虽居显要，而小心谨畏，每诲群从子弟曰："先世从太祖皇帝出入矢石间，被坚执锐，斩将搴旗，勤劳四十余年，遂成功名。以故一家蒙恩深厚，可谓极矣。慎勿骄惰，以堕先王之名，尔曹戒之。"病卒。世祖闻之，为之悲悼。至正八年，赠中奉大夫、辽阳等处行中书省参知政事、护军，追封鲁郡公。子二人：曰硕德，曰伯颜察儿。

硕德，通敏有干才。世祖即位，入宿卫，典朝仪，后同知通政院事。尝言辽东斡拙、吉烈灭二种民数为寇，宜遣近臣谕之。帝方难其人，佥曰："惟硕德元勋世胄，可使。"帝深然之，以问硕德，对曰："先臣从太祖皇帝定天下，不辞险艰，以立勋业。陛下不以臣年少愚戆，愿请行。"帝大喜，赐御衣，锡燕以行。硕德至，集诸万户陈兵冲要，诘其渠魁诛之。胁从者皆降。帝大悦，赏赉有差。后从征乃颜及使西域，屡建殊勋。卒，赠推忠宣惠宁远功臣，谥忠敏，加赠资善大夫、岭北等处行中书省右丞、上护军，追封鲁郡公。

霸突鲁，从世祖征伐，为先锋元帅，累立战功。世祖在潜邸，从容语霸突鲁曰："今天下稍定，我欲劝主上驻跸回鹘，以休兵息民，何如？"对曰："幽燕之地，龙蟠虎踞，形势雄伟，南控江淮，北连朔漠。且天子必居中以受四方朝觐。大王果欲经营天下，驻跸之所，非燕不可。"世祖怃然曰："非卿言，我几失之。"己未秋，命霸突鲁率诸军由蔡伐宋，且移檄谕宋沿边诸将，遂与世祖兵合而南，五战皆捷，遂渡大江，傅于鄂。会宪宗崩于蜀，阿里不哥构乱和林，世祖北还，留霸突鲁总军务，以待命。世祖至开平，即位，还定都于燕。尝曰："朕居此以临天下，霸突鲁之力也。"师还，中统二年卒于军。大德八年，追赠推诚宣力翊卫功臣、太师、开府仪同三司、上柱国、东平王，谥武靖。夫人帖木伦，昭睿顺圣皇后同母兄也。

子四人：长安童，次定童，次霸都虎台；他姬子曰和童，袭国王。安童别有传。

塔塔儿台，孔温窟哇第三子带孙郡王之后。父曰忙哥，从宪宗征伐，累立战功。岁己未，攻合州，会宪宗崩，命塔塔儿台护灵驾赴北。会阿里不哥叛，拘留数日，逃归，追骑执以北还，将杀之，亲王阿速台、玉龙塔思曰："塔塔儿台乃太师国王之裔，不可杀也。"遂获免。至元元年，从阿速台来归，世祖嘉之，授怀远大将军，佩金虎符，世袭东平达鲁花赤。命宿卫士四十人，给驿送之官所。莅官一纪，镇静不扰，郓人赖之以安。卒年四十二，子四人。

只必，幼嗜读书，习翰墨。至元十四年监东平，官少中大夫，多善政，以清白称。尝出家藏书二千余卷，置东平庙学，使学徒讲肄之。寻授嘉议大夫、江南湖北道提刑按察使，改浙西。大德四年入觐，赐金段十四。明年春卒，年五十一。子三人，皆早丧。自只必除按察使，弟秃不申嗣其职。

秃不申，性淳靖，喜怒不形，知民疾苦，而能以善道之。旱尝致祷，即雨。岁饥，请于朝，发廪以赈之。睦同僚，兴学校。加太中大夫。士民刻石，纪其政绩云。卒年五十一。子五人：长不老赤，次塔实脱因，次阿鲁灰，次完者不花，次留住马。皆以次嗣为东平达鲁花赤。

脱脱，祖嗣国王速浑察，沈深有智略。尝奉命征讨，所向克捷。父撒蛮，幼颖异，自襁褓时，世祖抚育之若子。尝挟之南征，同舟济大江，虑其有失，系之御榻。及长，常侍左右。帝尝诏之曰："男女异路，古制也，况掖庭乎。礼不可不肃，汝其司之。"既而近臣孛罗衔命遽出，行失其次。撒蛮怒其违礼，执而囚之别室。帝怪其久不至，询知其故，命释其罪。撒蛮因进曰："令自陛下出，陛下乃自违之，何以责臣下乎？"帝曰："卿言诚是也。"由是有意大任之。会以疾卒，不果，年仅一十有七。脱脱幼既失怙，其母孛罗海笃意教之，孜孜若恐不及。稍长，直宿卫，世祖复亲诲导，尤以嗜酒为戒。既冠，仪观甚伟。喜与儒士语，每闻一善言善行，若获拱璧，终身识之不忘。至元二十四年，从征乃颜。帝驻跸于山巅，旌旗蔽野。鼓未作，候者报有隙可乘，脱脱即擐甲率家奴数十人疾驰击之。众皆披靡不敢前。帝望见之，大加嗟赏，遣使者劳之，且召还曰："卿勿轻进，此寇易擒也。"视其刀已折，马已中箭矣。帝顾谓近臣曰："撒蛮不幸早死，脱脱幼，朕抚而教之，常恐其不立，今能如此，撒蛮可谓有子矣。"遂亲解佩刀及所乘马赐之。由是深加器重，得预闻机密之事。其后哈丹复为乱，成宗时在潜邸，督师往征之。脱脱引众率先跃马蹙之，其众大溃。脱脱马陷于淖泥中，哈丹兵复进挑战，脱脱弟阿老瓦丁奋戈冲击，遂大败之。成宗即位，其宠顾为尤笃，常侍禁闼，出入帷谨，退语家人曰："我昔亲承先帝训，饬令毋嗜饮，今未能绝也。岂有为人知过而不能改者乎！自今以往，家人有以酒至吾前者，即痛惩之。"帝闻之，喜曰："扎剌儿台如脱脱者无几，今能刚制于酒，真可大用矣。"即拜资德大夫、上都留守、通政院使、虎贲卫亲军都指挥使，政令严肃，克修其职。三年，朝议以江浙行省地大人众，非世臣有重望者，不足以镇之。进拜荣禄大夫、江浙等处行中书省平章政事，有旨，命中书祖道都门外以饯之。始至，严饬左右，毋预公家事，且戒其掾属曰："仆从有私嘱者，慎勿听。若军民诸事，有关于利害者，则言之。当言而不言，尔之责也；言而不听，我之咎也。"闻者为之悚栗。时朱清、张瑄以海运之故，致位参知政事，恃其势位，多行不法，恐事觉，以黄金五十两、珠三囊赂脱脱，求蔽其罪。脱脱大怒，系之有司，遣使者以闻。帝喜曰："脱脱我家老臣之子孙，其志固宜与众人殊。"赐内府黄金五十两，命回使宠赉之。有豪民白昼杀人者，脱脱立命有司按法诛之，自是豪猾屏息，民赖以安。帝以浙民相安之久，未及召还，大德十一年，卒于位，年四十四。子朵儿只，别有传。

博尔术

博尔术，阿儿剌氏。始祖孛端察儿，以才武雄朔方。父纳忽阿儿阑，与烈祖神元皇帝接境，敦睦邻好。博尔术志意沉雄，善战知兵，事太祖于潜邸，共履艰危，义均同气，征伐四出，无往不从。时诸部未宁，博尔术每警夜，帝寝必安枕。寓直于内，语及政要，或至达旦。君臣之契，犹鱼水也。初，要儿斤部卒盗牧马，博尔术与往追之，时年十三，知众寡不敌，乃出奇从旁夹击之，盗舍所掠去。及战于大赤兀里，两军相接，下令殊死战，跬步勿退。博尔术系马于腰，跽而引满，分寸不离故处，太祖嘉其勇胆。又尝溃围于怯列，太祖失马，博尔术拥帝累骑而驰，顿止中野。会天雨雪，失牙帐所在，卧草泽中，与木华黎张毡裘以蔽帝，通夕植立，足迹不移，及旦，雪深数尺，遂免于难。篾里期之战，亦以风雪迷阵，再入敌中，求太祖不见，急趋辎重，则帝已还卧憩车中，闻博尔术至，曰："此天赞我也。"丙寅岁，太祖即皇帝位，君臣之分益密，尝从容谓博尔术及木华黎曰："今国内平定，多汝等之力，我之与汝，犹车之有辕，身之有臂，汝等宜体此勿替。"遂以博尔术及木华黎为左右万户，各以其属翊卫，位在诸将上。皇子察哈歹出镇西域，有旨从博尔术受教，博尔术教以人生经涉险阻，必获善地，所过无轻舍止。太祖谓皇子曰："朕之教汝，亦不逾是。"未几，赐广平路户一万七千三百有奇为分地。以老病薨，太祖痛悼之。大德五年，赠推忠协谋佐运功臣、太师、开府仪同三司，追封广平王，谥武忠。

子孛栾台，袭爵万户，赠推诚宣力保顺功臣、太师、开府仪同三司，追封广平王，谥忠定。孙玉昔帖木儿。

玉昔帖木儿，世祖时尝宠以不名，赐号月吕鲁那演，犹华言能官也。弱冠袭爵，统按台部众，器量宏达，莫测其际。世祖闻其贤，驿召赴阙，见其风骨庞厚，解御服银貂赐之。时重太官内膳之选，特命领其事。侍宴内殿，玉昔帖木儿起行酒，诏诸王妃皆为答礼。至元十二年，拜御史大夫。时江南既定，益封功臣后，遂赐全州清湘县户为分地。其在中台，务振宏纲，弗亲细故。兴利之臣欲援金旧制，并宪司入漕府；当政者又请以郡府之吏，互照宪司检底。玉昔帖木儿曰："风宪所以戢奸，若是，有伤监临之体。"其议乃沮。遇事廷辩，吐辞鲠直，世祖每为之霁威。

至元二十四年，宗王乃颜叛东鄙，世祖躬行天讨，命总戎者先之。世祖至半道，玉昔帖木儿已退敌，僵尸覆野，数旬之间，三战三捷，获乃颜以献。诏选乘舆橐驼百蹄劳之。谢曰："天威所临，犹风偃草，臣何力之有。"世祖还，留玉昔帖木儿剿其余党，乃执其酋金家奴以献，戮其同恶数人于军前。明年，乃颜之遗孽哈丹秃鲁干复叛，再命出师，两与之遇，皆败之，追及两河，其众大衄，遂遁。时已盛冬，声言俟春方进，乃倍道兼行过黑龙江，捣其巢穴，杀戮殆尽。哈丹秃鲁干莫知所终，夷其城，抚其民而还。诏赐内府七宝冠带以旌之，加太傅、开府仪同三司。申命御边杭海。二十九年，加录军国重事、知枢密院事。宗王帅臣咸禀命焉。特赐步辇入内。位望之崇，廷臣无出其右。

三十年，成宗以皇孙抚军北边，玉昔帖木儿辅行，请授皇孙以储闱旧玺，诏从之。三十一年，世祖崩，皇孙南还。宗室诸王会于上都。定策之际，玉昔帖木儿起谓晋王甘麻剌曰："宫车晏驾，已逾三月，神器不可久虚，宗祧不可乏主。畴昔储闱符玺既有所归，王为宗盟之长，奚俟而不言。"甘麻剌遽曰："皇帝践祚，愿北面事之。"于是宗亲大臣合辞劝进，玉昔帖木儿复坐，曰："大事已定，吾死且无憾。"皇孙遂即位。进秩太师，赐以尚方玉带宝服，还镇北边。元贞元年冬，议边事入朝，两宫锡宴，如家人礼。赐其妻秃忽鲁宴服，及他珍宝。十一月，以疾薨。大德五年，诏赠宣忠同德弼亮功臣，依前太师、开府仪同三司、录军国重事、御史大夫，追封广平王，谥曰贞宪。

子三人：木剌忽，仍袭爵为万户；次脱怜；次脱脱哈，为御史大夫。

博尔忽

博尔忽，许兀慎氏，事太祖为第一千户，殁于敌。子脱欢袭职，从宪宗四征不庭，有拓地功。子失里门，镇徼外，从征六诏等城，亦殁于兵。

子月赤察儿，性仁厚勤俭，事母以孝闻。资貌英伟，望之如神。世祖雅闻其贤，且闵其父之死，年十六，召见。帝见其容止端重，奏对详明，喜而谓曰："失烈门有子矣。"即命领四怯薛太官。至元十七年，长一怯薛。明年诏曰："月赤察儿秉心忠实，执事敬慎，知无不言，言无不尽，晓畅朝章，言辄称旨，不可以其年少而弗升其官。可代线真为宣徽使。"

二十六年，帝讨叛者于杭海，众皆阵，月赤察儿奏曰：

"丞相安童、伯颜，御史大夫月吕禄，皆已受命征战，三人者臣不可以后之。今勍贼逆命，敢御天戈，惟陛下怜臣，使臣一战。"帝曰："乃祖博尔忽，佐我太祖，无征不在，无战不克，其功大矣。卿以为安童辈与尔家同功一体，各立战功，自耻不逮。然亲属橐鞬，恭卫朝夕，尔功非小，何必身践行伍，手事斩馘，乃快尔心耶！"

二十七年，桑哥既立尚书省，杀异己者，箝天下口，以刑爵为货，既而纪纲大紊。尚书平章政事也速答儿，太官属也，潜以其事白月赤察儿，请奏劾之。桑哥伏诛，帝曰："月赤察儿口伐大奸，发其蒙蔽。"乃以没入桑哥黄金四百两、白金三千五百两，及水田、水硙、别墅赏其清强。桑哥既败，帝以湖广行省西连番洞诸蛮，南接交趾岛夷，延袤数千里，其间土沃人稠，畲丁、溪子善惊好斗，思得贤方伯往抚安之。月赤察儿举哈剌哈孙答剌罕以为行省平章政事，凡八年，威德交孚，洽于海外；入为丞相，天下称贤。世以月赤察儿为知人。二十八年，都水使者请凿渠西导白浮诸水，经都城中，东入潞河，则江淮之舟既达广济渠，可直泊于都城之汇。帝亟欲其成，又不欲役其细民，敕四怯薛人及诸府人专其役，度其高深，画地分赋之，刻日使毕工。月赤察儿率其属，著役者服，操畚锸，即所赋以倡。趋者云集，依刻而渠成，赐名曰通惠河，公私便之。帝语近臣曰："是渠非月赤察儿身率众手，成不速也。"成宗即位，制曰："月赤察儿尽其诚力，深其谋议，抒忠于国，流惠于人，可加开府仪同三司、太保、录军国重事、枢密、宣徽使。"大德四年，拜太师。

初，金山南北，叛王海都、笃娃据之，不奉正朔垂五十年，时入为寇。尝命亲王统左右部宗王诸帅，屯列大军，备其冲突。五年，朝议北师少怠，纪律不严，命月赤察儿副晋王以督之。是年，海都、笃娃入寇。大军分为五队，月赤察儿将其一。锋既交，颇不利。月赤察儿怒，被甲持矛，身先陷阵，一军随之，出敌之背，五军合击，大败之。海都、笃娃遁去，月赤察儿亦罢兵归镇。厥后笃娃来请臣附。时武宗亦在军，月赤察儿遣使诣武宗及诸王将帅议曰："笃娃请降，为我大利，固当待命于上。然往返再阅月，必失事机。事机一失，为国大患，人民困于转输，将士疲于讨伐，无有已时矣。笃娃之妻，我弟马兀合剌之妹也，宜遣使报之，许其臣附。"众议皆以为允。既遣，始以事闻，帝曰："月赤察儿深识机宜。"既而马兀合剌复命，由是叛人稍稍来归。

十年冬，叛王灭里铁木儿等屯于金山，武宗帅师出其不意，先逾金山，月赤察儿以诸军继往，压之以威，啖之以利，灭里铁木儿乃降。其部人惊溃，月赤察儿遣秃满铁木儿、察忽将万人深入，其部人亦降。察八儿者，海都长子也，海都死，嗣领其众，至是掩取其部人，凡两部十余万口。至大元年，月赤察儿遣使奏曰："诸王秃苦灭本怀携贰，而察八儿游兵近境，叛党素无悛心，倘合谋致死，则垂成之功顾为国患。臣以为昔者笃娃先众请和，虽死，宜遣使安抚其子款彻，使不我异。又诸部既已归明，我之牧地不足，宜处诸降人于金山之阳，吾军屯田金山之北，军食既饶，又成重戍，就彼有谋，吾已捣其腹心矣。"奏入，帝曰："是谋甚善，卿宜移军阿答罕三撒海地。"月赤察儿既移军，察八儿、秃苦灭果欲奔款彻，不见纳，去留无所，遂相率来降，于是北边始宁。

帝诏月赤察儿曰："卿之先世，佐我祖宗，常为大将，攻城战野，功烈甚著。卿乃国之元老，宣忠底绩，靖谧中外。朕入继大统，卿之谋猷居多。今立和林等处行中书省，以卿为右丞相，依前太师、录军国重事，特封淇阳王，佩黄金印。宗藩将领，实瞻卿麾进退。其益懋乃德，悉乃心力，毋替所服。"四年，月赤察儿入朝，帝宴于大明殿，眷礼优渥。寻以疾薨于第。诏赠宣忠安远佐运弼亮功臣，谥忠武。

塔察儿，一名倴盏，居官山。伯祖父博尔忽，从太祖起朔方，直宿卫为火儿赤。火儿赤者，佩橐鞬侍左右者也。由是子孙世其职。博尔忽从太祖平诸国，宣力为多，当时与木华黎等俱以功号四杰。塔察儿，其从孙也，骁勇善战，幼直宿卫。太祖平燕，睿宗监国，闻燕京盗贼恣意残杀，直指富庶之家，载运其物，有司不能禁。乃遣塔察儿、耶律楚材穷治其党，诛首恶十有六人，由是巨盗屏迹。太宗伐金，塔察儿从师，授行省兵马都元帅，分宿卫与诸王军士俾统之，下河东诸州郡，济河，破潼关，取陕洛。辛卯，从围河中府，拔之。壬辰，从渡白坡。时睿宗已自西和州入兴元，由武关出唐、邓，太宗以睿宗与金兵相持久，乃遣使约期，会兵合进。即诏发诸军至钧州，连日大雪，睿宗与金人战于三峰山，大破之。诏塔察儿等进围汴城。金主即以兄子曹王讹可为质，太宗与睿宗还河北。塔察儿复与金兵战于南薰门。癸巳，金主迁蔡州，塔察儿复帅师围蔡。甲午，灭金，遂留镇抚中原，分兵屯大河之上，以遏宋兵。丙申，破宋光、息诸州，事闻于朝，以息州军民三千户赐之。戊戌卒。

子别里虎䚟，嗣为火儿赤。宪宗即位，岁壬子，袭父职，总管四万户蒙古、汉军，攻宋两淮，悉定边地。戊午，会师围宋襄阳，逼樊城，力战死之。

次曰宋都䚟，至元七年，赐金虎符，袭蒙古军万户。八年，悉兵再攻襄阳，围樊城，进战鄂、岳、汉阳、江陵、归、峡诸州，皆有功。十二年，加昭毅大将军，受诏为隆兴出征都元帅，与李恒等长驱，而宋人莫当其锋，战胜攻取，望风迎降，尽平江西十一城，又徇岭南、广东。宋亡，还师，未及论功卒。

卷一百二十　　列传第七

察罕 亦力撒合　立智理威

察罕，初名益德，唐兀乌密氏。父曲也怯律，为夏臣。其妾方怀察罕，不容于嫡母，以配掌羊群者及里木。察罕稍长，其母以告，且曰："嫡母已有弟矣。"察罕武勇过人，幼牧羊于野，植杖于地，脱帽置杖端，跪拜歌舞。太祖出猎，见而问之。察罕对曰："独行则帽在上而尊，二人行则年长者尊，今独行，故致敬于帽。且闻有大官至，先习礼仪耳。”帝异之，乃挈以归，语光献皇后曰：“今日出猎得佳儿，可善视之。”命给事内廷。及长，赐姓蒙古，妻以宫人弘吉剌氏。尝行困，脱靴藉草而寝。鸮鸣其旁，心恶之，掷靴击之，有蛇自靴中坠。归，以其事闻。帝曰：“是禽人所恶者，在尔则为喜神，宜戒子孙勿杀其类。”

从帝略云中、桑乾。金将定薛拥重兵守野狐岭，帝遣察罕觇虚实，还言彼马足轻动，不足畏也。帝命鼓行而前，遂破其军。围白楼七日，拔之，以功为御帐前首千户。从帝征西域孛哈里、薛迷思干二城。回回国主札剌丁拒守铁门关，兵不得进。察罕先驱开道，斩其将，余众悉降。又从攻西夏，破肃州。师次甘州，察罕父曲也怯律居守城中，察罕射书招之，且求见其弟。时弟年十三，命登城于高处见之。且遣使谕城中，使早降。其副阿绰等三十六人合谋，杀曲也怯律父子，并杀使者，并力拒守。城破，帝欲尽坑之，察罕言百姓无辜，止罪三十六人。进攻灵州，夏人以十万众赴援，帝亲与战，大败之。还次六盘，夏主坚守中兴，帝遣察罕入城，谕以祸福。众方议降，会帝崩，诸将擒夏主杀之，复议屠中兴，察罕力谏止之，驰入，安集遗民。

太宗即位，从略河南。北还清水答兰答八之地，赐马三百、珠衣、金带、鞍勒。皇子阔出、忽都秃伐宋，命察罕为斥候。又从亲王口温不花南伐，岁乙未，克枣阳及光化军。未几，召口温不花赴行在，以全军付察罕。丁酉，复与口温不花进克光州。戊戌，授马步军都元帅，率诸翼军攻拔天长县及滁、寿、泗等州。定宗即位，赐黑貂裘一、镔刀十，命拓江淮地。

宪宗即位，召见，累赐金五十两、珠衣一、金绮二匹，以都元帅兼领尚书省事，赐汴梁、归德、河南、怀、孟、曹、濮、太原三千余户为食邑，及诸处草地，合一万四千五百余顷，户二万余。未几，复召，赐金四百五十两、金绮、弓矢等物。乙卯卒。赠推忠开济翊运功臣、开府仪同三司、上柱国，追封河南王，谥武宣。子十人，长木花里。

木花里事宪宗，直宿卫，从攻钓鱼山，以功授四斡耳朵怯怜口千户，赐金币及黄金马鞍勒。世祖即位，赐金五十两、珠二串。至元四年，攻宋，自江陵略地回，至安阳滩，宋兵扼其归路，木花里奋击败之。都元帅阿术坠马，宋军追及之，木花里挟之上马鏖战，退宋兵，由是得免。特赐银二百五十两，佩金虎符。为蒙古军万户。复攻襄樊有功，卒于军。赠推诚宣力功臣、荣禄大夫、平章政事、柱国，追封梁国公，谥武毅。从孙亦力撒合。

亦力撒合，祖曲也怯祖。太祖时，得召见，属皇子察哈台，为扎鲁火赤。父阿波古，事诸王阿鲁忽，居西域。至元十年，择贵族子备宿卫，召亦力撒合至阙下，以为速古儿赤，掌服御事，甚见亲幸，有大政时以访之，称之曰秀才而不名。尝奉使河西还，奏诸王只必帖木儿用官太滥，帝嘉之。擢河东提刑按察使，逐平阳路达鲁花赤泰不花。召还，赐黄金百两、银五百两，以旌其直。进南台中丞。帝出内中宝刀赐之曰：“以镇外台。”时丞相阿合马之子忽辛为江浙行省平章政事，恃势贪秽，亦力撒合发其奸，得赃钞八十一万锭，奏而诛之。并劾江淮释教总摄杨辇真加诸不法事，诸道竦动。二十一年，改北京宣慰使。诸王乃颜镇辽东，亦力撒合察其有异志，必反，密请备之。二十三年，罢宣慰司，立辽阳行省，以亦力撒合为参知政事。已而乃颜果反，帝自将征之。时诸军皆会，亦力撒合掌运粮储，军供无乏。东方平，帝嘉其先见，且饷运有劳，加左丞。二十七年，命尚诸王算吉女，亲为资装以送之，并赠玉带一。改四川行省左丞。二十九年，再赐玉带一。元贞元年，成宗即位，入朝，卒。弟立智理威。

立智理威，为裕宗东宫必阇赤，典文书。至元十八年，蜀初定，帝闵其地久受兵，百姓伤残，择近臣抚安之，以立智理威为嘉定路达鲁花赤。时方以辟田、均赋、弭盗、息讼诸事课守令，立智理威奉诏甚谨，民安之，使者交荐其能。会盗起云南，号数十万，声言欲寇成都。立智理威驰入告急，言辞恳切，继以泣涕。大臣疑其不然，帝曰：“云南朕所经理，未可忽也。”乃推食以劳之。又语立智理威曰：“南人生长乱离，岂不厌兵畏祸耶？御之乖方，保之不以其道，故为乱耳。其归以朕意告诸将，叛则讨之，服则舍之，毋多杀以伤生意，则人必定矣。”立智理威至蜀，宣布上旨。俄召为泉府卿，后迁刑部尚书。有小吏诬告漕臣刘献盗仓粟，宰相桑哥方事聚敛，众阿其意，锻炼枉服。立智理威曰：“刑部天下持平，今辇毂之下，漕臣以冤死，何以正四方乎？”即以实闻。以是忤丞相，出为江东道宣慰使。在官务兴学，诸生有俊秀者，拔而用之。为政严明，豪民猾吏，缩手不敢犯，然亦无所刑戮而治。元贞二年，迁四川行省参知政事。蜀有妇人杀夫者，系治数十人，加以箠楚，卒不得其实，立智理威至，尽按得之。大德三年，以参知政事为湖南宣慰使，继改荆湖。荆湖多弊政，而公田为甚。部内实无田，随民所输租取之，户无大小，皆出公田租，虽水旱不免。立智理威问民所不便凡十数事上于朝，而言公田尤切。朝议遣使理之。会有诏，凡官无公田者，始随俸给之，民力少苏。七年，再迁四川行省参知政事。八年，进左丞。云南王入朝，所在以驿骑纵猎。立智理威曰：“驿骑所以传命令，事非有急，且不得驰，况猎乎！”王惮，为之止猎。蜀人饥，亲劝分以赈之，所活甚众。有死无葬者，则以己钱买地使葬。且修宽政以抚其民，部内以治。十年，入朝，帝以白金对衣赐之，加资德大夫、湖广行省左丞。湖广岁织币上供，以省臣领工作，遣使买丝他郡，多为奸利，工官又为刻剥，故匠户日贫，造币益恶。立智理威不遣使，令工视贾人有藏丝者择买之，工不告病，岁省费数万贯。他郡推用之，皆便。至大三年，以疾卒于官，年五十七。初赠资德大夫、陕西行省右丞、上护军、宁夏郡公，谥忠惠。再赠推诚亮节崇德赞治功臣、荣禄大夫、中书平章政事、柱国、秦国公。子二人：长买讷，翰林学士承旨；次韩嘉讷，御史大夫。孙达理麻，内府宰相。

札八儿火者

札八儿火者，赛夷人。赛夷，西域部之族长也，因以为氏。火者，其官称也。札八儿长身美髯，方瞳广颡，雄勇善骑射。初谒太祖于军中，一见异之。太祖与克烈汪罕有隙。

一夕，汪罕潜兵来，仓卒不为备，众军大溃。太祖遽引去，从行者仅十九人，札八儿与焉。至班朱尼河，馁粮俱尽，荒远无所得食。会一野马北来，诸王哈札儿射之，殪。遂刳革为釜，出火于石，汲河火煮而啖之。太祖举手仰天而誓曰："使我克定大业，当与诸人同甘苦，苟渝此言，有如河水。"将士莫不感泣。汪罕既灭，西域诸部次第亦平。乃遣札八儿使金，金不为礼而归。金人恃居庸之塞，冶铁锢关门，布铁蒺藜百余里，守以精锐。札八儿既还报，太祖遂进师，距关百里不能前，召札八儿问计。对曰："从此而北，黑树林中有间道，骑行可一人，臣向尝过之。若勒兵衔枚以出，终夕可至。"太祖乃令札八儿轻骑前导。日暮入谷，黎明，诸军已在平地，疾趋南口，金鼓之声若自天下，金人犹睡未知也。比惊起，已莫能支吾，锋镝所及，流血被野。关既破，中都大震。已而金人迁汴。太祖览中都山川形势，顾谓左右近臣曰："朕之所以至此者，札八儿之功为多。"又谓札八儿曰："汝引弓射之，随箭所落，悉畀汝为己地。"乘舆北归，留札八儿与诸将守中都。授黄河以北铁门以南天下都达鲁花赤，赐养老一百户，并四王府为居第。

札八儿每战，被重甲舞槊，陷阵驰突如飞。尝乘槖驼以战，众莫能当。有丘真人者，有道之士也，隐居昆嵛山中。太祖闻其名，命札八儿往聘之。丘语札八儿曰："我尝识公。"札八儿曰："我亦尝见真人。"他日偶坐，问札八儿曰："公欲极一身贵显乎？欲子孙蕃衍乎？"札八儿曰："百岁之后，富贵何在？子孙无恙，以承宗祀足矣。"丘曰："闻命矣。"后果如所愿云，卒年一百一十八。赠推忠佐命功臣、太傅、开府仪同三司、上柱国，追封凉国公，谥武定。二子：阿里罕，明里察。

阿里罕蚤从札八儿出入行阵，勇而善谋。宪宗伐蜀，为天下质子兵马都元帅。生哈只，终湖南宣慰使，赠推诚保德功臣、金紫光禄大夫、司徒，追封凉国公，谥安惠。生陕西行省平章政事养安、太府监丞阿思兰、太仆寺丞补孛。养安生阿葩实，太仆寺卿。

明里察，赠开府仪同三司、上柱国，追封凉国公，谥康懿。生户部尚书亦不剌金、陕西行省参知政事哈剌。

术赤台

术赤台，兀鲁兀台氏。其先剌真八都，以材武雄诸部。生子曰兀鲁兀台，曰忙兀，与扎剌儿、弘吉剌、亦乞列思等五人。当开创之先，协赞大业。厥后太祖即位，命其子孙各因其名为氏，号五投下。朔方既定，举六十五人为千夫长，兀鲁兀台之孙曰术赤台，其一也。术赤台有胆略，善骑射，勇冠一时。初，怯列王可汗之子鲜昆有智勇，诸部畏之。怯列亦哈剌哈真沙陀等帅众来侵，兵战不利。近臣忽因答儿等驰告太祖曰："事急矣，群下忠勇无逾术赤台者，宜急遣之拒敌。"从之。术赤台承命，单骑陷阵，射杀鲜昆，降其大将失列门等，遂并有怯列之地。乃蛮、灭儿乞台合兵来侵，诸部有阴附之者，不虞太祖领兵卒至，诸部溃去，乘胜败之，术赤台俘其主扎哈坚普及二女以归，诸部悉平，与扎哈坚普盟而归之。未几，乃蛮复叛，术赤台以计袭扎哈坚普，杀之，遂平其国。术赤台始从征怯列亦，自罕哈启行，历班真海子，间关万里，每遇战阵，必为先锋。帝尝谕之曰："朕之望汝，如高山前日影也。"赐嫔御亦八哈别吉、引者思百，俾统兀鲁兀四千人，世世无替。

子怯台，材武过人，自太宗及世祖，历事四朝，以劳封德清郡王，赐金印。丙申，赐德州户二万为食邑。至元十八年，增食邑二万一千户，肇庆路、连州、德州洎属邑俱隶焉。怯台薨，子端真拔都儿袭爵为郡王。太宗时与亦剌哈台战，胜，帝即以亦剌哈台妻赐之。

世祖之征阿里不哥也，怯台子哈答与忽都忽跪而自献于前曰："臣父祖幸在先朝，当军旅征伐之寄，屡立战功。今王师北征，臣等幸少壮，愿如父祖以力战自效。"既得请，于是战于石木温都之地。诸王哈丹、驸马腊真与兀鲁、忙兀居右，诸王塔察儿及太丑台居左，合必赤将中军。兵始交，获其将合丹斩之，外剌之军遂败衄。又战于失烈延塔兀之地，当帝前混战，至日晡胜之。帝赐以黄金，将佐吏卒行赏各有差。李璮叛，帝遣哈必赤及兀里羊哈台阔阔出往讨之，哈答与兀鲁纳儿台亦在行。璮平，与有功焉。

哈答子脱欢，亦尝从诸王彻彻都讨只儿火台，获之。又尝破失烈吉、要不忽儿于野孙漠连。及征乃颜，脱欢弟庆童亦在军，虽病，犹力战。

怯台二子：曰端真，曰哈答。哈答三子：曰脱欢，曰亦邻只班，曰庆童。脱欢二子：曰塔失帖木儿，曰朵来。塔失帖木儿一子，曰匣剌不花。自怯台而下凡九人，皆封郡王云。

镇海

镇海，怯烈台氏。初以军伍长从太祖同饮班朱尼河水。与诸王百官大会兀难河，上太祖尊号曰成吉思皇帝。岁庚午，从太祖征乃蛮有功，赐良马一。壬申，从攻曲出诸国，赐珍珠旗，佩金虎符，为阇里必。从攻塔塔儿、钦察、唐兀、只温、契丹、女直、河西诸国，所俘生口万计，悉以上献，赐御用服器白金等物。命屯田于阿鲁欢，立镇海城戍守之。壬申，从太祖谋定汉地，师次隆兴，与金将忽察虎战，矢中臆间，裹疮而出者复数四，军声为之大振。既破燕，太祖命于城中环射四箭，凡箭所至园池邸舍之处，悉以赐之。寻拜中书右丞相。己丑，太宗即位，扈从至西京，攻河中、河南、钧州。癸巳，攻蔡州。以功赐恩州一千户。先是，收天下童男童女及工匠，置局弘州。既而得西域织金绮纹工三百余户，及汴京织毛褐工三百户，皆分隶弘州，命镇海世掌焉。定宗即位，以镇海为先朝旧臣，仍拜中书右丞相。薨，年八十四。

子十人，勃古思继食其封邑。从世祖征花马大理，率兵千人，结浮桥于金沙江以济师。中统初，论功授益都等路宣抚使，赐金虎符、玉带。三年，改东平路副达鲁花赤，讨平叛寇。寻迁济南等路宣慰。至元二年，迁南京路达鲁花赤。四年，讨平蕲县叛民。以病乞谢事，特授保定路达鲁花赤，赐钱一万贯，归老于家，卒年八十一。

肖乃台

肖乃台，秃伯怯烈氏，以忠勇侍太祖。时木华黎、博儿术既立为左右万户，帝从容谓肖乃台曰："汝愿属谁麾下为我宣力?"对曰："愿属木华黎。"即日命佩金符，领蒙古军，从太师国王为先锋。兵至河北，史天泽之父率老幼数千诣军门降。国王承制，授天泽兄天倪河北西路都元帅，领真定。乙酉，天泽送母还白霫，副帅武仙杀天倪，以真定叛。经历王缙追天泽至燕，请摄主帅。遣监军李伯祐诣国王军前言状，且请援兵。国王命肖乃台率精甲三千，与天泽合兵进围中山。仙遣其将葛铁枪来援，肖乃台撤围迎之，遇诸新乐，奋击败之。会日暮，阻水为营。肖乃台料其气索，必宵遁，乘胜复进击，大败之，擒铁枪。中山守将亦宵遁，遂克中山，取无极，拔赵州。仙弃真定，奔西山抱犊寨。肖乃台与天泽入城，抚定其民。未几，仙潜结水军为内应，夜开南门纳仙，复据其城。肖乃台仓卒以步兵七十逾城，奔藁城。迟明，部曲稍来集，兵威复振，袭取真定，仙弃城遁。将士怒民之反覆，驱万人出，将屠之。肖乃台曰："金氏慕国威信，傒我来苏，此民为贼所驱胁，有何罪焉?若不胜一朝之忿，非惟自屈其力，且坚他城不降之心。"乃皆释之。初，仙之叛也，其弟质国王军中，闻之遁去。肖乃台遣弟撒寒追及于紫荆关，斩之，俘其妻子而还。乃整兵前进，下太原，略太行，拔长胜寨，斩仙守将卢治中，围仙于双门寨，仙遁去。引兵出太行山东，遇宋将彭义斌，与战，败之，追至火炎山，破其营，擒义斌斩之。至大名，守将苏元帅以城降，遂引兵临东平，败安抚王立刚于阳谷，围东平。立刚走涟水，金守将弃城遁，他将邀击败之，遂定东平。又与蒙古不花徇河北、怀、孟、卫，从国王定益都。壬辰，度河，略汴京，徇睢州，遇金将完颜庆山奴，与战，败之，追斩庆山奴。金主入蔡，诸军围之。肖乃台、史天泽攻城北面，汝水阻其前，结筏潜渡，血战连日。金亡，朝廷以肖乃台功多，命并将史氏三万户军以图南征，赐东平户三百，俾食其赋，命严实为治第宅，分拨牧马草地，日膳供二羊及衣粮等。以老病卒于东平，归葬漠北。子七人，抹兀答儿、兀鲁台知名。

抹兀答儿，岁戊戌，从国王忽林赤行省于襄阳，略地两淮。己未，从渡江，攻鄂州，以功赏银五十两。中统元年，追阿兰答儿、浑都海，预有战功。二年，从北征，败阿里不哥于失木秃之地。三年，又与李璮战，有功。国王忽林赤上其功，奉旨赏银五十两，授提举本投下诸色匠户达鲁花赤。卒。子四人，火你赤，江南行台御史大夫。

兀鲁台，中统三年，从石高山奉旨拘集探马赤军，授本军千户。至元八年，授武略将军，佩银符。十年，攻樊城有功，换金符，武德将军。十一年，渡江有功，赏银三百两，改武节将军。十二年四月，军至建安，卒于军。

子脱落合察儿袭职，从参政阿剌罕攻独松关有功，升宣武将军。寻命管领侍卫军。枢密院录其渡江以来累次战功，十八年，升怀远大将军。二十年，江西行省命讨武宁叛贼董琦，平之，改授虎符、江州万户府达鲁花赤。二十四年，移镇潮州，值贼张文惠、罗半天等啸聚江西，行枢密院檄讨之，领兵破贼寨，斩贼首罗大老、李尊长等，获其伪银印三。卒于军。

吾也而

吾也而，珊竹氏，状貌甚伟，腰大十围。父曰图鲁华察，以武勇称。太祖五年，吾也而与折不那演克金东京，有功。九年，从太师木华黎取北京，领兵为先驱，下之。捷闻，授金紫光禄大夫、北京总管都元帅。留抚其人，绥怀有方，自京以南，相继来降。时金将挞鲁，以惠州渔河口为隘，有众数万，图复北疆。吾也而以锐兵千人击摧其锋，杀数千人，获其旗鼓羊马，斩挞鲁于军中。有赵守玉者，据兴州，吾也而讨平之。十一年，张致以锦州叛，又攻破之。木华黎大喜，以马十匹、甲五事赏其功。十二年，兴州监军重儿以兵叛，吾也而往征之，贼军射杀所乘马，军士愤怒，奋戈冲击，大破贼军。十五年，从征山东，大战东平，驰赴陷阵，生挟二将以还。木华黎壮之，以功上闻。十六年，从征延安，矢中右股，力战破之。俄又取葭、鄜二州，擒金枭将张铁枪以献。十七年，克凤翔及所属州郡。十八年，从帝亲征河西，明年下之。诏赐吾也而马五匹、甲一事。二十年，从木华黎围益都。越二年，下三十余城。太宗元年，入觐。命与撒里答火儿赤征辽东，下之。三年，又与撒里答征高丽，下受、开、龙、宣、泰、葭等十余城。高丽惧，请和。吾也而谕之曰："若能以子为质，当休兵。"十三年，遣其子綧从吾也而来朝。帝大悦，厚加赐予，俾充北京东京广宁盖州平州泰州开元府七路征行兵马都元帅，佩虎符。宪宗元年，召问东夷事，对曰："臣虽老，倘藉威灵，指麾三军，敌国犹可克，况东夷小丑乎!"帝壮其言，问饮酒几何，对曰："唯所赐。"时有一驸马都尉在侧，素以酒称，命与之角饮。帝大笑，赐锦衣名马。俄谢病归。七年，复来朝，帝悯其老，谓曰："自太祖时效劳至今者，独卿无愆。"赐赉甚厚，以都元帅授其中子阿海。八年秋九月辛亥夜中，星陨帐前，光数丈，有声。吾也而曰："吾死矣。"明日卒。年九十六。

子四人，霅礼最有名，太宗时授北京等路达鲁花赤。至元七年，改授昭勇大将军、河间路总管。

曷思麦里

曷思麦里，西域谷则斡儿朵人。初为西辽阔儿罕近侍，后为谷则斡儿朵所属可散八思哈长官。太祖西征，曷思麦里率可散等城酋长迎降，大将哲伯以闻。帝命曷思麦里从哲伯为先锋，攻乃蛮，克之，斩其主曲出律。哲伯令曷思麦里持曲出律首往徇其地，若可失哈儿、押儿牵、斡端诸城，皆望风降附。又从征你沙不儿城，谕下之。帝亲征至薛迷思干，与其主扎剌丁合战于月恋揭赤之地，败之。追袭扎剌丁等于阿剌黑城，战于秃马温山，又败之。追至憨颜城西寨，又败之。扎剌丁逃入于海。曷思麦里收其珍宝以还。取玉儿谷、德痕两城。继而憨颜城亦下。帝遣使趣哲伯疾驰以讨钦察。命曷思麦里招谕曲儿忒、失儿湾沙等城，悉降。至谷儿只部及阿速部，以兵拒敌，皆战败而降。又招降黑林城，进击斡罗思于铁儿山，克之，获其国主密只思腊，哲伯命曷思麦里献诸术赤太子，诛之。寻征康里，至孛子八里城，与其主霍脱思罕战，又败其军，进至钦察亦平之。军还，哲伯卒。会帝亲征河西，曷思麦里持所获珍宝及七宝缴迎见于阿剌思不剌思，帝顾群臣曰："哲伯常称曷思麦里之功，其躯干虽小，而声闻甚大。"就以所进金宝，命随其力所胜，悉赐之。仍命与薛彻兀儿为必阇赤。未几，曷思麦里奏，往者尝招安到士卒留亦八里城，宜令扈从征河西，许之，命常居左右。至也吉里海牙，又讨平失的儿威。从太祖征汴，至怀孟，令领奥鲁事。帝由白坡渡黄河，会睿宗兵攻金将合达，败之，回驻金莲川。壬辰，授怀孟州达鲁花赤，佩金符。癸巳，金将强元帅围怀州，曷思麦里率其众及昔里吉思、锁剌海等力战，金兵退。又遣蒲察寒奴、乞失烈札鲁招谕金总帅范真率其麾下军民万余人来降。己亥六月，帝以曷思麦里从军西域，宣力居多，命其长子捏只必袭为怀孟达鲁花赤，次子密里吉袭为必阇赤，令曷思麦里为扎鲁火赤，归西域。大帅察罕、行省帖木迭儿奏留之，帝允其请。庚子，进怀孟河南二十八处都达鲁花赤，所隶州郡不从命者，制令籍其家。乙卯五月卒。

子密里吉复为怀孟达鲁花赤。中统三年，从攻淮西，与宋战死。

卷一百二十一　列传第八

速不台

速不台，蒙古兀良合人。其先世猎于斡难河上，遇敦必乃皇帝，因相结纳，至太祖时，已五世矣。捏里必者生孛忽都，众目为折里麻。折里麻者，汉言有谋略人也。三世孙合赤温，生哈班。哈班二子，长忽鲁浑，次速不台，俱骁勇善骑射。太祖在班朱尼河时，哈班尝驱群羊以进，遇盗，被执。忽鲁浑与速不台继至，以枪刺之，人马皆倒，余党逸去，遂免父难，羊得达于行在所。忽鲁浑以百户从帝与乃蛮部主战于长城之南，忽鲁浑射却之，其众奔阔赤檀山而溃。

速不台以质子事帝，为百户。岁壬申，攻金桓州，先登，拔其城。帝命赐金帛一车。灭里吉部强盛不附，丙子，帝会诸将于秃兀剌河之黑林，问："谁能为我征灭里吉者？"速不台请行，帝壮而许之。乃选裨将阿里出领百人先行，觇其虚实。速不台继进。速不台戒阿里出曰："汝止宿，必载婴儿具以行，去则遗之，使若挈家而逃者。"灭里吉见之，果以为逃者，遂不为备。己卯，大军至蟾河，与灭里吉遇，一战而获其二将，尽降其众。其部主霍都奔钦察，速不台追之，与钦察战于玉峪，败之。壬午，帝征回回国，其主灭里委国而去。命速不台与只别追之，及于灰里河，只别战不利，速不台驻军河东，戒其众人爇三炬以张军势，其王夜遁。复命统兵万人由不罕川必里罕城追之，凡所经历，皆无水之地。既度川，先发千人为游骑，继以大军昼夜兼行。比至，灭里逃入海，不月余，病死，尽获其所弃珍宝以献。帝曰："速不台枕干血战，为我家宣劳，朕甚嘉之。"赐以大珠、银罂。癸未，速不台上奏，请讨钦察。许之。遂引兵绕宽定吉思海，展转至太和岭，凿石开道，出其不意。至则遇其酋长玉里吉及塔塔哈儿方聚于不租河，纵兵奋击，其众溃走。矢及玉里吉之子，逃于林间，其奴来告而执之，余众悉降，遂收其境。又至阿里吉河，与斡罗思部大、小密赤思老遇，一战降之，略阿速部而还。钦察之奴来告其主者，速不台纵为民。还，以闻。帝曰："奴不忠其主，肯忠他人乎？"遂戮之。又奏以灭里吉、乃蛮、怯烈、杭斤、钦察诸部千户，通立一军，从之。略也迷里霍只部，获马万匹以献。帝欲征河西，以速不台比年在外，恐父母思之，遣令归省。速不台奏，愿从西征。帝命度大碛以往。丙戌，攻下撒里畏吾、特勤、赤闵等部，及德顺、镇戎、兰、会、洮、河诸州，得牝马五千匹，悉献于朝。丁亥，闻太祖崩，乃还。己丑，太宗即位，以秃灭干公主妻之。从攻潼关，军失利，帝责之。睿宗时在藩邸，言兵家胜负不常，请令立功自效。遂命引兵从睿宗经理河南。道出牛头关，遇金将合达帅步骑数十万待战。睿宗问以方略，速不台曰："城居之人不耐劳苦，数挑以劳之，战乃可胜也。"师集三峰山，金兵围之数匝。会风雪大作，其士卒僵仆，师乘之，杀戮殆尽。自是金军不能复振。壬辰夏，睿宗还驻官山，留速不台统诸道兵围汴。癸巳，金主渡河北走，追败之于黄龙冈，斩首万余级。金主复南走归德府，未几，复走蔡州。汴降，俘其后妃及宝器以献，进围蔡州。甲午，蔡州破，金主自焚死。时汴梁受兵日久，岁饥，人相食，速不台下令纵其民北渡以就食。乙未，太宗命诸王拔都西征八赤蛮，且曰："闻八赤蛮有胆勇，速不台亦有胆勇，可以胜之。"遂命为先锋，与八赤蛮战。继又令统大军，遂虏八赤蛮妻子于宽田吉思海。八赤蛮闻速不台至，大惧，逃入海中。辛丑，太宗命诸王拔都等讨兀鲁思部主也烈班，为其所败，围秃里思哥城，不克。拔都奏遣速不台督战，速不台选哈必赤军怯怜口等五十人赴之，一战获也烈班。进攻秃里思哥城，三日克之，尽取兀鲁思所部而还。经哈咂里山，攻马札儿部主怯怜。速不台为先锋，与诸王拔都、吁里兀、昔班、哈丹五道分进。众曰："怯怜军势盛，未可轻进。"速不台出奇计，诱其军至漷宁河。诸王军于上流，水浅，马可涉，中复有桥。下流水深，速不台欲结筏潜渡，绕出敌后。未渡，诸王先涉河与战。拔都军争桥，反为所乘，没甲士三十人，并亡其麾下将八哈秃。既渡，诸王以敌尚众，欲要速不台还，徐图之。速不台曰："王欲归自归，我不至秃纳河马茶城，不还也。"及驰至马茶城，诸王亦至，遂攻拔之而还。诸王来会，拔都曰："漷宁河战时，速不台救迟，杀我八哈秃。"速不台曰："诸王惟知上流水浅，且有桥，遂渡而与战，不知我于下流结筏未成，今但言我迟，当思其故。"于是拔都亦悟。后大会，饮以马乳及蒲萄酒。言征怯怜时事，曰："当时所获，皆速不台功也。"壬寅，太宗崩。癸卯，诸王大会，拔都欲不往。速不台曰："大王于族属为兄，安得不往？"甲辰，遂会于也只里河。丙午，定宗即位，既朝会，还家于秃剌河上。戊申卒，年七十三。赠效忠宣力佐命功臣、开府仪同三司、上柱国，追封河南王，谥忠定。子兀良合台。

兀良合台，初事太祖。时宪宗为皇孙，尚幼，以兀良合台世为功臣家，使护育之。宪宗在潜邸，遂分掌宿卫。岁癸巳，领兵从定宗征女真国，破万奴于辽东。继从诸王拔都征钦察、兀鲁思、阿速、孛烈儿诸部。丙午，又从拔都讨孛烈儿乃、捏迷思部，平之。己酉，定宗崩。拔都与宗室大臣议立宪宗，事久未决。四月，诸王大会，定宗皇后问所宜立，皆惶惑，莫敢对。兀良合台对曰："此议已先定矣，不可复变。"拔都曰："兀良合台言是也。"议遂定。宪宗即位之明年，世祖以皇弟总兵讨西南夷乌蛮、白蛮、鬼蛮诸国，以兀良合台总督军事。其鬼蛮，即赤秃哥国也。癸丑秋，大军自旦当岭入云南境。摩些二部酋长唆火脱因、塔里马来迎降，遂至金沙江。兀良合台分兵入察罕章，盖白蛮也，所在寨栅，以次攻下之。独阿塔剌所居半空和寨，依山枕江，牢不可拔。使人觇之，言当先绝其汲道。兀良合台率精锐立炮攻之.阿塔剌遣人来拒，兀良合台遣其子阿术迎击之，寨兵退走。遂并其弟阿叔城俱拔之。进师取龙首关，翊世祖入大理国城。甲寅秋，复分兵取附都善阐，转攻合剌章水城，屠之。合剌章。盖乌蛮也。前次罗部府，大酋高升集诸部兵拒战，大破之于洟可浪山下，遂进至乌蛮所都押赤城。城际滇池，三面皆水，既险且坚，选骁勇以炮摧其北门，纵火攻之，皆不克。乃大震鼓钲，进而作，作而止，使不知所为，如是者七日，伺其困乏，夜五鼓，遣其子阿术潜师跃入，乱斫之，遂大溃。至昆泽，擒其国王段兴智及其渠帅马合剌昔以献。余众依阻山谷者，分命裨将也里、脱伯、押真掩其右，合台护尉掩其左，约三日卷而内向。及围合，与阿术引善射者二百骑，期以三日，四面进击。兀良合台陷阵鏖战，又攻纤寨，拔之。至乾德哥城，兀良合台病，委军事于阿术。环城立炮，以草填堑，众军始集，阿术已率所部搏战城上，城遂破。乙卯，攻不花合因、阿合阿因等城，阿术先登，取其三城。又攻赤秃哥山寨，阿术缘岭而战，遂拔之。乘胜击破鲁鲁厮国塔浑城，又取忽兰城。鲁鲁厮国大惧，请降。阿伯国有兵四万，不降。阿术攻之，入其城，举国请降。复攻阿鲁山寨，进攻阿鲁城，克之。乃搜捕未降者，遇赤秃哥军于合打台山，追赴临崖，尽杀之。自出师至此，凡二年，平大理五城八府四郡，洎乌、白等蛮三十七部。兵威所加，无不款附。丙辰，征白蛮国、波丽国，阿术生擒其骁将，献俘阙下。诏以便宜取道，与铁哥带儿兵合，遂出乌蒙，趋泸江，刬秃剌蛮三城，却宋将张都统兵三万，夺其船二百艘于马湖江，斩获不可胜计。遂通道于嘉定、重庆，抵合州，济蜀江，与铁哥带儿会。丁巳，以云南平，遣使献捷于朝，且请依汉故事，以西南夷悉为郡县，从之。赐其军银五千两、彩币二万四千匹，授银印，加大元帅。还镇大理，遂经六盘山至临洮府，与大营合。月余，复西征乌蛮。秋九月，遣使招降交趾，不报。冬十月，进兵压境。其国主陈日煚，隔江列象骑、步卒甚盛。兀良合台分军为三队济江，彻彻都从下流先济，大帅居中，驸马怀都与阿术在后。仍授彻彻都方略曰："汝军既济，勿与之战，彼必来逆我，驸马随断其后，汝伺便夺其船。蛮若溃走，至江无船，必为我擒矣。"师既登岸，即纵与战，彻彻都违命，蛮虽大败，得驾舟逸去。兀良合台怒曰："先锋违我节度，军有常刑。"彻彻都惧，饮药死。兀良合台入交趾，为久驻计，军令严肃，秋毫无犯。越七日，日煚请内附，于是置酒大飨军士。还军押赤城。戊午，引兵入宋境，其地炎瘴，军士皆病，遇敌少却，亡军士四人。阿术还战，擒其卒十二人，其援复至，阿术以三十骑，阿马秃继以五十骑击走之。时兀良合台亦病，将旋师，阿术战马五十匹夜为秃剌蛮所掠，入告兀良合台曰："吾马尽为盗掠去，将何以行？"即分军搜访，知有三寨藏马山颠。阿术亲率将士攀崖而上，破其诸寨，生擒贼酋，尽得前后所盗马千七百匹，乃屠押赤城。宪宗遣使谕旨，约明年正月会军长沙，乃率四王骑兵三千，蛮、僰万人，破横山寨，辟老苍关，徇宋内地。宋陈兵六万以俟。遣阿术与四王潜自间道冲其中坚，大败之，尽杀其众。乘胜击逐，蹴贵州，蹂象州，入静江府，连破辰、沅二州，直抵潭州城下.潭州出兵二十万，断我归路。兀良合台遣阿术与大纳、玉龙帖木儿军其前，而自与四王军其后，夹击破之。兵自入敌境，转斗千里，未尝败北。大小十三战，杀宋兵四十余万，擒其将大小三人。其州又遣兵来攻，追至门濠，掩溺殆尽，乃不敢复出。壁城下月余。时世祖已渡江驻鄂州，遣也里蒙古领兵二千人来援，且加劳问。遂自鄂州之浒黄洲北渡，与大军合。庚申，世祖即位。夏四月，兀良合台至上都。后十二年卒，年七十二。子阿术，自有传。

按竺迩

按竺迩，雍古氏。其先居云中塞上，父黟公，为金群牧使。岁辛未，驱所牧马来归太祖，终其官。按竺迩幼鞠于外祖术要甲家，讹言为赵家，因姓赵氏。年十四，隶皇子察合台部。尝从大猎，射获数麋，有二虎突出，射之皆死。由是以善射名，皇子深器爱之。甲戌，太祖西征寻思干、阿里麻里等国，以功为千户。丁亥，从征积石州，先登，拔其城。围河州，斩首四十级。破临洮，攻德顺，斩首百余级。攻巩昌，驻兵秦州。

太宗即位，尊察合台为皇兄，以按竺迩为元帅。戊子，镇删丹州，自燉煌置驿抵玉关，通西域，从定关陇。辛卯，从围凤翔，按竺迩分兵攻西南隅，城上礌石乱下，选死士先登，拔其城，斩金将刘兴哥。分兵攻西和州，宋将强俊领众数万，坚壁清野，以老我师。按竺迩率死士骂城下，挑战。俊怒，悉众出阵，按竺迩佯走，俊追之，因以奇兵夺其城。伏兵要其归，转战数十里，斩首数千级，擒俊。余众退保仇池，进击拔之，从拔平凉，庆阳、邠、原、宁皆降。泾州复叛，杀守将郭元恕，众议屠之，按竺迩但诛首恶。师还原州，降民弃老幼，夜亡走。众曰："此必反也，宜诛之以警其余。"按竺迩曰："此辈惧吾驱之北徙耳。"遣人谕之曰："汝等若走，以军法治罪，父母妻子并诛矣。汝归，保无他。明年草青，具牛酒迎师于此州。"民皆复归。豪民陈苟集数千人潜新寨诸洞，众议以火攻之。按竺迩曰："招谕不出，攻之未晚。"遂偕数骑抵寨，纵马解弓矢，召苟遥语，折矢与为誓。苟即相呼罗拜，谢更生之恩，皆降。

金人守潼关，攻之，战于扇车回，不克。睿宗分兵由山南入金境，按竺迩为先锋，趣散关。宋人已烧绝栈道，复由两当县出鱼关，军沔州。宋制置使桂如渊守兴元。按竺迩假道于如渊曰："宋仇金久矣，何不从我兵锋，一洗国耻。今欲假道南郑，由金、洋达唐、邓，会大兵以灭金，岂独为吾之利？亦宋之利也。"如渊度我军压境，势不徒还，遂遣人导我师由武休关东抵邓州，西破小关。金人大骇，谓我军自天而下。其平章完颜合达、枢密使移剌蒲阿帅十七都尉，兵数十万，相拒于邓。我师不与战，直趣钧州，与亲王按赤台等兵合，阵三峰山下。会天大雪，金兵成列。按竺迩先率所部精兵迎击于前，诸军乘之，金师败绩。癸巳，金主奔蔡。十二月，从围蔡。甲午，金亡。初，金将郭斌自凤翔突围出，保金、兰、定、会四州。至是命按竺迩往取之，围斌于会州。食尽将走，败之于城门。兵入城巷战，死伤甚众。斌手剑驱其妻子聚一室，焚之。已而自投火中。有女奴自火中抱儿出，泣授人曰："将军尽忠，忍使绝嗣，此其儿也，幸哀而收之。"言毕，复赴火死。按竺迩闻之恻然，命保其孤。遂定四州。金将汪世显守巩州，皇子阔端围之，未下。遣按竺迩等往招之，世显率众来降。皇兄嘉其材勇，赏赉甚厚，赐名拔都，拜征行大元帅。

丙申，大军伐蜀，皇子出大散关，分兵令宗王穆直等出阴平郡，期会于成都。按竺迩领炮手兵为先锋，破宕昌，残阶州。攻文州，守将刘禄，数月不下，谍知城中无井，乃夺其汲道，率勇士梯城先登，杀守陴者数十人，遂拔其城，禄死之。因招徕吐蕃酋长勘陀孟迦等十族，皆赐以银符。略定龙州。遂与大散军合，进克成都。师还，而成都复叛。丁酉，按竺迩言于宗王曰："陇州县方平，人心犹贰，西汉阳当陇蜀之冲，宋及吐蕃利于入寇，宜得良将以镇之。"宗王曰："安反侧，制寇贼，此上策也，然无以易汝。"遂分蒙古千户五人，隶麾下以往。按竺迩命侯和尚南戍沔州之石门，术鲁西戍阶州之两水，谨斥堠，严巡逻，西南诸州不敢犯之。戊戌，从元帅塔海率诸翼兵伐蜀，克隆庆。己亥，攻重庆。庚子，图万州。宋人将舟师数百艘逆流迎战。按竺迩顺流率劲兵，乘巨筏，浮革舟于其间，弓弩两射，宋人不能敌，败诸夔门。辛丑，伐西川，破二十余城。成都守将田显开北门以纳师。宋制置使陈隆之出奔，追获之，缚至汉州，令诱降守将王夔。夔不降，进兵攻之。夔夜驱火牛，突围出奔，遂斩隆之。壬寅，会大军破遂宁、泸、叙等州。癸卯，破资州。庚戌，按竺迩安辑泾、邠二州。宋制置使余玠攻兴元，文州降将王德新乘隙自阶州叛，执扈、牛二镇将，领众千余走江油。宪宗召按竺迩还旧镇。按竺迩遣将直捣江油，夺扈、牛以归。

中统元年，世祖即位，亲王有异谋者，其将阿蓝答儿、浑都海图据关陇。时按竺迩以老，委军于其子。帝遣宗王哈丹、哈必赤、阿曷马西讨。按竺迩曰："今内难方殷，浸乱关陇，岂臣子安卧之时耶？吾虽老，尚能破贼。"遂引兵出删丹之耀碑谷，从阿曷马，与之合战。会大风，昼晦，战至晡，大败之，斩馘无算。按竺迩与总帅汪良臣获阿蓝答儿、浑都海等。捷闻，帝锡玺书褒美，赐弓矢锦衣。四年，卒，年六十九。延祐元年，赠推忠佐运功臣、太保、仪同三司、上柱国，封秦国公，谥武宣。

子十人，彻理、国宝最知名。彻理袭职为元帅。丁巳，从父攻泸州，降宋将刘整。宋将姚德壁云顶山，戊午，大军围之。彻理率部兵由水门先登，破其壁，德降。后以病废，卒。

国宝一名黑梓，少击剑学书，倜傥好义，有谋略。父为元帅，军务悉以委之，故所至多捷。从攻重庆，降宋都统张实，并掠合州以归。中统元年，从攻阿蓝答儿有功。阿蓝答儿叛将火都据吐蕃之点西岭。国宝摄帅事，讨之。众欲速战，国宝曰："此穷寇也，宜少缓，以计破之。"遂以精兵袭其后。火都欲西走，国宝据险要之，挑战则敛兵自固。相持两月，潜兵出其不意，擒杀之。捷闻，赐弓矢、金绮。初，按竺迩之告老，制命彻理袭征行元帅。彻理以病不视事，国宝乃谓诸弟曰："昔我先人，耀兵西陲，大功既集，关陇虽宁，而西戎未靖，此吾辈立功之秋也。"乃遣谢鼎与弟国能，持金帛说降吐蕃，酋长勘陀孟迦从国宝入觐。国宝奏曰："文州山川险厄，控庸蜀，拒吐蕃，宜城文州，屯兵镇之。"从之，授国宝三品印，为蒙古汉军元帅，兼文州吐蕃万户府达鲁花赤，与勘陀孟迦皆赐金符。时扶州诸羌未附，国宝宣上威德，于是呵哩禅波哩揭诸酋长皆归款，从国宝入觐。国宝图山川形势以献，诏授呵哩禅波哩揭为万户，赐金虎符，诸酋长为千户，皆赐金符。赐国宝金币。国宝治文州有善政。至元四年卒。延祐元年，赠推诚佐理功臣、光禄大夫、平章政事、柱国，封梁国公，谥忠定。

子世荣、世延。初，国宝将卒，以世荣幼，命弟国安袭其职。国安既袭蒙古汉军元帅，兼文州吐蕃万户府达鲁花赤，后以其兄国宝安边功，赐金虎符，进昭勇大将军。十五年，讨叛王吐鲁于六盘，获之，请解职授世荣。帝曰："人争而汝让，可以敦薄俗。"录其六盘功，进昭毅大将军、招讨使。世荣，袭怀远大将军、蒙古汉军元帅，兼文州吐蕃万户府达鲁花赤。后以功进安远大将军、吐蕃宣慰使议事都元帅，佩三珠虎符。世延，中书平章政事。

畏答儿

畏答儿，忙兀人。其先剌真八都儿，有二子，次名忙兀儿，始别为忙兀氏。畏答儿其六世孙也。与兄畏翼俱事太祖。时大畤强盛，畏翼率其属归之，畏答儿力止之，不听，追之，又不肯还，畏答儿乃还事太祖。太祖曰："汝兄既去，汝独留此何为？"畏答儿无以自明，取矢折而誓曰："所不终事主者，有如此矢。"太祖察其诚，更名为薛禅，约为按达。薛禅者，聪明之谓也；按达者，定交不易之谓也。太祖与克烈王罕对阵于哈剌真，师少不敌。帝命兀鲁一军先发，其将术彻台横鞭马鬣不应。畏答儿奋然曰："我犹凿也，诸君斧也，凿匪斧不入，我请先入，诸军继之，万一不还，有三黄头儿在，唯上念之。"遂先出陷阵，大败之，至晡时，犹追逐不已，敕使止之，乃还。脑中流矢，创甚，帝亲傅以善药，留处帐中，月余卒，帝深惜之。

及王罕灭，帝以其将只里吉实抗畏答儿，乃分只里吉民百户隶其子，且使世世岁赐不绝。仍令收完忙兀人民之散亡者。太宗思其功，复以北方万户封其子忙哥为郡王。岁丙申，忽都忽大料汉民，分城邑以封功臣，授忙哥泰安州民万户。帝讶其少，忽都忽对曰："臣今差次，惟视旧数多寡，忙哥旧才八百户。"帝曰："不然，畏答儿封户虽少，战功则多，其增封为二万户，与十功臣同。为诸侯者，封户皆异其籍。"兀鲁争曰："忙哥旧兵不及臣之半，今封顾多于臣。"帝曰："汝忘而先横鞭马鬣时耶？"兀鲁遂不敢言。忙哥卒，孙只里瓦觧、乞答觧，曾孙忽都忽、兀乃忽里、哈赤，俱袭封为郡王。

博罗欢伯都

博罗欢，畏答儿幼子蘸木曷之孙，琐鲁火都之子也。时诸侯王及十功臣各有断事官，博罗欢年十六，为本部断事官。从世祖讨阿里不哥，数有功，帝喜而赐马四十匹，金币称之。中统三年，李璮叛。命帅忙兀一军围济南，分兵掠益都、莱州，悉平之。诏录燕南狱，谳决明允，赐衣一袭。皇子云南王忽哥赤为其省臣宝合丁毒死，事觉，中书择可治其狱者四人，奏上，皆不称旨。丞相线真以博罗欢闻，帝可其奏。博罗欢辞曰："臣不敢爱死，第年少不知书，恐误事耳。"帝乃以吏部尚书别帖木儿辅其行。未至云南，宝合丁密以金六籝迎馈，祈勿究其事。博罗欢虑其握兵徼外，拒之恐致变，阳诺曰："吾橐不能容，可且持归，待我取之。"博罗欢至，则竟其狱，诛毒王者，而归其金于省。陛见，帝顾谓线真曰："卿举得其人矣。"赐黄金五十两，诏忙兀事无大小，悉统于博罗欢。授昭勇大将军、右卫亲军都指挥使，大都则专右卫，上都则兼三卫。

会伐宋，授金吾卫上将军、中书右丞。诏分大军为二，右军受伯颜、阿术节度，左军受博罗欢节度。俄兼淮东都元帅，罢山东经略司，而以其军悉隶焉。遂军于下邳，召将佐谋曰："清河城小而固，与昭信、淮安、泗州为掎角，猝未易拔。海州、东海、石秋，远在数百里之外，必不严备。吾顿大兵为疑兵，以轻骑倍道袭之，其守将可擒也。"师至，三城果皆下，清河亦降。宋主以国内附，而淮东诸城犹为之守。诏博罗欢进军，拔淮安南堡，战白马湖及宝应，掠高邮，自西小河入漕河，据湾头，断通、泰援兵，遂下扬州，淮东平。益封桂阳、德庆二万一千户。十四年，讨叛臣只里斡台于应昌，平之。赐玉带文绮，与博罗同署枢密院事，拜中书右丞，行省北京。未几，召还。时江南新附，尚多反侧，诏募民能从大军进讨者，使自为一军，听节度于其长，而毋役于他军，制命符节，皆与正同。会博罗欢寝疾，乃附枢密董文忠奏曰："今疆土寖广，胜兵百万，指挥可集，何假此无藉之徒。彼一践南土，则掠人货财，俘人妻孥，仇怨益滋，而叛者将愈众矣。"奏上，召舆疾赐坐，与语，帝大悟，遂可其奏。而常德入诉唐兀一军残暴其境内，敕斩以徇。凡所募军皆罢。

十六年，以哈剌斯、博罗思、斡罗罕诸部不相统，命博罗欢监之。十八年，以中书右丞行省甘肃。二十年，拜御史大夫，行御史台事，以疾归。诸王乃颜叛，帝将亲征。博罗欢谏曰："昔太祖分封东诸侯，其地与户，臣皆知之，以二十为率，乃颜得其九，忙兀、兀鲁、扎剌儿、弘吉剌、亦其烈思五诸侯得其十一，惟征五诸侯兵，自足当之，何至上烦乘舆哉？臣疾且愈，请事东征。"帝乃赐铠甲弓矢鞍勒，命督五诸侯兵，与乃颜战，败之。其党塔不带以兵来拒，会久雨，军乏食，诸将欲退。博罗欢曰："今两阵相对，岂容先动？"俄塔不带引兵退。博罗欢以其师乘之，转战二日，身中三矢，大破之，斩其驸马忽伦。适太师月鲁那演大军来会，遂平乃颜，擒塔不带。既而其党哈丹复叛，诏与诸侯王乃马带讨之。哈丹游骑猝至，博罗欢从三骑返走，抵绝涧，可二丈许，追骑垂及，博罗欢策其马一跃而过，三从骑皆没，人以为有神助云。哈丹死，斩其子老的于阵。往返凡四岁。凯旋，俘哈丹二妃以献，敕以一赐乃马带，一赐博罗欢。陈其金银器于延春阁，上召诸侯王将帅分赐之。博罗欢辞，帝曰："卿可谓能让。"乃赐金银器五百两以旌之。

河南宣慰改行中书省，拜平章政事，有诏括马毋及勋臣之家。博罗欢曰："吾马成群，所治地方三千里，不先出马，何以为吏民之倡？"乃先入善马十有八。汴南诸州，潾为巨浸，博罗欢躬行决口，督有司缮完之。三十一年，成宗立，迁陕西行中书省平章政事。未行，留镇河南。入朝，请以泰安州所入五户丝四千斤易内库缯帛，分给忙兀一军。帝为敕递车送军中，赐以银百五十两。陛辞，帝谕之曰："卿今白须，世祖德言，实多闻之，宜加慎护。"因以世祖所佩弓矢鞶带赐之。有顷，近臣奏："伐宋时，右军分属伯颜、阿术，左军分属博罗欢。今伯颜、阿术皆受分地，而博罗欢未及，惟帝裁之。"帝曰："何久不言，岂彼耻自请耶？"乃益封高邮五百户。

大德元年，叛王药木忽儿、兀鲁速不花来归。博罗欢闻之，遣使驰奏曰："诸王之叛，皆由其父，此辈幼弱，无所与知。今兹来归，宜弃其前恶，以劝未至。"帝深以为然，赐金鞍勒，命以平章政事行省湖广。会并福建行省入江浙，拜光禄大夫、上柱国、江浙等处行中书省平章政事。居岁余，卒，年六十三。

博罗欢勇有智略，战常以身先之，所获财物悉与将士，故得其死力。平居常以国事为忧，闻变即请行，至终其事乃止。其忠义盖天性然也。累赠推忠宣力赞运功臣、太师、开府仪同三司、上柱国，加封泰安王，谥武穆。

子浑都、伯都、野先帖木儿、博罗。浑都，山东宣慰使，遥授中书平章政事。野先帖木儿，河南江北等处行中书省左丞相。卒官开府仪同三司、翰林学士承旨。博罗，陕西等处行中书省平章政事。野先帖木儿子尼摩星吉，袭郡王；亦思剌瓦性吉，中政使。

伯都幼颖异，不以家世自矜，长嗜书史。大德五年，擢江东道廉访副使，拜江南行台侍御史。未几，召入佥枢密院事，领舍儿别赤。至大二年，出为江南行台御史中丞，迁陕西行台御史大夫。延祐元年，拜甘肃行省平章政事。时米价腾涌，陆挽一石，费二百缗，乃为经画计，所省至四百余万缗，自是诸仓俱充溢。甘州气寒地瘠，少稔岁。民饥，则发粟赈之，春阙种，则贷之。于是兵饷既足，民食亦给。

诏赐名鹰、甲胄、弓矢及钞五千缗以劳焉。四年，移江浙行省平章政事，入为太子宾客。上书陈古先圣王正心修身之道，帝嘉纳之。迁江南行台御史大夫。皇太后谓东宫官不宜使外，止其行。遂以疾辞去，寓居高邮。英宗即位，复命为江南行台御史大夫。陛见，以疾固辞。帝慰谕久之，命以平章之禄归养于家，复赐钞十万缗。所服药须空青，诏遣使江南访求之。伯都辞谢曰："臣曩膺重寄，深惧弗称，今已病废，况敢叨滥厚禄以受重赐乎？"并以所给平章政事禄归有司。泰定元年，还京师，卒。朝廷知其贫，赙钞二万五千贯。御史台奏赙三万五千贯，仍还所辞禄，妻弘吉剌氏弗受，曰："始伯都仕于朝，不敢虚受廪禄。今殁矣，苟受是禄，非其意也。"卒辞之。子笃尔只，将作院判官。

抄　思别的因

抄思，乃蛮部人。又号曰答禄。其先泰阳，为乃蛮部主。祖曲书律。父敞温。太祖举兵讨不庭，曲书律失其部落，敞温奔契丹卒。抄思尚幼，与其母跋涉间行，归太祖，奉中宫旨侍宫掖。抄思年二十五，即从征伐，破代、石二州，不避矢石，每先登焉。雁门之战，屡捷。会太宗命睿宗平金，抄思执锐以从，与金兵战，所向无前。壬辰，兵次钧州，金兵垒于三峰山，抄思察其营壁不坚，夜领精骑袭之，金兵惊扰，遂乘击之，拔三峰山。睿宗以抄思功闻于朝，有旨以汤阴县黄招抚等一百一十七户赐之。抄思力辞不受。复赐以男女五十口，宅一区，黄金鞶带、酒壶、杯盂各一。辞弗许，乃受之。制授万户，与内侍胡都虎、留乞签起西京等处军人征行及镇守随州。招集民户，每千人以官一员领之。丁酉秋七月，奉旨调军，得西京、大名、滨、棣、怀、孟、真定、河间、邢、洺、磁、威、新、卫、保等府州军四千六十余人，统之。后移镇颍，以疾归大名。岁戊申正月卒，年四十四。子别的因。

别的因在襁褓时，父抄思方领兵平金，与其祖母康里氏在三皇后宫庭。戊申，父抄思卒，母张氏迎别的因以归。祖母康里氏卒。张尝从容训之曰："人有三成人，知畏惧成人，知羞耻成人，知艰难成人。否则禽兽而已。"别的因受教唯谨。甲寅，世祖以宗王镇黑水，有旨谕察罕那颜，命别的因袭抄思职，为副万户，镇守随、颍等处。丙辰冬十有二月，世祖复谕征镇军士悉听别的因等号令。别的因身长七尺余，肩丰多力，善刀舞，尤精骑射，士卒咸畏服之。明年，庚申，世祖即位，委任尤专。癸亥正月，召赴行在所。冬十一月，谒见世祖于行在所，世祖赐金符，以别的因为寿颍二州屯田府达鲁花赤。时二州地多荒芜，有虎食民妻，其夫来告，别的因默然良久，曰："此易治耳。"乃立槛设机，缚羔羊槛中以诱虎。夜半，虎果至，机发，虎堕槛中，因取射之，虎遂死。自是虎害顿息。至元十三年，授明威将军、信阳府达鲁花赤，佩金符。时信阳亦多虎，别的因至未久，一日，以马裼置鞍上出猎，命左右燔山，虎出走，别的因以裼掷虎，虎搏裼，据地而吼，别的因旋马视虎射之，虎立死。十六年，进宣威将军、常德路副达鲁花赤。会同知李明秀作乱，别的因请以单骑往招之，直抵贼垒，贼轻之，不设备。别的因谕以朝廷恩德，使为自新计，明秀素畏服，遂与俱来。别的因闻于朝，明秀伏诛，贼遂平。三十一年，进怀远大将军，迁池州路达鲁花赤。之官，道经颍上。颍近荆山，有野豕时出害民禾稼，民莫能制。闻别的因至，迎拜境上，告以其故。别的因曰："毋虑也。"遂至荆山，以狼牙箭射之，豕走数里。大德十三年，进昭勇大将军、台州路达鲁花赤。卒，年八十一。

子不花，佥岭南广西道肃政廉访司事；文圭，有隐德，赠秘书监著作郎；延寿，汤阴县达鲁花赤。孙守恭，曾孙与权，皆读书登进士科，人多称之。

卷一百二十二　列传第九

巴而术阿而忒的斤

巴而术阿而忒的斤亦都护，亦都护者，高昌国主号也。先世居畏兀儿之地，有和林山，二水出焉，曰秃忽剌，曰薛灵哥。一夕，有神光降于树，在两河之间，人即其所而候之，树乃生瘿，若怀妊状，自是光常见。越九月又十日，而树瘿裂，得婴儿者五，土人收养之。其最稚者曰不古可罕。既壮，遂能有其民人土田，而为之君长。传三十余君，是为玉伦的斤，数与唐人相攻战，久之议和亲，以息民罢兵。于是唐以金莲公主妻的斤之子葛励的斤，居和林别力跛力答，言妇所居山也。又有山曰天哥里于答哈，言天灵山也。南有石山曰胡力答哈，言福山也。唐使与相地者至其国，曰："和林之盛强，以有此山也。盍坏其山，以弱其国？"乃告诸的斤曰："既为婚姻，将有求于尔，其与之乎？福山之石，于上国无所用，而唐人愿见。"的斤遂与之石，大不能动，唐人以烈火焚之，沃以酢醋，其石碎，乃辇而去。国中鸟兽为之悲号。后七日，玉伦的斤卒，灾异屡见，民弗安居，传位者又数亡，乃迁于交州。交州即火州也。统别失八里之地，北至阿术河，南接酒泉，东至兀敦、甲石哈，西临西蕃。居是者凡百七十余载，而至巴而术阿而忒的斤，臣于契丹。岁己巳，闻太祖兴朔方，遂杀契丹所置监国等官，欲来附。未行，帝遣使使其国。亦都护大喜，即遣使入奏曰："臣闻皇帝威德，即弃契丹旧好，方将通诚，不自意天使降临下国，自今而后，愿率部众为臣仆。"是时帝征大阳可汗，射其子脱脱杀之。脱脱之子火都、赤剌温、马札儿、秃薛干四人，以不能归全尸，遂取其头涉也儿的石河，将奔亦都护，先遣使往，亦都护杀之。四人者至，与大战于襜河。亦都护遣其国相来报，帝复遣使还谕亦都护，遂以金宝入贡。辛未，朝帝于怯绿连河，奏曰："陛下若恩顾臣，使臣得与陛下四子之末，庶几竭其犬马之力。"帝感其言，使尚公主也立安敦，且得序于诸子。与者必那演征罕勉力、锁潭、回回诸国，将部曲万人以先。纪律严明，所向克捷。又从帝征你沙卜里，征河西，皆有大功。既卒，而次子玉古伦赤的斤嗣。

玉古伦赤的斤卒，子马木剌的斤嗣。将探马军万人，从宪宗伐宋合州，攻钓鱼山有功，还火州卒。至元三年，世祖命其子火赤哈儿的斤嗣为亦都护。海都、帖木迭儿之乱，畏兀儿之民遭乱解散，于是有旨命亦都护收而抚之，其民人在宗王近戚之境者，悉遣还其部，畏兀儿之众复辑。

十二年，都哇、卜思巴等率兵十二万围火州，声言曰：“阿只吉、奥鲁只诸王以三十万之众，犹不能抗我而自溃，尔敢以孤城当吾锋乎？”亦都护曰：“吾闻忠臣不事二主，吾生以此城为家，死以此城为墓，终不能从尔也。”受围凡六月，不解。都哇以书系矢射城中曰：“我亦太祖皇帝诸孙，何以不附我？且尔祖尝尚公主矣。尔能以女与我，我则休兵，不然则急攻尔。”其民相与言曰：“城中食且尽，力已困，都哇攻不止，则相与俱亡矣。”亦都护曰：“吾岂惜一女而不以救民命乎！然吾终不能与之相见。”以其女也立亦黑迷失别吉厚载以茵，引绳缒城下而与之，都哇解去。其后入朝，帝嘉其功，锡以重赏，妻以公主曰巴巴哈儿，定宗之女也。又赐钞十万锭以赈其民。还镇火州，屯于州南哈密力之地，兵力尚寡，北方军忽至其地，大战力尽，遂死之。

子纽林的斤，尚幼，诣阙请兵北征，以复父仇。帝壮其志，赐金币巨万，妻以公主曰不鲁罕，太宗之孙女也。公主薨，又尚其妹曰八卜叉。有旨师出河西，俟北征诸军齐发，遂留永昌。会吐蕃脱思麻作乱，诏以荣禄大夫平章政事，领本部探马等军万人镇吐蕃宣慰司。威德明信，贼用敛迹，其民赖以安。武宗召还，嗣为亦都护，赐之金印，复署其部押西护司之官。仁宗始稽故实，封为高昌王，别以金印赐之，设王傅之官。其王印行诸内郡，亦都护印行诸畏兀儿之境。八卜叉公主薨，复尚公主曰兀剌真，安西王之女也。领兵火州，复立畏兀儿城池。延祐五年薨。子二人，长曰帖木儿补化，次曰篯吉，皆八卜叉公主所生也。

帖木儿补化，大德中，尚公主曰朵儿只思蛮，阔端太子孙女也。至大中，从父入觐，备宿卫。又事皇太后于东朝，拜中奉大夫，领大都护事。又以资善大夫出为巩昌等处都总帅达鲁花赤。奔父丧于永昌，请以王爵让其叔父钦察台，叔父力辞，乃嗣为亦都护高昌王。至治中，领甘肃诸军，仍治其部。泰定中召还，与威顺王宽彻不花、宣靖王买奴、靖安王阔不花分镇襄阳。俄拜开府仪同三司、湖广行省平章政事。文宗召至京师，佐平大难。时湖广左丞有以忌嫉害政者，诏命诛之。帖木儿补化乃为申请曰：“是诚有罪，然不至死。”人服其雅量。天历元年，拜开府仪同三司、上柱国、录军国重事、知枢密院事。明年正月，以旧官勋封拜中书左丞相。三月，加太子詹事；十月，拜御史大夫。其弟篯吉乃以让嗣为亦都护高昌王。

铁迈赤 虎都铁木禄　塔海

铁迈赤，合鲁氏。善骑射，初事忽兰皇后帐前，尝命为挏马官。从太祖定西夏。又从皇子阔出、忽都秃、行省铁木答儿定河南，累有战功。宪宗之伐宋也，世祖以皇弟受命攻鄂。大驾征西川，遣元帅兀良哈台自交趾捣宋，与诸军合。岁己未，皇弟驻兵鄂渚，闻兀良哈台由广西至长沙，遣铁迈赤将练卒千人、铁骑三千迎兀良哈台于岳州。兀良哈台得援，抵江夏，北涉黄州，铁迈赤与有力焉。世祖即位，命从征叛王于失木土之地，劳绩益著。至元七年，授蒙古诸万户府奥鲁总管。十九年，以疾卒。子八人，虎都铁木禄最显。

虎都铁木禄好读书，与学士大夫游，字之曰汉卿。仁宗尝顾左右曰：“虎都铁木禄字汉卿，汉名卿不让也，汝等以汉卿名之宜矣。”其母姓刘氏，故人又称之曰刘汉卿云。至元十一年，从丞相伯颜渡江。既取宋，遣视宋故宫室，护帑藏。谕下明、越等州。从平章奥鲁入觐，授忠显校尉总把，再转昭信校尉。二十二年，授奉训大夫，荆湖占城等处行中书省理问官。时行省之名曰荆湖占城，曰荆湖，曰湖广，凡三改。理问一日以军事入奏，敷陈辨白有指趣，世祖大悦，若曰：“辞简意明，令人乐于听受，昔以其兄阿里瞥敏捷给，令侍左右，斯人顾不胜耶？”敕都护脱因纳志之。平章政事程鹏飞建议征日本，奏汉卿为征东省郎中。帝顾脱因纳，若曰：“鹏飞南士也，犹知其能。姑听之，候还，朕自录任。”征东省罢，征汉卿还。丞相阿里海牙以湖广行省机密事重，舍汉卿无可用者，遣郎中岳洛也奴奏留，从之。二十一年，从皇子镇南王征交趾。比还鄂时，权臣方擅威福，遂退处于家。二十八年，诏太傅、右丞相顺德王答剌罕擒权奸于鄂。答剌罕遂拜湖广行中书省平章政事，询旧人知方面之务者，众荐汉卿，遣使即南阳家居驿致武昌，奏事京师，帝嘉之，擢给事中。居再岁，提刑按察司改肃政廉访司，台臣奏授奉议大夫、广西海北道副使，陛辞，留之仍旧职。既而湖广行省平章政事刘国杰奏伐交趾，造战船五百于广东，帝曰：“此重事也，须才干臣乃济用。”以汉卿督匠南方，敕曰：“汝还，当显汝于众。”因顿首谢。事既集，帝崩，迁福建行省郎中，朝列大夫、汉阳监府，中顺大夫、湖南宣慰副使。峒酋岑雄叛，奉诏开谕，顽犷怗服。改太中大夫、河南行中书省郎中，通议大夫、同佥枢密院事，拜礼部尚书。大臣奏核实江南民田，汉卿奉诏使江西，以田额旧定，重扰民不便，置不问。止奏茶、漕置局十有七所，以七品印章敕授局官五十一员，增中统课缗五十万。转正议大夫、兵部尚书。未几命为中奉大夫、荆湖北道宣慰使，已命，复留之。延祐三年，大臣以浙东倭奴商舶贸易致乱，奏遣汉卿宣慰闽、浙，抚戢兵民，海陆为之静谧云。从子塔海。

塔海，汉卿兄子也。世祖时，从土土哈充哈剌赤。至元二十四年，扈驾征乃颜。二十六年，入觐，帝命充宝儿赤，扈驾至和林，赐只孙冠服。大德四年，授中书直省舍人。迁中书客省副使。武宗即位，赐中统钞五百锭，以旌其能。寻进和林行省理问所官，改通政佥院。历和宁路总管，改汴梁。先是，朝廷令民自实田土，有司绳以峻法，民多虚报以塞命，其后差税无所于征，民多逃窜流移者。塔海以其弊言于朝。由是省民间虚粮二十二万，民赖以安。后改任庐州，时有飞蝗北来，民患之，塔海祷于天，蝗乃引去，亦有堕水死者，人皆以为异。民乏食，开廪减直，俾民籴之，所活甚众。天历元年冬十月，枢密院臣奏以塔海充枢密佥院，守潼关及河中府。帝遣人驰赐白金钞币，宣授佥书枢密院事。未几西军犯南阳，督诸卫兵往平之。至其地，首率勇士与帖木哥等战，摧其前锋将，夺其旗鼓，西军败走。赐三珠虎符，进大都督，累官资善大夫。

按扎儿

按扎儿，拓跋氏，尝扈从太祖南征。岁丙子，复从定诸部有功，命领蒙古军为前锋，时木华黎暨博尔术为左右万户长，各以其属为翊卫。太祖命木华黎为太师国王都行省承制行事，兵临燕、辽、营、青、齐、鲁、赵、韩、魏，皆下。岁己卯，河中府降，兵北还，以按扎儿领前锋总帅，仍统所部兵屯平阳以备金，摄国王事。时金将乞石烈氏拥兵数为边患，然畏按扎儿威名，不敢轻犯其境。岁壬午，元帅石天应守河中府，屯中条山，金侯将军率昆弟兵十余万夜袭河中，天应遣偏裨吴权府率五百兵出东门，伏两谷间。谕之曰："俟其半过，即翼击之，俾腹背受敌，即成禽矣。"吴醉，敌至，声援弗继，城遂陷，天应死焉，遂燔其城，屠其民。将趋中条，按扎儿进兵击之，斩首数万级，逃免者仅十数。岁癸未春，至闻喜县西下马村，木华黎卒，诏以子孛鲁袭其爵，时平阳重地，令按扎儿居守。岁庚寅，孛鲁由云中围卫州，金将武仙恐，退保潞东十余里原上，孛鲁驰至沁南，未立鼓，乞石烈引兵袭其后，孛鲁战失利，辎重人口皆陷没，按扎儿妻奴丹氏亦被获，拘于大梁。金主闻按扎儿威名，召奴丹氏见，奴丹氏色庄言正，不为动。金主因谓之曰："今纵尔还，能偕尔夫来，当厚赏尔。"奴丹氏佯诺之，遂得还。太宗闻而义之，召见，褒赉甚厚，遂诏预其夫前锋事。帝率从弟按只吉歹、口温不花大王、皇弟四太子，暨国王孛鲁征潞州、凤翔。至钧州三峰山，金将完颜合达引兵十五万来战，俘其同佥移剌不花等，悉诛之。明年壬辰春，三月，帝班师北还，命偕都元帅唆伯台围汴。城中识按扎儿旗帜，惧曰："其妻犹勇且义，况其夫乎！"岁甲午，金亡，诏封功臣，赐平阳户六百一十有四、驱户三十、猎户四。未几，以疾卒。子忙汉、拙赤哥。

至元十五年，忙汉为管军千户。二十四年，从征乃颜。二十六年，从征海都。二十七年，宣授蒙古侍卫亲军千户，佩金符。元贞元年，有旨命领探马赤军，偕哈伯元帅从宗王出伯西征，改授昭信校尉、右都威卫千户。大德元年，召还。至大四年卒。子乃蛮袭。

拙赤哥入宿卫，从世祖征鄂汉，以功赐白金。至元三年，从征李璮，战死之。子阔阔术为御史台都事。至元三十一年，国王速浑察之子拾得既没，其家有故玺，王将鬻之，命阔阔术以示中丞崔彧、御史杨桓，辨其文曰："受命于天，既寿永昌。"盖秦玺也。彧请献之徽仁裕圣皇后，后以钞二千五百贯赐拾得家，金织文段二赐阔阔术。成宗即位，近臣以其事闻，授阔阔术汉中廉访佥事，仕至湖南廉访使。

雪不台

雪不台，蒙古部兀良罕氏。远祖捏里弼生孛忽都，雄勇有智略。曾孙合饬温生哈班、哈不里。哈班生二子：长虎鲁浑，次雪不台。太祖初建兴都于班朱泥河，今龙居河也。哈班驱群羊入贡，遇盗见执，雪不台及兄虎鲁浑随至，刺盗杀之，众溃去，哈班得以羊进帝所，由是父子兄弟以义勇称。虎鲁浑以百夫长西征，破乃蛮，立战功。

雪不台以质子袭职，七年，攻桓州，先登，下其城，赐金币凡一车。十一年，战灭里吉众于蟾河，追其部长玉峪，大破之，遂有其地。扈从征回鹘，其主弃国去，雪不台率众追之，回鹘竟走死。其帑藏之积尽入内府，赐宝珠一银罂。十八年，讨定钦察，鏖战斡罗思大、小密赤思老，降之，奏灭里吉、乃蛮、怯烈、杭斤、钦察部千户通立一军。十九年，献马万匹。二十一年，取驳里畏吾、特勤、赤闵等部，德顺、镇戎、兰、会、洮等州，献牝马三千匹。太宗二年，大举伐金，渡河而南，睿宗以太弟将兵渡汉水而北，会河南之三峰山。金大臣合达诸将步骑数十万待战，雪不台从睿宗出牛头关，谋曰："城邑兵野战不利，易破耳。"师集三峰，金围之数匝，将士颇惧。俄而风雪大作，金卒僵踣，士气遂奋，敌众尽殪。河南诸州以次降破。四年夏，雪不台总诸道兵攻汴，金义宗走卫州，又走归德，又走蔡州。癸巳秋，汴将以城降，其冬攻蔡。六年春，金亡。雪不台以汴民饥，纵使渡河就食，民德之。是年诏宗王拔都西征，雪不台为先锋，战大捷。十三年，讨兀鲁思部主野力班，禽之。攻马札部，与其酋怯怜战漷宁河，遣偏师由下流捣其城，拔之。是时，北庭、西域、河南北、关陇皆底定，雪不台功力居多。初，太祖征西夏，闵其久于行间，敕还省觐。雪不台对曰："君劳臣佚，情所未安。"帝壮而听之。又金帅合达见获，以不屈死，犹问雪不台安在，请一识之。雪不台出谓曰："汝须臾人耳，识我何为？"曰："人臣亦各为其主，卿勇盖诸将，天生英豪，其偶然邪。吾见卿甘心瞑目矣。"定宗三年卒于笃列河之地，年七十有三。至大元年，赠效忠宣力佐命功臣、开府仪同三司、上柱国、河南王，谥忠定。

唵木海

唵木海，蒙古八剌忽觧氏，与父孛合出俱事太祖，征伐有功。帝尝问攻城略地，兵仗何先，对曰："攻城以炮石为先，力重而能及远故也。"帝悦，即命为炮手。岁甲戌，太师国王木华黎南伐，帝谕之曰："唵木海言，攻城用炮之策甚善，汝能任之，何城不破。"即授金符，使为随路炮手达鲁花赤。唵木海选五百余人教习之，后定诸国，多赖其力。太宗即位，留为近侍，以讲武艺。岁壬辰，从攻河南有功。壬子，宪宗特授虎符，升都元帅。癸丑，从宗王旭烈兀征剌里西番、斜巨山、桃里寺、河西诸部，悉下之。卒，子忒木台儿以从战功授金符，袭炮手总管。

至元十年，修立正阳东西二城，置炮二百余座，与宋人战，却之。十三年，从丞相伯颜伐宋，驻军临安之皋亭山，同忙古歹等八人，率甲三百入宋宫，取传国宝。宋太后请解兵延见内殿，期明日奉宝乞降，至期，果遣贾余庆等奉宝至军前。以功授行省断事官，复令其子忽都答儿袭炮手总管。十四年，进昭勇大将军炮手万户，佩元降虎符，镇平江之常熟。有叛民拥众自号太尉者，行省会诸军讨之，与忽都答儿父子自为一军，奋戈陷阵，斩贼酋戴太尉，擒朱太尉，帝嘉其功。十五年，兼平江路达鲁花赤，寻迁徽州、湖州，卒。忽都答儿后升炮手万户，改授达鲁花赤，卒。

昔里钤部

昔里钤部，唐兀人，昔里氏。钤部亦云甘卜，音相近而互用也。太祖时，西夏既臣服，大军西征，复怀贰心。帝闻之，旋师致讨。命钤部同忽都铁穆儿招谕沙州。州将伪降，以牛酒犒师，而设伏兵以待之。首帅至，伏发马蹶，钤部以所乘马与首帅使奔，自乘所蹶马而殿后，击败之。他日，帝闻曰："卿临死地，而易马与人，何也?"钤部对曰："小臣阵死，不足重轻，首帅乃陛下器使宿将，不可失也。"帝以为忠。进兵围肃州，守者乃钤部之兄，惧城破害及其家，先以为请。帝怒城久不下，有旨尽屠之，惟听钤部求其亲族家人于死所，于是得免死者百有六户，归其田业。岁乙未，定宗、宪宗皆以亲王与速卜带征西域，明年启行，钤部亦在中。又明年，至宽田吉思海，钤部从诸王拔都征斡罗斯，至也里赞城，大战七日，拔之。己亥冬十有一月，至阿速灭怯思城，负固久不下。明年春正月，钤部率敢死士十人，蹑云梯先登，俘十一人，大呼曰："城破矣!"众蚁附而上，遂拔之。赐西马、西锦，锡名拔都。明年班师，授钤部千户，赐只孙为四时宴服，寻迁断事官。丙午，定宗即位，进秩大名路达鲁花赤。宪宗以卜只儿来莅行台，命钤部同署，既又别锡虎符，出监大名。己未，世祖南征，供给军饷，未尝乏绝。以疾舆归，卒于家，年六十九。子爱鲁。

爱鲁袭为大名路达鲁花赤。至元五年，从云南王征金齿诸部。蛮兵万人绝缥甸道，击之，斩首千余级，诸部震服。六年，再入，定其租赋，平火不麻等二十四寨，得七驯象以还。七年，改中庆路达鲁花赤，兼管爨僰军。十年，平章赛典赤行省云南，令爱鲁疆理永昌，增田为多。十一年，阅中庆版籍，得隐户万余，以四千户即其地屯田。十三年，诏开乌蒙道，帅师至玉连等州，所过城寨，未附者尽击下之，水陆皆置驿传，由是大为赛典赤信任。十四年，忙部、也可不薛叛，以兵二千讨平之，迁广南西道左右两江宣抚使，兼招讨使。十六年，迁云南诸路宣慰使、副都元帅。十七年，复立云南行省，拜参知政事。十八年，乌蒙、罗佐山、白水江蛮杀万户阿忽以叛，复讨平之。十九年，召诣阙，进左丞。也可不薛复叛，诏与西川都元帅也速答儿、湖南行省脱里察会师进讨，禽也可不薛送京师，仁普诸酋长皆降，得户四千。诸王相吾答儿帅诸将征缅，爱鲁供馈饷，无乏绝。二十二年，乌蒙阿谋杀宣抚使以叛，与右丞拜答儿往征之，拜答儿以爱鲁习知其山川道里，令诸军悉听指授，分道进击，生擒阿蒙以归。二十四年，进右丞。朝廷立尚书省，复改行尚书右丞。镇南王征交趾，诏爱鲁将兵六千人从之。自罗罗至交趾境，交趾将昭文王以兵四万守木兀门，爱鲁与战破之，擒其将黎石、何英。比三月，大小一十八战，乃至其王城，与诸军会战又二十余合，功为多。二十五年，感瘴疠卒。赠平章政事，谥毅敏。

子教化，中书平章政事，请于朝，赠其祖昔里钤部太师，谥贞献，加赠爱鲁太师，追封魏国公，改谥忠节。

槊直腯鲁华

槊直腯鲁华，蒙古克烈氏。初，以其部人二百，从太祖征乃蛮、西夏有功，命将万人，为太师国王木华黎前锋。下金桓州，得其监马几百万匹，分属诸军，军势大振。岁辛未，破辽东、西诸州，唯东京未下，获金使，遣往谕之。槊直腯鲁华曰："东京，金旧都，备严而守固，攻之未易下，以计破之可也。请易服与其使偕往说之，彼将不疑，俟其门开，继以大军赴之，则可克矣。"卒如其计。徇地河北，攻大名，小大数十战，城垂陷，中流矢而卒。武宗时，赠太傅，追封卫国公，谥武敏。

子撒吉思卜华，嗣将其军。太宗元年己丑，锡金符，安辑河北、山东诸州。先是真定同知武仙攻灭都元帅史天倪家，其弟天泽击仙走，复真定。以天泽为真定、河间、济南、东平、大名五路万户。庚寅，命撒吉思卜华佩金虎符，以总师行省监其军。金宣宗之徙都于汴也，立河平军于新卫以自固，恃为北门。撒吉思卜华数攻之，不拔。壬辰正月，太宗自白坡济河而南，睿宗由峭石滩涉汉而北。撒吉思卜华集西都水之舟，渡自河阴。至郑，郑守马伯坚降。及金义宗势力穷蹙出奔，帝命撒吉思卜华追蹑之，会其节度斜捻阿卜弃卫入汴，撒吉思卜华遂据而有之。十二月，义宗自黄陵冈济河，谋复卫。撒吉思卜华与其将白撒战白公庙五日夜，俘斩万计，余众尽溃。义宗窜归德。撒吉思卜华追蹑其后，薄北门而军。左右皆水，其舟师日至。癸巳四月，其将官奴夜来斫营，腹背受敌，撒吉思卜华与一军皆没。

嗣国王塔思承制，以其弟明安答儿领其行营，寻有旨以为蒙古汉军万户。明安答儿善骑射，从征淮安，因粮于敌，未尝匮乏，军士免负担之劳，咸乐为用。癸丑，宪宗遣从昔烈门太子南伐，死于钧州。五子，长腯虎，幼普阑溪。

腯虎从世祖北征叛王，挺戈出入其阵，帝壮之，赐号拔都，赏白金四百五十两。及平李璮之乱，亦有战功。普阑溪，光禄大夫、徽政使。金亡，命大臣忽都虎料民分封功臣，撒吉思卜华妻杨氏自陈曰："吾舅及夫皆死国事，而独尔见遗。"事闻，帝曰："彼家再世死难，宜赐新卫民二百户。"撒吉思卜华赠太师，谥忠武。明安答儿赠太保，谥武毅，爵皆卫国公。

昔儿吉思

昔儿吉思，幼从太祖征回回、河西诸国，俱有战功。太宗时，从睿宗西征，师次京兆府，会亦来哈斛率诸部兵作乱，昔儿吉思挺身斫贼阵，下马搏战，贼众莫不披靡，俄失所乘马，步走至睿宗军中。贼退，睿宗嘉其勤劳，妻以侍女唆火台。世祖尤爱之，军旅田猎，未尝不在左右。初，昔儿吉思之妻为皇子乳母，于是皇太后待以家人之礼，得同饮白马湩。时朝廷旧典，白马湩非宗戚贵胄不得饮也。昔儿吉思子塔出，为宝儿赤、迭只斡耳朵千户。塔出子千家奴、撒里蛮。千家奴从征乃颜，力战而死，帝命籍乃颜人口、财物以赐之。撒里蛮年十六，从世祖讨阿里不哥，战于失门秃，有功，赐号拔都儿，赏赉尤厚，授光禄少卿，仍袭为迭只斡耳朵千户，改同佥宣徽院，进佥院事。以管军千户，从征乃颜有功，赏金盏二、金五十两，复入为同知宣徽院事。成宗时，拜宣徽使，加大司徒，卒。子帖木迭儿袭为迭只斡耳朵千户，累迁宣徽院使，遥授左丞相。

哈散纳

哈散纳，怯烈亦氏。太祖时，从征王罕有功，命同饮班朱尼河之水，且曰："与我共饮此水者，世为我用。"后管领阿儿浑军，从太祖征西域，下薛迷则干、不花剌等城。至太宗时，仍命领阿儿浑军，并回回人匠三千户驻于荨麻林。寻授平阳、太原两路达鲁花赤，兼管诸色人匠，后以疾卒。子捏古伯袭，从宪宗攻钓鱼山，有功，以疾卒。子撒的迷失袭。撒的迷失卒，子木八剌袭，充贵赤千户，迁西域亲军副都指挥使，大德元年卒。弟秃满答袭，秃满答卒，子哈剌章袭。

卷一百二十三　列传第十

布智儿

布智儿，蒙古脱脱里台氏。父纽儿杰，身长八尺，有勇力，善骑射，能造弓矢。尝道逢太祖前驱骑士别那颜，邀与俱见太祖，视其所挟弓矢甚佳，问谁为造者，对曰："臣自为之。"适有野凫翔于前，射之，获其二，并以二矢献而退。别那颜随之，至所居，布智儿出见，别那颜奇之，许以女妻之，父子遂俱事太祖。尝从征讨，赐纽儿杰拔都名。从征回回、斡罗思等国，每临阵，布智儿奋身力战。身中数矢，太祖亲视之，令人拔其矢，血流满体，闷仆几绝。太祖命取一牛，剖其腹，纳布智儿于牛腹，浸热血中，移时遂甦。纽儿杰卒，宪宗以布智儿为大都行天下诸路也可扎鲁忽赤，印造宝钞。赐七宝金带燕衣十袭，又赐蔚州、定安为食邑。

布智儿卒，有子四人。长好礼，事世祖，备宿卫。会丞相伯颜伐宋，奏好礼督水军攻襄樊，从渡江入临安，以功授昭毅大将军、水军翼万户府达鲁花赤。别帖木儿，吏部尚书。补儿答思，云南宣慰使。不兰奚，袭父职，为水军翼万户招讨使，镇守江阴，移通州。子完者不花，辽阳省理问。

召烈台抄兀儿

召烈台抄兀儿，初事太祖，时有哈剌赤、散只兀、朵鲁班、塔塔儿、弘吉剌、亦乞列思等，居坚河之滨忽兰也儿吉之地，谋奉扎木合为帝，将不利于太祖。抄兀儿知其谋，驰以告太祖，遂以兵收海剌儿阿带亦儿浑之地，尽诛扎木合等。惟弘吉剌入降。太祖赐以答剌罕之名。

其子那真，事世祖，为也可扎鲁花赤。那真殁，子伴撒袭其职。伴撒卒，子火鲁忽台袭。致和元年八月，执倒剌沙起军之使察罕不花，并其金字圆牌以献。天历元年十一月，帝赐金带，仍复其职。尝奏言："有犯法者治之，当自贵人始；穷乏不给者救之，当自下始。如此则可得众心矣。"其言良切于事弊云。

阔阔不花

阔阔不花者，按摊脱脱里氏，为人魁岸，有膂力，以善射知名。岁庚寅，太祖命太师木华黎伐金，分探马赤为五部，各置将一人，阔阔不花为五部前锋都元帅，所向莫能支。然不嗜杀，惟欲以威信怀附，故所至无残破。略定滨、棣诸州，俘获焦林诸处民四百余，但籍其姓名，遣归乡里。徇益都，守将降，得其财物马畜，悉以分赐士卒。岁壬辰，从太宗渡河，攻汴梁、归德，分兵渡淮，攻寿州，守将无降意，射书城中谕之，城中人感泣，以彩舆奉金公主开门送款，阔阔不花下令军中，辄入城虏掠者死，城中帖然。公主，义宗之姑也。岁丙申，太宗命五部将分镇中原，阔阔不花镇益都、济南，按察儿镇平阳、太原，孛罗镇真定，肖乃台镇大名，怯烈台镇东平，括其民匠，得七十二万户，以三千户赐五部将。阔阔不花得分户六百，立官治其赋，得荐置长吏，岁从官给其所得五户丝，以疾卒官。

子黄头代领探马赤为元帅，从丞相伯颜取宋道死。子东哥马袭其职，累迁右都威卫千户，卒。

拜延八都鲁

拜延八都鲁，蒙古扎剌台氏，幼事太祖，赐名八都鲁。岁乙未，太宗命领扎剌军一千六百人，与塔海甘卜同征关西，有功。癸丑，宪宗命与阿脱、总帅汪世显创立利州城。甲寅，领兵紫金山，破宋军鹿角寨，夺其军饷器械。丁巳，从都元帅纽邻城成都，及领兵围云顶山，下其城。帝亲征，元帅纽邻既进兵，涉马湖江，留拜延八都鲁镇成都，降属县诸城，得其民，悉抚安之，赐黄金五十两、衣九袭。诸王哈丹、朵欢、脱脱等征大理还，命拜延八都鲁领兵迎之。道过新津寨，与宋潘都统遇，战败之，杀获甚众。中统二年，元帅纽邻上其功，授蒙古奥鲁官。

子外貌台，孙兀浑察。至元六年，拜延八都鲁告老，兀浑察代其军，从行省也速答儿征诸国有功。十六年，从大军征斡端，又有功，赏银五十两。二十一年，诸王术伯命兀浑察往乞失哈里之地为游击军。时敌军二千余，兀浑察以勇士五十人与战，擒其将也班胡火者以献。王壮之，以其功闻，赏银六百两、钞四千五百贯，授蒙古军万户，赐三珠虎符。三十年，以疾卒。次子袭授曲先塔林左副元帅，寻卒。弟塔海忽都袭，升镇国上将军都元帅，改授四川蒙古副都万户。至治二年，以疾退。子孛罗帖木儿袭。

阿术鲁

阿术鲁，蒙古氏。太祖时，命同饮班朱尼河之水，扈驾亲征有功，命领兵收附辽东女直，还，赏金甲、珠衣、宝带，他物称是。复命总兵征西夏，与敌兵大战于合剌合察儿之地。西夏势蹙，其主惧，乞降，执之以献，太宗杀之，赐以所籍赀产。继领兵收附信安，下金二十余城。其后告老，诸王塔察儿命其子不花代领其军。

绍古儿

绍古儿，麦里吉台氏。事太祖，命同饮班朱尼河之水，扈从亲征。已而从破信安，略地河西，赐金虎符，授洺磁等路都达鲁花赤。领军出征，复从伐金，破河南。太宗命领济南、大名、信安等处军马，复从国王答石出征。岁辛亥，卒。

子拜都袭。拜都卒，子忽都虎袭，移睢州。从世祖渡江，攻鄂，还镇恩州。中统三年，从征李璮有功，寻命修立邳州城，领兵镇两淮。十一年，从丞相伯颜渡江，有战功。又从参政董文炳沿海出征，还，镇嘉兴，行安抚事。十二年，加昭勇大将军，职如故。十四年，授嘉兴路总管府达鲁花赤，寻升镇国上将军、黄州路宣慰使，寻罢黄州宣慰司，复旧任。十六年，改授浙西道宣慰使，加招讨使，仍镇国上将军。奉诏征占城，以其国降表、贡物入见，帝嘉之，厚加赏赉。二十四年，从征交趾，明年还师，授邳州万户府万户。三十年，没于军。

阿刺瓦而思

阿刺瓦而思，回鹘八瓦耳氏，仕其国为千夫长。太祖征西域，驻跸八瓦耳之地，阿剌瓦而思率其部曲来降。从帝亲征，既破瀚海军，又攻轮台、高昌、于阗、寻斯干等，靡战不克，没于军。

子阿剌瓦丁，从世祖北征有功，至元二十九年卒，寿一百二岁。

子赡思丁，有子五人：长乌马儿，陈州达鲁花赤；次不别，隆镇卫都指挥使；次忻都，监察御史；次阿合马，拱卫直司都指挥使；次阿散不别，骁勇善骑射，历事成宗、武宗、仁宗，数被宠遇，计前后所赐楮币余四十万缗，他物称是，积官荣禄大夫，三珠虎符。

子斡都蛮袭职。致和元年八月，自上都逃来，丞相燕帖木儿任为裨将，率壮士百人，围灭里帖木儿等于陀罗台驿，擒之以献，特赐衣一袭，及秃秃马失甲、金束带各一，白金一百两，钞二百锭。天历元年九月，充行院同佥。十月，从击忽刺台、马扎罕等军于卢沟桥，败之，追至紫荆关，多所俘获，招降安童所将军一千五百人，复以功受上赏。二年，进枢佥院。三年，以隆镇卫都指挥使兼领拱卫司。

抄儿

抄儿，别速氏。世居汴梁阳武县，从太祖收附诸国有功。又从征金，没于阵。

子抄海，从征河南、山东，复没于阵。子别帖，将其父军，从攻鄂州，以功赏银帛衣甲等，继从太子忽哥赤西征大理国，复没于阵。子阿必察，至元五年授武略将军、蒙古千户，赐金符，从围襄樊，复渡江，夺阳罗堡岸口，以功赏白金，进宣武将军、蒙古军总管，管领左右手两万户军。既下广德，从平章阿里海牙征海外国，率死士鼓战船进，夺岸口，擒勇士赵安等，以功赏银帛。十六年，命管领蒙古侍卫军，以疾卒于军。

也蒲甘卜

也蒲甘卜，唐兀氏。岁辛巳，率众归太祖，隶蒙古军籍。奉旨同所管河西人，从木华黎出征，以疾卒。

子昂吉儿袭领其军，征诸国有功。至元六年，授金符千户，从征蕲、黄、安庆等处。九年，易虎符，升信阳万户，从平章阿术南征，又有功，历淮西道宣慰使、参知政事、都元帅、庐州蒙古汉军万户府达鲁花赤、行省左丞相、尚书左丞，积官龙虎卫上将军。二十一年，携其子昂阿秃入见。世祖命昂阿秃充速古儿赤。二十四年，随驾征乃颜有功，奉旨代其父职。二十六年，授庐州蒙古汉军万户府达鲁花赤。大德六年，领兵讨宋隆济等，以功受上赏。还镇庐州，以私财筑室一百二十余间，以居军士之贫者，省台以其事闻，特命升其秩，以金束带赐之。泰定四年卒。昂阿秃之弟暗普，由速古儿赤授金符、唐兀秃鲁花千户，后改授海北海南道廉访使。

赵阿哥潘

赵阿哥潘，土波思乌思臧掇族氏。始附宋，赐姓赵氏。世居临洮。祖巴命，富甲诸羌。父阿哥昌，貌甚伟，有力兼人，金贞祐中，以军功至熙河节度使。金亡，保莲花山，以其众来归。皇子阔端之镇西土也，承制以阿哥昌为叠州安抚使。时兵兴，城无居人，至则招逃亡，立城垒，课耕桑以安辑之，年八十，卒于官。

阿哥潘事亲以孝闻，从伐蜀，与宋都统制曹友闻屡战，胜负略相当，以破大安功最，授同知临洮府事。斩朝天关，乘嘉陵江至阆州，获蜀船三百艘。攻利州，生得其刘太尉，战败宋师于潼川。宋制置使刘雄飞进攻青居山，阿哥潘击之，宵溃，四川大震。进逼成都，略嘉定，平峨眉太平寨，擒其将陈侍郎、田太尉，余众悉降。大小五十余战，皆先陷阵，皇子赐以金甲、银器。岁壬子，世祖以皇弟南征大理，道出临洮，见而奇之，命摄元帅，城益昌。时宋兵屯两川，堡栅相望，矢石交击，历五年而城始完。宪宗出蜀，以阿哥潘为选锋，攻西安，下之，赐金符，授临洮府元帅。帝驻钓鱼山，合州守将王坚夜来斫营，阿哥潘率壮士逆战，手杀数十百人，坚遂引去。明日陛见，帝喜曰："有臣如此，朕复何忧！"赐黄金五十两，名曰拔都。中统建元，诏还镇临洮。岁饥，发私廪以赈贫乏。给民农种粟二千余石、芜菁子百石，人赖不饥。郡当孔道，传置旁午，有司敝于供给。阿哥潘以私马百匹充驿骑，羊千口代民输。帝闻而嘉之，诏京兆行省酬其直。阿哥潘曰："我岂以私惠而邀公赏耶！"卒不受。以军事赴青居山，道为宋兵所邀，遂死于敌。

阿哥潘好畜良马，常千蹄，岁择其上骥五驷贡于朝，子孙遵之不替。先是，勋臣子孙为祖父请谥者，帝每靳之，至是敕大臣以美谥谥之，谥曰桓勇。

子重喜，始给侍皇子阔端为亲卫。癸丑，从世祖征哈剌章，数有功。中统元年，浑都海反，从总帅汪良臣引兵至拔沙河纳火石地逆战，以功授征行元帅。四年，从讨忽都、达吉、散竹台等，克之，制必帖木儿王承制，使袭父职为元帅。入觐，赐金虎符，为临洮府达鲁花赤。时解军职而转民官者，例纳所佩符。有旨："赵氏世世勤劳，其金符勿拘常例，使终佩之。"重喜在郡，劝农兴学，省刑敦教，以善治闻。请致仕不许，诏其长子官卓斯结袭为达鲁花赤。升重喜巩昌二十四处宣慰使。卒，谥桓襄。

官卓斯结性靖退，辞官闲处二十余年。仁宗闻其名，召不起。子德寿，云南左丞。

纯只海

纯只海，散术台氏。弱冠宿卫太祖帐下，从征西域诸国有功。岁癸巳，太宗命佩金虎符，充益都行省军民达鲁花赤，从大帅太出破徐州，擒金帅国用安。丁酉，以益都为皇太子分土，迁京兆行省都达鲁花赤。至怀，值大疫，士卒困惫，有旨以本部兵就镇怀孟。未几，代察罕总军河南，寻复怀孟。己亥，同僚王荣潜畜异志，欲杀纯只海，伏甲縶之，断其两足跟，以帛缄纯只海口，置佛祠中。纯只海妻喜礼伯伦闻之，率其众攻荣家夺出之。纯只海裹疮从二子驰旁郡，请兵讨荣，杀之。朝廷遣使以荣妻孥赀产赐纯只海家，且尽驱怀民万余口郭外，将戮之。纯只海力争曰："为恶者止荣一人耳，其民何罪。若果尽诛，徒守空城何为？苟朝廷罪使者以不杀，吾请以身当之。"使者还奏，帝是其言，民赖不死。纯只海给荣妻孥券，放为民，遂以其宅为官廨，秋毫无所取。郡人德之。既入觐，太宗以纯只海先朝旧臣，功绩昭著，赐第一区于和林，寻以疾卒。敕葬山陵之侧。

皇庆初，赠推忠宣力功臣、金紫光禄大夫、上柱国、温国公，谥忠襄。仍敕词臣刘敏中制文树碑于怀，以旌其功云。子昂阿剌嗣。

苫彻拔都儿

苫彻拔都儿，钦察人。初事太宗，掌牧马。从攻凤翔，战潼关，皆有功。后从大将速不台攻汴京，金人列木栅于河南，苫彻拔都儿率死士往拔之，赐良马十匹。师还，金将高都尉率众邀于中路，苫彻拔都儿迎击斩其首以归，赐白金五十两、币四匹。从攻蔡州，前锋答答儿与金将战，金将捽其须，苫彻拔都儿进斫金将，乃得脱。蔡州破，金守将佩虎符立城上，苫彻拔都儿以铁椎击杀之，取虎符以献。帝嘉其能，命从皇子攻枣阳。继从宗王口温不花攻光州，一日五战，光州下。赐黄金五十两、白金酒器一事、马三十匹。百户爱不怯赤自以临阵不勇，乞苫彻拔都儿自代，遂升百户。从攻滁州，与宋兵大战，至暮，宋兵败走西山，苫彻拔都儿与千户忽孙追杀之。

岁己未，世祖伐宋，募能先绝江者，苫彻拔都儿首应命，率众逼南岸。诏苫彻拔都儿与脱欢领兵百人同宋使谕鄂州使降，抵城下，鄂守将杀使者以军来袭，苫彻拔都儿与之遇，奋击大破之。复赐黄金五十两。中统三年，授蔡州蒙古汉军万户。冬，宋人犯西平。苫彻拔都儿逐北逾淮，获其生口甚众。至元二年秋，由安庆入庐州，闻宋兵至，亟设伏于竹林，击杀之。四年秋九月，元帅阿术军襄阳安阳滩。宋兵据渡口，苫彻拔都儿击破其众。五年，从阿术围襄阳，击夺宋将夏贵米舟。阿术入汉江，以其有战功，俾与扎剌儿引军南略，获八十人。十年八月，略地淮东。十一年，遣招鄂州。十二年，遣招滁州，诛王安抚。改武略将军、管军千户。五月，伏兵大江北岸，击宋军，败走之。十三年，复略地淮东，获其总管二人以献。迁滁州总管府达鲁花赤。宋都统姜才率军取粮高邮，苫彻拔都儿从史万户夺其马及粮橐二万，淮东平，入朝。十四年，从讨叛人只里瓦歹于怀剌合都，改宣武将军、滁州路总管府达鲁花赤。

十七年，率其子脱欢、孙麻兀入见。奏曰："臣老矣，幸主上怜之。"帝命以脱欢为宣武将军、管军总管，佩金符；麻兀为滁州路总管府达鲁花赤。其后脱欢以征倭功授明威将军、滁州万户府达鲁花赤，升昭勇大将军、征行军万户府达鲁花赤，佩三珠虎符。又以征爪哇功升昭毅大将军，镇守无为滁州万户府达鲁花赤。次子锁住，袭其职。

怯怯里

怯怯里，斡耳那氏。太宗七年南伐，以千户从阔端攻安丰、寿州。又从诸王塔察儿率蒙古军二千攻荆山，破之，赐马二匹。与万户纳䚟以兵守沂、郯，略涟海，又从元帅怀都攻襄阳。卒。

子相兀速袭父职。率本部兵从丞相阿术攻襄樊，又从塔出筑正阳堡。泸军乘舰来窥壁垒，相兀速率征骑逆之，夹淮水而军，射死者甚众。至元十一年，赐金符，授武略将军。明年，从御史大夫博罗罕平涟海。秋九月，从丞相伯颜渡淮，率兵一千骑攻淮安南门，破之。又从元帅博罗罕筑湾头堡。万户纳儿䚟卧疾，令相兀速权领蒙古、女直、汉人三万户。夏五月，宋扬州都统姜才引兵来侵，相兀速率本部兵逆战有功。又从丞相阿术袭制置使李庭芝及姜才于泰州，皆杀之。十四年，加宣武将军、管军总管。十八年，为蒙古侍卫亲军总管。二十三年，改千户。三十年，升蒙古侍卫亲军副指挥使司事，易金虎符，加显武将军。

子捏古䚟，元贞元年为蒙古侍卫亲军百户。大德六年，袭父职，佩金虎符，授宣武将军。延祐四年，升左翊蒙古侍卫亲军都指挥使，仍所佩符，进怀远大将军。

塔不已儿

塔不已儿，束吕纥氏。太宗时以招讨使将兵出征，破信安、河南，以功授金虎符、征行万户。岁甲寅，以疾卒。

子脱察剌袭职。岁已未，率兵渡江，破十字寨。命其子重喜从行。重喜率先引弓，射中敌兵，又多杀获。既而与敌兵战于洋隘口，夺战舰一，流矢中左足，勇气愈倍。时世祖驻跸洋隘口北，亲劳之曰："汝年幼能宣力如是，深可嘉尚。然继今尤当勉之。"及脱察剌卒，以重喜袭职。中统三年，从征李璮有功。四年，以兵镇莒州。至元二年，奉旨初筑十字路城，以备守御。重喜率兵南巡，为游击军。四年，从抄不花出征，至泗州北古城。时蔡千户为敌兵所围，重喜奋战，救而出之。五年，入觐。帝嘉其功，赐白金、纳失失段及金鞍弓矢等。十年，修正阳城。明年，宋兵围正阳，从战败之。十二年，从下涟海诸城。俄奉旨率五千人从出征，道过衡阳店，与宋将李提辖等战，大败之，杀掠几尽，遂驻兵瓜洲。十三年夏六月，宋都统姜才领诸军来围城堡，败之。秋七月，从兵袭击李庭芝等于泰州。十四年，进昭勇大将军、婺州路总管府达鲁花赤，佩已降虎符。未几卒。

子庆孙袭职，初授宣武将军、管军总管，镇守安乐州。十六年，移戍镇江府。十八年，还镇通州。二十年，进明威将军。二十二年，移镇十字路。二十四年，领诸翼军镇太湖，教习水战。二十九年，从征爪哇，升昭勇大将军、征行上万户。将行，有旨留之。皇庆二年卒。子孛兰奚袭。

直脱儿

直脱儿，蒙古氏，父阿察儿，事太祖，为博儿赤。直脱儿从太宗征钦察、康里、回回等部有功。四年，收河南、关西诸路，得民户四万余，以属庄圣皇太后为脂粉丝线颜色户。八年，建织染七局于涿州。明年，改涿州路，以直脱儿为达鲁花赤。卒。

子哈兰术袭，佩虎符。李璮叛，世祖命领诸万户为监战达鲁花赤以讨之。有功，授解万户翼监战领军。迁益都路蒙古万户，监战密州，没于军。

从子忽剌出袭职，授昭勇大将军。至元十一年，攻宋六安军，有功。行中书省命领诸军战舰冲宋军，宋军败，有旨褒赏。九月，师次安庆。忽剌出及参政董文炳领山东诸军顺流东下，至丁家洲，遇宋臣夏贵、孙虎臣等，战江中，宋军大败，擒其将校三十七人、军五千余、船四十艘。十二年三月，与宋军战朱金沙，复有功。七月，复与宋军战焦山江中。时丞相阿术等督战，忽剌出与董文炳身冒矢石，沿流鏖战八十余里。忽剌出身被数伤，裹创力战，遂胜之。九月，宋臣张殿帅攻夺吕城仓、丹阳县。忽剌出与万户怀都往救，生擒之。十月，下常州，从丞相伯颜略苏、湖、秀州，至长桥，遇宋军，又败之。十三年，正月，师至杭州，丞相伯颜命忽剌出守浙江亭及宋北门。五月，扬州军劫扬子桥，仅败之。六月，败真州军。七月，追李庭芝至通海口，降扬州及高邮、宝应、真州、滁州等城，江南平。加昭毅大将军，职如故。寻迁湖州路达鲁花赤。十四年，进镇国上将军、淮东宣慰使。已而屯守上都。十五年，授嘉议大夫、行御史台中丞。十九年，进资善大夫、福建行省左丞。黄华叛，平之。二十年，授江淮行省左丞。二十三年，迁右丞。三月，进荣禄大夫、江浙行省平章政事。六月，卒。

月里麻思

月里麻思，乃马氏。岁丁酉，太宗命与断事官忽都那颜同署。岁戊戌，又同阿术鲁拔都儿充达鲁花赤，破南宿州。岁辛丑，使宋议和。从行者七十余人，月里麻思语之曰："吾与汝等奉命南下，楚人多诈，倘遇害，当死焉，毋辱君命。"已而驰抵淮上，宋将以兵胁之，曰："尔命在我，生死顷刻间耳。若能降，官爵可立致。不然，必不汝贷。"月里麻思曰："吾持节南来，以通国好，反诱我以不义，有死而已。"言辞慷慨，不少屈。宋将知其不可逼，乃囚之长沙飞虎寨三十六年而死。世祖深悼之，诏复其家，以子忽都哈思为答剌罕，日给粮食其家人。忽都哈思自陈于帝曰："臣愿为国效死，为父雪耻。"帝嘉纳之，授以上均州监战万户。十八年，以招讨使将兵征日本，死于敌。

捏古剌

捏古剌，在宪宗朝，与也里牙阿速三十人来归。后从征钓鱼山，讨李璮，皆有功。

子阿塔赤，世祖时围襄阳，下江南，败失列及，征乃颜，皆以功受赏。后事成宗、武宗，为札撒兀孙。仁宗时，历官至左阿速卫千户。卒。

子教化，初为速古儿赤，继袭父职。必里阿秃叛，奉旨往平之，凯还，赐衣一袭。天历元年八月，从丞相燕帖木儿战居庸北，有功。九月，进拱卫直都指挥使。寻迁章佩卿。

子者燕不花，初事仁宗，为速古儿赤。英宗时为进酒宝儿赤。天历元年，迎文宗于河南，赐白银、彩段，命为温都赤。九月，往居庸关料敌，道逢二军，谓探马赤诸军曰："今北兵且至，其避之。"者燕不花恐摇众心，即拔所佩刀斩之。授兵部郎中。招集阿速军四百余人。十月，进兵部尚书，授双珠虎符，领军六百人迎敌通州。会丞相燕帖木儿至檀子山，与秃满迭儿战，败之。迁大司农丞。

阿儿思兰

阿儿思兰，阿速氏。初，宪宗以兵围阿儿思兰之城，阿儿思兰偕其子阿散真迎谒军门。帝赐手诏，命专领阿速人，且留其军之半，余悉还之，俾镇其境内。以阿散真置左右。道遇阔儿哥叛军，阿散真力战死之。帝遣使裹尸还葬之。阿儿思兰言于帝曰："臣长子死，不能为国效力，今以次子捏古来献之陛下，愿用之。”捏古来至，帝命从兀良哈台征哈剌章，有功，兀良哈台赏以白金名马。从伐宋，中流矢而死。

子忽儿都答，充管军百户。世祖命从不罗那颜使哈儿马某之地，以疾卒。

子忽都帖木儿，武宗潜邸时从征海都，以功赏白金。至大元年，授宣武将军、左卫阿速亲军副都指挥使。四年，卒。

哈八儿秃

哈八儿秃，薛亦氏。宪宗时，从攻钓鱼山有功。还，又从亲王塔察儿北征，充千户所都镇抚。从千户脱伦伐宋，没于阵。

子察罕，从塔察儿攻樊城西门，领扬州等处游击军与宋兵战，有功。至元十一年，从忽都帖木儿攻江陵东南城堡，又从阿剌罕败宋兵于阳逻堡之南。阿剌罕选为本万户府副镇抚。十二年，分隶脱脱总管，出广德游击军，与宋兵战，败之，赐以白金酒器。又从攻独松、千秋、拨出等关及诸山寨，其降民悉绥抚之，赐白金一百两。十三年，中书省檄为瑞安县达鲁花赤。始至，招集逃移民十万余户。十四年，升忠显校尉、管军总把，并领新附军五百人，从宣慰唐兀台战于司空山，有功，命以其职兼都镇抚。俄选充侍卫亲军。十六年，授银符、忠武校尉、管军总把。二十四年，赐金符，授承信校尉、蒙古卫军屯田千户。二十五年，进武义将军、本所达鲁花赤。二十七年，升左翼屯田万户府副万户。大德五年卒。子太纳袭。

艾　貌

艾貌拔都，康里氏。初从雪不台那演征钦察，攻河西城，收西关，破河南；继从定宗略地阿奴，皆有功。又从四太子南伐，命充怯怜口阿答赤孛可孙。又从兵渡江攻鄂，以疾卒于军。

子也速台儿，从讨阿蓝答、浑都海，征李璮，伐宋，累功授管军总把。至元十四年，从攻福建兴化，招古田等处民五千余户，以功升武略将军、千户，赐金符。又招手号新军二千五百余人，升宣武将军、总管，赐虎符。有旨征日本。也速台儿愿效力，赐以弓矢，进怀远大将军、万户。二十年，授泰州万户府达鲁花赤。二十三年，迁昭勇大将军、钦察亲军都指挥使。二十四年，从征乃颜有功。明年卒。后赠金吾卫上将军，追封成武郡公，谥显敏。

卷一百二十四　列传第十一

塔　本

塔本，伊吾庐人。人以其好扬人善，称之曰扬公。父宋五设讬陀，讬陀者，其国主所赐号，犹华言国老也。塔本初从太祖讨诸部，屡厄艰危。复从围燕，征辽西，下平滦、白霫诸城。军士有妄杀人者，塔本戒之曰：“国之本，民也。杀人得地，何益于国。且杀无罪以坚敌心，非上意。”太祖闻而喜之，赐金虎符，俾镇抚白霫诸郡，号行省都元帅，管内得承制除县吏，死囚得专决。久之，徙治兴平。兴平兵火伤残，民惨无生意。塔本召父老问所苦，为除之，薄赋敛，役有时。民大悦，乃相与告教，无违约束，归者四集。塔本始至，户止七百，不一二年，乃至万户。出己马以宽驿人；贷廉吏银，其子钱不能偿者，焚其券。农不克耕，亦与之牛，比岁告稔，民用以饶。庚寅，诏益中山、平定、平原隶行省。甲午，盗李仙、赵小哥等作乱，塔本止诛首恶，宥其诖误。癸卯立春日，宴群僚，归而疾作，遂卒。是夕星陨，隐隐有声。遗命葬以纸衣瓦棺。赠推诚定远佐运功臣、太师、开府仪同三司、上柱国，追封营国公，谥忠武。子阿里乞失铁木儿。

阿里乞失铁木儿，嗣父职，为兴平等处行省都元帅。其为治一遵先政，兴学养士，轻刑薄徭，虽同僚不敢私役一民。从大军伐高丽有功。岁丙辰卒。赠宣忠辅义功臣、荣禄大夫、平章政事、柱国，追封营国公，谥武襄。子阿台。

阿台，当袭父职，适罢行省为平滦路总管府，丁巳，宪宗命阿台为平滦路达鲁花赤。始至，请蠲银、盐、酒等税课八之一，细民不征。世祖即位，来朝，赐金虎符。诸侯王道出平滦，供给费银七千五百两，户部不即偿，阿台自陈上前，尽取偿以归。置甲乙籍，籍民丁力，民甚便之。至元十年，进阶怀远大将军。岁饥，发粟赈民。或持不可，阿台曰：“朝廷不允，愿以家粟偿官。”于是全活甚众。僚属始至，阿台必遗之盐、米、羊畜、什器，曰：“非有他也，欲其不剥民耳。”姻族穷者，月有常给；民有丧不能葬者，与之棺槨、布帛、资粮。滦为孤竹故国，乃庙祀伯夷、叔齐，以励风俗。二十一年，进昭武大将军。二十四年，乃颜叛，献马五百匹佐军，世祖大喜。已而得乃颜银瓮，亟以赐之。二十五年入朝，以疾卒。赐宣力功臣、资德大夫、中书右丞、上护军，追封永平郡公，谥忠亮。子迭里威失。

迭里威失，少好读书，成宗时入宿卫，授河西廉访司佥事，拜监察御史，迁淮西廉访副使，召为中书左司员外郎，改枢密院参议，升判官。延祐四年，授翰林侍讲学士，出为河间路总管。属岁饥，出俸金及官库所积赈之，活数十万人。河间当水陆要冲，四方供亿皆取给焉，迭里威失立法调遣，民便之。复建言增置便习弓马尉一人，益逻兵之数，于是盗贼屏息。陵州群凶为官民害，悉收系死狱中。

后升辽阳行省参知政事。子锁咬儿哈的迷失。

锁咬儿哈的迷失，年十二，宿卫英宗潜邸，掌服御诸物。英宗即位，拜监察御史。至治元年春，诏起大刹于京西寿安山，锁咬儿哈的迷失与御史观音保、成珪、李谦亨上章极谏，以为东作方始，而兴大役，以耗财病民，非所以祈福也。且岁在辛酉，不宜兴筑。初，司徒刘夔妄献浙右民田，冒出内帑钞六百万贯，丞相帖木迭儿分取其半，监察御史发其奸，由是疾忌台谏。至是，帖木迭儿之子琐南为治书侍御史，密奏曰："彼宿卫旧臣，闻事有不便，弗即入白，今讪上以扬己之直，大不敬。"帝乃杀锁咬儿哈的迷失与观音保，杖珪、谦亨，黥之，窜诸遐裔。泰定初，赠锁咬儿哈的迷失资德大夫、御史中丞、上护军，追封永平郡公，谥贞愍。赐其妻子钞五百贯、良田千亩，仍诏树碑神道。

哈剌亦哈赤北鲁

哈剌亦哈赤北鲁，畏兀人也。性聪敏，习事。国王月仙帖木儿亦都护闻其名，自唆里迷国征为断事官。月仙帖木儿卒，子八儿出阿儿忒亦都护年幼，西辽主鞠儿可汗遣使据其国，且召哈剌亦哈赤北鲁，至则以为诸子师。八儿出阿儿忒闻太祖明圣，乃杀西辽使，更遣阿怜帖木儿都督等四人使西辽。阿怜帖木儿都督者，哈剌亦哈赤北鲁婿也。具语以其故，于是与其子月朵失野讷驰归太祖，一见大悦，即令诸皇子受学焉。仍令月朵失野讷以质子入宿卫。从帝西征。至别失八里东独山，是城空无人，帝问："此何城也？"对曰："独山城。往岁大饥，民皆流移之它所。然此地当北来要冲，宜耕种以为备。臣昔在唆里迷国时，有户六十，愿移居此。"帝曰："善。"遣月朵失野讷佩金符往取之，父子皆留居焉。后六年，太祖西征还，见田野垦辟，民物繁庶，大悦。问哈剌亦哈赤北鲁，则已死矣。乃赐月朵失野讷都督印章，兼独山城达鲁花赤。月朵失野讷卒，子乞赤宋忽儿，在太宗时袭爵，赐号答剌罕。子四人：曰塔塔儿，曰忽栈，曰火儿思蛮，曰月儿思蛮。

世祖命火儿思蛮从雪雪的斤镇云南。月儿思蛮事宪宗，袭父爵，兼领僧人。后因军帅札忽儿台据别失八里，尽室徙居平凉。与其子阿的迷失帖木儿入觐，世祖诏入宿卫为必阇赤，命从安西王忙哥剌出镇六盘。安西王薨，其子阿难答嗣。成宗即位，遣使入朝，因奏："阿的迷失帖木儿父子，本先帝旧臣，来事先王，服勤二十余年矣。若终老王府，非所以尽其才也，愿以归陛下用之。"成宗可其奏，授阿的迷失帖木儿汝州达鲁花赤，积官秘书太监。卒。子阿邻帖木儿。

阿邻帖木儿，善国书，多闻识，历事累朝，由翰林待制累迁荣禄大夫、翰林学士承旨。英宗时，以旧学日侍左右，陈说祖宗以来及古先哲王嘉言善行。翻译诸经，纪录故实，总治诸王、驸马、番国朝会之事。天历初，北迎明宗入正大统，一见欢甚，顾左右曰："此朕师也。"天历三年，进光禄大夫、知经筵事。

子曰沙剌班，曰秃忽鲁，曰六十，曰咱纳禄。沙剌班，累拜中书平章政事、大司徒、宣政院使。

塔塔统阿

塔塔统阿，畏兀人也。性聪慧，善言论，深通本国文字。乃蛮大敭可汗尊之为傅，掌其金印及钱谷。太祖西征，乃蛮国亡，塔塔统阿怀印逃去，俄就擒。帝诘之曰："大敭人民疆土，悉归于我矣，汝负印何之？"对曰："臣职也，将以死守，欲求故主授之耳。安敢有他！"帝曰："忠孝人也！"问是印何用，对曰："出纳钱谷，委任人材，一切事皆用之，以为信验耳。"帝善之，命居左右。是后凡有制旨，始用印章，仍命掌之。帝曰："汝深知本国文字乎？"塔塔统阿悉以所蕴对，称旨，遂命教太子诸王以畏兀字书国言。太宗即位，命司内府玉玺金帛。命其妻吾和利氏为皇子哈剌察儿乳母，时加赐予。塔塔统阿召诸子谕之曰："上以汝母鞠育太子，赐予甚厚，汝等岂宜有之，当先供太子用，有余则可分受。"帝闻之，顾侍臣曰："塔塔统阿以朕所赐先供太子，其廉介可知矣。"由是数加礼遇。以疾卒。至大三年，赠中奉大夫，追封雁门郡公。子四人：长玉笏迷失，次力浑迷失，次速罗海，次笃绵。

玉笏迷失，少有勇略，浑都海叛于三盘，时玉笏迷失守护皇孙脱脱营垒，率其众与浑都海战，败之。追至只必勒，适遇阿蓝答儿与之合兵，复战，玉笏迷失死之。

力浑迷失，有膂力，尝猎于野，与众相失，遇盗三人，欲夺其衣，力浑迷失搏之，尽仆，遂缚以还。帝召见，选力士与之角，无与敌者。帝壮之，赐金，令备宿卫。

速罗海，袭父职，仍命司内府玉玺金帛。

笃绵，旧事皇子哈剌察儿，世祖即位，从其母入见，欲官之，以无功辞，命统宿卫。奉使辽东。卒，封雁门郡公。子阿必实哈，陕西行省平章政事。

岳璘帖穆尔

岳璘帖穆尔，回鹘人，畏兀国相暾欲谷之裔也。其兄仳理伽普华，年十六，袭国相、答剌罕。时西契丹方强，威制畏兀，命太师僧少监来临其国，骄恣用权，奢淫自奉。畏兀王患之，谋于仳理伽普华曰："计将安出？"对曰："能杀少监，挈吾众归大蒙古国，彼且震骇矣。"遂率众围少监，斩之。以功加号仳理杰忽底，进授明别吉，妻号赫思迭林。左右有疾其功者，谮于其王曰："少监珥珠，先王宝也，仳理伽普华匿之，盍急索勿失。"其王怒，索宝甚急。仳理伽普华度无以自明，乃亡附太祖，赐以金虎符、狮纽银印、金螭椅一、衣金直孙校尉四人，仍食二十三郡。继又赐银五万两。以弟岳璘帖穆尔为质。仳理伽普华以疾卒。

岳璘帖穆尔从太祖征讨，多战功。皇弟斡真求师傅，帝命岳璘帖穆尔往，训导诸王子以孝弟敦睦、仁厚不杀为先，帝闻而嘉之。从平河南，徙赞县民万余户入乐安。俄授河南等处军民都达鲁花赤，佩金虎符，并赐宫女四人。所得上方赏赉，悉辇归故郡，以散亲旧。且盛陈汉官仪卫以激厉之，国人羡慕。道出河西，所过榛莽，或时乏水，为之凿井置堠，居民使客相庆称便。太祖即位，以中原多盗，选充大断事官。从斡真出镇顺天等路，布德化，宽征徭，盗逋奸革，州郡清宁。寻复监河南等处军民。年六十七，卒于保定。后赠宣力保德功臣、山东宣慰使，谥庄简。子合剌普华，见《忠义传》。

李　桢

李桢，字干臣。其先，西夏国族子也。金末，桢以经童中选。既长，入为质子，以文学得近侍，太宗嘉之，赐名玉出干必阇赤。从皇子阔出伐金，帝命之曰："凡军中事，须访桢以行。"及下河南诸郡，阔出遣桢偕吉登哥往唐、邓二州数民实，兵余岁凶，流散十八九。桢至，赈恤饥寒，归者如市。十年，从大将察罕下淮甸。桢以功佩金符，授军前行中书省左右司郎中。桢奏寻访天下儒士，令所在优赡之。十三年，师围寿春，天雨不止，桢言于察罕曰："顿师城下，暑雨疫作，将有不利。且城久拒命，破必屠之，则生灵何辜。请退舍数里，身往招之。"从之。桢遂单骑入敌垒，晓以利害，明日，与其将二人率众来降。以功赐银五千两。桢表言："襄阳乃吴、蜀之要冲，宋之喉襟，得之则可为他日取宋之基本。"定宗嘉其言。庚戌，赐虎符，授襄阳军马万户。丙辰，宪宗命桢率师巡哨襄樊。戊午，帝亲征，召桢同议事。秋九月，卒于合州，年五十九。

速　哥

速哥，蒙古怯烈氏，世传李唐外族。父怀都，事太祖，尝从饮班术尼河水。速哥为人，外若质直，而内实沉勇有谋，雅为太宗所知。命使金，因俾觇其虚实，语之曰："即不还，子孙无忧不富贵也。"速哥顿首曰："臣死，职耳。奉陛下威命以行，可无虑也。"帝悦，赐所常御马。至河，金人闭之舟中，七日始登南岸，又三旬乃达汴。及见金主，曰："天子念尔土地日狭，民力日疲，故遣我致命，尔能共修岁币，通好不绝，则转祸为福矣。"谒者令下拜，速哥曰："我大国使，为尔屈乎！"金主壮之，取金卮饮之酒曰："归语汝主，必欲加兵，敢率精锐以相周旋，岁币非所闻也。"速哥饮毕，即怀金卮以出。速哥虽佯为不智，而默识其地理厄塞、城郭人民之强弱。既复命，备以虚实告，且以所怀金卮献。帝喜曰："我得金于汝手中矣。"复以赐之。始下令征兵南伐。兵至河北岸，方舟欲渡，金军阵于河南，帝令仪卫导速哥居中行，亲率偏师乘阵西策马沙河。会睿宗军亦由襄、邓至，两军夹攻之。及金亡，诏赐金护驾士五人，曰："此以旌汝为使之不辱也。"昔使过崞州，崞人盗杀其良马，至是，兼以崞民赐之。岁乙未，帝从容谓速哥曰："我将官汝，西域、中原，惟汝择之。"速哥再拜曰："幸甚！臣意中原为便。"帝曰："西山之境，八达以北，汝其主之。汝于城中构大楼，居其上，使人皆仰望汝，汝俯而谕之，顾不伟乎！"乃以为山西大达鲁花赤。受命方出，有回回六人讼事不实，将抵罪，遇诸途，急止监者曰："姑缓其刑，当入奏。"复见帝曰："此六人者，名著西域，徒以小罪尽诛之，恐非所以怀远人也。愿以赐臣，臣得困辱之，使自悔悟迁善，为他日用，杀之无益也。"帝意解，召六人谓之曰："生汝者速哥也，其竭力事之。"至云中，皆释之。后有至大官者。其宽大爱人多类此。卒年六十二。赠推忠翊运同德功臣、太师、开府仪同三司、上柱国，追封宣宁王，谥忠襄。

子六人：曰长罕，曰玉吕忽都，曰撒合里都，曰忽兰，曰忽都儿不花，曰不花。长罕、玉吕忽都、撒合里都，皆从兀鲁赤太子出征，以战功显。

忽兰之母以后戚故，得袭职。锄强植弱，均役平刑，阖郡赖以安辑。乙未之抄户籍也，前赐崞人已入官籍，更赐山西户三百。西方多盗，郡县捕不得，则法当计所失物直倍偿，郡县苦之。有甄军判者，率群盗往来阜平、曲阳间，杀人浑源界而夺之财。县以失捕当偿，忽兰曰："此大盗也，县岂能制哉！"即遣千人捕甄杀之，剿捕其余党，其害乃除。忽兰性纯笃，然酷好佛，尝施千金修龙宫寺，建金轮大会，供僧万人。卒年四十二。赠太保、金紫光禄大夫、上柱国，追封云国公，谥康忠。

子天德于思，颖悟过人，世祖闻其贤，令袭父爵，养母完颜氏以孝闻。自中山北来，适有边衅，天德于思督造兵甲，抚循其民，无有宁息，形容尽瘁。帝闻而嘉之，赐驯豹、名鹰，使得纵猎禁地，当时眷顾最号优渥。卒年三十九。赠太傅、仪同三司、上柱国，追封云国公，谥显毅。子孙世多显贵云。

忙哥撒儿

忙哥撒儿，察哈札剌儿氏。曾祖赤老温恺赤，祖搠阿，父那海，并事烈祖。及太祖嗣位，年尚幼，所部多叛亡，搠阿独不去。皇弟槊只哈撒儿阴擿之去，亦谢不从。搠阿精骑射，帝甚爱之，号为默尔杰，华言善射之尤者也。帝尝与贼遇，将战，有二飞鹜至，帝命搠阿射之。请曰："射其雄乎？抑雌者乎？"帝曰："雄者。"搠阿一发坠其雄。贼望见，惊曰："是善射若此，飞鸟且不能逃，况人乎！"不战而去。从征乃蛮，敌率锐兵鼓而进，搠阿按兵屹不动，敌止。俄复鼓而进，搠阿亦不动，敌卒疑畏不敢前。太祖征蔑里吉，兵溃，搠阿与其弟左右力战以卫帝。会兀良罕哲里马来援，敌乃引退。那海事太祖，备历艰险，未尝形于言，帝嘉其忠，且念其世勋，诏封怀、洛阳百七十五户。

忙哥撒儿事睿宗，恭谨过其父。尝从攻凤翔，首立奇功。定宗升为断事官，刚明能举职。宪宗在藩邸，深知其人。从征斡罗思、阿速、钦察诸部，常身先诸将，及以所俘宝玉颁诸将，则退然一无所取。宪宗由是益重之，使治藩邸之分民。间出游猎，则长其军士，动如纪律。虽太后及诸嫔御小有过失，知无不言，以故邸中人咸敬惮之。乃以为断事官之长，其位在三公之上，犹汉之大将军也。既拜命，出帐殿外，敧橐坐熊席，其僚列坐左右者四十人。忙哥撒儿问曰："主上以我长此官，诸公其为我言，当以何道守官？"众皆默然。又问之，有夏人和斡居下坐，进曰："夫札鲁忽赤之道，犹宰之刲羊也，解肩者不使伤其脊，在持平而已。"忙哥撒儿闻之，即起入帐内。众不知所为，皆咎和斡失言。既入，乃为帝言和斡之言善。帝召和斡，命之步，曰："是可用之才也。"和斡由是知名。

定宗崩，宗王八都罕大会宗亲，议立宪宗。畏兀八剌曰："失烈门，皇孙也，宜立。且先帝尝言其可以君天下。"诸大臣皆莫敢言。忙哥撒儿独曰："汝言诚是，然先皇后立定宗时，汝何不言耶？八都罕固亦遵先帝遗言也。有异议者，吾请斩之。"众乃不敢异，八都罕乃奉宪宗立之。宪宗之幼也，太宗甚重之。一日行幸，天大风，入帐殿，命宪宗坐膝下，抚其首曰："是可以君天下。"他日，用牸按豹，皇孙失烈门尚幼，曰："以牸按豹，则犊将安所养？"太宗以为有仁心，又曰："是可以君天下。"其后太宗崩，六皇后摄政，竟立定宗。故至是，二人各举以为言云。

宪宗既立，察哈台之子及按赤台等谋作乱，刳车辕，藏兵其中以入，辕折兵见，克薛杰见之，上变。忙哥撒儿即发兵迎之。按赤台不虞事遽觉，仓卒不能战，遂悉就擒。宪宗亲简其有罪者，付之鞫治。忙哥撒儿悉诛之。帝以其奉法不阿，委任益专。有当刑者，辄以法刑之，乃入奏，帝无不报可。帝或卧未起，忙哥撒儿入奏事，至帐前，扣箭房，帝问何言，即可其奏，以所御大帐行扇赐之。其见亲宠如此。

癸丑冬，病酒而卒。帝以忙哥撒儿当国时，多所诛戮，及是，咸腾谤言，乃为诏谕其子，略曰：

> 汝高祖赤老温恺赤，暨汝祖搠阿，事我成吉思皇帝，皆著劳绩，惟朕皇祖实褒嘉之。汝父忙哥撒儿，自其幼时，事我太宗，朝夕忠勤，罔有过咎。从我皇考，经营四方。迨事皇妣及朕兄弟，亦罔有过咎。暨朕讨定斡罗思、阿速、稳儿别里钦察之域，济大川，造方舟，伐山通道，攻城野战，功多于诸将。俘厥宝玉，大赉诸将，则退然无欲得之心。惟朕言是用，修我邦宪，治我蒐田，辑我国家，罔不咸乂。惟厥忠，虽其私亲，与朕嫔御，小有过咎，一是无有比私。故朕皇妣，迨朕昆弟，无不嘉赖。朝之老臣、宿卫耆旧，无不严畏。录其勤劳，命为札鲁忽赤，治朕皇考受民，布昭大公，以辨狱慎民，爰作朕股肱耳目，众无哗言，朕听以安。自时厥后，察哈台阿哈之孙，太宗之裔定宗、阔出之子，及其民人，越有他志。赖天之灵，时则有克薛杰者，以告于朕。汝父肃将大旅，以遏乱略，按赤台等谋是用溃，悉就拘执。朕取有罪者，使辨治之，汝父体朕之公，其刑其宥，克比于法。又使治也速、不里狱，亦克比于法。
>
> 惟尔脱欢、脱儿赤：自朕用汝父，用法不阿，兄弟亲姻，咸丽于宪。今众罔不怨，曰"尔亦有死耶"，若有慊志。人则虽死，朕将宠之如生。肆朕训汝，尔克明时朕言，如是而有福，不如是而有祸。惟天惟君，能祸福人；惟天惟君，是敬是畏。立身正直，制行贞洁，是汝之福；反是勿思也。能用朕言，则不坠汝父之道，人亦不能间汝矣；不用朕言，则人将仇汝、伺汝、间汝。怨汝父者，必曰"汝亦与我夷矣"，汝则殆哉。汝于朕言，弗慎绎之，汝则有咎；克慎绎之，人将敬汝畏汝，无间伺汝，无慢汝怨汝者矣。又，而母而妇，有谗欺巧佞构乱之言，慎勿听之，则尽善矣。

至顺四年，追封忙哥撒儿为兖国公。子四人：长脱欢，次脱儿赤，次也先帖木尔，次帖木儿不花。脱欢为万户，无子。脱儿赤子明礼帖木儿，累官翰林学士承旨，从征乃颜有功。明礼帖木儿子咬住，咬住子也先，延徽寺卿。也先帖木儿子曰哈剌合孙。帖木儿不花子曰塔术纳，曰哈里哈孙，曰伯答沙。

伯答沙幼入宿卫，为宝儿赤。历事成宗、武宗，由光禄少卿擢同知宣徽院事，升银青光禄大夫、宣徽院使，遥授左丞相。武宗崩，护梓宫葬于北，守山陵三年，乃还。仁宗即位，眷顾益厚。延祐二年，拜中书右丞相。时承平日久，朝廷清明，君臣端拱庙堂之上，而百姓乂安于下，一时号称极治。仁宗崩，帖木迭儿执政，改授集贤大学士，仍开府仪同三司、录军国重事。未几，以大宗正札鲁忽赤出镇北方，亦以清静为治，边民按堵。泰定间还朝，加太保。及倒剌沙构兵上都，兵溃，伯答沙奉玺绂来上，文宗嘉之。拜太傅，仍为札鲁忽赤。至顺三年薨。

伯答沙为人清慎宽厚，号称长者。其殁也，贫无以为敛，人皆叹其廉。诏赠推忠佐理正德秉义功臣、开府仪同三司、太师、上柱国，追封威平王。

三子：长马马的斤，次泼皮，次八郎。八郎期而孤，其母乞咬契氏，二十而寡，守节不他适。八郎后为大宗正府札鲁忽赤，能继其先。有成立者，母氏之教也。

孟速思

孟速思，畏兀人，世居别失八里，古北庭都护之地。幼有奇质，年十五，尽通本国书。太祖闻之，召至阙下，一见大悦，曰："此儿目中有火，它日可大用。"以授睿宗，使视显懿庄圣皇后分邑岁赋。复事世祖于潜藩，日见亲用。宪宗崩，孟速思言于世祖曰："神器不可久旷，太祖嫡孙，唯王最长且贤，宜即皇帝位。"诸王塔察儿、也孙哥、合丹等，咸是其言。世祖即位，眷顾益重。南征时，与近臣不只儿为断事官。及诸王阿里不哥叛，相拒漠北，不只儿有二心，孟速思知之，奏徙之于中都，亲监护以往，帝以为忠。数命收召豪俊，凡所引荐，皆极其选。诏与安童并拜丞相，固辞。帝语安童及丞相伯颜、御史大夫月鲁那演等曰："贤哉孟速思，求之彼族，诚为罕也。"孟速思为人，刚严谨信。蚤居帷幄，谋议世莫得闻。至元四年卒，年六十有二。帝尤哀悼，特谥敏惠。武宗朝，赠推忠同德佐理功臣、太师、开府仪同三司、上柱国，追封武都王，改谥智敏。子九人，多至大官。

卷一百二十五　列传第十二

赛典赤赡思丁 子纳速剌丁　忽辛

赛典赤赡思丁，一名乌马儿，回回人，别庵伯尔之裔。其国言赛典赤，犹华言贵族也。太祖西征，赡思丁率千骑以文豹白鹘迎降，命入宿卫，从征伐，以赛典赤呼之而不名。太宗即位，授丰净云内三州都达鲁花赤；改太原、平阳二路达鲁花赤；入为燕京断事官。宪宗即位，命同塔剌浑行六部事，迁燕京路总管，多惠政，擢采访使。帝伐蜀，赛典赤主馈饷，供亿未尝阙乏。

世祖即位，立十路宣抚司，擢燕京宣抚使。中统二年，拜中书平章政事，皆降制奖谕。至元元年，置陕西五路西蜀四川行中书省，出为平章政事。莅官三年，增户九千五百六十五、军一万二千二百五十五、钞六千二百二十五锭、屯田粮九万七千二十一石，撙节和买钞三百三十一锭。中书以闻，诏赏银五千两，仍命陕西五路四川行院大小官属并听节制。七年，分镇四川，宋将昝万寿拥强兵守嘉定，与赛典赤军对垒，一以诚意待之，不为侵掠，万寿心服。未几，赛典赤召还，万寿请置酒为好，左右皆难之，赛典赤竟往不疑。酒至，左右复言未可饮，赛典赤笑曰："若等何见之小耶。昝将军能毒我，其能尽毒我朝之人乎！"万寿叹服。八年，有旨：大军见围襄阳，各道宜进兵以牵制之。于是赛典赤偕郑鼎率兵水陆并进，至嘉定，获宋将二人，顺流纵筏，断其浮桥，获战舰二十八艘。寻命行省事于兴元，专给粮饷。

十一年，帝谓赛典赤曰："云南朕尝亲临，比因委任失宜，使远人不安，欲选谨厚者抚治之，无如卿者。"赛典赤拜受命，退朝，即访求知云南地理者，画其山川城郭、驿舍军屯、夷险远近为图以进，帝大悦，遂拜平章政事，行省云南，赐钞五十万缗、金宝无算。时宗王脱忽鲁方镇云南，惑于左右之言，以赛典赤至，必夺其权，具甲兵以为备。赛典赤闻之，乃遣其子纳速剌丁先至王所，请曰："天子以云南守者非人，致诸国背叛，故命臣来安集之，且戒以至境即加抚循，今未敢专，愿王遣一人来共议。"王闻，遽骂其下曰："吾几为汝辈所误！"明日，遣亲臣撒满、位哈乃等至，赛典赤问以何礼见，对曰："吾等与纳速剌丁偕来，视犹兄弟也，请用子礼见。"皆以名马为贽，拜跪甚恭，观者大骇。乃设宴陈所赐金宝饮器，酒罢，尽以与之，二人大喜过望。明日来谢，语之曰："二君虽为宗王亲臣，未有名爵，不可以议国事，欲各授君行省断事官，以未见王，未敢擅授。"令一人还，先禀王，王大悦。由是政令一听赛典赤所为。

十二年，奏："云南诸夷未附者尚多，今拟宣慰司兼行元帅府事，并听行省节制。"又奏："哈剌章、云南壤地均也，而州县皆以万户、千户主之，宜改置令长。"并从之。十三年，以所改云南郡县上闻。云南俗无礼仪，男女往往自相配偶，亲死则火之，不为丧祭。无秔稻桑麻，子弟不知读书。赛典赤教之拜跪之节，婚姻行媒，死者为之棺椁奠祭，教民播种，为陂池以备水旱，创建孔子庙、明伦堂，购经史，授学田，由是文风稍兴。云南民以贝代钱，是时初行钞法，民不便之，赛典赤为闻于朝，许仍其俗。又患山路险远，盗贼出没，为行者病，相地置镇，每镇设土酋吏一人、百夫长一人，往来者或值劫掠，则罪及之。

有土吏数辈，怨赛典赤不已，用至京师诬其专僭数事。帝顾侍臣曰："赛典赤忧国爱民，朕洞知之，此辈何敢诬告！"即命械送赛典赤处治之。既至，脱其械，且谕之曰："若曹不知上以便宜命我，故诉我专僭，我今不汝罪，且命汝以官，能竭忠自赎乎？"皆叩头拜谢曰："某有死罪，平章既生之而又官之，誓以死报。"交趾叛服不常，湖广省发兵屡征不利，赛典赤遣人谕以逆顺祸福，且约为兄弟。交趾王大喜，亲至云南，赛典赤郊迎，待以宾礼，遂乞永为藩臣。萝盘甸叛，往征之，有忧色，从者问故，赛典赤曰："吾非忧出征也，忧汝曹冒锋镝，不幸以无辜而死；又忧汝曹劫虏平民，使不聊生，及民叛，则又从而征之耳。"师次萝盘城，三日不降，诸将请攻之，赛典赤不可，遣使以理谕之。萝盘主曰："谨奉命。"越三日又不降，诸将奋勇请进兵，赛典赤又不可。俄而将卒有乘城进攻者，赛典赤大怒，遽鸣金止之，召万户叱责之曰："天子命我安抚云南，未尝命以杀戮也。无主将命而擅攻，于军法当诛。"命左右缚之。诸将叩首，请俟城下之日从事。萝盘主闻之曰："平章宽仁如此，吾拒命不祥。"乃举国出降。将卒亦释不诛。由是西南诸夷翕然款附。夷酋每来见，例有所献纳，赛典赤悉分赐从官，或以给贫民，秋毫无所私；为酒食劳酋长，制衣冠袜履，易其卉服草履。酋皆感悦。

赛典赤居云南六年，至元十六年卒，年六十九，百姓巷哭，葬鄯阐北门。交趾王遣使者十二人，齐绖为文致祭，其辞有"生我育我，慈父慈母"之语，使者号泣震野。帝思赛典赤之功，诏云南省臣尽守赛典赤成规，不得辄改。大德元年，赠守仁佐运安远济美功臣、太师、开府仪同三司、上柱国、咸阳王，谥忠惠。

子五人：长纳速剌丁；次哈散，广东道宣慰使都元帅；次忽辛；次苫速丁兀默里，建昌路总管；次马速忽，云南诸路行中书省平章政事。

纳速剌丁，累官中奉大夫、云南诸路宣慰使都元帅。至元十六年，迁帅大理，以军抵金齿、蒲、骠、曲蜡、缅国，招安夷寨三百，籍户十二万二百，定租赋，置邮传，立卫兵，归以驯象十二入贡，有旨赏金五十两、衣二袭，麾下士赏银有差。会其父赡思丁殁，云南省臣于诸夷失抚绥之方，世祖忧之，近臣以纳速剌丁为言。十七年，授资德大夫、云南行中书省左丞，寻升右丞。建言三事：其一谓云南省规措所造金箔贸易病民，宜罢；其一谓云南有省，有宣慰司，又有都元帅府，近宣慰司已奏罢，而元帅府尚存，臣谓行省既兼领军民，则元帅府亦在所当罢；其一谓云南官员子弟入质，臣谓达官子弟当遣，余宜罢。奏可。二十一年，进荣禄大夫、平章政事。奏减合剌章冗官，岁省俸金九百余两；屯田课程专人掌之，岁得五千两。二十三年，以合剌章蒙古军千人，从皇太子脱欢征交趾，论功赏银二千两。二十八年，进拜陕西行省平章政事。二十九年，以疾卒。赠推诚佐理协德功臣、太师、开府仪同三司、上柱国、中书左丞相，封延安王。

子十二人：伯颜，中书平章政事；乌马儿，江浙行省平章政事；劄法儿，荆湖宣慰使；忽先，云南行省平章政事；沙的，云南行省左丞；阿容，太常礼仪院使；伯颜察儿，中书平章政事，佩金虎符，赠太师、开府仪同三司、上柱国、中书左丞相、奉元王，谥忠宪。

忽辛，至元初以世臣子备宿卫，世祖善其应对。至元十四年，授兵部郎中。明年，出为河南等路宣慰司同知。河南多强盗，往往群聚山林，劫杀行路，官军收捕失利，忽辛以招安自任，遣土豪持檄谕之。未几，贼二人来自归，忽辛赐之冠巾，且谕之曰："汝昔为贼，今既自归，即良民矣。"俾侍左右，出入房闼无间，悉放还，令遍谕其党。数日后，招集其为首者十辈来，身长各七尺余，罗拜庭下，顾视异常，众悉惊怖失措。忽辛命吏籍其姓名为民，俾随侍左右，夜则令卧户外，时呼而饮食之，各得其欢心。群盗闻之，相继款附。

二十一年，授云南诸路转运使。明年，转陕西道。又明年，授燕南河北道宣慰司同知，寻除南京总管。三十年，授两浙盐运使。大德九年，进江东道宣慰使，改陕西行台御史中丞，再改云南行省右丞。既至，条具诸不便事言于宗王，请更张之，王不可，忽辛与左丞刘正驰还京师，有旨令宗王协力施行。由是一切病民之政，悉革而新之。豪民规避徭役，往往投充王府宿卫，有司不胜供给，忽辛按朝廷元额所无者，悉籍为民，去其宿卫三分之二。马龙州酋谋叛，阴与外贼通，持所受宣敕纳贼以示信，事觉，宗王为左右所蔽，将释不问，忽辛与刘正反覆研鞫，反状尽得，竟斩之。军粮支给，地理远近不同，吏夤缘为奸，忽辛籍军户姓名及仓廪处所，为更番支给，吏奸始除。先是，赡思丁为云南平章时，建孔子庙为学校，拨田五顷，以供祭祀教养。赡思丁卒，田为大德寺所有，忽辛按庙学旧籍夺归之。乃复下诸郡邑遍立庙学，选文学之士为之教官，文风大兴。王府畜马繁多，悉纵之郊，败民禾稼，而牧人又在民家宿食，室无宁居。忽辛度地置草场，构屋数十间，使为牧所，民得以安。

广南酋沙奴素强悍，宋时尝赐以金印，云南诸部悉平，独此梗化。忽辛遣使诱致，待之以礼，留数月不遣，酋请还，忽辛曰："汝欲还，可纳印来。"酋不得已，赍印以纳，忽辛置酒宴劳，讽令偕印入觐，帝大悦。大德五年，缅国主负固不臣，忽辛遣人谕之曰："我老赛典赤平章子也，惟先训是遵，凡官府于汝国所不便事，当一切为汝更之。"缅国主闻之，遂与使者偕来，献白象一，且曰："此象古来所未有，今圣德所致，敢效方物。"既入，帝赐缅国主以世子之号。乌蛮等租赋，岁发军征索乃集，忽辛以利害榜谕诸蛮，不遣一卒，而租赋咸足。俄有为飞语及符谶以惑宗王者，忽辛引刘正密为奏驰报，朝廷遣使临问，凡造言之徒悉诛之，忽辛偕使者还觐。

大德八年，出为四川行省左丞，改江浙行省。至大元年，拜荣禄大夫、江西行省平章政事。明年，以母老谢职归养。又明年正月卒。天历元年，赠守德宣惠敏政功臣、上柱国、雍国公，谥忠简。

子二人：伯杭，中庆路达鲁花赤；曲列，湖南道宣慰使。

布鲁海牙

布鲁海牙，畏吾人也。祖牙儿八海牙，父吉台海牙，俱以功为其国世臣。布鲁海牙幼孤，依舅氏家就学，未几，即善其国书，尤精骑射。年十八，随其主内附，充宿卫。太祖西征，布鲁海牙扈从，不避劳苦，帝嘉其勤，赐以羊马毡帐，又以居里可汗女石抹氏配之。太祖崩，诸王来会，选使燕京总理财币。使还，庄圣太后闻其廉谨，以名求之于太宗，凡中宫军民匠户之在燕京、中山者，悉命统之，又赐以中山店舍园田、民户二十，授真定路达鲁花赤。

辛卯，拜燕南诸路廉访使，佩金虎符，赐民户十。未几，授断事官，使职如故。时断事官得专生杀，多倚势作威，而布鲁海牙小心谨密，慎于用刑。有民误殴人死，吏论以重法，其子号泣请代死，布鲁海牙戒吏，使擒于市，惧则杀之。既而不惧，乃曰："误殴人死，情有可宥，子而能孝，义无可诛。"遂并释之，使出银以资葬埋，且呼死者家谕之，其人悦从。是时法制未定，奴有罪者，主得专杀，布鲁海牙知其非法而不能救，尝出金赎死者数十人。征讨之际，隶军籍者，惮于行役，往往募人代之，又军中多逃归者，朝廷下制：募代者杖百，逃归者死。命布鲁海牙与断事官卜只儿按顺天等路，及至州县，得募人代者万一千户、逃者十二人。然募者闻命将下，已潜遣家人易代募者。布鲁海牙闻之，叹曰："募者已惧罪往易，逃者因单弱思归，情皆可矜，吾可不伸理耶？"遂奏其状，皆得轻减。有丁多产富而家人不往，及未至役所而即逃者，则曰："此而不杀，何以戒后！"有窃妓逃者，吏论当死，布鲁海牙曰："败乱纲常，罪固宜死；此妓也，岂可例论！"命杖之。其执法平允类如此。

世祖即位，择信臣宣抚十道，命布鲁海牙使真定。真定富民出钱贷人者，不逾时倍取其息，布鲁海牙正其罪，使偿者息如本而止，后定为令。中统钞法行，以金银为本，本至，乃降新钞。时庄圣太后已命取真定金银，由是真定无本，钞不可得。布鲁海牙遣幕僚邢泽往谓平章王文统曰："昔奉太后旨，金银悉送至上京。真定南北要冲之地，居民商贾甚多，今旧钞既罢，新钞不降，何以为政？且以金银为本，岂若以民为本。又太后之取金帛，以赏推戴之功也，其为本不亦大乎！"文统不能夺，立降钞五千锭，民赖以便。俄迁顺德等路宣慰使，佩金虎符。来朝，帝命坐，慰劳之，赐以海东青鹘。至元二年秋卒，年六十九。

布鲁海牙性孝友，造大宅于燕京，自畏吾国迎母来居，事之，得禄不入私室。幼时叔父阿里普海牙欺之，尽有其产，及贵显，筑室宅旁，迎阿里普海牙居之。弟益特思海牙以宿憾为言，常慰谕之，终无间言。帝尝赐以太府绫绢五千匹，丝絮相等，弟求四之一纳其国赋，尽与之，无吝色。初布鲁海牙拜廉使，命下之日，子希宪适生，喜曰："吾闻古以官为姓，天其以廉为吾宗之姓乎！"故子孙皆姓廉氏。后或奏廉氏仕进者多，宜稍汰去，世祖曰："布鲁海牙功多，子孙亦朕所知，非汝当预。"大德初，赠仪同三司、大司徒，追封魏国公，谥孝懿。

子希闵、希宪、希恕、希尹、希颜、希愿、希鲁、希贡、希中、希括，孙五十三人，登显仕者代有之，希宪自有传。

高智耀子睿附

高智耀，河西人，世仕夏国。曾祖逸，大都督府尹；祖良惠，右丞相。智耀登本国进士第，夏亡，隐贺兰山。太宗访求河西故家子孙之贤者，众以智耀对，召见将用之，遽辞归。皇子阔端镇西凉，儒者皆隶役，智耀谒藩邸，言儒者给复已久，一旦与厮养同役，非便，请除之。皇子从其言。欲奏官之，不就。宪宗即位，智耀入见，言："儒者所学尧、舜、禹、汤、文、武之道，自古有国家者，用之则治，不用则否，养成其材，将以资其用也。宜蠲免徭役以教育之。"帝问："儒家何如巫医？"对曰："儒以纲常治天下，岂方技所得比。"帝曰："善。前此未有以是告朕者。"诏复海内儒士徭役，无有所与。世祖在潜邸已闻其贤，及即位，召见，又力言儒术有补治道，反覆辩论，辞累千百。帝异其言，铸印授之，命凡免役儒户，皆从之给公文为左验。时淮、蜀士遭俘虏者，皆没为奴，智耀奏言："以儒为驱，古无有也。陛下方以古道为治，宜除之，以风厉天下。"帝然之，即拜翰林学士，命循行郡县区别之，得数千人。贵臣或言其诡滥，帝诘之，对曰："士，譬则金也，金色有浅深，谓之非金不可，才艺有浅深，谓之非士亦不可。"帝悦，更宠赉之。智耀又言："国初庶政草创，纲纪未张，宜仿前代，置御史台以纠肃官常。"至元五年立御史台，用其议也。擢西夏中兴等路提刑按察使。会西北藩王遣使入朝，谓："本朝旧俗与汉法异，今留汉地，建都邑城郭，仪文制度，遵用汉法，其故何如？"帝求报聘之使以析其问，智耀入见，请行，帝问所答，画一敷对，称旨，即日遣就道。至上京，病卒，帝为之震悼。后赠崇文赞治功臣、金紫光禄大夫、司徒、柱国，追封宁国公，谥文忠。子睿。

睿，资禀直亮，智耀之北使也，携之以行。及卒，帝问其子安在，近臣以睿见，时年十六。授符宝郎，出入禁闼，恭谨详雅。久之，授唐兀卫指挥副使，历翰林待制、礼部侍郎。除嘉兴路总管，境内有宿盗，白昼掠民财，捕者积十数辈莫敢近。睿下令，不旬日，生擒之，一郡以宁。擢江东道提刑按察使，部内草窃陆梁，声言围宣城，郡将怯懦，城门不开，睿召责之曰："寇势方炽，官先示弱，民何所凭？"即命密治兵卫，而洞开城门，听民出入贸易自便。既而寇以有备，不敢进，遂讨平之。除同佥行枢密院事，迁浙西道肃政廉访使。盐官州民，有连结党与，持郡邑短长，其目曰十老，吏莫敢问，睿悉按以法，阖境快之。拜江南行台侍御史，进御史中丞，除淮东道肃政廉访使。盗窃真州库钞三万缗，有司大索，追逮平民数百人，吏因为奸利，睿躬自详谳而得其情，即纵遣之。未几，果得真盗。复拜南台御史中丞，务持大体，有儒者之风焉。延祐元年卒，年六十有六。累赠推忠佐理功臣、太傅、开府仪同三司、上柱国，追封宁国公，谥贞简。

子纳麟，官至太尉、江南诸道行御史台大夫。

铁　哥

铁哥，姓伽乃氏，迦叶弥儿人。迦叶弥儿者，西域筑乾国也。父斡脱赤与叔父那摩俱学浮屠氏。斡脱赤兄弟相谓曰："世道扰攘，吾国将亡，东北有天子气，盍往归之。"乃偕入见，太宗礼遇之。定宗师事那摩，以斡脱赤佩金符，奉使省民瘼。宪宗尊那摩为国师，授玉印，总天下释教。斡脱赤亦贵用事，领迦叶弥儿万户，奏曰："迦叶弥儿西陲小国，尚未臣服，请往谕之。"诏偕近侍以往。其国主不从，怒而杀之，帝为发兵诛国主，元贞元年封代国公，谥忠遂。

斡脱赤之殁，铁哥甫四岁，性颖悟，不为嬉戏。从那摩入见，帝问谁氏子，对曰："兄斡脱赤子也。"帝方食鸡，辍以赐铁哥。铁哥捧而不食，帝问之，对曰："将以遗母。"帝奇之，加赐一鸡。世祖即位，幸香山永安寺，见书畏吾字于壁，问谁所书，僧对曰："国师兄子铁哥书也。"帝召见，爱其容仪秀丽，语音清亮，命隶丞相孛罗备宿卫。先是，世祖事宪宗甚亲爱，后以谗稍疏，国师导世祖宜加敬慎，遂友爱如初。至是，帝将用铁哥，曰："吾以酬国师也。"于是铁哥年十七，诏择贵家女妻之，辞曰："臣母汉人，每欲求汉人女为妇，臣不敢伤母心。"乃为娶冉氏女。久之，命掌饔膳汤药，日益亲密。

至元十六年，铁哥奏曰："武臣佩符，古制也。今长民者亦佩符，请省之，以彰武职。"从之。十七年，进正议大夫、尚膳监。帝尝谕之曰："朕闻父饮药，子先尝之，君饮药，臣先尝之。今卿典朕膳，凡饮食汤药，宜先尝之。"又曰："朕以宿卫士隶卿，其可任使者，疏其才能，朕将用之。"诏赐第于大明宫之左。留守段圭言："逼木局，不便。"帝曰："俾居近禁闼，以便召使。木局稍隘，又何害焉。"

高州人言，州境多野兽害稼，愿捕以充贡。铁哥曰："捕兽充贡，徒济其私耳，且扰民，不可听。"从之。十九年，迁同知宣徽院事，领尚膳监。有食尚食余饼者，帝察知之，怒。铁哥曰："失饼之罪在臣，食者何与焉。"内府食用圆米，铁哥奏曰："计粳米一石，仅得圆米四斗，请自今非御用，止给常米。"帝皆善之。进中奉大夫、司农寺达鲁花赤。从猎百杳儿之地，猎人亦不剌金射兔，误中名驼，驼死，帝怒，命诛之。铁哥曰："杀人偿畜，刑太重。"帝惊曰："误耶，史官必书。"亟释之。庾人有盗凿粳米者，罪当死。铁哥谏曰："臣鞫庾人，其母病，盗粳欲食母耳，请贷之。"牧人有盗割驼峰者，将诛之。铁哥曰："生割驼峰，诚忍人也。然杀之，恐乖陛下仁恕心。"诏皆免死。二十二年，进正奉大夫，奏："司农寺宜升为大司农司，秩二品，使天下知朝廷重农之意。"制可。进资善大夫、司农。时司农供膳，有司多扰民，铁哥奏曰："屯田则备诸物，立供膳司甚便。"从之。桓州饥民鬻子女以为食，铁哥奏以官帑赎之。

二十四年，从征乃颜，至撒儿都之地，叛王塔不台率兵奄至。铁哥奏曰："昔李广一将耳，尚能以疑退敌，况陛下万乘之威乎！今彼众我寡，不得地利，当设疑以退之。"于是帝张曲盖，据胡床，铁哥从容进酒。塔不台按兵觇伺，惧有伏，遂引去。帝以金章宗玉带赐之。二十九年，进荣禄大夫、中书平章政事。以病足，听舆轿入殿门。帝尝忆北征事，不能悉记，铁哥条举甚详，帝悦，以金束带赐之。初，诏遣宋新附民种蒲萄于野马川晃火儿不剌之地，既献其实，铁哥以北方多寒，奏岁赐衣服，从之。

成宗即位，以铁哥先朝旧臣，赐银一千两、钞十万贯。他日，又赐以玛瑙碗，谓铁哥曰："此器先皇所用，朕今赐卿，以卿久侍先皇故也。"大德元年，加光禄大夫。三年，乞解机务，从之。仍授平章政事、议中书省事。时诸王朝见，未有知典故者，帝曰："惟铁哥知之，俾专其事，凡廪饩金帛之数，皆遵世祖制诏，自今怀诸王之礼，悉命铁哥掌之。"七年，复拜中书平章政事。平滦大水，铁哥奏曰："散财聚民，古之道也。今平滦水灾，不加赈恤，民不聊生矣！"从之。十年，丁母忧，诏夺情起复。辽王脱脱入朝，从者执兵入大明宫，铁哥劾止之，王惧谢。从幸缙山，饥民相望，铁哥辄发廪赈之，既乃陈疏自劾，帝称善不已。武宗即位，赐金一百两，加金紫光禄大夫，遥授中书右丞相。有诉宁远王阔阔出有逆谋者，命诛之。铁哥知其诬，廷辨之，由是得释，徙高丽。二年，领度支院。寻赐江州稻田五千亩。仁宗皇庆元年，授开府仪同三司、太傅、录军国重事。乃进奏：世祖子惟宁远王在，宜赐还。从之。二年，奉命诣万安寺祀世祖，感疾归，皇太后令内臣问疾，铁哥附奏曰："臣死无日，愿太后辅陛下布惟新之政，社稷之福也。"是年薨，赐赙礼加厚，敕有司治丧事，赠太师、开府仪同三司、上柱国，追封秦国公，谥忠穆。加赠推诚守正佐理翊戴功臣，封延安王，改谥忠献。

子六人：忽察，淮东宣慰使；平安奴，太平路达鲁花赤；也识哥，同知山东宣慰司事；虎里台，同知真定总管府事；亦可麻，同知都护府事；重喜，隆禧院副使。孙八人，伯颜，中书平章政事；余多居宿卫。

卷一百二十六　　列传第十三

安　童

安童，木华黎四世孙，霸突鲁长子也。中统初，世祖追录元勋，召入长宿卫，年方十三，位在百僚上。母弘吉剌氏，昭睿皇后之姊，通籍禁中。世祖一日见之，问及安童，对曰："安童虽幼，公辅器也。"世祖曰："何以知之？"对曰："每退朝必与老成人语，未尝狎一年少，是以知之。"世祖悦。四年，执阿里不哥党千余，将置之法，安童侍侧，帝语之曰："朕欲置此属于死地，何如？"对曰："人各为其主，陛下甫定大难，遽以私憾杀人，将何以怀服未附。"帝惊曰："卿年少，何从得老成语？此言正与朕意合。"由是深重之。

至元二年秋八月，拜光禄大夫、中书右丞相，增食邑至四千户。辞曰："今三方虽定，江南未附，臣以年少，谬膺重任，恐四方有轻朝廷心。"帝动容，有间曰："朕思之熟矣，无以逾卿。"冬十月，召许衡至，传旨令衡入省议事，衡以疾辞。安童即亲候其馆，与语良久，既还，念之不释者累日。三年，帝谕衡曰："安童尚幼，未更事，善辅导之。汝有嘉谟，当先告之以达朕，朕将择焉。"衡对曰："安童聪敏，且有执守，告以古人所言，悉能领解，臣不敢不尽心。但虑中有人间之，则难行，外用势力纳人其中，则难行。臣入省之日浅，所见如此。"四年三月，安童奏："内外官须用老成人，宜令儒臣姚枢等入省议事。"帝曰："此辈虽闲，犹当优养，其令入省议事。"

五年，廷臣密议立尚书省，以阿合马领之，乃先奏以安童宜位三公。事下诸儒议，商挺倡言曰："安童，国之柱石，若为三公，是崇以虚名而实夺之权也，甚不可。"众曰然，事遂罢。七年四月，奏曰："臣近言：'尚书省、枢密院各令奏事，并如常制，其大政令，从臣等议定，然后上闻。'既得旨矣，今尚书一切径奏，似违前旨。"帝曰："岂阿合马以朕颇信用之，故尔专权耶？不与卿议，非是。"敕如前旨。

八年，陕西省臣也速迭儿建言，比因饥馑，盗贼滋横，若不显戮一二，无以示惩。敕中书详议，安童奏曰："强、窃均死，恐非所宜，罪至死者，宜仍旧待报。"从之。十年春三月，奏以玉册玉宝上皇后弘吉剌氏，以玉册金宝立燕王为皇太子，兼中书令，判枢密院事。冬十月，帝谕安童及伯颜等曰："近史天泽、姚枢纂定《新格》，朕已亲览，皆可行之典，汝等亦当一一留心参考，岂无一二可增减者。"各令纪录促议行之。时天下待报死囚五十人，安童奏其中十三人因斗殴杀人，余无可疑。于是诏以所奏十三人免死从军。十一年，奏阿合马蠹国害民数事；又奏各部与大都路官多非才，乞加黜汰。从之。

十二年七月，诏以行中书省枢密院事，从太子北平王出镇极边，在边十年。二十一年三月，从王归，待罪阙下，帝即召见慰劳之，顿首谢曰："臣奉使无状，有累圣德。"遂留寝殿，语至四鼓乃出。冬十一月，和礼霍孙罢，复拜中书右丞相，加金紫光禄大夫。二十二年，右丞卢世荣败，诏与诸儒条其所用人及所为事，悉罢之。二十三年夏，中书奏拟漕司诸官姓名，帝曰："如平章、右丞等，朕当亲择，余皆卿等职也。"安童奏曰："比闻圣意欲倚近侍为耳目，臣猥承任使，若所行非法，从其举奏，罪之轻重，惟陛下裁处。今近臣乃伺隙援引非类，曰某居某官、某居某职，以所署奏目付中书施行。臣谓铨选之法，自有定制，其尤无事例者，臣常废格不行，虑其党有短臣者，幸陛下详察。"帝曰："卿言是也。今后若此者勿行，其妄奏者，即入言之。"奏征前吏部尚书李昶，不起；复奏赐田十顷。

二十四年，宗王乃颜叛，世祖亲讨平之。宗室诖误者，命安童按问，多所平反。尝退朝，自左掖门出，诸免罪者争迎谢，或执辔扶上马，安童毅然不顾。有乘间言于帝曰："诸王虽有罪，皆帝室近亲也，丞相虽尊，人臣也，何悖慢如此！"帝良久曰："汝等小人，岂知安童所为？特辱之使改过耳。”是岁，复立尚书省，安童切谏曰：“臣力不能回天，乞不用桑哥，别相贤者，犹或不至虐民误国。”不听。二十五年，见天下大权尽归尚书，屡求退，不许。二十八年，罢相，仍领宿卫事。三十年春正月，以疾薨于京师乐安里第，年四十九。雨木冰三日。世祖震悼曰：“人言丞相病，朕固弗信，果丧予良弼。”诏大臣监护丧事。大德七年，成宗制赠推忠同德翊运功臣、太师、开府仪同三司、上柱国、东平忠宪王。碑曰《开国元勋命世大臣之碑》。子兀都带。

兀都带器度宏远，世祖时袭长宿卫。父安童殁，凡赗赙之物，一无所受，以素车朴马归葬只兰秃先茔。事母以孝闻。成宗即位，拜银青荣禄大夫、大司徒，领太常寺事。为请谥南郊，摄太尉，奉册上尊号、庙号、皇后尊号。常侍掖庭，赞画大政，帝及中宫咸以家人礼待之。大德六年正月薨，年三十一。至大二年，制赠输诚保德翊运功臣、太师、开府仪同三司、上柱国、东平王，谥忠简。子拜住，自有传。

廉希宪

廉希宪，字善甫，布鲁海牙子也。幼魁伟，举止异凡儿。九岁，家奴四人盗五马逃去，既获，时于法当死，父怒，将付有司，希宪泣谏止之，俱得免死。又尝侍母居中山，有二奴醉出恶言，希宪曰：“是以我为幼也。”即送系府狱，杖之。皆奇其有识。世祖为皇弟，希宪年十九，得入侍，见其容止议论，恩宠殊绝。希宪笃好经史，手不释卷。一日，方读《孟子》，闻召，急怀以进。世祖问其说，遂以性善义利仁暴之旨为对，世祖嘉之，目曰廉孟子，由是知名。尝与近臣校射世祖前，希宪腰插三矢，有欲取以射者，希宪曰：“汝以我为不能耶？但吾弓力稍弱耳。”左右授以劲弓，三发连中。众惊服曰：“真文武材也。”

岁甲寅，世祖以京兆分地命希宪为宣抚使。京兆控制陇蜀，诸王贵藩分布左右，民杂羌戎，尤号难治。希宪讲求民病，抑强扶弱。暇日从名儒若许衡、姚枢辈谘访治道，首请用衡提举京兆学校，教育人材，为根本计。国制，为士者无隶奴籍，京兆多豪强，废令不行。希宪至，悉令著籍为儒。有民妻与卜者厌诅其夫，杀之，狱成，僚佐皆言方大旱，卜者宜减死，希宪议当伏法，已而大雨立应。

初，世祖受命宪宗，经理河南关右，居数岁，谗者谓王府人多专擅不法，至是，命阿蓝答儿、刘太平检核所部，用酷吏分领其事，大开告讦。希宪曰：“宣抚司事由己出，有罪固当独任，僚属何预。”及事竟，卒无获罪者。己未，宪宗驻跸合州，世祖渡江取鄂州，命希宪入籍府库。希宪引儒生百余，拜伏军门，因言：“今王师渡江，凡军中俘获士人，宜官购遣还，以广异恩。”世祖嘉纳之。还者五百余人。

宪宗崩，讣音至，希宪启曰：“殿下太祖嫡孙，先皇母弟，前征云南，克期抚定，及今南伐，率先渡江，天道可知。且殿下收召才杰，悉从人望，子惠黎庶，率土归心。今先皇奄弃万国，神器无主，愿速还京，正大位以安天下。”世祖然之，且命希宪先行，审察事变。对曰：“刘太平、霍鲁海在关右，浑都海在六盘，征南诸军散处秦、蜀，太平要结诸将，其性险诈，素畏殿下英武，倘倚关中形胜，设有异谋，渐不可制，宜遣赵良弼往觇人情事宜。”从之。阿里不哥构乱北边，遣脱忽思发兵河朔，大肆凶暴。真定名士李盘尝奉庄圣太后命侍阿里不哥讲读，脱忽思怒盘不附己，械之，希宪访盘于狱，言于世祖而释之。世祖命希宪赐膳于宗王塔察儿，希宪即以己意白王，宜首建翊戴之谋，王然之，许以身任其事。归启其言，世祖曰：“若此重事，卿何不惧之甚耶！”庚申，至开平，宗室诸王劝进，谦让未允，希宪复以天时人事进言。且曰：“阿里不哥于殿下为母弟，居守朔方，专制有年，或觊望神器，事不可测，宜早定大计。”世祖然之。明日即位，建元中统。希宪上言：“高丽王子倎久留京师，今闻其父死，宜立为王，遣还国，以恩结之。”又言：“鄂兵未还，宜遣使与宋讲好，敕诸军北归。”帝皆从之。

赵良弼还自关右，奏刘太平、霍鲁海反状，皆如希宪言。初分汉地为十道，乃并京兆、四川为一道，以希宪为宣抚使。太平、霍鲁海闻之，乘驿急入京兆，密谋为变。后三日，希宪至，宣布诏旨，遣使安谕六盘。未几，断事官阔阔出遣使来告：浑都海已反，杀所遣使者朵罗台，遣人谕其党密里火者于成都、乞台不花于青居，使各以兵来援，又多与蒙古军奥鲁官兀奴忽等金帛，尽起新军，且约太平、霍鲁海同日俱发。希宪得报，召僚属谓曰：“上新即位，责任吾等，正为今日。不早为之计，殆将无及。”遣万户刘黑马、京兆治中高鹏霄、华州尹史广，掩捕太平、霍鲁海及其党，获之，尽得其奸谋，悉置于狱。复遣刘黑马诛密里火者，总帅汪惟正诛乞台不花，具以驿闻。时关中无兵备，命汪惟良将秦、巩诸军进六盘，惟良以未得上旨为辞，希宪即解所佩虎符银印授之曰：“此皆身承密旨，君但办吾事，制符已飞奏矣。”又付银一万五千两，以充功赏，出库币制军衣。惟良感激，遂行。又发蜀卒更戍，及在家余丁，推节制诸军蒙古官八春将之，谓之曰：“君所将之众，未经训练，六盘兵精，勿与争锋，但张声势，使不得东，则大事济矣。”会有诏赦至，希宪命绞太平等于狱，尸于通衢，方出迎诏，人心遂安。乃遣使自劾停赦行刑、征调诸军、擅以惟良为帅等罪，帝深善之。曰：“《经》所谓行权，此其是也。”别赐金虎符，使节制诸军，且诏曰：“朕委卿以方面之权，事当从宜，毋拘常制，坐失事机。”

西川将纽邻奥鲁官，将举兵应浑都海，八春获之，系其党五十余人于乾州狱，送二人至京兆，请并杀之。二人自分必死，希宪谓僚佐曰：“浑都海不能乘势东来，保无他虑。今众志未一，犹怀反侧，彼军见其将校执囚，或别生心，为害不细。今因其惧死，并加宽释，使之感恩效力，就发此军余丁，往隶八春，上策也。”初，八春既执诸校，其军疑惧，骇乱四出，莫可禁遏，及知诸校获全，纽邻奥鲁官得释，大喜过望。切谕其属出兵效力，人人感悦，八春亦释然开悟，果得精骑数千，将与俱西。诏以希宪为中书右丞，行秦蜀省事。浑都海闻京兆有备，遂西渡河，趋甘州，阿蓝答儿复自和林提兵与之合，分结陇、蜀诸将，又使纽邻兄宿敦为书招纽邻。于是成都帅百家奴，兴元忙古台，青居汪惟正、钦察，俱遣使言，人心危疑，事不可测。希宪遣使深谕戒之，两川诸将素惮希宪威名，按堵从命。浑都海、阿蓝答儿合军而东，诸将失利，河右大震，西土亲王执毕帖木儿辎重皆空，就食秦雍。朝议欲弃两川，退守兴元，希宪力言不可，乃止。会亲王合丹及汪惟良、八春等合兵复战西凉，大败之，俘斩略尽，得二叛首以送，枭之京兆市。事闻，帝大嘉之曰："希宪真男子也。"进拜平章政事，赐宅一区。时希宪年三十矣。

希宪奏：四川降民，皆散处山谷，宜申敕军吏，禁止俘掠，违者，千户以下与犯人同罪。又禁诸人无贩易生口。由是四川遂安，降者益众。又罢解盐户所摘军，及京兆诸处无籍户之戍灵州屯田者，以宽民力。钦察获宋臣张炳震、王政二人，俱以母老，愿赐矜放，希宪皆遣之还。因为书与宋四川制置余玠，谕以天道人事，玠得书愧感自守，不敢复轻动。巩昌帅府言，镇戎州有谋为叛者，连引四百余人，希宪详推之，惟诛首恶五人。宋将刘整以泸州降，尽系前归宋者数百人待报。希宪奏释之，且致书宰臣，待整以恩，当得其死力。整后首建取襄阳之策，果立勋效。宋将家属之在北者，希宪岁给其粮，仕于宋者，子弟得越界省其亲，人皆感之。

李璮反山东，事连王文统，平章赵璧素忌希宪勋名，因言文统由张易、希宪荐引，遂至大用，且关中形胜之地，希宪得民心，有商挺、赵良弼为之辅，此事宜关圣虑。帝曰："希宪自幼事朕，朕知其心，挺、良弼皆正士，何虑焉。"蜀降人费正寅以私怨谮希宪因李璮叛，亦修城治兵，潜畜异志，帝因惑之，命中书右丞南合代希宪行省，且覆视所告事，卒无实状。诏希宪还京师，陛见，言曰："方关陕叛乱，川蜀未宁，事急星火，臣随宜行事，不谋佐贰，如寅所言，罪止在臣，臣请逮系有司。"帝抚御床曰："当时之言，天知之，朕知之，卿果何罪！"慰谕良久。进拜中书平章政事。一日夜半，召希宪入禁中，从容道藩邸时事，因及赵璧所言。希宪曰："昔攻鄂时，贾似道作木栅环城，一夕而成，陛下顾扈从诸臣曰'吾安得如似道者用之'。刘秉忠、张易进曰'山东王文统，才智士也，今为李璮幕僚'。诏问臣，臣对'亦闻之，实未尝识其人也'。"帝曰："朕亦记此。"

希宪在中书，振举纲维，综劾名实，汰逐冗滥，裁抑侥幸，兴利除害，事无不便，当时翕然称治，典章文物，粲然可考。又建言："国家自开创已来，凡纳土及始命之臣，咸令世守，至今将六十年，子孙皆奴视部下，都邑长吏，皆其皂隶僮使，前古所无，宜更张之，使考课黜陟。"始议行迁转法。

至元元年，丁母忧，率亲族行古丧礼，勺饮不入口者三日，恸则呕血，不能起，寝卧草土，庐于墓傍。宰执以忧制未定，欲极力起之，相与诣庐，闻号痛声，竟不忍言。未几，有诏夺情起复，希宪虽不敢违旨，然出则素服从事，入必缞绖。及丧父，亦如之。

奸臣阿合马领左右部，专总财赋，会其党相攻击，帝命中书推覆，众畏其权，莫敢问。希宪穷治其事，以状闻，杖阿合马，罢所领归有司。帝谕希宪曰："吏废法而贪，民失业而逃，工不给用，财不赡费，先朝患此久矣。自卿等为相，朕无此忧。"对曰："陛下圣犹尧、舜，臣等未能以皋陶、稷、契之道，赞辅治化，以致太平，怀愧多矣。今日小治，未足多也。"因论及魏征，对曰："忠臣良臣，何代无之，顾人主用不用尔。"有内侍传旨入朝堂，言某事当尔，希宪曰："此阉宦预政之渐，不可启也。"遂入奏，杖之。

言者讼丞相史天泽，亲党布列中外，威权日盛，渐不可制。诏罢天泽政事，使待鞫问。希宪进曰："天泽事陛下久，知天泽深者，无如陛下。始自潜藩，多经任使，将兵牧民，悉有治效。陛下知其可付大事，用为辅相，小人一旦有言，陛下当熟察其心迹，果有肆横不臣者乎？今日信臣，故臣得预此旨，他日有讼臣者，臣亦遭疑矣。臣等备员政府，陛下之疑信若此，何敢自保。天泽既罢，亦当罢臣。"帝良久曰："卿且退，朕思之。"明日，帝召希宪谕曰："昨思之，天泽无对讼者。"事遂解。又有讼四川帅钦察者，帝敕中书急遣使诛之。明日，希宪覆奏，帝怒曰："尚尔迟回耶！"对曰："钦察大帅，以一小人言被诛，民心必骇，收系至此，与讼者廷对，然后明其罪于天下为宜。"诏遣能者按问。其后事竟无实，钦察得免。

希宪每奏议帝前，论事激切，无少回惜。帝曰："卿昔事朕王府，多所容受，今为天子臣，乃尔木强耶？"希宪对曰："王府事轻，天下事重，一或面从，天下将受其害，臣非不自爱也。"方士请炼大丹，敕中书给所需，希宪具以秦、汉故事奏，且曰："尧、舜得寿，不因大丹也。"帝曰："然。"遂却之。时方尊礼国师，帝命希宪受戒，对曰："臣受孔子戒矣。"帝曰："孔子亦有戒耶？"对曰："为臣当忠，为子当孝，孔子之戒，如是而已。"

五年，始建御史台，继设各道提刑按察司。时阿合马专总财利，乃曰："庶务责成诸路，钱谷付之转运，今绳治之如此，事何由办？"希宪曰："立台察，古制也，内则弹劾奸邪，外则察视非常，访求民瘼，裨益国政，无大于此。若去之，使上下专恣贪暴，事岂可集耶！"阿合马不能对。

七年，诏释京师系囚。西域人匿赞马丁，用事先朝，资累巨万，为怨家所告，系大都狱，既释之矣，时希宪在告，实不预其事。是秋，车驾还自上都，怨家诉于帝，希宪取堂判补署之，曰："天威莫测，岂可幸其独不署以苟免耶！"希宪入见，以诏书为言，帝曰："诏释囚耳，岂有诏释匿赞马丁耶？"对曰："不释匿赞马丁，臣等亦未闻有此诏。"帝怒曰："汝等号称读书，临事乃尔，宜得何罪？"对曰："臣等忝为宰相，有罪当罢退。"帝曰："但从汝言。"即与左丞相耶律铸同罢。一日，帝问侍臣，希宪居家何为，侍臣以读书对。帝曰："读书固朕所教，然读之而不肯用，多读何为。"意责其罢政而不复求进也。阿合马因谗之曰："希宪日与妻子宴乐尔。"帝变色曰："希宪清贫，何从宴设！"希宪尝有疾，帝遣医三人诊视，医言须用沙糖作饮。时最艰得，家人求于外，阿合马与之二斤，且致密意。希宪却之曰："使此物果能活人，吾终不以奸人所与求活也。"帝闻而遣赐之。

嗣国王头辇哥行省镇辽阳，有言其扰民不便者。十一年，诏起希宪为北京行省平章政事。将行，肩舆入辞，赐坐，帝曰："昔在先朝，卿深识事机，每以帝道启朕。及鄂汉班师，屡陈天命，朕心不忘，丞相卿实宜为，顾退托耳。辽罾户不下数万，诸王、国婿分地所在，彼皆素知卿能，故命卿往镇，体朕此意。”辽东多亲王，使者传令旨，官吏立听，希宪至，始革正之。有西域人自称驸马，营于城外，系富民，诬其祖父尝贷息钱，索偿甚急，民诉之行省，希宪命收捕之。其人怒，乘马入省堂，坐榻上，希宪命捽下跪，而问之曰：“法无私狱，汝何人，敢擅系民?”令械系之。其人惶惧求哀，国王亦为之请，乃稍宽，令待对，举营夜遁。俄诏国王归国，希宪独行省事。朝廷降钞买马六千五百，希宪遣买于东州，得羡余马千三百。希宪曰：“上之则若自衒。”即与他郡之不及者，以其直还官。长公主及国婿入朝，纵猎郊原，扰民为甚，希宪面谕国婿，欲入奏之。国婿惊愕，入语公主，公主出，饮希宪酒曰：“从者扰民，吾不知也。请以钞万五千贯还敛民之直，幸勿遣使者。”自是贵人过者，皆莫敢纵。

十二年，右丞阿里海牙下江陵，图地形上于朝，请命重臣开大府镇之。帝急召希宪还，使行省荆南，赐坐，谕曰：“荆南入我版籍，欲使新附者感恩、未来者向化，宋知我朝有臣如此，亦足以降其心。南土卑湿，于卿非宜，今以大事付托，度卿不辞。”赐田以养居者，马五十以给从者。希宪曰：“臣每惧才识浅近，不能胜负大任，何敢辞疾。然敢辞新赐。”复有诏，令希宪承制授三品以下官。希宪冒暑疾驱以进。至镇，阿里海牙率其属郊迎，望拜尘中，荆人大骇。即日禁剽夺，通商贩，兴利除害，兵民按堵。首录宋故宣抚、制置二司幕僚能任事者，以备采访，仍择二十余人，随材授职。左右难之，希宪曰：“今皆国家臣子也，何用致疑。”时宋故官礼谒大府，必广致珍玩，希宪拒之，且语之曰：“汝等身仍故官，或不次迁擢，当念圣恩，尽力报效。今所馈者，若皆己物，我取之为非义；一或系官，事同盗窃；若敛于民，不为无罪。宜戒慎之。”皆感激谢去。令凡俘获之人，敢杀者，以故杀平民论。为军士所虏，病而弃之者，许人收养；病愈，故主不得复有。立契券质卖妻子者，重其罪，仍没入其直。先时，江陵城外蓄水扞御，希宪命决之，得良田数万亩，以为贫民之业。发沙市仓粟之不入官籍者二十万斛，以赈公安之饥。大纲既举，乃曰：“教不可缓也。”遂大兴学，选教官，置经籍，旦日亲诣讲舍，以厉诸生。西南溪洞，及思、播田、杨二氏，重庆制置赵定应，俱越境请降。事闻，帝曰：“先朝非用兵不可得地，今希宪能令数千百里外越境纳土，其治化可见也。”关吏得江陵人私书，不敢发，上之，枢密臣发之帝前，其中有曰：“归附之初，人不聊生。皇帝遣廉相出镇荆南，岂惟人渐德化，昆虫草木，咸被泽矣。”帝曰：“希宪不嗜杀人，故能尔也。”

希宪疾久不愈，十四年春，近臣董文忠言：“江陵湿热，如希宪病何?”即召希宪还，江陵民号泣遮道留之不得，相与画像建祠。希宪还，囊橐萧然，琴书自随而已。帝知其贫，特赐白金五千两、钞万贯。五月，至上都，太常卿田忠良来问疾，希宪谓曰：“上都，圣上龙飞之地，天下视为根本。近闻龙冈遗火，延烧民居，此常事耳，慎勿令妄谈地理者惑动上意。”未几，果有数辈以徙置都邑事奏，枢密副使张易、中书左丞张文谦与廷辨，力言不可，帝不悦。明日，召忠良质其事，忠良以希宪语对，帝曰：“希宪病甚，犹虑及此耶?”其议遂止。诏征扬州名医王仲明视希宪疾，既至，希宪服其药，能杖而起，帝喜谓希宪曰：“卿得良医，疾向愈矣。”对曰：“医持善药以疗臣疾，苟能戒慎，则诚如圣谕；设或肆惰，良医何益。”盖以医讽谏也。

会议立门下省，帝曰：“侍中非希宪不可。”遣中使谕旨曰：“鞍马之任，不以劳卿，坐而论道，时至省中，事有必须执奏，肩舆以入可也。”希宪附奏曰：“臣疾何足恤。输忠效力，生平所愿。”皇太子亦遣人谕旨曰：“上命卿领门下省，无惮群小，吾为卿除之。”竟为阿合马所沮。

十六年春，赐钞万贯，诏复入中书，希宪称疾笃。皇太子遣侍臣问疾，因问治道，希宪曰：“君天下在用人，用君子则治，用小人则乱。臣病虽剧，委之于天。所甚忧者，大奸专政，群小阿附，误国害民，病之大者。殿下宜开圣意，急为屏除，不然，日就沉痼，不可药矣。”戒其子曰：“丈夫见义勇为，祸福无预于己，谓皋、夔、稷、契、伊、傅、周、召为不可及，是自弃也。天下事苟无牵制，三代可复也。”又曰：“汝读《狄梁公传》乎?梁公有大节，为不肖子所坠，汝辈宜慎之!”

十七年十一月十九夜，有大星陨于正寝之旁，流光照地，久之方灭。是夕，希宪卒，年五十。大德八年，赠忠清粹德功臣、太傅、开府仪同三司，追封魏国公，谥文正。加赠推忠佐理翊运功臣、太师、开府仪同三司、上柱国、恒阳王，谥如故。

子六人：孚，佥辽阳等处行中书事；恪，台州路总管；恂，中书平章政事；忱，邵武路总管；恒，御史中丞；惇，江西等处行中书省参知政事。从弟希贤。

希贤字达甫，一名中都海牙。伯父布鲁海牙尝曰：“是儿刚果，当大吾家。”年二十余，与从兄希宪同侍世祖，出入禁中，小心慎密。至元初，北部王拘杀使者，世祖选使往谕之，廷臣推希贤。至则布上意，辞旨条畅，王悔谢，为设宴，赠貂裘一袭、白金一笏。还奏，帝喜，赐以御膳。寻进中议大夫、兵部尚书。左丞相伯颜伐宋，既渡江，至元十二年春，授希贤礼部尚书，佩金虎符，与工部侍郎严中范、秘书丞柴紫芝持国书使宋。三月丙戌，至广德军独松关，守关者不知为使，袭而杀之。张濡以为己功，受赏，知广德军。明年宋亡，获张濡杀之，诏遣使护希贤丧归，后复籍濡家赀付其家。希贤死时，年二十九。

卷一百二十七　列传第十四

伯　颜

伯颜，蒙古八邻部人。曾祖述律哥图，事太祖，为八邻部左千户。祖阿剌，袭父职，兼断事官，平忽禅有功，得食其地。父晓古台世其官，从宗王旭烈兀开西域。伯颜长于西域。至元初，旭烈兀遣入奏事，世祖见其貌伟，听其言厉，曰：“非诸侯王臣也，其留事朕。”与谋国事，恒出廷臣右，世祖益贤之，敕以中书右丞相安童女弟妻之，若曰"为伯颜妇，不惭尔氏矣"。二年七月，拜光禄大夫、中书左丞相。诸曹白事，有难决者，徐以一二语决之。众服曰："真宰辅也。"四年，改中书右丞。七年，迁同知枢密院事。十年春，持节奉玉册立燕王真金为皇太子。

十一年，大举伐宋，与史天泽并拜中书左丞相，行省荆湖。时荆湖、淮西各建行省，天泽言，号令不一，或致败事。诏改淮西行省为行枢密院。天泽又以病，表请专任伯颜，乃以伯颜领河南等路行中书省，所属并听节制。秋七月，陛辞，世祖谕之曰："昔曹彬以不嗜杀平江南，汝其体朕心，为吾曹彬可也。"

九月甲戌朔，会师于襄阳，分军为三道并进。丙戌，伯颜与平章阿术由中道循汉江趋郢州。万户武秀为前锋，遇水泺，霖雨水溢，无舟不能涉。伯颜曰："吾且飞渡大江，而惮此潢潦耶！"乃召一壮士，负甲仗，骑而前导，麾诸军毕济。癸巳，次盐山，距郢州二十里。郢在汉水北，以石为城，宋人又于汉水南筑新郢，横铁绳，锁战舰，密树桩木水中。下流黄家湾堡，亦设守御之具，堡之西有沟，南通藤湖，至江仅数里。乃遣总管李庭、刘国杰攻黄家湾堡，拔之，破竹席地，荡舟由藤湖入汉江。诸将请曰："郢城，我之喉襟，不取，恐为后患。"伯颜曰："用兵缓急，我则知之。攻城，下策也，大军之出，岂为此一城哉！"遂舍郢，顺流下。伯颜、阿术殿后，不满百骑。十月戊午，行大泽中，郢将赵文义、范兴以骑二千来袭，伯颜、阿术未及介胄，亟还军迎击之。伯颜手杀文义，擒范兴杀之，其士卒死者五百人，生获数十人。

甲子，次沙洋。乙丑，命断事官杨仁风招之，不应。复使一俘持黄榜、檄文，传赵文义首，入城，招其守将王虎臣、王大用。虎臣等斩俘，焚黄榜。裨将傅益以水军十七人来降，虎臣等又斩其军之欲降者。伯颜复命吕文焕招之，又不应。日暮，风大起，伯颜命顺风掣金汁炮，焚其庐舍，烟焰涨天，城遂破。万户忙古歹生擒虎臣、大用等四人，余悉屠之。丙寅，次新城，令万户帖木儿、史弼列沙洋所馘于城下，射黄榜、檄文于城中以招之。其守将边居谊，邀吕文焕与语。丁卯，文焕至城下，飞矢中右臂，奔还。戊辰，其总制黄顺逾城出降，即授招讨使，佩以金符，令呼城上军，其部曲即缒城下，居谊邀入城，悉斩之。己巳，其副都统制任宁亦降，居谊终不出，乃令总管李庭攻破其外堡，诸军蚁附而登，拔之。余众三千，犹力战而死，居谊举家自焚。遂并诛王虎臣、王大用等四人。

十一月丙戌，次复州，知州翟贵以城降。诸将请点视其仓库军籍，遣官镇抚，伯颜不听，谕诸将不得入城，违者以军法论。阿术使右丞阿里海牙来言渡江之期，伯颜不答。明日又来，又不答。阿术乃自来，伯颜曰："此大事也，主上以付吾二人，可使余人知吾实乎？"潜刻期而去。乙未，军次蔡店。丁酉，往观汉口形势。宋淮西制置使夏贵等，以战舰万艘，分据要害，都统王达守阳逻堡，京湖宣抚朱禩孙以游击军扼中流，兵不得进。千户马福建言，沦河口可通沙芜入江，伯颜使觇沙芜口，夏贵亦以精兵守之。乃围汉阳军，声言由汉口渡江，贵果移兵援汉阳。

十二月丙午，军次汉口。辛亥，诸将自汉口开坝，引船入沦河，先遣万户阿剌罕以兵拒沙芜口，逼近武矶，巡视阳罗城堡，径趋沙芜，遂入大江。壬子，伯颜战舰万计，相踵而至，以数千艘泊于沦河湾口，屯布蒙古、汉军数十万骑于江北。诸将言："沙芜南岸，彼战船在焉，可攻而取。"伯颜曰："吾亦知其可必取，虑汝辈贪小功，失大事；一举渡江，收其全功可也。"遂令修攻具，进军阳罗堡。癸丑，遣人招之，不应。甲寅，再遣人招之，其将士皆曰："我辈受宋厚恩，戮力死战，此其时也，安有叛逆归降之理。备吾甲兵，决之今日，我宋天下，犹赌博孤注，输赢在此一掷尔。"伯颜麾诸将攻之，三日不克。有术者来言："天道南行，金、木相犯，若二星交过，则江可渡。"伯颜却之，使勿言。乃密谋于阿术曰："彼谓我必拔此堡，方能渡江。此堡甚坚，攻之徒劳。汝今夜以铁骑三千，泛舟直趋上流，为捣虚之计，诘旦渡江袭南岸。已过，则速遣人报我。"乙卯，分遣右丞阿里海牙督万户张弘范、忽失海牙、折的迷失等，先以步骑攻阳罗堡，夏贵来援。遂俾阿术出其不意，率万户晏彻儿、忙古歹、史格、贾文备四翼军，溯流西上四十里，对青山矶而泊。是夜，雪大作，遥见南岸多露沙洲，阿术登舟，指示诸将，令径趋是洲，载马后随。万户史格一军先渡，为其都统程鹏飞所却。阿术横身荡决，血战中流，擒其将高邦显等，死者无算，鹏飞被七创，败走，得船千余艘，遂得南岸。阿术与镇抚何玮等数十人，攀岸步斗，开而复合者数四，南军阻水，不得相薄，遂起浮桥，成列而渡。阿里海牙继遣张荣实、解汝楫等四翼军，舳舻相衔，直抵夏贵。贵引麾下军数千先遁，诸军乘之，斩溺不可数计，追至鄂州东门而还。丙辰，阿术遣使来报，伯颜大喜，挥诸将急攻破阳罗堡，斩王达。宋军大溃，数十万众死伤几尽。夏贵仅以身免，走至白虎山。诸将谓贵大将，不可使逸去，请追之。伯颜曰："阳罗之捷，吾欲遣使前告宋人，而贵走代吾使，不必追也。"丁巳，伯颜登武矶山，大江南北，皆我军也，诸将称贺，伯颜辞谢之。

阿术还渡江，议兵所向，或欲先取蕲、黄，阿术曰："若赴下流，退无所据，先取鄂、汉，虽迟旬日，可为万全计。"伯颜从之。己未，师次鄂州，遣吕文焕、杨仁风等谕之曰："汝国所恃者，江、淮而已，今我大兵飞渡长江，如履平地，汝辈何不速降。"鄂恃汉阳，将战，乃焚其战舰三千艘，火照城中，两城大恐。庚申，知鄂州张晏然、知汉阳军王仪、知德安府来兴国，皆以城降，程鹏飞以其军降。壬戌，定新附官品级，撤宋兵，分隶诸将。先是，边民戍卒陷入宋境者，悉纵遣之。丁卯，遣万户也的哥、总管忽都歹，入奏渡江之捷。分命阿剌罕先锋黄头，取寿昌粮四十万斛，以充军饷。留右丞阿里海牙等，以兵四万，分省于鄂，规取荆湖。己巳，伯颜与阿术以大军水陆东下，俾阿术先据黄州。

十二年春正月癸酉朔，至黄州。甲戌，沿江制置副使、知黄州陈奕降，伯颜承制授奕沿江大都督。奕遣书至涟水招其子岩，岩降。遣吕文焕、陈奕以书招蕲州安抚使管景模，复遣阿术以舟师造其城下。癸未，伯颜至蕲州，景模出降，即承制授以淮西宣抚使，留万户带塔儿守之。阿术复以舟师先趋江州，兵部尚书吕师夔在江州，与知州钱真孙遣人来迎降。丙戌，伯颜至江州，即以师夔为江州守。师夔设宴庾公楼，选宋宗室女二人，盛饰以献，伯颜怒曰："吾奉圣天子明命，兴仁义之师，问罪于宋，岂以女色移吾志乎！"斥遣之。知南康军叶阊来降，殿前都指挥使、知安庆府范文虎亦奉书纳款，阿术遂率舟师造安庆，文虎出降。伯颜至湖口，遣千户甯玉系浮桥以渡，风迅水驶，桥不能成，乃祷于大孤山神，有顷，风息桥成，大军毕渡。二月壬寅朔，伯颜至安庆，承制授文虎两浙大都督，文虎以其从子友信知安庆府事，命万户乔珪戍之。丁未，次池州，都统制张林以城降；戊申，通判权州事赵昴发与其妻自经死，伯颜入城，见而怜之，令具衣衾葬焉。

宋宰臣贾似道遣宋京致书，请还已降州郡，约贡岁币。伯颜遣武略将军囊加歹同其介阮思聪报命，止京以待，且使谓似道曰："未渡江，议和入贡则可，今沿江诸郡皆内附，欲和，则当来面议也。"囊加歹还，乃释宋京。庚申，发池州，壬戌，次丁家洲。贾似道都督诸路军马十三万，号百万，步军指挥使孙虎臣为前锋，淮西制置使夏贵以战舰二千五百艘横亘江中，似道将后军。伯颜命左右翼万户率骑兵夹江而进，炮声震百里。宋军阵动，贵先遁，以扁舟掠似道船，呼曰："彼众我寡，势不支矣！"似道闻之，仓皇失措，遽鸣金收军，军溃。众军大呼曰："宋军败矣！"诸战舰居后者，阿术促骑召之，挺身登舟，手柁冲敌船，舳舻相荡，乍分乍合。阿术以小旗麾何玮、李庭等并舟深入，伯颜命步骑左右掎之，追杀百五十余里，溺死无算，得船二千余艘，及其军资器仗、图籍符印。似道东走扬州，贵走庐州，虎臣走泰州。甲子，攻太平州。丁卯，知州孟之缙及知无为军刘权、知镇巢军曹旺、知和州王喜，俱以城降。庚午，师次建康之龙湾，大赉将士。三月癸酉，宋沿江制置赵溍遁，溍兄淮起兵溧阳，就执而死。都统徐王荣、翁福等以城降，命招讨使唆都守之。知镇江府洪起畏遁，总管石祖忠以城降。知宁国府赵与可遁，知饶州唐震死，而江东诸郡皆下。淮西滁州诸郡亦相继降。

丙子，国信使廉希贤至建康，传旨令诸将各守营垒，毋得妄有侵掠。希贤与严忠范等奉命使宋，请兵自卫，伯颜曰："行人以言不以兵，兵多，徒为累使事。"希贤固请，与之。丙戌，至独松岭，果为宋人所杀。庚寅，伯颜遣左右司员外郎石天麟诣阙奏事，世祖大悦，悉可其奏。伯颜以行中书省驻建康，阿塔海、董文炳以行枢密院驻镇江，阿术别奉诏攻扬州。江东岁饥，民大疫，伯颜随赈救之，民赖以安。宋人遣都统洪模移书徐王荣等，言杀使之事太皇太后及嗣君实不知，皆边将之罪，当按诛之，愿输币，请罢兵通好。伯颜曰："彼为谲诈之计，以视我之虚实。当择人以同往，观其事体，宜布威德，令彼速降。"乃命议事官张羽等持王荣答书，至平江驿，宋人又杀之。

四月乙丑，有诏以时暑方炽，不利行师，俟秋再举。伯颜奏曰："宋人之据江海，如兽保险，今已扼其吭，少纵之则逸而逝矣。"世祖语使者曰："将在军，不从中制，兵法也。宜从丞相言。"五月丁亥，复命奉御爱先传旨，召伯颜赴阙，以阿剌罕为参政，留治省事。伯颜至镇江，会诸将计事，令各还镇，乃渡江北行，入见于上都。七月癸未，进中书右丞相，让功于阿术，遂以阿术为左丞相。八月癸卯，受命还行省，付以诏书，俾谕宋主。乃取道益都，行视沂州等军垒，调淮东都元帅孛鲁欢、副都元帅阿里伯，以所部兵溯淮而进。九月戊寅，会师淮安城下，遣新附官孙嗣武叩城大呼，又射书城中，谕守将使降，皆不应。庚辰，招讨别吉里迷失拒北城西门，伯颜与孛鲁欢、阿里伯亲临南城堡，挥诸将长驱而登，拔之，溃兵欲奔大城，追袭至城门，斩首数百级，遂平其南堡。丙戌，次宝应军。戊子，次高邮。十月庚戌，围扬州。召诸将指授方略，留孛鲁欢、阿里伯守湾头新堡，众军南行。壬戌，至镇江，罢行院，以阿塔海、董文炳同署事。

十一月乙亥，伯颜分军为三道，期会于临安。参政阿剌罕等为右军，以步骑自建康出四安，趋独松岭；参政董文炳等为左军，以舟师自江阴循海趋澉浦、华亭；伯颜及右丞阿塔海由中道，节制诸军，水陆并进。壬午，伯颜军至常州。先是，常州守王宗洙遁，通判王虎臣以城降，其都统制刘师勇与张彦、王安节等复拒之，推姚訔为守，固拒数月不下。伯颜遣人至城下，射书城中招谕：勿以已降复叛为疑，勿以拒敌我师为惧。皆不应。乃亲督帐前军临南城，又多建火炮，张弓弩，昼夜攻之。浙西制置文天祥遣尹玉、麻士龙来援，皆战死。甲申，伯颜叱帐前军先登，竖赤旗城上，诸军见而大呼曰："丞相登矣。"师毕登。宋兵大溃，拔之，屠其城，姚訔及通判陈炤等死之，生获王安节，斩之。刘师勇变服单骑奔平江，诸将请追之，伯颜曰："勿追，师勇所过，城守者胆落矣。"以行省都事马恕为常州尹。遣蒙古军都元帅阇里帖木儿、万户怀都先据无锡州，万户忙古歹、晏彻儿巡太湖，遣监战亦乞里歹、招讨使唆都、宣抚使游显，会阇里帖木儿先趋平江。

庚寅，遣降人游介实奉诏书副本使于宋，仍以书谕宋大臣。十二月辛丑，次无锡，宋将作监柳岳等奉其国主及太皇太后书，并宋之大臣与伯颜书来见，垂泣而言曰："太皇太后年高，嗣君幼冲，且在衰绖中。自古礼不伐丧，望哀恕班师，敢不每年进奉修好。今日事至此者，皆奸臣贾似道失信误国耳。"伯颜曰："主上即位之初，奉国书修好，汝国执我行人一十六年，所以兴师问罪。去岁，又无故杀害廉奉使等，谁之过欤？如欲我师不进，将效钱王纳土乎？李主出降乎？尔宋昔得天下于小儿之手，今亦失于小儿之手，盖天道也，不必多言。"岳顿首泣不已。遣招讨使抄儿赤，以柳岳来使事，及严奉使所赍国书入奏。

先是，平江守潜说友遁，通判胡玉等既以城降，而复为宋人所据。甲辰，众军次平江，都统王邦杰、通判王矩之率众出降。庚戌，遣囊加歹同其使柳岳还临安。以忙古歹、范文虎行两浙大都督事。遣宁玉修吴江长桥，不旬日而成。庚申，囊加歹同宋尚书夏士林、侍郎吕师孟、宗正少卿陆秀夫以书来，请尊世祖为伯父，而世修子侄之礼，且约岁币银二十五万两，帛二十五万匹。癸亥，遣囊加歹同师孟等还临安。遣忙古歹、范文虎会阿剌罕、昔里伯取湖州，知州赵良淳死之。丙寅，赵与可以城降。伯颜发平江，留游显、怀都、忽都不花，屯兵镇守。别遣宁玉守长桥。

十三年正月己巳，次嘉兴，安抚刘汉杰以城降，留万户忽都虎等戍之。癸酉，宋军器监刘庭瑞以其宰臣陈宜中等书来，即遣回。乙亥，宜中遣御史刘岊奉宋主称臣表文副本，及致书伯颜，约会长安镇。辛巳，众军至崇德。宜中又令都统洪模，持书同囊加歹来见。壬午，次长安镇，宜中等不至。癸未，进军临平镇。甲申，次皋亭山，宋主遣知临安府贾余庆，同宗室保康军承宣使尹甫、和州防御使吉甫，奉传国玺及降表诣军前。伯颜受讫，遣囊加歹以余庆等还临安，召宋宰臣出议降事。时宜中已遁，以文天祥代为丞相，不拜，自请至军前。乙酉，进军至临安北十五里，分遣董文炳、吕文焕、范文虎巡视城堡，安谕军民。囊加歹、洪模来报，宜中与张世杰、苏刘义、刘师勇等，挟益王、广王下浙江，航海而南，惟谢太后及幼主在宫中。伯颜亟遣使谕右军阿剌罕、奥鲁赤，左军董文炳、范文虎，据守浙江，以劲兵五千人追之，不及而还。

丙戌，禁军士毋入城，遣吕文焕持黄榜谕临安中外军民，俾安堵如故。先是，三衙卫士，白昼杀人，闾里小民，乘乱剽掠，至是民皆安之。丁亥，遣程鹏飞、洪双寿等入宫，慰谕谢后。戊子，谢后遣丞相吴坚、文天祥，枢密谢堂，安抚贾余庆，内官邓惟善，来见，伯颜慰遣之，顾天祥举动不常，疑有异志，留之军中。天祥数请归，伯颜笑而不答。天祥怒曰："我此来为两国大事，彼皆遣归，何故留我？"伯颜曰："勿怒。汝为宋大臣，责任非轻，今日之事，政当与我共之。"令忙古歹、唆都馆伴羁縻之。令程鹏飞、洪双寿同贾余庆易宋主削帝号降表。己丑，驻军临安城北之湖州市。遣千户囊加歹等以宋传国玺入献。

庚寅，伯颜建大将旗鼓，率左右翼万户，巡临安城，观潮于浙江。暮还湖州市，宋宗室大臣皆来见。辛卯，万户张弘范、郎中孟祺，同程鹏飞，以所易降表及宋主、谢后谕未附州郡手诏至军前。令镇抚唐古歹罢文天祥所招募义兵二万余人。壬辰，伯颜登狮子峰，观临安形势。命唆都抚谕军民，部分诸将，共守其城，护其宫。癸巳，谢后复使人来劳问，仍以温言慰遣之。甲午，分置其三衙诸司兵于各翼，以俟调遣；其生募等军，愿归者听。分遣萧郁、王世英等，招谕衢、信诸州。二月丁酉，遣刘颉等往淮西招夏贵，仍遣别将徇地浙东、西，于是知严州方回、知婺州刘怡、知台州杨必大、知处州梁椅，并以城降。

命右丞张惠，参政阿剌罕、董文炳、吕文焕入见谢后，宣布德意，以慰谕之。辛丑，宋主率文武百僚，望阙拜发降表。伯颜承制，以临安为两浙大都督府，忙古歹、范文虎入治府事。复命张惠、阿剌罕、董文炳、吕文焕等入城，籍其军民钱谷之数，阅实仓库，收百官诰命、符印图籍，悉罢宋官府。取宋主居之别室。分遣新附官招谕湖南北、两广、四川未下州郡。部分诸将，分屯要害，仍禁人不得侵坏宋氏山陵。是日，进军浙江之浒，潮不至者三日，人以为天助。

癸卯，谢后命吴坚、贾余庆、谢堂、家铉翁、刘岊与文天祥并为祈请使，杨应奎、赵若秀为奉表押玺官，赴阙请命。伯颜拜表称贺曰：

臣伯颜言：国家之业大一统，海岳必明主之归；帝王之兵出万全，蛮夷敢天威之抗。始干戈之爰及，迄文轨之会同。区宇一清，普天均庆。臣伯颜等诚欢诚忭，顿首顿首，恭惟皇帝陛下，道光五叶，统接千龄。梯航日出之邦，冠带月支之域；际丹崖而述职，奄瀚海而为家。独此岛夷，弗遵声教，谓江湖可以保逆命，舟楫可以敌王师。连兵负固，逾四十年，背德食言，难一二计。当圣主飞渡江南之日，遣行人乞为城下之盟。逮凯奏之言旋，辄诈谋之复肆。拘囚我信使，忘乾坤再造之恩；招纳我叛臣，盗涟海三城之地。我是以有六载襄樊之讨，彼居然无一介行李之来。祸既出于自求，怒致闻于斯赫。臣伯颜等，肃将禁旅，恭行天诛。爰从襄汉之上流，复出武昌之故渡。藩屏一空于江表，烽烟直接于钱塘。尚无度德量力之心，荐有杀使毁书之事。属庙谟之亲禀，谓根本之宜先。乃命阿剌罕取道于独松，董文炳进师于海渚，臣与阿塔海忝司中阃，直指伪都。掎角之势既成，水陆之师并进。常州已下，列郡传檄而悉平；临安为期，诸将连营而毕会。彼知穷蹙，迭致哀鸣。始则有为侄纳币之祈，次则有称藩奉玺之请。顾甘言何益于实事，率锐卒直抵于近郊。召来用事之大臣，放散思归之卫士。崛强心在，四郊之横草都无；飞走计穷，一片之降幡始竖。其宋国主已于二月初五日，望阙拜伏归附讫。所有仓廪府库，封籍待命外，臣奉扬宽大，抚戢吏民，九衢之市肆不移，一代之繁华如故。兹惟睿算，卓冠前王，视万里如目前，运天下于掌上。致令臣等，获对明时，歌《七德》以告成，深切龙庭之想，上万年而为寿，敬陈虎拜之词。臣伯颜等，无任瞻天望圣激切屏营之至，谨奉表称贺以闻。

戊申，坚等发临安，堂不行。癸丑，宋福王与芮奉书于伯颜，辞甚恳切，伯颜曰："尔国既以归降，南北共为一家，王勿疑，宜速来，同预大事。"且遣迓之。戊午，夏贵以淮西降。庚申，命囊加歹传旨，召伯颜偕宋君臣入朝。三月丁卯，伯颜入临安，俾郎中孟祺，籍其礼乐祭器、册宝、仪仗、图书。庚午，囊加歹至。甲戌，与芮来。伯颜议以阿剌罕、董文炳留治行省事，以经略闽、粤；忙古歹以都督镇浙西；唆都以宣抚使镇浙东；唐兀歹、李庭护送宋君臣北上。乙亥，伯颜发临安。丁丑，阿塔海等宣诏，趣宋主、母后入觐，听诏毕，即日俱出宫，惟谢后以疾独留，隆国夫人黄氏、宫人从行者百余人，福王与芮、沂王乃猷、谢堂、杨镇而下，官属从行者数千人，三学之士数百人。宋主求见，伯颜曰："未入朝，无相见之礼。"

五月乙未，伯颜以宋主至上都，世祖御大安阁受朝，降授宋主㬎开府仪同三司、检校大司徒，封瀛国公。宋平，得府三十七、州百二十八、关监二、县七百三十三。命伯颜告于天地宗庙，大赦天下。帝劳伯颜，伯颜再拜谢曰："奉陛下成算，阿术效力，臣何功之有。"复拜同知枢密院，赐银鼠青鼠只孙二十袭。裨校有功者百二十三人，赏银有差。

初，海都称兵内向，诏以右丞相安童佐皇子北平王那木罕，统诸军于阿力麻里备之。十四年，诸王昔里吉劫北平王，拘安童，胁宗王以叛，命伯颜率师讨之，与其众遇于斡鲁欢河，夹水而阵，相持终日，俟其懈，麾军为两队，掩其不备，破之，昔里吉走死。十八年二月，世祖命燕王抚军北边，以伯颜从，仍谕之曰："伯颜才兼将相，忠于所事，故俾从汝，不可以常人遇之。"燕王每与论事，尊礼有加。是岁，颁群臣食邑，诏益以藤州等处四千九百七十七户。

伯颜之取宋而还也，诏百官郊迎以劳之，平章阿合马，先百官半舍道谒，伯颜解所服玉钩絛遗之，且曰："宋宝玉固多，吾实无所取，勿以此为薄也。"阿合马谓其轻己，思中伤之，乃诬以平宋时，取其玉桃盏，帝命按之，无验，遂释之，复其任。阿合马既死，有献此盏者，帝愕然曰："几陷我忠良！"别吉里迷失尝诬伯颜以死罪，未几，以它罪诛，敕伯颜临视，伯颜与之酒，怆然不顾而返。世祖问其故，对曰："彼自有罪，以臣临之，人将不知天诛之公也。"

二十二年秋，宗王阿只吉失律，诏伯颜代总其军。先是，边兵尝乏食，伯颜令军中采蔑怯叶儿及稭敦之根贮之，人四斛，草粒称是，盛冬雨雪，人马赖以不饥。又令军士有捕塔剌不欢之兽而食者，积其皮至万，人莫知其意。既而遣使辇至京师，帝笑曰："伯颜以边地寒，军士无衣，欲易吾缯帛耳。"遂赐以衣。二十四年春二月，或告乃颜反，诏伯颜窥觇之，乃多载衣裘入其境，辄以与驿人。既至，乃颜为设宴，谋执之，伯颜觉，与其从者趋出，分三道逸去。驿人以得衣裘故，争献健马，遂得脱，驰还白状。夏四月，乃颜反，从世祖亲征。奏李庭、董士选将汉军，得以汉法战。乃颜之党金家奴、塔不歹进逼乘舆，汉军力战，乃皆溃，卒擒乃颜。二十六年，进金紫光禄大夫、知枢密院事，出镇和林，和林置知院，自伯颜始。

二十九年秋，宗王明理铁木儿挟海都以叛，诏伯颜讨之，相值于阿撒忽秃岭，矢下如雨，众军莫敢登，伯颜令之曰："汝寒君衣之，汝饥君食之，政欲效力于此时尔。于此不勉，将何以报！"麾诸军进，后者斩，伯颜先登陷阵，诸军望风争奋，大破之。明里铁木儿挺身走，命速哥、梯迷秃儿等追之。伯颜引军夜还，至必失秃，卒遇伏兵，伯颜坚壁不动，黎明，遂引去，伯颜轻骑追至别竭儿，速哥、梯迷秃儿等兵亦至，乃夹击之，斩首二千级，俘其余众以归。诸将言：古礼，兵胜必禡 旗于所征之地。欲用囚虏为牲，伯颜不可，众皆叹服。军中获谍者，忻都欲杀之，伯颜不许，厚赐之，遣赍书谕明里铁木儿以祸福，明里铁木儿得书感泣，以众来归。未几，海都复犯边，伯颜留拒之。廷臣有谮伯颜久居北边，与海都通好，仍保守，无尺寸之获者，诏以御史大夫玉昔帖木儿代之，居伯颜于大同，以俟后命。玉昔帖木儿未至三驿，会海都兵复至，伯颜遣人语玉昔帖木儿曰："公姑止，待我翦此寇而来，未晚也。"伯颜与海都兵交，且战且却，凡七日，诸将以为怯，愤曰："果惧战，何不授军于大夫！"伯颜曰："海都悬军涉吾地，邀之则遁，诱其深入，一战可擒也。诸军必欲速战，若失海都，谁任其咎？"诸将曰："请任之。"即还军击败之，海都果脱去。乃召玉昔帖木儿至军，授以印而行。时成宗以皇孙奉诏抚军北边，举酒以饯曰："公去，将何以教我？"伯颜举所酌酒曰："可慎者，惟此与女色耳。军中固当严纪律，而恩德不可偏废。冬夏营驻，循旧为便。"成宗悉从之。

三十年冬十二月，驿召至自大同，世祖不豫。明年正月，世祖崩，伯颜总百官以听。兵马司请日出鸣晨钟，日入鸣昏钟，以防变故，伯颜呵之曰："汝将为贼邪！其一如平日。"适有盗内府银者，宰执以其幸赦而盗，欲诛之，伯颜曰："何时无盗，今以谁命而诛之？"人皆服其有识。成宗即位于上都之大安阁，亲王有违言，伯颜握剑立殿陛，陈祖宗宝训，宣扬顾命，述所以立成宗之意，辞色俱厉，诸王股栗，趋殿下拜。五月，拜开府仪同三司、太傅、录军国重事，依前知枢密院事，赐金银各有差。时相有忌之者，伯颜语之曰："幸送我两罂美酒，与诸王饮于宫前，余非所知也。"江南三省累请罢行枢密院，成宗问于伯颜，时已属疾，张目对曰："内而省、院各置为宜，外而军、民分隶不便。"成宗是之，三院遂罢。冬十二月丙申，有大星陨于东北。己亥，雨木冰。庚子，伯颜薨，年五十九。

伯颜深略善断，将二十万众伐宋，若将一人，诸帅仰之若神明。毕事还朝，归装惟衣被而已，未尝言功也。大德八年，特赠宣忠佐命开济功臣、太师、开府仪同三司，追封淮安王，谥忠武。至正四年，加赠宣忠佐命开济翊戴功臣，进封淮王，余如故。

子买的，佥枢密院事；囊加歹，枢密副使。孙相嘉失礼，同佥枢密院事、集贤学士。至治末，省先茔于白只剌山，闻有变，赴上都，或劝少避之。曰："我与国同休戚，今有难，可避乎！"至上都，果见囚。久之得释，寻拜河南江北行省平章政事，迁江南行台御史大夫。曾孙普达失理，皆能世其家。

卷一百二十八　　列传第十五

阿　术

阿术，兀良氏，都帅兀良合台子也。沉几有智略，临阵勇决，气盖万人。宪宗时，从其父征西南夷，率精兵为候骑，所向摧陷，莫敢当其锋。至平大理，克诸部，降交趾，无不在行。事见《兀良合台传》。宪宗尝劳之曰："阿术未有名位，挺身奉国，特赐黄金三百两，以勉将来。"世祖即位，留典宿卫。中统三年，从诸王拜出、帖哥征李璮有功。九月，自宿卫将军拜征南都元帅，治兵于汴。复立宿州。至元元年八月，略地两淮，攻取战获，军声大振。

四年八月，观兵襄阳，遂入南郡，取仙人、铁城等栅，俘生口五万。军还，宋兵邀襄、樊间。阿术乃自安阳滩济江，留精骑五千阵牛心岭，复立虚寨，设疑火。夜半，敌果至，斩首万余级。初，阿术过襄阳，驻马虎头山，指汉东白河口曰："若筑垒于此，襄阳粮道可断也。"五年，遂筑鹿门、新城等堡，继又筑台汉水中，与夹江堡相应，自是宋兵援襄者不能进。六年七月，大霖雨，汉水溢，宋将夏贵、范文虎相继率兵来援，复分兵出入东岸林谷间。阿术谓诸将曰："此张虚形，不可与战，宜整舟师备新堡。"诸将从之。明日，宋兵果趋新堡，大破之，杀溺生擒五千余人，获战船百余艘。于是治战船，教水军，筑圜城，以逼襄阳。文虎复率舟师来救，来兴国又以兵百艘侵百丈山，前后邀击于湍滩，俱败走之。九年三月，破樊城外郛，增筑重围以逼之。宋裨将张顺、张贵装军衣百船，自上流入襄阳，阿术攻之，顺死，贵仅得入城。俄乘轮船顺流东走，阿术与元帅刘整分泊战船以待，燃薪照江，两岸如昼，阿术追战至柜门关，擒贵，余众尽死。是年九月，加同平章事。先是，襄、樊两城，汉水出其间，宋兵植木江中，联以铁锁，中造浮梁，以通援兵，樊恃此为固。至是，阿术以机锯断木，以斧断锁，焚其桥，襄兵不能援。十二月，遂拔樊城。襄守将吕文焕惧而出降。十年七月，奉命略淮东。抵扬州城下，宋以千骑出战，阿术伏兵道左，佯北，宋兵逐之，伏发，擒其骑将王都统。

十一年正月，入觐，与参政阿里海牙奏请伐宋。帝命相臣议，久不决。阿术进曰："臣久在行间，备见宋兵弱于往昔，失今不取，时不再来。"帝即可其奏，诏益兵十万，与丞相伯颜、参政阿里海牙等同伐宋。三月，进平章政事。

秋九月，师次郢之盐山，得俘民言："宋沿江九郡精锐，尽聚郢江东、西两城，今舟师出其间，骑兵不得护岸，此危道也。不若取黄家湾堡，东有河口，可由其中拖船入湖，转以下江为便。"从之，遂舍攻郢而去。行大泽中，忽宋骑兵千人突至。时从骑才数十人，阿术即奋槊驰击，所向畏避，追斩五百余级，生擒其将赵、范二统制。进攻沙洋、新城，拔之。前次复州，守将翟贵迎降。时夏贵锁大舰扼江、汉口，两岸备御坚严。阿术用军将马福计，回舟沦河口，穿湖中，从阳罗堡西沙芜口入大江。十二月，军至阳罗堡，攻之不克。阿术谓伯颜曰："攻城，下策也。若分军船之半，循岸西上，对青山矶止泊，伺隙捣虚，可以得志。"从之。明日，阿术遥见南岸沙洲，即率众趋之，载马后随。宋将程鹏飞来拒，大战中流，鹏飞败走。诸军抵沙洲，急击，攀岸步斗，开而复合者数四，敌小却，出马于岸，遂力战破之，追击至鄂东门而还。夏贵闻阿术飞渡，大惊，引麾下兵三百艘先遁，余皆溃走，遂拔阳罗堡，尽得其军实。

伯颜议师所向，或欲先取蕲、黄，阿术曰："若赴下流，退无所据，上取鄂、汉，虽迟旬日，师有所依，可以万全。"己未，水陆并趋鄂、汉，焚其船三千艘，烟焰涨天，汉阳、鄂州大恐，相继皆降。十二年正月，黄、蕲、江州降。阿术率舟师趋安庆，范文虎迎降。继下池州。宋丞相贾似道拥重兵拒芜湖，遣宋京来请和。伯颜谓阿术曰："有诏令我军驻守，何如？"阿术曰："若释似道而不击，恐已降州郡今夏难守，且宋无信，方遣使请和，而又射我军船，执我逻骑。今日惟当进兵，事若有失，罪归于我。"二月辛酉，师次丁家洲，遂与宋前锋孙虎臣对阵。夏贵以战舰二千五百艘横亘江中，似道将兵殿其后。时已遣骑兵夹岸而进，两岸树炮，击其中坚，宋军阵动，阿术挺身登舟，手自持柂，突入敌阵，诸军继进，宋兵遂大溃。以上详见《伯颜传》。

世祖以宋重兵皆驻扬州，临安倚之为重，四月，命阿术分兵围守扬州。庚申，次真州，败宋兵于珠金砂，斩首二千余级。既抵扬州，乃造楼橹战具于瓜洲，漕粟于真州，树栅以断其粮道。宋都统姜才领步骑二万来攻栅，敌军夹河为阵，阿术麾骑士渡河击之，战数合，坚不能却。众军佯北，才逐之，遂奋而回击，万矢雨集，才军不能支，擒其副将张林，斩首万八千级。七月庚午，宋两淮镇将张世杰、孙虎臣以舟师万艘驻焦山东，每十船为一舫，联以铁锁，以示必死。阿术登石公山，望之，舳舻连接，旌旗蔽江，曰："可烧而走也。"遂选强健善射者千人，载以巨舰，分两翼夹射，阿术居中，合势进击，继以火矢烧其蓬樯，烟焰涨天。宋兵既碇舟死战，至是欲走不能，前军争赴水，死，后军散走。追至圌山，获黄鹄白鹞船七百余艘，自是宋人不复能军矣。十月，诏拜中书左丞相，仍谕之曰："淮南重地，李庭芝狡诈，须卿守之。"时诸军进取临安，阿术驻兵瓜洲，以绝扬州之援。伯颜所以兵不血刃而平宋者，阿术控制之力为多。

十三年二月，夏贵举淮西诸城来附。阿术谓诸将曰："今宋已亡，独庭芝未下，以外助犹多故也。若绝其声援，塞彼粮道，尚恐东走通、泰，逃命江海。"乃栅扬之西北丁村，以扼其高邮、宝应之馈运；贮粟湾头堡，以备捍御；留屯新城，以逼泰州。又遣千户伯颜察儿率甲骑三百助湾头兵势，且戒之曰："庭芝水路既绝，必从陆出，宜谨备之。如丁村烽起，当首尾相应，断其归路。"六月甲戌，姜才知高邮米运将至，果夜出步骑五千犯丁村栅。至晓，伯颜察儿来援，所将皆阿术牙下精兵，旗帜画双赤月。众军望其尘，连呼曰："丞相来矣！"宋军识其旗，皆遁，才脱身走，追杀骑兵四百，步卒免者不满百人。壬辰，李庭芝以朱焕守扬州，挟姜才东走。阿术率兵追袭，杀步卒千人，庭芝仅入泰州，遂筑垒以守之。七月乙巳，朱焕以扬州降。乙卯，泰州守将孙良臣开北门纳降，执李庭芝、姜才，奉命戮扬州市。扬、泰既下，阿术申严士卒，禁暴掠。有武卫军校掠民二马，即斩以徇。两淮悉平，得府二、州二十二、军四、县六十七。九月辛酉，入见世祖于大明殿，陈宋俘。第功行赏，实封泰兴县二千户。

二十三年，受命北伐叛王昔剌木等。明年凯旋。继又西征，至哈剌霍州，以疾卒，年五十四，追封河南王。

阿里海牙

阿里海牙，畏吾儿人也。初生，胞中剖而出。其父以为不祥，将弃之，母不忍。比长，果聪辨，有胆略。家贫，尝躬耕，舍耒叹曰："大丈夫当立功朝廷，何至效细民事畎亩乎！"去，求其国书读之，逾月，又弃去。用荐者得事世祖于潜邸。世祖即位，渐见擢用，由左右司郎中，迁参议中书省事。至元二年，立诸路行中书省，进佥河南行省事。

五年，命与元帅阿术、刘整取襄阳，又加参知政事。始，帝遣诸将，命毋攻城，但围之，以俟其自降。乃筑长围，起万山，包百丈、楚山，尽鹿门，以绝之。宋兵入援者皆败去。然城中粮储多，围之五年，终不下。九年三月，破樊城外郛，其将复闭内城守。阿里海牙以为襄阳之有樊城，犹齿之有唇也，宜先攻樊城，樊城下，则襄阳可不攻而得。乃入奏。帝始报可。会有西域人亦思马因献新炮法，因以其人来军中。十年正月，为炮攻樊，破之。先是，宋兵为浮桥以通襄阳之援，阿里海牙发水军焚其桥，襄援不至，城乃拔。详具《阿术传》。

阿里海牙既破樊，移其攻具以向襄阳。一炮中其谯楼，声如雷霆，震城中。城中汹汹，诸将多逾城降者。刘整欲立碎其城，执文焕以快其意。阿里海牙独不欲攻，乃身至城下，与文焕语曰："君以孤军城守者数年，今飞鸟路绝，主上深嘉汝忠。若降，则尊官厚禄可必得，决不杀汝也。"文焕狐疑未决。又折矢与之誓，如是者数四，文焕感而出降。遂与入朝。帝以文焕为昭勇大将军、侍卫亲军都指挥使、襄汉大都督；阿里海牙行荆湖等路枢密院事，镇襄阳。阿里海牙奏曰："襄阳自昔用武之地也，今天助顺而克之，宜乘胜顺流长驱，宋可必平。"平章阿术亦赞其说。帝命丞相史天泽议之。天泽曰："朝廷若遣重臣，如丞相安童、同知枢密院事伯颜者一人，都督诸军，则四海混同，可立待也。"帝曰："伯颜可。"乃大征兵，拜伯颜为行中书省左丞相，阿术为平章。阿里海牙进行省右丞，赏钞二百锭。

十一年九月，会师襄阳，遂破郢州及沙洋、新城。十二月，师出沙芜口。宋制置夏贵守诸隘，甚固。阿里海牙麾兵攻武矶堡，贵趋援之。阿术遂以兵西渡青山矶，宋都统程鹏飞来迎战，败之江中。会贵兵亦败走庐州，宣抚朱禩孙夜遁还江陵，知鄂州张晏然以城降，鹏飞以本军降。伯颜与诸将会鄂城下，议曰："鄂，襟山带江，江南之要区也，且兵粮皆备。今蜀、江陵、岳、鄂皆未下，不以一大将镇抚之，上流一动，则鄂非我有也。"乃以兵四万，遣阿里海牙戍鄂，而与阿术将大兵以东。

阿里海牙集鄂民，宣上德惠，禁将士毋侵掠。其下恐惧，无敢取民之菜者，民大悦。遣人徇寿昌、信阳、德安诸郡，皆下。进徇江陵。十有二年春三月，与安抚高世杰兵遇巴陵，命张荣实捣其中坚，解汝楫率诸翼兵左右角之。世杰败走，追降之于桃花滩。遂下岳州。四月，至沙市，城不下，纵火攻之，沙市立破，宣抚朱禩孙、制置高达恐，即以城降。乃入江陵，释系囚，放戍券军，除其徭赋及法令之繁细者。传檄郢、归、峡、常德、澧、随、辰、沅、靖、复、均、房、施、荆门及诸洞，无不降者。尽奏官其所降官，以兵守峡，籍其户口财赋来上。帝喜，大宴三日，语近臣曰："伯颜兵东，阿里海牙以孤军戍鄂，朕甚忧之。今荆南定，吾东兵可无后患矣。"乃亲作手诏褒之，命右丞廉希宪守江陵，促阿里海牙急还鄂，且以沿江诸城新附者委之。

阿里海牙至鄂，招潭州守臣李芾，不听。乃移兵长沙，拔湘阴。冬十月，至潭，为书射城中以示芾，曰："速下，以活州民，否则屠矣。"不答。乃决隍水，部分诸将，以炮攻之，破其木堡。流矢中胸，疮甚，督战益急，夺其城。潭人复作月城以相拒。凡攻七十日，大小数十战。十有三年春正月，芾力屈，及转运使钟蜚英、都统陈义皆自杀，其将刘孝忠以城降。诸将欲屠之，阿里海牙曰："是州生齿数百万口，若悉杀之，非上谕伯颜以曹彬不杀意也，其屈法生之。"复发仓以食饥者。

遣使徇郴、全、道、桂阳、永、衡、武冈、宝庆、袁、韶、南雄诸郡，其守臣皆率其民来迎，曰："闻丞相体皇帝好生之德，毋杀虏，所过皆秋毫无犯，民今复见太平，各奉表来降。"丞相，称阿里海牙也。奏官其降官，皆如江陵。独宋经略使马塈守静江不下。使总管俞全等招之，皆为所杀。会宋主以国降，降手诏遣湘山僧宗勉谕塈，塈复杀之。阿里海牙又为书，以天命地利人心开塈，许以广西大都督，反覆千余言，终不听。因入朝贺平宋，拜平章政事，使持诏如静江谕之。十一月，前兵至严关，塈守关弗纳，破其兵，又败都统马应麒于小溶江，遂逼静江。录上所赐静江诏以示塈，塈焚之，斩其使。静江以水为固，乃筑堰断大阳、小溶二江，以遏上流，决东南埭，以涸其隍，破其城。民闻城破，即纵火焚居室，多赴水死。塈及其总制黄文政、总管张虎，以残兵突围走，执之。阿里海牙以静江民易叛，非潭比，不重刑之，则广西诸州不服，因悉坑之，斩塈于市。分遣万户脱温不花徇宾、融、柳、钦、横、邕、庆远，齐荣祖徇郁林、贵、廉、象，脱邻徇浔、容、藤、梧，皆下之。特磨王侬士贵、南丹州牧莫大秀，皆奉表求内附，奏官其降官如潭州。以兵戍静江、昭、贺、梧、邕、融，乃还潭。

既而宋二王称制海中，雷、琼、全、永与潭属县之民文才喻、周隆、张虎、罗飞咸起兵应之，舒、黄、蕲相继亦起，大者众数万，小者不下数千。诏命讨之，且略地海外。阿里海牙既定才喻等，至雷州，使人谕琼州安抚赵与珞降，不听。遂自航大海五百里，执与珞、冉安国、黄之纪，皆裂杀之，尽定琼南宁、万安、吉阳地。降八番罗甸蛮，以其总管龙文貌入见，置宣慰司。八番罗甸、卧龙、罗番、大龙、遏蛮、卢番、小龙、石番、方番、洪番、程番，并置安抚以镇之。

十八年，奏请徙省鄂州。所定荆南、淮西、江西、海南、广西之地，凡得州五十八，峒夷山獠不可胜计。大率以口舌降之，未尝专事杀戮。又其取民悉定从轻赋，民所在立祠祀之。

二十三年，入朝，加光禄大夫、湖广行省左丞相；卒，年六十。赠开府仪同三司、上柱国，封楚国公，谥武定。至正八年，进封江陵王。

子忽失海牙，湖广行中书省左丞；贯只哥，江西行中书省平章政事。

相　威

相威，国王速浑察之子也。性弘毅重厚，不饮酒，寡言笑。喜延士大夫，听读经史，谕古今治乱，至直臣尽忠、良将制胜，必为之击节称善。以故临大事，决大议，言必中节。

至元十一年，世祖命相威总速浑察 元统弘吉剌等五投下兵从伐宋。由正阳取安丰，略庐，克和，攻司空山，平野人原。道安庆，渡江东下，会丞相伯颜兵于润州，分三道并进，相威率左军，参政董文炳为副，部署将校，申明约束。江阴、华亭、澉浦、上海悉望风款附，吏民按堵如故。进屯盐官，伯颜已驻师临安城下，得宋幼主降表。相威乃移兵瓜洲，与阿术兵合。临扬州，都统姜才以兵二万攻扬子桥，率诸将击败之。

十三年夏，驿召相威。秋，入觐，大飨，赉功，授金虎符、征西都元帅，仍赐弓矢甲鞍、文锦表里四、钞万贯，从者赏赐有差。时亲王海都叛，命领汪总帅兵以镇西土。

十四年，召拜江南诸道行台御史大夫。乃上奏曰："陛下以臣为耳目，臣以监察御史、按察司为耳目。倘非其人，是人之耳目先自闭塞，下情何由上达。"帝嘉之，命御史台清其选。每除目至，必集幕僚御史议其可否，不协公论者即劾去之。继陈便民一十五事，其略曰：并行省，削冗官，钤镇戍，拘官船，业流民，录故官，赃馈遗，淮浙盐运司直隶行省，行大司农营田司并入宣慰司，理讼勿分南北，公田召佃仍减其租，革宋公吏勿容作弊。帝皆纳焉。浙东盗起，浙西宣慰使昔里伯纵兵肆掠，俘及平民，乃遣御史商琥据钱唐津渡阅治之，得释者以数千计。昔里伯遁还都，奏执还扬州治其罪。

十六年，入觐，会左丞崔斌等言平章阿合马不法事，有旨命相威及知枢密院博罗，自开平驰驿大都共鞫之。阿合马称疾不出，博罗欲回，相威厉声色曰："奉旨按问，敢回奏耶！"令舆疾赴对，首责数事。既引伏，有旨释免，仍喻相威曰："朕知卿不惜颜面。"复命还南行台。十七年，有旨命相威检核阿里海牙、忽都帖木儿等所俘三万二千余口，并放为民。

十八年，右丞范文虎、参政李庭以兵十万航海征倭。七昼夜至竹岛，与辽阳省臣兵合。欲先攻太宰府，迟疑不发。八月朔，飓风大作，士卒十丧六七。帝震怒，复命行省左丞相阿塔海征之。一时无敢谏者。相威遣使入奏曰："倭不奉职贡，可伐而不可恕，可缓而不可急。向者师行迫期，战船不坚，前车已覆，后当改辙。今为之计，预修战舰，训练士卒，耀兵扬武，使彼闻之，深自备御。迟以岁月，俟其疲怠，出其不意，乘风疾往，一举而下，万全之策也。"帝意始释，遂罢其役。又陈皇太子既令中书，宜领抚军监国之任，选正人端士，立詹事、宾客、谕德、赞善，卫翼左右，所以树国本也。帝深然之。

十九年，又奏阿里海牙占降民一千八百户为奴，阿里海牙以为征讨所得，有旨："果降民也，还之有司；若征讨所得，令御史台籍其数以闻，量赐有功者。"阿里海牙又自陈其功比伯颜，当赐养老户，御史滕鲁瞻劾之，阿里海牙自辨，有旨遣使赴行台逮问。相威曰："为臣敢尔欺诳邪，滕御史何罪。"即驰奏，使者竟归。

二十年，以疾请入觐，进译语《资治通鉴》，帝即以赐东宫经筵讲读。拜江淮行省左丞相。二十一年，启行。四月，卒于蠡州，年四十四。讣闻，帝悼惜不已。

子阿老瓦丁，南行台御史大夫；孙脱欢，集贤大学士。

土土哈

土土哈，其先本武平北折连川按答罕山部族，自曲出徙居西北玉里伯里山，因以为氏，号其国曰钦察。其地去中国三万余里，夏夜极短，日暂没即出。曲出生唆末纳，唆末纳生亦纳思，世为钦察国王。太祖征蔑里乞，其主火都奔钦察，亦纳思纳之。太祖遣使谕之曰："汝奚匿吾负箭之麋？亟以相还，不然祸且及汝。"亦纳思答曰："逃鹯之雀，丛薄犹能生之，吾顾不如草木耶？"太祖乃命将讨之。亦纳思已老，国中大乱，亦纳思之子忽鲁速蛮遣使自归于太宗。而宪宗受命帅师，已扣其境，忽鲁速蛮之子班都察，举族迎降。从征麦怯斯有功。率钦察百人从世祖征大理，伐宋，以强勇称。尝侍左右，掌尚方马畜，岁时挏马乳以进，色清而味美，号黑马乳，因目其属曰哈剌赤。土土哈，班都察之子也。中统元年，父子从世祖北征，俱以功受上赏。班都察卒，乃袭父职，备宿卫。

宗王海都搆乱，世祖以国家根本之地，命皇太子北平王率诸王镇守之。至元十四年，诸王脱脱木、失烈吉叛，寇抄诸部，掠祖宗所御大帐以去。土土哈率兵讨之，败其将脱儿赤颜于纳兰不剌，邀诸部以还。应昌部族只儿瓦台搆乱，脱脱木引兵应之，中途遇土土哈，将战，先获其候骑数十，脱脱木乃引去，遂灭只儿瓦台。追脱脱木等至秃兀剌河，三宿而后返。寻复败之于斡欢河，夺回所掠大帐，还诸部之众于北平。

十五年，大军北征，诏率钦察骁骑千人以从。追失烈吉逾金山，擒扎忽台等以献。又败宽折哥等，裹疮力战，获羊马辎重甚众。还朝，帝召至榻前，亲慰劳之，赐金银酒器及银百两、金币九、岁时预宴只孙冠服全、海东白鹘一，仍赐以夺回所掠大帐，而谕之曰："祖宗武帐，非人臣所得御，以卿能归之，故以授卿。"尝有旨："钦察人为民及隶诸王者，皆别籍之以隶土土哈，户给钞二千贯，岁赐粟帛，选其材勇，以备禁卫。"

十九年，授昭勇大将军、同知太仆院事。二十年，改同知卫尉院事，兼领群牧司。请以所部哈剌赤屯田畿内，诏给霸州文安县田四百顷，益以宋新附军人八百，俾领其事。二十一年，赐金虎符，并赐金貂、裘帽、玉带各一，海东青鹘一，水硙壹区，近郊田二千亩，籍河东诸路蒙古军子弟四千六百人隶其麾下。二十二年，拜镇国上将军、枢密院副使。二十三年，置钦察亲军卫，遂兼都指挥使，听以宗族将吏备官属。

海都兵犯金山，诏与大将朵儿朵怀共御之。二十四年，宗王乃颜叛，阴遣使来结也不干、胜剌哈，为土土哈所执，尽得其情以闻。胜剌哈设宴邀二大将，朵儿朵怀将往，土土哈以为事不可测，遂止，胜剌哈计不得行。未几，有旨令胜剌哈入朝，将由东道进，土土哈言于北安王曰："彼分地在东，脱有不虞，是纵虎入山林也。"乃命从西道进。既而有言也不干叛者，众欲先闻于朝，然后发兵。土土哈曰："兵贵神速，若彼果叛，我军出其不意，可即图之；否则与约而还。"即日启行，疾驱七昼夜，渡秃兀剌河，战于孛怯岭，大败之，也不干仅以身免。世祖时亲征乃颜，闻之，遣使命土土哈收其余党，沿河而下。遇叛王也铁哥军万骑，击走之，获马甚众，并擒叛王哈儿鲁等，献俘行在所，诛之。钦察、康里之属，自叛所来归者，即以付土土哈，置哈剌鲁万户府，钦察之散处安西诸王部下者，悉令统之。时成宗以皇孙抚军于北，诏以土土哈从。追乃颜余党于哈剌，诛叛王兀塔海，尽降其众。二十五年，诸王也只里为叛王火鲁哈孙所攻，遣使告急。复从皇孙移师援之，败诸兀鲁灰。还至哈剌温山，夜渡贵烈河，败叛王哈丹，尽得辽左诸部，置东路万户府。世祖多其功，以也只里女弟塔伦妻之。

二十六年，从皇孙晋王征海都。抵杭海岭，敌先据险，诸军失利，惟土土哈以其军直前鏖战，翼晋王而出。追骑大至，乃选精锐设伏以待之，寇不敢逼。秋七月，世祖巡幸北边，召见慰谕之，曰："昔太祖与其臣同患难者，饮班术河之水以记功。今日之事，何愧昔人，卿其勉之。"还至京师，大宴群臣，复谓土土哈曰："朔方人来，闻海都言：'杭海之役，使彼边将皆如土土哈，吾属安所置哉！'"论功行赏，帝欲先钦察之士。土土哈言："庆赏之典，蒙古将吏宜先之。"帝曰："尔毋饰让，蒙古人诚居汝右，力战岂在汝右耶？"召诸将颁赏有差。

初，世祖既取宋，命籍建康、庐、饶租户千为哈剌赤户，益以俘获千七百户赐土土哈，仍官一子，以督其赋。二十八年，土土哈奏："哈剌赤军以万数，足以备用。"诏赐珠帽、珠衣、金带、玉带、海东青鹘各一，复赐其部曲毳衣、缣素万匹。于是率哈剌赤万人北猎于汉塔海，边寇闻之，皆引去。二十九年秋，略地金山，获海都之户三千余还至和林。有诏进取乞里吉思。三十年春，师次欠河，冰行数日，始至其境，尽收其五部之众，屯兵守之。奏功，加龙虎卫上将军，仍给行枢密院印。海都闻取乞里吉思，引兵至欠河，复败之，擒其将孛罗察。

三十一年，成宗即位，诏以边境事重，其免会朝，遣使就赐银五百两、七宝金壶盘盂各一、钞万贯、白毡帐一、独峰驼五。冬，召至京师，赏赉有加，别赐其麾下士钞千二百万贯。元贞元年春，仍出守北边。二年秋，诸王附海都者率众来归，边民惊扰，身至玉龙罕界，馈饷安集之，导诸王岳木忽等入朝。帝解御衣以赐，又赐金五十两、银千五百两、钞五万贯、轿舆各一。

大德元年正月，拜银青荣禄大夫、上柱国、同知枢密院事、钦察亲军都指挥使，奉命还北边。二月，至宣德府，卒，年六十一。赠金紫光禄大夫、司空，追封延国公，谥武毅，后加封升王。子八人，其第三子曰床兀儿。

床兀儿初以大臣子奉诏从太师月儿鲁行军，战于百搭山，有功，拜昭勇大将军、左卫亲军都指挥使。大德元年，袭父职，领征北诸军帅师逾金山，攻八邻之地。八邻之南有答鲁忽河，其将帖良台阻水而军，伐木栅岸以自庇，士皆下马跪坐，持弓矢以待我军，矢不能及，马不能进。床兀儿命吹铜角，举军大呼，声震林野。其众不知所为，争起就马。于是麾师毕渡，涌水拍岸，木栅漂散，因奋师驰击，追奔五十里，尽得其人马庐帐。还次阿雷河，与海都所遣援八邻之将孛伯军遇。河之上有高山，孛伯阵于山上，马不利下驰。床兀儿麾军渡河蹙之，其马多颠踬，急击败之，追奔三十余里，孛伯仅以身免。二年，北边诸王都哇、彻彻秃等潜师袭火儿哈秃之地。其地亦有山甚高，敌兵据之。床兀儿选勇而善步者，持挺刃四面上，奋击，尽覆其军。三年，入朝，成宗亲解御衣赐之，慰劳优渥，拜镇国上将军、佥枢密院事、钦察亲军都指挥使、太仆少卿。复还边。

是时武宗在潜邸，领军朔方，军事必咨于床兀儿。及战，床兀儿尝为先。四年秋，叛王秃麦、斡鲁思等犯边，床兀儿迎敌于阔客之地。及其未阵，直前搏之，敌不敢支，追之逾金山乃还。五年，海都兵越金山而南，止于铁坚古山，因高以自保。床兀儿急引兵败之。复与都哇相持于兀儿秃之地。床兀儿以精锐驰其阵，左右奋击，所杀不可胜计，都哇之兵几尽。武宗亲视其战，乃叹曰："何其壮耶！力战未有如此者。"事闻，诏遣御史大夫秃只等即赤讷思之地集诸王军将问战胜功状，咸称床兀儿功第一。武宗既命尚雅忽秃楚王公主察吉儿，及使者以功簿奏，帝复出御衣遣使临赐之。七年秋，入朝，帝亲谕之曰："卿镇北边，累建大功，虽以黄金周饰卿身，犹不足以尽朕意。"赐以衣帽、金珠等物甚厚，拜骠骑卫上将军、枢密院副使、钦察亲军都指挥使、太仆少卿，仍赐其军万人，钞四千万贯。

九年，诸王都哇、察八儿、明里帖木儿等相聚而谋曰："昔我太祖艰难以成帝业，奄有天下，我子孙乃弗克靖恭，以安享其成，连年搆兵，以相残杀，是自隳祖宗之业也。今抚军镇边者，皆吾世祖之嫡孙，吾与谁争哉？且前与土土哈战既弗能胜，今与其子床兀儿战又无功，惟天惟祖宗意可见矣。不若遣使请命罢兵，通一家之好，使吾士民老者得以养，少者得以长，伤残疲惫者得以休息，则亦无负太祖之所望于我子孙者矣。"使至，帝许之。于是明里帖木儿等罢兵入朝，特为置驿以通往来。十年，拜荣禄大夫、同知枢密院事，寻拜光禄大夫、知枢密院事，钦察左卫指挥、太仆少卿皆如故。

成宗崩，武宗时在浑麻出之海上，床兀儿请急归定大业，以副天下之望。武宗纳其言，即日南还。及即位，赐以先朝所御大武帐等物，加拜平章政事，仍兼枢密、钦察左卫、太仆。还边，复封容国公，授以银印，赐尚服衣段及虎豹之属。至大二年，入朝，加封句容郡王，改授金印。帝曰："世祖征大理时所御武帐及所服珠衣，今以赐卿，其勿辞。"翌日，又以世祖所乘安舆赐之，且曰："以卿有足疾，故赐此。"床兀儿叩头泣涕，固辞而言曰："世祖所御之帐，所服之衣，固非臣所敢当，而乘舆尤非所宜蒙也。贪宠过当，臣实不敢。"帝顾左右曰："他人不知辞此。"别命有司置马轿赐之，俾得乘至殿门下。

仁宗即位，入朝，特授光禄大夫、平章政事、知枢密院事、钦察亲军都指挥使、左卫亲军都指挥使、太仆少卿。延祐元年，败叛王也先不花等军于亦忒海迷失之地，遣使入报，赐以尚服。二年，败也先不花所遣将也不干、忽都帖木儿于赤麦干之地。追出其境，至铁门关，遇其大军于扎亦儿之地，又败之。四年，帝念其功而悯其老，召入商议中书省事，知枢密院事。大理国进象牙、金饰轿，即以赐之。每见必赐坐，每食必赐食，待以宗室亲王之礼。床兀儿常曰："老臣受朝廷之赐厚矣，吾子孙当以死报国。"至治二年卒，年六十三。后累封扬王。

子六人：燕帖木儿，答剌罕、太师、右丞相、太平王；撒敦，左丞相；答里，袭封句容郡王。

卷一百二十九　　列传第十六

来阿八赤

来阿八赤，宁夏人。父术速忽里，归太祖，选居宿卫，继命掌膳事。宪宗即位，大举伐宋，攻钓鱼山，命诸将议进取之计，术速忽里言于帝曰："川蜀之地，三分我有其二，所未附者巴江以下数十州而已，地削势弱，兵粮皆仰给东南，故死守以抗我师。蜀地岩险，重庆、合州又其藩屏，皆新筑之城，依险为固，今顿兵坚城之下，未见其利。曷若城二城之间，选锐卒五万，命宿将守之，与成都旧兵相出入，不时扰之，以牵制其援师。然后我师乘新集之锐，用降人为乡导，水陆东下，破忠、涪、万、夔诸小郡，平其城，俘其民，俟冬水涸，瞿唐三峡不日可下，出荆楚，与鄂州渡江诸军合势，如此则东南之事一举可定。其上流重庆、合州，孤危无援，不降即走矣。"诸将曰"攻城则功在顷刻"，反以其言为迂，卒不用。于是博选宿卫中材力可任用者，以阿八赤奉命往监元帅纽邻军，遏宋人援兵，驻重庆下流之铜罗峡，夹江据崖为垒。宋都统甘顺自夔州溯流西上，乘舟来攻。阿八赤预积薪于二垒，明火鼓噪，矢石如雨，顺流而进。宋人力战不能支，退保西岸，敛兵自固。黎明复至，阿八赤身率精兵，缘崖而下，战舰复进，宋人败走，杀伤数千人。帝闻而壮之，赐银二铤。宪宗崩，阿八赤从父倍道归燕。世祖即位，问以川蜀之事，阿八赤历陈始末，诵其父前所言以对，世祖抚掌曰："当时若从此策，东南其足平乎！朕在鄂渚，日望上流之声势耳。"

至元七年，南征襄樊，发河南、北器械粮储悉聚于淮西之义阳。虑宋人剽掠，命阿八赤督运，二日而毕。既还，世祖大悦，以银一铤赐之。十四年，立尚膳院，授中顺大夫、同知尚膳院事。十八年，佩三珠虎符，授通奉大夫、益都等路宣慰使、都元帅。发兵万人开运河，阿八赤往来督视，寒暑不辍。有两卒自伤其手，以示不可用，阿八赤檄枢密并行省奏闻，斩之以惩不律。运河既开，迁胶莱海道漕运使。二十一年，调同佥宣徽院事。辽左不宁，复降虎符，授征东招讨使。阿八赤招徕降附，期以自新，远近帖然。二十二年，授征东宣慰使、都元帅。

皇子镇南王征交趾，授湖广等处行中书省右丞，召见，世祖亲解衣衣之，并金玉束带及弓矢甲胄赐焉。二十四年，改湖广等处行尚书省右丞，诏四省所发士马，俾阿八赤阅视。九月，领中卫亲军千人，翊导皇子至思明州。贼阻险拒守，于是选精锐与贼战于女儿关，斩馘万计，余兵弃关走。于是大军深入，进至交州，陈日烜空其城而遁。阿八赤曰："贼弃巢穴而匿山海者，意待吾之敝而乘之耳。将士多北人，春夏之交瘴疠作，贼弗就擒，吾不能持久矣。今出兵分定其地，招降纳附，勿纵士卒侵掠，急捕日烜，此策之善者也。"时日烜屡遣使约降，欲以赂缓我师。诸将皆信其说，且修城以居而待其至。久之，军乏食，日烜不降，拥众据竹洞、安邦海口。阿八赤率兵往攻之，屡与贼遇，昼夜迎战，贼兵败遁。会将士多疫不能进，而诸蛮复叛，所得关厄皆失守，乃议班师。选诸军步骑，命先启行，且战且行，日数十合。贼据高险，射毒矢，将士裹疮以战，诸军护皇子出贼境，阿八赤中毒矢三，首项股皆肿，遂卒。

子寄僧，为水达达屯田总管府达鲁花赤。乃颜叛，战于高丽双城。调万安军达鲁花赤。平黎蛮有功，迁雷州路总管，卒。孙完者不花，同知潮州路总管府事；次秃满不花、也先不花、太不花。

纽　璘也速答儿

纽璘，珊竹带人。祖孛罗带，为太祖宿卫，从太宗平金，戍河南。父太答儿，佐宪宗征阿速、钦察等国有功，拜都元帅。岁壬子，率陕西西海、巩昌诸军攻宋，入蜀。癸丑，与总帅汪田哥立利州。甲寅，攻碉门、黎、雅等城。乙卯，入重庆，获都统制张实。是岁卒。

纽璘伟貌长身，勇力绝人，且多谋略，常从父军中。丁巳岁，宪宗命将兵万人略地，自利州下白水，过大获山，出梁山军直抵夔门。戊午，还钓鱼山，引军欲会都元帅阿答胡等于成都。宋制置使蒲择之，遣安抚刘整、都统制段元鉴等，率众据遂宁江箭滩渡以断东路。纽璘军至，不能渡，自旦至暮大战，斩首二千七百余级，遂长驱至成都。帝闻，赐金帛劳之。蒲择之命杨大渊等守剑门及灵泉山，自将四川兵取成都。会阿答胡死，诸王阿卜干与诸将脱林带等谋曰："今宋兵日逼，闻我帅死，必悉众来攻，其锋不可当。我军去朝廷远，待上命建大帅，然后御敌，恐无及已。不若推纽璘为长，以号令诸将，出彼不意，敌可必破。"众然之，遂推纽璘为长。纽璘率诸将大破宋军于灵泉山，乘胜追擒韩勇，斩之，蒲择之兵溃。进围云顶山城，扼宋军归路。其主将仓卒失计，遂以其众降。城中食尽，亦杀其守将以降。成都、彭、汉、怀、绵等州悉平，威、茂诸蕃亦来附。纽璘奉金银、竹箭、银销刀，遣速哥入献。帝赐黄金五十两，即军中真拜都元帅。

时纽璘军止二万，以五千命拜延八都鲁等守成都，自将万五千人从马湖趋重庆。冬，帝进军至大获山，纽璘率步骑号五万，战船二百艘，发成都。遣张威以五百人为前锋，水陆并进，谋锁重庆江，以绝吴、蜀之路，缚桥资州之口以济师。千户暗都剌率舟师而下，纽璘将步骑而南，旌旗辎重百里不绝，鼓噪渡泸，放舟而东。蒲择之以兵分道要遮，遇辄败之。纽璘至涪，造浮桥，驻军桥南北，以杜宋援兵。闻大军多虐疠，遣人进牛犬豕各万头。明年春，朝行在所，还讨思、播二州，获其将一人。宋将吕文焕攻涪浮桥，时新立成都，士马不耐其水土，多病死，纽璘忧之。密旨督战，不得已出师，大败文焕军，获其将二人，斩之，遂班师。文焕以兵袭其后，纽璘战却之。

中统元年，世祖即位，纽璘入朝，赐虎符及黄金五十两、白金二千五百两、马二匹。纽璘遣梁载立招降黎、雅、碉门、岩州、偏林关诸蛮，得汉、番二万余户。未几，诏速哥分西川兵及陕西诸军属纽璘，镇秦、巩、唐兀之地。三年，宋将刘整以泸州降，吕文焕围之，诏以兵往援，文焕败走，遂徙泸州民于成都、潼川。四年，为刘整所谮，征至上都，验问无状，诏释之。还至昌平，卒。子也速答儿。

也速答儿勇智类其父，至元十一年，入见世祖，以属行枢密院火都赤，使习兵事。从围嘉定，以三千人至三龟、九顶山相地形势，败宋安抚昝万寿兵，斩首五百级，以功赐虎符，授六翼达鲁花赤。昝万寿寻遣部将李立以嘉定、三龟、九顶、紫云诸城寨降。又从行枢密副使忽敦率兵徇下流诸城，皆望风来附。忽敦以兵二万会东川行枢密院合答围重庆，岁余不下，帝命行枢密副使不花代将。不花将兵万余至城下，也速答儿率二十余骑攻其门，宋都统赵安出战，也速答儿三入其军，再挟猛士以出，大兵四集，斩首五百余级，赵安开门降，制置使张珏遁，追至涪州擒之。捷闻，帝赐玉带、钞五千贯，授西川蒙古军马六翼新附军招讨使，迁四川西道宣慰使，加都元帅。

罗氏鬼国亦奚不薛叛，诏以四川兵会云南、江南兵讨之。至会灵关，亦奚不薛遣先锋阿麻、阿豆等将数万众迎敌，也速答儿驰入其军，挟阿麻、阿豆出，斩之。亦奚不薛惧，率所部五万余户降。以功拜西川等处行中书省右丞，加赐金帛鞍辔。西南夷雄左、都掌蛮得兰右叛，诏以兵讨降之，改四川等处行枢密副使。冬，乌蒙蛮阴连都掌蛮以叛，诏以兵会云南行院拜答力进讨。也速答儿擒乌蒙蛮，帝赐玉带、织金服，迁蒙古军都万户，复赐银鼠裘，镇唐兀之地。进同知四川等处行枢密院事，仍居镇。成宗即位，拜四川等处行中书省平章政事。武宗时，由四川迁云南，加左丞相，仍为平章政事。南征叛蛮，感瘴毒，还至成都卒。

弟八剌，袭为蒙古军万户。八剌卒，次子拜延袭，拜四川行省左丞；长子南加台，官至四川行省平章政事。

阿剌罕

阿剌罕，札剌儿氏。祖拨彻，事太祖，为火而赤，又为博而赤，攻城掠地，数有战功。太宗即位，仍以其职从征陇北、陕西，身先战士，死焉。父也柳干，幼隶皇子岳里吉为卫士长。岁乙未，从皇子阔出、忽都秃南征，累功授万户，迁天下马步禁军都元帅。及大将察罕卒，也柳干领其职，拜诸翼军马都元帅，统大军攻淮东、西诸郡。戊午，战死扬州。阿剌罕袭为诸翼蒙古军马都元帅。己未，从世祖渡江，至鄂而还。

世祖即位，从至末黎伯颜孛剌。宗王阿里不哥称兵内向，阿剌罕以所部军击破阿蓝带儿、浑都海之兵于昔门秃，追至河西，以功赐金五十两。中统三年，李璮叛，据济南，大军讨之。阿剌罕与璮战于老仓口，败之。璮伏诛，授都元帅，赐金虎符、银印。

至元四年春，改上万户，从都元帅阿术伐宋。九月，师次襄阳西安阳滩，逆战宋兵，败之。五年，大军围襄樊，阿剌罕守南面百丈山、漫河滩，兵累交，宋不能师。十年春，樊城破，襄阳降。十一年秋，丞相伯颜与阿术会师襄阳，遣阿剌罕率诸翼军攻郢、复诸州。十月，夺郢州南门堡。丞相伯颜、阿术亲率骑兵行视汉阳城壁，欲取汉口渡江。宋人以精兵扼汉口，乃遣阿剌罕帅蒙古骑兵倍道兼行，击破沙芜堡，遂入江，取鄂州。阿剌罕同断事官杨仁风东略寿昌，得米四十万斛，遂统左翼军顺流东下，沿江州郡悉降，乃抚辑其人民。

十二年六月，加昭毅大将军、蒙古汉军上万户，屯驻建康。丞相伯颜受诏赴阙，以阿剌罕留治省事，拜中奉大夫、参知政事。丞相伯颜还军中，分军为三道并进。阿剌罕由西道趋溧水、溧阳，攻破银树东坝，至护牙山庆丰圩，败宋军，斩首七千级，又擒其将祝亮，并裨校七十二人，斩首三千级。又与宋兵战，斩首七千级，逐其援兵退走数十里。又败其都统等三人，斩首三千级。破建平县，杀其守吏。进攻广德军独松关。先是，宋广德守张濡，杀国信使廉希贤、严忠范等于独松关，及阿剌罕军次安吉州上柏镇，濡率兵来拒战，大败之，斩首二千级，生擒其副将冯翼，戮于军前。濡遁走，追斩之。

十三年春，宋以国降，诏阿剌罕同左丞董文炳，率高兴等，攻浙东温、台、衢、婺、处、明、越及闽中诸郡，降其运使、提刑等五百人。追袭宋嗣秀王赵与檡至安福县，与檡以军三万来拒战，阿剌罕身先士卒，率高兴、撒里蛮等渡江，鏖战四十余里，斩其步帅观察使李世达，生擒与檡及其将吏百八十人，悉斩之，获其铜印五、军资器仗无算。泉州蒲寿庚降。江南平，以参知政事佩金虎符，行江东宣慰使。十四年，入觐，进资善大夫、行中书省左丞，俄迁右丞，仍宣慰江东。十八年，召拜光禄大夫、中书左丞相、行中书省事，统蒙古军四十万征日本，行次庆元，卒于军中。

子拜降袭，累迁江浙行中书省平章政事，仍领本军万户。拜降卒，弟也速迭儿袭，由左手蒙古军万户累迁河南江北行省平章政事，兼山东河北蒙古军大都督。

阿塔海

阿塔海，逊都思人。祖塔海拔都儿，骁勇善战，尝从太祖同饮黑河水，以功为千户。父卜花袭职，卒。阿塔海魁伟有大度，才略过人。既袭千户，从大帅兀良合歹征云南，身先行阵。师还，事世祖于潜邸。

至元九年，命驰驿督诸军攻襄阳。襄阳下，第功授镇国上将军、淮西行枢密院副使。筑正阳东西城。五月霖雨，宋将夏贵乘淮水溢，来争正阳。阿塔海率众御之，贵走，追至安丰城下而还。拜中书右丞、行枢密院事。渡江，与丞相伯颜军合。克池州。十二年，师次建康。宋镇江摄守石祖忠遣使乞降。扬州守将李庭芝闻之，遣兵突围出击，阿塔海率师救之，宋兵望风退走。时真、泰诸城尚为宋守，镇江地扼襟喉，城壁不固，阿塔海乃立木栅，以保障居民。又分兵屯瓜洲，以绝扬州之援。宋将张世杰、孙虎臣帅舟师陈于江中焦山下，其势甚张，阿塔海与平章阿术登南岸督诸军大破之。宋殿帅张彦与平江都统刘师勇袭吕城，遣万户怀都击之，斩彦。十月，并行枢密院于行中书省，仍以阿塔海为右丞。克常州,降平江、嘉兴。十三年正月,会兵临安,宋降,以其幼主、母后入觐。诏复趋瓜洲,与阿术议淮南事宜,淮南平。详见《伯颜、阿术传》。

十四年,授荣禄大夫、平章政事、行中书省事。十五年二月,召赴阙,拜光禄大夫、行中书省左丞相,移治临安。二十年,迁征东行省丞相,征日本,遇风,舟坏,丧师十七、八。二十二年,行同知沿江枢密院事。二十三年,行江西中书省事,入朝。二十四年,扈从征乃颜。师还,奉朝请居京师。二十六年十二月卒,年五十六,赠推忠翊运宣力功臣、开府仪同三司、太师、上柱国,追封顺昌郡王,谥武敏。

子阿里麻,江淮行枢密副使,累官至江南诸道行御史台御史大夫,卒。

唆　都百家奴

唆都,扎剌儿氏。骁勇善战,入宿卫,从征花马国有功。李璮叛山东,从诸王哈必赤平之。还,言于朝曰:"郡县恶少年,多从间道鬻马于宋境,乞免其罪,籍为兵。"从之,得兵三千人。以千人隶唆都,为千户,命守蔡州。

至元五年,阿术等兵围襄阳,命唆都出巡逻,夺宋金刚台寨、筲基窝、青涧寨、大洪山、归州洞诸隘。尝猝遇宋兵千余,持羁勒欲窃马,唆都战败之,斩首三百级。六年,宋将范文虎率舟师驻灌子滩,丞相史天泽命唆都拒却之。升总管,分东平卒八百隶之。九年,攻樊城,唆都先登,城遂破。襄阳降,再与卒五千,赐弓矢、袭衣、金鞍、白金等物。入见,升郢复等处招讨使。十一年,移戍郢州之高港,败宋师,斩首三百级,获裨校九人。从大军济江,鄂、汉降。

十二年,建康降,参政塔出命唆都入城招集,改建康安抚使。攻平江、嘉兴,皆下之。帅舟师会伯颜于皋亭山。宋平,诏伯颜以宋主入朝,留参政董文炳守临安,令其自择可副者,文炳请留唆都,从之。时衢、婺诸州皆复起兵,文炳谓唆都曰:"严州不守,临安必危,公往镇之。"至严方十日,衢、婺、徽连兵来攻,唆都战却之,获章知府等二十二人。复婺州,败宋将陈路钤于梅岭下,斩首三千级。又复龙游县。攻衢州,衢守备甚严,唆都亲率诸军鼓噪登城,拔之,宋丞相留梦炎降。攻处州,斩首七百级。又攻建宁府松溪县、怀安县,皆下之。

十四年,升福建道宣慰使,行征南元帅府事,听参政塔出节制。塔出令唆都取道泉州,泛海会于广州之富场。将行,信州守臣来求援曰:"元帅不来,信不可守。今邵武方聚兵观衅,元帅旦往,邵武兵夕至矣。"唆都告于众曰:"若邵武不下,则腹背受敌,岂独信不可守乎!"乃遣周万户等往招降之。唆都趋建宁,遇宋兵于崇安,军容甚盛。令其子百家奴及杨庭璧等数队夹击之,范万户以三百人伏祝公桥,移剌答以四百人伏北门外。庭璧陷阵深入,宋兵败走,伏兵起,邀击之,斩首千余级。宋丞相文天祥、南剑州都督张清,合兵将袭建宁,唆都夜设伏败之。转战至南剑,败张清,夺其城,至福州,王积翁以城降。攻兴化军,知军陈瓒乞降,复闭城拒守。唆都临城谕之,矢石雨下。乃造云梯炮石,攻破其城,巷战终日,斩首三万余级,获瓒,支解以徇。至漳州,漳州亦拒守,先遣百家奴往会塔出,留攻之,斩首数千级,知府何清降。攻潮州,知府马发不降,唆都恐失富场之期,乃舍之而去。十五年,至广州,塔出令还攻潮。发城守益备,唆都塞堑填濠,造云梯、鹅车,日夜急攻。发潜遣人焚之,二十余日不能下,唆都令于众曰:"有能先登者拜爵,已仕者增秩。"总管兀良哈耳先登,诸将继之,战至夕,宋兵溃,潮州平。进参知政事,行省福州。征入见,帝以江南既定,将有事于海外,升左丞,行省泉州,招谕南夷诸国。十八年,改右丞,行省占城。

十九年,率战船千艘,出广州,浮海伐占城。占城迎战,兵号二十万。唆都率敢死士击之,斩首并溺死者五万余人。又败之于大浪湖,斩首六万级。占城降,唆都造木为城,辟田以耕。伐乌里、越里诸小夷,皆下之,积谷十五万以给军。二十一年,镇南王脱欢征交趾,诏唆都帅师来会,败交趾兵于清化府,夺义安关,降其臣彰宪、昭显。脱欢命唆都屯天长以就食,与大营相距二百余里。俄有旨班师,脱欢引兵还,唆都不知也。交趾使人告之,弗信,及至大营,则空矣。交趾遮之于乾满江,唆都战死。事闻,赠荣禄大夫,谥襄愍。子百家奴。

百家奴至元五年从元帅阿术攻襄阳,筑新城,数立功。七年,以质子从郡王合达,败宋兵于灌子滩。八年夏四月,宋殿帅范文虎等督促粮运,输之襄阳,昼夜不绝。百家奴乘战船顺流至鹿门山,欲塞宋粮道,出击范文虎军,累获战功,于是河南行省命为管军总把。后隶丞相伯颜麾下,擢为知印。从攻鄂州,宋都统赵五帅诸军来迎战,百家奴深入却敌,身被数疮。攻沙洋,立云梯于东角楼,登城力战,破之,夺其旗帜、弓矢、衣甲。攻新城,先登,拔之,宋将王安抚弃城宵遁。伯颜以百家奴前后战功上闻,世祖大悦,曰:"此人之名,朕心不忘,兵还时大用之,朕不食言也。今且以良家女及银碗一赐之,以为左验。"

从围汉阳,自沙武口曳船入江,宋制置夏贵来迎战,百家奴与暗答孙突入敌阵击之,宋兵奔溃,遂登江南岸,获其战船、器甲甚多。转战至黄州,会日暮,追击夏贵至白虎山,夜分乃还。未几,复攻破金牛坝。十二年春正月,与千户薛赤干取鸡笼洞,还至瑞昌县,遇夏贵溃兵,复击败之。是时,宋遣兵救瑞昌,未至而县已下矣。复击宋救兵,得宋所执北兵五人来归。围江州,宋安抚吕师夔以城降。东定池州,击宋平章贾似道及孙虎臣于丁家洲,追逐百里余,夺战船五艘及旗帜器甲,擒宋统制王文虎,因定黄池。略地宣州,百家奴为前锋,与敌兵战喃呢湖,败之,夺其战船三百艘。太平州亦望风款附。其父唆都因说下建康。于是伯颜令谒只里论诸将功。遂赏百家奴银二锭以旌之,仍命为管军总把。俄从伯颜入朝,加进义校尉,赐银符,为管军总把。攻丹阳、吕城,破常州,皆有功。至苏州,宋守臣王安抚以城降。秀州、湖州皆不烦兵而下。诸军乘胜直趋临安,宋主出降。十三年,领新附军守镇江。未几,复从平章博鲁欢攻泰、寿二州,中疮,遂罢攻。后数日,与万户叶了虔将兵攻泰州新城,百家奴力疾先登,破之,复被两疮。已而从阿术攻下扬州诸郡,得宋制置李庭芝、都统姜才,以功升武略将军,赐金符,为管军总管,镇高邮白马湖。是时，行省以百家奴袭父唆都郢复州招讨使、建康宣抚使，仍领本翼军。

顷之，徇地福建，行定衢、婺、信等州城邑。至新安县，击斩宋赵监军、詹知县，擒江通判。道与畲军遇，疾战败之。鼓行而东，沈安抚以建宁府降。攻陷南剑州，张清、聂文庆遁去。闽清、怀安二县传檄而定。至福州，谕以威德，王安抚率众出降。攻破兴化，擒陈安抚及白牒都统。别击东华乡。张世杰军于泉州，俄领诸军乘战船入海，追逐张世杰于惠州甲子门。进至同安县答关寨，濒海县镇悉招谕下之。白望丹、五虎陈以战船三千余艘来降。冬十二月，宋二王遣倪宙奉表诣军门降，遂进兵至广州，诸郡县以次降附。明年春正月，振旅而还，复攻下德胜等寨。至蒲仙江，聂文庆复败走。攻潮州，破之，诛马发等数人，广东遂平。三月，引宙奉降表来朝，未至，授昭勇大将军，赐虎符，管军万户。七月，遂朝于上都，升镇国上将军、海外诸蕃宣慰使，兼福建道市舶提举，仍领本翼军守福建，俄兼福建道长司宣慰使都元帅。是时，福建多水灾，百家奴出私钱市米以赈，贫民全活者甚众。十七年，朝京师，加正奉大夫、宣慰使、都元帅。

二十二年，从父唆都征交趾，唆都力战死之，百家奴遂与脱欢引兵薄交趾境，水陆转战，战辄有功。二十五年，驿召至南京宣慰司，命括五路民马。二十七年，除建康路总管。武宗即位，迁镇江路总管。至大四年，金疮发，卒于家。

李　恒

李恒，字德卿，其先姓于弥氏，唐末赐姓李，世为西夏国主。太祖经略河西，有守兀纳剌城者，夏主之子也，城陷不屈而死。子惟忠，方七岁，求从父死，主将异之，执以献宗王合撒儿，王留养之。及嗣王移相哥立，惟忠从经略中原，有功。淄川王分地，以惟忠为达鲁花赤，佩金符。惟忠生恒，恒生有异质，王妃抚之犹已子。中统三年，命恒为尚书断事官，恒以让其兄。李璮反涟海，恒从其父弃家入告变，璮怒，系恒阖门狱中。璮诛，得出。世祖嘉其功，授淄莱路奥鲁总管，佩金符，并偿其所失家资。

至元七年，改宣武将军、益都淄莱新军万户，从伐宋。襄阳守将吕文焕时出拒敌，殿帅范文虎复援之。恒率本军筑堡万山扼城西，绝其陆路。文焕等又以渔舟渡汉水窥伺军形，恒设伏败之，水路亦绝，遂进攻樊城。十年春，恒以精兵渡汉，自南面先登，樊城破，襄阳亦降。捷闻，帝赐以宝刀，迁明威将军，佩金虎符。十一年，丞相伯颜大会师襄阳，进至郢州。宋以舟师截汉水，伯颜由唐港入汉，舍郢而进攻沙洋、新城，留恒为后拒，败其追兵。至阳罗堡，宋制置夏贵遣其子松来逆战，恒先陷阵，额中流矢，伯颜止之，恒战益力，卒射松杀之。诸军渡江，恒与宋兵战，自寅至申，夏贵败走，鄂州、汉阳俱下。以功迁宣威将军，赐白金五百两。遂从伯颜东下。

十二年春，宋将高世杰复窥汉、沔，乃遣恒还守鄂州。时豪民聚众侵江陵，省命恒往讨之，恒敛兵不动，但谕使出降，得生口十余万，悉纵为民；仍禁军毋得虏掠，馈献充积一无所受。十二年，从右丞阿里海牙至洞庭，擒高世杰。下岳州，进攻沙市，拔之。宋制置高达以江陵降，留恒镇守。传檄归、峡、辰、沅、靖、澧、常德诸州，皆下。未几，徙镇常德，以扼湖南之冲。俄有诏分三道出师，以恒为左副都元帅，从都元帅逊都台出江西。九月，开府于江州。师次建昌县，擒都统熊飞。遂围隆兴，转运使刘盘请降，恒察其诈，密为之备。盘果以锐兵突至，恒击败之，杀获殆尽，盘乃降。下抚、瑞、建昌、临江。军中有得宋相文天祥与建昌故吏民书，恒焚之，人心乃安。进攻吉州，知州周天骥降，遂定赣、南安。广东经略徐直谅奉蜡书纳其所部十四郡，前江西制置黄万石亦以邵武降。隆兴帅府诬富民与敌连，已诛百三十家，恒还，审其非罪，尽释之。

宋丞相陈宜中及其大将张世杰立益王昰于闽中，郡县豪杰争起兵应之。恒遣将破吴浚兵于南丰。世杰遣都统张文虎与浚合兵十万，期必复建昌。恒复遣将败之兜港。浚走从文天祥于瑞金，又破之，天祥走汀州。遣镇抚孔遵追之，并破赵孟濋军，取汀州。元帅府罢，授昭勇大将军、同知江西宣慰司事，加镇国上将军，迁福建宣慰使，改江西宣慰使。天祥复取汀州，兵出兴国县，连破诸邑，围赣州尤急。或言天祥坟墓在吉州者，若遣兵发之，则必下矣。恒曰："王师讨不服耳，岂有发人坟墓之理。"乃分兵援赣，自率精兵潜至兴国。天祥走，追至空坑，获其妻女，擒招讨使赵时赏已下二十余人，降其众二十万。有旨令与右丞阿里罕、左丞董文炳合兵追益王。众议所向，皆谓宜趋福建，恒曰："不可。若诸军俱在福建，彼必窜广东，则梅岭、江西非我有矣，宜从广东夹攻之。"众以为然。兵至梅岭，果与宋兵遇，出其不意败之，乃遁走硇州。十四年，拜参知政事，行省江西。

十五年，益王殂，其枢密张世杰、陆秀夫等复立卫王昺，守广东诸郡，诏以恒为蒙古汉军都元帅经略之。恒进兵取英德府、清远县，败其制置凌震、运使王道夫，遂入广州，世杰等移屯崖山。时都元帅张弘范舟师未至，恒按兵不动，分遣诸将略定梅、循诸州。凌震等复抵广州，恒击败之，皆弃舟走，赴水死，夺其船三百艘，擒将吏宋迈以下二百余人，又破其余军于茭塘越。十六年二月，弘范至自漳州，直指崖山，恒率所部赴之。张世杰集海舰千余艘，贯以巨索，为栅以自固。恒遣断其汲路，其势日迫，谕降不可，乃阵于船尾，由北面逆行，捣其栅。索绝，世杰犹死战，自朝至晡，弘范督南面诸军合击，大败之。陆秀夫先沉妻子于海，乃抱卫王赴海死。从死者十余万人。获其金玺、后宫及文武之臣。其大将翟国秀、凌震等皆解甲降。焚溺之余，尚得八百余艘。是日，黑气如雾，有乘舟南遁者，恒以为卫王，追至高、化，询之降人，始知卫王已死，遁者乃世杰也。世杰继亦溺死于海陵港。岭海悉平，功成入觐，帝赏劳甚厚，将士预赐宴者二百余人。

十七年，拜资善大夫、中书左丞，行省荆湖。掠民为奴婢者，禁之；常德、澧、辰、沅、靖五郡之饥者，赈之；猎户之籍于官者，奏请一千户之外，悉放散之。

十九年，乞解军职，乃命其长子同知江西宣慰司事散木斛袭为本军万户。占城之役，恒奉旨给其粮饷器械、海舰百艘，久留瘴乡，冒疾而还。俄有诏命恒从皇子镇南王征交趾，结筏渡海，夺天长府。交趾遂空其国，航海而遁。恒封其宫庭府库，追袭于海洋，败之，得船二百艘，几获其世子。会盛夏，军中疾作，霖潦暴涨，浸灌营地。议者谓交趾且降，请班师，恒弗能夺，遂还。蛮兵追败后军，王乃改命恒殿后，且战且行。毒矢贯恒膝，一卒负恒而趋。至思明州，毒发，卒，年五十。后赠银青荣禄大夫、平章政事，谥武愍；再赠推忠靖远功臣、太保、仪同三司，追封滕国公。

子散木斛，江西行省平章政事；囊加真，益都淄莱万户；逊都台，同知湖南宣慰使司事。孙薛彻干，兵部侍郎；薛彻秃，益都般阳万户。

卷一百三十　　列传第十七

彻　里

彻里，燕只吉台氏。曾祖太赤，为马步军都元帅，从太祖定中原，以功封徐、邳二州，因家于徐。彻里幼孤，母蒲察氏教以读书。至元十八年，世祖召见，应对详雅，悦之，俾常侍左右，民间事时有所咨访。从征东北边还，因言大军所过，民不胜烦扰，寒饿且死，宜加赈给，帝从之，乃赐边民谷帛牛马有差，赖以存活者众。擢利用监。二十三年，奉使江南，省风俗，访遗逸。时行省理财方急，卖所在学田以价输官。彻里曰："学田所以供祭礼、育人才也，安可鬻？"遽止之。还朝以闻，帝嘉纳焉。

二十四年，分中书为尚书省。桑哥为相，引用党与，钩考天下钱粮，凡昔权臣阿合马积年负逋，举以中书失征，奏诛二参政。行省乘风，督责尤峻。主无所偿，则责及亲戚，或逮系邻党，械禁榜掠。民不胜其苦，自裁及死狱者以百数，中外骚动。廷臣顾忌，皆莫敢言。彻里乃于帝前，具陈桑哥奸贪误国害民状，辞语激烈。帝怒，谓其毁诋大臣，失礼体，命左右批其颊。彻里辩愈力，且曰："臣与桑哥无仇，所以力数其罪而不顾身者，正为国家计耳。苟畏圣怒而不复言，则奸臣何由而除，民害何由而息！且使陛下有拒谏之名，臣窃惧焉。"于是帝大悟，即命帅羽林三百人往籍其家，得珍宝如内藏之半。桑哥既诛，诸枉系者始得释。复奉旨往江南，籍桑哥姻党江浙省臣乌马儿、蔑列、忻都、王济，湖广省臣要束木等，皆弃市，天下大快之。彻里往来，凡四道徐，皆过门不入。

进拜御史中丞，俄升福建行省平章政事，赐黄金五十两、白金五千两。汀、漳剧盗欧狗久不平，遂引兵征之，号令严肃，所过秋毫无犯。有降者则劳以酒食而慰遣之，曰："吾意汝岂反者耶，良由官吏污暴所致。今既来归，即为平民，吾安忍罪汝。其返汝耕桑，安汝田里，毋恐。"他栅闻之，悉款附。未几，欧狗为其党缚致于军，枭首以徇，胁从者不戮一人，汀、漳平。三十一年，帝不豫，彻里驰还京师，侍医药。帝崩，与诸王大臣共定策，迎立成宗。

大德元年，拜江南诸道行台御史大夫。一日，召都事贾钧谓曰："国家置御史台，所以肃清庶官、美风俗、兴教化也。乃者御史不存大体，按巡以苛为明，征赃以多为功，至有迫子证父、弟证兄、奴讦主者。伤风败教，莫兹为甚。君为我语诸御史，毋庸效尤为也。"帝闻而善之，改江浙行省平章政事。江浙税粮甲天下，平江、嘉兴、湖州三郡当江浙什六七，而其地极下，水钟为震泽。震泽之注，由吴松江入海。岁久，江淤塞，豪民利之，封土为田，水道淤塞，由是浸淫泛溢，败诸郡禾稼。朝廷命行省疏导之，发卒数万人，彻里董其役，凡四阅月毕工。

九年，召入为中书平章政事。十月，以疾薨，年四十七。薨之日，家资不满二百缗，人服其廉。赠推忠守正佐理功臣、太傅、开府仪同三司、上柱国，追封徐国公，谥忠肃。至治二年，加赠宣忠同德弼亮功臣、太师、开府仪同三司、上柱国，追封武宁王，谥正宪。子朵儿只，江浙行省左丞。

不　忽　木

不忽木，一名时用，字用臣，世为康里部大人。康里，即汉高车国也。祖海蓝伯，尝事克烈王可汗。王可汗灭，即弃家从数千骑望西北驰去，太祖遣使招之，答曰："昔与帝同事王可汗，今王可汗既亡，不忍改所事。"遂去，莫知所之。子十人，皆为太祖所虏，燕真最幼，年方六岁，太祖以赐庄圣皇后。后怜而育之，遣侍世祖于藩邸。长从征伐，有功。世祖威名日盛，宪宗将伐宋，命以居守。燕真曰："主上素有疑志，今乘舆远涉危难之地，殿下以皇弟独处安全，可乎？"世祖然之，因请从南征。宪宗喜，即分兵命趋鄂州，而自将攻蜀之钓鱼山，令阿里不哥居守。宪宗崩，燕真统世祖留部，觉阿里不哥有异志，奉皇后稍引而南，与世祖会于上都。

世祖即位，燕真未及大用而卒，官止卫率。不忽木其仲子也，资禀英特，进止详雅，世祖奇之，命给事裕宗东宫，师事太子赞善王恂。恂从北征，乃受学于国子祭酒许衡。日记数千言，衡每称之，以为有公辅器。世祖尝欲观国子所书字，不忽木年十六，独书《贞观政要》数十事以进，帝知其寓规谏意，嘉叹久之。衡纂历代帝王名谥、统系、岁年，为书授诸生，不忽木读数过即成诵，帝召试，不遗一字。至元十三年，与同舍生坚童、太答、秃鲁等上疏曰：

臣等闻之，《学记》曰："君子如欲化民成俗，其必由学乎！""玉不琢不成器，人不学不知道。"故古之王者，建国君民，教学为先。盖自尧、舜、禹、汤、文、武之世，莫不有学，故其治隆于上，俗美于下，而为后世所法。降至汉朝，亦建学校，诏诸生课试补官。魏道武帝起自北方，既定中原，增置生员三千，儒学以兴。此历代皆有学校之证也。

臣等今复取平南之君建置学校者，为陛下陈之。晋武帝尝平吴矣，始起国子学。隋文帝尝灭陈矣，俾国子寺不隶太常。唐高祖尝灭梁矣，诏诸州县及乡并令置学。及至太宗数幸国学，增筑学舍至千二百间，国学、太学、四门学亦增生员，其书、算各置博士，乃至高丽、百济、新罗、高昌、吐蕃诸国酋长亦遣子弟入学，国学之内至八千余人。高宗因之，遂令国子监领六学：一曰国子学，二曰太学，三曰四门学，四曰律学，五曰书学，六曰算学，各置生徒有差，皆承高祖之意也。然晋之平吴得户五十二万而已，隋之灭陈得郡县五百而已，唐之灭梁得户六十余万而已，而其崇重学校已如此。况我堂堂大国，奄有江岭之地，计亡宋之户不下千万，此陛下神功，自古未有，而非晋、隋、唐之所敢比也。然学校之政，尚未全举，臣窃惜之。

臣等向被圣恩，俾习儒学。钦惟圣意，岂不以诸色人仕宦者常多，蒙古人仕宦者尚少，而欲臣等晓识世务，以任陛下之使令乎？然以学制未定，朋从数少。譬犹责嘉禾于数苗，求良骥于数马，臣等恐其不易得也。为今之计，如欲人材众多，通习汉法，必如古昔遍立学校然后可。若曰未暇，宜且于大都弘阐国学。择蒙古人年十五以下、十岁以上质美者百人，百官子弟与凡民俊秀者百人，俾廪给各有定制。选德业充备足为师表者，充司业、博士、助教而教育之。使其教必本于人伦，明乎物理，为之讲解经传，授以修身、齐家、治国、平天下之道。其下复立数科，如小学、律、书、算之类。每科设置教授，各令以本业训导。小学科则令读诵经书，教以应对进退事长之节；律科则专令通晓吏事；书科则专令晓习字画；算科则专令熟闲算数。或一艺通然后改授，或一日之间更次为之。俾国子学官总领其事，常加点勘，务要俱通，仍以义理为主。有余力者听令学作文字。日月岁时，随其利钝，各责所就功课，程其勤惰而赏罚之。勤者则升之上舍，惰者则降之下舍，待其改过则复升之。假日则听令学射，自非假日，无故不令出学。数年以后，上舍生学业有成就者，乃听学官保举，蒙古人若何品级，诸色人若何仕进。其未成就者，且令依旧学习，俟其可以从政，然后岁听学官举其贤者、能者，使之依例入仕。其终不可教者，三年听令出学。凡学政因革、生员增减，若得不时奏闻，则学无弊政，而天下之材亦皆观感而兴起矣。然后续立郡县之学，求以化民成俗，无不可者。

臣等愚幼，见于书、闻于师者如此。未敢必其可行，伏望圣慈下臣此章，令诸老先生与左丞王赞善等，商议条奏施行，臣等不胜至愿。

书奏，帝览之喜。

十四年，授利用少监。十五年，出为燕南河北道提刑按察副使。帝遣通事脱虎脱护送西僧往作佛事，还过真定，箠驿吏几死，诉之按察使，不敢问。不忽木受其状，以僧下狱。脱虎脱直欲出僧，辞气倔强，不忽木令去其冠庭下，责以不职。脱虎脱逃归以闻，帝曰："不忽木素刚正，必尔辈犯法故也。"继而燕南奏至，帝曰："我固知之。"十九年，升提刑按察使。有讼净州守臣盗官物者，净州本隶河东，特命不忽木往按之，归报称旨，赐白金千两、钞五千贯。

二十一年，召参议中书省事。时榷茶转运使卢世荣阿附宣政使桑哥，言能用已，则国赋可十倍于旧。帝以问不忽木，对曰："自昔聚敛之臣，如桑弘羊、宇文融之徒，操利术以惑时君，始者莫不谓之忠，及其罪稔恶著，国与民俱困，虽悔何及。臣愿陛下无纳其说。"帝不听，以世荣为右丞，不忽木遂辞参议不拜。二十二年，世荣以罪被诛，帝曰："朕殊愧卿。"擢吏部尚书。时方籍没阿合马家，其奴张散札儿等罪当死，缪言阿合马家赀隐寄者多，如尽得之，可资国用。遂钩考捕系，连及无辜，京师骚动。帝颇疑之，命丞相安童，集六部长贰官询问其事，不忽木曰："是奴为阿合马心腹爪牙，死有余罪。为此言者，盖欲苟延岁月，徼幸不死尔。岂可复受其诳，嫁祸善良耶？急诛此徒，则怨谤自息。"丞相以其言入奏，帝悟，命不忽木鞫之，具得其实，散札儿等伏诛，其捕系者尽释之。

二十三年，改工部尚书。九月，迁刑部。河东按察使阿合马，以赀财谄媚权贵，货钱于官，约偿羊马，至则抑取部民所产以输。事觉，遣使按治，皆不伏，及不忽木往，始得其不法百余事。会大同民饥，不忽木以便宜发仓廪赈之。阿合马所善幸臣奏不忽木擅发军储，又锻炼阿合马使自诬服。帝曰："使行发粟以活吾民，乃其职也，何罪之有。"命移其狱至京师审视，阿合马竟伏诛。吐土哈求钦察之为人奴者增益其军，而多取编民。中书佥省王遇验其籍改正之。吐土哈遂奏遇有不臣语。帝怒，欲斩之，不忽木谏曰："遇始令以钦察之人奴为兵，未闻以编民也。万一他卫皆仿此，户口耗矣。若诛遇，后人岂肯为陛下尽职乎？"帝意解，遇得不死。

二十四年，桑哥奏立尚书省，诬杀参政杨居宽、郭佑。不忽木争之不得，桑哥深忌之，尝指不忽木谓其妻曰："他日籍我家者此人也。"因其退食，责以不坐曹理务，欲加之罪，遂以疾免。车驾还自上都，其弟野礼审班侍坐辇中，帝曰："汝兄必以某日来迎。"不忽木果以是日至。帝见其癯甚，问其禄几何，左右对以满病假者例不给，帝念其贫，命尽给之。

二十七年，拜翰林学士承旨、知制诰兼修国史。二十八年春，帝猎柳林，彻里等劾奏桑哥罪状，帝召问不忽木，具以实对。帝大惊，乃决意诛之。罢尚书省，复以六部归于中书，欲用不忽木为丞相，固辞，帝曰："朕过听桑哥，致天下不安，今虽悔之，已无及矣。朕识卿幼时，使卿从学，政欲备今日之用，勿多让也。"不忽木曰："朝廷勋旧，齿爵居臣右者尚多，今不次用臣，无以服众。"帝曰："然则孰可？"对曰："太子詹事完泽可。向者籍没阿合马家，其赂遗近臣，皆有簿籍，唯无完泽名；又尝言桑哥为相，必败国事，今果如其言，是以知其可也。"帝曰："然非卿无以任吾事。"乃拜完泽右丞相，不忽木平章政事。

上都留守木八剌沙言改按察司置廉访司不便，宜罢去，乃求宪臣赃罪以动上听。帝以责中丞崔彧，彧谢病不知。不忽木面斥彧不直言，因历陈不可罢之说，帝意乃释。王师征交趾失利，复谋大举，不忽木曰："岛夷诡诈，天威临之，宁不震惧，兽穷则噬，势使之然。今其子日燇袭位，若遣一介之使，谕以祸福，彼能悔过自新，则不烦兵而下矣。如或不悛，加兵未晚。”帝从之。于是交趾感惧，遣其伪昭明王等诣阙谢罪，尽献前六岁所当贡物。帝喜曰：“卿一言之力也。”即以其半赐之，不忽木辞曰：“此陛下神武不杀所致，臣何功焉。”惟受沉水假山、象牙镇纸、水晶笔格而已。麦术丁请复立尚书省，专领右三部，不忽木庭责之曰：“阿合马、桑哥相继误国，身诛家没，前鉴未远，奈何又欲效之乎！”事遂寝。或劝征流求，及赋江南包银，皆谏止之。桑哥党人纳速剌丁等既诛，帝以忻都长于理财，欲释不杀。不忽木力争之，不从。日中凡七奏，卒正其罪。释氏请以金银币帛祠其神，帝难之。不忽木曰：“彼佛以去贪为宝。”遂弗与。或言京师蒙古人宜与汉人间处，以制不虞。不忽木曰：“新民乍迁，犹未宁居，若复纷更，必致失业。此盖奸人欲擅货易之利，交结近幸，借为纳忠之说耳。”乃图写国中贵人第宅已与民居犬牙相制之状上之而止。有谮完泽徇私者，帝以问不忽木。对曰：“完泽与臣俱待罪中书，设或如所言，岂得专行。臣等虽愚陋，然备位宰辅，人或发其阴短，宜使面质，明示责降，若内怀猜疑，非人主至公之道也。”言者果屈，帝怒，命左右批其颊而出之。是日苦寒，解所御黑貂裘以赐。帝每顾侍臣，称塞咥旃之能，不忽木从容问其故，帝曰：“彼事宪宗，常阴资朕财用，卿父所知。卿时未生，诚不知也。”不忽木曰：“是所谓为人臣怀二心者。今有以内府财物私结亲王，陛下以为若何？”帝急挥以手曰：“卿止，朕失言。”

三十年，有星孛于帝座。帝忧之，夜召入禁中，问所以销天变之道，奏曰：“风雨自天而至，人则栋宇以待之；江河为地之限，人则舟楫以通之。天地有所不能者，人则为之，此人所以与天地参也。且父母怒，人子不敢疾怨，惟起敬起孝。故《易·震》之象曰‘君子以恐惧修省’，《诗》曰‘敬天之怒’，又曰‘遇灾而惧’。三代圣王，克谨天戒，鲜不有终。汉文之世，同日山崩者二十有九，日食地震频岁有之，善用此道，天亦悔祸，海内乂安。此前代之龟鉴也，臣愿陛下法之。”因诵文帝《日食求言诏》。帝悚然曰：“此言深合朕意，可复诵之。”遂详论款陈，夜至四鼓，明日进膳，帝以盘珍赐之。

三十年，帝不豫，故事，非国人勋旧不得入卧内。不忽木以谨厚，日视医药，未尝去左右。帝大渐，与御史大夫月鲁那颜、太傅伯颜并受遗诏，留禁中。丞相完泽至，不得入，伺月鲁那颜、伯颜出，问曰：“我年位俱在不忽木上，国有大议而不预，何耶？”伯颜叹息曰：“使丞相有不忽木识虑，何至使吾属如是之劳哉！”完泽不能对，入言于太后。太后召三人问之，月鲁那颜曰：“臣受顾命，太后但观臣等为之。臣若误国，即甘伏诛，宗社大事，非宫中所当预知也。”太后然其言，遂定大策。其后发引、升祔、请谥南郊，皆不忽木领之。

成宗即位，执政皆迎于上都之北。丞相常独入，不忽木至数日乃得见，帝问知之，慰劳之曰：“卿先朝腹心，顾朕寡昧，惟朝夕启沃，以匡朕不逮，庶无负先帝付托之重也。”成宗躬揽庶政，听断明果，廷议大事多采不忽木之言。太后亦以不忽木先朝旧臣，礼貌甚至。

河东守臣献嘉禾，大臣欲奏以为瑞。不忽木语之曰：“汝部内所产尽然耶，惟此数茎耶？”曰：“惟此数茎尔。”不忽木曰：“若如此，既无益于民，又何足为瑞。”遂罢遣之。西僧为佛事，请释罪人祈福，谓之秃鲁麻。豪民犯法者，皆贿赂之以求免。有杀主、杀夫者，西僧请被以帝后御服，乘黄犊出宫门释之，云可得福。不忽木曰：“人伦者，王政之本，风化之基，岂可容其乱法如是。”帝责丞相曰：“朕戒汝无使不忽木知，今闻其言，朕甚愧之。”使人谓不忽木曰：“卿且休矣！朕今从卿言，然自是以为故事。”有奴告主者，主被诛，诏即以其主所居官与之。不忽木言：“若此必大坏天下之风俗，使人情愈薄，无复上下之分矣。”帝悟，为追废前命。执政奏以为陕西行省平章政事，太后谓帝曰：“不忽木朝廷正人，先皇帝所付托，岂可出之于外耶！”帝复留之。竟以与同列多异议，称疾不出。元贞二年春，召至便殿曰：“朕知卿疾之故，以卿不能从人，人亦不能从卿也。欲以段贞代卿，如何？”不忽木曰：“贞实胜于臣。”乃拜昭文馆大学士、平章军国重事。辞曰：“是职也，国朝惟史天泽尝为之，臣何功敢当此。”制去“重”字。

大德二年，御史中丞崔彧卒，特命行中丞事。三年，兼领侍仪司事。有因父官受贿赂，御史必欲归罪其父，不忽木曰：“风纪之司，以宣政化、励风俗为先，若使子证父，何以兴孝！”枢密臣受人玉带，征赃不叙，御史言罚太轻，不忽木曰：“礼，大臣贪墨，惟曰簠簋不饰，若加笞辱，非刑不上大夫之意。”人称其平恕。四年，病复作，帝遣医治之，不效，乃附奏曰：“臣孱庸无取，叨承眷渥，大限有终，永辞昭代。”引觞满饮而卒，年四十六。帝闻之惊悼，士大夫皆哭失声。

家素贫，躬自爨汲，妻织纴以养母。后因使还，则母已死，号恸呕血，几不起。平居服儒素，不尚华饰。禄赐有余，即散施亲旧。明于知人，多所荐拔，丞相哈剌哈孙答剌罕亦其所荐也。其学，先躬行而后文艺。居则简默，及帝前论事，吐辞洪畅，引义正大，以天下之重自任，知无不言。世祖尝语之曰：“太祖有言，人主理天下，如右手持物，必资左手承之，然后能固。卿实朕之左手也。”每侍燕间，必陈说古今治要，世祖每拊髀叹曰：“恨卿生晚，不得早闻此言，然亦吾子孙之福。”临崩，以白璧遗之，曰：“他日持此以见朕也。”武宗时，赠纯诚佐理功臣、太傅、开府仪同三司、上柱国、鲁国公，谥文贞。

子回回，陕西行省平章政事；巎巎，由江浙行省平章政事入为翰林学士承旨。

完　泽

完泽，土别燕氏。祖土薛，从太祖起朔方，平诸部。太宗伐金，命太弟睿宗由陕右进师，以击其不备，土薛为先锋，遂去武休关，越汉江，略方城而北，破金兵于阳翟。金亡，从攻兴元、阆、利诸州，拜都元帅。取宋成都，斩其将陈隆之，赐食邑六百户。父线真，宿卫禁中，掌御膳。中统初，从世祖北征。四年，拜中书右丞相，与诸儒臣论定朝制。

完泽以大臣子选为裕宗王府僚属。裕宗为皇太子，署詹事长。入参谋议，出掌环卫，小心慎密，太子甚器重之。一日会燕宗室，指完泽语众曰："亲善远恶，君之急务。善人如完泽者，群臣中岂易得哉！"自是常典东宫卫兵。裕宗薨，成宗以皇孙抚军北方，完泽两从入北。至元二十八年，桑哥伏诛，世祖咨问廷臣，特拜中书右丞相。完泽入相，革桑哥弊政，请自中统初积岁逋负之钱粟，悉蠲免之，民赖其惠。三十一年，世祖崩，完泽受遗诏，合宗戚大臣之议，启皇太后，迎成宗即位，诏谕中外，罢征安南之师，建议加上祖宗尊谥庙号，致养皇太后，示天下为人子之礼。元贞以来，朝廷恪守成宪，诏书屡下散财发粟，不惜巨万，以颁赐百姓，当时以贤相称之。大德四年，加太傅、录军国重事。位望益崇，成宗倚任之意益重，而能处之以安静，不急于功利，故吏民守职乐业，世称贤相云。七年薨，年五十八，追封兴元王，谥忠宪。

阿鲁浑萨理

阿鲁浑萨理，畏兀人。祖阿台萨理，当太祖定西域还时，因从至燕。会畏兀国王亦都护请于朝，尽归其民，诏许之，遂复西还。精佛氏学。生乞台萨理，袭先业，通经、律、论。业既成，师名之曰万全。至元十二年，入为释教都总统，拜正议大夫、同知总制院事，加资德大夫、统制使。年七十卒。子三人：长曰畏吾儿萨理，累官资德大夫、中书右丞、行泉府太卿；季曰岛瓦赤萨理；阿鲁浑萨理其中子也，以父字为全氏，幼聪慧，受业于国师八哈思巴，既通其学，且解诸国语。世祖闻其材，俾习中国之学，于是经、史、百家及阴阳、历数、图纬、方技之说皆通习之。后事裕宗，入宿卫，深见器重。

至元二十年，有西域僧自言能知天象，译者皆莫能通其说。帝问左右，谁可使者。侍臣脱烈对曰："阿鲁浑萨理可。"即召与论难，僧大屈服。帝悦，令宿卫内朝。会有江南人言宋宗室反者，命遣使捕至阙下。使已发，阿鲁浑萨理趣入谏曰："言者必妄，使不可遣。"帝曰："卿何以言之？"对曰："若果反，郡县何以不知？言者不由郡县，而言之阙庭，必其仇也。且江南初定，民疑未附，一旦以小民浮言辄捕之，恐人人自危，徒中言者之计。"帝悟，立召使者还，俾械系言者下郡治之，言者立伏，果以尝贷钱不从诬之。帝曰："非卿言，几误，但恨用卿晚耳。"自是命日侍左右。

二十一年，擢朝列大夫、左侍仪奉御。遂劝帝治天下必用儒术，宜招致山泽道艺之士，以备任使。帝嘉纳之，遣使求贤，置集贤馆以待之。秋九月，命领馆事，阿鲁浑萨理曰："陛下初置集贤以待士，宜择重望大臣领之，以新观听。"请以司徒撒里蛮领其事，帝从之。仍以阿鲁浑萨理为中顺大夫、集贤馆学士，兼太史院事，仍兼左侍仪奉御。士之应诏者，尽命馆谷之，凡饮食供帐，车服之盛，皆喜过望。其弗称旨者，亦请加赉而遣之。有官于宣徽者，欲阴败其事，故盛陈所给廪饩于内前，冀帝见之。帝果过而问焉，对曰："此一士之日给也。"帝怒曰："汝欲使朕见而损之乎？十倍此以待天下士，犹恐不至，况欲损之，谁肯至者。"阿鲁浑萨理又言于帝曰："国学人材之本，立国子监，置博士弟子员，宜优其廪饩，使学者日盛。"从之。二十二年夏六月，迁嘉议大夫。二十三年，进集贤大学士、中奉大夫。

二十四年春，立尚书省，桑哥用事，诏阿鲁浑萨理与同视事，固辞，不许，授资德大夫、尚书右丞，继拜荣禄大夫、平章政事。桑哥为政暴横，且进其党与。阿鲁浑萨理数切诤之，久与乖剌，惟以廉正自持。桑哥奏立征理司，理天下逋欠，使者相望于道，所在囹圄皆满，道路侧目，无敢言者。会地震北京，阿鲁浑萨理请罢征理司，以塞天变。诏下之日，百姓相庆。未几，桑哥败，以连坐，亦籍其产。帝问："桑哥为政如此，卿何故无一言？"对曰："臣未尝不言，顾言不用耳。陛下方信任桑哥甚，彼所忌独臣，臣数言不行，若抱柴救火，只益其暴，不若弥缝其间，使无伤国家大本，陛下久必自悟也。"帝亦以为然，且曰："吾甚愧卿。"桑哥临刑，吏犹以阿鲁浑萨理为问，桑哥曰："我惟不用其言，故至于败，彼何与焉。"帝益信其无罪，诏还所籍财产，仍遣张九思赐以金帛，辞不受。

二十八年秋，乞罢政事，并免太史院使，诏以为集贤大学士。司天刘监丞言，阿鲁浑萨理在太史院时，数言国家灾祥事，大不敬，请下吏治。帝大怒，以为诽谤大臣，当抵罪。阿鲁浑萨理顿首谢曰："臣不佞，赖陛下天地含容之德，虽万死莫报。然欲致言者罪，臣恐自是无为陛下言事者。"力争之，乃得释。帝曰："卿真长者。"后虽罢政，或通夕召入论事，知无不言。三十年，复领太史院事。明年，帝崩，成宗在边，裕宗太后命为书趣成宗入正大位，又命率翰林、集贤、礼官备礼册命。明年春，加守司徒、集贤院使，领太史院事。初，裕宗即世，世祖欲定皇太子，未知所立，以问阿鲁浑萨理，即以成宗为封，且言成宗仁孝恭俭，宜立，于是大计乃决，成宗及裕宗皇后皆莫之知也。数召阿鲁浑萨理不往，成宗抚军北边，帝遣阿鲁浑萨理奉皇太子宝于成宗，乃一至其邸。及即位，语阿鲁浑萨理曰："朕在潜邸，谁不愿事朕者，惟卿虽召不至，今乃知卿真得大臣体。"自是召对不名，赐坐视诸侯王等。尝语左右曰："若全平章者，真全材也，于今殆无其比。"大德三年，复拜中书平章政事。十一年，薨，年六十有三。延祐四年，赠推忠佐理翊亮功臣、太师、开府仪同三司、上柱国，追封赵国公，谥文定。

子三人：长岳柱；次久著，终翰林侍读学士；次买住，蚤卒。岳柱自有传。阿台萨理赠保德功臣、银青荣禄大夫、司徒、柱国，追封赵国公，谥端愿；乞台萨理累赠纯诚守正功臣、太保、仪同三司、上柱国，追封赵国公，谥通敏。

岳柱字止所，一字兼山。自幼容止端严，性颖悟，有远识。方八岁，观画师何澄画《陶母剪发图》，岳柱指陶母手中金钏诘之曰："金钏可易酒，何用剪发为也？"何大惊，即异之。既长就学，日记千言。年十八，从丞相答失蛮备宿卫，出入禁中，如老成人。至大元年，授集贤学士，阶正议大夫，即以荐贤举能为事。皇庆元年，升中奉大夫、湖南道宣慰使。日接见儒生，询求民瘼。延祐三年，进资善大夫、隆禧院使。七年，授太史院使。英宗视其进止整暇，顾谓参政速速曰:"全院使真故家令子也。"泰定元年,改太常礼仪院使。四年,授礼部尚书,领会同馆事,俄授江西等处行中书省参知政事。天历元年,进荣禄大夫、集贤大学士。

至顺二年,除江西等处行中书省平章政事。时有诬告富民负永宁王官帑钱八百余锭者,中书遣使诸路征之。使至江西,岳柱曰:"事涉诬罔,不可奉命。"僚佐重违宰臣意,岳柱曰:"民惟邦本,伤本以敛怨,亦非宰相福也。"令使者以此意复命。时燕帖木儿为丞相,闻其言,感悟,命刑部诘治,得诬罔状,罪诬告者若干人。宰相以奏,帝嘉之,特赐币帛及上尊酒。桂阳州民张思进等,啸聚二千余众,州县不能治,广东宣慰司请发兵捕之。岳柱曰:"有司不能抚绥边民,乃欲侥幸兴兵,以为民害耶?不可。"宰执皆失色,宪司亦以兴兵不便为言,岳柱终持不可,遣千户王英往问状。英直抵贼巢,谕以祸福,贼曰:"致我为非者,两巡检司耳,我等何敢有异心哉!"谕其众,皆使复业,一方以宁。三年,迁河南江北等处行中书省平章政事。旋以军事至扬州,得疾,明年十二月,端坐而卒,年五十三。

岳柱天资孝友,母弟久住早卒,丧之尽哀。尤嗜经史,自天文、医药之书,无不究极。度量弘扩,有欺之者,恬不为意。或问之,则曰:"彼自欺也,我何与焉。"母郜氏亦常称之曰:"吾子古人也。"

子四人:长普达,同佥行宣政院事;次安僧,为久住后,章佩监丞;次仁寿,中宪大夫、长秋寺卿。

卷一百三十一　列传第十八

速哥

速哥,蒙古人。父忽鲁忽儿,国王木华黎麾下卒也。后更隶塔海、帖哥军。以善驰马,有口辩,慎重不泄,令佩银符,常居军中。奏白机务,往返未尝失期。太宗以为才,赐名动哥居。诏:"动哥居奏事,朝至朝入奏,夕至夕入奏。"尝出金盘龙袍及宫女赐之。宪宗时,以疾卒。速哥亦以壮勇居军中,岁甲寅,宪宗命从都元帅帖哥火鲁赤等入蜀。乙卯,万户刘七哥、阿剌鲁阿力与宋兵战巴州,失利,陷敌中。速哥驰入其军,夺刘七哥等以归。以功赐白金五十两、马二匹、紫罗圈甲一注。又从都元帅纽璘败宋将刘整,破云顶山城。纽璘受诏会涪州,至马湖江,速哥以革为舟,夜渡江,至大获山行在所,陈道梗失期,帝慰遣之。未几,复自涪州入奏事,遇宋军于三曹山,速哥众仅百余,奋兵疾战,败之,夺其器械旗鼓以归。己未,宋兵攻涪州浮桥,部将火尼赤战陷,速哥破围出之。又以白事诸王穆哥所,复败宋军于三曹山,还至石羊,与刘整遇,复击败之。

世祖即位,赐白金、弓刀、鞍勒。中统二年,赐银符,命隶纽璘军。至元二年,四川行省遣速哥招收降民,得三千余人。三年,从行院帖赤战九顶山。四年,行省也速带儿署为本军总管,从征泸州,取泸川。五年,立德州,以速哥为达鲁花赤,擢陕西五路四川行省左右司员外郎。从也速带儿入朝,赏赉加厚。七年,从也速带儿败宋军于马湖江。用平章政事赛典赤荐,迁行尚书省员外郎。九年,建都蛮叛,诏诸王奥鲁赤及也速带儿讨之。速哥将千人为先锋,破黎州水尾寨,攻连云关,克之。军至建都,战于东山,斩其酋布库。复与元帅八儿秃迎合剌军于不鲁思河,所过城邑皆下。十年,讨碉楼诸蛮,袭破连环城,还败宋军于七盘山,辟新军万户。

十一年,赐虎符,真授管军万户,领成都高哇哥等六翼及京兆新军,教习水战。也速带儿进围嘉定,速哥率舟师会平康城,修筑怀远等寨,守其要害。十二年,遣兵败宋将昝万寿于麻平。既而行枢密副使忽敦等军至,与也速带儿会于红崖,遣速哥守龙坝。城中大震,宋将陈都统、鲜于团练率舟师遁。速哥追击,溺死者不可胜计,遂与中使沈答罕徇下流诸城,紫云、泸、叙皆降。进围重庆,速哥以所部兵镇白水、马湖江口。十三年,帝遣脱术、教化的持诏谕其守臣使降,不听,乃分兵为五道,水陆并进攻之。众军不利,唯速哥获战舰三百艘,俘其众百三十人。涪州守将遣书纳降,速哥率千人往察其情伪。速哥至涪州,果降,遂入其城。重庆守臣张万率众来袭,速哥一日夜出兵凡与十八战,斩首三百余级,万败走。未几,万复以积兵三千人来攻,又战败之。十四年,行院辟为镇守万户、嘉定总管府达鲁花赤。时泸州复叛,速哥从大军讨平之。重庆受围久,其守将赵安开门出降,制置使张珏遁,速哥追破之,虏百余人及其舟二十余艘。以功授成都水军万户,寻改重庆夔府等路宣抚、招讨两司军民达鲁花赤。十六年,除四川南道宣慰使,依前成都水军万户,镇重庆、夔、施、黔、忠、万、云、涪、泸等州。

十九年,亦奚不薛蛮叛,置顺元等路军民宣慰司,以速哥为宣慰使,经理诸蛮。二十四年,迁河东陕西等路万户府达鲁花赤,播州宣抚赛因不花等赴阙请留之。降八番金竹等百余寨,得户三万四千,悉以其地为郡县,置顺元路、金竹府、贵州以统之。东连九溪十八峒,南至交趾,西至云南,咸受节制。二十九年,入朝,加都元帅,改河东陕西等处万户府达鲁花赤。三十一年,佥书四川行枢密院事,诏开土番道。土番叛,以兵围茂州,速哥率师败之。元贞元年,行院罢,速哥家居数岁卒。

子寿不赤,袭河东陕西等处万户府达鲁花赤。

囊加歹

囊加歹,乃蛮人。曾祖不兰伯,仕其国,位群臣之右。祖合折儿,管帐前军,兼统国政,仕至太师。太祖平乃蛮,父麻察来归。太宗命与察剌同总管蒙古、汉军,由是从世祖伐宋,破阿里不哥于失门秃,从诸王哈必赤及阔阔歹平李璮,皆有功,赏赉甚厚,赐金符。后以子贵,赠太傅,追封梁国公,谥桓武。囊加歹幼从麻察习战阵,有谋略,佩金符,为都元帅府经历。从阿术围襄阳,襄阳降,以功授汉军千户。从丞相伯颜攻复州,与宋人战,败宋兵于风波湖。渡江后,伯颜南攻鄂州,阿术北攻汉阳,分战舰五十，囊加歹与张弘范等焚其蒙冲三千艘，两城大恐，皆出降。伯颜军次安庆。贾似道督师江上，遣宋京来请和。军至池州，遣囊加歹偕宋京报似道。似道复遣阮思聪偕囊加歹至军中，仍请议和。时暑雨方涨，世祖虑士卒不习水土，遣使令缓师。伯颜、阿术与诸将议，乘势径前，遂进军至丁家洲，似道师溃，大军次建康。帝闻囊加歹亲与贾似道语，召赴阙，具陈其说，遣还谕旨于伯颜，以北边未靖，勿轻入敌境，而大军已入平江矣。宋使柳岳、夏士林、吕师孟、刘岊等踵至，皆命囊加歹同往报之。师逼临安，复遣囊加歹入取降表、玉玺，征宋将相文武百官出迎王师。宋主乃遣贾余庆等同囊加歹以降表、玉玺至皋亭山，伯颜遣囊加歹驰献世祖。还传密旨，迁宋君臣北上。赐金符，授怀远大将军、安抚司达鲁花赤。与阿剌罕、董文炳等取台、温、福州，寻领蒙古军副都万户、江东道宣慰使，佩金虎符如故。擢江东道按察使，复为本道宣慰使，领万户如故。召为都元帅，管领通事军马，东征日本，未至而还。诏以元管出役军与李罗迷儿见管军合为一翼，充万户，守建康。改赐三珠虎符，拜云南行省参知政事，讨金齿，缅国，得疾，召还京师。授南京等路宣慰使，改河南道宣慰使，特旨命袭父职为蒙古军都万户。

武宗在潜邸，囊加歹尝从北征，与海都战于帖坚古。明日又战，海都围之山上，囊加歹力战决围而出，与大军会。武宗还师，囊加歹殿，海都遮道不得过，囊加歹选勇敢千人直前冲之，海都披靡，国兵乃由旭哥耳温、称海与晋王军合。是役也，囊加歹战为多，以疾而归。成宗崩，昭献元圣太后与仁宗在怀州，太后召囊加歹、不怜吉歹、脱因不花、八思台等谕之曰："今宫车晏驾，皇后欲立安西王阿难答，尔等当毋忘世祖、裕宗在天之灵，尽力奉二皇子。"囊加歹顿首曰："臣等虽碎身，不能仰报两朝之恩，愿效死力。"既至京师，仁宗遣囊加歹与八思台诣诸王秃剌议事宜。时内外汹汹，犹豫莫敢言，囊加歹独赞秃剌，定计先发。归白仁宗，意犹迟疑，固问可否，对曰："事贵速成，后将受制于人矣。"太后与仁宗意乃决。内难既平，仁宗监国，命同知枢密院事。武宗即位，真拜同知枢密事，阶资德大夫，赐以七宝束带、鞍辔、衣甲、弓矢、黄金五十两，以旌其定策之功。寻授蕲县万户府达鲁花赤，仍同知枢密院事。仁宗尝语近臣曰："今春之事，吾与太后疑不能主，赖囊加歹一语而定。吾闻周文王有姜太公，囊加歹亦予家姜太公也。"其见称许如此。寻以老病乞骸骨，不允。仁宗即位，以其家河南，特授河南江北行省平章政事，佩金虎符，终其身。封浚都王。

子教化，山东河北蒙古军副都万户；执礼和台，河南江北行省平章政事。孙脱坚，山东河北军大都督，世袭有位。

忙兀台

忙兀台，蒙古达达儿氏。祖塔思火儿赤，从太宗定中原有功，为东平路达鲁花赤，位在严实上。忙兀台事世祖，为博州路奥鲁总管。至元七年，又为监战万户，佩金虎符。八年，改邓州新军蒙古万户，治水军于万山南岸。九月，以兵攻樊，拔古城，继败宋军于安阳滩。转战八十里，禽其将郑高。十月，大军攻樊，分军为五道，忙兀台当其一。率五翼军以进，焚南岸舟，竖云梯于北岸，登柜子城，夺西南角入城，命部将据仓粟。功在诸将右，赏金百两。襄阳降，同宋安抚吕文焕入觐，赐银五十两及翎根甲等物。

十一年，从丞相伯颜、平章阿术南征，命与万户史格率麾下会盐山岭。遇宋兵，忙兀台突阵杀一人，诸军继进，与战，败之。自郢州黄家原荡舟入湖，至沙洋堡，立炮座十有二，竖云梯先登，焚其楼橹，拔羊角坝，破沙洋堡，擒宋将四人。直抵新城，鏖战自晨至晡，大败之，宋复州守将翟贵以城降。将由汉口入江，至蔡店，闻宋兵屯汉口，乃率舟师经斗龙口至沙步入江。遇宋兵三百余艘分道来拒，进击走之。次武矶堡，宋将夏贵坚守不下。十月乙卯，平章阿术率万户晏彻儿、史格、贾文备同忙兀台四军雪夜溯流西上，黎明至青山矶北岸，万户史格先渡，宋将程鹏飞拒敌，格被三创，丧卒二百人。诸将继进，大战中流，鹏飞被七创，败走。舟泊中洲，宋兵阻水不得近，伯颜复遣万户张荣实等率舟来援。夏贵率麾下数千将奔，大军乘之，大败，走黄州，遂拔武矶堡，斩守将王达。阿术既渡南岸，翼日丞相伯颜视师，则大江南北皆北军旗帜，宋制置使朱禩孙遁还江陵。语在《阿术传》。己未，伯颜次鄂州，遣忙兀台谕宋守臣张晏然以城降，程鹏飞以本军降，知汉阳军王仪、知德安府来兴国继降，乃留军镇鄂、汉，率诸将水陆东下。十二年正月，忙兀台谕蕲、黄、安庆、池州诸郡，皆下之。次丁家洲，宋贾似道、孙虎臣来拒，忙兀台击之，夺虎臣所乘巨舟，与宋降将范文虎以兵五百谕降和州及无为、镇巢二军。九月，攻常州，拔其木城。宋降将赵潜叛于溧阳，伯颜命忙兀台击之，战于丰登庄，斩首五百余级，擒其将三人，复招降湖州守将二人。十二月，行省第其功，承制授行两浙大都督府事。

十四年，改闽广大都督，行都元帅府事。时宋二王逃遁入海，忙兀台奉旨率诸军，与江西右丞塔出会兵收之，次漳州，谕降宋守将何清。十五年，师还福州，拜参知政事，诏与唆都等行省于福，镇抚濒海八郡。十月，召赴阙，升左丞。十六年七月，沙县盗起，诏忙兀台复行省事，讨平之。初，忙兀台北还，左丞唆都行省福建。一日，帝命召唆都，李庭言："若召唆都，则行省无人，宜令建康阿剌罕往。"帝曰："何必阿剌罕，其命忙兀台即往，候唆都还，则令移潭州可也。"未几，中书言："唆都在福建，麾下扰民，致南剑等路往往杀长吏叛。及忙兀台至，招来七十二寨，建宁、漳、汀稍获安集，若移之他处，而唆都复往，恐重劳民。"有旨，忙兀台仍镇闽。十八年，转右丞。时宣慰使王刚中以土人饶赀，颇擅作威福，忙兀台虑其有变，奏移之他道。

二十一年，拜江淮行省平章政事。初，宋降将五虎陈义尝助张弘范擒文天祥，助完者都讨陈大举，又资阿塔海征日本战舰三千艘。福建省臣言其有反侧意，请除之。帝使忙兀台察之。至是忙兀台携义入朝，保其无事，且乞宠以官爵，丞相伯颜亦以为言。乃授义同知广东道宣慰司事，授明珠虎符，其从林雄等十人并上百户。

二十二年，脱忽思、乐实传旨中书省，令悉代江浙省臣。中书复奏，帝曰："朕安得此言，传者妄也。如忙兀台之通晓政事，亦可代耶？"俄以言者召赴阙，封其家赀，遣使按验无状。未几，拜银青荣禄大夫、行省左丞相，还镇江浙。时浙西大饥，乃弛河泊禁，发府库官货，低其直，贸粟以赈之。浙东盗起，蠲田租，以纾民力。二十三年，奏："以贩鬻私盐者皆海岛民，今征日本，可募为水工。"从之，赐钞五千贯。役既罢，请以战舰付海漕。又言："省治在杭州，其两淮、江东财赋军实，既南输至杭，复自杭北输京城，往返劳顿不便，请移省治于扬州。"复言："淮东近地，宜置屯田，岁入粮以给军，所馀饷京师。"帝悉从其言。二十五年，诏江淮管内，并听忙兀台节制。

二十六年，朝廷以中原民转徙江南，令有司遣还，忙兀台言其不可，遂止。闽、越盗起，诏与不鲁迷失海牙等合兵讨之，御史大夫玉速帖木儿奏宜选将，帝曰："忙兀台已往，无虑也。"未几，悉平之。屡以病，上疏乞骸骨，乃召还。二十七年，以江西平章奥鲁赤不称职，特命为丞相，兼枢密院事，出镇江西。谨约束，锄强暴，尊卑殊服，军民安业，威德并著，在官四十日卒。

忙兀台之在江浙，专愎自用，又易置戍兵，平章不怜吉台言其变更伯颜、阿术成法，帝每戒敕之。既死，台臣劾郎中张斯立罪状，而忙兀台迫死刘宣及其屯田无成事，始闻于帝云。

子三人：帖木儿不花；孛兰奚，袭万户；亦剌出，中书参知政事。

奥鲁赤

奥鲁赤，札剌台人。曾祖豁火察，骁果善骑射，太祖出征，每提精兵为前驱。祖朔鲁罕，有胆力，尝被谗不许入见，一日俟驾出，趋前曰："臣无罪。若果有罪，速杀臣，臣将从先帝于地下；不然赦臣，愿得自效。"帝笑而复用之。辛未，与金人战于野孤岭，中流矢，战愈力，克之。既还，拔矢，血出昏眩。帝亲抚视，傅以药，竟不起。帝悲悼曰："朔鲁罕，朕之一臂，今亡矣！"赐其家马四百匹，锦绮万段。父忒木台，从太宗征杭里部，俘部长以献。复从征西夏有功，特命行省事，领兀鲁、忙兀、亦怯烈、弘吉剌、札剌儿五部军。平河南，以功赐户二千。尝驻兵太原、平阳、河南，土人德之，皆为立祠。

奥鲁赤性朴鲁，智勇过人。早事宪宗，带御器械，特见亲任。戊午，扈驾征蜀，攻钓鱼山。至元五年，攻襄阳，授金符、蒙古军万户。明年，赐虎符，袭父职，领蒙古军四万户。十一年春，诏丞相伯颜大举伐宋，以所部从，渡江围鄂。宋兵固守，奥鲁赤白丞相，可遣使谕降，乃遣许千户同所获宋将持金符抵其城东南门，悬金符以招之。其夜，守门将崔立启门出，遂引立见丞相。复遣入城，谕守臣张晏然。明日，晏然以城降。迁奥鲁赤昭毅大将军，诸郡望风而靡。分兵出独松关，宋兵坚守，奥鲁赤令将校益树旗帜于山上，率精骑突之，守兵惊溃，弃关走，追逐百余里，斩馘不可胜计。

十三年，宋主降，分讨未下州郡，诏加镇国上将军、行中书省参知政事。未几，以参知政事行湖北道宣慰使，兼领蒙古军。时州郡初附，戍以重兵，民惊惧，往往逃匿山泽间。奥鲁赤止侵暴，恤单弱，号令严明，民悉复业。会诏所在括逃俘，有司拘男女千余人。时军士已还部，所括者无所归，众议悉以隶官。奥鲁赤曰："斯民不幸被兵，幸而骨肉完聚，复羁之，是重被兵也，不若籍之为民。"众从之。俄征诣阙，赐赉优渥。及还，帝曰："武昌襟带江湖，实要害地。朕尝用师于彼，故遣卿往治，为朕耳目。"升骠骑卫上将军、中书左丞，行宣慰使。

十八年，诏移行省于鄂、宣慰司于潭。时湖南剧贼周龙、张虎聚党行劫，随宜招捕，枭二贼首，余悉纵遣。复召入见，拜行省右丞，改荆湖等处行枢密院副使。二十三年春，拜湖广等处行中书省平章政事。夏四月，赴召上都，命佐镇南王征交趾，帝慰谕之曰："昔木华黎等戮力王室，荣名迄今不朽，卿能勉之，岂不并美于前人乎！"仍命其子脱桓不花袭万户。至交趾，启王分军为三，因险制变，蛮不能支，窜匿海岛。余寇扼师归路，奥鲁赤转战以出。改江西行省平章政事。二十六年，以疾求退，不允。俄授同知湖广等处行枢密院事。成宗即位，进光禄大夫、上柱国、江西等处行中书省平章政事。大德元年春三月卒，年六十六。赠金紫光禄大夫、大司徒、上柱国，追封郑国公，谥忠宣。

子拜住，明威将军、蒙古侍卫亲军副都指挥使；脱桓不花，骠骑卫上将军、行中书省左丞、蒙古军都万户。

完者都

完者都，钦察人。父哈剌火者，从宪宗征讨有功。完者都广颡丰颔，髯长过腹，为人骁勇，而乐善好施，听读史书，闻忠良则喜，遇奸谀则怒。岁丙辰，以材武从军。己未，从攻鄂州，先登，赏银五十两。中统三年，从诸王合必赤讨李璮于济南，凡两战，皆有功。至元元年，合必赤因枢密臣以其武勇闻，帝特赏赐之。四年十月，从万户木花里略地荆南，还至襄阳西安阳滩，遇宋军，败之。既而从丞相阿术围襄樊，水陆大战者四，皆有功。尝梯樊城，焚楼橹，勇敢出诸军右，幕府上其功。十一年，授武略将军，为彰德南京新军千户。九月，从丞相伯颜南征。十一月，攻沙洋、新城。始授金符，领丞相帐前合必赤军。十二月，统舟师由沙芜口渡江。十二年春，与宋将孙虎臣战于丁家洲，大捷，进武义将军。攻泰州，战扬子桥，战焦山，破常州。十三年春，入临安，下扬州，皆有功。江南平，入见，帝顾谓侍臣曰："真壮士也！"因赐名拔都儿，授信武将军、管军总管、高邮军达鲁花赤，佩虎符。既而军升为路，遂进怀远大将军、高邮路总管府达鲁花赤。

十六年，授昭勇大将军，迁管军万户。漳州陈吊眼聚党数万，劫掠汀、漳诸路，七年未平。十七年八月，枢密副使孛罗请命完者都往讨，从之，加镇国上将军、福建等处征蛮都元帅，率兵五千以往。赐翎根甲，面慰遣之，且曰："贼苟就擒，听汝施行。"时黄华聚党三万人，扰建宁，号头陀军。完者都先引兵鼓行压其境，军声大震，贼惊惧纳款。完者都许以为副元帅，凡征蛮之事，一以问之。且虑其奸诈莫测，因大猎以耀武。适有一雕翔空，完者都仰射之，应弦而落，遂大猎，所获山积，华大悦服。乃闻于朝，请与之俱讨贼，朝廷从之，制授华征蛮副元帅，与完者都同署。华遂为前驱，至贼所，破其五寨。十九年三月，追陈吊眼至千壁岭，擒之，斩首漳州市，余党悉平。军还至扬州，奉旨赏赐有差。至高邮，病。七月，入觐，帝嘉之，赐钞及银、金绮、鞍勒、弓矢，复授管军万户、高邮路总管府达鲁花赤。有虎为害，完者都挟弓矢出郊，射杀之。

二十二年八月，以疾召入朝。帝屡遣中使存问，仍命良医视之。疾平，帝大喜，赐医者钞万贯，拜完者都骠骑上将军、江浙行省左丞，兼管军万户。初，浙西私盐，吏莫能禁，完者都躬诣松江上海，收盐徒五千，隶军籍。九月，授中书左丞，行浙西道宣慰使。二十五年，遥授尚书省左丞。二十六年，升资德大夫、江西等处行枢密院副使，兼广东宣慰使。疾复作，召还。成宗即位，入见，赐玉带，授荣禄大夫、江浙行省平章政事。大德二年十一月卒，年五十九。赠效忠宣力定远功臣、开府仪同三司、太尉、上柱国，追封林国公，谥武宣。

子十四人，皆仕，而帖木秃古思、别里怯都尤显。孙二十四人，仕者亦多云。

伯帖木儿

伯帖木儿，钦察人也。至元中，充哈剌赤，入备宿卫，以忠谨，授武节将军，佥左卫亲军都指挥使司事。二十四年，征叛王乃颜，隶御史大夫玉速帖木儿麾下，败乃颜兵于忽尔阿剌河，追至海剌儿河，又败之。乃颜党金家奴、别不古率众走山前，从大夫追战于札剌马秃河，杀其将二人，追至梦哥山，并擒金家奴。二十五年，超授显武将军。冬，哈丹王叛，从诸王乃麻歹讨之。至斡麻站、兀剌河等处，连败其党阿秃八剌哈赤军，转战至帖麦哈必儿哈，又败之。进至明安伦城，哈丹迎战，败走，追至忽兰叶儿，又与阿秃一日三战，手杀五人，擒裨将一人。至帖里揭，突击哈丹，挺身陷阵，身中三十余箭而还。大夫亲视其创，而罪溃军之不救者。车驾亲征，驻跸兀鲁灰河，伯帖木儿以兵从大夫至贵列儿河。哈丹拒王师，伯帖木儿首战却之，获其党驸马阿剌浑，帝悦，以所获贼将兀忽儿妻赐之。至霸郎儿，与忽都秃儿干战，杀其裨将五人，生擒曲儿先。九月，大夫令率师往纳兀河东等处，招集逆党乞答真一千户、达达百姓及女直押儿撒等五百余户。二十六年春正月，师还，复遣戍也真大王之境。五月，海都谋扰边，有旨令伯帖木儿以其军先来。行至怯吕连河，值拜要叛，伯帖木儿即移兵致讨，擒其党伯颜以献。帝深加奖谕，赐以所得伯颜女茶伦。是年冬，立东路蒙古军上万户府，统钦察、乃蛮、捏古思、那亦勤等四千余户。升怀远大将军、上万户，佩三珠虎符。

二十七年，哈丹复入高丽，伯帖木儿奉命偕彻里帖木儿进讨。二十八年正月，至鸭绿江，与哈丹子老的战，失利。伯帖木儿以闻，帝命乃麻歹、薛彻干等征之，仍命伯帖木儿为先锋。薛彻干军先至禅定州，击败哈丹，逾数日，乃麻歹以兵至，合攻哈丹，又败之。伯帖木儿将百骑追至一大河，虏其妻孥，追奔逐北。哈丹尚有八骑，伯帖木儿止余三骑，再战，两骑士皆重伤不能进，伯帖木儿单骑追之。至一大山，日暮，遂失哈丹所在。乃麻歹嘉其勇，赏以老的妻完者，上其功于朝，赐金带、衣服、鞍马、弓矢、银器等物，并厚赉其军。二十九年，闻叛王捏怯烈尚在濠来仓，伯帖木儿率兵击，虏其妻子畜产，追至陈河，捏怯烈以二十余骑脱身走，遂定其地。得所管女直户五百余以闻，帝命以充渔户。伯帖木儿度地置马站七所，令岁捕鱼，驰驿以进。成宗即位，俾仍其官。车驾幸上京，征其兵千人从，岁以为常云。

怀　都

怀都，斡鲁纳台氏。祖父阿术鲁，与太祖同饮黑河水，屡从征讨，赐银印，总大军伐辽东女直诸部。复帅师讨西夏，大战于合剌合察儿，擒夏主，太祖命尽赐以夏主遗物。继总军南伐，攻拔信安，下宿、泗等州。诸王塔察儿以阿术鲁年老，俾其子不花袭职。中统二年，不花卒，子幼，兄子怀都继领其职。

中统三年春，李璮叛，诏怀都从亲王哈必赤讨之，围璮济南。夏四月，璮夜出兵，四面冲突求出。怀都直前奋击，斩百余级，俘二百余人，夺兵仗数百。璮退走入城，怀都昼夜勒兵与战。秋七月，破济南，诛璮。哈必赤第其功，居最，诏赐金虎符，领蒙古、汉军。攻海州，略淮南庐州。至元三年，充邳州监战万户。四年，领山东路统军司，从主帅南征。至襄阳，西渡汉江，宋遣水军绝归路，怀都选士卒浮水杀宋军，夺战舰二十余艘，斩首千余级。六年，军次淮南天长，至五河口，与宋兵战，败之。七年，诏守鹿门山、白河口、一字城。九年春，怀都请攻樊之古城堡。堡高七层，怀都夜勒士卒，亲冒矢石，攻夺之，斩宋将韩拨发，擒蔡路钤。襄阳既降，帅师屯蔡、息，出巡淮安，还城正阳，略地安丰，获生口无算。

十一年夏，宋将夏贵来攻正阳，怀都领步卒薄淮西岸，至横河口，逆战退之。九月，略地安庆。十二年，北渡，至栅江堡，值宋军三千余，怀都与战，败之。复南渡江，驻兵镇江。谍报宋平江军出常州，怀都领兵千人，至无锡，与宋兵遇，大战，歼其众。秋七月，行省檄怀都领军护焦山江岸，仍往扬州湾头立木城，以兵守之。九月，权枢密院事，复守镇江。宋殿帅张彦、安抚刘师勇攻吕城，怀都与万户忽剌出、帖木儿追战至常州，夺舟百余艘，擒张殿帅、范总管。冬十月，从右丞阿塔海攻常州。宋朱都统自苏州赴援，怀都提兵至横林店，与之遇，奋击，大破之。十一月，取苏州，徇秀州，仍抚治临安迤东新附军民。十三年秋，同元帅撒里蛮、帖木儿、张弘范徇温州、福建，所至州郡迎降。十四年，授镇国上将军、浙东宣慰使。讨台、庆叛者，战于黄奢岭，又战于温州白塔屯寨，转战至于漳、泉、兴化，平之。十六年，召至阙下，赐玉带、弓矢，授行省参知政事，至处州，以疾卒。

子八忽台儿，官至通奉大夫、浙东道宣慰使都元帅，平浙东、建宁盗贼，数有功。不花子忽都答儿既长，分袭蒙古军千户，从平宋有功，授浙西招讨使，改邳州万户，后加荣禄大夫、平章政事，卒。

亦黑迷失

亦黑迷失，畏吾儿人也。至元二年，入备宿卫。九年，奉世祖命使海外八罗孛国。十一年，偕其国人以珍宝奉表来朝，帝嘉之，赐金虎符。十二年，再使其国，与其国师以名药来献，赏赐甚厚。十四年，授兵部侍郎。十八年，拜荆湖占城等处行中书参知政事，招谕占城。二十一年，召还。复命使海外僧迦剌国，观佛钵舍利，赐以玉带、衣服、鞍辔。二十一年，自海上还，以参知政事管领镇南王府事，复赐玉带。与平章阿里海牙、右丞唆都征占城，战失利，唆都死焉。亦黑迷失言于镇南王，请屯兵大浪湖，观衅而后动。王以闻，诏从之，竟全军而归。二十四年，使马八儿国，取佛钵舍利，浮海阻风，行一年乃至。得其良医善药，遂与其国人来贡方物，又以私钱购紫檀木殿材并献之。尝侍帝于浴室，问曰："汝逾海者凡几？"对曰："臣四逾海矣。"帝悯其劳，又赐玉带，改资德大夫，遥授江淮行尚书省左丞，行泉府太卿。

二十九年，召入朝，尽献其所有珍异之物。时方议征爪哇，立福建行省，亦黑迷失与史弼、高兴并为平章。诏军事付弼，海道事付亦黑迷失，仍谕之曰："汝等至爪哇，当遣使来报。汝等留彼，其余小国即当自服，可遣招徕之。彼若纳款，皆汝等之力也。"军次占城，先遣郝成、刘渊谕降南巫里、速木都剌、不鲁不都、八剌剌诸小国。三十年，攻葛郎国，降其主合只葛当。又遣郑珪招谕木来由诸小国，皆遣其子弟来降。爪哇主婿土罕必阇耶既降，归国复叛，事并见《弼传》。诸将议班师，亦黑迷失欲如帝旨，先遣使入奏，弼与兴不从，遂引兵还，以所俘及诸小国降人入见。帝罪其与弼纵土罕必阇耶，没家赀三之一。寻复还之。以荣禄大夫、平章政事为集贤院使，兼会同馆事，告老家居。仁宗念 其屡使绝域，诏封吴国公，卒。

拜　降

拜降，北庭人。父忽都，武勇过人，由宿卫为南宿州镇将，分守蕲县。后从世祖南征，年几七十，每率先士卒，冒矢石，身被数十疮，战功居多。徙居大名路清丰县，卒。赠广平路总管，封渔阳郡侯。忽都卒时，拜降生甫数月，母徐氏鞠育教诲甚至，每曰："吾惟一子，已童丱矣，不可使不知学。"顾县僻左，无良师友，遂遣从师大名城中。郡守每旦望入学，见拜降容止讲解，大异群儿，甚爱奖之。比弱冠，美髭髯，仪表甚伟。

丞相阿术南攻襄阳、江陵诸郡，以偏裨隶麾下。军行至安阳滩，与宋军遇。宋骑直前突阵，阵为却。拜降即跃马出阵前，引弓连毙数人，宋骑稍却。复率众战良久，宋师大溃。至元五年，围襄樊，战有功。十一年，从阿术渡江，水陆遇敌，尝先登陷阵，勇冠一军。宋平，以功授江浙省理问官。时事方草创，省臣有所建白，及事有不可便宜自决须奏闻者，以拜降善敷奏，数令驰驿往咨于朝。及引见，世祖遥识之，喜曰："黑髯使臣复来耶！"其见器使如此。

二十七年，迁江西行尚书省都镇抚。适徭、獠扰边，拜降从丞相忙兀台讨定之。二十九年，迁庆元路治中。岁大饥，状累上行省，不报。拜降曰："民饥如是而不赈之，岂为民父母意耶！"即躬诣行省力请，得发粟四万石，民赖全活。

元贞间，两浙盐运司同知范某阴贼为奸，州县吏以赂，咸听驱役，由是数侵暴细民。民有珍货腴田，必夺为己有，不与，则朋结无赖，妄讼以罗织之，无不荡破家业者。凶焰铄人，人咸侧目。里人欲杀之，不果，顾被诬诉逮系者亡虑数十人，俱死狱中。兰溪州民叶一、王十四有美田宅，范欲夺之，不可，因诬以事，系狱十年不决。事闻于省，省下理问所推鞫之，适拜降至官，冤遂得直。置范于刑，而七人者先瘐死矣，惟叶一、王十四得释，时论多焉。大德元年，迁浙东廉访副使，令行禁止，豪强慑伏。同寅有贪秽者，拜降抗章核之于台，遂免其官。后转工部侍郎，赐侍燕服一袭，升工部尚书，有能声。

至大二年，仁宗奉皇太后避暑五台，拜降供给道路，无有阙遗，恩赉尤渥。比至都，改资国院使。母徐氏卒，遂奔丧于杭。时酒禁方严，帝特命以酒十罂，官给传致墓所，以备奠礼。初，徐氏盛年守节，教子甚严，比拜降贵，事上于朝，特旌其门。及老，见拜降历官有声誉，喜曰："有子如是，吾死可瞑目矣。"拜降居丧尽礼，未及起复，延祐二年，卒于家。赠资政大夫、江浙左丞，谥贞惠。

卷一百三十二　　列传第十九

杭　忽　思

杭忽思，阿速氏，主阿速国。太宗兵至其境，杭忽思率众来降，赐名拔都儿，锡以金符，命领其土民。寻奉旨选阿速军千人，及其长子阿塔赤扈驾亲征。既还，阿塔赤入直宿卫。杭忽思还国，道遇敌人，战殁，敕其妻外麻思领兵守其国。外麻思躬擐甲胄，平叛乱，后以次子按法普代之。

阿塔赤从宪宗征西川军于钓鱼山，与宋兵战有功，帝亲饮以酒，赏以白金。阿里不哥叛，从也里可征之。至宁夏，与阿蓝答儿、浑都海战，率先赴敌，矢中其腹，不惧。世祖闻而嘉之，赏以白金，召入宿卫。中统二年，扈驾亲征阿里不哥，追至失木里秃之地，以功复赏白金。三年，从征李璮，平之。至元五年，奉旨同不答台领兵南征，攻破金刚台。六年，从攻安庆府，战有功。七年，从下五河口。十一年，从下沿江诸郡，戍镇巢，民不堪命，宋降将洪福以计乘醉而杀之。世祖悯其死，赐其家白金五百两、钞三千五百贯，并镇巢降民一千五百三十九户，且命其子伯答儿袭千户，佩金符。

时失烈吉叛，诏伯答儿领阿速军一千往征之，与瓮吉剌只儿瓦台军战于押里，复与药木忽儿军战于秃剌及斡鲁欢之地。十五年春，至伯牙之地，与赤怜军合战。五月，驻兵呵剌牙，与外剌台、宽赤哥思等军合战。其大将塔思不花树木为栅，积石为城，以拒大军。伯答儿督勇士先登，拔之，伯答儿矢中右股，别吉里迷失以其功闻，赏白金。二十年，授虎符、定远大将军、后卫亲军都指挥使，兼领阿速军，充阿速拔都达鲁花赤。二十二年，征别失八里，军于亦里浑察罕儿之地，与秃呵、不早麻军战，有功。二十六年，征杭海，敌势甚盛，大军乏食，其母乃咬真输己帑及畜牧等给军食。世祖闻而嘉之，赐予甚厚。大德四年，伯答儿卒。

长子斡罗思，由宿卫仕至隆镇卫都指挥使。次子福定，袭职，官怀远大将军，寻改右阿速卫达鲁花赤，兼管后卫军。至大四年，兄都丹充右阿速卫都指挥使；福定复职后卫，升枢密同佥，命领军一千守迁民镇，寻授定远大将军、佥枢密院事、后卫亲军都指挥使，提调右卫阿速达鲁花赤。二年，进资善大夫、同知枢密院事。后至元间，进知枢密院事。

步鲁合答

步鲁合答，蒙古弘吉剌氏。祖按主奴，太宗时率蒙古军千人从诸王察合台征河西，至山丹。攻下定、会、阶、文诸州，以功为元帅，佩金符，驻军汉阳礼店，戍守西和、阶、文南界，及西蕃边境。换金虎符，真除元帅。父车里，袭职。从都元帅纽璘攻成都，宋将刘整以重兵守云顶山，车里击败之，进围其城。整遣裨校出战，败走，追至简州斩之，杀三百余人，遂拔其城。攻重庆，车里将兵千人为先锋，渡马湖江，败宋兵于马老山，俘获百余人。戊午，诸军还屯灰山，宋兵夜来劫营，车里击败之，斩首三百级。世祖即位，赐金符，为奥鲁元帅，又改征行元帅。

至元二年，车里以老疾，不任事，诸王阿只吉命步鲁合答代领其军。至元八年，制授管军千户，佩金符。宋将昝万寿攻成都，金省严忠范遣步鲁合答将兵七百人御之于沙坎，流矢中右颊，拔矢，战愈力，大败其军。十一年，行院汪田哥以兵围嘉定，步鲁合答即率其众攻九顶山，破之，嘉定降。进攻重庆，宋军突围出走铜锣峡，行院忽敦遣步鲁合答追之，至广羊坝，斩首二百级。泸州叛，还军讨之，步鲁合答以所部兵攻宝子寨，岁余不下，乃造云梯先登，急击，遂破之，杀虏殆尽。十六年，取重庆，以功迁武略将军、征行元帅。

二十一年，命统蒙古探马赤军千人从征金齿蛮，平之。都元帅蒙古歹征罗必甸，步鲁合答率游兵先行，江水暴溢，率众泅水而渡，去城三百步而营。居七日，诸军会城下，乃进攻之，步鲁合答先登，拔其城，遂屠之。又从征八百媳妇国，至车厘，车厘者，其酋长所居也。诸王阔阔命步鲁合答将游骑三百往招之降，不听，进兵攻之，都镇抚侯正死焉。步鲁合答毁其北门木，遂入其寨，其地悉平。赐金虎符，授怀远大将军、云南万户府达鲁花赤，卒。子忙古不花，袭管军千户。

初，按主奴三子：长车里，次黑子，次帖木儿。黑子别赐金符，为奥鲁元帅，兼文州吐蕃达鲁花赤，卒。其子那怀幼，以帖木儿摄其官。那怀长，解职授之，遂改授帖木儿随路拔都万户，后移镇重庆，卒。

玉哇失

玉哇失，阿速人。父也烈拔都儿，从其国主来归，太宗命充宿卫。岁戊午，从宪宗征蜀，为游兵，前行至重庆，战数有功。当出猎遇虎于隘，下马搏虎，虎张吻欲噬之，以手探虎口，抉其舌，拔所佩刀刺而杀之。帝壮其勇，赏黄金五十两，别立阿速一军，使领其众。从世祖征阿里不哥，又从亲王哈必失征李璮，俱有功，赐金符，授本军千户。从下襄阳，又从下沿江诸城，宋洪安抚既降复叛，诱其入城宴，乘醉杀之。长子也速歹儿代领其军，从攻扬州，中流矢卒。

玉哇失袭父职，为阿速军千户。从丞相伯颜平宋，赐巢县二千五十二户。只儿瓦歹叛，率所部兵击之，至怀鲁哈都，擒其将失剌察儿，斩于军，其众悉平。诸王和林及失剌等叛，从皇子北安王讨之，至斡耳罕河，无舟，跃马涉流而渡，俘获甚众。时北安王方战失利，陷敌阵中，玉哇失从诸王药木忽儿追至金山，王乃得脱归。赏白金五十两、钞二千五百贯，改赐金虎符，进定远大将军、前卫亲军都指挥使。

诸王乃颜叛，世祖亲征，玉哇失为前锋。乃颜遣哈丹领兵万人来拒，击败之。追至不里古都伯塔哈之地，乃颜兵号十万，玉哇失陷阵力战，又败之，追至失列门林，遂擒乃颜。帝嘉其功，赐金带、只孙、钱币甚厚。乃颜余党塔不歹、金家奴聚兵灭捏该，从大军讨平之。既而哈丹复叛于曲连江，追击其军，渡河而遁。又与海都将八怜、帖里哥歹、必里察等战于亦必儿失必儿之地，战屡捷。

成宗时在潜邸，帝以海都连年犯边，命出镇金山，玉哇失率所部在行。从皇子阔阔出、丞相朵儿朵怀击海都军，突阵而入，大破之。复从诸王药木忽儿、丞相朵儿朵怀击海都将八怜，八怜败。海都复以秃苦马领精兵三万人直趋撒剌思河，欲据险以袭我师。玉哇失率善射者三百人守其隘，注矢以射，竟全军而归。帝嘉之，赐钞万五千缗、金织段三十匹。海都、朵哇以兵来袭，击走之。

武宗镇北边，海都复入寇，至兀儿秃，玉哇失败之，获其驼马器仗以献。时扎鲁花赤孛罗帖木儿所将兵为海都困于小谷，帝命玉哇失援出之。帝喜，谓诸将曰："今日大丈夫之事，舍玉哇失其谁能之，纵以黄金包其身，犹未足以厌朕志。"武宗南还，命玉哇失后从，敌惧莫敢近，因留之戍边。赐以金察剌二，玉束带、浑金段各一，仍赐秫米七十石，使为酒以犒其军。后海都子察八儿等遣人诣阙请和，朝廷许之，遂撤边备，玉哇失乃还。帝录其功，赐钞五万贯，进镇国上将军，仍旧职。

大德十年五月，昼寝于卫舍，不疾而卒。子亦乞里歹袭。亦乞里歹卒，子拜住袭。

麦　里

麦里，彻兀台氏。祖雪里坚那颜，从太祖与王罕战，同饮班真河水，以功授千户，领彻里台部，征讨诸国。卒于河西。父麦吉袭职，从太宗定中原，以疾卒。麦里袭职，从定宗略定钦察、阿速、斡鲁思诸国。从宪宗伐宋，有功。

世祖即位，诸王霍忽叛，掠河西诸城。麦里以为帝初即位，而王为首乱，此不可长，与其弟桑忽答儿率所部击之，一月八战，夺其所掠扎剌亦儿、脱脱怜诸部民以还。已而桑忽答儿为霍忽所杀，帝闻而怜之，遣使者以银钞羊马迎致麦里，赐号曰答剌罕，寻卒。子秃忽鲁。

探　马　赤

探马赤，秃立不带人。从诸王没赤征蜀，后以兵从塔海绀卜、火鲁赤、纽璘诸大帅。岁戊午，纽璘攻涪州，还至马湖江，宋兵连舰绝江不得进，探马赤率精兵二千击之，夺其舟以济。又于横江、嘉定、宣化三县造浮桥，以达成都，纽璘以为能，命将千人，从万户昔力答略地碉门、黎、雅、土蕃。昔力答死，行院帖赤以探马赤为万户，领其军。中统四年，授蒙古汉军万户。

至元九年，从行省也速带儿征建都，独以锐卒千五百人，与建都兵战于梅子岭，大败之，夜驰与速哥会，直捣其营，斩首数十级，生擒百余人，获其辎重以归。复益兵三千人，与左丞曲立吉思 乘胜进击，建都势蹙，请降。又从行院汪田哥、忽敦等，攻嘉定、重庆、泸、叙诸州，以功兼崇庆府达鲁花赤。十九年卒。子拜延，袭蒙古军万户，戍甘州。

拔　都　儿

拔都儿，阿速氏，世居上都宜兴。宪宗在潜邸，与兄兀作儿不罕及马塔儿沙帅众来归。马塔儿沙从宪宗征麦各思城，为前锋将，身中二矢，奋战拔其城。又从征蜀，至钓鱼山，殁于军。

拔都儿从征李璮，围济南，身二十余战，世祖嘉其能，赏纳失思段九，命领阿速军一千，常居左右。寻于阿塔赤内充怯薛百户。后从塔不台南征，与敌军战于金刚台，又以功受赏。师还，言于帝曰："臣愿从军，为国效死。"世祖留之，仍命充孛可孙，兼领阿速军，御马必令鞚引。

至元二十三年，授广威将军、后卫亲军副都指挥使，赐虎符。明年夏，从征乃颜于亦迷河，擒佥家奴、塔不台以归，赏钞及衣段，加定远大将军。大德元年卒。

子别吉连袭。至大四年，河东、陕西、巩昌、延安、燕南、河北、辽阳、河南、山东诸翼卫探马赤争草地讼者二百余起，命往究之，悉正其罪，积官怀远大将军。致和元年，从丞相燕铁木儿擒倒剌沙党乌伯都剌等，领诸卫军守居庸关及诸要害地。天历元年十月，王禅兵掩至羊头山，攻破隘口，势甚张，别吉连从丞相拥众奋击之，突入其军，王禅败走，文宗赐御衣二袭、三珠虎符，及弓矢、甲胄、金帛等物，以旌其功。寻以疾辞，子也连的袭。

昂　吉　儿

昂吉儿，张掖人，姓野蒲氏，世为西夏将家。岁辛巳，父甘卜率所部归太祖，以其军隶蒙古军籍，仍以甘卜为千户主之。从木华黎出征，病卒。

昂吉儿领其父军，从征诸国有功。至元六年，授本军千户，佩金符。俄略地淮南，所向无前。时国兵初南，塞马当暑，往往疥疠，昂吉儿以所部马入太行疗之，所病良已。由是军中马病者，率以属焉，岁疗马以万数。宋输粮金刚台，意将深入，昂吉儿将兵驰往，断其输道，因上言："河南边郡与宋对境，宋兵时为边患，唐州东南皆大山，信阳在蔡州南，南直九里、武阳、平靖、五水等关，宋兵必经诸关以入，信阳实其咽喉，守御莫急焉。往年金亡，朝廷得寿、泗、襄、郢，而不留兵守，卒使宋得之，请城信阳，以扼宋。"得旨，令率河西军一千三百人城之，城成。

九年，加明威将军、信阳军万户，佩虎符，分木华黎及阿术所将河西兵俾将之。加怀远大将军。丞相伯颜渡江，留阿术定淮南东道，其西道则属之昂吉儿，驻兵和州。宋淮西制置夏贵遣侯都统将兵四万来攻，有谋内应者悉诛之，潜兵出千秋涧，塞其归路，因出城奋击，大败之，获人马千计，镇巢军降，阿速军戍之，人不堪其横，都统洪福尽杀戍者以叛。昂吉儿攻拔其城，擒福及董统制、谭正将。遂攻庐州，夏贵使人来言曰："公毋吾攻为也，吾主降，吾即降矣。"宋亡，贵举所部纳款。昂吉儿入庐州，民按堵无所犯，迁镇国上将军、淮西宣慰使。

宋丞相文天祥复起兵海道，舒民张德兴应之，袭破兴国、德安诸郡，还据司空山。诏昂吉儿攻之，一战而定，杀张德兴，执其三子以献。

江左初平，官制草创，权臣阿合马纳赂鬻爵，江南官僚冗滥为甚，郡守而下佩金符者多至三四人，由行者官举荐超授宣慰使者甚众，民不堪命。昂吉儿入朝，具为帝言之，且枚举不循资历而骤升者数人。帝惊曰："有是哉！"因谓姚枢等曰："此卿辈所知，而不为朕言，昂吉儿顾言之邪。"即命偕平章哈伯、左丞崔斌、翰林承旨和鲁火孙、符宝奉御董文忠减汰之，选曹以清。仍诏谕江淮军民，俾通知之。

时两淮兵革之余，荆榛蔽野，昂吉儿请立屯田，以给军饷，帝从之。既而阿塔海言："屯田所用人牛农具甚众，今方有事日本，若复调发民兵，将不胜动摇矣。"仪遂寝。未几，宣慰使燕公楠复以为言，帝乃遣数千人，即芍陂、洪泽试之，果如昂吉儿所言，乃以二万兵屯之，岁得米数十万斛。加辅国上将军、河南行省参知政事、淮西宣慰使都元帅，进骠骑卫上将军、行中书省左丞，加龙虎卫上将军、行尚书省右丞，两官皆兼淮西使、帅。

日本不庭，帝命阿塔海等领卒十万征之。昂吉儿上疏，其略曰："臣闻兵以气为主，而上下同欲者胜。比者连事外夷，三军屡衄，不可以言气，海内骚然，一遇调发，上下愁怨，非所谓同欲也，请罢兵息民。"不从。既而师果无功。

昂吉儿屡为直言，虽帝怒甚，其辞不少屈。台臣虑昂吉儿难制，以牙以迷失不畏强御，奏为本道按察使以察之。牙以迷失时捃摭昂吉儿细故以闻，及廷辨，帝察其无他，辄迁其官，后竟以微过罪之。元贞元年卒。

子五人，其显者曰昂阿秃，庐州蒙古汉军万户府达鲁花赤；曰暗普，海北海南道肃政廉访使。孙教化的，世袭千户。

哈刺䚟

哈剌䚟，哈鲁氏。初从军攻襄樊，蒙古四万户府辟为水军镇抚。至元十二年，从丞相伯颜渡江，改管军百户，赏甲胄、银鞘刀。十二年秋，从丞相阿术与宋兵战焦山，败之，获海舟二。阿术与王世强招讨造白鹞海船百艘，就四十一万户翼摘遣汉军三千五百、新附军一千五百，俾哈剌䚟、王世强并统之。攻宋江阴、许浦、金山、上海、崇明、金浦皆下之，获海船三百余艘，遂戍澉浦海口。

十三年春，行省檄充沿海招讨副使。宋将张世杰舟师至庆元朐山东门海界，哈剌䚟追之，获船四艘，上其功，行省增拨军七百并旧所领士卒，守定海港口。秋七月，宋昌国州、朐山、秀山戍兵舟师千余艘，攻夺定海港口，哈剌䚟迎击，虏其裨将并海船三艘。八月，宋兵复攻定海港口，哈剌䚟击退之，行省檄充蒙古汉军招讨使。十月，哈剌䚟引兵至温州青屿门，遇宋兵，夺船五艘，遣使谕温州守臣家之柄以城降。十一月，至福州，夺宋海船二十艘，擒毛监丞等。

十四年，赐金符，宣武将军、沿海招讨副使，行省檄充沿海经略副使，俾与刘万户行元帅府事于庆元，镇守沿海上下，南至福建，北趾许浦。六月，行省檄充沿海经略使，兼左副都元帅，督造海船千艘。八月，有旨：江西省右丞塔出等进兵攻广南，哈剌䚟以兵从。十月，进昭勇大将军、沿海招讨使。时宋处州兵复温州，哈剌歹率兵复取之。进至潮阳县，宋都统陈懿等兄弟五人以畲兵七千人降。塔出兵攻广州，逾月未下，哈剌䚟引兵继至，谕宋安抚张镇孙、侍郎谭应斗以城降。从攻张世杰于大洋，获其军资器械不可胜计。谕南恩州，宋阁门宣赞、舍人梁国杰以畲军万人降。

十五年，还军庆元。秋八月，入觐，帝问曰："汝何氏族？"对曰："臣哈鲁人。"赐金织文衣、鞍勒，擢昭武大将军、沿海左副都元帅、庆元路总管府达鲁花赤，将所部军戍海口。十六年，日本商船四艘，篙师二千余人至庆元港口，哈剌歹谍知其无他，言于行省，与交易而遣之。海贼贺文达、顾润等寇掠海岛，哈剌歹谕降之，得舟六十余艘。十八年，擢辅国上将军、都元帅，从国兵征日本，值飓风，舟回。明年二月，还戍庆元。二十二年，罢都元帅，改沿海上万户府达鲁花赤。

二十四年，入朝，帝问日本事宜，哈剌歹应对甚悉，令还戍海道。授浙东宣慰使，赐金织文段、玉束带、鞍勒、弓矢有差。二十五年，枢密以水军乏帅，奏兼前职。冬，征入见。明年，拜金吾卫上将军、中书左丞，行浙东道宣慰使，领军职如故。

大德五年，征入见。擢资德大夫、云南行省右丞，偕刘深征八百媳妇国。至顺元(年)，宋龙济等叛，丧师而还，深诛，哈剌歹亦以罪废。十一年，以疾卒于汝州。皇庆元年，赠荣禄大夫、平章政事、巩国公，谥武惠。子哈剌不花，袭沿海万户府达鲁花赤。

沙　全

沙全，哈剌鲁氏。父沙的，世居沙漠，从太祖平金，戍河南柳泉，家焉。全初名抄儿赤，甫五岁，为宋军所虏，年十八，留刘整幕下，宋人以其父名沙的，使以沙为姓，而名曰全。全久居宋，险固备知之。

中统二年，整以泸州来归，全与之同行，宋军追之，全力战得脱，授管军百户。至元三年，整出兵云顶山，与宋将夏贵兵遇，全击杀甚众。五年，命整领都元帅事，出师围襄樊，以全为镇抚。整遣全率军攻仙人山、陈家洞诸寨，破之，升千户，赐银符。败宋将张贵，拔樊城，与刘整军会。修正阳城，引兵渡淮，与宋将陈安抚战，败之。十二年，从丞相阿术与宋将张世杰、孙虎臣大战于焦山，水陆并进，宋人不能支，尽弃鼓旗走，获其将士三十三人。从攻常州，克之，乘胜下沿海诸城。至华亭，戒士卒毋杀掠，遂倾城出降，以功授花亭军民达鲁花赤。

时民心未定，有未附盐徒聚众数万掠华亭，全击破之，籍其名得六千人，请于行省，遣屯田于淮之芍陂。行省以邑人新附，时有叛侧，委万户忽都忽等体察，欲屠其城，全言："盐卒多非其土人，若屠之，枉死者众。"以死保其不叛，遂止。赐金符，加武略将军，兼领盐场，职如旧。寻升华亭为府，以全为达鲁花赤，赐虎符。时盗贼蜂起，其最盛者有众数千人，全悉招来之，境内得安。改松江万户府达鲁花赤，始专领军政。

二十二年，召见，迁隆兴万户府达鲁花赤，得请，复旧名曰抄儿赤。未几，帝以为松江濒海重地，复命镇之，赐三珠虎符，卒于官。

帖木儿不花

帖木儿不花，答答里带人。父帖赤，岁乙未，同都元帅塔海绀卜将兵入蜀，并将蒙古也可明安、和少马赖及炮手诸军，攻下兴元、利、剑、成都诸郡，所降宋将小王太尉之众，悉隶麾下。中统二年，赐虎符，授西川便宜都元帅。俄进行枢密院，率诸军略定西川未下郡邑。至元元年，迁益都等路统军使，死军中。

帖木儿不花，中统初入备宿卫。至元七年，授虎符，代张马哥为淄莱水军万户，将其众赴襄阳，与宋将范文虎战于灌子滩，手杀四十余人，夺其战舰，追至云胜洲，大败之。行省上其功，赐白金五十两、衣一袭、鞍辔一副。九年，授益都新军万户。十一年，改益都、淄莱新军万户。

从丞相伯颜伐宋，败其大将夏贵于阳罗堡。大军渡江，论其功最多，赐白金五百两。又从下鄂、蕲、黄、江、建康、常、秀、苏、杭诸郡，累加昭武大将军。从参知政事阿剌罕略定绍兴、温、台、福建诸郡，授台州路总管府达鲁花赤，迁广东宣慰使。

十六年，加都元帅。追宋将张世杰于香山岛，世杰死，降其众数千人。广东诸郡及海岛尽平，领诸降臣及将校之有功者，入见于大安阁，命太府监视其身，制银鼠裘成，亲赐予之，授中书左丞，行省江西，其余爵赏有差。二十五年，拜四川等处行尚书省平章政事，兼总军务，改行中书省平章政事。

其兄帖木脱斡，初以蒙古军千户从伐蜀有功，行枢密院承制授万户。并将列别术、塔海帖木儿、也速带儿、匣剌撒儿四千户军，从大军攻重庆。重庆降，收其众，徇下流诸城，留镇夔门，兼本路安抚司达鲁花赤。进怀远大将军、蒙古军万户。迁定远大将军，兼嘉定守镇万户、本路总管府达鲁花赤。寻升镇国上将军、诸蛮夷部宣慰使，加都元帅。亦奚不薛蛮畔，与岳剌海会云南兵讨平之。改征缅都元帅，死于军。子忽都答儿嗣。

卷一百三十三　　列传第二十

塔　出

塔出，蒙古札剌儿氏。父札剌台，历事太祖、宪宗。岁甲寅，奉旨伐高丽，命桑吉、忽剌出诸王并听节制。其年，破高丽连城，举国遁入海岛。己未正月，高丽计穷，遂内附，札剌台之功居多。

塔出以勋臣子，至元十七年授昭勇大将军、东京路总管府达鲁花赤。十八年，召见，赐钞六十锭，旌其廉勤。升昭毅大将军、开元等路宣慰使，改辽东宣慰使。二十二年，入觐，帝慰劳久之，且问曰："太祖命尔父札剌台圣旨，尔能记否?"塔出应对周旋，不逾礼节，帝嘉之，赐以玉带、弓矢，拜龙虎卫上将军、东京等路行中书省右丞。复授辽东道宣慰使。

塔出探知乃颜谋叛，遣人驰驿上闻，有旨，命领军一万，与皇子爱也赤同力备御。女直、水达达官民与乃颜连结，塔出遂弃妻子，与麾下十二骑直抵建州。距咸平千五百里，与乃颜党太撒拔都儿等合战，两中流矢。继知其党帖哥、抄儿赤等欲袭皇子爱也赤，以数十人退战千余人，扈从皇子渡辽水。乃颜军来袭，塔出转斗而前，射其酋帖古歹，中其口，镞出于项，堕马死，追兵乃退。遂军懿州，州老幼千余人，焚香罗拜道傍，泣曰："非宣慰公，吾属无遗种矣。"塔出曰："今日之事，上赖皇帝洪福，下赖将士之力，吾何功焉。"至辽西黑山北小龙泊，得叛酋史秃林台、卢全等纳款书，期而不至，塔出即遣将讨擒之，又获其党王赛哥。复与曲迭儿大王等战，破之，将士欲俘掠，塔出一切禁止。与佥院汉爪、监司脱脱台追乃颜余党，北至金山，战捷。帝嘉其功，召赐黄金、珠玑、锦衣、弓矢、鞍勒。

二十八年，赐明珠虎符，充蒙古军万户。是岁，复领军讨哈丹于女直，还攻建州，逐阿海投江死。明年，哈丹涉海南，袭高丽，塔出复进兵讨之。入朝，世祖嘉其功，眷遇弥渥，复赐珍珠上服，拜荣禄大夫、辽阳等处行中书省平章政事，兼蒙古军万户，卒于位。

子答兰帖木儿，中奉大夫、辽阳省参知政事。

拜　延

拜延，河西人。父火夺都，以质子从太祖征河西，太祖立质子军，号秃鲁花，遂以火夺都为秃鲁花军百户。太宗朝，都元帅纽璘承制以为千户，从征西川。忽都叛于临洮，世祖命火夺都等以蒙古、汉军从大军往讨之。

火夺都卒，拜延袭。至元九年，制授征行千户，佩金符。十年，宋师侵成都，四川佥省严忠范遣拜延迎击，大败之。又从行省也速带儿攻嘉定，从行院忽敦取泸、叙，攻重庆，数有战功。十二年，行院承制以为东西两川蒙古汉军万户。总帅汪田哥用兵忠州，命拜延将兵二千，往涪州策应之。宋人伺知田哥回，以舟师顺流而下，邀于青江，拜延引兵驰赴，擒其部将李春等十七人，取其军资，焚其战舰。

十三年，泸州复叛，行院遣拜延领兵趋泸之珍珠堡，败其将王世昌，俘掠其民人孳畜，移兵戍暗溪寨。宋合州兵来援，拜延生擒百余人，戮之，遂克泸州。行院副使卜花进兵围重庆，遣拜延将兵游击，获大良平李立所遣谍者四人。重庆降，制授宣武将军、蒙古汉军总管。

十九年，从总帅汪田哥入见，升怀远大将军、管军万户，改赐金虎符，卒。子答察儿嗣，授明威将军、兴元金州万户府达鲁花赤。

也罕的斤

也罕的斤，匣剌鲁人。祖匣答儿密立，以斡思坚国哈剌鲁军三千来归于太祖，又献羊牛马以万计。以千户从征回回诸国，又从睿宗及折别儿谕降河西诸城，后从攻临洮死焉。父密立火者，从太宗灭金，又从宪宗攻蜀，为万户府达鲁花赤，殁于军。

中统二年，也罕的斤为千户，数有战功，下五花、石城、白马等寨。至元七年，宋兵入成都，也罕的斤以兵四百人与之相拒四日，宋兵退，追击于眉州，大破之，授蒙古匣剌鲁河西汉军万户，戍眉州。从围嘉定，筑怀远寨以守其要害，宋兵出战，辄败。

十二年，入朝，赐对衣、玉束带、白金百两，加昭勇大将军、上万户，益兵万人。会围重庆，尽督马湖江两岸水陆军马。十四年，从围泸州，攻神臂门，先登拔之。从行枢密副使卜花攻重庆，屯佛图关，屡战有功，移屯堡子头，宋守将赵安开门降。重庆既平，复将其众，略地思州，得降将百余人，加昭毅大将军。帝以西川新附，选能镇抚之者，授嘉定军民、西川诸蛮夷部宣抚司达鲁花赤，增户万余。进奉国上将军、四川宣慰使、都元帅。

十七年，征斡端，拜云南行省参知政事。二十一年，与右丞太卜、诸王相吾答儿分道征缅，造舟于阿昔、阿禾两江，得二百艘，进攻江头城，拔之，获其锐卒万人，命都元帅袁世安守之。且图其地形势，遣使诣阙，具陈所以攻守之方。

先是，既破江头城，遣黑的儿、杨林等谕缅使降，不报，而诸叛蛮据建都太公城以拒大军，复遣僧谕以祸福，反为所害，遂督其军水陆并进，击破之，建都、金齿等十二城皆降，命都元帅合带、万户不都蛮等以兵五千戍之。二十八年，改四川行枢密副使，卒。

子二人，火你赤的斤，云南都元帅；也连沙，袭蒙古军万户。

叶仙鼐

叶仙鼐，畏吾人。父土坚海牙，以才武从太祖、太宗平金及西夏，俱有功。

仙鼐幼事世祖于潜藩，从征土蕃、云南，常为前驱。岁己未，伐宋，至鄂州，先登夺其外城。中统元年，从征阿里不哥，与其党遇，大呼驰击之，其众骇溃，赏白金貂裘。明年，讨李璮，以功赏白金五百两。授西道都元帅、金虎符、土蕃宣慰使。仙鼐素熟夷情，随地阨塞设屯镇抚之，恩威兼著，顽犷皆悦服。赐金币钞及玉束带。为宣慰使历二十四年，迁云南行省平章政事。寻改江西行省平章政事。巨盗钟明亮积年为害，仙鼐讨擒之。

至元三十一年，成宗即位，召还，赐玉带，改陕西行省平章政事。谢事归陇右，十年卒。赠协恭保节功臣、太保、仪同三司、上柱国、巩国公，谥敏忠。

子完泽，太子詹事，进金紫光禄大夫、中书平章政事。

脱力世官

脱力世官，畏吾人也。祖八思忽都探花爱忽赤，国初领畏吾、阿剌温、灭乞里、八思四部，以兵从攻四川，殁于军。父帖哥术探花爱忽赤，宪宗命长渴密里及曲先诸宗藩之地。浑都海、阿蓝答儿叛，执帖哥术械系之。帖哥术破械脱走，入觐世祖，赐金符，袭父职，命率所部兵就征之，以功赐衣服、弓矢、鞍勒。又命从诸王奥鲁赤讨建都，平之，升昭勇大将军、罗罗斯副都元帅、同知宣慰司事。至西蕃境上，蕃酋必剌充遮道不得进，帖哥术战却之，道遂通。事闻，赐金虎符，赏白金及衣二袭。卒于官。

脱力世官袭职，为武德将军、罗罗斯副都元帅、同知宣慰司事。其所部有产金户叛服不常，脱力世官往讨平之。定昌路总管谷纳叛，与其千户阿夷谋率众渡不思鲁河，脱力世官引兵战，擒阿夷，杀之。德平路落来民又叛，脱力世官又讨平之。

亦奚不薛地未附，民多立寨，依险自保。诏云南行省调罗罗斯蒙古军四百人，罗罗章六百人，属脱力世官，从左丞爱鲁往讨之。脱力世官先至，拔其寨。爱鲁命率兵攻罗羽，抵落穿，夺其关，获马牛羊以给士卒；又命与万户兀都蛮攻怯儿地，其酋长阿失据山寨不下，脱力世官先登，破之。爱鲁遂命脱力世官总左手四翼兵，讨平亦奚不薛。又有蛮子童者，立寨于纳土原山，行省复命脱力世官以蒙古、爨、僰军与行省参政阿合八失攻之，子童穷蹙，遂降。进兼管军副万户。蛮细狗、折兴等及威龙州判官阿遮皆凭险为乱，脱力世官夜入据其寨，贼散走，遣兵搜山谷，获阿遮于深菁，斩之，籍其民五百余户为农。

脱力世官入觐，授三珠虎符，加怀远大将军、罗罗斯宣慰使，兼管军万户。既还治，括户口，立赋税，以给屯戍。昌州苏你、巴翠等作乱，脱力世官以云南王命讨降之，徙其众于昌州平川。镇守千户任世禄以所部二千人乘间遁去，屯威龙州，脱力世官先据其要路阨之，世禄降。未几入觐，卒于京师。

子唆南班，由宿卫袭职，佩三珠金虎符，官至镇国上将军。

忽剌出

忽剌出，蒙古氏。曾祖阿察儿，事太祖，为博儿赤。祖赤脱儿，从太宗征钦察、康里、回回等国有功，为涿州达鲁花赤，卒。伯父哈兰术袭职，佩金符，以功稍迁益都路蒙古万户，殁于军。

忽剌出袭哈兰术职，初授昭勇大将军。至元十二年，攻宋六安军，行省命领诸军战舰，遇宋军，败之，有旨褒赏。军次安庆，忽剌出及参政董文炳领山东诸军与宋孙虎臣等战于丁家洲，大败之，俘其将校三十七、军五千、船四十。战于朱金沙，又败之。七月，及宋人战于焦山江中，时丞相阿术督战，忽剌出与董文炳冒矢石沿流鏖战八十里，身被数伤，裹创殊死战。宋张殿帅攻吕城，忽剌出与万户怀都生擒之。从下常州，略地苏、湖、秀州，至长桥，大败宋军。大军至临安，伯颜命忽剌出守浙江亭及北门，败扬州军于扬子桥，又败真州军，追李庭芝至通州海口，尽降淮东诸州。江南平，加昭毅大将军，寻迁湖州路达鲁花赤。

十四年，进镇国上将军、淮东宣慰使。奉旨屯守上都，改嘉议大夫、行台御史中丞。升资善大夫、福建行省左丞。迁江淮行省，除右丞。拜荣禄大夫、江浙行省平章政事，以疾卒。

重喜

重喜，束吕纥氏。祖塔不已儿，事太宗，为招讨使征信安、河南，授金虎符，改征行万户，卒。父脱察剌袭职，岁己未，从南征，破十安寨。时重喜从行，战亦屡捷，左足中流矢，勇气益倍，世祖亲劳之，曰："汝年幼，能为朕宣力如是，深可嘉尚。"父卒，重喜袭职。

中统三年，从征李璮有功。四年，命领兵镇莒州。至元二年，奉旨筑十字路城，备守御，重喜常率兵游击。四年，从抄不花征泗州。时蔡千户为宋兵所围，重喜奋战，救之。五年，入觐，帝嘉其功，赐白金、金鞍、弓矢。修正阳城。

十一年，宋兵围正阳，从大军战，败之。十二年，从下涟海诸城，又败宋将李提辖，遂驻兵瓜洲。十三年夏六月，宋都统姜才率师来攻，迎战，却之。秋七月，从大军袭击宋将李庭芝于泰州，进昭勇大将军、婺州路总管府达鲁花赤，卒。子庆孙袭。

旦只儿

旦只儿，蒙古答答带人。至元七年，从征蜀，败宋兵于马湖江，斩首百余级。九年，从征建都蛮。十一年，从攻嘉定，败宋兵于夹江，又从攻下泸、叙诸州，进围重庆，败宋将张万。泸州叛，诸军将攻泸，旦只儿先将其众据红米湾，与宋兵战，败之。进至安乐山，复败宋军，斩首五百余级，获战舰四。宋兵邀漕舟于安乐山，击走之，遂破其石磐寨。十四年春，抵泸州，夺其战舰五艘，还至安乐山，复与宋兵战，杀数十人，从诸军拔泸州。张万举兵欲向合州，旦只儿以锐卒千人邀击于龙坎，斩首百余级，万引却。赐银符，授管军千户。

从征斡端，至甘州。赐金符，升总管。十九年，从诸王合班、元帅忙古带军至斡端，与叛王兀卢等战，胜之。二十年，诸王八巴叛，以兵来攻，旦只儿独破其五百余众，拔亡卒二千余人以出，进副万户，还戍长宁军。宋好止寨以兵来袭，旦只儿击走之，斩首百余级，生获三十余人。二十六年，赐金虎符，授信武将军、平阳等路万户府达鲁花赤，卒。子建都不花袭。

脱欢

脱欢，札剌儿台氏。祖菊者。父脱端，为万户，从皇子阔出、忽都秃略汴、宋、睢、宿等州。岁癸丑，镇蔡州。脱端卒，子不花袭。不花卒，弟阿蓝答儿袭。阿蓝答儿卒，弟长寿袭，并为千户守蔡。

长寿卒，脱欢袭，加武略将军，佩金符。从丞相阿术攻阳逻堡，累有战功。渡江攻鄂汉诸州，下之。会宋军于丁家洲，脱欢突入，夺战舰数艘，攻建康、太平等郡，下之。宋都统姜才攻扬子桥堡，脱欢率精兵出堡东逆之，斩杀几尽，俄而宋军复集堡北，遂奋击走，追至扬州，杀伤甚众。会万户昔里罕入朝，道滁州，为宋兵所遮，击败宋兵，出昔里罕。从攻扬州，至泥湖，遇宋军，夺三十余艘，遂进兵苏州，与宋军战，擒柳奉使。

至元十三年，右丞相遣脱欢援高邮军，未至二十里，会宋将率兵来漕高邮粟，与战擒之。有顷，宋高邮都统复率二万人至，击败之。

十四年春，授怀远大将军、太平路总管府达鲁花赤。会只里瓦带寇北边，帝命脱欢往讨之，战，左臂中流矢二，帝慰劳之，赐铠甲、弓矢、鞍勒、钞千五百缗。十五年春，从亲王斡鲁忽台、丞相孛罗西征有功，加定远大将军、福州路总管府达鲁花赤。平闽盗，改武昌路，卒。

完者都拔都

完者都拔都，钦察氏，其先彰德人。以才武从军。岁己未，从世祖攻鄂州，登城斩馘，赏银五十两。中统三年，从诸王合必赤征李璮于济南，力战有功。至元四年，从万户木花里掠地荆南，至襄阳，与宋兵战，屡胜之。遂为梯登樊城，焚楼橹，勇冠三军。十一年，授武略将军、彰德南京新军千户。攻沙洋、新城，始授金符，领丞相伯颜帐前合必赤军。渡江论功，改武义将军。战于丁家洲及扬子桥、焦山，破常州，入临安，攻泰州新城皆预焉。

江南归附，入见，赐号拔都儿，佩金虎符，迁信武将军、管军总管、高邮军达鲁花赤。首以兴学劝农为务，四方则之。郡有虎伤人，手格杀之。既而高邮升为路，进怀远大将军、高邮路达鲁花赤。十六年，进昭勇大将军、管军万户。

十八年，闽贼陈吊眼作乱，擢镇国上将军、福建等处征蛮都元帅，赐翎根甲，命往讨之。破其营，擒吊眼，至漳州斩以示众。加管军万户，兼高邮路达鲁花赤，赏赐无算。二十三年，进骠骑卫上将军、江浙等处行中书省左丞，仍管军万户。迁浙西行中书省右丞，行浙西宣慰使。二十七年，转资德大夫、江西等处行枢密院副使，兼广东宣慰使。

元贞元年，入朝，拜荣禄大夫、江浙等处行中书省平章政事。卒于官，年五十九。赠效忠宣力定远功臣、开府仪同三司、太尉、上柱国，追封林国公，谥武宣。

失里伯

失里伯，蒙古人。祖怯古里秃，从太祖经略西夏有功。又隶诸王术赤台，领宝儿赤，与金人战，殁于阵。父莫剌合嗣，从征阿蓝答儿亦有功，世祖赐以白金五十两。

失里伯世其职，由枢密院断事官为河南行中书省断事官。至元七年，佩金虎符，引水军四万攻襄阳。八年七月，宋将范文虎来援，失里伯败其军，进围樊城，先登。战于鹿门，与诸军擒其将张贵。十年，迁昭勇大将军，为耽罗国招讨使。奉旨入见上都，改管军万户，领襄阳诸路新军。从丞相伯颜等渡江，破独松关，下长兴，取湖州，行安抚司事。

十四年，授湖州总管，进镇国上将军、淮西道宣慰使。十八年卒。子塔剌赤，曲靖等路宣慰使。

孛兰奚

孛兰奚，雍吉烈氏，世居应昌。祖忙哥，以后族备太祖宿卫。父律实，状貌魁伟，有谋，善骑射。太宗尝问以军旅之事，应对称旨，即命为千户。寻以为齐王府司马。后从睿宗伐金有功，诏还宿卫，以疾卒。

孛兰奚英迈有父风，幼孤，能自刻厉如成人，暇日习弓马，夜则读书。其母尝训之曰："汝父忠勇绝人，天不假年。汝能自立，则汝父殁无憾矣。"孛兰奚由是感激，期以成父之志。从军有功，袭父官，为齐王司马。

世祖亲征乃颜，以齐王兵从，兵始交，孛兰奚跃马陷阵，斩其旗，所向披靡，世祖遥望见壮之。有顷，乃颜兵遁走，孛兰奚驰归以捷闻。世祖大悦，劳之曰："无忝汝父矣。"赐黄金五十两、金织文二匹，授宣威将军、信州路达鲁花赤。时江南初附，布宣上意，与民更始。期年，郡中大治，部使者以闻，帝奖叹久之，即遣使赐以上尊。俄以疾卒，年三十三。赠河间路达鲁花赤，追封范阳郡侯。

子脱颖溥化，历监察御史、河南廉访副史、郴州路达鲁花赤。

怯 烈

怯烈，西域人，世居太原，由中书译史从平章政事赛典赤经略川、陕。至元十二年，立云南行省，署为幕官，诸洞蛮夷酋长款附，怯烈功居多。十五年，分省大理，会缅人入寇，怯烈即以战具资军士，讨平之，授行中书省左右司员外郎。

十八年，平章纳速剌丁遣诣阙敷奏边事，世祖爱其聪辨练达，锡虎符，拜镇西平缅麓川等路宣抚司达鲁花赤，兼管军招讨使。成都、乌蒙诸驿阻绝，怯烈市马给传，往来便之。俄被召上京，问以征缅事宜，奏对称旨，赐币帛及翎根甲。诸王相吾答儿、右丞太卜征缅，命怯烈率兵船为向导，拔其江头城，振旅而还。复从云南王入缅，总兵三千屯镇骠国，设方略招徕其党，由是复业者众。

后入觐，世祖慰劳之，询以缅国始末。擢正议大夫、佥缅中行中书省事，佩金符。颁诏于缅，宣布威德，缅王稽颡称谢，遣世子信合八的入贡。迁通奉大夫、云南诸路行中书省参知政事。进资善大夫、云南诸路行中书省左丞。大德四年，以疾卒。

暗 伯

暗伯，唐兀人。祖僧吉陀，迎太祖于不伦答儿哈纳之地。太祖嘉其效顺，命为秃鲁哈必阇赤，兼怯里马赤。父秃儿赤袭职，事宪宗，累官至文州礼店元帅府达鲁花赤。

暗伯弱冠入宿卫，性严重刚果，有大志。尝亲迎于燉煌，阻兵不得归，乃客居于于阗宗王阿鲁忽之所。世祖遣薛彻干等使阿鲁忽以通好，阿鲁忽留使者数年弗遣，暗伯悉以己马驼厚赆之，令逃去。薛彻干等得脱归，具以白世祖，世祖称叹久之，既而命元帅不花帖木儿等征于阗，暗伯乘间至行营，见薛彻干于帐中，薛彻干曰："公之忠义，已上闻矣。"不花帖木儿遂承制命暗伯权充枢密院客省使。俄有旨护送暗伯妻子来京师。

未几，宗王乃颜叛，世祖亲征，暗伯在行间，屡捷，命为克流速不鲁合不周兀等处万户。又诸王哈鲁、驸马秃绵答儿等叛，暗伯率所部兵战于克流速石巴秃之地，身中七创，所乘马亦中二矢，自旦至晡，鏖战愈力，刺秃绵答儿杀之，生擒哈鲁以献。世祖嘉其功，命长唐兀卫，兼佥枢密院事。凡分立诸色五卫军职、袭替屯戍之法，多所更定。历同佥、副枢、同知，至知枢密院事，以疾终于位。赠推忠保节功臣、资善大夫、甘肃等处行中书省右丞、上护军、宁夏郡公，谥忠遂。

子阿乞剌，知枢密院事；亦怜真班，湖广省左丞。

也速䚟儿

也速䚟儿，康里人。父爱伯，伯牙兀氏。太祖时率众来归。初，以五十户从军南征，力战而死。也速䚟儿世其官。从丞相伯颜经略襄樊，攻百丈山、鹳子滩功居最。及襄樊围合，即被甲先登，赏银钞百两。明年，破复州，杀其将，以功升百户。主帅言赏不足酧其劳，世祖赐金符，加为千户，督五路招讨。至元十六年，改金虎符，管军总管。

江南平，录功，进怀远大将军、管军万户。领江淮战舰数百艘，东征日本，全军而还。有旨，特赐养老一百户，衣服、弓矢、鞍辔有加。二十二年，移镇泰州。时籍民丁为兵，得万人，以也速䚟儿为钦察亲军指挥使统之。大德三年，以疾卒。

子七人：曰教化的；曰黑厮，袭父职，以疾卒；曰黑的，牧马同知；曰延寿，袭兄职；曰拜颜，领哈剌赤；曰完泽帖木儿，广德路万户达鲁花赤；曰哈剌章。

昔 都 儿

昔都儿，钦察氏。父秃孙，隶蒙古军籍。中统三年，从丞相伯颜讨李璮叛，以功授百户。至元十年，告老，以昔都儿代之。

十一年，昔都儿从大军南征，攻取襄阳、唐、邓、申、裕、钧、许等州，累功授忠显校尉、管军总把，赐银符，将其父军。十四年，从诸王伯木儿追击折儿凹台、岳不忽儿等于黑城哈剌火林之地，平之。十七年，赐金符，升武略将军、侍卫军百户。时亡宋犹有未附城邑，昔都儿言于省，愿自举兵下之，省从其请，诸城闻风而附。

二十四年，赐虎符，进宣武将军、汉洞右江万户府达鲁花赤。是年秋七月，领洞军从镇南王征交趾。冬十月，至其境，驻兵万劫，右丞阿八赤命进兵，拔其一字城，射交人，夺其战舰七。明年春正月，大兵进逼伪兴道王居，与交人战于塔儿山，奋戈撞击之，右臂中毒矢，流血盈掬，洒血奋战，射死交人二十余，仍督诸军乘胜继进，大败之，遂人其都城。四月，战于韩村堡，擒其将黄泽。是夜二鼓，交人突至，谋劫营，官军坚壁以待，敌失计，诘旦，鸣鼓出营，交人却，追杀甚众。还营，立木栅，增逻卒，交人不敢犯。五月，镇南王引兵还，以昔都儿为前军，行次陷泥关，战数十合，交人却，遂还迎镇南王于女儿关。交人四万余截其要道，时我军乏食，且疲于战，将佐相顾失色，昔都儿率勇士奋戈冲击之，交人却二十余里，遂得全师而还。镇南王闵其劳，命枢密臣奏升其秩。

二十六年，赐虎符，授广威将军、炮手军匠万户府达鲁花赤。大德二年卒。子也先帖木儿袭。

卷一百三十四　　列传第二十一

撒吉思

撒吉思，回鹘人，其国阿大都督多和思之次子也。初为太祖弟斡真必阇赤，领王傅。斡真薨，长子只不干蚤世，嫡孙塔察儿幼，庶兄脱迭狂恣，欲废嫡自立。撒吉思与火鲁和孙驰白皇后，乃授塔察儿以皇太弟宝，袭爵为王。撒吉思以功与火鲁和孙分治：黑山以南撒吉思理之，其北火鲁和孙理之。

从宪宗攻钓鱼山，建言乘势定江南，帝嘉纳焉。宪宗崩，阿里不哥争立，诸王多附之者，撒吉思驰见塔察儿，力言宜协心推戴世祖，塔察儿从之。及世祖即位，闻撒吉思所言，授北京宣抚，赐宫人氍吉剌氏，及金帛、章服。及至镇，锄奸抑强，辽东以宁。会高丽有异志，帝遣使究治，则委罪于其臣洪察忽，械送京师。道辽东，撒吉思访知洪察忽以直谏迕意，即奏疏为直其事，帝命释之。

李璮叛，命撒吉思帅师从宗王哈必赤讨之。李璮伏诛，哈必赤欲屠诚，撒吉思力争曰："王者之师，诛止元恶，胁从罔治。"因抚摩其人，众情大悦。授山东行省都督，迁经略、统军二使，兼益都路达鲁花赤，辞不拜，上言山东重镇，宜选贵戚临之，帝不许。赐京城宅一区、益都田千顷，及璮马群、园林、水硙、海青、银鼠裘之属。兵后民乏牛具，为之上闻，验民丁力，官给之。统军抄不花田游无度，害稼病民，元帅野速答尔据民田为牧地，撒吉思随事表闻。有旨，杖抄不花一百，令野速答尔还其田。璮故将毛璋欲率诸部谋执撒吉思以归宋，璋党上变，乃袭璋斩之。撒吉思尝慕古人举亲举仇之义，叛帅故卒，得与子姓参用，公论多之。山东岁屡歉，为请于朝，发粟赈恤。又奏蠲其田租，山东人刻石颂德。卒年六十六。后赠安边经远宣惠功臣，谥襄惠。

月合乃

月合乃字正卿，其先属雍古部，徙居临洮之狄道，金略地，尽室迁辽东。曾祖帖木尔越哥，仕金为马步军指挥使，官名有马，因以马为氏。祖把扫马野礼属，徙净州之天山，以财雄边。宣宗迁汴，父昔里吉思辟尚书省译史，试开封判官，改凤翔府兵马判官，死国事，赠辅国上将军、恒州刺史，庙号褒忠。

月合乃好学负气，父死时年方十七，奋然投冠于地曰："吾父死国难，吾独不能纾家难乎！"会国兵破汴，侍母北行，艰关锋镝中。北见宪宗，辞容端谨，帝嘉赏之，命赞卜只儿断事官事，以燕故城为治所。月合乃慨然以治道自任，政事修举。

岁壬子，料民丁于中原，凡业儒者试通一经，即不同编户，著为令甲。儒人免丁者，实月合乃始之也。性好施予，尝建言立常平仓。举海内贤士杨春卿、张孝纯辈，分布诸郡，号称得人。又罗致名士敬鼎臣，授业馆下，荐引马文玉、牛应之辈为参佐，后皆位至卿相。

岁己未，世祖以亲王南征，从行至汴，令专馈饷，运济南盐百万斤，以给公私之费。所过州郡汴、蔡、汝、颍之间，商农安业，军政修举，月合乃与有力焉。及即位，降诏褒奖。世祖将亲征阿里不哥，月合乃出私财，市马五百以助军。帝厚赡其家曰："当偿汝也。"拜礼部尚书，佩金虎符。

四年，南边不靖，月合乃建言光、颍等处立榷场，岁可得铁一百三万七千余斤，铸农器二十万事，用易粟四万石输官，不惟官民两便，因可以镇服南方。诏以本职兼领已括户三千，兴煽铁冶，其蒙古、汉军并听节制。未行，以疾卒，年四十八。赠推忠宣力翊运功臣、正议大夫、佥书枢密院事、上轻车都尉、梁郡侯，谥忠懿。

子孙登仕籍者甚众。至仁宗朝，诏行科举，曾孙祖常，博学能文章，乡试、会试皆为举首。由翰林应奉，拜监察御史，直言忤上官意，去居浮光。数年，起为翰林待制，累迁御史中丞，卒谥文贞。

昔班

昔班，畏吾人也。父阙里别斡赤，身长八尺，智勇过人，闻太祖北征，领兵来归。从征回回国，数立功，将重赏之，自请为本国坤闾城达鲁花赤，从之，仍赐种田户二百，卒。

昔班事世祖潜邸，命长必阇赤。中统元年，以为真定路达鲁花赤，改户部尚书、宗正府札鲁花赤。阿里不哥之叛，帝命昔班诣河西，督粮运给军。还至西京北，闻万户阿失铁木儿等方选士卒，将从阿里不哥。昔班矫制召其军赴行在，阿失铁木儿狐疑未决，昔班委曲谕之，且曰："皇帝兄也，阿里不哥弟也。从兄顺事也，又何疑焉。"阿失铁木儿等请夜议之，期以翌日复命，且以兵围昔班以待。明日皆至，曰："从尔之言矣。"即便宜以西京钱粮给其军，遂率之以行。入见，帝叹曰："战阵之间，得一夫之助，犹为有济。昔班以二万军至，其功岂少哉！"

海都叛，世祖大阅兵，将讨之。先命昔班使海都，使之罢兵，置驿来朝。昔班至海都，传旨谕之，海都听命，既退军置驿，而丞相安童军先已克火和大王部曲，尽获其辎重。海都惧，将逃，谓昔班曰："我不难于杀汝，念我父尝受书于汝，姑遣汝归，以安童之事闻，非我罪也。"昔班以闻，帝曰："汝言是也。先是来者，亦尝有此言。"寻命为中书右丞，商议政事，妻以宗王之女不鲁真公主。明年，复使海都，谕之来归，且曰："苟不从我，尔能敌诸王蕃卫之兵乎！"海都辞以畏死不敢。昔班奉使，奔走三年，风沙翳目，时年已七十矣。命为翰林承旨，给全俸养老，年八十九而卒。

子斡罗思密，至元二十三年，授浙东宣慰使。浙东盗起，伪铸印玺，僭称天降大王，斡罗思密讨平之。移镇广西，峒蛮罗天佑作乱，招谕降之。年六十九卒。子咬住，至大三年，授典用监卿。有盗窃世祖御带者，悬赏五千锭以购贼，咬住擒获之，盗伏诛，咬住辞赏，武宗嘉其不伐，予之千锭。官至荣禄大夫、宗正府札鲁火赤。

铁　连

铁连，乃蛮人也，居绛州。祖伯不花，为宗王拔都王傅。铁连魁伟寡言，有谋略，早岁宿卫王府。拔都分地平阳，以铁连监隰州。中统初，调平阳马步站达鲁花赤。

至元初，宗王海都叛，廷议欲伐之，世祖曰："朕以宗室之情，惟当怀之以德，其择谨密足任大事者往使焉。"左右以铁连对，遂召见，语及大事，铁连应对称旨。帝嘉其辩慧，曰："此事非汝不可，然必先诣拔都蒙哥铁木王所，相与计事而后行。"使二人副之。铁连既奉命，欲直造海都境，视其虚实，然后议于诸王。副者弗从，曰："上命我辈先议于王，今遽造敌境，不可。"铁连曰："亲承密旨，汝辈违则当诛。"副者惧而从之行。既至，海都日召宗亲宴饮，将伺其隙谋害之。铁连乃厉声斥之曰："且食，勿语！望语言脱口，相摭为罪耶！"良久，海都曰："直哉！"酒半，铁连求衣为欢，海都嘉其雄辩，将解与之，其妃止之，以皮服二袭付之。因语其属曰："为使者当如是矣。"厚赠以行。既至拔都蒙哥铁木王所，具告以故，王曰："祖宗有训，叛者人得诛之。如通好不从，举师以行天罚，我即外应掩袭，剿绝不难矣。"铁连还，悉以事闻，因言于帝曰："海都兵繁而锐，不宜速战，来则坚垒待之，去则勿追，自守既固，则无虞矣。"帝深然之。敕所受海都皮服，全饰以金，凡朝会，宜服以表示焉。其赏赐不可胜计。

后屡使拔都王所，道遇海都游兵，副者前行，失对遇害，铁连后至，曰："我为天子使，可以非礼犯之耶？"游兵语屈，乃曰："前者伪使，此真使也。"释之，遂独得还。帝尝谓侍臣曰："有铁连，则朕之宗族将不失和矣。"海都觇伺拔都王为备已严，意乃帖然。铁连始终凡四往返，历十四年，帝谓铁连曰："在朝官之要重者，惟汝所择。"对曰："臣志在王室，其事未办，不敢奉命。今臣母在绛州，老且病，得侍朝夕，幸也。"诏从其请，授绛州达鲁花赤。

至元十五年，平阳李二谋乱，铁连捕问，尽得其状。中书奏进其秩，帝曰："铁连岂惟能办此耶！"加宣武将军。至元十八年，病卒于官，年六十四。子答剌带嗣，官信武将军、同知大同路总管府事。

爱　薛

爱薛，西域弗林人。通西域诸部语，工星历、医药。初事定宗，直言敢谏。时世祖在藩邸，器之。中统四年，命掌西域星历、医药二司事，后改广惠司，仍命领之。世祖尝诏都城大作佛事，集教坊妓乐，及仪仗以迎导。爱薛奏曰："高丽新附，山东初定，江南未下，天下疲弊，此无益之费，甚无谓也。"帝嘉纳之。至元五年，从猎保定，日且久，乃从容于帝前语供给之民曰："得无妨尔耕乎！"帝为罢猎。

至元十三年，丞相伯颜平江南还，奸臣以飞语谗之，爱薛叩头谏，得解。寻奉诏使西北宗王阿鲁浑所。既还，拜平章政事，固辞。擢秘书监，领崇福使，迁翰林学士承旨，兼修国史。

大德元年，授平章政事。八年，京师地震，上弗豫。中宫召问："灾异殆下民所致耶？"对曰："天地示警，民何与焉。"成宗崩，内旨索星历秘文，爱薛厉色拒之。仁宗时，封秦国公。卒，追封太师、开府仪同三司、上柱国、拂林忠献王。

子五人：也里牙，秦国公、崇福使；腆合，翰林学士承旨；黑厮，光禄卿；阔里吉思，同知泉府院事；鲁合，广惠司提举。

阔　阔

阔阔字子清，本蔑里吉氏部族，世居不里罕哈里敦之地。其俗骁勇，善骑射，诸族颇惮之。国初，举族内附。世祖居潜邸，选阔阔为近侍。

岁甲辰，世祖闻王鹗贤，避兵居保州，遣使征至，问以治道，命阔阔与廉希宪皆师事之。既而阔阔出使于外，追还，而鹗已行，思慕号泣，不食者累日，世祖闻而异之。岁庚戌，宪宗复召鹗至和林，仍命阔阔从之游。每旦起，盛饰其冠服，鹗让之曰："圣主好贤乐善，征天下士，命若从学。若等不能称主上心，惟夸衒鲜华以益骄贵之气，恐窒于外而塞于中，道义之言，无自而入，吾所不取也。"阔阔深自悔悟。明日俱纯素以进，鹗乃悦。

岁壬子，奉命签诸路军籍，以丁壮产多者充之，所至编籍无挠，人皆德之。及还，帝悦，命领燕京匠局。世祖即位，特授中书左丞。未几，迁大名路宣抚使，以疾卒，年四十。

子坚童，字永叔，少孤，甫十岁，即从王鹗游。既长，奉命入国学，复从许衡游。弱冠入侍禁廷，授中顺大夫、侍仪奉御。迁中议大夫、同修起居注。及奉使济南，见杨桓贤，遂力荐之。至元二十三年，授嘉议大夫、礼部尚书。迁吏部尚书，秩未满，特授通议大夫、御史台侍御史。

二十四年，扈从东征，屡战有功，迁燕南河北道提刑按察使。二十八年，授正议大夫、燕南河北道肃政廉访使，遂拜河南行省平章政事，驿召赴阙，未拜，以疾卒，年三十九。

秃 忽 鲁

秃忽鲁字亲臣，康里亦纳之孙亚礼达石第九子也。自幼入侍世祖，命与也先铁木儿、不忽木从许衡学。帝一日问其所学，秃忽鲁与不忽木对曰："三代治平之法也。"帝喜曰："康秀才，朕初使汝往学，不意汝即知此。"除蒙古学士，奉议大夫、客省使，进兵部郎中，迁佥太史院。尝宴见世祖，屡开说古今治乱政要，多所裨益。

至元二十年，迁中书右司郎中。未几，大宗正薛彻干荐掌其府判署阅诸狱文案。尝暮归，愀然若有求而未获者，家人问之，曰："今日所议，死案也，于我心有疑，欲求所以活之，未得其方耳。”他日归，喜曰：“我得之矣，于法当流徙边地。”迁吏部尚书。

时哈剌哈孙为湖广平章，尝与秃忽鲁同在大宗正，素知其贤，举以自辅，遂授资德大夫、湖广右丞。时湖南、北盗贼乘舟纵横劫掠，哈剌哈孙患之，秃忽鲁曰：“树茂鸟集，树伐则散，戮一人足矣。”盗首乔大使者，居九江，郡守曳剌马丹取赂蔽之，遣使擒以来，狱成，杀而令诸市，群盗顿息。湖南宣慰张国纪创征夏税，民弗堪，秃忽鲁屡请罢之。

至元二十九年，辰州蛮叛，副枢刘国杰、佥院晙木兰往讨之，不利，移文索辰、澧、沅民间弩士三千，哈剌哈孙以民弗习战，强之徒伤吾民，弗许。秃忽鲁曰：“兵贵训练，乃可用也。汉军不习弩，因蛮攻蛮，古所利。”遂与之，果以此获胜。

成宗即位，迁江浙右丞。适岁旱，方至而雨，民心大悦。未几，平章不忽木卒，帝思之，问近侍曰：“群臣孰有似不忽木者？”贺伯颜对曰：“秃忽鲁其人也，且先帝所知。”遂驿召还，赐雕鞍、弓矢，俄迁枢密副使。大德七年卒，年四十八。赠推忠翊亮佐理功臣、荣禄大夫、江浙等处行中书省平章政事、柱国、大司徒、赵国公，谥文肃。

子山僧，仕至晋宁路总管。

唐仁祖

唐仁祖字寿卿，畏兀人。祖曰唐古直，子孙因以唐为氏。初，畏兀举国效顺，唐古直时年十七，给事太祖，因属之睿宗，曰：“唐古直可任大事。”睿宗未及用，庄圣皇后擢为札鲁火赤。父骥，豪爽好射猎。世祖即位，命骥为裕宗潜邸必阇赤，升达鲁花赤。

仁祖少颖悟，父没，母教之读书，通诸方语言，尤邃音律。中统初，诏诸贵胄为质，帝亲阅之，见仁祖曰：“是唐古直孙邪？聪明无疑也。”俾习国字。至元六年，中书省选充蒙古掾。十六年，录囚平阳，平反冤滞免死者凡十七人。十八年，授翰林直学士。时中书奏真定、保定两路钱谷逋负，屡岁不决，遣仁祖往阅其牍，皆中统旧案，亟还奏罢之。转工部侍郎，除中书右司郎中，拜参议尚书省事。

时丞相桑哥秉政，威焰方炽，仁祖论议不回，屡忤桑哥，人皆危之，仁祖自若也。迁工部尚书，桑哥以曹务烦剧特重困之，仁祖处之甚安。寻出使云中，桑哥考工部织课稍缓，怒曰：“误国家岁用。”亟遣驿骑追还，就见桑哥相府中，遽命直吏拘往督工，且促其期，曰：“违期必致汝于法。”左右皆为之惧。仁祖退，召诸署长从容谕之曰：“丞相怒在我，不在尔也。汝等勿惧，宜力加勉。”众皆感激，昼夜倍其功，期未及而办，乃罢。已而桑哥系狱，有旨命仁祖往籍其家。明日桑哥以左右之援得释，众见骇然，目仁祖曰：“怒虎之威，可再犯邪！”悉逾垣以窜，仁祖独不为之动，桑哥竟败。

二十八年，除翰林学士承旨、中奉大夫。辽阳饥，奉旨偕近侍速哥、左丞忻都往赈，忻都欲如户籍口数大小给之，仁祖曰：“不可，昔籍之小口，今已大矣，可偕以大口给之。”忻都曰：“若要善名，而陷我于恶邪！”仁祖笑曰：“吾二人善恶，众已的知，岂至是而始要名哉！我知为国恤民而已，何恤尔言。”卒以大口给之。俄除通奉大夫、将作院使。

成宗即位，尊大母元妃为皇太后，以仁祖善书，特敕书册文。复奉诏督工织丝像世祖御容，越三年告成。大德五年，再授翰林学士承旨、资善大夫、知制诰兼修国史，以疾卒，年五十三。赠荣禄大夫、平章政事，追封洹国公，谥文贞。

子恕，初授奉训大夫、寿武库提点。至大中，迁翰林待制，后累迁至亚中大夫、侍仪使。

朵儿赤

朵儿赤字道明，西夏宁州人。父斡扎箦，世掌其国史。初守西凉，率父老以城降太祖，有旨副撒都忽为中兴路管民官。国兵西征，连饷不绝，无毫发私，时号曰满朝清。世祖即位，斡扎箦寝疾卒。遗奏因高智耀以进，请谨名爵、节财用，帝嘉纳焉。

朵儿赤年十五，通古注《论语》、《孟子》、《尚书》。帝以西夏子弟多俊逸，欲试用之，召见于香阁，帝曰：“朕闻儒者多嘉言。”朵儿赤奏曰：“陛下圣明仁智，奄有四海，唯当亲君子，远小人尔。自古帝王未有不以小人而亡者，惟陛下察焉。”帝曰：“朕于廷臣有戆直忠言，未尝不悦而受之；违忤者，亦未尝加罪。盖欲养忠直，而退谀佞也。汝言甚合朕意。”因问欲何仕，朵儿赤对曰：“西夏营田，实占正军，傥有调用，则又妨耕作。土瘠野圹，十未垦一。南军屯聚以来，子弟蕃息稍众，若以其成丁者，别编入籍，以实屯力，则地利多而兵有余矣。请为其总管，以尽措画。”帝可之，乃授中兴路新民总管。至官，录其子弟之壮者垦田，塞黄河九口，开其三流。凡三载，赋额增倍，就转营田使。秩满入觐，帝大悦，升潼川府尹。时公府无禄田，朵儿赤乃以官旷地给民，视秩分亩，而薄其税。潼川仕者有禄，自此始。

未几，台臣奏为云南廉访副使。时云南诸蛮叛，僚佐悉称故而去，朵儿赤独居守。又八月，省臣大惧，归符印欲遁，朵儿赤乃白于梁王，得檄而后出。迁山南廉访副使，未几，复调云南廉访使。会行省丞相帖木迭儿贪暴擅诛杀，罗织安抚使法花鲁丁，将置于极刑，朵儿赤谓之曰：“生杀之柄，系于天子，汝以方面之臣而专杀，意将何为？小民罹法，且必审覆，况朝廷之臣耶！”法花鲁丁竟获免，寻复其官。僰夷与蛮相仇杀，时省臣受贿，助其报仇，乃诈奏蛮叛，起兵杀良民。朵儿赤奏劾，竟废之。年六十二，卒于官。

子仁通，为云南省理问。天历二年三月，云南诸王与万户伯忽等叛，仁通率官军抗之，没于阵。

和尚

和尚，玉耳别里伯牙吾台氏。祖哈剌察儿，率所部归太祖。父忽都思，膂力过人。岁壬辰，从睿宗破金大将合达军于钧州三峰山，以功赐号拔都鲁。甲午，金亡。乙未，授管军百户,从攻宋唐、邓、颍、蔡、襄阳、郢、复、信阳、光等州,屡立战功。辛亥,赐名马、文锦、白金、甲胄、弓矢。乙卯,从攻汉上铁城寨,殁于军,赠竭忠宣力功臣、资德大夫、中书右丞、上护军、沇国公,谥武愍。

和尚袭父职。己未,从世祖攻鄂州。中统三年,李璮叛,从国兵讨之,战老僧口,斩获甚众,升阿剌罕万户府经历。至元五年,攻襄阳,军务繁剧,赞画一有方,都元帅阿术荐其才可大用。

十一年,从丞相伯颜渡江,与宋军战于柳子、鲁洑、新滩、沌口,伯颜上其功,世祖嘉奖不已。十二年,从平章阿里海牙攻拔岳州,取沙市。至江陵,宋安抚使高达城守拒战,和尚直抵城下,谕以祸福,达遂开门出降,以功升行省郎中。从国兵围潭州,潭守臣李芾坚守,攻之三月不下。十三年,城破,芾死。诸将利于虏略,欲屠其城,和尚宣言曰:“拒我师者,宋将耳。其民何罪。既受其降,即是吾民,杀之何忍。且今列城多未附,降而杀之,是坚其效死之心也。”左丞崔斌曰:“郎中言是。”平章阿里海牙意亦与合,遂从之。一城之人,赖以全活。由是湖南诸郡,闻风皆下。世祖闻之,赏赐加厚,改行省断事官。

徇地广西,督前军攻破静江,遂兼行宣抚事。广西平,授太中大夫、常德路达鲁花赤,以治最闻,擢岭南广西道提刑按察使。时阿里海牙恃功颇骄恣,和尚劾奏不少贷。迁江南浙西道提刑按察使。浙西,宋故都,民众事繁,在职惟务镇静,人服其知大体。卒于官,年四十九。赠宣忠守正功臣、银青荣禄大夫、司徒、上柱国,追封沇国公,谥庄肃。子千奴。

千奴以御史大夫月鲁那延荐,入见大安阁,世祖念其功臣子,即以其父官授之,拜武德将军、江南浙西道提刑按察使。时江浙行中书省、行御史台皆治杭,千奴上言:“行省专控江浙,在杭为宜。行台总镇江南,不宜偏在杭。且两大府并立,势逼则事窒,情通则威亵,盍移行台于要便之所。”后数年,遂移行台于江东。迁山南湖北道提刑按察使。

二十六年,加明威将军,迁淮西江北道提刑按察使。时桑哥秉政擅权,势焰熏灼,人莫敢言。千奴乘间入朝,见帝于柳林,极陈其罪状,帝为之改容。未几,桑哥伏诛,又上言其党犹布中外,宜早处分。改立肃政廉访司,进广威将军,授江北淮东道肃政廉访使。

三十一年,迁江东建康道肃政廉访使,丁祖母忧,服阕。东平、大名诸路有诸王牧马草地,与民田相间,互相侵冒,有司视强弱为予夺,连岁争讼不能定。乃命起千奴治之,其讼遂息。

大德二年,授太中大夫、建康路总管,未行,奉诏使淮东、西问民疾苦,察官吏能否。千奴勤于咨访,兴利除害,还奏军民便宜三十事,多见采用。历江西湖东、江南湖北两道廉访使。时中书平章伯颜等固位日久,党与众盛,所任之人,徇情弄法,纲纪渐坏。千奴摭其实,上于宪台以闻,伯颜等皆被黜。前后七持宪节,刚正不挠,闻朝廷事有不便,必上章极论,未尝以内外为嫌。

七年,授嘉议大夫、大都路总管,兼大兴府尹。驭吏治民有方,以暇日正街衢,表里巷,国学兴工,尤尽其力。俄进通议大夫、同佥枢密院事。上疏言:“蒙古军在山东、河南者,往戍甘肃,跋涉万里,装橐鞍马之资,皆其自办,每行必鬻田产,甚则卖妻子。戍者未归,代者当发,前后相仍,困苦日甚。今边陲无事,而虚殚兵力,诚为非计,请以近甘肃之兵戍之。而山东、河南前戍者,官为出钱,赎其田产妻子,庶使少有瘳也。”诏从之。未几,迁参议中书省事,赞决机务,精练明敏。凡干禄之人由他道进者,一切不用,时论翕然称焉。

成宗崩,迎仁宗于潜邸,奉武宗即位,危疑之际,弥纶补益之功为多。拜荣禄大夫、平章政事、商议枢密院事、左翼万户府达鲁花赤,提调屯田事。赐玉带。

延祐五年,乞致仕,帝悯其衰老,从其请,仍给半俸终其身。退居濮上,筑先圣宴居祠堂于历山之下,聚书万卷,延名师教其乡里子弟,出私田百亩以给养之。有司以闻,赐额历山书院。家居七年而卒,年七十一。赠推忠辅治功臣、光禄大夫、河南江北等处行中书省平章政事、上柱国,追封卫国公,谥景宪。

子龙宝,监察御史;寿童,洪泽屯万户,早卒;不兰奚,南台御史;观音保,袭洪泽屯万户;孛颜忽都,起进士知郑州,以治行第一,入为翰林国史院经历。

刘　容

刘容字仲宽,其先西宁青海人。高祖阿华,西夏主尚食。西夏平,徙西宁民于云京。容父海川,在徙中,后遂为云京人。

容幼颖悟,稍长,喜读书。其俗素尚武,容亦善骑射,然弗之好也。中统初,以国师荐,入侍皇太子于东宫,命专掌库藏。每退直,即诣国子祭酒许衡,衡亦与进之。至元七年,世祖驻跸镇海,闻容知吏事,召至,命权中书省掾。事毕复前职,以忠直称。

十五年,奉旨使江西,抚慰新附之民。或劝其颇受送遗,归赂权贵人,可立致荣宠,容曰:“剥民以自利,吾心何安。”使还,惟载书籍数车,献之皇太子。忌嫉者从而谗之,由是稍疏容,然容亦终不辩。会立詹事院,容上言曰:“太子天下本,苟不得端人正士左右辅翼之,使倾邪侧媚之徒进,必有损令德。”闻者是之。俄命为太子司议,改秘书监。

未几,出为广平路总管。富民有同姓争财产者,讼连年不决,容至,取籍考二人父祖名字,得其实,立断之,争者遂服。皇子云南王至汴,其达鲁花赤某欲厚敛,以通贿于王,容请自往,乃减其费。后以疾卒于官,年五十二。

迦鲁纳答思

迦鲁纳答思,畏吾儿人,通天竺教及诸国语。翰林学士承旨安藏扎牙答思荐于世祖,召入朝,命与国师讲法。国师西番人,言语不相通。帝因命迦鲁纳答思从国师习其法,及言与字,期年皆通。以畏吾字译西天、西番经论,既成，进其书，帝命锓版，赐诸王大臣。西南小国星哈剌的威二十余种来朝，迦鲁纳答思于帝前敷奏其表章，诸国惊服。

朝议兴兵讨暹国、罗斛、马八儿、俱蓝、苏木都剌诸国，迦鲁纳答思奏："此皆蕞尔之国，纵得之，何益？兴兵徒残民命，莫若遣使谕以祸福，不服而攻，未晚也。"帝纳其言。命岳剌也奴、帖灭等往使，降者二十余国。

至元二十四年，丞相桑哥奏为翰林学士，帝曰："迦鲁纳答思之官，非汝所当奏也。"既而擢翰林学士承旨、中奉大夫，遣侍成宗于潜邸，且俾以节饮致戒。成宗即位，思其忠，迁荣禄大夫、大司徒；怜其老，命乘车入殿。仁宗即位，廷议汰冗官，独迦鲁纳答思为司徒如故，仍加开府仪同三司，赐玉鞍一。是年八月卒。

阔里吉思

阔里吉思，蒙古按赤歹氏。曾祖八思不花，从攻乃蛮、钦察、兀罗思、马扎儿、回回诸国，常为先锋破敌，太祖嘉之，赐以虎符。及谕降丰州、云州，擢充宣抚使。祖忽押忽辛袭职，佩虎符。宪宗尝语之曰："汝所佩金符旧矣，何以旌世功。"命改制，以赐之。中统三年，改河中府达鲁花赤，卒。父药失谋，擢襄阳统军司经历，改宿州达鲁花赤，皆不拜。枢密副使孛罗、御史中丞木八剌引见世祖，奏曰："此忽押忽辛子也，乞以其祖父虎符授之。"擢中顺大夫、金刚台达鲁花赤，继改光州。屡迁安东州、河中府及温州、潞州，以建康路达鲁花赤致仕。

阔里吉思初以宿卫，充博儿赤。至元二十五年，擢朝列大夫、司农少卿，赐金束带。迁中议大夫、司农卿。升资善大夫、司农卿。拜荣禄大夫、行湖广平章，将兵讨海南生黎诸峒寨。又明年，平之。师还，征入见，赐玉束带、金银、币帛、弓矢、甲胄，及宝钞、鞍勒，得旨还镇。

成宗即位，入见，赐海东青鹘、白鹘各一，及衣服有差。大德二年，改福建行省平章。未几，以福建隶江浙，改福建道宣慰使、都元帅。升征东省平章政事。高丽刑政无节，官冗民稀，阔里吉思因悉加裁正以闻。有旨，征入见，俾条析便民事宜。大德五年，复拜湖广平章，逾年，改陕西，以目疾还京师。加官至金紫光禄大夫、云南诸路行中书省左丞相，卒年六十六。

子完泽，湖广右丞，征广西贼，卒于军。

小云石脱忽怜 八丹

小云石脱忽怜，畏吾人，仕其国为吾鲁爱兀赤，犹华言大臣也。太祖时，与其父来归。从征回回国还，事睿宗于潜邸。真定，睿宗分地，以为本路断事官。

子八丹，事世祖为宝儿赤，鹰房万户。从征哈剌张有功，赐男女各一人、金一铤，及银瓮等物。征阿里不哥，战于昔门秃，日三合，杀获甚众，赐金一铤。后以鹰房万户从裕宗北征，至镇海你里温，赐银椅及钞一万五千贯，命归守真定。

未几，命行省扬州，八丹辞曰："臣自幼未尝去陛下，愿留侍左右。"改隆兴府达鲁花赤，遥授中书右丞，谕之曰："是朕旧所居，汝往居之。"八丹又辞，帝不允。居三年，海都叛，奉旨从甘麻剌太子往征之，师还，以功赐金一铤。卒赠银青荣禄大夫、司徒。

子阿里，鹰房千户；石得，安西王相府官；德眼，汝定府达鲁花赤；阿散，甘肃行省平章政事；腊真，由会同馆使同知通政院，有政绩，官至荣禄大夫、中书省平章政事，兼翰林学士承旨、通政院使，卒。子察乃，金紫光禄大夫、中书省平章政事。察乃子十人：老章，知枢密院事；撒马笃，中书省参知政事。

斡罗思

斡罗思，康里氏。曾祖哈失伯要，国初款附，为庄圣太后宫牧官。祖海都，从宪宗征钓鱼山，殁于阵。父明里帖木儿，世祖时为必阇赤，后为太府少监。

斡罗思，至元十九年为内府必阇赤。二十一年，拜监察御史。迁云南行省理问，领云南王府事。后以忤桑哥被谮，籍其家，唯金玉带各一、黄金五十两，皆上所赐者。及以公用系官孳畜，加之罪，帝曰："口腹之事，其寝之。"二十六年，置八番罗甸宣慰司，进嘉议大夫、宣慰使。时诸蛮叛服不常，斡罗思平之，乃立安抚等司以守焉。二十八年，平杨都要等。九月，进中奉大夫，锡虎符。明年，为八番顺元等处宣慰使、都元帅，赐三珠虎符。

大德六年，授通奉大夫、罗罗思宣慰使，兼管军万户。进正奉大夫。武宗立，召还，授资善大夫、中书左丞，领武卫亲军都指挥使，大都屯田府事。寻进荣禄大夫、中书右丞，兼翰林国史承旨，仍领武卫屯田。屡奉旨赐赀产第宅，固辞。迁四川行省平章政事。至大二年，召还，以瘴疠卧病不起。皇庆二年卒，年五十有六。赠光禄大夫、益国公。

子博罗普化，初直宿卫，为速古儿赤。至大元年，为翰林侍讲学士，以父疾归侍。延祐四年，复入侍为速古儿赤扎撒孙。至治元年，为速古儿赤五十人之长，兼领皇后宫宝儿赤。二年，袭授河南府同知。子察罕不花，领其所掌宿卫。天历元年，见文宗于汴，入直宿卫，为温都赤。拜监察御史，继迁御史台经历、中书右司郎中。授中宪大夫、隆禧总管府副达鲁花赤。

朵罗台

朵罗台，唐兀氏。祖小丑，太祖既定西夏，括诸色人匠，小丑以业弓进，赐名怯延兀兰，命为怯怜口行营弓匠百户，徙居和林，卒。父塔儿忽台袭职。阿里不哥叛，塔儿忽台从战于失亩里秃之地，死之。

朵罗台从万户也速𬯀儿、玉哇赤等累战有功，授前卫亲军百户。积官昭信校尉、芍陂屯田千户所达鲁花赤，后以疾退。

朵罗台之弟阔阔出，亦业弓，尝献所造弓，帝称善，问其父何名，阔阔出对曰："塔儿忽台，臣之父也。"帝见其状貌魁伟，且问其能射乎？左右对曰："能。"试之，果然，遂命为近侍。明年，武备寺臣复以其弓献，且奏用之。帝曰："孔子言三纲五常。人能自治，而后能治人；能齐家，而后能治国。汝可以此言谕之，而后用之。"俄擢为大同路广胜库达鲁花赤。广胜者，贮兵器之所。时总管唐兀海牙以库作公署，置甲仗于虚廡中，多被虫鼠之害，阔阔出言于帝，复之，且责其偿兵器之既坏者。使者薛绰不花、纳速鲁丁以檄取鹰房军衣甲弓矢若干，阔阔出责其入文书，领去。时宪副速鲁蛮令毋入文书，且命有司封钥其库，将点视之，阔阔出不从。事闻，帝命笞速鲁蛮，罢之。

大德元年，升大同路武州达鲁花赤，兼管本州诸军奥鲁劝农事。又监建州、利州，改佥四川道廉访司事，拜监察御史，累官中大夫、大宁路总管，卒于官。

朵罗台之子脱欢，初直宿卫，历御史台译史，拜监察御史。迁四川行省左右司员外郎、四川廉访司佥事、枢密院都事，升断事官。其在四川时，尝上疏曰："内外修寺，虽支官钱，而一椽一瓦，皆劳民力，百姓嗟怨，感伤和气。宜且停罢，仍减省供佛饭僧之费，以纾国用。如此则上应天心，下合民志，不求福而福自至矣。回回户计，多富商大贾，宜与军民一体应役，如此则赋役均矣。为国以善为宝，凡子女、玉帛、羽毛、齿革、珍禽、奇兽之类，皆丧德丧志之具。今后回回诸色人等，不许赍宝中卖，以虚国用，违者罪而没之。如此则富商大贾无所施其奸伪，而国用有畜积矣。"其辞恳直剀切，当时称之。

也先不花

也先不花，蒙古怯烈氏。祖曰昔剌斡忽勒，兄弟四人，长曰脱不花，次曰怯烈哥，季曰哈剌阿忽剌。方太祖微时，怯烈哥已深自结纳，后兄弟四人皆率部属来归。太祖以旧好，遇之特异他族，命为必阇赤长，朝会燕飨，使居上列。昔剌斡忽勒早世，其子孛鲁欢幼事睿宗，入宿卫。宪宗即位，与蒙哥撒儿密赞谋议，拜中书右丞相，遂专国政。赐真定之束鹿为其食邑。至元元年，以党附阿里不哥论罪伏诛。子四人：长曰也先不花；次曰木八剌，初立御史台，为中丞；次曰答失蛮，累官至银青荣禄大夫；次曰不花帖木儿，拜荣禄大夫、四川省平章政事。

也先不花初世其职，为必阇赤长。裕宗封燕王，世祖命也先不花为之傅，且谓之曰："也先不花，吾旧臣子孙，端方明信，闲习典故，尔每事问之，必不使尔为不善也。"

二十三年，拜上柱国、光禄大夫、云南诸路行中书省平章政事。时阿郎、可马丁诸种僰夷为变，讨平之。遂立登云等路、府、州、县六十余所，得户二十余万，官其酋长，定其贡税，边境以宁。

大德二年，迁湖广行省平章。为政不怒而威，不察而明。大事集议，众论不齐，徐决一言，切中事理，咸出人意表。会汴梁行省有妖狱，飞语连湖广平章政事刘国杰、右丞燕公楠，朝廷驿召二人者入。二人与也先不花尝有违言，也先不花急遣使附奏，明其无他，二人皆得释。八年，迁平章河南行省，河决落黎堤，势甚危，督有司先士卒以备之，汴以无患。九年，进拜上柱国、银青荣禄大夫、湖广等处行中书省左丞相，赏赐无虚月，方面以安。至大二年卒。天历二年，赠推忠守正佐运翊戴功臣、太师、开府仪同三司、上柱国、恒阳王，谥文贞。子五人：曰亦怜真，曰秃鲁，曰答思，曰怯烈，曰按摊。

亦怜真，事裕宗于东宫，为家令。累拜银青荣禄大夫、湖南等处行中书省左丞相。延祐元年卒。天历元年，赠推诚辅治宣化保德功臣、太傅、开府仪同三司、上柱国，追封武昌王，谥忠定。

秃鲁，历事四朝，起家宗正府也可扎鲁花赤，拜开府仪同三司、中书右丞相、御史大夫、太傅、录军国重事，薨。天历二年，赠怀忠秉义昭宣弼亮功臣、太师、开府仪同三司、上柱国，追封广阳王。

答思，仕至资德大夫、湖南宣慰使。怯烈，仕至中政使。

按摊，事成宗，袭长宿卫，有旨给七乘传使，往侍其父也先不花于湖广。诸道宪司以按摊孝行闻，拜中奉大夫、海北海南道宣慰使、都元帅。海康与安南、占城诸夷接境，海岛生黎叛服不常，按摊威望素著，夷人帖服，生黎王高等二十余洞，皆愿输贡税。在镇期年，以省亲辞去。至大二年，拜资德大夫、中书右丞，行浙东道宣慰使司都元帅。未几，奔父丧于武昌，以哀毁致疾卒。天历二年，赠秉义效忠著节佐治功臣、太保、开府仪同三司、上柱国，追封特进赵国公、中书左丞相，谥贞孝。

子阿荣，由宿卫起家，湖南道宣慰副使，历拜奎章阁大学士、荣禄大夫、太禧宗禋院使、都典制神御殿事。

卷一百三十五　列传第二十二

铁　哥　术

铁哥术，高昌人。世居五城，后徙京师。曾祖父达释，有谋略，为国人所信服。太祖西征，高昌国主惧，以锦衣、白貂帽召达释与谋。达释知天命有归，劝其主执贽称臣，以安其国，由是号为尚书。太祖班师，诸王言于帝曰："达释之子野里术骁勇善战，所将部落又强大。闻其人每思率众效顺而未有机便，盍致之乎？"太祖是其议，即诏给驿马五百，迎与俱来。既至，引见，甚器重之。丙午，太祖西征，野里术别从亲王按只台与敌战有功，甚见亲遇。王方以绛盖障日而坐，及闻野里术议事，喜见颜色，称善久之，既退，撤其盖送之十里。遂得兼长四环卫之必阇赤。壬辰，从国兵讨金，以战功最多，赏赉优渥。甲午，副忽都虎籍汉户口，筹其赋役，分诸功臣以地，人服其敏。

铁哥术，野里术长子也，尤沉鸷有才。尝有拥兵叛者，铁哥术率族人与战于鱼儿泺。时军兴，簿檄繁急，铁哥术一以其国书识之，无遗失者，帝甚嘉焉。至元中，擢为棣州达鲁花赤，迁德安府达鲁花赤。适土人蔡知府者以众叛，铁哥术率众先登，冒矢石，身被数枪，犹战不已，遂讨平之。主将怒，将屠其城。铁哥术请曰："叛者蔡知府数人而已，城中之人何预焉。盍诛其党与而止，毋令滥及非辜。"主将嘉其诚恳，城遂得全。累官至嘉议大夫、婺州路达鲁花赤，所在咸著政绩。大德己亥卒，成宗敕其孙海寿载其柩归葬京师，赠荣禄大夫、江浙行省平章政事、柱国，封云国公，谥简肃。

子四人：义坚亚礼，幼给事裕宗宫。至元十五年，为中书省宣使。尝使河南，适汴、郑大疫，义坚亚礼命所在村郭构室庐，备医药，以畜病者，由是军民全活者众。迁直省舍人。承中书檄征考上都储偫，及还，帝赐锦衣貂裘一袭，以旌其能。出为湖州路达鲁花赤，卒于官。月连术，同知安陆府事。八扎，同知宣政院事。孙九人，海寿，义坚亚礼子也。由宿卫世祖朝累官至太中大夫、杭州路达鲁花赤，招复流民有恩惠。卒，赠翰林直学士，封范阳郡侯，谥惠敏。

塔出

塔出，布兀剌子也。幼孤，长善骑射。至元元年，入侍世祖，占对多称旨，赐以宝货衣物。四年，给以察罕食邑赋税之半，又还其所俘逋户三十。七年，降金虎符，授昭勇大将军、山东统军使，镇莒、密、胶、沂、郯、邳、宿、即墨等城，设方略，谨斥候，宋人不敢北向。九年，诏更统军司为行枢密院，改佥枢密院事。数将兵攻下濒淮堡栅，略地涟海，获人畜万计。宋人蒋德胜来降，塔出表言宜加赏赉以劝来者，于是赐黄金五十两，白金倍之。

十年，改佥淮西等处行枢密院事，城正阳以扼淮海诸州兵。宋陈奕率安丰、庐、寿等州兵数挠其役，塔出选精锐日十数战，奕遁去，卒城正阳。宋人复造战舰於六安，欲攻正阳，塔出询知之，率骑兵焚其舰。馈饷久不继，出兵据险，潜取安丰麦以饷军，宋兵壁横河口，塔出将奇兵大破之。

十一年，朝议："淮上诸郡，宋之北藩，城坚兵精，攻之不可猝下，徒老我师。宜先渡江剪其根本，留兵淮甸绝其救援，则长江可乘虚而渡也。"于是以塔出为镇国上将军、淮西行省参知政事，帅师攻安丰、庐、寿等州，俘生口万余来献，赐蒲萄酒二壶，仍以曹州官园为第宅，给城南闲田为牧地。

宋夏贵帅舟师十万围正阳，决淮水灌城，几陷，帝遣塔出往救之。道出颍州，遇宋兵攻颍，戍卒仅数百人，盛暑，塔出即发公库弓矢，驱市人出战，预度颍之北关攻易破，乃急徙民入城伏兵以待。是夜，宋人果焚北关，火光属天，塔出率众从暗中射之，矢下如雨，宋军退走至沙河，大破之，溺死者不可胜计。明日，长驱直走正阳，时方霖雨，突围入城，遂坚壁不出。俄复开霁，与右丞阿塔海分帅锐师以出，渡淮至中流，皆殊死战，宋军大溃，追数十里，斩首数千级，夺战舰五百余艘，遂解正阳之围。塔出乃上奏："方事之殷，宜明赏罚，俾将士有所惩劝。"帝纳其言，颁赏有差。秋八月，淮西行省复为行院。塔出引兵渡淮，屯庐、扬间。

十二年，从丞相伯颜以舟师与宋军战，宋军大溃，其臣贾似道奔扬州，遂分兵四出，克池州，取太平，顺流东下，至建康、丹徒、江阴、常州，皆望风迎降。时扬州未附，谍告扬州人将夜袭丹徒，守将乞援，塔出设伏以待，扬州军果夜至，塔出扼西津邀击之，杀获溺死者甚众。入朝，帝赐玉带旌其功，授淮东左副都元帅，仍佩金虎符。十三年，加通奉大夫、参知政事，领淮西行中书省事。时沿淮诸州新附，塔出禁侵掠，抚疮痍，练士卒，备奸宄，境内帖然。俄迁江西都元帅，征广东，塔出宣布恩信，所至溪峒纳款，广东遂平。

十四年，加赐双虎符，为江西宣慰使。宋益王昰、广王昺走保岭海，复改江西宣慰司为行中书省，迁治赣州，授塔出资政大夫、中书右丞，行中书省事。

十五年，以二王事入议。帝命张弘范、李恒总兵进讨，塔出留后，以供军费。初江西甫定，帝命隳其城，塔出即表言："豫章诸郡皆濒江为城，霖潦泛溢，无城必至垫溺，隳之不便。"帝从之。降附之初，有谋畔者，既败获矣，塔出谓同僚曰："抚治乖方之所致也，中间岂无诖误。"止诛其渠魁，尽释余党。瑞州张公明诉左丞吕师夔谋为不轨，塔出廉知其诬，曰："狂夫欲胁求货耳，若以蒙昧言遽闻之朝廷，则大狱兹兴，连及无辜。且师夔既居相职，讵肯为狂妄之事！若迟疑不决，恐彼惊疑，反生异谋。"乃斩公明而后闻，帝是之。十七年，入觐，赐劳有加，复命行省于江西，寻以疾卒於京师，时年三十七。妻明理氏，以贞节称，旌其门闾。

二子：长宰牙，袭爵中奉大夫、江西宣慰使；次必宰牙，仕至征东行中书省左丞，妻伯牙伦，泰安郡武穆王孛鲁欢之女，亦守义有贤行。

塔里赤

塔里赤，康里人。其父也里里白，太祖时以武功授帐前总校，奉旨南征至洛阳，得唐白乐天故址，遂家焉。

塔里赤幼颖异，好读书，尤善骑射。袭父职，参佐戎幕，调度军马，动合事宜。行省奏充断事官。时南北民户主客良贱杂糅，蒙古军牧马草地互相占据，命塔里赤至其地理之，军民各得其所，由是世祖知其能。俾领蒙古军围樊襄，塔里赤躬冒矢石，所向摧陷，樊城破，襄阳降。从丞相伯颜渡江，驻临安，寻命平章奥鲁赤等分为六路，追袭宋二王。塔里赤领军至福建，所过秋毫无犯，降者如归，宋都统陈宗荣率众来降。以功迁福建招讨使。

时诸郡盗起，其最盛者陈吊眼，拥众五万，陷漳州。行省承制命塔里赤为闽广大都督、征南都元帅，总四省军，复漳州，生擒陈吊眼戮于市，余党悉伏诛。继从征交趾，击败黄圣许等，积功加镇国上将军、三珠虎符、广西两江道宣慰使都元帅。贺州盗起，塔里赤讨平之。改福建宣慰使，又改浙东。金疮发卒，赠辅国上将军、浙东道宣慰使都元帅、护军，追封临安郡公。

子二人：脱脱木儿，邵武汀州新军万户府达鲁华赤；

万奴，广西宣慰使都元帅。

塔海帖木儿

塔海帖木儿，答答里带人。其先在太祖时事国王木华黎，将左手大万户下蒙古军，镇太原以西八州。破金将王公佐军，斩公佐。从攻陕右，征河西，灭金，皆有功，赐种田户二百七十。曾祖忒木勒哥嗣，从都元帅塔海绀卜征蜀，死于兴元。祖扎剌带嗣。扎剌带卒，父拜答儿尚幼，从祖扎里、答术相继袭其职。扎里从都元帅大答征蜀，以所统军二百人破宋军于巴州，斩首三百级，生擒五十余人。答术以西川行枢密院檄领兵三千人救碉门，大败宋军，斩首三百余级，俘百余人以归。拜答儿既长，始以父官从行省也速带儿征建都，死军中。

塔海帖木儿袭父职，初从行院忽敦围嘉定，嘉定降。进围重庆，守将张珏出师迎敌，塔海帖木儿力战陷阵，功最多。十五年，又以都鲁军二百人破宋军于白水江，夺战船一，俘其众十三人。升宣武将军、管军总管。从也速答儿征亦奚不薛，又从征都掌蛮，皆以为前锋，杀获甚众。

九溪蛮、散猫、大磐蛮尚木的世用等叛，从行省曲立吉思帅师往讨，皆擒之，及杀其酋长头狗等。也速答儿、药剌罕率兵万人会云南兵讨乌蒙蛮，至闸灶，其酋长阿蒙率五百余众奔麻布蛮地，塔海帖木儿以四百人追至山箐中，大败之，擒阿蒙以归。二十六年，又从也速答儿西征，不知所终。

口　儿　吉

口儿吉，阿速氏。宪宗时，与父福得来赐俱直宿卫，领阿速军二十户。世祖时，口儿吉以百户从元帅阿术伐宋有功，赐以白金等物。宋平，命充大宗正府也可扎鲁花赤，领阿速军从征海都，以功授上赏。师还，成宗命宣抚湖广等处，访求民瘼，还仍旧职。至大元年，武宗命充左卫阿速亲军都指挥使，进阶广威将军。四年，卒。

子的迷的儿，由玉典赤改百户，领阿速军，从指挥玉爪失征叛王乃颜，却金刚奴军于镬宝直之地，降哈丹秃鲁干，累以功受赏。至大四年，袭父职，授明威将军、阿速亲军都指挥使。子香山，事武宗、仁宗，直宿卫。天历元年九月，兵兴，从战宜兴，击杀敌兵七人，自旦至暮，却敌兵凡一十三处。以功赐金带一，授左阿速卫都指挥使。

忽　　都

忽都，蒙古兀罗带氏。父孛罕，事太祖，备宿卫。至太宗时为镇西行省，领蒙古、汉军从攻河中、潼关、河南，与拜只思、扎忽歹、阿思兰攻秦巩及仁和诸堡，又与拜只思守京兆。岁乙未，授左手万户，从都元帅答海钳卜出征，卒军中。

宪宗命忽都将其军从都元帅大答攻巴州，又从都元帅纽璘渡马湖江，破宋叙州兵于老君山下。中统元年，宋将以舟师二千犯成都新津，忽都逆击败之，斩首百五十级。至元元年，授蒙古汉军总管。二年，从都元帅百家奴败宋将夏贵于怀安。五年，卒。

子扎忽带，时在宿卫，弟忽都答立袭其职。忽都答立卒，札忽带嗣，为千户，从行枢密院围重庆。重庆守张珏遣劲兵数千出挑战，札忽带力战大破之。回军围泸州，未下，行枢密院遣入朝计事，授宣武将军、管军总管。复还攻泸，登城，与泸兵搏战而死。子阿都赤嗣。

孛　儿　速

孛儿速，脱脱忒氏。世祖时直宿卫，扈驾征哈剌章还，帝驻跸高阜，见河北有驾舟而来者，顾谓左右曰："是贼也，奈何？"孛儿速进曰："臣请御之。"即解衣径渡，挥戈刺死舟尾二人，挐其舟就岸，舟中之人仓惶失措，帝命左右悉擒之。哈剌章平，以功论赏。

子答答呵儿，从征孛可有功，由宿卫升武德将军、揭只揭烈温千户所达鲁花赤。从征叛王乃颜、也不干等，奋戈击死数人，擒也不干，收其所管钦察之民。武宗时，进怀远大将军、元帅，卒。

月举连赤海牙

月举连赤海牙，畏兀儿人。从宪宗征钓鱼山，奉命修曲药以疗师疫，赏白金五十两。继从太子满哥都征云南，战数胜。中统三年，火都暨答离叛，领兵与讨平之。至元十二年，佩虎符，为陇右河西道提刑按察使。兀朗孙火石颜谋乱，从皇太子安西王往镇之，皇太子赐以白金五十两。

十五年，与伯速带平土鲁，皇子复赐金衣腰带金碗，且以其功闻。十七年，进官嘉议大夫，仍居旧职。二十年，进中奉大夫、四川等处行中书省参知政事，寻以疾归秦州。大德八年卒。至顺中，赠推忠宣力定远功臣、资善大夫、陕西行省左丞、护军，追封威宁郡公，谥襄靖。

阿　答　赤

阿答赤，阿速氏。父昂和思，宪宗时佩虎符为万户。

阿答赤扈从宪宗南征，与敌兵战于剑州，以功赏白银。阿里不哥叛，从也儿怯等征之，有功。世祖中统三年，从征李璮，身二十余战，累功授金符千户。丞相伯颜、平章阿术之平江南也，阿答赤皆在行中，著战功，殁于阵，帝怜之，特赐钞七十锭、白金五百两，为葬具，仍赐镇巢之民一千五百三十九户，命其子伯答儿袭职。

伯答儿从别急列迷失北征，与瓮吉剌只儿瓦台战于牙里伴朵之地，以功受上赏。寻进定远大将军、后卫都指挥使，兼右阿速卫事，将阿速军往征别失八里，与敌兵累战累捷。枢密臣以其功闻，赏白金、貂裘、弓矢、鞍辔等，寻复以银坐椅赐之。

子斡罗思，由宿卫升金隆镇卫都指挥使司事，赐一珠虎符。天历元年，谕降上都军凡若干数，特赐三珠虎符，升本卫都指挥使。

明　安

明安，康里氏。至元十三年，世祖诏民之荡析离居及僧道、漏籍诸色人不当差徭者万余人充贵赤，令明安领之。明安岁扈驾出入，克勤于事。二十年，授定远大将军、中卫亲军都指挥使。明年，赐佩虎符，领贵赤军北征。又明年，立贵赤亲军都指挥使司，命为本卫达鲁花赤。寻奉旨领蒙古军八千北征，明年，至别失八剌哈思之地，与海都军战有功。

二十六年冬十二月，别乞怜叛，劫取官站脱脱火孙塔剌海等，明安率众追击之，五战五捷，悉还之。至杭海，强民阔阔台、撒儿塔台等率众作乱，夺三站地，劫脱脱火孙，明安引兵又追击之，却其军。二十七年秋七月，布四麻、当先别乞失、出春伯驸马、兀者台、朵罗台、兀儿答儿、塔里雅赤等掠四怯薛牛马畜牧，及劫灭烈太子昔博赤并斡脱、布伯各投下民殆尽。明安将兵追击于汪吉昔博赤之城，贼军败走，还所掠之民并获其牛马畜牧等以归。时出伯、伯都所领军乏食，奉旨以明安所获畜牧济之。二十九年，以功升定远大将军、贵赤亲军都指挥使司达鲁花赤。时别失八剌哈孙盗起，诏以兵讨之，战于别失八里秃儿古阇，有功，贼军再合四千人于忽兰兀孙，明安设方略与战，大败之。大德二年，复将兵北征，与海都战。七年，殁于军。子曰帖哥台，曰孛兰奚。

帖哥台，初为昭勇大将军、贵赤亲军都指挥使司达鲁花赤。及改充万户，则以其叔父脱迭出代之。帖哥台后以万户改中卫亲军都指挥使，进银青荣禄大夫、平章政事。子曰普颜忽里，曰善住。普颜忽里，怀远大将军、贵赤亲军都指挥使司达鲁花赤。善住，初直宿卫，历中书直省舍人、诸色人匠达鲁花赤，迁奉议大夫、佥中卫亲军都指挥使司事。天历元年九月，赐佩一珠虎符，从丞相燕帖木儿御敌檀州等处，又率其家人那海等一十一人，自出乘马与辽军战，却其军，俘八十四人以归。丞相嘉之。

孛兰奚，昭武大将军、中卫亲军都指挥使，积官银青荣禄大夫、太尉。子桑兀孙，中卫亲军都指挥使。桑兀孙卒，弟乞答海袭职。

忽林失

忽林失，八鲁剌䚟氏。曾祖不鲁罕罕劄，事太祖，从平诸国，充八鲁剌思千户，以其军与太赤温等战，重伤坠马，帝亲勒兵救之，以功升万户，赐黄金五十两、白金五百两，俾直宿卫。祖许儿台，年十五能驰射贼，以勇略称。从定宗征钦察，为千户。领兵下西番。从世祖伐宋，至亳州，与宋人迎敌，败之。父瓮吉剌带，初为军器监官，从世祖亲征阿里不哥，以功受上赏。俄奉旨使西域，籍地产，悉得其实。帝方欲大用之而卒。

忽林失初直宿卫，后以千户从征乃颜，驰马奋戈，冲击敌营，矢下如雨，身被三十三创。成宗亲督左右出其镞，命医疗之，以其功闻。世祖以克宋所得银瓮及金酒器等赐之，命领太府监。后以千户从皇子阔阔出出征，还，留镇军中。

后从成宗与海都、都瓦等战有功，成宗嘉之，特命为翰林承旨，俄改万户。与叛王斡罗思、察八儿等战，以功授荣禄大夫、司徒，赐银印。武宗尝曰："君臣中能为国宣力如忽林失者实鲜，其厚赉之。"于是遣使召见。未几武宗崩，仁宗即位，念其旧勋，赏赉特厚。

子燕不伦，初奉兴圣太后旨，充千户。俄改充万户，代其父职。寻罢，归其父所受司徒印及万户符于有司，仍直宿卫。致和元年秋八月，在上都，思武宗之恩，与同志合谋奉迎文宗。会同事者见执，乃率其属奔还大都。特赐龙衣一袭，命为通政院使。天历元年九月，同丞相燕帖木儿败王禅等兵于红桥，又战于白浮，又战于昌平东，又战于石槽。帝嘉其功，拜荣禄大夫知枢密院事，以世祖常御金带赐之。

失剌拔都儿

失剌拔都儿，阿速氏。父月鲁达某，宪宗时领阿速十人入觐，充阿塔赤，从世祖至哈剌章之地，战数胜，兀里羊哈台以其功闻，赐所俘人一口以赏之，后以金疮发卒。

失剌拔都儿至自脱别之地，帝特赐白金、楮币、牛马等物。至元十一年，从丞相伯颜南征有功，仍充阿塔赤。帝尝命放海青，曰："能获新者赏之。"失剌拔都儿即援弓射一兔二禽以献，赏沙鱼皮杂带及貂裘，且命于尚乘寺为少卿、于阿速为千户。二十四年，授武略将军，管阿速军千户，赐金符。乃颜叛，从诸王和元鲁往征之，力战有功。乃颜平，帝赏以金腰带及银交床等。二十五年，进武德将军、尚乘寺少卿，兼阿速千户。征哈答安等，败之，获其驼马等物。成宗嘉其功，以军二千益之。讨叛王脱脱，擒之，以功受赏。大德六年卒。

子那海产，袭其职。至大二年，进宣武将军、右卫阿速亲军都指挥使，赐三珠虎符。泰定二年，覃加明威将军。

彻　里

彻里，阿速氏。父别吉八，在宪宗时从攻钓鱼山，以功受赏。彻里事世祖，充火儿赤。从征海都，奋戈击其前锋，官军二人陷阵，掖而出之，以功受赏。后从征杭海，获其牛马畜牧，悉以给军食。帝嘉之，赏钞三千五百锭，仍以分赉士卒。

成宗时，盗据博落脱儿之地，命将兵讨之，获三千余人，诛其酋长还。奉命同客省使拔都儿等往八儿胡之地，以前所获人口畜牧悉给其主。军还，帝特赐钞一百锭。武宗居潜邸，亦以银酒器赏之。至大二年，立左阿速卫，授本卫佥事，赐金符。皇庆二年，从湘宁王北征，以功赐一珠虎符。

子失列门，直宿卫。致和元年秋八月，从知院脱脱木儿至潮河川，获完者八都儿、爱的斤等十二人，戮八人，执四人归京师。复于宜兴遇失剌、乃马台等，迎战，奋戈击死二人，以功赏白金、楮币。天历元年，从击秃满台儿之兵于两家店，杀其四人，复以功受赏。从战蓟州，又杀其四人。十一月，又追杀十二人于檀子山，以功授左卫阿速亲军都指挥使司佥事。

曷剌

曷剌，兀速儿吉氏。至元九年，见世祖，诏入太官直。从讨叛王乃颜，赐白金、楮币、甲胄、橐驼、鞍马。以其才堪使远，成宗时使高丽，使和林，使江西、福建，不失使指。授忠勇校尉、中书直省舍人。出监息州，迁奉训大夫。武宗诏曰："曷剌世祖旧臣，可授奉议大夫、都水监卿。"明年，加嘉议大夫。又明年，佩金虎符，兼直东水韃靼女直万户府达鲁花赤。延祐元年，特授资善大夫、辽阳等处行中书省左丞，仍监其军。三年，召还，特授荣禄大夫、大司农。卒，年六十三，赠推诚宣力保德功臣、太师、开府仪同三司、上柱国，追封蓟国公，谥安穆。

子不花，宿卫仁宗潜邸。及即位，特授中顺大夫、中书直省舍人，改客省副使，迁太中大夫、典瑞太监，改左司员外郎、参议中书省事，拜中奉大夫、中书参知政事，资德大夫、宣徽副使、同知宣徽事，改典瑞院使，兼世其父监军，佩金虎符，改翰林学士。至治元年，仍翰林学士，监军，领东蕃诸部奏事。

乞台

乞台，察台氏。至元二十四年为钦察卫百户，从土土哈征叛王失烈吉及乃颜有功，赐金符，升千户。从征忽剌出，战于阿里台之地。元贞二年，以疾卒。

子哈赞赤袭职，从创兀儿于魁烈儿之地，与哈答安战有功。大德五年，从战杭海。从武宗亲征哈剌阿答。复从创兀儿征不别、八怜，为前锋，以功受赏赉。皇庆二年，授金符，为千户。明宗居潜邸，延祐四年命从西征，与秃满帖木儿战于失剌塔儿马失之地，以功复受厚赏，居其地十五年。天历二年，赐金符，授昭勇大将军、同知大都督府事。卒。

脱因纳

脱因纳，答答叉氏。世祖时从征乃颜，以功受上赏。大德七年，授钦察卫亲军千户所达鲁花赤、武德将军，赐金符。八年，改太仆少卿。十年，迁阿儿鲁军万户府达鲁花赤，易金虎符，进阶怀远大将军。寻改中奉大夫、太仆少卿，仍兼前职。至大二年，拜甘肃行尚书省参知政事、通奉大夫。四年，入为太仆卿，升正奉大夫。皇庆元年，授阿儿鲁万户府襄阳汉军达鲁花赤，仍领太仆卿。延祐三年，拜资德大夫、甘肃行中书右丞。至治二年，改通政使，转会福院使，寻复通政。致和元年，分院上都。秋八月，为倒剌沙所杀。文宗即位，特赠宣力守义功臣、荣禄大夫、上柱国、中书平章政事，追封冀国公，谥忠景。

有子曰定童、只儿哈朗。定童袭父职，阿儿鲁万户府襄阳万户府汉军达鲁花赤，佩金虎符，明威将军。只儿哈朗，初授钦察亲军千户所达鲁花赤，佩金符，武略将军。改授朝列大夫、通政院副使，历同知，升院使，积官中奉大夫。

和尚

和尚，蒙古乃蛮台氏。祖海速，充昔烈木千户所蒙古军百户。伯父兀鲁不花，初充蒙古军五十户。至元七年，从昔烈木千户南征，以功命权百户，从佥省阿剌海牙攻樊城。十一年，从攻新城，又从攻鄂东门，攻处州，屡立战功。二十五年，赐银符，授敦武校尉、后卫亲军百户。是年秋卒。父怯烈吉袭。怯烈吉卒，和尚袭。

至大三年，进忠翊校尉、后卫亲军副千户，赐金符。延祐二年，江西宁都寇起，杀守土官吏，从元帅乞住等总兵讨之，生擒贼酋蔡五九诛之，捣其巢穴。致和元年八月，西安王以兵讨倒剌沙，命从丞相燕帖木儿擒乌伯都剌，分兵备御。

天历元年九月，从战通州，以功赏名马。从击犯红桥之兵，手戈刺死二人，败之，夺红桥。及纽泽大夫等力战于白浮，杀其四人。和尚白丞相曰："两军相战，当有辨，今号缨俱黑，无辨，我军宜易以白。"丞相然之。战于昌平栗园，杀二人。又与亚失帖木儿战于石槽，杀三人。十月，从击秃满台儿于檀州南桑口，败之。又从丞相追击其军于檀州之北，有功，十一月，命领八卫把总金鼓都镇抚司事。

卷一百三十六　列传第二十三

哈剌哈孙

哈剌哈孙，斡剌纳儿氏。曾祖启昔礼，始事王可汗脱斡璘。王可汗与太祖约为兄弟，及太祖得众，阴忌之，谋害太祖。启昔礼潜以其谋来告，太祖乃与二十余人一夕遁去，诸部闻者多归之，还攻灭王可汗，并其众。擢启昔礼为千户，赐号答剌罕。从平河西、西域诸国。祖博理察，太宗时从太弟睿宗攻河南，取汴、蔡，灭金，赐顺德以为分邑。父囊加台，从宪宗伐蜀，卒于军。

哈剌哈孙威重，不妄言笑，善骑射，工国书，又雅重儒术。至元九年，世祖录勋臣后，命掌宿卫，袭号答剌罕。自是人称答剌罕而不名。帝尝谕之曰："汝家勋载王府，行且大用汝矣。"又语皇太子曰："答剌罕非常人比，可善遇之。"十八年，割钦、廉二州，益其食邑。二十二年，拜大宗正。用法平允，审录冤滞，所活数百人。时相请以江南狱隶宗正。哈剌哈孙曰："江南新附，教令未孚，且相去数千里，欲遥制其刑狱，得无冤乎。"事遂止。

二十八年，拜荣禄大夫、湖广行省平章政事。台臣言其在宗正决狱平，即去，恐难其继者。帝曰："湖广之地，朕尝驻跸，非斯人不可。"遂行。时江湖间盗贼出没，剽取商旅货财，哈剌哈孙至，则发卒悉擒诛之，水陆之途始皆无梗。初，枢密置行院于各省，分兵民为二，奸人植党自蔽。后因入觐极陈其不便，帝为罢之。因问曰："风宪之职，人多言其挠吏治，信乎？"对曰："朝廷设此以纠奸慝，贪吏疾之，妄为谤耳。"帝然其言。

三十年，平章刘国杰将兵征交趾，哈剌哈孙戒将吏无扰民。会有夺民鱼菜者，杖其千户，军中肃然。俄有旨发湖湘富民万家，屯田广西，以图交趾。哈剌哈孙密遣使奏曰："往年远征无功，疮痍未复，今又徙民瘴乡，必将怨叛。"吏莫知其奏，抱卷请署，弗答。吏再请，则曰："姑缓之。"未几，使还报罢，民皆感悦。及广西元帅府请募南丹五千户屯田，事上行省，哈剌哈孙曰："此土著之民，诚为便之，内足以实空地，外足以制交趾之寇，可不烦士卒而馈饷有余。即命度地立为五屯，统以屯长，给牛种农具与之。湖南宣慰张国纪建言，欲按唐、宋末征民间夏税。哈剌哈孙曰："亡国弊政，失宽大之意，圣朝其可行耶？"奏止其议。

大德二年，入朝上都，成宗拜光禄大夫、江浙行省左丞相。视政七日，征拜中书左丞相，进阶银青荣禄大夫。既拜命，斥言利之徒，一以节用爱民为务。有大政事，必引儒臣杂议。京师久阙孔子庙，而国学寓他署，乃奏建庙学，选名儒为学官，采近臣子弟入学。又集群议建南郊，为一代定制。

五年，同列有以云南行省左丞刘深计倡议曰："世祖以神武一海内，功盖万世。今上嗣大历服，未有武功以彰休烈，西南夷有八百媳妇国未奉正朔，请往征之。"哈剌哈孙曰："山峤小夷，辽绝万里，可谕之使来，不足以烦中国。"不听，竟发兵二万，命深将以往。道出湖广，民疲于馈饷。及次顺元，深胁蛇节求金三千两、马三千匹。蛇节因民不堪，举兵围深于穷谷，首尾不能相救。事闻，遣平章刘国杰往援，擒蛇节，斩军中，然士卒存者才十一二，转饷者亦如之，讫无成功。帝始悔不用其言。会赦，有司议释深罪。哈剌哈孙曰："徼名首衅，丧师辱国，非常罪比，不诛无以谢天下。"奏诛之。

七年，进中书右丞相。尝言治道必先守令，近用多不得其人，于是精加遴选，定官吏赃罪十二章及丁忧、婚聘、盗贼等制，禁献户及山泽之利。每岁车驾幸上都，哈剌哈孙必留守京师。时帝弗豫，制出中宫，群邪党附，哈剌哈孙以身匡之，天下晏然。十年，加开府仪同三司、监修国史，置僚属。冬十一月，帝寝疾笃甚，入侍医药，出总宿卫。藩王欲入侍疾者不听，日理机务如故。

十一年春，成宗崩。时武宗抚军北边。仁宗侍太后在怀庆，诸奸臣谋断北道，请成后垂帘听政，立安西王阿难答。哈剌哈孙密遣使北迎武宗，南迎仁宗，悉收京城百司符印，封府库，称疾卧阙下，内旨日数至，并不听，文书皆不署，众欲害之，未敢发。及仁宗至近郊，众犹未知也。三月朔，列牍请署，后决以三月三日御殿听政，乃立署之，众大喜，莫知所为。明日，迎仁宗入，执左丞相阿忽台及安西王阿难答等就诛，内难悉平。自冬至春，未尝一至家休沐。夏五月，武宗至自北，即皇帝位，拜太傅、录军国重事，仍总百揆，赐宅一区，以其子脱欢入侍。

初仁宗之入也，阿忽台有勇力，人莫敢近，诸王秃剌实手缚之，以功封越王，三宫尽幸其第，赐与甚厚，以庆元路为其食邑。哈剌哈孙力争之，曰："祖宗之制，非亲王不得加一字之封。秃剌疏属岂得以一日之功废万世之制哉。"帝不听。秃剌因谮于帝曰："方安西王谋干大统，哈剌哈孙亦尝署文书。"由是罢相出镇北边。诏曰："和林为北边重镇，今诸部降者又百余万，非重臣不足以镇之，念无以易哈剌哈孙者。"赐黄金三百两、白银三千五百两、钞十五万贯、帛四万端、乳马六十匹，以太傅、左丞相行和林省事。太后亦赐帛二百端、钞五万贯。

至镇，斩为盗者一人。分遣使者赈降户。奏出钞币易牛羊以给之，近水者教取鱼食。会大雪，民无取得食，命诸部置传车，相去各三百里，凡十传，转米数万石以饷饥民，不足则益以牛羊。又度地置内仓，积粟以待来者。浚古渠，溉田数千顷。治称海屯田，教部落杂耕其间，岁得米二十余万。北边大治。至大元年，赐大帐，如诸王诸藩礼。闰十一月，寝疾，语其属曰："吾不复能佐理国事矣。行省之务，汝曹勉之，毋贻朝廷忧。"薨，年五十二。帝闻之，惊悼曰："丧我贤相。"赙钞二万五千贯。诏归葬昌平，追赠推诚履政佐运功臣、太师、开府仪同三司、上柱国，追封顺德王，谥忠献。

子脱欢，由太子实客拜御史中丞，袭号答剌罕，进御史大夫，行台江南。寻拜平章，行省江浙，进左丞相，兼领行宣政院。重厚有父风，喜读书，为政不尚苛暴，得众心。致和元年，卒于官，年三十七。子蛮蛮。

阿沙不花

阿沙不花者，康里国王族也。初，太祖拔康里时，其祖母苫灭古麻里氏新寡，有二子，曰曲律、牙牙，皆幼，而国乱家破无所依，欲去而归朝廷，念无以自达。一夕有数驼皆重负突入营中，驱之不去。旦乃系驼营外，置所负其旁，夜复纳营中，候有求者归之。如是十余日，终无求者。乃发视其装，皆西域重宝。惊曰："殆天欲资我而东耶，不然，此岂吾所宜有。"遂驱驰载二子越数国至京师。时太祖已崩，太宗立，尽献其所有，帝深异之，命有司治邸舍、具廪饩以居焉。居二年，闻国中已定，谒帝欲归。帝曰："汝昔何为而来，今何为而去？"且问其所欲。对曰："臣妾昔以国乱无主，远归陛下，今赖陛下威德，闻国已定，欲归守坟墓耳。妾惟二子，虽愚无知，愿留事陛下。"帝大喜，立召二子入宿卫，而礼遣之。后十三年复来，则二子已从宪宗伐蜀矣。逮至和宁，闻宪宗崩，诸将皆还，而二子独后，心方以为忧。过一古庙，因入祷焉，若闻神语，连称"好好"而不知其故，问其国人通汉语者，知为吉语。还至舍，则二子已至矣。遂留居焉。

曲律无子。牙牙后封康国王，生六子，阿沙不花最贤，年十四，入侍世祖。世祖赐土田、给奴隶，使居兴和之天城。会西蕃遣使者有所奏请，既谕遣之，后数日，帝问近侍诸大臣曰："前日西使何请，朕何辞以遣？"诸大臣莫能对，阿沙不花从旁代对甚详悉。帝因怒诸大臣曰："卿等任天下之重，如此反不若一童子耶？"尝扈从上都，方入朝，而宫草多露，跣足而行，帝御大安阁，望而见之，指以为侍臣戒。一日，故命诸门卫勿纳阿沙不花。阿沙不花至，诸门卫皆不纳，乃从水窦中入。帝问故，以实对，且曰："臣一日不入侍，身将何归？"帝大悦，更谕诸门卫听其出入。命饬四宿卫兵器，无敢或慢；复使掌门，无敢阑入。帝曰："可用矣。"

乃颜叛，诸王纳牙等皆应之。帝问计将安出，对曰："臣愚以为莫若先抚安诸王，乃行天讨，则叛者势自孤矣。"帝曰："善，卿试为朕行之。"即北说纳牙曰："大王闻乃颜反耶？"曰："闻之。"曰："大王知乃颜已遣使自归耶？"曰："不知也。"曰："闻大王等皆欲为乃颜外应，今乃颜既自归矣，是独大王与主上抗。幸主上圣明，亦知非大王意，置之不问。然二三大臣不能无惑，大王何不往见上自陈，为万全计。"纳牙悦许之。于是诸王之谋皆解。阿沙不花还报，帝乃议亲征，命征兵辽阳，以千户帅昔宝赤之众从行。

及乃颜平，阿沙不花以大同、兴和两郡当车驾所经有帷台岭者，数十里无居民，请诏有司作室岭中，徙邑民百户居之，割境内昔宝赤牧地使耕种以自养，从之。阿沙不花既领昔宝赤，帝复欲尽徙兴和桃山数十村之民，以其地为昔宝赤牧地。阿沙不花固请存三千户以给鹰食，帝皆听纳。民德之，至今饮食必祭。

至元三十年，海都叛，成宗以皇孙抚军于北。阿沙不花从行，逾金山战杭海有功。成宗即位，会大宗正扎鲁火赤脱儿速以赃污闻，诏鞫问之，脱儿速伏罪，就命代之。成宗目之曰阿即剌。阿即剌，译言阎罗王也。有诉朱清、张瑄阴私，既抵罪，帝遣兵马都指挥使忽剌术籍没其家，以受赂诛。更命阿沙不花往，具以实闻，赐宅一区、钞万五千缗，兼两城兵马都指挥使事。武宗时为怀宁王，总军漠北，问："今日材可大用者为谁？"对曰："母弟脱脱将相才也，无以易之。"遂命从行，后果为名臣。

成宗崩，安西王阿难答乘间谋继大统，成后及丞相阿忽台、诸王迷里帖木儿皆阴为之助。时武宗犹在北边，太后及仁宗亦在怀孟未至。适武宗遣脱脱计事京师，丞相哈剌哈孙令急还报武宗，而成后已密谕通政使只儿哈郎止其驿马。阿沙不花知事急，与同知通政院事察乃谋，作先日署文书给马去。只儿哈郎闻脱脱已去，方诘问吏，阅案牍乃止。太后及仁宗既至京师，有言安西王谋以三月三日伪贺仁宗千秋节，因以举事者。阿沙不花言之哈剌哈孙，且曰："先人者胜，后人者败。后一垂帘听政，我等皆受制于人矣，不若先事而起。"哈剌哈孙曰："善。"乃前二日白仁宗，诈称武宗遣使召安西王计事，至即执送上都。尽诛丞相阿忽台以下诸奸臣。与哈剌哈孙皆居禁中。

仁宗以太子监国，遣使北迎武宗，而武宗迟回不进，遣使还报太后曰："非阿沙不花往不可。"乃遣奉衣帽、尚酝以往，至野马川，见武宗，备道两宫意，及陈安西王谋变始末，且言："太子监国所以备他变，以待陛下，臣万死保其无他。"武宗大悦，解衣衣之，拜中书平章政事，军国大事并听裁决。因奏平内难之有功者燕只哥以下十人为兵马指挥、为直省舍人。诏先奉蒲萄酒及锦绮还报两宫。仁宗即日率群臣出迎。

武宗入上都，加阿沙不花特进、太尉，依前平章政事。命与丞相塔思不花还京师治安西王党，诸连坐囊加真等三十余人，皆释之。尝命出太府金分赐诸王贵戚及近侍，方出朝，见一人仓皇若有所惧状，曰："此必盗金者。"召诘问之，果得黄金五十两、白金百两以闻，就以金赐之，命诛盗者。辞曰："盗诛固当，金非臣所宜得，愿还金以赎盗死。"帝悦而从之。有近臣蹴踘帝前，帝即命出钞十五万贯赐之。阿沙不花顿首言曰："以蹴踘而受上赏，则奇技淫巧之人日进，而贤者日退矣，将如国家何。臣死不敢奉诏。"乃止。

帝又尝御五花殿，丞相塔思不花、三宝奴，中丞伯颜等侍。阿沙不花见帝容色日悴，乃进曰："八珍之味不知御，万金之身不知爱，此古人所戒也。陛下不思祖宗付托之重，天下仰望之切，而惟曲蘖是沉，姬嫔是好，是犹两斧伐孤树，未有不颠仆者也。且陛下之天下，祖宗之天下也，陛下之位，祖宗之位也，陛下纵不自爱，如宗社何？"帝大悦曰："非卿孰为朕言。继自今毋爱于言，朕不忘也。"因命进酒。阿沙不花顿首谢曰："臣方欲陛下节饮而反劝之，是臣之言不信于陛下也，臣不敢奉诏。"左右皆贺帝得直臣。遂进开府仪同三司、中书右丞相，行御史大夫。

俄复平章政事、录军国重事，兼广武康里侍卫亲军都指挥使，封康国公。有以左道惑众者，诸世臣大家多信趋之，竟置于法。迁知枢密院事。以至大二年十月薨于位，年四十七。至正元年，赠纯诚一德正宪保大功臣、开府仪同三司、中书右丞相、上柱国，追封顺宁王，谥忠烈。

其继室别哥伦氏，亦有至行，寡居三十年，未尝妄言笑，身不服华彩。诏旌其门，与元配达海的斤氏并封顺宁王夫人。

子伯嘉讷，廉直刚敏，忧国如忧家。尝为京尹，屯储卫诱小民梅冻儿诬首海商一百十有六人为盗而掠其赀，狱具，械送刑部，命伯嘉讷审录之，尽得其冤状，白丞相释之，还其赀。后迁翰林侍读学士。

拜　住

拜住，安童孙也。五岁而孤，太夫人教养之。稍长，宏远端亮有祖风。至大二年，袭为宿卫长。仁宗即位，延祐二年，拜资善大夫、太常礼仪院使。四年，进荣禄大夫、大司徒。五年，进金紫光禄大夫。六年，加开府仪同三司，余并如故。每议大政，必问曰："合典故否？"同官有异见者，曰："大朝止说典故耶？"拜住微笑曰："公试言之，国朝何事不依典故？"同官不能对。太常事简，每退食必延儒士咨访古今礼乐刑政、治乱得失，尽日不倦。尝曰："人之仕宦，随所职司，事皆可习。至于学问有本，施于事业，此儒者之能事，宰相之资也。"

英宗在东宫，问宿卫之臣于左右，咸称拜住贤。遣使召之，欲与语。拜住谓使者曰：“嫌疑之际，君子所慎，我长天子宿卫而与东宫私相往来，我固得罪，亦岂太子福耶？”竟不往。英宗登极，拜中书平章政事。会诸侯王于大明殿，诏进读太祖金匮宝训，威仪整暇，语音明畅，莫不注目竦听。夏五月，徽政使失烈门、要束木妻也里失八等谋为逆，帝密得其事，御穆清阁，召拜住谋之。对曰：“此辈擅权乱政久矣，今犹不惩，阴结党与，谋危社稷，宜速施天威，以正祖宗法度。”帝动容曰：“此朕志也。”命率卫士擒斩之，其党皆伏诛。

拜中书左丞相。先时，近侍传旨以姓名赴中书铨注者六七百员，选曹为之壅滞。拜住奏阁之，注授一依选格次第，吏无容奸。刑曹事有情可矜者宽恕之，贪暴不法必不少容。帝常谕左右曰：“汝辈慎之，苟陷国法，我虽曲赦，拜住不汝恕也。”

至治元年春正月，帝欲结彩楼于禁中，元夕张灯设宴。时居先帝丧，参议张养浩上疏，拜住谓当进谏，即袖其疏入奏，帝悦而止，仍赐养浩帛，以旌直言。三月，从幸上都，次察罕脑儿。帝以行宫亨丽殿制度卑隘，欲更广之。奏曰：“此地苦寒，入夏始种粟黍，陛下初登大宝，不求民瘼，而遽兴大役以妨农务，恐失民望。”从之。帝尝谓拜住曰：“朕委卿以大任者，以乃祖木华黎从太祖开拓土宇，安童相世祖克成善治也。卿念祖宗令闻，岂有不尽心者乎。”拜住再拜曰：“陛下委臣以大任，臣有所畏者三，畏辱祖宗；畏天下事大，识见有所未尽；畏年少不克负荷，无以上报圣恩。惟陛下垂闵，时加训饬，幸甚。”

延祐间，朔漠大风雪，羊马驼畜尽死，人民流散，以子女鬻人为奴婢。拜住以兴王根本之地，其民宜加赈恤，请立宗仁卫总之，命县官赎置卫中，以遂生养。至元十四年，始建太庙于大都，至是四十年，亲享之礼未暇讲肄。拜住奏曰：“古云礼乐百年而后兴，郊庙祭享，此其时矣。”帝悦曰：“朕能行之。”预敕有司，以亲享太室仪注礼节，一遵典故，毋擅增损。冬十月，始有事于太庙。二年春正月，孟享，始备法驾，设黄麾大仗，帝服通天冠、绛纱袍，出自崇天门。拜住摄太尉以从。帝见羽卫文物之美，顾拜住曰：“朕用卿言举行大礼，亦卿所共喜也。”对曰：“陛下以帝王之道化成天下，非独臣之幸，实四海苍生所共庆也。”致斋大次，行酌献礼，升降周旋，俨若素习，中外肃然。明日还宫，鼓吹交作，万姓耸观，百年废典，一旦复见，有感泣者。拜住率百僚称贺于大明殿，执事之臣赐金帛有差。又奏建太庙前殿，议行祫禘配享等礼。帝从容谓拜住曰：“朕思天下之大，非朕一人思虑所及，汝为朕股肱，毋忘规谏，以辅朕之不逮。”拜住顿首谢曰：“昔尧、舜为君，每事询众，善则舍己从人，万世称圣。桀、纣为君，拒谏自贤，悦人从己，好近小人，国灭而身不保，民到于今称为无道之主。臣等仰荷洪恩，敢不竭忠以报。然事言之则易，行之则难。惟陛下力行，臣等不言，则臣之罪也。”帝嘉纳之。

时右丞相铁木迭儿贪滥谲险，屡杀大臣，鬻狱卖官，广立朋党，凡不附己者必以事去之，尤恶平章王毅、右丞高昉，因在京诸仓粮储失陷，欲奏诛之。拜住密言于帝曰：“论道经邦，宰相事也，以金谷细务责之可乎？”帝然之，俱得不死。铁木迭儿复引参知政事张思明为左丞以助己。思明为尽力，忌拜住方正，每与其党密语，谋中害之。左右得其情，乘间以告，且请备之。拜住曰：“我祖宗为国元勋，世笃忠贞，百有余年。我今年少，叨受宠命，盖以此耳。大臣协和，国之利也。今以右相仇我，我求报之，非特吾二人之不幸，亦国家之不幸。吾知尽吾心，上不负君父，下不负士民而已。死生祸福，天实鉴之，汝辈毋复言。”未几，奉旨往立忠宪王碑于范阳。铁木迭儿久称疾，闻拜住行，将出莅省事，入朝，至内门，帝遣速速赐之酒，且曰：“卿年老宜自爱，待新年入朝未晚。”遂怏怏而还。然其党犹布列朝中，事必禀于其家，以拜住故，不得大肆其奸，百计倾之，终不能遂。在京仓漕管库之职，岁终例应注代。时张思明亦称疾不出，众皆顾望。拜住虽朝夕帝前，以事不可缓，乃日坐省中谓僚属曰：“左丞病，省事遂废乎？”郎中李处恭曰：“金谷之职，须慎选择，不得其人，未敢遽拟。”拜住曰：“汝为卖官之计耳。”遣人善慰思明，乃出共毕铨事。

拜住每以学校政化大源，似缓实急，而主者不务尽心，遂致废弛，请令内外官议拯治之。有言佛教可治天下者，帝问之，对曰：“清净寂灭，自治可也。若治天下，舍仁义，则纲常乱矣。”又尝谓拜住曰：“今亦有如唐魏征之敢谏者乎？”对曰：“盘圆则水圆，盂方则水方。有太宗纳谏之君，则有魏征敢谏之臣。”帝并善之。六月壬寅，敕赐平江腴田万亩。拜住辞曰：“陛下命臣厘正庶务，若先受赐田，人其谓何？”帝曰：“汝勋旧子孙，加以廉慎，人或援例，朕自谕之。”秋七月，奏召张思明诣上都，数其罪，杖而逐之。铁木迭儿继亦病卒。拜住哭之恸。

初，浙民吴机以累代失业之田卖于司徒刘夔，夔赂宣政使八剌吉思买置诸寺，以益僧廪，矫诏出库钞六百五十万贯酬其直。田已久为他人之业，铁木迭儿父子及铁失等上下蒙蔽，分受之，为赃巨万。真人蔡道泰以奸杀人，狱已成，铁木迭儿纳其金，令有司变其狱。拜住举奏二事。命台察鞫之，尽得其情，以田归主，刘、蔡、八剌吉思等皆坐死，余论罪有差。特赦铁失。

冬十二月，进右丞相、监修国史。帝欲爵以三公，恳辞，遂不置左相，独任以政。首荐张珪，复平章政事，召用致仕老臣，优其禄秩，议事中书。不次用才，唯恐少后，日以进贤退不肖为重务。患法制不一，有司无所守，奏详定旧典以为通制。帝幸五台，拜住奏曰：“自古帝王得天下以得民心为本，失其心则失天下。钱谷民之膏血，多取则民困而国危，薄敛则民足而国安。”帝曰：“卿言甚善。朕思之，民为重，君为轻，国非民将何以为君？今理民之事，卿等当熟虑而慎行之。”三年春二月，将进《仁宗实录》，先一日，诣翰林国史院听读。首卷书大德十一年事，不书左丞相哈剌哈孙定策功，惟书越王秃剌勇决从容。谓史官曰：“无左丞相，虽百越王何益？录鹰犬之劳，而略发踪指示之人，可乎？”立命书之。其他笔削未尽善者，一一正之，人皆服其识见。

夏六月，拜住以海运粮视世祖时顿增数倍，今江南民力困极，而京仓充满，奏请岁减二十万石。帝遂并铁木迭儿所增江淮粮免之。时铁木迭儿过恶日彰，拜住悉以奏闻。帝悟，夺其官，仆其碑。奸党铁失等甚惧。帝在上都，夜寐不宁，命作佛事。拜住以国用不足谏止之。既而惧诛者复阴诱群僧言："国当有厄，非作佛事而大赦无以禳之。"拜住叱曰："尔辈不过图得金帛而已，又欲庇有罪耶？"奸党闻之益惧，乃生异谋。晋王也孙帖木儿时镇北边，铁失潜遣人至王所，告以逆谋，约事成推王为帝。王命囚之，遣使赴上都告变。未至，车驾南还，次南坡，铁失与赤斤铁木儿等夜以所领阿速卫兵为外应，杀拜住，遂弑帝于行幄。晋王即位，铁失等伏诛。诏有司备仪卫，百官耆宿前导，舆拜住画相于海云寺，大作佛事，观者万数，无不叹惜泣下。

拜住忧国忘家，常直内庭，知无不言。太官以酒进，则忧形于色。有盗其家金器百余两，他宝直巨万，继而获盗得金，家僮来告，色无喜愠。自延祐末，水旱相仍，民不聊生。及拜住入相，振立纪纲，修举废坠，裁不急不务，杜侥幸之门，加惠兵民，轻徭薄敛。英宗倚之，相与励精图治。时天下晏然，国富民足，远夷有古未通中国者皆朝贡请吏，而奸臣畏之，卒搆祸难云。

母怯烈氏，年二十二，寡居守节。初，拜住为太常礼仪院使，年方二十，吏就第请署字，适在后圃阅群戏，出稍后，母厉声呵之曰："官事不治，若尔所为岂大人事耶？"拜住深自克责。一日，入内侍宴，英宗素知其不饮，是日强以数卮。既归，母戒之曰："天子试汝量，故强汝饮。汝当日益戒惧，无酣于酒。"又常代祀睿宗原庙，归侍左右，母问之曰："真定官府待汝若何？"对曰："所待甚重。"母曰："彼以天子威灵、汝先世勋德故耳，汝何有焉？"拜住之贤，母之教也。后封东平王夫人。

泰定初，中书奏丞相拜住尽忠效节，殒于群凶，乞赐褒崇以光后世。制赠清忠一德佐运功臣、太师、开府仪同三司、上柱国，追封东平王，谥忠献。至正初，改至仁孚道一德佐运功臣，余如故。子笃麟铁穆尔。

卷一百三十七　列传第二十四

察　罕

察罕，西域板勒纥城人也。父伯德那，岁庚辰，国兵下西域，举族来归。事亲王旭烈，授河东民赋副总管，因居河中猗氏县，后徙解州。赠荣禄大夫、宣徽使、柱国、芮国公。察罕魁伟颖悟，博览强记，通诸国字书，为行军府奥鲁千户。奥鲁赤参政湖广，辟为蒙古都万户府知事。奥鲁赤进平章，复辟为理问，政事悉委裁决，且令诸子受学焉。至元二十四年，从镇南王征安南，师次泸江。安南世子遣其叔父诣军门自陈无罪，王命察罕数其罪而责之，使者辞屈，世子举众逃去。二十八年，授枢密院经历。未几，从奥鲁赤移治江西。宁都民言："某乡石上云气五色，有物焉，视之玉玺也。不以兵取，恐为居人所有。"众惑之。察罕曰："妄也，是必搆害仇家者。"核问之，果然。前后从奥鲁赤出入湖广、江西两省，凡二十一年，多著勋绩。

成宗大德四年，御史台奏佥湖南宪司事，中书省奏为武昌路治中。丞相哈剌哈孙曰："察罕廉洁，固宜居风宪。然武昌大郡，非斯人不可治。"竟除武昌。广西妖贼高仙道以左道惑众，平民诖误者以数千计。既败，湖广行省命察罕与宪司杂治之，鞫得其情，议诛首恶数人，余悉纵遣，且焚其籍。众难之，察罕曰："吾独当其责，诸君无累也。"以治最闻，擢河南省郎中。

成宗崩，仁宗自藩邸入诛群臣之为异谋者，迎武宗于边。河南平章囊加台荐察罕，即驿召至上都，赐厩马二匹、钞一千贯、银五十两，曰："卿少留，行用卿矣。"武宗即位，立仁宗为皇太子，授察罕詹事院判，进佥詹事院事，赐银百两、锦二匹。遣先还大都立院事。仁宗至，谓曰："上以故安西王地赐我，置都总管府，卿其领之，慎拣僚属，忽以詹事位高不屑此也。进卿秩资德大夫。"察罕叩头谢曰："都府之职，敢不恭命，进秩非所敢当。"固辞，改正奉大夫，授以银印。

至大元年，阅户口江南诸省，还进太子府正，加昭文馆大学士，迁家令。武宗崩，仁宗哀恸不已。察罕再拜启曰："庶民修短，尚云有数，圣人天命，夫岂偶然。天下重器悬于殿下，纵自苦，如宗庙太后何？"仁宗辍泣曰："曩者大丧，必命浮屠，何益？吾欲发府库以赈鳏寡孤独若何？"曰："发政施仁，文王所以为圣。殿下行之幸甚。"东宫故有左右卫兵，命囊加台、察罕总右卫，且令审择官属。仁宗即位，拜中书参知政事，但总持纲维，不屑细务，识者谓得大臣体。帝尝赐枸杞酒，曰："以益卿寿。"又语宰相曰："察罕清素，可赐金束带、钞万贯。"前后赏赉不可胜计。皇庆元年，进荣禄大夫、平章政事、商议中书省事。乞归解州立碑先茔，许之。

暮年，居德安白云山别墅，以白云自号。尝入见，帝望见曰："白云先生来也。"其被宠遇如此。帝尝问张良何如人，对曰："佐高帝，兴汉，功成身退，贤者也。"又问狄仁杰，对曰："当唐室中衰，能卒保社稷，亦贤相也。"因诵范仲淹所撰碑词甚熟。帝叹息良久曰："察罕博学如此邪！"尝译《贞观政要》以献。帝大悦，诏缮写遍赐左右。且诏译《帝范》。又命译《脱必赤颜》，名曰《圣武开天纪》，及《纪年纂要》、《太宗平金始末》等书，俱付史馆。尝以病请告，暨还朝，帝御万岁山圆殿，与平章李孟入谢。帝曰："白云病愈邪？"顿首对曰："老臣衰病，无补圣明，荷陛下哀矜，放归田里，幸甚，不觉沉疴去体尔。"命赐茵以坐。顾李孟曰："知止不辱，今见其人。朕始以答剌罕、不怜吉台、囊加台等言用之，诚多裨益。有言察罕不善者，其人即非善人也。"又语及科举并前古帝王赐姓命氏之事，因赐察罕姓白氏。

初，察罕生于河中，其夜，天气清肃，月白如昼。相者贺曰："是儿必贵。"国人谓白为察罕，故名察罕。察罕天性孝友，田宅之在河中者，悉分与诸昆弟。昆弟贫来归者，复分与田宅奴婢，纵奴为民者甚众。故人多称长者。既致仕，优游八年，以寿终。

子外家奴，太中大夫、武冈路总管；李家奴，早卒；忽都笃，承直郎、高邮府判官。孙九人，仕者二人：阔阔不花、哈撒。

曲　枢

曲枢，西土人。曾祖达不台，祖阿达台，父质理花台，世赠功臣，追封王爵。曲枢七岁失怙恃。既壮，沉密静专，为徽仁裕圣皇太后宫臣。仁宗幼时，以曲枢可任保傅，左右拥翼。曲枢入则佐视食饮，出则抱负游衍，鞠躬尽力，夙夜匪懈。大德三年，武宗总戎北边。九年，谗人乱国。仁宗侍皇太后之国于怀，未几，复之云中，连年奔走不暇。曲枢栉风沐雨，跋涉艰险，无倦色。成宗崩，仁宗奉太后入朝，歼奸党，迎武宗即皇帝位，仁宗为皇太子，天下以安。拜曲枢荣禄大夫、平章政事，行大司农。未几，进光禄大夫，领詹事院事，加特进，封应国公。至大元年，拜开府仪同三司、太子詹事、平章军国重事、上柱国，依前大司农、应国公。进太子太保，领典医监事。四年，授太保、录军国重事、集贤大学士，兼大司农，领崇祥院、司天台事，官爵勋封如故。后以疾薨于位。

子二人。长伯都，大德十一年特授翰林学士、嘉议大夫，迁中奉大夫、典宝监卿，加资德大夫、治书侍御史。至大元年，升荣禄大夫，遥授中书平章政事，改侍御史。明年，拜中书参知政事，进右丞，年三十二而卒。子咬住。

次伯帖木儿，大德十一年，特授正议大夫、怀孟路总管府达鲁花赤，兼管诸军奥鲁管内劝农事，改府正。至大二年，迁中奉大夫、陕西等处行尚书省参知政事。明年，入为太子家令，迁正奉大夫。明年，迁资德大夫、大都留守，兼少府监。拟擢侍御史，改除翰林学士承旨、知制诰兼修国史。未几复为大都留守，兼少府监、武卫亲军都指挥使，佩金虎符。皇庆元年，加荣禄大夫。子二人：桓泽都，蛮子。

阿礼海牙

阿礼海牙，畏吾氏，集贤大学士脱列之子也。兄野讷，事仁宗于潜邸。大德九年，仁宗奉兴圣太后出居怀州，从者单弱，多怀去计。野讷独无所畏难。成宗崩，权臣阿附中宫，不遣使告哀宗藩。仁宗有闻，将自怀州入京，宫臣或持不可。野讷屏人密启曰："天子晏驾而皇子已早卒，天下无主，邪谋方兴。怀宁王及殿下，世祖、裕皇贤孙，人心所属久矣。宜急奉太母入定大计，邪谋必止。迎立怀宁王以正神器，在此行矣。"仁宗即白太后，以二月至京师，遂诛柄臣二人，遣使迎武宗。武宗即位，召野讷，赐玉带，授嘉议大夫、秘书监。仁宗居东宫，兼太子右庶子，迁侍御史、崇祥院使，兼将作院使。闽有绣工，工官大集民间子女居肆督责，吏因为奸利，野讷奏罢之，闽人感悦。寻兼太医院使。仁宗即位，请召文武老臣，咨以朝政。又请以中都苑囿还诸民。拜枢密院副使，进同知枢密院事。命为中书平章政事，辞不拜。野讷之在台及侍禁中，于国家事有不便，辄言之，言无不纳。然韬晦恶盈，不泄于外。延祐四年卒，年四十。赠推诚保节翊运功臣、金紫光禄大夫、行中书省左丞相、上柱国、赵国公，谥忠靖。

阿礼海牙亦早事武宗、仁宗，为宿卫，以清慎通敏与父兄并见信任。十余年间，敭历华近，入侍帷幄，出践省闼，廷无间言。至治初，出为平章政事，历镇江浙、湖广、河南、陕西四省，皆有惠政，汴人尤怀思之。归朝拜翰林学士承旨。丁父忧，解官家居。

天历元年秋，文宗入承大统。阿礼海牙即易服南迎，至于汴郊见焉。帝命复镇汴省。时当艰难之际，阿礼海牙高价籴粟，以峙粮储；命近郡分治戎器，阅士卒，括马民间，以备不虞。先是，文宗即位之诏已播告天下，而陕西官府结连靖安王等起兵，东击潼关。阿礼海牙开府库，量出钞二十五万缗，属诸行省参政河南淮北蒙古军都万户朵列图、廉访副使万家闾犒军河南以御之。令都镇抚卜伯率军吏巡行南阳、高门、武关、荆子诸隘，南至襄、川二江之口，督以严备。万户博罗守潼关，不能军。是月二十五日，只儿哈率小汪总帅、脱帖木儿万户等之兵，突出潼关，东掠阌乡，披灵宝，荡陕州、新安诸郡邑，放兵四劫，迤逦前进。河南告急之使狎至，而朵列图亦以兵寡为言。十月一日，阿礼海牙集省宪官属，问以长策，无有言者。阿礼海牙曰："汴在南北之交，使西人得至此，则江南三省之道不通于畿甸，军旅应接何日息乎。夫事有缓急轻重，今重莫如足兵，急莫如足食。吾征湖广之平阳、保定两翼军，与吾省之邓新翼、庐州、沂、郯炮弩手诸军，以备虎牢；裕州哈剌鲁、邓州孙万户两军，以备武关、荆子口。以属郡之兵及蒙古两都万户、左右两卫、诸部丁壮之可入军者，给马乘赀装，立行伍，以次备诸隘。芍陂等屯兵本自襄、邓诸军来田者，还其军，益以民之丁壮，使守襄阳、白土、峡州诸隘。别遣塔海以备自蜀至者，以汴、汝、荆、襄、两淮之马以给之，府库不足，则命郡县假诸殷富之家。安丰等郡之粟，逆黄河运至于陕，籴诸汴、汝，近郡者，则运诸荥阳以达于虎牢。吾与诸军各奋忠义以从王事，宜无不济者。"众曰："唯。"命即日部分行事。自伯颜不花王以下省都事李元德等，凡省之属吏与有官而家居者，各授以事而出。廉访使董守中、佥事沙沙在南阳，右丞脱帖木儿、廉访使卜颜在虎牢，分遣兵马以听其调用。馈饷之行，千车相望，阿礼海牙亲阅实之，必丰必良，信以期会。自虎牢之南至于襄、汉，无不毕给。盖为粟二十万石，豆如之，兵甲五十五万，刍万万。是时，朝廷置行枢密院以总西事。襄、汉、荆湖、河南郡县皆缺官，阿礼海牙便宜择材以处之，朝廷皆从其请。

是月，西兵逼河南，行院使来报，曰："西人北行者度河中以趋怀、孟、磁；南行者帖木哥，过武关，掠邓州而残之，直趋襄阳。攻破郡邑三十余，横绝数千里，所过杀官吏，焚庐舍，虏民人妇女财物，贼虐殄尽，西结囊家鯓以蜀兵至矣。"阿礼海牙益督饷西行，遣行院官塔海领兵攻帖木哥，而又设备于江、黄，置铁绳于峡口，作舟舰以待战。十九日，师与西兵遇于巩县之石渡，而湖广所征太原之兵最为可用。甫至，未及食，或趣之倍道以进，转战及暮，两军杀伤与堕涧谷死者相等，而虎牢遂为敌有。兵储巨万，阿礼海牙尽其心、民殚其力者，一旦悉亡焉。行省院与诸军敛兵退。二十二日至汴，民大恐。阿礼海牙前后遣使告于朝，辄为也先捏留不遣，不得朝廷音问已二十日。阿礼海牙亦忧之，亲出行抚其民。乃修城阙以备冲突，立四门以通往来，戒卒伍以严守卫。时虽甚危急，阿礼海牙朝夕出入，声色不动，怡然如平时，众赖以安。

十一月六日，西师逼城将百里而近，阿礼海牙召行院将帅、宪司与凡在官者，而告之曰："吾荷国厚恩，唯有一死以报上耳。行院之出，唯敌是图，而退保吾城，不亦怯乎？然敌亦乌合之众，何所受命而敢犯我乎？且吾甲兵非不坚劲，刍峙非不丰给，而弗利者，太平日久，将校不知兵，吏士不练习，彼所以得披猖至此。彼诚知我圣天子之命，则众沮而散尔，何足虑乎。吾今遣使告于朝，请降诏大赦胁从诖误。比诏下，先募士，以即位诏及朝廷招谕之文入其军，明示利害。吾整大军西向以征之，别遣骁将率精骑数千上龙门，绕出其后，使之进无所投，退无所归，成擒于巩、洛之间必矣。而我军所获陕西官吏，命有司羁而食之，一无所戮。"众曰："诺，唯命。"即日与行院整兵南薰门外以行。

会有使者自京师还，言齐王已克上都，奉天子宝玺来归，刻日至京矣。阿礼海牙乃置酒高会于省堂以贺，发书告属郡，报诸江南三省，而募士得兰住者赍书谕之。西人犹搒掠兰住，讯以其实，而朝廷亦遣都护月鲁帖木儿从十余人奉诏放散西军之在虎牢者。西人杀其从者之半，械都护以送诸荆王所。荆王时在河南之白马寺，以是西人虽未解散，各已骇悟。又闻行省院以兵至，犹豫不敢进。朝廷又使参政冯不花亲谕之，乃信服。靖安王遣使四辈与兰住来请命，逡巡而去，难平。阿礼海牙乃解严报捷，敛余财以还民，从陕西求民人之被俘掠者归其家，凡数千人。陕西官吏被获者，皆遣还其所。阿礼海牙自始至镇，迨乎告功，居汴省者数月。后以功迁陕西行御史大夫，复拜中书省平章政事。

奕赫抵雅尔丁

奕赫抵雅尔丁，字太初，回回氏。父亦速马因，仕至大都南北两城兵马都指挥使。奕赫抵雅尔丁幼颖悟嗜学，所读书一过目即终身不忘。尤工其国字语。初为中书掾，以年劳授江西行省员外郎。入为吏部主事，不再阅月，固辞。擢刑部员外郎。四方所上狱，反复披阅成牍，多所平反。迁陕西汉中道肃政廉访司佥事，不赴。改中书右司员外郎，寻升郎中。一日，与同列共议狱，有异其说者，奕赫抵雅尔丁曰："公等读律，苟不能变通以适事宜。譬之医者，虽熟于方论，而不能切脉用药，则于疾痛奚益哉！"同列虽不平，识者服其为名言。大德八年肆赦，廷议惟官吏因事受赇者不预。奕赫抵雅尔丁曰："不可。恩如雨露，万物均被，赃吏固可嫉，比之盗贼则有间矣。宥盗而不宥吏，何耶？"刑部尝有狱事，上谳既论决，已而丞相知其失，以谴右司主者。奕赫抵雅尔丁初未尝署其案，因取成案阅之，窃署其名于下。或讶之曰："兹狱之失，公实不与，丞相方谴怒而公反追署其案，何也？"奕赫抵雅尔丁曰："吾偶不署此案耳，岂有与诸君同事而独幸免哉？"丞相闻而贤之，同列因以获免。

迁左司郎中。时左司阙一都事，平章梁暗都剌谓奕赫抵雅尔丁曰："人之材干固尝有之，惟笃实不欺为难得，公当以所知举。"奕赫抵雅尔丁遂以王毅、李迪为言，一时舆论莫不称允。又尝论朝士如王仁卿、贾元播、高彦敬、敬威卿、李清臣辈可大用，时诸公处下僚，后皆如其言。迁翰林侍讲学士、知制诰兼修国史，转中奉大夫、集贤大学士。未几，除江东建康道肃政廉访使。始视事，见以狱具陈列庭下甚备，问之，乃前官创制以待有罪者。奕赫抵雅尔丁蹙然曰："凡逮至臬司，皆命官及有出身之吏，廉得其情，则将服罪，狱具毋庸施也。"即屏去之。监宪一年，赃吏削迹。至大初元，立尚书省，拜参议尚书省事，召至京师，恳辞不就。改立中书省，复拜参议中书省事，亦以疾辞。延祐元年卒，年四十有七。

脱烈海牙

脱烈海牙，畏吾氏。世居别失拔里之地。曾祖阔华八撒术，当太祖西征，导其主亦都护迎降。帝嘉其有识，欲官之，辞以不敏。祖八剌术，始徙真定，仕至帅府镇抚。富而乐施，或贷不偿，则火其券，人称为长者。父阇里赤，性纯正，知读书。脱烈海牙幼嗜学，警敏绝人。性整暇，虽居仓卒，未尝见其急遽。喜从文士游，犬马声色之娱，一无所好。由中书宣使出为宁晋主簿。改隆平县达鲁花赤，均赋兴学，劝农平讼，桥梁、水防、备荒之政，无一不举。及满去，民勒石以纪其政。拜监察御史。时江西胡参政杀其弟，讼久不决，脱烈海牙一讯竟伏其辜。出佥燕南道肃政廉访司事，务存大体，不事苛察。在任六年，黜污吏百四十有奇。召为户部郎中，转右司员外郎，升右司郎中。赞画之力居多。仁宗在东宫，知其嗜学，出秘府经籍及圣贤图像以赐，时人荣之。母霍氏卒，哀毁骨立，事闻，赐钞五万贯，给葬事。起为吏部尚书，量能叙爵，以平允称。改礼部尚书，领会同馆事。进中奉大夫、荆湖北道宣慰使。适峡人艰食，脱烈海牙先发廪赈之，而后以闻。朝议韪之。至治三年，迁淮东宣慰使。七月，以疾卒于广陵，年六十有七。赠通奉大夫、河南江北等处行中书省参知政事、护军，追封恒山郡公。弟观音奴，廉明材干，亦仕至清显云。

卷一百三十八　列传第二十五

康里脱脱

康里脱脱，父曰牙牙，由康国王封云中王，阿沙不花之弟也。脱脱姿貌魁梧，少时从其兄斡秃蛮猎于燕南，斡秃蛮使归献所获。世祖见其骨气沉雄,步履庄重,叹曰:“后日大用之才,已生于今。”即命入宿卫。成宗初,丞相伯颜在北鄙,脱脱奉诏以名鹰赐伯颜。伯颜见之,惊问曰:“汝为何人子?”脱脱以实对,伯颜语之曰:“吾老矣,他日可大用者,未见汝比。”

大德三年,武宗以皇子抚军北鄙,脱脱从行。五年,叛王海都犯边,脱脱从武宗讨之。师次杭海,进击海都,大破其众,脱脱手靳一士之首,连背胛以献,武宗壮之。兵之始交也,武宗锐欲出战,脱脱执辔力谏,武宗怒,挥鞭抶其手,不退,乃止。已而武宗与大将朵儿答哈语及之,朵儿答哈曰:“太子在军中,如身有首,如衣有领,脱有不虞,众安所附?脱脱之谏,可谓忠矣。”武宗深然之。

成宗大渐,丞相哈剌哈孙答剌罕称疾卧直庐中。脱脱适以使事至京师,即俾驰告武宗以国恤,语在《阿沙不花传》。时仁宗奉兴圣太后至自怀孟,既定内难,而太后以两太子星命付阴阳家推算,问所宜立者,曰:“重光大荒落有灾,旃蒙作噩长久。”重光为武宗年干,旃蒙为仁宗年干。于是太后颇惑其言,遣近臣朵耳谕旨武宗曰:“汝兄弟二人皆我所出,岂有亲疏?阴阳家所言运祚修短,不容不思。”武宗闻之,默然,进脱脱而言曰:“我捍御边陲,勤劳十年,又次序居长,神器所归,灼然何疑。今太后以星命休咎为言,天道茫昧,谁能豫知?设使我即位之后,所设施者上合天心,下副民望,则虽一日之短,亦足垂名万年,何可以阴阳之言而乖祖宗之托哉!此盖近日任事之臣,擅权专杀,恐我他日或治其罪,故为是奸谋动摇大本耳。脱脱,汝为我往察事机,疾归报我。”脱脱承命即行。武宗亲率大军由西道进,按灰由中道,床兀儿由东道,各以劲卒一万从。

脱脱驰至大都,入见太后,道武宗所授旨以闻。太后愕然曰:“修短之说虽出术家,为太子周思远虑乃出我深爱。贪慾已除,宗王大臣议已定,太子不速来何为?”时诸王秃列等侍,咸曰:“臣下翊戴嗣君,无二心者。”既而太后、仁宗屏左右,留脱脱与语曰:“太子天性孝友,中外属望。今闻汝所致言,殆有谗间。汝归速为我弥缝阙失,使我骨肉无间,相见怡愉,则汝功为不细矣。”脱脱顿首谢曰:“太母、太弟不烦过虑,臣侍藩邸历年,颇见信任,今归当即推诚竭忠以开释太子。后日三宫共处,靡有嫌隙,斯为脱脱所报效矣。”

先是,太后以武宗迟回不至,已遣阿沙不花往道诸王群臣推戴之意。及是脱脱继往,行至旺古察,武宗在马轿中望见其来,趣使疾驰,与之共载。脱脱具致太后、仁宗之语,武宗乃大感悟,释然无疑。遂遣阿沙不花还报。仁宗即日命驾奉迎于上都。武宗正位宸极,尊太后为皇太后,立仁宗为皇太子,三宫协和,脱脱兄弟之力为多。

脱脱之至京师也,武宗尝命其同知枢密院,比还,问曾视事否,脱脱对曰:“今正殿未御,宗亲未见,为扈从之臣搀取名位,诚恐有累圣德,是以未敢祇事。”武宗嘉叹久之。知枢密院只儿哈忽在潜邸时尝有不逊语,将置于法,脱脱谏曰:“陛下新正位,大信未立而辄行诛戮,知者以为彼自有罪,不知者以为报仇,恐人人自危。况只儿哈忽习于先朝典故,今固不可少也。”乃宥之。继海都而王者曰察八儿,素服武宗威名,至是率诸王内附,诏特设宴于大庭。故事,凡大宴,必命近臣敷宣王度,以为告戒。脱脱荐只儿哈忽,令具其言以进,果称旨。武宗叹曰:“博尔忽、博尔术前朝人杰,脱脱今世人杰也。”即以所进之言授脱脱。及诸王大臣被宴服就列,脱脱即席陈西北诸藩始终离合之由、去逆效顺之义,辞旨明畅,听者倾服。自同知枢密院事进中书平章政事,拜御史大夫。迁江南行台御史大夫。寻召拜录军国重事、中书左丞相。脱脱知无不言,言无不行,中外翕然称为贤相。

至大三年,尚书省立,迁右丞相。三宝奴等劝武宗立皇子为皇太子。脱脱方猎于柳林,遣使亟召之还。三宝奴曰:“建储议急,故相召耳。”脱脱惊曰:“何谓也?”曰:“皇子寖长,圣体近日倦勤,储副所宜早定。”脱脱曰:“国家大计,不可不慎。曩者太弟躬定大事,功在宗社,位居东宫,已有定命,自是兄弟叔侄世世相承,孰敢紊其序者!我辈臣子,于国宪章纵不能有所匡赞,何可隳其成。”三宝奴曰:“今日兄已授弟,后日叔当授侄,能保之乎?”脱脱曰:“在我不可渝,彼失其信,天实鉴之。”三宝奴虽不以为然,而莫能夺其议也。

是时,尚书省赐予无节,迁叙无法,财用日耗,名爵日滥。脱脱进言曰:“爵赏者,帝王所以用人也。今爵及比德,赏及罔功,缓急之际何所赖乎!中书所掌,钱粮、工役、选法、刑狱十有二事。若从臣言,恪遵旧制,则臣愿与诸贤黾勉从事。不然,用臣何补!”遂有诏俾滥受宣敕者赴所属缴纳。侥幸之路既塞,奔競之风顿衰。中台有赃罚钞五百万缗,脱脱请出以赈孤寡老疾诸穷而无告者。宗王南忽里部人告其主为不轨,脱脱辩其诬,抵告者罪。宗王牙忽秃征其旧民于齐王八不沙部中,邻境诸王欲奉齐王攻牙忽秃,齐王惧,奔牙忽秃以避之,遂告齐王反。脱脱簿问得实,乃释齐王而徙诸王于岭南。边将脱火赤请以新军万人益宗王丑汉,廷议俾脱脱往给其资装。脱脱谓时方宁谧,不宜挑变生事,辞不行。遂遣丞相秃忽鲁等二人往给之,几以激变。四年正月,复为中书左丞相。

仁宗即位,眷待弥笃,欲使均逸于外,二月,拜江浙行省左丞相。下车,进父老问民利病,咸谓杭城故有便河通于江浒,堙废已久,若疏凿以通舟楫,物价必平。僚佐或难之,脱脱曰:“吾陛辞之日,密旨许以便宜行事。民以为便,行之可也。”俄有旨禁勿兴土功,脱脱曰:“敬天莫先勤民,民蒙其利则灾沴自弭,土功何尤。”不一月而成。

是时,铁木迭儿为丞相,欲固位取宠,乃议立仁宗子英宗为皇太子,而明宗以武宗子封周王,出镇于云南。又谮脱脱为武宗旧臣。诏逮至京师。居数日,床兀儿、失列门传两宫旨谕脱脱曰:“初疑汝亲于所事,故召汝。今察汝无他,其复还镇。”脱脱入谢太后曰:“臣虽被先帝知遇,而受太后及今上恩不为不深,岂敢昧所自乎!”还江浙。未几,迁江西行省左丞相。

英宗嗣位,召拜御史大夫。时帖赤先为大夫,阴忌之,奏改江南行台御史大夫。复嗾言者劾其擅离职守,将徙之云南,会帖赤伏诛,乃解。家居不出者五年。泰定四年薨,年五十六。至正初，赠推诚全德守义佐运功臣、太师、开府仪同三司、上柱国，追封和宁王，谥忠献。

脱脱尝即宣德别墅延师以训子，乡人化之，皆向学。朝廷赐其精舍额曰景贤书院，为设学官。其没也，即其中祠焉。

子九人，其最显者二人：曰铁木儿塔识，曰达识帖睦迩，各有传。

燕铁木儿

燕铁木儿，钦察氏，床兀儿第三子，世系见《土土哈传》。武宗镇朔方，备宿卫十余年，特爱幸之。及即位，拜正奉大夫、同知宣徽院事。皇庆元年，袭左卫亲军都指挥使。泰定二年，加太仆卿。三年，迁同佥枢密院事。致和元年，进佥书枢密院事。

泰定帝崩于上都，丞相倒剌沙专政，宗室诸王脱脱、王禅附之，利于立幼。燕铁木儿时总环卫事，留大都，自以身受武宗宠拔之恩，其子宜纂大位，而一居朔漠，一处南陲，实天之所置，将以启之。由是与公主察吉儿、族党阿剌帖木儿及腹心之士孛伦赤、剌剌等议，以八月甲午昧爽，率勇士纳只秃鲁等入兴圣宫，会集百官，执中书平章乌伯都剌、伯颜察儿，兵皆露刃，誓众曰："祖宗正统属在武皇帝之子，敢有不顺者斩。"众皆溃散。遂捕奸党下狱，而与西安王阿剌忒纳失里入守内庭，分处腹心于枢密，自东华门夹道重列军士，使人传命往来其中，以防漏泄。即命前河南行省参知政事明里董阿、前宣政院使答剌麻失里乘驿迎文宗于中兴，且令密以意喻河南行省平章伯颜选兵备扈从。

于是封府库，拘百司印，遣兵守诸要害。推前湖广行省左丞相别不花为中书左丞相，詹事塔失海涯为平章，前湖广行省右丞速速为中书左丞，前陕西行省参政王不怜吉台为枢密副使，萧忙古䚟仍为通政院使，与中书右丞赵世延、枢密同佥燕铁木儿、通政院使寒食分典庶务。贷在京寺观钞，募死士，买战马，运京仓粟以饷守御士卒，复遣使于各行省征发钱帛兵器。当时有诸卫军无统属者，又有谒选及罢退军官，皆给之符牌，以待调遣。既受命，未知所谢，注目而立，乃指使南向拜，众皆愕然，始知有定向矣。燕铁木儿宿卫禁中，夜则更迁无定居，坐以待旦者将一月。弟撒敦、子唐其势时留上都，密遣塔失帖木儿召之，皆弃其妻子来归。丁酉，再遣撒里不花、锁南班往中兴趣大驾早发，令塔失帖木儿设为南使云："诸王帖木儿不花、宽彻普化，湖广、河南省臣及河南都万户合军扈驾，旦夕且至，民勿疑惧。"丁未，命撒敦以兵守居庸关，唐其势屯古北口。戊申，复令乃马台为北使，称明宗从诸王兵整驾南辕，中外乃安。辛亥，撒里不花至自中兴，云乘舆已启途，诏拜燕铁木儿知枢密院事。丙辰，率百官备法驾郊迎。丁巳，文宗至京师，入居大内。

己未，上都王禅及太尉不花、丞相塔失帖木儿、平章买闾、御史大夫纽泽等军次榆林。九月庚申，诏燕铁木儿帅师御之，撒敦先驱，至榆林西，乘其未阵薄之，北军大败。甲子，诏还都。戊辰，辽东平章秃满迭儿以兵犯迁民镇，斩关以入。遣撒敦往拒，至蓟州东沙流河，累战败之。燕铁木儿以为扰攘之际，不正大名，不足以系天下之志，与诸王大臣伏阙劝进。文宗固辞曰："大兄在朔方，朕敢紊天序乎？"燕铁木儿曰："人心向背之机，间不容发，一或失之，噬脐无及。"文宗悟，乃曰："必不得已，当明诏天下，以著予退让之意而后可。"壬申，文宗即位，改元天历，赦天下。

癸酉，封燕铁木儿为太平王，以太平路为其食邑。甲戌，加开府仪同三司、上柱国、录军国重事、中书右丞相、监修国史、知枢密院事；赐黄金五百两、白金二千五百两、钞一万锭、金素织段色缯二千匹、海东白鹘一、青鹘二、豹一、平江官地五百顷。即日诏将兵出蓟州拒秃满迭儿。乙亥，次三河，而王禅等军已破居庸关，遂进屯三塚。丙子，燕铁木儿蓐食倍道而还。丁丑，抵榆河，闻帝出都城，将亲督战，燕铁木儿单骑请见，曰："陛下出，民心必惊，凡剪寇事一以责臣，愿陛下亟还宫以安黎庶。"文宗乃还。明日丁丑，阿速卫指挥使忽都不花、塔海帖木儿、同知太不花构变，事觉，械送京师，斩以徇。己卯，与王禅前军遇于榆河北，我师奋击，败之，追至红桥北。王禅将枢密副使阿剌帖木儿、指挥忽都帖木儿引兵会战。阿剌帖木儿执戈入刺，燕铁木儿侧身以刀格其戈，就斫之，中左臂。部将和尚驰击忽都帖木儿，亦中左臂。二人骁将也，敌为夺气，遂却。因据红桥。两军阻水而阵，命善射者射之，遂退，师于白浮南。命知院也速答儿，八都儿、亦讷思等分为三队，张两翼以角之，敌军败走。辛巳，敌军复合，鏖战于白浮之野，周旋驰突，戈戟戛摩。燕铁木儿手毙七人。会日晡，对垒而宿。夜二鼓，遣阿剌帖木儿、孛伦赤、岳来吉将精锐百骑鼓噪射其营，敌众惊扰，互自相击，至旦始悟，人马死伤无数。明日，天大雾，获敌卒二人，云王禅等脱身窜山谷矣。癸未，天清明，王禅集散卒成列出山，我师驻白浮西，坚壁不动。是夜，又命撒敦潜军绕其后，部曲八都儿压其前，夹营吹铜角以震荡之，敌不悟而乱，自相挝击，三鼓后乃西遁。迟明，追及昌平北，斩首数千级，降者万余人。帝遣赐上尊，谕旨曰："丞相每战亲冒矢石，脱有不虞，其若宗社何！自今后但凭高督战，察将士之用命不用命者以赏罚之可也。"对曰："臣以身先之，为诸将法。敢后者军法从事。托之诸将，万一失利，悔将何及！"是日，敌军再战再北，王禅单骑亡命。也速答儿、也不伦、撒敦追之，就命也速答儿及金院彻里帖木儿统卒三万守居庸关，还至昌平南。

俄报古北口不守，上都军掠石槽。丙戌，遣撒敦为先驱，燕铁木儿以大军继其后，至石槽。敌军方炊，掩其不备，直蹂之，大军并进，追击四十里，至牛头山，擒驸马孛罗帖木儿，平章蒙古答失、牙失帖木儿，院使撒儿讨温等，献俘阙下，戮之。各卫将士降者不可胜纪，余兵奔窜。夜遣撒敦袭之，逐出古北口。

丁亥，秃满迭儿及诸王也先帖木儿军陷通州，将袭京师，燕铁木儿急引军还。十月己丑朔，日将昏，至通州，乘其初至击之，敌军狼狈走渡潞河。庚寅，夹河而军。敌列植黍秸，衣以毡衣，然火为疑兵，夜遁。辛卯，率师渡河追之。

癸巳，驻檀子山之枣林，也先帖木儿、秃满迭儿合阳翟王太平、国王朵罗台、平章塔海军来斗，士皆殊死战。至晚，唐其势陷阵，杀太平，死者蔽野，余兵宵溃。已而撒敦将轻兵要之，弗及而还。

乙未，上都诸王忽剌台，指挥阿剌铁木儿、安童入紫荆关，犯良乡，游骑逼南城。燕铁木儿即率诸将兵循北山而西，令脱衔系囊，盛莝豆以饲马，士行且食，晨夜兼程，至于卢沟河。忽剌台闻之，望风西走。是日凯旋，入自肃清门，都人罗拜马首，以谢更生之惠。燕铁木儿曰："此皆天子威灵，吾何力焉。"入见，帝大悦，赐燕兴圣殿，尽欢而罢。赐太平王黄金印，并降制书及赐玉盘、龙衣、珠衣、宝珠、金腰带等物。

是日，撒敦遣报秃满迭儿军复入古北口，燕铁木儿遂以师赴之，战于檀州南野，败之。东路蒙古万户哈剌那怀率麾下万人降，余兵东溃，秃满迭儿走还辽东。获忽剌台、阿剌帖木儿、安童、朵罗台、塔海等戮之。

先是，齐王月鲁帖木儿、东路蒙古元帅不花帖木儿闻文宗即位，乃起兵趋上都围之。时上都屡败势蹙。壬寅，倒剌沙肉袒奉皇帝宝出请死。齐王调兵护送至京师。庚戌，文宗御兴圣殿，受皇帝宝，下倒剌沙于狱。两都平。丁巳，加燕铁木儿以答剌罕之号，使其世世子孙袭之。仍赐珠衣二、七宝束带一、白金瓮一、黄金瓶二、海东白鹘一、青鹘三、白鹰一、豹二十。十二月，置龙翊卫，命领其事。

先是，至治二年，以钦察卫士多，为千户所者凡三十五，故分置左右二卫，至是又析为龙翊卫。二年，立都督府，以统左、右钦察、龙翊三卫，哈剌鲁东路蒙古二万户府，东路蒙古元帅府，而以燕铁木儿兼统之，寻升为大都督府。燕铁木儿乞解相印还宿卫，帝勉之曰："卿已为省院，惟未入台，其听后命。"二月，迁御史大夫，依前开府仪同三司、上柱国、录军国重事、太平王。未几，复拜中书右丞相、监修国史、知枢密院事、领都督府龙翊侍卫亲军都指挥使司事，就佩元降虎符，依前开府仪同三司、上柱国、录军国重事、答剌罕、太平王。

先是，文宗以天下既定，可行初志，遣治书侍御史撒迪迎大兄明宗于漠北。三月辛酉，乃诏燕铁木儿护玺宝北上。明宗嘉其功。五月，特拜开府仪同三司、上柱国、录军国重事、中书右丞相、监修国史、大都督、领龙翊亲军都指挥使事、答剌罕、太平王。六月，加拜太师，余如故。从明宗南还。八月朔，明宗次王忽察都之地，文宗以皇太子见。庚寅，明宗暴崩。燕铁木儿以皇后命奉皇帝玺宝授文宗，疾驱而还，昼则率宿卫士以扈从，夜则躬擐甲胄绕幄殿巡护。癸巳，达上都。遂与诸王大臣陈劝复正大位。己亥，文宗复即位于上都。

十二月丁亥，文宗以燕铁木儿有大勋劳于王室，封其曾祖父班都察溧阳王，曾祖妣玉龙彻溧阳王夫人，祖父土土哈升王，祖妣太塔你升王夫人，父床兀儿扬王，母也先帖你、公主察吉儿并为扬王夫人。三年二月，文宗欲昭其勋，诏命礼部尚书马祖常制文立石于北郊。至顺元年五月乙丑，帝又以屡颁宠数未足以报大勋，下诏命独为丞相以尊异之。略曰："燕铁木儿勋劳惟旧，忠勇多谋，奋大义以成功，致治平于期月，宜专独运，以重秉钧。授以开府仪同三司、上柱国、太师、太平王、答剌罕、中书右丞相、录军国重事、监修国史、提调燕王宫相府事、大都督、领龙翊亲军都指挥使司事。凡号令、刑名、选法、钱粮、造作，一切中书政务，悉听总裁。诸王、公主、驸马、近侍人员，大小诸衙门官员人等，敢有隔越闻奏，以违制论。"

六月，知枢密院事阔彻伯、脱脱木儿等十人恶其权势之重，欲谋害之。也的迷失、脱迷以其谋告燕铁木儿，即率钦察军掩捕按问，皆诛之。二年二月，为建第于兴圣宫之西南。三月，赐鹰坊百人。十一月癸未，诏养其子塔剌海为子。辛酉，以燕铁木儿兼奎章阁大学士，领奎章阁学士院事。赐龙庆州之流杯园池水硙土田。又赐平江、松江、江阴芦场、荡山、沙涂、沙田等地。因言平江、松江圩田五百顷有奇，粮七千七百石，愿增为万石入官，以所得余米赡弟撒敦，诏从之。

四年，文宗大渐，遗诏立兄明宗之子。已而文宗崩，明宗次子懿璘质班即位，四十三日而崩。文宗后临朝。燕铁木儿与群臣议立文宗子燕帖古思。文宗后曰："天位至重，吾儿年方幼冲，岂能任耶！明宗有子妥欢帖睦尔，出居广西，今年十三矣，可嗣大统。"于是奉太后命，召还京师，至良乡，具卤簿迎之。燕铁木儿与之并马而行，于马上举鞭指画，告以国家多难遣使奉迎之故。而妥欢帖睦尔卒无一语酬之。燕铁木儿疑其意不可测，且明宗之崩，实与逆谋，恐其即位之后追举前事，故宿 留数月，而心志日以昏乱。

先是，燕铁木儿自秉大权以来，挟震主之威，肆意无忌。一宴或宰十三马，取泰定帝后为夫人，前后尚宗室之女四十人，或有交礼三日遽遣归者，而后房充斥不能尽识。一日宴赵世延家，男女列坐，名鸳鸯会。见座隅一妇色甚丽，问曰："此为谁?"意欲与俱归。左右曰："此太师家人也。"至是荒淫日甚，体羸溺血而薨。

燕铁木儿既死，妥欢帖睦尔始即位，是为顺帝。乃以撒敦为左丞相，唐其势为御史大夫。元统二年四月，命唐其势总管高丽女直汉军万户府达鲁花赤。授撒敦开府仪同三司、上柱国、录军国重事、答剌罕、荣王、太傅、中书左丞相，赐庐州路为食邑，宥世世子孙九死。赠燕铁木儿太师、公忠开济弘谟同德协运佐命功臣、开府仪同三司、太师、中书右丞相、上柱国，追封德王，谥忠武。至元元年三月，立燕铁木儿女伯牙吾氏为皇后。是时，撒敦已死，唐其势为中书左丞相，伯颜独用事。唐其势忿曰："天下本我家天下也，伯颜何人，而位居吾上！"遂与撒敦弟答里潜蓄异心，交通所亲诸王晃火帖木儿，谋援立以危社稷。帝数召答里不至。郯王彻彻秃遂发其谋。六月三十日，唐其势伏兵东郊，身率勇士突入宫阙。伯颜及完者帖木儿、定住、阔里吉思等掩捕获之。唐其势及其弟塔剌海皆伏诛。而其党北奔答里所，答里即应以兵，杀使者哈儿哈伦、阿鲁灰用以衅旗。帝遣阿弼谕之，又杀阿弼，而率其党和尚、剌剌等逆战，为搠思监、火儿灰、哈剌那海等所败，遂奔晃火帖木儿。命孛罗、晃火儿不花追袭之，力穷势促，阿鲁浑察执答里等送上都戮之。晃火帖木儿自杀。怯薛官阿察赤亦预唐其势之谋,欲杀伯颜,后擒付有司,具伏其辜,伏诛。

初,唐其势事败被擒,攀折殿槛不肯出。塔剌海走匿皇后坐下,后蔽之以衣,左右曳出斩之,血溅后衣。伯颜奏曰:"岂有兄弟为逆而皇后党之者!"并执后。后呼帝曰:"陛下救我!"帝曰:"汝兄弟为逆,岂能相救邪!"乃迁皇后出宫,寻鸩之于开平民舍,遂簿录唐其势家。

伯　颜

伯颜,蔑儿吉䚟氏。曾大父探马哈儿,给事宿卫。大父称海,从宪宗伐宋,殁于王事。父谨只儿,总宿卫隆福太后宫。伯颜弘毅深沉,明达果断。年十五,奉成宗命侍武宗于藩邸。大德三年,从北征海都。五年,从至迭怯里古之地,力战,又至哈剌塔之地,累捷,功为诸将先。十年,斡罗思、失班等逃奔察八儿之地,武宗命伯颜追降之。十一年,武宗大会诸王驸马于和林,锡号曰伯颜拔都儿。

武宗即位,拜吏部尚书,俄改尚服院使,又拜御史中丞。至大二年十一月,拜尚书平章政事,特赐蛟龙虎符,领右卫阿速亲军都指挥使司达鲁花赤。三年,加特进。延祐三年,仁宗命为周王常侍府常侍。四年,拜江南行台御史中丞。五年,就升御史大夫。六年,拜江浙行省平章政事。七年,拜陕西行台御史大夫。至治二年,复迁南台御史大夫。泰定二年,迁江西行省平章政事。三年,迁河南行省平章政事。旧所赐河南田五千顷,以二千顷奉帝师祝釐,八百顷助给宿卫,自取不及其半。宿奸顽豪尝毒民者,必深治之。

致和元年七月,泰定帝崩。八月,丞相燕铁木儿遣明里董阿迎立武宗子怀王于江陵,道过河南,使以谋密告伯颜。伯颜叹曰:"此吾君之子也。吾夙荷武皇厚恩,委以心膂,今爵位至此,非觊万一为己富贵计,大义所临,曷敢顾望。"即集僚属明告以故。于是会计仓廪、府库、谷粟、金帛之数,乘舆供御、牢饩膳羞、徒旅委积、士马刍糒供亿之须,以及赏赉犒劳之用,靡不备至。不足,则檄州县募民折输明年田租,及贷商人货赀,约倍息以偿。又不足,则邀东南常赋之经河南者,辄止之以给其费。征发民丁,增置驿马,补城橹,浚濠池,修战守之具,严儆逻斥堠,日被坚执锐,与僚佐曹掾筹其便宜。即遣蒙哥不花以其事驰告怀王。又使罗里报燕铁木儿曰:"公尽力京师,河南事我当自效。"伯颜别募勇士五千人以迎帝于南,而躬勒兵以俟。参政脱别台曰:"今蒙古军马与宿卫之士皆在上都,而令探马赤军守诸隘,吾恐此事之不可成也。我等图保性命,他何计哉?"伯颜不从其言。其夜,脱别台手刃欲杀伯颜为变,伯颜觉,遂拔剑杀之,夺其所部军器,收马千二百骑。怀王命撒里不花拜伯颜河南行省左丞相。怀王至河南,伯颜属櫜鞬,擐甲胄,与百官父老导入,咸俯伏称万岁,即上前叩头劝进。怀王解金铠、御服、宝刀及海东白鹘、文豹赐伯颜。明日扈从北行。

九月,怀王即皇帝位,是为文宗,特加伯颜银青荣禄大夫,仍领宿卫。寻加太尉,赐黄金二百五十两、白金一千两、楮币二十五万缗,进开府仪同三司、录军国重事、御史大夫、中政院使。天历二年正月,拜太保。二月,加授储庆使,加赐虎符,特授忠翊侍卫亲军都指挥使。未几,明宗即位,文宗居东宫,拜太子詹事、太保,开府如故。八月,拜中书左丞相。明宗崩,文宗嗣位,加储政院使。三年正月,拜知枢密院事。至顺元年,文宗以伯颜功大,不有异数不足以报称,特命尚世祖阔阔出太子女孙曰卜颜的斤,分赐虎士三百:怯薛丹百、默而吉军百、阿速军百,隶左右宿卫。又赐黄金双龙符,镌文曰"广忠宣义正节振武佐运功臣",组以宝带,世为明券。又命凡宴饮视诸宗王礼。二年八月,进封浚宁王,特加授侍正府侍正,追封其先三世为王。又加伯颜昭功宣毅万户、忠翊侍卫都指挥使。三年,拜太傅,加徽政使。八月,文宗崩。十月,伯颜奉太皇太后命,立明宗之子懿璘质班,是为宁宗。

十一月,宁宗崩。四年六月,顺帝至自南服,入践大位,嘉伯颜翊戴之功,拜中书右丞相、上柱国、监修国史。元统二年,进太师、奎章阁大学士,领太史院,兼领司天监、威武、阿速诸卫。奏复经筵,加知经筵事。十一月,进封秦王。继领太禧宗禋院、中政院、宣政院、隆祥使司、宫相诸内府,总领蒙古、钦察、斡罗思诸卫亲军都指挥使。三年六月,唐其势及其弟塔剌海私蓄异志,谋危社稷,伯颜奉诏诛之。余党称兵,又亲率师往上都,击破其众。七月,伯颜鸩杀皇后伯牙吾氏,为匿唐其势、塔剌海于后宫。伯颜怒曰:"岂有兄弟谋不轨而姊妹党之者乎!"遂鸩之。诏谕天下,用国初故事,赐伯颜以答剌罕之号,俾世袭之。

至元元年,伯颜赞帝率遵旧章,奏寝妨农之务,停海内土木营造四年,息彰德、莱芜冶铁一年,蠲京圻漕户杂徭,减河间、两淮、福建盐额岁十八万五千有奇,赈沙漠贫户及南北饥民至千万计,帝允而行之。其知经筵日,当进讲,必与讲官敷陈格言,以尽启沃之道。太皇太后赐第时雍坊,有旨雄丽视诸王邸,伯颜力辞,制度务从损约。四年,求解政柄,三宫交勉留。五年十月,诏为大丞相,加号元德上辅,赐七宝玉书龙虎金符,镌刻如前。先数日,伯颜面奏请以赐田岁入所积钞一万锭,赈帖列坚、末邻、纳邻三道驿置,及关北十三驿之困乏者。

然伯颜自诛唐其势之后,独秉国钧,专权自恣,变乱祖宗成宪,虐害天下,渐有奸谋。帝患之。初,伯颜欲以其侄脱脱宿卫,伺帝起居,惧涉物议,乃以枢密知院汪家奴、翰林承旨沙剌班同侍禁近,实属意脱脱。故脱脱政令日修而卫士拱听约束。伯颜自领诸卫精兵,以燕者不花为屏蔽,导从之盛,填溢街衢。而帝侧仪卫反落落如晨星。势焰薰灼,天下之人惟知有伯颜而已。脱脱深忧之,乘间自陈忘家徇国之意,帝犹未之信。遣阿鲁、世杰班日以忠义与之往复论难,益知其心无他,遂闻于帝,帝始无疑。是年,车驾自上都还京,伯颜数以兵巡行红城诸处,归辄在后。三人谋益坚,伯颜不知,益逞凶虐,搆陷郯王彻彻笃,奏赐死,帝未允,辄传旨行刑。复奏贬宣让王帖木儿不花、威顺王宽彻普化,辞色愤厉,不待旨而行。帝益忿之。伯颜且日益立威,锻炼诸狱,延及无辜。六年二月,伯颜自领兵卫,请帝出田。脱脱告帝托疾不往。伯颜固请太子燕帖古思出次柳林。脱脱欲有所为，遂与世杰班、阿鲁合议，白于帝。戊戌，脱脱悉拘门钥，受密旨领军，阿鲁、世杰班侍帝侧传命。是夜，帝御玉德殿，主符檄，发号令，详见《脱脱传》。中夜二鼓，遣太子怯薛月可察儿率三十骑抵太子营，取之入城，夜半见帝。四鼓，命只儿瓦歹奉诏往柳林，出伯颜为河南行省左丞相。己亥，伯颜遣人来城下问故。脱脱据城门上宣言，有旨黜丞相一人，诸从官无罪，可各还本卫。伯颜奏乞陛辞，不许，遂行。道出真定，父老奉觞酒以进。伯颜问曰："尔曾见子杀父事耶?"父老曰："不曾见子杀父，惟见臣杀君。"伯颜俯首有惭色。三月辛未，诏徙南恩州阳春县安置，病死于龙兴路驿舍。

马札儿台

马札儿台，世系见兄伯颜传。马札儿台蚤扈从武宗，后侍仁宗于潜邸，出入恭谨，莅事敏达，仁宗说之。及立为皇太子，以为中顺大夫、典用太监。寻迁吏部郎中，升侍郎，进兵部尚书，迁利用卿，进度支卿，转同知典瑞院事，升院使，历大都路达鲁花赤，佩虎符，领虎贲亲军都指挥使。泰定四年，拜陕西行台治书侍御史。关陕大饥，赈贷有不及者，尽出私财以周贫民，所活甚众。转太府卿，又转都功德使，改宣政使。三迁皆仍太府卿，佩元降虎符，领高丽女直汉军万户府达鲁花赤。拜御史大夫，仍领高丽女直汉军，兼右卫阿速亲军都指挥使司达鲁花赤，提调承徽寺。寻迁知枢密院事，兼前职，加提调武备寺事，加金牌，领钦察闯闯帖木儿千户所；又仍以知枢密院事，加镇守海口侍卫亲军屯储都指挥使司达鲁花赤，余如故。至元三年，议进爵封王，辞以兄伯颜既封秦王，兄弟不宜并王，乃拜太保，分枢密院，往镇北边。至镇，边民岁有徭役，悉蠲除之，后为定例。六年，伯颜既罢黜，召拜太师、中书右丞相。奏罢各处船户提举、广东采珠提举二司。兼领右卫阿速军，又兼领群牧监。未几，以疾辞，帝优诏起之。其请益坚，遂以太师就第。明年，以其子脱脱为右丞相，而封马扎儿台为忠王。至正七年，别儿怯不花谗于帝，诏安置甘肃，以疾薨，年六十三。

马扎儿台所至不以察察为明，赫赫为威，僚属各效其勤，至于事功既成，未尝以为己出也。以仁宗宠遇之深，忌日必先百官诣原庙致敬，或一食一果之美，必持献庙中。仁宗尝建寺云州九峰山，未成而崩，马扎儿台以私财成之，曰："是虽未足以报先帝之恩，而先帝尝驻跸于兹，诚不忍过其所而坐视芜废也。"又建寺都城健德门东。十二年，特命改封德王，令翰林儒臣制词立碑，仍赐旌忠昭德之额。长子脱脱，次子也先帖木儿。

脱　脱

脱脱，字大用，生而岐嶷，异于常儿。及就学，请于其师浦江吴直方曰："使脱脱终日危坐读书，不若日记古人嘉言善行服之终身耳。"稍长，膂力过人，能挽弓一石。年十五，为皇太子怯怜口怯薛官。天历元年，袭授成制提举司达鲁花赤。二年，入觐，文宗见之悦，曰："此子后必可大用。"迁内宰司丞，兼前职。五月，命为府正司丞。至顺二年，授虎符、忠翊侍卫亲军都指挥使。元统二年，同知宣政院事，兼前职。五月，迁中政使。六月，迁同知枢密院事。

至元元年，唐其势阴谋不轨，事觉伏诛，其党答里及剌剌等称兵外应。脱脱选精锐与之战，尽禽以献。历太禧宗禋院使，拜御史中丞、虎符亲军都指挥使，提调左阿速卫。四年，进御史大夫，仍提调前职，大振纲纪，中外肃然。扈从上都还，至鸡鸣山之浑河，帝将畋于保安州，马蹶。脱脱谏曰："古者帝王端居九重之上，日与大臣宿儒讲求治道，至于飞鹰走狗，非其事也。"帝纳其言，授金紫光禄大夫，兼绍熙宣抚使。

是时，其伯父伯颜为中书右丞相，既诛唐其势，益无所忌，擅爵人，赦死罪，任邪佞，杀无辜，诸卫精兵收为己用，府库钱帛听其出纳。帝积不能平。脱脱虽幼养于伯颜，常忧其败，私请于其父曰："伯父骄纵已甚，万一天子震怒，则吾族赤矣。曷若于未败图之。"其父以为然，复怀疑久未决。质之直方，直方曰："《传》有之，'大义灭亲'。大夫但知忠于国家耳，余复何顾焉。"当是时，帝之左右前后皆伯颜所树亲党，独世杰班、阿鲁为帝腹心，日与之处。脱脱遂与二人深相结纳。而钱唐杨瑀尝事帝潜邸，为奎章阁广成局副使，得出入禁中，帝知其可用，每三人论事，使瑀参焉。

五年秋，车驾留上都，伯颜时出赴应昌。脱脱与世杰班、阿鲁谋欲御之东门外，惧弗胜而止。会河南范孟矫杀省臣，事连廉访使段辅，伯颜风台臣言汉人不可为廉访使。时别儿怯不花亦为御史大夫，畏人之议己，辞疾不出，故其章未上。伯颜促之急，监察御史以告脱脱。脱脱曰："别儿怯不花位吾上，且掌印，我安敢专邪?"别儿怯不花闻之惧，且将出。脱脱度不能遏，谋于直方。直方曰："此祖宗法度，决不可废，盍先为上言之？" 脱脱入告于帝，及章上，帝如脱脱言。伯颜知出于脱脱，大怒，言于帝曰："脱脱虽臣之子，其心专佑汉人，必当治之。"帝曰："此皆朕意，非脱脱罪也。"及伯颜擅贬宣让、威顺二王，帝不胜其忿，决意逐之。一日，泣语脱脱，脱脱亦泣下，归与直方谋。直方曰："此宗社安危所系，不可不密。议论之际，左右为谁?"曰："阿鲁及脱脱木儿。"直方曰："子之伯父，挟震主之威，此辈苟利富贵，其语一泄，则主危身戮矣。"脱脱乃延二人于家，置酒张乐，昼夜不令出。遂与世杰班、阿鲁议，候伯颜入朝禽之。戒卫士严宫门出入，螭坳悉为置兵。伯颜见之大惊，召脱脱责之。对曰："天子所居，防御不得不尔。"伯颜遂疑脱脱，益增兵自卫。

六年二月，伯颜请太子燕帖古思猎于柳林。脱脱与世杰班、阿鲁合谋以所掌兵及宿卫士拒伯颜。戊戌，遂拘京城门钥，命所亲信列布城门下。是夜，奉帝御玉德殿，召近臣汪家奴、沙剌班及省院大臣先后入见，出五门听命。又召瑀及江西范汇入草诏，数伯颜罪状。诏成，夜已四鼓，命中书平章政事只儿瓦歹赍赴柳林。己亥，脱脱坐城门上，而伯颜亦遣骑士至城下问故。脱脱曰："有旨逐丞相。"伯颜所领诸卫兵皆散，而伯颜遂南行。详见《伯颜传》中。

事定，诏以马扎儿台为中书右丞相；脱脱知枢密院事，虎符，忠翊卫亲军都指挥使，提调武备寺、阿速卫千户所，兼绍熙等处军民宣抚都总使、宣忠兀罗思护卫亲军都指挥使司达鲁花赤、昭功万户府都总使。十月，马扎儿台移疾辞相位，诏以太师就第。

至正元年，遂命脱脱为中书右丞相、录军国重事，诏天下。脱脱乃悉更伯颜旧政，复科举取士法，复行太庙四时祭，雪郯王彻彻秃之冤，召还宣让、威顺二王，使居旧藩，以阿鲁图正亲王之位，开马禁，减盐额，蠲负逋，又开经筵，遴选儒臣以劝讲，而脱脱实领经筵事。中外翕然称为贤相。二年五月，用参议孛罗帖木儿等言，于都城外开河置闸，放金口水，欲引通州船至丽正门，役丁夫数万，讫无成功。事见《河渠志》。

三年，诏修辽、金、宋三史，命脱脱为都总裁官。又请修《至正条格》颁天下。帝尝御宣文阁，脱脱前奏曰："陛下临御以来，天下无事，宜留心圣学。颇闻左右多沮挠者，设使经史不足观，世祖岂以是教裕皇哉？"即秘书监取裕宗所授书以进，帝大悦。皇太子爱猷识理达腊尝保育于脱脱家，每有疾饮药，必尝之而进。帝尝驻跸云州，遇烈风暴雨，山水大至，车马人畜皆漂溺，脱脱抱皇太子单骑登山，乃免。至六岁还，帝慰抚之曰："汝之勤劳，朕不忘也。"脱脱乃以私财造大寿元忠国寺于健德门外，为皇太子祝釐，其费为钞十二万二千锭。

四年闰月，领宣政院事。诸山主僧请复僧司，且曰："郡县所苦，如坐地狱。"脱脱曰："若复僧司，何异地狱中复置地狱邪？"时有疾渐羸，且术者亦言年月不利，乃上表辞位。帝不允，表凡十七上，始从之。有旨封郑王，食邑安丰，赏赉巨万，俱辞不受。乃赐松江田，为立稻田提领所以领之。

七年，别儿怯不花为右丞相，以宿憾谮其父马扎儿台。诏徙甘肃。脱脱力请俱行，在道则阅骑乘庐帐，食则视其品之精粗。及至其地，马扎儿台安之。复移西域撒思之地，至河，召还甘州就养。十一月，马扎儿台薨。帝念脱脱勋劳，召还京师。

八年，命脱脱为太傅，提调宫傅，综理东宫之事。九年，朵儿只、太平皆罢相，遂诏脱脱复为中书右丞相，赐上尊、名马、袭衣、玉带。脱脱既复入中书，恩怨无不报。时开端本堂，皇太子学于其中，命脱脱领端本堂事。又提调阿速、钦察二卫、内史府、宣政院、太医院事。

十年五月，居母蓟国夫人忧。帝遣近臣喻之，俾出理庶务。于是脱脱用乌古孙良桢、龚伯遂、汝中柏、伯帖木儿等为僚属，皆委以腹心之寄，小大之事悉与之谋，事行而群臣不知也。吏部尚书偰哲笃建言更造至正交钞，脱脱信之，诏集枢密院、御史台、翰林、集贤院诸臣议之，皆唯唯而已，独祭酒吕思诚言其不可，脱脱不悦。既而终变钞法，而钞竟不行。事见思诚传。

河决白茅堤，又决金堤，方数千里，民被其患，五年不能塞。脱脱用贾鲁计，请塞之，以身任其事。出告群臣曰："皇帝方忧下民，为大臣者职当分忧。然事有难为，犹疾有难治，自古河患即难治之疾也，今我必欲去其疾。"而人人异论，皆不听。乃奏以贾鲁为工部尚书，总治河防，使发河南北兵民十七万役之，筑决堤成，使复故道。凡八月，功成。事见《河渠志》。于是天子嘉其功，赐世袭答剌罕之号。又敕儒臣欧阳玄制《河平碑》以载其功。仍赐淮安路为其食邑，郡邑长吏听其自用。

已而汝、颍之间妖寇聚众反，以红巾为号，襄、樊、唐、邓皆起而应之。十一年，脱脱乃奏以弟御史大夫也先帖木儿为知枢密院事，将诸卫兵十余万讨之。克上蔡。既而驻兵沙河，军中夜惊。也先帖木儿尽弃军资器械，北奔汴梁，收散卒，屯朱仙镇。朝廷以也先帖木儿不习兵，诏别将代之。也先帖木儿径归，昏夜入城，仍为御史大夫。陕西行台监察御史十二人劾其丧师辱国之罪，脱脱怒，乃迁西行台御史大夫朵儿直班为湖广行省平章政事，而御史皆除各府添设判官，由是人皆莫敢言事。

十二年，红巾有号芝麻李者，据徐州。脱脱请自行讨之，以逯鲁曾为淮南宣慰使，募盐丁及城邑趫捷，通二万人，与所统兵俱发。九月，师次徐州，攻其西门。贼出战，以铁翎箭射马首，脱脱不为动，麾军奋击之，大破其众，入其外郛。明日，大兵四集，亟攻之，贼不能支，城破，芝麻李遁去。获其黄伞旗鼓，烧其积聚，追擒其伪千户数十人，遂屠其城。帝遣中书平章政事普化等即军中命脱脱为太师，依前右丞相，趣还朝，而以枢密院同知秃赤等进师平颍、亳。师还，赐上尊、珠衣、白金、宝鞍。皇太子锡燕于私第。诏改徐州为武安州，而立碑以著其绩。

十三年三月，脱脱用左丞乌古孙良桢、右丞悟良哈台议，屯田京畿，以二人兼大司农卿，而脱脱领大司农事。西至西山，东至迁民镇，南至保定、河间，北至檀、顺州，皆引水利，立法佃种，岁乃大稔。

十四年，张士诚据高邮，屡招谕之不降。诏脱脱总制诸王诸省军讨之。黜陟予夺一切庶政，悉听便宜行事；省台院部诸司，听选官属从行，禀受节制。西域、西番皆发兵来助。旌旗累千里，金鼓震野，出师之盛，未有过之者。师次济宁，遣官诣阙里祀孔子，过邹县祀孟子。十一月，至高邮。辛未至乙酉，连战皆捷。分遣兵平六合，贼势大蹙。俄有诏罪其老师费财，以河南行省左丞相太不花、中书平章政事月阔察儿、知枢密院事雪雪代将其兵，削其官爵，安置淮安。

先是，脱脱之西行也，别儿怯不花欲陷之死。哈麻屡言于帝，召还近地，脱脱深德之，至是引为中书右丞。而是时脱脱信用汝中柏，由左司郎中参议中书省事，平章以下见其议事莫敢异同，惟哈麻不为之下。汝中柏因谮之脱脱，改为宣政院使，位居第三，于是哈麻深衔之。哈麻尝与脱脱议授皇太子册宝礼，脱脱每言："中宫有子，将置之何所？"以故久不行。脱脱将出师也，以汝中柏为治书侍御史，使辅也先帖木儿居中。汝中柏恐哈麻必为后患，欲去之。脱脱犹豫未决，令与也先帖木儿谋。也先帖木儿以其有功于己，不从。哈麻知之，遂谮脱脱于皇太子及皇后奇氏。会也先帖木儿方移疾家居，监察御史袁赛因不花等承哈麻风旨，上章劾之，三奏乃允；夺御史台印，出都门外听旨，以汪家奴为御史大夫；而脱脱亦有淮安之命。

十二月辛亥，诏至军中，参议龚伯遂曰："将在军，君命有所不受。且丞相出师时，尝被密旨，今奉密旨一意进讨可也。诏书且勿开，开则大事去矣。"脱脱曰："天子诏我而我不从，是与天子抗也，君臣之义何在？"弗从。既听诏，脱脱顿首谢曰："臣至愚，荷天子宠灵，委以军国重事，蚤夜战兢，惧弗能胜。一旦释此重负，上恩所及者深矣。"即出兵甲及名马三千，分赐诸将，俾各帅所部以听月阔察儿、雪雪节制。客省副使哈剌答曰："丞相此行，我辈必死他人之手，今日宁死丞相前。"拔刀刎颈而死。初命脱脱安置淮安，俄有旨移置亦集乃路。

十五年三月，台臣犹以谪轻，列疏其兄弟之罪，于是诏流脱脱于云南大理宣慰司镇西路，流也先帖木儿于四川碉门。脱脱长子哈剌章，肃州安置；次子三宝奴，兰州安置。家产簿录入官。脱脱行至大理腾冲，知府高惠见脱脱，欲以女事之，许筑室一程外以居，虽有加害者可以无虞。脱脱曰："吾罪人也，安敢念及此！"巽辞以绝之。九月，遣官移置阿轻乞之地，高惠以脱脱前不受其女，故首发铁甲军围之。十二月己未，哈麻矫诏遣使鸩之，死，年四十二。讣闻，中书遣尚舍卿七十六至其地，易棺衣以殓。

脱脱仪状雄伟，颀然出于千百人中，而器宏识远，莫测其蕴。功施社稷而不伐，位极人臣而不骄，轻货财，远声色，好贤礼士，皆出于天性。至于事君之际，始终不失臣节，虽古之有道大臣，何以过之。惟其惑于群小，急复私仇，君子讥焉。

二十二年，监察御史张冲等上章雪其冤，于是诏复脱脱官爵，并给复其家产。召哈剌章、三宝奴还朝。而也先帖木儿先是亦已死，乃授哈剌章中书平章政事，封申国公，分省大同；三宝奴知枢密院事。二十六年，监察御史圣奴、也先、撒都失里等复言："奸邪构害大臣，以致临敌易将，我国家兵机不振从此始，钱粮之耗从此始，盗贼纵横从此始，生民之涂炭从此始。设使脱脱不死，安得天下有今日之乱哉！乞封一字王爵，定谥及加功臣之号。"朝廷皆是其言。然以国家多故，未及报而国亡。

卷一百三十九　列传第二十六

乃蛮台

乃蛮台，木华黎五世孙。曾祖曰孛鲁；祖曰阿礼吉失，追封莒王，谥忠惠；父曰忽速忽尔，嗣国王，追封蓟王。乃蛮台身长七尺，挚静有威，性明果善断，射能贯札。大德五年，奉命征海都、朵哇，以功赐貂裘白金，授宣徽院使，阶荣禄大夫。七年，拜岭北行省右丞。旧制，募民中粮以饷边，是岁中者三十万石。用事者挟私为市，杀其数为十万，民进退失措。乃蛮台请于朝，凡所输者悉受之，以为下年之数，民感其德。至治二年，改甘肃行省平章政事，佩金虎符。甘肃岁籴粮于兰州，多至二万石，距宁夏各千余里至甘州，自甘州又千余里始达亦集乃路，而宁夏距亦集乃仅千里。乃蛮台下谕令挽者自宁夏径趋亦集乃，岁省费六十万缗。

天历二年，迁陕西行省平章政事。关中大饥，诏募民入粟予爵。四方富民应命输粟，露积关下。初，河南饥，告籴关中，而关中民遏其籴。至是关吏乃河南人，修宿怨，拒粟使不得入。乃蛮台杖关吏而入其粟。京兆民掠人而食之，则命分健卒为队，捕强食人者，其患乃已。时入关粟虽多，而贫民乏钞以籴。乃蛮台取官库未毁昏钞，得五百万缗，识以省印，给民行用，俟官给赈饥钞，如数易之。先时，民或就食他所，多毁墙屋以往。乃蛮台谕之曰："明年岁稔，尔当复还，其勿毁之。"民由是不敢毁，及明年还，皆得按堵如初。拜西行台御史大夫，赐金币、玩服等物。奉命送太宗皇帝旧铸皇兄之宝于其后嗣燕只哥䚟，乃蛮台威望素严，至其境，礼貌益尊。

至顺元年，迁上都留守，佩元降虎符，虎贲亲军都指挥使，进阶开府仪同三司，知岭北行枢密院事，封宣宁郡王，赐金印。寻奉命出镇北边，锡予尤重。国初，诸军置万户、千户、百户，时金银符未备，惟加缨于枪以为等威。至是乃蛮台为请于朝，皆得绾符。后至元三年，诏乃蛮台袭国王，授以金印。继又以安边睦邻之功，赐珠络半臂并海东名鹰、西域文豹，国制以此为极恩。六年，拜岭北行省左丞相，仍前国王、知行枢密院事。至正二年，迁辽阳行省左丞相，以年逾六十，上疏辞职归。念其军士贫乏，以麦四百石、马二百匹、羊五百头遍给之。八年，薨于家，帝闻之震悼，命有司厚致赙仪，诏赠摅忠宣惠绥远辅治功臣、太师、开府仪同三司、上柱国，追封鲁王，谥忠穆。

子二：长野仙溥化，入宿卫，掌速古儿赤，特授朝列大夫、给事中，拜监察御史，继除河西廉访副使、淮西宣慰副使，累迁中书参知政事，由御史中丞为中书右丞；次晃忽而不花。

朵儿只

朵儿只，木华黎六世孙，脱脱子也。朵儿只生一岁而孤，稍长，备宿卫，事母至孝，喜读书，不屑屑事章句，于古君臣行事忠君爱民之道，多所究心。至治二年，授中奉大夫、集贤学士，时年未及冠。一时同寅如郭贯、赵世延、邓文原诸老皆器重之。天历元年，朵罗台国王自上都领兵至古北口，与大都兵迎敌。事定，文宗杀朵罗台。二年，朵儿只袭国王位，扈跸上都，诏便道至辽阳之国。顺帝至元四年，朵罗台弟乃蛮台恃太师伯颜势，谓国王位乃其所当袭，诉于朝。伯颜妻欲得朵儿只大珠环，价直万六千锭。朵儿只无以应，则慨然曰："王位我祖宗所传，不宜从人求买。我纵不得为，设为之，亦我宗族人耳。"于是乃蛮台以赂故得为国王，而除朵儿只辽阳行省左丞相。以安靖为治，民用不扰。六年，迁河南行省左丞相，为政如在辽阳时。先是，河南范孟为乱，以诖误连系者千百计。朵儿只至，颇知其冤，力欲直之，而平章政事纳麟乃元问官，执其说不从。已而纳麟还，言于朝，以谓朵儿只心徇汉人。朵儿只为人宽弘有度，亦不恤也。至正四年，迁江浙行省左丞相。时杭城荐经灾毁，别儿怯不花先为相，庶务宽纾，朵儿只继之，咸仍其旧，民心翕然。汀州寇窃发，朵儿只调遣将士招捕之，威信所及，数月即平。帝嘉其绩，锡九龙衣、上尊酒。居二年，方面晏然。杭之耆老请建生祠，如前丞相故事。朵儿只辞之曰："昔者我父平章官浙省，我实生于此，宜尔父老有爱于我，我于尔杭人得无情乎！然今天下承平，我叨居相位于此，唯知谨守法度不辱先人足矣，何用虚名为？"

七年，召拜御史大夫。会丞相虚位，秋，拜中书左丞相。冬，升右丞相、监修国史，而太平为左丞相。是时，朝廷无事，稽古礼文之事，有坠必举，请赐经筵讲官坐，以崇圣学，选清望官专典陈言，以求治道，核守令六事，沙汰僧尼，举隐逸士，事见《太平传》。岁余，留守司行致贺礼，其物先留鸿禧观，将馈二相。朵儿只家臣寓观中，察知物有丰杀，其致左相者特丰。家臣具白其事，请却之。朵儿只曰："彼纵不送我，亦又何怪。"即命受之。郯王家产既籍于官，朵儿只俾掾史录其数。明日，掾史以复。韩嘉讷为平章，不知出丞相命，勃然变色，叱掾史曰："公事须自下而上，何竟白丞相！"令客省使扶出。朵儿只不为动，知者咸服其量。九年，罢丞相位，复为国王，之国辽阳。十四年，诏脱脱总兵南讨。中书参议龚伯遂建言："宜分遣诸宗王及异姓王俱出军。"吴王朵尔赤厚赂伯遂获免。朵儿只独曰："吾国家世臣，天下有事，政效力之秋也，吾岂暇与小子辈通贿赂哉！"即领兵出淮南，听脱脱节制。脱脱遣朵儿只攻六合，拔之。既而诏削脱脱官爵，罢其兵权，朵儿只乃以本部兵守扬州。十五年，薨于军，年五十二。

初，朵儿只为集贤学士，从其从兄丞相拜住在上都。南坡之变，拜住遇害。贼臣铁失、赤斤铁木儿等并欲杀朵儿只，其从子朵尔直班方八岁，走诣怯薛官失都儿求免，以故朵儿只得脱于难。朵儿只为相，务存大体，而太平则兼理庶务，一时政权颇出于太平，趋附者众，朵儿只处之凝然，不与较。然太平亦能推让尽礼，中外皆号为贤相云。

二子：朵蛮帖木儿，翰林学士；俺木哥失里，袭国王。

朵尔直班

朵尔直班，字惟中，木华黎七世孙。祖曰硕德，父曰别理哥帖木尔。朵尔直班甫晬而孤，育于从祖母。拜住，从父也，请于仁宗，降玺书护其家。稍长，好读书。年十四，见文宗，适将幸上都，亲阅御衣，命录于簿，顾左右无能书汉字者，朵尔直班引笔书之。文宗喜曰："世臣之家乃能知学，岂易得哉！"命为尚衣奉御，寻授工部郎中。元统元年，擢监察御史。首上疏，请亲祀宗庙，赦命不宜数。又陈时政五事，其一曰："太史言三月癸卯望月食既，四月戊午朔，日又食。皇上宜奋乾纲，修刑政，疏远邪佞，颛任忠良，庶可消弭灾变以为祯祥。"二曰："亲祀郊庙。"三曰："博选勋旧世臣之子，端谨正直之人，前后辅导，使嬉戏之事不接于目，俚俗之言不及于耳，则圣德日新矣。"四曰："枢机之臣固宜尊宠，然必赏罚公，则民心服。"五曰："弭安盗贼，振救饥民。"是时日月薄蚀，烈风暴作，河北、山东旱蝗为灾，乃复条陈九事上之，一曰："比日幸门渐启，刑罚渐差，无功者觊觎希赏，有罪者侥幸求免。恐刑政渐隳，纪纲渐紊，劳臣何以示劝，奸臣无所警惧。"二曰："天下之财皆出于民，民竭其力以佐公上，而用犹不足，则嗟怨之气上干阴阳之和，水旱灾变所由生也。宜颛命中书省官二员，督责户部详定减省，罢不急之工役，止无名之赏赐。"三曰："禁中常作佛事，权宜停止。"四曰："官府日增，选法愈敝，宜省冗员。"五曰均公田。六曰铸钱币。七曰罢山东田赋总管府。八曰蠲河南自实田粮。九曰禁取姬妾于海外。

正月元日，朝贺大明殿，朵尔直班当纠正班次，即上言："百官逾越班制者，当同失仪论，以惩不敬。"先是，教坊官位在百官后，御史大夫撒迪传旨俾入正班，朵尔直班执不可。撒迪曰："御史不奉诏耶？"朵尔直班曰："事不可行，大夫宜覆奏可也。"西僧为佛事内廷，醉酒失火，朵尔直班劾其不守戒律，延烧宫殿，震惊九重。撒迪传旨免其罪，朵尔直班又执不可，一日间传旨者八，乃已。丞相伯颜、御史大夫唐其势二家家奴怙势为民害，朵尔直班巡历至漷州，悉捕其人致于法，民大悦。及还，唐其势怒曰："御史不礼我已甚，辱我家人，我何面目见人耶？"答曰："朵尔直班知奉法而已，它不知也。"唐其势从子马马沙为钦察亲军指挥使，恣横不法，朵尔直班劾奏之。马马沙因集无赖子欲加害，会唐其势被诛，乃罢。

迁太府监，改奎章阁学士院供奉学士，进承制学士，皆兼经筵官，又升侍书学士、同知经筵事。是时朵尔直班甫弱冠，又世家子，乃独以经术侍帝左右，世以为盛事。至正元年，罢学士院，除翰林学士，升资善大夫。于是经筵亦归翰林，仍命朵尔直班知经筵事。是时康里巎巎以翰林学士承旨亦在经筵，在上前敷陈经义，朵尔直班则为翻译，曲尽其意，多所启沃，禁中语秘不传。俄迁大宗正府也可扎鲁火赤，听讼之际，引谕律令，曲当事情。有同僚年老者，叹曰："吾居是官四十年，见公论事殆神人也。"宗王有杀其大母者，朵尔直班与同僚拔实力请于朝，必正其罪。时相难之。出为淮东肃政廉访使。迁江南行台治书侍御史，未行，又迁江西行省左丞，以疾不赴。北还，养疾黄垕山中。起为资正院使。五年，拜中书参知政事、同知经筵事，提调宣文阁。时纂集《至正条格》，朵尔直班以谓是书上有祖宗制诰，安得独称今日年号；又律中条格乃其一门耳，安可独以为书名。时相不能从，唯除制诰而已。有以善音乐得幸者，有旨用为崇文监丞。朵尔直班它拟一人以闻。帝怒曰："选法尽由中书省耶？"朵尔直班顿首曰："用幸人居清选，臣恐后世议陛下。今选它人，臣之罪也，省臣无与焉。"帝乃悦。升右丞，寻拜御史中丞。监察御史劾奏别儿怯不花，章甫上，黜御史大夫懿怜真班为江浙行省平章政事。朵尔直班曰："若此则台纲安在？"乃再上章劾奏，并留大夫，不允。台臣皆上印绶辞职。帝谕朵尔直班曰："汝其毋辞。"对曰："宪纲隳矣，臣安得独留？"帝为之出涕。朵尔直班即杜门谢宾客。

寻出为辽阳行省平章政事，阶荣禄大夫。至官，询民所疾苦，知米粟羊豕薪炭诸货皆藉乡民贩负入城，而贵室僮奴、公府隶卒争强买之，仅酬其半直。又其俗编柳为斗，大小不一，豪贾猾侩得以高下其手，民咸病之。即饬有司厉防禁，齐称量，诸物乃毕集而价自平。又存恤孤老，平准钱法，清铨选，汰胥吏，慎勾稽，兴废坠，巨细毕举。苟有罪，虽勋旧不贷。王邸百司闻风悚惧。召为太常礼仪院使，俄迁中政使，又迁资正使。

会盗起河南，帝忧之。拜中书平章政事，阶光禄大夫。首言："治国之道，纲常为重。前西台御史张桓伏节死义，不污于寇，宜首旌之，以劝来者。"又言："宜守荆襄、湖广以绝后患。"又数论："祖宗之用兵，匪专于杀人，盖必有其道焉。今倡乱者止数人，顾乃尽坐中华之民为畔逆，岂足以服人心。"其言颇迕丞相脱脱意。时脱脱倚信左司郎中汝中柏、员外郎伯帖木儿，故两人因擅权用事，而朵尔直班正色立朝，无所附丽。适陕州危急，因出为陕西行台御史大夫。行至中途，闻商州陷，武关不守，即轻骑昼夜兼程至奉元，而贼已至鸿门。吏白涓日署事，不许，曰："贼势若此，尚何顾阴阳拘忌哉！"即就署。省、台素以举措为嫌，不相聚论事。朵尔直班曰："多事如此，恶得以常例论？"乃与行省平章朵朵约五日一会集。寻有旨，命与朵朵便宜同讨贼，即督诸军复商州。乃修筑奉元城垒。募民为兵，出库所藏银为大钱，射而中的者赏之，由是人皆为精兵。金、商义兵以兽皮为矢房，状如瓠，号毛葫芦军，甚精锐，列其功以闻，赐敕书褒奖之，由是其军遂盛，而国家获其用。金州由兴元、凤翔达奉元，道里回远，乃开义谷，创置七驿，路近以便。

时御史大夫也先帖木儿师败于河南，西台御史蒙古鲁海牙、范文等十二人劾奏之。朵尔直班当署字，顾谓左右曰："吾其为平章湖广矣。"未几命下，果然。也先帖木儿者，脱脱之弟，章既上，脱脱怒，故左迁朵尔直班，而御史十二人皆见黜。关中人遮道涕泣曰："生我者公也，何遽去我而不留乎？"朵尔直班慰遣之，不听，乃从间道得出。至重庆，闻江陵陷，道路阻不可行，或请少留以俟之，不从，期必达乃已。

湖广行省时权治澧州，既至，律诸军以法，而授纳粟者以官，人心翕然。汝中柏、伯帖木儿言于丞相曰："不杀朵尔直班，则丞相终不安。"盖谓其帝意所眷属，必复用耳。乃命朵尔直班职专供给军食。时官廪所储无几，即延州民有粟者，亲予酒谕劝之而贷其粟，约俟朝廷颁钞至即还以直，民无不从者。又遣官籴粟河南、四川之境，民闻其名，争输粟以助军饷。右丞伯颜不花方总兵，承顺风旨，数侵辱之。朵尔直班不为动。会官军复武昌，至蕲、黄伯颜不花百计征索，无不给之，犹欲言其供需失期。达剌罕军帅王不花奋言曰："平章国之贵臣，今坐不重茵，食无珍味，徒为我曹军食耳。今百需立办，顾犹欲诬之，是无人心也。我曹便当散还乡里矣。"脱脱遣国子助教完者至军中，风使害之。完者至，则反加敬礼，语人曰："平章勋旧之家，国之祥瑞，吾苟伤之，则人将不食吾余矣。"朵尔直班素有风疾，军中感雾露，所患日剧，遂卒于黄州兰溪驿，年四十。

朵尔直班立朝，以扶持名教为己任，荐拔人才而不以为私恩。留心经术，凡伊、洛诸儒之书，未尝去手。喜为五言诗，于字画尤精。翰林学士承旨临川危素，尝客于朵尔直班，谏之曰："明公之学，当务安国家、利社稷，毋为留神于末艺。"朵尔直班深服其言。其在经筵，开陈大义为多。间采前贤遗言，各以类次，为书凡四卷，一曰《学本》，二曰《君道》，三曰《臣职》，四曰《国政》。明道、厚伦、制行、稽古、游艺，五者《学本》之目也；敬天、爱民、知人、纳谏、治内，五者《君道》之目也；宰辅、台察、守令、将帅、警御，五者《臣职》之目也；兴学、训农、理财、审刑、议兵，五者《国政》之目也。帝览而善之，赐名曰《治原通训》，藏于宣文阁。二子：铁固思帖木而、笃坚帖木而。

阿鲁图

阿鲁图，博尔术四世孙。父木剌忽。阿鲁图由经正监袭职为怯薛官，掌环卫，遂拜翰林学士承旨，迁知枢密院事。至元三年，袭封广平王。至正四年，脱脱辞相位，顺帝问谁可代脱脱为相者，脱脱以阿鲁图荐。五月，诏拜中书右丞相、监修国史，而别儿怯不花为左丞相，从驾行幸，每同车出入，一时朝野以二相协和为喜。时诏修辽、金、宋三史，阿鲁图为总裁。五年，三史成。十月，阿鲁图等既以其书进，帝御宣文阁，阿鲁图复与平章政事帖木儿塔识、太平上奏："太祖取金，世祖平宋，混一区宇，典章图籍皆归秘府。今陛下以三国事绩命儒士纂修，而臣阿鲁图总裁。臣素不读汉人文书，未解其义。今者进呈，万机之暇，乞以备乙览。"帝曰："此事卿诚未解，史书所系甚重，非儒士泛作文字也。彼一国人君行善则国兴，朕为君者宜取以为法；彼一朝行恶则国废，朕当取以为戒。然岂止儆劝人君，其间亦有为宰相事，善则卿等宜仿效，恶则宜监戒。朕与卿等皆当取前代善恶为勉。朕或思有未至，卿等其言之。"阿鲁图顿首舞蹈而出。

右司郎中陈思谦建言诸事，阿鲁图曰："左右司之职所以赞助宰相。今郎中有所言，与我辈共议见诸行事，何必别为文字自有所陈耶？郎中若居他官，则可建言，今居左右司而建言，是徒欲显一己自能言耳。将置我辈于何地？"思谦大惭服。一日，与僚佐议除刑部尚书，宰执有所举，或难之曰："此人柔软，非刑部所可用。"阿鲁图曰："庙堂即今选侩子耶？若选侩子，须选强壮人。尚书欲其详谳刑牍耳，若不枉人，不坏法，即是好刑官，何必求强壮人耶？"左右无以答。其为治知大体，类如此。

先是，别儿怯不花尝与阿鲁图谋挤害脱脱。阿鲁图曰："我等岂能久居相位，当亦有退休之日，人将谓我何？"别儿怯不花屡以为言，终不从。六年，别儿怯不花乃讽监察御史劾奏阿鲁图不宜居相位，阿鲁图即避出城。其姻党皆为之不平，请曰："丞相所行皆善，而御史言者无理，丞相何不见帝自陈，帝必辩焉。"阿鲁图曰："我博尔术世裔，岂丞相为难得耶？但帝命我不敢辞，今御史劾我，我宜即去。盖御史台乃世祖所设置，我若与御史抗，即与世祖抗矣。尔等无复言。"阿鲁图既罢去，明年，别儿怯不花遂为右丞相，不久亦去。十一年，阿鲁图复起为太傅，出守和林边，薨，无嗣。

纽的该

纽的该，博尔术之四世孙也。早岁备宿卫，累迁同知枢密院事，既而废处于家。顺帝至元五年，奉使宣抚达达之地，整理有司不公不法事三十余条，由是朝廷知其才，升知岭北行枢密院事。至正十五年，召拜中书平章政事，迁知枢密院事。十七年，以太尉总山东诸军，守镇东昌路，击退田丰兵。十八年，田丰复陷济宁，进逼东昌。纽的该以乏粮弃城，退屯柏乡，东昌遂陷。还京师，拜中书添设左丞相，与太平同居相位。纽的该有识量，处事平允。倭人攻金复州，杀红军据其州者，即奏遣人往赏赉而抚安之。浙西张士诚既降，纽的该处置江南诸事，咸得其宜，士诚大服。兴和路富民调戏子妇，系狱，车载楮币至京师行赂，以故刑部官持其事久不决。纽的该乃除刑部侍郎为兴和路达鲁花赤，俾决其事，富民遂自缢死。凡授官，惟才是选，不用私人，众称其有大臣体。已而遽罢相，迁知枢密院事。尝卧病，谓其所知曰："太平真宰相才也。我疾固不起，而太平亦不能久于位，此可叹也。"朝官至门候疾者，皆谢遣之。二十年正月卒。

卷一百四十 列传第二十七

别儿怯不花

别儿怯不花，字大用，燕只吉斛氏。曾祖忙怯秃以千户从宪宗南征有功。父阿忽台事成宗为丞相，被诛，后赠和宁忠献王。别儿怯不花蚤孤，八岁，以兴圣太后及武宗命，侍明宗于藩邸。寻入国子学为诸生。会明宗以周王出镇云南，别儿怯不花从行，至大同而还。仁宗召入宿卫。一日，从殿中望见其仪梁复异，即召对，慰谕之。八番宣抚司长乃其世职，英宗遂授怀远大将军、八番宣抚司达鲁花赤。既至，宣布国家恩信，峒民感悦。有累岁不服者，皆喜曰："吾故贤帅子孙也，其敢违命。"率其十四部来受约束。别儿怯不花以其事入奏，天子嘉而留之。

泰定三年，特授同知太常礼仪院事，益从耆老文学之士雍容议论。寻拜监察御史。明年，迁中书右司郎中。又明年，升参议中书省事。居二年，除吏部尚书。至顺元年，其兄治书侍御史自当谏止明里董阿子闾闾不当为监察御史，并出别儿怯不花为广西两江道宣慰使司都元帅。未几，丁内艰还京。起复为江浙行省参知政事。江浙岁漕米由海道达京师，别儿怯不花董其事。寻除礼部尚书，迁徽政院副使，擢侍御史，特命领宿卫，升荣禄大夫、宣徽使，加开府仪同三司。凡宿卫士有从掌领官荐用者，往往所举多其亲昵。至别儿怯不花独推择岁久者举之，众论翕服。宣徽所造酒，横索者众，岁费陶瓶甚多。别儿怯不怯花奏制银瓶以贮，而索者遂止。至元四年，拜御史大夫、知经筵事，寻迁中书平章。

至正二年，拜江浙行省左丞相。行至淮东，闻杭城大火烧官廨民庐几尽，仰天挥涕曰："杭，浙省所治，吾被命出镇，而火如此，是我不德累杭人也。"疾驰赴镇，即下令录被灾者二万三千余户，户给钞一锭，焚死者亦如之，人给月米二斗，幼稚给其半。又请日減酒课，为钱千二百五十缗，织坊减元额之半，军器、漆器权停一年，泛税皆停。事闻，朝廷从之。又大作省治，民居附其旁者，增直买其基，募民就役，则厚其佣直。又请岁减江浙、福建盐课十三万引。或遇淫雨亢旱，辄出祷于神祠，所祷无不应。在镇二年，虽儿童女妇莫不感其恩。召还，除翰林学士承旨，仍掌宿卫。

四年，拜中书左丞相。朝廷议选奉使宣抚，使问民疾苦，察吏贪廉，且选习北藩风土及知典故者，俾别儿怯不花周行沙漠，洗冤除弊，不可胜计。又奏发使谕诸王，赐以金衣重宝，使各抚其民，毋逾法制，于是内外震肃。明年，岁大饥，流民载道，令有司赈之，欲还乡者给路粮。又录在京贫民，日粜以粮。帝还自上都，遣中使数辈趣使迎谒，比见，帝亲酌酒劳之。七年，进右丞相。明年，御史劾奏别儿怯不花，而徽政院使高龙卜在帝侧为解，帝遂不允。乃出御史大夫亦怜真班为江浙左丞相，中丞以下皆辞职。诏复加太保。于是两台各道言章交至，别儿怯不花益不自安，寻谪居渤海县。十年正月卒。后子达世帖木而用于朝，遂赠弘仁辅治秉文守正寅亮同德功臣、开府仪同三司、上柱国、太师，追封冀王，谥忠宣。达世帖木而字原理，仕至中书平章政事，有学识，能世其家。

太平

太平，字允中，初姓贺氏，名惟一，后赐姓蒙古氏，名太平，仁杰之孙，胜之子也。初，胜以非罪死，太平年尚幼，泰定帝雪其父冤而抚恤之。太平资性开朗正大，虽在弱龄，俨然如老成人。尝受业于赵孟頫，又师事云中吕弼。太平始袭父职，为虎贲亲军都指挥使，寻擢陕西汉中道廉访副使。文宗召为工部尚书，都主管奎章阁工事，又除上都留守同知。顺帝元统初，命为枢密副使，寻升同知枢密院事，迁御史中丞。时中书有参议佛家闾者，憸人也。御史劾其罪，时宰庇之，事寝不行。太平辞疾卧家。至正二年，诏起为中书参知政事，辞。进右丞，又辞。会御史祁君璧复劾佛家闾，黜之，乃起就职。宗室诸王岁赐廪食衣币不均，太平请于帝，均其厚薄。守令多失职，请选台阁名臣充之。仍遣使核其治行，其治最者则增秩，赐金币。辽、金、宋三史久未克修，至是太平力赞其事，为总裁官，修成之。时粟贵而金银贱，太平请出官本，委官收市之，所得不赀，其后兵兴，卒获其用。四年，升中书平章政事。五年，迁宣徽院使。宣徽典饮膳，权势多横索，太平取簿阅之，惟太常礼仪使阿剌不花一无所需，太平因言于帝，请擢居近职，且厚赐之。

六年，拜御史大夫。故事，台端非国姓不以授，太平因辞，诏特赐姓而改其名。七年，迁中书平章政事，班同列上。国王朵而只为左丞相，请于帝曰："臣藉先臣之荫，叨袭位国王，昧于国家之理，今备位宰相，非得太平不足与共事。"十一月，拜太平左丞相，朵而只为右丞相。太平辞，帝不允，仍诏示天下。明年正月，诏修后妃、功臣传，特命太平同监修国史，盖异数也。太平请僧道有妻子者勒为民以减蠹耗，给校官俸以防虚冒，请赐经筵讲官坐以崇圣学，立行都水监以治黄河。举隐士完者笃、执礼哈郎、董立、张枢、李孝光。是时，天下无事，朝廷稽古礼文之典，有坠必举。平生好访问人才，不问南北，必记录于册，至是多进用之。

初，脱脱既罢相，出居西土。会其父马札儿台卒，太平力请令脱脱归葬，以全孝道。左右以为难，太平曰："脱脱乃心王室，大义灭亲，今父殁而不克奔讣，为善者不几于怠乎！"为之固请，以故脱脱得还。脱脱既得还朝，即拜为太傅，然不知太平之有德于己也，因汝中柏谗间成隙，遂欲中伤之。是时，中书参政孔思立等皆一时名人，太平所拔用者，悉诬以罪黜去。九年七月，罢为翰林学士承旨，既又诬劾其过失，而并论其子也先忽都不宜僭娶宗室女。脱脱之母闻之，谓脱脱兄弟曰："太平好人也，何害于汝而欲去之。汝兄弟若违吾言，非吾子也。"侍御史撒马笃扬言于朝曰："御史欲害正人，坏台纲，如天下后世何？"即卧病不起。故吏田复劝太平自裁，太平曰："吾无罪，当听于天，若自杀，则诚有慊矣。"遂还奉元，杜门谢客，以书史自适。

河南盗起，十五年，诏命太平为江浙行省左丞相。未行，改为淮南行省左丞相，兼知行枢密院事，总制诸军，驻于济宁。时诸军久出，粮饷苦不继。太平命有司给牛具以种麦，自济宁达于海州，民不扰而兵赖以济。议立土兵元帅府，轮番耕战。十六年，移镇益都。未几，除辽阳行省左丞相。籴粟以给京师，处置有法，所致甚多而民不扰。十七年五月，召为中书左丞相。时毛贵据山东，明年，由河间入寇，官军屡败，渐逼京都，中外大骇，廷议迁都以避之，和者如出一口。太平力争以为不可，起同知枢密院事刘哈剌不花于彰德，引兵击之，大败贼众，京城遂安。会张士诚以浙西降，而晋、冀、关陕之间，察罕铁木儿屡以捷奏闻。于是中外人心翕然，有中兴之望矣。

太平又考求，凡死节之臣，虽布衣亦加赠谥，有官者就官其子孙，人尤感动。当时右丞相搠思监家人以造伪钞事觉，刑部欲连逮搠思监。太平力为解之，曰："堂堂宰相乌得有此事，四海闻之，若国体何！"搠思监既劾罢，太平所得俸禄多分馈之。

二皇后奇氏与皇太子谋，欲内禅，遣宦者资正院使朴不花谕意于太平，太平不答。皇后又召太平至宫中，举酒申前意，太平依违而已。是时，皇太子欲尽逐帝近臣，又令监察御史劾帝亲昵臣御史中丞秃鲁铁木儿，未及奏而所劾御史被迁为他官，皇太子疑也先忽都泄其事，益决意去太平政柄。知枢密院事纽的该闻而叹曰："善人国之纪也，苟去之，国将何赖乎！"数于帝前左右之，以故皇太子之志未及逞。会纽的该死，皇太子遂令监察御史买住、桑哥失理劾左丞成遵、参政赵中等下狱死，以二人为太平党也。太平知势有不可留，数以疾辞位。二十年二月，拜太保，俾养疾于家。台臣奏言以谓当时事之艰危，政赖贤材之宏济，太平以师保兼相职为宜。帝不能从。会阳翟王阿鲁辉铁木儿倡乱，骚动北边，势逼上都，皇太子乃言于帝，命太平留守上都，实欲置之死地。太平遂往。有同知太常院事脱欢者，也先忽都故将也，闻阳翟王将至，乃引兵缚王至军前，太平不受，令生致阙下，北边以宁。太平终不以为己功。未几，诏拜太傅，赐田若干顷，俾归奉元。帝欲以伯撒里为丞相，伯撒里辞曰："臣老不足以任宰相，陛下必以命臣，非得太平同事不可。"于是密旨令伯撒里留太平毋行。太平至沙井，闻命而止，宿留久之。皇太子恶其既去而复留也，二十三年，令御史大夫普化劾太平故违上命，当正其罪。诏乃悉拘所授宣命及所赐物，俾往陕西之西居焉。搠思监因诬奏之，安置土蕃，寻遣使者逼令自裁。太平至东胜，赋诗一篇，乃自杀。年六十三。二十七年，监察御史辩其非辜，请加褒赠。

也先忽都，名均，字公秉。少好学，有俊才，累迁殿中侍御史、治书侍御史、翰林侍读学士，皆兼袭虎贲亲军都指挥使。太平之为相也，务广延才彦，而也先忽都以丞相子，又倾己下士，以故名称籍然。已而被劾罢，从亲还奉元。居六年，召为兵部尚书、同知枢密院事，除通政院使。太平再相，授知枢密院事，迁太子詹事。十九年，群盗由开平东屯辽阳。冬，诏也先忽都以知枢密院事兼太子詹事率师往讨。太平以其年少，数请改命，不允。至则遣将拔懿州省治，盗逾辽河东奔。而朝廷谗搆日甚，罢为上都留守。寻改宣政院使，以丁内艰不起。搠思监再相，复奏强起之，即日监察御史也先帖木、李好直又劾罢之。已而搠思监徇皇太子旨，搆成大狱，诬老的沙、蛮子、按难达识理、沙加识理、也先忽都及脱欢等不轨，执脱欢煅炼其狱，连逮不已。帝知其无辜，欲释其事，特命大赦。而搠思监增入条画内，独不赦前狱。唯老的沙逃于孛罗铁木儿大同军中，蛮子、按难达识理等遂皆贬死。也先忽都当贬撒思嘉之地，道由朵思麻，行宣政院使桓州闾素受知太平，因留居其地。执政知其故，奏也先忽都违命，杖死之。年四十四。有诗集十卷。

铁木儿塔识

铁木儿塔识，字九龄，国王脱脱之子。资禀宏伟，补国子学诸生，读书颖悟绝人。事明宗于潜邸。文宗初，由同知都护府事累迁礼部尚书，进参议中书省事，擢陕西行台侍御史，留为奎章阁侍书学士，除大都留守，寻同知枢密院事。后至元六年，拜中书右丞。至正改元，升平章政事。伯颜罢相，庶务多所更张，铁木儿塔识尽心辅赞。每入番直，帝为出宿宣文阁，赐坐榻前，询以政道，必夜分乃罢。二年，郊，铁木儿塔识言大祀竣事，必有实惠及民，以当天心，乃赐民明年田租之半。岭北地寒，不任稼事，岁募富民和籴为边饷，民虽稍利，而费官盐为多。铁木儿塔识乃请别输京仓米百万斛，储于和林以为备。日本商百余人遇风漂入高丽，高丽掠其货，表请没入其人以为奴。铁木儿塔识持不可，曰："天子一视同仁，岂宜乘人之险以为利？宜资其还。"已而日本果上表称谢。俄有日本僧告其国遣人刺探国事者。铁木儿塔识曰："刺探在敌国固有之，今六合一家，何以刺探为？设果有之，正可令睹中国之盛，归告其主，使知向化。"两浙、闽盐额累增而课愈亏，江浙行省请减额，铁木儿塔识奏岁减十三万引。

五年，拜御史大夫。务以静重持大体，不为苛娆以立声威。建言："近岁大臣获罪，重者族灭，轻者籍其妻孥。祖宗圣训，父子罪不相及。请除之。"著为令。近畿饥民争赴京城，奏出赃罚钞，籴米万石，即近郊寺观为糜食之，所活不可胜计。居岁余，迁平章政事，位居第一。大驾时巡，留镇大都。旧法：细民籴于官仓，出印券，月给之者，其直三百文，谓之红贴米；赋筹而给之，尽三月止者，其直五百文，谓之散筹米。贪民买其筹贴以为利。铁木儿塔识请别发米二十万石，遣官坐市肆，使人持五十文即得米一升，奸弊遂绝。

七年，首相去位，帝召铁木儿塔识谕旨，若曰："尔先人事我先朝，显有劳绩，尔实能世其家，今命汝为左丞相。"铁木儿塔识叩头固辞，不允，乃拜命。铁木儿塔识修饬纲纪，立内外通调之法：朝官外补，许得陛辞，亲授帝训，责以成效；郡邑贤能吏，次第甄拔，入补朝阙。分海漕米四十万石置沿河诸仓，以备凶荒。先是，僧人与齐民均受役于官，其法中变，至是奏复其旧。孔子后袭封衍圣公，阶止四品，奏升为三品。岁一再诣国学，进诸生而奖励之。中书故事，用老臣预议大政，久废不设，铁木儿塔识奏复其规，起腆合、张元朴等四人为议事平章。曾未半年，救偏补弊之政以次兴举，中外咸悦。从幸上京还，入政事堂甫一日，俄感暴疾薨。年四十六。赠开诚济美同德翊运功臣、太师、中书右丞相，追封冀宁王，谥文忠。

铁木儿塔识天性忠亮，学术正大，伊、洛诸儒之书，深所研究。帝尝问为治何先，对曰："法祖宗。"帝曰："王文统奇才也，朕恨不得如斯人者用之。"对曰："世祖有尧、舜之资，文统不以王道告君，而乃尚霸术，要近利，世祖之罪人也。使今有文统，正当远之，又何足取乎！"初，伯颜议罢科举，铁木儿塔识时在参议府，讫不署奏牍，及入中书，乃议复行之。征用处士，待以不次之擢。或疑为太优，铁木儿塔识曰："隐士无求于朝廷，朝廷有求于隐士，区区名爵，奚足惜哉！"识者诵之。时修辽、金、宋三史，铁木儿塔识为总裁官，多所协赞云。

达识帖睦迩

达识帖睦迩，字九成。幼与其兄铁木儿塔识俱入国学为诸生，读经史，悉能通大义，尤好学书。初以世胄补官，为太府监提点，擢治书侍御史，以言罢。除枢密院同知，升中书右丞、翰林承旨，迁大司农。至正七年，出为江浙行省平章政事。明年，又入为大司农。九年，为湖广行省平章政事。沅、靖、柳、桂等路徭、獠窃发，朝廷以溪洞险阻，下诏招谕之。达识帖睦迩谓："寇情不可料，请置三分省，一治静江，一治沅、靖，一治柳、桂，以左右丞、参政分兵镇其地。罢靖州路总管府，改立靖州军民安抚司，设万户府，益以戍兵。"朝廷皆如其言。已而诸徭、獠悉降，召还，复为大司农。

十一年，台州方国珍起海上。达识帖睦迩奉诏与江浙行省参知政事樊执敬往招谕之。明年，盗起河南。拜河南行省平章政事。至则修城池，饬备御，贼不敢犯其境。迁淮南行省平章政事。十五年，入为中书平章政事。时中书庶务多为吏胥迟留，至则责委提控掾史二人分督左右曹，悉为剖决。出为江浙行省左丞相，寻兼知行枢密院事，许以便宜行事。时江淮盗势日盛，南北阻隔。达识帖睦迩独治方面，而任用非人，肆通贿赂，卖官鬻爵，一视货之轻重以为高下，于是谤议纷然。所部郡县往往沦陷，亦恬不以为意。

十六年正月，张士诚陷平江。七月，逼杭州，达识帖睦迩即弃城遁于富阳。万户普贤奴力拒之，而苗军帅杨完者时驻嘉兴，亦引兵至，败走张士诚，达识帖睦迩乃还。初，达识帖睦迩以完者为海北宣慰使都元帅，寻升江浙行省参政，至是遂升右丞。而苗军素无纪律，肆为钞掠，所过荡然无遗。达识帖睦迩方倚完者以为重，莫敢禁遏，故完者矜骄日肆而不可制。明年，士诚寇嘉兴，屡为完者所败。士诚乃遣蛮子海牙以书诈降。蛮子海牙尝为南行台御史中丞，以军结水寨，屯采石，为大明兵所败，因走归士诚，故士诚使之来。而书词多不逊。完者欲纳之，达识帖睦迩不可，曰："我昔在淮南，尝招安士诚，知其反覆，其降不可信。"完者固劝，乃许之。士诚始要王爵，达识帖睦迩不许。又请爵为三公，达识帖睦迩曰："三公非有司所定，今我虽便宜行事，然不敢专也。"完者又力以为请，达识帖睦迩虽外为正词，然实幸其降，又恐忤完者意，遂授士诚太尉，其弟士德淮南行省平章政事，士信同知行枢密院事，其党皆授官有差。士德寻为大明兵所擒。复升士信淮南行省平章政事。然士诚虽降，而城池府库甲兵钱谷皆自据如故。于是朝廷以招安张士诚为达识帖木儿功，诏加太尉。

当是时，徽州、建德皆已陷，完者屡出师不利。士诚素欲图完者，而完者时又强娶平章政事庆童女，达识帖木儿虽主其婚，然亦甚厌之，乃阴与士诚定计除完者。扬言使士诚出兵复建德，完者营在杭城北，不为备，遂被围，苗军悉溃，完者与其弟伯颜皆自杀。其后事闻于朝，赠完者潭国忠愍公，伯颜衡国忠烈公。完者既死，士诚兵遂据杭州。十九年，朝廷因授士信江浙行省平章政事。士信乃大发浙西诸郡民筑杭城。先是，海漕久不通，朝廷遣使来征粮，士诚运米十余万石达京师。方面之权，悉归张氏，达识帖睦迩徒存虚名而已。俄而士诚令其部属自颂功德，必欲求王爵。达识帖睦迩谓左右曰："我承制居此，徒籍口舌以驭此辈。今张氏复要王爵，朝廷虽微，终不为其所胁，但我今若逆其意，则目前必受害，当忍耻含垢以从之耳。"乃为具文书闻于朝，至再三，不报。士诚遂自立为吴王，即平江治宫阙，立官属。

时答兰帖木儿为江浙行省右丞，真保为左右司郎中，二人谄事士诚，多受金帛，数媒孽达识帖睦迩之短，以故张氏遂有不相容之势。二十四年，士信乃使王晟等面数达识帖睦迩过失，勒其移咨省院，自陈老病愿退。又言："丞相之任非士信不可。"士信即逼取其诸所掌符印，而自为江浙行省左丞相，徙达识帖睦迩居嘉兴。事闻朝廷，即就以士信为江浙行省左丞相。达识帖睦迩至嘉兴，士信峻其垣墙，錮其门闼，所以防禁之者甚严。达识帖睦迩皆不以为意，日对妻妾饮酒放歌自若。士诚令有司公牍皆首称"吴王令旨"，又讽行台为请实授于朝，行台御史大夫普化帖木儿皆不从。至是，既拘达识帖睦迩，即使人至绍兴从普化帖木儿索行台印章。普化帖木儿封其印置诸库，曰："我头可断，印不可与。"又迫之登舟，曰："我可死，不可辱也。"从容沐浴更衣，与妻子诀，赋诗二章，乃仰药而死。临死，擲杯地上曰："我死矣，逆贼当踵我亡也。"后数日，达识帖睦迩闻之，叹曰："大夫且死，吾不死何为！"遂命左右以药酒进，饮之而死。士诚乃使载其柩及妻孥北返于京师。

普化帖木儿字兼善，答鲁乃蛮氏，行台御史大夫帖木哥子也。累迁福建行省平章政事，时境内皆为诸豪所据，不能有所施设。及迁南行台，又为张士诚所逼而死。然论者以为其死视达识帖睦迩为差胜云。

卷一百四十一　列传第二十八

太　不　花

太不花，弘吉剌氏。世为外戚，官最贵显。太不花沉厚有大度，以世胄入官，累迁云南行省右丞，历通政使、上都留守、辽阳行省平章政事。至正八年，太平为丞相，力荐太不花可大用，召入，为中书平章政事。明年，太平既罢，脱脱复为相。太不花因党于脱脱谋欲害太平，众由是不平之。

十二年，盗起河南，知枢密院事老章出师久无功，诏拜太不花河南行省平章政事，加太尉，将兵往代之。未期月，平南阳、汝宁、唐、随，又下安陆、德安等路，招降服叛，动合事宜，军声大振。十四年，脱脱以太师、右丞相总大兵征高邮，寻诏夺其兵柄，而升太不花本省左丞相，与太尉月阔察儿、枢密知院雪雪代总其兵。山东、河北诸军悉令太不花节制。而太不花乃以军士乏粮之故，颇骄傲不遵朝廷命令，军士又往往剽掠为民患。十五年，监察御史也里忽都等劾其慢功虐民之罪，于是天子下诏尽夺其职，俾率领火赤温，从平章政事答失八都鲁征进。

顷之，复拜湖广行省左丞相，节制湖广、荆襄诸军，招捕沔阳、湖广等处水陆贼徒。会朝廷复拜太平为中书左丞相，太不花闻之，意不能平，叹曰："我不负朝廷，朝廷负我矣。太平汉人，今乃复居中用事，安受逸乐，我反在外勤苦邪！"及击贼，贼且退，诸将皆欲乘胜渡江，而太不花乃反勒兵而退，以养锐为名。其后贼犯汴梁，守臣请援兵，至十往反，太不花乃始率兵援汴梁，而犹按甲不进。时睢、亳、太康俱已陷，边警日急。或谏之曰："贼旦夕且至，丞相兵不进何也？"太不花顾左右大言曰："我在，何物小寇敢犯境邪？若等毋多言，我自有神算也。"既而纵军出掠，百里之内，荡然无遗。继又渡师河北，声取曹、濮，遂驻于彰德、卫辉。俄而曹、濮之贼奔窜晋、冀，大同亦相继不守，遂蔓延不可制。朝廷以为忧，两遣重臣谕以密旨，授之成算，而太不花恬不为意。是时，其子寿童以同知枢密院事将兵分讨山东，久无功，尝以事入奏，语言有骄慢意，帝由是恶之。

十八年，山东贼愈充斥，且逼近京畿，于是诏拜太不花中书右丞相，总其兵讨山东。既渡河，即上疏以谓："贼势张甚，军行宜以粮饷为先。昔汉韩信行军，萧何馈粮，方今措画，无如丞相太平者，如令太平至军中供给，事乃可济，不然兵不能进矣。"其意实衔太平，欲其至军中即害之也。时参知政事卜颜帖木儿、张晋等分省山东，二人者尝劾寿童不进兵，太不花至，则以其馈运不前断遣之。又以知枢密院事完者帖木儿为右丞之日尝劾其非，亦加以失误专制之罪，擅改其官，征至军欲害之。事闻，廷议喧然。而太平与太不花久有隙，会其疏来上，以其欲害己也，遂讽监察御史迷只儿海等劾其缓师拒命之罪，而于帝前力谮之。于是乃下诏削其官爵，夺其兵柄，安置于盖州，以知枢密院事悟良哈台总其兵。

太不花闻有诏，夜驰诣刘哈剌不花求救解。刘哈剌不花者，太不花故部将也，以破贼累有功，拜淮南行省平章政事，时驻兵保定。见太不花来，因张乐大宴，举酒慷慨言曰："丞相国家柱石，有大勋劳如此，天子终不害丞相，是必谗言间之耳。我当自往见上言之，丞相毋忧也。"哈剌不花即走至京，首见太平。太平问其来何故，哈剌不花具以其故告之。太平曰："太不花大逆不道，今诏已下，尔乃敢辄妄言邪？不审处，祸将及尔矣。"哈剌不花闻太平言，畏惧，噤不能发。太平度太不花必在哈剌不花所，即语之曰："尔能致太不花以来，吾以尔见上，尔功不细矣。"哈剌不花因许之。太平乃引入见帝，赐赉良渥。初，刘哈剌不花之为部将于太不花也，与倪晦者同在幕下，太不花每委任晦，而哈剌不花计多阻不行，哈剌不花心尝以为怨。及是，知事已不可解，还，缚太不花父子送京师，未至，皆杀之于路。

察罕帖木儿 扩廓帖木儿

察罕帖木儿，字廷瑞，系出北庭。曾祖阔阔台，元初随大军收河南。至祖乃蛮台、父阿鲁温，皆家河南，为颍州沈丘人。察罕帖木儿幼笃学，尝应进士举，有时名。身长七尺，修眉覆目，左颊有三毫，或怒则毫皆直指。居常慨然有当世之志。至正十一年，盗发汝、颍，焚城邑，杀长吏，所过残破，不数月，江淮诸郡皆陷。朝廷征兵致讨，卒无成功。十二年，察罕帖木儿乃奋义起兵，沈丘之子弟从者数百人。与信阳之罗山人李思齐合兵，同设奇计袭破罗山。事闻，朝廷授察罕帖木儿中顺大夫、汝宁府达鲁花赤。于是所在义士俱将兵来会，得万人，自成一军，屯沈丘，数与贼战，辄克捷。

十五年，贼势滋蔓，由汴以南陷邓、许、嵩、洛。察罕帖木儿兵日益盛，转战而北，遂戍虎牢，以遏贼锋。贼乃北渡盟津，焚掠至覃怀，河北震动。察罕帖木儿进战，大败之，余党栅河洲，歼之无遗类，河北遂定。朝廷奇其功，除中书刑部侍郎，阶中议大夫。苗军以荥阳叛，察罕帖木儿夜袭之，虏其众几尽，乃结营屯中牟。已而淮右贼众三十万掠汴以西，来捣中牟营。察罕帖木儿结陈待之，以死生利害谕士卒。士卒贾勇决死战，无不一当百。会大风扬沙，自率猛士鼓噪从中起，奋击贼中坚，贼势遂披靡不能支，弃旗鼓遁走，追杀十余里，斩首无算。军声益大振。

十六年，升中书兵部尚书，阶嘉议大夫。继而贼西陷陕州，断殽、函，势欲趋秦、晋。知枢密院事答失八都鲁方节制河南军，调察罕帖木儿与李思齐往攻之。察罕帖木儿即鼓行而西，夜拔殽陵，立栅交口。陕为城，阻山带河，险且固，而贼转南山粟给食以坚守，攻之猝不可拔。察罕帖木儿乃焚马矢营中，如炊烟状，以疑贼，而夜提兵拔灵宝城。守既备，贼始觉，不敢动，即渡河陷平陆，掠安邑，蹂晋南鄙。察罕帖木儿追袭之，蹙之以铁骑。贼回扼下阳津，赴水死者甚众。相持数月，贼势穷，皆遁溃。以功加中奉大夫、佥河北行枢密院事。

十七年，贼寻出襄樊，陷商州，攻武关，官军败走，遂直趋长安，至灞上，分道掠同、华诸州，三辅震恐。陕西省台来告急。察罕帖木儿即领大众入潼关，长驱而前，与贼遇，战辄胜，杀获以亿万计。贼余党皆散溃，走南山，入兴元。朝廷嘉其复关陕有大功，授资善大夫、陕西行省左丞。未几，贼出自巴蜀，陷秦、陇，据巩昌，遂窥凤翔。察罕帖木儿即先分兵入守凤翔城，而遣谍者诱贼围凤翔。贼果来围之，厚凡数十重。察罕帖木儿自将铁骑，昼夜驰二百里往赴。比去城里所，分军张左右翼掩击之。城中军亦开门鼓噪而出，内外合击，呼声动天地。贼大溃，自相践蹂，斩首数万级，伏尸百余里，余党皆遁还。关中悉定。

十八年，山东贼分道犯京畿。朝廷征四方兵入卫，诏察罕帖木儿以兵屯涿州。察罕帖木儿即留兵戍清湫、义谷，屯潼关，塞南山口，以备他盗。而自将锐卒往赴召。而曹、濮贼方分道逾太行，焚上党，掠晋、冀，陷云中、雁门、代郡，烽火数千里，复大掠南且还。察罕帖木儿先遣兵伏南山阻隘，而自勒重兵屯闻喜、绛阳。贼果走南山，纵伏兵横击之，贼皆弃辎重走山谷，其得南还者无几。乃分兵屯泽州，塞碗子城，屯上党，塞吾儿谷，屯并州，塞井陉口，以杜太行诸道。贼屡至，守将数血战击却之，河东悉定。进陕西行省右丞，兼陕西行台侍御史、同知河南行枢密院事。于是天子乃诏察罕帖木儿守御关陕、晋、冀，抚镇汉、沔、荆、襄，便宜行阃外事。察罕帖木儿益务练兵训农，以平定四方为己责。

是年，安丰贼刘福通等陷汴梁，造宫阙，易正朔，号召群盗。巴蜀、荆楚、江淮、齐鲁、辽海，西至甘肃，所在兵起，势相联结。察罕帖木儿乃北塞太行，南守巩、洛，而自将中军军沔池。会叛将周全弃覃怀，入汴城，合兵攻洛阳。察罕帖木儿下令严守备，别以奇兵出宜阳，而自将精骑发新安来援。贼至城下，见坚壁不可犯，退引去，因追至虎牢，塞成皋诸险而还。拜陕西行省平章政事，仍兼同知行枢密院事，便宜行事。

十九年，察罕帖木儿图复汴梁。五月，以大军次虎牢。先发游骑，南道出汴南，略归、亳、陈、蔡，北道出汴东，战船浮于河，水陆并下，略曹南，据黄陵渡。乃大发秦兵，出函关，过虎牢；晋兵出太行，逾黄河，俱会汴城下，首夺其外城。察罕帖木儿自将铁骑屯杏花营，诸将环城而垒。贼屡出战，战辄败，遂婴城以守。乃夜伏兵城南，旦日，遣苗军跳梁者略城而东。贼倾城出追，伏兵鼓噪起，邀击败之。又令弱卒立栅外城以饵贼。贼出争之，弱卒佯走，薄城西，因突铁骑纵击，悉擒其众。贼自是益不敢出。八月，谍知城中计穷，食且尽，乃与诸将閻思孝、李克彝、虎林赤、赛因赤、答忽、脱因不花、吕文、完哲、贺宗哲、安童、张守礼、伯颜、孙翥、姚守德、魏赛因不花、杨履信、关关等议，各分门而攻。至夜，将士鼓勇登城，斩关而入，遂拔之。刘福通奉其伪主从数百骑出东门遁走。获伪后及贼妻子数万、伪官五千、符玺印章宝货无算。全居民二十万。军不敢私，市不易肆，不旬日河南悉定。献捷京师，欢声动中外，以功拜河南行省平章政事，兼知河南行枢密院事、陕西行台御史中丞，仍便宜行事。诏告天下。

先是，中原乱，江南海漕不复通，京师屡苦饥。至是，河南既定，檄书达江浙，海漕乃复至。察罕帖木儿既定河南，乃以兵分镇关陕、荆襄、河洛、江淮，而重兵屯太行，营垒旌旗相望数千里。乃日修车船，缮兵甲，务农积谷，训练士卒，谋大举以复山东。

先是，山西晋、冀之地皆察罕帖木儿所平定。而答失八都鲁之子曰孛罗帖木儿，以兵驻大同，因欲并据晋、冀，遂至兵争，天子屡下诏和解之，终不听，事见《本纪》及《答失八都鲁传》中。

二十一年，谍知山东群贼自相攻杀，而济宁田丰降于贼。六月，察罕帖木儿乃舆疾自陕抵洛，大会诸将，与议师期。发并州军出井陉，辽、沁军出邯郸，泽、潞军出磁州，怀、卫军出白马，及汴、洛军，水陆俱下，分道并进。而自率铁骑，建大将旗鼓，渡孟津，逾覃怀，鼓行而东，复冠州、东昌。八月，师至盐河。遣其子扩廓帖木儿及诸将等，以精卒五万捣东平。与东平贼兵遇，两战皆败之，斩首万余级，直抵其城下。察罕帖木儿以田丰据山东久，军民服之，乃遣书谕以逆顺之理。丰及王士诚皆降。遂复东平、济宁。时大军犹未渡，群贼皆聚于济南，而出兵齐河、禹城以相抗。察罕帖木儿分遣奇兵，取间道出贼后，南略泰安，逼益都，北徇济阳、章丘，中循濒海郡邑。乃自将大军渡河，与贼将战于分齐，大败之，进逼济南城，而齐河、禹城俱来降，南道诸将亦报捷。再败益都兵于好石桥，东至海滨，郡邑闻风皆送款。攻围济南三月，城乃下。诏拜中书平章政事、知河南山东行枢密院事，陕西行台中丞如故。察罕帖木儿遂移兵围益都，环城列营凡数十，大治攻具，百道并进。贼悉力拒守。复掘重堑，筑长围，遏南洋河以灌城中。仍分守要害，收辑流亡，郡县户口再归职方，号令焕然矣。

二十二年，时山东俱平，独益都孤城犹未下。六月，田丰、王士诚阴结贼，复图叛。田丰之降也，察罕帖木儿推诚待之不疑，数独入其帐中。及丰既谋变，乃请察罕帖木儿行观营垒。众以为不可往，察罕帖木儿曰："吾推心待人，安得人人而防之？"左右请以力士从，又不许，乃从轻骑十有一人行。至王信营，又至丰营，遂为王士诚所刺。讣闻，帝震悼，朝廷公卿及京师四方之人，不问男女老幼，无不恸哭者。

先是，有白气如索，长五百余丈，起危宿，扫太微垣。太史奏山东当大水。帝曰："不然，山东必失一良将。"即驰诏戒察罕帖木儿勿轻举，未至而已及于难。诏赠推诚定远宣忠亮节功臣、开府仪同三司、上柱国、河南行省左丞相，追封忠襄王，谥献武。及葬，赐赙有加，改赠宣忠兴运弘仁效节功臣，追封颍川王，改谥忠襄，食邑沈丘县，所在立祠，岁时致祭。封其父阿鲁温汝阳王，后又进封梁王。

于是复起扩廓帖木儿，拜银青荣禄大夫、太尉、中书平章政事、知枢密院事、皇太子詹事，仍便宜行事，袭总其父兵。扩廓帖木儿既领兵柄，衔哀以讨贼，攻城益急，而城守益固，乃穴地通道以入。十一月，拔其城，执其渠魁陈猱头二百余人献阙下，而取田丰、王士诚之心以祭其父，余党皆就诛。即遣关保以兵取莒州，于是山东悉平。扩廓帖木儿本察罕帖木儿之甥，自幼养以为子。当是时，东至淄、沂，西逾关陕，皆晏然无事。扩廓帖木儿乃驻兵于汴、洛。朝廷方倚之以为安。

孛罗帖木儿自察罕帖木儿既没，复数以兵争晋、冀。帝虽屡解谕之，而仇隙日深。二十三年，御史大夫老的沙与知枢密院事秃坚帖木儿得罪于皇太子，皇太子欲诛之，皆奔于大同，为孛罗帖木儿所匿。老的沙者，帝母舅，以故帝数为皇太子寝其事，而皇太子不从，帝无如之何，则传旨密令孛罗帖木儿隐其迹。而丞相搠思监、宦者朴不花皆附皇太子，必穷竟其事。皇太子又方倚重于扩廓帖木儿。时扩廓帖木儿驻太原，与孛罗帖木儿搆兵，势相持不可解。二十四年，搠思监、朴不花因诬孛罗帖木儿、老的沙谋为不轨，而皇太子亦怒不已。三月，天子以故下诏数孛罗帖木儿罪，削其官职而夺其兵。孛罗帖木儿不受诏，遂遣兵逼京师，必欲得搠思监、朴不花乃已。天子不得已，缚两人与之。语在搠思监、孛罗帖木儿传。七月，孛罗帖木儿又与老的沙合秃坚帖木儿兵同犯阙。时扩廓帖木儿遣部将白锁住以万骑卫京师，驻于龙虎台，与战不利，遂奉皇太子奔于太原。孛罗帖木儿既入朝，据相位。白锁住又将二万骑屯渔阳，为朝廷声援。二十五年，扩廓帖木儿以兵捣大同取之。皇太子乃趣扩廓帖木儿大举以讨逆，发丞相也速兵屯东鄙，魏、辽、齐、吴、豫、豳诸王兵驻西边，而自率扩廓帖木儿兵取中道，抵京师。亡何，孛罗帖木儿既伏诛，帝诏白锁住兵守京城，遂诏皇太子还京，而扩廓帖木儿亦扈从入朝。九月，诏拜伯撒里右丞相，扩廓帖木儿左丞相。伯撒里累朝旧臣，而扩廓帖木儿以后生晚出，乃与并相。居两月，即请南还视师。

是时，中原虽无事，而江淮、川蜀皆非我所有。皇太子累请出督师，而帝难之，乃诏封扩廓帖木儿河南王，俾总天下兵而代之行。扩廓帖木儿于是分省以自随，官属之盛，几与朝廷等，而用孙翥、赵恒等为谋主。二十六年二月，自京师还河南，欲庐墓以终丧。左右咸以谓受命出师不可中止，乃复北渡，居怀庆，又移居彰德。

初，李思齐与察罕帖木儿同起义师，齿位相等。及是扩廓帖木儿总其兵，思齐心不能平。而张良弼首拒命，孔兴、脱列伯等亦皆以功自恃，各怀异见，请别为一军，莫肯统属。衅隙既开，遂成仇敌。扩廓帖木儿乃遣关保、虎林赤以兵西攻良弼于鹿台，而思齐亦与良弼合，兵连不能罢。扩廓帖木儿始受命南征，而顾乃退居彰德，又惟务用兵陕西，天子之命置而不问，朝廷因疑其有异志。皇太子之奔太原也，欲用唐肃宗灵武故事，因而自立。扩廓帖木儿与孛兰奚等不从。及还京师，皇后奇氏传旨，令扩廓帖木儿以重兵拥太子入城，欲胁帝禅之位。扩廓帖木儿知其意，比至京城三十里，即散遣其军。由是皇太子心衔之。及是，屡趣其出师江淮。扩廓帖木儿第遣弟脱因帖木儿及部将完哲、貊高以兵往山东。而西兵互相胜负，终不解。帝又下诏和解之，顾乃戕杀诏使天下奴等，而跋扈之迹成矣。

二十七年八月，帝乃下诏命皇太子亲出总天下兵马，而分命扩廓帖木儿以其兵自潼关以东，肃清江淮；李思齐以其兵自凤翔以西，进取川蜀；秃鲁以其兵与张良弼、孔兴、脱列伯等取襄樊；王信以其兵固守山东信地。然诏书虽下，皇太子亦竟止不行，而分兵之命，扩廓帖木儿终捍拒不肯受。于是貊高、关保等皆叛扩廓帖木儿。关保自察罕帖木儿起兵以来即为将，勇冠诸军，功最高。而貊高善论兵，尤为察罕帖木儿所信任。及是，两人见扩廓帖木儿有不臣之心，故皆叛之，列其罪状闻于朝，举兵共攻之。而皇太子用沙蓝答儿、帖林沙、伯颜帖木儿、李国凤等计，立抚军院，总制天下军马，专备扩廓帖木儿。以貊高等能倡大义，赐号忠义功臣。

十月，诏落扩廓帖木儿太傅、中书左丞相，依前河南王，以汝州为食邑，与弟脱因帖木儿同居河南府，而以河南府为梁王食邑，从行官属悉令还朝。凡扩廓帖木儿所总诸军，在帐前者白锁住、虎林赤领之，在河南者李克彝领之，在山东者也速领之，在山西者沙蓝答儿领之，在河北者貊高领之。扩廓帖木儿既受诏，即退军屯泽州。诏又命秃鲁与李思齐、张良弼、孔兴、脱列伯率兵东向，以正天讨。二十八年，朝廷命左丞孙景益分省太原，关保以兵为之守。扩廓帖木儿即遣兵据太原，而尽杀朝廷所置官。皇太子乃命魏赛因不花及关保皆以兵与思齐、良弼诸军夹攻泽州，而天子又下诏削夺扩廓帖木儿爵邑，令诸军共诛之，其将士官吏效顺者与免本罪，惟孙翥、赵恒罪在所不赦。二月，扩廓帖木儿退守于平阳，而关保遂据泽、潞二州，以与貊高合。时李思齐、张良弼、孔兴、脱列伯与扩廓帖木儿相持既久，大明兵时已及河南，思齐、良弼皆遣使诣扩廓帖木儿，告以出师非本心，乃解兵大掠西归。七月，貊高、关保进攻平阳。当是时，扩廓帖木儿气稍沮，而关保、貊高势甚振，数请战，扩廓帖木儿不应，或师出即复退。一日，谍知貊高分军掠祁县，即夜出师薄其营掩击之，大败其众，貊高、关保皆就擒。朝廷闻之，遽罢抚军院，而帖林沙、伯颜帖木儿、李国凤等以误国皆受黜。既而扩廓帖木儿上疏自陈其情悃，帝寻亦悔悟，下诏涤其前非。

于是大明兵已定山东及河、洛，中原俱不守。闰七月，帝乃下诏，复命扩廓帖木儿仍前河南王、太傅、中书左丞相，孙翥、赵恒并复旧职，以兵从河北南讨，也速以兵趋山东，秃鲁兵出潼关，李思齐兵出七盘、金、商，以图复汴、洛。未几，也速兵遂溃，秃鲁、思齐兵亦未尝出，而扩廓帖木儿又自平阳退守太原，不复敢南向，事已不可为矣。已而大明兵迫京城，帝北奔，国遂以亡。及大明兵至太原，扩廓帖木儿即弃城遁，领其余众西奔于甘肃。

卷一百四十二　列传第二十九

答失八都鲁

答失八都鲁，曾祖纽璘、祖也速答儿，有传。答失八都鲁，南加台子也。以世袭万户镇守罗罗宣尉司。土人作乱，答失八都鲁捕获有功，四川省举充船桥万户。出征云南，升大理宣慰司都元帅。至正十一年，特除四川行省参知政事，拨本部探马赤军三千，从平章咬住讨贼于荆襄。九月，次安平站。时咬住兵既平江陵，答失八都鲁请自攻襄阳。十二年，进次荆门。时贼十万，官军止三千余，遂用宋廷杰计，招募襄阳官吏及土豪避兵者，得义丁二万，编排部伍，申其约束。行至蛮河，贼守要害，兵不得渡，即令屈万户率奇兵由间道出其后，首尾夹攻，贼大败。追至襄阳城南，大战，生擒其伪将三十人，腰斩之。贼自是闭门不复出。答失八都鲁乃相视形势，内列八翼，包络襄城；外置八营，军岘山、楚山，以截其援；自以中军四千据虎头山，以瞰城中。署从征人李复为南漳县尹，黎可举为宜城县尹，拊循其民，以赋军馈。城中之民受围日久，夜半，二人缒城叩营门，具告虚实，愿为内应。答失八都鲁与之定约，以五月朔日四更攻城，授之密号而去。至期，民垂绳以引官军，先登者近千人。时贼船百余艘在城北，阴募善水者凿其底。天将明，城破，贼巷战不胜，走就船，船坏，皆溺水死。伪将王权领千骑西走，遇伏兵被擒。襄阳遂平。加答失八都鲁资善大夫，赐上尊及黄金束带，以其弟识里木为襄阳达鲁花赤，子孛罗帖木儿为云南行省理问。比贼再犯荆门、安陆、沔阳，答失八都鲁辄引兵败之。寻诏益兵五千，以乌撒乌蒙元帅成都不花听其调发。

十三年，定青山、荆门诸寨。九月，率兵略均、房，平谷城，攻开武当山寨数十，获伪将杜将军。十二月，趋攻峡州，破伪将赵明远木驴寨。升四川行省右丞，赐金系腰。十四年正月，复峡州。三月，升四川行省平章政事，兼知行枢密院事，总荆襄诸军。五月，命玉枢虎儿吐华代答失八都鲁守中兴、荆门，且令答失八都鲁以兵赴汝宁。十月，诏与太不花会军讨安丰。是月，复苗军所据郑、钧、许三州。十二月，复河阴、巩县。十五年，命答失八都鲁就管领太不花一应诸王藩将兵马，许以便宜行事。六月，拜河南行省平章政事。进次许州长葛，与刘福通野战，为其所败，将士奔溃。九月，至中牟，收散卒，团结屯种。贼复来劫营，掠其辎重，遂与孛罗帖木儿相失。刘哈剌不花进兵来援，大破贼兵，获孛罗帖木儿归之。复驻汴梁东南青堽。十二月，调兵进讨，大败贼于太康，遂围亳州，伪宋主小明王遁。十六年，加金紫光禄大夫。三月，朝廷差脱欢知院来督兵，答失八都鲁父子亲与刘福通对敌，自巳至酉，大战数合，答失八都鲁坠马，孛罗帖木儿扶令上马先还，自持弓矢连发以毙追者，夜三更步回营中。十月，移驻陈留。十一月，攻取夹河刘福通寨。十二月庚申，次高柴店，逼太康三十里。是夜二鼓，贼五百余骑来劫，以有备亟遁。火而追之，比晓，督阵力战，自寅至巳，四门皆陷，壮士缘城入其郛，斩首数万，擒伪将军张敏、孙韩等九人，杀伪丞相王、罗二人。辛酉，太康悉平，遣孛罗帖木儿告捷京师。帝赐劳内殿，王其先臣三世，拜河南行省左丞相，仍兼知行枢密院事，守御汴梁；识里木云南行省左丞；孛罗帖木儿四川行省左丞；将校僚属赏爵有差。十七年三月，诏朝京师，加开府仪同三司、太尉、四川行省左丞相。九月，取沟城、东明、长垣三县。十月，诏遣知院达理麻失理来援，分兵雷泽、濮州，而达理麻失理为刘福通所杀，达达诸军皆溃。答失八都鲁力不能支，退驻石村。朝廷颇疑其玩寇失机，使者促战相踵。贼觇知之，诈为答失八都鲁通和书，遗诸道路，使者果得之以进。答失八都鲁觉知，一夕忧愤死，十二月庚子也。子孛罗帖木儿别有传。

庆　童

庆童，字明德，康里氏。祖明里帖木儿，父斡罗思，皆封益国公。庆童早以勋臣子孙受知仁庙，给事内廷，遂长宿卫。授大宗正府掌判，三迁为上都留守。又累迁为江西、河南二行省平章政事。入为太府卿。复为上都留守。出为辽阳行省平章政事，以宽厚为政，辽人德之。至正十年，迁平章，行省江浙。适时承平，颇沉湎于宴乐，凡遗逸之士举校官者，辄摈斥不用，由是不为物论所与。明年，盗起汝、颍，已而蔓延于江浙，江东之饶、信、徽、宣、铅山、广德，浙西之常、湖、建德，所在不守。庆童分遣僚佐往督师旅，曾不逾时，以次克复。既乃令长吏按视民数，凡诖误者悉置不问，招徕流离，俾安故业，发官粟以赈之。省治毁于兵，则拓其故址，俾之一新。募贫民为工役而偿之以钱，杭民赖以存活者尤众。

十四年，脱脱以太师、右丞相统大兵南征，一切军资衣甲器仗谷粟薪藁之属，咸取具于江浙。庆童规措有方，陆运川输，千里相属，朝廷赖之。明年，盗起常之无锡，众议以重兵歼之，庆童曰："赤子无知，迫于有司，故弄兵耳。苟谕以祸福，彼无不降之理。"盗闻之，果投戈解甲，请为良民。十六年，平江、湖州陷。义兵元帅方家奴以所部军屯杭城之北关，钩结同党，相煽为恶，劫掠财货，白昼杀人，民以为患。庆童言于丞相达识帖睦迩曰："我师无律，何以克敌？必斩方家奴乃可出师。"丞相乃与庆童入其军，数其罪，斩首以徇，民大悦。继而苗军帅杨完者以其军守杭城。丞相达识帖睦迩既承制授完者江浙行省右丞，而完者益以功自骄，因求娶庆童女。庆童初不许，时苗军势甚张，达识帖睦迩方倚以为重，强为主婚，庆童不得已以女与之。明年，出镇海宁州，距杭百里，地濒海硗瘠，民甚贫。居二年，盗息而民阜。至是，庆童在江浙已七年，涉历险艰，劳绩甚优著，召拜翰林学士承旨，改淮南行省平章政事，未行，仍任江浙。十八年，迁福建行省平章政事，未行，拜江南行台御史大夫，赐以御衣、上尊。时南行台治绍兴，所辖诸道皆阻绝不通。绍兴之东，明、台诸郡则制于方国珍，其西杭、苏诸郡则据于张士诚。宪台纲纪不复可振，徒存空名而已。

二十年，召还朝，庆童乃由海道趋京师。拜中书平章政事。俄有谮其子刚僧私通宫人者，帝怒杀之。庆童因鞅鞅不得志，移疾家居久之，日饮酒以自遣。二十五年，诏拜陕西行省左丞相。时李思齐拥兵关中，庆童至则御之以礼，待之以和。居三年，关陕用宁。召还京师。二十八年七月，大明兵逼京城，帝与皇太子及六宫至于宰臣近戚皆北奔，而命淮王帖木儿不花监国，庆童为中书左丞相以辅之。八月二日，京城破，淮王与庆童出齐化门，皆被杀。

也速

也速，蒙古人，倜傥有能名。由宿卫历尚乘寺提点，迁宣政院参议。至正十四年，河南贼芝麻李据徐州，也速从太师脱脱南征，徐州城坚不可猝拔，脱脱用也速计，以巨石为炮，昼夜攻之不息，贼困莫能支。也速又攻破其南关外城，贼遂遁走。以功除同知中政院事。继又领军从父太尉月阔察儿征淮西，会贼围安丰，即往援之。渡淮无舟，因策马探水深浅，浮而过。贼大骇，撤围去。进攻濠州，有诏班师，乃还。升将作院使。复从太尉征淮东，取盱眙。迁淮南行枢密院副使，升同知枢密院事。讨贼海州，大败之。贼走，航海袭山东，尽有其地。也速计贼必乘胜北侵，急引兵北还，表里击之，复滕、兖二州，及费、邹、曲阜、宁阳、泗水五县，贼势遂衄。未几，复泰安州及平阴、肥城、莱芜、新泰四县，又平安水等五十三寨。升知枢密院事。讨蒲台贼杜黑儿，擒送京师磔之。东昌贼将北寇，道出陵州，也速邀击于景州，斩获殆尽。复阜城县。有诏命也速以军屯单家桥，断贼北路。贼转攻长芦，也速往与战，流矢贯左手，不顾，转斗无前，杀贼五百余人，夺马三千匹。于是分兵下山寨，民争来归。

拜中书平章政事，改行省淮南。雄州、蔚州贼继起，也速悉平之。知枢密院事刘哈剌不花所部卒掠怀来、云州，欲为乱，也速以轻骑击灭其首祸者，降其众隶麾下。贼陷大宁，诏也速往讨之。贼兵次侯家店，也速遇贼，即前与战，自昏抵曙，散而复合。也速遣别骑绕出贼后，贼腹背受敌，大败。遂拔大宁，擒首贼汤通、周成等三十五人，磔于都市。召入觐，赏赉优渥，进阶金紫光禄大夫、知枢密院事。既而贼雷帖木儿不花、程思忠等陷永平，诏也速出师，遂复滦州及迁安县。时辽东郡县惟永平不被兵，储粟十万，刍藁山积，居民殷富。贼乘间窃入，增土筑城，因河为堑，坚守不可下。也速乃外筑大营，绝其樵采，数与贼战，获其伪帅二百余人，平山寨数十。又复昌黎、抚宁二县，擒雷帖木儿不花送京师。贼急，乃乞降于参政彻力帖木儿，为请命于朝。诏许之，命也速退师。也速度贼必以计怠我师，乃严备以伺之。程思忠果弃城遁去，亟追至瑞州，杀获万计。贼遂东走金复州。诏还京师。拜辽阳行省左丞相，知行枢密院事，抚安迤东兵农，委以便宜，开省于永平，总兵如故。金、复、海、盖、乾、王等贼并起，西侵兴中州，阴由海道趋永平，闻也速开省乃止。也速亟分兵防其冲突。贼乃转攻大宁，为守将王聚所败，斩其渠魁，众溃，皆西走。也速虑贼窥上都，即调右丞忽林台提兵护上都，简精锐自蹑贼后。贼果寇上都，忽林台击破之，贼众又大溃。永平、大宁于是始平。乃分命官属，劳来安辑其民，使什伍相保以事耕种，民为立石颂其勋德。

二十四年，孛罗帖木儿与右丞相搠思监、宦者朴不花有怨，遣兵犯阙，执二人以去，而也速遂拜中书左丞相。七月，孛罗帖木儿留兵守大同，自率兵复向阙。京师大震，百官从帝城守，皇太子统兵迎于清河，命也速军于昌平。而孛罗帖木儿前锋已度居庸关，至昌平。也速一军皆无斗志，不战而溃。皇太子驰入城，寻出奔于太原。孛罗帖木儿遂入京城，为中书右丞相，语具《孛罗帖木儿传》。二十五年，皇太子在太原，与扩廓帖木儿谋清内难，承制调甘肃、岭北、辽阳、陕西诸省诸王兵入讨孛罗帖木儿。孛罗帖木儿乃遣御史大夫秃坚帖木儿率兵攻上都附皇太子者，且以御岭北之兵，又调也速率兵南御扩廓帖木儿部将竹贞、貊高等。也速军次良乡不进，谋之于众，皆以谓孛罗帖木儿所行狂悖，图危宗社，中外同愤。遂勒兵归永平，西连太原扩廓帖木儿，东连辽阳也先不花国王，军声大振。孛罗帖木儿患之，遣其将同知枢密院事姚伯颜不花以兵往讨。军过通州，白河水溢不能进，驻虹桥，筑垒以待。姚伯颜不花素轻也速无谋，不设备。也速觇知之，袭破其军，擒姚伯颜不花。孛罗帖木儿大恐，自将讨也速，至通州，大雨三日，乃还。孛罗帖木儿先以部将保安不附己，杀之，至是又失姚伯颜不花，二人皆骁将也，如失左右手，郁郁不乐。事败，遂伏诛。

二十七年，诏以也速为中书右丞相，分省山东。二十八年，大明兵取山东。闰七月，也速与部将哈剌章、田胜、周达等御于莫州，众败溃，乃尽掠莫州残民北遁。

彻里帖木儿

彻里帖木儿，阿鲁温氏。祖父累立战功，为西域大族。彻里帖木儿幼沉毅有大志，早备宿卫，擢中书直省舍人，遂拜监察御史。时右丞相帖木迭儿用事，生杀予夺皆出其意，道路侧目。彻里帖木儿抗言，历诋其奸，帖木迭儿欲中伤之。会山东水，盐课大损，除山东转运司副使。甫浃月，补其亏数皆足。转刑部尚书，京师豪右惮之，不敢犯法，而以非罪丽法者多所全脱。天历二年，拜中书右丞，寻升中书平章政事，出为河南行省平章政事。黄河清，有司以为瑞，请闻于朝。彻里帖木儿曰："吾知为臣忠、为子孝、天下治、百姓安为瑞，余何益于治。" 岁大饥，彻里帖木儿议赈之。其属以为必自县上之府，府上之省，然后以闻。彻里帖木儿慨然曰："民饥死者已众，乃欲拘以常格耶？往复累月，民存无几矣。此盖有司畏罪，将归怨于朝廷，吾不为也。"大发仓廪赈之，乃请专擅之罪。文宗闻而悦之，赐龙衣、上尊。

至顺元年，云南伯忽叛，以知行枢密院事总兵讨之。治军有纪律，所过秋毫无犯。贼平，赏赉甚厚，悉分赐将士，师旋，囊装惟巾栉而已。除留守上都。先是，上都官买商旅之货，其直不即酬给，以故商旅不得归，至有饥寒死者。彻里帖木儿为之请。有旨，出钞四百万贯偿之。迁江浙行省平章政事，以严厉为政，部内肃然。寻召拜御史中丞，朝廷惮之，风纪大振。至元元年，拜中书平章政事。首议罢科举，又欲损太庙四祭为一祭。监察御史吕思诚等列其罪状劾之，帝不允，诏彻里帖木儿仍出署事。时罢科举诏已书而未用宝，参政许有壬入争之。太师伯颜怒曰："汝风台臣言彻里帖木儿邪？"有壬曰："太师以彻里帖木儿宣力之故，擢置中书。御史三十人不畏太师而听有壬，岂有壬权重于太师耶？"伯颜意解。有壬乃曰："科举若罢，天下人才觖望。"伯颜曰："举子多以赃败，又有假蒙古、色目名者。"有壬曰："科举未行之先，台中赃罚无算，岂尽出于举子？举子不可谓无过，较之于彼则少矣。"伯颜因曰："举子中可任用者唯参政耳。"有壬曰："若张梦臣、马伯庸、丁文苑辈皆可任大事。又如欧阳元功之文章，岂易及邪？"伯颜曰："科举虽罢，士之欲求美衣美食者，皆能自向学，岂有不至大官者邪？"有壬曰："所谓士者，初不以衣食为事，其事在治国平天下耳。"伯颜又曰："今科举取人，实妨选法。"有壬曰："古人有言，立贤无方。科举取士，岂不愈于通事、知印等出身者？今通事等天下凡三千三百二十五名，岁余四百五十六人。玉典赤、太医、控鹤，皆入流品。又路吏及任子其途非一。今岁自四月至九月，白身补官受宣者七十二人，而科举一岁仅三十余人。太师试思之，科举于选法果相妨邪？"伯颜心然其言，然其议已定，不可中辍，乃为温言慰解之，且谓有壬为能言。有壬闻之曰："能言何益于事！"彻里帖木儿时在座，曰："参政坐，无多言也。"有壬曰："太师谓我风人劾平章，可共坐邪？"彻里帖木儿笑曰："吾固未尝信此语也。"有壬曰："宜平章之不信也，设有壬果风人言平章，则言之必中矣，岂止如此而已。"众皆笑而罢。翌日，崇天门宣诏，特令有壬为班首以折辱之。有壬惧及祸，勉从之。治书侍御史普化诮有壬曰："参政可谓过河拆桥者矣。"有壬以为大耻，遂移疾不出。

初，彻里帖木儿之在江浙也，会行科举，驿请考官，供张甚盛，心颇不平，故其入中书，以罢科举为第一事。先论学校贡士庄田租可给怯薛衣粮，动当国者，以发其机，至是遂论罢之。彻里帖木儿尝指斥武宗为那壁，那壁者，犹谓之彼也。又尝以妻弟阿鲁浑沙女为己女，冒请珠袍等物。于是台臣复劾其罪。而伯颜亦恶其忤己，欲斥之。诏贬彻里帖木儿于南安，人皆快之。久之，卒于贬所。至正二十三年，监察御史野仙帖木儿等辩其罪，可依寒食国公追封王爵定谥，加功臣之号，事不行。

纳　麟

纳麟，知曜之孙，睿之子也。大德六年，纳麟以名臣子，用丞相哈剌哈孙答剌罕荐，入备宿卫。十年，除中书舍人。至大四年，迁宗正府郎中。皇庆元年，擢佥河南廉访司事。延祐初，拜监察御史。以言事忤旨，仁宗怒叵测，中丞朵儿只力救之，乃解。又言风宪恃纠劾之权而受人赂者，宜刑而加流。四年，迁刑部员外郎。六年，出为河南行省郎中。至治三年，入为都漕运使。泰定中，擢湖南、湖北两道廉访使。天历元年，除杭州路总管。锄奸去蠹，吏畏民悦。明年，改江西廉访使。南昌岁饥，江西行省难于发粟。纳麟曰："朝廷如不允，我当以家赀偿之。"乃出粟以赈民，全活甚众。平章政事把失忽都贪纵不法，纳麟劾罢之。至顺元年，拜湖广行省参知政事。元统初，召为刑部尚书，未至，改江南行台治书侍御史。寻升中丞。至元元年，召拜中书参知政事，迁同知枢密院事。寻出为江浙行省右丞，乞致仕，不允，除浙西廉访使，力辞不赴。至正二年，除行宣政院使。上天竺耆旧僧弥戒、径山耆旧僧惠洲，恣纵犯法，纳麟皆坐以重罪。请行宣政院设崇教所，拟行省理问官，秩四品，以治僧狱讼，从之。寻为江浙行省平章政事。三年，迁河南行省平章政事。明年，入为中书平章政事。七年，出为江南行台御史大夫。寻召拜御史大夫，所荐用御史，必老成更事者。八年，进金紫光禄大夫，请老，不许，加太尉。御史劾罢之。退居姑苏。

十二年，江淮盗起，帝命为南台御史大夫。纳麟承诏即起。仍命兼太尉，设僚属，总制江浙、江西、湖广三省军马。诏遣直省舍人海玉传旨慰谕之。纳麟北面再拜曰："臣虽耄老，敢不黾勉从事，尽余生以报陛下！"至则修筑集庆城郭。会江浙杭城失守，淮南行省平章政事失列门引兵往援，次于采石。纳麟使止之曰："闻杭贼易破不足忧，今宣城危急，先宜以兵救宣城。"乃调典瑞院使脱火赤率蒙古军应之，大破贼于堈下门，宣州以安。已而贼陷徽州、广德、常州、宜兴、溧水、溧阳，蔓延丹阳、金坛、句容，略上元、江宁，游兵至钟山，集庆势甚危。纳麟乃力疾治兵，部署士卒，命治书侍御史左答纳失理守城中，中丞伯家奴戍东郊。是时湖广行省平章政事也先帖木儿军和州，纳麟遣使求援。也先帖木儿曰："我奉命镇江北，不敢往援江东。"纳麟复遣监察御史郑鄈力促其行。也先帖木儿引步骑度采石，至台城，入候纳麟疾。纳麟喜，即以其故闻于朝。已而也先帖木儿兵东趋秣陵，杀贼二千余人，平湖熟镇，尽复上元、江宁境，乘胜入溧阳、溧水，贼溃奔广德，其据龙潭、方山者奔常州。时江浙行省平章政事三旦八、右丞佛家闾亦引兵来会。所在群贼皆败北，州郡悉平。

十三年，纳麟固请谢事，从之，命太尉如故，乃退居庆元。十六年九月，诏以江南行台移置绍兴，复以纳麟为御史大夫，仍太尉。明年，移治绍兴。十八年，赴召，由海道入朝，至黑水洋，阻风而还。十九年，复由海道趋直沽。山东俞宝率战舰断粮道，纳麟命其子安安及同舟人拒之，破其众于海口。八月，抵京师。帝遣使劳以上尊，皇太子亦馈酒脯。而纳麟感疾日亟，卒于通州。年七十有九。

卷一百四十三　　列传第三十

马祖常

马祖常，字伯庸，世为雍古部，居净州天山。有锡里吉思者，于祖常为高祖，金季为凤翔兵马判官，以节死赠恒州刺史，子孙因其官，以马为氏。曾祖月合乃，从世祖征宋，留汴，掌馈饷，累官礼部尚书。父润，同知漳州路总管府事，家于光州。祖常七岁知学，得钱即以市书。十岁时，见烛欹烧屋，解衣沃水以灭火，咸嗟异之。既长，益笃于学。蜀儒张䇓讲道仪真，往受业其门，质以疑义数十，䇓甚器之。延祐初，科举法行，乡贡、会试皆中第一，廷试为第二人。授应奉翰林文字。拜监察御史。是时仁宗在御已久，犹居东宫，饮酒常过度。祖常上书请"御正衙，立朝仪，御史执简，太史执笔，则虽有怀奸利己乞官求赏者，不敢出诸口。天子承天地祖宗之重，当极调摄，至于酒醴，近侍进御，当思一献百拜之义。"英宗为皇太子，又上书请慎简师傅。于是奸臣铁木迭儿为丞相，威权自恣。祖常知其盗观国史，率同列劾奏其十罪，仁宗震怒，黜罢之。秦州山移，祖常言："山不动之物，今而动焉，由在野有当用不用之贤，在官有当言不言之佞，故致然尔。"疏闻，大臣皆家居待罪。祖常荐贤拔滞，知无不言。俄改宣政院经历，月余辞归，起为社稷署令。亡何，奸臣复相，左迁开平县尹，因欲中伤之，遂退居光州。久之，奸臣既死，乃除翰林待制。泰定建储，擢典宝少监、太子左赞善。寻兼翰林直学士，除礼部尚书。丁祖母忧，起为右赞善，复除礼部尚书，寻辞归。

天历元年，召为燕王内尉，仍入礼部，两知贡举，一为读卷官，时称得人。升参议中书省事，参定亲郊礼仪，充读册祝官，拜治书侍御史，历徽政副使，迁江南行台中丞。元统元年，召议新政，赐白金二百两、钞万贯。又历同知徽政院事，遂拜御史中丞。帝以其有疾，诏特免朝礼，光禄日给上尊。祖常持宪务存大体。西台御史劾其僚禁酤时面有酒容，以苛细黜之。山东廉访司言孔氏讼事，以事关名教不行，按者亦引去。除枢密副使，顷之，辞职归光州。复除江南行台中丞，又迁陕西行台中丞，皆以疾不赴。至元四年卒，年六十，赠摅忠宣宪协正功臣、河南行省右丞、上护军、魏郡公，谥文贞。

祖常立朝既久，多所建明。尝议：今国族及诸部既诵圣贤之书，当知尊诸母以厚彝伦。又议：将家子弟骄脆，有孤任使，而庶民有挽强蹶张老死草野者，当建武学、武举，储材以备非常。时虽弗用，识者韪之。祖常工于文章，宏赡而精核，务去陈言，专以先秦两汉为法，而自成一家之言。尤致力于诗，圆密清丽，大篇短章无不可传者。有文集行于世。尝预修《英宗实录》，又译润《皇图大训》、《承华事略》，又编集《列后金鉴》、《千秋记略》以进，受赐优渥。文宗尝驻跸龙虎台，祖常应制赋诗，尤被叹赏，谓中原硕儒唯祖常云。

巎巎

巎巎，字子山，康里氏。父不忽木，自有传。祖燕真，事世祖，从征有功。巎巎幼肄业国学，博通群书，其正心修身之要得诸许衡及父兄家传。长袭宿卫，风神凝远，制行峻洁，望而知其为贵介公子。其遇事英发，掀髯论辨，法家拂士不能过之。始授承直郎、集贤待制，迁兵部郎中，转秘书监丞。奉命往核泉舶，芥视珠犀，不少留目。改同佥太常礼仪院事，拜监察御史，升河东廉访副使。未上，迁秘书太监，升侍仪使。寻擢中书右司郎中，迁集贤直学士，转江南行台治书侍御史。拜礼部尚书，监群玉内司。巎巎正色率下。国制，大乐诸坊咸隶本部，遇公燕，众伎毕陈。巎巎视之泊如，僚佐以下皆肃然。迁领会同馆事尚书，监群玉内司如故。寻兼经筵官，复除江南行台治书侍御史。未行，留为奎章阁学士院承制学士，仍兼经筵官。升侍书学士、同知经筵事，复升奎章阁学士院大学士、知经筵事。除浙西廉访使，复留为大学士、知经筵事。寻拜翰林学士承旨、知制诰兼修国史、知经筵事，提调宣文阁崇文监。

先是，文宗励精图治，巎巎尝以圣贤格言讲诵帝侧，裨益良多。顺帝即位之后，剪除权奸，思更治化。巎巎侍经筵，日劝帝务学，帝辄就之习授，欲宠以师礼，巎巎力辞不可。凡《四书》、《六经》所载治道，为帝䌷绎而言，必使辞达感动帝衷敷畅旨意而后已。若柳宗元《梓人传》、张商英《七臣论》，尤喜诵说。尝于经筵力陈商英所言七臣之状，左右错愕，有嫉之之色，然素知其贤，不复肆愠。帝暇日欲观古名画，巎巎即取郭忠恕《比干图》以进，因言商王受不听忠臣之谏，遂亡其国。帝一日览宋徽宗画称善，巎巎进言，徽宗多能，惟一事不能。帝问何谓一事。对曰："独不能为君尔。身辱国破，皆由不能为君所致。人君贵能为君，它非所尚也。"或遇天变民灾，必忧见于色，乘间则进言于帝曰："天心仁，爱人君，故以变示儆。譬如慈父于子，爱则教之戒之。子能起敬起孝，则父怒必释。人君侧身修行，则天意必回。"帝察其真诚，虚己以听。特赐只孙燕服九袭及玉带楮币，以旌其言。巎巎尝谓人曰："天下事在宰相当言，宰相不得言则台谏言之，台谏不敢言则经筵言之。备位经筵，得言人所不敢言于天子之前，志愿足矣。"故于时政得失有当匡救者，未尝缄默。大臣议罢先朝所置奎章阁学士院及艺文监诸属官。巎巎进曰："民有千金之产，犹设家塾，延馆客，岂有堂堂天朝，富有四海，一学房乃不能容耶？"帝闻而深然之。即日改奎章阁为宣文阁，艺文监为崇文监，存设如初，就命巎巎董治。又请置检讨等职十六员以备进讲。帝皆俞允。时科举既辍，巎巎从容为帝言："古昔取人材以济世用，必由科举，何可废也。"帝采其论，寻复旧制。一日，进读司马光《资治通鉴》，因言国家当及斯时修辽、金、宋三史，岁久恐致阙逸。后置局纂修，实由巎巎发其端。又请行乡饮酒于国学，使民知逊悌，及请褒赠唐刘蕡、宋邵雍以旌道德正直。帝从其请，为之下诏。

巎巎以重望居高位，而雅爱儒士，甚于饥渴，以故四方士大夫翕然宗之，萃于其门。达官有怙势者，言曰："儒有何好，君酷爱之。"巎巎曰："世祖以儒足以致治，命裕宗学于赞善王恂。今秘书所藏裕宗仿书，当时御笔于学生之下亲署御名习书谨呈，其敬慎若此。世祖尝暮召我先人坐寝榻下，陈说《四书》及古史治乱，至丙夜不寐。世祖喜曰：'朕所以令卿从许仲平学，正欲卿以嘉言入告朕耳，卿益加懋敬以副朕志。'今汝言不爱儒，宁不念圣祖神宗笃好之意乎？且儒者之道，从之则君仁、臣忠、父慈、子孝，人伦咸得，国家咸治；违之则人伦咸失，家国咸乱。汝欲乱而家，吾弗能御，汝慎勿以斯言乱我国也。儒者或身若不胜衣，言若不出口，然腹中贮储有过人者，何可易视也。"达官色惭。

既而出拜江浙行省平章政事。明年，复以翰林学士承旨召还。时中书平章阙员，近臣欲有所荐用，以言觇帝意。帝曰："平章已有其人，今行半途矣。"近臣知帝意在巎巎，不复荐人。至京七日，感热疾卒，实至正五年五月辛卯也，年五十一。家贫，几无以为敛。帝闻，为震悼，赐赙银五锭。其所负官中营运钱，台臣奏以罚布为之代偿。巎巎善真行草书，识者谓得晋人笔意，单牍片纸，人争宝之，不翅金玉。谥文忠。

兄回回，字子渊。敦默寡言，耆学能文。在成宗朝宿卫，擢太常寺少卿。寺改为院，为太常院使。武宗正位，以藩邸旧臣出使称旨。至大间，调大司农卿，除山南廉访使，改江南行台治书侍御史，迁淮西廉访使，皆有政声。再改河南廉访使。行省丞相行事多不法，太尉纳璘为郎中，每格不下，丞相怒欲出之。回回察其贤，抗章举任风宪，后历三台，为名臣。驸马平章家奴强市人物，按之无所贷。英宗即位，丞相拜住首荐为户部尚书，寻拜南台侍御史，改参议中书。以议定刑书如法，帝嘉纳其奏。泰定初，廷议漕运事，奏减粮数以纾东南民力。授太子詹事丞，改山东廉访使，未上，升翰林侍讲学士，迁江浙行省右丞。文宗立，除宣政院使。上言乞沙汰僧道，其所有田宜同民间征输。擢中书右丞，力辞还第。闻明宗崩，流涕不能食，自是杜门不出者数年，以疾卒。与弟巎巎皆为时之名臣，世号为双璧云。

巎巎子维山，材质清劭，侍禁廷，起崇文监丞，擢给事中，迁同佥太常礼仪院事，调崇文太监。

自　当

自当，蒙古人也。英宗时，由速古儿赤擢监察御史。录囚大兴县，有以冤事系狱者，其人尝见有橐驼死道傍，因舁至其家醢之，置数瓮中。会官橐驼被盗，捕索甚亟，乃执而勘之，其人自诬服。自当审其狱辞，疑为冤，即以上御史台。台臣以为赃既具，是特御史畏杀人耳，不听，改委他御史谳之，竟处死。后数日，辽阳行省以获盗闻，冤始白，人以是服其明。泰定二年，扈从至上都，纠言参知政事杨庭玉赃罪，不报，即纳印还京师。帝遣使追之，俾复任。即再上章劾庭玉，竟如其言。以劾奏平章政事秃满迭儿入怯薛之日，英宗被弑，必预闻其谋，不省，乃赐秃满迭儿黄金系腰，自当遂辞职。改工部员外郎，中书省委开混河，自当往视之，以为水性不常，民力亦瘁，难以成功，言于朝，河役乃罢。

会次三皇后殂，命工部撤行殿车帐，皆新作之。自当未即兴工。尚书曰："此奉特旨，员外有误，则罪归于众矣。"自当曰："即有罪，我独任之。"未几，帝果问成否。省臣乃召自当责问之。自当请自入对。既见帝，奏曰："皇后行殿车帐尚新，若改作之，恐劳民费财。且先皇后无恶疾，居之何嫌。必欲舍旧更新，则大明殿乃自世祖所御，列圣嗣位岂皆改作乎？"帝大悦，语省臣曰："国家用人，当择如自当者，庶不误大事。"特赐上尊、金币，迁吏部员外郎。帝欲加号太后曰太皇太后，命朝堂议之。自当独曰："太后称太皇太后，于典礼不合。"众皆曰："英宗何以加皇太后号曰太皇太后？"自当曰："英宗孙也，今上子也，太皇太后之号孙可以称之，子不可以称之也。"议遂定。迁中书客省使，俄改同佥宣政院事。

文宗即位，除中书左司郎中。有使持诏自江浙还，言行省臣意若有不服者。帝怒，命遣使问不敬状，将悉诛之。自当言于丞相燕帖木儿曰："皇帝新即位，云南、四川且犹未定，乃以使臣一言杀行省大臣，恐非盛德事。况江浙豪奢之地，使臣或不得厌其所需，则造言以陷之耳。"燕帖木儿以言于帝，事乃止。既而升参议中书省事。燕帖木儿议封太保伯颜王爵，众论附之。自当独不言。燕帖木儿问故，自当曰："太保位列三公，而复加王封，后再有大功，将何以处之？且丞相封王，出自上意，今欲加太保王封，丞相宜请于上。王爵非中书选法也。"遂罢其议。拜治书侍御史。

初，文宗在集庆潜邸，欲创天灵寺，令有司起民夫。江南行台监察御史亦乞剌台言曰："太子为好事，宜出钱募夫，若欲役民，则朝廷闻之非便也。"至是文宗悉召江南行台监察御史，俾皆入为监察御史，而欲黜亦乞剌台。自当谏曰："当陛下在潜邸时，御史尽心为陛下言，乃忠臣也。今无罪而黜之，非所以示天下。"乃除亦乞剌台佥宪湖南。文宗尝欲游西湖，自当谏曰："陛下以万乘之尊而泛舟自乐，如天下何？"不听。自当遂称疾不从行。文宗在舟中，顾谓台臣曰："自当终不满朕此游耶？"台臣尝奏除目，文宗以笔涂一人姓名，而缀将作院官闾闾之名。自当言："闾闾为人诙谐，惟可任教坊司，若以居风纪，则台纲扫地矣。"文宗乃止。已而出为陕西行台侍御史。

顺帝初，除福建都转运盐使。先是，自当为左司郎中时，泰定帝尝欲以河间、江浙、福建盐引六万赐中书参议撒迪，自当执不可，仅以福建盐引二万赐之。至是，自当复建言盐引宜尽资国用以纾民力。时撒迪方为御史大夫，不以为怨，数遣人省自当母于京师所居。既而丁母忧，居间久之，复起为浙西肃政廉访使。时有以驸马为江浙行省丞相者，其宦竖恃公主势，坐杭州达鲁花赤位，令有司强买民间物，不从辄殴之。有司来白自当，自当即逮之械以令众，自是丞相府无敢为民害者。寻召为同佥枢密院事。寻复为治书侍御史、同知经筵事。宁夏人有告买买等谋害太师伯颜者，伯颜委自当与中书、枢密等官往宁夏鞫问，无其情，乃以诬罔坐告者罪。伯颜怒，自当前曰："太师所以令吾三人勘之者，以国法所在也。必以罪吾三人，则自当实主其事，宜独当之。"伯颜乃左迁自当同知徽政院事。

自当历事四朝，官自从仕郎累转至通奉大夫，常衎衎在位，刚介弗回，终始一节，有古遗直之风。然卒以是忤权贵而不复柄用，君子皆惜焉。

阿荣

阿荣，字存初，怯烈氏。父按摊，中书右丞。阿荣幼事武宗，备宿卫，累迁官，为湖南道宣慰副使。温迪罕奉使宣抚湖南，事无大小，悉以委之。会列郡岁饥，阿荣分其廪禄为粥，以食饿者，仍发粟赈之，所活甚众。广西寇起，众皆汹惧。阿荣镇之以静，督有司治兵守其境，寇不敢入。迁湖广行省左右司郎中，召佥会福院事，寻除吏部尚书。泰定初，出为湖南宣慰使，改浙东道宣慰使都元帅，以疾辞。天历初，复起为吏部尚书，寻参议中书省事。二年，拜中书参知政事、知经筵事。进奎章阁大学士、荣禄大夫、太禧宗禋院使，都典制神御殿事。文宗眷遇之甚，而阿荣亦尽心国政，知无不言。久之，心忽郁郁不乐，谒告南归武昌。至元元年卒。

初，阿荣闲居，以文翰自娱，博究前代治乱得失，见其会心者，则扼腕曰："忠臣孝子国家之宝，为奇男子烈丈夫者固不当如是耶！"日与韦布之士游，所至山水佳处，鸣琴赋诗，日夕忘返。尤深于数学，逆推事成败利不利及人祸福寿夭贵贱，多奇中。天历三年春，策士于廷。阿荣与虞集会于直庐，慨然兴叹，语集曰："更一科后科举当辍，辍两科而复，复则人材彬彬大出矣。"又叹曰："荣不复见之矣，君犹及见之。"集应曰："得士之多，幸如存初言。今文治方兴，未必有中辍之理。存初国家世臣，妙于文学，以盛年登朝，在上左右，斯文属望。集老且衰，见亦何补耶！"阿荣又叹曰："数当然耳。"集问何以知之，弗答。后三年卒。元统三年，科举果罢，至正元年始复，如其言。

小云石海涯

小云石海涯，家世见其祖《阿里海涯传》。其父楚国忠惠公，名贯只哥，小云石海涯遂以贯为氏，复以酸斋自号。母廉氏，夜梦神人授以大星使吞之，已而有妊。及生，神彩秀异。年十二三，膂力绝人，使健儿驱三恶马疾驰，持槊立而待，马至，腾上之，越二而跨三，运槊生风，观者辟易。或挽强射生，逐猛兽，上下峻阪如飞，诸将咸服其趫捷。稍长，折节读书，目五行下。吐辞为文，不蹈袭故常，其旨皆出人意表。初，袭父官为两淮万户府达鲁花赤。镇永州，御军极严猛，行伍肃然。稍暇，辄投壶雅歌，意所畅适，不为形迹所拘。一日，呼弟忽都海涯语之曰："吾生宦情素薄，顾祖父之爵不敢不袭，今已数年矣，愿以让弟，弟幸勿辞。"语已，即解所绾黄金虎符佩之。北从姚燧学，燧见其古文峭厉有法及歌行古乐府慷慨激烈，大奇之。仁宗在东宫，闻其以爵位让弟，谓宫臣曰："将相家子弟其有如是贤者邪！"俄选为英宗潜邸说书秀才，宿卫禁中。仁宗践祚，上疏条六事：一曰释边戍以修文德，二曰教太子以正国本，三曰设谏官以辅圣德，四曰表姓氏以旌勋胄，五曰定服色以变风俗，六曰举贤才以恢至道。书凡万余言，未报。拜翰林侍读学士、中奉大夫、知制诰同修国史。

会议科举事，多所建明，忽喟然叹曰："辞尊居卑，昔贤所尚也。今禁林清选，与所让军资孰高，人将议吾后矣。"乃称疾辞还江南，卖药于钱唐市中，诡姓名，易服色，人无有识之者。偶过梁山泺，见渔父织芦花为被，欲易之以绌。渔父疑其为人，阳曰："君欲吾被，当更赋诗。"遂援笔立成，竟持被去。人间喧传芦花被诗。其依隐玩世多类此。晚年为文日邃，诗亦冲淡。草隶等书，稍取古人之所长，变化自成一家，所至士大夫从之若云，得其片言尺牍，如获拱璧。其视死生若昼夜，绝不入念虑，攸攸若欲遗世而独立云。泰定元年五月八日卒，年三十九。赠集贤学士、中奉大夫、护军，追封京兆郡公，谥文靖。有文集若干卷、《直解孝经》一卷行于世。

子男二人：阿思兰海牙，慈利州达鲁花赤；次八三海涯。孙女一人，有学识，能词章，归怀庆路总管段谦云。

泰不华

泰不华，字兼善，伯牙吾台氏。初名达普化，文宗赐以今名，世居白野山。父塔不台，入直宿卫，历仕台州录事判官，遂居于台。家贫，好读书，能记问。集贤待制周仁荣养而教之。年十七，江浙乡试第一。明年，对策大廷，赐进士及第，授集贤修撰，转秘书监著作郎，拜江南行台监察御史。时御史大夫脱欢怙势贪暴，泰不华劾罢之。文宗建奎章阁学士院，擢为典签，拜中台监察御史。

顺帝即位，加文宗后太皇太后之号，大臣燕铁木儿、伯颜皆列地封王。泰不华率同列上章言："婶母不宜加徽称，相臣不当受王土。"太后怒，欲杀言者。泰不华语众曰："此事自我发之，甘受诛戮，决不敢累诸公也。"已而太后怒解曰："风宪有臣如此，岂不能守祖宗之法乎？"赐金币二，以旌其直。出佥河南廉访司事，俄移淮西。继迁江南行御史台经历，辞不赴，转江浙行省左右司郎中。浙西大水害稼，会泰不华入朝，力言于中书，免其租。擢秘书监，改礼部侍郎。至正元年，除绍兴路总管。革吏弊，除没官牛租，令民自实田以均赋役。行乡饮酒礼，教民兴让，越俗大化。召入史馆，与修辽、宋、金三史，书成，授秘书卿。升礼部尚书，兼会同馆事。黄河决，奉诏以珪玉白马致祭河神。竣事上言："淮安以东，河入海处，宜仿宋置撩清夫，用辊江龙铁扫，撼荡沙泥，随潮入海。"朝廷从其言，会用夫屯田，其事中废。

八年，台州黄岩民方国珍为蔡乱头、王伏之仇逼，遂入海为乱，劫掠漕运粮，执海道千户德流于实。事闻，诏江浙参政朵儿只班总舟师捕之。追至福州五虎门，国珍知事危，焚舟将遁，官军自相惊溃，朵儿只班遂被执。国珍迫其上招降之状，朝廷从之，国珍兄弟皆授之以官，国珍不肯赴，势益暴横。九年，诏泰不华察实以闻，既得其状，遂上招捕之策，不听。寻除江东廉访使，改翰林侍读学士、知制诰同修国史。已而出为都水庸田使。十年十二月，国珍复入海，烧掠沿海州郡。十一年二月，诏孛罗帖木儿为江浙行省左丞，总兵至庆元。以泰不华谂知贼情状，迁浙东道宣慰使都元帅，分兵于温州，使夹攻之。未几，国珍寇温，泰不华纵火筏焚之，一夕遁去。既而孛罗帖木儿密与泰不华约以六月乙未合兵进讨。孛罗帖木儿乃以壬辰先期至大闾洋，国珍夜率劲卒纵火鼓噪，官军不战皆溃，赴水死者过半。孛罗帖木儿被执，反为国珍饰辞上闻。泰不华闻之痛愤，辍食数日。朝廷弗之知，复遣大司农达识帖木迩等至黄岩招之。国珍兄弟皆登岸罗拜，退止民间小楼。是夕，中秋月明，泰不华欲命壮士袭杀之，达识帖木迩适夜过泰不华，密以事白之，达识帖木迩曰："我受诏招降耳，公欲擅命耶?"事乃止。檄泰不华亲至海滨，散其徒众，拘其海舟兵器，国珍兄弟复授官有差。既而迁泰不华台州路达鲁花赤。

十二年，朝廷征徐州，命江浙省臣募舟师守大江，国珍怀疑，复入海以叛。泰不华自分以死报国，发兵扼黄岩之澄江，而遣义士王大用抵国珍，示约信，使之来归。国珍益疑，拘大用不遣，以小舸二百突海门，入州港，犯马鞍诸山。泰不华语众曰："吾以书生登显要，诚虑负所学。今守海隅，贼甫招徕，又复为变，君辈助我击之，其克则汝众功也，不克则我尽死以报国耳。"众皆踊跃愿行。时国珍戚党陈仲达往来计议，陈其可降状。泰不华率部众，张受降旗乘潮而前。船触沙不能行，垂与国珍遇，呼仲达申前议，仲达目动气索，泰不华觉其心异，手斩之。即前搏贼船，射死五人，贼跃入船，复斫死二人，贼举槊来刺，辄斫折之。贼群至，欲抱持过国珍船，泰不华嗔目叱之，脱起，夺贼刀，又杀二人。贼攒槊刺之，中颈死，犹植立不仆，投其尸海中。年四十九。时十二年三月庚子也。僮名抱琴，及临海尉李辅德、千户赤盏、义士张君璧皆死之。泰不华既没，除江浙行省参知政事，行台州路达鲁花赤事，不及闻命已已后三年，追赠荣禄大夫、江浙行省平章政事、柱国，封魏国公，谥忠介，立庙台州，赐额崇节。

泰不华尚气节，不随俗浮沉。太平为台臣劾去相位，泰不华独饯送都门外。太平曰："公且止，勿以我累公。"泰不华曰："士为知己死，宁畏祸耶!"后虽为时相摈斥，人莫不韪之。善篆隶，温润遒劲。尝重类《复古编》十卷，考正讹字，于经史多有据云。

余阙

余阙，字廷心，一字天心，唐兀氏，世家河西武威。父沙剌臧卜，官庐州，遂为庐州人。少丧父，授徒以养母，与吴澄弟子张恒游，文学日进。元统元年，赐进士及第，授同知泗州事，为政严明，宿吏皆惮之。俄召入，应奉翰林文字，转中书刑部主事。以不阿权贵，弃官归。寻以修辽、金、宋三史召，复入翰林，为修撰。拜监察御史，改中书礼部员外郎，出为湖广行省左右司郎中。会莫徭蛮反，右丞沙班当帅师，坚不往，无敢让之者。阙曰："右丞当往，受天子命为方岳重臣，不思执弓矢讨贼，乃欲自逸邪！右丞当往。"沙班曰："郎中语固是，如刍饷不足何?"阙曰："右丞第往，此不难致也。"阙下令趣之，三日皆集，沙班行。复以集贤经历召入。迁翰林待制。出佥浙东道廉访司事。丁母忧，归庐州。

盗起河南，陷郡县。至正十二年，行中书于淮东，改宣慰司为都元帅府，治淮西，起阙副使、佥都元帅府事，分兵守安庆。于时南北音问隔绝，兵食俱乏，抵官十日而寇至，拒却之。乃集有司与诸将议屯田战守计，环境筑堡寨，选精甲外捍，而耕稼于中。属县灊山八社，土壤沃饶，悉以为屯。明年，春夏大饥，人相食，乃捐俸为粥以食之，得活者甚众。民失业者数万，咸安集之。请于中书，得钞三万锭以赈民。升同知、副元帅。又明年秋，大旱，为文祈灊山神，三日雨，岁以不饥。盗方据石荡湖，出兵平之，令民取湖鱼而输鱼租。十五年夏，大雨，江涨，屯田禾半没，城下水涌，有物吼声如雷，阙祠以少牢，水辄缩。秋稼登，得粮三万斛。阙度军有余力，乃浚隍增陴，隍外环以大防，深堑三重，南引江水注之，环植木为栅，城上四面起飞楼，表里完固。

俄升都元帅。广西猫军五万从元帅阿思兰沿江下抵庐州，阙移文谓苗蛮不当使之窥中国，诏阿思兰还军。猫军有暴于境者，即收杀之，凛凛莫敢犯。时群盗环布四外，阙居其中，左提右挈，屹为淮一保障。论功，拜江淮行省参知政事，仍守安庆，通道于江右，商旅四集。池州赵普胜帅众攻城，连战三日败去。未几又至，相拒二旬始退，怀宁县达鲁花赤伯家奴战死。十七年，赵普胜同青军两道攻我，拒战一月余，竟败而走。

秋，拜淮南行省左丞。安庆倚小孤山为藩蔽，命义兵元帅胡伯颜统水军戍焉。十月，沔阳陈友谅自上游直捣小孤山，伯颜与战四日夜不胜，急趣安庆。贼追至山口镇，明日癸亥，遂薄城下。阙遣兵扼于观音桥。俄饶州祝寇攻西门，阙斩却之。乙巳，贼乘东门，红旗登城，阙简死士力击，贼复败去。戊申，贼并军攻东西二门，又却之。贼恚甚，乃树栅起飞楼。庚戌，复来攻我，金鼓声震地。阙分诸将各以兵捍贼，昼夜不得息。癸卯，贼益生兵攻东门。丙午，普胜军东门，友谅军西门，祝寇军南门，群盗四面蚁集，外无一甲之援。西门势尤急，阙身当之，徒步提戈为士卒先。士卒号哭止之，挥戈愈力，仍分麾下将督三门之兵，自以孤军血战，斩首无算，而阙亦被十余创。日中城陷，城中火起，阙知不可为，引刀自刭，堕清水塘中。阙妻耶卜氏及子德生、女福童皆赴井死。同时死者，守臣韩建一家被害，建方卧疾，骂贼不屈，贼执之以去，不知所终。城中民相率登城楼，自捐其梯曰："宁俱死此，誓不从贼。"焚死者以千计。其知名者，万户李宗可、纪守仁、陈彬、金承宗，元帅府都事帖木补化，万户府经历段桂芳，千户火失不花、新李、卢廷玉、葛延龄、丘?、许元琰，奏差兀都蛮，百户黄寅孙，安庆推官黄秃伦歹，经历杨恒，知事余中，怀宁尹陈巨济，凡十八人。其城陷之日，则至正十八年正月丙午也。

阙号令严信，与下同甘苦，然稍有违令，即斩以徇。阙尝病不视事，将士皆吁天求以身代，阙闻，强衣冠而出。当出战，矢石乱下如雨，士以盾蔽阙，阙却之曰："汝辈亦有命，何蔽我为！"故人争用命。稍暇，即注《周易》，帅诸生谒郡学会讲，立军士门外以听，使知尊君亲上之义，有古良将风烈。或欲挽阙入翰林，阙以国步危蹙，辞不往，其忠国之心，盖素定也。卒时年五十六。事闻，赠阙摅诚守正清忠谅节功臣、荣禄大夫、淮南江北等处行中书省平章政事、柱国，追封豳国公，谥忠宣。议者谓自兵兴以来，死节之臣，阙与褚不华为第一云。

阙留意经术，《五经》皆有传注。为文有气魄，能达其所欲言。诗体尚江左，高视鲍、谢，徐、庾以下不论也。篆隶亦古雅可传。初，阙既死，贼义之，求尸塘中，具棺敛葬于西门外。及安庆内附，大明皇帝嘉阙之忠，诏立庙于忠节坊，命有司岁时致祭云。

卷一百四十四　列传第三十一

答里麻

答里麻，高昌人。大父撒吉斯，为辽王傅，世祖称其贤。从讨李璮，以勋授山东行省大都督。答里麻弱冠入宿卫。大德十一年，授御药院达鲁花赤，迁回回药物院，寻出佥湖北、山南两道廉访司事，召拜监察御史。时丞相帖木迭儿专权贪肆，答里麻帅同寅亦怜真、马祖常劾其罪。高昌僧恃丞相威，违法娶妇南城，答里麻诘问之，奋不顾利害，风纪由是大振。擢河东道廉访副使。隰州村民赛神，因醉殴杀姚甲，为首者乘闹逃去，有司逮同会者系狱，历岁不决。答里麻曰："杀人者既逃，存亡不可知，此辈皆诖误无罪，而反桎梏耶？"悉纵之。至治元年，帖木迭儿复相，以复仇为事，答里麻辞去。明年，改燕南道廉访副使。开州达鲁花赤石不花歹颇著政绩，同僚忌之，嗾民诬其与民妻俞氏饮。答里麻察知俞氏乃八十老妪，石不花歹实不与饮酒，于是抵诬告者罪，石不花歹复还职。行唐县民斫桑道侧，偶有人借斧削其杖，其人夜持杖劫民财，事觉，并逮斧主与盗同下狱。答里麻原其未尝知情，即纵之。深州民媪怒殴儿妇死，妇方抱其子，子亦误触死。媪年七十，同僚议免刑，答里麻不可，曰："国制，罪人七十免刑，为其血气已衰，不任刑也。媪既能杀二人，何谓衰老？"卒死狱中。至治元年，除济宁路总管，兴学劝农，百废具修，府无停事。济阳县有牧童持铁连结击野雀，误杀同牧者，系狱数岁。答里麻曰："小儿误杀同牧者，实无杀人意，难以定罪。"罚铜遣之。泰定元年，升福建廉访使。朝廷遣宦官伯颜催督绣段，横取民财，宣政院判官术邻亦取赂于富僧，答里麻皆劾之。迁浙西廉访使。会文宗发江陵，阿儿哈秃来谕旨，求赂不获，还谮于朝，召至京，处以重罪。比至，帝怒解，迁上都同知留守。

天历二年八月，明宗崩，文宗入正大统，使者旁午。答里麻朝暮尽力，事无缺失，帝特赐锦衣以嘉之。天历三年，迁淮东廉访使。明年，召拜刑部尚书。国制，新君即位，必赐诸王、驸马、妃主及宿卫官吏金帛。答里麻曰："必唱名给散，无虚增之数。"国费大省，帝复赐黄金腰带以旌其能。元统元年，升辽阳行省参知政事。高丽国使朝京，道过辽阳，谒省官，各奉布四匹、书一幅，用征东省印封之。答里麻诘其使曰："国制，设印以署公牍、防奸伪，何为封私书？况汝出国时，我尚在京，未为辽阳省官，今何故有书遗我？汝君臣何欺诈如是耶？"使辞屈，还其书与布。元统三年，迁山东廉访使。时山东盗起，陈马骡及新李白昼杀掠。答里麻以为官吏贪污所致，先劾去之而后上擒贼方略。朝廷嘉纳之，即遣兵擒获，齐鲁以安。除大都路留守。帝宴大臣于延春阁，特赐答里麻白鹰以表其贞廉。帝尝命答里麻修七星堂，先是，修缮必用赤绿金银装饰，答里麻独务朴素，令画工图山林景物，左右年少皆不然。是岁秋，车驾自上京还，入观之，乃大喜，以手抚壁叹曰："有心哉，留守也！"赐白金五十两、锦衣一袭。至正六年，升河南行省右丞，改翰林学士承旨。至正七年，迁陕西行台中丞，时年六十九。致事后，召商议中书平章政事，不拜，全俸优养终身。

月鲁帖木儿

月鲁帖木儿，卜领勤多礼伯台氏。曾祖贵裕，事太祖，为管领怯怜口怯薛官。祖合刺，袭父职，事世祖。父普兰奚，由宿卫为中书右司员外郎，与丞相哈剌哈孙建议迎立武宗，累迁至山北辽东道肃政廉访使。月鲁帖木儿幼警颖，读书强记，倜傥有大志。年十二，成宗命与哈剌哈孙之子脱欢同入国学。仁宗时入宿卫，一日，帝顾问左右曰："斯人容貌不凡，谁之子耶？"左右忘其父名，月鲁帖木儿即对曰："臣父普兰奚也。"帝曰："汝父赞谋以定国难，朕未尝忘。"因命脱忽台传旨四怯薛扎撒火孙，令常侍禁廷，毋止其入。哈剌哈孙欲用为中书蒙古必阇赤，辄辞焉。哈剌哈孙曰："汝年幼，欲何为乎？"对曰："欲为御史尔。"人壮其志。久之，遂拜监察御史，巡按上都，劾奏太师、右丞相帖木迭儿受张弼赇六万贯，贷死。帝怒，碎太师印，赐月鲁帖木儿钞万贯，除兵部郎中，拜殿中侍御史。迁给事中、左侍仪、同修起居注。寻为右司郎中，赐坐便殿，帝顾左右谓曰："月鲁帖木儿识量明远，可大用者也。"他日，帝语近臣曰："朕闻前代皆有太上皇之号，今皇太子且长，可居大位，朕欲为太上皇，与若等游观西山以终天年。"御史中丞蛮子、翰林学士明里董阿皆称善。月鲁帖木儿独起拜曰："臣闻昔之所谓太上皇，若唐玄宗、宋徽宗，皆当祸乱，不得已而为之者也。愿陛下正大位，以保万世无疆之业，前代虚名，何足慕哉！"帝善其对。

仁宗崩，帖木迭儿复入中书，据相位。参议乞失监以受人金带系狱，帖木迭儿乃使乞失监诉月鲁帖木儿为御史时诬丞相受赇。皇太后命丞相哈散等即徽政院推问不实，事遂释。帖木迭儿乃奏以月鲁帖木儿为山东盐运司副使，降亚中大夫为承事郎，期月间盐课增以万计。丁外艰，扶丧西还。擢山南江北道肃政廉访副使。泰定初，迁汴梁路总管，再调总管武昌，以养亲不赴。致和元年，河南行省平章伯颜矫制起月鲁帖木儿为本省参知政事，共议起兵。月鲁帖木儿固辞曰："皇子北还，问参政受命何人，则将何辞以对？"伯颜怒。会明里董阿迓皇子过河南，而月鲁帖木儿为御史时尝劾其娶娼女冒受封，明里董阿因说伯颜收之，丞相别不花亦与之有隙，乃谪月鲁帖木儿乾宁安抚司安置。至顺四年，移置雷州。

至元六年，顺帝召之还。至正二年，入觐，帝欲留之，以母丧未葬辞。四年，乃起同知将作院事。寻除大宗正府也可札鲁花赤。九年，由太医院使拜翰林学士承旨、知经筵事。进读之际，引援经史，一本于王道，帝嘉纳焉。十二年，江南诸郡盗贼充斥，诏拜月鲁帖木儿平章政事，行省江浙，因言于丞相脱脱曰："守御江南，为计已缓，若得从权行事，犹有可为。"不从。陛辞，赐尚酝、御衣、弓矢、甲胄、卫卒十人、钞万五千贯以行。比至镇，引僚属集父老询守备之方，招募民兵数千人，号令明肃。统师次建德，获首贼何福斩于市，遂复淳安等县，俘获万余人，复业者三万余家。是年七月，次徽州，以疾卒于军中。

卜颜铁木儿

卜颜铁木儿，字珍卿，唐兀吾密氏。性明锐倜傥，早备宿卫，历事武宗、仁宗、英宗。天历初，由太常署丞拜监察御史，升殿中侍御史，累除大都路达鲁花赤、都转运盐使、肃政廉访使，由行中书省参知政事升左右丞，擢行御史台中丞，遂拜江浙行省平章政事。至正十二年春，蕲、黄贼徐寿辉遣兵陷湖广，侵江东、西，诏卜颜铁木儿率军讨之。卜颜铁木儿益募壮健为兵，得骁勇士三千人、战舰三百艘。时湖广平章政事也先帖木儿、江西平章政事星吉、江南行台御史中丞蛮子海牙皆以兵驻太平，宿留不进。卜颜帖木儿至，乃与俱前。贼方聚丁家洲，官军猝与遇，奋击败之，遂复铜陵县，擒其贼帅，复池州。遂分遣万户普贤奴屯阳陵，王建中屯白面渡，闾儿讨无为州，而自率镇抚不花、万户明安驻池口，以防遏上流，为之节度。已而江州再陷，星吉死之。蛮子海牙及威顺王宽彻普化军俱溃而东。安庆被围益急，遣使来求援。诸将皆欲自守信地，卜颜铁木儿曰："何言之不忠耶！安庆与池止隔一水，今安庆固守，是其节也，而救患之义，我其可缓。且上流官军虽溃，然皆百战之余，所乏者钱谷器具而已，吾受命总兵，其可视之而不恤哉！"即大发帑藏以周之，溃军皆大集，而两军之势复振，安庆之围遂解。

十三年三月，贼众复来攻池州，众且十万，诸县皆应之。卜颜帖木儿会诸将谋曰："贼表里连结，若俟其筑垒成而坐食诸县之粟，破之实难。今新至疲弊，如乘其骄惰，尽锐攻之，则顷刻之间功可成矣。"众曰："诺。"遂分番与战，果大败之，擒其伪帅，俘斩无算，诸县复平，遂乘胜率舟师以进。五月，与战于望江，又战小孤山及彭泽，又战龙开河，皆破走之。进复江州，留兵守之。七月，进兵攻蕲州，擒其伪帅邹普泰，遂克其城。进兵道士洑，焚其栅，抵兰溪口。贼之巢曰黄连寨，又克而歼之。分兵平两巴河，于是江路始通。十一月，与蛮子海牙、四川行省参知政事哈临秃、左丞桑秃失里、西宁王牙罕沙军合，而湖广左丞伯颜不花等军皆会。十二月，分道进攻蕲水县，拔其伪都，获伪将相而下四百余人，徐寿辉仅以身免。以功诏赐上尊、黄金带。时丞相脱脱方总戎南征，闻诸贼皆已破，乃檄伯颜不花征淮东，蛮子海牙守裕溪口，威顺王还武昌，而卜颜铁木儿独控长江。十六年六月，复以军守池州。十一月，卒。

卜颜铁木儿持身廉介，人不敢干以私，其为将，所过不受礼遗宴犒，民不知有兵。性至孝，幼养于叔父阿术，事之如亲父。常乘花马，时称为花马儿平章云。

星　吉

星吉，字吉甫，河西人。曾祖朵吉，祖搠思吉朵而只，父搠思吉，世事太祖、宪宗、世祖为怯里马赤。星吉少给事仁宗潜邸，以精敏称。至治初，授中尚监，改右侍仪，兼修起居注。拜监察御史，有直声。自是十五迁为宣政院使，出为江南行御史台御史大夫。时承平日久，内外方以观望为政，星吉独持风裁，御史行部，必敕厉而遣之。湖东佥事三宝住，儒者也，性廉介，所至搏贪猾无所贷。御史有以自私请者，拒不纳，则诬以事劾之。章至，星吉怒曰："若人之廉，孰不知之，乃敢为是言耶！"即奏杖御史而白其诬。执政者恶之，移湖广行省平章政事。湖广地连江北，威顺王岁尝出猎，民病之。又起广乐园，多萃名倡巨贾以网大利，有司莫敢忤。星吉至，谒王，王阖中门，启左扉，召以入。星吉引绳床坐王中门西，言曰："吾受天子命来作牧，非王私臣也，焉得由不正之道入乎！"阍者惧，入告王，王命启中门。星吉入，责王曰："王帝室之懿，古之所谓伯父叔父者也。今德音不闻，而骋猎宣淫，贾怨于下，恐非所以自贻多福也。"王急握星吉手谢之，为悉罢其所为。有胡僧曰小住持者，服三品命，恃宠横甚，数以事凌轹官府。星吉命掩捕之，得妻妾女乐妇女十有八人，狱具，罪而籍之，由是豪强敛手，贫弱称快。

至正十一年，汝、颍妖贼起，会僚属议之，或曰："有郑万户，老将也，宜起而用之。"星吉乃命募士兵，完城池，修器械，严巡警，悉以其事属郑。贼闻之，遣其党二千来约降。星吉与郑谋曰："此诈也，然降而却之，于是为不宜，宜受而审之可也。"果得其情，乃歼之，械其渠魁数十人以俟命。适有旨召为大司农。同僚受贼赂，且嫉其功，乃诬郑罪，释其所械者。明日，贼大至，内外响应，城遂陷。武昌之人骈首夜泣曰："大夫不去，吾岂为俘囚乎？"星吉既入见，具陈贼本末。帝大喜，命赐食。时宰不悦，奏为江西行省平章政事，员外置。星吉至江东，诏令守江州。时江州已陷，贼据池阳。太平官军止有三百人，贼号百万，众皆欲走。星吉曰："畏贼而逃，非勇也；坐而待攻，非智也。汝等皆有妻子财物，纵逃其可免乎？"乃贷富人钱，募人为兵。先是，行台募兵，人给百五十千，无应者。至是，星吉募兵，人五十千，众争赴之，一日得三千人。乃具舟楫直趋铜陵，克之。又破贼白马湾。贼败走，分兵蹑之，抵白湄。贼穷急，回拒官军，官军乘胜奋击，贼尽殪，擒其渠魁周驴，夺船六百艘，军声大振，遂复池州。乃命诸将分道讨贼，复石埭诸县。贼复来攻，命王惟恭列阵当之，锋始交，出小舰从旁横击，大破走之，进据清水湾。伺者告贼舰至自上流，顺风举帆，众且数十倍，诸将失色。星吉曰："无伤也，风势盛，彼仓卒必不得泊，但伏横港中偃旗以待，俟过而击之，无不胜矣。"风怒水驶，贼奄忽而过，乃命举旗张帆鼓噪而薄之，官军殊死战，风反为我用，又大破之。时贼久围安庆，捷闻，遽烧营走。进复湖口县，克江州，留兵守之。命王惟恭栅小孤山，而星吉自据番阳口，缀江湖要冲以图恢复。

时湖广已陷，江西被围，淮、浙亦多故，卒无继援之者，日久粮益乏，士卒咸困。或曰："东南完实，盍因粮以图再举乎？"星吉曰："吾受命守江西，必死于此。"众莫敢复言。有顷，贼乘大船四集，来攻我军，取蒹苇编为大筏，塞上下流火之。我军力战，众死且尽。星吉之从子伯不华与亲兵数十人死之。星吉犹坚坐不动。贼发矢射星吉，乃昏仆。贼素闻星吉名，不忍害，舁置密室中，至旦乃苏。贼罗拜，争馈以食。星吉斥之，遂不复食。凡七日，乃自力而起，北面再拜曰："臣力竭矣。"遂绝，年五十七。

星吉为人公廉明决，及在军中，能与将士同甘苦，以忠义感激人心，故能以少击众、得人死力云。

福寿

福寿，唐兀人。幼俊茂，知读书，尤善应对。既长，入备环卫，用年劳授长宁寺少卿，改引进使，升知侍仪使，进正使。出为饶州路达鲁花赤，擢淮西廉访副使。入为工部侍郎，佥太常礼仪院事，拜监察御史，改户部侍郎，升尚书，出为燕南廉访使，又五迁为同知枢密院事。至正十一年，颍州以贼反告，时车驾在上都，朝堂皆犹豫未决，欲驿奏以待命。福寿独以谓"比使得请还，则事有弗及矣"。于是决议调兵五百，遣卫官哈剌章、忻都、怯来讨之而后以闻。顺帝善其处事得宜，明年，改也可札鲁忽赤。未几，出为淮南行省平章政事。是时濠、泗俱已陷，师久无功。福寿至，督战甚急，而上游贼势甚汹涌，福寿乃议筑石头，断江面，守御有方，众恃以为固。

十五年，迁江南行台御史大夫。先是，集庆尝有警，阿鲁灰以湖广平章政事将苗军来援，事平，其军镇扬州。而阿鲁灰御军无纪律，苗蛮素犷悍，日事杀虏，莫能治。俄而苗军杀阿鲁灰以叛，而集庆之援遂绝。及高邮、庐、和等州相继沦陷，而集庆势益孤，人心益震恐，且仓库无积蓄，计未知所出，于是民乃愿为兵以自守。福寿因下令民多赀者皆助以粮饷，激厉士众，为完守计。朝廷知其劳，数赏赉焉。十六年三月，大明兵围集庆，福寿数督兵出战，尽闭诸城门，独开东门以通出入，而城中势不复能支，城遂破。百司皆奔溃，福寿乃独据胡床坐凤凰台下，指麾左右。或劝之去，叱之曰："吾为国家重臣，城存则生，城破则死，尚安往哉！"达鲁花赤达尼达思见其独坐若有所为者，从问所决，留弗去。俄而乱兵四集，福寿遂遇害，不知所在，达尼达思亦死之。又同时死者，有治书侍御史贺方。达尼达思字思明。贺方字伯京，晋宁人，以文学名。

事闻，朝廷赠福寿金紫光禄大夫、江浙行省左丞相、上柱国，追封卫国公，谥忠肃。

道童

道童，高昌人，自号石岩。性深沉寡言。以世胄入官，授直省舍人，历官清显，素负能名。调信州路总管，移平江，皆以善政称。至正元年，迁大都路达鲁花赤，出为江浙行省参知政事，寻召参政中书，顷之，又出为江浙行省右丞，遂升本省平章政事。十一年，诏仍以平章政事行省江西。是年，贼起蕲、黄，平章政事秃坚理不花将兵捍江州。既而土寇蜂起，道童素不知兵事，仓皇无所措。左右司郎中普颜不花曰："今贼势冲突，城中无备，万一失守，奈何？有章伯颜左丞者，致仕居抚州，其人熟知军务，宜以便宜礼请之，使署本省左丞事，专任调遣军旅，庶几事有可济。"道童从其言，而伯颜亦欣然为起，曰："此正我报国之秋也。"至则与普颜不花设御敌计甚悉。明年正月，湖广陷，秃坚里不花由江州遁还。二月，普颜不花将兵往江州，至石头渡，遇贼战败，道童闻之大恐，即怀省印遁走。普颜不花还，与伯颜定为城守之计。后数日，道童始自南昌民家来归，遂议分门各守以备敌。三月，贼众来围城。城中置各厢官及各巷长，昼夕坚守，众心翕然。而道童素恤民，能任人，有功者必赏，无功或不加罪，故多为之用。贼围城凡两月，而民无离志。道童密召死士数千人，面涂以青，额抹黄布，衣黄衣，为前锋，又别选精锐数千为中军，而募助阵者殿后。命万户章妥因卜鲁哈歹领之。夜半，开门伏兵栅下，黎明，钲鼓大震，因奋击贼，贼惊以为神，败走。遂乘胜捣其营，复分兵扫其余党。是时，章伯颜、普颜不花之功居多。伯颜寻以疾卒。朝廷以道童捍城有功，加大司徒、开府，仍赐龙衣御酒。

及秋，朝廷命亦怜真班为江西行省左丞相，火你赤为左丞，同将兵来江西。未几，亦怜真班卒，道童属火你赤平富、瑞二州，分镇其地。适岁大旱，公私匮乏，道童乃移咨江浙行省，借米数十万石、盐数十万引，凡军民约三日人籴官米一斗，入昏钞贰贯，又三日买官盐十斤，入昏钞贰贯，民皆便之。由是按堵如故，而贼亦不敢犯其境。十八年夏四月，陈友谅复攻江西城。时火你赤已升平章政事，加营国公，行便宜事，任专兵柄，而素与道童不相能，且贪忍不得将士心，见城且陷，遂夜遁去。道童亦弃城退保抚州路，欲集诸县义兵以图克复，而势已不可为。因叹曰："我为元朝大臣，官至极品，今城陷不守，尚何面目复见人乎！"适贼追者至，道童欲迎敌，渡水，未登岸，贼众乘之，遂为所害。事闻，赐谥忠烈。

卷一百四十五 列传第三十二

亦怜真班

亦怜真班，西夏人。父俺伯，以忠勤事世祖，为知枢密院事。亦怜真班性刚正，动有礼法。仁宗召见，令入宿卫。延祐六年，超拜翰林侍讲学士、中奉大夫。至治二年，调同知通政院事，擢虎符唐兀亲军都指挥使。泰定初，迁资善大夫、典瑞院使。天历二年，以选为太子家令，寻升资政大夫、同知枢密院事，擢侍御史，仍兼指挥使。至顺初，拜翰林学士承旨、荣禄大夫，迁功德使，指挥使如故。寻出为陕西行省平章政事，未行，复为翰林学士承旨。元统、至元之间，伯颜为丞相，专权擅政，嫉其论事不阿，出为江南行台御史大夫。寻杀其子答里麻，而谪置海南。及伯颜败，乃得召还朝。至正六年，拜光禄大夫、御史大夫，尽选中外廉能之官置诸风宪，一时号称得人。迁宣政院使，出为甘肃行省平章政事，设法弭西羌之寇，民赖以安，立石颂之。召还，为银青荣禄大夫、知枢密院事，提调太医院，寻加金紫光禄大夫，复为御史大夫、知经筵事，兼宣忠斡罗思扈卫亲军指挥使。尝奏言："风俗人心日趋于薄，请禁故吏不许弹劾所事官长。"

太师马扎儿台与子丞相脱脱既谪居在外，时相欲倾之，嗾人告变，且扳台臣同上奏。亦怜真班曰："凡为相者，孰无闲退之日？况脱脱父子在官无大咎过，奈何迫之于险？"终不从。经筵进讲必详必慎，故每读译文，必被嘉纳。监察御史劾奏时相，帝不听，亦怜真班反复论奏不已，由是忤上意，出为江浙行省平章政事，迁拜湖广行省左丞相。复召知枢密院事。十一年，颍、亳兵起，朝廷命将出师，多失律致败，数进言于时相，不见听，复出为江浙行省左丞相。十二年，移江西行省左丞相。于是妖寇由蕲、黄陷饶州，饶之属邑安仁与龙兴相接境，其民皆相挺为乱。亦怜真班道出安仁，因驻兵招之，来者厚加赏赉，不从者命子哈蓝朵儿只与江西左丞火你赤等乘高纵火攻散之。余干久为盗区，亦闻风顺服。先是，江西行省平章政事道童以宽容为政，军民懈驰。亦怜真班既至，风采一新，威声大振，所在群盗咸谋归款矣。十四年八月，以疾卒于官，所部为之丧气。事闻，赠推忠佐运正宪秉义同德功臣，追封齐王，谥忠献。

子九人：长答里麻；次普达失理，翰林学士承旨、知制诰兼修国史；桑哥八剌，同知称海宣慰司事；哈蓝朵儿只，宣政院使；桑哥答思，岭北行省平章；沙嘉室理，岭北行省参政；易纳室理，大宗正也可扎鲁火赤；马的室理，佥书枢密院事；马剌室理，内八府宰相。

廉惠山海牙

廉惠山海牙，字公亮，布鲁海牙之孙，希宪之从子也。父阿鲁浑海牙，广德路达鲁花赤。惠山海牙幼孤，言及父，辄泣下。独养母而家日不给，垢衣粝食，不以为耻。母丧，哀毁逾礼，负丧渡江而风涛作，舟人以神龙忌尸为言，即仰天大呼曰："吾将附母于先人，神奈何厄我也！"风遂止。年弱冠，大臣欲俾入宿卫。辞曰："吾大父事世祖，以通经号廉孟子。今方设科取士，愿读书以科第进。"乃入国学积分。至治元年，登进士第，授承事郎、同知顺州事。有弓匠提举马都剌者，怙势夺州民田，同列畏之。惠山海牙至，即治其事。在官期年，用荐者召入史馆，预修英宗、仁宗《实录》，寻拜监察御史。时中书省有大臣贪猥狼籍，即抗章劾之，语同列曰："傥以言责获罪，吾之职也。"既又劾奏明里董阿不当摄祭太庙。迁都水监，疏会通河，堤滦、漆二水，又修京东闸。历秘书丞、会福总管府治中，上疏言二月迎佛费财蠹俗，时论韪之。出佥淮东廉访司事，迁江浙行省左右司员外郎，既而历佥河东、河南、江西廉访司事，升江南行御史台经历。时山东盐法大坏，以选除都转运使，曾未期月，用课最，赏赉金币、上尊。至正三年初，行郊礼，召拜侍仪使。明年，预修辽、金、宋三史，迁崇文太监。自是累迁为河南行省右丞。时有诏发民治决河，遍骚属郡，亟以不便上言，而时宰不用。迁湖广行省右丞，以武昌失守连坐，既而事白，迁江西行省右丞。时所隶郡县多陷于贼，乃与平章政事、司徒道童协谋殚力，以定守御招捕之策，就除本道廉访使。未几，江西省治亦陷，惠山海牙遁往福建。久之，除佥江浙行枢密院事，改拜福建行省右丞，以兵镇延平、邵武，境内以宁。居岁余，奉诏还治省事，总备御事，且督赋税由海道供京师，朝廷赖焉。迁行宣政院使。明年，拜翰林学士承旨、知制诰兼修国史。卒，年七十有一。

月鲁不花

月鲁不花，字彦明，蒙古逊都思氏。生而容貌魁伟，咸以令器期之。未冠，父脱帖穆耳以千户职戍越，因受业于韩性先生，为文下笔立就，粲然成章。就试江浙乡闱，中其选，居右榜第一。方揭晓，试官梦月中有花象，已而果符其名，人以为异。遂登元统元年进士第，授将仕郎、台州路录事司达鲁花赤。县未有学，乃首建孔子庙，既又延儒士为之师，以教后进。丁外艰。至正元年，朝廷立行都水监，以选为其监经历。寻擢广东廉访司经历。会廷议将治河决，以行都水监丞召之，比至，改集贤待制，除吏部员外郎。奉命至江浙籴粟二十四万石，至则第户产之高下，以为籴之多寡，不扰而事集。既而军饷不给，又奉命出籴于江浙，召父老谕曰："今天子宵衣旰食，惟恐泽不下民而民不得其所耳，然奈盗贼何。夫讨贼者必先粮饷，以我不汝扰，故命我复来，盖讨贼即所以安民耳。父老其谓何？"众咸应曰："公言是也。"不逾月，粮事以毕。丁母忧，中书遣赙且起复，不应。未几，太师、右丞相脱脱南征，辟从军事，督馈饷，馈饷用舒。升吏部郎中，寻拜监察御史。首上疏言："郊庙礼甚缺，天子宜躬祀南郊，殷祭太室。"继又上疏言："皇太子天下之本，当简老成重臣为辅导，以成其德。"帝皆嘉纳之。升吏部侍郎，铨选于江浙，时称其公允。适朝廷有建议欲于河间、长芦置局造海船三百艘者，月鲁不花即为书具言其非便。言入中书，忤议者，迁工部侍郎。后分部彰德，道过河间，民遮拥拜谢曰："微公言，吾民其毙矣。"

会方重选守令，以保定密迩京畿，除保定路达鲁花赤。陛辞，诏谕谆切。保定岁输粮数十万石于新乡，苦弗便。月鲁不花请输京仓以便之。俄除吏部尚书。保定父老百数诣阙，言乞留监郡以抚吾民，遂以尚书仍知郡事。会贼北渡河，日修城浚濠为战守具。廷议发五省八卫军出戍外镇，月鲁不花疏愿留其兵护本郡，遂兼统黑军数千人及团结西山八十二寨民义军，势大张。贼再侵境，皆不利，遁去。升中奉大夫，锡上尊四、马百匹，僚佐增秩有差，别降宣敕俾赏有功者。召还为详定使。保定民不忍其去，绘像以祀之。去保定一月而城陷矣。朝廷以月鲁不花夙负民望，令入城招谕之，抵城，贼坚壁不出，民多窃出谒拜者。改大都路达鲁花赤。有执政以故中书令耶律楚材先茔地冒奏与蕃僧为业者，月鲁不花格之，卒弗与。转吏部尚书。会剧贼程思忠据永平，其佐雷帖木儿不花伪降，事觉被擒，杀之，思忠壁守遂益坚。诏令月鲁不花招抚之，众悉难其行，月鲁不花毅然曰："臣死君命，分也，奈何先计祸福哉！"竟入城谕贼，贼皆感泣罗拜纳降。

还，迁翰林侍讲学士，俄复为大都路达鲁花赤。入见帝宣文阁，有旨若曰："朕以畿甸之民疲敝，特选尔抚吾民。尔毋峻威，毋弛法，或挟权以干汝于非法，其即以闻。"视事之初，帝及皇后、皇太子皆遣使赐之酒。有权臣以免役事来谒，月鲁不花面斥曰："圣训在耳，不敢违。"转资善大夫，拜江南行御史台中丞。陛辞之日，帝御嘉禧殿慰劳之，且赐以上尊、金币；皇太子亦书"成德诚明"四大字赐之。月鲁不花乃由海道趋绍兴，为政宽猛不颇。诏进阶一品为荣禄大夫。既而除浙西肃政廉访使。会张士诚据浙西，僭王号，度弗可与并处，谓侄同寿曰："吾家世受国恩，恨不能刺贼以报国，矧乃与贼同处邪！"令同寿具舟载妻子，而匿身木柜中，蔽以藁秸，脱走，至庆元。士诚部下察知之，遣铁骑百余追至曹娥江，不及而返。

俄改山南道廉访使，浮海北而往，道阻，还抵铁山，遇倭贼船甚众，乃挟同舟人力战拒之，倭贼绐言投降，弗纳。于是贼即登舟攫月鲁不花，令拜伏，月鲁不花骂曰："吾朝廷重臣，宁为贼拜邪！"遂遇害。当遇害时，麾家奴那海刺杀首贼。次子枢密院判官老安、侄百家奴捍敌，亦死之。同舟死事者八十余人。事闻，朝廷赠摅忠宣武正宪徇义功臣、银青荣禄大夫、辽阳等处行中书省平章政事、上柱国，谥忠肃。

达礼麻识理

达礼麻识理，字遵道，怯烈台氏。其先北方大族，六世祖始居开平。父曰阿剌不花，江西行省参知政事，追封赵国公，谥襄惠。达礼麻识理幼颖敏，从师授经史，过目辄领解。至正五年，经筵选充译史，益自砥砺于学，搢绅先生皆以远大期之。转补御史台译史，遂除御史台照磨。十五年，拜监察御史，出佥山北道肃政廉访司事，未行，留为詹事院长史。俄迁工部员外郎，复留为长史。明年，除中议，寻升参议詹事院事。十七年，为太子家令。十八年，历秘书太监、吏部侍郎、御史台经历、中书右司郎中。十九年，除刑部尚书，提调南北兵马司巡绰事。盗逼畿甸，人心大恐。达礼麻识理能镇之以静，民恃以为安。二十一年，由中书参议升中书参知政事、同知经筵事。二十三年冬，迁上都留守，兼开平府尹，加荣禄大夫，分司土岭，东镇三州，以督转输。

二十四年，朝廷以前中书平章政事塔失帖木儿来为留守。时孛罗帖木儿拥兵京师，而皇太子出居于外，达礼麻识理与塔世帖木儿皆以忠义许国，相与结人心以观时变。未几，改授塔世帖木儿为大司农。塔世帖木儿谓达礼麻识理曰："我至京师则制于强臣，未易图也。"因留不行。适脱吉儿以孛罗帖木儿命屯兵盖里泊，托腹心于宗王也速也不坚，授以金印，俾驻上都之东郊，而以留守善安集兵于瓦吉剌部落。达礼麻识理遇之有礼，善安辞去。孛罗帖木儿复调帖木儿、托忽速哥至上都，以守御为名，事益矛盾。达礼麻识理与之周旋，略无几微见于外，而密遣前宗正扎鲁忽赤月鲁帖木儿潜通音问于罕哈哈剌海行枢密知院益老答儿，请亟调兵南行。又遣留守司照磨陈恭取兵兴州，访求在闲官吏之有才者，约束东西手八剌哈赤、虎贲司、纠集丁壮苗军，火铳什伍相联，一旦，布列铁幡竿山下，扬言四方勤王之师皆至，帖木儿等大骇，一夕东走，其所将兵尽溃。由是达礼麻识理增修武备，城守益严。

二十五年，皇太子在冀宁，命立上都分省，达世帖木儿为平章政事，达礼麻识理为右丞，便宜行事，以固护根本。七月，秃坚帖木儿用孛罗帖木儿命，以兵犯上都，先遣利用少监帖里哥赤至上都，令广备粮饩，远迓大军。达礼麻识理开陈大义，戮之于市，民情乃定。已而秃坚帖木儿帅铁甲马步军蔽野而至，呼声动天。达礼麻识理饬军士城守，申明逆顺之理以安人心，巡视城壁，昼夜不少息。夜遣死士缒城而下，焚其攻具，而调副留守秃鲁迷失海牙引兵由小东门出，与之大战卧龙冈，败之。未几，孛罗帖木儿伏诛，秃坚帖木儿皆奔溃，而上都以安。拜中书右丞，兼上都留守，提调虎贲司，加光禄大夫，赐黄金系腰，仍命提调东西手八剌哈赤。既而上都分省罢，遥授中书平章政事、上都留守，位居第一，力辞不允。明年，召为大宗正府也可扎鲁忽赤。又明年，拜太子詹事。奉诏至军中，宣明大义，藩将感悦。迁翰林学士承旨。秋，除知枢密院事、大抚军院事。初，大抚军院之立，皇太子用完者帖木儿、答尔麻、帖林沙、伯颜帖木儿、李国凤等计，专以备御扩廓帖木儿，既而政权不一，事务益乖，各复引去，而达礼麻识理之至，事且无可为者。

达礼麻识理之卒也，先一夕，怯薛官哈剌章者，阿儿剌氏阿鲁图孙也，夜梦太祖召见，语之曰："我以勤劳取天下，以传于妥欢帖睦尔。而爱猷识理达腊不克肖似，废坏我家法，苟不即收图，天命不可保矣。尔吾功臣之后，且诚实，故召汝语，汝明旦亟以吾言告而主及爱猷识理达腊。汝不以告，吾即殛汝，告而不改，则吾它有处之。达礼麻识理其人庶几识事宜者，然知而不言，将焉用之？吾其先殛之矣。”明旦，哈剌章入见帝，具以梦告，帝令以告皇太子。比出，则达礼麻识理已无疾而卒矣。

卷一百四十六　　列传第三十三

耶律楚材 子铸

耶律楚材，字晋卿，辽东丹王突欲八世孙。父履，以学行事金世宗，特见亲任，终尚书右丞。楚材生三岁而孤，母杨氏教之学。及长，博极群书，旁通天文、地理、律历、术数及释老、医卜之说，下笔为文，若宿搆者。金制，宰相子例试补省掾。楚材欲试进士科，章宗诏如旧制。问以疑狱数事，时同试者十七人，楚材所对独优，遂辟为掾。后仕为开州同知。贞祐二年，宣宗迁汴，完颜福兴行尚书事，留守燕，辟为左右司员外郎。太祖定燕，闻其名，召见之。楚材身长八尺，美髯宏声。帝伟之，曰：“辽、金世仇，朕为汝雪之。”对曰：“臣父祖尝委质事之，既为之臣，敢仇君耶！”帝重其言，处之左右，遂呼楚材曰吾图撒合里而不名，吾图撒合里，盖国语长髯人也。

己卯夏六月，帝西讨回回国。祃旗之日，雨雪三尺，帝疑之，楚材曰：“玄冥之气，见于盛夏，克敌之征也。”庚辰冬，大雷，复问之，对曰：“回回国主当死于野。”后皆验。夏人常八斤，以善造弓见知于帝，因每自矜曰：“国家方用武，耶律儒者何用。”楚材曰：“治弓尚须用弓匠，为天下者岂可不用治天下匠耶？”帝闻之甚喜，日见亲用。西域历人奏五月望夜月当蚀，楚材曰：“否。”卒不蚀。明年十月，楚材言月当蚀，西域人曰不蚀，至期果蚀八分。壬午八月，长星见西方，楚材曰：“女直将易主矣。”明年，金宣宗果死。帝每征讨，必命楚材卜，帝亦自灼羊胛，以相符应。指楚材谓太宗曰：“此人天赐我家。尔后军国庶政，当悉委之。”甲申，帝至东印度，驻铁门关，有一角兽，形如鹿而马尾，其色绿，作人言，谓侍卫者曰：“汝主宜早还。”帝以问楚材，对曰：“此瑞兽也，其名角端，能言四方语，好生恶杀，此天降符以告陛下。陛下天之元子，天下之人，皆陛下之子，愿承天心，以全民命。”帝即日班师。

丙戌冬，从下灵武，诸将争取子女金帛，楚材独收遗书及大黄药材。既而士卒病疫，得大黄辄愈。帝自经营西土，未暇定制，州郡长吏，生杀任情，至孥人妻女，取货财，兼土田。燕蓟留后长官石抹咸得卜尤贪暴，杀人盈市。楚材闻之泣下，即入奏，请禁州郡，非奉玺书，不得擅征发，囚当大辟者必待报，违者罪死，于是贪暴之风稍戢。燕多剧贼，未夕，辄曳牛车指富家，取其财物，不与则杀之。时睿宗以皇子监国，事闻，遣中使偕楚材往穷治之。楚材询察得其姓名，皆留后亲属及势家子，尽捕下狱。其家赂中使，将缓之，楚材示以祸福，中使惧，从其言，狱具，戮十六人于市，燕民始安。

己丑秋，太宗将即位，宗亲咸会，议犹未决。时睿宗为太宗亲弟，故楚材言于睿宗曰：“此宗社大计，宜早定。”睿宗曰：“事犹未集，别择日可乎？”楚材曰：“过是无吉日矣。”遂定策，立仪制，乃告亲王察合台曰：“王虽兄，位则臣也，礼当拜。王拜，则莫敢不拜。”王深然之。及即位，王率皇族及臣僚拜帐下。既退，王抚楚材曰：“真社稷臣也。”国朝尊属有拜礼自此始。时朝集后期应死者众，楚材奏曰：“陛下新即位，宜宥之。”太宗从之。

中原甫定，民多误触禁网，而国法无赦令。楚材议请肆宥，众以为迂，楚材独从容为帝言。诏自庚寅正月朔日前事勿治。且条便宜一十八事颁天下，其略言：“郡宜置长吏牧民，设万户总军，使势均力敌，以遏骄横。中原之地，财用所出，宜存恤其民，州县非奉上命，敢擅行科差者罪之。贸易借贷官物者罪之。蒙古、回鹘、河西诸人，种地不纳税者死。监主自盗官物者死。应犯死罪者，具由申奏待报，然后行刑。贡献礼物，为害非轻，深宜禁断。”帝悉从之，唯贡献一事不允，曰：“彼自愿馈献者，宜听之。”楚材曰：“蠹害之端，必由于此。”帝曰：“凡卿所奏，无不从者，卿不能从朕一事耶？”

太祖之世，岁有事西域，未暇经理中原，官吏多聚敛自私，赀至巨万，而官无储偫。近臣别迭等言：“汉人无补于国，可悉空其人以为牧地。”楚材曰：“陛下将南伐，军需宜有所资，诚均定中原地税、商税、盐、酒、铁冶、山泽之利，岁可得银五十万两、帛八万匹、粟四十余万石，足以供给，何谓无补哉？”帝曰：“卿试为朕行之。”乃奏立燕京等十路征收课税使，凡长贰悉用士人，如陈时可、赵昉等，皆宽厚长者，极天下之选，参佐皆用省部旧人。辛卯秋，帝至云中，十路咸进廪籍及金帛陈于廷中，帝笑谓楚材曰：“汝不去朕左右，而能使国用充足，南国之臣，复有如卿者乎？”对曰：“在彼者皆贤于臣，臣不才，故留燕，为陛下用。”帝嘉其谦，赐之酒。即日拜中书令，事无巨细，皆先白之。

楚材奏：“凡州郡宜令长吏专理民事，万户总军政，凡所掌课税，权贵不得侵之。”又举镇海、粘合，均与之同事，权贵不能平。咸得卜以旧怨，尤疾之，谮于宗王曰：“耶律中书令率用亲旧，必有二心，宜奏杀之。”宗王遣使以闻，帝察其诬，责使者，罢遣之。属有讼咸得卜不法者，帝命楚材鞫之，奏曰：“此人倨傲，故易招谤。今将有事南方，他日治之未晚也。”帝私谓侍臣曰：“楚材不较私仇，真宽厚长者，汝曹当效之。”中贵可思不花奏采金银役夫及种田西域与栽蒲萄户，帝令于西京宣德徙万余户充之。楚材曰：“先帝遗诏，山后民质朴，无异国人，缓急可用，不宜轻动。今将征河南，请无残民以给此役。”帝可其奏。

壬辰春，帝南征，将涉河，诏逃难之民，来降者免死。或曰：“此辈急则降，缓则走，徒以资敌，不可宥。”楚材请制旗数百，以给降民，使归田里，全活甚众。旧制，凡攻城邑，敌以矢石相加者，即为拒命，既克，必杀之。汴梁将下，大将速不台遣使来言："金人抗拒持久，师多死伤，城下之日，宜屠之。"楚材驰入奏曰："将士暴露数十年，所欲者土地人民耳。得地无民，将焉用之！"帝犹豫未决，楚材曰："奇巧之工，厚藏之家，皆萃于此，若尽杀之，将无所获。"帝然之，诏罪止完颜氏，余皆勿问。时避兵居汴者得百四十七万人。楚材又请遣人入城，求孔子后，得五十一代孙元措，奏袭封衍圣公，付以林庙地。命收太常礼乐生，及召名儒梁陟、王万庆、赵著等，使直释九经，进讲东宫。又率大臣子孙，执经解义，俾知圣人之道。置编修所于燕京、经籍所于平阳，由是文治兴焉。

时河南初破，俘获甚众，军还，逃者十七八。有旨：居停逃民及资给者，灭其家，乡社亦连坐。由是逃者莫敢舍，多殍死道路。楚材从容进曰："河南既平，民皆陛下赤子，走复何之！奈何因一俘囚，连死数十百人乎？"帝悟，命除其禁。金之亡也，唯秦、巩二十余州久未下，楚材奏曰："往年吾民逃罪，或萃于此，故以死拒战，若许以不杀，将不攻自下矣。"诏下，诸城皆降。甲午，议籍中原民，大臣忽都虎等议，以丁为户。楚材曰："不可。丁逃，则赋无所出，当以户定之。"争之再三，卒以户定。时将相大臣有所驱获，往往寄留诸郡，楚材因括户口，并令为民，匿占者死。乙未，朝议将四征不廷，若遣回回人征江南，汉人征西域，深得制御之术，楚材曰："不可。中原、西域，相去辽远，未至敌境，人马疲乏，兼水土异宜，疾疫将生，宜各从其便。"从之。

丙申春，诸王大集，帝亲执觞赐楚材曰："朕之所以推诚任卿者，先帝之命也。非卿，则中原无今日。朕所以得安枕者，卿之力也。"西域诸国及宋、高丽使者来朝，语多不实，帝指楚材示之曰："汝国有如此人乎？"皆谢曰："无有。殆神人也。"帝曰："汝等唯此言不妄，朕亦度必无此人。"有于元者，奏行交钞，楚材曰："金章宗时初行交钞，与钱通行，有司以出钞为利，收钞为讳，谓之老钞，至以万贯唯易一饼。民力困竭，国用匮乏，当为鉴戒。今印造交钞，宜不过万锭。"从之。

秋七月，忽都虎以民籍至，帝议裂州县赐亲王功臣。楚材曰："裂土分民，易生嫌隙，不如多以金帛与之。"帝曰："已许奈何？"楚材曰："若朝廷置吏，收其贡赋，岁终颁之，使毋擅科征，可也。"帝然其计，遂定天下赋税，每二户出丝一斤，以给国用；五户出丝一斤，以给诸王功臣汤沐之资。地税，中田每亩二升又半，上田三升，下田二升，水田每亩五升；商税，三十分而一；盐价，银一两四十斤。既定常赋，朝议以为太轻，楚材曰："作法于凉，其弊犹贪，后将有以利进者，则今已重矣。"时工匠制造，糜费官物，十私八九，楚材请皆考核之，以为定制。时侍臣脱欢奏简天下室女，诏下，楚材尼之不行，帝怒。楚材进曰："向择美女二十有八人，足备使令。今复选拔，臣恐扰民，欲覆奏耳。"帝良久曰："可罢之。"又欲收民牝马，楚材曰："田蚕之地，非马所产，今若行之，后必为人害。"又从之。丁酉，楚材奏曰："制器者必用良工，守成者必用儒臣。儒臣之事业，非积数十年，殆未易成也。"帝曰："果尔，可官其人。"楚材曰："请校试之。"乃命宣德州宣课使刘中随郡考试，以经义、词赋、论分为三科，儒人被俘为奴者，亦令就试，其主匿弗遣者死。得士凡四千三十人，免为奴者四之一。先是，州郡长吏，多借贾人银以偿官，息累数倍，曰羊羔儿利，至奴其妻子犹不足偿。楚材奏令本利相侔而止，永为定制，民间所负者，官为代价之。至一衡量，给符印，立钞法，定均输，布递传，明驿券，庶政略备，民稍苏息焉。

有二道士争长，互立党与，其一诬其仇之党二人为逃军，结中贵及通事杨惟忠，执而虐杀之。楚材按收惟忠。中贵复诉楚材违制，帝怒，系楚材；既而自悔，命释之。楚材不肯解缚，进曰："臣备位公辅，国政所属。陛下初令系臣，以有罪也，当明示百官，罪在不赦。今释臣，是无罪也，岂宜轻易反覆，如戏小儿？国有大事，何以行焉！"众皆失色。帝曰："朕虽为帝，宁无过举耶？"乃温言以慰之。楚材因陈时务十策，曰："信赏罚，正名分，给俸禄，官功臣，考殿最，均科差，选工匠，务农桑，定土贡，制漕运。皆切于时务，悉施行之。

太原路转运使吕振、副使刘子振，以赃抵罪。帝责楚材曰："卿言孔子之教可行，儒者为好人，何故乃有此辈？"对曰："君父教臣子，亦不欲令陷不义。三纲五常，圣人之名教，有国家者莫不由之，如天之有日月也。岂得缘一夫之失，使万世常行之道独见废于我朝乎！"帝意乃解。

富人刘忽笃马、涉猎发丁、刘廷玉等以银一百四十万两扑买天下课税，楚材曰："此贪利之徒，罔上虐下，为害甚大。"奏罢之。常曰："兴一利不如除一害，生一事不如省一事。任尚以班超之言为平平耳，千古之下，自有定论。后之负谴者，方知吾言之不妄也。"帝素嗜酒，日与大臣酣饮，楚材屡谏，不听，乃持酒槽铁口进曰："曲蘖能腐物，铁尚如此，况五脏乎！"帝悟，语近臣曰："汝曹爱君忧国之心，岂有如吾图撒合里者耶？"赏以金帛，敕近臣日进酒三钟而止。自庚寅定课税格，至甲午平河南，岁有增羡，至戊戌，课银增至一百一十万两。译史安天合者，谄事镇海，首引奥都剌合蛮扑买课税，又增至二百二十万两。楚材极力辨谏，至声色俱厉，言与涕俱。帝曰："尔欲搏斗耶？"又曰："尔欲为百姓哭耶？姑令试行之。"楚材力不能止，乃叹息曰："民之困穷，将自此始矣！"

楚材尝与诸王宴，醉卧车中，帝临平野见之，直幸其营，登车，手撼之。楚材熟睡未醒，方怒其扰己，忽开目视，始知帝至，惊起谢，帝曰："有酒独醉，不与朕同乐耶？"笑而去。楚材不及冠带，驰诣行宫，帝为置酒，极欢而罢。

楚材当国日久，得禄分其亲族，未尝私以官。行省刘敏从容言之，楚材曰："睦亲之义，但当资以金帛。若使从政而违法，吾不能徇私恩也。"

岁辛丑二月三日，帝疾笃，医言脉已绝。皇后不知所为，召楚材问之，对曰："今任使非人，卖官鬻狱，囚系非辜者多。古人一言而善，荧惑退舍，请赦天下囚徒。"后即欲行之，楚材曰："非君命不可。"俄顷，帝少苏，因入奏，请肆赦，帝已不能言，首肯之。是夜，医者候脉复生，适宣读赦书时也，翌日而瘳。冬十一月四日，帝将出猎，楚材以太乙数推之，亟言其不可，左右皆曰："不骑射，无以为乐。"猎五日，帝崩于行在所。皇后乃马真氏称制，崇信奸回，庶政多紊。奥鲁剌合蛮以货得政柄，廷中悉畏附之。楚材面折廷争，言人所难言，人皆危之。

癸卯五月，荧惑犯房，楚材奏曰："当有惊扰，然讫无事。"居无何，朝廷用兵，事起仓卒，后遂令授甲选腹心，至欲西迁以避之。楚材进曰："朝廷天下根本，根本一摇，天下将乱。臣观天道，必无患也。"後数日乃定。后以御宝空纸付奥都剌合蛮，使自书填行之。楚材曰："天下者先帝之天下。朝廷自有宪章，今欲紊之，臣不敢奉诏。"事遂止。又有旨："凡奥都剌合蛮所建白，令史不为书者，断其手。"楚材曰："国之典故，先帝悉委老臣，令史何与焉？事若合理，自当奉行，如不可行，死且不避，况截手乎！"后不悦。楚材辨论不已，因大声曰："老臣事太祖、太宗三十余年，无负于国，皇后亦岂能无罪杀臣也！"后虽憾之，亦以先朝旧勋，深敬惮焉。甲辰夏五月，薨于位，年五十五。皇后哀悼，赙赠甚厚。后有谮楚材者，言其在相位日久，天下贡赋，半入其家。后命近臣麻里扎覆视之，唯琴阮十余，及古今书画、金石、遗文数千卷。至顺元年，赠经国议制寅亮佐运功臣、太师、上柱国，追封广宁王，谥文正。子铉、铸。

铸字成仲，幼聪敏，善属文，尤工骑射。楚材薨，嗣领中书省事，时年二十三。铸上言宜疏禁网，遂采历代德政合于时宜者八十一章以进。戊午，宪宗征蜀，诏铸领侍卫骁果以从，屡出奇计，攻下城邑，赐以尚方金锁甲及内厩骢马。乙未，宪宗崩，阿里不哥叛，铸弃妻子，挺身自朔方来归，世祖嘉其忠，即日召见，赏赐优厚。中统二年，拜中书左丞相。是年冬，诏将兵备御北边，后征兵扈从，败阿里不哥于上都之北。至元元年，加光禄大夫。奏定法令三十七章，吏民便之。二年，行省山东。未几征还。初，清庙雅乐，止有登歌，诏铸制宫悬八佾之舞。四年春三月，乐舞成，表上之，仍请赐名《大成》，制曰"可"。六月，改荣禄大夫、平章政事。五年，复拜光禄大夫、中书左丞相。十年，迁平章军国重事。十三年，诏监修国史。朝廷有大事，必咨访焉。十九年，复拜中书左丞相。二十年冬十月，坐不纳职印、妄奏东平人聚谋为逆、间谍幕僚、及党罪囚阿里沙，遂罢免，仍没其家赀之半，徙居山后。二十二年卒，年六十五。子十一人：希征，希勃，希亮，希宽，希素，希固，希周，希光，希逸淮东宣慰使，余失其名。至顺元年，赠推忠保德宣力佐治功臣、太师、开府仪同三司、上柱国、懿宁王，谥文忠。

粘合重山 子南合

粘合重山，金源贵族也。国初为质子，知金将亡，遂委质焉。太祖赐畜马四百匹，使为宿卫官必阇赤。从平诸国有功。围凉州，执大旗指麾六军，手中流矢，不动。已而为侍从官，数得侍宴内廷。因谏曰："臣闻天子以天下为忧，忧之未有不治，忘忧未有能治者也。置酒为乐，此忘忧之术也。"帝深嘉纳之。立中书省，以重山有积勋，授左丞相。时耶律楚材为右丞相，凡建官立法，任贤使能，与夫分郡邑，定课赋，通漕运，足国用，多出楚材，而重山佐成之。太宗七年，从伐宋，诏军前行中书省事，许以便宜。师入宋境，江淮州邑望风款附，重山降其民三十余万，取定城、天长二邑，不诛一人。复入中书视事，赐中厩马十匹、贯珠袍一。卒，赠太尉，封魏国公，谥忠武。

十年，诏其子江淮安抚使南合，嗣行军前中书省事。时大将察罕围寿春，七日始下，欲屠其城，南合曰："不降者，独守将耳，其民何罪？"由是获免。初，世祖伐宋军于汴，南合进曰："李璮承国厚恩，坐制一方，然其人多诈，叛无日矣。"帝亦患之。中统元年，两迁宣抚使。明年，授中书右丞、中兴等路行中书省事。三年，迁秦蜀五路四川行中书省事。其年李璮反益都，帝使谕南合曰："卿言犹在耳，璮果反矣。卿宜谨守西鄙。"对曰："臣谨受诏，不敢以西鄙为陛下忧。"明年，授中书平章政事。四年，病卒。封魏国公，谥宣昭。子博温察儿，知河中府。

杨惟中

杨惟中，字彦诚，弘州人。金末，以孤童子事太宗，知读书，有胆略，太宗器之。年二十，奉命使西域三十余国，宣畅国威，敷布政条，俾皆籍户口属吏，乃归，帝于是有大用意。皇子阔出伐宋，命惟中于军前行中书省事。克宋枣阳、光化等军，光、随、郢、复等州，及襄阳、德安府，凡得名士数十人，收伊、洛诸书送燕都，立宋大儒周惇颐祠，建太极书院，延儒士赵复、王粹等讲授其间，遂通圣贤学，慨然欲以道济天下。拜中书令，太宗崩，太后称制，惟中以一相负任天下。

定宗即位，平阳道断事官斜彻横恣不法，诏惟中宣慰，惟中按诛之。金亡，其将武仙溃于邓州，余党散入太原、真定间，据大明川，用金开兴年号，众至数万，剽掠数千里，诏会诸道兵讨之，不克。惟中仗节开谕，降其渠帅，余党悉平。宪宗即位，世祖以太弟镇金莲川，得开府，专封拜。乃立河南道经略司于汴梁，奏惟中等为使，俾屯田唐、邓、申、裕、嵩、汝、蔡、息、亳、颍诸州。初，灭金时，以监河桥万户刘福为河南道总管，福贪鄙残酷，虐害遗民二十余年。惟中至，召福听约束，福称疾不至，惟中设大梃于坐，复召之，使谓福曰："汝不奉命，吾以军法从事。"福不得已，以数千人拥卫见惟中，惟中即握大梃击仆之。数日福死，河南大治。迁陕右四川宣抚使。时诸军帅横侈病民，郭千户者尤甚，杀人之夫而夺其妻，惟中戮之以徇，关中肃然。语人曰："吾非好杀，国家纲纪不立，致此辈贼害良民，无所控告，虽欲不去，可乎！"岁己未，世祖总统东师，奏惟中为江淮京湖南北路宣抚使，俾建行台，以先启行，宣布恩信，蒙古、汉军诸帅并听节制。师还，卒于蔡州，年五十五。中统二年，追谥曰忠肃公。

卷一百四十七　列传第三十四

张　柔

张柔，字德刚，易州定兴人，世力农。柔少慷慨，尚气节，善骑射，以豪侠称。金贞祐间，河北盗起，柔聚族党保西山东流寨，选壮士，结队伍以自卫，盗不敢犯。郡人张信假柔声势，纳流人女为妻，柔鞭信百而还其女。信憾之，谋结党害柔。未几，信有罪当诛，柔救之得免，于是骁勇之士，多慕义从之。中都经略使苗道润承制授柔定兴令，累迁清州防御使。道润表其才，加昭毅大将军，遥领永定军节度使，兼雄州管内观察使，权元帅左都监，行元帅府事。继而道润为其副贾瑀所杀，瑀遣使以好辞来告曰："吾得除道润者，以君不助兵故也。"柔怒叱使者曰："瑀杀吾所事，吾食瑀肉且未足快意，反以此言相戏耶！"遂移檄道润部曲，会易州军市川，誓众为之复仇，众皆感泣。适道润麾下何伯祥得道润所佩金虎符以献，因推柔行经略使事。事闻，加骠骑将军、中都留守，兼大兴府尹、本路经略使，行元帅事。

戊寅，国兵出紫荆口，柔率所部逆战于狼牙岭，马蹶被执，遂以众降，太祖还其旧职，得以便宜行事。柔招集部曲，下雄、易、安、保诸州，攻破贾瑀于孔山，诛瑀，剖其心祭道润。瑀党郭收亦降，尽有其众，徙治满城。金真定帅武仙会兵数万来攻，柔以兵数百出奇迎战，大破之。乘胜攻完州，下之，获州佐甄全。全慷慨就戮，柔义而释之，且升为守，使将部曲以从。己卯，仙复来攻，败走之，进拔郎山、祁阳、曲阳，诸城寨闻之，皆降。既而中山叛，柔引兵围之，与仙将葛铁枪战于新乐。流矢中柔颔，折其二齿，拔矢以战，斩首数千级，擒藁城令刘成，遂拔中山。仙复会兵攻满城，柔登城拒战，复为流矢所中。仙兵大呼曰："中张柔矣！"柔不为动，开门突战，皆败走。略地至鼓城，单骑入城，喻以祸福，城遂降。又败仙于祁阳，进攻深泽、宁晋、安平，克之。分遣别将攻下平棘、藁城、无极、栾城诸县，辟地千余里。由是深、冀以北，真定以东三十余城，缘山反侧鹿儿、野狸等寨，相继降附。一月之间，与仙遇者凡十有七，每战辄胜。方献捷于行在所，行次宣德，而易州军叛，逐其守卢应妻子，据西山马头寨。柔闻之，即弃辎重还，出奇计破其寨，而诛叛者，归其妻子。加荣禄大夫、河北东西等路都元帅，号拔都鲁，置官属，将士迁授有差。

燕帅孱赤台数凌柔，柔不为下，乃谮柔于中都行台曰："张柔骁勇无敌，向被执而降，今委以兵柄，战胜攻取，威震河朔，失今不图，后必难制。常欲杀我，我不敢南也。"行台召柔，幽之土室，孱赤台施帐寝其上，环以甲骑，明日将杀之，孱赤台一夕暴死，柔乃得免。金经略使固安王子昌，善战知名，与信安张进连兵，阻水为固，远近惮之。柔出其不意，率兵径渡，生擒以还。

乙酉，真定武仙杀其帅史天倪，其弟天泽使来求援。柔遣骁将乔惟忠等率千余骑赴之，与仙战，败之。遂分遣惟忠、宋演略彰德，徇齐鲁；聂福坚略青、魏、山东。玺书授柔行军千户、保州等处都元帅。丙戌，遣将以兵从国王孛鲁，攻李全于益都，降之。丁亥，移镇保州。保自兵火之余，荒废者十五年，盗出没其间。柔为之画市井，定民居，置官廨，引泉入城，疏沟渠以泻卑湿，通商惠工，遂致殷富。迁庙学于城东南，增其旧制。

壬辰，从睿宗伐金，语其众曰："吾用兵，杀人多矣，宁无冤者？自今以往，非与敌战，誓不杀也。"围汴京，柔军于城西北，金兵屡出拒战。柔单骑陷阵，出入数四，金人莫能支。金主自黄陵冈渡河，次沤麻冈，欲取卫州，柔以兵合击，金主败走睢阳。其臣崔立以汴京降，柔于金帛一无所取，独入史馆，取《金实录》并秘府图书；访求耆德及燕赵故族十余家，卫送北归。遂围睢阳，金主走汝南。汝南恃柴潭为阻，会宋孟珙以兵粮来会，珙决其南，潭水涸。金人惧，启南门求死战，柔以步卒二十余突其阵，促聂福坚先登，擒二校以归。又遣张信据其内隍，诸军齐进，金主自杀。汝南既破，下令屠城，一小校缚十人以待，一人貌独异，柔问之，状元王鹗也，解其缚，宾礼之。入朝，太宗历数其战功，班诸帅上，赐金虎符，升军民万户。

乙未，从皇子阔出拔枣阳，继从大帅太赤攻徐、邳。丁酉，诏屯兵曹武以逼宋。道出九里关，柔欲率所部径往，或言关甚险，宋必设伏，不若与大军俱进。不听，与二十骑直前据关，方解甲而食。宋兵出两山间，围数重，骑皆失色，柔单骑驰突溃围。大军继至，遂达曹武，悉下缘山诸堡，攻洪山寨，破之，遂营山下。柔率众出略地他处，宋兵乘虚来袭，柔还，与之遇，自旦至暮，凡十余战，大败宋师，斩其将校十有三人。遂会诸军取光州，又进趣黄州。破三山寨，至大湖中，得战舰，沿江接战，壁于黄州西北隅。有乘舟出者，柔曰："此侦伺我隙者也，夜必袭吾不备。"乃分军为三以待之。二鼓时，宋师果至，柔遮击之，俘数百人，溺死者不可计。攻其东门，矢石雨注，军少却。柔率死士十余，奋戈大呼，所向仆踣，执俘而还。宋师惧，请和，乃还军。

大帅察罕攻滁州，柔以二百骑往。时卢、泗、盱眙、安丰间，宋屯戍相望，斥候甚严，或劝柔勿行，不听，且战且前，凡二十余战。比至滁，察罕以滁久不拔，欲解去，柔请决战，从之。既阵，宋骁将出挑战，柔佯却，宋将骄，柔驰及之，梲击坠地，宋将执柔辔曳入其阵，飞石中柔鼻，两军哄，柔得还，裹疮复战。夜遣巩彦晖劫其营，焚城东南隅，柔率锐卒五十七人先登，拔之。己亥，以本官节制河南诸翼兵马征行事，河南三十余城皆属焉。

庚子，诏柔等八万户伐宋。辛丑，升保州为顺天府，赐御衣数袭、名马二、尚厩马百。柔率师自五河口济淮，略和州诸城，师还，分遣部下将千人屯田于襄城。察罕奏柔总诸军镇杞。初，河决于汴，西南入陈留，分而为三，杞居其中潬。宋兵恃舟楫之利，驻亳、泗，犯汴、洛，以扰河南。柔乃即故杞之东西中三山夹河，顺杀水势，筑连城，结浮梁，为进战退耕之计，敌不敢至。会诸军攻破寿州，柔欲留兵守之，察罕不从。又败宋师于泗州，还杞上。帐下吏夹谷显祖得罪亡走，上变诬柔，执柔以北。大臣多以阖门保柔者，卒辨其诬，显祖伏诛。

辛亥，宪宗即位，换授金虎符，仍军民万户。甲寅，移镇亳州。环亳皆水，非舟楫不达，柔甃城壁为桥梁属汴堤，以通商贾之利；复建孔子庙，设校官弟子员。入奏，帝悦，赐衣一袭、翎根甲一、金符九、银符十九，颁将校之有功者。

己未，分裨将张果、王仲仁从宪宗征蜀；王安国、胡进、田伯荣、宋演从宗王塔察儿攻荆山；柔从世祖攻鄂。世祖由大胜关，柔由虎头关，与宋兵遇于沙窝，柔子弘彦击破之，进与守关兵战，败之。世祖自阳罗渡江，促柔会兵攻鄂，百余日不能下。世祖谕之曰："吾犹猎者，不能擒圈中豕，野猎以供汝食，汝可破圈而取之。"柔乃令何伯祥作鹅车，洞掘其城，别遣勇士先登，攻其西南陬，屡破之。会宪宗凶问至，宋亦行成，世祖北还，命柔统领蒙古、汉军，以俟后命，城白鹿矶，为久驻计。

中统元年，世祖即位，诏班师。阿里不哥反，世祖北征，诏柔入卫，至庐朐河，有诏止之。分其兵三千五百卫京师，以子弘庆为质。二年，以《金实录》献诸朝，且请致仕，封安肃公，命第八子弘略袭职。至元三年，加荣禄大夫，判行工部事，城大都。四年，进封蔡国公。五年六月卒，年七十九。赠推忠宣力翊运功臣、太师、开府仪同三司、上柱国，谥武康。延祐五年，加封汝南王，谥忠武。子十有一人，弘略、弘范最显，弘范自有传。

弘略字仲杰，柔第八子也。有谋略，通经史，善骑射。尝从柔镇杞徙亳。岁乙卯，入朝宪宗，授金符，权顺天万户。从征蜀，以其幼，赐锦衣，令还镇。柔既致仕，授弘略金虎符、顺天路管民总管、行军万户，仍总宣德、河南、怀孟等路诸军屯亳者。中统三年，李璮反，求救于宋将夏贵。贵自蕲乘虚北夺亳、滕、徐、宿、邳、沧、滨七州，新蔡、符离、蕲、利津四县，杀守将。弘略率战船遏之于涡口，贵退保蕲，弘略发亳军攻之，水陆并进。宋兵素惮亳军，焚城宵遁，追杀殆尽，获军资不可计，尽复所失地。李璮既诛，追问当时与璮通书者，独弘略书皆劝以忠义，事得释。朝廷惩璮叛逆，务裁诸侯权以保全之，因解弘略兵职，宿卫京师，赐只孙冠服，以从宴享。至元三年，城大都，佐其父为筑宫城总管。八年，授朝列大夫、同行工部事，兼领宿卫亲军、仪鸾等局。十三年，城成，赐内帑金扣、玳瑁卮，授中奉大夫、淮东道宣慰使。十四年，宋广王昺据闽、广，时东海县储粟数万，行省檄弘略将兵二千戍之，仍命造舟运粟入淮安。弘略顾民舟，有能载粟十石者与一石，人争趋之，一月而毕。十六年，迁江西宣慰使。会饶州盗起，犯都昌。弘略以为，饶虽属江东，与南康止隔一湖，此寇不灭，则吾境必有相扇而起者。乃使人直捣其巢穴，生缚贼酋，磔于市，余党溃散。下令曰："不操兵者，皆为平民，余无所问。"顷之，以疾归亳。有谗贵臣子在江南买田宅乐而忘归者，词引弘略。或谓弘略曰："公但居亳，未尝在江南，入见宜自明。"弘略曰："明之，则言者获谴矣，吾宁称疾家居。"二十九年，见世祖于龙虎台，请曰："臣之子玠长矣，愿备宿卫。"从之，且赐以酒曰："卿年未老，谢事何为。"特命为河南行省参知政事。元贞二年卒。赠推忠佐理功臣、银青荣禄大夫、平章政事、上柱国、蔡国公，谥忠毅。子三人：玠，瑾，琰。

史天倪

史天倪，字和甫，燕之永清人。曾祖伦，少好侠，因筑室发土得金，始饶于财。金末，中原涂炭，乃建家塾，招徕学者，所藏活豪士甚众，以侠称于河朔。士族陷为奴虏者，辄出金赎之。甲子，岁大侵，发粟八万石赈饥者，士皆争附之。祖成珪，倜傥有父风。遭乱，盗贼四起，乃悉散其家财，唯存廪粟而已。父秉直，读书尚气义。癸酉，太师、国王木华黎统兵南伐，所向残破，秉直聚族谋曰："方今国家丧乱，吾家百口，何以自保！"既而知降者皆得免，乃率里中老稚数千人，诣涿州军门降。木华黎欲用秉直，秉直辞而荐其子，乃以天倪为万户，而命秉直管领降人家属，屯霸州。秉直拊循有方，远近闻而附者十余万家。寻迁之漠北，降人道饥，秉直得所赐牛羊，悉分食之，多所全活。甲戌，从木华黎攻北京。乙亥，北京降，木华黎承制，以乌野儿为北京路都元帅，秉直行尚书六部事，主馈饷，军中未尝乏绝。庚寅，以老谢事，归乡里。卒，年七十一。三子：长天倪，次天安，次天泽。天泽自有传。

天倪始生之夕，白气贯庭。成童，姿貌魁杰。有道士见而异之曰："封侯相也。"及长，好学，日诵千言。大安末，举进士不第，乃叹曰："大丈夫立身，独以文乎哉！使吾遇荒鸡夜鸣，拥百万之众，功名可唾手取也。"木华黎见而奇之。既以万户统诸降卒，从木华黎略地三关已南，至于东海，所过城邑皆下。因进言于木华黎曰："金弃幽燕，迁都于汴，已失策矣。辽水东西诸郡，金之腹心也。我若得大宁以扼其喉襟，则金虽有辽阳，终不能保矣。"木华黎善之。

先，伦卒时，河朔诸郡结清乐社四十余，社近千人，岁时像伦而祠之。至是，天倪选其壮勇万人为义兵，号清乐军，以从兄天祥为先锋，所向无敌。分兵略三河、蓟州，诸寨望风款服。甲戌，朝太祖于燕之幄殿，所陈皆奇谋至计，大称旨，赐金符，授马步军都统，管领二十四万户。从木华黎攻高州，又从攻北京，皆不战而克。乙亥，授右副都元帅，改赐金虎符。奉诏南征，围平州，金经略使乞住降。进兵真定，所属部邑无不款附。而真定帅武仙，固守不下，遂移军围大名。众谓城坚不可击，天倪使攻其西南角，劲卒屡上屡却，天倪先登，守者辟易，遂破其城。丙子，会木华黎兵于燕南，清州监军王守约、平州推官合达，俱以城叛，连谋越海归金，天倪追袭至乐安，合达以益都行省忙古兵来拒，败之，杀守约，擒忙古，斩首万级。丁丑，徇山东诸郡，部卒有杀民豕者，立斩以徇，军中肃然；远近响应，知中山李明、赵州李瑀、邢州武贵、威州武振、磁州李平、洺州张立等，望风皆下。己卯，从木华黎徇河东，至绛州，其团楼甃以石，牢不可破。天倪命穴其旁，地虚，楼陷，遂拔之。木华黎喜，赏以绣衣、金鞍、名马。庚辰，还军真定，武仙降。木华黎承制以天倪为金紫光禄大夫、河北西路兵马都元帅，行府事；仙副之。天倪乃言于木华黎曰：“今中原粗定，而所过犹纵钞掠，非王者吊民伐罪意也。且王奉天子命，为天下除暴，岂复效其所为乎！”王曰：“善。”下令：敢有剽虏者，以军法从事。

辛巳，金怀州元帅王荣、潞州元帅裴守谦、泽州太守王珍皆以城降。壬午，攻济南水寨，破之。癸未，徇山西，遂克三关，不浃旬，定四十余寨。兵至河卫，喜曰：“河卫者，夷门之限也。河卫既破，则夷门不能守矣。”严实以兵来会，请自攻河卫，天倪曰：“合达、蒲瓦，亦勍敌也。”实曰：“易与耳，保为公破之。”明日，实与蒲瓦兵遇于南门，合达兵自北奄至，实兵败，竟为所执。天倪曰：“合达以实归汴，必以今夕。”急命冯存、杜必贵率壮士一千三百，伏延津柳渡。果夜缚实过延津，遇存等，与战，败之，实得脱归，必贵战死。未几，帝命天倪回军真定。甲申夏，大名总管彭义斌以宋兵犯河朔，天倪逆战于恩州，义斌败，入保大名。乙酉，师还，闻武仙之党据西山腰水、铁壁二寨以叛，天倪直捣其巢穴，尽掩杀之。仙怒，谋作乱，乃设宴邀天倪。有知其谋者，止天倪毋往，天倪不从，遂为仙所杀。

天倪之赴真定也，秉直密戒之曰：“观武仙之辞气，终不为我用，宜备之。”天倪曰：“我以赤心待人，人或相负，天必不容，愿无虑。”秉直乃携其孙楫、权还北京。至是，人服其先识。先是，天倪击鞠夜归，有大星陨马前，有声，心恶之，果及祸。天倪死时，年三十九。妻程氏，闻乱，恐污于贼，乃自杀。子五人，其三人尚幼，俱死于难，惟楫、权在。

楫字大济。岁己亥，知中山府事。寻迁征南行军万户翼经略，徇地蕲、黄，善抚士卒，所向有功。壬寅，天泽引楫入见太宗，奏曰：“臣兄天倪死事时，二子尚幼，臣受诏摄行府事，今楫已成人，乞解职授之。”帝嘉叹曰：“今之争官者多，让官者少，卿此举殊可嘉尚。朕自有官与之。”即以楫为真定兵马都总管，佩金虎符。辛亥，朝廷始征包银，楫请以银与物折，仍减其元数，诏从之，著为令。各道以楮币相贸易，不得出境，二三岁辄一易，钞本日耗，商旅不通，楫请立银钞相权法，人以为便。或请运盐按籍计口，给民以食，楫争其不可，曰：“盐铁从民贸易，何可若差税例配之。”议遂寝。元氏民有诉府僚于达官者，质之无实，将抵之死，楫力为营解。达官曰：“是人陷汝辈死地，而反救之，何耶？”楫曰：“诛之固足以惩后，未若宥之以愧其心。况人命至重，岂宜以妄言之故，而加以极刑。”乃杖而遣之。中统元年，授真定路总管、同判本道宣抚司事。真定表山带河，连属三十余城，生杀进退，咸倚专决。楫谨身率先，明政化，信赏罚，任贤良，汰贪墨，恤茕独，民咸德之。所举州县佐史有文学者三十余人，后皆知名。会天泽言：“兵民之柄不可并居一门，行之请自臣家始。”楫即日解绶归。卒年五十九。子炫，常德管军总管；烇，知孟州；燧，同知东昌府事；煊，潼关提举；炀，金广西按察司事。

权字伯衡，勇而有谋。初，以权万户从天泽南征。岁壬子，天泽以万户改河南经略使，乃以权代其任。甲寅，屯军邓州，败宋将高达于樊城。己未，世祖自将伐宋，权出迎于淮西。世祖渡江，次鄂州而宪宗崩，世祖北还，乃命权总兵镇江北岸之武矶山。中统元年，降诏奖谕，赐金虎符，授真定河间滨棣邢洺卫辉等州路并木烈乣军兼屯田州城民户沿边镇守诸军总管万户；其所属千户、万户，悉听号令。至元六年，召至阙下，问以征南之策。对曰：“襄阳乃江陵之藩蔽，樊城乃襄阳之外郛，我军若先攻樊城，则襄阳不能支梧，不战自降矣。然后驻兵嘉定，耀武淮、泗，事必有济。”帝善其计。七年，宋兵侵边，权引兵趋荆子口，大破之，帝赐白金五百两，权悉以分劳士卒。宋将夏贵以船万艘载壮士，欲夺江面，权进攻，破之，帝赐以衣币、弓矢、鞍勒。既而转粮于随，贵复引兵扼我前路，权战破之，赐白金七百两。制授河南等路宣抚使，未上，赐金虎符，充江汉大都督，总制军马，总管屯田万户。会天泽言一门不可兼掌兵民之柄，乃授权镇国上将军、真定等路总管，兼府尹。徙东平，又徙河间。卒。

枢字子明。父天安，字全甫，秉直仲子也。岁癸酉，从秉直降。太师木华黎以其兄天倪为万户，而质天安军中。丁丑，从讨锦州叛人张致，平之。己卯，从略地关右，生擒鄜州骁将张资禄号张铁枪者。乙酉，武仙杀天倪于真定，天安率众来会天泽，并力攻仙，败走之。以功授行北京元帅府事，抚治真定。庚寅，宋聚兵邢之西山，声言为仙援，遣其徒赵和行间城中，诬倅副李甲、刘清尝输款为内应。守将械两人送府，大帅趣命戮之，天安揣知其诈，请自鞫之，果得其情，遂斩和以徇。壬辰，从伐金。师还，讨剧盗梁满、苏杰等，悉平之。甲午，宣权真定等路万户，赐金符。丙午，入觐，赐黄金五十两、白狐裘一、牝马百。乙卯卒。

枢年二十余，以勋臣子知中山府，有治绩。甲寅，初籍新军，天泽以长兄二子各有官位，而仲兄之子未仕，乃奏枢为征行万户，配以真定、彰德、卫州、怀孟新军，戍唐、邓。乙卯，败宋舟师于汉水之鸳鸯滩，赐金虎符。戊午，宪宗伐宋，入自蜀，从天泽诣行在，朝帝于大散关。帝劳之曰：“卿久镇东方，兹复远来，勤亦至矣。”枢对曰：“臣之祖、父，受国厚恩，今陛下亲御六师，暴露万里之外，臣独不能出死力，以报万分之一邪！”帝壮其言，命为前锋。宋立剑州，侨治于苦竹崖，前阻绝涧，深数百尺，恃险而不备，帝使枢侦之。枢率健卒数十，缒而下，得其所以致师处以闻，帝趣枢急取之，宋人惧，乃降。翼日，大宴，帝顾皇后，命饮枢酒，且谕新附渠帅曰：“我国家自开创以来，未有皇后赐臣下酒者，特以枢父子世笃忠贞，故宠以殊礼。有能尽瘁事国者，礼亦如之。”己未，从天泽击败宋将吕文德于嘉陵江，追至重庆而还，赐黄金五十两、白金二百两、锦一匹。世祖即位，改赐金虎符。中统二年，从天泽扈驾北征。三年，李璮叛据济南，复从天泽往讨之。城西南有大涧，亘历山，枢一军独当其险，夹涧而城，竖木栅于涧中。淫雨暴涨，木栅尽坏，枢曰：“贼乘吾隙，俟夜必出。”命作苇炬数百置城上。逮三鼓，贼果至，飞炬掷之，风怒火烈，弓弩齐发，贼众大溃，自相蹂躏，死者不可胜计。未几，璮就擒。至元四年，宋兵围开、达诸州，以枢为左壁总帅，佩虎符，凡河南、山东、怀孟、平阳、太原、京兆、延安等军悉统之，宋兵闻之，解去。六年，高丽人金通精据珍岛以叛，讨之，岁余不下。七年，进枢昭勇大将军、凤州经略使。枢至，谓诸将佐曰："贼势方张，未易力胜，况炎暑海气蒸郁，弓力驰弱，猝不可用。宜分军为三，多张旗帜以疑之。吾与诸君潜师捣其巢穴，破之必矣。"与战，大破之，其地悉平。十二年，复以万户从丞相伯颜伐宋，赐锦衣一、宝鞍一、弓一、矢百、甲十注、马十二匹，仍给天泽帐下士十人以从。宋平，署安吉州安抚使。时新附之初，民所在依险阻自保，枢以威信招怀之，复业为民者以千万计。十四年，移疾还。十九年，起为东京路总管，辞不赴。二十三年，拜中奉大夫、山东东西道宣慰使，治济南，后又治益都。二十四年，卒，年六十七。子焕，昭勇大将军、后卫亲军都指挥使，佩金虎符；烨，奉训大夫、秘书少监。

史天祥

史天祥，父怀德，尚书秉直之弟也。岁癸酉，太师、国王木华黎从太祖伐金，天祥随秉直迎降于涿。木华黎命怀德就领其黑军隶帐下，署天祥都镇抚，选降卒长身武勇者二百人，使领之。招徕丁壮，得众万余，从取霸州、文安、大城、沧滨、长山等二十余城，东下淄、沂、密三州，所至皆先登，诏赐以银符。从大军攻燕，不克。甲戌，略地高州，拔惠和、金源、和众、龙山、利、建、富庶等十五城，惟大宁固守不下。天祥获金将完颜胡速，木华黎欲杀之，天祥曰："杀一人无损于敌，适驱天下之人为吾敌也。且其降时尝许以不死，今杀之，无以取信于后，不若从而用之。"乃以为千户。复合众攻其城，怀德先登，擒其二将，为流矢所中，殁于军。乃以所统黑军命天祥领之。

天祥愤痛其父之死，攻之愈急。乙亥，与大帅乌野儿降其北京留守银答忽、同知乌古伦。进攻北京傍近诸寨，磨云山王都统首诣军门降，天祥命入列崖，擒都统不剌，释其缚，仍晓以大义，不剌感泣，愿效死。天祥察其诚，许与王都统往说降城子崖王家奴，乃命三人各将旧卒，付空名告身，使谕楼子崖等二十余寨，悉降，得老幼数万、胜兵八千。西乾河答鲁、五指山杨赵奴独固守不下，天祥击之，大小百余战，赵奴死，答鲁败走，得户二万。授西山总帅兵马。兴州节度使赵守玉反，天祥与乌野儿分道讨平之。答鲁复聚众攻龙山，以槊刺乌野儿中胸，随堕马，天祥驰救得免，复整阵出战，大败之，斩首八千级，答鲁战死。进克中兴府。张致盗据锦州，从木华黎讨平之。会契丹汉军擒关肃，复利州，杀刘禄于银治，斩首五十级，尖山、香炉、红螺、塔山、大虫、骆驼、团崖诸寨悉平，虏生口万余，得锦州旧将杜节，并黑军五百人，即命统之。

丙子春，觐太祖于鱼儿泺，赐金符，授提控元帅。拔盖、金、苏、复等州，获金完颜奴、耶律神都马，迁镇国上将军、利州节度使、所部降民都总管、监军兵马元帅。丁丑夏，山贼祁和尚据武平，讨平之。缚金将巢元帅。又灭重儿盗众万人于兴州之车河。己卯，权兵马都元帅，蒙古、汉军、黑军并听节制。下河东、平阳、河中、岢岚、绛、石、隰、吉、鄜等八十余城。庚辰，至真定，木华黎使天祥攻城，天祥因请曰："攻之恐戮及无辜，不如先往谕之。苟其不从，加兵未晚。"木华黎许之。天祥往见守将武仙，谕以祸福，仙悟，乃降。吾也而请留天祥守真定，木华黎曰："天下未定，智勇士可离左右乎？吾将别处之。"乃以秉直之子天倪为河北西路兵马都元帅，镇真定；以天祥为左副都元帅，余如故，引兵南屯邢西遥水山下。仙兄贵以万人壁于山上，负固不下，天祥携完颜胡速及黑军百人，由鸟道扳援而上，尽掩捕之。仙惊曰："公若有羽翼者，不然，何其能也！"遂下邢、磁、相三州。从战黄龙冈，破单、胜、兖三州。木华黎围东平，久不下，怒吾也而不尽力，将手斩之，天祥请代攻。木华黎喜，付皮甲一，又与己铁铠并被之。鏖战不已，木华黎使人止之曰："尔力竭矣，宜少休。"复以金鞍名马与之。辛巳，从取绥德、鄜、坊等五十余城。壬午，木华黎攻青龙、金胜诸堡，花帽军坚守不下，既破，欲屠之，天祥力谏而止，获壮士五千人。

癸未春，还军河中，木华黎上其功，赐金虎符，授蒙古汉军兵马都元帅，总十二万户，镇河中，冬，徇西夏，破贺兰山，还，遇贼，射伤额，出血，目为之昏。甲申，归北京，授右副北京等七路兵马都元帅。庚寅，朝太宗于卢朐河，乞致仕，不允。辛卯，太宗用兵河南，强之从行，转漕河上，给饷诸军。壬辰，命天祥领汴京百工数千，屯霸州之益津，行元帅府事，赐锦衣一袭。初，天祥夜中流矢，镞入颊骨，不能出，至是，金疮再发，镞自口出。睿宗闻而闵之，授海滨和众利州等处总管，兼领霸州御衣局人匠都达鲁花赤，行北京七路兵马都元帅府事。宪宗即位，俾仍旧职。戊午秋九月，以疾卒，年六十八。

天祥幼有大志，长身骈胁，力绝人，性不嗜酒，喜稼穑，好施予。乙未括户，纵其奴千余口，俾为民。晚虽丧明，忧国爱民之心，未尝忘也。

子彬，江东提刑按察副使；槐，袭霸州御衣局人匠都达鲁花赤。

卷一百四十八　列传第三十五

董俊 子文蔚　文用　文直　文忠

董俊，字用章，真定藁城人。少力田，长涉书史，善骑射。金贞祐间，边事方急，藁城令立的募兵，射上中者拔为将。众莫能弓，独俊一发破的，遂将所募兵迎敌。岁乙亥，国王木华黎帅兵南下，俊遂降。己卯，以劳擢知中山府事，佩金虎符。金将武仙据真定，定武诸城皆应仙。俊率众夜入真定，逐仙走之，定武诸城复去仙来附。庚辰春，金大发兵益仙，治中李全叛中山应之。俊军时屯曲阳，仙锐气来战，败之黄山下，仙脱走。献捷于木华黎，由是仙以穷降。木华黎承制授俊龙虎卫上将军、行元帅府事，驻藁城。俊尝谒木华黎曰："武仙黠不可测，终不为我用，请备之。"木华黎然其言，承制授左副元帅。升藁城县为永安州，号其众为匡国军，事一委俊。乙酉，仙果杀都元帅史天倪，据真定以叛，旁郡县皆为仙守。俊提孤军居反侧间，战士不满千人，拒守永安。仙攻之期年，无所利，乃纵兵蹂禾稼，俊呼语之曰："汝欲得民，而夺之食，无道贼不为也。"仙惭而去，俊出兵掩击之，仙败走。久之，俊复夜入真定，仙走死，乃纳史天倪弟天泽为帅。壬辰，会诸军围汴。明年，金主弃汴奔归德，追围之。金兵夜出，薄诸军于水，俊力战死焉，时年四十有八。

俊早丧父，事母以孝闻。岁时庙祭，非疾病，跪拜必尽礼。子虽孩乳，亦使之序拜，曰："祀以孝先也，礼宜如是。"待族亲故人，皆有恩意；里夫家僮，亦接之有道。克汴时，以侍其轴为贤，延归教诸子。尝曰："射，百日事耳；《诗》、《书》，非积学不通。"屡诫诸子曰："吾一农夫耳，遭天下多故，徒以忠义事人，仅立门户。深愿汝曹力田读书，勿求非望，为吾累也。"俊忠实自许，不为夷险少移，临阵勇气慑众，立矢石间，怡然若无事，虽中伤亦不为动。每慕马援为人，曰："马革裹尸，援固可壮。"故战必持矛先士卒，或谏止之，俊曰："我人臣也，敌在前，不死，乃趋安脱危乎！"先是，戊子岁，朝于行在，诸将献户口，各增数要利，吏请如众，俊曰："民实少而欺以数多，他日上需求无应，必重敛以承命，是我独利，而民日困也。"行元帅府时，狂男子三百余人期日作乱，事觉，戮其渠魁，余并释之。深、冀间妖人惑众，图为不轨，连逮者数万人，有司议当族，俊力请主者，但诛首恶。永安节度使刘成叛降武仙于威州，俊下令曰："逆者一人，余能去逆，即忠义士，与其家财，仍奏官之。"众果去成降。沃州民寨天台为盗，既破降之，他将利其子女，欲掠之，俊曰："城降而俘其家，仁者不为也。"众义不取。南征时，人多归俊愿为奴者，既全其家，归悉纵为民。邻境人有被掠卖者，亦与直赎还之。其天性之美类如此。俊器度弘远，善战而不妄杀，故人乐为之用。大小百战，无不克捷。为政宽明，见人善治田庐，必召与欢语，有惰者，则怒罚之，故其部完实，民惟恐其去也。赠翊运效节功臣、太傅、开府仪同三司、上柱国，封寿国公，谥忠烈。加赠推忠翊运效节功臣、太傅、开府仪同三司、上柱国，改封赵国公。子文炳、文蔚、文用、文直、文忠，文炳自有传。

文蔚字彦华，俊之次子也。重厚寡言，不事嬉戏，立志勤苦，读书忘倦。及长，善骑射，膂力绝人。事母至孝，接人谦恭，凡所与交，贵贱长幼，待之无异；至于一揖，必正容端礼，俯首几至于地，徐徐起拱，人所难能。兄文炳为藁城令，厉精于政，家务悉委之，凡供给祭祀宾客之事，无不尽心。辛丑，起民兵南征，文炳命文蔚率十有七人，私整鞍马衣甲，自为一队，与众军渡淮。甲寅，世祖收大理，还驻六盘山。文炳以文蔚孝谨公勤，可委以事，解所佩金符以让，帝嘉赏之，授藁城等处行军千户。南镇邓州，与荆、襄接境，沿边城壁未筑。是年冬十一月，修光化；乙卯，立毗阳；丙辰，筑枣阳。文蔚悉总之，治板干，具畚锸，储糇粮，运木石，程其工力，时其饥饱，药其疾病。见执役者，常以善言抚之，弗事威猛。众咸感曰："他将领役，鞭箠怒辱，不恤困苦。今董侯慈惠若此，我曹安忍负之！"各尽力成之。

丁巳，攻襄，樊城南据汉江，北阻湖水，卒不得渡。文蔚夜领兵士，于湖水狭隘之处，伐木拔根，立于水，实以薪草为桥梁，顷之即成。至晓，师悉渡，围已合，城中大惊异之。文蔚复统拔都军以当前行，夺其外城，论功居最。己未，宪宗伐宋，入川蜀，文蔚奉诏，将邓之选兵西上，由褒斜历剑阁，而剑、阆诸州，平地不能守，置州事于山。师行大获、云顶、长宁、苦竹诸寨，长驱而前。至钓鱼山，崖壁巉峭，惟一径可登，恃险阻未即降。帝命攻之，文蔚以次往攻，乃激厉将士，挟云梯，冒飞石，履崎岖以登，直抵其寨苦战，顷之，兵士被伤，乃还。帝亲见之，加以赏赉。中统二年，世祖置武卫军，文蔚以邓兵入为千户。帝北狩，留屯上都。三年，李璮反，据济南，文蔚以麾下军围其南面，春秋力战，城破，璮诛，奏功还。至元五年七月十七日，以疾卒于上都之炭山。弟文忠，时为枢密佥院，乞护丧南还，帝甚悯之。泰定中，赠明威将军、佥右卫使司事、上骑都尉、陇西郡伯。

文用字彦材，俊之第三子也。生十岁，父死，长兄文炳教诸弟有法。文用学问早成，弱冠试词赋中选。时以真定藁城奉庄圣太后汤沐，庚戌，太后命择邑中子弟来上，文用始从文炳谒太后于和林城。世祖在潜藩，命文用主文书，讲说帐中，常见许重。癸丑，世祖受命宪宗自河西征云南大理。文用与弟文忠从军，督粮械，赞军务。丁巳，世祖令授皇子经，是为北平王、云南王也。又命召遗老窦默、姚枢、李俊民、李治、魏璠于四方。己未，伐宋，文用发沿边蒙古、汉人诸军，理军需。将攻鄂州，宋贾似道、吕文德将兵来拒，水陆军容甚盛。九月，世祖临江阅战，文炳求先进战，文用与文忠固请偕行，世祖亲料甲胄，择大舰授之，大破宋师。

世祖即位，建元中统。文用持诏宣谕边郡，且择诸军充侍卫，七月还朝。中书左丞张文谦宣抚大名等路，奏文用为左右司郎中。二年八月，以兵部郎中参议都元帅府事。三年，李璮叛据济南，从元帅阔阔带统兵诛之，山东平。阿术奉诏伐宋，召文用为其属，文用辞曰："新制，诸侯总兵者，其子弟勿复任兵事。今吾兄文炳以经略使总重兵镇山东，我不当行。"阿术曰："潜邸旧臣，不得引此为说。"文用谢病不行。

至元改元，召为西夏中兴等路行省郎中。中兴自浑都海之乱，民间相恐动，窜匿山谷。文用至，镇之以静，乃为书置通衢谕之，民乃安。始开唐来、汉延、秦家等渠，垦中兴、西凉、甘、肃、瓜、沙等州之土为水田若干，于是民之归者户四五万，悉授田种，颁农具。更造舟置黄河中，受诸部落及溃叛之来降者。时诸王只必铁木儿镇西方，其下纵横，需索无算，省臣不能支，文用坐幕府，辄面折以法。其徒积忿，谮文用于王，王怒，召文用，使左右杂问之，意叵测。文用曰："我天子命吏，非汝等所当问，请得与天子所遣为王傅者辨之。"王即遣其傅讯文用。其傅中朝旧臣，不肯顺王意。文用谓之曰："我汉人，生死不足计。所恨者，仁慈宽厚如王，以重戚镇远方，而其下毒虐百姓，凌暴官府，伤王威名，于事体不便。"因历指其不法者数十事。其傅惊起，去白王，王即召文用谢之曰："非郎中，我殆不知。郎中持此心事朝廷，宜勿怠。”自是潜不行而省府事颇立。二年，入奏经略事宜还，以上旨行之，中兴遂定。

八年，立司农司，授山东东西道巡行劝农使。山东自更叛乱，野多旷土，文用巡行劝励，无间幽僻。入登州境，见其垦辟有方，以郡守移剌某为能，作诗表异之。于是列郡咸劝，地利毕兴，五年之间，政绩为天下劝农使之最。十二年，丞相安童奏文用为工部侍郎，代纥石里。纥石里，阿合马私人也。其徒既谗间安童罢相，即使鹰监奏曰：“自纥石里去，工部侍郎不给鹰食，鹰且瘦死。”帝怒，促召治之，因急捕文用入见。帝望见曰：“董文用乃为尔治鹰食者耶！”置不问，别令取给有司。十三年，出文用为卫辉路总管，佩金虎符。郡当冲要，民为兵者十之九，余皆单弱贫病，不堪力役。会初得江南，图籍、金玉、财帛之运，日夜不绝于道，警卫输挽，日役数千夫。文用忧之曰：“吾民弊矣，而又重妨耕作，殆不可。”乃从转运主者言：“州县吏卒，足以备用，不必重烦吾民也。”主者曰：“汝言诚然，万一有不虞，则罪将谁归！”文用即手书具官姓名保任之。民得以时耕，而运事亦不废。诸郡运江淮粟于京师，卫当运十五万石，文用曰：“民籍可役者无几，且江淮风水，舟不能以时至，而先为期会，是未运而民已困矣。”乃集旁郡通议，立驿置法，民力以舒。十四年，诣汴漕司言事。适漕司议通沁水北东合流御河以便漕者，文用曰：“卫为郡，地最下，大雨时行，沁水辄溢出百十里间；雨更甚，水不得达于河，即浸淫及卫，今又引之使来，岂惟无卫，将无大名、长芦矣。”会朝廷遣使相地形，上言：“卫州城中浮屠最高者，才与沁水平，势不可开也。”事遂寝。

十六年，受代归田里，茅茨数椽，仅避风雨，读书赋诗，怡然燕居。裕宗在东宫，数为台臣言：“董文用勋旧忠良，何以不见用？”十八年，台臣奏起文用为山北辽东道提刑按察使，不赴。十九年，朝廷选用旧臣，召文用为兵部尚书。自是朝廷有大议，未尝不与闻。二十年，江淮省臣有欲专肆而忌廉察官，建议行台隶行省，状上，集朝臣议之。文用议曰：“不可。御史台譬之卧虎，虽未噬人，人犹畏其为虎也。今虚名仅存，纪纲犹不振，一旦摧抑之，则风采荼然，无可复望者矣。昔阿合马用事时，商贾贱役，皆行贿入官，及事败，欲尽去其人，廷议以为不可，使阿合马售私恩，而朝廷骤敛怨也。乃使按察司劾去其不可者，然后吏有所惮，民有所赴诉。则是按察司者，国家当饬励之，不可摧抑也。”悉从文用议。

转礼部尚书，迁翰林、集贤二院学士，知秘书监。时中书右丞卢世荣以货利得幸权要，为贵官，阴结贪刻之党，以锱铢掊克为功，乃建议曰：“我立法治财，视常岁当倍增，而民不扰也。”诏下会议，人无敢言者。文用阳问曰：“此钱取于右丞之家耶？将取之于民耶？取于右丞之家，则不敢知；若取诸民，则有说矣。牧羊者，岁尝两剪其毛，今牧人日剪其毛而献之，则主者固悦其得毛之多矣，然而羊无以避寒热，即死且尽，毛又可得哉！民财亦有限，取之以时，犹惧其伤残也，今尽刻剥无遗，犹有百姓乎！”世荣不能对。丞相安童谓坐中曰：“董尚书真不虚食俸禄者。”议者出，皆谢文用曰：“君以一言折聚敛之臣而厚邦本，真仁人之言哉！”世荣竟以是得罪。

二十二年，拜江淮行中书省参知政事，文用力辞。帝曰：“卿家世非他人比。朕所以任卿者，不在钱谷细务也，卿当察其大者，事有不便，但言之。”文用遂行。行省长官者，素贵多傲，同列莫敢仰视，跪起禀白，如小吏事上官。文用至，则坐堂上，侃侃与论是非可否，无所迁就，虽数忤之，不顾也。有以帝命建佛塔于宋故宫者，有司奉行甚急，天大雨雪，入山伐木，死者数百人，犹欲并建大寺。文用谓其人曰：“非时役民，民不堪矣，少徐之如何？”长官者曰：“参政奈何格上命耶？”文用曰：“非敢格上命，今日之困民力而失民心者，岂上意耶！”其人意沮，遂稍宽其期。二十三年，朝廷将用兵海东，征敛益急，有司大为奸利。文用请入奏事，大略言：“疲国家可宝之民力，取僻陋无用之小邦。”列其条目甚悉。言上，事遂罢。

二十五年，拜御史中丞。文用曰：“中丞不当理细务，吾当先举贤才。”乃举胡祗遹、王恽、雷膺、荆幼纪、许楫、孔从道十余人为按察使，徐琰、魏初为行台中丞，当时以为极选。方是时，桑哥当国，恩宠方盛，自近戚贵人见之，皆屏息逊避，无敢谁何。文用以旧臣任中丞，独不附之。桑哥令人风文用颂己功于帝前，文用不答。桑哥又自谓文用曰：“百司皆具食于丞相府矣。”文用又不答。会朔方军兴，粮糗粗备，而诛求愈急，文用谓桑哥曰：“民急矣。外难未解而内伐其根本，丞相宜思之。”于是远迩盗贼蜂起，文用持外郡所上盗贼之目，谓桑哥曰：“百姓岂不欲生养安乐哉！急法暴敛使至此尔。御史台所以救政事之不及，丞相当助之，不当抑之也。御史台不得行，则民无所赴诉，民无所赴诉而政日乱，将不止于台事之不行也。”忤其意益深，乃摭拾台事百端。文用日与辨论，不为屈。于是具奏桑哥奸状，诏报文用，语密而外人不知也。桑哥日诬谮文用于帝曰：“在朝惟董文用戆傲不听令，沮挠尚书省，请痛治其罪。”帝曰：“彼御史之职也，何罪之有！且董文用端谨，朕所素知，汝善视之。”迁大司农。时欲夺民田为屯田，文用固执不可。迁为翰林学士承旨。

二十七年，隆福太后在东宫，以文用旧臣，欲使文用授皇孙经，具奏上，以帝命命之。文用每讲说经旨，必附以朝廷故事，丁咛譬喻，反复开悟，皇孙亦特加敬礼。三十一年，帝命文用以其诸子入见，文用曰：“臣蒙国厚恩，死无以报，臣之子何能为！”命至再三，终不以见。是岁，世祖崩，成宗将即位上都，太后命文用从行。既即位，巡狩三不剌之地，文用曰：“先帝新弃天下，陛下巡狩，不以时还，无以慰安元元，宜趣还京师。且臣闻人君犹北辰然，居其所而众星拱之，不在勤远略也。”帝悟，即日可其奏。是行也，帝每召入帐中，问先朝故事，文用亦盛言先帝虚心纳贤、开国经世之务，谈说或至夜半。文用自先帝时，每侍燕，与蒙古大臣同列，裕宗尝就榻上赐酒，使毋下拜跪饮，皆异数也。帝在东宫时，正旦受贺，于众中见文用，召使前曰：“吾向见至尊，甚称汝贤。”辄亲取酒饮之。至是，眷赉益厚。是年，诏修先帝实录，升资德大夫、知制诰兼修国史。文用于祖宗世系功德、近戚将相家世勋绩，皆记忆贯穿，史馆有所考究质问，文用应之无遗失。大德元年，上章请老，赐中统钞万贯以归，官一子，乡郡侍养。六月戊寅，以疾卒，年七十有四，子八人：士贞，士亨，士楷，士英，士昌，士恒，士廉，士方。赠银青荣禄大夫、少保、赵国公，谥忠穆。

文直字彦正，俊之第四子也。刚毅庄栗，简言笑，通经史法律。为藁城长官，佩金符。初，兄文炳及季弟文忠去事世祖，次文用亦在朝，俱有仰于家，而食者余百口，文直勤俭，始终不替。内则养生送死之合礼，外则中表宾问之中度，奉上接下，一敬一爱，蔼乎其睦也。性好施而甚仁，里闬或贫不自立，每阴济其急，不使之知恩所从来。微至僮病，必手予粥药。或止之，曰：'不忍以其贱违吾爱心。'及弃官，浮沉里社，任真适意，亲宾过从，尊酒相劳。家门日以烜赫，己独恬然，不见诸辞色。以病卒，年五十有二。

文忠字彦诚，俊第八子也。岁壬子，入侍世祖潜邸。王鹗尝言诗，因问文忠能之乎，文忠曰："吾少读书，惟知入则孝于亲，出则忠于君而已。诗非所学也。"癸丑，从征南诏。己未，伐宋，与兄文炳、文用败宋兵于阳罗堡，得蒙冲百艘，进围鄂。世祖即位，置符宝局，以文忠为郎，授奉训大夫，居益近密，尝呼董八而不名。文忠不为容悦，随事献纳，中禁事秘，外多不闻。至元二年，安童以右丞相入领中书，建陈十事，言忤旨，文忠曰："丞相素有贤名，今秉政之始，人方倾听，所请不得，后何以为？"遂从旁代对，恳悃详切，如身务是疏者，始得允可。

八年，侍讲学士徒单公履欲奏行贡举，知帝于释氏重教而轻禅，乃言儒亦有之，科举类教，道学类禅。帝怒，召姚枢、许衡与宰臣廷辨。文忠自外入，帝曰："汝日诵《四书》，亦道学者。"文忠对曰："陛下每言：士不治经讲孔孟之道而为诗赋，何关修身，何益治国！由是海内之士，稍知从事实学。臣今所诵，皆孔孟之言，焉知所谓道学！而俗儒守亡国余习，欲行其说，故以是上惑圣听，恐非陛下教人修身治国之意也。"事遂止。十一年，伐宋，民困供馈，文忠奏免常岁横征，从之。帝尝见宋降将，从容问宋所以亡者，皆曰："贾似道当国，薄武人而重文儒，将士怨之，莫有斗志。故大军既至，争解甲归命也。"帝问文忠："此言何如？"文忠因诘之曰："似道薄汝矣，而君则贵汝以官，富汝以禄，未尝薄汝也。今有怨于相，而移于君，不肯一战，坐视国亡，如臣节何！然则似道薄汝者，岂非预知汝曹不足恃乎！"帝深善之。有旨徙大都猎户于郢中，文忠奏止之。又请罢官鬻田器之税，听民自为。

时多盗，诏犯者皆杀无赦。在处系囚满狱。文忠言："杀人取货，与窃一钱者均死，惨黩莫甚，恐乖陛下好生之德。"敕革之。或告汉人殴伤国人，及太府监属卢甲盗剪官布。帝怒，命杀以惩众。文忠言："今刑曹于囚罪当死者，已有服辞，犹必详谳，是岂可因人一言，遽加之重典！宜付有司阅实，以俟后命。"乃遣文忠及近臣突满分核之，皆得其诬状，遂诏原之。帝因责侍臣曰："方朕怒时，卿曹皆不敢言。非董文忠开悟朕心，则杀二无辜之人，必取议中外矣。"因赐文忠金尊，曰："用旌卿直。"裕宗亦语宫臣曰："方天威之震，董文忠从容谏正，实人臣难能者。"太府监属奉物诣文忠泣谢曰："鄙人赖公复生。"文忠曰："吾素非知子，所以相救于危急者，盖为国平刑，岂望子见报哉！"却其物不受。

自安童北伐，阿合马独当国柄，大立亲党，惧廉希宪复入为相，害其私计，奏希宪以右丞行省江陵。文忠言："希宪，国家名臣，今宰相虚位，不可使久居外，以孤人望，宜早召还。"从之。十六年十月，奏曰："陛下始以燕王为中书令、枢密使，才一至中书。自册为太子，累使明习军国之事，然十有余年，终守谦退，不肯视事者，非不奉明诏也，盖朝廷处之未尽其道尔。夫事已奏决，而始启太子，是使臣子而可否君父之命，故惟有唯默避逊而已。以臣所知，不若令有司先启而后闻，其有未安者，则以诏敕断之，庶几理顺而分不逾，太子必不敢辞其责矣。"帝即日召大臣，面谕其意，使行之。复语太子曰："董八，崇立国本者，其勿忘之。"

礼部尚书谢昌元请立门下省，封驳制敕，以绝中书风晓近习奏请之弊。帝锐意欲行之，诏廷臣杂议；且怒翰林学士承旨王磐曰："如是有益之事，汝不入告，而使南方后至之臣言之，汝用学问何为！必今日开是省。"三日，廷臣奏以文忠为侍中，及其属数十人。近臣乘便言曰："陛下将别置省，此实其时。然得人则可以宽圣心，新民听；今闻盗诈之臣与居其间，不可。"其言多指文忠。文忠忿辨曰："上每称臣不盗不诈，今汝顾臣而言，意实在臣。其显言臣盗诈何事！"帝令言者出，文忠犹诉不止，且攻其害国之奸。帝曰："朕自知之，彼不言汝也。"其人忌文忠，欲中害之，然以文忠清慎无过，乃奉钞万缗为寿，求交欢，文忠却之。文炳为中书左丞卒，太傅伯颜乃表文忠可相，帝使继其官，文忠辞曰："臣兄有平定南方之劳，可居是位。臣尝给事居中，所宣何力，敢冒居重职乎！"

十八年，升典瑞局为监，郎为卿，仍以文忠为之。授正议大夫，俄授资德大夫、佥书枢密院事，卿如故。车驾行幸，诏文忠毋扈从，留居大都，凡宫苑、城门、直舍、徼道、环卫、营屯、禁兵、太府、少府、军器、尚乘诸监，皆领焉。兵马司旧隶中书，并付文忠。时权臣累请夺还中书，不报。是冬十月二十有五日，鸡鸣，将入朝，忽病仆，帝遣中使持药投救，不及，遂卒，甚悼惜之，赙钱数十万。后制赠光禄大夫、司徒，封寿国公，谥忠贞。

严实 子忠济　忠嗣

严实，字武叔，泰安长清人。略知书，志气豪放，不治生产，喜交结施与，落魄里社间。屡以事系狱，侠少辈为出死力，乃得脱去。癸酉秋，太祖率兵自紫荆口入，分略山东、河北、河东而归。金东平行台调民为兵，以实为众所服，命为百户。甲戌春，泰安张汝楫据灵岩，遣别将攻长清，实破走之。以功授长清尉。戊寅，权长清令。宋取益都，乘胜而西，行台檄实备刍粮为守御计。实出督租，比还，而长清破，俄以兵复之。有谮于行台者，谓实与宋有谋，行台以兵围之，实挈家避青崖。宋因以实为济南治中，分兵四出，所至无不下，于是太行之东，皆受实节制。庚辰三月，金河南军攻彰德，守将单仲力不支，数求救。实请于主将张林，林逗遛不行，实独以兵赴之，比至而仲被擒。实知宋不足恃。七月，谒太师木华黎于军门，挈所部彰德、大名、磁、洺、恩、博、滑、浚等州户三十万来归，木华黎承制拜实金紫光禄大夫、行尚书省事。进攻曹、濮、单三州，皆下之。偏将李信，留镇青崖，尝有罪，惧诛，乘实之出，杀其家属，降于宋。辛巳，实以兵复青崖，擒信诛之。进攻东平，金守将和立刚弃城遁，实入居之。壬午，宋将彭义斌率师取京东州县，实将晁海以青崖降，尽掠实家，义斌军西下，郡县多归之。乙酉四月，遂围东平，实潜约大将孛里海合兵攻之，兵久不至，城中食且尽，乃与义斌连和。义斌亦欲藉实取河朔，而后图之，请以兄事实。时麾下众尚数千，义斌听其自领，而青崖所掠者则留不遣。七年，义斌下真定，道西山。与孛里海等军相望，分实以帐下兵，阳助而阴伺之。实知势迫，急赴孛里海军与之合，遂与义斌战，宋兵溃，擒义斌。不旬月，京东州县复为实有。是冬，木华黎之弟带孙取彰德；明年，取濮、东平；又明年，木华黎之子孛鲁取益都，实皆有功焉。

庚寅四月，朝太宗于牛心之幄殿，帝赐之坐，宴享终日，赐以虎符。数顾实谓侍臣曰："严实真福人也。"甲午，朝于和林，授东平路行军万户，偏裨赐金符者八人。先是，实之所统，凡五十余城，至是，惟德、兖、济、单隶东平。丁酉九月，诏实毋事征伐。

初，彰德既下，又破水栅，带孙怒其反覆，驱老幼数万欲屠之，实曰："此国家旧民，吾兵力不能及，为所胁从，果何罪耶！"带孙从之。继破濮州，复欲屠之。实言："百姓未尝敌我，岂可与执兵刃者同戮，不若留之，以供刍秣。"濮人免者又数万。其后于曹、楚丘、定陶、上党皆然。时兵由武关出襄、邓，实在徐、邳间，以为河南破，屠戮必多，乃载金缯往赎之，且约束诸将，毋敢妄有杀掠。灵壁一县，当诛者五万人，实悉救之。会大饥，民北徙者多饿死。又法，藏匿逃者，保社皆坐。逃亡无所托，僵尸蔽野，实命作糜粥，盛置道傍，全活者众。实部曲有逃归益都者数十人，益都破，皆获之，以为必杀，实置不问。王义深者，义斌之别将，闻义斌败，将奔河南，实族属在东平者，皆为所害。河南破，实获义深妻子，厚周恤之，送还乡里，终不以旧怨为嫌。其宽厚长者类若此。庚子卒，年五十九。远近悲悼，野哭巷祭，旬月不已。中统二年，追封实为鲁国公，谥武惠。子忠贞，金紫光禄大夫；忠济，忠嗣，忠范，忠杰，忠裕，忠祐。

忠济，一名忠翰。字紫芝，实之第二子也。仪观雄伟，善骑射。辛丑，从其父入见太宗，命佩虎符，袭东平路行军万户、管民长官，开府布政，一法其父。养老尊贤，治为诸道第一。领兵略地淮、汉，偏裨部曲，戮力用命。定宗、宪宗即位之始，皆加褒宠。忠济初统千户十有七，乙卯，朝命括新军山东，益兵二万有奇。忠济弟忠嗣、忠范为万户，以次诸弟暨勋将之子为千户，城戍宿州、蕲县，而忠济皆统之。己未，世祖南伐，诏率师由间道会鄂。亲率勇士，梯冲登城。师还，忠济选勇敢二千，别命千户将之，甲仗精锐，所向无前。大臣有言其威权太盛者，中统二年，召还京师，命忠范代之。

忠济治东平日，借贷于人，代部民纳逋赋，岁久愈多。及谢事，债家执文券来征。帝闻之，悉命发内藏代偿。东平庙学故隘陋，改卜高爽地于城东，教养诸生，后多显者。幕僚如宋子贞、刘肃、李昶、徐世隆，俱为名臣。至元二十三年，特授资德大夫、中书左丞、行江浙省事，以老辞。二十九年，赐钞万五千缗、宅一区，召其子瑜入侍。三十年，卒。忠济统理方郡凡十一年，爵人命官，生杀予夺，皆自己出。及谢去大权，贵而能贫，安于义命，世以是多之。后谥庄孝。

忠嗣，实之第三子也。少从张澄、商挺、李桢学，略知经史大义。辛亥，其兄忠济授以东平人匠总管，遥领单州防御使事。乙卯，充东平路管军万户。丁巳，从忠济略地扬州，取邵伯埭，首立战功。己未南征，从忠济渡淮，分兵出挂车岭，与宋兵相拒三昼夜，杀获甚众，始达蕲州。及渡江抵鄂，分部攻城九十余日，战甚力。师还，授金虎符。中统三年，李璮叛，宋兵攻蕲县，势张甚，徐州总管李杲哥降于宋，齐鲁山寨为宋兵所据。忠嗣从大帅按脱救蕲县，复徐州，执李杲哥杀之。攻邹之峄山、腾之牙山，多所杀获。按脱论功以闻，赐银二百两、币五十端。四年，朝廷惩青齐之乱，居大藩者，子弟不得亲政，于是罢官家居。至元十年，卒。

卷一百四十九　列传第三十六

耶律留哥

耶律留哥，契丹人，仕金为北边千户。太祖起兵朔方，金人疑辽遗民有他志，下令辽民一户，以二女真户夹居防之。留哥不自安，岁壬申，遁至隆安、韩州，纠壮士剽掠其地。州发卒追捕，留哥皆击走之。因与耶的合势募兵，数月众至十余万，推留哥为都元帅，耶的副之，营帐百里，威震辽东。太祖命按陈那衍、浑都古行军至辽，遇之，问所从来，留哥对曰："我契丹军也，往附大国，道阻马疲，故逗遛于此。"按陈曰："我奉旨讨女真，适与尔会，庸非天乎！然尔欲效顺，何以为信？"留哥乃率所部会按陈于金山，刑白马、白牛，登高北望，折矢以盟。按陈曰："吾还奏，当以征辽之责属尔。"

金人遣胡沙帅军六十万，号百万，来攻留哥，声言有得留哥骨一两者，赏金一两，肉一两者，赏银亦如之，仍世袭千户。留哥度不能敌，亟驰表闻。帝命按陈、孛都欢、阿鲁都罕引千骑会留哥，与金兵对阵于迪吉脑儿。留哥以侄安奴为先锋，横冲胡沙军，大败之，以所俘辎重献。帝召按陈还，而以可特哥副留哥屯其地。众以辽东未定，癸酉三月，推留哥为王，立妻姚里氏为妃，以其属耶厮不为郡王，坡沙、僧家奴、耶的、李家奴等为丞相、元帅、尚书，统古与、著拨行元帅府事，国号辽。甲戌，金遣使青狗诱以重禄使降，不从。青狗度其势不可，反臣之。金主怒，复遣宣抚万奴领军四十余万攻之。留哥逆战于归仁县北河上，金兵大溃，万奴收散卒奔东京。安东同知阿怜惧，遣使求附。于是尽有辽东州郡，遂都咸平，号为中京。金左副元帅移剌都以兵十万攻留哥，拒战，败之。

乙亥，留哥破东京，可特哥娶万奴之妻李仙娥，留哥不直之，有隙。既而耶厮不等劝留哥称帝，留哥曰："向者吾与按陈那衍盟，愿附大蒙古国，削平疆宇。倘食其言而自为东帝，是逆天也，逆天者必有大咎。"众请愈力，不获已，称疾不出。潜与其子薛阇奉金币九十车、金银牌五百，至按坦孛都罕入觐。帝曰："汉人先纳款者，先引见。"太傅阿海奏曰："刘伯林纳款最先。"帝曰："伯林虽先，然迫于重围而来，未若留哥仗义效顺也，其先留哥。"既见，帝大悦，谓左右曰："凡留哥所献，白之于天，乃可受。"遂以白毡陈于前，七日而后纳诸库。因问旧何官，对曰："辽王。"帝命赐金虎符，仍辽王。又问户籍几何，对曰："六十余万。"帝曰："可发三千人为质，朕遣蒙古三百人往取之，汝亦遣人偕往。"留哥遣大夫乞奴、安抚秃哥与俱。且命诘可特哥曰："尔妻万奴之妻，悖法尤甚。其拘絷以来。"可特哥惧，与耶厮不等给其众曰："留哥已死。"遂以其众叛，杀所遣三百人，惟三人逃归。事闻，帝谕留哥曰："尔毋以失众为忧，朕倍此数封汝无吝也。草青马肥，资尔甲兵，往取家孥。"

丙子，乞奴、金山、青狗、统古与等推耶厮不僭帝号于澄州，国号辽，改元天威，以留哥兄独剌为平章，置百官。方阅月，其元帅青狗叛归于金，耶厮不为其下所杀，推其丞相乞奴监国，与其行元帅鸦儿分兵民为左右翼，屯开、保州关。金盖州守将众家奴引兵攻败之。留哥引蒙古军数千适至，得兄独剌并妻姚里氏，户二千。鸦儿引败军东走，留哥追击之，还度辽河，招抚懿州、广宁，徙居临潢府。乞奴走高丽，为金山所杀，金山又自称国王，改元天德。统古与复杀金山而自立，喊舍又杀之，亦自立。戊寅，留哥引蒙古、契丹军及东夏国元帅胡土兵十万，围喊舍。高丽助兵四十万，克之，喊舍自经死。徙其民于西楼。自乙亥岁留哥北觐，辽东反覆，耶厮不僭号七十余日，金山二年，统古与、喊舍亦近二年，至己卯春，留哥复定之。

庚辰，留哥卒，年五十六。妻姚里氏入奏，会帝征西域，皇太弟承制以姚里氏佩虎符，权领其众者七年。丙戌，帝还，姚里氏携次子善哥、铁哥、永安及从子塔塔儿、孙收国奴，见帝于河西阿里湫城。帝曰："健鹰飞不到之地，尔妇人乃能来耶！"赐之酒，慰劳甚至。姚里氏奏曰："留哥既没，官民乏主，其长子薛阇扈从有年，愿以次子善哥代之，使归袭爵。"帝曰："薛阇今为蒙古人矣，其从朕之征西域也，回回围太子于合迷城，薛阇引千军救出之，身中槊；又于蒲华、寻思干城与回回格战，伤于流矢。以是积功为拔都鲁，不可遣，当令善哥袭其父爵。"姚里氏拜且泣曰："薛阇者，留哥前妻所出，嫡子也，宜立。善哥者，婢子所出，若立之，是私己而蔑天伦，婢子窃以为不可。"帝叹其贤，给驿骑四十，从征河西，赐河西俘人九口、马九匹、白金九锭，币器皆以九计，许以薛阇袭爵，而留善哥、塔塔儿、收国奴于朝，惟遣其季子永安从姚里氏东归。

丁亥，帝召薛阇谓曰："昔女真猖獗，尔父起兵，自辽东会朕师，又能割爱，以尔事朕，其情贞悫可尚。继而奸人耶厮不等叛，人民离散。欲食尔父子之肉者，今岂无人乎！朕以兄弟视尔父，则尔犹吾子。尔父亡矣，尔其与吾弟孛鲁古台并辖军马，为第三千户。"薛阇受命。己丑，从太宗南征，有功，赐马四百、牛六百、羊二百。庚寅，帝命与撒儿台东征，收其父遗民，移镇广宁府，行广宁路都元帅府事。自庚寅至丁酉，连征高丽、东夏万奴国，复户六千有奇。戊戌，薛阇卒，年四十六。

子收国奴袭爵，行广宁府路总管军民万户府事，易名石剌，征高丽，有功。辛亥，睿宗以石剌为国宣力者三代，命益金更造所佩虎符赐之，佐诸王也苦及扎剌台控制高丽。己未卒，年四十五。长子古乃嗣。中统元年，征河西；三年，征李璮，破峄山，以功皆受赏。至元六年，朝廷并广宁于东京，去职，是岁卒，年三十六。子忒哥。

薛阇弟善哥，赐名蒙古歹，命从亲王口温不花。己丑，从攻破天城堡、凤翔府，以功袭充拔都鲁。壬辰，引兵三千渡河，会大军平金。后伐宋，拔光州、枣阳，由千户迁广宁尹。至元元年卒，年五十二。子天佑，袭广宁千户，改广宁县尹。

刘伯林

刘伯林，济南人。好任侠，善骑射，金末为威宁防城千户。壬申岁，太祖围威宁，伯林知不能敌，乃缒城诣军门请降。太祖许之，遣秃鲁花等与偕入城，遂以城降。帝问伯林，在金国为何官，对曰："都提控。"即以元职授之，命选士卒为一军，与太傅耶律秃怀同征讨，招降山后诸州。太祖北还，留伯林屯天成，遏金兵，前后数十战。进攻西京，录功，赐金虎符，以本职充西京留守，兼兵马副元帅。癸酉，从征山东，攻梁门、遂城，下之。乙亥，同国王木华黎攻破燕京。丁丑，复从大军攻下山东诸州。木华黎上其功，赐名马二十匹、锦衣一袭。戊寅，同攻下太原、平阳。己卯，破潞、绛及火山、闻喜诸州县。时论欲徙闻喜民实天成，伯林以北地丧乱，人艰于食，力争而止之。部曲所获俘虏万计，悉纵之。在威宁十余年，务农积谷，与民休息，邻境凋瘵，而威宁独为乐土。尝曰："吾闻活千人者后必封，吾之所活，何啻万余人，子孙必有兴者乎！"辛巳，以疾卒，年七十二。累赠太师，封秦国公，谥忠顺。子黑马。

黑马名嶷，字孟方，始生时，家有白马产黑驹，故以为小字，后遂以小字行。骁勇有志略，年几弱冠，随父征伐，大小数百战，出入行阵，略无惧色。尝独行，遇金兵围本部十三人，即奋剑入围，手杀金兵数人，十三人皆得脱。岁壬午，袭父职，为万户，佩虎符，兼都元帅。癸未，从国王木华黎攻凤翔，不克，回屯绛州。又从孛罗攻西夏唐兀。甲申，从按真那延攻破东平、大名。乙酉，金降将武仙据真定以叛，从孛罗讨之，破真定，武仙遁去。金将忽察虎以兵四十万复取山后诸州，黑马逆战隘胡岭，大破之，斩忽察虎。

岁己丑，太宗即位，始立三万户，以黑马为首，重喜、史天泽次之，授金虎符，充管把平阳、宣德等路管军万户，仍佥太傅府事，总管汉军。从征回回、河西诸国，及破凤翔、西和、沔州诸城堡。庚寅，睿宗入自大散关，假道于宋以伐金，命黑马先由兴元、金、房东下。至三峰山，遇金大将合达，与战，大破之，虏合达，斩首数万级，乘胜攻破香山寨及钧州，赐西锦、良马、貂鼠衣，以旌其功。会增立七万户，仍以黑马为首，重喜、史天泽、严实等次之。癸巳，从破南京，赐绣衣、玉带。甲午，从破蔡州，灭金。乙未，同都元帅答海绀卜征西川。辛丑，改授都总管万户，统西京、河东、陕西诸军万户，夹谷忙古歹、田雄等并听节制。入觐，帝慰劳之，赐银鼠皮三百为直孙衣。寻命巡抚天下，察民利病。应州郭志全反，胁从诖误者五百余人，有司议尽戮之，黑马止诛其为首者数人，余悉从轻典。

癸丑，从宪宗至六盘山。商州与宋接境，数为所侵，命黑马守之，宋人敛兵不敢犯。丁巳，入觐，请立成都以图全蜀，帝从之。成都既立，就命管领新旧军民小大诸务，赐号也可秃立。中统元年，廉希宪、商挺宣抚川、陕，时密力火者握重兵，居成都，希宪与挺虑其为变。以黑马有胆智，使乘驿矫诏竟诛之。其子诉于朝，世祖谕之曰："兹朕命也，其勿复言。"三年，命兼成都路军民经略使。泸州被围，黑马已属疾，犹亲督转输不辍。左右谏其少休，黑马曰："国事方急，以此死，无憾。"遂卒，年六十三。累赠太傅，封秦国公，谥忠惠。子十二人，元振、元礼显。

元振字仲举，黑马长子也。随父入蜀，立成都。会商、邓间有警，命黑马往镇商、邓，以元振摄万户，时年方二十。既莅事，号令严明，赏罚不妄，麾下宿将皆敬服之。宪宗伐宋，驻跸钓鱼山，以元振与纽邻为先锋。中统元年，世祖即位，廉希宪、商挺奏以为成都经略使总管万户。宋泸州守将刘整密送款求降，黑马遣元振往受之。诸将皆曰："刘整无故而降，不可信也。"元振曰："宋权臣当国，赏罚无章，有功者往往以计除之，是以将士离心；且整本非南人，而居泸南重地，事势与李全何异，整此举无可疑者。"遂行。黑马戒之曰："刘整宋之名将，泸乃蜀之冲要，今整遽以泸降，情伪不可知，汝无为一身虑，事成则为国家之利，不成则当效死，乃其分也。"元振至泸，整开门出迎。元振弃众而先下马，与整相见，示以不疑。明日，请入城，元振释戎服，从数骑，与整联辔而入，饮燕至醉，整心服焉。献金六千两、男女五百人，元振以金分赐将士，而归还其男女。宋泸州主帅俞兴率兵围泸州，昼夜急攻，自正月至五月，城几陷，左右劝元振曰："事势如此，宜思变通，整本非吾人，与俱死，无益也。"元振曰："人以诚归我，既受其降，岂可以急而弃之？且泸之得失，关国家利害，吾有死而已！"食将尽，杀所乘马犒将士，募善游者赍蜡书至成都求援，又权造金银牌，分赏有功。未几，援兵至，元振与整出城合击兴兵，大败之，斩其都统一人，兴退走。捷闻，且自陈擅造金银牌罪。帝嘉其通于权变，赐锦衣一袭、白金五百两。入朝，又赐黄金五十两、弓矢、鞍辔。

黑马卒，元振居丧，起授成都军民经略使。至元七年，时议以勋旧之家事权太重，宜稍裁抑，遂降为成都副万户。十一年，命兼潼川路副招讨使。十二年卒，年五十一。子纬，数从父行军。元振卒，纬袭职，佩虎符，为万户。守潼川，创立遂宁诸处山寨。从围钓鱼山，数战有功。攻合州，授潼川路副招讨，迁副都元帅，复授管军万户，迁同知四川西道宣慰司事。入朝，进四川西道宣慰使，拜陕西行省参知政事，卒。

元礼，黑马第五子也。性沉厚有谋，常从父在军中。岁甲寅，授金符，为京兆路奥鲁万户。中统四年，迁兴元、成都等路兵马左副元帅。至元元年，迁潼川路汉军都元帅。二年九月，宋制置夏贵率军五万犯潼川，元礼所领才数千，众寡不敌，诸将登城望贵军，有惧色。元礼曰："料敌制胜，在智不在力。"乃出战，屡破之。复大战蓬溪，自寅至未，胜负不决，激厉将士曰："此去城百里，为敌所乘，则城不可得入，潼川非国家有矣。丈夫当以死战取功名，时不可失也。"即持长刀，大呼突入阵，所向披靡，将士咸奋，无一不当百，大败贵兵，斩首万余级，生擒千余人。捷奏，赐锦衣二袭、白金三锭、名马一匹、金鞍辔、弓矢，召入朝，命复还潼川，立蓬溪寨。元礼又奏："嘉定去成都三百六十里，其间旧有眉州城，可修复之，屯兵以扼嘉定往来之路。"世祖从之。四年，命平章赵宝臣往视可否，或以为眉州荒废已久，立之无关利害，徒费财力。元礼力争之，宝臣是其言，遂兴役，七日而毕，宋人骇其速。元礼镇守眉州五年，召入朝，乞解官养母，从之。九年，起授怀远大将军、延安路总管，卒。

郭宝玉

郭宝玉，字玉臣，华州郑县人，唐中书令子仪之裔也。通天文、兵法，善骑射。金末，封汾阳郡公，兼猛安，引军屯定州。岁庚午，童谣曰："摇摇罟罟，至河南，拜阙氏。"既而太白经天，宝玉叹曰："北军南，汴梁即降，天改姓矣。"金人以独吉思忠、仆散揆行中书省，领兵筑乌沙堡，会太师木华黎军忽至，败其兵三十余万，思忠等走，宝玉举军降。木华黎引见太祖，问取中原之策，宝玉对曰："中原势大，不可忽也。西南诸蕃勇悍可用，宜先取之，藉以图金，必得志焉。"又言："建国之初，宜颁新令。"帝从之。于是颁条画五章，如出军不得妄杀；刑狱惟重罪处死，其余杂犯量情笞决；军户，蒙古、色目人每丁起一军，汉人有田四顷、人三丁者签一军；年十五以上成丁，六十破老，站户与军户同；民匠限地一顷；僧道无益于国、有损于民者悉行禁止之类；皆宝玉所陈也。

帝将伐西番，患其城多依山险，问宝玉攻取之策，对曰："使其城在天上，则不可取，如不在天上，至则取矣。"帝壮之，授抄马都镇抚。癸酉，从木华黎取永清，破高州，降北京、龙山，复帅抄马从锦州出燕南，破太原、平阳诸州县。甲戌，从帝讨契丹遗族，历古徐鬼国讹夷朵等城，破其兵三十余万。宝玉胸中流矢，帝命剖牛腹置其中，少顷，乃苏。寻复战，收别失八里、别失兰等城。次忽章河，西人列两阵迎拒，战方酣，宝玉望其众，疾呼曰："西阵走矣！"其兵果走，追杀几尽。进兵下挦思干城。次暗木河，敌筑十余垒，陈船河中，俄风涛暴起，宝玉令发火箭射其船，一时延烧，乘胜直前，破护岸兵五万，斩大将佐里，遂屠诸垒，收马里四城。辛巳，可弗叉国唯算端罕破乃满国，引兵据挦思干，闻帝将至，弃城南走，入铁门，屯大雪山，宝玉追之，遂奔印度。帝驻大雪山前，时谷中雪深二丈，宝玉请封山川神。壬午三月，封昆仑山为玄极王，大盐池为惠济王。从柘柏、速不台二先锋收契丹、渤海等诸国，有功，累迁断事官，卒于贺兰山。子德海，德山。德山以万户破陕州，攻潼关，卒。

德海字大洋，资貌奇伟，亦通天文、兵法。金末，为谋克，击宋将彭义斌于山东，败之。知父宝玉北降，遁入太行山，大军至，乃出降，为抄马弹压。从先锋柘柏西征，渡乞则里八海，攻铁山，衣帜与敌军不相辨，乃焚蒿为号，烟焰漫野，敌军动，乘之，斩首三万级。逾雪岭西北万里，进军次答里国，悉平之。乙酉，还至峥山，吐蕃帅尼伦、回纥帅阿必丁反，复破斩之。戊子春，从元帅阔阔出游骑入关中，金人闭关拒守，德海引骁骑五百，斩关入，杀守者三百人，直捣风陵渡寨，后兵不至，引还。己丑秋，破南山八十三寨，陕西平。德海导大将魁欲那拔都，假道汉中，历荆、襄而东，与金将武仙军十万遇于白河，德海提孤军转战，仙败走，斩首二万余级，复破金移剌粘哥军于邓。冬十一月，至钧州。辛卯春正月，睿宗军由洛阳来会于三峰山，金人沟地立军围之。睿宗令军中祈雪，又烧羊胛骨，卜得吉兆。夜大雪，深三尺，沟中军僵立，刀槊冻不能举。我军冲围而出，金人死者三十余万，其帅完颜哈达、移剌蒲兀走匿浮图上，德海命掘浮图基，出其柱而焚之，完颜斜烈单骑遁还洛阳。又破金将合喜兵于中牟。完颜斜烈复帅军十万来拒，战于郑，先登破之，杀其都尉左崇。以功迁右监军。壬辰正月，破金帅于黄龙冈。癸巳，取申、唐二州。甲午，河南复叛，德海往讨之，炮伤其足，以疾归，卒。

先是，太宗诏大臣忽都虎等试天下僧尼道士，选精通经文者千人，有能工艺者，则命小通事合住等领之，余皆为民。又诏天下置学廪，育人材，立科目，选之入仕，皆从德海之请也。子侃。

侃字仲和，幼为丞相史天泽所器重，留于家而教养之。弱冠为百户，鸷勇有谋略。壬辰，金将伯撒复取卫州，侃拒之，破其兵四万于新卫州。遂渡河，袭金主，至归德，败其兵于阌伯台，即从速不台攻汴西门，金元帅崔立降。以功授总把。从天泽屯太康，复以下德安功为千户。壬子，送兵仗至和林，改抄马那颜。从宗王旭烈兀西征。癸丑，至木乃兮。其国堑道，置毒水中，侃破其兵五万，下一百二十八城，斩其将忽都答而兀朱算滩。算滩，华言王也。丙辰，至乞都卜。其城在担寒山上，悬梯上下，守以精兵悍卒，乃筑夹城围之，莫能克。侃架炮攻之，守将火者纳失儿开门降。旭烈兀遣侃往说兀鲁兀乃算滩来降。其父阿力据西城，侃攻破之，走据东城，复攻破杀之。丁巳正月，至兀里儿城，伏兵，下令闻钲声则起。敌兵果来，伏发，尽杀之，海牙算滩降。又西至阿剌汀，破其游兵三万，祃拶答而算摊降。至乞石迷部，忽里算滩降。西戎大国也，地方八千里，父子相传四十二世，胜兵数十万。侃兵至，破其兵七万，屠西城，又破其东城，东城殿宇，皆构以沉檀木，举火焚之，香闻百里，得七十二弦琵琶、五尺珊瑚灯檠。两城间有大河，侃预造浮梁以防其遁。城破，合里法算滩登舟，睹河有浮梁扼之，乃自缚诣军门降。其将纣答儿遁去，侃追之，至暮，诸军欲顿舍，侃不听，又行十余里，乃止。夜暴雨，先所欲舍处水深数尺。明日，获纣答儿，斩之，拔三百余城。

又西行三千里，至天房，其将住石致书请降，左右以住石之请为信然，易之不为备，侃曰："欺敌者亡，军机多诈，若中彼计，耻莫大焉。"乃严备以待。住石果来邀我师，侃与战，大败之，巴儿算滩降，下其城一百八十五。又西行四十里，至密昔儿。会日暮，已休，复驱兵起，留数病卒，西行十余里顿军，下令军中，衔枚转箭。敌不知也，潜兵夜来袭，杀病卒，可乃算滩大惊曰："东天将军，神人也。"遂降。戊午，旭烈兀命侃西渡海，收富浪 。侃喻以祸福，兀都算滩曰："吾昨所梦神人，乃将军也。"即来降。师还，西南至石罗子，敌人来拒，侃直出掠阵，一鼓败之，换斯干阿答毕算滩降。至宾铁，侃以奇兵奄击，大败之，加叶算滩降。己未，破兀林游兵四万，阿必丁算滩大惧，来降，得城一百二十。西南至乞里弯，忽都马丁算滩来降。西域平。侃以捷告至钓鱼山，会宪宗崩，乃还邓，开屯田，立保障。

世祖即位，侃上疏陈建国号、筑都城、立省台、兴学校等二十五事，及平宋之策，其略曰："宋据东南，以吴越为家，其要地则荆襄而已。今日之计，当先取襄阳。既克襄阳，彼扬、庐诸城，弹丸地耳，置之勿顾，而直趋临安，疾雷不及掩耳，江淮、巴蜀不攻自平。"后皆如其策。

中统二年，擢江汉大都督府理问官。三年二月，益都李璮及徐州总管李杲哥俱反，宋夏贵复来犯边。史天泽荐侃，召入见，世祖问计所出，曰："群盗窃发，犹柙中虎。内无资粮，外无救援，筑城环之，坐待其困，计日可擒也。"帝然之，赐尚衣弓矢。驰至徐，斩杲哥。夏贵焚庐舍，徙军民南去，侃追贵，过宿迁县，夺军民万余人而还。赐金符，为徐、邳二州总管。杲哥之弟驴马，复与夏贵以兵三万来扰边境，侃出战，斩首千余级，夺战舰二百。

至元二年，有言当解史天泽兵权者，天泽遂迁他官，侃亦调同知滕州。三年，侃上言："宋人羁留我使，宜兴师问罪。淮北可立屯田三百六十所，每屯置牛三百六十具，计一屯所出，足供军旅一日之需。"四年，徙高唐令，兼治夏津、武城等五县。五年，邑人吴乞儿、济南道士胡王反，讨平之。七年，改白马令，僧臧罗汉与彰德赵当驴反，又平之。帝以侃习于军务，擢为万户，从军下襄阳，由阳罗上流渡江。江南平，迁知宁海州，居一年，卒。

侃行军有纪律，野爨露宿，虽风雨不入民舍，所至兴学课农，吏民畏服。子秉仁、秉义。

石天应

石天应，字瑞之，兴中永德人。善骑射，豪爽不羁，颇知读书，乡里人多归之。太祖时，太师、国王木华黎南下，天应率众迎谒军门。木华黎即承制授兴中府尹、兵马都提控，俾从南征。天应造战攻之具，临机应变，捷出如神，以功拜龙虎卫上将军、元帅右监军，戍燕。天应旌旗色用黑，人目之曰黑军。屡从木华黎，大小二百余战，常以身先士卒，累功迁右副元帅。辛巳秋八月，从木华黎征陕右，假道西夏，自东胜济河，南攻葭州，拔之。天应因说太师曰："西戎虽降，实未可信。此州当金、夏之冲，居人健勇，仓库丰实，加以长河为限，脱为敌军所梗，缓急非便，宜命将守之，多造舟楫，以备不虞，此万世计也。"木华黎然之，表授金紫光禄大夫、陕西河东路行台兵马都元帅，以劲兵五千留守葭芦。遂造舟楫，建浮桥。诸将多言水涨波恶，恐劳费无功，天应下令曰："有沮吾事者，断其舌！"桥成，诸将悦服。先时，葭守王公佐收合余烬，攻函谷关，将图复故地，及见桥成，遂溃去。于是分兵四出，悉定葭、绥之地。

一日，谒木华黎于汾水东，木华黎谕以进取之策。天应还镇，召将佐谓曰："吾累卿等留屯于此，今闻河中东西皆平川广野，可以驻军，规取关陕，诸君以为如何？"或谏曰："河中虽用武之地，南有潼关，西有京兆，皆金军所屯；且民新附，其心未一，守之恐贻噬脐之悔。"天应曰："葭州正通鄜、延，今鄜已平，延不孤立，若发国书，令夏人取之，犹掌中物耳。且国家之急，本在河南，此州路险地僻，转饷甚难，河中虽迫于二镇，实用武立功之地，北接汾、晋，西连同、华，地五千余里，户数十万，若起漕运以通馈饷，则关内可克期而定，关内既定，长河以南，在吾目中矣。吾年垂六十，老耄将至，一旦卧病床第，闻后生辈立功名，死不瞑目矣。男儿要当死战阵以报国，是吾志也！"秋九月，遂移军河中。既而金军果潜入中条，袭河中。天应知之，先遣骁将吴泽伏兵要路。泽勇而嗜酒，是夕，方醉卧林中，金兵由间道已直抵城下。时兵烬后，守具未完，新附者争缒而去，敌乘隙入。天应见火举，知敌已入，奋身角战，左右从者四十余骑，皆曰："吴泽误我！"或劝西渡河，天应曰："先时人谏我南迁，吾违众而来此，事急弃去，是不武也。纵太师不罪我，何面目以见同列乎！今日惟死而已，汝等勉之。"少顷，敌兵四合，天应饮血力战，至日午，死之。木华黎闻而痛惜焉。

子焕中，知兴中府事；执中，行军千户；受中，兴中府相副官。

初，天应死事时，弟天禹子佐中在军中。伺敌少懈，倒抽其斧，反斫之，突城而出，趋木华黎行营，求得蒙古军数千，回与敌战，败之。木华黎嘉其勇，奏授金符，行元帅；寻诏将官各就本城，授兴中府千户。子安琬，袭职，佩金符，从征大理，讨李璮，皆有功。十三年，隆兴之分宁叛，行省檄安琬讨之。贼背山而阵，安琬引兵出阵后，贼惊溃，退而距守。安琬挥兵直抵垒门，贼扬言曰："愿少容行伍而战，死且不憾。"安琬从之。贼果出阵，安琬突阵而入，大呼曰："吾止诛贼首，庸卒非我敌也！"手刃中贼背，生擒之。累功至右卫亲军副都指挥使，进阶怀远大将军，赐金虎符，后授大同等处万户，领江左新附卒万人，屯田红城。大德三年，李万户当戍和宁，亲老且病，安琬请代其行，及还，以病卒。子居谦袭职，后改忠翊侍卫亲军都指挥使。

移剌捏儿

移剌捏儿，契丹人也。幼有大志，膂力过人，沉毅多谋略。辽亡，金以为参议、留守等官，皆辞不受。闻太祖举兵，私语所亲曰："为国复仇，此其时也。"率其党百余人诣军门献十策。帝召见，与语奇之，赐名赛因必阇赤。又问："尔生何地？"对曰："霸州。"因号为霸州元帅。乙亥，拜兵马都元帅，佐太师木华黎取北京，下高、利、兴、松、义、锦等二十六城，破五十四寨，平利州贼刘四禄。及锦州贼张致兵势方炽，且盗名号，木华黎命捏儿与大将乌也儿、裯斡儿合兵讨之。致拒战，捏儿出奇兵掩击，斩致。木华黎第功以闻，迁龙虎卫上将军、兵马都提控元帅。继取辽东西广宁、金、复、海、盖等十五城。兴州监州重儿反，复与乌也儿讨平之。帝遣使者诏之曰："自汝效顺，战功日多，今赐汝金虎符，居则理民，有事则将，其勿替朕意。"戊寅，从攻东平。辛巳，从攻延安。壬午，从围凤翔，先登，手杀数十人，左臂中流矢，创甚，裹创进攻丹、延。木华黎止之，对曰："创未至死，敢自爱耶！"木华黎壮之，与所乘白马。明日，介其马，饰以朱缨，简骁卫七百人，与金兵战。木华黎乘高，见其驰突万众中，曰："此霸州元帅也。"诸军继进，金兵败走，丹、延十余城皆降，迁军民都达鲁花赤、都提控元帅，兼兴胜府尹。癸未，从帝征河西，取甘、合、辛、蛇等州。师还，复从木华黎攻益都，下莱、胶、淄等三十二城。戊子，得疾归高州，卒。赠推忠宣力保德功臣、太尉、开府仪同三司、上柱国，追封兴国公，谥武毅。子买奴。

买奴蚤从父习战阵，初入见，太祖问曰："汝年小，能袭父爵乎？"对曰："臣年虽小，国法不小。"帝异其对，顾左右曰："此儿甚肖乃父。"以为高州等处达鲁花赤，兼征行万户。庚寅，命攻高丽花凉城，监军张翼、刘霸都殁于敌，买奴怒曰："两将陷贼，义不独生！"趋出战，破之，诛首将，抚安其民。进攻开州，州将金沙密逆战，擒之。城中人出童男女及金玉器以献，却不受。遂下龙、宣、云、泰等十四城。癸巳，从诸王按赤台征女直万奴部，有功。未几召还。兴州赵祚反，土豪杨买驴等附之。帝命从亲王察合台帅师讨之，斩贼将董蛮等，围买驴于险树寨，三月不能下。买奴令健卒刘五儿，即寨北小径上大树，以绳潜引百人登寨，直前劫之，买驴投崖死，余党悉平。太宗即位，录功，赐金鞍良马。乙未，从征高丽，入王京，取其西京而还，赐金锁甲，加镇国上将军、征东大元帅，佩金符。复命出师高丽，将行，以疾卒，年四十。赠推诚效义功臣、荣禄大夫、平章政事，追封兴国公，谥显懿。子元臣。

元臣，别名哈剌哈孙，年十六入宿卫，应对进止有度，世祖谓丞相和鲁火孙曰："此勋臣子，非凡器也。"以为怯薛必阇赤，袭千户，将其父军。从伐宋，攻淮西，戍清口，取瓜洲，下通、泰，累有功。至元十二年，从丞相伯颜平宋，进阶武义将军、中卫亲军总管，佩金虎符。十四年，只儿瓦台叛，围应昌府，时皇女鲁国公主在围中。元臣以所部军驰击，只儿瓦台败走，追至鱼儿泺，擒之，公主赐赉甚厚，奏请暂留元臣镇应昌，以安反侧。居一岁，召至京师，迁明威将军、后卫亲军副都指挥使，还镇应昌。又三岁，召还，加昭勇大将军。十九年，帝以所籍入权臣家妇赐之，元臣辞曰："臣家世清素，不敢自污。"帝嘉叹不已。二十二年，进昭毅大将军，同佥江淮行枢密院事。行院罢，归高州。帝亲征乃颜，元臣率家僮五十人见行在所，愿效前驱。八年，移佥湖广行枢密院，时溪洞施、容等州蛮獠作乱，元臣亲入其境，喻以祸福，贼首鲁万丑降。三十年，卒于官。赠安远功臣、龙虎卫上将军、同知枢密院事，追封兴国公，谥忠靖。子迪，中奉大夫、湖广宣慰使都元帅。

耶律秃花 秃满答儿 忙古带

耶律秃花，契丹人。世居桓州，太祖时，率众来归。大军入金境，为向导，获所牧马甚众。后侍太祖，同饮班术河水。从伐金，大破忽察虎军。又从木华黎收山东、河北，有功，拜太傅、总领也可那延，封濮国公，赐虎符、银印，岁给锦币三百六十匹。统万户扎剌儿、刘黑马、史天泽伐金，卒于西河州。

子朱哥嗣，仍统刘黑马等七万户，与都元帅塔海绀卜同征四川，卒于军。子宝童嗣，以疾不任事，朱哥弟买住嗣，而以宝童充随路新军总管。买住言于宪宗曰："今欲略定西川下流诸城，当先定成都，以为根本，臣请往相其地。"帝从之，遂率诸军往成都，攻嘉定，未下而卒。子忽林带嗣，总诸军，立成都府，卒于军。以兄百家奴嗣。自朱哥至百家奴，并袭太傅、总领也可那延。

秃满答儿者，百家奴之弟，忽林带之兄也，常留中宿卫。后百家奴解兵柄为他官，乃授成都管军万户，代将其军。至元十一年，从忽敦攻嘉定，修平康寨以守之。十二年，从汪田哥攻九顶山，破之，杀都统一人，嘉定降。从忽敦徇下泸、叙诸城，围重庆，守合江口，又以舟师塞龙门濠，遏其援兵。十三年，泸州叛，从汪田哥攻之。重庆遣兵援泸，邀击破之，获七十人。泸坚守不下，秃满答儿夜率兵攻夺水城以进，黎明，先登，入泸城，克之，斩其将王世昌、李都统。复从不花围重庆，守将张珏搏战，败之城下，重庆降。赐虎符，授夔路招讨使，迁四川东道宣慰使，仍兼夔路招讨，改同佥四川等处行枢密院事，迁四川等处行中书省左丞。尚书省立，改行尚书省左丞，进右丞，卒。

忙古带，宝童之子也。世祖时，赐金符，袭父职，为随路新军总管，统领山西两路新军。从行省也速带儿征蜀及思、播、建都诸蛮夷，有功，升万户。从攻罗必甸，至云南，诏以其众入缅，迎云南王。金齿、白衣、答奔诸蛮，往往伏险要为备，忙古带奋击破之，凡十余战，至缅境，开金齿道，奉王以还，迁副都元帅。从诸王阿台征交趾，至白鹤江，与交趾伪昭文王战，夺其战舰八十七艘。又从云南王攻罗必甸，破之。二十九年，入觐。成宗即位，授乌撒乌蒙等处宣慰使，兼管军万户，迁大理金齿等处宣慰使都元帅。大德六年，乌撒、罗罗斯叛，云南行省命率师讨平之。事闻，赐钞三千贯、银五十两、金鞍辔及弓矢，以旌其功。九年，讨普安罗雄州叛贼阿填，擒杀之。进骠骑卫上将军，遥授云南诸路行中书省左丞，行大理金齿等处宣慰使都元帅，卒于军。至大四年，赠龙虎卫上将军、平章政事，仍追封濮国公，谥威愍。子火你赤，袭万户。

王珣 子荣祖

王珣，字君宝，本姓耶律氏，世为辽大族。金正隆末，契丹窝斡叛，祖成，从母氏避难辽西，更姓王氏，遂为义州开义人。父伯俊。伯父伯亨无子，以珣为后。珣武力绝人，善骑射，尤长于击鞠。年三十余，遇道士，谓珣曰："君之相甚奇，它日因一青马而贵。"珣未之信。居岁余，有客以青马来鬻，珣私喜曰："道士之言或验乎？"乃倍价买之。后乘以战，其进退周旋，无不如意。又尝行凌水滨，得一古刀，其背铭曰："举无不克，动必成功。"常佩之，每有警，必先鸣，故所向皆捷。

初，河朔兵动，豪强各拥众据地，珣慨然曰："世故如此，大丈夫当自振拔，否则为人所制。"乃召诸乡人，谕以保亲族之计。众从之，推珣为长，旬月之间，招集遗民至十余万。岁乙亥，太师木华黎略地奚霫，珣率吏民出迎，承制以珣为元帅，兼领义、川二州事。丙子春，张致僭号锦州，阴结开义杨伯杰等来掠义州，珣出战，伯杰引去。会致兄子千骑来冲，珣选十八骑突其前，复令左右掎角之。一卒以枪刺珣，珣挥刀杀之，其众溃走，获其马几尽。时兴中亦叛，木华黎围之，召珣以全军来会。致窥觇其虚，夜袭之，家人皆遇害。及兴中平，珣无所归，木华黎留之兴中，遣其子荣祖驰奏其事。帝谕之曰："汝父子宣力我家，不意为张致所袭。归语汝父，善抚其军，自今以往，当忍耻蓄锐，俟逆党平，彼之族属、城邑、人民，一以付汝，吾不吝也。仍免徭赋五年，使汝父子世为大官。"珣以木华黎兵复开义，擒伯杰等，杀之。进攻锦州，致部将高益缚致妻子及其党千余人以献，木华黎悉以付珣，珣但诛致家，其余皆释之，始还义州。丁丑，入朝，帝嘉其功，赐金虎符，加金紫光禄大夫、兵马都元帅，镇辽东便宜行事，兼义、川等州节度使。珣貌黑，人呼为哈剌元帅，哈剌，中国言黑也。从木华黎兵略山东，至满城，令还镇，戒之曰："彼新附之民，恃山海之险，反覆不常，非尽坑之，终必为变。"对曰："国朝经略中夏，宜以恩信结人，若降者则杀，后宁复有至者乎！"遂还，以子荣祖代领其众。甲申春正月卒，年四十八。珣为政简易，赏罚明信，诛强抚弱，毫发无徇。子四人，荣祖袭。

荣祖字敬先，珣长子也。性沉厚，语音如钟，勇力绝人。珣初附于木华黎，以荣祖为质，稍见任用。珣卒，袭荣禄大夫、崇义军节度使、义州管内观察使。从嗣国王孛鲁入朝，帝闻其勇，选力士三人迭与之搏，皆应手而倒。欲留置宿卫，会金平章政事葛不哥行省于辽东，咸平路宣抚使蒲鲜万奴僭号于开元，遂命荣祖还，副撒里台进讨之。拔盖州、宣城等十余城，葛不哥走死。金帅郭琛、完颜曳鲁马、赵遵、李高奴等犹据石城，复攻拔之，曳鲁马战死，遵与高奴出降。虏生口千余，撒里台欲散于麾下，荣祖屡请，皆放为民。方城未下时，荣祖遣部卒贾实穴其城，城崩被压，众谓已死，弗顾也。荣祖曰："士忘身死国，安忍弃去。"发石取之，犹生，一军感激，乐为效死。有言义人怀反侧者，撒里台将屠之，荣祖驰驿奏辨，事乃止。己丑，授北京等路征行万户，换金虎符。伐高丽，围其王京，高丽王力屈，遣其兄淮安公奉表纳贡。进讨万奴，擒之。赵祁以兴州叛，从诸王按只台平之。祁党犹剽掠景、蓟间，复从大将唐兀台讨之，将行，荣祖曰："承诏讨逆人耳，岂可戮及无辜，宜惟抗我者诛。"大将然之，由是免死者众。再从征高丽，破十余城，高丽遣子缚入质。帝赐锦衣，旌其功。又从诸王也忽略地三韩，降天龙诸堡，皆禁暴掠，民悦服之。破五里山城，请于主将，全其民，遂下瓮子城、竹林寨、苦苦数岛。帝嘉其功，赐以金币，官其子兴千户，仍赏其部曲。移镇高丽平壤，帝遣使谕之曰："彼小国负险自守，釜中之鱼，非久自死，缓急可否，卿当熟思。"荣祖乃募民屯戍，辟地千里，尽得诸岛屿城垒。高丽遣其世子倎出降，遂以倎入朝。

中统元年夏，诏荣祖诣阙，帝抚慰之曰："卿父子勤劳于国，诚节如一。"进沿边招讨使，兼北京等路征行万户，赐宝鞍、弓矢。还镇，以病卒，年六十五。子十三人，显者七人：通，兴中府尹；泰，权知义、锦、川等州总管；兴，征东千户；遇，襄阳路管军万户；达，东京五处征行万户；廷，镇国上将军、中卫亲军都指挥使；璲，江西湖东道提刑按察使。

卷一百五十　　列传第三十七

石抹也先

石抹也先者，辽人也。其先尝从萧后举族入突厥，及后还而族留。至辽为述律氏，号称后族。辽亡，改述律氏为石抹氏。其祖库烈儿，誓不食金禄，率部落远徙。年九十，夜得疾，命家人候日出则以报，及旦，沐浴拜日而卒。父脱罗华察儿，亦不仕。有子五人，也先其仲子也。年十岁，从其父问宗国之所以亡，即大愤曰："儿能复之。"及长，勇力过人，善骑射，多智略，豪服诸部。金人闻其名，征为奚部长，即让其兄赡德纳曰："兄姑受之，为保宗族计。"遂深自藏匿，居北野山，射狐鼠而食。闻太祖起朔方，匹马来归。首言："东京为金开基之地，荡其根本，中原可传檄而定也。"太祖悦，命从太师、国王木华黎取东京。师过临潢，次高州，木华黎令也先率千骑为先锋，也先曰："兵贵奇胜，何以多为？"谍知金人新易东京留守将至，也先独与数骑邀而杀之，怀其所受诰命，至东京，谓守门者曰："我新留守也。"入据府中，问吏列兵于城何谓，吏以边备对，也先曰："吾自朝廷来，中外晏然，奈何欲陈兵以动摇人心乎！"即命撤守备，曰："寇至在我，无劳尔辈。"是夜，下令易置其将佐部伍。三日，木华黎至，入东京，不费一矢，得地数千里、户十万八千、兵十万、资粮器械山积，降守臣寅答虎等四十七人，定城邑三十二。金人丧其根本之地，始议迁河南。岁乙亥，移师围北京。城久不下，及城破，将屠之。也先曰："王师拯人水火，彼既降而复屠之，则未下者，人将死守，天下何时定乎！"因以上闻，赦之。授御史大夫，领北京达鲁花赤。时石天应与豪酋数十据兴中府，也先分兵降之，奏以为兴中尹。又命也先副脱忽阑阇里必，监张鲸等军，征燕南未下州郡。至平州，鲸称疾不进，也先执鲸送行在所，帝责之曰："朕何负汝？"鲸对曰："臣实病，非敢叛。"帝曰："今呼汝弟致为质，当活汝。"鲸诺而宵遁，也先追戮之，致已杀使者应其兄矣。致既伏诛，也先籍其私养敢死之士万二千人号黑军者，上于朝。赐虎符，进上将军，以御史大夫提控诸路元帅府事，举辽水之西、滦水之东，悉以付之。后从国王木华黎攻蠡州北城，先登，中石死，时年四十一。子四人：曰查剌，曰咸锡，曰博罗，曰侃。

查剌，亦善射，袭御史大夫，领黑军。戊寅，从木华黎攻平阳、太原、隰、吉、岢岚、关西诸郡，下之。遂攻益都，久不下，及降，众欲屠其城，查剌曰："杀降不祥，且得空城，将安用之？"由是遂免。己卯，诏以黑军分屯真定、固安、太原、平阳、隰、吉、岢岚诸郡。及南征，尽以黑军为前列，败金将白撒、官奴于河。渡河再战，尽杀之，长驱破汴京，入自仁和门，收图籍而还。帝悉以诸军俘获赐黑军。癸巳，从国王塔思征金帅宣抚万奴于辽东之南京，先登，众军乘之而进，遂克之，王解锦衣以赐。辛丑，太宗嘉其功，授真定、北京两路达鲁花赤。癸卯，卒于柳城，年四十四。子库禄满，袭职。中统三年，从征李璮，中流矢卒。子良辅，袭黑军总管，至元十七年，以功累升昭毅大将军、沿海副都元帅。二十一年，改沿海上副万户。大德十一年，告老。子继祖，袭万户。咸锡之子度剌，攻樊城，战死。赡德纳后亦弃金官来归，为别失八里达鲁花赤，卒。其孙亦剌马丹，仕至辽阳省左丞。亦剌马丹子仓赤，为湖广行省平章政事。

何伯祥 子玮

何伯祥，易州易县人。幼从军于金，从张柔来归。太祖定河朔，惟保定王子昌、信安张进坚守不下。子昌，金骁将也，柔命伯祥取之。兵逼其城，子昌出走，追及之，伯祥执枪驰马，子昌反射之，中手而贯枪，伯祥拔矢弃枪，策马直前，徒手搏之，擒子昌。进闻之，亦遁去。伯祥遂攻西山诸寨，悉平之。后攻汴梁，拔洛阳，围归德，破蔡州，论功居多，授易州等处军民总管。丁酉，从主帅察罕伐宋，伯祥拔三十余栅，获战舰千余艘，又破芭蕉、望乡、大洪、张家等寨，俘获甚众，器械山积。察罕以其功闻，赐锦衣、金甲。壬子，诸军入宋境，察罕自他道遽还，诸军仓皇失措，伯祥曰："此必为敌所遏，不若出其不意，而遂深入其地，彼不我测，乃可出也。"遂率兵突战，直抵司空寨，疏布营垒，陵高伐木，为攻取势。既夜，命为五营，营火十炬，伏精锐于营侧险要之地。天将明，令士卒速行，而鸣鼓其后。宋兵果来追，伏发，惊骇溃去，追击，大破之，转战百余里，他军不能归者，皆赖以出。帝闻之，赐金二百两。世祖南伐，伯祥参预军事，多所献纳，卒于军。赠仪同三司、太保、上柱国，追封易国公，谥武昌。子玮。

玮始袭父职，知易州。兄行军千户卒，玮复袭之，镇亳州。从围襄樊，宋将夏贵率舟师来救，玮时建营于城东北，当其冲。贵兵纵火焚北关，遂进逼玮，万户脱因不花等呼玮入城，玮曰："建功立业，此其时也，何避焉！"乃率其众，誓以死战，开营门，以身先之，贵败走。至元十一年，丞相伯颜受命伐宋，辟玮为帐前都镇抚。师次阳罗堡，夏贵率战舰列江上下，玮从元帅阿术，率众先渡，诸军继之，贵复败走。宋丞相贾似道率舟师拒于丁家洲，玮将勇敢士出战，夺舟千余艘，似道遁去。授武德将军、管军总管，佩金虎符。宋既平，进怀远大将军、太平路军民达鲁花赤，俄升昭勇大将军、行户部尚书、两淮都转运使。至元十八年，擢参议中书省事。二十年，擢为江浙按察使。二十二年，改大名路总管。二十八年，迁湖南宣慰使。三十一年，拜中书参知政事。时宰执凡十一人，玮曰："古者一相，专任贤也，今宰执员多，政出多门，转相疑忌，请损之。"不从，遂乞代。大德四年，授侍御史，以母病辞。七年，授御史中丞，陈当世要务十条，成宗嘉纳之。京师孔子庙成，玮言："唐、虞、三代，国都、闾巷莫不有学，今孔庙既成，宜建国学于其侧。"从之。赛典赤、八都马辛等还自贬所，复相位，玮言："奸党不可复用，宜选正人以居庙堂。"帝深然之。监察御史郭章劾郎中哈剌哈孙受赃，具服，而哈剌哈孙密结权要，以枉问诬章。玮率台臣入奏，辨论剀切，章遂得释。九年冬，将有事于南郊，议配享，玮曰："严父配天，万世不易。"不果行。成宗崩，丞相阿忽台奉皇后旨，集廷臣议祔庙及摄政事，玮难之，阿忽台变色曰："中丞谓不可行，独不畏死耶？"众皆危惧，玮从容曰："死畏不义耳，苟死于义，夫复何畏！"未几，以疾去位。武宗即位于上都，授太子副詹事，遣使促使就职，复遥授平章政事，商议中书省事。武宗至自上都，临朝，问曰："孰为何中丞？"玮出拜，帝曰："朕知卿能以忠直为国，朕有不逮，卿当勉辅。"

至大元年，迁太子詹事，兼卫率使。俄拜中书左丞，仍平章政事，商议中书省事。未几，擢河南行省平章政事，佩金虎符，提调屯田事。帝召至榻前，面谕曰："汴省事重，屯田久废，卿当为国竭力。"赐黑貂裘一、锦衣二袭。玮至汴，建诸葛亮祠，立书院，以地三千亩赡之。三年，改河南行尚书省平章政事，卒。赠太傅、开府仪同三司、上柱国，追封梁国公，谥文正。

李守贤

李守贤，字才叔，大宁义州人也。祖小字放军，尝从金将攻宋淮南，飞石伤髀，录功，赏生口七十。主将分命将校杀所掠俘，苟有失亡者，罪死，放军当杀五百人，皆纵之去。金大安初，守贤暨兄庭植，弟守正、守忠，从兄伯通、伯温，归款于太师、国王木华黎，入朝太祖于行在所，即命庭植为龙虎卫上将军、右副元帅、崇义军节度使，守贤授锦州临海军节度观察使，弟守忠为都元帅，守河东。朝廷以全晋为要害之地，人心危疑未定，非守贤镇抚之不可，乃自锦州迁河东南路兵马都总管。既至，河东人皆曰："吾等可恃以生矣。"岁戊子，朝于和林，加金紫光禄大夫，知平阳府事，兼本路兵马都总管。庚寅，太宗南伐，道平阳，见田野不治，以问守贤，对曰："民贫窘，乏耕具致然。"诏给牛万头，仍徙关中生口垦地河东。辛卯，平阳当移粟万石输云中，守贤奏以"百姓疲敝，不任挽载，"帝嘉纳之。时河中未下，守贤建言，以为将士逗留沮挠，多所伤溺，臣请自北面凿城先登。如其言，城果下，遂构浮桥。明年，蒲津南济潼关。二月，大破赵雄兵于芮城。时方会师围汴，留守贤屯嵩、汝。金兵十余万，保少室山太平寨，守贤以三千人介其中，度其帅完颜延寿无守御之才，癸巳正月望夕，延寿击球为嬉，守贤潜遣轻捷者数十人，缘崖蚁附以登，杀其守卒，遂大纵兵入，破之，下令禁无抄掠，悉收余众以归。不两旬，连天、交牙、兰若、香炉诸寨，皆望风俱下，守贤未尝妄杀一人。及攻河南，其渠魁强元帅者，以其众出奔，守贤追及，降之。秦蓝帅王祐，聚众数万，据虢之南山，守贤使人责祐，祐素惮守贤威略，即以所部来附，关东、洛西遂定。甲午冬十月卒，年四十六。

子瑴嗣。岁丁酉，从太师塔海绀卜征蜀汉，有功。明年，攻碉门。又明年，下万州，会战于瞿塘，获战舰千余艘。辛丑，朝行在所，授河东道行军万户，兼总管。己巳，进兵攻成都，由广元出葭萌，度木瓜坡。蜀之余孽团聚为梗，闻瑴至，潜为伏以待。瑴谍知之，令众衔枚疾进，出其不意，贼兵败走，长驱至成都，破之。壬子，袭嘉定。戊午秋，宪宗南伐。己未，入梁州，师次江上，造舟为梁，以通援兵，且断宋人往来之路。会江涨，梁中绝，宋将率舟师万艘逆战，瑴以一旅先犯之，诸军继进，遂破之。明日，帝召谓诸将曰："汝辈平日自负骜勇，及临敌，不能为朕立尺寸功。独李瑴身犯矢石，摧锋陷阵，视敌蔑如。言勇者，如瑴乃可耳。"赐白金二百五十两。中统三年，改河东路总管，佩金虎符，移京兆路，加昭勇大将军，未几，转洺磁路。至元七年正月卒，年四十九。子十一人。伯温，见《忠义传》。

耶律阿海

耶律阿海，辽之故族也。金桓州尹撒八儿之孙，尚书奏事官脱迭儿之子也。阿海天资雄毅，勇略过人，尤善骑射，通诸国语。金季，选使王可汗，见太祖姿貌异常，因进言："金国不治戎备，俗日侈肆，亡可立待。"帝喜曰："汝肯臣我，以何为信？"阿海对曰："愿以子弟为质。"明年，复出使，与弟秃花俱往，慰劳加厚，遂以秃花为质，直宿卫。阿海得参预机谋，出入战阵，常在左右。岁壬戌，王可汗叛盟，谋袭太祖。太祖与宗亲大臣同休戚者，饮辨屯河水为盟，阿海兄弟皆预焉。既败王可汗，金人讶其使久不还，拘家属于瀛。阿海殊不介意，攻战愈厉。帝闻之，妻以贵臣之女，给户，俾食其赋。癸亥冬，进攻西夏诸国，累有功。丙寅，帝建龙旂，即大位，敕左帅阇别略地汉南，阿海为先锋。辛未，破乌沙堡，鏖战宣平，大捷浍河，遂出居庸，耀兵燕北。癸酉，拔宣德、德兴，乘胜次北口，阇别攻下紫荆关。阿海奏曰："好生乃圣人之大德也。兴创之始，愿止杀掠，以应天心。"帝嘉纳焉。遂分兵略燕南、山东诸郡，还驻燕之近郊。金主惧，请和，谕其使曰："阿海妻子，何故拘系弗遣？"即送来归。师还，出塞。甲戌，金人走汴，阿海以功拜太师，行中书省事；封秃花为太傅、濮国公，每宴享，必赐坐。命秃花从木华黎取中原。阿海从帝攻西域，俘其酋长只阑秃，下蒲华、寻斯干等城，留监寻斯干，专任抚绥之责。未几，以疾薨于位，年七十三。至元十年，追封忠武公。

子三人：长忙古台，次绵思哥，次捏儿哥。忙古台在太祖时，为御史大夫，佩虎符，监战左副元帅官、金紫光禄大夫，管领契丹汉军，守中都，招安水泊等处，卒，无子。捏儿哥在太祖时，佩虎符，为右丞，行省辽东。万奴叛，举家遇害。绵思哥袭太师，监寻斯干城，久之，请还内郡，守中都路也可达鲁花赤，佩虎符，卒。子二人：买哥，通诸国语，太祖时为奉御，赐只孙服，袭其父中都之职。时供亿浩繁，屡贷于民，买哥悉以私帑偿之，事闻，赐银万两。戊午，从攻蜀，师次钓鱼山，卒于军。妻移剌氏，以哀毁卒，特赠贞静。子七人：老哥，历提刑按察使，入为中书左丞。驴马，备宿卫，为必阇赤，仕至右卫亲军都指挥使。至元二十四年，世祖宴于柳林，命驴马居其父位次，赐只孙服。二十五年，戍哈丹秃，有战功，以老乞骸骨。子六人：五台奴，袭职；拔都儿，中书右丞；文谦，兴国路总管；卜花，早卒，蒙古不花，荆湖北道宣慰使；虎都不花，一名文炳，湖州同知；万奴，为人匠副总管。

何　实

何实，字诚卿，其先北京人，曾祖搏霄，雄于赀，好施与，乡里以善人称。祖鼎敬。父道忠，仕金，为北京留守。实少孤，依叔父居，气节不凡，家人常入卧内，见一青蛇蜿蜒衣被中，骇而视之，乃实也。及长，通诸国译语，骁勇善骑射，倜傥不羁，远近之民，慕其雄略，咸归心焉。

岁乙亥，中原盗起。锦州张鲸，自立为临海郡王，遣使纳款于太祖，寻以叛伏诛。鲸弟致，初以叛谋于实，实厉声叱曰："天之历数在朔方，汝等恣为不轨，徒自毙耳！"乃籍户口一万，募兵三千，丙子春，来归。大将木华黎与论兵事，奇变百出。拊髀欣跃，大加称赏，遂引见太祖，献军民之数。帝大悦，赐鞘剑一，命从木华黎选充前锋。时张致复据锦州，实与贼遇于神水县，挺身陷阵，殊死战，杀三百余人，获战马兵械甚众，木华黎奏赐鞍马弓矢以励之。以功，为帐前军马都弹压。诏封木华黎太师、国王，东下齐数郡。使实帅师四千，取燕南、齐西之地，首击邢州，徇赵郡，取魏郏，下博关，袭曹、濮、恩、德、泰安、济宁，势如破竹。薄潍州，与木华黎会。迁兵马都镇抚，从取大同、雁门、石、隰等州，悉平之。引兵掠太原、平阳、河中、京兆诸城，所向款附。木华黎录其功，表实为元帅左监军。

癸未，木华黎卒，子孛鲁嗣。武仙复叛，据邢。实帅师五千围之，立云梯，先士卒登堞，横矟突之，城破，武仙走，逐北四十里，大破之，斩首二百余级。是夜，仙党遁去。实下令，敢有擅剽掠者斩，军中肃然，士民按堵。孛鲁命戍于邢，多著善政，邢民敬之如神明。甲申，孛鲁征西夏，以实分兵攻汴、陈、蔡、唐、邓、许、钧、睢、郑、亳、颍，所至有功，计枭首一千五百余级，俘工匠七百余人。孛鲁复命驻兵邢州，分织匠五百户，置局课织。丁亥，赐金虎符，便宜行元帅府事。邢因武仙之乱，岁屡饥，请移匠局于博，孛鲁从之。悯其劳瘁，使勿出征，更檄东平严实，与之分治军民事。博值兵火后，物货不通，实以丝数印置会子，权行一方，民获贸迁之利。庚寅，有旨收诸将金符。乙未，孛鲁以实子仲泽为质子。

丁酉，太宗数召入见，实贡金币纹绮三篚。次陵州，遇寇，实与左右射之，毙二十余人，生获十余人。朝于幄殿，帝欢甚，问遇盗之故，命所获寇勿杀，仍以赐实。是日，赐坐，与论军中故事，良久，曰："思卿效力有年，朕欲授以征行元帅，后当重任。"实叩头谢曰："小臣被坚执锐，从事锋镝二十余年，身被十余枪，右臂不能举，已为废人矣。臣不敢辱命。愿辞监军之职，幸得元佩金符，督治工匠，岁献织币，优游以终其身，于臣足矣。"帝默然不悦，令射以观其强弱，实不能射。命入宿卫，密使人觇之，实臂果不能举。固辞十余，始可其奏。遂锡宴，取金符亲赐之，授以汉字宣命，充御用局人匠达鲁花赤，子孙世其爵。更赐白貂帽、减铁系腰、貂衣一袭、弓一、矢百，遣归。丁巳，卒于博 。

子九人，孙十七人。子崇礼，授应奉翰林文字、从仕郎、同知制诰兼国史院编修官。

郝和尚拔都

郝和尚拔都，太原人，以小字行，幼为蒙古兵所掠，在郡王迄忒麾下，长通译语，善骑射。太祖遣使宋，往返数四，以辩称。岁戊子，以为九原府主帅，佩金符。庚寅，率兵南伐，略地潼、陕，有功。辛卯，授行军千户。乙未，从皇子南伐，至襄阳，宋兵四十万逆战汉水上。领先锋数百人，直前冲其阵，宋兵大溃。丙申，从都 元帅塔海征蜀，下兴元。宋将王连以重兵守剑阁，乃募敢死士十二人，乘夜破关，入蜀，诸城悉下。明年，取夔府，抵大江，宋兵三十万军于南岸。郝和尚拔都选骁勇九人，乘轻舸先登，横驰阵中，既出复入，宋兵不能支，由是以善战名。庚子岁，太宗于行在所命解衣数其疮痕二十一，嘉其劳，进拜宣德西京太原平阳延安五路万户，易佩金虎符，以兵二万属之，复赐马六骑、金锦弓铠有差。甲辰，朝定宗于宿瓮都之行宫，赐银万铤，辞以"赏过厚，臣不应独受，臣得效微劳，皆将校协力之功"，遂奏将校刘天禄等十一人，皆赐之金银符。戊申，奉诏还治太原，请凡远道租税监课过重者，悉蠲除之。岁饥，出白金六十铤、粟千石、羊数千，以助国用。己酉，升万户府为河东北路行省，得以便宜从事，凡四年，壬子三月，卒。追赠太保、仪同三司、冀国公，谥忠定。

子十二人：长天益，佩金符，太原路军民万户都总管；次仲威，袭五路万户；扎剌不花，镇蛮都元帅、军民宣慰使；天举，大都路总管，兼府尹；天祐，陕西奥鲁万户；天泽，夔州路总管；天麟，京兆等路诸军奥鲁万户；天挺，河南江北行中书省平章政事。

赵　瑨

赵瑨，云中蔚州人。父昆，仕金为帅府评事。兄珪，以万户守飞狐城。岁庚午，昆卒，珪挈其母如蠡州，留瑨于飞狐。琎自幼不羁，闲习武事。癸酉，太祖南伐，先锋至飞狐，城中不知所为。琎诣县曰："大兵压境，不降何待！"众从之。丁丑，太师、国王木华黎驻兵桓州，署为百户，从攻蠡州。金兵闭城拒守，国王裨将石抹也先战死，王怒，将屠其城，琎泣曰："母与兄在城中，乞以一身赎一城之命。"哀恳切至，国王义而许之。从攻相州，抵其门，死士突出，琎直前击之，流矢中鼻侧，镞出脑后，拔矢再战，七日破其城。论功，授冀州行军都元帅，佩金虎符。琎让其兄珪，朝廷从之，改授琎军民总管，稍迁易州达鲁花赤，佩金符。太宗下河南，琎自易州驰驿输矢二十余万至行在，帝大喜，命权中都省事。癸巳，赵、扬据兴州叛，琎进军平之，迁中山、真定二路达鲁花赤。中统元年，诏立十道宣慰司，以琎为顺天宣慰使。至元元年，转淄莱路总管。六年，改太原路总管。十二年，升燕南道提刑按察使。十四年，迁河南道。十六年，致仕。明年卒，年八十。皇庆元年，赠仪同三司、太保、上柱国，追封定国公，谥襄穆。子秉温。

秉温，事世祖潜邸，命受学于太保刘秉忠，从征吐蕃、云南大理。中统初，诏行右三部事。至元七年，创习朝仪，阅试称旨，授尚书礼部侍郎、知侍仪司事。明年，授秘书少监，购求天下秘书。十九年，迁昭文馆大学士、知太史院侍仪司事。《授时历》成，赐钞二百锭，进阶中奉大夫。二十九年，编《国朝集礼》成，帝特命其子慧袭侍仪使。皇庆元年，赠金紫光禄大夫、司徒、云国公，谥文昭。子慧，后仕至昭文馆大学士。

石抹明安

石抹明安，桓州人。性宽厚，不拘小节。为童子时，尝骑杖为马，令群儿前导，行列整肃，无敢喧哗者。父老见而异之，曰："是儿体貌不凡，进退有度，他日必贵。"既长，叹曰："士生于世，当立功名、书竹帛，以传无穷，宁肯碌碌无闻，与草木同腐邪！"岁壬申，太祖率师攻破金之抚州，将遂南向，金主命招讨纥石烈九斤来援，时明安在其麾下，九斤谓之曰："汝尝使北方，素识蒙古国主，其往临阵，问以举兵之由，不然即诟之。"明安初如所教，俄策马来降，帝命缚以俟战毕问之。既败金兵，召明安诘之曰："尔何以詈我而后降也？"对曰："臣素有归志，向为九斤所使，恐其见疑，故如所言。不尔，何由瞻奉天颜？"帝善其言，释之，命领蒙古军，抚定云中东西两路。

既而帝欲休兵于北，明安谏曰："金有天下一十七路，今我所得，惟云中东西两路而已，若置不问，待彼成谋，并力而来，则难敌矣。且山前民庶，久不知兵，今以重兵临之，传檄可定，兵贵神速，岂宜犹豫！"帝从之。即命明安引兵南进，所至，民皆具箪食壶浆以迎，尽有河北诸郡而还。帝复命明安及三合拔都，将兵由古北口徇景、蓟、檀、顺诸州。诸将议欲屠之，明安奏曰："此辈当死，今若生之，则彼之未附者，皆闻风而自至矣。"帝从之。乙亥春正月，取通州，金右副元帅蒲察七斤以其众降，明安命复其职，置之麾下，遂驻军于京南建春宫。金御史中丞李英、元帅左都监乌古论庆寿，领兵护军食，以援中都。帝遣右副元帅神撒将四百骑迎战，明安将五百骑继之，遇于永清。将战，命士卒佯败，金兵来追，回击，大破之，死及溺水者甚众，获李英及所佩虎符，得粮千余车。遂招谕永清，不降，拔而屠之。未几，金将完颜合住、监军阿兴松哥，复以步兵万二千人、粮车五百两援中都。明安复将三千骑往击之，遇于涿州宣封寨，获松哥，合住遁去，尽得其辎重，还屯建春宫。四月，攻万宁宫，克之。取富昌、丰宜二关，攻拔固安县。

初，顺州之破，兵士缚密云主簿完颜寿孙以献，明安释而用之，不久，逸去复来，问其故，对曰："有老父在城中，恐不能存，谋归，欲得侍养，今已殁，故复来。"明安义而释之。五月，明安将攻中都，金相完颜复兴饮药死。辛酉，城中官属父老缁素，开门请降，明安谕之曰："负固不服，以至此极，非汝等罪，守者之责也。"悉令安业，仍以粟赈之，众皆感悦。

明安早从军旅，料敌制胜，算无遗策，虽祁寒盛暑，未尝不与士卒均劳逸，同甘苦。其得金府库珠玉锦绮，明安悉具其数上进，未尝以纤毫为己有。中都既下，加太傅、邵国公，兼管蒙古汉军兵马都元帅。丙子，以疾卒于燕城，年五十三。

子二人：长咸得不，袭职为燕京行省。次忽笃华，太宗时，为金紫光禄大夫、燕京等处行尚书省事，兼蒙古汉军兵马都元帅。

张　荣

张荣，字世辉，济南历城人，状貌奇伟。尝从军，为流矢贯眥，拔之不出，令人以足抵其额而拔之，神色自若。金季，山东群盗蜂起，荣率乡民据济南黉堂岭，众稍盛，遂略章丘、邹平、济阳、长山、辛市、蒲台、新城及淄州之地而有之，兵至，则清野入山。岁丙戌，东平、顺天皆内属，荣遂举其兵与地纳款于按赤台那衍，引见太祖，问以孤军数载，独抗王师之故，对曰："山东地广人稠，悉为帝有。臣若但有倚恃，亦不款服。"太祖壮之，拊其背曰："真赛因八都儿也。"授金紫光禄大夫、山东行尚书省，兼兵马都元帅，知济南府事。时贸易用银，民争发墓劫取，荣下令禁绝。庚寅，朝廷集诸侯议取汴，荣请先六军以清跸道，帝嘉之，赐衣三袭，诏位诸侯上。辛卯，军至河上，荣率死士宵济，守者溃。诘旦，敌兵整阵至，荣驰之，望风披靡，夺战船五十艘，麾抵北岸，济师，众军继进，乘胜破张、盘二山寨，俘获万余。大将阿术鲁恐生变，欲尽杀之，荣力争而止。癸巳，汴梁下，从阿术鲁为先锋，攻睢阳，议欲杀俘虏，烹其油以灌城，又力止之。既而城下，荣单骑入城抚其民。甲午，攻沛，沛拒守稍严，其将唆蛾夜来捣营，荣觉之，唆蛾返走，率壮士追杀之，乘胜急攻，城破。就攻徐州，守将国用安引兵突出，荣逆击之，亦破其城，用安赴水死。乙未，拔邳州。丙申，从诸王阔端破宋枣阳、仇城等三县。时河南民北徙至济南，荣下令民间，分屋与地居之，俾得树畜，且课其殿最，旷野辟为乐土。是岁，中书考绩，为天下第一。李璮据益都，私馈以马蹄金，荣曰："身既许国，何可擅交邻境!"却之。年六十一,乞致仕。后十九年,世祖即位,封济南公,致仕卒,年八十三。

子七人:长邦杰,袭爵,先卒;邦直,行军万户;邦彦,权济南行省;邦允,知淄州;邦孚,大都督府郎中;邦昌,奥鲁总管;邦宪,淮安路总管。孙四十人,宏,袭邦杰爵,改真定路总管。

刘亨安

刘亨安,其先范阳人,后迁辽东川州。初,国王木华黎经略辽东,兄世英率宗族乡人隶麾下,分兵收燕、赵、云、朔、河东,以功充行军副总管。庚辰,平阳诸郡被兵之余,民物空竭,世英言于王曰:"自古建国,以民为本,今河东杀掠殆尽,异日我师复来,孰给转输?收存恤亡,此其时也。"王善之。以绛州边地,难其人,奏授世英绛州节度使,兼行帅府事。卒于师,无子,国王孛鲁命其族兄德仁袭职。丙戌岁,金将移剌副枢攻绛州,城陷,死之。木华黎承制命亨安领其众,奏赐金虎符,授镇国上将军、绛州节度使,行元帅府事。兼观察使。庚寅冬,从王师渡河入关。辛卯春,克凤翔,历秦、陇,屯渭阳。秋,出阶城,沿汉抵邓。壬辰,会大军于钧州,败金人于三峰山。甲午,平蔡。既而宋兵二十万攻汴,将趋洛,都元帅塔察儿俾亨安往拒之。与宋军遇龙门北,遂横槊跃马,奋突而前,众因乘之,宋师奔溃,追击百余里。塔察儿拊其背曰:"真骁将也!"延坐诸将之右,劳赐甚厚。丙申,都元帅塔海征巴蜀,攻散关,破剑门,出奇制胜,战功居多。进围成都,亨安为先锋,大破之于城西,生擒宋将陈侍郎。有乔长官与亨安争功,未几,攻城,乔为炮所伤,亨安负之以出,乔感愧。亨安从军十年,累著勋伐,所获金帛,悉推与将佐,故士卒咸乐为用。癸卯冬十二月卒。子贞,嗣职。孙三人:弘,强,弴。

卷一百五十一　列传第三十八

薛塔剌海

薛塔剌海,燕人也,刚勇有志。岁甲戌,太祖引兵至北口,塔剌海帅所部三百余人来归,帝命佩金符,为炮水手元帅,屡有功,进金紫光禄大夫,佩虎符,为炮水手军民诸色人匠都元帅,便宜行事。从征回回、河西、钦察、畏吾儿、康里、乃蛮、阿鲁虎、忽缠、帖里麻、赛兰诸国,俱以炮立功。太宗三年,睿宗引兵自洛阳渡河,塔剌海由陇右假道金、商,遂会师于钧州三峰山,败金师。四年,破南京及唐、邓、钧、许诸州,取鄢陵、扶沟。四月卒。

子夺失剌,袭为都元帅,南攻江淮,有功。岁庚戌,卒。弟军胜袭,宪宗八年,从世祖攻钓鱼山、苦竹崖、大良平、青居山。破重庆、马湖、天水,赐以白金、鞍马等物。中统三年,李璮叛济南,又以炮破其城。至元五年,从围襄阳。三月卒。丞相阿术欲以千户刘添喜摄帅府事,子四家奴,年方十六,请从军自效,帝壮而许之。八年,始袭父爵。十年冬十二月,襄、樊未下,四家奴立炮攻之。明年正月,襄阳守吕文焕降。继从丞相伯颜南伐,十月,至郢州,先登。师既渡江,四家奴自郑州下沿海诸城堡,至建康。十二年,授武节将军。六月,与宋将夏贵战于峪溪口,夺其船二百余艘。十一月,屠常州。十二月,取苏州。十三年,攻镇巢。七月,围扬州,守臣李庭芝弃城走,追获之。九月,进阶怀远将军,将兵平浙东诸郡。从征福建滦江,与宋兵力战,破之,获战舰千余艘。十六年,进阶镇国将军,镇扬州。二十二年,改为万户。

高闹儿

高闹儿,女直人。事太祖,从征西域。复从阔出太子、察罕那演,连岁出征,累有功。授金符,总管管领山前十路匠军。岁己未,宪宗悯其老,命其子元长袭其职,从世祖渡江攻鄂,还镇随州。至元二年,移镇季阳。五年,从元帅阿术修立白河口、新城、鹿门山等处城堡,围襄樊。七年,充季阳军马总管。十年,从攻樊城,先登。十一年,从渡江,鼓战舰上流,与宋人战,杀三百余人,夺其船及铠仗,以功赐虎符,升宣武将军。进兵丁家洲,与宋臣孙虎臣等大战,杀五百余人,夺其船及铠仗无算;败夏贵于焦湖。从征常州,先登。又攻杭州。宋平,护送宋太后至京师。以功进怀远大将军、万户。二十一年,领军二千,从太子脱欢征交趾,追袭交趾世子于大海口,夺其战舰以还。二十二年,升安远大将军、季阳万户府万户。是年夏,复以兵追袭交趾世子于海之三叉口,与敌军合战,中毒矢而死。

子灭里干,初直宿卫,袭父职,领兵镇广东,寻移戍惠州,平盗谭大獠、朱珍等。元贞元年,移戍袁州,盗陀头以众犯境,悉剿除之。寻广之南恩盗起,复领兵平之。还,没于袁州。赠怀远大将军、季阳万户府万户、轻车都尉、渤海郡侯。

王义

王义,字宜之,真定宁晋人,家世业农。义有胆智,沉默寡言,读书知大义。金人迁汴,河朔盗起,县人聚而谋曰:"时事如此,吾侪欲保全家室,宜有所统属。"乃相与推义为长,摄行县事,寻号为都统。太师、国王木华黎兵至城下,义率众,以宁晋归焉。入觐太祖,赐骏马二匹,授宁晋令,兼赵州以南招抚使。是时兵乱,民废农耕,所在人相食,宁晋东有薮泽,周回百余里,中有小堡曰沥城,义曰:"沥城虽小而完,且有鱼藕菱芡之利,不可失也。"留偏将李直守宁晋,身率众保沥城,由是全活者众。岁乙亥,金将李伯祥据赵州,木华黎遣义捣其城。会天大风雨,义帅壮士,挟长梯,疾趋,夜四鼓,四面齐登,杀守埤者。城中乱,伯祥挺身走天坛寨,一州遂定。木华黎承制授义赵州太守、赵冀二州招抚使。丁丑,大军南取钜鹿、洺州二城,还军至唐阳西九门,遇金监军纳兰率冀州节度使柴茂等,将兵万余北行。义伏兵桑林，先以百骑挑之，纳兰趋来迎战，因稍却，诱之近桑林，伏起，金兵大乱，奔还，获纳兰二弟及万户李虎。戊寅，拔束鹿，进攻深州，守帅以城降。顺天都元帅张柔上其功，升深州节度使、深冀赵三州招抚使。

金将武仙以兵四万来攻束鹿，仙谕军士曰："束鹿兵少无粮，城无楼橹，一日可拔也。"尽锐来攻，义随机应拒，积三十日不能下，大小数十战皆捷。一夕，义召将佐曰："今城守虽有余，然外无援兵，粮食将尽，岂可坐而待毙。"椎牛飨士，率精锐三千，衔枚夜出，直捣仙营。仙军乱，乘暗攻之，杀数千人。仙率余众遁还真定，悉获其军资器仗。木华黎闻之，遣使送银牌十，命义赐有功者。庚辰，拔冀州，获柴茂，械送军前，木华黎、张柔复上其功，授龙虎卫上将军、安武军节度使，行深冀二州元帅府事，赐金虎符。辛巳，仙复遣其将卢秀、李伯祥，率兵谋袭赵州，并取沥城，率战舰数百艘，沿江而下。义具舟楫于纪家庄，截其下流，邀击之，义士卒皆水乡人，善水战，回旋开阖，往来如风雨，船接，则跃登彼船，奋戈疾击，敌莫能当，杀千余人，擒秀。伯祥退保沥城，义引兵拔之，伯祥西走，二子死焉。邢州盗号赵大王，聚众数千，据任县固城水寨，真定史天泽集诸道兵攻之不能下。甲午，义引兵薄其城，一鼓下之，获赵大王、侯县令等数人杀之，余党悉平。义乃布教令，招集散亡，劝率种艺，深、冀之间，遂为乐土云。

王玉 忱

王玉，赵州宁晋人。长身骈胁多力，金季为万户，镇赵州。太师、国王木华黎下中原，玉率众来附，领本部军，从攻邢、洺、磁三州，济南诸郡，号长汉万户。从攻泽、潞诸州，独潞州坚壁不下，玉力战，流矢中左目，竟拔其城。又破平阳，下太原、汾、代等州。师还，署元帅府监军，以赵州四十寨隶焉。先是，金将武仙既降复叛，杀元帅史天倪。宋将彭义斌在大名，阴与仙合，玉从笑乃带、史天泽，攻败武仙，生擒义斌，驻军宁晋东里寨。仙遣人赍诰命，诱玉妻，妻拒曰："妾岂可使夫怀二心于国家耶!"仙围之数匝，杀其子宁寿。玉闻之，领数骑突其围，斩获数百人而还。仙遣人追之，不敢进，皆曰："王将军胆气骁雄，我辈非敌也。"仙乃尽发玉先世二十七冢，弃骸满道。玉从史天泽诸将击仙于赵州，仙粮绝，走双门寨，围之。会大风，仙独脱走，斩其将四十三人，真定遂平。加定远将军，权真定五路万户，假赵州庆源军节度副使。有民负西域贾人银，倍其母，不能偿，玉出银五千两代偿之。又出家奴二百余口为良民。中统元年二月卒，年七十。子忱。

忱字允中，幼读书，明敏有才识。平章赵璧引见裕宗潜邸，语称旨，命宿卫，掌钱谷计簿。授山北辽东道提刑按察司副使。驸马伯忽里数驰猎蹂民田，忱以法绳之。宪吏耿熙言征北京宣慰司积年逋负，计可得钞二十万锭。帝遣使核实，熙惧事露，擅增制语，有"并打算大小一切诸衙门等事"凡十二字，追系官吏至数百人。忱验问，知其诈，熙乃款伏。裕宗薨于潜邸，忱建言："陛下春秋高，当早建储嗣。"平章不忽木以闻，帝嘉纳焉。改河北河南道提刑按察副使。忱以江南人鬻子北方，名为养子，实为奴也，乞禁之。又省部以正军余田出调发，忱言："士卒冲冒寒暑，远涉江海，宜加优恤。"皆从之。颍州朱喜，尝俘于兵，既自赎，主家利其赀，复欲以为奴。又有诬息州汪清为奴，杀而夺其妻子及田宅者。狱久不决，忱皆正之。劾罢镇南帅唐兀台，唐兀台结援大臣，诬奏于帝，系忱至京师，得面陈其事，世祖大悟，抵唐兀台罪。按察司改廉访司，起忱为燕南河北道肃政廉访副使，累迁岭南广西、河东山西两道肃政廉访使，江陵、汴梁两路总管。至大元年，拜中奉大夫、云南行省参知政事，未行，卒。

赵迪

赵迪，真定藁城人也。幼孤，事母孝，多力善骑射。金末为义军万户。郡将出六钧强弩，立赏募能挽者，迪能之，即署真定尉，迁藁城尉，升为丞。太祖兵至藁城，迪率众迎降。岁壬午，改藁城为永安州，以迪同知节度使事。尝从帝西征，他将校豪横俘掠，独迪治军严，所过无犯。先是，真定既破，迪亟入索藁城人在城中者，得男女千余人。诸将欲分取之，迪曰："是皆我所掠，当以归我。"诸将许诺。迪乃召其人谓曰："吾惧若属为他将所得，则分奴之矣，故索 以归之我。今纵汝往，宜各遂生产，为良民。"众感泣而去。时兵荒之余，骸骨蔽野，迪为大塚收瘗。壬子岁卒，年七十。子七人，椿龄，真定路转运使。

邸顺

邸顺，保定行唐人，占籍于曲阳县。金末盗起，顺会诸族，集乡人豪壮数百人，与其弟常筑两寨于石城、玄保，分据以守。岁甲戌，率众来归，太祖授行唐令。丙子，真定饥，群盗据城叛，民皆穴地以避之，盗发地而啖其人，顺擒数百人杀之。朝廷升曲阳为恒州，以顺为安抚使。金将武仙据真定，帅众来攻，顺与战，大败之，赐金虎符，加镇国上将军、恒州等处都元帅。庚辰，武仙屯兵于黄、尧两山，顺及弟常又击败之。时西京郝道章，阴结武仙，抄掠州县，顺擒道章杀之，仙退真定以自保。顺从木华黎攻之，败之于王柳口，仙遂弃真定南走。以功，赐顺名察纳合儿，升骠骑卫上将军，充山前都元帅；弟常，赐名金那合儿。辛卯春，从太宗攻河南诸郡，招降民十余万，以顺知中山府。己亥，佩金符，为行军万户，管领诸路元差军五千人。从大军破归德府，留顺戍之。丁未，驻师五河口，宋兵夜袭营，顺掩杀其众，生获十五人。癸丑，攻涟水。甲寅，举部属肖撒八、耨邻之功以奏，上赐肖撒八、耨邻金银符，仍隶麾下。丙辰春，顺卒，年七十四。

子浃，袭职。己未，从世祖渡江，围鄂州，有战功。中统元年，世祖即位，浃以所部张宣等十二人奏闻于朝，遂以金银符赐之。三年，围李璮，还守息州。至元十一年，赐虎符，授金州招讨副使，后又迁怀远大将军、金州万户。十三年，改襄阳管军万户。三月，以枢密院奏，行淮西总管万户府事，守庐州。十四年，移龙兴，仍管领本翼军人。十五年，复为管军万户，攻赣州崖石寨、太平岩贼有功。十七年，升镇国上将军、都元帅，镇龙兴诸路，兼管本万户府事，赐银印。吉、赣盗起，行省迁元帅府以镇之。二十一年，元帅府罢，复为万户。二十三年，佩元降虎符，为归德万户，镇守吉安。未几，统领江西各万户，集兵七千戍广东，凡二载。大德三年卒，年七十七。赠辅国上将军、北庭元帅府都元帅、护军，追封高阳郡公，谥襄敏。子荣仁，袭佩其虎符，为宣武将军、归德万户，镇广东惠州，感瘴疾，不任事。子贯袭。贯卒，子士忠袭。士忠卒，子文袭。

顺族弟琮。琮，太祖时从族兄行唐元帅常来降。岁乙酉，金降将武仙复据真定叛，琮败之于黄台。癸巳，从元帅倴盏灭金于蔡，有功，真定五路万户选充总管府推官。寻奉旨，赐金符，授管军总押，管领七路兵马，镇徐州。宋兵入境，琮战却之。己亥，从大将察罕攻滁州，力战，流矢中脐，明年卒。子泽袭，移镇颍州。宋兵攻颍，泽战败之。至元四年，从元帅阿术克平塞寨及老鸦山。十一年，从沙洋夺六舰，皆论功受赏有差。十二年，授武德将军、管军总管，从攻潭州及静江，累官怀远大将军、管军万户、郴州路总管府达鲁花赤。二十二年，改授庐州蒙古汉军万户，寻迁颍州翼。会徽州绩溪县盗起，泽讨平之。二十八年，移镇杭州，卒。子元谦，袭为颍州万户。元谦卒，子祺袭。祺卒，子忠袭。

王善子庆端

王善，字子善，真定藁城人。父增，监本县酒务，以孝行称。善资仪雄伟，其音若钟，多智略，尤精骑射。金贞祐播迁，田畴荒芜，人无所得食，善求食以奉母。乙亥，群盗蜂起，众推善为长。善约束有法，备御有方，盗不能犯，擢本县主簿。戊寅，权中山府治中。时武仙镇真定，阴蓄异志，忌善威名，密令知府李济、府判郭安图之。己卯秋，济、安张宴伏兵，召善计事。善觉，即还治众，仓卒得八十人，慷慨与盟，人争自奋，遂诛济、安。乃谕其党曰："造衅者，李、郭耳，余无所问。"善夜卧北城上，戒麾下曰："勿以我累汝家，当取吾首献帅府。"众曰："公何为出此言，我辈惟有效死而已。"遂率众来归，授金符，同知中山府事。是年冬，以兵三百攻武仙，仙遣将率精锐二千拒战，善擒斩之。仙走获鹿，委其佐段琛城守，复战拔之，入据其城，军势大振，自中山以南，降州郡四十二。庚辰，迁中山真定等路招讨使，寻加右副元帅、骠骑大将军，屯藁城。壬午，升藁城为匡国军，以善行帅府事。癸未，进金吾卫大将军、左副元帅。仙穷迫请降，诏命复旧镇。善奏："仙狼子野心，终必反覆，请修城隍备之。"未几，仙果叛，率众来攻。火及西门，善出战，却之。仙使其部下宋元俘老幼四千人南奔，善追夺之，俾复故业。仙自是不敢复入真定，其部曲多来降。丙戌，以功赐金虎符，仍行帅府事。壬辰，从征河南，至郑州。州将马伯坚素闻善名，登陴大呼曰："藁城王元帅在军中否？愿以城降之。"善直前，免胄与语，伯坚果率众出降。善令军中秋毫无犯，民皆按堵，愿从善北渡者以万计，授之土田，以安集之。丙申，兼河北西路兵马副都总管。辛丑，授知中山府事。属县新乐，地居冲要，迎送供给，倍于他县，皆取于民。善均其劳逸，所征或未给，辄出家赀代输，民德之。又放家僮五百人为民，咸怀其恩。癸卯卒，年六十一。皇庆元年，赠银青荣禄大夫、司徒，追封冀国公，谥武靖。子庆渊，为行军千户，征淮南死；次庆端。

庆端字正甫，初为郡莞库，进水军提领，训练士卒，常如临敌。败李璮于老僧口，以功佩金符，为千户。监筑大都城。移戍清口，宋兵来攻，守将战死，城欲陷，庆端拔刀誓众，裹创力战，城得以全。群盗四起，复击走之。进武节将军、管军总管，领左右中卫兵。从世祖北征，还，迁右卫亲军副都指挥使，进侍卫军都指挥使，建威武营，以处卫兵，经画田庐，使各安业。别立神锋军，亲教以蹶张弩技，作整暇堂、犀利局。浚渠构室，如治家事。至元十九年，改詹事丞。时有司欲就威武贷粟数万石，济饥民。裕宗在东宫，以问庆端，庆端对曰："兵民等耳，何间焉！"即命与之。帝尝遣近侍夜出伺察，为逻卒所执，近侍以实告，卒曰："军中惟知将军令，不知其他。"近侍以闻，帝赏以黑貂裘。及亲征乃颜，命庆端以所部从。时年六十余，与士卒同甘苦，昼则擐甲执兵迎敌，夜卧不解衣，暇则俾士卒为军市，自相懋迁。征东之功，庆端赞画居多。成宗即位，论翼戴功，拜金吾卫上将军、中书右丞，行徽政副使，兼隆福宫左都威卫使，进阶资德大夫。大德二年，加荣禄大夫、平章政事、佥书枢密院事，兼使如故。以疾卒。

杜丰

杜丰，字唐臣，汾州西河人。父珪，以积德好施，乡称善人。丰少有大志，倜傥不群，通兵法。仕金，为平遥义军谋克，佩银符。太祖取太原，丰率所部来降。皇舅按赤那延授兵马都提控。从国王按察儿攻平阳，先登。克绛州、解州诸堡，招集流民三万余家。以功赐金虎符，升征行元帅左监军。金人南遁，遂以丰守河北。庚辰，上党公张开以万众寇汾州，丰率精骑五千败之。从国王阿察儿，下怀孟，破温谷、木涧等寨，辄先登。攻洪洞西山。斩首六百余级。攻松平山，破之，贼坠崖死以万计，获生口甚众。金将武仙等往来钞掠平阳、太原间，行路梗塞。壬午，授丰龙虎卫上将军、河东南北路兵马都元帅，便宜行事。遂破玉女、割渠等寨，俘获千余人。丙戌，从按赤那延攻益都，金守将突围出。丰战扼之，斩首千级，捕虏二十人，益都下，遂略地登、莱，降岛民万余。己丑，以本部取沁州，由是铜鞮、武乡、襄垣、绵上、沁源诸县皆下。辛卯，命丰抚定平阳、太原、真定及辽、沁未降山寨，皆平之。乙未，升沁州长官，长官者，国初高爵也。在沁十余年，宽徭薄赋，劝课农桑，民以富足。丁未，请老。丙辰，疾卒于家，年六十有七。沁人立祠，岁时祀焉。

子三人：思明，思忠，思敬。思敬事世祖潜邸，由平阳路同知累迁治书侍御史。阿合马败，台臣皆罢去，思敬以帝所眷知，独留。出为安西路总管，佥陕西行省事，历汴梁总管，再入中台为侍御史。时桑哥以罪诛，风纪为之振肃。未几，拜参知政事，改四川行省左丞，不赴，升中书左丞。致仕，年八十六卒，谥文定。

石抹孛迭儿

石抹孛迭儿，契丹人。父桃叶儿，徙霸州。孛迭儿仕金，为霸州平曲水寨管民官。太师、国王木华黎率师至霸州，孛迭儿迎降，木华黎察其智勇，奇之，擢为千户。岁甲戌，从木华黎觐太祖于雄州，佩以银符，充汉军都统。帝次牛阑山，欲尽戮汉军，木华黎以孛迭儿可用，奏释之，因请隶麾下，从平高州。乙亥，授左监军，佩金符，与北京都元帅吾也儿，分领锦州红罗山、北京东路汉军二万。又从夺忽阑阇里必徇地山东、大名。比至洺州，城守甚坚，师不得进，孛迭儿不避矢石，率众先登，遂拔之。丁丑，从平益都、沂、密、莱、淄。戊寅，从定太原、忻、代、平阳、吉、隰、岢岚、汾、石、绛州、河中、潞、泽、辽、沁。辛巳，木华黎承制升孛迭儿为龙虎卫上将军、霸州等路元帅，佩金虎符，以黑军镇守固安水寨。既至，令兵士屯田，且耕且战，披荆棘，立庐舍，数年之间，城市悉完，为燕京外蔽。庚寅，朝太宗于行在所，赐金符。辛卯，从国王塔思征河南。癸巳，从讨万奴于辽东，平之。孛迭儿始从征伐，及后为将，大小百战，所至有功，年七十，以疾卒于官。子纥查剌、查茶剌。

贾塔剌浑

贾塔剌浑，冀州人。太祖用兵中原，募能用炮者籍为兵，授塔剌浑四路总押，佩金符以将之。及攻益都，下之，加龙虎卫上将军、行元帅左监军，便宜行事。师还，驻谦。谦州，即古乌孙国也。岁己丑，将所部及契丹、女直、唐兀、汉兵，攻斡脱剌儿城。塔剌浑督诸军，穴城先入，破之，即军中拜元帅，改银青荣禄大夫。从睿宗入散关，略关外四州，经兴元，渡汉江，略唐、邓、申、裕诸州，鼓行而东，河南平。升金紫光禄大夫、总领都元帅。从大帅太赤攻徐、邳，平之。十六年，卒。

子抄儿赤袭，从诸王也孙哥、塔察儿南征。戊午，卒于军。子冀驴袭，卒。弟六十八袭。至元五年，诸军围襄樊。九年，六十八帅所部戍骆驼岭一字城，立炮樊城南，不发，以怠敌心，俄帅锐卒突出，攻其城西，破之。以功赐银币、鞍马、弓矢。十一年，诸军南征，渡江。明年，加宣武将军。宋常州守臣姚訔坚守不下，六十八发炮摧其城壁，以纳诸军。宋援兵突至，力战却之。常州既克，帅府令总新附炮手军。临安降，加怀远大将军，从诸军追宋二王至海，下三十余城。十四年，加昭勇大将军。十五年，领南军精锐者入卫，加辅国上将军。十八年，论功，授奉国上将军，管领炮手军都元帅。二十年，罢都元帅，更授炮手军匠万户，佩三珠虎符。二十六年，卒。

奥敦世英

奥敦世英，女真人也。其先世仕金，为淄州刺史。岁癸酉，太祖兵下山东，淄州民奉世英及弟保和迎降，皆授以万户。世英倜傥有武略，由万户迁德兴府尹。时金经略使苗道润率众欲复山西，世英与战，克之，将尽杀所俘，其母责之曰："汝华族也，畏死而降，此卒伍尔，驱之死战，何忍杀之耶！"遂止。世英从数骑巡部定襄，卒于军。

保和由万户升昭勇大将军、德兴府元帅，锡虎符，改雄州总管。寻以元帅领真定、保定、顺德诸道农事，凡辟田二十余万亩。改真定路劝农事，兼领诸署，赐居第、戎器、裘马，给户，食其租。年五十六，致仕。保和四子：希恺，希元，希鲁，希尹。

希恺袭劝农事，皇太后锡以锦服，曰："无坠汝世业。"郡县有水旱，必力请蠲租调，民赖之。南征时，置军储仓于汴、卫，岁输河北诸路粟以实之，分冬月三限，失终限者死，吏征敛舞法，民甚苦之。希恺知其弊，蠲烦苛而民不扰。寻以劝农使兼知冀州。希恺至，为束约，健讼之俗为变。蒙古军取民田牧，久不归，希恺悉夺归之，军无怨言。至元二年，迁顺天治中。三月，改顺德。又逾月，升知河中府，秩满归调。时阿合马专政，官以贿成，希恺不往见之，降武德将军，知景州，数月卒。希元，彰德漕运使。希鲁，澧州路总管。希尹，中统三年，李璮叛济南，世祖命丞相史天泽讨之。希尹谒天泽，面陈利害，愿击贼自效。试其骑射，壮之，命充真定路行军千户。与贼战，矢无虚发，贼败走入城中，诸王哈必赤赏银五十两。希尹请筑外城围之，深沟高垒，俟其粮绝，不战而坐待其困，天泽从之。璮既就擒，至元十一年，枢密录其功，自右卫经历六迁至同知广东道宣慰司事，卒。

田　雄

田雄，字毅英，北京人也。幼孤，能树立，以骁勇善骑射知名，金末署军都统。岁辛未，太祖军至北京，雄率众出降。太祖以雄隶太师、国王木华黎麾下，从征兴中、广宁诸郡，定府州县二十有九，平锦州张鲸兄弟之乱，从攻柏乡、邢、相。辛巳，从攻鄜、坊、绥、葭诸州有功，木华黎承制授雄隰、吉州刺史，兼镇戎军节度使，行都元帅府事，平汾西霍山诸栅。壬午，以木华黎命，授河中帅，听石天应节制。太宗时，从攻西和、兴元诸州；又从攻夔、万诸州。论功尤最，赐金符，授行军千户，召为御前先锋。顷之，使攻破桢州雷家堡。奉旨招纳河南降附，得户十三万七千有奇，民皆按堵。而别部将校纵兵虏掠，民惶惧悔降，雄力为救护，至出己财与之，民得免于害。癸巳，授镇抚陕西总管京兆等路事。时关中苦于兵革，郡县萧然。雄披荆棘，立官府，开陈祸福，招徕四山堡寨之未降者，获其人，皆慰遣之，由是来附者日众。雄乃教民力田，京兆大治。事闻，赐金符。定宗时，入觐于和林。以疾卒，年五十八。后追封西秦王。

子八人，大明袭职，知京兆等路都总管府事。

张拔都

张拔都，昌平人。岁辛未，太祖南征，拔都率众来附，愿为前驱，遂留备宿卫。从近臣汉都虎西征回纥、河西诸蕃，道陇、蜀入洛，屡战，流矢中颊，不少却。帝闻而壮之，赐名拔都，自是汉都虎亦专任之。甲午，金亡，以汉都虎为炮手诸色军民人匠都元帅，守真定。汉都虎卒，无子，以拔都代之。及汉都虎兄子赡阇少长，拔都请于朝，归其政而终老焉。

子忙古台，从宪宗攻蜀钓鱼山、苦竹二垒，冒犯矢石，屡挫而不沮，遂以勇敢闻。中统元年，赐银符，预议炮手军府事。寻易金符，为行军千户，从征襄樊有功，卒。子世泽袭，从丞相伯颜南征，大小十余战，皆有功。又从平广西。明年，收琼、万诸州，拜宣武将军、行军总管。未几，迁副万户，加明威将军。从镇南王脱欢伐交趾，既还，及再举，将校旧尝往者，许留恤之。有脱欢者，当行，适病，不能起，世泽曰："吾祖父以武勇称，吾蒙其余泽，荷国厚恩，当输忠王室，增光前人，岂可苟为自安计耶！"力请代之。凯还，人服其义云。

张荣

张荣，清州人，后徙鄢陵。岁甲戌，从太保明安降，太祖赐虎符，授怀远大将军、元帅左都监。乙亥正月，奉旨略东平、益都诸郡。戊寅，领军匠，从太祖征西域诸国。庚辰八月，至西域莫兰河，不能涉。太祖召问济河之策，荣请造舟。太祖复问："舟卒难成，济师当在何时？"荣请以一月为期。乃督工匠，造船百艘，遂济河。太祖嘉其能而赏其功，赐名兀速赤。癸未七月，升镇国上将军、炮水手元帅。甲申七月，从征河西。乙酉，从征关西五路。十月，攻凤翔，炮伤右髀，帝命赐银三十锭，养病于云内州。庚寅七月卒，年七十三。

子奴婢，袭佩虎符、炮水手元帅，领诸色军匠。太宗伐金，命由关西小口收附金昌州等郡。乙未，金亡。戊戌，授怀远大将军。癸卯三月，升辅国大将军。甲辰二月，领蒙古、汉军，守钧州。戊申九月，宋兵袭钧州，奴婢拒战，大败宋师。己酉十一月，复与宋兵战，流矢中右臂。中统三年卒，年七十五。子君佐，袭佩虎符、炮水手元帅，戍蔡州。五年，都元帅阿术命将炮手兵攻襄阳。至元八年，调守襄阳一字城、橐驼岭，攻南门牛角堡，破之。攻樊城，亲立炮摧其角楼，樊城破。十年，襄阳降。参政阿鲁海牙以宋降将吕文焕入朝，奉旨召蒙古、汉人万户凡二十人陛见，各以功受赐。帝亲谕之，令还镇。十一年，从军下汉江，至沙洋。丞相伯颜命率炮手军攻其北面。火炮焚城中民舍几尽，遂破之，赐以良马、金鞍、金段。又以火炮攻阳逻堡，破之。十二年，从大军与宋将孙虎臣战于丁家洲，复从丞相阿术攻扬州，是年冬，又从诸军破常州。十三年，升怀远大将军，仍炮水手元帅。秋，君佐屯军真、扬间，绝宋粮道。宋制置李庭芝、都统姜才弃城走，扬州平，以君佐为安庆府安抚司军民达鲁花赤。十四年春，安庆野人原及司空山天堂贼将攻安庆，君佐密察知之。时城中军仅数百人，君佐命逻贼出没要道，贼不敢入，乃寇黄州。行省命君佐率众复黄州，因以为黄州达鲁花赤。十五年，加镇国上将军，仍炮水手元帅。十九年，命率新附汉军万人，修胶西闸坝，以通漕运。二十一年，兼海道运粮事，是年卒。

赵天锡 贲亨

赵天锡，字受之，冠氏人。属金季兵起，其祖以财雄乡里，为众所归。贞祐之乱，父林保冠氏有功，授冠氏丞，俄升为令。大安末，天锡入粟佐军，补修武校尉，监洺水县酒。太祖遣兵南下，防御使苏政以为冠氏令，乃挈县人壁桃源、天平诸山。岁辛巳春，归行台东平严实。实素知天锡名，遂擢隶帐下，从征上党，以功授冠氏令，俄迁元帅左都监，兼令如故。甲申，宋将彭义斌据大名，冠氏元帅李全降之，人心颇摇。天锡令众姑少避其锋，以图后举，乃率将佐往依大将孛里海军。未几，破义斌于真定，授左副元帅、同知大名路兵马都总管事。李全在大名，结其帅苏椿，纳金河南从宜郑倜，日以取冠氏为事。天锡每战辄胜。一日，倜自将万人来攻，天锡率死士乘城，力战三昼夜，倜度不能下，乘风霾遁去。己丑，朝行在所，上便民事，优诏从之。戊戌，征宋，驻兵蕲、黄间，被病还，卒于冠氏，年五十。子六人，贲亨嗣。

贲亨字文甫，袭行军千户。己未，从国兵渡江攻鄂，有功。至元五年，总管山东诸翼军，征宋，攻襄樊。贲亨出抄蕲、黄，以五百人拔野人原写山寨，修白河新城。七年，偕元帅刘整朝京师，命为征行千户，赐金符及衣带鞍马。攻樊城，冒矢石，拥盾先登，破之。十一年，修东、西正阳城。三月，败夏贵于淮，益以济南、汴梁二路新军。十二年正月，从攻镇江，与宋将孙虎臣、张世杰大战于焦山，杀掠甚众。十三年，江南平，以功升宣武将军。十四年，授虎符、怀远大将军、处州路总管府达鲁花赤。未行，适盗发澉浦，行省檄为招讨使，率兵平之。未几，处州青田县季文龙、章焱杀赵知府以叛，贲亨获其党，始知七县俱反，季文龙自署为两浙安抚使，据处州天庆观。贲亨率众围之，将骑士三百阵于下河门。贼出战，以精骑蹂之，遂弃城突围散走，斩首三级。贲亨入城，乃招散亡，立官府。章焱复合二万众来攻，阵恶溪南。贲亨分兵拒守，自将精锐乱流冲击，属万户忽都台以援兵至，自巳至亥，贼方退，文龙溺死。忽都台以处即乱山为州，无城壁可恃，且反侧，欲屠之，贲亨曰："我受命来监此郡，贼固可杀，良民何辜！"不从。将士虏掠子女金帛，贲亨捕得倡率者杖之，仍各求所失还之，州民悦服。十五年，龙泉县张三八合众二万，杀庆元县达鲁花赤也速台儿，且屠其家。贲亨将骑士五百往讨，与贼将郑先锋、陈寿山三千余人战于浮云乡，斩首三百余级。三八军于县西，贼三战俱败。军还，贼众水陆俱设伏，贲亨择步卒骁悍者使前，贼不敢近。既而衢州贼陈千二聚二万人，遂昌叶丙六亦聚三千人助之，贲亨前后斩首三千余级，悉平之。十七年，改处州路管军万户。二十二年，还冠氏，卒，年五十七。

卷一百五十二　列传第三十九

张晋亨 好古

张晋亨，字进卿，冀州南宫人也。其兄同知安武军节度使事、领枣强令颙，以冀州数道之众，附严实于青崖，后从实来归，进颙安武军节度使，西征，战没。岁戊寅，太师、国王木华黎承制署晋亨袭颙爵。晋亨涉猎书史，小心畏慎，临事周密，实器之，以女妻焉。实征泽、潞，偏将李信、晁海相继降于宋，晋亨跋涉险阻，昼伏夜行，仅免于难。实遣子忠贞入质，命晋亨与俱。丁亥，从国王孛罗征益都，以功迁昭毅大将军，领恩州刺史，兼行台马步军都总领，再迁镇国大将军。实征淮楚、河南，晋亨毕从。甲午，从实入觐，命为东平路行军千户。围安庆，其守将走，邀击之，斩首百级，俘获无算。攻光之定城，俘其将士十有五人。略信阳，执复州将金之才。攻六安，拔之。大小数十战，策功居多。

实卒，其子忠济奏晋亨权知东平府事。东平贡赋率倍他道，迎送供亿，簿书狱讼，日不暇给，历七年，吏畏而民安之。辛亥，宪宗即位，从忠济入觐。时包银制行，朝议户赋银六两，诸道长吏有辄请试行于民者，晋亨面责之曰："诸君职在亲民，民之利病，且不知乎？今天颜咫尺，知而不言，罪也。承命而归，事不克济，罪当何如！且五方土产各异，随其产为赋，则民便而易足，必责输银，虽破民之产，有不能办者。"大臣以闻，明日召见，如其言以对。帝是之，乃得蠲户额三之一，仍听民输他物，遂为定制。欲赐晋亨金虎符，辞曰："虎符，国之名器，长一道者所佩，臣隶忠济麾下，复佩虎符，非制也。臣不敢受。"帝益喜，改赐玺书、金符，恩州管民万户。中统三年，李璮叛，晋亨从严忠范战于遥墙泺，胜之，改本道奥鲁万户。四年，授金虎符，分将本道兵，充万户，戍宿州。首言："汴堤南北，沃壤闲旷，宜屯田以资军食。"乃分兵列营，以时种艺，选千夫长督劝之，事成，期年皆获其利。至元八年，改怀远大将军、淄莱路总管，寻兼军事。十一年，诏伐宋，晋亨在选中，闻命就道，曰："此报效之秋也。"分道由安庆渡江，丞相伯颜留之戍镇江，兼与民政，壹以镇静为务，战焦山、瓜洲，皆有功。十三年，卒于官。子好古。

好古字信甫，少读书，善属文，器识宏远，勇而有谋。父晋亨权知东平府事，严忠济承制以好古权其父军，戍宿州。戊午，奏真授行军千户，攻樊城，身中流矢，战不少却，主将旌其功，赏银百两。略扬，循泰兴、海门而还。击邵伯埭，拔之。从大军攻鄂。中统元年，还宿州，忠济命兼恩州刺史，访民瘼，革吏弊，立为条约。未几，移戍蕲县。李璮叛，据济南，宋人攻蕲，好古率兵迎击，力不敌，死之。时晋亨在济南军中，闻之，哭曰："吾儿死得其所矣。"弟好义袭，下江淮有功。

王　珍

王珍，字国宝，大名南乐人，世为农家。珍慷慨有大志。金末丧乱，所在盗起，南乐人杨铁枪聚众保乡里。太祖遣兵攻破河朔，铁枪以兵应之，行营帅按只署珍军前都弹压。铁枪与金军战死，众推苏椿代领其众。宋将彭义斌帅师侵大名，椿战不利，降之，义斌遂据大名。珍弃其家，间道走还军中，按只嘉其诚，待遇益厚，以为假子。复从速鲁忽击走义斌，苏椿以大名降，珍妻子故在，珍语之曰："吾非弃汝辈，诚不以私爱夺吾报国之心耳。"闻者称叹。授镇国上将军、大名路治中、军前行元帅府事。俄以取宁海、胙城功，迁辅国上将军，复授统摄开曹滑浚等处行元帅府事，兼大名路安抚使。苏椿复欲叛归金，珍觉之，与元帅梁仲先发兵攻椿，椿开南门而遁。国王斡真授仲行省，珍骠骑卫上将军、同知大名府事、兼兵马都元帅。从速不台经略河南，破金将武仙于郑州，复与金人战于萧县，斩其将。顷之，仲死，国王命仲妻冉守真权行省事，珍为大名路尚书省下都元帅，将其军。国用安据徐、邳，珍从太赤及阿术鲁攻拔之，授同佥大名行省事。从军伐宋，破光州、枣阳、庐、寿、滁州，珍常身先诸将，屡有功。宋城五河口，珍帅死士二十人夺之，宋人遁，乘胜进师，连破濠、泗、涡口。岁庚子，入见太宗，授总帅本路军马管民次官，佩金符。珍言于帝曰："大名困于赋调，贷借西域贾人银八十铤，及逋粮五万斛，若复征之，民无生者矣。"诏官偿所借银，复尽蠲其逋粮。已而朝廷议分蒙古、汉军戍河南，以珍戍睢州，修城隍，明斥候，宋兵不敢犯。己酉，入朝定宗，进本路征行万户，加金虎符。在镇九年，卒，年六十五。

子文干，善骑射，袭为行军万户。己未，从世祖攻鄂州，先登，中流矢，赐以良马、金帛。李璮叛，从哈必赤讨平之，哈必赤论功，语以官赏，文干对曰："增秩则荣及一身，赐金则恩逮麾下。"乃以白金二千两、器皿百事、杂彩数百缣赏之，文干悉颁之军中。中统三年，制："父兄弟子并仕同途者，罢其弟子。"文干弟文礼为千户，文干自陈，愿解己官而留文礼，诏从之。改同知大名路总管府事，累迁河东山西道提刑按察副使。近臣言其鄂州之功，升佥东川行枢密院事，历全州、卫辉、东平总管，改江东建康道提刑按察使，卒于官，年五十八。发其箧中，钱仅七缗，贫不能归葬，人以此称之。

杨杰只哥

杨杰只哥，燕京宝坻人，家世业农。杰只哥少有勇略，太祖略地燕、赵，率族属降附。从攻辽左，及从元帅阿术鲁定西夏诸部，有功。己丑，睿宗赐以金币，命从阿术鲁攻信安。阿术鲁知其材略出诸将右，命裁决军务。信安城四面阻水，其帅张进数月不降，杰只哥曰："彼恃巨浸，我师进不得利，退不得归，不若往说之。"进见其来，怒曰："吾已斩二使，汝不惧死耶？"杰只哥无惧色，从容言曰："今齐、鲁、燕、赵，地方数千里，郡邑闻风纳降，独君恃此一城，内无军储，外无兵援，亡可立待。为君计者，不如请降，可以保富贵而免死亡。”进默然曰：“姑待之。”凡三往，乃降。辛卯，大名守苏椿叛，讨获之，众议屠城，杰只哥曰：“怒一人而族万家，非招来之道也。”众是其言。由是滑、浚等州，闻风纳款。壬辰，师次徐州，阻河不得济。杰只哥探知有贼兵操舟楫伏草泽中，率劲卒数人，凭河击之，悉夺舟楫，众遂得渡，获河南诸郡降人三万余户。进攻徐州，金将国用安拒战，杰只哥率百余骑突入阵中，迎击于后，大败之，擒一将而还。皇太弟国王驻兵河上，见之，赐名拔都，授金符，命总管新附军民。乙未，太宗特赐杰只哥种田民户租赋。丁酉，从阿术鲁攻归德，杰只哥麾诸将缚草作筏渡濠抵城下，梯城先登，拔之。由是进攻，得五州十县四堡二寨。己亥，宋兵至，已登归德城，杰只哥率众拒战，败之。率舟师追击，转战中流，溺死，年四十。

子孝先、孝友。孝先，佥江北淮东道肃政廉访司事。孝友，镇江路总管。

刘　通

刘通，字仲达，东平齐河人也。初从严实来归，继从收濮、曹、相、潞、定陶、楚丘。实荐于太师木华黎，以通为齐河总管，寻授镇国上将军、左副都元帅、济南知府、德州总管、行军千户。太宗锡金符，升上千户。宋将彭义斌攻齐河城，率众夜登，通与六七人鼓噪而进，宋人惊惧，坠溺死者甚众。明日复合，围城三匝，通令守陴者植槊如栉，俄从撤去。宋人惧其向己也，大溃。义斌仅以数骑免。岁丁酉，迁德州等处二万户军民总管。岁丙辰卒。

子复亨，袭为行军千户，从严实略安丰、通、泰、淮、濠、泗、蕲、黄、安庆诸州。宪宗西征，复亨摄万户，统东平军马攻钓鱼山苦竹寨，有功，师还，兼德州军民总管。中统元年，奉旨戍和林，还，授虎符，进武卫军副都指挥使。李璮叛，遣使招复亨，复亨立斩之。时遣兵讨贼，集济南，乏食，复亨尽出其私蓄以济师，世祖嘉之，赐白金五千两，复亨固辞。至元二年，进左翼侍卫亲军都指挥使。四年，迁右翼。九年，加昭勇大将军、凤州等处经略使。十年，迁征东左副都元帅，统军四万、战船九百，征日本，与倭兵十万遇，战败之。还，招降淮南诸郡邑。十二年，授昭信路总管。十四年，迁黄州宣慰使。十五年，改太平路总管，俄授镇国上将军，为淮西道宣慰使都元帅。二十年，加奉国上将军。三月，卒。

子五人：浩，泽，澧，渊，淮。浩，中统四年袭千户，至元八年殁于兵。泽，由近侍出为荆湖北道宣慰使。澧，知长宁州。俱蚤卒。渊，至元十一年，佩金符，授进义副尉，为徐、邳屯田总管下丁庄千户。九月，领兵巡逻泗州，至淮河九里湾，遇宋军，战胜，夺其船三十余艘。十二年三月，与宋安抚朱焕战于清河，败之，擒十四人，夺其辎重。九月，从右丞别乞里迷失攻淮安。十三年，与宋人战昭信军南靖平山。俱有功。十四年，北觐，进武略将军、管军总管。十五年，从元帅张弘范征闽、广、漳、韶诸州，以功授武德将军。十六年，从攻崖山，弘范命渊领后翼军，水战有功。十七年，进安远大将军，为副招讨。二十一年，迁颍州副万户。二十四年，从征交趾，镇南王脱欢命领水步军二万攻万劫江，擒十六人。继攻灵山城，贼众迎敌，大败之，师还。二十八年，捕寇浙东，获其酋长三人。三十一年，兼领绍兴浙江五翼军，守杭州，继以疾卒，大德十一年卒。子无晦，至大元年，袭授昭信校尉、颍州副万户，俄进武德将军。延祐五年，以病免。六年，改河南江北行省都镇抚。泰定四年，加宣武将军。

岳　存

岳存，字彦诚，大名冠氏人。初归东平严实，承制授存武德将军、帅府都总领，保冠氏。会金从宜郑倜复据大名，距冠氏仅三十里，遣兵来攻。倜不得志，复自将万人合围，其势甚张。存率死士百余，突出西门，勇气十倍。金人退走，存追之，越境乃还。岁己丑，从严实及武仙战于彰德西，败之，迁明威将军，行冠氏主簿。明年，存率骑兵二百、步卒三百，自彰德北还。至开州南，与金将张开遇。开众万余，存军依大林，戒其军曰：“彼众我寡，不可轻动，当听吾鼓声为节。”乃命骑士居前，步卒次之，与敌相去仅二十步，一鼓作气，无不一当百。开众大溃，追二十余里，不损一卒而还。破河南，攻淮、汉，无役不与。辛丑，升本县丞。庚戌，移治楚丘，数年，有惠政。乙卯，告老退休田里。中统三年，以疾卒，年六十九。

子天祯，袭父职冠氏县军民弹压，从围襄樊，帅府承制授管军百户，修立百丈山、鹿门等堡。天祯率锐士，冒矢石，从樊城东北先登，为檑木所伤，堕地，复蹑梯以登，手刃数人。筑正阳东西城，及于镇江造战船，天祯咸董其役。战焦山，平奉化贼，录功升管军千户。江南平，从元帅张弘范觐帝于柳林，赐金锦、银鞍勒。授昭勇大将军、福州路总管，平尤溪贼。秩满，改吉州，平永新贼，后迁赣州。七年，迁建康，首定救荒之政，民立碑以纪遗爱焉。至大二年，卒于建康，年七十二。子果，会昌州同知。

张子良

张子良，字汉臣，涿州范阳人。金末四方兵起，所在募兵自保。子良率千余人入燕、蓟间，耕稼已绝，遂聚州人，阻水，治舟筏，取蒲鱼自给，从之者众，至不能容。子良部勒定兴、新城数万口，就食东平，东平守纳之。久之，守弃东平还汴，檄子良南屯宿州，又南屯寿州。夏全劫其民出鸡口，李敏据州。子良率麾下造敏，敏欲害之，走归宿，因以宿帅之众夺全所劫老幼数万以还。全怒，连徐、邳之军来攻。子良与宿帅斫其营，全失其军符，走死扬州。时金受重围于汴，声援尽绝，有国用安者，图以涟水之众入援，道阻，游兵不能进。子良与一偏将昼伏夜行，得入汴，达用安意。金君臣以为自天降也，曲赐劳来，凡所欲，皆如用安请，因以徐、宿授子良。明年，子良进米五百石于汴，授荣禄大夫，总管陕西东路兵马，仍治宿州。当是时，令已不行于陕，而用安亦卒不得志。徐、宿之间，民无食者，出城拾穞穟以食，子良严兵护之，以防钞掠。猝遇敌，子良被重伤，乃率其众就食泗州。泗守阅兵，将图之，子良与麾下十数人即军中生缚其守。民不欲北归者，欲走傍郡，子良资以舟楫，无敢掠其财物。

岁戊戌，率泗州西城二十五县、军民十万八千余口，因元帅阿术来归。太宗命为东路都总帅，授银青荣禄大夫，升京东路行尚书省兼都总帅，管领元附军民，进金紫光禄大夫。庚子，赐金符。自兵兴以来，子良转徙南北，依之以全活者，不可胜计。癸丑，宪宗命为归德府总管，管领元附军民。中统二年夏四月，世祖命为归德、泗州总管，降虎符，仍管领泗州军民总管。七年，罢元管户，隶诸郡县，改授昭勇大将军、大名路总管，兼府尹。八年，卒，年七十八。赠昭勇大将军、佥枢密院事、上轻车都尉，追封清河郡侯，谥翼敏。

子二人：长懋，次亨。亨，佩金虎符，为管军千户。子与立袭，卒。子鉴袭。懋字之美，未弱冠，已有父风。侍子良官京东，故懋领其众，从丞相阿术军，立归德府，以其军镇之。移镇下邳，知归德府事。李璮叛济南，以其兵戍蔡州。中统元年，宣授泗州军总把，佩金符。至元七年，擢济南诸路新军千户。九年，从破襄樊有功。十一年，丞相伯颜南征，其行阵以铧车弩为先，而众军继之。懋以勇鸷，将弩前行，凡所过山川道路险狭，通梁筏，平堑阱，安营设伏，出纳奇计，伯颜信用之，擢为省都镇抚，水陆并进，其任甚重。师压临安，灭宋，以其主及母后群臣北还。驻瓜洲，伯颜命懋往谕淮西夏贵，副以两介，将骑士直趋合肥。贵出迎，设宾礼。懋示以逆顺祸福，辞旨雄厉，贵受命顿首，上地图、降书。驰还报，伯颜大喜。复令行徇镇巢、安丰、寿春、怀远、淮安、濠等州郡，皆下。复使之遍谕列城军民，使知帝之德意。十三年，懋驰驿至上都，伯颜上其功，宣授懋明威将军、泗州安抚司达鲁花赤。十四年，改安抚司为总管府，置宣慰使以统之，拜同知淮西道宣慰司事。十六年，改授怀远大将军、吉州路总管。

懋恶衣粝食，率之以俭，慎刑平政，处之以公，新府治，设义仓，虽能吏不过也。部使者刘宣韪之，凡有所惩治，朝至夕报，豪强竦然。郡万户苏良，恃势为暴，为之翼者，有十虎之目，民甚苦之。乃上其实于宪府，尽诛十虎者，夺良虎符而黜之，民大悦。群盗有率众将白昼劫城者，懋闻之，率从骑捣其穴，缚其酋长以归。民之流亡与远郡之来归者数千家，相率为生祠以祀之。十七年二月卒，年六十三。赠昭勇大将军、龙兴路总管、上轻车都尉，追封清河郡侯，谥宣敏。子二人：文焕，以父荫，任承务郎，江州路瑞昌县尹。文炳，三汊河巡检。文焕子珪，初为高安县尹，有异政，由是擢为江西检校，拜南台御史，继为淮西、江西二道廉访佥事，用能世其家云。

唐 庆

唐庆，不知何许人，事太祖，为管军万户。太祖伐金，以庆权元帅左监军。岁丁亥，赐虎符，授龙虎卫上将军，使金。壬辰，太宗复以庆为国信使，取金质子，督岁币，以金曹王来，见帝于官山。七月，使庆再往，令金主黜帝号称臣。金主不听，庆辄以语侵之，金君臣遂谋害庆。夜半，令兵入馆舍，杀庆及其弟山禄、兴禄并从行者十七人。既灭金，购求庆尸不得，厚恤其家，赐金五十斤，诏官其子，仍计其家人口，给粮以养焉。

齐荣显

齐荣显，字仁卿，聊城人。父旺，金同知山东西路兵马都总管。荣显幼聪悟，总角与群儿戏，画地为战阵，端坐指挥，各就行列。九岁，代父任为千户，佩金符，从外舅严实来归，屡立战功。攻濠州，宋兵背城为阵，荣显薄之，所向披靡。其属王孝忠力战，中钩戟，荣显断戟拔孝忠出，复逐北，入其郛而还。主帅察罕壮之，赐马铠银器。兵趋五河口，抵大堤，荣显偕数骑前行觇敌，值逻骑数十，从者将退走，荣显曰："彼众我寡，若示以怯，必为所乘。"援弓策马，射杀两人，乃还。进拔五河口，升权行军万户，守宿州。堕马伤股，不能复从军，改提领本路课税，又改本路诸军镇抚，兼提控经历司。值断事官钩校诸路积逋，官吏往往遭诟辱，荣显从容办理，悉为蠲贷。从实入朝，授东平路总管府参议，兼领博州防御使。时十投下议各分所属，不隶东平，荣显力辩于朝，遂止。及攻淮南，道出东平，民间供给，费银二万锭，荣显诣断事官诉之，得折充赋税，民赖以不困。中统元年，谒告侍亲，闲居十年，卒。

石天禄

石天禄，父珪，山东诸路都元帅，陷金，死节，见《忠义传》。天禄袭爵，孛鲁承制授龙虎卫上将军、东平路元帅，佩金虎符。时宋将彭义斌取大名及中山，天禄与孛里海率兵败之，获义斌。又败金将武仙，屡立战功。丙戌，孛鲁以功奏，迁金紫光禄大夫、都元帅，镇戍边隅，数与金人战，未尝败北。壬辰，皇太弟拖雷南渡河，天禄为前锋，战退金兵，夺战船数艘。夜至归德城下，袭其营，杀三百余人。金将陈防御出兵追围天禄，天禄溃围复战，金兵退走。提兵掠亳及徐，所过望风附降。癸巳秋九月，破考城，复围归德。冬十二月，归德降。甲午，入觐，改授征行千户，济、兖、单三州管民总管。乙未，从扎剌温火儿赤渡淮，攻随州，至襄阳夹河寨，战退宋兵，扎剌温火儿赤赏以战马。又从攻蕲、黄，功居其首。时诏天禄括户东平，军民赋税并依天禄已括籍册，严实不得科收。天禄以病不任职，以子兴祖袭。明年，天禄卒，年五十四。

子十人，兴祖袭千户，官武略将军。己未，从伐宋，攻鄂州。至元四年，由宿州率兵抄沿淮诸郡，获宋觇伺者十余辈，统军司赏马二十匹、银五百两、锦二十端。十二年，攻常州，为先锋，功在诸将上。宋亡，第功，升宣武将军、管军总管，戍温州。土贼林大年等构乱，出兵围之，斩首千余级，招辑南溪山寨归农者三万余户。十六年，升显武将军，佩金虎符。十九年七月，卒于军。子琎嗣。

石抹阿辛

石抹阿辛，迪列纥氏。岁乙亥，率北京等路民一万二千余户来归，太师、国王木华黎奏授镇国上将军、御史大夫。从击蠡州，死焉。

子查剌，仍以御史大夫领黑军。初，其父阿辛所将军，皆猛士，衣黑为号，故曰黑军。岁己卯，诏黑军分屯真定、固安、太原、平阳、隰、吉、岢岚间。顷之南征，以黑军为前列。与南兵遇于河，查剌大呼驰之，陷其阵，渡河再战，尽殪之，所遇城邑争先款附，长驱捣汴州，入自仁和门，收图籍，振旅而还。论功，黑军为最。及从国王军征万奴，围南京，城坚如立铁，查剌命偏将先警其东北，亲奋长槊大呼，登西南角，摧其飞橹，手斩陴卒数十人，大军乘之，遂克南京。诘旦，木华黎解锦衣赏之。累授真定路达鲁花赤，卒于柳城。子库禄满袭职，从攻襄樊，与从弟度剌立云梯冲其堞，度剌死焉。中统三年，库禄满从征李璮，先登，飞矢中额而卒。

刘　斌思敬

刘斌，济南历城县人。少孤，鞠于大父。有勇力，从济南张荣起兵，为管军千户。岁壬辰，攻河南，以功授中翼都统。攻睢阳军，军杏堆，距陈州七十里。闻陈整军于近郊，斌率众夜破之。又击走太康守兵，擒其将，三日，太康陷。荣言于帅阿术鲁曰："太康之平，摧其锋者，斌也。"移屯襄阳，军乏食，斌知青陵多积谷，前阻大泽，水深不可涉，陈可取状。众难之，斌叱之曰："彼恃险，不我虞，取可必也。"乃率百骑夜发，获敌人，使道之前。行污泽中五十余里，遇敌兵，斌舍马挥槊突敌，败之，得其粮数千斛。迁官知中外诸军事，从攻六安，先登，破其城。癸卯，擢济南推官。辛亥，授本道左副元帅。乙卯，升济南新旧军万户，移镇邳州，宋将惮之。己未，病，谓其子曰："居官当廉正自守，毋黩货以丧身败家。"语毕而逝，年六十有二。赠中奉大夫、参知政事、护军、彭城郡公，谥武庄。子思敬。

思敬，赐名哈八儿都，袭父职，为征行千户。世祖南征，从董文炳攻台山寨，先登，中流矢，伤甚，帝亲劳赐酒，易金符。中统二年，授武卫军千户。从讨李璮，赐银六十锭。四年，授济南武卫军总管，捕盗有功，又赐银千两。至元三年，授怀远大将军、侍卫亲军左翼副都指挥使。四年，命筑京城。八年，授广威将军、西川副统军，佩金虎符。九年，宋嘉定守臣昝万寿乘虚攻成都，哈八儿都邀击，败之。战于青城，宋兵大败，夺所俘二千人还。十二年，转同佥行枢密院事，复攻嘉定，取之。泸、叙、忠、涪诸部，及巴县筹胜、龟云、石笋等寨十九族，及西南夷五十六部，悉来降。十三年，围重庆，败宋将张万，得其舟百余。六月，泸州复叛，哈八儿都妻子没焉。乃率兵讨擒其将任庆，攻破盘山寨，俘九千余户，又获其将刘雄及王世昌等。夜入东门，巷战，杀王安抚等，遂克泸州。复攻重庆，其将赵牛子降，禽守臣张珏。十六年，蜀平，拜中奉大夫、四川行省参知政事。行省罢，改四川北道宣慰使。十七年，授正奉大夫、江西行省参知政事，治吉、赣盗，民赖以安。二十年卒，年五十三。赠推忠宣力果毅功臣、平章政事、柱国，封滨国公，谥忠肃。子思恭，字安道，累官昭毅大将军、右卫亲军都指挥使。思义，宣武将军、昌国州军民达鲁花赤。

赵　柔

赵柔，涞水人。有胆略，善骑射，好施予。金末避兵西山，栅险以保乡井。时刘伯元、蔡友资、李纯等亦各聚众数千，闻柔信义，共推为长。柔明号令，严约束，重赏罚，为众所服。岁癸酉，太祖遣兵破紫荆关，柔以其众降，行省八札奏闻，以柔为涿、易二州长官，佩金符。丙戌，群盗并起，柔单骑遍入诸栅，说降其众，以功迁龙虎卫上将军、真定涿等路兵马都元帅，佩金虎符，兼银冶总管。庚寅，太宗命兼管诸处打捕总管。丙申，加金紫光禄大夫，卒。至顺元年，追封天水郡公，谥庄靖。曾孙世安，荣禄大夫、江西行省左丞。

卷一百五十三　列传第四十

刘　敏

刘敏，字有功，宣德青鲁里人。岁壬申，太祖师次山西，敏时年十二，从父母避地德兴禅房山。兵至，父母弃敏走，大将怜而收养之。一日，帝宴诸将于行营，敏随之入，帝见其貌伟，异之，召问所自，俾留宿卫。习国语，阅二岁，能通诸部语，帝嘉之，赐名玉出干，出入禁闼，初为奉御。帝征西辽诸国，破之，又征回回国，破其军二十万，悉收其地，敏皆从行。癸未，授安抚使，便宜行事，兼燕京路征收税课、漕运、盐场、僧道、司天等事，给以西域工匠千余户，及山东、山西兵士，立两军戍燕。置二总管府，以敏从子二人佩金符，为二府长，命敏总其役，赐玉印，佩金虎符。奏佐吏宋元为安抚副使，高逢辰为安抚佥事，各赐银章，佩金符；李臻为参谋。初，耶律楚材总裁都邑，契丹人居多，其徒往往中夜挟弓矢掠民财，官不能禁，敏戮其渠魁，令诸市。又，豪民冒籍良民为奴者众，敏悉归之。选民习星历者，为司天太史氏；兴学校，进名士为之师。

己丑，太宗即位，改造行宫幄殿。乙未，城和林，建万安宫，设宫闱司局，立驿传，以便贡输。既成，宴赐甚渥。辛丑春，授行尚书省，诏曰："卿之所行，有司不得与闻。"俄而牙鲁瓦赤自西域回，奏与敏同治汉民，帝允其请。牙鲁瓦赤素刚尚气，耻不得自专，遂俾其属忙哥儿诬敏以流言，敏出手诏示之，乃已。帝闻之，命汉察火儿赤、中书左丞相粘合重山、奉御李简诘问得实，罢牙鲁瓦赤，仍令敏独任。复辟李臻为左右司郎中，臻在幕府二十年，参赞之力居多。

丙午，定宗即位，诏敏与奥都剌同行省事。辛亥夏六月，宪宗即位，召赴行在所，仍命与牙鲁瓦赤同政。甲寅，请以子世亨自代，帝许之，赐世亨银章，佩金虎符，赐名塔塔儿台。帝谕世亨以不从命者黜之。又赐其子世济名散祝台，为必阇赤，入宿卫。帝伐宋，幸陕右，敏舆疾请见，帝曰："卿有疾，不召而来，将有言乎？"敏曰："臣闻天子出巡，义当扈从，敢辞疾乎！但中原土旷民贫，劳师远伐，恐非计也。"帝弗纳，敏还，退居年丰。世祖南征，过年丰，敏入见，谕之曰："我太祖励精图治，见而知者惟卿尔。汝春秋高，其汇次以为后法。"未几，病归于燕，夏四月卒，年五十九。

王檝

王檝，字巨川，凤翔虢县人。父霆，金武节将军、麟游主簿。檝性倜傥，弱冠举进士不第，乃入终南山读书，涉猎孙、吴。泰和中，复下第，诣阙上书，谕当世急务，金主俾给事缙山元帅府。寻用元帅高琪荐，特赐进士出身，授副统军，守涿鹿隘。太祖将兵南下，檝鏖战三日，兵败见执，将戮之，神色不变，太祖问曰："汝曷敢抗我师，独不惧死乎？"对曰："臣以布衣受恩，誓捐躯报国，今既偾军，得死为幸！"帝义而释之，授都统，佩以金符，令招集山西溃兵。从大军破紫荆关，取涿、易、保州、中山，军次雄州。节度使孙吴坚守不下，檝入城喻以祸福，吴遂以城降。

甲戌，授宣抚使，兼行尚书六部事。从三合拔都、太傅猛安率兵南征，下古北口，攻蓟、云、顺等州，所过迎降，得汉军数万，遂围中都。乙亥，中都降。檝进言曰："国家以仁义取天下，不可失信于民，宜禁虏掠，以慰民望。"时城中绝粒，人相食，乃许军士给粮，入城转粜，故士得金帛，而民获粒食。又议："田野久荒，而兵后无牛，宜差官泸沟桥索军回所驱牛，十取其一，以给农民。"用其说，得数千头，分给近县，民大悦，复业者众。三合、猛安俾檝招谕保定、新城、信安、雄、霸、文安、清、沧诸城，皆望风款附，乃置行司于沧州以镇之。遂从猛安入觐，授银青荣禄大夫，仍前职，兼御史大夫，世袭千户。时河间、清、沧复叛，帝命檝讨之，复命驸马孛秃分蒙古军及乣、汉军三千属檝，遂复河间，得军民万口。孛秃恶其反复，欲尽诛之，檝解之曰："驱群羊使东西者，牧人也，羊何知哉！歼其渠魁足矣。释此辈，迁之近县，强者使从军，弱者使为农，此天之所以畀我也，何以杀为！"孛秃曰："汝能保此辈不复反耶？"檝曰："可。"即移文保任之，俱得全活。

帝命阇里毕与皇太弟国王分拨诸侯王城邑，谕阇里毕曰："汉人中若王宣抚者，可任使之。"遂以前职兼判三司副使。后又命省臣总括归附工匠之数，将俾大臣分掌之。太师阿海具列诸大臣名以闻，帝曰："朕有其人，偶忘姓名耳。"良久曰："得之矣，旧人王宣抚可任是职。"遂命檝掌之。时都城庙学，既毁于兵，檝取旧枢密院地复创立之，春秋率诸生行释菜礼，仍取旧岐阳石鼓列庑下。

丙戌，从征西夏。及秦州，夏人尽撤桥梁为备，军阻不得前，帝问诸将，皆不知计所出。檝夜督士卒运木石，比晓，桥成，军乃得进。戊子，奉监国公主命，领省中都。属盗起信安，结北山盗李密，转掠近县，檝曰："都城根本之地，何可无备。"引水环城，调度经费，檝自为券，假之贾人，而敛不及民，人心稍安。遣男守谦率军讨诸盗，平之。庚寅，从征关中，长驱入京兆，进克凤翔，请于太宗曰："此臣乡邦也，愿入城访求亲族。"果得族人数十口以归。壬辰，从攻汴京。癸巳，奉命持国书使宋，以兀鲁剌副之。至宋，宋人甚礼重之，即遣使以金币入贡。前后凡五往，以和议未决，隐忧致疾，卒于南。宋人重赗之，仍遣使归其柩，葬于燕。子六人。

王守道

王守道，字仲履，其先真定平山人。金亡，群盗并起，州县吏多乘乱贪暴不法，民往往杀令丞及属吏。宣抚司署守道为县尉，众悦之，因转摄令，改真定主簿。史天倪为河北西路兵马都元帅，镇真定，既收大名、泽、潞、怀、孟城邑之未附者，以为府经历。及金恒山公武仙降，署为史天倪副帅，守道谓天倪曰："是人位居公下，意有不平，安能郁郁于此！宜先事为备。"天倪不以为然，未几，果为所害。及仙以城反为金，史氏之人与属县旁近豪杰，纳天倪之弟天泽为主帅，攻仙。时史天安在白霤，闻变，率兵亦至，遂复真定。仙走保西山诸寨，执守道家人，以重币诱之。守道不顾，日与史氏部曲昆弟征发调度以复仇，卒逐仙遁去。后擢庆源军节度使，天泽为五路万户，署守道行军参谋，兼检察使。庄圣太后以真定为汤沐邑，守道在镇，以幕僚频岁致觐，敷对称旨，得赐金符、锦衣、金钱。中统三年，天泽入拜左丞相，即授真定等路万户府参谋。至元七年卒。至大元年，以子颙贵，特赠银青荣禄大夫、大司徒，追封寿国公，谥忠惠。仁宗即位，复加推忠协力秉义功臣、金紫光禄大夫、大司徒、上柱国。

高宣

高宣，辽阳人。太宗元年，诏宣为元帅，赐金符，统兵从睿宗攻大名，宣进曰："今奉命出师，伐罪吊民，愿勿嗜杀，以称上意。"睿宗召元帅术乃谕之，下令军中如宣言。及城破，兵不血刃，民心悦服。四年正月，从破金兵三峰山，降宣者二千余户，籍以献，立打捕鹰坊都总管府统之，以宣为都总管，赐金符，仍令子孙世其职。卒。皇庆二年，赠宣力功臣、银青荣禄大夫、大司徒，追封营国公，谥简僖。

子天锡，事世祖潜邸，为必阇赤，入宿卫，甚见亲幸。中统二年，授以其父官，为鹰坊都总管。四年，改燕京诸路奥鲁总管，迁按察副使，仍兼鹰坊都总管。天锡语丞相孛罗、左丞张文谦曰："农桑者，衣食之本，不务本，则民衣食不足，教化不可兴，古之王政，莫先于此，愿留意焉。"丞相以闻，帝悦，命立司农司，以天锡为中都山北道巡行劝农使，兼司农丞。寻迁司农少卿、巡行劝农使，又迁户部侍郎，进嘉议大夫、兵部尚书，卒。后赠推忠保义功臣、太保、仪同三司、上柱国，追封营国公，谥庄懿。

子谅，裕宗初封燕王，以谅为符宝郎，俄命袭其父官，为鹰房都总管。裕宗甚爱之，谓符宝郎董文忠曰："汝为我奏请，以谅所管民户隶于我，庶得谅尽力为我用。"文忠入奏，帝从之。未几，授谅嘉议大夫，迁兵部尚书。卒。仁宗时，赠推诚保德赞治功臣、太师、开府仪同三司、上柱国，追封营国公，谥宣靖。

子塔失不花，成宗命世其祖父官，以居丧辞。大德元年，授奉议大夫、章佩监丞。四年，改朝列大夫、利用监丞。八年，升少监。武宗即位，授中议大夫、秘书监丞。仁宗居东宫，召入宿卫。至大三年冬，迁少中大夫、纳绵府达鲁花赤，且谕之曰："此先世所守旧职也。"皇庆元年春，改授嘉议大夫、同知崇祥院事。冬，进资德大夫，为院使。延祐四年夏四月，帝谓塔失不花曰："汝祖尝为司农，今复以授汝。"遂迁荣禄大夫、大司农。英宗居东宫，塔失不花撰集前代嘉言善行，名曰《承华事略》，并画《豳风图》以进。帝览之，奖谕曰："汝能辅太子以正，朕甚嘉之。"命置图书东宫，俾太子时时观省。六年，改集禧院使。退居于家，卒。

王玉汝

王玉汝，字君璋，郓人。少习吏事。金末迁民南渡，玉汝奉其亲从间道还。行台严实入据郓，署玉汝为掾史，稍迁，补行台令史。中书令耶律楚材过东平，奇之，版授东平路奏差官。以事至京师，游楚材门，待之若家人父子然。实年老艰于从戎，玉汝奏请以本府总管代之行。夏津灾，玉汝奏请复其民一岁。济州长官欲以州直隶朝廷，大名长官欲以冠氏等十七城改隶大名，玉汝皆辨正之。戊戌，以东平地分封诸勋贵，裂而为十，各私其入，与有司无相关。玉汝曰："若是，则严公事业存者无几矣。"夜静，哭于楚材帐后。明日，召问其故，曰："玉汝为严公之使，今严公之地分裂，而不能救止，无面目还报，将死此荒寒之野，是以哭耳。"楚才恻然良久，使诣帝前陈诉。玉汝进言曰："严实以三十万户归朝廷，崎岖兵间，三弃其家室，卒无异志，岂与他降者同。今裂其土地，析其人民，非所以旌有功也。"帝嘉玉汝忠款，且以其言为直，由是得不分。迁行台知事，仍遥领平阴令。辛丑，实子忠济袭职，授左右司郎中，遂总行台之政。分封之家，以严氏总握其事，颇不自便，定宗即位，皆聚阙下，复欲剖分东平地。是时，众心危疑，将俯首听命，玉汝力排群言，事遂已。宪宗即位，有旨令常赋外，岁出银六两，谓之包垛银。玉汝曰："民力不支矣！"纠率诸路管民官，诉之阙下，得减三分之一。累官至龙虎卫上将军、泰定军节度使，兼兖州管内观察使，充行台参议。壬子，以病谢事杜门，日以经史自娱。乙卯，忠济使人谓玉汝曰："君闲久矣，可暂起，为吾分忧。"玉汝坚辞，以参议印强委之，不得已起视事，仅五六日，裁书署置，焕然一新。八月既望，有星陨庭中，已而玉汝卒。

焦德裕

焦德裕，字宽父，其远祖赞，从宋丞相富弼镇瓦桥关，遂为雄州人。父用，仕金，由束鹿令升千户，守雄州北门。太祖兵至，州人开南门降，用犹力战，遂生获之。帝以其忠壮，释不杀，复旧官。徇地山东，未尝妄杀一人。年六十二卒，后以德裕贵，追赠中书左丞，封恒山郡公，谥正毅。

德裕通《左氏春秋》，少拳勇善射，从其舅解昌军中。金将武仙杀真定守史天倪，仙既败走，其党赵贵、王显、齐福等保仙故垒，数侵掠太行。太宗择廷臣有才辩者往招之，杨惟中以德裕荐。遂使真定，降齐福，擒赵贵，王显亡走，德裕追射杀之，其地悉平。诏赐井陉北障城田。中统三年，李璮平，世祖命德裕曲赦益都。四年，赐金符，为阆蓬等处都元帅府参议。宋臣夏贵围宣抚使张庭瑞于虎啸山，实薪土塞水源，人无从得饮。帅府檄德裕援之。德裕夜薄贵营，令卒各持三炬，贵惊走，追及鹅溪，馘千人，获马畜兵仗万计。升京畿漕运使。至元六年，佥陕西道提刑按察司事。八年，转西夏中兴道按察副使。十一年，从丞相伯颜南征，授佥行中书省事。遂从下安庆。至镇江，焦山寺主僧诱居民叛，丞相阿术既诛其魁，欲尽坑其徒，德裕谏止之。命德裕先入城抚定。宋平，赐予有加。奉旨求异人异书。平章阿合马谮丞相伯颜杀丁家洲降卒事，奏以德裕为中书参政，欲假一言证成之，德裕辞不拜。久之，得签行省事。十四年，改淮东宣慰使。淮西贼保司空山，檄淮东四郡守为应，元帅帖哥逻得其檄，即械郡守许定国等四人，使承反状，将籍其家。德裕言："四人者，皆新降将，天子既宠绥之，有地有民，盈所望矣，方誓报效，安有他觊。奈何以疑似杀四守，宁知非反间耶？"尽复其官。拜福建行省参知政事。二十五年卒，年六十九。赠荣禄大夫、平章政事，追封恒国公，谥中肃。

子简，余姚州知州；洁，信州治中。

石天麟

石天麟，字天瑞，顺州人。年十四，入见太宗，因留宿卫。天麟好学不倦，于诸国书语无不习。帝命中书令耶律楚材厘正庶务，选贤能为参佐，天麟在选，赐名蒙古台。宗王征西域，以天麟为断事官。宪宗六年，遣天麟使海都，拘留久之，既而边将劫皇子北安王以往，寓天麟所。天麟稍与其用事臣相亲狎，因语以宗亲恩义，及臣子逆顺祸福之理，海都闻之悔悟，遂遣天麟与北安王同归。天麟被拘留二十八年，始得还，世祖大悦，赏赉甚厚。拜中书左丞，兼断事官。天麟辞曰："臣奉使无状，陛下幸赦弗诛，何可复叨荣宠。况臣才识浅薄，年力衰惫，岂能任政，恐徒贻庙堂羞，不敢奉诏。"帝嘉其诚，褒慰良久，从之。有谮丞相安童尝受海都官爵者，帝怒，天麟奏曰："海都实宗亲，偶有违言，非仇敌比，安童不拒绝之，所以释其疑心，导其臣顺也。"帝怒乃解。江南道观偶藏宋主遗像，有僧素与道士交恶，发其事，将置之极刑，帝以问天麟，对曰："辽国主后铜像在西京者，今尚有之，未闻有禁令也。"事遂寝。天麟年七十余，帝以所御金龙头杖赐之，曰："卿年老，出入宫掖，杖此可也。"时权臣用事，凶焰薰炙，人莫敢言。天麟独言其奸，无所顾忌，人服其忠直。成宗即位，加荣禄大夫、司徒，大宴玉德殿，召天麟与宴，赐以御药，命左右劝之酒，颇醉，命御辇送还家。武宗即位，进平章政事。至大二年秋八月卒，年九十二。赠推诚宣力保德翊戴功臣、开府仪同三司、太师、上柱国，追封冀国公，谥忠宣。

子珪，累官治书侍御史，迁枢密副使，复为侍御史，拜河南行中书省右丞，升荣禄大夫、南台御史中丞，卒。次子怀都，初袭断事官，累迁刑部尚书、荆湖北道宣慰使。孙哈蓝赤，袭断事官。

李邦瑞

李邦瑞，字昌国，以字行，京兆临潼人，世农家。邦瑞幼嗜学，读书通大义。尝被掠，逃至太原，为金将小史，从守阎漫山寨。国王木华黎攻下诸城堡，金将走，邦瑞率众来归，复居太原。守臣惜其材，具鞍马，遣至行在所，中书以其名闻。岁庚寅，受旨使宋，至宝应，不得入。未几，命复往，仍谕山东淮南路行尚书省李全护送，宋仍拒之。复奉旨以行，邦瑞道出蕲、黄，宋遣贱者来迎，邦瑞怒，叱出之，宋改命行人，乃议如约而还。太宗慰劳，赐车骑旃裘衣装及银十锭。邦瑞因奏："干戈之际，宗族离散，乞归寻访。"帝谕速不嗣、察罕、匣剌达海等：邦瑞驰驿南京，询访亲戚，或以隶诸部者，悉归之。甲午，从诸王阔出经略河南，凡所历河北、陕西州郡四十余城，绘图以进，授金符、宣差军储使。乙未夏六月卒。子荣。

杨奂

杨奂，字焕然，乾州奉天人。母尝梦东南日光射其身，旁一神人以笔授之，已而奂生，其父以为文明之象，因名之曰奂。年十一，母殁，哀毁如成人。金末举进士不中，乃作万言策，指陈时病，皆人所不敢言者，未及上而归，教授乡里。岁癸巳，金元帅崔立以汴京降，奂微服北渡，冠氏帅赵寿之即延致奂，待以师友之礼。门人有自京师载书来者，因得聚而读之。东平严实闻奂名，数问其行藏，奂终不一诣。戊戌，太宗诏宣德税课使刘用之试诸道进士。奂试东平，两中赋论第一。从监试官北上，谒中书耶律楚材，楚材奏荐之，授河南路征收课税所长官，兼廉访使。奂将行，言于楚材曰："仆不敏，误蒙不次之用，以书生而理财赋，已非所长。又况河南兵荒之后，遗民无几，烹鲜之喻，正在今日，急而扰之，糜烂必矣。愿假以岁月，使得抚摩疮痍，以为朝廷爱养基本万一之助。"楚材甚善之。奂既至，招致一时名士与之议，政事约束一以简易为事。按行境内，亲问盐务月课几何、难易若何。有以增额言者，奂责之曰："剥下欺上，汝欲我为之耶？"即减元额四之一，公私便之。不逾月，政成，时论翕然，以为前此漕司未之有也。在官十年，乃请老于燕之行台。壬子，世祖在潜邸，驿召奂参议京兆宣抚司事，累上书，得请而归。乙卯，疾笃，处置后事如平时，引觞大笑而卒，年七十。赐谥文宪。

奂博览强记，作文务去陈言，以蹈袭古人为耻。朝廷诸老，皆折行辈与之交。关中虽号多士，名未有出奂右者。奂不治生产，家无十金之业，而喜周人之急，虽力不赡，犹勉强为之。人有片善，则委曲称奖，唯恐其名不闻；或小过失，必尽言劝止，不计其怨怒也。所著有《还山集》六十卷、《天兴近鉴》三卷、《正统书》六十卷，行于世。

贾居贞

贾居贞，字仲明，真定获鹿人。年十五，汴京破，奉母居天平。甫冠，为行台从事。时法制未立，人以贿赂相交结。有馈黄金五十两者，居贞却之。太宗闻而嘉叹，敕有司月给白金百两，以旌其廉。世祖在潜邸，知其贤，召用之，俾监筑上都城。讫事，以母丧归。世祖即位，中统元年，授中书左右司郎中。从帝北征，每陈说《资治通鉴》，虽在军中，未尝废书。一日，帝问："郎俸几何？"居贞以数对。帝谓其太薄，敕增之，居贞辞曰："品秩宜然，不可以臣而紊制。"刘秉忠奏居贞为参知政事，又辞曰："他日必有由郎官援例求执政者，将何以处之？"不拜。至元元年，参议中书省事，诏与左丞姚枢行省河东山西，罢侯置守。五年，再为中书郎中，时阿合马擅权，忌之，改给事中。同丞相史天泽等纂修国史。

十一年，丞相伯颜伐宋，居贞以宣抚使议行省事。既渡江，下鄂、汉，伯颜以大军东下，留右丞阿里海涯与居贞分省镇之。居贞曰："江陵要地，乃宋制阃重兵所屯。闻诸将不睦，迁徙之民盈城，复皆疾疫，刍薪乏阙，杜门不敢樵采。不乘隙先取之，迨春水涨，恐上流为彼所乘，则鄂危矣。"驿闻。十二年春，命阿里海涯领兵取江陵，居贞以金行省事留鄂。于是发仓廪以赈流亡，宋宗室子孙流寓者，廪食之，不变其服，而行其楮币。东南未下州郡，商旅留滞者，给引以归之。免括商税并湖荻禁。造舟百数十艘，驾以水军，下致病民。一方安之。娄安邦以信阳来归，遣入觐，裨将陈思聪屠其家。居贞以计召至，数思聪罪而诛之。宋幼主既降，其相陈宜中等挟二王逃闽、广，所在扇惑，民争应之。蕲州寇起司空山，鄂属县民傅高亦起兵应。居贞移檄谕以祸福，其下往往涣散，压以官军，遂削平之。高变姓名逃逸，获而戮之。初，遣郑万户讨贼，郑言："鄂之大姓，皆与傅高通，请先除之，以绝祸本。"居贞曰："高鼠子无知，行就戮矣，大姓何预！吾能保其无他。"郑既领兵出，留其所善部将，戒曰："闻吾还军，汝即举烽城楼，内外合发，当尽杀城中大姓。"会其人战败溺死，其事始彰。十四年，拜湖北宣慰使，命未下，居贞闭门不出，而骄将悍卒，合谋扰民，乃复出视事，人恃以无恐。及行，鄂之老幼号送于道，刻其像于石，祠之泮宫。

十五年，迁江西行省参知政事，未至，民争千里迎诉。时逮捕民间受宋二王文帖者甚急，坐系巨室三百余，居贞至，悉出之，投其文帖于水火。士卒有挟兵入民家，诬为藏匿以取财者，取人子女为奴妾者，皆痛绳以法。大水坏民庐，居贞发廪赈之。南安李梓发作乱，居贞虑将帅出兵扰民，请亲往，卒才千人，营于城北，遣人谕之。贼众闻居贞至，皆散匿，不复为用。梓发闭妻子一室，自焚死。比还，不戮一人。杜万一乱都昌，居贞调兵擒之，有列巨室姓名百数来上，云与贼连，居贞曰："元恶诛矣，蔓延何为?"命火其牒。十七年，朝廷再征日本，造战舰于江南，居贞极言民困，如此必致乱，将入朝奏罢其事，未行，以疾卒于位，年六十三。赠推忠辅义功臣、银青荣禄大夫、中书平章政事，追封定国公。仲子钧。

钧字元播，幼读书，渊默有容。由榷茶提举拜监察御史，佥淮东廉访司事、行台都事，入为刑部郎中，改右司郎中、参议中书省事。仁宗即位，拜参知政事，议罢尚书省所立法。迁佥书枢密院，复参知政事，赐锦衣、宝带，宠赉有加。为政持大礼，风裁峻整，不孑孑钓名誉。皇庆元年，从幸上都，遇疾，卒于家。前后诏赙钞三万贯，供葬事。子汝立嗣。

卷一百五十四　列传第四十一

洪福源 俊奇　君祥　万

洪福源，其先中国人，唐遣才子八人往教高丽，洪其一也。子孙世贵于三韩，名所居曰唐城。父大宣，以都领镇麟州，福源为神骑都领，因家焉。岁丙子，金源、契丹九万余众窜入高丽。丁丑九月，夺江东城池据之。戊寅冬十二月，太祖命哈赤吉、扎剌将兵追讨，大宣迎降，与哈赤吉等共击之，降其元帅赵冲。壬午冬十月，又遣着古与等十二人窥觇纳款虚实，还，遇害。辛卯秋九月，太宗命将撒里答讨之，福源率先附州县之民，与撒礼塔并力攻未附者，又与阿儿秃等进至王京。高丽王瞮乃遣其弟怀安公请降，遂置王京及州县达鲁花赤七十二人以镇之，师还。壬辰夏六月，高丽复叛，杀所置达鲁花赤，悉驱国人入据江华岛，福源招集北界四十余城遗民以待。秋八月，太宗复遣撒礼塔将兵来讨，福源尽率所部合攻之，至王京处仁城，撒礼塔中流矢卒，其副帖哥引兵还，唯福源留屯。癸巳冬十月，高丽悉众来攻西京，屠其民，劫大宣以东。福源遂尽以所招集北界之众来归，处于辽阳、沈阳之间，帝嘉其忠。甲午夏五月，特赐金符，为管领归附高丽军民长官，仍令招讨本国未附人民。又降旨谕高丽之民，有执王瞮及元构难之人来朝者，与洪福源 同于东京居之，优加恩礼擢用，若大兵既加，拒者死，降者生，其降民令福源统之。

乙未，帝命唐古拔都儿与福源进讨，攻拔龙冈、咸从二县，凤、海、洞三州山城及慈州，又拔金山、归、信、昌、朔州。己亥春二月，入朝，赐以铠甲弓矢，及金织文段、金银器、金鞍勒等。乙巳，定宗命阿母罕将兵与福源共拔威州平虏城。辛亥，宪宗即位，改授虎符，仍为前后归附高丽军民长官。癸丑，从诸王耶虎攻禾山、东州、春州、三角山、杨根、天龙等城，拔之。甲寅，与扎剌台合兵攻光州、安城、忠州、玄凤、珍原、甲向、玉果等城，又拔之。戊午，福源遣其子茶丘从扎剌台军。会高丽族子王綧入质，阴欲并统本国归顺人民，谮福源于帝，遂见杀，年五十三。后赠嘉议大夫、沈阳侯，谥忠宪。子七人，俊奇、君祥最知名。

俊奇，小字茶丘，福源第二子也。幼从军，以骁勇受知，世祖尝以小字呼之。中统二年秋，茶丘雪父冤，世祖悯之，诏谕之曰："汝父方加宠用，误绀刑章，故于已废之中，庸沛维新之泽。可就带元降虎符，袭父职，管领归附高丽军民总管。"至元六年，高丽权臣林衍叛。冬十一月，诏以其军三千从国王头辇哥讨平之，迁江华岛所有臣民，复归王京。十二月，帝命茶丘率兵往凤州等处，立屯田总管府。八年二月，入朝，赐钞百缗。林衍余党裴仲孙等，立高丽王 禃亲属承化侯为王，引三别抄军据珍岛以叛。五月，茶丘奉旨，偕经略使欣都进兵讨之，破其军，杀承化侯，其党金通精率余众走耽罗。帝遣侍卫亲军千户王岑与茶丘议征取之策，茶丘表陈："通精之党，多在王京，可使招之，招而不从，击之未晚。"从之。俄奉旨往罗州道监造战船，且招降耽罗。茶丘得通精之侄金永等七人，俾招之。通精不从，留金永，余尽杀之。十年，诏茶丘与欣都率兵渡海，击破耽罗，获通精，杀之，悉免其胁从者，高丽始平。

十一年，又命监造战船，经营日本国事。三月，授昭勇大将军、安抚使，高丽军民总管如故。己卯，命茶丘提点高丽农事。八月，授东征右副都元帅，与都元帅忽敦等领舟师二万，渡海征日本，拔对马、一岐、宜蛮等岛。十四年正月，授镇国上将军、东征都元帅，镇高丽。二月，率蒙古、高丽、女直、汉军，从丞相伯颜北征叛臣只鲁瓦歹等。四月，至脱剌河，猝与贼遇，茶丘突阵无前，伯颜以其勇闻，赐白金五十两、金鞍勒、弓矢。十七年，授龙虎卫上将军、征东行省右丞。十八年，与右丞欣都将舟师四万，由高丽金州合浦以进，时右丞范文虎等将兵十万，由庆元、定海等处渡海，期至日本一岐、平户等岛合兵登岸。兵未交，秋八月，风坏舟而还。十九年十月，命茶丘于平滦黑埚儿监造战船七百艘，以图后举。二十一年十一月，复授征东行省右丞。二十三年，命往江浙等处遣汉人复业。

二十四年，乃颜叛，车驾亲征，赐以翎根甲、宝刀，命率高丽、女直、汉军扈从。猝遇乃颜骑兵万余，时茶丘兵不满三千，众有惧色。茶丘夜令军中，多裂裳帛为旗帜，断马尾为旄，掩映林木，张设疑兵，乃颜兵大惊，以为官兵大至，遂降。帝闻之，厚加旌赏。凯还，授辽阳等处行尚书省右丞。二十七年，以疾辞。叛王哈丹等窜入高丽，侵挠其国西京，距辽阳二千里皆骚动，中书省特起茶丘镇辽左，帝遣阇里台孛罗儿赐以金字圆符，命茶丘以便宜行事。二十八年，以疾卒，年四十八。子四人，长曰万。

君祥，小字双叔，福源第五子也。年十四，随兄茶丘见世祖于上京，帝悦，命刘秉忠相之，秉忠曰："是儿目视不凡，后必以功名显，但当致力于学耳。"令选师儒诲之。至元三年，籍高丽民三百人为兵，令君祥统之。从秃花秃烈、伯颜等军，筑万寿山，复从开通州运河。帝亲谕之曰：

"尔守志忠勤，朕所知也。"帝尝坐便殿，阅江南、海东舆地图，欲召知者询其险易，左丞相伯颜、枢密副使合达以君祥应旨，奏对详明，帝悦，酌以巨觥，顾谓伯颜曰："是儿，远大器也。"

六年，林衍叛，从头辇哥征之。八年，戍河南。九年，掠淮西，破其大凹城。十年，从元帅孛鲁罕袭淮东之射阳湖，俘其男女牛马。十一年，入朝。帝命伯颜伐宋，朝议以宋之兵力多聚两淮，闻我欲渡江，彼必移师拒守，遂命右卫指挥使秃满歹率轻锐二万攻淮安，以牵制之，君祥以蒙古汉军都镇抚从行。后伯颜既渡江，帝命秃满歹还军萧县。时君祥奉使伯颜军中，宋黄州制置使陈奕降，其子知涟水军，伯颜遣三十骑往招之，因令君祥入奏，帝曰："卿可急还，陈知府降，即偕来也。"及与俱入朝，宴劳甚厚。从元帅孛鲁罕攻清河，拔之。海州安抚丁顺约降，孛鲁罕令君祥以闻，时伯颜方朝上京，见君祥，甚喜，遂从南伐。伯颜克淮安，至扬州，分兵攻淮西。宋制置夏贵遣牛都统以书抵伯颜曰："谚云：杀人一万，自损三千。愿勿废国力，攻夺边城。若行在归附，边城焉往。"伯颜遣君祥以牛都统入见，留三日，还军中。仍传旨谕伯颜曰："事难遥度，宜临机审图之。"伯颜师次镇江，谍报有宋洪都统者，为都督府将，伯颜谓君祥曰："汝同姓，可往招致也。"洪都统即欣然来见，君祥因厚遇之。师进，次临平山，距临安五十里，洪都统来报曰："宋丞相陈宜中、殿帅张世杰皆已逃去，惟三宫未行，宜早定计，以活生民。"伯颜遂令洪都统护宋三宫，令君祥随之。宋降，升武略将军、中卫亲军千户。十五年，命佥江南民兵。还，升明威将军、中卫亲军副都指挥使。十七年，进昭勇大将军。十九年，授枢密院判官。二十三年，转昭武大将军、同佥枢密院事。

二十四年，乃颜叛，从世祖亲征。每驻跸，君祥辄以兵车外环为营卫，布置严密，帝嘉之。凯还，加辅国上将军。类次车驾起居，为《东征录》。二十八年，授辽阳行省右丞，用枢密院留，复居旧职。俄加集贤大学士，依旧同佥枢密院事。议者欲自东南海口辛桥开河合滦河，运粮至上都，奉旨与中书右丞阿里相其利害，还，极言不便，罢之。复奉使高丽，还，改佥书枢密院事。

成宗即位，诏裁减久任官，知枢密院暗伯等奏："君祥在枢密十六年，最为久者。"帝曰："君祥始终一心，可勿迁也。"大德二年，诏使高丽，台臣劾君祥以他事，中道追回，已而事罢。三年，奉使江浙，问民间疾苦。使还，退居昌平之皇华山，绝口不论时事者五年。大德九年，擢司农，俄拜中书右丞。十年春，改江浙行省右丞。秋，改辽阳右丞，请于朝：宜新省治，增巡兵，设儒学提举官、都镇抚等员，以兴文化，修武备。事未成，会武宗即位，征为同知枢密院事，进荣禄大夫、平章政事，商议辽阳等处行中书省事，改辽阳行省平章政事，俄改商议行省事。至大二年卒。子迈，奉训大夫、同知开元总管府事。

万小字重喜。至元十三年，入宿卫。十八年，袭职，为怀远大将军、安抚使、高丽军民总管，仍佩父茶丘所佩虎符。二十四年，乃颜叛，率兵征之。六月，至撒里秃鲁之地，同都万户阇里铁木儿与乃颜将黄海战，大败之。又从世祖与塔不台战，又败之。是月，至乃颜之地，奉旨留蒙古、女直、汉军镇哈剌河。复选精骑扈驾，至失剌斡耳朵，从御史大夫玉速帖木儿讨乃颜。七月，至扎剌麻秃，与金家奴战，败之，追至蒙可山、那兀江等处，遂平金家奴、塔不台等。九月，师还。哈丹、八剌哈赤再叛，十月，重喜从诸王爱牙哈赤、平章塔出、都万户阇里铁木儿征之。十二月，次木骨不剌。时诸王脱欢、监司脱台以兵四千余人与其党战，稍却，重喜率骑兵援之，冒锋陷阵，大破其众。又从诸王乃蛮带、爱牙哈赤、平章薛阇干，与叛王兵战于兀术站，又战于黑龙江，又战于贴满哈处，皆败之。二十五年，重喜又从玉速帖木儿出师，五月，至贴列可，与哈丹秃鲁干战，获功。至木骨儿抄剌，又战。八月，至贵列河，重喜率兵先涉与战，胜之。十月，又从玉速帖木儿往征木八兰。十二月，与古土秃鲁干战，克之。二十七年六月，赐白金五十两、甲一袭。九月，至禅春，与哈丹秃鲁干战。二十八年二月，从平章薛阇干至高丽青州。五月，与哈丹战八日，又战，大败之。六月，班师，授昭勇大将军，佩三珠虎符，职如故。十月，薛阇干以重喜入朝，且以其功闻，帝嘉之，赐玉带一、白金五十两，授龙虎卫上将军、辽阳等处行中书省右丞。二十九年，仍佩元降虎符，总管高丽、女直、汉军万户，兼安抚使、高丽军民总管。六月，改资德大夫、辽阳等处行中书省右丞。大德十年，以其叔父君祥代之。十一年，武宗即位，重喜朝于上都。七月，复授辽阳行省右丞。至大二年，谪漳州，行至杭，遇赦而止。明年卒。子滋，袭爵。

郑　鼎

郑鼎，泽州阳城人。幼孤，能自立，读书晓大义，不妄言笑。既长，勇力过人，尤善骑射。初为泽、潞、辽、沁千户。岁甲午，从塔海绀不征蜀，攻二里散关，屡立战功，还屯秦中。未几，宋将余侍郎烧绝栈道，以兵围兴元，鼎率众修复之，破宋兵，解兴元之围。乙巳，迁阳城县军民长官。庚戌，从宪宗征大理国，自六盘山经临洮，下西蕃诸城，抵雪山。山径盘屈，舍骑徒步，尝背负宪宗以行。敌据扼险要，鼎奋身力战，敌败北，帝壮之，赐马三匹。至金沙河，波涛汹涌，帝临水傍危石，立马观之。鼎谏曰："此非圣躬所宜。"亲扶下马，帝嘉之。俄围大理，昼夜急攻，城陷，禽其主，大理平。师还，命鼎居后，道经吐蕃，全军而归。辛亥，入朝，帝问以时务，鼎敷对详明，帝嘉纳之，赐名曰也可拔都。己未，赐白金千两。从世祖南伐，攻大胜关，破之。继破台山寨，禽其守者胡知县，乘胜独进，前陷泥淖，遇伏兵突出葭苇间，鼎奋击，连杀三人，余众遁去。帝急召鼎还，使者以闻，帝曰："为将当慎重，不可恃勇轻进。"遂分畀卫士三百人，以备不虞，且戒之曰："自今非奉朕命，毋得轻与敌接。"秋九月，帝驻跸江浒，命诸将南渡，先达彼岸者，举烽火为应，鼎首夺南岸，众军毕渡。进围鄂州，战益力。别攻兴国军，遇宋兵五千，力战破之，擒其将桑太尉，责以懦怯，不忠所事，斩之。

中统元年，以功迁平阳、太原两路万户。阿蓝答儿、浑都海之乱，鼎分率本道兵讨之。二年，诏鼎统征西等军，戍雁门关隘。迁河东南、北两路宣抚使。三年,改授平阳太原宣慰使。至元三年,迁平阳路总管。是岁大旱,鼎下车而雨。平阳地狭人众,常乏食,鼎乃导汾水,溉民田千余顷,开潞河鹏黄岭道,以来上党之粟。修学校,厉风俗,建横涧故桥以便行旅,民德之。七年,改佥书西蜀四川行尚书省事,将兵巡东川。过嘉定,遇蜀兵,与战江中,擒其将李越,悉获战船。八年五月,改军前行尚书省事。十一年,从伐宋。十二年,镇黄州。夏四月,改授淮西宣慰使。十三年,加昭毅大将军,赐白金五百两。十四年,改湖北道宣慰使,移镇鄂州。夏五月,蕲、黄二州叛,鼎将兵讨之,战于樊口,舟覆溺死,年六十有三。十七年,董文忠等奏:"郑也可拔都遇害,其叛人家属物产,宜悉与其子纳怀。"帝从之。赠中书右丞,谥忠毅。后加赠宣忠保节功臣、平章政事、柱国,追封潞国公,谥忠肃。子制宜。

制宜小字纳怀,性聪敏,庄重有器局,通习国语。至元十四年,袭父职太原、平阳万户,仍戍鄂州。时鄂阙守,俾摄府事。十九年,朝廷将征日本,造楼船何家洲。洲地狭,众欲徙旁居民,制宜不从,改授宽地,居民德之。城中屡灾,或言于制宜曰:"恐奸人乘间为变,宜捕其疑似者,痛治之。"制宜曰:"吾但严守备而已,奈何滥及无辜!"不笞一人,灾亦遂息。有盗伏近郊,晨暮剽劫,流言将入城。俄有数男子自城外至,顾盼异常,制宜命吏缚入狱,问之无验,行省疑其非,将释之,不从。明日,再出城东,遇一人,乘白马,貌服殊异,制宜叱下,讯之,乃与前数男子同为盗者,遂正其罪,一郡帖然。

二十四年,扈驾东征乃颜,请赴敌自效。帝顾左右曰:"而父殁王事,惟有一子,毋使在行阵。"制宜请愈力,乃命从月儿吕那颜别为一军,以战功授怀远大将军、枢密院判官。明年,车驾幸上都。旧制:枢府官从行,岁留一员司本院事,汉人不得与。至是,以属制宜。制宜逊辞,帝曰:"汝岂汉人比耶!"竟留之。二十八年,迁湖广行省参知政事,陛辞,帝曰:"汝父死王事,赏未汝及。近者,要束木伏诛,已籍没其财产人畜,汝可择其佳者取之。"制宜对曰:"彼以赃败,臣复取之,宁无污乎!"帝贤其所守,赐白金五千两。未几,征拜内台侍御史。安西旧有牧地,圉人恃势,冒夺民田十万余顷,讼于有司,积年不能理。制宜奉诏而往,按图籍以正之,讼由是息。

三十年,除湖广行枢密副使。湖南地阔远,群寇依险出没,昭、贺二州及庐陵境,民常被害。制宜率偏师徇二州,道经庐陵永新,获首贼及其党,皆杀之。茶乡谭计龙者,聚恶少年,匿兵器为奸,既捕获,其家纳赂以缓狱事,制宜悉以劳军,斩计龙于市,自是湖以南无复盗贼。元贞元年,有制:行枢密院添置副使一员,与制宜连署。制宜以员非常设,先任者当罢。俄入朝,特授大都留守,领少府监,兼武卫亲军都指挥使,知屯田事。

大德八年,晋地大震,平阳尤甚,压死者众,制宜承命存恤,惧缓不及事,昼夜倍道兼行,至则亲入里巷,抚疮残,给粟帛,存者赖之。成宗素知其名,眷遇殊厚,每侍宴,辄不敢饮,终日无惰容。帝察其忠勤,屡赐内酝,辄持以奉母,帝闻之,特封其母苏氏为潞国太夫人。十年,制宜以疾终,年四十有七。赠推忠赞治功臣、银青荣禄大夫、平章政事,追封泽国公,谥忠宣。子阿儿思兰嗣。

李　进

李进,保定曲阳人。幼隶军籍,初从万户张柔屯杞之三叉口,时荆山之西九十里曰龙冈者,宋境也。岁庚戌春,张柔引兵筑堡冈上。会淮水泛涨,宋以舟师卒至,主帅察罕率军逆战,进以兵十五人载一舟,转斗十余里,夺一巨舰,遂以功升百户。戊午,宪宗西征,丞相史天泽时为河南经略大使,选诸道兵之骁勇者从,遂命进为总把。是年秋九月,道由陈仓入兴元,度米仓关,其地荒塞不通,进伐木开道七百余里。冬十一月,至定远七十关,其关上下皆筑连堡,宋以五百人守之,巴渠江水环堡东流。天泽命进往关下说降之,不从。进潜视间道,归白天泽曰:"彼可取也。"是夜二鼓,天泽遣进率勇士七十人,掩其不备,攻之,脱门枢而入者二十人。守门者觉,拔刀拒之,进被伤,不以为病。悬门俄闭,诸军不得入,进与二十人力战,杀伤三十人。后兵走上堡,进乃毁悬门,纳诸军,追至上堡,杀伤益众,宋兵不能敌,弃走。夜将旦,进遂得其堡,守之,关路始通,诸军尽度。进以功受上赏。己未春二月,天泽兵至行在所,围合州钓鱼山寨。夏五月,宋由嘉陵江以舟师来援,始大战三槽山西。六月,战山之东,有功。秋七月,宋兵战舰三百余泊黑石峡东,以轻舟五十为前锋。北军之船七十余泊峡西,相距一里许。帝立马东山,拥兵二万,夹江而阵,天泽乃号令于众曰:"听吾鼓,视吾旗,无少怠也。"顷之,闻鼓声,视其旗东指,诸军遂鼓噪而入。兵一交,宋前锋溃走,战舰继乱,顺流纵击,死者不可胜计。帝指顾谓诸将曰:"白旗下服红半臂突而前者,谁也?"天泽以进对,赏锦衣、名马。八月,又战浮图关,前后凡五战,皆以功受上赏。

世祖即位,入为侍卫亲军。中统二年,宣授总把,赐银符。三年,从征李璮有功。至元八年,领兵赴襄阳。十二年,从略地湖北、湖南。宋平,以兵马使分兵屯鄂州。十三年,领军二千,屯田河西中兴府。十四年,加武略将军,升千户。十五年,移屯六盘山,加武毅将军,赐金符。十七年,升明威将军、管军总管。十九年,赐虎符,复进怀远大将军,命屯田西域别石八里。二十三年秋,海都及笃娃等领军至洪水山,进与力战,众寡不敌,军溃,进被擒。从至掺八里,遁还。至和州,收溃兵三百余人,且战且行。还至京师,赏金织纹衣二袭、钞一千五百贯。二十五年,授蒙古侍卫亲军都指挥使司佥事。明年,改授左翼屯田万户。元贞元年春。卒。

子雯,袭授武德将军、左翼屯田万户,佩虎符。皇庆二年,加宣武将军。延祐六年,仁宗念其父进尝北征被掠,特赐雯中统钞五百锭以恤之。泰定元年春,以疾辞。子朵耳只袭。

石抹按只

石抹按只，契丹人，世居太原。父大家奴，率汉军五百人归太祖。岁戊午，按只代领其军，从都元帅纽璘攻成都。时宋兵聚于灵泉，按只以所部兵与战，大败之，杀其将韩都统。又从都元帅按敦攻泸州，按只以战舰七十艘至马湖江，宋军先以五百艘控扼江渡，按只击败之。时宋兵于沿江撤桥据守，按只相地形，造浮桥，师至无留行。宋欲挠其役，兵出辄败，自马湖以达合江、涪江、清江，凡立浮桥二十余所。及四川平，浮桥之功居多。己未，宋以巨舰载甲士数万，屯清江浮桥，相距七十日。水暴涨，浮桥坏，西岸军多漂溺。按只军东岸，急撤浮桥，聚舟岸下，士卒得不死，又援出别部军五百余人。先锋奔察火鲁赤以闻，宪宗遣使慰谕，赏赐甚厚。叙州守将横截江津，军不得渡，按只聚军中牛皮，作浑脱及皮船，乘之与战，破其军，夺其渡口，为浮桥以济师。中统三年，授河中府船桥水手军总管，佩金符，以立浮桥功也。至元四年，从行省也速带儿攻泸州，按只以水军与宋将陈都统、张总制战于马湖江，按只身被二创，战愈力，败之。六年正月，也速带儿领兵趋泸州，遣按只以舟运其器械、粮食，由水道进。宋兵复扼马湖江，按只击败之，生获四十人，夺其船五艘。复以水军一千，运粮于眉、简二州，军中赖之。九年，从征建都蛮，岁余不下，按只先登其城，力战，遂降之。军还，道病卒。行省承制以其子不老代领其军。

不老从攻嘉定，以巨舰七十艘载勇士数千人，据其上流，于府江红崖滩造浮桥以渡。十二年，嘉定降，宋将鲜于都统率众遁，不老追至大佛滩，尽毙之。行院汪田哥攻取紫云、泸、叙等城，不老功最多。及诸军围重庆，不老先以战舰三百艘列阵于观滩，绝其走路。十三年，领随翼军五百人，会招讨药刺海，竖栅于白水江岸以为备。不老乘夜袭宋军，直抵重庆城下，攻千斯门。宋军惊溃，溺死者众，生擒三十余人，获其旗帜甲仗以献。宋涪州守将率舟师来援，不老击败之于广阳坝，生获六十余人，夺其船十艘。十四年，从攻泸州，不老勒所部兵攻神臂门，蚁附以登，斩首五十级。明日复战，破之。十五年，复攻重庆太平门，不老先登，杀其守陴卒数十人，宋都统赵安以城降，总管黄亮乘舟遁，不老追擒之，及其兵士五十人，夺战舰五十艘。十六年，命袭父职，为怀远大将军、船桥军马总管，更赐金虎符，兼夔路镇守副万户。十八年，大小盘诸峒蛮叛，命领诸翼蒙古、汉军三千余人戍施州，既而蛮酋向贵誓用等降，其余峒蛮之未服者悉平，遂以为保宁等处万户。

谒只里

谒只里，女直人也。大父昔宝味也不干，登金进士第，金亡，归太宗。谒只里幼颖悟，能记诵，及长，以孝友闻。事世祖潜邸，得备宿卫。中统初，命参议陕西行枢密院事，以商挺佐之。比行，入奏曰："关陕要地，军务非轻，阿脱仰刺国之元臣，陛下方委任之，伏虑临时议论不协，必误大计，傥有异同，臣请得以上闻。"帝可其奏，赐宴而遣之。未几，改行省断事官，复入宿卫。李璮平，朝议选宿卫之士监汉军，谒只里佩虎符，监军于毗阳。至元七年，命为监战，以所领诸军围襄阳，筑一字堡以张军势，一时名将唆都、刘国杰、李庭等皆隶麾下。攻樊城，率其军先登，破之，所受赏赐，悉分将士。十一年，从丞相伯颜次郢州，将数骑而出，与宋兵遇，有部卒堕马，为其所得，谒只里单骑横戈，直入其军，取之以还，因杀获四人。时粮储不继，诸将以为忧，谒只里乃西攻江陵龙湾堡，取其粟万石，众赖以济。元兵东下，宋将夏贵迎战于阳逻洑，伯颜未至，众欲少俟之，谒只里曰："兵贵神速，机不可失，宜及其未定而击之。"遂直前冲贵军，获战船百余，贵败走。伯颜上其功，加定远大将军。十二年，攻常州，谒只里造云梯绳桥以登，遂克之。奉省檄徇安吉诸州，皆下。十三年，宋降，伯颜命谒只里监守其宫，号令严肃，秋毫无犯。入朝，录功，迁昭勇大将军。未几，拜镇国上将军、浙东宣慰使，镇守绍兴。十九年卒，年四十二。

子亦老温，袭为万户，累迁江东廉访使；脱脱，淮东宣慰使。

郑　温

郑温，真定灵寿人。初从中书粘合南合南征，有功，为合必赤千户。从丞相史天泽，为新军万户镇抚。宪宗征西川，温四月不解甲，天泽以温见，具言其功，帝曰："朕所亲见也。"赐名也可拔都，赏以鞍勒。还至阆州，奉旨分军守逻青居、钓鱼等山，天泽命温统四千人，警逻钓鱼山。中统元年，佩金虎符，为总管。三年，李璮叛，诏温以军还讨。至济南，大军围其城，贼将杨拔都等乘夜斫营，温力战至黎明，贼退，诸王哈必赤、丞相史天泽厚赏之。七月，城破，命温率兵三千，往定益都。以功复受上赏，命为侍卫亲军总管。至元六年，进怀远大将军、右卫副都指挥使。九年，诏温统蒙古、汉人、女直、高丽诸部军万人，渡海征耽罗，平之。十二年，升右卫亲军都指挥使，率三卫军万人，从攻岳州、江陵、沙市、潭州，皆有功，平章阿里海涯赏银十锭。十四年，入朝，迁昭勇大将军、枢密院判官。十八年，改辅国上将军、江淮行省参知政事。杭民饥，出米二十万石粜之。俄赐以常州官田三十顷。二十二年，召还。二十三年，升江浙左丞，命以新附汉军万五千，于淮安云山白水塘立屯田。二十八年卒，年八十一。

子钦，利用监丞；钲，榷茶都运使，铨，右卫亲军千户；镛，袁州路判官。

卷一百五十五　列传第四十二

汪世显德臣　良臣　惟正

汪世显，字仲明，巩昌盐川人。系出旺古族。仕金，屡立战功，官至镇远军节度使，巩昌便宜总帅。金平，郡县望风款附，世显独城守，及皇子阔端驻兵城下，始率众降。皇子曰："吾征四方，所至皆下，汝独固守，何也？"对曰："臣不敢背主失节耳。"又问曰："金亡已久，汝不降，果谁为耶？"对曰："大军迭至，莫知适从，惟殿下仁武不杀，窃意必能保全阖城军民，是以降也。"皇子大悦，承制锡世显章服，官从其旧。即从南征，断嘉陵，捣大安。田、杨诸蛮结阵迎敌，世显以轻骑驰挠之。宋曹将军潜兵相为犄角，世显单骑突之，杀数十人。黎明，大军四合，杀其主将，入武信，遂进逼资、普。军葭萌，宋将依山为栅，世显以数骑往夺之，乘胜定资州，略嘉定、峨眉。进次开州。时方泥潦，由间道攀缘以达。宋军屯万州南岸，世显即水北造船以疑之，夜从上游鼓革舟袭破之，宋师大扰。追奔至夔峡，过巫山，与宋援军遇，斩首三千余级。明年，师还攻重庆，会大暑，乃罢归。觐太宗，锡金符，易其名曰中山，且历数其功，世显拜谢曰："此皆圣明福德所致，臣何预焉！"

辛丑，蜀帅陈隆之贻书请战，声言有众百万，皇子集诸将议之，咸谓隆之可生擒也。世显曰："顾临敌何如，无庸夸辞为！"军薄成都，隆之战屡却，坚壁不出。其部曲田显约夜降，隆之觉之，世显曰："事急矣！"亟梯城入救显，得与从者七十余人出。获隆之，斩之。世显复简精锐五百人捣汉州，州兵三千出战，城闭，尽没。三日，大军薄其城，又三日，克之。癸卯春，皇子第功，承制拜便宜总帅，秦、巩等二十余州事皆听裁决，赐虎符、锦衣、玉带。世显先已遘疾，至是加剧，皇子遣疗，络绎往医，竟不起，年四十九。中统三年，论功追封陇西公，谥义武。延祐七年，加封陇右王。子七人：忠臣，巩昌便宜副总帅；次德臣；次直臣，巩昌中路都总领，殁于王事；次良臣；次翰臣，奥鲁兵马都元帅；佐臣，巩昌左翼都总领，殁于王事；清臣，四川行枢密院副使。

德臣，赐名田哥，字舜辅。年十四，侍太子游猎，矢无虚发。袭爵巩昌等二十四路便宜都总帅，从征蜀，将前军出忠、涪，所向克获。进攻运山，率麾下先。所乘马中飞石死，步战，拔外城。宋将余玠攻汉中，德臣驰赴之，玠闻，遁去。宪宗素闻其名，及入觐，所陈悉嘉纳，赐印符，命城沔州。沔据嘉陵要路，德臣缮治室庐，部署官属，数日而集。进攻嘉定，敌潜军夜出，德臣迎战，杀百人。还至左绵云顶，宋军乘夜斫营，觉之，杀千人，生擒百人。进次隆庆，宋军仍夜出，与力战，尽杀之。及马澧沟，遇伏兵，与战，获其统制罗廷鹗。又诏德臣城益昌，诸戍皆听节制。世祖以皇弟有事西南，德臣入见，乞免益昌赋税及徭役，漕粮、屯田为长久计，并从之。即命置行部于巩，立漕司于沔，通贩鬻，给馈饷。奏乞以兄忠臣摄府事，使己得专事益昌。益昌为蜀喉襟，蜀人惮其威名，诸郡环视，莫敢出斗。

甲寅春，旱，嘉陵漕舟水涩，议者欲弃去，德臣曰："国家以蜀事托我，有死而已，奈何弃之！"尽杀所乘马飨士。袭嘉川，得粮二千余石。云顶吕达将兵五千邀战，即阵擒之，复得粮五千石。既而鱼关、金牛水陆运偕至，屯田麦亦登，食用遂给。夏，获宋提辖崔忠、郑再立，纵令持檄谕苦竹，守将南清以城降，所俘城中民，悉归之。东南戍卒数百有去志，德臣揣知之，给券纵去，皆泣谢。未几，山寨相继输款。宋将余晦遣都统甘闰，以兵数万城紫金山，德臣即选精卒，衔枚夜进，大破之，闰仅以身免。南清北觐，其下杀清妻子以叛，蜀将焦远领兵饷之，德臣击败远，尽获所饷资粮。冬，蜀兵二万复至，又败之，获粮百余艘。鱼关至沔水，迂回为渡百有八，至是，悉为桥梁。

戊午岁，帝亲征，次汉中，德臣朝行在所。初，诸路军成都，猝为宋人所围，德臣遣将赴之，约曰："先破敌者，奏领此城。"围遂解。诏候江南事定，如约以城与之。帝幸益昌，驻北山，谓德臣曰："来者言汝立利州之功，今见汝身甚小，而胆甚大，不知敌曾薄汝城否？"德臣对曰："赖陛下洪福，未尝一来。"帝曰："彼惮卿威名耳。"赐金带，且俾立石纪功。嘉陵、白水交会，势汹急，帝问："船几何可济？"德臣曰："大军百万，非可淹延，当别为方略。"即命系舟为梁，一夕而成，如履坦途。帝顾谓诸王曰："汪德臣言不虚发。"赐白金三十斤，仍命刻石纪功。苦竹既逆命，至是攻之，岩壁峭绝，或请建天桥，帝以问德臣，曰："臣知先登陷阵而已，建桥非所知也。"既而桥果无功。乃率将士鱼贯而进，帝望见，叹曰："人言其胆勇，岂虚誉邪！"宋将赵仲武纳款，而杨礼犹拒战，奋击，尽杀之。德臣微疾，帝劳之曰："汝疾皆为我家。"饮以葡萄酒，解玉带赐之，曰："饮我酒，服我带，疾其有瘳乎！"德臣泣谢。宋龙州守将王德新，遣所亲愿效顺，以郡民为祈，奏如其请。进攻长宁，拔之，斩守将王佐。帝东下，德臣为先锋，抵大获山。夺水门。宋将杨大渊遣子乞活数万人命，引至帝前为请，且日，大渊率众降。已而运山、青居、大梁皆降。攻钓鱼山，守臣王坚负险，五月不下，德臣单骑至城下，大呼曰："王坚，我来活汝一城军民，宜早降！"语未既，几为飞石所中，遂感疾。帝遣使问劳，俾还益昌，奏曰："陛下尊为天子，犹冒寒暑，服劳于外，臣待罪行伍，死其分也。"又遣丞相兀真赐汤济，卒不起，年三十有六。中统三年，追封陇西公，谥忠烈。子六人：长惟正；次惟贤，大司徒；惟和，昭文馆大学士；惟明，以质子为元帅；惟能，征西都元帅；惟纯，权便宜都总帅。

良臣，年十六七即从兄德臣出征，每战辄当前锋，以功擢裨帅，兼便宜都府参议。癸丑岁，以德臣荐，为巩昌帅，领所部兵屯田白水，蜀边寨不敢复出钞略。宪宗亲征，军至六盘，良臣还巩昌，供亿所须，事集而民不扰，诏权便宜总帅府事。良臣奏："愿与兄德臣效力定四川。"帝曰："行军馈饷，所系不轻，汝任其责，自可立功。"良臣既奉命，治桥梁，平道路，营舟车，水陆无壅，储积充牣。有旨赐黄金、弓矢，旌其能。

世祖即位，阿蓝台儿、浑都海逆命，劫六盘府库，西垂骚动，诏良臣讨之。兵至山丹，置营，按兵不战者凡二月。俄大举至耀碑谷，两军相当，良臣慷慨誓诸将曰："今日之事，系国安危，胜则富贵可保，败则身戮家亡。苟能用命，纵死行间，不失忠孝之名。"众闻，踊跃而前。会大风扬沙，昼晦，良臣手刃数十人，贼势沮，众军乘胜捣之，贼大溃，获阿蓝台儿、浑都海，杀之，西鄙辑宁。捷闻，赐金虎符，权便宜都总帅。

中统二年，火里叛，复讨平之。入觐，赐燕，屡称其功，良臣拜谢曰："臣奉诸王成算，何功之有！"世祖嘉其能让，复赐金鞍、甲胄、弓矢，转同佥巩昌路便宜都总帅。宋将昝万寿帅战船二百，溯江而上，欲掩青居。良臣伏甲数十艘其后，身先逆战，万寿败走，伏发，几获之。三年，授阆蓬广安顺庆等路征南都元帅。良臣以钓鱼山险绝，不可攻，奏请就近地筑城曰武胜，以扼其往来。四年春，良臣攻重庆，命元帅康土秃先驱，与宋将朱禩孙兵交，良臣塞其归路，引兵横击之，断敌兵为二，敌败走趋城，不得入，尽杀之。

至元六年，授东川副统军。八年，兄子惟正请于朝，谓良臣久劳戎行，乞身代之。九年，复授良臣昭勇大将军、巩昌等二十四处便宜都总帅，兼本路诸军奥鲁总管。明年，召入，帝曰："成都被兵久，须卿安集之。"授镇国上将军、枢密副使、西川行枢密院事，蜀人安之。十一年，进攻嘉定，昝万寿坚守不出，良臣度有伏兵，大搜山谷，果得而杀之，进垒薄城。万寿悉军出战，大破之，伏尸蔽江。万寿乞降，良臣奏免其死，居民按堵。良臣统兵顺流而下，紫云、泸、叙相继款附。还围重庆。

十三年，宋涪州安抚杨立帅兵救重庆者再，良臣皆败走之。宋安抚张珏遣将乘虚袭据泸州，良臣还军平之，复攻重庆。十五年春，张珏悉众鏖战，良臣奋击，大破之，身中四矢。明日，督战益急。珏所部赵安开门纳降，珏潜遁。良臣禁俘掠，发粟赈饥，民大悦。四川悉平。捷闻，世祖喜甚，召良臣入觐，授资善大夫、中书左丞、行四川中书省事，赐白貂裘。良臣陈治蜀十五事，世祖喜纳。良臣至成都，以蜀疮痍之余，极意循抚。行省罢，改授安西王相，不赴。十八年夏，疾卒，年五十一。赠仪同三司，谥忠惠。加赠推诚保德宣力功臣、仪同三司、陕西等处行中书省平章政事、柱国，追封梁国公。子七人：惟勤，云南诸路行省平章政事；惟简，保宁万户；惟某，同知屯田总管府事；惟永，征西都元帅；惟恭，阶州同知；惟仁，人匠总管达鲁花赤；惟新，汉军千户。

惟正字公理，幼颖悟，藏书二万卷，喜从文士论议古今治乱，尤喜谈兵，时出游猎，则勒从骑为攻守状。父卒于军，皇侄寿王俾权袭父爵，守青居山。世祖即位，遂真授焉。初，宪宗遣浑都海以骑兵二万守六盘，又遣乞台不花守青居，至是，浑都海叛，乞台不花发兵为应，惟正即命力士缚乞台不花，杀之。世祖嘉其功，诏东川军事悉听处分。

中统二年，入朝，赐甲胄、宝鞍。三年，诏还巩昌。部长火都叛，民大扰，惟正谓将吏曰："火都今若猘犬，方肆狂噬，苟一战不利，则城邑为墟，当胜以不战。"乃发兵踵之，贼欲战不得，休则挠之。若是者两月，知其粮尽势蹙，曰："可矣。"与战，屡捷。火都遣三十人来约降，即遣其十人还，俾火都自来，因潜兵蹑其后，出其不意擒杀之。

至元七年，宋人修合州，诏立武胜军以拒之。惟正临嘉陵江作栅，扼其水道，夜悬灯栅间，编竹为笼，中置火炬，顺地势转走，照百步外，以防不虞。宋人知有备，不敢近。九年，帅兵掠忠、涪，获令、簿各一，破寨七，擒守将六，降户千六百有奇，捕虏五百。会丞相伯颜克襄阳，议取宋，惟正奏曰："蜀未下者，数城耳，宜并力攻余杭。本根既拔，此将焉往！愿以本兵由嘉陵下夔峡，与伯颜会钱塘。"帝优诏答曰："四川事重，舍卿谁托！异日蜀平，功岂伯颜下邪！"未几，两川枢密院合兵围重庆，命益兵助之，惟正夺其洪崖门，获宋将何统制。

皇子安西王出镇秦蜀，召惟正还。十四年冬，皇子北伐，而藩王土鲁叛于六盘，王相府命别速带领兵进讨，惟正为副。别速带不习兵，师行无纪，惟正为正部曲，肃行阵，严斥候，凡军政一倚重焉。进次平凉，简巩兵锐者八十人与俱，至六盘。土鲁先据西山，惟正分安西兵为左右翼，巩兵独居中，去土鲁一里许，皆下马，手弓。土鲁遣百骑突陈，惟正令引满毋发，将及，又命曰："视必中而发。"于是矢下如雨，突骑中者三之一，余尽驰还，土鲁军遂走。惟正麾兵逐之，三逾山，至萧河，擒叛将燕只哥，复进兵，土鲁亦就擒。安西王至，惟正迎谒，王历称其功。明日，大燕，赏以金尊杯、貂裘。王妃赐其母珠络帽衣，且曰："吾皇家儿妇也，为汝母制衣，汝母真福人也。"诏惟正入朝，世祖推玉食食之，赐白金五千两、锦衣一袭，授金吾卫上将军、开成路宣慰使。十七年，迁龙虎卫上将军、中书左丞，行秦蜀中书省事，赐玉带。以省治在长安，去蜀远，乃命惟正分省于蜀。蜀土荐罹兵革，民无完居，一闻马嘶，辄奔窜避匿，惟正留意抚循，人便安之。二十年，进阶资德大夫。二十二年，改授陕西行中书省左丞。入觐上都，得腹疾，还至华州，卒，年四十四。谥贞肃。二子：嗣昌，武略将军、成都管军副万户；寿昌，资德大夫、江南行御史台中丞。

史天泽格

史天泽，字润甫，秉直季子也。身长八尺，音如洪钟，善骑射，勇力绝人，从其兄天倪帅真定。乙酉，天倪遣护送其母归北京，既而天倪为武仙所害，府僚王缙、王守道追及天泽于燕，曰："变起仓猝，部曲散走，多在近郊，公能回辔南行，不招自至矣。"天泽毅然曰："兄弟之仇，义所当复，虽死不避，况未必死邪！"即倾赀装，易甲仗，南还，行次满城，得士马甚众。天泽摄行军事，遣监军李伯祐诣国王孛鲁言状，且乞济师。天泽时为帐前军总领，孛鲁承制命绍兄职为都元帅。俾笑乃嗣将蒙古军三千人援之，合势进攻卢奴。仙骁将葛铁枪者，拥众万人来拒战，天泽迎击之，身先士卒，勇气百倍。贼退阻泒河，乘夜而遁，天泽追及之，生擒葛铁枪，余众悉溃，获其兵甲辎重，军威大振。遂下中山，略无极，拔赵州，进军野头。会天泽兄天安亦提兵来赴，击仙败之，仙奔双门，遂复真定。

未几，宋大名总管彭义斌阴与仙合，欲取真定，天泽同笑乃鯓扼诸赞皇，仙不得进。义斌势蹙，焚山自守，天泽遣锐卒五十，摧锋而入，自以铁骑继其后，缚义斌斩之。未几，仙复令谍者，结死士于城中大历寺为内应，夜斩关而入，据其城。天泽引步卒数十，逾城东出，至藁城，求援于董俊。俊授以锐卒数百，夜赴真定，而笑乃鯓兵亦至，捕叛者三百余人，仙从数骑，走保西山抱犊寨。笑乃鯓怒，忿民之从贼，驱万余人将杀之，天泽曰："彼皆吾民，但为贼所胁耳，杀之何罪！"力争得释。乃缮城壁，立楼橹，为不可犯之计，招集流散，存恤困穷。以抱犊诸寨，仙之巢穴，不即剪覆，终遗后患，急攻下之，仙乃遁去。继又取蚁尖、马武等寨，而相、卫亦降。

己丑，太宗即位，议立三万户，分统汉兵。天泽适入觐，命为真定、河间、大名、东平、济南五路万户。庚寅冬，武仙复屯兵于卫，天泽合诸军围之。金将完颜合达以众十万来援，战不利，诸将皆北，天泽独以千人绕出其后，败一都尉军，与大军合攻之，仙逸去，遂复卫州。

壬辰春，太宗由白坡渡河，诏天泽以兵由孟津会河南，至则睿宗已破合达军于三峰山。乃命略地京东，招降太康、柘县、瓦冈、睢州，追斩金将完颜庆山奴于阳邑。夏，帝北还，留睿宗总兵围汴。癸巳春，金主突围而出，令完颜白撒自黄龙冈来袭新卫。天泽率轻骑驰赴之，比至，围已合，天泽奋戈突至城下，呼守者曰："汝等勉力，援兵且至。"复跃出，其众皆披靡，遂与大军夹击之，白撒等败走蒲城，天泽尾其后，白撒等兵尚八万，俘斩殆尽。金主以单舸东走归德，天泽追至归德，与诸军会。新卫达鲁花赤撒吉思不花欲薄城背水而营，天泽曰："此岂驻兵之地乎！彼若来犯，则进退失据矣。"不听，会天泽以事之汴，比还，撒吉思不花全军皆没。金主迁蔡，帝命元帅倴盏率大军围之。天泽当其北面，结筏潜渡汝水，血战连日。甲午春正月，蔡破，金主自经死，天泽还真定。

时政烦赋重，贷钱于西北贾人以代输，累倍其息，谓之羊羔利，民不能给。天泽奏请官为偿一本息而止。继以岁饥，假贷充贡赋，积银至一万三千锭，天泽倾家赀，率族属官吏代偿之。又请以中户为军，上下户为民，著为定籍，境内以宁。

金亡，移军伐宋。乙未，从皇子曲出攻枣阳，天泽先登，拔之。及攻襄阳，宋兵以舟数千陈于峭石滩，天泽挟二舟载死士，直前捣之，覆溺者万计。丁酉，从宗王口温不花围光州，天泽先破其外城，攻子城，又破之。师次复州，宋兵以舟三千锁湖面为栅，天泽曰："栅破，则复自溃。"亲执桴鼓，督勇士四十人攻其栅，不逾时，栅破，复人惧，请降。进攻寿春，天泽独当一面，宋兵夜出斫营，天泽手击杀数人，麾下兵继至，悉驱其兵入淮水死，乘胜而南，所向辄克。

壬子，入觐，宪宗赐卫州五城为分邑。世祖时在藩邸，极知汉地不治，河南尤甚，请以天泽为经略使。至则兴利除害，政无不举，诛郡邑长贰之尤贪横者二人，境内大治。阿蓝答儿钩较诸路财赋，锻炼罗织，无所不至，天泽以勋旧独见优容，天泽曰："我为经略使，今不我责，而罪余人，我何安乎！"由是得释者甚众。

戊午秋，从宪宗伐宋，由西蜀以入。己未夏，驻合州之钓鱼山，军中大疫，方议班师，宋将吕文德以艨艟千余，溯嘉陵江而上，北军迎战不利。帝命天泽御之，乃分军为两翼，跨江注射，亲率舟师顺流纵击，三战三捷，夺其战舰百余艘，追至重庆而还。

中统元年，世祖即位，首召天泽，问以治国安民之道，即具疏以对，大略谓："朝廷当先立省部以正纪纲，设监司以督诸路，沛恩泽以安反侧，退贪残以任贤能，颁奉秩以养廉，禁贿赂以防奸，庶能上下丕应，内外休息。"帝嘉纳之。继命往鄂渚撤江上军，还，授河南等路宣抚使，俄兼江淮诸翼军马经略使。二年夏五月，拜中书右丞相。天泽既秉政，凡前所言治国安民之术，无不次第举行。又定省规十条，以正庶务。宪宗初年，括户余百万，至是，诸色占役者太半，天泽悉奏罢之。秋九月，扈从世祖亲征阿里不哥，次昔木土之地，诏丞相线真将右军，天泽将左军，合势蹙之，阿里不哥败走。

三年春，李璮阴结宋人，以益都叛，遂据济南，诏亲王哈必赤总兵讨之，凶势甚盛。继命天泽往，天泽闻璮入济南，笑曰："豕突入苙，无能为也。"至则进说于哈必赤曰："璮多谲而兵精，不宜力角，当以岁月毙之。"乃深沟高垒，绝其奔轶。凡四月，城中食尽，军溃出降，生擒璮，斩于军门，诛同恶者数十人，余悉纵归。明日，引军东行，未至益都，城中人已开门迎降。

初，天泽将行，帝临轩授诏，责以专征，俾诸将皆听节度。天泽未尝以诏示人，及还，帝慰劳之，悉归功于诸将，其慎密谦退如此。天泽在宪宗时尝奏："臣始摄先兄天倪军民之职，天倪有二子，一子管民政，一子掌兵权，臣复入叨寄遇，一门之内，处三要职，分所当辞，臣可退休矣。"帝曰："卿奕世忠勤，有劳于国，一门三职，何愧何嫌！"竟不许。至是，言者或谓李璮之变，由诸侯权太重。天泽遂奏："兵民之权，不可并于一门，行之请自臣家始。"于是史氏子侄，即日解兵符者十七人。

至元元年，加光禄大夫，右丞相如故。三年，皇太子燕王领中书省，兼判枢密院事，以天泽为辅国上将军、枢密副使。四年，复授光禄大夫，改中书左丞相。六年，帝以宋未附，议攻襄阳，诏天泽与驸马忽剌出往经画之，赐白金百锭、楮币万缗。至则相要害，立城堡，以绝其声援，为必取之计。七年，以疾还燕。八年，进开府仪同三司、平章军国重事，仍敕右丞相安童谕旨曰："两省、院、台，或一月、一旬，遇大事，卿可商量，小事不烦卿也。"

十年春，与平章阿术等进攻樊城，拔之，襄阳降。十一年，诏天泽与丞相伯颜总大军，自襄阳水陆并进。天泽至郢州遇疾，还襄阳，帝遣侍臣赐以葡萄酒，且谕之曰："卿自朕祖宗以来，躬擐甲胄，跋履山川，宣力多矣。又卿首事南伐，异日功成，皆卿力也。勿以小疾阻行为忧，可且北归，善自调护。"还至真定，帝又遣其子杠与尚医驰视，赐以药饵。天泽因附奏曰："臣大限有终，死不足惜，但愿天兵渡江，慎勿杀掠。"语不及它。以十二年二月七日薨，年七十四。讣闻，帝震悼，遣近臣赙以白金二千五百两，赠太尉，谥忠武。后累赠太师，进封镇阳王，立庙。

天泽平居，未尝自矜其能，及临大节、论大事，毅然以天下之重自任。年四十，始折节读书，尤熟于《资治通鉴》，立论多出人意表。拜相之日，门庭悄然。或劝以权自张，天泽举唐韦澳告周墀之语曰："愿相公无权。爵禄刑赏，天子之柄，何以权为！"因以谢之，言者惭服。当金末，名士流寓失所，悉为治其生理而宾礼之，后多致显达。破归德，释李大节不杀，而送至真定，署为参谋。卫为食邑，命王昌龄治之，旧人多不平，而莫能间，其知人之明、用人之专如此。是以出入将相五十年，上不疑而下无怨，人以比于郭子仪、曹彬云。

子格，湖广行省平章政事；樟，真定顺天新军万户；棣，卫辉路转运使；杠，湖广行省右丞；杞，淮东道廉访使；梓，同知澧州；楷，同知南阳府；彬，中书左丞。

格字晋明。岁壬子，宪宗赐天泽以卫城，授格节度使。宪宗崩，格北留谦州，五年而归，为邓州旧军万户。既又代张弘范为亳州万户，而以故所将邓州旧军授弘范。从攻襄阳，襄阳下，赐白金、衣裘、弓矢、鞍马。众军渡江，平章阿术将二十五万户居前，每五万户择一人为帅统之，格居其一。格军先渡，为宋将程鹏飞所却，格被三创，丧其师二百。寻复大战，中流矢，鹏飞身亦被七创，乃败走。其后枢密院奏格轻进，请罪之，帝念其功而薄其罪。俾从平章阿里海牙攻潭州，炮激栅木，伤肩，矢贯其手，裹创先登，拔之，遂以军民安抚留戍。

入觐，加定远大将军，赐以天泽所服玉带。从攻静江，众以辘辒自蔽凿城，格所当，炮礌蔽地，车不可至，乃伺隙率众攀堞，蚁附而上，拔之。徇广西十八州、广东三州，皆下。静江受兵之初，溪洞诸夷皆降云南，格遣使谕之，来者五十州，云南争之，事闻，诏听格节度。升广西宣抚使，改镇国上将军、广南西道宣慰使。

宋亡，陈宜中、张世杰挟益王昰、广王昺据福州，立益王，传檄岭海，欲复其地，诈言夏贵已复濒江州郡。诸戍将以江路既绝，不可北归，皆托计事还静江。格曰："君等亦为虚声所惧邪！待贵逾岭，审不可北归，吾与诸君取途云南而归，未为不可，敢辄弃戍哉！"行省议弃广东之肇庆、德庆、封州，并兵戍梧州。格曰："弃地撤备，示敌以怯，不可，宜增兵戍之。"剧贼苏仲，集溃卒，据镇龙山称王，劫掠于外，耕植于内，至秋毕获。闻大兵至，则伪出降，官军畏暑，不敢深入，横、象、宾、贵四州，皆被其害。格筑堡于其界，守以土兵，令官军火其庐栅，民践其禾稼，仲穷蹙，遂降。益王余众破浔州，斩李辰、李福。静江北抵全、永，皆城守，罗飞围永，凡七月不下。判官潘泽民间道来告急，格分兵赴之，殄其众。

益王死，卫王立。趣广州，壁海中崖山，遣曾渊子据雷州，谕之降，不听，进兵攻之，渊子奔硇洲。世杰将兵数万，欲复取雷州，戍将刘仲海击走之。后悉众来围，城中绝粮，士以草为食，格漕钦、廉、高、化诸州粮以给之，世杰解围去。诏格戍雷州。卫王死，广东、西悉平。张弘范请复将亳州军，乃还格邓州旧军。拜参知政事、行广南西道宣慰使。入觐，拜资德大夫、湖广行中书省右丞。移江西右丞，寻复为湖广右丞，进平章政事。卒，年五十八。子燿，福建行省平章政事；荣，邓州旧军万户。

卷一百五十六　　列传第四十三

董文炳 士元　士选

董文炳，字彦明，俊之长子也。父殁时年始十六，率诸幼弟事母李夫人。夫人有贤行，治家严，笃于教子。文炳师侍其先生，警敏善记诵，自幼俨如成人。岁乙未，以父任为藁城令。同列皆父时人，轻文炳年少，吏亦不之惮。文炳明于听断，以恩济威。未几，同列束手下之，吏抱案求署字，不敢仰视，里人亦大化服。县贫，重以旱蝗，而征敛日暴，民不聊生。文炳以私谷数千石与县，县得以宽民。前令因军兴乏用，称贷于人，而贷家取息岁倍，县以民蚕麦偿之。文炳曰："民困矣，吾为令，义不忍视也，吾当为代偿。"乃以田庐若干亩计直与贷家，复籍县闲田与贫民为业，使耕之。于是流离渐还，数年间，民食以足。朝廷初料民，令敢隐实者诛，籍其家。文炳使民聚口而居，少为户数。众以为不可，文炳曰："为民获罪，吾所甘心。"民亦有不乐为者，文炳曰："后当德我。"由是赋敛大减，民皆富完。旁县民有讼不得直者，皆诣文炳求决。文炳尝上谒大府，旁县人聚观之，曰："吾亟闻董令，董令顾亦人耳，何其明若神也！"时府索无厌，文炳抑不予。或谗之府，府欲中害之，文炳曰："吾终不能剥民求利也。"即弃官去。

世祖在潜藩，癸丑秋，受命宪宗征南诏。文炳率义士四十六骑从行，人马道死殆尽，及至吐番，止两人能从。两人者挟文炳徒行，踯躅道路，取死马肉续食，日行不能三二十里，然志益厉，期必至军。会使者过，遇文炳，还言其状。时文炳弟文忠先从世祖军，世祖即命文忠解尚厩五马载糗粮迎文炳。既至，世祖壮其忠，且闵其劳，赐赉甚厚。有任使皆称旨，由是日亲贵用事。

己未秋，世祖伐宋，至淮西台山寨，命文炳往取之。文炳驰至寨下，谕以祸福，不应，文炳脱胄呼曰："吾所以不极兵威者，欲活汝众也，不速下，令屠寨矣。"守者惧，遂降。九月，师次阳罗堡。宋兵筑堡于岸，陈船江中，军容甚盛。文炳请于世祖曰："长江天险，宋所恃以为国，势必死守，不夺其气不可，臣请尝之。"即与敢死士数十百人当其前，率弟文用、文忠，载艨艟鼓棹疾趋，叫呼毕奋。锋既交，文炳麾众趋岸搏之，宋师大败。命文用轻舟报捷，世祖方驻香炉峰，因策马下山问战胜状，则扶鞍起立，竖鞭仰指曰："天也！"且命他师毋解甲，明日将围城。既渡江，会宪宗崩。闰十一月，班师。

庚申，世祖即位于上都，是为中统元年，命文炳宣慰燕南诸道。还奏曰："人久驰纵，一旦遽束以法，不可。危疑者尚多，宜赦天下，与之更始。"世祖从之，反侧者遂安。二年，擢山东东路宣抚使。方就道，会立侍卫亲军，帝曰："亲军非文炳难任。"即遥授侍卫亲军都指挥使，佩金虎符。

三年，李璮反济南。璮剧贼，善用兵。文炳会诸军围之，璮不得遁。久之，贼势日蹙，文炳曰："穷寇可以计擒。"乃抵城下，呼璮将田都帅者曰："反者璮耳，余来即吾人，毋自取死也。"田缒城降。田，璮之爱将，既降，众遂乱，禽璮以献。璮兵有浙、涟两军二万余人，勇而善战，主将怒其与贼，配诸军，使阴杀之。文炳当杀二千人，言于主将曰："彼为璮所胁耳，杀之恐乖天子仁圣之意。向天子伐南诏，或妄杀人，虽大将亦罪之，是不宜杀也。"主将从之。然他杀之者已众，皆大悔。

璮伏诛，山东犹未靖，乃以文炳为山东东路经略使，率亲军以行。出金银符五十，有功者听与之。闰九月，文炳至益都，留兵于外，从数骑衣冠而入。居府，不设警卫，召璮故将吏立之庭，曰："璮狂贼，诖误汝等。璮已诛死，汝皆为王民。天子至仁圣，遣经略使抚汝，当相安毋惧。经略使得便宜除拟将吏，汝等勉取金银符，经略使不敢格上命不予有功者。"所部大悦，山东以安。

至元三年，帝惩李璮之乱，欲潜销方镇之横，以文炳代史氏两万户为邓州光化行军万户、河南等路统军副使。到官，造战舰五百艘，习水战，预谋取宋方略，凡厄塞要害皆列栅筑堡，为备御计。帝尝召文炳密谋，欲大发河北民丁。文炳曰："河南密迩宋境，人习江淮地利，宜使河北耕以供军，河南战以辟地。俟宋平，则河北长隶兵籍，河南削籍为民。如是为便。又将校素无俸给，连年用兵，至有身为大校出无马乘者。臣即所部千户私役兵士四人，百户二人，听其雇役，稍食其力。"帝皆从之，始颁将校俸钱，以秩为差。

七年，改山东路统军副使，治沂州。沂与宋接境，镇兵仰内郡饷运。有诏和籴本部，文炳命收州县所移文。众谏以违诏，文炳曰："但止之。"乃遣使入奏，略曰："敌人接壤，知吾虚实，一不可；边民供顿甚劳，重苦此役，二不可；困吾民以惧来者，三不可。"帝大悟，罢之。九年，迁枢密院判官，行院事于淮西。筑正阳两城，两城夹淮相望，以缀襄阳及捣宋腹心。

十年，拜参知政事。夏，霖雨，水涨，宋淮西制置使夏贵帅舟师十万来攻，矢石雨下，文炳登城御之。一夕，贵去复来，飞矢贯文炳左臂，着胁。文炳拔矢授左右，发四十余矢。箙中矢尽，顾左右索矢，又十余发，矢不继，力亦困，不能张满，遂闷绝几殆。明日，水入外郭，文炳麾士卒却避，贵乘之，压军而阵。文炳病创甚，子士选请代战，文炳壮而遣之，复自起束创，手剑督战。士选以戈击贵将仆，不死，获之以献。贵遂去，不敢复来。

是岁，大举兵伐宋，丞相伯颜自襄阳东下，与宋人战阳罗堡。文炳以九月发正阳，十一年正月，会伯颜于安庆。安庆守将范文虎以城降。文炳请于伯颜曰："大军既疲于阳罗堡，吾兵当前行。"伯颜许之。宋都督贾似道来御，师陈于芜湖，似道弃师走。次当涂，文炳复言于伯颜曰："采石当江之南，和州对峙，不取，必有后顾。"遂进攻之，降知州事王喜。

三月，有诏以时向暑热，命伯颜军驻建康，文炳军驻镇江。时扬州、真州坚守不下，常州、苏州既降复叛。张世杰、孙虎臣约真、扬兵誓死战，真、扬兵战每败，不敢出。世杰等陈大舰万艘，碇焦山下江中，劲卒居前。文炳身犯之，载士选别船。弟之子士表请从，文炳顾曰："吾弟仅汝一子，脱吾与士选不返，士元、士秀犹足杀敌，吾不忍汝往也。"士表固请，乃许。文炳乘轮船，建大将旗鼓，士选、士表船翼之，大呼突阵，诸将继进，飞矢蔽日。战酣，短兵相接，宋兵亦殊死战，声震天地，横尸委仗，江水为之不流。自寅至午，宋师大败，世杰走，文炳追及于夹滩。世杰收溃卒复战，又破之，遂东走于海。文炳船小，不可入海，夜乃还。俘甲士万余人，悉纵不杀，获战船七百艘，宋力自此遂穷。

十月，诸军分三道而进，文炳居左，由江并海趋临安。先是，江阴军佥判李世修欲降不果，文炳檄谕之，世修以城来附，令权本军安抚使。所过民不知兵，凡获生口，悉纵遣之，无敢匿者，威信前布，皆望旗而服。张瑄有众数千，负海为横，文炳命招讨使王世强及士选往降之。士选单舸至瑄所，谕以威德，瑄降，得海舶五百。十三年春正月，次盐官。盐官，临安剧县，俟救至，招之再返不下。将佐请屠之，文炳曰："县去临安不百里，声势相及，临安约降已有成言，吾轻杀一人，则害大计，况屠一县耶？"于是遣人入城谕意，县降。遂会伯颜于临安城北。张世杰欲以其主逃之海，文炳绕出临安城南，戍浙江亭。世杰计不行，乃窃宋主弟吉王昰、广王昺南走，而宋主㬎遂降。

伯颜命文炳入城，罢宋官府，散其诸军，封库藏，收礼乐器及诸图籍。文炳取宋主诸玺符上于伯颜。伯颜以宋主入觐，有诏留事一委文炳。禁戢豪猾，抚慰士女，宋民不知易主。时翰林学士李槃奉诏招宋士至临安，文炳谓之曰："国可灭，史不可没。宋十六主，有天下三百余年，其太史所记具在史馆，宜悉收以备典礼。"乃得宋史及诸注记五千余册，归之国史院。宋宗室福王与芮赴京师，遍以重宝致诸贵人，文炳独却不受。及官录与芮家，具籍受宝者，惟文炳无名。伯颜入朝奏曰："臣等奉天威平宋，宋既已平，怀徕安集之功，董文炳居多。"帝曰："文炳吾旧臣，忠勤朕所素知。"乃拜资德大夫、中书左丞。

时张世杰奉吉王昰据台州，而闽中亦为宋守。敕文炳进兵，所过禁士马无敢履践田麦，曰："在仓者吾既食之，在野者汝又践之，新邑之民何以续命？"是以南人感之，不忍以兵相向。次台州，世杰遁。诸将先俘州民，文炳下令曰："台人首效顺于我，我不暇有，故世杰据之，其民何罪？敢有不纵所俘者，以军法论！"得免者数万口。至温州，温州未下，令曰："毋取子女，毋掠民有。"众曰："诺。"其守将火城中逃，文炳亟命灭火，追擒其将，数其残民之罪，斩以徇。逾岭，闽人扶老来迎，漳、泉、建宁、邵武诸郡皆送款来附。凡得州若干、县若干、户口若干。闽人感文炳德最深，庙而祀之。

十四年，帝在上都，适北边有警，欲亲将北伐。正月，急召文炳。四月，文炳至自临安。比至，帝日问来期。及至，即召入。文炳拜稽首曰："今南方已平，臣无所效力，请事北边。”帝曰：“朕召卿，意不在是也。竖子盗兵，朕自抚定。山以南，国之根本也，尽以托卿。卒有不虞，便宜处置以闻。中书省、枢密院事无大小，咨卿而行，已敕主者，卿其勉之。”文炳避谢，不许，因奏曰：“臣在临安时，阿里伯奉诏检括宋诸藏货宝，追索没匿甚细，人实苦之。宋人未洽吾德，遽苦之以财，恐非安怀之道。”即诏罢之。又曰：“昔者泉州蒲寿庚以城降，寿庚素主市舶，谓宜重其事权，使为我捍海寇，诱诸蛮臣服，因解所佩金虎符佩寿庚矣，惟陛下恕其专擅之罪。”帝大嘉之，更赐金虎符。燕劳毕，即听陛辞。文炳求见皇太子，帝许之，复敕太子曰：“董文炳所任甚重，见毕即遣行。”既见，慰谕恳至。文炳留士选宿卫，即日就道，凡在上都三日。

至大都，更日至中书、枢密，不署中书案。平章政事阿合马方恃宠用事，生杀任情，惟畏文炳，奸状为之少敛。尝执笔请曰：“相公官为左丞，当署省案。”请至再四，不肯署。皇太子闻之，谓宫臣竹忽纳曰：“董文炳深虑，非尔曹所知。”后或私问其故，文炳曰：“主上所付托者，在根本之重，非文移之细。且吾少徇则济奸，不徇则致谗。谗行则身危，而深失付托本意。吾是以预其大政，而略其细务也。”

十五年夏，文炳有疾，奏请解机务，诏曰：“大都暑炽，非病者宜，卿可来此，固当愈。”文炳至上都，奏曰：“臣病不足领机务，西北高寒，筋骸舒畅，当复自愈，请尽力北边。”帝曰：“卿固忠孝，是不足行也。枢密事重，以卿佥书枢密院事，中书左丞如故。”文炳辞，不许，遂拜。八月天寿节，礼成赐宴，帝命坐文炳上坐，谕宗室大臣曰：“董文炳，功臣也，理当坐是。”每尚食，上食辄辍赐文炳。是夜，文炳疾复作，敕赐御医日来诊视。九月十三日，疾笃，洗沐而坐，召文忠等曰：“吾以先人死王事，恨不为国死边，今至此，命也。愿董氏世有男能骑马者，勉力报国，则吾死瞑目矣。”言毕，就枕卒。帝闻，悼痛良久，命文忠护丧葬藁城，令所过有司以礼吊祭，赠金紫光禄大夫、平章政事，谥忠献。子士元、士选。

士元，一名不花，字长卿，文炳长子也。自襁褓丧母，祖母李氏爱之，谓文炳曰：“俟儿能言，即令读书。”数岁，从名儒受学。及长，善骑射。宪宗征蜀，士元年二十三，从叔父文蔚率邓州一军西行。师次钓鱼山，宋人坚壁拒守。士元请代文蔚攻之，以所部锐卒先登，力战良久，以它军不继而还。宪宗壮之，赐以金帛。中统初，文蔚入典禁兵，士元以世家子选供奉内班，从车驾巡狩北方，尝预武定山之役。帝知其忠勤可任以事。会文蔚病卒，无子，命士元袭为千夫长。出师南征襄、汉，分禁兵戍淮上。士元在军中修敕武备，号令肃然。

丞相伯颜克江南，宋兵保两淮未下，士元数与战，拔淮安堡，以功迁武节将军。从太师博鲁欢攻扬州，驻师湾头堡。时方大暑，博鲁欢病还京师，以行省阿里代领诸军。扬州守将姜才乘隙来攻。阿里素不习兵，率轻骑数百出堡，士元与别将哈剌秃以百骑从之。日已暮，宋兵至者万余，士元谓左右曰：“大丈夫报国，政在今日，勿惧也。”方整阵欲战，阿里趣令左旋，已乃遁去。士元与哈剌秃以部兵赴敌死战，鼓噪震地，泥淖马不能驰，乃弃马步战，至四更，敌众始退。及旦，阿里来视战地，见士元卧泥中，身被十七枪，甲裳尽赤，肩舁至营而绝，年四十二。哈剌秃亦战死。

江淮既平，伯颜入朝，言于帝曰：“淮海之役，所损者二将而已。”帝问其人，以士元与哈剌秃对。帝曰：“不花健捷过人，昼战必能制敌，夜战而死，甚可惜也。”至大元年，赠镇国上将军、佥书枢密院事，谥节愍。后加赠推诚效节功臣、资德大夫、中书左丞、护军，追封赵郡公，改谥忠愍。

士选字舜卿，文炳次子也。幼从文炳居兵间，昼治武事，夜读书不辍。文炳总师与宋兵战金山，士选战甚力，大败之，追至海而还。及降张瑄等，丞相伯颜临阵观之，壮其骁勇，遣使问之，始知为文炳子。奏功，佩金符，为管军总管。战数有功。宋降，从文炳入宋宫，取宋主降表及收其文书图籍，静重识大体，秋毫无所取，军中称之。宋平，班师，诏置侍卫亲军诸卫，以士选为前卫指挥使，号令明正，得士大夫心。未几，以其职让其弟士秀。帝嘉其意，命士秀将前卫，而以士选同佥行枢密院事于湖广，久之召还。

宗王乃颜叛，帝亲征，召士选至行在所，与李劳山同将汉人诸军以御之。乃颜军飞矢及乘舆前，士选等出步卒横击之，其众败走。缓急进退有礼，帝甚善之。桑哥事败，帝求直士用之，以易其弊，于是召士选论议政事，以中书左丞与平章政事彻理往镇浙西，听辟举僚属。至部，察病民事，悉以帝意除之，民大悦。有聚敛之臣为奸利，事发得罪且死，诈言所遣舶商海外未至，请留以待之，士选曰：“海商至则捕录之，不至则无如之何，不系斯人之存亡也。苟此人幸存，则无以谢天下。”遂竟其罪。浙多湖泊，广蓄泄以备水旱，率为豪民占以种艺，水无所居积，故数有水旱，士选与彻理力开复之。

成宗即位，佥行枢密院于建康。未几，拜江西行省左丞。赣州盗刘六十伪立名号，聚众至万余。朝廷遣兵讨之，主将观望退缩不肯战，守吏又因以扰良民，贼势益盛。士选请自往，众欣然托之。即日就道，不求益兵，但率掾史李霆镇、元明善二人，持文书以去，众莫测其所为。至赣境，捕官吏害民者治之，民相告语曰：“不知有官法如此。”进至兴国县，去贼巢不百里，命择将校分兵守地待命。察知激乱之人，悉置于法，复诛奸民之为囊橐者。于是民争出请自效，不数日遂擒贼魁，散余众归农。军中获贼所为文书，旁近郡县富人姓名具在。霆镇、明善请焚之，民心益安。遣使以事平报于朝。中书平章政事不忽木召其使谓之曰：“董公上功簿邪？”使者曰：“某且行，左丞授之言曰：朝廷若以军功为问，但言镇抚无状，得免罪幸甚，何功之可言！”因出其书，但请黜赃吏数人而已，不言破贼事。廷议深叹其知体而不伐。拜江南行御史台中丞，廉威素著，不严而肃，凛然有大臣风。入佥枢密院事，俄拜御史中丞。前中丞崔彧久任风纪，善斡旋以就事功。既卒，不忽木以平章军国重事继之，方正持大体，天下望之，而已多病，遂以属之士选。风采明俊，中外竦然。

时丞相完泽用刘深言，出师征八百媳妇国，远冒烟瘴，及至，未战，士卒死者十已七八。驱民转粟饷军，谿谷之间不容舟车，必负担以达。一夫致粟八斗，率数人佐之，凡数十日乃至。由是民死者亦数十万，中外骚然。而完泽说帝："江南之地尽世祖所取，陛下不兴此役，则无功可见于后世。"帝入其言，用兵意甚坚，故无敢谏者。士选率同列言之，奏事殿中毕，同列皆起，士选乃独言："今刘深出师，以有用之民而取无用之地。就令当取，亦必遣使谕之，谕之不从，然后聚粮选兵，视时而动。岂得轻用一人妄言，而致百万生灵于死地？"帝色变，士选犹明辨不止，侍从皆为之战慄，帝曰："事已成，卿勿复言。"士选曰："以言受罪，臣之所当。他日以不言罪臣，臣死何益！"帝麾之起，左右拥之以出。未数月，帝闻师败绩，慨然曰："董二哥之言验矣，吾愧之。"因赐上尊以旌直言，始为罢兵，诛刘深等。世祖尝呼文炳曰董大哥，故帝以二哥呼士选。久之，出为江浙行省右丞，迁汴梁行省平章政事，又迁陕西。

士选平生以忠义自许，尤号廉介，自门生部曲，无敢持一毫献者。治家甚严，而孝弟尤笃。时言世家有礼法者，必归之董氏。其礼敬贤士尤至。在江西，以属掾元明善为宾友，既又得吴澄而师之，延虞汲于家塾以教其子。诸老儒及西蜀遗士，皆以书院之禄起之，使以所学教授。迁南行台，又招汲子集与俱，后又得范梈等数人，皆以文学大显于时。故世称求贤荐士，亦必以董氏为首。晚年好读《易》，淡然终其身。每一之官，必卖先业田庐为行赀，故老而益贫，子孙不异布衣之士，仕者往往称廉吏云。子守忠，云南行省参知政事；守悫，侍正府判官；守思，知威州。

张弘范

张弘范，字仲畴，柔第九子也。善马槊，颇能为歌诗。年二十时，兄顺天路总管弘略上计寿阳行都，留弘范摄府事，吏民服其明决。蒙古军所过肆暴，弘范杖遣之，入其境无敢犯者。中统初，授御用局总管。三年，改行军总管，从亲王合必赤讨李璮于济南。柔戒之曰："汝围城勿避险地。汝无怠心，则兵必致死。主者虑其险，苟有来犯，必赴救，可因以立功，勉之。"弘范营城西，璮出军突诸将营，独不向弘范。弘范曰："我营险地，璮乃示弱于我，必以奇兵来袭，谓我弗悟也。"遂筑长垒，内伏甲士，而外为壕，开东门以待之，夜令士卒浚壕益深广，璮不知也。明日，果拥飞桥来攻，未及岸，军陷壕中，得跨壕而上者，突入垒门，遇伏皆死，降两贼将。柔闻之曰："真吾子也。"璮既诛，朝廷惩璮尽专兵民之权，故能为乱，议罢大藩子弟之在官者，弘范例罢。

至元元年，弘略既入宿卫，帝召见，意其兄弟有可代守顺天者，且念弘范有济南之功，授顺天路管民总管，佩金虎符。二年，移守大名。岁大水，漂没庐舍，租税无从出，弘范辄免之。朝廷罪其专擅，弘范请入见，进曰："臣以为朝廷储小仓，不若储之大仓。"帝曰："何说也？"对曰："今岁水潦不收，而必责民输，仓库虽实，而民死亡殆尽，明年租将安出？曷若活其民，使不致逃亡，则岁有恒收，非陛下大仓库乎！"帝曰："知体，其勿问。"

六年，括诸道兵围宋襄阳，授益都淄莱等路行军万户，复佩金虎符。朝廷以益都兵乃李璮所教练之卒，勇悍难制，故命领之。戍鹿门堡，以断宋饷道，且绝郢之救兵。弘范建言曰："国家取襄阳，为延久之计者，所以重人命而欲其自毙也。曩者，夏贵乘江涨送衣粮入城，我师坐视，无御之者。而其境南接江陵、归、峡，商贩行旅士卒络绎不绝，宁有自毙之时乎！宜城万山以断其西，栅灌子滩以绝其东，则庶几速毙之道也。"帅府奏用其言，移弘范兵千人戍万山。既城，与将士较射出东门，宋师奄至。将佐皆谓众寡不敌，宜入城自守。弘范曰："吾与诸君在此何事，敌至将不战乎？敢言退者死！"即擐甲上马，立遣偏将李庭当其前，他将攻其后，亲率二百骑为长阵，令曰："闻吾鼓则进，未鼓勿动。"宋军步骑相间突阵，弘范军不动，再进再却，弘范曰："彼气衰矣。"鼓之，前后奋击。宋师奔溃。八年，筑一字城逼襄阳。破樊城外郭。九年，攻樊城，流矢中其肘，裹疮见主帅曰："襄、樊相为唇齿，故不可破。若截江道，断其援兵，水陆夹攻，樊必破矣。樊破则襄阳何所恃。"从之。明日，复出锐卒先登，遂拔之。襄阳既下，偕宋将吕文焕入觐，赐锦衣、白金、宝鞍，将校行赏有差。

十一年，丞相伯颜伐宋，弘范率左部诸军循汉江，东略郢西，南攻武矶堡，取之。北兵渡江，弘范为前锋。宋相贾似道督兵阻芜湖，殿帅孙虎臣据丁家洲。弘范转战而前，诸军继之，宋师溃，弘范长驱至建康。十二年五月，帝遣使谕丞相毋轻敌贪进，方暑，其少驻以待。弘范进曰："圣恩待士卒诚厚，然缓急之宜，非可遥度。今敌已夺气，正当乘破竹之势，取之无遗策矣。岂宜迁缓，使敌得为计耶？"丞相然之，驰驿至阙，面论形势，得旨进师。十二年，次瓜州，分兵立栅，据其要害。扬州都统姜才所统兵劲悍善战，至是以二万人出扬子桥。弘范佐都元帅阿术御之，与宋兵夹水阵。弘范以十三骑径度冲之，阵坚不动，弘范引却。一骑跃马挥刀，直趣弘范，弘范旋辔反迎刺之，应手顿毙马下，其众溃乱，追至城门，斩首万余级，自相蹂藉溺死者过半。宋将张世杰、孙虎臣等率水军于焦山决战，弘范以一军从旁横冲之，宋师遂败。追至图山之东，夺战舰八十艘，俘馘千数。上其功，改亳州万户，后赐名拔都。从中书左丞董文炳由海道会丞相伯颜，进次近郊。宋主上降表，以伯侄为称，往返未决。弘范将命入城，数其大臣之罪，皆屈服，竟取称臣降表来上。十三年，台州叛，讨平之，诛其为首者而已。十四年，师还，授镇国上将军、江东道宣慰使。

十五年，宋张世杰立广王昺于海上，闽、广响应，俾弘范往平之，授蒙古汉军都元帅。陛辞奏曰："汉人无统蒙古军者，乞以蒙古信臣为首帅。"帝曰："汝知而父与察罕之事乎？其破安丰也，汝父欲留兵守之，察罕不从。师既南，安丰复为宋有，进退几失据，汝父深悔恨，良由委任不专故也，岂可使汝复有汝父之悔乎？今付汝大事，能以汝父之心为心，则予汝嘉。"面赐锦衣、玉带，弘范不受，以剑甲为请。帝出武库剑甲，听其自择，且谕之曰："剑，汝之副也，不用令者，以此处之。"将行，荐李恒为己贰，从之。至扬州，选将校水陆二万，分道南征，以弟弘正为先锋，戒之曰："选汝骁勇，非私汝也。军法重，我不敢以私挠公，勉之。"弘正所向克捷。进攻三江寨，寨据隘乘高，不可近，因连兵向之。寨中持满以待，弘范下令下马治朝食，若将持久者。持满者疑不敢动，而他寨不虞也。忽麾军连拔数寨，回捣三江，尽拔之。至漳州，军其东门，命别将攻南门、西门，乃乘虚破其北门，拔之。攻鲍浦寨，又拔之。由是濒海郡邑皆望风降附。获宋丞相文天祥于五坡岭，使之拜，不屈，弘范义之，待以宾礼，送至京师。获宋礼部侍郎邓光荐，命子珪师事之。

十六年正月庚戌，由潮阳港发舶入海，至甲子门，获宋斥候将刘青、顾凯，乃知广王所在。辛酉，次崖山。宋军千余艘碇海中，建楼橹其上，隐然坚壁也，弘范引舟师赴之。崖山东西对峙，其北水浅，舟胶，非潮来不可进，乃由山之东转南入大洋，始得逼其舟。又出奇兵断其汲路，烧其宫室。世杰有甥在弘范军中，三使招之，世杰不从。甲戌，李恒自广州至，授以战舰二，使守北面。二月癸未，将战，或请先用炮。弘范曰："火起则舟散，不如战也。"明日，四分其军，军其东南北三面，弘范自将一军相去里余，下令曰："宋舟潮至必东遁，急攻之，勿令得去，闻吾乐作乃战，违令者斩!"先麾北面一军乘潮而战，不克，李恒等顺潮而退。乐作，宋将以为且宴，少懈，弘范舟师犯其前，众继之。豫构战楼于舟尾，以布幪障之，命将士负盾而伏，令之曰："闻金声起战，先金而妄动者死!"飞矢集如猬，伏盾者不动。舟将接，鸣金撤障，弓弩火石交作，顷刻并破七舟，宋师大溃。宋臣抱其主昺赴水死。获其符玺印章。世杰先遁，李恒追至大洋不及。世杰走交趾，风坏舟，死海陵港。其余将吏皆降。岭海悉平，磨崖山之阳，勒石纪功而还。

十月，入朝，赐宴内殿，慰劳甚厚。未几，瘴疠疾作，帝命尚医诊视，遣近臣临议用药，敕卫士监门，止杂人毋扰其病。病甚，沐浴易衣冠，扶掖至中庭，面阙再拜。退坐，命酒作乐，与亲故言别。出所赐剑甲，命付嗣子珪曰："汝父以是立功，汝佩服勿忘也。"语竟，端坐而卒。年四十三。赠银青荣禄大夫、平章政事，谥武烈。至大四年，加赠推忠效节翊运功臣、太师、开府仪同三司、上柱国、齐国公，改谥忠武。延祐六年，加保大功臣，加封淮阳王，谥献武。子珪，自有传。

卷一百五十七　　列传第四十四

刘秉忠

刘秉忠，字仲晦，初名侃，因从释氏，又名子聪，拜官后始更今名。其先瑞州人也，世仕辽，为官族。曾大父仕金，为邢州节度副使，因家焉，故自大父泽而下，遂为邢人。庚辰岁，木华黎取邢州，立都元帅府，以其父润为都统。事定，改署州录事，历巨鹿、内丘两县提领，所至皆有惠爱。秉忠生而风骨秀异，志气英爽不羁。八岁入学，日诵数百言。年十三，为质子于帅府。十七，为邢台节度使府令史，以养其亲。居常郁郁不乐，一日，投笔叹曰："吾家累世衣冠，乃汩没为刀笔吏乎！丈夫不遇于世，当隐居以求志耳。"即弃去，隐武安山中。久之，天宁虚照禅师遣徒招致为僧，以其能文词，使掌书记。后游云中，留居南堂寺。世祖在潜邸，海云禅师被召，过云中，闻其博学多材艺，邀与俱行。既入见，应对称旨，屡承顾问。秉忠于书无所不读，尤邃于《易》及邵氏《经世书》，至于天文、地理、律历、三式六壬遁甲之属，无不精通。论天下事如指诸掌。世祖大爱之，海云南还，秉忠遂留藩邸。后数岁，奔父丧，赐金百两为葬具，仍遣使送至邢州。服除，复被召，奉旨还和林。上书数千百言，其略曰：

典章、礼乐、法度、三纲五常之教，备于尧、舜，三王因之，五霸败之。汉兴以来，至于五代，一千三百余年，由此道者，汉文、景、光武，唐太宗、玄宗五君，而玄宗不无疵也。然治乱之道，系乎天而由乎人。天生成吉思皇帝，起一旅，降诸国，不数年而取天下。勤劳忧苦，遗大宝于子孙，庶传万祀，永保无疆之福。

愚闻之曰："以马上取天下，不可以马上治。"昔武王，兄也；周公，弟也。周公思天下善事，夜以继日，每得一事，坐以待旦，以匡周室，以保周天下八百余年，周公之力也。君上，兄也；大王，弟也。思周公之故事而行之，在乎今日。千载一时，不可失也。

君之所任，在内莫大乎相，相以领百官，化万民；在外莫大乎将，将以统三军，安四域。内外相济，国之急务，必先之也。然天下之大，非一人之可及；万事之细，非一心之可察。当择开国功臣之子孙，分为京府州郡监守，督责旧官，以遵王法；仍差按察官守，治者升，否者黜。天下不劳力而定也。

天下户过百万，自忽都那演断事之后，差徭甚大，加以军马调发，使臣烦扰，官吏乞取，民不能当，是以逃窜。宜比旧减半，或三分去一，就见在之民以定差税，招逃者复业，再行定夺。官无定次，清洁者无以迁，污滥者无以降。可比附古例，定百官爵禄仪仗，使家足身贵。有犯于民，设条定罪。威福者君之权，奉命者臣之职。今百官自行威福，进退生杀惟意之从，宜从禁治。

天下之民未闻教化，见在囚人宜从赦免，明施教令，使之知畏，则犯者自少也。教令既设，则不宜繁，因大朝旧例，增益民间所宜设者十数条足矣。教令既施，罪不至死者皆提察然后决，犯死刑者覆奏然后听断，不致刑及无辜。

天子以天下为家，兆民为子，国不足，取于民，民不足，取于国，相须如鱼水。有国家者，置府库，设仓廪，亦为助民；民有身者，营产业，辟田野，亦为资国用也。今宜打算官民所欠债负，若实为应当差发所借，宜依合罕皇帝圣旨，一本一利，官司归还。凡陪偿无名，虚契所负，及还过元本者，并行赦免。

纳粮就远仓，有一废十者，宜从近仓以输为便。当驿路州城，饮食祗待偏重，宜计所费以准差发。关市津梁正税十五分取一，宜从旧制。禁横取，减税法，以利百姓。仓库加耗甚重，宜令权量度均为一法，使锱铢圭撮尺寸皆平，以存信去诈。珍贝金银之所出，淘沙炼石，实不易为，一旦以缠丝缕，饰皮革，涂木石，妆器仗，取一时之华丽，废为尘而无济，甚可惜也，宜从禁治。除帝胄功臣大官以下章服有制外，无职之人不得僭越。今地广民微，赋敛繁重，民不聊生，何力耕耨以厚产业？宜差劝农官一员，率天下百姓务农桑，营产业，实国之大益。

古者庠序学校未尝废，今郡县虽有学，并非官置。宜从旧制，修建三学，设教授，开选择才，以经义为上，词赋论策次之。兼科举之设，已奉合罕皇帝圣旨，因而言之，易行也。开设学校，宜择开国功臣子孙受教，选达才任用之。

天下莫大于朝省，亲民莫近于县宰。虽朝省有法，县宰宜择，县宰正，民自安矣。关西、河南地广土沃，以军马之所出入，治而未丰。宜设官招抚，不数年民归土辟，以资军马之用，实国之大事。移剌中丞拘榷盐铁诸产、商贾酒醋货殖诸事，以定宣课，虽使从实恢办，不足亦取于民，拖兑不办，已不为轻。奥鲁合蛮奏请于旧额加倍榷之，往往科取民间。科榷并行，民无所措手足。宜从旧例办榷，更或减轻，罢繁碎，止科征，无从献利之徒削民害国。鳏寡孤独废疾者，宜设孤老院，给衣粮以为养。使臣到州郡，宜设馆，不得于官衙民家安下。

孔子为百王师，立万世法，今庙堂虽废，存者尚多，宜令州郡祭祀，释奠如旧仪。近代礼乐器具靡散，宜令刷会，征太常旧人教引后学，使器备人存，渐以修之，实太平之基，王道之本。今天下广远，虽成吉思皇帝威福之致，亦天地神明阴所祐也。宜访名儒，循旧礼，尊祭上下神祇，和天地之气，顺时序之行，使神享民依，德极于幽明，天下赖一人之庆。

见行辽历，日月交食颇差，闻司天台改成新历，未见施行。宜因新君即位，颁历改元。令京府州郡置更漏，使民知时。国灭史存，古之常道，宜撰修《金史》，令一代君臣事业不坠于后世，甚有励也。

国家广大如天，万中取一，以养天下名士宿儒之无营运产业者，使不致困穷。或有营运产业者，会前圣旨种养应输差税，其余大小杂泛并行蠲免，使自给养，实国家养才励人之大也。明君用人，如大匠用材，随其巨细长短，以施规矩绳墨。孔子曰："君子不可小知而可大受，小人不可大受而可小知。"盖君子所存者大，不能尽小人之事，或有一短；小人所拘者狭，不能同君子之量，或有一长。尽其才而用之，成功之道也。

君子不以言废人，不以人废言。大开言路，所以成天下、安兆民也。天地之大，日月之明，而或有所蔽。且蔽天之明者，云雾也；蔽人之明者，私欲佞说也。常人有之，蔽一心也；人君有之，蔽天下也。常选左右谏臣，使讽谕于未形，忖画于至密也。君子之心，一于理义，怀于忠良；小人之心，一于利欲，怀于谗佞。君子得位，有容于小人；小人得势，必排于君子。明君在上，不可不辨也。孔子曰"远佞人"，又曰"恶利口之覆邦家者"，此之谓也。

今言利者众，非图以利国害民，实欲残民而自利也。宜将国中人民必用场冶，付各路课税所，以定榷办，其余言利者并行罢去。古者明王不宝远物，所宝惟贤，如使贤者在位，能者在职，此皆一人之睿知，贤王之辅成也。古者治世均民产业，自废井田为阡陌，后世因之不能复。今穷乏者益损，富盛者增加。宜禁行利之人勿恃官势，居官在位者勿侵民利，商贾与民和好交易，不生擅夺欺罔之害，真国家之利也。

笞箠之制，宜会古酌今，均为一法，使无敢过越。禁私置牢狱，淫民无辜。鞭背之刑宜禁治，以彰爱生之德。立朝省以统百官，分有司以御众事，以至京府州郡亲民之职无不备，纪纲正于上，法度行于下，是故天下不劳而治也。今新君即位之后，可立朝省，以为政本。其余百官，不在员多，惟在得人焉耳。

世祖嘉纳焉。又言："邢州旧万余户，兵兴以来不满数百，凋坏日甚，得良牧守如真定张耕、洺水刘肃者治之，犹可完复。"朝廷即以耕为邢州安抚使，肃为副使。由是流民复业，升邢为顺德府。

癸丑，从世祖征大理。明年，征云南。每赞以天地之好生，王者之神武不杀，故克城之日，不妄戮一人。己未，从伐宋，复以云南所言力赞于上，所至全活不可胜计。

中统元年，世祖即位，问以治天下之大经、养民之良法，秉忠采祖宗旧典，参以古制之宜于今者，条列以闻。于是下诏建元纪岁，立中书省、宣抚司。朝廷旧臣、山林遗逸之士，咸见录用，文物粲然一新。

秉忠虽居左右，而犹不改旧服，时人称之为聪书记。至元元年，翰林学士承旨王鹗奏言："秉忠久侍藩邸，积有岁年，参帷幄之密谋，定社稷之大计，忠勤劳绩，宜被褒崇。圣明御极，万物惟新，而秉忠犹仍其野服散号，深所未安，宜正其衣冠，崇以显秩。"帝览奏，即日拜光禄大夫，位太保，参领中书省事。诏以翰林侍读学士窦默之女妻之，赐第奉先坊，且以少府宫籍监户给之。秉忠既受命，以天下为己任，事无巨细，凡有关于国家大体者，知无不言，言无不听，帝宠任愈隆。燕闲顾问，辄推荐人物可备器使者，凡所甄拔，后悉为名臣。

初，帝命秉忠相地于桓州东滦水北，建城郭于龙冈，三年而毕，名曰开平。继升为上都，而以燕为中都。四年，又命秉忠筑中都城，始建宗庙宫室。八年，奏建国号曰大元，而以中都为大都。他如颁章服，举朝仪，给俸禄，定官制，皆自秉忠发之，为一代成宪。

十一年，扈从至上都，其地有南屏山，尝筑精舍居之。秋八月，秉忠无疾端坐而卒，年五十九。帝闻惊悼，谓群臣曰："秉忠事朕三十余年，小心慎密，不避艰险，言无隐情。其阴阳术数之精，占事知来，若合符契，惟朕知之，他人莫得闻也。"出内府钱具棺敛，遣礼部侍郎赵秉温护其丧还葬大都。十二年，赠太傅，封赵国公，谥文贞。成宗时，赠太师，谥文正。仁宗时，又进封常山王。

秉忠自幼好学，至老不衰，虽位极人臣，而斋居蔬食，终日淡然，不异平昔。自号藏春散人。每以吟咏自适，其诗萧散闲淡，类其为人。有文集十卷。无子，以弟秉恕子兰璋后。

秉恕字长卿。好读书，年弱冠，受《易》于刘肃，遂明理学。兄秉忠，事世祖，以荐士自任，嫌于私亲，独不及秉恕。左右以闻，召见，遂同侍潜邸。世祖尝赐秉忠白金千两，辞曰："臣山野鄙人，侥幸遭际，服器悉出尚方，金无所用。"世祖曰："卿独无亲故遗之邪？"辞不允，乃受而散之。以二百两与秉恕，秉恕曰："兄勤劳有年，宜蒙兹赏，秉恕无功，可冒恩乎？"终不受。中统元年，擢礼部侍郎、邢州安抚副使。二年，赐金符，迁吏部侍郎。三年，升邢为顺德府，赐金虎符，为顺德安抚使。至元元年，转官法行，改嘉议大夫，历彰德、怀孟、淄莱、顺天、太原五路总管。淄莱府有死囚六人，狱已具。秉恕疑之，详谳得其实，六人赖以不死。他所至，皆有惠政。召除礼部尚书。出为淮西宣慰使，会省宣慰司，历湖州、平阳两路总管。平阳岁荒，民艰食，辄开仓以赈之，全活者众。年六十，卒于官。

张文谦

张文谦，字仲谦，邢州沙河人。幼聪敏，善记诵，与太保刘秉忠同学。世祖居潜邸，受邢州分地，秉忠荐文谦可用。岁丁未，召见，应对称旨，命掌王府书记，日见信任。邢州当要冲，初分二千户为勋臣食邑，岁遣人监领，皆不知抚治，征求百出，民弗堪命，或诉于王府。文谦与秉忠言于世祖曰："今民生困弊，莫邢为甚。盍择人往治之，责其成效，使四方取法，则天下均受赐矣。"于是乃选近侍脱兀脱、尚书刘肃、侍郎李简往。三人至邢，协心为治，洗涤蠹敝，革去贪暴，流亡复归，不期月，户增十倍。由是世祖益重儒士，任之以政，皆自文谦发之。

岁辛亥，宪宗即位。文谦与秉忠数以时务所当先者言于世祖，悉施行之。世祖征大理，国主高祥拒命，杀信使遁去。世祖怒，将屠其城。文谦与秉忠、姚枢谏曰："杀使拒命者高祥尔，非民之罪，请宥之。"由是大理之民赖以全活。己未，世祖帅师伐宋，文谦与秉忠言："王者之师，有征无战，当一视同仁，不可嗜杀。"世祖曰："期与卿等守此言。"既入宋境，分命诸将毋妄杀，毋焚人室庐，所获生口悉纵之。

中统元年，世祖即位，立中书省，首命王文统为平章政事，文谦为左丞。建立纲纪，讲明利病，以安国便民为务。诏令一出，天下有太平之望。而文统素忌克，谟谋之际，屡相可否，积不能平，文谦遽求出，诏以本官行大名等路宣抚司事。临发，语文统曰："民困日久，况当大旱，不量减税赋，何以慰来苏之望？"文统曰："上新即位，国家经费止仰税赋，苟复减损，何以供给？"文谦曰："百姓足，君孰与不足！俟时和岁丰，取之未晚也。"于是蠲常赋什之四，商酒税什之二。二年春，来朝，复留居政府。始立左右部，讲行庶务，巨细毕举，文谦之力为多。三年，阿合马领左右部，总司财用，欲专奏请，不关白中书，诏廷臣议之，文谦曰："分制财用，古有是理，中书不预，无是理也。若中书弗问，天子将亲莅之乎？"帝曰："仲谦言是也。"

至元元年，诏文谦以中书左丞行省西夏中兴等路。羌俗素鄙野，事无统纪，文谦得蜀士陷于俘虏者五六人，理而出之，使习吏事，旬月间簿书有品式，子弟亦知读书，俗为一变。浚唐来、汉延二渠，溉田十数万顷，人蒙其利。三年，还朝。诸势家言有户数千，当役属为私奴者，议久不决。文谦谓以乙未岁户帐为断，奴之未占籍者，归之势家可也，其余良民无为奴之理。议遂定，守以为法。五年，淄州妖人胡王惑众，事觉，逮捕百余人。丞相安童以文谦言奏曰："愚民无知，为所诳诱，诛其首恶足矣。"诏即命文谦往决其狱，惟三人坐弃市，余皆释之。

七年，拜大司农卿，奏立诸道劝农司，巡行劝课，请开籍田，行祭先农先蚕等礼。复与窦默请立国子学。诏以许衡为国子祭酒，选贵胄子弟教育之。时阿合马议拘民间铁，官铸农器，高其价以配民，创立行户部于东平、大名以造钞，及诸路转运司，干政害民，文谦悉于帝前极论罢之。十三年，迁御史中丞。阿合马虑宪台发其奸，乃奏罢诸道按察司以撼之，文谦奏复其旧。然自知为奸臣所忌，力求去。会世祖以《大明历》岁久浸差，命许衡等造新历，乃授文谦昭文馆大学士，领太史院，以总其事。十九年，拜枢密副使。岁余，以疾薨于位，年六十八。

文谦蚤从刘秉忠，洞究术数；晚交许衡，尤粹于义理之学。为人刚明简重，凡所陈于上前，莫非尧、舜仁义之道。数忤权幸，而是非得丧，一不以经意。家惟藏书数万卷。尤以引荐人材为己任，时论益以是多之。累赠推诚同德佐运功臣、太师、开府仪同三司、上柱国，追封魏国公，谥忠宣。

长子晏，仕至御史中丞，赠陕西行省平章政事，封魏国公，谥文靖。

郝经

郝经，字伯常，其先潞州人，徙泽州之陵川，家世业儒。祖天挺，元裕尝从之学。金末，父思温辟地河南之鲁山。河南乱，居民匿窖中，乱兵以火熏灼之，民多死，经母许亦死。经以蜜和寒葅汁，决母齿饮之，即苏。时经九岁，人皆异之。金亡，徙顺天。家贫，昼则负薪米为养，暮则读书。居五年，为守帅张柔、贾辅所知，延为上客。二家藏书皆万卷，经博览无不通。往来燕、赵间，元裕每语之曰："子貌类汝祖，才器非常，勉之。"宪宗二年，世祖以皇弟开邸金莲川，召经，谘以经国安民之道，条上数十事，大悦，遂留王府。是时，连兵于宋，宪宗入蜀，命世祖总统东师，经从至濮。会有得宋国奏议以献，其言谨边防，守冲要，凡七道，遂下诸将议。经曰："古之一天下者，以德不以力。彼今未有败亡之衅，我乃空国而出，诸侯窥伺于内，小民凋弊于外。经见其危，未见其利也。王不如修德布惠，敦族简贤，绥怀远人，控制诸道，结盟饬备，以待西师。上应天心，下系人望，顺时而动，宋不足图也。"世祖以经儒生，愕然曰:"汝与张拔都议邪?"经对曰:"经少馆张柔家,尝闻其论议。此则经臆说耳,柔不知也。"进七道议七千余言。乃以杨惟中为江淮荆湖南北等路宣抚使,经为副,将归德军,先至江上,宣布恩信,纳降附。惟中欲私还汴,经曰:"我与公同受命南征,不闻受命还汴也。"惟中怒,弗听。经率麾下扬旌而南,惟中惧谢,乃与经俱行。

经闻宪宗在蜀,师久无功,进《东师议》,其略曰:

经闻图天下之事于未然则易,救天下之事于已然则难。已然之中复有未然者,使往者不失而来者得遂,是尤难也。国家以一旅之众,奋起朔漠,斡斗极以图天下,马首所向,无不摧破。灭金源,并西夏,蹂荆、襄,克成都,平大理,躏轹诸夷,奄征四海,有天下十八,尽元魏、金源故地而加多,廓然莫与侔大也。惟宋不下,未能混一,连兵构祸逾二十年。何曩时掇取之易,而今日图惟之难也?

夫取天下,有可以力并,有可以术图。并之以力则不可久,久则顿弊而不振;图之以术则不可急,急则侥幸而难成。故自汉、唐以来,树立攻取,或五六年,未有逾十年者,是以其力不弊,而卒能保大定功。晋之取吴,隋之取陈,皆经营比佽十有余年,是以其术得成,而卒能混一。或久或近,要之成功各当其可,不妄为而已。

国家建极开统垂五十年,而一之以兵,遗黎残姓,游气惊魂,虔刘劘荡,殆欲歼尽。自古用兵,未有如是之久且多也,其力安得不弊乎!且括兵率赋,朝下令而夕出师,躬擐甲胄,跋履山川,阖国大举,以之伐宋而图混一。以志则锐,以力则强,以土则大,而其术则未尽也。苟于诸国既平之后,息师抚民,致治成化,创法立制,敷布条纲,上下井井,不挠不紊,任老成为辅相,起英特为将帅,选贤能为任使,鸠智计为机衡,平赋以足用,屯农以足食,内治既举,外御亦备。如其不服,姑以文诰,拒而不从,而后伺隙观衅,以正天伐。自东海至于襄、邓,重兵数道,联帜接武,以为正兵。自汉中至于大理,轻兵捷出,批亢抵胁,以为奇兵。帅臣得人,师出以律,高拱九重之内,而海外有截矣。是而不为,乃于间岁遽为大举,上下震动,兵连祸结,底安于危,是已然而莫可止者也。东师未出,大王仁明,则犹有未然者,可不议乎!

国家用兵,一以国俗为制,而不师古。不计师之众寡,地之险易,敌之强弱,必合围把矟,猎取之若禽兽然。聚如丘山,散如风雨,迅如雷电,捷如鹰鹘,鞭弭所属,指期约日,万里不忒,得兵家之诡道,而长于用奇。自浍河之战,乘胜下燕、云,遂遗兵而去,似无意于取者。既破回鹘,灭西夏,乃下兵关陕以败金师,然后知所以深取之,是长于用奇也。既而为斡腹之举,由金、房绕出潼关之背以攻汴;为捣虚之计,自西和径入石泉、威、茂以取蜀;为示远之谋,自临洮、吐番穿彻西南以平大理。皆用奇也。夫攻其无备,出其不意,而后可以用奇。岂有连百万之众,首尾万余里,六飞雷动,乘舆亲出,竭天下,倒四海,腾掷宇宙,轩豁天地,大极于遐徼之土,细穷于委巷之民,撞其钟而掩其耳,啮其脐而蔽其目,如是用奇乎?是执千金之璧而投瓦石也。

其初以奇胜也,关陇、江淮之北,平原旷野之多,而吾长于骑,故所向不能御。兵锋新锐,民物稠夥,拥而挤之,郡邑自溃,而吾长于攻,故所击无不破。是以用其奇而骤胜。今限以大山深谷,阸以重险荐阻,迂以危途缭径,我之乘险以用奇则难,彼之因险以制奇则易。况于客主势悬,蕴蓄情露,无虏掠以为资,无俘获以备役,以有限之力,冒无限之险,虽有奇谋秘略,无所用之。力无所用与无力同,勇无所施与不勇同,计不能行与无计同。泰山压卵之势,河海濯爇之举,拥遏顿滞,盘桓而不得进,所谓强弩之末不能射鲁缟者也。

为今之计,则宜救已然之失,防未然之变而已。西师既构,猝不可解,如两虎相斗,猝入于岩阻,见之者辟易不暇,又焉能以理相喻,使之逡巡自退?彼知其危,竭国以并命,我必其取,无由以自悔,兵连祸结,何时而已。殿下宜遣人禀命于行在所,大军压境,遣使喻宋,示以大信,令降名进币,割地纳质。彼必受命,姑为之和,偃兵息民,以全吾力,而图后举,天地人神之福也。禀命不从,殿下之义尽,而后进吾师,重慎详审,不为躁轻飘忽,为前定之谋,而一之以正大,假西师以为奇而用吾正。比师南辕,先示恩信,申其文移,喻以祸福,使知殿下仁而不杀,非好攻战辟土地,不得已而用兵之意。诚意昭著,恩信流行,然后阅实精勇,别为一军,为帐下之卒,举老成知兵者俾为将帅,更直宿卫,以备不虞。其余师众,各畀侯伯,使吾府大官元臣分师总统,为战攻之卒。其新入部曲,瞢不知兵,虽名为兵,其实役徒者,使沿边进筑,与敌郡邑犬牙相制,为屯戍之卒。推择单弱,究竟逃匿,编葺部伍,使闻望重臣为之抚育,总押近里故屯,为镇守之卒。使掣肘之计不行,妄意之徒屏息,内外备御无有缺绽,则制节以进。既入其境,敦陈固列,缓为之行。彼善于守而吾不攻,彼恃城壁以不战老吾,吾合长围以不攻困彼,吾用吾之所长,彼不能用其长。选出入便利之地为久驻之基,示必取之势。毋焚庐舍,毋伤人民,开其生路,以携其心,亟肆以疲,多方以误,以弊其力。兵势既振,蕴蓄既见,则以轻兵掠两淮,杜其樵采而遏其粮路,使血脉断绝,各守孤城,示不足取。即进大兵,直抵于江,沿江上下,列屯万灶,号令明肃,部曲严整,首尾缔构,各具舟楫,声言径渡。彼必震垒,自起变故。盖彼之精锐尽在两淮,江面阔越,恃其岩阻,兵皆柔脆,用兵以来未尝一战,焉能当我百战之锐!一处崩坏,则望风皆溃,肱髀不续,外内限绝,勇者不能用而怯者不能敌,背者不能返而面者不能御,水陆相挤,必为我乘。是兵家所谓避坚攻瑕,避实击虚者也。

如欲存养兵力,渐次以进,以图万全,则先荆后淮,先淮后江。彼之素论,谓"有荆、襄则可以保淮甸,有淮甸则可以保江南”。先是，我尝有荆、襄，有淮甸，有上流，皆自失之。今当从彼所保以为吾攻，命一军出襄、邓，直渡汉水，造舟为梁，水陆济师。以轻兵掇襄阳，绝其粮路，重兵皆趋汉阳，出其不意，以伺江隙。不然，则重兵临襄阳，轻兵捷出，穿徇均、房，远叩归、峡，以应西师。如交、广、施、黔选锋透出，夔门不守，大势顺流，即并兵大出，摧拉荆、郢，横溃湘、潭，以成犄角。一军出寿春，乘其锐气，并取荆山。驾淮为梁，以通南北。轻兵抄寿春，而重兵支布于钟离、合淝之间，掇拾湖泺，夺取关隘，据濡须，塞皖口，南入舒、和，西及于蕲、黄，徜徉恣肆，以觇江口。乌江、采石广布戍逻，侦江渡之险易，测备御之疏密，徐为之谋，而后进师。所谓溃两淮之腹心，抉长江之襟要也。一军出维扬，连楚蟠亘，蹈跨长淮，邻我强对，通、泰、海门，扬子江面，密彼京畿，必皆备御坚厚，若遽攻击，则必老师费财。当以重兵临维扬，合为长围，示以必取。而以轻兵出通、泰，直塞海门、瓜步、金山、柴墟河口，游骑上下，吞江吸海，并著威信，迟以月时，以观其变。是所谓图缓持久之势也。三道并出，东西连衡，殿下或处一军，为之节制，使我兵力常有余裕，如是则未来之变或可弭，已然之失一日或可救也。

议者必曰：三道并进，则兵分势弱，不若并力一向，则莫我当也。曾不知取国之术与争地之术异：并力一向，争地之术也；诸道并进，取国之术也。昔之混一者，皆若是矣。晋取吴，则六道进；隋取陈，则九道进；宋之于南唐，则三面皆进。未闻以一旅之众而能克国者，或者有之，侥幸之举也。岂有堂堂大国，师徒百万，而为侥幸之举乎？况彼渡江立国，百有余年，纪纲修明，风俗 完厚，君臣辑睦，内无祸衅，东西南北，轮广万里，亦未可小。自败盟以来，无日不讨军实而申警之，彷徨百折，当我强对，未尝大败，不可谓弱。岂可蔑视，谓秦无人，直欲一军幸而取胜乎？秦王问王翦以伐荆，翦曰：“非六十万不可。”秦王曰：“将军老矣。”命李信将二十万往，不克，卒畀翦以兵六十万而后举楚。盖众有所必用，事势有不可悬料而幸取者。故王者之举必万全，其幸举者，崛起无赖之人也。

呜呼！西师之出，已及瓜戍，而犹未即功。国家全盛之力，在于东左，若亦直前振迅，锐而图功，一举而下金陵、举临安则可也。如兵力耗弊，役成迁延，进退不可，反为敌人所乘，悔可及乎！固宜重慎详审，图之以术。若前所陈，以全吾力，是所谓坐胜也。虽然，犹有可忧者。国家掇取诸国，飘忽凌厉，本以力胜。今乃无故而为大举，若又措置失宜，无以挫英雄之气，服天下之心，则稔恶怀奸之流，得以窥其隙而投其间，国内空虚，易为摇荡。臣愚所以谆谆于东师，反覆致论，谓不在于已然而在于未然者，此也。

遂会兵渡江，围鄂州，闻宪宗崩，召诸将属议，经复进议曰：

《易》言：“知进退存亡而不失其正者，其惟圣人乎！”殿下聪明睿知，足以有临；发强刚毅，足以有断。进退存亡之正，知之久矣。向在沙陀，命经曰：“时未可也。”又曰：“时之一字最当整理。”又曰：“可行之时，尔自知之。”大哉王言，“时乘六龙”之道，知之久矣。自出师以来，进而不退，经有所未解者，故言于真定，于曹、濮，于唐、邓。亟言不已，未赐开允，乃今事急，故复进狂言。

国家自平金以来，惟务进取，不遵养时晦，老师费财，卒无成功，三十年矣。蒙哥罕立，政当安静以图宁谧，忽无故大举，进而不退，畀王东师，则不当亦进也而遽进。以为有命，不敢自逸，至于汝南，既闻凶讣，即当遣使，遍告诸帅，各以次退，修好于宋，归定大事，不当复进也而遽进。以有师期，会于江滨，遣使喻宋，息兵安民，振旅而归，不当复进也而又进。既不宜渡淮，又岂宜渡江？既不宜妄进，又岂宜攻城？若以机不可失，敌不可纵，亦既渡江，不能中止，便当乘虚取鄂，分兵四出，直造临安，疾雷不及掩耳，则宋亦可图。如其不可，知难而退，不失为金兀术也。师不当进而进，江不当渡而渡，城不当攻而攻，当速退而不退，当速进而不进，役成迁延，盘桓江渚，情见势屈，举天下兵力不能取一城，则我竭彼盈，又何俟乎？且诸军疾疫已十四五，又延引月日，冬春之交，疫必大作，恐欲还不能。

彼既上流无虞，吕文德已并兵拒守，知我国疵，斗气自倍。两淮之兵尽集白鹭，江西之兵尽集隆兴，岭广之兵尽集长沙，闽、越沿海巨舶大舰以次而至，伺隙而进。如遏截于江、黄津渡，邀遮于大城关口，塞汉东之石门，限郢、复之湖泺，则我将安归？无已则突入江、浙，捣其心腹。闻临安、海门已具龙舟，则已徙往；还抵金山，并命求出，岂无韩世忠之俦？且鄂与汉阳分据大别，中挟巨浸，号为活城，肉薄骨并而拔之，则彼委破壁孤城而去，溯流而上，则入洞庭，保荆、襄，顺流而下，则精兵健橹突过浒、黄，未易遏也，则亦徒费人命，我安所得哉！区区一城，胜之不武，不胜则大损威望，复何俟乎！

虽然，以王本心，不欲渡江，既渡江，不欲攻城，既攻城，不欲并命，不焚庐舍，不伤人民，不易其衣冠，不毁其坟墓，三百里外不使侵掠。或劝径趋临安，曰其民人稠夥，若往，虽不杀戮，亦被践蹂，吾所不忍。若天与我，不必杀人；若天弗与，杀人何益，而竟不往。诸将归罪士人，谓不可用，以不杀人故不得城。曰彼守城者只一士人贾制置，汝十万众不能胜，杀人数月不能拔，汝辈之罪也，岂士人之罪乎！益禁杀人。岿然一仁，上通于天，久有归志，不能遂行耳。然今事急，不可不断也。

宋人方惧大敌，自救之师虽则毕集，未暇谋我。第吾国内空虚，塔察国王与李行省肱髀相依，在于背胁；西域诸胡窥觇关陇，隔绝旭烈大王；病民诸奸各持两端，观望所立，莫不觊觎神器，染指垂涎。一有狡焉，或启戎心，先人举事，腹背受敌，大事去矣。且阿里不哥已行赦令，令脱里赤为断事官、行尚书省，据燕都，按图籍，号令诸道，行皇帝事矣。虽大王素有人望，且握重兵，独不见金世宗、海陵之事乎！若彼果决，称受遗诏，便正位号，下诏中原，行赦江上，欲归得乎？

昨奉命与张仲一观新月城，自西南隅抵东北隅，万人敌，上可并行大车，排楂串楼，缔构重复，必不可攻，只有许和而归耳。断然班师，亟定大计，销祸于未然。先 命劲兵把截江面，与宋议和，许割淮南、汉上、梓夔两路，定疆界岁币。置辎重，以轻骑归，渡淮乘驿，直造燕都，则从天而下，彼之奸谋僭志，冰释瓦解。遣一军逆蒙哥罕灵舆，收皇帝玺。遣使召旭烈、阿里不哥、摩哥及诸王驸马，会丧和林。差官于汴京、京兆、成都、西凉、东平、西京、北京，抚慰安辑，召真金太子镇燕都，示以形势。则大宝有归，而社稷安矣。

会宋守帅贾似道亦遣间使请和，乃班师。明年，世祖既位，以经为翰林侍读学士，佩金虎符，充国信使使宋，告即位，且定和议，仍敕沿边诸将毋钞掠。经入辞，赐蒲萄酒，诏曰："朕初即位，庶事草创，卿当远行，凡可辅朕者，亟以闻。"经奏便宜十六事，皆立政大要，辞多不载。

时经有重名，平章王文统忌之。既行，文统阴属李璮潜师侵宋，欲假手害经。经至济南，璮以书止经，经以璮书闻于朝而行。宋败璮军于淮安，经至宿州，遣副使刘仁杰、参议高翔请入国日期，不报。遗书宰相及淮帅李庭芝，庭芝复书果疑经，而贾似道方以却敌为功，恐经至谋泄，竟馆经真州。经乃上表宋主曰："愿附鲁连之义，排难解纷；岂知唐俭之徒，款兵误国。"又数上书宋主及宰执，极陈战和利害，且请入见及归国，皆不报。驿吏棘垣钥户，昼夜守逻，欲以动经，经不屈。经待下素严，又久羁困，下多怨者。经谕曰："向受命不进，我之罪也。一入宋境，死生进退，听其在彼，我终不能屈身辱命。汝等不幸，宜忍以待之，我观宋祚将不久矣。"居七年，从者怒斗，死者数人，经独与六人处别馆。又九年，丞相伯颜奉诏南伐，帝遣礼部尚书中都海牙及经弟行枢密院都事郝庸入宋，问执行人之罪，宋惧，遣总管段佑以礼送经归。贾似道之谋既泄，寻亦窜死。经归，道病，帝敕枢密院及尚医近侍迎劳，所过父老瞻望流涕。明年夏，至阙，锡燕大庭，咨以政事，赏赉有差。秋七月，卒，年五十三，官为护丧还葬，谥文忠。明年，宋平。

经为人尚气节，为学务有用。及被留，思托言垂后，撰《续后汉书》、《易春秋外传》、《太极演》、《原古录》、《通鉴书法》、《玉衡贞观》等书及文集，凡数百卷。其文丰蔚豪宕，善议论。诗多奇崛。拘宋十六年，从者皆通于学。书佐苟宗道，后官至国子祭酒。经还之岁，汴中民射雁金明池，得系帛，书诗云："霜落风高恣所如，归期回首是春初。上林天子援弓缴，穷海累臣有帛书。"后题曰："至元五年九月一日放雁，获者勿杀，国信大使郝经书于真州忠勇军营新馆。"其忠诚如此。

二弟彝、庸，皆有名。彝字仲常，隐居以寿终；庸字季常，终颍州守。子采麟，亦贤，起家知林州，仕至山南江北道肃政廉访使。

卷一百五十八　　列传第四十五

姚　枢

姚枢，字公茂，柳城人，后迁洛阳。少力学，内翰宋九嘉识其有王佐略，杨惟中乃与之偕觐太宗。岁乙未，南伐，诏枢从惟中即军中求儒、道、释、医、卜者。会破枣阳，主将将尽坑之，枢力辨非诏书意，他日何以复命，乃蹙数人逃入篁竹中脱死。拔德安，得名儒赵复，始得程颐、朱熹之书。辛丑，赐金符，为燕京行台郎中。时牙鲁瓦赤行台，惟事货赂，以枢幕长，分及之。枢一切拒绝，因弃官去。携家来辉州，作家庙，别为室奉孔子及宋儒周惇颐等象，刊诸经，惠学者，读书鸣琴，若将终身。时许衡在魏，至辉，就录程、朱所注书以归，谓其徒曰："曩所授受皆非，今始闻进学之序。"既而尽室依枢以居。

世祖在潜邸，遣赵璧召枢至，大喜，待以客礼。询及治道，乃为书数千言，首陈二帝三王之道，以治国平天下之大经，汇为八目，曰：修身，力学，尊贤，亲亲，畏天，爱民，好善，远佞。次及救时之弊，为条三十，曰："立省部，则庶政出一，纲举纪张，令不行于朝而变于夕。辟才行，举逸遗，慎铨选，汰职员，则不专世爵而人才出。班俸禄，则赃秽塞而公道开。定法津，审刑狱，则收生杀之权于朝，诸侯不得而专，丘山之罪不致苟免，毫发之过免罹极法，而冤抑有伸。设监司，明黜陟，则善良奸窳可得而举刺。阁征敛，则部族不横于诛求。简驿传，则州郡不困于需索。修学校，崇经术，旌节孝，以为育人才、厚风俗、美教化之基，使士不偷于文华。重农桑，宽赋税，省徭役，禁游惰，则民力纾，不趋于浮伪，且免习工技者岁加富溢，勤耕织者日就饥寒。肃军政，使田里不知行营往复之扰攘。周匮乏，恤鳏寡，使颠连无告者有养。布屯田以实边戍，通漕运以廪京都。倚债负，则贾胡不得以子为母，破称贷之家。广储蓄、复常平以待凶荒，立平准以权物估，却利便以塞幸途，杜告讦以绝讼源。"各疏施张之方，其下本末兼该，细大不遗。世祖奇其才，动必召问，且使授世子经。

宪宗即位，诏凡军民在赤老温山南者，听世祖总之。世祖既奉诏，宴群下，罢酒将出，遣人止枢，问曰："顷者诸臣皆贺，汝独默然，何耶？"对曰："今天下土地之广，人民之殷，财赋之阜，有加汉地者乎？军民吾尽有之，天子何为？异时廷臣间之，必悔而见夺，不若惟持兵权，供亿之需取之有司，则势顺理安。"世祖曰："虑所不及者。"乃以闻，宪宗从之。枢又请置屯田经略司于汴以图宋；置都运司于卫，转粟于河。宪宗大封同姓，敕世祖于南京、关中自择其一。枢曰："南京河徙无常，土薄水浅，舄卤生之，不若关中厥田上上，古名天府陆海。"于是世祖愿有关中。

壬子夏，从世祖征大理，至曲先脑儿之地。夜宴，枢陈宋太祖遣曹彬取南唐不杀一人、市不易肆事。明日，世祖据鞍呼曰："汝昨夕言曹彬不杀者，吾能为之，吾能为之！"枢马上贺曰："圣人之心，仁明如此，生民之幸，有国之福也。"明年，师及大理城，饬枢裂帛为旗，书止杀之令，分号街陌，由是民得相完保。

丙辰，枢入见。或谗王府得中土心，宪宗遣阿蓝答儿大为钩考，置局关中，以百四十二条推集经略宣抚官吏，下及征商无遗，曰："俟终局日，入此罪者惟刘黑马、史天泽以闻，余悉诛之。"世祖闻之不乐。枢曰："帝，君也，兄也；大王为皇弟，臣也。事难与较，远将受祸。莫若尽王邸妃主自归朝廷，为久居谋，疑将自释。"及世祖见宪宗，皆泣下，竟不令有所白而止，因罢钩考局。

世祖即位，立十道宣抚使，以枢使东平。既至郡，置劝农、检察二人以监之，推物力以均赋役，罢铁官。二年，拜太子太师。枢曰："皇太子未立，安可先有太师？"以所受制还中书，事见《许衡传》。改大司农。枢奏曰："在太宗世，诏孔子五十一代孙元措仍袭封衍圣公，卒，其子与族人争求袭爵，讼之潜藩，帝时曰：'第往力学，俟有成德达才，我则官之。'又曲阜有太常雅乐，宪宗命东平守臣辇其歌工舞郎与乐色俎豆至日月山，帝亲临观，饬东平守臣，员阙充补，无辍肄习。且陛下闵圣贤之后《诗》、《书》不通，与凡庶等，既命洛士杨庸选孔、颜、孟三族诸孙俊秀者教之，乞真授庸教官，以成国家育材待聘风动四方之美。王镛炼习故实，宜令提举礼乐，使不致崩坏。"皆从之。诏赴中书议事，及讲定条格，且勉谕曰："姚枢辞避台司，朕甚嘉焉。省中庶务，须赖一二老成同心图赞，其与尚书刘肃往尽乃心，其尚无隐。"及修条格成，与丞相史天泽奏之，帝深嘉纳。

李璮谋叛，帝问："卿料何如？"对曰："使璮乘吾北征之衅，濒海捣燕，闭关居庸，惶骇人心，为上策。与宋连和，负固持久，数扰边，使吾罢于奔救，为中策。如出兵济南，待山东诸侯应援，此成擒耳。"帝曰："今贼将安出？"对曰："出下策。"初，帝尝论天下人材，及王文统，枢曰："此人学术不纯，以游说干诸侯，他日必反。"至是，文统果因璮伏诛。

四年，拜中书左丞，奏罢世侯，置牧守。或言中书政事大坏，帝怒，大臣罪且不测者，枢上言：

太祖开创，跨越前古，施治未遑。自后数朝，官盛刑滥，民困财殚。陛下天资仁圣，自昔在潜，听圣典，访老成，日讲治道。如邢州、河南、陕西，皆不治之甚者，为置安抚、经略、宣抚三使司。其法，选人以居职，颁俸以养廉，去污滥以清政，劝农桑以富民。不及三年，号称大治。诸路之民望陛下之拯己，如赤子之求母。先帝陟遐，国难并兴，天开圣人，缵承大统，即用历代遗制，内立省部，外设监司，自中统至今五六年间，外侮内叛继继不绝，然能使官离债负，民安赋役，府库粗实，仓廪粗完，钞法粗行，国用粗足，官吏迁转，政事更新，皆陛下克保祖宗之基、信用先王之法所致。今创始治道，正宜上答天心，下结民心，睦亲族以固本，建储副以重祚，定大臣以当国，开经筵以格心，修边备以防虞，蓄粮饷以待歉，立学校以育才，劝农桑以厚生。是可以光先烈，成帝德，遗子孙，流远誉。以陛下才略，行此有余。迩者伏闻聪听日烦，朝廷政令日改月异，如木始栽而复移，屋既架而复毁。远近臣民不胜战惧，惟恐大本一废，远业难成，为陛下之后忧，国家之重害。

帝怒为释。十年，拜昭文馆大学士，详定礼仪事。其年，襄阳下，遂议取宋。枢奏如求大将，非右丞相安童、知枢密院伯颜不可。十一年，枢言："陛下降不杀人之诏。伯颜济江，兵不逾时，西起蜀川，东薄海隅，降城三十，户逾百万，自古平南，未有如此之神捷者。今自夏徂秋，一城不降，皆由军官不思国之大计，不体陛下之深仁，利财剽杀所致。扬州、焦山、淮安，人殊死战，我虽克胜，所伤亦多。宋之不能为国审矣，而临安未肯轻下，好生恶死，人之常情，盖不敢也，惟惧吾招徕止杀之信不坚耳。宜申止杀之诏，使赏罚必立，恩信必行，圣虑不劳，军力不费矣。"又请禁宋鞭背、黥面及诸滥刑。十三年，拜翰林学士承旨。十七年，卒，年七十八，谥曰文献。

枢天质含弘而仁恕，恭敏而俭勤，未尝疑人欺己。有负其德，亦不留怨。忧患之来，不见言色。有来即谋，必反复告之。

子炜，仕为平章政事；从子燧，官至翰林学士承旨，以文章大家知名，卒谥曰文。

许衡

许衡，字仲平，怀之河内人也，世为农。父通，避地河南，以泰和九年九月生衡于新郑县。幼有异质，七岁入学，授章句，问其师曰："读书何为？"师曰："取科第耳！"曰："如斯而已乎？"师大奇之。每授书，又能问其旨义。久之，师谓其父母曰："儿颖悟不凡，他日必有大过人者，吾非其师也。"遂辞去，父母强之不能止。如是者凡更三师。稍长，嗜学如饥渴，然遭世乱，且贫无书。尝从日者家见《书》疏义，因请寓宿，手抄归。既逃难徂徕山，始得《易》王辅嗣说。时兵乱中，衡夜思昼诵，身体而力践之，言动必揆诸义而后发。尝暑中过河阳，渴甚，道有梨，众争取啖之，衡独危坐树下自若。或问之，曰："非其有而取之，不可也。"人曰："世乱，此无主。"曰："梨无主，吾心独无主乎？"转鲁留魏，人见其有德，稍稍从之。居三年，闻乱且定，乃还怀。往来河、洛间，从柳城姚枢得伊洛程氏及新安朱氏书，益大有得。寻居苏门，与枢及窦默相讲习。凡经传、子史、礼乐、名物、星历、兵刑、食货、水利之类，无所不讲，而慨然以道为己任。尝语人曰："纲常不可一日而亡于天下，苟在上者无以任之，则在下之任也。"凡丧祭娶嫁，必徵于礼，以倡其乡人，学者浸盛。家贫躬耕，粟熟则食，粟不熟则食糠核菜茹，处之泰然，讴诵之声闻户外如金石。财有余，即以分诸族人及诸生之贫者。人有所遗，一毫弗义，弗受也。枢尝被召入京师，以其雪斋居衡，命守者馆之，衡拒不受。庭有果熟烂堕地，童子过之，亦不睨视而去，其家人化之如此。甲寅，世祖出王秦中，以姚枢为劝农使，教民畊植。又思所以化秦人，乃召衡为京兆提学。秦人新脱于兵，欲学无师，闻衡来，人人莫不喜幸来学。郡县皆建学校，民大化之。世祖南征，乃还怀，学者攀留之不得，从送之临潼而归。中统元年，世祖即皇帝位，召至京师。时王文统以言利进为平章政事，衡、枢辈入侍，言治乱休戚，必以义为本。文统患之。且窦默日于帝前排其学术，疑衡与之为表里，乃奏以枢为太子太师，默为太子太傅，衡为太子太保，阳为尊用之，实不使数侍上也。默以屡攻文统不中，欲因东宫以避祸，与枢拜命，将入谢。衡曰："此不安于义也，姑勿论。礼，师傅与太子位东西乡，师傅坐，太子乃坐。公等度能复此乎？不能，则师道自我废也。"枢以为然，乃相与怀制立殿下，五辞乃免。改命枢大司农，默翰林侍讲学士，衡国子祭酒。未几，衡亦谢病归。至元二年，帝以安童为右丞相，欲衡辅之，复召至京师，命议事中书省。衡乃上疏曰：

臣性识愚陋，学术荒疏，不意虚名，偶尘圣听。陛下好贤乐善，舍短取长，虽以臣之不才，自甲寅至今十有三年，凡八被诏旨，中怀自念，何以报塞。又日者面奉德音，叮咛恳至，中书大务，容臣尽言。臣虽昏愚，荷陛下知待如此其厚，敢不罄竭所有，裨益万分。孟子以"责难于君谓之恭，陈善闭邪谓之敬"；孔子谓"以道事君，不可则止"。臣之所守，大意盖如此也。伏望陛下宽其不佞，察其至怀，则区区之愚，亦或有小补云。

其一曰：自古立国，皆有规模。循而行之，则治功可期。否则心疑目眩，变易分更，未见其可也。昔子产相衰周之列国，孔明治西蜀之一隅，且有定论，终身由之；而堂堂天下，可无一定之说而妄为之哉？考之前代，北方之有中夏者，必行汉法乃可长久。故后魏、辽、金历年最多，他不能者，皆乱亡相继，史册具载，昭然可考。使国家而居朔漠，则无事论此也。今日之治，非此奚宜？夫陆行宜车，水行宜舟，反之则不能行；幽燕食寒，蜀汉食热，反之则必有变。以是论之，国家之当行汉法无疑也。然万世国俗，累朝勋旧，一旦驱之下从臣仆之谋，改就亡国之俗，其势有甚难者。窃尝思之，寒之与暑，固为不同。然寒之变暑也，始于微温，温而热，热而暑，积百有八十二日而寒始尽。暑之变寒，其势亦然，是亦积之之验也。苟能渐之摩之，待以岁月，心坚而确，事易而常，未有不可变者。此在陛下尊信而坚守之，不杂小人，不责近效，不恤流言，则致治之功，庶几可成矣。

二曰：中书之务不胜其烦，然其大要在用人、立法二者而已矣。近而譬之：发之在首，不以手理而以栉理；食之在器，不以手取而以匕取。手虽不能，而用栉与匕，是即手之为也。上之用人，何以异此。然人之贤否，未知其详，固不可得而遽用也。然或已知其孰为君子，孰为小人，而复患得患失，莫敢进退，徒曰知人，而实不能用人，亦何益哉！人莫不饮食也，独膳夫为能调五味之和；莫不睹日月也，独星官为能步亏食之数者，诚以得其法故也。古人有言曰："为高必因丘陵，为下必因川泽，为政必因先王之道。"今里巷之谈，动以古为诟戏，不知今日口之所食，身之所衣，皆古人遗法而不可违者，岂天下之大，国家之重，而古之成法反可违邪？其亦弗思甚矣！夫治人者法也，守法者人也。人法相维，上安下顺，而宰执优游于廊庙之上，不烦不劳，此所谓省也。夫立法用人，今虽未能遽如古昔，然已仕者当给俸以养其廉，未仕者当宽立条格，俾就叙用，则失职之怨少可舒矣。外设监司以察污滥，内专吏部以定资历，则非分之求渐可息矣。再任三任，抑高举下，则人才爵位略可平矣。至于贵家之世袭，品官之任子，版籍之数，续当议之，亦不可缓也。

其三曰：民生有欲，无主乃乱，上天眷命，作之君师，此盖以至难任之，非予之可安之地而娱之也。是以尧、舜以来，圣帝明王，莫不兢兢业业、小心畏慎者，诚知天之所畀至难之任，初不可以易心处之也。知其为难而以难处，则难或可为；不知为难而以易处，则他日之难有不可为者矣。孔子曰："为君难，为臣不易。"为臣之道，臣已告之安童矣。至为君之难，尤陛下所当专意也。臣请言其切而要者：

夫人君不患出言之难，而患践言之难。知践言之难，则其出言不容不慎矣。昔刘安世行一不妄语，七年而后成。夫安世一士人也，所交者一家之亲、一乡之众也，同列之臣不过数十百人而止耳，而言犹若此，况天下之大，兆民之众，事有万变，日有万机，人君以一身一心而酬酢之，欲言之无失，岂易能哉？故有昔之所言而今日忘之者，今之所命而后日自违者，可否异同，纷更变易，纪纲不得布，法度不得立，臣下无所持循，奸人因以为弊，天下之人疑惑惊眩，且议其无法无信一至于此也。此无他，至难之地不以难处，而以易处故也。苟从《大学》之道，以修身为本，凡一言一动，必求其然与其所当然，不牵于爱，不蔽于憎，不因于喜，不激于怒，虚心端意，熟思而审处之，虽有不中者盖鲜矣。奈何为人上者多乐舒肆，为人臣者多事容悦。容悦本为私也，私心盛则不畏人矣；舒肆本为欲也，欲心盛则不畏天矣。以不畏天之心，与不畏人之心，感合无间，则其所务者皆快心事耳。快心则口欲言而言，身欲动而动，又安肯兢兢业业，以修身为本，一言一动，熟思而审处之乎？此人君践言之难，而又难于天下之人也。

人之情伪，有易有险，险者难知，易者易知，此特系夫人之险易者然也。然又有众寡之分焉。寡则易知，众则难知，故在上者难于知下，而在下者易于知上，其势然也。处难知之地，御难知之人，欲其不见欺也难矣。昔包拯刚严峭直，号为明察，然一小吏而能欺之。然拯一京尹耳，其见欺于人，不过误一事、害一人而已。人君处亿兆之上，操予夺进退赏罚生杀之权，不幸见欺，则以非为是，以是为非，其害有不可胜既也。人君惟无喜怒也，有喜怒，则赞其喜以市恩，鼓其怒以张势。人君惟无爱憎也，有爱憎，则假其爱以济私，藉其憎以复怨。甚至本无喜也，诳之使喜，本无怒也，激之使怒，本不足爱也，而诳誉之使爱，本无可憎也，而强短之使憎。若是，则进者未必为君子，退者未必为小人，予者未必为有功，夺者未必为有罪，以至赏之、罚之、生之、杀之，鲜有得其正者。人君不悟其受欺也，而反任之以防天下之欺，欺而至此，尚可防邪？大抵人君以知人为贵，以用人为急。用得其人，则无事于防矣。既不出此，则所近者争进之人耳，好利之人耳，无耻之人耳。彼挟其诈术，千蹊万径，以蛊君心，欲防其欺，虽尧、舜不能也。

夫贤者以公为心，以爱为心，不为利回，不为势屈，置之周行，则庶事得其正，天下被其泽，其于人国，重固如此也。夫贤者遭时不偶，务自韬晦，世固未易知也。虽或知之，而无所援引，则人君无由知也。人君知之，然召之命之，泛如厮养，贤者有不屑也。虽或接之以貌，待之以礼，然而言不见用，贤者不处也。或用其言也，而复使小人参之，责小利，期近效，有用贤之名，无用贤之实，贤者亦岂肯尸位素餐以取讥于天下哉！此特难进者也，而又有难合者焉。人君处崇高之地，大抵乐闻人过，而不乐于闻己之过，务快己之心，而不务快民之心。贤者必欲匡而正之，扶而安之，如尧、舜之正、尧、舜之安而后已，故其势恒难合。况夫奸邪佞幸，丑正而恶直，肆为诋毁，多方以陷之，将见罪戾之不免，又可望其庶事得其正，而天下被其泽邪！自古及今，端人雅士所以重于进而轻于退者，盖以此耳。大禹圣人，闻善即拜，益犹戒之以“任贤勿贰，去邪勿疑”，后世人主宜如何也？此任贤之难也。

奸邪之人，其为心也险，其用术也巧。惟险也，故千态万状而人莫能知；惟巧也，故千蹊万径而人莫能御。其谄似恭，其讦似直，其欺似可信，其佞似可近。务以窥人君之喜怒而迎合之，窃其势以立己之威，济其欲以结主之爱。爱隆于上，威擅于下，大臣不敢议，近亲不敢言，毒被天下而上莫之知，至是而求去之，亦已难矣。虽然，此特人主之不悟者也，犹有说焉。如宇文士及之佞，太宗灼见其情而不能斥；李林甫妒贤嫉能，明皇洞见其奸而不能退。邪之惑人，有如此者，可不畏哉！

夫上以诚爱下，则下以忠报上，感应之理然也。然考之往昔，有不可以常情论者。禹抑洪水以救民，启又能敬承继禹之道，其泽深矣，然一传而太康失道，则万姓仇怨而去者，何邪？汉高帝起布衣，天下影从，荥阳之难，纪信至捐生以赴急，则人心之归可见矣。及天下已定，而沙中有谋反者，又何邪？窃尝思之，民之戴君，本于天命，初无不顺之心，特由使之失望，使之不平，然后怨怒生焉。禹、启爱民如赤子，而太康逸豫以灭德，是以失望；汉高以宽仁得天下，及其已定，乃以爱憎行诛赏，是以不平。古今人君，凡有恩泽于民，而民怨且怒者，皆类此也。夫人君有位之初，既出美言而告天下矣，既而实不能副，故怨生焉。等人臣耳，无大相远，人君特以己之私而厚一人，则其薄者已疾之矣，况于薄有功而厚有罪，人得不怒于心邪？必如古者《大学》之道，以修身为本，一言一动，举可以为天下之法，一赏一罚，举可以合天下之公，则亿兆之心，将不求而自得，又岂有失望不平之累哉！

三代而下，称盛治者，无如汉之文、景，然考之当时，天象数变，山崩地震，未易遽数，是将小则有水旱之灾，大则有乱亡之应，非徒然而已也。而文、景克承天心，一以养民为务，今年劝农桑，明年减田租，恳爱如此，宜其民心得而和气应也。臣窃见前年秋孛出西方，彗出东方，去年冬彗见东方，复见西方。议者谓当除旧布新，以应天变。臣以为曷若直法文、景之恭俭爱民，为理明义正而可信也。天之树君，本为下民。故孟子谓“民为重，君为轻”，《书》亦曰“天视自我民视，天听自我民听”。以是论之，则天之道恒在于下，恒在于不足也。君人者，不求之下而求之高，不求之不足而求之有余，斯其所以召天变也。其变已生，其象已著，乖戾之几已萌，犹且因仍故习，抑其下而损其不足，谓之顺天，不亦难乎？

此六者，皆难之目也。举其要，则修德、用贤、爱民三者而已。此谓治本。本立，则纪纲可布，法度可行，治功可必。否则爱恶相攻，善恶交病，生民不免于水火，以是为治，万不能也。

其四曰：语古之圣君，必曰尧、舜；语古之贤相，必曰稷、契。盖尧、舜能知天道而顺承之，稷、契又知尧、舜之心而辅赞之，此所以为法于天下，可传于后世也。夫天道好生而不私，尧与舜亦好生而不私。若“克明俊德”，至于“黎民于变”，“敬授人时”，至于“庶绩咸熙”，此顺承天道之实也。稷播百谷以厚民生，契敷五教以善民心，此辅赞尧、舜之实也。臣尝复熟推衍，思之又思，参之往古圣贤之言无不同，验之历代治乱之迹无不合。盖此道之行，民可使富，兵可使强，人才可使盛，国势可使重，夙夜念之至熟也。今国家徒知敛财之巧，而不知生财之由；徒知防人之欺，而不欲养人之善；徒患法令之难行，而不患法令无可行之地。诚能优重农民，勿扰勿害，驱游惰之人而归之南亩，课之种艺，恳喻而督行之，十年之后，仓府之积，当非今日之比矣。自都邑而至州县，皆设学校，使皇子以下至于庶人之子弟，皆入于学，以明父子君臣之大伦，自洒扫应对以至平天下之要道，十年已后，上知所以御下，下知所以事上，上下和睦，又非今日之比矣。二者之行，万目斯举，否则他皆不可期也。是道也，尧、舜之道也。孟子曰：“我非尧、舜之道，不敢以陈于王前。”臣愚区区，窃亦愿学也。

其五曰：天下所以定者，民志定，则士安于士，农安于农，工商安于为工商，则在上之人有可安之理矣。夫民不安于白屋，必求禄仕；仕不安于卑位，必求尊荣。四方万里，辐辏并进，各怀无厌无耻之心，在上之人可不为寒心哉！臣闻取天下者尚勇敢，守天下者尚退让。取也守也，各有其宜，君人者不可不审也。夫审而后发，发无不中，否则触事而遽喜怒，喜怒之色见于貌，言出于口，人皆知之。徐考其故，知其无可喜者则必悔其喜之失，无可怒者则必悔其怒之失，甚至先喜而后怒，先怒而后喜，号令数变，喜怒不节之故也。是以先王潜心恭默，不易喜怒，其未发也，虽至近莫能知其发也，虽至亲莫能移，是以号令简而无悔，则无不中节矣。夫数变，不可也；数失信，尤不可也。周幽无道，故不恤此，今无此，何苦使人之不信也。

书奏，帝嘉纳之。衡自见帝，多奏陈，及退，皆削其草，故其言多秘，世罕得闻，所传者特此耳。衡多病，帝听五日一至省，时赐尚方名药美酒以调养之。四年，乃听其归怀。五年，复召还，奏对亦秘。六年，命与太常卿徐世隆定朝仪，仪成，帝临观，甚悦。又诏与太保刘秉忠、左丞张文谦定官制，衡历考古今分并统属之序，去其权摄增置冗长侧置者，凡省部、院台、郡县与夫后妃、储藩、百司所联属统制，定为图。七年，奏上之。翌日，使集公卿杂议中书、院台行移之体，衡曰："中书佐天子总国政，院台宜具呈。"时商挺在枢密，高鸣在台，皆不乐，欲定为咨禀，因大言以动衡曰："台院皆宗亲大臣，若一忤，祸不可测。"衡曰："吾论国制耳，何与于人？"遂以其言质帝前，帝曰："衡言是也，吾意亦若是。"

未几，阿合马为中书平章政事，领尚书省六部事，因擅权，势倾朝野，一时大臣多阿之，衡每与之议，必正言不少让。已而其子又有佥枢密院之命，衡独执议曰："国家事权，兵民财三者而已。今其父典民与财，子又典兵，不可。"帝曰："卿虑其反邪？"衡对曰："彼虽不反，此反道也。"阿合马由是衔之，亟荐衡宜在中书，欲因以事中之。俄除左丞，衡屡入辞免，帝命左右掖衡出。衡出及阈，还奏曰："陛下命臣出，岂出省邪？"帝笑曰："出殿门耳。"从幸上京，乃论列阿合马专权罔上、蠹政害民若干事，不报。因谢病请解机务。帝恻然，召其子师可入，谕旨，且命举自代者。衡奏曰："用人，天子之大柄也。臣下泛论其贤否则可，若授之以位，则当断自宸衷，不可使臣下有市恩之渐也。"

帝久欲开太学，会衡请罢益力，乃从其请。八年，以为集贤大学士，兼国子祭酒，亲为择蒙古弟子俾教之。衡闻命，喜曰："此吾事也。国人子大朴未散，视听专一，若置之善类中涵养数年，将必为国用。"乃请征其弟子王梓、刘季伟、韩思永、耶律有尚、吕端善、姚燧、高凝、白栋、苏郁、姚燉、孙安、刘安中十二人为伴读。诏驿召之来京师，分处各斋，以为斋长。时所选弟子皆幼稚，衡待之如成人，爱之如子，出入进退，其严若君臣。其为教，因觉以明善，因明以开蔽，相其动息以为张弛。课诵少暇，即习礼，或习书算。少者则令习拜跪、揖让、进退、应对，或射，或投壶，负者罚读书若干遍。久之，诸生人人自得，尊师敬业，下至童子，亦知三纲五常为生人之道。

十年，权臣屡毁汉法，诸生廪食或不继，衡请还怀。帝以问翰林学士王磐，磐对曰："衡教人有法，诸生行可从政，此国之大体，宜勿听其去。"帝命诸老臣议其去留，窦默为衡恳请之，乃听衡还，以赞善王恂摄学事。刘秉忠等奏，乞以衡弟子耶律有尚、苏郁、白栋为助教，以守衡规矩，从之。

国家自得中原，用金《大明历》，自大定是正后六七十年，气朔加时渐差。帝以海宇混一，宜协时正日。十三年，诏王恂定新历。恂以为历家知历数而不知历理，宜得衡领之，乃以集贤大学士兼国子祭酒，教领太史院事，召至京。衡以为冬至者历之本，而求历本者在验气。今所用宋旧仪，自汴还至京师，已自乖舛，加之岁久，规环不叶。乃与太史令郭守敬等新制仪象圭表，自丙子之冬日测晷景，得丁丑、戊寅、己卯三年冬至加时，减《大明历》十九刻二十分，又增损古岁余岁差法，上考春秋以来冬至，无不尽合。以月食冲及金木二星距验冬至日躔，校旧历退七十六分。以日转迟疾中平行度验月离宿度，加旧历三十刻。以线代管窥测赤道宿度。以四正定气立损益限，以定日之盈缩。分二十八限为三百三十六，以定月之迟疾。以赤道变九道定月行。以迟疾转定度分定朔，而不用平行度。以日月实合时刻定晦，而不用虚进法。以躔离朓朒定交食。其法视古皆密，而又悉去诸历积年月日法之傅会者，一本天道自然之数，可以施之永久而无弊。自余正讹完阙，盖非一事。十七年，历成，奏上之，赐名曰《授时历》，颁之天下。

六月，以疾请还怀。皇太子为请于帝，以子师可为怀孟路总管以养之，且使东宫官来谕衡曰："公毋以道不行为忧也，公安则道行有时矣，其善药自爱。"十八年，衡病革，家人祠，衡曰："吾一日未死，宁不有事于祖考。"扶而起，奠献如仪。既撤，家人馂，怡怡如也。已而卒，年七十三。是日，大雷电，风拔木。怀人无贵贱少长，皆哭于门。四方学士闻讣，皆聚哭。有数千里来祭哭墓下者。

衡善教，其言煦煦，虽与童子语，如恐伤之。故所至，无贵贱贤不肖皆乐从之，随其才昏明大小，皆有所得，可以为世用。所去，人皆哭泣，不忍舍，服念其教如金科玉条，终身不敢忘。或未尝及门，传其绪余，而折节力行为名世者，往往有之。听其言，虽武人俗士、异端之徒，无不感悟者。丞相安童一见衡，语同列曰："若辈自谓不相上下，盖十百与千万也。"翰林承旨王磐气概一世，少所与可，独见衡曰："先生，神明也。"大德元年，赠荣禄大夫、司徒，谥文正。至大二年，加正学垂宪佐运功臣、太傅、开府仪同三司，封魏国公。皇庆二年，诏从祀孔子庙廷。延祐初，又诏立书院京兆以祀衡，给田奉祠事，名鲁斋书院。鲁，衡居魏时所署斋名也。子师可。

窦　默 李俊民

窦默，字子声，初名杰，字汉卿，广平肥乡人。幼知读书，毅然有立志。族祖旺，为郡功曹，令习吏事，不肯就。会国兵伐金，默为所俘。同时被俘者三十人，皆见杀，惟默得脱，归其乡。家破，母独存，惊怖之余，母子俱得疾，母竟亡，扶病藁葬。而大兵复至，遂南走渡河，依母党吴氏。医者王翁妻以女，使业医。转客蔡州，遇名医李浩，授以铜人针法。金主迁蔡，默恐兵且至，又走德安。孝感令谢宪子以伊洛性理之书授之，默自以为昔未尝学，而学自此始。适中书杨惟中奉旨招集儒、道、释之士，默乃北归，隐于大名，与姚枢、许衡朝暮讲习，至忘寝食。继还肥乡，以经术教授，由是知名。

世祖在潜邸，遣召之，默变姓名以自晦。使者俾其友人往见，而微服踵其后，默不得已，乃拜命。既至，问以治道，默首以三纲五常为对。世祖曰："人道之端，孰大于此。失此，则无以立于世矣。"默又言："帝王之道，在诚意正心，心既正，则朝廷远近莫敢不一于正。"一日凡三召与语，奏对皆称旨，自是敬待加礼，不令暂去左右。世祖问今之明治道者，默荐姚枢，即召用之。俄命皇子真金从默学，赐以玉带钩，谕之曰："此金内府故物，汝老人，佩服为宜，且使我子见之如见我也。"久之，请南还，命大名、顺德各给田宅，有司岁具衣物以为常。

世祖即位，召至上都，问曰："朕欲求如唐魏徵者，有其人乎？"默对曰："犯颜谏诤，刚毅不屈，则许衡其人也。深识远虑，有宰相才，则史天泽其人也。"天泽时宣抚河南，帝即召拜右丞相，以默为翰林侍讲学士。时初建中书省，平章政事王文统颇见委任，默上书曰：

臣事陛下十有余年，数承顾问，与闻圣训，有以见陛下急于求治，未尝不以利生民安社稷为心。时先帝在上，奸臣擅权，总天下财赋，操执在手，贡进奇货，炫耀纷华，以娱悦上心。其扇结朋党、离间骨肉者，皆此徒也。此徒当路，陛下所以不能尽其初心。救世一念，涵养有年矣。今天顺人应，诞登大宝，天下生民，莫不欢忻踊跃，引领盛治。然平治天下，必用正人端士，唇吻小人一时功利之说，必不能定立国家基本，为子孙久远之计。其卖利献勤、乞怜取宠者，使不得行其志，斯可矣。若夫钩距揣摩，以利害惊动人主之意者，无他，意在摈斥诸贤，独执政柄耳，此苏、张之流也，惟陛下察之。伏望别选公明有道之士，授以重任，则天下幸甚。

他日，默与王鹗、姚枢俱在帝前，复面斥文统曰："此人学术不正，久居相位，必祸天下。"帝曰："然则谁可相者？"默曰："以臣观之，无如许衡。"帝不悦而罢。文统深忌之，乃请以默为太子太傅，默辞曰："太子位号未正，臣不敢先受太傅之名。"乃复以为翰林侍讲学士，详见《许衡传》。默俄谢病归，未几，文统伏诛，帝追忆其言，谓近臣曰："曩言王文统不可用者，惟窦汉卿一人。向使更有一二人言之，朕宁不之思耶？"召还，赐第京师，命有司月给廪禄，国有大政，辄以访之。

默与王磐等请分置翰林院，专掌蒙古文字，以翰林学士承旨撒的迷底里主之；其翰林兼国史院，仍旧纂修国史，典制诰，备顾问，以翰林学士承旨兼修起居注和礼霍孙主之。帝可其奏。默又言："三代所以风俗淳厚、历数长久者，皆设学养士所致。今宜建学立师，博选贵族子弟教之，以示风化之本。"帝嘉纳之。默尝与刘秉忠、姚枢、刘肃、商挺侍上前，默言："君有过举，臣当直言，都俞吁咈，古之所尚。今则不然，君曰可，臣亦以为可，君曰否，臣亦以为否，非善政也。"明日，复侍帝于幄殿。猎者失一鹘，帝怒，侍臣或从旁大声谓宜加罪。帝恶其迎合，命杖之，释猎者不问。既退，秉忠等贺默曰："非公诚结主知，安得感悟至此。"

至元十二年，默年八十，公卿皆往贺，帝闻之，拱手曰："此辈贤者，安得请于上帝，减去数年，留朕左右，共治天下，惜今老矣！"怅然者久之。默既老，不视事，帝数遣中使以珍玩及诸器物往存问焉。十七年，加昭文馆大学士，卒，年八十五。讣闻，帝深为嗟悼，厚加赗赐，皇太子亦赙以钞二千贯，命有司护送归葬肥乡。

默为人乐易，平居未尝评品人物，与人居，温然儒者也。至论国家大计，面折廷诤，人谓汲黯无以过之。帝尝谓侍臣曰："朕求贤三十年，惟得窦汉卿及李俊民二人。"又曰："如窦汉卿之心，姚公茂之才，合而为一，斯可谓全人矣。"后累赠太师，封魏国公，谥文正。子履，集贤大学士。

李俊民，字用章，泽州人。得河南程氏传受之学。金承安中，举进士第一，应奉翰林文字。未几，弃官不仕，以所学教授乡里，从之者甚盛，至有不远千里而来者。金源南迁，隐于嵩山，后徙怀州，俄复隐于西山。既而变起仓猝，人服其先知。俊民在河南时，隐士荆先生者，授以邵雍《皇极》数。时之知数者，无出刘秉忠之右，亦自以为弗及也。世祖在潜藩，以安车召之，延访无虚日。遽乞还山，世祖重违其意，遣中贵人护送之。又尝令张仲一问以祯祥，及即位，其言皆验。而俊民已死，赐谥庄静先生。

卷一百五十九　列传第四十六

宋子贞

宋子贞，字周臣，潞州长子人也。性敏悟好学，工词赋。弱冠，领荐书试礼部，与族兄知柔同补太学生，俱有名于时，人以大小宋称之。金末，潞州乱，子贞走赵、魏间。宋将彭义斌守大名，辟为安抚司计议官。义斌殁，子贞率众归东平行台严实。实素闻其名，招置幕府，用为详议官，兼提举学校。先是，实每令人请事于朝，托近侍奏决，不经中书，因与丞相耶律楚材有违言。子贞至，劝实致礼丞相，通殷勤，凡奏请，必先咨禀。丞相喜，自是交欢无间，实因此益委信子贞。太宗四年，实戍黄陵，金人悉力来攻。与战不利，敌势颇张，曹、濮以南皆震。有自敌中逃归者，言金兵且大至，人情恟惧。子贞请于实，斩扬言者首以令诸城，境内乃安。汴梁既下，饥民北徙，饿殍盈道。子贞多方赈救，全活者万余人。金士之流寓者，悉引见周给，且荐用之。拔名儒张特立、刘肃、李昶辈于羁旅，与之同列。四方之士闻风而至，故东平一时人材多于他镇。

七年，太宗命子贞为行台右司郎中。中原略定，事多草创，行台所统五十余城，州县之官或擢自将校，或起由民伍,率昧于从政。甚者专以掊克聚敛为能,官吏相与为贪私以病民。子贞仿前代观察采访之制,命官分三道纠察官吏,立为程式,与为期会,黜贪惰,奖廉勤,官府始有纪纲,民得苏息。东平将校,占民为部曲户,谓之脚寨,擅其赋役,几四百所。子贞请罢归州县。实初难之,子贞力言乃听,人以为便。实卒,子忠济袭爵,尤敬子贞。请于朝,授参议东平路事,兼提举太常礼乐。子贞作新庙学,延前进士康晔、王磐为教官,招致生徒几百人,出粟赡之,俾习经艺。每季程试,必亲临之。齐鲁儒风,为之一变。

岁己未,世祖南伐,召子贞至濮,问以方略。对曰:"本朝威武有余,仁德未洽。所以拒命者,特畏死尔,若投降者不杀,胁从者勿治,则宋之郡邑,可传檄而定也。"世祖善其言。中统元年,授益都路宣抚使。未几,入觐,拜右三部尚书。时新立省部,典章制度,多子贞裁定。李璮叛,据济南,诏子贞参议军前行中书省事。子贞单骑至济南,观璮形势,因说丞相史天泽曰:"璮拥众东来,坐守孤城,宜增筑外城,防其奔突,彼粮尽援绝,不攻自破矣。"议与天泽合,遂擒璮。子贞还,上书陈便宜十事,大略谓:"官爵人主之柄,选法宜尽归吏部。律令国之纪纲,宜早刊定。监司总统一路,用非其材,不厌人望,乞选公廉有才德者为之。今州县官相传以世,非法赋敛,民穷无告,宜迁转以革其弊。"又请建国学教胄子,敕州郡提学课试诸生,三年一贡举。有旨命中书次第施行之。至元二年,始罢州县官世袭。遣子贞与左丞相耶律铸行山东,迁调所部官。还,授翰林学士,参议中书省事。奏请班俸禄,定职田,从之。俄拜中书平章政事。复陈时务之切要者十二策。帝颇悔用子贞晚。

未几,以年老求退,帝曰:"卿气力未衰,勉为朕留,措置大事,俟百司差有条理,听卿自便。"三年十一月,恳辞,乃得请。特敕中书,凡有大事,即其家访问。子贞私居,每闻朝廷事不便,必封疏上奏,爱君忧国,不以进退异其心。卒年八十一。始病,家人进医药,却之曰:"死生有命,吾年逾八十,何以药为!"病危,诸子请遗言,子贞曰:"吾平昔教汝者不少,今尚何言耶!"

子渤,字齐彦,有才名,官至集贤学士。

商　挺

商挺,字孟卿,曹州济阴人。其先本姓殷氏,避宋讳改焉。父衡,金陕西行省员外郎,以战死。挺年二十四,汴京破,北走,依冠氏赵天锡,与元好问、杨奂游。东平严实聘为诸子师。实卒,子忠济嗣,辟挺为经历,出为曹州判官。未几,复为经历,赞忠济兴学养士。

癸丑,世祖在潜邸,受京兆分地,闻挺名,遣使征至盐州。入对称旨,字而不名。间陪宴语,因曰:"挺来时,李璮城朐山,东平当馈米万石。东平至朐山,率十石致一石,且车淖于雨,必后期,后期罪死。请输沂州,使璮军取食,便。"世祖曰:"爱民如此,忍不卿从。"杨惟中宣抚关中,挺为郎中。兵火之余,八州十二县,户不满万,皆惊忧无聊。挺佐惟中,进贤良,黜贪暴,明尊卑,出淹滞,定规程,主簿责,印楮币,颁俸禄,务农薄税,通其有无。期月,民乃安。诛一大猾,群吏咸惧。且请减关中常赋之半。明年,惟中罢,廉希宪来代,升挺为宣抚副使。丙辰,征京兆军需布万匹、米三千石、帛三千段,械器称是,输平凉军。期迫甚,郡人大恐。挺曰:"他易集也,运米千里,妨我蚕麦。"鄜长王姓者,平凉人也,挺召与谋,对曰:"不烦官运,仆家有积粟,请以代输。"挺大悦,载价与之,他输亦如期。复命兼治怀孟,境内大治。丁巳,宪宗命阿蓝答儿会计河南、陕右。戊午,罢宣抚司,挺还东平。

宪宗亲征蜀,世祖将趋鄂、汉,军于小濮,召问军事。挺对曰:"蜀道险远,万乘岂宜轻动。"世祖默然久之,曰:"卿言正契吾心。"宪宗崩,世祖北还,道遣张文谦与挺计事。挺曰:"军中当严符信,以防奸诈。"文谦急追及言之。世祖大悟,骂曰:"无一人为我言此,非商孟卿几败大计!"速遣使至军立约。未几,阿里不哥之使至军中,执而斩之。召挺北上至开平,挺与廉希宪密赞大计。

世祖既即位,挺奏曰:"南师宜还扈乘舆,西师宜军便地。"从之。以廉希宪及挺宣抚陕、蜀。中统元年夏五月,至京兆。哈剌不花者,征蜀时名将也,浑都海尝为之副,时驻六盘山,以兵应阿里不哥。挺谓希宪曰:"为六盘,有三策。悉锐而东,直捣京兆,上策也;聚兵六盘,观衅而动,中策也;重装北归,以应和林,下策也。"希宪曰:"彼将何从?"挺曰:"必出下策。"已而果然。于是与希宪定议,令八春、汪良臣发兵御之,事具《希宪传》。六盘之兵既北,而阿蓝答儿自和林引兵南来,与哈剌不花、浑都海遇于甘州。哈剌不花以语不合,引其兵北去,阿蓝答儿遂与浑都海合军而南。时诸王合丹率骑兵与八春、汪良臣兵合,乃分为三道以拒之。既阵,大风吹沙,良臣令军士下马,以短兵突其左,绕出阵后,溃其右而出,八春直捣其前,合丹勒精骑邀其归路,大战于甘州东,杀阿蓝答儿、浑都海。事闻,帝大悦,曰:"商孟卿,古之良将也。"改宣抚司为行中书省,进希宪为右丞,挺为佥行省事。

二年,进参知政事。宋将刘整以泸州降,系前降宋者数百人来归,军吏请诛以戒,挺尽奏而释之。兴元判官费寅有罪惧诛,以借兵完城事讼挺与希宪于朝。帝召挺便殿,问曰:"卿在关中、怀孟,两著治效,而毁言日至,岂同寅有沮卿者耶?抑位高而志怠耶?比年论王文统者甚众,卿独无一言。"挺对曰:"臣素知文统之为人,尝与赵璧论之,想陛下犹能记也。臣在秦三年,多过,其或从权以应变者有之。若功成以归己,事败分咎于人,臣必不敢,请就戮。"挺既出,帝顾驸马忽剌出、枢副合答等,数挺前后大计,凡十有七,因叹曰:"挺有功如是,犹自言有罪,若此,谁复为朕戮力耶!卿等识之。"四年,赐金符,行四川行枢密院事。

至元元年,入拜参知政事。建议史事,附修辽、金二史,宜令王鹗、李冶、徐世隆、高鸣、胡祗遹、周砥等为之,甚合帝意。二年,分省河东,俄召还。三年,帝留意经学,挺与姚枢、窦默、王鹗、杨果纂《五经要语》凡二十八类以进。六年,同佥枢密院事。七年,迁佥书。八年,升副使。数军食,定军官品级,给军吏俸。使四千人屯田,开垦三万亩,收其获以饷亲军。汰不胜军者户三万户，一丁者亦汰去；丁多业寡，业多丁寡，财力相资，合出一军。

九年，封皇子忙阿剌为安西王，立王相府，以挺为王相。十四年，诏王北征，王命挺曰："关中事有不便者，可悉更张之。"挺曰："延安民兵数千，宜使李忽兰吉练习之，以备不虞。"未几，秃鲁叛，以延安兵应敌，果获其力。挺进十策于王，曰：睦亲邻，安人心，敬民时，备不虞，厚民生，一事权，清心源，谨自治，固本根，察下情。王为置酒嘉纳。王薨，王妃使挺请命于朝，以子阿难答嗣。帝曰："年少，祖宗之训未习，卿姑行王相府事。"

初，运使郭琮、郎中郭叔云与王相赵炳构隙。或告炳不法，妃命囚之六盘狱以死。朝廷疑擅杀之，执琮、叔云鞫问，伏辜，事具《赵炳传》。初无一毫及挺。惟王府女奚彻彻，以预二郭谋，临刑，望以求生，始有暧昧语连挺及其子瓛。帝怒，召挺，拘炳家，瓛下狱。帝命赵氏子曰："商孟卿，老书生，可与诸儒谳其罪。"吏部尚书青阳梦炎以议勋奏曰："臣宋儒，不知挺向来之功可补今之过否？"帝不悦曰："是同类相助之辞也。"符宝郎董文忠奏曰："梦炎不知挺何如人，臣以曩时推戴之功语之矣。"帝良久曰："其事果何如？"对曰："臣目未睹，耳固闻之，杀人之谋，挺不与也。"帝默然。十六年春，有旨：挺不可全以无罪释之，籍其家。是冬，始释挺及瓛。二十年，复枢密副使，俄以疾免。二十一年，赵氏子复讼父冤，挺又被系，百余日乃释。二十五年，帝问中丞董文用曰："商孟卿今年几何？"对曰："八十。"帝甚惜其老，而叹其康强。是岁冬十有二月卒。有诗千余篇，尤善隶书。延祐初，赠推诚协谋佐运功臣、太师、开府仪同三司、上柱国、鲁国公，谥文定。子五人：琥、璘、瑭、瓛、琦。

琥字台符。至元十四年，以姚枢、许衡荐，拜江南行御史台监察御史。建康戍卒有利汤氏财者，投戈于其家，诬为反具。琥知其冤，罪诬者而释之。华亭蟠龙寺僧思月谋叛被擒，其党纵火来劫，民大扰，琥亟诛其魁。文法吏责琥擅诛，行台中丞张雄飞曰："江南残毁之余，盗贼屡起，顾尚循常例，安用宪台为哉！"吏议遂屈。都昌妖贼杜万一，僭号倡乱，行台檄琥按问。械系胁从者盈狱，琥悉以诖误纵遣之。党与窜伏者犹众，琥揭牓招徕，不三日云集。二十七年，征拜中台监察御史。属地震，琥上书言："昔汉文帝有此异，而无其应，盖以躬行德化而弭也。"因条陈汉文时政以进。又言："为国之道，在立法、任人二者而已。法不徒立，须人而行，人不滥用，惟贤是择。"因举天下名士十余人。帝从之，皆召用，待以不次。三十年，迁国子司业。卒。有《彝斋文集》。

瑭子礼符。仕为右卫屯田千户。岁余，谢病侍亲，时年才三十二。后还乡里，筑室曰晦道堂，盖取七世祖宗弼，宋仁宗时为太子中舍人，年五十挂冠所筑堂名也。

琦字德符。大德八年，成宗召备宿卫。仁宗在东宫，奏授集贤直学士。调大名路治中，不赴。皇庆元年，授集贤侍讲学士。延祐四年，升侍读官、通奉大夫，赐钞二万五千贯。泰定元年，迁秘书卿，病归，卒。琦善画山水。尝使蜀，持平守法，秋毫无私。

赵良弼

赵良弼，字辅之，女直人也。本姓术要甲，音讹为赵家，因以赵为氏。父悫，金威胜军节度使，谥忠闵；悫长子良贵，嵩汝招讨使；良贵子说，许州兵官；悫从子良材，守太原。俱死事。良弼明敏，多智略，初举进士，教授赵州。世祖在潜藩，召见，占对称旨，会立邢州安抚司，擢良弼为幕长。邢久不得善吏，且当要冲，使者旁午，民多逃去。良弼区画有方，事或掣制，则请诸藩邸，再阅岁，凡六往返，所请无不从。脱兀脱以断事官镇邢，其属要结罪废者，交构嫌隙，动相沮挠。世祖时征云南，良弼驰驿白其事，遂黜脱兀脱，罢其属，邢大治，户口增倍。世祖在潜藩时，分地在关陕，奏以廉希宪、商挺宣抚陕西，以良弼参议司事。阿蓝答儿当国，惮世祖英武，谗于宪宗。遂以阿蓝答儿为陕西省左丞相，刘太平参知政事，钩校京兆钱谷，煅炼群狱，死者二十余人，众皆股栗。良弼力陈大义，词气恳款，二人卒不能诬，故宣抚司一无所坐。

己未七月，世祖南征，召参议元帅事，兼江淮安抚使。亲执桴鼓，率先士卒，五战皆捷。禁焚庐舍、杀降民，所至宣布恩德，民皆按堵。既渡江，攻鄂州，闻宪宗崩，世祖北还，良弼陈时务十二事，言皆有征。至卫，遣如京兆察访秦、蜀人情事宜，不逾月，具得实还报，曰："宗王穆哥无他心，宜以西南六盘悉委属之。浑都海屯军六盘，士马精强，咸思北归，恐事有不意。纽璘总秦、川蒙古诸军，多得秦、蜀民心，年少鸷勇，轻去就，当宠以重职，疾解其兵柄。刘太平、霍鲁怀，今行尚书省事，声言办集粮饷，阴有据秦、蜀志。百家奴、刘黑马、汪惟正兄弟，蒙被德惠，俱悉心俟命。"其言皆见采用。

庚申，良弼凡五上言劝进，曰："今中外皆愿大王早进正宸，以安天下，事势如此，岂容中止，社稷安危，间不容发。"世祖嘉之。既即位，立陕西四川宣抚司，复以廉希宪、商挺为使、副，良弼为参议。良弼先行，谋诸断事官八春曰："今浑都海日夜思北归，纽璘迁延不即行，当先遣使奉上旨促纽璘入朝，刘太平速还京兆。"八春从其议。至则纽璘果移营将入泾，刘太平将趋六盘，闻命乃止。后浑都海果叛北归，良弼与汪惟正、刘黑马二宣抚决议，执浑都海之党元帅乞台不花、迷立火者诛之。希宪及挺虑有擅杀名，遣使入奏待罪。良弼具密状授使者，言："始遣捕二帅时，止令囚以俟报，臣窃以为张惶不便，宜急诛之，擅杀在臣，实不在宣抚司，若上怒希宪等，愿使者即出此奏。"帝竟不问，使者以奏白政府，咸以良弼为长者。升参议陕西省事。蜀人费寅以私憾诬廉希宪、商挺在京兆有异志者九事，以良弼为征。帝召良弼诘问，良弼泣曰："二臣忠良，保无是心，愿剖臣心以明之。"帝意不释。会平李璮，得王文统交通书，益有疑二臣意，切责良弼，无所不至，至欲断其舌。良弼誓死不少变，帝意乃解，费寅卒以反诛。

至元七年，以良弼为经略使，领高丽屯田。良弼言屯田不便，固辞，遂以良弼奉使日本。先是，至元初，数遣使通日本，卒不得要领，于是良弼请行。帝悯其老，不许，良弼固请，乃授秘书监以行。良弼奏："臣父兄四人，死事于金，乞命翰林臣文其碑，臣虽死绝域，无憾矣。"帝从其请。给兵三千以从，良弼辞，独与书状官二十四人俱。舟至金津岛，其国人望见使舟，欲举刃来攻，良弼舍舟登岸喻旨。金津守延入板屋，以兵环之，灭烛大噪，良弼凝然自若。天明，其国太宰府官陈兵四山，问使者来状。良弼数其不恭罪，仍喻以礼意。太宰官愧服，求国书。良弼曰："必见汝国王，始授之。"越数日，复来求书，且曰："我国自太宰府以东，上古使臣，未有至者，今大朝遣使至此，而不以国书见授，何以示信！"良弼曰："隋文帝遣裴清来，王郊迎成礼，唐太宗、高宗时，遣使皆得见王，王何独不见大朝使臣乎？"复索书不已，诘难往复数四，至以兵胁良弼。良弼终不与，但颇录本示之。后又声言，大将军以兵十万来求书。良弼曰："不见汝国王，宁持我首去，书不可得也。"日本知不可屈，遣使介十二人入觐，仍遣人送良弼至对马岛。十年五月，良弼至自日本，入见，帝询知其故，曰："卿可谓不辱君命矣。"后帝将讨日本，三问，良弼言："臣居日本岁余，睹其民俗，狠勇嗜杀，不知有父子之亲、上下之礼。其地多山水，无耕桑之利，得其人不可役，得其地不加富。况舟师渡海，海风无期，祸害莫测。是谓以有用之民力，填无穷之巨壑也，臣谓勿击便。"帝从之。

十一年十二月，以良弼同佥书枢密院事。丞相伯颜伐宋，良弼言："宋重兵在扬州，宜以大军先捣钱唐。"后讫如其计。又言："宋亡，江南士人多废学，宜设经史科，以育人材，定律令，以戢奸吏。"卒皆用其议。帝尝从容问曰："高丽，小国也，匠工弈技，皆胜汉人，至于儒人，皆通经书，学孔、孟。汉人惟务课赋吟诗，将何用焉！"良弼对曰："此非学者之病，在国家所尚何如耳。尚诗赋，则人必从之，尚经学，则人亦从之。"

良弼屡以疾辞，十九年，得旨居怀孟。良弼别业在温县，故有地三千亩，乃析为二，六与怀州，四与孟州，皆永隶庙学，以赡生徒，自以出身儒素，示不忘本也。或问为治，良弼曰："必有忍，其乃有济。人性易发而难制者，惟怒为甚。必克己，然后可以制怒；必顺理，然后可以忘怒。能忍所难忍，容所难容，事斯济矣。"二十三年，卒，年七十。赠推忠翊运功臣、太保、仪同三司，追封韩国公，谥文正。子训，陕西平章政事。

赵　璧

赵璧，字宝臣，云中怀仁人。世祖为亲王，闻其名，召见，呼秀才而不名，赐三僮，给薪水，命后亲制衣赐之，视其试服不称，辄为损益，宠遇无与为比。命驰驿四方，聘名士王鹗等。又令蒙古生十人从璧受儒书。敕璧习国语，译《大学衍义》，时从马上听璧陈说，辞旨明贯，世祖嘉之。

宪宗即位，召璧问曰："天下何如而治？"对曰："请先诛近侍之尤不善者。"宪宗不悦。璧退，世祖曰："秀才，汝浑身是胆耶！吾亦为汝握两手汗也。"一日，断事官牙老瓦赤持其印，请于帝曰："此先朝赐臣印也，今陛下登极，将仍用此旧印，抑易以新者耶？"时璧侍旁，质之曰："用汝与否，取自圣裁，汝乃敢以印为请耶！"夺其印，置帝前。帝为默然久之，既而曰："朕亦不能为此也。"自是牙老瓦赤不复用。

壬子，为河南经略使。河南刘万户贪淫暴戾，郡中婚嫁，必先赂之，得所请而后行，咸呼之为翁。其党董主簿，尤恃势为虐，强取民女有色者三十余人。璧至，按其罪，立斩之，尽还民女。刘大惊，时天大雪，因诣璧相劳苦，且酌酒贺曰："经略下车，诛锄强猾，故雪为瑞应。"璧曰："如董主簿比者，尚有其人，俟尽诛之，瑞应将大至矣。"刘屏气不复敢出语，归卧病而卒，时人以为惧死。

己未，伐宋，为江淮荆湖经略使。兵围鄂州，宋贾似道遣使来，愿请行人以和，璧请行。世祖曰："汝登城，必谨视吾旗，旗动，速归可也。"璧登城，宋将宋京曰："北兵若旋师，愿割江为界，且岁奉银、绢匹两各二十万。"璧曰："大军至濮州时，诚有是请，犹或见从，今已渡江，是言何益！贾制置今焉在耶？"璧适见世祖旗动，乃曰："俟他日复议之。"遂还。

宪宗崩，世祖即位。中统元年，拜燕京宣慰使。时供给蜀军，府库已竭，及用兵北边，璧经画馈运，相继不绝。中书省立，授平章政事，议加答剌罕之号，力辞不受。二年，从北征，命还燕，以平章政事兼大都督领诸军。是年，始制太庙雅乐。乐工党仲和、郭伯达，以知音律在选中，为造伪钞者连坐，系狱。璧曰："太庙雅乐，大飨用之，圣上所以昭孝报本也，岂可系及无辜，而废雅乐之成哉！"奏请原之。三年，李璮反益都，从亲王合必赤讨之。璮已据济南，诸军乏食，璧从济河得粟及羊豕以馈军，军复大振。

至元元年，官制行，加荣禄大夫。帝欲作文檄宋，执笔者数人，不称旨，乃召璧为之。文成，帝大喜曰："惟秀才曲尽我意。"改枢密副使。六年，宋守臣有遣间使约降者，帝命璧诣鹿门山都元帅阿术营密议。命璧同行汉军都元帅府事。宋将夏贵，率兵五万，馈粮三千艘，自武昌溯流，入援襄阳。时汉水暴涨，璧据险设伏待之。贵果中夜潜上，璧策马出鹿门，行二十余里，发伏兵，夺其五舟，大呼曰："南船已败，我水军宜速进。"贵慑不敢动。明旦，阿术至，领诸将渡江西追贵骑兵，璧率水军万户解汝楫等追贵舟师。遂合战于虎尾洲，贵大败走，士卒溺死甚众，夺战舰五十，擒将士三百余人。

高丽王禃为其臣林衍所逐，帝召璧还，改中书左丞，同国王头辇哥行东京等路中书省事，聚兵平壤。时衍已死，璧与王议曰："高丽迁居江华岛有年矣，外虽卑辞臣贡，内恃其险，故使权臣无所畏忌，擅逐其主。今衍虽死，王实无罪，若朝廷遣兵护归，使复国于古京，可以安兵息民，策之上者也。"因遣使以闻，帝从之。时同行者分高丽美人，璧得三人，皆还之。师还，迁中书右丞。冬，祀太庙，有司失黄幔，索得于神庖灶下，已甚污弊。帝闻，大怒曰："大不敬，当斩！"璧曰："法止杖断流远。"其人得不死。十年，复拜平章政事。十三年，卒，年五十七。大德三年，赠大司徒，谥忠亮。

子二人：仁荣，同知归德府事；仁恭，集贤直学士。孙二人：崇，郊祀署令；弘，左藏库提点。

卷一百六十　　列传第四十七

王　磐

王磐，字文炳，广平永年人，世业农，岁得麦万石，乡人号万石王家。父禧，金末入财佐军兴，补进义副尉。国兵破永年，将屠其城，禧复罄家赀以助军费，众赖以免。金人迁汴，乃举家南渡河，居汝之鲁山。磐年方冠，从麻九畴学于郾城，客居贫甚，日作糜一器，画为朝暮食。年二十六，擢正大四年经义进士第，授归德府录事判官，不赴。自是大肆力于经史百氏，文辞宏放，浩无涯涘。及河南被兵，磐避难，转入淮、襄间。宋荆湖制置司素知其名，辟为议事官。丙申，襄阳兵变，乃北归，至洛西，会杨惟中被旨招集儒士，得磐，深礼遇之，遂寓河内。东平总管严实兴学养士，迎磐为师，受业者常数百人，后多为名士。

中统元年，即拜益都等路宣抚副使，居顷之，以疾免。李璮素重磐，以礼延致之，磐亦乐青州风土，乃买田渳河之上，题其居曰鹿庵，有终焉之意。及璮谋不轨，磐觉之，脱身至济南，得驿马驰去，入京师，因侍臣以闻。世祖即日召见，嘉其诚节，抚劳甚厚。璮据济南，大军讨之，帝命磐参议行省事。璮平，遂挈妻子至东平。召拜翰林直学士，同修国史。

出为真定、顺德等路宣慰使。衡水县达鲁花赤忙兀䚟，贪暴不法，县民苦之。有赵清者，发其罪，既具伏矣，适初置监司，其妻惧无以灭口，召家人饮酒至醉，以利啖之，使夜杀清，清逃获免，乃尽杀其父母妻子。清诉诸官，权要蔽忙兀䚟，不为理，又欲反其具狱。磐竟奏置诸法，籍其家赀，以半给清。郡有西域大贾，称贷取息，有不时偿者，辄置狱于家，拘系榜掠。其人且恃势干官府，直来坐厅事，指麾自若。磐大怒，叱左右捽下，箠之数十。时府治寓城上，即挤诸城下，几死，郡人称快。未几，蝗起真定，朝廷遣使者督捕，役夫四万人，以为不足，欲牒邻道助之。磐曰："四万人多矣，何烦他郡！"使者怒，责磐状，期三日尽捕蝗，磐不为动，亲率役夫走田间，设方法督捕之，三日而蝗尽灭，使者惊以为神。

复入翰林为学士，入谒宰相，首言："方今害民之吏，转运司为甚，至税人白骨，宜罢去之，以苏民力。"由是运司遂罢。阿合马讽大臣，请合中书、尚书两省为一，拜右丞相安童为三公，阴欲夺其政柄。有诏会议，磐言："合两省为一，而以右丞相总之，实便，不然，则宜仍旧，三公既不预政事，则不宜虚设。"其议遂沮。迁太常少卿，乞致仕，不允。

时宫阙未建，朝仪未立，凡遇称贺，臣庶杂至帐殿前，执法者患其喧扰，不能禁。磐上疏曰："按旧制：天子宫门，不应入而入者，谓之阑入。阑入之罪，由第一门至第三门，轻重有差。宜令宣徽院，籍两省而下百官姓名，各依班序，听通事舍人传呼赞引，然后进。其越次者，殿中司纠察定罚，不应入而入者，准阑入罪，庶朝廷之礼，渐可整肃。"于是仪制始定。

曲阜孔子庙，历代给民百户，以供洒扫，复其家，至是，尚书省以括户之故，尽收为民，磐言："林庙户百家，岁赋钞不过六百贯，仅比一六品官终年俸耳。圣朝疆宇万里，财赋岁亿万计，岂爱一六品官俸，不以待孔子哉？且于府库所益无多，其损国体甚大。"时论韪之。帝以天下狱囚滋多，敕诸路自死罪以下，纵遣归家，期秋八月，悉来京师听决。囚如期至，帝恻然怜之，尽原其罪。他日，命词臣作诏，戒喻天下，皆不称旨意，磐独以纵囚之意命辞，帝喜曰："此朕所欲言而不能者，卿乃能为朕言之。"嘉奖不已，取酒赐之。

再乞致仕，不允。国子祭酒许衡将告归，帝遣近臣问磐，磐言："衡素廉介，意其所以求退者，得非生员数少，坐縻廪禄，有所不安耶？宜增益生员，使之施教，则庶几人材有成，衡之受禄亦可少安矣。"诏从之。磐移疾家居，帝遣使存问，赐以名药。磐尝于会集议事之际，数言："前代用人，二十从政，七十致仕，所以资其材力，闵其衰老，养其廉耻之心也。今入仕者不限年，而老病者不能退，彼既不自知耻，朝廷亦不以为非，甚不可也。"至是，以疾，请断月俸毋给，自秋及春，坚乞致仕。帝遣使慰谕之曰："卿年虽老，非任剧务，何以辞为。"仍诏禄之终身，并还所断月俸。磐不得已，复起。

时方伐宋，凡帷幄谋议，有所未决，即遣使问之，磐所敷陈，每称上意。帝将用兵日本，问以便宜，磐言："今方伐宋，当用吾全力，庶可一举取之。若复分力东夷，恐旷日持久，功卒难成。俟宋灭，徐图之未晚也。"江南既下，磐上疏，大略言："禁戢军士，选择官吏，赏功罚罪，推广恩信，所以抚安新附，销弭寇盗。"其言要切，皆见施行。朝议汰冗官，权近私以按察司不便，欲并省之。磐奏疏曰："各路州郡，去京师遥远，贪官污吏，侵害小民，无所控告，惟赖按察司为之申理。若指为冗官，一例罢去，则小民冤死而无所诉矣。若曰京师有御史台纠察四方之事，是大不然。夫御史台纠察朝廷百官、京畿州县，尚有弗及，况能周遍外路千百城之事乎？若欲并入运司，运司专以营利增课为职，与管民官常分彼此，岂暇顾细民之冤抑哉？"由是按察司得不罢。朝廷录平宋功，迁至宰相执政者二十余人，因议更定官制，磐奏疏曰："历代制度，有官品，有爵号，有职位，官爵所以示荣宠，职位所以委事权。臣下有功有劳，随其大小，酬以官爵，有才有能，称其所堪，处以职位，此人君御下之术也。臣以为有功者，宜加迁散官，或赐五等爵号，如汉、唐封侯之制可也，不宜任以职位。"日本之役，师行有期，磐入谏曰："日本小夷，海道险远，胜之则不武，不胜则损威，臣以为勿伐便。"帝震怒，谓非所宜言，且曰："此在吾国法，言者不赦，汝岂有他心而然耶？"磐对曰："臣赤心为国，故敢以言，苟有他心，何为从叛乱之地，冒万死而来归乎？今臣年已八十，况无子嗣，他心欲何为耶？"明日，帝遣侍臣以温言慰抚，使无忧惧。后阅内府珍玩，有碧玉宝枕，因出赐之。

磐以年老，累乞骸骨。丞相和礼霍孙为言，诏允其请，进资德大夫，致仕，仍给半俸终身。皇太子闻其去，召入宫，赐食，慰问良久。行之日，公卿百官，皆设宴以饯。明日，皇太子赐宴圣安寺，公卿百官出送丽泽门外，缙绅以为荣。磐无子，命其婿著作郎李稚宾为东平判官，以便养。每大臣燕见，帝数问磐起居状，始终眷顾不衰。磐资性刚方，闲居不妄言笑，每奏对，必以正，不肯阿意承顺，帝尝以古直称之，虽权幸侧目，弗顾也。阿合马方得权，致重币求文于碑，磐拒弗与。所荐宋衜、雷膺、魏初、徐琰、胡祗遹、孟祺、李谦，后皆为名臣。年至九十二，卒之夕，有大星陨正寝之东。赠端贞雅亮佐治功臣、太傅、开府仪同三司，追封洺国公，谥文忠。

王鹗

王鹗，字百一，曹州东明人。曾祖成，祖立，父琛。鹗始生，有大鸟止于庭，乡先生张巂曰："鹗也。是儿其有大名乎！"因名之。幼聪悟，日诵千余言，长工词赋。金正大元年，中进士第一甲第一人出身，授应奉翰林文字。六年，授归德府判官，行亳州城父令。七年，改同知申州事，行蔡州汝阳令，丁母忧。天兴二年，金主迁蔡，诏尚书省移书恒山公武仙进兵。金主览书，问谁为之，右丞完颜仲德曰："前翰林应奉王鹗也。"曰："朕即位时状元耶？"召见，惜擢用之晚，起复，授尚书省右司都事，升左右司郎中。三年，蔡陷，将被杀，万户张柔闻其名，救之，辇归，馆于保州。

甲辰冬，世祖在藩邸，访求遗逸之士，遣使聘鹗。及至，使者数辈迎劳，召对。进讲《孝经》、《书》、《易》，及齐家治国之道，古今事物之变，每夜分乃罢。世祖曰："我虽未能即行汝言，安知异日不能行之耶！"岁余，乞还，赐以马，仍命近侍阔阔、柴祯等五人从之学。继命徙居大都，赐宅一所。尝因见，请曰："天兵克蔡，金主自缢，其奉御绛山焚葬汝水之傍，礼为旧君有服，愿往葬祭。"世祖义而许之，至则为河水所没，设具牲酒，为位而哭。

庚申，世祖即位，建元中统，首授翰林学士承旨，制诰典章，皆所裁定。至元元年，加资善大夫。上奏："自古帝王得失兴废可考者，以有史在也。我国家以神武定四方，天戈所临，无不臣服者，皆出太祖皇帝庙谟雄断所致，若不乘时纪录，窃恐久而遗亡，宜置局纂就实录，附修辽、金二史。"又言："唐太宗始定天下，置弘文馆学士十八人，宋太宗承太祖开创之后，设内外学士院，史册烂然，号称文治。堂堂国朝，岂无英才如唐、宋者乎！"皆从之，始立翰林学士院，鹗遂荐李冶、李昶、王磐、徐世隆、高鸣为学士。复奏立十道提举学校官。

有言事者，谓宰执非其人，诏儒臣廷议可任宰相者。时阿合马巧佞，欲乘隙取相位，大臣复助之，众知其非，莫敢言。鹗奋然掷笔曰："吾以衰老之年，无以报国，即欲举任此人为相，吾不能插驴尾矣。"振袖而起，奸计为之中止。五年，乞致仕，诏有司岁给廪禄终其身，有大事则遣使就问之。十年，卒，年八十四，谥文康。

鹗性乐易，为文章不事雕饰，尝曰："学者当以穷理为先，分章析句，乃经生举子之业，非为己之学也。"著《论语集义》一卷，《汝南遗事》二卷，诗文四十卷，曰《应物集》。无子，以婿周铎子之纲承其祀。之纲官至翰林侍讲学士。

高鸣

高鸣，字雄飞，真定人，少以文学知名。河东元裕上书荐之，不报。诸王旭烈兀将征西域，闻其贤，遣使者三辈召之，鸣乃起，为王陈西征二十余策，王数称善，即荐为彰德路总管。世祖即位，赐诰命金符，已而召为翰林学士，兼太常少卿。至元五年，立御史台，以鸣为侍御史，风纪条章，多其裁定。寻立四道按察司，选任名士，鸣所荐居多，时论咸称其知人。天下初定，中书、枢密事多壅滞，言者请置督事官各二人，鸣曰："官得人，自无滞政，臣职在奉宪，愿举察之，毋为员外置人也。"七年，议立三省，鸣上封事曰："臣闻三省设自近古，其法由中书出政，移门下，议不合，则有驳正，或封还诏书；议合，则还移中书；中书移尚书，尚书乃下六部、郡国。方今天下大于古，而事益繁，取决一省，犹曰有壅，况三省乎！且多置官者，求免失政也，但使贤俊萃于一堂，连署参决，自免失政，岂必别官异坐，而后无失政乎！故曰政贵得人，不贵多官。不如一省便。"世祖深然之，议遂罢。川、陕盗起，省臣患之，请专戮其尤者以止盗，朝议将从之，鸣谏曰："制令天下上死囚，必待论报，所以重用刑、惜民生也。今从其请，是开天下擅杀之路，害仁政甚大。"世祖曰"善"，令速止之。鸣每以敢言被上知，尝入内，值大风雪，帝谓御史大夫塔察儿曰："高学士年老，后有大政，就问可也。"赐太官酒肉慰劳之，其见敬礼如此。九年，迁吏礼部尚书。十一年，病卒，年六十六，有文集五十卷。

李冶

李冶，字仁卿，真定栾城人。登金进士第，调高陵簿，未上，辟知钧州事。岁壬辰，城溃，冶微服北渡，流落忻、崞间，聚书环堵，人所不堪，冶处之裕如也。世祖在潜邸，闻其贤，遣使召之，且曰："素闻仁卿学优才赡，潜德不耀，久欲一见，其勿他辞。"既至，问河南居官者孰贤，对曰："险夷一节，惟完颜仲德。"又问完颜合答及蒲瓦何如，对曰："二人将略短少，任之不疑，此金所以亡也。"又问魏征、曹彬何如，对曰："征忠言谠论，知无不言，以唐诤臣观之，征为第一。彬伐江南，未尝妄杀一人，拟之方叔、召虎可也。汉之韩、彭、卫、霍，在所不论。"又问"今之臣有如魏征者乎？"对曰："今以侧媚成风，欲求魏征之贤，实难其人。"又问今之人材贤否，对曰："天下未尝乏材，求则得之，舍则失之，理势然耳。今儒生有如魏璠、王鹗、李献卿、兰光庭、赵复、郝经、王博文辈，皆有用之材，又皆贤王所尝聘问者，举而用之，何所不可，但恐用之不尽耳。然四海之广，岂止此数子哉。王诚能旁求于外，将见集于明廷矣。"又问天下当何以治之，对曰："夫治天下，难则难于登天，易则易于反掌。盖有法度则治，控名责实则治，进君子退小人则治，如是而治天下，岂不易于反掌乎！无法度则乱，有名无实则乱，进小人退君子则乱，如是而治天下，岂不难于登天乎！且为治之道，不过立法度、正纪纲而已。纪纲者，上下相维持；法度者，赏罚示惩劝，今则大官小吏，下至编氓，皆自纵恣，以私害公，是无法度也。有功者未必得赏，有罪者未必被罚，甚则有功者或反受辱，有罪者或反获宠，是无法度也。法度废，纪纲坏，天下不变乱，已为幸矣。"又问昨地震何如，对曰："天裂为阳不足，地震为阴有余。夫地道，阴也，阴太盛，则变常：今之地震，或奸邪在侧，或女谒盛行，或谗慝交至，或刑罚失中，或征伐骤举，五者必有一于此矣。夫天之爱君，如爱其子，故示此以警之耳。苟能辨奸邪，去女谒，屏谗慝，省刑罚，慎征讨，上当天心，下协人意，则可转咎为休矣。"世祖嘉纳之。

冶晚家元氏，买田封龙山下，学徒益众。及世祖即位，复聘之，欲处以清要，冶以老病，恳求还山。至元二年，再以学士召，就职期月，复以老病辞去，卒于家，年八十八。所著有《敬斋文集》四十卷，《壁书藂削》十二卷，《泛说》四十卷，《古今黈》四十卷，《测圆海镜》十二卷，《益古衍段》三十卷。

李昶

李昶，字士都，东平须城人。父世弼，从外家受孙明复《春秋》，得其宗旨。金贞祐初，三赴廷试，不第，推恩授彭城簿，志抑郁不乐，遂复求试。一夕，梦在李彦榜下及第，阅计偕之士，无之，时昶年十六，已能为程文，乃更其名曰彦。兴定二年，父子廷试，昶果以《春秋》中第二甲第二人，世弼第三甲第三人，父子褒贬各异，时人以比向、歆，而世弼遂不复任，晚乃授东平教授以卒。昶颖悟过人，读书如夙习，无故不出户外，邻里罕识其面。初从父入科场，侪辈少之，讥议纷纭，监试者远其次舍，伺察甚严。昶肆笔数千言，比午，已脱稿。释褐，授征事郎、孟州温县丞。正大改元，超授儒林郎、赐绯鱼袋、郑州河阴簿。三年，召试尚书省掾，再调漕运提举。

国兵下河南，奉亲还乡里。行台严实，辟授都事，改行军万户府知事。实卒，子忠济嗣，升昶为经历。居数岁，忠济怠于政事，贪佞抵隙而进。昶言于忠济曰："比年内外裘马相尚，饮宴无度，库藏空虚，百姓匮乏，若犹循习故常，恐或生变。惟阁下接纳正士，黜远小人，去浮华，敦朴素，损骑从，省宴游，虽不能救已然之失，尚可以弭未然之祸。"时朝廷裁抑诸侯，法制寖密，忠济纵侈自若。昶以亲老求解，不许。俄以父忧去官，杜门教授，一时名士，若李谦、马绍、吴衍辈，皆出其门。

岁己未，世祖伐宋，次濮州，闻昶名，召见，问治国用兵之要。昶上疏，论治国，则以用贤、立法、赏罚、君道、务本、清源为对；论用兵，则以伐罪、救民、不嗜杀为对。世祖嘉纳之。明年，世祖即位，召至开平，访以国事，昶知无不言，眷遇益隆。时征需烦重，行中书省科征税赋，虽逋户不贷，昶移书时相，其略曰："百姓困于弊政久矣，圣上龙飞，首颁明诏，天下之人，如获更生，拭目倾耳，以徯太平。半年之间，人渐失望，良以渴仰之心太切，兴除之政未孚故也。侧闻欲据丁巳户籍，科征租税，比之见户，或加多十六七。止验见户，应输犹恐不逮，复令包补逃故，必至艰难。苟不以抚字安集为心，惟事供亿，则诸人皆能之，岂圣上擢贤更化之意哉？"于是省府为蠲逋户之赋。中统二年春，内难平，昶上表贺，因进讽谏曰："患难所以存儆戒，祸乱将以开圣明，伏愿日新其德，虽休勿休，战胜不矜，功成不有，和辑宗亲，抚绥将士，增修庶政，选用百官，俭以足用，宽以养民，安不忘危，治不忘乱，恒以北征宵旰之勤，永为南面逸豫之戒。"世祖称善久之。世祖尝燕处，望见昶，辄敛容曰："李秀才至矣。"其见敬礼如此。

会严忠济罢，以其弟忠范代之，忠范表请昶师事之，特授翰林侍讲学士，行东平路总管军民同议官。昶条十二事，划除宿弊。至元元年，迁转之制行，减并路、府、州、县官员，于是谢事家居。五年，起为吏礼部尚书，品格条式、选举礼文之事，多所裁定。凡议大政，宰相延置上座，倾听其说。六年，奸臣阿合马议升制国用使司为尚书省，昶请老以归。七年，诏授南京路总管兼府尹，不赴。八年，授山东东西道提刑按察使，务持大体，不事苛细，未几致仕。二十二年，昶年已八十三，复遣使征之，以老疾辞，赐田千亩。二十六年卒，年八十有七。

昶尝集《春秋》诸家之说折中之，曰《春秋左氏遗意》二十卷；早年读《语》、《孟》，见先儒之失，考订成编，及得朱氏、张氏解，往往吻合，其书遂不复出。独取《孟子》旧说新说矛盾者，参考归一，附以己见，为《孟子权衡遗说》五卷。

刘肃

刘肃，字才卿，威州洺水人。金兴定二年词赋进士。尝为尚书省令史。时有盗内藏官罗及珠，盗不时得，逮系货珠牙侩及藏吏，诬服者十一人。刑部议皆置极刑，肃执之曰："盗无正赃，杀之冤。"金主怒。有近侍夜见肃，具道其旨，肃曰："辨析冤狱，我职也，惜一己而戕十一人之命，可乎！"明日，诣省辨愈力。右司郎中张天纲曰："吾为汝具奏辨析之。"奏入，金主悟，囚得不死。调新蔡令。先时，县赋民以牛多寡为差，民匿不耕，肃至，命树畜繁者不加赋，民遂殷富。濒淮民有窜入宋境，籍为兵而优其粮，间有归者，颇艰于衣食，时出怨言曰："不如渡淮。"告者以谋叛论，肃曰："淮限宋境，一水耳，果欲叛，不难往也，口虽言而心无实，准律当杖八十。"奏可。继擢户部主事。

金亡，依东平严实，辟行尚书省左司员外郎，又改行军万户府经历。东平岁赋丝银，复输绵十万两、色绢万匹，民不能堪，肃赞实奏罢之。壬子，世祖居潜邸，以肃为邢州安抚使，肃兴铁冶及行楮币，公私赖焉。中统元年，擢真定宣抚使。时中统新钞行，罢银钞不用。真定以银钞交通于外者，凡八千余贯，公私嚣然，莫知所措。肃建三策：一曰仍用旧钞，二曰新旧兼用，三曰官以新钞如数易旧钞。中书从其第三策，遂降钞五十万贯。二年，授左三部尚书，官曹典宪，多所议定。未几，兼商议中书省事。三年，致仕，给半俸。四年，卒，年七十六。

肃性舒缓，有执守。尝集诸家《易》说，曰《读易备忘》。后累赠推忠赞治功臣、荣禄大夫、上柱国、大司徒、邢国公，谥文献。

子宪，礼部侍郎；悫，大名路总管。孙赓，翰林学士承旨。

王思廉

王思廉，字仲常，真定获鹿人。幼师太原元好问。既冠，张德耀宣抚河东，辟掌书记，复谢归。至元十年，董文忠荐之，世祖问文忠曰："汝何由知王思廉贤？"对曰："乡人之善者称之也。"遂召见，授符宝局掌书。十三年，姚枢举为昭文馆待制，迁奉训大夫、符宝局直长。十四年，改翰林待制，尝进读《通鉴》，至唐太宗有杀魏征语，及长孙皇后进谏事，帝命内官引至皇后阁，讲衍其说。后曰："是诚有益于宸衷。尔宜择善言进讲，慎勿以渎辞烦上听也。"每侍读，帝命御史大夫玉速帖木儿、太师月赤察儿、御史中丞撒里蛮、翰林学士承旨撒立察等咸听受焉。帝尝御延春阁，大赉群臣，俾十人为列以进，思廉偶在卫士之列，帝责董文忠曰："思廉儒臣，岂宜列卫士！"

十八年，进中顺大夫、典瑞少监。十九年，帝幸白海，时千户王著矫杀奸臣阿合马于大都，辞连枢密副使张易。帝召思廉至行殿，屏左右，问曰："张易反，若知之乎？"对曰："未详也。"帝曰："反已反已，何未详也？"思廉徐奏曰："僭号改元谓之反，亡入他国谓之叛，群聚山林贼害民物谓之乱，张易之事，臣实不能详也。"帝曰："朕自即位以来，如李璮之不臣，岂以我若汉高帝、赵太祖，遽陟帝位者乎？"思廉曰："陛下神圣天纵，前代之君不足比也。"帝叹曰："朕往者有问于窦默，其应如响，盖心口不相违，故不思而得，朕今有问汝，能然乎？且张易所为，张仲谦知之否？"思廉即对曰："仲谦不知。"帝曰："何以明之？"对曰："二人不相安，臣故知其不知也。"

二十年，升太监。思廉以儒素进，帝眷注优渥。尝疾，赐御药，顾问安否；扈跸，失所乘马，给内厩马五匹；盗窃所赐玉带，更以玉带赐之。裕宗居东宫，思廉进曰："殿下府中，宜建学官，俾左右近侍，尝亲正学，必能裨辅明德。"裕宗然之。裕宗尝欲买甲第赐思廉，思廉固辞。二十三年，改嘉议大夫、同知大都留守，兼少府监事。藩王乃颜叛，帝亲征，思廉间谓留守段贞曰："藩王反侧，地大故也，汉晁错削地之策，实为良图，盍为上言之？"贞见帝，遂以闻，帝曰："汝何能出是言也？"贞以思廉对，帝嘉之。二十九年，迁正议大夫、枢密院判官。大德元年，成宗即位，迁中奉大夫、翰林学士，仍枢密院判官，以病归。三年，起为工部尚书，拜征东行省参知政事。七年，总管大名路。八年，召为集贤学士。十一年，授正奉大夫、太子宾客。仁宗即位，以翰林学士承旨、资善大夫致仕。延祐七年卒，年八十三。赠翰林学士承旨、资德大夫、河南江北等处行中书省右丞、上护军，追封恒山郡公，谥文恭。

李谦

李谦，字受益，郓之东阿人。祖元，以医著名。父唐佐，性恬退，不喜仕进。谦幼有成人风，始就学，日记数千言，为赋有声，与徐世隆、孟祺、阎复齐名，而谦为首。为东平府教授，生徒四集，累官万户府经历，复教授东平。先时，教授无俸，郡敛儒户银百两备束修，谦辞曰："家幸非甚贫者，岂可聚货以自殖乎！"翰林学士王磐以谦名闻，召为应奉翰林文字，一时制诰，多出其手。至元十五年，升待制，扈驾至上都，赐以银壶、藤枕。十八年，升直学士，为太子左谕德，侍裕宗于东宫。陈十事：曰正心，曰睦亲，曰崇俭，曰几谏，曰戢兵，曰亲贤，曰尚文，曰定律，曰正名，曰革弊。裕宗崩，世祖又命傅成宗于潜邸，所至以谦自随。转侍读学士。世祖深加器重，尝赐坐便殿，饮群臣酒，世祖曰："闻卿不饮，然能为朕强饮乎？"因赐蒲萄酒一钟，曰："此极醉人，恐汝不胜。"即令三近侍扶掖使出。二十六年，以足疾辞归。

三十一年，成宗即位，驿召至上都。既见，劳曰："朕知卿有疾，然京师去家不远，且多良医，能愈疾。卿当与谋国政，余不以劳卿也。"升学士。元贞初，引疾还家。大德六年，召为翰林承旨，以年七十一，乞致仕。九年，又召。至大元年，给半俸。仁宗为皇太子，征为太子少傅，谦皆力辞。仁宗即位，召十六人，谦居其首。乃力疾见帝于行在，疏言九事，其略曰："正心术以正百官，崇孝治以先天下，选贤能以居辅相之位，广视听以通上下之情，恤贫乏以重邦家之本，课农桑以丰衣食之源，兴学校以广人材之路，颁律令使民不犯，练士卒居安虑危。至于振肃纪纲、纠察内外，台宪之官尤当选素著清望、深明治体、不事苛细者为之。"帝嘉纳焉。迁集贤大学士、荣禄大夫，致仕，加赐银一百五十两，金织币及帛各三匹。归，卒于家，年七十九。

谦文章醇厚有古风，不尚浮巧，学者宗之，号野斋先生。子偘，官至大名路总管。

徐世隆

徐世隆，字威卿，陈州西华人。弱冠，登金正大四年进士第，辟为县令。其父戒世隆曰："汝年少，学未至，毋急仕进，更当读书，多识往事，以益智识，俟三十入官，未晚也。"世隆遂辞官，益笃于学。岁壬辰，父殁。癸巳，世隆奉母北渡河，严实招致东平幕府，俾掌书记。世隆劝实收养寒素，一时名士多归之。宪宗即位，以为拘榷燕京路课税官，世隆固辞。壬子，世祖在潜邸，召见于日月山，时方图征云南，以问世隆，对曰："孟子有言：'不嗜杀人者能一之。'夫君人者，不嗜杀人，天下可定，况蕞尔之西南夷乎！"世祖曰："诚如卿言，吾事济矣。"实时得金太常登歌乐，世祖遣使取之观，世隆典领以行。既见，世祖欲留之，世隆以母老辞。实子忠济，以世隆为东平行台经历，于是益赞忠济兴学养士。

中统元年，擢燕京等路宣抚使，世隆以新民善俗为务。中书省檄诸路养禁卫之羸马，数以万计，刍秣与其什器，前期戒备。世隆曰："国马牧于北方，往年无饲于南者。上新临天下，京畿根本地，烦扰之事，必不为之。马将不来。"吏白："此军需也，其责匆轻。"世隆曰："责当我坐。"遂弗为备，马果不至。清沧盐课，前政亏不及额，世隆综核之，得增羡若干，赐银三十铤。二年，移治顺天，岁饥，世隆发廪贷之，全活甚众。三年，宣抚司罢，世隆还东平，请增宫县大乐、文武二舞，令旧工教习，以备大祀，制可。除世隆太常卿以掌之，兼提举本路学校事。四年，世祖问尧、舜、禹、汤为君之道，世隆取《书》所载帝王事以对，帝喜曰："汝为朕直解进读，我将听之。"书成，帝命翰林承旨安藏译写以进。

至元元年，迁翰林侍讲学士，兼太常卿，朝廷大政谘访而后行，诏命典册多出其手。世隆奏："陛下帝中国，当行中国事。事之大者，首惟祭祀，祭必有庙。"因以图上，乞敕有司以时兴建。从之，逾年而庙成。遂迎祖宗神御，奉安太室，而大飨礼成。帝悦，赏赐优渥。俄兼户部侍郎，承诏议立三省，遂定内外官制上之。时朝仪未立，世隆奏曰："今四海一家，万国会同，朝廷之礼，不可不肃，宜定百官朝会仪。"从之。七年，迁吏部尚书，世隆以铨选无可守之法，为撰《选曹八议》。

九年，乞补外，佩虎符，为东昌路总管。至郡，专务以德率下，不事鞭箠，吏不忍欺，民亦化服，期年而政成，郡人颂之。十四年，起为山东提刑按察使。时有妖言狱，所司逮捕凡数百人，世隆剖析诖误者十八九，悉纵遣之。十五年，移淮东。宋将许琼家童告琼匿官库财，有司系其妻拏征之。世隆曰："琼所匿者，故宋之物，岂得与今盗官财者同论耶?"同僚不从，世隆独抗章辩明，行台是之，释不问。会征日本，世隆上疏谏止，语颇剀切，当路者不即以闻。已而帝意悟，其事亦寝。十七年，召为翰林学士，又召为集贤学士，皆以疾辞。世隆仪观魁梧，襟度宏博，慈祥乐易，人忤之无愠色。喜宾客，乐施与。明习前代典故，尤精律令，善决疑狱。二十二年，安童再入相，奏世隆虽老，尚可用。遣使召之，仍以老病辞，附奏便宜九事。赐田十顷。时年八十，卒。所著有《瀛洲集》百卷、文集若干卷。

孟　祺

孟祺，字德卿，宿州符离人。世以财雄乡里。父仁，业儒，有节行。壬辰，北渡，寓济州鱼台，州帅石天禄礼之，辟兼详议府事。祺幼敏悟，善骑射，早知问学，侍父徙居东平。时严实修学校，招生徒，立考试法，祺就试，登上选，辟掌书记。廉希宪、宋子贞皆器遇之，以闻于朝，擢国史院编修官。迁从仕郎、应奉翰林文字，兼太常博士。一时典册，多出其手。至元七年，持节使高丽，还，称旨，授承事郎、山东东西道劝农副使。

十二年，丞相伯颜将兵伐宋。诏选宿望博学、可赞画大计者与俱行，遂授祺承直郎、行省谘议。久之，迁郎中，伯颜雅信任之。时军书填塞，祺酬应剖决，略无凝滞。师驻建康，伯颜以兵事诣阙，政无大小，祺与执政并裁决之。及战焦山，宋军下流，祺曰："不若乘势速进，以夺彼气。"如其言，遂大破之。伯颜闻之，喜曰："不意书生乃能知兵若是!"诸将利虏掠，争趋临安，伯颜问计，祺对曰："宋人之计，惟有窜闽尔。若以兵迫之，彼必速逃，一旦盗起临安，三百年之积，焚荡无遗矣。莫若以计安之，令彼不惧，正如取果，稍待时日耳。"伯颜曰："汝言正合吾意。"乃草书，遣人至临安，以安慰之，宋乃不复议迁闽。先是，宋降表称侄，称皇帝，屡拒不纳。祺自请为使，征降表。至则会宋相于三省。夜三鼓，议未决，祺正色曰："国势至此，夫复何待!"遂定议。书成，宋谢太后内批用宝，携之以出，复起谢太后于内殿，取国玺十二枚出。伯颜将亲封之，祺止之曰："管钥自有主者，非所宜亲，一有不谨，恐异时奸人妄相染污，终不可明。"遂止。江南平，伯颜奏祺前后功多，且言祺可任重。有旨褒升，授少中大夫、嘉兴路总管，佩虎符。祺至，首以兴学为务，创立规制。在官未久，竟以疾解官，归东平。至元十八年，擢太中大夫、浙东海右道提刑按察使，疾不赴。卒，年五十一。赠宣忠安远功臣、中奉大夫、参知政事、护军、鲁郡公，谥文襄。子二人：遵，遹。

阎　复

阎复，字子靖，其先平阳和州人。祖衍，仕金，殁王事。父忠，避兵山东之高唐，遂家焉。复始生，有奇光照室。性简重，美丰仪。七岁读书，颖悟绝人。弱冠入东平学，师事名儒康晔。时严实领东平行台，招诸生肄进士业，迎元好问校试其文，预选者四人，复为首，徐琰、李谦、孟祺次之。岁己未，始掌书记于行台，擢御史掾。至元八年，用王磐荐，为翰林应奉，以才选充会同馆副使，兼接伴使。扈驾上京，赋应制诗二篇，寓规讽意，世祖顾和礼霍孙曰："有才如此，何可不用!"十二年，升翰林修撰。十四年，出佥河北河南道提刑按察司事，阶奉训大夫。十六年，入为翰林直学士，以州郡校官多不职，建议定铨选之法。十九年，升侍讲学士，明年，改集贤侍讲学士，同领会同馆事。二十三年，升翰林学士。帝屡召至榻前，面谕诏旨，具草以进，帝称善。二十八年，尚书省罢，复立中书省。帝励精图治，急于择相，一日，召入便殿，谕之曰："朕欲命卿执政，何如?"复屡谢不足胜任，帝谓侍臣曰："书生识义理，存谦让，是也，勿强。"御史台改提刑按察司为肃政廉访司，首命复为浙西道肃政廉访使。先是，奸臣桑哥当国，尝有旨命翰林撰《桑哥辅政碑》，桑哥既败，诏有司踣其碑，复等亦坐是免官。

三十一年，成宗即位，以旧臣召入朝，赐重锦、玉环、白金，除集贤学士，阶正议大夫。元贞元年，上疏言："京师宜首建宣圣庙学，定用释奠雅乐。"从之。又言："曲阜守塚户，昨有司并入民籍，宜复之。"其后诏赐孔林洒扫二十八户、祀田五千亩，皆复之请也。三年，因星变，又上疏言"定律令，颁封赠，增俸给，通调内外官"。且曰："古者刑不上大夫，今郡守以征租受杖，非所以厉廉隅。江南公田租重，宜减，以贷贫民。"后多采用。大德元年，仍迁翰林学士。二年，诏赐楮币万贯。四年，帝召至榻前，密谕之曰："中书庶务繁重，左相难其人，卿为朕举所知。"复以哈剌哈孙对，帝大喜，即遣使召入，相之；复亦拜翰林学士承旨，阶正奉大夫。十一年春，武宗践祚，复首陈三事，曰"惜名器，明赏罚，择人材"，言皆剀切。未几，进阶荣禄大夫，遥授平章政事，余如故。复力辞，不许，上疏乞骸骨，诏从其请，给半俸终养。时仁宗居东宫，赐以重锦，俾公卿祖道都门外。及即位，遣使召复，复以病辞。皇庆元年三月卒，年七十七，谥文康。有《静轩集》五十卷。

卷一百六十一　列传第四十八

杨大渊 文安

杨大渊，天水人也。与兄大全、弟大楫，皆仕宋。大渊总兵守阆州。岁戊午，宪宗兵至阆州之大获城，遣宋降臣王仲入招大渊，大渊杀之。宪宗怒，督诸军力攻，大渊惧，遂以城降。宪宗命诛之，汪田哥谏止，乃免。命以其兵从，招降蓬、广安诸郡，进攻钓鱼山。擢大楫为管军总管，从诸王攻礼义城。己未冬，拜大渊侍郎、都行省，悉以阃外之寄委之。世祖中统元年，诏谕大渊曰："尚厉忠贞之节，共成康乂之功。"大渊拜命踊跃，即遣兵进攻礼义城，掠其馈运，获总管黄文才、路钤、高坦之以归。二年秋，调兵出通川，与宋将鲜恭战，获统制白继源。秦蜀行省以大渊及青居山征南都元帅钦察麾下将校六十三人有功，言于朝。诏给虎符一、金符五、银符五十七，令论功定官，以名闻。三年春，世祖命出开、达，与宋兵战于平田，复战于巴渠，擒其知军范燮、统制魏兴、路分黄迪、节干陈子润等。

先是，大渊建言，谓取吴必先取蜀，取蜀必先据夔，乃遣其侄文安攻宋巴渠。至万安寨，守将卢埴降。复使文安相夔、达要冲，城蟠龙山。山四面岩阻，可以进攻退守。城未毕，宋夔路提刑郑子发曰："蟠龙，夔之咽喉，使敌得据之，则夔难守矣，此必争之地也。"遂率兵来争。文安悉力备御。大渊闻有宋兵，即遣侄安抚使文仲将兵往援。宋兵宵遁，追败之。秋七月，诏以大渊麾下将士有功，赐金符十、银符十九，别给海青符二，俾事亟则驰以闻。其后赏合州之功，复赐白金五十两。大渊欲于利州大安军以盐易军粮，请于朝，从之。

冬，大渊入觐，拜东川都元帅，俾与征南都元帅钦察同署事。大渊还，复于渠江滨筑虎啸城，以逼宋大良城，不逾时而就。四年，宋贾似道遣杨琳赍空名告身及蜡书、金币，诱大渊南归。文安擒之以闻，诏诛琳。五月，世祖以大渊及张大悦复神山功，诏奖谕，仍赐蒙古、汉军钞百锭。至元元年，大渊进花罗、红边绢各百五十段。诏曰："所贡币帛，已见忠勤，卿守边陲，宜加优恤。今后以此自给，俟有旨乃进。"既而大渊擅杀其部将王仲，诏戒敕之，令免籍仲家。冬十月，大渊谍知宋总统祁昌由间道运粮入得汉城，并欲迁其郡守向良及官吏亲属于内地，乃自率军掩袭。遇之于椒坪，连战三日，擒祁昌、向良等，俘获辎重以数千计。明日，宋都统张思广引兵来援，复大破之，擒其将盛总管及祁昌之弟。二年，大渊遣文安以向良等家人往招得汉城，未下。四月，大渊以疾卒。八年，追封大渊阆中郡公，谥肃翼。子文粲，袭为阆蓬广安顺庆夔府等路都元帅。兄子文安。

文安字泰叔，父大全，仕宋守叙州。壬寅，国兵入蜀，大全战死，赠武节大夫、眉州防御使，谥愍忠，官其长子文仲。文安方二岁，母刘氏鞠之，依叔父大渊于阆州。戊午，宪宗以兵攻大获，大渊以郡降，授侍郎、都行省，文仲亦授安抚使。中统元年，授文安监军。攻礼义城，杀伤甚众，夺其粮船，绕出通川，获宋将黄文才、高坦之。二年，复出通川，与宋将鲜恭大战，擒统制白继源。三年，出开、达，战屡胜，擒知军范燮、统制魏兴、黄迪、陈子闰等。授文安开达忠万梁山等处招讨使。军于巴渠，万安寨主卢埴降。遂筑蟠龙城，以据夔、达要路。宋兵来争，相持半月，文仲以兵来援，宋兵宵遁，文安追击，大败之。四年，佩银符，升千户，监军如故，进筑虎啸城，以困大良。至元元年，宋都统张喜引兵攻蟠龙，大战，败之，喜潜师宵遁，出得汉城，文安遣兵追袭，又败之，擒裨将陈亮。复筑方斗城，为蟠龙声援，令裨将高先守之。宋兵攻潼川，行省命文安赴援，败宋师于射洪之纳坝，斩获甚众。宋都统祁昌以重兵运粮饷得汉，且迁其官属于内地，大渊命文安先邀之，昌立栅椒原以守，合兵攻之，连战三日，获祁昌，俘得汉守臣向良家属，以招良，良以城降，以所俘献阙下。

二年，改授金符，仍前职，还攻宋开、达等州，擒其统制张刚、总管伏林。八月，宋兵由开州运粮饷达，文安率奇兵，间道邀击之，获总管方富等。行省上其功，命充夔东路征行元帅，令以前后所俘入见。诏赐黄金、鞍马有差。还，攻夺宋金州断虎隘，杀其将梁富，擒路钤赵贵等。三年春，与千户李吉等略开州之大通，与宋将硬弓张大战，获统制陈德等。冬，总帅汪惟正遣其将李木波等由间道袭开州，文安遣千户王福引兵助之。福先登，破其城，宋将庞彦海投崖死，擒副将刘安仁，留兵戍其地。宋诸路兵来救，围城三匝，筑垒城外，文安密遣人入城，谕以坚守。四年春，行省命文安往援，即率兵断其粮道。宋兵战甚力，飞矢中文安面，拔矢力战，大破之，杀其将张德等。二月，文安以创甚，还蟠龙，宋兵遂复开州。文安乃遣总把马才、杨彪掠达州卢滩峡，与宋兵遇，擒其将蒲德。

五年，文仲卒，诏文安就佩金虎符，充阆州夔东路安抚使军民元帅，仍相副都元帅府事。阆州累遭兵变，户口凋耗，文安乃教以耕桑，鳏寡不能自存，愿相配偶者，并为一户充役，民始复业。冬，遣千户马才、张琪略达州，擒宋将范伸、王德、解明等。六年，遣蔡邦光、李吉、嵇永兴略达州之朱师郑市，擒总管周德新、裨将王迁。秋，遣总把王显略达州之泥坝，擒总管张威。冬，遣兵掠大宁之曲水，擒副将王仁。七年，从严金省攻重庆，大战于龙坎，败宋兵。攻铧铁寨，擒其将袁宜、何世贤等。捷闻，诏赐白金、宝钞、币帛有差。秋，攻达州之圣耳城，擒宋将杨普、时仲，芟其禾而还。又遣元帅蔡邦光略开州，擒宋将陈俊。冬，文粲入见，帝谕之曰："汝兄弟宣力边陲，朕所知也。"进文安阶为明威将军。

八年春，遣蔡邦光攻达州，战于圣耳城下，擒其将蒲桂。又战开州之沙平，擒其将王顺。时宋以朱禩孙帅蜀，禩孙，阆人也，数遣间谍，动摇人心，文安屡获其谍，阆州竟无虞。秋八月，文安会东川统军匣剌攻达州，三战三捷。寻遣千户嵇永兴攻开州，战于平爀、曲水，擒总管王道等。军还，以所俘入见，帝深加奖谕，擢昭勇大将军、东川路征南招讨使，赐金银、宝钞、鞍马、弓矢、币帛有差。

九年秋，领军出小宁，措置屯田，遣韩福攻达州九君山，擒宋将张俊。遣元帅蔡邦光会蓬州兵，邀宋师于永睦，战胜之。复遣嵇永兴、杨彪追袭宋裨将刘威等，破圣耳外城，获寨主杨桂，纵兵焚掠而还。九月，筑金汤城，以积屯田之粮，且以逼宋龙爪城。虑宋兵必来争，遣韩福出兵通川，以牵制之。与宋兵遇于铧耳山，败之，俘总管蔡云龙等。出达州牛门，断宋兵回路，擒总管李佺、李德。宋兵输粮达州，遣兵于卢滩峡邀击之，擒统制孙聪、张顺等。夏，遣元帅李吉略开州，战于泻油坡，擒其提举李贵及石笋寨主雍德。宋兵复由罗顶山输粮开、达，遣蔡邦光、李吉伏兵遮之，擒裨将吴金等，覆其粮船。闰六月，蓬州兵攻拔龙爪城，东川统军司命文安兼领之。时蓬州兵已去，宋都统赵章复来据之，且出兵迎敌，文安与战，破之，擒总管王元而还。秋，宋都统阎国宝、监军张应庚运粮于达州，文安邀之于泻油坡，夺其粮，并擒二将。宋开州守将鲜汝忠邀遮归路，与战败之，获总辖秦兴祖、谭友孙。十一年春三月，文安率军屯小宁，得俘者言，鲜汝忠等将取蟠龙之麦，即遣千户王新德、杨彪等散掠宋境，文安自戍蟠龙以备之。李吉略由山，战于城下，擒其将叶胜。遣蔡邦光、杨彪掠竹山寨，与赵统制战，擒其将郑桂、庄俊。秋，与蒙古汉军万户怯必烈等，攻宋夔东，拔高阳、夔、巫等寨，擒守将严贵、窦世忠、赵兴，因跨江为桥，以断宋兵往来之路，宋兵来争，战却之。还攻牛头城，以火箭焚其官舍民居。十一月，遣蔡邦光略九君山，擒其将孙德、柳荣、赵威。

时宋以鲜汝忠、赵章易镇开、达二州，而汝忠家属尚留开。文安曰："达未易攻，若先拔开州，俘其家属，以招汝忠，则达可不烦兵而下矣。"乃遣蔡邦光率千户呼延顺等往攻开州，而盛兵驻蟠龙，以为声援。十二年正月，诸军夜衔枚，薄开州城下，遣死士先登，斩关以入，及城中人知，则千户景畴已立旗帜于城之绝顶矣。宋军溃散，擒赵章，而守将韩明父子犹率所部兵巷战，力屈，亦就擒。文安迁汝忠家属于蟠龙，遣元帅王师能持檄往达州招之曰："降则家属得全，不降则阖城涂炭，汝宜早为计。"汝忠遂遣赵荣来约降，王师能以兵入据其城。汝忠率所部将士诣文安军门降，悉还其妻孥财物。赵章子桂楫，守师姑城，遣兵招之，亦降。独洋州龙爪城守将谢益固守，并力攻之，擒统制王庆，益弃城走。于是遣元帅李吉、嵇永兴，千户王新德等，将兵以鲜汝忠往招由山等处八城，皆望风迎降，凯还。遣经历陈德胜以鲜汝忠、赵桂楫等十余人献捷京师。帝悦，加授文安骠骑卫上将军，兼宣抚使，赐钞一千锭；文粲加授镇国上将军。

文安寻遣其兄子应之，往招都胜、茂竹、广福三城，自将大军，以为声援，皆降之。秋七月，兵至东胜城，宋将蒲济川降。进攻梁山，宋将袁世安坚守。文安焚其外城，梁山军恃忠胜军为固，力攻拔之，杀守将王智，擒部辖景福。围梁山四十日，世安随方备御，竟不降。文安乃移兵攻万州之牛头城，杀守将何威，迁其民，进围万州。守将上官夔战守甚力，文安乃遣监军杨应之、镇抚彭福寿会东川行院兵，出小江口以牵制援兵，果与之遇，战败之，擒总管李皋、花茂实等。万州固守不下，文安乃解围去。攻石城堡，谕降守将谭汝和；攻鸡冠城，谕降守将杜赋；又招石马、铁平、小城、三圣、油木、牟家、下隘等城。冬，进白帝城，夔帅张起岩坚守不出，文安以师老，乃还。宋都统戈德复据开州，文安乃筑城神仙山以逼之，令元帅蔡邦光、万户纪天英屯守。

十三年，进阶金吾卫上将军，赐玉带一。夏，朝廷遣安西王相李德辉经画东川课程，宋梁山守将袁世安遣使约降。文安以白德辉，德辉大喜，即遣文安将兵，奉王旨往招之，世安遂降。秋七月，进军攻万州。遣经历徐政谕守臣上官夔降，夔不从，围之数匝，逾月，攻拔外城。夔守张起岩来救，遣镇抚彭福寿迎击，破之，尽杀其舟师，俘其将宋明。万州夺气，文安复传王旨，谕夔使降，夔终不屈。文安尽锐攻城，潜遣勇士梯城宵登，斩关而入，夔巷战而死。万州既定，遣使招铁檠、三宝两城守将杨宜、黎拱辰降，分兵略施州，擒统制薛忠。会大雪，遣蔡邦光夜攻，杀守帅何艮，夺其城。十四年夏，进兵攻咸淳府，时宋以六郡镇抚使马堃为守，文安与堃同里闬，谕之使降，堃不从，乃列栅攻城。冬十二月，潜遣勇士蹑云梯宵登，斩关纳外兵，堃悉力巷战，达州安抚使鲜汝忠与宋兵力战死。比晓，宋兵大败，堃力屈就擒。十五年，进兵攻绍庆，守将鲜龙迎敌。二月，潜遣勇士，夜以梯冲攻破其北门，鲜龙大惊，收散卒力战，兵败就擒。

蜀境已定，独夔坚守不下。朝廷命荆湖都元帅达海由巫峡进兵取夔州，而西川刘佥院挟夔守将亲属往招之。文安乃遣元帅王师能将舟师与俱，张起岩竟以城降。夏，入觐，文安以所得城邑绘图以献，帝劳之曰："汝攻城略地之功，何若是多也！"擢四川南道宣慰使，解白貂裘以赐之。

十七年，遣辩士王介谕降散毛诸洞蛮，以散毛两子入觐，因进言曰："元帅蔡邦光，昔征散毛蛮而死，可念也。"帝曰："散毛既降而杀之，其何以怀远！"乃擢蔡邦光之子，升为管军总管，佩虎符，赐散毛两子金银符各一，并赐其酋长以金虎符。遥授文安参知政事，行四川南道宣慰使。十九年春，入觐，擢龙虎卫上将军、中书左丞，行江西省事，到官逾月，以疾卒。

子艮之，袭佩虎符，昭勇大将军、管军万户，历湖南宣慰副使，岳州路总管，卒。

刘　整

刘整，字武仲，先世京兆樊川人，徙邓州穰城。整沉毅有智谋，善骑射。金乱，入宋，隶荆湖制置使孟珙麾下。珙攻金信阳，整为前锋，夜纵骁勇十二人，渡堑登城，袭擒其守，还报。珙大惊，以为唐李存孝率十八骑拔洛阳，今整所将更寡，而取信阳，乃书其旗曰赛存孝。累迁潼川十五军州安抚使，知泸州军州事。整以北方人捍西边有功，南方诸将皆出其下，吕文德忌之，所画策辄摈沮，有功辄掩而不白，以俞兴与整有隙，使之制置四川以图整。兴以军事召整，不行，遂诬构之，整遣使诉临安，又不得达。及向士璧、曹世雄二将见杀，整益危不自保，乃谋款附。中统二年夏，整籍泸州十五郡、户三十万入附。世祖嘉其来，授夔府行省，兼安抚使，赐金虎符，仍赐金银符以给其将校之有功者。俞兴攻泸州，整出宝器分士卒，激使战，战数十合，败之。复遣使以宋所赐金字牙符及佩印入献，请益屯兵、厚储积为图宋计。三年，入朝，授行中书省于成都、潼川两路，赐银万两，分给军士之失业者，仍兼都元帅，立寨诸山，以扼宋兵。同列嫉整功，将谋陷之，整惧，请分帅潼川。七月，改潼川都元帅，宜课茶盐以饷军。四年五月，宋安抚高达、温和进逼成都，整驰援之。宋兵闻赛存孝至，遁去。将捣潼川，又与整遇于锦江而败。至元三年六月，迁昭武大将军、南京路宣抚使。

四年十一月，入朝，进言："宋主弱臣悖，立国一隅，今天启混一之机。臣愿效犬马劳，先攻襄阳，撤其捍蔽。"廷议沮之。整又曰："自古帝王，非四海一家，不为正统。圣朝有天下十七八，何置一隅不问，而自弃正统邪！"世祖曰："朕意决矣。"五年七月，迁镇国上将军、都元帅。九月，偕都元帅阿术督诸军，围襄阳，城鹿门堡及白河口，为攻取计。率兵五万，钞略沿江诸郡，皆婴城避其锐，俘人民八万。六年六月，擒都统唐永坚。七年三月，筑实心台于汉水中流，上置弩炮，下为石囤五，以扼敌船。且与阿术计曰："我精兵突骑，所当者破，惟水战不如宋耳。夺彼所长，造战舰，习水军，则事济矣。"乘驿以闻，制可。既还，造船五千艘，日练水军，虽雨不能出，亦画地为船而习之，得练卒七万。八月，复筑外围，以遏敌援。

八年五月，宋帅范文虎遣都统张顺、张贵，驾轮船，馈襄阳衣甲，邀击，斩顺，独贵得入城。九月，升参知河南行中书省事。九年正月，加诸翼汉军都元帅。襄阳帅吕文焕登城观敌，整跃马前曰："君昧于天命，害及生灵，岂仁者之事！而又龌龊不能战，取羞于勇者，请与君决胜负。"文焕不答，伏弩中整。三月，破樊城外郭，斩首二千级，擒裨将十六人。谍知文焕将遣张贵出城求援，乃分部战舰，缚草如牛状，傍汉水，绵亘参错，众莫测所用。九月，贵果夜出，乘轮船，顺流下走，军士觇知之，傍岸爇草牛如昼，整与阿术麾战舰，转战五十里，擒贵于柜门关，余众尽杀之。十一月，诏统水军四万户。宋荆湖制置李庭芝以金印牙符授整汉军都元帅、卢龙军节度使，封燕郡王，为书，使永宁僧持送整所，期以间整。永宁令得之，驿以闻于朝，敕张易、姚枢杂问。适整至自军，言宋怒臣画策攻襄阳，故设此以杀臣，臣实不知。诏令整复书谓："整受命以来，惟知督厉戎兵，举垂亡孤城耳。宋若果以生灵为念，当重遣信使，请命朝廷，顾为此小数，何益于事！"时围襄阳已五年，整计樊、襄唇齿也，宜先攻樊城。樊城人以栅蔽城，斩木列置江中，贯以铁索。整言于丞相伯颜，令善水者断木沉索，督战舰趋城下，以回回炮击之，而焚其栅。十年正月，遂破樊城，屠之。遣唐永坚入襄阳，谕吕文焕，乃以城降。上功，赐整田宅、金币、良马。

整入朝，奏曰："襄阳破，则临安摇矣。若将所练水军，乘胜长驱，长江必皆非宋所有。"遂改行淮西枢密院事，驻正阳，夹淮而城，南逼江，断其东西冲。十一年，升骠骑卫上将军、行中书左丞。宋夏贵悉水军来攻，破之于大人洲。十二年正月，诏整别将兵出淮南。整锐欲渡江，首将止之，不果行。丞相伯颜入鄂，捷至，整失声曰："首帅止我，顾使我成功后人，善作者不必善成，果然！"其夕，愤惋而卒，年六十三。赠龙虎卫上将军、中书右丞，谥武敏。

子垣，尝从父战败昝万寿于通泉；埏，管军万户；均，榷茶提举；垓，都元帅。孙九人，克仁，知房州。

卷一百六十二　列传第四十九

李忽兰吉

李忽兰吉，一名庭玉，陇西人。父节，仕金，岁乙未，自巩昌石门山从汪世显以城降。忽兰吉隶皇子阔端为质子，从攻西川。辛丑，以功为管军总领，兼总帅府知事，从征西番南涧有功。癸丑，世祖在潜邸，用汪德臣言，承制命忽兰吉佩银符，为管军千户、都总领，佐汪惟正立利州。乙卯正月，将兵三万取合江大获山。宋刘都统率众谋焚利州、沙市，次青山，忽兰吉以伏兵取之，俘获甚众。都元帅阿答忽以闻，升本帅府经历，兼军民都弹压。丙辰，宪宗更赐金符，仍命为千户、都总领。戊午，忽兰吉以兵先趋剑门觇伺，宋兵运粮于长宁，追至运曲坝，夺之，俘将校五人而还。

宪宗南征，忽兰吉掌桥道馈饷之事，有功，赐玺书。从攻苦竹隘山寨，先登，斩守将杨立，获都统张寔，招降长宁、清居、大获山、运山、龙州等寨。十一月，大获山守臣杨大渊纳款，已而逃归，宪宗怒，将屠其城，众不知所为。德臣谕忽兰吉曰："大渊之去，事颇难测，亟追之！"乃单骑至城下。门未闭，大呼入城曰："皇帝使我来抚汝军民。"一卒引入，甲士环立。忽兰吉下马，执大渊手，谓之曰："上方宣谕赐赏，不待而来，何也？"大渊曰："诚不知国朝礼体，且久出，恐城寨有他变，是以亟归，非敢有异谋也。"遂与偕来，一军皆喜。忽兰吉入奏，宪宗曰："杨安抚反乎？"对曰："无也。"宪宗曰："汝何以知之？"对曰："军马整肃，防内乱也；城门不闭，无他心也；一闻臣言，即抚绥军民，从臣以出，以是知之。"宪宗曰："汝不惧乎？"对曰："臣恐上劳圣虑，下苦诸军，又为一郡生灵命脉所寄，故不知其惧。"宪宗悦，赐蒲萄酒。大渊遂以故官侍郎、都元帅听命，而民得生全。

宪宗命忽兰吉与怯里马哥领战船二百艘掠钓鱼山，夺其粮船四百艘。宪宗次钓鱼山，忽兰吉作浮梁，以通往来。己未，与怯里马哥、扎胡打、鲁都赤、阔阔术领蒙古、汉军二千五百略重庆。六月，总帅汪德臣没于军，命忽兰吉以其军殿后。宋兵水陆昼夜接战，皆败之。部军皆青居人，赏赉独厚，遂与蒲察都元帅守青居，治城壁，储刍粮，招纳降附。宗王穆哥承制命忽兰吉佩金符，为巩昌元帅。

中统元年，德臣子惟正袭总帅，至青居。五月，忽兰吉等赴上都。时浑都海据六盘山以叛，世祖遣忽兰吉亟还，与汪良臣发所统二十四州兵追袭之。十月，从宗王哈必赤等次合纳忽石温之地，力战，杀浑都海等于阵，余党悉平。二年六月，以功授巩昌后元帅，赐金币、鞍马、弓矢。九月，火都叛于西蕃点西岭，汪惟正帅师袭之，至怯里马之地，火都以五百人遁入西蕃。诏宗王只必铁木儿，以答剌海、察吉里、速木赤将蒙古军二千，忽兰吉将总帅军一千，追袭火都于西蕃。十月，擒之。四年，首将答剌海言忽兰吉功高，诏赐虎符。忽兰吉不受，问其故，对曰："臣闻国制，将万军者佩虎符，若汪氏将万军，已佩之，臣何可复佩。"帝是其言，命于总帅汪惟正下充巩昌路元帅，所属官悉听节制。六月，答机叛于西蕃，帝命好里燕纳，与惟正追之松州，忽兰吉以千骑先往，执答机。

至元元年，入觐，命与同佥总帅汪良臣还蜀，守青居。是时，国兵犹与宋兵相持于钓鱼山。三年，宋兵陷大梁平山寨。平章赛典赤令忽兰吉领兵千余骑掠其境，先以七百人觇之，闻寨中拥老幼西去，追击之，斩首三百级，得马二百八十，都元帅钦察等家属百余口先为宋兵所得，亦夺还之。四年，以本职充阆蓬广安顺庆夔府等处蒙古汉军都元帅参议。六年，赐虎符，授昭勇大将军、夔东路招讨使，以军三千，立章广平山寨，置屯田，出兵以绝大梁平山两道。

十年正月，成都失利，帝遣人问所以失之之故及今措置之方，忽兰吉附奏曰："初立成都，惟建子城，军民止于外城，别无城壁。宋军乘虚来攻，失于不备，军官皆年少不经事之人，以此失利。西川地旷人稀，宜修置城寨，以备不虞；选任材智，广畜军储，最为急务。今蒙古、汉军多非正身，半以驱奴代，宜严禁之。所谓修筑城寨、练习军马、措画屯田、规运粮饷、创造舟楫、完善军器，六者不可缺一；又当任贤远谗，信赏必罚，修内治外，战胜攻取，选用良将，随机应变，则边陲无虞矣。"六月，将兵赴成都，与察不花同权省事。十一月，复还守章广平山寨，前后七年，每战辄胜。

十三年，引兵略重庆，复取简州。十四年，承制授延安路管军招讨使。十五年，秃鲁叛于六盘山，忽兰吉以延安路军，会别速台、赵炳及总帅府兵于六盘，败秃鲁于武川，俘其孥，还，承制授京兆延安凤翔三路管军都尉，兼屯田守卫事。十月，改同知利州宣抚使，夔东招讨如故。入觐，赐虎符，授四川北道宣慰使。忽兰吉请以先受巩昌元帅之职及虎符与其弟庭望。二十年，改四川南道宣慰使。

二十一年，奉旨与参政曲里吉思、佥省巴八、左丞汪惟正分兵进取五溪洞蛮。时思、播以南，施、黔、鼎、澧、辰、沅之界，蛮獠叛服不常，往往劫掠边民，乃诏四川行省讨之。曲里吉思、惟正一军出黔中，巴八一军出思、播，都元帅脱察一军出澧州，忽兰吉一军自夔门会合。十一月，诸将凿山开道，绵亘千里，诸蛮设伏险隘，木弩竹矢，伺间窃发，亡命迎敌者，皆尽杀之。遣谕诸蛮酋长率众来降，独散毛洞潭顺走避岩谷，力屈始降。

二十三年，入觐，以老病，乞归田里。帝悯之，得还巩昌。二十六年，行省列奏忽兰吉之功，请用范殿帅故事，商议本省军事。二十七年，拜资善大夫，遥授陕西等处行尚书省左丞，商议军事，食左丞之禄。元贞二年，入觐，授资德大夫、陕西等处行中书省右丞，议本省公事，卒。泰定元年，谥襄敏。

李庭

李庭，小字劳山，本金人蒲察氏，金末来中原，改称李氏。家于济阴，后徙寿光。至元六年，以材武选隶军籍，权管军千户。从伐宋，围襄阳。宋将夏贵率战船三千艘来援，泊鹿门山西岸，诸翼水军攻之，相持七日。庭时将步骑，自请与水军万户解汝楫击之，斩其裨将王玘、元胜。河南行省承制授庭益都新军千户。宋襄阳守将吕文焕以万五千人来攻万山堡，万户张弘范方与接战，庭单骑横枪入阵，杀二人，枪折，倒持回击一人坠马，庭亦被二创，复夺后军枪，裹创力战，败之。八年春，真除益都新军千户，赐号拔都儿。与宋兵战襄阳城下，追奔逐北，直抵城门，流矢中左股而止。九年春，攻樊城外郛，炮伤额及左右手，夺其土城，遂进攻襄阳东堡，炮伤右肩，焚其楼，破一字城。文焕麾下有胖山王总管者，骁将也，庭设伏诱擒之，以功授金符。十年春，大军攻樊城，庭运薪刍土牛填城壕，立云梯，城上矢石如雨，庭屡中炮，坠城下，绝而复苏，裹创再登，如是者数四，杀获甚多。樊城破，襄阳降，以功授金虎符，为管军总管。

十一年九月，从伯颜发襄阳，次郢州。郢在汉水东，宋人复于汉水西筑新郢，以遏我军。黄家湾有溪通藤湖，至汉水数里，宋兵亦筑堡设守备焉。庭与刘国杰先登，拔之，遂荡舟而进，攻沙洋、新城。炮伤左胁，破其外堡，复中炮，坠城下，矢贯于胸，气垂绝，伯颜命剖水牛腹纳其中，良久乃苏。以功加明威将军，授益都新军万户。师次汉口，宋将夏贵锁战舰，横截江面，军不得进，乃用庭及马福等计，由沙芜口入江。武矶堡四面皆水，庭决其水而攻之，大军渡江，武矶堡亦破。遂从阿术转战至鄂州，顺流而东。十二年春，与宋将孙虎臣战丁家洲，夺船二十余，宋军溃，以功加宣威将军。宋兵断真州江路，庭焚其船二百余，击斩其护岸军。闻夏贵欲由太湖援临安，亟出兵逆战裕溪口，败之。诸军攻常州，庭鏖战，夺北门而入。

十三年春，至临安，宋主降，伯颜命庭等护其内城，收集符印珍宝，仍令庭与唐兀台等防护宋主赴燕。世祖嘉其劳，大宴，命坐于左手诸王之下、百官之上，赐金百锭，金、珠衣各一袭，仍谕之曰："刘整在时，不曾令坐于此，为汝有功，故加以殊礼，汝子孙宜谨志之勿忘。"继有旨："汝在江南，多出死力，男儿立功，要在西北上也。今有违我太祖成宪者，汝其往征之。"乃别降大虎符，加镇国上将军、汉军都元帅，仍命其次子大椿袭万户职。庭至哈剌和林、晃兀儿之地，越岭北，与撒里蛮诸军大战，败之。移军河西，击走叛臣霍虎，追至大碛而还。诸王昔里吉、脱脱木儿反，庭袭击，生获之，启皇子只必帖木儿赐之死。复引兵会诸王纳里忽，渡塔迷儿河，击走其余党兀斤末台、要术忽儿等，河西悉平。

十四年，入朝，世祖劳之，赐以益都居第、单河官庄、钞万五千贯及弓矢诸物，拜福建行中书省参知政事。改福建道宣慰使。召赴阙，备宿卫。十七年，拜骠骑卫上将军、中书左丞，东征日本。十八年，军次竹岛，遇风，船尽坏，庭抱坏船板，漂流抵岸，下收余众，由高丽还京师。士卒存者十一二。继以父殁，归益都，召拜中书左丞、司农卿，不赴。

二十四年，宗王乃颜叛，驿召至上都，统诸卫汉军，从帝亲征。塔不台、金家奴来拒战，众号十万，帝亲麾诸军围之，庭调阿速军继进，流矢中胸贯胁，裹创复战，帝遣止之，乃已。令军中备百弩，俟敌列阵，百弩齐发，乃不复出。帝问庭："彼今夜当何如？"庭奏："必遁去。"乃引壮士十人，持火炮，夜入其阵，炮发，果自相杀，溃散。帝问何以知之，庭曰："其兵虽多，而无纪律，见车驾驻此而不战，必疑有大军在后，是以知其将遁。"帝大喜，赐以金鞍良马。庭奏："若得汉军二万，从臣便宜用之，乃颜可擒也。"帝难之，命与月儿鲁蒙古军并进，遂缚乃颜以献。帝既南还，庭又亲获塔不台、金刚奴，以功加龙虎卫上将军，遥授中书省左丞。二十五年，乃颜余党哈丹秃鲁干复叛于辽东。诏庭及枢密副使哈答讨之，大小数十战，弗克而还。既而庭整军再战，流矢中左胁及右股，追至一大河，选锐卒，潜负火炮，夜溯上流发之，马皆惊走，大军潜于下流毕渡。天明进战，其众无马，莫能相敌，俘斩二百余人，哈丹秃鲁干走高丽死。拜资德大夫、尚书左丞，商议枢密院事，官其长子大用，仍赐钞二万五千贯。庭因奏："今汉军之力，困于北征，若依江南军，每岁二八放散，以次番上，甚便。"帝可其奏，令著为令。宗王海都将犯边，伯颜以闻，帝命月儿鲁与庭议所以为备，庭请下括马之令，凡得马十一万匹，军中赖其用。拜荣禄大夫、平章政事，商议枢密院事，提调诸卫屯田事。

三十一年春，世祖崩，月儿鲁与伯颜等定策立成宗，庭翊赞之功居多。成宗与太后眷遇甚至，每进食，必分赐之，大宴仍命序坐于左手诸王之下、百官之上，赐以珠帽、珠半臂、金带各一，银六铤，庄田诸物称是。奉旨整点江浙军马五百三十二所，还，入见，成宗亲授以衣，慰劳之。

初，武宗出镇北边，庭请从行，成宗悯其老，不许，赐钞五万贯，依前荣禄大夫、平章政事，商议枢密院事，提调诸卫屯田，兼后卫亲军都指挥使。奉旨北征怀都，至野马川而还。俄有中使传旨拘汉军之马，以济北军，且令焚其鞍辔、行粮诸物。庭因感疾，诏内医二人诊视之，疾稍间，扈从上都，特降旨存护其家。大德八年二月卒。至大二年，赠推忠翊卫功臣、仪同三司、太保、上柱国，追封益国公，谥武毅。

子大用，同知归德府事，以哀毁卒。大椿，袭职佩金虎符，为宣武将军、益都新军万户，戍建康。大诚，袭职后卫亲军都指挥使。

史　弼

史弼，字君佐，一名塔剌浑，蠡州博野人。曾祖彬，有胆勇，太师、国王木华黎兵南下，居民被虏，蠡守闭城自守，彬谓诸子曰："吾所恃者，郡守也。今弃民自保，吾与其束手以死，曷若死中求生！"乃率乡人数百家，诣木华黎请降，木华黎书帛为符，遣还。既而州破，独彬与同降者得免。

弼长通国语，膂力绝人，能挽强弓。里门凿石为狮，重四百斤，弼举之，置数步外。潼关守将王彦弼奇其材，妻以女，又荐其材勇于左丞相耶律铸。弼从铸往北京，近侍火里台见弼所挽弓，以名闻世祖。召之，试以远垛，连发中的，令给事左右，赐马五匹。

中统末，授金符、管军总管，命从刘整伐宋。攻襄樊，尝出挑战，射杀二人，因横刀呼曰："我史奉御也！"宋兵却退。至元十年，诸将分十二道围樊城，弼攻东北隅，凡十四昼夜，破之，杀其将牛都统。襄阳降，上其功，赐银及锦衣、金鞍，升怀远大将军、副万户。遂从丞相伯颜南征，攻沙洋堡，飞矢中臂，城拔，凝血盈袖。事闻，赐金虎符。军至阳罗堡，伯颜誓众曰："先登南岸者为上功。"弼率健卒直前，宋兵逆战，奋呼击走之，伯颜登南岸，论弼功第一，进定远大将军。鄂州平，进军而东，至大孤山，风大作，伯颜命弼祷于大孤山神，风立止。兵驻瓜洲，阿塔海言："杨子桥乃扬州出入之道，宜立堡，选骁将守之。"伯颜授弼三千人，立木堡，据其地。弼遽以数十骑抵扬州城。或止之曰："宋将姜才倔强，未可易出。"弼曰："吾栅扬子桥，据其所必争之地，才乘未固，必来攻我，则我之利也。"才果以万众乘夜来攻，人挟束薪填堑，弼戒军中无哗，俟其至，下櫑木，发炮石击之，杀千余人。才乃退，弼出兵击之，会相威、阿术兵继至，大战，才败走，擒其将张都统。十三年六月，才复以兵夜至，弼三战三胜。天明，才见弼兵少，进迫围弼，弼复奋击之，骑士二人挟火枪刺弼，弼挥刀御之，左右皆仆，手刃数十百人。及出围，追者尚数百骑，弼殿后，敌不敢近。会援兵至，大破之，才奔泰州。及守将朱焕以扬州降，使麦术受其降于南门外，而弼从数骑，由保城入扬州，出南门，与之会，以示不疑。制授昭勇大将军、扬州路总管府达鲁花赤，兼万户。冬，迁黄州等路宣慰使。

十五年，入朝，升中奉大夫、江淮行中书省参知政事，行黄州等路宣慰使。盗起淮西司空山，弼平之。十七年，南康都昌盗起，弼往讨，诛其亲党数十人，胁从者宥之。江州宣课司税及民米，米商避去，民皆闭门罢市，弼立罢之。十九年，改浙西宣慰使。二十一年，黄华反建宁，春复霖雨，米价踊贵，弼即发米十万石，平价粜之，而后闻于省。省臣欲增其价，弼曰："吾不可失信，宁辍吾俸以足之。"省不能夺，益出十万石，民得不饥。改淮东宣慰使。弼凡三官扬州，人喜，刻石颂之，号《三至碑》。迁佥书沿江行枢密院事，镇建康。

二十六年，平台州盗杨镇龙，拜尚书左丞，行淮东宣慰使。冬，入朝，时世祖欲征爪哇，谓弼曰："诸臣为吾腹心者少，欲以爪哇事付汝。"对曰："陛下命臣，臣何敢自爱！"二十七年，遥授尚书省左丞，行浙东宣慰使，平处州盗。二十九年，拜荣禄大夫、福建等处行中书省平章政事，往征爪哇，以亦黑迷失、高兴副之，付金符百五十、币帛各二百，以待有功。十二月，弼以五千人合诸军，发泉州。风急涛涌，舟掀簸，士卒皆数日不能食。过七洲洋、万里石塘，历交趾、占城界，明年正月，至东董西董山、牛崎屿，入混沌大洋橄榄屿，假里马答、勾阑等山，驻兵伐木，造小舟以入。时爪哇与邻国葛郎构怨，爪哇主哈只葛达那加剌已为葛郎主哈只葛当所杀，其婿土罕必阇耶攻哈只葛当，不胜，退保麻喏八歇。闻弼等至，遣使以其国山川、户口及葛郎国地图迎降，求救。弼与诸将进击葛郎兵，大破之，哈只葛当走归国。高兴言："瓜哇虽降，倘中变，与葛郎合，则孤军悬绝，事不可测。"弼遂分兵三道，与兴及亦黑迷失各将一道，攻葛郎。至答哈城，葛郎兵十余万迎敌，自旦至午，葛郎兵败，入城自守，遂围之。哈只葛当出降，并取其妻子官属以归。土罕必阇耶乞归易降表，及所藏珍宝入朝，弼与亦黑迷失许之，遣万户担只不丁、甘州不花以兵二百人护之还国。土罕必阇耶于道杀二人以叛，乘军还，夹路攘夺。弼自断后，且战且行，行三百里，得登舟。行六十八日夜，达泉州，士卒死者三千余人。有司数其俘获金宝香布等，直五十余万，又以没理国所上金字表及金银犀象等物进，事具高兴及爪哇国传。于是朝廷以其亡失多，杖十七，没家赀三之一。

元贞元年，起同知枢密院事，月儿鲁奏："弼等以五千人，渡海二十五万里，入近代未尝至之国，俘其王及谕降傍近小国，宜加矜怜。"遂诏以所籍还之，拜荣禄大夫、江西等处行中书省右丞。三年，升平章政事，加银青荣禄大夫，封鄂国公。卒于家，年八十六。

高　兴

高兴，字功起，蔡州人也。其先自蓟徙汴。曾祖拱之，祖子洵，世以农为业。金末兵乱，父青又徙蔡而生兴。兴少慷慨，多大节，力挽二石弓。尝步猎南阳山中，遇虎，跳踉大吼，众皆惊走，兴神色自若，发一矢毙之。至元十一年冬，挟八骑诣黄州，谒宋制置陈奕。奕使隶麾下，且奇兴相貌，以甥女妻之。

十二年，丞相伯颜伐宋，至黄州，兴从奕出降，伯颜承制授兴千户。从破瑞昌之乌石堡、张家寨，进拔南陵。行省上其功，世祖命兴专将一军，常为先锋。宋张濡杀使者严忠范等于独松关，伯颜使兴讨之。师次溧阳，再战，斩其将三人、士卒三人，虏四十二人，遂破溧阳，斩首七千级，授金符，为管军总管。从战银墅，斩宋将三人、士卒二千人。拔建平，斩其总制二人，虏知县事黄君濯。由间道夺独松关，进至武康，擒张濡。

十三年春，宋降，伯颜北还，留兴以兵取郡县之未下者，降建德守方回、婺州守刘怡。衢、婺二州已降复叛，章焴自为婺守，兴以五千人讨之，七战，至破溪，相持四十余日。兴兵少不敌，力战溃围出，至建德境，与援兵合。复进战兰溪，斩首三千级，复取婺州，擒章焴斩之。进战衢城下，斩首五百级。连战赤山、陈家山、江山县，斩首三千级，虏五百人，献魏福兴等七人于行省，余尽戮之，衢州平。追宋嗣秀王与择入闽，与择据桥，阵水南，兴率奇兵夺桥进战，杀其观察使李世达，斩首三千余级，擒与择父子及其小王二、裨将二，获印五、马五百匹。下兴化，降宋参知政事陈文龙、制置印德傅等百四十人，军三千，水手七千，获海舶七千余艘。迁镇国上将军、管军万户。十四年春，还镇婺州，佩元降虎符，充衢婺招讨使。东阳、玉山群盗张念九、强和尚等杀宣慰使陈佑于新昌，兴捕斩之。复从都元帅忙古台平福、建、漳三州，破敏阳寨，屠福成寨。十五年夏，诏忙古台立行省于福建，兴立行都元帅府于建宁以镇之。政和人黄华，邵武人高日新、高从周聚众叛，皆讨降之，以招讨使行右副都元帅。

十六年秋，召入朝，侍燕大明殿，悉献江南所得珍宝，世祖曰："卿何不少留以自奉。"对曰："臣素贫贱，今幸富贵，皆陛下所赐，何敢隐俘获之物！"帝悦，曰："直臣也。"兴因奏所部士卒战功，乞官之，帝命自定其秩，颁爵赏有差。迁兴浙东道宣慰使，赐西锦服、金线鞍辔。奉省檄，讨处州、福建及温、台海洋群盗，平之。十七年，漳州盗数万据高安寨，官军讨之，二年不能下。诏以兴为福建等处征蛮右副都元帅。兴与都元帅完者都等讨之，直抵其壁，贼乘高瞰下击之。兴命人挟束薪蔽身，进至山半，弃薪而退，如是六日，诱其矢石殆尽，乃燃薪焚其栅，遂平之，斩贼魁及其党首二万级。十八年，盗陈吊眼聚众十万，连五十余寨，扼险自固。兴攻破其十五寨，吊眼走保千壁岭。兴上至山半，诱与语，接其手，掣下擒斩之，漳州境悉平。

十九年，入朝，赐银五百两、钞二千五百贯，及锦服、鞍辔、弓矢，改浙西道宣慰使。降人黄华复叛，有众十万，兴与战于铅山，获八千人。华急攻建宁，兴疾趋，与福建军合，获华将二人，华走江山洞。追至赤岩，华败走，赴火死。二十一年，改淮东道宣慰使。二十三年，拜江淮行中书省参知政事，平婺州盗施再十。改浙东道宣慰使。二十四年，尚书省立，拜行尚书省参知政事，捕斩柳分司于婺州。丁母忧。诏起复，讨处州盗詹老鹞、温州盗林雄。兴潜由青田捣其巢穴，战叶山，擒老鹞及雄等二百余人，斩于温州市。又奉省檄平徽州盗汪千十等。二十八年，罢福建行省，以参知政事行福建宣慰使，谕漳州盗欧狗降之。召入朝，拜江西行省左丞。

二十九年，复立福建行省，拜右丞。爪哇黥使者孟琪，诏兴为平章政事，与史弼、亦黑迷失 帅师征之，赐玉带、锦衣、甲胄、弓矢、大都良田千亩。三十年春，浮海抵爪哇。亦黑迷失将水军，兴将步军，会八节涧，爪哇主婿土罕必阇耶降。进攻葛郎国，降其主哈只葛当，事见弼传。又谕降诸小国。哈只葛当子昔剌八的、昔剌丹不合逃入山谷，兴独帅千人深入，虏昔剌丹不合。还至答哈城，史弼、亦黑迷失已遣使护土罕必阇耶归国，具入贡礼。兴深言其失计。

土罕必阇耶果杀使者以叛，合众来攻，兴等力战，却之，遂诛哈只葛当父子以归。诏治纵爪哇者，弼与亦黑迷失皆获罪，兴独以不预议，且功多，赐金五十两。

成宗即位，复拜福建行省平章政事，赐玉带。大德三年，汀州总管府同知阿里挟怨告兴不法，召入对，尽得其诬状，阿里伏诛。改江浙行省平章政事，赐海东青鹘，命其子伯颜入宿卫。四年，遣使赐海东白鹘、蒲萄酒、良药。八年，授枢密副使。十年，进同知枢密院事，皆兼平章。改河南行省平章政事。武宗即位，召见，拜左丞相，商议河南省事，赐以先朝御服。仁宗宠眷勋旧，赐与尤厚。皇庆二年秋九月，卒，年六十九。赠太师、开府仪同三司、上柱国，追封梁国公，谥武宣。元统三年，加封南阳王。

子久住，泉州总管。长寿，同知建宁路总管府事。忙古台，袭万户。伯颜，同知宁国路总管府事。完者都，辰州路总管。宝哥，治书侍御史。

刘国杰

刘国杰，字国宝，本女真人也，姓乌古伦，后入中州，改姓刘氏。父德宁，为宗王斡臣必阇赤，授管领益都军民公事。国杰貌魁雄，善骑射，胆力过人，少从军涟海，以材武为队长。至元六年，选其兵取襄阳，以益都新军千户从张弘范戍万山堡。宋兵窥伺，众出取薪，大出兵来攻堡，国杰等以数百人败之，斩首四千余级，由是有名。从略荆南，抵归峡，转战数千里，还，破宋兵襄阳下。从攻樊城，破外城，火炮伤股，裹创复战，平其外城，授武略将军，佩金符。从破张贵兵柜门关，战甚力。再攻樊城，被伤数处，血战，竟破之。襄阳降，世祖闻其勇，召见，迁武德将军、管军总管，赐银百两、锦衣、弓矢以宠之。

从伯颜南征。十一年，次郢州。宋兵扼汉水，不得下，伯颜谋取黄家湾堡以入汉，国杰先登，拔之，加武节将军。从破沙洋、新城，败孙虎臣丁家洲，战甚力，进万户。复从阿术取淮南，别军扬子桥，扼宋兵道。宋以万众夜夺堡，击走之，擒其都统张林。宋将张世杰盛兵出焦山来御师，施铁绳，联战船，碇江中，以示必死。阿术率诸军进战，万户刘琛由江南绕其后，国杰与董文炳左右夹击之，焚其战船，世杰军大溃，追奔圌山，夺黄鹄船数百艘。帝壮之，诏加怀远大将军，赐号霸都，国杰行第二，因呼之曰刘二霸都而不名。霸都，华言敢勇之士也。

宋亡，入朝，加佥书西川行枢密院事，选淮南兵，使将之平蜀。未行，会北边有警，加镇国上将军、汉军都元帅，将卫兵定北方。冬，召还，帝亲解衣加玉带赐之。十五年，复将左、右、中三卫兵，戍北边，诏"有不用命者，斩之以闻"。十六年，诸王脱脱木反，寇和林。国杰度其众悉至，营中必虚，选轻骑袭之，获其众万计。脱脱木屡战不利，又残暴，失众心，众杀之来降。十八年，加辅国上将军。十九年，征东兵无功而还，帝怒，将尽罢大小将校，召国杰为征东行省左丞。既至，帝语之故，国杰曰："罪在元帅耳，倘蒙圣慈，复诸将之职，彼必人人思奋，以雪前耻矣。"帝从之。尽复其官，以属国杰征日本。会黄华反建宁，乃命国杰以征东兵会江淮参政伯颜等讨之。国杰破赤岩寨，黄华自杀，余众皆溃。福建行省左丞忽剌出将兵来会梧桐川，欲搜贼溃去者尽杀之，国杰曰："首乱者，华也，余皆胁从，招谕不归，诛之未晚。"未几，众果出降。二十二年，罢征东省，除佥书沿江行枢密院，改佥院。

二十三年，朝廷以湖广重地，且多盗，拜本省左丞。国杰至，首平湖南盗李万二。明年，广东盗起，寇肇庆，其魁邓太獠居前寨，刘太獠居后寨，相依以为固。国杰趋捣后寨，破之，遂拔前寨，擒斩二人，捕民结盗者，皆杖杀之。加资德大夫。二十五年，湖南盗詹一仔诱衡、永、宝庆、武冈人，啸聚四望山，官军久不能讨。国杰破之，斩首盗，余众悉降。将校请曰："此辈久乱，急则降，降而有衅，复反矣，不如尽坑之。"国杰曰："多杀不可，况杀降耶！吾有以处之矣。"乃相要地为三屯：在衡曰清化，在永曰乌符，在武冈曰白仓，迁其众守之，每屯五百人，以备贼，且垦废田榛棘，使贼不得为巢穴。降者有故田宅，尽还之，无者，使杂耕屯中，后皆为良民。

有诏讨江西诸盗，国杰趋赴之。十一月，破萧太獠于陈古水，斩数百人，进平怀集诸寨贼。二十六年春，东入肇庆，攻阎太獠于清远，还攻萧太獠于怀集，擒之，复攻走严太獠。四月，攻曾太獠于金林，又破走之。贼深入保险，国杰凿山而入，贼众五千人，掩杀略尽。七月，次贺州，兵士冒瘴，皆疫，国杰亲抚视之，疗以医药，多得不死。会国杰亦病，乃移军道州。广东盗陈太獠寇道州，国杰讨擒之。遂攻拔赤水贼寨。二十七年，江西盗起龙泉，下令往击之，诸将交谏曰："此他省盗也。"国杰曰："纵寇生患，患将难图，岂可以彼此言耶！"乃选轻兵，弃旗鼓，去缨饰，一日夜趋贼境。贼众数千逆战，望见军容不整，曰："此乡丁也。"易之。国杰以数十骑陷阵，众从之，贼大败，斩首五百余级，夺所掠男女，日暮，忽收兵去。堡中民望见，怪之，莫知其谁。明日，又忽至，召堡民归其男子曰："吾刘二霸都也。"民皆惊以为神，因告别盗钟太獠居南安十八耒。国杰乘雾，突入其巢。贼众惊乱，自相蹂践，官军搏之，自旦至午，所擒杀甚众，还兵桂东。二月，龙泉盗复寇酃县，国杰遂还酃。贼退保大井山，乃分军三道趋之。道险，弃马而入。时天大雨，贼不为备，尽掩杀之，还镇道州。八月，永州盗李末子千七寇全州，败官兵，杀郡长官土鲁。国杰进讨，擒之，枭首而还。以前后功，加湖广右丞。

二十八年，置湖广等处行枢密院，迁副使，还军武昌。秋，广东盗再起，国杰复出道州。时知上思州黄胜许恃其险远，与交趾为表里，寇边。二十九年，诏国杰讨之。贼众劲悍，出入岩洞篁竹中如飞鸟，发毒矢，中人无愈者。国杰身率士奋战，贼不能敌，走象山。山近交趾，皆深林，不可入，乃度其出入，列栅围之。徐伐山通道，且战且进，二年，拔其寨。胜许挺身走交趾，擒其妻子杀之。国杰三以书责交趾索胜许，交趾竟匿不与。夏，师还，尽取贼巢地为屯田，募庆远诸僮人耕之，以为两江蔽障。后蛮人谓屯为省地，莫敢犯者。诏遣使即军中以玉带赐之。三十年，入朝，帝谓朝臣曰："湖广重地，惟刘二霸都足以镇此，他人不能也。"命无迁他官。俄议问罪交趾，加湖广安南行平章事，

以诸王亦 吉列台为监军征之。未行，会帝崩，乃止。

成宗即位，复置行枢密院于衡州。仍除副使。初，黔中诸蛮酋既内附复叛，又巴洞何世雄犯澧州，泊崖洞田万顷、楠木洞孟再师犯辰州，朝廷尝讨降之。升泊崖为施溶州，以万顷知州事。三十一年，万顷复叛，攻之，不能下。至是，帝即位，赦天下，并赦万顷等，亦不降，帝以命国杰。九月，国杰驰至辰，进攻明溪贼鲁万丑，拥众自上流而下，千户崔忠、百户马孙儿战死。十月，进兵桑木溪，万丑复以千人拒战，击却之。明日，万丑倍众来攻，国杰鼓之，百户李旺率死士陷阵，众军齐奋，贼败，遂破其巢，焚之。进攻施溶，部将田荣祖请曰："施溶，万顷之腹心，石农次、三羊峰，其左右臂也，宜先断其臂，而后腹心乃可攻。"国杰曰："甚善。"麾诸军攻石农次，贼不能支，弃寨遁，遂拔施溶，擒万顷，斩之。复穷捕其党，攀崖缘木而进，凡千余里。元贞元年，即军中加荣禄大夫、湖广行省平章政事。辰、澧地接溪洞，宋尝选民立屯，免其徭役，使御之，在澧者曰隘丁，在辰者寨兵，宋亡，皆废，国杰悉复其制，班师。继又经画茶陵、衡、郴、道、桂阳，凡广东、江西盗所出入之地，南北三千里，置戍三十有八，分屯将士以守之，由是东尽交广，西亘黔中，地周湖广，四境皆有屯戍，制度周密，诸蛮不能复寇，盗贼遂息。

六月，入朝，赐玉带、锦衣、弓矢，台臣言国杰在军中每以家赀赏将士，帝命倍偿之，部曲有功者，各迁官。大德五年，罗鬼女子蛇节反，乌撒、乌蒙、东川、芒部诸蛮从之，皆叛，陷贵州。诏国杰将诸翼兵，合四川、云南、思播兵以讨之。贼兵劲利，且多健马，官军战失利。国杰令人持一盾，布钉其上，俟阵合，即弃盾伪遁，贼果逐之，马奋不能止，遇盾皆倒，国杰鼓之，贼大败。既而复合众请战，国杰不应，数日，度其气衰，一鼓破走之，追战数千里。七年春，擒斩蛇节、宋隆济、阿女等，西南夷悉平。诏领其将士入见，张宴享之，赏赐甚厚。进光禄大夫，偿其赏士金一千九百两，钞万五千锭，将士迁官有差，命还益都上冢。

八年，还镇。国杰久行边，患瘴，至是病笃。平章卜邻吉台率僚属问之，国杰曰："交贼不臣，若病幸小愈，得灭此虏，则死无憾矣。"问以家事，不言。二月卒，年七十二。

国杰性雄猛，视死如归，尝语人曰："吾为国宣力，虽身弃草野不恨，何必马革裹尸还葬哉！"且善推诚得士心，故能立功如此。讣闻，帝深悼惜，赠推忠效力定远功臣、光禄大夫、司徒、柱国，封齐国公，谥武宣。

子脱欢，湖广行省平章政事，尚宪宗孙女。

卷一百六十三　　列传第五十

李德辉

李德辉，字仲实，通州潞县人。生五岁，父且卒，指德辉谓其家人曰："吾为吏，治狱不任苛刻，人蒙吾力者众，天或报之，是儿其大吾门乎！"及卒，德辉号恸如成人。适岁凶，家储粟才五升，其母舂蓬稗、炊藜苋而食之。德辉天性孝悌，操履清慎，既就外傅，嗜读书，束于贫，无以自资，乃辍业。年十六，监酒丰州，禄食充足，甘旨有余，则市笔札录书，夜诵不休。已乃厌糟曲，叹曰："志士顾安此耶！仕不足以匡君福民，隐不足以悦亲善身，天地之间，人寿几何，恶可无闻，同腐草木也！"乃谢绝所与游少年，求先生长者讲学，以卒其业。

时世祖在潜藩，用刘秉忠荐，使侍裕宗讲读，乃与窦默等皆就辟。癸丑，宪宗封宗亲，割京兆隶世祖潜藩，择廷臣能理财赋者俾调军食，立从宜府，以德辉与李得乃为使。时汪世显宿兵利州，扼四川衿喉，以规进取，数万之师仰哺德辉。乃募民入粟绵竹，散钱币，给盐券为直，陆挽兴元，水漕嘉陵，未期年而军储充羡，取蜀之本基于此矣。

中统元年，为燕京宣抚使。燕多剧贼，造伪钞，结死党杀人。德辉悉捕诛之，令行禁止。然事多不白中书，由是忤平章王文统意，去位。三年，文统以反诛，德辉遂起为山西宣慰使。权势之家籍民为奴者，咸按而免之，复业近千人。

至元元年，罢宣慰司，授太原路总管。时潜藩故傅相无有出为二千石者，帝以太原难治，故以德辉为守。至郡，崇学校，表孝节，劝耕桑，立社仓，一权度，凡可以阜民者无不为之。嘉禾瑞麦，六出其境。五年，征为右三部尚书。人有讼财而失其兄子者，德辉曰："此叔杀之无疑。"遂竟其狱。权贵人为请者甚众，德辉不应，罪状既明，请者乃惭服。七年，帝以蝗旱为忧，命德辉录囚山西、河东。行至怀仁，民有魏氏发得木偶，持告其妻挟左道为厌胜，谋不利于己。移数狱，词皆具。德辉察其冤，知其有爱妾，疑妾所为，将构陷其妻也。召妾鞫之，不移时而服，遂杖其夫而论妾以死。

皇子安西王镇关中，奏以德辉为辅，遂改安西王相。至则视濒泾营牧故地，可得数千顷，起庐舍，疏沟浍，假牛、种、田具与贫民二千家，屯田其中，岁得粟麦刍藁万计。十二年，诏以王相抚蜀。时重庆犹城守不下，朝廷各置行枢密院于东、西川，合兵万人围之。德辉至成都，两府争遣使咨受兵食方略，德辉戒之曰："宋已亡矣，重庆以弹丸之地，不降何归？政以公辈利其剽杀，民不得有子女，惧而不来耳。向日兵未尝战，中使奉玺书来赦，公辈既不能正言明告，严备止攻，以须其至，反购得军吏杖之，伪为得罪，使惧而叛去，水陆之师雷鼓继进，是坚其不下也。中使不谕诈计，竟以不奉明诏复命。如是者，非玩寇而何！况复军政不一，相訾纷纷，朝夕败矣，岂能成功哉！"德辉出，未至秦，泸州叛，而重庆围果溃，再退守泸州。十四年，诏以德辉为西川行枢密院副使，仍兼王相。诸军既发，德辉留成都给军食。是年，复泸州。十五年，再围重庆，逾月拔之，绍庆、南平、夔、施、思、播诸山壁水栅皆下。而东川枢府，犹故将也，惩前与西川相观望致败，恶相属，愿独军围合州。德辉乃出合俘系顺庆狱者纵之，使归语州将张珏，以天子威德远著，宋室既亡，三宫皆北，我朝含弘，录功忘过，能早自归，必取将相，与夏、吕比。又为书，以礼义祸福反复譬解之，以为："汝之为臣，不亲于宋之子孙，合之为州，不大于宋之天下，彼子孙已举天下而归我，汝犹偃然负阻穷山，而曰吾忠于所事，不亦惑哉！且昔此州之人不自为谋者，以国有主，耻被不义之名，故尔得制其死命。主今亡矣，犹欲以是行之，则戕下盗遇君，窃君首以徼福一旦，不难也。"珏未及报，而德辉还王邸。既而合州遣李兴、张郃十二人诇事成都，皆获之，释不杀，复为书纵归，使谕其将王立如谕珏者，而辞益剀切。立亦计夙与东府有深怨，惧诛，即使兴等导帅干杨獬怀蜡书，间至成都降。德辉从兵才数百人，赴之。东府害其来，皆曰："公昔为书招珏，诚亦极矣，竟无功而还。今立，珏牙校也，习狙诈不信，特以计致公来。使与吾争垂成之功，延命晷刻耳，未必诚降。"德辉曰："昔合以重庆存，故力可以同恶，今已孤绝，穷而来归，亦其势然。吾非攘人之功者，诚惧公等愤其后服，诬以尝抗跸先朝，利其剽夺，而快心于屠城也。吾为国活此民，岂计汝嫌怒为哉！"即单舸济江，薄城下，呼立出降。安集其民，而罢置其吏，合人自立而下，家绘事之。川蜀平，复以王相还邸。

十七年，置行中书省，以德辉为安西行省左丞。是年，西南夷罗施鬼国既降复叛，诏云南、湖广、四川合兵三万人讨之。兵且压境，德辉适被命在播，乃遣安主驰驿止三道兵勿进，复遣张孝思谕鬼国趣降。其酋阿察熟德辉名，曰："是活合州李公耶，其言明信可恃。"即身至播州，泣且告曰："吾属百万人，微公来，死且不降，今得所归，蔑有二矣。"德辉以其言上闻，乃改鬼国为顺元路，以其酋为宣抚使。其后有以受鬼国马千数谮德辉于朝者，帝曰："是人朕所素知，虽一羊不妄受，宁有是耶！"

德辉卒年六十三，蛮夷闻讣，哭之哀如私亲，为位而祭者动辄千百人。合州安抚使王立，衰绖率吏民拜哭，声震山谷，为发百人护丧兴元。播州安抚使何彦请率其民立庙祀之。

张雄飞

张雄飞，字鹏举，琅琊临沂人，父琮，仕金，守盱眙。金人疑之，罢其兵柄，徙居许州。寻复命守河阴，仍留家人于许。雄飞幼失母，琮妾李氏养之。国兵屠许，惟工匠得免。有田姓者，琮故吏也，自称能为弓，且诈以雄飞及李氏为家人，由是获全，遂徙朔方，雄飞时方十岁。至霍州，李欲逃，恐其累己，雄飞知之，顷刻不去左右，李乃变服与俱还，寓潞州。雄飞既长，往师前进士王宝英于赵城。金亡，雄飞不知父所在，往来泽、潞，求之十余年，常客食僧舍。已而入关陕，历怀、孟、潼、华，终求其父弗得，遂入燕。居数岁，尽通国言及诸部语。

至元二年，廉希宪荐之于世祖，召见，陈当世之务，世祖大悦。授同知平阳路转运司事，搜抉蠹弊，悉除之。帝问处士罗英，谁可大用者，对曰："张雄飞真公辅器。"帝然之，命驿召雄飞至。问以方今所急，对曰："太子天下本，愿早定以系人心。闾阎小人有升斗之储，尚知付托，天下至大，社稷至重，不早建储贰，非至计也。向使先帝知此，陛下能有今日乎？"帝方卧，矍然起，称善者久之。他日，与江孝卿同召见，帝曰："今任职者多非材，政事废弛，譬之大厦将倾，非良工不能扶，卿辈能任此乎？"孝卿谢不敢当。帝顾雄飞，雄飞对曰："古有御史台，为天子耳目，凡政事得失，民间疾苦，皆得言；百官奸邪贪秽不职者，即纠劾之。如此，则纪纲举、天下治矣。"帝曰："善。"乃立御史台，以前丞相塔察儿为御史大夫，雄飞为侍御史，且戒之曰："卿等既为台官，职在直言，朕为汝君，苟所行未善，亦当极谏，况百官乎！汝宜知朕意。人虽嫉妒汝，朕能为汝地也。"雄飞益自感励，知无不言。参议枢密院事费正寅素憸狡，有告其罪者，诏丞相线真等与雄飞杂治之。请托交至，雄飞无所顾，尽得其罪状以闻，正寅与其党管如仁等皆伏诛。会议立尚书省，雄飞力争于帝前，忤旨，左迁同知京兆总管府事。宗室公主有家奴逃渭南民间为赘婿。主适过临潼，识之，捕其奴与妻及妻之父母，皆械系之，尽没其家赀。雄飞与主争辨，辞色俱厉。主不得已，以奴妻及妻之父母、家赀还之，惟挟其奴以去。

入为兵部尚书。平章阿合马在制国用司时，与亦麻都丁有隙，至是，罗织其罪，同僚争相附会，雄飞不可曰："所犯在制国用时，平章独不预耶？"众无以答。秦长卿、刘仲泽亦以忤阿合马，皆下吏，欲杀之，雄飞亦持不可。阿合马使人啖之，曰："诚能杀此三人，当以参政相处。"雄飞曰："杀无罪以求大官，吾不为也。"阿合马怒，奏出雄飞为澧州安抚使，而三人竟死狱中。时澧州初下，民怀反侧，雄飞至，布宣德教以抚绥之，民遂安。有巨商二人犯匿税及殴人事，僚佐受赂，欲宽其罪，雄飞绳之益急。或曰："此细事，何执之坚？"雄飞曰："吾非治匿税殴人者，欲改宋弊政，惩不畏法者尔。"细民以乏食，群聚发富家廪，所司欲论以强盗，雄飞曰："此盗食，欲救死，非强也。"宽其狱，全活者百余人。澧西南接溪洞，徭人乘间抄掠居民，雄飞遣杨应申等往谕以威德，诸徭悉感服。

十四年，改安抚司为总管府，命雄飞为达鲁花赤，迁荆湖北道宣慰使。有告常德富民十余家与德山寺僧将为乱，众议以兵讨之。雄飞曰："告者必其仇也。且新附之民，当以静镇之，兵不可遽用，苟有他，吾自任其责。"遂止，徐察之，果如所言。先是，荆湖行省阿里海牙以降民三千八百户没入为家奴，自置吏治之，岁责其租赋，有司莫敢言。雄飞言于阿里海牙，请归其民于有司，不从。雄飞入朝奏其事，诏还籍为民。

十六年，拜御史中丞，行御史台事。阿合马以子忽辛为中书右丞，行省江淮，恐不为所容，奏留雄飞不遣，改陕西汉中道提刑按察使。未行，阿合马死，朝臣皆以罪去。拜参知政事。阿合马用事日久，卖官鬻狱，纪纲大坏，雄飞乃先自降一阶，于是侥幸超躐者皆降之。忽辛有罪，敕中贵人及中书杂问，忽辛历指宰执曰："汝曾使我家钱物，何得问我！"雄飞曰："我曾受汝家钱物否？"曰："惟公独否。"雄飞曰："如是，则我当问汝矣。"忽辛遂伏辜。二十一年春，册上尊号，议大赦天下，雄飞谏曰："古人言：无赦之国，其刑必平。故赦者，不平之政也。圣明在上，岂宜数赦！"帝嘉纳之，语雄飞曰："大猎而后见善射，集议而后知能言，汝所言者是，朕今从汝。"遂止降轻刑之诏。

雄飞刚直廉慎，始终不易其节。尝坐省中，诏趣召之，见于便殿，谓雄飞曰："若卿可谓真廉者矣。闻卿贫甚，今特赐卿银二千五百两、钞二千五百贯。"雄飞拜谢，将出，又诏加赐金五十两及金酒器。雄飞受赐，封识藏于家。后阿合马之党以雄飞罢政，诣省乞追夺赐物，裕宗在东宫闻之，命参政温迪罕谕丞相安童曰："上所以赐张雄飞者，旌其廉也，汝岂不知耶？毋为小人所诈。"塔即古阿散请检核前省钱谷，复用阿合马之党，竟矫诏追夺之。塔即古阿散等俄以罪诛，帝虑校核失当，命近臣伯颜阅之。中书左丞耶律老哥劝雄飞诣伯颜自辨，雄飞曰："上以老臣廉，故赐臣，然臣未尝敢轻用，而封识以俟者，政虞今日耳，又可自辨乎？"二十一年，卢世荣以言利进用，雄飞与诸执政同日皆罢。二十三年，起为燕南河北道宣慰使，决壅滞，黜奸贪，政化大行。卒于官。

子五人：师野，师谓，师白，师俨，师约。师野宿卫东宫时，荆湖行省平章政事阿里海牙入觐，言之宰相，欲白皇太子，请以师野为荆南总管，雄飞固止之。归谓师野曰："今日欲有官汝者，汝宿卫日久，固应得官，然我方为执政，天下必以我私汝，我一日不去此位，汝辈勿望有官也。"其介慎如此。

张德辉

张德辉，字耀卿，冀宁交城人。少力学，数举于乡。金贞祐间兵兴，家业殆尽。试掾御史台，会盗杀卜者，有司纵迹之，获僧匿一妇人，搒掠诬服，狱具，德辉疑其冤，其后果得盗。赵秉文、杨慥咸器其材。金亡，北渡，史天泽开府真定，辟为经历官。岁乙未，从天泽南征，筹画调发，多出德辉。天泽将诛逃兵，德辉救止，配令穴城。光州草山农民为寨以自固，天泽议攻之，德辉请招之降，全活甚众。

岁丁未，世祖在潜邸，召见，问曰："孔子殁已久，今其性安在？"对曰："圣人与天地终始，无往不在。殿下能行圣人之道，性即在是矣。"又问："或云，辽以释废，金以儒亡，有诸？"对曰："辽事臣未周知，金季乃所亲睹。宰执中虽用一二儒臣，余皆武弁世爵，及论军国大事，又不使预闻，大抵以儒进者三十之一，国之存亡，自有任其责者，儒何咎焉！"世祖然之。因问德辉曰："祖宗法度具在，而未尽设施者甚多，将如之何？"德辉指银盘，喻曰："创业之主，如制此器，精选白金良匠，规而成之，畀付后人，传之无穷。当求谨厚者司掌，乃永为宝用。否则不惟缺坏，亦恐有窃而去之者矣。"世祖良久曰："此正吾心所不忘也。"又访中国人材，德辉举魏璠、元裕、李冶等二十余人。又问："农家作劳，何衣食之不赡？"德辉对曰："农桑天下之本，衣食之所从出者也。男耕女织，终岁勤苦，择其精者输之官，余粗恶者将以仰事俯育。而亲民之吏复横敛以尽之，则民鲜有不冻馁者矣。"岁戊申春，释奠，致胙于世祖，世祖曰："孔子庙食之礼何如？"对曰："孔子为万代王者师，有国者尊之，则严其庙貌，修其时祀，其崇与否，于圣人无所损益，但以此见时君崇儒重道之意何如耳。"世祖曰："今而后，此礼勿废。"世祖又问："典兵与宰民者，为害孰甚？"对曰："军无纪律，纵使残暴，害固非轻；若宰民者，头会箕敛以毒天下，使祖宗之民如蹈水火，为害尤甚。"世祖默然，曰："然则奈何？"对曰："莫若更遣族人之贤如口温不花者，使掌兵权，勋旧则如忽都虎者，使主民政，若此，则天下均受赐矣。"

是年夏，德辉得告，将还，更荐白文举、郑显之、赵元德、李进之、高鸣、李盘、李涛数人。陛辞，又陈先务七事：敦孝友，择人才，察下情，贵兼听，亲君子，信赏罚，节财用。世祖以字呼之，赐坐，锡赉优渥。有顷，奉旨教胄子孛罗等。壬子，德辉与元裕北觐，请世祖为儒教大宗师，世祖悦而受之。因启："累朝有旨蠲儒户兵赋，乞令有司遵行。"从之。仍命德辉提调真定学校。

世祖即位，起德辉为河东南北路宣抚使，下车，击豪强，黜赃吏，均赋役。耆耋不远数千里来见，曰："六十年不复见此太平官府矣。"戴之若神明。西川帅纽邻重取兵千余人，守吏畏其威，莫敢申理，隶凤翔屯田者八百余人，屯罢，兵不归籍；会签防戍兵，河中浮梁故有守卒，不以充数。悉条奏之，帝可其请。兵后孱民多依庇豪右，及有以身佣藉衣食，岁久掩为家奴，悉遣还之为民。

二年，考绩为十路最。陛见，帝劳之，命疏所急务，条四事：一曰严保举以取人材；二曰给俸禄以养廉能；三曰易世官而迁都邑；四曰正刑罚而勿屡赦。帝嘉纳焉。迁东平路宣慰使。春旱，祷泰山而雨。东平赋彩狱繁，视河东相倍蓰，凡遇赃奸，悉穷之，不少贷。奏免远输豆粟二十万斛，和粜粟十万斛。宝合丁议赋茧丝，令民税而后输。德辉曰："是诬上以毒下也，且后期之责孰任之！"遂罢其事。孀妇马氏，将鬻其女以代纳逋赋，分己俸代偿之，仍蠲其额。

至元三年秋，参议中书省事。五年春，擢侍御史，辞不拜。有言沿边将校冒代军士、虚糜廪币者，敕按之，奏曰："在昔将校，备尝艰阻，与士卒同甘苦，今年少子弟袭爵，或以微劳进用，岂知军旅之事乎！致使朝廷遣使覆按，此省院素失约束耳。痛绳之则人不自安，第易其部署，选武毅才略者任之，庶使军政自新。又时委司宪者体究，庶革其弊。"有旨命德辉议御史台条例，德辉奏曰："御史，执法官。今法令未明，何据而行？此事行之不易，陛下宜慎思之。"有顷，复召曰："朕虑之熟矣，卿当力行之。"对曰："必欲行之，乞立宗正府以正皇族，外戚得以纠弹，女谒毋令奏事，诸局承应人皆得究治。"帝良久曰："其徐行之。"德辉请老，命举任风宪者，疏乌古伦贞等二十人以闻。

初，河东歉，请于朝，发常平贷之，并减其秋租有差。赋役不均，官吏并缘为奸，赋一征十年，不胜其困苦，民率流亡。德辉阅实户编，均其等第，出纳有法，数十年之弊一旦革去。

德辉天资刚直，博学有经济器，毅然不可犯，望之知为端人，然性不喜嬉笑。与元裕、李冶游封龙山，时人号为龙山三老云。卒年八十。

马亨

马亨，字大用，邢州南和人。世业农，以赀雄乡里。亨少孤，事母孝，金季习为吏。庚寅，太宗始建十路征收课税使，河北东西路使王晋辟亨为掾，以才干称。甲午，晋荐于中书令耶律楚材，授转运司知事，寻升经历，擢转运司副使。庚戌，太保刘秉忠荐亨于世祖，召见潜邸，甚器之。既而籍诸路户口，以亨副八春、忙哥抚谕西京、太原、平阳及陕西五路，俾民弗扰。既还，图山川形势以献，余使者多以贿败，惟亨等各赐衣九袭。癸丑，从世祖征云南，留亨为京兆榷课所长官。京兆，藩邸分地也，亨以宽简治之，不事掊克，凡五年，民安而课裕。丁巳，宪宗遣阿蓝答儿等核藩府钱谷，亨时辇岁办课银五百铤，输之藩府，道出平阳，适与之遇。亨策曰："见之则银必拘留，不见则必以罪加我，与其银弗达王府，宁获罪焉。"避而过之，阿蓝答儿果怒，遣使逮之王府。世祖询亨曰："汝往，得无摭汝罪耶？"对曰："无害，愿一行。"乃慰遣亨。既至，拘系之，穷治百端，竟无所得，惟以支竹课分例钱充公用，及僦公廨辇运脚价为不应，勒偿其直而已。世祖知其诬，更赐银三十二铤。己未，从世祖攻鄂州，洎北还，遣亨驰驿往西京等处罢所签军，并抚谕山西、河东、陕右、汉中。既还，复遣转饷江上军实。

中统元年，世祖即位，陕西、四川立宣抚司，诏亨议陕西宣抚司事。寻赐金符，迁陕西四川规措军储转运使。时阿蓝答儿等叛，亨与宣抚使廉希宪、商挺合谋，诛刘太平等，悉定关辅。寻建行省，命亨兼陕西行省左右司郎中。时兴元畜粮五万石，欲转饷大安军，计佣直万缗，众推亨往，时丁内艰，以摄省府事强起之。至则以兵官丁产均其役，不阅月而事集，无劳民伤财之叹。兴元判官费正寅狡悍不法，莫有能治之者。亨白省府，欲以法绳之，反诬构行省前保关中有异谋，诏右丞粘合圭谳之，亨力辨之，冤构释然。

四年，迁陕西五路西蜀四川廉访都转运使。未几，朝廷以考课黜诸路转运司，至则并转运司入总管府，咸夺其制书，授亨工部侍郎、解盐副使。亨乃上言："以考课定赏罚，其人甫集，而一切罢之，则是非安在？宜还其命书，俾仕者有所劝勉。"从之。亨复上便宜六事："一曰东宫保傅当用正人，以固国本；二曰中书大政，择任儒臣，以立朝纲；三曰任相惟贤，官不必备，今宰相至十七员，宜加裁汰；四曰左右郎署毗赞大政，今用豪贵子弟，岂能赞襄；五曰六曹之职分理万机，今止设左右二部，事何由办；六曰建元以来，便民条画已多，有司往往视为文具，宜令宪司纠举，务在必行。"疏闻，帝即召见，有旨："卿比安在，胡不早言？"亨对曰："新自陕西来觐。"帝谕曰："卿久著忠勤，自今不令卿远出矣。"

至元三年，进嘉议大夫、左三部尚书，寻改户部尚书，金谷出纳，有条不紊。时有贾胡，恃制国用使阿合马，欲贸交钞本，私平准之利，以增岁课为辞。帝以问亨，对曰："交钞可以权万货者，法使然也。法者，主上之柄，今使一贾擅之，废法从私，将何以令天下？"事遂寝。亨又建言立常平、义仓，谓备荒之具，宜及举行。而时以财用不足，止设义仓。七年，立尚书省，仍以亨为尚书，领左部。亨上言："尚书省专领金谷百工之事，其铨选宜归中书，以示无滥。"寻为平章阿合马所忌，以诬免官。会国兵围襄、樊，廷议河南行省调发军饷，诏以阿里为右丞、姚枢为左丞、亨为佥省任其事，水陆供馈，未尝有阙，亨之力为多。十年，还京师，帝方欲柄用之，遽婴末疾。十四年，卒，年七十一。

子绍庭，云南诸路肃政廉访司副使。

程思廉

程思廉，字介甫，其先洛阳人，元魏时以豪右徙云中，遂家东胜州。父恒，国初佩金符，为沿边监榷规运使、解州盐使。思廉用太保刘秉忠荐，给事裕宗潜邸，以谨愿闻。命为枢密院监印，平章政事哈丹行省河南，署为都事。丞相史天泽尤器之。时方规取襄樊，使任转饷，筑城置仓以受粟，转输者与民争门，不时至，思廉令行者异路。粟至，多露积，一夕大雨，思廉安卧不起，省中召诘之，思廉曰："此去敌近，中夜骚动，众必惊疑，或致他变。纵有漂湿，不过军中一日粮耳。"闻者韪之。

至元十二年，调同知淇州，徙东平路判官，入为监察御史，以劾权臣阿合马系狱。其党巧为机阱，思廉居之泰然，卒不能害。累迁河北河南道按察副使。道过彰德，闻两河岁饥，而征租益急，欲止之。有司谓法当上请，思廉曰："若然，民已不堪命矣。"即移文罢征，后果得请。二十年，河北复大饥，流民渡河求食，朝廷遣使者，集官属，绝河止之。思廉曰："民急就食，岂得已哉！天下一家，河北、河南皆吾民也。"亟令纵之。且曰："虽得罪死不恨。"章上，不之罪也。卫辉、怀孟大水，思廉临视赈贷，全活甚众。水及城不没者数板，即修堤防，露宿督役，水不为患，卫人德之。迁陕西汉中道按察使，以母老不赴。俄丁母忧。

二十六年，立云南行御史台，起复思廉为御史中丞。始至，蛮夷酋长来贺，词若逊而意甚倨，思廉奉宣上意，绥怀远人，且明示祸福，使毋自外，闻者慑服。云南旧有学校，而礼教不兴，思廉力振起之，始有从学问礼者。

成宗即位，除河东山西廉访使。太原岁饲诸王驼马一万四千余匹，思廉为请，止饲千匹。平阳诸郡岁输租税于北方，民甚苦之，思廉为请，得输河东近仓。旧法，决事咸有议札，权归曹吏，思廉自判牍尾，某当某罪，吏皆束手。

思廉累任风宪，刚正疾恶，言事剀切，如请早建储贰、访求贤俊、辨车服、议封谥、养军力、定律令，皆急务也。与人交有终始，或有疾病死丧，问遗周恤，往返数百里不惮劳，仍为之经纪家事，抚视其子孙。其于家族，尤尽恩意。好荐达人物，或者以为好名，思廉曰："若避好名之讥，人不复敢为善矣。"卒，年六十二，谥敬肃。

乌古孙泽

乌古孙泽，字润甫，临潢人。其先女真乌古部，因以为氏。祖璧，仕金为明威将军、资用库使，从金主迁汴。汴城陷，转徙居大名。父仲，倜傥有奇节，遭金季世，愤无所施，用高言危行，亲交避之，遂纵酒阳狂以自晦，然教泽特严。泽性刚毅，读书举大略，一切求诸己，不事章句，才干过人。

世祖将取江南，泽以选输钞至淮南饷军，丞相阿术见而奇之，补淮东大都督府掾。至元十四年，元帅唆都下兵闽、越，见泽，与语而合，即辟元帅府提控案牍。时宋广王据福州，改元炎兴，度我军且至，遂入于海，复聚兵甲子门。其将张世杰攻泉州，兴化守臣陈瓒举郡应之。文天祥置都督府于南剑州，守臣张清行都督府事，谋复建宁。闽中郡县往往复从宋，江东大扰。唆都时军浙东，建、信告急，唆都谋于众曰："我军当何先?"泽曰："彼据闽、广，而我往浙右，非策之善。譬之伐木，务除其根，当先向南。"会行省檄唆都，与左丞塔出会兵甲子门，遂度兵闽关，八战而至南剑，杀其守臣张清，宋师遂退。冬十月，收福州，进攻兴化，拔之。唆都怒其民反覆，下令屠城，泽屡谏不听，复前说曰："世杰不虞我军遽至，方急攻泉州，谋固其植。我新得泉州，民志未固，旦暮且失守。比我定兴化，整兵而南，彼树植将日固矣。莫若开其遗民，使走泉南扇动之，世杰将胆落而走。是我不战而完泉州，捷于吾兵之驰救也。"唆都喜，开南门纵民去，因得脱死者甚众。世杰得逃民，知兴化已破，乃解泉州围去。唆都至泉州，部署别将，装大舰趣甲子门，自将下漳州，军于海丰，引精骑与塔出会。十二月，入广州。十五年春正月，还击潮州，守将马发备御甚固，泽曰："潮人所以城守不下者，以外多壁垒，为之援应也。第翦其外应，潮必覆矣。"乃分兵攻其一大垒，破之，余垒尽散走，二旬而潮拔，马发死焉。既而文天祥军溃于江西，广王暨张世杰死于海中，唆都还军福建。

夏五月，诏立行中书省于福建，以唆都行参知政事，泽行省都事，从朝京师，命知兴化军，赐金织衣，赏其善谋也。继改兴化军为路，授泽行总管府事，民歌舞迎候于道曰："是吾民复生之父母也。"喜极而继以泣。郡新残于兵，白骨在野，首下令掩埋之；又衣食其流离之民，有弃子于道者，置慈幼曹籍而抚育之。郡中恶年少喜为不义，以资求窜名卒伍，冀后得计功版授。官吏恐激变，不敢诘，泽悉追毁所授，诛其尤无良者，贪暴始戢。始陈瓒以郡应张世杰，民多战死者，至是，吏援例将籍其产，泽语吏曰："国家至仁，诛止陈瓒，从瓒者犹蒙宥，民奈何连坐!"亟为令曰："民不幸诖误从陈瓒诛，及斗死无后者，其田庐赀产并给其族姻，有司无所与。"吏不能逆，乃止。当江南未定，盗贼所在有之，民自相什伍，保卫乡里。及时平，行省议籍为兵，上下汹汹，泽白行省曰："国兵非少，今籍民以示少，非所以安反侧也。且当籍者众，民或有他心。"议遂格。泽又兴学校，召长老及诸生讲肄经义，行乡饮酒礼，旁郡闻而慕之。兴化故号多士，士咸知向慕，以泽与常衮、方仪并肖像祠于学宫。

至元二十一年，调永州路判官。湖广平章政事要束木贪纵淫虐，诛求无厌。或妄言初归附时，州县长吏及吏胥富人比屋敛银，将输之官，银已具而事遂中止。要束木即下令，责民自实，使者旁午，随地置狱，株连蔓引，备极惨酷，民以考掠瘐死者载道，所获不赀，要束木尽掩有之。有使至永，泽戒吏美供帐，丰酒食，务顺适其意。使者感愧，无所发其毒，因间以利害晓之，一郡由是获安，是岁，盗起宝庆、武岗，皆永旁郡也。行省遣泽讨平之，俘获五百余人，简出其诖误者百有五十人，上书言状，诛其首恶者三十一人，余得减死。二十六年，丞相桑哥建议考校钱谷，天下骚动。泽叹曰："民不堪命矣。"即自上计行省。要束木怒曰："郡国钱粮无不增羡，永州何为独不然!此直孙府判倚其才辨慢我，亟拘系之，非死不释也。"明年，桑哥败，要束木伏诛，泽始得释。

二十九年，湖广平章政事阔里吉思荐泽才堪将帅，以行省员外郎从征海南黎。黎人平，军还，上功，授广南西道宣慰副使。秋七月，并左右两江道归广西宣慰司，置都元帅府，泽为广西两江道宣慰副使、佥都元帅府事。两江荒远瘴疠，与百夷接，不知礼法，泽作《司规》三十有二章，以渐为教，其民至今遵守之。又省厩置二十二所，以纾民力。岁饥，上言蠲其田租，发象州、贺州官粟三千五百石以赈饥者，既发，乃上其事。时行省平章哈剌哈孙 察其心诚爱民，不以专擅罪之。邕管徼外蛮数为寇，泽循行并徼，得厄塞处，布画远迩，募民伉健者四千六百余户，置雷留那扶十屯，列营堡以守之。陂水垦田，筑八堨以节潴泄，得稻田若干亩，岁收谷若干石为军储，边民赖之。海北元帅薛赤干赃利事觉，行省檄泽验治。泽驰至雷州，尽发其奸赃，纵所掠男女四百八十二口、牛数千头，金银器物称是，海北之民欣忭相庆。

御史台言：乌古孙泽奉使知大体，如汲长孺；为将计万全，如赵充国。可属大任。"诏擢为海北海南廉访使。故例，圭田至秋乃入租，后遂计月受之，泽视事三月，民输租计米五百石，泽曰："夫子有言，事君者先其事，后其食。吾莅政日浅，而受禄四倍，非情所安。"量食而入，余悉委学官，给诸生以劝业。常曰："士非俭无以养廉，非廉无以养德。"身一布袍数年，妻子朴素无华，人皆言之，泽不以为意也。

雷州地近海，潮汐啮其东南，陂塘碱，农病焉。而西北广衍平袤，宜为陂塘，泽行视城阴，曰："三溪徒走海，而不以灌溉，此史起所以薄西门豹也。"乃教民浚故湖，筑大堤，堨三溪潴之，为斗门七，堤堨六，以制其赢耗；酾为渠二十有四，以达其注输。渠皆支别为闸，设守视者，时其启闭，计得良田数千顷，濒海广潟并为膏土。民歌之曰："潟卤为田兮，孙父之教。渠之泱泱兮，长我秔稻。自今有年兮，无旱无涝。”

至大元年，改福建廉访使。泽宿有德于闽，闽人安之。有芝五色产于宪司之澄清堂，士民以为泽之所致。以母年逾八十，求归养长沙。岁余，母丧，泽以哀毁卒。妻杜，以夫死，饮食不入口者十有三日，不死，乃复食。泽积官自承直郎至中大夫，谥正宪。

子良祯，仕至中书右丞，以功名终。

赵　炳

赵炳，字彦明，惠州滦阳人。父弘，有勇略，国初为征行兵马都元帅，积阶奉国上将军。炳幼失怙恃，鞠于从兄。岁饥，往平州就食，遇盗，欲杀之，兄解衣就缚。炳年十二，泣请代兄，盗惊异，舍之而去。甫弱冠，以勋阀之子，侍世祖于潜邸，恪勤不怠，遂蒙眷遇。世祖次桓、抚间，以炳为抚州长，城邑规制，为之一新。已未，王师伐宋。未几，北方有警，括兵敛财，燕蓟骚动。王师北还，炳远迓中途，具以事闻，追所括兵及横敛财物，悉归于民，世祖嘉其忠。

中统元年，命判北京宣抚司事。北京控制辽东，番夷杂处，号称难治。时参知政事杨果为宣抚使，闻炳至，喜曰：“吾属无忧矣。”三年，括北京鹰坊等户丁为兵，蠲其赋，令炳总之。时李璮叛，据济南，炳请讨之。国兵围城，炳将千人独当北面，有所俘获，即纵遣去，曰：“胁从之徒，不足治也。”济南平，入为刑部侍郎，兼中书省断事官。时有携妓登龙舟者，即按之以法，未几，其人死，其子犯跸诉冤，诏让之，炳曰：“臣执法尊君，职当为也。”帝怒，命之出，既而谓侍臣曰：“炳用法太峻，然非徇情者。”改枢密院断事官。济南妖民作乱，赐金虎符，加昭勇大将军、济南路总管。炳至，止罪首恶，余党解散。岁凶，发廪赈民，而后以闻，朝廷不之罪也。迁辽东提刑按察使，辽东闻其来，豪猾屏迹。

至元九年，帝念关中重地，风俗强悍，思得刚鲠旧臣以临之，授炳京兆路总管，兼府尹。皇子安西王开府于秦，诏治宫室，悉听炳裁制。王府吏卒横暴扰民者，即建白，绳以法。王命之曰：“后有犯者，勿复启，请若自处之。”自是豪猾敛戢，秦民以安。有旨以解州盐赋给王府经费，岁久，积逋二十余万缗，有司追理，仅获三之一，民已不堪。炳密启王曰：“十年之逋，责偿一日，其孰能堪！与其哀敛病民，孰若惠泽加于民乎！”王善其言，遽命免征。会王北伐，诏以京兆一年之赋充军资，炳复请曰：“所征逋课，足佐军用，可贷岁赋，以苏民力。”令下，秦民大悦。十四年，加镇国上将军、安西王相。王府冬居京兆，夏徙六盘山，岁以为常。王既北伐，六盘守者构乱，炳自京兆率兵往捕，甫及再旬，元恶授首。十五年春，六盘再乱，复讨平之。王还自北，嘉赏战功，赉赐有加。是岁十一月，王薨。

十六年秋，被旨入见便殿，帝劳之曰：“卿去数载，衰白若此，关中事烦可知已。”询及民间利病，炳悉陈之，因言王薨之后，运使郭琮、郎中郭叔云窃弄威柄，恣为不法。帝卧听，遽起曰：“闻卿斯言，使老者增健。”饮以上尊马湩。改中奉大夫、安西王相，兼陕西五路西蜀四川课程屯田事，余职如故，即令乘传偕敕使数人往按琮等。至则琮假嗣王旨，入炳罪，收炳妻孥囚之。时嗣王之六盘，徙炳等于平凉北崆峒山，囚闭益严。炳子仁荣诉于上，即诏近侍二人驰驿而西，脱炳，且械琮党偕来。琮等留使者，醉以酒，先遣人毒炳于平凉狱中。其夜星陨，有声如雷，年五十九，实十七年三月也。帝闻之，抚髀叹曰：“失我良臣！”俄械琮等百余人至，帝亲鞫问，尽得其情，既各伏辜，命仁荣手刃琮、叔云于东城，籍其家以付仁荣。仁荣曰：“不共戴天之人，所蓄之物，皆取于民，何忍受之！”帝善之，别赐钞二万二千五百缗，为治丧具。国朝旧制，无赙臣下礼，盖殊恩也。六月，诏雪炳冤，特赠中书左丞，谥忠愍。

子六人：仁显，早亡。次仁表，仁荣，仁旭，仁举，仁轨。仁荣仕至中书平章政事；余俱登显仕。

卷一百六十四　　列传第五十一

杨恭懿

杨恭懿，字元甫，奉元人。力学强记，日数千言，虽从亲逃乱，未尝废业。年十七，西还，家贫，服劳为养。暇则就学，书无不读，尤深于《易》、《礼》、《春秋》，后得朱熹集注《四书》，叹曰：“人伦日用之常，天道性命之妙，皆萃此书矣。”父没，水浆不入口者五日，居丧尽礼。宣抚司、行省以掌书记辟，不就。

至元七年，与许衡俱被召，恭懿不至。衡拜中书左丞，日于右相安童前称誉恭懿之贤，丞相以闻。十年，诏遣使召之，以疾不起。十一年，太子下教中书，俾如汉惠聘四皓者以聘恭懿，丞相遣郎中张元智为书致命，乃至京师。既入见，世祖遣国王和童劳其远来，继又亲询其乡里、族氏、师承、子姓，无不周悉。十二年正月二日，帝御香殿，以大军南征，使久不至，命筮之，其言秘。侍读学士徒单公履请设取士科，诏与恭懿议之。恭懿言：“明诏有谓：士不治经学孔孟之道，日为赋诗空文。斯言诚万世治安之本。今欲取士，宜敕有司，举有行检、通经史之士，使无投牒自售，试以经义、论策。夫既从事实学，则士风还淳，民俗趋厚，国家得才矣。”奏入，帝善之。会北征，恭懿遂归田里。

十六年，诏安西王相敦遣赴阙。入见，诏于太史院改历。十七年二月，进奏曰：“臣等遍考自汉以来历书四十余家，精思推算，旧仪难用，而新者未备，故日行盈缩，月行迟疾，五行周天，其详皆未精察。今权以新仪木表，与旧仪所测相较，得今岁冬至晷景及日躔所在，与列舍分度之差，大都北极之高下，昼夜刻长短，参以古制，创立新法，推算成《辛巳历》。虽或未精，然比之前改历者，附会历元，更立日法，全踵故习，顾亦无愧。然必每岁测验修改，积三十年，庶尽其法。可使如三代日官，世专其职，测验良久，无改岁之事矣。"又《合朔议》曰：

日行历四时一周，谓之一岁；月逾一周，复与日合，谓之一月；言一月之始，日月相合，故谓合朔。自秦废历纪，汉太初止用平朔法，大小相间，或有二大者，故日食多在晦日或二日，测验时刻亦鲜中。宋何承天测验四十余年，进《元嘉历》，始以月行迟速定小余以正朔望，使食必在朔，名定朔法，有三大二小，时以异旧法罢之。梁虞门造《大同历》，隋刘焯造《皇极历》，皆用定朔，为时所阻。唐傅仁均造《戊寅历》，定朔始得行。贞观十九年，四月频大，人皆异之，竟改从平朔。李淳风造《麟德历》，虽不用平朔，遇四大则避人言，以平朔间之，又希合当世，为进朔法，使无元日之食。至一行造《大衍历》，谓"天事诚密，四大三小何伤。"诚为确论，然亦循常不改。臣等更造新历，一依前贤定论，推算皆改从实。今十九年历，自八月后，四月并大，实日月合朔之数也。

详见《郭守敬传》。是日，方列跪，未读奏，帝命许衡及恭懿起，曰："卿二老，毋自劳也。"授集贤学士，兼太史院事。

十八年，辞归。二十年，以太子宾客召；二十二年，以昭文馆学士、领太史院事召；二十九年，以议中书省事召。皆不行。三十一年，卒，年七十。

王　恂

王恂，字敬甫，中山唐县人。父良，金末为中山府掾，时民遭乱后，多以诖误系狱，良前后所活数百人。已而弃去吏业，潜心伊洛之学，及天文律历，无不精究，年九十二卒。恂性颖悟，生三岁，家人示以书帙，辄识风、丁二字。母刘氏，授以《千字文》，再过目，即成诵。六岁就学，十三学九数，辄造其极。岁己酉，太保刘秉忠北上，途经中山，见而奇之，及南还，从秉忠学于磁之紫金山。

癸丑，秉忠荐之世祖，召见于六盘山，命辅导裕宗，为太子伴读。中统二年，擢太子赞善，时年二十八。三年，裕宗封燕王，守中书令，兼判枢密院事，敕两府大臣：凡有咨禀，必令王恂与闻。初，中书左丞许衡集唐、虞以来嘉言善政，为书以进。世祖尝令恂讲解，且命太子受业焉。又诏恂于太子起居饮食，慎为调护，非所宜接之人，勿令得侍左右。恂言："太子天下本，付托至重，当延名德与之居处。况兼领中书、枢密之政，诏条所当遍览，庶务亦当屡省，官吏以罪免者毋使更进，军官害人，改用之际，尤不可非其人。民至愚而神，变乱之余，吾不之疑，则反覆化为忠厚。"帝深然之。

恂早以算术名，裕宗尝问焉。恂曰："算数，六艺之一，定国家，安人民，乃大事也。"每侍左右，必发明三纲五常，为学之道，及历代治忽兴亡之所以然。又以辽、金之事近接耳目者，区别其善恶，论著其得失，上之。裕宗问以心之所守，恂曰："许衡尝言：人心如印板，惟板本不差，则虽摹千万纸皆不差；本既差，则摹之于纸，无不差者。"裕宗深然之。诏择勋戚子弟，使学于恂，师道卓然。及恂从裕宗抚军称海，乃以诸生属之许衡，及衡告老而去，复命恂领国子祭酒。国学之制，实始于此。

帝以国朝承用金《大明历》，岁久浸疏，欲厘正之，知恂精于算术，遂以命之。恂荐许衡能明历之理，诏驿召赴阙，命领改历事，官属悉听恂辟置。恂与衡及杨恭懿、郭守敬等，遍考历书四十余家，昼夜测验，创立新法，参以古制，推算极为精密，详在《守敬传》。十六年，授嘉议大夫、太史令。十七年，历成，赐名《授时历》，以其年冬颁行天下。

十八年，居父丧，哀毁，日饮勺水。帝遣内侍慰谕之。未几，卒，年四十七。初，恂病，裕宗屡遣医诊治，及葬，赙钞二千贯。后帝思定历之功，以钞五千贯赐其家。延祐二年，赠推忠守正功臣、光禄大夫、司徒、上柱国、定国公，谥文肃。

子宽、宾，并从许衡游，得星历之传于家学。裕宗尝召见，语之曰："汝父起于书生，贫无赀蓄，今赐汝钞五千贯，用尽可复以闻。"恩恤之厚如此。宽由保章正历兵部郎中，知蠡州。宾由保章副累迁秘书监。

郭守敬

郭守敬，字若思，顺德邢台人。生有异操，不为嬉戏事。大父荣，通五经，精于算数、水利。时刘秉忠、张文谦、张易、王恂同学于州西紫金山，荣使守敬从秉忠学。

中统三年，文谦荐守敬习水利，巧思绝人。世祖召见，面陈水利六事：其一，中都旧漕河，东至通州，引玉泉水以通舟，岁可省雇车钱六万缗。通州以南，于兰榆河口径直开引，由蒙村跳梁务至杨村还河，以避浮鸡淘盘浅风浪远转之患。其二，顺德达泉引入城中，分为三渠，灌城东地。其三，顺德沣河东至古任城，失其故道，没民田千三百余顷。此水开修成河，其田即可耕种，自小王村经滹沱，合入御河，通行舟筏。其四，磁州东北滏、漳二水合流处，引水由滏阳、邯郸、洺州、永年下经鸡泽，合入沣河，可灌田三千余顷。其五，怀、孟沁河，虽浇灌，犹有漏堰余水，东与丹河余水相合。引东流，至武陟县北，合入御河，可灌田二千余顷。其六，黄河自孟州西开引，少分一渠，经由新、旧孟州中间，顺河古岸下，至温县南复入大河，其间亦可灌田二千余顷。每奏一事，世祖叹曰："任事者如此，人不为素餐矣。"授提举诸路河渠。四年，加授银符、副河渠使。

至元元年，从张文谦行省西夏。先是，古渠在中兴者，一名唐来，其长四百里，一名汉延，长二百五十里，它州正渠十，皆长二百里，支渠大小六十八，灌田九万余顷。兵乱以来，废坏淤浅。守敬更立闸堰，皆复其旧。二年，授都水少监。守敬言："舟自中兴沿河四昼夜至东胜，可通漕运，及见查泊、兀郎海古渠甚多；宜加修理。"又言："金时，自燕京之西麻峪村，分引卢沟一支东流，穿西山而出，是谓金口。其水自金口以东，燕京以北，灌田若干顷，其利不可胜计。兵兴以来，典守者惧有所失，因以大石塞之。今若按视故迹，使水得通流，上可以致西山之利，下可以广京畿之漕。”又言：“当于金口西预开减水口，西南还大河，令其深广，以防涨水突入之患。”帝善之。十二年，丞相伯颜南征，议立水站，命守敬行视河北、山东可通舟者，为图奏之。

初，秉忠以《大明历》自辽、金承用二百余年，浸以后天，议欲修正而卒。十三年，江左既平，帝思用其言，遂以守敬与王恂率南北日官，分掌测验推步于下，而命文谦与枢密张易为之主领裁奏于上，左丞许衡参预其事。守敬首言：“历之本在于测验，而测验之器莫先仪表。今司天浑仪，宋皇祐中汴京所造，不与此处天度相符，比量南北二极，约差四度；表石年深，亦复欹侧。”守敬乃尽考其失而移置之。既又别图高爽地，以木为重棚，创作简仪、高表，用相比覆。又以为天枢附极而动，昔人尝展管望之，未得其的，作候极仪。极辰既位，天体斯正，作浑天象。象虽形似，莫适所用，作玲珑仪。以表之矩方，测天之正圜，莫若以圜求圜，作仰仪。古有经纬，结而不动，守敬易之，作立运仪。日有中道，月有九行，守敬一之，作证理仪。表高景虚，罔象非真，作景符。月虽有明，察景则难，作窥几。历法之验，在于交会，作日月食仪。天有赤道，轮以当之，两极低昂，标以指之，作星晷定时仪。又作正方案、丸表、悬正仪、座正仪，为四方行测者所用。又作《仰规覆矩图》、《异方浑盖图》、《日出入永短图》，与上诸仪互相参考。

十六年，改局为太史院，以恂为太史令，守敬为同知太史院事，给印章，立官府。及奏进仪表式，守敬当帝前指陈理致，至于日晏，帝不为倦。守敬因奏：“唐一行开元间令南宫说天下测景，书中见者凡十三处。今疆宇比唐尤大，若不远方测验，日月交食分数时刻不同，昼夜长短不同，日月星辰去天高下不同，即目测验人少，可先南北立表，取直测景。”帝可其奏。遂设监候官一十四员，分道而出，东至高丽，西极滇池，南逾朱崖，北尽铁勒，四海测验，凡二十七所。

十七年，新历告成，守敬与诸臣同上奏曰：

臣等窃闻帝王之事，莫重于历。自黄帝迎日推策，帝尧以闰月定四时成岁，舜在璇玑玉衡以齐七政。爰及三代，历无定法，周、秦之间，闰余乖次。西汉造《三统历》，百三十年而后是非始定。东汉造《四分历》，七十余年而仪式方备。又百二十一年，刘洪造《乾象历》，始悟月行有迟速。又百八十年，姜岌造《三纪甲子历》，始悟以月食冲检日宿度所在。又五十七年，何承天造《元嘉历》，始悟以朔望及弦皆定大小余。又六十五年，祖冲之造《大明历》，始悟太阳有岁差之数，极星去不动处一度余。又五十二年，张子信始悟日月交道有表里，五星有迟疾留逆。又三十三年，刘焯造《皇极历》，始悟日行有盈缩。又三十五年，傅仁均造《戊寅元历》，颇采旧仪，始用定朔。又四十六年，李淳风造《麟德历》，以古历章蔀元首分度不齐，始为总法，用进朔以避晦晨月见。又六十三年，一行造《大衍历》，始以朔有四大三小，定九服交食之异。又九十四年，徐昂造《宣明历》，始悟日食有气、刻、时三差。又二百三十六年，姚舜辅造《纪元历》，始悟食甚泛余差数。以上计千一百八十二年，历经七十改，其创法者十有三家。

自是又百七十四年，圣朝专命臣等改治新历，臣等用创造简仪、高表，凭其测实数，所考正者凡七事：一曰冬至。自丙子年立冬后，依每日测到晷景，逐日取对，冬至前后日差同者为准。得丁丑年冬至在戊戌日夜半后八刻半，又定丁丑夏至在庚子日夜半后七十刻；又定戊寅冬至在癸卯日夜半后三十三刻；己卯冬至在戊申日夜半后五十七刻半；庚辰冬至在癸丑日夜半后八十一刻半。各减《大明历》十八刻，远近相符，前后应准。二曰岁余。自《大明历》以来，凡测景、验气，得冬至时刻真数者有六，用以相距，各得其时合用岁余。今考验四年，相符不差，仍自宋大明壬寅年距至今日八百一十年，每岁合得三百六十五日二十四刻二十五分，其二十五分为今历岁余合用之数。三曰日躔。用至元丁丑四月癸酉望月食既，推求日躔，得冬至日躔赤道箕宿十度，黄道箕九度有奇。仍凭每日测到太阳躔度，或凭星测月，或凭月测日，或径凭星度测日，立术推算。起自丁丑正月至己卯十二月，凡三年，共得一百三十四事，皆躔于箕，与月食相符。四曰月离。自丁丑以来至今，凭每日测到逐时太阴行度推算，变从黄道求入转极迟、疾并平行处，前后凡十三转，计五十一事。内除去不真的外，有三十事，得《大明历》入转后天。又因考验交食，加《大明历》三十刻，与天道合。五曰入交。自丁丑五月以来，凭每日测到太阴去极度数，比拟黄道去极度，得月道交于黄道，共得八事。仍依日食法度推求，皆有食分，得入交时刻，与《大明历》所差不多。六曰二十八宿距度。自汉《太初历》以来，距度不同，互有损益。《大明历》则于度下余分，附以太半少，皆私意牵就，未尝实测其数。今新仪皆细刻周天度分，每度分三十六分，以距线代管窥，宿度余分并依实测，不以私意牵就。七曰日出入昼夜刻。《大明历》日出入昼夜刻，皆据汴京为准，其刻数与大都不同。今更以本方北极出地高下，黄道出入内外度，立术推求每日日出入昼夜刻，得夏至极长，日出寅正二刻，日入戌初二刻，昼六十二刻，夜三十八刻。冬至极短，日出辰初二刻，日入申正二刻，昼三十八刻，夜六十二刻。永为定式。

所创法凡五事：一曰太阳盈缩。用四正定气立为升降限，依立招差求得每日行分初末极差积度，比古为密。二曰月行迟疾。古历皆用二十八限，今以万分日之八百二十分为一限，凡析为三百三十六限，依垛叠招差求得转分进退，其迟疾度数逐时不同，盖前所未有。三曰黄赤道差。旧法以一百一度相减相乘，今依算术句股弧矢方圜斜直所容，求到度率积差，差率与天道实吻合。四曰黄赤道内外度。据累年实测，内外极度二十三度九十分，以圜容方直矢接句股为法，求每日去极，与所测相符。五曰白道交周。旧法黄道变推白道以斜求斜，今用立浑比量，得月与赤道正交，距春秋二正黄赤道正交一十四度六十六分，拟以为法。推逐月每交二十八宿度分，于理为尽。

十九年，恂卒。时历虽颁，然其推步之式与夫立成之数，尚皆未有定稿。守敬于是比次篇类，整齐分杪，裁为《推步》七卷，《立成》二卷，《历议拟稿》三卷，《转神选择》二卷，《上中下三历注式》十二卷。二十三年，继为太史令，遂上表奏进。又有《时候笺注》二卷，《修改源流》一卷。其测验书，有《仪象法式》二卷，《二至晷景考》二十卷，《五星细行考》五十卷，《古今交食考》一卷，《新测二十八舍杂坐诸星入宿去极》一卷，《新测无名诸星》一卷，《月离考》一卷，并藏之官。

二十八年，有言滦河自永平挽舟逾山而上，可至开平；有言泸沟自麻峪可至寻麻林。朝廷遣守敬相视，滦河既不可行，泸沟舟亦不通，守敬因陈水利十有一事。其一，大都运粮河，不用一亩泉旧原，别引北山白浮泉水，西折而南，经瓮山泊，自西水门入城，环汇于积水潭，复东折而南，出南水门，合入旧运粮河。每十里置一闸，比至通州，凡为闸七，距闸里许，上重置斗门，互为提阏，以过舟止水。帝览奏，喜曰："当速行之。"于是复置都水监，俾守敬领之。帝命丞相以下皆亲操畚锸倡工，待守敬指授而后行事。先是，通州至大都，陆运官粮，岁若干万石，方秋霖雨，驴畜死者不可胜计，至是皆罢之。三十年，帝还自上都，过积水潭，见舳舻蔽水，大悦，名曰通惠河，赐守敬钞万二千五百贯，仍以旧职兼提调通惠河漕运事。守敬又言：于澄清闸稍东，引水与北坝河接，且立闸丽正门西，令舟楫得环城往来。志不就而罢。三十一年，拜昭文馆大学士、知太史院事。

大德二年，召守敬至上都，议开铁幡竿渠，守敬奏："山水频年暴下，非大为渠堰，广五七十步不可。"执政吝于工费，以其言为过，缩其广三之一。明年大雨，山水注下，渠不能容，漂没人畜庐帐，几犯行殿。成宗谓宰臣曰："郭太史神人也，惜其言不用耳。"七年，诏内外官年及七十，并听致仕，独守敬不许其请。自是翰林太史司天官不致仕，定著为令。延祐三年卒，年八十六。

杨 桓

杨桓，字武子，兖州人。幼警悟，读《论语》至《宰予昼寝章》，慨然有立志，由是终身非疾病未尝昼寝。弱冠为郡诸生，一时名公咸称誉之。中统四年，补济州教授，后由济宁路教授召为太史院校书郎，奉敕撰《仪表铭》《历日序》，文辞典雅，赐楮币千五百缗，辞不受。迁秘书监丞。至元三十一年，拜监察御史。有得玉玺于木华黎曾孙硕德家者，桓辨识其文，曰"受天之命，既寿永昌"，乃顿首言曰："此历代传国玺也，亡之久矣。今宫车晏驾，皇太孙龙飞，而玺复出，天其彰瑞应于今日乎！"即为文述玺始末，奉上于徽仁裕圣皇后。

成宗即位，桓疏上时务二十一事：一曰郊祀天地；二曰亲享太庙，备四时之祭；三曰先定首相；四曰朝见群臣，访问时政得失；五曰诏儒臣以时侍讲；六曰设太学及府州儒学，教养生徒；七曰行诰命以褒善叙劳；八曰异章服以别贵贱；九曰正礼仪以肃宫庭；十曰定官制以省内外冗员；十一曰讲究钱谷以裕国用；十二曰访求晓习音律者以协太常雅乐；十三曰国子监不可隶集贤院，宜正其名；十四曰试补六部寺监及府州司县吏；十五曰增内外官吏俸禄；十六曰禁父子骨肉、奴婢相告讦者；十七曰定婚姻聘财；十八曰罢行用官钱营什一之利；十九曰复笞杖以别轻重之罪；二十曰郡县吏自中统前仕宦者，宜加优异；二十一曰为治之道宜各从本俗。疏奏，帝嘉纳之。

未几，升秘书少监，预修《大一统志》。秩满归兖州，以赀业悉让弟楷，乡里称焉。大德三年，以国子司业召，未赴，卒，年六十六。

桓为人宽厚，事亲笃孝，博览群籍，尤精篆籀之学。著《六书统》、《六书溯源》、《书学正韵》，大抵推明许慎之说，而意加深，皆行于世。

杨 果

杨果，字正卿，祁州蒲阴人。幼失怙恃，自宋迁亳，复徙居许昌，以章句授徒为业，流寓轗轲十余年。金正大甲申，登进士第。会参政李蹊行大司农于许，果以诗送之，蹊大称赏，归言于朝，用为偃师令。到官，以廉干称，改蒲城，改陕，皆剧县也。果有应变材，能治烦剧，诸县以果治效为最。

金亡，岁己丑，杨奂征河南课税，起果为经历。未几，史天泽经略河南，果为参议。时兵革之余，法度草创，果随宜赞画，民赖以安。世祖中统元年，设十道宣抚使，命果为北京宣抚使。明年，拜参知政事。及例罢，犹诏与左丞姚枢等日赴省议事。至元六年，出为怀孟路总管，大修学庙。以前尝为中书执政官，移文申部，特不署名。以老致政，卒于家，年七十五，谥文献。

果性聪敏，美风姿，工文章，尤长于乐府，外若沉默，内怀智用，善谐谑，闻者绝倒。微时，避乱河南，娶羁旅中女，后登科，历显仕，竟与偕老，不易其初心，人以是称之。有《西庵集》，行于世。

王 构

王构，字肯堂，东平人。父公渊，遭金末之乱，其兄三人挈家南奔，公渊独誓死守坟墓，伏草莽中，诸兄呼之不出，号恸而去，卒得存其家，而三兄不知所终。

构少颖悟，风度凝厚，学问该博，文章典雅，弱冠以词赋中选，为东平行台掌书纪。参政贾居贞一见器重，俾其子受学焉。至元十一年，授翰林国史院编修官。时遣丞相伯颜伐宋，先下诏让之，命构属草以进，世祖大悦。宋亡，构与李槃同被旨，至杭取三馆图籍、太常天章礼器仪仗，归于京师。凡所荐拔，皆时之名士。十三年秋，还，入觐，迁应奉翰林文字，升修撰。丞相和礼霍孙由翰林学士承旨拜司徒，辟构为司直。时丞相阿合马为盗击死，世祖亦悟其奸，复相和礼霍孙，更张庶务，构之谋画居多。历吏部、礼部郎中，审囚河南，多所平反。改太常少卿，定亲享太庙仪注。擢淮东提刑按察副使，召见便殿，亲授制书，赐上尊酒以遣之。寻以治书侍御史召。属桑哥为相，俾与平章卜忽木检核燕南钱谷，而督其逋负。以十一月晦行，期岁终复命。明年春还，宿卢沟驿，度逾期，祸且不测，谓卜忽木曰："设有罪，构当以身任之，不以累公也。"会桑哥死，乃免。有旨出铨选江西。入翰林，为侍讲学士。世祖崩，构撰谥册。

成宗立，由侍讲为学士，纂修实录，书成，参议中书省事。时南士有陈利便请搜括田赋者，执政欲从之。构与平章何荣祖共言其不可，辨之甚力，得不行。以疾归东平。久之，起为济南路总管。诸王从者怙势行州县，民莫敢忤视，构闻诸朝，徙之北境。学田为牧地所侵者，理而归之。官贷民粟，岁饥而责偿不已，构请输以明年。武宗即位，以纂修国史，趣召赴阙，拜翰林学士承旨，未几，以疾卒，年六十三。

构历事三朝，练习台阁典故，凡祖宗谥册册文皆所撰定，朝廷每有大议，必咨访焉。喜荐引寒士，前后省台、翰苑所辟，无虑数十人，后居清要，皆有名于时。

子士熙，仕至中书参政，卒官南台御史中丞。士点，淮西廉访司佥事。皆能以文学世其家。

魏　初

魏初，字大初，弘州顺圣人。从祖璠，金贞佑三年进士，补尚书省令史。金宣宗求直言，璠首论将相非人，及不当立德陵事，疏奏，不报。后复上言："国势危逼，四方未闻有勤王之举，陇右地险食足，其帅完颜胡斜虎亦可委仗，宜遣人往论大计。"大臣不悦而止。阅数月，胡斜虎兵来援，已无及，金主悔焉。金将武仙军次五垛山不进。求使仙者，或荐璠，即授朝列大夫、翰林修撰，给骑四人以从。至则仙已遁去，部曲亦多散亡，璠抚循招集，得数千人，推其中材勇者为帅长，仍制符印予之，以矫制自劾，金主谓其处置得宜。继闻仙率余众保留山，璠直趣仙所宣谕之。或谗于仙，谓璠欲夺其军，仙怒，命士拔刃若欲鏦璠然，且引一吏与璠辨。璠不为动，大言曰："王人虽微，序于诸侯之上，将军纵不加礼，奈何听谗邪之言，欲以小吏置对耶！且将军跳山谷，而左右无异心者，以天子大臣故也，苟不知尊天子，安知麾下无如将军者？不然，吾有死，无辱命。"仙不能屈。璠复激使进兵，不应。比还，金主已迁归德，复迁蔡州。金亡，璠无所归，乃北还乡里。庚戌岁，世祖居潜邸，闻璠名，征至和林，访以当世之务。璠条陈便宜三十余事，举名士六十余人以对，世祖嘉纳，后多采用焉。以疾卒于和林，年七十，赐谥靖肃。

初，其从孙也，璠无子，以初为后。初好读书，尤长于《春秋》，为文简而有法，比冠，有声。中统元年，始立中书省，辟为掾史，兼掌书记。未几，以祖母老辞归，隐居教授。会诏左丞许衡、学士窦默及京师诸儒，各陈经史所载前代帝王嘉言善政，选进读之士，有司以初应诏。帝雅重璠名，方之古直，询知初为璠子，叹奖久之，即授国史院编修官，寻拜监察御史。首言："法者，持天下之具，御史台则守法之司也。方今法有未定，百司无所持循，宜参酌考定，颁行天下。"

帝宴群臣于上都行宫，有不能釂大卮者，免其冠服。初上疏曰："臣闻君犹天也，臣犹地也，尊卑之礼，不可不肃。方今内有太常、有史官、有起居注，以议典礼、记言动；外有高丽、安南使者入贡，以观中国之仪。昨闻锡宴大臣，威仪弗谨，非所以尊朝廷、正上下也。"疏入，帝欣纳之，仍谕侍臣自今毋复为此举。时襄樊未下，将括民为兵，或请自大兴始。初言："京师天下之本，要在殷盛，建邦之初，讵宜骚动！"遂免括大兴兵。初又言："旧制，常参官诸州刺史，上任三日，举一人自代。况风纪之职与常员异，请自今监察御史、按察司官，在任一岁，各举一人自代，所举不当，有罚，不惟砥砺风节，亦可为国得人。"遂举劝农副使刘宣自代。出佥陕西四川按察司事，历陕西河东按察副使，入为治书侍御史。又以侍御史行御史台事于扬州，擢江西按察使，寻征拜侍御史。行台移建康，出为中丞，卒，年六十一。

子必复，集贤侍讲学士。

焦养直

焦养直，字无咎，东昌堂邑人。夙以才器称。至元十八年，世祖改符宝郎为典瑞监，思得一儒者居之。近臣有以养直荐者，帝即命召见，敷对称旨，以真定路儒学教授超拜典瑞少监。二十四年，从征乃颜。二十八年，赐宅一区。入侍帷幄，陈说古先帝王政治，帝听之，每忘倦。尝语及汉高帝起自侧微，诵所旧闻，养直从容论辨，帝即开纳，由是不薄高帝。大德元年，成宗幸柳林，命养直进讲《资治通鉴》，因陈规谏之言，诏赐酒及钞万七千五百贯。二年，赐金带、象笏。三年，迁集贤侍讲学士，赐通犀带。七年，诏傅太子于宫中，启沃诚至，帝闻之，大悦。八年，代祀南海。九年，进集贤学士。十一年，升太子谕德。至大元年，授集贤大学士，谋议大政悉与焉。告老归而卒，赠资德大夫、河南等处行中书省右丞，谥文靖。

子德方，以荫为兴国路总管府判官。

孟攀鳞

孟攀鳞，字驾之，云内人。曾祖彦甫，以明法为西北路招讨司知事。有疑狱当死者百余人，彦甫执不从，后三日得实，皆释之。祖鹤、父泽民，皆金进士。攀鳞幼日诵万言，能缀文，时号奇童。金正大七年，擢进士第，仕至朝散大夫、招讨使。岁壬辰，汴京下，北归居平阳。丙午，为陕西帅府详议官，遂家长安。世祖中统三年，授翰林待制、同修国史。至元初，召见，条陈七十事，大抵劝上以郊祀天地，祠太庙，制礼乐，建学校，行科举，择守令以字民，储米粟以赡军，省无名之赋，罢不急之役，百司庶府统于六部，纪纲制度悉由中书，是为长久之计。世祖悉嘉纳之，咨问谆谆。后论王百一、许仲平优劣，对曰："百一文华之士，可置翰苑；仲平明经传道，可为后学矜式。"帝深然之。又尝召问宗庙、郊祀仪制，攀鳞悉据经典以对。时帝将亲祀，诏命攀鳞会太常议定礼仪，攀鳞夜画郊祀及宗庙图以进，帝皆亲览焉。复以病请西归，帝令就议陕西五路四川行中书省事。四年卒，年六十四。延祐三年，赠翰林学士承旨、资德大夫、上护军、平原郡公，谥文定。

尚野

尚野，字文蔚，其先保定人，徙满城。野幼颖异，祖母刘，厚资之使就学。至元十八年，以处士征为国史院编修官。二十年，兼兴文署丞，出为汝州判官，廉介有为，宪司屡荐之。二十八年，迁南阳县尹。初至官，狱讼充斥，野裁决无留滞，涉旬，遂无事。改怀孟河渠副使，会遣使问民疾苦，野建言："水利有成法，宜隶有司，不宜复置河渠官。"事闻于朝，河渠官遂罢。大德六年，迁国子助教。诸生入宿卫者，岁从幸上都，丞相哈剌哈孙始命野分学于上都，以教诸生，仍铸印给之，上都分学自野始。俄升国子博士，诲人先经学而后文艺，每谓诸生曰："学未有得，徒事华藻，若持钱买水，所取有限，能自凿井及泉而汲之，不可胜用矣。"时学舍未备，野密请御史台，乞出帑藏所积，大建学舍以广教育。仁宗在东宫，野为太子文学，多所裨益，时从宾客姚燧、谕德萧𣂏入见，帝为加礼。至大元年，除国子司业，近臣奏分国学西序为大都路学，帝已可其奏，野谓国学、府学混居，不合礼制，事遂寝。四年，拜翰林直学士、知制诰同修国史。诏野赴吏部，试用阴补官，野多所优假。或病其太宽，野曰："今初设此法，冀将来者习诗书、知礼义耳，非必责效目前也。"众乃服。皇庆元年，升翰林侍讲学士。延祐元年，改集贤侍讲学士，兼国子祭酒。二年夏，移疾归满城，四方来学者益众。六年，卒于家，年七十六。赠通奉大夫、太常礼仪院使、护军，追封上党郡公，谥文懿。

野性开敏，志趣正大，事继母以孝闻，文辞典雅，一本于理。

子师易，蕲州路总管府判官。师简，中奉大夫、奎章阁侍书学士、同知经筵事。

李之绍

李之绍，字伯宗，东平平阴人。自幼颖悟聪敏，从东平李谦学。家贫，教授乡里，学者咸集。至元三十一年，纂修《世祖实录》，征名儒充史职，以马绍、李谦荐，授将仕佐郎、翰林国史院编修官。直学士姚燧欲试其才，凡翰林应酬之文，积十余事，并以付之。之绍援笔立成，并以稿进。燧惊喜曰："可谓名下无虚士也。"大德二年，闻祖母疾，辞归。复除编修官，升将仕郎。六年，升应奉翰林文字。七年，迁太常博士。九年，丁母忧，累起复，终不能夺。至大三年，仍授太常博士，升承事郎。四年，升承直郎、翰林待制。皇庆元年，迁国子司业。延祐三年，升奉政大夫、国子祭酒。夙夜孳孳，惟以教育人材为心。四年十二月，升朝列大夫、同佥太常礼仪院事。六年，改翰林直学士，复以疾还。七年，召为翰林直学士。至治二年，升翰林侍讲学士、知制诰同修国史。三年，告老而归。泰定三年八月卒，年七十三。

子勖，荫父职，同知诸暨州事。

之绍平日自以其性遇事优游少断，故号果斋以自励。有文集藏于家。

卷一百六十五　　列传第五十二

张禧

张禧，东安州人。父仁义，金末徙家益都。及太宗下山东，仁义乃走信安。时燕蓟已下，独信安犹为金守，其主将知仁义勇而有谋，用之左右。国兵围信安，仁义率敢死士三百，开门出战，围解，以功署军马总管。守信安逾十年，度不能支，乃与主将举城内附。率其部曲从宗王合丑平定河南，授管军元帅。后攻归德，飞矢入口，折其二齿，镞出项后，卒，赐爵县侯。

禧年十六，从大将阿术鲁南攻徐州、归德，复从元帅察罕攻寿春、安丰、庐、滁、黄、泗诸州，皆有功。禧素峭直，为主将所忌，诬以他罪，欲置之法。时王鹗侍世祖于潜邸，禧密往依之，鹗请左丞阔阔荐禧与其子弘纲俱入见。岁己未，从世祖南伐，济江，与宋兵始接战，即擒其一将。进攻鄂州，诸军穴城以入，宋树栅为夹城于内，入战者辄不利，乃命以厚赏募敢死士。禧与子弘纲俱应募，由城东南入战，将至城下，帝悯其父子俱入险地，遣阿里海牙谕禧父子，止一人进战。禧所执枪中弩矢而折，取弘纲枪以入，破城东南角。有逗留不进者十余人，立城下，弘纲复夺其枪入。转战良久，禧身中十八矢，一矢镞贯腹，闷绝复苏，曰："得血竭饮之，血出可生。"世祖亟命取血竭，遣人往疗之。疮既愈，复从大将纳剌忽与宋兵战于金口、李家洲，皆捷。

世祖即位，赐金符，授新军千户。三年，从征李璮。时宋乘璮叛，遣夏贵袭取蕲县、宿州等城，禧移兵攻之，贵走，尽复诸城。至元元年，升唐邓等州卢氏保甲丁壮军总管。宋侵均州，总管李玉山败走，帝命禧代之。三年，与宋将吕文焕战于高头赤山，乘胜复均州。四年，改水军总管，益其军二千五百，令习水战。五年，从攻襄樊。六年七月，夏贵率兵援襄阳，禧从元帅阿术战，却之。八年，江水暴溢，宋遣范文虎以战舰千余艘来援。元帅阿术命禧率轻舟，夜衔枚入其阵中，插苇以识水之深浅。及还，阿术即命禧率四翼水军进战，宋兵溃，追至浅水，夺战舰七十余艘。九年，攻樊城，焚其串楼，败宋将张贵于鹿门山。十年，行省集诸将问破襄阳之策，禧言："襄、樊夹汉江而城，敌人横铁锁、置木橛于水中，今断锁毁橛，以绝其援，则樊城必下。樊城下，则襄阳可图矣。"行省用其计，乃破樊城，而襄阳继降。帝遣使录诸将功，授宣武将军、水军万户，佩金虎符，丞相伯颜因命禧为水军先锋。

十二年，败宋将孙虎臣于丁家洲，寻移屯黄池，以断宋救兵。九月，从阿术与宋都统姜才战，有功，加信武将军。十三年，从下温、台、福建。十四年，加怀远大将军、江阴路达鲁花赤、水军万户。十六年，入朝，进昭勇大将军、招讨使。十七年，加镇国上将军、都元帅。时朝廷议征日本，禧请行，即日拜行中书省平章政事，与右丞范文虎、左丞李庭同率舟师，泛海东征。至日本，禧即舍舟，筑垒平湖岛，约束战舰，各相去五十步止泊，以避风涛触击。八月，飓风大作，文虎、庭战舰悉坏，禧所部独完。文虎等议还，禧曰："士卒溺死者半，其脱死者，皆壮士也，曷若乘其无回顾心，因粮于敌以进战。"文虎等不从，曰："还朝问罪，我辈当之，公不与也。"禧乃分船与之。时平湖岛屯兵四千，乏舟，禧曰："我安忍弃之！"遂悉弃舟中所有马七十匹，以济其还。至京师，文虎等皆获罪，禧独免。子弘纲。

弘纲字宪臣，年十八，父禧为主将所诬，系狱，将杀之，弘纲直入狱中，狱卒并系之。弘纲佯狂谑笑，守者易之，既寝，遂与其父逸去。后从其父攻城徇地，屡有功，自昭信校尉、管军总把，佩银符，换金符，为千户，升总管、广威将军、招讨副使，加定远大将军、招讨使，袭镇江阴。盗起安吉，弘纲率兵往捕，未逾旬，擒之。从参政高兴破建德溪寨诸贼，后赐三珠虎符，授昭勇大将军、河南诸翼征行万户。从右丞刘深征八百媳妇国，师次八番，与叛蛮宋隆济等力战而殁。赠宣忠秉义功臣、资善大夫、湖广等处行中书省左丞、上护军，追封齐郡公，谥武定。

子汉，当袭职，让其弟鼎。汉后为监察御史，累官至集贤直学士。鼎，袭江阴水军万户。

贾文备

贾文备，字仲武，祁州蒲阴人。父辅，仕金为祁州刺史。武仙惮辅胆略，密令所亲图之。辅以众归太祖，诏隶张柔，以兵攻蠡州、庆都、安平、束鹿诸县，皆下之。柔开帅府于满城，命辅行元帅府事于祁州。从定山东，迁左副元帅。柔将兵在外，辅常居守，累功改行军千户，赐金符，寻领顺天河南等路军民万户，卒。文备袭父千户职，张柔命屯三汊口，备宋兵。宋以云梯二十余来攻，文备率兵鏖战，却之，宪宗赐弓矢银盂。岁乙卯，复令袭父左副元帅职，兼领顺天路。中统二年，升开元府路女真水达达等处宣抚使，佩金虎符。三年，迁开元东京懿州等处宣慰使。四年，改授万户，领张柔所部军，屯亳州。宋兵时钞掠淮甸，文备战却之。至元二年，加昭勇大将军、真定路总管，兼府尹。六年，调卫辉路总管。七年，授西蜀成都统军，以疾不赴。八年，授宿州万户，寻改河南等路统军，围襄樊。九年，移蔡州，兼水陆漕运。宋兵时掠粮饷，文备败之，并夺其船。诏罢统军，文备入觐，赐弓矢、金鞍、锦衣、白金。十一年，复授万户、汉军都元帅，领刘整军，驻亳州。宋将夏贵知亳无备，盛引兵来袭，文备出奇邀击，大破之，帝赐金鞍、金织、文段、白金。

丞相伯颜伐宋，文备领左翼诸军以从，抵郢州。宋筑二城夹江，布战舰数千艘于江中，陈兵两岸，军不得进。文备泛舟，由沦河径出大江，攻武矶堡。乃从阿术先渡江，大军继之，遂取鄂、汉，以功赐白金，加昭毅大将军，守鄂州。十二年，从平章政事阿里海牙趣湖南，至潭州城下。文备冒锋镝，炮伤右手，流矢中左臂，攻战愈急，宋臣李芾死之，转运判官钟蜚英等以城降。十三年，加昭武大将军，守潭州。十四年，衡、永、郴等郡寇发，文备悉讨平之。十五年，进镇国上将军、湖南道宣慰使，徇琼崖等州及广东濒海诸城，追宋卫王昺。十六年，召还，拜淮东宣慰使，加金吾上将军，镇庆元。十八年，复授都元帅。二十年，改江东宣慰使，讨建宁盗黄华。二十二年，拜荆湖占城行中书省参知政事。二十三年，改湖广行省参知政事。二十四年，致仕。后十七年，以疾卒。延祐四年，赠江西等处行中书省左丞，追封武威郡公，谥庄武。

解诚

解诚，易州定兴人，善水战，从伐宋，设方略，夺敌船千计，以功授金符、水军万户，兼都水监使。焦湖之战，获战舰三百艘。宋以舟师来援，诚据舟厉声呵之，援兵不敢动，急移舟抵岸，乘势追杀之，夺其军饷三百余斛。既又从攻安丰、寿、复、泗、亳诸州，俱有功。又从下云南大理国，以功赐金虎符。从攻鄂，夺敌舰千余艘，杀溺敌军甚众。世祖嘉其功，尝降制奖之。至元三十年，卒，赠推忠宣力功臣、龙虎卫上将军、同知枢密院事、上护军，追封易国公，谥武定。

子汝楫袭，从讨李璮，平宋，累获功赏，卒，赠推忠效节功臣、资德大夫、中书右丞、上护军，追封易国公，谥忠毅。

子帖哥袭，从征广西，下静江府，改授水军招讨使。寻复为万户，从征交趾，有功，升广东道宣慰使，卒，赠资德大夫、河南江北等处行中书省左丞、上护军、平阳郡公，谥武宣。

子世英，由监察御史迁山南江北道佥事。

管如德

管如德，黄州黄陂县人。父景模，为宋将，以蕲州降，授淮西宣抚使。如德为江州都统制，至元十二年，亦以城降。先是，如德尝被俘虏，思其父，与同辈七人间道南驰，为逻者所获，械送于郡。如德伺逻者怠，即引械击死数十人，各破械脱走，间关万里达父所。景模喜曰："此真吾儿也！"至是，入觐，世祖笑曰："是孝于父者，必忠于我矣。"一日，授以强弓三，如德以左手兼握，右手悉引满之，帝曰："得无伤汝臂乎？后毋复然！"尝从猎，遇大沟，马不可越，如德即解衣浮渡，帝壮之，由是称为拔都，赏赉优渥。帝问："我何以得天下，宋何以亡？"如德对曰："陛下以福德胜之。襄樊，宋咽喉也，咽喉被塞，不亡何恃！"帝曰："善。"帝又命习国书，曰："习成，当为朕言之。"一日，帝语如德曰："朕治天下，重惜人命，凡有罪者必令面对再四，果实也而后罪之，非如宋权奸擅权，书片纸数字即杀人也。汝但一心奉职，毋惧忌嫉之口。”授湖北招讨使，总管本部军马，佩金虎符。

是年六月，丞相阿术南攻宋。如德以军为前锋，至扬州扬子桥，与宋战，昼夜不息，如德先登陷阵，擒其帅张都统等，宋军遂溃。七月，进军焦山江上，复大战，夺宋帅夏都统牌印衣甲及饷军海船，悉送阿术所。事闻，帝命赏之。军至镇江，如德招安诸郡，守将皆望风降附。丞相伯颜取临安，复选能招诸郡者，众推如德，如德衔命往喻，绍兴诸郡皆下。初，世祖以宝刀赐如德，及与敌战，刀刃尽缺。宋平，入觐，如德以刀上呈，曰：“陛下向所赐刀，从军以来，刀缺如是矣。”帝嘉其朴。

十二年，迁浙西宣慰使，上时政五条：一曰立额薄征；二曰息兵怀远；三曰立法用人；四曰省役恤民；五曰设官制禄。时法制未备，仕多冗员，又方用兵日本倭国，而军民之官，廪禄未有定制，故如德言及之。权臣抑不得上。二十年，丞相阿塔海命驰驿奏出征事，入见，世祖问曰：“江南之民，得无有二心乎？”如德对曰：“往岁旱涝相仍，民不聊生，今累岁丰稔，民沐圣恩多矣，敢有贰志！使果有贰志，臣曷敢饰辞以欺陛下乎！”帝善其言，且喻之曰：“阿塔海有未及者，卿善辅导之，有当奏闻者，卿勿惮劳，宜驰捷足之马，来告于朕。”

二十四年，迁江西行省参知政事，破豪猾，去奸吏，居民大悦。是时赣、汀二州盗起，如德指挥诸将讨平之，其胁从者多所全宥。二十六年，迁江西行尚书省左丞，时钟明亮以循州叛，杀掠州县，千里丘墟，帝命如德统四省兵讨之。诸将欲直捣其巢穴，如德曰：“嘻！今田野之氓，疲于转输，介胄之士，病于暴露，重困斯民，而自为功，吾不为也。”于是遣使喻以祸福，贼感如德诚信，即拥十余骑诣赣州石城县降。平章政事奥鲁赤怒其跋扈不臣，欲以事杀明亮，如德闻之曰：“皇元仁厚，未尝杀降，明亮叛人，何足惜，所重者，信不可失耳！”年四十有四，卒于军，赠江西行省左丞、平昌郡公，谥武襄。

子九，淳祖，积官中顺大夫、龙兴路富州尹。

赵匣剌

赵匣剌者，始以父任为千户，佩金符。中统三年，守东川。四年，宋夏贵以兵侵虎啸山寨，元帅钦察遣匣剌率兵往御之，贵败走，追至新明县，斩首三十余级。宋刘雄飞以兵犯青居山旧府，匣剌与战于都尉坝，败之，斩首二十余级。钦察攻钓鱼山，遣匣剌以兵千五百人略地至南坝，击败宋军，生获军士五十七人，老幼三百四十人。从攻大良平，宋昝万寿运粮至渠江之鹅滩，匣剌邀击之，斩首五十余级，宋兵大败。匣剌亦被三创，矢镞中左肩不得出。钦察惜其骁勇，取死囚二人，刲其肩，视骨节浅深，知可出，即为凿其创，拔镞出之，匣剌神色不为动。

至元三年，为东川路先锋使。四年，元帅拜答攻开州，至万宝山，遣匣剌以兵五百人击宋军，生获四十人。五年，兼管京兆、延安两路新军，戍东安、虎啸山两城。宋杨立以兵护粮，送大良平，匣剌察知之，遂率所部兵与立战于三重山，斩首百五十级，擒获四十余人。立败走，弃其粮千余石，因尽夺其甲仗旗帜而还。

六年，行院遣匣剌攻钓鱼山之沙市，焚其敌楼。从左丞曲力吉思等入朝，诏赏白金五十两，细甲一注。九年，统军合剌攻钓鱼山，时匣剌为先锋，领兵千人，略地至葛树坪，与宋兵遇，生获二十余人，斩首四十级。十年三月，复从行院合答攻钓鱼山之沙市，匣剌乘夜蚁附而登，杀其守兵，烧其积聚，生获二十余人以归。又击败宋将张珏兵于武胜军。行院新拔礼义山寨，命匣剌守之。十二年，率舟师会攻钓鱼山，战数有功。进围重庆，宋将赵安勒兵出战，匣剌迎击之，夜至二鼓，敌众大溃。行院以其功上闻，未报而疾作，乃遣往泸州治疾。至之夕，泸州复叛，匣剌舆疾出战，遂为其所获，与从者二十人皆死之。子世显，船桥副万户。

周全

周全，其先汝宁光州人。仕宋为武翼大夫、广南西路马步军副总管。至元十二年，丞相伯颜总兵下江南，全率众来归，遂以行省檄遥授衡州知州。是年秋七月，入觐，赐金符，授明威将军，遥授泉州知州，兼管军千户。冬十月，从元帅宋都解下江西诸城邑。明年，进兵福建，宋制置使黄万石降。冬十月，从大军征广东，十一月，至韶州城下，严攻具，率勇士先登，与宋兵合战，斩馘甚众，杀其安抚使熊飞。十二月，以游骑巡广中，过灵星海石门，敌势甚张，全奋戈杀敌，乘胜夺其旗鼓，火其船。及诸军下广州，全功居多。十四年，从攻广西静江府，宋安抚李梦龙率众来降。其有负固不下者，悉战败之，夺敌舰以千计，杀敌溺死者无算，两广以平。第功，赐虎符，授管军总管。十五年，盗据赣州崖石山寨，全率兵讨平之，焚其寨。十七年，进广威将军、管军副万户，镇守龙兴。二十年，以疾去官。大德九年，卒，赠怀远大将军、南安寨兵万户府万户、轻车都尉，追封汝南郡侯。子祖瑞，袭职。

孔元

孔元，字彦亨，真定人，骁勇有智略。岁丁酉，弃家从军，隶丞相史天泽麾下。戊戌，从取焦湖，围寿春，先登，拔其西堡。己亥，从征安丰，力战却敌。己酉，从围泗州，拔之。辛亥，从攻五堂山寨，俘其众以归。戊午，从攻樊城，亲王塔察儿命取樊西堡，元率死士挺枪大呼，击杀数百人，斩首十九级以献。中统元年，扈驾北征。二年，宣授管军总把。至元十一年，从伐宋，为前锋，所向克捷。十四年，进武略将军、管军千户。明年，还军北征，进武义将军、侍卫亲军千户，赐佩金符。又明年，国兵讨叛王失里木等，从行院别乞里迷失追其众至兀速洋而还。分军之半，扼其要害地，余众遂溃，获辎重牛马。帝大悦，赏赉甚厚，加宣武将军、右卫亲军总管。十九年，以疾卒。

子鹰扬袭，授昭信校尉、右卫亲军弩军千户，仍佩金符。至大元年，以疾卒。子成祖袭，延祐二年，卒。子那海袭。

朱国宝

朱国宝，其先徐州人，后徙宝坻。父存器，历官至修内司使。尝夜行卢沟桥，获金一囊，坐而待其主以付之，其人请中分，存器笑而遣之。宪宗将攻宋，募兵习水战，国宝以职官子从军，隶水军万户解诚麾下。己未，世祖以兵攻鄂，国宝摄千户，率锐卒于中流与宋师鏖战，凡十七战，诸军毕济。中统二年，授千户，佩银符。三年，围李璮于济南，佩金符，镇戍东海。从征襄阳，摄四翼镇抚，督造战舰，筑万山堡。至元十一年，拔沙洋，隳新城，皆与有力焉。初，师次江上，国宝请于丞相伯颜，愿当前锋，既而夺船二十艘以献，伯颜壮之。宋据上流，方舟数百，结为堡栅，伯颜指示曰："复能夺取是乎？"国宝即奋往破栅。既渡江，下鄂、汉。十二年，进兵临岳州，与宋兵战于岳之桃花滩，获其将高世杰，进昭信校尉、管军总管。既降湖右，加宣武将军，统蒙古诸军，镇常德府，知安抚司事。时宋诸郡邑多坚守不下，国宝传檄招谕，逾月悉平，惟辰、沅、靖、镇远未下。宋将李信、李发结武冈洞蛮，分据扼寨，国宝击败之，其众退保飞山、新城。思、播蛮来援，国宝复与战，破之，擒张星、沈举等三百余人。进攻新城，获信、发等，献俘江陵。行省奏功，赐金虎符。十四年，会诸道兵攻广西静江，拔之，进秩管军万户，镇守梧州，领安抚司事。

十五年，加怀远大将军。初，宋临安之破也，张世杰挟二王由闽蹈海，众复滋蔓。时南恩、新州何华、张翼，举兵兴复，军势甚盛。国宝选精锐，击杀华、翼，擒其党二人，斩首万余级，俘五百余人、船七百艘，夺其兵器无算，降其将十余、军士二百、民三万余户。十六年，迁定远大将军、海北海南道宣慰使。蜑贼连结郁林、廉州诸洞，恣行剽掠，国宝悉平之，磔尸高化，以惩反侧。任龙光等率所部五千户降。移琼州，立官程，更弊政，训兵息民，具有条制。南宁谢有奎负固不服，国宝开示信义，有奎感悟，以其属来归。于是黎民降者三千户，蛮洞降者三十所。十八年，破临高蛮寇五百人，招降居亥、番毫、铜鼓、博吐、桐油等十九洞，遣部将韩旺率兵略大黎、密塘、横山，诛首恶李实，火其巢，生致大钟、小钟诸部长十有八人，加镇国上将军、海北海南道宣慰使都元帅。供给占城军饷，事集而民不扰。二十三年，迁广南西道宣慰使。二十四年，入觐，帝慰劳之。二十五年，进辅国上将军、都元帅、参知政事，行尚书省事。以军事至赣州，得疾，卒于传舍，年五十九。

子斌，袭职，累官加赐金虎符、海北海南宣慰使都元帅。赟，上副万户，佩金虎符，镇福州。次鼎；次铉。

张立

张立，泰安长清人。初隶严实麾下，略江淮有功，署为百户。岁戊午，宪宗征蜀，征诸道兵，立从行。次大获山，宋人阻山为城，带江为池，恃以自固，立统锐卒，攻陷外堡，夺战船百余艘。复从攻钓鱼山，有功，赐金帛。中统初，从世祖北征，还，授管军总把，赐银符，进侍卫军镇抚，换金符，改侍卫军千户。寻迁左卫亲军副都指挥使，赐金虎符。十四年春，率步卒千人转粟赴和林，道出应昌。会酋帅畔换谋不轨，以射士三千踵其后，欲乘间夺其资粮。立觉其有异，急命环车为栅以备之。贼众已合，矢如雨下。初，立之发上都也，每车载二板，以备不虞。至是，建板于车，矢不能入，骑卒稍前，即以戈撞之，强弩继发，贼不得近。相持连日，乃解去。是岁，增置前后卫兵，进明威将军、后卫亲军都指挥使，赐双珠虎符，加昭勇大将军，以老乞退。

子珪袭。珪卒，子伯潜袭。

齐秉节

齐秉节，字子度，滨州蒲台人。父珪，从严实攻归德、庐州，有功，授无棣县尹，摄征行千户，后兼总管，镇枣阳。中统三年，李璮以益都叛，征诸道兵进讨，枣阳精锐尽行，仅留羸卒千余。珪时摄万户府事，与宋襄、郢对垒。敌来觇虚实，珪城守周密，以东门外壕狭小可越，命浚之为备。宋将聂都统、陈总管果率兵万余抵城东门，以板渡壕，壕广，板不能及，珪率众力战，敌退走，城赖以完。事闻，赐金符，真授千户。至元三年，告老，举秉节自代。

秉节魁伟沉毅，涉猎书史，稍知兵法，袭父爵，仍镇枣阳。五年，从伐宋，筑新城白河口堡鹿门山，略地郢州大洪山黄仙洞，数著战功。七年，升上千户，权万户。十一年，从丞相伯颜至郢，荡舟由陆入江，攻武矶堡，擒宋将阎都统。十二年，国兵败宋贾似道、孙虎臣舟师于丁家洲，命秉节屯建康，与宋将赵淮战于西离山，追至溧阳，自辰及午，宋军乃退。八月，迁武义将军。十二月，从定太平、安庆诸郡，与宋将张咨议战于昆山，杀之。十四年，授宣武将军、管军总管。时黄州复叛，令秉节往讨，斩余总辖于阵。十七年，授明威将军。二十三年，移镇饶州。安仁剧贼蔡福一叛，秉节与有司会兵讨之，擒福一，余党悉平。二十五年，升广威将军、枣阳万户府副万户。二十八年，卒，年六十二。子英袭。

张万家奴

张万家奴，父札古带，事睿宗于潜邸。从破金有功，赐虎符，授河东南北路船桥随路兵马都总管万户。从西征，下兴元，围嘉定，殁于军。万家奴数从都元帅大答火鲁征讨，有功。中统二年，从都元帅纽璘入朝，授以父官。宋兵入成都，从行院阿脱击破之。至元四年，帅师会立眉、简二州。从也速答儿攻泸州，大败宋军，杀伤过半，俘四十余人以归。七年，率诸军城张广平，与宋人战，斩首三百余级，获都统一人。从攻重庆，破朝阳寨，围嘉定，栅平康、太和、怀远诸寨，分兵以守之，且日出师，水陆接战，功居多。而诸将攻泸州，往往失利，乃诣阙请自任以攻取之效，许之。遂率舟师百五十艘，自桃竹滩至折鱼滩，分守江面，谨风火，严号令，约日进攻。先据神臂门，为梯冲登城，杀二百余人，斩关而入，遂拔之，加昭勇大将军。会围重庆，将其众断马湖江，分兵水陆往来为游徼，加昭毅大将军。以所部转饷成都及下流诸屯，寻迁招讨使。与都元帅药刺海讨亦奚不薛蛮，平之，进副都元帅。诏其子孝忠为船桥万户。以万家奴将四川、湖南兵征哈剌章。时云南恶昌、多兴、罗罗诸蛮皆叛，杀掠使者，劫夺人民，州郡莫能制，遂以其兵讨之，剿其众，民为之立祠。二十年，从征缅，战死之。云南王命其子保童将其军从征，入太公城，有功，袭副都元帅。又从征至甘州山丹，亦战死。

孝忠少从父军中，好攻战。至元十九年，从都元帅也速答儿讨亦奚不薛蛮，遇其众于会灵关，追至沙溪，败之。进攻龙家寨阿那关，克之，遂攻亦奚不薛营，大破之。又以八百人败阿永蛮于鹿札河，乘胜至打鼓寨，连破之。诸蛮平，以功赐金帛、弓矢、鞍辔，还军成都。二十二年，从讨乌蒙蛮。复击降大坝都掌、蚁子诸蛮，加明威将军。二十七年，诏从西征，至沙、瓜诸州，还，赐虎符，佥书四川等处行枢密院事。院罢，以本军万户镇成都，卒。

郭昂

郭昂，字彦高，彰德林州人。习刀槊，能挽强，稍通经史，尤工于诗。至元二年，上书言事，平章廉希宪材之，授山东统军司知事，寻改经历，迁襄阳总军司，转沅州安抚司同知，佩金符，招降溪洞八十余栅。播州张华聚众容山，昂率兵屠之，山猺、木猫、土獠诸洞尽降。十六年，以诸洞酋入朝，帝赐金绮衣、鞍辔，进安远大将军。徇沅州西南界，复新化、安仁二县，擒剧贼张虎，纵之曰："汝非吾敌，愿降即来，不然，吾复擒汝不难也。"明日，虎降，并其众三千余人，悉使归民籍。军还，众敛白金以献，一无所受。行至江陵，众复从致金而去，昂悉上之行省，宰臣令藏于库，以示诸将。二十六年，江西盗起，昂讨之，进逼南安明扬、上龙、岩湖、绿村、石门、雁湖、赤水、黑风峒诸蛮，立太平寨而还。会大饥，以贼酋家资分赈之。授万户，赐金虎符，镇抚州。未几，省檄昂赴广东监造战船，行至广东界，遇盗，移檄谕以祸福。广东素服其威信，及见其檄，即俱降。授广东宣慰使，卒，年六十一。

子震，杭州路镇守万户。惠，佥江西廉访司事。豫，知宁都州。

綦公直

綦公直，益都乐安人，世业农。至元五年，为益都劝农官。九年，为沂、莒、胶、密、宁海五州都城池所千户。十年，赐金符，命造征日本战船于高丽。时宋未下，世祖知其勇，遣使召见，俾与乎不烈拔都等领兵，同行荆南等处招讨司事。抵峡州青草滩，霖雨，不进，还屯玉泉山。率兵三千攻安进下寨，破之，杀宋军百余人，获牛马七百。还至襄阳，枢密院命督造战舰、运舟。襄阳既下，奉旨领邓州、光化、唐州汉军，及郢、复熟券军九千二百人，从诸军南伐。十二年冬，至隆兴。宋军突出城门逆战，公直败之，追抵城下，遂逾壕拔木，焚其楼橹，斩首万余级，生擒七百人，隆兴降。由是南安、吉、赣皆望风款附，平堡栅六百余所。公直又令第三子忙古台攻梅关，破淮德山寨，入广东，至南海，皆下之。诏授公直武毅将军、管军上千户。召入，加昭勇大将军、管军万户，佩金虎符，领侍卫亲军。时伯延伯答罕、秃忽鲁叛于西夏，命公直率军讨平之。十八年五月，升辅国上将军、都元帅，宣慰使，镇别十八里。

初，帝诏以长子泰袭万户。公直自陈父年老，乞以泰为乐安县尹，就养其父，制可，仍终身勿徙他职。至是，乃以忙古台袭万户，佩金虎符，从之镇。公直陛辞，曰："臣父丧五年，愿葬以行。"帝许之。至家，葬事毕，遂计乐安税课及贫民逋负，悉以赐金代输之，乃行。二十三年，诸王海都叛，侵别十八里，公直从丞相伯颜进战于洪水山，败之。追击浸远，援兵不至，第五子瑗力战而死，公直与妻及忙古台俱陷焉。二十四年，忙古台奔还，授定远大将军、中侍卫亲军副都指挥使，改湖州炮手军匠万户。讨衢州山贼，有功，加昭勇大将军。泰后终于知宁海州。

杨赛因不花

杨赛因不花，初名汉英，字熙载，赛因不花，赐名也。其先太原人。唐季南诏陷播州，有杨端者，以应募起，竟复播州，遂使领之。五代以来，世袭其职。五传至昭，无子，以族子贵迁嗣。又八传至粲，粲生价，价生文，文生邦宪，皆仕宋，为播州安抚使。至元十三年，宋亡，世祖诏谕之，邦宪奉版籍内附，授龙虎卫上将军、绍庆珍州南平等处沿边宣慰使、播州安抚使，卒，年四十三，赠推忠效顺功臣、平章政事，追封播国公，谥惠敏。

汉英，邦宪子也，生五岁而父卒。二十二年，母田氏携至上京，见世祖于大安阁。帝呼至御榻前，熟视其眸子，抚其顶者久之，乃谕宰臣曰："杨氏母子孤寡，万里来庭，朕甚悯之。"遂命袭父职，锡金虎符，因赐名赛因不花。及陛辞，诏中书锡宴，赐金币彩缯，赉其从者有差。二十五年，再入觐，时年十二，帝见其应对明敏，称善者三。复因宰臣奏安边事，帝益嘉之。是年，改安抚司为宣抚司，授宣抚使，寻升侍卫亲军都指挥使。

成宗即位，赛因不花两入见，赠谥二代。大德五年，宋隆济及折节等叛，诏湖广行省平章刘二拔都、指挥使也先忽都鲁率兵偕赛因不花讨之。六年秋九月，师出播境，连与贼遇，破之。前驻蹉泥，贼骑猝至，赛因不花奋击先进，大军继之，贼遂溃，乘胜逐北，杀获不可胜计。遂降阿苴，下笮笼，望尘送款者相继。七年正月，进屯暮窝，贼众复合，又与战于墨特川，大破之。折节惧，乞降，斩之，又擒斩隆济等，西南夷悉平。八年，赛因不花复入见，进资德大夫。至大四年，加勋上护军，诏许世袭。播南卢崩蛮内侵，诏赛因不花暨恩州宣慰使田茂忠率兵讨之，以疾卒于军，年四十。赠推诚秉义功臣、银青荣禄大夫、平章政事、柱国，追封播国公，谥忠宣。子嘉贞嗣。

鲜卑仲吉

鲜卑仲吉，中山人。岁乙亥，国兵定中原，仲吉首率平滦路军民诣军门降，太祖命为滦州节度使。从阿术鲁南征，充右副元帅，攻取信安、关州诸城，以功赐虎符，授河北等路汉军兵马都元帅。岁壬辰，平蔡有功，加金吾卫上将军、兴平路都元帅、右监军、永安军节度使，兼滦州管内观察使、提举常平仓事、开国侯，寻卒。

子准，充管军千户，从札剌台火儿赤东征高丽。中统元年，赐金符，扈驾征阿里不哥，以功受上赏。三年，从征李璮。至元十年，授侍卫亲军千户、昭武大将军、大都屯田万户，佩虎符，卒。

子诚袭，授宣武将军、高邮上万户府副万户，佩虎符，改授怀远大将军、佥武卫亲军都指挥使司事。领兵征爪哇，攻八百媳妇国，使广东，克勤于役，寻以疾卒。子忽笃土袭。

完颜石柱

完颜石柱，祖德住，仕金为管军千户。父拿住，归太祖，从征西域、河西，又从太宗攻下凤翔、同州，有功，赐号八都儿，佩银符，为同州管民达鲁花赤，改赐金符，兼征行千户，总管八都军。宪宗以拿住年老，命石柱袭其职。己未，石柱从世祖征合剌章还，都元帅纽璘攻马湖江，石柱夺浮桥，与宋兵战，有功，赏白金七百五十两。军隆化县，与宋兵战，大败之。中统二年，授征行万户，佩金符。三年，从都元帅帖哥攻嘉定，有功，改赐金虎符。至元四年，败宋兵于九顶山，生获四十余人。五年，攻泸州之水寨，击五获寨，渡马湖江，迎击宋兵，败之。从行省也速带儿攻建都，建都降，从攻嘉定，复泸州，取重庆，石柱之功居多。十四年，迁昭勇大将军。十六年，授四川东道宣慰使。十七年，改镇国上将军、四川西道宣慰使，总管随路八都万户。二十年，拜四川行省参知政事，卒。弟真童，袭为随路八都万户。

卷一百六十六　列传第五十三

王綧

王綧，高丽王瞮之犹子也，美容仪，慷慨有志略，善骑射，读书通大义，以质子入朝。岁癸丑，高丽权臣高令公叛，宪宗命耶虎大王东征，綧奉旨为使讲和，仍镇守其地，时高丽人户新附者，就命綧总之。中统元年，授金符总管，升佩虎符，兼领军民。三年，率兵征济南李璮。至元七年，高丽臣林衍叛，世祖遣头辇哥国王讨之，綧签领部民一千三百户，与国王同行。是年十一月，以疾辞还，家居。二十年九月，卒，寿六十一。子三人。

阿剌帖木儿袭职，授虎符，总管高丽人户。至元八年，将兵讨叛贼金通精，贼败走耽罗。十一年，进昭勇大将军，从都元帅忽都征日本国，预有战功。十五年，加镇国上将军、安抚使、高丽军民总管，寻升辅国上将军、东征左副都元帅。十八年，复征日本，遇风涛，遂没于军。

阔阔帖木儿，入侍武宗潜邸，积劳授太中大夫、管民总管。

兀爱，袭兄阿剌帖木儿职，佩金虎符，授安远大将军、安抚使、高丽军民总管、东征左副都元帅。二十四年，乃颜叛，力战屡捷。复从月鲁儿那演讨塔不歹、朵欢大王于蒙可山、那江，统兵五千余众，与八剌哈赤脱欢相拒，绝流战黑龙江，箭中右臂，忍伤复战，敌大败。二十五年，征哈丹秃鲁干，隶平章阔里帖木儿麾下，论功居多。冬十二月，贼军古都秃鲁干次于斡秃鲁塞，平章率兀爱讨降之。明年，加授昭武大将军、辽阳等处行中书省事。又明年，哈丹等入寇高丽国境，遣兀爱镇守，仍修城壁，严卒伍，军威大振，贼遂潜遁。九月，哈丹秃鲁干复寇缠春，兀爱引兵击却之。二十八年，入觐世祖于内殿，嘉其战功，赐尚方玉带及银酒器。二十九年，改东征左副都元帅府，立总管高丽女直汉军万户府，乃授兀爱三珠虎符，升镇国上将军，总管高丽女直汉军万户府，兼沈阳安抚使、高丽军民总管。

隋世昌

隋世昌，其先登州棲霞人。父宝，徙居莱阳，金末隶军伍，主帅奇其貌，以为管军谋克，俄授怀远大将军、管军都总领，镇行村海口。太宗下山东，宝遂来归，授莱阳令，历莱州节度判官，终高密令。世昌其第四子也，涉猎书史，善骑射，身长八尺，锻浑铁为枪，重四十余斤，能左右击刺。岁癸丑，选充队长。宋兵来攻海州，世昌战却之。壬戌，克东海，世昌先登，升马军队官。己未，攻涟水城，世昌树云梯攀缘而上，身被数枪，众从之，遂克其城，升马军千户。中统元年，宋将夏贵军淮南新城，世昌夜乘艨艟抵城下，宋兵出战，斩首数百级，刺杀其守将二人。未几，涟水复叛归宋，世昌军于东马寨城外，宋兵来攻，世昌击走之。三年，改步军千户，还镇行村海口。至元元年，朝议分拣正军奥鲁，授莱阳县诸军奥鲁长官。

六年，伐宋。七年，以世昌为淄莱万户府副都镇抚，守万山堡，建言修一字城以围襄、樊，升管军千户。九年，败宋兵于鹿门山。元帅刘整筑新门，使世昌总其役，樊城出兵来争，且拒且筑，不终夜而就。整授军二百，令世昌立炮帘于樊城栏马墙外，夜大雪，城中矢石如雨，军校多死伤，达旦而炮帘立。宋人列舰江上，世昌乘风纵火，烧其船百余。樊城出兵鏖战栏马墙下，世昌流血满甲，勇气愈壮，而樊城竟破，襄阳亦下，迁武略将军。引兵由黄涴堡入汉江，破沙洋。攻新城，世昌坎其城而先登，中数矢，伤臂，兜鍪皆裂，昏眩坠地，少苏复进，遂下新城。明日，丞相伯颜视所坎城，高一丈五尺余，论功为上。从诸军渡江，抵南岸，宋兵联舟来拒，世昌舍舟师，率蒙古哈必赤军步战，斩其将一人，宋师溃，世昌追之，复与战，大败之。十二年，从战于丁家洲，以功升管军千户，佩金符。十三年，围扬州，世昌绝其粮道，兼搜湖泊。宋兵闻铁枪名，不敢近。扬州平，充四城兵马使，从平章阿术入见，授宣武将军、管军总管。十四年，戍扬州，击野人原、司空山等七寨，皆下之，进安抚使，佩金虎符，镇澉浦。十七年，拜定远大将军、管军万户，寻以获海贼功进阶安远大将军。二十三年，改沂郯上副万户。

世昌前后数百战，体皆金疮，竟以是疾卒，年六十一，封定海郡侯，谥忠勇。子国英嗣。

罗 璧

罗璧，字仲玉，镇江人。父大义，为宋将。璧年十三而孤，长从朱禩孙入蜀，累官武翼大夫、利州西路马步军副总管。禩孙移荆湖，璧从之，至江陵。右丞阿里海牙领军下江陵，璧从禩孙降，授宣武将军、管军千户，隶丞相阿术麾下。招收淮军，讨歙寇有功，领本州安抚事。至元十五年，从元帅张弘范定广南，赐金符，升明威将军、管军总管，镇金山。居四年，海盗屏绝。徙镇上海，督造海舟六十艘，两月而毕。

至元十二年，始运江南粮，而河运弗便。十九年，用丞相伯颜言，初通海道漕运，抵直沽以达京城，立运粮万户三，而以璧与朱清、张瑄为之。乃首部漕舟，由海洋抵杨村，不数十日入京师，赐金虎符，进怀远大将军、管军万户，兼管海道运粮。二十四年，乃颜叛，璧复以漕舟至辽阳，浮海抵锦州小凌河，至广宁十寨，诸军赖以济，加昭勇大将军。二十五年，督漕至直沽仓，潞河决，水溢，几及仓，璧树栅，率所部畚土筑堤捍之。升昭毅大将军、同知淮西道宣慰司事。请两淮荒闲之田给贫民耕垦，三年而后量收其入，从之，岁得粟数十万斛，升镇国上将军、海北海南道宣慰使都元帅。大德三年，除饶州路总管，改广东道宣慰使都元帅。山海獠夷不沾王化，负固反侧，乃诱致诸洞蛮夷酋长，假以官位，晓以祸福，由是咸率众以归。除都水监，改正奉大夫。通州复多水患，凿二渠以分水势；又浚阜通河而广之，岁增漕六十余万石。奉命括两淮屯田，得疾，归镇江而卒，年六十六。子坤载。

刘 恩

刘恩，字仁甫，洺之洺水人，后徙威州。父辛，归国，署贝州长。恩幼知读书，勇而有谋，以材武隶军籍，累功为百户，俄迁管军总管，佩银符，太傅府经历。从入蜀，数有战功。宋刘整将兵守泸州，中统三年都元帅纽璘遣恩谕整降，以功易赐金符。至元三年，宋将以战船五百艘，载甲士三万人，夹江上游，先以一万人据云顶山，欲取汉州。恩率千人渡江与战，杀其将二人、士卒三千余人，溺死者不可胜计，授成都路管军副万户。六年，从平章赛典赤攻嘉定，过九顶山，与宋军遇，生擒其部将十八人，械送京师，赏赉甚厚。九年，从皇子西平王、行省也速带儿征建都，恩将游兵为先锋。师次其地，一日三战皆捷。建都兵夜来犯围，恩御之，死者千余人。时师久驻，食且尽，恩画策招谕沿江诸蛮，得粮三万石、牛羊二万头，士气益振。建都因山为城，山有七巅，恩夺其五，断其汲道。建都穷蹙，乃降。入朝，升管军万户，戍眉州。十二年，昝万寿以嘉定降，恩移戍嘉定。安西王遣使召恩至六盘山，问曰："江南已平，四川未下奈何？"恩曰："若以重臣之不徇私者奉诏督责之，则半年可下矣。"王即遣恩与府僚术儿赤乘传以闻，帝以为然，命丞相不花等行枢密院于西川，授恩同佥院事。十五年，重庆降，守将张万走夔府，以兵固守，不花遣恩招之，万以城降。旬月之间，得其大小州邑六十四。

十六年，入朝，赏赉有加，授四川西道宣慰使，改副都元帅。率蒙古、汉军万人征斡端，进都元帅，宣慰使如故，赐宿烈孙皮衣一、锦衣一，及弓刀诸物。师次甘州，奉诏留屯田，得粟二万余石。十八年，命恩进兵斡端，海都将玉论亦撒率兵万人迎战，游骑先至，恩设伏以待，大败之。海都又遣八把率众三万来侵，恩以众寡不敌，成师而还。二十二年，佥行枢密院事，卒。子德禄，袭成都管军万户。

石高山

石高山，德兴府人。父忽鲁虎，以侍卫军从太祖定中原，太宗赐以东昌、广平四十余户，遂徙居广平之洺水。中统三年，高山因平章塔察儿入见世祖，因奏曰："在昔太祖皇帝所集按察儿、孛罗、窟里台、孛罗海拔都、阔阔不花五部探马赤军，金亡之后，散居牧地，多有入民籍者。国家土宇未一，宜加招集，以备驱策。"帝大悦，曰："闻卿此言，犹寐而觉。"即命与诸路同招集之。既籍其数，仍命高山佩银符领之。四年，授管军总管，镇息州，军令严肃，寇不敢窥。居四年，边境晏然，赐金符以奖之。至元八年，从取光州，克枣阳，进攻襄樊，皆有功。十年，从阿术略地淮上。十一年，从下江南，以功升显武将军。十二年冬，丞相伯颜命以所部兵取宁国，下令无虏掠。既至城下，喻以祸福，宁国开门迎降，秋毫无犯。复令兵从至焦山，与宋将孙虎臣、张世杰转战百余里，杀获甚多，以功赐金虎符，进信武将军，镇高邮。

宋平，伯颜等朝京师，帝问："有瘦而善战者，朕忘其名。"伯颜以高山对，且盛称其功。帝即召见，命高山自择一大郡以佚老，而以所部军俾其子领之，高山辞曰："臣筋力尚壮，犹能为国驱驰，岂敢为自安计。"帝从之，进显武将军，领兵北征，屯亦脱山。十六年，命同忽都鲁领三卫军戍和林，因屯田以给军储，岁不乏用。乃颜叛，督战有功，赐三珠虎符、蒙古侍卫亲军都指挥使，守卫东宫。成宗悯其老，以其子阔阔不花袭职，赐钞三百锭。大德七年，卒于家，年七十六。

巩彦晖

巩彦晖，易州人，与兄彦荣俱以武勇称。初，彦荣经百夫长隶千户何伯祥麾下，累有战功，后告老，以彦晖代之。诸军伐宋，彦晖从破枣阳，斩首甚众。万户张柔之驻曹武也，彦晖与伯祥别将一军破大洪诸寨。宋人出荆、鄂，选兵二万救之。彦晖与伯祥逆战，斩首五百级，生擒曹路分等一十六人。是夜，宋兵来攻，彦晖率甲士三十人，追击于曹武镇，敌溃走，擒其主将以归。战光州，柔军于东北，夜二鼓，命彦晖率劲卒二百伏西南，五鼓，东北声振天地，彦晖植梯先登，众继之，破其外城，遂急攻，并其子城破之。战滁州，彦晖率浮浑脱者十人，夜渡池水，入栏马墙，杀守军三铺，焚其东南角排寨木帘，大军继之，比明拔其城。会大军攻黄州，诸将壁垒未定，有舟来觇，柔遣彦晖伏甲二百于赤壁之下。敌军夜半果水陆并至，彦晖等曳枪俟其半过而击之，敌大挠，死者无算，生擒十七人。师还，又破张家寨，以守将献。从攻寿州，夺其门，生擒三人以出。泗州之役，诸将自四鼓集城下，为堑水所阻，黎明无敢渡者，两军交射如雨。彦晖被重甲径渡，敌将来御，彦晖刺其胸搏杀之。众毕渡，至晡得其外城，寻登其月城。彦晖将下，顾伯祥失所在，乃与王进反求之。敌复追袭，彦晖力战，翼伯祥以出，由是伯祥与彦晖如亲昆弟然。事闻，赐彦晖银符牌，俾兼镇抚事。岁己未十一月，兵渡江，次武昌。宋援兵四集，彦晖逆战，有舟数十来挑战，彦晖逐之入湖中，伏出，围彦晖数匝，左右莫能近。彦晖矢尽，短兵接，身被重伤，度不可免，遂投水中。敌援之出，载归江州，见宋官不屈，问以事不对，竟死，年五十六。

长子信，袭授银符，易州等处管军总把。中统三年，从征李璮。至元四年，从元帅阿术南征。九年，从攻樊城，先登，夺其土城，焚西南角楼，杀敌军十人，擒五人。宋将矮张以舟兵来援，自高头堡战斗八十余里，抵襄阳城下，夺战舰二，获其裨将二人、军八人。十一年，从丞相伯颜攻沙阳堡，率勇士五十，纵火焚其寨，敌军大乱，遂破之。是年，从渡江，与宋兵战，俘生口十一，夺战舰二。继又领军由陆进，直抵鄂城下，杀宋兵数十人，擒江路分一人以归。十二年，战丁家洲，杀宋兵七十余人，夺战舰二。江南平，以功升武略将军、管军千户，镇太平州。十六年，以疾辞。

子思明、思温、思恭。思明初患目疾，以思温袭。及思温卒，而思明疾愈，复以思明袭。思明卒，以思恭袭怀孟万户府管军下千户，佩金符。

蔡　珍

蔡珍，彰德安阳人。父兴，幼隶军籍，从宗王口温不花出征，权管军百户。兴告老，以珍代之。珍素骁勇。岁戊午，从宪宗攻宋合州钓鱼山。中统元年，从世祖征阿里不哥。三年，从征李璮。后从镇襄阳，徇安庆，攻五河，所至有功。

南方平，遂入备宿卫。十四年，授忠显校尉、管军总把，寻命权千户。是年冬，扈驾驻黑城。珍遣兵士储刍藁，筑土室，军府赖其用。道遇冻者，必扶入室温煦之。军粮必为撙节，不使顿绝以致饥困。十五年，充本卫都镇抚。十七年，升忠武校尉、中卫亲军总把，俄改属后卫，赐银符。时白海初建行营，命珍督役，卒事，民不知扰，虽草木无纤介损。帝临幸，问其故，近臣以蔡珍号令严肃为对，帝嘉之，赏以钞若干。二十一年，改授胶东海道都漕运司丁壮万户府都镇抚。二十七年，进后卫亲军千户，佩金符。元贞元年，进阶武略。俄告老而归，子恕袭。

张泰亨

张泰亨，堂邑县人。父山，为管军百户。泰亨袭职，从攻宋钓鱼山及樊城，征女儿阿塔有功。中统二年，授银符、侍卫军总把。三年，从围李璮有功。至元四年，赐金符，升京东归德等处新军千户。从征西川有功，授元帅府镇抚。六年，改省都镇抚。七年，从攻襄阳，矢中右臂。十年，从攻樊城。十二年，进武略将军、管军总管，寻进明威将军。从攻潭州，矢中鼻，拔矢奋战，却敌兵。十三年，赐虎符，进阶武德。从征广西，破静江府。十四年，还军潭州，金疮发，卒。

子继祖袭，移镇鄂州，舟过洞庭，溺死。

子震幼，以兄显祖代之。二十四年，从征交趾，陷没。震袭职，授金符、昭信校尉、管军上千户。延祐二年，覃恩加武略将军，寻进阶武德。五年，升武节将军、颍州万户府副万户。天历二年，卒，子珽袭。

贺　祉

贺祉，益都人。父进，尝平涟水有功，为元帅左监军，守淄州；改千户，守胶州。祉初以质子入宿卫，至元六年，袭父职为千户，仍守胶州。七年，宋兵攻胶州，祉固守战退之。十年，领舟师五百艘为先锋，攻五河口城。军还，殿后。时宋兵以巨索横截淮水，号混江龙，祉用大刀断之，却其救兵，清河城遂降。攻高邮、宝应，战淮安城下，尸填壕中。丞相伯颜以其功上闻，授武节将军。攻泗州，获战船五百艘还。从右丞别乞里迷失入朝，帝赐以弓矢、锦衣、鞍勒，加宣武将军。镇新城，绝淮安、宝应粮道，降之，得战船六百艘及器械。上于行枢密院，遂命领宝应军民事。十四年，特赐金虎符、怀远大将军。二十年，建宁路黄华反，以所领军捕之，有功。二十四年，以征交趾请行，湖广行省檄令守辎重，屯思明州。军还，至建康卒。

孟　德

孟德，济南人。国初由邹平县令、淄州节度使累官至同知济南路事。太宗即位之八年，诸王阔端命德为元帅，佩金符，领济南军攻宋徐州、光州，降其众而有其地。岁甲辰，定宗母六皇后称制，大王按只台以德为万户，攻濠、蕲、黄等州，积有战功。宪宗即位之三年，命德守睢州。五年，移守海州。宋安抚吕文德以兵扰边，德败之，俘其太尉刘海。丁巳，从伯颜攻襄樊。己未，与子义从世祖攻鄂州，先登。中统三年，从征李璮。璮平，德以老告归。

义袭为万户，领兵守沂、郯。四年，赐虎符。至元元年，城郯。六年，从山东统军帖赤如五河，宋军拒南岸，义率兵渡河击之，凡数战有功。九年，授怀远大将军，迁宿州万户。十一年，宋制置夏贵攻正阳，义夺战舰数艘，遂败之。十二年，掠地至安庆等处，攻扬子桥获功。十三年三月，改守杭州。九月，从下福建、温、台等处。十四年四月，授昭勇大将军、瑞州路达鲁花赤。十月，徙镇闽州。十六年，授昭勇大将军、招讨使。二十二年，复为沂郯万户。元贞元年，以老辞职。

子智袭职，授三珠虎符、宣武将军，为万户。延祐二年，进明威将军，以病去职。子安世袭。

郑　义

郑义，河间人也。初，事太宗，佩金符，山东路都元帅，兼景州军民人匠长官。从伐金，岁壬辰，与敌战于归德，死之。弟德温袭。甲午，从攻徐州，陷阵而死。子泽袭。从万户史天泽出征，多立战功。年老，弟江代其职。世祖北征，赐金符，授侍卫亲军副都指挥使，判武卫军事，兼景州军民人匠长官。

中统三年，李璮据济南叛，世祖令各州县长官子弟充千户，于是以江子郇为千户，领景州新签军千余，败贼众于王马桥，诸王哈必赤赏银五十两。璮平，郇以例罢。江升为武卫亲军都指挥使，赐虎符，寻改属左卫。至元八年，从攻襄阳，殁于阵，郇袭其职。

张荣实子玉

张荣实，霸州保定县人。父进，金季封北平公，守信安城。壬辰岁，率所部兵民降，太宗命为征行万户。甲午，征河南，与金将国用安战徐州，死焉。荣实始以质子入宿卫，继授金符，充征行水军千户。丁酉，改雄州保定新城长官。庚子，复命统领水军。甲辰，从大将察罕军至淮上，遇宋将吕文德，与战，俘五十余人，赏银碗、战马。从攻江陵，略襄阳。宋以舟师横截汉水，兵不得渡，荣实战却之，获人百余，战船数十艘，察罕以闻，赐锦袍及银十五斤。又破宋军于太湖，赏银百两。己未，从世祖南征，驻阳罗渡。宋兵十万、舟二千迎战，横截江水。帝以荣实习于水，命居前列，遂取轻舟，率麾下水校鏖战北岸，获宋大船二十，俘二百，溺死不可胜计，斩宋将吕文信。中统元年，帝即位，录其勋劳，授金虎符、水军万户，仍以其子颜代为霸州七处管民万户。三年，李璮叛，荣实从史天泽讨平之，赏金碗及银二百五十两、马一匹，命镇胶西。至元五年，从丞相阿术攻襄阳，败夏贵，擒张顺；又攻樊城，俘其二将，赏银百两及弓矢鞍勒。十一年，增领新军，从丞相伯颜南征，荣实以所部军先进，诸将飞渡，鄂、汉皆降，论功授昭毅大将军。从阿里海牙攻岳州，降宋将高世杰，破沙洋、新城，降江陵，以功加昭武大将军。偕元帅宋 都台征江西隆兴，擒宋将密佑，抚州降。十三年，授同知江西道宣慰使司事，未旬日，升镇国上将军、福建道宣慰使。进兵广东，破降韶州。十四年，改江东宣慰使、行省参知政事。帝以广东余党未附，命与右丞塔出抚定之。十五年，入觐，帝赐酒慰劳，授湖北道宣慰使、诸路水军万户。是年，以疾卒，年六十一。子颜、玉、珪。

玉袭父职，为怀远大将军、诸路水军万户。十六年，讨吉安叛贼有功，入朝，赐金织文衣、弓矢、佩刀，加辅国上将军、都元帅，兼水军万户，镇黄州。继奉旨与元帅唐兀台改立蕲黄等路都元帅府，仍管领本道镇守军马。二十年，广东盗起，遏绝占城粮运。二十一年，玉率兵讨平之。从参知政事也的迷失入朝，赐金织文衣、鞍勒、弓刀。会元帅罢，命玉充保定水军上万户。二十二年，番阳湖贼起，诏徙水军万户府于南康。二十四年，从参知政事乌马儿征交趾，累战有功。二十五年，师还，安南以兵迎战，大战连日，水涸舟不能行，玉死焉。子辅袭万户。辅卒，子道重袭。

石抹狗狗

石抹狗狗，契丹人，其先曰高奴。岁辛未，太祖至威宁，高奴与刘伯林、夹谷常哥等以城降。会置三万户、三十六千户以总天下兵，遂以高奴为千户，遥授青州防御使，佩金符。己丑，从太宗伐金，为征行千户，卒于军。子常山，袭为千户。癸丑，升总管，领兴元诸军奥鲁屯田，并宝鸡驿军，权都总管万户，岁余卒。子乞儿袭，领本万户诸翼军马，从都元帅纽璘攻重庆、泸、叙诸城，数有战功。时忽都叛于临洮，乞儿等以蒙古、汉军从往讨之。至元二年，从都元帅按敦移镇潼川。四年九月，从攻蓬溪寨，死焉，子狗狗袭。

狗狗少从征伐，以壮勇称。八年，从佥省严忠范以兵围重庆，攻朝阳寨，先登。九年，宋将昝万寿率众袭成都，狗狗以蒙古军二千击败之。十六年，朝廷录其前后功，赐金虎符，授宣武将军、管军总管，戍遂宁。十七年，进明威将军、管军副万户。亦奚不薛蛮叛，从招讨使药剌海讨平之。行省也速带儿讨都掌、乌蒙、蚁子诸蛮，战于鸭楼关，狗狗最有功。二十一年，以蒙古军八百从征散猫蛮，战于菜园坪、渗水溪，皆败之，壁守石寨，月余散猫降，大盘诸蛮亦降。二十四年，迁怀远大将军、夔路万户，移戍重庆。二十六年，卒。子安童袭。

楚　鼎

楚鼎，安丰蒙城人。父琤，仕金为镇国上将军、寿春府防御使。金亡，归宋，命守宿州。岁己亥，以州降，阿术鲁命琤守之。宋兵来攻宿州，城破，琤死之。宋人囚鼎于镇江府，凡十有四年，会赦免。至元十二年，师渡江，鼎从知太平州孟之缙降。行省遣鼎谕宁国府守将孙世贤，下之，承制授鼎管军总管，制下，加怀远大将军，领兵镇宁国。平建平、南湖、广德诸盗。鼎与权万户孛罗台护送徽州招抚使李铨男汉英归徽州，谕铨下其城。十三年，汉英与李世达叛，旌德、太平两县附之，鼎与兀忽纳进兵，用徽人郑安之策，按兵而入，兵不血刃而乱定。十五年，鼎始受符印。十八年，东征日本，鼎率千余人从左丞范文虎渡海，大风忽至，舟坏，鼎挟破舟板漂流三昼夜，至一山，会文虎船，因得达高丽之金州合浦海屯驻，散兵亦漂泛来集，遂领之以归。

樊　楫

樊楫，冠州人。初为军吏，从参政阿里海牙下鄂、江陵有功，以行省命为都事。宋平，从入朝，改员外郎。从定广西，升郎中。从攻崖山，进参议行中书省事、同知湖南宣慰司事。二十一年，擢佥荆湖占城行中书省事。从阿里海牙征交趾，无功而还。二十四年，复征交趾，进行中书省参知政事。时三道进兵，皇子镇南王与右丞程鹏飞分二道，一入永平，一入女儿关。楫与参政乌马儿将舟师入海，与贼舟遇安邦口，楫击之，斩首四千余级，及生擒百余人，获船百余艘、兵仗无算，遂至万劫山，合镇南王兵。十二月，进攻交趾，陈日烜弃城走敢喃堡。二十五年正月，王攻敢喃堡，破之，日烜走入海中。交人皆匿其粟而逃，张文虎馈饷不至。二月，天暑，食且尽，于是王命班师。楫与乌马儿将舟师还，为贼邀遮白藤江。潮下，楫舟胶，贼舟大集，矢下如雨，力战，自卯至酉，楫被创，投水中，贼钩执毒杀之。至顺元年，赠推忠宣力效节功臣、资德大夫、江浙行省右丞、上党郡公，谥忠定。

张　均

张均，济南人也。父山，从军伐宋，以功为百户，俄升总把，战死。均袭百户，从亲王塔察儿攻鄂州，面中流矢。中统三年，从征李璮有功，以总帅命升千户，领兵守淄州。至元六年，从左丞董文炳攻宋五河口，转战濠州北，遇其伏兵，均率众力战，败之。十年，攻涟州，夺孙村堡。十二年，赐金符，授忠翊校尉、沂郯翼千户。从攻芜湖，夺宋战船，俘四十余人。又从丞相阿塔海战有功，加武略将军。十四年，赐虎符，加宣武将军。二十二年，升松江万户。二十四年，从镇南王征交趾。二十六年，从北征，擢明威将军、前卫亲军副都指挥使。三十年，世祖亲征乃颜，以扈从受赏。成宗即位，命屯田和林，规画备悉有法，诸王药木忽儿北征，给饷赖之，未尝乏绝，帝嘉其能，赐予有加。大德元年，改和林等处副元帅，历宣尉司同知，升都元帅，加镇国上将军。延祐元年卒。子世忠，袭前卫亲军副都指挥使。

信苴日

信苴日，僰人也，姓段氏。其先世为大理国王，后累为权臣高氏所废。岁癸丑，当宪宗朝，世祖奉命南征，诛其臣高祥，以段兴智主国事。乙卯，兴智与其季父信苴福入觐，诏赐金符，使归国。丙辰，献地图，请悉平诸部，并条奏治民立赋之法。宪宗大喜，赐兴智名摩诃罗嵯，命悉主诸蛮白爨等部，以信苴福领其军。兴智遂委国任其弟信苴日，自与信苴福率僰、爨军二万为前锋，导大将兀良合台讨平诸郡之未附者，攻降交趾。入朝，兴智在道上卒。中统二年，信苴日入觐，世祖复赐虎符，诏领大理、善阐、威楚、统失、会川、建昌、腾越等城，自各万户以下皆受其节制。至元元年，舍利畏结威楚、统失、善阐及三十七部诸爨，各杀守将以叛，善阐屯守官不能御，遣使告急，信苴日率众进讨，大败之于威楚宝满裔。复遣孛罗攻贼于统失城，又大破之，遂定统失。其秋，舍利畏又以众十万谋攻大理，诏都元帅也先与信苴日讨之。师至安宁，遇舍利畏，击破走之，遂复善阐，降威楚，定新兴，进攻石城、肥腻，皆下之，爨部平。三年，信苴日入觐，录功赐金银、衣服、鞍勒、兵器。十一年，赛典赤为云南行省平章政事，更定诸路名号，以信苴日为大理总管。未几，舍利畏复叛，信苴日遣石买等诡为商旅，执贽往见，挺矛撞杀之，及其党一人，枭首于市。行省以闻，复赐金一锭及金织纹衣。于是置郡县，署守令，行赋役，施政化，与中州等。十三年，缅国拥象骑数万，掠金齿南甸，欲袭大理，行省遣信苴日与万户忽都领骑兵千人御之，信苴日以功授大理蒙化等处宣抚使。十八年，信苴日与其子阿庆复入觐，帝嘉其忠勤，进大理威楚金齿等处宣慰使、都元帅，留阿庆宿卫东宫。及陛辞，复拜为云南诸路行中书省参知政事。十九年，诏同右丞拜答儿迎云南征缅之师，行至金齿，以疾卒。信苴日治大理，凡二十三年。

子阿庆袭爵，累授镇国上将军，大理金齿等处宣慰使都元帅，佩金虎符。

王　昔　剌

王昔剌，保定人。初事世祖，以其有勇略，遂赐名昔剌拔都。从攻钓鱼山及阿里不哥，累功赐金符，授武卫亲军千户。中统三年，从征李璮于济南，屡捷。四年春，元帅阿术驻兵河南，遣昔剌将蒙古、汉军复立宿州。至元六年，赐虎符，升海州万户。引兵攻盐林山寨，多所俘获。十年，授东川行枢密院同佥。十五年，征夔府有功。十六年，徙镇万州，卒于军。

子二：曰宏，曰宁。宏先佩金符，为左卫千户。及枢密院拟宁袭武职，宁让其兄宏，于是授宏中卫都指挥使，佩父虎符，而以宁代宏为千户，佩金符。宁从阿剌台、憨合孙北征，追击脱脱木儿之军于阿纳秃阿之地。师还，又从别急里迷失等击贼外剌，斩首百余级。复从忽鲁忽孙北征有功。升右卫亲军总管，后改前卫都指挥使司佥事。子处恭袭宏职，仕至侍御史。

赵宏伟

赵宏伟，字子英，甘陵人，后徙颍川。至元十三年，国兵攻宋，宏伟以书谒元帅宋都解于军中，奇之，俾以兵略地临江。至吉州，宋主将管忠节、路分邹超悉众出战，宏伟败之，追北二十余里，薄其城，示以祸福，知州周天骥以城降。宋都解嘉宏伟有功，赏银三十两，署为吉州参佐官。吉民有为乱者，宏伟设伏桥下，以火攻之，贼战退走，伏发，众蹂践几尽，乘胜捣其巢穴，余党悉出拒战，宏伟旋兵袭其背，斩其渠魁，一州遂安。宋厢禁军总管王昌、勇敢军总管张云诱新附五营军为乱。事觉，昌就擒；宏伟夜袭云，斩首以献，俘其党五百人。宋都觪欲尽诛之，宏伟曰："此属诖误，非得已也，今悉就诛，何以安反侧？"众得免死。以功授太和县尹。宋相文天祥署其将罗开礼、叶良臣，集众谋复吉、赣、临江，宏伟斩良臣，俘开礼，释其余众。十五年，以功赐金符，迁瓜州河渡提举。十七年，改衡州路总管府治中。群盗出没其境，宏伟计其地，兴屯田，民既足食，盗亦为农，郡遂宁谧。

大德五年，用中丞董士恒荐，起佥浙西道肃政廉访司事。镇江旱，蠲民租九万余石。吏畏飞语，复征于民，民无所出，行台令宏伟核实，卒蠲之。大风海溢，润、常、江阴等州庐舍多荡没，民乏食。宏伟将发廪以赈，有司以未得报为辞，宏伟曰："民旦暮饥，擅发有罪，我先坐。"遂发之，全活者十余万。迁江南行台都事。十一年，江南大饥，宏伟请以赃罚钱赈之，民赖以生。至大二年，召为内台都事。仁宗在东宫时，闻其名，遇之甚厚，常以字呼之。及出为浙东廉访副使，陛辞之日，仁宗出币帛，俾择所欲者即赐之。宏伟至浙东，闻郡人许谦得朱熹道学之传，延致为师，于是人知向慕。未几，擢江南行台治书侍御史。皇庆二年，致仕。延祐三年，复起为福建道肃政廉访使。未几，以疾辞。泰定三年卒，年四十四，赠嘉议大夫、礼部尚书、上轻车都尉，追封天水郡侯，谥贞献。

子思恭，追封天水郡侯。思敬，以处士征为教授。赵琏别有传。

卷一百六十七　列传第五十四

张立道

张立道，字显卿。其先陈留人，后徙大名。父善，登金进士第。岁壬辰，国兵下河南，善以策干太第拖雷，命为必阇赤。立道年十七，以父任备宿卫。世祖即位，立道从北征，未尝去左右。至元四年，命立道使西夏，给所部军储，以干敏称。皇子忽哥赤封云南王，往镇其地，诏以立道为王府文学。立道劝王务农以厚民，即署立道大理等处劝农官，兼领屯田事，佩银符。寻与侍郎宁端甫使安南，定岁贡之礼。云南三十七部都元帅宝合丁专制岁久，有窃据之志，忌忽哥赤来为王，设宴置毒酒中，且赂王相府官无泄其事。立道闻之，趋入见，守门者拒之，立道怒与争。王闻其声，使人召立道，乃得入，为王言之。王引其手，使探口中，肉已腐矣。是夕，王薨。宝合丁遂据王座，使人讽王妃索王印。立道潜结义士，得十三人，约共讨贼，刺臂血和金屑饮之，推一人走京师告变。事颇露，宝合丁乃囚立道，将杀之。人匠提举张忠者，燕人也，于立道为族兄，结壮士夜劫诸狱，出之，共亡至土蕃界，遇帝所遣御史大夫博罗欢、王傅别怗与告变人俱来。二人者遂与立道俱还，按宝合丁及王府官尝受赂者，皆伏诛。有旨召立道等入朝，问王薨时状。帝闻立道言，泣数行下，歔欷久之，曰："汝等为我家事甚劳苦，今欲事朕乎，事太子乎，事安西王乎？惟汝意所向。"立道等奏愿留事陛下，于是赐立道金五十两，以旌其忠，张忠等亦皆授官有差。

八年，复使安南，宣建国号诏。立道并黑水，跨云南，以至其国，岁贡之礼遂定。十年三月，领大司农事，中书以立道熟于云南，奏授大理等处巡行劝农使，佩金符。其地有昆明池，介碧鸡、金马之间，环五百余里，夏潦暴至，必冒城郭。立道求泉源所自出，役丁夫二千人治之，泄其水，得壤地万余顷，皆为良田。爨、僰之人虽知蚕桑，而未得其法，立道始教之饲养，收利十倍于旧，云南之人由是益富庶。罗罗诸山蛮慕之，相率来降，收其地悉为郡县。十五年，除中庆路总管，佩虎符。先是云南未知尊孔子，祀王逸少为先师。立道首建孔子庙，置学舍，劝士人子弟以学，择蜀士之贤者，迎以为弟子师，岁时率诸生行释菜礼，人习礼让，风俗稍变矣。行省平章赛典赤表言于朝，有旨进官以褒之。

十七年，入朝，力请于帝以云南王子也先帖木儿袭王爵，帝从之。遂命立道为临安广西道宣抚使，兼管军招讨使，仍佩虎符，陛辞，赐以弓矢、衣服、鞍马。始赴任，会禾泥路大首领必思反，扇动诸蛮夷。亟发兵讨之，拔其城邑，鼓行而前，徇金齿甸七十城，越麻甸，抵可蒲，皆下之。有遗以驯象、金凤异物者，悉献诸朝。二十二年，又籍两江侬士贵、岑从毅、李维屏所部户二十五万有奇，以其籍归有司。迁临安广西道军民宣抚使。复创庙学于建水路，书清白之训于公廨，以警贪墨，风化大行。入朝，值权臣用事，遂退居散地。条陈十二策，皆切当世之务，帝嘉纳焉。

二十七年，北京地陷，人民震惊，命立道为本路总管。未行，安南世子陈日燇遣其臣严仲维、陈子良等诣京师告袭爵。先是，其国主陈日烜累召不至，权遣其族父遗爱入贡，朝廷因封为安南王。遗爱还，日烜阴害之。遣使问罪，日烜拒使者不受命，遂遣将讨之，失利而还。帝怒，欲再发兵，丞相完泽、平章不忽木言："蛮夷小邦，不足以劳中国。张立道尝再使安南有功，今复使往，宜无不奉命。"帝招至香殿，谕之曰："小国不恭，今遣汝往谕朕意，宜尽乃心。"立道对曰："君父之命，虽蹈水火不敢辞，臣愚恐不足专任，乞重臣一人与俱，臣为之副。"帝曰："卿朕腹心臣，使一人居卿上，必败卿谋。"遂授礼部尚书，佩三珠虎符，赐衣段、金鞍、弓矢以行。至安南界，谓郊劳者曰："语尔世子，当出郭迎诏。"日燇乃率其属，焚香伏谒道左。既抵府，日燇拜跪，听诏如礼。立道传上命，数其罪，为书晓之。日燇曰："比三世辱公使，公大国之卿，小国之师也，何以教我？"立道曰："昔镇南王奉词致讨，汝非能胜之也，由其不用向导，率众深入，不见一人，迟疑而还，曾未出险，风雨骤至，弓矢尽坏，众不战而自溃，天子亦既知之。汝所恃者，山海之险、瘴疠之恶耳。且云南与岭南之人，习俗同而技力等，今发而用之，继以北方之劲卒，汝复能抗哉？汝战不利，不过遁入海中，岛夷乘衅，必来寇抄汝，汝食少不能支，必为彼屈，汝为其臣，孰若为天子臣乎？今海上诸夷，岁贡于汝者，亦畏我大国之尔与也。圣天子有德于汝甚厚。前年之师，殊非上意，边将谗汝尔。汝曾不悟，不能遣一介之使，谢罪请命，辄称兵抗拒，逐我使人，以怒我大国之师，今祸且至矣，惟世子计之。"日烜拜，且泣涕而言曰："公之言良是也，为我计者，皆不知出此。前日之战，救死而已，宁不知惧！天子使公来，必能活我。"北面再拜，誓死不敢忘天子之德。遂迎立道入，出奇宝为贿，立道一无所受，但要日烜入朝。日烜曰："贪生畏死，人之常情，诚有诏贷以不死，臣将何辞。"乃先遣其臣阮代之、何惟岩等随立道上表谢罪，修岁贡之礼如初，且言所以愿朝之意。廷臣有害其功者，以为必先朝而后赦。日烜惧，卒不敢至，议者惜之。

二十八年，遣立道奉使按行两浙，寻以为四川南道宣慰使，迁陕西汉中道肃政廉访使。三十年，皇曾孙松山封梁王，出镇云南。大德二年，廷议求旧臣可为梁王辅行者，立道遂以陕西行台侍御史拜云南行省参政。视事期月，卒于官。

立道凡三使安南，官云南最久，颇得土人之心，为之立祠于鄯善城西。立道所著诗文，有《效古集》、《平蜀总论》、《安南录》、《云南风土记》、《六诏通说》若干卷。子元，云南行省左右司郎中。

张庭珍 庭瑞

张庭珍，字国宝，临潢全州人。父楫，金商州南仓使。岁壬辰，籍其民数千来降，太宗命监榷北京等路赋课，俄改北京都转运使，因家北京。岁辛亥，宪宗即位，以庭珍为必阇赤。高丽不请命，擅徙居海中江华岛，遣庭珍往问之。其王言："臣事本朝未尝不谨，而大军岁入侵掠，避而走险，不得已也。"且赂庭珍金银数千两。庭珍却之而归，以状闻。帝为禁戍兵无擅入其地，高丽以安。帝伐宋，至阆州，授安抚使。

世祖即位，自将北伐，以庭珍熟知西京入漠南路，遣立沙井诸驿，兼给粮运，俄授同佥土蕃经略使。至元六年，安南入贡不时，以庭珍为朝列大夫、安南国达鲁花赤，佩金符，由吐蕃、大理诸蛮至于安南。世子光昞立受昭，庭珍责之曰："皇帝不欲以汝土地为郡县，而听汝称藩，遣使喻旨，德至厚也。王犹与宋为唇齿，妄自尊大。今百万之师围襄阳，拔在旦夕，席卷渡江，则宋亡矣，王将何恃？且云南之兵不两月可至汝境，覆汝宗祀有不难者，其审谋之。"光昞惶恐，下拜受诏，既而语庭珍曰："圣天子怜我，而使者来多无礼，汝官朝列，我王也，相与抗礼，古有之乎？"庭珍曰："有之。王人虽微，序于诸侯之上。"光昞曰："汝过益州，见云南王拜否？"庭珍曰："云南王，天子之子，汝蛮夷小邦，特假以王号，岂得比云南王？况天子命我为安南之长，位居汝上耶！"光昞曰："既称大国，何索吾犀象？"庭珍曰："贡献方物，藩臣职也。"光昞无以对，益惭愤，使卫兵露刃环立以恐庭珍。庭珍解所佩弓刀，坦卧室中曰："听汝何为！"光昞及群下皆服。明年，遣使随庭珍入贡。庭珍见帝，以所对光昞之言闻，帝大悦，命付翰林承旨王磐纪之。

授襄阳行省郎中。与阿里海牙从数骑抵襄阳南门，呼宋将吕文焕语曰："我师所攻，无不取者，汝孤城路绝，外无一兵之援，而欲以死守求空名，如阖郡之人何！汝宜早图之。"文焕帐前将田世英、曹彪执其总管武荣来降，文焕益孤，明日，遣黑杨都统来议纳款。将遣之还报，庭珍曰："彼来，或以计觇我，未能必其果降。此人吕氏腹心，不如留之，以伐其谋。"元帅阿术然之，乃留不遣。又明日，文焕举城降。以功迁中顺大夫、遥授知归德府行枢密院经历。诸军南渡，复为行省郎中，俄授金虎符、襄阳总管，兼府尹，改郢、复二州达鲁花赤。宋平，迁平江路达鲁花赤，改同知浙东宣慰使司事。未行，拜大司农卿。连居亲忧，起复南京路总管，兼开封府尹。开封有控鹤军士十余人，赁大宅聚居，纵横街陌。庭珍始至，察其必为盗，急捕之，得宝玩、器服、子女满室，穷索其党，俱杀之，民以为神。河决，灌太康，漂溺千里，庭珍括商人渔子船及缚木为筏，载糗粮四出救之，全活甚众。水入善利门，庭珍亲督夫运薪土捍之，不能止，乃颓城为堰。水既退，即发民增外防百三十里，人免水忧。俄卒于官。

庭珍性清慎，丞相伯颜尝语人曰："诸将渡江，无不荒贪，唯我与国宝始终自守。"闻者以为知言。弟庭瑞。

庭瑞字天表，幼以功业自许，兵法、地志、星历、卜筮无不推究，以宿卫从宪宗伐蜀为先锋。中统二年，授元帅府参议，留戍青居。诸军攻开州、达州，庭瑞将兵筑城虎啸山，扼二州路。宋将夏贵以师数万围之，城当炮，皆穿，筑栅守之，栅坏，乃依大树张牛马皮以拒炮。贵以城中人饮于涧，外绝其水。庭瑞取人畜溲沸煮之，泻土中以泄臭，人日饮数合，唇皆疮裂。坚守逾月，援兵不敢进。庭瑞度宋兵稍懈，三分其兵，夜劫贵营，宋兵惊溃，杀都统栾俊、雍贵、胡世雄等五人，斩千余级，庭瑞亦被伤数处。以功授奉议大夫、知高唐州，改濮州尹，迁陕西四川道按察副使。政过于猛，上官弗便，陷以罪，徙四川屯田经略副使。东西川行枢密院发兵围重庆，朝廷知庭瑞练习军事，换成都总管，佩虎符，舟楫兵仗粮储皆倚以办。

蜀平，升诸蛮夷部宣慰使，甚得蛮夷心。碉门羌与妇人老幼入市，争价杀人，碉门鱼通司系其人。羌酋怒，断绳桥，谋入劫之。鱼通司来告急，左丞汪惟正问计，庭瑞曰："羌俗暴悍，以斗杀为勇。今如蜂毒一人，而即以门墙之寇待之，不可。宜遣使往谕祸福，彼悟，当自回矣。"惟正曰："使者无过于君。"遂从数骑，抵羌界。羌陈兵以待，庭瑞进前语之曰："杀人偿死，羌与中国之法同，有司系诸人，欲以为见证耳。而汝即肆无礼，如行省闻于朝，召近郡兵，空汝巢穴矣。"其酋长弃枪弩罗拜曰："我近者生裂羊脾卜之，视肉之文理何如，则吉其兆，曰：'有白马将军来，可不劳兵而罢。'今公马果白，敢不从命。"乃论杀人者，余尽纵遣之。遂与约，自今交市者，以碉门为界，无相出入。官买蜀茶，增价鬻于羌，人以为患。庭瑞更变引法，使每引纳二缗，而付文券与民，听其自市于羌，羌、蜀便之。先时，运粮由杨山溯江，往往覆陷，庭瑞始立屯田，人得免患。都掌蛮叛，蛮善飞枪，联松枝为牌自蔽，行省命庭瑞讨之。庭瑞所射矢，出其牌半竿，蛮惊曰："何物弓矢如此之力！"即请服。惟斩其酋德兰酉等十余人，而招复其余民。

授叙州等处蛮夷部宣抚使，改潭州路总管。时湖广省臣方剥民为功，庭瑞知不可拒，乃辞归关中。三年，思成都，遂从汉中分家奴往居焉。以疾卒。

庭瑞初屯青居，其土多橘，时中州艰得蜀药，其价倍常。庭瑞课闲卒，日入橘皮若干升储之，人莫晓也。贾人有丧其资不能归者，人给橘皮一石，得钱以济，莫不感之。家有爱妾，一日见老人与之语，乃其父也，妾以告庭瑞。召视之，其貌甚似，问："欲得汝女归耶？"其人以为幸侍左右，非敢求与归。庭瑞曰："汝女居吾家，不过群婢，归嫁则良人矣。"尽取奁装书券还之，时人以为难。

张　惠

张惠，字廷杰，成都新繁人，宋尚书右仆射商英之裔孙也。其先徙居青河，后徙蜀。岁丙申，惠年十四，兵入蜀，被俘至杭海。居数年，尽通诸国语，丞相蒙速速爱而荐之，入侍世祖藩邸。以谨敏称，赐名兀鲁忽讷特。世祖即位，授燕京宣慰副使。为政宽简，奏免分数钱，罢硝碱局。俄迁侍中。至元元年冬，拜参知政事，行省山东。以银赎俘囚二百余家为民，其不能归者，使为僧，建寺居之。李璮之乱，山东民被军士虏掠者甚众，惠至，大括军中，悉纵之。又奏选良吏，去冗官，以苏民瘼。迁制国用司副使。会改制国用司为尚书省，拜参知政事，迁中书左丞，进右丞。伯颜帅师伐宋，十二年夏，诏惠主其馈饷，凡江淮钱谷皆领之。十三年春，宋降，伯颜命惠与参知政事阿剌罕等入城，按阅府库版籍，收其太庙及景灵宫礼乐器物、册宝、郊天仪仗。籍江南民为工匠凡三十万户，惠选有艺业者仅十余万户，余悉奏还为民。伯颜以宋主北还，俾惠居守。惠不待命，辄启府库封钥，伯颜以闻，诏左丞相阿术、平章政事阿塔海诘之，征还京师。二十年，拜荣禄大夫、平章政事，行省扬州。二十二年，入朝，复命以平章政事行省杭州。至无锡卒，年六十二。惠所至有能声，及老，颇以沉浮取讥。子遵诲。

刘好礼

刘好礼，字敬之，汴梁祥符人。父仲泽，金大理评事，遥授同知许州，徙家保定之完州。好礼幼有志，知读书，通国言，宪宗时廉访府辟为参议。岁乙卯，改永兴府达鲁花赤。至元元年，以侍仪廉希逸荐召见，言举人材数事，称旨。五年，应诏建言："凡有司奏请，宜先启皇太子，俾得阅习庶政，以为社稷生民之福。陕西重地，宜封皇子诸王以镇之。创筑都城，宜给直以市民地。选格不宜以中统三年为限，后是者不录。"帝是其言，敕中书施行。七年，迁益兰州等五部断事官，以比古之都护，治益兰。其地距京师九千余里，民俗不知陶冶，水无舟航。好礼请工匠于朝，以教其民，迄今称便。或言榷盐酒可以佐经费，好礼曰："朝廷设官要荒，务以绥远，宁欲夺其利耶！"言者惭服。

十年，北方诸王叛，执好礼军中，几死，其大将以好礼善应对，释之。十六年春，叛王召好礼至欠欠州曰："皇帝疑我，致有今日。"好礼曰："不疑。果疑王，召王至京师，肯还之耶？"十七年春，好礼率众走别部，守厄以待兵至。遇叛王军，迫好礼西逾雪岭岭。好礼自度，逾是则无望其还，遂以衣服赂叛王千户，始获东出铁壁山口，间道南走数日，从者继至且千人。中道粮绝，捕猎以为食。七月，至菊海，始与戍兵接，得乘传至昌州。入见，帝赐之食与钞。十八年，授嘉议大夫、澧州路总管。十九年，入为刑部尚书，俄改礼部，又改吏部。好礼建言中书："象力最巨，上往还两都，乘舆象驾，万一有变，从者虽多，力何能及。"未几，象惊，几伤从者。二十一年，出为北京路总管。再入为户部尚书。二十五年六月，卒，年六十二。

子聂，为河西陇右道肃政廉访使。

王国昌

王国昌，胶州高密人。初为胶州千户，中统元年，入觐，世祖察其能，迁左武卫亲军千户，佩金符，召问军旅之事，国昌奏对甚悉，帝嘉之，赐白金、锦袍。至元五年，人有上书言高丽境内黑山海道至宋境为近，帝命国昌往视之。泛海千余里，风涛汹涌，从者恐，劝还，国昌神色自若，徐曰："奉天子威命，未毕事而遽返，可乎？"遂至黑山乃还，帝延见慰劳。而东夷皆内属，惟日本不受正朔，帝知隋时曾与中国通，遣使谕以威德，令国昌率兵护送，道经高丽。时高丽有叛臣据珍岛城，帝因命国昌与经略使印突、史枢等攻拔之。八年，复遣使入日本，乃命国昌屯于高丽之义安郡以为援。冬十月，卒于军。子通嗣。

通，初袭爵为左卫亲军千户，十二年，从诸军伐宋，渡江，镇鄂州。时潭州不下，兵薄其城，通以所将千人破其栅，宋兵遁去，通纵兵追击，杀获甚众，以功进武节将军。从攻静江，下之。十四年，改侍卫亲军千户。明年，通上书，言今南方已定，而北陲未安，请屯田于和林，率所部自效，帝慰劳遣之。从破敌兵于金山，俘获生口及马羊牛驼不可胜计，进显武将军，赐金虎符，升佥左卫亲军都指挥使。从讨叛王乃颜，迁副都指挥使。明年，屯田瓜、沙诸州，进阶明威将军。武宗即位，命总京城卫兵。枢密院复奏通摄左丞，领诸卫屯田兵。寻迁屯储卫亲军都指挥使，镇海口。以疾卒。

子燕出不花，袭武德将军、左卫亲军副都指挥使。

姜　彧

姜彧，字文卿，莱州莱阳人也。父椿，避乱往依济南张荣，因家焉。彧幼颖悟好学，荣守济南，辟为掾，升左右司知事，寻迁郎中，进参议官。中统二年，彧与荣孙宏入朝，因言益都李璮反状已露，宜先其未发制之，未报。明年春，璮果反。时诸郡不为兵备，璮即袭据济南。彧弃家从荣，招集散亡。迎诸王哈必赤进兵讨之。秋七月，捕得生口，言城中粮尽势蹙，彧乃昏夜请见王曰："闻王陛辞时，面受诏曰：'发兵诛璮耳，毋及无辜。'今旦夕城且破，王宜早谕诸将分守城门，勿令纵兵，不然城中无噍类矣。"王曰："汝言城破，解阴阳耶？"彧曰："以人事知之，若待城破言于王，晚矣。"王悟。明日，贼众开门出降，王下令诸军，敢入城者论以军法，璮就擒，城中按堵如故。彧以功授大都督府参议，改知滨州。时行营军士多占民田为牧地，纵牛马坏民禾稼桑枣，彧言于中书，遣官分画疆畔，捕其强猾不法者置之法。乃课民种桑，岁余，新桑遍野，人名为太守桑。及迁东平府判官，民遮请留，马为之不行。至元五年，召拜治书侍御史，出为河北河南道提刑按察使，赐金虎符，改信州路总管。后累迁陕西汉中、河东山西道提刑按察使，拜行台御史中丞。后以老病归济南，寻擢燕南河北道提刑按察使。三十年二月，以疾卒，年七十六。子迪吉。

张　础

张础，字可用，其先渤海人，金末，曾祖琛徙燕之通州。祖伯达，从忽都忽那颜略地燕、蓟，金守蒲察七斤以城降。忽都忽承制以伯达为通州节度判官，遂知通州。父范，为真定劝农官，因家焉。础业儒，丙辰岁，平章廉希宪荐于世祖潜邸。时真定为诸王阿里不哥分地，阿里不哥以础不附己，衔之，遣使言于世祖曰："张础，我分地中人，当以归我。"世祖命使者复曰："兄弟至亲，宁有彼此之间，且我方有事于宋，如础者，实所倚任，待天下平定，当遣还也。"己未，从世祖伐宋，凡征发军旅文檄，悉出其手。中统元年，立中书省，以础权左右司事，寻出为彰德路拘榷官，复入为三部员外郎，赐金符，为平阳路同知转运使，改知献州，同知东平府事，又改知威州。有妇人乘驴过市者，投下官暗赤之奴引鸣镝射妇人坠地，奴匿暗赤家。础将以其事闻，暗赤惧，乃出其奴，论如法。至元十四年，立诸道提刑按察司，以础为江南浙西道提刑按察副使，佩金符。宣慰使失里贪暴，掠良民为奴，础劾黜之。遂安县民聚众负险为乱，命础与同知浙西道宣慰使刘宣领兵捕之。宣即欲进兵，础曰："江南新附，守吏或失抚字，宜遣人招谕，以全众命。"宣不可，础曰："谕之不来，加诛未晚。"遂遣人谕之，逆党果自缚请罪，础释之，宣乃叹服。迁岭南广西道提刑按察使。广西宣慰使也里脱强夺民财，础按其罪。迁岭北湖南道提刑按察副使，授宾州路总管，不赴，拜国子祭酒，寻出为安丰路总管。三十一年，卒于官，年六十三。赠昭文馆大学士、正奉大夫，封清河郡公，谥文敏。子淑，卫辉路推官。

吕　彧

吕彧字，伯充，河内人。七世祖公绪，与宋丞相公著为从昆弟。祖庭，金末避乱，去乡里。父佑，归附，初隶兵籍，转徙北郡，复至关中，家焉。廉希宪宣抚京兆，聘许衡教授生徒，彧从衡学。衡为国子祭酒，举彧为伴读，辅成教养，彧之功为多。至元十三年，擢陕西道按察司知事。未行，会宋降者言襄、汉新附，民情未安，有吕子开者，向为襄阳制置司参谋官，今退居鄂，其人悉知宋事，宜征用之，朝廷议遣使而难其人。或言子开旧名伟，金乱入宋，更名文蔚，字子开，于彧为从叔父，宜遣彧行。时江淮兵犹未戢，彧闻之，慨然请行。子开既入觐，陈安抚襄、汉便宜，诏以子开为翰林直学士，辞不就。十四年，授彧四川行枢密院都事。时宋制置使张珏守重庆，安抚使王立守合州，诏枢府分兵取之。李德辉行西院事于成都，获立侦卒张郃等数人，将杀之，彧曰："彼不即降者，以昔尝抗命，城降惧诛耳。今宜释郃等，俾归谕立。"未几，立果遣郃等赍蜡书至成都，德辉请与东院同受降。后期不至，德辉承制授立仍为安抚使，知合州，开仓赈民，禁戢剽掠。而泸、叙、崇庆、思、播、夔、万等郡闻之，相继送款。巴、黔民感彧与德辉之惠，并祠事之。东院耻其无功，诬德辉越境邀功，械立于长安狱，将诛之。彧适以事至京师，言于许衡。衡白留守贺仁杰，遂奏释立，赐金虎符，仍旧官。彧亦以平定四川功，诏赐金织衣、弓刀、鞍勒、白金，升奉训大夫、四川行省左右司郎中。十九年，调同知顺庆路总管府事，以疾辞。二十年，征为国子司业，以未终丧辞。三十年，改华州知州，劝农兴学，具有成效，及代，民争留之。

大德中，河东、关陇地震，月余不止，彧与集贤学士萧𣂏，各设问答数千言，以究其理，且移书庙堂，陈救灾弭患之道。仁宗即位，召拜翰林侍读学士。时方议行科举，彧曰："经明行修，质而少华，非惟士有实学，国家当得真才，以登治平。"未几致仕。延祐元年，遣使给驿送还关中。十二月，以疾卒，年七十八。赠陕西行省参知政事，追封东平郡公，谥文穆。

子三人：杲、果、桢，皆显仕。孙鲁，济宁路总管。

谭资荣

谭资荣，字茂卿，德兴怀来人。敦厚寡言，颇知读书，仕金为县令。岁己卯，河朔归版图，资荣率众款附，主帅稔闻其名，即日以金符授元帅左都监，为县令如故。后从征，以功赐金虎符，升行元帅府事，复以其弟资用代充元帅左监军。岁壬辰，资荣从攻汴梁有功。既而举资用自代，退而耕田读书，以为逸老计，时年四十。子二人：曰澄，曰山阜。

澄好读书，又习国语，为监县，多善政。世祖在潜邸时，澄入见，世祖嘉其容止安详，留居藩府，称其官而不名，以其弟山阜代为县。遣迩臣出使，必以澄偕。中统元年，制书褒美，以为怀孟路总管。明年，入觐，赐金符。四年，易虎符。居官时，讼至立决，教民力田务本。历彰德同知，迁河南路总管，兼府尹。明年，奔父丧。中书不听其终制，奏起复莅职。后历司农少卿，迁陕西四川提刑按察使。逾年，西南夷罗罗斯内附，帝以澄文武兼资，可使镇抚新国，以为副都元帅、同知宣慰使司事。至其境，谕之曰："皇元一视同仁，不间远近，特置大帅，安集招怀，以捍外侮，非利征求于汝也。"夷人大悦。寻以疾卒。

子克修，事裕宗于东宫，出为江南湖北、河北河南、陕西汉中三道提刑按察使。孙男三人：曰忠，曰质，曰文。

王　恽

王恽，字仲谋，卫州汲县人。曾祖经。祖宇，仕金，官敦武校尉。父天铎，金正大初，以律学中首选，仕至户部主事。恽有材干，操履端方，好学善属文，与东鲁王博文、渤海王旭齐名。史天泽将兵攻宋，过卫，一见接以宾礼。中统元年，左丞姚枢宣抚东平，辟为详议官。时省部初建，令诸路各上儒吏之能理财者一人，恽以选至京师，上书论时政，与渤海周正并擢为中书省详定官。二年春，转翰林修撰、同知制诰，兼国史院编修官，寻兼中书省左右司都事。治钱谷，擢材能，议典礼，考制度，咸究所长，同僚服之。

至元五年，建御史台，首拜监察御史，知无不言，论列凡百五十余章。时都水刘晸交结权势，任用颇专，陷没官粮四十余万石，恽劾之，暴其奸利，权贵侧目。又言："晸监修太庙毕功，特转官锡赏，今才数年，梁柱摧朽，事涉不敬，宜论如法。"晸竟以忧卒。秩满，陈天祐、雷膺交荐于朝。九年，授承直郎、平阳路总管府判官。初，绛之太平县民有陈氏者杀其兄，行赂缓狱，蔓引逮系者三百余人，至五年不决。朝廷委恽鞫之，一讯即得其实，乃尽出所逮系者。时绛久旱，一夕大雨。十三年，奉命试儒人于河南。十四年，除翰林待制，拜朝列大夫、河南北道提刑按察副使，寻改置诸道制下，迁燕南河北道，按部诸郡，赃吏多所罢黜。十八年，拜中议大夫、行御史台治书侍御史，不赴。

裕宗在东宫，恽进《承华事略》，其目曰广孝、立爱、端本、进学、择术、谨习、听政、达聪、抚军、崇儒、亲贤、去邪、纳诲、几谏、从谏、推恩、尚俭、戒逸、知贤、审官，凡二十篇。裕宗览之，至汉成帝不绝驰道，唐肃宗改服绛纱为朱明服，心甚喜，曰："我若遇是礼，亦当如是。"又至邢峙止齐太子食邪蒿，顾侍臣曰："一菜之名，遽能邪人耶？"詹事丞张九思从旁对曰："正臣防微，理固当然。"太子善其说，赐酒慰喻之。令诸皇孙传观，称其书弘益居多。

十九年春，改山东东西道提刑按察副使，在官一年，以疾还卫。二十二年春，以左司郎中召。时右丞卢世荣以聚敛进用，屡趣之不赴。或问其故，恽曰："力小任大，剥众利己，未闻能全者。远之尚恐见浼，况可近乎！"既而果败，众服其识。二十六年，授少中大夫、福建闽海道提刑按察使。黜官吏贪污不法者凡数十人；察系囚之冤滞者，决而遣之；戒戍兵无得寓民家，而创营屋以居之。每谓为治之本在于得人，乃进言于朝曰："福建所辖郡县五十余，连山距海，实为边徼重地。而民情轻诡，由平定以来官吏贪残，故山寇往往啸聚，愚民因而蚁附，剽掠村落，官兵致讨，复蹂践之甚，非朝廷一视同仁之意也。今虽不能一一择任守令，而行省官僚如平章、左丞尚缺，宜特选清望素著、简在帝心、文足以抚绥黎庶、武足以折冲外侮者，使镇静之，庶几治安可期矣。"时行省讨剧贼钟明亮无功，恽复条陈利害曰："福建归附之民户几百万，黄华一变，十去四五。今剧贼猖獗，又酷于华，其可以寻常草窃视之？况其地有溪山之险，东击西走，出没难测，招之不降，攻之不克，宜选精兵，申明号令，专命重臣节制，以计讨之，使彼势穷力竭，庶可取也。"

二十八年，召至京师。二十九年春，见帝于柳林行宫，遂上万言书，极陈时政。授翰林学士、嘉议大夫。成宗即位，献《守成事鉴》一十五篇，所论悉本诸经旨。元贞元年，加通议大夫、知制诰同修国史，奉旨纂修《世祖实录》，因集《圣训》六卷上之。大德元年，进中奉大夫。二年，赐钞万贯。乞致仕，不许。五年，再上章求退，遂授其子公孺为卫州推官，以便养，仍官其孙笴秘书郎。大德八年六月卒。赠翰林学士承旨、资善大夫，追封太原郡公，谥文定。其著述有《相鉴》五十卷、《汲郡志》十五卷、《承华事略》、《中堂事记》、《乌台笔补》、《玉堂嘉话》，并杂著诗文，合为一百卷。

卷一百六十八　　列传第五十五

陈　祐 天祥

陈祐，一名天祐，字庆甫，赵州宁晋人，世业农。祖忠，博究经史，乡党皆尊而师之，既殁，门人谥曰茂行先生。祐少好学，家贫，母张氏尝剪发易书使读之，长遂博通经史。时诸王得自辟官属，岁癸丑，穆王府署祐为其府尚书，赐其父母银十铤、锦衣一袭。王既分土于陕、洛，表祐为河南府总管。下车之日，首礼金季名士李国维、杨杲、李微、薛玄，咨访治道，商议古今，奏免征西军数百家及椒竹诸税、粮料等钱，又上便民二十余事，朝廷皆从之。世祖即位，分陕、洛为河南西路。中统元年，真除祐为总管。时州县官以未给俸，多贪暴，祐独以清慎见称，在官八年，如始至之日。至元二年，调官法行，改南京路治中。适东方大蝗，徐、邳尤甚，责捕至急。祐部民丁数万人至其地，谓左右曰："捕蝗虑其伤稼也，今蝗虽盛，而谷已熟，不如令早刈之，庶力省而有得。"或以事涉专擅，不可，祐曰："救民获罪，亦所甘心。"即谕之使散去，两州之民皆赖焉。三年，朝廷以祐降官无名，乃赐虎符，授嘉议大夫、卫辉路总管。卫当四方之冲，号为难治，祐申明法令，创立孔子庙，修比干墓，且请于朝著于祀典。及去官，民为立碑颂德。尝上书世祖，言树太平之本有三：一曰太子国本，建立宜早；二曰中书政本，责成宜专；三曰人材治本，选举宜审。事虽未能尽行，时论称之。

六年，置提刑按察司，首以祐为山东东西道提刑按察使。时中书、尚书二省并立，世祖厌其烦，欲合为一，集大臣杂议之，祐还朝，特命预其议。阿合马为尚书平章政事，欲奏升中书右丞相安童为太师，因罢中书省，惧祐有异议，许进祐为尚书参知政事以啖之。及入议，祐极言中书政本，祖宗所立，不可罢；三公古官，今徒存其虚位，未须设。事遂罢。阿合马怒其忤己，除祐佥中兴等路行尚书省事。西京隶永昌王府，其达鲁花赤及总管为人诬构，家各百余口，王欲悉致之法，祐力辨其冤。王怒甚，祐执议弥固，王亦寻悟，二人皆获免，持祐泣曰："公再生父母也。"

朝廷大举伐宋，遣祐签军，山东民多逃匿，闻祐来，皆曰："陈按察来，必无私。"遂皆出，应期而办。十三年，授南京总管，兼开封府尹。吏多震慑失措，祐因谓曰："何必若是！前为盗跖，今为颜子，吾以颜子待之；前为颜子，今为盗跖，吾以盗跖待之。"由是吏知修饬，不敢弄法。许、蔡间有巨盗，聚众劫掠，祐捕之急，逃入宋境；宋亡，随制置夏贵过汴，祐斥下马，挝杀之于市，民间帖然。十四年，迁浙东道宣慰使。时江南初附，军士俘虏温、台民男女数千口，祐悉夺还之。未几，行省榷民商酒税，祐请曰："兵火之余，伤残之民，宜从宽恤。"不报。遣祐检覆庆元、台州民田。及还至新昌，值玉山乡盗，仓猝不及为备，遂遇害，年五十六。诏赠推忠秉义全节功臣、江浙等处行中书省左丞，追封河南郡公，谥忠定。父老请留葬会稽，不得，乃立祠祀之。祐能诗文，有《节齐集》。

子夔，芍陂屯田万户，初在扬州，闻祐遇盗死，泣请于行省，愿复父雠，擒其贼魁，戮于绍兴市。皋，昌国州知州。爽，侍仪司通事舍人。孙思鲁，袭芍陂屯田万户。思谦，湖广行省参知政事。弟天祥。

天祥字吉甫，因兄祐仕河南，自宁晋徙家洛阳。天祥少隶军籍，善骑射。中统三年，李璮叛据济南，结宋为外援，河北河南宣慰司承制以天祥为千户，屯三汊口，防遏宋兵。事平罢归，居偃师南山，有田百余亩，躬耕读书，从之游者甚众。其居近缑氏山，因号曰缑山先生。初，天祥未知学，祐未之奇也，别去数岁，献所为诗于祐，祐疑假手它人，及与语，出入经史，谈辨该博，乃大称异。

至元十一年，起家从仕郎、郢复州等处招讨司经历，从国兵渡江，因论军中事，深为行省参政贾居贞所器重。十三年，兴国军以籍兵器致乱，行省命天祥权知本军事。天祥领军士才十人，入其境，去城近百里，止二日乃至城中，父老来谒，天祥谕之曰："捍卫乡井，诚不可无兵，任事者籍之过当，故致乱尔。今令汝辈权置兵仗以自卫，何如？"民皆称便。乃条陈其事于行省曰："镇遏奸邪，当实根本，若内无备御之资，则外生窥觎之衅，此理势必然者也。推此军变乱之故，正由当时处置失宜，疏于外而急于内。凡在军中者，寸铁尺杖不得在手，遂使奸人得以窃发，公私同被其害。今军中再经残破，单弱至此，若犹相防而不相保信，岂惟外寇可忧，第恐舟中之人皆敌国矣。莫若布推赤心于人，使戮力同心，与均祸福，人则我之人，兵则我之兵，靖乱止奸，无施不可。惟冀少加优容，然后责其必成之效。"行省许以从便处置。天祥凡所设施，皆合众望，由是流移复业，以至邻郡之民来归者相继，伐茅斩木，结屋以居。天祥命以十家为甲，十甲有长，弛兵禁以从民便。人心既安，军势稍振，用土兵收李必聪山寨，不戮一人。他寨闻之，各自散去，境内悉平。时州县官吏未有俸禄，天祥从便规措而月给之，以止其贪，民用弗扰。邻邑分宁为变，谍者时至，吏请捕之，天祥曰："彼以官吏贪暴故叛，今我一军三县，官无侵渔，民乐其业，使之归告其党，则谍者反为我用矣。"遂一无所问。及败，逃入兴国境者数千人，天祥命验口给粮，仍戒土人勿侵陵。事定，皆得保全而归，莫不服其威信。

居岁余，诏改本军为路，有代天祥为总管者，务变更旧政，治隐匿兵者甚急，天祥去未久而兴国复变，邻郡寿昌府及大江南北诸城邑，多乘势杀守将以应之。时方改行省为宣慰司，参政忽都帖木儿、贾居贞，万户郑鼎臣为宣慰使。鼎臣帅兵讨之，至樊口，兵败死。黄州遂声言攻阳罗堡，鄂州大震。时忽都帖木儿恇怯不敢出兵，天祥言于居贞曰："阳罗堡依山为垒，素有严备，彼若来攻，我之利也。且南人浮躁，轻进易退，官军凭高据险，而区区乌合之众，与之相敌，不二三日，死伤必多，遁逃者十八九，我出精兵以击之，惟疾走者乃始得脱。乘此一胜，则大势已定。然后取黄州、寿昌，如摧枯拉朽耳。"居贞深然之，而忽都帖木儿意犹未决。闻至阳罗堡，居贞力趣之，乃引兵宿于青山，明日，大败其众，皆如天祥所料。

初，行省闻变，尽执鄂州城中南人将杀之，以防内应，居贞救之不能得，天祥曰："是州之人，与彼势本不相接，欲杀之者，利其财耳。"力止之，至是被执者皆纵去。复遣天祥权知寿昌府事，授兵二百余人。为乱者闻官军至，皆弃城依险而自保。天祥以众寡不敌，非可以力服，乃遣谕其徒使各归田里，惟生擒其长毛遇顺、周监斩于鄂州市。得金二百两，询知为鄂州贾人之物，召而还之。其党王宗一等十三人继亦就擒，以冬至日放令还家，约三日来归狱，皆如期而至，白宣慰司尽纵之，由是无复叛者，百姓为立生祠。

二十一年三月，拜监察御史。会右丞卢世荣以掊克聚敛骤升执政，权倾一时。御史中丞崔彧言之，帝怒，欲致之法，世荣势焰益张。左司郎中周戭因议事微有可否，世荣诬以沮法，奏令杖一百，然后斩之，于是臣僚震慑，无敢言者。二十二年四月，天祥上疏，极言世荣奸恶，其略曰：

卢世荣素无文艺，亦无武功，惟以商贩所获之赀，趋附权臣，营求入仕，舆赃辇贿，输送权门，所献不充，又别立欠少文券银一千锭，由白身擢江西榷茶转运使。于其任，专务贪饕，所犯赃私，动以万计。其隐秘者固难悉举，惟发露者乃可明言，凡其掊取于人及所盗官物，略计：钞以锭计者二万五千一百一十九，金以锭计者二十五，银以锭计者一百六十八，茶以引计者一万二千四百五十有八，马以匹计者十五，玉器七事，其余繁杂物件称是。已经追纳及未纳见追者，人所共知。今竟不悔前非，狂悖愈甚，以苛刻为自安之策，以诛求为干进之门，既怀无餍之心，广畜攘掊之计，而又身当要路，手握重权，虽位在丞相之下，朝省大政，实得专之。是犹以盗跖而掌阿衡之任，不止流殃于当代，亦恐取笑于将来。朝廷信其虚诳之说，俾居相位，名为试验，实授正权。校其所能，败阙如此；考其所行，毫发无称。此皆既往之真迹，可谓已试之明验。若谓必须再试，止可叙以他官，宰相之权，岂宜轻授。夫宰天下，譬犹制锦。初欲验其能否，先当试以布帛，如无能效，所损或轻。今捐相位以试验贤愚，犹舍美锦以校量工拙，脱致隳坏，悔将何追！

国家之与百姓，上下如同一身，民乃国之血气，国乃民之肤体。血气充实则肤体康强，血气损伤则肤体羸病。未有耗其血气能使肤体丰荣者。是故民富则国富，民贫则国贫，民安则国安，民困则国困，其理然也。昔鲁哀公欲重敛于民，问于有若，对曰："百姓足，君孰与不足；百姓不足，君孰与足？"以此推之，民必须赋轻而后足，国必待民足而后丰。《书》曰："民为邦本，本固邦宁。"历考前代，因百姓富安以致乱，百姓困穷以致治，自有天地以来，未之闻也。夫财者，土地所生，民力所集，天地之间岁有常数，惟其取之有节，故其用之不乏。今世荣欲以一岁之期，将致十年之积；危万民之命，易一世之荣；广邀增羡之功，不恤颠连之患；期锱铢之诛取，诱上下以交征。视民如雠，为国敛怨。果欲不为国家之远虑，惟取速效于目前，肆意诛求，何所不得。然其生财之本既已不存，敛财之方复何所赖？将见民间由此凋耗，天下由此空虚，安危利害之机，殆有不可胜言者。

计其任事以来，百有余日，验其事迹，备有显明。今取其所行与所言而已不相副者，略举数端：始言能令钞法如旧，钞今愈虚；始言能令百物自贱，物今愈贵；始言课程增添三百万锭，不取于民而办，今却迫胁诸路官司增数包认；始言能令民快乐，凡今所为，无非败法扰民者。若不早有更张，须其自败，正犹蠹虽除去，木病亦深，始嫌曲突徙薪，终见焦头烂额，事至于此，救将何及？臣亦知阿附权要则荣宠可期，违忤重臣则祸患难测，缄默自固，亦岂不能！正以事在国家，关系不浅，忧深虑切，不得无言。

世祖闻其语，遣使召天祥与世荣，俱至上都面质之。既至，即日有内官传旨，缚世荣于宫门外。明日入对，天祥于帝前再举其所言与未及尽言者，帝皆称善，世荣遂伏诛。五月，朝廷录天祥从军渡江及平兴国、寿昌之功，进秩五品，擢吏部郎中。二十三年四月，除治书侍御史。六月，命理算湖北湖南行省钱粮。天祥至鄂州，即上疏劾平章岳束木凶暴不法。时桑哥窃国柄，与岳束木姻党，为其爪牙羽翼，诬天祥以罪，欲致之死，系狱几四百日。二十五年春正月，遇赦得释。二十八年，擢行台侍御史。未几，以疾辞归。三十年，授燕南河北道廉访使。

元贞元年，改山东西道廉访使。时盗贼群起，山东居多，诏求弭盗方略。天祥上奏曰："古者盗贼之起，各有所因，除岁凶饥馑，诿之天时，宜且勿论。他如军旅不息，工役荐兴，聚敛无厌，刑法紊乱之类，此皆群盗所起之因。中间保护存恤长养之者，赦令是也。赦者，小人之幸，君子之不幸。一岁再赦，善人喑哑，前人言之备矣。彼强梁之徒，各执兵杖，杀人取后，不顾其生，有司尽力以擒之，朝廷加恩以释之。旦脱缧囚，暮即行劫，又复督勒有司，结限追捕。贼皆经惯，习以为常，既不感恩，又不畏法，凶残悖逆，性已顽定。诚非善化能移，惟以严刑可制。"所拟事条，皆切于时用。于是严督有司，捕得盗贼甚众，皆杖杀之。其亡入他境者，揣知所向，选捕盗官及弓兵，密授方略，示以赏罚，使追捕之，南至汉、江，二千余里，悉皆就擒，无得免者。由是东方群盗屏息。平阴县女子刘金莲，假妖术以惑众，所至官为建立神堂，愚民皆奔走奉事之，天祥谓同僚曰："此妇以神怪惑众，声势如此，若复有狡猾之人辅翼之，仿汉张角、晋孙恩之为，必成大害。"遂命捕系而杖于市，自此神圣屏息。天祥言山东宣慰司官冗宜罢，因劾奏其使贪暴不法，事格不行，遂以任满辞去。

大德三年六月，迁河北河南廉访使，以疾不起。人有冤抑，往往就天祥家求直，天祥以不在其位，却去之。六年，升江南行台御史中丞，上章论征西南夷事，曰：

兵有不得已而不已者，亦有得已而不已者。惟能得已则已，可使兵力永强，以备不得已而不已之用，是之谓善用兵者也。去岁，行省右丞刘深远征八百媳妇国，此乃得已而不已之兵也。彼荒裔小邦，远在云南之西南又数千里，其地为僻陋无用之地，人皆顽愚无知。取之不足以为利，不取不足以为害。深欺上罔下，帅兵伐之，经过八番，纵横自恣，恃其威力，虐害居民，中途变生，所在皆叛。深既不能制乱，反为乱众所制，军中乏粮，人自相食，计穷势蹙，仓黄退走，土兵随击，以致大败。深弃众奔逃，仅以身免，丧兵十八九，弃地千余里。朝廷再发陕西、河南、江西、湖广四省诸军，使刘二霸都总督，以图收复叛地。湖北、湖南大起丁夫，运送军粮，至播州交纳，其正夫与担负自己粮食者，通计二十余万。正当农时，兴此大役，驱愁苦之人，往回数千里中，何事不有！或所负之米尽到，固为幸矣。然数万之军，止仰今次一运之米，自此以后，又当如何？"

比问西征败卒及其将校，颇知西南远夷之地，重山复岭，陡涧深林，竹木丛茂，皆有长刺。军行径路在于其间，窄处仅容一人一骑，上如登天，下如入井，贼若乘险邀击，我军虽众，亦难施为也。又其毒雾烟瘴之气，皆能伤人，群蛮既知大军将至，若皆清野远遁，阻其要害，以老我师，或进不得前，旁无所掠，士卒饥馁，疫病死亡，将有不战自困之势，不可不为深虑也。且自征伐倭国、占城、交趾、爪哇、缅国以来，近三十年，未尝见有尺土一民内属之益，计其所费钱财，死损军数，可胜言哉！去岁西征，及今此举，亦复何异。前鉴不远，非难见也。军劳民扰，未见休期，只深一人，是其祸本。又闻八番罗国之人，向为征西之军扰害，捐弃生业，相继逃叛，怨深入于骨髓，皆欲得其肉而分食之。人心皆恶，天意亦憎，惟须上承天意，下顺人心，早正深之罪，续下明诏，示彼一方以圣朝数十年抚养之恩，仍谕自今再无远征之役。以此招之，自有相续归顺之日，使其官民上下，皆知未须远劳王师，与区区小丑争一旦之胜负也。昔大舜退师而苗氏格，充国缓战而羌众安，事载经传，为万世法。

为今之计，宜且驻兵近境，使其水路远近得通，或用盐引茶引，或用实钞，多增米价，和市军粮。但法令严明，官不失信，可使米船蔽江而上，军自足食，民亦不扰，内安根本，外固边陲。以我之镇静，御彼之猖狂，布恩以柔其心，畜威以制其力，期之以久，渐次服之。此王者之师，万全之利也。若谓业已如此，欲罢不能，亦当虑其关系之大，审详成败，算定而行。彼溪洞诸蛮，各有种类，今之相聚者，皆乌合之徒，必无久能同心敌我之理。但急之则相救，缓之则相疑，以计使之互相雠怨，待彼有可乘之隙，我有可动之时，徐命诸军数道俱进。服从者恩之以仁，拒敌者威之以武，恩威相济，功乃易成。若舍恩任威，以蹈深之覆辙，恐他日之患，有甚于今日也。

不报，遂谢病去。七年，召拜集贤大学士，商议中书省事。八月，地震，河东尤甚，诏问弭灾之道。天祥上章，极言阴阳不和，天地不位，皆人事失宜所致。执政者以其言切直，抑不以闻。

天祥自被召还京，至是且一岁，未尝得见帝言事，输忠无地，常郁郁不自释，又不欲苟縻禀禄，八年正月，移疾谢去。至通州，中书遣使追留，不还。帝闻之，赐钞五千贯，仍命给传，专官护送至其家。天祥望阙拜谢，辞所赐钞而行。九年五月，拜中书右丞，议枢密院事，提调诸卫屯田，使者五致诏，以年老不能辞。十一年，仁宗在怀州，遣使赐币帛、上尊酒。至大四年，仁宗即位，复遣使召之，辞以老疾不起。延祐三年四月，卒于家，年八十。累赠推忠正义全德佐理功臣、河南江北等处行中书省平章政事，追封赵国公，谥文忠。

刘　宣

刘宣，字伯宣，其先潞人也。因出戍，留居忻，金末避地于陕，后徙太原。宣沉毅清介，居家孝友，自幼喜读书，有经世之志。宣抚张德辉至河东，见而器重之，还朝，荐为中书省掾。宣暇则往从国子祭酒许衡讲明理学。初命为河北河南道巡行劝农副使。至元十二年，入为中书户部郎中，改行省郎中。从丞相伯颜、平章阿术统军平江南，赞画居多。伯颜尝命宣诣阙上捷书，世祖召见，亲问以南征事，应对称旨，赐器服宠嘉之。江南平，命宣沙汰江淮冗官，其所存革，悉合公论。除知松江府，未几同知浙西宣慰司事。在官五年，威惠并著。升江淮行省参议，擢江西湖东道提刑按察使。

二十三年，入为礼部尚书，遂迁吏部。时将伐交趾，宣上言曰："连年日本之役，百姓愁戚，官府扰攘，今春停罢，江浙军民欢声如雷。安南小邦，臣事有年，岁贡未尝愆期，边帅生事兴兵，彼因避窜海岛，使大举无功，将士伤残。今又下令再征，闻者莫不恐惧。自古兴兵，必须天时，中原平土，犹避盛夏，交广炎瘴之地，毒气害人，甚于兵刃。今以七月，会诸道兵于静江，比至安南，病死必众，缓急遇敌，何以应之？又交趾无粮，水路难通，无车马牛畜驮载，不免陆运。一夫担米五斗，往还自食外，官得其半；若十万石，用四十万人，止可供一二月。军粮搬载，船料军须，通用五六十万众。广西、湖南调度频数，民多离散，户令供役，亦不能办。况湖广密迩，溪洞寇盗常多，万一奸人伺隙，大兵一出，乘虚生变，虽有留后，人马疲弱衰老，卒难应变。何不与彼中军官深知事体者，论量万全方略，不然，将复蹈前辙矣。"及再征日本，宣又上言，其略曰："近议复置征东行省，再兴日本之师，此役不息，安危系焉。唆都建伐占城，海牙言平交趾，三数年间，湖广、江西供给船只、军须粮运，官民大扰，广东群盗并起，军兵远涉江海瘴毒之地，死伤过半，即日连兵未解。且交趾与我接境，蕞尔小邦，遣亲王提兵深入，未见报功，唆都为贼所杀，自遗羞辱。况日本海洋万里，疆土阔远，非二国可比。今次出师，动众履险，纵不遇风，可到彼岸，倭国地广，徒众猥多，彼兵四集，我师无援，万一不利，欲发救兵，其能飞渡耶？隋伐高丽，三次大举，数见败北，丧师百万。唐太宗以英武自负，亲征高丽，虽取数城而还，徒增追悔。且高丽平壤诸城，皆居陆地，去中原不远，以二国之众加之，尚不能克，况日本僻在海隅，与中国相悬万里哉！"帝嘉纳其言。

二十三年十二月，中书传旨，议更钞用钱，宣献议曰："原交钞所起，汉、唐以来，皆未尝有。宋绍兴初，军饷不继，造此以诱商旅，为沿边籴买之计，比铜钱易于赍擎，民甚便之。稍有滞碍，即用见钱，尚存古人子母相权之意。日增月益，其法浸弊，欲求目前速效，未见良策。新钞必欲创造，用权旧钞，只是改换名目，无金银作本称提，军国支用，不复抑损，三数年后亦如元宝矣。宋、金之弊，足为殷鉴。铸造铜钱，又当详究。秦、汉、隋、唐、金、宋利病，著在史策，不待缕陈。国朝废钱已久，一旦行之，功费不赀，非为远计。大抵利民权物，其要自不妄用始，若欲济丘壑之用，非惟铸造不敷，抑亦不久自弊矣。"属桑哥谋立尚书省，以专国柄，钱议遂罢。

二十五年，由集贤学士除行台御史中丞。时江浙行省丞相忙古台悍戾纵恣，常虑台臣纠言其罪，而尤忌宣。一日，御史大夫与中丞出建康城，点视军船，群御史从。有以军船载苇者，御史张谅诘之，知为行省官所使，诣扬州覆实。忙古台盛怒，即图报复。时大夫之父，官于属郡，随被按劾。遣其党造建康，伺台中违失，台官皆竦惧，阴往恳求自解，惟宣屹然不动。忙古台怨宣愈甚，罗织宣之子，系扬州狱。又令建康酒务、淘金等官及录事司官以罪免者，诬告行台沮坏钱粮，以闻于朝，必欲置宣死地。朝廷为遣官二员，置狱于行省，鞫问其事。宣及御史六人俱就逮。既登舟，行省以军船列兵卫驱迫之，至则分异各处，不使往来。九月朔，宣自刭于舟中。

始宣将行时，书后事缄付从子自诚，令勿启视。宣死，视其书，辞云："触怒大臣，诬构成罪，岂能与经断小人交口辩讼，屈膝为容于怨家之前。身为台臣，义不受辱，当自引决，但不获以身殉国为恨耳。呜呼！天乎！实鉴此心。"且别有公文言忙古台罪状，后得其稿，涂注勾抹，辞句难辨。前治书侍御史霍肃为叙次其文，读者悲愤。

宣既引决，行省白于朝，以为宣知罪重自杀。前后构成其事者，郎中张斯立也。然宣忠义节操，为世所重，闻者莫不嗟悼。延祐四年，从子自持上宣行实，御史台以闻，制赠资善大夫、御史中丞、上护军，追封彭城郡公，谥忠宪。

何荣祖

何荣祖，字继先，其先太原人。父瑛，金贞祐间试文法入优等，补吏，后授明威将军，守巨鹿尹，权军器监主事。金亡，徙家广平。荣祖状貌魁伟，额有赤文如双树，背负隆起。有相者谓曰："子位极人臣，且寿相也。"何氏世业吏，荣祖尤所通习，遂以吏累迁中书省掾，擢御史台都事。始折节读书，日记数千言。阿合马方用事，置总库于其家，以收四方之利，号曰和市。监察御史范方等斥其非，论甚力。阿合马知荣祖主其谋，奏为左右司都事以隶己。未几，御史台除治书侍御史，升侍御史，又出为山东按察使，而阿合马莫逞其志矣。

有帖木剌思者，以贪墨为佥事李唐卿所劾。帖木剌思计无所出，适济南有上变告者，唐卿察其妄，取讼牒焚之。帖木剌思乃摭取为辞，告唐卿纵反者，逮系数十人。狱久不决，诏荣祖与左丞郝祯、参政耿仁杰鞫之。荣祖得其情，欲抵告者罪。祯、仁杰议以失口乱言之罪坐之，荣祖不可。俄迁河南按察使，二执政竟以失口乱言杖其人，而株连者俱得释，唐卿之诬遂白。平凉府言有南人二十余辈叛归江南，安西行省欲上闻，会荣祖来为参政，止之曰："何必上闻朝廷，此辈去者皆人奴耳，今闻江南平，逋往求其家，移文召捕之可也。"已而逃者俱获，果人奴也，治以本罪而付其主。其于事明决多类此。除云南行省参知政事，以母老辞。又拜御史中丞，复出为山东东西道按察使。

时宣慰使乐实、姚演开胶州海道，有制禁戢诸人沮挠，粮船遇暴风多漂覆。乐实弗信，督诸漕卒偿之，搒掠惨毒，自杀者相继。按察官惧违制，莫敢言。荣祖曰："第言之，若朝廷见谴，吾自当之。"即草辞以奏，诏免其征。召入为尚书参知政事。时桑哥专政，亟于理算钱谷，人受其害。荣祖数请罢之，帝不从，屡恳请不已，乃稍缓之。而畿内民苦尤甚，荣祖每以为辞。同僚曰："上既为免诸路，惟未及在京，可少止勿言也。"荣祖执愈坚，至于忤旨不少屈，竟不署其牍。未逾月，而害民之弊皆闻，帝乃思荣祖言，召问所宜。荣祖请于岁终立局考校，人以为便，立为常式，诏赐以钞万一千贯。荣祖条中外有官规程，欲矫时敝，桑哥抑不为通。荣祖既与之异议，乃以病告，特授集贤大学士。未几，起为尚书右丞。桑哥败，改中书右丞。奏行所定《至元新格》，请改提刑按察司为肃政廉访司，而立监治之法。又上言："国家用度不可不足，天下百姓不可不安。今理财者弗顾民力之困，言治者弗图国计之大。且当用之人恒多，而得用之人恒少。要之，省部实为根本，必择材而用之。按察司虽监临一道，其职在于除蠹弊、安斯民，苟有弗至，则省台又当遣官体察之，庶有所益。"帝深然之。屡以老疾乞解机务，诏免署事，惟预议中书而食其禄。寻拜昭文馆大学士，预中书省事，又加平章政事。以水旱请罢，不允。

先是，荣祖奉旨定《大德律令》，书成已久，至是乃得请于上，诏元老大臣聚听之。未及颁行，适子秘书少监惠没，遂归广平，卒，年七十九。赠光禄大夫、大司徒、柱国，追封赵国公，谥文宪。

荣祖身至大官，而僦第以居，饮器用青瓷杯。中宫闻之，赐以上尊，及金五十两、银五百两、钞二万五千贯，俾置器买宅，以旌其廉。所著书，有《大畜》十集，又有《学易记》、《载道集》、《观物外篇》等书。

陈思济

陈思济，字济民，柘城人也。幼读书，即晓大义，以才器见称于时辈间。世祖在潜邸，闻其名，召之以备顾问；既即位，始建省部，俾掌敷奏。世祖以京兆为国重镇，命廉希宪等行中书省于陕西。思济实与偕行，多所赞画。中统三年，诏诛王文统，召廉希宪入中书，思济还，仍掌敷奏。事无巨细，悉就准绳，姚枢、许衡皆器重之。会阿合马入省，耻其位在希宪左，每欲肆意而行，希宪守正不从。及希宪去位，省臣晨集，掾属皆惮阿合马，莫敢前。思济独先以文牍进，阿合马辄于希宪位署押，思济遽掩以手曰："此非君相署位也。"阿合马怒目视之，众为之惧，思济神色自若。除右司都事，从希宪行省山东，未几召还。至元五年，分命中书省总百揆，御史台正百官，一时黜陟登庸，宪章程式，多出其手。迁承务郎、同知高唐州事，以绩最闻，拜监察御史。时阿合马立尚书省，权在中书右。思济与魏初等劾其不法，帝命近臣正之。御史各以次对，思济独厉声曰："御史言官也，非为辨讼设！"拂袖而出。授奉训大夫、知沁州，为政简要，不务苛察。迁中顺大夫、同知绍兴路总管府事，承檄谳狱。桐庐有囚羸瘠将死，纵遣还家，候期来决，囚拜请曰："闻公名久矣，若不早决，恐终不可保。"为阅其案而释之。转同知两浙都转运司事，胥吏侵渔，民困于赋役，悉蠲除之。调陕西汉中道提刑按察副使，丁母忧去官。二十三年，加少中大夫、同知浙东道宣慰司事。时浙西大水，民饥，浙东仓廪殷实，即转输以赈之，全活者众，檄上中书，奏允之。浙东复旱，祷于名山，雨大澍，民赖以苏。两淮盐课不敷，授嘉议大夫、两淮都转运使，奸弊尽革，商贾通行，岁课以足。擢岭北湖南道肃政廉访使，改池州路总管。江浙行省平章也速答儿威势赫然，摘淘金户三千，括民间田亩，檄下，力上章以止之。累迁通议大夫、佥河南江北等处行中书省事。大德五年冬，以疾卒，年七十。赠正议大夫、吏部尚书、上轻车都尉，追封颍川郡侯，谥文肃。

子诚袭，荫入官，拜监察御史、朝列大夫、佥广西道肃政廉访司事。

秦长卿

秦长卿，洛阳人也。姿貌魁特，性倜傥，有大志。世祖在京兆潜藩，已闻其名，既即位，务收揽时才，以布衣征至京师。长卿尚风节，好论事，与刘宣同在宿卫，以气岸相高。是时尚书省立，阿合马专政，长卿上书曰："臣愚戆，能识阿合马，其为政擅生杀人，人畏惮之，固莫敢言，然怨毒亦已甚矣。观其禁绝异议，杜塞忠言，其情似秦赵高；私蓄逾公家赀，觊觎非望，其事似汉董卓。《春秋》人臣无将，请及其未发，诛之为便。"事下中书。阿合马为人便佞，善伺人主意，又其赀足以动人，中贵人力为救解，事遂寝，然由是大恨长卿。除兴和宣德同知铁冶事，竟诬以折阅课额数万缗，逮长卿下吏，籍其家产偿官，又使狱吏杀之。狱吏濡纸塞其口鼻，即死。未几，王著聚徒杀阿合马。帝后悟，亦追罪之，斫棺戮尸，并诛其子，而长卿冤终不白。

长卿从子山甫，为建康府判官，闻长卿冤状，即日弃官去，累荐不起以卒。山甫子从龙，仕至南台治书侍御史；从德，江浙行省参知政事。

赵与罴

赵与罴，字晦叔，宋宗室子，尝登进士第，为鄂州教授。至元十一年，丞相伯颜既渡江，与罴率其宗人之在鄂州者，诣军门上书，力陈不嗜杀人可以一天下，且乞全其宗党。后伯颜朝京师，世祖问宋宗室之贤者，伯颜首以与罴对。十三年秋九月，遣使召至上京，幅巾深衣以见，言宋败亡之故，悉由误用权奸，词旨激切，令人感动。世祖念之，即授翰林待制。朝廷立法，多所谘访，与罴忠言谠论，无所顾惜。进直学士，转侍讲。疏陈江南科敛急督，移括大姓，宋世丘垄暴露，皆大臣擅易明诏所为。二十七年，京师雾四塞；明年正月甲寅，虎入南城。与罴又疏言权臣专正之咎，退而家居待罪。未几桑哥败，平章不忽木奏与罴贫窭有守，有抱负，世祖曰："得非指权臣为虎者邪？"锡钞万三千贯，岁给其妻子衣粮。后累迁翰林学士。其伯祖师渊，尝从朱熹学，家庭受授，具有端绪，于是与许衡论尹洛阃奥，衡雅敬之。

与罴既老，成宗命特官其子孟实以终养。大德七年，以疾卒。家贫无以为葬，成宗命有司赙钞五千贯，给舟车，还葬台州之黄岩。赠通议大夫、礼部尚书、上轻车都尉、天水郡侯，谥文简。

姚天福

姚天福，字君祥，绛州人。父居实，避兵徙雁门。天福幼读《春秋》，通大义。及长，以材辟怀仁丞。至元五年，诏立御史台，以天福为架阁管勾，寻拜监察御史。每廷折权臣，帝嘉其直，锡名巴儿思，谓其不畏强悍，犹虎也。仍厚赐以旌其忠，天福曰："臣职居抨弹，惟负爵禄是惧，敢贪厚赏，以重臣罪？"时御史台置二大夫，纲纪无统，天福言于世祖曰："古称一蛇九尾，首动尾随；一蛇二首，不能寸进。今台纲不张，有一蛇二首之患。陛下不急拯之，久则紊不可理。"帝诏玉速帖木儿及孛罗谕之，孛罗以年幼自劾。天福时按行畿内，有出使者凌民取贿，天福乃易服间行得其状，奏戮之以徇，豪右慑服。十二年，诏罢各道按察司，天福白大夫玉速帖木儿曰："是司之设，所以广视听、虞非常，虑至深远，不但绳有司而已也。"大夫骇然曰："微公言，几失之。"夜入帝卧内，奏其言，帝大悟，诏复立之。权臣不悦，左迁天福朝列大夫、衡州路同知，不就，起为河东道提刑按察副使。时北鄙兵兴，转输烦急，河东民苦徭役。天福以反侧为忧，劾执政失计，奏罢其役。征拜中顺大夫、治书侍御史。

十六年，江南既平，授嘉议大夫、淮西道按察使。淮甸当兵冲，将吏有豪猾为民害者，悉铲除之，民大悦。转湖北道按察使，发省臣赃事数十以闻。帝以其尝有勋劳，特原之，而流其党与，州郡称治。二十年，迁山北道按察使，其民鲜知稼穑，天福教以树艺，皆致蓄富，民为建祠，而刻石以纪之。二十二年，入为刑部尚书，寻出为扬州路总管。二十六年，复为淮西按察使，按巨奸一人，没其家赀，政化大行。二十八年，桑哥败，考讯党援，平阳为多，以天福为平阳总管，俾穷治其事。俄拜甘肃行省参知政事，以母老辞。三十一年，授陕西汉中道肃政廉访使，寻除真定路总管。真定驿传之需，多为民害，天福更议措置之方，使不扰民，宪长争之。省臣以其事闻，诏从之，颁其制为天下式。大德二年，授江西行省参政，以疾辞。四年，拜参知政事、大都路总管、兼大兴府尹，畿甸大治。后之尹京者，以天福为称首。六年，以疾卒，年七十三。

初，天福拜御史时，其母戒之曰："古称公尔忘私，委质为臣，当罄所衷，以塞其职，勿以未亡人为恤，俾吾追踪陵母，死之日犹生之年也。"天福亦请于宪府曰："监察责当言路，有犯无隐，苟获谴，乞不为亲累。"或以闻，帝叹曰："巴儿思母子虽生今世，其义烈之言当于古人中求之。"

子祖舜，秘书监著作郎；侃，内藏库副使。

许国祯

许国祯，字进之，绛州曲沃人也。祖济，金绛州节度使。父日严，荣州节度判官。皆业医。国祯博通经史，尤精医术。金乱，避地嵩州永宁县。河南平，归寓太原。世祖在潜邸，国祯以医征至翰海，留守掌医药。庄圣太后有疾，国祯治之，刻期而愈，乃张晏赐坐。太后时年五十三，遂以白金铤如年数赐之。伯撒王妃病目，治者针误损其明。世祖怒，欲坐以死罪，国祯从容谏曰："罪固当死，然原其情乃恐怖失次所致。即诛之，后谁敢复进？"世祖意解，且奖之曰："国祯之直，可作谏官。"宗王昔班屡请以国祯隶帐下，世祖重违其请，将遣之，辞曰："国祯蒙恩拔擢，誓尽心以报，不敢易所事。"乃不果遣。世祖过饮马湩，得足疾，国祯进药味苦，却不服，国祯曰："古人有言：良药苦口利于病，忠言逆耳利于行。"已而足疾再作，召国祯入视，世祖曰："不听汝言，果困斯疾。"对曰："良药苦口既知之矣，忠言逆耳愿留意焉。"世祖大悦，以七宝马鞍赐之。

宪宗三年癸丑，从征云南，机密皆得参与，朝夕未尝离左右。或在告，帝辄为之不悦。九年己未，世祖帅师围鄂州，获宋人数百族，诸将欲尽坑之，国祯力请止诛其凶暴，余皆获免。及师还，招降民数十万口，疲饿颠仆者满道，国祯白发蔡州军储粮赈之，全活甚众。世祖即位，录前劳，授荣禄大夫、提点太医院事，赐金符。至元三年，改授金虎符。十二年，迁礼部尚书。国祯尝上疏言：慎财赋、禁服色、明法律、严武备、设谏官、均卫兵、建学校、立朝仪，事多施行。凡所荐引，皆知名士，士亦归重之。帝与近臣言及勋旧大臣，因谓国祯曰："朕昔出征，同履艰难者，惟卿数人在尔。"遂拜集贤大学士，进阶光禄大夫。每进见，帝呼为许光禄而不名，由是内外诸王大臣皆以许光禄呼之。升翰林集贤大学士。卒年七十六。时大臣非有勋德为帝所知者，罕得赠谥，特赠国祯金紫光禄大夫，谥忠宪，人以为荣。后加赠推诚广德协恭翊亮功臣、翰林学士承旨、上柱国，追封蓟国公。

初，国祯母韩氏，亦以能医侍庄圣太后，又善调和食味，称旨，凡四方所献珍膳旨酒，皆命掌之。太后闵其劳，赐以真定宅一区，岁给衣廪终身，国祯由是家焉。子扆。

扆字君黼，一名忽鲁火孙，从其父国祯事世祖于潜邸，进退庄重，世祖喜之，赐今名。俾从许衡学，入备宿卫，忠慎小心。尝因事忤旨，欲罪之，帝后悔，谓近侍帖哥曰："朕欲罪忽鲁火孙，汝何不言？汝二人自今结为兄弟，有所谴责，则更相进谏。"乃置金酒中，赐二人饮，以为盟。时裕宗居东宫，帝又谕忽鲁火孙曰："若太子罪汝，将谁谏耶？"遂命东宫臣庆山奴亦同饮金酒。俄除礼部尚书、提点太医院事，赐日月龙凤纹绮衣二袭。每外国使至，必命与之语，辞理明辨，莫不倾服。改尚医太监。帝尝命画工写其像赐之。转正议大夫，仍提点太医院事。

有窃大安阁礼神之币者，将诛之，群臣莫敢言，忽鲁火孙独谏曰："敬神，善事也。因置人于死地，臣恐神不享所祭。"帝即命释之。忽鲁火孙与丞相安童善，国政多所赞益，桑哥忌之，数谮于上，帝不之信。桑哥败，系于左掖门，帝命忽鲁火孙往唾其面，辞不可，帝称其仁厚，赐以白玉带。且谕之曰："以汝明洁无瑕，有类此玉，故以赐汝也。"成宗即位，迁中书右丞，行太常卿。力辞，乃命以中书右丞署太常事。俄改陕西行中书省右丞。时关中饥，议发仓粟赈之，同列以未得请于朝不可，忽鲁火孙曰："民为邦本，今饥馁如此，若俟命下，无及矣。擅发之罪，吾当独任之，不以累公等。"遂大发粟，不数日命亦下。明年旱，祷于终南山而雨，岁以大熟，民皆画像祀之。

忽鲁火孙不事生业，田宅皆上所赐。有足疾，不能行，仁宗以为先朝老臣，特敕乘小舆入禁中，访以旧事。后足益弱，不可出，每国有大政，诏使近侍即其家问之。特授荣禄大夫、大司徒，食其禄终身。赠推忠守正佐理功臣、光禄大夫、陕西等处行中书省平章政事、柱国，追封赵国公，谥僖简。

卷一百六十九　　列传第五十六

贺仁杰

贺仁杰，字宽甫，其先河东隰州人，祖种德徙关中，遂为京兆鄠人。父贲，有材略，善攻战，数从军有功。关中兵后积尸满野，贲买地金天门外，为大冢收瘗之。远近闻者，争辇尸来葬，复以私钱劳之。尝治室于毁垣中，得白金七千五百两，谓其妻郑曰："语云：匹夫无故获千金，必有非常之祸。"时世祖以皇太弟受诏征云南，驻军六盘山，乃持五千两往献之，世祖曰："天以赐汝，焉用献！"对曰："殿下新封秦，金出秦地，此天以授殿下，臣不敢私，愿以助军。"且言其子仁杰可用状，即召入宿卫。其军帅怒贲不先白己而专献金，下贲狱。世祖闻之，大怒，执帅将杀之，以勋旧而止。世祖即位，赐贲金符，总管京兆诸军奥鲁，卒，赠输忠立义功臣、银青荣禄大夫、大司徒，追封雍国公，谥贞献。

仁杰从世祖，南征云南，北征乃颜，皆著劳绩。后与董文忠居中事上，同志协力，知无不言，言无不听，多所裨益，而言不外泄，帝深爱重之。至元十三年，宋平，惟川蜀久不下。四川制置使张珏守重庆，合州安抚使王立守钓鱼山，相拒二十余年。诏建东西行枢密院，督兵进伐，合丹、阔里吉思领东院，攻钓鱼山；不花、李德辉领西院，攻重庆。德辉分守成都，获王立钞卒张郃，纵之使谕立降。立复遣张郃等奉蜡书告德辉，能自来即降。德辉遂从五百骑至钓鱼山，与东院同受立降。东院复奏诛立，并言德辉越境邀功，下立长安狱。西院从事吕堿至都，以兵事告许衡，许衡告仁杰，仁杰为言于帝。帝召枢密臣责之曰："汝等以人命为戏耶！今召王立，立生则已，死则汝等亦从之。"立至，赐金虎符，仍以为合州安抚使。

帝一日召仁杰至榻前，出白金，谓之曰："此汝父六盘所献者，闻汝母来，可持以归养。"辞不许，乃归白母，尽散之宗族。帝欲选民间童女充后宫；及有司买物，多非其土产；山后盐禁，久为民害，皆奏罢之。民为之立祠。

十七年，上都留守阙，宰相拟廷臣以十数，皆不纳，帝顾仁杰曰："无以易卿者。"特授正议大夫、上都留守，兼本路总管、开平府尹。明年，赐三珠虎符，进资德大夫，兼虎贲亲军都指挥使。寻加荣禄大夫、中书右丞，留守如故。尚书省立，桑哥用事，奏上都留守司钱谷多失实。召留守忽剌忽耳及仁杰廷辨，仁杰曰："臣汉人，不能禁吏戢奸，致钱谷多耗伤，臣之罪。"忽剌忽耳曰："臣为长，印在臣手，事未有不关白而能行者，臣之罪。"帝曰："以爵让人者有之，未有争引咎归己者。"置勿问。

仁杰在官五十余年，为留守者居半，车驾春秋行幸，出入供亿，未尝致上怒。其妻刘没，帝欲为娶贵族，固辞，乃娶民间女，已而丧明，夫妻相敬如初，未尝置媵妾。

大德九年，年七十二，请老，拜光禄大夫、平章政事，商议陕西行中书省事，赐白金、楮币、锦袍、玉带，归第。以子胜袭上都留守、虎贲指挥使。后成宗崩，仁宗入清内难，念世祖旧臣，欲有所咨访，召赴阙，行至樊桥而卒。赠恭勤竭力功臣、仪同三司、太保、上柱国，追封雍国公，谥忠贞。延祐六年，加赠推诚宣力翊运功臣、太师、开府仪同三司、上柱国，追封奉元王。子胜，自有传。

贾昔剌

贾昔剌，燕之大兴人也。本姓贾氏，其父仕金为庖人。

昔剌体貌魁硕，有志于当世。岁甲申，因近臣入见庄圣太后，遂从睿宗于和林，典司御膳，以其须黄，赐名昔剌，俾氏族与蒙古人同，甚亲幸之；又虑其汉人，不习于风土，令徙居濂州。帝复思之曰："昔剌在吾左右，饮食殊安适。"促召入供奉，诸庖人皆隶焉。世祖在潜邸，知其重厚，使从迎皇后于弘吉剌之地，自是预谋帷幄，动中机会，内出银三千两，使买珍膳，乘传上太官，恣其出入不问。又赐以牝马及驹三十匹，并牧户与之。是时兵余，数以所赐分遗乡里。世祖即位，立尚食、尚药二局，赐金符，提点局事，兼领进纳御膳生料。年老，谢事，病笃，索所赐衣衣之而卒。追封闻喜郡侯，谥敬懿。

子丑妮子，方幼时，世祖爱之，尝坐之御席傍。从征云南，跃马入水，斫战船，破其军，帝奇其勇敢，而戒其轻锐。己未，从伐宋，还自鄂州，卒。追封临汾郡公，谥显毅。

子虎林赤，智勇绝人。阿里不哥之叛，出其家名马以助官军。从幸和林，中道值大风，昼晦，敌猝至，击走之。还，佩其大父金符，提点尚食、尚药二局，历尚膳使，兼司农。尝入侍，帝问治天下何为本，曰："重农为本。"何为先，曰："用贤为先。用贤则天下治，重农则百姓足。"帝深善之，超拜宣徽使，辞，改佥院事，仍领尚膳使，卒。

子秃坚不花，袭世职为尚药、尚食局提点，世祖以故家子，独奇之，谓他日可大用，使在左右。从征乃颜，军次杭海，敌猝至，帝令急击之。诸近侍见其势盛，多畏避，秃坚不花即驰入其阵，疾战，破走之，擒其首将以归。移军哈罕，大风，昼晦，敌兵千人，鼓噪以进，秃坚不花奋击，身被十余疮，犹力战，复大破之，帝奇其勇。杭海叛者请降，众议以为亲犯王师，宜诛之，秃坚不花独曰："杭海本吾人，或诱之以叛，岂其本心哉！且兵法杀降不祥，宜赦之。"帝曰："秃坚不花议是。"以此益知其可用，升同佥宣徽院事。每论政帝前，言直而气不慑，帝亦知其直。令察宿卫之士，有才器者以名闻，所论荐数十人，用之皆称职，时论归之。

成宗即位，诸侯王会于上京，凡刍饩宴享之节、赐予多寡、疏戚之分，无一不当其意，帝喜曰："宣徽得秃坚不花足矣。"进同知宣徽院事。四年，帝弗豫，召入侍疾，一食一饮，必尝乃进。帝体既安，赐钱，不受，解衣赐之。尝从巡幸，禁中卫士感奋有所欲言，帝命进而问之，皆曰："臣等宿卫有年矣，日膳充、岁赐以时者，诚荷陛下厚恩，亦由宣徽有能官秃坚不花其人也。"帝悦，赐珠袍，超拜宣徽使。辞曰："先臣服勤，于兹三世矣，位不过佥佐，臣何敢有加于先臣乎！"帝嘉其退让，乃允其请。九年，北方乞禄伦部大雪，奏买驼马，补其死损，出衣币于内府，身往给之，全活者数万人，还，赐七宝笠。十年，帝病甚，入侍疾愈谨。及大渐，内难将作，揆以正义，无所回挠。

武宗入即位，深嘉其忠，进阶荣禄大夫，遥授平章政事，商议宣徽院事，行金复州新附军万户府达鲁花赤。至大二年，诏出金帛，大赉北边诸军，以秃坚不花明习事宜，能不惮劳苦，使即军中与其帅月赤察儿定议而给之，诸部大悦。帝深器之，拜宣徽使，出内藏兼金带赐之。为同官贾廷瑞所嫉，廷瑞请以宣徽院为门下省，尚书省奏廷瑞擅易官制，帝大怒，欲杀之。秃坚不花力谏不可，帝曰："贾廷瑞毁卿不直一钱，卿何力言邪？"对曰："廷瑞所坐不当死，不敢以臣私隙，误陛下失刑。"廷瑞遂得免。帝访群臣以治道，秃坚不花以为治国安民之实在于生财节用。帝嘉纳焉。转光禄大夫。

仁宗即位，加金紫光禄大夫。延祐四年，朔方又被风雪为灾，秃坚不花请赈之如大德时，且出私家马二百匹以为助，赐钱酬其价，不受，解御衣赐之。托恩幸以求赏者，辄抑弗予。帖失、王廷显，皆同官也，帝赐帖失海舶，秃坚不花曰："此军国之所资，上不宜赐，下不宜受。"帝赐廷显玉带，廷显欲取太官羊钱一万五千缗充其价，又执不可。于是怨之者众。七年，以疾去官。英宗即位，帖失竟谮杀之，后帖失以大逆伏诛，事乃白，赠推忠宣力守谅功臣、太傅、开府仪同三司、上柱国，追封冀国公，谥忠隐。后进封冀安王；加赠其曾祖昔剌推忠翊运功臣、金紫光禄大夫、太保，进封绛国公；祖丑妮子崇德效节功臣、仪同三司、太傅、柱国，追封绛国公；父虎林赤推诚宣力守德功臣、太师、开府仪同三司、上柱国，进封临汾王。

子班卜、忽里台、也速古、秃忽赤，皆至显官。

刘哈剌八都鲁

刘哈剌八都鲁，河东人，本姓刘氏，家世业医。至元八年，世祖驻跸白海，以近臣言，得召见。世祖谓其目有火光，异之，遂留侍左右，初赐名哈剌斡脱赤。十七年，擢太医院管勾。昔里吉叛，宗王别里铁穆而奉命往征之，帝谕哈剌八都鲁曰："当行者多避事，汝善医，复习骑射，能从行乎？"对曰："事君不辞难，臣不行将何为！"即请授甲，帝曰："汝安用甲？"对曰："臣愿备一战士。"帝曰："医，汝事也，甲不可得。"惟赐以环刀、弓矢、裘马等物。将行，闻母疾，请归省，帝命给驿而归。既见母，不敢以远役告，母亦微知之，谓曰："汝第行，我疾安矣。"遂即辞去，忍泪不下，而鼻血暴出，数里弗止，驰至王所。

一日，猎于野，有狐窜草中，王射之，不中，哈剌八都鲁一发中之，王大喜。王妃有疾，与药即愈，王又喜，奏为其府长吏。及将战，从王请甲，王曰："上不与汝，我何敢与！"因留之，使领辎重。哈剌八都鲁不肯，曰："大丈夫当效命行阵，乃守营帐如妇人耶！"见有甲者，饮以酒，高价取之，明日，被以往。王望见其介而驰走，使人问之，免胄曰："我也。"因慨然曰："一人兴善，万人可激，我为万人激耳！"中道，三遇贼，贼射之，皆不中。王喜甚，解衣衣之曰："此所以识也。"师次金山，路隘，顿兵未能进，有使者云自脱忽王所来，曰："我受太祖分地，守此不敢失。凡上所使与昔里吉之过我者，吾并饮食供给之，无异心也。且愿见天子，而道远无援，今闻王来甚喜，得一见可乎？"王以为信，左右曰："此诈也，脱忽所居要害，殆与昔里吉为耳目，愿勿听。"乃羁其人，遣兵间道窥之，获其游骑三十人，讯之得其情，知脱忽方饮酣。遂出其不意，进击，大败之，因获昔里吉所遣使，知其不为备，又乘势进击，大破擒之，王乃命哈剌八都鲁献俘行宫。帝见其瘠甚，辍御膳羊胾以赐，既拜受，先割其美者怀之。帝问其故，对曰："臣始与母诀，今归，母幸存，请以君赐遗之。"帝嘉其志，命自今凡赐之食，必先赐其母。以功授和林等处宣慰副使，赐与甚厚。二十三年，升同知宣慰司事。二十四年，又升宣慰使。

二十五年，海都犯边，尚书省以和林屯粮，当得知缓急轻重者掌其出纳，奏用怯伯。帝曰："钱谷非怯伯所知，哈剌斡脱赤可使也。"进阶嘉议大夫，职如故，使怯伯与俱。二十六年，海都兵至，皇子北安王使报怯伯，率其民避去。怯伯与哈剌八都鲁南行六日，止八儿不剌，距海都军五六十里。怯伯大惧曰："事忽矣，不如顺之。"哈剌八都鲁语其弟钦祖、荣祖曰："怯伯有二心矣。"遂潜遁，与探马赤千户忽剌思遇，从骑百余人，问之，忽剌思曰："吾在海都军中，闻怯伯反，宣慰脱身归报天子，我故追以来。"哈剌八都鲁察其诚，与之谋，结阵乘高立于西南，令之曰："吾将往责怯伯，汝曹勿动，见吾执弓而起，即相应也。"既见怯伯，怯伯盛言海都之令以威之。哈剌八都鲁诡辞自解，得间，疾趋。忽剌思整阵以出，怯伯遣骑来追，屡拒却之。道遇送军装者，因护之至盐海。及入见，帝喜曰："人言汝陷贼，乃能来耶！"命与酒馔。顾谓侍臣曰："譬诸畜犬，得美食而弃其主，怯伯是也。虽未得食而不忘其主，此人是也。"更其名曰察罕斡脱赤，赐以钞五千贯，顿首辞谢，乞以所赐与同来者。帝特命受之，而令中书定其同来者之赏有差。

二十七年，迁正奉大夫、河东山西道宣慰使。奏曰："臣累战而归，衣裘尽弊。河东，臣故乡也，愿乞锦衣以为荣。"帝以金织文衣赐之。居二年，召还，帝谕之曰："自此而北，乃颜故地曰阿八剌忽者，产鱼，吾今立城，而以兀速、憨哈纳思、乞里吉思三部人居之，名其城曰肇州。汝往为宣慰使，仍别赐汝名曰小龙儿，或曰哈剌八都鲁，汝可自择之。"对曰："龙，非臣下所敢承。"帝曰："然则哈剌八都鲁可也。"复赐以绣衣、玉带，及钞五千贯，其为人主所眷注如此。既至，定市里，安民居。一日，得鱼九尾，皆千斤，遣使来献。俄召还。三十一年春，世祖崩，太傅伯颜奉皇太后旨，命之曰："东方汝尝镇之，今以属汝，勿俟制命。"乃以为咸平宣慰使。元贞元年，召为御史中丞，行至懿州，病卒。

石抹明里

石抹明里，契丹人，姓石抹，世典内膳。国制，内膳为近臣，非笃敬素著者不得为。明里祖曷鲁，事太祖，睿宗尝求之于帝，帝听以其僚十人往，敕之曰："皇子方总兵辟地，朕辍尔以事之。能以事朕之恭事之，将用黄金覆周汝身矣。"显懿庄圣皇后语宪宗、世祖曰："曷鲁事太祖，圣躬或小不豫，其烹庖之精，百倍平日，汝兄弟当终始遇之。"睿宗尝从太宗西征，在道绝汲，曷鲁晨起，聚草上霜，煮羹以进。睿宗问曰："何从得水？"因告之故，师还，赐金帛甚厚。年八十卒。

中统初，明里入见，世祖令侍臣送明里于裕宗，且曰："明里，朕亲臣之子也，今以事汝，令典膳事。"已而世祖尝命裕宗：令从人十人来，朕将行赏焉。十人者至帝前，四人列于明里上，帝曰："第五人非明里耶？"对曰："然。"帝曰："上之。"明里越一人立，帝又曰："更上之。"明里又越一人立，帝曰："止。"赐金纹衣一袭。明里出，侍臣以明里后来反居上，相与耳语，帝闻之曰："明里之祖曷鲁，事太祖、睿宗以及朕兄弟，尔时汝辈安在？顾谓后来耶！"帝亲讨反者于北方，明里请备持矛，师还第功，赐白金百两。至元二十八年，为典膳令。成宗即位，加朝列大夫，赐金带，又赐御衣一袭、钞万五千贯，诏曰："明里旧臣，其令诸子入宿卫，可假礼部尚书，进阶嘉议大夫，食尚书禄以老。"武宗即位，诏曰："明里夫妇，历事帝后，保抱朕躬，朕甚德之。可特令明里荣禄大夫、司徒；其妻梅仙封顺国夫人。赐黄金二百五十两、白金千五百两、衣一袭。"仁宗在东宫，语宫人曰："昔朕有疾甚危，徽仁裕圣皇后忧之，梅仙守视，不解带者七十日。今不敢忘，其赐明里宝带、锦衣、舆及四骡。"至大三年二月卒，年六十有九。子皆显贵。

谢仲温

谢仲温，字君玉，丰州丰县人。父睦欢，以赀雄乡曲间，大兵南下，转客兀剌城。太祖攻西夏，过其城，睦欢与其帅迎降。从攻西京，睦欢力战先登，连中三矢，仆城下。太宗见而怜之，命军校拔其矢，缚牛，刳其肠，裸而纳诸牛腹中，良久乃苏，誓以死报，每遇敌，必身先之，官至太原路金银铁冶达鲁花赤。

仲温丰颐广颡，声音洪亮，略涉书史。壬子岁，见世祖于野狐岭，命备宿卫，凡所行幸，必在左右。丙辰，城上都，仲温为工部提领，董其役。帝曰："汝但执梃，虽百千人，宁不惧汝耶！"已未，大军围鄂，令督诸将。时守江军士乏食，仲温教之罾鱼，以充其食，帝喜谓侍臣曰："朕思不及此。饮以驼乳，他日不忘汝也。"一夕，帝闻敌军欢噪，命警备，仲温奉绳床，帝凭其肩以行，至旦不能寐。中统元年，擢平阳、太原两路宣抚使；二年，改西京。至元九年，迁顺德路总管。时方用兵江淮，有寡妇鬻子以偿转输之直，仲温出俸金赎还之。十六年，为湖南宣慰使。二十二年，改淮东。岁旱，仲温导白水塘溉民田，公私赖焉。 三十年春，入见，帝曰："汝非谢仲温乎？朕谓汝死矣！"从容语及攻鄂时事，帝喜甚，谕曰："汝将复官乎？朕当为卿择之。"对曰："臣老矣，无能为也，一子早亡，惟有孙孛完，幸陛下怜之。"即日命备宿卫。大德六年卒，年八十。

子兰，江浙达鲁花赤，先卒。孙孛完，承事郎、冀宁等路管民提举司达鲁花赤。

高觿

高觿，字彦解，渤海人。世仕金，祖彝，徙居上党。父守忠，国初为千户。太宗九年，从亲王口温不花攻黄州，殁于兵。觿事世祖，备宿卫，颇见亲幸。至元初，立燕王为皇太子，诏选才隽士充官属，以觿掌艺文，兼领中酝、宫卫监门事，又监作皇太子宫，规制有法，帝嘉之，锡以金币、厩马，因赐名失剌。十八年，授中议大夫、工部侍郎，行同知王府都总管府事。十九年春，皇太子从帝北幸。时丞相阿合马留守大都，专权贪恣，人厌苦之。益都千户王著与高和尚等，因构变谋杀之。三月十七日，觿宿卫宫中，西蕃僧二人至中书省，言今夕皇太子与国师来建佛事。省中疑之，俾尝出入东宫者杂识视之，觿等皆莫识也，乃作西蕃语询二僧曰："皇太子及国师今至何处？"二僧失色。又以汉语诘之，仓皇莫能对，遂执二僧属吏。讯之皆不伏，觿恐有变，乃与尚书忙兀儿、张九思集卫士及官兵，各执弓矢以备。顷之，枢密副使张易亦领兵驻宫外。觿问："果何为？"易曰："夜后当自见。"觿固问，乃附耳语曰："皇太子来诛阿合马也。"夜二鼓，忽闻人马声，遥见烛笼仪仗，将至宫门，其一人前呼启关，觿谓九思曰："他时殿下还宫，必以完泽、赛羊二人先，请得见二人，然后启关。"觿呼二人不应，即语之曰："皇太子平日未尝行此门，今何来此也？"贼计穷，趋南门。觿留张子政等守西门，亟走南门伺之。但闻传呼省官姓名，烛影下遥见阿合马及左丞郝祯已被杀。觿乃与九思大呼曰："此贼也！"叱卫士急捕之，高和尚等皆溃去，惟王著就擒。黎明，中丞也先帖木儿与觿等驰驿往上都，以其事闻。帝以中外未安，当益严武备，遂劳使遣亟还。高和尚等寻皆伏诛。二十二年，迁嘉议大夫，同知大都留守司事，兼少府监。久之，迁中奉大夫、河南等路宣慰使。卒，年五十三。

张九思

张九思，字子有，燕宛平人。父滋，蓟州节度使。至元二年，九思入备宿卫，裕皇居东宫，一见奇之，以父荫当补外，特留不遣。江南既平，宋库藏金帛输内府，而分授东宫者多，置都总管府以主之，九思以工部尚书兼府事。十九年春，世祖巡幸上都，皇太子从，丞相阿合马留守。妖僧高和尚、千户王著等谋杀之，夜聚数百人为仪卫，称太子，入健德门，直趋东宫，传令启关甚遽。九思适直宿宫中，命主者不得擅启关，语在《高觿传》。贼知不可绐，循垣趋南门外，击杀丞相阿合马、左丞郝祯。时变起仓卒，且昏夜，众莫知所为，九思审其诈，叱宿卫士并力击贼，尽获之。贼之入也，矫太子命，征兵枢密副使张易，易不加审，遽以兵与之。易既坐诛，而刑官复论以知情，将传首四方。九思启太子曰："张易应变不审，而授贼以兵，死复何辞！若坐以与谋，则过矣，请免传首。"皇太子言于帝，遂从之。九思讨贼时，右卫指挥使颜进在行，中流矢卒，怨家诬为贼党，将籍其孥，九思力辩之，得不坐。

阿合马既败，和礼霍孙拜右丞相，中书庶务更新，省部用人，多所推荐。是年冬，立詹事院，以九思为丞，遂举名儒上党宋道、保定刘因、曹南夹谷之奇、东平李谦，分任东宫官属。二十二年，皇太子薨，朝议欲罢詹事院，九思抗言曰："皇孙宗社人心所属，詹事所以辅成道德者也，奈何罢之！"众以为允。三十年，进拜中书左丞，兼詹事丞。明年，世祖崩，成宗嗣位，改詹事院为徽政，以九思为副使。十一月，进资德大夫、中书右丞。会修世祖、裕宗《实录》，命九思兼领史事。大德二年，拜荣禄大夫、中书平章政事。五年，加大司徒。六年，进阶光禄大夫，薨，年六十一。子金界奴，光禄大夫、河南省右丞。

王伯胜

王伯胜，霸州文安人。兄伯顺，给事内廷，为世祖所亲幸，因以伯胜入见，命使宿卫。时伯胜年十一，广颡巨鼻，状貌屹然，帝顾谓伯顺曰："此儿当胜卿，可名伯胜。"帝尝沃盥，水温冷甚称旨，问进水为谁，内侍李邦宁曰："伯胜。"帝曰："此儿他日必知为政，达人情矣。"至元二十五年，从征乃颜，以功授朝列大夫、拱卫直都指挥使。元贞元年，赐金虎符，进阶嘉议大夫。成宗即位，复进通议大夫。初，拱卫直隶教坊，卫卒多市井无赖，窜名宿卫。及伯胜为指挥使，乃尽募良家子易之。五年，扈从上都，天久雨，夜闻城西北有声如战鼙然。伯胜率卫卒百人出视之，乃大水暴至，立具畚锸，集土石、毡罽以塞门，分决壕隍以泄其势，至旦始定，而民弗知。丞相完泽以闻，帝嘉之。九年，以侍成宗疾，忤安西王，出为大宁路总管，伯顺亦出为梁王傅。武宗即位，召拜通奉大夫、也可扎鲁花赤、刑部尚书。至大二年，加右丞。明年，进银青荣禄大夫、大都留守，兼少府监。初，大都土城，岁必衣苇以御雨，日久土益坚，劳费益甚，伯胜奏罢之。仁宗立，正百官品秩，降授资德大夫，寻复升荣禄大夫，拜辽阳等处行中书省平章政事。辽阳省治懿州，州弊陋，民不知学。伯胜始至，为增郡学弟子员，择贤师以教之。使客至，无所舍，皆馆于民，民苦之，伯胜乃择隙地为馆厩，度闲田百顷，募民耕种，以廪饩之。岁大旱，伯胜斋戒以祷，祷毕即雨，人谓之平章雨。延祐二年，召为大都留守，辽阳民状其行事，言于中书，乞留伯胜，不报，民涕泣而去。三年，特授银青荣禄大夫。至治二年，赐金虎符，授武卫亲军都指挥使，兼大都屯田事，仍大都留守。奉诏监修文武楼，创咸宁殿，建太庙。泰定三年冬，以疾卒。赐翊忠宣力保惠功臣、太保、金紫光禄大夫、上柱国，追封蓟国公，谥忠敏。

长子恪，初名安童，累官至兵部尚书，南台治书侍御史，佥宣徽院事。次马儿，以宣武将军袭武卫亲军都指挥使。孙善果袭。

伯顺官至大司徒。

卷一百七十　列传第五十七

尚文

尚文，字周卿，世为祁州深泽人，后徙保定，遂占籍焉。文幼颖悟，负奇志。张文谦宣抚河东，参政王椅荐其才，遂辟掌书记。未几，西夏行中书省复辟之。至元六年，始立朝仪，太保刘秉忠言于世祖，诏文与诸儒，采唐《开元礼》及近代礼仪之可行于今者，斟酌损益，凡文武仪仗、服色差等，皆文掌焉。七年春二月，朝仪成，百官肄习，帝临观之，大悦，遂为定制。冬十一月，立侍仪司，擢右直侍仪使，转司农都事。十七年，出守辉州。时河朔大旱，辉独以祷得雨，境内大稔。怀孟民马氏、宋氏，诬伏杀人，积岁狱不能决，提刑使者命文谳以论报。文推迹究情，得狱吏、狱卒罗织状，两狱皆释。十九年，进户部郎中，奏罢怀、卫竹税提举司，民便之。

二十二年，除御史台都事。行台御史上封事，言上春秋高，宜禅位皇太子。太子闻之惧，中台秘其章不发。答即古阿散等知之，请收内外百司吏案，大索天下埋没钱粮，而实欲发其事，乃悉拘封御史台吏案。文拘留秘章不与，答即古闻于帝，命宗正薛彻干取其章。文曰："事急矣！"即白御史大夫曰："是欲上危太子，下陷大臣，流毒天下之民，其谋至奸也。且答即古乃阿合马余党，赃罪狼籍，宜先发以夺其谋。"大夫遂与丞相相议，即入言状，帝震怒曰："汝等无罪耶？"丞相进曰："臣等无所逃罪，但此辈名载刑书，此举动摇人心，宜选重臣为之长，庶靖纷扰。"帝怒稍解，可其奏。既而答即古受人金，与其党竟坐奸赃论死，其机实自文发之。升大司农丞，转少卿，迁吏部侍郎，改江南湖北道肃政廉访使。三十一年，召为刑部尚书。元贞初，拜中台侍御史。时行台御史及浙西宪司劾江浙行省平章不法者十七事，制遣文往诘之。左验明著，犹力争不服，文以上闻，平章乃言御史违制取会防镇军数。成宗命省台大臣杂议，咸曰："平章勋臣之后，所犯者轻，事宜宥；御史取会军数，法当死。"文抗言："平章罪状明白，不受簿责，无人臣礼，其罪非轻。御史纠事之官，因兵卒争诉，责其帅如籍均役，情无害法，即有罪亦轻。"廷辩数四，与省台入奏，帝意始悟，平章、御史各杖遣之。其守正不阿类如此。

元贞二年，建言："治平之世，不宜数赦；不急之役，宜且停罢。"咸为成宗所嘉纳，授河北河南肃政廉访使。大德元年，河决蒲口，台檄令文按视防河之策。文建言：

> 长河万里西来，其势湍猛，至盟津而下，地平土疏，移徙不常，失禹故道，为中国患，不知几千百年矣。自古治河，处得其当，则用力少而患迟；事失其宜，则用力多而患速。此不易之定论也。今陈留抵睢，东西百有余里，南岸旧河口十一，已塞者二，自涸者六，通川者三，岸高于水，计六七尺，或四五尺；北岸故堤，其水比田高三四尺，或高下等，大概南高于北，约八九尺，堤安得不坏，水安得不北也！蒲口今决千有余步，迅疾东行，得河旧渎，行二百里，至归德横堤之下，复合正流。或强湮遏，上决下溃，功不可成。揆今之计，河北郡县，顺水之性，远筑长垣，以御泛滥；归德、徐、邳，民避冲溃，听从安便。被患之家，宜于河南退滩地内，给付顷亩，以为永业；异时河决他所者，亦如之。信能行此，亦一时救荒之良策也。蒲口不塞便。

朝廷从之。会河朔郡县、山东宪部争言："不塞则河北桑田尽为鱼鳖之区，塞之便。"帝复从之。明年，蒲口复决。塞河之役，无岁无之。是后水北入复河故道，竟如文言。

三年，调山东宪使，历行省参知政事、行御史台中丞。七年，召拜资善大夫、中书左丞。浙西饥，发廪不足，募民入粟补官以赈之。山东岁凶，盗贼窃发，出钞八百五十余万贯以弭之。选十道使者，奏请巡行天下，问民疾苦。又奏斥罢南方白云宗，与民均事赋役。西域贾人有奉珍宝进售者，其价六十万锭，省臣平章顾谓文曰："此所谓押忽大珠也，六十万酬之不为过矣。"一坐传玩，文问何所用之，平章曰："含之可不渴，熨面可使目有光。"文曰："一人含之，千万人不渴，则诚宝也；若一宝止济一人，则用已微矣。吾之所谓宝者，米粟是也，一日不食则饥，三日则疾，七日则死；有则百姓安，无则天下乱。以功用较之，岂不愈于彼乎！"平章固请观之，文竟不为动。年六十九，因疾告老而归。十年，拜昭文馆大学士、中书右丞、商议中书省事，召不起。武宗、仁宗之世，屡延致，访以国事，赐燕及金帛有加，进阶自光禄大夫转银青荣禄大夫，仍中书左丞，丐还田里。延祐六年，拜太子詹事，使三往，乃起。仁宗命尽言以教太子，待以殊礼。泰定三年，以中书平章政事致仕。明年，卒于家，年九十二。

申屠致远

申屠致远，字大用，其先汴人。金末从其父义徙居东平之寿张。致远肄业府学，与李谦、孟祺等齐名。世祖南征，驻兵小濮，荆湖经略使乞寔力台荐为经略司知事，军中机务，多所谟画。师还，至随州，所俘男女，致远悉纵遣之。至元七年，崔斌守东平，聘为学官。十年，御史台辟为掾，不就，授太常太祝，兼奉礼郎。帝遣太常卿孛罗问毛血之荐，致远对曰："毛以告纯，血以告新，礼也。"宋平，焦友直、杨居宽宣慰两浙，举为都事，首言："宋图籍宜上之朝；江南学田，当仍以赡学。"行省从之。转临安府安抚司经历。临安改为杭州，迁总管府推官。宋驸马杨镇从子玠节，家富于赀，守藏吏姚溶窃其银，惧事觉，诬玠节阴与宋广、益二王通，有司榜笞，诬服，狱具。致远谳之，得其情，溶服辜，玠节以贿为谢，致远怒绝之。杭人金渊者，欲冒籍为儒，儒学教授彭宏不从，渊诬宏作诗有异志，揭书于市，逻者以上。致远察其情，执渊穷诘，罪之。属县械反者十七人，讯之，盖因寇作，以兵自卫，实非反者，皆得释。西僧杨琏真加，作浮图于宋故宫，欲取高宗所书《九经》石刻以筑基，致远力拒之，乃止。改寿昌府判官。时寇盗窃发，加之造征日本战船，远近骚然，致远设施有方，众赖以安。

二十年，拜江南行台监察御史。江淮行省宣使郄显、李兼诉平章忙兀台不法，有诏勿问，仍以显等付忙兀台鞫之，系于狱，必抵以死。致远虑囚浙西，知其冤状，将纵之，忙兀台胁之以势，致远不为动，亲脱显等械，使从军自赎。桑哥当国，治书侍御史陈天祥使至湖广，劾平章要束木，桑哥摘其疏中语，诬以不道，奏遣使往讯之，天祥就逮。时行台遣御史按部湖广，咸惮之，莫敢往，致远慨然请行。比至，累章极论之。桑哥方促定天祥罪，会致远章上，桑哥气沮。江西行省平章马合谋于商税外横加征取，忽辛籍乡民为匠户，转运使卢世荣榷茶牟利，致远并劾之。又言占城、日本不可涉海远征，徒费中国；铨选限以南北，优苦不均，宜考其殿最，量地远近，定为立制，则铨衡平而吏弊革。他如罢香莎米，弛竹课禁，设司狱官医学职员，皆致远发之。

二十八年，丁父忧，起复江南行台都事，以终制辞。二十九年，佥江东建康道肃政廉访司事，未至，移疾还。元贞元年，纂修《世祖实录》，召为翰林待制，不赴。大德二年，佥淮西江北道肃政廉访司事，行部至和州，得疾卒。

致远清修苦节，耻事权贵，聚书万卷，名曰墨庄。家无余产，教诸子如师友。所著《忍斋行稿》四十卷，《释奠通礼》三卷，《杜诗纂例》十卷，《集验方》十二卷，《集古印章》三卷。

子七人：伯骐，征事郎、岭北湖南道肃政廉访司知事；骥，骊，俱为学官；駉，奉政大夫、兵部员外郎。

雷膺

雷膺，字彦正，浑源人。父渊，金监察御史。膺生七岁而孤，金末，母侯氏挈膺北归浑源，艰险备尝，织纴以为业，课膺读书。膺笃志于学，事母以孝闻。太宗时，诏郡国设科选试，凡占儒籍者复其家，膺年甫弱冠，得与其选，愈自砥砺，遂以文学称。丞相史天泽镇真定，辟为万户府掌书记。世祖即位，初置十路宣抚司，诏选耆旧使副子弟为僚属，授膺大名路宣抚司员外郎。中统二年，翰林承旨王鹗、王磐荐膺为翰林修撰、同知制诰，兼国史院编修官。五年，调陕西西蜀四川按察司参议。至元二年，改陕西五路转运司谘议。四年，用兵于蜀，佩金符，参议左壁总帅府事，师还，升承务郎、同知恩州事。宪府表荐其能，遂入拜监察御史，首以"正君心、正朝廷百官"为言，又斥聚敛之臣不宜作相。十一年，加奉议大夫，佥河东山西道提刑按察司事，以称职闻。十四年，进朝列大夫、山南湖北道提刑按察副使。是时，江南新附，诸将市功，且利俘获，往往滥及无辜，或强籍新民以为奴隶。膺出令，得还为民者以数千计。十八年，转淮西江北道提刑按察副使，以母老辞。二十年，迁行台侍御史，奉母之官，分司湖广、江西，奏劾按察使二人及行省官吏之不法者。二十二年，丁母忧，去官。明年，起复，授中议大夫、江南浙西道提刑按察使。时苏、湖多雨伤稼，百姓艰食，膺请于朝，发廪米二十万石赈之。江淮行省以发米太多，议存三之一，膺曰："布宣皇泽，惠养困穷，行省臣职耳，岂可效有司出纳之吝耶！"行省不能夺，悉给之。时年六十二，即致仕，归老于山阳。二十九年，征拜集贤学士。成宗即位，朝会上都，召诸故老，谘询国政，膺为称首，多所建白。一日，延见便殿，奏对称旨，赐白玉带环一。明年，赐钞五千贯，进秩二品。大德元年夏六月，以疾卒于京师，年七十三。赠通奉大夫、河南江北等处行中书省参知政事、护军，追封冯翊郡公，谥文穆。

子肇，顺德路总管府判官。孙豫，南阳府穰县尹。

胡祗遹

胡祗遹，字绍闻，磁州武安人。少孤，既长读书，见知于名流。中统初，张文谦宣抚大名，辟员外郎。明年，入为中书详定官。至元元年，授应奉翰林文字，寻兼太常博士，调户部员外郎，转右司员外郎，寻兼左司。时阿合马当国，进用群下，官冗事烦，祗遹建言："省官莫如省吏，省吏莫如省事。"以是忤权奸，出为太原路治中，兼提举本路铁冶，将以岁赋不办责之。及其莅职，乃以最闻。改河东山西道提刑按察副使。宋平，为荆湖北道宣慰副使。有佃民诉其田主谋为不轨者，祗遹察其冤，坐告者。十九年，为济宁路总管，上八事于枢府言军政：曰役重，曰逃户，曰贫难，曰正身入役，曰伪署文牒，曰官吏保结，曰有名无实，曰合并偏颇。枢府是之，以其言著为定法。济宁移治巨野县，自国初经兵戈，其废已久，民居未集，风俗朴野。祗遹选郡子弟，择师教之，亲为讲论，期变其俗，久之，治效以最称。升山东东西道提刑按察使，所至抑豪右，扶寡弱，以敦教化，以厉士风。民有父子兄弟相讼者，必恳切谕以天伦之重，不获已，则绳以法。召拜翰林学士，不赴，改江南浙西道提刑按察使，未几，以疾归。二十九年，朝廷徵耆德者十人，祗遹为之首，以疾辞。三十年，卒，年六十七。延祐五年，赠礼部尚书，谥文靖。子持，太常博士。

王利用

王利用，字国宾，通州潞县人。辽赠中书令、太原郡公籍之七世孙，高祖以下皆仕金。利用幼颖悟，弱冠与魏初同学，遂齐名，诸名公交口称誉之。初事世祖于潜邸，中书辟为掾，辞不就。中统初，命监铸百司印章，历太府内藏官，出为山东经略司详议官，迁北京奥鲁同知，历安肃、汝、蠡、赵四州知州，入拜监察御史。蓟州有禁地，民不得射猎其中，逻者诬州民冒禁，籍其家，利用纠之，逻者诉于上，利用辨愈力，得以所没入悉归之民。擢翰林待制，兼兴文署，奉旨程试上都、隆兴等路儒士。升直学士，与耶律铸同修实录。出为河东、陕西、燕南三道提刑按察副使、四川提刑按察使。四川土豪有持官府长短者，问得其实，而当以罪，民赖以安。都元帅塔海，抑巫山县民数百口为奴，民屡诉不决，利用承檄核问，尽出为民。大德二年，改安西、兴元两路总管。其在兴元，减职田租额，站户之役于他郡者悉除之，民甚便焉。有妇毒杀其夫，问药所从来，吏教妇指为富商所货。狱上，利用曰："家富而货毒药，岂人情哉？"讯之，果冤也。未几，致仕，居汉中。

成宗朝，起为太子宾客，首以切于时政者疏上十七事：曰谨畏天戒，取法祖宗，孝事母后，敬奉至尊，抚爱百姓，敦本抑末，清心听政，寡欲养身，酒宜节饮，财宜节用，有功必赏，有罪必罚，杜绝谗言，求纳直谏，官职量材而授，工役相时而动，俾近侍时赴经筵讲读经史。帝及太子嘉纳之。皇后闻之，命录别本以进。利用以老病不能朝，帝遣医诊视之，利用谓弟利贞、利亨曰："吾受国厚恩，愧不能报，死生有命，药不能为也。"遂卒，年七十七。

利用每自言，平生读书，于恕字有得焉。廉希宪当时名相，简重慎许可，尝语人曰："方今文章政事兼备者，王国宾其人也。"武宗即位，以官僚旧臣，制赠荣禄大夫、柱国、中书平章政事，封潞国公，谥文贞。

畅师文

畅师文，字纯甫，南阳人。祖渊，赠中顺大夫、上骑都尉、魏郡伯。父讷，有诗名，注《地理指掌图》，仕为汴幕官，赠太中大夫、上轻车都尉、魏郡侯。师文幼警悟，家贫无书，手录口诵，过目辄不忘。弱冠，谒许衡，与衡门人姚燧、高凝皆相友善。至元五年，陈时政十六策，丞相安童奇其才，辟为右三部令史。十二年，丞相伯颜攻宋，选为掾属，从定江南，及归，舟中惟载书籍而已。十三年，编《平宋事迹》上之。十四年，除东川行枢密院都事，尽心赞画，多所裨益。十六年，安西王承制改四川北道宣慰司经历，寻除承直郎、潼川路治中。修府舍，发地得银五十锭，同僚分师文十锭，不受，用以修庙学及传舍，余作酒器给公用。十九年，承制改同知保宁路事，治尚平简，反侧以安。二十二年，佥西蜀四川道提刑按察司事。二十三年，拜监察御史，纠劾不避权贵，上所纂《农桑辑要》书。二十四年，迁陕西汉中道巡行劝农副使，置义仓，教民种艺法。二十八年，改佥陕西汉中道提刑按察司事。时更提刑按察司为肃政廉访司，就佥本道肃政廉访司事，黜奸举才，咸服其公。三十一年，徙山南道。松滋、枝江有水患，岁发民防水，往返数百里，苦于供给，师文以江水安流，悉罢其役。驸马亦都护家人怙势不法，师文治其甚恶者，流之。大德二年，改山东道，入为国子司业。七年，出为陕西行中书省理问官，决滞狱，不少阿徇。顷之，以疾家居。九年，擢陕西汉中道肃政廉访副使，又以疾不赴。十年，改太常少卿，转翰林侍读学士、朝请大夫、知制诰同修国史。至大元年，修《成宗实录》，赐钞壹百锭，不受。时制作多出其手。二年，加少中大夫。三年，请补外任，除太平路总管。时大旱，师文捐俸致祷，不数日，澍雨大降，遂为丰年。当涂人坐杀牛祈雨，囚系者六十余人，师文悯而出之。公田米积之盈屋，曰："我家几人，能尽食此乎！"呼贫士及细民，恣其取去。廉访分司官前后至者，必先谒师文，称为先生。师文在任未久，境内晏然。皇庆二年，复召为翰林侍读学士、中奉大夫、知制诰同修国史，奉旨撰《王勃成道记序》等文，赐银贰铤，不受。除燕南河北道肃政廉访使，以病去官。延祐元年，征拜翰林学士、资德大夫，行至河南，复以病归襄阳。四年秋八月，考河南乡试归，次襄县，卒于传舍，年七十一，葬襄阳岘山。泰定二年，赠资政大夫、河南江北等处行中书省左丞、上护军，追封魏郡公，谥文肃。后至元八年，加赠推忠守正亮节功臣。

三子，长曰笃，仕至太中大夫、江东道肃政廉访副使。

张炤

张炤，字彦明，济南人。父信，以商贾起家，赀雄于乡。壬辰岁饥，出粟赈贷，乡人赖以全活。炤，幼颖悟力学，始补吏济南，上计寿阳，行省有积年勾考未输银一十万五千两，炤条陈利害切至，遂获免征，民得无扰。中统元年，辟为中书省掾，俄迁右司提控案牍。四年，出为山东东路大都督府员外郎。至元四年，转陕西五路西蜀四川行中书省左右司员外郎。八年，进阶奉训大夫、知兖州事。时州境亢旱，吏民恳祷不雨，炤始至，甘雨沾足。闻属邑有桀黠吏，挟官府肆为暴横，炤绳之以法，杖出境外，民害遂息。十一年，改授淮西等路行中书省左右司郎中。丞相阿塔海领军进攻瓜洲、镇江，炤运粮储，给战具，凡二年，赞画之力居多。十三年，扬州未下，丞相阿术提兵攻之。五月，宋将李庭芝弃城遁泰州，炤领兵迫扬州城下，躬往招谕，制置朱焕以城降，庭芝亦就擒。炤传檄未下州郡，皆望风款附。从阿术入觐，世祖赐锦衣、鞍勒。十三年，升太中大夫、扬州路总管府达鲁花赤，商议行中书省事，佩金虎符。时行省在扬州，据南北要津，炤抚绥劳来，上下安之。十六年，改镇江路总管府达鲁花赤，谢病归，购书八万卷，以万卷送济南府学资教育。二十一年，起为东昌路总管，莅政二年，吏民畏服，以治最称。二十五年卒，年六十四。延祐五年，赠太中大夫、东昌路总管，追封清河郡侯，谥敬惠。子用中，沂州山场同提举。

袁裕

袁裕，字仲宽，洛阳人。幼孤，从兄避难聊城，因家焉。稍长嗜学。中统初，由聊城县丞辟中书右司掾，始建言"给重囚衣粮医药，免籍其孥、产，止令出焚瘗钱"，后著为令。顺天路民王住儿，因斗误杀人，其母年七十，言于朝曰："妾寡且老，恃此儿以为生，儿死，则妾亦死矣。"裕言于执政曰："囚误杀人，情非故犯，当矜其母，乞宥之。"执政以闻，帝从之，囚得免死。南京总管刘克兴掠良民为奴隶，后以矫制获罪，当籍孥、产之半，裕言于中书，止籍其家，奴隶得复为民者数百。至元六年，迁开封府判官。洧川县达鲁花赤贪暴，盛夏役民捕蝗，禁不得饮水，民不胜忿，击之而毙，有司当以大逆置极刑者七人，连坐者五十余人。裕曰："达鲁花赤自犯众怒而死，安可悉归罪于民！"议诛首恶者一人，余各杖之有差。部使者录囚至县，疑其太宽，裕辨之益力，遂陈其事状于中书，刑曹竟从裕议。八年，拜监察御史，俄有旨授西夏中兴等路新民安抚副使，兼本道巡行劝农副使、奉直大夫，佩金符。时徙鄂民万余于西夏，有司虽与廪食，而流离颠沛犹多。裕与安抚使独吉请于朝，计丁给地，立三屯，使耕以自养，官民便之。又言："西夏羌、浑杂居，驱良莫辨，宜验已有从良书者，则为良民。"从之，得八千余人，官给牛具，使力田为农。十三年，进甘州等路宣抚副使，兼西夏中兴等路新民安抚副使。明年，移镇甘州。十八年，调南阳知府。明年，召拜刑部侍郎，出为顺德路总管。郡有铁冶提举张鉴，无子，买妾，其妻妒而杀之。裕捕其妻，讯之服辜。裕用法平允，而疾恶不少贷如此。二十一年，卒于官，年五十九。裕以其兄有鞠育之恩，令其子师愈推荫兄子仁，师愈后仕至侍御史。

张　昉

张昉，字显卿，东平汶上人。父汝明，金大安元年经义进士，官至治书侍御史。昉性缜密，遇事敢言，确然有守，以任子试补吏部令史。金亡，还乡里。严实行台东平，辟为掾。乡人有执左道惑众谋不轨者，事觉逮捕，诖误甚众，诸僚佐莫敢言，昉独别白出数百人，实才之，进幕职。时兵后，吏曹杂进，不习文法，东平辖郡邑五十四，民众事繁，簿书填委，漫无统纪。昉坐曹，躬阅案牍，左酬右答，咸得其当，事无留滞。初，有将校死事，以弟袭其职者，至是革去，昉辨明，复之，持金夜馈昉，昉却之，惭谢而去。同里张氏，以丝五万两寄昉家而他适，俄而昉家被火，家人惶骇走避，赀用悉焚，惟力完所寄丝，付张氏。乙卯，权知东平府事，以疾辞，家居养母。中统四年，参知中书省事。商挺镇巴蜀，表为四川等处行枢密院参议。至元元年，入为中书省左右司郎中，甄别能否，公其黜陟，人无怨言。三年，迁制国用使司郎中。制司专职财赋，时宰领之，倚任集事，尤号烦重，昉竭诚赞画，出纳惟谨，赋不加敛，而国用以饶。四年，丁内忧，哀毁逾制。寻诏起复，录囚东平，多所平反。七年，转尚书省左右司郎中。九年，改中书省左右司郎中。昉有识虑，损益古今，裁定典宪，时皆宜之，名为称职。十一年，拜兵刑部尚书，上疏乞骸骨，致其事，卒。赠中奉大夫、参知政事，追封东平郡公，谥庄宪。

子克遹，平阴县尹。孙振，秘书著作郎；揆，中书省左司都事；拱，常德路蒙古学教授。

郝　彬

郝彬，字景文，霸州信安人也。世祖初，年十六，充太子宿卫，擢扬州路治中。宋末，鄞县贼顾闰，聚众海岛，时出攻剽，宋羁縻以官，内附后益横，侵扬州境，彬讨禽之。泰兴人有被杀二年而捕贼不获者，吏诬平人，狱已具。彬疑其诬，谳之，果得真贼。御史荐彬同知淮西道宣慰司事，核户版，理屯田，诸废修举。江淮财赋总管府掌东宫田赋，其官属皆从詹事院奏授，不隶中书，往往为奸利，诛求无厌。彬为总管，入见，请受宪司纠察以革私弊，罢所隶六提举司以苏民瘼。从之，遂罢其四。国家经费，盐利居十之八，而两淮盐独当天下之半，法日以坏，以彬行户部尚书经理之。彬请度舟楫所通、道里所均，建六仓，煮盐于场，运积之仓；岁首，听群商于转运司探仓筹定其所，乃买券，又定河商、江商市易之不如法者，著为法。入为工部尚书，改户部尚书，拜中书参知政事，俄免归。尚书省立，拜参知政事，辞不获命。同列务生事要功，杀无罪之人，彬积诚意开引，或从或违，横不可制。命兼大司徒，不拜。仁宗在东宫，彬恳辞至力，因称疾笃。时相强起之，至奏重赐以饵之，彬不为动。议罪之，罪无从得，彬坚卧一榻至数月，尚书省臣皆得罪，彬不与焉。家居七年，足迹未尝一出门外。仁宗思之，以为大司农卿，未几，谢病。延祐七年三月卒。

高　源

高源，字仲渊，晋州人。高祖揖，为州法吏，用法公平。父汝霖，为真定廉访司照磨，使东平，道高唐，遇盗死。源幼力学，事母孝，补县吏。中统初，擢卫辉路知事，累升齐河县尹，有遗爱，去官十年，民犹立碑颂之。迁行台都事，佥江南浙西道提刑按察司事。劾常州路达鲁花赤马恕夺民田及他不法事。恕惧，走赂权臣阿合马，以他事诬源。既系狱，一日，忽释之，莫知所由。先时，源所居邻里，多阿合马姻戚，素知源事母至孝。至是，闻源坐非辜，悉诣阿合马曰："源，孝子也，非但我知之，天必知之。况媒孽之罪非实，若妄杀源，悖天不祥。"阿合马感悟，得不死。寻除河间等路都转运副使，抚治有条，灶户逃者皆复业，常赋外，羡余几十万缗。至元二十四年，为江东道劝农营田使。二十八年，迁都水监。开通惠河，由文明门东七十里，与会通河接，置闸七、桥十二，人蒙其利。授同知湖南道宣慰司事。卒，年七十七。子梦弼、良弼、公弼。

杨　湜

杨湜，字彦清，真定藁城人。习章程学，工书算，始以府吏迁检法。中统元年，辟为中书掾，与中山杨珍、无极杨卞齐名，时人以三杨目之。中书省初立，国用不足，湜论钞法宜以榷货制国用，朝廷从之，因俾掌其条制。四年，授益都路宣慰司咨议，迁左司提控掾，请严赃吏法。至元二年，除河南大名诸处行中书省都事。三年，立制国用司，总天下钱谷，以湜为员外郎，佩金符。改宣徽院参议。湜计帑立籍，具其出入之算，每月终上之，遂定为令。加诸路交钞都提举，上钞法便宜事，谓平准行用库白金出入，有偷滥之弊，请以五十两铸为锭，文以元宝，用之便。七年，改制国用司为尚书省，拜户部侍郎，仍兼交钞提举。时用壬子旧籍定民赋役之高下，湜言："贫富不常，岁久寖易，其可以昔时之籍，而定今之赋役哉！"廷议善之，因俾第其轻重，人以为平。湜心计精析，时论经费者，咸推其能焉。

子克忠，安丰路总管。孙贞。

吴　鼎

吴鼎，字鼎臣，燕人。至元十七年，见裕宗于东宫，命入宿卫。二十五年，授织染杂造局总管府副总管，后积官至礼部尚书、宣徽副使。大德十一年，山东诸郡饥，诏鼎往赈之。朝廷议发米四万石，钞折米一万石，鼎谓同使者曰："民得钞，将何从易米？"同使者曰："朝议已定，恐不可复得。"鼎曰："人命岂不重于米耶！"言于朝，卒从所请。至大元年，改正奉大夫、保定路总管。时皇太后欲幸五台，言者请开保定西五回岭，以取捷径。遣使即鼎，使视地形，计工费，鼎言："荒山斗入，人迹久绝，非乘舆所宜往。"还报，太后喜，为寝其役。三年，召授资善大夫、同知中政院事。两浙财赋隶中政者巨万计，前往者率多取其赢，鼎治之，一无私焉。浙有两富豪，曰朱、张家，多贷与民钱，其后两家诛没，而券之已偿者，亦入于官，官唯验券征理，民不能堪。鼎力为辨白，始获免。四年，改京畿漕运使。皇庆二年，特旨复佥宣徽院事；四月，进资政大夫、崇祥院使。延祐三年卒，年五十有三。赠荣禄大夫、平章政事、柱国，追封蓟国公，谥孝敏。

梁德珪

梁德珪，字伯温，大兴良乡人。初给事昭睿顺圣皇后宫，令习国语，通奏对。年十一，见世祖。至元十六年，为中书左司员外郎，俄升郎中，六迁至参议尚书省事。至元三十一年，执政入奏事，帝询其曲折，不能对，德圭从旁辩析，明白通畅，帝大悦，拜参知政事。在省日久，凡钱谷出纳之制，铨选进退之宜，诸藩赐予之节，命有骤至，不暇阅简牍，同列莫知措辞，德珪数语即定；间遇疑事，则曰某事当如某律，某年尝有此旨，验之皆然。北京地震，帝阅州郡报囚之数，怪其过多，德珪方在右司，诏问焉。对曰："当国者急于征索，蔓延收系，以致此尔。"帝感悟，为大赦中外逋负，民赖以苏。大德间，成宗即位，一遵祖武，庙堂以安静为治，求进者不得逞其志，朋聚兴怨，摭事中伤德珪。会帝有疾，言者盛气致诘，德珪以位居执政，不受凌轹，慷慨引咎，遂安置湖广。帝疾愈，问知之，召使复位。既至，帝问："卿安在？"德珪涕泣不能语。赐酒馔，使往拜其母，因以气疾，乞骸骨归。大德八年九月，卒于家，年四十有六。

卷一百七十一　列传第五十八

刘因

刘因，字梦吉，保定容城人。世为儒家，五世祖琮生敦武校尉、临洮府录事判官昉，昉生奉议大夫、中山府录事俣，俣生秉善，金贞祐中南徙。其弟国宝，登兴定进士第，终奉直大夫、枢密院经历。秉善生述，述，因之父也。岁壬辰，述始北归，刻意问学，邃性理之说，好长啸。中统初，左三部尚书刘肃宣抚真定，辟武邑令，以疾辞归。年四十未有子，叹曰："天果使我无子则已，有子必令读书。"因生之夕，述梦神人马载一儿至其家，曰："善养之。"既觉而生，乃名曰骃，字梦骥，后改今名及字。

因天资绝人。三岁识书，日记千百言，过目即成诵，六岁能诗，七岁能属文，落笔惊人。甫弱冠，才器超迈，日阅方册，思得如古人者友之，作《希圣解》。国子司业砚弥坚教授真定，因从之游，同舍生皆莫能及。初为经学，究训诂疏释之说，辄叹曰："圣人精义，殆不止此。"及得周、程、张、邵、朱、吕之书，一见能发其微，曰："我固谓当有是也。"及评其学之所长，而曰："邵，至大也；周，至精也；程，至正也；朱子，极其大，尽其精，而贯之以正也。"其高见远识率类此。因蚤丧父，事继母孝，有父、祖丧未葬，投书先友翰林待制杨恕，怜而助之，始克襄事。因性不苟合，不妄交接，家虽甚贫，非其义，一介不取。家居教授，师道尊严。弟子造其门者，随材器教之，皆有成就。公卿过保定者众，闻因名，往往来谒，因多逊避，不与相见，不知者或以为傲，弗恤也。尝爱诸葛孔明静以修身之语，表所居曰"静修"。

不忽木以因学行荐于朝，至元十九年，有诏征因，擢承德郎、右赞善大夫。初，裕皇建学宫中，命赞善王恂教近侍子弟，恂卒，乃命因继之。未几，以母疾辞归。明年，丁内艰。二十八年，诏复遣使者，以集贤学士、嘉议大夫征因，以疾固辞，且上书宰相曰：

因自幼读书，接闻大人君子之余论，虽他无所得，至如君臣之义，自谓见之甚明。如以日用近事言之，凡吾人之所以得安居而暇食，以遂其生聚之乐者，是谁之力与？皆君上之赐也。是以凡我有生之民，或给力役，或出知能，亦必各有以自效焉。此理势之必然，亘万古而不可易，而庄周氏所谓无所逃于天地之间者也。因生四十三年，未尝效尺寸之力，以报国家养育生成之德，而恩命连至，因尚敢偃蹇不出，贪高尚之名以自媚，以负我国家知遇之恩，而得罪于圣门中庸之教也哉！且因之立心，自幼及长，未尝一日敢为崖岸卓绝、甚高难继之行，平昔交友，苟有一日之雅者，皆知因之此心也。但或者得之传闻，不求其实，止于纵迹之近似者观之，是以有高人隐士之目，惟阁下亦知因之未尝以此自居也。向者先储皇以赞善之命来召，即与使者俱行，再奉旨令教学，亦即时应命。后以老母中风，请还家省视，不幸弥留，竟遭忧制，遂不复出，初岂有意于不仕邪？今圣天子选用贤良，一新时政，虽前日隐晦之人，亦将出而仕矣，况因平昔非隐晦者邪！况加以不次之宠，处之以优崇之地邪！是以形留意往，命与心违，病卧空斋，惶恐待罪。

因素有羸疾，自去年丧子，忧患之余，继以痁疟，历夏及秋，后虽平复，然精神气血，已非旧矣。不意今岁五月二十八日，疟疾复作，至七月初二日，蒸发旧积，腹痛如刺，下血不已。至八月初，偶起一念，自叹旁无期功之亲，家无纪纲之仆，恐一旦身先朝露，必至累人，遂遣人于容城先人墓侧，修营一舍，傥病势不退，当居处其中以待尽。遣人之际，未免感伤，由是病势益增，饮食极减。至二十一日，使者持恩命至，因初闻之，惶怖无地，不知所措，徐而思之，窃谓供职虽未能扶病而行，而恩命则不敢不扶病而拜。因又虑，若稍涉迟疑，则不惟臣子之心有所不安，而踪迹高峻，已不近于人情矣。是以即日拜受，留使者，候病势稍退，与之俱行。迁延至今，服疗百至，略无一效，乃请使者先行，仍令学生李道恒，纳上铺马圣旨，待病退，自备气力以行。望阁下俯加矜悯，曲为保全。因实疏远微贱之臣，与帷幄诸公不同，其进与退，若非难处之事，惟阁下始终成就之。

书上，朝廷不强致，帝闻之，亦曰："古有所谓不召之臣，其斯人之徒欤！"三十年夏四月十有六日卒，年四十五。无子，闻者嗟悼。延祐中，赠翰林学士、资善大夫、上护军，追封容城郡公，谥文靖。欧阳玄尝赞因画像曰："微点之狂，而有沂上风雩之乐；资由之勇，而无北鄙鼓瑟之声。于裕皇之仁，而见不可留之四皓；以世祖之略，而遇不能致之两生。乌乎！麒麟凤凰，固宇内之不常有也，然而一鸣而《六典》作，一出而《春秋》成。则其志不欲遗世而独往也明矣，亦将从周公、孔子之后，为往圣继绝学，为来世开太平者邪！"论者以为知言。

因所著有《四书精要》三十卷，诗五卷，号《丁亥集》，因所自选。又有文集十余卷，及《小学四书语录》，皆门生故友所录，惟《易系辞说》，乃因病中亲笔云。

吴　澄

吴澄，字幼清，抚州崇仁人。高祖晔，初居咸口里，当华盖、临川二山间，望气者徐觉言其地当出异人。澄生前一夕，乡父老见异气降其家，邻媪复梦有物蜿蜒降其舍旁池中，旦以告于人，而澄生。三岁，颖悟日发，教之古诗，随口成诵。五岁，日受千余言，夜读书至旦，母忧其过勤，节膏火，不多与，澄候母寝，燃火复诵习。九岁，从群子弟试乡校，每中前列。既长，于《经》、《传》皆习通之，知用力圣贤之学，尝举进士不中。

至元十三年，民初附，盗贼所在蜂起，乐安郑松，招澄居布水谷，乃著《孝经章句》，校定《易》、《书》、《诗》、《春秋》、《仪礼》及大、小《戴记》。待御史程鉅夫，奉诏求贤江南，起澄至京师。未几，以母老辞归。鉅夫请置澄所著书于国子监，以资学者，朝廷命有司即其家录上。元贞初，游龙兴，按察司经历郝文迎至郡学，日听讲论，录其问答，凡数千言。行省掾元明善以文学自负，尝问澄《易》、《诗》、《书》、《春秋》奥义，叹曰："与吴先生言，如探渊海。"遂执子弟礼终其身。左丞董士选延之于家，亲执馈食，曰："吴先生，天下士也。"既入朝，荐澄有道，擢应奉翰林文字。有司敦劝，久之乃至，而代者已至官，澄即日南归。未几，除江西儒学副提举，居三月，以疾去官。

至大元年，召为国子监丞。先是，许文正公衡为祭酒，始以《朱子小学》等书授弟子，久之，渐失其旧。澄至，旦燃烛堂上，诸生以次受业，日昃，退燕居之室，执经问难者，接踵而至。澄各因其材质，反覆训诱之，每至夜分，虽寒暑不易也。皇庆元年，升司业，用程纯公《学校奏疏》、胡文定公《六学教法》、朱文公《学校贡举私议》，约之为教法四条：一曰经学，二曰行实，三曰文艺，四曰治事，未及行。又尝为学者言："朱子于道问学之功居多，而陆子静以尊德性为主。问学不本于德性，则其敝必偏于言语训释之末，故学必以德性为本，庶几得之。"议者遂以澄为陆氏之学，非许氏尊信朱子本意，然亦莫知朱、陆之为何如也。澄一夕谢去，诸生有不谒告而从之南者。俄拜集贤直学士，特授奉议大夫，俾乘驿至京师，次真州，疾作，不果行。

英宗即位，超迁翰林学士，进阶太中大夫。先是，有旨集善书者，粉黄金为泥，写浮屠《藏经》。帝在上都，使左丞速速诏澄为序，澄曰："主上写经，为民祈福，甚盛举也。若用以追荐，臣所未知。盖福田利益，虽人所乐闻，而轮回之事，彼习其学者，犹或不言。不过谓为善之人，死则上通高明，其极品则与日月齐光；为恶之人，死则下沦污秽，其极下则与沙虫同类。其徒遂为荐拔之说，以惑世人。今列圣之神，上同日月，何庸荐拔！且国初以来，凡写经追荐，不知几举。若未效，是无佛法矣；若已效，是诬其祖矣。撰为文辞，不可以示后世，请俟驾还奏之。"会帝崩而止。

泰定元年，初开经筵，首命澄与平章政事张珪、国子祭酒邓文原为讲官。在至治末，诏作太庙，议者习见同堂异室之制，乃作十三室。未及迁奉，而国有大故，有司疑于昭穆之次，命集议之。澄议曰："世祖混一天下，悉考古制而行之。古者天子七庙，庙各为宫，太祖居中，左三庙为昭，右三庙为穆，昭穆神主，各以次递迁，其庙之宫，颇如今之中书六部。夫省部之设，亦仿金、宋，岂以宗庙叙次而不考古乎！"有司急于行事，竟如旧次云。时澄已有去志，会修《英宗实录》，命总其事。居数月，《实录》成，未上，即移疾不出。中书左丞许师敬奉旨赐宴国史院，仍致朝廷勉留之意，宴罢，即出城登舟去。中书闻之，遣官驿追，不及而还，言于帝曰："吴澄，国之名儒，朝之旧德，今请老而归，不忍重劳之，宜有所褒异。"诏加资善大夫，仍以金织文绮二及钞五千贯赐之。

澄身若不胜衣，正坐拱手，气融神迈，答问亹亹，使人涣若冰释。弱冠时，尝著说曰："道之大原出于天，神圣继之，尧、舜而上，道之元也；尧、舜而下，其亨也；洙、泗、邹、鲁，其利也；濂、洛、关、闽，其贞也。分而言之，上古则羲、黄其元，尧、舜其亨，禹、汤其利，文、武、周公其贞乎！中古之统：仲尼其元，颜、曾其亨乎，子思其利，孟子其贞乎！近古之统：周子其元，程、张其亨也，朱子其利也，孰为今日之贞乎？未之有也。然则可以终无所归哉！"其早以斯文自任如此。故出登朝署，退归于家，与郡邑之所经由，士大夫皆迎请执业，而四方之士不惮数千里，蹑屩负笈来学山中者，常不下千数百人。少暇即著书，至将终，犹不置也。于《易》、《春秋》、《礼记》，各有纂言，尽破传注穿凿，以发其蕴，条归纪叙，精明简洁，卓然成一家言。作《学基》、《学统》二篇，使人知学之本与为学之序，尤有得于邵子之学。校定《皇极经世书》，又校正《老子》、《庄子》、《太玄经》、《乐律》，及《八阵图》、郭璞《葬书》。

初，澄所居草屋数间，程钜夫题曰草庐，故学者称之为草庐先生。天历三年，朝廷以澄耆老，特命次子京为抚州教授，以便奉养。明年六月，得疾，有大星坠其舍东北，澄卒，年八十五。赠江西行省左丞、上护军，追封临川郡公，谥文正。

长子文，终同知柳州路总管府事；京，终翰林国史院典籍官。孙当，自有传。

卷一百七十二　列传第五十九

程鉅夫

程鉅夫，名文海，避武宗庙讳，以字行。其先自徽州徙郢州京山，后家建昌。叔父飞卿，仕宋，通判建昌，世祖时，以城降。鉅夫入为质子，授宣武将军、管军千户。他日，召见，问贾似道何如人，鉅夫条对甚悉，帝悦，给笔札书之，乃书二十余幅以进。帝大奇之，因问今居何官，以千户对，帝谓近臣曰："朕观此人相貌，已应贵显；听其言论，诚聪明有识者也。可置之翰林。"丞相火礼霍孙传旨至翰林，以其年少，奏为应奉翰林文字，帝曰："自今国家政事得失，及朝臣邪正，宜皆为朕言之。"鉅夫顿首谢曰："臣本疏远之臣，蒙陛下知遇，敢不竭力以报陛下！"寻进翰林修撰，屡迁集贤直学士，兼秘书少监。

至元十九年，奏陈五事：一曰取会江南仕籍，二曰通南北之选，三曰立考功历，四曰置贪赃籍，五曰给江南官吏俸。朝廷多采行之。赐地京师安贞门，以筑居室。二十年，加翰林集贤直学士，同领会同馆事。二十三年，见帝，首陈："兴建国学，乞遣使江南搜访遗逸；御史台、按察司，并宜参用南北之人。"帝嘉纳之。二十四年，立尚书省，诏以为参知政事，鉅夫固辞。又命为御史中丞，台臣言："鉅夫南人，且年少。"帝大怒曰："汝未用南人，何以知南人不可用！自今省部台院，必参用南人。"遂以鉅夫仍为集贤直学士，拜侍御史，行御史台事，奉诏求贤于江南。初，书诏令皆用蒙古字，及是，帝特命以汉字书之。帝素闻赵孟藡、叶李名，鉅夫临当行，帝密谕必致此二人；鉅夫又荐赵孟頫、余恁、万一鹗、张伯淳、胡梦魁、曾晞颜、孔洙、曾冲子、凌时中、包铸等二十余人，帝皆擢置台宪及文学之职。还朝，陈民间利病五事，拜集贤学士，仍还行台。

二十六年，时相桑哥专政，法令苛急，四方骚动。鉅夫入朝，上疏曰："臣闻天子之职，莫大于择相，宰相之职，莫大于进贤。苟不以进贤为急，而惟以殖货为心，非为上为德、为下为民之意也。昔文帝以决狱及钱谷问丞相周勃，勃不能对，陈平进曰：'陛下问决狱，责廷尉；问钱谷，责治粟内史。宰相上理阴阳，下遂万物之宜，外镇抚四夷，内亲附百姓。'观其所言，可以知宰相之职矣。今权奸用事，立尚书钩考钱谷，以剥割生民为务，所委任者，率皆贪饕邀利之人，江南盗贼窃发，良以此也。臣窃以为宜清尚书之政，损行省之权，罢言利之官，行恤民之事，于国为便。"桑哥大怒，羁留京师不遣，奏请杀之，凡六奏，帝皆不许。鉅夫既还行台，二十九年，又召鉅夫与胡祗遹、姚燧、王恽、雷膺、陈天祥、杨恭懿、高凝、陈俨、赵居信等十人，赴阙赐对。三十年，出为闽海道肃政廉访使，兴学明教，吏民畏爱之。大德四年，迁江南湖北道肃政廉访使。至官，首治行省平章家奴之为民害者，上下肃然。八年，召拜翰林学士，商议中书省事。十年，以亢旱、暴风、星变，鉅夫应诏陈弭灾之策，其目有五：曰敬天，曰尊祖，曰清心，曰持体，曰更化。帝皆然之。云南省臣言："世祖亲平云南，民愿刻石点苍山，以纪功德。"诏鉅夫撰其文。十一年，拜山南江北道肃政廉访使，复留为翰林学士。至大元年，修《成宗实录》。二年，召至上都。三年，复拜山南江北道肃政廉访使。四年，与李谦、尚文等十六人同赴阙，赐对便殿。拜浙东海右道肃政廉访使，留为翰林学士承旨。皇庆元年，修《武宗实录》。二年，旱，鉅夫应诏陈桑林六事，忤时宰意。明日，帝遣近侍赐上尊，劳之曰："中书集议，惟卿所言甚当，后临事，其极言之。"于是诏鉅夫偕平章政事李孟、参知政事许师敬议行贡举法，鉅夫建言："经学当主程颐、朱熹传注，文章宜革唐、宋宿弊。"命鉅夫草诏行之。

三年，以病乞骸骨归田里，不允，命尚医给药物，官其子大本郊祀署令，以便侍养。时令近臣抚视，且劳之曰："卿世祖旧臣，惟忠惟贞，其勉加餐粥，少留京师，以副朕心。"鉅夫请益坚，特授光禄大夫，赐上尊，命廷臣以下饮饯于齐化门外，给驿南还。敕行省及有司常加存问。居三年而卒，年七十。泰定二年，赠大司徒、柱国，追封楚国公，谥文宪。

赵孟頫

赵孟頫，字子昂，宋太祖子秦王德芳之后也。五世祖秀安僖王子偁，四世祖崇宪靖王伯圭。高宗无子，立子偁之子，是为孝宗，伯圭，其兄也，赐第于湖州，故孟頫为湖州人。曾祖师垂，祖希永，父与訔，仕宋，皆至大官；入国朝，以孟頫贵，累赠师垂集贤侍读学士，希永太常礼仪院使，并封吴兴郡公，与訔集贤大学士，封魏国公。

孟頫幼聪敏，读书过目辄成诵，为文操笔立就。年十四，用父荫补官，试中吏部铨法，调真州司户参军。宋亡，家居，益自力于学。至元二十三年，行台侍御史程鉅夫奉诏搜访遗逸于江南，得孟頫，以之入见。孟頫才气英迈，神采焕发，如神仙中人，世祖顾之喜，使坐右丞叶李上。或言孟頫宋宗室子，不宜使近左右，帝不听。时方立尚书省，命孟頫草诏颁天下，帝览之，喜曰："得朕心之所欲言者矣。"诏集百官于刑部议法，众欲计至元钞二百贯赃满者死，孟頫曰："始造钞时，以银为本，虚实相权，今二十余年间，轻重相去至数十倍，故改中统为至元，又二十年后，至元必复如中统，使民计钞抵法，疑于太重。古者以米、绢民生所须，谓之二实，银、钱与二物相权，谓之二虚。四者为直，虽升降有时，终不大相远也，以绢计赃，最为适中。况钞乃宋时所创，施于边郡，金人袭而用之，皆出于不得已。乃欲以此断人死命，似不足深取也。"或以孟頫年少，初自南方来，讥国法不便，意颇不平，责孟頫曰："今朝廷行至元钞，故犯法者以是计赃论罪。汝以为非，岂欲沮格至元钞耶？"孟頫曰："法者人命所系，议有重轻，则人不得其死矣。孟頫奉诏与议，不敢不言。今中统钞虚，故改至元钞，谓至元钞终无虚时，岂有是理！公不揆于理，欲以势相陵，可乎！"其人有愧色。帝初欲大用孟頫，议者难之。二十四年六月，授兵部郎中。兵部总天下诸驿，时使客饮食之费，几十倍于前，吏无以供给，强取于民，不胜其扰，遂请于中书，增钞给之。至元钞法滞涩不能行，诏遣尚书刘宣与孟頫驰驿至江南，问行省丞相慢令之罪，凡左右司官及诸路官，则径笞之。孟頫受命而行，比还，不笞一人，丞相桑哥大以为谴。

时有王虎臣者，言平江路总管赵全不法，即命虎臣往按之。叶李执奏不宜遣虎臣，帝不听，孟頫进曰："赵全固当问，然虎臣前守此郡，多强买人田，纵宾客为奸利，全数与争，虎臣怨之。虎臣往，必将陷全，事纵得实，人亦不能无疑。"帝悟，乃遣他使。桑哥钟初鸣时即坐省中，六曹官后至者，则笞之，孟頫偶后至，断事官遽引孟頫受笞，孟俯入诉于都堂右丞叶李曰："古者刑不上大夫，所以养其廉耻，教之节义，且辱士大夫，是辱朝廷也。"桑哥亟慰孟頫使出，自是所笞，唯曹史以下。他日，行东御墙外，道险，孟頫马跌堕于河。桑哥闻之，言于帝，移筑御墙稍西二丈许。帝闻孟頫素贫，赐钞五十锭。

二十七年，迁集贤直学士。是岁地震，北京尤甚，地陷，黑沙水涌出，人死伤数十万，帝深忧之。时驻跸龙虎台，遣阿剌浑撒里驰还，召集贤、翰林两院官，询致灾之由。议者畏忌桑哥，但泛引 经 、传及五行灾异之言，以修人事、应天变为对，莫敢语及时政。先是，桑哥遣忻都及王济等理算天下钱粮，已征入数百万，未征者尚数千万，害民特甚，民不聊生，自杀者相属，逃山林者，则发兵捕之，皆莫敢沮其事。孟頫与阿剌浑撒里甚善，劝令奏帝赦天下，尽与蠲除，庶几天变可弭。阿剌浑撒里入奏，如孟頫所言，帝从之。诏草已具，桑哥怒谓必非帝意。孟頫曰："凡钱粮未征者，其人死亡已尽，何所从取？非及是时除免之，他日言事者，倘以失陷钱粮数千万归咎尚书省，岂不为丞相深累耶！"桑哥悟，民始获苏。

帝尝问叶李、留梦炎优劣，孟頫对曰："梦炎，臣之父执，其人重厚，笃于自信，好谋而能断，有大臣器；叶李所读之书，臣皆读之，其所知所能，臣皆知之能之。"帝曰："汝以梦炎贤于李耶？梦炎在宋为状元，位至丞相，当贾似道误国罔上，梦炎依阿取容；李布衣，乃伏阙上书，是贤于梦炎也。汝以梦炎父友，不敢斥言其非，可赋诗讥之。"孟頫所赋诗，有"往事已非那可说，且将忠直报皇元"之语，帝叹赏焉。孟頫退谓奉御彻里曰："帝论贾似道误国，责留梦炎不言，桑哥罪甚于似道，而我等不言，他日何以辞其责！然我疏远之臣，言必不听，侍臣中读书知义理，慷慨有大节，又为上所亲信，无逾公者。夫损一旦之命，为万姓除残贼，仁者之事也。公必勉之！"既而彻里至帝前，数桑哥罪恶，帝怒，命卫士批其颊，血涌口鼻，委顿地上。少间，复呼而问之，对如初。时大臣亦有继言者，帝遂按诛桑哥，罢尚书省，大臣多以罪去。

帝欲使孟頫与闻中书政事，孟頫固辞，有旨令出入宫门无禁。每见，必从容语及治道，多所裨益。帝问："汝赵太祖孙耶？太宗孙耶？"对曰："臣太祖十一世孙。"帝曰："太祖行事，汝知之乎？"孟頫谢不知，帝曰："太祖行事，多可取者，朕皆知之。"孟頫自念久在上侧，必为人所忌，力请补外。二十九年，出同知济南路总管府事。时总管阙，孟頫独署府事，官事清简。有元掀儿者，役于盐场，不胜艰苦，因逃去。其父求得他人尸，遂诬告同役者杀掀儿，既诬服。孟頫疑其冤，留弗决。逾月，掀儿自归，郡中称为神明。佥廉访司事韦哈剌哈孙，素苛虐，以孟頫不能承顺其意，以事中之。会修《世祖实录》，召孟頫还京师，乃解。久之，迁知汾州，未上，有旨书金字《藏经》，既成，除集贤直学士、江浙等处儒学提举，迁泰州尹，未上。

至大三年，召至京师，以翰林侍读学士，与他学士撰定祀南郊祝文，及拟进殿名，议不合，谒告去。仁宗在东宫，素知其名，及即位，召除集贤侍讲学士、中奉大夫。延祐元年，改翰林侍讲学士，迁集贤侍讲学士、资德大夫。三年，拜翰林学士承旨、荣禄大夫。帝眷之甚厚，以字呼之而不名。帝尝与侍臣论文学之士，以孟頫比唐李白、宋苏子瞻。又尝称孟頫操履纯正，博学多闻，书画绝伦，旁通佛、老之旨，皆人所不及。有不悦者间之，帝初若不闻者。又有上书言国史所载，不宜使孟頫与闻者，帝乃曰："赵子昂，世祖皇帝所简拔，朕特优以礼貌，置于馆阁，典司述作，传之后世，此属呶呶何也！"俄赐钞五百锭，谓侍臣曰："中书每称国用不足，必持而不与，其以普庆寺别贮钞给之。"孟頫尝累月不至宫中，帝以问左右，皆谓其年老畏寒，敕御府赐貂鼠裘。

初，孟頫以程钜夫荐，起家为郎，及钜夫为翰林学士承旨，求致仕去，孟頫代之，先往拜其门，而后入院，时人以为衣冠盛事。六年，得请南归。帝遣使赐衣币，趣之还朝，以疾，不果行。至治元年，英宗遣使即其家俾书《孝经》。二年，赐上尊及衣二袭。是岁六月卒，年六十九。追封魏国公，谥文敏。

孟頫所著，有《尚书注》，有《琴原》、《乐原》，得律吕不传之妙。诗文清邃奇逸，读之使人有飘飘出尘之想。篆、籀、分、隶、真、行、草书，无不冠绝古今，遂以书名天下。天竺有僧，数万里来求其书归，国中宝之。其画山水、木石、花竹、人马，尤精致。前史官杨载称孟頫之才颇为书画所掩，知其书画者，不知其文章，知其文章者，不知其经济之学。人以为知言云。

子雍、奕，并以书画知名。

邓文原

邓文原，字善之，一字匪石，绵州人。父漳，徙钱塘。文原年十五，通《春秋》。在宋时，以流寓试浙西转运司，魁四川士。至元二十七年，行中书省辟为杭州路儒学正。大德二年，调崇德州教授。五年，擢应奉翰林文字。九年，升修撰，谒告还江南。至大元年，复为修撰，预修《成宗实录》。三年，授江浙儒学提举。皇庆元年，召为国子司业。至官，首建白更学校之政，当路因循，重于改作，论不合，移病去。科举制行，文原校文江浙，虑士守旧习，大书朱熹《贡举私议》，揭于门。延祐四年，升翰林待制。五年，出佥江南浙西道肃政廉访司事，平江僧有憾其府判官理熙者，赂其徒，告熙赃，熙诬服。文原行部，按问得实，杖僧而释熙。吴兴民夜归，巡逻者执之，系亭下。其人遁去，有追及之者，刺其胁，仆地。明旦，家人得之以归，比死，其兄问杀汝者何如人，曰："白帽、青衣、长身者也。"其兄诉于官，有司问直初更者曰张福儿，执之，使服焉。械系三年，文原录之曰："福儿身不满六尺，未见其长也；刃伤右胁，而福儿素用左手，伤宜在左，何右伤也！"鞫之，果得真杀人者，而释福儿。桐庐人戴汝惟家被盗，有司得盗，狱成送郡。夜有焚戴氏庐者，而不知汝惟所之。文原曰："此必有故也。"乃得其妻叶氏与其弟谋杀汝惟状，而于水涯树下得尸，与渍血斧俱在焉，人以为神。六年，移江东道。徽、宁国、广德三郡，岁入茶课钞三千锭，后增至十八万锭，竭山谷所产，不能充其半，余皆凿空取之民间，岁以为常。时转运司官听用乡里哗狡，动以犯法诬民，而转运司得专制有司，凡五品官以下皆杖决，州县莫敢如何。文原请罢其专司，俾郡县领之，不报。徽民谢兰家僮汪姓者死，兰侄回赂汪族人诬兰杀之，兰诬服。文原录之，得其情，释兰而坐回。时久旱不雨，决狱乃雨。至治二年，召为集贤直学士，地震，诏议弭灾之道。文原请决滞囚，置仓廪河北，储羡粟以赈饥；复申前议，请罢榷茶转运司，又不报。明年，兼国子祭酒。江浙省臣赵简请开经筵，泰定元年，文原兼经筵官，以疾乞致仕归。二年，召拜翰林侍讲学士，以疾辞。四年，拜岭北湖南道肃政廉访使，以疾不赴。天历元年卒，年七十一。

文原内严而外恕，家贫而行廉。初客京师，有一书生病笃，取橐中金，嘱文原以归其亲；既死，而同舍生窃金去，文原买金偿死者家，终身不以语人。有文集若干卷，内制集若干卷，藏于家。子衎，荫授江浙等处儒学副提举，未任，卒。至顺五年，制赠文原江浙行省参知政事，谥文肃。

袁桷

袁桷，字伯长，庆元人，宋同知枢密院事韶之曾孙。为童子时，已著声。部使者举茂才异等，起为丽泽书院山长。大德初，阎复、程文海、王构荐为翰林国史院检阅官。时初建南郊，桷进十议曰："天无二日，天既不得有二，五帝不得谓之天，作《昊天五帝议》。祭天岁或为九，或为二，作《祭天名数议》。圜丘不见于《五经》，郊不见于《周官》，作《圜丘非郊议》。后土，社也，作《后土即社议》。三岁一郊，非古也，作《祭天无间岁议》。燔柴见于古经，《周官》以禋祀为天，其义各有旨，作《燔柴泰坛议》。祭天之牛角茧栗，有牲于郊，牛二，合配而言之，增群祀而合祠，非周公之制矣，作《郊不当立从祀议》。郊，质而尊之义也，明堂，文而亲之义也，作《郊明堂礼仪异制议》。郊用辛，鲁礼也，卜不得常为辛，作《郊非辛日议》。北郊不见于《三礼》，尊地而遵北郊，郑玄之说也，作《北郊议》。"礼官推其博，多采用之。升应奉翰林文字、同知制诰，兼国史院编修官，请购求辽、金、宋三史遗书。历两考，迁待制。又再任，拜集贤直学士。久之，移疾去官。复仍以直学士召入集贤，未几，改翰林直学士、知制诰同修国史。至治元年，迁侍讲学士。泰定初，辞归。

桷在词林，朝廷制册、勋臣碑铭，多出其手。所著有《易说》、《春秋说》、《清容居士集》。泰定四年卒，年六十一。赠中奉大夫、江浙等处行中书省参知政事、护军，追封陈留郡公，谥文清。

曹元用

曹元用，字子贞，世居阿城，后徙汶上。祖义，不仕。父宗辅，德清县主簿。元用资禀俊爽，幼嗜书，一经目，辄成诵。每夜读书，常达曙不寐。父忧其致疾，止之，辄以衣蔽窗默观之。始以镇江路儒学正考满游京师。翰林承旨阎复，于四方士少所许可，及见元用，出所为文示之，元用辄指其疵，复大奇之，因荐为翰林国史院编修官。即论史院僚属非材，请较试，取其优者用之。御史台辟为掾史。元用初不习吏事，而见事明决，吏反师之。转中书省右司掾，与清河元明善、济南张养浩同时号为三俊。除应奉翰林文字，迁礼部主事。时累朝皇后既崩者，犹以名称，而未有谥号。元用言："后为天下母，岂可直称其名。宜加徽号，以彰懿德。"改尚书省右司都事，转员外郎。及尚书省罢，退居任城，久之，齐、鲁间从学者甚众。

延祐六年，授太常礼仪院经历。属英宗躬修祀事，锐意礼乐，其亲祀仪注、卤簿舆服之制，率所裁定。初，太庙九室，合飨于一殿，仁宗崩，无室可祔，乃于武宗室前，结彩为次。英宗在上京，召礼官集议，元用言："古者宗庙有寝有室，宜以今室为寝，当更营大殿于前，为十五室。"帝嘉其议，授翰林待制，升直学士。

至治三年八月，铁失之变，贼党赤斤铁木儿遽至京师，收百司印，趣召两院学士北上。元用独不行，曰："此非常之变，吾宁死，不可曲从也。"未几，贼果败，人皆称其有先见之明。

泰定二年，授太子赞善，转礼部尚书，兼经筵官，及大朝会，为纠仪官，申卷班之令。俾以序退，无争门而出之扰。又谓太医、仪凤、教坊等官，不当序正班，当自为一列，后皆行之。时宰执有欲罢科举法者，元用以为"国家文治，正在于此，胡可罢也"。又有欲损太庙四时之享、止存冬祭者，元用谓："禴祠尝烝，四时之享，不可阙一，乃经礼之大者，其可惜费而废礼乎！"三年夏，帝以日食、地震、星变，诏议所以弭灾者，元用谓："应天以实不以文，修德明政，应天之实也。宜撙浮费，节财用，选守令，恤贫民，严禋祀，汰佛事，止造作以纾民力，慎赏罚以示劝惩。"皆切中时弊。又论科举取士之法，当革冒滥，严考核，俾得真才之用。议上，朝廷咸是之。拜中奉大夫、翰林侍讲学士，兼经筵官，预修仁宗、英宗两朝实录。又奉旨纂集甲令为《通制》，译唐《贞观政要》为国语。书成，皆行于时。凡大制诰，率元用所草。文宗时，草宽恤之诏，帝览而善之，赐金织文锦。

天历二年，代祀曲阜孔子庙。还，以司寇像及代祀记献，帝甚喜。值太禧宗禋院副使缺，中书奏以元用为之，帝不允曰："此人翰林中所不可无者，将大用之矣。"会卒，帝嗟悼久之，谓侍臣曰："曹子贞尽忠宣力，今亡矣，可赐赙钞五千缗。"赠政奉大夫、江浙等处行中书省参知政事、护军，追封东平郡公，谥文献。诗文四十卷，号《超然集》。二子：伟，仪。

齐履谦

齐履谦，字伯恒，父义，善算术。履谦生六岁，从父至京师；七岁读书，一过即能记忆；年十一，教以推步星历，尽晓其法；十三，从师，闻圣贤之学。自是以穷理为务，非洙、泗、伊、洛之书不读。至元十六年，初立太史局，改治新历，履谦补星历生。同辈皆司天台官子，太史王恂问以算数，莫能对，履谦独随问随答，恂大奇之。新历既成，复预修《历经》、《历议》。二十九年，授星历教授。都城刻漏，旧以木为之，其形如碑，故名碑漏，内设曲筒，铸铜为丸，自碑首转行而下，鸣铙以为节，其漏经久废坏，晨昏失度。大德元年，中书俾履谦视之，因见刻漏旁有宋旧铜壶四，于是按图考定莲花、宝山等漏制，命工改作，又请重建鼓楼，增置更鼓并守漏卒，当时遵用之。二年，迁保章正，始专历官之政。三年八月朔，时加巳，依历，日蚀二分有奇，至其时，不蚀，众皆惧，履谦曰："当蚀不蚀，在古有之，矧时近午，阳盛阴微，宜当蚀不蚀。"遂考唐开元以来当蚀不蚀者凡十事以闻。六年六月朔，时加戌，依历，日蚀五十七秒。众以涉交既浅，且复近浊，欲匿不报。履谦曰："吾所掌者，常数也，其食与否，则系于天。"独以状闻。及其时，果食。众尝争没日不能决，履谦曰："气本十五日，而间有十六日者，余分之积也。故历法以所积之日，命为没日，不出本气者为是。"众服其议。

七年八月戊申夜，地大震，诏问致灾之由及弭灾之道，履谦按《春秋》言："地为阴而主静，妻道、臣道、子道也，三者失其道，则地为之弗宁。弭之之道，大臣当反躬责己，去专制之威，以答天变，不可徒为禳祷也。"时成宗寝疾，宰臣有专威福者，故履谦言及之。九年冬，始立南郊，礼昊天上帝，履谦摄司天台官。旧制，享祀，司天虽掌时刻，无钟鼓更漏，往往至旦始行事。履谦白宰执，请用钟鼓更漏，俾早晏有节，从之。至大二年，太常请修社稷坛，及浚太庙庭中井。或以岁君所直，欲止其役，履谦曰："国家以四海为家，岁君岂专在是！"三年，升授时郎秋官正，兼领冬官正事。四年，仁宗即位，嘉尚儒术。台臣言履谦有学行，可教国学子弟，擢国子监丞，改授奉直大夫、国子司业，与吴澄并命，时号得人。每五鼓入学，风雨寒暑，未尝少怠，其教养有法，诸生皆畏服。未几，复以履谦佥太史院事。皇庆二年春，彗星出东井。履谦奏宜增修善政以答天意，因陈时务八事。仁宗为之动容，顾宰臣命速行之。自履谦去国学，吴澄亦移病归，学制稍为之废。延祐元年，诏择善教者，于是复以履谦为国子司业。履谦律己益严，教道益张，每斋置伴读一人为长，虽助教阙员，而诸生讲授不绝。时初命国子生岁贡六人，以入学先后为次第，履谦曰："不考其业，何以兴善而得人！"乃酌旧制，立升斋、积分等法：每季考其学行，以次递升，既升上斋，又必逾再岁，始与私试；孟月仲月试经疑经义，季月试古赋诏诰章表策，蒙古、色目试明经策问；辞理俱优者一分，辞平理优者为半分，岁终积至八分者充高等，以四十人为额；然后集贤、礼部定其艺业及格者六人，以充岁贡；三年不通一经，及在学不满一岁者，并黜之。帝从其议，自是人人励志，多文学之士。五年，出为滨州知州，丁母忧，不果行。

至治元年，拜太史院使。泰定二年九月，以本官奉使宣抚江西、福建，黜罢官吏之贪污者四百余人，蠲免括地虚加粮数万石，州县有以先贤子孙充房夫诸役者悉罢遣之。福建宪司职田，每亩岁输米三石，民不胜苦。履谦命准令输之，由是召怨，及还京，宪司果诬以他事。未几，诬履谦者皆坐事免，履谦始得直，复为太史院使。天历二年九月卒。

履谦笃学勤苦，家贫无书。及为星历生，在太史局，会秘书监辇亡宋故书，留置本院，因昼夜讽诵，深究自得，故其学博洽精通，自六经、诸史、天文、地理、礼乐、律历，下至阴阳五行、医药、卜筮，无不淹贯，尤精经籍。著《大学四传小注》一卷，《中庸章句续解》一卷，《论语言仁通旨》二卷，《书传详说》一卷，《易系辞旨略》二卷，《易本说》四卷，《春秋诸国统纪》六卷。以皇极之名见于《洪范》，皇极之数始于邵氏《经世书》，数非极也，特寓其数于极耳，著《经世书入式》一卷；《经世书》有内、外篇，内篇则因极而明数，外篇则由数而会极，著《外篇微旨》一卷。《授时历》行五十年，未尝推考，履谦日测晷景，并晨昏五星宿度，自至治三年冬至至泰定二年夏至，天道加时真数，各减见行历书二刻，著《二至晷景考》二卷。《授时历》虽有经、串，而经以著定法，串以纪成数，然求其法之所以然、数之所从出，则略而不载，作《经串演撰八法》一卷。元立国百有余年，而郊庙之乐，沿袭宋、金，未有能正之者。履谦谓乐本于律，律本于气，而气候之法，具载前史，可择僻地为密室，取金门之竹及河内葭莩候之，上可以正雅乐、荐郊庙、和神人，下可以同度量、平物货、厚风俗。列其事上之。又得黑石古律管一，长尺有八寸，外方，内为圆空，中有隔，隔中有小窍，盖以通气；隔上九寸，其空均直，约径三分，以应黄钟之数；隔下九寸，其空自小窍迤逦杀至管底，约径二寸余，盖以聚其气而上之。其制与律家所说不同，盖古所谓玉律者是也。适迁他官，事遂寝，有志者深惜之。至顺三年五月，赠翰林学士、资善大夫、上护军，追封汝南郡公，谥文懿。

卷一百七十三　列传第六十

崔斌

崔斌，字仲文，马邑人。性警敏，多智虑，魁岸雄伟，善骑射，尤攻文学，而达政术。世祖在潜邸召见，应对称旨，命佐卜怜吉带，将游骑戍淮南。斌负才略，卜怜吉带甚敬礼之。兵驻扬州西城，俾斌领骑兵觇敌形势，斌视敌兵乱，潜出袭之，多所杀获。俄丁父忧，袭授金符，为总管。中统元年，改西京参议宣慰司事。世祖尝命安童举汉人识治体者一人，安童举斌。入见，敷陈时政得失，曲中宸虑。时世祖锐意图治，斌危言谠论，直指面斥，是非立判，无有所讳。帝幸上都，尝召斌，斌下马步从。帝命之骑，因问为治大体，今当何先。斌以任相对。帝曰："汝其为我举可为相者。"斌以安童、史天泽对，帝默然良久。斌曰："陛下岂以臣猥鄙，所举未允公议，有所惑欤？今近臣咸在，乞采舆言，陛下裁之。"帝俞其请，斌立马扬言曰："有旨问安童为相，可否？"众欢然呼万岁。帝悦，遂以二人并为相。除斌左右司郎中。每论事帝前，群言终日不决者，斌以数言决之。进见，必与近臣偕，其所献替，虽密近之臣，有不得与闻者，以此人多忌之。会阿合马立制国用使司，专总财赋，一以掊克为事，斌曰："与其有聚敛之臣，宁有盗臣！"于帝前屡斥其奸恶。

至元四年，出守东平。五年，大兵南征，道寿张。卒有撤民席，投其赤子于地以死，诉于斌。斌驰谓主将曰："未至敌境，而先杀吾民，国有常刑，汝亦当坐。"于是下其卒于狱，自是莫敢犯。岁大侵，征赋如常年，斌驰奏以免，复请于朝，得楮币十万缗，以赈民饥。六年，除同佥枢密院事。襄樊之役，命斌佥河南行省事。方议攻鹿门山，斌曰："自岘山西抵万山，北抵汉江，筑城浚堑，以绝饷援，则襄阳可坐制矣。"时调曹、濮民丁，屯田南阳。斌议罢曹、濮屯民，以近地兵多者补之，民以为便。又议户部给滨、棣、清、沧盐券，付行省，募民以米贸之，仍增价和籴。远近输贩者辐辏，馈饷不劳而集。有旨：河南四路，籍兵二万，以益襄樊。斌即驰奏曰："河南户少，而调度繁多，实不堪命，减其半为宜。"从之。襄阳既下，转嘉议大夫，仍佥行中书省。

十年，诏丞相伯颜总兵南征，改行省为河南宣慰司，加中奉大夫，赐金虎符，充宣慰使。是时，襄阳、正阳诸军，悉道河南，供亿虽繁，而事无缺失。伯颜既渡江，分阿里海牙定湖南，诏斌贰之，拜行中书省参知政事。十月，围潭州，斌攻西北铁坝。阿里海牙中流矢，不能军，斌以军夜集栅下，黎明毕登，不利。斌曰："彼军小捷而骄弛，吾今焚其角楼，断其援道，堑城为三周，如此则城可得。"诸将然之。乃誓师，衔枚潜登铁坝，人赍刍秸，梯其楼火之，且竖木栅城上。诘旦，布云梯鼓噪而上，斌挟盾先登。阿里海牙持酒劳曰："取此城，公之力也。"斌自语阿里海牙曰："潭人胆破矣。若敛兵不进，许其来降，则土地人民皆我有，自重湖以南，连城数十，可传檄而定。若纵兵急攻，彼无噍类，得一空城何益！"从之。明日，即遣开示祸福，城中争出降。诸将怒其抗敌持久，咸欲屠之。斌喻以兴师本意，诸将曰："编民当如公说，敌兵必诛之。"斌曰："彼各为其主耳，宜旌之，以劝未附者，且杀降不祥。"诸将乃止。捷闻，帝嘉之，进资善大夫、行中书省左丞，潭人德之，为立生祠。十一年，奉旨抚谕广西，寻命还治湖南。潭属邑安化、湘乡、衡山以南，贼周龙、张唐、张虎等，所在蜂起，斌驻兵南岳。凡来降者，同僚议欲尽戮，以惩反侧，斌但按诛其首恶，胁从者尽释之。

十五年，被召入觐。时阿合马擅权日甚，廷臣莫敢谁何。斌从帝至察罕脑儿。帝问江南各省抚治如何。斌对以治安之道在得人，今所用多非其人，因极言阿合马奸蠹。帝乃令御史大夫相威、枢密副使孛罗按问之，汰其冗员，黜其亲党，检核其不法，罢天下转运司，海内无不称快。适尚书留梦炎、谢昌元言："江淮行省事至重，而省臣无一人通文墨者。"乃命斌迁江淮行省左丞。既至，凡前日蠹国渔民不法之政，悉厘政之，仍条具以闻。阿合马虑其害己，捃摭其细事，遮留使不获上见，因诬构以罪，竟为所害。裕宗在东宫，闻之，方食，投箸恻然，遣使止之，已不及矣。天下冤之。年五十六。至大初，赠推忠保节功臣、太傅、开府仪同三司，追封郑国公，谥忠毅。

子三人，良知、威、恩。孙一人，敬。皆为大官。

崔彧

崔彧，字文卿，小字拜帖木儿，弘州人。负才气，刚直敢言，世祖甚器重之。至元十六年，奉诏偕牙纳木至江南，访求艺术之人。明年，自江南回，首言忽都带儿根索亡宋财货，烦扰百姓，身为使臣，乃挈妻子以往，所在取索鞍马刍粟。世祖虽听其言，然虚实竟不辨决也。

十九年，除集贤侍读学士。彧言于世祖，谓："阿合马当国时，同列皆知其恶，无一人孰何之者；及既诛，乃各自以为洁，诚欺罔之大者。先有旨，凡阿合马所用之人皆革去，臣以为守门卒隶亦不可留。如参知政事阿里，请以阿散袭父职，倘使得请，其害又有不可胜言者。赖陛下神圣，灼知其奸，拒而不可。臣已疏其奸恶十余事，乞召阿里廷辩。"帝曰："已敕中书，凡阿合马所用，皆罢之，穷治党与，纤悉无遗。事竟之时，朕与汝别有言也。"又请以郝祯剖棺戮尸，从之。寻奉旨钩考枢密文牍，遂由刑部尚书拜御史中丞。彧言："台臣于国家政事得失，生民休戚，百官邪正，虽王公将相，亦宜纠察。近唯御史得有所言，臣以为台官皆当建言，庶于国家有补。选用台察官，若由中书，必有偏徇之弊，御史宜从本台选择，初用汉人十六员，今用蒙古十六员，相参巡历为宜。"皆从其言。二十年，复以刑部尚书上疏，言时政十八事：一曰开广言路，多选正人，番直上前，以司喉舌，庶免党附壅塞之患。二曰当阿合马擅权，台臣莫敢纠其非，迨其事败，然后接踵随声，徒取讥笑。宜别加选用，其旧人除蒙古人取圣断外，余皆当问罪。三曰枢密院定夺军官，赏罚不当，多听阿合马风旨。宜择有声望者为长贰，庶几号令明而赏罚当。四曰翰苑亦颂阿合马功德，宜博访南北耆儒硕望，以重此选。五曰郝祯、耿仁等虽在典刑，若是者尚多，罪同罚异，公论未伸，合次第屏除。六曰贵游子弟，用即显官，幼不讲学，何以从政。得如左丞许衡教国子学，则人才辈出矣。七曰今起居注所书，不过奏事检目而已。宜择蒙古人之有声望、汉人之重厚者，居其任，分番上直，帝王言动必书，以垂法于无穷。八曰宪曹无法可守，是以奸人无所顾忌。宜定律令，以为一代之法。九曰官冗，若徒省一官员，并一衙门，亦非经久之策。宜参众议，而立定成规。十曰官僚无以养廉，责其贪则苛。乞将诸路大小官，有俸者量增，无俸者特给。然不取之于官，惟赋之于民，盖官吏既有所养，不致病民，少增岁赋，亦将乐从。十一曰内地百姓流移江南避赋役者，已十五万户。去家就旅，岂人之情，赋重政繁，驱之致此。乞特降诏旨，招集复业，免其后来五年科役，其余积欠并蠲，事产即日给还。民官满替，以户口增耗为黜陟，其徙江南不归者，与土著一例当役。十二曰凡丞相安童迁转民臣，悉为阿合马所摈黜，或居散地，或在远方，并令拔擢。十三曰簿录奸党财物，本国家之物，不可视为横得，遂致滥用。宜以之实帑藏、供岁计。十四曰大都非如上都，止备巡幸，不应立留守司，此皆阿合马以此位置私党。今宜易置总管府。十五曰中书省右丞二，而左丞缺。宜改所增右丞置诸左。十六曰在外行省，不必置丞相、平章，止设左右丞以下，庶几内重，不致势均。彼谓非隆其名不足镇压者，奸臣欺罔之论也。十七曰阿剌海牙掌兵民之权，子侄姻党，分列权要，官吏出其门者，十之七八，其威权不在阿合马下。宜罢职理算，其党虽无污染者，亦当迁转他所，勿使久据湖广。十八曰铨选类奏，贤否莫知。自今三品已上，必引见而后授官。疏奏，即日命中书行其数事，余命与御史大夫玉昔帖木儿议行之。又言："江南盗贼，相挺而起，凡二百余所，皆由拘刷水手与造海船，民不聊生，激而成变。日本之役，宜姑止之。又江西四省军需，宜量民力，勿强以土产所无。凡给物价与民者，必以实，召募水手，当从其所欲，伺民气稍苏，我力粗备，三二年后，东征未晚也。"世祖以为不切，曰："尔之所言如射然，挽弓虽可观，发矢则非是矣。"彧又言："昨中书奉旨，差官度量大都州县地亩，本以革权势兼并之弊，欲其明白，不得不于军民诸色人户，通行核实。又因取勘畜牧数目，初意本非扰民，而近者浮言胥动，恐失农时。乞降旨省谕诏中书即行之。"又言："建言者多，孰是孰否，中书宜集议，可行者行之，不可则明谕言者为便。"又言："各路每岁选取室女，宜罢。"又言："宋文思院小口斛，出入官粮，无所容隐，所宜颁行。"皆从之。

二十一年，彧劾奏卢世荣不可居相职，忤旨，罢。二十三年，加集贤大学士、中奉大夫、同佥枢密院事。寻出为甘肃行省右丞。召拜中书右丞。与中书平章政事麦术丁奏曰："近者桑哥当国四年，中外诸官，鲜有不以贿而得者。其昆弟故旧妻族，皆授要官美地，唯以欺蔽九重、朘削百姓为事。宜令两省严加考核，凡入其党者，皆汰逐之。其出使之臣及按察司官受赇者，论如律，仍追宣敕，除名为民。"又奏："桑哥所设衙门，其闲冗不急之官，徒费禄食，宜令百司集议汰罢，及自今调官，宜如旧制，避其籍贯，庶不害公。又大都高赀户，多为桑哥等所容庇，凡百徭役，止令贫民当之。今后徭役，不以何人，宜皆均输，有敢如前以贿求人容庇者，罪之。又，军、站诸户，每岁官吏非名取索，赋税倍蓰，民多流移。请自今非奉旨及省部文字，敢私敛民及役军匠者，论如法。又，忽都忽那颜籍户之后，各投下毋擅招集，太宗既行之，江南民为籍已定，乞依太宗所行为是。"皆从之。二十八年，由中书右丞迁御史中丞，彧奏："太医院使刘岳臣，尝仕宋，练达政事，比者命其参议机务，众皆称善。乞以为翰林学士，俾议朝政。"又言："行御史台言：'建宁路总管马谋，因捕盗延及平民，搒掠至死者多；又俘掠人财，迫通处女，受民财积百五十锭。狱未具，会赦。如臣等议，马谋以非罪杀人，不在原例。'宜令行台诘问，明白定罪。"又言："昔行御史台监察御史周祚，劾尚书省官忙兀带、教化的、纳速剌丁灭里奸赃；纳速剌丁灭里反诬祚以罪，遣人诣尚书省告桑哥。桑哥暧昧以闻，流祚于憨答孙，妻子家财并没入官。祚至和林遇乱，走还京师。桑哥又遣诣云南理算钱谷，以赎其罪。今自云南回，臣与省臣阅其伏词，为罪甚微，宜复其妻子。"皆从之。二十九年，彧偕御史大夫玉昔帖木儿等奏："四方之人，来聚阙下，率言事以干进。国家名器，资品高下，具有定格。臣等以为，中书、枢密，宜早为铨定，应格者与之，不当与者，明语其故使去。又言事有是非当否，宜早与详审言之。当者即议施行，或所陈有须诘难条具者，即令其人讲究，否则罢遣。"帝嘉纳之。又奏："纳速剌丁灭里、忻都、王巨济，党比桑哥，恣为不法，楮币、铨选、盐课、酒税，无不更张变乱之；衔命江南，理算积久逋赋，期限严急，胥卒追逮，半于道路，民至嫁妻卖女，殃及亲邻，维扬、钱塘受害最惨，无故而殒其生五百余人。近者阃里按问，悉皆首实请死，士民乃知圣天子仁爱元元，而使之至此极者，实桑哥及其凶党之为也，莫不愿食其肉。臣等共议：此三人者既已伏辜，宜令中书省、御史台从公论罪，以谢天下。"从之。又言："河西人薛阇干，领兵为宣慰，其吏诣廉访司，告其三十六事，檄佥事簿问。而薛阇干率军人禽问者辱之，且夺告者以去。臣议：从行台选御史往按问薛阇干，仍先夺其职。"又言："行台官言：去岁桑哥既败，使臣至自上所者，或不持玺书，口传圣旨，纵释有罪，擅籍人家，真伪莫辨。臣等请：自今凡使臣，必降玺书，省、台、院诸司，必给印信文书，以杜奸欺。"帝曰："何人乃敢尔耶？"对曰："咬剌也奴、伯颜察儿，比尝传旨纵罪人。"帝悉可其奏。又奏："松州达鲁花赤长孙，自言不愿为钱谷官，愿备员廉访司，令木八剌沙上闻。传旨至台，特令委用，台臣所宜奉行。但径自陈献，又且尝有罪，理应区别。"帝曰："此自卿事，宜审行之。"又奏："江南李淦言叶李过愆，被旨赴京以辩，今叶李物故，事有不待辨者。李淦本儒人，请授以教官，旌其直言。"又奏："鄂州一道，旧有按察司，要束木恶其害己，令桑哥奏罢之。臣观鄂州等九郡，境土亦广，宜复置廉访司。行御史台旧治扬州，今扬州隶南京，而行台移治建康；其淮东廉访司旧治淮安，今宜移治扬州。"又奏："诸官吏受赇，在朝则诣御史台首告，在外则诣按察司首告，已有成宪。自桑哥持国，受赇者不赴宪台宪司，而诣诸司首，故尔反覆牵延，事久不竟。臣谓宜如前旨，惟于本台、行台及诸道廉访司首告，诸司无得辄受。又监察御史塔的失言：女直人教化的，去岁东征，妄言以米千石饷阇里铁木儿军万人，奏支钞四百锭，宜令本处廉访司究问，与本处行省追偿议罪。"皆从之。

三月，中书省臣奏，请以彧为右丞，世祖曰："崔彧不爱于言，惟可使任言责。"闰六月，又同御史大夫玉昔帖木儿奏："近耿熙告：河间盐运司官吏盗官库钱，省台遣人同告者杂问，凡负二万二千余锭，已征八千九百余锭，犹欠一万三千一百余锭。运使张庸，尝献其妹于阿合马，有宠；阿合马既没，以官婢事桑哥，复有宠。故庸夤缘戚属，得久居漕司，独盗三千一百锭。臣等议：宜命台省遣官，同廉访司倍征之。”又言：“月林伯察江西廉访司官术儿赤带、河东廉访司官忽儿赤，擅纵盗贼，抑夺民田，贪污不法，今月林伯以事至京，宜就令诘问。”又言：“扬州盐运司受财，多付商贾盐，计直该钞二万二千八百锭，臣等以谓追征足日，课以归省，赃以归台，斟酌定罪，以清蠹源。”并从之。又奏：“江西詹玉，始以妖术致位集贤。当桑哥持国，遣其搭核江西学粮，贪酷暴横，学校大废。近与臣言：撒里蛮、答失蛮传旨，以江南有谋叛者，俾乘传往鞫；明日，访知为秃速忽、香山欺罔奏遣。玉在京师，犹敢诳诞如此，宜亟追还讯问。”帝曰：“此恶人也，遣之往者，朕未尝知之。其亟禽以来。”三十年，彧言：“大都民食唯仰客籴，顷缘官括商船载递诸物，致贩鬻者少，米价翔踊。臣等议：勿令有司括船为便。”从之。

宝泉提举张简及子乃蛮带，告彧尝受邹道源、许宗师银万五千两；又其子知微讼彧不法十余事。有旨就辩中书。彧已书简等所告与己宜对者为牍袖之，视而后对。简父子所告皆无验，并系狱，简瘐死，仍籍其家一女入官；乃蛮带、知微皆坐杖罪除名。三十一年，成宗即位。先是，彧得玉玺于故臣扎剌氏之家，其文曰“受命于天，既寿永昌”，即以上之徽仁裕圣皇后。至是，皇后手以授于成宗。彧以久任宪台，乞迁他职，不许。成宗谕之曰：“卿若辞避，其谁抗言哉！”彧言：“肃政廉访司案牍，而令总管府检劾，非宜。”成宗曰：“朕知难行，当时事由小人擅奏耳，其改之。”大德元年，彧又条陈台宪诸事，皆见于施行。

于是彧居御史台久，又守正不阿，以故人疾之，监察御史斡罗失剌，劾奏“中丞崔彧，兄在先朝尝有罪，还其所籍家产非宜”等事，成宗怒其妄言，笞而遣之。十一月，御史台奏：“大都路总管沙的，盗支官钱，及受赃计五千三百缗，准律当杖百七，不叙，以故臣子从轻论。”而成宗欲止权停其职，彧与御史大夫只而合郎执不可。已而御史又奏：“彧任中丞且十年，非所宜。”彧遂以病辞，成宗谕之曰：“卿之辞退，诚是已，然勉为朕少留之。”闰十二月，兼领侍仪司事，与太常卿刘无隐奏：“新正朝贺，岁常习仪大万安寺。”成宗曰：“去岁兀都带以雪故来后，今而复然。诸不至及失仪者，殿中司、监察御史同纠之。”二年，加荣禄大夫、平章政事，寻与御史大夫秃赤奏：“世祖圣训，凡在籍儒人，皆复其家。今岁月滋久，老者已矣，少者不学，宜遵先制，俾廉访司常加勉励。”成宗深然之，命彧与不忽木、阿里浑撒里同翰林、集贤议，特降诏条，使作成人材，以备选举。彧以是岁九月卒。至大元年七月，赠推诚履正功臣、太傅、开府仪同三司，追封郑国公，谥忠肃。

叶 李

叶李，字太白，一字舜玉，杭州人。少有奇质，从学于太学博士义乌施南学，补京学生。宋景定五年，彗出于柳，理宗下诏罪己，求直言。是时，世祖南伐，驻师江上，宋命贾似道领兵御之。会宪宗崩，世祖班师，鄂州围解。似道自诡以为己功，因复入相，益骄肆自颛，创置公田关子，其法病民甚，中外毋敢指议。李乃与同舍生康棣而下八十三人，伏阙上书，攻似道，其略曰：“三光舛错，宰执之愆。似道缪司台鼎，变乱纪纲，毒害生灵，神人共怒，以干天谴。”似道大怒，知书稿出于李，嗾其党临安尹刘良贵，诬李僭用金饰斋扁，锻炼成狱，窜漳州。似道既败，乃得自便。会宋亡，归隐富春山。江淮行省及宣、宪两司争辟之，署苏、杭、常等郡教授，俱不应。

至元十四年，世祖命御史大夫相威行台江南，且求遗逸，以李姓名上。初，李攻似道书，其末有“前年之师，适有天幸，克成厥勋”之语，世祖习闻之，每拊掌称叹。及是，其姓名闻，世祖大悦，即授奉训大夫、浙西道儒学提举。李闻命，欲遁去，而使者致丞相安童书，有云：“先生在宋，以忠言谠论著称，简在帝心。今授以五品秩，士君子当隐见随时，其尚悉心，以报殊遇。”李乃幡然北向再拜曰：“仕而得行其言，此臣夙心也，敢不奉诏！”二十三年，侍御史程文海，奉命搜贤江南。世祖谕之曰：“此行必致叶李来。”李既至京师，敕集贤大学士阿鲁浑撒里馆于院中。它日，召见披香殿，劳问“卿远来良苦”，且曰：“卿向时讼似道书，朕尝识之。”更询以治道安出。李历陈古帝王得失成败之由，世祖首肯，赐坐锡宴，更命五日一入议事。时各道儒司悉以旷官罢，李因奏曰：“臣钦睹先帝诏书，当创业时，军务繁夥，尚招致士类。今陛下混一区宇，偃武修文，可不作养人才，以弘治道？各道儒学提举及郡教授，实风化所系，不宜罢。请复立提举司，专提调学官，课诸生，讲明治道，而上其成才者于太学，以备录用。凡儒户徭役，乞一切蠲免。”可其奏。

是时，乃颜叛北边，诏李庭出师讨之，而将校多用国人，或其亲昵，立马相向语，辄释仗不战，逡巡退却。帝患之。李密启曰：“兵贵奇，不贵众，临敌当以计取。彼既亲昵，谁肯尽力？徒费陛下粮饷，四方转输甚劳。臣请用汉军列前步战，而联大车断其后，以示死斗。彼尝玩我，必不设备，我以大众蹈之，无不胜矣。”帝以其谋谕将帅，师果奏捷。自是帝益奇李，每罢朝，必召见论事。二十四年，特拜御史中丞，兼商议中书省事。李固辞曰：“臣本羁旅，荷蒙眷知，使备顾问，固当竭尽愚衷。御史台总察中外机务，臣愚不足当此任。且臣昔窜瘴乡，素染足疾，比岁尤剧。”帝笑曰：“卿足艰于行，心岂不可行耶？”李固辞，得许。因叩首谢曰：“臣今虽不居是职，然御史台，天子耳目，常行事务，可以呈省。至若监察御史奏疏、西南两台咨禀，事关军国，利及生民，宜令便宜闻奏，以广视听，不应一一拘律，遂成文具。臣请诏台臣言事，各许实封，幸甚。”又曰：“宪臣以绳愆纠缪为职，苟不自检，于击搏何有！其有贪婪败度之人，宜付法司增条科罪，以惩欺罔。”制曰：“可”。由是台宪得实封言事。

会尚书省立，授李资善大夫、尚书左丞，李复固辞，以谓“论臣资格，未宜遽至此”。帝曰：“商起伊尹，周举太公，岂循格耶！尚书系天下轻重，朕以烦卿，卿其勿辞。”赐大小车各一，许乘小车入禁中，仍给扶升殿。始定至元钞法。又请立太学。一日，从至柳林，奏曰："善政不可以徒行，人才不可以骤进，必训以德义，摩以《诗》《书》，使知古圣贤行事方略，然后贤良辈出，膏泽下流。唐、虞、三代，咸有胄学，汉、唐明主，数幸辟雍，匪为观美也。"乃荐周砥等十人为祭酒等官，凡庙学规制，条具以闻，帝皆从之。时帝欲徙江南宋宗室及大姓于北方，李乘间言："宋已归命，其民安于田里。今无故闻徙，必将疑惧，万一有奸人乘衅而起，非国之利也。"帝大悟，事遂寝。升尚书右丞，转资德大夫。时淮、浙饥馑，谷价腾踊，李奏免江淮租税之半，运湖广、江西粮十七万石至镇江，以赈饥民。帝欲伐交趾，召李入议，李曰："遐方远夷，得之无益，军旅一兴，费縻巨万，今山路险峨，深入敌境，万一蹉跌，非所以威示远人也。"乃止。

二十五年，升平章政事，李固辞，许之。赐以玉带，视秩一品，及平江田四千亩。于是桑哥为尚书丞相，颛擅国政，急于财利，毒及生民，事具《桑哥传》。李虽与之同事，然莫能有所匡正。会桑哥败，事颇连及同列。久之，李独以疾得请南还。扬州儒学正李淦上书言："叶李本一黥徒，受皇帝简知，可为千载一遇。而才近天光，即以举桑哥为第一事；禁近侍言事，以非罪杀参政郭佑、杨居宽；迫御史中丞刘宣自裁，锢治书侍御史陈天祥，罢御史大夫门答占、侍御史程文海，杖监察御史；变钞法，拘学粮，征军官俸，减兵士粮；立行司农司、木绵提举司，增盐酒醋税课，官民皆受其祸。尤可痛者，要束木祸湖广，沙不丁祸江淮，灭贵里祸福建。又大钩考钱粮，民怨而盗发，天怒而地震，水灾洊至。尚赖皇帝圣明，更张政化。人皆知桑哥用群小之罪，而不知叶李举桑哥之罪。叶李虽罢相权，刑戮未加，天下往往窃议，宜斩叶李以谢天下。"书闻，帝矍然曰："叶李廉介刚直，朕所素知者，宁有是耶！"有旨驿召淦诣京师。

二十九年二月，李南还，至临清，帝遣使召之，俾为平章政事，佐丞相完泽治省事，李上表力辞。未几，卒，年五十一。李既卒而淦至，诏以淦为江阴路教授，以旌直言。帝尝问兵部郎中赵孟頫，李与留梦炎孰优，孟頫对："梦炎优。"帝笑曰："不然，梦炎以抡魁位宰相，而附贾似道，病民误国，伴食中书，无所可否；李旧由诸生，力诋似道，其过梦炎甚远。然其性刚直，人不能容，而朕独爱之也。"李前后被赐之物甚多，而自奉甚俭。尝戒其子曰："吾世业儒，甘贫约，唯以忠义结主知。汝曹其清慎自持，勿增吾过。"指所赐物曰："此终当还官也。"比卒，悉表送官，一毫不以自私。至正八年，赠资德大夫、江浙等处行中书省右丞、上护军，追封南阳郡公，谥文简。

燕公楠

燕公楠，字国材，南康之建昌人，宋礼部侍郎肃之七世孙。母雷氏，梦五色巨翼入帏，遂生公楠。十岁能属文，居父丧，庐墓三年。再贡于乡，不第，后以连帅辟，五迁至通判赣州事。至元十三年，世祖既平江南，帅臣板授同知赣州事。十四年，以平广南功，迁同知吉州路总管府事。二十二年夏，召至上都，奏对称旨，世祖赐名赛因囊加带，命参大政，辞，乞补外。除佥江浙行中书省事，俄移江淮。尚书省立，就佥江淮行尚书省事。江淮在宋为边陲，故多闲田，公楠请置两淮屯田，劝导有方，田日以垦。二十五年，除大司农，领八道劝农营田司事。按行郡县，兴利举弊，绩用大著。劾江西营田使沙不丁贪横，罢之。

二十七年，拜江淮行中书省参知政事。桑哥既败，而蠹政未尽去，民不堪命。公楠赴阙，极陈其故，请更张以固国本。世祖悦。会欲易政府大臣，以问公楠，公楠荐伯颜、不灰木、阇里、阔里吉思、史弼、徐琰、赵琪、陈天祥等十人。又问孰可以为首相，对曰："天下人望所属，莫若安童。"问其次，曰："完泽可。"明日，拜完泽为丞相，以公楠及不灰木为平章政事，固辞。改江浙行中书省参知政事，赐弓矢及卫士十人以行。三十年，复为大司农，得藏匿公私田六万九千八百六十二顷，岁出粟十五万一千一百斛、钞二千六百贯、帛千五百匹、麻丝二千七百斤。元贞元年，进河南行省右丞，厘正盐法，民便之。召入觐。成宗以公楠先帝旧臣，慰劳良至，改拜江浙行省右丞。明年，迁湖广行省右丞。转运司判官唐申，家沅州，豪横夺民田；武昌县尹刘权杀主簿，诬系其妻子。悉正其罪。五年，召还朝，以卒。帝闻，甚伤悼之。赙赠有加，特命朝臣护丧南归。

马绍

马绍，字子卿，济州金乡人，从上党张播学。丞相安童入侍世祖，奏言宜得儒士讲论经史，以资见闻。平章政事张启元以绍应诏，授左右司都事。出知单州，民刻石颂德。至元十年，佥山东东西道提刑按察司事。益都宁海饥，绍发粟赈之。十三年，移佥河北河南道提刑按察司事。未行，属江淮甫定，选官抚治，迁同知和州路总管府事，民赖以安。

十九年，诏割隆兴为东宫分地，皇太子选署总管，召至京师，为刑部尚书。万亿库吏盗绒四两，时相欲置之重典，绍言："物情俱轻，宜从贷减。"乃决杖释之。河间李移住妄言惑众，谋为不轨，绍被檄按问，所全活几百人。二十年，参议中书省事。二十二年，改兵部尚书。逾年，复为刑部尚书。二十四年，分立尚书省，擢拜参知政事，赐中统钞五千缗。时更印至元钞，前信州三务提举杜璠言："至元钞公私非便。"平章政事桑哥怒曰："杜璠何人，敢沮吾钞法耶！"欲当以重罪。绍从容言曰："国家导人使言，言可采，用之；不可采，亦不之罪。今重罪之，岂不与诏书违戾乎？"璠得免。拜尚书左丞。亲王戍边，其士卒有过支廪米者，有司以闻，帝欲究问加罪。绍言："方边庭用兵，罪之，惧失将士心。所支逾数者，当嗣年之数可也。"制可。宗亲海都作乱，其民来归者七十余万，散居云、朔间。桑哥议徙之内地就食，绍持不可。桑哥怒曰："马左丞爱惜汉人，欲令馁死此辈耶？"绍徐曰："南土地燠，北人居之，虑生疾疫。若恐馁死，曷若计口给羊马之资，俾还本土，则未归者孰不欣慕。言有异同，丞相何以怒为？宜取圣裁。"乃如绍言以闻，帝曰："马秀才所言是也。"桑哥集诸路总管三十人，导之入见，欲以趣办财赋之多寡为殿最。帝曰："财赋办集，非民力困竭必不能。然朕之府库，岂少此哉！"绍退至省，追录圣训，付太史书之。议增盐课，绍独力争山东课不可增。议增赋，绍曰："苟不节浮费，虽重敛数倍，亦不足也。"事遂寝。都城种苜蓿地，分给居民，权势因取为己有，以一区授绍，绍独不取。桑哥欲奏请赐绍，绍辞曰："绍以非才居政府，恒忧不能塞责，讵敢徼非分之福，以速罪戾！"桑哥败，迹其所尝行赂者，索其籍阅之，独无绍名。桑哥既败，乃曰："使吾早信马左丞之言，必不至今日之祸。"帝曰："马左丞忠洁可尚，其复旧职。"尚书省罢，改中书左丞，居再岁，移疾还家。元贞元年，迁中书右丞，行江浙省事。大德三年，移河南省。明年卒。有诗文数百篇。

卷一百七十四　列传第六十一

姚　燧

姚燧，字端甫，世系见燧伯父枢传。父格。燧生三岁而孤，育于伯父枢。枢隐居苏门，谓燧蒙暗，教督之甚急，燧不能堪。杨奂驰书止之曰："燧，令器也，长自有成尔，何以急为！"且许醮以女。年十三，见许衡于苏门。十八，始受学于长安。时未尝为文，视流辈所作，惟见其不如古人，则心弗是也。二十四，始读韩退之文，试习为之，人谓有作者风。稍就正于衡，衡亦赏其辞，且戒之曰："弓矢为物，以待盗也；使盗得之，亦将待人。文章固发闻士子之利器，然先有能一世之名，将何以应人之见役者哉！非其人而与之，与非其人而拒之，钧罪也，非周身斯世之道也。"至元七年，衡以国子祭酒教贵胄，奏召旧弟子十二人，燧自太原驿致馆下。

燧年三十八，始为秦王府文学。未几，授奉议大夫，兼提举陕西、四川、中兴等路学校。十二年，以秦王命，安辑庸、蜀。明年，汉嘉新附，入谕其民。又奉命招王立于合州。又明年，抚循夔府。凡三使蜀，皆称职。十七年，除陕西汉中道提刑按察司副使。录囚延安，逮系诖误，皆纵释之，人服其明决。调山南湖北道。按部澧州，兴学赈民，孜孜如弗及。二十三年，自湖北奉旨趋朝。明年，为翰林直学士。二十七年，授大司农丞。元贞元年，以翰林学士召修《世祖实录》。初置检阅官，究核故事，燧与侍读高道凝总裁之，书成。大德五年，授中宪大夫、江东廉访使，移病太平。九年，拜中奉大夫、江西行省参知政事。

至大元年，仁宗居藩邸，开宫师府，燧年已七十，遣正字吕洙，如汉征四皓故事，起燧为太子宾客。未几，除承旨学士，寻拜太子少傅。武宗面谕燧，燧拜辞，谢曰："昔臣先伯父枢尝除是官，尚不敢拜，臣何敢受！"明年，授荣禄大夫、翰林学士承旨、知制诰兼修国史。四年，得告南归，中书以承旨召；明年，复召。燧以病，俱不赴。卒于家，年七十六。谥曰文。

燧先在苏门山时，读《通鉴纲目》，尝病国统散于逐年，不能一览而得其离合之概，至告病江东，著《国统离合表》若干卷，年经而国纬之，如《史记》诸《表》，将附朱熹《凡例》之后，复取徽、建二本校雠，得三误焉，序于《表》首。略曰："其一，建安二十五年，徽本作'延康元年'。《凡例》：中岁改元，在兴废存亡之际，以前为正。当从建本，于建安二十五年下，注'改元延康'。其二，章武三年，徽本大书'三年，后主禅建兴元年'，建本无'三年'，则昭烈为无终。徽、建皆曰'后主'，于君臣父子之教，所害甚大，是起十四卷、尽十六卷，凡曰后主者，皆失于刊正也。当于三年下注'帝禅建兴元年'，明年大书'帝禅建兴二年'，庶前后无龃龉也。其三，天宝十五载注'肃宗皇帝至德元载'，明年惟曰'二载'，为无始。当大书'二载'上加'肃宗皇帝至德'，使上同于开元。三者钧失，而建安之取，至德之去，统固在也。若章武之距建兴，才三年耳，遽有帝父主子之异，岂不于统大有关乎！"详见《序篇》。

燧之学，有得于许衡，由穷理致知，反躬实践，为世名儒。为文闳肆该洽，豪而不宕，刚而不厉，舂容盛大，有西汉风，宋末弊习，为之一变。盖自延祐以前，文章大匠，莫能先之。或谓世无知燧者，曰："岂惟知之，读而能句，句而得其意者，犹寡。"燧曰："世固有厌空桑而思闻鼓缶者乎，然文章以道轻重，道以文章轻重。彼复有班孟坚者出，表古今人物，九品中必以一等置欧阳子，则为去圣贤也有级而不远，其文虽无谢、尹之知，不害于行后。岂有一言几乎古，而不闻之将来乎！"当时孝子顺孙，欲发挥其先德，必得燧文始可传信；其不得者，每为愧耻。故三十年间，国朝名臣世勋、显行盛德，皆燧所书。每来谒文，必其行业可嘉，然后许可，辞无溢美。又稍广置燕乐，燧则为之喜而援笔大书，否则弗易得也。时高丽沈阳王父子，连姻帝室，倾赀结朝臣。一日，欲求燧诗文，燧靳不与，至奉旨，乃与之。王赠谢币帛、金玉、名画五十篚，盛陈致燧。燧即时分散诸属官及史胥侍从，止留金银，付翰林院为公用器皿，燧一无所取。人问之，燧曰："彼藩邦小国，唯以货利为重，吾能轻之，使知大朝不以是为意"。其器识豪迈过人类如此。然颇恃才，轻视赵孟頫、元明善辈，故君子以是少之。平生所著，有《牧庵文集》五十卷行于世。子三：埙，圻，城。

郭　贯

郭贯，字安道，保定人。以才行见推择，为枢密中书掾，调南康路经历，擢广西道提刑按察司判官，会例格，授济南路经历。至元二十七年，拜监察御史。承诏分江北沿淮草地，劾淮西宣慰使昂吉儿父子专权，久不迁调，蠹政害民。三十年，佥湖南肃政廉访司事。大德初，迁湖北道，言"令四省军马，以数万计，征八百媳妇国，深入炎瘴万里不毛之地，无益于国。"五年，迁江西道，赈恤饥民，有惠政，入为御史台都事。八年，迁集贤待制，进翰林直学士，奉诏与辽阳行省平章政事别速台彻里帖木儿往镇高丽。十一年，召为河东廉访副使。

至大二年，仁宗至五台山，贯进见，仁宗因问："廉访使灭里吉歹何以有善政？"左右对曰："皆副使郭贯之教也。"因赐贯玛瑙数珠、金织文币，入为吏部考功郎，遂拜治书侍御史。四年，除礼部尚书，帝亲书其官阶曰嘉议大夫，以授有司。皇庆元年，擢淮西廉访使，寻留不遣，改侍御史，俄迁翰林侍讲学士。明年，出为淮西廉访使。建言"宜置常平仓，考校各路农事"。延祐二年，召拜中书参知政事。明年，升左丞，加集贤大学士。五年，除太子詹事。贯言："皇太子受金宝已三年，宜行册礼；又，辅导之官，早宜选置。"从之。六年，加太子宾客，谒告还家。至治元年，复起为集贤大学士，寻致仕。泰定元年，迁翰林学士承旨，不起。至顺二年，以疾卒，年八十有二。赠光禄大夫、河南行省平章政事、柱国，追封蔡国公，谥文宪。贯博学，精于篆籀，当世册宝碑额，多出其手云。

夹谷之奇

夹谷之奇，字士常，其先出女真加古部，后讹为夹谷，由马纪岭撒曷水徙家于滕州。之奇少孤，舅杜氏携之至东平，因受业于康晔。授济宁教授，辟中书省掾。大兵南伐宋，授行省左右司都事。时行省官与中书权臣有隙，特遣使核其财用，而之奇职文书，亦被按问。张弘范率其属诣使者言："夹谷都事素公清，若少有侵渔，弘范当与连坐。"会御史台立，擢之奇佥江南浙西道提刑按察司事，既而移佥江北淮东。至元十九年，召为吏部郎中，立陟降澄汰之法，著为令式。岁大旱，有司议平谷价，以遏腾涌之患。之奇言："莫若省经费，辍土木之役，庶足召和气，弭灾变，而有丰稔之期。"二十一年，迁左赞善大夫。时裕宗为皇太子，每进见，必赐坐，顾遇甚优。权臣有欲以均输法益国赋者，虑提刑按察司挠其事，请令与转运司并为一职，诏集群臣议之。之奇言："按察司者，控制诸路，发擿奸伏，责任匪轻。若使理财，则心劳事冗，将弥缝自救之不暇，又安能绳纠他人哉！并之弗便。"事遂寝。又与谕德李谦条具时政十事，上之皇太子：一曰正心，二曰睦亲，三曰崇俭，四曰几谏，五曰戢兵，六曰亲贤，七曰革敝，八曰尚文，九曰定律，十曰正名。会皇太子薨，除翰林直学士，改吏部侍郎，遂拜侍御史。二十五年，丁母忧，以吏部尚书起复，屡请终制，不许。明年，卒。

之奇虑识精审，明于大体，而不忽细微，为政卓卓可称，虽老于吏学者，自以为不及。为文章尤简严有法，多传于世云。

刘　赓

刘赓，字熙载，洺水人。五世祖逸，以郡吏治狱，有阴德。祖肃，为左三部尚书。赓幼有文名，师事翰林学士王磐。至元十三年，用荐者授国史院编修官。十六年，迁应奉翰林文字。辟为司徒府长史，仍兼应奉。补外，同知德州事，考满，擢太庙署丞、太常博士，拜监察御史。是时，御史中丞崔彧好盛气待人，他御史拜谒，或平受之，独见赓，则待以上客。大德二年，升翰林直学士。六年，奉使宣抚陕西。由侍讲学士升学士。至大二年，迁礼部尚书，仍兼翰林学士。寻拜侍御史。顷之，还翰林为学士承旨，兼国子祭酒。国学故事，伴读生以次出补吏，莫不争先出。时有一生，亲老且贫，同舍生有名在前者，因博士以告曰："我齿颇少，请让之先。"赓曰："让，德之恭也。"从其让，别为书荐其人，朝廷反先用之。自是六馆之士，皆知让之为美德也。皇庆元年，迁集贤大学士，仍兼国子祭酒。延祐元年，复为承旨；六年，拜太子宾客；七年，复入集贤为大学士；寻又入翰林为承旨。泰定元年，加光禄大夫。会集议上尊号，赓独抗言其不可，事遂已。天历元年卒，年八十一。

赓久典文翰，当时大制作多出其手，以耆年宿德，为朝廷所推重云。

耶律有尚

耶律有尚，字伯强，辽东丹王十世孙。祖父在金世尝官于东平，因家焉。有尚资识绝人，笃志于学，受业许衡之门，号称高第弟子。其学邃于性理，而尤以诚为本，仪容辞令，动中规矩，识与不识，莫不服其为有道之君子。至元八年，衡罢中书左丞，除集贤大学士，兼国子祭酒，以教国人之子弟，乃奏以门人十二人为斋长以伴读，有尚其一也。十年，衡告免还乡里，朝廷乃以有尚等为助教，嗣领其学事。居久之，拜监察御史，不赴。除秘书监丞，出知蓟州，为政以宽简得民情。裕宗在东宫，召为詹事院长史。自有尚既去，而国学事颇废，廷议以谓非有尚无足以继衡者，除国子司业。时学馆未建，师弟子皆寓居民屋，有尚屡以为言。二十四年，朝廷乃大起学舍，始立国子监，立监官，而增广弟子员。于是有尚升国子祭酒，儒风为之丕振。二十七年，以亲老，辞职归。大德改元，复召为国子祭酒。寻除集贤学士，兼其职。顷之，迁太常卿，又迁集贤学士。八年，葬父还乡里。已而朝廷思用老儒，以安车召之于家，累辞不允，复起为昭文馆大学士，兼国子祭酒，阶中奉大夫。

有尚前后五居国学，其立教以义理为本，而省察必真切；以恭敬为先，而践履必端悫。凡文词之小技，缀缉雕刻，足以破裂圣人之大道者，皆屏黜之。是以诸生知趋正学，崇正道，以经术为尊，以躬行为务，悉为成德达材之士。大抵其教法一遵衡之旧，而勤谨有加焉。身为学者师表者数十年，海内宗之，犹如昔之宗衡也。有尚既以年老，力请还家，朝廷复颁楮币七千缗，即其家赐之。卒年八十六，赐谥文正。

郝天挺

郝天挺，字继先，出于朵鲁别族，自曾祖而上，居安肃州。父和上拔都鲁，太宗、宪宗之世多著武功，为河东行省五路军民万户。天挺英爽刚直，有志略，受业于遗山元好问，以勋臣子，世祖召见，嘉其容止，有旨：宜任以政，俾执文字，备宿卫春宫。裕宗遇之甚厚。建省云南，选官属，遂除参议云南行尚书省事，寻升参知政事，又擢陕西汉中道廉访使。未几，入为吏部尚书，寻除陕西行御史台中丞，又迁四川行省参政及江浙行省左丞，俱不赴。拜中书左丞，与宰相论事，有不合，辄面斥之。一日，以奏事敷陈明允，特赐黄金百两，不受。帝曰："非利汝也，第旌汝肯言耳。"

成宗崩，仁宗以太后命，首定大难，及武宗还自朔方，遂入正大统，定策之际，天挺与有力焉。仁宗临御，收召故老天挺与少保张閭等十人，共议大政，革尚书省之弊，遂成皇庆之治。又出为江西、河南二省右丞，召拜御史中丞。入见，首陈纪纲之要，以猎为喻曰："御史职在击奸，犹鹰扬焉，禽之，弱者易获也，其力大者，必借人力。不然，不惟失其前禽，仍或有伤鹰之患矣。"帝嘉其言，既出，台臣皆以为贺，风纪大振。又上疏陈七事，曰惜名爵、抑浮费、止括田、久任使、论好事、奖农务本、励学养士，诏中书省举行之。寻俾均逸于外，拜河南行省平章政事。时河南王卜怜吉歹为丞相，待以师礼，由是政化大行。

皇庆二年卒，年六十七。赠光禄大夫、中书平章政事、柱国，追封冀国公，谥文定。天挺尝修《云南实录》五卷，又注唐人《鼓吹集》一十卷，行于世。

子佑，字君辅，小字朵鲁别台。由宿卫补官，仁宗时拜殿中侍御史，以廉直著名，大受知遇。迁陕西行省参知政事，拜陕西行御史台侍御史。

张孔孙

张孔孙，字梦符，其先出辽之乌若部，为金人所并，遂迁隆安。父之纯，为东平万户府参议，夜梦谒孔子庙，得赐嘉果，已而孔孙生，因丐名于衍圣公，遂名今名。既长，以文学名，辟万户府议事官，万户严忠范之兄为陕西行省平章政事，聘孔孙，以母老不应。

时汴梁既下，太常乐师流寓东平，旧章缺落，止存登歌一章而已。世祖居潜邸，尝召乐师至日月山观之，至是，徐世隆奏帝，宜增设宫县及文、武二舞，以备大典。因诏徐世隆为太常卿，而孔孙以奉礼郎为之副，以董乐师，肄成，献之京师。廉希宪居政府，辟为掾。及安童为相，尤礼重之，授户部员外郎，出为南京总管府判官。时方议下襄樊，朝廷急用兵，孔孙谓："今以越境私贩坐罪者，动以千数，宜开自新之条，俾得效战赎死。"朝论采之。佥四川道提刑按察司事，寻升湖北道提刑按察副使。行部巴陵，有囚三百人，因怒龚乙建言兴银利，发其坟墓而烧其家，烧死者三人。有司以真图财杀人坐之，孔孙原其情，减罪。迁浙西提刑按察副使，改同知保定路总管府事，俄拜侍御史，行御史台事。

至元二十二年，安童复入相，言于帝曰："阿合马颛政十年，亲故迎合者，往往骤进，据显位；独刘宣、张孔孙二人，恬守故常，终始如一。"乃除宣吏部尚书，孔孙礼部侍郎。寻升孔孙礼部尚书，擢燕南提刑按察使。二十八年，提刑按察司改肃政廉访司，仍为使，莅治于大名，一以所没赃籴粟五千斛赈饥民。拜佥河南江北行中书省事。亡何，除大名路总管，兼府尹，大兴学校。有献故河堤三百余里于太后者，即上章，谓宜悉还细民，从之。擢淮东道肃政廉访司使，因谳狱盐场，民尹执中兄弟诬伏为强盗，平反之。召还，拜集贤大学士、中奉大夫，商议中书省事。丞相完泽卒，孔孙与陈天祥上封事，荐和礼霍孙可为相。

会地震，诏问弭灾之道，孔孙条对八事，其略曰：蛮夷诸国，不可穷兵远讨；滥官放谴，不可复加任用；赏善罚恶，不可数赐赦宥；献鬻宝货，不可不为禁绝；供佛无益，不可虚费财用；上下豪侈，不可不从俭约；官冗吏繁，不可不为裁减；太庙神主，不可不备祭享。帝悉嘉纳之，赐钞五千贯。又累疏言："凡七十致仕者，宜加一官；丁忧服阕者，宜待起复；宿卫之冒滥者，必当革；州郡之职，必当遴选，久任达鲁花赤，宜量加迁转；又宜增给官吏俸禄；修建京师庙学，设国子生徒，给赐曲阜孔庙洒扫户；相位宜参用儒臣，不可专任文吏；故相安童、伯颜、和礼霍孙与廉希宪等，各宜赠谥。"久之，请老还家，拜翰林学士承旨、资善大夫，致仕，集贤大学士如故。大德十一年卒，年七十有五。

孔孙素以文学名，且善琴，工画山水竹石，而骑射尤精。及其立朝，谠言嘉论，有可观者，士论服之。

卷一百七十五　列传第六十二

张珪

张珪，字公端，弘范之子也。少能挽强命中，尝从其父出林中，有虎，珪抽矢直前，虎人立，洞其喉，一军尽欢。至元十六年，弘范平广海，宋礼部侍郎邓光荐将赴水死，弘范救而礼之，命珪受学。光荐尝遗一编书，目曰《相业》，语珪曰："熟读此，后必赖其用。"师还，道出江淮，珪年十六，摄管军万户。十七年，真拜昭勇大将军、管军万户，佩其父虎符，治所统军，镇建康。未几，弘范卒，丧毕，世祖召见，亲抚之。奏曰："臣年幼，军事重，聂祯者，从臣父、祖，久历行阵，幸以副臣。"帝叹曰："求老成自副，常儿不知出此。"厚赐而遣之，遍及其从者。十九年，太平、宣、徽群盗起，行省檄珪讨之，士卒数为贼所败，卒有杀民家豕而并伤其主者，珪曰："此军之所以败也。"斩其卒，悉平诸盗。

二十九年，入朝。时朝廷言者谓天下事定，行枢密院可罢；江浙行省参知政事张瑄，领海道，亦以为言。枢密副使暗伯问于珪，珪曰："见上当自言之。"召对，珪曰："纵使行院可罢，亦非瑄所宜言。"遂得不罢。命为枢密副使。太傅月儿鲁那演言："珪尚少，姑试以佥书，果可大用，请俟他日。"帝曰："不然，是家为国灭金、灭宋，尽死力者三世矣，而可吝此耶！"拜镇国上将军、江淮行枢密副使。

成宗即位，行院罢。大德三年，遣使巡行天下，珪使川、陕，问民疾苦，赈恤孤贫，罢冗官，黜贪吏。还，擢江南行御史台侍御史，换文阶中奉大夫，迁浙西肃政廉访使。

劾罢郡长吏以下三十余人、府史胥徒数百，征赃巨万计。珪得盐司奸利事，将发之。事干行省，有内不自安者，欲以危法中珪，赂遗近臣，妄言珪有厌胜事，且沮盐法。帝遣官杂治之，得行省大小吏及盐官欺罔状，皆伏罪。召珪拜佥枢密院事，入见，赐只孙冠服侍宴，又命买宅以赐，辞不受。拜江南行台御史中丞，因上疏，极言天人之际、灾异之故，其目有修德行、广言路、进君子、退小人、信赏必罚、减冗官、节浮费，以法祖宗成宪，累数百言。劾大官之不法者，不报；并及近侍之荧惑者，又不报。遂谢病归。久之，拜陕西行台中丞，不赴。

武宗即位，召拜太子谕德。未数日，拜宾客，复拜詹事，辞不就。尚书省立，中外汹汹，中丞久阙，方议择人，仁宗时在东宫，曰："必欲得真中丞，惟张珪可。"即日召拜中丞。至大四年，帝崩，仁宗将即位，廷臣用皇太后旨，行大礼于隆福宫，法驾已陈矣，珪言："当御大明殿。"御史大夫止之曰："议已定，虽百奏无益。"珪曰："未始一奏，讵知无益！"入奏，帝悟，移仗大明。既即位，赐只孙衣二十袭、金带一。帝尝亲解衣赐珪，明日复召，谓之曰："朕欲赐卿宝玉，非卿所欲。"以帨拭面额，纳诸珪怀，曰："朕泽之所存，朕心之所存也。"

皇庆元年，拜荣禄大夫、枢密副使。徽政院使失列门请以洪城军隶兴圣宫，而已领之，以上旨移文枢密院，众恐惧承命，珪固不署，事遂不行。延祐二年，拜中书平章政事，请减烦冗还有司，以清政务，得专修宰相之职，帝从之，著为令。教坊使曹咬住拜礼部尚书，珪曰："伶人为宗伯，何以示后世！"力谏止之。皇太后以中书右丞相铁木迭儿为太师，万户别薛参知行省政事，珪曰："太师论道经邦，铁木迭儿非其人，别薛无功，不得为外执政。"车驾度居庸，失列门传皇太后旨，召珪切责，杖之。珪创甚，舆归京师，明日遂出国门。珪子景元掌符玺，不得一日去宿卫，至是，以父病笃告，遽归。帝惊曰："乡别时，卿父无病。"景元顿首涕泣，不敢言。帝不怿，遣参议中书省事换住往赐之酒，遂拜大司徒，谢病家居。继丁母忧，庐墓寝苫啜粥者三年。六年七月，帝忆珪生日，赐上尊、御衣。

至治二年，英宗召见于易水之上曰："四世旧臣，朕将畀卿以政。"珪辞归。遣近臣设醴。丞相拜住问珪曰："宰相之体何先？"珪曰："莫先于格君心，莫急于广言路。"是年冬，起珪为集贤大学士。先是，铁木迭儿既复为丞相，以私怨杀平章萧拜住、御史中丞杨朵儿只、上都留守贺伯颜，大小之臣，不能自保。会地震风烈，敕廷臣集议弭灾之道，珪抗言于坐曰："弭灾，当究其所以致灾者。汉杀孝妇，三年不雨；萧、杨、贺冤死，非致沴之端乎！死者固不可复生，而情义犹可昭白，毋使朝廷终失之也。"又拜中书平章政事，侍宴万寿山，赐以玉带。

三年秋八月，御史大夫铁失既行弑逆，夜入都门，坐中书堂，矫制夺执符印，珪密疏言："贼党罪不可逭。"既皆伏诛，铁木迭儿之子治书侍御史锁南，独议远流，珪曰："于法，强盗不分首从，发冢伤尸者亦死。锁南从弑逆，亲斫丞相拜住臂，乃欲活之耶！"遂伏诛。盗窃仁庙神主，时参知政事马剌兼领太常礼仪使，当迁左丞，珪曰："以参政迁左丞，姑曰叙进。而太常奉宗祏不谨，当待罪，而反迁官，何以谢在天之灵！"命遂不下。

泰定元年六月，车驾在上都。先是，帝以灾异，诏百官集议，珪乃与枢密院、御史台、翰林、集贤两院官，极论当世得失，与左右司员外郎宋文瓒诣上都奏之。其议曰：

国之安危，在乎论相。昔唐玄宗前用姚崇、宋璟则治，后用李林甫、杨国忠，天下骚动，几致亡国。虽赖郭子仪诸将，效忠竭力，克复旧物，然自是藩镇纵横，纪纲亦不复振矣。良由李林甫妒害忠良，布置邪党，奸惑蒙蔽，保禄养祸所致，死有余辜。如前宰相铁木迭儿，奸狡险深，阴谋丛出，专政十年。凡宗戚忤己者，巧饰危间，阴中以法，忠直被诛窜者甚众。始以赃败，谄附权奸失列门，及嬖幸也里失班之徒，苟全其生，寻任太子太师。未几，仁宗宾天，乘时幸变，再入中书。当英庙之初，与失列门等恩义相许，表里为奸，诬杀萧、杨等，以快私怨。天讨元凶，失列门之党既诛，坐要上功，遂获信任，诸子内布宿卫，外据显要，蔽上抑下，杜绝言路，卖官鬻狱，威福已出，一令发口，上下股栗，稍不附己，其祸立至，权势日炽，中外寒心。由是群邪并进，如逆贼铁失之徒，名为义子，实其腹心，忠良屏迹，坐待收系。先帝悟其奸恶，仆碑夺爵，籍没其家，终以遗患，构成弑逆。其子锁南，亲与逆谋，所由来者渐矣，虽剖棺戮尸，夷灭其家，犹不足以塞责。今复回给所籍家产，诸子尚在京师，夤缘再入宿卫。世祖时，阿合马贪残败事，虽死犹正其罪，况如铁木迭儿之奸恶者哉！臣等议：宜遵成宪，仍籍铁木迭儿家产，远窜其子孙外郡，以惩大奸。君父之仇，不共戴天，所以明纲常、别上下也。铁失之党，结谋弑逆，君相遇害，天下之人，痛心疾首，所不忍闻。比奉旨："以铁失之徒既伏其辜，诸王按梯不花、孛罗、月鲁铁木儿、曲吕不花、兀鲁思不花，亦已流窜，逆党胁从者众，何可尽诛。后之言事者，其勿复举。"臣等议：古法，弑逆，凡在官者杀无赦。圣朝立法，强盗劫杀庶民，其同情者犹且首从俱罪，况弑逆之党，天地不容，宜诛按梯不花之徒，以谢天下。

《书》曰：惟辟作福，惟辟作威。臣无有作福作威，臣而有作福作威，害于而家，凶于而国。盖生杀与夺，天子之权，非臣下所得盗用也。辽王脱脱，位冠宗室，居镇辽东，属任非轻，国家不幸，有非常之变，不能讨贼，而乃觊幸赦恩，报复仇忿，杀亲王妃主百余人，分其羊马畜产，残忍骨肉，盗窃主权，闻者切齿。今不之罪，乃复厚赐放还，仍守爵土，臣恐国之纪纲，由此不振。设或效尤，何法以治！且辽东地广，素号重镇，若使脱脱久居，彼既纵肆，将无忌惮，况令死者含冤，感伤和气！臣等议：累朝典宪，闻赦杀人，罪在不原，宜夺削其爵土，置之他所，以彰天威。

刑以惩恶，国有常宪。武备卿即烈，前太尉不花，以累朝待遇之隆，俱致高列，不思补报，专务奸欺，诈称奉旨，令鹰师强收郑国宝妻古哈，贪其家人畜产，自恃权贵，莫敢如何。事闻之官，刑曹逮鞫服实，竟原其罪。辇毂之下，肆行无忌，远在外郡，何事不为！夫京师天下之本，纵恶如此，何以为政！古人有言，一妇衔冤，三年不雨，以此论之，即非细务。臣等议：宜以即烈、不花付刑曹鞫之。

中卖宝物，世祖时不闻其事，自成宗以来，始有此弊。分珠寸石，售直数万，当时民怀愤怨，台察交言。且所酬之钞，率皆天下生民膏血，锱铢取之，从以捶挞，何其用之不吝！夫以经国有用之宝，而易此不济饥寒之物，又非有司聘要和买，大抵皆时贵与斡脱中宝之人，妄称呈献，冒给回赐，高其直且十倍，蚕蠹国财，暗行分用。如沙不丁之徒，顷以增价中宝事败，具存吏牍。陛下即位之初，首知其弊，下令禁止，天下欣幸。臣等比闻中书乃复奏给累朝未酬宝价四十余万锭，较其元直，利已数倍，有事经年远者三十余万锭，复令给以市舶番货，计今天下所征包银差发，岁入止十一万锭，已是四年征入之数，比以经费弗足，急于科征。臣等议：番舶之货，宜以资国用、纾民力，宝价请俟国用饶给之日议之。

太庙神主，祖宗之所妥灵，国家孝治天下，四时大祀，诚为重典。比者仁宗皇帝、皇后神主，盗利其金而窃之，至今未获。斯乃非常之事，而捕盗官兵，不闻杖责。臣等议：庶民失盗，应捕官兵，尚有三限之法；监临主守，倘失官物，亦有不行知觉之罪。今失神主，宜罪太常，请拣其官属免之。

国家经赋，皆出于民，量入为出，有司之事。比者建西山寺，损军害民，费以亿万计；刺绣经幡，驰驿江浙，逼迫郡县，杂役男女，动经年岁，穷奢致怨。近诏虽已罢之，又闻奸人乘间奏请，复欲兴修，流言喧播，群情惊骇。臣等议：宜守前诏，示民有信，其创造、刺绣事，非岁用之常者，悉罢之。人有冤抑，必当昭雪，事有枉直，尤宜明辨。平章政事萧拜住、中丞杨朵儿只等，枉遭铁木迭儿诬陷，籍其家以分赐人，闻者嗟悼。比奉明诏，还给元业，子孙奉祀家庙，修葺苟完，未及宁处，复以其家财仍赐旧人，止酬以直，即与再罹断没无异。臣等议：宜如前诏，以元业还之，量其直以酬后所赐者，则人无冤愤矣。

德以出治，刑以防奸。若刑罚不立，奸宄滋长，虽有智者，不能禁止。比者也先铁木儿之徒，遇朱太医妻女故省门外，强拽以入，奸宿馆所。事闻，有司以扈从上都为解，竟弗就鞫。辇毂之下，肆恶无忌，京民愤骇，何以取则四方！臣等议：宜遵世祖成宪，以奸人命有司鞫之。臣等又议：天下囚系，冤滞不无，方今盛夏，宜命省台选官审录，结正重刑，疏决轻系，疑者申闻详谳。边镇利病，宜命行省、行台体究兴除，广海镇戍卒更病者，给粥食药；力死者，人给钞二十五贯，责所司及同乡者，归骨于其家。

岁贡方物有常制。广州东莞县大步海及惠州珠池，始自大德元年，奸民刘进、程连言利，分蜑户七百余家，官给之粮，三年一采，仅获小珠五两六两，入水为虫鱼伤死者众，遂罢珠户为民。其后同知广州路事塔塔儿等，又献利于失列门，创设提举司监采，廉访司言其扰民，复罢归有司。既而内正少卿魏暗都剌，冒启中旨，驰驿督采，耗廪食，疲民驿，非旧制，请悉罢遣归民。

善良死于非命，国法当为昭雪。铁失弑逆之变，学士不花、指挥不颜忽里、院使秃古思皆以无罪死，未褒赠；铁木迭儿专权之际，御史徐元素以言事锁项死东平，及贾秃坚不花之属，皆未申理。臣等议：宜追赠死者，优叙其子孙，且命刑部及监察御史，体勘其余有冤抑者，具实以闻。

政出多门，古人所戒。今内外增置官署，员冗俸滥，白丁骤升出身，入流壅塞日甚，军民俱蒙其害。夫为治之要，莫先于安民；安民之道，莫急于除滥费、汰冗员。世祖设官分职，俱有定制。至元三十年已后，改升创设，日积月增，虽尝奉旨取勘减降，近侍各私其署，夤缘保禄，姑息中止。至英宗时，始锐然减罢崇祥、寿福院之属十有三署，徽政院断事官、江淮财赋之属六十余署，不幸遭罹大故，未竟其余。比奉诏：凡事悉遵世祖成宪。若复循常取勘，调虚文，延岁月，必无实效，即与诏旨异矣。臣等议：宜敕中外军民，署置官吏，有非世祖之制，及至元三十年已后改升创设员冗者，诏格至日，悉减并除罢之；近侍不得巧词复奏，不该常调之人亦不得滥入常选。累朝斡耳朵所立长秋、承徽、长宁寺及边镇屯戍，别议处之。

自古圣君，惟诚于治政，可以动天地、感鬼神，初未尝徼福于僧道，以厉民病国也。且以至元三十年言之，醮祠佛事之目，止百有二。大德七年，再立功德使司，积五百有余，今年一增其目，明年即指为例，已倍四之上矣。僧徒又复营干近侍，买作佛事，指以算卦，欺昧奏请，增修布施莽斋，自称特奉、传奉，所司不敢较问，供给恐后。况佛以清净为本，不奔不欲，而僧徒贪慕货利，自违其教，一事所需，金银钞币不可数计，岁用钞数千万锭，数倍于至元间矣。凡所供物，悉为己有，布施等钞，复出其外，生民脂膏，纵其所欲，取以自利，畜养妻子，彼既行不修洁，适足亵慢天神，何以要福！比年佛事愈繁，累朝享国不永，致灾愈速，事无应验，断可知矣。臣等议：宜罢功德使司，其在至元三十年以前及累朝忌日醮祠佛事名目，止令宣政院主领修举，余悉减罢，近侍之属，并不得巧计擅奏，妄增名目；若有特奉、传奉，从中书复奏乃行。

古今帝王治国理财之要，莫先于节用，盖侈用则伤财，伤财必至于害民；国用匮而重敛生，如盐课增价之类，皆足以厉民矣。比年游惰之徒，妄投宿卫部属及宦者、女红、太医、阴阳之属，不可胜数，一人收籍，一门蠲复，一岁所请衣马刍粮，数十户所征入不足以给之，耗国损民为甚。臣等议：诸宿卫宦女之属，宜如世祖时支请之数给之，余悉简汰。

阔端赤牧养马驼，岁有常法，分布郡县，各有常数，而宿卫近侍，委之仆御，役民放牧。始至，即夺其居，俾饮食之，残伤桑果，百害蜂起；其仆御四出，无所拘钤，私鬻刍豆，瘠损马驼。大德中，始责州县正官监视，盖暖棚、团槽枥以牧之。至治初，复散之民间，其害如故。监察御史及河间路守臣屡言之。臣等议：宜如大德团槽之制，正官监临，阅视肥瘠，拘钤宿卫仆御，著为令。

兵戎之兴，号为凶器，擅开边衅，非国之福。蛮夷无知，少梗王化，得之无益，失之无损。至治三年，参卜郎盗，始者劫杀使臣，利其财物而已。至用大师，期年不戢，伤我士卒，费国资粮。臣等议：好生恶死，人之恒性。宜令宣政院督守将严边防，遣良使抵巢招谕。简罢冗兵，明敕边吏谨守御，勿生事，则远人格矣。

天下官田岁入，所以赡卫士，给戍卒。自至元三十一年以后，累朝以是田分赐诸王、公主、驸马，及百官、宦者、寺观之属，遂令中书酬直海漕，虚耗国储。其受田之家，各任土著奸吏为庄官，催甲斗级，巧名多取；又且驱迫邮传，征求饩廪，折辱州县，闭偿逋负，至仓之日，变鬻以归。官司交忿，农民窘窜。臣等议：惟诸王、公主、驸马、寺观，如所与公主桑哥剌吉及普安三寺之制，输之公廪，计月直折支以钞，令有司兼令输之省部，给之大都；其所赐百官及宦者之田，悉拘还官，著为令。

国家经费，皆取于民。世祖时，淮北内地，惟输丁税，铁木迭儿为相，专务聚敛，遣使括勘两淮、河南田土，重并科粮；又以两淮、荆襄沙碛作熟收征，徼名兴利，农民流徙。臣等议：宜如旧制，止征丁税，其括勘重并之粮，及沙碛不可田亩之税，悉除之。

世祖之制，凡有田者悉役之，民典卖田，随收入户。铁木迭儿为相，纳江南诸寺贿赂，奏令僧人买民田者毋役之，以里正主首之属，逮今流毒细民。臣等议：惟累朝所赐僧寺田及亡宋旧业，如旧制勿征，其僧道典买民田及民间所施产业，宜悉役之，著为令。

僧道出家，屏绝妻孥，盖欲超出世表，是以国家优视，无所徭役，且处之官寺；宜清净绝俗为心，诵经祝寿。比年僧道往往畜妻子，无异常人，如蔡道泰、班讲主之徒，伤人逞欲、坏教干刑者，何可胜数！俾奉祠典，岂不亵天渎神！臣等议：僧道之畜妻子者，宜罪以旧制，罢遣为民。

赏功劝善，人主大柄，岂宜轻以与人。世祖临御三十五年，左右之臣，虽甚爱幸，未闻无功而给一赏者。比年赏赐泛滥，盖因近侍之人，窥伺天颜喜悦之际，或称乏财无居，或称嫁女取妇，或以技物呈献，殊无寸功小善，递互奏请，要求赏赐回奉，奄有国家金银珠玉，及断没人畜产业。似此无功受赏，何以激劝，既伤财用，复启幸门。臣等议：非有功勋劳效著明实迹，不宜加以赏赐，乞著为令。

臣等所言：弑逆未讨、奸恶未除、忠愤未雪、冤枉未理、政令不信、赏罚不公、赋役不均、财用不节、民怨神怒，皆足以感伤和气。惟陛下裁择，以答天意，消弭灾变。

帝不从。珪复进曰："臣闻日食修德，月食修刑，应天以实不以文，动民以行不以言，刑政失平，故天象应之。惟陛下矜察，允臣等议，乞悉行之。"帝终不能从。

未几，珪病增剧，非扶掖不能行。有诏：常见免拜跪，赐小车，得乘至殿门下。帝始开经筵，令左丞相与珪领之，珪进翰林学士吴澄等，以备顾问。自是辞位甚力，犹封蔡国公，知经筵事，别刻蔡国公印以赐。泰定二年夏，得旨暂归。

三年春，上遣使召珪，期于必见。珪至，帝曰："卿来时，民间如何？"对曰："臣老，少宾客，不能远知，真定、保定、河间，臣乡里也，民饥甚，朝廷虽赈以金帛，惠未及者十五六，惟陛下念之。"帝恻然，敕有司毕赈之。拜翰林学士承旨、知制诰兼修国史，国公、经筵如故。帝察其诚病，命养疾西山，继得旨还家。未几，起珪商议中书省事，以疾不起。四年十二月薨，遗命上蔡国公印。珪尝自号曰淡庵。子六人。

李孟

李孟，字道复，潞州上党人。曾祖执，金末举进士。祖昌祚，归朝，授金符、潞州宣抚使。父唐，历仕秦、蜀，因徙居汉中。孟生而敏悟，七岁能文，倜傥有大志，博学强记，通贯经史，善论古今治乱，开门授徒，远近争从之。一时名人商挺、王博文，皆折行辈与交。郭彦通名能知人，尝语唐曰："此儿骨相异常，宰辅之器也。"至元十四年，随父入蜀，行省辟为掾，不赴；调晋原县主簿，又辞；行御史台交荐之，亦不就。后以事至京师，中书右丞杨吉丁一见奇之，荐于裕宗，得召见东宫。未几，裕宗薨，不及擢用。成宗立，首命采访先朝圣政，以备史官之纪述，陕西省使孟讨论编次，乘驿以进。时武宗、仁宗皆未出阁，徽仁裕圣皇后求名儒辅导，有荐者曰："布衣李孟有宰相才，宜令为太子师傅。"大德元年，武宗抚军北方，仁宗留宫中，孟日陈善言正道，多所进益。成宗闻而嘉之，诏授太常少卿，执政以孟未尝一造其门，沮之不行，改礼部侍郎，命亦中止。

仁宗侍昭献元圣皇后降居怀州，又如官山，孟常单骑以从。在怀州四年，诚节如一，左右化之，皆有儒雅风，由是上下益亲。每进言曰："尧、舜之道，孝悌而已矣。今大兄在朔方，大母有居外之忧，殿下当迎奉意旨以娱乐之，则孝悌之道皆得矣。"仁宗深纳其言，日问安视膳，婉容愉色，天下称孝焉。有暇，则就孟讲论古先帝王得失成败，及君君臣臣父父子子之义。孟特善论事，忠爱恳恻，言之不厌，而治天下之大经大法，深切明白。厥后仁宗入清内难，敬事武皇，笃孝母后，端拱以成太平之功，文物典章，号为极盛。尝与群臣语，握拳示之曰："所重乎儒者，为其握持纲常，如此其固也。"其讲学之功如此者，实孟启之也。

成宗崩，安西王阿难答谋继大统，成后为之主，丞相、枢密同声附和。中书右丞相哈剌哈孙答剌罕密使来告，仁宗疑而未行。孟曰："支子不嗣，世祖之典训也。今宫车晏驾，大太子远在万里，宗庙社稷危疑之秋，殿下当奉大母，急还宫庭，以折奸谋、固人心。不然，国家安危，未可保也。”仁宗犹豫未决。孟复进曰：“邪谋得成，以一纸书召还，则殿下母子且不自保，岂暇论宗族乎！”仁宗悦，曰：“先生之言，宗庙社稷之福。”乃奉太后还都。时哈剌哈孙称病坚卧，仁宗遣孟往问之，适成后使人问疾，络绎不绝。孟入，长揖而坐，已而前引其手，诊其脉，众以为医，乃不疑之。既得知安西王即位有日，还告曰：“事急矣！先发者制人，后发者制于人，不可不早图之。”左右之人皆不能决，惟曲出、伯铁木儿劝其行。或曰：“皇后深居九重，八玺在手，四卫之士，一呼而应者累万；安西王府中从者如林。殿下侍卫寡弱，不过数十人，兵仗不备，奋赤手而往，事未必济。不如静守，以俟阿合之至，然后图之，未晚也。”阿合，中国称兄，谓武宗也。孟曰：“群邪违弃祖训，党附中宫，欲立庶子，天命人心，必皆弗与。殿下入造内庭，以大义责之，则凡知君臣之义者，无不舍彼为殿下用，何求而弗获！克清宫禁，以迎大兄之至，不亦可乎！且安西既正位号，纵大太子至，彼安肯两手进玺，退就藩国；必将斗于国中，生民涂炭，宗社危矣。且危身以及其亲，非孝也；遗祸难于大兄，非悌也；得时弗为，非智也；临机不断，无勇也。仗义而动，事必万全。”仁宗曰：“当以卜决之。”命召卜人，有儒服持囊游于市者，召之至，孟出迎，语之曰：“大事待汝而决，但言其吉。”乃入筮，遇乾三五皆九，立而献卦曰：“是谓乾之睽。乾，刚也；睽，外也。以刚处外，乃定内也。君子乾乾，行事也。飞龙在天，上治也。舆曳牛掣，其人髡且劓，内兑废也。厥宗筮肤，往必济也。大君外至，明相丽也。乾而不乾，事乃睽也；刚运善断，无惑疑也。”孟曰：“筮不违人，是谓大同，时不可以失。”仁宗喜，振袖而起，乃共扶上马，孟及诸臣皆步从，入自延春门。哈剌哈孙自东掖来就之，至殿廊，收首谋及同恶者，悉送都狱；奉御玺，北迎武宗，中外翕然，随以定。

仁宗监国，使孟参知政事。孟久在民间，备知闾阎幽隐，损益庶务，悉中利病，远近无不悦服，然特抑绝侥幸，群小多不乐，孟不为变。事定，乃言于仁宗曰：“执政大臣，当自天子亲用，今銮舆在道，孟未见颜色，诚不敢冒当重任。”固辞弗许，遂逃去，不知所之。夏五月，武宗即位，有言于帝曰：“内难之初定也，李孟尝劝皇弟以自取，如彼言，岂有今日！”武宗察其诬，弗听，仁宗亦不敢复言孟。至大二年，仁宗为皇太子，尝侍帝同太后内宴，饮半，仁宗深思，戚然改容。帝顾语曰：“吾弟今日不乐，何所思邪？”仁宗从容起谢曰：“赖天地祖宗神灵，神器有归，然成今日母子兄弟之欢者，李道复之功为多。适有所思，不自知其变于色也。”帝甚友爱，感其言，即命搜访之，得之许昌陉山，遣使召之。

三年春正月，入见武宗于玉德殿，帝指孟谓宰执大臣曰：“此皇祖妣命为朕宾师者，宜速任之。”三月，特授荣禄大夫、中书平章政事、集贤大学士，同知徽政院事。仁宗嗣立，真拜中书平章政事，进阶光禄大夫，推恩其三世，且谕之曰：“卿，朕之旧学，其尽心以辅朕之不及。”孟感知遇，力以国事为己任，节赐与，重名爵，核太官之滥费，汰宿卫之冗员。贵戚近臣，恶其不便于己，而心服其公，无间言焉。

司空、司徒、太尉，古之三公，自大德以来，封拜繁多；释、老二教，设官统治，权抗有司，挠乱政事，僧道尤苦其扰。孟言：“人君之柄，在赏与刑，赏一善而天下劝，罚一恶而天下惩，柄乃不失。所施失当，不足劝惩，何以为治！僧、道士既为出世法，何用官府绳治！”乃奏雪冤死者，复其官荫；滥冒名爵者，悉夺之；罢僧道官。天下称快。

仁宗初出居怀，深见吏弊，欲痛划除之。孟进言曰：“吏亦有贤者，在乎变化激厉之而已。”帝曰：“卿儒者，宜与此曹气类不合，而曲相护祐如此，真长者之言。卿在朕前，惟举人所长，而不斥其短，尤朕所深嘉也。”时承平日久，风俗奢靡，车服僭拟，上下无章，近臣恃恩，求请无厌。时宰不为裁制，乃更相汲引，望幸恩赐，耗竭公储，以为私惠。孟言：“贵贱有章，所以定民志；赐与有节，所以劝臣下。请各为之限制。”帝皆从之。

孟在政府，虽多所补益，而自视常若不及，尝因间请曰：“臣学圣人道，遭遇陛下，陛下尧、舜之主也。臣不能使天下为尧、舜之民，上负陛下，下负所学，乞解罢政权，避贤路。”帝曰：“朕在位，必卿在中书，朕与卿相与终始，自今其勿复言。”继赐爵秦国公，帝亲授以印章，命学士院降制。又图其像，敕词臣为之赞，及御书“秋谷”二字，识以玺而赐之。入见，必赐坐，语移时，称其字而不名，其见尊礼如此。帝尝语近臣曰：“道复以道德相朕，致天下蒙泽。”赐之钞十万贯，令将作为治第。孟辞曰：“臣布衣际遇，所望于陛下者，非富贵之谓也。”悉辞不受。皇庆元年正月，授翰林学士承旨、知制诰兼修国史，仍平章政事。未几，请告归葬其父母，帝劳饯之曰：“事讫，宜速还，毋久留，孤朕所望！”十二月，入朝，帝大悦，慰劳甚至，因请谢事，优诏不允；请益坚，乃命以平章政事议中书省事，承旨翰林。二年夏，乞还国公印，奏三上，始如所请。帝每与孟论用人之方，孟曰：“人材所出，固非一途，然汉、唐、宋、金，科举得人为盛。今欲兴天下之贤能，如以科举取之，犹胜于多门而进；然必先德行经术而后文辞，乃可得真材也。”帝深然其言，决意行之。延祐元年十二月，复拜平章政事。二年春，命知贡举，及廷策进士，为监试官。七月，进金紫光禄大夫、上柱国，改封韩国公，职任如故。已而以衰病不任事，乞解政权归田里，帝不得已从所请，复为翰林学士承旨，入侍宴间，礼遇尤厚。

延祐七年，仁宗崩，英宗初立，太师铁木迭儿复相，以孟前共政时不附己，谗构诬谤，尽收前后封拜制命，降授集贤侍讲学士、嘉议大夫，度其必辞，因中害之。孟拜命欣然，适翰林学士刘赓来慰问，即与同入院。宣徽使以闻曰：“李孟今日供职，旧例当赐酒。”帝愕然曰：“李道复乃肯俯就集贤耶？”时铁木迭儿子八尔吉思侍帝侧，帝顾谓曰：“尔辈谓彼不肯为是官，今定何如！”由是谗不得行。尝语人曰：“老臣待罪中书，无补于国，圣恩宽宥，不夺其禄，今老矣，其何以报称！”帝闻而善之，恩意稍加。至治元年卒。御史累章辨其诬，诏复元官。至治中，赠旧学同德翊戴辅治功臣、太保、仪同三司、上柱国，追封魏国公，谥文忠。

孟宇量闳廓，材略过人，三入中书，民间利害，知无不言，引古证今，务归至当。士无贵贱，苟贤矣，不进拔不已。游其门者，后皆知名。退居一室，萧然如布衣。为文有奇气，其论必主于理，其献纳谋议，常自毁其稿，家无几存。皇庆、延祐之世，每一政之缪，人必以为铁木迭儿所为；一令之善，必归之于孟焉。子献，御史中丞、同知经筵事。

张养浩

张养浩，字希孟，济南人。幼有行义，尝出，遇人有遗楮币于途者，其人已去，追而还之。年方十岁，读书不辍，父母忧其过勤而止之，养浩昼则默诵，夜则闭户，张灯窃读。山东按察使焦遂闻之，荐为东平学正。游京师，献书于平章不忽木，大奇之，辟为礼部令史，仍荐入御史台。一日病，不忽木亲至其家问疾，四顾壁立，叹曰："此真台掾也。"及为丞相掾，选授堂邑县尹。人言官舍不利，居无免者，竟居之。首毁淫祠三十余所，罢旧盗之朔望参者，曰："彼皆良民，饥寒所迫，不得已而为盗耳；既加之以刑，犹以盗目之，是绝其自新之路也。"众盗感泣，互相戒曰："毋负张公。"有李虎者，尝杀人，其党暴戾为害，民不堪命，旧尹莫敢诘问。养浩至，尽置诸法，民甚快之。去官十年，犹为立碑颂德。

仁宗在东宫，召为司经，未至，改文学，拜监察御史。初，议立尚书省，养浩言其不便；既立，又言变法乱政，将祸天下。台臣抑而不闻，乃扬言曰："昔桑哥用事，台臣不言，后几不免。今御史既言，又不以闻，台将安用！"时武宗将亲祀南郊，不豫，遣大臣代祀，风忽大起，人多冻死。养浩于祀所扬言曰："代祀非人，故天示之变。"大违时相意。时省臣奏用台臣，养浩叹曰："尉专捕盗，纵不称职，使盗自选可乎？"遂疏时政万余言：一曰赏赐太侈，二曰刑禁太疏，三曰名爵太轻，四曰台纲太弱，五曰土木太盛，六曰号令太浮，七曰幸门太多，八曰风俗太靡，九曰异端太横，十曰取相之术太宽。言皆切直，当国者不能容。遂除翰林待制，复构以罪罢之，戒省台勿复用。养浩恐及祸，乃变姓名遁去。

尚书省罢，始召为右司都事。在堂邑时，其县达鲁花赤尝与之有隙，时方求选，养浩为白宰相，授以美职。迁翰林直学士，改秘书少监。延祐初，设进士科，遂以礼部侍郎知贡举。进士诣谒，皆不纳，但使人戒之曰："诸君子但思报效，奚劳谢为！"擢陕西行台治书侍御史，改右司郎中，拜礼部尚书。英宗即位，命参议中书省事，会元夕，帝欲于内庭张灯为鳌山，即上疏于左丞相拜住。拜住袖其疏入谏，其略曰："世祖临御三十余年，每值元夕，闾阎之间，灯火亦禁；况阙庭之严，宫掖之邃，尤当戒慎。今灯山之构，臣以为所玩者小，所系者大；所乐者浅，所患者深。伏愿以崇俭虑远为法，以喜奢乐近为戒。"帝大怒，既览而喜曰："非张希孟不敢言。"即罢之，仍赐尚服金织币一、帛一，以旌其直。后以父老，弃官归养，召为吏部尚书，不拜。丁父忧，未终丧，复以吏部尚书召，力辞不起。泰定元年，以太子詹事丞兼经筵说书召，又辞；改淮东廉访使，进翰林学士，皆不赴。

天历二年，关中大旱，饥民相食，特拜陕西行台中丞。既闻命，即散其家之所有与乡里贫乏者，登车就道，遇饿者则赈之，死者则葬之。道经华山，祷雨于岳祠，泣拜不能起，天忽阴翳，一雨二日。及到官，复祷于社坛，大雨如注，水三尺乃止，禾黍自生，秦人大喜。时斗米直十三缗，民持钞出粜，稍昏即不用，诣库换易，则豪猾党蔽，易十与五，累日不可得，民大困。乃检库中未毁昏钞文可验者，得一千八十五万五千余缗，悉以印记其背，又刻十贯、伍贯为券，给散贫乏，命米商视印记出粜，诣库验数以易之，于是吏弊不敢行。又率富民出粟，因上章请行纳粟补官之令。闻民间有杀子以奉母者，为之大恸，出私钱以济之。到官四月，未尝家居，止宿公署，夜则祷于天，昼则出赈饥民，终日无少怠。每一念至，即抚膺痛哭，遂得疾不起，卒年六十。关中之人，哀之如失父母。至顺二年，赠摅诚宣惠功臣、荣禄大夫、陕西等处行中书省平章政事、柱国，追封滨国公，谥文忠。二子：强、引，强先卒。

敬俨

敬俨，字威卿，其先河东人，后徙易水。五世祖嗣徽，仕金，官至参知政事；曾祖子渊，乐陵令；祖鉴，同知嵩州事。皆以进士起家。父元长，有学行，官至太常博士。俨其仲子也，幼不为嬉戏事，长嗜学，善属文，御史中丞郭良弼荐为殿中知班，著宪章若干卷。受知于广平王月吕禄那演，连辟太傅、太师两府掾，调高邮县尹，未赴，选充中书省掾。朱清、张瑄为海运万户，豪纵不法，适俨典其文牍，尝致厚赂，俨怒拒之，二人以罪伏诛。权贵多以贿败连坐，独俨不与。

大德二年，授吏部主事，改集贤司直。会湖湘有警，丞相哈剌合孙答剌罕奏俨奉诏恤民，且观衅，甚称旨意。六年，擢礼部员外郎。有故郡守子，当以荫补官，继母诉其非嫡者，俨察其诬，按之，果如所言。七年，拜监察御史。时省臣有既黜而复收用者，参预官巧佞，与相比周，以黩货挠法，即日劾去之。江浙行省与浙西宪司交章相攻击，事闻，命省台遣官往治之，俨与阿思兰海牙偕行，议多不合，两上之，朝廷是俨议。七月，迁中书左司都事，扈从上京。西京贾人有以运粮供饷北边而得官者，盗用至数十万石，以利啗主者，匿不发，俨按征之以输边。

九年，授吏部郎中，以父病辞。已而父卒，既终丧，复入御史台为都事。中丞何某与执政有隙，省议欲核台选之当否，俨曰："迩者省除吏千余人，台亦当分别之邪？"语闻，议遂寝。江南行御史台与江浙省争政，事闻，俨曰："省台政事，风化本原，各宜尽职，顾乃以小故忿争，而渎上听乎！"建康路总管侯珪，贪纵事败，俨亟遣官决其事，及其賫缘近幸，奏请原之，命下，已无及矣。

武宗抚军北边，成宗升遐，宰臣有异谋者，事定，命俨预鞫问之，悉得其情。除山北廉访副使，入为右司郎中。武宗临御，湖广省臣有伪为警报，驰驿入奏，以图柄用者，俨面诘之曰："汝守方面，既有警，岂得离职，是必虚诞耳。"其人竟以状露被斥。旱蝗为灾，民多因饥为盗，有司捕治，论以真犯。狱既上，朝议互有从违，俨曰："民饥而盗，迫于不得已，非故为也。且死者不可复生，宜在所矜贷。"用是得减死者甚众。

至大元年，授左司郎中，擢江南诸道行御史台治书侍御史。先是，俨以议立尚书省，忤宰臣意，适两淮盐法久滞，乃左迁俨为转运使，欲以陷之。比至，首劾场官之贪污者，法既大行，课复增羡至二十五万引。河南行省参政来会盐筴，将以羡数为岁入常额。俨以亭户凋弊已甚，以羡为额，民力将殚，病人以为己，非宰臣事，事遂止。仁宗践阼，召为户部尚书，廷议欲革尚书省弊政，俨言："遽罢钱不用，恐细民失利。"不从，以疾辞。

皇庆元年，除浙东道廉访使。有钱塘退卒，诈服僧衣，称太后旨，建婺州双谿石桥，因大兴工役以病民。俨命有司发其奸赃，杖遣之，仍请奏罢其役。郡大火，焚数千家，俨令发廪以赈贫馁。取宪司废堂材木及诸路学廪之羡者，建孔子庙。二年，拜江西等处行中书省参知政事。旧俗，民有争，往往越诉于省，吏得并缘为奸利，讼以故繁。俨令下省府，非有司，不得侵民，讼事遂简。诏设科举，俨荐临川吴澂、金陵杨刚中为考试官，得人为多。其年冬，移疾退居真州。除江南诸道行御史台侍御史，不赴。四年春，诏促就前职，以疾辞。七月，召为侍御史；十月，迁太子副詹事，御史大夫脱欢答剌罕奏留之，制曰"可"。湖广省臣以赃败，俨一日五奏，卒正其罪。台臣有劾去而复职者，御史复劾之，章再上，有旨命丞相、枢密共决之。俨曰："如是，则台事去矣。"遂即帝前奏黜之，因伏殿上，叩头请代。帝谕之曰："事非由汝，汝其复位。"

五年夏五月，拜中书参知政事，台臣复奏留之，俨亦陛辞，不允。赐《大学衍义》及所服犀带。每入见，帝以字呼之，曰威卿而不名，其见礼遇如此。旧制，诸院及寺监，得奏除其僚属者，岁久多冒滥，富民或以赂进，有至大官者。俨以名爵当慎惜，会台臣亦以为言，乃奏请悉追夺之，遂著为令。六年，告病，赐衣一袭，遣医视疗。俨以其乡在近圻，恐复征用，乃徙居淮南，虽亲故皆不接见。至治元年，除陕西诸道行御史台中丞。泰定元年，改江南诸道行御史台中丞。皆不赴。年六十五，即告老，朝廷虽命其子自强为安庆总管府判官，而未从其请。四年春，遣使赐酒，征为集贤大学士、荣禄大夫，商议中书省事。俨令使者先返，而挈家归易水。九月，帝特署为中政院使，复赐酒，召之，乃舆疾入见，赐食慰劳，亲为差吉日使视事，命朝会日无下拜；是月，拜中书平章政事，复以老病辞，不从。

天历改元，朝议欲尽戮朝臣之在上京者，俨抗论，谓是皆循常岁例从行，杀之非罪。众赖之获免。居月余，伤足，告归。家居十余年，痹不能行，犹劬书不废。临终，戒子弟曰："国恩未报，而至不禄，奈何！汝曹当清白守恒业，无急仕进。"正冠帻，端坐而逝。赠翰林学士承旨、光禄大夫、柱国，封鲁国公，谥文忠。

自强，朝散大夫、礼部员外郎。俨有诗文若干卷，藏于家。叔祖铉，与太原元好问同登金进士第，国初为中都提学，著《春秋备忘》四十卷，仁宗朝命刻其书，今行于世。

卷一百七十六　列传第六十三

曹伯启

曹伯启，字士开，济宁砀山人。弱冠，从东平李谦游，笃于问学。至元中，历仕为兰溪主簿，尉获盗三十，械徇诸市，伯启以无左验，未之信；俄得真盗，尉以是黜。累迁常州路推官，豪民黄甲，恃财杀人，赂佃客诬伏，伯启谳得其情，遂坐甲杀人罪。迁河南省都事、台州路治中，御史潘昂霄、廉访使王俣交荐，擢拜西台御史，改都事。关陕自许衡倡道学，教多士，伯启请建祠立学，以表其绩，朝议是之。泾阳民诬其尹不法，伯启核实，抵民罪。四川廉访佥事阔阔木以苛刻闻，伯启纠黜之。

延祐元年，升内台都事，迁刑部侍郎。丞相铁木迭儿专政，一日，召刑曹官属问曰："西僧讼某之罪，何为久弗治？"众莫敢对，伯启从容言曰："犯在赦前。"丞相虽甚怒，莫之夺也。宛平尹盗官钱，铁木迭儿欲并诛守者，伯启执不可，杖遣之。八番帅擅杀，起边衅，朝廷已用帅代之矣，命伯启往诘其事。次沅州，道梗，伯启恐兵往则彼惊，将致乱，乃遣令史杨鹏单骑往喻新帅，备得其情，止奏坐前帅擅兴罪，边民以安。大同宣慰使法忽鲁丁，扑运岭北粮，岁数万石，肆为欺罔，累赃巨万，朝廷遣使督征，前后受赂，皆反为之游言，最后伯启往，其人已死，喻其子弟曰："负官钱，虽死必征。与其纳赂于人，曷若偿之于官。第条汝父所赂之数，官为征之。"诸受赂者皆惧，而潜归赂于其子，为钞五百余万缗，民之逋负而无可理者，即列上与免之。出为真定路总管，治尚宽简，民甚安之。

延祐五年，迁司农丞，奉旨至江浙议盐法，罢检校官，置六仓于浙东、西，设运盐官，输运有期，出纳有次，船户、仓吏盗卖漏失者有罚。归报，著为令。寻拜南台治书侍御史，因言："扬清激浊，属在台宪，诸被枉赴诉者，实则直之，妄则加论可也。今讼冤一切不问，岂风纪定制乎？"俄去位。

英宗立，召拜山北廉访使，时敕建西山佛宇甚亟，御史观音保等以岁饥请缓之，近臣激怒上听，遂诛言者。伯启曰："主上聪 明睿断，是不可以不净。"乃劾台臣缄默，使昭代有杀谏臣之名，帝为之悚听。俄拜集贤学士、御史台侍御史。有诏同刊定《大元通制》，伯启言："五刑者，刑异五等，今黥杖徒役于千里之外，百无一生还者，是一人身备五刑，非五刑各底于人也。法当改易。"丞相是之，会伯启除浙西廉访使，不果行。

泰定初，引年北归，优游乡社，砀人贤之，表所居为曹公里。伯启性庄肃，奉身清约，在中台，所奖借名士尤多；为侍读学士，考试国子，首取吕思诚、姚绂。云南佥事范震言宰臣欺上罔下，不报，范饮恨死，伯启具其事，书于太史。真州知州吕世英以刚直获罪，伯启白其枉，进擢风宪。

其好彰善率类此。天历中，起伯启为淮东廉访使、陕西诸道行御史台中丞，使驿敦遣，伯启喟然曰："吾年且八十，尚忘知止之戒乎！"终不起，一时被命者，因相继去位，天下之士高之。至顺三年，长子震亨卒于毗陵，伯启往拊之；明年二月，卒于毗陵，年七十九。有诗文十卷，号《汉泉漫稿》，《续集》三卷，行世。子六人，孙十人，皆显仕。

李元礼

李元礼，字庭训，真定人。资性庄重，燕居不妄言笑。历易州、大都路儒学教授，迁太常太祝，升博士。定撰世祖圣德神功文武皇帝、昭睿顺圣皇后、裕宗文惠明孝皇帝尊谥议，称颂功德，体制温雅。请谥圜丘，升祔太室，礼文多其所详定。

元贞元年，擢拜监察御史，弹劾无所回挠。二年，有旨建五台山佛寺，皇太后将临幸，元礼上疏曰：

古人有言曰：生民之利害，社稷之大计，惟所见闻而不系职司者，独宰相得行之，谏官得言之。今朝廷不设谏官，御史职当言路，即谏官也，乌可坐视得失而无一言，以裨益圣治万分之一哉！伏见五台创建寺宇，土木既兴，工匠夫役，不下数万，附近数路州县，供亿烦重，男女废耕织，百物踊贵，民有不聊生者矣。伏闻太后亲临五台，布施金币，广资福利，其不可行者有五：时当盛夏，禾稼方茂，百姓岁计，全仰秋成，扈从经过，千乘万骑，不无蹂躏，一也。太后春秋已高，亲劳圣体，往复暑途数千里，山川险恶，不避风日，轻冒雾露，万一调养失宜，悔将何及，二也。今上登宝位以来，遵守祖宗成法，正当兢业持盈之日，上位举动，必书简册，以贻万世之则，书而不法，将焉用之，三也。夫财不天降，皆出于民，今日支持调度，方之曩时百倍，而又劳民伤财，以奉土木，四也。佛本西方圣人，以慈悲方便为教，不与物竞，虽穷天下珍玩奇宝供养不为喜，虽无一物为献而一心致敬，亦不为怒。今太后为国家、为苍生崇奉祈福，福未获昭受，而先劳圣体，圣天子旷定省之礼，轸思亲之怀，五也。伏愿中路回辕，端居深宫，俭以养德，静以颐神，上以循先皇后之懿范，次以尽圣天子之孝心，下以慰元元之望。如此，则不祈福而福至矣。

台臣不敢以闻。

大德元年，侍御史万僧与御史中丞崔彧不合，诣架阁库，取前章封之，入奏曰："崔中丞私党汉人李御史，为大言谤佛，不宜建寺。"帝大怒，遣近臣赍其章，敕右丞相完泽、平章政事不忽木等鞫问。不忽木以国语译而读之，完泽曰："其意正与吾同。往吾尝以此谏，太后曰：'我非喜建此寺，盖以先皇帝在时，尝许为之，非汝所知也。'"彧与万僧面质于完泽，不忽木抗言曰："他御史惧不肯言，惟一御史敢言，诚可赏也。"完泽等以章上闻。帝沉思良久曰："御史之言是也。"乃罢万僧，复元礼职。未几，改国子司业，以疾卒，赠亚中大夫、翰林直学士、轻车都尉，追封陇西郡侯。子端，仕至礼部尚书。

王寿

王寿，字仁卿，涿郡新城人。幼颖敏嗜学，长以通国字，为中书掾。既而用朝臣荐，入侍裕宗，眷遇特异。至元十九年，授兵部员外郎。二十二年，升吏部郎中。二十四年，分置尚书省，遂革。二十八年，罢尚书省归中书，复任吏部郎中。以婿康里不忽木柄用当道，即自免去。明年，授大司农丞，不赴。元贞二年，出为燕南河北道廉访副使。大德二年，不忽木为中执法，复弃官归。三年，授集贤直学士，秩满，就升侍读学士，俄擢御史台侍御史，论事剀切。六年二月，召寿奉香江南，遍祠岳镇海渎。密旨：去岁风水为灾，百姓艰食，凡所经过，采听入对。使还，具奏："民之利病，系于官吏善恶，在今宜选公廉材干、存心爱物者专抚字，刚方正大、深识治体者居风宪。天灾代有，赈济以时，无劳圣虑。惟是豪右之家，仍据权要，当罢其职，处之京师，以保全之，此长久之道也。"

初，寿与台臣奏："宰相内统百官，外均四海，位尊任重，不可轻假非人。三代以降，国之兴衰，民之休戚，未有不由相臣之贤否也。世祖初置中书省，以忽鲁不花、塔察儿、线真、安童、伯颜等为丞相，史天泽、刘秉忠、廉希宪、许衡、姚枢等实左右之，当时称治，比唐贞观之盛。迨至阿合马、郝祯、耿仁、卢世荣、桑哥、忻都等，坏法黩货，流毒亿兆。近者，阿忽台、伯颜、八都马辛、阿里等专政，煽惑中禁，几摇神器。君子小人已试之验，较然如此。臣愿推爱君思治之心，邪正互陈，成败对举，庶几上悟天衷，惩其既往，知所进退，天下之事，可从而理也。"九年，参议中书省事。十年，改吏部尚书。

十一年，武宗即位，首拜御史中丞，未几，更拜左丞，俄复拜御史中丞。至大二年三月，卧疾求代。三年夏，迁太子宾客、集贤大学士。秋九月卒，年六十。明年，赠银青荣禄大夫、平章政事、上柱国、蓟国公，谥文正。

王倚

王倚，字辅臣，其先东莱人也。父永福，金末避地徙燕，为宛平著姓，富雄闾里。倚为人孝友乐易，重然诺；与人交，不苟合；读书务躬行，不专事章句。世祖选良家子入侍东宫，时倚年弱冠，在众中仪观独伟，太保刘秉忠深器重之，即以充选。倚服勤守恪，遂见信任。有诏皇太子裁决天下事。凡时政所急，民瘼所系，倚知无不言。是时，官职未备，而汤沐分邑，地广事繁，当有统属，乃拜倚工部尚书，行本位下随路民匠都总管。至元二十一年，诏立东宫官属，以倚为家丞。又置储用司，掌货币出纳，令倚兼之。后以疾辞职，仍给太子家丞禄，以优养之。倚上言："不事事而苟窃禄食，臣心诚所未安。"不许，力辞再四，方许之。二十六年，皇孙出镇怀孟，帝为选老成练达旧臣护之，乃以属倚。陛辞，帝目之良久，谓侍臣曰："倚，修洁人也，左右皇孙，得人矣。"及行，营幕所在，军政肃然。未几，召还。二十八年，授礼部尚书，以疾辞。明年卒，年五十三。

赠正议大夫、礼部尚书，追封太原郡侯，谥忠肃。子二人，鹏，异样总管府总管。

刘　正

刘正，字清卿，清州人也。年十五，知读书，习吏事，初辟制国用使司令史，迁尚书户部令史。至元八年，罢诸路转运司，立局考核逋欠，正掌其事。大都运司负课银五百四十七锭，逮系倪运使等四人征之，视本路岁入簿籍，实无所负，辞久不决。正察其冤，遍阅吏牍，得至元五年李介甫关领课银文契七纸，适合其数，验其字画，皆司库辛德柔所书也。辛贫窘，时已富实，交结权贵，莫敢谁何。正廉得其实，始白尚书捕鞫之，悉得课银。辛既伏辜，而四人得释，正由是知名。转枢密院令史，辟掾中书。

十四年，分省上都，会诸王昔里吉叛，至居庸关，守者告前有警急，使姑退，正曰："职当进而弗往，后至者益怯矣。"驰出关，至上都。边将请黄白金符充战赏，主者告乏，中书檄工部造给之，后帝以为欺罔，欲诘治。正曰："军赏贵速，先造符印而后禀命，岂不可乎！"帝释之。

十五年，擢左司都事。时阿合马当国，与江淮行省阿里伯、崔斌有隙，诬以盗官粮四十万，命刑部尚书李子忠与正驰驿往按其事，狱弗具。阿合马复遣北京行省参知政事张澍等四人杂治之，竟置二人于死，正乃移疾还家。十八年，征为左司员外郎。十九年春，阿合马并中书左右司为一，遂为左右司员外郎。三月，阿合马败，火鲁霍孙为右丞相，复为左司员外郎，谒告归。九月，中书传旨捕正，与参政咱喜鲁丁等偕至帝前，问曰："汝等皆党于阿合马，能无罪乎？"正曰："臣未尝阿附，惟法是从耳。"会日暮，车驾还内，俱械系于阙东隙地。逾数日，奸党多伏诛，复械系正于拱卫司，火鲁霍孙曰："上尝谓刘正衣白衣行炭穴十年，可谓廉洁者。"乃免归。

二十年春，枢密院奏为经历，升参议枢密院事。二十五年，桑哥既立尚书省，擢为户部侍郎，升户部尚书。尝举核河间盐运官亏课事，几陷于罪，乃移疾归。二十八年，桑哥败，完泽为丞相，复擢为户部尚书，升参议。尚书省罢，仍参议中书省事。湖南马宣慰庶子，因争荫不得，诬告其兄匿亡宋官金。正知其诬，罪之，仍官其兄。济南张同知子求为两淮运使，正知其不称，弗与。张遂作飞语构其事，帝召正诘之曰："匿金事在右司，争荫事在左司，参议乃幕长，寝右而举左，宁无私乎？"正辨折明，事遂释。

三十年，御史台奏为侍御史，中书省奏为吏部尚书，已而复留为侍御史，迁江南行御史台中丞。大德元年，改同佥枢密院事，寻出为云南行中书省左丞。右丞忙兀突鲁迷失请征缅，正以为不可，俄俱被征，又极言其不可，不从，师果无功。云南民岁输金银，近中庆城邑户口，则诡称逃亡，甸寨远者，季秋则遣官领兵往征，人马刍粮，往返之费，岁以万计；所差官必重赂省臣，乃得遣，征收金银之数，必十加二，而拆阅之数又如之；其送迎馈赆，亦如纳官之数，所遣者又以铜杂银中纳官。正首疏其弊，给官秤，俾土官身诣官输纳，其弊始革。始至官，储贝八二百七十万索、白银百锭，比四年，得贝八一千七十万索、金百锭、银三千锭。

七年秋，还清州。八年六月，以左丞行省江西。冬十月，改江浙。武宗即位，召为中书左丞，升右丞。二年，立尚书省，恳辞还家。仁宗即位，召诸老臣入议国事，正诣阙言八事：一曰守成宪，二曰重省台，三曰辨邪正，四曰贵名爵，五曰正官符，六曰开言路，七曰慎赏罚，八曰节财用。会行赦改元，集议行之。仁宗初政，风动天下，正与诸老臣陈赞之力居多。累乞致仕不许，拜荣禄大夫、平章政事、议中书省事。时议经理河南、淮、浙、江西民田，增茶盐课额，正极言不可，弗从。岁大旱，野无麦谷，种不入土。台臣言，燮理非其人，奸邪蒙蔽，民多冤滞，感伤和气所致。有旨会议。平章李孟曰："燮理之责，儒臣独孟一人，请避贤路。"平章忽都不丁曰："台臣不能明察奸邪，臧否时政，可还诘之。"正言："台省一家，当同心献替，择善而行，岂容分异耶！"孟摇首，竟如忽都不丁言。右丞相帖木迭儿传旨：廉访司权太重，故按事失实，自今不许专决六品以下官。平章忽都不丁、李孟将议行之，正言："但当择人，法不可易也。"事遂寝。延祐六年卒，后赠宣力赞治功臣、光禄大夫、司徒、柱国、赵国公，谥忠宣。

子秉德，官秘书监丞，历兵、工二部侍郎，出为安庆路总管。秉仁，以荫为中书架阁管勾，累官工部尚书，致仕。

谢　让

谢让，字仲和，颍昌人。祖义，有材勇，金贞祐间，为义军千户。让幼颖悟好学，及壮，推择为吏，补宣慰司令史。国兵取宋，立行中书省于江西，让以选为令史，调河间等路都转运盐司经历。先是，灶户在军籍者，悉除其名，以丁多寡为额输盐，其后多顾旧户代为煮盐，而顾钱甚薄。让言："军户既落籍为民，当与旧灶户均役，既令代役，岂宜复薄其佣，使重困乎？自今顾人，必厚与直，乃听。"先是，逃亡户率令见户包纳其盐，由是豪强者以计免，而贫弱愈困。让令验物力多寡，比次甲乙以均之。

擢南台御史，举湖广行省平章政事哈剌哈孙答剌罕可为御史大夫，山东廉访使陈天祥可为御史中丞，右司员外郎高昉可任风宪。劾江浙省臣听诏不恭及不法事，帝遣使杂问，既款服，诏令让与俱来，人皆危之，让恬然若无事者，台纲以之益振。大德间，诏立陕西行御史台，以让为都事，凡御史封章及文移，其可否一决于让。入为中书省右司都事，迁户部员外郎。时东胜、云、丰等州民饥，乞籴邻郡，宪司惧其贩鬻为利，闭其籴。事闻于朝，让设法立禁，闭籴者有罪，三州之民赖以全活者甚众。

四年，授宗正府郎中，擢监察御史，迁中书省右司员外郎，出为湖广行省左右司郎中。时广西两江岑雄、黄圣许等，屡相仇杀，为边患。让谓："此曹第可怀柔，不宜力竞，宽其法以羁縻之，使不至跳梁可也。若乃舍中国有用之民，争炎荒不毛之地，非长策也。"因书榜招谕，以携其党。湖广宣慰使张国纪建言科江南夏税，让极言其非便。迁河南行省左右司郎中。是时，江淮屯戍军二十余万，亲王分镇扬州，皆以两淮民税给之，不足，则漕于湖广、江西。是岁会计两淮，仅少三十万石，让请以淮盐三十万引鬻之，收其价钞以给军食，不劳远运，公私便之。

至大元年，转户部侍郎。时京仓主计吏以仓廪多罅漏，惟久雨米坏，请覆糠粃其上，因揉诸米中，以给内外工人及宿卫者。让察其奸，以藁秸易之，奸弊悉除。二年，拜西台治书侍御史。三年，拜治书侍御史，未上，改同佥枢密院事，寻拜户部尚书。仁宗在东宫，以让先朝旧人，召见赐酒，以示眷注。四年，改刑部尚书。仁宗即位，加让正议大夫，入谢，赐以卮酒，让痛饮之。帝曰："人言老尚书不饮，何饮耶？"让曰："君赐，不敢违也。"少顷，醉不能立，命扶出之。翼日，让谢，帝曰："老尚书诚不饮也。"初，尚书省柄臣构杀留守郑阿尔思兰，籍其家，中外冤之；尚书省罢，未有直其冤者。让明其事，以所籍赀产给还之。有旨：六部事疑不决者，须让共议，而后上闻。于是户部更定钞法，礼部议正礼文，让皆与焉。刑部有案，让未署字，而误用印，吏惧，遂私效让署。事觉，度无损于事，且怜吏以罪废，遂视之曰："吾署也。"其宽厚多类此。让上言："古今有天下者，皆有律以辅治。堂堂圣朝，讵可无法以准之，使吏任其情、民罹其毒乎！"帝嘉纳之。乃命中书省纂集典章，以让精律学，使为校正官，赐青鼠裘一袭、侍宴服六袭。

二年，朝廷以吏多滞事，责曹案不如程者。令下，让曰："刑狱非钱谷、铨选之比，宽以岁月，尚虑失实，岂可律以常法乎！"乃入白于宰相，曰："尚书言是也。"由是刑曹独得不责稽违。拜陕西行省参知政事。未几，拜西台侍御史，命甫下，诏罢西台，复立，就拜侍御史。四年十月，卒于官，年六十有六。赠正奉大夫、河南行省参知政事，追封陈留郡公，谥宪穆。子好古，奉政大夫、覆实司提举。

韩若愚

韩若愚，字希贤，保定满城人。由武卫府史授通惠河道所都事，开河有功，诏赐锦衣一袭。迁留守司都事，寻升经历，出知蓟州，改中书左司都事。时监烧昏钞者欲取能名，概以所烧钞为伪钞，使管库者诬服。狱既具，若愚知其冤，覆之，得免死者十余人。迁刑部郎中，提举诸路宝钞库，擢吏部郎中。仁宗即位，故事，凡潜邸官吏，不次迁转，若愚以岁月定其资品，遂著为令。皇庆元年，迁内台都事，改刑部侍郎，寻擢中书左司郎中。时议禁民田猎，犯者抵死。若愚曰："昔齐宣王之囿，方四十里，杀其麋鹿者，如杀人之罪，孟子非之。"众以为然，遂轻其刑。时参政曹鼎新辞职，帝曰："若效韩若愚廉勤足矣，何用辞为！"继命若愚参议中书省事。铁木迭儿为右丞相，以憎爱进退百官，恨若愚不附己，罗织以事。帝知其枉，不听。拜户部尚书。延祐六年，命理河间等路囚，轻重各得其情，复拜参议中书省事。丞相铁木迭儿复入相，以旧憾诬若愚罪，欲杀之，帝不从，复奏夺其官，除名归乡里。至治三年，诏雪其冤。泰定元年，命复其官，寻拜刑部尚书，迁湖广省参知政事，未行，改詹事丞。八月，命宣抚江浙，复留为侍御史。时左丞相倒剌沙擅威福，以事诬侍御亦怜珍等，下枢密狱，无敢言其冤，若愚以计奏左丞相倒剌沙为右大夫，其事遂解。三年，擢浙西廉使，未行，拜河南省左丞。会文宗平内难，若愚画策中机，帝嘉之，进资政大夫。天历三年，迁淮西江北道廉访使。九月，以疾卒，年六十八。赠资德大夫、江浙等处行中书省左丞、上护军，追封南阳郡公，谥贞肃。

赵师鲁

赵师鲁，字希颜，霸州文安县人。父趾，秘书少监，赠礼部尚书。师鲁为人风采端庄，在太学，力学如寒士。延祐初，为兴文署丞。五年，迁将作院照磨。七年，辟为御史台掾，后补中书省掾，于朝廷典章故实、律令文法，无不练习。临事明敏果断，执政奇之。及典铨选，平允无私，人无不服。擢工部主事，迁中书省检校官，咸著能名。泰定中，拜监察御史。时大礼未举，师鲁言："天子亲祠郊庙，所以通精诚，逆福厘，生烝民，阜万物，百王不易之礼也。宜鉴成宪，讲求故事，对越以格纯嘏。"帝嘉纳焉。元夕，令出禁中，命有司张灯山为乐，师鲁上言："燕安怠惰，肇荒淫之基；奇巧珍玩，发奢侈之端。观灯事虽微，而纵耳目之欲，则上累日月之明。"疏闻，遽命罢之，赐师鲁酒一上尊，且命御史大夫传旨，以嘉忠直。

是时，宰相倒剌沙密专命令，不使中外预知，师鲁又上言："古之人君，将有言也，必先虑之于心，咨之于众，决之于故老大臣，然后断然行之，涣若汗不可反，未有独出柄臣之意，不咨众谋者也。"不报。倒剌沙虽刚狠，亦服其敢言。有朝士年未及致仕，其子请预荫其官，而执政者为之地，师鲁驳其非，事遂止。迁枢密院都事，改本院经历。致和初，升奉政大夫、参议枢密院事。天历中，迁枢密院判官，改兵部侍郎。丁父忧，特旨起为同佥枢密院事，师鲁固辞不就。服除，复为枢密判官，持节治四川军马，谕上威德，大阅于郊，宽简有法，士卒怀其恩信。未几，迁中顺大夫、刑部侍郎，枢密院复奏为其院判官。久之，出为河间路转运盐使，除害兴利，法度修饬，绝巡察之奸，省州县厨传赠 遗之费，灶户商人，无不便之，岁课遂大增。暇日，又割己俸，率僚吏新孔子庙，命吏往江右制雅乐，聘工师，春秋释奠，士论称之。师鲁由从官久典金谷，每郁郁不乐，疾笃，弃官归京师，至元三年九月卒，年五十有三。赠嘉议大夫、礼部尚书、天水郡侯，谥文清。

刘德温

刘德温，字纯甫，大兴人，起家中书省宣使。大德十一年，以年劳，授从仕郎、内宰司照磨，监建兴圣宫；又调承务郎、掌仪署令；未几，升奉训大夫、内宰司丞。奉中旨，征河南民逋粮，德温辄平其价，令出钞以偿，民甚便之。复升朝列大夫、延福司丞，奉旨代祠岳渎。比还，迁中宪大夫、同知大都路都总管府事。辇毂之下，供亿浩繁，德温措置有法，民用不扰。迁甄用少监，升亚中大夫、礼部侍郎，复升嘉议大夫、同知上都留守司事。省檄和籴粮，民以价不时得，递相观望，德温下令曰："粮入价出，吏有敢为弊者罪之。"于是粮不逾期而集。转大司农丞。耕籍之仪，取具一时，德温欲考订典礼，集为成书，未毕，俄授通议大夫、永平路总管。永平当天历兵革之余，野无居民，德温为政一年，而户口增，仓廪实，遂兴学校以育人材，庶事毕举。岁大旱，祷而雨，岁以不歉。滦、漆二水为害，有司岁发民筑堤。德温曰："流亡始集，而又役之，是重困民也。"遂罢其役，而水亦不复至。有豪民武断于乡里，前吏莫敢治，德温按得其罪，论如法，杖之，书其过于门，后竟以不道伏诛。永平，古孤竹国也，国初，郡守杨阿台请于朝，谥伯夷曰清惠，叔齐曰仁惠，为庙以祠之，而祠礼犹未具也。德温请命有司春秋具牢礼致祭，从之，著为式，赐庙额曰圣清，士论韪之。至顺四年卒，年六十九。赠正议大夫、礼部尚书、上轻车都尉、彭城郡侯，谥清惠。

尉迟德诚

尉迟德诚，字信甫，绛州人。祖天泽，仕金为库官，郡王带孙拔绛州，天泽在俘中，道见兵死者，辄涕泣收瘗之，带孙令佩金符，授云州御衣局人匠总管。父鼐，仕至潞州知州。德诚历官太子率更丞。至大元年，改詹事院都事。二年，迁家令司丞。仁宗以为谨恪，常赐酒帛，得侍左右。数荐士，出则未尝语人。厅事前有粟苗，不种而萌偶出，一茎双穗，众以为嘉禾。升家令。四年，选为河东山西道宣慰司同知，击奸吏，宽税敛，上计京师。入见，帝方食，赐以馂余，擢工部尚书，未拜，改陕西行台治书侍御史。延祐元年，迁京畿都漕运使。二年，拜辽东道肃政廉访使，上疏言事，其略曰劳诸王以怀其心，防出入以严宫禁，立谏官以远谗佞，崇科举以求人材，立常平以备荒年，汰僧道以宽民力，举贤良以励忠孝，抑奢侈以厚风俗，及拯钞法、裁冗官等事。未报而卒，年五十三。

秦起宗

秦起宗，字元卿，其先上党人，后徙广平洺水县。曾大父当金季兵起，窾山麓为洞，奉其亲以居，傍窾大洞，匿其里中百人闭之。具牛酒，出待兵，兵入索，惟见其亲属，曰："孝士也。"释之去。里人曰："秦父生我。"

起宗生长兵间，学书无从得纸，父顺削柳为简，写以授之；成诵，削去更书。年十七，会立蒙古学，学辄成，辟武卫译史。御史中丞塔察儿爱其才，迁中台译史。是时，尚书省专制更张，起宗持文严密无所泄。仁宗即位，罢尚书省，转中书译史，累迁太子家令司典簿官，上言："东宫官属，辅导德义，财赋非所治也。"朝廷是之。迁南台御史。建康多水，或实灾而有司抑之，或无灾而诉灾，起宗微行得实，人以为神明。

文宗初立，命威顺王征八番。是时，蜀省襄加台拒命未平，起宗极言武昌重镇，当备上流之师，亲王不可远去，力止之。及王入见，帝谓曰："八番之行，非秦元卿，几为失计。"其后八番师还，无敢扰于道路者。朝议以起宗治蜀，幕府忘其名，曰秦元卿，帝引笔改曰起宗，其眷注如此。拜中台御史，劾中丞和尚受人妇人、贱买县官屋，不报。起宗从台官入见，跽辨久之，敕令起，起宗不起，会日暮，出；明日，立太子，有赦，起宗又奏："不罪和尚，无以正国法。"和尚服辜。帝曰："为御史，当如是矣。"元会，赐只孙服，令得与大宴。又劾闽宪卜咱耳窃父妾以逃，其父愤死，渎乱天常，流之岭南。自是尽言无讳，皆见听用。有《御史奏议》一卷。

迁都漕运使，帝召谕之曰："漕输事多废阙，赖御史治之尔。"出为抚州路总管，至官，有司供张甚盛，问其费所从出，小吏不敢隐，曰："借办于民。"遂亟使归之，几席仅给而已。自是官府僚佐有宴集，成礼即止。因谕众曰："我素农家，安俭约，务安静，庶使吾民化之。"居一岁，以老去官。明年，以兵部尚书致仕，居一岁，卒，谥昭肃。

子四人：钧，铨，铎，镛。钧，西台御史；镛，延徽寺经历；铨，都省掾；铎蚤卒。

卷一百七十七　　列传第六十四

张思明

张思明，字士瞻，其先获嘉人，后徙居辉州。思明颖悟过人，读书日记千言。至元十九年，由侍仪司舍人辟御史台掾，又辟尚书省掾。左丞相阿合马既死，世祖追咎其奸欺，命尚书簿问遗孽。一日，召右丞何荣祖、左丞马绍，尽输其赃以入，思明抱牍从，日已昏，命读之，自昏达曙，帝听忘疲，曰："读人吐音，大似侍仪舍人。"右丞对曰："正由舍人选为掾。"帝奇之，曰："斯人可用。"明日，擢为大都路治中。思明以超迁逾等，固辞，乃改湖广行省都事。元贞元年，召为中书省检校，六曹无滞案，迁户部主事。大德初，擢左司都事，有献西域秤法，思明以惑众不用。初立海道运粮万户府于江浙，受除者惮涉险，不行，思明请升等以优之，因著为令。五年，转吏部郎中。九年，改集贤司直。十年，除江浙行中书省左右司郎中。十一年春，两浙大饥，首赞发廪赈之。至大三年，迁两浙盐运使，未上，入参议枢密院事，改中书省左司郎中。皇庆元年，再授两浙盐运使，岁课羡赢，僚属请上增数，思明曰："赢缩不常，万一以增为额，是我希一己之荣，遗百世之害。"二年，召为户部尚书。延祐元年，进参议中书省事；三年，拜中书参知政事。

仁宗即位，浮屠妙总统有宠，敕中书官其弟五品，思明执不可。帝大怒，召见切责之，对曰："选法，天下公器。径路一开，来者杂遝。故宁违旨获戾，不忍隳祖宗成宪，使四方得窥陛下浅深也。"帝心然其言，而业已许之，曰："卿可姑与之，后勿为例。"乃为万亿库提举，不与散官。久之，近臣疾其持法峭直，日构谗间，出为工部尚书。帝问左右曰："张士瞻居工部，得无怏怏乎？"对曰："勤政如初。"帝嘉叹之，命授宣政院副使。五年，除西京宣慰使。岭北戍士多贫者，岁凶，相挺为变，思明威惠并行，边境乃安。因疏和林运粮不便事十一条，帝劳以端砚、上尊。会左丞相哈散辞职，帝不允，其请益坚，帝诘之曰："朕任卿未专邪?"曰："非。"曰："近臣有挠政者邪?"曰："无有也。""然则何为而辞?"对曰："臣自揆才薄，恐误陛下国事，若必欲任臣，愿荐一人为助。"帝问："为谁？朕能从汝。"哈散再拜谢曰："臣愿得张思明。"即日拜思明中书参知政事。比召至，车驾幸上都，见于道，慰勉之曰："卿向不负朕注委，故朕用哈散言，复起汝。"未几，升左丞。

帝崩，英宗宅忧，右丞相帖木迭儿用事，日诛大臣不附己者，中外汹汹。思明谏曰："山陵甫毕，新君未立，丞相恣行杀戮，国人皆谓阴有不臣之心。万一诸王驸马疑而不至，将奈之何？不可不熟虑也。"众皆危之，帖木迭儿大悟曰："非左丞言，几误吾事。"帝造寿安山寺，监察御史观音保、琐咬儿哈的迷失、成珪、李谦亨强谏，帝震怒，杀观音保、琐咬儿哈的迷失，以成珪、李谦亨属吏，思明白丞相曰："言事，御史职也，祖宗已来，未尝杀谏臣。"成、李既属吏，当论法，丞相乃力言之，二人得从轻典。及拜住为左丞相，与帖木迭儿各树朋党，贼害忠良，思明惧祸及，累表辞，不获，后竟诬以不支蒙古子女口粮，饿死四百人，遂废于家，杜门六年。

文宗天历元年，起为江浙行中书省左丞。会陕西大饥，中书拨江浙盐运司岁课十万锭赈之。吏白：周岁所入，已输京师，当回咨中书。思明曰："陕西饥民，犹鲋在涸辙，往复逾月，是索之枯鱼之肆也。其以下年未输者如数与之，有罪，吾当坐。"朝廷韪之。二年，复以中书左丞召，入觐慈仁殿，敷陈累朝任贤使能、治民足国之道，因以衰老辞，帝未允，明日，即移告去。重纪至元三年卒，年七十八。

思明平生不治产，不畜财，收书三万七千余卷；尤明于律，与谢仲和、曹鼎新同称三绝。赠推忠翊治守义功臣，依前中书左丞、上护军、清河郡公，谥贞敏。

吴元珪

吴元珪，字君璋，广平人。父鼎，燕南提刑按察副使。元珪简重，好深沉之思，凡征谋治法、律令章程，皆得于家庭之所授受。至元十四年，世祖召见，命侍左右，授后卫经历，佩金符。十七年，从幸上都，受命取御药于大都万岁山，元珪乘传，未尽一昼夜而至。帝奇其速，擢枢密都事，升经历。尝从同知枢密院事俺伯进西番铠甲，帝问其制度，元珪应对详明，帝益奇之。

初，江南既定，枢密奏裁定官属，京师五卫、行省、万户府设官有差，均俸禄，给医药，设学校，置屯田，多元珪所论建。二十六年，参议枢密院事。时缮修宫城，尚书省奏役军士万人，留守司主之。元珪亟陈其不便，乃立武卫，缮理宫城，以留守段天祐兼都指挥使，凡有兴作，必以闻于枢府。寻升枢密院判官。奏定万户用军士八人，千户四人，百户二人，多役者有罚。二十八年，除礼部侍郎，迁左司郎中。三十一年，参议中书省事。大德元年，除吏部尚书。选曹铨注，多有私其乡里者，元珪曰："此风不可长，川党、朔党之兴，宋之所由衰也。"请谒悉皆谢绝。三年，宣抚燕南，劾贪吏若干人。迁工部尚书，河朔连年水旱，五谷不登，元珪言："《春秋》之义，以养民为本，凡用民力者必书，盖民力息则生养遂，生养遂则教化行而风俗美。"宰相嘉其言，土木之工稍为之息。六年，佥河南行中书省事，将行，拜江浙行省参知政事。初，朱清、张瑄以财雄江南，遍以金币连结当路，及伏诛，录其家，具籍所交诸公贵人，而江浙省臣为尤甚，惟元珪一无所污。

武宗即位，由佥枢密院事拜枢密副使。诏元珪二十余人议政中书，若惜人力，严选举，节财用，定律令，谨赏罚，建科举，课农桑，汰冗员，易封赠，皆切于世务者。初，诏发军万人屯田称海以实边，海都之乱，被俘者众，至是颇有来归者，饥寒不能存，至鬻子以活。元珪具其事以闻，诏赐钱赎之。帝在军中，即闻元珪名，至是，特加平章政事，赐白金二百五十两、只孙衣四袭。

仁宗即位，诏元珪与十六人议时政。皇庆元年，出拜江浙行省左丞。江淮漕臣言："江南殷富，盖由多匿腴田，若再行检覆之法，当益田亩累万计。"元珪曰："江南之平，几四十年，户有定籍，田有定亩，一有动摇，其害不细。"执其论固争，月余不能止，移疾去。延祐元年，拜甘肃行省左丞。岁余，召还，俾宣抚辽阳诸郡，复为枢密副使，召见嘉禧殿，帝曰："卿先朝旧臣，宜在旧服。"特加荣禄大夫，赐钞五千缗、貂裘二袭。元珪奏曰："昔世祖限田四百亩，以给军需，余田悉贡赋税。今经理江淮田土，第以增多为能，加以有司头会箕敛，俾元元之民，困苦日甚，臣恐变生不测，非国之福，惟陛下少加意焉。"帝曰："凡尔军士之田，并遵旧制。"

至治元年，英宗即位，元珪与知枢密院事帖木儿不花上军民之政十余事，大抵言：诸王近侍，不可干军政；管军官吏，不可渔取军户；军官之材者，当迁其职；有司赋役，当务均一，而军民不可有所偏；军官袭职，惟传嫡嗣，而支庶不可有所乱。帝并嘉纳，即降旨施行之。元珪以年老致仕，至治二年，起商议中书省事。三年卒。泰定元年，赠光禄大夫、河南等处行省平章政事、柱国，追封赵国公，谥忠简。三年，复加推诚佐理功臣、光禄大夫、司徒。

张升

张升，字伯高，其先定州人，后徙平州。升幼警敏过人，学语时，辄能辨字音，应对异于常儿；既长，力学，工文辞。至元二十九年，用荐者授将仕郎、翰林国史院编修官，预修《世祖实录》。升应奉翰林文字，寻升修撰，历兴文署令，迁太常博士。成宗崩，大臣承中旨，议奉徽号，袷宗庙，升曰："在故典，凡有事于宗庙，必书嗣皇帝名，今将何书?"议遂寝。武宗即位，议躬祀礼，升据经引古，参酌时宜以对，帝嘉纳之。至大初，改太常寺为太常礼仪院，即除升为判官。

久之，外补知汝宁府。民有告寄束书于其家者，逾三年取阅，有禁书一编，且记里中大家姓名于上，升亟呼吏焚其书，曰："妄言诬民，且再更赦矣，勿论。"同列惧，皆引起。既而事闻，廷议谓升脱奸轨，遣使穷问，卒无迹可指，乃诘以擅焚书状，升对曰："事固类奸轨，然升备位郡守，为民父母，今斥诬诉，免冤滥，虽重得罪不避。"乃坐夺俸二月。旁郡移文报吴人侯君远者言："岁直壬子六月朔日蚀，其占为兵寇；岁癸丑，其应在吴分野。"同列欲召属县为备御计，升曰："此讹言，久当自息，毋用惑民听。"斥其无稽，众论韪之。部使者举治行为诸郡最。历江西行省左右司郎中，除绍兴路总管。初，大德、至大间，越大饥，且疫疠，民死者殆半，赋税盐课责里胥代纳，吏并缘为奸，害富家，升为证于簿籍，白行省蠲之。前守有为江浙行省参知政事者，争代者禄米，有隙，欲内之罪，移平江岁输海运粮布囊三万，俾绍兴制如数，民患苦之，不能堪。更数守，诿岁例如此，置弗问。升言："麻非越土所生，海漕实吴郡事，于越无与。"章上，卒罢之。升既谨于绳吏，又果于去民瘼，故人心悦服。历湖北道廉访使、江南行台治书侍御史，召为参议中书省事，改枢密院判官，寻复中书参议。

至治二年，又出为河东道廉访使，未行，拜治书侍御史。明年，出为淮西道廉访使。泰定二年，拜陕西行省参知政事，加中奉大夫，寻迁辽东道廉访使。属永平大水，民多捐瘠，升请发海道粮十八万石、钞五万缗，以赈饥民，且蠲其岁赋，朝廷从之，民得全活者众。明年，召拜侍御史。天历初，出为山东道廉访使，时方有警，有司请完城以为备，升曰："民恃吾以生，完城是弃民也。"由是民皆安之。文宗赐尚酝文币，以赏其功。逾年，召为太禧院副使，兼奉赞神御殿事，除河南省左丞，复迁淮西道廉访使。升时年六十有九，上书乞致仕。至顺二年，复起为集贤侍讲学士，文宗眷待之意甚隆。

元统元年，顺帝即位，首诏在廷耆艾，访问治道，升条上时所宜先者十事。寻兼经筵官，廷试进士，特命升读卷，事已，告省先墓。帝赐金织文袍，以宠其归。明年，以奎章阁大学士、资善大夫、知经筵事召，赐上尊，趣就职，升以疾辞。帝察其不可强，许之。寻命本郡月给禄半，以终其身。至正元年卒，年八十一。赠资德大夫、河南等处行中书省左丞，谥文宪。

臧梦解陆垕

臧梦解，庆元人，宋末中进士第，未官而国亡。至元十三年，从其乡郡守将内附，授奉训大夫、婺州路军民人匠提举。未几，例革其所司，而浙东宣慰司举梦解才兼儒吏，可试州郡，朝廷是之，授息州知州。未行，改知海宁州。时淮东按察副使王庆之按行至其州，见梦解刚直廉慎，而学有渊奥，自任职以来，门无私谒，官署萧然，凡有差役，皆当其贫富，而吏无所预。于是民以户计者，新增七百六十有四；田以顷计者，新辟四百四十有三；桑柘榆柳，交荫境内，而政平讼简，为诸州县最。乃举梦解才德兼备，宜擢清要，以展所蕴。而御史台亦以其廉能，抗章荐之。

二十七年，梦解满去者至是已五年矣。属江阴饥，江浙行省委梦解赈之。梦解不为文具，皆躬至其地，而人给以米，所活四万五千余人。江南行台治书侍御史荀宗道，闻而韪之，举其名上闻，除同知桂阳路总管府事。三十年，擢奉议大夫、广西肃政廉访副使。故事，烟瘴之地，行部者多不躬至，而梦解咸遍历焉。遂按问宾州、藤州两路达鲁花赤，与凡贪官奸吏，置于法者无虑八十余人。又平反邕州黄震被诬赃罪，及藤州唐氏妇被诬杀夫罪，凡两冤狱。大德元年，迁江西肃政廉访副使。有临江路总管李倜，素狡狯，而又附大臣势，以控持省宪，梦解按其赃罪，而一道澄清。六年，迁浙东肃政廉访副使。九年，除广东肃政廉访使。梦解至是，既老且病，乃纳禄退居杭州，以亚中大夫、湖南宣慰副使致仕。后至元元年卒。

梦解博学洽闻，为时名儒，然不少迂腐，而敏于政事，其操守尤为介特。所著书，有《周官考》三卷、《春秋微》一卷。梦解尝自号鲁山大夫，士之称之者，不以官，皆曰鲁山先生云。

同时有陆垕者，与梦解齐名。监察御史郑鹏南尝以二人并荐于朝。垕字仁重，江阴人也。自幼以孝友闻。至元间，丞相伯颜以师南下，垕是时年未冠，而志强气锐，率其乡人见之，论议有合，兵遂不涉其境，乡人义之。伯颜奏授为同知徽州路总管府事，以廉能擢置台宪，累迁至湖南肃政廉访副使，升浙西廉访使。所至以黜赃吏、洗冤狱为己任，且尝上章奏免儒役，及举行浙西助役法。年五十卒，赐谥庄简。

陈颢

陈颢，字仲明，其先居卢龙，有名山者，仕金为谋克监军，太祖得之，以为平阳等路军民都元帅，子孙徙清州，遂为清州人。颢幼颖悟，日记诵千百言，稍长，游京师，登翰林承旨王磐、安藏之门。磐熟金典章，安藏通诸国语，颢兼习之。安藏乃荐颢入宿卫，寻为仁宗潜邸说书。于是，仁宗奉母后出居怀庆，颢从行，日开陈以古圣贤居艰贞之道。会成宗崩，仁宗入定内难，以迎武宗，颢皆预谋。及仁宗即位，以推戴旧勋，特拜集贤大学士、荣禄大夫，仍宿卫禁中，政事无不与闻。科举之行，颢赞助之力尤多。颢时伺帝燕闲，辄取圣经所载大经大法有切治体者陈之，每见嘉纳。帝尝坐便殿，群臣入奏事，望见颢，喜曰："陈仲明在列，所奏必善事矣。"颢以父年老，力请归养清州，帝特命颢长子孝伯为知州以就养。颢固辞，乃以孝伯为州判官。帝欲用颢为中书平章政事，颢叩首谢曰："臣无汗马之功，又乏经济之略，一旦置之政途，徒速臣咎。臣愿得朝夕左右，献替可否，庶少裨万一，亦以全臣愚忠。"帝乃允。

仁宗崩，辞禄家居者十年。文宗即位，复起为集贤大学士，上疏劝帝大兴文治、增国子学弟子员、蠲儒之徭役，文宗皆嘉纳焉。颢先后居集贤，署荐士牍累数百，有讦之者，颢曰："吾宁以谬举受罚，蔽贤诚所不忍。"顺帝元统初，颢扈跸行幸上都，至龙虎台，帝命造膝前，而握其手曰："卿累朝老臣，更事多矣，凡议政事，宜极言无隐。"颢顿首谢不敏。颢每集议，其言无不剀切，后至元四年，致政，命食全俸于家。明年卒，年七十六。至正十四年，赠摅诚秉义佐理功臣、光禄大夫、河南江北等处行中书省平章政事、柱国，追封蓟国公，谥文忠。

颢出入禁闼数十年，乐谈人善，而恶闻人过。大夫士因其荐拔以至显列，有终身莫知所自者，是以结知人主，上下无有怨尤。欧阳玄为国子祭酒，与颢同考试国子伴读，每出一卷，颢必拾而观之，苟得其片言善，即以置选列，为之色喜。玄叹曰："陈公之心，盖笃于仁而逾于厚者，真可使鄙夫宽、薄夫敦矣。"

次子敬伯，至正中仕为中书参知政事，历左丞、右丞，二十七年，拜中书平章政事。

卷一百七十八　列传第六十五

梁曾

梁曾，字贡父，燕人。祖守正，父德，皆以曾贵，赠安定郡公。曾少好学，日记书数千言。中统四年，以翰林学士承旨王鹗荐，辟中书左三部令史，三转为中书省掾。至元十年，用累考及格，授云南诸路行省都事，佩银符。久之，升员外郎。十五年，转同知广南西道左右两江宣抚司事。明年，除知南阳府。唐、邓二属州为襄阳府所夺，曾按图经、稽国制以闻，事得复旧。南阳在宋末为边鄙，桑柘未成，而岁赋丝，民甚苦之，曾请折输布，民便之。

十七年，朝廷以安南世子陈日烜不就征，选曾使其国。召见，赐三珠金虎符、貂裘一袭，进兵部尚书，与礼部尚书柴椿偕行。至安南，语秘不传。明年，日烜遣其叔遗爱，奉表从曾入献方物。帝封遗爱为安南国王，赐币帛，遣归。二十一年，除曾湖南宣慰司副使。居三年，以疾去。二十九年，改淮西宣慰司副使，复以亲老辞。召至京师，入见内殿，有旨令曾再使安南，授吏部尚书，赐三珠金虎符、袭衣、乘马、弓矢、器币，以礼部郎中陈孚为副。十二月，改授淮安路总管而行。三十年正月，至安南。其国有三门：中曰阳明，左曰日新，右曰云会，陪臣郊迎，将由日新门入。曾大怒曰："奉诏不由中门，是我辱君命也。"即回馆，既而请开云会门入，曾复执不可，始自阳明门迎诏入。又责日燇亲出迎诏，且讲新朝尚右之礼。以书往复者三次，具宣布天子威德，而风其君入朝。世子陈日燇大感服，三月，令其国相陶子奇等从曾诣阙请罪，并上万寿颂、金册表章、方物，而以黄金器币奇物遗曾为赆，曾不受，以还诸陶子奇。八月，还京师，入见，进所与陈日燇往复议事书。帝大悦，解衣赐之，且令坐地上，右丞阿里意不然，帝怒曰："梁曾两使外国，以口舌息兵戈，尔何敢尔！"是日，有亲王至自和林，帝命酌酒，先赐曾，谓亲王曰："汝所办者汝事，梁曾所办，吾与汝之事，汝勿以为后也。"复于便殿赐酒馔，留宿禁中，语安南事，至二鼓方出。明日，陶子奇等见诏，陈其方物象、鹦鹉于庭，而命曾引所献象。曾以袖引之，象随曾转，如素驯者，复命引他象，亦然。帝以曾为福人，且问曰："汝亦惧否？"对曰："虽惧，君命不敢违。"帝称善。或谗曾受安南赂者，帝以问曾，曾对曰："安南以黄金器币奇物遗臣，臣不受，以属陶子奇矣。"帝曰："苟受之，何不可也！"寻赐白金一锭、金币二；敕中书以使安南三珠金虎符与之。仍乘传之任淮安。到官，兴学校，厉风俗，河南行省事有疑者，皆委曾议之。

大德元年，除杭州路总管，户口复者五万二千四百户，请禁莫夜鞫囚、游街、酷刑，朝廷是之，著为令。四年，丁内艰。先是，丁忧之制未行，曾上言请如礼。七年，除潭州路总管，以未终制，不赴。明年，迁两浙都转运盐使。又明年，拜云南行省参知政事，赐三 珠金虎符。寻召还京，辞以母丧未葬，扶柩北归，至长芦，有旨赐钞一百锭，使营葬。十年，召为中书参议。尝预燕，赐只孙一袭。十一年，转正奉大夫，出为河南行省参知政事，寻迁湖广行省参知政事。四年，以疾辞归，敕赐药物，存问备至。

皇庆元年，仁宗以曾前朝旧臣，特授昭文馆大学士、资德大夫。累章乞致仕，不允，复起为集贤侍讲学士。国有大政，必命曾与诸老议之。延祐元年，奉诏代祀中岳等神。还至汴梁，以病不复职，寓居淮南，杜门不通宾客，惟日以书史自娱。至治二年卒，年八十一。卒之前十日，有大星陨于所居，流光烛地，人皆异之。

刘敏中

刘敏中，字端甫，济南章丘人。幼卓异不凡，年十三，语其父景石曰："昔贤足于学而不求知，丰于功而不自炫，此后人所弗逮也。"父奇之。乡先生杜仁杰爱其文，亟称之。敏中尝与同侪各言其志，曰："自幼至老，相见而无愧色，乃吾志也。"

至元十一年，由中书掾擢兵部主事，拜监察御史。权臣桑哥秉政，敏中劾其奸邪，不报，遂辞职归其乡。既而起为御史台都事。时同官王约以言去，敏中杜门称疾。台臣请视事，敏中曰："使约无罪而被劾，吾固不当出；诚有罪耶，则我既为同僚，又为交友，不能谏止，亦不无过也。"出为燕南肃政廉访副使，入为国子司业，迁翰林直学士，兼国子祭酒。大德七年，诏遣宣抚使巡行诸道，敏中出使辽东、山北诸郡，守令恃贵幸暴横者，一绳以法；锦州雨水为灾，辄发廪赈之。除东平路总管，擢陕西行台治书侍御史。九年，召为集贤学士，商议中书省事。上疏陈十事，曰整朝纲，省庶政，进善良，剔奸蠹，显公道，杜私门，广恩泽，实钞法，严武备，举封赠。成宗崩，奸臣希中旨，赞其邪谋，敏中援礼力争之。武宗即位，召敏中至上京，庶政多所更定，授集贤学士、皇太子赞善，仍商议中书省事，赐金币有加。顷之，拜河南行省参知政事，俄改治书侍御史，出为淮西肃政廉访使，转山东宣慰使，遂召为翰林学士承旨。诏公卿集议弭灾之道，敏中疏列七事，帝嘉纳焉。以疾还乡里。

敏中平生，身不怀币，口不论钱；义不苟进，进必有所匡救，援据今古，雍容不迫。每以时事为忧，或郁而弗伸，则戚形于色，中夜叹息，至泪湿枕席。为文辞，理备辞明，有《中庵集》二十五卷。延祐五年卒，年七十六。赠光禄大夫、柱国，追封齐国公，谥文简。

王　约

王约，字彦博，其先汴人，祖通，北徙真定。约性颖悟，风格不凡。从中丞魏初游，博览经史，工文辞，务达国体，时好不以动其心。至元十三年，翰林学士王磐荐为从事，丞旨火鲁火孙以司徒开府，奏授从仕郎、翰林国史院编修官，兼司徒府掾。既而辟掾中书，除礼部主事。二十四年，拜监察御史，授承务郎。首请建储及修史事。时丞相桑哥衔参政郭佑为中丞时奏诛右丞卢世荣等，故诬以他罪，约上章直佑冤。按治成都盐运使王鼎不法，罢官除名。转御史台都事。南台侍御史程文海入言事，多斥桑哥罪。桑哥怒，又以约与之表里，六奏杀之，上不从。约以陇西地远，请立行台陕西，诏从之。出赈河间饥民，均核有方，全活甚众。

三十一年，迁中书右司员外郎。四月，成宗即位，言二十二事，曰实京师，放差税，开猎禁，蠲逋负，赈穷独，停冗役，禁鹰房，振风宪，除宿蠹，慰远方，却贡献，询利病，利农民，励学校，立义仓，核税户，重名爵，明赏罚，择守令，汰官属，定律令，革两司。又请中书去繁文，一取信于行省，一责成于六部。调兵部郎中，改礼部郎中。请行赠谥之典以旌忠勋，付时政记于史馆以备纂录，立供需府以专供亿，皆从而行之。拜翰林直学士、知制诰同修国史。奉诏赈京畿东道饥民，发米五十万石，所活五十余万人。因条疏京东利病十事，请发米续赈之，中书用其言，民获以苏。

高丽王昛年老，传国子謜，有不安其政者，飞谗离间，及謜朝京师，潜使人赂用事者，留謜不遣。昛复位，乃委用小人，厚敛淫刑，国人群诉于朝。中书令执其首恶，系刑部，其党复不悛，奏属约验问。约至，宣布明诏，而谕之曰："天地间至亲者父子，至重者君臣。彼小人知自利，宁肯为汝家国地耶！"昛感泣，谢曰："臣年耄，听信佥邪，是以致此，今闻命矣。愿奉表自雪，且请子謜还国，其小人党与，悉听使者治。"翼日，约逮捕覆按其罪，流二十二人，杖三人，黜有官者二人。命故臣洪子藩为相，俾更弊政，罢非道水驿十三，免耽罗贡非土产物，东民大喜。还报，称旨，除太常少卿。

寻诏约同宗正、御史谳狱京师，约辞职在清庙，帝不允。乃阅诸狱，决二百六十六人，当死者七十二人，释无罪者八十六人，平反吴得诚冤，嫁良家入倡女十人，杖流元旦带刀阑入殿庭者八十人。因议斗殴杀人者宜减死一等，著为令。又以浙民于行省、南台互讼不决，命约讯之。约至杭，二十日而理，省、台无异辞。特拜刑部尚书，以录前功。

大德十一年，仁宗至自怀州，肃清宫禁，以平章赛典赤、安西王阿难答与左丞相阿忽台潜谋为变，命刑曹按责其状。约曰："在法，谋逆不必搒掠，竟当伏诛。"由是结知仁宗。富宁库失金，约疑番直宿卫者盗之，未几，果得实，库官吏获免。监察御史言通州仓米三万石，因雨而湿。约谓必积气所蒸，验且堪用，释守者罪。宗王兄弟二人守边，兄阴有异志，弟谏不听，即上马驰去，兄遣奴挟弓矢追之，弟发矢毙其奴，兄诉囚其弟，狱当死。约虑囚曰："兄之奴，即弟之奴，况杀之有故。"立释之。迁礼部尚书，请定丁忧之制，申旌表之恩，免都城煤炭之征，皆从之。京民王氏，仕江南而殁，有遗腹子，其女育之，年十六，乃诉其姊匿赀若干，有司责之急。约视其牍曰："无父之子，育之成人，且不绝王氏祀，姊之恩居多。诚利其赀，宁育之至今日耶！"改前议而斥之。柴氏初无子，命张氏子后，既得己子，张出为僧，柴之子又殁，僧乃讼家产，诏约诘之。约问曰："汝出家，既分承汝师衣钵，又何为得柴氏业乎？"僧不能答，遂归柴氏应后者。

至大二年正月，上武宗尊号及册皇后，凡典礼仪注，约悉总之如制。仁宗在东宫，雅知约名，思用以自辅，擢太子詹事丞。从幸五台山，约谏不可久留，即日还上京。初，安西王封于秦，既以谋逆诛，国除，版赋入詹事院。至是，大臣奏请封其子，复国。仁宗以问，约曰："安西以何罪诛？今复之，何以惩将来！"议遂寝。明年，进太子副詹事，约抗章谏节饮，辞意恳切，仁宗嘉纳焉。承制立左卫率府，统侍卫军万人，同列欲署军官，约持不可，众难之曰："东宫非枢密使耶？"约曰："詹事，东宫官也，预枢密事可乎？"仁宗复召问约，对曰："皇太子事，不敢不为；天子事，不敢为。"仁宗悟，竟罢议。同列复传命增立右卫率府，取河南蒙古军万人统之。约屏人语曰："左卫率府，旧制有之，今置右府何为？诸公宜深思之，不可累储宫也。"又命取安西兵器，给宿卫士。约谓詹事完泽曰："詹事移文数千里取兵器，人必惊疑。主上闻之，奈何？"完泽色惭曰："实虑不及此。"又命福建取绣工童男女六人。约言曰："福建去京师六七千里，使人父子兄弟相离，有司承风动扰，岂美事耶！"仁宗止之，称善再三。家令薛居敬上言陕西分地五事，因被命往理之，约不为署行，语之曰："太子，潜龙也。当勿用之时，为飞龙之事可乎？"遂止。荐翰林学士李谦为太子少傅，请立故丞相淮安忠武王伯颜祠于杭，皆从之。

仁宗以詹事院诸事循轨，大喜，面赐犀带，力辞；又赐江南所取书籍，亦辞。仁宗常字而不名，谕群臣曰："事未经王彦博议者，勿启。"又谓中丞朵鯓曰："在詹事而不求赐予者，惟彦博与汝二人耳。"一日，仁宗西园观角抵戏，有旨取缯帛赐之。约入，遥见问曰："汝何为来？"仁宗遽止之。又欲观俳戏，事已集而约至，即命罢去，其见敬礼如此。四年三月，仁宗正位宸极，欲用阴阳家言，即位光天殿，即东宫也。约言于太保曲枢曰："正名定分，当御大内。"太保入奏，遂即位于大明殿。中书奏约陕西行省参知政事，帝大怒，特拜河南行省右丞。约陛辞，帝赐卮酒及弓矢。

先是，至大间尚书省用建言者，冒献河、汴官民地为无主，奏立田粮府，岁输数万石，是岁诏罢之，窜建言人于海外，命河南行省复其旧业。行省方并缘为奸，田犹未给。约至，立期檄郡县，厘正如诏。会诏更铜钱银钞法，且令天下税，尽收至大钞。约度河南岁用钞七万锭，必致上供不给，乃下诸州，凡至大、至元钞相半。众以方诏命为言，约曰："吾岂不知，第岁终诸事不集，责亦匪轻。"丞相卜怜吉台赞之曰："善。"遣使白中书，省臣大悦，遂遍行天下。南阳孛术鲁翀以书谒约，大奇之，即署为郡学正。既又荐之中书，擢翰林国史院编修官。

皇庆改元元日，诏中书省曰："汴省王右丞可即召之。"约以三月一日至，召见，慰劳，特拜集贤大学士，推恩三世，赠谥树碑。约首奏："河南行省丞相卜怜吉台，勋阀旧臣，不宜久外。"召至，封河南王。约又建议行封赠、禁服色、兴科举。皆著为令甲。上疏荐国子博士姚登孙、应奉翰林文字揭傒斯、成都儒士杨静，请起复中山知府致仕辅惟良、前尚书参议李源、左司员外郎曹元用，皆除擢有差。辩奏故左丞窦履有遗腹子弃外，宜收养归宗，为窦氏后。

延祐二年，丞相帖木迭儿专政，奏遣大臣分道奉使宣抚，命约巡行燕南山东道。约至卫辉，有殴母置狱者，其母泣诉，言老妾惟此一息，死则一门绝矣。约原其情，杖一百而遣之。冠州民有兄讦其弟厌诅者，谳之，则曰："我求嗣也。"索《授时历》验其日良信，乃立纵之使还。拜枢密副使，视事，明日召见赐酒，帝谓左右曰："人言彦博老病，朕今见之，精力尚强，可堪大任也。"是夕，知院驸马塔失帖木儿宿卫，帝戒之曰："彦博非汝友，宜师事之。"

至治元年，英宗即位，帖木迭儿复相，约辞职不出。二年，以年七十致仕。三年，丞相拜住一新政务，尊礼老臣，传诏起约，复拜集贤大学士，商议中书省事，以其禄居家，每日一至中书省议事，至治之政，多所参酌。又尝奉诏与中书省官及他旧臣，条定国初以来律令，名曰《大元通制》，颁行天下。朝廷议罢征东省，立三韩省，制式如他省，诏下中书杂议，约对曰："高丽去京师四千里，地瘠民贫，夷俗杂尚，非中原比，万一梗化，疲力治之，非幸事也，不如守祖宗旧制。"丞相称善，奏罢议不行。高丽人闻之，图公像归，祠而事之，曰："不绝国祀者，王公也。"泰定元年，奉诏廷策天下士，第八剌、张益等八十五人，始增乙科员额至一十五人。

天历元年，文宗践祚，约入贺，赐宴大明殿，帝劳问甚欢。时年七十有七，平居襟度和粹，谦抑自持，后进谒见，必加礼貌；俸禄所入，布散姻族，外及贫士；从父居贫，月奉钱米馔肴膳，事之如父；岁时朔望，携子姓至先茔，展拜怀恋，谨时祭及五祀，动稽古礼，邦人以为矜式。至顺四年二月己酉卒，年八十二，皇太后闻之嗟悼，以尚酝二尊，遣徽政院臣临吊致奠，敕中书省以下赙赠有差。是月庚申，葬城西冈子原。

约平生著作，有《史论》三十卷、《高丽志》四卷、《潜丘稿》三十卷，行于世。子思诚，奉议大夫、秘书监著作郎。

王　结

王结，字仪伯，易州定兴人。祖逖勤，以质子军从太祖西征，娶阿鲁浑氏，自西域徙戍秦陇，又徙中山，家焉。结生而聪颖，读书数行俱下，终身不忘。尝从太史董朴受经，深于性命道德之蕴，故其措之事业，见之文章，皆悉有所本。宪使王仁见之，曰"公辅器也。"年二十余，游京师，上执政书，陈时政八事，曰：立经筵以养君德，行仁政以结民心，育英材以备贡举，择守令以正铨衡，敬贤士以厉名节，革冗官以正职制，辨章程以定民志，务农桑以厚民生。其言剀切纯正，皆治国之大经大法，宰相不能尽用之。时仁宗在潜邸，或荐结充宿卫，乃集历代君臣行事善恶可为鉴戒者，日陈于前，仁宗嘉纳焉。武宗即位，以仁宗为皇太子。大德十一年，命置东宫官属，以结为典牧太监，阶太中大夫。近侍以俳优进，结言："昔唐庄宗好此，卒致祸败，殿下方育德春宫，视听宜谨。"仁宗优纳之。

仁宗即位，迁集贤直学士。出为顺德路总管，教民务农兴学、孝亲弟长、戢奸禁暴，悉登于书，俾朝夕阅习之。属邑巨鹿沙河有唐魏征、宋璟墓，乃祠二公于学，表其言论风旨，以厉多士。迁扬州，又迁宁国，以从弟绅佥江东廉访司事，辞不赴。改东昌路，境有黄河故道，而会通堤遏其下流，夏月潦水，坏民麦禾。结疏为斗门以泄之，民获耕治之利。

至治二年，参议中书省事。时拜住为丞相，结言："为相之道，当正己以正君，正君以正天下；除恶不可犹豫，犹豫恐生它变；服用不可奢僭，奢僭则害及于身。"丞相是其言。未几，除吏部尚书，荐名士宋本、韩镛等十余人。泰定元年春，廷试进士，以结充读卷官。迁集贤侍读学士、中奉大夫。会有月食、地震、烈风之异，结昌言于朝曰："今朝廷君子小人混淆，刑政不明，官赏太滥，故阴阳错谬。咎征荐臻，宜修政事，以弭天变。"是岁，诏结知经筵，扈从上都。结援引古训，证时政之失，冀帝有所感悟。中宫闻之，亦召结等进讲，结以故事辞。明年，除浙西廉访使，中途以疾还。岁余，拜辽阳行省参知政事。辽东大水，谷价翔涌，结请于朝，发粟数万石，以赈饥民。召拜刑部尚书。

天历元年，文宗即位，拜陕西行省参知政事，改同知储庆司事。二年，拜中书参知政事，入谢光天殿，以亲老辞，帝曰："忠孝能两全乎？"是时迎立明宗于朔方，明宗命文宗居皇太子位，于是遣大臣奉宝北迓。近侍有求除拜赏赉者，结曰："俟天子至议之。"初，上都之变，失皇太子宝，更铸新宝，近侍请视旧制宜加大，结曰："此宝当传储嗣，不敢逾旧制也。"或致人于死，而籍其妻孥赀产者，结复论之。近侍益怒，谮诋日甚，遂罢政。又命为集贤侍读学士，丁内艰，不起。

元统元年，复除浙西廉访使，未行，召拜翰林学士、资善大夫、知制诰同修国史，与张起岩、欧阳玄修泰定、天历两朝实录。拜中书左丞。中宫命僧尼于慈福殿作佛事，已而殿灾，结言僧尼亵渎，当坐罪。左丞相疾革，家人请释重囚禳之，结极陈其不可。先时，有罪者，北人则徙广海，南人则徙辽东，去家万里，往往道死。结请更其法，移乡者止千里外，改过听还其乡，因著为令。职官坐罪者，多从重科，结曰："古者刑不上大夫，今贪墨虽多，然士之廉耻，不可以不养也。"闻者谓其得体。至元元年，诏复入翰林，养疾不能应诏。二年正月二十八日卒，年六十有二。

结立言制行，皆法古人，故相张珪曰："王结非圣贤之书不读，非仁义之言不谈。"识者以为名言。晚邃于《易》，著《易说》一卷，临川吴澄读而善之。及卒，公卿唁于朝，士大夫吊于家，曰："正人亡矣。"四年五月，诏赠资政大夫、河南江北等处行中书省右丞、护军，追封太原郡公，谥文忠。有诗文十五卷行于世。

宋　衜

宋衜，字弘道，潞州长子人，金兵部员外郎元吉之孙。衜善记诵，年十七，避地襄阳，已而北归，屏居河内者十有五年。赵璧经略河南，闻其名，礼聘之。中统三年，擢翰林修撰。李璮畔，璧行中书省事于济南，至元五年，大兵守襄阳，璧行元帅府事，衜皆从焉，军事多所咨访。六年，高丽权臣林衍废其国王，而立其弟温，诏遣国王头辇哥暨璧将兵讨之，以衜为行省员外郎，持诏徙江华岛居民于平壤。复命，慰劳良厚，仍赐衣段，授河南路总管府判官，不赴。十三年，入为太常少卿，属省官制行，兼领籍田署事。十六年，太子以耆德召见，应对详雅，大惬睿旨，自是数蒙召问，侍讲经幄，开谕为多。十八年，除秘书监。十九年，江西分地当署郡邑守令，皆命衜铨举。二十年，初立詹事院，首命衜为太子宾客。每燕见，优赐容接，多所锡赉。二十三年卒，有《秬山集》十卷行于世。

张伯淳

张伯淳，字师道，杭州崇德人。少举童子科，以父任铨受迪功郎、淮阴尉，改扬州司户参军，寻举进士，监临安府都税院，升观察推官，除太学录，入本朝。至元二十三年，授杭州路儒学教授，迁浙东道按察司知事。二十八年，擢为福建廉访司知事。岁余，有荐伯淳于帝前者，遣使召问。明年，入见，帝问冗官、风宪、盐策、楮币，皆当时大议，所对悉称旨，命至政事堂，将重用之，固辞，遂授翰林直学士，进阶奉训大夫，谒告以归。授庆元路总管府治中，行省檄按疑狱衢、秀，皆得其情。大德四年，即家拜翰林侍讲学士。明年，造朝，扈从上都。又明年卒。有文集若干卷，藏于家。

卷一百七十九　　列传第六十六

贺　胜

贺胜，仁杰子也，字贞卿，一字举安，小字伯颜，以小字行。尝从许衡学，通经传大义。年十六，入宿卫，凝重寡言，世祖甚器重之。大臣有密奏，辄屏左右，独留胜，许听之。出则参乘舆，入则侍帷幄，非休沐不得至家。至元二十四年，乃颜叛，帝亲征，胜直武帐中，虽亲王不得辄至。胜传旨饬诸将，诘旦合战，还侍帝侧，矢交帐前，胜立侍不动。乃颜既败，帝还都，乘舆夜行，足苦寒，胜解衣，以身温之。帝一日猎还，胜参乘，伶人蒙采毳作狮子舞以迎驾，舆象惊，奔逸不可制，胜投身当象前，后至者断靷纵象，乘舆乃安。胜退，创甚，帝亲抚之，遣尚医、尚食视护。拜集贤学士，领太史院事，诏赐一品服。卢世荣、桑哥秉政，势焰熏灼，胜父仁杰留守上都，不肯为之下，桑哥欲阴中之，累数十奏，帝皆不听。

至元二十八年，桑哥败，罢尚书省，政归中书。帝问谁可相者，胜对曰："天下公论，皆属完泽。"遂相完泽，而以胜参知政事。三十年，佥枢密院事，迁大都护。大德九年，胜父仁杰请老，以胜代为上都留守，兼本路都总管、开平府尹、虎贲亲军都指挥使。既至，通商贾，抑豪纵，出纳有法，裁量有度，供亿不匮，民赖以安。诸权贵子弟奴隶有暴横骄纵者，悉绳以法。至大三年，进光禄大夫、左丞相，行上都留守，兼本路总管府达鲁花赤。寻又加开府仪同三司、上柱国。奉圣州民高氏，籍虎贲，以赀雄乡里，身死子幼。有达官利其财，使其部曲强娶高氏妇。胜白帝，斥之，高氏以全。岁大饥，辄发仓廪赈民，乃自劾待罪。帝报曰："祖宗以上都之民付卿父子，欲安之也。卿能如此，朕复何忧，卿其视事。"民德之，为立祠上都西门外。帝闻之，复命工写其像以赐，俾传示子孙。未几，以足疾请老，不许，曰："卿卧护足矣。"赐小车，出入禁闼。

初，开平人张弼，家富。弼死，其奴索钱民家，弗得，殴负钱者至死。有治其狱者，教奴引弼子，并下之狱。丞相铁木迭儿受其赂六万缗，终不为直。胜素恶铁木迭儿贪暴，居同巷，不与往来。闻弼事，以语御史中丞杨朵儿只。杨朵儿只以语监察御史玉龙帖木儿、徐元素。遂劾奏丞相，逮治其左右，得所赂事实以闻。帝亦素恶铁木迭儿，欲诛之。铁木迭儿走匿太后宫中，太后为言，仅夺其印绶而罢之。及英宗即位，在谅暗中，铁木迭儿遂复出据相位，乃执杨朵儿只及中书平章政事萧拜住，同日戮于市。且复诬胜乘赐车迎诏，不敬，并杀之。胜死之日，百姓争持纸钱，哭于尸傍甚哀。泰定初，诏雪其冤，赠推忠宣力保德功臣、太傅、开府仪同三司、上柱国，追封秦国公，谥惠愍。至正三年，加赠推忠亮节同德翊戴功臣、太师、开府仪同三司、上柱国，追封泾阳王，改谥忠宣。

子二人：惟一，开府仪同三司、中书左丞相、监修国史；惟贤，太中大夫、同知上都留守司事。孙均，太子詹事。

杨朵儿只

杨朵儿只，河西宁夏人。少孤，与其兄皆幼，即知自立，语言仪度如成人。事仁宗于藩邸，甚见倚重。大德丁未，从迁怀孟。仁宗闻朝廷有变，将北还，命朵儿只与李孟先之京师，与右丞相哈剌哈孙定议，迎武宗于北藩。仁宗还京师，朵儿只讥察禁卫，密致警备，仁宗嘉赖焉，亲解所服带以赐。既佐定内难，仁宗居东宫，论功以为太中大夫、家令丞，日夕侍侧，虽休沐不至家，众敬惮之。会兄卒，涕泣不胜哀，仁宗怜之，存问优厚。事寡嫂有礼，待兄子不异己子，家人化之。进正奉大夫、延庆使。武宗闻其贤，召见之，仁宗曰："此人诚可任大事，然刚直寡合。"武宗顾视之，曰："然。"

仁宗始总大政，执误国者，将尽按诛之，朵儿只曰：

"为政而尚杀，非帝王治也。"帝感其言，特诛其尤者，民大悦服。帝他日与中书平章李孟论元从人材，孟以朵儿只为第一，帝然之，拜礼部尚书。初，尚书省改作至大银钞，视中统一当其二十五，又铸铜为至大钱，至是议罢之。朵儿只曰："法有便否，不当视立法之人为废置。银钞固当废，铜钱与楮币相权而用之，昔之道也。国无弃宝，民无失利，钱未可遽废也。"言虽不尽用，时论是之。迁宣徽副使，御史请迁为台官，帝以宣徽膳用，素不会计，特以委之，未之许也。有言近臣受贿者，帝怒其非所当言，将诛之，时张珪为御史中丞，叩头谏，不听。朵儿只言于帝曰："诛告者失刑，违谏者失谊。世无诤臣久矣，张珪真中丞也。"帝喜，竟用珪言，拜朵儿只为侍御史。帝宴闲时，群臣侍坐者，或言笑逾度，帝见其正色，为之改容，有犯法者，虽贵幸无所容贷。怨者因共谮之，帝知之深，谮不得行。拜资德大夫、御史中丞。中书平章政事张閭以妻病，谒告归江南，夺民河渡地，朵儿只以失大体，劾罢之。江东、西奉使斡来不称职，权臣匿其奸，冀不问，朵儿只劾而杖之，斡来愧死。御史纳璘言事忤旨，帝怒叵测，朵儿只救之，一日至八九奏，曰："臣非爱纳璘，诚不愿陛下有杀御史之名。"帝曰："为卿宥之，可左迁为昌平令。"昌平，畿内剧县，欲以是困纳璘。朵儿只又言曰："以御史宰京邑，无不可者。但以言事而得左迁，恐后之来者用是为戒，不肯复言矣。"帝不允。后数日，帝读《贞观政要》，朵儿只侍侧，帝顾谓曰："魏征古之遗直也，朕安得用之。"对曰："直由太宗，太宗不听，征虽直，将焉用之。"帝笑曰："卿意在纳璘耶？当赦之，以成尔直名也。"有上书论朝政阙失，面触宰相，宰相怒，将取旨杀之。朵儿只曰："诏书云：言虽不当，无罪。今若此，何以示信天下！果诛之，臣亦负其职矣。"帝悟，释之。于是特加昭文馆大学士、荣禄大夫，以奖其直言。

时位一品者，多乘间邀王爵、赠先世。或谓朵儿只眷倚方重，苟言之，当可得也，朵儿只曰："家世寒微，幸际遇至此，已惧弗称，尚敢求多乎！且我为之，何以风厉侥幸者！"迁中政院使。未几，复为中丞，迁集贤大学士，为权臣铁木迭儿所害而死，年四十二。

初，武宗崩，皇太后在兴圣宫，铁木迭儿为丞相，逾月，仁宗即位，因遂相之。居两岁，得罪斥罢，更自结徽政近臣，复再入相，恃势贪虐，凶秽愈甚，中外切齿，群臣不知所为。御史中丞萧拜住拜中书右丞，又拜平章政事，稍牵制之。朵儿只自侍御史拜御史中丞，慨然以纠正其罪为己任。上都富民张弼杀人系狱，铁木迭儿使大奴胁留守贺伯颜出之，及强以他奸利事，不能得。一日，坐都堂，盛怒，以官事召留守，将罪之，留守昌言："大奴所干非法，不敢从，他实无罪。"铁木迭儿语诎，得解去。朵儿只廉得其所受弼赃巨万万，大奴犹数千，使御史徐元素按得实，入奏。而御史亦辇真又发其私罪二十余事。帝震怒，有诏逮问，铁木迭儿逃匿，帝为不御酒数日，以待决狱，尽诛其大奴同恶数人，铁木迭儿终不能得。朵儿只持之急，徽政近臣以太后旨，召朵儿只至宫门，责以违旨意者。对曰："待罪御史，奉行祖宗法，必得罪人，非敢违太后旨也。"帝仁孝，恐诚出太后意，不忍重伤咈之，但罢其相位，而迁朵儿只为集贤学士。帝犹数以台事问之，对曰："非臣职事，臣不敢与闻。所念者，铁木迭儿虽去君侧，反得为东宫师傅，在太子左右，恐售其奸，则祸有不可胜言者。"

仁宗崩，英宗犹在东宫，铁木迭儿复相，乃宣太后旨，召萧拜住、朵儿只至徽政院，与徽政使失里门、御史大夫秃忒哈杂问之，责以前违太后旨之罪。朵儿只曰："中丞之职，恨不即斩汝，以谢天下。果违太后旨，汝岂有今日耶！"铁木迭儿又引同时为御史者二人，证成其狱。朵儿只顾二人唾之曰："汝等尝得备风宪，乃为是犬彘事耶！"坐者皆惭俯首，即起入奏。未几，称旨执朵儿只，载诸国门之外，与萧拜住俱见杀。是日，风沙晦冥，都人汹惧，道路相视以目。

英宗即位，诏书遂加以诬罔大臣之罪。铁木迭儿权势既成，毫发之怨，无不报者，太后惊悔，而帝亦觉其所谮毁者皆先帝旧臣。未及论治，而铁木迭儿以病死。会有天灾，求直言，会议廷中，集贤大学士张珪、中书参议回回，皆称萧、杨等死甚冤，是致不雨。闻者失色，言终不得达。及珪拜平章，即告丞相拜住曰："赏罚不当，枉抑不伸，不可以为治。若萧、杨等冤，何可不亟昭雪也！"丞相善之，遂请于帝，诏昭雪其冤，特赠思顺佐理功臣、金紫光禄大夫、司徒、上柱国、夏国公，谥襄愍。朵儿只死时，权臣欲夺其妻刘氏与人，刘氏剪发毁容以自誓，乃免。子不花。

不花幼有才气，能以礼自持，好读书，善书。初，仁宗闻而召之，应对称旨，欲以为翰林直学士，力辞。后遭家难，益自励节为学，以荫补武备司提点，转佥河东廉访司事。尝出按部民，有杀子以诬怨者，狱成，不花谳之，曰："以十岁儿，受十一创，且彼以斧杀怨，必尽其力，何创痕之浅，反不入肤耶！"遂得其情，平反出之。河东民饥，先捐己赀以赈，请未得命，即发公廪继之，民遂赖不死。天历初，文宗入继大统，除通政院判，将行，值陕西诸军拒诏，郡邑守吏率民逃之。不花独率众出御，呼西人谕之曰："民者，祖宗艰难所致，国家大事，何与于民。汝等既昧逆顺，又欲残此无辜，吾有为民死尔，不汝从也。"阵溃，遂见杀。二仆亦见执，曰："吾主既为国死，吾纵为人奴，今苟得生，他日何以见吾主于地下，不若死从吾主。"欲起杀仇，仇要斩之。至顺二年，赠嘉议大夫、礼部尚书，以褒其忠。

萧　拜　住

萧拜住，契丹石抹氏也。曾祖丑奴，有膂力，善骑射，识见明敏，仕金为古北口屯戍千户。岁庚午，国兵南下，金将招灯必舍遁，丑奴于暮夜潜领兵三千人力战，不克，矢中其胸，遂开关，遣使纳降。太祖命丑奴袭招灯必舍，追及平、滦，降之。因攻取平、滦、檀、顺、深、冀等州，及昌平红螺、平顶诸寨，又两败金兵于邦君甸，授檀州军民元帅。太祖方西征，丑奴驿送竹箭弓弩弦各一万，擢檀顺昌平万户，仍管打捕鹰房人匠，卒于官。后追封顺国公，谥忠毅。弟老瓦，始以杨城渔寨来降，为丑奴弟充质子，多立战功，袭檀州。节度使言安以水栅未下，阴诱汤河川人叛去，老瓦追之不克，死焉。丑奴子青山，中统元年袭万户。至元十一年，从丞相伯颜平宋。还，授 湖北提刑按察使。追封顺国公，谥武定。青山子哈剌帖木儿，少事裕宗于东宫，典宿卫，仕为檀州知州。追封顺国公，谥康惠。

拜住，乃哈剌帖木儿之子也。尝从成宗北征，特授檀州知州，入为礼部郎中，擢同知大都路总管府事，出知中山府，以忧去官。属仁宗过中山，有同官者谮于近侍曰："知府去官，实惮迎候烦劳耳。"帝颔之。适行田野间，见老妪，问之曰："府中官孰贤?"妪对曰："有萧知府，余不知也。"复过神祠，有数老人焚香罗拜，遣问之曰："汝辈何所祷?"合辞对曰："萧知府奔丧还，欲速其来，是以祷也。"帝意遂释。武宗即位，起复为中书左司郎中，出为河间路总管，召为右卫率使，迁户部尚书，遂拜御史中丞。皇庆元年，迁陕西行中书省右丞。延祐三年，进中书平章政事，除典瑞院使，超授银青荣禄大夫、崇祥院使。

英宗即位之十有九日，右丞相铁木迭儿怨拜住在省中牵制其所为，又发其奸赃、专制等事，遂请依皇太后旨，并前御史中丞杨朵儿只皆杀之。帝曰："人命至重，刑杀非轻，不宜仓卒。二人罪状未明，当白太后，使详谳之，若果无冤，诛之未晚。"竟杀之，并籍其家，语见杨朵儿只及铁木迭儿传。泰定间，赠守正佐治功臣、太保、仪同三司、柱国，追封蓟国公，谥忠愍。拜住之死，有吴仲者，潜守其尸，三日不去，竟收葬之。

卷一百八十　　列传第六十七

耶律希亮

耶律希亮，字明甫，楚材之孙，铸之子也。初，六皇后命以赤帖吉氏归铸，生希亮于和林南之凉楼，曰秃忽思，六皇后遂以其地名之。宪宗尝遣铸核钱粮于燕，铸曰："臣先世皆读儒书，儒生俱在中土，愿携诸子，至燕受业。"宪宗从之，乃命希亮师事北平赵衍。时方九岁，未浃旬，已能赋诗。岁丙辰，宪宗召铸还和林，希亮独留燕。岁戊午，宪宗在六盘山，希亮诣行在所。已而铸扈从南伐，希亮亦在行。明年，宪宗崩于蜀，希亮将辎重北归陕右。

又明年，为中统元年，世祖即位，阿里不哥反，遣使召主将浑都海。铸说浑都海等入朝，皆不从，则弃其妻子，挺身来归。既而浑都海知铸去，怒，遣百骑追之不及。乃使百人监视希亮母子，迫胁使从行，自灵武过应吉里城，至西凉甘州。阿里不哥遣大将阿蓝答儿自和林帅师至焉支山，希亮见之。阿蓝答儿问："而父安在?"希亮曰："不知，与吾父同任事者宜知之。"浑都海怒，诟曰："我焉得知之，其父今亡命东见皇帝矣!"希亮曰："若然，则何谓不知!"阿蓝答儿熟视浑都海曰："此言深有意焉。"诘希亮甚急。希亮曰："使吾知之，亦从而去，安得独留!"阿蓝答儿以为实，免其监莅。既而阿蓝答儿、浑都海为大兵所杀，其残卒北走，众推哈剌不花为帅。希亮潜匿甘州北黑水东沙陀中。殿兵已过十余里，有寻马者适至，老婢漏言，众奄至，驱至肃州。哈剌不花与铸有婚姻之好，又哈剌不花在蜀时，尝疾病，铸召医视之，遗以酒食，因释希亮缚，谓曰："我受恩于汝父，此图报之秋也。"及抵沙州北川，希亮与兄弟徒步负任，不火食者数日。是冬，涉雪逾天山，至北庭都护府。二年，至昌八里城。夏，逾马纳思河，抵叶密里城，乃定宗潜邸汤沐之邑也。时六皇后之妹主后位，与宗王火忽皆欲东觐。希亮母密知其事，携希亮入见，已而事不果。冬，至于火孛之地。三年，定宗幼子大名王闵其不能归，遗以币帛鞍马，乃从大名王至忽只儿之地。会宗王阿鲁忽至，诛阿里不哥所用镇守之人唆罗海，欲附世祖。复从大名王及阿鲁忽二王还至叶密里城。王遗以耳环，其二珠大如榛，实价直千金，欲穿其耳使带之。希亮辞曰："不敢因是以伤父母之遗体也。且无功受赏，于礼尤不可。"王又解金束带遗之，且曰："系此，于遗体宜无伤。"五月，又为阿里不哥兵所驱，西行千五百里，至孛劣撒里之地。六月，又西至换扎孙之地。又从至不剌城。又西行六百里，至彻彻里泽剌之山，后妃辎重皆留于此，希亮母及兄弟亦在焉。希亮单骑从行二百余里，至出布儿城。又百里，至也里虔城，而哈剌不花之兵奄至，希亮又从二王兴师，还至不剌城，与哈剌不花战，败之，尽歼其众。二王乃函其头，遣使报捷。十月，至于亦思宽之地。四年，至可失哈里城。四月，阿里不哥兵复至，希亮又从征，至浑八升城。时希亮母从后避暑于阿体八升山。先是，铸尝言于世祖："臣之妻子皆在北边。"至是，世祖遣不华出至二王所，因以玺书召希亮，驰驿赴阙。六月，由苦先城至哈剌火州，出伊州，涉大漠以还。八月，入觐世祖于上都之大安阁，备陈边事，及羁旅困苦之状。世祖怜之，赐钞千锭、金带一、币帛三十，命为速古儿赤、必阇赤。至元八年，授奉训大夫、符宝郎。

十二年，既平宋，世祖命希亮问诸降将，日本 可伐否。夏贵、吕文焕、范文虎、陈奕等皆云可伐。希亮奏曰："宋与辽、金攻战且三百年，干戈甫定，人得息肩，俟数年，兴师未晚。"世祖然之。十三年，太府监令史卢贽言于监官："各路所贡布长三丈，唯平阳加一丈，诸怯薛歹以故争取平阳布。苟截其长者，与他郡等，则无所争，而以其所截者为髹漆宫殿器皿之用，甚便。"监官从之。适左右以其事闻，帝以诘监官，监官仓皇莫知所以对，归罪于贽，帝命斩之。希亮遇诸途，贽以冤告。希亮命少缓，具以实入奏。有旨令董文用谳之。竟释贽，而召御史大夫塔察儿等让之曰："此事言官当言而不言，向微秃忽思，不误诛此人耶!"十四年，转嘉议大夫、礼部尚书，寻迁吏部尚书。帝驻跸察纳儿台之地，希亮至，奏对毕，董文用问大都近事。希亮曰："囹圄多囚耳。"世祖方欹枕而卧，忽寤，问其故。希亮奏曰："近奉旨：汉人盗钞六文者杀。以是囚多。"帝惊问："孰传此语?"省臣曰："此旨实脱儿察所传。"脱儿察曰："陛下在南坡，以语蒙古儿童。"帝曰："前言戏耳，曷尝著为令式?"乃罪脱儿察。希亮因奏曰："令既出矣，必明其错误，以安民心。"帝善其言，即命希亮至大都，谕旨中书。

十七年，希亮以跋涉西土，足病痿挛，谢事而去，退居濮阳者二十余年。至大二年，武宗访求先朝旧臣，特除翰林学士承旨、资善大夫，寻改授翰林学士承旨、知制诰兼修国史。希亮以职在史官，乃类次世祖嘉言善行以进，英宗取其书，置禁中。久之，闲居京师，四方之士多从之游。泰定四年卒，年八十一。

希亮性至孝，困厄遐方，家赀散亡已尽，仅藏祖考画像，四时就穹庐陈列致奠，尽诚尽敬。朔漠之人，咸相聚来观，叹曰："此中土之礼也。"虽疾病，不废书史，或中夜起坐，取烛以书。所著诗文及从军纪行录三十卷，目之曰《槥轩集》。赠推忠辅义守正功臣、资善大夫、集贤学士、上护军，追封漆水郡公，谥忠嘉。

赵世延

赵世延，字子敬，其先雍古族人，居云中北边。曾祖黑公，为金群牧使，太祖得其所牧马，黑公死之。祖按竺迩，幼孤，鞠于外大父术要甲，讹为赵家，因氏为赵；骁勇善骑射，从太祖征伐，有功，为蒙古汉军征行大元帅，镇蜀，因家成都。父黑梓，以门功袭父元帅职，兼文州吐蕃万户达鲁花赤。

世延天资秀发，喜读书，究心儒者体用之学。弱冠，世祖召见，俾入枢密院御史台肄习官政。至元二十一年，授承事郎、云南诸路提刑按察司判官，时年二十有四。乌蒙蛮酋叛，世延会省臣以军讨之，蛮兵大溃，即请降。二十六年，擢监察御史，与同列五人劾丞相桑哥不法。中丞赵国辅，桑哥党也，抑不以闻，更以告桑哥。于是五人者悉为其所挤，而世延独幸免。奉旨按平阳郡监也先忽都赃巨万，鞫左司郎中董仲威杀人狱，皆明允。二十九年，转奉议大夫，出佥江南湖北道肃政廉访司事。敦儒学，立义仓，撤淫祠，修澧阳县坏堤，严常、澧掠卖良民之禁，部内晏然。元贞元年，除江南行御史台都事，丁内艰，不赴。大德元年，复除前官。三年，移中台都事，俄改中书左司都事。台臣奏，仍为都事中台。六年，由山东肃政廉访副使改江南行台治书侍御史。十年，除安西路总管。安西，故京兆省台所治，号称会府，前政壅滞者三千牍。世延既至，不三月，剖决殆尽。陕民饥，省台议请于朝赈之，世延曰："救荒如救火，愿先发廪以赈，朝廷设不允，世延当倾家财若身以偿。"省台从之，所活者众。

至大元年，除绍兴路总管，改四川肃政廉访使。蒙古军士，科差繁重，而军士就戍往来者多害人，且军官或抑良为奴，世延皆除其弊而正其罪。又修都江堰，民尤便之。四年，升中奉大夫、陕西行台侍御史。先是，八百媳妇为边患，右丞刘深往讨之，兵败而还，坐罪弃市。及是，右丞阿忽台当继行，世延言："蛮夷事在羁縻，而重烦天讨，致军旅亡失，诛戮省臣，藉使尽得其地，何补于国？今穷兵黩武，实伤圣治。朝廷第当选重臣知治体者，付以边寄，兵宜止勿用。"事闻，枢密院臣以为用兵国家大事，不宜以一人之言为兴辍。世延闻之，章再上，事卒罢。

皇庆二年，拜江浙行省参知政事，寻召还，拜侍御史。延祐元年，省臣奏："比奉诏汉人参政用儒者，赵世延其人也。"帝曰："世延诚可用，然雍古氏非汉人，其署宜居右。"遂拜中书参知政事。居中书二十月，迁御史中丞。有旨省臣自平章以下，率送之官。其礼前所无有，由是为权臣所忌，乃用皇太后旨，出世延为云南行省右丞。陛辞，帝特命仍还御史台为中丞。三年，世延劾奏权臣太师、右丞相帖木迭儿罪恶十有三，诏夺其官职。寻升翰林学士承旨，兼御史中丞，世延固辞，乃解中丞。五年，进光禄大夫、昭文馆学士，守大都留守，乞补外，拜四川行省平章政事。世延议即重庆路立屯田，物色江津、巴县闲田七百八十三顷，摘军千二百人垦之，岁得粟万一千七百石。

明年，仁宗崩，帖木迭儿复居相位，锐意报复，属其党何志道，诱世延从弟胥益儿哈呼诬告世延罪，逮世延置对，至夔路，遇赦。世延以疾抵荆门，留就医。帖木迭儿遣使督追至京师，俾其党煅炼使成狱。会有旨，事经赦原，勿复问。帖木迭儿更以它事白帝，系之刑曹，逼令自裁，世延不为动，居囚再岁。胥益儿哈呼自以所诉涉诬欺，亡去。中书左丞相拜住屡言世延亡辜，得旨出狱，就舍以养疾。先是，帝猎北凉亭，顾谓侍臣曰："赵世延先帝所尊礼，而帖木迭儿妄入其罪，数请诛之，此殆报私怨耳，朕岂能从之。"侍臣皆叩头称万岁。帖木迭儿在上京，闻世延出狱，索省牍视之，怒曰："此左丞相罔上所为也。"事闻，帝语之曰："此朕意耳。"未几，帖木迭儿死，事乃释。世延出居于金陵。泰定元年，召还朝，除集贤大学士。明年，出为江南行台御史中丞。四年，入朝，复为御史中丞，又迁中书右丞。明年，有旨：赵世延顷为权奸所诬，中书宜遍移天下，昭雪其非辜，仍加翰林学士承旨、光禄大夫。经筵开，兼知经筵事，选拣劝讲者，皆一时名流。又加同知枢密院事。

泰定帝崩，燕铁木儿与宗王大臣议：武宗二子周王、怀王，于法当立；周王远在朔漠，而怀王久居民间，备尝艰险，民必归之，天位不可久虚，不如先迎怀王，以从民望。八月，即定策，迎之于江陵，怀王即位，是为文宗。当是时，世延赞画之功为多。文宗即位，世延仍以御史中丞兼翰林学士承旨，以疾乞归田里，诏不允。天历二年正月，复除江南行台御史中丞；行次济州，三月，改集贤大学士；六月，又加奎章阁大学士；八月，拜中书平章政事。冬，世延至京，固辞不允，诏以世延年高多疾，许乘小车入内。至顺元年，诏世延与虞集等纂修《皇朝经世大典》，世延屡奏："臣衰老，乞解中书政务，专意纂修。"帝曰："老臣如卿者无几，求退之言，后勿复陈。"四月，仍加翰林学士承旨，封鲁国公。秋，以疾，移文中书致其事，明日即行，养疾于金陵之茅山。诏征还朝，不能行，二年，改封凉国公。元统二年，诏赐世延钱凡四万缗。至元改元，仍除奎章阁大学士、翰林学士承旨、中书平章政事、鲁国公。明年五月，至成都，十一月卒，享年七十有七。至正二年，赠世忠执法佐运翊亮功臣、太保、金紫光禄大夫、上柱国，追封鲁国公，谥文忠。

世延历事凡九朝，扬历省台五十余年，负经济之资，而将之以忠义，守之以清介，饰之以文学，凡军国利病，生民休戚，知无不言，而于儒者名教尤拳拳焉。为文章波澜浩瀚，一根于理。尝较定律令，汇次《风宪宏纲》，行于世。

五子，达者三人：野峻台，黄州路总管。次月鲁，江浙行省理问官。伯忽，夔州路总管，天历初，囊加台据蜀叛，死于难，特赠推忠秉义效节功臣、资善大夫、中书右丞、上护军，追封蜀郡公，谥忠愍。

孔思晦

孔思晦，字明道，孔子五十四世孙也。资质端重，而性简默，童丱时，读书已识大义。及长，授业于导江张䇓，讲求义理，于词章之习，薄而弗为。家贫，躬耕以为养，虽剧寒暑，而为学未尝懈，远近争聘为子弟师。大德中，游京师，祭酒耶律有尚欲荐之，以母老，辞而归。母卧疾，躬进药饵，衣不解带。居丧，勺水不入口者五日。至大中，举茂才，为范阳儒学教谕。延祐初，调宁阳学。先是，两县校官率以廪薄不能守职，而思晦以俭约自将，教养有法，比代去，学者皆不忍舍之。于是孔氏族人相与议：思晦嫡长且贤，宜袭封爵，奉祠事。状上政府，事未决。仁宗在位，雅崇尚儒道，一日，问："孔子之裔今几世，袭爵为谁？"廷臣具对曰："未定。"帝亲取孔氏谱牒按之，曰："以嫡应袭封者，思晦也，复奚疑！"特授中议大夫，袭封衍圣公，月俸百缗，加至五百缗，赐四品印。泰定三年，山东廉访副使王鹏南言："袭爵上公，而阶止四品，于格弗称，且失尊崇意。"明年，升嘉议大夫。至顺二年，改赐三品印。思晦以宗祀责重，恒惧弗胜，每遇祭祀，必敬必慎。初，庙毁于兵，后虽苟完，而角楼围墙未备，思晦竭力营度，以复其旧。金丝堂坏，又一新之，祭器礼服，悉加整饬。又以尼山乃毓圣之地，故有庙，已毁，民冒耕祭田且百年，思晦复其田，且请置尼山书院，以列于学官，朝廷从之。三氏学旧有田三千亩，占于豪民，子思书院旧有营运钱万缗，贷于民取子钱，以供祭祀，久之，民不输子钱，并负其本，思晦皆理而复之。圣父旧封齐国公，思晦言于朝曰："宣圣封王，而父爵犹公，愿加褒崇。"乃诏加封圣父启圣王，圣母王夫人。

五季时，孔末之后方盛，欲以伪灭真，害宣圣子孙几尽，至是，其裔复欲冒称宣圣后。思晦以为："不早辨则真伪久益不可明，彼与我不共戴天，乃列于族，与共拜殿庭，可乎？"遂会族人，稽典故斥之，既又重刻宗谱于石，而孔氏族裔益明矣。元统元年卒，年六十七。卒之日，有鹤百余翔其屋上，又见神光自东南落其舍北。至正中，朝廷加赠其官，而赐谥曰文肃。

子曰克坚，袭封衍圣公，阶嘉议大夫，既而进通奉大夫。至正十五年，召为同知太常礼仪院事，拜陕西行台侍御史，迁国子祭酒，擢山东肃政廉访使，不赴。孙希学，袭封衍圣公。

卷一百八十一　列传第六十八

元明善

元明善，字复初，大名清河人。其先盖拓跋魏之裔，居清河者，至明善四世矣。明善资颖悟绝，出读书，过目辄记，诸经皆有师法，而尤深于《春秋》。弱冠游吴中，已名能文章。浙东使者荐为安丰、建康两学正。辟掾，行枢密院。时董士选佥院事，待之若宾友，不敢以曹属御之。及士选升江西左丞，又辟为省掾。会赣州贼刘贵反，明善从士选将兵讨之，擒贼三百人。明善议缓诖误，得全活者百三十人。一日，将佐白："宜多戮俘获，及尸一切死者，以张军声。"明善固争，以为王者之师，恭行天罚，小丑陆梁，戮其渠魁可尔，民何辜焉。既又得贼所书赣、吉民丁十万于籍者，有司喜，欲滋蔓为利，明善请火其籍以灭迹，二郡遂安。升掾南行台。未几，授枢密院照磨。转中书左曹掾，掾曹无留事。始，明善在江西时，张瑄为其省参政，明善有马，骏而瘠，瑄假为从骑，久益壮，瑄爱之，致米三十斛酬其直。后瑄败，江浙行省籍其家，得金谷之簿，书"米三十斛送元复初"，不言以酬马直，明善坐免。久之，有为辨白其事者，乃复掾省曹。

仁宗居东宫，首擢为太子文学。及即位，改翰林待制。与修成宗、顺宗《实录》，升翰林直学士。诏节《尚书》经文，译其关政要者以进。明善举宋忠臣子集贤直学士文升同译润，许之。书成，每奏一篇，帝必称善，曰："二帝三王之道，非卿莫闻也。"兴圣太后既受尊号，廷臣请因肆赦，明善曰："数赦，非善人之福，宥过可也。"奉旨出赈山东、河南饥，时彭城、下邳诸州连数十驿，民饿马毙，而官无文书赈贷，明善以钞万二千锭分给之，曰："擅命获罪，所不辞也。"还，修《武宗实录》，又升翰林侍讲学士，预议科举、服色等事。延祐二年，始会试天下进士，明善首充考试官，及廷试，又为读卷官，所取士后多为名臣。改礼部尚书，正孔氏宗法，以宣圣五十四世孙思晦袭封衍圣公，事上，制可之。擢参议中书省事，旋复入翰林为侍读，岁中拜湖广行省参知政事。又召入集贤为侍读，议广庙制。升翰林学士，修《仁宗实录》。英宗亲祼太室，礼官进祝册，请署御名，命明善代署者三，眷遇之隆，当时莫并焉。至治二年，卒于位。泰定间，赠资善大夫、河南行省左丞，追封清河郡公，谥曰文敏。

明善早以文章自豪，出入秦、汉间，晚益精诣，有文集行世。

初在江西、金陵，每与虞集剧论，以相切劘。明善言："集治诸经，惟朱子所定者耳，自汉以来先儒所尝尽心者，考之殊未博。"集亦言："凡为文辞，得所欲言而止，必如明善云'若雷霆之震惊，鬼神之灵变'然后可，非性情之正也。"二人初相得甚欢，至京师，乃复不能相下。董士选之自中台行省江浙也，二人者俱送出都门外，士选曰："伯生以教导为职，当早还，复初宜更送我。"集还，明善送至二十里外，士选下马入邸舍中，为席，出橐中肴，酌酒同饮，乃举酒属明善曰："士选以功臣子，出入台省，无补国家，惟求得佳士数人，为朝廷用之，如复初与伯生，他日必皆光显，然恐不免为人构间。复初中原人也，仕必当道；伯生南人，将为复初摧折。今为我饮此酒，慎勿如是。"明善受卮酒，跪而酹之。起立，言曰："诚如公言，无论他日，今隙已开矣。请公再赐一卮，明善终身不敢忘公言！"乃再饮而别。真人吴全节，与明善交尤密，尝求明善作文。既成，明善谓全节曰："伯生见吾文，必有讥弹，吾所欲知。成季为我治具，招伯生来观之，若已入石，则无及矣。"明日，集至，明善出其文，问何如，集曰："公能从集言，去百有余字，则可传矣。"明善即泚笔属集，凡删百二十字，而文益精当。明善大喜，乃欢好如初。集每见明经之士，亦以明善之言告之。

明善一子，晦，荫受峡州路同知，早卒。

虞集弟槃　范梈

虞集，字伯生，宋丞相允文五世孙也。曾祖刚简，为利州路提刑，有治绩。尝与临邛魏了翁，成都范仲黼、李心传辈，讲学蜀东门外，得程、朱氏微旨，著《易诗书论语说》，以发明其义，蜀人师尊之。祖𤦎，知连州，亦以文学知名。父汲，黄冈尉。宋亡，侨居临川崇仁，与吴澄为友，澄称其文清而醇。尝再至京师，赎族人被俘者十余口以归，由是家益贫。晚稍起家，教授于诸生中，得孛术鲁翀、欧阳玄而称许之，以翰林院编修官致仕。娶杨氏，国子祭酒文仲女。咸淳间，文仲守衡，以汲从，未有子，为祷于南岳。集之将生，文仲晨起，衣冠坐而假寐，梦一道士至前，牙兵启曰："南岳真人来见。"既觉，闻甥馆得男，心颇异之。

集三岁即知读书，岁乙亥，汲挈家趋岭外，干戈中无书册可携，杨氏口授《论语》、《孟子》、《左氏传》、欧苏文，闻辄成诵。比还长沙，就外傅，始得刻本，则已尽读诸经，通其大义矣。文仲世以《春秋》名家，而族弟参知政事栋，明于性理之学，杨氏在室，即尽通其说，故集与弟槃，皆受业家庭，出则以契家子从吴澄游，授受具有源委。

左丞董士选自江西除南行台中丞，延集家塾。大德初，始至京师。以大臣荐，授大都路儒学教授，虽以训迪为职，而益自充广，不少暇佚。除国子助教，即以师道自任，诸生时其退，每挟策趋门下卒业，他馆生多相率诣集请益。丁内艰，服除，再为助教，除博士。监祭殿上，有刘生者，被酒失礼俎豆间，集言诸监，请削其籍。大臣有为刘生谢者，集持不可，曰："国学，礼义之所出也，此而不治，何以为教！"仁宗在东宫，传旨谕集，勿竟其事，集以刘生失礼状上之，移詹事院，竟黜刘生，仁宗更以集为贤。

大成殿新赐登歌乐，其师世居江南，乐生皆河北田里之人，情性不相能，集亲教之，然后成曲。复请设司乐一人掌之，以俟考正。仁宗即位，责成监学，拜台臣为祭酒，除吴澄司业，皆欲有所更张，以副帝意，集力赞其说。有为异论以沮之者，澄投檄去，集亦以病免。未几，除太常博士，丞相拜住方为其院使，间从集问礼器祭义甚悉，集为言先王制作，以及古今因革治乱之由，拜住叹息，益信儒者有用。

朝廷方以科举取士，说者谓治平可力致，集独以谓当治其源。迁集贤修撰。因会议学校，乃上议曰："师道立则善人多，学校者，士之所受教，以至于成德达材者也。今天下学官，猥以资格授，强加之诸生之上，而名之曰师尔，有司弗信之，生徒弗信之，于学校无益也。如此而望师道之立，可乎？下州小邑之士，无所见闻，父兄所以导其子弟，初无必为学问之实意，师友之游从，亦莫辨其邪正，然则所谓贤材者，非自天降地出，安有可望之理哉！为今之计，莫若使守令求经明行修成德者，身师尊之，至诚恳恻以求之，其德化之及，庶乎有所观感也。其次则求夫操履近正，而不为诡异骇俗者，确守先儒经义师说，而不敢妄为奇论者，众所敬服，而非乡愿之徒者，延致之日，讽诵其书，使学者习之，入耳著心，以正其本，则他日亦当有所发也。其次则取乡贡至京师罢归者，其议论文艺，犹足以耸动其人，非若泛泛莫知根柢者矣。"六年，除翰林待制，兼国史院编修官。仁宗尝对左右叹曰："儒者皆用矣，惟虞伯生未显擢尔。"会晏驾，不及用。

英宗即位，拜住为相，颇超用贤俊，时集以忧还江南，拜住不知也。乃言于上，遣使求之于蜀，不见；求之江西，又不见；集方省墓吴中，使至，受命趋朝，则拜住不及见矣。泰定初，考试礼部，言于同列曰："国家科目之法，诸经传注各有所主者，将以一道德、同风俗，非欲使学者专门擅业，如近代五经学究之固陋也。圣经深远，非一人之见可尽，试艺之文，推其高者取之，不必先有主意。若先定主意，则求贤之心狭，而差自此始矣。"后再为考官，率持是说，故所取每称得人。

泰定初，除国子司业，迁秘书少监。天子幸上都，以讲臣多高年，命集与集贤侍读学士王结执经以从，自是岁尝在行。经筵之制，取经史中切于心德治道者，用国语、汉文两进读，润译之际，患夫陈圣学者未易于尽其要，指时务者尤难于极其情，每选一时精于其学者为之，犹数日乃成一篇，集为反覆古今名物之辨以通之，然后得以无忤，其辞之所达，万不及一，则未尝不退而窃叹焉。拜翰林直学士，俄兼国子祭酒。尝因讲罢，论京师恃东南运粮为实，竭民力以航不测，非所以宽远人而因地利也。与同列进曰："京师之东，濒海数千里，北极辽海，南滨青、齐，萑苇之场也，海潮日至，淤为沃壤，用浙人之法，筑堤捍水为田，听富民欲得官者，合其众分授以地，官定其畔以为限，能以万夫耕者，授以万夫之田，为万夫之长，千夫、百夫亦如之，察其惰者而易之。一年，勿征也；二年，勿征也；三年，视其成，以地之高下，定额于朝廷，以次渐征之；五年，有积蓄，命以官，就所储给以禄；十年，佩之符印，得以传子孙，如军官之法。则东面民兵数万，可以近卫京师，外御岛夷；远宽东南海运，以纾疲民；遂富民得官之志，而获其用；江海游食盗贼之类，皆有所归。"议定于中，说者以为一有此制，则执事者必以贿成，而不可为矣。事遂寝。其后海口万户之设，大略宗之。

文宗在潜邸，已知集名，既即位，命集仍兼经筵。尝以先世坟墓在吴、越者，岁久湮没，乞一郡自便，帝曰："尔材何不堪，顾今未可去尔。"除奎章阁侍书学士。时关中大饥，民枕籍而死，有方数百里无孑遗者，帝问集何以救关中，对曰："承平日久，人情宴安，有志之士，急于近效，则怨讟兴焉。不幸大灾之余，正君子为治作新之机也，若遣一二有仁术、知民事者，稍宽其禁令，使得有所为，随郡县择可用之人，因旧民所在，定城郭，修闾里，治沟洫，限畎亩，薄征敛，招其伤残老弱，渐以其力治之，则远去而来归者渐至，春耕秋敛，皆有所助，一二岁间，勿征勿徭，封域既正，友望相济，四面而至者，均齐方一，截然有法，则三代之民，将见出于空虚之野矣。"帝称善。因进曰："幸假臣一郡，试以此法行之，三五年间，必有以报朝廷者。"左右有曰："虞伯生欲以此去尔。"遂罢其议。有敕诸兼职不过三，免国子祭酒。

时宗藩暌隔，功臣汰侈，政教未立，帝将策士于廷，集被命为读卷官，乃拟制策以进，首以"劝亲亲，体群臣，同一风俗，协和万邦"为问，帝不用。集以入侍燕闲，无益时政，且媢嫉者多，乃与大学士忽都鲁都儿迷失等进曰："陛下出独见，建奎章阁，览书籍，置学士员，以备顾问。臣等备员，殊无补报，窃恐有累圣德，乞容臣等辞职。"帝曰："昔我祖宗，睿智聪明，其于致理之道，生而知之，朕早岁跋涉难阻，视我祖宗，既乏生知之明，于国家治体，岂能周知？故立奎章阁，置学士员，以祖宗明训、古昔治乱得失，日陈于前，卿等其悉所学，以辅朕志。若军国机务，自有省院台任之，非卿等责也。其勿复辞。"

有旨采辑本朝典故，仿唐、宋《会要》，修《经世大典》，命集与中书平章政事赵世延同任总裁。集言："礼部尚书马祖常，多闻旧章，国子司业杨宗瑞，素有历象地理记问度数之学，可共领典；翰林修撰谢端、应奉苏天爵、太常李好文、国子助教陈旅、前詹事院照磨宋褧、通事舍人王士点，俱有见闻，可助撰录。庶几是书早成。"帝以尝命修辽、金、宋三史，未见成绩，《大典》令阁学士专率其属为之。既而以累朝故事有未备者，请以翰林国史院修祖宗实录时百司所具事迹参订。翰林院臣言于帝曰："实录，法不得传于外，则事迹亦不当示人。"又请以国书《脱卜赤颜》增修太祖以来事迹，承旨塔失海牙曰："《脱卜赤颜》非可令外人传者。"遂皆已。俄世延归，集专领其事，再阅岁，书乃成，凡八百帙。既上进，以目疾丐解职，不允，乃举治书侍御史马祖常自代，不报。

御史中丞赵世安乘间为集请曰："虞伯生久居京师，甚贫，又病目，幸假一外任，便医。"帝怒曰："一虞伯生，汝辈不容耶！"帝方向用文学，以集弘才博识，无施不宜，一时大典册咸出其手，故重听其去。集每承诏有所述作，必以帝王之道、治忽之故，从容讽切，冀有感悟，承顾问及古今政治得失，尤委曲尽言，或随事规谏，出不语人。谏或不入，归家悒悒不乐。家人见其然，不敢问其故也。时世家子孙以才名进用者众，患其知遇日隆，每思有以间之。既不效，则相与摘集文辞，指为讥讪，赖天子察知有自，故不能中伤，然集遇其人，未尝少变。一日，命集草制封乳母夫为营都王，使贵近阿荣、嵝嵝传旨。二人者素忌集，缪言制封营国公，集具稿，俄丞相自榻前来索制词甚急，集以稿进，丞相愕然问故，集知为所绐，即请易稿以进，终不自言，二人者愧之。其雅量类如此。

论荐人材，必先器识，心所未善，不为牢笼以沽誉；评议文章，不折之于至当不止，其诡于经者，文虽善，不与也。虽以此二者忤物速谤，终不为动。光人龚伯璲，以才俊为马祖常所喜，祖常为御史中丞，伯璲游其门，祖常亟称之，欲集为荐引，集不可，曰："是子虽小有才，然非远器，亦恐 不得令终。"祖常犹未以为然。一日，邀集过其家，设宴，酒半，出荐牍求集署，集固拒之，祖常不乐而罢。文宗崩，集在告，欲谋南还，弗果。幼君崩，大臣将立妥欢帖穆尔太子，用至大故事，召诸老臣赴上都议政，集在召列。祖常使人告之曰："御史有言。"乃谢病归临川。

初，文宗在上都，将立其子阿剌忒纳答剌为皇太子，乃以妥欢帖穆尔太子乳母夫言，明宗在日，素谓太子非其子，黜之江南，驿召翰林学士承旨阿邻帖木儿、奎章阁大学士忽都鲁笃弥实书其事于《脱卜赤颜》，又召集使书诏，播告中外。时省台诸臣，皆文宗素所信用、同功一体之人，御史亦不敢斥言其事，意在讽集速去而已。伯璲后以用事败，杀其身，世乃服集知人。

元统二年，遣使赐上尊酒、金织文锦二，召还禁林，疾作不能行，屡有敕，即家撰文，褒锡勋旧、侍臣。有以旧诏为言者，帝不怿曰："此我家事，岂由彼书生耶！"至正八年五月己未，以病卒，年七十有七。官自将仕郎，十二转为通奉大夫。赠江西行中书省参知政事、护军，封仁寿郡公。

集孝友，方二亲以故家令德，中遭乱亡，侨寓下邑，左右承顺无违。弟槃，早卒，教育其孤，无异己子。兄采，以筦库输赋京师，亏数千缗，尽力营贷代偿之，无难色。抚庶弟，嫁孤妹，具有恩意。山林之士知古学者，必折节下之，接后进，虽少且贱，如敌己。当权门赫奕，未尝有所附丽。集议中书，正言谠论，多见容受，屡以片言解疑误，出人于滨死，亦不以为德。张珪、赵世延尤敬礼之，有所疑必咨焉。

家素贫，归老后食指益众，登门之士相望于道，好事争起邸舍以待之。然碑板之文，未尝苟作。南昌富民有伍真父者，赀产甲一方，娶诸王女为妻，充本位下郡总管。既卒，其子属丰城士甘悫求集文铭父墓，奉中统钞五百锭准礼物，集不许，悫愧叹而去。其束脩羔雁之入，还以为宾客费，虽空乏弗恤也。

集学虽博洽，而究极本原，研精探微，心解神契，其经纬弥纶之妙，一寓诸文，蔼然庆历乾淳风烈。尝以江左先贤甚众，其人皆未易知，其学皆未易言，后生晚进知者鲜矣，欲取太原元好问《中州集》遗意，别为《南州集》以表章之，以病目而止。平生为文万篇，稿存者十二三。早岁与弟槃同辟书舍为二室，左室书陶渊明诗于壁，题曰陶庵，右室书邵尧夫诗，题曰邵庵，故世称邵庵先生。

子四人，安民，以荫历官知吉州路安福州。游其门见称许者，莆田陈旅，旅亦有文行世。国学诸生若苏天爵、王守诚辈，终身不名他师，皆当世称名卿者。其交游尤厚者，曰范梈。

檠字仲常，延祐五年第进士，授吉安永丰丞。丁父忧。除湘乡州判官，颇称癖古。有富民杀人，使隶已者坐之，上下皆阿从，檠独不署，杀人者卒不免死，而坐者得以不冤。有巫至其州，称神降，告其人曰："某方火。"即火。又曰："明日某方火。"民以火告者，檠皆赴救，至达昼夜，告者数十，寝食尽废，县长吏以下皆迎巫至家，厚礼之。又曰："将有大水，且兵至。"州大家皆尽室逃。檠得劫火卒一人，讯之，尽得巫党所为，坐捕盗司。召巫至，鞫之，无敢施鞭箠者，檠谓卒曰："此将为大乱，安有神乎！"急治之，尽得党与数十人，罗络内外，果将为变者。同僚皆不敢出视，曰："君自为之。"檠乃断巫并其党如法，一时吏民始服儒者为政若此。秩满，除嘉鱼县尹，檠已卒。

檠幼时，尝读柳子厚《非国语》，以为《国语》诚可非，而柳子之说亦非也，著《非非国语》，时人已叹其有识。《诗》、《书》、《春秋》皆有论著，而《春秋》乃其家学，故尤善。读吴澄所解诸经义，辄得其旨趣所在，澄亟称之。兄集接方外士，必扣击其说，尝以为圣人之教不明，为学者无所底止，苟于吾道异端疑似之间不能深知，而欲窃究夫性命之原、死生之故，其不折而归之者寡矣。檠不然，闻诸僧在坐，辄不入竟去，其为人方正有如此，虽集亦严惮之。然不幸年不及艾而卒。

范梈，字亨父，一字德机，清江人。家贫，早孤，母熊氏守志不他适，长而教之。梈天资颖异，所诵读，辄记忆，虽癯然清寒若不胜衣，于流俗中克自树立，无苟贱意。居则固穷守节，竭力以养亲，出则假阴阳之技，以给旅食，耽诗工文，用力精深，人罕知者。年三十六，始客京师，即有声诸公间，中丞董士选延之家塾。以朝臣荐，为翰林院编修官。秩满，御史台擢海南海北道廉访司照磨，巡历遐僻，不惮风波瘴疠，所至兴学教民，雪理冤滞甚众。迁江西湖东，长吏素称严明，于僚属中独敬异之。选充翰林应奉。御史台又改擢福建闽海道知事。闽俗素污，文绣局取良家子为绣工，无别尤甚，梈作歌诗一篇述其弊，廉访使取以上闻，皆罢遣之，其弊遂革。未几，移疾归故里。天历二年，授湖南岭北道廉访司经历，以养亲辞。是岁，母丧。明年十月，亦以疾卒，年五十九。所著诗文多传于世。

梈持身廉正，居官不可干以私，疏食饮水，泊如也。吴澄以道学自任，少许可，尝曰："若亨父，可谓特立独行之士矣。"为文志其墓，以东汉诸君子拟之。

揭傒斯

揭傒斯，字曼硕，龙兴富州人。父来成，宋乡贡进士。傒斯幼贫，读书尤刻苦，昼夜不少懈，父子自为师友，由是贯通百氏，早有文名。大德间，稍出游湘、汉，湖南帅赵淇，雅号知人，见之惊曰："他日翰苑名流也。"程鉅夫、卢挚，先后为湖南宪长，咸器重之，鉅夫因妻以从妹。延祐初，鉅夫、挚列荐于朝，特授翰林国史院编修官。时平章李孟监修国史，读其所撰《功臣列传》，叹曰："是方可名史笔，若他人，直誊吏牍尔。"升应奉翰林文字，仍兼编修，迁国子助教，复留为应奉。南归省母，旋复召还。傒斯凡三入翰林，朝廷之事，台阁之仪，靡不闲习，集贤学士王约谓："与傒斯谈治道，大起人意，授之以政，当无施不可。"

天历初，开奎章阁，首擢为授经郎，以教勋戚大臣子孙。文宗时幸阁中，有所咨访，奏对称旨，恒以字呼之而不名。每中书奏用儒臣，必问曰："其材何如揭曼硕？"间出所上《太平政要策》以示台臣，曰："此朕授经郎揭曼硕所进也。"其见亲重如此。

富州地不产金，官府惑于奸民之言，为募淘金户三百，而以其人总之，散往他郡，采金以献，岁课自四两累增至四十九两。其人既死，而三百户所存无什一，又贫不聊生，有司遂责民之受役于官者代输，民多以是破产。中书因傒斯言，遂蠲其征，民赖以苏，富州人至今德之。

与修《经世大典》，文宗取其所撰《宪典》读之，顾谓近臣曰："此岂非《唐律》乎！"特授艺文监丞，参检校书籍事，且屡称其纯实，欲进用之，会文宗崩而止。元统初，诏对便殿，慰谕良久，命赐以诸王所服表里各一，躬自辩识以授之。迁翰林待制，升集贤学士，阶中顺大夫。先是，儒学官赴吏部铨者，必移集贤，考较其所业，集贤下国子监，监下博士，吏文淹稽，动逾累月。傒斯请更其法，以事付本院属官，人甚便之。

奉旨祠北岳、济渎、南镇，便道西还，时秦王伯颜当国，屡促其还，傒斯引疾固辞。既而天子亲擢为奎章阁供奉学士，乃即日就道，未至，改翰林直学士，及开经筵，再升侍讲学士、同知经筵事，以对品进阶中奉大夫。时新格超升不越二等，独傒斯进四等，转九阶，盖异数也。经筵无专官，曰领曰知，多宰执大臣，故微辞奥义，必属傒斯订定而后进，其言往往寓献替之诚，务以裨益治道。天子嘉其忠恳，数出金织文段以赐。

至正三年，年七十，致其事而去，诏遣使追及于漷南。寻复奉上尊谕旨，还撰《明宗神御殿碑》，文成，赐楮币万缗、白金五十两，中宫赐白金亦如之。求去，不许，命丞相脱脱及执政大臣面谕毋行，傒斯曰："使揭傒斯有一得之献，诸公用其言而天下蒙其利，虽死于此，何恨！不然，何益之有！"丞相因问："方今政治何先？"傒斯曰："储材为先，养之于位望未隆之时，而用之于周密庶务之后，则无失材废事之患矣。"一日，集议朝堂，傒斯抗言："当兼行新旧铜钱，以救钞法之弊。"执政言不可，傒斯持之益力，丞相虽称其不阿，而竟莫行其言也。

诏修辽、金、宋三史，傒斯与为总裁官，丞相问："修史以何为本？"曰："用人为本，有学问文章而不知史事者，不可与；有学问文章知史事而心术不正者，不可与。用人之道，又当以心术为本也。"且与僚属言："欲求作史之法，须求作史之意。古人作史，虽小善必录，小恶必记。不然，何以示惩劝！"由是毅然以笔削自任，凡政事得失，人材贤否，一律以是非之公。至于物论之不齐，必反覆辨论，以求归于至当而后止。四年，《辽史》成，有旨奖谕，仍督早成金、宋二史。傒斯留宿史馆，朝夕不敢休，因得寒疾，七日卒。时方有使者至自上京，锡宴史局，以傒斯故，改宴日。使者以闻，帝为嗟悼，赐楮币万缗，仍给驿舟，护送其丧归江南。六年，制赠护军，追封豫章郡公，谥曰文安。有勋爵而无官阶者，有司失之也。

傒斯少处穷约，事亲菽水粗具而必得其欢心，既有禄入，衣食稍逾于前，辄恢然曰："吾亲未尝享是也。"故平生清俭，至老不渝。友于兄弟，终始无间言。立朝虽居散地，而急于荐士，扬人之善惟恐不及，而闻吏之贪墨病民者，则尤不曲为之掩覆也。为文章，叙事严整，语简而当；诗尤清婉丽密；善楷书、行、草。朝廷大典册及元勋茂德当得铭辞者，必以命焉。殊方绝域，咸慕其名，得其文者，莫不以为荣云。

黄溍

黄溍，字晋卿，婺州义乌人。母童氏，梦大星坠于怀，乃有娠，历二十四月始生溍。溍生而俊异，比成童，授以书诗，不一月成诵。迨长，以文名于四方。中延祐二年进士第，授台州宁海丞。县地濒盐场，亭户恃其不统于有司，肆毒害民；编户隶漕司及财赋府者，亦谓各有所凭，横暴尤甚。溍皆痛绳以法，吏以利害白，弗顾也。民有后母与僧通而酖杀其父者，反诬民所为，狱将成，溍变衣冠阴察之，具知其奸伪，卒直其冤。恶少年名在盗籍者，而谋为劫夺，未行，邑大姓执之，图中赏格。初无获财左验，事久不决，溍为之疏剔，以其狱上，论之如本条，免死者十余人。

迁两浙都转运盐使司石堰西场监运，改诸暨州判官。巡海官舸，例以三载一新，费出于官，而责足于民。有余，则总其事者私焉。溍撙节浮蠹，以余钱还民，欢呼而去。奸民以伪钞钩结党与，胁攘人财，官若吏听其谋，挟往新昌、天台、宁海、东阳诸县，株连所及数百家，民受祸至惨。郡府下溍鞫治，溍一问，皆引伏，官吏除名，同谋者各杖遣之。有盗系于钱唐县狱，游民赂狱吏私纵之，假署文牒，发其来为向导，逮捕二十余家。溍访得其情，以正盗宜傅重议，持伪文书来者又非州民，俱械还钱唐，诬者自明。

入为应奉翰林文字、同知制诰，兼国史院编修官，转国子博士。视弟子如朋交，未始以师道自尊，轻纳人拜，而来学者滋益恭，业成而仕，皆有闻于世。时欲增设礼殿配位四，配位合东坐而西向，学官或议分置于左右，同列不敢争，溍独面折之，事乃止。出为江浙等处儒学提举。溍年始六十七，不俟引年，亟上纳禄侍亲之请，绝江径归。俄以秘书少监致仕，未几，落致仕，除翰林直学士、知制诰同修国史。寻兼经筵官，执经进讲者三十有二，帝嘉其忠，数出金织纹段赐之。升侍讲学士、知制诰同修国史、同知经筵事。阶自将仕郎七转至中奉大夫。洊上章求归，不俟报而行，帝闻之，遣使者追还京师，复为前官。久之，始得谢南还，优游田里间，凡七年，卒于绣湖之私第，年八十一。赠中奉大夫、江西等处行中书省参知政事、护军，追封江夏郡公，谥曰文献。

溍天资介特，在州县唯以清白为治，月俸弗给，每鬻产以佐其费。及升朝行，挺立无所附，足不登巨公势人之门，君子称其清风高节，如冰壶玉尺，纤尘弗污。然刚中少容，触物或弦急霆震，若未易涯涘，一旋踵间，煦如阳春。溍之学，博极天下之书，而约之于至精，剖析经史疑难，及古今因革制度名物之属，旁引曲证，多先儒所未发。文辞布置谨严，援据精切，俯仰雍容，不大声色，譬之澄湖不波，一碧万顷，鱼鳖蛟龙，潜伏不动，而渊然之光，自不可犯。所著书，有《日损斋稿》三十三卷、《义乌志》七卷、《笔记》一卷。

同郡柳贯、吴莱，皆浦阳人。贯字道传，器局凝定，端严若神。尝受性理之学于兰溪金履祥，必见诸躬行，自幼至老，好学不倦。凡《六经》、百氏、兵刑、律历、数术、方技、异教外书，靡所不通。作文沉郁舂容，涵肆演迤，人多传诵之。始用察举为江山县儒学教谕，仕至翰林待制。与溍及临川虞集、豫章揭傒斯齐名，人号为儒林四杰。所著书，有文集四十卷、《字系》二卷、《近思录广辑》三卷、《金石竹帛遗文》十卷。年七十三卒。

莱字立夫，集贤大学士直方之子也，辈行稍后于贯、溍。天资绝人，七岁能属文，凡书一经目，辄成诵，尝往族父家，日易《汉书》一帙以去，族父迫扣之，莱琅然而诵，不遗一字，三易他编，皆如之，众惊以为神。延祐七年，以《春秋》举上礼部，不利，退居深袅山中，益穷诸书奥旨，著《尚书标说》六卷、《春秋世变图》二卷、《春秋传授谱》一卷、《古职方录》八卷、《孟子弟子列传》二卷、《楚汉正声》二卷、《乐府类编》一百卷、《唐律删要》三十卷、文集六十卷。他如《诗传科条》、《春秋经说》、《胡氏传证误》，皆未脱稿。

莱尤喜论文，尝云："作文如用兵，兵法有正有奇，正是法度，要部伍分明，奇是不为法度所缚，举眼之顷，千变万化，坐作进退击刺，一时俱起，及其欲止，什伍各还其队，元不曾乱。"闻者服之。贯平生极慎许与，每称莱为绝世之才。溍晚年谓人曰："莱之文，崭绝雄深，类秦、汉间人所作，实非今世之士也。吾纵操觚一世，又安敢及之哉！"其为前辈所推许如此。莱以御史荐，调长芗书院山长，未上，卒，年仅四十有四，君子惜之。私谥曰渊颖先生。

卷一百八十二　列传第六十九

张起岩

张起岩，字梦臣。其先章丘人，五季避地禹城。高祖迪，以元帅右监军权济南府事，徙家济南。当金之季，张荣据有章丘、邹平、济阳、长山、辛市、蒲台、新城、淄州之地，岁丙戌，归于太祖，始终能效忠节，迪与其子福，实先后羽翼之。福仕为济南路军民镇抚兵钤辖，权府事，生东昌录事判官铎，铎生四川行省儒学副提举范，范生起岩。初，其母丘氏有娠，见长蛇数丈入榻下，已忽不见，乃惊而诞起岩。

幼从其父学，年弱冠，以察举为福山县学教谕，值县官捕蝗，移摄县事。久之，听断明允，其民相率曰："若得张教谕为真县尹，吾属何患焉。"政成，迁安丘。中延祐乙卯进士，首选，除同知登州事，特旨改集贤修撰，转国子博士，升国子监丞，进翰林待制，兼国史院编修官。丁内艰，服除，选为监察御史。中书参政杨廷玉以墨败，台臣奉旨就庙堂逮之下吏。丞相倒剌沙疾其摧辱同列，悉诬台臣罔上，欲置之重辟。起岩以新除留台，抗章论曰："台臣按劾百官，论列朝政，职使然也。今以奉职获戾，风纪解体，正直结舌，忠良寒心，殊非盛世事。且世皇建台阁，广言路，维持治体，陛下即位诏旨，动法祖宗。今台臣坐谴，公论杜塞，何谓法祖宗耶！"章三上，不报。起岩廷争愈急，帝感悟，事乃得释，犹皆坐罢免还乡里。迁中书右司员外郎，进左司郎中，兼经筵官，拜太子右赞善。丁外艰，服除，改燕王府司马，拜礼部尚书。

文宗亲郊，起岩充大礼使，导帝陟降，步武有节，衣前后襜如，陪位百官，望之如古图画中所睹。帝甚嘉之，赐赉优渥。转参议中书省事。宁宗崩，燕南俄起大狱，有妄男子上变，言部使者谋不轨，按问皆虚，法司谓："《唐律》，告叛者不反坐。"起岩奋谓同列曰："方今嗣君未立，人情危疑，不亟诛此人，以杜奸谋，虑妨大计。"趣有司具狱，都人肃然，大事寻定。中书方列坐铨选，起岩荐一士可用，丞相不悦，起岩即摄衣而起，丞相以为忤己。迁翰林侍讲学士、知制诰兼修国史，修三朝实录，加同知经筵事。御史台奏除浙西廉访使，不允。已而擢陕西行台侍御史。将行，复留为侍讲学士。拜江南行台侍御史，召入中台，为侍御史。转燕南廉访使。搏击豪强，不少容贷，贫民赖以吐气。滹沱河水为真定害，起岩论封河神为侯爵，而移文责之，复修其提防，瀹其湮郁，水患遂息。升江南行台御史中丞，拜翰林学士承旨、知制诰兼修国史、知经筵事。右丞相别里怯不花为台臣所纠，去位。未几再入相，讽词臣言台章之非，起岩执不可，闻者壮之。俄拜御史中丞，论事剀直，无所顾忌，与上官多不合。诏修辽、金、宋三史，复命入翰林为承旨，充总裁官，积阶至荣禄大夫。起岩熟于金源典故，宋儒道学源委，尤多究心，史官有露才自是者，每立言未当，起岩据理窜定，深厚醇雅，理致自足。史成，年始六十有五，遂上疏乞骸骨以归，后四年卒。谥曰文穆。

起岩面如紫琼，美髯方颐，而眉目清扬可观，望而知为雅量君子。及其临政决议，意所背乡，屹若泰山，不可回夺。或时面折人，面颈发赤，不少恕，庙堂惮之。识者谓其外和中刚，不受人笼络，如欧阳修，名闻四裔。安南修贡，其陪臣致其世子之辞，必候起岩起居。性孝友，少处穷约，下帷教授，躬致米百里外，以养父母；抚弟如石，教之宦学，无不备至。举亲族弗克葬者二十余丧，且买田以给其祭。凡获俸赐，必与故人宾客共之。卒之日，廪无余粟，家无余财。

先是，至元乙酉三月乙亥，太史奏文昌星明，文运将兴。时世祖行幸上京，明日丙子，皇孙降生于儒州。是夜，起岩亦生。其后皇孙践祚，是为仁宗，始诏设科取士，及廷试，起岩遂为第一人，论者以为非偶然也。起岩博学有文，善篆、隶，有《华峰漫稿》、《华峰类稿》、《金陵集》各若干卷，藏于家。子二人：琳，琛。

欧阳玄

欧阳玄，字原功，其先家庐陵，与文忠公修同所自出。至曾大父新，始迁居浏阳，故玄为浏阳人。幼岐嶷，母李氏，亲授《孝经》、《论语》、小学诸书，八岁能成诵，始从乡先生张贯之学，日记数千言，即知属文。十岁，有黄冠师注目视玄，谓贯之曰："是儿神气凝远，目光射人，异日当以文章冠世，廊庙之器也。"言讫而去，亟追与语，已失所之。部使者行县，玄以诸生见，命赋梅花诗，立成十首，晚归，增至百首，见者骇异之。年十四，益从宋故老习为词章，下笔辄成章，每试庠序，辄占高等。弱冠，下帷数年，人莫见其面。经史百家，靡不研究，伊、洛诸儒源委，尤为淹贯。

延祐元年，诏设科取士，玄以《尚书》与贡。明年，赐进士出身，授岳州路平江州同知。调太平路芜湖县尹。县多疑狱，久不决，玄察其情，皆为平翻。豪右不法，虐其驱奴，玄断之从良。贡赋征发及时，民乐趋事，教化大行，飞蝗独不入境。改武冈县尹。县控制溪洞，蛮獠杂居，抚字稍乖，辄弄兵犯顺。玄至逾月，赤水、太清两洞聚众相攻杀，官曹相顾失色，计无从出。玄即日单骑从二人，径抵其地谕之。至则死伤满道，战斗未已。獠人熟玄名，弃兵仗，罗拜马首曰："我曹非不畏法，缘诉某事于县，县官不为直，反以徭役横敛掊克之，情有弗堪，乃发愤就死耳。不意烦我清廉官自来。"玄喻以祸福，归为理其讼，獠人遂安。

召为国子博士，升国子监丞。致和元年，迁翰林待制，兼国史院编修官。时当兵兴，玄领印摄院事，日直内廷，参决机务，凡远近调发，制诏书檄。既而改元天历，郊庙、建后、立储、肆赦之文，皆经撰述。复条时政数十事，实封以闻，多推行之。明年，初置奎章阁学士院，又置艺文监隶焉，皆选清望官居之，文宗亲署玄为艺文少监。奉诏纂修《经世大典》，升太监、检校书籍事。元统元年，改佥太常礼仪院事，拜翰林直学士，编修四朝实录，俄兼国子祭酒，召赴中都议事，升侍讲学士，复兼国子祭酒。重纪至元五年，足患风痹，乞南归以便医药，帝不允。拜翰林学士，未几，恳辞去位，帝复不允，免其行朝贺礼。至正改元，更张朝政，事有不便者，集议廷中，玄极言无隐，科目之复，沮者尤众，玄尤力争之。未几南归，复起为翰林学士，以疾未行。

诏修辽、金、宋三史，召为总裁官，发凡举例，俾论撰者有所据依。史官中有悻悻露才、论议不公者，玄不以口舌争，俟其呈稿，援笔窜定之，统系自正。至于论、赞、表、奏，皆玄属笔。五年，帝以玄历仕累朝，且有修三史功，谕旨丞相，超授爵秩，遂拟拜翰林学士承旨。及入奏，上称快者再三。已而乞致仕，帝复不允。御史台奏除福建廉访使，行次浙西，疾复作，乃上休致之请，作南山隐居，优游山水之间，有终焉之志。复拜翰林学士承旨，玄屡力辞，不获命。奉敕定国律，寻乞致仕，陈情恳切，乃特授湖广行中书省右丞致仕，赐白玉束带，给俸赐以终其身。将行，帝复降旨不允，仍前翰林学士承旨，进阶光禄大夫。十四年，汝颍盗起，蔓延南北，州县几无完城。玄献招捕之策千余言，凿凿可行，当时不能用。十七年春，乞致仕，以中原道梗，欲由蜀还乡，帝复不允。时将大赦天下，宣赴内府。玄久病，不能步履，丞相传旨，肩舆至延春阁下，实异数也。是岁十二月戊戌，卒于崇教里之寓舍，年八十五。中书以闻，帝赐赙甚厚，赠崇仁昭德推忠守正功臣、大司徒、柱国，追封楚国公，谥曰文。

玄性度雍容，含弘缜密，处己俭约，为政廉平。历官四十余年，在朝之日，殆四之三。三任成均，而两为祭酒，六入翰林，而三拜承旨。修实录、《大典》、三史，皆大制作。屡主文衡，两知贡举及读卷官，凡宗庙朝廷雄文大册、播告万方制诰，多出玄手。金缯上尊之赐，几无虚岁。海内名山大川，释、老之宫，王公贵人墓隧之碑，得玄文辞以为荣。片言只字，流传人间，咸知宝重。文章道德，卓然名世。羽仪斯文，赞卫治具，与有功焉。玄无子，以从子达老后，复先玄卒。有《圭斋文集》若干卷，传于世。

许有壬

许有壬，字可用，其先世居颍，后徙汤阴。有壬幼颖悟，读书一目五行，尝阅衡州《净居院碑》，文近千言，一览辄背诵无遗。年二十，畅师文荐入翰林，不报，授开宁路学正，升教授，未上，辟山北廉访司书吏。擢延祐二年进士第，授同知辽州事。会关中有警，邻州听民出避，弃孩婴满道上，有壬独率弓箭手，闭城门以守，卒获无虞。州有追逮，不许胥隶足迹至村疃，唯给信牌，令执里役者呼之，民安而事集。右族贪虐者惩之，冤狱虽有成案，皆平翻而释其罪，州遂大治。六年己未，除山北廉访司经历。至治元年，迁吏部主事。二年，转江南行台监察御史，行部广东，以贪墨劾罢廉访副使哈只蔡衍。至江西，会廉访使苗好谦监焚昏钞，检视钞者日至百余人，好谦恐其有弊，痛鞭之。人畏罪，率剔真为伪，以迎其意。筦库吏而下，榜掠无全肤，讫莫能偿。有壬覆视之，率真物也，遂释之。凡势官豪民，人畏之如虎狼者，有壬悉擒治以法，部内肃然。召拜监察御史。

三年八月，英宗暴崩于南坡，贼臣铁失遣使者自上京至，封府库，收百官印，有壬知事急，即往告御史中丞董守庸，守庸谓宫禁事，非子所当问。有壬即疏守庸及经历朵尔只班、监察御史郭也先忽都阿附铁失之罪以俟。十月，铁失伏诛。泰定帝发上都，御史大夫纽泽先还京师，有壬即袖疏上之。及帝至，复上章言："帖木迭儿之子琐南，与闻大逆，乞赐典刑。其兄弟勿令出入宫禁。中书平章政事王毅、右丞高昉，横罹夺爵，而四川行省平章政事赵世延，受祸尤惨，皆请雪冤复职。"继上正始十事：一曰辅翼太子，宜先训导；二曰遴选长官，宜先培养；三曰通籍宫禁，宜别贵贱；四曰欲谨兵权，宜削兼领；五曰武备废弛，宜加修饬；六曰贼臣妻妾，宜禁势官征索；七曰前赦权以止变，宜再诏以正名；八曰帖木迭儿诸子，宜籍没以惩恶；九曰考验经费，以减民赋；十曰撙节浮蠹，以纾国用。帝多从之。

泰定元年，初立詹事院，选为中议，改中书左司员外郎。京畿饥，有壬请赈之。同列让曰："子言固善，其如亏国何！"有壬曰："不然。民，本也，不亏民，顾岂亏国邪！"卒白于丞相，发粮四十万斛济之，民赖以活者甚众。国学旧法，每以积分次第贡以出官，执政用监丞张起岩议，欲废之，而以推择德行为务。有壬折之曰："积分虽未尽善，然可得博学能文之士，若曰惟德行之择，其名固佳，恐皆厚貌深情，专意外饰，或懵不能识丁矣。"议久不决。三年六月，升右司郎中，其事遂行，已而复寝。获盗例有赏，论者多疑其伪，有淹四十余年者，群诉于马首，有壬曰："盗贼方炽，求疵太甚，缓急何以使人！但经部使者覆核者，皆予官。"俄移左司郎中，每遇公议，有壬屡争事得失，汛扫积滞，几无留牍。都事宋本退语人曰："此贞观、开元间议事也。"明年，丁父忧。

天历三年，擢两淮都转运盐司使。先是，盐法坏，廷议非有壬不能集事，故有是命。有壬询究弊端，立法而通融之，国课遂登。至顺二年二月，召参议中书省事，未几，以丁母忧去。元统元年，复以参议召。明年甲戌，拜治书侍御史，转奎章阁学士院侍书学士，仍治台事。会福达鲁花赤完卜，藉丞相势，宿卫东宫，其行颇淫秽，御史劾之，完卜藏御史大夫家，有壬捕而遣之。九月，拜中书参知政事、知经筵事。帝诏群臣议上皇太后尊号为太皇太后，有壬曰："皇上于皇太后，母子也，若加太皇太后，则为孙矣，非礼也。"众弗之从，有壬曰："今制，封赠祖父母，降于父母一等，盖推恩之法，近重而远轻，今尊皇太后为太皇太后，是推而远之，乃反轻矣，岂所谓尊之者邪！"弗之听。中书平章政事彻理帖木儿挟私憾，奏罢进士科，有壬廷争甚苦不能夺，遂称疾在告，帝强起之，拜侍御史。会汝宁棒胡反，大臣有忌汉官者，取贼所造旗帜及伪宣敕，班地上，问曰："此欲何为耶？"意汉官讳言反，将以罪中之。有壬曰："此曹建年号，称李老君太子，部署士卒，以敌官军，其反状甚明，尚何言！"其语遂塞。廷议欲行古劓法，立行枢密院，禁汉人、南人勿学蒙古、畏吾儿字书，有壬皆争止之。

重纪至元初，长芦韩公溥因家藏兵器，遂起大狱，株连台若省，多以赃败，独无有壬名，由是忌者益甚。有壬度不可留，遂归彰德，已而南游湘、汉间。至元六年，召入中书，仍为参知政事。明年，改元至正，有壬极论帝当亲祠太庙，母后虚位，徽政院当罢，改元命相当合为一诏，冗职当沙汰，钱粮当裁节，如此之类，不一而足。人皆韪之。转中书左丞。二年，孛加庆善八及孛罗帖木儿献议，开西山金口导浑河，逾京城，达通州，以通漕运。丞相脱脱主之甚力，有壬曰："浑河之水，湍悍易决，而足以为害，淤浅易塞，而不可行舟；况地势高下，甚有不同，徒劳民费财耳。"不听，后卒如有壬言。

先是，有壬之父熙载仕长沙日，设义学，训诸生。既殁，而诸生思之，为立东冈书院，朝廷赐额设官，以为育才之地。南台监察御史木八剌沙，缘睚眦怨，言书院不当立，并构浮辞，诬蔑有壬，并其二弟有仪、有孚，有壬遂称病归。四年，改江浙行省左丞，辞。六年，召为翰林学士，既上，又辞。监察御史累章辨其诬。俄拜浙西廉访使，未上，复以翰林学士承旨召，仍知经筵事。明年夏，授御史中丞，赐白玉束带及御衣一袭，未几，复以病归。监察御史答兰不花衔有壬，时短长之，奏劾甚力，事寻白。

十二年，盗起河南，声撼河朔间，有壬画备御之策十五条，以授郡将，民藉以安。十三年，起拜河南行省左丞。朝廷遣将出征，环河南境，连营以百数，一切刍饷，皆仰给之，有壬从容集事，若平时然。十五年，迁集贤大学士，寻改枢密副使，复拜中书左丞。时以言为讳，有壬力言朝廷务行姑息之政，赏重罚轻，故将士贪掠子女玉帛而无斗志，遂倡招降之策，言多不载。有僧名开，自高邮来，言张士诚乞降，众幸事且成，皆大喜，有壬独疑其妄，呼僧诘之，果语塞不能对。转集贤大学士，兼太子左谕德，阶至光禄大夫。有壬前朝旧德，太子颇敬礼之。一日入见，方臂鸷禽以为乐，遽呼左右屏去。十七年，以老病，力乞致其事，久之始得请，给俸赐以终其身。二十四年九月二十一日卒，年七十八。

有壬历事七朝，垂五十年，遇国家大事，无不尽言，皆一根至理，而曲尽人情。当权臣恣睢之时，稍忤意，辄诛窜随之，有壬绝不为巧避计，事有不便，明辨力诤，不知有死生利害，君子多之。有壬善笔札，工辞章，欧阳玄序其文，谓其雄浑闳隽，涌如层澜，迫而求之，则渊靓深实，盖深许之也。所著有《至正集》若干卷。谥曰文忠。子一人，曰祯。

宋　本

宋本，字诚夫，大都人。自幼颖拔异群儿，既成童，聚经史穷日夜读之，句探字索，必通贯乃已。尝从父祯官江陵，江陵王奎文，明性命义理之学，本往质所得，造诣日深。善为古文，辞必己出，峻洁刻厉，多微辞。年四十，始还燕。至治元年，策天下士于廷，本为第一人，赐进士及第，授翰林修撰。泰定元年春，除监察御史，首言："逆贼铁失等虽伏诛，其党枢密副使阿散，身亲弑逆，以告变得不死，窜岭南，乞早正天讨。"国制，范黄金为太庙神主，仁宗室盗竟窃去，本言："在法，民间失盗，捕之违期不获犹治罪，太常失典守，及在京应捕官，皆当罢去。"又言："中书宰执，日趋禁中，固宠苟安，兼旬不至中堂，壅滞机务，乞戒饬臣僚，自非入宿卫日，必诣所署治事。"皆不报。

逾月，调国子监丞。夏，风烈地震，有旨集百官杂议弭灾之道。时宿卫士自北方来者，复遣归，乃百十为群，剽劫杀人桓州道中。既逮捕，旭灭杰奏释之。蒙古千户使京师，宿邸中，适民间朱甲妻女车过邸门，千户悦之，并从者夺以入，朱泣诉于中书，旭灭杰庇不问。本适与议，本复抗言："铁失余党未诛，仁庙神主盗未得，桓州盗未治，朱甲冤未伸，刑政失度，民愤天怨，灾异之见，职此之由。"辞气激奋，众皆耸听。冬，移兵部员外郎。二年，转中书左司都事。会议招抚溪洞民，故将李牢山之子尝假兵部尚书，从诸王帅兵征郁林州猺民，李在道纳妾，留不进，兵败归，枢密副使王卜邻吉台言："李平猺有功，当迁官。"本言："李弃军娶妾，逗挠军期，宜亟置诸法，况可官邪！"王色沮，乃不敢言。

旭灭杰死，左丞相倒剌沙当国得君，与平章政事乌伯都剌，皆西域人，西域富贾以其国异石名曰瑻者来献，其估巨万，或未酬其直；诸尝有过，为司宪褫官，或有出其门下者。三年冬，乌伯都剌自禁中出，至政事堂，集宰执僚佐，命左司员外郎胡彝以诏稿示本，乃以星孛地震赦天下，仍命中书酬累朝所献诸物之直，擢用自英庙至今为宪台夺官者。本读竟，白曰："今警灾异，而畏献物未酬直者愤怨，此有司细故，形诸王言，必贻笑天下。司宪褫有罪者官，世祖成宪也，今上即位，累诏法世祖，今擢用之，是废成宪而反汗前诏也，后复有邪佞赃秽者，将治之邪？置不问邪？"宰执闻本言，相视叹息罢去。明日，宣诏竟，本遂称疾不出。

四年春，迁礼部郎中。天历元年冬，升吏部侍郎。二年，改礼部侍郎。是年，文宗开奎章阁，置艺文监，检校书籍，超大监。至顺元年，进奎章阁学士院供奉学士。二年冬，出为河东廉访副使，将行，擢礼部尚书。三年冬，宁宗崩，顺帝未至，皇太后在兴圣宫，正旦，议循故事，行朝贺礼，本言："宜上表兴圣宫，废大明殿朝贺。"众是而从之。元统元年，兼经筵官，冬，拜陕西行台治书侍御史，不拜，复留为奎章阁学士院承制学士，仍兼经筵官。二年夏，转集贤直学士，兼国子祭酒，兼经筵如故。是年冬十一月二十五日卒，年五十四。阶官自承务郎十转至太中大夫。

本性高抗不屈，持论坚正，制行纯白，不可干以私，而笃朋友之义，坚若金铁，人有片善，称道不少置，尤以植立斯文自任。知贡举，取进士满百人额；为读卷官，增第一甲为三人。父官南中，贫，卖宅以去。居官清慎自持，饘粥至不给。本未弱冠，聚徒以养亲，殆二十年，历仕通显，犹僦屋以居。及卒，非赙赠几不能给棺敛，执绋者近二千人，皆缙绅大夫、门生故吏及国子诸生，未尝有一杂宾，时人荣之。本所著有《至治集》四十卷，行于世。谥正献。

弟褧，字显夫，登泰定元年进士第，授校书郎，累官至翰林直学士，谥文清。褧尝为监察御史，于朝廷政事，多所建明。其文学与本齐名，人称之曰二宋云。

谢　端

谢端，字敬德，蜀之遂宁人。宋末，蜀士多避兵江陵，因家焉。端幼颖异，五六岁能吟诗，十岁能作赋。弱冠，与尚书宋本同师，明性理，为古文，又同教授江陵城中，以文学齐名，时号"谢宋"。史杠宣慰荆南，数加延礼，荐之姚燧，燧方以文章大名自负，少所许可，以所为文眎端，端一读，即能指擿其用意所在，燧叹奖不已，语人："后二十年，若谢端者，岂易得哉！"用荐者署校官，不报。科举法行，就试河南行省，中其举，以内艰不会试。延祐五年，乃擢进士乙科。授承事郎、潭州路同知湘阴州事。岁满，入为国子博士，迁太常博士。盗入太庙，失第八室黄金主，坐罢去。端礼官，非典守，不当坐，亦不辨。寻除翰林修撰，升待制，以选为国子司业，遂为翰林直学士，阶太中大夫。

端善为政，筮仕湘阴，猾吏束手，不敢舞文法，豪民无赖者远避去。部使者行部，旁郡滞讼，皆诿端谳，端剖决如流，绩誉籍然。其文章严谨有法，宁约近瘠，无奢滋驳。居翰林久，至顺、元统以来，国家崇号，慈极升祔先朝，加封宣圣考妣，制册多出其手。预修文宗、明宗、宁宗三朝实录，及累朝功臣列传，时称其有史才。初，文宗建奎章阁，搜罗中外才俊置其中，尝语阿荣曰："当今文学之士，朕惟未识谢端。"亡何，文宗崩，竟不及用端。端又与赵郡苏天爵同著《正统论》，辨金、宋正统甚悉，世多传之。至元六年卒，年六十二。元世蜀士以文名者，曰虞集，而谢端其次云。

卷一百八十三　　列传第七十

王守诚

王守诚，字君实，太原阳曲人。气宇和粹，性好学，从邓文原、虞集游，文辞日进。泰定元年，试礼部第一，廷对赐同进士出身，授秘书郎。迁太常博士，续编《太常集礼》若干卷以进。转艺林库使，与著《经世大典》。拜陕西行台监察御史。除奎章阁鉴书博士。拜监察御史。佥山东廉访司事。改户部员外郎、中书右司郎中。拜礼部尚书。与修辽、金、宋三史，书成，擢参议中书省事。调燕南廉访使。至正五年，帝遣使宣抚四方，除守诚河南行省参知政事，与大都留守答尔麻失里使四川，首荐云南都元帅述律铎尔直有文武材。初，四川廉访使某与行省平章某不相能，诬宣使苏伯延行贿于平章某，瘐死狱中。至是，伯延亲属有诉。会茶盐转运司官亦讼廉访使累受金，廉访使仓皇去官，至扬州死。副使而下，皆以事罢。宪 史四人、奏差一人，籍其家而窜之，余皆斥去。重庆铜梁县尹张文德，出遇少年执兵刃，疑为盗，擒执之，果拒敌。文德斩其首，得怀中帛旗，书曰南朝赵王。贼党闻之，遂焚劫双山。文德捕杀百余人。重庆府官以私怨使县吏诬之，乃议文德罪，比不即捕强盗例加四等。遇赦免，犹拟杖一百。守诚至，为直其事。他如以赃罪诬人，动至数千缗，与夫小民田婚之讼，殆百十计，守诚皆辨析详谳，辞穷吐实，为之平反。州县官多取职田者，累十有四人，悉厘正之。因疏言："仕于蜀者，地僻路遥，俸给之薄，何以自养。请以户绝及屯田之荒者，召人耕种，收其入以增禄秩。"宜宾县尹杨济亨欲于蟠龙山建宪宗神御殿，儒学提举谢晋贤请复文翁石室为书院，皆采以上闻成之，风采耸动天下，论功居诸道最。进资政大夫、河南行省左丞。未上，母刘氏殁于京师，闻丧亟归，遂遘疾，以至正九年正月卒，年五十有四。帝赐钞万缗，谥文昭。有文集若干卷。

王思诚

王思诚，字致道，兖州嵫阳人。天资过人，七岁，从师授《孝经》、《论语》，即能成诵。家本业农，其祖佑诟家人曰："儿大不教力田，反教为迂儒邪！"思诚愈自力弗懈。后从汶阳曹元用游，学大进。中至治元年进士第，授管州判官，召为国子助教，改翰林国史院编修官。寻升应奉翰林文字，再转为待制。至正元年，迁奉议大夫、国子司业。二年，拜监察 御史，上疏言："京畿去年秋不雨，冬无雪，方春首月蝗生，黄河水溢。盖不雨者，阳之亢，水涌者，阴之盛也。尝闻一妇衔冤，三年大旱，往岁伯颜专擅威福，仇杀不辜，郯王之狱，燕铁木儿宗党死者，不可胜数，非直一妇之冤而已，岂不感伤和气邪！宜雪其罪。敕 有司行祷百神，陈牲币，祭河伯，发卒塞其缺，被灾之家，死者给葬具，庶几可以召阴阳之和，消水旱之变，此应天以实不以文也。"

行部至檀州，首言："采金铁冶提举司，设司狱，掌囚之应徒配者，钛趾以舂金矿，旧尝给衣与食，天历以来，水坏金冶，因罢其给，啗草饮水，死者三十余人，濒死者又数人。夫罪不至死，乃拘囚至于饥死，不若加杖而使速死之愈也。况州县俱无囚粮，轻重囚不决者，多死狱中，狱吏妄报其病月日用药次第。请定瘐死多寡罪，著为令。"又言："至元十六年，开坝河，设坝夫户八千三百七十有七，车户五千七十，出车三百九十辆，船户九百五十，出船一百九十艘，坝夫累岁逃亡，十损四五，而运粮之数，十增八九，船止六十八艘，户止七百六十有一，车之存者二百六十七辆，户之存者二千七百五十有五，昼夜奔驰，犹不能给，坝夫户之存者一千八百三十有二，一夫日运四百余石，肩背成疮，憔悴如鬼，甚可哀也。河南、湖广等处打捕鹰房府，打捕户尚玉等一万三千二百二十五户，阿难答百姓刘德元等二千三百户，可以签补，使劳佚相资。"又言："燕南、山东，密迩京师，比岁饥馑，群盗纵横，巡尉弓兵与提调捕盗官，会邻境以讨之，贼南则会于北，贼西则会于东，及与贼会，望风先遁，请立法严禁之。"又言："初开海道，置海仙鹤哨船四十余艘，往来警逻。今弊船十数，止于刘家港口，以捕盗为名，实不出海，以致寇贼猖獗，宜即莱州洋等处分兵守之，不令泊船岛屿，禁镇民与梢水为婚，有能捕贼者，以船畀之，获贼首者，赏以官。仍移江浙、河南行省，列戍江海诸口，以诘海商还者，审非寇贼，始令泊船。下年粮船开洋之前，遣将士乘海仙鹤于二月终旬入海，庶几海道宁息。"朝廷多是其议。

松州官吏诬构良民以取赂，诉于台者四十人，选思诚鞫问，思诚密以他事入松州境，执监州以下二十三人，皆罪之。还至三河县，一囚诉不已，俾其党异处，使之言，囚曰："贼向盗某芝麻，某追及，刺之几死，贼以是图复仇，今弓手欲捕获功之数，适中贼计。其赃，实某妻裙也。"以裙示失主，主曰："非吾物。"其党词屈，遂释之。丰润县一囚，年最少，械系濒死，疑而问之，曰："昏暮三人投宿，将诣集场，约同行，未夜半，趣行，至一家间，见数人如有宿约者，疑之，众以为盗告，不从，胁以白刃，驱之前，至一民家，众皆入，独留户外，遂潜奔赴县，未及报而被收。"思诚遂正有司罪，少年获免。出佥河南山西道肃政廉访司事，行部武乡县，监县来迓，思诚私语吏属曰："此必赃吏。"未几，果有诉于道侧者，问曰："得无诉监县敚汝马乎？"其人曰："然。"监县抵罪。吏属问思诚先知之故，曰："衣弊衣，乘骏马，非诈而何！"陕西行台言："欲疏凿黄河三门，立水陆站以达于关陕。"移牍思诚，会陕西、河南省宪臣及郡县长吏视之，皆畏险阻，欲以虚辞复命，思诚怒曰："吾属自欺，何以责人！何以待朝廷！诸君少留，吾当躬诣其地。"众惶恐从之，河中滩碛百有余里，礁石错出，路穷，舍骑徒行，攀藤葛以进，众惫喘汗弗敢言，凡三十里，度其不可，乃作诗历叙其险，执政采之，遂寝其议。

召修辽、金、宋三史，调秘书监丞。会国子监诸生相率为哄，复命为司业。思诚召诸生立堂下，黜其首为哄者五人，罚而降斋者七十人，勤者升，惰者黜，于是更相勉励。超升兵部侍郎，监烧燕南昏钞，忽心悸弗宁，已而母病，事毕，驰还京师侍疾。及丁内忧，扶榇南归。甫禫，朝廷行内外通调法，选郡县守令，起思诚太中大夫、河间路总管。磁河水频溢，决铁灯干。铁灯干，真定境也，召其邑吏，责而惩之。遂集民丁作堤，昼夜督工，期月而塞。复筑夹堤于外，亘十余里，命濒河民及弓手，列置草舍于上，系木以防盗决。是年，民获耕艺，岁用大稔。乃募民运碎甓，治郭外行道，高五尺，广倍之，往来者无泥涂之病。南皮民父祖，尝濒御河种柳，输课于官，名曰柳课。后河决，柳俱没，官犹征之，凡十余年，其子孙益贫，不能偿，思诚连请于朝除之。郡庭生嘉禾三本，一本九茎，一本十六茎，一本十三茎，茎五六穗，僚属欲上进，思诚曰："吾尝恶人行异政，沽美名。"乃止。所辖景州广川镇，汉董仲舒之里也，河间尊福乡，博士毛苌旧居也，皆请建书院，设山长员。召拜礼部尚书。

十二年，帝以四方民颇失业，命名臣巡行劝课。思诚至河间及山东诸路，召集父老，宣帝德意，莫不感泣，缄进二麦、豌豆，帝嘉之，赐上尊二。召还，迁国子祭酒，俄复为礼部尚书，知贡举，升集贤侍讲学士，兼国子祭酒。应诏言事：一曰置行省丞相以专方面；二曰宽内郡征输以固根本；三曰汰冗兵以省粮运；四曰改禄秩以养官廉；五曰罢行兵马司以便诘捕；六曰复倚郭县以正纪纲；七曰设常选以起淹滞。寻出为陕西行台治书侍御史，辞以老病，不允，力疾戒行。

十七年春，红巾陷商州，夺七盘，进据蓝田县，距奉元一舍。思诚会豫王阿剌忒纳失里及省院官于安西王月鲁帖木儿邸，众汹惧无言，思诚曰："陕西重地，天下之重轻系焉。察罕帖木儿，河南名将，贼素畏之，宜遣使求援，此上策也。"戍将嫉客兵轧己，论久不决，思诚曰："吾兵弱，旦夕失守，咎将安归！"乃移书察罕帖木儿曰："河南为京师之庭户，陕西实内郡之藩篱，两省相望，互为唇齿，陕西危，则河南岂能独安乎？"察罕帖木儿新复陕州，得书大喜，曰："先生真有为国为民之心，吾宁负越境擅发之罪。"遂提轻兵五千，倍道来援。思诚犒军于凤凰山，还定守御九事，夜宿台中，未尝解衣。同官潜送妻子过渭北，思诚止之。分守北门，其属闻事急，欲图苟免，思诚从容谕之曰："吾受国重寄，安定一方，期戮力报效，死之可也。自古皆有死，在迟与速耳。"众乃安。既而援兵破贼，河南总兵官果以察罕帖木儿擅调，遣人问之，思诚亟请于朝，宜命察罕帖木儿专守关陕，仍令便宜行事，诏从之。

行枢密院掾史田甲，受赂事觉，匿豫邸，监察御史捕之急，并系其母，思诚过市中，见之，曰："嘻！古者罪人不孥，况其母乎！吾不忍以子而系其母。"令释之，不从，思诚因自劾不出，诸御史谒而谢之。初，监察御史有封事，自中丞以下，惟署纸尾，莫敢问其由，事行，始知之，思诚曰："若是，则上下之分安在！"凡上章，必拆视，不可行者，以台印封置架阁库。俄起五省余丁军，思诚争曰："关中方用兵，困于供给，民多愁怨，复有是役，万一为变，所系岂轻耶！"事遂寝。十七年，召拜通议大夫、国子祭酒，时卧疾，闻命即起，至朝邑，疾复作。十月，卒于旅舍，年六十有七。谥献肃。

李好文

李好文，字惟中，大名之东明人。登至治元年进士第，授大名路浚州判官。入为翰林国史院编修官、国子助教。泰定四年，除太常博士。会盗窃太庙神主，好文言："在礼，神主当以木为之，金玉祭器，宜贮之别室。"又言："祖宗建国以来，七八十年，每遇大礼，皆临时取具，博士不过循故事应答而已。往年有诏为《集礼》，而乃令各省及各郡县置局纂修，宜其久不成也。礼乐自朝廷出，郡县何有哉！"白长院者，选僚属数人，仍请出架阁文牍，以资采录。三年，书成，凡五十卷，名曰《太常集礼》。迁国子博士。丁内忧，服阕，起为国子监丞，拜监察御史。时复以至元纪元，好文言："年号袭旧，于古未闻，袭其名而不蹈其实，未见其益。"因言时弊不如至元者十余事。录囚河东，有李拜拜者，杀人，而行凶之仗不明，凡十四年不决，好文曰："岂有不决之狱如是其久乎！"立出之。王傅撒都剌，以足蹋人而死，众皆曰："杀人非刃，当杖之。"好文曰："怙势杀人，甚于用刃，况因有所求而杀之，其情为尤重。"乃置之死，河东为之震肃。出佥河南、浙东两道廉访司事。

六年，帝亲享太室，召佥太常礼仪院事。至正元年，除国子祭酒，改陕西行台治书侍御史，迁河东道廉访使。三年，郊祀，召为同知太常礼仪院事。帝之亲祀也，至宁宗室，遣阿鲁问曰："兄拜弟可乎？"好文与博士刘闻对曰："为人后者，为之子也。"帝遂拜。由是每亲祀，必命好文摄礼仪使。四年，除江南行台治书侍御史，未行，改礼部尚书，与修辽、金、宋史，除治书侍御史，仍与史事。俄除参议中书省事，视事十日，以史故，仍为治书。已而复除陕西行台治书侍御史，时台臣皆缺，好文独署台事。西蜀奉使，以私憾摭拾廉访使曾文博、佥事兀马儿、王武事，文博死，兀马儿诬服，武不屈，以轻侮抵罪。好文曰："奉使代天子行事，当问民疾苦，黜陟邪正，今行省以下，至于郡县，未闻举劾一人，独风宪之司，无一免者，此岂正大之体乎！"率御史力辨武等之枉，并言奉使不法者十余事。六年，除翰林侍讲学士，兼国子祭酒，又迁改集贤侍讲学士，仍兼祭酒。

九年，出参湖广行省政事，改湖北道廉访使，寻召为太常礼仪院使。于是帝以皇太子年渐长，开端本堂，命皇太子入学，以右丞相脱脱、大司徒雅不花知端本堂事，而命好文以翰林学士兼谕德。好文力辞，上书宰相曰："三代圣王，莫不以教世子为先务，盖帝王之治本于道，圣贤之道存于经，而传经期于明道，出治在于为学，关系至重，要在得人。自非德堪范模，则不足以辅成德性。自非学臻阃奥，则不足以启迪聪明。宜求道德之鸿儒，仰成国家之盛事。而好文天资本下，人望素轻，草野之习，而久与性成，章句之学，而寖以事废，骤膺重托，负荷诚难。必别加选抡，庶几国家有得人之助，而好文免妨贤之讥。"丞相以其书闻，帝嘉叹之，而不允其辞，好文言："欲求二帝三王之道，必由于孔氏，其书则《孝经》、《大学》、《论语》、《孟子》、《中庸》。"乃摘其要略，释以经义，又取史传及先儒论说，有关治体而协经旨者，加以所见，仿真德秀《大学衍义》之例，为书十一卷，名曰《端本堂经训要义》，奉表以进，诏付端本堂，令太子习焉。好文又集历代帝王故事，总百有六篇：一曰圣慧，如汉孝昭、后汉明帝幼敏之类；二曰孝友，如舜、文王及唐玄宗友爱之类；三曰恭俭，如汉文帝却千里马、罢露台之类；四曰圣学，如殷宗缉学，及陈、隋诸君不善学之类。以为太子问安余暇之助。又取古史，自三皇迄金、宋，历代授受，国祚久速，治乱兴废为书，曰《大宝录》。又取前代帝王是非善恶之所当法当戒者为书，名曰《大宝龟鉴》。皆录以进焉。久之，升翰林学士承旨，阶荣禄大夫。十六年，复上书皇太子，其言曰："臣之所言，即前日所进经典之大意也，殿下宜以所进诸书，参以《贞观政要》、《大学衍义》等篇，果能一一推而行之，则万几之政、太平之治，不难致矣。"皇太子深敬礼而嘉纳之。后屡引年乞致仕，辞至再三，遂拜光禄大夫、河南行省平章政事，仍以翰林学士承旨一品禄终其身。

孛术鲁翀 子远

孛术鲁翀，字子翚，其先隆安人。金泰和间，定女直姓氏，属望广平。祖德，从宪宗南征，因家邓之顺阳，以功封南阳郡侯。父居谦，用翀贵，封南阳郡公。初，居谦辟掾江西，以家自随，生翀赣江舟中，釜鸣者三，人以为异。翀稍长，即勤学。父殁，家事渐落，翀不恤，而为学益力，乃自顺阳复往江西，从新喻萧克翁学。克翁，宋参政燧之四世孙也，隐居不仕，学行为州里所敬。尝夜梦大鸟止其所居，翼覆轩外，举家惊异，出视之，冲天而去。明日，翀至。翀始名思温，字伯和，克翁为易今名字，以梦故。后复从京兆萧𣂏游，其学益宏以肆。翰林学士承旨姚燧以书抵𣂏曰："燧见人多矣，学问文章，无足与子翚比伦者。"于是𣂏以女妻之。

大德十一年，用荐者，授襄阳县儒学教谕，升汴梁路儒学正。会修《世皇实录》，燧首以翀荐。至大四年，授翰林国史院编修官。延祐二年，擢河东道廉访司经历，迁陕西行台监察御史，赈济吐蕃，多所建白。五年，拜监察御史。时英皇未出阁，翀言："宜择正人以辅导。"帝嘉纳之。寻劾奏中书参议元明善，帝初怒，不纳，明日，乃命改明善他官，而传旨慰谕翀。巡按辽阳，有旨给以弓矢环刀。后因为定制。还往淮东核宪司官声迹，淮东宪臣，惟尚刑，多置狱具，翀曰："国家所以立风纪，盖将肃清天下，初不尚刑也。"取其狱具焚之。时有旨凡以吏进者，例降二等，从七品以上不得用。翀言："科举未立，人才多以吏进，若一概屈抑，恐未足尽天下持平之议。请吏进者，宜止于五品。"许之，因著为令。除右司都事。时相铁木迭儿专事刑戮，以复私憾，翀因避去。

顷之，擢翰林修撰，又改左司都事。于是拜住为左相，使人劳翀曰："今规模已定，不同往日，宜早至也。"翀强为起。会国子监隶中书，俾翀兼领之。先是，陕西有变，府县之官多罣罥者，翀白丞相曰："此辈皆胁从，非同情者。"乃悉加铨叙。帝方猎柳林，驻故东平王安童碑所，因献《驻跸颂》，皆称旨，命坐，赐饮尚尊。从幸上京，次龙虎台，拜住命翀传旨中书，翀领之，行数步，还曰："命翀传否？"拜住叹曰："真谨饬人也。"间谓翀曰："尔可作宰相否？"翀对曰："宰相固不敢当，然所学，宰相事也。夫为宰相者，必福德才量四者皆备，乃足当耳。"拜住大悦，以酒觞翀曰："非公，不闻此言。"迎驾至行在所，翀入见，帝赐之坐。升右司员外郎，奉旨预修《大元通制》，书成，翀为之序。泰定元年，迁国子司业。明年，出为河南行省左右司郎中。丞相曰："吾得贤佐矣。"翀曰："世祖立国，成宪具在，慎守足矣。譬若乘舟，非一人之力所能运也。"翀乃开壅除弊，省务为之一新。三年，擢燕南河北道廉访使，晋州达鲁花赤有罪就逮，而奉使宣抚以印帖征之，欲缓其事，翀发其奸，奉使因遁去。入佥太常礼仪院事，盗窃太庙神主，翀言："各室 宜增设都监员，内外严置扃锁，昼巡夜警，永为定制。"从之。又纂修《太常集礼》，书成而未上，有旨命翀兼经筵官。

文宗之入也，大臣问以典故，翀所建白近汉文故事，众皆是之。文宗尝字呼子翚而不名。命翀与平章政事温迪罕等十人，商论大事，日夕备顾问，宿直东庑下。文宗虚大位以俟明宗，翀极言："大兄远在朔漠，北兵有阻，神器不可久虚，宜摄位以俟其至。"文宗纳其言。及文宗亲祀天地、社稷、宗庙，翀为礼仪使，详记行礼节文于笏，遇至尊不敢直书，必识以两圈，帝偶取笏视，曰："此为皇帝字乎？"因大笑，以笏还翀。竣事，上《天历大庆诗》三章，帝命藏之奎章阁。擢陕西汉中道廉访使。会立太禧院，除佥太禧宗禋院，兼祗承神御殿事，诏遣使趣之还。迎驾至龙虎台，帝问："子翚来何缓？"太禧院使阿荣对曰："翀体丰肥，不任乘马，从水道来，是以缓耳。"太禧臣日聚禁中，以便顾问，帝尝问阿荣曰："鲁子翚饮食何如？"对曰："与众人同。"又问："谈论如何？"曰："翀所谈，义理之言也。"从幸上都，尝奉敕撰碑文，称旨，帝曰："候朕还大都，当还汝润笔赀也。"

迁集贤直学士，兼国子祭酒。诸生素已望翀，至是，私相欢贺。翀以古者教育有业，退必有居。旧制，弟子员初入学，以羊贽，所贰之品与羊等。翀曰："与其餍口腹，孰若为吾党燥湿寒暑之虞乎！"命撙集之，得钱二万缗有奇，作屋四区，以居学者。诸生积分，有六年未及释褐者，翀至，皆使就试而官之。帝师至京师，有旨朝臣一品以下，皆乘白马郊迎。大臣俯伏进觞，帝师不为动，惟翀举觞立进曰："帝师，释迦之徒，天下僧人师也。余，孔子之徒，天下儒人师也。请各不为礼。"帝师笑而起，举觞卒饮，众为之栗然。

文宗崩，皇太后听政，命别不花、塔失海牙、阿儿思兰、马祖常、史显夫及翀六人，商论国政。翀以大位不可久虚，请嗣君即位，早正宸极，以幸天下。帝既即位，大臣以为赦不可频行，翀曰："今上以圣子神孙，入继大统，当新天下耳目。今不赦，岂可收怨于新造之君乎！"皇太后以为宜从翀言，议乃定。迁礼部尚书，阶中宪大夫。有大官妻无子而妾有子者，其妻以田尽入于僧寺，其子讼之，翀召其妻诘之曰："汝为人妻，不以资产遗其子，他日何面目见汝夫于地下！"卒反其田。

元统二年，除江浙行省参知政事。逾年，以迁葬故归乡里。明年，召为翰林侍讲学士，以疾辞，不上。至元四年卒，年六十。赠通奉大夫、陕西行省参知政事、护军，追封南阳郡公，谥文靖。

翀状貌魁梧，不妄言笑。其为学一本于性命道德，而记问宏博，异言僻语，无不淹贯。文章简奥典雅，深合古法。用是天下学者，仰为表仪。其居国学者久，论者谓自许衡之后，能以师道自任者，惟耶律有尚及翀而已。有文集六十卷。

子远，字朋道，以翀荫调秘书郎，转襄阳县尹，须次居南阳。贼起，远以忠义自奋，倾财募丁壮，得千余人，与贼拒战，俄而贼大至，远被害死。远妻雷为贼所执，贼欲妻之，乃诋贼曰："我鲁参政冢妇，县令嫡妻，夫死不贰，肯从汝狗彘以生乎！"贼丑其言，将辱之，雷号哭大骂，不从，乃见杀。举家皆被害。

李　泂

李泂，字溉之，滕州人。生有异质，始从学，即颖悟强记。作为文辞，如宿习者。姚燧以文章负大名，一见其文，深叹异之，力荐于朝，授翰林国史院编修官。未几，以亲老，就养江南。久之，辟中书掾，非其志也。及考除集贤院都事，转太常博士。拜住为丞相，闻泂名，擢监修国史长史，历秘书监著作郎、太常礼仪院经历。泰定初，除翰林待制，以亲丧未克葬，辞而归。天历初，复以待制召。于是文宗方开奎章阁，延天下知名士充学士员，泂数进见，奏对称旨，超迁翰林直学士，俄特授奎章阁承制学士。泂既为帝所知遇，乃著书曰《辅治篇》以进，文宗嘉纳之。朝廷有大议，必使与焉。会诏修《经世大典》，泂方卧疾，即强起，曰："此大制作也，吾其可以不预！"力疾同修。书成，既进奏，旋谒告以归。复除翰林直学士，遣使召之，竟以疾不能起。

泂骨骼清峻，神情开朗，秀眉疏髯，目莹如电，颜面如冰玉，而唇如渥丹然，峨冠褒衣，望之者疑为神仙中人也。其为文章，奋笔挥洒，迅飞疾动，汩汩滔滔，思态叠出，纵横奇变，若纷错而有条理，意之所至，臻极神妙。泂每以李太白自拟，当世亦以是许之。尝游匡庐、王屋、少室诸山，留连久乃去，人莫测其意也。侨居济南，有湖山花竹之胜，作亭曰天心水面，文宗尝敕虞集制文以记之。泂尤善书，自篆、隶、草、真皆精诣，为世所珍爱。卒年五十九。有文集四十卷。

苏天爵

苏天爵，字伯修，真定人也。父志道，历官岭北行中书省左右司郎中，和林大饥，救荒有惠政，时称能吏。天爵由国子学生公试，名在第一，释褐，授从仕郎、大都路蓟州判官。丁内外艰，服除，调功德使司照磨。泰定元年，改翰林国史院典籍官，升应奉翰林文字。至顺元年，预修《武宗实录》。二年，升修撰，擢江南行台监察御史。

明年，虑囚于湖北。湖北地僻远，民獠所杂居，天爵冒瘴毒，遍历其地。囚有言冤状者，天爵曰："宪司岁两至，不言何也？"皆曰："前此虑囚者，应故事耳。今闻御史至，当受刑，故不得不言。"天爵为之太息。每事必究心，虽盛暑，犹夜篝灯，治文书无倦。沅陵民文甲无子，育其甥雷乙，后乃生两子，而出乙，乙俟两子行卖茶，即舟中取斧，并斫杀之，沈斧水中，而血渍其衣，迹故在。事觉，乙具服，部使者乃以三年之疑狱释之。天爵曰："此事二年半耳，且不杀人，何以衣污血？又何以知斧在水中？又其居去杀人处甚近，何谓疑狱？"遂复置于理。常德民卢甲、莫乙、汪丙同出佣，而甲误堕水死，甲弟之为僧者，欲私甲妻不得，诉甲妻与乙通，而杀其夫。乙不能明，诬服击之死，断其首弃草间，尸与仗弃谭氏家沟中。吏往索，果得髑髅，然尸与仗皆无有，而谭诬证曾见一尸，水漂去。天爵曰："尸与仗纵存，今已八年，未有不腐者。"召谭诘之，则甲未死时，目已瞽，其言曾见一尸水漂去，妄也。天爵语吏曰："此乃疑狱，况不止三年。"俱释之。其明于详谳，大抵此类。

入为监察御史，道改奎章阁授经郎。元统元年，复拜监察御史，在官四阅月，章疏凡四十五上，自人君至于朝廷政令、稽古礼文、闾阎幽隐，其关乎大体、系乎得失者，知无不言。所劾者五人，所荐举者百有九人。明年，预修《文宗实录》，迁翰林待制，寻除中书右司都事，兼经筵参赞官。后至元二年，由刑部郎中改御史台都事。三年，迁礼部侍郎。五年，出为淮东道肃政廉访使，宪纲大振，一道肃然。入为枢密院判官。明年，改吏部尚书，拜陕西行台治书侍御史，复为吏部尚书，升参议中书省事。是时，朝廷更立宰相，庶务多所弛张，而天子图治之意甚切，天爵知无不言，言无顾忌，夙夜谋画，须发尽白。

至正二年，拜湖广行省参知政事，迁陕西行台侍御史。四年，召为集贤侍讲学士，兼国子祭酒。天爵自以起自诸生，进为师长，端己悉心，以范学者。明年，出为山东道肃政廉访使，寻召还集贤，充京畿奉使宣抚。究民所疾苦，察吏之奸贪，其兴除者七百八十有三事，其纠劾者九百四十有九人，都人有包、韩之誉，然以忤时相意，竟坐不称职罢归。七年，天子察其诬，乃复起为湖北道宣慰使、浙东道廉访使，俱未行。拜江浙行省参知政事。江浙财赋，居天下十七，事务最烦剧，天爵条分目别，细巨不遗。九年，召为大都路都总管，以疾归。俄复起为两浙都转运使，时盐法弊甚，天爵拯治有方，所办课为钞八十万锭，及期而足。十二年，妖寇自淮右蔓延及江东，诏仍江浙行省参知政事，总兵于饶、信，所克复者，一路六县。其方略之密，节制之严，虽老帅宿将不能过之。然以忧深病积，遂卒于军中。年五十九。

天爵为学，博而知要，长于纪载，尝著《国朝名臣事略》十五卷、《文类》七十卷。其为文，长于序事，平易温厚，成一家言，而诗尤得古法，有诗稿七卷、文稿三十卷。于是中原前辈，凋谢殆尽，天爵独身任一代文献之寄，讨论讲辩，虽老不倦。晚岁，复以释经为己任。学者因其所居，称之为滋溪先生。其他所著文，有《松厅章疏》五卷、《春风亭笔记》二卷；《辽金纪年》、《黄河原委》，未及脱稿云。

卷一百八十四　列传第七十一

王都中

王都中，字元俞，福之福宁州人。父积翁，仕宋为宝章阁学士、福建制置使。至元十三年，宋主纳土，乃以全闽八郡图籍来，入觐世祖于上京，降金虎符，授中奉大夫、刑部尚书、福建道宣慰使，兼提刑按察使，寻除参知政事，行省江西。俄以为国信使，宣谕日本，至其境，遇害于海上。都中生三岁，即以恩授从仕郎、南剑路顺昌县尹。七岁，从其母叶诉阙下，世祖闵焉，给驿券，俾南还，赐平江田八千亩、宅一区。已而世祖追念其父功不置，特授都中少中大夫、平江路总管府治中，时年甫十七。僚吏见其年少，颇易视之。都中遇事剖析，动中肯綮，皆睥眙不敢欺。昆山有诡易官田者，事觉，而八年不决，都中为披故牍，洞见底里，其人乃伏辜。吴江有违拒有司筑堤护田之令而归过于众人者，都中询知其故，皆置不问，其人乃无所逃罪。学舍久坏不治，而郡守缺，都中曰："圣人之道，人所共由，何独守得为乎？"乃首募大家，合钱新其礼殿。秩满，除浙东道宣慰副使。金华有殴杀人者，吏受赇，以为病死。都中摘属吏覆按，得其情。狱具，县长吏而下，皆以赃败。余姚有豪民张甲，居海滨，为不法，擅制一方，吏无敢涉其境。都中捕系之，痛绳以法。迁荆湖北道宣慰副使。适岁侵，都中躬履山谷，以拯其饥，民赖以全活者数十万。武宗诏更钞法，行铜钱，以都中为通才，除江淮泉货监。凡天下为监者六，惟江淮所铸钱号最精。

改郴州路总管。郴居楚上流，溪洞徭獠往来民间，惮其强猾，莫敢与相贸易。都中煦之以恩，慑之以威，乃皆悦服。郴民染于蛮俗，喜斗争，都中乃大治学舍，作笾豆簠簋、笙磬琴瑟之属，使其民识先王礼乐之器，延宿儒教学其中，以义理开晓之，俗为之变。邻州茶陵富民覃乙死，无子，惟一小妻，及其赘婿，妻诬其婿拜尸成婚，藏隐玉杯夜明珠，株连八百余人，奉使宣抚移其狱，诿之都中，穷治，悉得其情，而正其罪。州长吏而下，计其赃至十一万五千余缗，人以为神明。迁饶州路总管。年饥，米价翔踊，都中以官仓之米，定其价为三等，言于行省，以为须粜以下等价，民乃可得食，未报。又于下等价减十之二，使民就籴。时宰怒其专擅，都中曰："饶去杭几二千里，比议定往还，非半月不可。人七日不食则死，安能忍死以待乎！"其民亦相与言曰："公为我辈减米价，公果得罪，我辈当鬻妻子以代公偿。"时宰闻之乃罢。郡岁贡金，而金户贫富不常，都中考得其实，乃更定之。包银之法，户不过二两，而州县征之加十倍，都中责之，一以诏书从事。父老或以两岐之麦、六穗之禾为献，都中曰："此圣主之嘉瑞，非臣下所敢当。"遂以闻于朝。以内忧去郡，民生为立祠。

服阕，除两浙都转运盐使，未上，擢海北海南道肃政廉访使。中书省臣奏国计莫重于盐策。乃如前除盐亭灶户，三年一比附推排，世祖旧制也。任事者恐敛怨，久不举行。都中曰："为臣子者，使皆避谪，何以集事？"乃请于行省，遍历三十四场，验其物力高下以损益之。役既平而课亦足，公私便之。擢福建闽海道肃政廉访使，俄迁福建道宣慰使都元帅，又改浙东道宣慰使都元帅。天历初，被省檄，整点七路军马，境内晏然。徙广东道宣慰使都元帅，三易镇，皆佩元降金虎符。元统初，朝廷以两淮盐法久坏，诏命都中以正奉大夫、行户部尚书、两淮都转运盐使，仍赠袭衣法酒。都中既至，参酌前所行于两浙者，次第施行之，盐法遂修。寻拜河南行省参知政事，中道以疾作南归。于是天子闵其老，诏即其家拜江浙行省参知政事。至正元年卒。赠昭文馆大学士，谥清献。

都中历仕四十余年，所至政誉辄暴著，而治郡之绩，虽古循吏无以尚之。当世南人以政事之名闻天下，而位登省宪者，惟都中而已。又其清白之操，得于家传，所赐田宅之外，不增一疃，不易一椽，廪禄悉以给族姻之贫者，人尤以是多之。幼留京师，及拜许衡，即知所趋向。中年尤致力于根本之学，自号曰本斋。有诗集三卷。

王克敬

王克敬，字叔能，大宁人。幼奇颖，尝戏道旁，丞相完泽见之，谓左右曰："是儿资貌秀伟，异日必令器也。"大宁朔土，习尚少文，而克敬独孜孜为儒者事。既仕，累迁江浙行省照磨，寻升检校。徽州民汪俊上变，诬富人反，省臣遣克敬往验之。克敬察其言不实，中道数为开陈祸福，俊悔，将对簿，竟仰药以死。调奉议大夫、知顺州，以内外艰不上。除江浙行省左右司都事。延祐四年，往四明监倭人互市。先是，往监者惧外夷情叵测，必严兵自卫，如待大敌。克敬至，悉去之，抚以恩意，皆帖然无敢哗。有吴人从军征日本陷于倭者，至是从至中国，诉于克敬，愿还本乡。或恐为祸阶，克敬曰："岂有军士怀恩德来归而不之纳邪！脱有衅，吾当坐。"事闻，朝廷嘉之。番阳大饥，总管王都中出廪粟赈之，行省欲罪其擅发，克敬曰："番阳距此千里，比待命，民且死，彼为仁，而吾属顾为不仁乎！"都中因得免。

拜监察御史，用故事监吏部选。有履历当升者，吏故抑之，问故，吏曰："有过。"克敬曰："法，笞四十七以上不升，今不至是。"吏曰："责轻罪重。"曰："失出在刑部，铨曹安知其罪重！"卒升之。治书侍御史张伯高曰："往者监选以减驳为能，今王御史乃论增品级，可为世道贺矣。"寻迁左司都事。时英宗厉精图治，丞相拜住请更前政不便者，会议中书堂，克敬首言："江南包银，民贫有不能输者，有司以责之役户，甚无谓也，当罢之。两浙煎盐户牢盆之役，其重者尤害民，当免其它役。"议定以闻，悉从之。

泰定初，出为绍兴路总管，郡中计口受盐，民困于诛求，乃上言乞减盐五千引。运司弗从，因叹曰："使我为运使，当令越民少苏矣。"行省檄克敬抽分舶货，拗蕃者例籍其货，商人以风水为解，有司不听。克敬曰："某货出某国，地有远近，货有轻重，冒重险，出万死，舍近而趋远，弃重而取轻，岂人情邪！"具以上闻，众不能夺，商人德之。擢江西道廉访司副使，转两浙盐运司使，首减绍兴民食盐五千引。温州逮犯私盐者，以一妇人至，怒曰："岂有逮妇人千百里外，与吏卒杂处者，污教甚矣！自今毋得逮妇人。"建议著为令。明年，擢湖南道廉访使，调海道都漕运万户。是岁，当天历之变，海漕舟有后至直沽者，不果输，复漕而南还，行省欲坐罪督运者，勒其还趋直沽。克敬以谓："脱其常年而往返若是，信可罪。今蹈万死，完所漕而还，岂得已哉！"乃请令其计石数，附次年所漕舟达京师，省臣从之。

召为参议中书省事。有以飞语中大臣者，下其事，克敬持古八议之法，谓勋贵可以不议，且罪状不明而轻罪大臣，何以白天下。宰相传旨大长公主为皇外姑，赐钱若干；平云南军还，赐钱若干；英后入觐，赐钱若干。克敬乞覆奏，宰相怒曰："参议乃敢格诏命邪！"克敬曰："用财宜有道，大长公主供馈素优，今赐钱出无名，不当也。自诸军征讨以来，赏格未下，平云南省独先受赏，是不均也。英后远还，徒御众多，非大锡赉，恩意不能洽，今赐物鲜少，是不周也。"宰相以闻，帝可其议。拜中奉大夫、参知政事，行省辽阳。俄除江南行台治书侍御史，又迁淮东廉访使，以正纲纪为己任，不纵贪墨，不阿宗戚，声誉益著。入为吏部尚书，乘传至淮安，坠马，居吴中养疾。

元统初，起为江浙行省参知政事，请罢富民承佃江淮田，从之。松江大姓，有岁漕米万石献京师者，其人既死，子孙贫且行乞，有司仍岁征，弗足则杂置松江田赋中，令民包纳。克敬曰："匹夫妄献米，徼名爵以荣一身，今身死家破，又已夺其爵，不可使一郡之人均受其害，国用宁乏此耶！"具论免之。江浙大旱，诸民田减租，唯长宁寺田不减，遂移牍中书，以谓不可忽天变而毒疲民。岭海猺贼窃发，朝廷调戍兵之在行省者往讨之，会提调军马官缺，故事，汉人不得与军政，众莫知所为，克敬抗言："行省任方面之寄，假令万一有重于此者，亦将拘法坐视邪！"乃调兵往捕之，军行给粮有差。事闻于朝，即令江西、湖广二省给粮亦如之。视事五月，请老，年甫五十九。谓人曰："穴趾而峻墉，必危；再实之木，必伤其根。无功德而忝富贵，何以异此？故常怀止足之分也。"又曰："世俗喜言勿认真，此非名言。临事不认真，岂尽忠之道乎？"故其历官所至，俱有政绩可纪，时称名卿。

克敬喜读书，其有所得者，辄抄为书。又有所著诗文奏议传于世。元统三年卒，年六十一。赠中奉大夫、陕西等处行省参知政事，追封梁郡公，谥文肃。

子时，以文学显，历仕中书参知政事，至左丞，以翰林学士承旨致仕。

任速哥

任速哥，渤海人。自幼事父母以孝称。性倜傥，尤峭直，疏财而尚气，不尚势利。义之所在，必亟为之，有古侠士风。而家居恂恂，儒者不能过。初袭父官，为右卫千户。公卿以其贤，荐于朝。英宗召见，与语奇之。由是出入禁闼，待以心腹，将择重职处之。未几，铁失与倒剌沙构谋，英宗遇弑，遂引去。自是不复出仕，居常扼腕，或醉归，恸哭过市，时人目以为狂，莫知其意也。

泰定中，倒剌沙用事，天变数见。速哥乃密与平章政事速速谋曰："先帝之仇，孤臣朝夕痛心而不能报者，以未有善策也。今吾思之，武宗有子二人，长子周王，正统所属，然远居朔方，难以达意。次子怀王，人望所归，而近在金陵，易于传命。若能同心推戴，以图大计，则先帝之仇可雪也。"速速深然之。时燕帖木儿方佥枢密院事，实握兵柄，二人深结纳之。冬，乃告以所谋，燕帖木儿初闻之矍然。因徐说之曰："天下之事，惟顺逆两途，以顺讨逆，何患不克。况公国家世臣，与国同休戚，今国难不恤，他日有先我而谋者，祸必及矣。"于是燕帖木儿许之。致和元年，怀王自金陵迁江陵，俄而泰定帝崩，倒剌沙逾月不立君，物情汹汹，速哥乃与速速从燕帖木儿奉豫王令，率诸豪杰，乘时奋义，以八月四日执居守省臣，发兵塞居庸诸关，召文武百僚集阙下，谕以翊戴大义，遣使迎怀王于江陵。怀王至京师，群臣请正大统，遂即皇帝位，是为文宗。论功行赏，擢速哥为礼部尚书，速哥辞曰："臣曩备宿卫，南坡之变，不能勇效一死，以报国士之知。今日之举，皆诸将相之力，在臣未足赎罪，又曷敢言功乎！"文宗慰勉之，乃拜命。而其他赏赉，一无所受。寻迁长宁寺卿，继出为安丰路总管，又入为寿福府总管，又为都水使者，居官恂恂，无几微自伐之意。人或询以翊戴之事，往往逊谢，终无所言，君子尤以是多之。

陈思谦

陈思谦，字景让，其家世见祖祐传中。思谦少孤，警敏好学，凡名物度数、纲纪本末，考订详究，尤深于邵子《皇极经世书》。文宗天历初政，收揽贤能，丞相高昌王亦都护举思谦，时年四十矣。召见兴圣宫。明年二月，授典宝监经历。十一月，改礼部主事，首言："教坊、仪凤二司，请并入宣徽，以清礼部之选。其官属不当与文武臣并列朝会，宜置百官之后、大乐之前。"诏从之。而二司隶礼部如故。至顺元年，拜西行台监察御史，建明八事：一曰正君道，二曰结人心，三曰崇礼让，四曰正纲纪，五曰审铨衡，六曰励孝行，七曰纾民力，八曰修军政。先是，关陕大饥，民多鬻产流徙，及来归，皆无地可耕，思谦言："听民倍直赎之，使富者收兼入之利，贫者获已弃之业。"从之。监察御史李扩行部甘肃，金州民刘海延都，其男元元，自称流民王延禄，非海延都之子，告海延都掠其财。扩听之，以酷法抑其父。思谦劾扩逆父子之天，坏朝廷之法，遂抵扩罪。

明年二月，迁太禧宗禋院都事。九月，拜监察御史，首陈四事，言："上有宗庙社稷之重，下有四海烝民之生，前有祖宗垂创之艰，后有子孙长久之计。中论秦、汉以来，上下三千余年，天直一统者，六百余年而已。我朝开国，百有余年，混一六十余年，土宇人民，三代、汉、唐所未有也。民有千金之产，犹谨守之，以为先人所营，况君临天下，承祖宗艰难之业，而传祚万世者乎！臣愚以兴亡恳恳言者，诚以皇上有元之圣主，今日乃皇上盛时图治之机，兹不可失也。"又言："户部赐田，诸怯薛支请，海青狮豹肉食，及局院工粮，好事布施，一切泛支，以至元三十年以前较之，动增数十倍。至顺经费，缺二百三十九万余锭。宜节无益不急之费，以备军国之用，苟能三分损一以惠民，夫岂小哉！"又言："军站消乏，签补则无殷实之户，接济则无羡余之财，倘有征行，必括民间之马，苟能修马政，亦其一助也。方今西越流沙，北际沙漠，东及辽海，地气高寒，水甘草美，无非牧养之地，宜设置群牧使司，统领十监，专治马政，并畜牛羊，数年之后，马实蕃盛，或给军以收兵威，或给站以优民力，牛羊之富，又足以给国用，非小补也。"又言："铨衡之弊，入仕之门太多，黜陟之法太简，州郡之任太淹，朝省之除太速，欲设三策，以救四弊。一曰，至元三十年以后增设衙门，冗滥不急者，从实减并，其外有选法者，并入中书。二曰，宜参酌古制，设辟举之科，令三品以下，各举所知，得才则受赏，失实则受罚。三曰，古者刺史入为三公，郎官出宰百里，盖使外职识朝廷治体，内官知民间利病。今后历县尹有能声善政者受郎官御史，历郡守有奇才异绩者任宪使尚书，其余各验资品通迁，在内者不得三考连任京官，在外者须历两任，乃迁内职。绩非出类、守不败官者，则循以年劳，处以常调。凡朝缺官员，须二十月之上，方许迁除。"帝可其奏，命中书议行之。时有官居丧者，往往夺情起复，思谦言："三年之丧，谓之达礼，自非金革，不可从权。"遂著于令。有诏起报严寺。思谦曰："兵荒之余，当罢土木，以纾民力。"帝嘉之曰："此正得祖宗立台宪之意。继此事有当言者，无隐。"赐缣绮旌之。未几，迁右司都事。元统二年五月，转兵部郎中。十一月，改御史台都事。重纪至元元年五月，出为淮西道廉访副使，至淮未期月，引疾归。六月，召为中书省员外郎，上言："强盗但伤事主者，皆得死罪，而故杀从而加功之人，与斗而杀人者，例杖一百七下，得不死，与私宰牛马之罪无异，是视人与牛马等也，法应加重。因奸杀夫，所奸妻妾同罪，律有明文，今止坐所犯，似失推明。"遂令法曹议，著为定制。

至正元年，转兵部侍郎。俄丁内艰，服除，召为右司郎中。岁凶，盗贼蜂起，剽掠州邑，思谦力言于执政，当竭府库以赈贫民，分兵镇抚中夏，以防后患。五年，参议中书省事。转刑部尚书，改湖南廉访使。八年，迁淮东宣慰司都元帅。九年，迁浙西廉访使、湖广行中书省参知政事，辞。十一年，改淮西廉访使。庐州盗起，思谦亟命庐州路总管杭州不花领弓兵捕之，而贼已不可扑灭矣。言于宣让王帖木儿不花曰："承平日久，民不知兵，王以帝室之胄，镇抚淮甸，岂得坐视！思谦愿与王戮力殄灭。且王府属怯薛人等，数亦不少，必有能摧锋陷阵者，惟 王图之。"王曰："此吾责也，但鞍马器械未备，何能御敌？"思谦括官民马，置兵甲，不日而集，分道并进，遂禽渠贼，庐州平。既而颍寇将渡淮，又言于王曰："颍寇东侵，亟调芍陂屯卒用之。"王曰："非奉诏，不敢调。"思谦言："非常之变，理宜从权，擅发之罪，思谦坐之。"王感其言，从之。其侄立本为屯田万户，召语曰："吾祖宗以忠义传家，汝之职，乃我先人力战所致，今国家有难，汝当身先士卒，以图报效，庶无负朝廷也。"

寻召入，为集贤侍讲学士，修定国律。十二年，拜治书侍御史。明年，升中丞，年近七十，上章乞老，不允，特旨进一品，授荣禄大夫，仍御史中丞。入谢，感疾，及命下，强拜受命，明日卒。赠宣猷秉宪佐治功臣、翰林学士承旨、荣禄大夫、柱国，追封鲁国公，谥通敏。

韩元善

韩元善，字大雅，汴梁之太康人。唐检校司空赠司徒充，以宣武军节度使兼统义成军，留镇汴，子孙遂为太康韩氏。父克昌，至大间仕为监察御史，以论事有名声。元善由国子监生积分中程，释褐，除新州判官，累擢江南行台监察御史，历中书左司郎中、吏部侍郎、吏部尚书、佥枢密院事。至正三年，拜中书参知政事。五年，迁大司农卿，寻出为江南行御史台中丞、燕南肃政廉访使。九年，召拜中书左丞、同知经筵事。十一年，丞相脱脱奏事内廷，以事关兵机，而元善及参知政事韩镛皆汉人，使退避，勿与俱，由是遂与右丞玉枢虎儿吐华同分省彰德以给馈饷。十二年，御史大夫也先帖木儿总兵讨汝宁，元善至卫辉，以病卒。

元善性纯正，明达政体，扬历台阁三十余年，遂跻丞辖，以文学治才，羽翼庙谟，论议之际，秉义陈法，不偭乡上官，国是所在，倚之以为重。尝以谒告侍亲居家，效范文正公遗规，置田百亩为义庄，以周贫族。至正交钞初行，赐近臣各三百锭，元善复以买田六百亩，为义塾，延名士，以教族人子弟云。

崔敬

崔敬，字伯恭，大宁之惠州人。通刑名法律之学。淮东、山南廉访司皆辟书吏。天历初，辟御史台察院书吏，历刑部令史、徽政院掾史，遂升中书掾。至元五年，用累考及格，授刑部主事。六年，迁枢密院都事，拜监察御史。时既毁文宗庙主，削文宗后皇太后之号，徙东安州，而皇弟燕帖古思，文宗子也，又放之高丽。敬上疏，略曰："文皇获不轨之愆，已彻庙祀；叔母有阶祸之罪，亦削洪名。尽孝正名，斯亦足矣。惟念皇弟燕帖古思太子，年方在幼，罹此播迁，天理人情，有所不忍。明皇当上宾之日，太子在襁褓之间，尚未有知，义当矜悯。盖武宗视明、文二帝，皆亲子也，陛下与太子，皆嫡孙也。以武皇之心为心，则皆子孙，固无亲疏；以陛下之心为心，未免有彼此之论。臣请以世俗喻之：常人有百金之产，尚置义田，宗族困厄者，为之教养，不使失所。况皇上贵为天子，富有四海，子育黎元，当使一夫一妇无不得其所，今乃以同气之人，置之度外，适足贻笑边邦，取辱外国。况蛮夷之心，不可测度，倘生他变，关系非轻。兴言至此，良为寒心！臣愿杀身以赎太子之罪，望陛下遣近臣迎归太后、太子，以全母子之情，尽骨肉之义，天意回，人心悦，则宗社幸甚！"不报。又上疏，谏天子巡幸上都，宜御内殿。其略曰："世祖以上都为清暑之地，车驾行幸，岁以为常，阁有大安，殿有鸿禧、睿思，所以保养圣躬，适起居之宜，存畏敬之心也。今失剌斡耳朵思，乃先皇所以备宴游，非常时临御之所。今陛下方以孝治天下，屡降德音，祗行宗庙亲祀之礼，虽动植无知，罔不欢悦，而国家多故，天道变更，臣备员风纪，以言为职，愿大驾还大内，居深宫，严宿卫，与宰臣谋治道。万机之暇，则命经筵进讲，究古今盛衰之由，缉熙圣学，乃宗社之福也。"时帝数以历代珍宝分赐近侍，敬又上疏曰："臣闻世皇时，大臣有功，所赐不过檠革，重惜天物，为后世虑至远也。今山东大饥，燕南亢旱，海潮为灾，天文示儆，地道失宁，京畿南北，蝗飞蔽天，正当圣主恤民之日。近侍之臣，不知虑此，奏禀承请，殆无虚日，甚至以府库百年所积之宝物，遍赐仆御阍寺之流、乳稚童孩之子。帑藏或空，万一国有大事，人有大功，又将何以为赐乎！乞追回所赐，以示恩不可滥，庶允公论。"

是年，出佥山北廉访司事，按部全宁。狱有李秀，以坐造伪钞，连数十人，而皆与秀不相识，敬疑而谳之。秀曰："吾以训童子为业，居村落间，有司至秀舍，谓秀为伪造钞者，捶楚之下，不敢不诬服耳。"敬询知始谋者，乃大同王浊，十余年事不泄，而有司误以李秀为王浊也。移文至大同，果得王浊为真造伪钞者。至正初，迁河南，又迁江东。所至抑豪强，惠下穷，洗冤滞，兴学劝农，百废具举。除江西行省左右司郎中，入为诸路宝钞提举，改工部侍郎。十一年，迁同知大都路总管府事。直沽河淤数年，中书省委敬浚治之，给钞数万锭，募工万人，不三月告成，咸服其能。除刑部侍郎，迁中书左司郎中。十二年，历兵部尚书，为枢密院判官。十四年，迁刑部尚书。广东府宪仇杀，以沙加班处大逆，敬详宪府以私相害，致有是变，杀人者自有典章，得坐一人，大逆非谋反，则不科得坐一家，敬立论全重而就轻，朝廷咸以为然。十五年，复为枢密院判官，寻拜参知政事，行省河南，复为兵部尚书，兼济宁军民屯田使。朝廷给以钞十万锭，散于有司，招致居民、军士，立营屯种，岁收得百万斛，以给边防。居岁余，其法井井。

十有七年，召为大司农少卿，遂拜中书参知政事。盗据齐鲁，敬与平章政事答兰、参知政事俺普，分省陵州。陵州乃南北要冲，无城郭，而居民散处，敬兼领兵、刑、户、工四部事，供给诸军，事无不集。丞相以其能上闻，赐之上尊，仍命其便宜行事。敬与俺普密议曰："我军强且胜，彼将败而降，如得仗义之士，直抵其巢穴而招安之，亦方面之幸也。"有国子生王恪等，愿请往，敬以便宜授以官，俾之行，至郓城，见李秉彝、田丰等，谕以逆顺祸福之理，丰与秉彝皆悔过自新。山东郡邑之复，敬之策居多。敬以军马供给浩繁，而民力日疲，乃请行纳粟补官之令，中书以其言闻，诏从之。河北燕南士民踵蹑而至，积粟百万石、绮段万匹，用以给军费，民获少苏。十八年，除山东行枢密院副使，俄迁江浙行省左丞。卒，年六十七。赠资善大夫，江浙行省左丞如故，谥曰忠敏。

卷一百八十五　列传第七十二

吕思诚

吕思诚，字仲实，平定州人。六世祖宗礼，金进士，辽州司户。宗礼生仲堪，亦举进士。仲堪生时敏，时敏生钊，为千夫长，死国事。钊生德成，德成生允，卒平定知州致仕，思诚父也。母冯氏，梦一丈夫，乌巾、白襕衫、红鞓束带，趋而揖曰："我文昌星也。"及寤，思诚生，目有神光，见者异之。及长，从萧𣂏学治经。已而入国子学为陪堂生，试国子伴读，中其选。擢泰定元年进士第，授同知辽州事，未赴。丁内艰。改景州蓨县尹。差民户为三等，均其徭役；刻孔子象，令社学祀事；每岁春行田，树畜勤敏者，赏以农器，人争趋事，地无遗力。民石安儿等，流离积年，至是，闻风复业。印识文簿，畀社长藏之，季月报县，不孝弟、不事生业者，悉书之，罚其输作。胥吏至社者，何人用饮食若干，多者责偿其直。豪猾者窜名职田户，思诚尽祛其弊。天历兵兴，豫贷钞于富民，令下造军器，事皆先集，民用不扰。于后得官价，亟以还民。翟彝自其大父因河南乱，被掠为人奴，岁纳丁粟以免作。思诚知彝力学，如其主与之约，终彝身粟三十石，仍代之输，彝得为良民。他日买羊，刘智社民李，持酒来见，诉其弟匿羊，思诚叱之退。王青兄弟四人，友爱弥笃，思诚至其家，取酒劝酬，欢同骨肉。李之兄弟相谓曰："我等终不敢见尹矣。"各具酒食相切责，悔前过，析居三十年，复还同爨。镇民张复，叔母孀居，且瞽，丐食以活，恐思诚闻之，即日迎养。思诚怜其贫，令为媒互人以养之。天旱，道士持青蛇，曰卢师谷小青，谓龙也，祷之即雨。思诚以其惑人，杀蛇，逐道士，雨亦随至，遂有年。县多淫祠，动以百余计，刑牲以祭者无虚日，思诚悉命毁之，唯存江都相董仲舒祠。

擢翰林国史院检阅官，俄升编修。文宗在奎章阁，有旨取国史阅之，左右舁匮以往，院长贰无敢言。思诚在末僚，独跪阁下争曰："国史纪当代人君善恶，自古天子无观阅之者。"事遂寝。寻擢国子监丞，升司业，拜监察御史。与斡玉伦徒等劾中书平章政事彻里帖木儿变乱朝政，章上，留中不下，思诚纳印绶殿前，遂出佥广西廉访司事。巡行郡县，土官有于元帅者，恃势鱼肉人，恐事觉，阴遣其子迓思诚于道。思诚缚之，悉发其阴私，痛惩其罪，一道震肃。移浙西。达识帖睦迩时为南台御史大夫，与江浙省臣有隙，嗾思诚劾之，思诚曰："吾为天子耳目，不为台臣鹰犬也。"不听。已而闻行省平章左吉贪墨，浙民多怨之，思诚奏疏其罪，流之海南。

复召为国子司业，迁中书左司员外郎。盗杀河南省臣，以伪檄呼廉访使段辅入行省事，及事败，诖误者三十余人，将置于法，思诚言于朝，皆释之。升左司郎中。思诚素刚直，人多嫉之，遂以言罢。起为右司郎中，拜刑部尚书。科举复行，与佥书枢密院事韩镛为御试读卷官。改礼部尚书，御史台奏为治书侍御史，总裁辽、金、宋三史，升侍御史，枢密院奏为副使，御史台留为侍御史。会平章政事巩卜班不法，监察御史劾之，御史大夫也先帖木儿曰："姑徐之。"思诚趣入奏，巩卜班罢。大夫衔思诚，将谋挤之，思诚即谒告。朝廷知思诚无他，迁河东廉访使。未几，召为集贤侍讲学士，兼国子祭酒，出为湖广行省参知政事，诸生抗疏留之，不可。道中授湖北廉访使，入拜中书参知政事，升左丞，转御史中丞。劾奏清道官不尽职，罢之。再任左丞、知经筵事，提调国子监，兼翰林学士承旨、知制诰兼修国史，加荣禄大夫，总裁后妃、功臣传，会粹《六条政类》，帝赐玉带，眷顾弥笃。又为枢密副使，仍知经筵事，复为中书左丞。御史大夫纳麟，诬参政孔思立受赇事，或欲连中思诚，纳麟曰："吕左丞素有廉声，难以及之。"遂止。

拜集贤学士，仍兼国子祭酒。吏部尚书契哲笃、左司都事武祺等，建言更钞法，以楮币一贯文省权铜钱一千文为母，铜钱为子，命廷臣集议。思诚曰："中统、至元自有母子，上料为母，下料为子，譬之蒙古人以汉人子为后，皆人类也，尚终为汉人之子，岂有故纸为父而立铜为子者乎?"一座咸笑。思诚又曰："钱钞用法，见为一致，以虚换实也。今历代钱、至正钱、中统钞、至元钞、交钞分为五项，虑下民知之，藏其实而弃其虚，恐不利于国家也。"契哲笃曰："至元钞多伪，故更之尔。"思诚曰："至元钞非伪，人为伪尔。交钞若出，亦为伪者矣。且至元钞犹故戚也，家之童奴且识之；交钞犹新戚也，虽不敢不亲，人未识也，其伪反滋多尔。况祖宗之成宪，其可轻改哉！"契哲笃曰："祖宗法弊，亦可改矣。"思诚曰："汝辈更法，又欲上诬世皇，是汝与世皇争高下也。且自世皇以来，诸帝皆谥曰孝，改其成宪，可谓孝乎?"契哲笃曰："钱钞兼行何如?"思诚曰："钱钞兼行，轻重不伦，何者为母，何者为子?汝不通古今，道听而途说，何足行哉！"契哲笃忿曰："我等策既不可行，公有何策?"思诚曰："我有三字策曰：行不得！行不得！"丞相脱脱见思诚言直，颇狐疑未决。御史大夫也先帖木儿独曰："吕祭酒之言亦有是者，但不当在庙堂上大声厉色尔。"已而监察御史承望风旨，劾思诚狂妄，夺其诰命并所赐玉带，复左迁湖广行省左丞，遣太医院宣使秦初即其家迫遣之。初窘辱之，不遗余力，思诚不为动。贻书参议龚伯遂曰："去年许可用为河南左丞，今年吕思诚为湖广左丞，世事至此，足下得无动心乎?"

抵武昌城下，语诸将曰："贼据城与诸君相持经久，必不知吾为此来，出其不意，可以入城。"遂行。诸将不获已，随其后，竟不烦转斗而入。询其故，贼仓卒无备。尽惊走。思诚乃大会军民官吏告之曰："贼去，示吾弱也，规将复来。"于是申号令，戒职事，修器械，葺城郭，明部伍，先谋自守，徐议出征。苗军暴横，侵辱省宪，思诚正色叱之曰："若等能杀吕左丞乎?"自是无敢复至。曾未数日，召还，复为中书左丞。思诚去二日，城复陷。移光禄大夫、大司农。俄得疾，以至正十七年三月十七日卒，年六十有五。

思诚气宇凝定，素以劲拔闻，不为势利所屈。三为祭酒，一法许衡之旧，诸生从化，后多为名士。尝病古注疏太繁，魏了翁删之太简，将约其中以成书，不果。有文集若干卷、《两汉通纪》若干卷。谥忠肃。

汪泽民

汪泽民，字叔志，徽之婺源州人，宋端明殿学士藻之七世孙也。少警悟，家贫力学，既长，遂通诸经。延祐初，以《春秋》中乡贡，上礼部，下第，授宁国路儒学正。五年，遂登进士第，授承事郎、同知岳州路平江州事。以母年八十，上书愿夺所授官一等或二等，得近地以便养，不允。南归奉母之官。州民李氏，以赀雄，其弟死，妻誓不他适，兄利其财，嗾族人诬妇以奸事。狱成而泽民至，察知其枉，为直之。会朝廷征江南包银，府檄泽民分辨，民不扰而事集。寻迁南安路总管府推官。镇守万户朵儿赤，持官府短长，郡吏王甲，殴伤属县长官，诉郡，同僚畏朵儿赤，托故不视事，泽民独捕甲，系之狱。朵儿赤赂巡按御史，受甲家人诉，欲出之，泽民正色与辨，御史沮怍，夜竟去，乃卒罪王甲。潮州府判官钱珍，以奸淫事杀推官梁楫，事连广东廉访副使刘珍，坐系者二百余人，省府官凡六委官鞫问，皆顾忌淹延弗能白，复檄泽民谳之，狱立具，人服其明。迁信州路总管府推官。丁母忧，服除，授平江路总管府推官。有僧净广，与他僧有憾，久绝往来，一日，邀广饮，广弟子急欲得师财，且苦其箠楚，潜往它僧所杀之。明日诉官，它僧不胜考掠，乃诬服，三经审录，词无异，结案待报。泽民取行凶刀视之，刀上有铁工姓名，召工问之，乃其弟子刀也，一讯吐实，即械之而出他僧，人惊以为神。调济宁路兖州知州，孔子后衍圣公袭封职三品，泽民建议，以谓宜升其品秩，以示褒崇宣圣之意，廷议从之。

至正三年，朝廷修辽、金、宋史，召泽民赴阙，除国子司业，与修史。书成，迁集贤直学士，阶太中大夫。未两月，即移书告老。大学士和尚曰："集贤、翰林，实养老尊贤之地，先生何为遽去？愿少留，以副上意。"泽民曰："以布衣叨荣三品，志愿足矣。"遂以嘉议大夫、礼部尚书致仕。既归田里，与门生故人相往返嬉游，超然若忘世者。

十五年，蕲黄贼陷徽州，时泽民居宣州。已而贼来犯宣州，江东廉访使道童雅重泽民，日就之询守御计，城得无虞。明年，长枪军琐南班等叛，来寇城，或劝泽民去，泽民曰："我虽无官守，故受国厚恩，临危爱死，非臣子节。"

留不去，凡战斗筹画，多泽民参决之，累败贼兵。既而寇益众，城陷，泽民为所执。使之降，大骂不屈，遂遇害，年七十。事闻，赠资善大夫、江浙行中书省左丞，追封谯国郡公，谥文节。

干文传

干文传，字寿道，平江人。祖宗显，宋承信郎。父雷龙，乡贡进士。宗显之先世以武弁入官，而力教其子以文易武，故雷龙两举进士，宋亡，不及仕。及生文传，乃名今名以期之。文传少嗜学，十岁能属文，未冠，已有声誉，用举者为吴及金坛两县学教谕、饶州慈湖书院山长。仁宗诏举进士，文传首登延祐二年乙科，授同知昌国州事，累迁长洲、乌程两县尹，升婺源知州，又知吴江州。

文传长于治剧，所至俱有善政。自其始至昌国，即能柔之以恩信，于是海岛之民，虽顽犷不易治，至有剽掠海中若化外然者，亦为之变俗。初，长官强愎自恣，文传推诚以待之，久乃自屈服。盐场官方倚转运司势，虐使州民，家业破荡，文传语同列曰："吾属受天子命，以牧此民，可坐视而弗之救乎！"乃亟为陈理，上官莫能夺，民赖以免。长洲为文传乡邑，文传徙榻公署，无事未尝辄出，而亲旧莫敢通私谒。会创行助役法，凡民田百亩，令以三亩入官，为受役者之助。文传既专任其县事，而行省又以无锡州及华亭、上海两县之事诿焉。文传谕豪家大姓，以腴田来归，而中人之家，自是不病于役。其在乌程，有富民张甲之妻王，无子，张纳一妾于外，生子，未晬，王诱妾以儿来，寻逐妾，杀儿焚之。文传闻而发其事，得死儿余骨，王厚贿妾之父母，买邻家儿为妾所生，儿初不死。文传令妾抱儿乳之，儿啼不就乳，妾之父母吐实，乃呼邻妇至，儿见之，跃入其怀，乳之即饮，王遂伏辜。丹徒县民有二弟共杀其姊者，狱久不决，浙西廉访司俾文传鞫之，既得其情，其母乞贷二子命，为终养计，文传谓二人所承有轻重，以首从论，则为首者当死，司官从之。婺源之俗，男女婚聘后，富则渝其约，有育其女至老死不嫁者；亲丧，贫则不举，有停其柩累数世不葬者。文传下车，即召其耆老，使以礼训告之，阅三月而婚丧俱毕。宋大儒朱熹，上世居婺源，故业为豪民所占，子孙诉于有司，莫能直，文传谕其民以理，不烦穷治而悉归之。复募好义者，即其故宅基建祠，俾朱氏世守焉。有富民江丙，出游京师，娶娼女张为妇，江既客死，张走数千里，返其柩以葬，前妻之子因苦之，既而杀之，瘗其尸山谷间。官司知之，利其贿不问，文传乃发其事，而论如法。文传莅官，其所设施多此类，故其治行往往为诸州县最。韩镛时佥浙西廉访司事，作《乌程谣》以纪其绩，论者谓其有古循吏之风。

至正三年，召赴阙，承诏预修《宋史》，书成，赏赉优渥，仍有旨四品以下各进一官。擢文传集贤待制。亡何，以嘉议大夫、礼部尚书致仕。卒，年七十八。

文传气貌充伟，识度凝远，喜接引后进，考试江浙、江西乡闱，所取士后多知名。为文务雅正，不事浮藻，其于政事为尤长云。

韩镛

韩镛，字伯高，济南人。延祐五年中进士第，授将仕郎、翰林国史院编修官，寻迁集贤都事。泰定四年，转国子博士，俄拜监察御史。当时由进士入官者仅百之一，由吏致位显要者常十之九。帝乃欲以中书参议傅岩起为吏部尚书，镛上言："吏部掌天下铨衡，岩起从吏入官，乌足尽知天下贤才。况尚书秩三品，岩起累官四品耳，于法亦不得升。"制可其奏。

天历元年，除佥浙西廉访司事，击奸暴，黜贪墨，而特举乌程县尹干文传治行为诸县最，所至郡县，为之肃然。二年，转江浙财赋副总管。至顺元年，除国子司业，寻迁南行台治书侍御史。顺帝初，历佥宣徽及枢密院事。至正二年，除翰林侍讲学士，既而拜侍御史，以刚介为时所忌，言事者诬劾其赃私，乃罢去。五年，台臣辨其诬，遂复起参议中书省事。

七年，朝廷慎选守令，参知政事魏中立言于帝："当今必欲得贤守令，无加镛者。"帝乃特署镛姓名，授饶州路总管。饶之为俗尚鬼，有觉山庙者，自昔为妖以祸福人，为盗贼者事之尤至，将为盗，必卜之。镛至，即撤其祠宇，沉土偶人于江。凡境内淫祠有不合祀典者，皆毁之。人初大骇，已而皆叹服。镛知民可教，俾俊秀入学官，求宿儒学行俱尊者，列为《五经》师，旦望必幅巾深衣以谒先圣，月必考订课试，以示劝励。每治政之暇，必延见其师生，与之讲讨经义，由是人人自力于学，而饶之以科第进者，视他郡为多。镛居官廨，自奉淡泊，僚属亦皆化之。先是，朝使至外郡者，官府奉之甚侈，一不厌其所欲，即衔之，往往腾谤于朝，其出使于饶者，镛延见郡舍中，供以粝饭，退皆无有后言。其后有旨以织币脆薄，遣使笞行省臣及诸郡长吏。独镛无预。镛治政，虽细事，其详密多类此。

十年，拜中书参知政事。十一年，丞相脱脱在位，而龚伯璲辈方用事，朝廷悉议更张，镛有言，不见听。人或以镛优于治郡，而执政非其所长，遂出为甘肃行省参知政事。及脱脱罢，用事者悉诛，而镛又独免祸。乃迁西行台中丞，殁于官。

李稷

李稷，字孟豳，滕州人。稷幼颖敏，八岁能记诵经史。从其父官袁州，师夏镇，又从官铅山，师方回孙。镇、回孙皆名进士，长于《春秋》，稷兼得其传。泰定四年，中进士第，授淇州判官。淇当要冲，稷至，能理其剧。岁大饥，告于朝堂以赈之，民获以苏。游民尚安儿，饮博亡赖，稷疑其为非，督弓兵擒之，果盗邻村王甲家财，与其党五人俱伏辜。调海陵县丞，亦有能声。入为翰林国史院编修官，擢御史台照磨。

至正初，出为江南行台监察御史，迁都事，又入为监察御史。劾奏阉宦高龙卜恃赖恩私，侵挠朝政，擅作威福，交通时相，请谒公行，为国基祸，乞加窜逐，以正邦刑。

章上，流高龙卜于征东。又言："御史封事，须至御前开拆，以防壅蔽之患。言事官须优加擢用，以开谏诤之路。殿中侍御史、给事中、起居注，须任端人直士，书百司奏请，及帝所可否，月达省台，付史馆，以备纂修之实。"承天护圣寺火，有旨更作，乃上言："水旱相仍，公私俱乏，不宜妄兴大役。"议遂寝。会朝廷方注意守令，因言："下县尹多从吏部铨注，或非其才，宜并归省选。茶盐铁课，责备长吏，动受刑谴，何以临民，宜分委佐贰。投下达鲁花赤，蠹政害民，宜为佐贰。"帝悉可其奏。迁中书左司都事，又四迁为户部尚书。十一年，廷议以中原租税不实，将履亩起税，稷诣都堂言曰："方今妖寇窃发，民庶流亡，此政一行，是驱民为盗也。"相臣是之。寻参议中书省事，俄迁治书侍御史。

十二年，从丞相脱脱出师征徐州，徐既平，谒告归滕州，迁曾祖父以下十七丧，序昭穆以葬，敕赐碑树焉。既而召为詹事丞，除侍御史，俄迁中书参知政事。皇太子受册，摄大礼使，遂除枢密副使。帝躬祀郊庙，摄太常少卿，寻复为侍御史，又为中书参知政事，俄升资善大夫、御史中丞，寻特加荣禄大夫。至正十九年，丁母忧，两起复，为陕西行省左丞、枢密副使，乞终制，不起。服阕，命为大都路总管，兼大兴府尹，除副詹事。二十四年，出为陕西行台中丞，未行，改山东廉访使。得疾，上章致仕，还京师。卒，年六十一。赠推忠赞理正宪功臣、集贤大学士、荣禄大夫、柱国，追封齐国公，谥文穆。

稷为人孝友恭俭，廉慎忠勤，处家严而有则，与人交，一以诚恪，尤笃于乡党朋友之谊。中丞任择善、陈思谦既没，皆抚其遗孤，人以是多之。出入台省者二十年，始卒无疵，为时名卿云。

盖　苗

盖苗，字耘夫，大名元城人。幼聪敏好学，善记诵，及弱冠，游学四方，艺业大进。延祐五年，登进士第，授济宁路单州判官。州多系囚，苗请疏决之。知州以为囚数已上，部使者未报，不可决。苗曰："设使者有问，请身任其责。"知州乃勉从之，使者果阅牍而去。岁饥，白郡府，未有以应。会他邑亦以告，郡府遣苗至户部以请，户部难之，苗伏中书堂下，出糠饼以示曰："济宁民率食此，况不得此食者尤多，岂可坐视不救乎！"因泣下，时宰大悟，凡被灾者，咸获赈焉。有官粟五百石陈腐，以借诸民，期秋熟还官。及秋，郡责偿甚急，部使者将责知州，苗曰："官粟实苗所贷，今民饥不能偿，苗请代还。"使者乃已其责。单州税粮，岁输馆陶仓，距单五百余里，载驮担负，民甚苦之，春犹未足。是秋，馆陶大熟，苗先期令民籴粟仓下，十月初，仓券已至，省民力什之五。

辟御史台掾，除山东廉访司经历，历礼部主事，擢江南行台监察御史。建言严武备以备不虞，简兵卒以壮国势，全功臣以隆大体，惜官爵以清铨选，考实行以抑奔竞，明赏罚以杜奸欺，计利害以孚民情，去民贼以崇礼节。皆切于时务，公论韪之。天历初，文宗诏以建康潜邸为佛寺，务穷壮丽，毁民居七十余家，仍以御史大夫督其役。苗上封事曰："臣闻使民以时，使臣以礼，自古未有不由斯道而致隆平者。陛下龙潜建业之时，居民困于供给，幸而获睹今日之运，百姓跂足举首，以望非常之恩。今夺农时以创佛寺，又废民居，使之家破产荡，岂圣人御天下之道乎？昔汉高帝兴于丰、沛，为复两县，光武中兴南阳，免税三年，既不务此，而隆重佛氏，何以满斯民之望哉！且佛以慈悲为心，方便为教，今尊佛氏而害生民，无乃违其方便之教乎？台臣职专纠察，表正百司，今乃委以修缮之役，岂其礼哉？"书奏，御史大夫果免督役。入为监察御史。文宗幸护国仁王寺，泛舟玉泉，苗进曰："今频年不登，边隅不靖，政当恐惧修省，何暇逸游，以临不测之渊乎？"帝嘉纳之，赐以对衣上尊，即日还宫。台臣拟苗佥淮东廉访司事，以闻，帝曰："仍留盖御史，朕欲闻其谠言也。"以丁外艰去，免丧，除太禧宗禋院都事。中书檄苗行视河道，还言："河口淤塞，今苟不治，后日必为中原大患。"都水难之，事遂寝。

至正初，用荐者知亳州，修学宫，完州廨。有豪强占民田为己业，民五十余人诉于苗，苗讯治之，豪民咸自引服。苗曰："尔等罪甚重，然吾观皆有改过意。"遂从轻议。至元四年，起为左司都事，在左司仅十八日，凡决数百事。丁内忧，宰相惜其去，重赙之。至正二年，起为户部郎中，俄擢御史台都事，御史大夫欲以故人居言路，苗曰："非其才也。"大夫不悦而起，其晚，邀至私第以谢，人两贤之。出为山东廉访副使。益都、淄、莱地旧称产金，朝廷建一府六所综其事，民岁买金以输官，至是六十年矣。民有忤其官长意，辄谓所居地有金矿，掘地及泉而后止。猾吏为奸利，莫敢谁何。苗建言罢之。三年，入为户部侍郎。四年，由都水监迁刑部尚书。初，盗杀河南省宪官，延坐五百余家，已有诏除首罪外，余从原宥。至是，宰臣追复欲尽诛戮，苗坚持不可。御史趣具狱，苗曰："肆赦复杀，在法所无，御史独宜劾苗，其敢累朝廷之宽仁乎！"卒用苗议，罢之。出为山东廉访使，民饥为盗，所在群聚，乃上救荒弭盗十二事，劾宣慰使氿骹不法者。有司援例欲征苗所得职田，苗曰："年荒民困，吾无以救，尚忍征敛以肥己耶！"辄命已之。同僚皆无敢取。召参议中书省事。

五年，出为陕西行台侍御史，迁陕西行省参知政事。六年，复入为治书侍御史，升侍御史，寻拜中书参知政事、同知经筵事。大臣以两京驰道狭隘，奏毁民田庐广之，已遣使督有司治之矣，苗执曰："驰道创自至元初，何今日独为隘乎！"力辩，乃罢。又欲宿卫士悉出为郡长官，俾以养贫，苗议曰："郡长所以牧民，岂养贫之地哉？果有不能自存，赐之钱可也。若任郡寄，必择贤才而后可。"议遂寝。又欲以钞万贯与角觝者，苗曰："诸处告饥，不蒙赈恤，力戏何功，获此重赏乎？"又，金四川廉访司事家人违例收职田，奉使宣抚，直坐其主，宰臣命奉使即行遣，苗请付法司详议，勿使宪司以为口实。于是时相顾谓僚佐曰："所以引盖君至枢机者，欲其相助也，乃每事相抗，何耶？今后有公务，毋白参政。"苗叹曰："猥以非才，待罪执政，中书之事，皆当与闻，今宰相言若此，不退何俟？"将引去，而适有旨拜江南行台御史中丞。然宰臣怒苗终不解，比至，即除甘肃行省左丞，时苗已致仕归田里矣。时宰复奏旨趣赴任，苗舁疾就道。至镇，即上言："西土诸王，为国藩屏，赐赉虽有常制，而有司牵于文法，遂使恩泽不以时及，有匮乏之忧，大非隆亲厚本之意。"又言："甘肃每岁中粮，奸弊百端，请以粮钞兼给，则军民咸利矣。"朝廷从之。迁陕西行御史台中丞。到官数日，即上疏乞骸骨，还乡里。明年卒，年五十八。赠摅诚赞治功臣、中书左丞、上护军，追封魏国公，谥文献。

苗学术淳正，性孝友，喜施与，置义田以赡宗族。平居恂恂谦谨，及至遇事，张目敢言，虽经挫折，无少回挠，有古遗直之风焉。

卷一百八十六　列传第七十三

张　桢

张桢，字约中，汴人。幼刻苦读书，登元统元年进士第，授彰德路录事，辟河南行省掾。桢初娶祁氏，祁生贵富家，颇骄纵，见桢贫，不为礼。合卺逾月，即出之。祁之兄讼于官，且污桢以黯昧事，左右司官听之，桢因移疾不出，滞案俱积。平章政事月鲁帖木儿怒曰："张桢，刚介士也，岂汝曹所当议耶！"郎中虎者秃谒而谢之，乃起。范孟为乱，矫杀月鲁帖木儿等，城中大扰，桢暮夜缒城出，得免。

逾年，除高邮县尹，门无私谒。县民张提领，尚任侠，武断乡曲。一日，至县有所嘱，桢执之，尽得其罪状，里中受其抑者，咸来诉焉，乃杖而徙之，人以为快。守城千户狗儿妻崔氏，为其小妇所谮，虐死，其鬼凭七岁女诣县诉桢，备言死状，尸见瘗舍后。桢率吏卒即其所，发土得尸，拘狗儿及小妇，鞫之，皆伏辜，人以为神明焉。

累除中政院判官，至正八年，拜监察御史，劾太尉阿乞剌欺罔之罪，并言："明里董阿、也里牙、月鲁不花，皆陛下不共戴天之仇，伯颜贼杀宗室嘉王、郯王一十二口，稽之古法，当伏门诛，而其子兄弟尚仕于朝，宜急诛窜。别儿怯不花阿附权奸，亦宜远贬。今灾异迭见，盗贼蜂起，海寇敢于要君，阃帅敢于玩寇，若不振举，恐有唐末藩镇噬脐之祸。"不听。

及毛贵陷山东，上疏陈十祸，根本之祸有六，征讨之祸有四，历数其弊：一曰轻大臣，二曰解权纲，三曰事安逸，四曰杜言路，五曰离人心，六曰滥刑狱，所谓根本之祸六也。其言事安逸之祸，略曰："臣伏见陛下以盛年入纂大统，履艰难而登大宝，因循治安，不预防虑，宽仁恭俭，渐不如初。今天下可谓多事矣，海内可谓不宁矣，天道可谓变常矣，民情可谓难保矣，是陛下警省之时，战兢惕厉之日也。陛下宜卧薪尝胆，奋发悔过，思祖宗创业之难，而今日坠亡之易，于是而修实德，则可以答天意，推至诚，则可以回人心。凡土木之劳，声色之好，燕安鸩毒之戒，皆宜痛撤勇改。有不尽者，亦宜防微杜渐，而禁 于未然，黜宫女，节浮费，畏天恤人。而陛下乃安焉处之，如天下太平无事时，此所谓根本之祸也。"至若不慎调度，不资群策，不明赏罚，不择将帅，所谓征讨之祸四也。其言不明赏罚之祸，略曰："臣伏见调兵六年，初无纪律之法，又无激劝之宜，将帅因败为功，指虚为实，大小相谩，上下相依，其性情不一，而邀功求赏则同。是以有覆军之将，残民之将，怯懦之将，贪婪之将，曾无惩戒，所经之处，鸡犬一空，货财俱尽。及其面谀游说，反以克复受赏。今克复之地，悉为荒墟，河南提封三千余里，郡县星罗棋布，岁输钱谷数百万计，而今所存者，封丘、延津、登封、偃师三四县而已。两淮之北，大河之南，所在萧条。夫有土有人有财，然后可望军旅不乏，馈饷不竭。今寇敌已至之境，固不忍言，未至之处，尤可寒心，如此而望军旅不乏，馈饷不竭，使天雨粟，地涌金，朝夕存亡且不能保，况以地方有限之费，而供将帅无穷之欲哉！其为自启乱阶，亦已危矣。陛下事佛求福，饭僧消祸，以天寿节而禁屠宰，皆虚名也。今天下杀人矣，陛下泰然不理，而曰吾将以是求福，福何自而至哉？颍上之寇，始结白莲，以佛法诱众，终饰威权，以兵抗拒，视其所向，骎骎可畏，其势不至于亡吾社稷、烬吾国家不已也。堂堂天朝，不思靖乱，而反为阶乱，其祸至惨，其毒至深，其关系至大，有识者为之扼腕，有志者为之痛心，此征讨之祸也。"疏奏，不省。权臣恶其讦直。

二十一年，除佥山南道肃政廉访司事，至则劾中书参知政事也先不花、枢密院副使脱脱木儿、治书侍御史奴奴弄权误国之罪，又不报。方是时，孛罗帖木儿驻兵大同，察罕帖木儿驻兵洛阳，而毛贵据山东，势逼京畿，二将玩寇不进，方以争晋、冀为事，构兵相攻，互有胜负。朝廷乃遣也先不花、脱脱木儿、奴奴往解之，既受命，不前进。桢又言其"贪懦庸鄙，苟怀自安之计，无忧国致身之忠。朝廷将使二家释憾，协心讨贼，此国之大事，谓宜风驰电走，而乃迂回退慑，枉道延安以西，绕曲数千里，迟迟而行，使两军日夜仇杀，黎庶肝脑涂地，实此三人之所致也，宜急殛之，以救时危。"亦不报。桢乃慨然叹曰："天下事不可为矣。"即辞去，居河中安邑山谷间，结茅仅容膝。有访之者，不复言时事，但对之流涕而已。

二十四年，孛罗帖木儿犯阙，皇太子出居冀宁，奏除赞善，又除翰林学士，皆不起。扩廓帖木儿将辅皇太子入讨孛罗帖木儿，遣使传皇太子旨，赐以上尊，且访时事，桢复书曰："今燕赵齐鲁之境，大河内外，长淮南北，悉为丘墟，关陕之区，所存无几，江左日思荐食上国，湘汉荆楚川蜀，淫名僭号，幸我有变，利我多虞。阁下国之右族，三世二王，得不思廉、蔺之于赵，寇、贾之于汉乎？京师一残，假有不逞之徒，崛起草泽，借名义，尊君父，倡其说于天下，阁下将何以处之乎！守京师者，能聚不能散，御外侮者，能进不能退，纷纷籍籍，神分志夺，国家之事，能不为阁下忧乎！《志》曰'不备不虞，不可以为师'，仆之惓惓为言者，献忠之道也。然为言大要有三：保君父，一也；扶社稷，二也；卫生灵，三也。请以近似者陈其一二：卫出公据国，至于不父其父；赵有沙丘之变，其臣成、兑平之，不可谓无功，而后至于不君其君；唐肃宗流播之中，怵于邪谋，遂成灵武之篡。千载之下，虽有智辩百出，不能为雪。呜呼！是岂可以不鉴之乎！然吾闻之，天之所废不骤也，骤其得志，肆其宠乐，使忘其觉悟之心，非安之也，厚其毒而降之罚也。天遂其欲，民厌其汰，而鬼神弗福也。其能久乎？阁下览观焉，谋出于万全，则善矣。询之舆议，急则其变不测，徐则其衅必起，通其往来之使，达其上下之情，得其情，则得其策矣。孔子曰：'君君臣臣父父子子。'今九重在上者如寄，青宫在下者如寄，生民之忧，国家之忧也，可不深思而熟计之哉！"扩廓帖木儿深纳其说，是用事克有成。后三年，卒。

归　旸

归旸，字彦温，汴梁人。将生，其母杨氏梦朝日出东山上，有轻云来掩之，故名旸。学无师传，而精敏过人。登至顺元年进士第，授同知颍州事，钼奸击强，人不敢以年少易之。山东盐司遣奏差至颍，恃势为不法，旸执以下狱。时州县奉盐司甚谨，颐指气使，辄奔走之，旸独不为屈。转大都路儒学提举，未上。

至元五年十一月，杞县人范孟谋不轨，诈为诏使，至河南省中，杀平章月鲁帖木儿、左丞劫烈、廉访使完者不花、总管撒里麻，召官属及去位者，署而用之，以段辅为左丞，使旸北守黄河口。旸力拒不从，贼怒，系于狱，众叵测所为，旸无惧色。已而贼败，污贼者皆获罪，旸独免。同里有吴炳者，尝以翰林待制征，不起。贼呼炳司卯酉历，炳不敢辞。时人为之语曰："归旸出角，吴炳无光。"旸自此名誉赫然。明年，转国子博士，拜监察御史。及入谢，台臣奏曰："此即河南抗贼者也。"帝曰："好事卿宜数为之。"赐以上尊。已而辞官归，养亲汴上，亲既殁，家食久之。

至正五年，除佥河南廉访司事，行部西京，以法绳赵王府官属之贪暴者，王三遣使请，不为动。宣宁县有杀人者，蔓引数十人，一谳得其情，尽释之。沁州民郭仲玉，为人所杀，有司以蒲察山儿当之，旸察其诬，踪迹得其杀人者，山儿遂不死。六年，转佥淮东廉访司事，改宣文阁监书博士，兼经筵译文官。

七年，迁右司都事。顺江酋长乐孙求内附，请立宣抚司，及置郡县一十三处，旸曰："古人有言：鞭虽长，不及马腹。使郡县果设，有事不救，则孤来附之意，救之，则罢中国而事外夷，所谓获虚名而受实祸也。"与左丞吕思诚抗辨甚力。丞相太平笑曰："归都事善戆如此，何相抗乃尔邪！然其策果将焉出？"旸曰："其酋长可授宣抚，勿责其贡赋，使者赐以金帛，遣归足矣。"卒从旸言。京师苦寒，有丐诉丞相马前，丞相索皮服予之，仍核在官所藏皮服之数，悉给贫民。旸曰："宰相当以广济天下为心，皮服能几何，而欲给之邪！莫若录寒饥者，稍赈之耳。"丞相悟而止。云南死可伐叛，诏以元帅述律遵道往喻之；未几，命平章政事亦都浑将兵讨之，事久无功。二人上疏纷纭，中书欲罪述律，旸曰："彼事未白，而专罪一人，岂法意乎？况一谕之而一讨之，彼将何所适从？然亦非使者之罪也。"湖广行省左丞沙班卒，其子沙的方为中书掾，请奔丧，丞相以沙的有兄弟，不许，旸曰："孝者，人子之同情，以其有兄弟而沮其请，非所以孝治天下也。"遂从之。广海猺贼入寇，诏朵儿只班将思播杨元帅军以讨之，旸曰："易军而将不谙教令，恐不能决胜。若命杨就统其众，彼悦于恩命，必能自效，所谓以夷狄攻夷狄，中国之利也。"帝不从，后竟无功。

八年，升左司员外郎。中书用旸言，损河间余盐五万引以裕民。楮币壅不行，廷议出楮币五百万锭易银实内藏，旸复持不可曰："富商大贾，尽易其钞于私家，小民何利哉！"六月，迁参议枢密院事。时方国珍未附，诏江浙行省参知政事朵儿只班讨之，一军皆没，而朵儿只班被执，将罪之，旸曰："将之失利，其罪固当，然所部皆北方步骑，不习水战，是驱之死地耳。宜募海滨之民习水利者擒之。"既而国珍遣人从朵儿只班走京师请降，旸曰："国珍已败我王师，又拘我王臣，力屈而来，非真降也。必讨之以令四方。"时朝廷方事姑息，卒从其请，后果屡叛，如旸言。迁御史台都事，俄复参议枢密院事，十二月，升枢密院判官。

九年正月，转河西廉访使，未上，改礼部尚书。会开端本堂，皇太子就学，召旸为赞善。未几，迁翰林直学士、同修国史，仍兼前职。旸言："师傅当与皇太子东西相向授书，其属亦以次列坐，虚其中座，以待至尊临幸，不然，则师道不立矣。"时众言人人殊，卒从旸议。俄以疾辞，帝遣左司郎中赵琏赐白金文绮，不受。初，旸在上都时，脱脱自甘州还，且入相，中书参议赵期颐、员外郎李稷谒旸私第，致脱脱之命，属草诏，旸辞曰："丞相将为伊、周事业，入相之诏，当命词臣视草，今属笔于旸，恐累丞相之贤也。"期颐曰："若帝命为之，奈何？"旸曰："事理非顺，亦当固辞。"期颐知不可屈，乃已。十年正月，迁四川行省参知政事，十二年，除刑部尚书，十五年，再除刑部尚书，凡三迁，皆以疾辞。十七年，授集贤学士，兼国子祭酒，使者迫之，旸舆疾至京师，卧于南城不起。时海内多故，旸上三策：一曰振纪纲，二曰选将材，三曰审形势。亹亹数千言，时以为老生常谈，不能用。十一月，以集贤学士、资德大夫致仕，给半俸终身，辞不受。明年，乞骸骨，侨居弘州，徙蔚州，又徙宣德，皆间关避兵。寻抵大同。及关陕小宁，来居解之夏县。皇太子出冀宁，强起之，居数月，复还夏县。二十七年卒，年六十三。

陈祖仁 王逊志

陈祖仁，字子山，汴人也。其父安国，仕为常州晋陵尹。祖仁性嗜学，早从师南方，有文名。

至正元年，科举复行，祖仁以《春秋》中河南乡贡。明年会试，在前列，及对策大廷，遂魁多士，赐进士及第，授翰林修撰、同知制诰，兼国史院编修官。历太庙署令、太常博士，迁翰林待制，出佥山东肃政廉访司事，擢监察御史，复出为山北肃政廉访司副使，召拜翰林直学士，升侍讲学士，除参议中书省事。

二十年五月，帝欲修上都宫阙，工役大兴，祖仁上疏，其略曰："自古人君，不幸遇艰虞多难之时，孰不欲奋发有为，成不世之功，以光复祖宗之业。苟或上不奉于天道，下不顺于民心，缓急失宜，举措未当，虽以此道持盈守成，犹或致乱，而况欲拨乱世反之正乎！夫上都宫阙，创自先帝，修于累朝，自经兵火，焚毁殆尽，所不忍言，此陛下所为日夜痛心，所宜亟图兴复者也。然今四海未靖，疮痍未瘳，仓库告虚，财用将竭，乃欲驱疲民以供大役，废其耕耨，而荒其田亩，何异扼其吭而夺之食，以速其毙乎！陛下追惟祖宗宫阙，念兹在兹，然不思今日所当兴复，乃有大于此者。假令上都宫阙未复，固无妨于陛下之寝处，使因是而违天道，失人心，或致大业之隳废，则夫天下者亦祖宗之天下，生民者亦祖宗之生民，陛下亦安忍而轻弃之乎！愿陛下以生养民力为本，以恢复天下为务，信赏必罚，以驱策英雄，亲正人，远邪佞，以图谋治道。夫如是，则承平之观，不日咸复，讵止上都宫阙而已乎！"疏奏，帝嘉纳之。

二十三年十二月，拜治书侍御史。时宦者资正使朴不花与宣政使橐驩，内恃皇太子，外结丞相搠思监，骄恣不法，监察御史傅公让上章暴其过，忤皇太子意，左迁吐蕃宣慰司经历。它御史连章论谏，皆外除。祖仁上疏皇太子言："御史纠劾橐驩、不花奸邪等事，此非御史之私言，乃天下之公论，台臣审问尤悉，故以上启。今殿下未赐详察，辄加沮抑，摈斥御史，诘责台臣，使奸臣蠹政之情，不得达于君父，则亦过矣。夫天下者祖宗之天下，台谏者祖宗之所建立，以二竖之微，而于天下之重、台谏之言，一切不恤，独不念祖宗乎！且殿下职分，止于监国抚军、问安视膳而已，此外予夺赏罚之权，自在君父。今方毓德春宫，而使谏臣结舌，凶人肆志，岂惟君父徒拥虚器，而天下苍生，亦将奚望！"疏上，皇太子怒，令御史大夫老的沙谕祖仁，以谓"台臣所言虽是，但橐驩等俱无是事，御史纠言不实，已与美除。昔裕宗为皇太子，兼中书令、枢密使，凡军国重事合奏闻者，乃许上闻，非独我今日如是也。"祖仁乃复上疏言："御史所劾，得于田野之间，殿下所询，不出宫墙之外，所以全此二人者，止缘不见其奸。昔唐德宗云：'人言卢杞奸邪，朕殊不觉。'使德宗早觉，杞安得相？是杞之奸邪，当时知之，独德宗不知尔。今此二人，亦皆奸邪，举朝知之，在野知之，天下知之，独殿下未知耳。且裕宗既领军国重事，理宜先阅其纲。若至台谏封章，自是御前开拆，假使必皆经由东宫，君父或有差失，谏臣有言，太子将使之闻奏乎，不使之闻奏乎？使之闻奏，则伤其父心，不使闻奏，则陷父于恶，殿下将安所处！如知此说，则今日纠劾之章，不宜阻矣，御史不宜斥矣。斥其人而美其除，不知御史所言，为天下国家乎，为一身官爵乎？斥者去，来者言，言者无穷，而美除有限，殿下又安所处？"祖仁疏既再上，即辞职，而御史下至吏卒皆辞闲。于是皇太子以其事闻，朴不花、橐驩乃皆辞退。而天子令老的沙谕旨祖仁等，祖仁复上书天子曰："祖宗以天下传之陛下，今乃坏乱不可救药，虽曰天运使然，亦陛下刑赏不明之所致也。且区区二竖，犹不能除，况于大者！愿陛下俯从台谏之言，摈斥此二人，不令其以辞退为名，成其奸计，使海内皆知陛下信赏必罚自二人始，则将士孰不效力。天下可全，而有以还祖宗之旧，若犹优柔不断，则臣宁有饿死于家，誓不与之同朝，牵联及祸，以待后世正人同罪。"书奏，天子大怒，而是时侍御史李国凤亦上疏，言此二人必当斥，于是台臣自老的沙以下皆左迁，而祖仁出为甘肃行省参知政事。时天极寒，衣单甚，以弱女托于其友朱毅，即日就道。

明年七月，孛罗帖木儿入中书为丞相，除祖仁山北道肃政廉访使，召拜国子祭酒，迁枢密副使，累上疏言军政利害，不报，辞职。除翰林学士，遂拜中书参知政事。是时天下乱已甚，而祖仁性刚直，遇事与时宰论议数不合，乃超授其阶荣禄大夫，而仍还翰林为学士，寻迁太常礼仪院使。

二十七年，大明兵已取山东，而朝廷方疑扩廓帖木儿有不臣之心，专立抚军院，总兵马以备之。祖仁乃与翰林学士承旨王时、待制黄哻、编修黄肃伏阙上书言："近者南军侵陷全齐，不逾月而逼畿甸，朝廷虽命丞相也速出师，军马数少，势力孤危，而中原诸军，左牵右掣，调度失宜，京城四面，茫无屏蔽，宗社安危，正在今日。臣愚等以为驭天下之势，当论其轻重强弱，远近先后，不宜胶于一偏，狃于故辙。前日南军僻在一方，而扩廓帖木儿近在肘腋，势将窃持国柄，故宜先于致讨，则南军远而轻，而扩廓帖木儿近而重也。今扩廓帖木儿势已穷蹙，而南军突至，势将不利于宗社，故宜先于救难，则扩廓帖木儿弱而轻，南军近而重也。陛下宽仁涵育，皇太子贤明英断，当此之时，宜审其轻重强弱，改弦更张，而抚军诸官，亦宜以公天下为心，审时制宜。今扩廓帖木儿党与离散，岂能复振，若止分拨一军逼袭，必就擒获，其余彼中见调一应军马，令其倍道东行，勤王赴难，与也速等声势相援，仍遣重臣，分道宣谕催督，庶几得宜。如复胶于前说，动以言者为扩廓帖木儿游说，而钳天下之口，不幸猝有意外之变，朝廷亦不得闻，而天下之事去矣。"书上，不报。十二月，祖仁又上书皇太子，言："近日降诏，削河南军马之权，虽所当然，然此项军马，终为南军之所忌。设使其有悖逆之心，朝廷以忠臣待之，其心愧沮，将何所施。今未有所见，遽以此名加之，彼若甘心以就此名，其害有不可言者。朝廷苟善用之，岂无所助。然人皆知之而不敢言者，诚恐诬以受财游说罪名，无所昭雪也。况闻扩廓帖木儿屡上书疏，明其心曲，是其心未绝于朝廷，以待朝廷之开悟。当今为朝廷计者，不过战、守、迁三事。以言乎战，则资其犄角之势；以言乎守，则望其勤王之师；以言乎迁，则假其藩卫之力。极力勉厉使行，犹恐迟晚，岂可使数万之师，弃置于一方。当此危急之秋，宗社存亡，仅在旦夕，不幸一日有唐玄宗仓卒之出，则是以祖宗百年之宗社，朝廷委而弃之，此时虽欲碎首杀身，何济于事！故今不复避忌，惟以宗社存亡为重，奉疏以闻。"疏上，亦不报。

二十八年秋，大明兵进压近郊，有旨命祖仁及同佥太常礼仪院事王逊志等载太庙神主，从皇太子北行。祖仁等乃奏曰："天子有大事出，则载主以行，从皇太子，非礼也。"帝然之，还守太庙以竢命。俄而天子北奔，祖仁守神主，不果从。八月二日，京城破，将出健德门，为乱军所害，时年五十五。

祖仁一目眇，貌寝，身短瘠，而语音清亮，议论伟然，负气刚正，似不可犯者。其学博而精，自天文、地理、律历、兵乘、术数、百家之说，皆通其要。为文简质，而诗清丽，世多称传之。

王逊志，字文敏，恽之曾孙也。以荫授侍仪司通事舍人，历隰州判官、大宁县尹，擢陕西行台监察御史，累迁佥汉中、河西、山北三道肃政廉访司事，入为工部员外郎，迁礼部郎中，拜监察御史。劾詹事不兰奚、平章宜童皆逆臣子孙，当屏诸遐裔。除太府少监，出为江西廉访副使，召佥太常礼仪院事。京城不守，公卿争出降，逊志独家居，衣冠而坐。其友中政院判官王翼来告曰："新朝宽大，不惟不死，且仍与官，盍出诣官自言状。"逊志艴然斥之曰："君既自不忠，又诱人为不义耶！"因戒其子曰；"汝谨继吾宗。"即自投井中死。

成遵

成遵，字谊叔，南阳穰县人也。幼敏悟，读书日记数千百言。年十五，丧父。家贫，勤苦不废学问。二十能文章。时郡中先辈无治进士业者，遵欲为，以不合程式为患。一日，愤然曰："《四书》、《五经》，吾师也。文无逾于《史》、《汉》、韩、柳。区区科举之作，何难哉。"会杨惠初登第，来尹穰，遵乃书所作数十篇 见之。惠抚卷大喜，语之曰："以此取科第，如拾芥耳。"至顺辛未，至京师，受《春秋》业于夏镇，遂入成均为国子生。时陈旅为助教，喜其文，数以语于奎章阁侍书学士虞集，集亟欲见之，旅令以已马俾遵驰诣集。集方有目疾，见遵来，迫而视之，曰："适观生文，今见生貌，公辅器也。吾老矣，恐不及见，生当自爱重也。"元统改元，中进士第，授将仕郎、翰林国史院编修官。明年，预修泰定、明宗、文宗三朝实录。后至元四年，升应奉翰林文字。五年，辟御史台掾。

至正改元，擢太常博士。明年，转中书检校，寻拜监察御史。扈从至上京，上封事，言天子宜慎起居，节嗜欲，以保养圣躬，圣躬安则宗社安矣。言甚迫切，帝改容称善。又言台察四事：一曰差遣台臣，越职问事；二曰左迁御史，杜塞言路；三曰御史不思尽言，循叙求进；四曰体覆廉访声迹不实，贤否混淆。帝皆喜纳之，谕台臣曰："遵所言甚善，皆世祖风纪旧规也。"特赐上尊旌其忠。遵又言江浙火灾当赈恤，及劾火鲁忽赤不法十事，皆从之。复上封事，言时务四事：一曰法祖宗，二曰节财用，三曰抑奔竞，四曰明激劝。奏入，帝称善久之，命中书速议以行。是岁，言事并举劾凡七十余事，皆指讦时弊，执政者恶之。三年，自刑部员外郎出为陕西行省员外郎，以母病辞归。五年，丁母忧。八年，擢佥淮东肃政廉访司事，改礼部郎中，奉使山东、淮北察守令贤否，得循良者九人，贪懦者二十一人，奏之。九人者，赐上尊币帛，仍加显擢；其二十一人悉黜之。九年，改刑部郎中，寻迁御史台都事。时台臣有嫉赃吏多以父母之忧免者，建论今后官吏，凡被案劾赃私，虽父母死，不许归葬，须竟其狱，庶恶人不获幸免。遵曰："恶人固可怒，然与人伦孰重？且国家以孝治天下，宁失罪人千百，不可使天下有无亲之吏。"御史大夫是其言。升户部侍郎。

十年，迁中书右司郎中。时刑部狱按久而不决者积数百，遵与其僚分阅之，共议其轻重，各当其罪，未几，无遗事。时有令输粟补官，有匿其奸罪而入粟得七品杂流者，为怨家所告，有司议输粟例，无有过不与之文，遵曰："卖官鬻爵，已非盛典，况又卖官与奸淫之人，其将何以为治。必夺其敕，还其粟，著为令，乃可。"省臣从之。除工部尚书。先是，河决白茅，郓城、济宁皆为巨浸。或言当筑堤以遏水势，或言必疏南河故道以杀水势，而漕运使贾鲁言："必疏南河，塞 北河，使复故道。役不大兴，害不能已。"廷议莫能决。乃命遵偕大司农秃鲁行视河，议其疏塞之方以闻。十一年春，自济宁、曹、濮、汴梁、大名，行数千里，掘井以量地形之高下，测岸以究水势之浅深，遍阅史籍，博采舆论，以谓河之故道，不可得复，其议有八。而丞相脱脱已先入贾鲁之言，及遵与秃鲁至，力陈不可，且曰："济宁、曹、郓，连岁饥馑，民不聊生，若聚二十万人于此地，恐后日之忧又有重于河患者。"脱脱怒曰："汝谓民将反耶！"自辰至酉，辨论终不能入。明日，执政者谓遵曰："修河之役，丞相意已定，且有人任其责矣，公其毋多言，幸为两可之议。"遵曰："腕可断，议不可易也。"由是遂出为大都河间等处都转运盐使。初，汝、汴二郡多富商，运司赖之，是时，汝宁盗起，侵汴境，朝廷调兵往讨，括船运粮，以故舟楫不通，商贩遂绝。遵随事处宜，国课皆集。

十四年，调武昌路总管。武昌自十二年为沔寇 所残毁，民死于兵疫者十六七，而大江上下，皆剧盗阻绝，米直翔涌，民心遑遑。遵言于省臣，假军储钞万锭，募勇敢之士，具戈船，截兵境，且战且行，籴粟于太平、中兴，民赖以全活者众。会省臣出师，遵摄省事，于是省中府中，惟遵一人。乃远斥候，塞城门，籍民为兵，得五千余人，设万夫长四，配守四门，所以为防御之备甚至，号令严肃，赏罚明当。贼船往来江中，终不敢近岸，城赖以安。十五年，擢江南行台治书侍御史，召拜参议中书省事。时河南之贼，数渡河而北，焚掠郡县，上下视若常事。遵率左右司僚佐，持其牍诣丞相言曰："今天下州县，丧乱过半，河北之民稍安者，以天堑黄河为之障，贼兵虽至，不能飞渡，所以剥肤椎髓以供军储而无深怨者，视河南之民，犹得保其室家故也。今贼北渡河而官军不御，是大河之险已不能守，河北之民复何所恃乎？河北民心一摇，国势将如之何！"语未毕，哽咽不能言，宰相已下皆为之挥涕，乃以入奏。帝诏即遣使罪守河将帅，而守御自是亦颇严。

先是，湖广倪贼，质威顺王之子，而遣人请降，求为湖广行省平章，朝臣欲许者半，遵曰："平章之职，亚宰相也。承平之时，虽德望汉人，抑而不与，今叛逆之贼，挟势要求，轻以与之，如纲纪何！"或曰："王子，世皇嫡孙也，不许，是弃之与贼，非亲亲之道也。"遵曰："项羽执太公，欲烹之以挟高祖，高祖乃以分羹答之，奈何今以王子之故，废天下大计乎！"众皆韪其论。除治书侍御史，俄复入中书为参知政事。离省仅六日，丞相每决大议，则曰"姑少缓之"，众莫晓其意，及遵拜执政，喜曰："大政事今可决矣。"

十七年，升中书左丞，阶资善大夫，分省彰德。是时，太平在相位，以事忤皇太子，皇太子深衔之，欲去之而未有以发，以为遵及参知政事赵中，皆太平党也，遵、中两人去，则太平之党孤。十九年，用事者承望风旨，嗾宝坻县尹邓守礼弟邓子初等，诬遵与参政赵中、参议萧庸等六人皆受赃，皇太子命御史台、大宗正府等官杂问之，锻炼使成狱，遵等竟皆杖死，中外冤之。二十四年，御史台臣辩明遵等皆诬枉，诏复给还其所授宣敕。

曹鉴

曹鉴，字克明，宛平人。颖悟过人，举止异常儿，既冠，南游，具通《五经》大义。大德五年，用翰林侍讲学士郝彬荐，为镇江淮海书院山长。十一年，南行台中丞廉恒辟为掾史。丁内艰，复起，补掾史，除兴文署。命伴送安南使者，沿途问难倡和，应答如响，使者叹服，以为中国有人。至治二年，授江浙行省左右司员外郎。明年，奉旨括释氏白云宗田，稽检有方，不数月而事集，纤毫无扰。泰定七年，迁湖广行省左右司员外郎。时丞相忽剌歹怙势恣纵，妄为威福，僚属多畏避，鉴遇事徇理辄行，独不为回挠。湖北廉访司举鉴宜居风纪，不报。天历元年，调江浙财赋府副总管。属淮、浙大水，民以灾告，鉴损其赋什六七，势家因而诡免者，鉴核实，谕令首输。元统二年，升同佥太常礼仪院，鉴习典故，达今古，凡礼乐、度数、名物，罔不周知。因集议明宗皇后祔庙事，援礼据经，辩析详明，君子多之。至元元年，以中大夫升礼部尚书，俄感疾而卒，年六十五。追封谯郡侯，谥文穆。

鉴天性纯孝，亲族贫乏者，周恤恐后。历官三十余年，僦屋以居。殁之日，家无余赀，唯蓄书数千卷，皆鉴手较定。鉴为诗赋，尚《骚》、《雅》，作文法西汉，每篇成，学者争相传诵。有文集若干卷，藏于家。

鉴任湖广员外时，有故掾顾渊伯，以辰砂一包馈鉴，鉴漫尔置箧笥中。半载后，因欲合药剂，命取视之，乃有黄金三两杂其中，鉴惊叹曰："渊伯以我为何如人也！"渊伯已殁，鉴呼其子归之。其廉慎不欺如此。

张翥

张翥，字仲举，晋宁人。其父为吏，从征江南，调饶州安仁县典史，又为杭州钞库副使。翥少时，负其才隽，豪放不羁，好蹴鞠，喜音乐，不以家业屑其意，其父以为忧。翥一旦翻然改曰："大人勿忧，今请易业矣。"乃谢客，闭门读书，昼夜不暂辍，因受业于李存先生。存家安仁，江东大儒也，其学传于陆九渊氏，翥从之游，道德性命之说，多所研究。未几，留杭，又从仇远先生学。远于诗最高，翥学之，尽得其音律之奥，于是翥遂以诗文知名一时。已而薄游维扬，居久之，学者及门甚众。

至元末，同郡傅岩起居中书，荐翥隐逸。至正初，召为国子助教，分教上都生。寻退居淮东。会朝廷修辽、金、宋三史，起为翰林国史院编修官。史成，历应奉、修撰，迁太常博士，升礼仪院判官，又迁翰林，历直学士、侍讲学士，乃以侍读兼祭酒。翥勤于诱掖后进，绝去崖岸，不徒以师道自尊，用是学者乐亲炙之。有以经义请问者，必历举众说，为之折衷，论辩之际，杂以谈笑，无不厌其所得而后已。尝奉旨诣中书，集议时政，众论蜂起，翥独默然。丞相搠思监曰："张先生平日好论事，今一语不出何耶？"翥对曰："诸人之议，皆是也。但事势有缓急，施行有先后，在丞相所决耳。"搠思监善之。明日，除集贤学士，俄以翰林学士承旨致仕，阶荣禄大夫。

孛罗帖木儿之入京师也，命翥草诏，削夺扩廓帖木儿官爵，且发兵讨之，翥毅然不从。左右或劝之，翥曰："吾臂可断，笔不能操也。"天子知其意不可夺，乃命他学士为之。孛罗帖木儿虽知之，亦不以为怨也。及孛罗帖木儿既诛，诏乃以翥为河南行省平章政事，仍翰林学士承旨致仕，给全俸终其身。二十八年三月卒，年八十二。

翥长于诗，其近体、长短句尤工。文不如诗，而每以文自负。常语人曰："吾于文已化矣，盖吾未尝构思，特任意属笔而已。"它日，翰林学士沙剌班示以所为文，请易置数字，苦思者移时，终不就。沙剌班曰："先生于文，岂犹未化耶，何思之苦也？"翥因相视大笑。盖翥平日善谐谑，出谈吐语，辄令人失笑，一座尽倾，入其室，蔼然春风中也。所为诗文甚多。无丈夫子。及死，国遂亡，以故其遗稿不传。其传者，有律诗、乐府，仅三卷。翥尝集兵兴以来死节死事之人为书，曰《忠义录》，识者韪之。

卷一百八十七　列传第七十四

乌古孙良桢

乌古孙良桢，字干卿，世次见父泽传。资器绝人，好读书。至治二年，荫补江阴州判官，寻丁内艰，服除，调婺州武义县尹，有惠政。改漳州路推官，狱有疑者，悉平反之。上言："律，徒者不杖，今杖而又徒，非恤刑意，宜加徒减杖。"遂定为令。移泉州，益以能称。转延平判官，拜陕西行台监察御史，劾辽阳行省左丞相达识帖睦迩卖国不忠，援汉高帝斩丁公故事，以明人臣大义。并劾御史中丞胡居祐奸邪，皆罢之，中外震慑。升都事，犹以言不尽行，解去。复起为监察御史，良桢以帝方览万几，不可不求贤自辅，于是连疏："天历数年间纪纲大坏，元气伤夷。天祐圣明，入膺大统，而西宫秉政，奸臣弄权，畜憾十有余年。天威一怒，阴晦开明，以正大名，以章大孝，此诚兢兢业业祈天永命之秋，其术在乎敬身修德而已。今经筵多领以职事臣，数日一进讲，不逾数刻已罢，而媟御小臣，恒侍左右，何益于盛德哉。臣愿招延儒臣若许衡者数人，置于禁密，常以唐、虞、三代之道，启沃宸衷，日新其德，实万世无疆之福也。"又以国俗父死则妻其从母，兄弟死则收其妻，父母死无忧制，遂言："纲常皆出于天而不可变，议法之吏，乃言国人不拘此例，诸国人各从本俗。是汉、南人当守纲常，国人、诸国人不必守纲常也。名曰优之，实则陷之，外若尊之，内实侮之。推其本心，所以待国人者，不若汉、南人之厚也。请下礼官有司及右科进士在朝者会议，自天子至于庶人，皆从礼制，以成列圣未遑之典，明万世不易之道。”又言：“隐士刘因，道学经术可比许文正公衡，从祀孔子庙庭。”皆不报。御史台作新风宪，复疏其所当行者，以举贤才为纲，而以厚风俗、均赋役、重审理、汰冗官、选守令、出奉使、均公田为目，指擿剀切，虽触忌讳，亦不顾也。宦者罕失孽妾，杀其妻，縻其肉饲犬，上疏乞正重刑，并论宦寺结廷臣挠政为害，可汰黜之。憸佞侧目。

至正四年，召为刑部员外郎，转御史台都事。五年，改中书左司都事，出为江东道肃政廉访司副使。上官一日，辞归。六年，授平江路总管，不拜。八年，复召为右司员外郎。九年，升郎中，寻迁广东道肃政廉访使，未行，还为郎中，迁福建道肃政廉访使，中道召还，参议中书省事，兼经筵官。十一年，拜治书侍御史，升中书参知政事、同知经筵事。十三年，升左丞，兼大司农卿，仍同知经筵事。时中书参用非人，事多异同，不得一一如志。会军饷不给，请与右丞悟良哈台主屯田，岁入二十万石。东宫久未建，恳恳为言，车驾幸上都，始册皇太子。立詹事院，驿召为副詹事，每直端本堂，则进正心诚意之说、亲君子远小人之道，皇太子嘉纳焉。当时盗贼蜂起，帝闻，恶之，下诏分讨，必尽诛而后已。良桢言：“平贼在收人心，以回天意，多杀非道也。”乃赦以安之。

十四年，迁淮南行省左丞。初，泰州贼张士诚既降复叛，杀淮南行省参知政事赵琏，进据高邮、六合，太师脱脱奉诏，总诸王军南征，而良桢洎参议龚伯璲、刑部主事庐山等从之。既平六合，垂克高邮，会诏罢脱脱兵柄，遂有上变告伯璲等劝脱脱勒兵北向者，下其事逮问，词连良桢，簿对无所验。即日还中书左丞，命分省彰德，主调军食。居半岁，还中书。十六年，进阶荣禄大夫，赐玉带一。十七年，除大司农。明年，升右丞，兼大司农，辞，不允。论罢陷贼延坐之令。有恶少年诬知宜兴州张复通贼之罪，中书将籍其孥，吏抱案请署。良桢曰：“手可断，案不可署。”同列变色，卒不署。

良桢自左曹登政府，多所建白。罢福建、山东食盐，浙东、西长生牛租，濒海被灾围田税，民皆德之。尝论《至正格》轻重不伦，吏得并缘为奸，举明律者数人，参酌古今，重定律书，书成而罢。家居辄训诸子曰：“吾无过人者，惟待人以诚，人亦以诚遇我，汝宜志之。”晚岁病痹，数谒告，病益侵，遂卒。自号约斋。有诗文奏议凡若干卷，藏于家。

贾鲁

贾鲁，字友恒，河东高平人。幼负志节，既长，谋略过人。延祐、至治间，两以明经领乡贡。泰定初，恩授东平路儒学教授，辟宪史，历行省掾，除潞城县尹，选丞相东曹掾，擢户部主事，未上。一日，觉心悸，寻得父书，笔势颤缩，即辞归。比至家，父已有风疾，未几卒。

鲁居丧服阕，起为太医院都事。会诏修辽、金、宋三史，召鲁为《宋史》局官。书成，选鲁燕南山东道奉使宣抚幕官，考绩居最，迁中书省检校官。上言：“十八河仓，近岁沦没官粮百三十万斛，其弊由富民兼并，贫民流亡，宜合先正经界。然事体重大，非处置尽善，不可轻发。”书累数万言，切中其弊。俄拜监察御史，首言御史有封事，宜专达圣聪，不宜台臣先有所可否。升台都事，迁山北廉访副使，复召为工部郎中，言考工一十九事。

至正四年，河决白茅堤，又决金堤，并河郡邑，民居昏垫，壮者流离。帝甚患之，遣使体验，仍督大臣访求治河方略，特命鲁行都水监。鲁循行河道，考察地形，往复数千里，备得要害，为图上进二策：其一，议修筑北堤，以制横溃，则用工省；其一，议疏塞并举，挽河东行，使复故道，其功数倍。会迁右司郎中，议未及竟。其在右司，言时政二十一事，皆见举行。调都漕运使，复以漕事二十事言之，朝廷取其八事：一曰京畿和籴，二曰优恤漕司旧领漕户，三曰接连委官，四曰通州总治豫定委官，五曰船户困于坝夫，海运坏于坝户，六曰疏浚运河，七曰临清运粮万户府当隶漕司，八曰宣忠船户付本司节制。事未尽行。既而河水北侵安山，沦入运河，延袤济南、河间，将隳两漕司盐场，实妨国计。

九年，太傅、右丞相脱脱复相，论及河决，思拯民艰，以塞诏旨，乃集廷臣群议，言人人殊。鲁昌言：“河必当治。”复以前二策进，丞相取其后策，与鲁定议，且以其事属鲁。鲁固辞，丞相曰：“此事非子不可。”乃入奏，大称帝旨。十一年四月，命鲁以工部尚书、总治河防使，进秩二品，授以银章，领河南、北诸路军民，发汴梁、大名十有三路民一十五万，庐州等戍十有八翼军二万供役，一切从事大小军民官，咸禀节度，便宜兴缮。是月鸠工，七月凿河成，八月决水故河，九月舟楫通，十一月诸埽诸堤成，水土工毕，河复故道，事见《河渠志》。帝遣使报祭河伯，召鲁还京师，鲁以《河平图》献。帝适览台臣奏疏，请褒脱脱治河之绩，次论鲁功，超拜荣禄大夫、集贤大学士，赏赉金帛，敕翰林丞旨欧阳玄制《河平碑》，以旌脱脱劳绩，具载鲁功，且宣付史馆，并赠鲁先臣三世。

寻拜中书左丞，从脱脱平徐州。脱脱既旋师，命鲁追余党，分攻濠州，同总兵官平章月可察儿督战。鲁誓师曰：“吾奉旨统八卫汉军，顿兵于濠七日矣。尔诸将同心协力，必以今日巳、午时取城池，然后食。”鲁上马麾进，抵城下，忽头眩下马，且戒兵马弗散。病愈亟，却药不肯汗，竟卒于军中，年五十七。十三年五月壬午也。月可察儿躬为治丧，选士护柩还高平，有旨赐交钞五百锭以给葬事。子稹。

逯鲁曾

逯鲁曾，字善止，修武人。性刚介，通经术，中天历二年进士第，授翰林国史院编修官，辟御史台掾，掌机密。监察御史劾中丞史显夫简傲，鲁曾开实封于大夫前曰：“中丞素持重，不能与人周旋，御史以人情劾之，非公论。”由是皆知其直。

除太常博士。武宗一庙，未立后主配享，集群臣廷议之。鲁曾抗言："先朝以武宗皇后真哥无子，不立其主。"时伯颜为右丞相，以为明宗之母亦乞列氏，可以配享。徽政院传太后旨，以文宗之母唐兀氏可以配享。伯颜问鲁曾曰："先朝既以真哥皇后无子，不为立主，今所立者，明宗母乎？文宗母乎？"对曰："真哥皇后在武宗朝，已膺玉册，则为武宗皇后，明宗、文宗二母后，固为妾也。今以无子之故，不为立主，以妾后为正宫，是为臣而废先君之后，为子而追封先父之妾，于礼不可。且燕王垂即位，追废其母后，而立其生母为后，以配享先王，为万世笑，岂可复蹈其失乎？"集贤大学士陈颢，素嫉鲁曾，出曰："唐太宗册曹王明之母为后，是亦二后也，岂不可乎？"鲁曾曰："尧之母为帝喾庶妃，尧立为帝，未闻册以为后而配喾。皇上为大元天子，不法尧、舜，而法唐太宗邪？"众服其议，而伯颜韪之，遂以真哥皇后配焉。

复拜监察御史，劾答失海牙、阿吉剌太尉，巩卜班右丞，兀突蛮刑部尚书，吉当普监察御史，哈剌完者、月鲁不花院使，吕思诚郎中，皆黜之。八人之中，惟思诚少过，亦变祖宗选法，余皆伯颜之党，朝廷肃然。除枢密院都事，上言："前伯颜专杀大臣，其党利其妻女，巧诬以罪。今大小官及诸人有罪，止坐其身，不得籍其妻女。郯王为伯颜构陷，妻女流离，当雪其无辜，给 复子孙。"从之。除刑部员外郎，悉辨正横罹伯颜所诬者。迁宗正府郎中，出为辽阳行省左右司郎中，除佥山北道肃政廉访司事，入为礼部郎中。

至正十二年，丞相脱脱讨徐州贼，以官军不习水土，募濒海盐丁为军，乃超迁鲁曾资善大夫、淮南宣慰使，领征讨事，遣其募盐丁五千人从征。徐州平，继使领所部军讨淮东，卒于军。

贡师泰

贡师泰，字泰甫，宁国之宣城人。父奎，以文学名家，延祐、至治间，官京师，为集贤直学士，卒，谥文靖。师泰早肄业国子学为诸生。泰定四年，释褐出身，授从仕郎、太和州判官。丁外艰，改徽州路歙县丞。江浙行省辟为掾，寻以土著，自劾去。大臣有以其名闻者，擢应奉翰林文字。丁内艰，服阕，除绍兴路总管府推官，郡有疑狱，悉为详谳而剖决之。山阴白洋港有大船飘近岸，史甲二十人，适取卤海滨，见其无主，因取其篙橹，而船中有二死人。有徐乙者，怪其无物而有死人，称为史等所劫。史佣作富民高丙家，事遂连高。史既诬服，高亦就逮。师泰密询之，则里中沈丁载物抵杭而回，渔者张网海中，因盗网中鱼，为渔者所杀，史实未尝杀人夺物，高亦弗知情，其冤皆白。游徼徐裕，以巡盐为名，肆暴村落间。一日，遇诸暨商，夺其所赍钱，扑杀之，投尸于水，走告县曰："我获私盐犯人，畏罪赴水死矣。"官验视，以有伤，疑之。遂以疑狱释。师泰追询覆按之，具得裕所以杀人状，复俾待报。余姚孙国宾，以求盗，获姚甲造伪钞，受赇而释之，执高乙、鲁丙赴有司，诬以同造伪。高尝为姚行用，实非自造，孙既舍姚，因加罪于高，而鲁与孙有隙，故并连之，鲁与高未尝相识也。师泰疑高等覆造不合，以孙诘之，辞屈而情见。即释鲁而加高以本罪，姚遂处死，孙亦就法。其于冤狱详谳之明多类此。以故郡民自以不冤，治行为诸郡第一。

考满，复入翰林为应奉，预修后妃、功臣列传，事毕，迁宣文阁授经郎，历翰林待制、国子司业，擢礼部郎中，再迁吏部，拜监察御史。自世祖以后，省台之职，南人斥不用，及是，始复旧制，于是南士复得居省台，自师泰始，时论以为得人。至正十四年，除吏部侍郎。时江淮兵起，京师食不足，师泰奉命和籴于浙右，得粮百万石，以给京师。迁兵部侍郎。朝廷以京师至上都，驿户凋弊，命师泰巡视整饬之。至则历究其病原，验其富贫，而均其徭役，数十郡之民，赖以稍苏。豪贵以其不利于己，深嫉之，然莫能有所中伤也。会朝廷欲仍和籴浙西，因除师泰都水庸田使。

十五年，庸田司罢，擢江西廉访副使，未行，迁福建廉访使。居亡何，除礼部尚书。时平江缺守，廷议难其人，师泰又以选为平江路总管。其年冬，甫视事，张士诚自高邮率众渡江，直抵城下，攻围甚急。明年春，守将弗能支，斩关遁去，师泰领义兵出战，力不敌，亦怀印绶弃城遁，匿海滨者久之。士诚既纳降，江浙行省丞相达识帖睦迩以便宜授师泰两浙都转运盐使。至则剔其积蠹，通其利源，大课以集，国用资之。丞相复承制除师泰江浙行省参知政事。二十年，朝廷除户部尚书，俾分部闽中，以闽盐易粮，由海道转运给京师，凡为粮数十万石，朝廷赖焉。二十二年，召为秘书卿，行至杭之海宁，得疾而卒。

师泰性倜傥，状貌伟然，既以文字知名，而于政事尤长，所至绩效辄暴著。尤喜接引后进，士之贤，不问识不识，即加推毂，以故士誉翕然咸归之。有诗文若干卷，行于世。

周伯琦

周伯琦，字伯温，饶州人。父应极，至大间，仁宗为皇太子，召见，献《皇元颂》，为言于武宗，以为翰林待制。后为皇太子说书，日侍英邸。仁宗即位，迁集贤待制，终池州路同知总管府事。伯琦自幼从宦，游京师，入国学，为上舍生，积分及高等。去，以荫授将仕郎、南海县主簿，三转为翰林修撰。至正元年，改奎章阁为宣文阁、艺文监为崇文监，伯琦为宣文阁授经郎，教戚里大臣子弟，每进讲，辄称旨，且日被顾问。帝以伯琦工书法，命篆"宣文阁宝"，仍题扁 宣文阁；及摹王羲之所书《兰亭序》、智永所书《千文》，刻石阁中。自是累转官，皆宣文、崇文之间，而眷遇益隆矣。帝尝呼其字伯温而不名。会御史奏风宪宜用近臣，特命佥广东廉访司事。八年，召入为翰林待制，预修后妃、功臣列传，累升直学士。

十二年，有旨令南士皆得居省台。除伯琦兵部侍郎，遂与贡师泰同擢监察御史。两人皆南士之望，一时荣之。时御史大夫也先帖木儿以大军南讨，而失律丧师，陕西行台监察御史刘希曾等十人共劾奏之。伯琦乃劾希曾等越分干誉，希曾等皆坐左迁，补郡判官，由是不为公论所与。

十三年，迁崇文太监，兼经筵官，代祀天妃。丁内艰。十四年，起复为江东肃政廉访使。长枪锁南班陷宁国，伯琦与僚佐仓皇出见之，寻遁走至杭州。除兵部尚书，未行，改浙西肃政廉访使。江南行台监察御史余观纠言伯琦失陷宁国，宜正其罪。十七年，江浙行省丞相达识帖睦尔承制假伯琦参知政事，招谕平江张士诚。士诚既降，江南行台监察御史亦辩释伯琦罪，除同知太常礼仪院事，士诚留之，未行，拜资政大夫、江浙行省左丞。于是留平江者十余年。士诚既灭，伯琦乃得归鄱阳，寻卒。

伯琦仪观温雅，粹然如玉，虽遭时多艰，而善于自保。博学工文章，而尤以篆、隶、真、草擅名当时。尝著《六书正伪》、《说文字原》二书，又有诗文稿若干卷。

吴　当

吴当，字伯尚，澄之孙也。当幼承祖训，以颖悟笃实称。长精通经史百家言，侍其祖至京，补国子生。久之，澄既捐馆，四方学子从澄游者，悉就当卒业焉。至正五年，以父文荫，授万亿四库照磨，未上，用荐者改国子助教。勤讲解，严肄习，诸生皆乐从之。会诏修辽、金、宋三史，当预编纂。书成，除翰林修撰。七年，迁国子博士。明年，升监丞。十年，升司业。明年，迁翰林待制。又明年，改礼部员外郎。十三年，擢监察御史，寻复为国子司业。明年，迁礼部郎中。又明年，除翰林直学士。

时江南兵起且五年，大臣有荐当世居江西，习知江西民俗，且其才可任政事者，诏特授江西肃政廉访使，偕江西行省参政火你赤、兵部尚书黄昭，招捕江西诸郡，便宜行事。当以朝廷兵力不给，既受命至江南，即召募民兵，由浙入闽。至江西境建昌界，招安新城孙塔，擒殄李三。道路既通，乃进攻南丰，渠凶郑天瑞遁，郑原自刎死。十六年，调检校章迪率本部兵，与黄昭夹攻抚州，剿杀首寇胡志学，进兵复崇仁、宜黄。于是建、抚两郡悉定。是时，参知政事朵歹总兵抚、建，积年无功。因忌当屡捷，功在己上，又以为南人不宜总兵，则构为飞语，谓当与黄昭皆与寇通。有旨解二人兵柄，除当抚州路总管，昭临江路总管，并供亿平章火你赤军。火你赤杀当从事官范淳及章迪，将士皆愤怒不平，当谕之曰："上命不可违也。"而火你赤又上章言："二人者，难任牧民。"寻有旨当与昭皆罢总管，除名。

十八年，火你赤自瑞州还龙兴，当、昭皆随军不敢去。先是，当与昭平贼功状，自广东由海道未达京师，而朵歹、火你赤等公牍乃先至，故朝廷责当、昭，皆左迁。及得当、昭功状，乃始知其诬，诏拜当中奉大夫、江西行省参知政事，昭湖广行省参知政事。命未下，而陈友谅已陷江西诸郡。火你赤弃城遁，当乃戴黄冠，著道士服，杜门不出，日以著书为事。友谅遣人辟之，当卧床不食，以死自誓。乃舁床载之舟，送江州，拘留一年，终不为屈。遂隐居庐陵吉水之谷坪。逾年，以疾卒，年六十五。所著书，有《周礼纂言》及《学言稿》。

卷一百八十八　列传第七十五

董抟霄 弟昂霄

董抟霄，字孟起，磁州人。由国子生辟陕西行台掾。时天大旱，从侍御史郭贞谳狱华阴县，有李谋儿累杀商贾于道，为贼十五年，至百余事。事觉，狱已具，贿赂有司，谓徒党未尽获，五年不决，人皆以为愤。抟霄知之，以言于贞，即以尸诸市中，天乃大雨。授四川肃政廉访司知事，除泾阳县尹。入为户部主事，升员外郎，拜监察御史。又出佥辽东肃政廉访司事，历江西行省左右司郎中，迁浙东宣慰副使。其历官所至，往往理冤狱，革弊政，才誉益著称于时。

至正十一年，除济宁路总管，奉旨从江浙平章教化征进安丰，兵至合肥定林站，遇贼，大破之。时朱皋、固始贼复猖獗，军少不足以分讨。有大山民寨及芍陂屯田军，抟霄皆奖劳而约束之，遂得障蔽朱皋。我军屯朱家寺，贼至，追杀之。乃遣进士程明仲往谕贼中，招徕者千二百家，因悉知其虚实。夜缚浮桥于淝水，既渡，贼始觉。贼众数万据硐南，我军渡者，辄为其所败。抟霄乃麾骑士，别渡浅滩袭贼后。贼回东南向，与骑士迎敌，抟霄忽跃马渡硐，扬言于众曰："贼已败。"诸军皆渡，一鼓而击之。贼大败，亟追杀之，相藉以死者二十五里，遂复安丰。

十二年，有旨命抟霄攻濠州，又命移军援江南。遂渡江，至湖州德清县，而徽、饶贼已陷杭州。教化问抟霄计，抟霄曰："贼皆野人，见杭城子女玉帛，非平日所有，必纵欲，不暇为备，宜急攻之。今欲退保湖州，设使贼乘锐直趋京口，则江南不可为矣。"教化犹豫未决，而诸将亦难其行。抟霄正色曰："江浙相君方面既陷于贼，今可取而不取，谁任其咎！"复拔剑顾诸将曰："诸君荷国厚恩，而临难苟免，今相君在是，敢有慢令者斩。"计乃决。遂进兵杭城。贼迎敌，至盐桥，抟霄麾壮士突前，斩杀数级，而诸军相继夹击之，凡七战，追杀至清河坊。贼奔接待寺，塞其门而焚之，贼皆死，遂复杭州。已而余杭、武康、德清次第以平，抟霄亦受代去。

徽、饶贼复自昱岭关寇于潜，行省乃假抟霄为参知政事，俾复提兵讨之。抟霄曰："必欲除残去暴，所不敢辞。若假以重爵，则不敢受。"即日引兵至临安新溪，是为入杭要路，既分兵守之而始进兵至叫口及虎槛，遇贼，皆大破之，追杀至于潜，遂复其县治。既又克复昌化县及昱岭关，降贼将潘大裔二千人。贼又有犯千秋关者，抟霄还军守于潜，而贼兵大至，焚倚郭庐舍。抟霄按军不动，左右请出兵，抟霄曰："未也。"遣人执白旗登山望贼，约曰："贼以我为怯，必少懈；伺其有间，则麾所执旗。"又伏兵城外，皆授以火炮，复约曰："见旗动，炮即发。"已而旗动，炮发，兵乃尽出，斩首数千级，遂复千秋关。未几，贼复攻独松、百丈、幽岭三关，抟霄乃先以兵守多溪。多溪，三关要路也。既又分为三军：一出独松，一出百丈，一出幽岭。然后会兵捣贼巢，遂乘胜复安吉，七战而克之，贼将以其徒来降者数百人。既数日，贼复来窥独松。抟霄即以兵守苦岭及黄沙岭。贼帅梅元来降，且言复有帅十一人欲降者，即遣偏将余思忠至贼寨谕之。贼皆入暗室潜议，思忠持火投入室内，拔剑语众曰："元帅命我来活汝，汝复何议！"已而火起，焚其寨，叱贼党散去，而引贼帅来降。明日，进兵广德，克之。有蕲贼与饶、池诸贼复犯徽州。贼中有道士，能作十二里雾。抟霄以兵击之，已而妖雾开豁，诸伏兵皆起，袭贼兵后，贼大溃乱，斩首数万级，擒千余人。获道士，焚其妖书而斩之。遂平徽州。

十四年，除水军都万户。俄升枢密院判官，从丞相脱脱征高邮，分戍盐城、兴化。贼巢在大纵、德胜两湖间，凡十有二，悉剿平之。即其地筑芙蓉寨，贼入，辄迷故道，尽杀之，自是不复敢犯。贼恃习水，渡淮北，据安东州。抟霄招善水战者五百人，与贼战安东之大湖，大败之，遂复安东。十六年，剿平北沙、庙湾、沙浦等寨。寻进兵泗州，不利。贼乘胜东下，断我军粮道，乃回军屯北沙，粮且绝，与贼死战，凡七昼夜。贼败走，夺贼船七十余，乃得渡淮，保泗州。时方暑雨，湖水溢，诸营皆避去，而抟霄独守孤城，贼环绕数十里攻之。抟霄坐城上，遣偏将以骑士由四门突出贼后，约曰："旗一麾即还。"既而旗动，骑士还，步卒自城中出，夹击之，贼大败。然贼寨犹阻西行之路，乃结阵而往，翊以奇兵，转战数十合，军始得至海宁。朝廷嘉其功，升同佥淮南行枢密院事。抟霄建议于朝曰：

淮安为南北襟喉、江淮要冲之地，其地一失，两淮皆未易复也。则救援淮安，诚为急务。为今日计，莫若于黄河上下，并濒淮海之地，及南自沭阳，北抵沂、莒、赣榆诸州县，布连珠营，每三十里设一总寨，就三十里中又设一小寨，使斥堠烽燧相望，而巡逻往来，遇贼则并力野战，无事则屯种而食。然后进有援，退有守，此善战者所以常为不可胜，以待敌之可胜也。

又海宁一境，不通舟楫，军粮惟可陆运，而凡濒淮海之地，人民屡经盗贼，宜加存抚，权令军人搬运。其陆运之方，每人行十步，三十六人可行一里，三百六十人可行一十里，三千六百人可行一百里。每人负米四斗，以夹布囊盛之，用印封识，人不息肩，米不著地，排列成行，日行五百回，计路二十八里，轻行一十四里，重行一十四里，日可运米二百石。每运给米一升，可供二万人。此百里一日运粮之术也。又江淮流移之民，并安东、海宁、沭阳、赣榆等州县俱废，其民壮者既为军，老弱无所依归者，宜设置军民防御司，择军官材堪牧守者，使居其职，而籍其民，以屯故地。于是练兵积谷，且耕且战，内全山东完固之邦，外御淮海出没之寇，而后恢复可图也。

十七年，毛贵陷益都、般阳等路，有旨命抟霄从知枢密院事卜兰奚讨之。而济南又告急，抟霄乃提兵援济南。贼众自南山来攻济南，望之两山皆赤。抟霄按兵城中，先以数十骑挑之，贼众悉来斗，骑兵少却，至硐上，伏兵起，遂合战，城中兵又大出，大破之。而般阳贼复约泰安之党，逾南山来袭济南。抟霄列兵城上，弗为动。贼夜攻南门，独以矢石御之。黎明，乃默开东门，放兵出贼后。既旦，城上兵皆下，大开南门合击之，贼败走。复追杀之，贼众悉无遗者。于是济南始宁。诏就升淮南行枢密院副使，兼山东宣慰使都元帅，仍赐上尊、金带、楮币、名马以劳之。有疾其功者，谮于总兵太尉纽的该，令抟霄依前诏，从卜兰奚同征益都。抟霄即出济南城，属老且病，请以其弟昂霄代领其众，朝廷从之。授昂霄淮南行枢密院判官。未几，有旨命抟霄守河间之长芦。

十八年，抟霄以兵北行，且曰："我去，济南必不可保。"既而济南果陷。抟霄方驻兵南皮县之魏家庄，适有使者奉诏拜抟霄河南行省右丞，甫拜命，毛贵兵已至，而营垒犹未完。诸将谓抟霄曰："贼至当如何？"抟霄曰："我受命至此，当以死报国耳。"因拔剑督兵以战。而贼众突至抟霄前，捽而问曰："汝为谁？"抟霄曰："我董老爷也！"众刺杀之，无血，惟见其有白气冲天。是日，昂霄亦死之。事闻，赠宣忠守正保节功臣、荣禄大夫、河南行省平章政事、柱国，追封魏国公，谥忠定。昂霄赠推诚孝节功臣、嘉议大夫、礼部尚书、上轻车都尉，追封陇西郡侯，谥忠毅。

抟霄早以儒生起家，辄为能吏，会天下大乱，乃复以武功自奋，其才略有大过人者，而当时用之不能尽其才，君子惜之。

刘哈剌不花

刘哈剌不花，其先江西人。倜傥好义，不事家产，有古侠士风。居燕赵有年，遂为探马赤军户。至正十二年，颍、亳盗起，朝廷以泰不花为河南行省平章政事，总兵讨之。哈剌不花上书陈十事，其七言兵机及攻守方略。泰不花大喜，即辟为掾史。未几，奏除左右司都事。泰不花以哈剌不花尝为探马赤，有膂力，善骑射，俾统前八翼军，为先锋将。明号令，信赏罚，士皆乐为之用，而料敌成败，所向无失。是时，答失八都鲁军溃于长葛，收集散卒，复屯中牟。哈剌不花军于汴梁南彭子冈。有自长葛来者言，总兵官已为贼所败，次中牟。哈剌不花曰："贼既捷，兵必再至，我不可不往援。"遂整兵而前。既而有使驰报：夜四鼓，贼从洧川渡河，未知其所向。哈剌不花曰："是必袭答失八都鲁营耳。我行已缓，不及事，不若以精锐断贼归路，覆之必矣。"于是领军徐行。天未明，伏军其归路。贼果袭答失八都鲁营，大掠辎重而回。哈剌不花伏军四起，贼大败，尽俘获之。当是时，答失八都鲁虽以平章政事总大兵，而哈剌不花功名与之相埒。

十七年，山东毛贵率其贼众，由河间趋直沽，遂犯漷州，至枣林。已而略柳林，逼畿甸，枢密副使达国珍战死，京师人心大骇。在廷之臣，或劝乘舆北巡以避之，或劝迁都关陕，众议纷然，独左丞相太平执不可。哈剌不花时为同知枢密院事，奉诏以兵拒之，与之战于柳林，大捷。贵众悉溃退，走据济南，京师遂安，哈剌不花之功居多。哈剌不花后迁河南行省平章政事以卒。

初，哈剌不花与信州人倪晦字孟晰同事泰不花为掾史。晦涉书史，精文墨，机识警敏，泰不花深委任之，言无不从；而哈剌不花或有所论白，多沮不行，由是心衔泰不花。及泰不花事败，走诣哈剌不花求援，而哈剌不花不能曲为保全，乃缚泰不花送京师，致之死地，君子以是少之。

王　英

王英，字邦杰，益都人。性刚果，有大节，膂力绝人，善骑射。袭父职，为莒州翼千户。父子皆善用双刀，人号之曰刀王。至元二十九年，江西行枢密院命帅师南雄，讨贼丘大老。贼六百余人突至，英与战，杀其渠帅刘把东，获九十余人。元贞元年，从左丞董士选讨大山贼刘贵，擒之。二年，讨永新、安福二州贼，余党皆息。延祐二年，宁都贼起，行省命英率各万户军讨之。贼势甚张，英屡战皆胜，斩获不可胜数，积尸盈野，水为不流。行省平章李世安，遣英迓江浙平章张闾所领军于闽境，至木麻坑，擒贼蔡五九。又追贼至上虎嶂，遇贼三千余人，尽歼之。至治元年，以大臣荐，授忠武校尉、益都淄莱万户府副千户。天历元年，授宣武将军。至顺二年，行省命英招捕桂阳州贼张思进等二千人。英至，布以威信，皆相率请降。元统元年，授怀远大将军、同知海北海南道宣慰使司事。

至元三年，万安军贼吴汝期等作乱，聚众三千人。英至，贼皆就擒。未几，李志甫起漳州，刘虎仔起潮州，诏命江西行省右丞燕帖木儿讨之。方贼起时，英已致仕，平章政事伯撒里谓僚佐曰："是虽鼠窃狗偷，非刀王行不可。其人虽投老，必可以义激。"乃使迎致之。英曰："国家有事，吾虽老，其可坐视乎！"据鞍横槊，精神飞动，驰赴焉。及贼平，英功居多。

至正中，毛贵陷益都，英时年九十有六，乃谓其子弘曰："我世受国恩，美官厚禄，备尝享之。今老矣，纵不能事戎马以报天子，尚忍食异姓之粟以求生乎！"水浆不入口者数日，遂卒。毛贵闻之，使具棺衾以葬。将敛，举其尸不动，焚香祝曰："公子弘请公归葬先茔。"祝毕，尸遂起，观者莫不惊异。山东宣慰使普颜不花及宪司请恤典于朝，有曰："不食寇粟，饿死芹泉，有夷、齐之风，为臣之清者也。"芹泉，谷名，英所居也。

石抹宜孙 迈里古思

石抹宜孙，字申之。其先辽之迪烈纠人。五世祖曰也先，事太祖为御史大夫，自有传。也先之曾孙曰继祖，字伯善，袭父职，为沿海上副万户。初以沿海军分镇台州，皇庆元年，又移镇婺、处两州。驭军严肃，平宁都寇，有战功；且明达政事，讲究盐策，多合时宜。为学本于经术，而兼通名法、纵横、天文、地理、术数、方技、释老之说，见称荐绅间。宜孙其子也。

宜孙性警敏，嗜学问，于书务博览，而长于诗歌。尝借嫡弟厚孙荫，袭父职，为沿海上副万户，守处州。及弟长，即让其职还之，退居台州。至正十一年，方国珍起海上，江浙行省檄宜孙守温州，宜孙即起任其事。其年闽寇犯处州，复檄宜孙以兵平之。以功升浙东宣慰副使，分府于台州。顷之，处之属县山寇并起，宜孙复奉省檄往讨之。至则筑处州城，为御敌计。十七年，江浙行省左丞相达识铁睦迩承制升宜孙行枢密院判官，总制处州，分院治于处。又以江浙儒学副提举刘基为其院经历，萧山县尹苏友龙为照磨，而宜孙又辟郡人胡深、叶琛、章溢参谋其军事。处为郡，山谷联络，盗贼凭据险阻，辄窃发，不易平治。宜孙用基等谋，或捣以兵，或诱以计，未几，皆歼殄无遗类。寻升同佥行枢密院事。当是之时，天下已多故，所在守将各自为计相保守。于是浙东则宜孙在处州，迈里古思在绍兴为称首。

十八年十二月，大明兵取兰溪，且逼婺，而宜孙母实在婺城。宜孙泣曰："义莫重于君亲，食禄而不事其事，是无君也；母在难而不赴，是无亲也。无君无亲，尚可立天地间哉！"即遣胡深等将民兵数万往赴援，而亲率精锐为之殿。兵至婺，与大明兵甫接，即败绩而还。时经略使李国凤至浙东，承制拜宜孙江浙行省参知政事，阶中奉大夫。明年，大明兵入处州，宜孙将数十骑走福建境上，欲图报复，而所至人心已散，事不可复为。叹曰："处州，吾所守者也。今吾势已穷，无所于往，不如还处州境，死亦为处州鬼耳！"既还，至处之庆元县，为乱兵所害。事闻，朝廷赠推诚宣力效节功臣、集贤大学士、荣禄大夫、上柱国，追封越国公，谥忠愍。

迈里古思者，宁夏人也，字善卿。至正十四年进士，授绍兴路录事司达鲁花赤。苗军主将杨完者在杭，纵其军钞掠，莫敢谁何，民甚苦之。俄有至绍兴城中强夺人马者，迈里古思擒斩数人，苗军乃惧，不敢复至其境。迈里古思名声遂大振。会江南行台移治绍兴，檄迈里古思为行台镇抚，乃大募民兵，为守御计。处州山贼焚掠婺之永康、东阳，迈里古思提兵往击之，与石抹宜孙约期夹攻其巢穴，山贼以平。擢江东廉访司经历，仍留绍兴，以兵卫台治。时浙东、西郡县多残破，独迈里古思保障绍兴，境内晏然，民爱之如父母。江浙省臣乃承制授行枢密院判官，分院治绍兴。

会方国珍遣兵侵据绍兴属县，迈里古思曰："国珍本海贼，今既降，为大官，而复来害吾民，可乎！"欲率兵往问罪。先遣部将黄中取上虞，中还，请益兵。是时朝廷方倚重国珍，资其舟以运粮，而御史大夫拜住哥，与国珍素通贿赂，情好甚厚，愤迈里古思擅举兵，恐且生事，即使人召迈里古思至其私第，与计事，至则命左右以铁槌挝死之，断其头，掷厕溷中。城中民闻之，不问男女老幼，无不恸哭者。黄中乃率其众复仇，尽杀拜住哥家人及台府官员掾史，独留拜住哥不杀，以告于张士诚，士诚乃遣其将以兵守绍兴。拜住哥寻迁行宣政院使，监察御史真童纠言："拜住哥阴害帅臣，几致激变，不法不忠，莫斯为甚。宜稽诸彝典，置于严刑。"于是诏削拜住哥官职，安置潮州，而迈里古思之冤始白。

卷一百八十九　列传第七十六

儒学一

前代史传，皆以儒学之士，分而为二，以经艺颛门者为儒林，以文章名家者为文苑。然儒之为学一也，《六经》者斯道之所在，而文则所以载夫道者也。故经非文则无以发明其旨趣；而文不本于六艺，又乌足谓之文哉。由是而言，经艺文章，不可分而为二也明矣。

元兴百年，上自朝廷内外名宦之臣，下及山林布衣之士，以通经能文显著当世者，彬彬焉众矣。今皆不复为之分别，而采取其尤卓然成名、可以辅教传后者，合而录之，为《儒学传》。

赵复，字仁甫，德安人也。太宗乙未岁，命太子阔出帅师伐宋，德安以尝逆战，其民数十万，皆俘戮无遗。时杨惟中行中书省军前，姚枢奉诏即军中求儒、道、释、医、卜士，凡儒生挂俘籍者，辄脱之以归，复在其中。枢与之言，信奇士，以九族俱残，不欲北，因与枢诀。枢恐其自裁，留帐中共宿。既觉，月色皓然，惟寝衣在，遽驰马周号积尸间，无有也。行及水际，则见复已被发徒跣，仰天而号，欲投水而未入。枢晓以徒死无益："汝存，则子孙或可以传绪百世；随吾而北，必可无他。"复强从之。先是，南北道绝，载籍不相通；至是，复以所记程、朱所著诸经传注，尽录以付枢。

自复至燕，学子从者百余人。世祖在潜邸，尝召见，问曰："我欲取宋，卿可导之乎？"对曰："宋，吾父母国也，未有引他人以伐吾父母者。"世祖悦，因不强之仕。惟中闻复论议，始嗜其学，乃与枢谋建太极书院，立周子祠，以二程、张、杨、游、朱六君子配食，选取遗书八千余卷，请复讲授其中。复以周、程而后，其书广博，学者未能贯通，乃原羲、农、尧、舜所以继天立极，孔子、颜、孟所以垂世立教，周、程、张、朱氏所以发明绍续者，作《传道图》，而以书目条列于后；别著《伊洛发挥》，以标其宗旨。朱子门人，散在四方，则以见诸登载与得诸传闻者，共五十有三人，作《师友图》，以寓私淑之志。又取伊尹、颜渊言行，作《希贤录》，使学者知所向慕，然后求端用力之方备矣。枢既退隐苏门，乃即复传其学，由是许衡、郝经、刘因，皆得其书而尊信之。北方知有程、朱之学，自复始。

复为人，乐易而耿介，虽居燕，不忘故土。与人交，尤笃分谊。元好问文名擅一时，其南归也，复赠之言，以博溺心、末丧本为戒，以自修读《易》求文王、孔子之用心为勉。其爱人以德类若此。复家江汉之上，以江汉自号，学者称之曰江汉先生。

张𢇁，字达善，其先蜀之导江人。蜀亡，侨寓江左。金华王柏，得朱熹三传之学，尝讲道于台之上蔡书院，𢇁从而受业焉。自《六经》、《语》、《孟》传注，以及周、程、张氏之微言，朱子所尝论定者，靡不潜心玩索，究极根柢。用功既专，久而不懈，所学益弘深微密，南北之士，鲜能及之。至元中，行台中丞吴曼庆闻其名，延致江宁学官，俾子弟受业，中州士大夫欲淑子弟以朱子《四书》者，皆遣从𢇁游，或辟私塾迎之。其在维扬，来学者尤众，远近翕然，尊为硕师，不敢字呼，而称曰导江先生。大臣荐诸朝，特命为孔、颜、孟三氏教授，邹、鲁之人，服诵遗训，久而不忘。

𢇁气宇端重，音吐洪亮，讲说特精详，子弟从之者，詵詵如也。其高第弟子知名者甚多，夹谷之奇、杨刚中尤显。𢇁无子。有《经说》及文集行世。吴澄序其书，以为议论正，援据博，贯穿纵横，俨然新安朱氏之尸祝也。至正中，真州守臣以𢇁及郝经、吴澄皆尝留仪真，作祠宇祀之，曰三贤祠。

金履祥，字吉父，婺之兰溪人。其先本刘氏，后避吴越钱武肃王嫌名，更为金氏。履祥从曾祖景文，当宋建炎、绍兴间，以孝行著称，其父母疾，斋祷于天，而灵应随至。事闻于朝，为改所居乡曰纯孝。履祥幼而敏睿，父兄稍授之书，即能记诵。比长，益自策励，凡天文、地形、礼乐、田乘、兵谋、阴阳、律历之书，靡不毕究。及壮，知向濂、洛之学，事同郡王柏，从登何基之门。基则学于黄榦，而榦亲承朱熹之传者也。自是讲贯益密，造诣益邃。

时宋之国事已不可为，履祥遂绝意进取。然负其经济之略，亦未忍遽忘斯世也。会襄樊之师日急，宋人坐视而不敢救，履祥因进牵制捣虚之策，请以重兵由海道直趋燕、蓟，则襄樊之师，将不攻而自解。且备叙海船所经，凡州郡县邑，下至巨洋别坞，难易远近，历历可据以行。宋终莫能用。及后朱瑄、张清献海运之利，而所由海道，视履祥先所上书，咫尺无异者，然后人服其精确。

德祐初，以迪功郎、史馆编校起之，辞弗就。宋将改物，所在盗起，履祥屏居金华山中，兵燹稍息，则上下岩谷，追逐云月，寄情啸咏，视世故泊如也。平居独处，终日俨然；至与物接，则盎然和怿。训迪后学，谆切无倦，而尤笃于分义。有故人子坐事，母子分配为隶，不相知者十年，履祥倾赀营购，卒赎以完；其子后贵，履祥终不自言，相见劳问辛苦而已。何基、王柏之丧，履祥率其同门之士，以义制服，观者始知师弟子之系于常伦也。

履祥尝谓司马文正公光作《资治通鉴》，秘书丞刘恕为《外纪》，以记前事，不本于经，而信百家之说，是非谬于圣人，不足以传信。自帝尧以前，不经夫子所定，固野而难质。夫子因鲁史以作《春秋》，王朝列国之事，非有玉帛之使，则鲁史不得而书，非圣人笔削之所加也。况左氏所记，或阙或诬，凡此类皆不得以辟经为辞。乃用邵氏《皇极经世历》、胡氏《皇王大纪》之例，损益折衷，一以《尚书》为主，下及《诗》、《礼》、《春秋》，旁采旧史诸子，表年系事，断自唐尧以下，接于《通鉴》之前，勒为一书，二十卷，名曰《通鉴前编》。凡所引书，辄加训释，以裁正其义，多儒先所未发。既成，以授门人许谦曰："二帝三王之盛，其微言懿行，宜后王所当法，战国申、商之术，其苛法乱政，亦后王所当戒，则是编不可以不著也。"他所著书，曰《大学章句疏义》二卷，《论语孟子集注考证》十七卷，《书表注》四卷，谦为益加校定，皆传于学者。天历初，廉访使郑允中表上其书于朝。

初，履祥既见王柏，首问为学之方，柏告以必先立志，且举先儒之言：居敬以持其志，立志以定其本，志立乎事物之表，敬行乎事物之内，此为学之大方也。及见何基，基谓之曰："会之屡言贤者之贤，理欲之分，便当自今始。"会之，盖柏字也。当时议者以为基之清介纯实似尹和静，柏之高明刚正似谢上蔡，履祥则亲得之二氏，而并充于己者也。

履祥居仁山之下，学者因称为仁山先生。大德中卒。元统初，里人吴师道为国子博士，移书学官，祠履祥于乡学。至正中，赐谥文安。

许谦，字益之，其先京兆人。九世祖延寿，宋刑部尚书。八世祖仲容，太子洗马。仲容之子曰洸、曰洞，洞由进士起家，以文章政事知名于时。洸之子寔，事海陵胡瑗，能以师法终始者也。由平江徙婺之金华，至谦五世，为金华人。父觥，登淳祐七年进士第，仕未显以殁。

谦生数岁而孤，甫能言，世母陶氏口授《孝经》、《论语》，入耳辄不忘。稍长，肆力于学，立程以自课，取四部书分昼夜读之，虽疾恙不废。既乃受业金履祥之门，履祥语之曰："士之为学，若五味之在和，醯酱既加，则酸咸顿异。子来见我已三日，而犹夫人也，岂吾之学无以感发子耶！"谦闻之惕然。居数年，尽得其所传之奥。于书无不读，穷探圣微，虽残文羡语，皆不敢忽。有不可通，则不敢强；于先儒之说，有所未安，亦不苟同也。

读《四书章句集注》，有《丛说》二十卷，谓学者曰："学以圣人为准的，然必得圣人之心，而后可学圣人之事。圣贤之心，具在《四书》，而《四书》之义，备于朱子，顾其辞约意广，读者安可以易心求之乎！"读《诗集传》，有《名物钞》八卷，正其音释，考其名物度数，以补先儒之未备，仍存其逸义，旁采远援，而以己意终之。读《书集传》，有《丛说》六卷。其观史，有《治忽几微》，仿史家年经国纬之法，起太皞氏，迄宋元祐元年秋九月尚书左仆射司马光卒。备其世数，总其年岁，原其兴亡，著其善恶。盖以为光卒，则中国之治不可复兴，诚理乱之几也。故附于续经而书孔子卒之义，以致其意焉。

又有《自省编》，昼之所为，夜必书之，其不可书者，则不为也。其他若天文、地理、典章、制度、食货、刑法、字学、音韵、医经、术数之说，亦靡不该贯，旁而释、老之言，亦洞究其蕴。尝谓："学者孰不曰辟异端，苟不深探其隐，而识其所以然，能辨其同异，别其是非也几希。"又尝句读《九经》、《仪礼》及《春秋三传》，于其宏纲要领，错简衍文，悉别以铅黄朱墨，意有所明，则表而见之。其后吴师道购得吕祖谦点校《仪礼》，视谦所定，不同者十有三条而已。谦不喜矜露，所为诗文，非扶翼经义，张维世教，则未尝轻笔之书也。

延祐初，谦居东阳八华山，学者翕然从之。寻开门讲学，远而幽、冀、齐、鲁，近而荆、扬、吴、越，皆不惮百舍来受业焉。其教人也，至诚谆悉，内外殚尽，尝曰："己有知，使人亦知之，岂不快哉！"或有所问难，而词不能自达，则为之言其所欲言，而解其所惑。讨论讲贯，终日不倦，摄其粗疏，入于密微。闻者方倾耳听受，而其出愈真切。惰者作之，锐者抑之，拘者开之，放者约之。及门之士，著录者千余人，随其材分，咸有所得。然独不以科举之文授人，曰："此义、利之所由分也。"谦笃于孝友，有绝人之行。其处世不胶于古，不流于俗。不出里闾者四十年，四方之士，以不及门为耻，缙绅先生之过其乡邦者，必即其家存问焉。或访以典礼政事，谦观其会通，而为之折衷，闻者无不厌服。

大德中，荧惑入南斗句已而行，谦以为灾在吴、楚，窃深忧之。是岁大侵，谦貌加瘠，或问曰："岂食不足邪？"谦曰："今公私匮竭，道殣相望，吾能独饱邪！"其处心盖如此。廉访使刘庭直、副使赵宏伟，皆中州雅望，于谦深加推服，论荐于朝；中外名臣列其行义者，前后章数十上；而郡复以遗逸应诏；乡闱大比，请司其文衡。皆莫能致。至其晚节，独以身任正学之重，远近学者，以其身之安否，为斯道之隆替焉。至元三年卒，年六十八。尝以白云山人自号，世称为白云先生。朝廷赐谥文懿。

先是，何基、王柏及金履祥殁，其学犹未大显，至谦而其道益著，故学者推原统绪，以为朱熹之世适。江浙行中书省为请于朝，建四贤书院，以奉祠事，而列于学官。

同郡朱震亨，字彦修，谦之高第弟子也。其清修苦节，绝类古笃行之士，所至人多化之。

陈栎，字寿翁，徽之休宁人。栎生三岁，祖母吴氏口授《孝经》、《论语》，辄成诵。五岁入小学，即涉猎经史。七岁通进士业。十五，乡人皆师之。宋亡，科举废，栎慨然发愤，致力于圣人之学，涵濡玩索，贯穿古今。尝以谓有功于圣门者，莫若朱熹氏，熹没未久，而诸家之说，往往乱其本真，乃著《四书发明》、《书集传纂疏》、《礼记集义》等书，亡虑数十万言，凡诸儒之说，有畔于朱氏者，刊而去之；其微辞隐义，则引而伸之；而其所未备者，复为说以补其阙。于是朱熹之说大明于世。

延祐初，诏以科举取士，栎不欲就试，有司强之，试乡闱中选，遂不复赴礼部。教授于家，不出门户者数十年。性孝友，尤刚正，日用之间，动中礼法。与人交，不以势合，不以利迁。善诱学者，谆谆不倦。临川吴澄，尝称栎有功于朱氏为多，凡江东人来受业于澄者，尽遣而归栎。栎所居堂曰定宇，学者因以定宇先生称之。元统二年卒，年八十三。

揭傒斯志其墓，乃与吴澄并称，曰："澄居通都大邑，又数登用于朝，天下学者，四面而归之，故其道远而章，尊而明。栎居万山间，与木石俱，而足迹未尝出乡里，故其学必待其书之行，天下乃能知之。及其行也，亦莫之御，是可谓豪杰之士矣。"世以为知言。

胡一桂，字庭芳，徽州婺源人。父方平。一桂生而颖悟，好读书，尤精于《易》。初，饶州德兴沈贵宝受《易》于董梦程，梦程受朱熹之《易》于黄榦，而一桂之父方平及从贵宝、梦程学，尝著《易学启蒙通释》。一桂之学，出于方平，得朱熹氏源委之正。宋景定甲子，一桂年十八，遂领乡荐，试礼部不第，退而讲学，远近师之，号双湖先生。所著书有《周易本义附录纂疏》、《本义启蒙翼传》、《朱子诗传附录纂疏》、《十七史纂》，并行于世。

其同郡胡炳文，字仲虎，亦以《易》名家，作《易本义通释》，而于朱熹所著《四书》，用力尤深。余干饶鲁之学，本出于朱熹，而其为说，多与熹牴牾，炳文深正其非，作《四书通》，凡辞异而理同者，合而一之；辞同而指异者，析而辨之，往往发其未尽之蕴。东南学者，因其所自号，称云峰先生。炳文尝用荐者，署明经书院山长，再调兰溪州学正。

黄泽，字楚望，其先长安人。唐末，舒艺知资州内江县，卒，葬焉，子孙遂为资州人。宋初，延节为大理评事，兼监察御史，累赠金紫光禄大夫，泽十一世祖也。五世祖拂，与二兄播、揆，同年登进士第，蜀人荣之。父仪可，累举不第，随兄骥子官九江，蜀乱，不能归，因家焉。泽生有异质，慨然以明经学道为志，好为苦思，屡以成疾，疾止复思，久之，如有所见，作《颜渊仰高钻坚论》。蜀人治经，必先古注疏，泽于名物度数，考核精审，而义理一宗程、朱，作《易春秋二经解》、《二礼祭祀述略》。

大德中，江西行省相臣闻其名，授江州景星书院山长，使食其禄以施教。又为山长于洪之东湖书院，受学者益众。始泽尝梦见夫子，以为适然，既而屡梦见之，最后乃梦夫子手授所较《六经》，字画如新，由是深有感发，始悟所解经多徇旧说为非是，乃作《思古吟》十章，极言圣人德容之盛，上达于文王、周公。秩满即归，闭门授徒以养亲，不复言仕。

尝以为去圣久远，经籍残阙，传注家率多傅会，近世儒者，又各以才识求之，故议论虽多，而经旨愈晦；必积诚研精，有所悟入，然后可以窥见圣人之本真。乃揭《六经》中疑义千有余条，以示学者。既乃尽悟失传之旨。自言每于幽闲寂寞、颠沛流离、疾病无聊之际得之，及其久也，则豁然无不贯通。自天地定位、人物未生已前，沿而下之，凡邃古之初，万化之原，载籍所不能具者，皆昭若发蒙，如示诸掌。然后由伏羲、神农、五帝、三王，以及春秋之末，皆若身在其间，而目击其事者。于是《易》、《春秋》传注之失，《诗》、《书》未决之疑，《周礼》非圣人书之谤，凡数十年苦思而未通者，皆涣然冰释，各就条理。故于《易》以明象为先，以因孔子之言，上求文王、周公之意为主，而其机栝，则尽在《十翼》，作《十翼举要》、《忘象辩》、《象略》、《辩同论》。于《春秋》以明书法为主，其大要则在考核三传，以求向上之功，而脉络尽在《左传》，作《三传义例考》、《笔削本旨》。又作《元年春王正月辩》、《诸侯娶女立子通考》、《鲁隐公不书即位义》、《殷周诸侯禘祫考》、《周庙太庙单祭合食说》，作《丘甲辩》，凡如是者十余通，以明古今礼俗不同，见虚辞说经之无益。尝言："学者必悟经旨废失之由，然后圣人本意可见，若《易象》与《春秋》书法废失大略相似，苟通其一，则可触机而悟矣。"又惧学者得于创闻，不复致思，故所著多引而不发，乃作《易学滥觞》、《春秋指要》，示人以求端用力之方。其于礼学，则谓郑氏深而未完，王肃明而实浅，作《礼经复古正言》。如王肃混郊丘废五天帝，并昆仑、神州为一，赵伯循言王者禘其始祖之所自出，以始祖配之，而不及群庙之主，胡宏家学不信《周礼》，以社为祭地之类，皆引经以证其非。其辩释诸经要旨，则有《六经补注》；诋排百家异义，则取杜牧不当言而言之义，作《翼经罪言》。近代覃思之学，推泽为第一。

吴澄尝观其书，以为平生所见明经士，未有能及之者，谓人曰："能言距杨、墨者，圣人之徒也，楚望真其人乎！"然泽雅自慎重，未尝轻与人言。李洞使过九江，请北面称弟子，受一经，且将经纪其家，泽谢曰："以君之才，何经不可明，然亦不过笔授其义而已。若余则于艰苦之余，乃能有见，吾非邵子，不敢以二十年林下期君也。"洞叹息而去。或问泽："自闷如此，宁无不传之惧？"泽曰："圣经兴废，上关天运，子以为区区人力所致耶！"

泽家甚窭贫，且年老，不复能教授，经岁大侵，家人采木实草根以疗饥，晏然曾不动其意，惟以圣人之心不明，而经学失传，若己有罪为大戚。至正六年卒，年八十七。其书存于世者十二三。门人惟新安赵汸为高第，得其《春秋》之学为多。

萧𣂏，字惟斗，其先北海人。父仕秦中，遂为奉元人。𣂏性至孝，自为儿时，翘楚不凡。稍出为府史，上官语不合，即引退，读书南山者三十年。制一革衣，由身半以下，及卧，辄倚其榻，玩诵不少置，于是博极群书，天文、地理、律历、算数，靡不研究。侯均谓元有天下百年，惟萧惟斗为识字人。学者及其门受业者甚众。尝出，遇一妇人，失金钗道旁，疑𣂏拾之，谓曰："殊无他人，独翁居后耳。"𣂏令随至门，取家钗以偿。其妇后得所遗钗，愧谢还之。乡人有自城中暮归者，遇寇，欲加害，诡言"我萧先生也"，寇惊愕释去。

世祖分藩在秦，辟𣂏与杨恭懿、韩择侍秦邸，𣂏以疾辞，授陕西儒学提举，不赴。省宪大臣即其家具宴为贺，使一从史先诣𣂏舍，𣂏方汲水灌园，从史至，不知其为𣂏也，使饮其马，即应之不拒，及冠带迎宾，从史见𣂏，有惧色，𣂏殊不为意。后累授集贤直学士、国子司业，改集贤侍读学士，皆不赴。大德十一年，拜太子右谕德，扶病至京师，入觐东宫，书《酒诰》为献，以朝廷时尚酒故也。寻以病力请去职，人问其故，则曰："在礼，东宫东面，师傅西面，此礼今可行乎？"俄除集贤学士、国子祭酒，依前右谕德，疾作，固辞而归。卒年七十八，赐谥贞敏。

𣂏制行甚高，真履实践，其教人，必自《小学》始。为文辞，立意精深，言近而指远，一以洙、泗为本，濂、洛、考亭为据，关辅之士，翕然宗之，称为一代醇儒。所著有《三礼说》、《小学标题驳论》、《九州志》，及《勤斋文集》，行于世。

韩择者，字从善，亦奉元人。天资超异，信道不惑，其教学者，虽中岁以后，亦必使自《小学》等书始。或疑为陵节勤苦，则曰："人不知学，白首童心，且童蒙所当知，而皓首不知，可乎？”择尤邃礼学，有质问者，口讲指画无倦容。士大夫游宦过秦中，必往见择，莫不虚往而实归焉。世祖尝召之赴京，疾，不果行。其卒也，门人为服缌麻者百余人。

侯均者，字伯仁，亦奉元人。父母蚤亡，独与继母居，卖薪以给奉养。积学四十年，群经百氏，无不淹贯，旁通释、老外典。每读书，必熟诵乃已。尝言：“人读书不至千遍，终于己无益。”故其答诸生所问，穷索极探，如取诸篋笥。名振关中，学者宗之。用荐者起为太常博士，后以上疏忤时相意，不待报可，即归休田里。

均貌魁梧，而气刚正，人多严惮之，及其应接之际，则和易款洽。虽方言古语，世所未晓者，莫不随问而答，世咸服其博闻。

同恕，字宽甫，其先太原人。五世祖迁秦中，遂为奉元人。祖升。父继先，博学能文，廉希宪宣抚陕右，辟掌库钥。家世业儒，同居二百口，无间言。恕安静端凝，羁丱如成人，从乡先生学，日记数千言。年十三，以《书经》魁乡校。至元间，朝廷始分六部，选名士为吏属，关陕以恕贡礼曹，辞不行。仁宗践阼，即其家拜国子司业，阶儒林郎，使三召，不起。陕西行台侍御史赵世延，请即奉元置鲁斋书院，中书奏恕领教事，制可之。先后来学者殆千数。延祐设科，再主乡试，人服其公。六年，以奉议大夫、太子左赞善召，入见东宫，赐酒慰问。继而献书，历陈古谊，尽开悟涵养之道。明年春，英宗继统，以疾归。致和元年，拜集贤侍读学士，以老疾辞。

恕之学，由程、朱上遡孔、孟，务贯浃事理，以利于行。教人曲为开导，使得趣向之正。性整洁，平居虽大暑，不去冠带。母张夫人卒，事异母如事所生。父丧，哀毁致目疾，时祀斋肃详至。尝曰：“养生有不备，事犹可复，追远有不诚，是诬神也，可逭罪乎！”与人交，虽外无适莫，而中有绳尺。里人借骡而死，偿其直，不受，曰：“物之数也，何以偿为！”家无儋石之储，而聚书数万卷，扁所居曰榘庵。时萧𣂏居南山下，亦以道高当世，入城府，必主恕家，士论称之曰“萧同”。

恕自京还，家居十三年，缙绅望之若景星麟凤，乡里称为先生而不姓。至顺二年卒，年七十八。制赠翰林直学士，封京兆郡侯，谥文贞。其所著曰《榘庵集》，二十卷。

恕弟子第五居仁，字士安，幼师萧𣂏，弱冠从恕受学。博通经史，躬率子弟致力农亩，而学徒满门。其宏度雅量，能容人所不能容。尝行田间，遇有窃其桑者，居仁辄避之。乡里高其行义，率多化服。作字必楷整，游其门者，不惟学明，而行加修焉。卒之日，门人相与议易名之礼，私谥之曰静安先生。

安熙，字敬仲，真定藁城人。祖滔，父松，皆以学行淑其乡人。熙既承其家学，及闻保定刘因之学，心向慕焉。熙家与因所居相去数百里，因亦闻熙力于为己之学，深许与之。熙方将造其门，而因已殁，乃从因门人乌叔备问其绪说。盖自因得宋儒朱熹之书，即尊信力行之，故其教人，必尊朱氏。然因之为人，高明坚勇，其进莫遏。熙则简靓和易，务为下学之功。其《告先圣文》有曰：“追忆旧闻，卒究前业。洒扫应对，谨行信言。余力学文，穷理尽性。循循有序，发轫圣途，以存诸心，以行诸己，以及于物，以化于乡。”其用功平实切密，可谓善学朱氏者。

熙遭时承平，不屑仕进，家居教授垂数十年，四方之来学者，多所成就。既殁，乡人为立祠于藁城之西筦镇。其门人苏天爵，为辑其遗文，而虞集序之曰：“使熙得见刘氏，廓之以高明，厉之以奋发，则刘氏之学，当益昌大于时矣。”

卷一百九十　　列传第七十七

儒　学　二

胡长孺，字汲仲，婺州永康人。当唐之季，其先自天台来徙。宋南渡后，以进士科发身者十人，持节分符，先后相望。曾祖㮚，钦州司法参军，脱略豪隽，轻赀急施，人以郑庄称之。祖岩，起嘉定甲戌进士，知福州闽县事，卓行危论，奇文瑰句，端平、嘉定间，士大夫皆自以为不可及。其在江西幕府，平赣州之难于指顾之顷，全活数十万人。父居仁，淳祐丁未进士，知台州军州事，文辞政事，亦绝出于四方。至长孺，其学益大振，《九经》、诸史，下逮百氏，名、墨、纵横，旁行敷落，律令章程，无不包罗而撰序之。咸淳中，外舅徐道隆为荆湖四川宣抚参议官，长孺从之入蜀，铨试第一名，授迪功郎、监重庆府酒务。俄用制置使朱禩孙之辟，兼总领湖广军马钱粮所佥厅，与高彭、李湜、梅应春等，号南中八士。已而复拜福宁州倅之命，会宋亡，退栖永康山中。

至元二十五年，诏下求贤，有司强起之，至京师，待诏集贤院。既而召见内殿，拜集贤修撰，与宰相议不合，改教授扬州。元贞元年，移建昌，适录事阙官，檄长孺摄之。程文海方贵显，其家气焰薰灼，即违法，人不敢何问，其树外门，侵官道，长孺亟命撤之。至大元年，转台州路宁海县主簿，阶将仕佐郎。大德丁未，浙东大祲，戊申，复无麦，民相枕死。宣慰同知脱欢察议行赈荒之令，敛富人钱一百五十万给之，至县，以余钱二十五万属长孺藏去，乃行旁州。长孺察其有乾没意，悉散于民。阅月再至，索其钱，长孺抱成案进曰：“钱在是矣。”脱欢察怒曰：“汝胆如山耶！何所受命，而敢无忌若此！”长孺曰：“民一日不食，当有死者，诚不及以闻，然官书具在，可征也。”脱欢察虽怒，不敢问。县有铜岩，恶少年狙伺其间，恒出钞道，为过客患，官不能禁。长孺伪衣商人服，令苍头负货以从，阴戒逻卒十人蹑其后。长孺至，岩中人突出要之，长孺方逊辞以谢，逻卒俄集，皆成擒，俾尽逮其党置于法，夜行无虞。民荷溺器粪田，偶触军卒衣，卒抶伤民，且碎器而去，竟不知主名。民来诉，长孺阳怒其诬，械于市，俾左右潜侦之，向抶者过焉，戟手称快，执诣所隶，杖而偿其器。群妪聚浮屠庵，诵佛书为禳祈，一妪失其衣，适长孺出乡，妪讼之。长孺以牟麦置群妪合掌中，命绕佛诵书如初，长孺闭目叩齿，作集神状，且曰："吾使神监之矣，盗衣者行数周，麦当芽。"一妪屡开掌视，长孺指缚之，还所窃衣。长孺白事帅府归，吏言有奸事屡问弗伏者，长孺曰："此易易尔。"夜伏吏案下，黎明，出奸者讯之，辞愈坚，长孺佯谓令长曰："颇闻国家有诏，盍迎之。"叱隶卒缚奸者东西楹，空县而出，庭无一人。奸者相谓曰："事至此，死亦无承，行将自解矣。"语毕，案下吏嚾而出，奸者惊，咸叩头服罪。永嘉民有弟质珠步摇于兄者，赎焉，兄妻爱之，绐以亡于盗，屡讼不获直，往告长孺，长孺曰："尔非吾民也。"叱之去。未几，治盗，长孺嗾盗诬兄受步摇为赃，逮兄赴官，力辨数弗置，长孺曰："尔家信有是，何谓诬耶！"兄仓皇曰："有固有之，乃弟所质者。"趣持至验之，呼其弟示曰："得非尔家物乎？"弟曰："然。"遂归焉。其行事多类此，不能尽载。延祐元年，转两浙都转运盐使司长山场盐司丞，阶将仕郎，未上，以病辞，不复仕，隐杭之虎林山以终。

长孺初师青田余学古，学古师王梦松，梦松亦青田人，传龙泉叶味道之学，味道则朱熹弟子也。渊源既正，长孺益行四方，访求其旨趣，始信涵养用敬为最切，默存静观，超然自得，故其为人，光明宏伟，专务明本心之学，慨然以孟子自许。唯恐斯道之失其传，诱引不倦，一时学者慕之，有如饥渴之于食饮。方岳大臣与郡二千石，聘致庠序，敷绎经义，环听者数百人。长孺为言："人虽最灵，与物同产，初无二本。"皆跃跃然兴起，至有太息者。为辞章有精魄，金舂玉撞，壹发其和平之音，海内来求者，如购拱璧，碑版焜煌，照耀四裔，苟非其人，虽一金易一字，毅然不与。乡闱取士，屡司文衡，贵实贱华，文风为之一变。

晚寓武林，病喘上气者颇久。一旦具酒食，与比邻别，云将返故乡，门人有识其微意者，问曰："先生精神不衰，何为遽欲观化乎？"长孺曰："精神与死生，初无相涉也。"就寝，至夜半，喘忽止，其子驹排户视之，则正衣冠坐逝矣。年七十五。所著书有《瓦缶编》、《南昌集》、《宁海漫抄》、《颜乐斋稿》行于世。

其从兄之纲、之纯，皆以经术文学名。之纲字仍仲，尝被荐书。其于声音字画之说，自言独造其妙，惜其书不传。之纯字穆仲，咸淳甲戌进士，践履如古独行者，文尤明洁可诵。人称之为三胡云。

熊朋来，字与可，豫章人。宋咸淳甲戌，登进士第第四人，授从仕郎、宝庆府佥书判官厅公事，未上而宋亡。世祖初得江南，尽求宋之遗士而用之，尤重进士，以故相留梦炎为尚书，召甲戌状元王龙泽为江南行台监察御史。朋来，龙泽榜下进士，而声名不在龙泽下，然不肯表襮苟进，隐处州里间，生徒受学者，常百数十人。取朱子《小学》书，提其要领以示之，学者家传其书，几遍天下。豫章为江西会府，行中书省、提刑按察司皆在焉，凡居是官者，多朝廷名公卿，皆以宾礼延见。廉希宪之子惇为参知政事，以师礼事朋来，终身称门人。刘宣为提刑按察使，尤加礼敬。朋来和而不肆，介而不狷，与群贤讲论经义无虚日，儒者咸倚以为重焉。

会朝廷遣治书侍御史王构铨外选于江西，于是参政徐琰、李世安列荐朋来为闽海提举儒学官，使者报闻，而朝廷以东南儒学之士唯福建、庐陵最盛，特起朋来连为两郡教授。所至，考古篆籀文字，调律吕，协歌诗，以兴雅乐，制器定辞，必则古式，学者化焉。既满考，以常格调建安县主簿，不赴。晚以福清州判官致仕，朋来视之，漠如也。四方学者，因其所自号，称为天慵先生。每燕居，鼓瑟而歌以自乐。尝著《瑟赋》二篇，学者争传诵之。门人归之者日盛，旁近舍皆满，至不能容。朋来悬悬为说经旨文义，老益不倦。得其所指授者，多为闻人。

延祐初，诏以进士科取士，时科举废已久，有司咸不知其典故，以不称明诏为惧，行省官主其事者，谘问于朋来，动中轨度，因以申请，四方得遵用之。及请为考试官，则曰："应试者十九及吾门，不可。"其后江浙、湖广，皆卑词致礼，请为主文，朋来屡往应之。及对大廷，其所选士居天下三之一焉。

初，朋来以《周礼》首荐乡郡，而元制，《周官》不与设科，治《戴记》者又鲜，朋来屡以为言。盖朋来之学，诸经中《三礼》尤深，是以当世言礼学者，咸推宗之。至治中，英宗始采用古礼，亲御衮冕祠太庙，锐意于制礼作乐之事，翰林学士元明善，扬言于朝，以朋来为荐，未及召而卒，年七十八。

朋来动止有常，喜怒不形于色，接宾客，人人各自以得其意。有家集三十卷，其大者明乎礼乐之事，关于世教，其余若天文、地理、方技、名物、度数，靡不精究。

子太古，乡贡进士。

戴表元，字帅初，一字曾伯，庆元奉化州人。七岁学古诗文，多奇语。稍长，从里师习词赋，辄弃不肯为。咸淳中，入太学，以三舍法升内舍生，既而试礼部第十人，登进士乙科，教授建康府。后迁临安教授，行户部掌故，皆不就。大德八年，表元年已六十余，执政者荐于朝，起家拜信州教授，再调教授婺州，以疾辞。

初，表元闵宋季文章气萎苶而辞骩骳，骳弊已甚，慨然以振起斯文为己任。时四明王应麟、天台舒岳祥并以文学师表一代，表元皆从而受业焉。故其学博而肆，其文清深雅洁，化陈腐为神奇，蓄而始发，间事摹画，而隅角不露，施于人者多，尤自秘重，不妄许与。至元、大德间，东南以文章大家名重一时者，唯表元而已。

其门人最知名者曰袁桷，桷之文，其体裁议论，一取法于表元者也。

表元晚年，翰林集贤以修撰、博士二职论荐，而老疾不可起，年六十七卒。有《剡源集》行于世。

当表元时，有四明任士林者，亦以文章知名云。

牟应龙，字伯成，其先蜀人，后徙居吴兴。祖子才仕宋，赠光禄大夫，谥清忠。父巘，为大理少卿。应龙幼警敏过人，日记数千言，文章有浑厚之气。应龙当以世赏补京官，尽让诸从弟，而擢咸淳进士第。时贾似道当国，自儗伊、周，谓马廷鸾曰："君故与清忠游，其孙幸见之，当处以高第。"应龙拒之不见。及对策，具言上下内外之情不通、国势危急之状，考官不敢置上第。调光州定城尉，应龙曰："昔吾祖对策，以直言忤史弥远，得洪雅尉，今固当尔，无愧也。"沿海制置司辟为属，以疾辞不仕，而宋亡矣。故相留梦炎事世祖，为吏部尚书，以书招之，曰："苟至，翰林可得也。"应龙不答。已而起家教授溧阳州，晚以上元县主簿致仕。初，宋亡时，大理卿已退不任事，一门父子，自为师友，讨论经学，以义理相切磨，于诸经皆有成说，惟《五经音考》盛行于世。应龙为文，长于叙事，时人求其文者，车辙交于门，以文章大家称于东南，人儗之为眉山苏氏父子，而学者因应龙所自号，称之曰隆山先生。泰定元年卒，年七十八。

郑滁孙，字景欧，处州人。宋景定间，登进士第，知温州乐清县，累历宗正丞、礼部郎官。至元三十年，有以滁孙名荐者，世祖召见，授集贤直学士。寻升侍讲学士，又升学士。乞致仕，归田里。

弟陶孙，字景潜，亦登进士第，监西岳祠。先，陶孙征至阙，奏对称旨，授翰林国史院编修官，会纂修国史至宋德祐末年事，陶孙曰："臣尝仕宋，宋是年亡，义不忍书，书之非义矣。"终不书，世祖嘉之。升应奉翰林文字，后出为江西儒学提举。

滁孙兄弟在当时，最号博洽，儒学之士翕然推之。隆福宫以其兄弟前朝士，乃制衣亲赐，人以为异遇焉。滁孙所著，有《大易法象通赞》、《周易记玩》等书。陶孙有文集若干卷。

陈孚，字刚中，台州临海人。幼清峻颖悟，读书过目辄成诵，终身不忘。至元中，孚以布衣上《大一统赋》，江浙行省为转闻于朝，署上蔡书院山长，考满，谒选京师。二十九年，世祖命梁曾以吏部尚书再使安南，选南士为介，朝臣荐孚博学有气节，调翰林国史院编修官，摄礼部郎中，为曾副。陛辞，赐五品服，佩金符以行。三十年正月，至安南，世子陈日燇以忧制不出郊，遣陪臣来迎，又不由阳明中门入，曾与孚回馆，致书诘日燇以不庭之罪，且责日燇当出郊迎诏，及讲新朝尚右之礼，往复三书，宣布天子威德，辞直气壮，皆孚笔也。其所赠，孚悉却之。详见《梁曾传》中。使还，除翰林待制，兼国史院编修官。帝方欲置之要地，而廷臣以孚南人，且尚气，颇嫉忌之，遂除建德路总管府治中，再迁治中衢州，所至多著善政。秩满，复请为乡郡，特授奉直大夫、台州路总管府治中。大德七年，诏遣奉使宣抚循行诸道。时台州旱，民饥，道殣相望，江浙行省檄浙东元帅脱欢察儿发粟赈济，而脱欢察儿怙势立威，不恤民隐，驱胁有司，动置重刑，孚曰："使吾民日至莩死不救者，脱欢察儿也。"遂诣宣抚使，诉其不法蠹民事一十九条。宣抚使按实，坐其罪，命有司亟发仓赈饥，民赖以全活者众，而孚亦以此致疾，卒于家，年六十四。

孚天材过人，性任侠不羁，其为诗文，大抵任意即成，不事雕斫，有文集行于世。

子遘，江浙行省左右司员外郎，致仕。女长妫，适藁城董士楷，太常礼仪院太祝守绯之母也；末妫，适同里韩戒之，行枢密院经历谏之母也。俱有贞节，朝廷旌表其门闾。

攸州冯子振，其豪俊与孚略同，孚极敬畏之，自以为不可及。子振于天下之书，无所不记。当其为文也，酒酣耳热，命侍史二三人，润笔以俟，子振据案疾书，随纸数多寡，顷刻辄尽。虽事料酞郁，美如簇锦，律之法度，未免乖刺，人亦以此少之。

董朴，字太初，顺德人。自幼强记，比冠，师事乐舜咨、刘道济，幡然有求道之志。至元十六年，用提刑按察使荐，起家为陕西知法官。未几，以亲老归养。寻召为太史院主事，复辞不赴。皇庆初，朴年已逾八十，诏以翰林修撰致仕。延祐三年，无疾而终，年八十有五。

朴所为学，自《六经》及孔、孟微言，与凡先儒所以开端阐幽者，莫不研极其旨而会通之，故其心所自得，往往有融贯之妙。其事亲孝，与人交，智愚贵贱，一待以诚，或有犯之者，夷然不与之校。中山王结曰："朴之学，造诣既深，充养交至；其为人，清而通，和而介，君子人也。"朴家近龙冈，学者因称之曰龙冈先生云。

杨载，字仲弘，其先居建之浦城，后徙杭，因为杭人。少孤，博涉群书，为文有跌宕气。年四十，不仕，户部贾国英数荐于朝，以布衣召为翰林国史院编修官，与修《武宗实录》，调管领系官海船万户府照磨，兼提控案牍。延祐初，仁宗以科目取士，载首应诏，遂登进士第，授承务郎、饶州路同知浮梁州事，迁儒林郎、宁国路总管府推官以卒。

初，吴兴赵孟頫在翰林，得载所为文，极推重之。由是载之文名，隐然动京师，凡所撰述，人多传诵之。其文章一以气为主，博而敏，直而不肆，自成一家言。而于诗尤有法，尝语学者曰："诗当取材于汉、魏，而音节则以唐为宗。"自其诗出，一洗宋季之陋。

建康之上元有杨刚中，字志行，自幼厉志操，及为江东宪府照磨，风采凛凛，有足称者。其为文，奇奥简涩，动法古人，而不屑为世俗平凡语。元明善极叹异之。仕至翰林待制而卒。有《霜月集》行于世。

其甥李桓，字晋仲，同郡人，由乡贡进士，累迁江浙儒学副提举。亦以文鸣江东，纡余丰润，学者多传之。载与刚中同辈行，而桓则稍后云。

刘詵，字桂翁，吉安之庐陵人。性颖悟，幼失父，知自树立。年十二，作为科场律赋论策之文，蔚然有老成气象，宋之遗老巨公一见即以斯文之任期之。既冠，重厚醇雅，素以师道自居，教学者有法，声誉日隆。江南行御史台屡以教官馆职、遗逸荐，皆不报。詵为文，根柢《六经》，躏跞诸子百家，融液今古，而不露其踔厉风发之状。四方求文者，日至于门。其所为诗文，曰《桂隐集》。桂隐，詵所号也。至正十年卒，年八十三。

同郡龙仁夫，字观复。刘岳申，字高仲。其文学皆与謊齐名，有集行世。而仁夫之文，尤奇逸流丽，所著《周易集传》多发前儒之所未发。岳申用荐者为辽阳儒学副提举，仁夫江浙儒学副提举，皆不就。

韩性，字明善，绍兴人。其先家安阳，宋司徒兼侍中魏忠献王琦，其八世祖也。高祖左司郎中膺胄，扈从南渡，家于越。性天资警敏，七岁读书，数行俱下，日记万言。九岁通《小戴礼》，作大义，操笔立就，文意苍古，老生宿学，皆称异焉。及长，博综群籍，自经史至诸子百氏，靡不极其津涯，究其根柢，而于儒先性理之说，尤深造其阃域。其为文辞，博达俊伟，变化不测，自成一家言。四方学者，受业其门，户外之屦，至无所容。延祐初，诏以科举取士，学者多以文法为请，性语之曰："今之贡举，悉本朱熹私议，为贡举之文，不知朱氏之学，可乎？《四书》、《六经》，千载不传之学，自程氏至朱氏，发明无余蕴矣，顾行何如耳。有德者必有言，施之场屋，直其末事，岂有他法哉！"凡经其口授指画，不为甚高论而义理自胜，不期文之工而不能不工，以应有司之求，亦未始不合其绳尺也。士有一善，必为之延誉不已，及辨析是非，则毅然有不可犯之色。

性出无舆马仆御，所过，负者息肩，行者避道。巷夫街叟，至于童稚厮役，咸称之曰"韩先生、韩先生"云。宪府尝举为教官，谢曰："幸有先人之敝庐可庇风雨，薄田可具饘粥，读书砥行，无愧古人足矣，禄仕非所愿也。"受而不赴。暮年愈自韬晦，然未尝忘情于斯世，郡之良二千石政事有所未达，辄往咨访，性从容开导，洞中肯綮，裨益者多。

天历中，赵世延以性名上闻。后十年，门人李齐为南台监察御史，力举其行义，而性已卒矣。年七十有六。卒后，南台御史中丞月鲁不花，尝学于性，言性法当得谥，朝廷赐谥庄节先生。其所著有《礼记说》四卷，《诗音释》一卷，《书辨疑》一卷，《郡志》八卷，文集十二卷。

当性时，庆元有程端礼、端学兄弟者。端礼，字敬叔，幼颖悟纯笃，十五岁，能记诵《六经》，晓析大义。庆元自宋季皆尊尚陆九渊氏之学，而朱熹氏学不行于庆元。端礼独从史蒙卿游，以传朱氏明体达用之指，学者及门甚众。所著有《读书工程》，国子监以颁示郡邑校官，为学者式。仕为衢州路儒学教授。卒年七十五。端学，字时叔，通《春秋》，登至治辛酉进士第，授仙居县丞，寻改国子助教。动有师法，学者以其刚严方正，咸严惮之。迁太常博士，命未下而卒。后以子徐贵，赠礼部尚书。所著有《春秋本义》三十卷，《三传辨疑》二十卷，《春秋或问》十卷。

吴师道，字正传，婺州兰溪人。自羁丱知学，即善记览。工词章，才思涌溢，发为歌诗，清丽俊逸。弱冠，因读宋儒真德秀遗书，乃幡然有志于为己之学，刮摩淬砺，日长月益，尝以持敬致知之说质于同郡许谦，谦复之以理一分殊之旨，由是心志益广，造履益深，大抵务在发挥义理，而以辟异端为先务。登至治元年进士第，授高邮县丞，明达文法，吏不敢欺。再调宁国路录事。会岁大旱，饥民仰食于官者三十三万口，师道劝大家得粟三万七千六百石，以赈饥民；又言于部使者，转闻于朝，得粟四万石、钞三万八千四百锭赈之，三十余万人赖以存活。迁池州建德县尹。郡学有田七百亩，为豪民所占，郡下其事建德，俾师道究治之，即为按其图籍，悉以归于学。建德素少茶，而榷税尤重，民以为病，即为极言于所司，榷税为减。中书左丞吕思诚、侍御史孔思立列荐之，召为国子助教，寻升博士。其为教，一本朱熹之旨，而遵许衡之成法，六馆诸生，人人自以为得师。丁内忧而归，以奉议大夫、礼部郎中致仕，终于家。所著有《易诗书杂说》、《春秋胡传附辨》、《战国策校注》、《敬乡录》，及文集二十卷。

师道同郡又有王余庆，字叔善，仕为江南行台监察御史，亦以儒学名重当世云。

陆文圭，字子方，江阴人。幼而颖悟，读书过目成诵，终身不忘。博通经史百家，及天文、地理、律历、医药、算数之学。宋咸淳初，文圭年十八，以《春秋》中乡选。宋亡，隐居城东，学者称之曰墙东先生。延祐设科，有司强之就试，凡一再中乡举。文圭为文，融会经传，纵横变化，莫测其涯际，东南学者，皆宗师之。朝廷数遣使驰币聘之，以老疾，不果行。卒年八十五。

文圭为人，刚明超迈，以奇气自负。于地理考核甚详，凡天下郡县沿革、人物土产，悉能默记，如指诸掌。先属纩一日，语门人曰："以数考之，吾州二十年后必有兵变，惨于五代、建炎，吾死，当葬不食之地，勿封勿树，使人不知吾墓，庶无暴骨之患。"其后江阴之乱，冢墓尽发，人乃服其先知。有《墙东类稿》二十卷。

文圭同里有梁益者，字友直，其先福州人。博洽经史，而工于文辞。其教人，以变化气质为先务，学徒不远千里从之。自文圭既卒，浙以西称学术醇正、为世师表者，惟益而已。益所著书，有《三山稿》、《诗绪余》、《史传姓氏纂》，又有《诗传旁通》，发挥朱熹氏之学为精。年五十六卒。

周仁荣，字本心，台州临海人。父敬孙，宋太学生。初，金华王柏以朱熹之学主台之上蔡书院，敬孙与同郡杨珏、陈天瑞、车若水、黄超然、朱致中、薛松年师事之，受性理之旨。敬孙尝著《易象占》、《尚书补遗》、《春秋类例》。仁荣承其家学，又师珏、天瑞，治《易》、《礼》、《春秋》，而工为文章。用荐者署美化书院山长。美化在处州万山中，人鲜知学，仁荣举行乡饮酒礼，士俗为变。后辟江浙行省掾史，省臣皆呼先生，不以吏遇之。泰定初，召拜国子博士，迁翰林修撰，升集贤待制。奉旨代祀岳渎，至会稽，以疾作，不复还朝。卒，年六十有一。其所教弟子多为名人，而泰不华实为进士第一。

其弟仔肩，字本道，以《春秋》登延祐五年进士第，终奉议大夫、惠州路总管府判官。与其兄俱以文学名。

仁荣同郡有孟梦恂者，字长文，黄岩人。与仁荣同师事杨珏、陈天瑞。梦恂讲解经旨，体认精切，务见行事，四方游从者皆服焉。部使者荐其行义，署本郡学录。至正十三年，以设策御寇救乡郡有功，授登仕郎、常州路宜兴州判官，未受命而卒，年七十四。朝廷赐谥号曰康靖先生。所著有《性理本旨》、《四书辨疑》、《汉唐会要》、《七政疑解》，及《笔海杂录》五十卷。

陈旅，字众仲，兴化莆田人。先世素以儒学称。旅幼孤，资禀颖异。其外大父赵氏学有源委，抚而教之，旅得所依，不以生业为务，惟笃志于学，于书无所不读。稍长，负笈至温陵，从乡先生傅古直游，声名日著。用荐者为闽海儒学官，适御史中丞马雍古祖常使泉南，一见奇之，谓旅曰："子，馆阁器也，胡为留滞于此！"因相勉游京师。既至，翰林侍讲学士虞集见其所为文，慨然叹曰："此所谓我老将休，付子斯文者矣。"即延至馆中，朝夕以道义学问相讲习，自谓得旅之助为多。与祖常交口游誉于诸公间，咸以为旅博学多闻，宜居师范之选，中书平章政事赵世延又力荐之，除国子助教。居三年，考满，诸生不忍其去，请于朝，再任焉。元统二年，出为江浙儒学副提举。至元四年，入为应奉翰林文字。至正元年，迁国子监丞，阶文林郎。又二年卒，年五十有六。

旅于文，自先秦以来，至唐、宋诸大家，无所不究，故其文典雅峻洁，必求合于古作者，不徒以徇世好而已。有文集十四卷。

旅平生于师友之义尤笃，每感虞集为知己。其在浙江时，集归田已数载，岁且大比，请于行省参知政事孛术鲁翀，亲奉书币，请集主文乡闱，欲为问候计，乃冲冒炎暑，千里访集于临川。集感其来，留旬日而别，惓惓以斯文相勉，惨然若将永诀焉。集每与学者语，必以旅为平生益友也。一日，梦旅举杯相向曰："旅甚思公，亦知公之不忘旅也，但不得见尔。"既而闻旅卒，集深悼之。

同时有程文、陈绎曾者，皆名士。文字以文，徽州人，仕至礼部员外郎。作文明洁而精深，集亦多称之。绎曾字伯敷，处州人。为人虽口吃，而精敏异常，诸经注疏，多能成诵。文辞汪洋浩博，其气烨如也。官至国子助教。论者谓二人皆与旅相伯仲云。

李孝光，字季和，温州乐清人。少博学，笃志复古，隐居雁荡山五峰下，四方之士，远来受学，名誉日闻，泰不华以师事之，南行台监察御史阖辞屡荐居馆阁。至正七年，诏征隐士，以秘书监著作郎召，与完者图、执礼哈琅、董立同应诏赴京师，见帝于宣文阁，进《孝经图说》，帝大悦，赐上尊。明年，升文林郎、秘书监丞。卒于官，年五十三。

孝光以文章负名当世，其文一取法古人，而不趋世尚，非先秦、两汉语，弗以措辞。有文集二十卷。

宇文公谅，字子贞，其先成都人，父挺祖，徙吴兴，今为吴兴人。公谅通经史百氏言，弱冠，有操行。嘉兴富民延为子弟师，夜将半，闻有叩门者，问之，乃一妇人，公谅厉声叱去之。翌日，即以他事辞归，终不告以其故。至顺四年，登进士第，授徽州路同知婺源州事。丁内艰，改同知余姚州事。夏不雨，公谅出祷辄应，岁以有年，民颂之，以为别驾雨。摄会稽县，申明冤滞，所活者众。省檄察实松江海涂田，公谅以潮汐不常，后必贻患，请一概免科，省臣从之。迁高邮府推官，未几，除国子助教，日与诸生辩析诸经，六馆之士，资其陶甄者往往出为名臣。调应奉翰林文字、同知制诰，兼国史院编修官，以病得告。后召为国子监丞，除江浙儒学提举，改佥岭南廉访司事，以疾请老。

公谅平居，虽暗室，必正衣冠端坐，尝挟手记一册，识其编首曰："昼有所为，暮则书之，其不可书，即不敢为，天地鬼神，实闻斯言。"其检饬之严如此。所著述，有《折桂集》、《观光集》、《辟水集》、《以斋诗稿》、《玉堂漫稿》、《越中行稿》，凡若干卷。门人私谥曰纯节先生。

伯颜，一名师圣，字宗道，哈剌鲁氏，隶军籍蒙古万户府，世居开州濮阳县。伯颜生三岁，常以指画地，或三或六，若为卦者。六岁，从里儒授《孝经》、《论语》，即成诵。蚤丧父，其兄曲出，买经传等书以资之，日夜诵不辍。稍长，受业宋进士建安黄坦，坦曰："此子颖悟过人，非诸生可比。"因命以颜为氏，且名而字之焉。久之，坦辞曰："余不能为尔师，群经有朱子说具在，归而求之可也。"伯颜自弱冠，即以斯文为己任，其于大经大法，粲然有睹，而心所自得，每出于言意之表。乡之学者，来相质难，随问随辨，咸解其惑。于是中原之士，闻而从游者日益众。

至正四年，以隐士征至京师，授翰林待制，预修《金史》。既毕，辞归。已而复起为江西廉访佥事，数月，以病免。及还，四方之来学者，至千余人。盖其为学专事讲解，而务真知力践，不屑事举子词章，而必期措诸实用。士出其门，不问知其为伯颜氏学者。至于异端之徒，亦往往弃其学而学焉。十八年，河南贼蔓延河北，伯颜言于省臣，将结其乡民为什伍以自保，而贼兵大至，伯颜乃渡漳北行，邦人从之者数十万家。至磁，与贼遇，贼知伯颜名士，生劫之以见贼将，诱以富贵，伯颜骂不屈，引颈受刃，与妻子俱死之，年六十有四。

既死，人或剖其腹，见其心数孔，曰："古称圣人心有七窍，此非贤士乎！"乃纳心其腹中，覆墙而掩之。有司上其事，赠奉议大夫、佥太常礼仪院事，谥文节。太常谥议曰："以城守论之，伯颜无城守之责而死，可与江州守李黼一律；以风纪论之，伯颜无在官之责而死，可与西台御史张桓并驾。以平生有用之学，成临义不夺之节，乃古之所谓君子人者。"时以为确论。伯颜平生，修辑《六经》，多所著述，皆毁于兵。

赡思，字得之，其先大食国人。国既内附，大父鲁坤，乃东迁丰州。太宗时，以材授真定、济南等路监榷课税使，因家真定。父斡直，始从儒先生问学，轻财重义，不干仕进。赡思生九岁，日记古经传至千言。比弱冠，以所业就正于翰林学士承旨王思廉之门，由是博极群籍，汪洋茂衍，见诸践履，皆笃实之学，故其年虽少，已为乡邦所推重。延祐初，诏以科第取士，有劝其就试者，赡思笑而不应。既而侍御史郭思贞、翰林学士承旨刘赓、参知政事王士熙交章论荐之。泰定三年，诏以遗逸征至上都，见帝于龙虎台，眷遇优渥。时倒剌沙柄国，西域人多附焉，赡思独不往见。倒剌沙屡使人招致之，即以养亲辞归。

天历三年，召入为应奉翰林文字，赐对奎章阁，文宗问曰："卿有所著述否？"明日，进所著《帝王心法》，文宗称善。诏预修《经世大典》，以论议不合求去，命奎章阁侍书学士虞集谕留之，赡思坚以母老辞，遂赐币遣之。复命集传旨曰："卿且暂还，行召卿矣。"至顺四年，除国子博士，丁内艰，不赴。

后至元二年，拜陕西行台监察御史，即上封事十条，曰：法祖宗，揽权纲，敦宗室，礼勋旧，惜名器，开言路，复科举，罢数军，一刑章，宽禁网。时奸臣变乱成宪，帝方虚己以听，赡思所言，皆一时群臣所不敢言者。侍御史赵承庆见之，叹曰："御史言及此，天下福也。"戚里有执政陕西行省者，恣为非道，赡思发其罪而按之，辄弃职夜遁。会有诏勿逮问，然犹杖其私人。及分巡云南，按省臣之不法者，其人即解印以去，远藩为之震悚。襄、汉流民，聚居宋之绍熙府故地，至数千户，私开盐井，自相部署，往往劫囚徒，杀巡卒，赡思乃擒其魁，而释其党。复上言："绍熙土饶利厚，流户日增，若以其人散还本籍，恐为边患，宜设官府以抚定之。"诏即其地置绍熙宣抚司。三年，除佥浙西肃政廉访司事，即按问都转运盐使、海道都万户、行宣政院等官赃罪，浙右郡县，无敢为贪墨者。复以浙右诸僧寺，私蔽猾民，有所谓道人、道民、行童者，类皆渎常伦，隐徭役，使民力日耗，契勘嘉兴一路，为数已二千七百，乃建议请勒归本族，俾供王赋，庶以少宽民力。朝廷是之，即著以为令。四年，改佥浙东肃政廉访司事，以病免归。

赡思历官台宪，所至以理冤泽物为己任，平反大辟之狱，先后甚众，然未尝故出人罪，以市私恩。尝与五府官决狱咸宁，有妇宋娥者，与邻人通，邻人谓娥曰："我将杀而夫。"娥曰："张子文行且杀之。"明日，夫果死，迹盗数日，娥始以张子文告其姑。五府官以为非共杀，且既经赦宥，宜释之，赡思曰："张子文以为娥固许之矣。且娥夫死及旬，乃始言之，是娥与张同谋，度不能终隐，故发之也，岂赦可释哉？"枢密判官曰："平反活人，阴德也。御史勿执常法。"赡思曰："是谓故出人罪，非平反也。且公欲种阴德于生者，奈死者何！"乃独上议刑部，卒正娥罪。其审刑当罪多类此。

至正四年，除江东肃政廉访副使。十年，召为秘书少监，议治河事，皆辞疾不赴。十一年，卒于家，年七十有四。二十五年，皇太子抚军冀宁，承制封拜，赠嘉议大夫、礼部尚书、上轻车都尉，追封恒山郡侯，谥曰文孝。

赡思邃于经，而《易》学尤深，至于天文、地理、钟律、算数、水利，旁及外国之书，皆究极之。家贫，饘粥或不继，其考订经传，常自乐也。所著述有《四书阙疑》、《五经思问》、《奇偶阴阳消息图》、《老庄精诣》、《镇阳风土记》、《续东阳志》、《重订河防通议》、《西国图经》、《西域异人传》、《金哀宗记》、《正大诸臣列传》、《审听要诀》，及文集三十卷，藏于家。

卷一百九十一　列传第七十八

良 吏 一

自古国家上有宽厚之君，然后为政者得以尽其爱民之术，而良吏兴焉。班固有曰："汉兴，与民休息，凡事简易，禁罔疏阔，以宽厚清静为天下先，故文、景以后，循吏辈出。"其言盖识当时之治体矣。

元初风气质实，与汉初相似。世祖始立各道劝农使，又用五事课守令，以劝农系其衔。故当是时，良吏班班可见，亦宽厚之效也。然自中世以后，循良之政，史氏缺于纪载。今据其事迹之可取者，作《良吏传》。

谭澄，字彦清，德兴怀来人。父资荣，金末为交城令。国兵下河朔，乃以县来附，赐金符，为元帅左都监，仍兼交城令。未几，赐虎符，行元帅府事，从攻汴有功。年四十，移病，举弟资用自代。资用卒，澄袭职。澄幼颖敏，为交城令时年十九。有文谷水，分溉交城田，文阳郭帅专其利而堰之，讼者累岁，莫能直，澄折以理，令决水，均其利于民。豪民有持吏短长为奸者，察得其主名，皆以法治之。岁乙未，籍民户，有司多以浮客占籍，及征赋，逃窜殆尽，官为称贷，积息数倍，民无以偿。澄入觐，因中书耶律楚材，面陈其害，太宗恻然，为免其逋，其私负者，年虽多，息取倍而止；亡民能归者，复三年。诏下，公私便之。壬子，复大籍其民，澄尽削交城之不土著者，赋以时集。

甲寅，世祖还自大理，澄进见，留藩府，凡遣使，必以澄偕，而以其弟山阜为交城令。时世祖以皇弟开藩京兆，总天下兵。岁丁巳，有间之者，宪宗疑之，遂解兵柄。遣阿蓝答儿往京兆，大集官吏，置计局百四十二条以考核之，罪者甚众，世祖每遣左丞阔阔与澄周旋其间，以弥缝其缺，及亲入朝，事乃释。中统元年，世祖即位，擢怀孟路总管，俄赐金符，换金虎符。岁旱，令民凿唐温渠，引沁水以溉田，民用不饥。教之种植，地无遗利。至元二年，迁河南路总管，改平滦路总管。七年，入为司农少卿，俄出为京兆总管。居一年，改陕西四川道提刑按察使，建言："不孝有三，无后为大。宜令民年四十无子听取妾，以为宗祀计。"朝廷从之，遂著为令。

四川佥省严忠范守成都，为宋将昝万寿所败，退保子城，世祖命澄代之。至则葬暴骸，修焚室，赈饥贫，集逋亡，民心稍安。会西南夷罗罗斯内附，帝以抚新国宜择文武全才，遂以澄为副都元帅，同知宣慰使司事。比至，以疾卒，年五十八。

世祖尝与太保刘秉忠论一时牧守，秉忠曰："若邢之张耕，怀之谭澄，何忧不治哉！"游显宣抚大名，尝为诸路总管求虎符宣麻，澄至中书辞曰："皇上不识谭澄耶？乃为显所举！"中书特为去之。其介如此。

子克修，历湖北、河南、陕西三道提刑按察使。

许维祯，字周卿，遂州人。至元十五年，为淮安总管府判官。属县盐城及丁溪场，有二虎为害，维祯默祷于神祠，一虎去，一虎死祠前。境内旱蝗，维祯祷而雨，蝗亦息。是年冬，无雪，父老言于维祯曰："冬无雪，民多疾，奈何！"维祯曰："吾当为尔祷。"已而雪深三尺。朝廷闻其事，方欲用之而卒，年四十四。子殷。

许楫，字公度，太原忻州人。幼从元裕学，年十五，以儒生中词赋选，河东宣抚司又举楫贤良方正孝廉。楫至京师，平章王文统命为中书省掾，以不任簿书辞，改知印。丞相安童、左丞许衡深器重之。一日，从省臣立殿下，世祖见其美髯魁伟，问曰："汝秀才耶？"楫顿首曰："臣学秀才耳，未敢自谓秀才也。"帝善其对，授中书省架阁库管勾，兼承发司事。未几，立大司农司，以楫为劝农副使。时商挺为安西王相，遇于途，楫因言："京兆之西，荒野数千顷，宋、金皆尝置屯，如募民立屯田，岁可得谷，给王府之需。"挺以其言入奏，从之。三年，屯成，果获其利。寻佩金符，为陕西道劝农使。

至元十三年，宋平，帝命平章廉希宪行中书于荆南府，以楫为左右司员外郎。荆南父老與金帛求见，楫曰："汝等已为大元民矣，今置吏以抚字汝辈，奚用金帛以求见！"明年，擢岭北湖南提刑按察副使。武冈富民有殴死出征军人者，阴以家财之半诱其佃者，代己款伏。楫审得其情，释佃者，系富民，人服其明。改江西道提刑按察副使，行省命招讨郭昂讨叛贼董旗，兵士俘掠甚众，楫询究得良民六百口，遣还乡里。

二十三年，授中议大夫、徽州总管。桑哥立尚书，会计天下钱粮，参知政事忻都、户部尚书王巨济，倚势刻剥，遣吏征徽州民钞，多输二千锭，巨济怒其少，欲更益千锭，楫诣巨济曰："公欲百姓死耶、生耶？如欲其死，虽万锭可征也。"巨济怒解，徽州赖以免。楫考满去。徽之绩溪、歙县民柯三八、汪千十等，因岁饥阻险为寇。行省右丞教化以兵捕之，相拒七月，乃使人谕之。三八等曰："但得许总管来，我等皆降矣。"行省为驿召楫至，命往招之。楫单骑趋贼垒，众见楫来，皆拜曰："我公既来，请署榜以付我。"楫白教化，请退军一舍，听其来降。不听。会以参政高兴代教化，楫复以前言告之，兴从其计，贼果降。

二十四年，授太中大夫、东平总管，谢事二年卒，寿七十。十一子：余庆，重庆，崇庆，余失其名。

田滋，字荣甫，开封人。至元二年，由汴梁路总管府知事入为御史台掾。十二年，拜监察御史。十三年，宋平，滋建言："江南新附，民情未安，加以官吏侵渔，宜立行御史台以镇之。"诏从其言。遂超拜行御史台侍御史。历两淮盐运使、河南路总管。大德二年，迁浙西廉访使。有县尹张彧者，被诬以赃，狱成，滋审之，但俯首泣而不语。滋以为疑，明日斋沐，诣城隍祠祷曰："张彧坐事有冤状，愿神相滋，明其诬。"守庙道士进曰："曩有王成等五人，同持誓状到祠焚祷，火未尽而去之，烬中得其遗稿，今藏于壁间，岂其人耶？"视之，果然。明日，诣宪司诘成等，不服。因出所得火中誓状示之，皆惊愕伏辜，张彧得释。十年，改济南路总管，寻拜陕西行省参知政事。时陕西不雨三年，道过西岳，因祷曰："滋奉命来参省事，而安西不雨者三年，民饥而死，滋将何归！愿神降甘泽，以福黎庶。"到官，果大雨。滋即开仓，以麦五千余石给小民之无种者，俾来岁收成以偿官，民大悦。未几，以疾卒于位。赠通奉大夫、河南行省参知政事，追封开封郡公，谥庄肃。

卜天璋，字君璋，洛阳人。父世昌，仕金为河南孔目官。宪宗南征，率众款附，授镇抚，统民兵二千户，升真定路管民万户。宪宗六年，籍河北民徙河南者三千余人，俾专领之，遂家汴。天璋幼颖悟，长负直气，读书史，识成败大体。至元中，为南京府史。时河北饥民数万人，集河上欲南徙，有诏令民复业，勿渡，众汹汹不肯还。天璋虑其生变，劝总管张国宝听其渡，国宝从之，遂以无事。河南按察副使程思廉察其贤，辟为宪史，声闻益著。后为中台掾，有侍御史倚势贪财，御史发其赃，天璋主文牍，未及奏，顾为所谮，俱拘内廷，御史对食悲哽，天璋问故，御史曰："吾老，唯一女，心怜之，闻吾系，不食数日矣，是以悲耳。"天璋曰："死职，义也，奈何为儿女子泣耶！"御史惭谢。俄见原免。丞相顺德王当国，擢掾中书，为提控，事有可否，必力辩，他相怒，天璋言不置，王竟从其议，且曰："掾能如是，吾复何忧！"

大德四年，为工部主事。蔚州有刘帅者，豪夺民产，吏不敢决，省檄天璋往讯之，帅服，田竟归民。大德五年，以枢密大臣阔伯荐，授都事，赞其府。引见，赐锦衣、鞍辔、弓刀。后以扈从劳，加奉训大夫，赐侍燕服二袭。秩满当代，枢密臣奏留之，特以其代为增员。武宗时，迁宗正府郎中。尚书省立，迁刑部郎中。适盗贼充斥，时议犯者并家属咸服青衣巾，以别民伍。天璋曰："赭衣塞路，秦弊也，尚足法耶！"相悟而止。有告诸侯王谋不轨者，敕天璋讯正之，赏赉优渥。尚书省臣得罪，仁宗召天璋入见，时兴圣太后在座，帝指曰："此不贪贿卜天璋也。"因问今何官，天璋对曰："臣待罪刑部郎中。"复问谁所荐者，对曰："臣不才，误蒙擢用。"帝曰："先朝以谢仲和为尚书，卿为郎中，皆朕亲荐也。汝宜奉职勿怠！"即以中书刑部印章付之。既视事，入觐，赐酒隆福宫，及锦衣三袭。后被命治反狱，帝顾左右曰："君璋，廉慎人也，必得其情。"天璋承命，狱赖不冤。

皇庆初，天璋为归德知府，劭农兴学，复河渠，河患遂弭。时群盗据要津，商旅不通，天璋擒百数人，悉磔以徇，盗为止息。升浙西道廉访副使，到任阅月，以更田制，改授饶州路总管。天璋既至，听民自实，事无苛扰，民大悦，版籍为清。时省臣董田事，妄作威福，郡县争赂之，觊免谴，饶独无有。省臣銜之，将中以危法，求其罪无所得。县以饥告，天璋即发廪赈之，僚佐持不可，天璋曰："民饥如是，必俟得请而后赈，民且死矣。失申之责，吾独任之，不以累诸君也。"竟发藏以赈之，民赖全活。其临事无所顾虑若此。火延饶之东门，天璋具衣冠，向火拜，势遂熄。鸣山有虎为暴，天璋移文山神，立捕获之。以治行第一闻。升广东廉访使。先是，豪民濒海堰，专商舶以射利，累政以赂置不问，天璋至，发卒决去之。岭南地素无冰，天璋至，始有冰，人谓天璋政化所致云。寻乞致事。

天历二年，蜀兵起，荆楚大震，复拜山南廉访使。人谓公老，必不行矣。天璋曰："国步方艰，吾年八十，恒惧弗获死所耳，敢避难乎！"遂行。至则厉风纪，清吏治，州郡肃然。是时，谷价翔涌，乃下令勿损谷价，听民自便，于是舟车争集，米价顿减。复止宪司赃罚库缗钱不输于台，留用赈饥，御史至，民遮道称颂。会诏三品官言时政得失，因列上二十事，凡万余言，目之曰《中兴济治策》，皆中时病。因自引去。既归汴，以余禄施其族党，家无甑储，天璋处之，晏如也。至顺二年卒。赠通议大夫、礼部尚书、上轻车都尉、河南郡侯，谥正献。

卷一百九十二　列传第七十九

良　吏　二

耶律伯坚，字寿之，桓州人。气豪侠，喜与名士游。用荐举入官，为工部主事。至元九年，转保定路清苑县尹。初，安肃州苦徐水之害，诉于大司农司，大司农司欲夺水故道，导水使东。东则清苑境也，地势不利，果导之，则清苑被其害，而水亦必反故道为灾。伯坚陈其形势，图其利害，要大司农司官及郡守行视可否，事遂得已。县西有塘水，溉民田甚广，势家据以为碨，民以失利来诉。伯坚命毁碨，决其水而注之田，许以溉田之余月，乃得堰水置碨。仍以其事闻于省部，著为定制。县居南北之冲，岁为亲王大官治供帐于县西，限以十月成，至明年复撤而新之，吏得并缘侵渔，其费不赀。伯坚命筑公馆，以代供帐，其弊遂绝。凡郡府赋役，于县有重于他县者，辄曰："宁得罪于上，不可得罪于下。"必诣府力争之。在清苑四年，民亲戴之如父母，比去而犹思之，立石颂其德焉。擢为恩州同知。

段直，字正卿，泽州晋城人。至元十一年，河北、河东、山东盗贼充斥，直聚其乡党族属，结垒自保。世祖命大将略地晋城，直以其众归之，幕府承制，署直潞州元帅府右监军。其后论功行赏，分土世守，命直佩金符，为泽州长官。泽民多避兵未还者，直命籍其田庐于亲戚邻人之户，且约曰："俟业主至，当析而归之。"逃民闻之，多来还者，命归其田庐如约，民得安业。素无产者，则出粟赈之；为他郡所俘掠者，出财购之；以兵死而暴露者，收而瘗之。未几，泽为乐土。大修孔子庙，割田千亩，置书万卷，迎儒士李俊民为师，以招延四方来学者。不五六年，学之士子，以通经被选者，百二十有二人。在官二十年，多有惠政。朝廷特命提举本州学校事，未拜而卒。

谙都剌，字瑞芝，凯烈氏。祖阿思兰，尝从大将阿术伐宋，仕至冀宁路达鲁花赤，子孙因其名兰，遂以兰为氏。谙都剌通经史，兼习诸国语。成宗时，为翰林院札尔里赤，职书制诰。会有旨命书藩王添力圣旨，谙都剌曰："此旨非惟有亏国体，行且为民殃矣。"帝闻之，谓近臣曰："小吏如此，真难得也。"事乃止。寻授应奉翰林文字，凡蒙古传记，多所校正。升待制。时方选守令，除辽州达鲁花赤，以最闻，赐上尊名币，除集贤直学士。至顺元年，迁襄阳路达鲁花赤。山西大饥，河南行省恐流民入境为变，檄守武关，谙都剌验其良民，辄听其度关。吏曰："得无违上命乎？"谙都剌曰："吾防奸耳，非仇良民也，可不开其生路耶！"既又煮粥以食之，所活数万人。又城临汉水，岁有水患，为筑堤城外，遂以无虞。元统二年，除益都路总管。俗颇悍黠，而谙都剌务兴学校，以平易治之。有上马贼白昼劫人，久不能捕，谙都剌生擒之，其党赂宣慰使罗锅，诬以枉勘，纵其贼。已而贼劫河间，复被获，乃尽输其情，而谙都剌之诬始白，俾再任一考。亲王买奴镇益都，其府属病民，谙都剌裁抑之，民以无扰。至正六年卒，年七十。

子爕彻坚，同知新喻州事，以孝称。

杨景行，字贤可，吉安太和州人。登延祐二年进士第，授赣州路会昌州判官。会昌民素不知井饮，汲于河流，故多疾疠；不知陶瓦，以茅覆屋，故多火灾。景行教民穿井以饮，陶瓦以代茅茨，民始免于疾疠火灾。豪民十人，号十虎，干政害民，悉捕置之法。乃创学舍，礼师儒，劝民斥腴田以赡士，弦诵之声遂盛。调永新州判官，奉郡府命，核民田租，除划宿弊，奸欺不容，细民赖焉。改江西行省照磨，转抚州路宜黄县尹，理白冤狱之不决者数十事。升抚州路总管府推官，发擿奸伏，郡无冤狱。金溪县民陶甲，厚积而凶险，尝屡诬陷其县长吏罢去之，由是官吏畏其人，不敢诘治，陶遂暴横于一郡。景行至，以法痛绳之，徙五百里外。金溪豪僧云住，发人冢墓取财物，事觉，官吏受贿，缓其狱，景行急按之，僧以贿动之，不听，乃赂当道者，以危语撼之，一不顾，卒治之如法。由是豪猾屏迹，良民获安。转湖州路归安县尹，奉行省命，理荒田租，民无欺弊。景行所历州县，皆有惠政；所去，民皆立石颂之。以翰林待制、朝列大夫致仕，年七十四卒。

林兴祖，字宗起，福州罗源人。至治二年，登进士第，授承事郎、同知黄岩州事，三迁而知铅山州。铅山素多造伪钞者，豪民吴友文为之魁，远至江淮、燕蓟，莫不行使。友文奸黠悍骜，因伪造致富，乃分遣恶少四五十人，为吏于有司，伺有欲告之者，辄先事戕之，前后杀人甚众，夺人妻女十一人为妾，民罹其害，衔冤不敢诉者十余年。兴祖至官，曰："此害不除，何以牧民！"即张榜禁伪造者，且立赏募民首告。俄有告者至，佯以不实斥去；又有告获伪造二人并赃者，乃鞫之，款成。友文自至官，为之营救，兴祖命并执之。须臾，来诉友文者百余人，择其重罪一二事鞫之，狱立具，逮捕其党二百余人，悉置之法。民害既去，政声籍甚。江浙行省丞相别儿怯不花荐诸朝，升南阳知府，改建德路同知，俱未任。至正八年，特旨迁为道州路总管，行至城外，撞贼已迫其后，相去仅二十里。时湖南副使哈剌帖木儿屯兵城外，闻贼至，以乏军需，欲退兵，兴祖闻，即夜诣说留之。哈剌帖木儿曰："明日得钞五千锭、桐盾五百，乃可破贼。"兴祖许之。明日甫入城视事，即以恩信劝谕盐商，贷钞五千锭，且取郡楼旧桐板为盾，日中皆备。哈剌帖木儿得钞、盾，大喜，遂留，为御贼计。贼闻新总管至，一日具五百盾，以为大军且至，中夕遁去。永明县洞徭屡窃发为民害，兴祖以手榜谕之。皆曰："林总管廉而爱民，不可犯也。"三年不入境。春旱，虫食麦苗，兴祖为文祷之，大雨三日，虫死而麦稔。已而罢兴作，赈贫乏，轻徭薄敛，郡中大治，宪司考课，以道州为最。以年老致仕，终于家。

观音奴，字志能，唐兀人氏，居新州。登泰定四年进士第。由户部主事，再转而知归德府。廉明刚断，发擿如神。民有衔冤不直者，虽数十年前事，皆千里奔走来诉，观音奴立为剖决，旬日悉清。彰德富商任甲，抵睢阳，驴毙，令郄乙剖之，任以怒殴郄，经宿而死。郄有妻王氏、妾孙氏，孙诉于官，官吏纳任贿，谓郄非伤死，反抵孙罪，置之狱。王来诉冤，观音奴立破械出孙于狱，呼府胥语之曰："吾为文具香币，若为吾以郄事祷诸城隍神，令神显于吾。"有睢阳小吏，亦预郄事，畏观音奴严明，且惧神显其事，乃以任所赂钞陈首曰："郄实伤死，任赂上下匿其实，吾亦得赂，敢以首。"于是罪任商而释孙妾。宁陵豪民杨甲，夙嗜王乙田三顷，不能得。值王以饥携其妻就食淮南，而王得疾死，其妻还，则田为杨据矣。王妻诉之官，杨行贿，伪作文凭，曰："王在时已售我。"观音奴令王妻挽杨，同就崔府君神祠质之。杨惧神之灵，先期以羊酒浼巫嘱神勿泄其事，及王与杨诣祠质之，果无所显明。观音奴疑之，召巫诘问，巫吐其实曰："杨以羊酒浼我嘱神曰：'我实据王田，幸神勿泄也。'"观音奴因讯得其实，坐杨罪，归其田王氏，责神而撤其祠。亳州有蝗食民禾，观音奴以事至亳，民以蝗诉，立取蝗向天祝之，以水研碎而饮，是岁蝗不为灾。后升为都水监官。

周自强，字刚善，临江路新喻州人。好学能文，练于吏事，以文法推择为吏。泰定间，广西洞徭反，自强往见徭酋，说以祸福，中其要害，徭酋立为罢兵，贡方物，纳款请命。事闻于朝，特旨超授广西两江道宣慰司都事。转饶州路经历，迁婺州路义乌县尹。周知民情，而性度宽厚，不为刻深。民有以争讼诉于庭者，一见即能知其曲直，然未遽加以刑责，必取经典中语，反覆开譬之，令其诵读讲解。若能悔悟首实，则原其罪；若迷谬怙恶不悛，然后绳之以法不少贷。民畏且爱，狱讼顿息。民间田税之籍多失实，以故差徭不平，自强出令履亩核之，民不能欺，文簿井井可考，于是赋役平均，贫富乐业。其听讼决狱，物无遁情，黠吏欲以片言欺惑之不可得。由是政治大行，声誉籍甚。部使者数以廉能举于朝，选授抚州路金溪县尹，阶奉议大夫，政绩愈著。以亚中大夫、江州路总管致仕。

白景亮，字明甫，南阳人。明法律，善书算。由征东行省译史有劳，超迁南恩知州，升沔阳府尹，奏最于朝，特授衢州路总管。先是，为郡者于民间徭役，不尽校田亩以为则，吏得并缘高下其手，富民或优有余力，而贫弱不能胜者，多至破产失业。景亮深知其弊，乃始核验田亩以均之，役之轻重，一视田之多寡，大小家各使得宜，咸便安之，由是民不劳而事易集，他郡邑皆取以为法。郡学之政久弛，从祀诸贤无塑像，诸生无廪膳，祭服乐器有缺，景亮皆为备之，儒风大振，缙绅称颂焉。景亮性廉介勤苦，自奉甚薄，妻尤俭约，惟以脱粟对饭而已。部使者尝上其事，特诏褒美，赐以宫锦，改授台州路总管。卒于官。

王艮，字止善，绍兴诸暨人。尚气节，读书务明理以致用，不苟事言说。淮东廉访司辟为书吏，迁淮西。会例革南士，就为吏于两淮都转运盐使司，以岁月及格，授庐州录事判官。淮东宣慰司辟为令史，以廉能称。再调峡州总管府知事，又辟江浙行省掾史。会朝廷复立诸市舶司，艮从省官至泉州，建言："若买旧有之船以付舶商，则费省而工易集，且可绝官吏侵欺掊克之弊。"中书省报如艮言。凡为船六艘，省官钱五十余万缗。

历建德县尹，除两浙都转运盐使司经历。绍兴路总管王克敬，以计口食盐不便，尝言于行省，未报，而克敬为转运使，集议欲稍损其额，以纾民力。沮之者以为有成籍不可改，艮毅然曰："民实寡而强赋多民之钱，今死、徙已众矣，顾重改成籍而轻弃民命乎！且浙右之郡，商贾辐辏，未尝以口计也。移其所赋，散于商旅之所聚，实为良法。"于是议岁减绍兴食盐五千六百引。寻有复排前议者，艮欲辞职去，丞相闻之，亟遣留艮，而议遂定。

迁海道漕运都万户府经历。绍兴之官粮入海运者十万石，城距海十八里，岁令有司拘民船以备短送，吏胥得并缘以虐民。及至海次，主运者又不即受，有折缺之患。艮执言曰："运户既有官赋之直，何复为是纷纷也！"乃责运户自载粮入运船。运船为风所败者，当核实除其数，移文往返，连数岁不绝，艮取吏牍披阅，即除其粮五万二千八百石、钞二百五十万缗，运户乃免于破家。

迁江浙行省检校官。有诣中书诉松江富民包隐田土，为粮一百七十余万石；沙荡，为钞五百余万缗；宜立官府纠察收追之。中书移行省议，遣官验视，而松江独当十九。艮至松江，条陈曲折，以破其诳妄，言其"不过欲竦朝廷之听而报宿怨，且冀创立衙门，为徼名爵计耳。万一民心动摇，患生不测，岂国家培养根本之策哉！"艮言上，事遂寝。

除江西行省左右司员外郎。吉之安福有小吏，诬民欺隐诡寄田租九千余石，初止八家，前后数十年，株连至千家，行省数遣官按问，吏已伏其虚诳，而有司喜功生事者，复勒其民报合征粮六百余石，宪司援诏条革去，终莫能止。艮到官，首言："是州之粮，比元经理已增一千一百余石，岂复有欺隐诡寄者乎？准宪司所拟可也。"行省用艮言，悉蠲之。艮在任岁余，以中宪大夫、淮东道宣慰副使致仕。卒年七十一。

卢琦，字希韩，惠安人，登至正二年进士第。十二年，稍迁至永春县尹。始至，赈饥馑，止横敛，均赋役，减口盐一百余引，蠲包银榷铁之无征者。已而讼息民安，乃新学宫，延师儒课子弟，月书季考，文风翕然。邻邑仙游盗发，琦适在邑境，盗遥见之，迎拜曰："此永春大夫也。为大夫百姓者，何幸之大乎！吾邑长乃以暴毒驱我，故至此耳。"琦因立马喻以祸福，众皆投刃槊，请缚其酋以自新，琦许之。酋至，琦械送帅府，自是威惠行于境外。十三年，泉郡大饥，死者相枕籍。其能行者，皆老幼扶携，就食永春。琦命分诸浮屠及大家使食之，所存活不可胜计。十四年，安溪寇数万人来袭永春。琦闻，召邑民喻之曰："汝等能战则与之战，不能，则我当独死之尔。"众皆感愤，曰："使君何言也！使君父母，我民赤子，其忍以父母畀贼邪！且彼寇方将虏掠我妻子，焚毁我室庐，乃一邑深仇也。今日之事，有进无退，使君其勿以为忧。"因踊跃争奋。琦率以攻贼，大破之。明日，贼复倾巢而至，又破之。大小三十余战，斩获一千二百余人，而邑民无死伤者。贼大衄，遂遁去。时兵革四起，列郡皆汹汹不宁，独永春晏然，无异承平时。十六年，改调宁德县尹而去。

邹伯颜，字从吉，高唐人。为建宁崇安县尹。崇安之为邑，区别其土田，名之曰都者五十，五十都之田上送官者，为粮六千石。其大家以五十余家，而兼五千石；细民以四百余家，而合一千石。大家之田，连跨数都，而细民之粮，或仅升合。有司常以四百之细民，配五十大家之役，故贫者受役旬日，而家已破。伯颜曰："贫弱之受困，一至此乎！"乃取其粮籍而分计从，有粮一石者，受一石之役，有粮升斗者，受升斗之役。田多者受数都之役而不可辞，田少者称其所出而无幸免。贫因无告之民，始得以休息。崇安赋役之均，遂为四方最。邑有宋赵抃所凿沟，溉民田数千亩。岁久，沟湮而田废。伯颜修长沟十里，绕枫树陂，累石以为固，沟悉复抃遗迹，而田为常稔，民赖其利。安庆路尝得造伪钞者，遣卒械其囚至崇安，求其党而执之，囚与卒结谋，望风入良民家肆虐。伯颜捕讯得其状，即执而归诸安庆，自是伪造之连逮无滥及崇安者。于是行省帅府、御史宪府咸举其能。选调漳州路判官。

刘秉直，字清臣，大都武清人。至正八年，来为卫辉路总管，平徭役，兴教化，敦四民之业，崇五土之利，养鳏寡，恤孤独。贼劫汲县民张聚钞一千二百锭而杀之，贼不获，秉直具词致祷城隍祠，而使人伺于死所，忽有村民阿莲者，战怖仆地，具言贼之姓名及所在，乃命尉袭之，果得贼于汴，遂正其罪。秋七月，虫螟生，民患之，秉直祷于八蜡祠，虫皆自死。岁大饥，人相食，死者过半，秉直出俸米，倡富民分粟，馁者食之，病者与药，死者与棺以葬。天不雨，禾且槁，秉直诣城北太行之苍峪神祠，具词祈祝，有青蛇蜿蜒而出，观者异之。辞神而还，行及数里，雷雨大至。秩满，以亲老，去官侍养。

许义夫，砀山人。为夏邑县尹，每亲诣乡社，教民稼穑。见民勤谨者，出已俸赏之，怠惰者罚之。三年之间，境内丰足。后为封丘县尹，值至正四年大饥，盗贼群起，抄掠州县。义夫闻贼至近境，乃单马出郊十里外迎之，见贼数百人，义夫力言："封丘县小民贫，皆已惊惶逃窜，幸无入吾境也。"言辞愿款，贼遂他往。封丘之民，得免于难。

卷一百九十三　列传第八十

忠　义　一

李伯温，守贤之孙，彀之子也。长兄惟则，怀远大将军、平阳征行万户；次伯通。岁甲戌，锦州张致叛，国王木华黎命击之，大战城北，伯通死焉。伯温行平阳元帅府事，镇青龙堡，专任东征。知平阳已陷，弟守忠被执，选骁勇拒守，久之，金人尽锐来攻，守卒夜多遁去，李成开水门导敌入，伯温登堞楼，谓左右曰："吾兄弟仗节拥麾，受方面之寄，今不幸失利，当以死报国。吾弟已被执，我不可再辱，汝等宜自逃生。"士卒皆犹豫不忍去，伯温即拔剑杀家属，投井中，以刃植柱，刺心而死。金人登楼，见伯温抱柱如生，无不嗟叹。

子守正，自幼时尝质于木华黎，后为平阳守，活俘虏甚众，以功授银青荣禄大夫、河东南路兵马都元帅。岁庚寅，上党、晋阳合兵攻汾州，将陷，守正以义赴援，众寡不敌，别遣老弱百人，曳薪扬尘，多张旗帜，敌惧，遂解去。汾人持牛酒迎犒者道不绝，且泣谢曰："幸公完是州，德甚大，愿奉是州以从。"关中兵屯吉州，酋领杨铁枪以数千人叛，守正出兵擒之。轩成据隰州，守正往击之，中矢伤足，及归，疮甚，会金人完颜合达攻平阳，守正裹疮战殁。大帅以其兄守忠代之。

守忠官至银青荣禄大夫、河东南路兵马都元帅，兼知平阳府事。壬午冬，平阳公胡景山以青龙堡降。尝从攻益都，北还，军将彭智孙乘间据义州叛，守忠闻之，长驱抵城下，力战，复之。丁亥夏四月，金纥石烈真袭击平阳行营招讨使权国王按察儿于洪洞，守忠出援之，会于高梁，师溃入城。平阳副帅夹谷常德潜献东门以纳金兵，城遂陷。金人执守忠至汴，诱以高爵，使降，守忠骂之，语恶，金人怒，置守忠铁笼中，火炙死。

石珪，泰安新泰人，宋徂徕先生守道之裔孙也，世以读书力田为业。体貌魁伟，膂力过人，倜傥不羁。金贞祐南渡，兵戈四起，珪率少壮，负险自保，与滕阳陈敬宗聚兵山东，破张都统、李霸王兵于龟蒙山。宋将郑元龙以兵迎敌，珪败之于亳阳，遂乘胜引兵入盱眙。会宋贾涉诱杀涟水忠义军统辖季先，人情不安，众迎珪为帅，呼为太尉。

岁戊寅，太祖使葛葛不罕与宋议和。已卯，珪令麾下刘顺直抵寻斯干城，入觐，太祖慰劳顺，且敕珪曰："如宋和议不成，吾与尔永结一家，吾必荣汝。”顺还告珪，珪心感服，日夜思降。庚辰，宋果渝盟，珪弃其妻孔氏、子金山，杖剑渡淮。宋将追之曰：“太尉回，完汝妻子。”珪不顾，宋将沉珪妻子于淮。遂率顺及李温，因孛里海归木华黎。木华黎悦之，谓曰：“若得东平、南京，授汝判之。”辛巳，木华黎承制授珪光禄大夫、济兖单三州兵马都总管、山东路行元帅，佩金虎符，便宜从事。后金弃东平，珪与严实分据，收辑济、兖、沂、滕、单诸州。癸未，太祖诏曰：“石珪弃妻子，提兵归顺，战胜攻取，加授金紫光禄大夫、东平兵马都总管、山东诸路都元帅，余如故。”

秋七月，珪领兵破曹州，与金将郑从宜连战数昼夜，粮绝，援兵不至，军无叛意，珪临阵马仆被擒。囚至汴，金主壮其为人，诱以名爵，欲使揖，珪愤然曰：“吾身事大朝，官至光禄，复能受封他国耶！假我一朝，当缚尔以献。”金主大怒，蒸杀于市，珪怡然就死，色不变。其麾下立社兖州祀焉。

攸哈剌拔都，渤海人，初名兴哥。世农家，善射，以武断乡井。金末，避地大宁。国兵至，出保高州富庶寨，射猎以食。屡夺大营孳畜，又射死其追者。国王木华黎率兵攻寨，寨破，奔高州。国兵围城，下令曰：“能斩攸兴哥首以降，则城中居民皆获生。”守者召谓曰：“汝奇男子，吾宁忍断汝首以献，汝其往降乎！不然，吾一城生灵，无噍类矣。”兴哥乃折矢出降。诸将怒，欲杀之，木华黎曰：“壮士也，留之为吾用。”俾隶麾下。从木华黎攻通州，献计，一夕造炮三十、云梯数十，附城，州将惧，出宝货以降。木华黎命兴哥恣取之，兴哥独取良马三，以赏兵士。木华黎以其功闻太祖，赐名哈剌拔都。从木华黎略地燕南，为先锋，至大名，金将徒单登城督战，哈剌拔都射之，中左目，其部将开门南奔，追杀将尽。论功，赐金符，充随营监察。戊寅，授金虎符、龙虎卫上将军、河东北路兵马都元帅，镇太原。

时太原新破，哈剌拔都修城池，缮兵甲，招降属邑，市肆不改，远近闻之，皆相率来归。尝微服夜出，闻民间语曰：“吾属父母子女相失矣，死者不可复生，生者无以为赎，奈何！”明日，下令军中，凡俘获有亲者听赎，无赀者官为赎之，民得完聚者众。庚辰二月，金梁知府立西风寨，夺居民耕牛，民群诉之，哈剌拔都领数骑，追杀梁知府，枭首西门，驱耕牛还。木华黎由葭州渡河西行，哈剌拔都迎之，道破隰州及悬窑、地洞诸寨。辛巳三月，金兵攻寿阳县王胡庄，垂破，时左右裨将各分兵守险，城中见卒不满百，哈剌拔都夜半引甲骑十余人救之。道三交，见金兵举烽东、西两山，哈剌拔都趋之，大战。天将明，金兵遁去，捣太原之虚，由西门俘获哈剌拔都家属。哈剌拔都闻之，径趋西山，复夺以还。五月，金赵权府率兵三万围太原，哈剌拔都将骑三十，出西门，令骑曳柴扬尘，声言曰：“国兵三万至矣。”金兵惧，溃去。癸未，金马武京来攻太谷县桑梓寨，哈剌拔都设伏于险，将轻骑冲其阵，伏发，大败之。时太原诸邑皆平，唯石家昂及盂州陵井寨、忻州清泉寨为唇齿，皆未下。甲申十月，将兵至陵井，遣卒叩寨门，诈曰纳粮刍，守者弗悟，门启，径入，蹂践之，众溃，其酋长走石家昂，遂平陵井寨。乙酉二月，清泉寨酋长王壳降，石家昂亦降。丁亥五月，奸人夜献太原东门于武仙，仙引兵入，哈剌拔都鏖战。仙兵大至，诸将自城外呼曰：“攸哈剌拔都，汝当出！”哈剌拔都曰：“真定史天倪，平阳李守忠，隰州田雄，皆失守矣，我又弃太原，将何面目见主上及国王乎！家属任公等所俘，哈剌拔都誓与城同存亡。”遂殁于阵。

太祖以其子幼，命其表弟王七十复立太原。己丑，攻凤翔府，中炮死。哈剌拔都长子忙兀台，嗣镇太原。

任志，潞州人。岁戊寅，太师、国王木华黎略地至潞州，志首迎降，国王授以虎符，俾充元帅，收辑山寨。数与金兵战，比有功。金尝擒其长子如山以招之，曰：“降则尔子得生，不降则死。”志曰：“我为大朝之帅，岂爱一子！”亲射其子殪之。木华黎尝召诸将议事，志亦预征，道经武安，其县已反为金，志死之。国王闵之，令其子存袭。庚寅岁，金将武仙攻潞州，存战死。辛卯正月，有旨潞州元帅任存妻孥家属，令有司廪给，仍赐第以居之。十一月，以存父子死事，子立尚幼，先官其侄成为潞州长官，待立长而还授之。成卒，授立潞州长官，佩金符。后历泽州尹，迁陈州，卒。

耶律忒末，契丹人。父丑哥，仕辽为都统，辽亡，不屈节，夫妇俱死焉。金主悯其忠义，授忒末都统。岁甲戌，国兵至，金徙于汴，忒末及子天祐率众三万内附，授帅府监军，天祐招讨使，从元帅史天倪略赵州平棘、栾城、元氏、柏乡、赞皇、临城等县，籍其民五千余，置吏安辑焉。岁辛巳，太师木华黎统领诸道兵马，承制加忒末洺州等路征行元帅，与天祐略邢、洺、磁、相、怀、孟，招花马刘元帅，有功。木华黎又承制授忒末真定路安抚使、洺州元帅，进兵临泽潞，降其民六千余户，以功迁河北西路安抚使，兼泽潞元帅府事。壬午，致仕，退居真定。

天祐袭职，从天倪攻取益都诸城，略沧、棣，得户七千，兼沧、棣州达鲁花赤，佩金符。时金盐山卫镇盐场未下，天祐以计克之，岁运盐四千席，以佐军储。甲申，攻大名，拔之。乙酉，金降将武仙据真定以叛，杀守将史天倪。忒末父子夜逾城而出，将以闻，会天倪弟天泽还自北京，遇诸满城，合蒙古诸军南与贼战，走武仙，复真定。朝廷以天泽袭兄爵，而以天祐镇赵州。明年，仙复犯真定，天泽潜师出藁城，忒末与其妻石抹氏及家孥在真定者，皆陷焉。仙遣其仆刘揽儿持书诱天祐曰：“汝能诛赵州官吏以降，当活汝父母，仍授汝元帅；不尔，尽烹之。”忒末密令揽儿语天祐曰：“仙贼狡猾，汝所知也，毋以我故，堕其机阱，以亏忠节。且忠孝难两全，汝能固守，不失国家大计，我视刀锯甘如蜜矣。”天祐恸哭承命，驰至藁城，以贼书示天泽。天泽曰：“王陵之事，照耀史册，汝能遵父命，忠诚许国，功不在王陵下。”天祐乃趋还赵壁，率众殊死战。仙怒，尽杀忒末家一十八人。战于栾城、元氏、高邑、柏乡，仙兵屡挫。监军张林密构仙党，启关纳贼。天祐仓皇巷战，手杀数十人，身被十余疮，斩关出，复收散卒围城。丁亥，贼弃城走，追至藁城，会天泽兵夹击，杀林。加奉国上将军、洺州征行元帅，兼赵州安抚使。以伤惫致仕，居赵，卒。孙世柮，朝列大夫、江西榷茶都转运使。

伯八，晃合丹氏。祖明里也赤哥，尝隶太祖帐下。初，怯列王可罕与太祖为邻国，誓相亲好，既而败盟，与其子先髡潜谋，欲袭太祖，因遣使通问，许以女妻太祖弟合撒儿。至期，太祖欲往，明里也赤哥疑其诈，谏止之。王可罕知谋泄，遂谋入寇，后为太祖所灭。父脱伦阇里必，扈从太祖征西域，累立奇功。世祖即位，以伯八旧臣子孙，擢为万户，命领诸部军马屯守欠欠州。至元十二年，亲王昔列吉、脱铁木儿叛，奔海都。伯八以闻，且愿提兵往讨之，未得命，为彼所袭，死焉。脱铁木儿虏其二子八剌、不兰奚，分置左右，居岁余，待之颇厚。八剌阴结脱铁木儿近侍也里伯秃，谋报父仇，后为也伯里秃家人泄其谋。八剌知事不成，将家族南奔，脱铁木儿遣骑追之。至一河，八剌马惊，不能渡，回拒之，射中数人，力穷，兄弟就擒。脱铁木儿责之曰："我待汝厚甚，而汝反为此耶！"八剌曰："汝背叛君上，害我父，掠我亲属，我誓欲杀汝，以报君父之仇，今力穷被执，从汝所为！"逼令跪，不屈，以铁挝碎其膝，终不跪，与弟不兰奚同被害。幼子何都兀赤，官至河北河南道肃政廉访使。

合剌普华，岳璘帖木尔子也。幼侍母奥敦氏居益都，尝叹曰："幼而不学，有不堕吾宗者乎！"父时以断事官建牙保定，合剌普华往白其志。父奇之，俾习畏兀书及经史，记诵精敏，出于天性。李璮畔，其母携季子脱烈普华避地登、莱间，音问隔绝，号泣彻昼夜。继从从叔父撒吉思平贼山东，卒奉其母以归。撒吉思深加器重，自谓其才不及，言于世祖，召给宿卫。尝以事至益都，于四脚山下置广兴、商山二冶，以劳授金符，为商山铁冶都提举；未及代，以职让其弟。时兵南伐，馈运繁兴，被选为行都漕运使，帅诸翼兵万五千人，从事飞挽。江南平，上疏言："亲肺腑，礼大臣，以存国家之体。兴学校，奖名节，以励天下之士。正名分，严考课，以定百官之法。通泉币，却贡献，以厚生民之本。"又言："江南新附，宜招旧族，力穑通商，弛征薄入，以抚驯其民，不然，恐尚烦宵旰之虑。"帝多采用其言。属漕米二十万，由邗沟达于河，舟覆，损十之一，而又每斛视都斛亏三升。时阿合马专政，责偿舟人。合剌普华伏阙抗言："量之踦赢，出于元降，而水道之虞，非人力所及。且彼虽罄其家，不足以偿，苟朝廷必不任亏损，臣独当其辜。"诏勿治。阿合马愤之，乃出合剌普华为宁海路达鲁花赤，后迁江西宣慰使，未至官，改广东都转运盐使，兼领诸番市舶。

时盗梗盐法，陈良臣扇东莞、香山、惠州负贩之徒万人为乱，江西行省命与招讨使答失蛮讨捕之，先驱斩渠魁，以讯馘告，躬抵贼巢，招诱余党复业，仍条言盐法之不便者，悉除其害。按察使脱欢大为奸利，遂奏罢之。群盗欧南喜僭王号，伪署丞相、招讨，众号十万。因图上其山川形势，及攻取之策三十余条，遂与都元帅课儿伯海牙、宣慰都元帅白佐、万户王守信等，分兵搤之。未几，右丞唆都督兵征占城、交趾，属护饷道。比至东莞、博罗二界中，遇剧贼欧、钟等，横绝石湾，其锋锐甚。合剌普华身先士卒，且战且行，矢竭马创，徒步格斗，杀数十人，勇气益厉，以众寡不敌，为所执。贼欲奉之为主，不屈，遂遇害于中心冈。是夕，其妻希台特勒氏梦其来告曰："吾死矣。"知事张德、刘闰亦梦之，二人相继死。而军中往往见其乘骓督战云。后赠户部尚书、守忠全节功臣，谥忠愍。

子二人：偰文质，越伦质。偰文质官至吉安路达鲁花赤，赠宣惠安远功臣、礼部尚书，追封云中郡侯，谥忠襄。子五人，偰玉立、偰直坚、偰哲笃、偰朝吾、偰列篪，皆第进士。偰哲笃官至江西行省右丞，以文学政事称于时。越伦质子善著，偰哲笃子偰百僚逊，善著子正宗、阿儿思兰，皆相继登第。一门世科之盛，当时所希有，君子盖以为其忠义之报云。

刘天孚，字裕民，大名人。由中书译史为东平总管府判官，改都漕运司判官，知冠州，再知许州，所至有治绩。时检核屯田，临颍邓艾口民稻田三百顷，有欲害之者，指为古屯。陈于中书，请复筑之。中书下天孚按实，天孚为辨其非，章数上，乃止。襄城与叶县接壤，其南为湛河，襄城民食沧盐，叶县民食解盐，刻石河南岸以为界。叶县令有贪污者，妄徙石于北二里，诬其民食私盐，系治百余家。两县斗辩，叶县倚陕漕势以凌襄城。中书遣官察其实，天孚为考其元界，移石故处，而叶县令被罪去。岁大旱，天孚祷即雨。野有蝗，天孚令民出捕，俄群乌来，啄蝗为尽。明年麦熟时，有青虫如蚕，食麦，人无可奈何，忽生大花虫，尽嚼之。许人立碑颂焉。

转万亿宝源库同提举，迁江西行省左右司郎中，以母老不赴。俄丁母忧。服除，起知河中府。视事始两月，陕西行省丞相阿思罕为乱，举兵至河中。时事起不虞，达鲁花赤朵儿只趋晋宁告乱，天孚日夜治战守具，选丁壮，分守要害。令河东县达鲁花赤脱因都守大庆关津口，尽收船舫东岸。令判官孙伯帖木儿守汾阴，推官程谦守禹门，河东县尹王文义守风陵等渡。阿思罕军列栅河西岸，使来索舟，天孚度不能拒，凡八遣人至晋宁乞援兵，不报。居七日，阿思罕缚筏河上，欲纵火屠城。同知府事铁哥与河东廉访副使明安答见事急，且患城中人逼，乃诣阿思罕军。阿思罕囚之，而敛船济兵。兵既入城，阿思罕以扼河渡、锁舟楫为天孚罪，欲胁使附己。方坐府治，号令诸军，天孚佩刀直前，众遏之，不得进。退谓幕僚王从善等曰："吾家本微贱，荷朝命至此，今不幸遭大变，吾何忍从之而负上恩哉！且与其辱于阿思罕之手，吾宁蹈河以死。"遂拂衣出。时天寒，河冰方坚，天孚拔所佩刀斫冰开，北望为国语若祝谢者，再拜已，脱衣帽岸浒，乃投水中。阿思罕大怒，籍其家。郡人咸哀痛之。

事平，诏其弟天惠，给驿以归其柩，葬于大名。赠推诚秉节功臣、中奉大夫、河东山西道宣慰使、护军、彭城郡侯，谥忠毅。

萧景茂，漳州龙溪人也。性刚直孝友。家贫力农。重改至元四年，南胜县民李智甫作乱，掠龙溪。景茂与兄佑集乡丁拒之，据观音山桥险，与贼战。众败，景茂被执。贼胁使从己，景茂骂曰："狗盗！我生为大元民，死作隔洲鬼，岂从汝为逆耶！"隔洲，其所居里也。贼怒，缚景茂于树，脔其肉，使自啖。景茂益愤骂，贼遂以刀决其口，至耳傍，景茂骂不绝声而死。有司上其事，朝廷命褒表之，仍给钱以葬。

卷一百九十四　列传第八十一

忠义二

张桓，字彦威，真定藁城人。父木，知汝宁府，因家焉。桓以国子生释褐，授滑之白马丞，入补中书掾，擢国子典簿。拜陕西行台监察御史，以言事不合去。未几，汝宁盗起，桓避之确山。贼久知桓名，袭获之，罗拜请为帅，弗听。囚六日，拥至渠魁前，桓直趋据榻坐，与之抗论逆顺。其徒捽桓起跪，桓仰天大呼，詈叱弥厉，且屡唾贼面。贼犹不忍杀，谓桓曰："汝但一揖，亦恕汝死。"桓瞋目曰："吾恨不能手斩逆首，肯听汝诱胁而折腰哉！"贼知终不可屈，遂刺之。年四十八。贼后语人曰："张御史真铁汉，害之可惜！"事闻，赠礼部尚书，谥忠洁。

李黼，字子威，颍人也。工部尚书守中之子，守中性卞急，遇诸子极严，每一饮酒，辄半月醉不解，黼百计承顺，求宁亲心，终不可得，跪而自讼，往往达旦，无几微厌怠之意。初补国学生。泰定四年，遂以明经魁多士，授翰林修撰。明年，代祠西岳，省臣谓黼曰："敕使每后我，今可易邪？"黼曰："王人虽微，《春秋》序于诸侯之上，尊君也，奈何后乎！"省臣不敢对。改河南行省检校官，迁礼部主事，拜监察御史。首言："禴祠烝尝，古今大祭，今太庙唯二祭，而日享佛祠、神御，非礼也，宜据经行之。成均，教化之基，不当隶集贤，宜属省臣兼领。诸侯王岁赐有定额，分封易代之际，陈请恩例，世系戚疏，无成书可考，宜仿先代，修正玉牒。"皆不报。转江西行省郎中，入为国子监丞，迁宣文阁监书博士，兼经筵官。数与劝讲，每以圣贤心法为帝言之。俄中书命黼巡视河渠，黼上言曰："蔡河源出京西，宋以转输之故，平地作堤，今河底填淤，高出地面，秋霖一至，横溃为灾，宜按故迹修浚。他日东河或有不测之阻，江、淮运物，当由此分道达京，万世之利也。"亦不报。升秘书太监，拜礼部侍郎。奉旨详定中外所上封事。已而廷议内外官通调，授黼江州路总管。

至正十一年夏五月，盗起河南，北据徐、蔡，南陷蕲、黄，焚掠数千里，造船北岸，锐意南攻。九江居下流，实江东、西襟喉之地，黼治城壕，修器械，募丁壮，分守要害，且上攻守之策于江西行省，请兵屯江北，以扼贼冲，庶几大江之险，贼不得共之，不报。黼叹曰："吾不知死所矣。"乃独椎牛飨士，激忠义以作士气，数日之间，纪纲粗立。十二年正月己未，贼渡江，陷武昌，威顺王及省臣相继遁，舳舻蔽江而下，江西大震。贼乘胜破瑞昌，右丞孛罗帖木儿方军于江，闻之，遁。黼虽孤立，辞气愈奋厉。时黄梅县主簿也孙帖木儿，愿出击贼，黼大喜，向天沥酒与之誓。言始脱口，贼游兵已至境，急檄诸乡落聚木石于险塞处，遏贼归路。仓卒无号，乃墨士卒面，统之出战，黼身先士卒，大呼陷阵，也孙帖木儿继进，贼大败，逐北六十里。乡丁依险阻，乘高下木石，横尸蔽路，杀获二万余。黼还，谓左右曰："贼不利于陆，必由水道以舟薄我，苟失备御，吾属无噍类矣。"乃以长木数千，冒铁椎于杪，暗植沿岸水中，逆刺贼舟，谓之七星桩。会西南风急，贼舟数千，果扬帆顺流鼓噪而至，舟遇桩不得动，进退无措，黼帅将士奋击，发火翎箭射之，焚溺死者无算，余舟散走。行省上黼功，请拜江西行省参政，行江州、南康等路军民都总管，便宜行事。已而贼势更炽，西自荆湖，东际淮甸，守臣往往弃城遁，黼守孤城，提孱旅，斩馘扶伤，无日不战，中外援绝。二月甲申，贼将薄城，分省平章政事秃坚不花自北门遁。黼引兵登陴，布战具，贼已至甘棠湖，焚西门，乃张弩箭射之。贼趑趄未敢进，转攻东门。黼救东门，贼已入，与之巷战，知力不敌，挥剑叱贼曰："杀我！毋杀百姓！"贼自巷背来，刺黼堕马，黼与从子秉昭俱骂贼而死。郡民闻黼死，哭声震天，相率具棺，葬于东门外。黼死逾月，参政之命始下，年五十五。

黼兄冕居颍，亦死于贼。秉昭，冕季子也。事闻，赠黼摅忠秉义效节功臣、资德大夫、淮南江北等处行中书省左丞、上护军，追封陇西郡公，谥忠文。诏立庙江州，赐额曰崇烈。官其子秉方集贤待制。

李齐，字公平，广平人。家甚贫，客授江南，工辞章。元统元年进士第一。历佥河南淮西廉访司事，移知高邮府，有政声。至正十年，盗突入府驿，取十二马去，齐躬追谢长等杀之。十一年，州人秦观保造兵仗，将图劫掠，复获而行诛。十三年，泰州白驹场亭民张士诚为乱，破泰州。河南行省遣齐往招降，被拘。久之，贼酋自相杀，始纵齐来归。泰州平，贼徒尚蜂聚，士诚复鼓变，杀参知政事赵琏，掠官库民财，走入得胜湖，俄陷兴化县。行省以左丞偰哲笃偕宗王镇高邮，使齐出守甓社湖。夏五月乙未，数贼入城，一噪呼而省宪官皆遁。齐急还救城，贼已闭门拒我，遂连兴化接得胜湖，舟舰四塞，蔓延入宝应县。已而有诏：凡叛逆者赦之。诏至高邮，不得入，贼绐曰："请李知府来，乃受命。"行省强齐往，至则下齐狱中，齐益辩说，士诚本无降意，特迁延为缮饬计耳。官军谍知之，乃进攻城，士诚呼齐使跪，齐叱曰："吾膝如铁，岂肯为贼屈！"士诚怒，扼之跪，齐立而诟之，乃曳倒，搥碎其膝而呙之。

论者谓大科三魁，若泰不华没海上，李黼陨九江，洎齐之死，皆不负所学云。

褚不华，字君实，隰州石楼人，沉默有器局。泰定初，补中瑞司译史，授海道副千户，转嘉兴路治中，连拜南台、西台监察御史，迁河西道廉访佥事，移淮东。未几，升副使。汝、颍盗发，势张甚。不华行郡至淮安，极力为守御计。贼至，多所斩获。且请知枢密院老章、判官刘甲守韩信城，相掎角为声援。复上章，劾总兵及诸将逗挠之罪。朝廷录其功，升廉访使，阶中奉大夫。甲有智勇，与贼战辄胜，贼惮之，号曰刘铁头，不华颇赖之。总兵者闻不华劾己，益恚嫉，乃檄甲别将兵击贼，冀以困不华。甲去，韩信城陷，贼乃掘堑相衔，揵水寨以围我。既而天长青军叛，普颜帖木尔所统黄军复叛，贼皆挟之来攻，不华知事危，退入哈剌章营。贼稍引去，乃出，抵杨村桥，贼奄至，杀廉访副使不达失里，啖其尸。不华以余兵入淮安。时城之东、西、南三面皆贼，惟北门通沭阳，阻赤鲤湖，指挥使魏岳、杨暹驻兵沭阳，淮安倚其刍饷，而赤鲤湖为贼据，沭阳之路又绝。贼计孤城可取，进栅南琐桥。不华与元帅张存义出大西门，会佥事忽都不花兵突贼栅，殊死战，贼败走，追北二十余里。城中食且绝，元帅吴德琇运粮万斛入河，竟为贼所掠，德琇仅以身免。贼与青军攻围，日益急，总兵者屯下邳，相去五百里，按兵不出，凡遣使十九辈告急，皆不听。城中饿者仆道上，即取啖之，一切草木、螺蛤、鱼蛙、燕乌，及靴皮、鞍鞯、革箱、败弓之筋皆尽，而后父子夫妇老稚更相食，撤屋为薪，人多露处，坊陌生荆棘。力既尽，城陷，不华犹据西门力斗，中伤见执，为贼所脔。次子伴哥，冒刃护之，亦见杀。时至正十六年十月乙丑也。

不华守淮安五年，殆数十百战，精忠大节，人比之张巡云。朝廷闻之，赠翰林学士承旨、荣禄大夫、柱国，追封卫国公，谥曰忠肃，赙钞二百锭，以恤其家。

郭嘉，字元礼，濮阳人。祖昂，父惠，俱以战功显。嘉慷慨有大志，始由国子生登泰定三年进士第，授彰德路林州判官，累迁翰林国史院编修官，除广东道宣慰使司都元帅府经历。未几，入为京畿漕运使司副使，寻拜监察御史。会朝廷以海寇起，欲于浙东温、台、庆元等路立水军万户镇之，众论纷纭莫定。擢嘉礼部员外郎，乘驿至庆元，与江浙行省会议可否。嘉至，首询父老，知其弗便，请罢之。会方择守令绥靖辽东，乃授嘉广宁路总管，兼诸奥鲁劝农防御。属盗起，军旅数兴，供饷无虚日。民苦和籴转输，而吏胥得因时为奸。嘉设法计其户口，第其甲乙，民甚便之。有诏团结义兵，嘉招集民数千，教以坐作进退，万、千、百夫各统以长，号令齐一，赏罚明信。故东方诸郡，钱粮之富，甲兵之精，称嘉为最。

十八年，寇陷上京，嘉闻之，躬率义兵出御。既而辽阳陷，嘉将众巡逻，去城十五里，遇青号队伍百余人，给言官军，嘉疑其诈，俄果脱青衣变红。嘉出马射贼，分兵两队而夹攻之，生擒贼数百，死者无算。嘉见贼势日炽，孤城无援，乃集同官议攻守之计，众皆失措，嘉曰："吾计决矣。"因竭家所有衣服财物犒义士，以励其勇敢，且曰："自我祖宗，有勋王室，今之尽忠，吾分内事也。况身守此土，当生死以之，余不足恤矣。"顷之，贼至，围城亘数十里，有大呼者曰："辽阳我得矣，何不出降！"嘉挽弓射呼者，中其左颊，堕马死，贼稍引退，嘉遂开西门逐之，贼大至，力战以死。事闻，赠崇化宣力效忠功臣、资善大夫、河南江北等处行省左丞、上护军，封太原郡公，谥忠烈。

喜同，周姓，河西人。初为后宫卫士，众称其才，选充承徽寺经历，再调南阳县达鲁花赤。居二岁，妖贼起，陷邓州，人情汹汹。俄而贼锋抵南阳，南阳无城无兵，贼入之若虚邑。喜同以计获数贼，诘之，云贼将大至。悉斩之，以安众心，昼夜督丁壮巡逻守备。时大司农钱木尔，以兵驻于诸葛庵，为贼所袭，死之。贼遂乘锐取南阳。喜同守西门，望见贼势盛，即以死自许，与家人诀曰："吾与汝等不能相顾矣，但各逃生，吾分死此，以报国也。"已而城中皆哭，喜同策厉义兵，奋力与贼搏，贼退去。明日复至，与战甚力，杀贼凡数百。贼知无后援，战愈急，南阳遂陷。喜同突围将自拔，贼横刺其马，马蹶，喜同鞭马跃而起，手斩刺马者。俄而为他贼所追，身被数创，不能斗，遂见执，为所杀。妻邢氏，闻喜同力战死，帅家僮数人出走，遇贼，夺贼刀斫之，且骂且前，亦见杀。一家死者二十余人。赠南阳路判官。

时襄阳录事司达鲁花赤塔不台字彦晖者，元统元年进士。魏王军汝、亳，塔不台来供饷。王嗜酒，轻战备。一夕，贼劫王，王卧未能起，为所执。塔不台驰骑夺王，亦为贼所得。比明，见贼酋，王拜乞活，塔不台以足蹴王曰："犹欲生乎！"贼复屈其拜，塔不台拒而诟之，且与缚者角，遂支解。

韩因，字可宗，汴梁人。少习举子业，负气不群。盗据汝宁，官军讨之，久不下。会朝廷诏赦叛逆，募可持诏入贼者，即借以官。因应命，乃借因以唐州判官，使焉。贼渠恐其党心摇，导因止于外，纳诏不读，诘问再三，因答以"恩宥宽大，祸福所系"，甚切。不听，乃纵因归报。因出，乘马周贼屯，大言曰："汝辈好百姓，何不出降归田里，而甘从逆贼驱使耶！"众愕眙相顾。或以告贼渠，渠追因，责其所言。因极口肆詈，贼怒，寸割因。

卞琛，大名人。世为农夫，早游学京师，得补国子生，既而丁母忧，治农于家。至正十二年，邻郡盗起。未几，来剽掠，琛与从子小十、府史李仲亨等协谋，统丁壮数百人击贼。丁壮皆民兵，无弓矢之备，直以钩锄白梃当贼。贼矢雨集，琛众溃散，被擒。仲亨、小十皆死。贼素知琛，谕之曰："汝从我，解汝缚；不从，杀汝。"琛唾骂曰："我国子生也。视汝逆贼，真狗彘也。吾宁义死，不从贼生！"骂不止。贼屡胁不听，杀之。

乔彝，字仲常，晋宁人。性高介有守，一时名称籍甚。至正十八年，贼由绛州垣曲县袭晋宁。城陷，城中死者十二三。彝整冠衣，聚妻子，家有大井，彝坐井上，令妻子婢辈循次投井中，而已随赴之。彝既死，贼首王士诚使人即彝家邀致之，至则彝已死矣。贼平，朝廷赠彝临汾县尹，赐谥纯洁。

有张岩起、王佐者，皆士人也，并以不屈贼而死。岩起字傅霖，汾州人。累举不中，尝用荐者征为国子助教。居一岁,免归。盗既去晋宁,复陷汾州,岩起与妻赴井死。王佐字元辅,晋宁人。从父居上都,教授里巷,不与时俯仰。会贼至,仓卒不能避,为所获,欲降之。佐傲岸自如,诟贼不辍,因见害。又有吴德新者,字止善,建昌人。工医,留京师,久之,尝往宁夏。会盗至,德新见执,胁使降,德新厉声曰:"我生为皇元人,死作皇元鬼,誓不从尔贼!"贼乃缚其两手,加白刃颈上,迫其畏屈,德新骂不已。乃曳之井上,阳欲挤之。德新偶得宽,即自投井中,仰骂贼。贼下射,矢贯其顶,骂益力。贼怒,以长枪刺之。然亦壮其志,怜其死,曰:"此真丈夫也!"以土埋井而去。

颜瑜,字德润,兖州曲阜人,兖国复圣公五十七代孙也。以行谊用举者,为邹及阳曲两县教谕。至正十八年,田丰起山东,瑜携家走郓城,道遇贼,以刃来胁瑜曰:"尔何人?"瑜曰:"我东鲁书生也。"贼执瑜曰:"尔书生,吾不尔杀,可从我见主帅。"瑜骂曰:"尔贼,何主帅邪!"贼怒,欲杀瑜,瑜无惧色。复使之写旗,瑜大诟曰:"尔大元百姓,天下乱,募尔为兵,而反为叛逆。我腕可断,岂能为尔写旗从逆乎!"贼以枪刺瑜,至死骂不绝口。其妻子皆为所害。

又有曹彦可者,亳州人。会妖寇起里中,多田野无赖子,目不知书者。既破亳,揭帛于竿,皆群趋彦可家劫之,使写旗。彦可力辞,乃迫以刀斧。彦可唾之曰:"我儒者,知有君父,宁死耳,岂为汝写旗者耶!"贼怒,遂见害,年七十矣。其家素贫,又死于乱,藁殡其尸。贼既定,有司具以事闻,中书为给赀以葬,赐谥节愍。

王士元,字尧佐,恩州人。泰定四年进士,由棣州判官累迁知磁州。值军兴,馈饷需索日繁,民不堪命。士元心念其民,力为区画,至为将士陵辱诃责,弗避也。改知浚州。州滨黄河,尝经盗贼,城堞不完,市井空荒,士元邑邑不得志,而临事未尝易其素。至正十七年,贼复迫浚州,州兵悉溃散,士元坐堂上,顾其子致微使避贼,曰:"吾守臣,居此,职也。若可逃生。"子侍立,不忍去。贼前问曰:"尔为谁?"士元叱曰:"我王知州也。强贼识我否?"贼欲缚士元,士元奋拳殴贼,贼怒,并其子杀之。

杨朴,字文素,河南人。早以文学得推择为吏,任至滁州全椒县尹。滁界庐江,庐江陷于寇,滁人震动。行省参政也先总兵于滁,不理军事,唯纵饮,至暮,城门不钥,寇入纵火,犹张烛挥杯,急逾城出走。朴度必死,乃尽杀其妻女,朝服坐堂上。盗欲降之,朴指妻女示曰:"我已戕我属,政欲死官守耳,尚何云云!"乃连唾之。贼絷朴,倒悬树上,而剐其肉至尽,犹大骂弗绝。

赵琏,字伯器,宏伟之孙也。至治元年,登进士第,授嵩州判官。再调汴梁路祥符县尹。入为国子助教。累迁湖广行省左右司郎中。除杭州路总管。杭于东南为剧郡,地大民夥,长吏多不称其职。琏为人强毅开敏,精力绝人,吏莫不服其明决,而不敢欺。浙右病于徭役,民充坊里正者,皆破其家。朝廷令行省召八郡守集议便民之法,琏献议以属县坊正为雇役,里正用田赋以均之,民咸以为便。有盗诱其同恶,持刃出市,斫人以索金,市民乃户敛以予之,人无敢言者。琏曰:"此不可长也。"遣卒掩捕之,尽戮诸市。逾年,召拜吏部侍郎。杭人思之,刻其政绩于碑。历中书左司郎中,除礼部尚书。寻迁户部,拜参议中书省事。出为山北辽东道廉访使。是时河南兵起,湖广、荆襄皆陷,而两淮亦骚动。朝廷乃析河南地,立淮南江北行省于扬州,以琏参知政事。琏方病水肿,即舆疾而行。既至,分省镇淮安,又移镇真州。

会张士诚为乱,突起海滨,陷泰州、兴化,行省遣兵讨之,不克。乃命高邮知府李齐往招谕之。士诚因请降,行省授以民职,且乞从征讨以自效。遂移琏镇泰州,琏乃趣士诚治戈船,趋濠、泗。士诚疑惮不肯发,又觇知琏无备,遂复反。夜四鼓,纵火登城。琏力疾扪佩刀上马,与贼斗市衢。贼围琏,邀至其船,琏诘之曰:"汝辈罪在不赦,今既宥尔诛戮,又锡以名爵,朝廷何负于汝,乃既降复反邪!汝弃信逆天,灭不旋踵。我执政大臣,岂为汝贼辈屈乎!"即驰骑奋击贼,贼以槊撞琏坠地,欲舁登其舟,琏瞋目大骂,遂死之。其仆扬儿以身蔽琏,亦俱死。及乱定,州民收其尸,归殡于真州。事闻,赙钞三百锭,仍官其子锜。

弟琬,字仲德,仕至台州路总管。至正二十七年,方国瑛以舟挟琬至黄岩。琬潜登白龙奥,舍于民家,绝粒不食。人劝之食,辄瞑目却之,七日而死。

孙㧑,字自谦,曹州人。至正二年进士,授济宁路录事。张士诚据高邮叛,或谓其有降意,朝廷择乌马儿为使,招谕士诚,而用㧑辅行。㧑家居,不知也。中书借㧑集贤待制,给驿,就其家起之。㧑强行抵高邮,士诚不迓诏使。㧑等既入城,反覆开谕,士诚等皆竦然以听。已而拘之他室,或日一馈食,或间日一馈食,欲以降㧑,㧑唯诟斥而已。乃令其党捶㧑,肆其陵辱,㧑不恤也。及士诚徙平江,㧑与士诚部将张茂先谋,将㧑所授站马札子,遣壮士浦四、许诚赴镇南王府,约日进兵复高邮。谋泄,执㧑讯问,㧑骂声不绝,竟为所害。后贼中见失节者,辄自相嗤曰:"此岂孙待制耶!"事闻,赠翰林侍读学士、中奉大夫、护军,追封曹南郡公,谥忠烈。赐田三顷恤其家。

石普,字元周,徐州人。至正五年进士,授国史院编修官,改经正监经历。淮东、西盗起,朝廷方用兵,普以将略称,同佥枢密院事董钥尝荐其材,会丞相脱脱讨徐州,以普从行。徐平录功,迁兵部主事,寻升枢密院都事,从枢密院官守淮安。时张士诚据高邮,普诣丞相,面陈破贼之策,且曰:"高邮负重湖之险,地皆沮洳,骑兵卒莫能前,与普步兵三万,保取之。高邮既平,则濠、泗易破,普请先驱,为天下忠义倡。"丞相壮之,命权山东义兵万户府事,招民义万人以行。而汝中柏者方用事,阴沮之,减其军半。初令普便宜行事,及行,又使听淮南行省节制。普行次范水寨,日未夕,普令军中具食,夜漏三刻,下令衔枚趋宝应,其营中更鼓如平时。抵县,即登城,树帜城上,贼大惊溃,因抚安其民。由是诸将疾普功,水陆进兵,乘胜拔十余寨,斩贼数百。将抵高邮城，分兵三队：一趋城东，备水战；一为奇兵，虞后；一普自将，攻北门。遇贼与战，贼不能支，遁入城。普先士卒蹑之，纵火烧关门，贼惧，谋弃城走。而援军望之，按不进。且忌普成功，总兵者遣蒙古军千骑，突出普军前，欲收先入之功。而贼以死捍，蒙古军恇怯，即驰回，普止之不可，遂为贼所蹂践，率坠水中。普军乱，贼乘之。普勒余兵，血战良久，仗剑大呼曰："大丈夫当为国死，有不进前者，斩！"奋击，直入贼阵中，从者仅三十人。至日西，援绝，被创堕马，复步战数合。贼益至，贼指曰："此必头目，不可使逸，须生致之。"普叱曰："死贼奴，我即石都事，何云头目！"左胁为贼枪所中，犹手握其枪，斫贼死。贼众攒枪以刺普，普与从者皆力战，俱死之。

盛昭，字克明，归德人。由儒学官累迁淮南行省照磨。会诏使往高邮，不得达而还，谬称贼已迎拜，但乞名爵耳。行省不虞其欺，乃遣昭入高邮，授所与士诚官。士诚拒不听，拘诸舟中。昭语所从吏曰："吾之止此，有死而已。"既而官军逼高邮，士诚授昭以兵，使出拒官军，昭叱曰："吾奉命招谕汝，汝拘留诏使，罪不容斩，又欲吾从汝为贼耶！"大骂不绝口。贼怒，先剜其臂肉，而后磔之。

杨乘，字文载，滨州渤海人。至正初，为介休县尹，民饥散为盗，乘立法招之，使自新，皆弃兵顿首，愿为良民。其后累官江浙行省左右司员外郎，坐海寇掠漕粮舟免官，寓居松江。张士诚入平江，其徒郭良弼、董绶言乘于士诚，士诚遣张经招乘，乘曰："良弼、绶皆名臣，今已失节，顾欲引我，以济其恶邪！"且让经平日读书云何，经俯首不能对。乘日与客痛饮，竟日不言。客问："盍行乎？"乘曰："乘以一小吏致身显官，有死而已，尚何行之有！"经促其行愈急，乘乃整衣冠，自经死，年六十四。

纳速剌丁，字士瞻，其父马合木，从征襄阳，以劳擢浚州达鲁花赤，因家大名。纳速剌丁起身乡贡进士，补淮东廉访司书吏。丁母忧，服阕，补两浙盐运司掾，复辟掾淮东宣慰司。

至正十年，贼发真州，纳速剌丁以民兵往袭之，获贼四十二人。已而泰州贼大起，镇南王府宣慰司请参议军事，纳速剌丁建议筑四城，立外寨，捷堤穿河，募兵与贼抗。行省檄其提战舰六十、海舟十四，上下巡捕，以固江面。且护蒙古军五百往江宁，道遇贼，斩击二百余级，生获十八人，遂抵龙潭而还。未几，出逻江上，贼突至，驰船来斗，纳速剌丁手射死三十贼，夺其放火小船二百，贼因遁走。俄复据龙潭口，又击走之，追斩三百余级。其子宝童擒首贼陈亚虎等及其号旗。捷闻，赏赉良渥，且召纳速剌丁还真州。而贼犯芜湖，南行台檄使来援，乃以兵赴。及至，贼船已薄岸，遂三分战舰，纵击之，贼奔溃，俘斩甚众。贼不得渡江者，多纳速剌丁之功也，因留守芜湖江口。泰州李二起，行省移之捍高邮得胜湖。贼船七十余柁，乘风而来，即前击之，焚其二十余船，贼溃去。李二失援，遂降。其党张士诚杀李二，复为乱，戕参政赵琏，入据兴化，而水陆袭高邮，屯兵东门。纳速剌丁以舟师会诸军讨之。距三垛镇，贼众猝至，纳速剌丁麾兵挫其锋。后贼鼓噪而前，乃发火筒火镞射之，死者蔽流而下。贼缭船于背，尽力来攻，而阿速卫军及真、滁万户府等官，见贼势炽，皆遁走。纳速剌丁顾必死，谓其三子宝童、海鲁丁、西山驴曰："汝辈可脱走。"宝童等不肯去，遂皆死之。省宪为赙其家。事闻，赠纳速剌丁淮西元帅府经历。

卷一百九十五　列传第八十二

忠　义　三

伯颜不花的斤，字苍崖，畏吾儿氏，驸马都尉、中书丞相、封高昌王雪雪的斤之孙，驸马都尉、江浙行省丞相、封荆南王朵尔的斤之子也。倜傥好学，晓音律。初用父荫，同知信州路事，又移建德路。会徽寇犯遂安，伯颜不花的斤将义兵平之，又擒淳安叛贼方清之，以功升本路总管。至正十六年，授衢州路达鲁花赤。明年，行枢密院判官阿鲁灰引兵经衢州，军无纪律，所过辄大剽掠。伯颜不花的斤曰："阿鲁灰以官军而为民患，此国贼也，可纵之乎！"乃帅兵逐之出境，郡赖以宁。升浙东都元帅，守御衢州。顷之，擢江东道廉访副使，阶中大夫。

十八年二月，江西陈友谅遣贼党王奉国等，号二十万，寇信州。明年正月，伯颜不花的斤自衢引兵援焉。及至，遇奉国城东，力战，破走之。时镇南王子大圣奴、枢密院判官席闰等屯兵城中，闻伯颜不花的斤至，争开门出迎，罗拜马前。伯颜不花的斤登城四顾，誓以破贼自许。后数日，贼复来攻城，伯颜不花的斤大飨士卒，约曰："今日破贼，不用命者斩！"乃命大都闾将阿速诸军及民义为左翼，出南门；高义、范则忠将信阳一军为右翼，出北门；自与忽都不花将沿海诸军为中军，出西门。部伍既整，因奋击入贼营，斩首数千级，贼乱，几擒奉国。适贼将突至，我军入其营者咸没，其势将殆，忽都不花复勒兵力战，大破之。二月，友谅弟友德营于城东，绕城植木栅，攻我益急。又遣伪万户周伯嘉来说降，高义潜与之通，绐忽都不花等，谓与奉国相见则兵衅可解。忽都不花信之，率则忠等十人往见，奉国囚之不遣。明日，奉国令高义以计来诱伯颜不花的斤，时伯颜不花的斤坐城上，见高义单骑来，伯颜不花的斤谓曰："汝诱十帅，无一人还，今复来诱我耶？我头可断，足不可移！"乃数其罪，斩之。由是日夜与贼鏖战，粮竭矢尽，而气不少衰。夏四月，有大呼于城下者，曰："有诏。"参谋海鲁丁临城问之曰："何来？"曰："江西来。"海鲁丁曰："如此，乃贼耳。吾元朝臣子，可受尔伪诏乎？"呼者曰："我主闻信州久不下，知尔忠义，故来诏。尔徒守空城，欲何为耶？"海鲁丁曰："汝闻张睢阳事乎？"伪使者不答而去。伯颜不花的斤笑曰："贼欲我降尔。城存与存，城亡与亡，吾计之熟矣。”时军民唯食草苗茶纸，既尽，括靴底煮食之，又尽，掘鼠罗雀，及杀老弱以食。五月，大破贼兵。六月，奉国亲来攻城，昼夜不息者逾旬。贼皆穴地百余所，或鱼贯梯城而上。伯颜不花的斤登城，麾兵拒之。已而士卒力疲，不能战，万户顾马儿以城叛，城遂陷。席闰出降，大圣奴、海鲁丁皆死之，伯颜不花的斤力战不胜，遂自刎。其部将蔡诚，尽杀妻子，及蒋广奋力巷战。诚遇害死，广为奉国所执，爱广勇敢，使之降，广曰：“我宁为忠死，不为降生。汝等草中一盗尔，吾岂屈汝乎！”贼怒，磔广于竿，广大骂而绝。

有陈受者，信小民也。伯颜不花的斤知受有膂力，募为义兵。寻战败，为贼擒，痛骂不屈，贼焚杀之。

先是，伯颜不花的斤之援信州也，尝南望泣下，曰：“我为天子司宪，视彼城之危急，忍坐视乎！吾知上报天子，下拯生民，余皆无可恤。所念者，太夫人耳。”即日入拜其母鲜于氏曰：“儿今不得事母矣。”母曰：“尔为忠臣，吾即死，复何憾！”鲜于氏，太常典簿枢之女也。伯颜不花的斤因命子也先不花，奉其母间道入福建，以江东廉访司印送行御史台，遂力守孤城而死。朝廷赐谥曰桓敏。

樊执敬，字时中，济宁郓城人。性警敏好学，由国子生擢授经郎。尝见帝师不拜，或谂之曰：“帝师，天子素崇重，王公大臣见必俯伏作礼，公独不拜，何也？”执敬曰：“吾孔氏之徒，知尊孔氏而已，何拜异教为？”历官至侍御史。至正七年，擢山南道廉访使，俄移湖北道。十年，授江浙行省参知政事。十二年二月，督海运于平江，卜日将发，官大宴犒于海口。俄有客船自外至，验其券信令入，而不虞其为海寇也。既入港，即纵火鼓噪。时变起仓猝，军民扰乱，贼竟焚舟劫粮以去。执敬既走入昆山，自咎于失防，心郁郁不解。及还省，而昱岭关有警，平章政事月鲁帖木儿引军拒之，贼不得进。月鲁帖木儿俄以疾卒，贼遂犯余杭。执敬时已被命讨贼海上，至是事急，不得舍去，与平章政事定定治事省中，调兵出战，皆不利。掾史苏友龙素抗直有为，进言于执敬曰：“贼且至，城内空虚无备，奈何？”执敬曰：“吾淬砺戈矛，当歼贼以报国，傥或不克，有死而已，何畏哉！”俄报贼已至，执敬遽上马，帅众而出。中途与贼遇，乃射死贼四人，贼又逐之，射死三人。已而贼来方盛，填咽街巷，且纵火，众皆溃去。贼知其无援，呼执敬降，执敬怒叱之曰：“逆贼！守关吏不谨，汝得至此，恨不碎汝万段，何谓降耶！”乃奋刀斫贼，因中枪而堕。从仆田也先驰救之，亦中枪死。事闻，赠翰林学士承旨、荣禄大夫、柱国，追封鲁国公，谥忠烈。

全普庵撒里，字子仁，高昌人。初为中书省检校，时太师汪家奴擅权用事，台谏无敢言者，普庵撒里独于众中历数其过，谔谔无惧色。拜监察御史，即首劾汪家奴十罪，乃见黜。然而气节益自振，不以摧衄遂阻，历诋权贵，朝臣莫不畏栗。出为广东廉访使，寻除兵部尚书。未几，授赣州路达鲁花赤。至郡，发摘奸恶，一郡肃然。至正十一年，颍州盗起，即修筑城垒，旬月之间，守御之具毕备。于是发公帑，募勇士，得兵三千人，日练习之，皆可用。属邑有为贼所陷者，往往遣兵复之，境内悉安。十六年，以功拜江西行省参政，分省于赣。十八年，江西下流诸郡皆为陈友谅所据，乃与总管哈海赤戮力同守。友谅遣其将幸文才率兵围赣，使人胁之降。普庵撒里斩其使，日擐甲登城拒之。力战凡四月，兵少食尽，义兵万户马合某沙欲举城降贼，普庵撒里不从，遂自刭。事闻，朝廷赠谥曰傲哀。

哈海赤守赣尤有功，城陷之日，贼将胁之使降，哈海赤谓之曰：“与汝战者我也，尔贼毋杀赣民，当速杀我耳。”遂见杀。

周镗，字以声，浏阳州人。笃学通《春秋》，登泰定四年进士第，授衡阳县丞，再调大冶县尹。县有豪民，持官府短长，号为难治，镗状若尫懦，而毅然有威不可犯，抑豪强，惠穷民，治行遂为诸县最。累迁国子助教。会修《功臣列传》，擢翰林国史编修官。乃出为四川行省儒学提举，便道还家。无何，盗起，湖南、北郡县皆陷。浏阳无城守，盗至，民皆惊窜。镗告其兄弟使远引，自谓“我受国恩，脱不幸，必死，毋为相累也”。贼至，得镗，欲推以为主，镗唯瞠目厉声大骂，贼知其不可屈。乃杀之。

镗同时有谢一鲁字至道者，亦浏阳人。至元乙亥乡贡进士，尝为石林书院山长。贼陷潭州，一鲁奉亲匿岩谷中。官兵复郡邑，亡者稍归，乃还理故业。俄而贼复至，生缚一鲁。一鲁骂贼甚厉，举家咸遇害。

聂炳，字韫夫，江夏人。元统元年进士，授承事郎、同知平昌州事。炳蚤孤，其母改适，自平昌还，始知之，即迎其母以归。久之，转宝庆路推官。会峒猺寇边，湖广行省右丞秃赤统兵讨之，屯于武冈，以炳摄分省理问官。悍卒所至掠民为俘，炳言于秃赤，释其无验者数千人。至正十二年，迁知荆门州，才半岁，淮、汉贼起，荆门不守，炳出，募土兵，得众七万，复荆门。又与四川行省平章政事咬住复江陵，其功居多。既而蕲、黄、安陆之贼，其势复振，贼将俞君正合兵来攻荆门，炳率孤军昼夜血战，援绝城陷，为贼所执。极口骂不绝，贼以刀抉其齿尽，乃断左臂而支解之。

未几，贼陷潜江县，达鲁花赤明安达尔率勇敢出击，擒其伪将刘万户。进营芦洑，贼众奄至，出斗死，其家歼焉。一子桂山海牙怀印绶去，得免。明安达尔，唐兀氏，字士元，炳同年进士，由宿州判官再转为潜江云。

刘耕孙，字存吾，茶陵州人。至顺元年进士，授承事郎、桂阳路临武县尹。临武近蛮獠，耕孙至，召父老告之曰：“吾儒士也，今为汝邑尹，尔父老当体吾教，训其子弟，孝弟力田，暇则事《诗》、《书》，毋自弃以干吾政。”乃为建学校，求民间俊秀教之，设俎豆，习礼让，三年文化大兴。邑有茶课，岁不过五锭，后增至五十锭，耕孙言于朝，除其额。历建德、徽州、瑞州三路推官，所至详谳疑狱，其政绩卓然者甚众。至正十二年春，蕲黄贼攻破湖南。耕孙倾家赀募义丁，以援茶陵，贼至辄却，故茶陵久不失守。十五年，转儒林郎、宁国路推官。岁饥，劝富民发粟赈之，活者万计。会长枪琐南班、程述、谢玺等攻宁国，耕孙分守城西南，日署府事，夜率兵乘城固守。江浙行省遣参知政事吉尼哥儿来援，至则兵已疲矣。城恃有援，不为备。琐南班知之，夜四鼓，引众缘堞而上，城遂陷。耕孙力战遇害。

弟焘孙，以国学生下第，授常宁州儒学正。湖南陷，常宁长吏弃城走，民奉印请焘孙为城守，城赖以完者一年。外援俱绝，死之。长子硕，为武昌江夏县鲁湖大使，起义兵援茶陵，亦死之。

俞述祖，字绍芳，庆元象山人。由翰林书写考满，调广东元帅府都事，入为国史院编修官，已而出为沔阳府推官。至正十二年，蕲黄贼迫州境，述祖领民兵守绿水洪，并力捍御之。兵力不支，沔阳城陷，民兵悉溃。述祖为贼所执，械至其伪主徐寿辉所，诱之使降。述祖骂不辍，寿辉怒，支解之。有子方五岁，亦死。事闻，赠奉训大夫、礼部郎中、象山县男。

桂完泽者，永嘉人。尝从江西左丞李朵儿留京师，得为平江路管军镇抚，为仇家所诉，免官。会贼攻昱岭关，行省遂假前官，令从征。完泽勇于讨贼，凡再战关下，皆胜。寻又与贼斗，为所执，其妻弟金德亦被擒，皆反缚于树，临以白刃，胁之降。金德意未决，完泽呼曰："金舅，男子汉即死，不可听贼。"德曰："此言最是。"因大骂。贼怒，剖二人之腹而死。

丑闾，字时中，蒙古氏。登元统元年进士第。累官京畿漕运副使，出知安陆府。至正十二年，蕲贼曾法兴犯安陆，时丑闾募兵得数百人，帅以拒贼。败贼前队，乘胜追之。而贼自他门入，亟还兵，则城中火起，军民溃乱，计不可遏，乃归，服朝服，出坐公堂。贼胁以白刃，丑闾犹喻以逆顺。一贼排丑闾下，使拜，不屈，且怒骂。贼酋不忍害，拘之。明日，又逼其从乱，丑闾疾叱曰："吾守土臣，宁从汝贼乎！"贼怒，以刀斫丑闾左胁，断而死。贼愤其不降，复以布囊囊其尸，舁置其家。丑闾妻侯氏出，大哭，且列酒肉满前，渴者令饮酒，饥者令食肉，以绐贼之不防己。至夜，自经死。事闻，赠丑闾河南行省参知政事，赠侯氏宁夏郡夫人。立表其门曰双节。

有冯三者，湖广省一公使也，素不知书。湖广为寇陷，皂隶辈悉起，剽杀为盗，亦拉三以从。三辞曰："贼名恶，我等岂可为！"众初强之，终弗从，怒将杀之，三遂唾骂。贼乃缚诸十字木，舁之以行，而刲其肉，三益骂不止。抵江上，断其喉，委去。其妻随三号泣，俯拾刲肉，纳布裙中。伺贼远，收三血骸，脱衣裹之，大泣，投江而死。

孛罗帖木儿，字国宾，高昌人。由宿卫补官，十三转而为江东廉访副使。以选为襄阳路达鲁花赤。至正十一年，盗起汝、颍，均州郧县人田端子等亦聚众杀官吏，孛罗帖木儿将民兵捕斩之。未几，行省、廉访司同檄孛罗帖木儿，以其所领兵会诸军于均、房同讨贼，贼始退。而谷城、光化以急告，即帅兵趋谷城，而分遣樊城主簿脱因等趋光化，且遣使求粮于襄阳，不应；遣同知也先不花促之，又不应。军乏食，不能行，乃驻于柴店。复遣从子马哈失力往告，词甚苦切。廉访分司王佥事、本路总管柴顺礼怒其责望，械之。适纽真来献光化所获首级，且言："孛罗帖木儿在谷城与贼相持，未知存殁，宜急济其粮，少缓，恐弗及矣。"于是脱二人械，遣还，而命也先不花与万户也先帖木耳率数千人，会孛罗帖木儿以讨贼。明年正月，襄阳失守，也先不花等闻之惊溃。孛罗帖木儿领义兵二百人，且战且引至监利县，遇沔阳府达鲁花赤咬住、同知三山、安陆府同知燕只不花、荆襄提举相哥失力之师。时滨江有船千余，乃纠合诸义兵丁壮水工五千余人，畀以军号，给以刀稍，具哨马五十，水陆继进。比至石首县，闻中兴路亦陷，乃议趋岳州就元帅帖桀，而道阻不得前，仍趋襄阳。贼方驻杨湖港，乘其不虞击之，获其船二十七艘，生擒贼党刘咬儿。讯得其情，进次潜江县，又斩贼数百级，获三十余船，枭贼将刘万户、许堂主等。是日，甫止兵未食而贼大至，与战抵暮，咬住等军各当一面，不能救。孛罗帖木儿被重创，麾马哈失力使去，曰："吾以死报国，汝无留此。"马哈失力泣曰："死生从叔父。"既而孛罗帖木儿被执，贼请同为逆，孛罗帖木儿怒骂之，遂遇害。马哈失力帅家奴求其尸，复与贼战，俱没于阵。举家死者，凡二十六人。

彭庭坚，字允诚，温州瑞安人。擢至正四年进士第，授承事郎、同知沂州事。毁牛皇神祠，驱邻郡上马贼，免民横急征敛，民甚便之。俄以平反狱囚忤上官意，遂弃去。十年，诏选守令，以建宁路崇安县尹起庭坚于家。属铅山寇周良窃发，犯闽关，庭坚御之有法，寇不入境。十一年，升同知建宁路总管府事。江西寇炽，庭坚率民兵克复建阳，又进兵平浦城。十二年，摄佥都元帅府事，与邵武路总管吴按摊不花夹攻邵武，庭坚设云梯火炮，昼夜攻击，寇遁，追斩渠凶董元帅、铁和尚、童昌，邵武悉平。总兵官江浙参政章嘉上功于朝，升同知福建道宣慰使司副都元帅，镇邵武。冬，寇陷建宁县。十三年，庭坚统建阳、崇安、浦城三县民兵，次泰宁。寇惧请降，复建宁县，还师邵武。江浙行省檄庭坚节制建宁、邵武二郡诸军。十四年，盗侵政和、松溪，江南行台中丞吴铎督军建宁，檄庭坚至。时镇抚万户岳焕隶麾下，焕素悍，纵卒为暴，庭坚欲绳以法，焕惧，使部卒乘其不备，诈为贼兵，突入交锋，众皆溃，庭坚独留不去，遂遇害，死年四十三。故吏张椿，儒士夏志行、江晃，奉柩还崇安，民哀泣如丧父母，立祠像，岁时祭祷，数降灵响，旁邑立祠亦如之。南行台监察御史余观行部巡察，获其贼斩之。为上其事，赠中奉大夫、福建道宣慰使都元帅，封忠愍侯。

王伯颜，字伯敬，滨州沾化人。由湖广省宣使历永州祁阳、湖州乌程县尹，信州推官。至正九年，迁知福宁州。居三岁，升福建盐运副使，将行，宪府以时方俶扰，留伯颜仍领州事。未几，贼自邵武间道逼福宁，乃与监州阿撒都剌募壮兵五万，分扼险阻。贼至杨梅岭，立栅，伯颜与子相驰破之。贼帅王善，俄拥众直压州西门，胥隶皆解散，伯颜麾下唯白梃市儿数百人尔。伯颜射贼，不复反顾，贼以长枪舂马，马仆，遂见执。善说伯颜曰："闻公有惠政，此州那可无尹，公为我尹，可乎？"伯颜诃善曰："我天子命官，不幸失守，义当死，肯从汝反乎？"善怒，叱左右搤以跪，弗屈，遂殴之。伯颜嚼舌出血噀善面，骂曰："反贼，杀即杀，何以殴为！吾民天民也，汝不可害。大丞相亲讨叛逆，百万之师，雷击电扫，汝辈小丑，将无遗种，顾敢尔邪！"贼亦执阿撒都剌至，善厉声责其拒斗，噤不能对。伯颜复唾善曰："我杀贼，何言拒邪！我死，当为神以杀汝。"言讫，挺颈受刃，颈断，涌白液如乳。暴尸数日，色不变，州人哭声连巷。贼既杀阿撒都剌，欲释相官之，相詈曰："吾与汝不共戴天，恨不寸斩汝，我受汝官邪！"贼杀之。相妻潘氏，挈二女，为贼所获，亦骂贼，母子同死。

伯颜既死，贼时睹其引兵出入。明年，州有僧林德诚者，起兵讨贼，乃望空呼曰："王州尹，王州尹，宜率阴兵助我斩贼。"时贼正祠神，睹红衣军来，以为伪帅康将军，亟往迎之，无有也，四面皆青衣官军，贼大败。斩其酋江二蛮，福宁遂平。事闻，赠嘉议大夫、济南路总管、上轻车都尉，追封太原郡侯。

刘濬，字济川，其先兴州人。曾祖海，金进士第一人，仕至河南府尹，死于国难，子孙遂家河南。濬由廉访司书吏调连江县宁善乡巡检。至正十三年，江西贼帅王善寇闽，官军守罗源县拒之。罗源与连江接壤，势将迫。濬妻真定史氏，故相家女也，有才识，谓濬曰："事急矣，可聚兵以捍一方。"于是尽出奁中物，募壮士百余，命仲子健将之。浃旬间，众至数万。贼寻破罗源，分两道攻福州。濬拒之辰山，三战三捷。俄闻福州陷，众多溃去，濬独帅健兵进。遇贼于中麻，突其阵，斩前锋五人，贼兵大至。鏖战三时顷，濬中箭堕马，健下马掖之，俱被获。濬怒，戟手大骂。贼缚濬阶下，先斫手一指，骂弥厉，再斫一指，亦如之。指且尽，斫两腕，次及两足，濬色不少变，骂声犹不绝，遂割其喉舌而死。健亦以死拒贼，善义之，舍健，使敛濬尸瘗之。

健归，请兵于帅府，以复父仇，弗听。健尽散家赀，结死士百人，诈为工商流丐，入贼中，夜半，发火大噪，贼惊扰，自相屠戮，健手斩杀其父者张破四，并擒善及寇首陈伯祥来献，磔之。事闻，赠濬福建行省检校官，授健古田县尹。官为濬立祠福州北门外，有司岁时致祭云。

朵里不花，字端甫，蒙古人。始为宿卫官，累历显要，擢辽阳行省右丞，升平章政事。陈友谅陷江西，诏拜江西行省平章政事，与平章政事阿儿浑沙等分道进讨。遂泛海南下，趋广东，驻师揭阳，降土寇金元祐，招复循、梅、惠三州之寇。承制官其酋长，俾治贼以给兵食。又别规粟四千石，输送京师。自是英、肇、钦、连诸郡皆附，且治兵由梅岭以图江西。而元祐有异志，托以镇服其土，遮道固留。先是，制书命刘巨海佥广东元帅府事，未发，元祐窃取，易其名，私畀徭贼刘文远，诱与偕乱。事觉，文远伏诛，而元祐及其弟元泰、子荣，窜匿不获。俄荣率外贼突入，夺符信，杀官吏，变起仓卒，众莫能支。朵里不花与参政杨泰元等，勒兵拒战，而贼来益众，朵里不花为枪所中，创甚。其子达兰不花率麾下力与抗，死之。朵里不花遂被执，拥至太平桥，骂不绝口，遂为贼杀。其妻卜颜氏、妾高丽氏在侧，不去，皆大骂曰："我平章遇尔父子厚矣，尔父子何暴逆至此！"亦皆遇害。其部将哈乞、吴普颜、阿剌不花、歹不花等，俱战死。

野峻台，其父世延，自有传。由四川行省左右司郎中、西行台监察御史、河西廉访使转黄州路总管。湖广既陷，朝廷察其材，升四川行省参政，命与平章咬住讨贼。咬住军五千，及分锐卒八百，使野峻台为前驱。贼方据巴东县，攻拔之。是时，归、峡等州皆为贼所守，野峻台破贼江上，斩溺无算，已而归、峡平。又进拔枝江、松滋两县，乘胜趋江陵。贼出阵清水门，鏖战至夕，贼退入城，乃据其门，竢咬住军至。黎明，贼出战，三时顷，咬住军止百步外，不救，贼飞枪刺之，遂死。事闻，赠荣禄大夫、陕西行省平章政事、柱国，追封凉国公，谥忠壮。

陈君用，字子材，延平人。少负气，勇猛过人。红巾起江淮，由抚、盱入闽，闽阃授君用南平县尹，给钱五万缗，俾募千兵，君用散家财继之，导官军复建阳、浦城等县。以功授同知建宁路事。亡何，贼围福州，尹用率兵往援，大败贼众，廉访佥事郭兴祖，佩君用明珠虎符，使权同知副都元帅。遂引兵逾北岭，至连江，阻水而阵。君用曰："今日不尽杀贼，吾不复生还矣。"乃率壮士六十人，徒涉斩杀。贼稍溃，既而复合，君用大呼转战，中枪而死。事闻，赠怀远大将军、浙东道宣慰司同知、副元帅、轻车都尉、颍川郡侯，谥忠毅。

卜理牙敦，北庭人，累官至山南廉访使，治中兴。中兴为江汉藩屏，卜理牙敦每按临所部，威惠翕然。至正十二年，寇犯中兴，卜理牙敦以兵与抗，射贼多死，贼稍退。明日，复拥众来袭东门，卜理牙敦力与之战，被执，不屈而死。

又明日，贼复来攻，前中兴判官上都统兵出击之。既而东门失守，上都仓黄反斗，力屈，贼执之使降，上都大骂，贼怒，刳其腹、刲其肉而死。

潮海，扎剌台氏，由国子生入官，为靖安县达鲁花赤。至正十二年，蕲黄贼起，潮海与县尹黄绍同集义兵，为御贼计。未几，贼兵数万由武宁来寇，绍赴行省求援，潮海独率众与战于象湖，大破之。乃起进士胡斗元、涂渊、舒庆远、甘棠等谋画，而以勇士黄云为前锋。自二月至于八月，战屡捷，擒贼将洪元帅。而贼党益盛，黄云战死，我军挫衄，潮海遂被围，寻为贼所执，杀于富州。

子民安图，袭父职，为本县达鲁花赤。十三年，帅众败走贼将，复县治。十四年，贼兵复至，民安图迎战，力竭，贼执而咼之。

绍字仲先，临川人。登至正八年进士第，以求援出靖安，而道阻绝，遇官军，护绍得入龙兴。而龙兴亦被围，其后围解，绍乃与民安图招谕叛境，过建昌之高坪，遇贼，绍与战不胜，正衣冠怒骂，为贼所害。

斗元字元浩，靖安人。至正十年，领江西乡荐第一，下第，署鳌溪书院山长。贼至靖安，掠斗元乡里，斗元以乡兵击败之。入县治，与潮海共图战守。及潮海被执，贼胁之使降，斗元骂不屈。乃以土埋其腰，不死，又缚置暗室。斗元仆墙以出，逃入深山，狂骂而死。

黄云，抚州人，寓靖安，素以勇捷称，每接战，独以身当敌。尝为数十人所围，即奋身跃出。至是，身中数十枪，喷血骂贼而死。

魏中立，字伯时，济南人。由国子伴读历官至陕西行台御史中丞，迁守饶州。贼既陷湖广，分攻州郡，官军多疲懦不能拒，所在无赖子多乘间窃发，不旬日，众辄数万，皆短衣草屦，齿木为杷，削竹为枪，截绯帛为巾襦，弥野皆赤。中立闻警，即率丁壮，分塞险要，戒守备。俄而贼至，达鲁花赤马来出战，不能发一矢，贼愈逼。中立以义兵击却之。已而贼复合，遂为所执，以红衣被其身，中立叱之，须髯尽张。贼执归蕲水，欲屈其从己。中立大骂不已，遂被害。

未几，贼又犯信州，信州总管于大本以土兵备御。贼首项甲破东门而入，执大本，至蕲水为俘献。伪主释其缚，畀伪印一纽，且命以官。大本投印于地，而指伪主痛詈之，遂亦遇害。大本字德中，密州人，始由儒学教谕入官云。

卷一百九十六　列传第八十三

忠 义 四

普颜不花，字希古，蒙古氏。倜傥有大志。至正五年，由国子生登右榜进士第一人，授翰林修撰，调河南行省员外郎。十一年，迁江西行省左右司郎中。蕲黄徐寿辉来寇，普颜不花战守之功为多，语在《道童传》。十六年，除江西廉访副使。顷之，召还，授益都路达鲁花赤，迁山东廉访使，再转为中书参知政事。十八年，诏与治书侍御史李国凤同经略江南。至建宁，江西陈友谅遣邓克明来寇，而平章政事阿鲁温沙等皆夜遁。国凤时分镇延平，城陷，遁去。普颜不花曰："我承制来此，去将何之？誓与此城同存亡耳。"命筑各门瓮城，前后拒战六十四日，既而大败贼众。明年，召还，授山东宣慰使，再转知枢密院事、平章山东行省，守御益都。大明兵压境，普颜不花捍城力战。城陷，而平章政事保保出降。普颜不花还告其母曰："儿忠孝不能两全，有二弟，当为终养。"拜母，趋官舍，坐堂上。主将素闻其贤，召之再三，不往。既而面缚之，普颜不花曰："我元朝进士，官至极品，臣各为其主。"不屈，死之。

先是，其妻阿鲁真，历呼家人告之曰："我夫受国恩，我亦封齐国夫人，今事至此，唯有死耳。"家人莫不叹息泣下。已而普颜不花二弟之妻，各抱幼子，及婢妾，溺舍南井死。比阿鲁真欲下，而井填咽不可容，遂抱子投舍北井。其女及妾女、孙女，皆随溺焉。

是时有申荣者，平章山东行省，守东昌，荣见列郡皆降，告其父曰："人生世间，不能全忠孝者，儿也。"父曰："何为？"荣曰："城中兵少不敌，战则万人之命由儿而废，但有一死报国耳。"遂自经。

闵本，字宗先，河内人。性刚正敏给，而刻志于学。早岁得推择为礼部令史，御史大夫不花奇本之才，辟以为掾，平反冤狱，甚有声。擢御史台照磨。顷之，迁枢密院都事，拜监察御史，迁中书左司都事，五转为吏部尚书，移刑、户二部，皆以能见称。本素贫，且有目疾，尝上章乞谢事，不允，诏授集贤侍讲学士。大明兵薄京师，本谓其妻程氏曰："国事至此，吾知之久矣。愧不能立功补报，敢爱六尺躯苟活哉！"程氏曰："君能死忠，我尚有爱于君乎！"本乃朝服，与程氏北向再拜，大书于屋壁曰："元中奉大夫、集贤侍讲学士闵本死。"遂各缢焉。二女：长真真，次女女，见本死，呼天号泣，亦自缢于其傍。

有拜住者，康里人也，字闻善。以材累官至翰林国史院都事，为太子司经。兵至，拜住谓家人曰："吾始祖海蓝伯封河东公者，与太祖同事王可汗，太祖取王可汗，收诸部落，吾祖引数十骑驰西北方，太祖使人追问之，曰：'昔者与皇帝同事王可汗，王可汗今已灭，欲为之报仇，则帝乃天命；欲改事帝，则吾心有所不忍，故避之于远地，以没吾生耳。'此吾祖之言也。且吾祖生朔漠，其言尚如此，今吾生长中原，读书国学，而可不知大义乎！况吾上世受国厚恩，至吾又食禄，今其国破，尚忍见之！与其苟生，不如死。"遂赴井死。其家人瘗之舍东，悉以其书籍焚之为殉云。

赵弘毅，字仁卿，真定晋州人。少好学，家贫无书，佣于巨室，昼则为役，夜则借书读之。或闵其志，但使总其事而不役焉。尝受经于临川吴澄。始辟翰林书写，再转为国史院编修官，调大乐署令。大明兵入京城，弘毅叹息曰："忠臣不二君，烈女不二夫，此古语也。我今力不能救社稷，但有一死报国耳。"乃与妻解氏皆自缢。

其子恭，中书管勾，与妻子诀曰："今乘舆北奔，我父子食禄，不能效尺寸力，吾父母已死，尚何敢爱死乎！"或止之曰："我曹官卑，何自苦如此。"恭叱曰："尔非我徒也。古者，忠义人各尽自心，岂问职之崇卑乎！"遂公服北向再拜，亦缢死。

恭女官奴，年十七，见恭死，方大泣，适邻妪数辈来，相率出避，曰："我未适人，避将何之？"不听，妪欲力挽之，女曰："人生在世，便百岁亦须一死。"乃潜入中堂，解衣带自经。

郑玉，字子美，徽州歙县人。幼敏悟嗜学，既长，覃思《六经》，尤邃于《春秋》，绝意仕进，而勤于教。学者门人受业者众，所居至不能容。学者相与即其地构师山书院以处焉。玉为文章，不事雕刻煅炼，流传京师，揭傒斯、欧阳玄咸加称赏。至正十四年，朝廷除玉翰林待制、奉议大夫，遣使者赐以御酒名币，浮海征之。玉辞疾不起，而为表以进曰："名爵者，祖宗之所以遗陛下，使与天下贤者共之者，陛下不得私予人。待制之职，臣非其才，不敢受。酒与币，天下所以奉陛下，陛下得以私与人，酒与币，臣不敢辞也。"玉既不仕，则家居，日以著书为事，所著有《周易纂注》。十七年，大明兵入徽州，守将将要致之，玉曰："吾岂事二姓者耶！"因被拘囚。久之，亲戚朋友携具饷之，则从容为之尽欢，且告以必死状。其妻闻之，使语之曰："君苟死，吾其相从地下矣。"玉使谓之曰："若果从吾死，吾其无憾矣。"明日，具衣冠，北向再拜，自缢而死。

黄𣋌，字殷士，抚州金溪人。博学明经，善属文，尤长于诗。至正十七年，用左丞相太平奏，授淮南行省照磨，未行，除国子助教，迁太常博士，转国子博士，升监丞，擢翰林待制，兼国史院编修官。二十八年，京城既破，𣋌叹曰："我以儒致身，累蒙国恩，为胄子师，代言禁林。今纵无我戮，何面目见天下士乎！"遂赴井而死，年六十一。有诗文传于世。

柏帖穆尔，字君寿，蒙古人。家世历履无所考。居官所至，以廉能著声。至正中，累迁为福建行省左右司郎中。行省治福州。二十七年，大明以骑兵出杉关，取邵武，以舟师由海道趣闽，奄至城下。柏帖穆尔知城不可守，引妻妾坐楼上，慷慨谓曰："丈夫死国，妇人死夫，义也。今城且陷，吾必死于是，若等能吾从乎？"皆泣曰："有死而已，无他志也。"缢而死者六人。

有十岁女，度其不能自死，则绐之曰："汝稽颡拜佛，庶保我无恙也。"甫拜，即挈米囊压之死。乳媪抱其幼子，旁立以泣，柏帖穆尔熟视之，叹曰："父死国，母死夫，妾与女，从父者也，皆当死。汝三岁儿，于义何所从乎？为宗祀计可也。"乃命媪抱匿旁近民舍，而敛金珠畀之曰："即有缓急，可以此赎儿命。"有顷，兵入城，即举灯自燃，四围窗火大发，遂自焚死。

迭里弥实，字子初，回回人。性刚介，事母至孝。年四十，犹不仕，或问之，曰："吾不忍舍吾母以去也。"以宿卫年劳，授行宣政院崇教，三迁为漳州路达鲁花赤，居三年，民甚安之。时陈有定据全闽，八郡之政，皆用其私人以总制之。朝廷命官，不得有所与。大明兵既取福州，兴化、泉州皆纳款。或以告，迭里弥实仰天叹曰："吾不材，位三品，国恩厚矣，其何以报乎！报国恩者，有死而已。"亡何，吏走白招谕使者至，请出城迓之，迭里弥实从容语之曰："尔第往，吾行出矣。"乃诣厅事，具公服，北面再拜毕，引斧斫其印文，又大书手版曰"大元臣子"。即入位端坐，拔所佩刀，剚喉中以死。既死，犹手执刀按膝坐，俨然如生时。郡民相聚哭庭中，敛其尸，葬东门外。

时又有获独步丁者，回回人，旧进士，累官佥广东廉访司事；有吕复者，为江西行省左右司都事。皆闲居，寓福州。而复以行省命，摄长乐县尹。福州既下，获独步丁曰："吾兄弟三人，皆忝进士，受国恩四十年，今虽无官守，然大节所在，其可辱乎！"以石自系其腰，投井死。复亦曰："吾世食君禄，今虽摄官，若不以死报国，则无以见先人于地下。"引绳自经死。获独步丁兄曰穆鲁丁者，官建康；曰海鲁丁者，官信州。先是，亦皆死国难云。

朴赛因不花，字德中，肃良合台人。有膂力，善骑射。由速古儿赤授利器库提点，再转为资正院判官，累迁同知枢密院事，迁翰林学士，寻升承旨，赐虎符，兼巡军合浦全罗等处军民万户都元帅，除大司农，出为岭北行省右丞，升平章政事。至正二十四年，甘肃行省以孛罗帖木儿矫弑皇后、皇孙，遣人白事，平章政事也速答儿即欲署谕众榜，朴赛因不花持不可曰："此大事，何得轻信，况非符验公文。"卒不署榜。既而果妄传。会皇太子抚军冀宁，承制拜朴赛因不花翰林学士承旨，迁集贤大学士，又为宣政院使，遂拜中书平章政事。大明兵逼京师，诏朴赛因不花以兵守顺承门，其所领兵仅数百羸卒而已。乃叹息谓左右曰："国事至此，吾但知与此门同存亡也。"城陷被执，以见主将，唯请速死，不少屈。主将命留营中，终不屈，杀之。

是时有张庸者，字存中，温州人。性豪爽，精太乙数，会世乱，以策干经略使李国凤，承制授庸福建行省员外郎，治兵杉关。顷之，计事赴京师，因进《太乙数图》，顺帝喜之，擢秘书少监。皇太子立大抚军院，命庸团结房山，迁同佥将作院事，又除刑部尚书，仍领团结。会诸寨既降，庸守骆驼谷，遣从事段祯请援于扩廓帖木儿，不报。庸独坚守拒战，众将溃，庸无去志。已而寨民李世杰执庸出降，以见主将，庸不屈，与祯同被杀。

丁好礼，字敬可，真定蠡州人。精律算，初试吏于户部，辟中书掾，授户部主事，擢江南行台监察御史，复入户部为员外郎，拜监察御史，又入户部为郎中，升侍郎。除京畿漕运使，建议置司于通州，重讲究漕运利病，著为成法，人皆便之。除户部尚书。时国家多故，财用空乏，好礼能撙节浮费，国家用度，赖之以给。拜参议中书省事，迁治书侍御史，出为辽阳行省左丞，未行，留为枢密副使。至正二十年，遂拜中书参知政事。时京师大饥，天寿节，庙堂欲用故事大宴会，好礼言："今民父子有相食者，君臣当修省，以弭大患，燕会宜减常度。"不听，乞谢事，乃以集贤大学士致仕，给全俸家居。扩廓帖木儿扈从皇太子还京，输山东粟以遗朝贵，馈好礼麦百石，好礼不受。二十七年，复起为中书平章政事，寻以论议不合，谢政去，特封赵国公。大明兵入京城，或勉其谒大将，好礼叱之曰："我以小吏致位极品，爵上公，今老矣，恨无以报国，所欠惟一死耳。"后数日，大将召好礼，不肯行，舁至齐化门，抗辞不屈而死，年七十五。

是日，中书参知政事郭庸亦舁至齐化门，众叱之拜，庸曰："臣各为其主，死自吾分，何拜之有！"语不少屈而死。庸字允中，蒙古氏，由国学生释褐出身，累迁为陕西行台监察御史，与同列劾知枢密院事也先帖木儿丧师，左迁中兴总管府判官。其后也先帖木儿以罪黜，召拜监察御史，累转参政中书，其节义与好礼并云。

卷一百九十七　列传第八十四

孝　友　一

世言先王没，民无善俗。元有天下，其教化未必古若也，而民以孝义闻者，盖不乏焉。岂非天理民彝之存于人心者，终不可泯欤！上之人苟能因其所不泯者，复加劝奖而兴起之，则三代之治，亦可以渐复矣。

今观史氏之所载，其事亲笃孝者，则有临江刘良臣，汴梁陈善，同官强安，沈州高守质，安丰高泽，巩昌王钦，修武员思忠，榆县王士宁，河南朱友谅，泉州叶森，宁陵吕德，汲县刘淇，建昌郑佛生，堂邑张复亨，保定邢政，宁夏赵那海，临潼任居敬，陇西周庆、徐德兴，汝宁李从善，华州要敬，色目氏沙的。其居丧庐墓者，则有太原王构，莱州任梓，平滦王振，北京张洪范，登封王佐，下蔡许从政、张鐩，富平王贾僧，郑州段好仁、赵璧、薛明善、张齐，汴梁韩荣、刘斌、张裕、何泰、史恪、高成、邓孝祖、李文渊、杜天麟、张显祖，泾阳张国祥，延安王旻，东昌张翬，永平梁讷，高唐郑荣、刘居敬，同州赵良，南阳周郁、陈介、刘权，大同高著、江郁、毛翔，归德葛祥、张德成、张逊、王珪、刘弼，汲县徐昌祖，真定宋贞、王世贤，晋宁史贵，保定耿德温、张行一、贾秉实、张勖，河南王宗道、孙裔，夹谷天祐，赵州赵德隆，安丰王德新、石思让、翼宁、何溥，大都王麟、李简，华阴李宁、屈秀，怀庆侯荣、丁用、郭天一，耀州王思，中牟阎让，曹州邓渊、吕政，徐州胡居仁、张允中，卫辉王庆，福建朱虞龙，随州高可焘，济宁魏铎，武康王子中，淮安翟谌，汶上赵恒，须城许时中，衡山欧阳诚复，江陵穆坚，苏州王钦，定陶元显祖，绛州姚好智，宿州孙克忠，集庆傅霖，济南宋怀忠、牟克孝，汝宁张郁，泉州黄道贤，谷城王福，解州靖与曾，般阳戴贞，兖州王治，沔阳徐胜祖，兴中石抹昌龄，峡州秦桂华，蒙古、色目氏纳鲁丁、赤思马、改住、阿合马、拜住、木八剌、玉龙帖木儿、锁住、唐兀歹、晏只哥、李朵罗歹、塔塔思歹。其累世同居者，则有休宁朱震雷，池州方时发，河南李福，真定杜良，华州王显政，建宁王贵甫，句容王荣、周成，鄢陵夏全，保定成珪，开平温义，大同王瑞之，平江汤文英，鄜州员从政，江州范士奇，泾州李子才，宿州王珍。其散财周急者，则有河南高颜和，台州程远大，潭州汤居恭、李孔英，建康汤大有，吉州刘如翁、严用父，高唐孟恭，松江管仲德、章梦贤、夏椿，江陵陈一宁，中兴傅文鼎，永州唐必荣，济南李恭，宁夏何惠月。天子皆尝表其门闾，或复其家。故援《唐史》之例，具列姓名于篇端。择其事迹尤彰著者，复别为之传云。

王闰，东平须城人。父素多资，既老，尽废之，不甘淡薄，每食必需鱼肉，闰朝夕勤苦入市，营奉无阙。父性复乖戾，闰左右承顺，甚得其欢心，乡里称焉。父尝卧疾，夜燃长明灯室中，火延篱壁间。闰闻火声，惊起驰救，火已炽，烟焰蔽寝户。闰突入火中，解衣蒙父，抱而出，肌体灼烂，而父无少伤。一女不能救，遂焚死。中统二年，复其役。

郭道卿，兴化莆田人。四世祖义重至孝，宋绍兴间有诏旌之，乡里为立孝子祠。至元初内附。闽盗起，居人窜匿，道卿与弟佐卿独守孝子祠不忍去，遂俱被执。盗将杀佐卿，道卿泣告曰："吾有儿已长，弟弱子幼，请代弟死。"佐卿亦泣告曰："吾家事赖兄以理，请杀我。"道卿固引颈请刃。盗相顾曰："汝孝门兄弟若此，吾何忍害。"两释之。

道卿年八十，子廷炜为建宁路平准行用库使，辞归侍养。道卿尝病疝，危甚，廷炜忧瘁扶护，一夕发尽白。有司言状，旌之。

萧道寿，京兆兴平人。家贫，鬻箧以自给。母年八十余，道寿事养尽礼。每旦，候母起，夫妇亲侍盥栉。日三饭，必待母食，然后退就食。至夕，必待母寝，然后退就寝。出外必以告，母许乃敢出。母或怒，欲罚之，道寿自进杖，伏地以受。杖足，母命起，乃起。起复再拜，谢违教。拱立左右，俟色喜乃退。母尝有疾，医累岁不能疗，道寿刲股肉啖之而愈。至元八年，赐羊酒，表其门。

郭狗狗，平阳翼城人。父宁，为钦察先锋使首领官，戍大良平。宋将史太尉来攻，夜陷大良平，宁全家被俘。史将杀宁，狗狗年五岁，告史曰："勿杀我父，当杀我。"史惊问宁曰："是儿几岁耶？"宁曰："五岁。"史曰："五岁儿能为是言，吾当全汝家。"即以骑送宁等往合州。道遇国兵，骑惊散，宁家俱得还。御史以事闻。命旌之。

张闰，延安延长县人，隶军籍。八世不异爨，家人百余口，无间言。日使诸女诸妇各聚一室为女功，工毕，敛贮一库，室无私藏。幼稚啼泣，诸母见者即抱哺。一妇归宁，留其子，众妇共乳，不问孰为己儿，儿亦不知孰为己母也。闰兄显卒，即以家事付侄聚，聚辞曰："叔，父行也，叔宜主之。"闰曰："侄，宗子也，侄宜主之。"相让既久，卒以付聚。缙绅之家，自谓不如。至元二十八年，旌表其门。

又有芜湖芮世通，十世同居；峡州向存义、汴梁丁煦，八世同居。州县请于朝，并加旌美。

田改住，汶上人。父病不能愈，祷于天，去衣卧冰上一月。

同县王住儿，母病，卧冰上半月。

宁猪狗，山丹州人。母年七十余，患风疾，药饵不效，猪狗割股肉进啖，遂愈。岁余复作，不能行，猪狗手涤溷秽，护视甚周，造板舆载母，夫妇共舁，行园田以娱之。后卒，居丧有礼，乡闾称焉。

潭州万户移剌琼子李家奴，九岁，母病，医言不可治，李家奴割股肉，煮糜以进，病乃痊。抚州路总管管如林、浑州民朱天祥，并以母疾刲股，旌其家。

毕也速答立，迷里氏，家秦州。父丧，庐墓次，昼夜悲号，有飞鸟翔集，坟土踊起。

又有尹梦龙，中兴人。母丧，负土为坟，结庐居其侧。手书《孝经》千余卷，散乡人读之。有群乌集其家树。

樊渊，建康句容人。幼失父，事母笃孝。至元十二年，奉母避兵茅山。兵至，欲杀其母。渊抱母号哭，以身代死，兵两释之。三十年，江东廉访使者辟为吏。母亡，奔丧，哀感行路。服阕，奉神主事之，起居饮食，十年如平生。台宪交荐，渊不忍去坟墓，终不起。

延祐间，汀州宁化人赖禄孙，母病，值蔡五九作乱，负母从邑人避南山。盗至，众散走，禄孙守母不去。盗将刃其母，禄孙以身翼蔽曰："勿伤吾母，宁杀我。"母渴，不得水，禄孙含唾煦之。盗相顾骇叹，不忍害，反取水与之。有掠其妻去者，众责之曰："奈何辱孝子妇！"使归之。

事闻，并赐褒表。

刘德泉，汴梁杞县人。早丧母，父荣再娶王氏，生二子居敬、居元，俱幼，德泉甚抚之。及王氏病卒，乃益相友爱。至元末，岁饥，父欲使析居，德泉泣止不能得，乃各受其业以去。久之，父卒，兄弟相约同爨，和好如初。

至治三年，真定朱显，自至元间其祖父已分财。至显，念侄彦昉等年幼无恃，谓弟耀曰："父子兄弟，本同一气，可异处乎！"乃会拜祖墓下，取分券焚之，复与同居。

延祐间，蔚州吴思达兄弟六人，尝以父命析居。思达为开平县主簿，父卒，还家。治葬毕，会宗族，泣告其母曰："吾兄弟别处十余年矣，今多破产，以一母所生，忍使兄弟苦乐不均耶！"即以家财代偿其逋，更复共居。母卒，哀毁甚。宅后柳连理，人以为友义所感。

又有朱汝谐，濮州人。父子明尝命与兄汝弼别产。子明卒，汝弼家尽废，汝谐泣请共居。仲父子昭、子玉贫病，汝谐迎至家，奉汤药甘旨甚谨。后卒，丧葬尽礼。乡人贤之。

州县各以名闻，表其闾。

郭回，邵武人。素贫，年六十无妻，奉母寄宿神祠中，营养甚艰。母年九十八卒，回佣身得钱葬之。每旦诣坟哭祭，十四年不辍。州上状，命给衣粮赡济，仍表异之。

孔全，亳州鹿邑人。父成病，刲股肉啖之，愈。后卒，居丧尽哀。庐墓左，负土为坟，日六十肩，风雨有亏，俟霁则补之。三年，起坟广一亩，高三丈余。

张子夔，安西人。父丧，每夜半，以背负土，肘膝行地，匍匐至葬所，筛细土为坟。

陈乞儿，归德夏邑人。年九岁，母丧，哀毁，亲负土为坟，高一丈，广十六步。人悯其幼，欲助之，则泣拜而辞。

又有峨眉赵国安、解州张琛、南阳李庭瑞、息州移剌伯颜、南阳怯烈歹，皆居丧有至行，庐墓次，负土为坟。并以有司所请，表异之。

杨一，怀孟人。至元间，怜其叔清家贫，密以分契诣神祠焚之，与清同居者三十年，无间言。

张本，东昌茌平人。笃孝，事伯父、叔父皆甚谨。伯父尝病，本昼夜不去侧。复载以巾车，步挽诣岱岳祷之。

张庆，真定人。善事继母。伯父泰异居河南，庆闻其贫，迎归养之。供膳丰备，过于所生。

元善，大名人。父有昆弟五人，因贫流散江淮。久之，遂客死。至大四年，善往寻其骸骨，并迎弟侄等一十五丧而归，改葬祖父母，以诸丧序列祔于茔次。

州县以闻，并旌其家。

赵毓，唐州人。父福迁郑之管城。其先，三世同爨。毓官福州司狱，满归，以母老不复仕。一日，会诸弟，泣申遗训，愿世世无异处，且祝天歃血以盟。自是大小百口，略无间言，同力合作，家道以殷。毓长兄瑞早世，嫂刘氏守志，毓率家人事之甚恭。次兄选继殁，嫂王氏，毓母以其少，许归改嫁，王氏曰："妇无再嫁之义，愿终事姑。"毓妹赘王佑，佑亡，妹念佑母无子，乞归朱氏养之。人谓孝友节义，萃毓一家。元贞初，旌之。

胡光远，太平人。母丧庐墓。一夕，梦母欲食鱼，晨起号天，将求鱼以祭，见生鱼五尾列墓前，俱有啮痕。邻里惊异，方共聚观，有獭出草中，浮水去。众知是獭所献。以状闻于官，表其闾。

至顺间，永平庞遵，母病肿，三年不能起。忽思食鱼，遵求于市不得。归途叹恨，忽有鲤跃入其舟。作羹以献，母悦，病瘥。

陈韶孙，广州番禺人。父浏以罪流肇州。韶孙年十岁，不忍父远谪，朝夕号泣愿从。父不能夺，遂与俱往。跋涉万里，不惮劳苦。道过辽阳，平章塔出见而悯焉，语之曰："天子宽仁，罚不及嗣。边地苦寒，非汝所堪。吾返汝故乡，汝愿之乎？"韶孙曰："既不能以身代父，当死生以之，归非所愿也。"塔出惊异，以钱赏之。大德六年，浏死，韶孙哀恸，见者皆为之泣下。肇州万户府以闻，命遣还乡里，仍旌异之。

李忠，晋宁人。幼孤，事母至孝。大德七年，地大震，郇保山移，所过居民庐舍，皆摧压倾圮。将近忠家，分为二，行五十余步复合，忠家独完。

吴国宝，雷州人。性孝友，父丧庐墓。大德八年，境内蝗害稼，惟国宝田无损。人皆以为孝感所致云。

李茂，大名人，徙家扬州。父兴寿临卒，语茂曰："吾病且死，尔善事母。"茂泣受命，奉母孟氏益谨。母尝病目失明，茂祷于泰安山，三年复明。又愿母寿，每夕祝天，乞损己年益母。孟氏竟年八十四而殁，居丧哀恸，闻者伤之。大德九年，扬州再火，延烧千余家，火及茂庐，皆风返而灭。事闻，旌之。

羊仁，庐州庐江人。至元初，阿术兵南下，仁家为所掠，父被杀，母及兄弟皆散去。仁年七岁，卖为汴人李子安家奴，力作二十余年，子安怜之，纵为良。仁踪迹得母于颍州蒙古军塔海家，兄于睢州蒙古军岳纳家，弟于邯郸连大家，皆为役，尚无恙。乃遍恳亲故，贷得钞百锭，历诣诸家求赎之。经营百计，更六年，乃得遂。大小二十余口，复聚居为良，孝友甚笃，乡里美之。大德十二年，旌其家。

又有黄觉经，建昌人。五岁，因乱失母。稍长，誓天诵佛书，愿求母所在。乃渡江涉淮，行乞而往，冲冒风雨，备历艰苦，至汝州梁县春店，得其母以归。

章卿孙，蜀人，本刘氏。幼为章提刑养子，与母富氏相失三十八年，遍访于江西诸郡，迎归养之。

俞全，杭州人。幼被掠卖为刘慥家奴。后获为良，自汴步归杭，寻其母及姊，得之，事母以孝闻。

李鹏飞，池州人。生母姚氏，为嫡母不容，改嫁为朱氏妻。鹏飞幼，不知也。年十九，思慕哀痛，誓学医以济人，愿早见母。行求三岁，至蕲州罗田县得焉。时朱氏家方疫，鹏飞起之，遂迎还奉养。久之，复归朱氏，时渡江省觐。既卒，岁时携子孙往祭墓，终其身。

并以有司所请，旌其闾。

赵一德，龙兴新建人。至元十二年，国兵南伐，被俘至燕，为郑留守家奴。历事三世，号忠干。至大元年，一日，拜请于其主郑阿思兰及其母泽国太夫人曰："一德自去父母，得全生依门下者，三十余年矣，故乡万里，未获归省，虽思慕刻骨，未尝敢言。今父母已老，脱有不幸，则永为天地间罪人矣。"因伏地涕泣，不能起。阿思兰母子皆感动，许之归，期一岁而返。一德至家，父兄已没，惟母在，年八十余。一德卜地葬二柩毕，欲少留事母，惧得罪，如期还燕。阿思兰母子叹曰："彼贱隶，乃能是，吾可不成其孝乎！"即裂券纵为良。一德将辞归，会阿思兰以冤被诛，诏簿录其家。群奴各亡去，一德独奋曰："主家有祸，吾忍同路人耶！"即留不去，与张锦童诣中书，诉枉状，得昭雪，还其所籍。太夫人劳一德曰："当吏籍吾家时，亲戚不相顾，汝独冒险以白吾枉，疾风劲草，于汝见之。今吾家业既丧而复存者，皆汝力也，吾何以报汝？"因分美田庐遗之。一德谢曰："一德虽鄙人，非有利于是也。重哀吾主无罪而受戮，故留以报主。今老母八十余，得归侍养，主之赐已厚矣，何以田庐为！"遂不受而去。皇庆元年，旌其门。

王思聪，延安安塞人。素力田，农隙则教诸生，得束修以养亲。母丧，尽哀。父继娶杨氏，事之如所生。以家多幼稚，侵父食，别筑室曰养老堂奉之，朝夕定省，愈久不怠。父尝病剧，思聪忧甚，拜祈于天，额膝皆成疮，得神泉饮之，愈。后复失明，思聪舐之，即能视。县上状，命表异之。

彻彻，捏古思氏。幼丧父，事母笃孝。稍壮，母殁，恸哭顿绝，水浆不入口者三日。既葬，居丧有礼，每节序祭祀，哭泣常如袒括时。年四十余，思慕犹如孩童。每见人父母，则呜咽流涕。人问其故，曰："人皆有父母，我独无，是以泣耳。"至大三年，褒异。

王初应，漳州长泰人。至大四年二月，从父义士樵刘岭山，有虎出丛棘中，搏义士，伤右肩，初应赴救，抽镰刀刺虎鼻杀之，义士得生。

泰定二年，同县施合德，父真祐尝出耘，为虎扼于田，合德与从弟发仔持斧前杀虎，父得生。

并旌其门。

郑文嗣，婺州浦江人。其家十世同居，凡二百四十余年，一钱尺帛无敢私。至大间表其门。

文嗣殁，从弟大和继主家事，益严而有恩，家庭中凛如公府，子弟稍有过，颁白者犹鞭之。每遇岁时，大和坐堂上，群从子皆盛衣冠，雁行立左序下，以次进。拜跪奉觞上寿毕，皆肃容拱手，自右趋出，足武相衔，无敢参差者。见者嗟慕，谓有三代遗风。状闻，复其家。部使者余阙为书"东浙第一家"以褒之。大和方正，不奉浮屠、老子教，冠昏丧葬，必稽朱熹《家礼》而行执。亲丧，哀甚，三年不御酒肉，子孙从化，皆孝谨。虽尝仕宦，不敢一毫有违家法。诸妇唯事女工，不使预家政。宗族里闾，皆怀之以恩。家畜两马，一出，则一为之不食，人以为孝义所感。有《家范》三卷，传于世。

王荐，福宁人。性孝而好义。父尝疾甚，荐夜祷于天，愿减己年益父寿。父绝而复苏，告其友曰："适有神人，黄衣红帕首，恍惚语我曰：'汝子孝，上帝命锡汝十二龄。'"疾遂愈，后果十二年而卒。母沈氏病渴，语荐曰："得瓜以啖我，渴可止。"时冬月，求于乡不得，行至深奥岭，值大雪，荐避雪树下，思母病，仰天而哭。忽见岩石间青蔓离披，有二瓜焉，因摘归奉母。母食之，渴顿止。兄孟鲐早世，嫂林氏更适刘仲山。仲山尝以田鬻于荐，及死，不能葬，且无子，族以其贫，莫肯为之后。荐即以田还之，使置后，且治葬焉。州禁民死不葬者，时民贫未葬者众，畏令，悉焚柩，弃骨野中。荐哀之，以地为义阡收瘗之。有死不能敛者，复买棺以赠，人皆感焉。至大四年，其乡旱，民艰籴，荐尽出储粟赈之。有施福等十一家，饥欲死，荐闻，恻然欲济之，家粟已竭，即以己田易谷百石分给之。福等德其活己，每月朔，会佛祠为祈福。福建宣慰司上状旌之。

郭全，辽阳人。幼丧母，哀戚如成人。及壮，父庭玉又卒，居庐三载，啜粥面墨。事继母唐古氏甚孝。唐古氏生四子，皆幼，全躬耕以养。既长娶妇，各求分财异居，全不能止，凡田庐器物，悉自取朽弊者，奉唐古氏以居，甘旨无乏。唐古氏卒，全年六十余，哀痛毁瘠，庐其墓终丧。

又有刘德，奉元人。父娶后妻何氏，德事之如所生。家贫，佣工取直，寸钱尺帛皆上之。四弟并何出，德抚爱尤笃。年五十未娶，称贷得钱先为弟求妇，诸弟亦化其德，一门蔼然。乡里称为刘佛子。

马押忽，也里可温氏。素贫，事继母张氏、庶母吕氏，克尽子职。

刘居敬，大都人。年十岁，继母郝氏病，居敬忧之，恳天以求代。

状闻，并褒表之。

杨皡，扶风人。父清，母牛氏。牛氏尝病剧，皡叩天求代，遂痊，如是者再。后牛氏失明，皡登太白山取神泉洗之，复如故。牛氏殁，哀毁特甚。葬之日，大雨，独皡墓前后数里，密云蔽之，雨不沾土，送者大悦。葬毕，令妻卫氏家居养清，皡独庐墓上，负土为坟，蔬食水饮，终其丧。清卒，亦如之。

丁文忠，许州偃城人，业鼓冶。母和氏疾，与弟文孝竭力调侍。母卒，文忠庐墓侧，不与妻面者三年。父贵又疾，医不能疗，文忠造车一辆，兄弟共御之，载父祷于嵩山、五台、泰安、河渎诸祠，途遇异僧遗药而愈。延祐七年，旌之。

邵敬祖，宛丘人。父丧庐墓。母继殁，河决，不克葬，殡于城西。敬祖露宿依其侧，风雨不去。友人哀之，为缚草舍庇之，前后居庐六年，两髀俱成湿疾。至治三年，旌其家。

其后又有永平李彦忠，父丧庐墓，八年不至家。

茶陵谭景星，幼失父，追念之，庐其墓十年。

亳州郭成，年七十一，母丧，食粥庐墓一年，朝夕哭临。人哀其老而能孝。

扈铎，汴梁兰阳人。蚤孤，育于伯父。及壮，事伯父如所生。伯父老无子，铎为买妾，岁余，产一女。其妾性颇不慧，熟寐，压女死。久之，伯父卒，铎丧之甚哀。遗腹生一男，铎惩前失，告其母及妻妹护视之，己复庐户外，中夜审察，不敢安寝。弟能食，常自抱哺，与同卧起，十年不少怠。弟有疾，铎夜稽颡星斗哀祷曰："天不伐余家，铎父子间可去一人，勿丧吾弟，使伯父无后也。"明旦，弟愈。母卒，哀毁逾礼，庐于墓侧，不理家事，宗族劝之归，铎曰："今岁凶多盗，吾家虽贫，安知墓中无可欲乎！倘惊吾亲之灵，虽生何为！"卒守庐不去。

孙秀实，大宁人。性刚毅，喜周人急。里人王仲和尝托秀实贷富人钞二千锭，贫不能偿，弃其亲逃去。数年，其亲思之，疾，秀实日馈薪米存问，终不乐。秀实哀之，悉为代偿，取券还其亲，复命奴控马赍金，访仲和使归，父子欢聚，闻者莫不嗟美。又李怀玉等贷秀实钞一千五百锭，度无以偿，尽还其券不征。

复有贾进，大同人。大德九年，地震，民居多伤，且乏食，进给酒药炭米济之。每岁冬，制木绵裘数百袭衣寒者。买地为义阡，使无墓者葬之。

李子敬，陕西三原人。嫁不能嫁者五十余人，葬不能葬者五十余丧，焚逋券四万余贯。

有司以名闻，并旌之。

宗杞，大都人。年十九，父内宰卒，擗踊号泣，绝而复苏，水浆不入口者三日。哀气伤心，遂成疾。伏卧床榻，犹哭不止，泪尽，继之以血。既葬，疾转甚。杞有继母，无他兄弟，度不能自起，作遗书嘱其妻杨氏曰："汝善守志，以事吾母。"遂卒。杨氏遗腹生一男，人以为孝感，天不绝其嗣云。泰定三年，旌其门。

赵荣，扶风人。母强氏有疾，荣割股肉啖之者三。复负母登太白山，祷于神，得圣水饮之，乃痊。后年七十五卒，荣号痛不食，三日方饮水，七日乃食粥。葬之日，白云庇其墓前后十五里，葬毕而散。荣负土成坟，庐其侧终丧。

吴好直，华州蒲城人。父殁，事继母孝，兄弟尝求分财，好直劝谕不能止，即以己所当得，悉推与之。出从师学，淡泊三十年，无少悔。又有甄城柴郁、陈舜咨，皆能孝友，以己产分让兄弟。县令言状，并表美之。

余丙，建德遂安人。幼丧母，泣血成疾。父亡，不忍葬，结庐古山下，殡其中，日闭户守视。有牧童遗火，延殡庐，丙与子慈亟扑不止，欲投身火中，与柩俱焚。俄暴雨，火灭。

徐钰，镇江人。始冠，侍父镇，将之婺源，过丹阳小溪，镇乘桥失足，堕水中。同行者立岸上，不能救。钰投溪拥镇出，镇得挽行舟以升。钰力惫，且水势湍急，遂溺死，尸流四十五里，得于滩。江浙行省言状，表异之。

尹莘，汴梁洧川人。至治初，游学于京师，忽梦母疾，心怪之。驰归，母已亡。居庐蔬食，哀毁骨立。每鸡鸣而起，手治祭馔，诣墓所哭奠之，风雪不废。父辅臣尝病疫，莘侍奉汤药，衣不解带，尝其粪以验差剧，夜则祷于天曰："莘母亡不能见，父病不能治，为人子若此，何以自立于世，愿死以代父命。"数日愈，乡里嗟异之。

又有高唐孙希贤，母病痢，希贤阅方书，有曰"血温身热者死，血冷身凉者生"。希贤尝之，其血温，乃号泣祈天，求身代之，母遂愈。

高邮卜胜荣，母痢，不能药，日尝痢以求愈。兄疾，礼北辰，乞减己年延之。并痊。

刘廷让，大宁武平人。至顺初，北方兵起，民被杀掠。廷让挈家避山中，有幼弟方乳，母王氏置于怀，兵急，廷让乃弃己子，一手抱幼弟，一手扶母，疾驱得免。事闻，旌之。

刘通，亳州谯县人。家贫业农。母卜氏，好声乐，每眩技者以箫鼓至门，必令娱侍，或自歌舞，以悦母心。卜氏目失明，通誓断酒肉，祷之三十年不懈。卜氏年八十五，忽复明。

至大间鄱阳黄镃，皇庆间诸暨丁祥一，皆以亲丧明，以舌舐之，复能视。并命褒表。

张旺舅，安丰霍丘人。幼失父，母陈氏居贫守志。旺舅九岁，卖饧以养。及长，母病，伏枕数月，旺舅无赀命医，惟日夜痛哭，礼天求代，未几遂愈。又自以生业微不能多给，竟不娶，以终母年。县令言于朝，旌之。

张思孝，华州人。母丧，以孝闻。父疾，调护甚至，不愈，以父涕洟半器，垂泣尽饮之，复洁斋致祷，乞以身代，未几，遂痊。至顺三年，表其门。

杜佑，邳州人。河南行省署为三叉口水、马站提领。父成病于家，佑忽心惊，举体沾汗，即弃职归。父病始三日，遂祷神求代，且尝粪以验疾。父卒，庐墓尽哀，有驯兔之瑞。

长寿，父帖住，官平章政事，生五子。长山寿早世，次即长寿，次永寿、福寿、忙古海牙。元统间，帖住殁，长寿哀毁尽礼。服阕，当荫叙，与弟罗拜母前曰："吾父廉贫，诸弟未有所立，愿以职让永寿。"永寿让福寿，福寿曰："二兄能让，福寿独不能耶！"以让忙古海牙，母从之。忙古海牙遂告荫，为太禧宗禋院神御殿侍礼佐郎，阶奉议大夫。兄弟奉母尤笃，邦间美之。

至大间，河中梁外僧，亲丧庐墓，兄那海为奥鲁官，自以尝远仕，不得养其亲，即弃职，举外僧代之。人称外僧能孝，那海能义。又有畏吾氏秋秋，及濠州高中、嘉定武进，皆以侍亲不愿仕，以祖父荫让叔父昆弟云。

孙瑾，镇江丹徒人。父丧，哀毁，严冬跣足而步，停柩四载，衣不解带，常食粥，诵佛书。及葬，载柩渡江，潮波方涌，俄顺风翼帆，如履平地。事继母唐氏尤孝，尝患痈，瑾亲吮之；又丧目，瑾舐之复明。唐氏卒，卜日将葬，时春苦雨，瑾夜号天乞霁，至旦，云日开朗。甫掩圹，阴气复合，雨注数日不止。

又有吴希曾，睢宁人。父卒，葬之日大雨，希曾跪柩前，炷艾燃腕，火炽，雨止。既葬，庐于墓左。

县上状，并旌之。

张恭，河南偃师人。以兵部符署鹰房府案牍，亲老，辞归侍养，垦理先墓，身负水灌松柏。父丧，过哀。侍母冯氏尤谨。岁凶，恭夫妇采野菜为食，而营奉甘旨无乏。母有疾，恭手除溷秽，喂哺饮食，且尝粪以验疾势。天历初，西兵至河南，居民悉窜。恭守视母病，项中一剑，不去。母惊悸而殁，恭居丧尽礼，人称孝焉。有诏旌其间。

訾汝道，德州齐河人。父兴卒，居丧，以孝闻。母高氏治家严，汝道承顺甚恭。母尝寝疾，昼夜不去侧。一日，母屏人授以金珠若干曰："汝素孝，室无私蓄，我一旦不讳，此物非汝有矣，可善藏之，毋令他兄弟知也。"汝道泣拜曰："吾父母起艰难，成家业，今田宅牛羊已多，汝道恨无以报大恩，尚敢受此，以重不孝之罪乎！"竟辞之。母卒，哀毁，终丧不御酒肉。

性尤友爱，二弟将析居，汝道悉以美田庐让之；二弟早世，抚诸孤如己子。乡人刘显等贫无以为生，汝道割己田各畀之，使食其租终身。里中尝大疫，有食瓜得汗而愈者，汝道即多市瓜及携米，历户馈之。或曰："疠气能染人，勿入也。"不听，益周行问所苦，然卒无恙。有死者，复赠以槥椟，人咸感之。尝出麦粟贷人，至秋，蝗食稼，人无以偿，汝道聚其券焚之。县令李让为请旌其家。

卷一百九十八　　列传第八十五

孝　友　二

王庸，字伯常，雄州归信人。事母李氏以孝闻。母有疾，庸夜祷北辰，至叩头出血，母疾遂愈。及母卒，哀毁几绝，露处墓前，旦夕悲号。一夕，雷雨暴至，邻人持寝席往，欲蔽之，见庸所坐卧之地独不沾湿，咸叹异而去。复有蜜蜂数十房，来止其家，岁得蜜蜡，以供祭祀。

黄赟，字止敬，临江人。父君道，延祐间求官京师，留赟江南。时赟年幼，及既长，闻其父娶后妻居永平，乃往省之，则父殁已三年矣。庶母闻赟来，尽挟其赀去，更嫁，拒不见赟。赟号哭语人曰："吾之来，为省吾父也。今不幸吾父已殁，思奉其柩归而窆之，莫知其墓。苟得见庶母示以葬所，死不恨矣，尚忍利遗财邪！"久之，闻庶母居海滨，亟裹粮往。庶母复拒之，三日不纳。庶母之弟怜之，与偕至永平属县乐亭求父墓，又弗得。赟哭祷于神，一夕梦老父以杖指葬处曰："见片砖即可得。"明日就其地求之，庶母之弟曰："真是已，敛时有某物可验。"启朽棺，得父骨以归。

石明三者，与母居余姚山中。一日明三自外归，觅母不见，见壁穿而卧内有三虎子，知母为虎所害。乃尽杀虎子，砺巨斧立壁侧，伺母虎至，斫其脑裂而死。复往倚岩石傍，执斧伺候，斫杀牡虎。明三亦立死不仆，张目如生，所执斧牢不可拔。

刘琦，岳州临湘人。生二岁而母刘氏遭乱陷于兵，琦独事其父。稍长，思其母不置，常叹曰："人皆有母，而我独无！"辄歔欷泣下。及冠，请于父，往求其母。遍历河之南北、淮之东西，数岁不得。后求得于池州之贵池，迎以归养。其后十五年而父殁，又三年而母殁，终丧犹蔬食。有司上其事，旌表其门曰"孝义"。

刘源，归德中牟人。母吴氏，年七十余，病甚不能行。适兵火起，且延至其家，邻里俱逃，源力不能救，乃呼天号泣，趋入抱母，为火所焚而死。

祝公荣，字大昌，处州丽水人。隐居养亲，事母甚孝。母殁，居丧尽礼。灶突失火，公荣力不能救，乃伏棺悲哭，其火自灭，乡里异之。塑二亲像于堂，朝夕事之如事生焉。

陆思孝，绍兴山阴樵者，性至孝。母老病痢，思孝医祷久之，不效。思孝方欲刲股肉为糜以进，忽梦寐间恍若有神人者授以药剂，思孝得而异之，即以奉母，其疾遂愈。

姜兼，严州淳安人。七岁而孤，与二兄养母至孝。母死，兼哀慕几绝。既葬，独居墓下，朝夕哭奠，寂焉荒山中，躬自樵爨，蔬食饮水，一衰麻寒暑不易。同里陈氏、戴氏子不能事其父母，闻兼之行，惭感而悔，皆迎养焉。

胡伴侣，钧州密县人。其父实尝患心疾数月，几死，更数医俱莫能疗。伴侣乃斋沐焚香，泣告于天，以所佩小刀于右胁傍刲其皮肤，割脂一片，煎药以进，父疾遂瘳，其伤亦旋愈。朝廷旌表其门。

王士弘，延安中部人。父抟有疾，士弘倾家赀求医，见医即拜，遍祷诸神，叩额成疮。父殁，哀毁尽礼，庐墓三年，足未尝至家。墓庐上有奇鹊来巢，飞鸟翔集，与士弘亲近，若相狎然，众咸异之。终丧，复建祠于茔前，朔望必往奠祭，虽风雨不废也。有司上其事于朝，旌表之。

何从义，延安洛川人。祖良、祖母李氏偕亡，从义庐于墓侧，旦夕哀慕，不脱绖带，不食菜果，惟啖疏食而已。事父世荣、母王氏，孝养尤至。伯祖温、伯祖母郝氏，叔祖恭、叔祖母贺氏，叔祖让、叔祖母姜氏，叔父珍、叔母光氏，皆无子。比其亡也，从义咸为治葬，筑高坟，祭奠以礼，时人义之。

哈都赤，大都固安州人。天性笃孝。幼孤，养母，母尝有疾，医治不痊，哈都赤砺其所佩小刀，拜天泣曰："慈母生我劬劳，今当捐身报之。"乃割开左胁，取肉一片，作羹进母，母曰："此何肉也？其甘如是！"数日而病愈。

高必达，建昌人。五岁时，父明大忽弃家远游，莫知所适。必达既长，昼夜哀慕，乃娶妻以养母，而历往四方求其父。十余年不得见，心愈悲。忽相传黄州全真道院中有虚明子者，学道三十年矣，本姓高氏，建昌人也，匿姓名为道人云。必达询问，知为父，即往拜之，具言家世，及己之所生岁月，大父母之丧葬始末，因哀号叩头不已。虚明犹瞑坐不顾，久之，斥曰："我非汝父，不去何为？"必达留侍左右不少懈，辞气哀恻可矜。其徒谓虚明曰："师有子如此，忍弗归乎？"虚明不得已，乃还家。必达孝养笃至，乡里称之。

曾德，渔阳人，宗圣公五十七代孙。母早亡，父仲祥再娶左氏。仲祥游襄阳，乐其土俗，因携左氏家焉。乱兵陷襄阳，遂失左氏。德遍往南土求之，五年乃得于广海间，奉迎以归，孝养甚至。有司以闻，诏旌复其家。

靳昺，字克昌，绛州曲沃人。兄荣为奎章阁承制学士，奉母王氏官于朝。母殁，昺与兄荣护丧还家。至平定，大雷雨，流水骤至，昺伏柩上，荣呼之避水，昺不忍舍去，遂为水所漂没。后得王氏柩于三里外，得昺尸于五里外。诏赐《孝子靳昺碑》。

黄道贤，泉州人。嫡母唐无子，道贤在襁褓而生母苏以疾去。既长，思念生母，屡请于父，得召之归。道贤竭力养二母，得其欢心。父病笃，道贤昼夜奉汤药，不离膝下，遍求良医，莫效。乃夜祷于天，愿减己一纪之算，以益父寿，其父遂愈。至元统二年乃殁，果符一纪之数。道贤居丧尽礼，负土筑坟，庐于墓侧，疏食终制。至元二年，有司上其事，旌其门曰"孝子黄氏之门"。

史彦斌，邳州人。嗜学，有孝行。至正十四年，河溢，金乡、鱼台坟墓多坏。彦斌母卒，虑有后患，乃为厚棺，刻铭曰"邳州沙河店史彦斌母柩"，仍以四铁环钉其上，然后葬。明年，墓果为水所漂，彦斌缚草为人，置水中，仰天呼曰："母棺被水，不知其处，愿天矜怜哀子之心，假此刍灵，指示母棺。"言讫，涕泣横流，乃乘舟随草人所之。经十余日，行三百余里，草人止桑林中，视之，母柩在焉，载归复葬之。

张绍祖，字子让，颍州人。读书力学，以孝行闻于朝，特授河南路儒学教授。至正十五年，奉父避兵山间，贼至，执其父将杀之，绍祖泣曰："吾父耆德善人，不当害，请杀我以代父死。且若等非父母所生乎，何忍害人父也！"贼怒，以戈击之，戈应手挫钝，因感而相谓曰："此真孝子，不可害。"乃释之。

李明德，瑞州路上高县人。读书有志操，孝行笃至。至正十四年，乱兵陷袁州，因抄掠上高。兵执其父欲杀之，明德泣告曰："子岂不能代父乎，愿勿害吾父也！"兵遂杀明德，而免其父，后以高寿终。

张缉，字士明，益都胶州人。性孝友，能诗文。至正七年，与兄绅、弟经同领乡荐，由泽州儒学正转泰州幕职，弃之，养亲居扬州。十五年，扬州乱，缉母姬氏方卧病，贼突入卧内，举枪欲刺姬，缉以身蔽姬，枪中缉胁，三日而死。

魏敬益，字士友，雄州容城人。性至孝，居母丧，哀毁骨立。素好施与，有男女失时者，出赀财为之嫁娶；岁凶，老弱之饥者，为糜以食之。敬益有田仅十六顷，一日语其子曰："自吾买四庄村之田十顷，环其村之民皆不能自给，吾深悯焉。今将以田归其人，汝谨守余田，可无馁也。"乃呼四庄村民谕之曰："吾买若等业，使若等贫不聊生，有亲无以养，吾之不仁甚矣，请以田归若等。"众闻，皆愕眙不敢受，强与之，乃受而言诸有司。有司以闻于中书，请加旌表。丞相贺太平叹曰："世乃有斯人哉！"

汤霖，字伯雨，龙兴新建人。早丧父，事母至孝。母尝病热，更数医弗能效。母不肯饮药，曰："惟得冰，我疾乃可愈。"尔时天气甚燠，霖求冰不得，累日号哭于池上。忽闻池中戛戛有声，拭泪视之，乃冰澌也。亟取以奉母，其疾果愈。

孙抑，字希武，世居晋宁洪洞县。抑登进士第，历仕至刑部郎中。关保之变，挈父母妻子避兵平阳之柏村。有乱兵至村剽掠，拔白刃吓抑母，求财不得，举刃欲斫之。抑亟以身蔽母，请代受斫，母乃得释。而抑父被虏去，不知所之。或语之曰："汝父被驱而东矣，然东军得所掠民皆杀之，汝慎无往就死也。"抑曰："吾可畏死而弃吾父乎？"遂往，出入死地，屡濒危殆，卒得父以归。

石永，绍兴新昌人。性淳厚，事亲至孝。值乱兵掠乡里，永父谦孙年八十，老不能行，永负父匿山谷中。乱兵执其父，欲杀之，永亟前抱父请以身代，兵遂杀永而释其父。

王克己，延安中部人。父伯通殁，克己负土筑坟，庐于墓侧。貊高纵兵暴掠，县民皆逃窜，克己独守墓不去。家人呼之避兵，克己曰："吾誓守墓三年，以报吾亲，虽死不可弃也。"遂不去。俄而兵至，见其身衣衰绖，形容憔悴，曰："此孝子也！"遂不忍害，竟终丧而归。

刘思敬，延安宜君人。事其继母沙氏、杜氏，孝养之至，无异亲母。父年八十，两目俱丧明，会乱兵剽掠其乡，思敬负父避于岩穴中。有兵至，欲杀思敬，思敬泣言曰："我父老矣，又无目，我死不足惜，使我父何依乎？"兵怜其孝，不忍杀，父子皆免于难。

吕祐，字伯通，晋安人。至正二十六年，郡城破，有卒入其室，拔白刃胁其母林氏索财宝不得，挥刃欲斫母。祐急以身蔽母，而夺其刃，手指尽裂，被伤仆地。良久而苏，开目视母曰："母幸无恙，我死无憾矣。"遂瞑目死。

周乐，温州瑞安人。宋状元坦之后，父日成，通经能文。海贼窃据温州，拘日成置海舟上，乐随往，事其父甚谨。一日贼酋遣人沉日成于水，乐泣请曰："我有祖母，幸留父侍养，请以己代父死。"不听，乐抱父不忍舍，遂同死焉。

卷一百九十九　列传第八十六

隐　逸

古之君子，负经世之术，度时不可为，故高蹈以全其志。使得其时，未尝不欲仕，仕而行所学，及物之功岂少哉。后世之士，其所蕴蓄或未至，而好以迹为高，当邦有道之时，且遁世离群，谓之隐士。世主亦苟取其名而强起之，及考其实，不如所闻，则曰"是欺世钓誉者也"，上下岂不两失也哉！

元之隐士亦多矣，如杜瑛遗执政书，暨张特立居官之政，则非徒隐者也，盖其得时则行，可隐而隐，颇有古君子之风。而世主亦不强之使起，可谓两得也已。自是以隐逸称者，盖往往而有，今摭其可传者，作《隐逸传》。

杜瑛，字文玉，其先霸州信安人。父时升，《金史》有传。瑛长七尺，美须髯，气貌魁伟。金将亡，士犹以文辞规进取，瑛独避地河南缑氏山中。时兵后，文物凋丧，瑛搜访诸书，尽读之，读辄不忘，而究其指趣，古今得失如指诸掌。间关转徙，教授汾、晋间。中书粘合珪开府于相，瑛赴其聘，遂家焉。与良田千亩，辞不受。术者言其所居下有藏金，家人欲发视，辄止之。后来居者果得黄金百斤，其不苟取如此。

岁己未，世祖南伐至相，召见问计，瑛从容对曰："汉、唐以还，人君所恃以为国者，法与兵、食三事而已。国无法不立，人无食不生，乱无兵不守。今宋皆蔑之，殆将亡矣，兴之在圣主。若控襄樊之师，委戈下流，以捣其背，大业可定矣。”帝悦，曰：“儒者中乃有此人乎！”瑛复劝帝数事，以谓事不如此，后当如彼。帝纳之，心贤瑛，谓可大用，命从行，以疾弗果。中统初，诏征瑛。时王文统方用事，辞不就。左丞张文谦宣抚河北，奏为怀孟、彰德、大名等路提举学校官，又辞，遗执政书，其略曰：“先王之道不明，异端邪说害之也，横流奔放，天理不绝如线。今天子神圣，俊乂辐辏，言纳计用，先王之礼乐教化，兴明修复，维其时矣。若夫簿书期会，文法末节，汉、唐犹不屑也，执事者因陋就简，此焉是务，良可惜哉！夫善始者未必善终，今不能溯流求源，明法正俗，育材兴化，以拯数百千年之祸，仆恐后日之弊，将有不可胜言者矣。”人或勉之仕，则曰：“后世去古虽远，而先王之所设施，本末先后，犹可考见，故为政者莫先于复古。苟因习旧弊，以求合乎先王之意，不亦难乎！吾又不能随时俯仰以赴机会，将焉用仕！”于是杜门著书，一不以穷通得丧动其志，优游道艺，以终其身。年七十，遗命其子处立、处愿曰：“吾即死，当表吾墓曰‘缑山杜处士’。”天历中，赠资德大夫、翰林学士、上护军，追封魏郡公，谥文献。

所著书曰《春秋地理原委》十卷、《语孟旁通》八卷、《皇极引用》八卷、《皇极疑事》四卷、《极学》十卷、《律吕律历礼乐杂志》三十卷、文集十卷。其于律，则究其始，研其义，长短清浊，周径积实，各以类分，取经史之说以实之，而折衷其是非。其于历，则谓造历者皆从十一月甲子朔夜半冬至为历元，独邵子以为天开于子，取日甲月子、星甲辰子，为元会运世之数，无朔虚，无闰余，率以三百六十为岁，而天地之盈虚，百物之消长，不能出乎其中矣。论闭物开物，则曰开于己，闭于戊；五，天之中也；六，地之中也；戊己，月之中星也。又分卦配之纪年，金之大定庚寅，交小过之初六；国朝之甲寅三月二十有三日寅时，交小过之九四。多先儒所未发，掇其要著于篇云。

张特立，字文举，东明人。初名永，避金卫绍王讳，易今名。中泰和进士，为偃师主簿。改宣德州司候。州多金国戚，号难治，特立至官，俱往谒之。有五将军率家奴劫民群羊，特立命大索闾里，遂过将军家，温言诱之曰：“将军宅宁有盗羊者邪，聊视之以杜众口。”潜使人索其后庭，得羊数十。遂缚其奴系狱，其子匿他舍，捕得之，以近族得减死论。豪贵由是遵法，民赖以全。正大初，迁洛阳令。时军旅数起，郡县窘迫，东帅纥石烈牙兀觯又侮慢儒士。会移镇陕右，道经洛阳，见特立淳古，不礼之，遽责令治糗具，期三日足，后期如军法。县民素贤特立，争输于庭，帅大奇之。既而拜监察御史，首言世宗诸孙不宜幽囚；尚书右丞颜盏石鲁与细民争田，参知政事徒单兀典谄事近习，皆当罢黜。执政者忌之。会平章政事白撒犒军陕西，特立又劾其掾不法。白撒诉于世宗，言特立所言事失实，世宗宥之，遂归田里。

特立通程氏《易》，晚教授诸生，东平严实每加礼焉。岁丙午，世祖在潜邸受王印，首传旨谕特立曰：“前监察御史张特立，养素丘园，易代如一，今年几七十，研究圣经，宜锡嘉名，以光潜德，可特赐号曰中庸先生。”又谕曰：“先生年老目病，不能就道，故令赵宝臣谕意，且名其读书之堂曰丽泽。”壬子岁，复降玺书谕特立曰：“白首穷经，诲人不倦，无过不及，学者宗之，昔已赐嘉名，今复谕意。”癸丑，特立卒，年七十五。中统二年，诏曰：“中庸先生学有渊源，行无瑕玷，虽经丧乱，不改故常，未遂丘园之贲，俄兴窀穸之悲。可复赐前号，以彰宠数。”特立所著书有《易集说》、《历年系事记》。

杜本，字伯原，其先居京兆，后徙天台，又徙临江之清江，今为清江人。本博学，善属文。江浙行省丞相忽剌术得其所上《救荒策》，大奇之，及入为御史大夫，力荐于武宗。尝被召至京师，未几归隐武夷山中。文宗在江南时，闻其名，及即位，以币征之，不起。至正三年，右丞相脱脱以隐士荐，诏遣使赐以金织文币、上尊酒，召为翰林待制、奉议大夫，兼国史院编修官。使者致君、相意，趣之行。至杭州，称疾固辞，而致书于丞相曰：“以万事合为一理，以万民合为一心，以千载合为一日，以四海合为一家，则可言制礼作乐，而跻五帝三王之盛矣。”遂不行。

本湛静寡欲，无疾言遽色。与人交尤笃于义，有贫无以养亲、无赀以为学者，皆济之。平居书册未尝释手。天文、地理、律历、度数，靡不通究，尤工于篆隶。所著有《四经表义》、《六书通编》、《十原》等书，学者称为清碧先生。至正十年卒，年七十有五。

时有张枢子长者，婺之金华人，亦屡征不起。枢幼聪慧，外家潘氏蓄书数万卷，枢尽取而读之，过目辄不忘。既长，肆笔成章，顷刻数千言。有问以古今沿革、政治得失、宇宙之分合、礼乐之废兴，以至帝号官名、岁月先后，历历如指诸掌。其为文，务推明经史，以扶翼教道，尤长于叙事。尝取三国时事撰《汉本纪列传》，附以《魏吴载记》，为《续后汉书》七十三卷。临川危素称其立义精密，可备劝讲，朝廷取其书置宣文阁。浙东部使者交荐之，前后章凡九上。至正三年，命儒臣纂修辽、金、宋三史，右丞相脱脱以监修国史领都总裁，辟枢本府长史，力辞不拜。七年，申命史臣纂修本朝后妃、功臣传，复以翰林修撰、儒林郎、同知制诰兼国史院编修官召枢，俾与讨论，复避不就。使者强之行，至杭州，固辞而归。尝著《春秋三传归一义》三十卷，《刊定三国志》六十五卷，《林下窃议》、《曲江张公年谱》各一卷，《敝帚编》若干卷。至正八年卒，年五十有七。

孙辙，字履常，其先自金陵徙家临川。辙幼孤，母蔡氏教之，知警策自树立。比长，学行纯笃，事母甚孝。家居教授，门庭萧然，而考德问业者日盛。郡中俊彦有声者皆出其门。辙与人言，一以孝弟忠信为本，辞温气和，闻者莫不油然感悟。待亲戚乡里礼意周洽，言论间未尝几微及人过失长短。士子至郡者必来见，部使者长吏以下仁且贤者，必造焉。辙乐易庄敬，接之以礼，言不及官府。宪司屡辟，皆不就。江西行省特以遗逸举辙一人。辙善为文章，吴澄尝叙其集曰：“所谓仁义之人，其言蔼如也。”其见称许如此。元统二年，年七十有三，卒于家。

同郡吴定翁字仲谷，其先当宋初自金陵来徙。定翁幼岁俨如成人，寒暑衣冠不少懈，清修文雅，与孙辙齐名。而最善为诗，揭傒斯称其幽茂疏澹，可比卢挚。御史及江西之方伯牧守部使者，辟荐相望，终身不为动。程鉅夫尝贻书曰："临川士友及门者，踵相接也，何相望足下耿耿如玉人，而不可得见乎！"定翁尝曰："士无求用于世，惟求无愧于世。"人以为名言。

何中，字太虚，抚之乐安人。少颖拔，以古学自任，家有藏书万卷，手自校雠。其学弘深该博，广平程鉅夫，清河元明善，柳城姚燧，东平王构，同郡吴澄、揭傒斯，皆推服之。至顺二年，江西行省平章全岳柱聘为龙兴郡学师。明年六月，以疾卒。所著有《易类象》二卷、《书传补遗》十卷、《通鉴纲目测海》三卷、《知非堂稿》十七卷。

同郡危复之，字见心。宋末为太学生，师事汤汉，博览群书，好读《易》，尤工于诗。至元初，元帅郭昂屡荐为儒学官，不就。至元中，朝廷累遣奉御察罕及翰林应奉詹玉以币征之，皆弗起。隐于紫霞山中，士友私谥曰贞白先生。

武恪，字伯威，宣德府人。初以神童游学江南，吴澄为江西儒学副提举，荐入国学肄业。明宗在潜邸，选恪为说书秀才，及出镇云南，恪在行。明宗欲起兵陕西，恪谏曰："太子北行，于国有君命，于家有叔父之命，今若向京师发一箭，史官必书太子反。"左右恶恪言，乃曰："武秀才有母在京，合遣其回。"恪遂还京师，居陋巷，教训子弟。文宗知其名，除秘书监典簿。秩满，丁内艰，再除中瑞司典簿，改汾西县尹，皆不起。人或劝之仕，恪曰："向为亲屈，今亲已死，不复仕矣。"居数岁，会朝廷选守令，泰不华举恪为平阳沁水县尹，亦不赴。近臣又荐为授经郎，恪遂阳为喑哑，不就。

恪好读《周易》，每日坚坐。或问之曰："先生之学，以何为本？"恪曰："以敬为本。"所著有《水云集》若干卷。其从之学者多有所成，佛家奴为太尉，完者不花佥枢密院事，皆有贤名。

卷二百 列传第八十七

列女一

古者女子之居室也，必有傅姆师保为陈诗书图史以训之。凡左右佩服之仪，内外授受之别，与所以事父母舅姑之道，盖无所不备也。而又有天子之后妃，诸侯之夫人，躬行于上，以率化之。则其居安而有淑顺之称，临变而有贞特之操者，夫岂偶然哉。后世此道既废，女生而处闺闼之中，溺情爱之私，耳不聆箴史之言，目不睹防范之具，由是动逾礼则，而往往自放于邪僻矣。苟于是时而有能以懿节自著者焉，非其生质之美，则亦岂易致哉。史氏之书，所以必录而弗敢略也。

元受命百余年，女妇之能以行闻于朝者多矣，不能尽书，采其尤卓异者，具载于篇。其间有不忍夫死，感慨自杀以从之者，虽或失于过中，然较于苟生受辱与更适而不知愧者，有间矣。故特著之，以示劝励之义云。

崔氏，周术忽妻也。丁亥岁，从术忽官平阳。金将来攻城，克之，下令官属妻子敢匿者死。时术忽以使事在上党，崔氏急即抱幼子祯以诡计自言于将，将信之，使军吏书其臂出之。崔氏曰："妇人臂使人执而书，非礼也。"以金赂吏，使书之纸。吏曰："吾知汝诚贤妇，然令不敢违。"命崔自揎袖，吏悬笔而书焉。既出，有言其诈者，将怒，命追之。崔与祯伏土窖三日，得免，既与术忽会。未几，术忽以病亡，崔年二十九，即大恸柩前，誓不更嫁，斥去丽饰，服皂布弊衣，放散婢仆，躬自纺绩，悉以资产遗亲旧。有权贵使人讽求娶，辄自爬毁其面不欲生。四十年未尝妄言笑，预吉会。治家教子有法，人比古烈妇云。

周氏，平滦石城人。年十六适李伯通，生一子，名易。金末，伯通监丰润县，国兵攻之，城破，不知所终。周氏与易被虏，谓偕行者曰："人苟爱其生，万一受辱，不如死也。"即自投于堑。主者怒，拔佩刀三刃其体而去，得不死。遂携易而逃，间关至汴，绩纴以自给，教易读书有成。

杨氏，东平须城人。夫郭三，从军襄阳，杨氏留事舅姑，以孝闻。至元六年，夫死戍所，母欲夺嫁之，杨氏号痛自誓，乃已。久之，夫骨还，舅曰："新妇年少，终必他适，可令吾子鳏处地下耶！"将求里人亡女骨合瘗之。杨氏闻，益悲，不食五日，自经死，遂与夫共葬焉。

胡烈妇，渤海刘平妻也。至元七年，平当戍枣阳，车载其家以行。夜宿沙河傍，有虎至，衔平去。胡觉起追及之，持虎足，顾呼车中儿，取刀杀虎，虎死，扶平还至季阳城求医，以伤卒。县官言状，命恤其母子，仍旌异之。

至大间，建德王氏女，父出耘舍傍，遇豹，为所噬，曳之升山。父大呼，女识父声，惊趋救，以父所弃锄击豹脑，杀之，父乃得生。

阚文兴妻王氏，名丑丑，建康人也。文兴从军漳州，为其万户府知事，王氏与俱行。至元十七年，陈吊眼作乱，攻漳州，文兴率兵与战，死之。王氏被掠，义不受辱，乃绐贼曰："俟吾葬夫，即汝从也。"贼许之，遂脱，得负尸还，积薪焚之。火既炽，即自投火中死。至顺三年，事闻，赠文兴侯爵，谥曰英烈；王氏曰贞烈夫人。有司为立庙祀之，号"双节"云。

郎氏，湖州安吉人，宋进士朱甲妻也。朱尝仕浙东，以郎氏从。至元间，朱殁，郎氏护丧还至玉山里，留居避盗。势家柳氏欲强聘之，郎誓不从，夜弃装奉柩遁。柳邀之中道，复死拒，得免。家居，养姑甚谨。姑尝病，郎祷天，刲股肉进啖而愈。后姑丧，以哀闻。大德十一年，旌美之。

又有东平郑氏、大宁杜氏、安西杨氏，并少寡守志，割体肉疗姑病。

秦氏二女，河南宜阳人，逸其名。父尝有危疾，医云不可攻。姊闭户默祷，凿已脑和药进饮，遂愈。父后复病欲绝，妹刲股肉置粥中，父小啜即苏。

孙氏女，河间人。父病癞十年，女祷于天，求以身代，且吮其脓血，旬月而愈。

许氏女，安丰人。父疾，割股啖之乃痊。

张氏女，庐州人，嫁为高垕妻。母病目丧明，张氏归省，抱母泣，以舌舐之，目忽能视。

州县各以状闻，褒表之。

焦氏，泾阳袁天祐妻也。天祐祖、父始皆从军役，祖母杨氏、母焦氏并家居守志。至元二十三年，天祐复从征死甘州，妻焦氏年少，宗族欲改嫁之。焦氏哭且言曰："袁氏不幸三世早寡，自祖姑以来，皆守节义，岂可至吾而遂废乎！吾生为袁氏妇，死则葬袁氏土尔，终不能改容事他人也。"众不敢复言。

周氏，泽州人，嫁为安西张兴祖妻。年二十四，兴祖殁，舅姑欲使再适，周氏弗从，曰："妾家祖、父皆早世，妾祖母、妾母并以贞操闻，妾或中道易节，是忘故夫而辱先人也。夫忘故夫不义，辱先人不孝，不孝不义，妾不为也。"遂居嫠三十年，奉舅姑，生事死葬无违礼。其父与外祖皆无后，葬祭之礼亦周氏主之。

有司以闻，并赐旌异。

赵孝妇，德安应城人。早寡，事姑孝。家贫，佣织于人，得美食必持归奉姑，自啖粗粝不厌。尝念姑老，一旦有不讳，无由得棺，乃以次子鬻富家，得钱百缗，买杉木治之。棺成，置于家。南邻失火，时南风烈甚，火势及孝妇家，孝妇亟扶姑出避，而棺重不可移，乃抚膺大哭曰："吾为姑卖儿得棺，无能为我救之者，苦莫大焉！"言毕，风转而北，孝妇家得不焚，人以为孝感所致。

霍氏二妇尹氏、杨氏，夫家郑州人。至元间，尹氏夫耀卿殁，姑命其更嫁，尹氏曰："妇之行一节而已，再嫁而失节，妾不忍为也。"姑曰："世之妇皆然，人未尝以为非，汝独何耻之有？"尹氏曰；"人之志不同，妾知守妾志尔。"姑不能强。杨氏夫显卿继殁，虑姑欲其嫁，即先白姑曰："妾闻娣姒犹兄弟也，宜相好焉。今姒既留，妾可独去乎，愿与共修妇道，以终事吾姑。"姑曰："汝果能若是，吾何言哉！"于是同处二十余年，以节孝闻。

又有邠州任氏、乾州田氏，皆一家一妇，俱少寡誓不他适，戮力蚕桑，以养舅姑。

事闻，并命褒表。

王德政妻郭氏，大名人。少孤，事母张氏孝谨，以女仪闻于乡。及笄，富贵家慕之，争求聘，张氏不许。时德政教授里中，年四十余，貌甚古陋，张氏以贫不能教二子，欲纳德政为婿，使教之。宗族皆不然，郭氏慨然愿顺母志。既婚，与德政相敬如宾，嘱教二弟有成。未几德政卒，郭氏年方二十余，励节自守，甚有贞名。大德间表其家。

只鲁花真，蒙古氏。年二十六，夫忽都病卒，誓不再醮，孝养舅姑。逾二十五年，舅姑殁，尘衣垢面，庐于墓终身。至元间旌之。

其后，又有翼城宋仲荣妻梁氏，舅殁，负土为坟；怀孟何氏、大名赵氏，并以夫殁守志，养舅姑以寿终，亲负土筑其坟，高三丈余。

段氏，隆兴霍荣妻也。荣无子，尝乞人为养子。荣卒，段氏年二十六，养舅姑以孝称。舅姑殁，荣诸父仲汶贪其产，谓段曰："汝子假子也，可令归宗。汝无子，宜改适，霍氏业汝无预焉。"段曰："家资不可计，但再醮非义，尚容妾思之。"即退入寝室，引针刺面，墨渍之，誓死不贰。大德二年，府上状中书，给羊酒币帛，仍命旌门，复役如制。

又有兴和吴氏，自刺其面；成纪谢思明妻赵氏，自髡其发；冀宁田济川妻武氏、溧水曹子英妻尤氏，啮指滴血，并誓不更嫁。各以有司为请旌之。

朱虎妻茅氏，崇明人。大德间，虎官都水监，坐罪籍其家，吏录送茅氏及二子赴京师。太医提点师甲乞归家，欲妻之。茅氏誓死不从，母子三人以裾相结连，昼夜倚抱号哭，形貌销毁。师知不可夺，释之。茅氏托居永明尼寺，忧愤不食卒。

闻氏，绍兴俞新之妻也。大德四年，新之殁，闻氏年尚少，父母虑其不能守，欲更嫁之。闻氏哭曰："一身二夫，烈妇所耻。妾可无生，可无耻乎！且姑老子幼，妾去当令谁视也？"即断发自誓。父知其志笃，乃不忍强。姑久病风，且失明，闻氏手涤溷秽不怠，时漱口上堂舐其目，目为复明。及姑卒，家贫，无资佣工，与子亲负土葬之，朝夕悲号，闻者惨恻。乡里嘉其孝，为之语曰："欲学孝妇，当问俞母。"

又有刘氏，渤海李伍妻也。少寡，父母使再醮，不从。舅患疽，刘祷于天，数日溃，吮其血，乃愈。既而亲挽小车，载舅诣岳祠以答神贶。

马英，河内人，性孝友。父丧哀毁，二兄继殁，英独事母甚谨，又奉二寡嫂与居，使得保全嫠节。及丧母，卜地葬诸丧，亲负土为四坟，手植松柏，庐墓侧终身。

赵氏女名玉儿，冠州人。尝许为李氏妇，未婚夫死，遂誓不嫁，以养父母。父母殁，负土为坟，乡里称孝焉。

冯氏，名淑安，字静君，大名宦家女，山阴县尹山东李如忠继室也。如忠初娶蒙古氏，生子任，数岁而卒。大德五年，如忠病笃，谓冯曰："吾已矣，其奈汝何？"冯氏引刀断发，自誓不他适。如忠殁两月，遗腹生一子，名伏。李氏及蒙古氏之族在北，闻如忠殁于官，家多遗财，相率来山阴。冯氏方病，乘间尽取其赀及子任以去。冯不与较，一室萧然，唯余如忠及蒙古氏之柩而已。朝夕哭泣，邻里不忍闻。久之，鬻衣权厝二柩蕺山下，携其子庐墓侧。时年始二十二，羸形苦节，为女师以自给。父母来视之，怜其孤苦，欲使更事人，冯爪面流血，不肯从。居二十年，始护丧归葬汶上。齐鲁之人闻之，莫不叹息。

李君进妻王氏，辽阳人。大德八年，君进病卒，卜葬，将发引，亲戚邻里咸会。王氏谓众曰："夫妇死同穴，义也。吾得从良人逝，不亦可乎！"因抚棺大恸，呕血升许，即仆于地死。众为敛之，与夫连柩出葬，送者数百人，莫不洒泣。

移剌氏，同知湖州路事耶律忽都不花妻也。夫殁，割耳自誓。既葬，庐墓侧，悲号不食死。

赵氏名哇儿，大宁人。年二十，夫萧氏病剧，谓哇儿曰："我死，汝年少，若之何？"哇儿曰："君幸自宽，脱有不可讳，妾不独生，必从君地下。"遂命匠制巨棺。夫殁，即自经死，家人同棺敛葬焉。

又有雷州朱克彬妻周氏，大都费岩妻王氏、买哥妻耶律氏，曹州郑腊儿妻康氏，陕州陈某妻别娥娥，大同宋坚童妻班氏、李安童妻胡氏，晋州刘恕妻赵氏，冀宁王思忠妻张氏，饶州刘楫妻赵氏，东平徐顺妻彭氏，大宁赵膧儿妻安氏、陈恭妻张氏、武寿妻刘氏、宋敬先妻谢氏、撒里妻萧氏，古城魏贵妻周氏，任城郭灰儿妻赵氏，枣阳朱某妻丁氏，叶县王保子妻赵氏，兴州某氏妻魏氏，滦州裴某妻董贵哥，成都张保童妻郝氏，利州高塔必也妻白氏，河南杨某妻卢氏，蒙古氏太术妻阿不察、相兀孙妻脱脱真，并以早寡不忍独生，以死从夫者。

事闻，悉命褒表，或赐钱赠谥云。

朱淑信，山阴人。少寡，誓不再嫁。一女妙净，幼哭父双目并失明。及长，择偶者不至，家贫岁凶，母子相依，以苦节自厉。士人王士贵重其孝，乃求娶焉。

葛妙真，宣城民家女。九岁，闻日者言，母年五十当死，妙真即悲忧祝天，誓不嫁，终身斋素，以延母年。母后年八十一卒。

畏吾氏三女，家钱塘。诸兄远仕不归，母思之疾，三女欲慰母意，乃共断发誓天，终身不嫁以养母，同力侍护四十余年。母竟以寿终。

事上，并赐旌异。

王氏，燕人张买奴妻也。年十六，买奴官钱塘病殁，葬城西十里外。王氏每旦被发步往奠之，伏墓大恸欲绝，久而致疾。舅姑力止其行，乃已。服阕，舅姑谓之曰："吾子已殁，新妇年尚少，宜自图终身计，毋徒淹吾家也。"王氏泣曰："父母命妾奉箕帚于张氏，今夫不幸早逝，天也。此足岂可复履他人门乎！"固不从。茕居三十年，贞白无少玷。

又有冯翊王义妻卢氏、睢阳刘泽妻解氏、东平杨三妻张氏，并守志有节。命旌其门。

张义妇，济南邹平人，年十八归里人李伍。伍与从子零戍福宁、未几死戍所。张独家居，养舅姑甚至。父母舅姑病，凡四刲股肉救不懈。及死，丧葬无遗礼。既而叹曰："妾夫死数千里外，妾不能归骨以葬者，以舅姑父母在，无所仰故也。今不幸父母舅姑已死，而夫骨终暴弃远土，使无妾即已，妾在，敢爱死乎！"乃卧积冰上，誓曰："天若许妾取夫骨，虽寒甚，当得不死。"逾月，竟不死。乡人异之，乃相率赠以钱，大书其事于衣以行。行四十日，至福宁，见零，问夫葬地，则榛莽四塞，不可识。张哀恸欲绝。夫忽降于童，言动无异其生时，告张死时事，甚悲，且指示骨所在处。张如其言发得之，持骨祝曰："尔信妾夫耶？入口当如冰雪，黏如胶。"已而果然。官义之，上于大府，使零护丧还，给钱使葬，仍旌门，复其役。

丁氏，新建郑伯文妻也。大德间，伯文病将殁，丁氏与诀曰："妾自得侍巾栉，誓与偕老。君今不幸疾若是，脱有不讳，妾当从。但君父母已老，无他子妇侍养，妾苟复自亡，使君父母食不甘味，则君亦不瞑目矣。妾且忍死，以奉其余年，必不改事他人，以负君于冥冥也。"伯文卒，丁氏年二十七，居丧哀毁。服既除，父母屡议夺嫁之，丁氏每闻必恸哭曰："妾所以不死者，非苟生有他志也，与良人约，将以事舅姑耳。今舅姑在堂固无恙，妾可弃去而不信于良人乎！"父遂止。舅姑尝病，丁氏夙夜护视，衣不解带。及死，丧葬尽礼。事上，表其门。

白氏，太原人。夫慕释氏道，弃家为僧。白氏年二十，留养姑不去，服勤绩纴，以供租赋。夫一日还，迫使他适，白断发誓不从，夫不能夺，乃去。姑年九十卒，竭力营葬，画姑像祀之终身。

赵美妻王氏，内黄人。至治元年，美溺水死，王氏誓守志，舅姑念其年少无子，欲使更适人。王氏曰："妇义无再醮，且舅姑在，妾可弃而去耶！"舅姑乃欲以族侄与继婚，王氏拒不从。舅姑迫之力，王氏知不免，即引绳自经死。

李冬儿，甄城人，丁从信妻也。年二十三，从信殁，服阕，父母呼归问之，曰："汝年少居孀，又无子，何以自立，吾为汝再择婿何如？"冬儿不从，诣从信冢哭，欲缢墓树上，家人防之，不果。日暮还从信家，夜二鼓，入室更新衣，自经死。

李氏，滨州惠高儿妻也。年二十六，高儿殁，父欲夺归嫁之，李氏不从，自缢而死。

脱脱尼，雍吉剌氏，有色，善女工。年二十六，夫哈剌不花卒。前妻有二子皆壮，无妇，欲以本俗制收继之，脱脱尼以死自誓。二子复百计求遂，脱脱尼恚且骂曰："汝禽兽行，欲妻母耶，若死何面目见汝父地下？"二子惭惧谢罪，乃析业而居。三十年以贞操闻。

王氏，成都李世安妻也。年十九，世安卒，夫弟世显欲收继之。王氏不从，引刃断发，复自割其耳，创甚。亲戚惊叹，为医疗百日乃愈。

状上，并旌之。

赵彬妻朱氏，名锦哥，洛阳人也。天历初，西兵掠河南，朱氏遇兵五人，被执，逼与乱。朱氏拒曰："我良家妇，岂从汝贼耶！"兵怒，提曳棰楚之。朱氏度不能脱，即给谓之曰："汝幸释我，舍后井傍有瘗金，当发以遗汝。"兵信之，乃随其行。朱氏得近井，即抱三岁女踊身赴井中死。

是岁，又有偃师王氏女名安哥，从父避兵印山丁家洞。兵入，搜得之，见安哥色美，驱使出，欲污之。安哥不从，投涧死。

有司言状，并表其庐。

贵哥，蒙古氏，同知宣政院事罗五十三妻也。天历初，五十三得罪，贬海南，籍其家，诏以贵哥赐近侍卯罕。卯罕亲率车骑至其家迎之。贵哥度不能免，令婢仆以饮食延卯罕于厅事，如厕自经死。

台叔龄妻刘氏，顺宁人也。粗知书，克修妇道。一日地震屋坏，压叔龄不能起，家复失火，叔龄母前救不得，欲就焚。叔龄望见，呼曰："吾已不可得出，当亟救吾母。"刘谓夫妹曰："汝救汝母，汝兄必死，吾不用复生矣。"即自投火中死。火灭，家人得二尸烬中，犹手相握不开。官嘉其烈，上于朝，命录付史臣。

李智贞，建宁浦城人。父子明，无子。智贞七岁能读书。九岁母病，调护甚谨。及卒，哀恸欲绝，不茹荤三年，治女工供祭祀，及奉父甘旨不乏，乡里称为孝女。父尝许为郑全妻，未嫁，从父客邵武。邵武豪陈良悦其慧，强纳采求聘，智贞断发拒之，且数自求死，良不能夺，卒归全。事舅姑父母皆有道。泰定间，全病殁，智贞悲泣不食，数日而死。

蔡三玉，龙溪陈端才妻也。盗起漳州，掠龙溪，父广瑞与端才各窜去，三玉独偕夫妹出避邻祠中。盗入，斫夫妹，见三玉美，不忍伤，与里妇欧氏同驱纳舟中。行至柳营江，迫妻之。三玉佯许诺，因起更衣，自投江水而死。越三日，尸流至广瑞舟侧，广瑞识为女，收敛之。欧氏脱归言状，有司高其操，为请表之。乃命旌门复役，仍给钱以葬。

卷二百一　　列传第八十八

列女二

武用妻苏氏，真定人，徙家京师。用疾，苏氏刲股为粥以进，疾即愈。生子德政，四岁而寡。夫之兄利其资，欲逼而嫁之，不听。未几夫兄举家死，惟余三弱孙，苏氏取而育之。德政长，事苏氏至孝。苏氏死时，天大旱，德政方掘地求水以供葬事，忽二蛇跃出，德政因默祷焉。二蛇一东一北，随其地掘之，果得泉。有司上其事。旌复其家。

任仲文妻林氏，宁海人。家甚贫，年二十八而寡。姑患风疾，不良于行，林氏旦暮扶侍惟谨，抚育三子皆有成。年一百三岁而卒。

江文铸妻范氏，名妙元，奉化人，年二十一归于江。及门，未合卺，夫忽以痫疾卒。范曰："我既入江氏之门，即江氏妇也，岂以夫亡有异志哉！"遂居江氏之家，抚诸侄江森、江道如己子。卒年九十五。

有柳氏者，蓟郡人，为户部主事赵野妻。未成婚而野卒，柳哭之尽哀，誓不再嫁。其兄将夺其志，柳曰："业已归赵氏，虽未成婚，而夫妇之礼已定矣。虽冻饿死，岂有他志哉！"后寝疾，不肯服药，曰："我年二十六而寡，今已逾半百，得死此疾幸矣。"遂卒。

姚氏，余杭人，居山谷间。夫出刈麦，姚居家执爨。母何氏往汲涧水，久而不至。俄闻覆水声，亟出视，则虎衔其母以走。姚仓卒往逐之，即以手殴其胁，邻人竞执器械以从，虎乃置之而去。姚负母以归，求药疗之，奉养二十余年而卒。

又方宁妻官胜娘者，建宁人。宁耨田，胜娘馌之，见一虎方攫其夫，胜娘即弃馌奋梃连击之，虎舍去，胜娘负夫至中途而死。有司以闻，为旌复其家。

衣氏，汴梁儒士孟志刚妻。志刚卒，贫而无子，有司给以棺木。衣氏给匠者曰："可宽大其棺，吾夫有遗衣服，欲尽置其中。"匠者然之。是夕，衣氏具鸡黍祭其夫，家之所有悉散之邻里及同居王媪，曰："吾闻一马不被两鞍，吾夫既死，与之同棺共穴可也。"遂自刭死。

有侯氏者，钧州曹德妻。德病死，侯氏语人曰："年少夫亡，妇人之不幸也。欲守吾志，而乱离如此，其能免乎！"遂缢死于墓。

又周经妻吴氏、郭惟辛妻郝氏、陈辉妻白氏、张顽住妻杜氏、程二妻成氏、李贞妻武氏、暗都剌妻张氏，并以夫死，不忍独生，自缢而死。

事闻，咸旌异之。

汤辉妻张氏，处州龙泉人。会兵乱，其家财先已移入山寨，夫与姑共守之。舅以疾未行，张归任药膳，且以舆自随。既而贼至，即命以舆载其舅，而已遇贼。贼以刀胁之曰："从我则生，否则死。"张掠发整衣请受刃，贼未忍杀，张惧污，即夺其刃自刭死，年二十七。

又汤婍者，亦龙泉人，有姿容。贼杀其父母，以刃胁之。婍不胜悲咽，乞早死，因以头触刃。贼怒，斫杀之。其妹亦不受辱而死。

俞士渊妻童氏，严州人。姑性严，待之寡恩，童氏柔顺以事之，无少拂其意者。至正十三年，贼陷威平，官军复之，已乃纵兵剽掠。至士渊家，童氏以身蔽姑。众欲污之，童氏大骂不屈。一卒以刀击其左臂，愈不屈。又一卒断其右臂，骂犹不绝。众乃皮其面而去，明日乃死。

张氏女，高邮人。城乱，贼知张女有姿艳，叩其家索之。女方匿复宇间，贼将害其父母，女不得已乃出拜贼。贼即伏地呼其父母为丈人媪，而以女行，女欣欣然从之。过桥，投水死。

有高氏妇者，同郡人也。携其女从夫出避乱，见道旁空舍，入其中，脱金缠臂与女，且语夫，令疾行。夫挈女稍远，乃解足纱自经。贼至，焚其舍。夫抵仪真，夜梦妇来告曰："我已缢死彼舍矣。"其精爽如此。

惠士玄妻王氏，大都人。至正十四年，士玄病革，王氏曰："吾闻病者粪苦则愈。"乃尝其粪，颇甘，王氏色愈忧。士玄嘱王氏曰："我病必不起，前妾所生子，汝善保护之。待此子稍长，即从汝自嫁矣。"王氏泣曰："君何为出此言耶！设有不讳，妾义当死，尚复有他说乎。君幸有兄嫂，此儿必不失所居。"数日，士玄卒。比葬，王氏遂居墓侧，蓬首垢面，哀毁逾礼，常以妾子置左右，饮食寒暖惟恐不至。岁余，妾子亦死，乃哭曰："无复望矣。"屡引刀自杀。家人惊救，得免。至终丧，亲旧皆携酒礼祭士玄于墓。祭毕，众欲行酒，王氏已经死于树矣。

又有王氏者，良乡费隐妻也。隐有疾，王氏数尝其粪。及疾笃，嘱王氏曰："我一子一女，虽妾所生，无异汝所出也。我死，汝其善抚育之。"遂殁。王氏居丧，抚其子女。既而子又死。服除，谓其亲属曰："妾闻夫乃妇之天，今夫已死，妾生何为！"乃执女手，语之曰："汝今已长，稍知人事，管钥在此，汝自司之。"遂相抱恸哭。是夜，缢死于园中。

李景文妻徐氏，名彩鸾，字淑和，浦城徐嗣源之女。略通经史，每诵文天祥《六歌》，必为之感泣。至正十五年，青田贼寇浦城，徐氏从嗣源逃旁近山谷。贼持刀欲害嗣源，徐氏前曰："此吾父也，宁杀我。"贼舍父而止徐氏。徐氏语父曰："儿义不受辱，今必死，父可速去。"贼拘徐氏至桂林桥，拾炭题诗壁间，有"惟有桂林桥下水，千年照见妾心清"之句。乃厉声骂贼，投于水。贼竞出之。既而乘间复投水死。

周妇毛氏，松阳人，美姿色。至正十五年，随其夫避乱麻鹭山中，为贼所得。胁之曰："从我多与若金，否则杀汝。"毛氏曰："宁剖我心，不愿汝金。"贼以刀磨其身，毛氏因大詈曰："碎丹贼，汝碎则臭，我碎则香。"贼怒，刳其肠而去，年二十九。

丁尚贤妻李氏，汴梁人。年二十余，有姿容。至正十五年，贼至，欲虏之。李氏怒曰："吾家六世义门，岂能从贼以辱身乎！"于是阖门三百余口俱被害。

李顺儿者，许州儒士李让之女也。性聪慧，颇涉经传，年十八，未嫁。至正十五年，贼陷钧州，密迩许昌。父谓其母曰："吾家以诗礼相传，此女必累我。"女闻之，泣曰："父母可自逃难，勿以我为忧。"须臾于后园内自经而死。

吴守正妻禹氏，名淑静，字素清，绍兴人。至正十六年，徙家崇德之石门。淑静尝从容谓守正曰："方今群盗蜂起，万一不测，妾惟有死而已，不使人污此身也。"是年夏，盗陷崇德，淑静仓皇携八岁女登舟以避。有盗数辈奔入其舟，将犯淑静，淑静乃抱幼女投河死。

黄仲起妻朱氏，杭州人。至正十六年，张士诚寇杭州，其女临安奴仓皇言曰："贼至矣，我别母求一死也。"俄而贼驱诸妇至其家，且指朱氏母子曰："为我看守，日暮我当至也。"朱氏闻之，惧受辱，遂与女俱缢死。

妾冯氏，见其母子已死，叹曰："我生何为，徒受辱耳！"亦自缢死。继而仲起弟妻蔡氏，抱幼子玄童，与乳母汤氏皆自缢。及暮，贼至，见诸尸满室，执仲起将杀之，哀求得脱。贼遂尽掠其家财而去。

焦士廉妻王氏，博兴人，养姑至孝。至正十七年，毛贵作乱，官军竞出虏掠。王氏被执，绐曰："我家墓田有藏金，可共取也。"信之，随王氏至墓所。王氏哭曰："我已得死所矣，实无藏金，汝可于此杀我。"乃与妾杜氏皆遇害。

又有赵氏者，平阳人，年二十，未嫁。寇乱，赵被驱迫以行，度不能免，绐贼曰："吾取所藏金以遗汝。"贼信之，遂还，投于厕而死。

陈淑真，富州陈璧之女。璧故儒者，避乱移家龙兴。淑真七岁能诵诗鼓琴。至正十八年，陈友谅寇龙兴，淑真见邻妪仓皇来告，乃取琴坐牖下弹之。曲终，泫然流涕曰："吾绝弦于斯乎！"父母怪，问之，淑真曰："城陷必遭辱，不如早死。"明日贼至，其居临东湖，遂溺焉。水浅不死，贼抽矢胁之上岸，淑真不从，贼射杀之。

时同郡李宗颐妻夏氏，名婉常，亦儒家女。与女匿居后圃中，贼至，挟其女共投井死。

秦闰夫妻柴氏，晋宁人。闰夫前妻遗一子尚幼，柴氏鞠如己出。未几柴氏有子，闰夫病且死，嘱柴氏曰："我病不复起，家贫，惟二幼子，汝能抚其成立，我死亦无憾矣。"闰夫死，家事日微，柴氏辛勤纺绩，遣二子就学。至正十八年，贼犯晋宁，其长子为贼驱迫，在围中，既而得脱。初在贼时，有恶少与张福为仇，往灭其家。及官军至，福诉其事，事连柴氏长子，法当诛。柴氏引次子诣官泣诉曰："往从恶者，吾次子，非吾长子也。"次子曰："我之罪可加于兄乎！"鞠之至死不易其言。官反疑次子非柴氏所出，讯之他囚，始得其情。官义柴氏之行，为之言曰："妇执义不忘其夫之命，子趋死而能成母之志，此天理人情之至也。"遂释免其长子，而次子亦得不死。时人皆以为难。二十四年，有司上其事，旌其门而复其家。

也先忽都，蒙古钦察氏，大宁路达鲁花赤铁木儿不花之妻，以夫恩封云中郡君。夫坐事免官，居大宁。至正十八年，红巾贼至，也先忽都与妾玉莲走尼寺中，为贼所得，令与众妇缝衣，拒不肯为。贼吓以刃，也先忽都骂曰："我达鲁花赤妻也，汝曹贼也，我不能为针工以从贼。"贼怒杀之。玉莲因自缢者凡三，贼并杀之。

先是，其子完者帖木儿，年十四，与父出城，见执于贼。完者拜哭，请以身代父死。贼爱完者姿秀，遂挈以从。久之，乃获脱归，访母尸并玉莲葬焉。

吕彦能者，陵州人。至正十八年，贼犯陵州，彦能与家人谋所往。其姊久嫠居，寓彦能家，先曰："我丧夫二十年，又无后，不死何为？苟辱身，则辱吾弟矣。"赴井死。其妻刘氏语彦能曰："妾为君家妇二十八年，兹不幸逢乱离，必不负君，君可自往，妾入井矣。"彦能二女及子妇王氏、二孙女，皆随刘氏溺井。一门死者七人。

刘公翼妻萧氏，济南人，有姿色，颇通书史。至正十八年，闻毛贵兵将压境，豫与夫谋曰："妾诗书家女，誓以冰雪自将，傥城陷被执，悔将何追？妾以二子一女累君，去作清白鬼于泉下耳！"夫曰："事未至，何急于此！"居亡何，城陷，萧解绦自缢死。

袁氏孤女，建康路溧水州人，年十五。其母严氏，孀居极贫，病瘫痪卧于床者数年，女事母至孝。至正十二年，兵火延其里，邻妇强携女出避火，女泣曰："我何忍舍母去乎，同死而已！"遂入室抱母，共焚而死。

徐允让妻潘氏，名妙圆，山阴人。至正十九年，与其夫从舅避兵山谷间。舅被执，夫泣以救舅脱，夫被兵所杀，欲强辱潘氏。潘氏因绐之曰："我夫既死，我从汝必矣。若能焚吾夫，可无憾也。"兵信之，聚薪以焚其夫。火既炽，潘氏且泣且语，遂投火以死。

又诸暨蔡氏者，王琪妻也。至正二十二年，张士诚陷诸暨，蔡氏避之长宁乡山中，兵猝至，有造纸镬方沸，遂投其中而死。

赵洙妻许氏，集贤大学士有壬之侄女也。至正十九年，红巾贼陷辽阳，洙时为儒学提举，夫妇避乱匿资善寺。洙以叱贼见害，许氏不知也。贼甘言诱许氏，令指示金银之处，许氏大言曰："吾诗书冠冕故家，不幸遇难，但知守节而死，他皆不知也。"贼以刃胁之，许氏色不变。已而知其夫死，因恸哭仆地，骂声不绝口，且曰："吾母居武昌，死于贼，吾女兄弟亦死贼，今吾夫又死焉。使我得报汝，当醢汝矣。"遂遇害。寺僧见许氏死状，哀其贞烈，贼退，与洙合葬之。

张正蒙妻韩氏，绍兴人。正蒙尝为湖州德清税务提领。至正十九年，绍兴兵变，正蒙谓韩氏曰："吾为元朝臣子，于义当死。"韩氏曰："尔果能死于忠，吾必能死于节。"遂俱缢死。其女池奴，年十七，泣曰："父母既死，吾何以独生！"亦投崖而死。

又何氏者，处之龙泉县季锐妻也。因避兵于邑之绳门岩，贼至，何氏被执。欲污之，乃与子荣儿、女回娘投崖而死。

刘氏二女，长曰贞，年十九；次曰孙，年十七。龙兴人，皆未许嫁。陈友谅寇龙兴，其母泣谓二女曰："城或破，置汝何所？"二女曰："宁死不辱父母也。"城陷，二女登楼，相继自缢。婢郑奴，亦自缢。

于同祖妻曹氏，茶陵人。父德夫，教授湖、湘间，同祖在诸生中，因以女妻焉。至正二十年，茶陵陷，曹氏闻妇女多被驱逐，谓其夫及子曰："是尚可全生乎！我义不辱身，以累汝也。顾舅年老，汝等善事之。"遂自刭死。妾李氏惊，抱持之不得，亦引刀自刭，绝而复苏，曰："得从小君地下足矣。"是夕死。

李仲义妻刘氏，名翠哥，房山人。至正二十年，县大饥，平章刘哈剌不花兵乏食，执仲义欲烹之。仲义弟马儿走报刘氏，刘氏遽往救之，涕泣伏地，告于兵曰："所执者是吾夫也，乞矜怜之，贷其生，吾家有酱一瓮、米一斗五升，窖于地中，可掘取之，以代吾夫。"兵不从，刘氏曰："吾夫瘦小，不可食。吾闻妇人肥黑者味美，吾肥且黑，愿就烹以代夫死。"兵遂释其夫而烹刘氏。闻者莫不哀之。

李弘益妻申氏，冀宁人。至正二十年，贼陷冀宁，申语弘益曰："君当速去，勿以我妇人相累。若贼入吾室，必以妾故害及君矣。"言讫，投井死。

弘益既免于难，再娶安氏。居二岁而弘益以疾卒，安氏时年三十，泣谓诸亲曰："女子一适人，终身不改。不幸夫死，虽生亦何益哉！"乃窃入寝室，膏沐薰裳，自缢于柩侧。

郑琪妻罗氏，名妙安，信州弋阳人。幼聪慧，能暗诵《列女传》。年二十，归琪。琪家世宦族，同居百余口，罗氏执妇道无间言。琪以军功擢铅山州判官，罗氏封宜人。至正二十年，信州陷。罗氏度弋阳去州不远，必不免于难，辄取所佩刀淬砺，令铦甚。琪问何为，对曰："时事如此，万一遇难，为自全计耳。"已而兵至，罗氏自刎死，时年二十九。

周如砥女，年十九，未适人。至正二十年，乡民作乱，如砥与女避于邑西之客僧岭，女为贼所执。贼曰："吾未娶，当以汝为妻。"女曰："我周典史女也，死即死，岂能从汝耶！"贼遂杀之。如砥时为绍兴新昌典史。

狄恒妻徐氏，天台人。恒早没，徐氏守节不再醮。至正二十年，乡民为乱，避难于牛囤山，为贼所执，驱迫以前。徐绐之曰："吾渴甚，欲求水一杯。"贼令自汲，即投井而死，时年十八。

柯节妇陈氏者，长乐石梁人。至正二十一年，海贼劫石梁，其夫适在县郭。陈氏出避贼，道与贼遇，被执以行。陈氏且行且骂，贼乱捶之，挟以登舟，骂不已，忽振厉自投江中。其父方卧病，见其女至，呼之不应，骇曰："吾岂梦耶！"既而有自贼中归者，言陈氏死状，乃知其鬼也。明日尸逆流而上，止石梁岸傍。时盛暑，尸已变，其夫验其背有黑子，乃恸哭曰："是吾妻也！"舁归敛之。

李马儿妻袁氏，瑞州人。至正二十二年，李病殁，袁氏年十九，誓不再嫁，以养舅姑。有王成者，闻袁氏有姿色，挟势欲娶之，袁氏曰："吾闻烈女不更二夫，宁死不失身也。"遂往夫墓痛哭，缢死树下。

王士明妻李氏，名赛儿，房山人。至正二十五年，竹贞军至县，李氏及其女李家奴皆被执。士明随至军，军怒逐之。李氏谓其女曰："汝父既为军所逐，吾与汝必不得脱。与其受辱，不若死。"女曰："母先杀我。"李氏即以军所遗镮刀杀其女，遂自杀。竹贞闻之，为之葬祭，仍书其门曰"王士明妻李氏贞节之门"。有司上其事，为树碑焉。

陶宗媛，台州人，儒士杜思絅妻也。归杜四载而夫亡，矢志守节。台州被兵，宗媛方居姑丧，忍死护柩，为游军所执，迫胁之，媛曰："我若畏死，岂留此耶！任汝杀我，以从姑于地下尔！"遂遇害。

其妹宗婉，弟妻王淑，亦皆赴水死。

高丽氏，宣慰副使孛罗帖木儿妻也。至正二十七年十二月，其夫死于兵，谓人曰："夫既死矣，吾安能复事人乎！"乃积薪塞户，以火自焚而死。

张讷妻刘氏，蓝田人。讷为监察御史，早卒，刘守志不二。河东受兵，刘氏二子衡、衎俱以事出外，度不能自脱，遂与二妇孙氏、姚氏决死，尽发赀囊分给家人，妇姑同缢焉。

有华氏者，大同张思孝妻，为貊高兵所执，以不受辱见杀。其妇刘氏，僵压姑尸，大骂不已，兵并杀之。后家人殓其尸，妇姑之手犹相持不舍。

观音奴妻卜颜的斤，蒙古氏，宗王黑闾之女。大都被兵，卜颜的斤谓其夫曰："我乃国族，且年少，必不容于人，岂惜一死以辱家国乎！"遂自缢而死。

时张栋妻王氏语家人曰："吾为状元妻，义不可辱。"赴井死。其姑哭之恸，亦赴井死。

安志道妻刘氏，顺州人。志道及刘氏之弟明理，并登进士第。刘氏避兵匿岩穴中，军至，欲污之，刘氏曰："我弟与夫皆进士也，我岂受汝辱乎！"军士以兵磨其体，刘大骂不辍声，军怒，乃钩断其舌，含糊而死。

宋谦妻赵氏，大都人。兵破大都，赵氏子妇温氏、高氏，孙妇高氏、徐氏，皆有姿色，合谋曰："兵且至矣，我等岂可辱身以苟全哉！"赵即自经死，诸妇四人，诸孙男女六人，众妾三人，皆赴井而死。

齐关妻刘氏，河南人。关应募为千夫长，战死泽、潞间。刘氏贫无所依，守志不夺。有来强议婚者，刘氏绐曰："吾三月三日有心愿，偿毕，当从汝所言。"是日，径往彰德天宁寺，登浮图绝顶，祝天曰："妾本河南名家刘氏女，遭世乱，适湖南齐关为妻。今夫已死，不敢失节也。"遂投地而死。

王宗仁妻宋氏，进士宋褧之女也。宗仁家永平。永平受兵，宋氏从夫避于铧子山。夫妇为军所虏，行至玉田县，有窥宋氏色美，欲害宗仁者，宋氏谓夫曰："我不幸至此，必不以身累君。"言讫，遂携一女投井死，时年二十九。

王履谦妻齐氏，太原人。治家严肃，克守妇道。至正十八年，贼陷太原，齐氏与二妇萧氏、吕氏及二女避难于赵庄石岩。贼且至，度不能免，顾谓二女曰："汝家五世同居，号为清白，岂可亏节辱身以苟生哉！"长女曰："吾夫已死，今为未亡人，得死为幸。"吕氏曰："吾为中书左丞之孙，义不受辱。"齐氏大哭，乃与二妇二女及二孙女，俱投岩下以死。

王时妻安氏，名正同，磁州人，平章政事祐孙女也。至正十九年，时以参知政事分省太原，安氏从之。二十年，贼兵寇太原，城陷，众皆逃，安氏与其妾李氏同赴井死。事闻，赠梁国夫人，谥庄洁。

徐猱头妻岳氏，大都人。兵入都城，岳氏告其夫曰："我等恐被驱逐，将奈何？"其夫曰："事急，惟有死耳，何避也。"遂火其所居，夫妇赴火以死。其母王氏，二女一子，皆抱持赴火死。

金氏，详定使四明程徐妻也。京城既破，谓其女曰："汝父出捍城，我三品命妇，汝儒家女又进士妻，不可受辱。"抱二岁子及女赴井死。

汪琰妻潘氏，徽州婺源人。年二十八而琰卒，潘氏誓不他适，以其夫从兄之子元圭为后。元圭时始三岁，鞠之不啻已出。潘氏卒年六十二。元圭之子良垕，有子燕山。燕山卒时，妻李氏年二十四，无子，乃守志自誓，父母欲夺而嫁之，不听。燕山兄子惟德，娶俞氏，惟德早死，二子甚幼，俞氏守节辛勤，不坠家业。故人贤汪氏之门，而称曰三节。

同郡歙县吴子恭之妻蒋氏，年二十八而夫亡，孀居五十年，年七十八卒。至正十四年，旌表门闾。

卷二百二　　列传第八十九

释　老

释、老之教，行乎中国也千数百年，而其盛衰每系乎时君之好恶。是故佛于晋、宋、梁、陈，黄、老于汉、魏、唐、宋，而其效可睹矣。元兴，崇尚释氏，而帝师之盛，尤不可与古昔同语。维道家方士之流，假祷祠之说，乘时以起，曾不及其什一焉。宋旧史尝志老、释，厥有旨哉。乃本其意，作《释老传》。

帝师八思巴者，土番萨斯迦人，族款氏也。相传自其祖朵栗赤，以其法佐国主霸西海者十余世。八思巴生七岁，诵经数十万言，能约通其大义，国人号之圣童，故名曰八思巴。少长，学富五明，故又称曰班弥怛。岁癸丑，年十有五，谒世祖于潜邸，与语大悦，日见亲礼。

中统元年，世祖即位，尊为国师，授以玉印。命制蒙古新字，字成上之。其字仅千余，其母凡四十有一。其相关纽而成字者，则有韵关之法；其以二合三合四合而成字者，则有语韵之法；而大要则以谐声为宗也。至元六年，诏颁行于天下。诏曰："朕惟字以书言，言以纪事，此古今之通制。我国家肇基朔方，俗尚简古，未遑制作，凡施用文字，因用汉楷及畏吾字，以达本朝之言。考诸辽、金，以及遐方诸国，例各有字，今文治寖兴，而字书有阙，于一代制度，实为未备。故特命国师八思巴创为蒙古新字，译写一切文字，期于顺言达事而已。自今以往，凡有玺书颁降者，并用蒙古新字，仍各以其国字副之。"遂升号八思巴曰大宝法王，更赐玉印。

十一年，请告西还，留之不可，乃以其弟亦怜真嗣焉。十六年，八思巴卒，讣闻，赙赠有加，赐号皇天之下一人之上开教宣文辅治大圣至德普觉真智佑国如意大宝法王、西天佛子、大元帝师。至治间，特诏郡县建庙通祀。泰定元年，又以绘像十一，颁各行省，为之塑像云。

亦怜真嗣为帝师，凡六岁，至元十九年卒。答儿麻八剌剌吉塔嗣，二十三年卒。亦摄思连真嗣，三十一年卒。乞剌斯八斡节儿嗣，成宗特造宝玉五方佛冠赐之。元贞元年，又更赐双龙盘纽白玉印，文曰"大元帝师统领诸国僧尼中兴释教之印。"大德七年卒。明年，以辇真监藏嗣，又明年卒。相家班嗣，皇庆二年卒。相儿加思巴嗣，延祐元年卒。二年，以公哥罗古罗思监藏班藏卜嗣，至治三年卒。旺出儿监藏嗣，泰定二年卒。公哥列思八冲纳思监藏班藏卜嗣，赐玉印，降玺书谕天下，其年卒。天历二年，以辇真吃剌失思嗣。

八思巴时，又有国师胆巴者，一名功嘉葛剌思，西番突甘斯旦麻人。幼从西天竺古达麻失利传习梵秘，得其法要。中统间，帝师八思巴荐之。时怀孟大旱，世祖命祷之，立雨。又尝咒食投龙湫，顷之奇花异果上尊涌出波面，取以上进，世祖大悦。至元末，以不容于时相桑哥，力请西归。既复召还，谪之潮州。时枢密副使月的迷失镇潮，而妻得奇疾，胆巴以所持数珠加其身，即愈。又尝为月的迷失言异梦及己还朝期，后皆验。元贞间，海都犯西番界，成宗命祷于摩诃葛剌神，已而捷书果至；又为成宗祷疾，遄愈，赐与甚厚，且诏分御前校尉十人为之导从。成宗北巡，命胆巴以象舆前导。过云州，语诸弟子曰："此地有灵怪，恐惊乘舆，当密持神咒以厌之。"未几，风雨大至，众咸震惧，惟幄殿无虞，复赐碧钿杯一。大德七年夏卒。皇庆间，追号大觉普惠广照无上胆巴帝师。

其后又有必兰纳识里者，初名只剌瓦弥的理，北庭感木鲁国人。幼熟畏兀儿及西天书，长能贯通三藏暨诸国语。大德六年，奉旨从帝师授戒于广寒殿，代帝出家，更赐今名。皇庆中，命翻译诸梵经典。延祐间，特赐银印，授光禄大夫。是时诸番朝贡，表笺文字无能识者，皆令必兰纳识理译进。尝有以金刻字为表进者，帝遣视之，廷中愕眙，观所以对。必兰纳识理随取案上墨汁涂金叶，审其字，命左右执笔，口授表中语及使人名氏与贡物之数，书而上之。明日，有司阅其物色，与所赍重译之书无少差者。众无不服其博识，而竟莫测其何所从授，或者以为神悟云。授开府仪同三司，仍赐三台银印，兼领功德使司事，厚其廪饩，俾得以养母焉。至治三年，改赐金印，特授沙津爱护持，且命为诸国引进使。至顺二年，又赐玉印，加号普觉圆明广照弘辩三藏国师。三年，与安西王子月鲁帖木儿等谋为不轨，坐诛。其所译经，汉字则有《楞严经》，西天字则有《大乘庄严宝度经》、《乾陀般若经》、《大涅槃经》、《称赞大乘功德经》，西番字则有《不思议禅观经》，通若干卷。

元起朔方，固已崇尚释教。及得西域，世祖以其地广而险远，民犷而好斗，思有以因其俗而柔其人，乃郡县土番之地，设官分职，而领之于帝师。乃立宣政院，其为使位居第二者，必以僧为之，出帝师所辟举，而总其政于内外者，帅臣以下，亦必僧俗并用，而军民通摄。于是帝师之命，与诏敕并行于西土。百年之间，朝廷所以敬礼而尊信之者，无所不用其至。虽帝后妃主，皆因受戒而为之膜拜。正衙朝会，百官班列，而帝师亦或专席于坐隅。且每帝即位之始，降诏褒护，必敕章佩监络珠为字以赐，盖其重之如此。其未至而迎之，则中书大臣驰驿累百骑以往，所过供亿送迎。比至京师，则敕大府假法驾半仗，以为前导，诏省、台、院官以及百司庶府，并服银鼠质孙。用每岁二月八日迎佛，威仪往迓，且命礼部尚书、郎中专督迎接。及其卒而归葬舍利，又命百官出郭祭饯。大德九年，专遣平章政事铁木儿乘传护送，赙金五百两、银千两、币帛万匹、钞三千锭。皇庆二年，加至赙金五千两、银一万五千两、锦绮杂彩共一万七千匹。虽其昆弟子姓之往来，有司亦供亿无乏。泰定间，以帝师弟公哥亦思监将至，诏中书持羊酒郊劳；而其兄琐南藏卜遂尚公主，封白兰王，赐金印，给圆符。其弟子之号司空、司徒、国公，佩金玉印章者，前后相望。为其徒者，怙势恣睢，日新月盛，气焰熏灼，延于四方，为害不可胜言。有杨琏真加者，世祖用为江南释教总统，发掘故宋赵氏诸陵之在钱唐、绍兴者及其大臣冢墓凡一百一所；戕杀平民四人；受人献美女宝物无算；且攘夺盗取财物，计金一千七百两、银六千八百两、玉带九、玉器大小百一十有一、杂宝贝百五十有二、大珠五十两、钞一十一万六千二百锭、田二万三千亩；私庇平民不输公赋者二万三千户。他所藏匿未露者不论也。又至大元年，上都开元寺西僧强市民薪，民诉诸留守李璧。璧方询问其由，僧已率其党持白梃突入公府，隔案引璧发，捽诸地，捶扑交下，拽之以归，闭诸空室，久乃得脱，奔诉于朝，遇赦以免。二年，复有僧龚柯等十八人，与诸王合儿八剌妃忽秃赤的斤争道，拉妃堕车殴之，且有犯上等语，事闻，诏释不问。而宣政院臣方奏取旨：凡民殴西僧者，截其手；詈之者，断其舌。时仁宗居东宫，闻之，亟奏寝其令。

泰定二年，西台御史李昌言："尝经平凉府、静、会、定西等州，见西番僧佩金字圆符，络绎道途，驰骑累百，传舍至不能容，则假馆民舍，因迫逐男子，奸污女妇。奉元一路，自正月至七月，往返者百八十五次，用马至八百四十余匹，较之诸王、行省之使，十多六七。驿户无所控诉，台察莫得谁何。且国家之制圆符，本为边防警报之虞，僧人何事而辄佩之？乞更正僧人给驿法，且令台宪得以纠察。"不报。必兰纳识里之诛也，有司籍之，得其人畜土田、金银货贝钱币、邸舍、书画器玩，以及妇人七宝装具，价直巨万万云。

若岁时祝釐祷祠之常，号称好事者，其目尤不一。有曰镇雷阿蓝纳四，华言庆赞也。有曰亦思满蓝，华言药师坛也。有曰搠思串卜，华言护城也。有曰朵儿禅，华言大施食也。有曰朵儿只列朵四，华言美妙金刚回遮施食也。有曰察儿哥朵四，华言回遮也。有曰笼哥儿，华言风轮也。有曰喒朵四，华言作施食也。月曰出朵儿，华言出水济六道也。有曰党剌朵四，华言回遮施食也。有曰典朵儿，华言常川施食也。有曰坐静，有曰鲁朝，华言狮子吼道场也。有曰黑牙蛮答哥，华言黑狱帝主也。有曰搠思江朵儿麻，华言护法神施食也。有曰赤思古林搠，华言自受主戒也。有曰镇雷坐静，有曰吃剌察坐静，华言秘密坐静也。有曰斟惹，华言文殊菩萨也。有曰古林朵四，华言至尊大黑神回遮施食也。有曰歇白咱剌，华言大喜乐也。有曰必思禅，华言无量寿也。有曰睹思哥儿，华言白伞盖咒也。有曰收札沙剌，华言《五护陀罗尼经》也。有曰阿昔答撒哈昔里，华言《八千颂般若经》也。有曰撒思纳屯，华言《大理天神咒》也。有曰阔儿鲁弗卜屯，华言《大轮金刚咒》也。有曰且八迷屯，华言《无量寿经》也。有曰亦思罗八，华言《最胜王经》也。有曰撒思纳屯，华言《护神咒》也。有曰南占屯，华言《怀相金刚》也。有曰卜鲁八，华言咒法也。又有作擦擦者，以泥作小浮屠也。又有作答儿刚者。其作答儿刚者，或一所二所以至七所；作擦擦者，或十万二十万以至三十万。又尝造浮屠二百一十有六，实以七宝珠玉，半置海畔，半置水中，以镇海灾。

延祐四年，宣徽使会每岁内廷佛事所供，其费以斤数者，用面四十三万九千五百、油七万九千、酥二万一千八百七十、蜜二万七千三百。自至元三十年间，醮祠佛事之目，仅百有二。大德七年，再立功德司，遂增至五百有余。僧徒贪利无已，营结近侍，欺昧奏请，布施莽斋，所需非一，岁费千万，较之大德，不知几倍。又每岁必因好事奏释轻重囚徒，以为福利，虽大臣如阿里，阃帅如别沙儿等，莫不假是以逭其诛。宣政院参议李良弼，受赇鬻官，直以帝师之言纵之。其余杀人之盗，作奸之徒，夤缘幸免者多。至或取空名宣敕以为布施，而任其人，可谓滥矣。凡此皆有关乎一代之治体者，故令备著焉。

若夫天下寺院之领于内外宣政院，曰禅，曰教，曰律，则固各守其业，惟所谓白云宗、白莲宗者，亦或颇通奸利云。

丘处机，登州栖霞人，自号长春子。儿时，有相者谓其异日当为神仙宗伯。年十九，为全真学于宁海之昆嵛山，与马钰、谭处端、刘处玄、王处一、郝大通、孙不二同师重阳王真人。重阳一见处机，大器之。金、宋之季，俱遣使来召，不赴。

岁己卯，太祖自乃蛮命近臣札八儿、刘仲禄持诏求之。处机一日忽语其徒，使促装，曰："天使来召我，我当往。"翌日，二人者至，处机乃与弟子十有八人同往见焉。明年，宿留山北，先驰表谢，拳拳以止杀为劝。又明年，趣使再至，乃发抚州，经数十国，为地万有余里。盖蹀血战场，避寇叛域，绝粮沙漠，自昆嵛历四载而始达雪山。常马行深雪中，马上举策试之，未及积雪之半。既见，太祖大悦，赐食、设庐帐甚饬。

太祖时方西征，日事攻战，处机每言欲一天下者，必在乎不嗜杀人。及问为治之方，则对以敬天爱民为本。问长生久视之道，则告以清心寡欲为要。太祖深契其言，曰："天锡仙翁，以寤朕志。"命左右书之，且以训诸子焉。于是锡之虎符，副以玺书，不斥其名，惟曰"神仙"。一日雷震，太祖以问，处机对曰："雷，天威也。人罪莫大于不孝，不孝则不顺乎天，故天威震动以警之。似闻境内不孝者多，陛下宜明天威，以导有众。"太祖从之。岁癸未，太祖大猎于东山，马踣，处机请曰："天道好生，陛下春秋高，数畋猎，非宜。"太祖为罢猎者久之。时国兵践蹂中原，河南、北尤甚，民罹俘戮，无所逃命。处机还燕，使其徒持牒招求于战伐之余，由是为人奴者得复为良，与濒死而得更生者，毋虑二三万人。中州人至今称道之。

岁乙酉，荧惑犯尾，其占在燕，处机祷之，果退舍。丁亥，又为旱祷，期以三日雨，当名瑞应，已而亦验。有旨改赐宫名曰长春，且遣使劳问，制若曰："朕常念神仙，神仙毋忘朕也。"六月，浴于东溪，越二日，天大雷雨，太液池岸北水入东湖，声闻数里，鱼鳖尽去，池遂涸，而北口高岸亦崩，处机叹曰："山其摧乎，池其涸乎，吾将与之俱乎！"遂卒，年八十。其徒尹志平等世奉玺书袭掌其教，至大间加赐金印。

处机之四传有曰祁志诚者，居云州金阁山，道誉甚著。丞相安童尝过而问之，志诚告以修身治世之要。安童感其言，故其相世祖也，以清静忠厚为主。及罢还第，退然若无与于世者，人以为有得于志诚之言。其后安童复被召入相，辞，不可，遂往决于志诚。志诚曰："昔与子同列者何人？今同列者何人？"安童悟，入见世祖，辞曰："臣昔为宰相，年尚少，幸不失陛下事者，丞佐皆臣所师友。今事臣者，皆进与臣俱，则臣之为政能有加于前乎！"世祖曰："谁为卿言是？"对曰："祁真人。"世祖叹异者久之。

正一天师者，始自汉张道陵，其后四代曰盛，来居信之龙虎山。相传至三十六代宗演，当至元十三年，世祖已平江南，遣使召之。至则命廷臣郊劳，待以客礼。及见，语之曰："昔岁己未，朕次鄂渚，尝令王一清往访卿父，卿父使报朕曰：后二十年天下当混一。神仙之言验于今矣。"因命坐，锡宴，特赐玉芙蓉冠、组金无缝服，命主领江南道教，仍赐银印。十八年、二十五年再入觐。世祖尝命取其祖天师所传玉印、宝剑观之，语侍臣曰："朝代更易已不知其几，而天师剑印传子若孙尚至今日，其果有神明之相矣乎！"嗟叹久之。二十九年卒，子与棣嗣，为三十七代，袭掌江南道教。三十一年入觐，卒于京师。元贞元年，弟与材嗣，为三十八代，袭掌道教。时潮啮盐官、海盐两州，为患特甚，与材以术治之。一夕大雷电以震，明日见有物鱼首龟形者磔于水裔，潮患遂息。大德五年，召见于上都幄殿。八年，授正一教主，主领三山符箓。武宗即位，来觐，特授金紫光禄大夫，封留国公，锡金印。仁宗即位，特赐宝冠、组织文金之服。延祐三年卒。四年，子嗣成嗣，为三十九代，袭领江南道教，主领三山符箓如故。

其徒张留孙者，字师汉，信州贵溪人。少时入龙虎山为道士，有道人相之曰："神仙宰相也。"至元十三年，从天师张宗演入朝，世祖与语，称旨，遂留侍阙下。世祖尝亲祠幄殿，皇太子侍。忽风雨暴至，众骇惧，留孙祷之立止。又尝次日月山，昭睿顺圣皇后得疾危甚，亟召留孙请祷。既而后梦有朱衣长髯，从甲士，导朱辇白兽行草间者。觉而异之，以问留孙，对曰："甲士导辇兽者，臣所佩法箓中将吏也；朱衣长髯者，汉祖天师也；行草间者，春时也。殿下之疾，其及春而瘳乎！"后命取所事画像以进，视之果梦中所见者。帝后大悦，即命留孙为天师，留孙固辞不敢当，乃号之上卿，命尚方铸宝剑以赐，建崇真宫于两京，俾留孙居之，专掌祠事。十五年，授玄教宗师，锡银印。又特任其父信州路治中，寻复升江东道同知宣慰司事。是时天下大定，世祖思与民休息，留孙待诏尚方，因论黄老治道贵清净、圣人在宥天下之旨，深契主衷。及将以完泽为相，命留孙筮之，得《同人》之《豫》，留孙进曰："'《同人》，柔得位而应乎乾'，君臣之合也；'《豫》，利建侯'，命相之事也。何吉如之，愿陛下勿疑。"及拜完泽，天下果以为得贤相。大德中，加号玄教大宗师，同知集贤院道教事，且追封其三代皆魏国公，官阶品俱第一。武宗立，召见，赐坐，升大真人，知集贤院，位大学士上。寻又加特进。进讲老子推明谦让之道。及仁宗即位，犹恒诵其言，且谕近臣曰："累朝旧德，仅余张上卿尔。"进开府仪同三司，加号辅成赞化保运玄教大宗师，刻玉为玄教大宗师印以赐。至治元年十二月卒，年七十四。天历元年，追赠道祖神德真君。其徒吴全节嗣。

全节字成季，饶州安仁人。年十三学道于龙虎山。至元二十四年至京师，从留孙见世祖。三十一年，成宗至自朔方，召见，赐古雕玉蟠螭环一，敕每岁侍从行幸，所司给庐帐、车马、衣服、廪饩，著为令。大德十一年，授玄教嗣师，锡银印，视二品。至大元年，赐七宝金冠、织金文之服。三年，赠其祖昭文馆大学士，封其父司徒、饶国公，母饶国太夫人，名其所居之乡曰荣禄，里曰具庆。至治元年，留孙卒。二年，制授特进、上卿、玄教大宗师、崇文弘道玄德真人、总摄江淮荆襄等处道教、知集贤院道教事，玉印一、银印二并授之。全节尝代祀岳渎还，成宗问曰："卿所过郡县，有善治民者乎？"对曰："臣过洛阳，太守卢挚平易无为，而民以安靖。"成宗曰："吾忆其人。"即日召拜集贤学士。成宗崩，仁宗至自怀孟，有狂士以危言讦翰林学士阎复者，事叵测。全节力为言于李孟，孟以闻，仁宗意解，复告老而去。当时以为朝廷得敬大臣体，而不以口语伤贤者，全节盖有力焉。全节雅好结士大夫，无所不倾其交，长者尤见亲而敬，推毂善类，唯恐不尽其力。至于振穷周急，又未尝以恩怨异其心，当时以为颇有侠气云。全节卒，年八十有二，其徒夏文泳嗣。

真大道教者，始自金季，道士刘德仁之所立也。其教以苦节危行为要，而不妄取于人、不苟侈于己者也。五传而至郦希成，居燕城天宝宫，见知宪宗，始名其教曰真大道，授希成太玄真人，领教事，内出冠服以赐；仍给紫衣三十袭，赐其从者。至元五年，世祖命其徒孙德福统辖诸路真大道，锡铜章。二十年，改赐银印二。又三传而至张清志，其教益盛，授演教大宗师、凝神冲妙玄应真人。清志事亲孝，尤耐辛苦，制行坚峻。东海珠、牢山旧多虎，清志往结茅居之，虎皆避徙，然颇为人害。清志曰："是吾夺其所也！"遂去之。后居临汾，地大震，城郭邑屋摧压，死者不可胜计，独清志所居裂为二，无少损焉。乃遍巡木石间，听呻吟声，救活者甚众。朝廷重其名，给驿致之掌教事。清志舍传徒步至京师，深居简出，人或不识其面。贵人达官来见，率告病，伏卧内不起。至于道德缙绅先生，则纳屣杖屦求见，不以为难。时人高其风，至画为图以相传焉。

太一教者，始金天眷中道士萧抱珍，传太一三元法箓之术，因名其教曰太一。四传而至萧辅道。世祖在潜邸闻其名，命史天泽召至和林，赐对称旨，留居宫邸。以老，请授弟子李居寿掌其教事。至元十一年，建太一宫于两京，命居寿居之，领祠事，且禋祀六丁，以继太保刘秉忠之术。十三年，赐太一掌教宗师印。十六年十月辛丑，月直元辰，敕居寿祠醮，奏赤章于天，凡五昼夜。事毕，居寿请间曰："皇太子春秋鼎盛，宜参预国政。"且又因典瑞董文忠以为言，世祖喜曰："行将及之。"其后诏太子参决朝政，庶事皆先启后闻者，盖居寿为之先也。

卷二百三　列传第九十

方　技工艺附

自昔帝王勃兴，虽星历医卜方术异能之士，莫不过绝于人，类非后来所及，盖天运也。元有中土，巨公异人，身兼数器者，皆应期而出，相与立法创制，开物成务，以辅成大业，亦云盛哉。若道流释子，所挟多方，事适逢时，既皆别为之传。其他以术数言事辄验，及以医著效，被光宠者甚众。旧史多阙弗录，今取其事迹可见者，为《方技篇》。而以工艺贵显，亦附见焉。

田忠良，字正卿，其先平阳赵城人，金亡，徙中山。忠良好学，通儒家、杂家言。尝识太保刘秉忠于微时。秉忠荐于世祖，遣使召至，帝视其状貌步趋，顾谓侍臣曰："是虽以阴阳家进，必将为国用。"俄指西序第二人谓忠良曰："彼手中握何物？"忠良对曰："鸡卵也。"果然。帝喜，又曰："朕有事萦心，汝试占之。"对曰："以臣术推之，当是一名僧病耳。"帝曰："然，国师也。"遂遣左侍仪奉御也先乃送忠良司天台，给笔札，令秉忠试星历、遁甲诸书。秉忠奏曰："所试皆通，司天诸生鲜有及者。"诏官之司天。帝曰："朕用兵江南，困于襄樊，累年不决，奈何？"忠良对曰："在酉年矣。"

至元十一年，阿里海牙奏请率十万众渡江，朝议难之，帝密问曰："汝试筮之，济否？"忠良对曰："济。"帝猎于柳林，御幄殿，侍臣甚众，顾忠良曰："今拜一大将取江南，朕心已定，果何人耶？"忠良环视左右，目一人，对曰："是伟丈夫，可属大事。"帝笑曰："此伯颜也，为西王旭烈兀使，朕以其才留用之，汝识朕心。"赐钞五百贯、衣一袭。七月十五日夜，白气贯三台，帝问何祥，忠良对曰："三公其死乎！"未几，太保刘秉忠卒。八月，帝出猎，驻辇召忠良曰："朕有所遗，汝知何物，还可复得否？"对曰："其数珠乎？明日，二十里外人当有得而来献者。"已而果然。帝喜，赐以貂裘。十月，有旨问忠良："南征将士能渡江否？劳师费财，朕甚忧之。"忠良奏曰："明年正月当奏捷矣。"

十二年正月，师取鄂州，丞相伯颜遣使来献宋宝，有玉香炉，辍以赐忠良，及金织文十匹。二月，帝不豫，召忠良谓曰："或言朕今岁不嘉，汝术云何？"忠良对曰："圣体行自安矣。"三月，帝疾愈，赐银五百两、衣材三十匹。五月，车驾清暑上都，遣使来召曰："叛者浸入山陵，久而不去，汝与和礼霍孙率众往视之。"既至，山陵如故，俄而叛兵大至，围之三匝，三日不解。忠良引众夜归，敌殊不觉，和礼霍孙以为神，白其事于帝，赐黄金十两。八月，以海都为边患，遣皇子北平王那木罕、丞相安童征之，忠良奏曰："不吉，将有叛者。"帝不悦。十二月，诸王昔里吉劫皇子、丞相以入海都，帝召忠良曰："朕几信谗言罪汝，今如汝言，汝祀神致祷，虽黄金朕所不吝。"忠良对曰："无事于神，皇子未年当还。"后果然。十四年八月，车驾驻隆兴北，忠良奏曰："昔里吉之叛，以安童之食不彼及也。今宿卫之士，日食一瓜，岂能充饥，窃有怨言矣。"帝怒，笞主膳二人，俾均其食。十五年三月，汴梁河清三百里，帝曰："宪宗生，河清；朕生，河又清；今河又清，何耶？"忠良对曰："应在皇太子宫矣。"帝语符宝郎董文忠曰："是不妄言，殆有征也。"

十八年，特命为太常丞。少府为诸王昌童建宅于太庙南，忠良往仆其柱，少府奏之，帝问忠良，对曰："太庙前岂诸王建宅所耶？"帝曰："卿言是也。"又奏曰："太庙前无驰道，非礼也。"即敕中书辟道。国制，十月上吉，有事于太庙。或请牲不用牛，忠良奏曰："梁武帝用面为牺牲，后如何耶？"从之。迁太常少卿。二十年，将征日本国，召忠良择日出师，忠良奏曰："僻陋海隅，何足劳天戈。"不听。二十四年，请建太社于朝右，建郊坛于国南。俄兼引进使。二十九年，迁太常卿。

大德元年，迁昭文馆大学士、中奉大夫，兼太常太卿。十一年，成宗崩，阿忽台等持异谋，将以皇后教，祔成宗于庙。忠良争曰："嗣皇帝祔先帝于庙，礼也；皇后教，非制也。"阿忽台等怒曰："制自天降耶？汝不畏死，敢沮大事！"忠良竟不从。既而仁宗以太弟奉皇太后至自怀州，潜与密谋诛阿忽台等。武宗即位，进荣禄大夫、大司徒，赐银印。仁宗即位，又进光禄大夫，领太常礼仪院事。延祐四年正月卒，年七十五。赠推忠守正佐运功臣、太师、开府仪同三司、上柱国，追封赵国公，谥忠献。

子天泽，翰林侍讲学士、嘉议大夫、知制诰兼修国史。

靳德进，其先潞州人，后徙大名。祖璇，业儒。父祥，师事陵川郝温，兼善星历。金末兵乱，与母相失，母悲泣而盲，祥访得之，舐其目，百日复明，人称其孝。国初，玉出干刘敏行省于燕，辟祥置幕下，佩以金符。时藩帅得擅生杀，无辜者多赖祥以免。赠集贤大学士，谥安靖。

德进为人材辨，幼读书，能通大义，父殁，益自刻励，尤精于星历之学。世祖命太保秉忠选太史官属，德进以选授天文、星历、卜筮三科管勾，凡交蚀躔次、六气侵沴，所言休咎辄应。时因天象以进规谏，多所裨益。累迁秘书监，掌司天事。从征叛王乃颜，揆度日时，率中机会。诸将欲剿绝其党，德进独陈天道好生，请缓师以待其降。俄奏言："叛始由惑于妖言，遂谋不轨，宜括天下术士，设阴阳教官，使训学者，仍岁贡有成者一人。"帝从之，遂著为令。

成宗以皇孙抚军北边，帝遣使授皇太子宝，德进预在行，凡攻战取胜，皆豫克期日，无不验者。亦间言事得失，多所裨益。成宗即位，历陈世祖进贤纳谏、咨询治乱之原，帝嘉纳之。授昭文馆大学士，知太史院，领司天台事，赐金带宴服。都城以荻苫廪，或请以瓦易之，帝以问德进，对曰："若是役骤兴，物必踊贵，民力重困，臣愚未见其可。"议遂寝。敕中书自今凡集议政事，必使德进预焉。所建明多见于施行。寻以病丐闲。仁宗时在东宫，特令中书加官以留之。会车驾自上京还，召见白海行宫，授资德大夫、中书右丞，议通政院事。仁宗即位，命领太史院事，力辞不允。以疾卒于位。赠推诚赞治功臣、荣禄大夫、大司徒、柱国、魏国公，谥文穆。子泰，工部侍郎。

张康，字汝安，号明远，潭州湘潭人。祖安厚，父世英。康早孤力学，旁通术数。宋吕文德、江万里、留梦炎皆推重之，辟置幕下。宋亡，隐衡山。至元十四年，世祖遣中丞崔彧祀南岳，就访隐逸。彧兄湖南行省参政崔斌言康隐衡山，学通天文地理。彧还，具以闻，遣使召康，与斌偕至京师。十五年夏四月，至上都见帝，亲试所学，大验，授著作佐郎，仍以内嫔松夫人妻之。凡召对，礼遇殊厚，呼以明远而不名。尝面谕：凡有所问，使极言之。

十八年，康上奏："岁壬午，太一理艮宫，主大将客、参将囚，直符治事，正属燕分。明年春，京城当有盗兵，事干将相。"十九年三月，盗果起京师，杀阿合马等。帝欲征日本，命康以太一推之，康奏曰："南国甫定，民力未苏，且今年太一无算，举兵不利。"从之。尝赐太史院钱，分千贯以与康，不受，众服其廉。久之，乞归田里，优诏不许，迁奉直大夫、秘书监丞。年六十五卒。子天祐。

李杲，字明之，镇人也，世以赀雄乡里。杲幼岁好医药，时易人张元素以医名燕赵间，杲捐千金从之学，不数年，尽传其业。家既富厚，无事于技，操有余以自重，人不敢以医名之。大夫士或病其资性高謇，少所降屈，非危急之疾，不敢谒也。其学于伤寒、痈疽、眼目病为尤长。

北京人王善甫，为京兆酒官，病小便不利，目睛凸出，腹胀如鼓，膝以上坚硬欲裂，饮食且不下，甘淡渗泄之药皆不效。杲谓众医曰："疾深矣。《内经》有之：膀胱者，津液之府，必气化乃出焉。今用渗泄之剂而病益甚者，是气不化也。启玄子云：'无阳者阴无以生，无阴者阳无以化。'甘淡渗泄皆阳药，独阳无阴，其欲化得乎？"明日，以群阴之剂投，不再服而愈。

西台掾萧君瑞，二月中病伤寒发热，医以白虎汤投之，病者面黑如墨，本证不复见，脉沉细，小便不禁。杲初不知用何药，及诊之，曰："此立夏前误用白虎汤之过。白虎汤大寒，非行经之药，止能寒腑藏，不善用之，则伤寒本病隐曲于经络之间。或更以大热之药救之，以苦阴邪，则他证必起，非所以救白虎也。有温药之升阳行经者，吾用之。"有难者曰："白虎大寒，非大热何以救，君之治奈何？"杲曰："病隐于经络间，阳不升则经不行，经行而本证见矣。本证又何难焉。"果如其言而愈。

魏邦彦之妻，目翳暴生，从下而上，其色绿，肿痛不可忍。杲云："翳从下而上，病从阳明来也。绿非五色之正，殆肺与肾合而为病邪。"乃泻肺肾之邪，而以入阳明之药为之使。既效矣，而他日病复作者三，其所从来之经，与翳色各异。乃曰："诸脉皆属于目，脉病则目从之。此必经络不调，经不调，则目病未已也。"问之果然，因如所论而治之，疾遂不作。

冯叔献之侄栎，年十五六，病伤寒，目赤而顿渴，脉七八至，医欲以承气汤下之，已煮药，而杲适从外来，冯告之故。杲切脉，大骇曰："几杀此儿。《内经》有言：'在脉，诸数为热，诸迟为寒。'今脉八九至，是热极也。而《会要大论》云：'病有脉从而病反者何也？脉至而从，按之不鼓，诸阳皆然。'此传而为阴证矣。令持姜、附来，吾当以热因寒用法处之。"药未就而病者爪甲变，顿服者八两，汗寻出而愈。

陕帅郭巨济病偏枯，二指著足底不能伸，杲以长针刺骫中，深至骨而不知痛，出血一二升，其色如墨，又且谬刺之。如此者六七，服药三月，病良已。裴择之妻病寒热，月事不至者数年，已喘嗽矣。医者率以蛤蚧、桂、附之药投之，杲曰："不然，夫病阴为阳所搏，温剂太过，故无益而反害。投以寒血之药，则经行矣。"已而果然。杲之设施多类此。当时之人，皆以神医目之。所著书，今多传于世云。

工　艺

孙威，浑源人。幼沉鸷，有巧思。金贞祐间，应募为兵，以骁勇称。及云中来附，守帅表授义军千户，从军攻潞州，破凤翔，皆有功。善为甲，尝以意制蹄筋翎根铠以献，太祖亲射之，不能彻，大悦。赐名也可兀兰，佩以金符，授顺天安平怀州河南平阳诸路工匠都总管。从攻邠、乾，突战不避矢石，帝劳之曰："汝纵不自爱，独不为吾甲胄计乎！"因命诸将衣其甲者问曰："汝等知所爱重否？"诸将对，皆失旨意。太宗曰："能捍蔽尔辈以与我国家立功者，非威之甲耶！而尔辈言不及此，何也？"复以锦衣赐威。每从战伐，恐民有横被屠戮者，辄以搜简工匠为言，而全活之。岁庚子，卒，年五十八。至大二年，赠中奉大夫、武备院使、神川郡公，谥忠惠。

子拱，为监察御史，后袭顺天安平怀州河南等路甲匠都总管。巧思如其父，尝制甲二百八十袭以献。至元十一年，别制叠盾，其制，张则为盾，敛则合而易持。世祖以为古所未有，赐以币帛。丞相伯颜南征，以甲胄不足，诏诸路集匠民分制。拱董顺天、河间甲匠，先期毕工，且象虎豹异兽之形，各殊其制，皆称旨。十五年，授保定路治中。适岁饥，议开仓赈民，或曰："宜请于朝。"拱曰："救荒事不可缓也，若得请而后发粟以赈之，则民馁死矣。苟见罪，吾自任之。"遂发粟四千五百石以赈饥民。高阳土豪据沙河桥取行者钱，人以为病，拱执而罪之。二十二年，除武备少卿，迁大都路军器人匠总管，升工部侍郎。成宗即位，典朝会供给，赐银百两、织纹段五十匹、帛二十五匹、钞万贯。元贞二年，授大同路总管，兼府尹。大德五年，迁两浙都转运使。盐课旧二十五万引，岁不能足，拱至增五万引，遂为定额。九年，改益都路总管，兼府尹，仍出内府弓矢宝刀赐之。卒于官。赠大司农、神川郡公，谥文庄。

阿老瓦丁，回回氏，西域木发里人也。至元八年，世祖遣使征炮匠于宗王阿不哥，王以阿老瓦丁、亦思马因应诏，二人举家驰驿至京师，给以官舍。首造大炮竖于五门前，帝命试之，各赐衣段。十一年，国兵渡江，平章阿里海牙遣使求炮手匠，命阿老瓦丁往，破潭州、静江等郡，悉赖其力。十五年，授宣武将军、管军总管。十七年，陛见，赐钞五千贯。十八年，命屯田于南京。二十二年，枢密院奉旨，改元帅府为回回炮手军匠上万户府，以阿老瓦丁为副万户。大德四年告老。子富谋只，袭副万户。皇庆元年卒，子马哈马沙袭。

亦思马因，回回氏，西域旭烈人也。善造炮，至元八年与阿老瓦丁至京师。十年，从国兵攻襄阳未下，亦思马因相地势，置炮于城东南隅，重一百五十斤，机发，声震天地，所击无不摧陷，入地七尺。宋安抚吕文焕惧，以城降。既而以功赐银二百五十两，命为回回炮手总管，佩虎符。十一年，以疾卒。子布伯袭职。

时国兵渡江，宋兵陈于南岸，拥舟师迎战，布伯于北岸竖炮以击之，舟悉沉没。后每战用之，皆有功。十八年，佩三珠虎符，加镇国上将军、回回炮手都元帅。明年，改军匠万户府万户。迁刑部尚书，以弟亦不剌金为万户，佩元降虎符，官广威将军。布伯俄进通奉大夫、浙东道宣慰使，赐钞二万五千贯，俾养老焉。

子哈散，荫授昭信校尉、高邮府同知。致和元年八月，枢密院檄亦不剌金所部军匠至京师，赐钞二千五百贯、金绮四端，与马哈马沙造炮。天历二年，以疾卒。子亚古袭。

阿尼哥，尼波罗国人也，其国人称之曰八鲁布。幼敏悟异凡儿，稍长，诵习佛书，期年能晓其义。同学有为绘画妆塑业者，读《尺寸经》，阿尼哥一闻，即能记。长善画塑，及铸金为像。中统元年，命帝师八合斯巴建黄金塔于吐蕃，尼波罗国选匠百人往成之，得八十人，求部送之人未得。阿尼哥年十七，请行，众以其幼，难之。对曰："年幼心不幼也。"乃遣之。帝师一见奇之，命监其役。明年，塔成，请归，帝师勉以入朝，乃祝发受具为弟子，从帝师入见。帝视之久，问曰："汝来大国，得无惧乎？"对曰："圣人子育万方，子至父前，何惧之有。"又问："汝来何为？"对曰："臣家西域，奉命造塔吐蕃，二载而成。见彼土兵难，民不堪命，愿陛下安辑之，不远万里，为生灵而来耳。"又问："汝何所能？"对曰："臣以心为师，颇知画塑铸金之艺。"帝命取明堂针灸铜像示之曰："此宣抚王檝使宋时所进，岁久阙坏，无能修完之者，汝能新之乎？"对曰："臣虽未尝为此，请试之。"至元二年，新像成，关鬲脉络皆备，金工叹其天巧，莫不愧服。凡两京寺观之像，多出其手。为七宝镔铁法轮，车驾行幸，用以前导。原庙列圣御容，织锦为之，图画弗及也。至元十年，始授人匠总管，银章虎符。十五年，有诏返初服，授光禄大夫，大司徒，领将作院事，宠遇赏赐，无与为比。卒，赠太师、开府仪同三司、凉国公、上柱国，谥敏慧。

子六人，曰阿僧哥，大司徒；阿述腊，诸色人匠总管府达鲁花赤。

有刘元者，尝从阿尼哥学西天梵相，亦称绝艺。元字秉元，蓟之宝坻人。始为黄冠，师事青州把道录，传其艺非一。至元中，凡两都名刹，塑土、范金、抟换为佛像，出元手者，神思妙合，天下称之。其上都三皇尤古粹，识者以为造意得三圣人之微者。由是两赐宫女为妻，命以官长其属，行幸必从。仁宗尝敕元非有旨不许为人造他神像。后大都南城作东岳庙，元为造仁圣帝像，巍巍然有帝王之度，其侍臣像，乃若忧深思远者。始元欲作侍臣像，久之未措手，适阅秘书图画，见唐魏征像，矍然曰："得之矣，非若此，莫称为相臣者。"遽走庙中为之，即日成，士大夫观者，咸叹异焉。其所为西番佛像多秘，人罕得见者。元官为昭文馆大学士、正奉大夫、秘书卿，以寿终。抟换者，漫帛土偶上而髹之，已而去其土，髹帛俨然成像云。

卷二百四　　列传第九十一

宦　者

前世宦者之祸尝烈矣，元之初兴，非能有鉴乎古者，然历十有余世，考其乱亡之所由，而初不自阉人出，何哉？盖自太祖选贵臣子弟给事内廷，凡饮食、冠服、书记，上所常御者，各以其职典之，而命四大功臣世为之长，号四怯薛。故天子前后左右，皆世家大臣及其子孙之生而贵者，而宦官之擅权窃政者不得有为于其间。虽或有之，然不旋踵而遂败。此其诒谋，可谓度越前代者矣。如李邦宁者，以亡国阉竖，遭遇世祖，进齿荐绅，遂跻极品，然其言亦有可称者焉。至于朴不花，乃东夷之人，始以西宫同里，因缘柄用，遂与权奸同恶相济，讫底于诛戮，则固有以致之也。用特著之于篇。

李邦宁，字叔固，钱唐人，初名保宁，宋故小黄门也。宋亡，从瀛国公入见世祖，命给事内庭，警敏称上意。令学国书及诸蕃语，即通解，遂见亲任。授御带库提点，升章佩少监，迁礼部尚书，提点太医院事。成宗即位，进昭文馆大学士、太医院使。帝尝寝疾，邦宁不离左右者十余月。武宗立，命为江浙行省平章政事，邦宁辞曰："臣以阉腐余命，无望更生，先朝幸赦而用之，使得承乏中涓，高爵厚禄，荣宠过甚。陛下复欲置臣宰辅，臣何敢当。宰辅者，佐天子共治天下者也，奈何辱以寺人。陛下纵不臣惜，如天下后世何，诚不敢奉诏。"帝大悦，使大臣白其言于太后及皇太子，以彰其善。

帝尝奉皇太后燕大安阁，阁中有故篋，问邦宁曰："此何篋也？"对曰："此世祖贮裘带者。臣闻有圣训曰：'藏此以遗子孙，使见吾朴俭，可为华侈之戒。'"帝命发篋视之，叹曰："非卿言，朕安知之。"时有宗王在侧，遽曰："世祖虽神圣，然啬于财。"邦宁曰："不然。世祖一言，无不为后世法；一予夺，无不当功罪。且天下所入虽富，苟用不节，必致匮乏。自先朝以来，岁赋已不足用，又数会宗藩，资费无算，旦暮不给，必将横敛掊怨，岂美事耶。"太后及帝深然其言。俄加大司徒、尚服院使，遥授丞相，行大司农，领太医院事，阶金紫光禄大夫。

太庙旧尝遣官行事，至是复欲如之，邦宁谏曰："先朝非不欲亲致飨祀，诚以疾废礼耳。今陛下继成之初，正宜开彰孝道，以率先天下，躬祀太室，以成一代之典。循习故弊，非臣所知也。"帝称善。即日备法驾，宿斋宫，且命邦宁为大礼使。礼成，加恩三代：曾祖颐，赠银青光禄大夫、司徒，谥敬懿；祖德懋，赠仪同三司、大司徒，谥忠献；父抣，赠太保、开府仪同三司，谥文穆。

仁宗即位，以邦宁旧臣，赐钞千锭，辞弗受。国学将释奠，敕遣邦宁致祭于文宣王。点视毕，至位立，殿户方辟，忽大风起，殿上及两庑烛尽灭，烛台底铁镈入地尺，无不拔者，邦宁悚息伏地，诸执事者皆伏。良久风定，乃成礼，邦宁因惭悔累日。

初，仁宗为皇太子，丞相三宝奴等用事，畏仁宗英明，邦宁揣知其意，言于武宗曰："陛下富于春秋，皇子渐长，父作子述，古之道也。未闻有子而立弟者。"武宗不悦曰："朕志已定，汝自往东宫言之。"邦宁惭惧而退。仁宗即位，左右咸请诛之，仁宗曰："帝王历数，自有天命，其言何足介怀。"加邦宁开府仪同三司，为集贤院大学士。以疾卒。

朴不花，高丽人，亦曰王不花。皇后奇氏微时，与不花同乡里，相为依倚。及选为宫人，有宠，遂为第二皇后，居兴圣宫，生皇太子爱猷识理达腊。于是不花以阉人入事皇后者有年，皇后爱幸之，情意甚胶固，累迁官至荣禄大夫、资正院使。资正院者，皇后之财赋悉隶焉。

至正十八年，京师大饥疫，时河南北、山东郡县皆被兵，民之老幼男女，避居聚京师，以故死者相枕藉。不花欲要誉一时，请于帝，市地收瘗之，帝赐钞七千锭，中宫及兴圣、隆福两宫，皇太子、皇太子妃，赐金银及他物有差，省院施者无算；不花出玉带一、金带一、银二锭、米三十四斛、麦六斛、青貂银鼠裘各一袭以为费。择地自南北两城抵卢沟桥，掘深及泉，男女异圹，人以一尸至者，随给以钞，舁负相踵。既覆土，就万安寿庆寺建无遮大会。至二十年四月，前后瘗者二十万，用钞二万七千九十余锭、米五百六十余石。又于大悲寺修水陆大会三昼夜，凡居民病者予之药，不能丧者给之棺。翰林学士承旨张翥为文颂其事，曰《善惠之碑》。

于是帝在位久，而皇太子春秋日盛，军国之事，皆其所临决。皇后乃谋内禅皇太子，而使不花喻意于丞相太平，太平不答。二十年，太平乃罢去，而独搠思监为丞相。时帝益厌政，不花乘间用事，与搠思监相为表里，四方警报、将臣功状，皆抑而不闻，内外解体。然根株盘固，气焰薰灼，内外百官趋附之者十九。又宣政院使脱欢，与之同恶相济，为国大蠹。

二十三年，监察御史也先帖木儿、孟也先不花、傅公让等乃劾奏朴不花、脱欢奸邪，当屏黜。御史大夫老的沙以其事闻，皇太子执不下，而皇后庇之尤固，御史乃皆坐左迁。治书侍御史陈祖仁，连上皇太子书切谏之，而台臣大小皆辞职，皇太子乃为言于帝，令二人皆辞退。而祖仁言犹不已，又上皇帝书言："二人乱阶祸本，今不芟除，后必不利。汉、唐季世，其祸皆起此辈，而权臣、藩镇乘之。故千寻之木，吞舟之鱼，其腐败必由于内，陛下诚思之，可为寒心。臣愿俯从台谏之言，将二人特加摈斥，不令以辞退为名，成其奸计。海内皆知陛下信赏必罚，自此二人始，将士孰不效力，寇贼亦皆丧胆，天下可全，而有以还祖宗之旧。若优柔不断，彼恶日盈，将不可制。臣宁饿死于家，誓不与同朝，牵联及祸。"语具《陈祖仁传》。会侍御史李国凤亦上书皇太子，言："不花骄恣无上，招权纳赂，奔竞之徒，皆出其门，骎骎有赵高、张让、田令孜之风，渐不可长，众人所共知之，独主上与殿下未之知耳。自古宦者，近君亲上，使少得志，未有不为国家祸者。望殿下思履霜坚冰之戒，早赐奏闻，投之西夷，以快众心，则纪纲可振。纪纲振，则天下之公论为可畏，法度为不可犯，政治修而百废举矣。"由是帝大怒，国凤、祖仁等亦皆左迁。

时老的沙执其事颇力，皇太子因恶之，而皇后又谮之于内，帝以老的沙母舅故，封为雍王，遣归国。已而复以不花为集贤大学士、崇正院使，皇后之力也。老的沙至大同，遂留孛罗帖木儿军中。是时，搠思监、朴不花方倚扩廓帖木儿为外援，怨孛罗帖木儿匿老的沙不遣，遂诬孛罗帖木儿与老的沙谋不轨。二十四年，诏削其官，使解兵柄归四川。孛罗帖木儿知不出帝意，皆搠思监、朴不花所为，怒不奉诏。宗王不颜帖木儿等为表言其诬枉，而朝廷亦畏其强不可制，复下诏数搠思监、朴不花互相壅蔽簧惑主听之罪，屏搠思监于岭北，窜朴不花于甘肃，以快众愤，而复孛罗帖木儿官爵。然搠思监、朴不花皆留京城，实未尝行。未几，孛罗帖木儿遣秃坚帖木儿以兵向阙，声言清君侧之恶。四月十二日，驻于清河，帝遣达达国师问故，往复者数四，言必得搠思监、朴不花乃退兵。帝度其势不可解，不得已，执两人畀之，其兵乃退。朴不花遂为孛罗帖木儿所杀。事具搠思监、孛罗帖木儿传。

卷二百五　　列传第九十二

奸臣

古之为史者，善恶备书，所以示劝惩也。故孔子修《春秋》，于乱臣贼子之事，无不具载，而楚之史名《梼杌》，皆以戒夫为恶者，使知所惧而不敢肆焉。后世作史者，有酷吏、佞幸、奸臣、叛逆之传，良有以也。元之旧史，往往详于记善，略于惩恶，是盖当时史臣有所忌讳，而不敢直书之尔。然奸巧之徒，挟其才术，以取富贵、窃威福，始则毒民误国而终至于殒身亡家者，其行事之概，亦或散见于实录编年之中，犹有《春秋》之意存焉。谨撮其尤彰著者，汇次而书之，作《奸臣传》，以为世鉴。而叛逆之臣，亦各以类附见云。

阿合马，回回人也。不知其所由进。世祖中统三年，始命领中书左右部，兼诸路都转运使，专以财赋之任委之。

阿合马奏降条画，宣谕各路运司。明年，以河南钧、徐等州俱有铁冶，请给授宣牌，以兴鼓铸之利。世祖升开平府为上都，又以阿合马同知开平府事，领左右部如故。阿合马奏以礼部尚书马月合乃兼领已括户三千，兴煽铁冶，岁输铁一百三万七千斤，就铸农器二十万事，易粟输官者凡四万石。

至元元年正月，阿合马言："太原民煮小盐，越境贩卖，民贪其价廉，竞买食之，解盐以故不售，岁入课银止七千五百两。请自今岁增五千两，无问僧道军匠等户，钧出其赋，其民间通用小盐从便。"是年秋八月，罢领中书左右部，并入中书，超拜阿合马为中书平章政事，进阶荣禄大夫。三年正月，立制国用使司，阿合马又以平章政事兼领使职。久之，制国用使司奏："以东京岁课布疏恶不堪用者，就以市羊于彼。真定、顺天金银不中程者，宜改铸。别怯赤山出石绒，织为布，火不能然，请遣官采取。"又言："国家费用浩繁，今岁自车驾至都，已支钞四千锭，恐来岁度支不足，宜量节经用。"十一月，制国用使司奏："桓州峪所采银矿，已十六万斤，百斤可得银三两、锡二十五斤。采矿所需，鬻锡以给之。"悉从其请。

七年正月，立尚书省，罢制国用使司，又以阿合马平章尚书省事。阿合马为人多智巧言，以功利成效自负，众咸称其能。世祖急于富国，试以行事，颇有成绩。又见其与丞相线真、史天泽等争辨，屡有以诎之，由是奇其才，授以政柄，言无不从，而不知其专愎益甚矣。丞相安童含容久之，言于世祖曰："臣近言尚书省、枢密院、御史台，宜各循常制奏事，其大者从臣等议定奏闻，已有旨俞允。今尚书省一切以闻，似违前奏。"世祖曰："汝所言是。岂阿合马以朕颇信用，敢如是耶！其不与卿议非是，宜如卿所言。"又言："阿合马所用部官，左丞许衡以为多非其人，然已得旨咨请宣付，如不与，恐异日有辞。宜试其能否，久当自见。"世祖然之。五月，尚书省奏括天下户口，既而御史台言，所在捕蝗，百姓劳扰，括户事宜少缓。遂止。

初立尚书省时，有旨："凡铨选各官，吏部拟定资品，呈尚书省，由尚书咨中书闻奏。"至是，阿合马擢用私人，不由部拟，不咨中书。丞相安童以为言，世祖令问阿合马。阿合马言："事无大小，皆委之臣，所用之人，臣宜自择。"安童因请："自今唯重刑及迁上路总管，始属之臣，余事并付阿合马，庶事体明白。"世祖俱从之。八年三月，尚书省再以阅实户口事，奏条画诏谕天下。是岁，奏增太原盐课，以千锭为常额，仍令本路兼领。九年，并尚书省入中书省，又以阿合马为中书平章政事。明年，又以其子忽辛为大都路总管，兼大兴府尹。右丞相安童见阿合马擅权日甚，欲救其弊，乃奏大都路总管以次多不称职，乞选人代之。寻又奏："阿合马、张惠，挟宰相权，为商贾以网罗天下大利，厚毒黎民，困无所诉。"阿合马曰："谁为此言？臣等当与廷辩。"安童进曰："省左司都事周祥，中木取利，罪状明白。"世祖曰："若此者，征毕当显黜之。"既而枢密院奏以忽辛同佥枢密院事，世祖不允曰："彼贾胡事犹不知，况可责以机务耶！"

十二年，伯颜帅师伐宋，既渡江，捷报日至。世祖命阿合马与姚枢、徒单公履、张文谦、陈汉归、杨诚等，议行盐、钞法于江南，及贸易药材事。阿合马奏："枢云：'江南交会不行，必致小民失所。'公履云：'伯颜已尝榜谕交会不换，今亟行之，失信于民。'文谦谓'可行与否，当询伯颜'。汉归及诚皆言：'以中统钞易其交会，何难之有。'"世祖曰："枢与公履，不识事机。朕尝以此问陈岩，岩亦以宋交会速宜更换。今议已定，当依汝言行之。"又奏："北盐药材，枢与公履皆言可使百姓从便贩鬻。臣等以为此事若小民为之，恐紊乱不一。拟于南京、卫辉等路，籍括药材，蔡州发盐十二万斤，禁诸人私相贸易。"世祖曰："善，其行之。"

十二年，阿合马又言："比因军兴之后，减免编民征税，又罢转运司官，令各路总管府兼领课程，以致国用不足。臣以为莫若验户数多寡，远以就近，立都转运司，量增旧额，选廉干官分理其事。应公私铁鼓铸，官为局卖，仍禁诸人毋私造铜器。如此，则民力不屈，而国用充矣。"乃奏立诸路转运司，以亦必烈金、札马剌丁、张暠、富珪、蔡德润、纥石烈亨、阿里和者、完颜迪、姜毅、阿老瓦丁、倒剌沙等为使。有亦马都丁者，以负官银得罪而罢，既死，而所负尚多，中书省奏议裁处。世祖曰："此财谷事，其与阿合马议之。"

十五年正月，世祖以西京饥，发粟万石赈之。又谕阿合马宜广贮积，以备阙乏。阿合马奏："自今御史台非白省，毋擅召仓库吏，亦毋究索钱谷数。及集议中书不至者，罪之。"其沮抑台察如此。四月，中书左丞崔斌奏曰："先以江南官冗，委任非人，遂命阿里等澄汰之。今已显有征验，蔽不以闻，是为罔上。杭州地大，委寄非轻，阿合马溺于私爱，乃以不肖子抹速忽充达鲁花赤，佩虎符，此岂量才授任之道？"又言："阿合马先自陈乞免其子弟之任，乃今身为平章，而子若侄或为行省参政，或为礼部尚书、将作院达鲁花赤、领会同馆，一门悉处要津，自背前言，有亏公道。"有旨并罢黜之。然终不以是为阿合马罪。世祖尝谓淮西宣慰使昂吉儿曰："夫宰相者，明天道，察地理，尽人事，兼此三者，乃为称职。阿里海牙、麦术丁等，亦未可为相，回回人中，阿合马才任宰相。"其为上所称道如此。

十六年四月，中书奏立江西榷茶运司，及诸路转运盐使司、宣课提举司。未几，以忽辛为中书右丞。明年，中书省奏："阿塔海、阿里言，今立宣课提举司，官吏至五百余员。左丞陈岩、范文虎等言其扰民，且侵盗官钱。乞罢之。"阿合马奏："昨有旨籍江南粮数，屡移文取索，不以实上。遂与枢密院、御史台及廷臣诸老集议，谓设立运司，官多俸重，宜诸路立提举司，都省、行省各委一人任其事。今行省未尝委人，即请罢之，乃归咎臣等。然臣所委人，有至者仅两月，计其侵用凡千一百锭，以彼所管四年较之，又当几何？今立提举司，未及三月而罢，岂非恐彼奸弊呈露，故先自言以绝迹耶？宜令御史台遣能臣同往，凡有非法，具以实闻。"世祖曰："阿合马所言是，其令台中选人以往。若己能自白，方可责人。"

阿合马尝奏宜立大宗正府。世祖曰："此事岂卿辈所宜言，乃朕事也。然宗正之名，朕未之知，汝言良是，其思之。"阿合马欲理算江淮行省平章阿里伯、右丞燕帖木儿立行省以来一切钱谷，奏遣不鲁合答儿、刘思愈等往检核之，得其擅易命官八百员，自分左右司官，及铸造铜印等事，以闻。世祖曰："阿里伯等何以为辞？"阿合马曰："彼谓行省昔尝铸印矣。臣谓昔以江南未定，故便宜行之，今与昔时事异。又擅支粮四十七万石，奏罢宣课提举司及中书遣官理算，征钞万二千锭有奇。"二人竟以是就戮。

时阿合马在位日久，益肆贪横，援引奸党郝祯、耿仁，骤升同列，阴谋交通，专事蒙蔽，逋赋不蠲，众庶流移，京兆等路岁办课至五万四千锭，犹以为未实。民有附郭美田，辄取为已有。内通货贿，外示威刑，廷中相视，无敢论列。有宿卫士秦长卿者，慨然上书发其奸，竟为阿合马所害，毙于狱。事见长卿传。

十九年三月，世祖在上都，皇太子从。有益都千户王著者，素志疾恶，因人心愤怨，密铸大铜锤，自誓愿击阿合马首。会妖僧高和尚，以秘术行军中。无验而归，诈称死，杀其徒，以尸欺众，逃去，人亦莫知。著乃与合谋，以戊寅日，诈称皇太子还都作佛事，结八十余人，夜入京城。旦遣二僧诣中书省，令市斋物，省中疑而讯之，不伏。及午，著又遣崔总管矫传令旨，俾枢密副使张易发兵若干，以是夜会东宫前。易莫察其伪，即令指挥使颜义领兵俱往。著自驰见阿合马，诡言太子将至，令省官悉候于宫前。阿合马遣右司郎中脱欢察儿等数骑出关，北行十余里，遇其众，伪太子者责以无礼，尽杀之，夺其马，南入健德门。夜二鼓，莫敢何问，至东宫前，其徒皆下马，独伪太子者立马指挥，呼省官至前，责阿合马数语，著即牵去，以所袖铜锤碎其脑，立毙。继呼左丞郝祯至，杀之。囚右丞张惠。枢密院、御史台、留守司官皆遥望，莫测其故。尚书张九思自宫中大呼，以为诈，留守司达鲁花赤博敦，遂持梃前，击立马者坠地，弓矢乱发，众奔溃，多就禽。高和尚等逃去，著挺身请囚。中丞也先帖木儿驰奏世祖，时方驻跸察罕脑儿，闻之震怒，即日至上都。命枢密副使孛罗、司徒和礼霍孙、参政阿里等驰驿至大都，讨为乱者。庚辰，获高和尚于高梁河。辛巳，孛罗等至都。壬午，诛王著、高和尚于市，皆醢之，并杀张易。著临刑大呼曰："王著为天下除害，今死矣，异日必有为我书其事者。"

阿合马死，世祖犹不深知其奸，令中书毋问其妻子。及询孛罗，乃尽得其罪恶，始大怒曰："王著杀之，诚是也。"乃命发墓剖棺，戮尸于通玄门外，纵犬啖其肉。百官士庶，聚观称快。子侄皆伏诛，没入其家属财产。其妾有名引住者，籍其藏，得二熟人皮于柜中，两耳具存，一阉竖专掌其扃鐍，讯问莫知为何人，但云"诅咒时，置神座其上，应验甚速"。又以绢二幅，画甲骑数重，围守一幄殿，兵皆张弦挺刃内向，如击刺之为者。画者陈其姓。又有曹震圭者，尝推算阿合马所生年月。王台判者，妄引图谶。皆言涉不轨。事闻，敕剥四人者皮以徇。

卢世荣，大名人也。阿合马专政，世荣以贿进，为江西榷茶运使，后以罪废。阿合马死，朝廷之臣讳言财利事，皆无以副世祖裕国足民之意。有桑哥者，荐世荣有才术，谓能救钞法，增课额，上可裕国，下不损民。世祖召见，奏对称旨。至元二十一年十一月辛丑，召中书省官与世荣廷辨，论所当为之事，右丞相和礼霍孙等守正不挠，为强词所胜，与右丞麦术丁，参政张雄飞、温迪罕皆罢，复起安童为右丞相，以世荣为右丞，而左丞史枢，参政不鲁迷失海牙、撒的迷失，参议中书省事拜降，皆世荣所荐也。

世荣既骤被显用，即日奉旨中书整治钞法，遍行中外，官吏奉法不虔者，加以罪。翌日，同右丞相安童奏："窃见老幼疾病之民，衣食不给，行乞于市，非盛世所宜见。宜官给衣粮，委各路正官提举其事。"又奏怀孟竹园、江湖鱼课及襄淮屯田事。越三日，安童奏："世荣所陈数事，乞诏示天下。"世祖曰："除给丐者衣食外，并依所陈。"乃下诏云："金银系民间通行之物，自立平准库，禁百姓私相买卖，今后听民间从便交易。怀孟诸路竹货，系百姓栽植，有司拘禁发卖，使民重困，又致南北竹货不通；今罢各处竹监，从民货卖收税。江湖鱼课，已有定例，长流采捕，贫民恃以为生，所在拘禁，今后听民采用。军国事务往来，全资站驿，马价近增，又令各户供使臣饮食，以致疲弊，今后除驿马外，其余官为支给。"既而中书省又奏："盐每引十五两，国家未尝多取，欲便民食。今官豪诡名罔利，停货待价，至一引卖八十贯，京师亦百二十贯，贫者多不得食。议以二百万引给商，一百万引散诸路，立常平盐局，或贩者增价，官平其直以售，庶民用给，而国计亦得。"世祖从之。

世荣居中书未十日，御史中丞崔彧言其不可为相，大忤旨，下彧吏按问，罢职。世荣言："京师富豪户酿酒酤卖，价高味薄，且课不时输，宜一切禁罢，官自酤卖。"明年正月壬午，世祖御香殿，世荣奏："臣言天下岁课钞九十三万二千六百锭之外，臣更经画，不取于民，裁抑权势所侵，可增三百万锭。初未行下，而中外已非议，臣请与台院面议上前行之。"世祖曰："不必如此，卿但言之。"世荣奏："古有榷酤之法，今宜立四品提举司，以领天下之课，岁可得钞千四百四十锭。自王文统诛后，钞法虚弊，为今之计，莫若依汉、唐故事，括铜铸至元钱，及制绫券，与钞参行。"因以所织绫券上之。世祖曰："便益之事，当速行之。"

又奏："于泉、杭二州立市舶都转运司，造船给本，令人商贩，官有其利七，商有其三。禁私泛海者，拘其先所蓄宝货，官买之；匿者，许告，没其财，半给告者。今国家虽有常平仓，实无所畜。臣将不费一钱，但尽禁权势所擅产铁之所，官立炉鼓铸为器鬻之，以所得利合常平盐课，籴粟积于仓，待贵时粜之，必能使物价恒贱，而获厚利。国家虽立平准，然无晓规运者，以致钞法虚弊，诸物踊贵。宜令各路立平准周急库，轻其月息，以贷贫民，如此，则贷者众，而本且不失。又，随朝官吏增俸，州郡未及，可于各都立市易司，领诸牙侩人，计商人物货，四十分取一，以十为率，四给牙侩，六为官吏俸。国家以兵得天下，不藉粮馈，惟资羊马，宜于上都、隆兴等路，以官钱买币帛易羊马于北方，选蒙古人牧之，收其皮毛筋角酥酪等物，十分为率，官取其八，二与牧者。马以备军兴，羊以充赐予。"帝曰："汝先言数事皆善，固当速行。此事亦善，祖宗时亦欲行之而不果，朕当思之。"世荣因奏曰："臣之行事，多为人所怨，后必有谮臣者，臣实惧焉，请先言之。"世祖曰："汝言皆是，惟欲人无言者，安有是理。汝无防朕，饮食起居间可自为防。疾足之犬，狐不爱焉，主人岂不爱之？汝之所行，朕自爱也，彼奸伪者则不爱耳。汝之职分既定，其无以一二人从行，亦当谨卫门户。”遂谕丞相安童增其从人，其为帝所倚眷如此。

又十有余日，中书省请罢行御史台，其所隶按察司隶内台。又请随行省所在立行枢密院。世祖曰：“行院之事，前日已议，由阿合马任智自私，欲其子忽辛行省兼兵柄而止。汝今行之，于事为宜。”明日，奏升六部为二品。又奏令按察司总各路钱谷，择干济者用之，其刑名事上御史台，钱谷由部申省。世祖曰：“汝与老臣共议，然后行之可也。”二月辛酉，御史台奏：“中书省请罢行台，改按察为提刑转运司，俾兼钱谷。臣等窃惟：初置行台时，朝廷老臣集议，以为有益，今无所损，不可辄罢。且按察司兼转运，则纠弹之职废。请右丞相复与朝廷老臣集议。”得旨如所请。壬戌，御史台奏：“前奉旨，令臣等议罢行台及兼转运事。世荣言按察司所任，皆长才举职之人，可兼钱谷。而廷臣皆以为不可，彼所取人，臣不敢止，惟言行台不可罢者，众议皆然。”世祖曰：“世荣以为何如？”奏曰：“欲罢之耳。”世祖曰：“其依世荣言。”中书省奏立规措所，秩五品，所司官吏，以善贾者为之。世祖曰：“此何职？”世荣对曰：“规画钱谷者。”遂从之。又奏：“天下能规运钱谷者，向日皆在阿合马之门，今籍录以为污滥，此岂可尽废。臣欲择其通才可用者，然惧有言臣用罪人。”世祖曰：“何必言此，可用者用之。”遂以前河间转运使张弘纲、撒都丁、不鲁合散、孙桓，并为河间、山东等路都转运盐使。其他擢用者甚众。

世荣既以利自任，惧怨之者众，乃以九事说世祖诏天下：其一，免民间包银三年；其二，官吏俸免民间带纳；其三，免大都地税；其四，江淮民失业贫困、鬻妻子以自给者，所在官为收赎，使为良民；其五，逃移复业者，免其差税；其六，乡民造醋者，免收课；其七，江南田主收佃客租课，减免一分；其八，添支内外官吏俸五分；其九，定百官考课升擢之法。大抵欲以释怨要誉而已，世祖悉从之。

既而又奏：“立真定、济南、江淮等处宣慰司兼都转运使司，以治课程，仍立条例，禁诸司不得追摄管课官吏，及遣人辄至办课处沮扰，按察司不得检察文卷。”又奏：“大都酒课，日用米千石，以天下之众比京师，当居三分之二，酒课亦当日用米二千石。今各路但总计日用米三百六十石而已，其奸欺盗隐如此，安可不禁。臣等已责各官增旧课二十倍，后有不如数者，重其罪。”皆从之。三月庚子，世荣奏以宣德、王好礼并为浙西道宣慰使。世祖曰：“宣德，人多言其恶。”世荣奏：“彼入状中书，能岁办钞七十五万锭，是以令往。”从之。四月，世荣奏曰：“臣伏蒙圣眷，事皆委臣。臣愚以为今日之事，如数万顷田，昔无田之者，草生其间。臣今创田之，已耕者有焉，未耕者有焉，或才播种，或既生苗，然不令人守之，为物蹂践，则可惜也。方今丞相安童，督臣所行，是守田者也。然不假之以力，则田者亦徒劳耳。守田者假之力矣，而天不雨，则亦终无成。所谓天雨者，陛下与臣添力是也。惟陛下怜臣。”世祖曰：“朕知之矣。”令奏行事之目，皆从之。

世荣居中书才数月，恃委任之专，肆无忌惮，视丞相犹虚位也。左司郎中周戭与世荣稍不合，坐以废格诏旨，奏而杀之，朝中凛凛。监察御史陈天祥上章劾之，大概言其“苛刻诛求，为国敛怨，将见民间凋耗，天下空虚。考其所行与所言者，已不相副：始言能令钞法如旧，弊今愈甚；始言能令百物自贱，今百物愈贵；始言课程增至三百万锭，不取于民，今迫胁诸路，勒令如数虚认而已；始言令民快乐，今所为无非扰民之事。若不早为更张，待其自败，正犹蠹虽除而木已病矣”。世祖时在上都，御史大夫玉速帖木儿以其状闻，世祖始大悟，即日遣唆都八都儿、秃剌帖木儿等还大都，命安童集诸司官吏、老臣、儒士，及知民间事者，同世荣听天祥弹文，仍令世荣、天祥同赴上都。

壬戌，御史中丞阿剌帖木儿、郭佑，侍御史白秃剌帖木儿，参政撒的迷失等，以世荣所伏罪状奏曰：“不白丞相安童，支钞二十万锭。擅升六部为二品。效李璮令急递铺用红青白三色囊转行文字。不与枢密院议，调三行省万二千人置济州，委漕运使陈柔为万户管领。以沙全代万户宁玉戍浙西吴江。用阿合马党人潘杰、冯珪为杭、鄂二行省参政，宣德为杭州宣慰，余分布中外者众。以钞虚，闭回易库，民间昏钞不可行。罢白酵课，立野面、木植、磁器、桑枣、煤炭、匹段、青果、油坊诸牙行。调出县官钞八十六万余锭。”丞相安童言：“世荣昔奏，能不取于民岁办钞三百万锭，令钞复实，诸物悉贱，民得休息，数月即有成效。今已四阅月，所行不符所言，钱谷出者多于所入，引用俭人，紊乱选法。”翰林学士赵孟传等，亦以为“世荣初以财赋自任，当时人情不敢预料，将谓别有方术，可以增益国用。及今观之，不过如御史所言。更张之机，正在今日。若复恣其所行，为害非细”。阿剌帖木儿同天祥等与世荣对于世祖前，一一款伏。遣忽都带儿传旨中书省，命丞相安童与诸老臣议，世荣所行，当罢者罢之，更者更之，所用人实无罪者，朕自裁处。遂下世荣于狱。十一月乙未，世祖问忽剌出曰：“汝于卢世荣有何言？”对曰：“近汉人新居中书者，言世荣款伏，罪无遗者，狱已竟矣，犹日养之，徒费廪食。”有旨诛世荣，刲其肉以食禽獭。

桑哥，胆巴国师之弟子也。能通诸国言语，故尝为西蕃译史。为人狡黠豪横，好言财利事，世祖喜之。及后贵幸，乃讳言师事胆巴而背之。至元中，擢为总制院使。总制院者，掌浮图氏之教，兼治吐蕃之事。御史台尝欲以章闾为按察使，世祖曰：“此人桑哥尝言之。”及卢世荣见用，亦由桑哥之荐。中书省尝令李留判者市油，桑哥自请得其钱市之，司徒和礼霍孙谓非汝所宜为，桑哥不服，至与相殴，且谓之曰：“与其使汉人侵盗，曷若与僧寺及官府营利息乎？”乃以油万斤与之。桑哥后以所营息钱进，和礼霍孙曰：“我初不悟此也。”一日，桑哥在世祖前论和雇和买事，因语及此，世祖益喜，始有大任之意。尝有旨令桑哥具省臣姓名以进，廷中有所建置，人才进退，桑哥咸与闻焉。

二十四年闰二月，复置尚书省，遂以桑哥与铁木儿为平章政事。诏告天下，改行中书省为行尚书省，六部为尚书六部。三月，更定钞法，颁行至元宝钞于天下，中统钞通行如故。桑哥尝奉旨检核中书省事，凡校出亏欠钞四千七百七十锭、昏钞一千三百四十五锭，平章麦术丁即自伏，参政杨居宽微自辩，以为实掌铨选，钱谷非所专。桑哥令左右拳其面，因问曰："既典选事，果无黜陟失当者乎？"寻亦引服。参议伯降以下，凡钩考违惰耗失等事，及参议王巨济尝言新钞不便忤旨，各款伏。遣参政忻都奏闻，世祖令丞相安童与桑哥共议，且谕："毋令麦术丁等他日得以胁问诬伏为辞，此辈固狡狯人也。"数日，桑哥又奏："鞫中书参政郭佑，多所逋负，尸位不言，以疾为托。臣谓中书之务，隳惰如此，汝力不能及，何不告之蒙古大臣，故殴辱之，今已款服。"世祖命穷诘之。佑与居宽后皆弃市，人咸冤焉。台吏王良弼，尝与人议尚书省政事，又言："尚书钩校中书，不遗余力，他日我曹得发尚书奸利，其诛籍无难。"桑哥闻之，捕良弼至，与中书台院札鲁忽赤鞫问，款服，谓此曹诽谤，不诛无以惩后。遂诛良弼，籍其家。有吴德者，尝为江宁县达鲁花赤，求仕不遂，私与人非议时政，又言："尚书今日核正中书之弊，他日复为中书所核，汝独不死也耶？"或以告桑哥，亟捕德按问，杀之，没其妻子入官。

桑哥尝奏以沙不丁遥授江淮行省左丞，乌马儿为参政，依前领泉府、市舶两司，拜降福建行省平章。既得旨，乃言于世祖曰："臣前言，凡任省臣与行省官，并与丞相安童共议。今奏用沙不丁、乌马儿等，适丞相还大都，不及通议，臣恐有以前奏为言者。"世祖曰："安童不在，朕，若主也。朕已允行，有言者，其令朕前言之。"

时江南行台与行省，并无文移，事无巨细，必咨内台呈省闻奏。桑哥以其往复稽留误事，宜如内台例，分呈各省。又言："按察司文案，宜从各路民官检核，递相纠举。且自太祖时有旨，凡临官事者互相觉察，此故事也。"从之。

十月乙酉，世祖遣谕旨翰林诸臣："以丞相领尚书省，汉、唐有此制否？"咸对曰："有之。"翌日，左丞叶李以翰林、集贤诸臣所对奏之，且言："前省官不能行者，平章桑哥能之，宜为右丞相。"制曰"可"。遂以桑哥为尚书右丞相，兼总制院使，领功德使司事，进阶金紫光禄大夫。于是桑哥奏以平章铁木儿代其位，右丞阿剌浑撒里升平章政事，叶李迁右丞，参政马绍升左丞。

十一月，桑哥言："臣前以诸道宣慰司及路府州县官吏，稽缓误事，奉旨遣人遍笞责之。今真定宣慰使速哥、南京宣慰使答失蛮，皆勋贤旧臣之子，宜取圣裁。"敕罢其任。明年正月，以甘肃行尚书省参政铁木哥无心任事，又不与协力，奏乞牙带代之。未几，又以江西行尚书省平章政事忽都铁木儿不职，奏而罢之。兵部尚书忽都答儿不勤其职，桑哥殴罢之而后奏，世祖曰："若此等不罢，汝事何由得行也。"万亿库有旧牌条七千余条，桑哥言岁久则腐，宜析而他用。赐诸王出伯银二万五千两、币帛万匹，载以官驴，至则并以为赐。桑哥言："不若以驴载玉而回。"世祖甚然之。其欲以小利结知如此。

漕运司达鲁花赤怯来，未尝巡察沿河诸仓，致盗诈腐败者多，桑哥议以兵部侍郎塔察儿代之。自立尚书省，凡仓库诸司，无不钩考，先摘委六部官，复以为不专，乃置征理司，以治财谷之当追者。时桑哥以理算为事，毫分缕析，入仓库者，无不破产，及当更代，人皆弃家而避之。十月，桑哥奏："湖广行省钱谷，已责平章要束木自首偿矣。外省欺盗必多，乞以参政忻都、户部尚书王巨济、参议尚书省事阿散、山东西道提刑按察使何荣祖、札鲁忽赤秃忽鲁、泉府司卿李佑、奉御吉丁、监察御史戎益、佥枢密院事崔彧、尚书省断事官燕真、刑部尚书安祐、监察御史伯颜等十二人，理算江淮、江西、福建、四川、甘肃、安西六省，每省各二人，特给印章与之。省部官既去，事不可废，拟选人为代，听食元俸。理算之间，宜给兵以备使令，且以为卫。"世祖皆从之。

当是时，天下骚然，江淮尤甚，而谀佞之徒，方且讽都民史吉等为桑哥立石颂德，世祖闻之曰："民欲立则立之，仍以告桑哥，使其喜也。"于是翰林制文，题曰《王公辅政之碑》。桑哥又以总制院所统西蕃诸宣慰司，军民财谷，事体甚重，宜有以崇异之，奏改为宣政院，秩从一品，用三台银印。世祖问所用何人，对曰："臣与脱因。"于是命桑哥以开府仪同三司、尚书右丞相兼宣政使，领功德使司事，脱因同为使。世祖尝召桑哥谓曰："朕以叶李言，更至元钞，所用者法，所贵者信，汝无以楮视之，其本不可失，汝宜识之。"

二十六年，桑哥请钩考甘肃行尚书省、及益都淄莱淘金总管府，佥省赵仁荣、总管明里等，皆以罪罢。世祖幸上都，桑哥言："去岁陛下幸上都，臣日视内帑诸库，今岁欲乘小舆以行，人必窃议。"世祖曰："听人议之，汝乘之可也。"桑哥又奏："近委省臣检责左右司文簿，凡经监察御史稽照者，遗逸尚多。自今当令监察御史即省部稽照，书姓名于卷末，苟有遗逸，易于归罪。仍命侍御史坚童视之，失则连坐。"世祖从之，乃笞监察御史四人。是后监察御史赴省部者，掾令史与之抗礼，但遣小吏持文簿置案而去，监察御史遍阅之，而台纲废矣。参政忻都既去，寻召赴阙。以户部尚书王巨济专任理算，江淮省左丞相忙兀带总之。

闰十月，《桑哥辅政碑》成，树于省前，楼覆其上而丹雘之。桑哥言："国家经费既广，岁入恒不偿所出，以往岁计之，不足者余百万锭。自尚书省钩考天下财谷，赖陛下福，以所征补之，未尝敛及百姓。臣恐自今难用此法矣。何则？仓库可征者少，而盗者亦鲜矣，臣忧之。臣愚以为盐课每引今直中统钞三十贯，宜增为一锭；茶每引今直五贯，宜增为十贯；酒醋税课，江南宜增额十万锭，内地五万锭。协济户十八万，自入籍至今十三年，止输半赋，闻其力已完，宜增为全赋。如此，则国用庶可支，臣等免于罪矣。"世祖曰："如所议行之。"

桑哥既专政，凡铨调内外官，皆由于己，而其宣敕，尚由中书，桑哥以为言，世祖乃命自今宣敕并付尚书省。由是以刑爵为货而贩之，咸走其门，入贵价以买所欲。贵价入，则当刑者脱，求爵者得，纲纪大坏，人心骇愕。

二十八年春，世祖畋于漷北，也里审班及也先帖木儿、彻里等，劾奏桑哥专权黩货。时不忽木出使，三遣人趣召之至，觐于行殿，世祖以问，不忽木对曰："桑哥壅蔽聪明，紊乱政事，有言者即诬以他罪而杀之。今百姓失业，盗贼蜂起，召乱在旦夕，非亟诛之，恐为陛下忧。"留守贺伯颜亦尝为世祖陈其奸欺。久而言者益众，世祖始决意诛之。

二月，世祖谕大夫月儿鲁曰："屡闻桑哥沮抑台纲，杜言者之口；又尝捶挞御史。其所罪者何事，当与辨之。"桑哥等持御史李渠等已刷文卷至，令侍御史杜思敬等勘验辨论，往复数四，桑哥等辞屈。明日，帝驻跸大口，复召御史台暨中书、尚书两省官辨论。尚书省执卷奏曰："前浙西按察使只必，因监烧钞受赃至千锭，尝檄台征之，二年不报。"思敬曰："文之次第，尽在卷中，今尚书省拆卷持对，其弊可见。"速古儿赤阇里抱卷至前奏曰："用朱印以封纸缝者，防欺弊也。若辈为宰相，乃拆卷破印与人辨，是教吏为奸，当治其罪。"世祖是之。责御史台曰："桑哥为恶，始终四年，其奸赃暴著非一，汝台臣难云不知。"中丞赵国辅对曰："知之。"世祖曰："知而不劾，自当何罪？"思敬等对曰："夺官追俸，惟上所裁。"数日不决。大夫月儿鲁奏："台臣久任者当斥罢，新者存之。"乃仆《桑哥辅政碑》，下狱究问。至七月，乃伏诛。

平章要束木者，桑哥之妻党，在湖广时，正月朔日，百官会行省，朝服以俟。要束木召至其家，受贺毕，方诣省望阙，贺如常仪。又阴召卜者有不轨言。至是，中书列其罪以闻，世祖命械致湖广，即其省戮之。

铁木迭儿者，木儿火赤之子也。尝逮事世祖。成宗大德间，同知宣徽院事，兼通政院使。武宗即位，为宣徽使。至大元年，由江西行省平章政事拜云南行省左丞相。居二载，擅离职赴阙，尚书省奏，奉旨诘问，寻以皇太后旨，得贷罪还职。明年正月，武宗崩，仁宗在东宫，以丞相三宝奴等变乱旧章，诛之。用完泽及李孟为中书平章政事，锐欲更张庶务。而皇太后在兴圣宫，已有旨，召铁木迭儿为中书右丞相。逾月，仁宗即位，因遂相之。及幸上都，命铁木迭儿留守大都。平章完泽等奏："故事，丞相留治京师者，出入得张盖。今右丞相铁木迭儿大都居守，时方盛暑，请得张盖如故事。"许之。是年冬，制赠铁木迭儿曾祖唆海翊运宣力保大功臣、太尉，谥武烈；祖不怜吉带推诚保德定远功臣、太尉，谥忠武；父木儿火赤推忠佐理同德功臣、太师，谥忠贞。并开府仪同三司、上柱国，追封归德王。

皇庆元年三月，铁木迭儿奏："臣误蒙圣恩，擢任中书，年衰且病，虽未能深达政体，思竭忠力，以图报效，事有创行，敢不自勉，前省弊政，方与更新。钦惟列圣相承，混一区宇，日有万几，若非整饬，恐致解弛。继今朝夕视事，左右司六部官有不尽心者，当论决，再不悛者，黜勿叙，其有托故侥幸他职者，亦不叙。"仁宗是其言。既而以病去职。

延祐改元，丞相哈散奏："臣非世勋族姓，幸逢陛下为宰相，如丞相铁木迭儿，练达政体，且尝监修国史，乞授其印，俾领翰林国史院，军国重务，悉令议之。"仁宗曰："然。卿其启诸皇太后。与之印，大事必使预闻。"遂拜开府仪同三司、监修国史、录军国重事。居数月，复拜中书右丞相，合散为左丞相。铁木迭儿奏："蒙陛下怜臣，复擢为首相，依阿不言，诚负圣眷。比闻内侍隔越奏旨者众，倘非禁止，致治实难。请敕诸司，自今中书政务，毋辄干预。又往时富民，往诸蕃商贩，率获厚利，商者益众，中国物轻，蕃货反重。今请以江浙右丞曹立领其事，发舟十纲，给牒以往，归则征税如制，私往者没其货。又，经用不给，苟不预为规画，必至愆误。臣等集诸老议，皆谓动钞本，则钞法愈虚；加赋税，则毒流黎庶；增课额，则比国初已倍五十矣。惟预买山东、河间运使来岁盐引，及各冶铁货，庶可以足今岁之用。又，江南田粮，往岁虽尝经理，多未核实。可始自江浙，以及江东、西，宜先事严限格、信罪赏，令田主手实顷亩状入官，诸王、驸马、学校、寺观亦令如之；仍禁私匿民田，贵戚势家，毋得沮挠。请敕台臣协力以成，则国用足矣。"仁宗皆从之。寻遣使者分行各省，括田增税，苛急烦扰，江右为甚，致赣民蔡五九作乱宁都，南方骚动，远近惊惧，乃罢其事。

明年，铁木迭儿奏："天下庶务，虽统于中书，而旧制，省臣亦分领之。请以钱帛、钞法、刑名，委平章李孟、左丞阿卜海牙、参政赵世延等领之。其粮储、选法、造作、驿传，委平章张驴、右丞萧拜住、参政曹从革等领之。"得旨如所请。七月，诏谕中外，命右丞相铁木迭儿总宣政院事。十月，进位太师。十一月，大宗正府奏："累朝旧制，凡议重刑，必决于蒙古大臣，今宜听于太师右丞相。"从之。

铁木迭儿既再入中书，居首相，怙势贪虐，凶秽滋甚。于是萧拜住自御史中丞为中书右丞，寻拜平章政事，稍牵制之。而杨朵儿只自侍御史拜中丞，慨然以纠正其罪为己任。上都富人张弼杀人系狱，铁木迭儿使家奴胁留守贺伯颜，使出之，伯颜持正不可挠。而朵儿只已廉得丞相所受张弼赂有显征，乃与拜住及伯颜奏之："内外监察御史凡四十余人，共劾铁木迭儿桀黠奸贪，阴贼险狠，蒙上罔下，蠹政害民，布置爪牙，威詟朝野，凡可以诬陷善人、要功利己者，靡所不至。取晋王田千余亩、兴教寺后壖园地三十亩、卫兵牧地二十余亩。窃食郊庙供祀马。受诸王合儿班答使人钞十四万贯，宝珠玉带氍毹币帛又计钞十余万贯。受杭州永兴寺僧章自福赂金一百五十两。取杀人囚张弼钞五万贯。且既已位极人臣，又领宣政院事，以其子八里吉思为之使。诸子无功于国，尽居贵显。纵家奴陵虐官府，为害百端。以致阴阳不和，山移地震，灾异数见，百姓流亡，己乃恬然略无省悔。私家之富，又在阿合马、桑哥之上。四海疾怨已久，咸愿车裂斩首，以快其心。如蒙早加显戮，以示天下，庶使后之为臣者，知所警戒。"奏既上，仁宗震怒，有诏逮问，铁木迭儿匿兴圣近侍家，有司不得捕。仁宗不乐者数日，又恐诚出皇太后意，不忍重伤咈之，乃仅罢其相位而已。铁木迭儿家居未逾年，又起为太子太师，中外闻之，莫不惊骇。参政赵世延为御史中丞，率诸御史论其不法数十事，而内外御史论其不可辅导东宫者又四十余人。然以皇太后故，终不能明正其罪。

明年正月辛丑，仁宗崩。越四日，铁木迭儿以皇太后旨，复入中书为右丞相。又逾月，英宗犹在东宫，铁木迭儿宣太后旨，召萧拜住与朵儿只至徽政院，与徽政院使失里门、御史大夫秃忒哈杂问之，责以前违太后旨，令伏罪。即起入奏，遽称旨，执二人弃市。是日，白昼晦冥，都人恟惧。

英宗将行即位礼，铁木迭儿恒病足，中书省启："祖宗以来，皇帝登极，中书率百官称贺，班首惟上所命。"英宗曰："其以铁木迭儿为之。"既即位，铁木迭儿即奏委平章王毅、右丞高昉等征理在京仓库所贮粮，亏七十八万石，责偿于仓官及监临出内者。所贡币帛纰缪者，责偿于本处官吏之董其事者。仍立程严督，违者杖之。五月，英宗在上都，铁木迭儿嫉留守贺伯颜素不附己，乃奏其以便服迎诏为不敬，下五府杂治，竟杀之。都民为之流涕。赵世延时为四川行省平章政事，铁木迭儿怒其昔尝论己，方入相时，即从东宫启英宗遣人逮捕之。世延未至，铁木迭儿使讽世延，啖以美官，令告引同时异己者，世延不肯从。至是，坐以违诏不敬，令法司穷治，请置极刑。英宗曰："彼罪在赦前，所宜释免。"铁木迭儿对曰："昔世延与省台诸人谋害老臣，请究其姓名。"英宗曰："事皆在赦前矣，又焉用问。"后数日，又奏世延当处死罪，又不允。有司承望风旨，锻炼欲使自裁，世延终无所屈，赖英宗素闻其忠良，得免于死。

铁木迭儿恃其权宠，乘间肆毒，睚眦之私，无有不报。英宗觉其所谮毁者，皆先帝旧人，滋不悦其所为，乃任拜住为左丞相，委以心腹。铁木迭儿渐见疏外，以疾死于家。御史盖继元、宋翼，言其上负国恩，下失民望，生逃显戮，死有余辜。乃命毁所立碑，追夺其官爵及封赠制书，籍没其家。

子班丹，知枢密院事，寻以赃败，不叙；锁南，尝为治书侍御史，其后铁失弑英宗，锁南以逆党伏诛。

哈麻，字士廉，康里人。父秃鲁，母为宁宗乳母，秃鲁以故封冀国公，加太尉，阶金紫光禄大夫。哈麻与其弟雪雪，早备宿卫，顺帝深眷宠之。而哈麻有口才，尤为帝所亵幸，累迁官为殿中侍御史。雪雪累官集贤学士。帝每即内殿，与哈麻以双陆为戏，一日，哈麻服新衣侍侧，帝方啜茶，即噀茶于其衣。哈麻视帝曰："天子固当如是耶！"帝一笑而已。其被爱幸，无与为比。由是哈麻声势日盛，自藩王戚里，皆遗赂之。寻以谋害脱脱，出贬南安，召入为礼部尚书，俄迁同知枢密院事。至正初，脱脱为丞相，其弟也先帖木儿为御史大夫，哈麻日趋附其兄弟之门。会脱脱去相位，而别儿怯不花为丞相，与脱脱有旧怨，颇欲中伤之，哈麻每于帝前力营护之，以故得免。

初，别儿怯不花与太平、韩嘉纳、秃满迭儿等十人结为兄弟，情好甚密。及别儿怯不花既罢，九年，太平为左丞相，韩嘉纳为御史大夫，乃谋黜哈麻，讽监察御史斡勒海寿，列其罪恶劾奏之：其小罪，则受宣让王等驼马诸物；其大者，则设帐房于御幄之后，无君臣之分。又，恃以提调宁徽寺为名，出入脱忽思皇后宫闱无间，犯分之罪尤大。宁徽寺者，掌脱忽思皇后钱粮，而脱忽思皇后，帝庶母也。哈麻知御史有所言，先已于帝前析其非罪，事皆太平、韩嘉纳所摭拾。及韩嘉纳以御史所言奏，帝大怒，斥弗纳。明日，章再上，帝不得已，仅夺哈麻、雪雪官职，居之草地。而斡勒海寿为陕西廉访副使，于是太平罢为翰林学士承旨，韩嘉纳罢为宣政使，寻出为江浙行省平章政事。有顷，脱忽思皇后泣诉帝，谓御史所劾哈麻事为侵己，帝益怒，乃诏夺海寿官，屏归田里，禁锢之。已而脱脱复为丞相，也先帖木儿复为御史大夫，而谪太平居陕西，而加韩嘉纳以赃罪，杖流奴儿干以死。别儿怯不花既罢，犹出居般阳，而秃满迭儿自中书右丞出为四川右丞，亦诬以罪，追至中道杀之。已而哈麻复见召用，而脱脱兄弟尤德之。

十二年八月，哈麻拜中书添设右丞。明年正月，正除右丞。时脱脱方信任汝中柏，由郎中为参议中书，自平章政事以下，见其议事，皆唯唯而已。独哈麻性刚决，与之论，数不合，汝中柏因谮哈麻于脱脱。八月，出哈麻为宣政院使，又位居第三，哈麻由是深衔脱脱。

初，哈麻尝阴进西天僧以运气术媚帝，帝习为之，号演揲儿法。演揲儿，华言大喜乐也。哈麻之妹婿集贤学士秃鲁帖木儿，故有宠于帝，与老的沙、八郎、答剌马吉的、波迪哇儿祃等十人，俱号倚纳。秃鲁帖木儿性奸狡，帝爱之，言听计从，亦荐西蕃僧伽璘真于帝。其僧善秘密法，谓帝曰："陛下虽尊居万乘，富有四海，不过保有见世而已。人生能几何，当受此秘密大喜乐禅定。"帝又习之，其法亦名双修法。曰演揲儿，曰秘密，皆房中术也。帝乃诏以西天僧为司徒，西蕃僧为大元国师。其徒皆取良家女，或四人、或三人奉之，谓之供养。于是帝日从事于其法，广取女妇，惟淫戏是乐。又选采女为十六天魔舞。八郎者，帝诸弟，与其所谓倚纳者，皆在帝前相与亵狎，甚至男女裸处，号所处室曰皆即兀该，华言事事无碍也。君臣宣淫，而群僧出入禁中，无所禁止，丑声秽行，著闻于外，虽市井之人，亦恶闻之。皇太子年日以长，尤深疾秃鲁帖木儿等所为，欲去之未能也。

十四年秋，脱脱领大军讨高邮，哈麻乘间遂复入中书为平章政事。脱脱之出师也，以汝中柏为治书侍御史，俾辅也先帖木儿。汝中柏累言哈麻必当屏斥，不然必为后患，而也先帖木儿不从。哈麻知之，恐终不自保，因诉于皇后奇氏曰："皇太子既立，而册宝及郊庙之礼不行者，脱脱兄弟之意也。"皇后既颇信之，哈麻复与汪家奴之子桑哥实里、也先帖木儿之客明理明古谮诸皇太子。会也先帖木儿移疾家居，于是监察御史袁赛因不花等即承望哈麻风指，奏劾也先帖木儿罪恶，章凡三上，而帝始允，诏收御史台印，令也先帖木儿出都门听旨。而遂以知枢密院事汪家奴为御史大夫。寻降诏数脱脱老师费财之罪，即军中夺其兵柄，安置淮安。既而脱脱、也先帖木儿皆就贬逐以死，并籍其家赀人口，而以所籍也先帖木儿者赐哈麻。十五年四月，雪雪由知枢密院事拜御史大夫。五月，哈麻遂拜中书左丞相，国家大柄，尽归其兄弟二人矣。

明年二月，哈麻既为相，自以前所进番僧为耻，告其父秃鲁曰："我兄弟位居宰辅，宜导人主以正，今秃鲁帖木儿专媚上以淫亵，天下士大夫必讥笑我，将何面目见人，我将除之。且上日趋于昏暗，何以治天下。今皇太子年长，聪明过人，不若立以为帝，而奉上为太上皇。"其妹闻之，归告其夫。秃鲁帖木儿恐皇太子为帝，则己必先见诛，即以闻于帝，然不敢斥言淫亵事，第曰"哈麻谓陛下年老故耳"。帝大惊曰："朕头未白，齿未落，遽谓我为老耶！"帝即与秃鲁帖木儿谋去哈麻、雪雪，计已定，秃鲁帖木儿走匿尼寺中。明日，帝遣使传旨哈麻与雪雪，毋早入朝，其家居听旨。御史大夫搠思监因劾奏哈麻与雪雪罪恶，帝曰："哈麻、雪雪兄弟二人虽有罪，然侍朕日久，且与朕弟懿璘质班皇帝实同乳，可姑缓其罚，令其出征。"已而中书右丞相定住、平章政事桑哥失里复纠劾哈麻、雪雪之罪不已，乃命其兄弟出城受诏，遂诏哈麻于惠州安置，雪雪于肇州安置。比行，俱杖死。哈麻既死，仍籍其家财，也先帖木儿所封之库藏，其封识固未尝启也。哈麻兄弟宠幸方固，而一旦遽见废外，人皆谓帝怒其谮害脱脱兄弟之故，而不知其罪盖由于不轨。其兄弟之死，人无恤之者。

搠思监，怯烈氏，野先不花之孙，亦怜真之子也。早岁，性宽厚，简言语，皆以远大之器期之。泰定初，袭长宿卫，为必阇赤怯薛官。至顺二年，除内八府宰相。元统初，出为福建宣慰使都元帅。居三年，通达政治，威惠甚著。后至元三年，拜江浙行中书省参知政事。国用所倚，海运为重，是岁，搠思监被命督其役，措置有方，所漕米三百余万石，悉达京师，无耗折者。六年，擢湖北道肃政廉访使，未行，改江浙行省右丞。福建盐法久坏，诏搠思监往究其私鬻、盗鬻及出纳之弊，至则悉廉得其利病，为罢行之。

至正元年，改山东肃政廉访使，寻召拜中政使。明年正月，除陕西行台御史中丞。三月，复为中政使。八月，调太府卿。四年，拜中书参知政事，寻升右丞。六年，迁御史中丞，遂除翰林学士承旨，俄复为中丞。又由资政使迁宣徽使。九年，除大宗正府也可扎鲁火赤，宗王国人咸称其明果。寻复入中书为右丞。十年正月，升平章政事，阶光禄大夫。十一年十一月，拜御史大夫，进银青荣禄大夫。十二年四月，复为中书平章，从丞相脱脱平徐州有功。十三年，复拜御史大夫，寻又为中书平章。十四年九月，奉命率师讨贼淮南，身先士卒，面中流矢不为动。十五年，迁陕西行省平章，复召还，拜知枢密院事。俄复拜中书平章，兼大司农分司，提调大都留守司及屯田事。一日，入侍，帝见其面有箭瘢，深叹闵焉。进为首平章。十六年，复迁御史大夫。四月，遂拜中书左丞相，明年五月，进右丞相。十八年，加太保，诏封其曾祖孛鲁海为云王，祖也先不花为瀛王，父亦怜真为冀王。

是时天下多故，日已甚，外则军旅烦兴，疆宇日蹙；内则帑藏空虚，用度不给；而帝方溺于娱乐，不恤政务。于是搠思监居相位久，无所匡救，而又公受贿赂，贪声著闻，物议喧然。是年冬，监察御史燕赤不花劾奏搠思监任用私人朵列及妾弟崔完者帖木儿印造伪钞，事将败，令朵列自杀以灭口。搠思监乃请谢事，解机务，诏止收其印绶。而御史答里麻失里、王彝言不已，帝终不听也。会辽阳贼势张甚，明年，遂起为辽阳行省左丞相，未行。二十年三月，复拜中书右丞相，仍降诏谕天下。

时帝益厌政，而宦者资正院使朴不花乘间用事为奸利，搠思监因与结构相表里，四方警报及将臣功状，皆壅不上闻。孛罗帖木儿、扩廓帖木儿各拥强兵于外，以权势相轧，衅隙遂成。搠思监与朴不花党于扩廓帖木儿，而诬孛罗帖木儿以非罪。二十四年三月，帝因下诏削夺其官爵，且命扩廓帖木儿以兵讨之。而宗王不颜帖木儿、秃坚帖木儿等皆称兵与孛罗帖木儿合，表言其无罪。于是帝为降诏曰："自至正十一年妖贼窃发，属尝选命将相，分任乃职，视同心膂，凡厥庶政，悉以委之。岂期搠思监、朴不花夤缘为奸，互相壅蔽，以致在外宣力之臣，因而解体；在内忠良之士，悉陷非辜。又复奋其私仇，诬构孛罗帖木儿、老的沙等同谋不轨。朕以信任之专，失于究察，遂调兵往讨。孛罗帖木儿已尝陈词，而乃寝匿不行。今宗王不颜帖木儿等，仰畏明威，远来控诉，以表其情，朕为恻然兴念，而搠思监、朴不花犹饰虚词，簧惑朕听。其以搠思监屏诸岭北，朴不花窜之甘肃，以快众愤。孛罗帖木儿等，悉与改正，复其官职。"然诏书虽下，而搠思监、朴不花仍留京师。四月，孛罗帖木儿乃遣秃坚铁木儿称兵犯阙，必得搠思监、朴不花乃已。帝不得已，缚二人畀之，遂皆为孛罗铁木儿所杀。已而监察御史复奏言："搠思监矫杀丞相太平，盗用钞板，私家草诏，任情放选，鬻狱卖官，费耗库藏，居庙堂前后十数年，使天下八省之地，悉致沦陷。乃误国之奸臣，究其罪恶，大赦难原。曩者，奸臣阿合马之死，剖棺戮尸，搠思监之罪，视阿合马为有过。今其虽死，必剖棺戮尸为宜。"有旨从之。而台臣言犹不已，遂复没其家产，而窜其子宣徽使观音奴于远方。

怯烈氏四世为丞相者八人，世臣之家，鲜与比盛。而搠思监早有才望，及居相位，人皆仰其有为，遭时多事，顾乃守之以懦，济之以贪，遂使天下至于乱亡而不可为。论者谓元之亡，搠思监之罪居多云。

卷二百六　　列传第九十三

叛　臣

李璮，小字松寿，潍州人，李全子也。或曰璮本衢州徐氏子，父尝为扬州司理参军，全盖养之为子云。太祖十六年，全叛宋，举山东州郡归附，太师、国王孛鲁承制拜全山东淮南楚州行省，而以其兄福为副元帅。太宗三年，全攻宋扬州，败死，璮遂袭为益都行省，仍得专制其地。朝廷数征兵，辄诡辞不至。宪宗七年，又调其兵赴行在，璮亲诣帝言曰："益都乃宋航海要津，分军非便。"帝然之，命璮归取涟海数州。璮遂发兵攻拔涟水相连四城，大张克捷之功。

中统元年，世祖即位，加璮江淮大都督。璮言："近获生口，知宋调兵将攻涟水。且谍见许浦、射阳湖舟舰相望，势欲出胶西，向益都，请缮城堑以备。"诏出金符十、银符五授璮，以赏将士有功者，且赐银三百锭，降诏奖谕。蒙古、汉军之在边者，咸听节制。璮复扬言："宋吕文德合淮南兵七万五千，来攻涟水，且规筑堡以临我。及得贾似道、吕文德书，辞甚悖傲。知朝廷近有内顾之忧，必将肆志于我。乞选将益兵，臣当帅先渡淮，以雪慢书之辱。"执政得奏，谕以“朝廷方通和议，边将惟当固封圉。且南人用间，其诈非一，彼既不至，毋或妄动”。璮乃上言：“臣所领益都，土旷人稀，自立海州，今八载，将士未尝释甲，转挽未尝息肩，民力凋耗，莫甚斯时。以一路之兵，抗一敌国，众寡不侔，人所共患。赖陛下神武，既克涟、海二州，复破夏贵、孙虎臣十余万之师。然臣岂敢恃此必敌人之不再至哉！且宋人今日西无掣肘，宜得并力而东。若以水陆缀涟，而遣舟师遵海以北，捣胶、莱之虚，然后帅步骑直指沂、莒、滕、峄，则山东非我有矣，岂可易视而不为备哉。臣昨追敌至淮安，非不能乘胜取扬、楚，徒以执政止臣，故臣不敢深入。若以枣阳、唐、邓、陈、蔡诸军攻荆山，取寿、泗，以亳、宿、徐、邳诸军，合臣所统兵，攻扬、楚，则两淮可定。两淮既定，则选兵以取江南，自守以宽民力，将无施不可，此上策也。”因上将校冯泰等功第状，诏以益都官银分赏之。

二年正月，璮言于行中书省，以宋人聚兵粮数十万，列舰万三千艘于许浦，以侵内郡，而宣抚司转输不继，恐一旦水陆道绝，缓急莫报。请选精骑，倍道来援，表里协攻，乘机深入，江淮可图也。既而来献涟水捷，诏复奖谕，仍给金符十七、银符二十九，增赐将士。庚寅，璮辄发兵修益都城堑，且报宋人来攻涟水。诏遣阿术、哈剌拔都、爱仙不花等悉兵赴之，仍谕度宜益兵赴调。璮遂请节制诸道所集兵马，且请给兵器，中书议与矢三万，诏给矢十万。

三年四月，又以宋贾似道诱总管张元、张进等书来上。盖璮专制山东者三十余年，其前后所奏凡数十事，皆恫疑虚喝，挟敌国以要朝廷，而自为完缮益兵计，其谋亦深矣。初以其子彦简质于朝，而潜为私驿，自益都至京师质子营。至是，彦简遂用私驿逃归。璮遂反，以涟、海三城献于宋，歼蒙古戍兵，引麾下具舟舰，还攻益都。甲午，入之，发府库以犒其党，遂寇蒲台。民闻璮反，皆入保城郭，或奔窜山谷，由是自益都至临淄数百里，寂无人声。

癸卯，帝闻璮反，遂下诏暴其罪。甲辰，命诸军讨璮。己酉，以璮故，戮中书平章王文统。壬子，璮盗据济南。癸酉，命史枢、阿术帅师赴济南。璮帅众出掠辎重，将及城，官军邀击，大败之，斩首四千级，璮退保济南。五月庚申，筑环城围之；甲戌，围合。璮自是不得复出，犹日夜拒守，取城中子女赏将士，以悦其心；且分军就食民家，发其盖藏以继，不足，则家赋之盐，令以人为食。至是，人情溃散，璮不能制，各什伯相结，缒城以出。璮知城且破，乃手刃爱妾，乘舟入大明湖，自投水中。水浅不得死，为官军所获，缚至诸王合必赤帐前。丞相史天泽言：“宜即诛之，以安人心。”遂与蒙古军官囊家并诛焉。

王文统，字以道，益都人也。少时读权谋书，好以言撼人。遍干诸侯，无所遇，乃往见李璮。璮与语，大喜，即留置幕府，命其子彦简师事之，文统亦以女妻璮。由是军旅之事，咸与谘决，岁上边功，虚张敌势，以固其位，用官物树私恩，取宋涟、海二郡，皆文统谋也。

世祖在潜藩，访问才智之士，素闻其名。及即位，厉精求治，有以文统为荐者，亟召用之。乃立中书省，以总内外百司之政，首擢文统为平章政事，委以更张庶务。建元为中统，诏谕天下，立十路宣抚司，示以条格，欲差发办而民不扰，盐课不失常额，交钞无致阻滞。寻诏行中书省造中统元宝交钞，立互市于颍州、涟水、光化军。是年冬，初行中统交钞，自十文至二贯文，凡十等，不限年月，诸路通行，税赋并听收受。

明年二月，世祖在开平，召行中书省事祃祃与文统，亲率各路宣抚使俱赴阙。世祖自去秋亲征叛王阿里不哥于北方，凡民间差发、宣课盐铁等事，一委文统等裁处。及振旅还宫，未知其可否何若，且以往者急于用兵，事多不暇讲究，所当振其纪纲者，宜在今日。故召文统等至，责以成效，用游显、郑鼎、赵良弼、董文炳等为各路宣抚司，复以所议条格诏谕各路，俾遵行之。未几，又诏谕宣抚司，并达鲁花赤管民官、课税所官，申严私盐、酒醋、曲货等禁。

文统为人忌刻，初立中书时，张文谦为左丞。文谦素以安国利民自负，故凡讲论建明，辄相可否，文统积不能平，思有以陷之，文谦竟以本职行大名等路宣抚司事而去。时姚枢、窦默、许衡，皆世祖所敬信者，文统讽世祖授枢为太子太师，默为太子太傅，衡为太子太保，外佯尊之，实不欲使朝夕备顾问于左右也。默尝与王鹗及枢、衡俱侍世祖，面诋文统曰：“此人学术不正，必祸天下，不可处以相位。”世祖曰：“若是，则谁可为者？”默以许衡对，世祖不怿而罢。鹗尝请以右丞相史天泽监修国史，左丞相耶律铸监修《辽史》，文统监修《金史》。世祖曰：“监修阶衔，俟修史时定之。”

又明年二月，李璮反，以涟、海三城献于宋。先是，其子彦简，由京师逃归，璮遣人白之中书。及反书闻，人多言文统尝遣子荛与璮通音耗。世祖召文统问之曰：“汝教璮为逆，积有岁年，举世皆知之。朕今问汝所策云何，其悉以对。”文统对曰：“臣亦忘之，容臣悉书以上。”书毕，世祖命读之，其间有曰：“蝼蚁之命，苟能存全，保为陛下取江南。”世祖曰：“汝今日犹欲缓颊于朕耶？”会璮遣人持文统三书自洺水至，以书示之，文统始错愕骇汗。书中有“期甲子”语，世祖曰：“甲子之期云何？”文统对曰：“李璮久蓄反心，以臣居中，不敢即发，臣欲告陛下缚璮久矣，第缘陛下加兵北方，犹未靖也。比至甲子，犹可数年，臣为是言，姑迟其反期耳。”世祖曰：“无多言。朕拔汝布衣，授之政柄，遇汝不薄，何负而为此？”文统犹枝辞傍说，终不自言“臣罪当死”，乃命左右斥去，始出就缚。犹召窦默、姚枢、王鹗、僧子聪及张柔等至，示以前书曰：“汝等谓文统当得何罪？”文臣皆言“人臣无将，将而必诛”。柔独疾声大言曰：“宜剐！”世祖又曰：“汝同辞言之。”诸臣皆曰：“当死。”世祖曰：“渠亦自服朕前矣。”

文统乃伏诛。子荛并就戮。诏谕天下曰：“人臣无将，垂千古之彝训；国制有定，怀二心者必诛。何期辅弼之僚，乃蓄奸邪之志。平章政事王文统，起由下列，擢置台司，倚付不为不深，待遇不为不厚，庶收成效，以底丕平。焉知李璮之同谋，潜使子荛之通耗。迩者获亲书之数幅，审其有反状者累年，宜加肆市之诛，以著滔天之恶。已于今月二十三日，将反臣王文统并其子荛，正典刑讫。於戏！负国恩而谋大逆，死有余辜；处相位而被极刑，时或未喻。咨尔有众，体予至怀。”然文统虽以反诛，而元之立国，其规模法度，世谓出于文统之功为多云。

阿鲁辉帖木儿，灭里大王之裔也。初，太宗生七子，而灭里位第七。世祖既定天下，乃大封宗亲为王，灭里其一也。灭里生脱忽，脱忽生俺都剌，俺都剌生秃满，至大元年，始封阳翟王，赐金印螭纽，俾镇北藩。秃满传曲春，曲春传太平，太平传帖木儿赤，而阿鲁辉帖木儿袭其封。

会兵起汝、颍，天下皆震动，帝屡诏宗王，以北方兵南讨。阿鲁辉帖木儿知国事已不可为，乃乘间拥众数万，屯于木儿古兀彻之地，而胁宗王以叛。且遣使来言于帝曰："祖宗以天下付汝，汝何故失其太半？盍以国玺授我，我当自为之。"帝闻，神色自若，徐曰："天命有在，汝欲为则为之。"于是降诏开谕，俾其悔罪。阿鲁辉帖木儿不听。乃命知枢密院事秃坚帖木儿等击之。行至称海，起哈剌赤万人为军。其人素不习为兵，而一旦驱之使战，既阵，兵犹未接，皆脱其号衣，奔阿鲁辉帖木儿军中，秃坚帖木儿军遂败绩，单骑还上都。至正二十一年，更命少保、知枢密院事老章以兵十万击之，且俾阿鲁辉帖木儿之弟忽都帖木儿从征军中，遂大败其众。阿鲁辉帖木儿遂谋东遁。其部将脱欢知其势穷，乃与宗王囊加、玉枢虎儿吐华擒阿鲁辉帖木儿送阙下，帝命诛之。于是加老章太傅，脱欢知辽阳行枢密院事，仍以忽都帖木儿袭封阳翟王，而宗王囊加等，悉议加封。寻又诏加封老章和宁王，以岭北行省丞相知行枢密院事，俾镇北藩云。

卷二百七　列传第九十四

逆　臣

铁失者，当英宗即位之初，以翰林学士承旨、宣徽院使为太医院使。未逾月，特命领中都威卫指挥使。明年，改元至治，有珍珠燕服之赐。三月，特授光禄大夫、御史大夫，仍金虎符、忠翊侍卫亲军都指挥使，依前太医院使。英宗尝御鹿顶殿，谓铁失曰："徽政虽隶太皇太后，朕视之与诸司同，凡簿书宜悉令御史检核。"既而又命领左右阿速卫。冬十月，英宗亲祀太庙，以中书左丞相拜住为亚献官，铁失为终献官。

明年冬十月，江南行台御史大夫脱脱以疾请于朝，未得旨辄去职，铁失奏罢之，杖六十七，谪居云南。治书侍御史锁南，铁木迭儿之子也，罢为翰林侍讲学士，铁失奏复其职，英宗不允。十二月，铁失以御史大夫、忠翊亲军都指挥使、左右卫阿速亲军都指挥使、太医院使，兼领广惠司事。

英宗尝谓台臣曰："朕深居九重，臣下奸贪，民生疾苦，岂能周知，故用卿等为耳目。曩者，铁木迭儿贪蠹无厌，汝等拱默不言，其人虽死，宜籍其家，以惩后也。"又明年正月，申命大夫铁失，振举台纲，诏谕中外。既而御史台请降旨开言路，英宗曰："言路何尝不开，但卿等选人未当尔。朕知向所劾者，率因宿怨，罗织成狱，加之以罪，遂玷其人，终身不得伸。监察御史尝举八思吉思可任大事，未几以贪墨伏诛。若此者，言路选人当乎，否乎？"时铁木迭儿既死，罪恶日彰，英宗委任拜住为右丞相，振立纪纲，修举废坠，以进贤退不肖为急务。铁失以奸党不自安，潜蓄异图。

秋八月癸亥，英宗自上都南还，驻跸南坡。是夕，铁失与知枢密院事也先铁木儿、大司农失秃儿、前中书平章政事赤斤铁木儿、前云南行省平章政事完者、前治书侍御史锁南、铁失之弟宣徽使锁南、典瑞院使脱火赤、枢密副使阿散、佥书枢密院事章台、卫士秃满，及诸王按梯不花、孛罗、月鲁铁木儿、曲律不花、兀鲁思不花等，以铁失所领阿速卫兵为外应，杀右丞相拜住，而铁失直犯禁幄，手弑英宗于卧所。九月四日，晋王即位，铁失及其党皆伏诛。

孛罗帖木儿，答失八都鲁之子也。从父讨贼，屡立战功，其语见父传。父既殁，孛罗帖木儿引兵退驻井陉口。至正十八年正月，命孛罗帖木儿为河南行省平章政事，仍总领其父元管诸军。三月，击刘福通于卫辉，走之，进克濮州。四月，屯兵真定。六月，自武安由彭城邀截沙刘等，败之。九月，命统领诸军夹攻曹州。十月，遣参政匡福统苗军自西门入，孛罗帖木儿自北门入，四门并进，克复曹州，擒杀伪官武宰相、仇知院，获伪印信金牌等物。

十九年二月，过代州，收山东溃将孟本周诸军。三月，诏孛罗帖木儿移兵至大同，置大都督兵农司，专督屯种，以孛罗帖木儿领之。当月领兵丰州、云内，与关先生战，关军奔溃。时有杨诚者，据蔚州，六月，诏遣平章月鲁不花、枢密同知八剌火者，督兵捕之，七月，围其城。俄有旨，命回兵。十一月，再命剿捕。二十年正月，孛罗帖木儿追诚至飞狐县东关，诚弃军遁，降其溃卒，回驻大同。二月，除中书平章政事。三月，命讨上都程思忠，兵次兴和，思忠奔溃。七月，击败田丰伪将王士诚于台州。诏总领一应达达、汉人诸军，便宜行事。八月，命守石岭关以北，察罕帖木儿守石岭关以南。九月，孛罗帖木儿欲得冀宁，遣兵自石岭关直趋围其城，三日，复退屯交城。十月，诏孛罗帖木儿守冀宁，遣保保、殷兴祖、高脱因倍道趋之，守者不纳。察罕帖木儿遣锁住、陈秉直以兵来争，孛罗帖木儿部将脱列伯战败之。二十一年正月，命平章答失帖木儿、参政七十往谕解之，孛罗帖木儿罢兵还镇。九月，命孛罗帖木儿于保定以东、河间以南屯田。二十二年二月，伪平章左李遣杨荣祖至大同降。三月，孛罗帖木儿遣裨将也速不花等招兵五万，戍大同。升孛罗帖木儿太尉、中书平章，位居第一。张良弼来受节制，李思齐遣兵攻良弼于武功，良弼伏兵大破之。

二十三年十月，孛罗帖木儿复南侵扩廓帖木儿所守地，遂据真定。初，朝廷既黜御史大夫老的沙，安置东胜州，帝别遣宦官密谕孛罗帖木儿，令留军中。而皇太子累遣官索之，孛罗帖木儿匿不发。二十四年正月，孛罗帖木儿阴使人杀其叔父左丞亦只儿不花，佯为不知，往吊不哭。朝廷知其跋扈，又以匿老的沙事，三月辛卯，诏罢孛罗帖木儿兵权，四川安置。孛罗帖木儿杀使者，拒命，遣部将会秃坚帖木儿提兵犯阙，扬言索右丞相搠思监、资正院使朴不花二人。

先是，朝廷立卫屯田，尝命中书右丞也先不花提督，与秃坚帖木儿分院之地相近，因扰及其亲里。构成嫌隙，也先不花乃谮秃坚帖木儿诋毁朝政，孛罗帖木儿与秃坚帖木儿相友善，且知其诬，遣人白其非罪。皇太子以孛罗帖木儿握兵跋扈，今乃与秃坚帖木儿交通，又匿不轨之臣，遂与丞相搠思监议，请诏削其官，分其兵授四川省丞相察罕不花领之。孛罗帖木儿谓非帝意，故不听命，举兵助秃坚帖木儿。

四月壬寅，入居庸。乙巳，至清河列营，将犯阙。帝遣达达国师、蛮子院使往问故，乃命屏搠思监于岭北，窜朴不花于甘肃，实执送与之。庚戌，秃坚帖木儿自健德门入，见帝延春阁，恸哭请罪，帝赐宴慰勉，诏赦其罪。仍以孛罗帖木儿为太保、中书平章，兼知枢密院事，守御大同；以秃坚帖木儿为中书平章政事。辛亥，孛罗帖木儿还大同，皇太子恚怒不已，再征扩廓帖木儿兵，保障京师。五月，诏扩廓帖木儿总兵，调诸道军分讨大同。扩廓帖木儿自其父察罕帖木儿在时，与孛罗帖木儿连年相仇杀，朝廷累命官讲和，二军已还兵，各守其地。至是，扩廓帖木儿乃大发兵，诸道夹攻大同，调麾下锁住守护京师，兵不满万，以其部下青军杨同佥守居庸，扩廓帖木儿自将至太原，调督诸军。

七月，孛罗帖木儿率兵，与秃坚帖木儿、老的沙等复犯阙，京师震骇。丙戌，皇太子亲统兵迎于清河，丞相也速、詹事不兰奚军于昌平。也速军士无斗志，青军杨同佥被杀于居庸，不兰奚战败走，皇太子亦驰入城。丁亥夜，锁住胁东宫官僚从太子出奔太原。戊子，孛罗帖木儿兵至，驻健德门外，欲追袭皇太子，老的沙力止之。三人入见帝宣文阁，泣拜诉冤，帝亦为之泣，乃赐宴。庚寅，就命孛罗帖木儿太保、中书左丞相，老的沙中书平章政事，秃坚帖木儿御史大夫。部属将士，布列台省，总揽国柄。八月壬寅，诏加孛罗帖木儿开府仪同三司、上柱国、录军国重事、太保、中书右丞相，节制天下军马。数月间，诛狎臣秃鲁帖木儿、波迪哇儿祃等，罢三宫不急造作，沙汰宦官，减省钱粮，禁西番僧人佛事。数遣使请皇太子还朝，使至太原，拘留不报。

二十五年，皇太子在外，日夜谋除内难，承制调遣岭北、甘肃、辽阳、陕西及扩廓帖木儿等军，进讨孛罗帖木儿。孛罗帖木儿怒，出皇后于外，幽置百日。遣秃坚帖木儿率军讨上都附皇太子者，调也速南御扩廓帖木儿军。也速次良乡不进，而归永平，遣人西连太原，东连辽阳，军声大振。孛罗帖木儿患之，遣骁将姚伯颜不花统兵出御，至通州，河溢，营虹桥以待。也速出其不意，袭而破之，擒姚伯颜，杀之。孛罗帖木儿大恐，自将出通州，三日大雨而还。孛罗帖木儿先尝以自疑杀其将保安，既又失姚伯颜，郁郁不乐，乃日与老的沙饮宴，荒淫无度，酗酒杀人，喜怒不测，人皆畏忌。威顺王子和尚，受帝密旨，与徐士本谋，结勇士上都马、金那海、伯颜达儿、帖古思不花、火儿忽达、洪宝宝等，阴图刺之。七月乙酉，值秃坚帖木儿遣人来告上都之捷，孛罗帖木儿起入奏，行至延春阁李树下，伯颜达儿自众中奋出，斫孛罗帖木儿，中其脑，上都马及金那海等竞前斫死。老的沙伤额，趋出，得马，走其家，拥孛罗帖木儿母妻及其子天宝奴北遁。有旨令民间尽杀其部党。明日，遣使函孛罗帖木儿首级往太原，诏皇太子还朝。诸道兵闻诏，罢归。九月，皇太子朝京师。十二月，获秃坚帖木儿、老的沙，皆伏诛。

卷二百八　列传第九十五

外夷一

高丽

高丽本箕子所封之地，又扶余别种尝居之。其地东至新罗，南至百济，皆跨大海，西北度辽水接营州，而靺鞨在其北。其国都曰平壤城，即汉乐浪郡。水有出靺鞨之白山者，号鸭渌江，而平壤在其东南，因恃以为险。后辟地益广，并古新罗、百济、高句丽三国而为一。其主姓高氏，自初立国至唐乾封初而国亡。垂拱以来，子孙复封其地，后稍能自立。至五代时，代主其国迁都松岳者，姓王氏，名建。自建至焘凡二十七王，历四百余年未始易姓。

入元，太祖十一年，契丹人金山、元帅六哥等领众九万余窜入其国。十二年九月，攻拔江东城据之。十三年，帝遣哈只吉、札剌等领兵征之。国人洪大宣诣军中降，与哈只吉等同攻围之。高丽王（名缺）奉牛酒出迎王师，且遣其枢密院使、吏部尚书、上将军、翰林学士承旨赵冲共讨灭六哥。札剌与冲约为兄弟。冲请岁输贡赋，札剌曰："尔国道远，难于往来，每岁可遣使十人入贡。"十二月，札剌移文取兵粮，送米一千斛。十四年正月，遣其权知阁门祇候尹公就、中书注书崔逸以结和牒文送札剌行营，札剌遣使报之。高丽王以其侍御史朴时允为接伴使迎之。帝又遣蒲里侪也持诏往谕之，高丽王迎拜设宴。九月，皇太弟、国王及元帅合臣、副元帅札剌等各以书遣宣差大使庆都忽思等十人趣其入贡，寻以方物进。十五年九月，大头领官堪古苦、着古欤等复以皇太弟、国王书趣之，仍进方物。十六年七月，有旨，谕以伐女直事，始奉表陈贺。八月，着古欤使其国。十月，喜速不瓜等继使焉。十七年十月，诏遣着古欤等十二人至其国，察其纳款之实。十八年八月，宣差山术斛等十二人复以皇太弟、国王书趣其贡献。十九年二月，着古欤等复使其国；十二月，又使焉，盗杀之于途，自是连七岁绝信使矣。

太宗三年八月，命撒礼塔征其国，国人洪福源迎降于军，得福源所率编民千五百户，旁近州郡亦有来师者。撒礼塔即与福源攻未附州郡，又使阿儿秃与福源抵王京，招其主王瞮，瞮遣其弟怀安公王侹请和，许之。置京、府、县达鲁花赤七十二人监之，遂班师。十一月，元帅蒲桃、迪巨、唐古等领兵至其王京，瞮遣使奉牛酒迎之。十二月一日，复遣使劳元帅于行营。明日，其使人与元帅所遣人四十余辈入王城，付文牒。又明日，瞮遣王侹等诣撒礼塔屯所犒师。四年正月，帝遣使以玺书谕瞮。三月，瞮遣中郎将池义源，录事洪巨源、金谦等赍国赆牒文送撒礼塔屯所。四月，瞮遣其将军赵叔昌、御史薛慎等奉表入朝。五月，复下诏谕之。六月，瞮尽杀朝廷所置达鲁花赤七十二人以叛，遂率王京及诸州县民窜海岛。洪福源集余民保聚，以俟大兵。八月，复遣撒礼塔领兵讨之，至王京南，攻其处仁城，中流矢卒。别将铁哥以军还。其已降之人，令福源领之。十月，瞮遣其将军金宝鼎、郎中赵瑞章上表陈情。五年四月，诏谕瞮悔过来朝，且数其五罪："自平契丹贼、杀札剌之后，未尝遣一介赴阙，罪一也。命使赍训言省谕，辄敢射回，罪二也。尔等谋害着古欤，乃称万奴民户杀之，罪三也。命汝进军，仍令汝弼入朝，尔敢抗拒，窜诸海岛，罪四也。汝等民户不拘集见数，辄敢妄奏，罪五也。"十月，瞮复遣兵攻陷已附西京等处降民，劫洪福源家。六年，福源得请，领其降民迁居东京，赐佩金符。七年，命唐古与洪福源领兵征之。九年，拔其龙冈、咸从等十余城。

十年五月，其国人赵玄习、李元祐等率二千人迎降，命居东京，受洪福源节制，且赐御前银符，使玄习等佩之，以招未降民户。又李君式等十二人来降，待之如玄习焉。十二月，瞮遣其将军金宝鼎、御史宋彦琦等奉表入朝。十一年五月，诏征瞮入朝，瞮以母丧辞。六月，乃遣其礼宾卿卢演、礼宾少卿金谦充进奉使、副，奉表入朝。十月，有旨谕瞮，征其亲朝于明年。十二月，瞮遣其新安公王佺与宝鼎、彦琦等百四十八人奉表入贡。十二年三月，又遣其右谏议大夫赵修、阁门祗候金成宝等奉表入贡。五月，复下诏谕之。十二月，瞮遣其礼宾少卿宋彦琦、侍御史权韪充行李使入贡。是岁，攻拔昌、朔等州。十三年秋，瞮以族子綧为己子人质。当定宗、宪宗之世，岁贡不入，故自定宗二年至宪宗八年，凡四命将征之，凡拔其城十有四。宪宗末，瞮遣其世子倎入朝。

世祖中统元年三月，瞮卒，命倎归国为高丽国王，以兵卫送之，仍赦其境内。制曰：

我太祖皇帝肇开大业，圣圣相承，代有鸿勋，芟夷群雄，奄有四海，未尝专嗜杀也。凡属国列侯，分茅锡土，传祚子孙者，不啻万里，孰非向之勍敌哉。观乎此，则祖宗之法不待言而章章矣。今也，普天之下未臣服者，惟尔国与宋耳。宋所恃者长江，而长江失险；所藉者川、广，而川、广不支。边戍自彻其藩篱，大军已驻乎心腹，鼎鱼幕燕，亡在旦夕。尔初以世子奉币纳款，束身归朝，含哀请命，良可矜悯，故遣归国，完复旧疆，安尔田畴，保尔室家，弘好生之大德，捐宿构之细故也。用是已尝戒敕边将，敛兵待命，东方既定，则将回戈于钱塘。迨余半载，乃知尔国内乱渝盟，边将复请戒严，此何故也？以谓果内乱耶，权臣何不自立，而立世孙？以谓传闻之误耶，世子何不之国而盘桓于境上也？岂以世子之归愆期，而左右自相猜疑，私忧过计而然耶？重念岛屿残民，久罹涂炭，穷兵极讨，殆非本心。且御失其道，则天下狙诈咸作敌；推赤心置人腹中，则反侧之辈自安矣。悠悠之言，又何足校。申命边阃，断自予衷，无以逋逃间执政，无以飞语乱定盟。惟事推诚，一切勿问。宜施旷荡之恩，一新遐迩之化。自尚书金仁隽以次，中外枝党、官吏、军民，圣旨到日已前，或有首谋内乱，旅拒王师，已降附而还叛，因仇雠而擅杀，无所归而背主亡命，不得已而随众胁从，应据国人但曾犯法，罪无轻重咸赦除之。世子其趣装命驾，归国知政，解仇释憾，布德施恩。缅惟疮痍之民，正在抚绥之日，出彼沧溟，宅于平壤。卖刀剑而买牛犊，舍干戈而操耒耜，凡可援济，毋惮勤劳。苟富庶之有征，冀礼义之可复，亟正疆界，以定民心，我师不复逾限矣。大号一出，朕不食言。复有敢踵乱犯上者，非干尔主，乃乱我典刑，国有常宪，人得诛之。於戏！世子其王矣，往钦哉，恭承丕训，永为东藩，以扬我休命。

四月，复降旨谕倎曰："朕祗若天命，获承祖宗休烈，仰惟覆焘，一视同仁，无遐迩小大之间也。以尔归款，既册为王还国，今得尔与边将之书，因知其上下之情，朕甚悯焉。"倎求出水就陆，免军马侵扰，还被虏及逃民，皆从之。诏班师，乃赦其境内。六月，倎遣其子永安公僖、判司宰事韩即入贺即位，以国王封册、王印及虎符赐之。是月，又下诏抚谕之。

二年三月，遣使入贡，四月，倎入朝。六月，倎更名禃，遣其世子愖奉表以闻。八月，赐禃玉带一，遣侍卫将军孛里察、礼国郎中高逸民护愖还国。九月，禃遣其侍御史张镒奉表入谢。十月，帝遣阿的迷失、焦天翼持诏，谕以开榷场事。三年正月，罢互市。诸王塔察儿请置铁冶，从之。请立互市，不从。赐禃历，后岁以为常，禃遣使入谢，优诏答之。四月，禃遣其左谏议大夫朴伦、郎将辛洪成等奉表入朝。六月，遣使入贡。八月，朴伦等还，赐西锦三段、间金熟绫六段。十月，诏谕禃籍编民，出师旅，输粮饷，助军储。是月，禃遣使入贡。四年二月，以禃不答诏书，诘其使者。禃表乞俟民生稍集，然后惟命。帝以其辞意恳实，允之。朝贡物数，亦命称其力焉。自三月至于六月，禃凡三遣使入贡，赐禃羊五百。十一月，禃以免置驿籍民等事，遣其翰林学士韩就奉表入谢。五年正月丁丑朔，禃遣使奉表入贺，谕还使，令禃亲朝京师。四月，以西北诸王率众款附，拟今岁朝王公群牧于上都，又遣必阇赤古乙独征禃入朝，修世见之礼。五月，禃遣其借国子祭酒张镒从古乙独入见，六月乃亲朝。九月，帝以改中统五年为至元元年，遣郎中路得成持赦令，与禃郎将康允绍颁其国。十月，禃入朝。十二月，遣禃还国。是年春，禃遣使入贡。自是终世祖三十一年，其国入贡者凡三十有六。

至元三年二月，立沈州，以处高丽降民。帝欲通好日本，以高丽与日本邻国，可为乡导，八月，遣国信使兵部侍郎黑的、礼部侍郎殷弘、计议官伯德孝先等使日本，先至高丽谕旨。十二月，禃遣其枢密院副使宋君斐、借礼部侍郎金赞等导诏使黑的、殷弘等往日本，不至而还。四年正月，禃遣君斐等奉表从黑的等入朝。六月，帝以禃饰辞，令去使徒还，复遣黑的与君斐等以诏谕禃，委以日本事，以必得其要领为期。九月，禃遣其起居舍人潘阜、书状官李挺充国信使，持书诣日本。

五年正月，禃遣其弟淐入朝。帝以禃见欺，于淐面数其事切责之，特遣北京路总管兼大定府尹于也孙脱、礼部郎中孟甲持诏谕禃，其略曰："向请撤兵，则已撤之矣。三年当去水就陆，而前言无征也。又太祖法制，凡内属之国，纳质、助军、输粮、设驿、编户籍、置长官，已尝明谕之，而稽延至今，终无成言。在太宗时，王綧等已入质，驿传亦粗立，余率未奉行。今将问罪于宋，其所助士卒舟舰几何？输粮则就为储积，至若设官及户版事，其意谓何？故以问之。"三月，于也孙脱等至其国。四月，禃遣其门下侍郎李藏用奉表与也孙脱等入朝。五月，帝敕藏用曰："往谕尔主，速以军数实奏，将遣人督之。今出军，尔等必疑将出何地，或欲南宋，或欲日本，尔主当造舟一千艘，能涉大海可载四千石者。"藏用曰："舟舰之事即当应命，但人民残少，恐不及期。往者臣国有军四万，三十余年间死于兵疫，今止有牌子头、五十户、百户、千户之类虚名，而无军卒。"帝曰："死者有之，生者亦有之。"藏用曰："赖圣德，自撤兵以来，有生长者仅十岁耳。"帝又曰："自尔来者言，海中之事，于宋得便风可三日而至，日本则朝发而夕至。舟中载米，海中捕鱼而食之，则岂不可行乎？"又敕藏用曰："归可以此言谕尔主。"七月，诏都统领脱朵儿、武德将军统领王国昌、武略将军副统领刘杰等使其国，与其来朝者大将军崔东秀偕行。八月，至其国，禃出升天府迎之，盖谕以阅军造船也。九月，以禃表奏潘阜等奉使无功而还，复遣黑的等使日本，诏禃遣重臣导送。十二月，禃遣其知门下省事申思佺、礼部侍郎陈井、起居舍人潘阜等从国信使黑的等赴日本，借礼部侍郎张镒奉表从脱朵儿入朝。

六年正月，禃遣其大将军康允绍奉表奏诛权臣金俊等。三月，禃复遣申思佺奉表从黑的入朝。六月，禃遣其世子愖入朝。赐禃玉带一，愖金五十两，从官银币有差。七月，帝遣明威将军都统领脱朵儿、武德将军统领王国昌、武略将军副统领刘杰相视耽罗等处道路，诏禃选官引达，以人言耽罗海道往南宋、日本甚易故也。

八月，世子愖至朝，奏本国臣下擅废禃立其弟安庆公淐事。诏遣使臣斡朵思不花、李谔等至其国详问之。九月，其枢密院副使金方庆奉表从斡朵思不花等入朝。枢密院御史台奏，世子愖言："朝廷若出征，能办军三千，备粮五月，如官军入境，臣宜同往，庶不惊扰。"帝然之。诏授世子禃特进、上柱国，敕愖率兵三千赴其国难。命抄不花往征其国，以病不果行，诏遣蒙哥都代之。十月，帝以禃、淐废置乃林衍所为，遣中宪大夫兵部侍郎黑的、淄莱路总管府判官徐世雄诏禃、淐、衍等以十二月同诣阙下，面陈情实，听其是非。又遣国王头辇哥等率兵压境，如逾期不至，即当穷治首恶，进兵剿戮。命赵璧行中书省于东京，仍诏谕高丽国军民。十一月，高丽都统领崔坦等以林衍作乱，挈西京五十余城入附。遣断事官别同瓦驰驿于王綧、洪茶丘所管实科差户内签军至东京，付枢密院，得三千三百人。高丽西京都统李延龄乞益兵，遣忙哥都率兵二千赴之。

枢密院臣议征高丽事。初，马亨以为："高丽者，本箕子所封之地，汉、晋皆为郡县。今虽来朝，其心难测。莫若严兵假道，以取日本为名，乘势可袭其国，定为郡县。"亨又言："今既有衅端，不宜遣兵伐之。万一不胜，上损国威，下损士卒。彼或上表言情，宜赦其罪戾，减其贡献，以安抚其民，庶几感慕圣化。俟南宋已平，彼有他志，回兵诛之，亦未晚也。"前枢密院经历马希骥亦言："今之高丽，乃古新罗、百济、高句丽三国并而为一。大抵藩镇权分则易制，诸侯强盛则难臣。验彼州城军民多寡，离而为二，分治其国，使权侔势等，自相维制，则徐议良图，亦易为区处耳。"黑的等至其国，禃受诏复位，遣借礼部侍郎朴烋从黑的等奉表入朝。十二月，乃亲朝京师。

七年正月，遣使言："比奉诏，臣已复位，令从七百人入觐。"诏令从四百人来，余留之西京。诏西京内属，改东宁府，画慈悲岭为界，以忙哥都为安抚使，佩虎符，率兵戍其西境。诏谕其国僚属军民以讨林衍之故，其略曰："朕即位以来，闵尔国久罹兵乱，册定尔主，撤还兵戍，十年之间，其所以抚护安全者，靡所不至。不图逆臣林衍自作弗靖，擅废易国王禃，胁立安庆公淐，诏令赴阙，复稽延不出，岂可释而不诛。已遣行省率兵东下，惟林衍一身是讨。其安庆公淐本非得已，在所宽宥。自余胁从诖误，一无所问。"二月，遣军送禃就国，诏谕高丽国官吏军民曰："朕惟臣之事君，有死无二，不意尔国权臣，辄敢擅废国主。彼既驱率兵众，将致尔众危扰不安，以汝黎庶之故，特遣兵护送国王禃还国，奠居旧京，命达鲁花赤同往镇抚，以靖尔邦。惟尔东土之人，不知为汝之故，必生疑惧，尔众咸当无畏，按堵如故。已别敕将帅，严戒兵士勿令侵犯。汝或妄动，汝妻子及汝身当致俘略，宜审思之。"

初，有旨令头辇哥行省驻西京，而以忙哥都、赵良弼充安抚使，与禃俱入其京；既而复令行省入其王京，而以脱朵儿充其国达鲁花赤，罢安抚司。四月，东京行尚书省军近西京，遣彻彻都等同禃之臣郑子玙等持省札召高丽国令公林衍。使还，言："衍已死，子惟茂袭令公位。其国侍郎洪文系、尚书宋宗礼，杀惟茂及衍婿崔宗绍。惟茂弟惟烟自到。衍党裴仲孙等复集余众，立禃庶族承化侯为王，窜入珍岛。"大军次王京西关城，遣人收系林衍妻子。行省与禃议迁江华岛居民于王京，仍宣诏抚绥之，禃弗从，至入居其旧京，始从行省之议。六月，禃遣人报有朝廷逃军与承化侯者以三别抄军叛。世子愖复言："叛兵据江华岛，宜率军水陆进击之。"禃复报叛兵悉遁去。世子愖言："叛兵劫府库，烧图籍，逃入海中。"行省使人觇江华岛中百姓皆空，岛之东南，相距约四十里，叛兵乘船候风，势欲遁。于是即命乃颜率众追击之。七月，丞相安童等言，头辇哥等遣大托、忙古觪来言，令阿海领军一千五百，屯王京伺察其国中。遂以阿海为安抚使。十一月，中书省臣言于高丽设置屯田经略司。以忻都、史枢为凤州等处经略使，佩虎符，领军五千屯田于金州；又令洪茶丘以旧领民二千屯田，阿剌帖木儿为副经略司，总辖之，而罢阿海军。

闰十一月，世子愖还。有诏谕禃以其陪臣元傅等妄奏头辇哥国王为头行省官员数事，及其国私与南宋、日本交通，又往年所言括兵造船至今未有成效，且谓自此以往或先有事南宋，或先有事日本，兵马、船舰、资粮，早宜措置。是月，又诏禃曰："向尝遣信使通问日本，不谓执迷固难以善言开谕，此卿所知。将经略于彼，敕有司发卒屯田，为进取之计，庶免尔国他日转输之劳。仍遣使持书，先示招怀。卿其悉心尽虑，俾赞方略，期于有成，以称朕意。"初，林衍之变，百姓惊扰，至是下诏抚慰之。

十二月，诏谕禃送使通好日本，曰："朕惟日本自昔通好中国，实相密迩，故尝诏卿导达去使，讲信修睦，为其疆吏所梗，竟不获明谕朕心。后以林衍之乱，故不暇及。今既辑宁尔家，遣少中大夫、秘书监赵良弼充国信使，期于必达。仍以忽林赤、王国昌、洪茶丘将兵送抵海上。比国信使还，姑令金州等处屯驻。所需粮饷，卿专委官赴彼，逐近供给，并鸠集金州旁左船舰，于金州需待，无致稽缓匮乏。"

八年正月，禃遣其枢密使金炼奉表入见，请结婚。安抚使阿海略地珍岛，与逆党遇，多所亡失。中书省臣言谍知珍岛余粮将竭，宜乘弱攻之，诏不许。二月，命忽都答儿持诏谕裴仲孙。三月，仲孙乞诸军退屯，然后内附，忻都未从其请，有诏谕之。四月，忻都言仲孙稽留诏使，负固不服，乞与虎林赤、王国昌分道进讨，从之。以讨珍岛谕禃。五月，忻都与史枢、洪茶丘大败珍岛贼，获承化侯斩之，其党金通精走耽罗。七月，禃遣其上将军郑子玙奉表谢平珍岛。世子愖率其尚书右丞宋玢、军器监薛公俭等衣冠胤胄二十八人入侍。八月，忽林赤赴镇边合浦县屯所。九月，禃遣其通事别将徐偁导送宣抚赵良弼使日本。帝遣愖还国。十一月，禃遣其同知枢密院事李昌庆奉表谢许婚事。九年正月，禃遣其别将白琚偕张铎等十二人奉表入见。世子愖以其国尚书右丞宋玢、玢父上将军宗礼讨林惟茂状，言其功于中书省。遣郎中不花、马璘使高丽，谕以供战船输军粮事。二月，禃致书日本，使通好于朝。六月，遣西京属城诸达鲁花赤及质子金镒等归国。十年正月，禃遣其世子愖入朝。四月，经略使忻都同洪茶丘领兵入海，攻拔耽罗城，禽金通精等，奉诏诛之。六月，禃遣其大将军金忻表奏攻破济州。九月，禃屡言："小国地狭，比岁荒歉，其生券军乞驻东京。"诏令营北京界，仍敕东京路运米二万石赈之。达鲁花赤焦天翼还朝。

十一年正月己卯朔，宫阙告成，帝始御正殿，受皇太子诸王百官朝贺。禃遣其少卿李义孙等入贺。三月，遣木速塔八、撒本合持诏使高丽签军五千六百人助征日本。五月，皇女忽都鲁揭里迷失下嫁于世子愖。七月，其枢密院副使奇蕴奉表告王禃薨，命世子愖袭爵，诏谕高丽国王宗族及大小官员百姓人等，其略曰："国王王禃存日，屡言世子愖可为继嗣。今令愖袭爵为王。凡在所属，并听节制。"八月，世子愖还至其国袭位。九月，遣其齐安侯王淑上表谢恩。十一月，皇女入京城。愖复遣其判阁门事李信孙等奉表入谢。十二月，以黑的为高丽达鲁花赤，李益受代还。十二年七月，黑的还朝。十一月，遣使谕愖改官职名号，愖遣其带方侯王澄率衣冠子弟二十人入侍。以石抹天衢充副达鲁花赤。

十三年七月，愖遣其佥议中赞金方庆奉表贺平宋。十一月，愖遣其判秘书寺事朱悦奉表，奏改名赌。十四年正月，金方庆等为乱，命愖治之，仍命忻都、洪茶丘饬兵御备。十五年一月，赌以达鲁花赤石抹天衢秩满未代，请复留三年，从之。东征元帅府上言："以高丽侍中金方庆与其子恈、愃、恂，婿赵抃等，阴养死士四百人，匿铠仗器械，造战舰，积粮饷，欲谋作乱，捕方庆等按验得实，已流诸海岛。然高丽初附，民心未安，可发征日本还卒二千七百人，置长吏，屯忠清、全罗诸处，镇抚外夷，以安其民；复令士卒备牛畜耒耜，为来岁屯田之计。"七月，改铸驸马高丽王印赐赌。十六年正月，敕其国置大灰艾州、东京、柳石、孛落四驿。十七年五月，赌以民饥，乞贷粮万石，从之。七月，以其国初置驿站，民乏食，命给粮一岁，仍禁使臣往来勿求索饮食。十月，加赌开府仪同三司、中书左丞相、行中书省事。十八年二月，赌言本国必阇赤不谙行移文字，请除郎中员外各一员以为参佐。赌又请易宣命职衔，增驸马字，从之。六月，赌言本国置驿四十，民畜凋弊。敕并为二十站，仍给马价八百锭。八月，升其佥议府为从三品。十一月，金州等处置镇边万户府，以控制日本。十九年正月，赌以日本寇其边海郡邑，烧居室掠子女而去，请发阇里帖木儿麾下蒙古军五百人戍金州，又从之。二十年五月，立征东行中书省，以高丽国王与阿塔海共事。二十八年五月，以赌子謜为世子，授特进、上柱国，赐银印。十月，以其国饥，给以米二十万斛。

三十年二月，赌遣使入奏，复更名昛，及乞功臣号。制曰："特进、上柱国、开府仪同三司、征东行中书省左丞相、驸马高丽王昛，世守王爵，选尚我家。载旌藩屏之功，宜示褒嘉之宠。可赐号推忠宣力定远功臣，余如故。益懋厥勋，对扬休命。"十一月，昛入朝。成宗元贞二年七月，升其佥议司为二品。大德元年十一月，封昛为逸寿王，以世子謜为高丽王，从所请也。二年七月，中书省臣奏謜有罪当废，复以其父昛为王。

三年正月，昛遣使入贡。丞相完泽等言："世祖时，或言高丽僭设省、院、台，有旨罢之，其国遂改立佥议府、密直司、监察司。今謜加其臣赵仁规司徒、司空、侍中之职。又昛给仁规赦九死奖谕文书。又擅写皇朝帝系，及自造历，加其女为令妃。又立资政院，以崔冲绍为兴禄大夫。又尝奉太后旨，公主与謜两位下怯薛䚟合并为一。謜不奉旨。謜又擅杀千户金吕而以其金符给宦者术合儿。又仁规进女侍謜，有巫蛊事。今乞将仁规、冲绍发付京兆、巩昌两路安置，不得他适。昛行事不法，謜年少妄杀无辜，乞降诏戒饬。"帝命杖仁规、冲绍而遣之。二月，诏谕昛并阖境臣民："自今以始，勉遵守国之规，益谨畏天之戒。凡在官者，各勤乃事，协力匡赞，毋蹈前非，自干刑宪。缁黄士庶，各安其业。”

五月，哈散使高丽还，言昛不能服其众，朝廷宜遣官共理之。遂复立征东行省，命阔里吉思为高丽行省平章政事。九月，昛遣使入贡，以朝廷增置行省，上表陈情，其略言：“累世有勤王之功，凡八十余年，岁修职贡。尝以世子入侍，得联婚帝室，遂为甥舅，实感至恩。使小国不替祖风，永修侯职，是所望也。”

四年二月，征东行省平章阔里吉思言：“高丽国王自署官府三百五十八所，官四千五十五员，衣食皆取之民，复苛征之。又其大会，王曲盖、龙扆、警跸，诸臣舞蹈山呼，一如朝仪，僭拟过甚。”遣山东宣尉使塔察儿、刑部尚书王泰亨赍诏谕之，使厘正以闻。三月，阔里吉思复上言：“佥议司官不肯供报民户版籍、州县疆界。本国横科暴敛，民少官多，刑罚不一，若止依本俗行事，实难抚治。”五年二月，为昛罢行省官，有诏谕昛。秋七月，昛上表言：“昔居海岛时，尝用山呼，后改呼千秋。今既奉明诏，一切皆罢。又革官府九十余所，汰官吏二百七十余员。他如杂徭病民、驲骑烦扰驿传者，亦皆省之。”诏曰：“卿其谕朕意，所言当始终行之，或有不然，宁不羞惧?”

昛自大德二年复位，八年而薨。子謜复袭王位。成宗初年，尚宝塔实怜公主。十一年，进爵沈阳王，继袭位高丽国王，生子焘。焘受逊位，以仁宗皇庆二年四月封高丽国王。是年，其弟暠立为世子，以其父沈阳王请于朝故也。自瞮传其子禃，禃传其子昛，昛传其子謜，謜传其子焘，焘传其弟暠。禃初名倎；昛初名谌，又名賰，后乃名昛；謜则更名璋云。

耽　罗

耽罗，高丽与国也。世祖既臣服高丽，以耽罗为南宋、日本冲要，亦注意焉。至元六年七月，遣明威将军都统领脱脱儿、武德将军统领王国昌、武略将军副统领刘杰往视耽罗等处道路，诏高丽国王王禃选官导送。时高丽叛贼林衍者，有余党金通精遁入耽罗。九年，中书省臣及枢密院臣议曰：“若先有事日本，未见其逆顺之情。恐有后辞，可先平耽罗，然后观日本从否，徐议其事。且耽罗国王尝来朝觐，今叛贼逐其主，据其城以乱，举兵讨之，义所先也。”十年正月，命经略使忻都、史枢及洪茶丘等率兵船大小百有八艘，讨耽罗贼党。六月，平之，于其地立耽罗国招讨司，屯镇边军千七百人。其贡赋岁进毛施布百匹。招讨司后改为军民都达鲁花赤总管府，又改为军民安抚司。

三十一年，高丽王上言，耽罗之地，自祖宗以来臣属其国；林衍逆党既平之后，尹邦宝充招讨副使，以计求径隶朝廷，乞仍旧。帝曰：“此小事，可使还属高丽。”自是遂复隶高丽。

日　本

日本国在东海之东，古称倭奴国，或云恶其旧名，故改名日本，以其国近日所出也。其土疆所至与国王世系及物产风俗，见《宋史》本传。日本为国，去中土殊远，又隔大海，自后汉历魏、晋、宋、隋皆来贡。唐永徽、显庆、长安、开元、天宝、上元、贞元、元和、开成中，并遣使入朝。宋雍熙元年，日本僧奝然与其徒五六人浮海而至，奉职贡，并献铜器十余事。奝然善隶书，不通华言。问其风土，但书以对，云其国中有五经书及佛经、《白居易集》七十卷。奝然还后，以国人来者曰滕木吉，以僧来者曰寂照。寂照识文字，缮写甚妙。至熙宁以后，连贡方物，其来者皆僧也。

元世祖之至元二年，以高丽人赵彝等言日本国可通，择可奉使者。三年八月，命兵部侍郎黑的，给虎符，充国信使，礼部侍郎殷弘给金符，充国信副使，持国书使日本。书曰：

大蒙古国皇帝奉书日本国王：朕惟自古小国之君，境土相接，尚务讲信修睦。况我祖宗，受天明命，奄有区夏，遐方异域，畏威怀德者，不可悉数。朕即位之初，以高丽无辜之民久瘁锋镝，即令罢兵还其疆域，反其旄倪。高丽君臣感戴来朝，义虽君臣，欢若父子。计王之君臣亦已知之。高丽，朕之东藩也。日本密迩高丽，开国以来，亦时通中国，至于朕躬，而无一乘之使以通和好。尚恐王国知之未审，故特遣使持书，布告朕志，冀自今以往，通问结好，以相亲睦。且圣人以四海为家，不相通好，岂一家之理哉。以至用兵，夫孰所好，王其图之。

黑的等道由高丽，高丽国王王禃以帝命遣其枢密院副使宋君斐、借礼部侍郎金赞等导诏使黑的等往日本，不至而还。四年六月，帝谓王禃以辞为解，令去使徒还，复遣黑的等至高丽谕禃，委以日本事，以必得其要领为期。禃以为海道险阻，不可辱天使，九月，遣其起居舍人潘阜等持书往日本。留六月，亦不得其要领而归。五年九月，命黑的、弘复持书往，至对马岛，日本人拒而不纳，执其塔二郎、弥二郎二人而还。六年六月，命高丽金有成送还执者，俾中书省牒其国，亦不报。有成留其太宰府守护所者久之。十二月，又命秘书监赵良弼往使。书曰：“盖闻王者无外，高丽与朕既为一家，王国实为邻境，故尝驰信使修好，为疆埸之吏抑而弗通。所获二人，敕有司慰抚，俾赍牒以还，遂复寂无所闻。继欲通问，属高丽权臣林衍构乱，坐是弗果。岂王亦因此辍不遣使，或已遣而中路梗塞，皆不可知。不然，日本素号知礼之国，王之君臣宁肯漫为弗思之事乎。近已灭林衍，复旧王位，安集其民，特命少中大夫秘书监赵良弼充国信使，持书以往。如即发使与之偕来，亲仁善邻，国之美事。其或犹豫以至用兵，夫谁所乐为也，王其审图之。”良弼将往，乞定与其王相见之仪。廷议与其国上下之分未定，无礼数可言。帝从之。

七年十二月，诏谕高丽王禃送国信使赵良弼通好日本，期于必达。仍以忽林失、王国昌、洪茶丘将兵送抵海上，比国信使还，姑令金州等处屯驻。八年六月，日本通事曹介升等上言：“高丽迂路导引国使，外有捷径，倘得便风，半日可到。若使臣去，则不敢同往；若大军进征，则愿为乡导。”帝曰：“如此则当思之。”九月，高丽王禃遣其通事别将徐偁导送良弼使日本，日本始遣弥四郎者入朝，帝宴劳遣之。九年二月，枢密院臣言："奉使日本赵良弼遣书状官张铎来言，去岁九月，与日本国人弥四郎等至太宰府西守护所。守者云，曩为高丽所绐，屡言上国来伐；岂期皇帝好生恶杀，先遣行人下示玺书。然王京去此尚远，愿先遣人从奉使回报。"良弼乃遣铎同其使二十六人至京师求见。帝疑其国主使之来，云守护所者诈也。诏翰林承旨和礼霍孙以问姚枢、许衡等，皆对曰："诚如圣算。彼惧我加兵，故发此辈伺吾强弱耳。宜示之宽仁，且不宜听其入见。"从之。是月，高丽王禃致书日本。五月，又以书往，令必通好大朝，皆不报。十年六月，赵良弼复使日本，至太宰府而还。

十一年三月，命凤州经略使忻都、高丽军民总管洪茶丘，以千料舟、拔都鲁轻疾舟、汲水小舟各三百，共九百艘，载士卒一万五千，期以七月征日本。冬十月，入其国，败之。而官军不整，又矢尽，惟虏掠四境而归。十二年二月，遣礼部侍郎杜世忠、兵部侍郎何文著、计议官撒都鲁丁往使，复致书，亦不报。十四年，日本遣商人持金来易铜钱，许之。十七年二月，日本杀国使杜世忠等。征东元帅忻都、洪茶丘请自率兵往讨，廷议姑少缓之。五月，召范文虎，议征日本。八月，诏募征日本士卒。

十八年正月，命日本行省右丞相阿剌罕、右丞范文虎及忻都、洪茶丘等率十万人征日本。二月，诸将陛辞。帝敕曰："始因彼国使来，故朝廷亦遣使往，彼遂留我使不还，故使卿辈为此行。朕闻汉人言，取人家国，欲得百姓土地，若尽杀百姓，徒得地何用。又有一事，朕实忧之，恐卿辈不和耳。假若彼国人至，与卿辈有所议，当同心协谋，如出一口答之。"五月，日本行省参议裴国佐等言："本省右丞相阿剌罕、范右丞、李左丞先与忻都、茶丘入朝。时同院官议定，领舟师至高丽金州，与忻都、茶丘军会，然后入征日本。又为风水不便，再议定会于一岐岛。今年三月，有日本船为风水漂至者，令其水工画地图，因见近太宰府西有平户岛者，周围皆水，可屯军船。此岛非其所防，若径往据此岛，使人乘船往一岐，呼忻都、茶丘来会，进讨为利。"帝曰："此间不悉彼中事宜，阿剌罕辈必知，令其自处之。"六月，阿剌罕以病不能行，命阿塔海代总军事。八月，诸将未见敌，丧全师以还，乃言："至日本，欲攻太宰府，暴风破舟，犹欲议战，万户厉德彪、招讨王国佐、水手总管陆文政等不听节制，辄逃去。本省载余军至合浦，散遣还乡里。"未几，败卒于阊脱归，言："官军六月入海，七月至平壶岛，移五龙山。八月一日，风破舟。五日，文虎等诸将各自择坚好船乘之，弃士卒十余万于山下。众议推张百户者为主帅，号之曰张总管，听其约束。方伐木作舟欲还，七日，日本人来战，尽死。余二三万为其虏去。九日，至八角岛，尽杀蒙古、高丽、汉人，谓新附军为唐人，不杀而奴之。阊辈是也。"盖行省官议事不相下，故皆弃军归。久之，莫青与吴万五者亦逃还，十万之众，得还者三人耳。

二十年，命阿塔海为日本省丞相，与彻里帖木儿右丞、刘二拔都儿左丞募兵造舟，欲复征日本。淮西宣慰使昂吉儿上言民劳，乞寝兵。二十一年，又以其俗尚佛，遣王积翁与补陀僧如智往使。舟中有不愿行者，共谋杀积翁，不果至。二十三年，帝曰："日本未尝相侵，今交趾犯边，宜置日本，专事交趾。"成宗大德二年，江浙省平章政事也速答儿乞用兵日本。帝曰："今非其时，朕徐思之。"三年，遣僧宁一山者，加妙慈弘济大师，附商舶往使日本，而日本人竟不至。

卷二百九　　列传第九十六

外夷二

安南

安南国，古交趾也。秦并天下，置桂林、南海、象郡。秦亡，南海尉赵佗击并之。汉置九郡，交趾居其一。后女子征侧叛，遣马援平之，立铜柱为汉界。唐始分岭南为东、西二道，置节度，立五筦，安南隶焉。宋封丁部领为交趾郡王，其子琏亦为王，传三世为李公蕴所夺，即封公蕴为王。李氏传八世至昊旵，陈日煚为昊旵婿，遂有其国。

元宪宗三年癸丑，兀良合台从世祖平大理。世祖还，留兀良合台攻诸夷之未附者。七年丁巳十一月，兀良合台兵次交趾北，先遣使二人往谕之，不返，乃遣彻彻都等各将千人，分道进兵，抵安南京北洮江上，复遣其子阿术往为之援，并觇其虚实。交人亦盛陈兵卫。阿术遣军还报，兀良合台倍道兼进，令彻彻都为先锋，阿术居后为殿。十二月，两军合，交人震骇。阿术乘之，败交人水军，虏战舰以还。兀良合台亦破其陆路兵，又与阿术合击，大败之，遂入其国。日煚窜海岛。得前所遣使于狱中，以破竹束体入肤，比释缚，一使死，因屠其城。国兵留九日，以气候郁热，乃班师。复遣二使招日煚来归。日煚还，见国都皆已残毁，大发愤，缚二使遣还。

八年戊午二月，日煚传国于长子光昺，改元绍隆。夏，光昺遣其婿与其国人以方物来见，兀良合台送诣行在所，别遣讷剌丁往谕之曰："昔吾遣使通好，尔等执而不返，我是以有去年之师。以尔国主播在草野，复令二使招安还国，尔又缚还吾使。今特遣使开谕，如尔等矢心内附，则国主亲来，若犹不悛，明以报我。"光昺曰："小国诚心事上，则大国何以待之？"讷剌丁还报。时诸王不花镇云南，兀良合台言于王，复遣讷剌丁往谕，使遣使偕来。光昺遂纳款，且曰："俟降德音，即遣子弟为质。"王命讷剌丁乘传入奏。

世祖中统元年十二月，以孟甲为礼部郎中，充南谕使，李文俊为礼部员外郎，充副使，持诏往谕之。其略曰："祖宗以武功创业，文化未修。朕缵承丕绪，鼎新革故，务一万方。适大理国守臣安抚聂只陌丁驰驿表闻，尔邦有向风慕义之诚。念卿昔在先朝，已尝臣服，远贡方物，故颁诏旨，谕尔国官僚士庶：凡衣冠典礼风俗，一依本国旧制。已戒边将不得擅兴兵甲，侵尔疆埸，乱尔人民。卿国官僚士庶，各宜安治如故。”复谕甲等，如交趾遣子弟入觐，当善视之，毋致寒暑失节，重劳苦之也。二年，孟甲等还，光昺遣其族人通侍大夫陈奉公、员外郎诸卫寄班阮琛、员外郎阮演诣阙献书，乞三年一贡。帝从其请，遂封光昺为安南国王。

三年九月，以西锦三、金熟锦六赐之，复降诏曰：“卿既委质为臣，其自中统四年为始，每三年一贡，可选儒士、医人及通阴阳卜筮、诸色人匠各三人，及苏合油、光香、金、银、朱砂、沉香、檀香、犀角、玳瑁、珍珠、象牙、绵、白磁盏等物同至。”仍以讷剌丁充达鲁花赤，佩虎符，往来安南国中。四年十一月，讷剌丁还，光昺遣杨安养充员外郎及内令武复桓、书舍阮求、中翼郎范举等奉表入谢，帝赐来使玉带、缯帛、药饵、鞍辔有差。至元二年七月，使还，复优诏答之，仍赐历及颁改元诏书。三年十二月，光昺遣杨安养上表三通，其一进献方物，其二免所索秀才工匠人，其三愿请讷剌丁长为本国达鲁花赤。四年九月，使还，答诏许之，仍赐光昺玉带、金缯、药饵、鞍辔等物。未几，复下诏谕以六事：一，君长亲朝；二，子弟入质；三，编民数；四，出军役；五，输纳税赋；六，仍置达鲁花赤统治之。十一月，又诏谕光昺，以其国有回鹘商贾，欲访以西域事，令发遣以来。是月，诏封皇子为云南王，往镇大理、鄯阐、交趾诸国。五年九月，以忽笼海牙代讷剌丁为达鲁花赤，张庭珍副之，复下诏征商贾回鹘人。六年十一月，光昺上书陈情，言：“商旅回鹘，一名伊温，死已日久，一名婆婆，寻亦病死。又据忽笼海牙谓陛下须索巨象数头。此兽躯体甚大，步行甚迟，不如上国之马，伏候敕旨，于后贡之年当进献也。”又具表纳贡，别奉表谢赐西锦、币帛、药物。七年十一月，中书省移牒光昺，言其受诏不拜，待使介不以王人之礼，遂引《春秋》之义以责之，且令以所索之象与岁贡偕来，又前所贡药物品味未佳，所征回鹘辈，托辞欺诳，自今已往，其审察之。八年十二月，光昺复书言：“本国钦奉天朝，已封王爵，岂非王人乎？天朝奉使复称：王人与之均礼，恐辱朝廷。况本国前奉诏旨，令依旧俗，凡受诏令，奉安于正殿而退避别室，此本国旧典礼也。来谕索象，前恐忤旨，故依违未敢直对，实缘象奴不忍去家，难于差发。又谕索儒、医、工匠，而陪臣黎仲佗等陛见之日，咫尺威光，不闻诏谕，况中统四年已蒙原宥，今复谕及，岂胜惊愕，惟阁下其念之。”

九年，以叶式捏为安南达鲁花赤，李元副之。十年正月，叶式捏卒，命李元代式捏，卒以合撒儿海牙副之。中书省复牒光昺言：

> 比岁奉使还者言，王每受天子诏令，但拱立不拜，与使者相见或燕席，位加于使者之上。今览来书，自谓既受王爵岂非王人乎？考之《春秋》叙王人于诸侯之上，《释例》云：王人盖下士也。夫五等邦君，外臣之贵者也。下士，内臣之微者也。以微者而加贵者之上，盖以王命为重也。后世列王为爵，诸侯之尤贵者，顾岂有以王爵为人者乎？王宁不知而为是言耶，抑辞令之臣误为此言耶？至于天子之诏，人臣当拜受，此古今之通义，不容有异者也。乃云前奉诏旨，并依旧俗，本国遵奉而行，凡受诏令，奉安于正殿而退避别室，此旧典礼也。读之至此，实顿惊讶。王之为此言，其能自安于心乎？前诏旨所言，盖谓天壤之间不啻万国，国各有俗，骤使变革，有所不便，故听用本俗，岂以不拜天子之诏而为礼俗也哉？且王之教令行于国中，臣子有受而下拜者，则王以为何如？君子贵于改过，缅想高明，其亮察之。

十一年，光昺遣童子冶、黎文隐来贡。十二年正月，光昺上表请罢本国达鲁花赤，其文曰：

> 微臣僻在海隅，得沾圣化与函生，欢忭鼓舞。乞念臣自降附上国，十有余年，虽奉三年一贡，然迭遣使臣，疲于往来，未尝一日休息。至天朝所遣达鲁花赤，辱临臣境，安能空回，况其行人，动有所恃，凌轹小国。虽天子与日月并明，安能照及覆盆。且达鲁花赤可施于边蛮小丑，岂有臣既席王封为一方藩屏，而反立达鲁花赤以监临之，宁不见笑于诸侯之国乎？与其畏监临而修贡，孰若中心悦服而修贡哉。臣恭遇天朝建储、册后，大恩霶霈，施及四海，辄敢哀鸣，伏望圣慈特赐矜恤。今后二次发遣纲贡，一诣鄯阐奉纳，一诣中原拜献。凡天朝所遣官，乞易为引进使，庶免达鲁花赤之弊，不但微臣之幸，实一国苍生之幸也。

二月，复降诏，以所贡之物无补于用，谕以六事，且遣合撒儿海牙充达鲁花赤，仍令子弟入侍。十三年二月，光昺遣黎克复、文粹入贡，以所奏就鄯阐输纳贡物，事属不敬，上表谢罪，并乞免六事。

十四年，光昺卒，国人立其世子日烜，遣中侍大夫周仲彦、中亮大夫吴德卲来朝。十五年八月，遣礼部尚书柴椿、会同馆使哈剌脱因、工部郎中李克忠、工部员外郎董端，同黎克复等持诏往谕日烜入朝受命。初，使传之通也，止由鄯阐、黎化往来，帝命柴椿自江陵直抵邕州，以达交趾。闰十一月，柴椿等至邕州永平寨，日烜遣人进书，谓：“今闻国公辱临敝境，边民无不骇愕，不知何国人使而至于斯，乞回军旧路以进。”椿回牒云：“礼部尚书等官奉上命与本国黎克复等由江陵抵邕州入安南，所有导护军兵，合乘驿马，宜来界首远迓。”日烜差御史中赞兼知审刑院事杜国计先至，其太尉率百官自富良江岸奉迎入馆。十二月二日，日烜就馆见使者。四日，日烜拜读诏书。椿等传旨曰：“汝国内附二十余年，向者六事犹未见从。汝若弗朝，则修尔城，整尔军，以待我师。”又云：“汝父受命为王，汝不请命而自立，今复不朝，异日朝廷加罪，将何以逃其责？请熟虑之。”日烜仍旧例设宴于廊下，椿等弗就宴。既归馆，日烜遣范明字致书谢罪，改宴于集贤殿。日烜言：“先君弃世，予初嗣位。天使之来，开谕诏书，使予喜惧交战于胸中。窃闻宋主幼小，天子怜之，尚封公爵，于小国亦必加怜。昔谕六事，已蒙赦免。若亲朝之礼，予生长深宫，不习乘骑，不谙风土，恐死于道路。子弟太尉以下亦皆然。天使回，谨上表达诚，兼献异物。”椿曰：“宋主年未十岁，亦生长深宫，如何亦至京师？但诏旨之外，不敢闻命。且我四人实来召汝，非取物也。”椿等还，日烜遣范明字、郑国瓒、中赞杜国计奉表陈情，言：“孤臣禀气软弱，恐道路艰难，徒暴白骨，致陛下哀伤而无益天朝之万一。伏望陛下怜小国之辽远，令臣得与鳏寡孤独保其性命，以终事陛下。此孤臣之至幸，小国生灵之大福也。”兼贡方物及二驯象。

十六年三月，椿等先达京师，留郑国瓒待于邕州。枢密院奏：“以日烜不朝，但遣使臣报命，饰辞托故，延引岁时，巧佞虽多，终违诏旨，可进兵境上，遣官问罪。”帝不从，命来使入觐。十一月，留其使郑国瓒于会同馆。复遣柴椿等四人与杜国计持诏再谕日烜来朝，“若果不能自觐，则积金以代其身，两珠以代其目，副以贤士、方技、子女、工匠各二，以代其土民。不然，修尔城池，以待其审处焉。”十八年十月，立安南宣慰司，以卜颜铁木儿为参知政事、行宣慰使都元帅，别设僚佐有差。是月，诏以光昺既殁，其子日烜不请命而自立，遣使往召，又以疾为辞，止令其叔遗爱入觐，故立遗爱代为安南国王。

二十年七月，日烜致书于平章阿里海牙，请还所留来使，帝即遣还国。是时，阿里海牙为荆湖占城行省平章政事，帝欲交趾助兵粮以讨占城，令以己意谕之。行省遣鄂州达鲁花赤赵翥以书谕日烜。十月，朝廷复遣陶秉直持玺书往谕之。十一月，赵翥抵安南。日烜寻遣中亮大夫丁克绍、中大夫阮道学等持方物从翥入觐，又遣中奉大夫范至清、朝请郎杜抱直等赴省计事，且致书于平章，言：

> 添军一件：占城服事小国日久，老父惟务以德怀之，迨于孤子之身，亦继承父志。自老父归顺天朝，三十年于兹，干戈示不复用，军卒毁为民丁，一资天朝贡献，一示心无二图，幸阁下矜察。助粮一件：小国地势濒海，五谷所产不多，一自大军去后，百姓流亡，加以水旱，朝饱暮饥，食不暇给；然阁下之命，所不敢违，拟于钦州界上永安州地所，俟候输纳。续谕孤子亲身赴阙，面奉圣训。老父在时，天朝矜悯，置之度外；今老父亡殁，孤子居忧，感病至今，尚未复常，况孤子生长遐陬，不耐寒暑，不习水土，艰难道途，徒暴白骨。以小国陪臣往来，尚为沴气所侵，或十之五六，或死者过半，阁下亦已素知。惟望曲为爱护，敷奏天朝，庶知孤子宗族官吏一一畏死贪生之意。岂但孤子受赐，抑一国生灵赖以安全，共祝阁下享此长久自天之大福也。

二十一年三月，陶秉直使还，日烜复上表陈情，又致书于荆湖占城行省，大意与前书略同。又以琼州安抚使陈仲达听郑天祐言“交趾通谋占城，遣兵二万及船五百以为应援”，又致书行省，其略曰：“占城乃小国内属，大军致讨，所当哀吁，然未尝敢出一言，盖天时人事小国亦知之矣。今占城遂为叛逆，执迷不复，是所谓不能知天知人者也。知天知人，而反与不能知天知人者同谋，虽三尺儿童亦知其弗与，况小国乎？幸贵省裁之。”八月，日烜弟昭德王陈璨致书于荆湖占城行省，自愿纳款归降。十一月，行省右丞唆都言：“交趾与占腊、占城、云南、暹、缅诸国接壤，可即其地立省；及于越里、潮州、毗兰三道屯军镇戍，因其粮饷以给士卒，庶免海道转输之劳。”

二十二年月三月，荆湖占城行省言：“镇南王昨奉旨统军征占城，遣左丞唐兀䚟驰驿赴占城，约右丞唆都将兵会合。又遣理问官曲烈、宣使塔海撒里同安南国使阮道学等，持行省公文，责日烜运粮送至古城助军；镇南王路经近境，令其就见。”比官军至衡山县，闻日烜从兄兴道王陈峻提兵界上。既而曲烈及塔海撒里引安南中亮大夫陈德钧、朝散郎陈嗣宗以日烜书至，言其国至占城水陆非便，愿随力奉献军粮。及官军至永州，日烜移牒邕州，言：“贡期拟取十月，请前途预备丁力，若镇南王下车之日，希文垂报。”行省命万户赵修己以己意复书，复移公文，令开路备粮，亲迎镇南王。及官军至邕州，安南殿前范海崖领兵屯可兰韦大助等处。至思明州，镇南王复令移文与之。至禄州，复闻日烜调兵拒守丘温、丘急岭隘路，行省遂分军两道以进。日烜复遣其善忠大夫阮德舆、朝请郎阮文翰奉书与镇南王，言：“不能亲见末光，然中心欣幸。以往者钦蒙圣诏云别敕我军不入尔境；今见邕州营站桥梁，往往相接，实深惊惧，幸昭仞忠诚，少加矜恤。”又以书抵平章政事，乞保护本国生灵，庶免逃窜之患。镇南王命行省遣总把阿里持书与德舆同往谕日烜以兴兵之故实为占城，非为安南也。至急保县地，安南管军官阮盝屯兵七源州，又村李县短万劫等处，俱有兴道王兵，阿里不能进。行省再命倪闰往觇虚实，斟酌调军，然不得杀掠其民。未几，撒答儿䚟、李邦宪、孙祐等言：至可离隘，遇交兵拒敌，祐与之战，擒其管军奉御杜尾、杜祐，始知兴道王果领兵迎敌。官军过可离隘，至洞板隘，又遇其兵，与战败之，其首将秦岑中伤死。闻兴道王在内傍隘，又进兵至变住村，谕其收兵开路，迎拜镇南王，不从。至内傍隘，奉令旨令人招之，又不从。官军遂分六道进攻，执其将大僚班段台。兴道王逃去。追至万劫，攻诸隘，皆破之。兴道王尚有兵船千余艘，距万劫十里。遂遣兵士于沿江求船，及聚板木钉灰，置场创造，选各翼水军，令乌马儿拔都部领，数与战，皆败之。得其江岸遗弃文字二纸，乃日烜与镇南王及行省平章书，复称：“前诏别敕我军不入尔境，今以占城既臣复叛之故，因发大军，经由本国，残害百姓，是太子所行违误，非本国违误也。伏望勿外前诏，勒回大军，本国当具贡物驰献，复有异于前者。”行省复以书抵之，以为：“朝廷调兵讨占城，屡移文与世子俾开路备粮，不意故违朝命，俾兴道王辈提兵迎敌，射伤我军，与安南生灵为祸者，尔国所行也。今大军经尔国讨占城，乃上命。世子可详思尔国归附已久，宜体皇帝涵洪慈悯之德，即令退兵开道，安谕百姓，各务生理。我军所过，秋毫无扰，世子宜出迎镇南王，共议军事。不然，大军止于安南开府。”因令其使阮文翰达之。及官军获生口，乃称日烜调其圣翊等军，船千余艘，助兴道王拒战。镇南王遂与行省官亲临东岸，遣兵攻之，杀伤甚众，夺船二十余艘。兴道王败走，官军缚筏为桥，渡富良江北岸。日烜沿江布兵船，立木栅，见官军至岸，即发炮大呼求战。至晚，又遣其阮奉御奉镇南王及行省官书，请小却大军。行省复移文责之，遂复进兵。日烜乃弃城遁去，仍令阮效锐奉书谢罪，并献方物，且请班师。行省复移文招谕，遂调兵渡江，壁于安南城下。

明日，镇南王入其国，宫室尽空，惟留屡降诏敕及中书牒文，尽行毁抹。外有文字，皆其南北边将报官军消息及拒敌事情。日烜僭称大越国主宪天体道大明光孝皇帝陈威晃，禅位于皇太子，立太子妃为皇后，上显慈顺天皇太后表章，于上行使“昊天成命之宝”。日烜即居太上皇之位，见立安南国王系日烜之子，行绍宝年号。所居宫室五门，额书大兴之门，左、右掖门；正殿九间书天安御殿；正南门书朝天阁。又诸处张榜云：“凡国内郡县，假有外寇至，当死战。或力不敌，许于山泽逃窜，不得迎降。”其险隘拒守处，俱有库屋以贮兵甲。其弃船登岸之军犹众，日烜引宗族官吏于天长、长安屯聚，兴道王、范殿前领兵船复聚万劫江口，阮盝驻西路永平。

行省整军以备追袭，而唐兀䚟与唆都等兵至自占城，与大军会合。自入其境，大小七战，取地二千余里、王宫四所。初，败其昭明王兵，击其昭孝王、大僚护皆死，昭明王远遁不敢复出。又于安演州、清化、长安获亡宋陈尚书婿、交趾梁奉御及赵孟信、叶郎将等四百余人。万户李邦宪、刘世英领军开道自永平入安南，每三十里立一寨，六十里置一驿，每一寨一驿屯军三百镇守巡逻。复令世英立堡，专提督寨驿公事。右丞宽彻引万户忙古䚟、孛罗哈答儿由陆路，李左丞引乌马儿拔都由水路，败日烜兵船，禽其建德侯陈仲。日烜逃去，追至胶海口，不知所往。其宗族文义侯、父武道侯及子明智侯、婿彰怀侯并彰宪侯、亡宋官曾参政、苏少保子苏宝章、陈尚书子陈丁孙，相继率众来降。唐兀䚟、刘珪皆言占城无粮，军难久驻。镇南王令唆都引元军于长安等处就粮。日烜至安邦海口，弃其舟楫甲仗，走匿山林。官军获船一万艘，择善者乘之，余皆焚弃，复于陆路追三昼夜。获生口，称上皇、世子止有船四艘，兴道王及其子三艘，太师八十艘，走清化府。唆都亦报：日烜、太师走清化。乌马儿拔都以军一千三百人、战船六十艘，助唆都袭击其太师等兵。复令唐兀䚟沿海追日烜，亦不知所往。日烜弟昭国王陈益稷率其本宗与其妻子官吏来降。乃遣明里、昔班等送彰宪侯、文义侯及其弟明诚侯、昭国王子义国侯入朝。文义侯得北上，彰宪侯、义国侯皆为兴道王所杀，彰宪侯死，义国侯脱身还军中。

官军聚诸将议：“交人拒敌官军，虽数败散，然增兵转多；官军困乏，死伤亦众，蒙古军马亦不能施其技。”遂弃其京城，渡江北岸，决议退兵屯思明州。镇南王然之，乃领军还。是日，刘世英与兴道王、兴宁王兵二万余人力战。又官军至如月江，日烜遣怀文侯来战，行至册江，系浮桥渡江，左丞唐兀䚟等军未及渡而林内伏发，官军多溺死，力战始得出境。唐兀䚟等驰驿上奏。七月，枢密院请调兵以今年十月会潭州，听镇南王及阿里海牙择帅总之。

二十三年正月，诏省臣共议，遂大举南伐。二月，诏谕安南官吏百姓，数日烜罪恶，言其戕害叔父陈遗爱及弗纳达鲁花赤不颜铁木儿等事。以陈益稷等自拔来归，封益稷为安南国王，赐符印，秀嵈为辅义公，以奉陈祀。申命镇南王脱欢、左丞相阿里海牙平定其国，以兵纳益稷。五月，发忙古台麾下士卒合鄂州行省军同征之。官兵入其境，日烜复弃城遁。

六月，湖南宣慰司上言：“连岁征日本及用兵占城，百姓罢于转输，赋役烦重，士卒触瘴疠多死伤者，群生愁叹，四民废业，贫者弃子以偷生，富者鬻产而应役，倒悬之苦，日甚一日。今复有事交趾，动百万之众，虚千金之费，非所以恤士民也。且举动之间，利害非一，又兼交趾已尝遣使纳表称藩，若从其请，以苏民力，计之上也。无已，则宜宽百姓之赋，积粮饷，缮甲兵，俟来岁天时稍利，然后大举，亦未为晚。”湖广行省臣线哥是其议，遣使入奏，且言：“本省镇戍凡七十余所，连岁征战，士卒精锐者罢于外，所存者皆老弱，每一城邑，多不过二百人。窃恐奸人得以窥伺虚实。往年平章阿里海牙出征，输粮三万石，民且告病，今复倍其数。官无储畜，和籴于民间，百姓将不胜其困。宜如宣慰司所言，乞缓师南伐。”枢密院以闻，帝即日下诏止军，纵士卒还各营。益稷从师还鄂。

二十四年正月，发新附军千人从阿八赤讨安南。又诏发江淮、江西、湖广三省蒙古、汉、券军七万人，船五百艘，云南兵六千人，海外四州黎兵万五千，海道运粮万户张文虎、费拱辰、陶大明运粮十七万石，分道以进。置征交趾行尚书省，奥鲁赤平章政事，乌马儿、樊楫参知政事总之，并受镇南王节制。五月，命右丞程鹏飞还荆湖行省治兵。六月，枢密院复奏，令乌马儿与樊参政率军士水陆并进。九月，以琼州路安抚使陈仲达、南宁军民总管谢有奎、延栏军民总管符庇成出兵船助征交趾，并令从征。日烜遣其中大夫阮文通等入贡。十一月，镇南王次思明，留兵二千五百人命万户贺祉统之，以守辎重。程鹏飞、孛罗合答儿以汉、券兵万人由西道永平，奥鲁赤以万人从镇南王由东道女儿关以进。阿八赤以万人为前锋，乌马儿、樊楫以兵由海道，经玉山、双门、安邦口，遇交趾船四百余艘，击之，斩首四千余级，生擒百余人，夺其舟百艘，遂趋交趾。程鹏飞、孛罗合答儿经老鼠、陷沙、茨竹三关，凡十七战，皆捷。十二月，镇南王次茅罗港，交趾兴道王遁，因攻浮山寨，破之。又命程鹏飞、阿里以兵二万人守万劫，且修普赖山及至灵山木栅。命乌马儿将水兵，阿八赤将陆兵，径趋交趾城。镇南王以诸军渡富良江，次城下，败其守兵。日烜与其子弃城走敢喃堡，诸军攻下之。二十五年正月，日烜及其子复走入海。镇南王以诸军追之，次天长海口，不知其所之，引兵还交趾城。命乌马儿将水兵由大滂口迓张文虎等粮船，奥鲁赤、阿八赤等分道入山求粮。闻交趾集兵个沉、个黎、磨山、魏寨，发兵皆破之，斩万余级。二月，镇南王引兵还万劫。阿八赤将前锋，夺关系桥，破三江口，攻下堡三十二，斩数万余级，得船二百艘、米十一万三千余石。乌马儿由大滂口趋塔山，遇贼船千余，击破之；至安邦口，不见张文虎船，复还万劫，得米四万余石。普赖、至灵山木栅成，命诸军居之。诸将因言：“交趾无城池可守、仓庾可食，张文虎等粮船不至，且天时已热，恐粮尽师老，无以支久，为朝廷羞，宜全师而还。”镇南王从之。命乌马儿、樊楫将水兵先还，程鹏飞、塔出将兵护送之。三月，镇南王以诸军还。

张文虎粮船以去年十二月次屯山，遇交趾船三十艘，文虎击之，所杀略相当。至绿水洋，贼船益多，度不能敌，又船重不可行，乃沉米于海，趋琼州。费拱辰粮船以十一月次惠州，风不得进，漂至琼州，与张文虎合。徐庆粮船漂至占城，亦至琼州。凡亡士卒二百二十人、船十一艘、粮万四千三百石有奇。

镇南王次内傍关，贼兵大集，王击破之。命万户张均以精锐三千人殿，力战出关。谍知日烜及世子、兴道王等，分兵三十余万，守女儿关及丘急岭，连亘百余里，以遏归师。镇南王遂由单己县趋盝州，间道以出，次思明州。命爱鲁引兵还云南，奥鲁赤以诸军北还。日烜寻遣使来谢，进金人代己罪。十一月，以刘庭直、李思衍、万奴等使安南，持诏谕日烜来朝。二十六年二月，中书省臣奏既罢征交趾，宜拘收行省符印。四月，日烜遣其中大夫陈克用等来贡方物。

二十七年，日烜卒，子日燇遣使来贡。二十八年十一月，镇守永州两淮万户府上千户蔡荣上书，言军事大要，以朝廷赏罚不明，士不用命，将帅不和，坐失事机，其弊有不可胜言者。书上，不报。二十九年九月，遣吏部尚书梁曾、礼部郎中陈孚持诏再谕日燇来朝。诏曰："省表具悉。去岁礼部尚书张立道言，曾到安南，识彼事体，请往开谕使之来朝。因遣立道往彼。今汝国罪愆既已自陈，朕复何言。若曰孤在制，及畏死道路不敢来朝，且有生之类宁有长久安全者乎？天下亦复有不死之地乎？朕所未喻，汝当具闻。徒以虚文岁币，巧饰见欺，于义安在？"

三十年，梁曾等使还，日燇遣陪臣陶子奇等来贡。廷臣以日燇终不入朝，又议征之。遂拘留子奇于江陵，命刘国杰与诸侯王亦吉里䚟等同征安南，敕至鄂州与陈益稷议。八月，平章不忽木等奏立湖广安南行省，给二印，市蜑船百斛者千艘，用军五万六千五百七十人、粮三十五万石、马料二万石、盐二十一万斤，预给军官俸津、遣军人水手人钞二锭，器仗凡七十余万事。国杰设幕官十一人，水陆分道并进。又以江西行枢密院副使彻里蛮为右丞，从征安南，陈岩、赵修己、云从龙、张文虎、岑雄等亦令共事。益稷随军至长沙，会寝兵而止。三十一年五月，成宗即位，命罢征。遣陶子奇归国。日燇遣使上表慰国哀，并献方物。六月，遣礼部侍郎李衎、兵部郎中萧泰登持诏往抚绥之，其略曰："先皇帝新弃天下，朕嗣守大统，践祚之始，大肆赦宥，无间远近。惟尔安南，亦从宽宥，已敕有司罢兵，遣陪臣陶子奇归国。自今以往，所以畏天事大者，其审思之。"

大德五年二月，太傅完泽等奏安南来使邓汝霖窃画宫苑图本，私买舆地图及禁书等物，又抄写陈言征收交趾文书，及私记北边军情及山陵等事宜，遣使持诏责以大义。三月，遣礼部尚书马合马、礼部侍郎乔宗亮持诏谕日燇，大意以"汝霖等所为不法，所宜穷治，朕以天下为度，敕有司放还。自今使价必须选择；有所陈请，必尽情悃。向以虚文见给，曾何益于事哉，勿惮改图以贻后悔"。中书省复移牒取万户张荣实等二人，与去使偕还。

武宗即位，下诏谕之，屡遣使来贡。至大四年八月，世子陈日爌遣使奉表来朝。

仁宗皇庆二年正月，交趾军约三万余众，马军二千余骑，犯镇安州云洞，杀掠居民，焚烧仓廪庐舍，又陷禄洞、知洞等处，虏生口孳畜及居民赀产而还，复分兵三道犯归顺州，屯兵未退。廷议俾湖广行省发兵讨之。四月，复得报：交趾世子亲领兵焚养利州官舍民居，杀掠二千余人，且声言："昔右江归顺州五次劫我大源路，掠我生口五千余人；知养利州事赵珏禽我思浪州商人，取金一碾，侵田一千余顷，故来仇杀。"六月，中书省俾兵部员外郎阿里温沙，枢密院俾千户刘元亨，同赴湖广行省询察之。元亨等亲诣上、中、下由村，相视地所，询之居民农五，又遣下思明知州黄嵩寿往诘之，谓是阮盝世子太史之奴，然亦未知是否。于是牒谕安南国，其略曰："昔汉置九郡，唐立五管，安南实声教所及之地。况献图奉贡，上下之分素明；厚往薄来，怀抚之惠亦至。圣朝果何负于贵国，今胡自作不靖，祸焉斯启。虽由村之地所系至微，而国家舆图所关甚大。兼之所杀所虏，皆朝廷系籍编户，省院未敢奏闻。然未审不轨之谋谁实主之？"安南回牒云："边鄙鼠窃狗偷辈，自作不靖，本国安得而知？"且以货赂偕至。元亨复牒责安南饰辞不实，却其货赂，且曰："南金、象齿，贵国以为宝，而使者以不贪为宝。来物就付回使，请审察事情，明以告我。"而道里辽远，情辞虚诞，终莫得其要领。元亨等推原其由：因交人向尝侵永平边境，今复仿效成风。兼闻阮盝世子乃交趾跋扈之人。为今之计，莫若遣使谕安南，归我土田，返我人民，仍令当国之人正其疆界，究其主谋，开衅之人戮于境上，申饬边吏毋令侵越。却于永平置寨募兵，设官统领，给田土牛具，令自耕食，编立部伍，明立赏罚，令其缓急首尾相应，如此则边境安静，永保无虞。事闻，有旨，俟安南使至，即以谕之。

自延祐初元以及至治之末，疆埸宁谧，贡献不绝。泰定元年，世子陈日炉遣陪臣莫节夫等来贡。

益稷久居于鄂，遥授湖广行省平章政事；当成宗朝，赐田二百顷；武宗朝，进银青荣禄大夫，加金紫光禄大夫，复加仪同三司。文宗天历二年夏，益稷卒，寿七十有六，诏赐钱五千缗。至顺元年，谥忠懿王。

三年夏四月，世子陈日焯遣其臣邓世延等二十四人来贡方物。

卷二百一十　　列传第九十七

外　夷　三

缅

缅国为西南夷，不知何种。其地有接大理及去成都不远者，又不知其方几里也。其人有城郭屋庐以居，有象马以乘，舟筏以济。其文字进上者，用金叶写之，次用纸，又次用槟榔叶，盖腾译而后通也。

世祖至元八年，大理、鄯阐等路宣慰司都元帅府遣乞䚟脱因等使缅国，招谕其主内附。四月，乞䚟脱因等导其使价博来，以闻。十年二月，遣勘马剌失里、乞解脱因等使其国，持诏谕之曰："间者大理、鄯阐等路宣慰司都元帅府差乞解脱因导王国使价博诣京师，且言向至王国，但见其臣下，未尝见王，又欲观吾大国舍利。朕矜悯远来，即使来使觐见，又令纵观舍利。益询其所来，乃知王有内附意。国虽云远，一视同仁。今再遣勘马剌失里及礼部郎中国信使乞解脱因、工部郎中国信副使小云失往谕王国。诚能谨事大之礼，遣其子弟若贵近臣僚一来，以彰我国家无外之义，用敦永好，时乃之休。至若用兵，夫谁所好，王其思之。"

十二年四月，建宁路安抚使贺天爵言得金齿头目阿郭之言曰："乞解脱因之使缅，乃故父阿必所指也。至元九年三月，缅王恨父阿必，故领兵数万来侵，执父阿必而去。不得已厚献其国，乃得释之。因知缅中部落之人犹群狗耳。比者缅遣阿的八等九人至，乃候视国家动静也。今白衣头目是阿郭亲戚，与缅为邻。尝谓入缅有三道，一由天部马，一由骠甸，一由阿郭地界，俱会缅之江头城。又阿郭亲戚阿提犯在缅掌五甸，户各万余，欲内附。阿郭愿先招阿提犯及金齿之未降者，以为引道。"云南省因言缅王无降心，去使不返，必须征讨。六月，枢密院以闻。帝曰："姑缓之。"十一月，云南省始报："差人探伺国使消息，而蒲贼阻道。今蒲人多降，道已通，遣金齿千额总管阿禾探得国使达缅俱安。"

十四年三月，缅人以阿禾内附，怨之，攻其地，欲立寨腾越、永昌之间。时大理路蒙古千户忽都、大理路总管信苴日、总把千户脱罗脱孩奉命伐永昌之西腾越、蒲、骠、阿昌、金齿未降部族，驻札南甸。阿禾告急，忽都等昼夜行，与缅军遇一河边，其众约四五万，象八百，马万匹。忽都等军仅七百人。缅人前乘马，次象，次步卒；象被甲，背负战楼，两旁挟大竹筒，置短枪数十于其中，乘象者取以击刺。忽都下令："贼众我寡，当先冲河北军。"亲率二百八十一骑为一队，信苴日以二百三十三骑傍河为一队，脱罗脱孩以一百八十七人依山为一队。交战良久，贼败走。信苴日追之三里，抵寨门，旋泞而退。忽南面贼兵万余，绕出官军后。信苴日驰报，忽都复列为三阵，进至河岸，击之，又败走。追破其十七寨，逐北至窄山口，转战三十余里，贼及象马自相蹂死者盈三巨沟。日暮，忽都中伤，遂收兵。明日，追之，至千额，不及而还。捕虏甚众，军中以一帽或一两靴一毡衣易一生口。其脱者又为阿禾、阿昌邀杀，归者无几。官军负伤者虽多，惟一蒙古军获一象不得其性被击而毙，余无死者。

十月，云南省遣云南诸路宣慰使都元帅纳速剌丁率蒙古、爨、僰、摩些军三千八百四十余人征缅，至江头，深蹂酋首细安立寨之所，招降其磨欲等三百余寨，土官曲蜡蒲折户四千、孟磨爱吕户一千、磨柰蒙匡里答八剌户二万、蒙忙甸土官甫禄堡户一万、木都弹秃户二百，凡三万五千二百户，以天热还师。

十七年二月，纳速剌丁等上言："缅国舆地形势皆在臣目中矣。先奉旨，若重庆诸郡平，然后有事缅国。今四川已底宁，请益兵征之。"帝以问丞相脱里夺海，脱里夺海曰："陛下初命发合剌章及四川与阿里海牙麾下士卒六万人征缅，今纳速剌丁止欲得万人。"帝曰："是矣。"即命枢密缮甲兵，修武备，议选将出师。五月，诏云南行省发四川军万人，命药剌海领之，与前所遣将同征缅。十九年二月，诏思、播、叙诸郡及亦奚不薛诸蛮夷等处发士卒征缅。

二十年十一月，官军伐缅，克之。先是，诏宗王相吾答儿、右丞太卜、参知政事也罕的斤将兵征缅。是年九月，大军发中庆。十月，至南甸，太卜由罗必甸进军。十一月，相吾答儿命也罕的斤取道于阿昔江，达镇西阿禾江，造舟二百，下流至江头城，断缅人水路；自将一军从骠甸径抵其国，与太卜军会。令诸将分地攻取，破其江头城，击杀万余人。别令都元帅袁世安以兵守其地，积粮饷以给军士，遣使持舆地图奏上。

二十二年十一月，缅王遣其盐井大官阿必立相至太公城，欲来纳款，为孟乃甸白衣头目解塞阻道，不得行，遣眷马宅者持信搭一片来告，骠甸土官匿俗乞报上司免军马入境，匿俗给榜遣眷马宅回江头城招阿必立相赴省，且报镇西、平缅、丽川等路宣慰司、宣抚司，差三掺持榜至江头城付阿必立相、忙直卜算二人，期以两月领军来江头城，宣抚司率蒙古军至骠甸相见议事。阿必立相乞言于朝廷，降旨许其悔过，然后差大官赴阙。朝廷寻遣镇西平缅宣抚司达鲁花赤兼招讨使怯烈使其国。

二十三年十月，以招讨使张万为征缅副都元帅，也先铁木儿征缅招讨司达鲁花赤，千户张成征缅招讨使，并虎符。敕造战船，将兵六千人征缅，俾秃满带为都元帅总之。云南王以行省右丞爱鲁奉旨征收金齿、察罕迭吉连地，拨军一千人。是月，发中庆府，继至永昌府，与征缅省官会，经阿昔甸，差军五百人护送招缅使怯烈至太公城。二十四年正月，至忙乃甸。缅王为其庶子不速速古里所执，囚于昔里怯答剌之地，又害其嫡子三人，与大官木浪周等四人为逆，云南王所命官阿难答等亦受害。二月，怯烈自忙乃甸登舟，留元送军五百人于彼。云南省请今秋进讨，不听。既而云南王与诸王进征，至蒲甘，丧师七千余，缅始平，乃定岁贡方物。

大德元年二月，以缅王的立普哇拿阿迪提牙尝遣其子信合八的奉表入朝，请岁输银二千五百两、帛千匹、驯象二十、粮万石，诏封的立普哇拿阿迪提牙为缅王，赐银印，子信合八的为缅国世子，赐以虎符。三年三月，缅复遣其世子奉表入谢，自陈部民为金齿杀掠，率皆贫乏，以致上供金币不能如期输纳。帝悯之，止命间岁贡象，仍赐衣遣还。四年四月，遣使进白象。

五月，的立普哇拿阿迪提牙为其弟阿散哥也等所杀，其子窟麻剌哥撒八逃诣京师。令忙完秃鲁迷失率师往问其罪。蛮贼与八百媳妇国通，其势张甚。忙完秃鲁迷失请益兵，又命薛超兀而等将兵万二千人征之，仍令诸王阔阔节制其军。六月，诏立窟麻剌哥撒八为王，赐以银印。秋七月，缅贼阿散哥也弟者苏等九十一人各奉方物入朝，命余人置中庆，遣者苏等来上都。八月，缅国阿散吉牙等昆弟赴阙，自言杀主之罪，罢征缅兵。

五年九月，云南参知政事高庆、宣抚使察罕不花伏诛。初，庆等从薛超兀而围缅两月，城中薪食俱尽，势将出降，庆等受其重赂，以炎暑瘴疫为辞，辄引兵还。故诛之。十月，缅遣使入贡。

占　城

占城近琼州，顺风舟行一日可抵其国。世祖至元间广南西道宣慰使马成旺尝请兵三千人、马三百匹征之。十五年，左丞唆都以宋平遣人至占城，还言其王失里咱牙信合八剌麻哈迭瓦有内附意，诏降虎符，授荣禄大夫，封占城郡王。十六年十二月，遣兵部侍郎教化的、总管孟庆元、万户孙胜夫与唆都等使占城，谕其王入朝。

十七年二月，占城国王保宝旦拏啰耶邛南诐占把地罗耶遣使贡方物，奉表降。十九年十月，朝廷以占城国主孛由补剌者吾曩岁遣使来朝，称臣内属，遂命右丞唆都等即其地立省以抚安之。既而其子补的专国，负固弗服，万户何子志、千户皇甫杰使暹国，宣慰使尤永贤、亚阑等使马八儿国，舟经占城，皆被执，故遣兵征之。帝曰："老王无罪，逆命者乃其子与一蛮人耳。苟获此两人，当依曹彬故事，百姓不戮一人。"

十一月，占城行省官率兵自广州航海至占城港。港口北连海，海旁有小港五，通其国大州，东南止山，西旁木城。官军依海岸屯驻。占城兵治木城，四面约二十余里，起楼棚，立回回三梢炮百余座。又木城西十里建行宫，孛由补剌者吾亲率重兵屯守应援。行省遣都镇抚李天祐、总把贾甫招之，七往，终不服。十二月，招真腊国使速鲁蛮请往招谕，复与天祐、甫偕行，得其回书云："已修木城，备甲兵，刻期请战。"

二十年正月，行省传令军中，以十五日夜半发船攻城。至期，分遣琼州安抚使陈仲达、总管刘金、总把栗全以兵千六百人由水路攻木城北面；总把张斌、百户赵达以三百人攻东面沙嘴；省官三千人分三道攻南面。舟行至天明泊岸，为风涛所碎者十七八。贼开木城南门，建旗鼓，出万余人，乘象者数十，亦分三队迎敌，矢石交下。自卯至午，贼败北，官军入木城，复与东北二军合击之，杀溺死者数千人。守城供饷馈者数万人悉溃散。国主弃行宫，烧仓廪，杀永贤、亚阑等，与其臣逃入山。十七日，整兵攻大州。十九日，国主使报答者来求降。二十日，兵至大州东南，遣报答者回，许其降，免罪。二十一日，入大州。又遣博思兀鲁班者来言："奉王命，国主、太子后当自来。"行省传檄召之，官军复驻城外。二十三日，遣其舅宝脱秃花等三十余人，奉国王信物杂布二百匹、大银三锭、小银五十七锭、碎银一瓮为质，来归款。又献金叶九节标枪曰："国主欲来，病未能进，先使持其枪来，以见诚意。长子补的期三日请见。"省官却其物。宝脱秃花曰："不受，是薄之也。"行省度不可却，姑令收置，乃以上闻。

宝脱秃花复令其主第四子利世麻八都八德剌、第五子世利印德剌来见，且言："先有兵十万，故求战。今皆败散。闻败兵言，补的被伤已死。国主颊中箭，今小愈，愧惧未能见也，故先遣二子来议赴阙进见事。"省官疑其非真子，听其还。谕国主早降，且以问疾为辞，遣千户林子全、总把栗全、李德坚偕往觇之。二子在途先归。子全等入山两程，国主遣人来拒，不果见。宝脱秃花谓子全曰："国主迁延不肯出降，今反扬言欲杀我，可归告省官，来则来，不来，我当执以往。"子全等回营。是日，又杀何子志、皇甫杰等百余人。

二月八日，宝脱秃花又至，自言："吾祖父、伯、叔，前皆为国主，至吾兄，今孛由补剌者吾杀而夺其位，斩我左右二大指。我实怨之。愿禽孛由补剌者吾、补的父子，及大拔撒机儿以献。请给大元服色。"行省赐衣冠，抚谕以行。十三日，居占城唐人曾延等来言："国主逃于大州西北鸦候山，聚兵三千余，并招集他郡兵未至，不日将与官军交战。惧唐人泄其事，将尽杀之。延等觉而逃来。"十五日，宝脱秃花偕宰相报孙达儿及撮及大师等五人来降。行省官引曾延等见，宝脱秃花诘之，曰："延等奸细人也，请系缧之。国主军皆溃散，安敢复战。"又言："今未附州郡凡十二处，每州遣一人招之。旧州水路，乞行省与陈安抚及宝脱秃花各遣一人乘舟招谕攻取。陆路则乞行省官陈安抚与己往禽国主、补的及攻其城。"行省犹信其言，调兵一千屯半山塔，遣子全、德坚等领军百人，与宝脱秃花同赴大州进讨，约有急则报半山军。子全等比至城西，宝脱秃花背约间行，自北门乘象遁入山。官军获谍者曰："国主实在鸦候山立寨，聚兵约二万余，遣使交趾、真腊、阇婆等国借兵，及征宾多龙、旧州等军未至。"十六日，遣万户张颙等领兵赴国主所棲之境。十九日，颙兵近木城二十里。贼浚濠堑，拒以大木，官军斩刈超距奋击，破其二千余众。转战至木城下，山林阻隘不能进，贼旁出截归路，军皆殊死战，遂得解还营。行省遂整军聚粮，创木城，遣总管刘金，千户刘涓、岳荣守御。

二十一年三月六日，唆都领军回。十五日，江淮省所遣助唆都军万户忽都虎等至占城唆都旧制行省舒眉莲港，见营舍烧尽，始知官军已回。二十日，忽都虎令百户陈奎招其国主来降。二十七日，占城主遣王通事者来称纳降。忽都虎等谕令其父子奉表进献。国主遣文劳邛大巴南等来称，唆都除荡其国，贫无以献，来年当备礼物，令嫡子入朝。四月十二日，国主令其孙济目理勒蛰、文劳邛大巴南等奉表归款。

是年，命平章政事阿里海牙奉镇南王脱欢发兵，假道交趾伐占城，不果行。

暹

暹国，当成宗元贞元年，进金字表，欲朝廷遣使至其国。比其表至，已先遣使，盖彼未之知也。赐来使素金符佩之，使急追诏使同往。以暹人与麻里予儿旧相仇杀，至是皆归顺，有旨谕暹人"勿伤麻里予儿，以践尔言"。

大德三年，暹国主上言，其父在位时，朝廷尝赐鞍辔、白马及金缕衣，乞循旧例以赐。帝以丞相完泽答剌罕言"彼小国而赐以马，恐其邻忻都辈讥议朝廷"，仍赐金缕衣，不赐以马。

爪　哇

爪哇在海外，视占城益远。自泉南登舟海行者，先至占城而后至其国。其风俗土产不可考，大率海外诸蕃国多出奇宝，取贵于中国，而其人则丑怪，情性语言与中国不能相通。世祖抚有四夷，其出师海外诸蕃者，惟爪哇之役为大。

至元二十九年二月，诏福建行省除史弼、亦黑迷失、高兴平章政事，征爪哇；会福建、江西、湖广三行省兵凡二万，设左右军都元帅府二、征行上万户四，发舟千艘，给粮一年、钞四万锭，降虎符十、金符四十、银符百、金衣段百端，用备功赏。亦黑迷失等陛辞。帝曰："卿等至爪哇，明告其国军民，朝廷初与爪哇通使往来交好，后刺诏使孟右丞之面，以此进讨。"九月，军会庆元。弼、亦黑迷失领省事，赴泉州；兴率辎重自庆元登舟涉海。十一月，福建、江西、湖广三省军会泉州。十二月，自后渚启行。

三十年正月，至构栏山议方略。二月，亦黑迷失、孙参政先领本省幕官并招谕爪哇等处宣慰司官曲出海牙、杨梓、全忠祖，万户张塔剌赤等五百余人，船十艘，先往招谕之。大军继进于吉利门。弼、兴进至爪哇之杜并足，与亦黑迷失等议，分军下岸，水陆并进。弼与孙参政帅都元帅那海、万户宁居仁等水军，自杜并足由戎牙路港口至八节涧。兴与亦黑迷失帅都元帅郑镇国、万户脱欢等马步军，自杜并足陆行。以万户申元为前锋。遣副元帅土虎登哥，万户褚怀远、李忠等乘钻锋船，由戎牙路，于麻喏巴歇浮梁前进，赴八节涧期会。

招谕爪哇宣抚司官言：爪哇主婿土罕必阇耶举国纳降，土罕必阇耶不能离军，先令杨梓、甘州不花、全忠祖引其宰相昔剌难答吒耶等五十余人来迎。三月一日，会军八节涧。涧上接杜马班王府，下通莆奔大海，乃爪哇咽喉必争之地。又其谋臣希宁官沿河泊舟，观望成败，再三招谕不降。行省于涧边设偃月营，留万户王天祥守河津，土虎登哥、李忠等领水军，郑镇国、省都镇抚伦信等领马步军水陆并进。希宁官惧，弃船宵遁，获鬼头大船百余艘。令都元帅那海、万户宁居仁、郑珪、高德诚、张受等镇八节涧海口。

大军方进，土罕必阇耶遣使来告，葛郎王追杀至麻喏巴歇，请官军救之。亦黑迷失、张参政先往安慰土罕必阇耶，郑镇国引军赴章孤接援。兴进至麻喏巴歇，却称葛郎兵未知远近，兴回八节涧。亦黑迷失寻报贼兵今夜当至，召兴赴麻喏巴歇。

七日，葛郎兵三路攻土罕必阇耶。八日黎明，亦黑迷失、孙参政率万户李明迎贼于西南，不遇。兴与脱欢由东南路与贼战，杀数百人，余奔溃山谷。日中，西南路贼又至，兴再战至晡，又败之。十五日，分军为三道伐葛郎，期十九日会答哈，听炮声接战。土虎登哥等水军溯流而上，亦黑迷失等由西道，兴等由东道进，土罕必阇耶军继其后。十九日，至答哈。葛郎国主以兵十余万交战，自卯至未，连三战，贼败奔溃，拥入河死者数万人，杀五千余人。国主入内城拒守，官军围之，且招其降。是夕，国主哈只葛当出降，抚谕令还。

四月二日，遣土罕必阇耶还其地，具入贡礼，以万户捏只不丁、甘州不花率兵二百护送。十九日，土罕必阇耶背叛逃去，留军拒战。捏只不丁、甘州不花、省掾冯祥皆遇害。二十四日，军还。得哈只葛当妻子官属百余人，及地图户籍、所上金字表以还。事见史弼、高兴传。

琉　求

琉求，在南海之东。漳、泉、兴、福四州界内彭湖诸岛，与琉求相对，亦素不通。天气清明时，望之隐约若烟若雾，其远不知几千里也。西南北岸皆水，至彭湖渐低，近琉求则谓之落漈，漈者，水趋下而不回也。凡西岸渔舟到彭湖已下，遇飓风发作，漂流落漈，回者百一。琉求，在外夷最小而险者也。汉、唐以来，史所不载，近代诸蕃市舶不闻至其国。

世祖至元二十八年九月，海船副万户杨祥请以六千军往降之，不听命则遂伐之，朝廷从其请。继有书生吴志斗者上言生长福建，熟知海道利病，以为若欲收附，且就彭湖发船往谕，相水势地利，然后兴兵未晚也。冬十月，乃命杨祥充宣抚使，给金符，吴志斗礼部员外郎，阮鉴兵部员外郎，并给银符，往使琉求。诏曰："收抚江南已十七年，海外诸蕃罔不臣属。惟琉求迩闽境，未曾归附。议者请即加兵。朕惟祖宗立法，凡不庭之国，先遣使招谕，来则按堵如故，否则必致征讨。今止其兵，命杨祥、阮鉴往谕汝国。果能慕义来朝，存尔国祀，保尔黎庶；若不效顺，自恃险阻，舟师奄及，恐贻后悔。尔其慎择之。"

二十九年三月二十九日，自汀路尾澳舟行，至是日巳时，海洋中正东望见有山长而低者，约去五十里。祥称是琉求国，鉴称不知的否。祥乘小舟至低山下，以其人众，不亲上，令军官刘闰等二百余人以小舟十一艘，载军器，领三屿人陈辉者登岸。岸上人众不晓三屿人语，为其杀死者三人，遂还。四月二日，至彭湖。祥责鉴、志斗"已至琉求"文字，二人不从。明日，不见志斗踪迹，觅之无有也。先，志斗尝斥言祥生事要功，欲取富贵，其言诞妄难信，至是，疑祥害之。祥顾称志斗初言琉求不可往，今祥已至琉求而还，志斗惧罪逃去。志斗妻子诉于官。有旨，发祥、鉴还福建置对。后遇赦，不竟其事。

成宗元贞三年，福建省平章政事高兴言，今立省泉州，距琉求为近，可伺其消息，或宜招宜伐，不必它调兵力，兴请就近试之。九月，高兴遣省都镇抚张浩、福州新军万户张进赴琉求国，禽生口一百三十余人。

三　屿

三屿国，近琉求。世祖至元三十年，命选人招诱之。平章政事伯颜等言："臣等与识者议，此国之民不及二百户，时有至泉州为商贾者。去年入琉求，军船过其国，国人饷以粮食，馆我将校，无它志也。乞不遣使。"帝从之。

马八儿等国

海外诸蕃国，惟马八儿与俱蓝足以纲领诸国，而俱蓝又为马八儿后障，自泉州至其国约十万里。其国至阿不合大王城，水路得便风，约十五日可到，比余国最大。

世祖至元间，行中书省左丞唆都等奉玺书十通，招谕诸蕃。未几，占城、马八儿国俱奉表称藩，余俱蓝诸国未下。行省议遣使十五人往谕之。帝曰："非唆都等所可专也，若无朕命，不得擅遣使。"十六年十二月，遣广东招讨司达鲁花赤杨庭璧招俱蓝。十七年三月，至其国。国主必纳的令其弟肯那却不剌木省书回回字降表，附庭璧以进，言来岁遣使入贡。十月，授哈撒儿海牙俱蓝国宣慰使，偕庭璧再往招谕。十八年正月，自泉州入海，行三月，抵僧伽耶山，舟人郑震等以阻风乏粮，劝往马八儿国，或可假陆路以达俱蓝国，从之。四月，至马八儿国新村马头，登岸。其国宰相马因的谓："官人此来甚善，本国船到泉州时官司亦尝慰劳，无以为报。今以何事至此？"庭璧等告其故，因及假道之事，马因的乃托以不通为辞。与其宰相不阿里相见，又言假道。不阿里亦以它事辞。五月，二人蚤至馆，屏人，令其官者为通情实："乞为达朝廷，我一心愿为皇帝奴。我使札马里丁入朝，我大必阇赤赴算弹(华言国主也)告变，算弹籍我金银田产妻孥，又欲杀我，我诡辞得免。今算弹兄弟五人皆聚加一之地，议与俱蓝交兵；及闻天使来，对众称本国贫陋。此是妄言。凡回回国金珠宝贝尽出本国，其余回回尽来商贾。此间诸国皆有降心，若马八儿既下，我使人持书招之，可使尽降。"时哈撒儿海牙与庭璧以阻风不至俱蓝，遂还。哈撒儿海牙入朝计事，期以十一月俟北风再举。至期，朝廷遣使令庭璧独往。十九年二月，抵俱蓝国。国主及其相马合麻等迎拜玺书。三月，遣其臣祝阿里沙忙里八的入贡。时也里可温兀咱儿撒里马及木速蛮主等亦在其国，闻诏使至，皆相率来告愿纳岁币，遣使入觐。会苏木达国亦遣人因俱蓝主乞降，庭璧皆从其请。四月，还至那旺国。庭璧复说下其主忙昂比。至苏木都剌国，国主土汉八的迎使者。庭璧因喻以大意，土汉八的即日纳款称藩，遣其臣哈散、速里蛮二人入朝。

二十年，马八儿国遣僧撮及班入朝；五月，将至上京，帝即遣使迓诸途。二十三年，海外诸蕃国以杨庭璧奉诏招谕，至是皆来降。诸国凡十：曰马八儿，曰须门那，曰僧急里，曰南无力，曰马兰丹，曰那旺，曰丁呵儿，曰来来，曰急兰亦解，曰苏木都剌，皆遣使贡方物。

附　录

进元史表

银青荣禄大夫、上柱国、录军国重事、中书左丞相兼太子少师、宣国公臣李善长等言：

伏以纪一代以为书，史法相沿于迁、固；考前王之成宪，周家有监于夏、殷。盖因已往之废兴，用作将来之法戒。惟元氏之有国，本朔漠以造家。事兵戈而争强，并部落者十世；逐水草而为食，擅雄长于一隅。逮至成吉思之时，聚会斡难河之上，方尊位号，始定教条。既近取于乃蛮，复远攻于回纥。渡黄河以蹴西夏，逾居庸以瞰中原。太宗继之，而金源为墟；世祖承之，而宋箓遂讫。立经陈纪，用夏变夷。肆宏远之规模，成混一之基业。爰及成、仁之主，见称愿治之君。唯祖训之式遵，思孙谋之是遗。自兹以降，亦号隆平。丰亨豫大之言，壹倡于天历之世；离析涣奔之祸，驯致于至正之朝。徒玩细娱，浸忘远虑。权奸蒙蔽于外，嬖幸蛊惑于中。周纲遽致于陵迟，汉网实因于疏阔。由是群雄角逐，九域瓜分。风波徒沸于重溟，海岳竟归于真主。

臣善长等诚惶诚恐，顿首顿首：钦惟皇帝陛下奉天承运，济世安民。建万世之丕图，绍百王之正统。大明出而爝火息，率土生辉；迅雷鸣而众响销，鸿音斯播。载念盛衰之故，乃推忠厚之仁。佥言实既亡而名亦随亡，独谓国可灭而史不当灭。特诏遗逸之士，欲求论议之公。文辞勿致于艰深，事迹务令于明白。苟善恶了然在目，庶劝惩有益于人。此皆天语之丁宁，足见圣心之广大。于是命翰林学士臣宋濂、待制臣王祎协恭刊裁，儒士臣汪克宽、臣胡翰、臣宋僖、臣陶凯、臣陈基、臣赵壎、臣曾鲁、臣赵汸、臣张文海、臣徐尊生、臣黄箎、臣傅恕、臣王锜、臣傅著、臣谢徽、臣高启分科修纂。上自太祖，下讫宁宗，据十三朝实录之文，成百余卷粗完之史。若自元统以后，则其载籍靡存，已遣使而旁求，俟续编而上送。愧其才识之有限，弗称三长；兼以纪述之未周，殊无寸补。臣善长忝司钧轴，幸睹成书。信传信而疑传疑，仅克编摩于岁月；笔则笔而削则削，敢言褒贬于《春秋》。仰尘乙夜之观，期作千秋之鉴。所撰《元史》，本纪三十七卷，志五十三卷，表六卷，传六十三卷，目录二卷，通计一百六十一卷，凡一百三十万六千余字，谨缮写装潢成一百二十册，随表上进以闻。臣善长下情无任激切屏营之至。臣善长等诚惶诚恐，顿首顿首，谨言。

洪武二年八月十一日，银青荣禄大夫、上柱国、录军国重事、中书左丞相兼太子少师、宣国公臣李善长上表。

纂修元史凡例

一、本纪

按两汉本纪，事实与言辞并载，兼有《书》、《春秋》之义。及唐本纪，则书法严谨，全仿乎《春秋》。今修《元史》，本纪准两汉史。

一、志

按历代史志，为法间有不同。至唐志，则悉以事实组织成篇，考核之际，学者惮之。惟近代《宋史》所志，条分件列，览者易见。今修《元史》，志准《宋史》。

一、表

按汉、唐史表所载为详，而《三国志》、《五代史》则无之。唯辽、金史据所可考者作表，不计详略。今修《元史》，表准辽、金史。

一、列传

按史传之目，冠以后妃，尊也；次以宗室诸王，亲也；次以一代诸臣，善恶之总也；次以叛逆，成败之归也；次以四夷，王化之及也。然诸臣之传，历代名目又自增减不同。今修《元史》，传准历代史而参酌之。

一、历代史书，纪、志、表、传之末，各有论赞之辞。今修《元史》，不作论赞，但据事直书，具文见意，使其善恶自见，准《春秋》及钦奉圣旨事意。

宋濂目录后记

洪武元年秋八月，上既平定朔方，九州攸同，而金匮之书，悉入於秘府。冬十有二月，乃诏儒臣，发其所藏，纂修元史，以成一代之典，而臣濂、臣袆实为之总裁。明年春二月丙寅开局，至秋八月癸酉书成，纪凡三十有七卷，志五十有三卷，表六卷，傅六十有三卷。丞相、宣国公臣善长率同列表上，已经御览。至若顺帝之时，史官职废，皆无实录可徵，因未得为完书。上复诏仪曹遣使行天下，其涉于史事者，令郡县上之。又明年春二月乙丑开局，至秋七月丁亥书成，又复上进，以卷计者，纪十，志五，表二，传三十又六。凡前书有所未备，颇补完之。其时与编摩者，则臣赵壎、臣朱右、臣贝琼、臣朱世濂、臣王廉、臣王彝、臣张孟兼、臣高逊志、臣李懋、臣李汶、臣张宣、臣张简、臣杜寅、臣俞寅、臣殷弼，而总其事者，仍臣濂与臣袆焉。合前后二书，复釐分而附丽之，共成二百一十卷。旧所纂录之士，其名见于表中者，或仕或隐，皆散之四方，独壎能终始其事云。

昔者，唐太宗以开基之主，干戈甫定，即留神于晋书，敕房玄龄等撰次成编，人至今传之。钦惟皇上龙飞江左，取天下于群雄之手，大统既正，亦诏修前代之史，以为世鉴。古今帝王能成大业者，其英见卓识，若合符节盖如是。於戏盛哉！第臣濂等以荒唐缪悠之学，义例不明，文辞过陋，无以称塞诏旨之万一。夙夜揣分，无任战兢。今锓板讫功，谨系岁月次第于目录之左，庶几博雅君子相与刊定焉。

洪武三年十月十三日，史臣金华宋濂谨记。

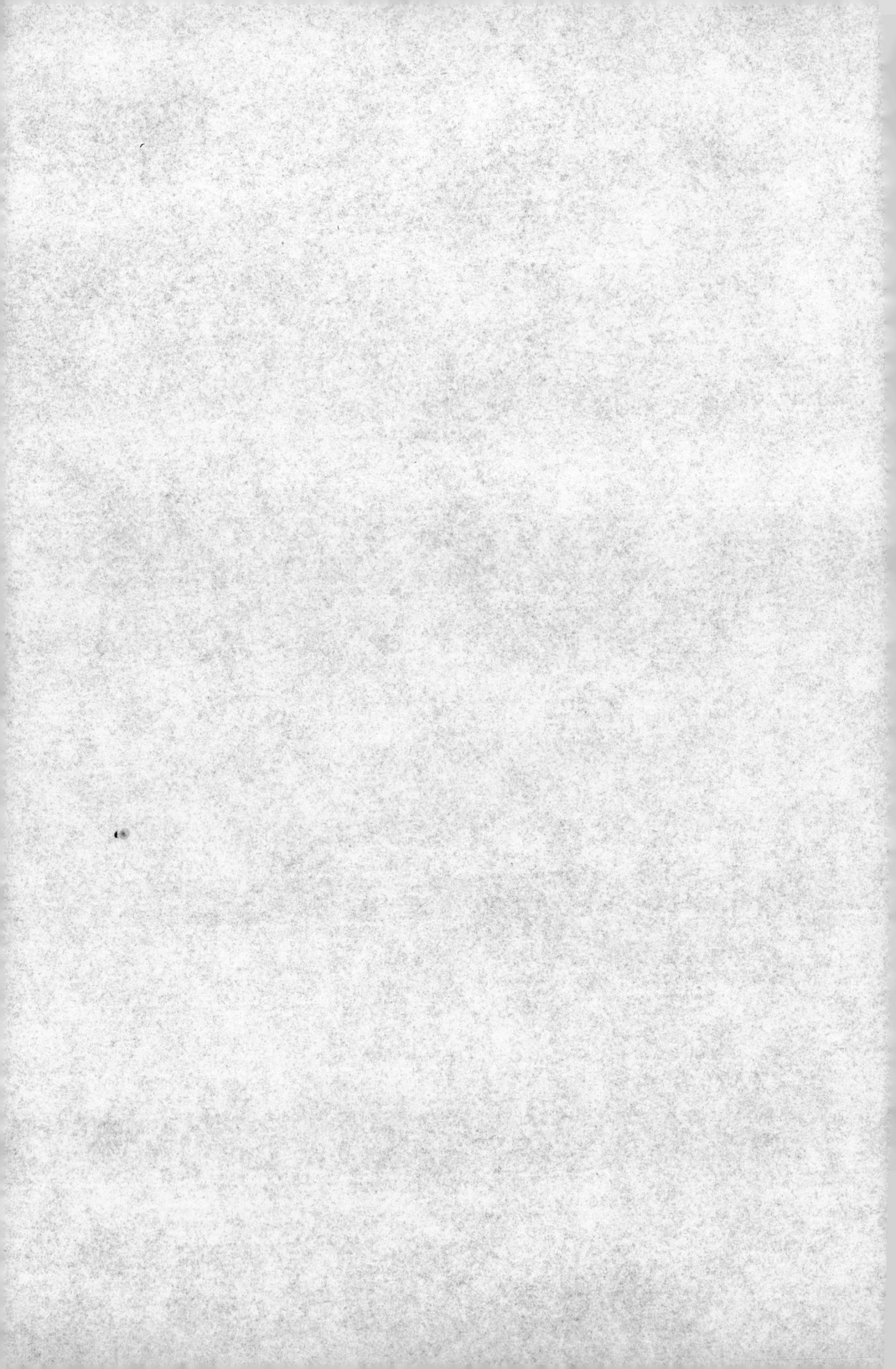